Grandi Manuali Newton

229

Utilizzando la carta leggera Bolloré Thin Papers,
Newton Compton si impegna a salvaguardare l'ambiente.
Per conoscere l'impatto ambientale della Primapage 36 g/m^2
segui il QrCode o vai su www.labellife.fr

Prima edizione: novembre 2013

Roma, Casella postale 6214

ISBN 978-88-541-5597-8

www.newtoncompton.com

Realizzazione a cura di Corpotre, Roma
Stampato nel novembre 2013 da Puntoweb s.r.l., Ariccia (Roma)

Pino e Rossella Farinotti

il Farinotti 2014

Dizionario di tutti i film

con la collaborazione di
Giancarlo Zappoli

Newton Compton editori

Giancarlo Zappoli. Critico cinematografico. È autore dei volumi *Eric Rohmer*, *Invito al cinema di Woody Allen*, *Lo specchio a puntate* (con Elena Galeotto) e curatore di numerosi altri volumi sul cinema. È direttore responsabile di MYmovies.it. È direttore artistico di Castellinaria, Festival Internazionale del Cinema Giovane di Bellinzona, di Montecatini Filmvideo e di I've Seen Films International Short Film Festival di Milano. Fa parte del Direttivo del Centro Studi Cinematografici.

REDATTORI

Tirza Bonifazi Tognazzi. Giornalista musicale e cinematografica. È redattrice di «Freequency» e di MYmovies.it. Collabora regolarmente con «AudioReview». Ha fatto parte della redazione di Vinile. Ha collaborato alla stesura del libro *LP cover - copertine di dischi tra mito e storia*. Inoltre ha fatto parte della redazione selezionatrice dei corti per il concorso online di CINEMA. Festa Internazionale di Roma 2007. Ha selezionato le dieci attrici italiane candidate al Premio Anna Magnani 2008.

Marianna Cappi. Sceneggiatrice e critico cinematografico. Diplomata al Centro Sperimentale di Cinematografia, ha lavorato per Rai, Mediaset e Istituto Luce. È tra i fondatori del Mantova Film Studio. È redattore del sito MYmovies.it e del quotidiano «La Voce di Mantova». Insegna critica e scrittura creativa. Ha collaborato al volume *Il grande cinema italiano* di Roy Menarini.

Marco Chiani. Giornalista professionista. Scrive di cinema per MYmovies, Duellanti, Nocturno Cinema e per altre testate; collabora con la Facoltà di Scienze della Comunicazione de La Sapienza di Roma. È autore dei volumi monografici: *L'uomo che cadde sulla terra. Nicolas Roeg: il tempo, l'altrove e il cinema alchemico* e *Val Lewton, il giardino delle ombre*.

Andrea Chirichelli. Giornalista pubblicista. Autore di numerosi saggi e articoli su *Lost*, serie di cui è fan della prima ora, collabora con «Colonne sonore», unica testata mondiale dedicata alla musica per film e scrive per una mezza dozzina di periodici che trattano di tecnologia, cultura e videogiochi. Collabora dal 2001 con MYmovies.it.

Letizia Della Luna. Laureata in Storia del cinema italiano con Antonio Costa al Dams di Bologna, nel 2002 vince il premio Adelio Ferrero per giovani critici cinematografici (sezione recensioni). Diventata giornalista pubblicista, ha collaborato con diversi quotidiani, periodici e testate giornalistiche on line. Dal 2007 è caporedattore di MYmovies.it.

Nicoletta Dose. Giornalista pubblicista. Nel 2007 si diploma al Master in Scritture per il cinema: critica e sceneggiatura presso l'Università di Udine con una tesi su Matteo Garrone. Dal 2007 collabora con alcune testate come inviata ai festival e dal 2011 è redattrice presso la sede centrale di MYmovies.it.

Marzia Gandolfi. Critico cinematografico. Collabora stabilmente con «Duellanti», MYmovies.it e «Il ragazzo selvaggio». Ha scritto approfondimenti critici per collane di film in DVD e numerosi saggi contenuti in *Nato per sedurre. Il cinema di Claude Lelouch*; *Il dolore del tempo, Il cinema di Hou Hsiao-hsien*, *Le forme della ribellione. ll cinema di Marco Bellocchio*, *Il viaggio dell'eroe*, *Italiana off* a cura di Roy Menarini.

Gabriele Niola. Giornalista e critico di cinema e videoludica, inizia a scrivere di cinema online negli anni in cui nascono i blog in Italia. Ora scrive per MYmovies, BadTaste, Wired, Leggo e Duellanti. Ha selezionato film per la sezione EXTRA del Festival del Film di Roma e anche per il TaorminaFilmFest.

Alessandro Regoli. Giornalista pubblicista. Laureatosi a Firenze su David Cronenberg, a partire dal 2002 collabora con diverse testate dell'area fiorentina. Nel 2005 entra a far parte dello staff redazionale di MYmovies.it.

Chiara Renda. Critico cinematografico specializzata in cinema indipendente, ha scritto inoltre di musica e cultura per diverse testate. Ha pubblicato saggi su Gus Van Sant, sulla pittoricità e il nomadismo nel cinema americano. Dal 2006 è redattrice presso la sede centrale di MYmovies.it ed è autrice del libro *Jim Jarmusch. Il fascino della malinconia,* Le Mani, 2008.

Emanuele Sacchi. Critico cinematografico e musicale, collabora con MYmovies, Rumore, Filmidee, Nocturno ed è direttore della testata web Hong Kong Express. Ha collaborato a *Il dizionario del cinema di Hong Kong* per Universitaria Editrice, a volumi monografici su Johnnie To – *Non è tempo di eroi* (Il Foglio Letterario) – e Ridley Scott – *L'ossessione visiva. Il cinema di Ridley Scott* (Historica Edizioni) – e alla collana *Far East* di Cecchi Gori Home Video.

Luca Volpe. Giornalista pubblicista. Laureato all'Università di Firenze con una tesi in Comunicazione politica, fa parte dal 2010 della redazione centrale di MYmovies.it.

COLLABORATORI

Edoardo Becattini, Robert Bernocchi, Luisa Ceretto, Fabio Secchi Frau, Lisa Meacci, Roy Menarini, Mattia Nicoletti, Francesca Pellegrini, Rudy Salvagnini, Fiorella Taddeo, Marlen Vazzoler.

Modelli di sintesi

Volendo connotare l'annata in sintesi, rispetto a ciò che ha rappresentato, alle indicazioni che ha dato, focalizzo due titoli: *Il grande Gatsby* e *La grande bellezza*.

Quando si dà un giudizio e si persegue un assoluto, come in questo caso, naturalmente occorre rilevarne l'arbitrio, come si fa quando si stilano le classifiche. Non esiste niente di oggettivo e niente, lo ribadisco, è più discrezionale del cinema. Inoltre la nostra epoca è frammentata su tutti i piani, soffocata dall'eccesso di informazioni che invece di aiutare la verità la confondono o peggio la nascondono, e vive di schieramenti, ciascuno dei quali si auto-attribuisce la propria verità. Il concetto vale per scenari ben più importanti e drammatici, di civiltà, di politica e di etnie, dove nessuno riesce a orientarsi, a reperire un segnale di "verità". Cosa ben più grave, naturalmente, rispetto al momento del cinema. Fatta la premessa, torno ai due titoli che contengono "grande". Credo che siano un modello prevalente, fra i molti, anzi quasi infiniti, che il cinema contemporaneo e di quest'anno propone, e rappresentino il barometro dei segnali trasmessi dal nostro Paese e che possono essere estesi altrove. Omologando il film di Sorrentino a quello di Luhrmann accredito il comune denominatore dell'internazionalità. *La grande bellezza* è un film del mondo come lo erano, per contenuti e fatte le proporzioni, *La dolce vita* e *8 e ½*. Altri denominatori sono la qualità e lo specchio sociale. Quando uscirono i film inquadrai le loro affinità:

«Cultura mediterranea e cultura anglosassone, diciamo così. L'australiano Luhrmann e l'italiano Sorrentino, in nome del cinema, si incrociano, si specchiano e si... intrattengono. Non esistono storie più diverse da quelle di Jay Gatsby e di Jep Gambardella: accostamento certo improprio, parlo di popolarità, di mito e di tutto il resto, ma strumentale. Sono comunque storie che raccontano fallimento e dolore, sogno infranto, con peso drammatico diverso naturalmente. Un comune denominatore, per cominciare: le feste di New York e le feste di Roma. Attribuendo, certo con arbitrio, a Fitzgerald una sintesi del film di Luhrmann, il regista che ha preso in mano l'adorata, dallo scrittore, storia di Jay Gatsby, ho scritto:

"...Iperbole, carnevale, eccesso, magniloquenza, sfarzo, frenesia, ipertrofia: tutto questo è stato attribuito al film, ed è legittimo non c'è dubbio, ma dico anche che trattasi di contorno, certo eclatante e invasivo, della sostanza. Ma la sostanza, la scrittura, mi sia concesso, possiedono troppa potenza e perfezione per essere stravolte. Sì, il mio romanzo è davvero impossibile contaminarlo, incrinarlo, deformarlo: tutto questo non è a mia discrezione, è accreditato, è 'storico'".

Credo proprio che le prime due righe possano essere attribuite a *La grande bellezza*.

Voglio chiamarlo "vezzo", quello del cinema contemporaneo di applicarsi al linguaggio, all'estetica, alla citazione, e poi "all'iperbole, carnevale, eccesso, magniloquenza, sfarzo, frenesia, ipertrofia", appunto. A scapito del corpo centrale, della sostanza. La parte iniziale delle feste romane, balli, frastuoni, movenze non è lontana dalle feste di Gatsby. Certo, lontanissima è la cultura: Long Island, persino la East Egg colonia dei veri ricchi, non può misurarsi con un terrazzo che dà su una piazza romana dove sono sfilati monarchi, condottieri e papi. E le magnifiche magioni del primo Novecento, della costa orientale degli Stati Uniti, potevano mostrare su una parete un Edward Hopper, ma su quelle dei palazzi rinascimentali di Roma c'era Raffaello Sanzio. Ma l'impatto, chiamiamolo così, accomuna gli scenari».

Quante metafore, e riferimenti, e citazioni: in sostanza abbiamo qualcosa cui riferirci, codici, estetiche e valori importanti, offuscati e schiacciati nel presente confuso e attonito. Autori accreditati come quelli in gioco sanno che la "festa" non deve finir bene – e come potrebbe in questa fase storica del nostro Paese e di tutti gli altri – sanno che deve mostrare angoscia e decadenza, e consapevolezza, ma se lo fai con stile alto ecco che può diventare un auspicio per qualcosa di meglio che potrà accadere. Per cominciare teniamoci due ottimi film, non accade tanto spesso. Cercando, in futuro, di rilevare e saper leggere anche la "sostanza", che prima o poi verrà scovata.

PINO FARINOTTI

Talento italiano

«Signor Gassman per favore, due parole per la Rai. Qual è il suo pensiero sulla crisi del cinema?», domanda un cronista. Gassman risponde: «La crisi del cinema è crisi di idee. Non ci sono più idee, non ci sono più scrittori». Questa risposta è del 1961, recitata da Vittorio Gassman in una comparsata in *Una vita difficile* di Dino Risi. Il regista milanese raccontava l'umanità con malinconica ironia, perché quello era il reale di allora. E oggi, dopo più di cinquant'anni, siamo ancora lì. Con una differenza: che allora la crisi nel cinema non c'era. Chi ha scritto questa battuta è Rodolfo Sonego, maestro di scrittura del cinema: che si è auto-compiaciuto, con ironia appunto, di quel concetto, sapendo che non era vero. Adesso "non ci sono più scrittori" ha una ragione di essere.

In quelle stagioni i grandi scrittori, i bravi sceneggiatori c'erano e lavoravano con i cineasti assimilandone storie e valori, per poi narrarli con le giuste proporzioni. C'erano Flaiano, Guerra, Sonego, Age e Scarpelli, Maccari, Cecchi D'Amico, Zavattini, Amidei, e altri. C'era già Cerami.

Oggi non accade più. Abbiamo dei grandi talenti in Italia, attoriali: faccio un solo nome, del magnifico capofila Toni Servillo, ma la schiera è lunga e preparata. E abbiamo degli ottimi cineasti. Che sono dei tecnici perfetti. Sono dei pubblicitari che vendono immagini esemplari, patinate, colorate, rigorose e senza un difetto: dallo stile glitterato e magico di un Garrone, a quello esteticamente senza una sbavatura di Sorrentino, dalla terra siciliana incantata secondo Crialese, alla tragicommedia del reale di Virzì – che a differenza di molti utilizza buoni scrittori e sceneggiatori, e si vede – fino alla pulizia e naturalezza di Diritti, forse il "vertice" del nostro cinema in questo momento: in *Un giorno devi andare* racconta una storia perfetta, esportabile, ma che si riserva astratte considerazioni sul trascendente che non aggiungono, ma tolgono qualcosa. Anche Soldini col *Comandante e la cicogna* espone una fantasia surreale alla francese, ma non ha resistito alla tentazione dei grandi pronunciamenti – quelli di Garibaldi, Leonardo, Verdi e Leopardi – un po' convenzionali, e superflui. E poi Salvatores, che ha spesso attinto dalla letteratura – vedi Ammanniti – ma che con *Educazione Siberiana* non ha saputo replicare la qualità dei contenuti del romanzo di Nicolai Lilin. *La migliore offerta* di Tornatore è un mosaico quasi perfetto, per stile e tensione. Ma non riesce a risolvere adeguatamente il finale. Dunque in ultima analisi è quasi sempre questione di scrittura. E di idee. Il tanto dibattuto *La grande bellezza*, di cui scrive anche Pino Farinotti nella sua prefazione di quest'anno, è un film ricco di spunti, di realtà diverse, di parole, di colore... ma che alla fine non arriva mai al punto. Forse perché un punto non c'è. Quando i nostri talentuosi autori scioglieranno quell'ultimo nodo, affidandosi a chi lo sa sciogliere, allora ci allineeremo al cinema completo e di grande qualità.

Rilevo infine un evento. Un film italiano ha vinto il Leone d'oro di Venezia, non accadeva da quindici anni. Il vincitore è *Sacro Gra*, di Gianfranco Rosi. Bernardo Bertolucci, presidente della giuria, insieme agli altri membri, ha deciso che era passato davvero troppo tempo. Ma per trovare un titolo "adeguato" si è dovuto ricorrere a un documentario, a un non-film. Non era ancora successo.

ROSSELLA FARINOTTI

Come si legge la scheda di un film

Titolo — ♥ **VIA COL VENTO** *(Gone with the Wind)* ★★★★★🏆

Cast artistico — Regia di VICTOR FLEMING. Con OLIVIA DE HAVILLAND, CLARK GABLE, LESLIE HOWARD, VIVIEN LEIGH, HATTIE MCDANIEL. ■

Recensione — Rossella O'Hara è innamorata di Ashley che sposa Melania. Crederà di amarlo per tutta la vita. Nel frattempo si sposa tre volte. L'ultimo marito è Rhett Butler (Gable). La loro vita è inquinata dal fantomatico amore di lei per l'altro. Quando muore Melania e Ashley sarebbe libero, Rossella si rende conto che l'uomo non significa niente per lei, che è stata vittima di un colossale abbaglio, che il suo vero amore è il marito. Lo rincorre e glielo dice. ■

Informazioni tecniche — DRAMMATICO; COL.; 222′; USA, 1939. ■ OSCAR 9 PR 🏆, 13 NOM.

Riconoscimenti sui premi

Titolo

(♥) **VIA COL VENTO** *(Gone with the Wind)* ★★★★★🏆

Alto gradimento di pubblico e critica*

Titolo italiano, titolo originale

Giudizio dei recensori

Il film ha vinto il premio più importante in una manifestazione internazionale**

★	Film decisamente mediocre
★★	Prodotto appena corretto, se non altro con buoni «nomi»
★★★	Film più che discreto, di buon successo popolare
★★★★	Film di eccellente fattura molto apprezzato dal pubblico
★★★★★	Film capolavoro o anche di eccezionale successo di pubblico

Cast artistico

Regista — Regia di VICTOR FLEMING. Con OLIVIA DE HAVILLAND, CLARK GABLE, LESLIE HOWARD, VIVIEN LEIGH, HATTIE MCDANIEL.

Interpreti principali in ordine alfabetico

Informazioni tecniche

Genere; colore, b/n; durata; paese di produzione; anno di uscita in Italia

DRAMMATICO; COL.; 222′; USA, 1939.

Riconoscimenti e premi

■ OSCAR 🏆 9 PR, 13 NOM.

Manifestazioni** in cui il film ha ottenuto premi e/o riconoscimenti

Indica la manifestazione nella quale il film ha ottenuto il premio più importante

Numeri dei premi (PR) e/o delle nomination (NOM)

* "Alto gradimento" è calcolato sulla media, superiore a 3,7 stelle, tra il giudizio dei visitatori di MYmovies e della critica. La lista dei film più amati da MYmovies è disponibile in fondo al volume.

** Le manifestazioni internazionali di cui si dà traccia nel dizionario sono le seguenti.

Manifestazione	*Premio più importante*
Mostra internazionale d'arte cinematografica di Venezia	Leone d'oro
David di Donatello	Miglior film
Festival internazionale del film di Cannes	Palma d'oro
Berlino film festival	Orso d'oro
Golden Globes	Miglior film, Miglior film straniero
Academy Awards (Oscar)	Miglior film, Miglior film straniero

L'elenco dei film e delle persone che hanno ottenuto uno dei premi sopra elencati è disponibile in fondo al volume.

il Farinotti 2014

Dizionario di tutti i film

A

A.A.A. ACHILLE ★★
Regia di VINCENZO ALBANESE. Con PAOLO BONACELLI, GIUSY CATALDO, LORIS PAZIENZA, SERGIO RUBINI, HÉLÈNE SEVAUX, LUCIA VASINI. ■ Achille, nove anni, intelligente, simpatico, è balbuziente. I genitori decidono di curarlo e lo affidano al dottor Aglieri, che comincia la terapia. Nel frattempo il piccolo conosce altri pazienti, come Alessandra, decisamente carina, e come Remo interpretato da Rubini, un tipo originale che può insegnare tante cose. Alla fine, la balbuzie diventa solo una parte della cura. Achille migliorerà, e non soltanto nel parlare. Albanese, esordiente alla regia tiene la storia in un profilo corretto. Occorre attenderlo a un'altra prova. ■ COMMEDIA; COL.; 85'; ITALIA, 2000.

A.A. CRIMINALE CERCASI *(Dear Brat)* ★★
Regia di WILLIAM A. SEITER. Con EDWARD ARNOLD, LYLE BETTGER, MONA FREEMAN. ■ È il terzo capitolo di una serie della Paramount dedicata a una tipica famiglia americana di provincia (il primo episodio fu *Sessanta lettere d'amore*). Qui la figlia minore del giudice Higgins, eterna combinaguai, s'è messa in testa di reinserire nella società un uomo dalla fedina penale inquietante. La ragazza si agita tanto che il poveraccio rischia, senza colpa, di tornare in galera. ■ COMMEDIA; B/N; 79'; USA, 1951.

ABANDON – MISTERIOSI OMICIDI *(Abandon)* ★
Regia di STEPHEN GAGHAN. Con BENJAMIN BRATT, ZOOEY DESCHANEL, KATIE HOLMES, CHARLIE HUNNAM, GABRIELLE UNION. ■ Ambientato lungo i corridoi e nei sotterranei del solito classico college americano, che offre agli studenti l'opportunità di farsi analizzare da psichiatri, mettere in scena opere liriche e altre amenità che i poveri fuoricorso di una qualsiasi scalcinata università italiana si sognano di notte. Il film vorrebbe, nelle pie intenzioni del regista (anche sceneggiatore), rifarsi a quei classici del noir nei quali, più che l'azione, contano la suspance e l'attesa. Generalmente per ottenere quest'effetto si sfruttano brillanti idee registiche o granitiche e intriganti sceneggiature, ma stavolta qualcosa è andato storto. ■ THRILLER; COL.; 99'; USA, 2002.

ABBANDONATA IN VIAGGIO DI NOZZE ★★★
(Family Honeymoon)
Regia di CLAUDE BINYON. Con CLAUDETTE COLBERT, RITA JOHNSON, FRED MACMURRAY. ■ Un professore universitario sposa una vedova con tre figli. Ma i marmocchi hanno la pretesa di seguire mammà nella luna di miele e combinano un mucchio di guai. Il matrimonio è in pericolo, ancor prima di essere consumato. ■ COMMEDIA; B/N; 80'; USA, 1948.

ABBANDONATI NELLO SPAZIO (Marooned) ★★
Regia di JOHN STURGES. Con RICHARD CRENNA, JAMES FRANCISCUS, LEE GRANT, GENE HACKMAN, MARIETTE HARTLEY, DAVID JANSSEN, NANCY KOVACK, GREGORY PECK. ■ Il film è tratto dal romanzo di Martin Caidin: tre astronauti si trovano nei guai. Nonostante a Houston li soccorrano, il razzo di salvataggio ne aiuta due (il comandante s'è volontariamente sacrificato). Suspence fantascientifico, girato con molti mezzi. ■ DRAMMATICO; COL.; 134'; USA, 1969. ■ OSCAR 1 PR, 3 NOM.

ABBANDONO ★★
Regia di MARIO MATTOLI. Con MARIA DENIS, CORINNE LUCHAIRE, CAMILLO PILOTTO, GEORGES RIGAUD, OSVALDO VALENTI. ■ In una famiglia altoborghese dell'Ottocento, è grande lo scandalo quando uno dei figli sposa una ragazza di ascendenza tutt'altro che raccomandabile. In realtà la fanciulla è un cuor nobile che si lascia accusare per salvare dal disonore la sorella del marito coinvolta in un losco affare. Solo più tardi la verità viene a galla. ■ DRAMMATICO; B/N; 100'; ITALIA, 1940.

ABBA SPETTACOLO *(Abba – The Movie)* ★★
Regia di LASSE HALLSTRÖM. Con BENNY ANDERSSON, AGNETHA FÄLTSKOG, ANNI-FRID LYNGSTAD, BJÖRN ULVAEUS. ■ Ashley, disc-jockey di una radio privata australiana, insegue il complesso svedese degli Abba per realizzare un'intervista ma è costretto a girare mezza Australia prima di riuscire ad avvicinare i quattro all'interno di un ascensore. ■ COMMEDIA; COL.; 92'; AUSTRALIA, SVEZIA, 1977.

ABBASSO LA MISERIA! ★★
Regia di GENNARO RIGHELLI. Con NINO BESOZZI, LAURO GAZZOLO, ANNA MAGNANI, VIRGILIO RIENTO, MARISA VERNATI. ■ Alla fine della guerra due autisti trafficano in borsa nera. Uno è furbo e fa i soldi. L'altro è un bonaccione che s'accolla anche un orfano trovato fra le macerie. ■ COMMEDIA; B/N; 90'; ITALIA, 1945.

ABBASSO L'AMORE *(Down with love)* ★★★
Regia di PEYTON REED. Con EWAN MCGREGOR, RENÉE ZELLWEGER, SARAH PAULSON, DAVID HYDE PIERCE, TONY RANDALL. ■ New York 1963: ecco cosa succede quando Catcher Block, affermato giornalista e maschilista convinto, incontra Barbara Novak, timida scrittrice di provincia balzata all'onore delle cronache con *Down with love*, romanzo-manifesto che professa l'emancipazione della donna attraverso la rinuncia all'amore. Un tocco di commedia americana del periodo d'oro con pennellate di modernità che non può non conquistare lo spettatore con lampi di ironia e pochade d'annata. Gli attori si muovono con disinvoltura senza essere caricaturali, forzati a far sorridere. La musica coinvolge ed è il tappeto su cui la sceneggiatura cammina leggera ricostruendo un'epoca che oggi non sembra così lontana. ■ COMMEDIA; COL.; 101'; USA, 2003.

ABBASSO LA RICCHEZZA! ★★
Regia di GENNARO RIGHELLI. Con GALEAZZO BENTI, VITTORIO DE SICA, LAURO GAZZOLO, ANNA MAGNANI, VIRGILIO RIENTO. ■ Una fruttivendola fa la borsa nera. Accumula un bel gruzzolo, si mette a vivere alla grande. Alla fine delusa torna al suo negozio. ■ COMMEDIA; B/N; 93'; ITALIA, 1946.

ABBASSO LE BIONDE *(Redheads on Parade)* ★★
Regia di NORMAN Z. MCLEOD. Con JOHN BOLES, ALICE FAYE, DIXIE LEE. ■ Un industriale dei cosmetici che ha lanciato una nuova lozione per capelli, decide di sponsorizzare una rivista: «Abbasso le bionde». S'innamora anche della stella dello show suscitando la gelosia del di lei fidanzato. Finale in gloria, con il successo della rivista, della lozione e il matrimonio dei due fidanzati. ■ COMM. MUSICALE; B/N; 75'; USA, 1935.

ABBASSO LE DONNE *(Dames)* ★★
Regia di RAY ENRIGHT. Con JOAN BLONDELL, RUBY KELLER, GUY KIBBEE, DICK POWELL. ■ Un miliardario, puritano, tenta di impedire a tutti i costi il varo di una commedia musicale. Ma un suo nipote è l'autore dei testi delle canzoni dello show. Dopo la consueta girandola di equivoci il riccone finanzia lo spettacolo. ■ COMM. MUSICALE; B/N; 90'; USA, 1934.

ABBASSO MIO MARITO *(Dear Wife)* ★★
Regia di Richard Haydn. Con Edward Arnold, Joan Caulfield, Billy De Wolfe, Mona Freeman, William Holden. ■ Due sposini, riunitisi alla fine della guerra, iniziano a litigare. La sorella minore della moglie tenta in tutti i modi di portarli alla riconciliazione. Finisce invece per complicare le cose. ■ Commedia; b/n; 88′; USA, 1949.

ABBASSO TUTTI, VIVA NOI ★★
Regia di Gino Mangini. Con Pier Paolo Capponi, Franco Giacobini, Angela Goodwin, Anna Maestri, Mara Venier. ■ Un ragazzo di dieci anni, orfano di padre, va ad abitare con la zia in un paese del Lazio, dove stringe amicizia con un barbone, Rufo, che lo salverà quando si ferirà gravemente. ■ Commedia; col.; 87′; Italia, 1974.

ABBIAMO SOLO FATTO L'AMORE ★
Regia di Fulvio Ottaviano. Con Daniele Liotti, Valerio Mastandrea. ■ Simone lavora sul vagone ristorante che dovrebbe essere un microcosmo di realtà umane. Film privo di umorismo e animato da una velleitaria prosopopea autoriale. ■ Commedia; col.; 90′; Italia, 1998.

ABBIAMO VINTO! ★★
Regia di Robert Adolf Stemmle. Con Margherita Bagni, Walter Chiari, Antonella Lualdi, Camillo Pilotto, Paolo Stoppa. ■ Un pittore antifascista trova rifugio nella soffitta di un famigliare. I parenti danno fondo al gruzzolo che ha loro affidato. Arriva la liberazione: il pittore scopre le malefatte dei suoi ospiti. ■ Commedia; b/n; 84′; Italia, 1951.

ABBRACCIO DELL'ORSO, L' *(Charlie Muffin)* ★★★
Regia di Jack Gold. Con David Hemmings, Ian Richardson, Ralph Richardson. ■ Charlie Muffin è un bravo agente segreto in disgrazia presso i suoi superiori, gente presuntuosa e sciocca, che crede di aver fatto il gran colpo, quando un alto ufficiale sovietico sembra disposto a fuggire in Occidente. In realtà è un intrigo molto più sottile, di cui solo Charlie si accorge. E di cui solo lui saprà approfittare. ■ Spionaggio; col.; 99′; Gran Bretagna, 1979.

ABBRACCIO DEL RAGNO, L' ★
(Ein Toter hing im Netz)
Regia di Fritz Bottger. Con Reiner Brand, Alexander D'Arcy, Helga Frank, Harald Maresch, Barbara Valentin. ■ Un impresario e otto ballerine, dopo un naufragio, sbarcano su un'isola deserta. Ma l'uomo è assalito da un enorme ragno che lo ferisce tramutandolo in un mostro. ■ Fantascienza; b/n; 91′; Germania, 1961.

ABBRACCIO PERDUTO, L' *(El abrazo partido)* ★★★
Regia di Daniel Burman. Con Adriana Aizemberg, Sergio Boris, Silvina Bosco, Jorge D'Elia, Daniel Hendler, Diego Korol, Atilio Pozzobón. ■ Ariel è un giovane argentino che appartiene a una famiglia di ebrei polacchi sfuggiti all'Olocausto. Non ha mai conosciuto suo padre che ha lasciato la famiglia per raggiungere Israele mentre era ancora nel ventre materno. Ora l'uomo vorrebbe conoscerlo ma lui si rifiuta, apparentemente interessato solo a lasciare una vita mediocre a Buenos Aires ottenendo la cittadinanza polacca. In realtà indaga e si trova di fronte a una realtà inaspettata. Un film che affronta il tema del flusso migratorio che dall'Argentina spinge gli appartenenti alla seconda o terza generazione a percorrere le vie in senso contrario rispetto ai padri o ai nonni. ■ Drammatico; col.; 100′; Argentina, Francia, 2004. ■ Berlino 2 pr.

ABBRACCI SPEZZATI, GLI *(Los Abrazos Rotos)* ★★★
Regia di Pedro Almodovar. Con Penelope Cruz, Jose Luis Gomez, Lluis Homar, Ruben Ochandiano, Blanca Portillo. ■ Mateo Blanco, ex regista, bell'uomo non vedente, ha deciso di tagliare i ponti con il passato firmando romanzi e sceneggiature con lo pseudonimo Harry Caine. Mateo cerca di essere indipendente, ma sa di avere bisogno dell'assistenza della produttrice e grande amica Judit e di suo figlio Diego. La donna conosce il tragico triangolo che ha visto coinvolto Mateo, il ricco Ernesto Martel e l'affascinante Lena, con la quale Mateo ha vissuto una grande storia d'amore che decide di narrare anche a Diego. Se in *Volver* l'occhio era rivolto a un presente di passioni e di sentimenti, in *Gli abbracci spezzati* lo sguardo è verso il passato. Narrato alla Almodovar. ■ Drammatico; col.; 129′; Spagna, 2009.

ABBRONZATISSIMI ★
Regia di Bruno A. Gaburro. Con Jerry Calà, Mauro Di Francesco, Eva Grimaldi, Alba Parietti. ■ Sarabanda marittima di ovvie situazioni, in cui vengono presi in giro gli extracomunitari e si vedono quei film osé degli anni Settanta che speravamo di poter evitare almeno al cinema, visto che in televisione fanno ancora audience. ■ Commedia; col.; 113′; Italia, 1991.

ABBRONZATISSIMI 2 – UN ANNO DOPO ★
Regia di Bruno A. Gaburro. Con Jerry Calà, Vanessa Gravina, Eva Grimaldi, Valeria Marini. ■ Ci risiamo: albergo di Cervia popolato di ospiti con varie voglie e manie. Film vacanziero privo di quella satira di costume, di quell'ironia all'acido solforico che attraversava opere analoghe negli anni Sessanta. ■ Comico; col.; 105′; Italia, 1993.

ABBUFFATA, L' ★★
Regia di Mimmo Calopresti. Con Diego Abatantuono, Elena Bouryka, Paolo Briguglia, Valeria Bruni Tedeschi, Gérard Depardieu, Lorenzo Di Ciaccia, Donatella Finocchiaro. ■ Diamante è una piccola località della Calabria la cui unica peculiarità è l'assenza di qualsiasi avvenimento degno di essere raccontato. I tre giovani protagonisti del film, che sognano di sfondare nel mondo del cinema, lo sanno bene. Così come sanno bene che non sarà facile portare a termine il loro cortometraggio, basato su una storia d'amore – sognata per trent'anni – fra una vecchia zia e un giovane emigrante sparito nel nulla. Nella frenetica ricerca di un attore, i tre – accompagnati da una spigliata fanciulla in cerca di successo – si spingono fino a Roma, dove scoprono sulla loro pelle che le amicizie, i contatti e le conoscenze contano molto di più della voglia di fare. Il cinema che parla di cinema ha perso fascino, non ha più appeal. Si sa già quasi tutto. Superfluo. ■ Commedia; col.; 102′; Italia, 2007.

ABBY ★★
Regia di William Girdler. Con Terry Carter, William Marshall, Juanita Moore, Carol Speed, Austin Stocker. ■ Un pastore, studioso di antropologia, scopre in Africa un cofanetto e senza rendersene conto libera lo spirito di un demonio, che s'impossessa di sua nuora. Arriva però il suocero che esorcizza la ragazza e la riporta ad accettabili livelli di comportamento. ■ Horror; col.; 88′; USA, 1973.

A.B.C. AFRICA *(ABC Africa)* ★★★
Regia di Abbas Kiarostami. Con Abbas Kiarostami, Seyfolah Samadian. ■ Nel marzo del 2000 Abbas Kiarostami e il suo operatore Seyfolah Samadian arrivano a Kampala (Uganda) su sollecitazione di un'associazione umanitaria (la Fida, Fonds International de Développement Agricole). Nel corso di dieci giorni riprendono con la loro camera digitale la vita di migliaia di bambini orfani a causa dell'Aids. Il documentario racconta le loro lacrime e i loro sorrisi, il gioco e la scuola ma, soprattutto, riesce a compiere un piccolo miracolo: raccontare il dolore attraverso la gioia. Questi bambini, che siano adottati all'estero, o che vivano in comunità di accoglienza locali, hanno ritrovato il sorriso. In un documentario a tratti più toccante di un film strappalacrime, Kiarostami riesce a porci una domanda molto diretta: vogliamo che su questi volti torni la tristezza? Non hanno già sofferto abbastanza? Primo film girato dal regista in digitale e, forse, punto di non ritorno al 35 mm. ■ Documentario; col.; 85′; Iran, 2001.

ABDUCTION. RIPRENDITI LA TUA VITA ★★
(Abduction)
Regia di John Singleton. Con Maria Bello, Lily Collins, Jason Isaacs, Taylor Lautner, Alfred Molina. ■ Nathan, liceale innamorato della vicina di casa, è campione di wrestling per volere del padre, che lo sottopone ad un continuo allenamento. Da buon adolescente, Nathan non si riconosce nei genitori e frequenta regolarmente una psicologa per capire il perché di un sogno ricorrente. Quando trova per caso una sua foto da bambino su un sito di persone scomparse, capisce che la sua storia è più complessa di come gli hanno sempre fatto credere e si ritrova in

fuga, braccato dalla Cia e da un agente segreto russo senza scrupoli. ■ Azione; col.; 106′; USA, 2011.

A BEVERLY HILLS... SIGNORI SI DIVENTA ★★
(The Beverly Hillbillies)
Regia di Penelope Spheeris. Con Erika Eleniak, Zsa Zsa Gabor, Jim Paolo. ■ Versione cinematografica di una serie di grande successo negli Stati Uniti. I Camplett (ricordano la famiglia de *L'eterna illusione*): il capo famiglia rimasto vedovo, sua madre distilla liquori, la figlia è come una scimmia sugli alberi e il figlio un mangione. Dopo aver trovato il petrolio vanno a vivere a Beverly Hills, con tanti guai. ■ Commedia; b/n; 95′; USA, 1994.

ABISSI *(The Deep)* ★★★
Regia di Peter Yates. Con Jacqueline Bisset, Nick Nolte, Robert Shaw, Eli Wallach. ■ Una coppia di fidanzati appassionati di pesca subacquea ritrova due tesori sommersi. Intorno ai due grisbi si scatena la lotta. ■ Avventura; col.; 129′; USA, 1977. ■ Golden Globes 1 nom; Oscar 1 nom.

ABISSINIA ★★
Regia di Francesco Martinotti. Con Mario Adorf, Enrico Salimbeni, Grazyna Szapolowska, Milena Vukotic. ■ Riccione. Antonio si ritrova a fare il cameriere in un ristorante in cui non va nessuno. È in realtà vittima di un perfido gioco del proprietario che vuole eliminare la moglie con il relativo amante per incassare l'assicurazione e gettare la colpa su di lui. Opera prima originale in cui si rivisita il noir senza eccessivi intellettualismi ma con amore dichiarato per il genere. ■ Drammatico; col.; 91′; Italia, 1993.

ABISSI PROFONDI *(Evil Below)* ★★
Regia di Jean-Claude Dubois. Con June Chadwick, Wayne Crawford. ■ Alcuni avventurieri, desiderosi di entrare in possesso di un mitico tesoro, fanno ricerche nell'oceano. Il tesoro, nascosto in un'antica nave, è però tenuto sotto controllo da una strana forza infernale che darà del filo da torcere ai protagonisti. ■ Fantastico; col.; 81′; USA, 1989.

ABISSO DELLA VIOLENZA, L' ★
(Na garganta do diablo)
Regia di Walter Hugo Khouri. Con Odete Lara, Luigi Picchi, Milton Ribeiro. ■ Storie di quattro disertori durante la guerra fra Brasile e Paraguay. ■ Avventura; b/n; 86′; Brasile, 1960.

ABITO DA SPOSA MACCHIATO DI SANGUE, UN ★★
(La novia ensangrentada)
Regia di Vicente Aranda. Con Simón Andreu, Alexandra Bastedo, Angel Lombard, Maribel Martin, Julien Monteserrat. ■ Una coppia di sposini va ad abitare nel castello di Karnastein, che fu già teatro delle imprese della famigerata vampira Carmilla. La sposina dà segni di squilibrio. Carmilla, reincarnata in una donna del posto, la plagia. ■ Horror; col.; 90′; Spagna, 1972.

ABITO NERO DA SPOSA, L' ★★
Regia di Luigi Zampa. Con Enzo Fiermonte, Fosco Giachetti, Jacqueline Laurent, Carlo Tamberlani. ■ Andrea Strozzi, un sanguinario aristocratico, uccide il padre della ragazza che l'ha respinto. Poi corre a confessarsi dal cardinale de' Medici. Accusato del delitto è però Alessandro, il fratello del cardinale. Terribile dilemma dell'eminenza: come denunciare il vero colpevole senza tradire il segreto della confessione? ■ Storico; b/n; 60′; Italia, 1945.

A BITTERSWEET LIFE *(Dal kom han in-saeng)* ★★
Regia di Kim Jee-woon. Con Lee Byeong-heon, Hwang Jeong-min, Sin Min-ah, Kim Young-cheol. ■ Non c'è dubbio che il tema della vendetta sia centrale nel cinema sudcoreano. Protagonista è Sunwoo, manager di un lussuoso albergo di Seoul, nonché braccio destro di Kang, capo della mafia locale. La sua vita, più amara che dolce, scorre fra regolamenti di conti, riscossioni di crediti, lotte fra bande rivali. Fino al giorno in cui il boss gli chiede di sorvegliare la sua giovane compagna per scoprire se lo tradisce. Naturalmente Sunwoo si innamora della ragazza, e, pur sorprendendola con l'amante, nasconde la cosa a Kang. Ma la verità viene a galla e da qui inizia la faida di cui si parlava sopra. La brutalità delle immagini regala uno spettacolo visivo efficace anche se conosciuto. Presentato fuori concorso al 58° Festival di Cannes. ■ Drammatico; col.; 118′; Corea del Sud, 2005.

ABOMINEVOLE DOTTOR PHIBES, L' ★★★
(The Abominable Dr. Phibes)
Regia di Robert Fuest. Con Joseph Cotten, Hugh Griffith, Vincent Price, Terry Thomas. ■ Una serie di mostruosi omicidi. Le vittime sono sottoposte a supplizi che ricordano le piaghe d'Egitto profetizzate da Mosè al Faraone. I morti sono tutti dottori, un'équipe di baroni della medicina. ■ Horror; col.; 94′; Gran Bretagna, 1971.

ABOUT A BOY – UN RAGAZZO ★★★
Regia di Chris Weitz, Paul Weitz. Con Toni Collette, Hugh Grant, Nicholas Hoult, Rachel Weisz. ■ Will è un single, vicino ai quarant'anni: vive di rendita e il suo unico scopo nella vita sembra essere continuare a non fare niente, impiegando la maggior parte del suo tempo a cercare nuove conquiste femminili. Infatti un giorno si reca ad un incontro di genitori single, fingendosi "ragazzo-padre" solo per conquistare qualche donna sola: invece si troverà suo malgrado coinvolto nella vita di una di queste, e soprattutto di suo figlio, Marcus. Il rapporto con il ragazzo riuscirà a intaccare persino l'egoismo e la superficialità di Will. Una commedia gradevole interpretata da Hugh Grant in splendida forma. ■ Commedia; col.; 101′; Francia, Gran Bretagna, USA, 2002. ■ Golden Globes 2 nom.

ABOUT ADAM ★★★
Regia di Gerard Stembridge Con Charlotte Bradley, Kate Hudson, Frances O'Connor, Stuart Townsend. ■ Una cameriera incontra l'attraente Adam e se ne innamora. Ma l'uomo non perde tempo e avvia una relazione anche con la sorella di lei. Ma ce n'è una terza non felicemente sposata che, pur essendo a conoscenza del coinvolgimento di entrambe le congiunte, non si tira indietro. Ma non mancano neppure, nel gioco, un fratello e la sua ragazza. Una commedia divertente e non priva di ritmo e di trovate. Con quel tanto di irlandese che non guasta. ■ Commedia; col.; 105′; Gran Bretagna, Irlanda, 2000.

ABOUT ELLY *(Darbareye Elly)* ★★
Regia di Asghar Farhadi. Con Taraneh Alidousti, Golshifteh Farahnai, Mani Haghighi, Shahab Hosseini, Merila Zarei. ■ Ahmad, appena divorziato, torna per qualche giorno a Teheran. I compagni di Università, ora accasati, organizzano un fine settimana al mare e Sepideh, una di loro, invita Elly, la giovane maestra della figlia. Elly potrebbe piacere ad Ahmad. Il gruppo non trova disponibile la casa che aveva prenotato e decide per un'abitazione chiusa da tempo. Tutto procede e Ahmad tenta timidamente di conoscere Elly. Al secondo giorno un bambino rischia di annegare mentre i genitori sono assenti. Elly, che avrebbe dovuto sorvegliarlo, è scomparsa. Uno stile dinamico e ricco di sottolineature non didascaliche per descrivere una generazione differente rispetto all'immagine che i media ci offrono dell'Iran. ■ Drammatico; col.; 119′; Iran, 2009.

ABOUT FACE – DIETRO IL VOLTO DI UNA TOP MODEL ★★★
(About Face: The Supermodels, Then and Now)
Regia di Timothy Greenfield-Sanders. Con Kim Alexis, Carol Alt, Marisa Berenson, Karen Bjornson, Christie Brinkley. ■ Dagli anni '50 al tempo dei fasti e delle feste, di Dalì e Warhol, del glamour sfrenato e, in seguito, quello delle droghe pesanti, dei volti severi, dell'Aids in particolare, la moda si reinventa e le modelle devono fare lo stesso. *About Face* dà la parola ad alcuni dei volti della bellezza dagli anni '40 agli anni '80. Ne esce un ritratto sincero e variegato, nonostante il regista sia un (grande) fotografo e le interviste siano realizzate per lo più in uno spoglio set fotografico. ■ Documentario; col.; 75′; USA, 2012.

ABRACADABRA ★★
Regia di Max Neufeld. Con Riccardo Billi, Lilia Landi, Mario Riva, Alberto Sorrentino. ■ Tre allegri imbroglioni architettano una truffa ai danni di una giovane vedova miliardaria. La riccona sta quasi per cascarci, quand'ecco che ricompare il marito che lei credeva defunto. ■ Commedia; b/n; 92′; Italia, 1952.

ABRACADABRA ★★★
Regia di Harry Cleven. Con Clementine Célarié, Thierry Frémont, Philippe Volter. ■ Phil, un carcerato ladro e prestigiatore di serie B, ottiene un congedo di 48 ore per recarsi al funerale della madre. In quel breve spazio di tempo ritrova i due fratelli e va in cerca del suo vecchio amore. Phil si fa coinvolgere in un furto dal fratello Chris e viene braccato dalla polizia. Non gli resta che darsi la morte insieme all'altro fratello handicappato, Naze, saltando nel vuoto al grido di «Abracadabra». Un film raffinato e poetico con tratti di iperrealismo. ■ Drammatico; col.; 90′; Belgio, Francia, Lussemburgo, 1992.

A BRACCIA APERTE ★★
(John Goldfarb, Please Come Home)
Regia di Jack Lee Thompson. Con Scott Brady, Richard Crenna, Wilfrid Hyde-White, Shirley MacLaine, Peter Ustinov. ■ Un giovanotto volenterosissimo, ma sfortunato, accetta di pilotare un aereo-spia degli Usa e, manco a dirlo, casca sul palazzo di un signorotto arabo corteggiato (per via del petrolio) dalle superpotenze. Complicazioni internazionali. ■ Commedia; col.; 96′; USA, 1964.

ABRAMO ★★
Regia di Joseph Sargent. Con Vittorio Gassman, Richard Harris, Barbara Hershey, Maximilian Schell. ■ Grandi ambizioni produttive per questo sceneggiato televisivo di derivazione biblica. L'opera si colloca in un progetto che prevede la realizzazione dell'intero "Libro dei libri". Tratto dalla *Genesi*, il capitolo in questione racconta di Abramo, l'uomo dalla fede eroica in Dio, intrecciando la ricostruzione storica con la narrazione teologica: la vocazione di Abramo e le sue migrazioni, il sacrificio di Isacco e le rivelazioni di Iahvè. La regia è un po' "patriarcale". ■ Storico; col.; 180′; Italia, USA, 1992.

ABRAMO LINCOLN *(Abe Lincoln in Illinois)* ★★★
Regia di John Cromwell. Con Alan Baxter, Howard Da Silva, Ruth Gordon, Mary Howard, Raymond Massey. ■ Vita e carriera di Abramo Lincoln dalla giovinezza nei boschi ai primi successi nell'avvocatura, alla conquista della Casa Bianca. Due donne nella sua vita: la tenera Ann Rutledge (che morì presto) e l'aristocratica-nevrotica Mary Todd che divenne la "first lady". ■ Biografico; b/n; 110′; USA, 1940. ■ Oscar 2 nom.

A BRIGLIA SCIOLTA *(La bride sur le cou)* ★★
Regia di Roger Vadim. Con Brigitte Bardot, Claude Brasseur, Michel Subor. ■ Una fotomodella, innamorata di un regista (che invece s'è stufato di lei), decide di accompagnarsi a un prestante giovanotto per destare la gelosia dell'amato. ■ Commedia; b/n; 87′; Francia, Italia, 1961.

A BRUCIAPELO! *(The Sadist)* ★★
Regia di James Landis. Con Richard Alden, Archie Hall jr, Don Russell. ■ Tre insegnanti, due uomini e una donna, in viaggio di piacere, per un guasto alla macchina devono fermarsi in una località deserta. Lì vengono raggiunti da una coppia di teppisti. I due vogliono impadronirsi della macchina, ma gli uomini reagiscono. ■ Drammatico; b/n; 81′; USA, 1963.

ABSOLUTE BEGINNERS ★★
Regia di Julien Temple. Con David Bowie, Patsy Kensit, Eddie O'Connell. ■ Nella "swingin' London" degli anni Cinquanta, tra scooter, fermenti razziali e tanta voglia di divertirsi, ha luogo la contrastata storia d'amore tra Colin e Suzette, destinati a lasciarsi e ritrovarsi a suon di musica. Filmettino con tutta l'aria dell'occasione mancata, nobilitato da una colonna sonora tra i cui autori segnaliamo David Bowie, Gil Evans, Sade, Ray Davies, Style Council, Working Week e altri. ■ Comm. musicale; col.; 107′; Gran Bretagna, 1986.

ABUNA MESSIAS ★★★
Regia di Goffredo Alessandrini. Con Mario Ferrari, Enrico Glori, Camillo Pilotto, Corrado Racca, Amedeo Trilli. ■ La vita del cardinale Massaia, evangelizzatore dell'Abissinia nell'Ottocento. Arrivato in Africa da solo, senza appoggi (il governo piemontese s'è rifiutato di aiutarlo), Massaia trova un alleato nel re Menelik. Ma l'Abuna Atanasio, che mal tollera il suo proselitismo, gli mette contro l'imperatore. Per evitare una guerra fra quest'ultimo e Menelik, Massaia (soprannominato ormai "Abuna Messias") decide di andarsene dall'Africa. ■ Storico; b/n; 96′; Italia, 1939. ■ Venezia 1 pr.

ABUSO DI POTERE ★★★
Regia di Camillo Bazzoni. Con Umberto Orsini, Frederick Stafford, Marilù Tolo. ■ In una cittadina della Sicilia un commissario indaga sulle attività illegali di un gruppo di biscazzieri. La cricca però è legata alla mafia che tenta in ogni modo di togliere di mezzo il poliziotto. ■ Poliziesco; col.; 94′; Italia, 1972.

ABUSO DI POTERE *(Unlawful Entry)* ★
Regia di Jonathan Kaplan. Con Ken Lerner, Ray Liotta, Roger E. Mosley, Kurt Russell, Madeleine Stowe. ■ Michael e Karen vengono aiutati da un poliziotto, Pete, nella difesa da un ladro. Pete però desidera Karen e perseguita Michael perché esca dal gioco. Sarà Michael ad uccidere il poliziotto prima che elimini Karen, che gli resiste. Kaplan, con *Due sconosciuti, un destino* (1993) e *Sotto accusa* (1988) sembra passare dalla parte del diritto-fai-da-te. Speriamo per poco. ■ Drammatico; col.; 111′; USA, 1992.

ABYSS, THE ★★★
Regia di James Cameron. Con Michael Biehn, Ed Harris, Mary Elizabeth Mastrantonio. ■ Gli uomini di una piattaforma petrolifera sono ingaggiati dalla Marina Americana per tentare di recuperare un sommergibile nucleare, inabissatosi a 7500 metri di profondità. Loro ci provano, ma si trovano di fronte ad avventure inaspettate (incappano in una razza sconosciuta di uomini pesce). Un film costato molto ma riuscitissimo e avvincente. ■ Avventura; col.; 140′; USA, 1989. ■ Oscar 1 pr, 4 nom.

ACAB. ALL COPS ARE BASTARDS ★★
Regia di Stefano Sollima. Con Pierfrancesco Favino, Marco Giallini, Filippo Nigro, Andrea Sartoretti, Roberta Spagnuolo. ■ Cobra, Negro e Mazinga sono celerini e "fratelli" dentro gli stadi, lungo le strade e intorno alle piazze che "ripuliscono" la domenica dagli ultras e gli altri giorni dai clandestini, dagli sfrattati, dai delinquenti e dalle puttane. Costretti tra le logiche dello Stato e l'odio della comunità, i poliziotti del Reparto Mobile, dietro la visiera, guardano la miseria del mondo, compromessi dalla "spedizione genovese" e perduta l'anima nella scuola Diaz, sei anni dopo cercano il riscatto nell'azione e nell'istruzione alla fratellanza di un giovane agente individualista e ribelle: Spina. ■ Poliziesco; col.; 112′; Italia, 2011.

A CACCIA DI SPIE *(Where the Spies Are)* ★★★
Regia di Val Guest. Con Cyril Cusack, Françoise Dorléac, David Niven. ■ Un agente segreto inglese viene ucciso a Beirut. Al suo posto viene inviato uno spione di complemento, il dottor Love, il quale con molto coraggio e fortuna riuscirà nella missione. ■ Spionaggio; col.; 110′; Gran Bretagna, 1965.

ACADEMY WAR *(All's Fair)* ★★
Regia di Rocky Lane. Con Robert Carradine, Sally Kellerman, George Segal. ■ George Segal è un big dell'industria ossessionato dai *war games* (scampagnata di fine settimana dove i cacciatori girano nei boschi a fare finte guerre con altri maniaci). Un giorno la moglie di Segal si stufa e organizza pure lei una pattuglia di cacciatrici domenicali, per dare una lezione ai signori mariti. ■ Commedia; col.; 100′; USA, 1989.

ACAPULCO – ANCHE GLI EROI SONO ASSASSINI *(A Woman's Devotion)* ★★
Regia di Paul Henreid. Con Paul Henreid, Ralph Meeker, Janice Rule. ■ Un reduce dalla guerra mondiale è tornato con molte medaglie ma anche con un trauma difficile da guarire. Raptus omicidi lo colgono quando sente il rumore di aeroplani. Durante una vacanza in Messico, le sue turbe lo portano a uccidere. ■ Drammatico; col.; 88′; USA, 1956.

ACAPULCO GOLD ★★
Regia di Burt Brinckerhoff. Con Marjoe Gortner, Robert Lansing, Ed Nelson. ■ Un giovanotto senza colpa è coinvolto in un pasticciaccio di contrabbando di droga fra il Messico e le Hawaii. Una storia risaputa che però trae vantaggio dall'ambientazione nella splendida isola di Kauai. ■ Avventura; col.; 87′; USA, 1978.

ACAPULCO, PRIMA SPIAGGIA... A SINISTRA ★
Regia di SERGIO MARTINO. Con SIMONA MARCHINI, ANDREA RONCATO, GIGI SAMMARCHI. ■ Gigi e Andrea, due bolognesi disoccupati, sognano Acapulco, ma si accontentano di trascorrere l'estate a Cesenatico. Sperando di rimediare avventure amorose, rimediano invece solo brutte figure e per di più, rimasti senza soldi, tornano in città proprio a Ferragosto. Ma trovano due vecchi amori un tempo snobbati. ■ COMMEDIA; COL.; 88'; ITALIA, 1983.

A CARO PREZZO *(Washington Affair)* ★★
Regia di VICTOR STOLOFF. Con CAROL LYNLEY, TOM SELLECK, BARRY SULLIVAN. ■ Un uomo d'affari di pochi scrupoli cerca di ricattare un ingegnere per strappargli un contratto per la costruzione di aerei su scala nazionale. ■ DRAMMATICO; COL.; 104'; USA, 1977.

A CASABLANCA GLI ANGELI NON VOLANO ★★
(Al Malaika la tuhaliq fi al-dar albayda)
Regia di MOHAMED ASLI. Con ALI ACHTOUK, JAMAL BOUHADDIOUI, NAIMA BOUHMALA, ABDERRAZAK EL BADAOUI, FATIMA EL HADI, LEILA EL HAYANI, RACHID EL HAZMIR, ABELAZIZ ESSGHYR, ABDESSAMED MIFTAH EL KHEIR, MOSTAPHA SABHI, MOHAMED TATA. ■ Said è costretto a lasciare il villaggio sperduto tra le montagne, dove abita la propria famiglia, per andare a cercare fortuna nella capitale. La moglie Aicha è incinta e cerca in ogni modo di dissuadere il marito dall'andare a Casablanca, luogo che considera malvagio e pericoloso. L'uomo non si lascia convincere e trova un lavoro in un ristorante. Con lui, anche Othman e Ismail tentano la fortuna in città: il primo non pensa che a risparmiare per procurare del cibo per il proprio cavallo, affidato alle cure materne; il secondo, invece, si lascerà facilmente attrarre dal lusso e dallo stile di vita della metropoli, soprattutto da un bel paio di scarpe costose. Aicha continua ad inviare disperate lettere in cui esorta Said a tornare, sta per nascere il bambino e spera che lui le sia accanto. Ma così non avviene, e i tre si troveranno ben presto travolti e risucchiati da quell'enorme trappola che è Casablanca, da cui non è facile uscire... Presentato alla Semaine de la Critique a Cannes, dove ha ottenuto un'accoglienza calorosa, *A Casablanca gli angeli non volano* segna l'esordio nel lungometraggio di Mohamed Asli. Suggestivo il titolo e nobili gli intenti del regista, nel ritrarre le difficoltà cui va incontro il protagonista della vicenda. Peccato che, nell'affrontare questo tema e nel tratteggiare i suoi personaggi, rischi, in taluni momenti, di cadere in una raffigurazione macchiettistica, col risultato di non cogliere appieno le complessità e le problematiche di quella metropoli, lasciandosi attrarre da un realismo un po' patinato. ■ DRAMMATICO; COL.; 94'; ITALIA, MAROCCO, 2004.

A CASA CON I SUOI *(Failure to Launch)* ★★
Regia di TOM DEY. Con MATTHEW MCCONAUGHEY, SARAH JESSICA PARKER, TERRY BRADSHOW, KATHY BATES, JUSTIN BARTHA, BRADLEY COOPER, ZOOEY DESCHANEL. ■ Tripp, trentacinquenne col vizio della vela e delle donne, naviga e ama a vista. A casa dai suoi torna giusto per avvolgersi nelle lenzuola stirate dalla madre, per ascoltare i consigli del padre e per chiudere con le donne che mettono a rischio la sua condizione di single. Fino al giorno in cui i genitori decidono di assoldare una professionista, Paula, che aiuti Tripp a trovare la sua vera identità nascosta. Inutile dire che il rapporto si evolverà nel senso più scontato. ■ COMMEDIA; COL.; 97'; USA, 2006.

A CASA CON I WEBBER *(The Webbers)* ★
Regia di BRAD MARLOWE. Con DAVID ARQUETTE, ROBBY BENSON, RITA TAGGART, JEFFREY TAMBOR, JENNIFER TILLY. ■ A chi può interessare un capofamiglia fallito, una moglie pratica di lotterie, un figlio psicologicamente disturbato e una figlia scultrice dell'eros? Ovviamente a un'emittente televisiva americana, che utilizza i Webber per lanciare un nuovo "programma verità". ■ COMMEDIA; COL.; 112'; USA, 1992.

A CASA DOPO L'URAGANO *(Home from the Hill)* ★★★
Regia di VINCENTE MINNELLI. Con CONSTANCE FORD, GEORGE HAMILTON, ROBERT MITCHUM, ELEANOR PARKER, LUANA PATTEN, GEORGE PEPPARD, EVERETT SLOANE. ■ Profondo Sud. Il capitano Hunnicutt, signorotto di provincia, è famoso come dongiovanni incorreggibile. Ha disseminato vari illegittimi nella contea e la cosa lo fa scontrare con il figlio legittimo. Un giorno il capitano viene ucciso. Due fra i suoi rampolli lo vendicheranno. ■ DRAMMATICO; COL.; 150'; USA, 1960.

A CASA NOSTRA ★
Regia di FRANCESCA COMENCINI. Con LUCA ARGENTERO, GIUSEPPE BATTISTON, LAURA CHIATTI, VALERIA GOLINO, VALENTINA LODOVINI, LUCA ZINGARETTI. ■ Nel segno del piccolo o grande denaro, grande inquinatore. Si comincia con una riunione di banchieri e imprenditori per organizzare un business tipo "furbetti del quartierino". E c'è chi parla un milanese grottesco e macchiettistico. Primo segnale dello scarso amore verso la città. La conferma arriva subito, con alcune inquadrature di Milano, grigia e tragica come una città dell'Unione Sovietica degli anni Sessanta. Segue Bianca, prostituta dell'Est vessata dal protettore, amata da un fuoruscito già strangolatore di donne. Ecco Elodie, prostituta di classe con cocaina, mantenuta da Ugo (Zingaretti), banchiere e personaggio centrale insieme a Rita (Golino), capitano della Guardia di Finanza che spia il banchiere. Ugo sodomizza l'amante sopra un mobiletto di plastica dopo che lei aveva sedotto Gerry, commesso ambizioso, dedito a posizioni sessuali più consone. Rita è innamorata di un ragazzino e soffre terribilmente per l'accortezza sessuale di lui, che non vuole diventar padre mentre lei vorrebbe essere madre. Un inciso: il sesso è sempre tragico e disperato. Bianca va in coma, ed è incinta. Viene tenuta in vita per il parto. Il bambino dovrebbe essere comprato da Ugo, ma rimane alla sorella di Bianca che lo alleverà col fuoruscito. Se non si bada a tutto questo, e molti non ci badano, il film è ben tenuto in pugno dalla regista che sa certamente raccontare, a episodi. Certo dovrebbe seguire un corso di scrittura e nel frattempo giovarsi di autori diversi. Il film ha ottenuto un'accoglienza mediatica sproporzionata. Si è cercato di vendere un evento che evento non è. È stato detto che la storia è troppo disperata, che propone l'immagine di una città e di un paese senza speranze. È vero, ed è il marchio della ditta Comencini. Una "Milano", troppo maltrattata, presentata come il disastro materiale e morale di tutto. ■ DRAMMATICO; COL.; 99'; ITALIA, 2006.

A CASA PER LE VACANZE *(Home for the Holidays)* ★★
Regia di JODIE FOSTER. Con ANNE BANCROFT, GERALDINE CHAPLIN, ROBERT DOWNEY JR., CHARLES DUNING, STEVE GUTTENBERG, HOLLY HUNTER, DYLAN MCDERMOTT. ■ Claudia torna a casa per la festa del Ringraziamento. La sua famiglia è proprio un disastro. I genitori sono insopportabili, il fratello mezzo matto, la zia del tutto. Gestirsi lì in mezzo è proprio difficile. Sopra le righe la Hunter. Jodie continua ad essere più brava come attrice che come regista. ■ DRAMMATICO; COL.; 98'; USA, 1996.

A CAVALLO DELLA TIGRE ★★
Regia di LUIGI COMENCINI. Con MARIO ADORF, RAYMOND BUSSIÈRES, NINO MANFREDI, VALERIA MORICONI, GIAN MARIA VOLONTÉ. ■ Un poveraccio, in galera per una maldestra truffa, viene coinvolto in un tentativo d'evasione. Alla fine, venuto a conoscenza che è stata messa una grossa taglia sulla sua testa, si autodenuncia in modo che la moglie possa intascarla. ■ COMMEDIA; B/N; 107'; ITALIA, 1961.

A CAVALLO DELLA TIGRE ★★
Regia di CARLO MAZZACURATI. Con FABRIZIO BENTIVOGLIO, PAOLA CORTELLESI, TUNCEL KIRTIZ, MARCO PAOLINI, BOUBKER RAFIK. ■ Carlo Mazzacurati rifà un film di Comencini del 1961. E questa non è certamente una buona idea perché significa consegnarsi a un paragone diretto molto pericoloso: la qualità di "quel" cinema e di "quel" regista è troppo diversa dalla qualità di "questo" cinema e di "questo" regista. È la storia di una guarda giurata, Guido (Bentivoglio), molle e senza impennate, ma con una bella fidanzata, che cerca di dare una svolta alla propria vita con una mossa esagerata, una rapina. Viene preso e tradito dalla donna, in carcere conosce un vecchio marocchino buono e un turco violento. Fuggono tutti insieme. Guido vorrebbe raggiungere la Liguria per trovare l'ex complice. Tutto si complica e il fuggiasco dovrà anche prendersi cura del vecchio compagno di fuga. Una serie di luoghi comuni con qualche sprazzo che si deve a

Bentivoglio, al quale il film sta davvero troppo stretto. ■ COMMEDIA; COL.; 100′; ITALIA, 2002.

A CAVALLO DI UN PONY SELVAGGIO ★★
(Ride a Wild Pony)
Regia di DON CHAFFEY. Con MICHAEL CRAIG, EVA GRIFFITH, JOHN MEILLON. ■ Dal romanzo di James Aldridge. Il protagonista (a quattro zampe) è uno splendido puledro, amato alla follia da due ragazzi, il figlio di un povero agricoltore e la minorata erede di una ricca famiglia. Chi dei due diventerà il padroncino? ■ AVVENTURA; COL.; 89′; AUSTRALIA, 1976.

ACCADDE A BERLINO *(The Man Between)* ★★
Regia di CAROL REED. Con CLAIRE BLOOM, HILDEGARDE KNEFF, JAMES MASON, ERNST SCHROEDER, GEOFFREY TOONE. ■ Ivo Kern, nella Berlino del dopoguerra, fa la borsa nera e il doppio gioco fra i due blocchi. Ma un giorno s'innamora della sorella di un ufficiale inglese. Per lei si scontra con i suoi datori di lavoro. ■ SPIONAGGIO; B/N; 101′; GRAN BRETAGNA, 1953.

ACCADDE A BROOKLYN ★★★
(It Happened in Brooklyn)
Regia di RICHARD WHORF. Con JIMMY DURANTE, GLORIA GRAHAME, KATHRYN GRAYSON, PETER LAWFORD, FRANK SINATRA. ■ Giovanotto di New York accoglie come un fratello un coetaneo spaesato inglese. Ma questi gli soffia la donna. Pazienza. Lui canta e gli passa. ■ COMM. MUSICALE; B/N; 105′; USA, 1947.

ACCADDE A BUENOS AIRES ★★
(Sucedió en Buenos Aires)
Regia di ENRIQUE CAHEN SALABERRY. Con ROBERTO ESCALADA, NELLY PANIZZA, GEORGES RIVIÈRE, OLGA ZUBARRY. ■ Una ragazza venuta a Buenos Aires per compiere un delitto d'onore s'innamora di un tassista e per lui uccide l'antico amante, capo di una banda di gangster. ■ DRAMMATICO; B/N; 89′; ARGENTINA, 1954.

ACCADDE A DAMASCO *(Sucedió en Damasco)* ★★
Regia di JOSÉ LOPEZ RUBIO, PRIMO ZEGLIO. Con PAOLA BARBARA, LAURO GAZZOLO, GERMANA PAOLIERI. ■ La figlia di un mercante arabo è concupita da un medico, da un Caid e dal gran Visir di Damasco. Ma lei mira più in alto, al califfo. ■ COMMEDIA; B/N; 91′; ITALIA, SPAGNA, 1943.

ACCADDE AL COMMISSARIATO ★★
Regia di GIORGIO SIMONELLI. Con LUCIA BOSÈ, WALTER CHIARI, CARLO DAPPORTO, LAURETTA MASIERO, ALBERTO SORDI, NINO TARANTO. ■ Giornata molto laboriosa per un attempato commissario napoletano: due sposini che litigano, un giovane sfruttatore, una compagnia di riviste derubata dall'impresario, ecc. ■ COMMEDIA; B/N; 104′; ITALIA, 1954.

ACCADDE A LISBONA *(Lisbon Story)* ★★
Regia di PAUL L. STEIN. Con PATRICIA BURKE, DAVID FARRAR, WALTER RILLA. ■ A Lisbona un ufficiale inglese cerca di mettersi in contatto con uno scienziato famoso e convincerlo a lavorare per gli alleati. ■ SPIONAGGIO; B/N; 90′; GRAN BRETAGNA, 1946.

ACCADDE AL PENITENZIARIO ★★
Regia di GIORGIO BIANCHI. Con MARA BERNI, NINO BESOZZI, RICCARDO BILLI, WALTER CHIARI, PEPPINO DE FILIPPO, ALDO FABRIZI, MARIO RIVA, ALBERTO SORDI. ■ Il secondino Aldo Fabrizi è testimone delle vicende dei vari detenuti (tutti per piccoli crimini). ■ COMMEDIA; B/N; 95′; ITALIA, 1955.

ACCADDE A PARMA ★★
Regia di PAOLO CAVARA. Con GIANNI CAVINA, PAOLO TURCO, DANIELE VARGAS. ■ È la storia di padre Lino da Parma, un religioso molto attento alla politica e al sociale. Vengono trattati lo sciopero agrario del 1907, la prima guerra mondiale, il periodo del fascismo e la rivolta della Parma comunista. Il prete fa di tutto per aiutare il prossimo andando sia nelle carceri che in riformatorio. Alla morte di un capo della Resistenza vorrebbe denunciare l'atto criminoso ma nessuno lo ascolta, così cercherà ugualmente di fare ciò che può per aiutare i bisognosi rimasti. Buona la sceneggiatura e l'interpretazione, forse la regia non è riuscita in pieno a offrire uno spettacolo unitario, in un alternarsi di momenti più sofferti con altri un po' superflui. ■ DRAMMATICO; COL.; 95′; ITALIA, 1988.

ACCADDE A PRAGA *(The Blind Goddess)* ★★
Regia di HAROLD FRENCH. Con CLAIRE BLOOM, ANNE CRAWFORD, MICHAEL DENISON, ERIC PORTMAN, HUGH WILLIAMS. ■ Un diplomatico è coinvolto in una love story che gli procura un sacco di grane. ■ DRAMMATICO; B/N; 96′; GRAN BRETAGNA, 1948.

ACCADDE A VIENNA *(Das grosse Wunschkonzert)* ★
Regia di ARTHUR MARIA RABENALT. Con LINDA CHRISTIAN, EDMUND PURDOM, CARLOS THOMPSON. ■ Un celebre direttore d'orchestra lascia per lunghi periodi la sua bambina di sette anni con una governante. La piccola s'affeziona alla ragazza, al punto che il padre finirà per sposare la giovane. ■ COMMEDIA; B/N; 100′; AUSTRIA, 1960.

ACCADDE DI NOTTE ★★
Regia di GIAN PAOLO CALLEGARI. Con ELOISA CIANNI, MARIA GRAZIA FRANCIA, DOMENICO MODUGNO, ROBERTO RISSO. ■ Durante un giro d'ispezione notturno la squadra del buon costume ferma tre persone, un uomo e due donne. Portati al commissariato, raccontano le loro storie. ■ COMMEDIA; B/N; 99′; ITALIA, 1961.

ACCADDE IL 20 LUGLIO *(Es geschah am 20 Juli)* ★★★★
Regia di GEORG WILHELM PABST. Con CARL LUDWIG DIEHL, KURT MEISEL, CARL VERY, BERNARD WICKI. ■ Il 20 luglio 1944 fu il giorno dell'attentato a Hitler da parte di un gruppo di generali della Wehrmacht che vedeva ormai la guerra perduta. Il colonnello von Stauffenberg gli mise la bomba sotto la scrivania, ma il dittatore si salvò. La vendetta fu sanguinosissima. ■ DRAMMATICO; B/N; 92′; GERMANIA, 1955.

ACCADDE IN ATENE *(It Happened in Athens)* ★
Regia di ANDREW MARTON. Con TRAX COLTON, JAYNE MANSFIELD, BOB MATHIAS, NICO MINARDOS, MARIA XENIA. ■ Nel 1896, quando rinascono ad Atene i giochi olimpici, un'attrice americana in cerca di pubblicità annuncia alla stampa che intende sposare l'uomo che vincerà la maratona. ■ DRAMMATICO; B/N; 92′; USA, 1962.

ACCADDE IN PARADISO *(Made in Heaven)* ★★
Regia di ALAN RUDOLPH. Con TIMOTHY HUTTON, KELLY MCGILLIS, MAUREEN STAPLETON. ■ Mike muore per salvare dei bambini e va in Paradiso, dove s'innamora dell'anima di una graziosa biondina, Annie. Quando lei si reincarna in una neonata, lui ottiene di seguirla sulla Terra, ma ha solo trent'anni di tempo per trovarla. Annie si sposa e si separa, lui diventa un concertista. Si sfiorano mille volte senza riconoscersi, finché avviene il magico incontro. ■ FANTASTICO; COL.; 102′; USA, 1987. ■ VENEZIA 1 PR.

ACCADDE IN SETTEMBRE *(September Affair)* ★★★
Regia di WILLIAM DIETERLE. Con ROBERT ARTHUR, JOSEPH COTTEN, JOAN FONTAINE, FRANÇOISE ROSAY. ■ Un professionista americano e una pianista inglese (entrambi sposati) si incontrano durante un viaggio in Italia e si innamorano. Un disastro aviatorio, in cui vengono dati erroneamente come deceduti, concede loro l'inaspettata chance: rimanere insieme a Capri. ■ COMMEDIA; B/N; 104′; USA, 1949.

ACCADDE NELLA QUINTA STRADA ★★★
(It Happened on Fifth Avenue)
Regia di ROY DEL RUTH. Con DON DE FORE, ANN HARDING, VICTOR MOORE, CHARLES RUGGLES, GALE STORM. ■ Una ragazza, figlia di genitori divorziati, scappa dal collegio e si rifugia nella casa paterna. Ma papà, milionario, è assente, e la dimora è occupata da una banda di allegri bohèmiens che accolgono cameratescamente la fuggitiva. Arrivano anche i padroni che vengono scambiati per la cuoca e il maggiordomo. ■ COMMEDIA; B/N; 94′; USA, 1947. ■ OSCAR 1 NOM.

ACCADDE SOTTO IL LETTO ★★
(Geliebte Hochstaplerin)
Regia di AKOS RATHONYI. Con WALTER GILLER, ELKE SOMMER, NADIA TILLER. ■ Un giovanotto tedesco s'imbarca su un transatlantico dove viaggia un'ereditiera a cui fa la corte. Ma la ragazza è guardata a vista da una arcigna zia, e il giovane non trova di meglio che nascondersi nella cabina di una bionda avventuriera. ■ COMMEDIA; B/N; 100′; GERMANIA, 1960.

ACCADDE TRA LE SBARRE ★★
Regia di GIORGIO CRISTALLINI. Con MARIEMMA BARDI, CHECCO DURANTE, LAURO GAZZOLO, LINDA SINI. ■ Un detenuto racconta ai compagni la propria storia: per vendicarsi del suo princi-

pale che gli aveva negato un prestito, rubò una forte somma e fuggì all'estero. Un giorno però, ascoltando una canzone italiana, provò nostalgia e rientrò in patria, ma fu subito arrestato. ■ COMMEDIA; B/N; 88'; ITALIA, 1955.

ACCADDE UNA NOTTE ★★★★★🏆

(It Happened One Night)

Regia di FRANK CAPRA. Con CLAUDETTE COLBERT, WALTER CONNOLLY, CLARK GABLE, ALAN HALE, ROSCOE KARNS. ■ Una capricciosa ereditiera scappa di casa quando il padre le proibisce il matrimonio con un bellimbusto. Sfugge alla ricerca dei detectives, ma non a un giornalista scalcinato che l'aggancia con l'intenzione di fare il colpo giornalistico. Naturalmente durante il viaggio in autobus attraverso l'America ci sarà l'occasione per un innamoramento reciproco. Uno dei capisaldi della commedia cinematografica, ancor oggi molto godibile (la gag dell'autostop la conoscono anche i giovanissimi, attraverso le frequenti riproposte televisive). Lanciò definitivamente Gable e rilanciò la Colbert. Convinse Frank Capra che la sua vera vocazione era la commedia. Rese proverbiale uno dei "segni" del cinema puritano di Hollywood, cioè *Le mura di Gerico* (l'asciugamano che i protagonisti mettono fra i rispettivi giacigli per non vedersi e non toccarsi). Tra i film più rappresentativi della commedia americana, è una storia ottimista con intenti sociali non casuali, intesa per un popolo che doveva risollevarsi dalla grande crisi del '29. ■ COMMEDIA; B/N; 105'; USA, 1934. ■ OSCAR 🏆 5 PR, 5 NOM.

ACCADDE UNA SERA *(Bedtime Story)* ★★★★

Regia di ALEXANDER HALL. Con EVE ARDEN, ROBERT BENCHLEY, ALLYN JOSLYN, FREDRIC MARCH, LORETTA YOUNG. ■ Marito commediografo e moglie primattrice. Al momento di andare in scena con un'ennesima pièce del consorte, la donna dice no alla commedia e alla carriera. Il marito insiste. Lei dice addio anche a lui. Ma lo scrittore s'incaponisce. ■ COMMEDIA; B/N; 85'; USA, 1941.

ACCADDE UNA VOLTA *(Red Salute)* ★★★

Regia di SIDNEY LANFIELD. Con RUTH DONNELLY, GORDON JONES, HENRY KOLKER, BARBARA STANWYCK, ROBERT YOUNG. ■ Una ragazza con la testa piena di idee comunisteggianti, scappa dal college e attraversa l'America. Incontro, battibecchi e poi innamoramento con un giovane soldato. ■ COMMEDIA; B/N; 78'; USA, 1935.

ACCADDE UN'ESTATE ★★

(The Battle of the Villa Fiorita)

Regia di DELMER DAVES. Con ROSSANO BRAZZI, PHYLLIS CALVERT, OLIVIA HUSSEY, MAUREEN O'HARA, MARTIN STEPHENS, RICHARD TODD. ■ Una signora inglese si innamora di un fascinoso musicista italiano. Il marito parte alla riscossa. Ma non può molto. Possono invece i due figli della lady. ■ COMMEDIA; COL.; 111'; GRAN BRETAGNA, 1964.

ACCATTONE ★★★★

Regia di PIER PAOLO PASOLINI. Con ADRIANA ASTI, FRANCO CITTI, SILVANA CORSINI, PAOLA GUIDI, FRANCA PASUT. ■ "Accattone" è un "ragazzo di vita": ladro, teppista, magnaccia (quando può) ma un giorno si invaghisce della ragazza che intendeva derubare. Per lei si mette alla ricerca di un lavoro, ma la fatica lo stronca. Ritorna a rubare. Razzia un camion, ma la polizia gli è alle costole. Accattone fugge ma non andrà molto lontano. Prima prova registica di Pier Paolo Pasolini, lo scrittore, a quell'epoca, non aveva ancora quarant'anni ma era già molto noto, per i volumi di poesie, i racconti e le sceneggiature dei film di Fellini e Bolognini. Era anche tra i personaggi "pubblici" uno dei più vituperati d'Italia. Cosicché gli avversari politici liquidarono *Accattone* come una semplice rimasticatura delle sue cose precedenti. In realtà, al di là di uno stile ancora esitante, il film aveva una sua forza, una sofferenza che ne hanno fatto una delle opere più rappresentative degli anni Sessanta (non solo del cinema italiano). ■ DRAMMATICO; B/N; 116'; ITALIA, 1961.

ACCERCHIATO *(Nowhere to Run)* ★★

Regia di ROBERT HARMON. Con ROSANNA ARQUETTE, KIERAN CULKIN, TED LEVINE, JEAN CLAUDE VAN DAMME. ■ Un evaso si nasconde nella casa di una vedova che rischia di perdere la propria abitazione a causa di una speculazione edilizia. L'evaso si trova a difendere la donna e i suoi due figli dagli uomini che cercano di costringerla a vendere. Van Damme è abituato a ruoli di lottatore di arti marziali ma questa volta si inserisce in una storia che va al di là del collante per esibizioni atletiche. ■ AVVENTURA; COL.; 95'; USA, 1993.

ACCESS CODE – CODICE D'ACCESSO ★

(Access Code)

Regia di MARK SOBEL. Con MICHAEL ANSARA, MACDONALD CAREY, MARTIN LANDAU. ■ Qualcuno è riuscito a mettere il naso nei codici segreti della Cia. Un ex agente dello spionaggio è richiamato perché indaghi. L'uomo scopre che dietro la manovra c'è una rete di spie che da anni ha sotto controllo tutto: il presidente, il governo, gli uomini più importanti degli States. ■ AVVENTURA; COL.; 90'; USA, 1986.

ACCESSO REMOTO – REMOTE ACCESS ★★

(Udalionnyj dostup)

Regia di SVETLANA PROSKURINA. Con DANA AGISHEVA, VLADIMIR ILYIN, ALEXANDER PLASKIN, ELENA RUFANOVA. ■ La barca si capovolge nel fiume. Il padre salva il figlio Seryozha, ma mamma e figlia annegano. Passano gli anni. Il ragazzo è cresciuto ma il trauma infantile è ancora forte e non guarisce. Conosce una ragazza che lavora per una hotline erotica e comincia una storia d'amore telefonica, gioiosa e straziante. Film russo fuori dagli schemi commerciali e destinato a una scarsa circolazione anche in patria. ■ DRAMMATICO; COL.; 85'; RUSSIA, 2004.

ACCHIAPPADENTI, L' *(Tooth Fairy)* ★★

Regia di MICHAEL LEMBECK. Con DWAYNE JOHNSON, ASHLEY JUDD, SETH MACFARLANE, STEPHEN MERCHANT, RYAN SHECKLER. ■ Derek Thompson è un campione di hockey su ghiaccio soprannominato "La Fata del Dentino" perché durante gli scontri sul campo di gioco fa saltare i denti degli avversari. Derek però è anche molto bravo in un'altra attività: infrangere i sogni e le speranze dei più piccoli, come fa con la figlia minore di Carly, sua attuale compagna, alla quale è caduto un dentino e attende il dollaro in cambio. Per punizione viene trasportato nel mondo delle fiabe e costretto a diventare una Fata del Dentino con ali e attrezzatura ad hoc. ■ COMMEDIA; COL.; 101'; USA, CANADA, 2010.

ACCHIAPPARUSSI, GLI *(Russkies)* ★★

Regia di RICK ROSENTHAL. Con CHARLES FRANK, WHIP HUBLEY, LEAF PHOENIX. ■ Un marinaio russo fa naufragio sulla costa della Florida. Tre giovani americani lo traggono in salvo e poco alla volta, con la reciproca conoscenza, viene meno l'istintiva diffidenza. Divenuti coscienti della gravità della sua situazione, i tre ragazzi aiutano l'avversario ideologico a mettersi al sicuro. ■ AVVENTURA; COL.; 90'; USA, 1987.

ACCHIAPPASOGNI, L' *(Dreamcatcher)* ★

Regia di LAWRENCE KASDAN. Con MORGAN FREEMAN, THOMAS JANE, JASON LEE, DAMIAN LEWIS, TOM SIZEMORE. ■ Un gruppo di amici si ritrova nel Maine per una sorta di pellegrinaggio. Ognuno di loro ha dei problemi: d'amore, di tendenza al suicidio, di alcolismo. Uno di loro, dopo un incidente, soffre di strane premonizioni. Giunti a destinazione trovano uno sconosciuto decisamente misterioso. Gli alieni sono in agguato? Ancora una trasposizione per il cinema di un racconto di Stephen King. Ci sarebbe pure una firma di qualità alla sceneggiatura e alla regia. Ma il risultato finale è deludente. ■ HORROR; COL.; 134'; USA, 2003.

ACCIAIO ★★★

Regia di WALTER RUTTMANN. Con ROMOLO COSTA, PIERO PASTORE, ISA POLA. ■ È un soggetto di Luigi Pirandello: una ragazza di Terni è corteggiata da due giovanotti che lavorano nelle acciaierie della città. Quando uno muore durante un incidente, la gente dà subito la colpa al rivale. Questi va in crisi, ma recupera. ■ DRAMMATICO; B/N; 67'; ITALIA, 1933.

ACCIAIO ★★

Regia di STEFANO MORDINI. Con ANNA BELLEZZA, MATILDE GIANNINI, VITTORIA PUCCINI, MICHELE RIONDINO, FRANCESCO TURBANTI. ■ Anna e Francesca sono due quattordicenni che vivono in un quartiere di case popolari a Piombino, i cui abitanti sono in gran parte operai delle acciaierie Lucchini. Anna ha un padre che ha lasciato lavoro e famiglia. Francesca invece ha un genitore presente che forse abusa di lei. Le ragazze vivono i primi turbamenti del crescere e, al contempo Anna inizia a comprendere le condizioni di vita della fabbrica. Tratto dal romanzo omonimo di Silvia Avallone, vincitore, tra gli altri, del Premio Campiello Opera Prima, *Acciaio* ricorda la difficoltà del crescere inserendola nel contesto della classe operaia. ■ DRAMMATICO; COL.; 95′; ITALIA, 2012.

ACCIAIO BLU *(Blue Steel)* ★★
Regia di ROBERT NORTH BRADBURY. Con YAKIMA CANUTT, GEORGE CLEVELAND, GEORGE GABBY HAYES, ELEANOR HUNT, JOHN WAYNE. ■ Sparatorie, scazzottate, inseguimenti a cavallo nelle immense pianure. ■ WESTERN; B/N; 59′; USA, 1934.

ACCIAIO UMANO *(Hell's Kitchen)* ★★
Regia di EWALD ANDRÉ DUPONT, LEWIS SEILER. Con GABRIEL DELL, LEO GORCEY, HUNTZ HALL, BILLY HALOP, BOBBY JORDAN, MARGARET LINDSAY, GRANT MITCHELL, RONALD REAGAN. ■ Un ex forzato aiuta i giovani delinquenti a rimettersi sulla giusta via. ■ DRAMMATICO; B/N; 81′; USA, 1939.

ACCIDENT *(Y ingoi)* ★★
Regia di POU-SOI CHEANG. Con SHUI-FAN FUNG, LOUIS KOO, SUET LAM, RICHIE REN, MICHELLE YE. ■ Il Cervello, lo Zio, la Ragazza e il Grassone sono una gang specializzata in incidenti che dovrebbero apparire casuali ma sono strumentali per uccidere su commissione. Che sia la mafia o un privato cittadino ad ordinare l'esecuzione perfetta poco importa. Controllare l'incontrollabile, imbrigliare la realtà in schemi fissi è compito del Cervello. Per farlo si appoggia a quattro fidati collaboratori che eseguono i suoi ordini come parte di un piano più grande. ■ AZIONE; COL.; 89′; HONG KONG, 2009.

ACCIDENTAL DETECTIVE, THE ★★
Regia di VANNA PAOLI. Con TOMAS ARANA, PAOLO BONACELLI, DAVID KRIEGEL, SARAH MILES, CRISTINA MOGLIA. ■ Il collezionista d'arte Aaron Silbermann muore in circostanze poco chiare. Al momento di incassare l'eredità la vedova, Esther Ann, scopre che il marito, notoriamente avaro, si è liberato del patrimonio plurimiliardario. L'avvocato americano David Bailey accetta l'incarico di indagare sulla misteriosa sparizione del denaro.Vanna Paoli realizza un film di mestiere per la distribuzione in home video. ■ GIALLO; COL.; 103′; ITALIA, 2002.

ACCIDENTI ALLA GUERRA ★★
Regia di GIORGIO SIMONELLI. Con GALEAZZO BENTI, NYTA DOVER, LUISA ROSSI, NINO TARANTO. ■ Per sfuggire ad un rastrellamento durante l'occupazione tedesca, due italiani indossano le uniformi rubate in casa di un ufficiale nazista. Come soldati del Führer vengono inviati in Germania, in un "istituto di eugenetica", per contribuire alla procreazione di "puri" bambini germanici. ■ COMMEDIA; B/N; 86′; ITALIA, 1948.

ACCIDENTI ALLE TASSE ★★
Regia di MARIO MATTOLI. Con RICCARDO BILLI, MARIO RIVA, GISELLA SOFIO. ■ Un agente delle tasse è incaricato di accertare l'imponibile di un conte che vive sfarzosamente senza versare una lira al fisco. Con un amico, l'agente inizia le indagini. Sotto falsa identità avvicina il nobiluomo e scopre che costui è, in realtà, uno spiantato. ■ COMMEDIA; B/N; 92′; ITALIA, 1951.

ACCIDENTI CHE RAGAZZA ★★
(The Fuller Brush Girl)
Regia di LLOYD BACON. Con EDDIE ALBERT, LUCILLE BALL, JEFF DONNELL, CARL BENTON REID, GALE ROBBINS. ■ Una commessa viaggiatrice di cosmetici viene coinvolta in un omicidio. La colpa è del suo capufficio che copre con una società di trasporti marittimi la più lucrosa attività di contrabbandiere di gioielli. ■ GIALLO ROSA; B/N; 85′; USA, 1950.

ACCIDENTI CHE SCHIANTO *(Hear Me Good)* ★★
Regia di DON MCGUIRE. Con MERRY ANDERS, HAL MARCH, JEAN WILLES. ■ Un piccolo lestofante di Manhattan cerca di truccare un concorso di bellezza. Ma poi si innamora di una delle candidate e rinuncia ai suoi imbrogli. ■ COMMEDIA; B/N; 79′; USA, 1956.

ACCIUFFATE QUELLA DONNA *(Hold that Woman)* ★★
Regia di SAM NEWFIELD. Con GEORGE DOUGLAS, JAMES DUNN, FRANCES GIFFORD, RITA LAROY. ■ Uno sveglissimo poliziotto privato riceve l'incaricato di svolgere indagini su un furto di gioielli, ma inizialmente non approda a nulla. Poi, per caso, imboccherà la pista giusta e troverà refurtiva e colpevoli. ■ COMMEDIA; B/N; 67′; USA, 1940.

ACCOMPAGNATRICE, L' ★★★
Regia di CLAUDE MILLER. Con ROMANE BOHRINGER, RICHARD BOHRINGER, ELENA SAFONOVA. ■ Parigi, inverno 1942-43. Sophie Vasseur, pianista ventenne, viene assunta come accompagnatrice della cantante lirica Iréne Brice. Da questo momento la sua vita viene spesa al servizio della donna che, con il suo egoismo, le impedisce qualsiasi attività autonoma. Claude Miller costruisce una storia di due donne ispirandosi al romanzo di Nina Berberova. Sposta la collocazione storica dalla Francia postrivoluzionaria a quella occupata dai tedeschi, ma riesce a mantenere intatta l'ambiguità del rapporto lasciando allo spettatore la valutazione delle responsabilità in ordine alla distruzione di una vita. Rapacità dell'una o incapacità a vivere in prima persona da parte dell'altra? ■ DRAMMATICO; COL.; 111′; FRANCIA, 1992.

ACCORDI E DISACCORDI *(Sweet and Lowdown)* ★★★
Regia di WOODY ALLEN. Con ANTHONY LAPAGLIA, BRIAN MARKINSON, SAMANTHA MORTON, SEAN PENN, UMA THURMAN. ■ La storia tragicomica di Ray, un chitarrista jazz assurto a fuggevole fama alla fine degli anni Trenta, secondo soltanto al grande chitarrista gitano Django Reinhart. Omaggio tenero e partecipato del musicista dilettante Woody Allen agli artisti dimenticati virtuosi, ubriaconi, scapestrati, eccentrici fino all'inverosimile. Delizioso il personaggio di Hattie, la inseparabile compagna muta di Ray. ■ COMMEDIA; COL.; 92′; USA, 2000. ■ GOLDEN GLOBES 2 NOM.

ACCORDI SUL PALCOSCENICO ★★
(Honeysuckle Rose)
Regia di JERRY SCHATZBERG. Con DYAN CANNON, AMY IRVING, WILLIE NELSON. ■ La prima parte da protagonista al cinema della superstar dei folksinger Willie Nelson. Interpreta praticamente se stesso, un divo del country & western che torna a casa dopo una lunga tournée. Ad attenderlo c'è la moglie innamorata, ma anche una bella ragazza figlia di un collega, che da anni vorrebbe avere una avventuretta con lui. La trama è pressoché inesistente e Willie come fascinoso non è molto plausibile, anche se Schatzberg costruisce un buon film "on the road". ■ DRAMMATICO; COL.; 119′; USA, 1980. ■ OSCAR 1 NOM.

ACCORDO FINALE *(Accord final)* ★★
Regia di I. R. BAY. Con JULES BERRY, JOSETTE DAY, GEORGES RIGAUD, KATHE VON NAGY. ■ Un giovane violinista si impegna per scommessa a sposare una allieva del conservatorio della città in cui è in vacanza. Si iscrive al Conservatorio, sotto falso nome. L'idillio però coinvolge affettivamente il ragazzo. ■ COMMEDIA; B/N; 73′; FRANCIA, 1939.

ACCUSA, L' *(Attorney for the Defense)* ★★
Regia di IRVING CUMMINGS. Con EVELYN BRENT, CONSTANCE CUMMINGS, EDMUND LOWE. ■ Un avvocato che bada solo a vincere (tutti i sistemi sono buoni) riesce a mandare in galera un innocente. Ma la sua coscienza non è tranquilla. Avrà modo di riabilitarsi qualche anno dopo facendo assolvere il figlio della sua vittima da una accusa di omicidio. ■ DRAMMATICO; B/N; 88′; USA, 1932.

ACCUSA DEL PASSATO, L' *(El pasado te acusa)* ★★
Regia di LIONELLO DE FELICE. Con GINO CERVI, ALBERTO CLOSAS. ■ Piero e Janette vanno in luna di miele in un castello su un'isola delle Baleari, dove li attendono alcuni amici. L'accoglienza è festosa: solo Andrea è cupo. Quella stessa notte verrà ucciso. I sospetti cadono su Piero, il quale viene accusato anche di voler sopprimere Janette per motivi d'interesse. La polizia, con l'aiuto di Janette, intrappolerà il vero assassino. ■ GIALLO; B/N; 90′; SPAGNA, 1957.

ACCUSA DI OMICIDIO ★★★
(Unter Aufschluss der Öffentlichkeit)
Regia di HARALD PHILIPP. Con EVA BARTÒK, CLAUS HOLM, MARIANNE KOCH, PETER VAN EYCK. ■ Un magistrato fa condanna-

re una spia atomica nonostante la testimonianza di una sua antica amante. Più tardi la donna viene trovata uccisa. Accusato è il magistrato che però riuscirà a dimostrare la sua innocenza e a smascherare il capo della rete di spie. ■ GIALLO; B/N; 93′; GERMANIA, 1961.

ACCUSA È VIOLENZA CARNALE E OMICIDIO, L' *(Verdict)* ★★★
Regia di ANDRÉ CAYATTE. Con JULIEN BERTHEAU, JEAN GABIN, HENRI GARCIN, SOPHIA LOREN. ■ Giovane con complesso di Edipo uccide la fanciulla che lo ama. La madre del ragazzo, per salvarlo dalla condanna, rapisce la moglie malata del severissimo presidente della Corte d'Assise. Vita per vita. Il giudice cede, ma la matriarca perde egualmente la partita. ■ GIALLO; B/N; 95′; FRANCIA, 1974.

ACCUSATA *(Accused)* ★★★
Regia di THORNTON FREELAND. Con DOLORES DEL RIO, FLORENCE DESMOND, DOUGLAS FAIRBANKS JR. ■ Una ballerina è gelosa del marito per le attenzioni che lui rivolge alla primadonna della compagnia. Quando la primadonna muore pugnalata, la prima ad essere sospettata è la ballerina. ■ GIALLO; B/N; 89′; GRAN BRETAGNA, 1936.

ACCUSATA, L' *(Damals)* ★★
Regia di ROLF HANSEN. Con ROSSANO BRAZZI, ZARAH LEANDER, HANS STÜWE. ■ Una dottoressa è accusata di omicidio. Ma l'avvocato difensore indaga sul suo passato e scopre che la donna aveva un marito. Questi, avvertito, si dà da fare per dimostrare l'innocenza della sua ex. ■ DRAMMATICO; B/N; 94′; GERMANIA, 1943.

ACCUSATA DI OMICIDIO *(Je plaide non coupable)* ★★
Regia di EDMOND T. GRÉVILLE. Con ANDRÉE DEBAR, BARBARA LAAGE, FRANK VILLARD. ■ In un albergo di Londra viene trovato il cadavere di Julian Welles: dell'omicidio è accusata Vittoria, dipendente dell'hotel ed ex amante dell'ucciso. Il giornalista francese Pierre non crede alla colpevolezza della ragazza e convince l'avvocato Tom, suo amico, ad assumerne la difesa. ■ GIALLO; B/N; 91′; FRANCIA, 1956.

ACCUSATO, L' *(Obzalovany)* ★★
Regia di JAN KADAR, ELMAR KLOS. Con JAROSLAV BLAZEK, JIRI MENZEL, VLADO MULLER. ■ Un giovane deve difendersi dalle accuse di un gruppo di burocrati nella Cecoslovacchia all'indomani della guerra. Premiato a Karlovy Vary nel 1964. ■ DRAMMATICO; B/N; 90′; CECOSLOVACCHIA, 1964.

ACCUSATO DI NORIMBERGA, L' ★★
(Das unsterbliche Herz)
Regia di VEIT HARLAN. Con MICHAEL BOHNEN, HEINRICH GEORGE, PAUL HENCKELS, KRISTINA SÖDERBAUM, PAUL WEGENER. ■ Storia dell'inventore Peter Henlein, che visse a Norimberga a cavallo tra il Quattrocento e il Cinquecento. La sua vita fu tormentata, per l'incomprensione del suo entourage, il tradimento della moglie, una ferita che lo dilaniò per anni e anni. ■ DRAMMATICO; B/N; 87′; GERMANIA, 1939.

ACCUSATORE SEGRETO, L' *(International Crime)* ★★
Regia di CHARLES LAMONT. Con ASTRID ALLWYN, THOMAS JACKSON, ROD LA ROCQUE, OSCAR O'SHEA, WILLIAM PAWLEY. ■ Un investigatore privato, che tiene alla radio conversazioni di criminologia, è sospettato di correità nell'uccisione di un noto banchiere. La sua trasmissione viene sospesa. Con l'aiuto di un'intraprendente segretaria, e dopo mille avventure, l'investigatore riuscirà a scagionarsi e a scoprire i colpevoli. ■ GIALLO; B/N; 85′; USA, 1937.

AC-DC LET THERE BE ROCK *(Let there Be Rock)* ★★
Regia di ERIC DIONYSIUS. Con BON SCOTT, ANGUS YOUNG, MALCOM YOUNG. ■ È la ripresa del concerto, che girò tutta l'Europa, del gruppo rock AC-DC (Alternate Current/Direct Current). Ripreso al Pavillon di Parigi, terminò con esito trionfale. Dedicato a Bon Scott, deceduto poco dopo l'uscita del film (1980). ■ MUSICALE; COL.; 90′; GRAN BRETAGNA, 1982.

A CENA COL DIAVOLO *(Le souper)* ★★★
Regia di EDOUARD MOLINARO. Con CLAUDE BRASSEUR, CLAUDE RICH. ■ Siamo a Parigi nel 1815. Dopo la caduta di Napoleone si devono decidere le sorti politiche della Francia. Talleyrand organizza un incontro a cena con Fouché, capo del governo provvisorio. I due sono eterni rivali e giostrano un duello con le parole, i ricordi e la politica. Il primo vuole il salvacondotto per Luigi XVIII, il secondo mantenere il proprio potere. Arriveranno a un'intesa anche se il nascente regime non promette niente di nuovo. Si tratta di una grande prova d'attori accompagnata dalla regia asciutta e teatrale di Molinaro (*Il vizietto*). ■ DRAMMATICO; COL.; 90′; FRANCIA, 1993.

A CENA CON GLI AMICI *(Diner)* ★★★
Regia di BARRY LEVINSON. Con KEVIN BACON, TIMOTHY DALY, STEVE GUTTENBERG, MICKEY ROURKE, DANIEL STERN. ■ Vecchi compagni di scorribande, cinque amici, adolescenti malcresciuti, si ritrovano a tavola per combinare scherzi e scambiarsi battute: Boogie, il capo banda, sedicente seduttore e indebitato con la malavita; Eddie, alla vigilia delle nozze; Bill, futuro padre e aspirante sposo... Storia di cinque immaturità, raccontate da un regista fra i meno banali di Hollywood. ■ COMMEDIA; COL.; 110′; USA, 1982. ■ GOLDEN GLOBES 1 NOM; OSCAR 1 NOM.

A CENA CON LA SIGNORA OMICIDI ★★
(The Terror House)
Regia di BUD TOWNSEND. Con LINDA GILLIN, MARY JACKSON, JOHN NEILSON, ARTHUR SPACE ■ Due anziani coniugi e un loro nipote sono dediti al cannibalismo. Ma le cose si complicano quando tra una vittima designata e il nipote nasce l'amore. ■ GIALLO; COL.; 98′; USA, 1972.

A CENA CON UN CRETINO *(Dinner for Schmucks)* ★
Regia di JAY ROACH. Con STEVE CARELL, JEMAINE CLEMENT, ZACH GALIFIANAKIS, PAUL RUDD, STEPHANIE SZOSTAK. ■ Tim Conrad è un analista in ascesa all'interno di un'importante compagnia. Finisce in un gruppo che si diverte ad invitare periodicamente a cena degli individui ritenuti dei perfetti idioti e il vincitore sarà chi avrà presentato il più "cretino" di tutti. Tim incontra accidentalmente un soggetto che potrebbe fare proprio al caso suo. Si tratta di Barry, esperto in tassidermia che ha come hobby quello di ricreare dei quadretti ispirati ad opere d'arte utilizzando topolini mummificati. Nulla di orrorifico ma sicuramente qualcosa di molto, molto poco comune. Barry entrerà così nella vita di Tim scombinandola senza volerlo. ■ COMMEDIA; COL.; 114′; USA, 2010.

A-117 COLPO GROSSO A LOS ANGELES ★★
(The Right Hand of the Devil)
Regia di ARAM KATCHER. Con JAMES V. CHRISTY, ARAM KATCHER, LISA MCDONALD, CHRIS RANDALL, BRAD TRUMBULL. ■ Il gangster Manuel Luzzara ha studiato un piano per rapinare presso un campo sportivo l'incasso della partita. Si avvale della collaborazione di quattro complici e di quella (involontaria) della cassiera, che egli ha abilmente circuita. ■ GIALLO; B/N; 80′; USA, 1963.

ACE VENTURA: L'ACCHIAPPANIMALI ★★
(Ace Ventura: the Pet Detective)
Regia di TOM SHADYAC. Con JIM CARREY, SEAN YOUNG. ■ Enorme successo a sorpresa negli Stati Uniti e buona accoglienza anche in Italia. Il protagonista è un detective per animali domestici: li ritrova e ne ricava la ricompensa. A volte è rischioso. Come nel caso del delfino "rapito" e tenuto come simbolo portafortuna da una squadra di football. Partendo da una sceneggiatura "idiota", *dumb* come dicono gli americani, e da una regia squallida, il comico Carrey riesce comunque a divertire. Giovane, unico rappresentante bianco in una trasmissione televisiva con comici di colore, ma molto dotato in fatto di mimica facciale ha sfondato immediatamente. Lo stesso Jerry Lewis, al quale in parte si ispira, gli voleva far fare il remake di *Jerry 8 e 3/4*. ■ COMICO; COL.; 86′; USA, 1993.

ACE VENTURA MISSIONE AFRICA ★★
(Ace Ventura: When Nature calls)
Regia di STEVE OEDEKERK. Con JIM CARREY, IAN MCNEICE, SOPHIE OKONEDO. ■ Ace Ventura, l'acchiappanimali, lascia l'ashram tibetano in cui si era ritirato alla fine della sua prima avventura e si reca in Africa per recuperare l'animale sacro della tribù Wachati. Visto il successo del primo film Jim Carrey, un Jerry

Lewis da era postmoderna, ripropone il personaggio che lo ha lanciato. Non bada a spese al punto da ricostruire l'Africa in Canada e nella Carolina del Nord. ■ COMICO; COL.; 110'; USA, 1995.

A CHE PREZZO HOLLYWOOD ★★★
(What Price Hollywood?)
Regia di GEORGE CUKOR. Con CONSTANCE BENNETT, NEIL HAMILTON, GREGORY RATOFF, LOWELL SHERMAN. ■ È la storia di una modesta cameriera e della sua fulminante ascesa nel mondo del cinema. Il successo ha le sue amare contropartite: la protagonista verrà pesantemente coinvolta nello scandalo successivo alla drammatica morte del regista che l'ha lanciata. ■ DRAMMATICO; B/N; 87'; USA, 1932. ■ OSCAR 1 NOM.

A CHE SERVONO QUESTI QUATTRINI? ★★
Regia di ESODO PRATELLI. Con NERIO BERNARDI, EDUARDO DE FILIPPO, PEPPINO DE FILIPPO, CLELIA MATANIA, PAOLO STOPPA. ■ Storia vagamente pirandelliana. Un aristocratico ridotto in miseria, ma con una reputazione non ancora crollata, diffonde la voce che un giovanotto suo amico è l'erede di una grossa fortuna. Il giovane finisce per diventare ricco sul serio. ■ COMMEDIA; B/N; 84'; ITALIA, 1942.

ACHILLE E LA TARTARUGA *(Achilles to kame)* ★★
Regia di TAKESHI KITANO. Con KUMIKO ASO, KANAKO HIGUCHI, TAKESHI KITANO, YUREI YANAGI. ■ Il signor Kuramoshi è un ricco industriale appassionato d'arte che ama circondarsi di artisti. Suo figlio Machisu ha una passione per tele e colori e sogna di fare il pittore. In seguito al fallimento e alla perdita di tutti i suoi beni, Kuramoshi si toglie la vita e il bambino viene affidato a uno zio brontolone e poco comprensivo che si sbarazza di lui mandandolo in orfanotrofio. Crescendo Machisu continua a dedicarsi alla pittura deciso ad affermarsi, ma viene di volta in volta criticato e "rimandato" da un gallerista pieno di sé. Con *Achille e la tartaruga* Kitano chiude la trilogia iniziata nel 2005 con *Takeshis'* e proseguita con *Glory To the Filmmaker!*, presentato alla Mostra del cinema di Venezia del 2007. Se nel primo capitolo il regista nipponico aveva rappresentato il conflitto tra il sé privato e quello pubblico, e nel secondo si era interrogato su quale genere cinematografico intraprendere al fine di ottenere credito, in questo terzo e conclusivo episodio smette di vedere il successo come qualcosa da agognare e perseguire. Attraverso la figura di Machisu, un pittore che sacrifica il talento naturale per cercare di compiacere il critico (e dunque il pubblico) finendo per perdere la freschezza e l'estro, Kitano tenta di dare il giusto peso al successo. ■ COMMEDIA; COL.; 119'; GIAPPONE, 2008.

A CHI TOCCA TOCCA...! ★★
(The Uranium Conspirancy)
Regia di GIANFRANCO BALDANELLO, MENAHEM GOLAN. Con JANET AGREN, ASSAF DAYAN, SIEGFRIED RAUCH, GIANNI RIZZO, FABIO TESTI. ■ Due agenti segreti israeliani vengono a sapere che una gang internazionale sta per vendere a uno Stato arabo un'enorme quantità di uranio. I due iniziano una gara di astuzie con la gang attraverso mezza Europa e infine riescono a catturare la nave dell'uranio. ■ AVVENTURA; COL.; 79'; GERMANIA, ISRAELE, ITALIA, 1978.

ACHTUNG! BANDITI! ★★★★
Regia di CARLO LIZZANI. Con ANDREA CHECCHI, VITTORIO DUSE, GINA LOLLOBRIGIDA, LAMBERTO MAGGIORANI. ■ La lotta partigiana a Genova e in Liguria, dalle organizzazioni clandestine in città e nelle fabbriche alla guerriglia sulle montagne e alla battaglia aperta nelle ultime fasi del conflitto. La vicenda ruota attorno a un gruppo di partigiani che scendono in città per prelevare armi in una fabbrica. La fabbrica però è occupata dai tedeschi. I partigiani vengono scoperti, ma gli operai li difendono. I nazisti stanno per avere la meglio quando arriva un reparto d'alpini e li mette in fuga. La città intanto sta per essere liberata. Opera prima di Lizzani prodotta con una formula corporativistica, *Achtung! Banditi!* ha buoni brani descrittivi, ma nel suo insieme è un'opera grezza, immatura e retorica. ■ GUERRA; B/N; 95'; ITALIA, 1951.

A CIASCUNO IL SUO ★★★★
Regia di ELIO PETRI. Con GABRIELE FERZETTI, IRENE PAPAS, LUIGI PISTILLI, SALVO RANDONE, MARIO SCACCIA, GIAN MARIA VOLONTÉ. ■ In Sicilia ammazzano un dongiovanni di paese. La polizia liquida la faccenda come un delitto passionale. Ma un professore scopre lo zampino della mafia. Indaga, ma l'onorata società viene a saperlo e lo elimina. Uno dei primi film di argomento (serio) mafioso e il primo Sciascia ad essere portato al cinema. ■ DRAMMATICO; COL.; 93'; ITALIA, 1967. ■ DAVID DI DONATELLO 4 PR, 4 NOM; CANNES 1 PR.

A CIASCUNO IL SUO CINEMA *(Chacun son cinéma)* ★★★
Regia di THÉO ANGELOPULOS, OLIVIER ASSAYAS, BILLE AUGUST, JANE CAMPION, YOUSSEF CHAHINE, MICHAEL CIMINO, ETHAN COEN, JOEL COEN, DAVID CRONENBERG, JEAN-PIERRE DARDENNE, LUC DARDENNE, MANOEL DE OLIVEIRA, RAYMOND DEPARDON, ATOM EGOYAN, AMOS GITAI, ALEJANDRO GONZALEZ INARRITU, HOU HSIAO-HSIEN, CHEN KAIGE, WONG KAR-WAI, AKI KAURISMÄKI, ABBAS KIAROSTAMI, TAKESHI KITANO, ANDREI KONCHALOVSKY, CLAUDE LELOUCH, KEN LOACH, TSAI MING-LIANG, NANNI MORETTI, ROMAN POLANSKI, RAOUL RUIZ, WALTER SALLES, ELIA SULEIMAN, GUS VAN SANT, LARS VON TRIER, WIM WENDERS, ZHANG YIMOU. ■ Ogni tanto gli anniversari non vengono per nuocere. È il caso del sessantesimo del Festival di Cannes, che ha spinto il suo presidente e mentore Gil Jacob a celebrare offrendo ai registi di cui sopra la possibilità di realizzare un film di 3 minuti, avente al centro la sala cinematografica o comunque l'idea di film già realizzato. Ne è uscito un mosaico davvero interessante di letture e di spunti. È impossibile citarli tutti, dunque ecco una (dolorosa) selezione. Lars von Trier ha ancora una volta "esagerato" (nel senso positivo del termine) mettendosi in scena nella proiezione ufficiale di *Manderlay* con a fianco un produttore che comincia a parlare di quanto sia divenuto ricco grazie al cinema. Kitano si è regalato il ruolo di un proiezionista in un cadente cinema di campagna. Se i Coen mettono in scena un cowboy che va a vedere un film turco che finisce col piacergli, Kiarostami stupisce tutti rendendo omaggio a Franco Zeffirelli e al suo *Romeo e Giulietta*, mostrando un cinema pieno di donne che si commuovono dinanzi a quel film. Polanski ci riporta alla proiezione di *Emmanuelle* e a una coppia borghese scandalizzata da uno spettatore che, molte file più indietro, sembra intento a masturbarsi. Ecco un'autocitazione di Lelouch e del legame che si era creato tra suo padre e sua madre e Ginger Rogers e Fred Astaire. Un'ultima annotazione per la nutrita presenza (i registi non sapevano nulla dei progetti altrui) di non vedenti in un film collettivo sul cinema. Non è per nulla strana come si potrebbe pensare in un primo momento. Il cinema ha un significato anche per chi non vede, ed è giusto che la cecità abbia assunto qui il ruolo di metafora forte. ■ DOCUMENTARIO; COL.; 100'; FRANCIA, 2007.

A CIASCUNO IL SUO DESTINO ★★★
(To Each His Own)
Regia di MITCHELL LEISEN. Con MARY ANDERSON, ROLAND CULVER, OLIVIA DE HAVILLAND, JOHN LUND, PHILIP TERRY. ■ Durante la prima guerra mondiale, una ragazza ha una relazione con un aviatore. Il pilota muore in Francia. La ragazza rimane con un pupo in braccio. Non può mantenerlo e lo fa adottare. Polpettone strappalacrime che frutta a Olivia De Havilland il suo primo Oscar. ■ COMMEDIA; B/N; 122'; USA, 1946. ■ OSCAR 1 PR, 2 NOM.

ACID – DELIRIO DEI SENSI ★★
Regia di GIUSEPPE MARIA SCOTESE. Con ANNABELLA ANDREOLI, BRUNA CARUSO, BUDD THOMPSON. ■ Due specialisti americani tracciano il quadro dei moti di protesta giovanili e introducono il problema degli allucinogeni. ■ DRAMMATICO; COL.; 92'; ITALIA, 1968.

ACID HOUSE, THE ★★
Regia di PAUL MCGUIGAN. Con EWEN BREMNER, STEPHEN MCCOLE, KEVIN MCKIDD. ■ Tre episodi per palati forti corrispondenti ad altrettanti episodi del libro di Irvine Welsh, autore di *Trainspotting*. Nel primo un giovane dopo essere stato estromesso da una squadra di calcio, scaricato dalla ragazza e pestato dalla polizia viene trasformato da Dio in mosca e si prende una sonora vendetta. Nel secondo un poveraccio con tanti problemi non

riesce a tener testa a uno spacciatore senza scrupoli. Nel terzo un tossicodipendente si ritrova nel corpo di un bambino appena nato. ■ DRAMMATICO; COL.; 112′; GRAN BRETAGNA, 1998.

ACNE ★★
Regia di FEDERICO VEIROJ. Con ANA JULIA CATALÁ, GUSTAVO MELNIK, BELÉN POUCHAN, ALEJANDRO TOCAR. ■ All'età di tredici anni e grazie all'aiuto del fratello maggiore, Raffaello comincia la sua iniziazione sessuale. Tuttavia, il primo bacio si rivela più difficile del previsto, dal momento che non sa neanche come avvicinarsi a Nicole, una compagna di classe di cui è innamorato. Il ragazzo cerca di superare questo difficile momento ma deve lottare contro i propri brufoli, la propria insicurezza, il divorzio dei genitori, le sue incombenze quotidiane. Trovare l'amore potrebbe essere la soluzione a tutti i suoi problemi. ■ COMMEDIA; COL.; 87′; ARGENTINA, MESSICO, SPAGNA, URUGUAY, 2007.

A COLPI DI KARATE *(Triangular Duel)* ★
Regia di KUO NAN-HONG. Con HWA LEN, MEN KONG LOONG, CHANG NAN, LU PING, NANCY YAN. ■ È un film ambientato perennemente in palestra: botte da orbi, omicidi e brutalità. ■ AVVENTURA; COL.; 92′; HONG KONG, 1973.

A COLPO SICURO *(Shooting Straight)* ★★
Regia di GEORGE ARCHAINBAUD. Con ROBERT EMMETT CONNOR, RICHARD DIX, MARY LAWLOR. ■ Protagonista è un giocatore impenitente, che ha fama (non del tutto infondata) di baro e imbroglione. Ma per amore di una donna finirà per mettere la testa a posto. ■ AVVENTURA; B/N; 75′; USA, 1930.

A COLPO SICURO *(Les truands)* ★★
Regia di CARLO RIM. Con LUCIEN BAROUX, EDDIE CONSTANTINE, NOËL-NOËL, JEAN RICHARD, YVES ROBERT, SYLVIE. ■ Un arzillo centenario ricorda i suoi trascorsi come re del furto con destrezza. Alla fine conclude che tutto è cambiato. ■ COMMEDIA; B/N; 84′; FRANCIA, 1956.

À CORPS PERDU ★★★
Regia di LÈA POOL. Con MATTHIAS HABICH, JOHANNE-MARIE TREMBLAY. ■ La regista indipendente, una canadese di origine svizzera, ha portato a Venezia questa sua quarta pellicola. La storia ha come protagonista un fotografo in crisi, tornato a Montreal dopo un reportage in Nicaragua. Alle violenze della guerra segue lo smarrimento del rientro a casa. La coppia di amici con cui da anni divideva l'appartamento se n'è andata. L'uomo gira la città per ridare un senso alle cose, ma si perde sempre più in se stesso. ■ DRAMMATICO; COL.; 93′; CANADA, SVIZZERA, 1988.

ACQUA ALLA GOLA *(Chase a Crooked Shadow)* ★★★
Regia di MICHAEL ANDERSON. Con ANNE BAXTER, FAITH BROOK, ALEXANDER KNOX, HERBERT LOM, RICHARD TODD. ■ Un'ereditiera si trova prigioniera di uno sconosciuto che si fa passare per suo fratello morto. Lei sa che sta mentendo perché è l'assassina del fratello: lo sconosciuto alla fine si rivela un poliziotto mandato a torchiarla. ■ GIALLO; B/N; 87′; GRAN BRETAGNA, 1958.

ACQUA CALDA *(Hot Water)* ★★
Regia di CHARLES ROGERS. Con OLIVER HARDY, STAN LAUREL. ■ Invano cerchereste negli annuari del cinema un film che si intitola *Acqua calda*. Infatti è un'antologia di comiche di Stanlio e Ollio messe insieme da Charles Rogers. ■ COMMEDIA; B/N; 79′; USA, 1935.

ACQUA CHETA ★★
Regia di GERO ZAMBUTO. Con GUIDO CELANO, GIANFRANCO GIACHETTI, ANDREINA PAGNANI, GERMANA PAOLIERI, ELIO STEINER. ■ Allegre vicende nella famiglia di un "fiaccheraio fiorentino". Le maggiori complicazioni vengono dalle passioncelle delle due figlie. ■ COMMEDIA; B/N; 83′; ITALIA, 1933.

ACQUA E SALE *(Agua e Sal)* ★★
Regia di TERESA VILLAVERDE. Con JOAQUIM DE ALMEIDA, MARIA DE MEDEIROS, CLARA JOST, ALEXANDRE PINTO, GALATEA RANZI. ■ Film presentato a Venezia nel 1998: la storia di Ana, che cerca di ricostruire la sua vita dopo la separazione dal marito; l'incontro con uno sconosciuto le cambierà la vita. La Villaverde, come tanto cinema portoghese, confonde l'intellettualismo con la rarefazione. La seconda può produrre anche dei capolavori. Il primo porta alla noia e al disinteresse. ■ DRAMMATICO; COL.; 117′; PORTOGALLO, 1997.

ACQUA E SAPONE ★★
Regia di CARLO VERDONE. Con FLORINDA BOLKAN, NATASHA HOVEY, CARLO VERDONE, LELLA FABRIZI. ■ Una giovanissima top model arriva a Roma per lavoro. La madre le cerca un precettore e lo trova nella persona di un illustre sacerdote. Ma un bidello con un espediente si sostituisce al prelato. Tra la ragazzina e l'impostore nasce un tenero sentimento. ■ COMMEDIA; COL.; 109′; ITALIA, 1983. ■ DAVID DI DONATELLO 1 PR, 1 NOM.

ACQUA, IL FUOCO, L' ★
Regia di LUCIANO EMMER. Con SABRINA FERILLI, GIANCARLO GIANNINI, VALERIE KAPRISKY, OLIVIER PAGES. ■ Tre storie di donne, accomunate dal compenetrarsi dei due elementi agli antipodi per eccellenza: l'acqua e il fuoco. Una casalinga proletaria, abbandonata da marito e figli la sera del suo compleanno, decide di rifarsi una vita. Un'aspirante suicida a Parigi vive una notte magica con un clochard sui generis. Una circense si improvvisa mangiafuoco per sostituire il marito ubriaco e salvare baracca e burattini. Emmer reitera la sua rinnovata presenza sulla scena italiana ma purtroppo fa un pessimo servizio alle donne e a se stesso. ■ COMMEDIA; COL.; 94′; ITALIA, 2003.

ACQUA IN BOCCA *(Water)* ★★
Regia di DICK CLEMENT. Con MICHAEL CAINE, DENNIS DUGAN, VALERIE PERRINE, BRENDA VACCARO. ■ In una colonia inglese si sta preparando un colpo di stato che coinvolge l'industria bellica. Produttori di questo film, tre autori di rock inglese: George Harrison, Ringo Starr ed Eric Clapton. ■ COMMEDIA; COL.; 95′; GRAN BRETAGNA, 1985.

ACQUARIO ★
Regia di MICHELE SORDILLO. Con MARIA CONSAGRA, IVANO MARESCOTTI, CARLINA TORTA. ■ Prodotto, scritto e diretto dallo stesso Sordillo, il film non riesce mai a decollare e lo stile ricorda fin troppo quello di Soldini. Alcuni personaggi si muovono in questo "acquario metropolitano": marito e moglie in crisi, una donna insoddisfatta che ricomincia da capo senza il marito e un'altra nubile senza prospettive che sfugge la realtà. ■ DRAMMATICO; COL.; 75′; ITALIA, 1996.

ACQUASANTA JOE ★★
Regia di MARIO GARIAZZO. Con TY HARDIN, RICHARD HARRISON, SILVIA MONELLI, ALFREDO RIZZO, LINCOLN TATE. ■ La banda dei "cannoni" infesta la contrada. I cittadini chiedono aiuto ad Acquasanta Joe, di professione infallibile giustiziere. ■ WESTERN; COL.; 97′; ITALIA, 1971.

ACQUA TIEPIDA SOTTO UN PONTE ROSSO ★★★★
(Akai hashi noshitano nurui mizu)
Regia di IMAMURA SHOHEI. Con KITRAMURA KAZYO, YAKUSHO KOIJ, FUWA MANSAKU, SHIMIZU MISA, BAISHO MITSUKO. ■ Ci troviamo in un villaggio giapponese, un uomo corre freneticamente sopra un ponte rosso. Supera un maratoneta di colore che tutti gli abitanti del villaggio detestano: mentre loro con la canna tirano su appena qualche pesce striminzito, lui butta le reti e in un solo minuto prende tutto quello che vuole. Arriva in una casa di legno dove lo aspetta una donna che quasi non conosce, eppure lo chiama per fare l'amore quando il suo corpo è pieno d'acqua. Acqua che, durante il rapporto, lei espelle con getti imbarazzanti, come una fontana impazzita. Ma lui chi è? Un uomo di quarant'anni che abita(va) a Tokyo, è senza lavoro ed è giunto in questa specie di paese delle meraviglie su consiglio di un anziano. Dove ha pure cominciato a lavorare su un piccolo peschereccio... Basta questo assaggio di trama per capire come Imamura Shohei abbia avuto a 75 anni una gran voglia di divertirsi con la sua fantasia. E divertire il pubblico per il tramite dell'acqua, che costituisce il fil rouge del suo cinema. L'acqua è leggera, scivola via, ed è pure il simbolo della vita... Nessuna pretesa di surrealismo, nessun messaggio, per carità: eppure questo film ha la rara capacità di stupire, far sorridere e riflettere sulle piccole cose della vita. Senza costringere nessuno, solo chi ne ha voglia. ■ DRAMMATICO; COL.; 119′; FRANCIA, GIAPPONE, 2001.

ACQUE AMARE ★★
Regia di SERGIO CORBUCCI. Con PIERO LULLI, NARCISO PARIGI, MIRELLA UBERTI, MILLY VITALE. ■ Valerio, da poco operato agli occhi, vive con lo zio in una baracca. Il professore che l'ha operato si reca a togliergli le bende, nel frattempo giunge alla capanna un evaso con moglie, complici e fratello ferito. Lo zio, poiché ha riconosciuto il fuggitivo, viene ucciso. Quando il dottore arriva è obbligato a operare il ferito, ma questi muore sotto i ferri. L'evaso cerca di fare una strage ma viene fermato in tempo. ■ DRAMMATICO; B/N; 81'; ITALIA, 1954.

ACQUE DEL NIAGARA, LE ★★
(Lois Gibbs and the Love Canal)
Regia di GLENN JORDAN. Con PENNY FULLER, LOUISE LATHAM, MARSHA MASON. ■ Storia di Lois Gibbs, una madre di famiglia tranquilla e modesta, fino al giorno in cui il suo figlio più piccolo si ammala. I medici diagnosticano leucemia. In realtà il ragazzo è stato contaminato dagli scarichi di uno stabilimento di prodotti chimici. Lois comincia una strenua battaglia. ■ DRAMMATICO; COL.; 100'; USA, 1982.

ACQUE DEL SUD *(To Have and Have not)* ★★★★
Regia di HOWARD HAWKS. Con LAUREN BACALL, HUMPHREY BOGART, WALTER BRENNAN, HOAGY CARMICHAEL, DOLORES MORAN. ■ Harry Morgan mantiene se stesso e un vecchio ubriacone che gli fa da marinaio affittando la sua barca ai turisti per la pesca in alto mare, senza disdegnare qualche lavoro come contrabbandiere. Nel 1940 l'isola della Martinica è sotto il controllo del governo di Vichy e Morgan, insofferente delle restrizioni, non è visto di buon occhio dalle autorità. Questo non gli impedisce di mettere la sua barca a disposizione della Resistenza, per trasportare un leader politico francese in fuga. Durante il viaggio, l'uomo viene ferito e nascosto in un albergo. Morgan deve allora sapersi destreggiare tra i rappresentanti del governo filonazista, il fascino della moglie del francese e l'intensa attrazione per un'americana squattrinata che ha trovato lavoro come cantante. Il contrabbandiere riesce a cavarsi dai guai e a lasciare l'isola, portando con sé il marinaio e, soprattutto, la bella americana. Si tratta di un film dalla genesi insolita e confusa. Il personaggio di Morgan nasce in un racconto di gusto *hard-boiled* che Hemingway pubblica nel '33, primo nucleo di una trilogia ambientata tra Key West e Cuba che uscirà nel '37 come *Avere e non avere*. Del libro rimangono il titolo e poco altro: ispirandosi alle vicende belliche di Hemingway, che ha messo la sua barca da pesca al servizio degli Alleati, lo scrittore William Faulkner trasforma Morgan in un eroe di guerra. Visto il successo di *Casablanca*, ne viene esplicitamente copiata una parte, inserendo nella trama un leader della Resistenza francese accompagnato dalla moglie. Come se non bastasse, l'amore nato sul set tra Bogart e la Bacall risulta talmente efficace come spunto narrativo che parte della sceneggiatura ne segue passivamente lo sviluppo. Il risultato finale ha così poco a che vedere con il punto di partenza, che il libro di Hemingway potrà essere tranquillamente utilizzato per altri film: *Golfo del Messico* di Michael Curtiz e *Agguato nei Caraibi* di Don Siegel. Non si tratta di un capolavoro, ma sicuramente della somma di elementi molto interessanti: Bogart in una variante dell'eroe solo in apparenza cinico, la Bacall in numeri musicali accompagnati dal pianista e cantante Hoagy Carmichael, Walter Brennan nella simpatica caratterizzazione del vecchio alcolizzato sempre al fianco di Morgan. E naturalmente i dialoghi brillanti tra una coppia di divi che, dopo questo film, avrebbero trascorso insieme molto tempo sullo schermo e nella vita. ■ AVVENTURA; B/N; 100'; USA, 1945.

ACQUE DI PRIMAVERA ★★
Regia di NUNZIO MALASOMMA. Con GINO CERVI, CARLO LOMBARDI, MARIELLA LOTTI, PAOLO STOPPA, VANNA VANNI. ■ Una bella donna abbandona il marito, medico troppo serio e privo di ambizioni, e scappa con l'amante. Ma l'amante la mette incinta e l'abbandona. Il marito intanto s'è consolato con la dolce infermiera. ■ COMMEDIA; B/N; 85'; ITALIA, 1942.

ACQUE DI PRIMAVERA ★★
Regia di JERZY SKOLIMOWSKI. Con VALERIA GOLINO, TIMOTHY HUTTON, NASTASSJA KINSKI. ■ Dal romanzo di Turgheniev. Un giovane nobile russo si fidanza con una brava ragazza di origine italiana. Ma durante un viaggio conosce la bellissima moglie di un amico e s'innamora pazzamente. ■ DRAMMATICO; COL.; 105'; ITALIA, 1989.

ACQUE PROFONDE *(The Deep Six)* ★★★
Regia di RUDOLPH MATÉ. Con WILLIAM BENDIX, DIANNE FOSTER, ALAN LADD, JAMES WHITMORE, KEENAN WYNN, EFREM ZIMBALIST JR. ■ Un uomo, figlio di quaccheri, non accetta il rifiuto della violenza insegnatogli dai padri e si arruola in Marina. ■ GUERRA; COL.; 110'; USA, 1957.

ACQUE PROFONDE *(Eaux profondes)* ★★
Regia di MICHEL DEVILLE. Con ISABELLE HUPPERT, JEAN-LOUIS TRINTIGNANT. ■ In una città di provincia, una graziosa signora tradisce regolarmente il marito con i playboy di passaggio. Il marito sembra indifferente. Ma poi li uccide tutti, regolarmente, al termine di ogni love story. Nessuno lo scopre mai. Tranne la consorte, che è la complice e l'ispiratrice di questo gioco perverso. Un giallo-nero di notevole finezza in cui il regista strizza l'occhio a Hitchcock, ma anche alle storie libertine francesi dei secoli scorsi. Da un "nero" di Patricia Highsmith. ■ GIALLO; B/N; 94'; FRANCIA, 1981.

ACQUE PROFONDE *(Head Above Water)* ★★
Regia di JIM WILSON. Con CAMERON DIAZ, HARVEY KEITEL, CRAIG SHEFFER, BILLY ZANE. ■ In una bella casa sul mare vivono George, mezza età, e Nathalie, moglie giovane. Appare un precedente fidanzato di lei, che poi viene trovato morto. Chi sarà stato? Da quel momento tutto succede. Chi è buono? Chi è cattivo? Un parziale remake de *La congiura degli innocenti* di Hitchcock. Gli attori ci sono, ma il film presume troppo e alla fine delude. ■ COMMEDIA; COL.; 91'; USA, 1996.

ACQUE SCURE *(Dark Waters)* ★★
Regia di ANDRÉ DE TOTH. Con FAY BAINTER, ELISHA COOK, THOMAS MITCHELL, MERLE OBERON, JOHN QUALEN, FRANCHOT TONE. ■ Una donna reduce da una brutta avventura (naufragio ad opera dei giapponesi durante l'ultima guerra) va a recuperarsi psicofisicamente nella vecchia casa degli zii in Louisiana. Pessima idea. ■ DRAMMATICO; B/N; 90'; USA, 1944.

ACQUE SILENZIOSE *(Khamosh Pani: Silent Waters)* ★★
Regia di SABIHA SUMAR. Con AAMIR ALI MALIK, SARFARAZ ANSARI, KIRON KHER, ARSAD MAHMUD, SALMAN SHAHID, SHILPA SHUKLA. ■ Nel 1979: Pakistan durante il governo del generale Zia-ul-Haq. In un piccolo villaggio del Punjab, la quarantenne Aisha ha deciso, dopo la morte del marito, di dedicare la vita all'educazione del figlio Salim, 18 anni, innamorato della bella Zoubia. Ma l'avvento della legge islamica integralista sconvolge la vita della donna. Salim, infatti, poco alla volta trascura sempre più i suoi sentimenti per far parte di un gruppo di attivisti. Inoltre, l'arrivo in paese di alcuni pellegrini indiani risveglia nella donna ricordi strazianti del suo passato. ■ DRAMMATICO; COL.; 99'; FRANCIA, GERMANIA, PAKISTAN, 2003.

ACQUE TORBIDE *(Les eaux troubles)* ★★
Regia di HENRI CALEF. Con EDOUARD DELMONT, JEANNETTE LECLERC, MARCEL MOULOUDJI. ■ L'alta marea circonda ogni sera il villaggio bretone di Mont St. Michel. Questo fenomeno provoca una notte la morte del giovane Jean, figlio adottivo del pescatore Jauvart. In paese, tutti ritengono Jauvart responsabile della disgrazia. La sorellastra della vittima decide di scoprire la verità ma, indirettamente, provocherà altre vittime. ■ DRAMMATICO; B/N; 95'; FRANCIA, 1948.

ACROBATE, LE ★★
Regia di SILVIO SOLDINI. Con VALERIA GOLINO, LICIA MAGLIETTA, MIRA SARDOC. ■ Elena, una donna di Treviso, chimica in una ditta farmaceutica, conosce Anita, un'anziana signora di origini gitane. Alla sua morte, Elena, che è stata da sempre attratta da Anita, parte per Taranto alla ricerca dei suoi parenti. Nella città pugliese incontra la trentenne Maria, cassiera in un supermercato. Tra le due donne nasce un forte sentimento d'amicizia e di solidarietà femminile, che migliorerà la loro esistenza. ■ COMMEDIA; COL.; 120'; ITALIA, 1997.

ACROSS THE UNIVERSE ★★★★
Regia di JULIE TAYMOR. Con JOE ANDERSON, T.V. CARPIO, DANA FUCHS, SPENCER LIFF, MARTIN LUTHER, JIM STURGESS, EVAN RACHEL WOOD. ■ Liverpool, anni Sessanta. Jude (Jim Sturgess) decide di lasciare l'Inghilterra per recarsi in America alla ricerca del padre, emigrato anni prima verso gli Stati Uniti. Lì conoscerà nuove persone, si innamorerà e si scontrerà con la realtà della guerra in Vietnam, dei movimenti pacifisti, dei Watts Riots, del mondo della musica. Con le note e i testi dei Beatles (in versione rivista e corretta dai protagonisti) a ispirare la sua storia. Julie Taymor ha diretto diversi musical a Broadway, e anche alcune rappresentazioni operistiche, oltre naturalmente a film (*Frida*, *Titus*). Avendo sempre avuto a che fare con l'arte e con la musica, la sua interpretazione in chiave musical dei Beatles, come ispiratori con le loro canzoni della storia di un giovane negli anni Sessanta, è visionaria, psichedelica, ironica, con uno sguardo a quel periodo che in parte ha cambiato la storia. Per realizzare questo film si è quindi avvalsa di famosi performer (Bono e Joe Cocker), di ottimi comprimari fra cui il protagonista, Jim Sturgess, che sorprende nelle sue interpretazioni di *Revolution* e *All my loving*, e dell'apporto fondamentale del compositore Elliott Goldenthal che ha avuto l'onere e l'onore di riarrangiare i pezzi del quartetto di Liverpool. *Across the universe*, che alcuni avvicinano a *Moulin Rouge* di Baz Luhrman, è un insieme di quadri musicali, ognuno con una sua personalità, che in parte descrivono le vicende (la sequenza di *Strawberry fields forever* è intensa e appassionante), e in parte ne rappresentano le atmosfere, con l'utilizzo di effetti di saturazione di colore, del green screen e di coreografie tipiche del musical. COMMEDIA; COL.; 131'; USA, 2007.

ACTAS DE MARUSIA – STORIA DI UN MASSACRO *(Actas de Marusia)* ★★★
Regia di MIGUEL LITTIN. Con DIANA BRACHO, ERNESTO GOMEZ CRUZ, SALVADOR SANCHEZ, GIAN MARIA VOLONTÉ. ■ È la rievocazione di un episodio di lotta operaia avvenuto nel 1907 nel villaggio minerario cileno di Marusia. La ribellione dei minatori, soffocata nel sangue, segna in pratica l'inizio del movimento operaio cileno. ■ DRAMMATICO; COL.; 110'; MESSICO, 1975. ■ OSCAR 1 NOM.

ACTION ★★
Regia di TINTO BRASS. Con ADRIANA ASTI, ALBERTO LUPO, LUC MERENDA, JOHN STEINER. ■ Divo dei film polizieschi decaduto a modello per film porno, fa l'amore con una benzinaia e viene ucciso dai poliziotti chiamati dal marito di lei. ■ DRAMMATICO; COL.; 121'; ITALIA, 1980.

ACTION JACKSON ★★
Regia di CRAIG R. BAXLEY. Con CRAIG T. NELSON, VANITY, CARL WEATHERS. ■ Jerico Jackson, sergente della polizia di Detroit, indaga sulla morte di alcuni sindacalisti. Alla fine scopre che il mandante è un ricco industriale assetato di potere. Una buona occasione per Weathers, finora confinato ai ruoli di secondo attore (è stato Apollo nella serie *Rocky*). ■ AVVENTURA; COL.; 92'; USA, 1987.

ACT OF VALOR ★★
Regia di MIKE MCCOY, SCOTT WAUGH. Con JASON COTTLE, GONZALO MENDEZ, ROSELYN SANCHEZ, NESTOR SERRANO, ALEX VEADOV. ■ Mentre nelle Filippine un terrorista ceceno noto come Abu Shabal fa saltare in aria l'intera ambasciata degli Stati Uniti, in Costa Rica un'agente della Cia sotto copertura studia i movimenti di uno dei signori della droga più potenti del mondo, un magnate ucraino detto Christo. Quando la donna viene catturata dagli uomini di Christo e torturata per avere informazioni segrete sul governo, una squadra di Navy Seal, le truppe speciali dell'esercito americano, entra in azione per liberarla. ■ AZIONE; COL.; 111'; USA, 2012.

ACTORS *(The Actors)* ★★
Regia di CONOR MCPHERSON. Con MICHAEL CAINE, MICHAEL GAMBON, MIRANDA RICHARDSON, LENA HEADEY, MICHAEL MCELHATTON, DYLAN MORAN, AISLING O'SULLIVAN. ■ Può l'allievo superare il maestro? Seguendo un canovaccio ormai noto, *Actors* è la sfida psicologica fra O'Malley, un attore di esperienza che non ha mai raggiunto realmente il successo, e il giovane Tom, ancora alle prime armi invischiato in un teatro di gavetta nel quale si sente prigioniero. L'unica via d'uscita è recitare nella vita, dove, d'altra parte, si rischia la pelle se un'interpretazione non è da applausi. Così raccontato il film sarebbe un dramma shakespeariano se non fosse per una certa dose di comicità presente in ogni scena e una serie di pochade alla francese che ci riportano al cinema anni Sessanta con gli scambi di persona e i qui pro quo. ■ COMMEDIA; COL.; 91'; GERMANIA, GRAN BRETAGNA, IRLANDA, 2003.

ACULEO DELLA MORTE, L' *(Shi no toge)* ★★
Regia di KOHEI OGURI. Con ITTOKU KISHIBE, TAKENORI MATSUMURA, KEIKO MATSUZAKA. ■ Ha vinto il Gran Premio della Giuria a Cannes ex-aequo con *Tilai*. Il film descrive il calvario della relazione tra due coniugi con due figli. Il marito scrittore incrina il rapporto tradendo la moglie. Da quel momento tutto precipita. ■ DRAMMATICO; COL.; 115'; GIAPPONE, 1990.

A CUORE FREDDO ★★
Regia di RICCARDO GHIONE. Con LUCIANO BARTOLI, COLETTE DESCOMBES, GIORGIO DOLFIN, RADA RASSIMOV, ENRICO MARIA SALERNO. ■ Silvana, ex hippy, diventa la moglie dell'agiato finanziere Enrico Salvari. Si stanca però presto sia del marito sia del benessere e allaccia una relazione con un modesto pittore. ■ DRAMMATICO; COL.; 89'; ITALIA, 1971.

ADA DALLAS *(Ada)* ★★★
Regia di DANIEL MANN. Con MARTIN BALSAM, SUSAN HAYWARD, WILFRID HYDE-WHITE, DEAN MARTIN, RALPH MEEKER. ■ Un simpatico tipo di politicante s'innamora di una donna con losco passato e la sposa. Quando però concorre alla carica di governatore, i suoi avversari cercano di tagliargli le gambe mettendo in piazza i trascorsi della moglie. Ma la consorte passa al contrattacco. ■ COMMEDIA; COL.; 110'; USA, 1961.

ADALEN 31 ★★★
Regia di BO WIDERBERG. Con ANITA BJÖRK, PETER SCHILDT, KERSTIN TIDELIUS. ■ Ad Adalen in Svezia: gli operai entrano in sciopero contro i padroni. Il che non impedisce al figlio di uno dei capi della manifestazione di amoreggiare con la figlia di un industriale. Si verificano incidenti. La polizia spara. Ad andarci di mezzo è il padre del ragazzo. Finisce lo sciopero e finisce la love story. Il ragazzo d'ora in avanti penserà solo all'impegno politico. Una bella rievocazione delle lotte sindacali dell'anteguerra. Un'illustrazione di grosso risalto figurativo e di innegabile impatto emozionale. Migliore del *Joe Hill* che Widerberg realizzerà in America due anni dopo. ■ DRAMMATICO; COL.; 112'; SVEZIA, 1969. ■ CANNES 1 PR; OSCAR 1 NOM.

AD ALTO RISCHIO *(High Risk)* ★★
Regia di STEWART RAFFILL. Con ERNEST BORGNINE, JAMES BROLIN, JAMES COBURN, ANTHONY QUINN. ■ Per una serie di circostanze, un gruppo di tranquilli cittadini americani viene arruolato tra le truppe mercenarie e catapultato in Sud America a combattere i trafficanti di droga. E come se non bastassero i trafficanti, gli ex uomini tranquilli si trovano ad affrontare i *desperados* locali. ■ AVVENTURA; COL.; 94'; USA, 1981.

ADAM ★★
Regia di MAX MAYER. Con ROSE BYRNE, HUGH DANCY, FRANKIE FAISON, PETER GALLAGHER, AMY ITVING. ■ Adam è un giovane ingegnere elettronico che realizza giocattoli per una fabbrica. La sua passione è l'astronomia. Il suo destino sembra essere la solitudine perché è afflitto dalla sindrome di Asperger, una forma di autismo che inibisce la comprensione delle reali intenzioni del prossimo. Un giorno, nel locale della lavanderia, incontra Beth, una scrittrice di libri per bambini che insegna in una scuola. Potrebbe nascerne una storia a due. ■ COMMEDIA; COL.; 99'; USA, 2009.

ADAM & EVIL
Regia di ANDREW VAN SLEE. Con SEAN ARNFINSON, ERICA CERRA, BRODY HARMS, BARBARA KOTTMEIER, ALLISON WARNYCA. ■ Quattro ragazzi vanno a passare un weekend in una tetra campagna. Può mancare il maniaco che li eliminerà uno per uno? Assenza totale di originalità per un film che non meritava di essere distribuito. ■ HORROR; COL.; 90'; USA, 2004.

ADAMO ED EVA ★★
Regia di Mario Mattoli. Con Gianni Agus, Isa Barzizza, Erminio Macario. ■ Adamo (parrucchiere) è fidanzato con Eva (manicure). Per giustificare agli occhi della ragazza una sopraggiunta "freddezza" amorosa, Adamo le illustra tutti i guai degli Adami della storia. ■ Commedia; b/n; 87′; Italia, 1949.

ADAMO ED EVA LA PRIMA STORIA D'AMORE ★
Regia di Johnny Wilder. Con Angel Alcazar, Andrea Goldman, Mark Gregory. ■ Dura la vita di Adamo ed Eva cacciati dal Paradiso Terrestre. Passano mille avventure, fra animali feroci, tribù ostili, cataclismi. Alla fine scoprono il fuoco. Poi Eva partorisce il primo figlio. ■ Avventura; col.; 89′; Italia, 1982.

ADAMO ED EVELINA *(Adam and Evelyne)* ★★
Regia di Harold French. Con Helen Cherry, Stewart Granger, Jean Simmons, Beatrice Varley. ■ Un giocatore impenitente adotta l'orfana del suo antico sergente. Ma la ragazza si innamora di lui. Lui ricambia. ■ Commedia; b/n; 92′; Gran Bretagna, 1949.

ADAM RESURRECTED ★★★
Regia di Paul Schrader. ■ Con Willem Dafoe, Jeff Goldblum, Derek Jacobi, Hana Laszlo, Ayelet Zurer. Adam Stein nella Germania degli Anni Venti era stato una star del cabaret. Mago, clown e abile entertainer, conduceva una vita agiata con la moglie e due figlie. Aveva però un problema: era ebreo. Oggi, anni Sessanta, Adam è un sopravvissuto all'Olocausto che viene temporaneamente accolto presso una struttura sanitaria collocata nel bel mezzo di un deserto israeliano. Vi si curano (o si tenta di curare) pazienti che hanno subito gravi traumi. Paul Schrader non ha mai abbandonato la scelta della visionarietà, sia come sceneggiatore che come regista. Affronta ora il tema della Shoah tratteggiando (sostenuto da Jeff Goldblum al massimo del suo positivo istrionismo) la figura di un uomo che fa della rappresentazione il suo punto di forza. ■ Drammatico; col.; 106′; Germania, USA, Israele, 2009.

ADANGGAMAN ★★★
Regia di Roger Gnoan M'Bala. Con Mireille Andrée Boti, Bintou Bakayoko, Mylène-Perside Boti Kouame, Tie Dijian Patrick. ■ XVII secolo. In un villaggio della Costa d'Avorio regna una certa tranquillità: la tratta degli schiavi ha risparmiato la popolazione. Il re Adanggaman, avido di oro, di potere, di rum e di oggetti senza valore, non ha colpito. Il giovane Ossei rifiuta di sposare la ragazza che il padre, il vecchio e autoritario N'Go, ha scelto per lui. Dovrà fuggire quando il conflitto con il genitore diventerà troppo aspro. Proprio allora le Amazzoni del re entreranno in azione rapendo donne, bambini e uomini. Il cinema africano ha ormai così pochi mezzi, da quando la cinematografia francese ha tagliato i fondi, che ogni film che riesce ad arrivare sui nostri schermi è benvenuto. Soprattutto quando poi si riflette sul passato senza *Amistad* statunitensi con mandinghi lucidati. Con un ammonimento da parte del regista: «Perdonare senza dimenticare». ■ Storico; col.; 90′; Costa d'Avorio, 2000.

ADDICTION, THE ★★★
Regia di Abel Ferrara. Con Paul Calderon, Edie Falco, Annabella Sciorra, Lili Taylor, Christopher Walken. ■ Kate, studentessa di filosofia attenta alle manifestazioni del male nel mondo, viene attratta da un gruppo di succhiatori di sangue a New York. Continua le sue ricerche mentre aumenta il suo bisogno di sangue. Tossicodipendenza e vampirismo finiscono con l'equivalersi in questo film in cui Ferrara tenta la strutturazione di un saggio filosofico per immaginario grazie all'indispensabile collaborazione di Nicholas St. John. Il bianco e nero angosciante in cui si muove un Walken magistrale affiancato da una Taylor altrettanto brava diviene uno spazio "altro" rispetto al cinema autodivorante di Ferrara. ■ Horror; col.; 82′; USA, 1995.

ADDIO, L' *(Proshchanie)* ★★★
Regia di Elem Klimov. Con Lev Durov, Yuri Katin-Yartsev, Leonid Kyruk, Denis Lupov, Aleksei Petrenko, Stefaniya Stanyuta, Vadim Yakovenko. ■ Matiora ha le sue tradizioni. È un villaggio radicato nel culto della natura e dedito alla pastorizia e all'allevamento, che vive e sopravvive seguendo i cicli del grano e quelli domestici. Antichissimo tanto quanto un grande albero ai confini dei campi e isolato dal resto del mondo proprio perché sorge su un'isola di un lago siberiano che ha lo stesso nome di quella piccola comunità. Ma tutto questo sta per scomparire quando il paese è minacciato da un progetto che vuole inabissare l'isola e trasformare il bacino naturale in una diga artificiale. Darya, una delle donne più vecchie dell'isola, vede il suo antico mondo, quello dei suoi genitori, sfuggirle di fronte agli occhi, ormai incapaci di dire addio a Matiora. Concepito e preparato dalla regista Larisa Sepitko (che non riuscì mai a vederlo ultimato perché morì in un grave incidente automobilistico assieme al direttore della fotografia e allo scenografo, proprio il primo giorno di riprese nel 1979), questo film fu diretto da suo marito, Elem Klimov, con l'ausilio nella sceneggiatura di suo fratello, German Klimov. Tratta dal romanzo breve dello scrittore Valentin Rasputin *Addio a Matjora*, la pellicola è considerata dalla critica cinematografica e storica dell'Urss come una delle opere chiave del cinema della Glasnost e affonda le sue radici nel profondo scontro fra nuovo e vecchio mondo, portandone alla luce contraddizioni, ipocrisie e sfruttamenti. ■ Drammatico; col.; 108; URSS, 1983.

ADDIO, ALEXANDRA ★★
Regia di Enzo Battaglia. Con Colette Descombes, Anna Perego, Anna Maria Pierangeli, Glenn Saxson, Margherita Simoni. ■ Stefano ed Elisabetta (coniugi separati ma sessualmente ancora attratti reciprocamente) vanno in vacanza in Olanda ospiti di Alexandra, la quale si innamora di Stefano. ■ Commedia; col.; 91′; Italia, 1969.

ADDIO ALLE ARMI *(A Farewell to Arms)* ★★★
Regia di Frank Borzage. Con Gary Cooper, Helen Hayes, Adolphe Menjou. ■ La prima versione del romanzo di Hemingway, inibita al pubblico italiano nel 1932 perché osava mettere in scena la sconfitta di Caporetto. Per vederla (in tv) abbiamo dovuto aspettare più di 50 anni. La vicenda (in parte autobiografica) è quella della love story fra un tenente americano e un'infermiera inglese in Italia durante la prima guerra mondiale. Portentosa ancor oggi la fotografia di Charles Lang (Oscar 1933). ■ Guerra; b/n; 78′; USA, 1932. ■ Oscar 2 pr, 4 nom.

ADDIO ALLE ARMI *(A Farewell to Arms)* ★★
Regia di Charles Vidor. Con Vittorio De Sica, Rock Hudson, Franco Interlenghi, Jennifer Jones, Mercedes McCambridge, Alberto Sordi. ■ Dal romanzo di Ernest Hemingway. Durante la prima guerra mondiale, sul fronte italo-austriaco, un volontario americano s'innamora di un'infermiera inglese. Arriva Caporetto. Lui diserta e scappa con lei. Si rifugiano in Svizzera. Rifacimento del film di Frank Borzage (1932) con Gary Cooper (che in Italia non venne mai perché, sulla scorta del libro di Hemingway, osava fare dei rilievi sul comportamento delle truppe italiane a Caporetto). Questo invece fu fatto con il concorso dell'esercito nostrano (unica contropartita: un pistolotto iniziale sulle virtù guerriere italiche). Però è venuto peggio, un polpettone asmatico privo di bravura con una primattrice troppo anziana e leziosa, e poche emozioni anche per gli spettatori di bocca buona. Davide Selznick, che voleva farne il *Via col vento* degli anni Cinquanta, ne uscì stremato (appena recuperate le spese si ritirò a vita privata). Tra le ragioni dello stremo, le furiose litigate con il primo regista designato, John Huston, che non legava con la moglie-diva di Selznick, Jennifer Jones, e fu esonerato dopo poche settimane. ■ Drammatico; col.; 152′; USA, 1957. ■ Oscar 1 nom.

ADDIO ALL'ESERCITO *(Buck Privates)* ★★
Regia di Arthur Lubin. Con Bud Abbott, Lee Bowman, Lou Costello, Alan Curtis, Nat Pendleton, Andrew Sisters. ■ Gianni e Pinotto vanno sotto le armi, spinti da una vecchia riccona che ha paura che il figliolo, coscritto, si faccia male. Il figliolo in realtà se la cava benissimo e salva la vita a un coetaneo rivale in amore. Persino i due "babbei" ne escono con tutti gli onori. ■ Commedia; b/n; 77′; USA, 1941.

ADDIO AL PASSATO ★★★★
Regia di Marco Bellocchio. ■ Un cortometraggio presentato alla mostra di Venezia 2002. Magnifico. Lo firma qualcuno che conosce il cinema. Qualcuno da tenerci stretto. In occasione dei cen-

to anni dalla morte di Verdi, Marco Bellocchio, piacentino, porta il ricordo del compositore in certi ambienti di Piacenza, le locande, le trattorie, le strade, il Po e la nebbia, soprattutto il teatro Municipale e il magnifico palazzo Anguissola. Si prova e si canta la Traviata. Cantano appassionati di lirica dalle facce rubizze e cantanti lirici veri. C'è chi dice «Verdi era piacentino, ma non siamo stati abbastanza decisi a rivendicarlo». C'è la ragazzina che invece di ascoltare Vasco ascolta la Callas e sogna un giorno di emularla. Il tutto in un contesto di vera magia di immagini e di suoni, e di quel mistero non penetrabile che è certo cinema, quando è fatto da gente come Bellocchio. ■ Documentario; col.; 47'; Italia, 2002.

ADDIO AL RE *(Farewell to the King)* ★★★
Regia di John Milius. Con James Fox, Nigel Havers, Nick Nolte. ■ Un disertore americano, poco dopo Pearl Harbor, si rifugia nella giungla del Borneo e lì diventa il re di una tribù di cacciatori di teste. Un paio d'anni dopo, gli inglesi assoldano lui e la sua tribù per condurre la guerriglia contro i giapponesi. Da un romanzo di Pierre Schoendorffer, intellettuale di destra francese che ha trovato in Milius (regista di un "cinema d'eroi") con ogni evidenza l'anima gemella. ■ Avventura; col.; 117'; USA, 1988.

ADDIO AMORE ★★
Regia di Gianni Franciolini. Con Clara Calamai, Renato Cialente, Leonardo Cortese, Jacqueline Laurent, Roldano Lupi. ■ Il film è tratto dal romanzo di Matilde Serao: un nobile napoletano che ha fatto da tutore a due sorelle ne sposa una e diventa l'amante dell'altra. Quando la moglie lo sa, si uccide. Il marito muore in un duello con un innamorato della consorte. ■ Drammatico; b/n; 71'; Italia, 1942.

ADDIO BROADWAY! ★★
(The Great American Broadcast)
Regia di Archie Mayo. Con Alice Faye, Fayard Nicholas, Harold Nicholas, Jack Oakie, John Payne, Cesar Romero. ■ Lui, lei, l'altro sullo sfondo della nascita (o meglio della popolarizzazione) della radio negli Stati Uniti. ■ Commedia; b/n; 92'; USA, 1941.

ADDIO DOTTOR ABELMAN! ★★★
(The Last Angry Man)
Regia di Daniel Mann. Con Luther Adler, Paul Muni, Betsy Palmer, Robert F. Simon, David Wayne. ■ Un funzionario tivù, che ha paura di "saltare" da un giorno all'altro, per riabilitarsi organizza un servizio tipo "una persona che non dimenticherò mai". La persona è un vecchio medico ebreo che esercita nei quartieri poveri della città. ■ Drammatico; b/n; 100'; USA, 1959. ■ Oscar 2 nom.

ADDIO, FIGLIO MIO! ★★
Regia di Giuseppe Guarino. Con Nyta Dover, Rossana Podestè, Marco Vicario. ■ Durante la seconda guerra mondiale Giorgio deve partire per l'Africa: trascorre l'ultima notte con la fidanzata (Elsa) che resterà incinta. Per evitare i pettegolezzi la ragazza va a partorire altrove e si sposa felicemente (Giorgio è stato dichiarato disperso). L'ex fidanzato, invece, è vivo e torna. Disperato, si unisce a certi malviventi che rapiscono proprio suo figlio, per il quale egli sacrificherà la vita. ■ Drammatico; b/n; 92'; Italia, 1954.

ADDIO FRATELLO CRUDELE ★★★
Regia di Giuseppe Patroni Griffi. Con Rik Battaglia, Antonio Falsi, Charlotte Rampling, Fabio Testi, Oliver Tobias. ■ Dalla tragedia di John Ford *Peccato che sia una sgualdrina*. Giovanni ama la sorella Annabella (siamo nell'Italia rinascimentale). Il rapporto incestuoso viene interrotto dal matrimonio di Annabella con il nobile Soranzo. Questi scopre i trascorsi della moglie e reclama vendetta. Giovanni l'accontenta: uccide prima la sorella e poi si fa ammazzare. ■ Drammatico; col.; 111'; Italia, 1971.

ADDIO, GATTACCIO CRUDELE ★★★
■ Il film, che propone le divertenti schermaglie degli irriducibili nemici Tom e Jerry, comprende dodici cortometraggi. ■ Animazione; col.; 80'; USA, 1972.

ADDIO GIOVINEZZA! ★★
Regia di Augusto Genina. Con Carmen Boni, Elena Sangro, Walter Slezak. ■ Nella Torino inizio Novecento, lo studente Mario ama la sartina Dorina, ma un bel momento la trascura per correre dietro a una fatalona. ■ Commedia; b/n; 67'; Italia, 1927.

ADDIO GIOVINEZZA! ★★
Regia di Ferdinando Maria Poggioli. Con Clara Calamai, Carlo Campanini, Maria Denis, Carlo Minello, Adriano Rimoldi. ■ Versione girata all'epoca del sonoro del film omonimo diretto da Genina nel 1927. Uno dei pochi casi in cui il remake è meglio dell'originale. ■ Commedia; b/n; 94'; Italia, 1940.

ADDIO JEFF! *(Jeff)* ★★
Regia di Jean Herman. Con Mireille Darc, Frederic De Pasquale, Alain Delon. ■ Un boss della mala dopo un grosso colpo decide di sparire, affidando a un suo luogotenente l'incarico di vegliare sulla bionda amante, sul grisbi e sui complici. Gran finale con carneficina, in cui ci lasciano le penne i componenti dell'intera banda. ■ Poliziesco; col.; 90'; Francia, 1969.

ADDIO LADY! *(Goodbye My Lady!)* ★★
Regia di William A. Wellman. Con Walter Brennan, Brandon De Wilde, Philip Harris, William Hopper, Sidney Poitier. ■ Nelle paludi del Mississippi un ragazzotto trova una cagna di razza e ci s'affeziona. La bestia però appartiene a un riccone che la reclama. Il ragazzino si farà forza e la riporterà alla cuccia originaria. ■ Commedia; b/n; 95'; USA, 1956.

ADDIO LARA! *(J'ai tué Raspoutine)* ★★★
Regia di Robert Hossein. Con Geraldine Chaplin, Ivan Desny, Gert Fröbe, Ira Fürstenberg, Robert Hossein, Peter McEnery, Roger Pigaut. ■ Storia dell'ascesa e caduta del monaco Rasputin, raccontata sulla scorta delle memorie del principe Yussopof, il suo killer ufficiale. ■ Storico; col.; 100'; Francia, 1965.

ADDIO MADRID *(In Gay Madrid)* ★★
Regia di Robert Z. Leonard. Con Dorothy Jordan, Beryl Mercer, Ramon Novarro. ■ Ramon Novarro, che tre anni prima era stato *Ben Hur,* fa i suoi primi assaggi nel cinema sonoro, con questo musical di ambientazione spagnola un tantino approssimativa. È un ricco studente che pensa più alle ragazze che ai libri. Il padre lo spedisce a Santiago perché metta la testa a posto. Invano: a Santiago fa ancora più conquiste. ■ Comm. musicale; b/n; 88'; USA, 1930.

ADDIO, MAMMA! ★★
Regia di Irving Jacobs. Con Miranda Martino, Elio Pandolfi, Antonella Steni. ■ La cantante Patrizia (moglie di un ergastolano, Franco) ha una relazione con Paolo: ai due nasce un bambino, Bruno. Franco evade dal carcere e ricatta la moglie, la quale perde amante e figlio. Disperata, si fa suora e le viene affidata la cura di un asilo dove per caso, Paolo iscrive il piccolo Bruno. Qualche tempo dopo, irrompe minaccioso Franco. Costui, per non farsi catturare dalla polizia, si fa scudo col bimbo ma la moglie-suora interviene coraggiosamente e resta uccisa. ■ Drammatico; col.; 91'; Italia, 1967.

ADDIO MIA BELLA NAPOLI! ★★
Regia di Mario Bonnard. Con Vera Carmi, Fosco Giachetti, Clelia Matania, Paolo Stoppa. ■ Un affermato autore di canzoni partenopee vive una storia d'amore con una miliardaria americana. ■ Commedia; b/n; 91'; Italia, 1946.

ADDIO MIA BELLA SIGNORA ★★
Regia di Fernando Cerchio Con Alba Arnova, Gino Cervi, Armando Francioli. ■ La bella e giovane Cristina sta per sposare il maturo colonnello Saluzzo. Guido, studente universitario, prova attrazione per lei ma si fa in disparte quando apprende dell'imminente matrimonio. Nel 1915 l'Italia entra in guerra e Saluzzo è richiamato. Guido ritrova Cristina. ■ Commedia; b/n; 95'; Italia, 1954.

ADDIO MIA CONCUBINA *(Bawang Bie ji)* ★★★
Regia di Chen Kaige. Con Leslie Cheung, Zhang Fengyi, Gong Li. ■ Il titolo è preso da un'opera cinese dei primi del Novecento, scritta da Mei Lanfang. Il regista cinese Chen Kaige vive a New York, trapiantato da vero intellettuale. E il film, un affresco politico nascosto sotto la patina del melodramma, media la

cultura cinese con lo stile registico occidentale. Non è certo una pecca, specialmente se il risultato, come in questo caso, è lusinghiero. Due bambini diventano amici mentre apprendono la durissima arte dell'attore. Infatti in Cina per calcare il palcoscenico si deve sottostare a regole durissime. Una volta scelti come attori per una famosa opera con protagonisti un re e la sua concubina le loro vite cambiano. L'attore che interpreta il personaggio femminile si immedesima a tal punto da diventare geloso e pericoloso quando l'amico si innamora di una prostituta. Tra intrecci politici e sentimentali si giunge alla tragedia. Bravi tutti gli interpreti principali, soprattutto Leslie Cheung e Gong Li, e una lode al direttore della fotografia, Gu Changwei. ■ DRAMMATICO; COL.; 170′; CINA, HONG KONG, TAIWAN, 1993. ■ CANNES 🎖 1 PR; GOLDEN GLOBES 1 PR, 1 NOM; OSCAR 2 NOM.

ADDIO MIMÌ! ★★★
Regia di CARMINE GALLONE. Con MARTHA EGGERTH, JAN KIEPURA. ■ Il film è tratto dalla *Bohème* di Puccini. René, giovane e spiantato tenore polacco, s'innamora a Parigi della connazionale Bénise (altrettanto povera), anch'ella aspirante cantante lirica. Il ricco Bouchard corteggia Bénise la quale gli chiede una "raccomandazione" affinché René ottenga una scrittura. Al giovane viene allora affidata una parte nella *Bohème* ma Bénise, ammalata di tisi, decide di lasciarlo per non ostacolarne la carriera: finge di non amarlo più e parte con Bouchard. Ritornerà qualche mese dopo e si troverà a cantare (nel ruolo di Mimì) accanto a René che ha saputo la verità. Ma troppo tardi: Bénise muore sulla scena tra le braccia di René. ■ DRAMMATICO; B/N; 88′; ITALIA, 1947.

ADDIO MR. CHIPS! *(Good Bye, Mr. Chips)* ★★★★
Regia di SAM WOOD. Con ROBERT DONAT, GREER GARSON, PAUL HENREID, TERRY KILBURN, JOHN MILLS, MILTON ROSMER. ■ La vita di un professore di college inglese dal primo incarico fino alla morte. La grigia giovinezza, la gioiosa maturità (allietata dal matrimonio con una bella ragazza). La morte della moglie, la vecchiaia nella scuola dove ormai è diventato un'istituzione. Uno dei romanzoni sentimentali fatidici nella Hollywood degli anni d'oro. Robert Donat vinse un Oscar per la sua simpatica performance e Greer Garson divenne una stella al suo esordio. Oggi tutto appare, certo, molto datato (tant'è vero che il "rifacimento" del 1970, nonostante le musiche, i colori, Peter O'Toole, Petula Clark, Herbert Ross, non ha avuto nessun successo). ■ DRAMMATICO; B/N; 114′; GRAN BRETAGNA, 1939. ■ OSCAR 1 PR, 7 NOM.

ADDIO MR. HARRIS! *(The Browning Version)* ★★★
Regia di ANTHONY ASQUITH. Con RONALD HOWARD, JEAN KENT, NIGEL PATRICK, MICHAEL REDGRAVE, BILL TRAVERS. ■ Alla vigilia della pensione, il professore di un college inglese – tradito dalla moglie, malandato in salute, mal visto dai colleghi – si rialza il morale dopo l'atto di gentilezza di un giovanissimo allievo. ■ DRAMMATICO; B/N; 90′; GRAN BRETAGNA, 1951. ■ CANNES 2 PR.

ADDIO NAPOLI! ★★
Regia di ROBERTO MONTERO BIANCHI. Con ANDREA CHECCHI, GIORGIO DE LULLO, MARIA GRAZIA FRANCIA, TAMARA LEES, DANTE MAGGIO. ■ Un inglese a Napoli prima della guerra si innamora di una ragazza del popolo. Il fratello maggiore osteggia la love story anche perché sospetta di furto i parenti di lei. La colpevole è invece l'amante del fratello. Scoppia la guerra. L'amante fa la spia. E delle sue malefatte si fa ancora carico la povera famiglia partenopea. Uno zio si sacrifica. ■ DRAMMATICO; B/N; 88′; ITALIA, 1954.

ADDIO PER SEMPRE! ★★
Regia di MARIO COSTA. Con MARISA DEL FRATE, FRANCO FABRIZI, ETTORE MANNI, SERGIO RAIMONDI, CONSTANCE SMITH. ■ Un commerciante napoletano, coniugato con prole, scopre che la bella moglie lo tradisce. Aggredisce il rivale e lo uccide. Poi scappa in America. Ritorna dopo tanti anni in tempo per salvare la figlia. ■ DRAMMATICO; B/N; 90′; ITALIA, 1958.

ADDIO RAGAZZA NEGRA ★★
(Rosas blancas para mi hermana negra)
Regia di ABEL SALAZAR. Con EUSEBIA COSME, MAMA DOLORES, STEVE FLANAGA, LIBERTAD LAMARQUE, IRMA LOZANO. ■ Due amiche messicane (una bianca e una nera) legate sin dall'infanzia sono ora madri rispettivamente di Robertha e di Alicia. Robertha morirà tragicamente e Alicia subirà un trapianto di cuore. ■ DRAMMATICO; B/N; 94′; MESSICO, 1970.

ADDIO SIGNORA LESLIE *(About Mrs. Leslie)* ★★★
Regia di DANIEL MANN. Con SHIRLEY BOOTH, ROBERT RYAN. ■ Un magnate muore e si scopre che ha sempre condotto una doppia vita. Aveva una moglie ufficiale e una ufficiosa (appunto la signora del titolo). ■ DRAMMATICO; B/N; 104′; USA, 1954.

ADDIO SIGNORA MINIVER *(The Miniver Story)* ★★★★
Regia di HENRY C. POTTER. Con GREER GARSON, LEO GENN, JOHN HODIAK, CATHY O'DONNELL, REGINALD OWENS, WALTER PIDGEON, HENRY WILCOXON. ■ Seguito della *Signora Miniver,* grande successo degli anni di guerra. La pace è tornata e Kay Miniver continua a fare l'angelo del focolare. Intanto però la sua salute è talmente malridotta che il medico non le dà più di un anno di vita. Kay prima di andarsene cerca di mettere le cose il più a posto possibile. ■ DRAMMATICO; B/N; 104′; USA, 1950.

ADDIO SOGNI DI GLORIA ★★
Regia di GIUSEPPE VARI. Con IRENE GALTER, BENIAMINO MAGGIO, ETTORE MANNI. ■ Marcello, musicista affermato, attribuisce la colpa della misteriosa scomparsa della figlioletta (nata da un suo precedente matrimonio) alla futura moglie, Evelina. Tronca perciò il fidanzamento e parte per una lunghissima tournée. Al ritorno, ritroverà la bimba e capirà che Evelina è innocente: la messinscena era stata organizzata da un corteggiatore della donna. ■ DRAMMATICO; B/N; 91′; ITALIA, 1955.

ADDIO TERRAFERMA ★★★★
(Adieu, plancher des vaches)
Regia di OTAR IOSSELIANI. Con AMIRAN AMIRANACHVILI, PHILIPPE BAS, LILY LAVINA, NICO TARIELASHVILI. ■ Se ha ancora senso parlare di grandi autori di cinema, Iosseliani è un nome a cui ci si deve riferire. Qui ritrae la Parigi che più amiamo, la Parigi dei bistrot. E un gruppo di irresistibili eccentrici. Si ride, si sorride, ci si commuove. Perché questo è davvero un gran bel film. Senza effetti speciali ■ COMMEDIA; COL.; 118′; FRANCIA, ITALIA, SVIZZERA, 1999.

ADDIO ULTIMO UOMO ★★
Regia di YVES ANGELO, ALFREDO CASTIGLIONI, ANGELO CASTIGLIONI. Con RICCARDO CUCCIOLLA. ■ Documentario dedicato a culture ancestrali africane che il progresso minaccia di far scomparire. Mostra sequenze girate tra le tribù Kapsiky, Nuba, Shilluk: sono scene riguardanti la lotta per la sopravvivenza, le guerre tribali, le superstizioni, le danze erotiche, i culti del fallo, i ritmi amorosi, i funerali. ■ DOCUMENTARIO; COL.; 91′; ITALIA, 1978.

ADDIO VECCHIO WEST *(Rustlers' Rhapsody)* ★★
Regia di HUGH WILSON. Con TOM BERENGER, ANDY GRIFFITH, MARILU HENNER. ■ Parodia dei western degli anni Trenta con il cowboy canterino dagli sgargianti costumi. Tom Berenger è il giustiziere solitario che arriva a ristabilire la giustizia a suon di pallottole in un paese insanguinato dagli scontri fra due clan rivali. Per controbatterlo, i cattivi ingaggiano un altro giustiziere solitario canterino. ■ WESTERN; COL.; 88′; USA, 1985.

ADDIO VENT'ANNI *(Over 21)* ★★★
Regia di ALEXANDER HALL. Con CHARLES COBURN, JEFF DONNELL, IRENE DUNNE, ALEXANDER KNOX, LEE PATRICK. ■ Tratto dalla commedia di Ruth Gordon il film narra di un uomo sposato che parte per la guerra mentre la moglie resta a casa. La donna, scrittrice famosa, poco abituata alla vita della casalinga, deve fronteggiare un mucchio di problemi domestici. Se la cava: il marito può stare a combattere tranquillo. ■ COMMEDIA; B/N; 102′; USA, 1945.

ADELAIDE ★★
Regia di LUCIO GAUDINO. Con HELMUT BERGER, PHILIPPE LEROY, AGNESE NANO, ANDREA PRODAN, ASSUMPTA SERNA. ■ Quasi una telenovela ambientata nel Settecento. Alla morte del marito, Clara si risposa con il giovane Federico. Costui aveva già sedotto Adelaide, la figlia di Clara. ■ DRAMMATICO; COL.; 78′; ITALIA, 1992.

ADELE E L'ENIGMA DEL FARAONE ★★
(Les aventures extraordinaires d'Adèle Blanc-Sec)
Regia di LUC BESSON. Con MATHIEU AMALRIC, LOUISE BOURGOIN, GILLES LELLOUCHE, JACKY NERCESSIAN, JEAN-PAUL ROUVE. ■ La sera del 4 novembre 1911 avvengono fenomeni strani a Parigi. Da una delle finestre degli appartamenti di Place des Pyramides si irradia una strana luce e, nei dintorni, uno pterodattilo fuoriuscito dal museo del Jardin des Plantes attacca la vettura che trasporta un'importante figura politica facendola precipitare nella Senna. Tutta questa serie di eventi è misteriosamente collegata ad Adèle Blanc-Sec, intrepida avventuriera e scrittrice di romanzi d'appendice. A Luc Besson deve esser sembrato un sogno l'idea di poter adattare le tavole a fumetti della sfrontata pulzella della *Belle Époque* di Jacques Tardi. Oltre a permettergli di tenersi al passo con l'ultima infatuazione di Hollywood per le *graphic novel*, questa ardita eroina del primo Novecento gli consente di creare la sua personale Lara Croft parigina. ■ AVVENTURA; COL.; 105'; FRANCIA, 2010.

ADELE H UNA STORIA D'AMORE ★★★★
(Histoire d'Adèle H.)
Regia di FRANÇOIS TRUFFAUT. Con ISABELLE ADJANI, SYLVIA MARRIOTT, ROGER MARTIN, BRUCE ROBINSON, FRANÇOIS TRUFFAUT. ■ François Truffaut a proposito del suo cinema dichiarò: «Mi piacciono le storie normali, ma c'è anche una traccia di melodramma nei miei film. Oggi più nessuno osa amare Dickens, oppure *I miserabili*». Ed è così: in molte sue opere torna a rivivere il melodramma: in *L'histoire d'Adèle H* più che in altre. La storia di Adèle, figlia non riconosciuta del grande romanziere ottocentesco Victor Hugo, è una storia d'amore e d'avventura in piena regola che ha come interprete una giovanissima e intensissima Isabelle Adjani, che il regista aveva visto in televisione e subito volle per questo suo film. La sceneggiatura fu tratta dalla biografia di Adèle di Frances Vernon Guille, una studiosa americana che aveva trovato il diario della figlia di Hugo in una libreria di New York. Truffaut usò i diari come spunto, distaccandosi in molti episodi dal testo per accrescere il carattere spettacolare della vicenda. Il film è il racconto di una storia d'amore finita e del sentimento ossessivo che non dà pace alla ragazza e la spinge fino alle Barbados per riconquistare il fatuo tenente Pinson, un giovane ufficiale altezzoso che non l'ama più e la respinge. Adèle, ossessionata dall'idea fissa del matrimonio e alla ricerca di una sistemazione stabile dopo l'abbandono della casa paterna, individua nel giovane Pinson il soggetto per realizzare queste aspettative. E allora lo cerca, gli si offre, si dispera, ricorre alla finzione, al ricatto, alla menzogna pur di riconquistare il suo affetto. Il fermo rifiuto dell'uomo non fa che alimentare il desiderio fino a quando questo si trasforma in dolore fisico, malattia e infine follia. Truffaut ha paragonato la parabola di questa donna a un «pezzo musicale per un solo strumento». In realtà il film è la metafora della spasmodica ricerca della identità di una donna respinta prima da un padre ingombrante ed estraneo (nel film non compare mai ma è sempre presente nei dialoghi e nei ricordi) e da un amante egoista e vanitoso. La ragazza troverà un equilibrio nel distacco totale da Pinson e dal padre, rifugiandosi nella solitudine più estrema: tra sé e gli amati odiati uomini viene posto un abisso non colmabile: la follia. Si tratta di un raffinato studio di Truffaut su una monomania. Il film è, infatti, incentrato quasi interamente sulla giovane protagonista. Sono innumerevoli i primi piani del bellissimo volto dell'Adjani, colto nelle differenti espressioni e nelle diverse sfumature della pelle, degli occhi e dei capelli. Ambientato prevalentemente in atmosfere notturne, prevale il buio, il silenzio e si percepisce continuamente l'alitare della morte. Proprio per queste atmosfere Truffaut venne definito "il poeta del melodramma crepuscolare". ■ DRAMMATICO; COL.; 110'; FRANCIA, 1975. ■ DAVID DI DONATELLO 1 PR, 1 NOM; OSCAR 1 NOM.

ADELMO ★★
Regia di ROCCO MORTELLITI. Con RINA FRANCHETTI, ROCCO MORTELLITI, FRANCESCA TOPI. ■ Un giovanotto è ritenuto lo scemo del paese (siamo fra i monti della Ciociaria). È però dolce, sereno, e suscita l'affetto (presto amore) di una bella donna, il nuovo medico condotto del paese. Ma il legame tra i due è troncato dalla crudeltà dei paesani. ■ DRAMMATICO; COL.; 94'; ITALIA, 1988.

A DENTI STRETTI *(La saignée)* ★★
Regia di CLAUDE MULOT. Con CLAUDE CERVAL, SIDNEY CHAPLIN, BRUNO PRADAL, FRANÇOISE PRÉVOST, CHARLES SOUTHWOOD, EVA SWANN, GABRIELE TINTI. ■ Un giovane cameriere francese che in Usa ha assistito a un feroce delitto di mafia, scappa rifugiandosi nel paese natio. Ma anche qui si trova braccato ferocemente dal sicario di Cosa Nostra e da un agente dell'Fbi che lo vorrebbe riportare in America a testimoniare. Come se non bastasse, il poveraccio ha lasciato qualche conto in sospeso nel luogo e deve vedersela con i gorilla di un pezzo grosso. Non ha scampo. ■ POLIZIESCO; COL.; 84'; FRANCIA, ITALIA, 1971.

ADESCATRICE, L' ★
Regia di FELIX PODMANICZKY. Con GYULA CSORTOS, ERSZI SIMOR, LASZLÓ SZILASSY. ■ Un grande industriale, circondato da parenti avidi, muore lasciando le proprie sostanze ad un giovane ingegnere dipendente della ditta. La vedova, d'intesa col fratello, cerca d'adescare il ragazzo per indurlo a cederle l'eredità. È questo un film ungherese arrivato in Italia nel '42: non vi sarebbe mai giunto se la "magra" degli anni di guerra non avesse aperto la strada anche alle cinematografie più sinistrate. ■ COMMEDIA; B/N; 96'; UNGHERIA, 1942.

ADESCATRICE, L' *(Female Jungle)* ★★
Regia di BRUNO VE SOTA. Con JOHN CARRADINE, JAYNE MANSFIELD, LAWRENCE TIERNEY. ■ Una Mansfield pressoché agli esordi, fa (con molta goffaggine) la ninfomane in questo giallo realizzato in economia. Protagonista è un poliziotto che dà la caccia all'assassino di un'attrice. Durante le indagini, muoiono altre donne (tra cui la stessa Mansfield). ■ GIALLO; B/N; 100'; USA, 1956.

AD EST DI RIO PINTO *(West of Pinto Basin)* ★★
Regia di S. ROY LUBY. Con RAY CORRIGAN, JOHN KING, BUD OSBORNE, MAX TERHUNE. ■ I Range Busters giungono a Cottonwood per indagare su certe rapine. Alcuni giorni più tardi avviene un assalto alla corriera e la colpa ricade sui Busters. Ma la verità verrà poi a galla. ■ WESTERN; B/N; 60'; USA, 1940.

AD EST DI SUMATRA *(East of Sumatra)* ★★★
Regia di BUDD BOETTICHER. Con SUZAN BALL, JEFF CHANDLER, JAY C. FLIPPEN, MARILYN MAXWELL, ANTHONY QUINN. ■ Due ingegneri minerari organizzano una spedizione per estrarre lo stagno da una miniera del Pacifico. Accolti prima amichevolmente dagli indigeni, poi fatti segno a manifestazioni ostili, gli americani sono costretti a combattere per difendere la pelle e la miniera. ■ AVVENTURA; COL.; 85'; USA, 1953.

ADIEU BONAPARTE ★★★
Regia di YOUSSEF CHAHINE. Con PATRICE CHEREAU, MICHEL PICCOLI. ■ Durante la campagna d'Egitto di Napoleone Bonaparte, due ragazzi egiziani stringono amicizia con un ufficiale francese, che pensa più al possibile progresso del paese, che alle battaglie. L'ufficiale muore durante un'epidemia. I ragazzi si uniranno alla resistenza locale. ■ AVVENTURA; COL.; 115'; EGITTO, FRANCIA, 1985.

ADIOS CJAMANGO! *(Los rebeldes d'Arizona)* ★
Regia di HARRY FREEMAN. Con WILLIAM BERGER, MICHAEL RIVERS, ARTHUR WALLEY. ■ I giovani sposi Cjamango e Peggy non vogliono vendere la loro terra alla Compagnia Ferroviaria. Il loro ranch viene allora incendiato ed essi sono costretti ad abbandonare la zona. Incomincia per i due una drammatica odissea che finirà con un colpo di fortuna. ■ WESTERN; COL.; 91'; SPAGNA, 1971.

ADIOS GRINGO ★★★
Regia di GIORGIO STEGANI CASORATI. Con ROBERTO CAMARDIEL, PIERRE CRESSOY, GIULIANO GEMMA, NELLO PAZZAFINI, JESUS PUENTE, EVELYN STEWART. ■ Brent Landers, ricercato per un delitto non commesso, batte il Nuovo Messico alla ricerca dell'uomo che può dimostrare la sua innocenza. Lo trova ma è costretto a ucciderlo. E con lui molti altri per salvare una ragazza di cui è innamorato. Uno dei classici del western all'italiana. Anche se la fattura è ancora rozza, e gli autori si muovono con notevole

goffaggine. Ma ad un anno dal "boom" di *Per un pugno di dollari* il genere era in piena voga. Bastava Gemma a decretare il successo di una pellicola. ■ WESTERN; COL.; 97'; ITALIA, SPAGNA, 1965.

ADISA O LA STORIA DEI MILLE ANNI ★★
Regia di MASSIMO D'ORZI. ■ Un viaggio attraverso le regioni montuose della Bosnia centrale dove vivono alcune comunità di rom kaloperi: famiglie stanziali che possiedono una casa, guardano con sospetto gli zingari dediti al nomadismo e non parlano volentieri la lingua romanì. Di villaggio in villaggio, vengono scrutate tutte le abitudini dei membri delle varie famiglie e registrate alcune testimonianze. ■ DOCUMENTARIO; COL.; 80'; ITALIA, 2004.

A DISTANZA RAVVICINATA *(At Close Range)* ★★★
Regia di JAMES FOLEY. Con MARY STUART MASTERSON, SEAN PENN, CHRISTOPHER WALKEN. ■ Un uomo che molti anni prima ha abbandonato la famiglia, torna per "addestrare" il figlio Brad al crimine. Questi dapprima lo segue affascinato, ma l'ammirazione si trasforma in odio quando il genitore snaturato prima gli violenta la fidanzata e poi gli uccide il fratello, cioè suo figlio. Brad sta per ucciderlo a sua volta, ma decide di consegnarlo alla giustizia. ■ DRAMMATICO; COL.; 115'; USA, 1986.

ADJUSTER, THE ★★★
Regia di ATOM EGOYAN. Con ARSINÉE KHANJIAN, ELIAS KOTEAS. ■ Col suo consueto stile stralunato, stravagante e provocatorio, Egoyan entra nell'esistenza di tre personaggi molto diversi tra loro. In comune c'è un film in lavorazione. ■ DRAMMATICO; COL.; 102'; CANADA, 1991.

AD OCCHI BENDATI *(Bekötött Szemmel)* ★★
Regia di ANDRÁS KOVÁCS. Con KARÈK ANDRÈS, MADARAS JOZSEF, HARVÈTH SÈNDOR. ■ Durante l'ultima guerra un giovane cappellano militare assiste il soldato Andràs Balogh condannato a morte per diserzione (era andato ad assistere la moglie partoriente). Durante l'esecuzione capitale, poco prima del momento fatidico, un bombardamento sconvolge il carcere: finita l'azione, di Balogh non v'è più traccia. Si è salvato o è rimasto sotto le macerie? Il dubbio tormenta il sacerdote e lo condurrà al manicomio. La socialista cinematografia ungherese affronta con questo lavoro la problematica religiosa: il regista vorrebbe dimostrare che religione e pensiero razionale sono categorie inconciliabili, che, cioè, ogni tentativo di creare una "religione razionale" è un nonsenso. ■ DRAMMATICO; B/N; 85'; UNGHERIA, 1975.

AD OGNI COSTO *(Grand Slam)* ★★★
Regia di GIULIANO MONTALDO. Con ADOLFO CELI, RICCARDO CUCCIOLLA, ROBERT HOFFMAN, KLAUS KINSKI, JANET LEIGH, EDWARD G. ROBINSON. ■ Un vecchio professore vicino alla pensione architetta il colpo grosso: un colossale furto con l'aiuto di alcuni specialisti del crimine. Il colpo riesce, ma gli autori si ammazzano tra di loro oppure vengono abbattuti dalla polizia. Ma il vecchietto aveva previsto tutto. ■ GIALLO; COL.; 118'; ITALIA, 1967.

ADOLESCENTE, L' ★★
Regia di ALFONSO BRESCIA. Con DANIELA GIORDANO, ALDO GIUFFRÉ, DAGMAR LASSANDER, TUCCIO MUSUMECI, SONIA VIVIANI. ■ Un siciliano, sposatosi per interesse, riversa le proprie attenzioni altrove, idem fa la moglie. Tra i due si infila una nipotina che mira (per denaro) alla separazione degli zii. ■ COMMEDIA; COL.; 92'; ITALIA, 1976.

ADOLESCENTE, L' *(Une vraie jeune fille)* ★★★
Regia di CATHERINE BREILLAT. Con CHARLOTTE ALEXANDRA, BRUNO BALP, GEORGES GUERET, HIRAM KELLER, RITA MEIDEN. ■ Alice è un'adolescente che cresce ed ormai è in procinto di diventare una ragazza. Detesta la famiglia, è ossessionata dal cibo e dal sesso, sente come estraneo tutto quello che la circonda e va in corto circuito quando entra in contatto con il mondo degli adulti. La ragazza torna a casa dei suoi genitori durante le vacanze estive. L'atmosfera è resa soffocante dai desideri incestuosi del padre e dalle sue fantasie erotiche nei confronti di un dipendente del padre. La noia attanaglia la ragazza a tal punto che s'inventa dei giochi erotici che conduce con assoluta impudicizia. Il film, girato nel 1976 da Catherine Breillat e appositamente rispolverato dopo il successo planetario di *Romance,* contiene già i temi scabrosi cari alla regista francese, nuovo missionario della sessualità femminile. ■ DRAMMATICO; COL.; 93'; FRANCIA, 1976.

ADOLESCENTI, LE *(Was tun, Sybille?)* ★★
Regia di PETER PAUL BRAUER. Con HERMANN BRAUN, JUTTA FREYBE. ■ Accusata di aver rubato dieci marchi ad una compagna, una studentessa liceale viene allontanata dal collegio. La ragazza, sconvolta dall'ingiusto sospetto, tenta di uccidersi. ■ DRAMMATICO; B/N; 100'; GERMANIA, 1938.

ADOLESCENZA TORBIDA ★★★
(Susana – Carne y demonio)
Regia di LUIS BUÑUEL. Con MARIA GENTIL ARCOS, VICTOR MANUEL MENDOZA, ROSITA QUINTANA, FERNANDO SOLER. ■ Arriva nella fattoria di Don Guadalupe, Susana, una bella ragazza evasa dal riformatorio. Ben presto tutti gli uomini della casa s'innamorano di lei a cominciare dal maturo padrone. Susana si destreggia abilmente, sta per diventare la padrona, ma la smascherano in tempo. Denunciata alla polizia ritornerà in prigione. ■ DRAMMATICO; B/N; 82'; MESSICO, 1950.

A DOMANI ★★
Regia di GIANNI ZANASI. Con ANDREA CORNETI, STEFANIA RIVI, WILSON SABA, PAOLO SASSANELLI. ■ Fratello e sorella se ne vanno di casa per recarsi al Motorshow di Bologna. Lo fanno per noia. Il regista di *Nella mischia* con questo suo secondo lungometraggio azzecca i due personaggi, recitati con convinzione dai due ragazzini, ma i buchi di sceneggiatura sono molti. ■ COMMEDIA; COL.; 100'; ITALIA, 1999.

A DONNE CON GLI AMICI *(Foxes)* ★★
Regia di ADRIAN LYNE. Con CHERIE CURRIE, JODIE FOSTER, MARILYN KAGAN. ■ Quattro ragazze convivono conducendo un'esistenza disordinata, tra amori sbagliati, genitori divorziati, amicizie pericolose. Un giorno decidono di dare un party che si trasforma in un'invasione vandalica di teppisti che distruggono il loro appartamento. Una ragazza muore, le altre si disperdono tristemente. Primo film del regista di *Flashdance* e *Nove settimane e mezzo*. ■ DRAMMATICO; COL.; 106'; USA, 1980.

A DOPPIA BRIGLIA – L'UOMO CHE RITROVÒ SE STESSO *(Double Harness)* ★★★
Regia di JOHN CROMWELL. Con KAY HAMMOND, ANN HARDING, REGINALD OWEN, WILLIAM POWELL, HENRY STEPHENSON. ■ Una cacciatrice di dote sposa un ricco playboy. Quando questi viene a conoscere la vera personalità della moglie, vuole abbandonarla. ■ COMMEDIA; B/N; 96'; USA, 1933.

A DOPPIA FACCIA ★★
Regia di ROBERT HAMPTON. Con SIDNEY CHAPLIN, ANNABELLA INCONTRERA, KLAUS KINSKI, FRANZ KRUGER, MARGARET LEE. ■ Unica azionista di una grande industria, Helen muore per lo scoppio di un ordigno posto nella sua auto. La polizia apre un'inchiesta. ■ GIALLO; COL.; 84'; ITALIA, 1969.

A DOPPIA MANDATA *(À double tour)* ★★★
Regia di CLAUDE CHABROL. Con JEAN-PAUL BELMONDO, ANTONELLA LUALDI, MADELEINE ROBINSON, JEANNE VALÉRIE. ■ Un padre di famiglia, in provincia, allaccia una relazione con una bella attrice, umiliando senza remore di sorta la moglie e la figlia. Il figlio maschio, attaccato morbosamente alla madre, per vendicarla, uccide l'attrice. Poi cerca di convogliare i sospetti sul fidanzato della sorella. Ma gli va male. ■ DRAMMATICO; COL.; 87'; FRANCIA, 1959. ■ VENEZIA 1 PR.

ADORABILE *(Paddy, the Next Best Thing)* ★★
Regia di HARRY LACHMAN. Con WARNER BAXTER, WALTER CONNOLLY, JANET GAYNOR. ■ Simpatica e scatenatissima ragazza irlandese ne combina di tutti i colori. Grandi star per una modesta commedia tratta da un romanzo popolare. ■ COMMEDIA; B/N; 75'; USA, 1933.

ADORABILE CANAGLIA ★★★
(The Class of Miss MacMichael)
Regia di SILVIO NARIZZANO. Con ROSALIND CASH, GLENDA JACKSON, MICHAEL MURPHY, OLIVER REED, JOHN STANDING. ■ Un'insegnante comprensiva riesce ad ottenere ottimi risultati da

una classe difficile nonostante l'opposizione del preside violento ed ipocrita. ■ DRAMMATICO; COL.; 90'; GRAN BRETAGNA, 1978.

ADORABILE CANAGLIA, UN' *(Sweet William)* ★★
Regia di CLAUDE WHATHMAN. Con JENNY AGUTTER, ANNA MASSEY, SAM WATERSTON. ■ William, un uomo gentile e pieno di attenzioni, fa innamorare di sé la giovane e bella Anna. Questa non immagina certo che lui sia sentimentalmente volubile e non sappia resistere al fascino femminile. La sua vita ne sarà ovviamente sconvolta. ■ SENTIMENTALE; COL.; 92'; GRAN BRETAGNA, 1980.

ADORABILE CREATURA, L' *(Special Delivery)* ★★★
Regia di JOHN BRAHM. Con EVA BARTÒK, JÖRG BECKER, JOSEPH COTTEN, RENÉ DELTGEN. ■ In un imprecisato paese d'oltrecortina, nel giardino dell'ambasciata americana, il giardiniere trova un bimbo in fasce con addosso una lettera della madre che desidera che il piccino possa diventare un uomo libero. ■ COMMEDIA; B/N; 92'; GERMANIA, USA, 1955.

ADORABILE IDIOTA, UN' *(Une ravissante idiote)* ★★★
Regia di EDOUARD MOLINARO. Con GRÉGOIRE ASLAN, BRIGITTE BARDOT, ANTHONY PERKINS, DENISE PROVENCE. ■ Giovanotto rimasto senza impiego riceve l'incarico di trafugare certi documenti segreti. Accetta, ma gonzo com'è, racconta tutto alla sua bella fidanzatina. Per fortuna costei non è né l'oca che sembra né l'accesa filosovietica che ha sempre detto. È invece un'agente del Deuxième bureau. ■ COMMEDIA; B/N; 100'; FRANCIA, 1963.

ADORABILE INFEDELE *(Beloved Infidel)* ★★★
Regia di HENRY KING. Con EDDIE ALBERT, DEBORAH KERR, GREGORY PECK, HERBERT RUDLEY. ■ La storia degli ultimi anni della vita di Francis Scott Fitzgerald. Lo scrittore de *Il grande Gatsby* malandato in salute, roso dai dispiaceri professionali (i suoi romanzi non si leggono più e le sue sceneggiature sono rifiutate dai boss della MGM) si dà all'alcool. La love story con la giornalista Sheilah Graham sembra ridargli il gusto alla vita. Ma per poco. Infatti poco dopo Fitzgerald muore tragicamente. ■ BIOGRAFICO; COL.; 123'; USA, 1959.

ADORABILE INFEDELE, UN' *(Unfaithfully Yours)* ★★★
Regia di HOWARD ZIEFF. Con ARMAND ASSANTE, ALBERT BROOKS, NASTASSJA KINSKI, DUDLEY MOORE. ■ Dovendo partire per una tournée, un famoso direttore d'orchestra di mezza età affida a un amico il compito di tener d'occhio la sua giovane mogliettina. Il caso vuole, però, che anche questa si assenti e presti la casa a un'amica, che ne approfitta per tradire il marito con un violinista. Iniziano gli equivoci, ma, dopo tante risate, tutto torna al posto giusto e il direttore d'orchestra ritrova la fedele mogliettina più innamorata che mai. Remake abbastanza riuscito di *Infedelmente tua* (1949) con Rex Harrison. ■ COMMEDIA; COL.; 96'; USA, 1983.

ADORABILE INTRUSA, L' *(Mother Is a Freshman)* ★★★
Regia di LLOYD BACON. Con ROBERT ARTHUR, VAN JOHNSON, BARBARA LAWRENCE, BETTY LYNN, RUDY VALLEE, LORETTA YOUNG. ■ Una giovane vedova raggiunge la figliola al campus e lì s'innamora di un professore. ■ COMMEDIA; COL.; 81'; USA, 1949. ■ OSCAR 1 NOM.

ADORABILE NEMICA, L' *(Theodora Goes Wild)* ★★★
Regia di RICHARD BOLESLAWSKI. Con SPRING BYINGTON, MELVIN DOUGLAS, IRENE DUNNE, THOMAS MITCHELL, ELIZABETH RISDON. ■ Una giovane scrittrice, che ha fatto fortuna scrivendo libri osé, si innamora del suo editore e viene da lui praticamente costretta a rivelare la sua identità al paesello natio. Ma nemmeno lui è un fenomeno di schiettezza: infatti è sposato e l'ha tenuto nascosto alla ragazza. ■ COMMEDIA; B/N; 94'; USA, 1936. ■ OSCAR 2 NOM.

ADORABILE SCONOSCIUTA, L' ★★
(J'étais une aventurière)
Regia di RAYMOND BERNARD. Con EDWIGE FEUILLÈRE, JEAN MURAT, JEAN TISSIER. ■ Una bella signora ha un oscuro passato che ha tenuto nascosto al marito. Ma un giorno antichi conoscenti tornano nella sua vita per ricattarla. Lei rivela tutto al coniuge che, molto comprensivo, la perdona e anzi la libera degli importuni. ■ COMMEDIA; B/N; 103'; FRANCIA, 1938.

ADORABILI AMICHE *(Thelma, Louise et Chantal)* ★★
Regia di BENOÎT PETRÈ. Con JANE BIRKIN, CAROLINE CELLIER, CATHERINE JACOB, THIERRY LHERMITTE. ■ Chantal offre promozioni in un supermercato, adora i cani e non sopporta il marito. Gabrielle è ricca e sempre in cerca di avventure maschili. Nelly insegna inglese e sembra non sperare più in una vita diversa. Tutte e tre cinquantenni, vengono spinte a ritrovarsi dall'invito al matrimonio di Philippe che è stato, a vario titolo, un loro ex. ■ COMMEDIA; COL.; 90'; FRANCIA, 2010.

ADORABILI E BUGIARDE ★★
Regia di NUNZIO MALASOMMA. Con RIK BATTAGLIA, ELOISA CIANNI, ISABELLE COREY, FRANCO FABRIZI, PAOLO FERRARI, NINO MANFREDI, ROBERTO RISSO, INGEBOR SCHÖNER. ■ Tre belle ragazze (un'indossatrice, una giornalista, una pittrice) smaniose d'arrivare, inscenano un finto omicidio per far parlare la stampa. Una di loro sparisce sul serio. Quando il pasticcio si sbroglia, le tre capiscono che è meglio la vita delle casalinghe. ■ COMMEDIA; B/N; 89'; ITALIA, 1957.

ADORATORI DEL MALE, GLI ★
(Children of the Corn V. Fields of Terror)
Regia di ETHAN WILEY. Con STACY GALINA, GREG VAUGHN, ALAMET ZAPPA. ■ Nel paese regna la setta del signore che cammina oltre i filari. Tre dei quattro protagonisti finiscono male. Ma non è che a chi sopravvive vada meglio. Routine. ■ HORROR; COL.; 80'; USA, 1998.

ADORAZIONE *(The Woman I Love)* ★★★
Regia di ANATOLE LITVAK. Con COLIN CLIVE, LOUIS HAYWARD, MIRIAM HOPKINS, PAUL MUNI. ■ Dal romanzo *L'equipaggio* di Joseph Kessel. Durante la prima guerra mondiale, sul fronte francese, una squadriglia da caccia francese combatte contro i tedeschi del barone von Richtofen. Un giovane ufficiale conosce una donna e ne diventa l'amante. Solo più tardi s'accorge che è la moglie del suo capostormo. ■ DRAMMATICO; B/N; 90'; USA, 1937.

AD OVEST DEL MONTANA *(Mail Order Bride)* ★★★
Regia di BURT KENNEDY. Con KEIR DULLEA, BUDDY EBSEN, PAUL FIX, LOIS NETTLETON, WARREN OATES, MARIE WINDSOR. ■ Un anziano pistolero deve far da tutore a un giovanotto scapestrato. Lo fa ravvedere, lo toglie dalle cattive compagnie, gli trova anche una brava moglie. ■ WESTERN; COL.; 83'; USA, 1964.

AD OVEST DI PAPERINO ★★
Regia di ALESSANDRO BENVENUTI. Con ALESSANDRO BENVENUTI, ATHINA CENCI, FRANCESCO NUTI. ■ Tre giovani squattrinati e un po' folli si incontrano una mattina a Firenze e passano l'intera giornata tra stravaganti incontri e avventure demenziali. All'esordio cinematografico, il trio cabarettistico fiorentino de "I Giancattivi" (Nuti, Benvenuti e la Cenci, tutti destinati a un brillante futuro "solista") porta sullo schermo una forma di comicità surreale ricca di trovate e di argute caratterizzazioni. ■ COMICO; COL.; 95'; ITALIA, 1982.

AD OVEST DI ZANZIBAR *(West of Zanzibar)* ★★
Regia di HARRY WATT. Con MARTIN BENSON, EDRIC CONNOR, ORLANDO MARTINS, SHEILA SIM, ANTHONY STEEL. ■ Una tribù negra, i Galanas, viene coinvolta nel traffico dell'avorio da trafficanti persiani di pochi scrupoli. Ma un vecchio amico del capo, Bob Payto, riesce a sventare le trame dei mercanti. ■ AVVENTURA; COL.; 100'; GRAN BRETAGNA, 1954.

ADRENALINA *(Adrenalin: Fear the Rush)* ★
Regia di ALBERT PUYN. Con NATASHA HENSTRIDGE, CHRISTOPHER LAMBERT. ■ Nella Boston del 2007 la società è divisa in due categorie: da una parte i sani, dall'altra i malati che altri non sono che resti di popoli dei paesi comunisti contaminati dalla pessima gestione del nucleare. C'è una polizia che riprende, e uccide, chi tenta di scappare e non manca neppure un mostro che contamina tutti. A un plot del genere mancava soltanto la presenza di Lambert, l'attore-che-non-ha-mai-fatto-un-film-decente. ■ FANTASCIENZA; COL.; 77'; USA, 1997.

ADRENALINA BLU *(Michel Vaillant)* ★
Regia di LOUIS-PASCAL COUVELAIRE. Con BEATRICE AGENIN, LISA BARBUSCIA, PHILIPPE BAS, JEAN-PIERRE CASSEL, DIANE KRUGER, FRANÇOIS LEVANTAL, SAGAMORE STÉVENIN, PETER. ■ La

storia di Michel Vaillant ha origine sulle strisce di un fumetto nel 1957, e solo oggi, approda al grande schermo sulla breccia aperta dai bolidi a due e quattro ruote che conquistano l'attenzione di appassionati e non. Michel Vaillant, affermato pilota, torna alle corse su pista con la sua scuderia in occasione della mitica 24 Ore di Le Mans. I preparativi estenuanti, la morte del fratello e la squadra antagonista, guidata dalla perfida Ruth Wong, saranno asperità da superare e vincere per dimostrare ancora chi è il numero uno. ■ SPORTIVO; COL.; 104'; FRANCIA, 2003.

ADRENALINE *(Adrenaline, le Films)* ★★★
Regia di ANITA ASSAL, BARTHELEMY BOMPARD, PHILIPPE DORISON, JOHN HUDSON, JEAN-MARIE MADDEDDU, YANN PIQUER, ALAIN ROBAK. Con ALAIN AITHNARD, BARTHELEMY BOMPARD, CLEMENTINE CÉLARIÉ. ■ Un film a episodi destinato forse a diventare un cult movie. Si tratta di una serie di storielline macabre e grottesche. Tra gli altri: un uomo geloso fa a pezzi l'antagonista che, ridotto alla sola testa, corre comunque dall'amata; una donna sta per essere schiacciata dal soffitto e quando riesce ad aprirsi un varco viene investita da un camion; un collezionista di mosche scambia il neo di una donna per l'insetto; un televisore indemoniato ha bisogno di un telesorcista. ■ HORROR; COL.; 77'; FRANCIA, 1990.

ADRIANA LECOUVREUR *(Adrienne Lecouvreur)* ★★
Regia di MARCEL L'HERBIER. Con JUNIE ASTOR, PIERRE FRESNAY, PIERRE LARQUEY, YVONNE PRINTEMPS, MADELEINE SOLOGNE. ■ Una zingara diventa un'attrice famosa e l'amante di un principe (playboy settecentesco). Amori, duelli, intrighi. ■ DRAMMATICO; B/N; 106'; FRANCIA, 1938.

ADRIANA LECOUVREUR ★★
Regia di GUIDO SALVINI. Con MEMO BENASSI, LEONARDO CORTESE, VALENTINA CORTESE, GABRIELE FERZETTI, OLGA VILLI. ■ Rifacimento del precedente, ma più fedele al copione di Scribe e Legouvé. ■ DRAMMATICO; B/N; 100'; ITALIA, 1956.

ADRIAN È SCOMPARSO *(Loss of Faith)* ★★
Regia di ALLAN A. GOLDSTEIN. Con JOHN RITTER, MICHELE SCARABELLI, DAPHNE ZUNIGA. ■ Victor e Katherine, genitori di un bambino di sette mesi, chiedono aiuto alla polizia per l'improvvisa sparizione del figlio. Il principale indagato diventa Victor e la moglie accetta l'aiuto di uno scrittore di romanzi gialli. Tra omicidi e colpi di scena viene svelato il mistero. ■ DRAMMATICO; COL.; 90'; USA, 1997.

A.D.3 OPERAZIONE SQUALO BIANCO ★★
Regia di STANLEY LEWIS. Con ALAN BANTHE, RODD DANA, LUCIA MODUGNO, FRANCESCO MULÉ, FRANCA POLESELLO. ■ Peripezie di un agente segreto americano che indaga su una nuova arma atomica detenuta da gang criminale. ■ SPIONAGGIO; COL.; 82'; ITALIA, 1966.

♥ ADUA E LE COMPAGNE ★★★★
Regia di ANTONIO PIETRANGELI. Con CLAUDIO GORA, MARCELLO MASTROIANNI, SANDRA MILO, EMMANUELLE RIVA, GINA ROVERE, SIMONE SIGNORET. ■ Quattro prostitute, all'indomani della chiusura delle "case" per la legge Merlin, accettano la proposta di un affarista senza scrupoli di aprire un ristorante per farne una casa d'appuntamenti. Ma le quattro ragazze, dopo qualche mese di vita onesta, si rifiutano di tornare a prostituirsi; la ribellione costerà loro una denuncia e il ritorno al marciapiede. ■ COMMEDIA; B/N; 98'; ITALIA, 1960.

ADUCTION OF ST. ANNE ★★
Regia di HARRY FALK. Con E. G. MARSHALL, LLOYD NOLAN, KATHLEEN QUINLAN, ROBERT WAGNER. ■ La figlia di un noto gangster è dotata di poteri paranormali stupefacenti. Ne giungono a conoscenza un poliziotto privato senza scrupoli e un alto prelato romano, che insieme concordano di sequestrarla per mettere queste sue capacità al servizio della religione. ■ POLIZIESCO; COL.; 78'; USA, 1975.

A DUE PASSI DAL CONFINE ★★
Regia di GIANNI VERNUCCIO. Con OMBRETTA COLLI, GIOVANNI FALCONI, GIANCARLO FANTINI, SALVATORE MOSCATT, SANDRO PIZZORRO. ■ Milano: Vito, operaio meridionale sospeso dal lavoro, si unisce ad una banda di contrabbandieri. Quando però vorrebbe uscirne riceve minacce e solo un avvocato potrà aiutarlo. Alla fine tornerà in fabbrica. ■ DRAMMATICO; B/N; 91'; ITALIA, 1961.

A DUE PASSI DALL'INFERNO ★★
(La campana del Infierno)
Regia di CLAUDIO GUERIN HILL. Con CHRISTINE BETZNER, VIVECA LINDFORS, ALFREDO MAYO, RENAUD VERLEY. ■ Per impadronirsi delle ricchezze del nipote Jean, ventenne, la zia Marta lo fa internare in manicomio e il ragazzo, appena ne esce, si vendica di lei e delle cugine in modo orribile. Però non le uccide e la terribile zia fa murare vivo il giovanotto in un campanile abbandonato. Ma è davvero morto Jean? ■ HORROR; COL.; 88'; FRANCIA, SPAGNA, 1973.

A2 RACER *(Autobahnraser)* ★★
Regia di MICHAEL KEUSCH. Con MANUEL CORTEZ, FRANZ DINDA, KRISTIAN ERIK KIEHLING, ALEXANDRA NELDEL, HENRIETTE RICHTER-RÖHL, NIELS-BRUNO SCHIMDT, IVONNE SCHÖNHERR, LUKE J. WILKINS. ■ Giovani, intraprendenti, su auto costose e maledettamente veloci, gareggiano sull'autostrada. Le corse clandestine presto saranno bersaglio di regolari raid polizieschi, mirati a sgominare una banda di ladri che ruba costose gran turismo sportive dai camion che percorrono l'autostrada. L'ispettore Carl tenta di infiltrarsi in questo mondo per risolvere il caso. Il protagonista cade presto vittima del fascino della bella Nichi, una giovane ragazza alla guida di una BMW M3. Carl riesce ad entrare velocemente nella realtà delle corse clandestine tra Ferrari, Maserati, Lamborghini e Viper. ■ AZIONE; COL.; 87'; GERMANIA, LUSSEMBURGO, 2004.

ADULTERA, L' ★★
Regia di DUILIO COLETTI. Con CLARA CALAMAI, ROLDANO LUPI, CARLO NINCHI, CARLO ROMANO. ■ Un'ambiziosa contadina abbandona il fidanzato per sposare un anziano possidente. Il matrimonio però non funziona e la donna allaccia col suo ex fidanzato una relazione extra-coniugale dalla quale nasce un figlio. ■ DRAMMATICO; B/N; 107'; ITALIA, 1946.

ADULTERA, L' *(The Touch)* ★★★
Regia di INGMAR BERGMAN. Con BIBI ANDERSSON, ELLIOTT GOULD, KARIN NILSON, PER SJOSTRAND, MAX VON SIDOW. ■ Una casalinga svedese, felicemente sposata e contenta (in apparenza) del suo stato, incontra un giovane archeologo americano e s'innamora pazzamente, sconvolgendo il suo tranquillo ménage. ■ DRAMMATICO; COL.; 112'; SVEZIA, USA, 1971.

ADULTERA, L' *(The Hook)* ★★
Regia di ERIC ANDREOU. Con BOB BEHLING, BARBARA BOUCHET, GEORGE KYRITSIS, SOPHIA ROUMBOU, GÜNTHER STOLL. ■ Laura, moglie di Carlo, convince Nick (suo amante) a ucciderle il marito simulando una disgrazia in mare. Carlo scopre il complotto e, per vendicarsi della moglie, paga Nick affinché si finga lui stesso morto. ■ DRAMMATICO; COL.; 91'; GRECIA, 1975.

ADULTERA SENZA PECCATO *(Lady Possessed)* ★★
Regia di ROY KELLINO, WILLIAM SPIER. Con FAY COMPTON, STEPHEN DUNNE, JUNE HAVOC, PAMELA KELLINO, JAMES MASON. ■ Mentre delira in ospedale, una donna, che ha appena perso il suo bambino, crede di vedere un celebre pianista mentre porta via il corpo della moglie morta. Appena guarita, si mette alla ricerca del pianista convinta che il destino abbia stabilito che lei prenderà il posto della defunta. Ma quando finalmente riesce a rintracciare il pianista del sogno, questi la respinge. ■ DRAMMATICO; B/N; 87'; USA, 1952.

ADULTERIO ALL'ITALIANA ★★★
Regia di PASQUALE FESTA CAMPANILE. Con MARIA GRAZIA BUCCELLA, VITTORIO CAPRIOLI, NINO MANFREDI, MARIO PISU, CATHERINE SPAAK, AKIM TAMIROFF. ■ Una giovane moglie sorprende il marito mentre amoreggia con la migliore amica. Minaccia di vendicarsi, però non lo fa. Si limita a tenere il marito sulla corda. ■ COMMEDIA; COL.; 95'; ITALIA, 1966.

ADULTERIO DIFFICILE, UN *(Facts of Life)* ★★★
Regia di MELVIN FRANK. Con LUCILLE BALL, DON DE FORE, BOB HOPE, RUTH HUSSEY, LOUIS NYE, ROBERT F. SIMON. ■ Un uomo e una donna di mezza età, appartenenti alla agiata borghesia dei sobborghi di Los Angeles, dopo molti anni di conoscenza

(e di poca amicizia) improvvisamente simpatizzano l'uno per l'altra. Decidono di diventare amanti. Ma una serie di difficoltà pratiche mandano a monte i rispettivi adulteri. ■ COMMEDIA; B/N; 103'; USA, 1960. ■ OSCAR 1 PR, 5 NOM.

ADULTERO, L' *(Woman in a Dressing Gown)* ★★★
Regia di JACK LEE THOMPSON. Con CAROLE LESLEY, YVONNE MITCHELL, ANTHONY QUAYLE, ANDREW RAY, SYLVIA SIMS. ■ Dopo vent'anni di matrimonio, una donna, sciatta e sfiorita, si scopre tradita dal marito. Costui vorrebbe ora il divorzio per sposare una giovane collega. La moglie cerca di battersi con la rivale, ma rimedia solo una scenata disgustosa. Il marito se ne va, poi ci ripensa. Il senso di responsabilità e il ricordo dell'antico affetto l'hanno persuaso a non distruggere la famiglia. ■ COMMEDIA; B/N; 94'; GRAN BRETAGNA, 1957. ■ BERLINO 1 PR.

ADULTERO LUI, ADULTERA LEI ★★
Regia di RAFFAELLO MATARAZZO. Con GINO BRAMIERI, PEPPINO DE FILIPPO, UMBERTO D'ORSI, LUIGI GIULIANI, MARILÙ TOLO. ■ Lina, pluricornuta, decide di rendere pan per focaccia al marito: si reca quindi con l'amico Piero nella stessa pensioncina equivoca in cui suo marito si trova con l'amante di turno. ■ COMMEDIA; B/N; 90'; ITALIA, 1963.

AD UNO AD UNO... SPIETATAMENTE ★★
Regia di RAFAEL ROMERO MARCHENT. Con WILLIAM BOGART, SIDNEY CHAPLIN, EDUARDO FAJARDO, PETER LEE LAWRENCE, DIANIK ZURAKOWSKA. ■ Western "all'italiana" dei più fiacchi, con un primattore tedesco e il figlio di Chaplin che fa malinconicamente il cattivo. ■ WESTERN; B/N; 89'; ITALIA, 1968.

AD UN'ORA DELLA NOTTE *(Night Watch)* ★★★
Regia di BRIAN G. HUTTON. Con TONY BRITTON, LAURENCE HARVEY, ROBERT LANG, ELIZABETH TAYLOR, BILLIE WHITELAW. ■ Una donna, che si sta riprendendo faticosamente da un esaurimento nervoso, ha paura che il marito voglia ucciderla. ■ GIALLO; COL.; 98'; GRAN BRETAGNA, 1973.

ADVENTURELAND ★★
Regia di GREG MOTTOLA. Con JESSE EISENBERG, BILL HADER, MARTIN STARR, KRISTEN STEWART, KRISTEN WIIG. ■ James Brennan, che ha un padre alcolizzato, cerca di guadagnare qualche soldo in attesa di andare alla Columbia. James è uscito dal college ancora vergine e il grande Luna Park diventa il luogo della sua crescita in tutti i sensi. È qui infatti che conosce Em Lewin che invece ha cercato quel lavoro solo per stare lontana dal padre risposato con una donna dal carattere impossibile. Il regista, Greg Mottola, ha lavorato nell'estate del 1987 come responsabile di uno stand di giochi all'Adventureland di Pittsburgh. ■ COMMEDIA; COL.; 107'; USA, 2009.

AEON FLUX ★★
Regia di KARYN KUSAMA. Con YANGZOM BRAUEN, CAROLINE CHIKEZIE, MARTON CSOKAS, NIKOLAI KINSKI, FRANCES MCDORMAND, SOPHIE OKONEDO, PETE POSTLETHWAITE, CHARLIZE THERON, AMELIA WARNER. ■ Nel 2011 un virus ha sterminato il 90% della razza umana. Quattrocento anni dopo i superstiti vivono in un'unica città, Bregna, circondata da alte mura che la separano dall'esterno, un luogo superprotetto governato dalla dittatura della famiglia Goodchild. In un mondo privo di guerre e carestie, in una società utopica in cui tutto sembra funzionare alla perfezione, Aeon Flux, alla guida di un gruppo di anarchici, lotterà per dimostrare che quella realtà è solo inganno e cercherà di vendicarsi dello sterminio della sua famiglia compiuto da agenti governativi. ■ FANTASCIENZA; COL.; 95'; USA, 2006.

AEREO PIÙ PAZZO DEL MONDO, L' *(Airplane!)* ★★
Regia di JIM ABRAHAMS, MICHELE DAVID, JERRY ZUCKER. Con LLOYD BRIDGES, PETER GRAVES, JULIE HAGERTY. ■ Ted odia gli aerei in seguito ai traumi subiti in Vietnam, ma quando vede la sua ragazza che lo lascia e sale come hostess su un aereo, la segue. I guai cominciano presto a causa del pesce guasto servito a bordo, che provoca malessere non solo a molti passeggeri ma anche ai piloti. Ted, che sta bene, finisce a pilotare l'aereo e miracolosamente riesce ad atterrare riacquistando fiducia in se stesso e anche la sua fidanzata. ■ COMMEDIA; COL.; 86'; USA, 1980. ■ GOLDEN GLOBES 1 NOM.

AEREO PIÙ PAZZO DEL MONDO... SEMPRE PIÙ PAZZO, L' *(Airplane II: The Sequel)* ★★
Regia di KEN FINKLEMAN. Con RAYMOND BURR, JULIE HAGERTY, ROBERT HAYS. ■ Alle soglie del 2000 viene fatto partire per la luna il primo "Shuttle" di linea, ma la navetta spaziale non è pronta, e solo l'intervento del pilota Ted, fuggito dal manicomio dove era stato internato per aver denunciato la cosa, riesce ad evitare la catastrofe. Un continuo susseguirsi di gag e battute demenziali. ■ COMICO; COL.; 85'; USA, 1982.

AEROPLANO D III 88, L' *(D III 88)* ★★
Regia di HERBERT MAISCH. Con CHRISTIAN KAYSSLER, HEINZ WELZEL, OTTO WERNICKE. ■ Tra due istruttori-piloti tedeschi si accende una violenta rivalità che costerà loro il posto. Durante le grandi manovre belliche, però, verranno reintegrati nell'incarico per merito di un anziano sergente amico. ■ DRAMMATICO; B/N; 91'; GERMANIA, 1939.

AEROPORTO ★
Regia di PIERO COSTA. Con ANNA ARENA, SILVIO BAGOLINI, CARLO MINELLO. ■ Uno dei film realizzati a Venezia negli stabilimenti occupati dalla Repubblica di Salò. È una serie di propaganda con piloti e sabotaggi per dimostrare la potenza (ritrovata) dell'aviazione mussoliniana. Fu proiettato solo per qualche mese alla fine del 1944. ■ DRAMMATICO; B/N; 90'; ITALIA, 1944.

AEROPORTO DEL DESERTO, L' *(Air Mail)* ★★
Regia di JOHN FORD. Con RALPH BELLAMY, PAT O'BRIEN, GLORIA STUART. ■ Uno dei primi film sonori di John Ford, la saga degli "oscuri eroi della posta". Aerea, naturalmente. Il protagonista è un pilota scavezzacollo che si riabilita il giorno in cui un collega muore al suo posto. Sceneggiato da un autentico pioniere dell'aviazione (Frank Spig Wead, di cui Ford farà la biografia nelle *Ali delle aquile*). ■ AVVENTURA; B/N; 86'; USA, 1932.

A EST DI BUCAREST *(A Fost Sau N-a Fost?)* ★★★
Regia di CORNELIU PORUMBOIU. Con MIRCEA ANDREESCU, TEO CORBAN, ION SAPDARU. ■ A sedici anni dalla fatidica data del 22 dicembre 1989, giorno in cui finì la dittatura rumena comunista di Ceausescu, in una grigia e fredda cittadina a est di Bucarest, una trasmissione televisiva si interroga su cosa sia realmente accaduto in quel giorno di rivoluzione: oltre al giornalista sono presenti, nel decadente studio, un professore, perennemente ubriaco, la cui versione dei fatti sembra avere mille falle, e un anziano signore che ai tempi faceva il Babbo Natale per i bambini. Esordio alla regia per Corneliu Porumboiu, che con questo film ha vinto la Camera d'Or al Festival di Cannes 2006. ■ DRAMMATICO; COL.; 89; ROMANIA, 2006.

A EST SUONAVANO UNA CANZONE ★★★
(Hey Baba Riba)
Regia di JOVAN ACIN. Con RELIA BASIC, MILAN STRJIC, GALA VIDENOVIC. ■ "Come eravamo" a Belgrado negli anni Cinquanta. Quattro ragazzi del liceo amano una loro coetanea, che però preferisce loro un ultraventenne. La love story però è una delusione. Per consolarla i ragazzi l'aiutano a trovare il padre dato per disperso in Italia durante la guerra. Lo trovano. La ragazza decide di stare con lui. I ragazzi non la rivedranno più. ■ COMMEDIA; COL.; 88'; JUGOSLAVIA, 1986.

A FACCIA NUDA *(The Naked Face)* ★★
Regia di BRYAN FORBES. Con ANNE ARCHER, ROGER MOORE, ROD STEIGER. ■ Un boss mafioso, temendo che la moglie abbia fatto compromettenti rivelazioni allo psicanalista dal quale è in cura, tenta di far ricadere sul medico la colpa di un omicidio. Quasi ci riesce, prima che la polizia riesca a scoprire l'inganno sgominando la banda. Film di scarsa suspence, a tratti pretestuoso. ■ GIALLO; COL.; 103'; USA, 1985.

A FERRO E FUOCO *(Ironclads)* ★★
Regia di DELBERT MANN. Con ALEX HYDE-WHITE, VIRGINIA MADSEN, E. G. MARSHALL. ■ Si tratta di un film per la tv giunto da noi in videocassetta. Ambientato nella guerra di Secessione, durante la storica battaglia navale dove si scontrano il *Monitor* e il *Merrimack*. La regia di Delbert Mann è professionale ma gli attori non sono sempre all'altezza. ■ DRAMMATICO; COL.; 92'; USA, 1991.

A FEW DAYS LATER... *(Chand rooz ba'd...)* ★★
Regia di NIKI KARIMI. Con EHSAN AMANI, ALIREZA ANOUSHFAR, NIKI KARIMI, NILOOFAR KHOSHKHOLGH, HESSAM NOURANI. ■ La vita di Shahrzad è arrivata a un momento cruciale. Nonostante sia una grafica in carriera, non riesce a godersi i successi lavorativi perché preoccupata di come andrà a finire la sua storia con Mahmoud, dal quale si è momentaneamente separata per prendersi una pausa di riflessione. La donna non riesce a convivere con l'idea che l'ex moglie di lui sia tornata in Iran dopo averlo abbandonato con il figlio disabile sette anni prima. In più il padre di Shahrzad si è ammalato e come se non bastasse il suo appartamento è occupato dagli operai che stanno facendo dei lavori di ristrutturazione. Niente sembra alleviare la tensione di Shahrzad, il tormento che prova le si legge sul volto; la sua condizione viene alleggerita solo dalla presenza della vivace collega Ghazaleh – sebbene si ritragga al tocco gentile dell'amica quando le sfiora il viso con la mano, perché troppo presa dalla sua disperazione – e dalla fotografia, che diviene una sorta di fuga dalla responsabilità di essere donna (per di più donna di successo) e figlia. ■ COMMEDIA; COL.; 78'; IRAN, 2006.

AFFARE BECKETT, L' ★★
Regia di OSVALDO CIVIRANI. Con LANG JEFFRIES, KRISTA NELL, ANDREW SCOTT, JOHN WRITTING. ■ Rod Cooper, agente della Cia, è a Parigi per scoprire se il colonnello Segura fa il doppio gioco a danno degli Usa. L'agente riesce ad entrare nell'organizzazione di Segura e comprende le intenzioni (filocomuniste) del temibile colonnello. ■ SPIONAGGIO; COL.; 84'; ITALIA, 1966.

AFFARE BLINDFOLD, L' *(Blindfold)* ★★★
Regia di PHILIP DUNNE. Con CLAUDIA CARDINALE, BRAD DEXTER, ROCK HUDSON, ALEJANDRO REY, GUY STOCKWELL, JACK WARDEN. ■ Uno psichiatra è ingaggiato dall'Fbi per curare uno scienziato atomico in grave stato di depressione. Le spie straniere contattano lo psichiatra riuscendo per qualche tempo a fuorviarlo. Ma questi, con l'aiuto della sorella dello scienziato, finirà per dar loro scacco matto. ■ SPIONAGGIO; COL.; 105'; USA, 1966.

AFFARE DELLA SEZIONE SPECIALE, L' ★★★
(Section Speciale)
Regia di CONSTANTIN COSTA GAVRAS. Con IVO GARRANI, MICHAEL LONSDALE, LOUIS SEIGNER. ■ Nella Francia occupata viene ucciso un giovane tedesco. I collaborazionisti del generale Pétain per prevenire eventuali rappresaglie da parte tedesca istituiscono un Tribunale Speciale con il compito di processare sbrigativamente un certo numero di detenuti scomodi. ■ DRAMMATICO; COL.; 105'; FRANCIA, 1975. ■ CANNES 1 PR; GOLDEN GLOBES 1 NOM.

AFFARE DEL SECOLO, L' *(Deal of the Century)* ★★
Regia di WILLIAM FRIEDKIN. Con CHEVY CHASE, GREGORY HINES, SIGOURNEY WEAVER. ■ Due mercanti d'armi pasticcioni si cacciano nei guai con clienti di mezzo mondo. Tante persone di talento, dagli interpreti al regista, coinvolte in una satira priva di arguzia (e di bersagli che non siano ovvii). Le colpe principali sono da attribuirsi a Friedkin, bravo regista (*L'esorcista*) ma certo non la persona più spiritosa di questo mondo. ■ COMMEDIA; COL.; 99'; USA, 1983.

AFFARE DI CUORE, UN ★★★
(Ljubavni Slucaj ili tragedija Sluzbenice Ptt)
Regia di DUSAN MAKAVEJEV. Con LIOGRAD ANDRIC, EVA RAS, RUZICA SOKIC. ■ Love story fra un'impiegata dei telefoni, di costumi parecchio liberi e un ispettore sanitario molto più ingenuo. Un giorno lei va con un altro e resta incinta. Lui non la prende bene, s'ubriaca, litiga e, accidentalmente, la uccide. ■ DRAMMATICO; B/N; 89'; JUGOSLAVIA, 1967.

AFFARE DI CUORE, UN *(The Affair)* ★★
Regia di GILBERT CATES. Con BRUCE DAVISON, PAT HARRINGTON, KENT SMITH, ROBERT WAGNER, NATALIE WOOD. ■ Un avvocato donnaiolo si innamora di una poliomielitica che vive come reclusa. Lui è sicuro che il rapporto possa funzionare. E infatti potrebbe. Ma non funziona. ■ COMMEDIA; COL.; 90'; USA, 1973.

AFFARE DI DONNE, UN *(Une affaire de femmes)* ★★★
Regia di CLAUDE CHABROL. Con FRANÇOIS CLUZET, ISABELLE HUPPERT, MARIE TRINTIGNANT. ■ La storia di Marie Latour che nel 1943 venne condannata a morte e ghigliottinata. Marie procurava aborti (la chiamarono la "fabbricante di angeli"). Perché lo faceva? Per mantenere agiata la famiglia (il marito era tornato dalla guerra invalido). Uno Chabrol d'annata con la Isabelle Huppert più brava che si sia mai vista, in una parte che trent'anni fa sarebbe andata a Jeanne Moreau. ■ DRAMMATICO; COL.; 105'; FRANCIA, 1988. ■ GOLDEN GLOBES 1 NOM; VENEZIA 2 PR.

AFFARE DI FAMIGLIA, UN *(A Family Affair)* ★★
Regia di GEORGE BRACKETT SEITZ. Con LIONEL BARRYMORE, ERIC LINDEN, MICKEY ROONEY. ■ È il primo dei quindici film della serie *Andy Hardy,* il ciclo per famiglie di maggior successo in America prima della guerra. Qui la parte del giudice Hardy, il saggio, intemerato capofamiglia è sostenuta da Lionel Barrymore, che per condizioni di salute lasciò il ruolo a Lewis Stone nei successivi capitoli. Il diciassettenne Mickey Rooney è naturalmente Andy Hardy, lo scatenato adolescente, qui alle sue prime baruffe d'amore. ■ COMMEDIA; B/N; 69'; USA, 1937.

AFFARE DI GUSTO, UN *(Une affaire de goût)* ★★★
Regia di BERNARD RAPP. Con CHARLES BERLING, BERNARD GIRAUDEAU, JEAN-PIERRE LORIT, FLORENCE THOMASSIN. ■ Un ricchissimo industriale ha una predilezione per i cibi molto raffinati. Ma non vuole avere sorprese. Individua così un anonimo cameriere che ha i suoi stessi gusti e lo assume come assaggiatore. Il suo compito sarà quello di essere a disposizione per assaggiare preventivamente i cibi e segnalare tempestivamente qualsiasi imperfezione nella loro preparazione. Il rapporto inizia in questi termini ma, progressivamente, il "padrone" tenterà di "mangiarsi" la vita del dipendente fagocitandolo psicologicamente. Bernard Rapp ama il noir e ne aveva già dato prova con l'intricato *Delitto tra le righe* che si avvaleva di un Terence Stamp sempre ad alto livello. Qui ha a disposizione un attore dall'ambiguità palpabile come Giraudeau che si può ormai considerare il Dirk Bogarde del cinema a cavallo di millenni. Appena lo vedi entrare in scena comprendi che qualcosa non va nella sua psiche ma non sai mai da quale parte sbucherà l'artiglio avvelenato. Gli tiene testa un Jean-Pierre Lorit disponibile ma attento quanto basta per caratterizzare un personaggio che da assaggiatore rischia di trasformarsi in divorato. ■ DRAMMATICO; COL.; 90'; FRANCIA, 1999.

AFFARE DI UNA NOTTE, L' *(L'affaire d'une nuit)* ★★★
Regia di HENRI VERNEUIL. Con ROGER HANIN, PIERRE MONDY, PASCALE PETIT. ■ Nel giro di una sera e di una nottata, Michel conosce, corteggia e si porta a letto Christine, la moglie del suo migliore amico. All'alba vediamo il marito tradito andarsene con l'intenzione di arruolarsi nella Legione Straniera. ■ COMMEDIA; B/N; 91'; FRANCIA, 1960.

AFFARE DOMINICI, L' *(L'affaire Dominici)* ★★★
Regia di CLAUDE BERNARD AUBERT. Con JEAN PIERRE CASTALDI, PAUL CRAUCHET, ALBERTO FARNESE, JEAN GABIN, VICTOR LANOUX, EVI MALTAGLIATI. ■ Claude Bernard Aubert ci dà una versione corretta ma senza voli dell'*affaire* che appassionò la Francia qualche lustro fa (il feroce assassinio di due turisti attribuito al "clan" montanaro dei Dominici). ■ GIALLO; COL.; 106'; FRANCIA, 1973.

AFFARE DONOVAN, L' *(The Donovan Affair)* ★★★
Regia di FRANK CAPRA. Con AGNES AYRES, WILLIAM COLLIER, JACK HOLT. ■ Uccidono un riccone. Quattro i sospettati. Grintoso investigatore smaschera il vero colpevole. ■ POLIZIESCO; B/N; 75'; USA, 1929.

AFFARE DREYFUS, L' *(J'Accuse!)* ★★★
Regia di JOSÉ FERRER. Con DAVID FARRAR, JOSÉ FERRER, LEO GENN, VIVECA LINDFORS, HERBERT LOM, ANTON WALBROOK, EMLYN WILLIAMS. ■ Rievocazione del "caso" che divise in due la Francia all'inizio del Novecento. Dreyfus, un ufficiale francese di origine ebraica, viene accusato di alto tradimento. Il vero colpevole è il maggiore Esterhazy, ma la corte marziale rifiuta di perseguirlo e Dreyfus viene condannato alla Guyana. Ne uscirà solo molto più tardi per l'interessamento dello scrittore Émile Zola. ■ DRAMMATICO; B/N; 99'; GRAN BRETAGNA, 1958.

AFFARE FATTO *(L'affaire est dans le sac)* ★★★
Regia di Pierre Prévert. Con Julien Carette, Etienne Decroux, Jean-Paul Le Chanois. ■ Due sedicenti rapitori di bambini finiscono con lo sposarsi e col trovar lavoro proprio grazie a quelle che avrebbero dovuto essere le loro vittime. ■ Comico; b/n; 55'; Francia, 1932.

AFFARE GOSHENKO, L' *(The Defector)* ★★★
Regia di Raoul Levy. Con Montgomery Clift, Hardy Krüger, Macha Méril, Hannes Messemer, David Opatoshu. ■ Uno scienziato americano è persuaso dai servizi segreti occidentali a prendere parte attiva al passaggio all'Ovest di un collega sovietico. Ma la cosa è più complessa di quanto gli hanno raccontato. ■ Spionaggio; col.; 106'; Francia, USA, 1966.

AFFARE MISTERIOSO, UN ★★
(Unheimliche Geschichten)
Regia di Richard Oswald. Con Viktor De Kowa, Harald Paulsen, Paul Wegener. ■ Piccolo classico tedesco dell'orrore agli inizi del sonoro che assembla motivi da parecchi racconti di Poe (*Il gatto nero*, *Il sistema del professor Piuma*). Protagonista è uno scienziato folle che viene rinchiuso in manicomio, e lì organizza una specie di club dei suicidi. ■ Horror; b/n; 89'; Germania, 1931.

AFFARE SI COMPLICA, L' *(Hard to Handle)* ★★★
Regia di Mervyn Le Roy. Con Mary Brian, James Cagney, Claire Dodd, Ruth Donnelly, Allen Jenkins. ■ È la frenetica storia di un vivace e dinamico agente pubblicitario il cui spirito di intraprendenza lo porta a organizzare delle campagne pubblicitarie che reclamizzano i prodotti più strani ottenendo sempre un grandissimo successo. ■ Commedia; b/n; 75'; USA, 1933.

AFFARE SI COMPLICA, L' ★★
Regia di Pier Luigi Faraldo. Con Luigi Almirante, Silvana Jachino, Pina Renzi. ■ Dodici persone in una villa solitaria alla ricerca di un braccialetto di perle. Le perle si rivelano false. Ma intanto molti sono stati uccisi. ■ Giallo; b/n; 101'; Italia, 1941.

AFFARE STYX, L' *(Die Sache mit Styx)* ★★
Regia di Karl Anton. Con Viktor De Kowa, Laura Solari, Margit Symo. ■ Il console di un'ipotetica nazione traffica a proprio vantaggio e a danno del Paese. Egli viene però smascherato dal giovane diplomatico Styx, incaricato d'indagare sul suo operato. ■ Commedia; b/n; 99'; Germania, 1942.

AFFARI DI SUO MARITO, GLI ★★
(Her Husband's Affairs)
Regia di Sylvan Simon. Con Lucille Ball, Edward Everett Horton, Gene Lockhart, Mikhail Rasumny, Franchot Tone. ■ Marito e moglie agenti pubblicitari credono di aver trovato una lozione depilatoria rivoluzionaria. Si sbagliano. Il nuovo preparato fa crescere i capelli. ■ Commedia; b/n; 83'; USA, 1947.

AFFARI D'ORO *(Big Business)* ★★
Regia di Jim Abrahams. Con Bette Midler, Michele Placido, Lily Tomlin. ■ Nascono due coppie di gemelle in un ospedale di paese. Un'infermiera distratta fa uno scambio di culle. Quarant'anni dopo le quattro si ritrovano. Una di esse è una "dura" capitana d'industria che sta montando una speculazione proprio a danno dei cittadini del paesotto d'origine. Farsa non sempre fine, dove il regista, per quanti sforzi faccia, non riesce a giostrare come si deve la sarabanda degli equivoci. Ma una scatenata Bette Midler (specie quando fa la ciclonica yuppie) vale da sola il biglietto d'ingresso. ■ Commedia; col.; 98'; USA, 1988.

AFFARI SPORCHI *(Internal Affairs)* ★★★
Regia di Mike Figgis. Con Andy Garcia, Richard Gere, Nancy Travis. ■ Un investigatore della polizia di Los Angeles deve indagare sull'onestà di alcuni poliziotti. Ne conosce uno molto deciso che pur sembrando rispettabile è invece un uomo senza scrupoli che arriva anche all'omicidio. L'uomo arriverà a sedurre violentemente la moglie dell'investigatore prima che arrivi la punizione. Maturato enormemente rispetto al precedente *Stormy Monday* Mike Figgis ci offre un saggio di come dovrebbe essere costruito un film d'azione con una forte componente psicologica dei personaggi. Pieno di ombre, originale e cattivo il personaggio interpretato da Gere protagonista negativo nel ruolo dell'agente corrotto e assassino. ■ Poliziesco; col.; 112'; USA, 1990.

AFFASCINANTE BUGIARDO, L' ★★
(As Young as You Feel)
Regia di Harmon Jones. Con Marilyn Monroe, Thelma Ritter, Monty Woolley. ■ Uno dei primi film di Marilyn Monroe. Fa la procace segretaria di un industriale che decide di mandare in pensione alcuni suoi impiegati per limiti d'età. Uno dei pensionati non accetta di esser messo da parte e inscena una commedia a uso e consumo del principale. Si finge il capo supremo della multinazionale che ha acquistato la società, fa prendere una tremarella al suo ex boss e lo costringe a revocare i pensionamenti. Quando si scopre l'inganno il vecchietto ormai è un personaggio pubblico (e quindi intoccabile). ■ Commedia; b/n; 77'; USA, 1951.

AFFASCINANTE STRANIERO, L' ★★
(Love from a Stranger)
Regia di Richard Whorf. Con Isobel Elsom, John Hodiak, John Howard, Ann Richards, Sylvia Sidney. ■ Dal dramma di Frank Vosper e dal racconto di Agatha Christie *Philomel cottage*. Una romantica signora in vacanza conosce un fascinoso sconosciuto, Manuel, e se ne innamora. Lo sposa dopo aver lasciato lo scialbo fidanzato. Ma il latin lover si rivela presto un pericoloso criminale. ■ Drammatico; b/n; 81'; USA, 1947.

AFFERRA IL TEMPO ★★
Regia di Antonello Branca. Con Norman Jacob. ■ Il film segue dall'interno, per mezzo di interviste e "spezzoni" di documentari, il lavoro delle Pantere Nere. ■ Drammatico; col.; 93'; Italia, 1973.

AFFETTI PERICOLOSI *(Loyalties)* ★
Regia di Anne Wheeler. Con Tantoo Cardinal, Kenneth Welsh, Susan Wooldrige. ■ Marito e moglie inglesi si trasferiscono in Canada. Qui assumono una donna indiana come governante. L'arrivo di quest'ultima provocherà in loro cambiamenti inattesi. ■ Commedia; col.; 90'; Canada, 1968.

AFFETTI SPECIALI ★★
Regia di Felice Farina. Con I Gemelli Ruggeri, Anita Zagaria. ■ Due fratelli, Chris e Ivano, sono cresciuti in un ambiente sereno e mai sfiorato dalle preoccupazioni economiche. Ma quando la loro madre viene colpita da una grave malattia essi sono costretti loro malgrado a prendere coscienza della realtà e ad assumersi tutte le responsabilità. ■ Commedia; col.; 100'; Italia, 1989.

AFFINITÀ ELETTIVE, LE ★★★
Regia di Gianni Amico, Paolo Taviani, Vittorio Taviani. Con Nino Castelnuovo, Paolo Graziosi, Veronica Lazar. ■ Si tratta della trasposizione televisiva del romanzo di Goethe. Ci sono due coppie: Carlotta ed Edoardo, Ottilia e il Capitano. Tutto si svolge nei pressi di un lago, in un castello in mezzo a un bosco. Il quartetto passa le giornate scambiandosi emozioni e pensieri. Succede così che Ottilia viene desiderata da Edoardo mentre Carlotta s'innamora del Capitano. Alla morte del bimbo di Carlotta per incuria di Ottilia tutto precipita. Edoardo viene lasciato da Ottilia che morirà dal dolore. La separazione tra gli altri due sarà inevitabile e anche Edoardo seguirà lo stesso destino dell'amata. ■ Drammatico; col.; 170'; Italia, 1978.

AFFINITÀ ELETTIVE, LE ★★★
Regia di Paolo Taviani, Vittorio Taviani. Con Jean-Hugues Anglade, Fabrizio Bentivoglio, Marie Gillain, Isabelle Huppert. ■ Johann Wolfgang von Goethe scrisse il romanzo nel 1809, quando aveva ormai definito, e imposto nel mondo letterario di quel tempo, la sua attitudine romantica e sentimentale, che aveva dato vita al famoso movimento "Sturm und Drang". Le affinità elettive sono quelle forze chimiche che creano l'attrazione, sta poi alla ragione seguire la via migliore. Secondo questo principio succede che Carlotta ed Edoardo, sposati, invitino nella loro tenuta Ottone e la giovane Ottilia, e che le passioni si incrocino. Il più "naturale" sarebbe Edoardo, pronto a travolgere tutto pur di seguire il sentimento, ma le due donne, pur fra grandi sofferenze, riconducono tutto sulla via della ragione. Ma un sacrificio del genere non può passare sulle quattro vite senza causare tragedie. È la giovane

Ottilia a morire per tutti. Ragione e sentimento, l'eterno dilemma. I Taviani hanno trasferito la storia dalla Germania alla campagna toscana. Lodevole la scelta di aderire, senza invenzioni o astrusità, a quel testo che è un capolavoro generale dell'arte del mondo. "Corretti" gli interpreti. Il cinema, in questi anni, ha imparato ad attingere ai monumenti della letteratura con l'uso, spesso adeguato, della voce fuori campo che legge il testo integrale. È una mutua possibilità di soccorso di due arti ormai da tempo lontane dalla loro età dell'oro. ■ DRAMMATICO; COL.; 98′; ITALIA, 1996.

AFFITTACAMERE, L' *(The Notorious Landlady)* ★★★
Regia di RICHARD QUINE. Con FRED ASTAIRE, LIONEL JEFFRIES, JACK LEMMON, KIM NOVAK, MAXWELL REED, ESTELLE WINWOOD. ■ Un diplomatico americano a Londra va a pensione presso una bella bionda. Non sa che la bella è sospettata di omicidio. Naturalmente s'innamora e scopre che è candida come un giglio. ■ GIALLO ROSA; B/N; 123′; USA, 1962.

AFFITTASI KILLER *(This Gun for Hire)* ★★
Regia di LOU ANTONIO. Con NANCY EVERHARD, JOHN HARKINS, FRÉDÉRIC LEHENE, ROBERT WAGNER. ■ Dopo avere eliminato un boss di New Orleans, il killer che ha eseguito il lavoro scopre di essere caduto in un tranello: la vittima è in realtà un importante politico. L'uomo si ritrova con l'Fbi alle costole e per fuggire prende una ragazza in ostaggio; va da sé che tra i due nascerà una storia che li cambierà profondamente. Remake del celebre *Fuorilegge* con Alan Ladd, tratto dal romanzo di Graham Greene. ■ DRAMMATICO; COL.; 89′; USA, 1991.

AFFITTASI LADRA *(Burglar)* ★★
Regia di HUGH WILSON. Con WHOOPI GOLDBERG, BOB GOLDTHWAIT, LESLEY-ANN WARREN. ■ Una giovane negra che di giorno fa la libraia, di notte diventa ladra per pagare un poliziotto che la ricatta per una vecchia rapina. Tentando di rubare dei gioielli viene coinvolta in un delitto e braccata dall'assassino tra boschi e nebbie, riuscendo alla fine ad eliminarlo. ■ COMMEDIA; COL.; 103′; USA, 1987.

AFFLICTION – AFFLIZIONE *(Affliction)* ★★★
Regia di PAUL SCHRADER. Con JAMES COBURN, WILLEM DAFOE, NICK NOLTE, SISSY SPACEK. ■ Wade è vigile urbano, divorziato dalla moglie, vede la figlia raramente. Il suo rapporto col padre, del quale ha sempre avuto paura, si ribalta alla morte della madre. Un giorno un potente leader sindacale viene ucciso in un finto incidente di caccia. Wade vuole vederci chiaro e finisce nei guai. Schrader, con la consueta bravura, mette nel racconto due piani: la vicenda poliziesca e la vicenda umana. Come dire due film in uno, non sempre perfetti, ma importanti, grezzi e forti. Grande interpretazione di Nick Nolte e del ritrovato James Coburn. ■ DRAMMATICO; COL.; 114′; USA, 1997. ■ GOLDEN GLOBES 1 NOM; OSCAR 1 PR, 2 NOM.

AFFONDAMENTO DELLA VALIANT, L' ★★★
(The Valiant)
Regia di ROY WARD BAKER, GIORGIO CAPITANI. Con PATRICK BARR, LEONARDO CORTESE, ETTORE MANNI, JOHN MILLS, ROBERTO RISSO, ROBERT SHAW. ■ Un episodio di guerra raccontato già sullo schermo da Duilio Coletti con *I sette dell'Orsa Maggiore* (l'affondamento della nave britannica *Valiant* da parte di alcuni sommozzatori italiani nel porto di Alessandria). Stavolta è visto da parte inglese. ■ GUERRA; B/N; 90′; GRAN BRETAGNA, ITALIA, 1961.

AFFONDATE GREENPEACE ★★
Regia di MICHAEL TUCHNER. Con SAM NEILL, JON VOIGHT. ■ Una coproduzione italo-tedesca. Si tratta di una drammatica avventura accaduta nella realtà. Una spedizione di Greenpeace tenta di sabotare un esperimento nucleare francese. C'è chi tenta di fermarla. Jon Voight da alcuni anni, appare di frequente in film di tipo ideologico-naturalistico. ■ DRAMMATICO; COL.; 98′; GERMANIA, ITALIA, 1993.

AFFONDATE IL RAINBOW WARRIOR ★★
(The Sinking of the Rainbow Warrior)
Regia di MICHAEL TUCHNER. Con KERRY FOX, BRUNO LAWRENCE, SAM NEILL, JON VOIGHT. ■ Il *Rainbow Warrior,* la nave dell'ecologista Greenpeace, è stato silurato mentre svolgeva un'attività dimostrativa contro gli arsenali nucleari. Alcuni coraggiosi investigatori hanno dovuto superare tutta una serie di depistaggi e bugie prima di portare finalmente a galla la verità. Da un fatto di cronaca realmente accaduto. ■ AVVENTURA; COL.; 94′; USA, 1992.

AFFONDATE LA BISMARCK! *(Sink the Bismarck!)* ★★★
Regia di LEWIS GILBERT. Con MICHAEL HORDERN, CARL MÖHNER, KENNETH MORE, LAURENCE NAISMITH, DANA WYNTER. ■ Nel 1941, la *Bismarck,* la più grande nave da battaglia tedesca, imperversa nel mare del Nord rendendo la vita difficile ai convogli alleati. ■ GUERRA; B/N; 97′; GRAN BRETAGNA, 1960.

AFGHAN BREAKDOWN ★★
Regia di VLADIMIR BORTKO. Con TATJANA DOGILEVA, MICHELE PLACIDO, ALEKSEI SEREBRIAKOV, MICHAIL ZIGALOV. ■ Michele Placido continua la linea dell'impegno popolare vestendo i panni del maggiore Bandura, un militare sovietico in servizio da anni sul fronte afgano e coinvolto nelle operazioni di disimpegno dal territorio. Tra mercato nero, figli di alti papaveri che arrivano all'ultimo momento per acquisire una medaglia e ripartire, e guerriglia, Bandura si ritroverà a farsi uccidere per espiare le colpe sue e dei suoi compagni. Questo film, girato in coproduzione, ha tutti i marchi della perestrojka. Si può parlare liberamente di corruzione, di delusione, di avversione verso i politici. Placido serve di richiamo per il pubblico russo che ha visto *La Piovra* ma il suo ruolo poteva essere affidato a chiunque. ■ GUERRA; COL.; 120′; CSI, ITALIA, 1991.

AFGHANISTAN CONNECTION ★
Regia di FRANK VALENTI. Con MARK GREGORY, JOHN VERNON. ■ Ispirandosi ai fatti che hanno portato l'Afghanistan alla ribalta della cronaca, il regista racconta la pericolosa avventura di Johnny Hondo. Il giovane, incaricato di un'importante missione in quei luoghi, mette a repentaglio la propria vita minacciata tanto dall'ambiente selvaggio quanto dai nemici sovietici. ■ GUERRA; COL.; 90′; ITALIA, 1988.

A FIL DI SPADA ★★
Regia di CARLO LUDOVICO BRAGAGLIA. Con PIERRE CRESSOY, DORIS DURANTI, JOHN KITZMILLER, FRANK LATIMORE, FRANCA MARZI, MILLY VITALE. ■ Nelle colonie spagnole, un intrepido spadaccino combatte contro un crudele oppressore. Prima gli solleva il popolo contro, poi lo infilza da par suo. ■ AVVENTURA; B/N; 79′; ITALIA, 1952.

A FIOR DI PELLE ★★
Regia di GIANLUCA FUMAGALLI. Con ATHINA CENCI, MARIELLA VALENTINI. ■ Le traversie sentimentali di una giovane che frequenta un corso di recitazione e perde la testa per il suo insegnante. Delusa dall'uno e dall'altro, finirà col legarsi a uno stravagante centauro (motociclista). ■ DRAMMATICO; COL.; 85′; ITALIA, 1987.

A FIOR DI PELLE *(Under the skin)* ★★
Regia di CARINE ADLER. Con SAMANTHA MORTON, CLAIRE RUSHBROOK, RITA TUSHINGHAM. ■ Due sorelle devono affrontare la morte della madre. Una è abbastanza forte e ha famiglia, l'altra è sola e più fragile. Quest'ultima reagisce frequentando uomini uno dopo l'altro. Dramma con qualche buono spunto. Rivisti, dopo tanto tempo, gli occhi dorati di Rita Tushingham, fantasma degli anni Sessanta, nel ruolo della madre. ■ DRAMMATICO; COL.; 85′; GRAN BRETAGNA, 1997.

A FORZA DI SBERLE ★★
Regia di BRUNO CORBUCCI. Con DON BACKY, STELLA CARNACINA, GEORGE EASTMAN, CLAUDIA GRAVI, GASTONE PESCUCCI. ■ Johnny e Narciso, marinai di terza categoria approdati a Istanbul, sbarcano il lunario facendo i lavapiatti in un ristorante. Johnny si innamora della figlia del proprietario e con l'amico difende il futuro suocero dalle angherie di certi prepotenti. Dopo molte peripezie (e anche un po' di galera...), tutto si concluderà per il meglio. ■ AVVENTURA; COL.; 91′; ITALIA, 1974.

AFRICA ADDIO ★★★
Regia di GUALTIERO JACOPETTI, FRANCO PROSPERI. ■ Un documentario "a sensazione" del tipo *Mondo cane* e *La donna nel mondo,* i due reportage ricostruiti che avevano dato la (cattiva) fa-

ma a Gualtiero Jacopetti. Anche qui l'autore va a caccia di scene "forti". ■ DOCUMENTARIO; COL.; 140'; ITALIA, 1966. ■ DAVID DI DONATELLO 1 PR, 1 NOM.

AFRICA AMA ★★
Regia di ALFREDO CASTIGLIONI, ANGELO CASTIGLIONI, GUIDO GUERRASIO, ORESTE PELLINI. ■ A causa del progresso, l'Africa primitiva va scomparendo. Il documentario, realizzato seguendo l'itinerario dei primi esploratori, vuole presentare le zone del continente rimaste ancora quasi intatte. ■ DOCUMENTARIO; COL.; 95'; ITALIA, 1971.

AFRICA EXPRESS ★★
Regia di MICHELE LUPO. Con URSULA ANDRESS, ROSSANA DI LORENZO, GIULIANO GEMMA, GIUSEPPE MAFFIOLI, JACK PALANCE. ■ Un giovanotto americano scorrazza per l'Africa trafficando e portando in giro i turisti. Una bella bionda lo coinvolge in una pericolosa avventura: la cattura di un inglese che si macchiò di tradimento durante la seconda guerra mondiale. ■ AVVENTURA; COL.; 95'; ITALIA, 1975.

AFRICA IN CRISI *(Come Back Africa)* ★★
Regia di LIONEL ROGOSIN. Con ARNOLD AURY, VINAH BENDILE, ZACHARIAH MGABI. ■ Un film di sapore neorealista diretto da uno dei fondatori del New American Cinema. Un disoccupato va a cercare lavoro a Johannesburg e in seguito viene raggiunto dalla famiglia. Un giorno la polizia lo arresta per accertamenti e la moglie viene uccisa da uno schizofrenico. ■ DRAMMATICO; B/N; 82'; USA, 1959.

AFRICANA, L' *(Africaine)* ★★
Regia di MARGARETHE VON TROTTA. Con BARBARA FREY, STEFANIA SANDRELLI, BARBARA SUKOWA. ■ Anna è ammalata e Victor, il suo uomo, le è accanto. Lei però vuole la presenza dell'ex moglie di lui, Martha, che ora è in Africa. Infatti le due donne erano molto amiche prima che l'una portasse via l'uomo all'altra. Tornerà la riconciliazione ma non sarà cosa facile. Buone sia la regia che l'interpretazione, soprattutto della Sandrelli, quello che vacilla un po' sono la sceneggiatura e un finale stravagante. ■ COMMEDIA; COL.; 104'; FRANCIA, GERMANIA, ITALIA, 1990. ■ VENEZIA 1 PR.

AFRICAN CATS: KINGDOM OF COURAGE ★★★
Regia di ALASTAIR FOTHERGILL, KEITH SCHOLEY. ■ Nella riserva naturale di Masai Mara, in Kenya, vivono vicino a un fiume un gruppo di leoni e una famiglia di ghepardi. Più a nord vive Sita, una femmina di ghepardo adulta che ogni giorno deve provvedere a procacciare il cibo per i suoi cuccioli e a difenderli dalle altre creature della savana. A sud vive invece il branco di Fang, un coraggioso leone con un dente rotto, impegnato a difendere la vecchia leonessa Layla e i suoi cuccioli dagli attacchi di un gruppo di grossi felini che minaccia l'integrità del branco. Un giorno, Layla rimane ferita dopo aver attaccato un'antilope e rischia di perdere la migrazione degli altri leoni, ma impegna tutta se stessa per difendere la piccola Mara e tenerla al passo col resto del branco. Con uno sguardo puro e una mente fiduciosa, è arduo pensare a qualcosa di più autentico e veritiero di un documentario sugli animali. ■ DOCUMENTARIO; COL.; 89'; USA, 2011.

AFRICAN SAFARI ★★
Regia di RONALD RONALD E. SHANIN. ■ Il documentario illustra la spedizione di un cacciatore bianco (specializzato nel "rifornimento" per gli zoo) in alcune zone dell'Africa Centrale. ■ DOCUMENTARIO; COL.; 88'; USA, 1969.

AFRICAN STORY ★
Regia di FRED WILSON. Con STEPHEN BOYD, SYLVA KOSCINA. ■ Lui fa il cantante e lei è una sua ammiratrice. I due giovani si innamorano e si sposano all'insaputa di tutti. Meta del viaggio di nozze l'Africa, dove hanno la sfortuna di imbattersi in una donna stupenda. ■ SENTIMENTALE; COL.; 90'; ITALIA, 1970.

AFRICA NUDA, AFRICA VIOLENTA ★★
Regia di MARIO GERVASI. Con MARILOU AHITÉ, HERTA MALAG. ■ Due amiche "particolari" (una bianca e una nera) si recano nell'Africa Nera alla ricerca di un prezioso talismano. Percorreranno diversi Stati: Togo, Costa d'Avorio, Mali, Dahomey e assisteranno ai misteriosi riti officiati dagli stregoni. ■ DOCUMENTARIO; COL.; 91'; ITALIA, 1974.

AFRICA SEGRETA ★★★
Regia di ANGELO CASTIGLIONI, ANGELO CASTIGLIONI, GUIDO GUERRASIO. ■ Il documentario spazia tra le usanze e i costumi delle popolazioni africane primitive, descrivendone i vari riti. ■ DOCUMENTARIO; COL.; 94'; ITALIA, 1969.

AFRICA SOTTO I MARI ★★
Regia di GIOVANNI ROCCARDI. Con STEVE BARCLAY, ANTONIO CIFARIELLO, ALESSANDRO FERSEN, SOPHIA LOREN, UMBERTO MELNATI. ■ Durante la crociera dello yacht di un milionario sudamericano, la capricciosa figlia si innamora del comandante della nave. Un film conosciuto non tanto per il suo valore (parecchio limitato) ma per aver costituito il trampolino di lancio di Sophia Loren. ■ COMMEDIA; B/N; 98'; ITALIA, 1953.

AFRICA STRILLA *(Africa Screams)* ★★
Regia di CHARLES BARTON. Con BUD ABBOTT, LOU COSTELLO. ■ Gianni e Pinotto, aggregatisi ad una spedizione diretta in Africa, finiscono nel cuore della giungla. ■ COMMEDIA; B/N; 79'; USA, 1949.

AFRIKA ★★
Regia di ALBERTO CAVALLONE. Con JANE AVRIL, KARA DONATI, DEBETE ESHEPETE, IVANO STACCIOLI, ANDREA TRAGLIA. ■ Il pittore omosessuale Peter Stone assume come segretario il giovane Frank, anch'egli di tendenze "particolari". Il rapporto fra i due non è però facile. ■ GIALLO; B/N; 94'; ITALIA, 1974.

AFRIKANDER *(Mpantsula)* ★★★
Regia di OLIVER SCHMITZ. Con THEMBI MITSHALI, THOMAS MOGOTLANE. ■ Il film racconta la vita di Penic, un giovane teppista nero che vive a Soweto, il ghetto di Johannesburg. La trama, scorrendo tra flash-back e incastri di tempo, ci mostra le spavalde, insensate azioni di Penic; cosa spinge in realtà l'uomo a comportarsi in quel modo, quali sono i suoi ideali? Neppure lui lo sa, ma dopo essersi trovato solo, in prigione, prenderà coscienza e imparerà a capire il problema razziale. *Afrikander* non è il solito film basato solo sul problema del razzismo: in esso troviamo alcuni elementi del genere gangster o sociale. Il film sembra essere stato quasi vissuto in prima persona dall'ottimo Schmitz. Inoltre sa essere obiettivo, il nero questa volta non è solo una vittima è un delinquente, e sarà lui stesso a capire e, in un certo modo, a redimersi. ■ DRAMMATICO; COL.; 100'; AUSTRALIA, GRAN BRETAGNA, SUDAFRICA, 1988.

AFRODITE DEA DELL'AMORE ★★
Regia di MARIO BONNARD. Con CLARA CALAMAI, ISABELLE COREY, ANTONIO DE TEFFÉ, IVO GARRANI, JOHN KITZMILLER, IRÈNE TUNC. ■ Durante l'impero romano, il governatore di Corinto, quando la città è flagellata dalla peste, non trova di meglio che rifilare, sull'esempio di Nerone la colpa di tutto ai cristiani locali. ■ STORICO; B/N; 90'; ITALIA, 1958.

AFTER DEATH ★
Regia di CLYDE ANDERSON. Con ALEX MCBRIDE, CHUCK PEYTON. ■ Su di un'isoletta del Sudamerica popolata da orrendi morti viventi giunge un allegro gruppetto di ragazzi e ragazze. La loro vacanza si trasforma ben presto in uno spaventoso incubo. ■ HORROR; COL.; 90'; ITALIA, 1988.

AFTER HEART – DOPO LA FINE DEL MONDO ★★★
(After Earth)
Regia di M. NIGHT SHYAMALAN. Con ISABELLE FUHRMAN, ZÖE KRAVITZ, SOPHIE OKONEDO, JADEN SMITH, WILL SMITH. ■ Nel futuro la razza umana è in continua guerra contro una specie aliena di natura animale, potente ma cieca, che rileva la presenza degli uomini fiutandone la paura. Solo una classe di militari, i "ranger", sono in grado di combatterla. Il figlio di uno dei ranger più noti si troverà, per un atterraggio di fortuna, col padre e con un alieno su un pianeta da tempo disabitato dall'uomo, la Terra. Qui dovrà dimostrare, di essere un "ranger". Il rito di passaggio tra l'età infantile e quella adulta: Shyamalan racconta le colpe dei padri che ricadono sui figli, posizionando un immobile Will Smith, infermo ma ubiquo grazie alla telecomunicazione, a guardare con

mille occhi e mille orecchie il figlio (nella vita e sullo schermo) Jaden. ■ FANTASCIENZA; COL.; 100′; USA, 2013.

AFTER SCHOOL ★★

Regia di ANTONIO CAMPOS. Con EMORY COHEN, EZRA MILLER, MICHAEL STUHLBARG, ADDISON TIMLIN, JEREMY ALLEN WHITE. ■ Studente di un'esclusiva *high school* della East Coast americana, Robert è un adolescente che vive isolato dal mondo inquieto e falsamente perbenista che lo circonda. Condivide la stanza con Dave, spacciatore di droghe e alcol, trascorrendo maggior parte del suo tempo al computer. Incaricato di un progetto sulla scuola per un corso di audiovisivi, Robert si trova a filmare uno dei corridoi dell'edificio e riprende le due ragazze più popolari dell'istituto in preda ad un'emorragia causata da una sniffata di cocaina contaminata con veleno per topi. La scena segna in modo indelebile la mente di Robert e condiziona l'intera istituzione scolastica. ■ DRAMMATICO; COL.; 120′; USA, 2008.

AFTER THE SUNSET ★★★

Regia di BRETT RATNER. Con PIERCE BROSNAN, DON CHEADLE, WOODY HARRELSON, NAOMIE HARRIS, SALMA HAYEK, CHRIS PENN. ■ Che male c'è ad andare al cinema la domenica portandosi appresso la famiglia? È un rito omologato, rassicurante. Ma ci vuole il film giusto. Quale? Quello sul quale c'è stato un travisamento causato dalle stellette, tantissime? Di quelli che ci mandano in bestia perché a quelle stellette corrispondeva solo il narcisismo degli autori e di certa critica, che critica per se stessa e non per gli spettatori? Ognuno può giocarsela come gli pare, comminando giudizi sommari, legittimi se si è pagato il biglietto, in caso contrario sarà bene ricorrere almeno all'onestà professionale, che non può prescindere dal fatto che la cultura è bella, utile e soprattutto necessaria, ma non 24 ore su 24. Se si giudica con ripugnanza il cinema generalista si danneggia il sistema, che ha bisogno di Coppola, Kiarostami o Zhang Yimou quanto di Brett Ratner, regista di *After the Sunset*. Perché la domenica della brava gente è semplice, spontanea, allegra; si riempie di vitale pigrizia, di sesso legittimo, di cibo all'italiana, di incontri amichevoli e poi tutti al cinema. E *After the Sunset* svolge puntualmente la sua funzione digestiva. Racconta una vicenda già conosciuta, come accadeva un tempo con i western, dei quali molto tempo fa si diceva che le trame erano tutte uguali e che si cambiavano soltanto i cavalli. Il film, interpretato con abile non chalance da Pierce Brosnan, è una rasserenante commedia gialla o thriller, tanto è lo stesso, realizzata in luoghi lussuosi e lussureggianti, colorati con sapienza dal bravo Dante Spinotti. C'è un ladro ed una sua complice/amante, appunto Brosnan e Salma Hayek, c'è un poliziotto frustrato, Woody Harrelson, che dà la caccia al ladro da sette anni senza cavare un ragno dal buco e c'è un diamante da rubare. Tutto qui. Ma c'è la professionalità degli autori, l'allegria della vicenda, attori che si prendono in giro con classe e un giorno di Brosnan si dovrà ammettere che su di lui pende un giudizio stizzito e disonesto. C'è insomma quel che serve per una domenica da brava gente. ■ AVVENTURA; COL.; 97′; USA, 2004.

AFTER THIS OUR EXILE *(Fu zi)* ★★

Regia di PATRICK TAM. Con VALEN HSU, NG KING-TO, AARON KWOK, FAITH YEUNG, CHARLIE YOUNG. ■ Un uomo, Chow Cheong Shing, e suo figlio. Entrambi sono legati da un fortissimo affetto. Quando la madre, Ling, in segreto prende la decisione di allontanarsi da casa, il figlio svela il piano al padre; quest'ultimo che ha un attacco d'ira, sfogato picchiando con violenza la moglie, che fugge via. Rimasto solo con il figlio, Chow Cheong Shing inizia a giocare d'azzardo e per pagare i debiti costringe il bambino a rubare. ■ DRAMMATICO; COL.; 150′; CINA, 2006.

A FUTURA MEMORIA: PIER PAOLO PASOLINI ★★★

Regia di IVO BARNABÒ MICHELI. ■ L'immagine pubblica, privata e professionale del regista italiano barbaramente ucciso nel 1975. Dalla documentazione ma soprattutto dalle interviste raccolte tra chi gli era più vicino, tra i colleghi e i contestatori esce il complesso ritratto di una multiforme personalità che ha fatto uso dei più svariati mezzi di espressione artistica ma soprattutto quello di uno spirito forte, fecondo e provocatore. ■ BIOGRAFICO; COL.; 115′; ITALIA, 1986.

AFYON – OPPIO ★★★

Regia di FERDINANDO BALDI. Con LUCIANO CATENACCI, BEN GAZZARA, SILVIA MONTI, FAUSTO TOZZI, STEFFEN ZACHARIAS. ■ Joseph Coppola, italo-americano, riesce a mettere le mani su un grosso quantitativo di droga che gli permette di mercanteggiare con gli spacciatori più potenti. Ma Coppola è in realtà un agente del Narcotics Bureau che manovra in modo da far uscire allo scoperto i pezzi grossi del traffico internazionale. ■ POLIZIESCO; COL.; 88′; ITALIA, 1972.

A GABBIA NUDA *(The Naked Cage)* ★★

Regia di PAUL NICHOLAS. Con FAITH MINTON, SHARI SHATTUCK, ANGEL TOMPKINS. ■ Una ballerina, senza sua colpa, è coinvolta in una rapina. Arrestata, va in carcere. Il posto è un inferno ma la bionda sopravvive, fin quando riguadagna la libertà. ■ DRAMMATICO; COL.; 91′; USA, 1986.

AGAINST THE ROPES ★

Regia di CHARLES DUTTON. Con SEAN BELL, MEG RYAN, JOE CORTESE, TIM DALY, CHARLES DUTTON, OMAR EPPS, TONY SHALHOUB, KERRY WASHINGTON. ■ Jackie, figlia di un allenatore di pugilato, intraprende con successo la medesima carriera del padre. *Against The Ropes* (letteralmente "messo alle corde"), è la storia vera di Jackie Kallen, prima donna manager di pugili professionisti, talmente in gamba che è riuscita a trasformare un semplice ragazzo di Detroit nel campione del mondo dei medio-massimi. ■ BIOGRAFICO; COL.; 96′; GERMANIA, USA, 2004.

AGATA E LA TEMPESTA ★★★

Regia di SILVIO SOLDINI. Con LICIA MAGLIETTA, GIUSEPPE BATTISTON, MARINA MASSIRONI, CLAUDIO SANTAMARIA, EMILIO SOLFRIZZI, GISELDA VOLODI. ■ Agata lavora in una libreria, il suo piccolo mondo dove naviga nella tranquillità, quando due eventi sconvolgono la sua vita e la costringono ad uscire dal guscio per affrontare il mondo. Un amore con un uomo più giovane, lo stupore per il fratello Gustavo che scopre di essere stato adottato e decide di andare a cercare la sua famiglia naturale, vengono ad alterare il suo equilibrio. Inizia, dunque, la ricerca verso una verità che metterà in contatto i vari personaggi, a cui si aggiunge il terzo "fratellastro", Romeo, in una serie di situazioni fra il tragico e il comico. Sulle orme di *Pane e tulipani*, Soldini, ritorna alla commedia surreale, una sorta di viaggio esistenziale di gruppo. Fra lampadine e tostapane fulminati, al regista riesce un gradevole mix di ironia e commozione. ■ SENTIMENTALE; COL.; 118′; ITALIA, 2003. ■ DAVID DI DONATELLO 4 NOM.

AGATHA CHRISTIE: AVVERSARIO SEGRETO ★★
(Partners in Crime: The Secret Adversary)

Regia di TONY WHARMBY. Con FRANCESCA ANNIS, JAMES WARWICK. ■ Nel corso dell'ultimo conflitto Jane Finn ha fortunosamente trovato alcuni documenti di grande importanza politica. Tuppence, una poliziotta privata, ha la sventura di somigliare alla suddetta Jane e pertanto attira l'attenzione del governo di Sua Maestà, preoccupato che le carte che presume in suo possesso finiscano in mano alle persone sbagliate. ■ GIALLO; COL.; 100′; GRAN BRETAGNA, 1983.

AGATHA CHRISTIE: CHIUDERE CON IL RE ★★
(Partners in Crime: Finessing the King)

Regia di CHRIS HODSON. Con FRANCESCA ANNIS, PETER BLYTHE, REECE DINSDALE, JAMES WARWICK. ■ Uno dei "piccoli annunci" di un giornale attira l'attenzione di Tommy e Tuppence. Il loro intuito li guida sulle orme di un incontro amoroso all'Asso di picche, un locale notturno, e su quelle dell'omicidio di una giovane donna che indossa il costume da Regina di cuori. Il suo ex amante e presunto assassino, tradotto in carcere, chiede a Tommy e Tuppence di trovare le prove della sua innocenza. ■ GIALLO; COL.; 62′; GRAN BRETAGNA, 1982.

AGATHA CHRISTIE: DELITTO IN TRE ATTI ★★
(Agatha Christie's Murder in Three Acts)

Regia di GARY NELSON. Con TONY CURTIS, PETER USTINOV. ■ Ancora una volta è Peter Ustinov a far rivivere Hercule Poirot. Si tratta comunque di una pellicola di routine. La storia si svolge ad Acapulco dove, in una villa di un ex attore, il detective belga deve scoprire l'assassino di alcune persone scomparse dopo aver bevuto strani "cocktail". ■ GIALLO; COL.; 104'; USA, 1985.

AGATHA CHRISTIE: FANTASMI IN AFFITTO ★★
(Partners in Crime: The Clergyman's Daughter)
Regia di PAUL ANNETT. Con FRANCESCA ANNIS, JANE BOOKER, BILL DEAN, JAMES WARWICK. ■ Morendo, la facoltosa zia di Monica Deance lascia alla nipote tutti i suoi averi, non esclusa un'enorme casa isolata nel verde della campagna. Per poter pagare qualche debito, la ragazza decide di affittare alcune stanze della fattoria. Ma gli inquilini presto vengono seriamente spaventati da terribili incidenti che attribuiscono a misteriose forze occulte. ■ GIALLO; COL.; 60'; GRAN BRETAGNA, 1982.

AGATHA CHRISTIE: GLI STIVALI DELL'AMBASCIATORE ★★
(Partners in Crime: The Ambassador's Boots)
Regia di PAUL ANNETT. Con FRANCESCA ANNIS, ARTHUR COW, JENNIE LINDEN, JAMES WARWICK. ■ L'ambasciatore americano di stanza nel Regno Unito convoca Tommy e Tuppence per metterli al corrente di uno strano fatto in cui sono stati coinvolti i suoi stivali. Egli inizia a raccontare dal momento in cui la nave ha attraccato alle coste inglesi e gli si è presentato il sedicente maggiordomo del senatore americano Ralph Westerham. ■ GIALLO; COL.; 61'; GRAN BRETAGNA, 1982.

AGATHA CHRISTIE: IL CASO DELLA PERLA ROSA ★★ *(Partners in Crime: The Affair of the Pink Pearl)*
Regia di TONY WHARMBY. Con FRANCESCA ANNIS, ARTHUR COX, GRAHAM CROWDEN, JAMES WARWICK. ■ Tommy e Tuppence aprono un'agenzia investigativa sognando di risolvere, un giorno, un caso misterioso che li renderà famosi. Dopo una serie di deludenti richieste di pedinamenti da parte di coniugi gelosi, che i due respingono, si preannuncia un'inchiesta interessante. Un giovane di buona famiglia, infatti, vuole ritrovare la ragazza che ama e Tuppence, inspiegabilmente, assicura che ci riuscirà entro 24 ore... ■ GIALLO; COL.; 61'; GRAN BRETAGNA, 1982.

AGATHA CHRISTIE: IL MISTERO DI SUNNINGDALE ★★
(Partners in Crime: The Sunningdale Mystery)
Regia di TONY WHARMBY. Con FRANCESCA ANNIS, REECE DINSDALE, DENNIS LILL, JAMES WARWICK. ■ Il capitano Sessle viene rinvenuto cadavere, con uno spillone piantato nel corpo, nei pressi della settima buca di un campo da golf. Hollaby, socio in affari del defunto col quale aveva giocato la sera prima del delitto, rivela a Tommy e Tuppence che nel corso del gioco una signora che non conosce ha attirato Sessle in mezzo agli alberi in un punto vicino alla settima buca. ■ GIALLO; COL.; 61'; GRAN BRETAGNA, 1982.

AGATHA CHRISTIE: L'ALIBI PERFETTO ★★
(Partners in Crime: The Unbreakable Alibi)
Regia di CHRIS HODSON. Con FRANCESCA ANNIS, ARTHUR COX, REECE DINSDALE, JAMES WARWICK. ■ La coppia investigativa costituita da Tommy e Tuppence viene messa alla prova da uno strano caso: devono infatti scoprire quale, tra due alibi, sia fasullo. È la condizione imposta da una ragazza al ragazzo che l'ama per accettare di sposarlo. Il ragazzo, sconcertato, ha deciso di rivolgersi a Tommy e Tuppence. ■ GIALLO; COL.; 62'; GRAN BRETAGNA, 1982.

AGATHA CHRISTIE: LA MORTE IN CASA ★★
(Partners in Crime: The House of Lurking Death)
Regia di CHRIS HODSON. Con FRANCESCA ANNIS, LYNSEY BAXTER, JOAN SANDERSON, JAMES WARWICK. ■ In una grande casa un po' cupa e lontana dal centro abitato vivono Lois, fresca proprietaria della medesima, i suoi parenti Miss Logan e Dennis, dedito all'alcol e al gioco d'azzardo. Un giorno Lois si salva a stento dall'essere avvelenata e si rivolge a Tommy e Tuppence, ai quali rivela che con tutta probabilità il mancato omicida è una fra le persone che vivono con lei. ■ GIALLO; COL.; 61'; GRAN BRETAGNA, 1985.

AGATHA CHRISTIE: L'INTROVABILE SIGNORA GORDON ★★
(Partners in Crime: The Case of the Missing Lady)
Regia di PAUL ANNETT. Con FRANCESCA ANNIS, REECE DINSDALE, EWAN HOOPER, JAMES WARWICK. ■ La giovane e bella Leight Gordon svanisce letteralmente nel nulla. A denunciarne la scomparsa è Stavansson, noto esploratore e suo fidanzato, che si rivolge all'agenzia investigativa di Tommy e Tuppence. Questi iniziano le indagini e giungono a Maidon, piccolo borgo nei pressi dell'ospedale diretto dall'inquietante dottor Horriston. ■ GIALLO; COL.; 61'; GRAN BRETAGNA, 1982.

AGATHA CHRISTIE: L'UOMO NELLA NEBBIA ★★
(Partners in Crime: The Man in the Mist)
Regia di CHRIS HODSON. Con FRANCESCA ANNIS, CONSTANTINE GREGORY, ANNE STALLYBRASS, JAMES WARWICK. ■ Mentre risiedono al Grand Hotel di Adlington, Tuppence e Tommy incontrano Bulger Estcourt, ex compagno d'armi di Tommy divenuto un ricco uomo d'affari. Bulger è amico di Gilda Glenn, una famosa attrice prossima al fidanzamento col facoltoso Lord Leconbury la cui presenza in paese sembra però infastidirla. ■ GIALLO; COL.; 61'; GRAN BRETAGNA, 1982.

AGATHA CHRISTIE: 13 A TAVOLA ★★
(Agatha Christie's 13 at Dinner)
Regia di LOU ANTONIO. Con FAYE DUNAWAY, PETER USTINOV. ■ Il famosissimo personaggio di Hercule Poirot nato dalla penna della scrittrice inglese Agatha Christie alle prese con uno strano caso di "sdoppiamento". Viene ucciso un nobile inglese, marito di un'attrice famosa per i suoi travestimenti. Visto che i due non andavano molto d'accordo l'investigatore punta i suoi sospetti su di lei. Superficiale, il regista ha anche la strana idea di ambientare il film negli anni Ottanta. ■ GIALLO; COL.; 104'; USA, 1985.

AGATHA CHRISTIE: UN FALSO DI CLASSE ★★
(Partners in Crime: The Cracker)
Regia di CHRIS HODSON. Con FRANCESCA ANNIS, ARTHUR COX, REECE DINSDALE, JAMES WARWICK. ■ Per una volta Tommy e Tuppence collaborano alle indagini della polizia. Si tratta di scoprire ed eliminare un'organizzatissima banda di falsari i cui membri si sono introdotti negli ambienti più "in" del luogo. Base delle azioni è infatti il raffinato Phyton Club, dove le banconote fasulle transitano prima di essere trasferite nella capitale e all'estero. ■ GIALLO; COL.; 61'; GRAN BRETAGNA, 1982.

ÂGE D'OR, L' ★★★★
Regia di LUIS BUÑUEL. Con MAX ERNST, LYA LYS, GASTON MODOT. ■ Secondo film di Buñuel dopo *Un chien andalou* dell'anno precedente, col quale costituisce il vero e proprio manifesto del surrealismo cinematografico (alla sceneggiatura collaborò Salvador Dalì, fra gli interpreti figura Max Ernst). Nei sessanta minuti di proiezione non assistiamo allo svolgersi di una trama ben definita ma, come al solito nei film del regista spagnolo, al susseguirsi di personaggi e di situazioni canonici, in una critica serrata e corrosiva all'autoritarismo e alla repressione sessuale. ■ FANTASTICO; B/N; 65'; FRANCIA, 1930.

AGENDA CHE VALE UN TESORO, UN' *(Filofax)* ★★
Regia di ARTHUR HILLER. Con JAMES BELUSHI, ANNE DE SALVO, CHARLES GRODIN, MAKO. ■ Jimmy, ladro di automobili, alla vigilia della scarcerazione esce dal carcere, grazie a un trucco, per potere assistere a una partita di basket e trova in una cabina telefonica l'agenda di un dirigente pubblicitario. Scambiato per questi si trova coinvolto, con successo, nei suoi affari. Dopo numerosi equivoci i due diverranno amici e Jimmy tornerà in prigione in tempo per essere scarcerato. ■ COMMEDIA; COL.; 109'; USA, 1990.

AGENDA NASCOSTA, L' *(Hidden Agenda)* ★★★
Regia di KEN LOACH. Con JOHN BERNFIELD, BRIAN COX, BRAD DOURIF, FRANCES MCDORMAND, MAI ZETTERLING. ■ Il film che ha fatto riscoprire il talento di Loach a molti anni da *Family Life*. Premio Speciale a Cannes nel 1990. Diverso dai film realistici dell'ultimo periodo ma non meno duro con le istituzioni britanniche. Il film ha avuto problemi di censura nel suo Paese. Siamo a Belfast dove viene assassinato un avvocato statunitense in cerca di prove per un'inchiesta. Il governo britannico mantiene una posizione molto ambigua. La donna dell'avvocato vuole far luce sull'accaduto con l'aiuto di un agente. Grandi interpreti e ot-

tima regia. In Italia purtroppo è uscito solo a noleggio. ■ POLIZIESCO; COL.; 108'; GRAN BRETAGNA, 1990. ■ CANNES 1 PR.

AGENTE CALLAN, SPARA A VISTA *(Callan)*
Regia di DON SHARP. Con CARL MÖHNER, ERIC PORTER, EDWARD WOODWARD. ■ Un agente segreto inglese viene espulso dai ranghi perché troppo interessato all'attività delle sue vittime. ■ SPIONAGGIO; COL.; 94'; GRAN BRETAGNA, 1974.

AGENTE CHIAMATO DAGGHER, UN ★★
(A Man Called Dagger)
Regia di RICHARD RUSH. Con SUE ANN LANGDON, TERRY MOORE, JAN MURRAY. ■ Un ex nazista trasforma gli uomini in automi. Un agente speciale indaga su di lui e con l'aiuto di una collega riesce a liberare una ragazza scomparsa. ■ SPIONAGGIO; COL.; 86'; USA, 1969.

AGENTE CODY BANKS *(Agent Cody Banks)* ★★
Regia di HARALD ZWART. Con KEITH DAVID, HILARY DUFF, ANGIE HARMON, FRANKIE MUNIZ, DANIEL ROEBUCK, CYNTHIA STEVENSON, ARNOLD VOSLOO. ■ Cody Banks sembra apparentemente un ragazzo come tanti altri: ama andare sullo skateboard, divertirsi con gli amici e uscire con le ragazze. In realtà nasconde un piccolo, grande, mistero: è un agente segreto della Cia che deve svolgere un'importante e delicata missione top secret. Commedia senza tante pretese. Effetti speciali e una reminiscenza di un filmetto del 1991 intitolato *Un Agente Segreto al Liceo*. ■ AZIONE; COL.; 102'; CANADA, USA, 2003.

AGENTE CONFIDENZIALE, L' ★★★
(Confidential Agent)
Regia di HERMAN SHUMLIN. Con LAUREN BACALL, CHARLES BOYER, PETER LORRE, KATINA PAXINOU. ■ In Spagna divampa la guerra civile. Durante il viaggio per l'Inghilterra un agente incontra la figlia dell'uomo presso il quale deve compiere la sua missione e che fuggirà con lui quando questa sarà terminata. ■ SPIONAGGIO; B/N; 113'; USA, 1947.

AGENTE COPLAN: MISSIONE SPIONAGGIO ★★
(Coplan prend des risques)
Regia di MAURICE LABRO. Con JACQUES BALUTIN, VIRNA LISI, DOMINIQUE PATUREL. ■ Coplan, famoso agente segreto, indaga sul furto di un prototipo. Dopo inevitabili difficoltà porta a termine la sua missione. ■ SPIONAGGIO; COL.; 105'; FRANCIA, 1965.

AGENTE FEDERALE *(Pier 5, Avana)* ★★
Regia di EDWARD L. CAHN. Con ALLISON HAYES, CAMERON MITCHELL. ■ Recatosi all'Avana alla ricerca di un amico scomparso durante la rivoluzione, il protagonista è coinvolto in pericolose vicende. ■ AVVENTURA; B/N; 90'; USA, 1960.

AGENTE FEDERALE LEMMY CAUTION, L' ★★
(A toi de faire, mignonne)
Regia di BERNARD BORDERIE. Con ELGA ANDERSEN, EDDIE CONSTANTINE, GAIA GERMANI, PHILIPPE LEMAIRE. ■ La ragazza di uno scienziato, rapito per un sequestro a scopo di lucro, collabora con Lemmy Caution per ritrovarlo. ■ POLIZIESCO; COL.; 85'; FRANCIA, 1964.

AGENTE FEDERALE X 3 *(Dangerous Mission)* ★★★
Regia di LOUIS KING. Con WILLIAM BENDIX, PIPER LAURIE, VICTOR MATURE. ■ La testimone di un delitto si nasconde perché teme le rappresaglie dell'assassino. Un sicario di quest'ultimo tenta infatti di sopprimerla, ma invano. ■ POLIZIESCO; COL.; 75'; USA, 1954.

AGENTE H.A.R.M. *(Agent for H.A.R.M.)* ★★
Regia di GERD OSWALD. Con BARBARA BOUCHET, WENDELL COREY, CARL ESMOND, MARK RICHMAN. ■ Una spora capace di trasformare gli uomini in funghi sta per essere usata contro gli americani. Un agente Usa sventa l'orrendo piano. ■ SPIONAGGIO; COL.; 84'; USA, 1966.

AGENTE HAUSER: NON ENTRARE IN QUELLA SCUOLA *(Under Cover)* ★
Regia di JOHN STOCKWELL. Con DAVID HARRIS, JENNIFER JASON LEIGH, DAVID NEIDORF. ■ Attenzione, in quel liceo gira della droga. La faccenda è grave, al distretto se ne accorgono quando il loro incaricato viene fatto fuori. Urgono rinforzi esterni. Sarà l'agente Hauser a sgominare la gang, infiltrandosi alla perfezione. Film d'esordio di John Stockwell, meglio come attore "Cougar" in *Top Gun*. Imbecille il titolo italiano: ma non è una novità. ■ GIALLO; COL.; 92'; USA, 1987.

AGENTE JO WALKER OPERAZIONE ESTREMO ORIENTE ★★
Regia di FRANK KRAMER. Con BARBARA FREY, BRAD HARRIS, TONY KENDALL. ■ Una pericolosa banda capeggiata dall'amico di uno scienziato, al quale intende rubare un'invenzione, viene sgominata da un agente americano. ■ SPIONAGGIO; COL.; 88'; ITALIA, 1966.

AGENTE K-7, L' *(Dick Tracy's G-Men)* ★★
Regia di JOHN ENGLISH, WILLIAM N. WITNEY. Con RALPH BYRD, PHYLLIS ISLEY, IRVING PICHEL. ■ È il condensato dei quindici episodi di un serial prodotto dalla Republic alla fine degli anni Trenta sul celebre poliziotto dei fumetti di Chester Gould. Tracy ci mette quindici episodi (strizzati nel film in poco più di un'ora) per mettere il sale sulla coda a Zarnoff, capo di una rete di spie in America. ■ POLIZIESCO; B/N; 90'; USA, 1939.

AGENTE LEMMY CAUTION, MISSIONE ALPHAVILLE ★★★
(Alphaville, une étrange aventure de Lemmy Caution)
Regia di JEAN-LUC GODARD. Con EDDIE CONSTANTINE, ANNA KARINA, AKIM TAMIROFF. ■ Per mezzo di un cervello elettronico uno scienziato assoggetta ai suoi voleri gli abitanti dell'extraterrestre città di Alphaville. L'agente Caution lo uccide e porta sua figlia sulla Terra perché ricominci una nuova vita. È un Caution secondo Godard, uno dei suoi esperimenti ermetici accessibili a pochi. ■ FANTASTICO; B/N; 100'; FRANCIA, 1965. ■ BERLINO 1 PR.

AGENTE LOGAN: MISSIONE YPOTRON ★
Regia di GEORGE FINLEY (pseud. di GIORGIO STEGANI). Con LUIS DEVIL, GAIA GERMANI, ALFREDO MAYO, JESUS PUENTE. ■ Uno scienziato, ex nazista, si appresta a distruggere il mondo. L'agente Logan riesce a entrare nel suo covo e a scongiurare la minaccia. ■ SPIONAGGIO; COL.; 100'; ITALIA, 1966.

AGENTE MATRIMONIALE
Regia di CRISTIAN BISCEGLIA. Con ELENA BOURYKA, NINNI BRUSCHETTA, VITTORIO DI PAOLA, CORRADO FORTUNA, MAURA LEONE, NICOLA SAVINO, ELISA SCIUTO. ■ Giovanni ha trent'anni. È siciliano di nascita ma vive a Milano, dove tuttavia non ha mai perso le peculiarità caratteriali della sua Sicilia. Perde il suo impiego e decide così di tornare a Catania. Qui non trova di meglio da fare che mettersi in società con il suo vecchio amico e compagno di università Filippo e fare l'agente matrimoniale. ■ DRAMMATICO; COL.; 100'; ITALIA, 2006.

AGENTE NEMICO *(I See a Dark Stranger)* ★★★
Regia di FRANK LAUNDER. Con TREVOR HOWARD, DEBORAH KERR. ■ Una ragazza irlandese che odia gli inglesi diventa complice di un agente nazista. Portata a termine una pericolosa missione riesce a sfuggire al controspionaggio con l'aiuto di un ufficiale inglese. ■ SPIONAGGIO; B/N; 101'; GRAN BRETAGNA, 1946.

AGENTE NEWMAN – NEWMAN'S LAW ★★★
Regia di RICHARD T. HEFFRON. Con GEORGE PEPPARD, ROGER ROBINSON, EUGENE ROCHE. ■ La malavita organizzata riesce a far incriminare l'agente Newman come spacciatore di droga costruendo false prove, visto che non era riuscita a comprarlo. Ma ci vuol altro per fermare Newman. ■ POLIZIESCO; COL.; 98'; USA, 1974.

AGENTE NUMERO 13 *(Operator 13)* ★★★
Regia di RICHARD BOLESLAWSKI. Con KATHERINE ALEXANDER, GARY COOPER, MARION DAVIES, TED HEALY, JEAN PARKER. ■ Gail (Marion Davis) diviene una spia nordista durante la guerra civile americana. Assume l'identità di una domestica mezzosangue e si infiltra nei territori del Sud. Incontra l'affascinante capitano confederato Jack (Gary Cooper) e immediatamente se ne innamora. Più tardi assume le sembianze di una ballerina sudista per impedire a Jack di reclutare simpatizzanti nei territori del Nord. Adesso è Jack ad innamorarsi di Gail e questo complica enormemente la missione di quest'ultima. Dopo altri episodi di spionaggio intercalati da interludi romantici, i due amanti si separano

dandosi appuntamento a quando la guerra sarà finita. Da non perdere le sequenze della bionda dagli occhi azzurri Marion Davis mascherata da domestica di colore. ■ AVVENTURA; B/N; 86'; USA, 1934. ■ OSCAR 1 NOM.

AGENTE PORTER AL SERVIZIO DI SUA MAESTÀ *(Trouble with Spies)* ★★
Regia di BURT KENNEDY. Con NED BEATTY, RUTH GORDON, LUCY GUTTERIDGE, DONALD SUTHERLAND. ■ All'agente Appleton Porter, che non gode né della simpatia né del rispetto dei suoi superiori, viene affidato un caso assai complicato: si tratta infatti di mandare a monte il progetto russo di mettere in commercio una droga letale e assassina. ■ SPIONAGGIO; COL.; 91'; USA, 1984.

AGENTE 4 K 2 CHIEDE AIUTO *(Warning Shot)* ★★★
Regia di BUZZ KULIK. Con STEVE ALLEN, ED BEGLEY JR, JOAN COLLINS, DAVID JANSSEN, ELEANOR PARKER, WALTER PIDGEON, STEFANIE POWERS, GEORGE SANDERS. ■ Un poliziotto uccide un uomo per legittima difesa ma viene incriminato perché non si trova l'arma della vittima. In attesa del processo svolge indagini per conto suo. ■ GIALLO; COL.; 100'; USA, 1967.

AGENTE SEGRETO, L' *(Sabotage)* ★★★
Regia di ALFRED HITCHCOCK. Con OSCAR HOMOLKA, JOHN LODER, SYLVIA SIDNEY. ■ Dal racconto di Joseph Conrad. Un Hitchcock giovanile, dove i trucchi del mago ci sono già tutti (mancano, purtroppo, un eroe simpatico e una fascinosa protagonista). Il personaggio centrale è la trepida Sylvia Sidney che sospetta il marito di attività spionistiche. Il sospetto diviene certezza e il relativo affetto odio, quando, per colpa del coniuge, muore il giovane fratello ritardato della donna, che si mette a collaborare attivamente con Scotland Yard. ■ DRAMMATICO; B/N; 83'; GRAN BRETAGNA, 1936.

AGENTE SEGRETO AL LICEO, UN ★★
(If Looks Could Kill)
Regia di WILLIAM DEAR. Con RICHARD GRIECO, LINDA HUNT, ROGER REES. ■ Ironizzando sui film con agenti segreti, primi tra tutti quelli di 007, Dear riesce in qualche modo a divertire. Per uno scambio di persona, la colpa è del nome, uno studentello non molto bravo in francese si trova al centro di una storia spionistica. Tutto ciò in Francia dove dovrebbe ripassare la lingua. Per chi si accontenta. Nel cast anche l'ex cantante del gruppo rock degli Who (*Tommy* e *Quadrophenia*) Roger Daltrey. ■ COMMEDIA; COL.; 90'; USA, 1991.

AGENTE SEGRETO AL SERVIZIO DI MADAME SIN *(Madame Sin)* ★★★
Regia di DAVID GREENE. Con BETTE DAVIS, DENHOLM ELLIOTT, GORDON JACKSON, CATHERINE SCHELL, ROBERT WAGNER. ■ Un agente segreto è costretto col ricatto a lavorare per una nemica. Riesce appena in tempo a sventare un losco progetto, ma non a catturare la diabolica criminale. ■ SPIONAGGIO; COL.; 73'; USA, 1972.

AGENTE SEGRETO JERRY COTTON OPERAZIONE URAGANO *(Schüsse aus dem Geigenkasten)* ★
Regia di FRITZ UMGELTER. Con SYLVIA PASCAL, HEINZ WEISS. ■ Un agente dell'Fbi, con l'aiuto della ragazza di un bandito, riesce a contattarne i complici responsabili di numerosi delitti, e ad assicurarli nelle mani della giustizia. ■ SPIONAGGIO; COL.; 87'; GERMANIA, 1965.

AGENTE SEGRETO 777 INVITO AD UCCIDERE ★
Regia di ENRICO BOMBA. Con HÉLÈNE CHANEL, LEWIS JORDAN, CLAUDIE LANGE. ■ Un agente americano esonerato dal servizio riprende l'attività dopo la morte di uno studioso. Sospettato di tradimento per il suo incomprensibile comportamento dimostra la sua fedeltà al paese. ■ SPIONAGGIO; COL.; 79'; ITALIA, 1967.

AGENTE SEGRETO 777 OPERAZIONE MISTERO ★★
Regia di ENRICO BOMBA. Con MARK DAMON, SEYNA SEYN, MARY YOUNG. ■ Uno scienziato ha scoperto la formula capace di riportare in vita il corpo umano. Alcuni funesti avvenimenti gli dimostrano che potrebbe essere usata a scopi criminosi, così preferisce distruggerla. ■ SPIONAGGIO; COL.; 94'; ITALIA, 1966.

AGENTE SEGRETO Z1 *(Three Faces East)* ★★★
Regia di ROY DEL RUTH. Con CONSTANCE BENNETT, ANTHONY BUSHELL, WILLIAM HOLDEN SR, CRAWFORD KENT, ERIC VON STROHEIM. ■ È la storia di un agente un po' pigro che si fa troppo coinvolgere dai risvolti privati delle missioni. Stroheim bieco come al solito. ■ AVVENTURA; B/N; 71'; USA, 1930.

AGENTE 777 MISSIONE SUMMERGAME ★★
(Coplan FX 18 casse tout)
Regia di RICCARDO FREDA. Con VALERIA CIANGOTTINI, JANY CLAIR, ROBERT MANUEL, RICHARD WYLER. ■ Coplan cerca uno scienziato rapito da una banda che sta per lanciare su New York un missile a testata nucleare. L'agente ritrova lo scomparso e viene fatto prigioniero insieme a lui fino al provvidenziale arrivo della polizia. ■ SPIONAGGIO; COL.; 83'; FRANCIA, 1966.

AGENTE SIGMA 3 MISSIONE GOLDWATHER ★★
Regia di ALBERT L. WHITEMAN Con ARMANDO CALVO, DIANA MARTIN, SILVIA SOLAR, JACK TAYLOR. ■ Sigma 3 libera il rapito prof. Goldwather che, in realtà, è un agente federale, sosia del vero professore. ■ SPIONAGGIO; COL.; 94'; ITALIA, 1967.

AGENTE SÌ... MA DI COMMERCIO ★★
(Traveling Man)
Regia di IRVIN KERSHNER. Con JOHN GLOVER, JOHN LITHGOW. ■ Il classico problema di un professionista con una certa esperienza alle spalle che si trova a dover lavorare con un ambizioso giovane che cerca di ottenere risultati immediati in carriera. È il caso di Ben che ha avuto successo solo nel lavoro ma mai sentimentalmente. Dopo aver rotto il ghiaccio con una donna comprensiva riuscirà anche a superare i problemi di lavoro. ■ COMMEDIA; COL.; 105'; USA, 1989.

AGENTE SMART. CASINO TOTALE *(Get Smart)* ★★
Regia di PETER SEGAL. Con ALAN ARKIN, STEVE CARELL, ANNE HATHAWAY, THE ROCK, TERENCE STAMP. ■ Maxwell Smart è un bravo analista al servizio di un'agenzia segreta di spionaggio Usa, la Control, ed è impaziente di lasciare la scrivania per diventare un agente operativo. L'occasione si presenta quando il quartier generale della Control viene messo sotto assedio da un'organizzazione criminale (Kaos) e l'identità dei suoi agenti compromessa. Servono volti nuovi a cui affidare una pericolosa missione. Smart viene quindi iniziato su campo dall'incantevole agente 99, e insieme avranno la meglio su bombe, attentati, complotti e cattivi musicofili. ■ AZIONE; COL.; 110'; USA, 2008.

AGENTE S O 3 OPERAZIONE ATLANTIDE ★★
Regia di DOMENICO PAOLELLA. Con JOHN ERICSON, MARIA GRANADA, BERNA ROCK. ■ L'agente S O 3 scopre che gli atti di sabotaggio alla RIU, un'organizzazione di ricerche sull'uranio, mirano alla conquista di Atlantide, sede di una centrale nucleare. ■ SPIONAGGIO; COL.; 100'; ITALIA, 1966.

AGENTE SPAZIALE K1 ★★
Regia di HUGO GRIMALDI. Con GEORGE NADER, BARBARA NICHOLS. ■ L'inviato di un popolo extraterrestre, in procinto di invadere la terra, si innamora della nipote di uno scienziato complice del progetto. ■ FANTASCIENZA; COL.; 100'; ITALIA, 1966.

AGENTE SPECIALE EVA MISSIONE SEX ★★
(Verführung am Meer)
Regia di JOVAN ZIVANOVIC. Con ELKE SOMMER, PETER VAN EYCK. ■ Una ragazza, dietro forte compenso, accetta di indurre un uomo volontariamente relegato su un'isola a tornare a casa. Innamoratasi di lui e scoperta la ragione del suo esilio, gli rimane accanto perché riprenda gusto alla vita. ■ DRAMMATICO; COL.; 88'; GERMANIA, JUGOSLAVIA, 1963.

AGENTE SPECIALE L.K : OPERAZIONE RE MIDA ★
Regia di JESUS FRANCO. Con BARBARA BOLD, RAY DANTON, BEBA LONCAR, DANTE POSANI. ■ La distruzione di una valigia piena di dollari mette l'agente Lucky e un aiutante sulle tracce di un'organizzazione per lo spaccio di banconote false. ■ AVVENTURA; COL.; 89'; ITALIA, 1967.

AGENTE SPECIALE MACKINTOSH, L' ★★★
(The Mackintosh Man)
Regia di JOHN HUSTON. Con HARRY ANDREWS, JAMES MASON, PAUL NEWMAN, DOMINIQUE SANDA. ■ Mackintosh viene chiamato a far luce su un traffico di diamanti. Lo troviamo a Malta poi

in Irlanda. Si fa tre anni di prigione solo per seguire la traccia giusta. ■ SPIONAGGIO; COL.; 105'; USA, 1973.

AGENTE SPECIALE PINKERTON, L' ★★★
(Rage at Dawn)
Regia di TIM WHELAN. Con MALA POWERS, RANDOLPH SCOTT, FORREST TUCKER. ■ Alcuni malviventi spadroneggiano con la complicità degli uomini di legge. L'agente Pinkerton riesce ad entrare nella banda e la fa catturare con un tranello. ■ AVVENTURA; COL.; 87'; USA, 1955.

AGENTE S 3 S OPERAZIONE URANIO ★
Regia di ALBERT CARDIFF. Con PETER CARSTEN, MARGARET O'-BRIEN, THOMAS OLDER, CARLO TAMBERLANI. ■ S 3 S, inviato in missione in Thailandia, recupera un rubino scomparso. Grazie a lui l'America ottiene il permesso di sfruttamento di un giacimento di uranio. ■ AVVENTURA; COL.; 102'; ITALIA, 1965.

AGENTE TED ROSS – RAPPORTO SEGRETO ★
(El salario del crimen)
Regia di JULIO BUCHS. Con FRANCIS BAYON, ALBERTO DALBÉS, ARTHUR FERNAND, PAT MONROE. ■ Un poliziotto sulle tracce di un contrabbandiere di droga finisce in loschi ambienti dove incontra una ragazza bellissima per la quale rapina e uccide. ■ DRAMMATICO; COL.; 96'; SPAGNA, 1968.

AGENTE TIGRE – SFIDA INFERNALE ★★
(Passeport Diplomatique/Agent K8)
Regia di ROBERT VERNAY. Con ROGER HANIN, CHRISTIANE MINAZZOLI, LUCIEN NAT. ■ I petrolieri e alcune nazioni si contendono la formula del petrolio sintetico. Un agente nasconde il suo inventore. ■ SPIONAGGIO; COL.; 101'; FRANCIA, 1966.

AGENTE 373 POLICE CONNECTION *(Badge 373)* ★★★
Regia di HOWARD W. KOCK. Con VERNA BLOOM, HENRY DARROW, ROBERT DUVALL, EDDIE EGAN. ■ Un poliziotto ingiustamente sospeso dal servizio alla morte di un ex collega indaga per conto proprio. ■ POLIZIESCO; COL.; 116'; USA, 1974.

AGENTE 3 S 3 MASSACRO AL SOLE ★★
Regia di SIMON STERLING. Con GIORGIO ARDISSON, MICHEL LEMOINE, EVI MARANDI, FERNANDO SANCHO, FRANK WOLFF. ■ A San Felipe uno scienziato e il capo della polizia progettano la conquista del mondo. Di fronte alla minaccia comune gli agenti russi, americani e inglesi si alleano. ■ SPIONAGGIO; COL.; 102'; ITALIA, 1966.

AGENTE 3 S 3 PASSAPORTO PER L'INFERNO ★★
Regia di SIMON STERLING. Con GIORGIO ARDISSON, GEORGES RIVIÈRE, FERNANDO SANCHO, SEYNA SEYN, BARBARA SIMONS. ■ America e Russia si alleano per sgominare una fantomatica organizzazione criminale. ■ SPIONAGGIO; COL.; 108'; ITALIA, 1965.

AGENTE X 77 ORDINE DI UCCIDERE ★★
Regia di EDGAR LAWSON. Con GÉRARD BARRAY, SYLVA KOSCINA, AGNÈS SPAAK, JOSÉ SUAREZ. ■ Sopravvissuto ad un incidente aereo, uno scienziato viene ucciso dopo aver interpretato alcuni documenti cifrati. L'agente X 77 scopre e neutralizza gli assassini. ■ SPIONAGGIO; COL.; 100'; ITALIA, 1966.

AGENTE X 1 – 7 OPERAZIONE OCEANO ★★
Regia di AMERIGO ANTON. Con ELEONORA BIANCHI, AURORA DE ALBA, LANG JEFFRIES. ■ Un agente federale si fa rapire sotto il naso lo scienziato che è incaricato di sorvegliare. Lo trova e lo libera. ■ SPIONAGGIO; COL.; 91'; ITALIA, 1966.

AGENTE Z 55 MISSIONE DISPERATA ★
Regia di ROBERT M. WHITE. Con SUSAN BAKER, GERMAN COBOS, MILTON REID, GIANNI RIZZO, YOKO TANI. ■ A Hong Kong parecchie organizzazioni sono interessate al ritrovamento di uno scienziato atomico. L'agente Usa lo scova per primo. ■ SPIONAGGIO; COL.; 106'; ITALIA, 1966.

AGENTE 066 ORIENT EXPRESS *(A Keg of Powder)* ★
Regia di GILBERT WISE. Con NORMAN BARRYMORE, GERRY BROOKMANN, TATSUYA MIHASHI. ■ Sull'Orient Express è piazzata una bomba. L'agente 066 e la polizia fermeranno in tempo il piano criminoso. ■ SPIONAGGIO; COL.; 100'; GIAPPONE, 1967.

AGENTE 077 DALL'ORIENTE CON FURORE ★★
Regia di TERENCE HATHAWAY. Con KEN CLARK, FABIENNE DALÍ, MARGARET LEE, EVI MARANDI, FERNANDO SANCHO. ■ Uno scienziato muore in circostanze misteriose. L'agente 077 e una collaboratrice iniziano le indagini. ■ SPIONAGGIO; COL.; 94'; ITALIA, 1965.

AGENTE 077 MISSIONE BLOODY MARY ★★
Regia di SERGIO GRIECO. Con MITSOUKO, KEN CLARK, PHILIPPE HERSENT, HELGA LINNÉ, FRANCA POLESELLO. ■ Al centro della vicenda la testata nucleare denominata "Bloody Mary". 077 l'assicura agli americani. ■ SPIONAGGIO; COL.; 101'; ITALIA, 1965.

AGENTE 007 AL SERVIZIO SEGRETO DI SUA MAESTÀ *(On Her Majesty's Secret Service)* ★★★
Regia di PETER HUNT. Con GABRIELE FERZETTI, GEORGE LAZENBY, DIANA RIGG, TELLY SAVALAS, ILSE STEPPAT. ■ James Bond, prima di sposarsi, vuole catturare il capo del sindacato internazionale del crimine, e con l'aiuto del futuro suocero attacca la sua base. ■ SPIONAGGIO; COL.; 140'; GRAN BRETAGNA, 1970.

AGENTE 007 LA SPIA CHE MI AMAVA ★★★
(The Spy Who Loved Me)
Regia di LEWIS GILBERT. Con BARBARA BACH, OLGA BISERA, CURD JÜRGENS, RICHARD KIEL, LOIS MAXWELL, ROGER MOORE, CAROLINE MUNRO. ■ Dodicesima avventura di James Bond e la terza con interprete Roger Moore. Qui l'infallibile agente deve svelare il mistero di due sottomarini nucleari misteriosamente spariti. ■ SPIONAGGIO; COL.; 123'; GRAN BRETAGNA, 1977. ■ GOLDEN GLOBES 2 NOM; OSCAR 3 NOM.

AGENTE 007 LICENZA DI UCCIDERE *(Dr. No)* ★★★★
Regia di TERENCE YOUNG. Con URSULA ANDRESS, SEAN CONNERY. ■ James Bond si trova in Giamaica per sorvegliare il dottor No che, come scoprirà, devia la traiettoria dei missili Usa. Catturato dagli aiutanti del dottore, riesce a distruggere il suo laboratorio. Il primo *007*, per questo ha quattro stelle. Il film ebbe un successo inaspettato, che meravigliò i suoi stessi produttori. ■ AVVENTURA; COL.; 105'; GRAN BRETAGNA, 1963.

AGENTE 007 L'UOMO DALLA PISTOLA D'ORO ★★
(The Man with the Golden Gun)
Regia di GUY HAMILTON. Con BRITT EKLAND, CHRISTOPHER LEE, ROGER MOORE. ■ Un killer, che elimina le sue vittime con proiettili d'oro, ha l'incarico di uccidere 007 per conto di una banda orientale. Nel duello finale su un isolotto, però, James Bond ha la meglio sull'avversario. ■ SPIONAGGIO; COL.; 125'; GRAN BRETAGNA, 1975.

AGENTE 007 MISSIONE GOLDFINGER ★★★★★
(Goldfinger)
Regia di GUY HAMILTON. Con HONOR BLACKMAN, SEAN CONNERY, SHIRLEY EATON, GERT FRÖBE. ■ Nel 1961 i produttori inglesi Saltzman e Broccoli ricevettero nel loro studio un certo Sean Connery, un attore (quasi) sconosciuto. Avevano acquistato i diritti dei romanzo di Jan Fleming, inventore di James Bond. Fu proprio Fleming, presente all'incontro che disse: «Sì, è lui». I due produttori non erano del tutto convinti. Fleming, che era alla finestra dello studio, li chiamò. Tutti insieme videro Connery che si allontanava: «Cammina proprio come James Bond», disse ancora Fleming, e la scelta fu fatta. Sean Connery divenne il protagonista di quello che sarebbe stato il più lungo serial della storia del cinema moderno, più lungo dei vari *Rocky*, *Rambo*, *Superman*, *Indiana Jones* eccetera. Divenne il primo protagonista, sostituito successivamente da George Lazemby (per un solo film), Roger Moore, Timoty Dalton, Pierce Brosnan e Daniel Craig. Ma non c'è alcun dubbio che il vero James Bond sia lui, Connery. I libri di Fleming sono straordinari, hanno ottimi equilibri anche di stile, soprattutto si valgono dell'esperienza autentica dell'autore che fu un vero agente segreto. I film aderirono solo all'inizio ai romanzi, poi la produzione decise di sostenerli con delle invenzioni vicine alla fantascienza. *Goldfinger* è il quarto e ultimo 007 che rimane legato alla storia dello scrittore. Goldfinger è un commerciante internazionale di oro, ma è anche un grande contrabbandiere. Bond è sulle sue tracce. Goldfinger ha in programma il furto del secolo: porterà via da Fort Knox tutta la riserva aurea degli Stati Uniti. Questa era almeno la trama del libro. Il film cambia le cose: Goldfinger non si prende la briga di trasportare migliaia di tonnellate d'oro, farà semplicemente scoppiare all'interno del caveau una

piccola bomba atomica che renderà il metallo radioattivo per novantotto anni e, di fatto, moltiplicherà per dieci il valore della sua riserva personale. Bond naturalmente sventa tutto, alla sua maniera, seducendo la bella Pussy Galore, primo pilota della squadriglia di Goldfinger. Connery divenne uno dei massimi personaggi del cinema. Per non finire la sua carriera con un solo ruolo, decise di uscirne e fu la sua fortuna. Connery ha dimostrato nei decenni successivi di essere un grande attore, riciclandosi con intelligenza. Non era più bello e macho (e coi capelli) ma, incredibilmente, il suo *appeal* è aumentato con gli anni, soprattutto presso il pubblico femminile. Connery è uno dei massimi personaggi del nostro tempo. A settantotto anni, il mito continua più che mai. ■ AVVENTURA; COL.; 108′; GRAN BRETAGNA, 1965. ■ OSCAR 1 PR, 1 NOM.

AGENTE 007 SI VIVE SOLO DUE VOLTE ★★
(You Only Live Twice)
Regia di LEWIS GILBERT. Con SEAN CONNERY, KARIN DOR, DONALD PLEASENCE, TETSURO TAMBA, AKIKO WAKABAYASHI. ■ James Bond, che non è morto come credono persino i suoi capi, è pronto ad affrontare una nuova missione. Sgomina un'organizzazione criminale nascosta in un vulcano spento e il cui scopo è di provocare la terza guerra mondiale. ■ SPIONAGGIO; COL.; 116′; GRAN BRETAGNA, 1967.

AGENTE 007, THUNDERBALL (OPERAZIONE TUONO) *(Thunderball)* ★★★
Regia di TERENCE YOUNG. Con CLAUDINE AUGER, ADOLFO CELI, SEAN CONNERY, LUCIANA PALUZZI, RIK VAN NUTTER. ■ L'organizzazione internazionale del crimine ricatta la NATO con la minaccia di far esplodere due bombe atomiche. Dopo una lotta senza esclusione di colpi, 007 risale all'ideatore del progetto e lo uccide. ■ SPIONAGGIO; COL.; 125′; GRAN BRETAGNA, 1966. ■ OSCAR 1 PR, 1 NOM.

AGENTE 007 UNA CASCATA DI DIAMANTI ★★
(Diamonds Are Forever)
Regia di GUY HAMILTON. Con NORMAN BURTON, SEAN CONNERY, CHARLES GRAY, JILL ST. JOHN, LANA WOOD. ■ Un'enorme quantità di diamanti rubati viene usata per la costruzione di un satellite capace di distruggere l'armamento nucleare delle grandi potenze. 007 scopre la base di lancio e la distrugge. ■ AVVENTURA; COL.; 122′; GRAN BRETAGNA, 1972. ■ OSCAR 1 NOM.

AGENTE 007 VIVI E LASCIA MORIRE ★★★
(Live and Let Die)
Regia di GUY HAMILTON. Con GEOFFREY HOLDER, CLIFTON JAMES, YAPHET KOTTO, ROGER MOORE, JANE SEYMOUR. ■ In un'isola del Mar dei Caraibi un potente uomo di colore ha deciso di assoggettare gli americani bianchi fornendo loro enormi quantitativi di droga. Una veggente che era al servizio del negro decide di aiutare James Bond a togliere di mezzo il criminale. ■ SPIONAGGIO; COL.; 121′; GRAN BRETAGNA, 1974. ■ OSCAR 1 NOM.

AGENTI SPECIALI ONU MISSIONE EIFFEL ★★
(The Hostage Tower)
Regia di CLAUDIO GUZMAN. Con KEIR DULLEA, BRITT EKLAND, PETER FONDA. ■ Un famoso criminale progetta un grosso colpo (il come e il dove non si sa ancora). Un alto funzionario dell'Onu allora gli spedisce tra i piedi alcuni agenti segreti (perché li arruoli nella sua banda). Così avviene. Arriva il giorno fatidico e il criminale lancia un ultimatum. O gli danno trenta milioni di dollari o fa saltare la torre Eiffel (dove si trova fra gli altri la madre del presidente Usa). Gli agenti infiltrati avranno il loro daffare. ■ GIALLO; COL.; 95′; USA, 1980.

AGENTS SECRETS ★★
Regia di FRÉDÉRIC SCHOENDOERFFER. Con MONICA BELLUCCI, VINCENT CASSEL, CHARLES BERLING, ANDRÉ DUSSOLLIER, SERGE AVEDIKIAN, GABRIELLE LAZURE, LUDOVIC SCHOENDOERFFER, BRUNO TODESCHINI. ■ È dura la vita degli agenti segreti: finiti i bei tempi di James Bond, tra donne favolose, champagne che cosa rimane? Un'operazione di sabotaggio in Marocco: impedire la consegna di un carico di armi ai ribelli in Angola. Superfluo. ■ SPIONAGGIO; COL.; 109′; FRANCIA, GERMANIA, INGHILTERRA, SPAGNA, 2004.

AGENT TROUBLE – L'ULTIMA CORSA ★★
(Agent trouble)
Regia di JEAN-PIERRE MOCKY. Con PIERRE ARDITI, RICHARD BOHRINGER, CATHERINE DENEUVE. ■ Un pullman carico di turisti cade in un lago ghiacciato dei Pirenei. Tutti gli occupanti, quasi 50, muoiono. Ma un autostoppista ha visto che i poveretti furono uccisi e derubati prima di essere buttati nelle acque. Chi ha voluto la loro morte? Il giovane scopre che sotto c'è un intrigo internazionale, però viene messo subito a tacere. Ma sua zia, una bella e dinamica quarantenne, si mette a indagare per conto suo. Non sarà facile fermarla... ■ GIALLO; COL.; 90′; FRANCIA, 1987.

AGENZIA DIVORZI *(Cheaper to Keep Her)* ★★
Regia di KEN ANNAKIN. Con TOVAH FELDSHUH, DAVIS MAC, IAN MCSHANE. ■ Un'avvocatessa rampante è specializzata nel cavare sostanziosi alimenti dai mariti delle sue clienti. Il maggior aiuto le viene da un detective privato che sorveglia i poveri mariti e li coglie immancabilmente in flagrante adulterio. ■ COMMEDIA; COL.; 92′; USA, 1980.

AGENZIA MATRIMONIALE ★★
Regia di GIORGIO PASTINA. Con FULVIA FRANCO, ERMINIO MACARIO, DELIA SCALA, AROLDO TIERI. ■ La proprietaria di un'agenzia matrimoniale rimasta zitella procura il coniuge ai suoi clienti. Quando tutti sono contenti un provvidenziale marito la salva dalla sua solitudine. ■ COMMEDIA; B/N; 87′; ITALIA, 1953.

AGENZIA MATRIMONIALE "A" *(Robert et Robert)* ★★★
Regia di CLAUDE LELOUCH. Con JEAN-CLAUDE BRIALY, CHARLES DENNER, JACQUES VILLERET. ■ Due scapoli si rivolgono a un'agenzia matrimoniale. Nessuno dei due riesce a trovarsi una donna (uno per il suo carattere impossibile, l'altro per la sua eccessiva timidezza) e continuano a non trovarne nonostante gli sforzi del direttore dell'agenzia. Però diventano amici. E tali rimarranno anche quando riusciranno ad accasarsi. ■ COMMEDIA; COL.; 100′; FRANCIA, 1976.

AGENZIA OMICIDI ★★
(The Ultimate Solution of Grace Quigley)
Regia di ANTHONY HARVEY. Con KATHARINE HEPBURN, KIT LEFEVER, NICK NOLTE. ■ La vecchia Grace Quigley (Hepburn), stanca della vita, commissiona la propria morte ad un killer (Nolte): inaspettatamente, numerosi amici di Grace le chiedono di venire a loro volta assassinati. Ma, mentre Grace comincia a prendere gusto a questo redditizio business, il killer va in crisi di coscienza. *Black comedy* a sfondo amaro, che nulla aggiunge e nulla toglie alla carriera della Hepburn. ■ COMMEDIA; COL.; 94′; USA, 1984.

AGENZIA RICCARDO FINZI... PRATICAMENTE DETECTIVE ★★★
Regia di BRUNO CORBUCCI. Con ENZO CANNAVALE, OLGA KARLATOS, RENATO POZZETTO, SILVANO TRANQUILLI, ELIO ZAMUTO. ■ Riccardo Finzi, diplomatosi detective per corrispondenza, viene a Milano e tra la scarsa ficucia generale si mette a indagare su un caso che la polizia non riesce a risolvere: l'uccisione in Brianza di una ragazza bene. Finzi risolve il puzzle e la polizia lo ringrazia come si fa con un grande detective da romanzo giallo. ■ GIALLO; COL.; 90′; ITALIA, 1979.

AGENZIA ROMPIBALLE *(Screwballs)* ★★
Regia di RAFAL ZIELINSKI. Con ALAN AVEAU, PETER KELEGHAN, LINDA SHAYNE. ■ Un gruppo di ragazzotti surriscaldati vuol fare la festa ad alcune pulzelle apparentemente desiderose di rimanere tali a lungo. Un espediente teoricamente geniale è quello di fingersi dottori che devono sottoporre le fanciulle a un esame spettrografico del torace. ■ COMMEDIA; COL.; 80′; USA, 1983.

AGENZIA SALVAGENTE *(Mixed Nuts)* ★★
Regia di NORA EPHRON. Con MADELINE KAHN, ROBERT KLEIN, JULIETTE LEWIS, STEVE MARTIN. ■ I membri dell'Agenzia Salvagente (una specie di Telefono Amico) sono in crisi per vari motivi proprio alla vigilia di Natale. Inoltre c'è in azione il "mostro della baia" (di Los Angeles). Tutto finirà in gloria grazie a Nora Ephron, abile sceneggiatrice che però si trova maggiormente a suo agio con storie meno corali. ■ COMMEDIA; COL.; 97′; USA, 1994.

AGGRAPPATO AD UN ALBERO, IN BILICO SU UN PRECIPIZIO A STRAPIOMBO SUL MARE ★★★
(Sur un arbre perché)
Regia di SERGE KORBER. Con GERALDINE CHAPLIN, LOUIS DE FUNÈS, OLIVIER DE FUNÈS, ALICE SAPRITCH, FRANCO VOLPI. ■ L'auto di un industriale che ospita un autostoppista e un'automobilista in panne, a causa di un incidente vola in un precipizio e si posa su un enorme pino abbarbicato alla roccia. Un elicottero appartenente ad alcuni concorrenti dell'industriale trasporta l'auto, per vendetta, su un'isoletta oceanica. ■ COMICO; COL.; 91'; FRANCIA, 1973.

AGGRESSIONE, L' *(La patota)* ★★
Regia di DANIEL TINAYRE. Con JOSÉ CIBRIAN, MIRTHA LEGRAND, WALTER VIDARTE. ■ Una professoressa, nonostante lo choc per essere stata violentata, continua a insegnare. Accortasi di aspettare un figlio vaga nella notte e finisce sotto un treno. Lei si salva, il bambino muore. ■ DRAMMATICO; COL.; 86'; ARGENTINA, 1961.

AGGRESSIONE, L' *(Misshandlingen)* ★★
Regia di LASSE FORSBERG. Con BIÖRN GRANATH, BERIT PERSSON, KNUT PETERSSEN. ■ Un operaio in dissenso con la società capitalistica picchia il proprietario di una Jaguar e subisce l'arresto. Poiché non rinuncia alla protesta ma cerca di coinvolgervi anche gli altri, viene internato in un ospedale psichiatrico. ■ DRAMMATICO; COL.; 92'; SVEZIA, 1974.

AGGRESSIONE ARMATA *(Interdit de séjour)* ★★
Regia di MAURICE DE CANONGE. Con JOELLE BERNARD, PIERRE DESTAILLES, CLAUDE LAYDU. ■ Un ragazzo sconta alcuni mesi di galera benché sia innocente. Tornato libero non trova lavoro, si aggrega ad una banda e diventa confidente della polizia. Durante l'assalto al covo dei suoi compari viene però ucciso dagli agenti. ■ GIALLO; B/N; 83'; FRANCIA, 1954.

AGGUATI *(Behind the Green Lights)* ★★
Regia di WILLIAM CHRISTY CABANNE. Con JUDITH ALLEN, NORMAN FOSTER. ■ La giovane assistente di un avvocato difende, dietro sua richiesta, un delinquente. Ma quando costui ferisce il padre poliziotto durante un furto, la ragazza assieme al fidanzato agente si adopera per far incriminare l'avvocato e i suoi complici. ■ DRAMMATICO; B/N; 94'; USA, 1935.

AGGUATO, L' *(Trail Dust)* ★★★
Regia di LESLEY SELANDER. Con WILLIAM BOYD, RUSSELL HAYDEN, GEORGE GABBY HAYES. ■ William Boyd impersona qui l'eroe che lo ha reso famoso, Hopalong Cassidy, alle prese stavolta con una mandria che servirà a sfamare un'intera città. Naturalmente Hopalong dovrà superare molte prove, fra cui "l'agguato". ■ AVVENTURA; B/N; 77'; USA, 1936.

AGGUATO, L' *(The Trap)* ★★★
Regia di NORMAN PANAMA. Con LEE J. COBB, EARL HOLLIMAN, TINA LOUISE, RICHARD WIDMARK. ■ La rivalità tra un avvocato e suo fratello, provocata dall'amore per la stessa donna, causa la fuga del bandito che il primo sta conducendo in carcere. Durante il disperato tentativo di riprenderlo l'avvocato ne provoca la morte. ■ DRAMMATICO; B/N; 84'; USA, 1959.

AGGUATO, L' *(Ghosts of Mississippi)* ★★
Regia di ROB REINER. Con ALEC BALDWIN, WHOOPI GOLDBERG, CRAIG T. NELSON, JAMES WOODS. ■ Medgar Evers, dirigente della NAACP nel Mississippi viene ucciso dal fanatico bianco Byron Beckwith. La moglie di Evers, con l'aiuto di un procuratore legale riuscirà a ottenere giustizia dopo trent'anni di battaglie legali. Film di indagine giudiziaria ad alto contenuto di impegno ma quietamente adagiato su stereotipi di genere. ■ DRAMMATICO; COL.; 126'; USA, 1996. ■ GOLDEN GLOBES 1 NOM; OSCAR 1 NOM.

AGGUATO A HONG KONG ★
(The Man from Hong Kong)
Regia di YU WANG. Con GEORGE LAZENBY, JIMMY YU. ■ Un importante gangster implicato nel traffico di stupefacenti dev'essere estradato da Sidney a Hong Kong. L'ispettore capo Stern, della polizia metropolitana giapponese, è incaricato di prelevarlo e portarlo a destinazione. ■ POLIZIESCO; COL.; 97'; USA, 1974.

AGGUATO AI TROPICI *(Across the Pacific)* ★★★
Regia di JOHN HUSTON. Con MARY ASTOR, MONTE BLUE, HUMPHREY BOGART, SIDNEY GREENSTREET, RICHARD LOO. ■ È la vigilia della guerra tra Usa e Giappone. Un agente americano si oppone ad un connazionale e alla sua complice che vogliono vendere ai nipponici alcuni piani strategici. Conquistata dal suo coraggio, la ragazza si pente e lo sposa. ■ SPIONAGGIO; B/N; 97'; USA, 1942.

AGGUATO AL GRANDE CANYON ★★
(Massacre Canyon)
Regia di FRED F. SEARS. Con PHILIP CAREY, DOUGLAS KENNEDY, AUDREY TOTTER. ■ Un'involontaria indiscrezione mette al corrente gli Apaches del trasporto di molte casse d'armi. Il coraggio dei soldati di scorta impedisce che il prezioso carico cada nelle mani dei pellerossa. ■ WESTERN; B/N; 74'; USA, 1954.

AGGUATO ALLE HAWAII *(Hard Ticket to Hawaii)* ★★
Regia di ANDY SIDARIS. Con HAROLD DIAMOND, RON MOSS, DONA SPEIR. ■ Per stroncare un traffico di droga alle Hawaii, l'Interpol manda l'intrepido agente Randy Abilena, che difatti lo stronca, con l'aiuto di tre belle ragazze. ■ AVVENTURA; COL.; 79'; USA, 1987.

AGGUATO A TANGERI ★★
Regia di RICCARDO FREDA. Con GINO CERVI, GENEVIÈVE PAGE, EDMUND PURDOM, AMPARO RIVELLES. ■ Un agente federale si finge un avventuriero per entrare nel giro di un grosso traffico di stupefacenti e scoprirne il capo. ■ POLIZIESCO; B/N; 86'; ITALIA, 1958.

AGGUATO DEGLI APACHES, L' ★★
(I Killed Geronimo)
Regia di JOHN HOFFMAN. Con JAMES ELLISON, VIRGINIA HERRICK, CHIEF THUNDER CLOUD. ■ Gli Apaches compiono sanguinose scorribande. Un agente scopre chi fornisce loro le armi e in un drammatico scontro uccide il capo Geronimo. ■ AVVENTURA; B/N; 80'; USA, 1950.

AGGUATO DEI SOTTOMARINI, L' *(Suicide Fleet)* ★★★
Regia di ALBERT S. ROGELL. Con ROBERT ARMSTRONG, BILL BOYD, JAMES GLEASON, GINGER ROGERS. ■ È la storia di una missione praticamente suicida (per le difficoltà della missione stessa e per i sottomarini degli anni Dieci). Ginger Rogers non balla. ■ GUERRA; B/N; 87'; USA, 1932.

AGGUATO DELLE 100 FRECCE, L' ★★★
(Dakota Incident)
Regia di LEWIS R. FOSTER. Con WARD BOND, LINDA DARNELL, SKIP HOMEIER, JOHN LUND, DALE ROBERTSON, REGIS TOOMEY. ■ Al Passo delle 100 frecce gli indiani assalgono la diligenza sulla quale transitano, tra gli altri, un rapinatore e un'avventuriera. Unici superstiti della strage cominciano insieme una vita onesta. ■ WESTERN; COL.; 88'; USA, 1956.

AGGUATO DELLE CINQUE SPIE, L' ★★
(Ride a Violent Mile)
Regia di CHARLES MARQUIS WARREN. Con JOHN AGAR, PENNY EDWARDS, JOHN PICKARD. ■ Un uomo raccoglie le ultime parole di un moribondo accoltellato. Accusato di omicidio fugge grazie ad una ragazza, spia nordista, e collabora per sventare una manovra ai danni degli unionisti. ■ WESTERN; COL.; 90'; USA, 1962.

AGGUATO NEI CARAIBI *(The Gun Runners)* ★★★
Regia di DON SIEGEL. Con EDDIE ALBERT, AUDIE MURPHY, PATRICIA OWENS. ■ Un onesto lavoratore affitta a pescatori dilettanti l'imbarcazione comprata a rate. Poiché non ha soldi per pagarla è costretto a venderla ad un trafficante d'armi, che ucciderà in un tragico scontro. È il terzo film tratto dal romanzo *Avere e non avere* di Hemingway. ■ AVVENTURA; B/N; 83'; USA, 1959.

AGGUATO NELLA JUNGLA *(Escape in the Sun)* ★★
Regia di GEORGE BREAKSTON. Con JOHN BENTLEY, MARTIN BODDY, VERA FUSEK. ■ In Africa, durante una battuta di caccia grossa, una donna ossessionata dalla gelosia del marito si innamora di un cacciatore. A nulla valgono le pazzie del marito per riaverla; esasperato la uccide. ■ AVVENTURA; COL.; 86'; USA, 1956.

AGGUATO NELLA SAVANA *(Rhino!)* ★★
Regia di IVAN TORS. Con ROBERT CULP, SHIRLEY EATON, HARRY GUARDINO. ■ Un cacciatore senza scrupoli è deciso a vendere i due rarissimi rinoceronti bianchi che uno zoologo gli ha commis-

sionato per la riserva. I momenti drammatici della caccia, invece, lo convinceranno ad aiutare lo studioso nella sua opera di salvaguardia della fauna africana. ■ AVVENTURA; COL.; 91'; USA, 1965.

AGGUATO NEL SOLE *(Hostile Guns)* ★★
Regia di ROBERT G. SPRINGSTEEN. Con YVONNE DE CARLO, BRIAN DONLEVY, TAB HUNTER, GEORGE MONTGOMERY. ■ Uno sceriffo e il suo aiutante scortano alcuni banditi al penitenziario. A nulla valgono i tentativi di una banda di liberare il proprio capo; una donna, il cui fascino ha diviso i due uomini di legge, si innamora dello sceriffo e convince l'aiutante a dargli man forte. ■ WESTERN; COL.; 91'; USA, 1968.

AGGUATO SUL BOSFORO ★★
Regia di PAUL HAMUS. Con DAVID ALLEN, JOHN BRAUN, ALFREDO RIZZO. ■ Un geologo trova un diamante di dimensioni eccezionali. Quando scompare si scatena una vera caccia all'uomo. ■ AVVENTURA; COL.; 91'; ITALIA, 1971.

AGGUATO SUL FONDO *(Crash Dive)* ★★★
Regia di ARCHIE MAYO. Con DANA ANDREWS, ANNE BAXTER, TYRONE POWER. ■ Un ufficiale di marina si innamora della fidanzata del comandante. Durante una missione gli salva la vita; a spiegazione avvenuta può sposare la ragazza che ama. ■ GUERRA; COL.; 90'; USA, 1943. ■ OSCAR 1 PR, 1 NOM.

AGGUATO SUL FONDO ★★
Regia di ANTONIO MARGHERITI. Con MARISA BERENSON, KAREN BLACK, JAMES FRANCISCUS, MARGAUX HEMINGWAY, LEE MAJORS. ■ Un gruppo di malviventi incendia i depositi di carburante di un impianto minerario e ne scassina la cassaforte dalla quale ruba una grande quantità di pietre preziose. Paul Diller, insieme alla sua amica Kate, è il capo della banda. Per mettere al sicuro le pietre preziose il ladro le immerge in un lago con cinquanta piraña che fanno da guardia. ■ THRILLER; COL.; 95'; BRASILE, ITALIA, USA, 1979.

AGGUATO SUL GRANDE FIUME ★
(Die Flusspiraten vom Mississippi)
Regia di JÜRGEN ROLAND. Con HANSJÖRG FELMY, BRAD HARRIS, TONY KENDALL, BARBARA SIMON. ■ Una banda di malviventi terrorizza un pacifico paese. L'uomo inviato per eliminarla deve lottare contro la diffidenza degli abitanti, i criminali e persino gli indiani, ma alla fine la giustizia trionfa. ■ AVVENTURA; B/N; 86'; GERMANIA, 1964.

AGGUATO SUL MARE ★★
Regia di PINO MERCANTI. Con MARIA FRAU, NADIA GRAY, ETTORE MANNI. ■ Un pescatore siciliano, dopo infinite difficoltà, riesce a comprare una tonnara. Offende la moglie credendo, a torto, che sia l'amante dell'ex proprietario, tuttavia non esita a salvarla, subito dopo, da un pericolo mortale. ■ DRAMMATICO; COL.; 89'; ITALIA, 1956.

AGGUATO SUL RAPIDO *(Suspected Person)* ★★
Regia di LAWRENCE HUNTINGTON. Con CLIFFORD EVENS, DAVID FARRAR, PATRICIA ROC. ■ Un giornalista si impadronisce del bottino di una banda di gangster e si rifugia presso la sorella. Questa, insospettita dal suo comportamento, trova il denaro e lo restituisce, aiuta la polizia a scovare i banditi e sposa l'ispettore. ■ POLIZIESCO; B/N; 78'; GRAN BRETAGNA, 1942.

A GHENTAR SI MUORE FACILE ★★
Regia di LEON KLIMOVSKY. Con GEORGE HILTON, THOMAS MOORE, MARTA PADOVAN. ■ I ribelli di Ghentar ingaggiano un avventuriero perché recuperi una cassetta nella quale, dicono, sono contenuti importanti documenti. Invece ci sono diamanti che l'uomo tiene e che, dopo innumerevoli peripezie, perde tutti tranne uno. ■ AVVENTURA; COL.; 84'; ITALIA, 1968.

A GILLIAN PER IL SUO COMPLEANNO ★★★
(To Gillian on her 37th Birthday)
Regia di MICHAEL PRESSMAN. Con KATHY BAKER, PETER GALLEGHER, MICHELLE PFEIFFER. ■ È il titolo originale di questa pièce teatrale di successo di Michael Brady, storia di un vedovo, professore di letteratura che va a spasso con il fantasma dell'adorata moglie (Michelle Pfeiffer) tra le spiagge deserte della sua casetta in riva al mare sull'isola di Nantucket. Invitato dai parenti a festeggiare il Labour Party, conosce una donna attraente, ma il dolore per la defunta consorte è più forte di ogni attrazione. ■ COMMEDIA; COL.; 93'; USA, 1995.

AGI MURAD, IL DIAVOLO BIANCO ★★
Regia di RICCARDO FREDA. Con RENATO BALDINI, SCILLA GABEL, GEORGIA MOLL, STEVE REEVES. ■ Agi Murad, capo dei ribelli russi, non accetta la tregua con le incapaci truppe dello zar. Catturato, finge di scendere a patti, poi fugge per liberare suo figlio e la sua donna prigionieri di un capo tribù traditore. Lo uccide e torna a regnare. Una storia tratta da Tolstoj. ■ AVVENTURA; COL.; 98'; ITALIA, 1959.

AGLI ORDINI DEL FÜHRER E AL SERVIZIO DI SUA MAESTÀ *(Triple Cross)* ★★★
Regia di TERENCE YOUNG. Con CLAUDINE AUGER, YUL BRYNNER, GERT FRÖBE, TREVOR HOWARD, CHRISTOPHER PLUMMER, ROMY SCHNEIDER. ■ Eddie Chapman, abilissimo ladro, esce di prigione allo scoppio della seconda guerra mondiale. Lavora a più riprese per i tedeschi ma anche per l'Intelligence Service in cambio di denaro e del condono. Per chi ha veramente parteggiato questo personaggio leggendario? ■ SPIONAGGIO; COL.; 140'; FRANCIA, GRAN BRETAGNA, 1967.

AGLI ORDINI DEL RE *(La Tour, prends garde!)* ★★
Regia di GEORGES LAMPIN. Con JEAN MARAIS, ELEONORA ROSSI DRAGO, NADIA TILLER. ■ La Francia di Luigi XV in guerra con gli austriaci. Un capocomico, per il suo coraggio, viene nominato cavaliere del re. Accusato dell'assassinio di un nobile suo rivale è costretto a fuggire. ■ AVVENTURA; B/N; 82'; FRANCIA, ITALIA, JUGOSLAVIA, 1957.

AGLI ORDINI DI SUA ALTEZZA ★★★★
(Double Whoopee)
Regia di LEWIS R. FOSTER. Con OLIVER HARDY, STAN LAUREL, JEAN HARLOW, CHARLES ROGERS, TINY SANDFORD, WILLIAM GILLESPIE, CHARLIE HALL. ■ Stanlio e Ollio sono rispettivamente il fattorino e il portiere di un prestigioso albergo di Broadway, che non fanno che combinare solo guai. Il cortometraggio presenta due sequenze ancora vedibili: la gag dell'ascensore che il principe ereditario ospite dell'hotel tenta invano di prendere, precipitando ogni volta nella buca di sicurezza e sporcandosi la candida divisa, e l'episodio che vede in azione una giovanissima Jean Harlow. ■ COMICO; B/N; 20'; USA, 1929.

AGNES ★
Regia di GIORGIO MILANETTI. Con VALERIA BRUNI TEDESCHI, MANRICO GAMMAROTA, PIERO NICOSIA, ALFREDO PIZZI. ■ Michele torna al suo paese dopo essere stato in Francia. Porta con sé la moglie Agnes. In lui però esplode la gelosia, che prova anche nei confronti di una prostituta sua ex amante. Agnes viene chiusa in casa e aggredita da un cugino di Michele che ritiene di essere nelle mire della donna. Non le resta che lasciare il paese portando con sé soltanto un oggetto di legno costruito da un anziano artigiano. Ritratto di donna a cui Valeria Bruni Tedeschi cerca di conferire spessore nonostante la sceneggiatura di Milanetti. ■ DRAMMATICO; COL.; 78'; ITALIA, 1992.

AGNESE DI DIO *(Agnes of God)* ★★★
Regia di NORMAN JEWISON Con ANNE BANCROFT, JANE FONDA, MEG TILLY. ■ Una notte, in convento, la giovane suor Agnese partorisce e strangola il neonato. La magistratura incarica una psichiatra dichiaratamente atea di far luce sulla misteriosa vicenda e di scoprire come la suora sia potuta rimanere incinta in un convento di clausura. La dottoressa, con pazienza, porterà alla luce un misterioso intrigo di legami familiari e alienazione, che finirà con il far vacillare il suo stesso ateismo. ■ DRAMMATICO; COL.; 98'; USA, 1985. ■ GOLDEN GLOBES 1 PR, 2 NOM; OSCAR 3 NOM.

AGNESE VA A MORIRE, L' ★★★
Regia di GIULIANO MONTALDO. Con MICHELE PLACIDO, STEFANO SATTA FLORES, INGRID THULIN. ■ Una pacifica emiliana si vede portar via il marito dai tedeschi. L'uomo muore poi sotto i bombardamenti. La donna prende coscienza e si sente investita da una nuova fiamma eroica che la trasforma in una attivissima partigiana. Si rende molto utile ma alla fine diventa persino temeraria e viene uccisa. ■ DRAMMATICO; COL.; 135'; ITALIA, 1976.

AGNUS DEI *(Ègi Bárány)* ★★
Regia di MIKLÓS JANCSÓ. Con LAJOS BALÁZSOVITS, JOZSEF MADARAS, MÁRK ZALA. ■ Ungheria 1919. I ribelli hanno la vittoria in pugno ma i controrivoluzionari, appoggiati dai nemici della Rivoluzione d'ottobre, prendono il potere con un colpo di stato e instaurano una feroce repressione. ■ DRAMMATICO; COL.; 86′; UNGHERIA, 1971.

AGONIA DELLE AQUILE, L' *(L'agonie des aigles)* ★★
Regia di ROGER RICHEBÉ. Con CONSTANT REMY. ■ Alcuni veterani dell'armata napoleonica tramano per restituire il trono all'imperatore. Una donna, al soldo dei Borboni e amica di un ufficiale, svela i piani dei congiurati decretandone la morte. ■ AVVENTURA; B/N; 125′; FRANCIA, 1934.

AGONIA DI UNA STIRPE, L' ★★★
(The Last of the Mohicans)
Regia di B. REEVES EASON. Con EDWINA BOOTH, HOBART BOSWORTH, HARRY CAREY. ■ È la vicenda dell'ultimo dei Mohicani, che dopo aver tentato di comprendere l'uomo bianco, ne è tradito e si sacrifica eroicamente in nome di un principio. ■ AVVENTURA; B/N; 93′; USA, 1932.

AGONIA SUI GHIACCI *(Way Down East)* ★★★
Regia di DAVID WARK GRIFFITH. Con RICHARD BARTHELMESS, LILLIAN GISH, LOWELL SHERMAN. ■ Anna, giunta in città per trovare un lavoro, ha l'ingenuità e la bontà della gente di campagna. Si sposa con un uomo senza scrupoli che la pianta in breve tempo. Come ricordo le lascia un figlio che vive solo alcuni giorni. Riesce ad avere la protezione della famiglia di David, un bravo giovane che finisce con l'amarla e a salvarla, in seguito, da un gesto disperato. ■ DRAMMATICO; B/N; 120′; USA, 1920.

AGORÀ ★★★
Regia di ALEJANDRO AMENABAR. Con AHRAF BARHOM, OSCAR ISAAC, MICHAEL LONSDALE, MAX MINGHELLA, RACHEL WEISZ. ■ Seconda metà del IV secolo dopo Cristo. La città in cui convivono cristiani, pagani ed ebrei è anche un vivo centro di ricerca scientifica. Vi spicca, per acume e spirito di indagine, la giovane Ipazia, figlia del filosofo e geometra Teone. Ipazia tiene anche una scuola in cui l'allievo Oreste cerca di attirare la sua attenzione. C'è però anche un giovane schiavo, Davus, attratto dalla sua bellezza e dalla sua cultura. Col trascorrere degli anni la tensione tra gli aderenti alle diverse religioni diviene sempre più palese e finisce col divampare vedendo il prevalere dei cristiani i quali godono ormai della compiacenza di Roma (anche se non di quella di Oreste divenuto prefetto). Guidati dal vescovo Cirillo e avvalendosi del braccio armato costituito dai fanatici monaci parabalani, i cristiani riescono ad annullare la presenza delle altre forme di religione e intendono regolare i conti con il pensiero che oggi definiremmo "laico" di Ipazia. ■ AVVENTURA; COL.; 128′; SPAGNA, 2009.

AGO SOTTO LA PELLE, L' *(Der Arzt von St. Pauli)* ★
Regia di ROLF OLSEN. Con CURD JÜRGENS, HORST NEUMANN, CHRISTIANE RÜCKER. ■ Un medico corrotto uccide la donna che lo ricatta con delle foto compromettenti. Nel tentativo di trovare le prove incriminanti e di fugare le indagini della polizia si invischia sempre più finché, solo e disperato, si uccide. ■ DRAMMATICO; COL.; 98′; GERMANIA, 1968.

AGOSTINO ★★★
Regia di MAURO BOLOGNINI. Con MARIO BARTOLETTI, PAOLO COLOMBO, JOHN SAXON, INGRID THULIN. ■ Un ragazzo morbosamente affezionato alla madre cerca evasione da questo sentimento prima nella compagnia di alcuni scapestrati, poi in quella di una ragazza facile. Respinto e sconvolto, ma diverso, torna dalla madre. Dal famoso romanzo di Moravia. ■ DRAMMATICO; B/N; 102′; ITALIA, 1962.

AGOSTINO D'IPPONA ★★★
Regia di ROBERTO ROSSELLINI. Con CESARE BARBETTI, DARY BERKANI, BRUNO CATTANEO, LEONARDO FIORAVANTI, VIRGILIO GAZZOLO. ■ Il film mostra gli episodi salienti della vita di S. Agostino. Sono messi in evidenza la nobiltà dell'animo, il culto dell'amicizia, la profonda fede verso Dio, l'umiltà e la saggezza. ■ BIOGRAFICO; COL.; 121′; ITALIA, 1975.

AGOSTO, DONNE MIE NON VI CONOSCO ★★
Regia di GUIDO MALATESTA. Con LORELLA DE LUCA, RAFFAELE PISU, GABRIELE TINTI. ■ Un ragazzo inviso al padre dell'innamorata va a trascorrere le ferie con due amici. ■ COMICO; COL.; 92′; ITALIA, 1959.

AGUA ★★
Regia di VERONICA CHEN. Con JIMENA ANGANUZZI, GLORIA CARRÁ, RAFAEL FERRO, NICOLÁS MATEO. ■ Goyo è un nuotatore che aveva vinto la maratona di nuoto Santa Fé-Coronda, ma che, dopo un'ingiusta squalifica per doping, abbandona lo sport e la sua città. Torna dopo quattro anni e conosce Chino, un giovane che si allena duramente per entrare nella nazionale di nuoto, ma che dopo una sconfitta decide di abbandonare l'attività agonistica. Il punto centrale del film è nel rapporto tra questi due personaggi. Goyo decide di gareggiare nuovamente nella maratona e chiede a Chino di seguirlo su una barca, ma durante il tragitto Goyo, sfinito, chiede a Chino di sostituirlo. Il ragazzo accetta, e in questa simbolica staffetta tra Goyo e Chino è il senso del film. ■ DRAMMATICO; COL.; 89′; ARGENTINA, 2006.

AGUASALTAS.COM. UN VILLAGGIO NELLA RETE *(Agusaltas.com)* ★★
Regia di LUIS GALVAO TELES. Con ISABEL ABREU, MARIA ADANEZ, MARCO DELGADO, JOAO TEMPERA. ■ Poco prima di essere trasferito in città, Pedro riceve una lettera da una multinazionale spagnola: se non chiuderà al più presto il sito web che ha dedicato al piccolo villaggio portoghese di Aguas Altas, in cui lavora come ingegnere civile, quella stessa comunità dovrà pagare una multa di 500.000 euro per violazione di dominio. Il nome del paese, infatti, è lo stesso appena registrato di un'acqua che la grossa ditta si appresta a mettere sul mercato. La decisione sul futuro del sito spetta però a tutti i cittadini, tra favorevoli alla chiusura e fermi oppositori. ■ COMMEDIA; COL.; 103′; PORTOGALLO, 2011.

AGUIRRE FURORE DI DIO ★★★
(Aguirre, der Zorn Gottes)
Regia di WERNER HERZOG. Con PETER BERLING, RUY GUERRA, KLAUS KINSKI, HELENA ROJO DEL NEGRO. ■ Una spedizione muove alla conquista dell'Eldorado, territorio ricchissimo d'oro, tra mille pericoli e difficoltà. Aguirre sostituisce il capo che ha fatto uccidere ma la spedizione si risolve tragicamente, ed egli muore pazzo. ■ DRAMMATICO; B/N; 93′; GERMANIA, MESSICO, PERÙ, 1973.

AH! SE FOSSI RICCO *(Ah! Si j'étais riche)* ★★
Regia di GÉRARD BITTON, MICHEL MUNZ. Con RICHARD BERRY, VALERIA BRUNI TEDESCHI, JEAN-PIERRE DARROUSSIN, FRAN FULLENWIDER, HENRI GUYBET, FRANÇOIS MOREL, ZINEDINE SOUALEM. ■ Aldo è un anonimo rappresentante di prodotti per capelli, in rotta con la moglie e con qualche problema di soldi. Arriva la grande svolta: 10 milioni di euro vinti al lotto e la possibilità di cambiar vita. Ma quello stesso giorno Aldo scopre che la moglie lo tradisce, dunque decide di non dividere con lei la fortuna. Comincia così a condurre due vite parallele: il solito morto di fame in società, un vero pascià nel privato. Commedia piacevole troppo condizionata dalla presenza di Darroussin. ■ COMMEDIA; COL.; 105′; FRANCIA, 2002.

AH SÌ? E IO LO DICO A ZZZZORRO! ★★
Regia di FRANCO LO CASCIO. Con GEORGE HILTON, ROD LICARI, CHARO LOPEZ, LIONEL STANDER. ■ Un giovane timido è costretto da un frate a fingersi il mitico Zorro per riparare ai soprusi dei soldati del governatore. Nonostante gli inevitabili pasticci il cavaliere mascherato ha la meglio. ■ COMMEDIA; COL.; 90′; ITALIA, 1976.

AI CESSI IN TASSÌ *(Taxi zum Klo)* ★★
Regia di FRANK RIPPLOH. Con BERND BROADERUP, DIETER GODDE, FRANK RIPPLOH. ■ Film strettamente autobiografico che descrive la doppia vita di Frank, regista, protagonista e sceneggiatore. Professore di giorno, vive col nome di Peggy nella Berlino notturna. Festini gay, incontri fugaci, avventure e gelosie, ma la mancanza di ironia appesantisce il tutto. ■ COMMEDIA; COL.; 92′; GERMANIA, 1981.

AI CONFINI DEL DELITTO *(Two of a Kins)* ★★
Regia di HENRY LEVIN. Con ALEXANDER KNOX, TERRY MOORE, EDMOND O'BRIEN, LIZABETH SCOTT. ■ Un legale di pochi scrupoli assieme alla sua amante tenta di ingannare una ricca coppia di anziani coniugi (che smarrirono il loro bimbo trent'anni prima) facendo passare come loro figlio un giovane imbroglione. ■ DRAMMATICO; COL.; 75'; USA, 1951.

AI CONFINI DELLA CITTÀ *(Man Outside)* ★
Regia di MARK STOUFFER. Con BRADFORD DILLMAN, LEVON HELM, ROBERT LOGAN, KATHLEEN QUINLAN. ■ Deluso dalla cosiddetta vita "civile", che gli ha procurato soltanto dispiaceri, un uomo decide di vivere nella natura, in totale solitudine. Ma la scomparsa di un adolescente nella vicina cittadina fa cadere i sospetti su di lui. La gente del luogo, che non lo ama, inizia a dargli la caccia e l'uomo deve mettercela tutta per salvarsi. ■ DRAMMATICO; COL.; 93'; USA, 1986.

AI CONFINI DELLA LEALTÀ *(Dirty Work)* ★★
Regia di JOHN MCPHERSON. Con JOHN ASHTON, ROXANNE BIGGS, KEVIN DOBSON. ■ Una profonda amicizia lega due uomini da quando erano colleghi nel corpo di polizia. Da allora l'uno deve la vita all'altro, ma la sorte sfavorisce quest'ultimo, finché non giunge il giorno del riscatto. ■ DRAMMATICO; COL.; 84'; USA, 1992.

AI CONFINI DELLA REALTÀ ★★★
(Twilight Zone – The Movie)
Regia di JOE DANTE, JOHN LANDIS, GEORGE T. MILLER, STEVEN SPIELBERG. Con DAN AYKROYD, SCATMAN CROTHERS, ABBE LANE, VIC MORROW. ■ Film a episodi, imperniato su fenomeni paranormali. Un vecchio nero fa tornare bambini i suoi coetanei, una giovane maestra viene invitata in casa di un alunno, ma vi accadono cose incredibili, prodotte dal ragazzo dotato di strani poteri. Su un aereo di linea un passeggero "vede" un mostro danneggiare un motore, facendosi prendere per pazzo. Remake di quattro episodi tratti dalla famosa serie tv di Rod Sterling ■ FANTASTICO; COL.; 97'; USA, 1983.

AIDA ★★
Regia di CLEMENTE FRACASSI. Con ALBA ARNOVA, ANTONIO CASSINELLI, LUCIANO DELLA MARRA, SOPHIA LOREN, LOIS MAXWELL, AFRO POLI. ■ Si tratta della famosa opera di Giuseppe Verdi portata sullo schermo l'anno dopo che il colore aveva fatto il suo ingresso nel cinema italiano. Sophia Loren, tinta di nero, è Aida. ■ COMM. MUSICALE; COL.; 99'; ITALIA, 1953.

AIDA DEGLI ALBERI ★★★
Regia di GUIDO MANULI. ■ Radames è il capo dell'esercito di un mondo che distrugge qualsiasi forma di espressione della Natura. Anche il popolo a cui appartiene Aida viene perseguitato e fatto prigioniero. Radames si innamorerà però della fanciulla rinunciando alla potente Amneris e l'ecologia avrà i suoi riconoscimenti. Considerato che il mondo delle fiabe è stato saccheggiato (in senso buono) dalla Disney Guido Manuli ha pensato di volgere lo sguardo al melodramma. Quale libretto migliore di Aida con il suo infido capo dei sacerdoti, una storia d'amore contrastata e un'integrazione tra due mondi che risulta possibile? Intendiamoci: neppure una frase musicale dell'opera è presente nel film la cui colonna sonora è stata presa in carico da Ennio Morricone alla sua prima prova nel mondo dell'animazione. La storia è gradevole e i personaggi cosiddetti "di alleggerimento" come il ciccione e il coccodrillo funzionano. Resta invece una perplessità sulle tecniche di animazione. Finché Petra è edifici e monumenti tridimensionali tutto scorre. Ma quando uno di questi (la statua del dio Satan) si anima il contrasto si fa troppo stridente. ■ ANIMAZIONE; COL.; 75'; ITALIA, 2001.

AIDS – IL PERICOLO STRISCIANTE ★
(Aids – Die schleichende Gefahr)
Regia di PETER GRANDL. Con FRANK GARBO, SANDRA NOVA, BIRGIT WINTER. ■ In un consultorio medico si intrecciano le squallide vicende di alcuni personaggi contagiati dall'Aids. Tentativo pessimamente riuscito di sfruttare un argomento di scottante attualità. ■ DRAMMATICO; COL.; 98'; GERMANIA, 1986.

A.I. INTELLIGENZA ARTIFICIALE ★★★
(A.I. Artificial Intelligence)
Regia di STEVEN SPIELBERG. Con JACK ANGEL, DAVEIGH CHASE, BRENDAN GLEESON, WILLIAM HURT, JUDE LAW, FRANCES O'CONNOR, HALEY JOEL OSMENT, SAM ROBARDS, JAKE THOMAS. ■ In un futuro in cui l'umanità ha subito immani cataclismi causati dallo scioglimento della calotta polare, la tecnologia ha compiuto passi da gigante. Si è ormai in grado di riprodurre esseri simili in tutto agli umani. David appartiene all'ultimissima generazione di robot: può anche amare. Viene affidato a una coppia il cui figlio, affetto da un male apparentemente incurabile, è stato ibernato in attesa di una cura. Vinte le resistenze iniziali David riesce a farsi amare da Monica, la sua "mamma". Ma la guarigione del figlio naturale rimette tutto in discussione. David deve essere abbandonato in un bosco per liberarsene e, al contempo, salvarlo dalla distruzione. Per lui comincerà un viaggio, accompagnato da un Lucignolo/Gigolo, in un paese dei balocchi orrorifico alla ricerca della Fata dai Capelli Turchini che lo possa far diventare un bambino vero e, quindi, totalmente amato. Il binomio Spielberg/Kubrick è di quelli da far tremare le vene ai polsi di qualsiasi cinefilo. Il freddo razionalismo kubrickiano, fondendosi con la vocazione al mélo di Spielberg, ha prodotto un film complesso e commerciale allo stesso tempo. Sorprende però il modo in cui Spielberg scrive la sua nuova fiaba e la suggella con un finale destinato inevitabilmente (e consapevolmente) a far discutere. Il lungo epilogo del film è così carico di figure care alla psicoanalisi da poter sembrare banale e semplicistico. ■ FANTASCIENZA; COL.; 146'; USA, 2001. ■ GOLDEN GLOBES 2 NOM; OSCAR 2 NOM.

AI MARGINI DELLA METROPOLI ★★
Regia di CARLO LIZZANI. Con MARINA BERTI, MASSIMO GIROTTI, GIULIETTA MASINA. ■ Un giovane viene arrestato per un delitto non commesso. Tutti gli indizi gli sono contro. Lo aiutano un avvocato di pochi scrupoli e un'amica dalla quale si è rifugiato dopo esser sfuggito a un primo arresto. Il vero colpevole viene poi scoperto e il giovane potrà riabbracciare la donna che lo aiutò. ■ DRAMMATICO; B/N; 95'; ITALIA, 1952.

AI NOSTRI AMORI *(A nos amours)* ★★
Regia di MAURICE PIALAT. Con SANDRINE BONNAIRE, CHRISTOPHE ODENT, MAURICE PIALAT. ■ Un'adolescente per sfuggire al deprimente clima familiare (il padre e la madre sono in continua lite) intreccia una serie di amori con i suoi coetanei. Con uno di essi, poi, si sposerà. Ma non dura. La ragazza parte per gli Usa con un altro. Forse in America troverà la felicità. ■ DRAMMATICO; COL.; 92'; FRANCIA, 1983.

AIR AMERICA ★★★
Regia di ROGER SPOTTISWOODE. Con ROBERT DOWNEY JR., MEL GIBSON, NANCY TRAVIS. ■ *Sottotiro* con Nick Nolte può essere considerato il miglior film di Spottiswoode e questo *Air America* ne riprende alcune vicende, seppure in maniera meno riuscita. La storia è ambientata nel Laos, alla fine degli anni Sessanta nel periodo più "caldo" della guerra del Vietnam. La Cia ha reso operativa una compagnia aerea per poter aiutare con armi e cibo gli anti-comunisti. Si fa in realtà, sottobanco, del traffico di droga. In tutta questa faccenda vengono coinvolti due piloti. Se il film supplisce a una regia poco inventiva è anche merito della simpatia di Mel Gibson. ■ COMMEDIA; COL.; 106'; USA, 1990.

AIR BUD 2 – EROE A QUATTRO ZAMPE ★
(Air Bud: Golden Receiver)
Regia di RICHARD MARTIN. Con NORA DUNN, GREGORY HARRISON, CYNTHIA STEVENSON, KEVIN ZEGERS. ■ Josh è un bambino solitario e profondamente triste. Vive con la madre vedova, a cui procura qualche preoccupazione, e con il suo cane che è abilissimo nell'attività sportiva. Ci si muove in alternanza tra le sofferenze del bambino e i successi del cane. Il regista fa un lavoro di pura routine. Tanto è un sequel. ■ COMMEDIA; COL.; 90'; USA, 1998.

AIR BUD 4 ★
Regia di ROBERT VINCE. Con MOLLY HAGAN, JASON PIELAK, CYNTHIA STEVENSON, CAITLIN WACHS, KEVIN ZEGERS. ■ Il giovane Josh parte per il college, lasciando il suo cane, Buddy, a casa, dove è accudito dai familiari. La sorella minore del ragazzo

decide di far entrare il cagnolino nella squadra di baseball della scuola, con risultati eccellenti. ■ COMMEDIA; COL.; 110'; USA, 2002.

AIR FORCE AQUILE DELL'ARIA *(Iron Eagle III)* ★★
Regia di JOHN GLEN. Con HORST BUCHHOLZ, PAUL FREEMAN, LOUIS GOSSETT JR. ■ Grazie al titolo italiano è facile confondere il precedente episodio con questo. È dunque vero che, a parte il fatto che questa volta a dirigerlo è il regista degli ultimi 007, di cambiamenti sostanziali non se ne notano. Iron Eagle in questa occasione ha a che fare con un nazi. I poveri indios verranno aiutati dal nostro eroe. ■ AVVENTURA; COL.; 100'; USA, 1992.

AIR FORCE ONE ★
Regia di WOLFGANG PETERSEN. Con GLENN CLOSE, WENDY CREWSON, HARRISON FORD, GARY OLDMAN, DEAN STOCKWELL. ■ Un commando di terroristi della Comunità di Stati Indipendenti (ex Urss) sale a bordo dell'aereo presidenziale americano. La difesa e il contrattacco verranno guidate da Mr. President in persona. Se Harrison Ford è credibile come Indiana Jones, lo è molto meno come Indiana President. Non è colpa sua ma del ruolo affidatogli a cui la sceneggiatura vuole, al contempo, attribuire connotazioni realistiche e avventurose. ■ AVVENTURA; COL.; 124'; USA, 1997. ■ OSCAR 2 NOM.

AIRHEADS – UNA BAND DA LANCIARE ★★
(Airheads)
Regia di MICHAEL LEHMANN. Con STEVE BUSCEMI, BRENDAN FRASER, JOE MANTEGNA. ■ Una band di dementi vuole far trasmettere con la forza un suo pezzo da una radio. La musica non andrà mai in onda ma i tre diventeranno eroi dell'etere. Lehmann precede Jim Carrey ma non si lascia coinvolgere più di tanto da quanto racconta. Il che è bene. ■ COMMEDIA; COL.; 91'; USA, 1994.

AIR I BREATHE, THE ★★
Regia di JIEHO LEE. Con KEVIN BACON, JULIE DELPY, BRENDAN FRASER, ANDY GARCIA, SARAH MICHELLE GELLAR, FOREST WHITAKER. ■ Quattro episodi legati a un proverbio cinese che divide la vita in quattro capisaldi rappresentati da pietre ancestrali: felicità, tristezza, piacere e amore. Ciascun protagonista, che non possiede nome, può essere individuato attraverso l'emozione che rappresenta: Forest Whitaker è *Felicità*, un impiegato di banca che tenta la fortuna dopo aver sentito di una corsa di cavalli truccata; *Piacere* è Brendan Fraser, un malavitoso che ha il dono di vedere il futuro; *Dolore* è Sarah Michelle Gellar una cantante pop il cui agente vende il suo contratto a un boss della mafia; *Amore* è Kevin Bacon, un medico che farà di tutto per cercare di salvare la donna che ama. ■ DRAMMATICO; COL.; 95'; MESSICO, USA, 2007.

AIRPORT ★★★
Regia di GEORGE SEATON. Con JACQUELINE BISSET, HELEN HAYES, VAN HEFLIN, GEORGE KENNEDY, BURT LANCASTER, DEAN MARTIN, JEAN SEBERG, MAUREEN STAPLETON. ■ L'equipaggio di un Boeing diretto in Italia cerca di convincere un passeggero malato di nervi e in possesso di una bomba a soprassedere al folle proposito di far saltare l'aereo. Ma la bomba esplode per fatalità e l'equipaggio riesce a ritornare alla base superando anche la difficoltà di atterrare sull'unica pista disponibile e impraticabile per un precedente incidente. ■ DRAMMATICO; COL.; 136'; USA, 1970. ■ OSCAR 1 PR, 9 NOM.

AIRPORT 90 *(Flight 90: Disaster on the Potomac)* ★★
Regia di ROBERT M. LEWIS. Con STEPHEN MACHT, DINAH MANOFF, RICHARD MASUR. ■ Un disastro realmente avvenuto. Nel 1982 un aereo diretto a Washington, a causa di una tempesta di neve, precipita nel fiume Potomac. Numerosissime le vittime. Oltre i passeggeri dell'aereo, anche parecchie persone che transitavano sul ponte sovrastante il fiume. Un elicottero alla fine riesce a salvare i pochi superstiti. ■ DRAMMATICO; COL.; 100'; USA, 1985.

AIRPORT 80 *(The Concorde – Airport '79)* ★★★
Regia di DAVID LOWELL RICH. Con EDDIE ALBERT, SUSAN BLAKELY, ALAIN DELON, GEORGE KENNEDY, SYLVIA KRISTEL, ROBERT WAGNER. ■ Il *Concorde* New York-Parigi è il bersaglio di una serie di attentati. Prima un missile terra-aria, poi l'attacco di alcuni caccia, infine l'esplosivo a bordo. Tutto perché una passeggera (giornalista americana) sa troppe cose sul conto di un magnate dell'industria pesante (suo ex amante). ■ AVVENTURA; COL.; 110'; USA, 1979.

AIRPORT 75 *(Airport '75)* ★★★
Regia di JACK SMIGHT. Con DANA ANDREWS, KAREN BLACK, CHARLTON HESTON, GEORGE KENNEDY, MYRNA LOY, EFREM ZIMBALIST JR. ■ Mentre vola da Washington a Los Angeles, a causa del maltempo, un jumbo-jet viene dirottato verso un'altra località. Un aereo da turismo si schianta contro la cabina di pilotaggio del jumbo uccidendo due piloti e mettendo quindi a repentaglio il destino dei 120 passeggeri. Abilmente guidato da terra, l'aereo, pilotato per necessità dalla hostess, arriverà a destinazione. ■ DRAMMATICO; COL.; 106'; USA, 1974.

AIRPORT 77 *(Airport '77)* ★★★
Regia di JERRY JAMESON. Con JOSEPH COTTEN, OLIVIA DE HAVILLAND, LEE GRANT, CHRISTOPHER LEE, JACK LEMMON, JAMES STEWART, BRENDA VACCARO. ■ Terzo capitolo della serie *Airport*. Stavolta è il triangolo delle Bermude che ci si mette. Sul braccio di mare più sfortunato del secolo, casca (urto contro un faro) l'aereo di proprietà di un riccone che sta portando gli ospiti per un party dello stesso. Arrivano i potenti mezzi della Marina. Prima però, come di consueto, i viaggiatori hanno modo di dimostrare di che pasta son fatti (e qualcuno magari di morire nel tentativo di salvare i compagni). ■ AVVENTURA; COL.; 113'; USA, 1977. ■ OSCAR 2 NOM.

AIR 3 BUD ★
Regia di BILL BANNERMAN. Con MARTIN FERRERO, BRITTANY PAIGE BOUCK, CAITLIN WACHS, KEVIN ZEGERS. ■ Calcio ed amicizia insieme, che si può voler di più dalla vita? I protagonisti di questo film, infatti, sono un ragazzo ed il suo fido cane, entrambi col pallino del football. Hanno alcuni buoni amici, persino un coach di lingua spagnola che è tutto un programma... Insomma, un film con divertimento e buoni sentimenti assicurati (per chi si accontenta di poco...). Ma se amate per davvero il calcio, risparmiate i soldi del biglietto del noleggio. ■ COMMEDIA; COL.; 79'; CANADA, USA, 2001.

AITANIC ★★
Regia di NINO D'ANGELO. Con SABINA BEGAN, NINO D'ANGELO, MARIA DEL MONTE, MAURO DI FRANCESCO, AURELIO FIERRO, ENZO GRAGNANIELLO, GIACOMO RIZZO. ■ Anche Nino D'Angelo doveva prima o poi finire dietro la macchina da presa. È successo con un film tutto "made in Napoli" con attori partenopei doc e un traghetto scassato a fare da contraltare al transatlantico entrato ormai nella mitologia del cinema. Che dire di questa parodia con l'intraprendente Aitano sulla rotta Napoli-Capri? Che è sicuramente più naif e meno pretenziosa del *Sud Side Stori* di Roberta Torre. Vuole proporre a un pubblico appassionato dodici-canzoni-dodici e lo fa. Punto e basta. ■ COMM. MUSICALE; COL.; 92'; ITALIA, 2000.

AIUTAMI A SOGNARE ★★
Regia di PUPI AVATI. Con ANTHONY FRANCIOSA, MARIANGELA MELATO, ORAZIO ORLANDO. ■ Nel 1943 una vedova bolognese lascia la città per andare a vivere in campagna con le sue bambine. Sul posto trova parenti e amici, nonché un pilota americano, atterrato vicino alla casa della vedova per un guasto all'apparecchio. Tra la vedova e l'americano nasce una love story, propiziata anche dalla comune passione per la musica jazz. Ma un giorno lui se ne andrà. ■ COMMEDIA; COL.; 118'; ITALIA, 1981. ■ DAVID DI DONATELLO 1 PR, 1 NOM.

AIUTATE MIO FIGLIO *(Antoine)* ★★
Regia di JEROME FOULON. Con BENOIT LE PHAT, FIRMINE RICHARD, ZABOU. ■ Antoine, per alcuni problemi neurologici ha difficoltà nei movimenti. E col passare del tempo le cose peggiorano. Sua madre fa di tutto per dargli una vita il più possibile normale ma il mondo esterno è ostile. ■ DRAMMATICO; COL.; 89'; FRANCIA, 1996.

AIUTO *(Help)* ★★★
Regia di RICHARD LESTER. Con GEORGE HARRISON, JOHN LENNON, PAUL MCCARTNEY, RINGO STARR. ■ È il secondo film di Lester girato con i Beatles di poco inferiore al precedente *Tutti per uno* del 1964, un classico nel suo genere. La trama non è che un

pretesto per ascoltare alcune canzoni. ■ COMM. MUSICALE; COL.; 92′; GRAN BRETAGNA, 1965.

AIUTO! MI SONO PERSA A NEW YORK ★★
(Mannequin on the Move)
Regia di STEWART RAFFILL. Con TERRY KISER, WILLIAM RAGSDALE, KRISTY SWANSON, MESHACH TAYLOR. ■ Una sorta di fiaba moderna, piuttosto scontata. Per colpa di un maleficio, una ragazza si ritrova pietrificata e alcuni secoli più tardi diventa un manichino e prende vita in un grande magazzino della tentacolare New York. Si innamora ma un ministro malvagio vuole farla tornare di pietra. ■ COMMEDIA; COL.; 91′; USA, 1991.

AIUTO, POIROT! – AGATHA CHRISTIE ★★★
(Murder on the Links)
Regia di ANDREW GRIEVE. Con TERENCE BEESLEY, BERNARD LATHAM, ANDREW MELVILLE, BILL MOODY, BENJAMIN PULLEN, DAMIEN THOMAS. ■ Il celebre detective Poirot e il suo amico Hastings sono in vacanza in Francia quando vengono contattati da Paul Renauld, un miliardario che commercia in pietre preziose, che dice di essere minacciato di morte. Non riuscendo ad impedirne l'omicidio, i due si sentono in dovere di trovare il colpevole. ■ POLIZIESCO; COL.; 110′; GRAN BRETAGNA, 1994.

AIUTO SONO UN PESCE ★★★
Regia di STEFAN FJELDMARK, MICHAEL HEGNER. ■ Un cartone danese che cerca di opporsi allo strapotere americano. Il film è stato legittimato dal prestigioso Festival di Annecy. Gli autori hanno fatto una scelta logica e certamente meritoria: si rivolgono "solo" ai bambini, senza cercare un target completo per incassare anche i soldi degli adulti; inoltre i disegni sono accurati, ispirati ai cartoni degli anni d'oro, quelli dei primi Disney. C'è una pozione che trasforma gli umani in pesci. Alcuni ragazzi la provano. Disperazione degli adulti. Ma c'è un antidoto che può rimettere a posto le cose. ■ ANIMAZIONE; COL.; 80′; DANIMARCA, GERMANIA, IRLANDA, 2002.

AI VOSTRI ORDINI SIGNORA ★★
Regia di MARIO MATTOLI. Con VITTORIO DE SICA, ELSA MERLINI, PINA RENZI, GIUDITTA RISSONE, ENRICO VIARISIO. ■ Per una ragione che il film non riesce bene a chiarire, un giovanotto accetta dietro compenso il ruolo di finto amante di una ricca vedova. Un'improvvisa eredità farà sì che il giovane abbandoni la donna della quale nel frattempo si era innamorato. ■ COMMEDIA; B/N; 87′; ITALIA, 1939.

AI VOSTRI ORDINI SIGNORA – BOB IL MAGGIORDOMO *(Fancy Pants)* ★★★
Regia di GEORGE MARSHALL. Con LUCILLE BALL, ERIC BLORE, BRUCE CABOT, BOB HOPE. ■ Tratto dal racconto *Ruggles of Red Gap* di Harry Leon Wilson, più volte portato sullo schermo, il film narra le avventure di una ricca signora americana che, decidendo di provvedere all'educazione della figlia, la conduce in Inghilterra affinché impari le "buone maniere". Le due donne s'imbattono in un nobile decaduto che, attirato dalla situazione finanziaria delle due donne, organizza in un castello prestatogli da un amico un favoloso party ostentando come parenti e servitori alcuni attori. ■ COMMEDIA; COL.; 92′; USA, 1950.

AJURICABA ★★
Regia di OSWALDO CALDEIRA. Con OTHON BASTOS. ■ È la storia delle sventure dell'indigeno Ajuricaba, vero simbolo dell'oppressione in Brasile in ogni tempo. Catturato dal colonizzatore portoghese è destinato a morire di fatica nelle piantagioni di caucciù di Manaos. Ma niente riuscirà a sopprimere il suo desiderio di libertà. ■ DRAMMATICO; COL.; 92′; BRASILE, 1977.

AKEELAH AND THE BEE ★★
Regia di DOUG ATCHISON. Con CURTIS ARMSTRONG, ANGELA BASSETT, LAURENCE FISHBURNE, KEKE PALMER. ■ Akeelah Anderson, undici anni, vive in un quartiere poverissimo della periferia di Los Angeles. Sogna una vita normale, ma la morte del padre e le carenze affettive di una madre sempre troppo indaffarata, la costringono a contare solo su se stessa. Incitata dal preside della scuola, scopre di avere un talento innato nel memorizzare le parole. Decide così di iscriversi a una gara di spelling che la porterà, pian piano, a scalare le tappe che la traghetteranno verso il traguardo finale: il concorso nazionale riservato agli studenti più meritevoli provenienti da tutti gli Stati Uniti. Pura semplicità e buoni sentimenti. ■ DRAMMATICO; COL.; 112′; USA, 2006.

AKIKO ★★
Regia di LUIGI FILIPPO D'AMICO. Con PIERRE BRICE, MEMMO CAROTENUTO, ANDREA CHECCHI, PAOLO FERRARI, MARISA MERLINI, PAOLO PANELLI, AKIKO WAKABAYASHI. ■ In casa di una signora, alla quale scomparve il marito anni prima in Giappone, arriva un giorno la giovane giapponesina (Akiko) che si qualifica come figlia illegittima del marito scomparso. Dopo una serie di disavventure che la coinvolgono, Akiko intenerirà il cuore del "fusto" del quartiere. ■ COMMEDIA; B/N; 99′; ITALIA, 1961.

AKIRA ★★
Regia di KATSUHIRO OTOMO. ■ Da un famoso fumetto giapponese, venduto in tutto il mondo, le avventure di Tetsuo. Costui è vittima di un esperimento che ha reso la sua mente alterata e allucinazioni e incubi si sommano a situazioni pericolose. Tutto ciò in un clima post-atomico con una Tokyo tra le macerie. Un cartone animato per adulti, molto violento, che può interessare gli appassionati dei fumetti e in particolare dei "manga" giapponesi, storie disegnate che hanno le caratteristiche delle soap-opera americane. ■ ANIMAZIONE; COL.; 124′; GIAPPONE, 1989.

ALADDIN ★★★
Regia di RON CLEMENTS, JOHN MUSKER. ■ Il mondo delle fiabe disneyane si sposta verso l'Oriente, tendenza del periodo, e propone un'accurata miscela di *Aladino* e *Il ladro di Bagdad*. La giovane principessa è stufa di vivere a palazzo e fugge in cerca d'avventura. Trova un simpatico Aladino che gira con scimmietta, mentre il genio della lampada è un gran cabarettista. Un tipo alla Fregoli, il personaggio più riuscito del film. Costato molti milioni di dollari è stato un enorme successo in tutto il mondo. Una menzione speciale al personaggio del tappeto. Senza avere occhi, bocca o naso riesce a far capire splendidamente i propri stati d'animo. ■ ANIMAZIONE; COL.; 90′; USA, 1993. ■ GOLDEN GLOBES 2 PR, 3 NOM; OSCAR 2 PR, 4 NOM.

ALADINO E LA SUA LAMPADA MERAVIGLIOSA ★★★
(Aladin et sa lampe merveilleuse)
Regia di JEAN IMAGE. ■ È la fiaba di Aladino tratta dalle *Mille e una notte* tradotta in cartoni animati. ■ ANIMAZIONE; COL.; 77′; FRANCIA, 1969.

ALA ERRANTE *(Central Airport)* ★★★
Regia di WILLIAM A. WELLMAN. Con RICHARD BARTHELMESS, TOM BROWN, SALLY EILERS, GLENDA FARRELL, JOHN WAYNE. ■ A causa di un incidente aereo in cui perirono diversi passeggeri, un pilota viene esonerato dal suo servizio. Più tardi il pilota salva una bella paracadutista in pericolo e se ne innamora. La ragazza però è attratta dal fratello del pilota il quale, a sua volta in pericolo, viene salvato dal protagonista che torna da solo a solcare le vie dei cieli. ■ DRAMMATICO; B/N; 70′; USA, 1930.

ALAMBRADO ★★★
Regia di MARCO BECHIS. Con MARTIN KALWILL, JACQUELINE LUSTIG, ARTURO MALY, MATTHEW MARSH. ■ Pur con alcune lentezze un buon esordio del regista Bechis. Siamo in Patagonia (*Alambrado* significa "filo di ferro"), dove due ragazzini con il proprio padre sono lontani dalla civiltà e in un isolamento quasi totale. Questa tranquillità viene compromessa da una grossa impresa che vuole rilevare la terra per farne un centro turistico. Il padre non è d'accordo mentre i figli sono attirati dalla novità. La tragedia è dietro l'angolo. Il fil di ferro del titolo è quello usato dal protagonista per delimitare e proteggere la propria terra. ■ DRAMMATICO; COL.; 90′; ARGENTINA, ITALIA, 1991.

ALAMBRISTA! – IL CLANDESTINO *(Alambrista!)* ★★★
Regia di ROBERT MALCOLM YOUNG. Con DOMINGO AMBRIZ, LINDA GILLIN, TRINIDAD SILVA. ■ Un giovane contadino messicano lascia i familiari per andare a lavorare in California. Passa il confine clandestinamente e trova lavoro, sì, ma a prezzo di inenarrabili peripezie e umiliazioni. Un giorno ritrova il padre, che credeva morto, ed era emigrato come lui tanti anni prima. Dopo quell'incontro, il giovane si persuade a rientrare in patria. ■ DRAMMATICO; COL.; 110′; USA, 1977.

ALAMO *(The Last Command)* ★★★
Regia di FRANK LLOYD. Con ANNA MARIA ALBERGHETTI, ERNEST BORGNINE, RICHARD CARLSON, BEN COOPER, STERLING HAYDEN, J. CARROLL NASH. ■ Il film narra la storica battaglia di Alamo, nella quale persero la vita alcuni patrioti, combattendo sotto la guida di Jim Bowie contro il generale messicano Santa Ana. ■ WESTERN; COL.; 110′; USA, 1955.

ALAMO BAY ★★★
Regia di LOUIS MALLE. Con ED HARRIS, AMY MADIGAN, HO NGUYEN. ■ Tra i numerosi vietnamiti emigrati negli Stati Uniti nel '75 dopo la guerra nel Vietnam c'è Dihn che lavora presso Glory, proprietaria insieme al padre di un emporio di Alamo Bay. L'uomo di Glory è uno dei tanti americani che si oppongono per odio razziale agli emigrati, ed è fautore di distruzioni e delitti. Costui finisce per scontrarsi in un duello finale con Dihn che, proprio mentre sta per soccombere, viene salvato da Glory. Un intenso film del regista francese emigrato in Usa da tempo. ■ DRAMMATICO; COL.; 98′; USA, 1984.

ALAMO – GLI ULTIMI EROI *(The Alamo)* ★
Regia di JOHN LEE HANCOCK. Con DENNIS QUAID, BILLY BOB THORNTON, MARC BLUCAS, LAURA CLIFTON, TOM DAVIDSON, EMILIO ECHEVARRIA, JORDI MOLLÀ, KEVIN PAGE, JASON PATRIC, ROBERT PRENTISS. ■ Nel 1836 un piccolo gruppo di texani si arroccano nel forte di Alamo, per dar tempo al generale Huston di formare un esercito contro i messicani del dittatore Santa Ana. Muoiono tutti, compresi due eroi nazionali, Crockett e Bowie. Edizione politicamente corretta sulla famosa resistenza. Con un Billy Bob Thornton ridicolo nella parte di Davy Crockett. Un'altra pietra, pesante, sulla tomba del western, e del mito. ■ GUERRA; COL.; 137′; USA, 2004.

ALAN E NAOMI *(Alan & Naomi)* ★★
Regia di STERLING VAN WAGENEN. Con AMY AQUINO, MICHAEL GROSS, LUKAS HAAS, VANESSA ZAOUI. ■ Siamo sul finire della seconda guerra mondiale a New York. Un film sul difficile reinserimento psicologico degli ebrei. I protagonisti sono due adolescenti, Alan e Naomi. Il primo cerca di aiutare la seconda, una bambina ebrea di origine francese caduta nel silenzio dopo la morte del padre, ucciso dai tedeschi. Quando sembra che finalmente Naomi riprenda le sue facoltà viene scioccata una seconda volta dall'aggressione su Alan compiuta da alcuni antisemiti. ■ DRAMMATICO; COL.; 95′; USA, 1991.

ALAN, IL CONTE NERO *(The Strange Door)* ★★★
Regia di JOSEPH PEVNEY. Con SALLY FORREST, BORIS KARLOFF, CHARLES LAUGHTON, RICHARD STAPLEY. ■ Il conte Alan tiene rinchiuso da vent'anni in una cella del suo castello il fratello, che gli portò via la donna di cui era innamorato, sposandola. Alan costringe inoltre la figlia del fratello a unirsi in matrimonio con un poco di buono. Imprigionando anche gli sposi tenta di portare a termine la sua vendetta uccidendoli tutti. Grazie all'aiuto di un servo fedele al vecchio padrone, i tre verranno liberati, mentre il conte morirà. Da R. L. Stevenson. ■ DRAMMATICO; B/N; 81′; USA, 1951.

ALA O LA COSCIA?, L' *(L'aile ou la cuisse)* ★★
Regia di CLAUDE ZIDI. Con MICHEL COLUCHE, LOUIS DE FUNÈS, JULIEN GUIOMAR. ■ È la storia di un esperto culinario, autore di una "guida" capace di fare la fortuna di un ristorante o di decretarne la rovina. ■ COMMEDIA; COL.; 105′; FRANCIA, 1976.

ALASKA ★★
Regia di FRASER C. HESTON. Con DIRK BENEDICT, THORA BIRCH, CHARLTON HESTON, VINCENT KARTHEISER. ■ Papà pilota precipita col suo aereo in una regione dell'Alaska. I figli adolescenti partono alla ricerca. Matureranno. Prodotto corretto. Fa sempre piacere rivedere Heston, eroe del bel cinema che fu. ■ AVVENTURA; COL.; 110′; USA, 1995.

ALASKA, INFERNO DELL'ORO *(Alaska)* ★★
Regia di GEORGE ARCHAINBAUD. Con JOHN CARRADINE, DEAN JAGGER, MARGARET LINDSAY, KENT TAYLOR. ■ Tratto dal romanzo *Flush of Gold* di Jack London, il film è ambientato in Alaska fra cercatori d'oro e banditi che tentano di impadronirsi con la forza delle loro miniere. Il figlio di un cercatore vendicherà il padre ucciso. ■ AVVENTURA; B/N; 74′; USA, 1944.

ALASKA, L'INFERNO DI GHIACCIO ★★★
(The Alaska Story)
Regia di HIROMICHI HORIKAWA. Con KINYA KITAOY, KEIRA MISUBAY, ENJIRO OKADA. ■ Un marinaio giapponese trova nell'Artico una colonia di esquimesi e decide di rimanere con loro. Se ne stacca, a un dato momento, per cercare la fortuna nella corsa all'oro in Alaska. Ma non li dimentica. ■ AVVENTURA; COL.; 124′; GIAPPONE, 1977.

A L'ATTAQUE! ★★★
Regia di ROBERT GUÉDIGUIAN. Con ARIANE ASCARIDE, PIERRE BANDERET, FREDERIQUE BONNAL, PATRICK BONNEL, JEAN-PIERRE DARROUSSIN, GÉRARD MEYLAN, LAETITIA PESENTI. ■ Si raccontano le vicende quotidiane del garage "Moliterno & Co." in cui Gigi e Jean-Do riparano le auto. Il lavoro è duro: dodici ore al giorno per sei giorni a settimana. Ma è meglio questo che la disoccupazione. Il direttore della filiale locale di una multinazionale sta però per affossare tutto. Intende dichiarare fallimento per uscirne comunque senza danni. Il Garage Moliterno è uno dei più forti creditori dell'azienda. Se il fallimento viene accettato Gigi e gli altri finiscono sul lastrico. Bisogna allora intervenire, usando anche un vecchio fucile. Robert Guédiguian è un regista che meriterebbe di essere seguito anche da chi non la pensa come lui. ■ COMMEDIA; COL.; 90′; FRANCIA, 1999.

ALBA, L' ★★
Regia di FRANCESCO MASELLI. Con MASSIMO DAPPORTO, NASTASSJA KINSKI. ■ Tentativo non molto riuscito di rifare l'esperimento di *Codice privato* con Ornella Muti. Anche qui tutto è ridotto all'osso. Ci sono solo due personaggi che vivono una notte d'amore in una camera d'albergo. I due si scambiano effusioni, discorsi, idee per il futuro, finché arriva l'alba. ■ DRAMMATICO; COL.; 80′; ITALIA, 1990.

ALBA D'ACCIAIO *(Steel Dawn)* ★★
Regia di LANCE HOOL. Con BRION JAMES, PATRICK SWAYZE, ANTHONY ZERBE. ■ Nel deserto americano, molti anni dopo la guerra nucleare che ha devastato il mondo, un ex ufficiale arriva in una valle dove una piccola comunità è minacciata da un prepotente. Naturalmente lo straniero mette a posto il tirannello e si stabilisce lì, mettendo su famiglia. Praticamente un remake avveniristico del *Cavaliere della valle solitaria*. Senza un briciolo di fantasia, ma con belle scene di combattimento. ■ AVVENTURA; COL.; 100′; USA, 1987.

ALBA D'AMORE *(Hochzeit auf Bärenhog)* ★★
Regia di CARL FROELICH. Con HEINRICH GEORGE, ILSE WEGENER, PAUL WEGENER. ■ L'odio fra due famiglie non solo impedisce a due giovani innamorati di sposarsi, ma li mette l'uno contro l'altro. Un promesso sposo della ragazza, venuto a conoscenza della vicenda, sacrificherà il suo amore. ■ DRAMMATICO; B/N; 88′; GERMANIA, 1942.

ALBA DEI FALSI DEI, L' ★★★
Regia di DUCCIO TESSARI. Con HELMUT BERGER, LORELLA DE LUCA, PETER HOOTEN, UMBERTO ORSINI, KURT ZIPS. ■ Germania, 1921. Bernie e Leo sono due fratelli adolescenti che preoccupano i genitori perché indolenti e ladruncoli. Il padre li caccia di casa e alla fine essi si rifugiano da uno zio. Nel 1929 il padre muore e i ragazzi ritornano a casa. Bernie trascina Leo in una serie di delitti commissionati da un loro ex compagno di scuola a sua volta "montato" dal capo delle S.A. locali. ■ DRAMMATICO; COL.; 115′; GERMANIA, ITALIA, 1978.

ALBA DEI MORTI VIVENTI, L' ★★★
(Dawn of the Dead)
Regia di ZACK SNYDER. Con TY BURRELL, MICHAEL KELLY, MEKHI PHIFER, SARAH POLLEY, VING RAMES, JAKE WEBER. ■ Gli Zombie, trent'anni dopo. Remake/omaggio all'opera somma di Romero, che nel 1979, con una pellicola assurta nel tempo a fenomeno di culto assoluto per più di una generazione, creò una pietra miliare del cinema dell'orrore (e non solo). Il film fa dell'autoironia e del citazionismo ad oltranza le sue carte vincenti. Sotto il primo aspetto non si può non apprezzare la scelta di alleggerire il tono di una storia cupa e senza speranza, con alcuni siparietti "brillanti" come il rapporto di amicizia a distanza (con tan-

to di partite a scacchi) che i due protagonisti sviluppano stazionando sui tetti di due edifici lontani, mentre in strada gli zombi si assiepano sempre più numerosi. Umorismo patibolare e dark, certo, ma corretto nel contesto. Peccato per alcune gravi cadute di stile (il neonato/zombie) e la nullità didascalica dei personaggi di contorno. ■ HORROR; COL.; 97′; USA, 2004.

ALBA DEL GIORNO DOPO – THE DAY AFTER TOMORROW, L' *(The Day after Tomorrow)* ★★★
Regia di ROLAND EMMERICH. Con JAKE GYLLENHAAL, IAN HOLM, DASH MIHOK, DENNIS QUAID, AUSTIN NICHOLS, EMMY ROSSUM, JAY O. SANDERS, SELA WARD. ■ Un disastro ecologico di immani proporzioni seppellisce terre e mari sotto il ghiaccio. Il professor Adrian Hall cerca una soluzione, nel frattempo va alla ricerca della famiglia dispersa chissà dove. Ennesimo film catastrofico "filosofico-ecologista" con effetti speciali che surclassano qualsiasi altra produzione a largo budget degli ultimi anni, opere di Lucas e Jackson comprese. La verosimiglianza delle tempeste nelle città ed in spazi "reali" ridefinisce il concetto di computer grafica e immerge lo spettatore in un clima di realismo senza precedenti. Grandi incassi, naturalmente. ■ CATASTROFICO; COL.; 124′; USA, 2004.

ALBA DEL GRAN GIORNO, L' ★★
(Great Day in the Morning)
Regia di JACQUES TOURNEUR. Con RAYMOND BURR, VIRGINIA MAYO, ALEX NICOL, RUTH ROMAN, ROBERT STACK. ■ Un avventuriero si installa a Denver nel Colorado e vince al gioco il saloon della città. Scoppia la guerra civile e decide di trasportare al Sud un carico d'oro nascosto in città. Durante il viaggio viene individuato dai nordisti, ma riesce nel suo intento grazie anche all'aiuto di un amico che combatte in campo avversario. ■ WESTERN; COL.; 92′; USA, 1956.

ALBA DEL PIANETA DELLE SCIMMIE, L' ★★★
(Rise of the planet of the apes)
Regia di RUPERT WYATT. Con BRIAN COX, TOM FELTON, JAMES FRANCO, JOHN LITHGOW, FREIDA PINTO. ■ Nei laboratori di un'azienda farmaceutica di San Francisco, il giovane ricercatore Will Rodman sperimenta su degli scimpanzé gli effetti di un virus in grado di potenziare i ricettori neuronali e di fornire una possibile cura per l'Alzheimer. Una delle cavie mostra lo sviluppo di un'intelligenza superiore alla media, ma viene abbattuta assieme alle altre dichiarando fallito l'esperimento, lasciando un piccolo cucciolo, che Will decide di risparmiare e di accogliere in casa sua. Dopo qualche anno lo scimpanzé, Cesare, dimostra delle straordinarie capacità cognitive, imparando il linguaggio dei segni e raddoppiando il proprio quoziente intellettivo. Ma con il suo cervello cresce anche il bisogno di relazionarsi con un ambiente libero e con una specie all'altezza che non lo tratti da bestia o da mostro. ■ AVVENTURA; COL.; 105′; USA, 2011.

ALBA DI FUOCO *(Dawn at Socorro)* ★★
Regia di GEORGE SHERMAN. Con DAVIS BRIAN, RORY CALHOUN, KATHLEEN HUGHES, PIPER LAURIE. ■ Un pistolero decide di cambiar vita ma, provocato, è costretto a reimpugnare la pistola per difendersi. ■ WESTERN; COL.; 80′; USA, 1954.

ALBA DI GLORIA *(Young Mr. Lincoln)* ★★★★
Regia di JOHN FORD. Con WARD BOND, ALICE BRADY, HENRY FONDA, ARLEEN WHELAN. ■ Il film narra alcuni episodi della vita del giovane Abramo Lincoln: la morte della donna amata e la difesa, nel suo primo processo, di due fratelli accusati ingiustamente di omicidio. Abramo Lincoln è stato più volte portato sullo schermo da Ford; lo ricordiamo nell'interpretazione di Charles Edward Bull ne *Il cavallo d'acciaio* del 1924, e di Frank McGlynn Sr ne *Il prigioniero dell'isola degli squali* del 1936. ■ BIOGRAFICO; B/N; 100′; USA, 1939. ■ OSCAR 1 NOM.

ALBA DI SANGUE *(Crimson Romance)* ★★
Regia di DAVID HOWARD. Con BEN LYON, SARI MARITZA, ERIC VON STROHEIM. ■ Due giovani americani di origine tedesca vanno a combattere nella prima guerra mondiale. Ma uno si schiera con i piloti americani, l'altro con quelli tedeschi. Solo il primo sopravviverà. ■ GUERRA; B/N; 72′; USA, 1934.

ALBA DI SANGUE *(Mare Nostrum)* ★★
Regia di RAFAEL GIL. Con NERIO BERNARDI, MARIA FELIX, FERNANDO REY. ■ Il capitano di una nave spagnola in sosta a Napoli s'innamora di una spia tedesca che lo induce a passare dalla sua parte. Durante un bombardamento perde la sua nave e gli muore il figlio. Passa dalla parte degli Alleati e consegna loro la donna. ■ DRAMMATICO; B/N; 89′; ITALIA, SPAGNA, 1949.

ALBA FATALE *(The Ox-Bow Incident)* ★★★★
Regia di WILLIAM A. WELLMAN. Con DANA ANDREWS, JANE DARWELL, HENRY FONDA, HENRY MORGAN, ANTHONY QUINN. ■ Tre avventurieri vengono accusati di furto di bestiame dalla comunità di una cittadina del West e impiccati. Più tardi si scoprirà la loro innocenza. Sceneggiato da Lamar Trotti e fotografato da Arthur Miller, questo film, tratto da un romanzo di Vantilburg Clark, uscì negli Stati Uniti durante la seconda guerra mondiale. Il tema del linciaggio provocò una profonda impressione. Sul film (forse il capolavoro di Wellman) qualche anno dopo, Manny Farber su «The New Republic» scrisse: «...*The Ox-Bow Incident* è un significativo momento della nostra cultura». ■ WESTERN; B/N; 75′; USA, 1943. ■ OSCAR 1 NOM.

ALBA GENEROSA *(The Magnet)* ★★
Regia di CHARLES FREND. Con WILLIAM FOX, STEPHEN MURRAY, KAY WALSH. ■ È la storia di un ragazzo che un giorno ruba a un bimbo una calamita che gli servirà a far funzionare un polmone d'acciaio presso l'ospedale cittadino. Al ragazzo viene conferita un'onorificenza che egli rifiuterà facendo in modo che venga invece assegnata al bimbo. ■ COMMEDIA; B/N; 79′; GRAN BRETAGNA, 1949.

ALBA, IL GIORNO E LA NOTTE, L' ★★
Regia di FERNANDO TREBITSCH. Con GIULIO FALCIER, ANITA TEDESCO. ■ Tratto dall'omonima commedia di Dario Niccodemi, il film racconta la storia di una ragazza sognatrice che cerca di impedire un duello. ■ COMMEDIA; B/N; 87′; ITALIA, 1955.

ALBAKIARA
Regia di STEFANO SALVATI. Con RAZ DEGAN, LAURA GIGANTE, ALESSANDRO HABER, IVANO MARESCOTTI, DAVIDE ROSSI. ■ Chiara frequenta il liceo, ha una sorella sofferente che dipinge e una madre lavoratrice. La normalità però, per Chiara e le sue amiche, è fatta sì di amori appassionati, come quello tra lei e il Dj Nico, ma anche di gare di fellatio, di "notti gangster" in cui i rapporti sessuali plurimi sono di casa, di pasticche, di canne e cocaina. Anche il bidello della scuola, Tony, fa parte del "giro" procurando spinelli a chi glieli chiede. Quando duecento chili di cocaina rubati (operazione in cui è coinvolto un ispettore di polizia) finiscono nella cantina dello zio deceduto della ragazza, si presenta per Chiara, Nico e Tony la possibilità di diventare davvero ricchi. Il film ci propone una deprimente descrizione dell'adolescenza presentando non solo l'amoralità come un dato di fatto ineluttabile, ma aderendovi con uno sguardo che non giudica mai ma che si fa partecipe del "gioco". All'errore si vuole porre rimedio con un finale appiccicato, tanto moralistico quanto in linea con la struttura del film. ■ COMMEDIA; COL.; 93′; ITALIA, 2008.

ALBA NUOVA *(Peau Neuve)* ★★
Regia di EMILIE DELEUZE. Con MARCIAL DI FONZO BO, SAMUEL LE BIHAN, CLAIRE NEBOUT, CATHERINE VINATIER. ■ Alain, sposato e con una figlia, è insoddisfatto della propria vita. Il suo lavoro di collaudatore di video games non lo appaga e i rapporti con la moglie Pascal, tutti i rapporti, sono quanto meno insoddisfacenti. Decide di cambiare lavoro e inizia un periodo di prova in trasferta come operaio addetto ai bulldozer. Dovrà stare lontano quattro mesi, cosa che non migliora la situazione famigliare. Unico conforto per Alain è l'amicizia con un giovane apprendista suo collega. Buona recitazione. ■ DRAMMATICO; COL.; 96′; FRANCIA, 1999.

ALBA PAGANA – DELITTO A OXFORD ★★
Regia di UGO LIBERATORE. Con JANE BIRKIN, ROSSELLA FALK, ALESSIO ORANO, JOHN STEINER. ■ È la storia di uno studente italiano che si iscrive all'Università di Oxford. Il suo soggiorno, data la diversa mentalità, scatenerà però un dramma che porterà al suo assassinio. ■ DRAMMATICO; COL.; 101′; ITALIA, 1970.

AL BAR DELLO SPORT ★★
Regia di Francesco Massaro. Con Lino Banfi, Jerry Calà, Mara Venier. ■ Un emigrato pugliese a Torino vince una favolosa somma al totocalcio con l'aiuto di un garzone muto. Dopo mille peripezie per incassare la somma e sfuggire alla caccia degli amici, i due riparano in Costa Azzurra. Il muto perde tutto il denaro al Casinò, ma... Un Jerry Calà godibile nella parte inconsueta del muto astuto ma di buon cuore. ■ Comico; col.; 100′; Italia, 1983.

ALBA ROSSA *(Red Dawn)* ★★
Regia di John Milius. Con C. Thomas Howell, Harry Dean Stanton, Patrick Swayze. ■ Un esiguo gruppo di studenti riesce a tenere testa all'Armata Rossa che ha invaso gli Stati Uniti. Il "guerrafondaio" Milius firma un film di discreta azione ma assolutamente privo di qualsiasi fondamento nella realtà. ■ Guerra; col.; 114′; USA, 1984.

ALBA SELVAGGIA *(Savage Dawn)* ★★
Regia di Simon Nutchkern. Con Karen Black, George Kennedy, Richard Lynch. ■ Una banda di delinquenti motorizzati terrorizza una cittadina. Un vagabondo misterioso (motorizzato pure lui) li sfida e riesce a eliminarli a uno a uno. ■ Drammatico; col.; 94′; USA, 1987.

ALBA TRAGICA *(Le jour se lève)* ★★★★★
Regia di Marcel Carné. Con Arletty, Jacques Baumer, Jules Berry, Bernard Blier, Jean Gabin. ■ Un operaio si barrica in una soffitta assediato dalla polizia. Gli torna in mente la tragedia che lo ha portato ad uccidere un uomo, suo rivale in amore per una piccola fioraia. È uno dei capolavori di Marcel Carné, sceneggiato (come anche *Il porto delle nebbie* girato l'anno precedente) da Jacques Prévert. È uno dei titoli fondamentali anche della storia del cinema. Espressione molto alta di una poetica che dettò legge in quegli anni. ■ Drammatico; b/n; 85′; Francia, 1939.

ALBATROSS – OLTRE LA TEMPESTA, L' ★★
(The Albatross)
Regia di Ridley Scott. Con Jeff Bridges, Caroline Goodvall, John Savage, Scott Wolf. ■ L'*Albatross* era la nave scuola simbolo dei grandi valori della marina americana. Tredici allievi sono ammessi al corso. Sarà una straordinaria scuola di vita, dura e dolorosa, coi caratteri che dovranno convivere, col pericolo continuo e la tragedia di un naufragio che vedrà la morte della moglie del comandante. Il processo che seguirà sarà l'ultimo esame per essere uomini. Una buona premessa che via via si perde per strada. La cambiale di emozioni firmata all'inizio non viene pagata. Scott è al secondo non-successo, dopo*1492*. ■ Avventura; col.; 120′; USA, 1996.

ALBERGO DEGLI ASSENTI, L' ★★
Regia di Raffaello Matarazzo. Con Paola Barbara, Carla Candiani, Maurizio D'Ancora, Camillo Pilotto, Dria Pola. ■ Un'organizzazione criminale tiene in stato di sequestro alcune persone in un luogo chiamato "l'albergo degli assenti". I reclusi periranno in un incendio. ■ Drammatico; b/n; 90′; Italia, 1939.

ALBERGO DEGLI EQUIVOCI, L' *(Schabernack)* ★★
Regia di E.W. Emo. Con Paul Hörbiger, Trude Marlen, Hans Moser, Hans Richter. ■ Il movimentato andirivieni di un hotel è seguito con sguardo severo dall'irreprensibile portiere. Ma quando viene chiesta la sua testimonianza per risolvere una serie di equivoci sulla regolarità di alcune coppie giunte in albergo, l'uomo rivela tutta la sua indulgente umanità. ■ Commedia; b/n; 78′; Austria, 1936.

ALBERGO DELLA FELICITÀ, L' ★
Regia di Giuseppe Vittorio Sampieri. Con Dino Di Luca, Diana Lante, Turi Pandolfini, Isa Pola, Guido Verdiani. ■ È un film semplice (opera prima e unica di G. V. Sampieri) ambientato in un paesino della Sicilia dove si vuole edificare un albergo. ■ Commedia; b/n; 87′; Italia, 1935.

ALBERGO DELLA MALAVITA, L' *(Macadam)* ★★★★
Regia di Jacques Feyder. Con Andrée Clément, Paul Meurisse, Françoise Rosay, Simone Signoret. ■ La proprietaria di un alberghetto di Montmartre denuncia alla polizia un suo inquilino che le ha affidato una forte somma rubata. Il ladro arrestato coverà la sua vendetta, e, una volta uscito di prigione, ucciderà l'albergatrice ma a sua volta verrà assassinato dalla figlia dell'uccisa, legata a un venditore ambulante che era stato accusato ingiustamente per lo stesso furto. ■ Drammatico; b/n; 100′; Francia, 1946.

ALBERGO DELLE SORPRESE, L' ★★
(Goodbye Broadway)
Regia di Ray McCarey. Con Alice Brady, Tom Brown, Charles Winninger. ■ È la classica commediola americana degli anni Trenta diretta dal fratello del più celebre Leo. Il film racconta la storia di due attori di teatro, proprietari di un albergo che fa pochi affari e le cui azioni risaliranno non appena si spargerà la notizia (inventata in verità) che i mobili appartenevano a George Washington. ■ Commedia; b/n; 73′; USA, 1938.

ALBERGO DEL TERRORE, L' *(The Old Man)* ★
Regia di Manning Haynes. Con D. A. Clarke-Smith, Cecil Humphreys, Lester Matthews. ■ Da un soggetto di Edgar Wallace. Una ragazza è accusata di aver accoltellato a morte un ricattatore. Ma una donna la salva, rivelando che il vero uccisore è un ex socio del ricattatore, impegnato a vendicare le vittime dei loro passati intrighi. ■ Drammatico; b/n; 85′; Gran Bretagna, 1931.

ALBERGO LUNA, CAMERA 34 ★★
Regia di Carlo Ludovico Bragaglia. Con Carlo Campanini, Andrea Checchi, Chiaretta Gelli, Roberto Villa. ■ Una maestra di canto in difficoltà economiche deruba un conoscente occasionale. Questi, dopo averla rintracciata, muore. La ragazza viene sospettata ma, con l'aiuto di un amico compositore di canzoni, verrà scagionata dall'accusa. ■ Drammatico; b/n; 88′; Italia, 1946.

ALBERGO NORD *(Hotel du Nord)* ★★★★
Regia di Marcel Carné. Con Annabella, Arletty, Jean-Pierre Aumont, Louis Jouvet. ■ Un giovane si autoaccusa dell'omicidio della donna amata. In realtà essa aveva espresso il proposito di uccidersi e l'uomo, trovandola svenuta, aveva pensato fosse morta. Scoperto l'errore egli uscirà di prigione e si ricongiungerà alla donna che nel frattempo aveva accettato la corte di un vicino di stanza. ■ Drammatico; b/n; 95′; Francia, 1938.

ALBERGO ROMA ★★
Regia di Ugo Chiti. Con Alessandra Acciai, Alessandro Benvenuti, Claudio Bisio, Gianna Giachetti, Tchéky Karyo, Lucia Poli. ■ 1939: un paese toscano aspetta l'arrivo del Duce. Un cane scova un feto in decomposizione. Le indagini scattano immediatamente: dato l'eccezionale momento occorre assolutamente trovare un responsabile. E lo si trova: fa parte dell'unica famiglia povera a portata di mano. Discorso social-politico superscontato, senza talento e ispirazione. Chiti scrittore era un po' meglio. ■ Drammatico; col.; 105′; Italia, 1996.

ALBERO, L' *(L'arbre)* ★★
Regia di Julie Bertuccelli. Con Marton Csokas, Morgana Davies, Charlotte Gainsbourg, Penne Hackforth-Jones, Aden Young. ■ Gli O'Neil vivono felicemente con i loro quattro figli nella campagna australiana. Un giorno un infarto coglie il padre mentre è alla guida del suo furgone ed ha con sé la piccola Simone (otto anni). L'automezzo si arresta contro il grande fico che si trova dinanzi alla loro abitazione. Da quel momento Simone, che non vuole accettare la scomparsa del padre, si convince che il suo spirito viva nell'albero e comunichi con lei. Si opporrà in ogni modo al suo abbattimento anche quando le radici inizieranno a minacciare la sicurezza della casa. ■ Drammatico; col.; 100′; Francia, Australia, 2010.

ALBERO CRESCE A BROOKLYN, UN ★★★★
(A Tree Grows in Brooklyn)
Regia di Elia Kazan. Con Joan Blondell, James Dunn, Peggy Ann Garner, Dorothy McGuire, Lloyd Nolan. ■ Una donna incinta con già due figli rimane vedova. Partorisce una bimba e con molti sacrifici sopravvive aiutata da un poliziotto che alla fine la sposa. Tratto dal romanzo di Betty Smith, questo film

ebbe un successo straordinario. La descrizione di un quartiere popolare newyorkese è un saggio di bravura del giovane esordiente Kazan. ■ DRAMMATICO; B/N; 128′; USA, 1945. ■ OSCAR 1 PR, 2 NOM.

ALBERO DALLE FOGLIE ROSA, L' ★
Regia di ARMANDO NANNUZZI. Con RENATO CESTIÉ, ANGELA GOODWIN, FABRIZIO JOVINE, MARISA MERLINI, RINA MORELLI, JOHN RICHARDSON, CARMEN SCARPITTA. ■ Un bambino adora i genitori e soffre moltissimo quando si separano. Per non andare in collegio scappa di casa e finisce sotto un'auto. ■ DRAMMATICO; COL.; 95′; ITALIA, 1974.

ALBERO DEGLI IMPICCATI, L' ★★★
(The Hanging Tree)
Regia di DELMER DAVES. Con GARY COOPER, KARL MALDEN, BEN PIAZZA, GEORGE C. SCOTT, MARIA SHELL. ■ In una cittadina del Montana un medico guarisce una ragazza affetta da cecità. Respinta dal dottore del quale si era nel frattempo innamorata, si lega in affari con due loschi individui alla ricerca di oro nelle miniere. I tre trovano un giacimento ma uno dei soci, in preda all'alcool per l'euforia della scoperta, tenta di violentare la ragazza. Il medico la difende dal malintenzionato che nella colluttazione, cadendo, rimane ucciso. Sta per essere impiccato dagli amici dell'ucciso ma viene salvato dalla ragazza. Questo è l'ultimo grande western di Gary Cooper. ■ WESTERN; COL.; 108′; USA, 1959. ■ OSCAR 1 NOM.

ALBERO DEGLI ZOCCOLI, L' ★★★★♉
Regia di ERMANNO OLMI. Con TERESA BRESCIANI, OMAR BRIGUALI, ANTONIO FERRARI, FRANCESCA MORIGGI, LUIGI ORNAGHI. ■ In una cascina vicino a Bergamo alla fine del secolo scorso, cinque famiglie di contadini vivono, lavorano, amano, soffrono. Una ragazza sposa uno dei giovani. Il loro viaggio di nozze a Milano è movimentato dalle repressioni, da parte delle truppe di Bava Beccaris, delle manifestazioni popolari. L'albero del titolo è quello che uno dei contadini taglia per fare gli zoccoli per il figlio. Il padrone viene a saperlo e scaccia la famiglia. Ermanno Olmi ritrova fiato ed estro poetico mettendo in immagini le storie contadine dei suoi nonni. Il film circola in due versioni (una italiana e l'altra in bergamasco non proprio stretto, doppiata dagli stessi attori non professionisti). Grande successo in Italia e in tutto il mondo (Palma d'oro a Cannes). In oltre tre ore di proiezione (nell'originale era uno sceneggiato tv) molte le scene indimenticabili (come la semina sotto la prima nevicata, un gesto consumato come in una sacra funzione). ■ COMMEDIA; COL.; 175′; ITALIA, 1978. ■ CANNES ♉ 1 PR; DAVID DI DONATELLO 1 PR, 1 NOM.

ALBERO DELLA MALDICENZA, L' ★★★
Regia di GIACINTO BONACQUISTI. Con PAOLA BORBONI, FRANCO CITTI, AL CLIVER, MARC POREL, LEOPOLDO TRIESTE. ■ In un paesino montano del Lazio cinque "vitelloni" capeggiati dal conte Mario siedono nella piazzetta sotto gli alberi "della maldicenza" e malignano sul prossimo. Una sera uno dei cinque amici, dopo aver ecceduto nel bere, si schianta in moto e muore sul colpo. Il gruppo di fannulloni rimane colpito e ciascuno prenderà una strada diversa. ■ COMMEDIA; COL.; 93′; ITALIA, 1979.

ALBERO DELLA VENDETTA, L' *(Ride Lonesome)* ★★★
Regia di BUDD BOETTICHER. Con JAMES BEST, JAMES COBURN, RANDOLPH SCOTT, KAREN STEELE, LEE VAN CLEEF. ■ Un ex sceriffo, la cui moglie fu barbaramente uccisa anni prima, cattura un assassino e si appresta a condurlo a Santa Cruz. Si imbatte in una giovane donna alla quale gli indiani hanno ucciso il marito. Durante la sua missione l'ex sceriffo incontra l'uomo che gli uccise la moglie: compie la sua vendetta ma alla fine rimane solo. ■ WESTERN; COL.; 73′; USA, 1959.

ALBERO DELLA VITA, L' *(Raintree Country)* ★★★
Regia di EDWARD DMYTRYK. Con MONTGOMERY CLIFT, TOM DRAKE, LEE MARVIN, AGNES MOOREHEAD, EVA MARIE SAINTS, ELIZABETH TAYLOR, ROD TAYLOR. ■ Uno studente, mentre festeggia la sua vittoria riportata durante una gara sportiva, conosce una ragazza, se ne innamora e la sposa. Il loro matrimonio è però turbato dalle continue crisi psichiche della ragazza che in tenera età, per fatalità, fu causa della morte dei genitori. Scoppia la guerra di secessione; Susanna dà alla luce un bimbo e subito dopo John è costretto a partire per il fronte. Di ritorno dalla guerra John trova la moglie peggiorata. Durante una crisi di nervi la donna fugge di casa e muore nella palude. John troverà in una sua vecchia fiamma la nuova mamma per suo figlio. ■ DRAMMATICO; COL.; 187′; USA, 1957. ■ OSCAR 4 NOM.

ALBERO DELLA VITA, L' *(The Fountain)* ★★★
Regia di DARREN ARONOFSKY. Con LORNE BRASS, ELLEN BURSTYN, CLIFF CURTIS, FERNANDO HERNANDEZ, HUGH JACKMAN, RACHEL WEISZ. ■ Thomas Creo è di volta in volta un conquistador, uno scienziato e un astronauta che vuole vincere la morte e salvare la donna che ama, Isabel: una scrittrice, una regina, un pensiero fatto albero di vita. Il viaggio epico di Thomas ha inizio nella Spagna del sedicesimo secolo, governata da Isabella e minacciata dal Grande Inquisitore, prosegue nello studio di un biologo del ventunesimo secolo e termina con un esploratore del futuro in viaggio verso Xibalba, una nebulosa lontana. Tre storie, un personaggio e un solo amore per tre periodi temporali che confluiranno davanti all'Albero della Vita, una pianta leggendaria la cui linfa dona a chi la beve la vita eterna. In tempi in cui si è persa familiarità con la morte, quella privata e non quella rappresentata in diretta (suicidio o esecuzione capitale), il regista statunitense ne affronta il mistero in un'opera controversa, sospesa e confusa tra fantasy e metafisica. ■ DRAMMATICO; COL.; 96′; USA, 2006.

ALBERO DELLE PERE, L' ★★
Regia di FRANCESCA ARCHIBUGI. Con STEFANO DIONISI, VALERIA GOLINO, SERGIO RUBINI, NICCOLÒ SENNI. ■ Valeria Golino è una madre con due figli. Ha anche due mariti, uno artista, Rubini, e l'altro integrato, Dionisi. La vita non è affatto semplice, occorre gestire tutto e Silvia, così si chiama la madre, è tossicodipendente e perde tanto tempo su internet. Poi c'è Siddharta, il figlio più grande, strano e creativo, che sopravvive nonostante quella madre (siringhe lasciate in giro eccetera). Sarà proprio il ragazzo a prendere in mano la situazione quando la sorellina si pungerà con un ago infetto. Senni, il ragazzo, è l'unica cosa davvero buona del film. La regia ci sarebbe ma Archibugi vuole fare troppo, anche scrivere, e scrivere (bene) è difficile. La sceneggiatura soffre di incongruenze, stereotipi già digeriti e banalità già conosciute. ■ DRAMMATICO; COL.; 90′; ITALIA, 1998.

ALBERO DEL MALE, L' *(The Guardian)* ★★
Regia di WILLIAM FRIEDKIN. Con DWIER BROWN, CAREY LOWELL, JENNY SEAGROVE. ■ Tratto dal romanzo di Dan Greeberg, *The Nanny*, il film è il ritorno al cinema horror di Friedkin, il regista di *L'esorcista*. Il ritorno però è deludente. Salvo il buon avvio della vicenda, il resto è prevedibile. La direzione degli attori invece, nel complesso, è buona. Si narra di una donna misteriosa che lavora come babysitter, passando da una coppia all'altra. Un albero dove dimorano spiriti del male diviene luogo di sacrifici umani. Una giovane coppia metterà fine temporaneamente a tale scempio. ■ HORROR; COL.; 89′; USA, 1990.

ALBERO DI ADAMO, L' ★★★
Regia di MARIO BONNARD. Con RENATO CIALENTE, ANTONIO GANDUSIO, NICOLA MALDACEA, ELSA MERLINI, CRISTINA OLINTO, DRIA POLA. ■ Un medico di provincia e la moglie di un duca, tornato in Italia dopo anni di permanenza all'estero, sono sospettati di aver avuto una love story in assenza del marito. L'equivoco chiarito avvicinerà realmente i due. ■ COMMEDIA; B/N; 76′; ITALIA, 1936.

ALBERO DI ANTONIA, L' *(Antonia's Line)* ★★★
Regia di MARLEEN GORRIS. Con MARINA DE GRAAF, JAN DECLEIR, ELS DOTTERMANS, VAN WILLEKE AMMELROOY. ■ A fine guerra Antonia torna a casa, nel suo paesino olandese, insieme alla figlia. Da quel momento la donna è al centro di tutte le vite e rapporti. La figlia ha una figlia, la quale ha una figlia. Sono dunque quattro le generazioni. Una mattina Antonia si alza con la sensazione che quello sarà l'ultimo giorno della sua vita. Lo dice a tutti e muore circondata dai suoi affetti. Nel frattempo è successo tutto: amori (anche fra donne), il lavoro, la religione, il sesso, l'odio e la vendetta. E inoltre filosofia, coraggio e poesia. Tutto torna e ritorna. Con qualche accento surreale. Intreccio davvero composito,

che mescola tutte le culture con riferimenti anche alle storie sudamericane alla Marquez. Film completamente dalla parte delle donne. Considerazione sulla felicità, il dolore e la morte, cosa naturale, buona e meritata. Vincitore del premio Oscar quale film straniero. ■ SENTIMENTALE; COL.; 93'; OLANDA, BELGIO, GRAN BRETAGNA, 1995. ■ OSCAR 1 PR, 1 NOM.

ALBERO DI GUERNICA, L' ★★★
Regia di FERNANDO ARRABAL. Con COSIMO CINIERI, RON FARBER, MARIANGELA MELATO, FRANCO RESSEL. ■ È la storia di un nobile e di una contadina che si incontrano sotto un bombardamento durante la guerra civile spagnola. I due abbracciano la causa dei repubblicani e riescono a salvarsi dopo che gli assediati hanno messo a ferro e fuoco Guernica. ■ DRAMMATICO; COL.; 100'; FRANCIA, ITALIA, 1975.

ALBERO DI NATALE, L' *(L'arbre de Noël)* ★★
Regia di TERENCE YOUNG. Con MARIO FELICIANI, WILLIAM HOLDEN, VIRNA LISI. ■ Durante le vacanze al mare un fanciullo viene colpito da radiazioni atomiche e si ammala di leucemia. Il padre e la sua fidanzata gli rendono l'esistenza più serena possibile fino al giorno della morte. ■ DRAMMATICO; COL.; 112'; FRANCIA, 1970.

ALBERO, IL SINDACO E LA MEDIATECA, L' ★★★
(L'arbre, le maire e la médiatèque)
Regia di ERIC ROHMER. Con ARIELLE DOMBASLE, PASCAL GREGGORY, FABRICE LUCHINI. ■ Presentato in anteprima alla Mostra di Venezia, girato in 16 millimetri, di fattura semplice ma frizzante e divertente. Ci troviamo nel villaggio di Saint-Jure dove il sindaco socialista spera di farsi eleggere ancora una volta. Vuole costruire un complesso multimediale che comporterebbe l'abbattimento di un albero secolare. Il maestro del paesino è contrario e coinvolge anche la figlioletta, che umilia il sindaco. I piani falliranno anche grazie a un articolo che doveva essere pro sindaco, mentre sostiene le idee del maestro. Fabrice Luchini è il più bravo tra gli attori. ■ COMMEDIA; COL.; 105'; FRANCIA, 1993.

ALBERO STREGATO, L' *(Flor de durazno)* ★
Regia di MIGUEL ZACARIAS. Con E. AROZAMBIA, ESTHER FERNANDEZ. ■ Una ragazza promessa al cugino, lontano per lavoro, viene sedotta e poi abbandonata da un signorotto. Questi rimane ucciso durante una lite col fidanzato che finisce in carcere. Lei lo aspetterà. ■ DRAMMATICO; B/N; 95'; MESSICO, 1949.

ALBERO VERDE ★★
Regia di GIUSEPPE ROLANDO. Con ROBERTO GHIO, NATALE PERETTI. ■ La reclusione di un capofamiglia costretto a rubare per fame spinge il figlio a costituire una banda. L'incontro e la personalità di Don Bosco convinceranno il ragazzo a vivere onestamente. ■ DRAMMATICO; B/N; 80'; ITALIA, 1966.

ALBERT NOBBS ★★
Regia di RODRIGO GARCIA. Con GLENN CLOSE, PAULINE COLLINS, AARON JOHNSON, JANET MCTEER, MIA WASIKOWSKA. ■ Irlanda del XVIII secolo. Albert Nobbs è il migliore dei camerieri di un albergo di Dublino, col desiderio di aprire in futuro una sua attività commerciale. Albert Nobbs ha un segreto: è una donna. Quando nell'albergo arriva un pittore la sua copertura vacilla, ma Nobbs si imbatte in qualcuno che intuisce il suo segreto e la aiuta nella sua frustrazione. Dopo averlo interpretato a teatro nel 1982 Glenn Close ha portato al cinema questa figura controversa e drammatica. ■ DRAMMATICO; COL.; 113'; GRAN BRETAGNA, 2012.

AL BUIO INSIEME ★★
Regia di GENNARO RIGHELLI. Con MAURIZIO D'ANCORA, OLGA VITTORIA GENTILI, LAMBERTO PICASSO, SANDRA RAVEL. ■ Una ragazza, rientrata in albergo sotto i fumi dell'alcol, scambia la camera di un giovanotto per la propria, e, ignara, finisce nel suo letto. Equivoci a non finire e prevedibile lieto fine. ■ COMMEDIA; B/N; 82'; ITALIA, 1933.

AL CAFONE E COMPAGNI ★★★
Con CHARLIE CHAPLIN. ■ È indubbiamente una cosa singolare pensar di dare un titolo come questo a un'antologia che per quanto poco disorganica contiene pur sempre delle piccole perle della storia del cinema. ■ FILM DI MONTAGGIO; B/N; 79'; USA, 1959.

AL CALARE DELLE TENEBRE *(Darkness Falls)* ★★
Regia di JOHN LIEBESMAN. Con EMMA CAULFIELD, LEE CORMIE, CHANEY KLEY. ■ Centocinquant'anni fa, a Darkness Falls, Mathilda Dixon, una gentile vecchina nota anche come "la fatina dei denti caduti" perché donava regali ad ogni bimbo cui cadevano i primi dentini, viene ingiustamente accusata della sparizione di due bambini e brutalmente massacrata dalla folla. Il suo spirito, però, non smette di aleggiare sulla cittadina, e promette una vendetta che sarà perpetrata sui discendenti dei suoi giustizieri. Kyle ritiene di aver visto da bambino il fantasma della Dixon, la notte in cui fu uccisa misteriosamente sua madre: non sa ancora se sia stata un'allucinazione, ma da allora non riesce più a rimanere da solo al buio. Nonostante una buona idea iniziale, il film ben presto si sfilaccia e perde interesse. ■ HORROR; COL.; 85'; USA, 2003.

AL CAPONE ★★★
Regia di RICHARD WILSON. Con MARTIN BALSAM, JAMES GREGORY, FAY SPAIN, ROD STEIGER. ■ È la storia dell'*escalation* del noto gangster italoamericano. Balzato prepotentemente a boss nella Chicago degli anni Venti, egli riesce ad avere il controllo di tutti gli affari illeciti della città e a farla sempre franca. La giustizia però riesce ad incriminarlo e lo condanna all'ergastolo. ■ DRAMMATICO; B/N; 105'; USA, 1959.

AL CAPORALE PIACCIONO LE DONNE ★★★
(What Next, Corporal Hargrove?)
Regia di RICHARD THORPE. Con JEAN PORTER, ROBERT WALKER, KEENAN WYNN. ■ In una cittadina della Francia, durante la seconda guerra mondiale, un caporale dell'esercito americano viene coinvolto in un'avventura sentimentale con la figlia del sindaco. ■ COMMEDIA; B/N; 95'; USA, 1945. ■ OSCAR 1 NOM.

AL CAVALLINO BIANCO *(Im weissen Rössl)* ★★
Regia di KARL LAMAC. Con MARDAYN CRISTL, HERMANN THIMIG. ■ La proprietaria del Cavallino bianco è tenacemente corteggiata da un cameriere ma è innamorata di un avvocato. Questi si fidanza con la figlia di un industriale e lei, disillusa, sposa l'innamorato. ■ COMMEDIA; B/N; 87'; AUSTRIA, 1935.

AL CENTRO DELL'AREA DI RIGORE ★★
Regia di BRUNO GARBUGLIA, ROBERTO IVAN ORANO. Con MARZIA AQUILANI, CHRISTIAN CAPONE, GUILLAUME FONTANNAZ, DONAT GUIBERT. ■ Roma, 1942. Un gruppo di giovani amici attendono la partita della Roma a Torino determinante per la scalata allo scudetto. Inizia un viaggio verso il Nord ricco di piccoli episodi. Giunti a Torino alcuni protagonisti dichiarano il loro vero interesse: la contestazione al fascismo. Alcuni verranno arrestati e torturati mentre la radio diffonde le notizie sulla partita. Sceneggiatura vincitrice del Solinas penalizzata dal budget ridotto. ■ DRAMMATICO; COL.; 82'; ITALIA, 1994.

AL CENTRO DELL'URAGANO *(Storm Center)* ★★★★
Regia di DANIEL TARADASH. Con BETTE DAVIS, KIM HUNTER, BRIAN KEITH, PAUL KELLY. ■ Alicia, vedova di un soldato ucciso durante la prima guerra mondiale, dirige la biblioteca di una cittadina del New England. Il libro *Il sogno comunista* è considerato dalle autorità sovversivo e il direttore decide di ritirarlo. La vedova si oppone a tale richiesta ma è costretta a lasciare la biblioteca. Nel frattempo la città si divide in due opposte fazioni, pro e contro Alicia. Il piccolo Freddie Stater, dapprima molto legato alla donna, ha una crisi di nervi durante la quale incendia la biblioteca. Questo insano gesto convincerà le autorità a riflettere; riacquisterà il suo impegno e sarà incaricata di riedificare la biblioteca. ■ DRAMMATICO; B/N; 85'; USA, 1956.

AL CHIARO DI LUNA *(Shine on Harvest Moon)* ★★
Regia di DAVID BUTLER. Con STEP BROTHERS, JACK CARSON, IRENE MANNING, DENNIS MORGAN, ANN SHERIDAN. ■ Un cantante di varietà sposa una collega dopo averla convinta ad abbandonare il suo impresario. Questi con ogni mezzo cerca di mettere i bastoni fra le ruote ai due costringendoli a esibirsi in locali di sottordine. Alcuni amici aiuteranno la coppia a risalire la china. Il film racconta la storia romanzata di due famosi *entertainers* degli anni Dieci-Venti: Nora Bayes e Jack Norwoth. ■ COMM. MUSICALE; B/N; 112'; USA, 1944.

ALCOOL *(Come Fill the Cup)* ★★★
Regia di GORDON DOUGLAS. Con JAMES CAGNEY, JAMES GLEASON, RAYMOND MASSEY, PHYLLIS THAXTER, GIG YOUNG. ■ Il giornalista Lew Marsh perde il posto al giornale perché dedito all'alcool. Con l'aiuto di un amico riesce a guarire, viene riassunto ma resta deluso quando scopre che la donna che amava ha sposato il figlio del suo direttore. Salvare il prossimo dal vizio dell'alcool sarà la sua ragione di vita. ■ DRAMMATICO; B/N; 113'; USA, 1951. ■ OSCAR 1 NOM.

ALCOVA, L' ★★
Regia di JOE D'AMATO. Con ANNIE BELLE, LILLI CARATI, AL CLIVER. ■ In una città italiana nel '36 torna dal fronte abissino il comandante Elio. A casa lo aspettano la moglie e la segretaria di lui, ma amante di lei. L'uomo ha con sé una bella negretta, che scatena perversioni e gelosie. Sarà proprio la negretta a rimetterci la pelle, ma almeno tutto torna "regolare" come prima. Il film si ispira al romanzo di Juditte Wexley. ■ COMMEDIA; COL.; 86'; ITALIA, 1985.

ALCUNE RAGAZZE LO FANNO *(Some Girls Do)* ★★★
Regia di RALPH THOMAS. Con RICHARD JOHNSON, DALIAH LAVI, BEBA LONCAR, SYDNE ROME, JAMES VILLIERS. ■ L'agente di una compagnia assicuratrice scopre che gli attentati ad un aereo supersonico mirano a dirottarlo per ottenere una grossa somma. Con l'aiuto di una ragazza-robot l'uomo manda in fumo il piano. ■ SPIONAGGIO; COL.; 93'; GRAN BRETAGNA, 1969.

ALCUNE SIGNORE PER BENE ★
Regia di BRUNO A. GABURRO. Con ROSSY DE PALMA, DALILA DI LAZZARO, EVA GRIMALDI, FLORENCE GUERIN, PAOLA QUATTRINI. ■ Dalila Di Lazzaro, ancora diretta da Gaburro (*Spogliando Valeria*), questa volta ha rivali molto agguerrite. Alla morte del ricco parente si scatena, fra le signore così "per bene" della famiglia, la lotta per l'eredità. Poiché è nello stile del regista pescare nel torbido, unendo agli intrighi un velato erotismo, ne succedono di tutti i colori. ■ EROTICO; COL.; 91'; ITALIA, 1990.

AL CUORE SI COMANDA ★★
Regia di GIOVANNI MORRICONE. Con PIERRE COSSO, GIOVANNI ESPOSITO, PIERFRANCESCO FAVINO, CLAUDIA GERINI, SABRINA IMPACCIATORE. ■ Lorenza, trentenne avvenente ma ancora single, decide di prendersi un fidanzato "in affitto" per mettere a tacere le malelingue delle amiche e della madre. Incontra così Riccardo, trombettista squattrinato, che accetta di essere pagato per prestarsi al gioco. Naturalmente, la situazione si evolve: gradualmente, Riccardo e Lorenza capiscono di essersi davvero innamorati l'uno dell'altra. A complicare le cose però arriva Giulio, dentista affascinante e ricchissimo. Commediola agro-dolce dai buoni sentimenti, dimenticabile. Esordio alla regia del figlio di Ennio Morricone. Notata la presenza del bellimbusto Pierre Cosso, redivivo dopo vent'anni dal *Tempo delle mele*. ■ COMMEDIA; COL.; 101'; ITALIA, 2003.

ALDEBARAN ★★★
Regia di ALESSANDRO BLASETTI. Con ELISA CEGANI, GINO CERVI, UGO CESERI, FRANCO COOP, DORIS DURANTI, GIANFRANCO GIACHETTI, EVI MALTAGLIATI, LUIGI PAVESE, UMBERTO SACRIPANTE. ■ Questo film, che segna il debutto cinematografico di Elisa Cegani e nel quale appare lo stesso Blasetti in una piccola parte, narra la storia di un ufficiale di marina che mette in pericolo la sua carriera per i capricci della moglie. Solo dopo un'importante missione si ristabilirà l'equilibrio della coppia. ■ DRAMMATICO; B/N; 99'; ITALIA, 1935.

AL DIAVOLO IL PARADISO *(Checking Out)* ★★
Regia di DAVID LELAND. Con JEFF DANIELS, MELANIE MAYRON, MICHAEL TUCKER. ■ Il regista di *Vorrei che fossi qui* delude con questa commediola pseudo-satirica. Dopo la morte di un amico che gli stava raccontando una divertente barzelletta, Pat comincia a somatizzare ogni inquietudine. Guarirà a causa di una "reale" appendicite. Jeff Daniels sottotono. ■ COMMEDIA; COL.; 93'; GRAN BRETAGNA, 1989.

AL DIAVOLO LA CELEBRITÀ ★★
Regia di MARIO MONICELLI, STENO. Con MISCHA AUER, CARLO CAMPANINI, MARCEL CERDAN, FERRUCCIO TAGLIAVINI. ■ In uno scatto d'ira un giovane manda tutti al diavolo. Questi gli si presenta davanti e lo inserisce nel corpo di alcuni uomini celebri per fargli provare l'ebbrezza della fama. Ma è solo un sogno... ■ COMMEDIA; B/N; 90'; ITALIA, 1949.

AL DIAVOLO LA MORTE *(S'en fout la morte)* ★★★
Regia di CLAIRE DENIS. Con JEAN-CLAUDE BRIALY, ISAACH DE BANKOLÉ, ALEX DESCAS, SOLVEIG DOMMARTIN. ■ Siamo a Rugins nella Martinica. Pierre Ardennes è il proprietario di un piccolo impero: il ristorante Chez Toni, un consorzio e alcuni nightclub. Il ristorante è gestito dalla moglie, i night-club dal figlio nato dal primo matrimonio. Ha un ricordo ricorrente: l'amore per una donna di colore della Martinica. Arriva Jocelyn, che potrebbe essere suo figlio, con il suo amico Dah. I due sono esperti di combattimento tra galli e Pierre è interessato alle "scommesse". Il dramma però è dietro l'angolo. Assistente di Wenders e regista di *Chocolat*, la Denis traccia sulla pellicola un suo particolare segno e ci assicura che i galli non sono stati maltrattati. ■ DRAMMATICO; COL.; 97'; FRANCIA, 1990. ■ VENEZIA 1 PR.

AL DIAVOLO MIO MARITO! *(Hi Honey, I'm Dead)* ★★
Regia di ALAN MYERSON. Con CURTIS ARMSTRONG, CATHERINE HICKS. ■ Un uomo ricco e influente perde la vita in un incidente. Il destino, però, vuole che egli torni in vita, privo delle sue facoltà economiche. ■ COMMEDIA; COL.; 90'; USA, 1990.

AL DI LÀ DEI SOGNI *(What Dreams May Come)* ★★★
Regia di VINCENT WARD. Con CUBA GOODING JR., ANNABELLA SCIORRA, ROBIN WILLIAMS. ■ Sono una bella coppia, hanno tutto, benessere, sicurezza, due figli, che però muoiono in un incidente. È l'inizio di tutte le tragedie. Muore lui e va in paradiso. Si suicida lei e "deve" andare all'inferno. Ma lui non si arrende e scende a cercarla. E la trova. Sentimento a oltranza. L'amore trionfa sempre. La coppia decide di reincarnarsi e reincontrarsi in terra – e ne hanno tutte le ragioni se il paradiso è quello che ci propone il film. «E come faremo a ritrovarci?», domanda lei. «Ti ho trovata all'inferno, non ti ritroverò nel New Jersey?». Per chi ha amato *Ghost*. ■ FANTASTICO; COL.; 106'; USA, 1998. ■ OSCAR 1 PR, 2 NOM.

AL DI LÀ DEL BENE E DEL MALE ★★★
Regia di LILIANA CAVANI. Con AMEDEO AMODIO, ERLAND JOSEPHSON, PHILIPPE LEROY, VIRNA LISI, UMBERTO ORSINI, ROBERT POWELL, DOMINIQUE SANDA. ■ Triangolo amoroso fra il filosofo Federico Nietzsche, la disinibita Lou Salomé e l'inibito Paul Rée. Incapace di optare per una vita priva di regole (com'è quella della bella Lou) e d'altra parte nauseato delle pastoie borghesi della sua educazione, Nietzsche finisce per impazzire. Rée, dopo un tempestoso ménage con Lou, troverà la morte per mano di alcuni teppisti. Arriva il 1900. Lou va a trovare Nietzsche ormai demente e gli annuncia: «È nato il nuovo secolo, il nostro secolo». Poco dopo il filosofo muore. ■ DRAMMATICO; COL.; 130'; ITALIA, 1977.

AL DI LÀ DEL DESIDERIO *(Bliss)* ★★
Regia di LANCE YOUNG. Con SHERYL LEE, CRAIG SHEFFER, TERENCE STAMP. ■ Una coppia funziona discretamente, anche se la routine comincia a essere palpabile. Poi qualcosa cambia in lei. Lui si insospettisce finché non appura che la moglie frequenta un sessuologo di una certa età. A quel punto il matrimonio sembra migliorare. Una menzione per Terence Stamp. ■ COMMEDIA; COL.; 98'; USA, 1997.

AL DI LÀ DEL DOMANI *(Beyond Tomorrow)* ★★
Regia di EDWARD SUTHERLAND. Con ROLAND CARLSON, JEAN PARKER, CHARLES WINNINGER. ■ Un cowboy e una infermiera vengono invitati la notte di Natale da tre anziani benefattori. Uno dei tre rimarrà in seguito ucciso in un incidente aereo. Il cowboy divenuto celebre come cantante incontrerà un'altra donna, ma i due benefattori faranno in modo che egli ritorni dalla bella infermiera. ■ DRAMMATICO; B/N; 84'; USA, 1940.

AL DI LÀ DEL FIUME *(Drums Across the River)* ★★
Regia di NATHAN J. JURAN. Con LYLE BETTGER, WALTER BRENNAN, LISA GAYE, AUDIE MURPHY. ■ Il figlio di un cercatore d'oro viene ritenuto colpevole di un assalto alla diligenza. In realtà egli era presente, ma vi fu costretto per salvare il padre tenuto pri-

gioniero dai banditi. I fuorilegge lo fanno evadere perché il nostro eroe ha nascosto il bottino della rapina. Il giovane riuscirà a far giustizia. ■ WESTERN; COL.; 78′; USA, 1954.

AL DI LÀ DEL LAGO *(The People Across the Lake)* ★★
Regia di ARTHUR ALLAN SEIDELMAN. Con BARRY CORBIN, VALERIE HARPER, GERALD MCRANEY. ■ Un'intera famiglia abbandona il lavoro, la casa e le comodità della vita cittadina per andare sulle rive del lago Tomawak. Ma luogo e abitazione sono sconvolti da inspiegabili manifestazioni che sfuggono alla loro comprensione. ■ DRAMMATICO; COL.; 96′; USA, 1988.

AL DI LÀ DELLA LEGGE ★★
Regia di GIORGIO STEGANI CASORATI. Con GRAZIELLA GRANATA, ANTONIO SABÈTO, BUD SPENCER, LIONEL STANDER, LEE VAN CLEEF. ■ Tre amici che hanno derubato una diligenza ne difendono un'altra attaccata dai banditi. Il capo degli improvvisati salvatori diventa sceriffo e quando ha la possibilità di effettuare un nuovo colpo sceglie di rimanere dalla parte della legge. ■ WESTERN; COL.; 95′; ITALIA, 1968.

AL DI LÀ DELLA RAGIONE *(Beyond Reason)* ★★
Regia di TELLY SAVALAS. Con BIFF ELLIOTT, DIANA MULDAUR, TELLY SAVALAS. ■ Telly Savalas, al suo esordio nella regia, interpreta uno psichiatra convinto del fatto che per avere una cura efficace il medico debba entrare in totale sintonia con il paziente. Teoria azzardata. Infatti il dottore rischia di perdere la ragione. ■ DRAMMATICO; COL.; 83′; USA, 1978.

AL DI LÀ DELLA VITA *(All the Way Home)* ★★
Regia di ALEX SEGAL. Con PAT HINGLE, ALINE MACMAHON, ROBERT PRESTON, JEAN SIMMONS. ■ Una famigliola vive felicemente quando il padre muore in un incidente d'auto. Il figlioletto, disperato, troverà presto conforto nell'arrivo di un fratellino. ■ DRAMMATICO; B/N; 107′; USA, 1964.

AL DI LÀ DELLA VITA *(Bringing Out the Dead)* ★★
Regia di MARTIN SCORSESE. Con PATRICIA ARQUETTE, NICOLAS CAGE, JOHN GOODMAN, VING RHAMES. ■ Cage nella parte di un paramedico che non riesce a salvare nessuno. Tutti i pazienti soccorsi da lui muoiono. L'unico che, con enormi sofferenze potrebbe sopravvivere, vuole morire. L'uomo precipita in una profonda angoscia esistenziale. Climi cupi, depressione generale, cast eccellente per un film imperfetto. Forse Scorsese, che continuiamo a considerare uno dei due, tre massimi maestri del cinema contemporaneo comincia ad essere stanco. I primi segnali si erano manifestati con *Kundun*. Naturalmente il mestiere rimane, ma la differenza, la grande qualità, non si manifestano. La speranza è che si tratti di un momento transitorio. ■ DRAMMATICO; COL.; 111′; USA, 1999.

AL DI LÀ DELLE NUVOLE ★★★
Regia di MICHELANGELO ANTONIONI. Con FANNY ARDANT, IRÈNE JACOB, JOHN MALKOVICH, SOPHIE MARCEAU, JEAN RENO, KIM ROSSI STUART. ■ Ferrara, Portofino e Parigi sono teatro di storie d'amore di giovani e adulti. C'è la commessa con un terribile segreto, una moglie fedifraga, un marito che ha un debole per la ragazzina, la giovane che si fa timidamente corteggiare la sera prima di entrare in convento. E c'è un cammeo che ci mostra Jeanne Moreau e Marcello Mastroianni, lontane memorie della magnifica *Notte* di Antonioni del 1960. Film che scivola patinato sui corpi nudi delle bellissime, senza le invenzioni energiche del bel tempo che fu. L'intervento alla sceneggiatura di Tonino Guerra è servito solo a riaffermare cose già note, con minor forza e senza aggiornamenti. Il film è presentato dal "massimo" Wenders, che pare abbia rispettato l'autonomia dell'ormai scomparso regista italiano. La mano di Wenders è, però, evidente nelle sequenze di raccordo con Malkovich, nella parte di un regista che cerca se stesso. ■ DRAMMATICO; COL.; 110′; ITALIA, 1995.

AL DI LÀ DELLE TENEBRE *(Magnificent Obsession)* ★★
Regia di JOHN M. STAHL. Con CHARLES BUTTERWORTH, IRENE DUNNE, ROBERT TAYLOR. ■ Il dottor Hudson e Bobby Merrick, un giovanotto ricco, vengono raccolti mentre stanno affogando e portati nel vicino ospedale. L'unico apparecchio per la respirazione artificiale salva soltanto il giovanotto. Bobby incontra Helen, la vedova del dottor Hudson, e se ne innamora. In seguito a un incidente d'auto Helen perde la vista, ma la riacquisterà qualche anno dopo per merito dello stesso Bobby. ■ DRAMMATICO; B/N; 112′; USA, 1935.

AL DI LÀ DELL'ODIO... ★
Regia di ALESSANDRO SANTINI. Con JEFF CAMERON, GEORGE CAVENDISCH, STEFANIA NELLI, CAMERON STEEL. ■ Gli unici superstiti di una famiglia distrutta dagli indiani sono una bambina, che viene allevata da Nuvola Nera, e suo fratello, che qualche anno dopo guida una spedizione contro i pellerossa. Fatto prigioniero è riconosciuto dalla sorella che viene uccisa da un fanatico. ■ WESTERN; COL.; 81′; ITALIA, 1972.

AL DI LÀ DELL'ORIZZONTE ★★
(Beyond the Blue Horizon)
Regia di ALFRED SANTELL. Con WALTER ABEL, RICHARD DENNING, JACK HELEY, DOROTHY LAMOUR. ■ Durante una spedizione, un esploratore si imbatte nella giungla in una ragazza bianca i cui genitori perirono molti anni prima. L'esploratore la porta con sé a New York. ■ AVVENTURA; COL.; 90′; USA, 1942.

AL DI LÀ DELL'ORRORE ★★
Regia di VICTOR FRIVAS. Con HORST FRANK, KARIN KERNKE, MICHEL SIMON. ■ I mostruosi trapianti dell'assistente di un chirurgo (tra le varie operazioni sostituisce anche una testa) attirano l'attenzione della polizia. L'uomo, impazzito, muore. ■ HORROR; B/N; 85′; GERMANIA, 1961.

AL DI LÀ DEL MISTERO *(House of Frankenstein)* ★★★
Regia di ERLE C. KENTON. Con JOHN CARRADINE, LON CHANEY JR, BORIS KARLOFF, J. CARROL NAISH. ■ Uno scienziato, in vena di esperimenti rischiosi, decide di riportare in vita il mostro di Frankenstein e l'Uomo Lupo, liberandoli dallo stato di ibernazione in cui erano finiti al termine di avventure precedenti. Si accorgerà presto di aver avuto una cattiva idea. ■ HORROR; B/N; 71′; USA, 1944.

AL DI LÀ DEL PONTE *(Across the Bridge)* ★★★
Regia di KEN ANNAKIN. Con DAVID KNIGHT, MARIA LANDI, ROD STEIGER. ■ Dal racconto omonimo di Graham Greene. Finanziere disonesto ricercato dai poliziotti del suo paese riesce, con un abilissimo stratagemma e molte peripezie, a rifugiarsi in Messico. La notte in cui varca il ponte sul confine per riprendere il suo cane viene investito e ucciso da un'auto della polizia. ■ DRAMMATICO; B/N; 103′; GRAN BRETAGNA, 1957.

AL DI LÀ DEL PONTE *(Mara)* ★★
Regia di MIRCEA VEROJU. Con MIRCEA ALBULESCU, LEOPOLDINA BALANUTA, MARIA PLOAIE. ■ Dal romanzo di John Slavici. La vita di un'ambiziosa donna, Mara, in un villaggio della Transilvania nel secolo scorso. Vuole una vita agiata e felice per i suoi figli che però, quando crescono, la deludono. La ragazza sposa il figlio del peggior nemico di Mara, il ragazzo si arruola nell'esercito. ■ DRAMMATICO; COL.; 91′; ROMANIA, 1970.

AL DI LÀ DEL SILENZIO *(Jenseits der Stille)* ★★★
Regia di CAROLINE LINK. Con SYBILLE CANONICA, EMMANUELLE LABORIT, HOWLE SEAGO, SYLVIE TESTUD, TATJANA TRIEB. ■ Lara ha otto anni e i suoi genitori sono sordomuti. È lei il tramite tra loro e il mondo. Lara, crescendo, diventa una valente clarinettista anche se il padre si oppone. Film che, nonostante la tematica, non cade in una facile e scontata retorica, ma tratta seriamente la tragedia dell'handicap. Film in competizione per l'Oscar 1998 come miglior film straniero. ■ COMMEDIA; COL.; 109′; GERMANIA, 1996. ■ OSCAR 1 NOM.

AL DI LÀ DI OGNI DUBBIO ★★★
(Beyond Reasonable Doubt)
Regia di JOHN LAING. Con JOHN HARGREAVES, DAVID HEMMINGS, MARTYN SANDERSON. ■ Ottimo thriller ambientato in Nuova Zelanda da un romanzo di David Yallop. Un disgraziato agricoltore è incolpato di duplice omicidio. Al processo potrebbe cavarsela facilmente, ma un poliziotto carogna (benché nel suo intimo convinto dell'innocenza del poveraccio) accumula indizi che sostengono la sua frettolosa inchiesta iniziale. L'agricoltore è condannato. Solo dopo anni sarà graziato dietro la spinta della opinione pubblica. Basato su fatti veri. ■ GIALLO; COL.; 100′; NUOVA ZELANDA, 1980.

AL DI LÀ DI OGNI RAGIONEVOLE DUBBIO ★★★
(The Lawyer)
Regia di SIDNEY J. FURIE. Con KATHLEEN CORWLEY, HAROLD GOULD, DIANA MULDAUR, BARRY NEWMAN. ■ Un giovane avvocato accetta di difendere un medico accusato dell'omicidio della moglie. Benché l'uomo venga condannato all'ergastolo, non si arrende, raccoglie nuove prove per scagionarlo dall'accusa e in un secondo processo vince la causa. ■ POLIZIESCO; COL.; 117'; USA, 1968.

AL DI LÀ DI TUTTI I LIMITI *(Less than Zero)* ★★
Regia di MAREK KANIEVSKA. Con JAMI GERTZ, ANDREW MCCARTHY, NICHOLAS PRYOR. ■ Un giovane, rampollo di una ricca famiglia, torna a casa per le vacanze di Natale e trova la sua ex ragazza col nuovo fidanzato. La fanciulla torna velocemente al primo amore, ma non si sente di lasciare del tutto il suo promesso, perché questi ha gravi problemi di droga. Per salvarlo, la coppia decide di portarlo via da Los Angeles e dal giro di malavitosi che lo ricatta. Ma durante il viaggio il ragazzo muore. ■ DRAMMATICO; COL.; 98'; USA, 1987.

♥ ALDILÀ... E TU VIVRAI NEL TERRORE, L' ★★
Regia di LUCIO FULCI. Con VERONICA LAZAR, CATRIONA MCCOLL, DAVID WARBECK. ■ In una città della Nuova Inghilterra una ragazza cerca di riattivare un albergo semidistrutto. Ma l'albergo è costruito su una delle sette porte dell'inferno. Gli abitanti dell'aldilà non gradiscono molto questa convivenza e mandano un esercito di zombi a invadere la città. ■ HORROR; COL.; 86'; ITALIA, 1981.

AL DI SOPRA DI OGNI SOSPETTO ★★★
(Above Suspicion)
Regia di RICHARD THORPE. Con JOAN CRAWFORD, FRED MACMURRAY, REGINALD OWEN, BASIL RATHBONE, CONRAD VEIDT. ■ Agli albori dello scoppio della seconda guerra mondiale due giovani sposi americani residenti a Londra, mentre si accingono a partire per la luna di miele, vengono incaricati dal servizio segreto britannico di impadronirsi dei piani di una mina magnetica inventata in Germania da un professore. Dopo una serie di mirabolanti avventure riescono a sfuggire alla Gestapo e a portare a termine la loro missione. ■ SPIONAGGIO; B/N; 90'; USA, 1943.

ALDO QUALUNQUE, UN ★
Regia di DARIO MIGLIARDI. Con MICHELE BOTTINI, FABIO DE LUIGI, NERI MARCORÈ, MANUELA UNGARO. ■ È il 1978, ed una giovane coppia di sposini baresi è giunta da poco a Torino. Lei, Marisa, è una poliziotta carrierista, che vive in sogno avventure criminal-sentimentali, e odia il provincialismo in cui è nata e cresciuta. Lui, Aldo, nipote di un cardinale in odore di papato, è ragioniere capo di una azienda torinese. L'incontro-scontro con Biagio, un nullafacente fuoriuscito dal PCI e in contatto con ambienti malavitosi, cambierà radicalmente la vita di Aldo, che insieme a Biagio e ad un suo amico, Caimano, progetterà un colpo per sbancare il boss delle scommesse clandestine. È un buco nell'acqua l'esordio nel lungometraggio del torinese Migliardi: nonostante la verve del sempre ottimo De Luigi, non va al di là di una stanca riproposizione degli stilemi classici della commedia all'italiana, con l'aggravante del maldestro tentativo di comporre un'opera socialmente impegnata. Già visto, e meglio, in *Ecco noi per esempio,* che il '78 lo faceva raccontare a Celentano e Pozzetto. Cameo di Omar Pedrini, leader del gruppo rock Timoria, nei panni di un prete hippy. ■ COMMEDIA; COL.; 95'; ITALIA, 2002.

ALEGRIA ★★
Regia di FRANCO DRAGONE. Con RENÈ BAZINET, JULIE COX, FRANK LANGELLA, MAKO. ■ Frac, un mimo triste e malinconico, ha la fortuna di conoscere un'allegra compagnia circense e di innamorarsi di una delle artiste, Giulietta. Il loro amore è però contrastato dal padre della ragazza, direttore del circo. I due decidono di scappare e durante la loro peregrinazione aiutano alcuni ragazzini che, assoldati da un uomo senza scrupoli, compiono ogni genere di crimine. La fuga fa capire a Frac e a Giulietta che la loro vita è nel circo, in cui non potranno fare a meno di ritornare. Il film, che trae la sua ispirazione dal "Cirque du Soleil", un circo fondato nel 1984 e che non fa uso di animali, unisce alla bravura degli attori cinematografici quella degli attori circensi. ■ DRAMMATICO; B/N; 94'; CANADA, FRANCIA, PAESI BASSI, 1999.

ALEKSANDR NEVSKY *(Aleksandr Nevskij)* ★★★★
Regia di SERGEJ M. EJZENSTEJN. Con ANDREJ ABRIKOSOV, NICOLAJ CERKASOV, NICOLAJ OCHLOPKOV. ■ È la ricostruzione storica dell'invasione della Russia da parte dei cavalieri teutonici che, dopo la presa di Pskov, furono travolti dall'esercito russo guidato dal principe Nevskij e spinti nel lago gelato Peipus. È una grande "cine-opera" (così fu definita all'epoca) realizzata da uno dei più grandi registi del mondo. La musica di Prokof'ev non si dissocia mai dalle sequenze del film che vuole essere un inno al patriottismo. ■ STORICO; B/N; 110'; URSS, 1938.

ALESSANDRO IL GRANDE *(Alexander the Great)* ★★★
Regia di ROBERT ROSSEN. Con CLAIRE BLOOM, RICHARD BURTON, DANIELLE DARRIEUX, FREDRIC MARCH. ■ Il film narra l'infanzia, l'ascesa, la gloria e la morte di Alessandro il Grande morto, come gli aveva annunciato una profezia, a soli 33 anni. ■ STORICO; COL.; 141'; USA, 1956.

ALESSANDRO IL GRANDE *(O Megaleksandros)* ★★
Regia di THEO ANGELOPULOUS. Con OMERO ANTONUTTI, FRANCESCO CARNELUTTI, BRIZIO MONTINARO. ■ Nel 1870 un brigante della Macedonia del Nord rapisce ad Atene un gruppo di aristocratici inglesi e poi si rifugia sulle sue montagne. Assediato dall'esercito muore non prima d'aver massacrato i suoi prigionieri. Suggestiva, ma pretenziosa (e lunghissima) metafora sulla guerra di rivoluzione e sui metodi per combatterla (il brigante Alessandro che concepisce solo la lotta armata sarà distrutto). ■ DRAMMATICO; COL.; 230'; GRECIA, 1980. ■ VENEZIA 2 PR.

ALESSANDRO SEI GRANDE ★
Regia di CARLO LUDOVICO BRAGAGLIA. Con LUIGI ALMIRANTE, LEONARDO CORTESE, ARMANDO FALCONI, VIVI GIOI, DINA SASSOLI. ■ Un furbo affarista senza denaro cerca di convincere un finanziatore a investire nel lancio turistico di un'isola nei pressi di Napoli. ■ COMMEDIA; B/N; 85'; ITALIA, 1941.

A LETTO CON IL NEMICO *(Sleeping with the Enemy)* ★★★
Regia di JOSEPH RUBEN. Con KEVIN ANDERSON, PATRICK BERGIN, JULIA ROBERTS. ■ Nonostante l'efficace colonna sonora di Jerry Goldsmith e l'interpretazione della candida Julia Roberts e del malvagio Patrick Bergin, questo thriller, che parte piuttosto bene, si perde nel già visto e nel banale crescendo della tensione. La giovane protagonista è sposata con un uomo prevaricatore, violento e dispotico. Quando la donna non sopporta più la situazione e l'assurda gelosia del marito si fa credere morta e fugge per rifarsi una vita. Conosce un bravo giovane ma il marito viene a saperlo e farà di tutto per raggiungerla e punirla. Grande successo di pubblico. ■ THRILLER; COL.; 97'; USA, 1990.

A LETTO CON L'AMICO *(The Favor)* ★★
Regia di DONALD PETRIE. Con HARLEY JANE KOZAK, ELIZABETH MCGOVERN, BRAD PITT, BILL PULLMAN. ■ Una donna in crisi depressiva, sposata con un uomo che non ama, decide di convincere l'amica del cuore ad avere un rapporto sessuale con un suo antico amore. Le cose invece di sistemarsi finiranno col precipitare. ■ COMMEDIA; COL.; 95'; USA, 1994.

A LETTO CON MADONNA ★★★
(Truth or Dare: In Bed with Madonna)
Regia di ALEK KESHISHIAN. Con MADONNA. ■ Film documentario diviso in due parti che si incrociano e si alternano: la cronaca del concerto della cantante Madonna girato nel 1990 e denominato *Blonde Ambition Tour,* le scene dietro le quinte con varie interviste. La fotografia è nel primo caso a colori e nel secondo di un bianco e nero sgranato tipico del super 8. Partecipano parecchie personalità: da Warren Beatty a Sean Penn, da Kevin Costner a Pedro Almodóvar, fino ad Antonio Banderas del quale Madonna dice di essere innamorata. Il quadro che ne esce è contraddittorio come il personaggio stesso della popstar. La cantante non nasconde affatto i propri difetti, le proprie ipocrisie e non fa nulla per accattivarsi simpatie. D'altra parte sono messi in rilievo anche la sua professionalità, l'affetto per il padre e per i suoi compagni di lavoro. ■ DOC. MUSICALE; COL.; 120'; USA, 1990.

...A LEVANTE ★
Regia di GIANLUCA CAMERINO, STEFANO CHIODINI, GIOVANNI DE BLASI, LUIGI FILOTICO, MARCELLA LIBONATI, CARLO MICHELE SCHIRINZI, ALESSANDRO VALENTI. Con IPPOLITO CHIARELLO, LEONARDO DIMILITO, ANNA DIMITRI, LAMBERTO PROBO, MAYA SANSA, CARLO MICHELE SCHIRINZI, FABRICE SCOTT, VERONICA TERAMO, CHIARA TORELLI. ■ La storia del turista francese di passaggio ad Otranto, la città più orientale d'Italia, è il pretesto per incollare, alla buona e senza eccessivo sforzo, sette cortometraggi di giovani registi pugliesi. Girati in digitale, in quattro terzi, con pochi o nulli mezzi, i sette episodi sono tutti più o meno privi di interesse, recitati male da attori (presumibilmente) non professionisti. Alcuni sono anche piuttosto pretenziosi. Il risultato è spietatamente amatoriale. Dalle locandine è stato cancellato (con un pennarello) il nome di Maya Sansa, che effettivamente fa una comparsata di pochi secondi. ■ EPISODI; COL.; 105'; ITALIA, 2004.

ALEX ★★
Regia di JOSÉ ALCALA. Con MARIE RAYNAL, ADRIEN RUIZ, LYES SALEM. ■ Alex è una donna indipendente e dura che ama gli uomini e la vita. Sta cercando di ottenere la custodia di suo figlio Xavier. Si guadagna da vivere tenendo un banco di frutta sui mercati e restaura da sola un rudere nei pressi di un paesino del Sud della Francia nella speranza di poterci vivere un giorno con suo figlio. ■ DRAMMATICO; COL.; 100'; FRANCIA, 2005.

ALEXANDER ★★★
Regia di OLIVER STONE. Con COLIN FARRELL, ANTHONY HOPKINS, ANGELINA JOLIE, ROSARIO DAWSON, VAL KILMER, JARED LETO. ■ Alessandro Magno è un personaggio che affascina Oliver Stone da sempre. E finalmente il regista ha realizzato un'opera assolutamente personale e del tutto imparagonabile a quella sorta di "Omero made in Usa" che è *Troy*. Non per questo però *Alexander* si può definire un film riuscito. Perché Stone ha portato all'eccesso tre degli elementi che costituiscono da sempre l'essenza del suo cinema: l'essere un anarchico di destra; l'amare un'idea "barocca" del cinema; l'autobiografismo. *Alexander* soddisfa queste esigenze: una personalità complessa, un tiranno "partecipativo", un conquistatore spinto da ideali. Comincia il narratore Tolomeo (che tornerà più volte), seguono poi le istruzioni di mamma Olimpia/Angelina Jolie (che non invecchia mai, neppure quando dovrebbe), poi quelle del maestro di lotta e di quello di storia. Tocca poi al padre Filippo provare a spiegare al giovane Alessandro come si sta al mondo. Dopo la lunga rincorsa parte l'azione di conquista anche se il rischio del dialogo meditativo sulle sorti degli esseri umani e della Storia è sempre dietro l'angolo. Nei primi mesi del 334 avanti Cristo Alessandro parte dalla Macedonia e dopo undici anni, conquista dopo conquista, arriva in India. Si ferma solo perché i suoi comandanti si rifiutano di continuare. Muore nel 323, di malaria. Tre stelle di stima. ■ BIOGRAFICO; COL.; 175'; GRAN BRETAGNA, USA, 2004.

ALEXANDRA ★★★
Regia di ALEKSANDR SOKUROV. Con GALINA VISHNEVSKAYA, VASILI SHEVTSOV ■ Cecenia, ai giorni nostri. Aleksandra Nikolaevna è una nonna che ha chiesto e ottenuto l'autorizzazione per andare a visitare il nipote che presta servizio nell'esercito russo, in azione in quel territorio. Passerà alcuni giorni con le truppe scoprendo un nuovo mondo composto da giovani uomini che si trovano in una terra che non li ama e i cui abitanti sono comunque così riservati da non riuscire a comunicare i propri veri sentimenti. Alexandra riuscirà a trovare un modo per entrare in contatto con alcune donne e, al momento di ripartire, sarà una persona molto diversa quella che salirà sul treno che la riporta in Russia. Alexandr Soukurov è uno dei pochi grandi autori russi che sono riusciti a sopravvivere a quel vero e proprio tsunami di cinema commerciale occidentale che ha travolto l'Est europeo in seguito alla caduta dei regimi socialisti. ■ DRAMMATICO; COL.; 92'; RUSSIA, 2006.

ALEXANDRA'S PROJECT ★
Regia di ROLF DE HEER. Con HELEN BUDAY, JACK CHRISTIE, SAMANTHA KNIGGE, BOGDAN KOCA, GARY SWEET. ■ Un impiegato d'ufficio qualunque, Steve, in una giornata particolare: è il suo compleanno e non vede l'ora di tornare a casa da sua moglie Alexandra, dai suoi figli Emma e Sam e dagli amici che sicuramente saranno lì a festeggiarlo. La sorpresa è davvero riuscita quando Steve, invece, a casa non trova nient'altro che una videocassetta con su scritto "guardami". Da qui parte una serie di "sorprese" non degne del cinema di De Heer che qui sfiora il ridicolo con un sexual thriller penalizzato da una sceneggiatura grottesca. ■ THRILLER; COL.; 100'; AUSTRALIA, 2003.

ALEXANDRE... UN UOMO FELICE ★★★
(Alexandre... le bienheureux)
Regia di YVES ROBERT. Con FRANÇOISE BRION, TSILLA CHELTON, MARLÈNE JOBERT, PAUL LE PERSON, PHILIPPE NOIRET. ■ Alla morte della moglie autoritaria Alexandre pensa solo a dormire. L'unica persona che riesce a scuoterlo è una ragazza che mira alle sue ricchezze e vuole farsi sposare. Lui sta per caderci ma temendo un'esperienza simile alla precedente si tira indietro. ■ COMMEDIA; COL.; 95'; FRANCIA, 1969.

ALEX CROSS ★★
Regia di ROB COHEN. Con EDWARD BURNS, CARMEN EJOGO, MATTHEW FOX, TYLER PERRY, JEAN RENO. ■ Alex Cross è un detective e profiler della polizia di Detroit. Per il ritrovamento del corpo orribilmente mutilato di una donna viene messo a capo delle indagini su un pericoloso serial killer. In squadra col suo partner e amico Tommy Kane e la neo collega Monica Ashe, si mette sulle tracce dell'assassino. Non ci vorrà molto perché per Cross e Kane la caccia all'uomo si trasformi in un'operazione che va oltre l'ambito professionale. Non è la prima volta che la creatura letteraria di James Patterson, il detective e psicologo Alex Cross, compare sul grande schermo. Nelle due occasioni precedenti (*Nella morsa del ragno* e *Il collezionista*) a ricoprire il ruolo era stato Morgan Freeman. ■ THRILLER; COL.; 102'; USA, 2012.

ALEX & EMMA *(Alex and Emma)* ★★
Regia di ROB REINER. Con KATE HUDSON, SOPHIE MARCEAU, DAVID PAYMER, LUKE WILSON. ■ Alex è uno scrittore che, per risarcire un debito di oltre centomila dollari, deve scrivere in trenta giorni il suo nuovo libro. Per riuscire nell'intento cerca una stenografa. Si presenta Emma, carina ed energica, che al primo momento sembra non fidarsi del romanziere ma che poi accetta di seguire il percorso creativo del libro come una sfida. Nelle alternanze fra la dettatura e le sequenze che rappresentano le vicende del racconto, non può che nascere un sentimento "particolare". Ispirato idealmente a *Insieme a Parigi* con Audrey Hepburn e William Holden. Ma con una minore verve creativa. ■ COMMEDIA; COL.; 96'; USA, 2003.

ALEX L'ARIETE ★★
Regia di DAMIANO DAMIANI. Con RAMONA BADESCU, ORSO MARIA GUERRINI, MICHELLE HUNZIKER, ALBERTO TOMBA. ■ Alex è un poliziotto specializzato nello sfondamento di porte, abilità da cui deriva il soprannome "ariete". Durante una delicata operazione, il nostro super eroe tenterà di salvare una graziosa ragazza, graziosa sì ma assolutamente inadatta al ruolo. Campione di sci, carabiniere, ed ora anche attore. La sua interpretazione sfiora il ridicolo e il film, che si ispira molto lontanamente a *OO7*, offre numerosi momenti di comicità involontaria. ■ POLIZIESCO; COL.; 122'; ITALIA, 2000.

ALFABETO DELL'AMORE, L' *(Naughty but Nice)* ★★
Regia di RAY ENRIGHT. Con HELEN BRODERICK, JERRY COLONNA, DICK POWELL, RONALD REAGAN, ANN SHERIDAN, GALE STORM. ■ Un compositore di musica "seria" che vive in provincia ha avuto la notizia che una sua composizione è stata eseguita in versione jazzistica. La trama è solo un'occasione per cantare delle canzoni. ■ COMM. MUSICALE; B/N; 90'; USA, 1939.

ALFA TAU! ★★★
Regia di FRANCESCO DE ROBERTIS. ■ Realizzato dal centro cinematografico del Ministero della marina questo lungo documentario fa parte della trilogia dedicata ai "combattenti del mare". Gli altri due film erano *Uomini sul fondo* dello stesso De Robertis e *La nave bianca* scritto e sceneggiato da De Robertis stesso ma realizzato poi da Roberto Rossellini. ■ DOCUMENTARIO; B/N; 90'; ITALIA, 1942.

ALFIE ★★★
Regia di LEWIS GILBERT. Con JANE ASHER, MICHAEL CAINE, JULIA FOSTER, MILLICENT MARTIN, VIVIEN MERCHANT, SHELLEY WINTERS. ■ Dal lavoro teatrale *Alfie* di Bill Naughton. Garagista libertino dedica ogni minuto del tempo libero alle donne, che cambia con estrema facilità. L'aborto al quale ha costretto un'amante e la riflessione sugli anni passati lo spingono lentamente a rinsavire. ■ DRAMMATICO; COL.; 114'; GRAN BRETAGNA, 1967. ■ CANNES 1 PR; OSCAR 5 NOM.

ALFIE ★
Regia di CHARLES SHYER. Con OMAR EPPS, JANE KRAKOWSKI, JUDE LAW, NIA LONG, SIENNA MILLER, SUSAN SARANDON, MARISA TOMEI. ■ Alfie è un *englishman in New York* che si diverte, per piacere puramente personale, a giocare con le donne. Flirta con loro, le conquista, magari ci vive insieme qualche settimana, e poi le lascia. Sempre. Alfie non lascia entrare il sentimento dell'amore, lo schiva, lo "fredda" prima che possa esserne colpito. La sua vita è tutta immagine e narcisismo, senza un fondo di reale cattiveria, ma con un velo di aridità, che prima o poi lascerà il segno. Impersonato dal fascino "wildiano" di Jude Law, questo remake di un film (*Alfie*) che negli anni Sessanta aveva lanciato un giovane Michael Caine e fatto impallidire per la trasgressione la società del tempo, oggi ci lascia perplessi. Il continuo rivolgersi del protagonista alla macchina da presa, priva ogni azione e movimento di qualsiasi pathos e lo spettatore non riesce a immergersi nei piaceri e nei drammi della storia perché se ne distacca ogni volta che ascolta le parole di Alfie. Le immagini di New York, i *look dandy* a profusione, la Vespa "finto povero" e le auto fiammanti diventano così la vera anima del film. ■ COMMEDIA; COL.; 103'; GRAN BRETAGNA, USA, 2004. ■ GOLDEN GLOBES 1 PR, 1 NOM.

ALFREDO, ALFREDO ★★★
Regia di PIETRO GERMI. Con DUILIO DEL PRETE, CARLA GRAVINA, DUSTIN HOFFMAN, STEFANIA SANDRELLI, SARO URZÌ. ■ Un impiegato di banca sposa una farmacista con l'aiuto di un amico. La vita matrimoniale lo condanna a non frequentare l'amico, alla sfiducia in se stesso, alle gelosie della moglie, agli isterismi e a tutto quello che può provocare l'incontro con la "donna sbagliata". La conoscenza di Carolina lo rianima; egli combatte per ottenere il divorzio ma, una volta riconquistata la libertà, non riuscirà a salvarsi ancora una volta dal matrimonio. ■ COMMEDIA; COL.; 106'; ITALIA, 1972. ■ DAVID DI DONATELLO 1 PR, 1 NOM; GOLDEN GLOBES 1 NOM.

ALFREDO IL GRANDE *(Alfred the Great)* ★★
Regia di CLIVE DONNER. Con COLIN BLAKELY, DAVID HEMMINGS, IAN MCKELLEN, PRUNELLA RANSOME, PETER VAUGHAN, MICHAEL YORK. ■ Alla morte del regnante fratello Etelredo, Alfredo deve affrontare le armate danesi sulle quali, dopo lotte di esito alterno, ottiene una vittoria definitiva. ■ STORICO; COL.; 122'; GRAN BRETAGNA, 1970.

AL FUOCO! *(Man on Fire)* ★★
Regia di ROBERT GREENWALD. Con CARROLL BAKER, JOHN FORSYTHE. ■ Un giovanile ispettore dei vigili del fuoco di una grande città viene mandato in pensione quando compie i sessant'anni (nonostante l'ottima salute e le grandi capacità). L'inattività per quest'uomo forte, abituato a comandare, diventa un dramma peggiore degli incendi con cui ha lottato durante tutta la sua carriera. ■ DRAMMATICO; COL.; 92'; USA, 1986.

AL FUOCO POMPIERI! *(Horì, mà panenko)* ★★★
Regia di MILOS FORMAN. Con JOSEF KOLB, JOSEPH SEBANEK, KAREL VALNOHA, JAN VOSTRCIL. ■ I pompieri di un paesino vogliono festeggiare un ex ufficiale prossimo alla morte. Il ballo in suo onore non risulterà però un successo anzi porterà sfortuna. Infatti mentre tutti i pompieri sono alla festa un uomo perde la casa, distrutta da un incendio. Co-sceneggiato da Forman con Ivan Passer, diventato regista a sua volta. ■ COMMEDIA; COL.; 72'; CECOSLOVACCHIA, ITALIA, 1967. ■ OSCAR 1 NOM.

AL GUINZAGLIO DI EVA *(Un fil à la patte)* ★★
Regia di KARL ANTON. Con ROBERT BURNIER, ANDRÉE SPINELLY. ■ Questa commedia francese fa parte della produzione parigina girata dal regista cecoslovacco Anton tra il 1931 e il 1935, anno in cui ritornò a Berlino. ■ COMMEDIA; B/N; 90'; FRANCIA, 1934.

ALI *(Wings)* ★★★🏆
Regia di WILLIAM A. WELLMAN. Con RICHARD ARLEN, CLARA BOW, GARY COOPER, CHARLES ROGERS. ■ Prima guerra mondiale, due aviatori amano la stessa donna. Una volta al fronte i due dimenticano la loro rivalità. Destino vuole però che uno dei due uccida per sbaglio l'altro. Il primo film della storia del cinema ad essere insignito del premio Oscar. Spettacolare e ben diretto. ■ DRAMMATICO; B/N; 118'; USA, 1927. ■ OSCAR 🏆 2 PR, 2 NOM.

ALÌ ★★★
Regia di MICHAEL MANN. Con JAMIE FOX, RON SILVER, WILL SMITH, MARIO VAN PEEBLES, JON VOIGHT, MYKELTI WILLIAMSON, JEFFREY WRIGHT. ■ Il film racconta i fatti fondamentali della carriera e della vita privata di Alì. Si parte dal 1964, dal primo incontro con Liston che diede a Clay il titolo mondiale dei pesi massimi. Il match era truccato ma nel film non viene detto. Viene accreditata la tesi che fu Malcolm X a portare il campione sulla via dell'Islam. Il gran capo dei musulmani neri riceve il ragazzo e gli cambia il nome. Alì, chiamato alle armi rifiuta di partire. Sono gli anni del Vietnam. Il pugile dice la famosa frase, che gli costerà cinque anni di inattività: «i Vietcong non mi hanno fatto niente». Non può più combattere. Rimane senza un dollaro. Il gran capo religioso lo espelle. Lo riprende quando Alì tornerà a combattere con borse miliardarie. A Kinshasa, nello Zaire, viene organizzato l'incontro del secolo, con Foreman. La città africana, preferita a New York e Las Vegas, assume un altissimo valore simbolico. È il 1974, Alì ha 32 anni e ritorna in possesso del titolo. Il film si chiude col campione esultante sul ring. Mann, nonostante la trama fortemente cinematografica, non ha colto l'occasione. ■ BIOGRAFICO; COL.; 156'; USA, 2002. ■ GOLDEN GLOBES 3 NOM; OSCAR 2 NOM.

ALÌ BABÀ *(Alì Baba et les 40 voleurs)* ★★★
Regia di JACQUES BECKER. Con FERNANDEL, SAMIA GAMAL, HENRY VILBERT. ■ Da un soggetto di Cesare Zavattini. Dopo molte avventure Alì Babà sposa la schiava del suo padrone. Essendo a conoscenza del nascondiglio di un favoloso bottino vi porta gli amici poveri ma questi, invece di dividerselo serenamente, si azzuffano. ■ AVVENTURA; COL.; 92'; FRANCIA, 1955.

ALÌ BABÀ ★
Regia di ZLATA POTANCOKOVA BELLI. ■ La fiaba orientale universalmente nota viene riletta in un film che la vorrebbe attualizzare. Così tra un fratello punk e un asino saggio, tra una governante inglese e un crociato il film vuole piacere a troppi rischiando di deludere molti. ■ ANIMAZIONE; COL.; 78'; ITALIA, 1996.

ALÌ BABÀ E I PIRATI ★
Regia di ZLATA POTANCOKOVA BELLI. ■ Alì Babà, genero del sultano di Persia, va a cercare il fratello scomparso in mare. Lo ritrova su un'isola e deve poi affrontare sette pirati che si vogliono impadronire della nave. ■ ANIMAZIONE; COL.; 84'; ITALIA, 1997.

ALÌ BABÀ E I QUARANTA LADRONI ★★
(Alì Baba and the Forty Thieves)
Regia di ARTHUR LUBIN. Con JON HALL, MARIA MONTEZ. ■ Questa nota fiaba liberamente tratta da *Le mille e una notte* ci ripropone la coppia Maria Montez-Jon Hall. ■ AVVENTURA; COL.; 87'; USA, 1944.

ALÌ BABÀ VA IN CITTÀ *(Alì Baba Goes to Town)* ★★★
Regia di DAVID BUTLER. Con EDDIE CANTOR, JOHN CARRADINE, VIRGINIA FIELD, JUNE LANG, TONY MARTIN, ROLAND YOUNG. ■ Per un caso fortuito un cacciatore di autografi si trova costretto a far la comparsa in un film ispirato a *Le mille e una notte*. Durante una pausa si addormenta e sogna di vivere le avventure del film che si sta girando. Un brusco risveglio lo riporta alla realtà. Cantor è uno dei maestri del cinema comico americano. ■ COMMEDIA; B/N; 81'; USA, 1937. ■ OSCAR 1 NOM.

ALIBI ★★
Regia di PIERRE CHENAL. Con JANY HOLT, LOUIS JOUVET, ERIC VON STROHEIM. ■ Un illusionista cerca di costruirsi un alibi per un delitto commesso, cercando di convincere una ballerina a testimoniare che quella sera era in sua compagnia. Un finto agente

di polizia riuscirà a far confessare la ragazza. ■ DRAMMATICO; B/N; 84′; FRANCIA, 1937.

ALIBI ★★

Regia di ALFRED WEIDENMANN. Con OTTO EDUARD HASSE, MARTIN HELD, EVA INGEBORG SCHOLZ, HARDY KRÜGER. ■ Un giornalista partecipa come giurato ad un processo per omicidio. Unico sostenitore dell'innocenza dell'imputato riesce, attraverso le pagine del giornale, a promuovere nuove indagini. ■ DRAMMATICO; B/N; 92′; GERMANIA, 1957.

ALIBI, L' ★★

Regia di ADOLFO CELI, VITTORIO GASSMAN, LUCIANO LUCIGNANI. Con TINA AUMONT, ADOLFO CELI, VITTORIO GASSMAN, FRANCO GIACOBINI, LUCIANO LUCIGNANI. ■ Allievi inseparabili dell'Accademia d'arte drammatica, tre amici si ritrovano dopo anni di lontananza. Sono insoddisfatti dell'attuale situazione, tuttavia comprendono che non possono più tornare ad essere quelli di una volta. ■ DRAMMATICO; COL.; 106′; ITALIA, 1969.

ALI BIANCHE, LE *(Les ailes blanches)* ★★

Regia di ROBERT PEGUY. Con GABY MORLAY. ■ Un vedovo ha educato le tre figlie nel migliore dei modi, tuttavia due di esse diventano ballerine, e la terza ragazza-madre. Una suora riuscirà a dare a quest'ultima il coraggio necessario per vivere serena accanto al bambino. ■ DRAMMATICO; B/N; 93′; FRANCIA, 1943.

ALIBI DELL'ULTIMA ORA, L' *(Time Without Pity)* ★★

Regia di JOSEPH LOSEY. Con PETER CUSHING, ALEC MCCOWEN, MICHAEL REDGRAVE, ANN TODD. ■ Il padre di un ragazzo condannato a morte per omicidio è convinto della sua innocenza e riesce a scoprire il vero colpevole. Per farlo incriminare – non esistono prove a suo carico – lo provoca e si fa uccidere. ■ DRAMMATICO; B/N; 88′; USA, 1957.

ALIBI DI CRISTALLO, L' *(Die gläserne Zelle)* ★★★

Regia di HANS W. GEISSENDÖRFER. Con BRIGITTE FOSSEY, HELMUT GRIEM, DIETER LASER. ■ Un architetto condannato ingiustamente, dopo cinque anni di prigione, non riesce ad inserirsi nuovamente nella società. Disperato si vendica uccidendo sia l'avvocato che lo aveva difeso e che aveva una relazione con la moglie, sia il vero colpevole del crimine. Lo salverà la moglie fornendogli un alibi inconfutabile. ■ DRAMMATICO; COL.; 90′; GERMANIA, 1980. ■ OSCAR 1 NOM.

ALIBI DI SATANA, L' *(Unsuspected)* ★★★

Regia di MICHAEL CURTIZ. Con CONSTANCE BENNETT, JOAN CAULFIELD, HURD HATFIELD, CLAUDE RAINS, AUDREY TOTTER. ■ Uno studioso di criminologia è riuscito a crearsi un perfetto alibi per un omicidio commesso. Ucciderà altre tre persone che lo sospettavano, sempre creandosi nuovi alibi, finché, scoperto, racconterà i suoi misfatti alla radio durante la sua ultima lezione sullo studio del crimine. ■ POLIZIESCO; B/N; 103′; USA, 1947.

ALIBI ERA PERFETTO, L' ★★★
(Beyond a Reasonable Doubt)

Regia di FRITZ LANG. Con DANA ANDREWS, SIDNEY BLACKMER, JOAN FONTAINE, BARBARA NICHOLS. ■ Il proprietario di un giornale che si batte contro la pena di morte convince il futuro genero, che fa lo scrittore, ad autoaccusarsi, tramite alcune prove false, della morte di una ballerina avvenuta qualche tempo prima e della quale non si è trovato l'assassino. Lo scopo è quello di far arrestare lo scrittore e di scagionarlo subito dopo mediante documenti comprovanti la sua innocenza. Lo scrittore viene arrestato e condannato a morte ma, mentre si sta provando la sua innocenza, altre prove schiaccianti lo condannano: in effetti era stato proprio lui ad uccidere la ballerina. ■ POLIZIESCO; B/N; 80′; USA, 1956.

ALIBI PERFETTO ★

Regia di ALDO LADO. Con ANNIE GIRARDOT, PHILIPPE LEROY, KAY SANDVIK, MICHAEL WOODS. ■ Le peripezie di un poliziotto della squadra narcotici dopo la morte della moglie in un attentato. Scontato e poco coinvolgente. Le musiche sono firmate dal pianista Romano Mussolini. ■ THRILLER; COL.; 95′; ITALIA, 1992.

ALIBI PER MORIRE, UN ★★

Regia di ROBERTO MONTERO BIANCHI. Con PIERRE BRICE, SUSANNE LORET, FOLCO LULLI, ALBERTO LUPO. ■ Un ex ladro innamorato si fa chiudere in carcere. Avrà così un alibi dopo aver portato a termine un colpo ed essere tornato il libertà, con la complicità di un poliziotto. Quest'ultimo, che vuole l'intero malloppo, spara al socio. ■ DRAMMATICO; B/N; 84′; ITALIA, 1962.

ALIBI PER UN ASSASSINO *(Ein Alibi zerbricht)* ★★

Regia di ALFRED VOHRER. Con RUTH LEUWERICK, CHARLES REGNIER, PETER VAN EYCK. ■ Avvocatessa difende un camionista passato sul corpo di un uomo che, come scoprirà, era già morto assassinato. ■ GIALLO; B/N; 90′; GERMANIA, 1965.

ALIBI SEDUCENTE *(Her Alibi)* ★★★

Regia di BRUCE BERESFORD. Con JAMES FARENTINO, PAULINA PORIZKOVA, TOM SELLECK. ■ Uno scrittore in crisi professionale e privata si lascia coinvolgere in un intrigo internazionale. Quando leva una bellissima dalle grinfie della polizia, non sa che la ragazza è fuggita dai paesi dell'Est ed è braccata dagli agenti d'oltre cortina. Improvvisatosi uomo d'azione, il romanziere trova l'amore e ritrova la vena ispiratrice. ■ GIALLO ROSA; COL.; 94′; USA, 1988.

ALIBI SOTTO LA NEVE, L' *(Nightfall)* ★★

Regia di JACQUES TOURNEUR. Con ANNE BANCROFT, BRIAN KEITH, ALDO RAY. ■ Il detective di una compagnia di assicurazioni pedina un uomo sospettato di complicità in un furto. Convinto della sua buona fede e dell'infondatezza dei dubbi a suo carico lo aiuta a recuperare una borsa, unica prova della sua innocenza. Da un "nero" di David Goodis. ■ POLIZIESCO; B/N; 82′; USA, 1956.

ALIBI (TROPPO) PERFETTO, UN ★★★
(Two Way Stretch)

Regia di ROBERT DAY. Con MAURICE DENHAM, WILFRID HYDE-WHITE, DAVID LODGE, PETER SELLERS. ■ Un ladruncolo convince alcuni detenuti in procinto di uscire di galera ad evadere per il tempo di un colpo e poi a rientrare assicurando loro un alibi inattaccabile. ■ COMICO; B/N; 78′; GRAN BRETAGNA, 1960.

ALICE ★★★

Regia di WOODY ALLEN. Con ALEC BALDWIN, MIA FARROW, WILLIAM HURT, JOE MANTEGNA. ■ Dopo il capolavoro *Crimini e misfatti* Allen torna con questo film e con Mia Farrow, qui nella sua più grande interpretazione. Al ritmo del jazz e del tango una moderna Alice che nel mondo delle meraviglie tradisce il marito e scopre che anche lui l'ha fatto. Se nel libro di Carroll l'eroina si rimpicciolisce, qui diventa invisibile grazie a una pozione di uno strano erborista cinese. Tra una seduta ipnotica e l'altra la donna mette in discussione tutta la sua vita decidendo infine di fare una difficile scelta. Con William Hurt nel ruolo del marito e Joe Mantegna in quello dell'amante il film diverte. ■ COMMEDIA; COL.; 110′; USA, 1990. ■ GOLDEN GLOBES 1 NOM; OSCAR 1 NOM.

ALICE ★

Regia di ORESTE CRISOSTOMI. Con CAMILLA FERRANTI, FIORETTA MARI, GIULIO PAMPIGLIONE, CATHERINE SPAAK, MASSIMILIANO VARRESE. ■ Alice va al lavoro, a spasimare per un collega, Luca, che la ignora. Alice torna a casa, a farsi rimproverare dalla madre impicciona, a sua volta impegnata a liberarsi dall'ombra di una madre troppo brillante. Alice s'illude di avere un appuntamento, ma si rivela una cena aziendale. Alice si domanda che ne sarà di lei, se mai qualcuno s'interesserà a ciò che ha dentro e comincia ad uscire dal guscio, affidandosi ai consigli estetici dell'amico gay, Sandro. ■ COMMEDIA; COL.; 99′; ITALIA, 2010.

ALICE IN WONDERLAND ★★★

Regia di TIM BURTON. Con HELENA BONHAM CARTER, JOHNNY DEPP, CRISPIN GLOVER, ANNE HATHAWAY, MIA WASIKOWSKA. ■ Alice teme di essere pazza. Da quando è piccola fa sempre lo stesso sogno, non sta mai attenta quando le parlano, è diversa dal resto della buona società che frequenta e non si integra nelle regole del suo mondo. Perché non rimanga zitella come la zia, diventata pazza, i parenti le combinano il matrimonio con un ottimo partito: un giovanotto integrato e di nobile lignaggio. Al grande ricevimento per la proposta le visioni di Alice si fanno insistenti, il ticchettio di un orologio sembra ossessionarla e sul più bello vede comparire un coniglio in doppiopetto che le indica che è ormai tardi. Alice lo segue nella sua tana e finisce in quel mondo che aveva sognato fin da piccola. La produzione è sempre Disney ma siamo totalmente da un'altra parte rispetto al cartone animato del 1951. Benché la storia ancora una volta mescoli elementi dai due libri di Lewis Carrol: *Le avventure di Alice nel paese delle meraviglie* e *Attraverso lo specchio e quel che Alice vi trovò*, il mix è inedito con un andamento psichedelicamente caotico. ■ FANTASTICO; COL.; 108'; USA, 2010.

ALICE NELLE CITTÀ *(Alice in den Städten)* ★★★
Regia di WIM WENDERS. Con ELISABETH KREUZER, YELLA ROTTLANDER, RUDIGER VOGLER. ■ Felix è un giovane giornalista e fotografo tedesco che, deluso dall'America, decide di tornare in Germania. All'aeroporto una donna lo prega di portare con sé sua figlia di nove anni in Olanda: lei li raggiungerà il giorno dopo. Felix e Alice arrivano ad Amsterdam, ma la madre della bambina non si fa viva e allora partono alla sua ricerca. Prima di trovarla, Felix e Alice stringono un profondo rapporto di amicizia portatore di fiducia nella vita. ■ DRAMMATICO; COL.; 110'; GERMANIA, 1973.

ALICE NEL PAESE DELLE MERAVIGLIE ★★★
(Alice in Wonderland)
Regia di NORMAN Z. MCLEOD. Con LEON ERROL, W. C. FIELDS, CARY GRANT, RAYMOND HATTON, CHARLOTTE HENRY, EDWARD EVERETT HORTON, MAY ROBSON. ■ Tratto dalla celebre fiaba di Lewis Carroll (1865), il film racconta la fantastica avventura della piccola Alice, che si assopisce mentre ascolta una fiaba e si mette a sognare. Insegue un coniglio nel cavo di un albero e finisce in un mondo fantastico che le fa vivere innumerevoli e strane avventure. La pellicola fa quasi totale affidamento sulla grazia interpretativa della bellissima Charlotte Henry, che fornisce un'interpretazione davvero deliziosa. Buoni la regia di McLeod e gli attori di contorno, fra i quali spiccano una spassosissima May Robson nella parte della regina di cuori, un esilarante Edward Everett Horton in quella del cappellaio matto, uno spiritosissimo W. C. Fields nei panni di Humpty-Dumpty, e un giovanissimo Cary Grant in un ruolo di contorno. ■ FANTASTICO; B/N; 76'; USA, 1933.

ALICE NEL PAESE DELLE MERAVIGLIE ★★★★
(Alice in Wonderland)
Regia di CLYDE GERONIMI, WILFRED JACKSON, HAMILTON LUSKE (E WALT DISNEY). ■ L'idea di lavorare sul personaggio di Lewis Carroll era un progetto che circolava alla Disney fin dall'inizio della sua carriera. La serie di *Alice in Cartoonland* ne è la prova. La storia è alquanto semplice, e segue sostanzialmente il romanzo di Carroll. La forza del film è nei personaggi strampalati e nel gusto per le cose folli. Carroll descrive un mondo tanto eccentrico e privo di logica quanto divertente e ameno. Ma è un mondo che non può funzionare proprio per la mancanza completa di logica. Nel film questo messaggio risulta un po' sfocato ma alcuni dei personaggi che compaiono sono talmente indovinati da far dimenticare l'originale: un numero enorme di fugire sfilano durante la visione e nessuna, in fondo, ha una vera storia da raccontare. Alla sua uscita il film lasciò perplessi per la struttura anarcoide che lo rende frammentario e quasi privo di trama. La follia elevata a protagonista non riesce sempre ad essere convincente. In fondo il personaggio di Alice non ha la forza innata comune alla eroine disneyane, la loro credibilità, la loro vita. Alla fine degli anni Sessanta questo film fantastico e strampalato fu amato moltissimo dalla generazione dei "figli dei fiori", che nelle gag, nel ritmo indiavolato e proprio nell'illogico che impregna il film trovarono il loro mondo ideale. ■ ANIMAZIONE; COL.; 75'; USA, 1952. ■ OSCAR 1 NOM.

ALICE NON ABITA PIÙ QUI ★★★
(Alice Doesn't Live Here Anymore)
Regia di MARTIN SCORSESE. Con LANE BRADBURY, ELLEN BURSTYN, LELIA GOLDONI, KRIS KRISTOFFERSON, DIANE LADD. ■ Il film narra le disavventure di Alice, una donna rimasta vedova con un figlio. Alice cerca un lavoro e nel frattempo si imbatte in una serie di personaggi negativi finché non incontra David. Suo figlio non accetta David e fugge di casa insieme a una sua coetanea. Gli agenti lo ricondurranno a casa e il ragazzo si convincerà dell'affetto di David. Per questo film, che fu diretto da Scorsese dopo *MeanStreet,* Ellen Burstyn ricevette l'Oscar come migliore attrice protagonista dell'anno. ■ COMMEDIA; COL.; 110'; USA, 1974. ■ GOLDEN GLOBES 2 NOM; OSCAR 1 PR, 3 NOM.

ALICE'S RESTAURANT ★★
Regia di ARTHUR PENN. Con JAMES BRODERICK, ARLO GUTHRIE, PAT QUINN, PETE SEEGER. ■ Un gruppo di hippy vive in una chiesa sconsacrata ed è aiutato da Alice e Ray che gestiscono un piccolo ristorante. Si associa a loro un cantante che, fuggito di casa, cerca di evitare il servizio militare. La morte del padre lo riporterà a casa e, una volta tornato al ristorante di Alice, non troverà più gli amici hippies che nel frattempo si sono reinseriti nella società. ■ COMMEDIA; COL.; 111'; USA, 1969. ■ OSCAR 1 NOM.

ALI CHE NON TORNANO *(Q. Planes)* ★★
Regia di TIM WHELAN. Con VALERIE HOBSON, LAURENCE OLIVIER, RALPH RICHARDSON. ■ Alcuni apparecchi in volo sperimentale non sono più tornati alla base. Uno degli ingegneri costruttori scopre l'esistenza di una nave che li cattura con raggi misteriosi. ■ DRAMMATICO; B/N; 82'; GRAN BRETAGNA, 1946.

ALI DEL FALCO, LE *(Wings of the Hawks)* ★★
Regia di BUDD BOETTICHER. Con JULIE ADAMS, NOAH BEERY JR, VAN HEFLIN, ABBE LANE, ANTONIO MORENO. ■ Un ingegnere minerario è costretto a lasciare la città messicana nella quale lavora e si unisce agli insorti in lotta contro il governo messicano di Diaz. ■ AVVENTURA; COL.; 80'; USA, 1953.

ALI DEL FUTURO OLTRE LA BARRIERA DEL SUONO *(The Sound Barrier)* ★★★
Regia di DAVID LEAN. Con RALPH RICHARDSON, ANN TODD. ■ La figlia di un industriale aeronautico è sconvolta dalla morte del fratello e del marito nel collaudo del primo aereo a reazione prodotto dal padre, che ritiene responsabile. Lo perdona quando comprende l'importanza della scoperta. ■ DRAMMATICO; B/N; 118'; GRAN BRETAGNA, 1952. ■ OSCAR 1 PR, 2 NOM.

♥ ALI DELLA LIBERTÀ, LE ★★★
(The Shawshank Redemption)
Regia di FRANK DARABONT. Con MORGAN FREEMAN, TIM ROBBINS, JAMES WHITMORE. ■ Andy viene condannato nel 1947 a due ergastoli per aver assassinato sua moglie e l'amante. La condanna la deve scontare nella prigione di Stato "Shawshank" e lui, impacciato bancario, ha poco da spartire con gli altri ospiti. Fa però amicizia con Red, che deve passare come lui tutta la vita in prigione, e insieme trascorrono vent'anni. Nel frattempo Andy riesce a diventare il curatore di una ben fornita biblioteca a disposizione di tutti i detenuti. Riesce a fuggire. Tranne qualche compiacimento di ripresa è all'altezza di precedenti film carcerari come *L'uomo di Alcatraz* con Lancaster o *Fuga da Alcatraz* con Eastwood. È tratto da un piccolo racconto del re dell'horror, Stephen King. Una storia per lui piuttosto inusuale. Grandi interpretazioni, specialmente Morgan Freeman candidato all'Oscar. Il regista è lo sceneggiatore del *Frankenstein* con De Niro. ■ DRAMMATICO; COL.; 139'; USA, 1994. ■ GOLDEN GLOBES 2 NOM; OSCAR 7 NOM.

ALI DELL'AMORE, LE *(The Wings of the Dove)* ★★
Regia di IAIN SOFTLEY. Con HELENA BONHAM CARTER, ALLISON ELLIOTT, ELIZABETH MCGOVERN, CHARLOTTE RAMPLING, LINUS ROACHE. ■ Ancora una volta il cinema inglese si affida a un romanzo di Henry James. Una ragazza che aspira ad entrare in società si innamora di un giornalista ed è indecisa se sposarlo o no. Alla coppia si aggiunge Millie, ricca ragazza americana. La musica è di Yared, lo stesso di *Betty Blue*, ma il film non va oltre il calligrafismo. ■ DRAMMATICO; COL.; 108'; GRAN BRETAGNA, 1997. ■ GOLDEN GLOBES 1 NOM; OSCAR 4 NOM.

ALI DELLA NOTTE, LE *(Nightwing)* ★★★
Regia di ARTHUR HILLER. Con STEPHEN MACHT, NICK MANCUSO, DAVID WARNER. ■ Nuovo Messico. In una riserva indiana una serie di morti misteriose turba la pace dei cittadini e dello sceriffo. Tutti i cadaveri vengono trovati dissanguati e mordicchiati sul collo. La comunità sospetta dello stregone locale che va profetizzando la distruzione del popolo bianco e la rivincita dei pellerossa. Uno scienziato, invece, attribuisce i delitti a una colonia di pipistrelli: occorrerà scovarli e distruggerli. ■ HORROR; COL.; 105'; USA, 1979.

ALI DELLE AQUILE, LE *(The Wings of Eagles)* ★★★
Regia di JOHN FORD. Con WARD BOND, KEN CURTIS, DAN DAILEY, MAUREEN O'HARA, JOHN WAYNE. ■ Questo film è la bio-

grafia di Frank S. Wead, uno dei pionieri dell'aviazione militare americana subito dopo la prima guerra mondiale. La sua carriera mette in crisi la sua vita familiare; più tardi, per un banale incidente, è costretto ad abbandonare l'aviazione e ad iniziare una nuova professione, quella dello scrittore teatrale. Lo scoppio della seconda guerra mondiale lo riporterà a collaborare col Ministero della difesa. ■ BIOGRAFICO; COL.; 110′; USA, 1957.

ALI DEL SUCCESSO, LE *(Wings of Fame)* ★★
Regia di OTKAR VOTOCEK. Con ANDRÉAS FERRÉOL, COLIN FIRTH, PETER O'TOOLE. ■ Strano film sull'aldilà. C'è di mezzo una truffa. Il truffatore è un attore celebre, il truffato è un giovane ingenuo e visto che entrambi passeranno a miglior vita coglieranno l'occasione per visitare uno strano albergo. Peter O'Toole (*Lawrence d'Arabia*), Colin Firth (*Another Country*) e Andréa Ferréol (*La grande abbuffata*) sono piuttosto spaesati. ■ FANTASTICO; COL.; 105′; GRAN BRETAGNA, 1990.

ALI DI KATJA, LE *(Falkehjerte/Katia's Adventures)* ★★
Regia di LARS HESSELHOLDT. Con FANNY BERNTH, ALESSANDRO HABER, CHRISTINA MEYER, HENRIK RASMUSSEN, LINA SASTRI. ■ Katja ha nove anni. Vive alla periferia di Copenhagen e si sente sola. Un giorno salva un giovane falco e si rifugia nel cassone di un camion. Si addormenta e si risveglia in Italia. Qui perde e ritrova l'animale facendo ritorno in patria con una carica di vitalità mediterranea. Vincitore al Giffoni Film Festival. ■ COMMEDIA; COL.; 81′; DANIMARCA, ITALIA, 1999.

ALIEN ★★★
Regia di RIDLEY SCOTT. Con VERONICA CARTWRIGHT, JOHN HURT, YAPHET KOTTO, TOM SKERRITT, HARRY DEAN STANTON, SIGOURNEY WEAVER. ■ L'equipaggio di una nave spaziale trova su un pianeta sconosciuto uno strano essere a forma di granchio. Lo portano a bordo e l'"alieno" comincia a fare strage di astronauti. Il comandante chiede aiuto alla base ma scopre che laggiù sono molto più interessati all'"alieno" che ai terrestri. Morale: il mostro li uccide tutti. Tranne una donna, la più tosta, che riuscirà fortunosamente a distruggerlo. ■ FANTASCIENZA; COL.; 117′; USA, 1979. ■ OSCAR 1 PR, 2 NOM.

ALIEN AUTOPSY – UNA STORIA VERA ★★★
Regia di JONNY CAMPBELL. Con DECLAN DONNELLY, ANT MCPARTLIN, BILL PULLMAN, HARRY DEAN STANTON. ■ Nel 1995 due ragazzi inglesi, Gary Shoefield e Ray Santilli, amici fin dall'infanzia, inscenarono la più grande truffa sugli alieni della storia. I due infatti realizzarono un video, che poi vendettero a caro prezzo alle televisioni di mezzo mondo, sull'autopsia a un corpo tutt'altro che umano, anzi alieno. I ragazzi dichiararono di aver scoperto un video dell'esercito americano del 1947 in cui c'erano le prove dell'esistenza di forme non umane sulla terra. Una volta acquistato il film si resero però conto che le condizioni del video erano pessime e decisero quindi di farne uno nuovo. Il film, a metà strada tra documentario e fiction, tra commedia e farsa, ripercorre le tappe di quell'evento: dalla costruzione da parte dei due ragazzi del fantoccio alieno, alla realizzazione del filmato. Senza dover arrivare a citare *La guerra dei mondi* di Orson Welles, che probabilmente rimane l'esempio più geniale di truffa realizzata con mezzi di comunicazione, questo film, proprio grazie all'impianto ironico su cui è costruito, riesce a riproporre le tappe di un evento incredibile con... credibilità. ■ COMMEDIA; COL.; 95′; GRAN BRETAGNA, 2006.

ALIEN DEGLI ABISSI ★★
Regia di ANTHONY DAWSON. Con DANIEL BOSCH, JULIA MCKAY. ■ Alcuni studiosi, al lavoro in una zona dei Caraibi, scoprono che sul fondo di un vulcano sono state depositate ingenti quantità di micidiali e contaminanti scorie atomiche. ■ FANTASCIENZA; COL.; 100′; ITALIA, 1987.

ALIEN 2 SULLA TERRA ★
Regia di CIRO IPPOLITO. Con ROBERTO BARRESE, BELINDA BAYNE, CLAUDIO FALANCA. ■ Un'astronave torna sulla terra. Dall'abitacolo non escono astronauti, ma creature mostruose che assaltano, dilaniano i terrestri, poi prendono le loro sembianze, e ancora attaccano. Interrogativo inquietante: tutta la Terra cadrà preda dei mostri? ■ FANTASCIENZA; COL.; 92′; ITALIA, 1980.

ALIENI IN SOFFITTA *(Aliens in the Attic)* ★★
Regia di JOHN SCHULTZ. Con ROBERT HOFFMANN, TIM MEADOWS, KEVIN NEALON, DORIS ROBERTS, ASHLEY TISDALE. ■ Il 4 luglio gli alieni invadono la Terra ma non siamo decisamente dalle parti di *Independence Day*. Tutto si svolge in una villetta vicino al lago, dove la famiglia Pearson va a passare il weekend. I protagonisti sono i ragazzi, gli unici immuni al sistema di controllo della personalità alieno e quindi gli unici in grado di combattere gli invasori, i quali non sono esattamente un'intelligenza superiore. Interessante l'idea del controllo esercitato attraverso la tecnologia aliena. ■ AVVENTURA; COL.; 105′; USA, CANADA, 2009.

ALIEN KILLER *(Miami Horror)* ★★
Regia di ALBERTO DE MARTINO. Con JOHN IRELAND, LAURA TROTTER, DAVID WARBECK. ■ Un giornalista scopre che uno studio sui meteoriti (che può permettere la clonazione di esseri viventi) è stato rubato da una banda di gangster. ■ HORROR; COL.; 89′; ITALIA, USA, 1988.

ALIEN LA CLONAZIONE *(Alien Resurrection)* ★★
Regia di JEAN-PIERRE JEUNET. Con DOMINIQUE PINON, WINONA RYDER, SIGOURNEY WEAVER. ■ Quarto episodio della storia di Sigourney-Ripley. Nella base spaziale di Auriga si sperimenta la clonazione. Alcuni tentativi riescono, altri no. Ripley ce la fa, viene resuscitata e riprende la sua missione di difesa del genere umano dagli alieni. Con dramma altissimo, perché lei, si sa, umana non è. Gli sceneggiatori si sono sforzati di proporre qualcosa di nuovo. ■ FANTASCIENZA; COL.; 100′; USA, 1997.

ALIEN NATION ★★
Regia di GRAHAM BAKER. Con JAMES CAAN, MANDY PATINKIN, TERENCE STAMP. ■ Un gruppo di extraterrestri atterra nel New Mexico e si inserisce pacificamente nella società americana. Ma uno di essi, qualche anno dopo, uccide un poliziotto di Los Angeles. Il compagno dell'ucciso nel dare la caccia al killer s'imbatte in un grosso traffico di droga (che può trasformare gli alieni in una orda di mostri assatanati). Buone sequenze d'azione e un simpatico duetto di sbirri (tra il razzista Stamp e l'alieno Patinkin). Ma il film in sé è un debole epigono di *Blade Runner* del 1982. ■ THRILLER; COL.; 90′; USA, 1988.

ALIENO, L' *(The Hidden)* ★★★
Regia di JACK SHOLDER. Con CLU GULAGER, KYLE MACLACHLAN, MICHAEL NOURI. ■ Una catena di omicidi, che un sergente di polizia, incaricato delle indagini, non riesce a collegare. Ma un misterioso giovane (che si presenta come agente dell'Fbi) gli rivela a poco a poco che l'assassino è un extraterrestre, che riesce a sopravvivere incarnandosi nei corpi delle sue vittime. Il terribile alieno alla fine è fermato, ma a prezzo della vita del misterioso giovane (in realtà anche lui un E.T.). ■ THRILLER; COL.; 96′; USA, 1987.

ALIEN PREDATORS ★
Regia di DERAN SARAFIAN. Con DENNIS CHRISTOPHER, MARTIN HEWITT, LYN HOLLY JOHNSON. ■ L'antica città di Duarte, in Spagna, è la meta di tre adolescenti americani. I giovani non sanno che in quel luogo sono giunti dei corpuscoli alieni capaci di causare la mutazione e poi la morte degli esseri umani. ■ HORROR; COL.; 92′; USA, 1987.

ALIENS – SCONTRO FINALE *(Aliens)* ★★★
Regia di JAMES CAMERON. Con MICHAEL BIEHN, PAUL REISER, SIGOURNEY WEAVER. ■ Dopo il successo del primo *Alien* del 1979, di Ridley Scott, che si guadagnò un Oscar per gli effetti speciali, la Weaver ritorna con il "sequel", unica sopravvissuta spaziale sempre nei panni del capitano Ripley. Sempre giovane (per forza: venne ibernata) le viene affidato il compito di scoprire perché si sono interrotti i contatti con il pianeta Archeron dove vive una colonia di pionieri dello spazio. Ellen si trova ad affrontare le orribili proliferazioni del mostro al quale era già sfuggita. Ma naturalmente porta eroicamente a termine la missione. ■ FANTASCIENZA; COL.; 132′; USA, 1986. ■ GOLDEN GLOBES 1 NOM; OSCAR 2 PR, 7 NOM.

ALIENS VS PREDATOR 2 ★
(AVPR: Aliens vs Predator – Requiem)
Regia di COLIN STRAUSE, GREG STRAUSE. Con REIKO AYLE-

SWORTH, CHELAH HORSDAL, JOHNNY LEWIS. ■ Collocare mostruose creature nel bel mezzo di una cittadina americana sconvolta nel suo quotidiano. Che cosa spaventa di più? Una minaccia dai profondi abissi dello spazio o quella proveniente dall'angolo dietro casa? La pellicola, pur giocando su questi due livelli, difficilmente riesce a suscitare un senso di paura o ansia. Le figure reali (gli esseri umani) e quelle vicarie (alieni e mostri predatori) non riescono mai a stabilire tra loro relazioni dotate di senso. Mal riuscito. ■ AZIONE; COL.; 86′; USA, 2007.

ALIEN TERROR *(Alien Terror – Sinister Invasion)* ★★
Regia di JACK HILL, JUAN IBAÑEZ. Con BORIS KARLOFF, CHRISTA LINDER. ■ Dopo molti studi, il professor Mayer scopre una nuova fonte energetica che intende utilizzare a scopi umanitari. Ma a interferire nelle sue decisioni giunge un extraterrestre, incaricato di impedire l'applicazione dello straordinario ritrovato. Ultima interpretazione di Karloff. ■ HORROR; COL.; 88′; MESSICO, USA, 1968.

ALIEN 3 ★★★
Regia di DAVID FINCHER. Con CHARLES DANCE, CHARLES DUTTON, SIGOURNEY WEAVER. ■ Il terzo capitolo della saga di *Alien* è ambientato su Fiorino 161, pianeta lontanissimo della Terra dove ci sono numerosi prigionieri che devono scontare una pena. Il sottufficiale Ripley, sempre impersonato dalla Weaver, giunge su Fiorino e dovrà ancora una volta sconfiggere un alieno. Coprodotto tra gli altri dal regista Walter Hill e dall'attrice protagonista, il film ha un tipo di approccio diverso dai precedenti. È infatti meno tecnologico e più cupo. Particolare anche la scelta di rapare a zero gli attori. Per gli amanti del genere non ci sono problemi. ■ FANTASCIENZA; COL.; 115′; USA, 1992. ■ OSCAR 1 NOM.

ALIEN VS. PREDATOR ★
Regia di PAUL W. S. ANDERSON. Con RAOUL BOVA, EWEN BREMNER, AGATHE DE LA BOULAYE, TOMMY FLANAGAN, LANCE HENRIKSEN, SANAA LATHAN, COLIN SALMON. ■ XXI secolo. Una spedizione archeologica raggiunge l'Antartico dove si trovano i resti di un tempio conservati dal ghiaccio. Lì si trovavano creature aliene. Ma un gruppo di cinque giovani Predators stanno raggiungendo la stessa meta per un rituale di iniziazione. Tutto il resto è deja vu. ■ FANTASCIENZA; COL.; 90′; USA, 2004.

ALIEN – ZONA DI GUERRA *(Zone Troopers)* ★
Regia di DANNY BILSON. Con TIM THOMERSON, TIMOTHY VAN PATTEN. ■ Un'astronave aliena arriva sulla Terra durante la seconda guerra mondiale. Un gruppo di soldati americani sul fronte italiano crede di aver a che fare con una nuova super arma tedesca. Poi si ricredono e anzi difendono il piccolo "E.T." contro i nazisti. ■ FANTASCIENZA; COL.; 98′; USA, 1986.

ALI G *(Ali G Indahouse)* ★
Regia di MARK MYLOD. Con SACHA BARON COHEN, CHARLES DANCE, MICHAEL GAMBON. ■ Ali G è il capo di una band giovanile londinese, e per protesta contro la paventata chiusura del centro sociale dove insegna ai bambini tecniche di sopravvivenza, decide di incatenarsi alla fermata di un autobus. Viene notato dal vice primo ministro, che ne sfrutta la popolarità presso le classi più deboli candidandolo alle elezioni. Ali G, incredibilmente, viene eletto in Parlamento, dove, manco a dirlo, risolverà molti scottanti problemi, fino a scontrarsi con il vicepremier che lo ha fatto eleggere. Questi, perfidamente, tenterà di estrometterlo dalle sue funzioni pubbliche, ma Ali G saprà fare giustizia. La trama, in questa pellicola, è del tutto irrilevante, e rappresenta solo un pretesto per portare al cinema la fama che Sacha Baron Cohen (alias Ali G) si è creato in Inghilterra con un programma televisivo demenzialmente volgare. Impossibile, quindi, dare un giudizio su un instant-movie che serve solo a perpetuare il successo del personaggio, e ad esaltare lo smisurato ego del protagonista. Da notare i cameo di Naomi Campbell e Shaggy. Noblesse oblige... ■ COMICO; COL.; 88′; GRAN BRETAGNA, 2002.

ALÌ HA GLI OCCHI AZZURRI ★★
Regia di CLAUDIO GIOVANNESI. Con BRIGITTE APRUZZESI, STEFANO RABATTI, NADER SARHAN, MARIAN VALENTI ADRIAN. ■ Nader ha sedici anni e una fidanzata italiana invisa ai genitori e alla legge islamica. Ma a lui, figlio della seconda generazione, non importa niente delle "tradizioni", delle proibizioni, delle preghiere in moschea; quello che desidera veramente lo prende subito, rapinando una drogheria, accoltellando un coetaneo, comprando una fedina e giurando eterno amore sulle note di Gigi d'Alessio. Condivide i tanti danni con Stefano, compagno di scuola e di ventura. Rincasato ancora una volta dopo la mezzanotte, Nader viene lasciato fuori e invitato dalla madre a riflettere sulla sua condotta. Giovannesi mette in scena un personaggio in un percorso formativo lungo sette giorni per cercare un'identità e una tregua, se non una risoluzione, al conflitto tra la cultura islamica e quella occidentale. ■ DRAMMATICO; COL.; 100′; ITALIA, 2012.

ALILA ★★★
Regia di AMOS GITAI. Con YAEL ABECASSIS, RONIT ELKABETZ, LIRON LEVO. ■ Un condominio di Tel Aviv, dove si consumano splendori e miserie umane: la poliziotta sefardita che litiga con i vicini, una donna che consuma la sua passione di amante di un uomo sposato, un vecchietto solo con un cane, i muratori che stanno ristrutturando una parte del palazzo. E, dall'altra parte della città, un padre e una madre che rincorrono un figlio che non ne vuole sapere di fare il militare. In quaranta piani sequenza di precisione millimetrica, Gitai racconta ancora una volta l'impossibilità di essere normali, oggi, in Israele. La sua macchina da presa viola l'intimità dei personaggi, per scrutare nel profondo di un disagio che è esistenziale, ancor prima che fisico. E poco importa se i lavoratori da sfruttare non sono più palestinesi, ma cinesi o africani: ognuno ha un padrone, nessuno è libero. Ed ognuno vuole scaricare sugli altri la propria rabbia, la propria incompiutezza. Raggelante ed ansiogeno, e meno riuscito di altre precedenti opere di Gitai. Come se tutto, adesso, fosse diventato davvero più difficile. Anche il semplice raccontare. ■ DRAMMATICO; COL.; 120′; ISRAELE, 2003.

ALÌ MAGO D'ORIENTE *(The Wizard of Baghdad)* ★★
Regia di GEORGE SHERMAN. Con DIANE BAKER, BARRY COE, DICK SHAWN. ■ Un mago un po' svanito combina sortilegi sbagliati ma alla fine, per merito suo, Baghdad invasa verrà liberata e i due giovani innamorati destinati al trono potranno riunirsi. ■ FANTASCIENZA; B/N; 92′; USA, 1961.

ALINA ★★
Regia di GIORGIO PASTINA. Con DORIS DOWLING, GINA LOLLOBRIGIDA, AMEDEO NAZZARI. ■ La moglie di un contrabbandiere malato partecipa ad alcuni colpi al suo posto. La bellezza della donna suscita passioni e gelosie che sfoceranno in tragedia. ■ DRAMMATICO; B/N; 90′; ITALIA, 1950.

ALI NEL BUIO *(Wings in the Dark)* ★★
Regia di JAMES FLOOD. Con HOBART CAVANAUGH, CARY GRANT, DEAN JAGGER, ROSCOE KARNS, MYRNA LOY. ■ Mentre si accinge ad attraversare l'Atlantico un aviatore, che aveva messo a punto alcuni esperimenti sul "volo cieco", perde la vista. Una collega lo assiste e lo aiuta. ■ DRAMMATICO; B/N; 75′; USA, 1935.

ALI NELLA BUFERA *(Wings over Honolulu)* ★★
Regia di HENRY C. POTTER. Con WENDY BARRIE, WILLIAM GARGAN, RAY MILLAND, KENT TAYLOR. ■ Un ufficiale dell'esercito sposa una ragazza che però non riesce ad abituarsi all'idea di restare sola mentre il marito è lontano per compiere il suo dovere. La donna accetta la corte di un suo ex innamorato e sta per fuggire con lui quando il marito, a conoscenza del fatto, abbandona il campo di esercitazione per raggiungerla. Processato, viene salvato dalla testimonianza della moglie. ■ DRAMMATICO; B/N; 78′; USA, 1937. ■ OSCAR 1 NOM.

ALI SULLA CINA *(China Clipper)* ★★★
Regia di RAY ENRIGHT. Con ROSS ALEXANDER, HUMPHREY BOGART, WAYNE MORRIS, PAT O'BRIEN, BEVERLY ROBERTS, HENRY WALTHALL, MARIE WILSON. ■ La vicenda, ispirata alla conquista dell'Atlantico di Lindberg, narra il tentativo di un aviatore, dopo la prima guerra mondiale, di organizzare un servizio postale dagli Stati Uniti alla Cina. Osteggiato da mille difficoltà riuscirà nella sua impresa costruendo l'aereo più grande del mondo e riconquisterà l'amore della moglie che nel frattempo si era allontanata da lui. ■ DRAMMATICO; B/N; 85′; USA, 1936.

ALIVE – SOPRAVVISSUTI *(Alive)* ★★
Regia di FRANK MARSHALL. Con JOSH HAMILTON, ETHAN HAW-

KE, BRUCE RAMSEY, VINCENT SPANO. ■ Dopo un film di genere ma ben diretto, *Arachnophobia,* Frank Marshall torna con una storia vera che ha già avuto al cinema, nel 1976, una mediocre trasposizione di René Cardona. L'episodio a cui si fa riferimento è avvenuto nell'ottobre del 1972. Un aereo precipitò sulle Ande e per oltre settanta giorni i superstiti all'incidente dovettero resistere. Costretti dalla fame si nutrirono dei cadaveri. ■ DRAMMATICO; COL.; 120′; USA, 1992.

AL JOLSON *(The Jolson Story)* ★★★
Regia di ALFRED E. GREEN. Con WILLIAM DEMAREST, LUDWIGH DONATH, BILL GOODWIN, EVELYN KEYES, LARRY PARKS, TAMARA SHAYNE. ■ È la biografia romanzata del celebre cantante Al Jolson, dapprima cantore in sinagoga, più tardi astro delle commedie musicali di Broadway e protagonista de *Il cantante di jazz,* primo film sonoro della storia del cinema. Al Jolson stesso doppiò Larry Parks nelle canzoni del film scelte tra le più famose e significative del suo repertorio (*You Made Me Love You, My Mammy, Liza, By the Light of the Silvery Moon, Waiting for the Robert E. Lee*...). Il personaggio di Julie, interpretato da Evely Keyes, è ispirato a Ruby Keeler, la nota cantante-attrice di musical e di film in quegli anni. ■ BIOGRAFICO; COL.; 128′; USA, 1946. ■ OSCAR 2 PR, 6 NOM.

ALLA CONQUISTA DEI DOLLARI ★★
(The Toast of New York)
Regia di ROWLAND V. LEE. Con EDWARD ARNOLD, FRANCES FARMER, CARY GRANT, THELMA LEEDS, DONALD MEEK, JACK OAKIE. ■ Ispirato alla vita di Jim Fisk che iniziò la sua carriera come rappresentante di medicinali prima dello scoppio della guerra di secessione, questo film, straordinariamente interpretato da Edward Arnold, racconta l'ascesa, l'amore per una cantante che lo rese pazzo e la morte di questo personaggio dell'Ottocento che venne ucciso da quelli che egli travolse nella sua scalata al potere. ■ DRAMMATICO; B/N; 109′; USA, 1937.

ALLA CONQUISTA DELL'ARKANSAS ★★
Regia di ALBERTO CARDONE. Con MARIO ADORF, DIETER BORSCHE, FULVIA FRANCO, BRAD HARRIS. ■ Una pepita d'oro e una mappa appartenente agli indiani scatenano l'invasione del loro territorio. Tra assalti di fuorilegge e ostinazione dei nativi, la preziosa carta tornerà nelle mani dei legittimi proprietari. ■ WESTERN; COL.; 89′; ITALIA, 1965.

ALLA CONQUISTA DELL'INFINITO – LA STORIA DI WERNER VON BRAUN *(I Aim at the Stars)* ★★★
Regia di JACK LEE THOMPSON. Con CURD JÜRGENS, HERBERT LOM, GIA SCALA, VICTORIA SHAW. ■ È la storia del famoso scienziato perseguitato dalle S.S. che alla fine della guerra si trasferisce negli Usa. Qui, nonostante mille difficoltà, non rinuncia al sogno di raggiungere lo spazio. Ci riuscirà con l'*Explorer I.* ■ BIOGRAFICO; B/N; 107′; GERMANIA, 1960.

ALLA CONQUISTA DI HOLLYWOOD ★★★
(Bottoms Up)
Regia di DAVID BUTLER. Con JOHN BOLES, HERBERT MUNDIN, PAT PATTERSON, THELMA TODD, SPENCER TRACY. ■ Wanda Gale, una ragazza rimasta sola al mondo, riesce, attraverso Smoothie King, un simpatico bugiardo, a raggiungere il successo come attrice di cinema. King si allontanerà dalla ragazza che nel frattempo si è innamorata di un attore e si metterà alla ricerca di una nuova stella da lanciare. ■ COMMEDIA; B/N; 73′; USA, 1934.

ALLA DERIVA *(Derelict)* ★★★
Regia di ROWLAND V. LEE. Con GEORGE BANCROFT, WILLIAM BOYD, JAMES DURKIN, JESSIE ROYCE LANDIS, DONALD STUART. ■ Bill e Jed lavorano in una compagnia di trasporti marittimi. Dapprima amici, diventano rivali a causa di Helen, una cantante. Quando Bill chiede a Helen di accompagnarlo a Rio con la sua barca, Helen accetta lasciando il suo lavoro. ■ DRAMMATICO; B/N; 96′; USA, 1930.

ALLA DERIVA *(The Bed you Sleep in)* ★★
Regia di JON JOST. Con TOM BLAIR, ELLEN MCLAUGHLIN, KATHRYN SANNELLA. ■ Una famiglia tranquilla che possiede una segheria. Una lettera della figlia lontana accusa il padre di abusi sessuali. Un'analisi della società americana che va al di là della storia narrata. Un Jost in equilibrio tra genio e omologazione parasperimentale. ■ DRAMMATICO; COL.; 113′; USA, 1993.

ALLA DERIVA – ADRIFT *(Open Water 2: Adrift)* ★★
Regia di HANS HORN. Con ERIC DANE, ALI HILLIS, NIKLAUS LANGE, SUSAN MAY PRATT, WOLFGANG RAACH, RICHARD SPEIGHT JR., CAMERON RICHARDSON. ■ Un gruppo di ragazzi, ex compagni di college, si ritrova per un'uscita in barca a vela. È come rivivere i vecchi tempi, anche se il tempo è passato. Qualcuno ha avuto figli, altri si sono messi insieme, altri ancora continuano a inseguire questa o quella bella ragazza. L'amicizia, però, anche quando dura negli anni, può scricchiolare quando è messa alla prova da situazioni limite. E il mare, quando si confronta con l'uomo, non è mai da sottovalutare. ■ THRILLER; COL.; 95′; GERMANIA, 2006.

ALLA FIERA PER UN MARITO *(State Fair)* ★★
Regia di JOSÉ FERRER. Con PAT BOONE, BOBBY DARIN, TOM EWELL, ALICE FAYE, ANN MARGRET, PAMELA TIFFIN. ■ Rifacimento di *Festa d'amore* del 1945, questo film, scritto dalla celebre coppia Rodgers e Hammerstein, ha in più soltanto alcune canzoni scritte per l'occasione. ■ MUSICAL; COL.; 118′; USA, 1962.

ALLA FINE DELLA NOTTE ★
Regia di SALVATORE PISCICELLI. Con ANNA AMMIRATI, IDA DI BENEDETTO, ENNIO FANTASTICHINI, STEFANIA ORSOLA GARELLO, ELENA SOFIA RICCI, RICKY TOGNAZZI. ■ Bruno, quarantanove anni, deve combattere il suo demone peggiore: la depressione. Per farlo deve ricomporre un puzzle esistenziale complesso. Orfano di una zia prostituta, marito di Fiamma, che ormai non lo ama più, amante di una trentenne, Bruno si lascia alle spalle tutte le etichette e intraprende un lungo viaggio alla ricerca del padre. Piscicelli spreca un ottimo cast per un'opera che ripercorre stancamente le tematiche già affrontate in altri film. Senza aggiungere nulla, anzi creando qualche imbarazzo anche nei suoi sostenitori. ■ DRAMMATICO; COL.; 95′; ITALIA, 2002.

ALLA FRONTIERA DEI DAKOTAS ★★
(The Wild Dakotas)
Regia di SAM NEWFIELD. Con JIM DAVIS, COLEEN GRAY, DICK JONES, JOHN LITEL, BILL WILLIAMS. ■ Il capo di una carovana di coloni cerca di provocare l'assalto a una tribù indiana da parte di uno squadrone di cavalleria. Prima che la battaglia avvenga uno dei componenti della carovana riuscirà a consegnare agli indiani il responsabile dello sventato pericolo. ■ WESTERN; B/N; 101′; USA, 1956.

ALLA LARGA AMIGOS... OGGI HO IL GRILLETTO FACILE ★
Regia di IGNACIO F. IQUINO. Con FANNY GREY, RICHARD HARRISON, CHRIS HUERTA, FERNANDO SANCHO. ■ Tre fratelli romani trapiantati in Messico contrabbandano armi sotto la guida della bella nipote. Ne combinano delle grosse, ma al momento opportuno lei saprà tirarli fuori dai guai. ■ WESTERN; COL.; 96′; ITALIA, 1973.

ALLA LARGA DAL MARE ★★
(Don't go Near the Water)
Regia di CHARLES WALTERS. Con GLENN FORD, ANNE FRANCIS, EVA GABOR, EARL HOLLIMAN, GIA SCALA, KEENAN WYNN. ■ Un reparto speciale americano di stanza su una piccola isola fornisce resoconti sulla guerra del Pacifico. A pace conclusa uno degli ufficiali rinuncia a tornare in patria per amore di una bella indigena. ■ COMMEDIA; B/N; 102′; USA, 1958.

ALL'ALBA GIUNSE LA DONNA *(The Capture)* ★★
Regia di JOHN STURGES. Con LEW AYRES, VICTOR JORY, DUNCAN RENALDO, TERESA WRIGHT. ■ Un ingegnere, direttore di una miniera nel Messico, uccide per errore il presunto ladro delle paghe degli operai. Sotto falso nome si presenta in casa della vedova e si fa assumere come aiutante nella fattoria. Trova il vero colpevole e tenta di catturarlo; ma durante la lotta il ladro muore accidentalmente. All'ingegnere non resta che consegnarsi alla polizia; la vedova lo aspetterà una volta scontata la pena. ■ DRAMMATICO; B/N; 81′; USA, 1950.

ALL'ALBA NON SARETE VIVI – PAZZIA ★★★
(The Dark Past)
Regia di RUDOLPH MATÉ. Con LEE J. COBB, NINA FOCH, WILLIAM HOLDEN. ■ Un dramma a sfondo psicanalitico abilmente condotto. Un criminale comune evaso dal carcere entra nottetempo nella casa di uno psichiatra insediandovisi da padrone. Ma l'abile analista riuscirà a indagare sulle ragioni inconsce che hanno spinto il ragazzo alla criminalità, convincendolo alla fine a consegnarsi alla polizia. ■ DRAMMATICO; B/N; 74'; USA, 1949.

ALLA LUCE DEL SOLE ★★★
Regia di ROBERTO FAENZA. Con LUCA ZINGARETTI, ALESSIA GORIA, GIOVANNA BOZZOLO, CORRADO FORTUNA, FRANCESCO FOTI, LOLLO FRANCO, PIERO NICOSIA. ■ La storia di padre Pino Puglisi, il parroco del quartiere Brancaccio di Palermo, ucciso dalla mafia il 15 settembre 1993. Un uomo inflessibile nella denuncia e alieno da ogni compromesso. Con gesti concreti, dedicandosi al recupero dei bambini del quartiere per sottrarli alla mafia, padre Puglisi diventa una presenza scomoda, un simbolo, un freno alla corruzione. Faenza conosce bene, mentre affronta questo tema, i rischi che corre: lo stereotipo, la sovrapposizione dell'attore protagonista (che deve liberarsi da Montalbano) al personaggio, l'allineamento alla fiction televisiva. Quello che lo muove è la descrizione di un ambiente e dell'impegno di un uomo che ha cercato di sottrarre all'influenza del male proprio i più deboli ed esposti di tutti: i bambini. ■ DRAMMATICO; COL.; 90'; ITALIA, 2004. ■ DAVID DI DONATELLO 1 PR, 1 NOM.

ALLA MANIERA DI CUTTER *(Cutter's Way)* ★★
Regia di IVAN PASSER. Con JEFF BRIDGES, ANN DUSENBERRY, LISA EICHHORN, JOHN HEARD, NINA VAN PALLANDT. ■ Il regista cecoslovacco alle prese con un romanzo cinico e originale di Newton Thorburg. Uno scansafatiche viene coinvolto da un amico reduce del Vietnam, disabile e alcolista, in una situazione pericolosa. I due ricattano il possibile assassino di un omicidio impunito. Bravi gli interpreti. ■ DRAMMATICO; COL.; 104'; USA, 1981.

ALL-AMERICAN BOYS *(Breaking Away)* ★★★🎖
Regia di PETER YATES. Con BARBARA BARRIE, DENNIS CHRISTOPHER, PAUL DOOLEY, ROBIN DOUGLAS. ■ Un ragazzotto del Michigan sogna l'Italia e la gloria di Fausto Coppi. Con grande scandalo del padre, inizia a parlare italiano e rifiuta studio e lavoro a beneficio delle corse in bici. In realtà i suoi sono sogni che servono a mascherare la paura di maturare, di dover prendere decisioni. La situazione si risolverà dopo la riconciliazione con il padre e la vittoria sui signorini dell'università in una gara di fondo in bici. ■ COMMEDIA; COL.; 101'; USA, 1979. ■ GOLDEN GLOBES 🎖 2 PR, 2 NOM; OSCAR 1 PR, 5 NOM.

ALLA MIA CARA MAMMA NEL GIORNO DEL SUO COMPLEANNO ★★
Regia di LUCIANO SALCE. Con ORCHIDEA DE SANTIS, ANTONIO FAA DI BRUNO, ELEONORA GIORGI, LILA KEDROVA, PAOLO VILLAGGIO. ■ Trentaduenne viziatissimo e molto timido si consola con riviste e foto porno. Un'esperta cameriera lo "svezza": la madre, saputo che intende sposarla, durante l'ultimo bagnetto lo affoga. ■ COMMEDIA; COL.; 105'; ITALIA, 1974.

ALL'AMORE ASSENTE ★★
Regia di ANDREA ADRIATICO. Con FRANCESCA D'ALOJA, MAURIZIO PATELLA, MASSIMO POGGIO, TONINO VALERII, MILENA VUKOTIC. ■ Andres Carrera è un *ghost writer* che usa e redige il linguaggio politico scrivendo efficaci discorsi per convincere indifferentemente l'elettorato. Durante un comizio Andres sale in macchina e sparisce nel nulla, abbandonando il padre e la madre malata, e la moglie incinta. Un investigatore indaga sulla sparizione, trasferendosi nella casa di Andres e vivendo la sua vita. Forse l'Andres "assente", attraverso lo sguardo simbolico del regista, vuole ritrovare il proprio io e un modo più autentico di comunicare, eliminando un linguaggio retorico, artificioso e vuoto, atto a persuadere l'ascoltatore invece di chiarire gli intendimenti dell'oratore politico. ■ DRAMMATICO; COL.; 98'; ITALIA, 2007.

ALLAN QUATERMAIN E LE MINIERE DI RE SALOMONE *(King Solomon's Mines)* ★★
Regia di JACK LEE THOMPSON. Con RICHARD CHAMBERLAIN, SHARON STONE. ■ Una bella fanciulla recluta l'avventuriero Allan Quatermain per ritrovare il padre archeologo, rapito da un gruppo di malintenzionati che vogliono strappargli il segreto delle miniere di re Salomone, ricchissimo deposito di diamanti. Lo studioso, però, non ha parlato e, liberato dalla figlia e dal suo cavaliere, rivela a loro dove trovare il tesoro: ormai innamorati, i due si accontenteranno di un paio di pietruzze, abbastanza grosse da garantire un futuro tranquillo. ■ AVVENTURA; COL.; 99'; USA, 1985.

ALLA RICERCA DELLA FELICITÀ *(The Blue Bird)* ★★
Regia di WALTER LANG. Con NIGEL BRUCE, GALE SONDERGAARD, SHIRLEY TEMPLE. ■ La celebre fiaba *L'uccellino azzurro* di Maurice Maeterlinck (filmata più volte e sempre con insuccesso) tradotta in cinema dalla Fox per una Shirley Temple ormai vicina all'età per amare (e quindi sempre meno simpatica al pubblico). Shirley e il fratellino corrono mille avventure alla ricerca del mitico uccellino della felicità, per poi scoprire che il segreto del gaudio stava a casa loro, nella vita in famiglia. La storia è di un lezioso pressoché insopportabile, ma il sontuoso technicolor fa meraviglie nelle scene dell'incendio della foresta. ■ AVVENTURA; B/N; 88'; USA, 1940. ■ OSCAR 2 NOM.

ALLA RICERCA DELLA PIETRA DI CRISTALLO – CRYSTALSTONE *(Crystalstone)* ★★
Regia di ANTONIO PELAEZ. Con FRANK GRIMES, KAMELESH GUPTA. ■ Paul e Maria, due coraggiosi fratellini, sono alla ricerca di una favolosa pietra dalle magiche proprietà la cui esistenza è suffragata da una leggenda azteca. ■ AVVENTURA; COL.; 103'; GRAN BRETAGNA, 1987.

ALLA RICERCA DELL'ASSASSINO ★★★
(Everybody Wins)
Regia di KAREL REISZ. Con NICK NOLTE, WILL PATTON, DEBRA WINGER. ■ Un giovane viene incolpato dell'omicidio di suo zio ma Angela, ex amante del morto, è convinta della sua innocenza così si rivolge a un famoso detective. Mentre questi indaga si innamora della donna e le cose si complicano. Nonostante la sceneggiatura di Arthur Miller, la regia di Reisz e l'interpretazione della Winger e di Nolte, il film non va oltre la bella confezione, senza nessun colpo d'ala. ■ GIALLO; COL.; 110'; USA, 1989.

ALLA RICERCA DELLA VALLE INCANTATA ★★★
(The Land Before Time)
Regia di DON BLUTH. ■ Un quintetto di animali preistorici, tra i quali spicca un pacifico e simpatico cucciolo di dinosauro, Piedino, si mette in viaggio alla ricerca della Valle Incantata, tra mille insidie naturali e perpetrate da nemici maligni. I teneri protagonisti raggiungeranno infine la loro meta e otterranno la felicità. ■ ANIMAZIONE; B/N; 79'; USA, 1989.

ALLA RICERCA DELL'ISOLA DI NIM ★★
(Nim's Island)
Regia di JENNIFER FLACKETT, MARK LEVIN. Con MARK BRADY, ABIGAIL BRESLIN, GERARD BUTLER, MICHAEL CARMAN, JODIE FOSTER. ■ Nim ha undici anni, ha perso la madre in fondo al mare e vive sola con il padre in un'isoletta del Pacifico a cui ha dato il proprio nome. La bambina non è mai sola: ha un'otaria, un'iguana e un pellicano per amici, e i libri di avventure di Alex Rover come passatempo preferito. Nel momento del pericolo ecco che a soccorrere Nim arriva proprio il suo eroe, Alex Rover in persona, che più che ad Indiana Jones, assomiglia a una zitella fifona, poiché Alex altro non è che il diminutivo di Alexandra, scrittrice dei libri del coraggioso e inesistente avventuriero. Adattamento del romanzo omonimo di Wendy Orr. ■ AVVENTURA; COL.; 95'; USA, 2008.

ALLA RICERCA DELLO STREGONE ★★
(A Good Man in Africa)
Regia di BRUCE BERESFORD. Con SEAN CONNERY, COLIN FRIELS, LOUIS GOSSETT JR, JOHN LITHGOW, DIANA RIGG, JOANNE WHALLEY-KILMER. ■ Commediola insipida senza grinta e senza battute da ricordare. Un cast ricco di nomi ma povero di risultati. Siamo in Africa occidentale. Alex è un medico appassionato di golf. Morgan è invece un donnaiolo senza morale che beve spesso e ogni tanto svolge il suo lavoro all'ambasciata britannica. Quando

il secondo finisce nei guai, per potersela cavare, cerca di coinvolgere il primo. ■ COMMEDIA; COL.; 101'; USA, 1994.

ALLA RICERCA DEL PIACERE ★
Regia di SILVIO AMADIO. Con BARBARA BOUCHET, FARLEY GRANGER, ROSALBA NERI. ■ La segretaria di uno scrittore, nell'ambiente vizioso della sua casa, scopre le tracce di un'amica scomparsa. Nonostante il pericolo la ragazza rimane fino a quando il mistero è chiarito e i colpevoli smascherati. ■ GIALLO; COL.; 85'; ITALIA, 1972.

ALLA RICERCA DI GREGORY ★★
(In Search of Gregory)
Regia di PETER WOOD. Con ADOLFO CELI, JULIE CHRISTIE, ROLAND CULVER, GABRIELLA GIORGELLI, JOHN HURT, PAOLA PITAGORA, MICHAEL SARRAZIN. ■ Una ragazza vuole assolutamente conoscere un individuo invitato da suo padre in occasione delle sue quinte nozze. Costui è un americano che tutti definiscono straordinario. Colpita da un giovane che corrisponde all'immagine che si è fatta dello sconosciuto lo segue e diventa sua. Ma non è l'uomo che cerca. ■ COMMEDIA; COL.; 80'; GRAN BRETAGNA, ITALIA, 1970.

ALLA RICERCA DI JIMMY ★
(The Search of Jimmy One Eye)
Regia di SAM HENRY KASS. Con MICHAEL BADALUCCO, STEVE BUSCEMI, SAM ROCKWELL, JOHN TURTURRO, NICHOLAS TURTURRO. ■ Junior e i suoi amici vogliono sfondare a Hollywood. Si lanciano così sulle tracce di un tipo del quartiere che sembra essersi improvvisamente volatilizzato. Realizzano così interviste e pedinamenti. Jimmy ricompare e loro pensano di poter mostrare il materiale girato agli Studios. Cinema che vorrebbe essere geniale ed è solo indipendente. ■ COMMEDIA; COL.; 85'; USA, 1993.

ALLA RICERCA DI NEMO *(Finding Nemo)* ★★★
Regia di ANDREW STANTON. ■ Una covata di pesci pagliaccio viene distrutta dall'attacco di un feroce barracuda. La mamma muore. Sopravvivono il papà, Marlin e un unico piccolo che viene chiamato Nemo. Nemo ha una pinna atrofizzata e il padre è iperapprensivo nei suoi confronti al punto di desiderare che l'inizio della scuola venga ritardato. Un giorno però Nemo viene catturato da un dentista appassionato di pesca subacquea. L'acquario sarà la sua prigione. Ora Marlin deve vincere tutti i suoi timori per ritrovarlo. Verrà aiutato da Dory, pesce femmina simpaticamente smemorata. Disney e Pixar hanno fatto ancora una volta centro con un film che rappresenta una sorta di rivincita del rapporto padre-figlio al cinema. ■ ANIMAZIONE; COL.; 90'; USA, 2003. ■ GOLDEN GLOBES 1 NOM; OSCAR 1 PR, 4 NOM.

ALLA RIVOLUZIONE SULLA DUE CAVALLI ★★★
Regia di MAURIZIO SCIARRA. Con ADRIANO GIANNINI, ANDONI GRACIA, OSCAR LADOIRE, GEORGES MOUSTAKI, FRANCISCO RABAL, GWENAËLLE SIMON. ■ Victor è un esule portoghese che vive a Parigi sperando di tornare in patria. È amico di Marco. Victor in passato aveva avuto una relazione con Claire che piaceva anche all'amico. Il 24 aprile 1974 arriva la grande notizia: la Rivoluzione dei garofani sta cambiando il corso della storia portoghese. Marco e Victor decidono di partire subito a bordo della 2 Cavalli di uno dei due. Provano a coinvolgere anche Claire che, ora sposata e con un bambino, vede nel viaggio l'occasione per sfuggire alla monotonia del quotidiano. Lungo il percorso i tre incontrano esemplari di varia umanità e, soprattutto, hanno l'occasione di ricordare il loro passato. Giunti, non senza difficoltà, a Lisbona si trovano di fronte a una rivoluzione che c'è già stata, che non ha avuto bisogno di loro ma, forse, il mutamento è avvenuto anche nel loro animo. Maurizio Sciarra con questo film ha vinto il Pardo d'Oro al 54° Festival di Locarno. *Alla rivoluzione sulla due cavalli* è un film spudoratamente "furbo". Non arrossendo minimamente per tutti i "prestiti" da *Marrakech Express,* Sciarra mette in scena un *on the road* patinato nei paesaggi e dosato nei sentimenti. ■ COMMEDIA; COL.; 98'; ITALIA, 2001.

ALLARME A GIBILTERRA *(Gibraltar)* ★★★
Regia di FEDOR OZEP. Con ROGER DUSCHESNE, VIVIANE ROMANCE, ERIC VON STROHEIM. ■ Per compiere una missione segreta, un ufficiale della Marina Britannica consegna ad alcuni sabotatori degli importanti documenti. Viene arrestato e condannato. Evaso dalla prigione si mette in contatto con le spie, smaschera il capo dell'associazione e potrà così debellare i sabotaggi alle navi militari inglesi. ■ SPIONAGGIO; B/N; 105'; FRANCIA, 1938.

ALLARME AL N. 3 *(Alarm auf Station III)* ★★
Regia di PHILIP LOTHAR MAYRING. Con JUTTA FREYBE, GUSTAV FRÖHLICH. ■ Il fratello di un agente ucciso, anch'egli poliziotto, comincia a frequentare locali equivoci ed entra in una losca organizzazione di contrabbandieri; ne scopre il capo e lo denuncia dopo aver rischiato la vita. ■ POLIZIESCO; B/N; 85'; GERMANIA, 1941.

ALLARME A NEW YORK *(Spion für Deutschland)* ★★
Regia di WERNER KLINGLER. Con WALTER GILLER, MARTIN HELD, NADIA TILLER. ■ Una spia tedesca a New York cerca informazioni sulla bomba atomica. Catturata dopo pazienti ricerche e condannata a morte viene graziata in seguito alla morte di Roosevelt. Dopo dieci anni di prigione torna in patria. ■ AVVENTURA; B/N; 81'; GERMANIA, 1957.

ALLARME A SCOTLAND YARD ★★
(The Great Van Robbery)
Regia di MAX VARNEL. Con KAY KALLARD, DENIS SHAW. ■ Il compito di recuperare un'ingente somma di sterline viene affidato ad un agente inglese il quale, sul filo di un'esile traccia, riesce a scoprire il mandante del furto e ad ucciderlo. ■ POLIZIESCO; B/N; 92'; GRAN BRETAGNA, 1959.

ALLARME A SCOTLAND YARD: SEI OMICIDI SENZA ASSASSINO *(Der Todesrächer von Soho)* ★★
Regia di JESS FRANK (pseud. di JESUS FRANCO). Con WOLFGANG KIELING, BARBARA RÜTTING, HORST TAPPERT, FRED WILLIAMS. ■ Da un romanzo di Edgar Wallace. Un ignoto assassino ha ucciso ben sei persone sempre di sabato e con lo stesso pugnale orientale. L'ispettore di polizia risolve il caso. ■ DRAMMATICO; COL.; 100'; GERMANIA, SPAGNA, 1975.

ALLARME A SUD *(Alerte au sud)* ★★
Regia di JEAN DEVAIVRE. Con LIA AMANDA, GIANNA MARIA CANALE, JEAN-CLAUDE PASCAL, ERIC VON STROHEIM. ■ Un ufficiale della Legione straniera, incuriosito da strani avvenimenti, scopre una base segreta tedesca dove viene prodotto il "raggio della morte". Riesce a informare i suoi superiori. ■ AVVENTURA; COL.; 110'; FRANCIA, ITALIA, 1954.

ALLARME DAL CIELO *(Le ciel sur la tête)* ★★
Regia di YVES CIAMPI. Con MARCEL BOZZUFFI, JACQUES MONOD, ANDRÉ SMAGGHE. ■ La presenza di un'astronave spaziale che emana radioattività mette in stato d'allarme una portaerei francese. La pronta reazione di russi e americani induce l'Ufo ad allontanarsi dalla terra. ■ FANTASCIENZA; COL.; 101'; FRANCIA, 1966.

ALLARME IN CINQUE BANCHE ★
(Le milliard dans un billard/Diamanten Billard)
Regia di NICOLAS GESSNER. Con ELSA MARTINELLI, CLAUDE RICH, JEAN SEBERG, PIERRE VERNIER. ■ Per impadronirsi della refurtiva di alcuni ladri, tre complici provocano l'allarme in cinque banche contemporaneamente. Perdono il bottino ma fortunosamente ricevono un premio dall'assicurazione. ■ COMMEDIA; COL.; 91'; FRANCIA, 1966.

ALLARME NUCLEARE *(Missile X)* ★★
Regia di LESLIE H. MARTINSON. Con JOHN CARRADINE, CURD JÜRGENS. ■ In un poligono di tiro al di là della cortina di ferro, si sta sperimentando il Missile X, un razzo a testata nucleare che potrebbe decidere le sorti di una guerra. Ma alla fine dell'esperimento misteriosi individui rubano il prototipo. ■ AVVENTURA; COL.; 86'; GERMANIA, USA, 1978.

ALLARME POLIZIA! *(Smart Girls Don't Talk)* ★
Regia di RICHARD L. BARE. Con BRUCE BENNETT, TOM D'ANDREA, ROBERT HUTTON, VIRGINIA MAYO, HELEN WESTCOTT. ■ La sorella di un medico accetta la corte del proprietario di un locale notturno il quale una sera, ferito durante un regolamento di conti, viene medicato dal giovane medico che però decide di avvertire la polizia. I sicari del gangster uccidono il medico e alla fi-

ne la ragazza collaborerà con la polizia. ■ POLIZIESCO; B/N; 81'; USA, 1948.

ALLARME ROSSO *(Warming Sign)* ★★
Regia di HAL BARWOOD. Con YAPHET KOTTO, KATHLEEN QUINLAN, SAM WATERSTON. ■ Strani esperimenti batteriologici vengono eseguiti in un laboratorio. A sbrogliare la matassa ci pensa uno sceriffo. Buon film di fantascienza che ha il merito di mettere in guardia sul pericolo di certe ricerche. ■ FANTASCIENZA; COL.; 99'; USA, 1985.

ALLARME ROSSO *(Crimson Tide)* ★★★
Regia di TONY SCOTT. Con MATT CRAVEN, GEORGE DZUNDZA, GENE HACKMAN, DENZEL WASHINGTON. ■ Un generale russo supernazionalista ed esaltato si impadronisce di diciotto missili a testata nucleare e minaccia di lanciarli sull'America e sul Giappone. Il governo russo allerta il mondo e gli Usa inviano il sottomarino *Alabama*. Lo comanda Hunter (Hackman) e il secondo è Ramsey (Washington). Il comandante è un militare tutto d'un pezzo, con una voglia malcelata di fare la guerra, l'altro è un tecnico più ragionevole, e antimilitarista. Arriva un messaggio ambiguo che si interrompe. Hackman vorrebbe scatenare la guerra nucleare, l'altro vorrebbe temporeggiare. Il "secondo" arriva ad ammutinarsi e a destituire il comandante. Dopo vari rovesciamenti di fronte alla fine... aveva ragione Denzel. Discorsi, tensione e tanti riferimenti a *Ottobre rosso*. Ma l'avventura è l'avventura, funziona quasi sempre. ■ AVVENTURA; COL.; 123'; USA, 1995. ■ OSCAR 3 NOM.

ALLARME SEZIONE OMICIDI *(City of Shadows)* ★★★
Regia di WILLIAM N. WITNEY. Con JOHN BAER, ANTHONY CARUSO, KATHLEEN CROWLEY, VICTOR MCLAGLEN, JUNE VINCENT. ■ Il proprietario di un bar mantiene agli studi un suo protetto. Questi, una volta ottenuta la laurea in legge, si dedica al racket dei locali della città riuscendo sempre a cavarsela legalmente. Incontra la figlia di un vecchio avvocato, se ne innamora e decide di cambiar vita dedicandosi alla protezione delle sue ex vittime contro i malviventi. ■ POLIZIESCO; B/N; 70'; USA, 1955.

ALL'ARMI *(Ein Mann nach Deutschland)* ★
Regia di PAUL WEGENER. Con BRIGITTE HORNEY. ■ Un tedesco, che allo scoppio della seconda guerra mondiale si trova nelle Antille, riesce a raggiungere la patria dopo una serie di avventure. ■ GUERRA; B/N; 88'; GERMANIA, 1935.

ALL'ARMI, SIAM FASCISTI ★★★
Regia di LINO DEL FRA. Con CECILIA MANGINI, LINO MICCICHÉ. ■ È un film documentario sui principali avvenimenti storici, sociali e politici del periodo compreso tra il 1911 e il 1945. ■ DOCUMENTARIO; B/N; 94'; ITALIA, 1962.

ALLA SCOPERTA DI CHARLIE *(King of California)* ★★★
Regia di MIKE CAHILL. Con WILLIS BURKS II, MICHAEL DOUGLAS, LAURA KACHERGUS, PAUL LIEBER, KATHLEEN WILHOITE, EVAN RACHEL WOOD. ■ Charlie, ex jazzista, lascia l'ospedale psichiatrico dove ha trascorso gli ultimi due anni della sua vita: ad attenderlo c'è Miranda, figlia giovane ma molto matura, che vive una vita forse fin troppo tranquilla. Per lei ovviamente la pace finisce immediatamente, anche perché il padre è fissato con un'ossessione, ritrovare un tesoro lasciato dai missionari spagnoli e sepolto, a suo dire, proprio sotto la superficie di un centro commerciale. L'avventura servirà ad entrambi per conoscersi e ritrovare l'unità perduta. Paradossalmente una trama forse fin troppo bizzarra potrebbe distogliere l'attenzione da quello che è il vero fulcro del film: la ri-costruzione di un rapporto tra un padre ed una figlia che la vita ha separato. ■ DRAMMATICO; COL.; 90'; MESSICO, USA, 2007.

ALLA 39ª ECLISSE *(The Awakening)* ★★
Regia di MIKE NEWELL. Con CHARLTON HESTON, JILL TOWSEND, SUSANNAH YORK. ■ Un archeologo scoperchia la tomba di una regina egiziana. Poi dona il sarcofago al museo del Cairo. Molti anni dopo la mummia è inviata all'archeologo a Londra per restauri. Ma al compimento della trentanovesima eclisse, accadono fatti atroci e misteriosi. Muore la seconda moglie dello scienziato, scompare un innamorato della figlia. L'archeologo e la figlia smarriscono la loro identità per riprodurre il dramma accaduto in Egitto tanti secoli prima e che era costato la vita alla protagonista, poi mummificata (è lei l'occupante del sarcofago). ■ HORROR; COL.; 102'; GRAN BRETAGNA, 1981.

ALLA VITA *(Promise)* ★★★
Regia di GLENN JORDAN. Con JAMES GARNER, MARY TYLER MOORE. ■ Il rapporto coniugale tra un medico chirurgo, affetto da un male incurabile, e la moglie. Al ricovero in ospedale lei gli sarà vicina e dovrà lottare, durante una lunga notte di veglia, contro la leggerezza dei medici di turno. Il marito, che essendo medico si rende conto della gravità della situazione, sarà salvato in extremis alle prime ore del mattino. Sa comunque che non gli resterà molto da vivere. Molto bravi i due interpreti e buona la direzione del regista che rimane lucida, senza troppi sentimentalismi. ■ DRAMMATICO; COL.; 100'; USA, 1980.

ALLE CINQUE DELLA SERA *(Panj è asr)* ★★
Regia di SAMIRA MAKHMALBAF. Con HERZIEH AMIRI, RAZI MOHEBI, AGHELEH REZAÏE, ABDOLGANI YOUSEFRAZI. ■ Una giovane donna nell'Afghanistan del dopo-talebani. L'oscurantismo non è scomparso dall'oggi al domani e lei, che ha una sorella con un bambino malato e vive in un rudere, finge di andare a pregare mentre invece si reca a una scuola per donne. Si troverà a dover lasciare la propria casa per affrontare il deserto a causa del vecchio padre che non sopporta tutte le "blasfemie" cui è costretto ad assistere in città. Samira Makhmalbaf, che aveva centrato l'obiettivo nelle sue due opere precedenti, *La mela* e *Lavagne*, propone un terzo film debole. La sua debolezza sta nel tentativo di fondere il paradocumentarismo del primo film con l'impatto visivo del secondo. *Alle cinque della sera* non è né l'uno né l'altro. Le lentezze tipiche del cinema iraniano vengono così ad accentuarsi fastidiosamente così come la ripetitività della sceneggiatura. Ogni tanto qualche lampo di bellezza attraversa lo schermo. Ma non basta. ■ DRAMMATICO; COL.; 105'; IRAN, 2003. ■ CANNES 1 PR.

ALLE DAME DEL CASTELLO PIACE MOLTO FARE QUELLO... ★
Regia di JOSEF ZACHAR. Con EDWIGE FENECH, GUSTAV KNUTH, MICHAELA MAY, ANGELICA OTT, SIEGHARDT RUPP. ■ In un castello tedesco si consumano adulteri. Un banchiere giunto all'improvviso per sorprendere la moglie della quale non si fida, le fornirà senza immaginarlo il pretesto per chiedergli il divorzio. ■ COMMEDIA; COL.; 88'; GERMANIA, 1975.

ALLE 10,30 DI UNA SERA D'ESTATE ★★★
(10.30 P.M. Summer)
Regia di JULES DASSIN. Con PETER FINCH, JULIAN MATEOS, MELINA MERCOURI, ISABEL M. PEREZ, ROMY SCHNEIDER. ■ Una donna trova il rifugio di un assassino e promette di aiutarlo. Il giorno dopo, tornando, scopre che si è suicidato. Sconvolta anche dalla certezza che il marito e la sua migliore amica sono amanti, fugge senza lasciare tracce. ■ DRAMMATICO; COL.; 85'; USA, 1967.

ALLE DONNE CI PENSO IO ★★★
(Come Blow your Horn)
Regia di BUD YORKIN. Con TONY BILL, LEE J. COBB, MOLLY PICON, BARBARA RUSH, FRANK SINATRA, JILL ST. JOHN. ■ Un giovane di provincia abbandona la casa paterna per raggiungere il fratello Alan a New York, che conduce la vita del tipico playboy passando con disinvoltura da una ragazza all'altra. Il giovane ne è letteralmente affascinato. Una serie di piccoli incidenti sentimentali convincono Alan a cambiare vita e a prender moglie. Il fratello Buddy lo sostituirà degnamente. ■ COMMEDIA; COL.; 112'; USA, 1963. ■ OSCAR 1 NOM.

ALLE DONNE PIACE LADRO ★★
(Dead Heat on a Merry-go-Round)
Regia di BERNARD GIRARD. Con JAMES COBURN, ROSS MARTIN, ALDO RAY, CAMILLA SPARV. ■ Un pregiudicato esce di prigione in libertà vigilata. Tutto fa credere che egli abbia cambiato condotta di vita, compreso il fatto che si unisce in matrimonio con una bellissima ragazza. In realtà il nostro Eli sta pensando di assaltare una banca. Il colpo gli riesce e fugge in Messico abbandonando la moglie che nel frattempo ha ereditato una cospicua somma. ■ DRAMMATICO; COL.; 104'; USA, 1966.

ALLE FRONTIERE DEL FAR WEST ★★
(Doc Holliday/Geronimo/Crazy Horse)
Regia di WILLIAM N. WITNEY. Con MARY CASTLE, JIM DAVIS, CHIEF YOWLACHIE. ■ Si tratta di tre film di 30 minuti ciascuno diretti da Witney. Sono stati girati intorno alla fine degli anni Cinquanta e fanno parte di una serie televisiva dedicata alle grandi figure del West. Qui gli eroi sono Doc Hollyday, Geronimo e Crazy Horse. ■ WESTERN; B/N; 90′; USA, 1950.

ALLE FRONTIERE DELL'INDIA *(We Willie Winkie)* ★★
Regia di JOHN FORD. Con JUNE LANG, VICTOR MCLAGLEN, CESAR ROMERO, C. AUBREY SMITH, SHIRLEY TEMPLE. ■ Tratto dal romanzo di Rudyard Kipling, questo film, sceneggiato da Ernest Pascal e Julian Josephson, narra le disavventure in India di una bimba, nipote di un colonnello inglese, che riesce a far firmare la pace a un predone indiano dopo averlo aiutato a fuggire dal carcere dove era tenuto prigioniero dagli inglesi. ■ AVVENTURA; B/N; 99′; USA, 1937. ■ OSCAR 1 NOM.

ALLE FRONTIERE DEL TEXAS *(Fuera de la Ley)* ★
Regia di LEON KLIMOVSKY. Con GEORGE MARTIN, SHIRLEY MCGUIRE, JACK TAYLOR. ■ Il proprietario di un ranch viene assassinato. Suo figlio, accusato dalle circostanze, passa la frontiera del Texas per tornare quando il vero colpevole sarà scoperto. ■ WESTERN; COL.; 84′; USA, 1965.

ALLEGRA BRIGATA DI TOM E JERRY, L' ★★★
(Tom and Jerry)
■ È una divertente serie di episodi che hanno come protagonisti il gatto Tom, il topolino Jerry e tanti altri simpatici personaggi. ■ ANIMAZIONE; COL.; 104′; USA, 1973.

ALLEGRA COMPAGNIA, L' ★★★★
■ Si tratta di un film di montaggio comprendente una serie di cartoni animati, realizzati dai fratelli Fleischer tra la fine degli anni Trenta e gli anni Quaranta. I personaggi, cari a grandi e bambini, sono Braccio di Ferro, Olivia, Poldo, Gabby. ■ ANIMAZIONE; COL.; 92′; USA, 1950.

ALLEGRA FATTORIA, L' *(Summer Stock)* ★★★
Regia di CHARLES WALTERS. Con EDDIE BRACKEN, GLORIA DE HAVEN, JUDY GARLAND, GENE KELLY, MARJORIE MAIN. ■ Abigail, un'attrice di teatro di Broadway, trasferisce la sua compagnia per le prove di uno spettacolo nella fattoria della sorella Jane. Costei, dapprima infuriata, accetta di dare ospitalità al gruppo a patto però che tutti la aiutino a mandare avanti il lavoro dei campi. ■ MUSICAL; COL.; 100′; USA, 1950.

ALLEGRA FATTORIA, L' *(Funny Farm)* ★★
Regia di GEORGE ROY HILL. Con CHEVY CHASE, JACK GILPIN, MADELINE SMITH. ■ Un giornalista sportivo decide di evadere dalla vita tentacolare della città e va a vivere in campagna. Ma nell'allegra fattoria la vita non è così idilliaca: al povero cittadino ne accadono di tutti i colori. ■ COMMEDIA; COL.; 101′; USA, 1988.

ALLEGRA GIOVENTÙ *(Alegre Juventud)* ★
Regia di MARIANO OZORES. Con ADOLFO MARSILLACH, JOSÉ LUIS OZORES, EMMA PENELLA. ■ Un giovane entrato in seminario comprende che la sua vocazione non è sincera mentre un ladro, che ha indossato la tonaca per sfuggire ai complici, decide di scontare la pena e di prendere, in seguito, gli ordini. ■ COMMEDIA; COL.; 98′; SPAGNA, 1962.

ALLEGRA PARATA DI WALT DISNEY, L' ★★★★
(Short program n. 11)
■ Si tratta di un film comprendente alcuni *short* disneyani. Nel corso degli anni Trenta, la Disney sviluppò una media di diciotto cortometraggi all'anno e portò a compimento la realizzazione della famosa banda composta da Topolino, Minnie, Paperino, Pluto, Pippo e compagni. Questo film di montaggio presenta alcuni dei più noti *shorts* della banda e mostra quale innovazione abbia portato il grande maestro americano nel mondo dei cartoni animati. ■ ANIMAZIONE; COL.; 90′; USA, 1931.

ALLEGRE FANCIULLE DI VIENNA, LE ★★
(Die lustigen Weiber von Wien)
Regia di GÉZA VON BOLVÀRY. Con IRENE EISINGER, WILLY FORST, PAUL HÖRBIGER, LEE PERRY. ■ È uno dei tanti film realizzati negli anni Trenta dal regista von Bolvary, specialista nel portare l'operetta viennese (che aveva già diretto in teatro) sullo schermo. ■ COMMEDIA; B/N; 89′; GERMANIA, 1931.

ALLEGRIA *(Allotria)* ★
Regia di WILLI FORST. Con RENATE MÜLLER, JENNY YUGO. ■ Un giovane crede, anche perché gli altri si divertono a prolungare l'equivoco, che la ragazza che ama sia diventata la moglie di un amico. Alla fine tutto si aggiusta. ■ COMMEDIA; B/N; 85′; AUSTRIA, 1936.

ALLEGRI AMMUTINATI DEL BOUNTY, GLI ★★
(Carry on Jack)
Regia di GERALD THOMAS. Con PATRICK CARGILL, BERNARD CRIBBINS, FINN DALE, JULIET MILLS, KENNETH WILLIAMS. ■ Il capitano del *Bounty* e tre suoi amici vengono abbandonati dalla loro nave. La ritroveranno casualmente e saranno coinvolti in una serie di comiche avventure che li consacreranno eroi nazionali. ■ COMICO; COL.; 85′; GRAN BRETAGNA, 1965.

ALLEGRI EROI *(Bonnie Scotland)* ★★★
Regia di JAMES W. HORNE. Con JAMES FINLAYSON, ANNE GREY, OLIVER HARDY, JUNE LANG, STAN LAUREL, DAPHNE POLLARD, VERNON STEELE. ■ Stanlio è chiamato in Scozia per ricevere l'eredità del vecchio zio McLaurel che si rivela non essere altro che una cornamusa e una scatola di tabacco. Assieme all'inseparabile Ollio è costretto ad arruolarsi nell'esercito che spedisce i due in India. Senza volerlo porteranno a termine un'eroica missione. ■ COMICO; B/N; 80′; USA, 1935.

ALLEGRI ESPLORATORI ★
Regia di LEONARD GOLDSTEIN. Con EDMUND GWENN, CLIFTON WEBB, GEORGE WINSTON. ■ Un bravo soggettista di trasmissioni televisive per ragazzi riesce ad avere successo solo quando ne comprende la mentalità per aver fatto da guida ad un gruppo di giovani esploratori. ■ COMMEDIA; B/N; 87′; USA, 1955.

ALLEGRI GEMELLI *(Our Relations)* ★★★★
Regia di HARRY LACHMAN. Con IRIS ADRIAN, LONA ANDRE, JAMES FINLAYSON, ALAN HALE, OLIVER HARDY, BETTY HEALY, STAN LAUREL, DAPHNE POLLARD, SIDNEY TOLER. ■ Senz'altro uno dei migliori film girati dalla coppia Laurel & Hardy. La trama è davvero esilarante, il cast pieno di attori di gran lusso, ottime la regia, la sceneggiatura, la colonna sonora e la fotografia. La trama è la seguente: la vita dei rispettabili borghesi Stanlio e Ollio è improvvisamente turbata dall'arrivo dei loro gemelli, Alfie e Bert, due pochi di buono, ex galeotti prima e marinai poi, che devono consegnare un anello rubato proprio nel locale in cui Stanlio e Ollio stanno divertendosi con le mogli. Trattandosi di gemelli somiglianti come gocce d'acqua nell'aspetto, ma fortemente diversi nel carattere, è inevitabile che si inneschi tra di loro una irresistibile girandola di equivoci, scambi e travestimenti, in cui i due veri e i due finti sono confusi gli uni per gli altri, scomponendo le coppie e riformandole col partner sbagliato finché una coppia viene rapita da alcuni gangster che vogliono impadronirsi dell'anello prezioso, custodito invece dall'altra coppia: i quattro si incontrano finalmente tutti assieme e riescono a scamparla dai malviventi. Il film è una vera e propria commedia degli equivoci alla maniera di Shakespeare, con una miriade di gustosissime gag che si susseguono l'une alle altre. ■ COMICO; B/N; 65′; USA, 1936.

ALLEGRI IMBROGLIONI, GLI *(Jitterbugs)* ★★★
Regia di MALCOLM ST. CLAIR. Con ROBERT BAILEY, VIVIAN BLAINE, FRANCIS FORD, DOUGLAS FOWLEY, OLIVER HARDY, STAN LAUREL. ■ Stanlio e Ollio a bordo di un camioncino sbarcano il lunario nelle piazze esibendosi come suonatori di diversi strumenti. Incontrano un simpatico furfante che cerca di truffare i gonzi vendendo loro delle pillole che diluite trasformano l'acqua in benzina. I nostri amici aiuteranno il giovanotto a liberare la sua fidanzata da una gang che vorrebbe impossessarsi della sua eredità. ■ COMICO; B/N; 74′; USA, 1943.

ALLEGRI LEGIONARI *(Beau Hunks)* ★★★
Regia di JAMES W. HORNE. Con OLIVER HARDY, STAN LAUREL. ■ Si tratta di quattro comiche del celebre duo legate assieme. ■ COMICO; B/N; 90′; USA, 1931.

ALLEGRI MARINAI ★★
Con TOM PATRICOLA, BUSTER WEST. ■ Due marinai, costretti

una volta sbarcati a rimanere a bordo per punizione, di nascosto scendono a terra e con due ragazze si recano in una sala da ballo dove incontrano il loro sergente. Dopo una serie di situazioni paradossali ritorneranno a bordo sotto scorta e finiranno per essere buttati in cella di rigore. Questo cortometraggio, di cui manca il titolo originale, il regista (anche se non è mancato qualche critico che erroneamente lo ha attribuito a Fred Newmeyer) e l'anno di produzione, fa parte di una serie di *shorts* prodotti dalla Educational Pictures negli anni Trenta. ■ COMICO; B/N; 84'; USA, 1930.

ALLEGRI MASNADIERI ★★★
Regia di MARCO ELTER. Con GIORGIO DE REGE, GUIDO DE REGE, MINO DORO, ASSIA NORIS, CAMILLO PILOTTO, VIRGILIO RIENTO. ■ Questo film scritto da Amleto Palermi è uno dei pochi interpretati dagli indimenticati (grazie anche a Walter Chiari) fratelli De Rege, celebri in quegli anni negli spettacoli di varietà. Qui i due De Rege sono nei panni di due servitori con il compito di riportare a casa la figlia del padrone, fuggita per non sposare un nobile a cui è stata destinata. ■ COMMEDIA; B/N; 87'; ITALIA, 1937.

ALLEGRI NAVIGANTI *(In the Navy)* ★
Regia di ARTHUR LUBIN. Con BUD ABBOTT, LOU COSTELLO, CLAIRE DODD, DICK POWELL. ■ Un cantante annoiato si arruola in marina e una giornalista si imbarca clandestinamente nella speranza di intervistarlo. Tra le manovre e gli imprevisti hanno tutto il tempo di innamorarsi. ■ COMMEDIA; B/N; 87'; USA, 1941.

ALLEGRI PASSAGUAI, GLI ★★★
Con OLIVER HARDY, STAN LAUREL. ■ Film di montaggio comprendente sei comiche di Stanlio e Ollio. ■ COMICO; B/N; 79'; USA, 1930.

ALLEGRI PIRATI DELL'ISOLA DEL TESORO, GLI ★★
(Dobutsu Takarajima)
Regia di HIROSHI IKEDA. ■ Sceneggiatura tratta dal romanzo di Robert L. Stevenson. Jimmy e Kathy, dopo essere sfuggiti all'avido e malefico capitan Uncino, prendono possesso del tesoro lasciato loro in eredità dal famoso capitano Flint. ■ ANIMAZIONE; B/N; 75'; GIAPPONE, 1975.

ALLEGRI POETI ★★★
Con OLIVER HARDY, STAN LAUREL. ■ Mediometraggio comprendente due comiche. ■ COMICO; B/N; 35'; USA, 1929.

ALLEGRI PRIGIONIERI ★★
(Heldentum nach Ladenschluss)
Regia di WOLFGANG BECKER, ERIK ODE, WOLFGANG SCHLEIF, FRITZ STAPENHORST. Con CLAUDIA GERSTAECKER, OLIVER HARRENCANF, HAROLD JUHNKE. ■ Quattro episodi in cui alcuni soldati tedeschi si salvano fuggendo da un campo di concentramento. ■ AVVENTURA; B/N; 90'; GERMANIA, 1956.

ALLEGRI VAGABONDI, GLI ★★
(Die lustigen Vagabunden)
Regia di JÜRGEN VON ALTEN. Con WALTER BECHMANN, JOHANNES HEESTERS, CARSTA LÖCK, HERTA WORELL. ■ È uno dei tanti film leggeri tedeschi arrivati in Italia durante la guerra, pretesto per ascoltare brani di operette. ■ COMMEDIA; B/N; 88'; GERMANIA, 1940.

ALLEGRI VETERANI, GLI *(Les vieux de la vieille)* ★★
Regia di GILLES GRANGIER. Con PIERRE FRESNAY, JEAN GABIN, NOËL-NOËL. ■ Tre anziani alquanto arzilli decidono di finire i loro giorni in un ospizio. All'arrivo, dopo un viaggio avventuroso, ne rimangono delusi e tornano al villaggio dove ricominciano ad architettare scherzi di ogni genere. ■ COMICO; B/N; 90'; FRANCIA, ITALIA, 1961.

ALLEGRO ★★★
Regia di CHRISTOFFER BOE. Con BENEDIKTE HANSEN, NICOLAS BRO, ELLEN HILLINGSØ, HELENA CHRISTENSEN, JON LANGE, KNUD ROMER JØRGENSEN, NIKOLAJ LIE KAAS, HENNING MORITZEN, NIELS SKOUSEN, PER FLY, SVETOSLAV KOROLEV, ULRICH THOMSEN, TOMMY KENTER. ■ Zetterstroem, pianista prodigio che ha sacrificato gli affetti all'arte, sembra trovare l'amore della sua vita nella bellissima Andrea. A seguito della loro rottura, però, tutto cambia: Zetterstroem si trasferisce a New York, e il suo passato, rimasto "fisicamente" a Copenhagen, esplode all'interno della città divenendo la "Zona", uno spazio impenetrabile protetto da un muro invisibile. Finché, un giorno, un misterioso invito riporta il protagonista a Copenhagen e ad indagare sul mistero della "Zona". Girato in stile quasi-Dogma (camera a mano e luce naturale ma, nel contempo, evidente presenza di musica extradiegetica), la pellicola affascina dal punto di vista registico e visivo anche in virtù della cornice a cartoni animati e di una fotografia, nella sequenza ambientata nella "Zona", dai colori innaturalisticamente saturi. ■ DRAMMATICO; COL.; 88'; DANIMARCA, 2005.

ALLEGRO AUTISTA *(Taxi 13)* ★★
Regia di MARSHALL NEILAN. Con CHESTER CONKLIN, LEE MORAN, MARTHA SLEEPER, HUGH TREVOR, ETHEL WALES. ■ Un taxista di nome Magnus Mactavish con moglie e dieci figli a carico cerca di metter da parte 100 dollari che gli servono come anticipo per comprare un nuovo taxi che gli permetta di guadagnare di più. Catturando con l'aiuto della moglie due pericolosi banditi riceverà come ricompensa 500 dollari. ■ COMICO; B/N; 78'; USA, 1928.

ALLEGRO CANTANTE, L' ★★★
Regia di GENNARO RIGHELLI. Con RUBI D'ALMA, GIORGIO DE REGE, GUIDO DE REGE, VANDINA GUGLIELMI, GIOVANNI MANURITA, GERMANA PAOLIERI. ■ Un cantante e la sua fidanzata aiutano due fratelli a trovare il padre di una bambina. La ricerca è legata a una cospicua eredità che andrà ai due fratelli non appena rintracciato il misterioso genitore. Si scoprirà che il padre della bimba è il cantante stesso. ■ COMM. MUSICALE; B/N; 88'; ITALIA, 1938.

ALLEGRO CANTANTE, L' ★★
(Jede Frau hat ein süsses Geheimnis)
Regia di CARMINE GALLONE. Con MARIA CEBOTARI, JOHANNES HEESTERS, PAUL KEMP, UMBERTO SACRIPANTE, GUSTI WOLF. ■ Un famoso cantante, durante un viaggio aereo, pianta in asso la moglie per seguire un'altra donna. Nell'albergo in cui è sceso s'invaghisce di una servetta e dopo varie circostanze, tornato a casa, metterà la testa a posto. ■ COMM. MUSICALE; B/N; 93'; GERMANIA, 1939.

ALLEGRO COLLEGE DELLE VERGINI INGLESI – L'ALLEGRO MONDO DELLE VERGINI INGLESI, L' *(School for Sex)* ★★
Regia di PETER WALKER. Con ROSE ALBA, DEREK AYLWARD, CATHY HOWARD. ■ Un pluridivorziato che le mogli hanno mandato in miseria fonda una scuola di tipo particolare: insegnerà alle ragazze a spillare più denaro possibile ai mariti, traendo così almeno questo profitto dalle sue disgrazie. ■ EROTICO; COL.; 91'; GRAN BRETAGNA, 1968.

ALLEGRO DUCA, L' *(Un ficho métier)* ★★
Regia di PIERRE-JEAN DUCIS. Con ALERME ANDRÉ, LUCIEN BAROUX. ■ Il perfetto sosia del principe di un piccolo Stato si sostituisce a lui per incoraggiare un prestito. Dopo tutta una serie di divertenti equivoci l'avventura si conclude in maniera positiva per tutti. ■ COMMEDIA; B/N; 100'; FRANCIA, 1942.

ALLEGRO FANTASMA, L' ★★
Regia di AMLETO PALERMI. Con AMELIA CHELLINI, FRANCO COOP, ELLI PARVO, LUIGI PAVESE, PAOLO STOPPA, TOTÒ. ■ Un ricco signore morendo destina ai suoi due figlioli un ricco patrimonio. Uno degli eredi viene identificato in un vagabondo che per pura coincidenza proprio quel giorno si trovava a passare nei pressi della villa abitata dai parenti. Il vagabondo rintraccerà in un cantante di successo il suo gemello. Colpo di scena finale: i gemelli erano tre: il terzo è un giocoliere. Il patrimonio verrà spartito fra i tre fratelli ritrovati. ■ COMICO; B/N; 82'; ITALIA, 1941.

ALLEGRO MARCIAPIEDE DEI DELITTI, L' ★★
(Rue du Pied de Grue)
Regia di JEAN-JACQUES GRAND-JOUAN. Con PASCALE AUDRET, GIULIANA DE SIO, PHILIPPE NOIRET. ■ Protagonista un'allegra famiglia di scioperati di Nantes. Il padre da molti anni sogna di pubblicare un romanzo, che però non riesce mai a finire. Sogna per il figlio un avvenire di grande musicista, ma il ragazzo è negato. Papà butta i suoi insegnanti nella Loira, dove i poverini (non sapendo nuotare) annegano. Il figlio lo denuncia. Ma la polizia non gli crede. ■ COMMEDIA; COL.; 95'; FRANCIA, 1979.

ALLEGRO MONDO DI CHARLOT, L' ★★★
Regia di CHARLIE CHAPLIN. Con ROSCOE FATTY ARBUCKLE, BILLY ARMSTRONG, CHARLIE CHAPLIN, CHESTER CONKLIN, MABEL NORMAND, EDNA PURVIANCE, LEO WHITE. ■ Film di montaggio (sonorizzato con un atroce commento parlato) comprendente alcune comiche di Charlot. ■ COMICO; B/N; 80'; USA, 1914.

ALLEGRO MONDO DI STANLIO E OLLIO, L' ★★★
(Laurel & Hardy Laughing Twenties)
Regia di ROBERT YOUNGSON. Con CHARLIE CHASE, JAMES FINLAYSON, ANITA GARVIN, OLIVER HARDY, EDGAR KENNEDY, STAN LAUREL, TINY SANFORD. ■ Film di montaggio americano comprendente estratti di comiche girate fra il 1927 e il 1935. Senza alcun dubbio questo film antologico è il migliore in assoluto fra quelli di montaggio incentrati sulla celebre coppia in quanto sono stati raccolti i momenti più comici e le gag più esilaranti legati fra loro con gusto e intelligenza. ■ COMICO; B/N; 90'; USA, 1965.

ALLEGRO MOSCHETTIERE, L' ★★
(The Cardboard Cavalier)
Regia di WALTER FORDE. Con MARY CLARE, JERRY DESMONDE, SID FIELD, MARGARET LOCKWOOD. ■ Un giovane, coinvolto involontariamente nella disputa tra Cromwell e Carlo II d'Inghilterra, parteggia per il re. Come ricompensa per la bravura ed il coraggio che gli hanno permesso di portare a felice compimento una missione viene nominato duca. ■ COMICO; B/N; 96'; GRAN BRETAGNA, 1949.

♥ ALLEGRO NON TROPPO ★★★
Regia di BRUNO BOZZETTO. Con MARIA LUISA GIOVANNINI, MAURIZIO MICHELI, MAURIZIO NICHETTI. ■ Un regista di cartoni animati vuol fare un film prendendo lo spunto da brani di musica classica. Va al Donizetti di Bergamo reclutando una banda di vecchiette che gli combinano un mucchio di pasticci insieme con un lunare direttore d'orchestra. Un'idea già avuta da Disney in *Fantasia* ripresa da Bozzetto. ■ COMICO; B/N; 85'; ITALIA, 1978. ■ DAVID DI DONATELLO 1 PR, 1 NOM.

ALLEGRO NOTAIO *(Il est charmant)* ★★
Regia di LOUIS MERCANTON. Con HENRY GARAT, MEG LEMONNIER. ■ Questa commediola francese dei primi anni Trenta è una delle ultime opere girate da Mercanton che morì proprio nello stesso anno in cui fu girato questo film. ■ COMMEDIA; B/N; 80'; FRANCIA, 1932.

ALLEGRO POSTIGLIONE ★
(Der Postillon von Lonjoumeau)
Regia di KARL LAMAC. Con WILLY EICHBERGER, LUCIE ENGLISCH. ■ Un postiglione dalla magnifica voce viene scritturato per l'Opera di Parigi la prima sera delle nozze. Invaghitosi di una ragazza decide di lasciare la moglie, ma scopre che le due donne sono la stessa persona. ■ COMMEDIA; B/N; 87'; AUSTRIA, 1937.

ALLEGRO SQUADRONE, L' ★★★
(Les gaités de l'escadron)
Regia di PAOLO MOFFA. Con VITTORIO DE SICA, DANIEL GÉLIN, SILVANA PAMPANINI, LUIGI PAVESE, ALBERTO SORDI, PAOLO STOPPA, CHARLES VANEL. ■ Tratto da un racconto del commediografo francese Courteline e adattato per lo schermo da ben cinque sceneggiatori (Cecchi D'Amico, Fabbri, Continenza, Audiard e lo stesso Moffa), questo film è costituito da una serie di episodi tra loro legati e ambientati in Francia nei primi anni del Novecento. ■ COMMEDIA; B/N; 90'; FRANCIA, ITALIA, 1953.

ALLEGRO TENENTE, L' *(The Smiling Lieutenant)* ★★★
Regia di ERNST LUBITSCH. Con GEORGE BARBIER, MAURICE CHEVALIER, CLAUDETTE COLBERT, MIRIAM HOPKINS, CHARLES RUGGLES. ■ È la trasposizione cinematografica dell'operetta *Sogno di un valzer* di Jacobson e Doermann tratta dal romanzo *Next der Prinzgemahl* di Hans Müller. Classica operetta viennese ambientata fra le montagne in un castello fra re e principesse. ■ COMMEDIA; B/N; 88'; USA, 1931. ■ OSCAR 1 NOM.

ALLEGRO VOLO, L' *(Adémaï Aviateur)* ★★
Regia di JEAN TARRIDE. Con FERNANDEL, NOËL-NOËL. ■ Un giovane viene accettato al corso di pilotaggio. Durante il primo volo assieme ad un principiante creduto istruttore batte senza saperlo un primato di durata. ■ AVVENTURA; B/N; 80'; FRANCIA, 1935.

ALLELUJA! *(Hallelujah!)* ★★★★
Regia di KING VIDOR. Con WILLIAM E. FOUNTAINE, HARRY GRAY, DANIEL L. HAYNES, NINA MAE MCKINNEY, VICTORIA SPIVEY. ■ Lo slogan pubblicitario che nel '29 lanciò questo film diceva: «L'asso di tutti i film sonori, interamente interpretato da negri». Tratto dal romanzo di Wanda Tuchock e ambientato nei campi di cotone e nelle cittadine del Sud, racconta la storia di un ragazzetto che subisce le arti malefiche di una donna. La storia non è che un pretesto per ascoltare delle belle canzoni. ■ COMM. MUSICALE; B/N; 86'; USA, 1929. ■ OSCAR 1 NOM.

ALLELUJA E SARTANA FIGLI DI... DIO ★
Regia di MARIO SICILIANO. Con ALAN ABBOTT, RON ELY, USCHI GLAS, WANDA VISMARA, ROBERT WIDMARK. ■ Travestiti da curati per salvare la pelle, Alleluja e Sartana sono costretti a compiere gli obblighi imposti dall'abito. All'arrivo del vero reverendo fuggono. ■ WESTERN; COL.; 103'; ITALIA, 1973.

ALLENATORE IN PALLA, UN *(Rebound)* ★
Regia di STEVE CARR. Con MARTIN LAWRENCE, BRECKIN MEYER, WENDY RAQUEL ROBINSON. ■ Il nome più chiacchierato nel giro del basket universitario è quello di Roy, giovane coach portato sulla cresta dell'onda da due campionati universitari vinti consecutivamente. Talentuoso nel guidare i propri giocatori quanto indisciplinato e arrogante nei confronti degli arbitri, Roy viene bandito a vita dalla lega NCBA, per essersi spinto troppo in là in un momento di trance agonistica. In attesa di nuove offerte, sperando in una facile reintegrazione in lega, per farsi pubblicità l'allenatore si metterà alla guida della squadra della propria vecchia scuola media, composta perlopiù da ragazzetti poco prestanti. ■ COMMEDIA; COL.; 103'; USA, 2005.

ALLENATORE NEL PALLONE, L' ★★
Regia di SERGIO MARTINO. Con LINO BANFI, ANDREA RONCATO, GIGI SAMMARCHI. ■ L'allenatore Oronzo Canà (Banfi) riesce tra mille difficoltà a mantenere in serie A la sua Longobarda, il che gli costerà il posto. Tra varie facezie di natura calcistica va notata, in brevi apparizioni, l'amichevole partecipazione di veri calciatori: ma non è un'idea nuova, al pari di tante battute e situazioni del film. ■ COMMEDIA; COL.; 98'; ITALIA, 1984.

ALLENATORE NEL PALLONE 2, L' ★★
Regia di SERGIO MARTINO. Con ANDREA BACCAN, LINO BANFI, ALESSANDRO BONANNI, GIULIANA CALANDRA, MAURIZIO CASAGRANDE, EMILIO DE MARCHI, ANNA FALCHI, BIAGIO IZZO, MAX PARODI, ANDREA RONCATO, STEFANIA SPUGNINI. ■ Lo avevamo lasciato in trionfo – più di vent'anni or sono – mentre festeggiava la salvezza in serie A in braccio a due gemelli nerboruti, dopo una travagliata stagione a base di corna, corruzione e calcio. Lo ritroviamo oggi, visibilmente invecchiato ma grintoso come sempre, che sogna un insperato ritorno in panchina con la sua Longobarda, compagna di gioie e sventure. Nell'anno 2007, grazie al coraggio di un "cummenda" milanese e di un losco figuro proveniente dalla Russia, il sogno della Longobarda diventa realtà. ■ COMMEDIA; COL.; 112'; ITALIA, 2007.

ALLENATRICE, L' *(Sunset Park)* ★★
Regia di STEVE GOMER. Con SHAWN MICHAEL HOWARD, RHEA PERLMAN, ANTON TANNER. ■ Danny De Vito produce un film in cui la moglie è protagonista, nei panni di un'insegnante che, nella città di New York, per guadagnare qualcosa, accetta di allenare una squadra di basket formata da studenti di colore. Grazie a un'azzeccata compilation il film si fa seguire senza particolari trasalimenti in una generale mediocrità. ■ COMMEDIA; COL.; 107'; USA, 1996.

ALLE ORIGINI DELLA MAFIA ★★★
REGIA DI ENZO MUZII. Con MEL FERRER, MASSIMO GIROTTI, TREVOR HOWARD, JOHN MCENERY, VALERIA MORICONI, TONY MUSANTE, AMEDEO NAZZARI, ANTONIO ORFANÒ, FERNANDO REY. ■ Kolossal con grandi attori sulla nascita e lo sviluppo dell'organizzazione mafiosa in Sicilia, dal sedicesimo secolo a dopo l'Unità. Ottima ricostruzione storica. ■ STORICO; COL.; 90'; GRAN BRETAGNA, ITALIA, 1974.

ALLE PORTE DEL GRAN MONDO *(Le Bal)* ★★
Regia di WILHELM THIELE. Con DANIELLE DARRIEUX, GERMAI-

NE DERMOZ, ANDRÉ LAFAUR. ■ Girato anche in versione tedesca con altri attori (Dolly Haas, Reinhold Schünzel e Lucie Mannheim), questo film che arrivò in Italia nella versione francese è tratto da una novella di Irene Nemirowsky e racconta l'escalation di una famiglia di nuovi ricchi nell'alta società. ■ COMMEDIA; B/N; 73′; FRANCIA, 1931.

ALLE 4 DEL MATTINO, DUE UOMINI, DUE DONNE ★
(Four in the Morning)
Regia di ANTHONY SIMMONS. Con JUDI DENCH, ANN LYNN, JOE MELIA, BRIAN PHELAN, NORMAN RODWAY. ■ Il ritrovamento del corpo di una ragazza nel Tamigi offre lo spunto per la storia di due donne: la prima ama e lascia un uomo in pochissimo tempo; la seconda constata il fallimento del suo matrimonio. ■ DRAMMATICO; B/N; 93′; GRAN BRETAGNA, 1965.

ALLE SEI DI SERA DOPO LA GUERRA ★★
(V sciest' ciasov vievieira posle voiny)
Regia di IVAN PYRIEV. Con MARINA LADYLINE, IVAN LIOUBERZNOV, EUGENE SAMITOV. ■ Alla fine della guerra, che li ha fatti conoscere e quindi separare, due giovani innamorati si ritrovano allo scadere di un ideale appuntamento. ■ GUERRA; B/N; 65′; URSS, 1944.

ALLE 7 DEL MATTINO IL MONDO È ANCORA IN ORDINE ★★★
(Morgens um sieben ist die Welt noch in Ordnung)
Regia di KURT HOFFMANN. Con PETER ARENS, WERNER HINZ, MARIA KORBER, DIANA KORNER, GERLINDE LOCKER. ■ Un bambino di otto anni dal carattere esuberante è fonte di continuo stupore per chi gli sta attorno. Un piccolo incidente turba solo brevemente la consueta armonia della casa. ■ COMMEDIA; COL.; 101′; GERMANIA, 1970.

ALLES KAPUTT! *(Dalekà Cesta)* ★★★
Regia di ALFRED RADOK. Con OTOMAR KREJCA, BLANKA WALESKA. ■ Un medico sposa una fanciulla ebrea per evitarle la reclusione in un campo di concentramento. Ugualmente arrestata la ragazza, grazie all'arrivo degli Alleati, si salva dalla camera a gas. ■ DRAMMATICO; B/N; 109′; CECOSLOVACCHIA, 1949.

ALLE SOGLIE DELLA VITA *(Nära livet)* ★★★★
Regia di INGMAR BERGMAN. Con BIBI ANDERSSON, EVA DAHLBECK, BARBRO HIORT AF ORNÄS, INGRID THULIN, MAX VON SIDOW. ■ Tre donne si trovano nel reparto maternità di un ospedale. Cecilia, la prima, perde il figlio e ne riverserà le cause sul suo rapporto matrimoniale; alla seconda, Stina, succederà la stessa cosa ma reagirà psicologicamente in maniera differente; a Hiordis nascerà un bimbo da lei non desiderato perché "figlio della colpa". ■ DRAMMATICO; B/N; 96′; SVEZIA, 1958. ■ CANNES 2 PR.

ALLE SOGLIE DELL'IMPERO ★★★
(Das Flötenkonzert von Sansouci)
Regia di GUSTAV UCICKY. Con OTTO GEBÜHR, RENATE MÜLLER. ■ In questo film, basato su un episodio della vita di Federico il Grande, il regista Ucicky è riuscito a ricreare con gusto e raffinatezza la sfarzosa corte del re prussiano. ■ STORICO; B/N; 87′; GERMANIA, 1931.

ALL'EST DI GIAVA *(East of Java)* ★★
Regia di GEORGE MELFORD. Con CHARLES BICKFORD, ELIZABETH YOUNG. ■ Alcuni passeggeri a bordo di una giunca nei mari della Cina dopo un violento nubifragio trovano riparo su un'isola deserta. Un domatore di belve non riesce a tenere il suo serraglio, che si ritrova libero nell'isola. Ai naufraghi non resta che cercare di difendersi dagli animali. Riescono a salvarsi solo due giovani. ■ DRAMMATICO; B/N; 72′; USA, 1935.

ALL'EST SI MUORE *(Kinder, Mutter und ein General)* ★★★
Regia di LÁSZLÓ BENEDEK. Con EWALD BALSER, HILDE KRAHL, BERNARD WICKI. ■ Cinque giovanissimi si arruolano nell'esercito tedesco ormai agonizzante. Le madri, angosciate, li seguono, ma scoprono che la guerra li ha induriti e partono per la prima linea senza esitazioni. ■ DRAMMATICO; B/N; 78′; GERMANIA, 1956.

ALLEY CAT ★★
Regia di EDUARDO PALMOS. Con KARIN MANI, ROBERT TORTI, MICHAEL WAYNE. ■ Una bella ragazza, campionessa di arti marziali, crede di poter circolare impunemente di notte per le strade di Los Angeles (oltretutto per fare jogging in calzamaglia). Viene aggredita da un gruppo di teppisti e lì per lì ha la meglio. Ma gli aggressori la denunciano e un giudice cretino dà loro ragione. La regina del karatè finisce in prigione, dove avrà bisogno di tutto il suo coraggio per sopravvivere... ■ THRILLER; COL.; 93′; USA, 1984.

ALLIEVO, L' *(Apt Pupil)* ★★
Regia di BRYAN SINGER. Con BRAD RENFRO, IAN MCKELLEN. ■ Tratto dal ramanzo *Un ragazzo sveglio* di Stephen King. Un giovane, appassionato di nazismo, riconosce per caso su un autobus un ex ufficiale delle SS che si è nascosto per anni. Incuriosito lo contatta. Non lo denuncerà se l'altro gli racconterà i particolari dei campi, eccetera. L'ex è costretto ad accettare. Tutto si complica e alla fine in un certo senso il cerchio si chiude: il ragazzo diventa un "nazistino" in piena regola. Il film ha due ottime referenze, oltre a King anche *I soliti sospetti,* grande successo di Singer. Precedente parzialmente tradito. ■ DRAMMATICO; COL.; 123′; USA, 1998.

ALLIGATOR ★★
Regia di LEWIS TEAGUE. Con ROBERT FORSTER, MICHAEL V. GAZZO, HENRY SILVA. ■ Un genitore impaziente butta un piccolo alligatore nel buco del water. Il coccodrillino sopravvive, fa il suo covo nelle fogne, si nutre di tutto, anche di prodotti chimici, che lo trasformano in un immenso bestione di trenta metri che, vent'anni dopo, spargerà terrore e morte in città. ■ HORROR; COL.; 94′; USA, 1980.

AL LIMITE, CIOÈ, NON GLIELO DICO ★★
Regia di FRANCO ROSSETTI. Con FRAN FULLENWIDER, ALESSANDRA PANELLI, MASSIMO WERTMÜLLER. ■ Felice, stracciarolo romano, trova il biglietto vincente della lotteria e con i 500 milioni incassati cambia vita. Non del tutto però, perché Felice non dice nulla a sua moglie e solo fuori casa fa il "signore". Entrambi hanno delle storie d'amore: lui con un'attrice, lei (soddisfatta della salumeria che le ha regalato il marito) con un signore distinto, ma psicolabile. Nel film recitano il nipote della regista Wertmüller e la figlia di Panelli. ■ COMMEDIA; COL.; 105′; ITALIA, 1984.

ALL'IMPROVVISO UNO SCONOSCIUTO ★★
(Lady Beware)
Regia di KAREN ARTHUR. Con DIANE LANE, COTTER SMITH, MICHAEL WOODS. ■ Una bella ragazza, vetrinista in un grande magazzino, è perseguitata da un misterioso individuo, che le fa telefonate oscene, la spia mentre si spoglia, le rende la vita un inferno. Sull'orlo di un esaurimento nervoso, la ragazza decide di reagire, rintraccia la casa del suo persecutore (che da tutti è considerato un ottimo padre di famiglia) e lo denuncia per quello che è. L'uomo allora cerca di vendicarsi, ma la ragazza riesce a prenderlo in trappola e a consegnarlo alla polizia. ■ DRAMMATICO; COL.; 114′; USA, 1987.

ALL'INFERNO E RITORNO *(To Hell and Back)* ★★★
Regia di JESSE HIBBS. Con CHARLES DRAKE, DAVID JANSSEN, SUSAN KOHNER, AUDIE MURPHY, MARSHALL THOMPSON. ■ È il film autobiografico dell'attore Audie Murphy che durante la seconda guerra mondiale si distinse per le sue gesta gloriose in Italia (arrivato con lo sbarco di Anzio) e in Francia (dove da solo riuscì a fermare l'avanzata di un reparto tedesco). Murphy, allora ventenne, da soldato semplice in pochi mesi raggiunse il grado di sottotenente. Al suo ritorno negli Stati Uniti era il soldato più decorato d'America. La biografia nel film si ferma alla fine della guerra ma è interessante ricordare che Murphy nel 1948 intraprese la carriera cinematografica specializzandosi nel ruolo di eroe del West. Morì nel 1971 a quarantasei anni precipitando con un aereo da turismo. ■ GUERRA; COL.; 106′; USA, 1955.

ALL'INFERNO E RITORNO ★★
Regia di JOHN GALE. Con RON KRISTOFF, MICHAEL MONTY. ■ In Cambogia i comunisti conquistano terreno e la capitale sta per cadere nelle loro mani. Barbara e Scott si adoperano per contrastarne l'avanzata; quando l'uomo rimane mutilato e lei finisce prigioniera dei guerriglieri interviene Slash, amico di vecchia data di entrambi e veterano di tanti scontri a fuoco. ■ GUERRA; COL.; 90′; USA, 1988.

ALL'INFERNO PER L'ETERNITÀ *(Hell to Eternity)* ★★
Regia di Phil Karlson. Con Vic Damone, Jeffrey Hunter, David Janssen, Patricia Owens, Sessue Hayakawa. ■ Allo scoppio della seconda guerra mondiale un giovane americano, affezionato ad una famiglia giapponese, è sconvolto dall'odio amore per quel popolo; tuttavia la coscienza di tante sofferenze gli farà evitare un'inutile strage. ■ Guerra; b/n; 132′; USA, 1961.

ALL'INFERNO QUEL BASTARDO DI JOHNNY SCORPIO *(Fireball Jungle)* ★★
Regia di Joseph P. Mawra. Con Lon Chaney jr, Chuck Daniel, Randy Kirby, Allan Nixon, John Russell. ■ Modesto film che vorrebbe scandagliare il mondo dei *teddy boys* americani degli anni Sessanta. ■ Drammatico; col.; 83′; USA, 1968.

ALL'INFERNO SENZA RITORNO ★★
(Mission to Death)
Regia di Kenneth W. Richardson. Con Jim Brewer, Charles Lasater, James E. McLarty, Jim Westerbrook. ■ Dei due gruppi di commando alleati inviati in missione in Francia uno solo riesce a portare a termine il suo compito. Quando i suoi componenti stanno per fuggire verso la salvezza vengono colpiti a morte da un tedesco moribondo. ■ Guerra; col.; 91′; USA, 1970.

ALL'INSEGUIMENTO DELLA MORTE ROSSA ★★
(Bullet to Bejing)
Regia di George Mihalka. Con Michael Caine, Jason Connery, Michael Gambon, Mia Sara, Michael Sarrazin. ■ Torna il personaggio di Harry Palmer, inventato da Len Deighton, uno dei più riusciti di Michael Caine. Ma questo ritorno è lontano mille anni luce da *Ipcress* e da *Funerale a Berlino*. Palmer finisce in Russia, incaricato di trovare un'arma segreta. Cercarla nel treno Mosca-Pechino è come cercare un ago in un pagliaio. ■ Spionaggio; col.; 100′; Canada, Gran Bretagna, Russia, 1995.

ALL'INSEGUIMENTO DELLA PIETRA VERDE ★★★
(Romancing the Stone)
Regia di Robert Zemeckis. Con Danny DeVito, Michael Douglas, Kathleen Turner, Zack Norman, Holland Taylor. ■ La bella scrittrice di romanzi rosa Joan Wilder (Turner) si trova coinvolta con l'avventuriero Jack Colton (Douglas) nella caccia a una mitica e preziosissima pietra verde tra i mille pericoli della giungla colombiana. Tra spietati e grotteschi militari sudamericani, gangster pasticcioni e famelici coccodrilli, i due troveranno lo smeraldo e l'amore. Film di buon intrattenimento, dove l'avventura e l'azione sono in perfetto equilibrio con l'ironia delle situazioni e la simpatia dei personaggi (che incontreremo di nuovo nel sequel *Il gioiello del Nilo*). ■ Avventura; col.; 105′; USA, 1984. ■ Golden Globes 2 pr, 2 nom; Oscar 1 nom.

ALLODOLE SUL FILO *(Skrivanci na niti)* ★★★
Regia di Jirí Menzel. Con Rudolf Hrusinsky, Vaclav Neckar. ■ Un anno dopo l'Oscar come migliore film straniero di *Treni strettamente sorvegliati*, Jirí Menzel vide proibire dal regime questo piccolo capolavoro. Il Festival di Berlino lo ha voluto premiare a distanza di oltre vent'anni con l'Orso d'oro. Si tratta di una satira poetica nella quale si muovono i clandestini che volevano uscire dalla patria. Provengono da tutti i ceti sociali e lavorano in una fabbrica siderurgica. Lo scopo è la rieducazione al socialismo e il periodo è quello degli anni Cinquanta. Il tutto è narrato in chiave ironica. ■ Comico; b/n; 100′; Cecoslovacchia, 1990.

ALL'OMBRA DEL DELITTO ★★
(La rupture/Hallucination)
Regia di Claude Chabrol. Con Stéphane Audran, Michel Bouquet, Jean-Pierre Cassel, Jean-Claude Drouot, Angelo Infanti, Jean Claude Van Damme. ■ Dal romanzo *I giorni delle Parche* di Charlotte Armstrong. La moglie di un tossicomane vuole il divorzio. Il suocero, per ottenere la tutela del nipote, ingaggia un losco individuo che, dopo aver tentato di compromettere la donna con ogni mezzo, viene ucciso dal tossicomane. ■ Drammatico; col.; 123′; Francia, 1971.

ALL'OMBRA DEL KILIMANGIARO *(Zonzabuku)* ★★★
Regia di Lewis Cotlow. ■ Le scene del film mostrano il paesaggio africano, gli usi e costumi della popolazione e la cattura degli animali selvaggi destinati agli zoo. ■ Documentario; col.; 79′; USA, 1956.

ALL'OMBRA DELLA GHIGLIOTTINA ★★
(Dangerous Exile)
Regia di Brian Desmond Hurst. Con Louis Jourdan, Belinda Lee, Keith Mitchell, Richard O'Sullivan. ■ È il 1775. In Inghilterra viene trovato un bambino, identificato poi come Luigi XVII, fatto fuggire da un fedele del padre ghigliottinato. Nonostante le trame ordite dai francesi per assassinarlo, il piccolo si salva. ■ Avventura; b/n; 88′; Gran Bretagna, 1958.

ALL'OMBRA DELLA GLORIA ★★
Regia di Pino Mercanti. Con Luisella Beghi, Mario Ferrari, Alfredo Varelli. ■ Questo film fu girato in Sicilia nel 1943 e narra un episodio di patriottismo durante lo sbarco dei Mille. Nelle principali città italiane fu distribuito con alcuni anni di ritardo e alla sua uscita fu quasi ignorato. ■ Storico; b/n; 100′; Italia, 1943.

ALL'OMBRA DELLA MONTAGNA ★★
(Im Schatten des Berges)
Regia di Alois Johannes Lippl. Con Attila Hörbiger, Viktoria von Ballasko. ■ Un giovane abbandona il posto di guardia alpina per amore della fidanzata sempre in ansia per lui. La sua dedizione e l'importanza di quel compito per la gente renderanno il protagonista al suo lavoro. ■ Drammatico; b/n; 91′; Germania, 1942.

ALL'OMBRA DELLE AQUILE ★★
Regia di Ferdinando Baldi. Con Beba Loncar, Cameron Mitchell, Gabriella Pallotta. ■ Un tribuno romano è inviato nei territori in rivolta per ristabilire l'ordine. Innamoratosi della figlia di un nemico, sua prigioniera, sfugge grazie a lei ad un agguato, uccide l'attentatore e si assicura l'alleanza delle tribù ribelli. ■ Storico; col.; 94′; Italia, 1966.

ALL'OMBRA DELLE PIRAMIDI ★★
(Anthony and Cleopatra)
Regia di Charlton Heston. Con John Castle, Charlton Heston, Hildegard Neil, Eric Porter, Fernando Rey, Carmen Sevilla. ■ Antonio, amante di Cleopatra, sposa la sorella di Ottaviano per riconciliarsi con lui dopo un lungo conflitto personale e politico. La guerra scoppia ugualmente ed egli subisce una sconfitta dopo l'altra. Sia lui che l'imperatrice egizia si uccidono allo scopo di evitare il disonore. ■ Drammatico; col.; 160′; Gran Bretagna, 1973.

ALL'OMBRA DEL PATIBOLO *(Run for Cover)* ★★★
Regia di Nicholas Ray. Con Ernest Borgnine, James Cagney, John Derek, Jean Hersholt, Viveca Lindfors. ■ Dopo sei anni di prigione Matt Dow si reca nel West. All'arrivo suo malgrado viene coinvolto assieme al giovane Davey in una rapina al treno. I due uomini vengono raggiunti dalle autorità ma riescono a dimostrare la loro innocenza. Davey nel frattempo rimane vittima di un incidente alla gamba e viene raccolto da una giovane donna di nome Helga, che si innamora di Matt. A Matt viene offerto il posto di sceriffo ma un giorno in città arrivano due uomini che in passato avevano fatto parte della sua banda. I due riescono a portare dalla loro parte il giovane Davey che però alla fine si riscatta aiutando Matt nella lotta. ■ Western; col.; 93′; USA, 1956.

ALL'OMBRA DEL RICATTO *(The Hanged Man)* ★★★
Regia di Don Siegel. Con Robert Culp, Vera Miles, Edmond O'Brien, Gene Raymond. ■ Per far luce sulla presunta morte dell'amico Devlin, Harry Pace arriva in città sicuro di trovare le prove per incriminare l'assassino. Viene avvicinato da un agente federale che conduce le stesse indagini. I sospetti cadono su un certo Arnold la cui moglie ebbe una relazione con Devlin. In verità il presunto assassinato è vivo e ha architettato la messa in scena per sopprimere Arnold. ■ Giallo; col.; 87′; USA, 1965.

ALL'OMBRA DI UNA COLT ★★
Regia di Gianni Grimaldi. Con Pepe Calvo, Stephen Forsyth, Helga Liné, Frank Liston, Franco Ressel, Conrado Sanmartin. ■ Un pistolero sposa la figlia di un collega contrario a quelle nozze. Deciso a ricominciare una nuova vita compra una

fattoria; duramente osteggiato da alcuni fuorilegge li eliminerà proprio con l'aiuto del rassegnato suocero. ■ WESTERN; COL.; 79′; ITALIA, 1966.

ALL'ONOREVOLE PIACCIONO LE DONNE ★
Regia di LUCIO FULCI. Con LAURA ANTONELLI, AGOSTINA BELLI, LANDO BUZZANCA, ARTURO DOMINICI, CORRADO GAIPA, RENZO PALMER, JOSÉ QUAGLIO, LIONEL STANDER. ■ Candidato alla presidenza della Repubblica, il timidissimo pupillo di un cardinale scopre il sesso in un convento e si innamora di una suora. ■ COMICO; COL.; 108′; ITALIA, 1972.

ALLONSANFAN ★★★
Regia di PAOLO TAVIANI, VITTORIO TAVIANI. Con LAURA BETTI, CLAUDIO CASSINELLI, RENATO DE CARMINE, MIMSY FARMER, BENJAMIN LEV, LEA MASSARI, MARCELLO MASTROIANNI. ■ Ex ufficiale napoleonico di nobile famiglia, dopo aver abbandonato la Carboneria, viene costretto da una donna a riprendere i rapporti con essa. Durante un viaggio in meridione tradisce i compagni che vengono uccisi ed egli stesso rimane vittima di un equivoco. ■ DRAMMATICO; COL.; 115′; ITALIA, 1974.

ALLÒ PARIGI ALLÒ BERLINO ★★
(Allò Berlin? Ici Paris)
Regia di JULIEN DUVIVIER. Con GERMAINE AUSSEY, JOSETTE DAY, KAREL STEPANEK. ■ Love story a distanza fra due telefonisti di sesso diverso, tra Parigi e Berlino. Dopo una serie di appuntamenti mancati si ritroveranno alla fine durante una visita dell'innamorato nella città di lei. ■ COMMEDIA; B/N; 89′; FRANCIA, GERMANIA, 1931.

ALLORA LA SPOSO IO *(The Rage of Paris)* ★★
Regia di HENRY KOSTER. Con MISCHA AUER, HELEN BRODERICK, DANIELLE DARRIEUX, DOUGLAS FAIRBANKS JR, LOUIS HAYWARD. ■ In un grande albergo di New York con l'aiuto di un amico, una parigina si finge dama del gran mondo per conquistare un giovane che ha ereditato un ricco e allettante patrimonio. Riconosciuta viene ricattata da un conoscente e confessa il suo piano al giovane che, però, la perdona poiché, nel frattempo, si è innamorato di lei. ■ COMMEDIA; B/N; 75′; USA, 1938. ■ VENEZIA 1 PR.

ALLO SBARAGLIO *(Go for Broke)* ★★
Regia di ROBERT PIROSH. Con GIANNA MARIA CANALE, VAN JOHNSON, GEORGE MIKI, LANE NAKANO. ■ L'iniziale ostilità di un ufficiale americano, al quale viene affidato il comando di un reparto di giapponesi nati negli Usa, si tramuta in stima quando ne constata l'umanità e il coraggio degne della medaglia al valore. ■ GUERRA; B/N; 92′; USA, 1951. ■ OSCAR 1 NOM.

ALL'OVEST DI SACRAMENTO ★
Regia di RICHARD OWENS. Con PAOLA BORBONI, CRISTINA GAIONI, ROBERT HOSSEIN, ANGELO INFANTI, SILVIA MONTI, PIERRE PERRET. ■ Un camorrista stabilitosi nel West impone la sua supremazia e la difende dalle mire di un siciliano che insegue un carico d'oro. Questo, dopo essere passato in varie mani, finisce in quelle del mafioso. ■ WESTERN; COL.; 92′; ITALIA, 1972.

ALL'OVEST NIENTE DI NUOVO ★★★★★🏆
(All Quiet on the Western Front)
Regia di LEWIS MILESTONE. Con LEW AYRES, RAYMOND GRIFFITH, SLIM SUMMERVILLE, SAM WATERSTON, JOHN WRAY. ■ In Germania all'inizio della prima guerra mondiale, alcuni studenti, esaltati dai discorsi di un professore, si arruolano con entusiasmo nell'esercito. Ma la realtà è diversa e l'amor patrio comincia a scemare. Gli orrori e i misfatti della guerra si susseguono sotto gli occhi sgomenti dei combattenti. Un giovane soldato, dopo una breve licenza, ritorna al fronte e, mentre si appresta a catturare una farfalla per la sua collezione, viene colpito a morte in una trincea. Tratto dal romanzo di Erich Maria Remarque. Il grande realismo e l'assoluta attenzione alla verità ne fanno un film di sapore europeo. In questo caso è un grande valore aggiunto. ■ GUERRA; B/N; 116′; USA, 1930. ■ OSCAR 🏆 2 PR, 4 NOM.

ALL THAT JAZZ – LO SPETTACOLO COMINCIA ★★★🏆
(All that Jazz)
Regia di BOB FOSSE. Con JESSICA LANGE, ANN REINKING, ROY SCHEIDER. ■ Quasi l'autobiografia di Bob Fosse, regista di questo film e di *Cabaret* e *Lenny*. Il film racconta la vicenda di Joe Gideon, coreografo che sta allestendo un grandioso spettacolo per Broadway. Il lavoro sempre più stressante e la sregolata vita privata, lo spingono ad abusare di alcool e di droghe. Morirà di infarto. Film premiato a Cannes ne l'80 e vincitore di quattro Oscar (montaggio, scenografia, costume, adattamento musicale). ■ DRAMMATICO; COL.; 126′; USA 1979. ■ CANNES 🏆 1 PR; GOLDEN GLOBES 1 NOM; OSCAR 4 PR, 9 NOM.

ALL THE INVISIBLE CHILDREN ★★★
Regia di MEHDI CHAREF, EMIR KUSTURICA, SPIKE LEE, KÁTIA LUND, JORDAN SCOTT, RIDLEY SCOTT, STEFANO VENERUSO, JOHN WOO. Con FRANCISCO ANAWAKE, MARIA GRAZIA CUCINOTTA, VERA FERNANDEZ, WENLI JIANG, WU JIANG, PEPPE LANZETTA, KELLY MACDONALD, ERNESTO MAHIEUX, GIOVANNI MAURIELLO, JAKE RITZEMA, QI RUYI. ■ Fotografia della sofferenza infantile nel mondo. Attraverso sette prospettive diverse, in sei paesi diversi (Italia, Africa, Serbia-Montenegro, America, Brasile, Cina), il comune denominatore è la condizione di degrado, incomprensione e stenti in cui molto spesso sono costretti a vivere i bambini, anche tra le mura di casa. L'infanzia rubata secondo sette registi, che prestano la loro voce ad un progetto i cui proventi sono stati devoluti al World Found Program dell'Unicef. ■ DRAMMATICO; COL.; 108′; FRANCIA, ITALIA, 2005.

ALL THE KING'S MEN ★★★
Regia di STEVEN ZAILLIAN. Con KATHY BAKER, PATRICIA CLARKSON, JAMES GANDOLFINI, ANTHONY HOPKINS, JUDE LAW, SEAN PENN, MARK RUFFALO, KATE WINSLET. ■ Tratto da una storia di Robert Penn Warren, si narra la vita di Willie Stark che da attivista leader dei diritti civili si trasforma in governatore senza scrupoli. ■ DRAMMATICO; COL.; USA, 2005.

ALLUCINANTE FINE DELL'UMANITÀ *(Genocide)* ★★
Regia di NORMAN COOPER. Con ROBERT GARNER, CHARLES HARRIS, GABY HARROLD, KATHY HORAN, ALAN ROGERS, DIANA ROOS. ■ La lotta per impadronirsi di una bomba atomica ne provoca l'esplosione: muoiono tutti coloro che si trovano nella zona ad eccezione di una donna incinta che è riuscita a fuggire. ■ FANTASCIENZA; COL.; 85′; GIAPPONE, 1972.

ALLUCINANTE NOTTE DI UNA BABY SITTER, L' ★★
(Fright)
Regia di PETER COLLINSON. Con IAN BANNEN, HONOR BLACKMAN, SUSAN GEORGE, JOHN GREGSON. ■ Una baby sitter sola con un bambino in una casa isolata è tenuta in ostaggio da un pazzo ex marito della proprietaria. L'uomo, fuggito dal manicomio, è un paranoico con tendenze omicide e scambia la baby sitter per la moglie, ma questa lo ucciderà alla fine di un'allucinante notte di terrore. ■ HORROR; COL.; 87′; GRAN BRETAGNA, 1972.

ALLUCINANTE NOTTE PER UN DELITTO ★★
(Going Home)
Regia di HERBERT B. LEONARD. Con ROBERT MITCHUM, BRENDA VACCARO, JEAN-MICHAEL VINCENT. ■ Un ragazzo è stato testimone dell'assassinio della propria madre da parte del padre. Dopo molti anni i due si rincontrano ma il figlio non riesce a dimenticare il passato e cerca con ogni mezzo di vendicarsi usando violenza alla donna che il padre è in procinto di sposare. ■ DRAMMATICO; COL.; 97′; USA, 1971.

ALLUCINAZIONE PERVERSA *(Jacob's Ladder)* ★★★
Regia di ADRIAN LYNE. Con DANNY AIELLO, ELIZABETH PENA, TIM ROBBINS. ■ Il regista di *Nove settimane e mezzo*, *Flashdance* e *Attrazione fatale*, si cimenta con questo thriller psicologico basato su fatti veri. Il risultato è in parte buono anche per merito dell'interpretazione di Tim Robbins, ma la regia è, come spesso quella di Lyne, sofisticata ma vuota. Ennesimo riferimento al Vietnam ma in termini diversi dal solito. Per spiegare le conseguenze di traumi da dopoguerra viene preso in considerazione un reduce. Il caporale Jacob è stato ferito durante un combattimento e dopo il ricovero è tormentato da incubi allucinanti. Fra i ricordi c'è quello della droga "somministrata" per una maggiore efficienza in combattimento. ■ THRILLER; COL.; 107′; USA, 1990.

ALLULLO DROM ★★
Regia di TONINO ZANGARDI. Con CLAUDIO BIGAGLI, MASSIMO BONETTI, FRANCESCO CASALE, ISABELLA FERRARI, MASSIMO

WERTMÜLLER. ■ Il titolo in lingua zingara significa "strada rossa". Siamo negli anni Cinquanta, in Toscana, dove si ferma un accampamento di zingari. La gente contadina ha una reazione violenta, mentre i più giovani sono più ospitali. ■ DRAMMATICO; COL.; 95'; ITALIA, 1993.

ALL'ULTIMA SPIAGGIA ★
Regia di GIANLUCA ANSANELLI. Con DARIO BANDIERA, AURORA COSSIO, ALESSANDRO DI CARLO, CARMINE FARACO, ANTONIO GIULIANI. ■ Il casting di un reality show centrato sui derelitti, uomini e donne che per motivi diversi sono arrivati all'ultima spiaggia, è l'espediente per raccontare quattro storie di altrettanti candidati che, per convincere gli autori del programma ad assumerli, narrano le disavventure che li hanno portati alla suddetta ultima spiaggia. ■ COMICO; COL.; 90'; ITALIA, 2012.

ALL'ULTIMO MINUTO *(L'homme à femmes)* ★
Regia di JACQUES G. CORNU. Con PIERRE BRICE, DANIELLE DARRIEUX, MEL FERRER, CLAUDE RICH. ■ La cognata di un industriale, suo amante, uccide per gelosia un ex innamorato. Ferita dalla polizia durante un tentativo di fuga, muore tra le braccia dell'industriale che, pentito, tornerà dalla moglie. ■ POLIZIESCO; B/N; 100'; FRANCIA, 1961.

ALL'ULTIMO RESPIRO *(Breathless)* ★★★
Regia di JIM MCBRIDE. Con RICHARD GERE, VALERIE KAPRISKY, WILLIAM TEPPER. ■ Remake del famoso film di Godard del 1960 che rivelò Jean-Paul Belmondo. La storia è rimasta identica con ambientazione americana. Un giovane ladro d'auto (Gere) uccide un poliziotto. Invece di fuggire passa la giornata con la giovanissima amante. E inconsapevolmente aspetta che lei lo denunci. ■ DRAMMATICO; COL.; 100'; USA, 1983.

ALL'ULTIMO SANGUE *(Below the Headlines)* ★★
Regia di WILLIAM BEAUDINE. Con RAMSAY AMES, WARREN DOUGLAS, GEORGE MEEKER. ■ Un giovane torna dalla guerra, ma non riesce a reinserirsi nella vita civile. Privo di un lavoro e degli affetti, l'uomo finisce per diventare un gangster. La sua sanguinosa carriera ha presto fine. ■ DRAMMATICO; B/N; 96'; USA, 1946.

ALL'ULTIMO SANGUE ★★
Regia di PAOLO MOFFA. Con JOSÉ GRECI, CRAIG HILL, ETTORE MANNI, GIUSEPPE SORRENTINO, KEN WOOD. ■ Un condannato a morte viene liberato perché aiuti nelle indagini un agente di polizia incaricato di far luce sulla scomparsa di due sacchi contenenti oro. I due uomini scoprono che i responsabili fanno parte di due bande differenti e sotto false identità vi si infiltreranno mettendole l'una contro l'altra. ■ WESTERN; COL.; 109'; ITALIA, 1968.

ALL'ULTIMO SECONDO *(Outlaw Blues)* ★★★
Regia di RICHARD T. HEFFRON. Con JAMES CALLAHAN, JOHN CRAWFORD, PETER FONDA, MICHAEL LERNER, SUSAN SAINT JAMES. ■ Un ex galeotto scopre che un popolare cantante gli ha "soffiato" una delle canzoni da lui composte in carcere. Parte alla ricerca del divo, che però viene ucciso. Per l'ex galeotto, sospettato, cominciano i guai. Riuscirà a cavarsela con l'aiuto di una ragazza e alla fine intraprenderà insieme a lei la carriera musicale. ■ AVVENTURA; COL.; 100'; USA, 1977.

ALL'UNA DI NOTTE *(One a.m.)* ★★★
Regia di CHARLIE CHAPLIN. Con ALBERT AUSTIN, CHARLIE CHAPLIN. ■ Uno dei più bei mediometraggi del grande Chaplin. Dopo una serata di bevute e risate Charlot torna a casa. Il problema è che non si accorge di essere entrato inavvertitamente nell'abitazione di un suo amico. Così si aggira per l'appartamento combattendo con tutti gli oggetti e i mobili. ■ COMICO; B/N; 50'; USA, 1916.

AL LUPO AL LUPO ★★★
Regia di CARLO VERDONE. Con FRANCESCA NERI, SERGIO RUBINI, CARLO VERDONE. ■ Vanni è un apprezzato pianista e sta eseguendo in pubblico una composizione del musicista francese Erik Satie. Essendo spesso in tournée, approfitta della tappa nella sua città per andare a trovare il padre. Non trovandolo e insospettito da alcuni indizi decide di mettersi alla sua ricerca con la sorella Livia e il fratello Gregorio. Vanni vive solo per il pianoforte, Gregorio si arrangia come dj sfruttando la grande casa paterna e Livia, sposata e con una figlia, ha un amante al quale non dà molta importanza. Girano per la Toscana, ma prima di ritrovare il genitore avranno modo di confrontarsi e di riscoprirsi. Emergono così problemi nascosti a se stessi e agli altri: Gregorio e la sua faciloneria, Vanni e il suo egoismo conformista, Livia e la sua volubilità. Film intimista meno omogeneo del precedente *Maledetto il giorno che ti ho incontrato*, anche se per certi versi più radicale. Opera di transizione che però fa bene sperare per il futuro del suo autore. Molto buona la direzione degli attori. ■ COMMEDIA; COL.; 114'; ITALIA, 1992.

ALL YOU CAN DREAM ★★
Regia di VALERIO ZANOLI, Con ANASTACIA, HALI MASON, SCOTT MELLEMA, LAURAL MERLIGNTON, LYNN SHACKELFORD. ■ Suzie è una ragazza in sovrappeso che frequenta il liceo. Viene presa in giro dai compagni, in particolare da Jessica, che non perde occasione per far notare la propria bellezza. Da quando i genitori si sono separati, Suzie vive da sola con la madre, con cui litiga continuamente. L'unica consolazione nella sua vita è cantare e la sua artista preferita è Anastacia, che talvolta le appare come una sorta di angelo custode. Grazie all'amicizia di un ragazzo di nome Colin, all'arrivo in casa della nonna, e ai consigli di Anastacia, Suzie inizia a cambiare le sue abitudini di vita e trova il coraggio di iscriversi ai provini per il talent show *All You Can Dream*. ■ COMMEDIA; COL.; 80'; USA, 2011.

ALMENO TU NELL'UNIVERSO ★
Regia di ANDREA BIGLIONE. Con CHIARA GENSINI, GIULIA GORIETTI, GIUSEPPE MAGGIO, MAURO MECONI, AGNESE NANO. ■ Marco ha vent'anni ed è un ragazzo schivo e solitario, afflitto da un brutto rapporto con un padre che gli ha sempre concesso case e viaggi, ma mai un'attenzione. Anziché vivere in uno dei lussuosi immobili di sua proprietà, Marco preferisce condividere un appartamento con Andrea, un ragazzo un po' più grande di lui ma decisamente più estroverso, interessato a dare voti alle ragazze o vendere bambole gonfiabili su internet piuttosto che a cercarsi un lavoro. Le prospettive di entrambi cambiano nel momento in cui entrano nella loro vita due ragazze. Le prospettive precedenti erano... migliori. ■ DRAMMATICO; COL.; 100'; ITALIA, 2011.

AL MOMENTO GIUSTO ★
Regia di GAIA GORRINI, GIORGIO PANARIELLO. Con GIOVANNI CACIOPPO, ATHINA CENCI, LUISA CORNA, GIORGIO PANARIELLO, CARLO PISTARINO, KASIA SMUTNIAK. ■ Livio, giornalista presso una rete televisiva locale, sogna di fare un grande scoop e raggiungere il successo. L'occasione arriva quando insieme alla sua troupe si trova casualmente a filmare (unico al mondo!) il crollo della Torre di Pisa. Livio vende il servizio alla Rai, in cambio di un contratto che però prevede che realizzi almeno uno scoop entro l'anno. Tra le disavventure e i veleni dei colleghi gelosi, Livio stenta a realizzare un servizio sensazionale e l'unica soluzione sembra... quella di inventarsi la notizia! Panariello, al suo secondo film, prova a staccarsi dalle macchiette televisive e i tormentoni che lo hanno reso famoso, con una commedia piacevole, ma che non convince fino in fondo. ■ COMICO; COL.; 95'; ITALIA, 2000.

ALMOST BLUE ★★
Regia di ALEX INFASCELLI. Con ANDREA DI STEFANO, LORENZA INDOVINA, ROLANDO RAVELLO, CLAUDIO SANTAMARIA. ■ Dal romanzo di Carlo Lucarelli. *Almost Blue* è un brano di jazz che eseguiva Chet Baker. Simone, ragazzo cieco e isolato, ne fa una sorta di religione. La sensibilità esercitata per via della menomazione lo aiuta a essere un efficace alleato della detective Grazia, che indaga sul serial killer Iguana. Buono come sempre l'intreccio di Lucarelli. Solo parzialmente sostenuto da una regia scolastica e più adatta al corto che al lungometraggio. ■ GIALLO; COL.; 135'; ITALIA, 2000. ■ DAVID DI DONATELLO 2 PR, 2 NOM.

ALMOST FAMOUS – QUASI FAMOSI ★★★
(Almost Famous)
Regia di CAMERON CROWE. Con BILLY CRUDUP, ZOOEY DESCHANEL, PATRICK FUGIT, KATE HUDSON, JASON LEE, FRANCES MCDORMAND. ■ È più che comprensibile che questo film in America abbia fatto incassi da record. È troppo funzionale e furbo rispetto alla cultura della fascia dei "molto giovani", che vivono di musica rock. Un ragazzino, William Miller, sogna di scri-

vere su «Rolling Stone», la testata culto del rock. Incredibilmente il suo sogno si realizza, potrà farlo. E non solo, ma avrà anche la possibilità di frequentare il gruppo degli Stillwater. L'urlo di sua madre, Frances McDormand – già premio Oscar come protagonista in *Fargo* – non può che essere «delle rock star hanno rapito mio figlio», in effetti il ragazzo è stato letteralmente rapito da quel "giro" e si accorge che si tratta di svitati. Così come svitate sono le fans, disposte a qualsiasi cosa pur di star vicine ai loro beniamini. L'esperienza, ben filtrata, non potrà che essere di grande utilità, un efficace sortilegio per la crescita. ■ COMMEDIA; COL.; 120'; USA, 2001. ■ GOLDEN GLOBES 2 PR, 3 NOM; OSCAR 1 PR, 3 NOM.

ALOIS NEBEL ★★★

Regia di TOMAS LUNAK. Con MIROSLAV KROBOT, KAREL RODEN. ■ Fine estate 1989. Alois Nebel lavora come dirigente centrale in una piccola stazione ferroviaria dei Sudeti, una regione montagnosa sul confine cecoslovacco. È un tipo solitario che vede fantasmi e ombre del sinistro passato della regione dove, dopo la seconda guerra mondiale, alla popolazione tedesca fu inflitta una spietata vendetta. Alois finisce in un sanatorio. Lì fa conoscenza con il Muto, un uomo arrestato dalla polizia per aver attraversato il confine. Un giorno il Muto riesce a scappare nei boschi. Alois si riprende e se ne va dal sanatorio. Ma le cose fuori sono cambiate. Il muro di Berlino è caduto e con esso il regime comunista cecoslovacco. Senza lavoro e senza casa, Alois non sa che fare. Decide di recarsi alla sede centrale delle ferrovie a Praga per cercare aiuto. Lì trova l'amore della sua vita, Kveta, la custode delle toilette, e ritorna alle montagne per incontrare il Muto e combattere i fantasmi che lo hanno perseguitato così a lungo. ■ ANIMAZIONE; COL.; 80'; REPUBBLICA CECA, GERMANIA, 2011.

ALOMA DEI MARI DEL SUD ★★★
(Aloma of the South Seas)

Regia di ALFRED SANTELL. Con KATHERINE DE MILLE, JON HALL, DOROTHY LAMOUR, LYNNE OVERMAN, PHILIP REED. ■ Il figlio del capo di un'isola dei mari del Sud, ancora in tenera età, viene inviato dal padre negli Stati Uniti per compiere i suoi studi. Torna dopo molti anni alla sua isola e rincontra Aloma, una compagna d'infanzia, alla quale era stato destinato in matrimonio. Il suo ritorno però non è ben visto da un cugino che, durante la sua assenza, si era innamorato della ragazza. Stanno per essere celebrate le nozze fra i due giovani quando il cugino con un gruppo di indigeni cerca con la forza di impedire il matrimonio. In quel mentre si ridesta il vulcano. ■ DRAMMATICO; COL.; 77'; USA, 1941. ■ OSCAR 2 NOM.

ALONE ★★

Regia di BANJONG PISANTHANAKUN, PARKPOOM WONGPOOM. Con RUCHANU BOONCHOODUANG, WITHAYA WASUKRAIPAISAN, MARSHA WATTANAPANICH. ■ Pim vive a Seoul assieme a suo marito Vee ormai da molto tempo, ma nel giorno del suo compleanno riceve la notizia che la madre ha avuto un ictus ed è ricoverata presso un ospedale a Bangkok. Pim e Vee tornano così nella capitale thailandese e riprendono possesso della vecchia casa di lei, ma quelle mura domestiche risvegliano nei ricordi di Pim un trauma legato alla sorella Ploy: le due erano gemelle siamesi ma Ploy è morta in seguito all'operazione chirurgica di separazione. Il senso di colpa angoscia Pim al punto tale che comincia a vedere dappertutto il fantasma della sorella defunta. ■ HORROR; COL.; 90'; THAILANDIA, 2007.

ALONE IN THE DARK

Regia di UWE BOLL. Con ED ANDERS, STEPHEN DORFF, CATHERINE LOUGH HAGGQUIST, TARA REID, DARREN SHAHLAVI, CHRISTIAN SLATER, FRANK C. TURNER. ■ Edward Carnby, detective del pananormale specializzato in fenomeni supernaturali, investiga sulla misteriosa morte di un amico. Gli indizi lo porteranno sulla oscura Shadow Island dove si troverà a combattere contro potenti forze oscure che vogliono conquistare il mondo... Questa è la trama del peggior adattamento di sempre da un videogioco. Terminale ultimo della sinusoidale carriera di Slater e, speriamo, definitiva stroncatura per quella di Tara Reid, mistero buffo e siliconato di una Hollywood in ginocchio sui ceci, *Alone in the Dark*, oltre a non aver niente a che fare col videogioco, storico, da cui millanta la provenienza, è un horror da quattro soldi, inutile e maldestro, che punta sull'effettaccio per cercare di coprire le sue immense pochezze. Tutto è mediocre qui: recitazione, dialoghi, regia, sceneggiatura, fotografia. Da evitare a tutti i costi. È invece consigliabile recuperare il gioco, mille volte più ricco d'atmosfera e pathos rispetto a questo stolido esempio di come non si gira un film. ■ HORROR; COL.; 96'; CANADA, GERMANIA, USA, 2005.

AL PAPPAGALLO VERDE – LA MORTE GRIGIA ★★
(The Green Cockatoo/Four Dark Hours)

Regia di WILLIAM CAMERON MENZIES. Con ALLAN JEAYES, JOHN MILLS, ROBERT NEWTON, RENÉ RAY. ■ Una ragazza giunta a Londra per cercare lavoro viene coinvolta in un assassinio. Amata e ricambiata dal fratello dell'ucciso potrà riunirsi a lui solo quando avrà dimostrato la sua innocenza. ■ DRAMMATICO; B/N; 65'; GRAN BRETAGNA, 1937.

AL PASSO CON GLI STEIN *(Keeping Up with the Steins)* ★

Regia di SCOTT MARSHALL. Con JAMI GERTZ, DARYL HANNAH, CHERYL HINES, GARRY MARSHALL, LARRY MILLER, JEREMY PIVEN, DORIS ROBERTS, DARYL SABARA. ■ Benjamin Fiedler è un tredicenne che adora giocare con i videogames, è attratto dalle sue compagne di classe ma, allo stesso tempo, ne è terrorizzato e combina dei piccoli guai con i suoi amici. Soprattutto, Benjamin è alla vigilia di un importante momento della sua vita: il Bar Mitzvah, il rito ebraico che segna il passaggio dalla fanciullezza all'età adulta. Un appuntamento reso problematico dalle implicazioni sociali che comporta, ovvero dover salmodiare in ebraico davanti alla comunità. Nei Fiedler scatta la molla della competizione e l'unico modo che Benjamin architetta per bloccare la frenesia dei genitori è di invitare a casa, con due settimane di anticipo sulla data della festa, il nonno hippy che il padre non vede da 26 anni. Un altro conflitto generazionale è quello tra Garry Marshall (che interpreta nonno Fiedler) e suo figlio Scott, regista del film, che fin da piccolo ebbe modo di vedere il padre all'opera sui set di *Pretty Woman*, *Ragazze vincenti* e *Se scappi ti sposo* ma che, a quanto pare, non ha imparato nulla. ■ COMMEDIA; COL.; 99'; USA, 2006.

ALPHA BETA ★★

Regia di ANTHONY PAGE. Con ALBERT FINNEY, RACHEL ROBERTS. ■ Settanta minuti di inferno coniugale. Che non è poi tanto infernale dal momento che le stesse scene i protagonisti (due coniugi di mezza età e media condizione sociale) se le fanno a tutte le feste comandate. Insomma insieme non possono vivere, ma nemmeno totalmente divisi. Da una commedia di gran successo di E. A. Whitehead. Si tratta solo di teatro fotografato, valevole di visione per le performance dei due mattatori. ■ COMMEDIA; B/N; 95'; GRAN BRETAGNA, 1972.

ALPHABET CITY ★★★

Regia di AMOS POE. Con RAY SIERRA, VINCENT SPANO, KATE VERNON. ■ Lo spacciatore Johnny (Spano) decide di sganciarsi dal "giro", ma così facendo incorre nelle ire del boss, che tenta di massacrargli la famiglia. Film stilisticamente notevole, la cui prevedibilità di trama e situazioni viene riscattata dall'indubbia originalità del taglio registico e dalla pertinente crudezza di alcune descrizioni. ■ DRAMMATICO; COL.; 98'; USA, 1984.

ALPHA DOG ★★

Regia di NICK CASSAVETES. Con BEN FOSTER, SHAWN HATOSY, EMILE HIRSCH, CHRIS MARQUETTE, SHARON STONE, JUSTIN TIMBERLAKE, OLIVIA WILDE, BRUCE WILLIS, ANTON YELCHIN. ■ Ispirato alla vicenda di Jesse James Hollywood che sconvolse la California, il film è ambientato nella periferia di Los Angeles dove Johnny, un giovane boss, spaccia droga, si diverte con gli amici, partecipa a folli festini. Una persona così ha certo anche dei nemici, soprattutto quelli che non gli pagano "la roba". In un ambiente in crisi di esaltazione la tensione cresce e Johnny e il suo gruppo oltrepassano il limite. Il regista sconfina nel divertimento facile e nell'ostentazione, tutto per creare appeal verso il pubblico giovane, già incuriosito dalla presenza di Justin Timberlake, idolo bianco del R'n'B, che dimostra di saperci fare più di qualche altro collega. ■ DRAMMATICO; COL.; 113'; USA, 2005.

ALPHA-OMEGA: IL PRINCIPIO DELLA FINE ★★
(The Final Programme)
Regia di ROBERT FUEST. Con JON FINCH, STERLING HAYDEN, JENNY RUNACRE. ■ Nel mondo sconvolto dalla guerra atomica alcuni scienziati recuperano il microfilm di un collega, che ha addirittura scoperto la possibilità di creare in laboratorio l'uomo immortale. Alla resa dei conti però il "prodotto" è di diversa qualità: si tratta di uno scimmione che è solo il simbolo dell'origine dell'uomo. ■ FANTASCIENZA; COL.; 90'; GRAN BRETAGNA, 1974.

AL PIACERE DI RIVEDERLA ★★
Regia di MARCO LETO. Con FRANÇOISE FABIAN, MIOU-MIOU, UGO TOGNAZZI. ■ Dal romanzo *Ritratto di provincia in rosso* di Paolo Levi. Il capofamiglia Bonfiglio, grande industriale, muore suicida. Siccome ci sono di mezzo grossi affari il ministero manda un commissario a indagare. Si scopre che tutti i membri della famiglia Bonfiglio sono corrotti. ■ GIALLO; COL.; 102'; ITALIA, 1976.

AL PICCOLO MARGHERITA *(Au petit Marguery)* ★★★
Regia di LAURENT BÉNÉGUI. Con STÉPHANE AUDRAN, MICHEL AUMONT, AGNES OBADIA. ■ Parigi. Il Piccolo Margherita è un locale in cui regna uno chef eccezionale, anima di tutto, amato da tutti. Si ammala e non regge più, deve dunque lasciare il lavoro. Ma prima prepara un'ultima cena che tutti dovranno ricordare. E tutti ricorderanno, figli nuore e amici. E vive la serata fra sorrisi e commozione. Mentre fuori cade la neve. È un po' la storia dello stesso regista Bénégui che lasciò la professione di medico per far cinema. Buona idea. ■ DRAMMATICO; COL.; 100'; FRANCIA, 1998.

AL PRIMO CHIARORE DELL'ALBA *(Break of Day)* ★★
Regia di KEN HANNAM. Con TONY BARRY, EILEEN CHAPMAN, SARA KESTELMAN, INGRID MASON, ANDREW MCFARLANE. ■ Negli anni dopo la guerra mondiale, un giovane australiano, finto eroe di guerra, diventa l'amante di una pittrice e per lei trascura la dolce moglie. La relazione non dura a lungo. La pittrice parte presto con una comitiva di inglesi. Il giovanotto, falso "notabile" di paese, ritorna dalla moglie che sta per diventare madre. ■ COMMEDIA; COL.; 93'; AUSTRALIA, 1976.

AL PRIMO SOFFIO DI VENTO ★★
Regia di FRANCO PIAVOLI. Con ALESSANDRA AGOSTI, IDA CARNEVALI, MARIELLA FABBRIS, PRIMO GABURRI. ■ Antonio osserva gli immigrati che lavorano alla raccolta del grano nella sua proprietà. Li osserva con lo sguardo clinico dell'entomologo che studia una colonia di insetti. Anche nella sua famiglia le relazioni sono asettiche, pressoché assenti; la moglie e la zia sono rapite da pensieri d'amore e la figlia si aggira per i boschi come una ninfa. Ancora una volta Piavoli affronta il tema dell'uomo e della Natura. Ne esce una descrizione formalmente ineccepibile ma "fredda". Ogni singola inquadratura è studiata al punto tale da svuotarsi dall'interno di quella parte di emotività estetica di cui il cinema ha pur sempre bisogno. ■ DRAMMATICO; COL.; 85'; ITALIA, 2002.

ALPS *(Alpis)* ★★★
Regia di GIORGIOS LANTHIMOS. Con ARIANE LABED, AGGELIKI PAPOULIA, ARIS SERVETALIS, JOHNNY VEKRIS. ■ Ad Atene, una squadra formata da un paramedico, un'infermiera, una ginnasta e il suo allenatore, sostituisce persone appena defunte per aiutare amici e parenti a lenire il dolore dell'elaborazione del lutto. Si fanno chiamare Alpeis (Alpi). Ognuno di loro porta il nome di una delle vette della catena montuosa. Fra questi, Monte Rosa è la donna che si occupa di assistere in ospedale una giovane giocatrice di tennis che ha appena avuto un incidente ed è vicina alla morte. Senza rivelarlo agli altri membri del gruppo, la donna comincia a sostituirsi alla ragazza e ne assume a poco a poco l'identità. Dai piccoli canini di *Dogtooth* alle alte vette delle *Alpi*, si capisce come siano le punte acuminate, gli spigoli e le asperità del comportamento umano a dettare la poetica di Yorgos Lanthimos. Là una famiglia che difendeva morbosamente la propria unità nucleare dalla corruzione del mondo esterno; qua un gruppo di persone adibite a penetrare nei nuclei familiari per tutelarli dall'urto del dolore. ■ DRAMMATICO; COL.; 93'; GRECIA, 2011.

AL SERVIZIO DELL'IMPERATORE ★★
(Si le roi savait ça)
Regia di CARO CANAILLE. Con JEAN DANET, MIREILLE GRANELLI, MAGALI NOËL, ROBERTO RISSO, HENRY VILBERT. ■ Durante una missione sulla Beresina un francese venduto ai russi spara sul rivale in amore. Questi, che non è morto, ritorna in patria dopo anni portando le prove del tradimento, uccide il rinnegato e sposa la donna del suo cuore. ■ STORICO; B/N; 92'; FRANCIA, 1958.

AL SOLDO DI TUTTE LE BANDIERE ★★★
(You Can't Win them All)
Regia di PETER COLLINSON. Con CHARLES BRONSON, TONY CURTIS, LEO GORDON, PATRICK MAGEE, MICHÈLE MERCIER. ■ Due avventurieri capitati nella Turchia in guerra parteggiano ora per i ribelli, ora per il potere centrale mettendo in gioco la loro vita. Si salvano grazie a una donna. ■ AVVENTURA; COL.; 95'; GRAN BRETAGNA, 1971.

AL SOLE *(Im Sonnenschein)* ★★
Regia di CARMINE GALLONE. Con FRIEDL CZEPA, JAN KIEPURA. ■ La moglie di un famoso cantante lirico, il cui matrimonio sta per naufragare, si prende cura di un ex taxista con una splendida voce tenorile. Questi, oltre ad essere iniziato all'arte del bel canto, impara dalla graziosa signora anche le buone maniere. Il giovane sfonderà nella lirica e questo indurrà il celebre tenore a tornare a casa. ■ COMM. MUSICALE; B/N; 88'; AUSTRIA, 1936. ■ VENEZIA 1 PR.

ALTA BELLA E PERICOLOSA *(Une femme ou deux)* ★★
Regia di DANIEL VIGNE. Con MICHEL AUMONT, GÉRARD DEPARDIEU, SIGOURNEY WEAVER. ■ Una bella giornalista è scambiata per la presidentessa di una associazione americana intenzionata a finanziare uno studioso parigino (che crede d'aver scoperto i resti della prima donna francese). Tra la supposta presidentessa e il prof. naturalmente sorge l'amore. ■ COMMEDIA; COL.; 97'; FRANCIA, 1987.

♥ ALTA FEDELTÀ *(High Fidelity)* ★★★★
Regia di STEPHEN FREARS. Con JACK BLACK, LISA BONET, JOHN CUSACK, IBEN HJEJLE, TOD LOUISO, TIM ROBBINS, LILI TAYLOR, CATHERINE ZETA-JONES. ■ Dal best seller di Nick Hornby. Stephen Frears non delude mai. Sa narrare, sa rappresentare, ha i toni giusti per il decennio. Un riferimento importante e rasserenante del cinema. Cusack gestisce un negozio di musica con due fuori di testa. Ha una vita sentimentale complicata: è stato sistematicamente abbandonato dalle donne e viene lasciato anche dall'ultima. Cerca di capire il perché e di riconquistare la compagna. Alla fine ci riesce così come riesce a produrre un disco per uno dei suoi commessi (Black) che rivela davvero un grande talento di cantante. Uso importante del testo fuori campo dello scrittore, che è sempre un valore aggiunto. Ironia, leggerezza, umorismo, amore umanità e lieto fine. Fa piacere ogni tanto incontrare un film come questo, che brilla di doti vere, non di orpelli o trucchi, o effetti speciali. E Cusack è sempre più bravo. ■ COMMEDIA; COL.; 113'; USA, 2000. ■ GOLDEN GLOBES 1 NOM.

ALTA INFEDELTÀ ★★
Regia di MARIO MONICELLI, ELIO PETRI, FRANCO ROSSI, LUCIANO SALCE. Con CHARLES AZNAVOUR, CLAIRE BLOOM, JEAN-PIERRE CASSEL, SERGIO FANTONI, FULVIA FRANCO, NINO MANFREDI, MICHÈLE MERCIER, UGO TOGNAZZI, MONICA VITTI. ■ In ciascuno dei quattro episodi che compongono il lungometraggio è di scena una coppia in cui lui o lei, idealmente o materialmente, tradisce il coniuge. ■ COMMEDIA; B/N; 103'; ITALIA, 1964.

ALTA INFEDELTÀ ★
Regia di CLAUDIO INSEGNO. Con MARTA ALTINIER, CLAUDIO INSEGNO, PINO INSEGNO, BIAGIO IZZO, JUSTINE MATTERA. ■ Filippo è un uomo sposato col vizio delle donne e delle menzogne. Legato a Magda senza amore e dentro una villa borghese alle porte di Roma, l'uomo è alle prese con una nuova amante, che ignora il suo stato civile e ha appena acquistato la casa di fronte alla sua. Allarmato chiede aiuto a Giorgio, consigliere riluttante e amico arrendevole. Del tutto inutile. ■ COMMEDIA; 100'; ITALIA, 2010.

ALTAIR ★★
Regia di LEONARDO DE MITRI. Con FRANCO INTERLENGHI, CLAU-

DE LAYDU, ANTONELLA LUALDI, JACQUES SERNAS. ■ Storie parallele di cinque amici che frequentano l'Accademia militare di aeronautica. Noiosetto. ■ DRAMMATICO; COL.; 85'; ITALIA, 1956.

ALTALENA DELL'AMORE, L' *(Her First Affaire)* ★★
Regia di ALLAN DWAN. Con GEORGE CURSON, IDA LUPINO, DIANA NAPIER, ARNOLD RICHES, HARRY TATE. ■ È il secondo film girato dall'attrice inglese Ida Lupino che, dall'anno successivo, si trasferì negli Stati Uniti dedicandosi anche alla regia e alla produzione: inoltre è anche il primo dei tre film girati da Dwan in Inghilterra. La vicenda è imperniata su una ragazza che, affascinata dalla lettura di alcuni romanzi erotici (per quell'epoca), abbandona il fidanzato per lo scrittore idolo del suo tempo libero. ■ COMMEDIA; B/N; 71'; GRAN BRETAGNA, 1933.

ALTALENA DI VELLUTO ROSSO, L' ★★★
(The Girl on the Red Velvet Swing)
Regia di RICHARD FLEISCHER. Con LUTHER ADLER, JOAN COLLINS, GLENDA FARRELL, FARLEY GRANGER, RAY MILLAND. ■ Una bellissima ragazza di nome Evelyn s'innamora di un architetto sposato che dopo qualche tempo tronca la relazione. Evelyn sconvolta accetta la corte di un ricco conoscente che le chiede di sposarlo. Acconsente ma prima gli confessa l'antico amore. Accecato dalla gelosia il milionario uccide l'ex amante della donna. Ispirato a una storia vera ■ DRAMMATICO; COL.; 109'; USA, 1955.

ALT! ALLA DELINQUENZA ★★
(Les loups dans la bergerie)
Regia di HERVÉ BROMBERGER. Con JEAN BABILÉE, JOHN BORY, PIERRE MONDY, PASCALE ROBERTS. ■ Tre fuorilegge irrompono nella fattoria abitata da due coniugi e da una trentina di ragazzi da "rieducare". Nel drammatico susseguirsi degli avvenimenti un bandito e un fanciullo rimangono uccisi. ■ DRAMMATICO; B/N; 85'; FRANCIA, 1960.

ALTA MAREA *(High Tide)* ★★
Regia di JOHN REINHARDT. Con JULIE BISHOP, DON CASTLE, FRANCIS FORD, ANABEL SHAW, REGIS TOOMEY, LEE TRACY. ■ Il proprietario di un giornale viene misteriosamente ucciso. I sospetti cadono sulla moglie e su un investigatore privato che anni prima aveva avuto una relazione con la donna. Il detective per suo conto compie delle indagini e scopre il vero colpevole. ■ GIALLO; COL.; 72'; USA, 1947.

ALTA MAREA A MEZZOGIORNO ★★★
(High Tide at Noon)
Regia di PHILIP LEACOCK. Con MICHAEL CRAIG, FLORA ROBSON, BETTA SAINT JOHN. ■ Joanna Mackenzie ha concluso gli studi in un collegio sul continente e torna nell'isoletta in cui è nata e dove vive la sua famiglia. Giovane, carina e ricca, la ragazza suscita parecchio interesse tra gli isolani scapoli. ■ DRAMMATICO; B/N; 111'; GRAN BRETAGNA, 1957.

ALTARE PER LA PATRIA, UN ★
Regia di EDITH BRUCK. Con FRANCO NERO, ANGELA WINKLER. ■ Siamo durante la seconda guerra mondiale in un paesino di contadini. Una donna accudisce alla propria famiglia e cura la casa in maniera esemplare. Un giorno due carabinieri vengono a prelevare il marito per mandarlo in guerra. La donna così deve arrangiarsi come può, vendendo le uova, mentre il marito sente di non poter uccidere nessuno. Così si inietta dell'acqua nel ginocchio per farsi rimandare a casa. La guerra termina ma i problemi non sono finiti. L'ideologia di fondo contro la guerra è troppo didascalica e risulta perfino ridicola quando viene enunciata da Franco Nero mentre parla da solo. La regia è insufficiente e Angela Winkler è sprecata. ■ DRAMMATICO; COL.; 90'; GERMANIA, ITALIA, 1986.

ALTA SCUOLA *(Home Schule)* ★★★
Regia di ERICH ENGEL. Con RUDOLF FORSTER, ANGELA SALLOKER. ■ Un ufficiale austriaco sfida e uccide in duello il figlio del suo generale. Disprezzato da tutti si allontana da Vienna. Dopo diciotto anni ritorna e decide di rivelare le ragioni del duello: non c'erano affatto storie di donne, ma una condanna a morte per alto tradimento. ■ DRAMMATICO; B/N; 89'; AUSTRIA, 1934.

ALTA SOCIETÀ *(High Society)* ★★★
Regia di CHARLES WALTERS. Con LOUIS ARMSTRONG, BING CROSBY, CELESTE HOLM, GRACE KELLY, FRANK SINATRA. ■ Il secondo matrimonio di una splendida miliardaria e il festival del jazz mettono in fermento l'alta società di Newport. Il futuro sposo è un damerino insulso; l'ex marito, invece, intelligente e simpatico. A quattrini stanno bene tutti e due. Si fa il tifo per l'ex marito che alla fine si riprende la bella moglie. Remake di *Scandalo a Filadelfia*. ■ COMMEDIA; COL.; 107'; USA, 1956. ■ OSCAR 3 NOM.

ALTA STAGIONE *(High Season)* ★★
Regia di CLARE PEPLOE. Con JACQUELINE BISSET, JAMES FOX, IRENE PAPAS. ■ L'esordio registico di Clare Peploe, moglie, consigliera e sceneggiatrice di Bernardo Bertolucci. Protagonista una donna che decide di correre "via dalla pazza folla" (lontana dal lavoro, dal marito, dalla vita alienante della città). Crede di trovare la pace a Rodi. E la trova, ma perché arriva in bassa stagione. Con l'estate, l'isola è invasa dai turisti, da un gruppo di spie e anche dal marito della donna (un arrivo non precisamente gradito). Come esordio registico, non è eccezionale. Consigliabile solo agli ammiratori di Jacqueline Bisset e a quelli delle località turistiche ben fotografate. ■ COMMEDIA; COL.; 92'; GRAN BRETAGNA, 1987.

ALTA TENSIONE *(Slim)* ★★★
Regia di RAY ENRIGHT. Con HENRY FONDA, MARGARET LINDSAY, PAT O'BRIEN. ■ Tirare i fili dell'alta tensione è un mestiere pericoloso. Eppure per farlo un giovanotto è pronto a rinunciare anche all'amore. Dedizione al lavoro, sacrifici e buoni sentimenti sono gli ingredienti di questo cocktail cinematografico. ■ DRAMMATICO; B/N; 80'; USA 1937.

ALTA TENSIONE *(High Anxiety)* ★★★
Regia di MEL BROOKS. Con MEL BROOKS, MADELINE KAHN, CLORIS LEACHMAN. ■ Mel Brooks si scatena in una parodia dei gialli più celebri di Alfred Hitchcock (da *Io ti salverò* a *La donna che visse due volte*, a *Intrigo internazionale*). Purtroppo il divertimento è quasi sempre più suo (e degli hitchcockiani di stretta osservanza) che non del comune spettatore. ■ COMMEDIA; B/N; 94'; USA, 1978. ■ GOLDEN GLOBES 2 NOM.

ALTA TENSIONE *(Haute tension)*
Regia di ALEXANDRE AJA. Con CÉCILE DE FRANCE, ANDREI FINTI, FRANCK KHALFOUN, MAÏWENN LE BESCO, PHILIPPE NAHON, OANA PELLEA, GABRIEL SPAHIU, BOGDAN URITESCU. ■ Alex e Marie, due ragazze, vanno a preparare gli esami universitari in campagna, a casa dei genitori di Alex. Neanche il tempo di scaricare i bagagli che arriva uno psicopatico che stermina la famiglia e rapisce Alex, non accorgendosi della presenza di Marie, che lo segue per salvare l'amica. Sedicente horror della peggior lega, *Alta tensione* è l'ennesima propaggine di quel filone, tristemente in gran voga, che nella violenza e nella truculenza fini a se stesse trova la propria ragione di esistere, il proprio corpus e ivi si compie. Una trama scritta in mezz'ora, l'assenza più assoluta di qualsiasi retroterra culturale, sociale, civile, morale, letterario o di qualsivoglia tipo, ne fanno nient'altro che una vetrina dell'osceno, 90 minuti nel retrobottega del macellaio. ■ HORROR; COL.; 91'; FRANCIA, 2005.

ALTERAZIONE GENETICA *(The Watchers)* ★★
Regia di JOHN HESS. Con CHRISTOPHER CAREY, COREY HAIM, MICHAEL IRONSIDE, LALA SLOATMAN, BARBARA WILLIAMS, DALE WILSON. ■ Da un laboratorio della sicurezza nazionale americana scompaiono un Oxon, specie di automa, e un cane dal cervello manipolato. Il cane, intelligente, capace di registrare messaggi, viene raccolto da un ragazzo che gli si affeziona. Ma l'Oxon è sulle tracce dell'animale ed è pronto ad aggredire chiunque gli sia vicino. Sarà il ragazzo a scovare il mostro che uccide e ad eliminarlo. Tra gli interpreti spicca il cane, ribattezzato Gerolamo, simpatico e accattivante. Il resto urla e schianti, terrore e orrore. ■ FANTASCIENZA; COL.; 92'; USA, 1988.

ALTERAZIONI DELLA REALTÀ *(Deceptions)* ★★
Regia di RUBEN PREUSS. Con ROBERT DAVI, HARRY HAMLIN, NICOLETTE SHERIDAN. ■ Una donna uccide il proprio marito che si aggirava per casa con coltello e maschera, credendolo un assassino. L'ispettore di polizia non è convinto da questa versione dei fatti ma poi viene a conoscenza dell'esistenza di un'assicurazione sulla vita stipulata da entrambi i coniugi. La soluzione però non è così semplice perché ammesso che l'uomo volesse i soldi della

polizza non è escluso che la donna menta. Un giallo che si lascia vedere nonostante una certa prevedibilità. ■ GIALLO; COL.; 90′; USA, 1990.

ALTERED ★
Regia di EDUARDO SÁNCHEZ. Con BRAD WILLIAM HENKE, ADAM KAUFMAN, CATHERINE MANGAN, PAUL MCCARTHY-BOYINGTON, MIKE C. WILLIAMS. ■ Nelle intricate, buie e labirintiche foreste della Florida una storia di uomini e alieni. Quindici anni prima proprio in quelle foreste cinque amici erano stati catturati e rapiti da misteriosi extraterrestri, alieni malvagi e dalle sembianze terrificanti. Uno di loro venne ucciso e così oggi tre degli amici tornano sul posto per vendicare l'accaduto. ■ HORROR; COL.; 85′; USA, 2006.

ALTER EGO *(Murder by the Book)* ★★
Regia di MEL DAMSKI. Con ROBERT HAYS, CELESTE HOLM, CATHERINE MARY STEWART. ■ Uno scrittore di libri gialli incappa in un vero delitto. È il caso a questo punto di improvvisarsi eroe e risolvere il caso. ■ GIALLO ROSA; COL.; 100′; USA, 1987.

ALTER EGO *(Doppelanger)* ★★
Regia di AVI NESHER. Con DREW BARRYMORE, SALLY KELLERMAN, GEORGE NEWBERN. ■ In un film indipendente la ritrovata Drew Barrymore interpreta il ruolo a lei ora più congeniale, quello della figlia dalla doppia personalità che crea qualche problema alla genitrice. ■ DRAMMATICO; COL.; 98′; USA, 1992.

ALTERNATIVA, L' *(The Alternative)* ★★★
Regia di PAUL GODEY. Con PETER ADAMS, TONY BOONER, WENDY HUGHES. ■ Uno dei più bei film australiani degli anni Settanta. Protagonista è la direttrice di una rivista di moda che ha seri problemi nella vita privata. Ha avuto una figlia da un rapporto con un poco di buono, e il lavoro non le consente di badarle come vorrebbe. Intanto tre uomini (il poco di buono e due giornalisti) litigano con lei. Finirà che la donna troncherà ogni relazione, e alleverà la figlia con il solo aiuto di una collega (forse lesbica). ■ DRAMMATICO; B/N; 100′; AUSTRALIA, 1977.

ALTISSIMA PRESSIONE ★
Regia di ENZO TRAPANI. Con DINO, LUCIO DALLA, LANDO FIORINI, FRANÇOISE HARDY, GIANNI MORANDI, EDOARDO VIANELLO. ■ Canzonette a go-go appiccicate a una storiella di cantautore agli esordi che deve scegliere tra l'amore vero e la convenienza. ■ COMM. MUSICALE; B/N; 97′; ITALIA, 1965.

ALTO, BASSO, FRAGILE *(Haut, bas, fragile)* ★★
Regia di JACQUES RIVETTE. Con MARIANNE DENICOURT, ANNA KARINA, NATHALIE RICHARD. ■ Le storie di tre donne, a Parigi. Si confrontano, dialogano sul passato e il futuro, fra momenti di tristezza e speranza. Per chi conosce questo regista quasi settantenne si tratta di un ritorno ai tempi dolci ed eroici delle storie anni Sessanta, della Nouvelle Vague. In questo senso Anna Karina è davvero un bel testimone. Nostalgia riprodotta senza l'ispirazione di un tempo che, davvero, ormai fu. ■ COMMEDIA; COL.; 122′; FRANCIA, 1996.

ALTO, BIONDO E... CON SEI MATTI INTORNO ★★★
(Les malheurs d'Alfred)
Regia di PIERRE RICHARD. Con ANNY DUPEREY, PIERRE RICHARD, YVES ROBERT. ■ Nato da un'idea del multiforme Roland Topor, attore-soggettista e sceneggiatore assai attivo, questo film narra le tragicomiche avventure di Alfred. Salvato dal suicidio contemporaneamente alla dolce Agata, si ritrova con lei e con altri sei strapelati nel carrozzone di una trasmissione televisiva. ■ COMMEDIA; COL.; 98′; FRANCIA, 1971.

ALTO, BIONDO E... CON UNA SCARPA NERA ★★★
(Le grand blond avec une chaussure noire)
Regia di YVES ROBERT. Con BERNARD BLIER, MIREILLE DARC, PIERRE RICHARD. ■ François Perrin, violinista, viene coinvolto a sua insaputa in un intrigo tra due pezzi grossi dello spionaggio francese. Con il suo comportamento innocente disorienta tutti e provoca una lunga serie di equivoci. ■ COMMEDIA; COL.; 90′; FRANCIA, 1972. ■ BERLINO 1 PR.

ALTO COMANDO: OPERAZIONE URANIO ★★
(Mr. Dracke's Duck)
Regia di VAL GUEST. Con YOLANDE DONLAN, DOUGLAS FAIRBANKS JR. ■ Un'anatra depone uova che contengono uranio e la fattoria di mister Drake viene messa sotto l'alta protezione dell'esercito. ■ COMMEDIA; COL.; 85′; GRAN BRETAGNA, 1951.

ALTO PREZZO DELL'AMORE, L' ★★
(The High Cost of Loving)
Regia di JOSÉ FERRER. Con JOSÉ FERRER, JOANNE GILBERT, GENA ROWLANDS. ■ Jim teme di perdere il posto di lavoro in seguito all'assorbimento in un grande trust industriale della società in cui è impiegato. Sua moglie, forse, aspetta un bambino. Problemi e dubbi sono però destinati a dissolversi in un roseo finale. ■ COMMEDIA; COL.; 87′; USA, 1958.

ALTO TRADIMENTO *(Hochverrat)* ★★
Regia di JOHANNES MEYER. Con GUSTAV FRÖHLICH, GERDA MAURUS. ■ La vicenda, abbastanza schematica nella sceneggiatura e nel plot, pare ideata per lasciare libero spazio alle doti interpretative di Gustav Fröhlich. ■ DRAMMATICO; B/N; 87′; GERMANIA, 1929.

ALTO TRADIMENTO *(Conspirator)* ★★★
Regia di VICTOR SAVILLE. Con ROBERT FLEMYNG, ELIZABETH TAYLOR, ROBERT TAYLOR. ■ Poco dopo le nozze la bella Melinda scopre che suo marito ha una doppia vita: ufficiale di Sua Maestà e agente segreto di una potenza straniera. È una situazione che non lascia vie di uscita: Melinda si salva per un pelo, mentre suo marito è costretto a uccidersi. ■ DRAMMATICO; B/N; 85′; GRAN BRETAGNA, 1949.

ALTRA, L' ★★
Regia di CARLO LUDOVICO BRAGAGLIA. Con FOSCO GIACHETTI, MARIA MICHI, MARCELLO PAGLIERO. ■ Una tragedia di stampo quasi classico giocata sullo sfondo di Roma e sull'eco della guerra appena finita. Lui, lei, il marito, la falsa amica e un bambino che muore. ■ DRAMMATICO; B/N; 90′; ITALIA, 1947.

ALTRA, L' *(El akhar)* ★★★
Regia di YOUSSEF CHAHINE. Con NABILA EBEID, MAHMOUD HÉMEIDA, HANI SALAMA. ■ Un melodramma diretto dal più grande regista egiziano. Il teatro è dunque l'Egitto. Due giovani si innamorano a prima vista e si sposano. Lei è giornalista e povera, lui è ricco e figlio di due politici. La ragazza sta lavorando a una campagna contro la corruzione che si rivela a favore del capitale americano. I genitori di lui fanno parte del gioco e in particolare la madre, gelosa della ragazza che le ha portato via l'affetto del figlio. Finale tragico. Presentato nella sezione Certain Regard di Cannes. ■ DRAMMATICO; COL.; 106′; EGITTO, 1999.

ALTRA BANDIERA, L' *(Operation Secret)* ★★★
Regia di LEWIS SEILER. Con STEVE COCHRAN, KARL MALDEN, PHYLLIS THAXTER, CORNEL WILDE. ■ In un tribunale militare si svolge un'inchiesta per chiarire la misteriosa uccisione di un ufficiale del "maquis". Si gioca a scaricabarile e la colpa viene fatta ricadere sulle spalle di un partigiano assente. Ma costui giunge in tempo per testimoniare. ■ SPIONAGGIO; B/N; 108′; USA, 1952.

ALTRA CASA AI MARGINI DEL BOSCO, L' ★★
(La corruption de Chris Miller)
Regia di JUAN ANTONIO BARDEM. Con MARIA BARDEM, MARISOL, VIDAL MOLINA, JEAN SEBERG, BARRY STOKES. ■ Juan Antonio Bardem aveva fatto ben sperare con il suo *Calle Mayor* (1956). Invece è riscivolato nel gran calderone del dramma a forti tinte. In questo film ha raccolto il fior fiore dei luoghi comuni appena rinvigoriti da un pizzico di horror. ■ DRAMMATICO; COL.; 90′; SPAGNA, 1973.

ALTRA DONNA, UN' *(Another Woman)* ★★★
Regia di WOODY ALLEN. Con MIA FARROW, GENE HACKMAN, GENA ROWLANDS. ■ Stavolta Woody Allen ha deciso di raccontare le sue nevrosi travestendosi, cioè attribuendo i suoi attuali motivi di inquietudine (arrivo della cinquantina, paura della paternità, nodi con l'infanzia non ancora tagliati) a un personaggio femminile, una scrittrice di successo (Gena Rowlands). Da vedere due volte. Per intristirsi ai problemi di Gena. E per divertirsi immaginando le stesse cose di Gena se accadessero a Woody Allen. ■ COMMEDIA; COL.; 84′; USA, 1988.

ALTRA DONNA DEL RE, L' *(The Other Boleyn Girl)* ★★★
Regia di JUSTIN CHADWICK. Con ERIC BANA, SCARLETT JOHANS-

SON, DAVID MORRISSEY, NATALIE PORTMAN, MARK RYLANCE, KRISTIN SCOTT THOMAS, JIM STURGESS. ■ Enrico VIII regna sull'Inghilterra e desidera un figlio maschio che la moglie, Caterina di Aragona, non sembra essere in grado di dargli. Sir Thomas Boleyn (Bolena per noi italiani) vede nella figlia Anna una potenziale attrattiva per il re, che va colta nel momento in cui costui verrà ospitato in casa per una battuta di caccia. Le cose non vanno come l'uomo vorrebbe perché Enrico viene attratto dall'altra figlia dei Boleyn, Mary, che farà sua amante e da cui avrà un figlio. Ma, nel frattempo, Anna (temporaneamente inviata presso la corte di Francia) ha fatto ritorno in Patria ed appare al re sotto una luce diversa. Riuscirà a farla divenire sua moglie ripudiando Caterina e imponendo lo strappo con la Chiesa Cattolica, che porterà alla formazione della Chiesa Anglicana. Ma anche quella con Anna sarà una relazione tormentata. Il film interviene in modo romanzesco sul dato storico offrendo due ore circa di onesto spettacolo. ■ DRAMMATICO; COL.; 115'; GRAN BRETAGNA, 2008.

ALTRA FACCIA DEL DIAVOLO, L' ★★
(The Devil Inside)
Regia di WILLIAM BRENT BELL. Con FERNANDA ANDRADE, SUZAN CROWLEY, IONUT GRAMA, EVAN HELMUT, SIMON QUATERMAN. ■ Venuta a Roma per studiare esorcismi e realizzare un documentario in materia, Isabella incontra due giovani preti esorcisti che usano strumenti tecnico-medici. Assiste al primo esorcismo della sua vita, non senza inquietudine. Si reca allora a trovare la madre, tenuta in un ospedale psichiatrico cattolico perché, vent'anni prima, ha ucciso tre persone, mentre le praticavano un esorcismo. Le strade romane e vaticane, scantinati, palazzoni e lunghi corridoi, fanno da contrappunto ai più canonici luoghi dell'orrore nei film di possessione. ■ HORROR; COL.; 83'; USA, 2012.

ALTRA FACCIA DELL'AMORE, L' ★★★★
(The Music Lovers)
Regia di KEN RUSSELL. Con MAX ADRIAN, RICHARD CHAMBERLAIN, CHRISTOPHER GABLE, GLENDA JACKSON. ■ Per questa biografia cinematografica di Ciaikowskij, Russell ha giocato la carta stilistica del romanticismo esasperato. Ne risulta un'opera pregevole, ma discontinua, in cui a sequenze di rara suggestione se ne accostano altre di difficile sopportazione. Di indiscutibile valore sono le scenografie e l'interpretazione. ■ BIOGRAFICO; COL.; 125'; GRAN BRETAGNA, 1970.

ALTRA FACCIA DEL PADRINO, L' ★
Regia di FRANCO PROSPERI. Con LINO BANFI, MINNIE MINOPRIO, ALIGHIERO NOSCHESE, STEFANO SATTA FLORES. ■ È l'ennesimo cedimento italiano al vizio della parodia. ■ COMMEDIA; COL.; 100'; ITALIA, 1973.

ALTRA FACCIA DEL PIANETA DELLE SCIMMIE, L' ★★
(Beneath the Planet of the Apes)
Regia di TED POST. Con JAMES FRANCISCUS, LINDA HARRISON, CHARLTON HESTON, KIM HUNTER. ■ Dopo *Il pianeta delle scimmie*, intelligente opera di F. J. Schaffner, qualcuno a Hollywood ha fatto la gran pensata di riproporre un'avventura nel mondo dominato dai gorilla. ■ FANTASCIENZA; COL.; 95'; USA, 1970.

ALTRA FACCIA DI BEVERLY HILLS, L' ★★
(Slums of Beverly Hills)
Regia di TAMARA JENKINS. Con ALAN ARKIN, KEVIN CORRIGAN, NATASHA LYONNE, CARL REINER, MARISA TOMEI. ■ La famiglia Abramowitz deve affrontare l'ennesimo trasferimento perché il padre, ex macellaio e divorziato, non riesce ad offrire un adeguato tenore di vita. Vuole però che i suoi ragazzi studino a Beverly Hills, anche se non nelle scuole dei ricchi. L'arrivo della figlia del fratello ricco squilibrerà non poco il menage familiare portando una ventata di liberazione soprattutto sul piano della morale sessuale. La Jenkins si rifà alla propria adolescenza e disegna un ritrattino non banale di una famiglia ebraica moderna costantemente in esodo. ■ COMMEDIA; COL.; 90'; USA, 1998.

ALTRA FACCIA DI MEZZANOTTE, L' ★★
(The Other Side of Midnight)
Regia di CHARLES JARROTT. Con JOHN BECK, CHRISTIAN MARQUAND, MARIE-FRANCE PISIER, SUSAN SARANDON, RAF VALLONE. ■ Francesina, sedotta e abbandonata durante la guerra da un ufficiale americano, decide di vendicarsi. Diventa una celebre attrice e l'amante di un armatore greco, poi riacciuffa il seduttore e lo spinge a sbarazzarsi della moglie. Finiranno entrambi male. ■ DRAMMATICO; COL.; 165'; USA, 1977. ■ OSCAR 1 NOM.

ALTRA GIOVINEZZA, UN' *(Youth Without Youth)* ★★★★
Regia di FRANCIS FORD COPPOLA. Con BRUNO GANZ, ANDRÉ M. HENNICKE, MARCEL IURES, ALEXANDRA MARIA LARA, ADRIAN PINTEA, ALEXANDRA PIRICI, TIM ROTH. ■ Piatra Neamt, Romania, 1938. Dominic Matei è un settantenne docente di linguistica ossessionato dal linguaggio e da Laura, amata in gioventù e morta di parto. Deciso a togliersi la vita con una dose letale di stricnina, la mattina di Pasqua viene colpito da un fulmine davanti alla stazione di Bucarest ma la scarica elettrica, invece di ucciderlo, innesca un prodigioso processo rigenerativo. Sopravvissuto alla Seconda Guerra Mondiale, alla bomba atomica e alla Guerra Fredda, Matei vuole portare a termine il suo libro sull'importanza del linguaggio nell'attribuzione di senso al tempo. La proroga di vita e l'incontro con Veronica, incarnazione dell'amata Laura, diventano la possibilità per raggiungere l'inarticolato momento del principio. *Un'altra giovinezza*, adattamento del romanzo del filosofo e storico delle religioni Mircea Eliade, può essere considerato una cosciente messinscena del tempo e insieme uno strumento di ricerca e scoperta dell'origine del linguaggio e della nostra civiltà. L'ultimo artista totale del cinema americano, che ha saputo coltivare il successo e sopportare la sconfitta, che ha conosciuto il trionfo ma anche la morte del (suo) cinema, realizza la sua opera più personale e indipendente. ■ DRAMMATICO; COL.; 121', ROMANIA, USA, 2007.

ALTRA METÀ DEL CIELO, L' ★★★
Regia di FRANCO ROSSI. Con MARIO CAROTENUTO, ADRIANO CELENTANO, GLAUCO ONORATO, VENANTINO VENANTINI, MONICA VITTI. ■ Il sacerdote di uno sperduto paesino nel centro dell'Australia tenta in tutti i modi di redimere una prostituta arrivando persino a fare a pugni con il suo protettore. Tutto il suo daffare risulta sospetto alle autorità ecclesiastiche che lo rispediscono in Italia, ma intanto la ragazza si è finalmente redenta. ■ COMMEDIA; COL.; 100'; ITALIA, 1977.

ALTRA METÀ DELL'AMORE, L' *(Lost and Delirious)* ★★
Regia di LÉA POOL. Con MISCHA BARTON, JACKIE BURROUGHS, GRAHAM GREENE, MIMI KUZYK, JESSICA PARÉ, PIPER PERABO. ■ Mary "Mouse" viene mandata in collegio dal padre succube di una matrigna che non le vuole bene. Le sue compagne di stanza, Paulie e Tori, sono belle e trasgressive, e Mary diventa testimone della relazione sessuale e amorosa delle due, fino a diventare loro complice. Un giorno Emily, sorella minore di Tori, scopre tutto e va a raccontarlo ai genitori, signori dell'alta società che non possono accettare una figlia omosessuale. Tori sceglie di seguire i dettami familiari, ma Paulie non riesce ad accettare che il loro amore finisca. In un set di modeste pretese Léa Pool ambienta una delicata storia d'amore adolescenziale tutta al femminile. Più che sull'omosessualità l'accento è posto sull'amore tra persone, al di là del genere e dell'età. Attorno alle tre ragazze, altri personaggi partecipano al dramma di non potere o di non aver potuto amare: spicca la figura di Fay, direttrice del collegio, che comprende la tragedia di Tori lasciando intuire di averne vissuta una simile. Un tema centrale difficile, cui la regista ne affianca altri di non minore importanza (l'abbandono dei figli, l'incomunicabilità) che avrebbe dovuto affrontare con maggiore attenzione per evitare, come purtroppo fa spesso, di inciampare nella retorica. ■ DRAMMATICO; COL.; 103'; CANADA, 2001.

ALTRA PARTE DELLA FORESTA, UN' ★★★
(Another Part of the Forest)
Regia di MICHAEL GORDON. Con ANN BLYTH, DAN DURYEA, FREDRIC MARCH, EDMOND O'BRIEN. ■ Il valore di questo film è soprattutto da attribuire alla bellissima interpretazione di Fredric March. La storia è quella di un uomo che ha accumulato le sue ricchezze facendo il contrabbandiere ai tempi della guerra di secessione. ■ DRAMMATICO; B/N; 107'; USA, 1948.

ALTRA SPORCA ULTIMA META, L' ★★★
Regia di PETER SEGAL. Con TERRY CREWS, JAMES CROMWELL, MICHAEL IRVIN, DAVID PATRICK KELLY, NELLY, BURT REYNOLDS, CHRIS ROCK, ADAM SANDLER, LOBO SEBASTIAN, WALTER WILLIAMSON. ■ Partendo dal film di Robert Aldrich del 1974, *Quella sporca ultima meta*, che parafrasava in Italia il precedente dello stesso regista, *Quella sporca dozzina*, il tuttofare Peter Segal fa bingo, azzeccando quasi tutto, raccontando la stessa vicenda ma con un'accentuazione comica che giova al film e non crea imbarazzanti confronti. Spettacolare, divertente e dal buon ritmo, *L'altra sporca ultima meta* (*The Longest Yard*), vede l'attonito Adam Sandler imprigionato per il capriccio di una donna e costretto, trattandosi di un celebre ex quarterback, ad organizzare una partita di football americano tra le guardie ed i galeotti, che allenerà sotto la severa sorveglianza del dispotico direttore (James Cromwell), che ha voglia di mettersi in mostra. Circondato da una galleria di brutti ceffi, che si finisce per amare, Sandler conduce in porto la partita, salvando l'onore e la dignità, non rinunciando a situazioni paradossali, tra commedia e alcuni accenni drammatici: c'è anche un morto. Colorito e veloce *L'altra sporca ultima meta* è un amabile intrattenimento, che non mostra l'antifemminismo di Aldrich o altre intenzioni autoriali. Tutto dalla parte del pubblico, il film ha avuto un'ottima accoglienza negli States. È della partita Burt Reynolds malconcio protagonista di allora, che sta al gioco con discrezione e simpatia. ■ COMMEDIA; COL.; 113'; USA, 2005.

ALTRA VERITA', L' *(Route Irish)* ★★★
Regia di KEN LOACH. Con GEOFF BELL, JOHN BISHOP, JACK FORTUNE, MARK WOMACK. ■ Liverpool. Fergus e Frankie sono stati amici sin dall'infanzia sognando, sul traghetto che attraversa il fiume Mersey, viaggi impossibili. Divenuti adulti Fergus ha viaggiato come membro della SAS, le forze armate speciali britanniche. Una volta congedato ha convinto l'amico Frankie (ex paracadutista) ad andare in Iraq con lui. Entrambi operano come contractors (i guardiaspalle armati fino ai denti ingaggiati per proteggere privati). Nel settembre 2007 Frankie viene ucciso sulla Route Irish, la strada più pericolosa del mondo che si trova a Baghdad. Fergus, sconvolto dall'accaduto, non crede alla versione ufficiale e prende ad indagare sulla morte dell'amico. Al suo fianco ha Rachel, la vedova. Ken Loach, assieme al fedelissimo Paul Laverty, torna ad occuparsi del macrocosmo in cui il potere economico e quello militare si mescolano in maniera inestricabile e perversa. ■ DRAMMATICO; COL.; 109'; GRAN BRETAGNA, FRANCIA, ITALIA, BELGIO, SPAGNA, 2010.

ALTRA VITA, UN' *(Duplicates)* ★★
Regia di SANDOR STERN. Con KIM GREIST, GREGORY HARRISON, LANE SMITH. ■ La manipolazione di dati genetici viene usata per produrre cloni. Un bambino e suo zio divengono oggetto di questi esperimenti. ■ DRAMMATICO; COL.; 87'; USA, 1991.

ALTRA VITA, UN' ★★★
Regia di CARLO MAZZACURATI. Con CLAUDIO AMENDOLA, ADRIANNA BIEDRZYNSKA, SILVIO ORLANDO. ■ Siamo a Roma. Saverio, un dentista, incontra una ragazza di origine russa che vuole sottoporsi a un intervento urgente. L'uomo, dapprima titubante, accetta e lavora tutta la notte. Alia, la ragazza, però fugge senza compensarlo. Alcuni giorni più tardi lei chiede di essere ospitata. Nasce una passione ma poi lui scopre che è la donna di uno sbandato. Finale tragico. Bravi tutti gli interpreti principali. ■ DRAMMATICO; COL.; 95'; ITALIA, 1992. ■ DAVID DI DONATELLO 1 PR, 1 NOM.

ALTRE, LE ★
Regia di ALEX FALLAY. Con ERNA SCHURER, MONICA STREBEL. ■ Due amiche particolari vorrebbero un figlio. Ma la natura impone la collaborazione di un uomo. ■ EROTICO; COL.; 90'; ITALIA, 1969.

ALTRI GIORNI DEL CONDOR, GLI *(Agency)* ★★
Regia di GEORGE KACZENDER. Con LEE MAJORS, ROBERT MITCHUM, SAUL RUBINEK. ■ Strano complotto in un'agenzia pubblicitaria per mascherare l'uso di messaggi "subliminali" a scopo politico. Un copywriter indaga e riesce a sventare il piano diabolico. ■ GIALLO; COL.; 94'; USA, 1982.

ALTRI, GLI ALTRI E NOI, GLI ★★
Regia di MAURIZIO DI LORENZO. Con MAURIZIO ARENA, BRUNO MARTINO, AVE NINCHI, MARIELLA ZANETTI. ■ Ex povero ma bello, Maurizio Arena ha rivolto il proprio interesse ad argomenti con sfondo sociale. Con buona volontà, ma con scarso rigore, affronta in questo film il tema della disoccupazione: Antonio, che possiede solo la sua buona volontà, arriva a Roma in cerca di lavoro... ■ DRAMMATICO; COL.; 88'; ITALIA, 1967.

♥ **...ALTRIMENTI CI ARRABBIAMO!** ★★★
Regia di MARCELLO FONDATO. Con TERENCE HILL, JOHN SHARP, PATTY SHEPARD, BUD SPENCER. ■ Una sfida all'ultimo boccone divide due amici che desiderano entrare in possesso di un'auto fuoristrada. Ma l'aggressione di una squadraccia di motociclisti, sicari di un disonesto imprenditore edile, li riconcilia immediatamente. Grande successo commerciale, adatto ai bambini. ■ COMMEDIA; COL.; 100'; ITALIA, 1974.

...ALTRIMENTI VI AMMUCCHIAMO *(Golden City)* ★
Regia di GEORGE BANGE. Con WILLIAM BERGER, TANG CHUNG NOO, KAO THOMPSON. ■ Un pasticciaccio farsesco in cui si mescolano arti marziali e scorrerie vandaliche di giovinastri americani. ■ AVVENTURA; COL.; 90'; USA, 1974.

ALTRI RACCONTI DI CANTERBURY, GLI ★
Regia di MINO GUERRINI. Con TONI DE LEO, ALIDA ROSANO, ENZA SBORDONE, GIUSEPPE VOLPE. ■ Con un pretestuoso avallo culturale da parte di autori come Ludovico Ariosto, Pietro Aretino, Giovanni Boccaccio, Geoffrey Chaucer, Sabatino degli Arienti, Margherita di Navarra e Franco Sacchetti è stata imbastita questa operina goliardica e volgarotta. ■ COMMEDIA; COL.; 96'; ITALIA, 1972.

ALTRI TEMPI ★★★
Regia di ALESSANDRO BLASETTI. Con ALBA ARNOVA, ELISA CEGANI, ALDO FABRIZI, ARNOLDO FOÀ, GINA LOLLOBRIGIDA, FOLCO LULLI, RINA MORELLI, AMEDEO NAZZARI, PAOLO STOPPA, SERGIO TOFANO. ■ Il tenue filo che lega i nove episodi del film è costituito da un rivenditore di libri usati che presenta alcuni volumi. Per ognuno Blasetti ha saputo trovare la giusta chiave narrativa, ben sostenuto da un gruppo di attori di prim'ordine. ■ EPISODI; B/N; 100'; ITALIA, 1952.

ALTRI UOMINI ★★
Regia di CLAUDIO BONIVENTO. Con CLAUDIO AMENDOLA, ENNIO FANTASTICHINI, RICKY MEMPHIS, VERONICA PIVETTI, TONY SPERANDEO. ■ Michele Croce, un boss della vita milanese degli anni Settanta-Ottanta racconta al magistrato la propria vita. Dall'emigrazione a Milano ai primi traffici illegali fino all'ascesa e alla guerra per bande che ne sono la conseguenza. L'avversario più diretto viene ucciso in carcere. Michele arriverà al processo ma non ci sarà sentenza. ■ DRAMMATICO; COL.; 100'; ITALIA, 1997.

ALTRO ANNO E POI CRESCO, UN ★
Regia di FEDERICO DI CICILIA. Con PAOLA CORTELLESI, FEDERICO DI CICILIA, GABRIELE MAINETTI, NOVELLO NOVELLI, CLOTILDE SABATINO. ■ Eccolo qua, il prototipo di film italiano responsabile del disamore di tanto pubblico (soprattutto giovane) che, alla domanda di un amico «Andiamo a vederci quel film?», risponde «Sì, va bene, l'importante che non sia italiano». Un giovane ipocondriaco forse incontra l'amore della sua vita, ma anche un uomo che ha perso la moglie e sta per suicidarsi, mentre due giovani si frequentano, si divertono, litigano, progettano un futuro insieme, si sposano (ma vanno a vivere a casa del papà di lui: così le bollette sono già pagate). Unica nota positiva: Paola Cortellesi (che allora stava riscuotendo i primi successi col programma televisivo *Libero*) e Gabriele Mainetti sono bravini. ■ COMMEDIA; COL.; 95'; ITALIA, 2001.

ALTRO CORPO DI ANNY, L' *(Venom)* ★
Regia di PETER SYKES. Con SHEILA ALLEN, NEDA ARNERIC, SIMON BRENT, DEREK NEWARK. ■ L'agente Paul Greville indaga su certi furti di opere d'arte e allo scopo si reca in veste di turista in una località montana. Miscuglio mal riuscito di giallo e fantastico. ■ GIALLO; COL.; 85'; GRAN BRETAGNA, 1974.

ALTRO DELITTO, L' *(Dead Again)* ★★★
Regia di KENNETH BRANAGH. Con KENNETH BRANAGH, ANDY

GARCIA, HANNA SCHYGULLA. ■ Dopo il fortunato esordio con *Enrico V* il giovane attore e regista irlandese prova a fare il giallista. E, con qualche riserva nello sviluppo, ci riesce bene. La sceneggiatura è di Scott Frank autore di *Little Man Tate,* esordio dietro la macchina da presa di Jodie Foster. Tra le attrici anche la moglie di Branagh, Emma Thompson. Mentre lui ricopre due ruoli. È infatti un assassino giustiziato nel 1949 per l'omicidio a forbiciate della moglie e un detective privato dei giorni nostri che cerca di aiutare una donna a riacquistare la memoria. Quest'ultima è ossessionata da visioni nelle quali rivive l'assassinio del '49. ■ GIALLO; COL.; 110′; USA, 1991. ■ GOLDEN GLOBES 1 NOM.

ALTRO DIO, L' ★★★
Regia di ELIO BARTOLINI. Con PAOLO BONETTI, MARIA D'INCORONATO, FAUSTO TOZZI. ■ Opera prima di Bartolini, prolifico e stimato romanziere e saggista, questo film esamina il diverso rapporto che i membri della famiglia Corsin hanno con il denaro. ■ DRAMMATICO; COL.; 95′; ITALIA, 1975.

ALTRO GIORNO ANCORA, UN ★★
Regia di TONINO ZANGARDI. Con VALERIA CAVALLI, RODOLFO CORSATO, IDA DI BENEDETTO. ■ Una giovane donna cerca l'affetto altrui e, al contempo, lo rifiuta. Ostuni, una vacanza e un archeologo la porteranno a confrontarsi con sentimenti contrastanti. Si rischia di voler dire troppo rinunciando a qualche passaggio di sceneggiatura che sarebbe stato necessario. ■ PSICOLOGICO; COL.; 88′; ITALIA, 1995.

ALTRO INFERNO, L' ★
Regia di STEFAN OBLOWSKY (pseud. di BRUNO MATTEI). Con FRANCESCA CARMENO, CARLO DE MEJO, FRANK GARFEELD. ■ In un convento le suore possedute dal demonio e gli animali inselvatichiti ammazzano i poveretti che hanno la sfortuna di transitare in quel luogo. ■ HORROR; COL.; 95′; ITALIA, 1982.

ALTRO LATO DEL LETTO, L' ★★
(El otro lado de la cama)
Regia di EMILIO MARTÍNEZ LÁZARO. Con ERNESTO ALTIERO, GUILLERMO TOLEDO, PAZ VEGA, NATALIA VERBEKE. ■ Javier e Sonia sono il ritratto della coppia perfetta. Pedro e Paula, invece, sono sull'orlo della separazione. Due mondi separati che però si rivelano intrecciati da una relazione pericolosa, naturalmente tutta giocata sull'improvviso accendersi di sentimenti incrociati. Il film approda sui nostri schermi in virtù del successo conseguito in patria: successo la cui natura rimane però un mistero. A meno di non considerare interessante una commedia pruriginosetta con richiami alla *screwball* americana e ad Almodóvar. ■ COMMEDIA; COL.; 114′; SPAGNA, 2002.

ALTRO MONDO, UN ★★
Regia di SILVIO MUCCINO. Con SILVIO MUCCINO, FLAVIO PARENTI, ISABELLA RAGONESE, MICHAEL RAINEY JR, MAYA SANSA. ■ Andrea è giovane, ricco e mantenuto dagli assegni in bianco di una madre algida e schiava delle buone apparenze. La sua vita attraversa continue notti mondane in compagnia della bella fidanzata Livia, ballerina con problemi di bulimia, e del migliore amico Tommaso, organizzatore di grandi feste a sorpresa e di festini alcolici. Alla vigilia del suo ventottesimo compleanno, riceve una lettera da parte del padre, che gli annuncia di essere prossimo alla morte in un letto d'ospedale a Nairobi. Più per noia e curiosità che per reale affetto verso una figura scomparsa nel nulla venti anni prima, Andrea decide di partire per il Kenya, dove trova ad accoglierlo una volontaria italiana pronta a fargli sapere che suo padre ha avuto un figlio con una donna locale e che, dopo la morte di lui, ne diventerà l'unico parente responsabile. ■ DRAMMATICO; COL.; 110′; ITALIA, GRAN BRETAGNA, 2010.

AL TROPICO DEL CANCRO ★★
Regia di GIAN PAOLO LOMI, EDOARDO MULARGIA. Con ANTHONY STEFFEN, ANITA STRINDBERG, GABRIELE TINTI. ■ La formula segreta di un potente allucinogeno scoperto da un medico suscita le brame di alcuni uomini d'affari che però vengono misteriosamente eliminati da un ignoto assassino. Questi, dopo essere riuscito a sfuggire alla polizia, troverà la morte nel rogo della sua auto in fiamme. ■ POLIZIESCO; COL.; 95′; ITALIA, 1972.

ALTRO UOMO – DELITTO PER DELITTO, L' ★★★★
(Strangers on a Train)
Regia di ALFRED HITCHCOCK. Con LAURE ELLIOTT, FARLEY GRANGER, RUTH ROMAN, ROBERT WALKER. ■ Per la sceneggiatura di questo film, basato sul romanzo di Patricia Highsmith, Hitchcock ingaggiò un giallista di fama come Raymond Chandler. La vicenda riguarda uno strano incontro tra Guy, che vuol divorziare dalla moglie per risposarsi, e Bruno, che odia suo padre. Bruno si offre come killer a Guy, perché costui gli ricambi la cortesia. Memorabile la scena finale sulla giostra. ■ GIALLO; B/N; 101′; USA, 1952. ■ OSCAR 1 NOM.

ALTRO UOMO, UN'ALTRA DONNA, UN ★★★
(Another Man, Another Chance)
Regia di CLAUDE LELOUCH. Con GENEVIÈVE BUJOLD, JAMES CAAN, FRANCIS HUSTER, SUSAN TYRRELL, JENNIFER WARREN. ■ Due vite parallele finché non s'incrociano. Lui è un medico del West a cui un gruppo di *desperados* uccide la moglie. Lei è una francesina che emigra con il marito (destinato anche lui a prematura fine) verso le terre selvagge del Nuovo Mondo. Un giorno s'incontrano e si sposano. ■ WESTERN; COL.; 132′; USA, 1977.

AL TUO RITORNO *(I'll be Seeing You)* ★★★
Regia di WILLIAM DIETERLE. Con JOSEPH COTTEN, GINGER ROGERS, SHIRLEY TEMPLE. ■ Un tipico prodotto hollywoodiano, confezionato per infondere fiducia nel domani. La storia narrata da Dieterle non si discosta molto da quella di decine di altri film: lui e lei, afflitti da guai e problemi non da poco, si incontrano per caso e trovano, insieme, la forza di andare avanti. ■ COMMEDIA; B/N; 85′; USA, 1945.

ALTURA ★★
Regia di MARIO SEQUI. Con MASSIMO GIROTTI, ROLDANO LUPI, ELEONORA ROSSI DRAGO. ■ Stanis torna al suo paese dopo una lunga assenza e scopre che la serenità di una volta è stata distrutta da un arricchito tirannello. Romanzo d'appendice. ■ AVVENTURA; B/N; 88′; ITALIA, 1949.

A LUCI SPENTE ★★
Regia di MAURIZIO PONZI. Con DAMIANO ANDRIANO, TONI BERTORELLI, GIULIANA DE SIO, ANDREA DI STEFANO, FILIPPO NIGRO, GIULIO SCARPATI. ■ Il film è ambientato nel 1943 e narra la storia delle riprese di *Redenzione*, film prodotto con il sostegno del Vaticano da Ettore Benedetti che offre la parte della protagonista, una nobildonna che si spoglia dei suoi averi per soccorrere infermi e bisognosi, alla famosa attrice Elena Monti. Nel film si intrecciano e si narrano le vicende dei componenti del cast e della troupe, di chi è legato al fascismo e soprattutto di chi non lo è. ■ DRAMMATICO; COL.; 115′; ITALIA, 2003.

A LUME DI CANDELA *(By Candlelight)* ★★★
Regia di JAMES WHALE. Con NILS ASTHER, ELISSA LANDI, PAUL LUKAS. ■ La fama di James Whale è legata al famosissimo Frankenstein (1931), un classico horror-film. Questo è il suo ottavo lavoro cinematografico: un nobile dongiovanni ha il vezzo di far saltare le valvole nei momenti culminanti delle sue avventure galanti. Il suo maggiordomo impara la lezione e gli si sostituisce. Il nobile, ritornando all'improvviso alla magione, lo scopre e sta al gioco: gli porta compitamente i candelabri. ■ COMMEDIA; B/N; 78′; USA, 1933.

ALVAREZ KELLY ★★
Regia di EDWARD DMYTRYK. Con WILLIAM HOLDEN, PATRICK O'NEAL, JANICE RULE, RICHARD WIDMARK. ■ Prendendo spunto da un episodio secondario della guerra di secessione americana, Edward Dmytryk si cimenta senza grande destrezza nel genere western. La trama vive sulla rivalità di due uomini di forte carattere che, con intenti diversi, sono alle prese con una giovane signora. ■ WESTERN; COL.; 116′; USA, 1966.

ALVARO PIUTTOSTO CORSARO ★★
Regia di CAMILLO MASTROCINQUE. Con TINA DE MOLA, FLORA MEDINI, RENATO RASCEL. ■ L'omonima commedia musicale ha mietuto larghi consensi sulle scene di tutta Italia. Questa trasposizione cinematografica ne smorza la verve. ■ COMM. MUSICALE; COL.; 90′; ITALIA, 1954.

ALVEARE, L' *(La colmena)* ★★
Regia di MARIO CAMUS. Con VICTORIA ABRIL, ANA BELEN, EMILIO GUTIERREZ CABA, FRANCISCO RABAL, JOSÉ SACRISTAN. ■ Tratto dal romanzo più conosciuto di Mario Camus *La Colmena* è uno spaccato del dopoguerra spagnolo e dei personaggi che lo popolano. Non c'è un protagonista: il mattatore è appunto un alveare, metafora del microcosmo di persone, quasi tutte perdenti, che popolavano la Madrid degli anni Quaranta. Prova meno riuscita del bellissimo romanzo di Camus. ■ DRAMMATICO; COL.; 95'; SPAGNA, 1982.

AL VERTICE DELLA TENSIONE ★★
(The Sum of all Fears)
Regia di PHIL ALDEN ROBINSON. Con BEN AFFLECK, ALAN BATES, JAMES CROMWELL, MORGAN FREEMAN. ■ Ci siamo giocati anche Jack Ryan, l'analista Cia protagonista della più accattivante serie d'avventura del cinema contemporaneo: intelligente, spettacolare, mai banale. Grazie all'autore cartaceo, Tom Clancy. Il quale in questo caso è anche produttore esecutivo, dunque garanzia di ulteriore qualità. Invece no, per Ryan è stato deciso lo stesso destino di Bond, un'evoluzione verso la fantascienza e gli effetti speciali. Le precedenti storie di Clancy (*Caccia a ottobre rosso*, *Sotto il segno del pericolo* e *Giochi di potere*) erano splendide architetture scoppiettanti ma verosimili, frutto delle forti amicizie dell'autore in ambienti riservati a pochissimi. In questa ultima storia non si è resistito alla "solita" tentazione detta sopra. Qui c'è di mezzo una vecchia bomba atomica ritrovata nel Golan da un superfanatico neonazista che ricorda tanto la Spectre (non c'era di meglio?) che vuol fare litigare Russia e America perché si distruggano a vicenda. Clancy è maestro nei colpi di scena, negli *u turn* improvvisi: infatti nessuno si aspetta che la bomba esploda davvero, a Baltimora, col presidente salvato per un pelo. A questo punto il film diventa qualcosa fra un *Day After*, un *A prova di errore* e uno degli ultimi Bond, coi due presidenti di Usa e Russia, che riescono a evitare la fine del mondo nucleare grazie proprio a Ryan che ha intuito la verità. Affleck, il nuovo Ryan, ha la metà degli anni di Harrison Ford, ma il riferimento al destino di Connery 007 sempre rimpianto è davvero automatico. Che peccato. ■ SPIONAGGIO; COL.; 110'; USA, 2002.

ALVIN SUPERSTAR *(Alvin and the Chipmunks)* ★★
Regia di TIM HILL. Con DAVID CROSS, JASON LEE, JANE LYNCH, CAMERON RICHARDSON. ■ Dave Neville (Jason Lee) è un musicista che tenta disperatamente di sbarcare il lunario scrivendo una canzone di successo per la Jett Records, di proprietà del furbo business man Ian Hawk. Il caso vuole che Dave si imbatta in tre scoiattoli, Alvin, Simon e Theodore, che accidentalmente capitano a casa sua. I tre, infatti, non solo sono indiavolati, ma cantano anche, facendo volare la fantasia di Dave. Il cinema per famiglie passa per la fusione dell'animazione 3D con la live action. Questa tecnica in continuo miglioramento riesce probabilmente a conferire simpatia ai personaggi animati, rendendoli più realistici. ■ COMMEDIA; COL.; 90'; USA, 2007.

ALVIN SUPERSTAR 2 ★★
(Alvin and the Chipmunks: The Squeakquel)
Regia di BETTY THOMAS. Con DAVID CROSS, MATTHEW GRAY GUBLER, JASON LEE, ZACHARY LEVI, JUSTIN LONG. ■ Alvin e i suoi due fratelli sono ormai rockstar famose, ma la vita sconsiderata e colma di eccessi che si accompagna a quel ruolo non calza al trio e nemmeno al loro amato tutore Dave, che, costretto in ospedale dopo un infortunio, decide di affidare i tre piccoletti alla zia e di mandarli a scuola. Peccato che la zia venga spedita anch'essa in ospedale a tempo di record e con loro rimanga il nipote nerd, sbadato e sbandato che non si prende la giusta cura dei tre, lasciandoli tra i problemi di una high school e l'arrivo delle Chipette, tre scoiattoline di provincia venute in città per sfondare. Tale è stato il successo del primo "Alvin" da generare questo immediato sequel che non innova né tecnicamente né tematicamente e ripropone sotto nuove vesti un altro "episodio" delle avventure di Alvin, Theodore e Simon. ■ COMMEDIA; COL.; 88'; USA, 2009.

ALVIN SUPERSTAR 3. SI SALVI CHI PUÒ ★★
(Alvin and the Chipmunks: Chip-Wrecked)
Regia di MIKE MITCHELL. Con DAVID CROSS, MATTHEW GRAY GUBLER, JASON LEE, JUSTIN LONG, JENNY SLATE. ■ Chipmunks e le Chipettes si rilassano su una lussuosa nave da crociera, in rotta verso gli International Music Awards, ma la tranquillità e il riposo non sono tra le abitudini di Alvin, che trova il modo di divertirsi pericolosamente, disobbedendo alle regole imposte da Dave. ■ ANIMAZIONE; COL.; 87'; USA, 2011.

ALWAYS – PER SEMPRE ★★★
Regia di STEVEN SPIELBERG. Con RICHARD DREYFUSS, JOHN GOODMAN, HOLLY HUNTER. ■ Ancora una volta un film amato dai fan di Spielberg e odiato o meglio ignorato dai detrattori. Si tratta di un film molto furbo che mischia amore e lacrime, azione e ironia con l'ausilio della consueta maestria registica. Chi si contenta gode. La storia è presa di peso dal vecchio *Joe il pilota* con Spencer Tracy: un pilota spegnitore di incendi, insomma un pompiere volante, ha un incidente e muore. Prima però salva un suo amico. In cielo decidono di farlo tornare sulla terra per aiutare un giovane pilota che vuole conquistare la donna del nostro eroe. In un ruolo cameo, Audrey Hepburn. ■ COMMEDIA; COL.; 121'; USA, 1990.

ALWAYS – SUNSET ON THIRD STREET ★★★
(Always san-chôme no yûhi)
Regia di TAKASHI YAMAZAKI. Con MAKI HORIKITA, SHIN'ICHI TSUTSUMI, HIROKO YAKUSHIMARU, HIDETAKA YOSHIOKA. ■ Tokyo, 1958: il dopoguerra ha offerto alla nazione la possibilità di risorgere, e l'espansione economica è in pieno slancio. Le vicende degli abitanti del downtown, situato nei pressi della Tokyo Tower, si evolvono intrecciandosi. La famiglia del meccanico Suzuki e la loro giovanissima dipendente giunta dalla campagna, il commerciante di dolciumi che sogna di diventare scrittore, la locandiera, il medico: non esistono segreti nel quartiere, e le conquiste di ciascuno influenzano gli altri, in uno squarcio nostalgico di vita comune sullo sfondo di una megalopoli brulicante. Ottima ricostruzione storica e ambientale. ■ DRAMMATICO; COL.; 133'; GIAPPONE, 2005.

ALYSE E CHLOE – LES BICHETTES *(Les bichettes)* ★★
Regia di RENÉ GAINVILLE. Con KARYN BALM, MICHÈLLE GIRARDON, KATRIN JACOBSEN. ■ È la solita storia del triangolo: lui, lei e l'altra. Solo che l'altra vuole conquistare le grazie della ragazza. ■ COMMEDIA; COL.; 77'; FRANCIA, 1970.

ALZA LA TESTA ★
Regia di ALESSANDRO ANGELINI. Con DUCCIO CAMERINI, GABRIELE CAMPANELLI, SERGIO CASTELLITTO, GIORGIO COLANGELI, ANITA KRAVOS. ■ Ad Antonio, ex pugile da quattro soldi, rimane solo il figlio Gabriele dopo che la madre li ha abbandonati entrambi. Di giorno lavora in un cantiere navale e di notte allena il figlio, talento del pugilato. Il loro è un rapporto di borgata, fatto di molte urla e di imposizioni che rivelano più affetto che rabbia autentica. Per Antonio, Gabriele è tutto, mentre per lui cominciano ad esistere anche altre cose oltre il padre e il pugilato. Reduce dall'esordio con *L'aria salata*, Alessandro Angelini affronta un'altra storia di paternità anche se con taglio diametralmente opposto. Questa volta è lo sguardo di un padre su un figlio e anche di più. Purtroppo è proprio quel "di più", quella seconda parte di film, così volutamente diversa dalla prima a costituire il tracollo di un'opera che altrimenti si avviava ad essere qualcosa di davvero emozionante e prezioso. ■ DRAMMATICO; COL.; 86'; ITALIA, 2009.

ALZATI SPIA *(Espion, lève-toi)* ★★
Regia di YVES BOISSET. Con BRUNO CREMER, MICHEL PICCOLI, LINO VENTURA. ■ Agente dei servizi segreti francesi, Sebastian vive sotto falsa identità in Svizzera, in compagnia di un'assistente universitaria. Dopo anni relativamente tranquilli, viene incaricato di un caso pericoloso, che porterà a morte sia lui sia la sua donna, non prima di molte peripezie. ■ SPIONAGGIO; COL.; 98'; FRANCIA, 1981.

AMABILE FURFANTE, L' *(The Rake's Progress)* ★★★
Regia di SIDNEY GILLIAT. Con REX HARRISON, GRIFFITH JONES, JEAN KENT, LILLI PALMER. ■ Il titolo originale riprende quello di

una pittura di William Hogarth (XVIII secolo) e il regista ripropone le gesta del libertino ritratto da Hogarth, ambientandole nella severa Inghilterra degli anni Venti. ■ COMMEDIA; B/N; 123'; GRAN BRETAGNA, 1945.

AMABILI RESTI *(The Lovely Bones)* ★★
Regia di PETER JACKSON. Con SUSAN SARANDON, STANLEY TUCCI, MARK WAHLBERG, RACHEL WEISZ. ■ Norristown, in Pennsylvania, fra villette a schiera e campi di granturco, vive la famiglia Salmon. Susie, la primogenita, è un'adolescente qualunque, appassionata di fotografia e innamorata del compagno di scuola Ray Singh. Il 6 dicembre 1973, dopo aver avuto il suo primo incontro romantico con lui, Susie viene fermata sulla strada di casa dal vicino, il signor Harvey, tranquillo ometto di mezza età con la passione per le case di bambola. Dopo averla fatta entrare in un piccolo rifugio sotterraneo da lui stesso costruito, Harvey la violenta e la uccide brutalmente. Lo spirito di Susie si trova così a muoversi fra la terra e il cielo in una sorta di limbo fatto di ricordi e di fantasie, da dove può vedere e patire per quel che succede ai suoi cari e al suo omicida nel mondo mortale. ■ DRAMMATICO; COL.; 135'; USA, GRAN BRETAGNA, NUOVA ZELANDA, 2009.

♥ AMADEUS ★★★★♉
Regia di MILOS FORMAN. Con F. MURRAY ABRAHAM, ROY DOTRICE, TOM HULCE, JEFFREY JONES. ■ Nella Vienna gaia e libertina del Settecento il giovane Wolfgang Amadeus Mozart (Hulce), sboccato, gaudente e volgare, incanta con l'originalità e la grandezza della sua musica la corte illuminata di Giuseppe II. Antonio Salieri (Abraham), il musicista di corte, disprezza Mozart pur riconoscendone il genio, lo invidia e giunge ad odiarlo, consapevole di essere destinato a rimanere un mediocre e a venire dimenticato. Mozart morirà giovane, ma diverrà immortale. Squisito, intelligente, ricercatissimo film, girato da Forman nella sua Praga e insignito di ben sette premi Oscar, tra i quali: allo strepitoso Abraham, al film, al regista, alla sceneggiatura e all'art direction. ■ DRAMMATICO; COL.; 158'; USA, 1984. ■ DAVID DI DONATELLO 2 PR, 2 NOM; GOLDEN GLOBES ♉ 4 PR, 5 NOM; OSCAR ♉ 8 PR, 10 NOM.

AMADEUS – DIRECTOR'S CUT ★★★
Regia di MILOS FORMAN. Con F. MURRAY ABRAHAM, ELIZABETH BERRIDGE, TOM HULCE. ■ Nuova edizione del capolavoro di Milos Forman del 1984 con l'aggiunta di un nuovo sonoro e di un nuovo doppiaggio in italiano. Le scene aggiunte si integrano perfettamente con l'originale. ■ DRAMMATICO; COL.; 178'; USA, 2002.

AMAI UNA DONNA *(I Loved a Woman)* ★★★
Regia di ALFRED E. GREEN. Con KAY FRANCIS, J. FARREL MACDONALD, EDWARD G. ROBINSON, GENEVIÈVE TOBIN. ■ L'amore per una cantante e la carriera di un modesto inscatolatore di carne di Chicago sono ostacolati dalla scalata sociale della moglie che, decisa a non concedere il divorzio, costringe i due amanti a incontrarsi in segreto. Ma tutto finirà bene per i due innamorati. ■ COMMEDIA; B/N; 122'; USA, 1933.

AMAMI, ALFREDO! ★★★
Regia di CARMINE GALLONE. Con MARIA CEBOTARI, CLAUDIO GORA, PAOLO STOPPA. ■ Su una trama abbastanza semplice, Carmine Gallone ha sapientemente inserito personaggi e brani d'opera tratti dalla *Traviata* di Verdi. ■ COMMEDIA; B/N; 92'; ITALIA, 1940.

AMAMI... E NON GIOCARE *(Loser Takes All)* ★★
Regia di KEN ANNAKIN. Con ROSSANO BRAZZI, GLYNIS JOHNS, ROBERT MORLEY. ■ Tony e Carrie vanno a Montecarlo per sposarsi. Dovrebbe raggiungerli, per far da testimone e pagare i conti, uno dei padroni della ditta per cui il giovane lavora. Però non compare e i due si sposano lo stesso. Da Graham Greene. ■ COMMEDIA; COL.; 90'; GRAN BRETAGNA, 1956.

AMAMI O LASCIAMI *(Love Me or Leave Me)* ★★★
Regia di CHARLES VIDOR. Con JAMES CAGNEY, DORIS DAY, ROBERT KEITH, CAMERON MITCHELL. ■ Marty sente cantare la giovane Ruth e ne intuisce il talento straordinario. La guida sulla strada del successo fino a Hollywood. Naturalmente si innamora di lei come anche un pianista. Ruth sposa Marty ma poi si accorge di aver sbagliato nella scelta. Marty, furibondo, ferisce il pianista rivale. Ruth lo cura e lo sposa. ■ DRAMMATICO; COL.; 122'; USA, 1955. ■ OSCAR 1 PR, 6 NOM.

AMAMI SE HAI CORAGGIO *(Jeux d'enfants)* ★★
Regia di YANN SAMUELL. Con GUILLAUME CANET, MARION COTILLARD, EMMANUELLE GRÖNVOLD, JOSEPHINE LEBAS JOLY, THIBAULT VERHAEGHE, GÉRARD WATKINS. ■ Storia di Julien e Sophie. Da bambini a vecchi. Il tutto gira intorno al meccanismo della domanda "giochi o non giochi?". E i "giochi", da dolci e infantili, si fanno sempre più difficili e complicati, e dolorosi. Adolescenza, esperienze, matrimoni paralleli e tutto ciò che porta la vita. Fino al bacio finale, che davvero comprende due vite, a ottant'anni. Il film arriva in Italia, onusto di premi e incassi stratosferici in Francia, paese che sa supportare più di ogni altro il proprio cinema, spesso anche a sproposito. Il regista dopo aver il giusto debito al sempiterno Amelie, arricchisce una trama altrimenti banale con una lunga serie di visioni, effetti speciali e follie digitali che permettono alla pellicola di non adagiarsi sul tema stucchevole del "m'ami, non m'ami". La coppia Canet- Cotillard, sebbene piuttosto antipatica, specie lui, una vera faccia da schiaffi, è perfetta nell'incarnare il cinismo vero o presunto, che i protagonisti sfoderano durante tutta la durata della pellicola/vita. Samuell strizza l'occhio allo spettatore: in fondo è tutto un gioco e niente va preso sul serio, così molti temi, come l'emarginazione di cui è vittima la protagonista a causa delle sue origini polacche, non vengono minimamente approfonditi né giustificati. ■ SENTIMENTALE; COL.; 93'; FRANCIA, 2003.

AMAMI STANOTTE *(Love Me Tonight)* ★★★★
Regia di ROUBEN MAMOULIAN. Con CHARLES BUTTERWORTH, MAURICE CHEVALIER, MYRNA LOY, JEANETTE MACDONALD, CHARLES RUGGLES. ■ Il film, una delle più belle commedie musicali che Hollywood abbia mai prodotto, narra con raffinato umorismo una bella favola tipo Cenerentola. Un sarto parigino, mirabilmente interpretato da Maurice Chevalier, avanza una grossa somma di denaro da uno spiantato duca, che lo invita a passare un periodo di tempo nel suo castello insieme alla sua aristocratica famiglia sotto le spoglie di un mentito barone. Il giovane e brillante sarto ha così l'occasione di entrare nel mondo aristocratico che conquista subito con la sua simpatia e le sue facezie. Solo la bella e irresistibile principessa Janette (Janette McDonald) sospetta che sotto sotto ci sia un trucco. Ma il sospetto si tramuta in amore. Una brillante commedia degli equivoci con uno Chevalier misurato e a suo completo agio nel doppio ruolo sarto/conte. Le canzoni originali del film sono di George Gershwin. ■ COMM. MUSICALE; B/N; 104'; USA, 1932.

AMAMI TENERAMENTE *(Loving You)* ★★★
Regia di HAL KANTER. Con WENDELL COREY, ELVIS PRESLEY, LIZABETH SCOTT. ■ Un film realizzato su misura per il re del rock and roll. La storia è quella di un giovane cantante alle prime armi che viene scritturato da un'orchestra e in breve raggiunge un successo strepitoso. ■ COMM. MUSICALE; COL.; 101'; USA, 1957.

AMANDA ★★
Regia di BOBBY ROTH. Con KIERAN CULKIN, DENNIS HAYSBERT, ALICE KRIGE, CHRIS MULKEY, BRADLEY PIERCE. ■ Il piccolo Biddle rischia di perdere un occhio in seguito a una caduta da cavallo. Toccherà al fabbro della fattoria fargli tornare l'amore per i quadrupedi e per le avventure. Film per famiglie. ■ AVVENTURA; COL.; 85'; USA, 1996.

AMANTE, L' *(Possessed)* ★★★
Regia di CLARENCE BROWN. Con FRANK CONROY, JOAN CRAWFORD, WALLACE FORD, CLARK GABLE, RICHARD SKEETS GALLAGHER. ■ Una ragazza lascia la provincia e il suo lavoro in fabbrica per tentare la fortuna a New York. ■ DRAMMATICO; B/N; 76'; USA, 1931.

AMANTE, L' *(A Lady Without Passport)* ★★★
Regia di JOSEPH H. LEWIS. Con JOHN HODIAK, HEDY LAMARR. ■ Da Cuba arrivano molti immigrati clandestini e un agente statunitense viene mandato all'Avana per scoprire i responsabili dell'illecito traffico. L'agente conosce Maria, un'austriaca senza passaporto, che desidera entrare negli Stati Uniti. Quando scopre che

Maria è partita in aereo con altri clandestini e con il capo dell'organizzazione, avverte i suoi. L'aereo viene costretto a un atterraggio forzato e l'agente salva la sua bella. ■ POLIZIESCO; B/N; 72'; USA, 1950.

AMANTE, L' *(Les choses de la vie)* ★★★★
Regia di CLAUDE SAUTET. Con JEAN BOVISE, BOBY LAPOINTE, GÈRARD LARTIGAU, LEA MASSARI, MICHEL PICCOLI, ROMY SCHNEIDER. ■ Ispirato dal romanzo di Paul Guimard (che ha collaborato direttamente alla sceneggiatura) il film racconta in flashback gli avvenimenti importanti della vita di un uomo di successo, moribondo in seguito a un incidente automobilistico. La moglie, l'amante, il figlio, gli amici, i nemici, i successi e i fallimenti. Tutto ritorna durante una lunga corsa in ambulanza verso un ospedale. ■ DRAMMATICO; COL.; 89'; FRANCIA, 1970.

AMANTE, L' *(L'amant)* ★★
Regia di JEAN-JACQUES ANNAUD. Con TONY LEUNG, JANE MARCH. ■ Dopo *Il nome della rosa* e *L'orso*, Jean-Jacques Annaud si misura con il celebre romanzo di Marguerite Duras. Eccessivamente patinato e raffinato, il film però perde di vista il calore emotivo del rapporto d'amore presente nel romanzo della Duras. Rapporto che nasce tra una francesina adolescente e un cinese trentenne danaroso. Un traghetto che naviga sul fiume Mekong è il luogo dell'incontro. Una curiosità: nella versione originale si sente la voce di Jeanne Moreau che legge stralci dal romanzo. La voce "fuori campo" italiana è di Lidia Simoneschi, la straordinaria doppiatrice, fra le altre, di Vivien Leigh-Rossella O'Hara. ■ DRAMMATICO; COL.; 115'; FRANCIA, 1991. ■ OSCAR 1 NOM.

AMANTE ADOLESCENTE, L' *(Una chica y un señor)* ★
Regia di PEDRO MASÒ. Con EDUARDO FAJARDO, SERGIO FANTONI, ORNELLA MUTI, DIDI SHERMAN, LUIS VARELA. ■ Folle passione tra una giovanissima cantante e un maturo avvocato coniugato. Poi lei vince un festival e si fa travolgere dall'entusiasmo. ■ COMMEDIA; COL.; 95'; SPAGNA, 1973.

AMANTE BILINGUE, L' *(El amante bilingue)* ★★
Regia di VICENTE ARANDA. Con IMANOL ARIAS, JAVIER BARDEM, LOLES LEÓN, ORNELLA MUTI. ■ Dopo il discreto *Amantes* il regista Aranda sbaglia mira e confeziona un film banale. Norma è una ricca donna che parla entrambe le lingue spagnole: castigliana e catalana. Quando sposa Juan, figlio di una cantante e di un finto mago, cambia la vita di quest'ultimo radicalmente. Dopo alcuni anni avviene la crisi a causa delle loro differenze di classe e dei continui tradimenti di lei. Juan torna in strada a lavorare come ambulante e un giorno viene sfigurato da una bomba. Dalla tragedia nascerà la possibilità di riconquistare Norma. ■ COMMEDIA; COL.; 93'; SPAGNA, 1992.

AMANTE CASTA, L' *(Die keusche Geliebte)* ★★
Regia di VICTOR TOURJANSKY. Con WILLY FRITSCH, CAMILLA HORN. ■ Un esploratore corteggia per scommessa una ballerina. Ma la bella è seria e virtuosa e lo conquista davvero. ■ COMMEDIA; B/N; 89'; GERMANIA, 1940.

AMANTE CREOLA, L' ★
(La balandra Isabel Ilego esta tarde)
Regia di CARLOS HUGO CHRISTENSEN. Con ARTURO DE CORDOVA, VIRGINIA LUQUE. ■ Una caliente passione spinge l'integerrimo Secundo Mendoza tra le braccia di una creola maliarda. Ma poi Secundo rinsavirà. Film deplorevole. ■ DRAMMATICO; B/N; 90'; VENEZUELA, 1951.

AMANTE DEL BANDITO, L' *(Singing Guns)* ★★
Regia di ROBERT G. SPRINGSTEEN. Con WALTER BRENNAN, VAUGHN MONROE, ELLA RAINES. ■ Brenton è un bandito, ma in fondo al suo cuore alberga l'onestà. Ferisce e poi salva lo sceriffo che stava per arrestarlo. Arriva persino a sostituirlo egregiamente nel ruolo del difensore della legge. ■ WESTERN; COL.; 91'; USA, 1950. ■ OSCAR 1 NOM.

AMANTE DEL BORNEO, L' *(L'amant de Bornéo)* ★★★
Regia di JEAN-PIERRE FEYDEAU. Con ALERME ANDRÉ, ARLETTY, JIMMY GAILLARD, JEAN TISSIER. ■ Un libraio di provincia in visita a Parigi s'innamora di una sciantosa e, per conquistarla, si spaccia per un esploratore giramondo. ■ COMMEDIA; B/N; 90'; FRANCIA, 1942.

AMANTE DEL DEMONIO, L' ★
Regia di PAOLO LOMBARDO. Con ROSALBA NERI, EDMUND PURDOM, ROBERT WOOD. ■ Squinternato racconto di una notte trascorsa in un castello abitato dal demonio. Un po' di orrore a buon mercato. ■ HORROR; COL.; 80'; ITALIA, 1972.

AMANTE DEL GANGSTER, L' *(Flaxy Martin)* ★★
Regia di RICHARD L. BARE. Con DOROTHY MALONE, VIRGINIA MAYO, ZACHARY SCOTT. ■ Colby è un avvocato assai capace, ma non del tutto adamantino. Infatti per salvare un gangster si serve di un testimone fasullo. La sua fidanzata è ancora meno adamantina di lui: è l'amante del gangster. Per salvarla da un'accusa di omicidio Colby si autoaccusa e finisce in carcere, dove scopre la verità. Evade e uccide il suo ex cliente. ■ DRAMMATICO; B/N; 86'; USA, 1949.

AMANTE DEL GRANDUCA, L' *(Die Heimliche Gräfin)* ★
Regia di GÉZA VON BOLVÀRY. Con MARTE HARELL, PAUL HÖRBIGER. ■ La contessina convince l'istitutrice a sostituirla in una visita a Vienna per poter partecipare come attrice a uno spettacolo teatrale. Nascono equivoci a non finire. ■ COMMEDIA; B/N; 89'; AUSTRIA, 1942.

AMANTE DELLA MORTE, L' *(Latin Quarter)* ★★
Regia di VERNON SEWELL. Con DERRICK DE MARNEY, BERESFORD EGAN. ■ L'infedeltà della moglie fa impazzire uno scultore. La moglie sparisce e il suo amante si trasferisce nello studio dello scultore impazzito. Ma nell'aria c'è qualcosa di nefasto: dopo una seduta spiritica si scopre il cadavere della poveretta camuffato da statua. ■ GIALLO; B/N; 80'; GRAN BRETAGNA, 1945.

AMANTE DELL'ORSA MAGGIORE, L' ★★★
Regia di VALENTINO ORSINI. Con SENTA BERGER, FRANCESCA ROMANA COLUZZI, BRUNO CREMER, GIULIANO GEMMA. ■ Tratto dall'omonimo romanzo di Sergiusz Piasecki, il film narra la storia di Vladek che si intrufola in una banda di contrabbandieri. Riesce ad avere donne e quattrini. Arrestato, fugge e ha una breve ma intensa storia d'amore con la vedova del capobanda. ■ DRAMMATICO; COL.; 107'; ITALIA, 1971.

AMANTE DEL MALE, L' ★
Regia di ROBERTO BIANCHI MONTERO. Con GRETA GONDA, GUGLIELMO SAINZ, AMEDEO TRILLI, PAOLA VENERONI. ■ Natalia, amante abbandonata, si fa assumere come governante nella casa del suo ex innamorato e semina zizzania. ■ DRAMMATICO; B/N; 85'; ITALIA, 1946.

AMANTE DEL PRESIDENTE, L' ★★
(The President's Mistress)
Regia di JOHN LLEWELLYN MOXEY. Con SUSAN BLANCHARD, BEAU BRIDGES, KAREN GLASSE, LARRY HAGMAN. ■ Al rientro da un viaggio in Francia, un dipendente della Central Security Agency e la sua fidanzata partono per Washington dove risiede la sorella di lui. Qualcuno però ha ucciso la giovane donna e il fratello, che vuole trovare da solo l'assassino, passo dopo passo arriverà a cercarlo addirittura all'interno della Casa Bianca. ■ DRAMMATICO; COL.; 94'; USA, 1978.

AMANTE DEL RE, L' *(King's Rhapsody)* ★★
Regia di HERBERT WILCOX. Con ERROL FLYNN, ANNA NEAGLE, PATRICE WYMORE. ■ Fumetto che racconta la storia di un principe che diventa re, ma viene scacciato dal regno per inettitudine. Perso il trono perde anche l'amante. Solo la moglie ha pietà di lui. ■ DRAMMATICO; COL.; 93'; GRAN BRETAGNA, 1955.

AMANTE DEL TORERO, L' ★★
(The Bullfighter and the Lady)
Regia di BUDD BOETTICHER. Con KATY JURADO, GILBERT ROLAND, ROBERT STACK. ■ Un gringo americano resta affascinato dalle corride e dagli occhi neri di Katy Jurado. Aiutato da Manuel, grande torero, apprende l'arte di "matar los toros". ■ AVVENTURA; COL.; 87'; USA, 1951. ■ OSCAR 1 NOM.

AMANTE DEL TUO AMANTE È LA MIA AMANTE, L' *(Tout ça... pour ça!)* ★★
Regia di CLAUDE LELOUCH. Con FRANCIS HUSTER, MARIE-SOPHIE LELOUCH, FABRICE LUCHINI, ALESSANDRA MARTINES. ■ Dopo l'ambizioso *La belle histoire*, Lelouch torna alla commedia leggera. Questa volta il regista ha deciso di far interpretare il film

dalle proprie donne, sposate e non. I matrimoni troncati anzitempo, le amanti, le bugie, i sotterfugi e le fughe. Con il consueto personalissimo stile, e con la bravura nell'orchestrare molti personaggi, Lelouch ribadisce che l'amore deve essere libero, senza catene e lacci. ■ COMMEDIA; COL.; 125′; FRANCIA, 1993.

AMANTE DEL VAMPIRO, L' ★★
Regia di RENATO POLSELLI. Con WALTER BRANDI, TINA GLORIANI, ISARCO RAVAIOLI, HÉLÈNE REMY. ■ Vampirata made in Italy a base di cigolii minacciosi e canini ipersviluppati. ■ HORROR; B/N; 85′; ITALIA, 1959.

AMANTE DI CINQUE GIORNI, L' ★★★
(L'amant de cinq jours)
Regia di PHILIPPE DE BROCA. Con JEAN-PIERRE CASSEL, MICHELINE PRESLE, JEAN SEBERG. ■ La moglie di un impiegato incontra un giovanotto elegante a una sfilata di modelli creati da Maddalena. Diventano rapidamente amanti, ma Maddalena, che in realtà mantiene il bellimbusto, rimette con astuzia tutto a posto. ■ COMMEDIA; B/N; 85′; FRANCIA, 1961.

AMANTE DI FERRO, L' *(The Iron Mistress)* ★★★
Regia di GORDON DOUGLAS. Con PHYLLIS KIRK, ALAN LADD, VIRGINIA MAYO. ■ Jim scende a New Orleans per vendere legname e incontra Judith. Se ne innamora e per averla si getta negli affari, arricchendosi rapidamente e non sempre limpidamente. Ma quando potrebbe sposare l'ambiziosa Judith, incontra una ragazza più semplice e onesta. ■ AVVENTURA; COL.; 110′; USA, 1952.

AMANTE DI GRAMIGNA, L' ★★★
Regia di CARLO LIZZANI. Con IVO GARRANI, LUIGI PISTILLI, STEFANIA SANDRELLI, GIAN MARIA VOLONTÉ. ■ Del brevissimo omonimo racconto di Giovanni Verga, Lizzani riprende soltanto superficialmente la trama. Giuseppe Gramigna e Gemma, vittime dei soprusi del barone Nardò, si danno alla macchia inseguiti sia dai sicari del barone sia dai soldati piemontesi. Gemma viene violentata dai sicari e Gramigna raggiunge e finisce il barone, già linciato dai contadini in rivolta. Arrivano anche i soldati che lo uccidono. ■ DRAMMATICO; COL.; 108′; ITALIA, 1968.

AMANTE DI GUERRA *(The War Lover)* ★★★
Regia di PHILIP LEACOCK. Con SHIRLEY ANN FIELD, STEVE MCQUEEN, ROBERT WAGNER. ■ Il capitano Rickson è un pilota abile e spericolato, che sembra provar gusto alla guerra. Il suo secondo pilota ne ammira l'abilità, ma lo detesta. In più Rickson ha cercato di soffiargli la ragazza. Durante un'azione il loro aereo è colpito, ma il capitano tranquillizza il suo secondo sulla virtù della ragazza e lo fa lanciare con il paracadute. Infine si inabissa con il suo aereo nelle acque della Manica. ■ GUERRA; COL.; 90′; GRAN BRETAGNA, 1962.

AMANTE DI LADY CHATTERLEY, L' ★★★
(L'amant de Lady Chatterley)
Regia di MARC ALLÉGRET. Con ERNO CRISA, DANIELLE DARRIEUX, LEO GENN. ■ Quando, nel 1928, uscì il romanzo di David Herbert Lawrence, il mondo delle lettere fu messo a soqquadro. Pareva, allora, di una scabrosità inaudita la storia di una nobildonna con un marito reso impotente da una ferita, che diventa l'amante del guardiacaccia, resta incinta e pretende dal suo nobile consorte che all'anagrafe venga palesato il suo tradimento. Meno di trent'anni dopo, quando apparve questo film, si disse nei salotti che era un po' osé. Per noi, oggi, è quasi da educande. ■ DRAMMATICO; B/N; 102′; FRANCIA, 1956.

AMANTE DI PARIDE, L' ★★
Regia di MARC ALLÉGRET. Con ALBA ARNOVA, HEDY LAMARR, MASSIMO SERATO. ■ A una festa di nozze partecipano tre belle donne, fra le quali un giovanotto dovrebbe scegliere la più affascinante. Ma un professore interviene per impedire il verdetto, ricordando i guai causati da Paride in una analoga situazione. ■ COMMEDIA; COL.; 94′; ITALIA, 1953.

AMANTE DI UNA NOTTE, L' *(Le château de verre)* ★★★
Regia di RENÉ CLÉMENT. Con ELISA CEGANI, FOSCO GIACHETTI, JEAN MARAIS, MICHÈLE MORGAN. ■ Un giudice e sua moglie passano una vacanza sul lago di Como. Qui lei si innamora di un giovane parigino, ma alla fine della vacanza, ognuno torna a casa sua. Dopo un po', sollecitata da fiori e telefonate, la donna fa una scappatella a Parigi, dove trascorre una notte d'amore. ■ DRAMMATICO; B/N; 99′; FRANCIA, 1950.

AMANTE GIOVANE, L' ★★★
(Nous ne vieilleirons pas ensemble)
Regia di MAURICE PIALAT. Con JACQUES GALLAND, MARLÈNE JOBERT, JEAN YANNE. ■ Pialat ha ricavato questo film dal suo romanzo omonimo. Si racconta della giovane Catherine, amante da parecchi anni di un uomo maturo, sposato ed egoista, e della sua decisione di troncare il rapporto. ■ COMMEDIA; COL.; 102′; FRANCIA, 1972. ■ CANNES 1 PR.

AMANTE IMMAGINARIA, L' *(La fausse maîtresse)* ★★★
Regia di ANDRÉ CAYATTE. Con DANIELLE DARRIEUX, LISE DELAMARE. ■ Il marito la lascia troppo sola, perciò Elena riallaccia i rapporti con Marco, amico del coniuge e vecchio ammiratore. Il marito però riconosce il profumo di Elena in casa di Marco e costui gli racconta di una acrobata famosa che, caso strano, usa la stessa essenza. ■ COMMEDIA; B/N; 85′; FRANCIA, 1942.

AMANTE IMMORTALE, L' *(Daisy Kenyon)* ★★★
Regia di OTTO PREMINGER. Con DANA ANDREWS, JOAN CRAWFORD, HENRY FONDA. ■ Daisy tronca la lunga relazione con Dan, avvocato e coniugato, e si sposa con Peter. Dan tuttavia non si dà per vinto e, dopo il divorzio, ha il coraggio di chiedere a Peter di divorziare dalla moglie. Daisy, chiamata a scegliere tra i due, resta con il marito. ■ COMMEDIA; B/N; 99′; USA, 1947.

AMANTE IN CITTÀ, L' *(The Daytrippers)* ★★
Regia di GREG MOTTOLA. Con HOPE DAVIS, PARKER POSEY, STANLEY TUCCI. ■ Ci sono vari indizi che indurrebbero una moglie a pensare che il marito abbia una relazione extraconiugale. Gli indizi aumentano, diventano prove, poi diventano certezze, solo che la donna misteriosa non è quella che tutti pensano. Nonostante una trama che sembrerebbe banale qualcosa di discreto c'è. Presentato al Sundance Film festival (quello di Redford). ■ COMMEDIA; COL.; 87′; USA, 1996.

AMANTE INDIANA, L' *(Broken Arrow)* ★★★★★
Regia di DELMER DAVES. Con JEFF CHANDLER, DEBRA PAGET, JAMES STEWART. ■ Arizona 1887. Mentre cerca una zona buona per l'oro Tom si imbatte in un ragazzo apache ferito. Lo cura e gli salva la vita, riesce a comunicare con lui, e acquista la sua fiducia. Quando gli Apache catturano Tom, il ragazzo indiano intercede e gli salva la vita. I bianchi non credono al racconto di Tom, il quale scommette che parlando al capo Kochise lo convincerà a lasciare in pace gli uomini che portano la posta. Impara la lingua indiana e parte verso il campo e parla al grande capo. Conosce una giovane indiana, si innamora di lei e la sposa con rito indiano. Nel frattempo la tregua funziona. Kochise si è dimostrato uomo intelligente e di parola. Ma ci sono altri interessi in questione. Un gruppo di bianchi cerca di uccidere Kochise per far saltare la tregua. Muore la giovane indiana e Tom, con suo grande dolore, diventerà il simbolo dell'amicizia fra bianchi e indiani. Grande western. Per la prima volta un film stava dalla parte degli indiani introducendo il problema razzista. In quegli anni non era un merito piccolo. Anche la qualità del film è eccezionale. Indimenticabile l'attacco indiano iniziale e le scene d'amore fra Stewart e la ragazza (Paget). I primi anni Cinquanta sono stati quelli dei più grandi western, James Stewart, diretto da Delmer Daves in questa circostanza, avrebbe poi fatto un sodalizio con Anthony Mann diventando l'"uomo del West" più importante di quella stagione, insieme a John Wayne. ■ WESTERN; COL.; 93′; USA, 1950. ■ OSCAR 3 NOM.

AMANTE INFEDELE, L' *(La seconde vérité)* ★★★
Regia di CHRISTIAN-JAQUE. Con JACQUES CASTELOT, ROBERT HOSSEIN, MICHÈLE MERCIER. ■ Nathalie lascia Olivier per l'avvocato Montaud. Il primo viene ucciso con la pistola che appartiene all'avvocato. Costui, arrestato e processato, viene assolto perché si scopre che una finestra del suo appartamento era stata forzata. Montaud indaga per scoprire il vero colpevole. Sorpresa finale. ■ GIALLO; COL.; 92′; FRANCIA, 1966.

AMANTE INGLESE, L' *(Partir)* ★★★
Regia di CATHERINE CORSINI. Con YVAN ATTAL, BERNARD BLANCAN, SERGI LOPEZ, ALADIN REIBEL, KRISTIN SCOTT THOMAS. ■ Una villa nella Francia del Sud. Un medico, Samuel, e la

moglie, Suzanne, che decide a quarant'anni di rimettersi al lavoro come fisioterapista. Mentre segue i lavori di costruzione del suo nuovo ambulatorio, conosce Ivan, un operaio di origine catalana, che è stato in prigione e vive di lavoretti precari. La passione tra i due è tale che Suzanne lascia tutto per vivere con lui, ma il marito le dichiara guerra e la priva di ogni mezzo di sussistenza. *L'amante inglese*, traduzione impoverente dell'originale *Partir*, non enuncia nessun nuovo teorema sul triangolo marito-moglie-amante, ma è nel rifiuto del costume melodrammatico e nella sua cruda lucidità di sguardo che la pellicola di Catherine Corsini trova un suo carattere. ■ DRAMMATICO; COL.; 85'; FRANCIA, 2009.

AMANTE ITALIANA, L' *(Les Sultans)* ★★★
Regia di JEAN DELANNOY. Con DANIEL GÉLIN, GINA LOLLOBRIGIDA, PHILIPPE NOIRET. ■ Una fotografa italiana, che vive a Parigi, viene a sapere che il suo uomo se la sta spassando in un night con una ragazzina. Tenta il suicidio ma viene salvata dalla vicina di casa e dal suo amico. Il giorno successivo l'amante le spiega che la ragazzina era sua figlia. ■ DRAMMATICO; COL.; 95'; FRANCIA, 1966.

AMANTE MASCHERATA, L' *(Maskovanà Milenka)* ★★
Regia di OTAKAR VÀVRA. Con LIDA BAAROVA, GUSTAV NEZVAL. ■ Una giovane vedova vuole avere un figlio, ma non vuole più un marito. Mascherata, partecipa a un ballo e seduce un ufficiale. A distanza di anni l'ufficiale, ferito, capita nella villa in cui vivono la vedova e la figlia nata dal loro incontro. Lui non ha dimenticato la bella maschera e lei ricorda l'ufficiale. Cade la mascherata e si celebrano le nozze. Tratto da un racconto di Honoré de Balzac, il film non ne sa fare rivivere la finezza. ■ COMMEDIA; B/N; 89'; CECOSLOVACCHIA, 1940.

AMANTE MISTERIOSA, L' *(Finger of Guilt)* ★★
Regia di JOSEPH LOSEY. Con RICHARD BASEHART, ROGER LIVESEY, MARY MURPHY. ■ Trasferitosi da Hollywood a Londra, Reggie Wilson sposa Lizzie e diventa direttore dello stabilimento cinematografico del suocero. La vita trascorre serena fino a quando non arrivano delle lettere di una certa Evelyn, che asserisce di essere stata l'amante di Reggie ai tempi di Hollywood. Joseph Walton è lo pseudonimo di Joseph Losey. ■ DRAMMATICO; B/N; 84'; GRAN BRETAGNA, 1956.

AMANTE NELL'OMBRA, L' *(Striden gar vidare)* ★★★
Regia di GUSTAV MOLANDER. Con GERD HAGMAN, ALF KJELLIN, VICTOR SJÖSTRÖM. ■ Gustav Molander è il più prolifico tra i registi svedesi e, pur se non svetta tra i titani della cinematografia, ha sempre firmato opere rispettabili. Questa, che non è tra le migliori, offre tuttavia l'opportunità di vedere all'opera Victor Sjöström, padre riconosciuto del cinema svedese, ex regista e poi attore formidabile. In *L'amante nell'ombra* si narra la storia di un giovane chirurgo di talento che, in un momento di crisi, sembra cedere al fascino del successo e del denaro, e poi si ravvede, aiutato da una dolce crocerossina. ■ DRAMMATICO; B/N; 85'; SVEZIA, 1941.

AMANTE PERDUTA, L' *(Model Shop)* ★★
Regia di JACQUES DEMY. Con ANOUK AIMÉE, GARY LOCKWOOD. ■ Un architetto insoddisfatto del lavoro e della sua ragazza, girando per Los Angeles incontra una donna che lavora come modella osé per raggranellare i soldi necessari a tornare in Francia. Passano una notte d'amore, poi lei parte e lui va a fare la guerra nel Vietnam. ■ DRAMMATICO; COL.; 95'; USA, 1969.

AMANTE PERDUTO, L' ★★
Regia di ROBERTO FAENZA. Con JULIET AUBREY, STUART BUNCE, CIARAN HINDS. ■ Faenza si misura con la questione ebraico-palestinese. La storia dell'ebrea e dell'arabo sa di Romeo e Giulietta. Tel Aviv è una città di tendenza, ma qui non si avverte. Grande anteprima in Israele e successivo flop nelle sale. ■ DRAMMATICO; COL.; 98'; FRANCIA, GRAN BRETAGNA, ITALIA, 1999.

AMANTE PROIBITA, L' *(This is My Love)* ★★
Regia di STUART HEISLER. Con LINDA DARNELL, DAN DURYEA, RICK JASON. ■ Evelina, moglie di un uomo paralizzato, soffia l'uomo alla sorella, che le ha sacrificato tutta la sua giovinezza. Costei per un po' sopporta, poi svela all'infermo il tradimento, lo uccide e fa incolpare la sorella. Ma il suo uomo la rifiuta. Disperata allora si costituisce. ■ DRAMMATICO; B/N; 91'; USA, 1954.

AMANTE PURA, L' *(Christine)* ★★
Regia di PIERRE GASPARD-HUIT. Con ALAIN DELON, MICHELINE PRESLE, ROMY SCHNEIDER. ■ Franz, sottotenente dei dragoni, rompe la relazione che ha con una nobildonna per amore di Christine. Il marito scopre, anche se in ritardo, la tresca, sfida Franz a duello e lo uccide. Christine resta sconvolta per la morte dell'amato e muore, precipitando dal balcone. ■ DRAMMATICO; COL.; 95'; FRANCIA, 1958.

AMANTES ★★★
Regia di VICENTE ARANDA. Con VICTORIA ABRIL, JORGE SANZ, MARIBEL VERDÚ. ■ Se le telenovelas fossero costruite così bene e soprattutto interpretate ad arte come questo film, il genere salirebbe a qualità superiore. Del regista Aranda in Italia si conosceva solo l'inconsueto *Cambio di sesso* del 1977, interpretato dalla stessa attrice di *Amantes*, Victoria Abril. Quest'ultima, bravissima, ha vinto un premio a Berlino grazie al personaggio della signora che affitta una stanza del proprio appartamento. Tra l'altro è stata la stessa fidanzata del ragazzo a portarlo nella "tana della lupa" e si pente ben presto di avere sempre tenuto sulla corda il pretendente. Così, in una sfida con la "signora", offrirà le sue grazie ma la vicenda è destinata a finire in tragedia. ■ DRAMMATICO; COL.; 107'; SPAGNA, 1991. ■ BERLINO 1 PR.

AMANTE SCONOSCIUTA, L' *(Evelyn Prentice)* ★★★
Regia di WILLIAM K. HOWARD. Con MYRNA LOY, UNA MERKEL, WILLIAM POWELL. ■ Un avvocato difende una donna accusata di aver ucciso l'amante, poeta fasullo e ricattatore vero. Durante il processo scopre che è stata sua moglie a uccidere perché ricattata dopo una breve avventura amorosa. La fa assolvere e se la riporta a casa. ■ GIALLO; B/N; 80'; USA, 1934.

AMANTE SCONOSCIUTA, L' *(Equateur)* ★★
Regia di SERGE GAINSBOURG. Con FRANCIS HUSTER, REINHARD KOLLDEHOFF, BARBARA SUKOWA. ■ Tratto da un romanzo di Georges Simenon, questo secondo lungometraggio di Gainsbourg (*Je t'aime, moi non plus*) fu presentato fuori concorso a Cannes. L'Africa equatoriale, con il suo esotismo e la sua bellezza, è lo scenario di una appassionata storia d'amore tra un francese e una tedesca: è la donna che lo travia. ■ DRAMMATICO; COL.; 90'; FRANCIA, GABON, 1983.

AMANTE SCONOSCIUTO, L' *(Black Widow)* ★★★
Regia di NUNNALLY JOHNSON. Con VAN HEFLIN, GEORGE RAFT, GINGER ROGERS, GENE TIERNEY. ■ Iris deve partire, suo marito Peter Deanver, noto impresario, incontra a casa di amici una giovane scrittrice, che gli chiede di ospitarla per finire il suo romanzo. Peter acconsente. Quando Iris ritorna scopre il cadavere della scrittrice. Gli indiziati sono molti ma alla fine si scoprirà il colpevole. ■ DRAMMATICO; COL.; 95'; USA, 1954.

AMANTE SEGRETA – TROPPO BELLA, L' ★★★
Regia di CARMINE GALLONE. Con FOSCO GIACHETTI, VIVI GIOI, OSVALDO VALENTI, ALIDA VALLI. ■ La protagonista, Renata, è una ragazza che, caduta in miseria per le malefatte del suo tutore, cerca di guadagnarsi la vita. Dopo molte traversie accetta di posare nuda per un pittore. Le malelingue impazzano, ma un giovanotto la sposa, dopo aver divorziato dalla moglie. A proposito del "nudo" di Alida Valli, c'è da precisare che nel film le si vede solo la spalla. ■ COMMEDIA; B/N; 93'; ITALIA, 1941.

AMANTE SVEDESE, L' *(Mamse)* ★★
Regia di ARNE MATTSSON. Con ULLA JACOBSSON, GIO PETRÉ, FOLKE SUNDQVIST. ■ Un pupazzo di pezza guida il giovane Christer fino a Barbara, amante del padre morto in un incidente. Christer si innamora della ragazza. Lei rivede in lui la figura dell'amante morto, ma se ne separa quando si accorge di aspettare un bambino. Per il regista che ha firmato anche il celebre *Ha ballato una sola estate*, si tratta di un'opera secondaria. ■ COMMEDIA; COL.; 89'; SVEZIA, 1968.

AMANTE TASCABILE, L' *(L'amant de poche)* ★★
Regia di BERNARD QUEYSANNE. Con MIMSY FARMER, ANDRÉAS FERRÉOL, PHILIPPE LEMAIRE, PASCAL SELLIER. ■ Una mantenuta d'alto bordo, per levarsi un capriccetto, si porta a letto un adolescente goffo, bruttino, illibato, però simpatico. Poi lo lascia per sposare uno dei clienti. ■ COMMEDIA; COL.; 90'; FRANCIA, 1978.

AMANTI *(Amants et voleurs)* ★★★
Regia di RAYMOND BERNARD. Con ARLETTY, PIERRE BLANCHAR, ODETTE FIORELLE, MICHEL SIMON. ■ Per rifarsi da rovinose perdite al gioco, un giovanotto accetta l'incarico di rubare delle missive compromettenti a un'attrice. Però se ne innamora, ricambiato, e fugge con lei dopo aver restituito le lettere. ■ COMMEDIA; B/N; 105'; FRANCIA, 1935.

AMANTI ★★★
Regia di VITTORIO DE SICA. Con FAYE DUNAWAY, MARCELLO MASTROIANNI. ■ Un lavoro senza grande spreco di talento né per De Sica né per i suoi attori; solo professionismo. Si racconta l'incontro di July, un'americana condannata da una malattia incurabile, e Valerio. I due trascorrono una breve vacanza in montagna. L'uomo viene a conoscenza del male che minaccia la sua compagna e decide di restarle vicino. ■ COMMEDIA; COL.; 86'; ITALIA, 1968.

AMANTI *(Obsessed with a Married Woman)* ★★
Regia di RICHARD LANG. Con MICHAEL GOODWIN, TIM MATHESON, JANE SEYMOUR. ■ Lui collabora a una rivista e lei è l'affascinante direttrice editoriale. Lo scrittore vede nella donna il suo tipo ideale e si innamora perdutamente, ma lei è già sposata e ha un carattere insincero. ■ SENTIMENTALE; COL.; 120'; USA, 1985.

AMANTI, GLI *(Back Street)* ★★★
Regia di ROBERT STEVENSON. Con CHARLES BOYER, MARGARET SULLIVAN. ■ Stevenson ha gusto e misura nel raccontare la storia d'amore tra Ray e Walter, due giovani che non riescono a sposarsi a causa di un disguido. Si ritrovano quando ormai lui ha preso moglie e Ray accetta di rimanergli ugualmente vicina. ■ DRAMMATICO; B/N; 89'; USA, 1941. ■ OSCAR 1 NOM.

AMANTI, LE *(Projection privée)* ★★★
Regia di FRANÇOIS LETERRIER. Con JEAN-LUC BIDEAU, JANE BIRKIN, FRANÇOISE FABIAN. ■ Quando Denis, dopo una lunga relazione, le preferisce una donna più giovane, Marthe si uccide. Denis, diventato regista, gira un film su questo episodio della sua vita. ■ DRAMMATICO; COL.; 95'; FRANCIA, 1973.

AMANTI CROCIFISSI, GLI *(Chikamatsu Monogatari)* ★★★
Regia di KENJI MIZOGUCHI. Con KAZUO HASEGAWA, KYÔKO KAGAWA, EITARO SHINDO. ■ Nel diciottesimo secolo a Kyoto una donna viene denunciata pubblicamente per aver tradito il marito. In realtà è il consorte che la tradisce. Un film del grande regista giapponese con interpretazioni efficaci. ■ STORICO; B/N; 103'; GIAPPONE, 1954.

AMANTI CRUDELI *(Slightly French)* ★★
Regia di DOUGLAS SIRK. Con DON AMECHE, JANIS CARTER, DOROTHY LAMOUR, WILLARD PARKER. ■ Si racconta la complicata storia di un regista che trasforma una sana ragazza americana in una squisita dama parigina per farle interpretare un film. Naturalmente alla fine la sposa. ■ COMM. MUSICALE; B/N; 81'; USA, 1949.

AMANTIDE, L' ★
Regia di AMASI DAMIANI. Con ERIKA BLANC, MARIA PIA GIANCARO, ALDO REGGIANI. ■ In una grande villa di campagna abita la famiglia Santoro, con a capo la vecchia Teodora. Ciascuno dà liberamente sfogo alle sue passioni in un morboso equilibrio emotivo che si spezza quando Rodolfo, in seguito a una brutta caduta da cavallo, resta paralizzato. Teodora, che vuole tenere a freno la passionale moglie di lui, Eleonora, fa in modo che Riccardo, figlio di Rodolfo, finisca tra le braccia della matrigna. Ma ai sentimenti non si comanda. ■ DRAMMATICO; COL.; 89'; ITALIA, 1976.

AMANTI DEI CINQUE MARI, GLI *(The Sea Chase)* ★★★
Regia di JOHN FARROW. Con DAVID FARRAR, LANA TURNER, JOHN WAYNE. ■ Un film d'azione e d'amore, con John Wayne in buona forma. È la storia di un lungo inseguimento tra una nave da guerra inglese e un mercantile tedesco e dell'amore tra il capitano del mercantile e un'avventuriera tedesca. ■ AVVENTURA; COL.; 117'; USA, 1955.

AMANTI DEL CHIARO DI LUNA, GLI ★★★
(Les byoutiers du clair de lune)
Regia di ROGER VADIM. Con BRIGITTE BARDOT, STEPHEN BOYD, ALIDA VALLI. ■ Vadim racconta un intricato pasticcio di seduzioni, di pulzelle, di corna, di gelosie e di passioni. Ma pare che gli prema di più di mettere in luce le bellezze di Brigitte Bardot. ■ DRAMMATICO; COL.; 95'; FRANCIA, 1958.

AMANTI DEL CIRCOLO POLARE, GLI ★★★★
(Los Amantes del Círculo Polar)
Regia di JULIO MEDEM. Con BEATE JENSEN, FELE MARTINEZ, PERU MEDEM, NAJWA NIMRI, NANCHO NOVO, MARU VALDIVIELSO, SARA VALIENTE. ■ Alvaro dice a suo figlio Otto che si sta separando da sua madre: succede, perché tutto cambia. Ma Otto non è d'accordo: ci sono cose eterne come l'amore che lo legherà ad Ana da quel giorno in avanti. I due bambini sono uniti indissolubilmente: secondo Otto dalla volontà, secondo Ana dal caso. Poco importa il motivo ai due innamorati, che il destino condurrà al Circolo Polare, dove si erano scambiati il primo bacio. Medem continua la sua ricerca poetica con un'altra storia che stringe il cuore, commovente ma appassionante fino all'ultimo. Dopo le brulle distese di *Tierra*, il regista basco si sposta in un paesaggio opposto, la neve, ma non abbandona l'elemento centrale della sua cinematografia, che è lo scontro eterno tra volontà e destino, qui incarnato nei due giovani amanti che gli eventi della vita sembrano ora dividere, ora unire per sempre. Ma, proprio come accade nella vita reale, non sempre il confine tra le due condizioni è netto. Anzi, i due sembrano più vicini proprio quando sono più lontani. Un film che fa riflettere, ricco di momenti di alta classe registica ma mai fini a se stessi, decisamente al di sopra della media cinematografica contemporanea. ■ DRAMMATICO; COL.; 112'; FRANCIA, SPAGNA, 1998.

AMANTI DEL DESERTO, GLI ★★
Regia di FERNANDO CERCHIO, GIANNI VERNUCCIO. Con GINO CERVI, RICARDO MONTALBAN, CARMEN SEVILLA. ■ Said, erede del sultano Omar, lotta disperatamente per vendicare il genitore e recuperare il trono. Ci riesce e trova anche moglie. ■ AVVENTURA; COL.; 95'; ITALIA, 1957.

AMANTI DEL DOTTOR JEKYLL, LE ★
(Les maîtresses du Dr. Jekyll)
Regia di JESS FRANK (pseud. di JESUS FRANCO). Con PERLA CRISTAL, LUIS SALAH, PAS SERRADOR, AGNÈS SPAAK, HUGH WHITE. ■ Mediocre film dell'orrore che rimastica tutti i luoghi comuni del genere. ■ HORROR; B/N. 85'; FRANCIA, 1965.

AMANTI DEL FIUME, GLI *(Les amants de Brasmort)* ★★
Regia di MARCELLO PAGLIERO. Con NICOLE COURCEL, HENRI GÉNÈS, FRANK VILLARD. ■ Si narrano i conflitti tra piccoli e grandi proprietari di chiatte, le imbracazioni adibite al trasporto di materiali sulla Senna. Tra una chiatta e l'altra c'è anche lo spazio per una storia d'amore. ■ DRAMMATICO; B/N; 95'; FRANCIA, 1950.

AMANTI DELLA CITTÀ SEPOLTA, GLI ★★
(Colorado Territory)
Regia di RAOUL WALSH. Con HENRY HULL, DOROTHY MALONE, VIRGINIA MAYO, JOEL MCCREA. ■ Un bandito, Wes McQueen, evaso dal carcere si ricongiunge alla vecchia banda. C'è da assaltare un treno carico di dollari. Ma Wes fiuta l'inganno degli amici di un tempo e prepara le sue contromosse con l'aiuto dell'intrepida Colorado. Il piano ha successo. Wes fugge con Colorado, ma lo sceriffo li raggiunge e li uccide. Remake di *Una pallottola per Roy*. ■ AVVENTURA; B/N; 94'; USA, 1949.

AMANTI DELL'ISOLA, GLI *(Le combat dans l'île)* ★★
Regia di ALAIN CAVALIER. Con ROMY SCHNEIDER, HENRI SERRE, JEAN-LOUIS TRINTIGNANT. ■ Un giovane, che ha aderito all'OAS e ha complottato contro il presidente De Gaulle, è braccato come un delinquente comune. Trova rifugio su un'isola dove ha qualche giorno di tregua assieme alla sua amante. Ma un implacabile poliziotto lo raggiunge anche lì. Ambizioso dramma di Cavalier che fece meglio qualche anno dopo con *Il ribelle d'Algeri* da un soggetto quasi identico. ■ DRAMMATICO; B/N; 104'; FRANCIA, 1962.

AMANTI DELL'OLTRETOMBA, GLI ★
Regia di ALLAN GRÜNEWALD. Con LAWRENCE CLIFT, HELGA LINÉ, JOHN MCDOUGLAS, PAUL MÜLLER, BARBARA STEELE. ■ Per ereditare il patrimonio della moglie, il dottor Stephen la ucci-

de insieme con l'amante. Ma l'eredità tocca a Jenny, sorella della defunta. Il dottore elabora il piano originale: sposerà la cognata e la farà impazzire. ■ HORROR; B/N; 105'; ITALIA, 1965.

AMANTI DEL MOSTRO, LE ★
Regia di SERGIO GARRONE. Con STELLA CALDERONI, KATIA CHRISTINE, MARZIA DAMON, KLAUS KINSKI. ■ Ridicola storia del solito scienziato pazzo emulo di Frankenstein. ■ HORROR; COL.; 90'; ITALIA, 1974.

AMANTI DEL NILO, GLI *(Les Amants du Nil)* ★
Regia di ERIC HEUMANN. Con ERIC CARAYACA, EMMA DE CAUNES, MURRAY HEAD, BERNADETTE LAFONT, JACQUES NOLOT. ■ Film confuso, che si muove su più livelli, dall'onirico al metafisico passando anche per la fantascienza, ma che riesce solo a generare una sincera noia. Ambientato in Tunisia nel 1943, è la storia di una giovane donna che una mattina rinviene sulla spiaggia il cadavere di un soldato francese lanciatosi col paracadute durante una missione. La ragazza cade in una sorta di trance, durante la quale ritorna indietro nel tempo, per cercare di modificare gli eventi che hanno portato il giovane alla morte. La lentezza della narrazione e gli eccessivi arzigogoli in tema di soprannaturale appesantiscono il film oltre ogni ragionevole possibilità di sopportazione. ■ SENTIMENTALE; COL.; 90'; FRANCIA, 2002.

AMANTI DEL PACIFICO, GLI *(Blaue Jungs)* ★★
Regia di WOLFGANG SCHLEIF. Con CLAUS BIEDERSTAEDT, KARLHEINZ BÖHM, WALTER GILLER. ■ Durante la guerra due ufficiali e due marinai sono abbandonati per cause di forza maggiore su un'isoletta del Pacifico. Un ufficiale si innamora di una bella isolana, ma alla fine della guerra si separano. ■ COMMEDIA; COL.; 84'; USA, 1957.

AMANTI DEL PASSATO ★
Regia di ADELCHI BIANCHI. Con LIA AMANDA, LAURO GAZZOLO, GINO LAURINI, VITTORIO SANIPOLI. ■ Una donna uccide il conte Carlo Livraghi, maturo sposo della giovane Roberta. Arrestata, si rifiuta di dire il suo nome. Si scopre poi che è la madre di Roberta. ■ DRAMMATICO; B/N; 89'; ITALIA, 1953.

AMANTI DEL PONT-NEUF, GLI ★★★★
(Les Amants du Pont-Neuf)
Regia di LEOS CARAX. Con JULIETTE BINOCHE, KLAUS MICHAEL GRUBER, DENIS LAVANT. ■ Con Beinex e Besson, Carax è l'alfiere del nuovo cinema visionario francese. Dopo *Boy Meets Girl* e *Rosso sangue* torna e gira il suo capolavoro. Costato molti miliardi che non incasserà mai, il film vive dell'amore intenso che lega Alex e Michele, lui un vagabondo mangiatore di fuoco e lei pittrice malata a un occhio fuggita da casa. Tra loro il vecchio Hans (una versione cattiva di Michel Simon in *L'Atalante)* che vorrebbe cacciare via l'intrusa. I due si arrangiano rubando qua e là ma poi l'occhio di lei si aggrava e lui che non vuole perderla brucia tutti i manifesti che la ritraggono. Infatti su di essi si parla dell'intervento che la salverebbe dalla cecità. Nell'impresa però resta ucciso l'addetto all'affissione. I due comunque finiranno insieme su una chiatta come nel citato film di Vigo. Denis Lavant è l'attore feticcio di Carax come Leaud lo era per Truffaut ed è bravissimo nel calarsi completamente nel personaggio. Così pure Juliette Binoche, che è normalmente bellissima, qui si è lasciata riprendere con trucchi che la imbruttiscono. ■ DRAMMATICO; COL.; 120'; FRANCIA, 1991.

AMANTI DEL SOGNO, GLI *(Love Letters)* ★★★
Regia di WILLIAM DIETERLE. Con GLADYS COOPER, JOSEPH COTTEN, JENNIFER JONES, MERLE OBERON, ANN RICHARD. ■ Vittoria riceve lettere d'amore da Roger. In realtà è un suo commilitone, Alain, che si è assunto il compito di mantenere quello scambio epistolare. Quando Roger torna a casa sposa la ragazza. Ma il matrimonio è disgraziato: lui muore accoltellato e lei perde la memoria. Dopo qualche tempo torna anche Alain che sposa Vittoria, aiutandola a guarire. ■ DRAMMATICO; B/N; 101'; USA, 1945. ■ OSCAR 4 NOM.

AMANTI DEL TAGO, GLI *(Les amants du Tage)* ★★
Regia di HENRI VERNEUIL. Con FRANÇOISE ARNOUL, DANIEL GÉLIN, TREVOR HOWARD. ■ Il solito bravissimo Trevor Howard è un po' spaesato in questa vicenda portoghese. Un ex partigiano francese, che ha ammazzato la moglie per gelosia, e una ricca vedova inglese, sospettata di aver fatto fuori il nobile coniuge, si incontrano a Lisbona. Si amano alla follia, ma sono perseguitati da un tenace ispettore di Scotland Yard. ■ DRAMMATICO; B/N; 109'; FRANCIA, 1954.

AMANTI DEVONO IMPARARE, GLI ★★★
(Rome Adventure)
Regia di DELMER DAVES. Con ROSSANO BRAZZI, ANGIE DICKINSON, TROY DONAHUE, SUZANNE PLESHETTE. ■ Sulla nave che la porta in Italia l'americanina Prudence stringe amicizia con Roberto. Giunta a Roma, conosce Don e se ne innamora. I due fanno insieme un giro turistico della penisola, ma quando tornano a Roma l'ex ragazza di Don riesce a riprenderselo. La povera Prudence va a piangere sulla spalla di Roberto. Alla fine, però, Don ritorna da lei. ■ COMMEDIA; COL.; 110'; USA, 1962.

AMANTI DI DOMANI *(When You Are in Love)* ★★★
Regia di ROBERT RISKIN. Con CARY GRANT, THOMAS MITCHELL, GRACE MOORE. ■ Robert Riskin è ricordato nella storia del cinema più come sceneggiatore che come regista. Infatti ha firmato solo questo film in cui racconta la storia di una cantante che, per entrare negli Stati Uniti, si sposa. Arrivata a New York si disinteressa del marito che, un po' con le buone, un po' con le cattive, la convince ad accettare sul serio un matrimonio fatto per comodo. ■ COMMEDIA; B/N; 104'; USA, 1937.

AMANTI DI DOMANI, GLI *(Cela s'appelle l'aurore)* ★★★
Regia di LUIS BUÑUEL. Con NELLY BORGEAUD, LUCIA BOSÈ, GIANNI ESPOSITO, GEORGES MARCHAL, HENRY NASSIET. ■ Girato da Buñuel in un momento di transizione, questo film è uno dei meno noti e riusciti del grande regista. Valerio, medico condotto in Corsica, deve difendere un amico, Renzo. Costui, cacciato dal fondo che lavorava, ha perso la moglie stroncata della fatica e si è vendicato uccidendo il ricco padrone. ■ DRAMMATICO; B/N; 120'; FRANCIA, 1956.

AMANTI DI DRACULA, LE ★
(Dracula has risen from the Grave)
Regia di FREDDIE FRANCIS. Con RUPERT DAVIES, CHRISTOPHER LEE. ■ Dracula se la prende con il clero. Riduce in suo potere un parroco: gli fa uccidere un vescovo e rapire la nipote del medesimo. Meno male che interviene il fidanzato della ragazza. ■ HORROR; COL.; 91'; GRAN BRETAGNA, 1968.

AMANTI DI JESS IL BANDITO, LE ★
(Jesse James Women)
Regia di DONALD BARRY. Con DONALD BARRY, JACK BEUTE, PEGGIE CASTLE. ■ Jesse James, sotto mentite spoglie, preferisce truffare delle donne, fingendosi innamorato. Per un po' gli va bene, ma poi gli fanno la pelle. ■ WESTERN; COL.; 83'; USA, 1954.

AMANTI DI MEZZANOTTE, GLI ★★
(Les amants de minuit)
Regia di ROGER RICHEBÉ. Con JEAN MARAIS, DANY ROBIN. ■ Marcel e Jeannette si incontrano la sera della vigilia di Natale e passano insieme anche il giorno dopo. Ma la felicità dura poco: lui è un falsario e deve fuggire. ■ DRAMMATICO; B/N; 99'; FRANCIA, 1952.

AMANTI DI MONSIEUR RIPOIS, LE ★★★
(Monsieur Ripois)
Regia di RENÉ CLÉMENT. Con JOAN GREENWOOD, VALERIE HOBSON, GERMAINE MONTERO, GÉRARD PHILIPE. ■ André Ripois cerca di accomodare tutti i suoi guai corteggiando le donne: prima quella da cui dipende in ufficio, poi una mondana, poi una ricca signorina che lo sposa. A questo punto tocca a un'amica della moglie, difficile da conquistare. Per impressionarla André tenta il suicidio, ma gli va peggio del previsto: rimane invalido. ■ DRAMMATICO; B/N; 100'; GRAN BRETAGNA, 1954. ■ CANNES 1 PR.

AMANTI DI RAVELLO, GLI *(Fenesta cà lucive)* ★
Regia di FRANCESCO DE ROBERTIS. Con LIDA BAAROVA, CARLO NINCHI, RINO SALVIATI. ■ La trama complicatissima e improbabile di questo fumettone strappa lacrime è raccontata senza impegno. ■ DRAMMATICO; B/N; 88'; ITALIA, 1950.

AMANTI DI TOLEDO, GLI *(Les amants de Toledo)* ★★
Regia di RICHARD BOLESLAWSKI. Con ROBERT MONTGOMERY,

MADGE EVANS, NED SPARKS. ■ Lui è un evaso, lei una cantante perseguitata da un impresario. Bloccati da una bufera sulle Montagne Rocciose, i due giovani soccorrono dei bambini isolati nella loro piccola scuola. Il giovanotto per salvare un bambino si spacca una gamba. Nessuno dei due raggiungerà la California, ma l'evaso viene graziato per l'eroismo dimostrato e può sposare la cantante. ■ DRAMMATICO; B/N; 84'; USA, 1934.

AMANTI DI TOLEDO, GLI *(Les amants de Toledo)* ★★
Regia di HENRI DECOIN. Con PEDRO ARMENDARIZ, FRANÇOISE ARNOUL, GÉRARD LANDRY, ALIDA VALLI. ■ Ines accetta di sposare Don Blas, capo della polizia, per salvare il suo innamorato Fernando, capo dei ribelli. Don Blas mantiene la promessa. Dopo qualche tempo scopre che la moglie sta per fuggire con Fernando: la pugnala e ingaggia con il rivale un duello all'ultimo sangue. ■ DRAMMATICO; B/N; 86'; FRANCIA, 1952.

AMANTI DI VENEZIA, GLI *(The Lost Moment)* ★★★
Regia di MARTIN GABEL. Con ROBERT CUMMINGS, SUSAN HAYWARD, AGNES MOOREHEAD. ■ Lewis Venable, un editore americano, si presenta al palazzo veneziano di Giuliana Borderau sotto le mentite spoglie di scrittore alle prime armi per mettere le mani sulle lettere d'amore scritte alla nobildonna da un famoso poeta. Tina, nipote di Giuliana, vive in una dimensione fantastica: si identifica con la zia ai tempi dell'amore con il poeta. Nonostante tutto Lewis se ne innamora e con pazienza riesce a guarirla. ■ DRAMMATICO; B/N; 88'; USA, 1947.

AMANTI DI VERONA, GLI *(Les amants de Verone)* ★★★
Regia di ANDRÉ CAYATTE. Con ANOUK AIMÉE, PIERRE BRASSEUR, SERGE REGGIANI, LOUIS SALOU. ■ Nella lavorazione di un film su Romeo e Giulietta i due protagonisti si innamorano. Ma il fidanzato di lei ferisce il rivale che muore tra le braccia della sua bella. Disperata anche lei si uccide. ■ DRAMMATICO; B/N; 105'; FRANCIA, 1949.

AMANTI E ALTRI ESTRANEI ★★★
(Lovers and Other Strangers)
Regia di CY HOWARD. Con BEATRICE ARTHUR, BONNIE BEDELIA, MICHAEL BRANDON, RICHARD CASTELLANO, BOB DISHY, HARRY GUARDINO, DIANE KEATON, GIG YOUNG. ■ Susan e Mike vorrebbero sposarsi, ormai certi che la loro unione, collaudata da un anno di convivenza, è abbastanza solida. Però intorno a loro le coppie regolarmente sposate sono un disastro. ■ COMMEDIA; COL.; 106'; USA, 1970. ■ OSCAR 1 PR, 3 NOM.

AMANTI FOLLI *(Liebelei)* ★★★
Regia di MAX OPHÜLS. Con GUSTAF GRÜNDGENS, WOLFGANG LIEBENEINER, MAGDA SCHNEIDER, LUISE ULLRICH. ■ Questo è un film ricco di spunti curiosi. Ophüls lo girò in quattro settimane e l'attrice protagonista, Magda Schneider, è la madre della più nota Romy, che ha portato sullo schermo lo stesso personaggio nel rifacimento di Pierre Gaspard-Huit. La vicenda è quella della giovane Christine, innamorata di un ufficiale che viene ucciso in duello dal marito di una sua ex amante. ■ DRAMMATICO; B/N; 85'; GERMANIA, 1932.

AMANTI IMPERIALI ★★
(Mayerling – Kron prinz Rudolfs letzte Liebe)
Regia di RUDOLF JUGERT. Con CHRISTIANE HARBIGER, WINNIE MARKUS, RUDOLF PRACK. ■ È la nota storia d'amore e di morte del principe Rodolfo d'Asburgo e di Maria Vetsera, raccontata senza patetismi. ■ DRAMMATICO; COL.; 95'; AUSTRIA, 1956.

AMANTI IN FUGA ★★
Regia di GIACOMO GENTILOMO. Con ANNETTE BACH, GINO BECHI, CARLO NINCHI. ■ È la biografia, molto romanzata, di Alessandro Stradella (1645-1685), il celebre musicista ucciso dai sicari di un marito tradito. ■ DRAMMATICO; B/N; 90'; ITALIA, 1946.

AMANTI LATINI *(Latin Lovers)* ★★★
Regia di MERVYN LE ROY. Con JOHN LUND, RICARDO MONTALBAN, LANA TURNER. ■ Nora è una bella miliardaria che teme di essere corteggiata solo per i suoi quattrini. C'è un industriale abbastanza piacente, Paul Chevron, che potrebbe andarle bene, se non fosse così arrendevole. Nora parte per il Brasile seguendo Paul che deve partecipare a un torneo di polo. Qui incontra Roberto, latino purosangue, e se ne innamora. Per risolvere il problema dei miliardi, glieli regala e poi lo sposa. ■ COMMEDIA; COL.; 104'; USA, 1952.

AMANTI LATINI, GLI *(Latin Lovers)* ★★
Regia di MARIO COSTA. Con VITTORIO CONGIA, FRANCO FRANCHI, EVA GIOIA, ALDO GIUFFRÈ, CICCIO INGRASSIA, TOTÒ, TONI UCCI. ■ Film a episodi di scarso rilievo. Gli intenti satirici, che supponiamo fossero alle radici del film, scadono al livello di barzellette. ■ COMMEDIA; B/N; 96'; ITALIA, 1965.

AMANTI MALEDETTI *(Kiss Me a Killer)* ★
Regia di MARCUS DE LEON. Con ROBERT BELTRAN, GUY BOYD, JULIE CARMEN. ■ Teresa è sposata con un barista che si lascia andare trascurando anche la moglie. Lei si dà da fare con un altro e medita di farlo fuori. ■ DRAMMATICO; COL.; 81'; USA, 1991.

AMANTI MALEDETTI, GLI *(Les amants maudits)* ★★
Regia di WILLY ROZIER. Con ROBERT BERRI, JEAN LARA, DANIÈLE RAY. ■ Non osando confessare alla ragazza cui fa la corte di essere soltanto un cameriere, Pierre si spaccia per un boss della malavita. La giovane (Jeanette) scopre però la verità giungendo per caso nel bar in cui Pierre lavora. Ma poi Pierre entra davvero nel mondo della delinquenza e compie (complice Jeanette) una serie di "colpi". Durante l'ultima impresa criminale, viene ferito mortalmente ma fa in tempo ad uccidere anche la bella Jeanette. ■ POLIZIESCO; B/N; 97'; FRANCIA, 1951.

AMANTI NELLE TENEBRE ★★★
Regia di DENYS DE LA PATELLIÈRE. Con BERNARD BLIER, JEAN-CLAUDE BRIALY, EVA DAMIEN, DANIELLE DARRIEUX, FRANÇOISE ROSAY. ■ Un'attempata ragazza bruttina, complessata e succube della vecchia madre inferma, soccorre e nasconde in casa propria un giovane ferito agli occhi, scampato alla deportazione nazista. Se ne innamora, ma quando il giovane è quasi guarito la fanciulla si dilegua, senza che egli abbia il tempo di vederla. Pierre la ritroverà e le confermerà i suoi sentimenti. ■ DRAMMATICO; B/N; 100'; FRANCIA, 1953.

AMANTI NEMICI *(La jeune fille)* ★★★
Regia di YVES ALLÉGRET. Con DANIÈLE DELORME, JACQUELINE POREL, HENRI VIDAL. ■ Durante l'insurrezione irlandese del 1922, una ragazza s'innamora dell'uccisore del fratello. Braccati dalla polizia muoiono entrambi. ■ DRAMMATICO; B/N; 95'; FRANCIA, 1952.

AMANTI PASSEGGERI, GLI *(Los amantes pasajeros)* ★★
Regia di PEDRO ALMODÓVAR. Con JAVIER CAMARA, ANTONIO DE LA TORRE, LAYA MARTÌ, HUGO SILVA, MIGUEL ANGEL SILVESTRE. ■ Il volo 2549 della compagnia Península, diretto a Città del Messico, registra un danno tecnico al carrello. Azzoppato come il suo bizzarro equipaggio, l'aereo gira in tondo sul cielo di Toledo in attesa che un aeroporto venga attrezzato per l'atterraggio di emergenza. "Narcotizzati" i passeggeri e le hostess della classe turistica, a vegliare i pochi clienti della business ci sono due assistenti di volo e il responsabile di cabina, col vizio della tequila e del sesso ad alta quota. Il co-pilota non disdegna una fellatio al comandante, ancora indeciso sulla propria natura e in attesa di istruzioni dalla torre di controllo. Composti ai loro posti conversano intanto di vita e di morte una coppia di sposi novelli e drogati, un finanziere ricercato, un killer professionista, un playboy irriducibile, una consumata protagonista della cronaca rosa e una rabdomante di trapassi vergine. Intrattenuti con siparietti e agua de Valencia corretta alla mescalina, sognano il Messico e dimenticano la paura, "precipitando" nel sesso e nel piacere. Pedro Almodóvar vola verso il passato e una ritrovata esuberanza sessuale. Emancipata e ardente, *Gli amanti passeggeri* è una commedia alla mescalina, con l'amoralità propria dello humor *camp*, guardando alla Spagna e alla crisi che l'ha piegata. Bravi gli attori, come sempre. ■ COMMEDIA; COL.; 90'; SPAGNA, 2013.

AMANTI PERDUTI *(Les enfants du paradis)* ★★★★★
Regia di MARCEL CARNÉ. Con ARLETTY, JEAN-LOUIS BARRAULT, PIERRE BRASSEUR, MARCEL HERRAND, PIERRE RENOIR. ■ Il film apparve in Francia in due episodi: *Il boulevard del delitto* e *L'uomo in bianco*. Carné elaborò una sintesi di 100 minuti che è quella vista in Italia col titolo appunto *Gli amanti perduti*. Siamo nella Parigi del 1840, il mimo Baptiste Debureau (Barrault), ro-

mantico e malinconico, incanta le folle del teatro dei *Funambules*, commuovendo i ragazzi del loggione (*Les enfants du paradis*). Si innamora perdutamente di Garance, donna dal fascino inarrivabile (Arletty: «Je m'apelle Garance», nella scia di questa frase è creato un clima struggente), che per lui lascia Lacenaire (Herrand), bandito dandy. Garance è però volubile e abbandona anche il timido, innamoratissimo Baptiste per il grande attore Lemaître (Brasseur), poi per il conte di Montray (Salou), di cui diventa la mantenuta. Dopo qualche anno Baptiste, divenuto famoso e sposatosi con Nathalie (Casares), rivede Garance che non ha resistito a non andare al suo spettacolo. Fra loro si apre un duetto d'amore che è il canto più alto del romanticismo nel cinema. Lemaître, che per ironia della sorte interpreta Otello, è pazzo di gelosia. Lacenaire, insultato dal conte di Montray, lo uccide. La notte d'amore con Garance porta all'estasi Baptiste, che per lei trascura la dolce Nathalie. Ma a carnevale gli amanti si perdono. Garance fugge per le strade tumultuose di Parigi. Baptiste, disperato, la insegue senza speranza. Film romantico e poetico. Il racconto di Carné ha la fluidità stessa della vita e della storia, ricrea l'epoca di Victor Hugo con i colori della passione e la spietatezza del fato. Carné ha trasportato nella storia il suo mondo di realismo poetico fatto di bistrot, alberghi a ore, teatrini, *apaches*, mimi. Ha messo in scena la grande letteratura francese di Hugo, Sue, Balzac. Prévert la interpreta con la sensibilità di quello che sarà tra poco l'esistenzialismo di Sartre, Juliette Greco e delle *caves*. Irripetibile, è un film più grande della vita, un capolavoro senza tempo, che conserva intatto il fascino della poesia eterna. ■ DRAMMATICO; B/N; 95'; FRANCIA, 1945. ■ OSCAR 1 NOM; VENEZIA 1 PR.

AMANTI, PRIMEDONNE *(Mistress)* ★★
Regia di BARRY PRIMUS. Con DANNY AIELLO, ROBERT DE NIRO, MARTIN LANDAU, ROBERT WUHL. ■ Satira dignitosa ma con alti e bassi. Un regista con un passato pieno di speranze e un presente disastroso viene interpellato per la realizzazione di un film drammatico. Dovrà battersi con tutte le forze per trovare i produttori disposti a investire. Landau, De Niro (in un vero e proprio cammeo) e Aiello sostengono come possono la performance del giovane Wuhl. ■ COMMEDIA; COL.; 110'; USA, 1991.

AMANTI SENZA AMORE ★★
Regia di GIANNI FRANCIOLINI. Con CLARA CALAMAI, ROLDANO LUPI. ■ Una bella donna s'innamora di un musicista amico del marito. Poca gioia e molto tormento in questa love story destinata a chiudersi drammaticamente. Versione modernizzata della *Sonata a Kreutzer* di Tolstoj. ■ DRAMMATICO; B/N; 70'; ITALIA, 1947.

AMANTI SENZA DOMANI *(One Way Passage)* ★★★
Regia di TAY GARNETT. Con KAY FRANCIS, ALINE MACMAHON, FRANK MCHUGH, WILLIAM POWELL. ■ Su un transatlantico, si incontrano e si innamorano una ragazza minata da una malattia incurabile e un condannato a morte che sta per affrontare il suo destino. ■ DRAMMATICO; B/N; 69'; USA, 1932. ■ OSCAR 1 PR, 1 NOM.

AMANTI SENZA DOMANI *(Histoire de rire)* ★★★
Regia di MARCEL L'HERBIER. Con MARIE DÉA, FERNAND GRAVEY, BERNARD LANCRET, MICHELINE PRESLE, PIERRE RENOIR. ■ Due amici compagni d'infanzia amano ritrovarsi ogni tanto e raccontarsi le rispettive storie amorose. Uno, sposato, sta per essere abbandonato dalla moglie. L'altro invece vuol scappare con una donna maritata. Alla fine gli sposi si riconcilieranno e gli adulteri, saggiamente, si separeranno. ■ COMMEDIA; B/N; 92'; FRANCIA, 1943.

AMANT MAGNIFIQUE, L' ★★
Regia di ALINE ISSERMANN. Con DIDIER AGOSTINI, ISABEL OTERO, ROBIN RENUCCI. ■ Una bella donna, allevatrice di cavalli, si innamora di uno stalliere e accetta di fuggire con lui, che vive come uno zingaro alla periferia di una grande città. La convivenza appanna presto la selvaggia passione. La donna lascia lo stalliere, ma rifiuta di tornare con il suo amante precedente. ■ DRAMMATICO; COL.; 99'; FRANCIA, 1986.

AMANTS, LES ★★★★
Regia di LOUIS MALLE. Con JEAN-MARC BORY, ALAIN CUNY, JOSÉ LOUIS DE VILLALONGA, JEANNE MOREAU. ■ Una moglie, trascurata dal marito, decide di tradirlo con un campione di polo. Il marito invita lei e l'amante a un party. Ma mentre s'avvia alla festa, la donna ha modo di fare la conoscenza di un archeologo che la persuaderà a partire con lui, lasciando gli altri due uomini con un palmo di naso. ■ DRAMMATICO; B/N; 88'; FRANCIA, 1958. ■ VENEZIA 1 PR.

AMANTS DE MOGADOR, LES ★★
Regia di SOUHEIL BENBARKA. Con MARIE-CHRISTINE BARRAULT, MAHMOUD MAHMOUDI, VIOLANTE PLACIDO, CLAUDE RICH, EMANUELE VEZZOLI, MAX VON SYDOW. ■ 1936. Hélène è una giovane ventiquattrenne che vive nel villaggio marocchino di Mogador di dominio coloniale francese. Il comandante della guarnigione locale, Albert Forjat, vorrebbe sposarla ma la giovane è in realtà innamorata di un giovane mercante molto affascinante della locale comunità di Zogara. Scoppia tra loro la passione nonostante le loro diverse religioni, l'una cattolica e l'altro musulmano. Il comandante Forjat crede che il giovane mercante finanzi i rivoltosi durante la rivolta anti-francese in atto nella regione. Scatta una disputa tra i due dovuta anche all'inevitabile motivo passionale. ■ DRAMMATICO; COL.; 120'; ITALIA, 2002.

AMANTS RÉGULIERS, LES ★★
Regia di PHILIPPE GARREL. Con LOUIS GARREL, CLOTILDE HESME, JULIEN LUCAS, FRANCOIS TOUMARKINE. ■ Parigi, 1969. Dopo aver assistito ai moti del maggio francese del '68, un gruppo di giovani si abbandona ai fumi dell'oppio. Fra una dialettica e l'altra, più o meno astruse, nasce anche una storia d'amore tra Louis e Clothilde. ■ DRAMMATICO; COL.; 178'; FRANCIA, 2004. ■ VENEZIA 2 PR.

AMA, ONORA E OBBEDISCI *(Love, Honour and Obey)* ★
Regia di DOMINIC ANCIANO, RAY BURDIS. Con KATHY BURKE, SADIE FROST, RHYS IFANS, JUDE LAW, JONNY LEE MILLER, RAY WINSTONE. ■ Rapinare in lungo e in largo, che passione. C'è infatti gente che pur avendo il proprio onesto lavoro non resiste a quella vita monotona e alienante. Fino alla mattina in cui trova il coraggio per la classica botta di vita: e non da poco... È quello che fa Johnny: che abita nella squallida periferia inglese, fa il postino ma un bel giorno entra a far parte di una banda di gangster di quelle serie. Luogo d'azione: la periferia a nord di Londra. I tempi non sono immediati, e John decide di agire da solo, in nome del suo irrinunciabile bisogno di trasgredire coi brividi lungo la schiena. Ma quante volte abbiamo visto film di questo genere, al cinema? ■ AZIONE; COL.; 103'; GRAN BRETAGNA, 2001.

AMARA GLORIA, UN' *(Brutal Glory)* ★★
Regia di KOOS ROETS. Con TIMOTHY BRANTLEY. ■ Siamo nei quartieri newyorkesi di inizio secolo dove un giovane di strada viene raccolto e fatto diventare un boxeur. Dopo l'amore, il denaro e il successo arriva il momento anche per la resa dei conti. È la storia vera di Kid McCoy. ■ DRAMMATICO; COL.; 107'; USA, 1988.

AMARAMENTE ★★
Regia di LUIGI CAPUANO. Con LIA CANCELLIERI, LORIS GIZZI, LEDA GLORIA, EMILIO PERICOLI, UMBERTO SPADARO, OTELLO TOSO. ■ Nelle casse della ditta Barni viene scoperto un ammanco. Benché del tutto estraneo alla vicenda, Mario (dipendente dell'azienda e fidanzato della figlia del titolare) rifonde la somma. Il vero colpevole è Carlo, figlio del signor Barni, il quale qualche tempo dopo commette un secondo furto nell'azienda paterna. La polizia apre le indagini: il commissario che se ne occupa giunge all'inattesa scoperta di essere egli stesso il padre naturale di Mario. ■ COMMEDIA; B/N; 91'; ITALIA, 1956.

♥ AMARCORD ★★★★★
Regia di FEDERICO FELLINI. Con CICCIO INGRASSIA, PUPELLA MAGGIO, MAGALI NOËL, BRUNO ZANIN. ■ *Amarcord* in dialetto romagnolo (il dialetto di Fellini) vuol dire "mi ricordo", e il regista ricorda gli anni della sua infanzia, gli anni Trenta, al suo paese. Passano dunque i miti, i valori, il quotidiano di quel tempo: le parate fasciste, la scuola (con l'insegnante prosperosa che stuzzica i primi pensieri), la ragazza "che va con tutti", la prostituta sentimentale, la visita dell'emiro dalle cento mogli, lo zio perdigiorno che si fa mantenere, la Mille Miglia, i sogni ad occhi aperti, il papà antifascista che si fa riempire d'olio di ricino, il paese inte-

ro che in mare, sotto la luna, attende il passaggio del transatlantico *Rex*. Fellini nel '76 era ancora in grado di incantare praticamente con niente, confezionando appunto il "niente" con colori, fantasia e sensazioni. Si giova dei soliti collaboratori, a cominciare da Nino Rota sempre importantissimo nell'economia del cinema felliniano. ■ COMMEDIA; COL.; 127'; ITALIA, 1976. ■ DAVID DI DONATELLO 2 PR, 2 NOM; GOLDEN GLOBES 1 NOM; OSCAR 1 PR, 3 NOM.

AMARE CON RABBIA *(Reckless)* ★★
Regia di JAMES FOLEY. Con DARYL HANNAH, KENNETH MCMILLAN, AIDAN QUINN. ■ In un college della Pennsylvania Johnny conosce Tracey e ne rimane attratto. Lui è un ribelle con grossi problemi familiari. Lei una ragazza "bene" e per di più fidanzata. Ma alla fine Tracey sceglierà proprio Johnny. ■ DRAMMATICO; COL.; 90'; USA, 1984.

AMARE È... *(Bed of Roses)* ★★
Regia di MICHAEL GOLDENBERG. Con MARY STUART MASTERSON, PAMELA SEGALL, CHRISTIAN SLATER. ■ Lisa, donna in carriera newyorkese, riceve un mazzo di fiori da un anonimo. Si tratta del fiorista che un giorno l'ha vista piangere. Favola romantica come non se ne fanno più. ■ COMMEDIA; COL.; 87'; USA, 1996.

AMARE È UN PO' MENTIRE *(Little White Lies)* ★★
Regia di ANSON WILLIAMS. Con TIM MATHESON. ■ Commediola leggera per il buon caratterista Tim Matheson, qui protagonista di una love story. Lui è un brillante medico esperto in cardiologia e lei è nella polizia. Per una serie di circostanze i due non vogliono far sapere l'uno all'altra il proprio lavoro. Da qui una serie di equivoci. ■ COMMEDIA; COL.; 90'; USA, 1989.

AMARE OLTRE LA VITA *(Miles to Go)* ★
Regia di DAVID GREENE. Con JILL CLAYBURGH, ROSEMARY DUNSMORE, MIMI KUZYK, TOM SKERRITT. ■ La Clayburgh è la signora condannata precocemente da un tumore che decide, per il bene dei suoi quattro figli e del marito (Skerritt), di cercare una sostituta per quando non ci sarà più. Ennesima pellicola americana dedicata alle vittime dei mali incurabili. ■ SENTIMENTALE; COL.; 120'; USA, 1986.

AMARE PER SEMPRE *(In Love and War)* ★★
Regia di RICHARD ATTENBOROUGH. Con SANDRA BULLOCK, CHRIS O'DONNELL. ■ La storia dell'amore di Hemingway per l'infermiera che lo curò dopo la ferita subita sul fronte italiano nella prima guerra mondiale. La ragazza aveva ispirato il romanzo *Addio alle armi*. C'è solo la suggestione mediata dal mondo di Hemingway, dunque solo virtuale. ■ BIOGRAFICO; COL.; 115'; USA, 1996.

AMARE PER UCCIDERE *(Wicked as They Come)* ★★★
Regia di KEN HUGHES. Con PHILIP CAREY, ARLENE DAHL, MICHAEL GOODLIFE, DAVID KOSSOFF, HERBERT MARSHALL. ■ La bellissima Katy riesce a farsi sposare da un ricco imprenditore ma una notte, per errore, lo uccide. Viene condannata a morte, tuttavia Tim (l'unico che l'abbia veramente compresa e amata) riesce a dimostrare la non premeditazione del delitto e a salvare la ragazza dalla pena capitale. ■ DRAMMATICO; B/N; 94'; GRAN BRETAGNA, 1956.

AMARE PER VIVERE *(L'etrangère)* ★★
Regia di SERGIO GOBBI. Con MARIE-FRANCE BOYER, COLETTE CASTEL, JACQUES MAIRE, MADELEINE MARION, PIERRE VANECK. ■ Alla stazione di Parigi, per sfuggire a tre uomini che la inseguono, una strana donna (Silvia) sale su un treno a caso. Durante il viaggio conosce il giovane François e fra i due nasce ben presto un amore violentissimo. La ragazza ha ucciso un uomo (suo marito) e due bambini. Verrà catturata dalla polizia. ■ DRAMMATICO; COL.; 84'; FRANCIA, 1967.

AMARO AMORE ★
Regia di FRANCESCO HENDERSON PEPE. Con FRANCESCO CASISA, LAVINIA LONGHI, ANGELA MOLINA, AYLIN PRANDI, MALIK ZIDI. ■ André, studente francese di filosofia, sbarca a Salina con la sorella Camille. In cerca di sole e di informazioni sul passato della madre, siciliana approdata anni prima sulla stessa isola, incontrano Santino, un ragazzo del luogo che vive di pesca e di mare. Tra i tre nasce subito una profonda complicità che li fa innamorare, li attira e li respinge. A ostacolarli è la madre di Santino, vedova e amante che nasconde un segreto doloroso e inconfessabile. Diversi anni prima il marito l'aveva tradita proprio con la madre di André e Camille. Ignari della relazione di sangue che li lega a Santino, seguiranno il loro destino, scampandolo o subendolo. ■ DRAMMATICO; COL. 99'; ITALIA, 2012.

AMARO DESTINO *(House of Strangers)* ★★★
Regia di JOSEPH LEO MANKIEWICZ. Con RICHARD CONTE, SUSAN HAYWARD, DEBRA PAGET, EDWARD G. ROBINSON, EFREM ZIMBALIST JR. ■ Un commerciante di origine italiana ha fatto fortuna con tanto lavoro e pochi scrupoli. Governa la famiglia e l'azienda come un patriarca tiranno. I figli lo odiano, tranne uno. Sarà quest'ultimo ad assumersi tutte le colpe quando il padre verrà denunciato e processato. Mentre lui è in prigione i fratelli esautorano il genitore e lo fanno morire di crepacuore. Rifatto in chiave western col titolo *La lancia che uccide*. ■ DRAMMATICO; B/N; 101'; USA, 1949. ■ CANNES 1 PR.

AMARO SAPORE DEL POTERE, L' *(The Best Man)* ★★★★
Regia di FRANKLIN J. SCHAFFNER. Con EDIE ADAMS, HENRY FONDA, MARGARET LEIGHTON, KEVIN MCCARTHY, CLIFF ROBERTSON, ANN SOTHERN, LEE TRACY. ■ Corsa alla presidenza degli Stati Uniti. Un candidato *liberal* e fautore di una politica con le mani nette, ha un avversario conservatore con tanto pelo sullo stomaco. Il *liberal* rifiuta di fare la campagna a base di calunnie e trabocchetti; cosicché alle primarie si trova in svantaggio. Vincerà un terzo candidato, più onesto del conservatore, ma anche più deciso dell'altro. ■ DRAMMATICO; B/N; 102'; USA, 1963. ■ OSCAR 1 NOM.

AMARO TÈ DEL GENERALE YEN, L' ★★★
(The Bitter Tea of General Yen)
Regia di FRANK CAPRA. Con NILS ASTHER, WALTER CONNOLLY, GAVIN GORDON, BARBARA STANWYCK. ■ Una giovane americana missionaria a Shangai cade nelle mani di un "signore della guerra" cinese e si innamora di lui. Frank Capra, prima di dedicarsi alla commedia, era già un grandissimo nel dramma e nell'avventura. ■ AVVENTURA; B/N; 89'; USA, 1933.

AMARSI *(When a Man Loves a Woman)* ★★
Regia di LUIS MANDOKI. Con ELLEN BURSTYN, ANDY GARCIA, MEG RYAN. ■ Fumettone nello stile classico di Hollywood che ha ottenuto il consenso del pubblico. Regia e sceneggiatura discutibili, attori fuori parte. Lei è stata già sposata e lui, il secondo marito, ne è innamoratissimo. Quale sia la molla che fa scattare in lei il bisogno di bere a noi non è dato sapere. Sta di fatto che diventa un'alcolista e deve sottoporsi a una cura disintossicante. La sua nevrosi però è dura a morire. ■ COMMEDIA; COL.; 126'; USA, 1993.

AMARSI?... CHE CASINO! *(Et la tendresse? Bordel!)* ★★
Regia di PATRICK SCHULMANN. Con JEAN-LUC BIDEAU, EVELYNE DRESS, BERNARD GIRAUDEAU. ■ Una giovane coppia si ama e crede ciò sia sufficiente. È una satira abbastanza divertente, fra gli attori minori c'è anche Anne Marie Philipe, figlia del grandissimo Gérard. ■ COMMEDIA; COL.; 102'; FRANCIA, 1979.

AMARSI MALE ★★
Regia di FERNANDO DI LEO. Con LUCIO DALLA, LEA LANDER, GIANNI MACCHIA, MICAELA PIGNATELLI, SUSAN SCOTT. ■ Carlo, studente contestatore, ha una relazione con Elena Soriani (figlia di un ricco industriale), ma un giorno conosce la più matura Anna e va a vivere con lei. Convinta poi dal fratello di Carlo, Anna decide di troncare la relazione e si fa trovare dal ragazzo a letto con l'industriale Soriani Carlo allora sposa Elena e solo più tardi verrà a sapere la verità Drammone superficiale e retorico. ■ DRAMMATICO; COL.; 96'; ITALIA, 1969.

AMARSI PUÒ DARSI ★★
Regia di ALBERTO TARAGLIO. Con STEFANO CAPRIOLI, CLAUDIO CONTARTESE, PAOLA CORTELLESI, CLAUDIA GERINI, PIERFRANCESCO LOCHE, LUCIA POLI, CLAUDIO SANTAMARIA. ■ Taraglio si era presentato al cinema con l'episodio *La tv fa male ai bambini*, nel contesto del film *De Generazione*, dieci episodi firmati da esordienti o da figli di... come Argento e Bellocchio. Esercizio

"correttino". Adesso si fa aiutare nella sceneggiatura da Giannandrea Pecorelli e costruisce un plot ancora e sempre generazionale (la generazione è la sua, intorno ai trent'anni) e si avvale del supporto di Claudia Gerini. Storia semiseria, nel senso che ci si dovrebbe identificare sorridendo, di Davide e Giulia che dopo molti anni di matrimonio, decidono di divorziare. Lo scontro, con l'intervento, persin troppo pesante del giudice, è l'occasione per rivedere un po' tutto. Dieci anni insieme sono tanti, davvero non è facile girar pagina. ■ COMMEDIA; COL.; 90'; ITALIA, 2000.

AMARSI UN PO'... ★★
Regia di CARLO VANZINA. Con CLAUDIO AMENDOLA, VIRNA LISI, TAHNEE WELCH. ■ Storia d'amore fra un lui proletario e una lei appartenente alla nobiltà romana. Nonostante l'opposizione di genitori, amici e la presunta incomunicabilità dei due mondi, l'amore è destinato a trionfare. Nuova operazione della premiata ditta Vanzina (regia di Carlo, soggetto e sceneggiatura di Enrico), ma questa volta priva di quella originalità e freschezza che hanno contraddistinto altri e più pregevoli lavori. ■ COMMEDIA; COL.; 98'; ITALIA, 1984.

AMARTI A NEW YORK *(It's My Turn)* ★★
Regia di CLAUDIA WEILL. Con JILL CLAYBURGH, MICHAEL DOUGLAS, CHARLES GRODIN. ■ Una professoressa, contenta del suo lavoro, e (abbastanza) felice della sua relazione con un divorziato, va a New York per presenziare alle nozze del padre e lì s'innamora del figlio della sposa, un giovane sensibile, giocatore di baseball. Con lui la donna prova una profondità di sentimenti mai conosciuta. Vivranno felici e contenti. ■ DRAMMATICO; B/N; 91'; USA, 1980.

AMARTI È IL MIO DESTINO ★★
Regia di FERDINANDO BALDI. Con MARIA PIA CASILIO, NARCISO PARIGI, FRANCA RAME, LYLA ROCCO, LUIGI TOSI. ■ Anna e Roberto (Narciso Parigi), compagni di infanzia, vengono divisi dagli eventi della vita: Anna sposa per interesse il più grosso creditore di suo padre, mentre Roberto diventa un notissimo cantante. I due si ritroveranno alcuni anni dopo. ■ COMMEDIA; B/N; 97'; ITALIA, 1957.

AMARTI È IL MIO PECCATO ★★
Regia di SERGIO GRIECO. Con ALBA ARNOVA, ELISA CEGANI, CARLO ROMANO, LUISA ROSSI, JACQUES SERNAS. ■ Monti, amministratore della contessa Danieli, ha commesso gravi irregolarità: scoperto, si uccide. Elena, sua figlia, chiede aiuto a Sergio (figlio della contessa) il quale la assume e se ne innamora. Prima che possano sposarsi Sergio parte per la guerra e non darà più notizie per lungo tempo. Intanto Elena partorisce un bimbo che la contessa le toglie: disperata, tenta di uccidersi. ■ DRAMMATICO; B/N; 89'; ITALIA, 1953.

AMARTI È LA MIA DANNAZIONE *(So Evil My Love)* ★★★
Regia di LEWIS ALLEN. Con GERALDINE FITZGERALD, MARTITA HUNT, RAYMOND HUNTLEY, RAY MILLAND, ANN TODD. ■ La vedova di un pastore protestante si innamora di un avventuriero e da lui viene spinta sulla via del crimine. Quando però l'uomo potrebbe mettersi in salvo (lasciando la donna nei guai) ha un ripensamento, torna indietro. ■ DRAMMATICO; B/N; 109'; GRAN BRETAGNA, 1948.

AMATA IMMORTALE *(Immortal Beloved)* ★★
Regia di BERNARD ROSE. Con LUIGI DIBERTI, VALERIA GOLINO, JEROEN KRABBE, GARY OLDMAN, ISABELLA ROSSELLINI. ■ Tutto ruota intorno all'eredità di Ludwig Van Beethoven. Nel testamento ha lasciato la sua fortuna "all'amata immortale" e ci sono dubbi se sia la contessa Guicciardi, la contessa Erdody o addirittura il nipote. Liberamente tratto da un romanzo di Morrissey, *Il nipote di Beethoven*. Oldman si sente un po' a disagio nel ruolo del compositore e non rende al meglio. ■ BIOGRAFICO; COL.; 120'; GRAN BRETAGNA, USA, 1994.

AMATEMI ★★
Regia di RENATO DE MARIA. Con BRANKO DJURIC, PIERFRANCESCO FAVINO, ISABELLA FERRARI, DONATELLA FINOCCHIARO, VALERIO MASTANDREA. ■ Nina, intorno ai trentacinque, sposata, senza figli, un lavoro come "voce" in un centro commerciale (annuncia cioè all'altoparlante le varie promozioni), una sera come tante torna dal lavoro e trova il marito Claudio con le valigie pronte in procinto di andarsene. E le crolla il mondo addosso. Per Nina inizia il periodo del dolore, della solitudine, dell'inadeguatezza ad affrontare la vita solo con le proprie forze. Finché, il giorno del suo compleanno, Nina dice basta, fa pulizia del passato e della donna che è stata e inizia una nuova vita. Incontra Drazen, una presenza enigmatica, costante ma marginale, la cosa più vicina a un amore vero che Nina abbia vissuto in questo suo nuovo percorso nell'universo maschile. Già visto e sentito. ■ DRAMMATICO; COL.; 100'; ITALIA, SVIZZERA, 2005.

AMATEUR ★★★
Regia di HAL HARTLEY. Con MARTIN DONOVAN, ISABELLE HUPPERT, ELINA LOWENSOHN. ■ Terzo film distribuito in Italia dell'autore indipendente americano Hartley. Dopo *Trust-Fidati* e *Uomini semplici* corona il sogno di dirigere la sua attrice preferita, la Huppert. Il genere è noir misto al comico e al paradossale. Thomas si ritrova ferito per strada e non ricorda nulla dell'accaduto. L'amnesia lo porta a incontrare parecchi personaggi strani. Intanto la moglie Sofia, che l'ha spinto giù da una finestra, pensa di averlo ucciso. ■ THRILLER; COL.; 105'; USA, 1994.

AMATO VAGABONDO *(The Beloved Vagabond)* ★★★
Regia di CURTIS BERNHARDT. Con MAURICE CHEVALIER, MARGARET LOCKWOOD, BETTY STOCKFELD, DESMOND TESTER. ■ Il film fu girato a Londra in duplice versione, inglese e francese. Ambientato alla fine dell'Ottocento, narra di un artista che, abbandonati i pennelli, sceglie la vita del vagabondo e si innamora di una giovane orfana. ■ COMMEDIA; B/N; 78'; GRAN BRETAGNA, 1936.

AMAZING SPIDER MAN, THE ★★
Regia di MARC WEBB. Con SALLY FIELD, ANDREW GARFIELD, RHYS IFANS, MARTIN SHEEN. ■ A sette anni Peter Parker viene affidato dai genitori agli zii May e Ben. Un decennio dopo è un liceale solitario con una cotta per la compagna di classe Gwen Stacy, figlia del capitano della polizia. Peter, scoperta in soffitta una valigetta di suo padre contenente dei documenti secretati, conosce il dottor Curt Connors, vecchio amico di famiglia e collega del padre presso la Oscorp. È nel suo laboratorio, dove si studia la possibilità di innesti tra cellule umane e animali, che Peter viene morso da un ragno e si ritrova dotato di nuovi e straordinari poteri. Marc Webb riprende un tema, il robot, del quale eravamo già pienamente soddisfatti, grazie alla recente trilogia di Raimi: inutile mettersi a farne un calco, difficile evitare le sovrapposizioni, dato il comune testo di partenza. ■ AZIONE; COL.; 136'; USA, 2012.

AMAZONIA ★★
Regia di LUC MARESCOT, THIERRY RAGOBERT. ■ Saï è una scimmia cappuccino nata e cresciuta in cattività. Dopo un incidente all'aereo sul quale viaggiava, Saï si trova faccia a faccia con la natura selvaggia a fare i conti con tanta libertà ed altrettanti pericoli. La sua unica via di salvezza sta nel trovare e unirsi a un branco di suoi simili. ■ DOCUMENTARIO; COL.; 90'; BRASILE, 2013.

AMAZONS ★
Regia di ALEX SESSA. Con WINDSOR TAYLOR RANDOLPH, PENELOPE REED, JOSEPH WIPP. ■ Lotta fra due tribù selvagge. Un capo tribù ha smanie di dominazione e anche superpoteri (come schizzare fulmini dalle dita) in grado di soddisfare le ambizioni. A lui si oppone una regina delle Amazzoni che gli manda contro le sue più valorose guerriere. ■ AVVENTURA; COL.; 84'; ARGENTINA, USA, 1987.

AMAZZONE DOMATA, L' *(Northwest Stampede)* ★★
Regia di ALBERT S. ROGELL. Con JAMES CRAIG, JOAN LESLIE, JACK OAKIE, CHILL WILLS. ■ Il figlio di un allevatore di cavalli, alla morte del padre, torna al ranch di famiglia e prende in mano le redini dell'azienda. Una campionessa di rodeo prima l'ostacola, poi lo sposa. ■ WESTERN; COL.; 79'; USA, 1948.

AMAZZONE MASCHERATA, L' ★★
(Riders of the Purple Sage)
Regia di HAMILTON MCFADDEN. Con NOAH BEERY, MARGUERITE CHURCHILL, GEORGE O'BRIEN, YVONNE PELLETIER. ■ Un vagabondo batte il West alla ricerca dell'uomo che gli ha ucciso i

familiari. La sua vendetta si incrocia con altre guerre private. ■ WESTERN; B/N; 78'; USA, 1931.

AMAZZONI BIANCHE ★★

Regia di GENNARO RIGHELLI. Con PAOLA BARBARA, DORIS DURANTI, LUISA FERIDA, SANDRO RUFFINI, ENRICO VIARISIO. ■ In una stazione sciistica una donna sposata e una nubile si innamorano dello stesso uomo. Costui sceglierà alla fine di una gara di sci tra le due belle. ■ COMMEDIA; B/N; 83'; ITALIA, 1936.

AMAZZONI: DONNE D'AMORE E DI GUERRA ★

Regia di ALFONSO BRESCIA. Con LUCRETIA LOVE, LINCOLN TATE, PAOLA TEDESCO. ■ Il canovaccio ripete ancora una volta stancamente il vecchio mito delle guerriere con smanie autoritarie nei confronti dei popoli e dei maschi circostanti. ■ AVVENTURA; COL.; 100'; ITALIA, 1973.

AMBASCIATORE, L' ★★

Regia di BALDASSARRE NEGRONI. Con ENZO BILIOTTI, MAURIZIO D'ANCORA, LUISA FERIDA, LEDA GLORIA, ACHILLE MAJERONI. ■ Alla corte del granduca di Modena, il cavaliere di Sant'Elmo, dopo una serie di sottili battaglie di corridoio, riesce ad accattivarsi la stima e l'appoggio dell'ambasciatore di Spagna. Nonché l'amore della figlia di quest'ultimo, la bella Isabella di Quevedo. ■ COMMEDIA; B/N; 89'; ITALIA, 1936.

AMBASCIATORE, L' *(Die Botschafterin)* ★★

Regia di HAROLD BRAUN. Con WILHELM BORCHERT, HANSJÖRG FELMY, HARALD MARESCH, EVA PFLUG, JAMES ROBERTSON JUSTICE, NADIA TILLER. ■ L'ambasciatrice degli Stati Uniti a Parigi è ricattata da spie sovietiche a conoscenza di un omicidio da lei commesso durante il conflitto mondiale nella Berlino occupata. ■ GIALLO; B/N; 90'; GERMANIA, 1970.

AMBITIEUX, LES ★★

Regia di CATHERINE CORSINI. Con ERIC CARAVACA, GILLES COHEN, KARIN VIARD, JACQUES WEBER. ■ Julien è titolare di una libreria e a tempo perso scrittore che sogna di essere pubblicato. Un amico, figlio di un noto editore parigino, gli presenta Judith Zahn, un'editrice di opere prime. Judith, per puro capriccio, rifiuta a Julien la pubblicazione del libro (mai letto) e lo seduce. L'iniziale diffidenza cede il posto alla passione. Frequentando il letto di Judith e frugando nel suo passato, Julien scopre la storia di suo padre, morto guerrigliero e rivoluzionario nell'America del Sud. Julien ha finalmente una storia da raccontare e da farsi pubblicare. ■ DRAMMATICO; COL.; 90'; FRANCIA, 2006.

AMBIZIONE *(Roaring Timber)* ★★★

Regia di HOWARD HAWKS, WILLIAM WYLER. Con EDWARD ARNOLD, WALTER BRENNAN, FRANCES FARMER, JOEL MCCREA. ■ Il film racconta la vita avventurosa e tutta tesa al guadagno di un commerciante di legname del secolo scorso che vive nel Wisconsin. ■ DRAMMATICO; B/N; 99'; USA, 1936. ■ OSCAR 1 PR, 2 NOM.

AMBIZIONE DI JAMES PENFIELD, L' ★★★
(The Ploughman's Lunch)

Regia di RICHARD EYRE. Con TIM CURRY, ROSEMARY HARRIS, JONATHAN PRYCE. ■ Il ritratto di un giovane carrierista, redattore della BBC che, mentre l'Inghilterra affronta il problema delle Falklands, si impegna a scrivere un libro sull'epoca di Suez ('56). Il giovane ha successo, ma rimane solo. Un buon film diretto dal regista di *Il giorno delle oche* con un ottimo Jonathan Pryce (*Brazil*). ■ DRAMMATICO; COL.; 100'; GRAN BRETAGNA, 1983.

AMBIZIOSA, L' *(Payment on Demand)* ★★★

Regia di CURTIS BERNHARDT. Con JANE COWL, BETTE DAVIS, BARRY SULLIVAN, KENT TAYLOR. ■ La moglie di un avvocato fa carte false per far fare carriera al marito. Riesce nello scopo. La famiglia raggiunge potere e ricchezza, ma l'uomo si disamora e chiede il divorzio. Ma alla fine la coppia riesce, dopo un esame di coscienza, a ritrovare una passabile armonia. ■ DRAMMATICO; B/N; 90'; USA, 1951.

AMBIZIOSE, LE ★★

Regia di TONY AMENDOLA. Con DOMINIQUE BOSCHERO, MEMMO CAROTENUTO, GABRIELLA FARINON, MARISA MERLINI, RAFFAELE PISU. ■ Trenta ragazze giungono in una cittadina balneare per parecipare a un concorso di bellezza. Marina non ha ambizioni di vittoria: vuole solo avere la macchina da cucire promessa ad ogni partecipante come premio. Proprio per la sua modestia, attira le attenzioni di un giovane giornalista che decide di aiutarla ad essere eletta "bella dell'anno". ■ COMMEDIA; B/N; 90'; ITALIA, 1960.

AMBIZIOSO, L' ★★★

Regia di PASQUALE SQUITIERI. Con BENITO ARTESI, STEFANIA CASINI, JOE DALLESANDRO, FERDINANDO MUROLO, RAYMOND PELLEGRIN. ■ Un giovane contrabbandiere, che ha dovuto fuggire da Napoli per non incorrere nelle vendette di un boss della malavita, si forma una propria banda a Roma e torna dopo qualche anno nella città natale a saldare i vecchi conti. Li salda, ma cade egli stesso vittima di altri camorristi. ■ DRAMMATICO; COL.; 110'; ITALIA, 1978.

AMBRA *(Forever Amber)* ★★★

Regia di OTTO PREMINGER. Con LINDA DARNELL, RICHARD GREENE, GEORGE SANDERS, CORNEL WILDE. ■ Nell'Inghilterra di Carlo II, un'avventuriera generosa, ma d'elastica moralità, ama un soldato di ventura, lo salva dalla peste, ma poi lo perde di vista. Sempre pensando a lui, Ambra diventa l'amante di un brigante da strada, di un capitano delle guardie e infine dello stesso re. Un giorno torna l'antico innamorato, ma ormai è tardi. ■ AVVENTURA; COL.; 140'; USA, 1947. ■ OSCAR 1 NOM.

AMBROGIO ★★

Regia di WILMA LABATE. Con FRANCESCA ANTONELLI, ROBERTO CITRAN, MARCO GALLI, FABIO POGGIALI. ■ Siamo nel 1959 a Roma. Anna abita con il padre, Ulisse. Insieme vanno spesso in barca. Conosce Leo, capitano di Marina, e decide di frequentare un istituto tecnico. Il padre, già marinaio, si oppone, ma la ragazza fa di testa sua. Si innamora, fa altre amicizie e scappa a Lisbona. Scritto dalla regista con Sandro Petraglia. ■ COMMEDIA; COL.; 90'; ITALIA, 1992.

AMBULANZA, L' *(The Ambulance)* ★★

Regia di LARRY COHEN. Con RED BUTTONS, MEGAN GALLAGHER, JAMES EARL JONES, ERIC ROBERTS. ■ In un ospedale fanno sparire i pazienti e vendono i loro organi. Se ne accorge un fumettista che ha salvato la vita a una donna e l'ha fatta ricoverare nell'ospedale. ■ THRILLER; COL.; 95'; USA, 1990.

AMBURGO SQUADRA OMICIDI ★★
(Polizeirevier Davidswache)

Regia di JÜRGEN ROLAND. Con WOLFGANG KIELING, GUNTHER NEUTZE, HORST NEUTZE, HANNELORE SCHROTH, GUNTHER UNGEHUER. ■ Uscito dal carcere, il bandito Bruno vuole vendicarsi del sergente Glatz che lo aveva arrestato. Per procurarsi denaro sufficiente all'acquisto di un'arma, Bruno compie due omicidi. Il malvivente affronta quindi Glatz, deciso ad ucciderlo. ■ POLIZIESCO; B/N; 91'; GERMANIA 1964.

A ME LA LIBERTÀ *(A nous la liberté)* ★★★★

Regia di RENÉ CLAIR. Con RAYMOND CORDY, ROLLA FRANCE, HENRI MARCHAND, PAUL OLIVIER. ■ Un industriale, che è stato in galera da giovane, riconosce in un operaio l'uomo che divise la cella con lui. Si rinnova l'antica amicizia. Ma altri ex galeotti si rifanno vivi. Ricattato, perseguitato dalla polizia, il magnate decide di piantare tutto e di mettersi a fare il vagabondo assieme al suo antico compagno. René Clair, nel pieno della sua capacità creativa, dà questo divertente, amaro, lucidissimo apologo sulla vita moderna negatrice di ogni libertà. ■ COMMEDIA; B/N; 97'; FRANCIA, 1931. ■ OSCAR 1 NOM; VENEZIA 1 PR.

AMELIA ★★

Regia di MIRA NAIR. Con CHRISTOPHER ECCLESTON, RICHARD GERE, EWAN MCGREGOR, HILARY SWANK, MIA WASIKOWSKA. ■ Prima donna aviatrice ad attraversare l'Oceano Atlantico, prima a tentare il giro del mondo, celebrità assoluta del suo tempo, business woman ante litteram, figura animata da un indomabile desiderio di libertà, Amelia Earhart fu resa leggendaria dalla sua tragica sparizione nel nulla il 2 luglio del '37. Inutili le miliardarie ricerche autorizzate da Roosevelt: il destino la consegnava al mito, alle ipotesi di spionaggio o di tragedia nella tragedia, al ritorno perpetuo nell'immaginario legato ai misteri insoluti, fuori e dentro lo schermo. Mira Nair si ferma prima, rifiuta la fantasia, si attiene alle biografie redatte da Susan Butler e Mary Lovell e si aggrappa alla straordinaria somiglianza fisica di Hilary Swank col suo modello reale. ■ BIOGRAFICO; COL.; 111′; USA, 2009.

A ME MI PIACE ★★
Regia di ENRICO MONTESANO. Con DON DOBY, ENRICO MONTESANO, ROCHELLE REDFIELD. ■ La vita di Arturo, professionista impegnato in un'emittente privata, viene scombussolata dall'arrivo di Mike, un suo vecchio amico americano, in Italia sulle tracce della moglie che l'ha abbandonato. Arturo accoglie a braccia aperte l'amico e cerca di aiutarlo, ma finisce con l'innamorarsi della di lui moglie. La vera amicizia, però, resiste anche a questo duro colpo. ■ COMMEDIA; COL.; 113′; ITALIA, 1985. ■ DAVID DI DONATELLO 1 PR, 1 NOM.

AMEN ★★★
Regia di CONSTANTIN COSTA GAVRAS. Con MATHIEU KASSOVITZ, ULRICH TUKUR. ■ Seconda guerra mondiale: Kurt Gerstein, un chimico ufficiale delle SS realmente esistito, scopre che lo Zyclon B, da lui realizzato per le disinfestazioni, viene utilizzato per eliminare gli ebrei. Sconvolto da questa rivelazione ed essendo profondamente religioso cerca un contatto negli ambienti della Chiesa cattolica perché lo sterminio venga fermato. Conosce così il giovane gesuita padre Riccardo che è ben introdotto in ambito vaticano. La speranza risiede nella parola del Papa che denunci l'abominio. Ma Pio XII, per salvare i cattolici di Austria e Germania, deciderà di tacere. Ispirato al libro *Il Vicario* che fece scandalo al momento della sua pubblicazione, il film di Costa Gavras vuole esplicitamente riaprire ferite mai completamente rimarginate. A partire dal manifesto (realizzato da Toscani) che mostra una croce che si trasforma in svastica. Di acqua ne è passata da allora sotto i ponti del Tevere ma il silenzio papale sull'olocausto pesa ancora come un macigno sulla Chiesa. Sul piano visivo lo stile è quello di una fiction per la tv. ■ STORICO; COL.; 130′; FRANCIA, 2002.

A ME PIACE LA GALERA *(There Was a Crooked Man)* ★★★
Regia di STUART BURGE. Con ALFRED MARKS, NORMAN WISDOM, SUSANNAH YORK. ■ Il galeotto Davy Cooper, ex scassinatore di casseforti, è un buon diavolo che in galera ci sta volentieri. Dopo alcuni anni, invece, viene rimesso in libertà per buona condotta. Trova un lavoro onesto in un paesino tiranneggiato da un avaro industriale. Davy decide di "punire" quest'uomo e, radunati i suoi ex compagni, gli combina un bello scherzetto. ■ COMMEDIA; B/N; 79′; GRAN BRETAGNA, 1960.

AMERICA AMERICA *(Pandemonium)* ★★
Regia di ALFRED SOLE. Con CANDY AZZARA, DEBRALEE SCOTT, TOM SMOTHERS. ■ Una parodia del genere *Halloween* con il solito maniaco assassino che impazza per un campus universitario trucidando tutti quelli che gli capitano a tiro (tra le sue vittime preferite le majorette). Ogni tanto qualche volto noto (Carol Dane, Tab Hunter, Judge Reinhold, Eve Arden) fa la sua apparizione. ■ COMICO; COL.; 82′; USA, 1982.

AMERICA, AMERICA, DOVE VAI? *(Medium Cool)* ★★★★
Regia di HASKELL WEXLER. Con VERNA BLOOM, ROBERT FORSTER, MARIANNA HILL, SID MCCOY. ■ Dal romanzo *The Concrete Wilderness* di Jack Couffer. Un cameraman deve filmare la convenzione democratica del 1968. Si verificano molti incidenti, la polizia carica gli studenti. Morti e feriti, ma il cameraman continua a filmare. Succede però che il cameraman mentre con la sua amante è alla ricerca del figlioletto di lei, sparito nella confusione, resti coinvolto in un mortale incidente. Impassibile, un suo collega lo filma mentre sta morendo. ■ DRAMMATICO; COL.; 110′; USA, 1969.

AMERICA AMERICA – IL RIBELLE DELL'ANATOLIA *(America, America)* ★★★★
Regia di ELIA KAZAN. Con LOU ANTONIO, HARRY DAVIS, STATHIS GIALLELIS, JOHN MARLEY, FRANK WOLFF. ■ Storia di un giovane armeno che sogna di andare un giorno in America. Scappa dalla sua terra sconvolta dalla guerra fra greci e turchi. Derubato da un arabo, lo uccide. Fa un matrimonio d'interesse e avrebbe l'avvenire assicurato, se l'aspirazione alla terra promessa non lo facesse di nuovo salpare. Arriverà finalmente nel Nuovo Mondo e, dopo qualche anno, sarà in grado di portarci anche i familiari. Tributo di Elia Kazan (prima in romanzo poi in film) al suo paese d'origine. Il protagonista, infatti, è ispirato allo zio del regista. ■ DRAMMATICO; B/N; 168′; USA, 1963. ■ OSCAR 1 PR, 4 NOM.

AMERICA COSÌ NUDA COSÌ VIOLENTA ★★
Regia di SERGIO MARTINO. ■ Dietro l'America del benessere e della tecnologia si nasconde un'altra America: quella dell'aridità spirituale, dell'esasperata corsa al denaro e al potere, della solitudine degli anziani, delle discriminazioni razziali, della droga. ■ DOCUMENTARIO; COL.; 94′; ITALIA, 1970.

AMERICA DEI DORSEY, L' *(The Fabulous Dorseys)* ★★
Regia di ALFRED E. GREEN. Con JANET BLAIR, JIMMY DORSEY, TOMMY DORSEY, WILLIAM LUNDIGAN. ■ La *story* dei famosi titolari dell'orchestrina che tenne a battesimo anche Frank Sinatra. Tommy e Jimmy Dorsey nella parte di loro stessi fanno leggermente pena, ma i brani musicali satollano i fanatici dell'epoca d'oro della musica per sala da ballo. Il gran momento dei film è la *jam session* con Art Tatum, Charlie Barnet e Ziggy Elman. ■ COMM. MUSICALE; B/N; 88′; USA, 1947.

AMERICA DI NOTTE ★★
Regia di GIUSEPPE MARIA SCOTESE. ■ Vengono presentati alcuni degli aspetti più caratteristici della vita notturna che si svolge nelle grandi metropoli del Nord e del Sud America: da Las Vegas a S. Francisco, da New Orleans a Buenos Aires, dall'Avana a Rio De Janeiro, a Caracas. ■ DOCUMENTARIO; COL.; 117′; ITALIA, 1961.

AMERICA È ANCORA LONTANA, L' ★★
(C'est encore loin l'Amérique)
Regia di ROGER COGGIO. Con ROGER COGGIO, CHARLES GÉRARD, ELIZABETH HUPPERT. ■ Un regista velleitario e una consulente finanziaria aspirante scrittrice uniscono le loro (deboli) forze. Il film, diretto da lui e scritto da lei, è un fiasco completo. Ma dà comunque modo ai due di innamorarsi e di decidere di cambiare mestiere (lui si darà al commercio, lei gli farà da consulente e da moglie). ■ COMMEDIA; COL.; 100′; FRANCIA, 1979.

AMERICA 1929: STERMINATELI SENZA PIETÀ ★★★★
(Boxcar Bertha)
Regia di MARTIN SCORSESE. Con DAVID CARRADINE, JOHN CARRADINE, BERNIE CASEY, BARBARA HERSHEY, BARRY PRIMUS. ■ Nell'Arkansas al tempo della grande crisi, una ragazza e due suoi innamorati (un lestofante e un operaio disoccupato) fanno la guerra ai magnati delle ferrovie. Dopo una serie di colpi, di beffe, Bertha viene catturata e il suo uomo preferito crocifisso a un vagone perché sia di monito a tutti i *desperados* del paese. Martin Scorsese al suo esordio nel cinema ricco (aveva già filmato qualcosa a New York negli anni dell'apprendistato) riceve l'incarico dalla produzione Corman di fare un altro *Bonnie & Clyde* (Corman un anno prima aveva filmato il *Clan dei Barker*). Il film è girato con grande bravura. ■ DRAMMATICO; COL.; 97′; USA, 1973.

AMERICAN, THE ★★
Regia di ANTON CORBIJN. Con BRUCE ALTMAN, PAOLO BONACELLI, GEORGE CLOONEY, VIOLANTE PLACIDO, THEKLA REUTEN. ■ Jack è un killer privo di scrupoli. Una missione finita tragicamente in Scandinavia lo spinge a cercare un periodo di pausa. Il suo committente di origine russa gli trova un rifugio sulle montagne abruzzesi e Jack cerca di non risultare reperibile neanche per lui. Un giorno però, chiamandolo da un telefono pubblico, si sente fare la proposta di costruire e montare un fucile ad alta precisione che però non sarà lui a dover utilizzare. Per un ruolo del genere occorre un attore che sappia dare ai dettagli dei gesti, alle inflessioni dei non frequenti dialoghi, all'aggrottarsi di un sopracciglio l'intensità necessaria senza forzature. Clooney ci riesce, anche se va incontro a un finale ad alto tasso di retorica (l'unica di tutto il film) lo fa con la classe che gli è usuale. ■ DRAMMATICO; 105′; USA, 2010.

AMERICANA ★★★
Regia di DAVID CARRADINE. Con DAVID CARRADINE, MICHAEL GREENE, BARBARA HERSHEY. ■ La vicenda è ambientata nel Kansas e siamo nel 1973. Un reduce di guerra, ufficiale, ha un carattere bizzarro. Potrebbe vivere del mensile che gli passa lo Stato ma lui ha bisogno di sentirsi ancora utile. Così va in una piccola cittadina e si mette a riparare una vecchia giostra. Socializza ben

presto col paese e con una ragazza carina e un po' strana. Gli distruggeranno la giostra ma la rimetterà in piedi per poi andarsene. Un film lento nello sviluppo ma che ha la capacità di imporre al pubblico il suo ritmo. È originale e ha un suo fascino. Debutto alla regia dell'attore David Carradine. ■ COMMEDIA; COL.; 95'; USA, 1981.

AMERICANA NELLA CASBAH, UN' *(Algiers)* ★★★
Regia di JOHN CROMWELL. Con CHARLES BOYER, JOSEPH CALLEIA, SIGRID GURIE, ALAN HALE, HEDY LAMARR, GENE LOCKHART. ■ Ad Algeri un re della malavita si prende beffe della polizia dal suo rifugio nel quartiere arabo. Per amore di una bella turista, un giorno esce allo scoperto e ci rimette la pelle. Rifacimento (americano) de *Il bandito della Casbah* con Gabin. ■ AVVENTURA; B/N; 95'; USA, 1938. ■ OSCAR 4 NOM.

AMERICAN ANIMALS ★
Regia di RICHARD GABAI. Con TROY DONAHUE, LINNEA QUIGLEY. ■ La vicenda è ambientata in un college universitario, dove gli studenti di due gruppi, gli Alfa Mu e i Lambda Eta, organizzano festicciole durante le quali danno sfogo a tutta la loro vivacità repressa. ■ COMMEDIA; COL.; 90'; USA, 1988.

♥ **AMERICAN BEAUTY** ★★★★
Regia di SAM MENDES. Con ANNETTE BENING, THORA BIRCH, KEVIN SPACEY, MENA SUVARI. ■ Mendes è un brillante regista teatrale (ha messo in scena a Broadway *Blue room*) che debutta nel cinema con questo film straordinario. Spacey, americano in crisi, sogna la sua Lolita e cambia vita. L'immagine di Mena in un letto di rose è di quelle che non si cancellano più dall'inconscio. Bening disegna un'insopportabile nevrotica *middle class*: la moglie che abbiamo avuto e non vorremmo mai più riavere. Splendido ritratto di un colonnello dei marine in *gay outing*. ■ COMMEDIA; COL.; 130'; USA, 2000. ■ GOLDEN GLOBES 3 PR, 6 NOM; OSCAR 5 PR, 8 NOM.

AMERICAN BLUE JEANS *(Liar's Moon)* ★★
Regia di DAVID FISHER. Con BRODERICK CRAWFORD, MATT DILLON, CINDY FISHER. ■ Jack e Ginny si amano e vorrebbero sposarsi, ma il ricco padre di lei fa di tutto per allontanare quel "giovane poveraccio", che vive del suo lavoro e non ha nemmeno una rendita. Non resta che fuggire e sposarsi segretamente. Ginny è già incinta quando scopre per caso che Jack è suo fratello... ■ COMMEDIA; COL.; 105'; USA, 1981.

AMERICAN BLUE NOTE ★★
Regia di RALPH TOPOROFF. Con CARL CAPOTORTO, CHARLOTTE D'AMBOISE, PETER MACNICOL. ■ Jack Sollow è a capo di un quintetto di musicisti jazz e ha la sindrome del successo. C'è anche la passione grazie alla quale riesce a superare i problemi degli inizi. La mafia tiene sotto controllo i locali e per il gruppo le cose si complicano. Jack comunque si consola con Benita. Simpatico piccolo film, arioso. ■ COMMEDIA; COL.; 95'; USA, 1990.

AMERICAN BUFFALO ★★
Regia di MICHAEL CORRENTE. Con DENNIS FRANZ, DUSTIN HOFFMAN, SEAN NELSON. ■ Da una commedia di David Hamet. Teach (Hoffman) è un non più giovane fallito che passa il tempo recriminando e chiacchierando, e in cerca di una rivincita. Il "teatro" è un rigattiere che tutto vende, da vecchie monete a soprammobili di modernariato. Compare una moneta da mezzo dollaro, l'*american buffalo* appunto, che potrebbe valere un sacco di soldi. Teach e un paio di amici strampalati decidono di rubarlo al proprietario. Nel frattempo parlano parlano parlano. Ogni piccolo argomento può servire per una metafora di com'è triste e inquinata la vita americana. Quasi tutto in un interno. Il testo ha più di vent'anni e si vede. Che Hoffman è un grande attore lo sapevamo già. Un esercizio inutile. ■ DRAMMATICO; COL.; 100'; USA, 1996.

AMERICAN COLLEGE *(A Private School)* ★★
Regia di NOEL BLACK. Con PHOEBE CATES, SYLVIA KRISTEL, MATTHEW MODINE. ■ Le matricole di una scuola privata pensano poco allo studio e molto alle loro faccende private. Alcuni mirano alle coetanee del college femminile vicino. Altri più in alto, alle insegnanti e alle madri dei colleghi. ■ COMMEDIA; COL.; 97'; USA, 1983.

AMERICAN CRIME ★
Regia di DAN MINTZ. Con CARY ELWES, RACHAEL LEIGH COOK, KIP PARDUE, ANNABELLA SCIORRA. ■ La troupe di una piccola emittente locale composta dalla reporter Jesse St. Claire, dalla supervisor Jane Berger e dal cameraman Rob Latrobe inizia ad investigare sulla sparizione di una giovane spogliarellista. Durante l'indagine arriva in redazione una videocassetta dove si vede la donna ripresa a sua insaputa e l'uccisione di un'altra donna. Lo sceriffo si mostra poco interessato a questa prova, sicuro di aver già arrestato l'assassino. Per i giornalisti, invece, questo potrebbe essere lo scoop che farà decollare le loro carriere. ■ THRILLER; COL.; 95'; USA, 2004.

AMERICAN DREAMER ★★
Regia di RICK ROSENTHAL. Con TOM CONTI, GIANCARLO GIANNINI, JO BETH WILLIAMS. ■ Rocambolesche avventure parigine di una tranquilla casalinga americana che, a causa di una botta in testa, si immedesima nell'eroina dei romanzi di avventura dei quali è appassionata lettrice. Col nome e la *verve* di Rebecca Ryan s'infila in più di un pasticcio, ma non sempre a sproposito. ■ COMMEDIA; COL.; 105'; USA, 1984.

AMERICAN DREAMZ ★★★
Regia di PAUL WEITZ. Con JENNIFER COOLIDGE, WILLEM DAFOE, HUGH GRANT, JUDY GREER, MARCIA GAY HARDEN, CHRIS KLEIN, MANDY MOORE, DENNIS QUAID. ■ *American Dreamz* è il reality show a cui tutti, ma proprio tutti, vorrebbero partecipare. Condotta dal cinico Martin Tweed, la trasmissione più famosa degli States fa incetta di concorrenti o aspiranti tali, ciascuno con un sogno che poi è sempre lo stesso: diventare famosi ad ogni costo. All'ultima edizione arrivano in finale un rapper ebreo, una barbie cantante del Sud e un rifugiato iracheno. Quest'ultimo è negli Stati Uniti per svolgere una missione suicida. L'improvvisa popolarità come cantante melodico gli vale la finalissima e l'occasione per compiere un attentato. Alla trasmissione prenderà parte il presidente degli Stati Uniti. La bomba, come il successo, non mancherà di esplodere ma niente andrà come previsto, tranne lo spettacolo che deve sempre continuare. I ragazzi di *American Pie* sono cresciuti, domati gli impulsi pruriginosi dell'adolescenza, adesso sognano soltanto la fama, quella effimera del piccolo schermo e la gloria, quella militare dei reduci dall'Iraq. In tempo di disimpegno cinematografico il regista Paul Weitz regala ai cinefili qualcosa su cui discutere. ■ COMMEDIA; COL.;107'; USA, 2006.

AMERICAN DRIVE IN ★★
Regia di KRISHNA SHAH. Con PAT KIRTON, EMILY LONGSTRETH. ■ I giovani di un paesino californiano si trovano tutte le sere al drive in locale e ne combinano di tutti i colori. ■ COMMEDIA; COL.; 97'; USA, 1982.

AMERICAN EAGLE ★
Regia di J. ROBERT SMAWLEY. Con ASHER BRAUNER, VERNON WELLS. ■ Siamo sul finire degli anni Sessanta. La guerra in Cambogia provoca morti a ripetizione. Tre giovani che ovviamente non sanno ciò che li aspetta decidono di arruolarsi volontari. Uno di loro impazzirà mentre un altro avrà più avanti grossi problemi e cercherà aiuto dal terzo soldato con cui aveva diviso i traumi della guerra. C'è di mezzo la Cia. ■ GUERRA; COL.; 192'; USA, 1989.

AMERICAN FEVER ★★
Regia di CLAUDIO DE MOLINIS. Con MIRCHA CARVEN, VINCENZO CROCITTI, ZORA KEER, GIANNI MEDICI. ■ Pallida imitazione dei film di Travolta, qui sostituito da Mircha Carven (che si dichiara figlio naturale di Clark Gable, al quale peraltro assomiglia molto), buon attore ma ballerino distante mille miglia dal vero John Travolta. La trama sta tra il romanzetto rosa e il musical. ■ COMM. MUSICALE; B/N; 90; ITALIA, 1978.

AMERICAN GANGSTER ★★★
Regia di RIDLEY SCOTT. Con ARMAND ASSANTE, JOSH BROLIN, RUSSELL CROWE, RUBY DEE, CHIWETEL EJIOFOR, CUBA GOODING JR., JOHN HAWKES, TED LEVINE, JOHN ORTIZ, DENZEL WASHINGTON. ■ Harlem, 1968. Frank Lucas, gangster nero e "ricercato", ama la famiglia, prega in chiesa e fa la guardia a Bumpy Johnson, un "padrino" che accoglie le suppliche di Harlem e di-

stribuisce tacchini il giorno del Ringraziamento. Richie Roberts, detective ebreo e incorruttibile della contea di Essex, sta divorziando dalla moglie, ha dimenticato di dire le preghiere e dà la caccia ai malavitosi. Alla morte di Johnson, Lucas, più moderno e manageriale del vecchio padrino, subentra nelle sue attività, elimina gli avversari e diventa in pochi anni un potente boss della droga. Scavalcando le famiglie mafiose e rifornendosi di eroina direttamente nel Sud-Est asiatico, Lucas accumula una fortuna e attira l'attenzione di Richie Roberts. I loro percorsi, opposti e paralleli, si incontreranno sotto il ring del match del secolo: Alì-Frazier. Soltanto uno resterà in piedi, vincendo ai punti. Siamo negli anni Settanta e la Storia irrompe nel film di Scott restituendo l'allucinazione del Vietnam, la temperatura del conflitto e gli interessi che ruotavano intorno. Frank Lucas è un nero del Sud che costruisce una versione personale e anomala di una storia americana di successo, e che rappresenta l'ascesa di una generazione contro un'altra: vecchia-nuova America, vecchia-nuova "mafia". ■ DRAMMATICO; COL.; 157'; USA, 2007.

AMERICAN GIGOLO ★★★

Regia di PAUL SCHRADER. Con FRANCES BERGEN, BILL DUKE, HECTOR ELIZONDO, RICHARD GERE, LAUREN HUTTON, NINA VAN PALLANDT. ■ Un bel giovane che si fa mantenere dalle donne s'innamora di una delle sue clienti, sposata a un senatore, ma finisce nei guai perché un'antica amante viene uccisa e la polizia sospetta che lui sia l'assassino. Riuscirà a cavarsela grazie alla generosità della moglie del senatore. ■ DRAMMATICO; COL.; 117'; USA, 1980. ■ GOLDEN GLOBES 2 NOM.

AMERICAN GOTHIC ★★

Regia di JOHN HOUGH. Con YVONNE DE CARLO, MICHAEL J. POLLARD, ROD STEIGER. ■ Tre coppie vanno a passare il weekend su una isola al largo di Seattle. Ma l'isola è dominata da una coppia di inquietanti vecchi e dai loro figlioli ormai adulti, ma con cervelli mantenuti a livelli adolescenziali dai loro pestiferi genitori. I ragazzi ne fan passare di belle ai visitatori. Sarà un weekend di paura. ■ HORROR; COL.; 90'; USA, 1988.

AMERICAN GRAFFITI ★★★★🏆

Regia di GEORGE LUCAS. Con CANDY CLARK, RICHARD DREYFUSS, RON HOWARD, PAUL LE MAT, CINDY WILLIAMS. ■ Estate 1962. California. Una molteplicità di personaggi (tra cui emergono quattro caratteri) si incrocia nel corso di una notte alla ricerca di una felicità che sembra sempre sul punto di esser colta e che sfugge continuamente di mano. Dei quattro, alla fine, ci è dato di conoscere il futuro: uno morirà in un incidente stradale, uno diventerà scrittore, un altro sarà dato per disperso in Vietnam mentre il quarto farà l'assicuratore. Nel 1973 Hollywood scopre il bisogno di mostrare alla generazione della contestazione nei campus l'immagine della gioventù dei fratelli maggiori. Lo fa con un film che sfugge alla retorica pur non rinunciando alla nostalgia. Questa emerge, in particolare, dalla colonna sonora selezionata da Walter Murch che ripercorre, con il pretesto di una radio locale su cui tutti si sintonizzano, gli ultimi anni Cinquanta e l'inizio dei Sessanta attraverso le *top-hit* più famose. Imitato a più riprese, il film di Lucas rimane inviolato e insuperato. Le storie dei protagonisti sono legate a un profondo senso di insicurezza proprio del trapasso dall'adolescenza all'età adulta, ma non manca la profonda consapevolezza del raggiungimento di un punto di non ritorno collettivo che modificherà dalle fondamenta la vita sociale. Si è scritto più volte, anche su testi autorevoli, che l'assassinio di Kennedy non si è limitato a mutare il contesto politico degli Usa, ma che ha scavato molto più in profondità nella coscienza collettiva. Il cinema, sensore privilegiato dei cambiamenti, ha registrato questi sconvolgimenti proponendone una sua lettura. I consigli di Lupo Solitario, la bionda sconosciuta che ti dice «I love you» di là dai vetri di un'auto, i Pharaons, con la loro tracotanza da banda ormai vicina all'estinzione, le corse notturne alla James Dean stanno per scomparire in una dissolvenza non incrociata. Lucas rilegge, in meno di due ore, una generazione con l'immediatezza negata a un saggio e con una penetrazione infinitamente più capillare. Film di culto dalle numerose nomination e (come spesso accade) da nessun Oscar, *American Graffiti* è, come recita il suo titolo opportunamente lasciato inalterato, una ricerca su incisioni che hanno scalfito la superficie di una società che non è però riuscita a cancellarle. È un "come eravamo" finalizzato alla comprensione del presente, costantemente in bilico sul filo di una memoria che si fa, a distanza di pochi anni, storia di un tempo apparentemente remoto con cui ci si deve confrontare. ■ COMMEDIA; COL.; 110'; USA, 1973. ■ GOLDEN GLOBES 1 PR, 3 NOM; OSCAR 🏆 5 NOM.

AMERICAN GRAFFITI 2 *(More American Graffiti)* ★★★

Regia di BILL W. L. NORTON. Con CANDY CLARK, BOB HOPKINS, RON HOWARD, PAUL LE MAT, CHARLES MARTIN SMITH, CINDY WILLIAMS. ■ Ritornano gli eroi di *American Graffiti* (tranne uno, Richard Dreyfuss). Il campione d'automobilismo vince una corsa, conquista la ragazza, ma muore investito da un'auto pirata. Il piccoletto bruttarello va in Vietnam, ne vede di cotte e di crude, diserta. Il biondino s'è sposato con la sua ragazza che lo contesta e si unisce ai giovani studenti del '68 in rivolta. Lui va a recuperarla all'università fra le bastonate della polizia. Infine la bella rossa si innamora di un suonatore di rock, entra in un'orchestrina, molla il suonatore e diventa una stella. ■ COMMEDIA; COL.; 111'; USA, 1979.

♥ AMERICAN HISTORY X ★★★

Regia di TONY KAYE. Con BEVERLY D'ANGELO, EDWARD FURLONG, ELLIOTT GOULD, EDWARD NORTON. ■ Un film sul razzismo e il neo-nazismo negli Stati Uniti e sulla fragilità psicologica di due fratelli, Derek e Danny, che alla vita tranquilla e borghese rispondono nella maniera più sbagliata, con l'odio e la violenza. Danny, il più giovane, ricorda con immagini in bianco e nero le bravate di Derek che lui ritiene un esempio da seguire. Uscito dal carcere il maggiore rinsavisce (siamo dalle parti di *Rusty il selvaggio*) ma per il fratello è troppo tardi. Il mondo degli skinhead, nudo e crudo. A Hollywood c'è stato scalpore. Una seconda parte scontata ma una grande interpretazione dal più promettente attore giovane di Hollywood degli anni Novanta, Edward Norton, candidato per questo film al premio Oscar. ■ DRAMMATICO; B/N; 120'; USA, 1999.

AMERICANI *(Glengarry Glenn Ross)* ★★★

Regia di JAMES FOLEY. Con ALAN ARKIN, ALEC BALDWIN, ED HARRIS, JACK LEMMON, AL PACINO, JONATHAN PRYCE. ■ Grande film d'attori sostenuto da una sceneggiatura appositamente scritta da David Mamet. La regia è minimale ma riesce a tenere viva la partecipazione del pubblico, nonostante si svolga in luoghi chiusi e prevalentemente nell'ufficio della società immobiliare dove lavorano i protagonisti. Siamo a Chicago e gli affari non vanno molto bene, così si decide drasticamente di ridurre il personale. Viene quindi stabilita una lotta all'ultimo sangue con premi per i primi due classificati e dal terzo in poi il licenziamento. Tra parolacce, insulti e cattiverie i personaggi cercano di fare le migliori vendite di terreni per salvare il posto e vincere una Cadillac Eldorado. Jack Lemmon ha vinto il premio come migliore attore alla Mostra di Venezia. Menzioni a tutti gli altri, soprattutto ad Al Pacino, qui molto misurato; Alec Baldwin, in una breve parte da "manuale del bravo attore", Jonathan Pryce, un cliente indeciso e stressato. ■ DRAMMATICO; COL.; 100'; USA, 1992. ■ GOLDEN GLOBES 1 NOM; OSCAR 1 NOM; VENEZIA 2 PR.

AMERICAN KICKBOXER II ★

Regia di JENÖ HODI. Con DAVE APOLLO COOK, EVAN LURIE, KATHY SHOWER. ■ Un film di kung-fu. C'è di mezzo il rapimento di una bambina. La madre tra l'altro ha sempre tenuto in ombra l'identità del vero padre. Così i due possibili candidati, nonostante non si sopportino, cercano di arrivare ai rapitori. ■ AVVENTURA; COL.; 87'; USA, 1993.

AMERICAN LIFE *(Away We Go)* ★★★

Regia di SAM MENDES. Con JEFF DANIELS, CARMEN EJOGO, JOHN KRASINSKI, CATHERINE O'HARA, MAYA RUDOLPH. ■ Burt e Verona sono una coppia non sposata di trentenni in attesa di una bambina. Sono convinti che dopo la nascita i genitori di lui (quelli di lei sono morti) saranno lieti di partecipare alla loro felicità nel veder crescere la piccola giorno dopo giorno. Quando scoprono che invece i due hanno deciso di partire per il Belgio (meta che sognavano da anni) restano profondamente sconcertati. Con Verona ormai al sesto mese vanno in cerca di amicizie del passato o di parenti con cui poter condividere la gioia della nascita intraprendendo così un viaggio da Miami al Canada. Gli incontri che faranno saranno occasione di riflessione. Frank e April Wheeler (i protagonisti del suo capolavoro *Revolutionary Road*) sono ancora vivi per Sam Mendes. Solo che questa volta non sono i protagonisti ma i comprimari di una storia che sembra girata da un autore indipendente e non dal regista di un film vincitore di cinque Oscar (*American Beauty*). ■ COMMEDIA; COL.; 98′; USA, GRAN BRETAGNA, 2009.

AMERICAN ME ★★★
Regia di EDUARD JAMES OLMOS. Con WILLIAM FORSYTHE, EDWARD JAMES OLMOS, PEPE SERNA. ■ Santana è in un penitenziario dove sconta una lunga pena dopo essere stato arrestato molto giovane. Così ha organizzato una banda che raggiunge un potere notevole all'interno del carcere. Si fanno chiamare "Mafia messicana" e riescono a fare arrivare la loro influenza anche nei quartieri spagnoli della East Side di Los Angeles. Olmos era il tenente Castillo della serie televisiva *Miami Vice* e dimostra di saper reggere il peso della regia di questo film per nulla scontato. ■ DRAMMATICO; COL.; 126′; USA, 1992.

AMERICAN NINJA 2 ★
(American Ninja 2: The Confrontation)
Regia di SAM FIRSTENBERG. Con MICHAEL DUDIKOFF, STEVE JAMES, LARRY POINDEXTER. ■ È la seconda puntata del film *Guerriero americano*. La scomparsa di un marine nei Caraibi è il pretesto per la nuova avventura nel quadro di arti marziali e traffico di droga. ■ AVVENTURA; COL.; 99′; USA, 1987.

AMERICAN NINJA 4 ★
(American Ninja 4: The Annihilation)
Regia di CEDRIC SUNDSTROM. Con JAMES BOOTH, DAVID BRADLEY, MICHAEL DUDIKOFF. ■ In questo episodio vengono riuniti i protagonisti dei due film precedenti. Un'arma nucleare è la posta in una battaglia all'ultimo sangue tra un gruppo pacifista e un gruppo terrorista di ninja. ■ AVVENTURA; COL.; 95′; USA, 1991.

AMERICAN NINJA 3 *(American Ninja 3: Blood Hunt)* ★
Regia di CEDRIC SUNDSTROM. Con DWAYNE ALEXANDER, JAMES BOOTH, DAVID BRADLEY. ■ Terzo episodio della saga di *Guerriero americano*. Cambia il protagonista ma il filone è lo stesso. Un campione di arti marziali cerca vendetta per l'assassinio del padre. Piccola complicazione: è infetto da un pericoloso virus. ■ AVVENTURA; COL.; 90′; USA, 1989.

AMERICANO, L' *(The Americano)* ★★
Regia di WILLIAM CASTLE. Con GLENN FORD, ABBE LANE, FRANK LOVEJOY, CESAR ROMERO, URSULA THIESS. ■ All'inizio del secolo un *ranchero* americano attraversa il Brasile per recapitare un toro acquistato da un *fazendero*. All'arrivo viene coinvolto in una lotta tra il *fazendero*, i *cangaceiros* e una bella fattoressa. ■ AVVENTURA; COL.; 85′; USA, 1954.

AMERICANO A ETON, UN *(A Yank at Eton)* ★★★
Regia di NORMAN TAUROG. Con FREDDIE BARTHOLOMEW, EDMUND GWENN, IAN HUNTER, PETER LAWFORD, ALAN NAPIER, JUANITA QUIGLEY, MICKEY ROONEY. ■ Un adolescente americano va ad abitare in Inghilterra presso la madre e il patrigno. Questi lo manda in collegio a Eton, dove il nostro combina un mucchio di gaffe. Però avrà modo di riabilitarsi e di conquistare la stima generale. Veicolo per Mickey Rooney quando il piccoletto aveva ancora qualche speranza di crescere. ■ COMMEDIA; COL.; 88′; USA, 1942.

AMERICANO A GERUSALEMME, UN ★★★
(The Faithful City)
Regia di JOSEPH LEYTES. Con BEN JOSEPH, DIDI RAMATI, JOHN SLATER, JAMIE SMITH. ■ Nel 1948 nasce alle porte di Gerusalemme il "Villaggio del fanciullo", destinato ad accogliere bimbi ebrei di tutto il mondo. Tra i volontari dell'istituto c'è l'americano Sam. Tra i giovani ospiti Max è il più inquieto: un giorno il ragazzino ruba orologio e gemelli d'oro a Sam e fugge a Gerusalemme con l'amico Willy. Mentre i due tentano di vendere gli oggetti sottratti, la polizia li arresta, Sam accorre e li fa liberare. Quando scoppia la guerra tra arabi ed ebrei, Sam si arruola volontario e salva il suo villaggio da una atroce morte per sete. ■ DRAMMATICO; B/N; 86′; ISRAELE, 1952.

AMERICANO ALLA CORTE DI RE ARTÙ, UN ★★★
(A Connecticut Yankee)
Regia di DAVID BUTLER. Con FRANK ALBERTSON, WILLIAM FARNUM, MYRNA LOY, MAUREEN O'SULLIVAN, WILL ROGERS. ■ Un uomo sogna di essere trasportato a ritroso nel tempo e di trovarsi nel Medio Evo alla corte di re Artù. Farà partecipi i cavalieri dei ritrovati della vita moderna. ■ COMMEDIA; B/N; 107′; USA, 1931.

AMERICANO ALLE FOLIES BERGÈRE, UN ★★★
(Folies Bergère)
Regia di HENRI DECOIN. Con EDDIE CONSTANTINE, NADIA GRAY, YVES ROBERT, JEANMARIE ZIZI. ■ Bob e Jeff, militari americani dislocati a Parigi, stanno per essere congedati. L'ultima sera vanno alle "Folies Bergère" e Bob conosce una ballerina della rivista, Claude. Se ne innamora e decide di restare a Parigi e di sposarla. ■ COMM. MUSICALE; COL.; 102′; FRANCIA, 1956.

AMERICANO A OXFORD, UN *(A Yank at Oxford)* ★★★
Regia di JACK CONWAY. Con LIONEL BARRYMORE, VIVIEN LEIGH, MAUREEN O'SULLIVAN, ROBERT TAYLOR. ■ Un giovane americano simpatico ma pasticcione va a studiare a Oxford. Il suo primo impatto con l'ambiente tradizionalista del college è disastroso, ma l'abilità sportiva lo salva. ■ COMMEDIA; COL.; 100′; USA, 1938.

♥ AMERICANO A PARIGI, UN ★★★★★🏆
(An American in Paris)
Regia di VINCENTE MINNELLI. Con LESLIE CARON, NINA FOCH, GEORGES GUÉTARY, GENE KELLY, OSCAR LEVANT. ■ Jerry Mulligan, finita la guerra, è rimasto a Parigi per dipingere. Vive in un localino dove il letto e il tavolino rientrano nel soffitto e nella parete e va a esporre i quadri, che nessuno compra, a Montparnasse. Viene abbordato da una ricca, attempata americana che gli compra un quadro. Ma poi conosce la giovane e graziosa commessa della quale si innamora, senza sapere che la ragazza sta per sposare il suo amico Paul. Un altro personaggio è il musicista-genio (Levant), che suona tutti gli strumenti dell'orchestra. Alla fine tutto va a posto. L'amore trionfa. Sulla base di questa trama quasi banale, "alla musical", Minnelli regista e Kelly ballerino-cantante-attore-coreografo, costruiscono non solo un capolavoro del cinema, ma un'opera composita che figura benissimo nell'arte del Novecento. Naturalmente è determinante la musica di George Gershwin che compose forse la sua più importante sinfonia, fatta apposta per far brillare le prerogative del cinema. Tutte le canzoni (cantate oltre che da Kelly anche dallo "chansonnier" Paul Guétary, idolo parigino) sono classici indimenticabili. La Metro, nella realizzazione di questi film, era molto rigorosa e generosa, assumeva i più bravi consulenti da ogni parte del mondo. I balletti di Kelly sono studiati in scenografie che si richiamano ai grandi quadri impressionisti (Renoir e Monet soprattutto) e a Toulouse-Lautrec. Il numero centrale viene considerato un capolavoro anche dai grandi coreografi del balletto classico, come Béjard. Naturalmente la tendenza di Minnelli, in quasi tutti i suoi film, era una certa concessione al kitch, che nel *musical* quasi non andrebbe considerato "caduta", ma valore aggiunto. Il film è uno dei più premiati nella storia degli Oscar, ben dieci. Va detto che il *musical* è l'unica forma d'arte tutta e solo americana. Molto spesso Hollywood ha attribuito Oscar a film musicali (*Gigi*, *My fair lady*, *Tutti insieme appassionatamente*, *Oliver!*, *West Side Story*). L'anno dopo lo stesso gruppo produttivo (solo il regista Donen sostituì Minnelli) realizzò *Cantando sotto la pioggia* che... rimase senza Oscar pur essendo per certi versi più "intelligente" e con maggiore vedibilità a posteriori. Questa "tardiva" stagione del *musical* prodotta da Arthur Freed (*Sette spose per sette fratelli*, *Spettacolo di varietà*, *Baciami Kate* e altri) rappresenta una punta qualitativa altissima del cinema, che poteva contare ancora sulle belle ingenuità indispensabili, sostenute da una tecnica ormai perfezionata. ■ MUSICAL; COL.; 105′; USA, 1951. ■ OSCAR 🏆 6 PR, 8 NOM.

AMERICANO A ROMA, UN ★★★
Regia di STENO. Con URSULA ANDRESS, GIULIO CALÌ, MARIA PIA CASILIO, ROCCO D'ASSUNTA, ALBERTO SORDI. ■ Un giova-

notto, fanatico dell'America, ne combina di tutti i colori. L'ultima è quella di mettersi su un cornicione, come il protagonista di *Quattordicesima ora*, minacciando di buttarsi giù se non lo accontentano nelle sue bambinate. Sordi, alla sua prima stagione come campione degli incassi, riprende, allargandola al film di novanta minuti, la macchietta di Nando Moriconi. ■ COMMEDIA; B/N; 85′; ITALIA, 1954.

AMERICANO IN VACANZA, UN ★★★
Regia di LUIGI ZAMPA. Con ANDREA CHECCHI, VALENTINA CORTESE, LEO DALE, ELLI PARVO, PAOLO STOPPA. ■ Storia d'amore fra una maestrina italiana e un soldato americano sullo sfondo dell'Italia coperta di macerie. ■ COMMEDIA; B/N; 99′; ITALIA, 1946.

AMERICANO QUALUNQUE, UN ★★★
(Joe Smith American)
Regia di RICHARD THORPE. Con JONATHAN HALE, DARRYL HICKMAN, MARSHA A. HUNT, NOEL MADISON, HARVEY STEPHENS, ROBERT YOUNG. ■ Un operaio che lavora in una fabbrica di aeroplani viene catturato dai nazisti che vogliono carpirgli i segreti sulla fabbricazione dei B. 24. Ma "qualunque" non parla e anzi trova il modo di guidare l'Fbi sulle tracce degli spioni. ■ AVVENTURA; B/N; 63′; USA, 1942.

AMERICANO ROSSO ★★★
Regia di ALESSANDRO D'ALATRI. Con FABRIZIO BENTIVOGLIO, VALERIA MILILLO, EROS PAGNI, BURT YOUNG. ■ Ambientato nell'estate del 1934, il film è tratto dal romanzo di Gino Pugnetti, padre di Guido. Vittorio lavora in un'agenzia matrimoniale gestita da suo zio. Un giorno però quest'ultimo scopre che la moglie se la intende con il nipote, così lo licenzia. Il protagonista fa allora amicizia con uno strano personaggio, un turista americano di origini italiane. Costui è in cerca di una consorte italiana e se possibile ben dotata fisicamente. Vittorio vedrà di aiutarlo come può. ■ COMMEDIA; COL.; 100′; ITALIA, 1990. ■ DAVID DI DONATELLO 1 PR, 1 NOM.

AMERICANO TRANQUILLO, UN ★★★
(The Quiet American)
Regia di JOSEPH LEO MANKIEWICZ. Con BRUCE CABOT, JEAN-CLAUDE DAUPHIN, GEORGIA MOLL, AUDIE MURPHY, MICHAEL REDGRAVE. ■ A Saigon negli anni Cinquanta, un giovane americano, di idee progressiste, conosce un giornalista inglese e gli salva la vita. Il che non impedirà al britannico di farlo catturare e uccidere dai guerriglieri comunisti. Un film intelligente e ben condotto di Mankiewicz. Graham Greene non si agitò nemmeno troppo per le manipolazioni che aveva subito il suo libro. ■ DRAMMATICO; B/N; 122′; USA, 1957.

AMERICAN PIE ★★★
Regia di PAUL WEITZ. Con JASON BIGGS, CHRIS KLEIN, NATASHA LYONNE, MENA SUVARI. ■ Torta tipicamente americana per un film-preppy, vero blockbuster per il pubblico adolescenziale statunitense e non solo. La comicità demenziale non ferisce la sensibilità del pubblico: si ride, felici di sentirsi sciocchini. Ci sono anche forti dosi d'amore. L'*American pie* non è per nulla indigesto. Deliziosa, al solito, Mena Suvari. ■ COMMEDIA; COL.; 97′; USA, 1999.

AMERICAN PIE. ANCORA INSIEME ★★
(American Reunion)
Regia di JON HURWITZ, HAYDEN SCHLOSSBERG. Con JASON BIGGS, ALYSON HANNIGAN, CHRIS KLEIN, THOMAS IAN NICHOLAS, TARA REID. ■ Nel lontano 1999 c'erano quattro liceali del Michigan che volevano perdere, il più in fretta possibile, la loro verginità. Più di un decennio dopo, gli ex compagni si ritrovano per un weekend per rinsaldare la loro amicizia negli stessi luoghi delle loro avventure giovanili. Nel frattempo, Jim e Michelle si sono sposati e hanno avuto un figlio, Kevin e Vicky si sono lasciati, Oz e Heather si sono diversamente accompagnati. Di Finch si narra che abbia girato il mondo, mentre Stifler sembra rimasto lo stesso, totalmente refrattario alla cosiddetta maturità. Al quarto capitolo, la saga di "quello della torta" e dei suoi amici conferma di possedere una buona dose di umorismo. ■ COMMEDIA; COL.; 113′; USA, 2012.

AMERICAN PIE 2 ★★
Regia di JAMES B. ROGERS. Con LISA ARTURO, JASON BIGGS, MOLLY CHEEK, SHANNON ELIZABETH, ALYSON HANNIGAN. ■ Ritorna l'intero gruppo del primo *American Pie*, attori e personaggi. Allora tutto girava intorno alla leggendaria "prima esperienza", adesso che quel peso è stato tolto si può essere un pochino più sereni e fantasiosi, anche se il sesso è sempre la primissima opzione. Tutti si ritrovano in una villa sul lago. Le storie principali: Nadia, la straniera, stravolge un po' gli equilibri generali; Finch cerca di incrementare le sue capacità erotiche ricorrendo a letture orientali; c'è la canonica scena dei genitori che colgono sul fatto il figlio e il romanticone che intende rimanere fedele a un ricordo ormai lontanissimo. La zuppa è sempre la solita. Campione di incassi in Usa. ■ COMMEDIA; COL.; 104′; USA, 2001.

AMERICAN PIE – IL MATRIMONIO ★★
(American Wedding)
Regia di JESSE DYLAN. Con JASON BIGGS, ALYSON HANNIGAN, JANUARY JONES, EUGENE LEVY, THOMAS IAN NICHOLAS, SEANN WILLIAM SCOTT, EDDIE KAYE THOMAS. ■ Visto che i matrimoni al cinema sono una quasi sicura fonte di denaro ed incassi, perché non far sposare i due imbranati protagonisti della fortunata serie? Ecco servito quindi il terzo episodio della saga degli studenti del liceo di East Great Falls. Perfettamente inserito nel filone di film "giovanilistici" e "collegiali" americani caratterizzati da una combinazione vincente di sentimento e humour, *American Pie 3* ripropone tutti i personaggi della saga e aggiunge ben poco a quanto non si fosse già visto in precedenza. ■ COMMEDIA; COL.; 97′; USA, 2003.

AMERICAN POP ★★
Regia di RALPH BAKSHI. ■ Il regista di *Fritz il gatto* tenta il racconto fiume, descrivendo la vita di quattro generazioni di una famiglia di immigrati russi in America. Tutti sognano di diventare musicisti famosi, ma solo l'ultimo discendente ci riuscirà negli anni Settanta. ■ ANIMAZIONE; COL.; 97′; USA, 1981.

AMERICAN PSYCHO ★★
Regia di MARY HARRON. Con CHRISTIAN BALE, WILLEM DAFOE, JARED LETO, JOSH LUCAS, SAMANTHA MATHIS. ■ Patrick Bateman incarna alla perfezione i "valori" di riferimento degli arrivisti degli anni Ottanta. I suoi abiti sono tutti firmati, frequenta i club e i ristoranti giusti e non dimentica le periodiche frequentazioni della palestra più "in". Lavora a Wall Street e tiene tutti a distanza di sicurezza: «Non toccatemi il Rolex» è una frase che lo identifica. Dietro questa facciata è nascosto un mostro che di notte, strafatto di droghe, sgozza mendicanti e prostitute. Le donne che lo circondano (la fidanzata Evelyn, l'amante Courtney e la segretaria Jean) non sospettano nulla. Persino il detective Donald Kimball viene attratto e depistato dalla sua personalità. Finché Patrick non si imbatte nel suo sosia: Paul Allen. Tratto da un romanzo di Bret Easton Ellis, il film ha fatto discutere tutta l'America per la carica di violenza che contiene. ■ THRILLER; COL.; 101′; CANADA, USA, 2000.

AMERICAN PSYCHO 2 ★★
(American Psycho 2 – All american girls)
Regia di MORGAN FREEMAN. Con ROBIN DUNNE, MILA KUNIS, WILLIAM SHATNER, GERAINT WYN DAVIES. ■ Oltre il titolo, ha poco in comune con *American Psycho*, il film tratto dal best-seller di Bret Easton Ellis. Rachel, superstite di una delle stragi di Bateson (il protagonista del primo film), ha apparentemente superato il trauma e ora è iscritta a un prestigioso istituto per la formazione di esperti dei comportamenti dei serial killer. Vorrebbe diventare l'assistente del professore più famoso del paese, ma per farlo deve letteralmente eliminare la concorrenza: Rachel è diventata infatti a sua volta un'omicida e proprio per questo è convinta che nessuno meglio di lei possa capire gli altri killer e di essere quindi la più qualificata per il posto di assistente. ■ THRILLER; COL.; 88′; USA, 2002.

AMERICAN ROULETTE ★
Regia di MAURICE HATTON. Con KITTY ALDRIDGE, ANDY GARCIA. ■ Il presidente di un paese dell'America latina crede di trovare protezione a Londra, dopo che è stato costretto a lasciare la sua terra.

Troverà invece sulla sua strada il suo principale avversario. ■ Avventura; col.; 94′; Australia, Gran Bretagna, 1988.

AMERICAN SCHOOL ★★★

Regia di Amy Heckerling. Con Jason Biggs, Greg Kinnear, Zak Orth, Tom Sadoski, Jimmi Simpson, Mena Suvari. ■ Paul (Biggs, quello di *American Pie*), grazie a una borsa di studio arriva all'Università di New York. Si prende una cotta per Dora (Suvari, la finta spregiudicata di *American Beauty*), che invece è innamorata di un professore, che naturalmente ignora la ragazza. Alla fine tutto andrà a posto nel modo più naturale, rispetto all'età e alle affinità. Due fra i nuovi idoletti dei giovani cercano di ripetersi. Ma i precedenti citati erano meglio. ■ Commedia; col.; 98′; USA, 2000.

AMERICAN SECRET SERVICE – CRONACHE DI IERI E DI OGGI ★★

Regia di Enzo Di Gianni. Con Mario Carotenuto, Dalida, Carlo Giuffrè, Jacques Sernas. ■ I tre episodi che vedono protagonisti tre agenti dell'Fbi (tranne il primo che rievoca la tragica sorte di Sacco e Vanzetti) hanno come filo conduttore un cantastorie di paese che li racconta alla gente in piazza. Rimontaggio di *Che femmina... e che dollari!*. ■ Commedia; col.; 86′; Italia, 1968.

AMERICAN TRIP – IL PRIMO VIAGGIO NON SI SCORDA MAI *(Harold & Kumar go to White Castle)* ★

Regia di Danny Leiner. Con John Cho, Paula Garcés, Neil Patrick Harris, Sandy Jobin-Bevans, David Krumholtz, Christopher Meloni, Kal Penn, Eddie Kaye Thomas, Fred Willard. ■ Harold Lee è un impiegato di banca, vessato e maltrattato dai suoi colleghi. Mentre Kumar, il suo grande amico, fa di tutto per evitare le responsabilità della vita. Durante un normale venerdì sera, Harold e Kumar fumano della mariujana quando in tv uno spot commerciale di una catena di hamburger White Castle propone la gara "il boccone perfetto". I due si buttano nell'avventura. Inizia una folle ricerca *on the road* di un ristorante White Castle. ■ Commedia; col.; 88′; Canada, Germania, USA, 2004.

AMERICAN VERTIGO ★★

Regia di Michko Netchak. ■ Nel 1831 Alexis de Tocqueville e Gustave de Beaumont si avventurano in un viaggio attraverso l'America per studiare, per conto del governo francese, il sistema carcerario americano. Nei nove mesi passati negli Stati Uniti i due non osservano solo le prigioni, ma anche gli aspetti economici e politici della società. Più di 170 anni dopo il filosofo francese Bernard-Henri Lévy, notoriamente anti-americano, compie lo stesso tour per documentare pro e contro del paese all'indomani dell'11 settembre nel libro *American Vertigo*. ■ Documentario; col.; 93′; Francia, 2006.

AMERICAN WAY – I FOLLI DELL'ETERE *(American Way)* ★★

Regia di Maurice Phillips. Con James Aubrey, Dennis Hopper, Michael J. Pollard. ■ Un gruppo di veterani del Vietnam trasforma un vecchio B29 in una tv privata che disturba le trasmissioni propagandistiche di una senatrice guerrafondaia. Satira politico-televisiva che sparacchia qua e là, mancando parecchi bersagli, ma offrendo non poche occasioni di divertimento. ■ Commedia; col.; 115′; Gran Bretagna, 1985.

AMERICAN YUPPIES *(Making the Grade)* ★★

Regia di Dorian Walker. Con Ronald Lacey, Judd Nelson, Dana Olsen. ■ Un giovanotto senza arte né parte accetta l'offerta di un ricco coetaneo incontrato casualmente. Sotto il nome del ricco frequenterà l'università di Hoover (il ricco intanto viaggerà attorno al mondo). L'impostore prende talmente gusto alla sua parte da diventare il primo della classe e l'idolo del college. ■ Commedia; col.; 105′; USA, 1984.

AMERICA OGGI *(Short Cuts)* ★★★

Regia di Robert Altman. Con Anne Archer, Peter Gallagher, Buck Henry, Jack Lemmon, Andie MacDowell, Matthew Modine, Tim Robbins, Madeleine Stowe, Lily Tomlin, Tom Waits, Fred Ward. ■ L'America di Altman è bugiarda, indifferente, alcolizzata, maniaca, infantile, drogata, violenta, volgare e assassina. Mariti e mogli si tradiscono e nessun ceto è migliore di un altro. Storia quotidiana di vari nuclei familiari: una donna esercita l'amore per telefono cambiando i pannolini al bambino, un poliziotto con famiglia pensa solo alle amanti, un medico se la deve vedere con la moglie pessima pittrice, un'anziana cantante continua a lavorare al night e odia – ricambiata – la figlia suonatrice di violoncello, un divorziato distrugge la casa della sua ex, un alcolizzato prende i pasti gratis nel locale dove la moglie è cameriera, un bambino confonde i nomi dei molti amanti di sua madre, alcuni amici vedono una giovane annegata e continuano tranquillamente a pescare in quell'acqua. Ci sarebbe una coppia normale, ma viene subito punita, il loro bambino finisce sotto una macchina, va in coma e resta in rianimazione fra speranza e disperazione – anche del pubblico – per quasi tutto il film. Il bimbo riapre gli occhi, c'è un momento di speranza, ma li richiude subito e muore. L'unico personaggio che dimostra sensibilità, la violoncellista, si suicida. Quando appare il vecchio Jack Lemmon ci si augura: non potrà che essere migliore dei giovani. Invece è peggiore. Piagnucola davanti al figlio – il padre del bimbo morente – e rivanga vecchissimi dolori inutili e sepolti. Non gli importa niente del resto. Il film ha ottenuto il Leone d'Oro a Venezia 1993, insieme al *Film Blu* di Kieslowski, inoltre la giuria ha istituito ex novo un Leone da attribuire all'intero cast. Tutto meritato. Naturalmente il film lascia in bocca il sapore detto alla prima riga. Noi continuiamo a pensare che il cinema non sia solo tecnica e capacità di rappresentazione. Continuiamo a pensare che un grande autore si debba porre di fronte al problema con una volontà non soltanto suicida. Sarebbe utile una proposta. Altrimenti, anche la più grande denuncia è mutilata. Lo hanno insegnato i massimi artisti di ogni epoca. ■ Drammatico; col.; 180′; USA, 1993. ■ Golden Globes 1 nom; Oscar 1 nom; Venezia 3 pr.

AMERICA PAESE DI DIO ★★

Regia di Luigi Vanzi. ■ Il film è un insieme di scorci sui luoghi, persone e fatti degli Usa. Il materiale selezionato e proposto è diversissimo, proprio come sono dissimili tra loro, per usanze e realtà, molti degli Stati della Confederazione. Il testo è dello scrittore Italo Calvino, ma chi se ne accorge? ■ Documentario; col.; 126′; Italia, 1966.

AMERICA PAGANA ★★

Regia di Federico Patellani. ■ Il documentario percorre, a ritroso, il cammino della civiltà Maya: mostra i luoghi, i monumenti, i resti di queste primitive popolazioni. ■ Documentario; col.; 89′; Italia, 1956.

AMERICA 3000 – IL PIANETA DELLE AMAZZONI *(Thunder Warriors)* ★★

Regia di David Engelbach. Con Maria Mayhenzet, Chuck Wagner. ■ Nell'America della fine del secolo trentesimo, un'intera regione è dominata da una tribù di amazzoni che schiavizzano i poveri uomini. Alcuni prigionieri però riescono a fuggire e danno inizio a una specie di guerriglia. Un po' di maschilismo non farà certo male. ■ Fantascienza; col.; 89′; USA, 1985.

AMERICA VIOLENTA *(The No Mercy Man)* ★★

Regia di Daniel Vance. Con David Booth, Steve Sandor, Rokne Tarkington, Heidi Vaughn. ■ Rientrato dal Vietnam, Olie Hand è diventato un alcolizzato: nemmeno gli atti di vandalismo che una banda di giovani compiono nella fattoria paterna lo scuotono. Solo quando le vite del padre e della sorella sono in pericolo Olie ritorna il giovanotto coraggioso e forte che era prima di partire per la guerra. ■ Drammatico; col.; 90′; USA, 1973.

AMERICA VISTA DA UN FRANCESE, L' *(L'Amérique insolite)* ★★

Regia di François Reichenbach. ■ Il lungometraggio guida lo spettatore da San Francisco a New York e presenta le vedute e le particolarità meno note dei luoghi e della vita degli Stati Uniti. ■ Documentario; col.; 85′; Francia, 1958.

AMERIKA ★

Regia di Maurizio Scaparro. Con Giovanna Di Rauso, Max Malatesta, Mario Monopoli, Enzo Turrin. ■ Spettacolo teatrale ripreso in digitale e trasposto su pellicola. Le disavventure di Karl Rossmann, in fuga dall'Europa, alla scoperta dell'America bizzarra immaginata da Franz Kafka – che non ci sarebbe mai stato – nell'omonimo capolavoro. Quando si fa televisione non si dovrebbe spacciarla per cinema. Si tratta di due linguaggi assolutamente differenti e il pubblico alla fine se ne accorge. Anche perché lo spettacolo teatrale è abbondantemente tagliato. Una stella non per l'opera ma per l'operazione. ■ DRAMMATICO; COL.; 80′; ITALIA, 2004.

AMERIKANO, L' *(Etat de siège)* ★★★
Regia di CONSTANTIN COSTA GAVRAS. Con JEAN-LUC BIDEAU, OTTO EDUARD HASSE, YVES MONTAND, RENATO SALVATORI, MAURICE TEYNAC, JACQUES WEBER. ■ In uno Stato dell'America del Sud (la Bolivia? il Cile?) un commerciante americano è rapito dai Tupamaros. In realtà è un agente della Cia e ha avuto una parte non indifferente nel golpe che ha portato al potere la giunta militare. Processato dai suoi rapitori, viene ucciso. Ispirato a un episodio autentico (l'uccisione dell'agente americano Dan Mitrione), il film è nella buona media di Costa Gavras. ■ DRAMMATICO; COL.; 130′; FRANCIA, 1972. ■ GOLDEN GLOBES 1 NOM.

AMERIQUA ★
Regia di MARCO BELLONE, GIOVANNI CONSONNI. Con ALEC BALDWIN, ROBERT F. KENNEDY III, ALESSANDRA MASTRONARDI, CATHERINE MARY STEWART. ■ Quando i genitori decidono di tagliargli i fondi, il neolaureato Charlie investe gli ultimi soldi ricevuti in un biglietto per l'Italia. Appena arrivato a Napoli viene però derubato e sequestrato da alcuni malviventi, ma riesce a scappare. Dopo essere stato all'ambasciata americana, a Roma, e aver ricevuto un telefonico benservito da mamma e papà, raggiunge Bologna in cui vive Lele, coetaneo gioioso e donnaiolo incontrato in aereo: entrerà in contatto con il calore italico, conoscerà la bella Valentina e la connazionale Vicky. ■ COMMEDIA; COL.; 99′; ITALIA, 2013.

ÂMES FORTES, LES ★★★
Regia di RAOUL RUIZ. Con LAETITIA CASTA, FRÉDÉRIC DIEFENTHAL, ARIELLE DOMBASLE, JOHN MALKOVICH. ■ Francia, alta Provenza, 1945. Nel corso di una notte di veglia delle donne anziane rievocano le vicende di Thérèse, una di loro. Drôme, Francia, 1882. La ventiduenne Thérèse scappa con il fidanzato Firmin a Chatillon. Qui diventa la protetta della donna più elegante e generosa della città, Madame Numance. Firmin non approva un legame con una famiglia che sembra pronta a dissipare i propri averi. Quando il signor Numance muore e la vedova scompare Thérèse diviene erede della loro proprietà difficile da gestire. I contrasti con il marito aumentano fino a farle sorgere il pensiero dell'omicidio. Girato da quello che fu un tempo un regista sperimentale e ispirato a un romanzo di Jean Giono, autore già esplorato dal cinema francese, questo *Les âmes fortes* è un film tipicamente e spettacolarmente francese nei pregi e nei difetti. Grandi sentimenti, scenari incantevoli, attori e tanta, troppa maniera. Adattissimo per una serata di chiusura del Festival di Cannes. Cosa che è puntualmente avvenuta. ■ DRAMMATICO; COL.; 120′; FRANCIA, 2001.

A MEZZANOTTE *(Paid to Dance)* ★★★
Regia di CHARLES C. COLEMAN JR. Con RITA HAYWORTH, DON TERRY, JACQUELINE WELLS. ■ La polizia americana ha fondati sospetti circa l'attività di alcuni gestori di locali da ballo: costoro, oltre che nel contrabbando, sarebbero anche implicati in un giro di "tratta delle bianche". Le autorità, allo scopo di provare tutto ciò, affidano le indagini a un coraggioso agente. ■ POLIZIESCO; B/N; 78′; USA, 1937.

A MEZZANOTTE VA LA RONDA DEL PIACERE ★★★
Regia di MARCELLO FONDATO. Con CLAUDIA CARDINALE, VITTORIO GASSMAN, GIANCARLO GIANNINI, PINO LOCCHI, RENATO POZZETTO, MONICA VITTI. ■ A un processo per tentato omicidio, due coppie a confronto. L'imputata, donna del popolo, rievoca la sua tempestosa relazione con la quasi-vittima. A sua volta una signora, membro della giuria, è portata a ripensare al suo matrimonio con un dongiovanni maschilista. Fine del processo: l'imputata si riconcilia, la giurata si divide. ■ COMMEDIA; COL.; 100′; ITALIA, 1975.

A MIA MADRE PIACCIONO LE DONNE ★★
(A mi madre le gustan las mujeres)
Regia di DANIELA FEJERMAN, INÉS PARÍS. Con SILVIA ABASCAL, CHISCO AMADO, ALEX ANGULO, XAVIER ELORRIEGA, AITOR MAZO, MARÌA PUJALTE, ROSA MARIA SARDÀ, ELISKA SIROVA, LEONOR WAITLING. ■ Il giorno del suo compleanno Sofia annuncia alle figlie di essersi innamorata di una donna! Le tre sorelle accettano la cosa senza problemi, ma solo in apparenza, perché iniziano ben presto a mettere i bastoni tra le ruote alla madre e alla sua bella pianista ceca. Le commedie spagnole non possono non confrontarsi con il cinema di Almodóvar. Questa a maggior ragione perché presenta nel cast una delle protagoniste di *Parla con lei*. ■ COMMEDIA; COL.; 96′; SPAGNA, 2001.

AMIAMOCI *(Let's Fall in Love)* ★★
Regia di DAVID BURTON. Con TALA BIRELL, EDMUND LOWE, GREGORY RATOFF, ANN SOTHERN. ■ A Hollywood si cerca affannosamente, ma senza successo, una ragazza svedese per l'interpretazione di un film. Per caso, il regista nota a una fiera una fanciulla adattissima al ruolo. Le fa imparare la lingua svedese e poi la lancia come autentica star di Svezia. La fidanzata del regista, gelosa, svela al pubblico la verità sulla falsa diva nordica ma il fatto, anziché nuocere, giova alla giovane attrice. ■ COMMEDIA; B/N; 67′; USA, 1934.

AMIAMOCI COSÌ ★★
Regia di GIORGIO SIMONELLI. Con ANDREA CHECCHI, WOLFANG KEPPLER, RENZO MERUSI, VANNA VANNI, LORETTA VINCI. ■ Una ragazza incinta chiede al fidanzato di sposarla, ma il padre di lui si oppone al matrimonio e invia il figlio nel lontanissimo Oriente. La giovane muore di parto e il bimbo viene affidato a una sorella. Quando il ragazzo torna dal viaggio, riconosce come proprio il piccino, benché la sorella della sua defunta fidanzata sia inizialmente contraria. ■ DRAMMATICO; B/N; 87′; ITALIA, 1940.

AMIAMOCI COSÌ BELLE SIGNORE – L'ULTIMO DEGLI AMANTI *(Last of the Red Hot Lovers)* ★★
Regia di GENE SAKS. Con ALAN ARKIN, SALLY KELLERMAN, PAULA PRENTISS, RENÉE TAYLOR. ■ Barny, sposato a Telma, 45enne padre di tre figli, ad un certo momento ha una crisi esistenziale: il pensiero della morte lo spaventa. Deciso a fare un "gesto" per lui sensazionale, tenta un'evasione extra-coniugale ma fallisce con ben tre donne. "Riscopre" allora la moglie e cerca con lei nuove sensazioni. ■ COMMEDIA; COL.; 98′; USA, 1972.

A MIA SORELLA *(A ma soeur)* ★★
Regia di CATHERINE BREILLAT. Con LIBERO DE RIENZO, ROXANE MESQUIDA. ■ Due sorelle francesi in vacanza al mare. La prima (sedicenne) attraente, la seconda (due anni di meno) decisamente sovrappeso. La prima non può mettere il naso fuori di casa se non accompagnata dalla seconda alla quale non risparmia critiche e apprezzamenti pesanti sull'aspetto fisico. La prima conosce in un bar e subito flirta con Fernando, uno studente italiano di Legge. Lo porta a casa e la notte lui cerca subito il rapporto completo. Ma lei è vergine e nella stessa stanza dorme la sorella. La notte successiva, grazie anche al dono di un anello prezioso, le cose vanno oltre. Peccato che arrivi la madre del ragazzo pretendendo la restituzione dell'anello che le appartiene. Le vacanze terminano all'improvviso. Si ritorna a casa ma nel corso di una sosta la madre e le figlie verranno aggredite da un maniaco. Catherine Breillat ha il grande merito della coerenza. Continua ad esplorare le pieghe più intime della sessualità individuandone ogni volta l'aspetto perturbante. In questa occasione sceglie inizialmente una cifra stilistica quasi rohmeriana. ■ DRAMMATICO; COL.; 95′; FRANCIA, 2001.

AMICA, L' *(Old Acquaintance)* ★★★
Regia di VINCENT SHERMAN. Con BETTE DAVIS, MIRIAM HOPKINS, JOHN LODER, GIG YOUNG. ■ Due vecchie amiche, entrambe romanziere di successo, combattono per anni una lunga battaglia per rubarsi gli uomini e la considerazione degli editori. Una delle due però, nonostante le apparenze, è più pulita della collega e alla fine rinuncia all'uomo che ama a favore della figlia della rivale. Battaglia di dame: due mattatrici, Bette Davis e Miriam Hopkins, l'una contro l'altra. ■ COMMEDIA; B/N; 110′; USA, 1943.

AMICA, L' ★★
Regia di ALBERTO LATTUADA. Con GABRIELE FERZETTI, LISA GASTONI, RAYMOND LOVELOCK, ELSA MARTINELLI, JEAN SOREL, FRANK WOLFF. ■ Una bella donna dell'alta società milane-

se, tradita dal marito, decide di inventarsi un amante. Ma la prima con cui si confida è proprio l'amante vera dell'uomo da lei scelto, che non perde quest'ulteriore occasione per spettegolare. La bella allora si vendicherà seducendo non solo l'amico dell'amica, ma anche il marito di lei e il figlio adolescente. ■ COMMEDIA; COL.; 105'; ITALIA, 1969.

AMICA DELLE CINQUE E MEZZO, L' ★★★
(On a Clear Day You Can See Forever)
Regia di VINCENTE MINNELLI. Con LARRY BLYDEN, YVES MONTAND, JACK NICHOLSON, JOHN RICHARDSON, BARBRA STREISAND. ■ Una ragazza bruttina e complessata si mette in cura da uno psichiatra e costui scopre che è la reincarnazione di una fascinosa dama del Settecento inglese. Il dottore si innamora della reincarnazione. ■ MUSICAL; COL.; 129'; USA, 1970.

AMICHE *(Circle of Friends)* ★★
Regia di PAT O'CONNOR. Con SAFFRON BURROWS, ALAN CUMMINGS, MINNIE DRIVER, COLIN FIRTH, CHRIS O'DONNELL, GERALDINE O'RAWE. ■ L'azione si svolge negli anni Sessanta a Dublino. Due amiche del cuore stanno frequentando l'università. Una delle due viene sedotta e abbandonata da un facoltoso aristocratico. Per salvare le apparenze decide di ingannare l'amica e il fidanzato di quest'ultima. ■ DRAMMATICO; COL.; 100'; IRLANDA, USA, 1995.

AMICHE, LE ★★★★
Regia di MICHELANGELO ANTONIONI. Con VALENTINA CORTESE, GABRIELE FERZETTI, YVONNE FURNEAUX, ETTORE MANNI, ELEONORA ROSSI DRAGO. ■ Tratto dal romanzo *Tra donne sole* di Cesare Pavese, è la storia di quattro donne che vivono a Torino. Clelia lavora; Nene si strugge per il marito infedele; Rosetta s'annoia e poi si suicida; Momina intriga. Uno dei primi film italiani con ritratti femminili ben delineati. L'opera migliore del primo Antonioni. ■ DRAMMATICO; B/N; 106'; ITALIA, 1955. ■ VENEZIA 1 PR.

AMICHE AMERICANE, LE *(American Friends)* ★★★
Regia di TRISTRAM POWELL. Con TRINI ALVARADO, CONNIE BOOTH, ALFRED MOLINA, MICHAEL PALIN. ■ Siamo nel 1864 sulle Alpi svizzere dove si è recato un professore dell'università di Oxford; conosce due americane: la diciassettenne Elinor e la sua tutrice e la loro grande gioiosità lo rende felice. Deve però fare ritorno a Oxford perché sta morendo il vecchio rettore della scuola. Una volta accarezzava il sogno di diventare rettore ma ora si chiede se i libri sono tutto nella vita. ■ COMMEDIA; COL.; 95'; GRAN BRETAGNA, 1991.

AMICHE CATTIVE *(Jawbreaker)* ★
Regia di DARREN STEIN. Con JULIE BENZ, CHAD CHRIST, REBECCA GAYHEART, JUDY GREER, CAROL KANE, ROSE MCGOWAN. ■ Courtney è la ragazza più attraente del liceo Reagan. Con l'aiuto di due coetanee uccide preterintenzionalmente Liz (amica ma anche rivale). Per far tacere Fern, una bruttina che ha visto tutto, la fa entrare nella sua banda e la trasforma in una ragazza appariscente. Con due attori che sono stati in *Carrie* (P. J. Soles e William Katt) che interpretano i genitori di Liz, Stein crede di risolvere il vuoto che percorre un film che vorrebbe essere trasgressivo ed è solo cinico ■ THRILLER; COL.; 87'; USA, 1999.

AMICHE DA MORIRE ★★
Regia di GIORGINA FARINA. Con CRISTIANA CAPOTONDI, MARINA CONFALONI, CORRADO FARINA, CLAUDIA GERINI, SABRINA IMPACCIATORE. ■ In un'imprecisata isola del Sud Italia vivono tre donne diverse per carattere, (com)portamento e costume. Gilda, intensa e verace "boccadirosa", è arrivata dal continente a portare gioia ai pescatori di tonno; Olivia, ingenua e fedele consorte, è sposata col ragazzo più bello del paese e patisce per questo l'invidia delle comari; Crocetta, modesta e maldestra, è invisa agli uomini e sopporta una fama da iettatrice. Coinvolte da Olivia nell'omicidio a sangue freddo del marito, ladro e fedifrago, le donne provano solidali a coprire l'accaduto e a nascondere l'ingente refurtiva accumulata dall'uomo in numerose rapine. Mix di indagine poliziesca, sitcom e commedia amicale, *Amiche da morire* è un prodotto singolare nel panorama del cinema italiano, che conta poche donne alla regia e pochi ruoli umoristici per le donne davanti alla macchina da presa. ■ COMMEDIA; COL.; 103'; ITALIA, 2013.

AMICHE DEL CUORE, LE ★★★
Regia di MICHELE PLACIDO. Con ASIA ARGENTO, ENRICO LO VERSO, CARLOTTA NATOLI, CLAUDIA PANDOLFI, MICHELE PLACIDO. ■ La storia parla di tre amiche coi problemi dell'adolescenza. Una cerca di farsi strada nel mondo della pubblicità ma è costretta a sottostare alle classiche regole di "letto"; la seconda è infermiera e ha la madre pillole-dipendente; la terza è il personaggio centrale della storia e ha un rapporto incestuoso col padre. Quest'ultima, Sabrina, conosce un bravo ragazzo ma il padre confessando la tresca riesce ad allontanarlo da lei. Sabrina così, in mezzo ai botti di Capodanno, finirà con l'assassinare il genitore. Seconda prova registica di Placido che, a parte qualche ingenuità, ha dimostrato bravura stilistica e una buona proprietà del mezzo. Brave le giovani attrici, bravissima Asia Argento. ■ DRAMMATICO; COL.; 110'; ITALIA, 1992.

AMICHE DELLA SPOSA, LE *(Bridesmaids)* ★★★
Regia di PAUL FEIG. Con ELLIE KEMPER, MELISSA MCCARTHY, WENDI MCLENDON-COVEY, MAYA RUDOLPH, KRISTEN WIIG. ■ Annie ha quarant'anni, un ex fidanzato, un'ex professione e una sola certezza: la sua amica Lillian. Inseparabili, Annie e Lillian hanno condiviso ogni giorno della loro vita e coltivato lo stesso sogno: sposarsi e realizzarsi nel matrimonio. Mentre Annie perde tempo e dignità nel letto di uno sciupafemmine ossessionato dal sesso orale, Lillian riceve un anello e una proposta di matrimonio. Oltremodo felice chiede a Annie di essere la sua damigella d'onore e di accompagnarla all'altare e incontro all'avventura più bella della vita. Annie accetta con entusiasmo di organizzare il matrimonio dell'amica ma dovrà fare i conti con Helen, ricca e viziata signora che aspira al suo posto nel cuore di Lillian, e le sue tre strampalate amiche. Al verde, depressa e ostacolata da Helen, Annie proverà a "resistere" con l'aiuto di un agente di polizia, innamorato e determinato ad accenderle cuore e fanalino di coda. La dimensione corporale e scatologica imbocca la via per l'altare incrinando (per sempre) la glassata piacevolezza delle torte nuziali e le patine ideologiche di tante commedie matrimoniali. ■ COMMEDIA; COL.; 125'; USA, 2011.

AMICHE IN ATTESA *(Waiting)* ★★★
Regia di JACKIE MCKIMMIE. Con DEBORRA-LEE FURNESS, NONI HAZLEHURST, FRANK WHITTEN. ■ Siamo nei dintorni di Sydney, in una fattoria. Quattro amiche: Clare che non può avere figli ha chiesto a Sandy di procreare per lei; Diane lavora nella moda e Therese è regista di documentari impegnati. Gli uomini che ruotano intorno a loro sono solo spettatori dei loro problemi mentre le amiche sono impegnate ad aiutarsi e a ferirsi psicologicamente. ■ COMMEDIA; COL.; 95'; AUSTRIA, 1991.

AMICHE PER SEMPRE *(Now and Then)* ★★
Regia di LESLI LINKA GLATTER. Con MELANIE GRIFFITH, GABY HOFFMAN, DEMI MOORE, CHRISTINA RICCI. ■ Gaslight Addiction, Indiana. Quattro amiche sopra i trent'anni si ritrovano in occasione del parto di una di loro. Danno pertanto inizio a una sequela di ricordi che delineano un quadro sociologico del 1970, anno in cui è collocata la vicenda che regge soprattutto grazie alla prestazione della attrici che interpretano i ruoli "giovanili". ■ COMMEDIA; COL.; 101'; USA, 1995.

AMICHEVOLE RIVALITÀ *(Friendly Enemies)* ★★★
Regia di ALLAN DWAN. Con JAMES CRAIG, NANCY KELLY, OTTO KRUGER, CHARLES RUGGLES, CHARLES WINNINGER. ■ Durante la prima guerra mondiale, l'amicizia fra due milionari americani di origine tedesca si incrina a causa delle differenti idee politiche sulla guerra. Una commedia vivace con due vecchi buffoni da *vaudeville*. ■ COMMEDIA; B/N; 95'; USA, 1942. ■ OSCAR 1 NOM.

AMICI AHRARARA ★★
Regia di FRANCO AMURRI. Con SONIA AQUINO, BRUNO ARENA, MASSIMILIANO CAVALLARI, GIUSTINO DURANO, GIANNI FERRERI. ■ I Fichi d'India passano al cinema nel ruolo di due cugini senza soldi che hanno la passione per le invenzioni da brevettare. Sopravvivono grazie all'aiuto dello zio (Giustino Durano ancora "zio" dopo *La vita è bella*) ricco ma insofferente nei loro confronti. L'uomo non gode di ottima salute e i due, temendo a ragione di essere esclusi dal testamento, si travestono da "zie" per convin-

cerlo a tener conto dei due nipoti. L'uomo sembra quasi convinto ma viene colpito da amnesia. Che fare? Si tenta di portarlo in luoghi che gli facciano tornare la memoria ma la polizia ritiene che si tratti di sequestro e si mette sulle loro tracce. Chi scrive non ha amato affatto i due attori nelle loro performance televisive, anche se, nel momento in cui sono passati sul grande schermo, hanno saputo dar vita a un gradevole e disimpegnato mix dei loro personaggi televisivi e di situazioni nuove. ■ COMMEDIA; COL.; 90'; ITALIA, 2001.

AMICI, AMANTI E ... *(No Strings Attached)* ★★
Regia di IVAN REITMAN. Con CARY ELWES, GRETA GERWIG, KEVIN KLINE, ASHTON KUTCHER, NATALIE PORTMAN. ■ Una ragazza molto piccola incontra un ragazzo molto alto. Qualcosa nasce, ma Emma non ne vuole proprio sapere di innamorarsi e Adam da parte sua ha una fidanzata da dimenticare, che ha sedotto il suo celebre padre. Decisi a rinunciare a qualsivoglia coinvolgimento sentimentale, Emma e Adam cercano di realizzarsi nelle rispettive carriere e di "amarsi" nelle pause, nella ricreazione, negli intervalli delle loro vite a tempo pieno. Dottoressa tirocinante lei, assistente televisivo con una sceneggiatura nel cassetto lui, gli amanti provano a dimostrare sopra e sotto le lenzuola che un uomo e una donna possono essere amici. Almeno fino a quando il cuore non prenderà il sopravvento, facendo strike delle regole e delle resistenze. ■ COMMEDIA; COL.; 108'; USA, 2011.

AMICI COME PRIMA *(Best Friends)* ★★★
Regia di NORMAN JEWISON. Con GOLDIE HAWN, BURT REYNOLDS, JESSICA TANDY. ■ Due sceneggiatori si amano e vivono insieme da anni, finché decidono di sposarsi. Ma proprio il matrimonio, e l'incontro con le rispettive scombinate famiglie, segna la crisi del loro rapporto, e stanno per divorziare. Solo quando un deciso produttore li chiude a chiave in una stanza per farli lavorare alla sceneggiatura di un film, ritrovano l'armonia. ■ COMMEDIA; COL.; 116'; USA, 1982. ■ GOLDEN GLOBES 1 NOM; OSCAR 1 NOM.

AMICI, COMPLICI, AMANTI *(Torch Song Trilogy)* ★★★
Regia di PAUL BOGART. Con ANNE BANCROFT, MATTHEW BRODERICK, BRIAN KERWIN. ■ Dieci anni della vita di un omosessuale ebreo di Brooklyn. Come travestito, diventa una stella dello spettacolo off Broadway. Ma la sua vita non è facile anche nella permissiva New York. Il protagonista deve vedersela con la famiglia (i genitori non hanno mai accettato del tutto la sua diversità), con i suoi amanti (un professore bisessuale e un modello pubblicitario). Infine con il "figlio", un ragazzo difficile che è riuscito ad adottare. ■ COMMEDIA; COL.; 117'; USA, 1988.

AMICI DEGLI AMICI HANNO SAPUTO, GLI ★★
Regia di FULVIO MARCOLIN. Con PINO CARUSO, HÉLÈNE CHANEL, GINO MILLI, PASCALE PETIT, SIMONETTA STEFANELLI. ■ È uno dei tanti film che vorrebbero indagare sulle motivazioni sociologiche del fenomeno mafioso, ma è solo un lavoro bruttino, superficiale e slegato. ■ DRAMMATICO; COL.; 105'; ITALIA, 1972.

AMICI DEL BAR MARGHERITA, GLI ★★
Regia di PUPI AVATI. Con DIEGO ABATANTUONO, LAURA CHIATTI, FABIO DE LUIGI, LUIGI LO CASCIO. ■ Bologna, 1954. Il diciottenne Taddeo vive con la mamma e il nonno e sogna di poter diventare un frequentatore del Bar Margherita. Si procura una macchina e un po' di fortuna e ottiene il soprannome di "Coso", il ruolo di autista di Al nelle sue visite notturne al night club Esedra, e poi un piatto di lasagne alla stazione. È così che conosce: Bep, che non si toglie mai i guanti da guida perché il padre gli ha promesso una Porsche; Gian, che ha ricevuto una lettera d'invito dal Festival di Sanremo; Manuelo che commercia in auto rubate e spoglia le donne con gli occhi, e Zanchi, Sarti, Pus e Mentos. L'amarcord del Bar Margherita procede con l'andamento dell'aneddoto, legato da due storie maggiori, corrispondenti a due pesanti scherzi, che ruotano intorno al racconto corale di una festa, un compleanno in casa, rappresentata da una sequenza che vale il film. Pupi Avati si addentra nei ricordi adolescenziali. ■ COMMEDIA; COL.; 90'; ITALIA, 2009.

AMICI DEL DRAGO, GLI *(Death Dimension)* ★★
Regia di AL ADAMSON. Con JIM KELLY, GEORGE LAZENBY, BRUCE LEE, MIRON, ALDO RAY, HAROLD SAKATA. ■ Inventata una bomba che uccide per congelamento, John Mason ne nasconde la formula in un microfilm, cela il microfilm sotto la tempia della sua assistente, poi si ammazza. La ragazza va in California per consegnare la formula a un generale americano, ma cade nel tranello tesole dal boss mafioso Pig che vuole vendere la bomba a una nazione straniera. Un coraggioso poliziotto di colore libera la donna, scova Pig e distrugge il microfilm. ■ AVVENTURA; COL.; 89'; USA, 1978.

AMICI DELL'ISOLA, GLI ★★
Regia di MASSIMO PUPILLO. Con MAX HUNTER, MASSIMO PUPILLO, RALPH ZUCKER. ■ In Sardegna nasce l'amicizia tra un ragazzo che si trova nell'isola per trascorrere le vacanze e un giovane guardiano di greggi. I due ragazzi scoprono insieme segreti e bellezze della regione. ■ AVVENTURA; COL.; 43'; ITALIA, 1961.

AMICI DI EDDIE COYLE, GLI ★★★
(Friends of Eddie Coyle)
Regia di PETER YATES. Con PETER BOYLE, RICHARD JORDAN, STEVEN KEATS, ROBERT MITCHUM, MITCHELL RYAN. ■ Un lestofante di mezza tacca, ormai ritiratosi a vita privata, è costretto dalla circostanze (e dai ricatti di un furbo commissario) a diventare un informatore della polizia. Gli "amici" se ne accorgono e incaricano un negoziante (altro spione, ma più abile e carogna) di eliminarlo. ■ GIALLO; COL.; 102'; USA, 1973.

AMICI DI GEORGIA, GLI *(Four Friends)* ★★★
Regia di ARTHUR PENN. Con MICHAEL HUDDLESTON, JODI THELEN, CRAIG WASSON. ■ Siamo negli anni Sessanta; tre studenti americani sono innamorati della stessa ragazza, Georgia. David, diventato impresario di pompe funebri, riesce a sposarla, ma lei aspetta un figlio da Tom, che però parte per il Vietnam e torna anni dopo con una moglie e due bambini dagli occhi a mandorla. Il terzo amico, Danilo, si mette *on the road* alla ricerca di se stesso e dell'amore perduto, mentre Georgia insegue inutilmente un improbabile successo artistico. Quattro storie malinconiche, per raccontare il malessere di una generazione. ■ DRAMMATICO; COL.; 115'; USA, 1981.

AMICI DI LETTI *(Waking up in Reno)* ★
Regia di JORDAN BRADY. Con PENELOPE CRUZ, NATASHA RICHARDSON, PATRICK SWAYZE, CHARLIZE THERON, BILLY BOB THORNTON. ■ Darlene (Natasha Richardson) e Lonnie Earl (Billy Bob Thornton) decidono di passare una vacanza *on the road* con una coppia di amici: Roy (Patrick Swayze) e Candy (Charlize Theron). Ma entrambe le coppie stanno affrontando un momento di crisi e Lonnie e Candy, che in passato hanno avuto una relazione clandestina, vedono riaccendersi il fuoco della passione. La noia regna sovrana in un film che spreca il talento di ben quattro star in un colpo solo. ■ COMMEDIA; COL.; 91'; USA, 2001.

AMICI DI LETTO *(Friends with Benefits)* ★★
Regia di WILL GLUCK. Con PATRICIA CLARCKSON, WOODY HARRELSON, MILA KUNIS, JUSTIN TIMBERLAKE, EMMA STONE. ■ Jamie e Dylan hanno rotto con i rispettivi partner. Per Dylan ricominciare può sembrare facile: gli è stato offerto di lasciare Los Angeles per New York dove potrebbe diventare art director del magazine «GQ». La cacciatrice di teste che lo ha contattato è Jamie. Dylan viene assunto e Jamie otterrà un bonus supplementare se lui non lascerà il lavoro almeno per un anno. I due fanno amicizia e si rivelano le reciproche disillusioni amorose. Decidono così che sia possibile, se c'è la chimica giusta, fare sesso quando ne avranno voglia senza alcun tipo di coinvolgimento sentimentale. La chimica c'è. Riusciranno a mantenere la loro relazione in quel "confine"? ■ Commedia; col.; 109'; USA, 2011.

AMICI DI NICK HEZARD, GLI ★★
Regia di FERNANDO DI LEO. Con LEE J. COBB, VALENTINA CORTESE, GABRIELE FERZETTI, LUC MERENDA, LUCIANA PALUZZI. ■ Per vendicare la morte di un amico, un giovane lestofante in Svizzera predispone un "orologio" (cioè una truffa molto macchinosa) ai danni del principale responsabile, un affarista americano. Gli fa credere di esser stato coinvolto in un omicidio e gli soffia un numero imprecisato di miliardi. Imitazione de *La stangata*. ■ AVVENTURA; COL.; 100'; ITALIA, 1975.

AMICI DI PETER, GLI *(Peter's Friends)* ★★★
Regia di KENNETH BRANAGH. Con KENNETH BRANAGH, STEPHEN FRY, HUGH LAURIE, EMMA THOMPSON. ■ Ispirato a Oscar Wilde e a Brett Sinclair questo piacevole film di Branagh risulta molto vicino al *Grande freddo* di Kasdan. Prodotto inglese, reso scorrevole da un'infinità di canzoni che fanno da sottofondo, ma con stile americano. Un gruppo di amici si ritrova dopo dieci anni nella villa di uno di loro, l'unico senza una donna. Tra situazioni allegre e tristi si giunge al momento in cui il padrone di casa annuncerà di essere sieropositivo, ma senza piagnistei. ■ COMMEDIA; COL.; 101'; GRAN BRETAGNA, 1992.

AMICI E NEMICI *(Escape to Athena)* ★★
Regia di GEORGE PAN COSMATOS. Con CLAUDIA CARDINALE, ELLIOTT GOULD, WILLIAM HOLDEN, ROGER MOORE, TELLY SAVALAS. ■ Rodi, 1945. Gli Alleati stanno per sbarcare sulle coste dell'Egeo e i tedeschi si preparano ad accoglierli con un missile superpotente. Ma i partigiani locali fanno fuori la guarnigione germanica e distruggono il luogo adibito a rampa di lancio. Cosmatos (*Rappresaglia* e *The Cassandra Crossing*), regista greco, propone questo film assai sciocco e mal confezionato. L'unico attore che si salva è Elliott Gould. ■ GUERRA; COL.; 101'; USA, 1979.

AMICI & VICINI *(Your Friends & Neighbours)* ★★
Regia di NEIL LABUTE. Con AMY BRENNEMAN, AARON ECKHART, CATHERINE KEENER, NASTASSJA KINSKI, JASON PATRIC, BEN STILLER. ■ Dopo la sorpresa di *Nella società degli uomini*, LaBute colpisce ancora una volta con un film in cui narra di solitudini sotto forma di nevrosi sessuali che si manifestano sotto forma di ossessioni, impotenza, devianza, insoddisfazioni di varia natura. Lo spettatore viene però spiazzato da una struttura della sceneggiatura che non gli offre coordinate né sul piano temporale né su quello narrativo o geografico. È costretto quindi a "navigare" a vista in un succedersi di quadri patologici ancor più disturbanti perché molto, troppo vicini alla quotidiana "normalità" della vita. ■ COMMEDIA; COL.; 100'; USA, 1998.

♥ **AMICI MIEI** ★★★★
Regia di MARIO MONICELLI. Con BERNARD BLIER, ADOLFO CELI, DUILIO DEL PRETE, OLGA KARLATOS, GASTONE MOSCHIN, PHILIPPE NOIRET, UGO TOGNAZZI. ■ Quattro amici sui cinquanta (tutti con una voglia matta di rimanere giovani, di vivere una vita picaresca come da ragazzi) ogni tanto lasciano le rispettive occupazioni e si radunano per le "zingarate" (vagabondaggi, scherzi feroci, ragazzate). Finché uno di loro muore (anche se la moglie crede fino all'ultimo che si tratti di una beffa dell'incorreggibile personaggio). Mario Monicelli riprende un soggetto che il povero Pietro Germi non aveva fatto in tempo a realizzare e lo traduce in immagini con l'abilità che gli è propria. Un bel film con notevoli interpretazioni, tra cui anche Bernard Blier in una macchietta di credulone molto divertente. ■ COMMEDIA; COL.; 140'; ITALIA, 1975. ■ DAVID DI DONATELLO 2 PR, 2 NOM.

AMICI MIEI ATTO II ★★★
Regia di MARIO MONICELLI. Con ADOLFO CELI, RENZO MONTAGNANI, GASTONE MOSCHIN, UGO TOGNAZZI. ■ Capitolo secondo delle avventure goliardiche dei quattro amici toscanacci. Per due ore si assiste ad una girandola di scherzi e disavventure private del presente, che si alternano a flash-back che propongono vecchie avventure di quando era ancora vivo il Perozzi (il quinto amico interpretato da Philippe Noiret, che muore alla fine di *Amici miei*). Tutto bene finché all'improvviso una trombosi blocca su una sedia a rotelle il Mascetti. Si ride ancora. ■ COMMEDIA; COL.; 129'; ITALIA, 1982.

AMICI MIEI ATTO III ★★
Regia di NANNI LOY. Con BERNARD BLIER, CATERINA BORATTO, ENZO CANNAVALE, ADOLFO CELI, MARIO FELICIANI, RENZO MONTAGNANI, GASTONE MOSCHIN, UGO TOGNAZZI. ■ Rigurgito di goliardiche "zingarate" per quattro amici ormai vecchiotti. Mascetti (Tognazzi) ridotto sulla sedia a rotelle, se ne va in una casa di riposo. Gli altri, benché non abbiano ancora l'età, lo seguono a razzo. Naturalmente per continuare le beffe ai danni dei vecchietti ospiti. Il terzo capitolo della saga degli "amici" è più debole degli altri, ma si lascia seguire. ■ COMMEDIA; COL.; 111'; ITALIA, 1985.

AMICI MIEI. COME TUTTO EBBE INIZIO ★
Regia di NERI PARENTI. Con CHRISTIAN DE SICA, PAOLO HENDEL, MASSIMO GHINI, GIORGIO PANARIELLO, MICHELE PLACIDO. ■ Nella Firenze "magnifica" di Lorenzo De' Medici, cinque amici praticano con disinvoltura l'ozio e la bischerata. Irresponsabili e impenitenti, si ritrovano periodicamente per esorcizzare un domani di cui non v'è certezza, perché la peste è alle porte e il Savonarola è in città a predicare l'Apocalisse e a infliggere castighi. ■ COMMEDIA; COL.; 108'; ITALIA, 2011.

AMICI MIEI IN CAMPAGNA *(Le treufle à cinq feuilles)* ★★
Regia di EDMOND FREES. Con PHILIPPE NOIRET, LISELOTTE PULVER. ■ Una coppia di simpatici sposi di mezza età ha l'abitudine di ospitare nella sua casa di campagna ogni sorta di tipi strani e di parassiti (basta che siano divertenti). Purtroppo mantenere quel reggimento di scrocconi si rivela presto un impegno troppo pesante per le finanze del padrone di casa... ■ COMMEDIA; COL.; 90'; FRANCIA, 1971.

AMICINEMICI – LE AVVENTURE DI GAV E MEI ★★★
(Arashi no yoru ni)
Regia di GISABURO SUGII. ■ In fuga da un violento temporale, una giovane pecora di nome Mei rimane isolata dal resto del gregge e si rifugia in una capanna. Presto scopre di non essere sola. Il buio impedisce ai due occupanti di vedersi e un potente raffreddore non permette di annusarsi, così durante la conversazione si convincono di appartenere alla stessa specie. Si danno appuntamento per un picnic "al buio" il giorno dopo, con una parola d'ordine per potersi riconoscere. È così che Mei incontra Gav il lupo. Dopo lo shock iniziale, decidono di continuare a frequentarsi e Gav stesso aiuta Mei a scappare dai propri compagni predatori. ■ ANIMAZIONE; COL.; 110'; GIAPPONE, 2005.

AMICI PER GIOCO, AMICI PER SESSO *(Threesome)* ★
Regia di ANDREW FLEMING. Con STEPHEN BALDWIN, JOSH CHARLES, LARA FLYNN BOYLE. ■ I giovani davanti al bivio della vita, in vicinanza della maturità. Eddy, Alex (una ragazza) e Stuart coabitano nella stessa casa e sono innamorati tra di loro ma con alcuni intoppi. Uno infatti ha problemi di sesso e la ragazza è indecisa. ■ COMMEDIA; COL.; 95'; USA, 1993.

AMICI PER LA PELLE ★★★
Regia di FRANCO ROSSI. Con GERONIMO MEYNIER, ANDREA SCIRÉ, CARLO TAMBERLANI, LUIGI TOSI. ■ Dopo uno scontro iniziale, gli alunni di III media Mario e Franco, diventano amici. Mario appartiene ad una modesta famiglia piccolo-borghese, mentre Franco è figlio di un diplomatico. Quando Franco sta per trasferirsi altrove per la professione del padre, Mario ottiene che il ragazzo resti a Roma presso la sua famiglia, ma uno spiacevole episodio di cui si rende colpevole lo stesso Mario induce Franco a partire col padre. ■ COMMEDIA; B/N; 100'; ITALIA, 1955.

AMICI PER SEMPRE *(The Guys)* ★
Regia di GLENN JORDAN. Con JOHN LITHGOW, JAMES WOODS. ■ Due amici sono entrambi scrittori. Un tumore al polmone colpisce quello dei due che fuma tre pacchetti al giorno. L'amicizia sarà messa alla prova. ■ DRAMMATICO; COL.; 91'; USA, 1990.

AMICI PER SEMPRE *(The Cure)* ★★
Regia di PETER HORTON. Con JOSEPH MAZZELLO, BRAD RENFRO, DIANA SCARDWID, ANNABELLA SCIORRA. ■ Vita molto difficile di un bambino malato di Aids. La sua emarginazione non è diversa da quella che vivrebbe un adulto nella stessa condizione. Per fortuna c'è l'eccezione: un amico vero, che aiuterà il piccolo malato ad affrontare il suo destino con minor disperazione. Prodotto corretto, anche se sottolinea aspetti conosciuti e convenzionali della vicenda. Molto bravi i due ragazzi. ■ DRAMMATICO; COL.; 99'; USA, 1995.

AMICI PIÙ DI PRIMA ★★
Regia di MARINO GIROLAMI, GIANNI GRIMALDI, GIORGIO SIMONELLI. Con LINO BANFI, ISABELLA BIAGINI, PAOLO CARLINI, FRANCO FRANCHI, CICCIO INGRASSIA. ■ Il film è un'antologia di scenette comiche tratte da diversi film. ■ COMICO; COL.; 95'; ITALIA, 1976.

AMICIZIA ★★★
Regia di ORESTE BIANCOLI. Con NINO BESOZZI, ELSA MERLINI,

LUIGI MOTTURA, ENRICO VIARISIO. ■ Un giovanotto, innamorato della moglie del suo miglior amico, per evitare conseguenze parte per un lungo viaggio. Quando ritorna (guarito) la situazione, per una serie di equivoci, si fa per lui insostenibile. Alla fine, però, tutto si chiarirà felicemente. ■ COMMEDIA; B/N; 89'; ITALIA, 1938.

AMICIZIA PERICOLOSA, UN' *(Dangerous Company)* ★★
Regia di LAMONT JOHNSON. Con BEAU BRIDGES, CARLOS BROWN, KAREN CARLSON. ■ Film per la tv che si ispira alla vera storia del criminale Ray Johnson, interpretato da Beau Bridges (fratello del più noto Jeff). Nel 1958 Ray e un altro criminale evadono dalla prigione di massima sicurezza di Folso, dopo un serrato inseguimento i due fuggitivi vengono ripresi. Ray sarà punito con quattro anni di isolamento e alla fine verrà rilasciato in libertà vigilata. ■ DRAMMATICO; COL.; 120'; USA, 1982.

AMICIZIE PARTICOLARI, LE ★★★
(Les amitiès particulières)
Regia di JEAN DELANNOY. Con MICHEL BOUQUET, DIDIER HAUDEPIN, FRANCIS LACOMBRADE, LUCIEN NAT, LOUIS SEIGNER. ■ Due ragazzini in un collegio di preti diventano amici, poi complici, infine qualcosa di più. Quando i loro professori se ne accorgono, cercano di correre ai ripari, di separare i due ragazzi. ■ DRAMMATICO; B/N; 102'; FRANCIA, 1967.

AMICIZIE PERICOLOSE *(Jason's Lyric)* ★★★
Regia di DOUG MCHENRY. Con ALLEN PAYNE, JADA PINKETT-SMITH, FOREST WHITAKER. ■ Due fratelli con due destini diametralmente opposti e con caratteri antitetici. Whitaker interpreta il ruolo del padre, reduce del Vietnam, morto in maniera violenta. Un film inquieto e rispettabile. ■ DRAMMATICO; COL.; 120'; USA, 1994.

AMICO, UN ★★
Regia di ERNESTO GUIDA. Con GIULIO BOSETTI, FORTUNATO MARSALA, GIUSEPPE PELLEGRINO. ■ Un bimbo, Scricchiolo, fugge da casa perché il padre vuole vendere il suo cane. Dopo un lungo girovagare, giunge al mare. Su un'isola incontra tre evasi che lo prendono in simpatia: uno di essi, detto il "Professore", stabilisce con il fanciullo un rapporto di vera amicizia. Ritornati sul continente, ciascuno imbocca la propria strada, ma Scricchiolo e il Professore restano insieme: il galeotto riaccompagna il ragazzino dai suoi genitori. ■ AVVENTURA; COL.; 93'; ITALIA, 1967.

AMICO AMERICANO, L' *(Der amerikanische Freund)* ★★★
Regia di WIM WENDERS. Con GÉRARD BLAIN, SAMUEL FULLER, BRUNO GANZ, DENNIS HOPPER, LISA KREUZER, NICHOLAS RAY. ■ Un poveraccio che ha pochi mesi di vita si lascia convincere dal losco Ripley, avventuriero americano, a uccidere un uomo nella metropolitana di Parigi. In seguito però i due dovranno affrontare la banda dei datori di lavoro, che non vogliono stare ai patti. Uno fra i grandi del "nuovo cinema tedesco", al suo esordio nel "cinema ricco" (cioè con capitali e doppiaggio americani). Il risultato è un ottimo giallo, con caratteri fortemente incisi e una notevole plausibilità nell'intreccio e nei comportamenti. Un thriller che si rifà dichiaratamente ai capolavori della scuola americana (fra gli interpreti due registi come Fuller e Ray) ma li supera per una visione più smagata e moderna delle cose (soprattutto rispetto alla tematica dell'amicizia virile, trattata con molta acutezza). ■ GIALLO; COL.; 123'; GERMANIA, 1977.

AMICO ARABO, L' ★★
Regia di CARMINE FORNARI. Con LUCA BARBARESCHI, MARTINE GAFSI, JOHARA, HICHEM ROSTON. ■ Ernesto è un ingegnere che vive, per questioni di lavoro, in Tunisia. Deve però tornare in Italia per la morte della madre e il relativo funerale. Prima ancora di arrivare all'aeroporto, però, l'autobus su cui Ernesto viaggia viene bloccato da alcuni predoni. L'uomo conoscerà Amumen, un principe arabo. Dopo questo incontro l'approccio verso la vita da parte di Ernesto cambierà radicalmente. ■ DRAMMATICO; COL.; 90'; ITALIA, 1991.

AMICO DA SALVARE, UN *(A Friend Indeed)* ★★★
Regia di BEN GAZZARA. Con VAL AVERY, PETER FALK, RICHARD KILEY, MICHAEL MCGUIRE, ROSEMARY MURPHY. ■ Un commissario di polizia acconsente a "coprire" il delitto commesso da un amico (l'uccisione della moglie). Poi chiede la restituzione del favore. Entrambi i delitti sembrano essere stati commessi da un rapinatore. Ma il tenente Colombo non ne è affatto convinto e trova modo di incastrare i veri colpevoli. Non è che un telefilm della serie *Colombo* allargato alla misura cinematografica di novanta minuti. ■ GIALLO; COL.; 98'; USA, 1977.

♥ AMICO DEL CUORE, L' ★★★
Regia di VINCENZO SALEMME. Con CARLO BUCCIROSSO, EVA HERZIGOVA, VINCENZO SALEMME. ■ Roberto dovrà subire una grave operazione al cuore. Le probabilità di sopravvivenza sono poche. Il suo ultimo desiderio è quello di andare a letto con Frida, la strepitosa moglie del suo amico Michele. Si può negare un desiderio a un condannato a morte? No. Prodotto piccolo ma funzionale, con una dozzina (e non sono poche) di ottime battute di sapore eduardiano. Il film è stato premiato dagli incassi. Si sentiva la mancanza, fra i vari idiomi, di un po' di buona napoletanità. In fin dei conti gran parte della comicità viene da Totò ed Eduardo. Impeccabili gli attori, buono l'intreccio, c'è qualche gag troppo dilatata, come quelle del cagnolino nel cesto o dell'uomo-merlo, ma nell'insieme il film continua la buona vena del cinema comico italiano. ■ COMICO; COL.; 100'; ITALIA, 1998.

AMICO DEL GIAGUARO, L' ★★
Regia di GIUSEPPE BENNATI. Con MARIO CAROTENUTO, WALTER CHIARI, CARLO DELLE PIANE, ELKE SOMMER, ALBERTO TALEGALLI. ■ Alberto, fuggito da un orfanotrofio, si reca a Roma dalla fidanzata. Non riuscendo a trovare un lavoro stabile, si unisce a una banda di sfaccendati che organizza un borseggio. Il "colpo" frutta centomila lire (prontamente dilapidate) e sembra che tutto sia filato liscio. Pochi giorni dopo, invece, la vittima riesce ad individuarli ed esige la riconsegna delle centomila. ■ COMMEDIA; B/N; 95'; ITALIA, 1958.

AMICO DELLA MIA AMICA, L' *(L'ami de mon amie)* ★★★
Regia di ERIC ROHMER. Con EMMANUELLE CHAULET, FRANÇOIS GENDRON, SOPHIE RENOIR. ■ Due ragazze molto diverse tra di loro, Blanche e Lea, diventano amiche. La prima è timida e riservata, mentre la seconda è disinvolta e brillante. Lea è fidanzata con un giovane, Fabien, che nel carattere assomiglia a Blanche. È con lei che questi finisce infatti per mettersi, durante una lunga vacanza di Lea, che tuttavia ben presto si consola con un giovane fatuo e affascinante quanto lei, del quale era innamorata Blanche prima di conoscere Fabien. Lo scambio dei partner avviene senza rimpianti né imbarazzi, al punto che le due coppie trascorreranno le vacanze insieme. ■ COMMEDIA; COL.; 102'; FRANCIA, 1987.

AMICO DELLE DONNE, L' ★★★
Regia di FERDINANDO MARIA POGGIOLI. Con LAURA ADANI, LUIGI CIMARA, MIRIAM DI SAN SERVOLO, CLAUDIO GORA, ARMANDO MIGLIARI. ■ Il film è tratto dalla commedia di Alessandro Dumas figlio. Parigi nel secolo scorso. Un conte sposa una bella ragazza, ma questa non accetta di consumare il matrimonio. Il marito, dopo varie insistenze, sta per andarsene, ma l'amico de Ryons, gran conoscitore del cuore femminile, provvede a riconciliare la coppia. Miriam Di San Servolo era lo pseudonimo della sorella della Petacci. ■ COMMEDIA; B/N; 85'; ITALIA, 1943.

AMICO DEL PADRINO, L' ★★
Regia di FRANK AGRAMA. Con ERIKA BLANC, IAN FLYNN, RICHARD HARRISON. ■ Richard Murdok, che da bambino ha assistito alla distruzione della sua famiglia, diventato adulto attua la vendetta dietro gli ordini del Padrino: si susseguono omicidi e, alla fine, Richard vorrebbe uscire dal "giro". Ma "Cosa nostra" non glielo consentirà. ■ DRAMMATICO; COL.; 80'; ITALIA, 1972.

AMICO DI FAMIGLIA, L' *(Patate)* ★★
Regia di ROBERT THOMAS. Con DANIELLE DARRIEUX, PIERRE DUX, JEAN MARAIS, SYLVIE VARTAN. ■ Léon da sempre è stato un amico-nemico del coetaneo Noël. Léon un simpatico maldestro e Noël un astuto e fascinoso dongiovanni. Léon, quando viene a sapere che il rivale s'è portato a letto la sua figliola adolescente, coglie l'occasione per una esemplare rivincita. Noël si dovrà umiliare. ■ COMMEDIA; B/N; 95'; FRANCIA, 1965.

AMICO DI FAMIGLIA, L' *(Les noces rouges)* ★★★
Regia di CLAUDE CHABROL. Con STÉPHANE AUDRAN, ELIANA

De Santis, Clotilde Joano, Michel Piccoli, Claude Piéplu. ■ La moglie di un notabile di provincia diventa l'amante di un collaboratore del marito. Scoperti dal consorte di lei e ricattati, i due decidono di ucciderlo. Lo fanno, ma la figliastra cerca di indirizzare subito su di loro i sospetti della polizia. ■ Giallo; col.; 90′; Francia, 1973.

AMICO DI FAMIGLIA, L' ★★★
Regia di Paolo Sorrentino. Con Gigi Angelillo, Fabrizio Bentivoglio, Clara Bindi, Laura Chiatti, Marco Giallini. ■ Geremia de' Geremei ha settant'anni. Vive in una cittadina dell'Agro Pontino ed è proprietario di una piccola sartoria. Brutto e sgraziato, vive in una casa buia con la madre paralizzata. La sua vera fonte di guadagno (rigorosamente depositata in cassette di sicurezza) è però l'usura. Paolo Sorrentino torna a visitare gli abissi della coscienza. Lo fa questa volta con la collaborazione di un cast totalmente all'altezza, a partire dalla intensa interpretazione offerta dal protagonista Giacomo Rizzo. Il suo non è un film di denuncia di un fenomeno più che mai diffuso in Italia. È invece un atto di accusa molto più deciso nei confronti dell'atteggiamento di uomini e donne del nostro tempo. È una società corrotta nel profondo quella che Sorrentino porta alla luce con mano ferma sia dal punto di vista della sceneggiatura che da quello della regia. ■ Drammatico; col.; 110′; Italia, 2005.

AMICO DI FRED, L' *(Fred)* ★★★
Regia di Pierre Jolivet. Con François Bérleand, Clotilde Courau, Stéphane Jobert, Vincent Lindon. ■ Fred conduce una vita comune a molti disoccupati. Il suo migliore amico, Michel, si infila in un brutto affare e lo coinvolge in questa avventura. Non finirà bene. Jolivet si avvale di un Vincent Lindon decisamente in parte. ■ Drammatico; col.; 85′; Francia, 1997.

AMICO D'INFANZIA, L' ★★★
Regia di Pupi Avati. Con Amy Galper, Jim Ortlieb, Jason Robards III, Lee R. Sellars. ■ Arnold Gardner, anchorman televisivo, dopo il suicidio del conduttore Duncan Mackay, prende in mano la trasmissione *25ma ora*. Il suo scopo è distruggere l'ipocrisia di personaggi pubblici davanti alle telecamere. Ma anche lui ha un passato da nascondere e un vecchio amico, Eddie, è deciso a ricordarglielo. È disposto anche a uccidere per questo. Girato a Chicago e a Spencer nell'Indiana è il terzo film di Pupi Avati diretto negli Stati Uniti. Cimentandosi nel thriller dimostra la sua autorialità misurandosi anche in film di genere. Il cinema italiano avrebbe bisogno anche di questo. Con una sceneggiatura ricca di sfumature psicologiche e senza concessioni allo spettacolo fine a se stesso imprime un taglio deciso alla vicenda. Buona la direzione degli attori fra i quali si distingue il protagonista, figlio di Jason Robards. ■ Thriller; col.; 100′; Italia, 1993.

AMICO DI VINCENT, L' *(L'ami de Vincent)* ★★★
Regia di Pierre Granier-Deferre. Con Jane Birkin, Philippe Noiret, Jean Rochefort. ■ Commedia amara dai risvolti quasi gialli, tra le cose migliori girate da Granier-Deferre, che guida al meglio due mostri sacri come Philippe Noiret e Jean Rochefort. Albert e Vincent sono due musicisti di mezza età, amici da sempre. Albert crede di saper tutto di Vincent e invece no. Quando una ragazza spara a Vincent ferendolo, Albert è più o meno costretto a indagare nella vita privata dell'altro. Quello che gli si rivela è un uomo diverso. È un uomo che Albert non tiene più ad avere come proprio amico. ■ Drammatico; col.; 95′; Francia, 1983.

AMICO DI WANG, L' ★
Regia di Carl Haber. Con Massimo Bonetti, Stephen Gevedon, Antonino Iuorio, Tiberio Murgia, Marina Perzy, Stefania Rocca. ■ Paolo invita l'amico americano Sam a Roma, con la promessa di un film da dirigere. Occorre molto denaro e per trovarlo si progetta di rubare un Modigliani a un ricco produttore. ■ Commedia; col.; 90′; Italia, 1997.

AMICO IMMAGINARIO, L' ★★
Regia di Nico D'Alessandria. Con Victor Cavallo, Roberto D'Alessandria, Valeria D'Obici, Rocco Mortelliti, Fulvia Mosconi. ■ Dino si sente inadeguato alla vita e ha bisogno di potersi liberare. Con l'aiuto della psicanalisi e di un amico prete raggiunge l'obiettivo. Il sacerdote rimarrà a sostenerlo anche dopo morto. Il regista sa descrivere bene la psicologia del personaggio ma si arena nelle secche di una sceneggiatura priva di mordente. ■ Drammatico; col.; 82′; Italia, 1994.

AMICO MIO... FREGA TU... CHE FREGO IO! ★
Regia di Miles Deem (pseud. di Demofilo Fidani). Con Red Carter, Bud Randall, Sleepy Warren. ■ Ambientato in un improbabile West laziale, il film vorrebbe ricalcare le orme della fortunata serie *Trinità*. È però un lavoro mediocre. ■ Western; col.; 95′; Italia, 1973.

AMICO PUBBLICO N° 1, L' *(Too Hot to Handle)* ★★★
Regia di Jack Conway. Con Walter Connolly, Clark Gable, Myrna Loy, Walter Pidgeon. ■ Una coraggiosa pilota è innamorata di un fotoreporter, ma l'uomo a volte le sembra troppo spregiudicato. Avrà modo di ricredersi quando lo vedrà avventurarsi nella foresta amazzonica alla ricerca del fratello di lei, misteriosamente scomparso. ■ Commedia; b/n; 105′; USA, 1938.

AMICO RITROVATO, L' *(Reunion)* ★★★
Regia di Jerry Schatzberg. Con Françoise Fabian, Jason Robards, Sam West. ■ Un ricco e anziano americano di origine tedesca torna dopo più di cinquant'anni a Stoccarda, da dove era fuggito per le persecuzioni naziste. Cerca un suo amico di collegio. Alla fine scopre che è morto, giustiziato durante la guerra per aver commesso un attentato contro Hitler. ■ Drammatico; col.; 110′; Germania, USA, 1989.

AMICO SCONOSCIUTO, L' *(The Silent Partner)* ★★★
Regia di Daryl Duke. Con Elliott Gould, Christopher Plummer, Susannah York. ■ Un delinquente rapina una banca, e un furbo cassiere ne approfitta per imboscare un bottino molto più consistente. Ma il rapinatore apprende dai giornali del colpo del bancario e si mette a perseguitarlo. Inizia una gara di astuzie fra l'assassino e il *travet* che inaspettatamente si conclude con la vittoria del secondo. ■ Giallo; col.; 103′; Canada, 1978.

AMICO SFIGATO, L' *(Marche à l'ombre)* ★★
Regia di Michel Blanc. Con Michel Blanc, Sophie Duez, Gérard Lanvin. ■ Due amici vivono alla giornata, viaggiando sempre (un giorno a Parigi, l'altro a Marsiglia). Uno riesce a vivere piuttosto bene: è bello, simpatico, ci sa fare con le donne, ha fortuna. L'altro, timido e complessato, cerca di imitarlo, ma ogni volta che ci prova rimedia una brutta figura. ■ Commedia; col.; 85′; Francia, 1984.

AMICO SILENZIOSO, L' *(The Guardian)* ★★★
Regia di David Greene. Con Louis Gossett jr, Arthur Hill, Martin Sheen. ■ In un palazzo di New York, situato in un quartiere affatto sicuro, una donna viene violentata. Per evitare altri imprevisti i condomini decidono di assumere un guardiano armato che li difenda. Mark, il prescelto, si installa nell'edificio ma i suoi metodi, piuttosto violenti, insospettiscono Charlie che vorrebbe il suo licenziamento. Ma sarà proprio Mark a salvargli la pelle, facendolo ricredere definitivamente sull'uso di certi metodi. Film inquietante e ben diretto. ■ Thriller; col.; 102′; USA, 1984.

AMICO, STAMMI LONTANO ALMENO UN PALMO ★★
Regia di Michele Lupo. Con Luciano Catenacci, George Eastman, Giuliano Gemma, Marisa Mell, Nello Pazzafini. ■ Due simpatici lestofanti si trovano intruppati con una squinternata banda di *desperados* assassini. Uno se ne stacca. L'altro diventa il capo. Ma presto i due amici uniranno le forze per mettere a posto i *desperados*. ■ Western; col.; 118′; Italia, 1973.

AMICO TRADITORE, L' *(Mon ami le traitre)* ★★
Regia di Josè Giovanni. Con André Dussollier, Thierry Frémont, Valerie Kaprisky ■ Durante la seconda guerra mondiale due fratelli francesi si arruolano nella polizia tedesca. Alla fine uno dei due, Georges, incontra un ufficiale francese del controspionaggio e lo aiuta nella sua missione. Ne nasce un'amicizia che però avrà termine con la condanna per tradimento di Georges. ■ Drammatico; col.; 115′; Francia, 1988.

AMICO TRA I NEMICI, NEMICO TRA GLI AMICI ★★★
(Svoj Sredi Chyuzhich, Chyuzhoj Sredi Svoich)
Regia di Nikita Mikhalkov. Con Jurij Bogatyrev, Nikita Mikhalkov, Anatolij Solonitsyn. ■ Curioso film d'azione di sapore innegabilmente western, ambientato nella Russia post ri-

voluzionaria tra banditi nascosti sulle montagne e assalti a treni carichi d'oro. Trattato con mano leggera da Mikhalkov (che interpreta anche il capo dei banditi) e venato d'ironia, il film è avvincente e divertente. È uscito in Italia solo nel 1982. ■ AVVENTURA; COL.; 92'; URSS, 1974.

AMICO VENUTO DALLO SPAZIO, L' ★★
(Purple People Eater)
Regia di LINDA SHAYNE. Con NED BEATTY, SHELLEY WINTERS. ■ Uno strano extraterrestre atterra sul nostro pianeta portandosi appresso un eccezionale anche se vecchissimo bagaglio musicale. A scovarlo sono Billy Johnson e suo nonno, che vivranno una straordinaria avventura. ■ FANTASCIENZA; COL.; 87'; USA, 1988.

AMIGOS, LOS ★
Regia di PAOLO CAVARA. Con IRA FÜRSTENBERG, FRANCO NERO, ANTHONY QUINN, PAMELA TIFFIN. ■ Il sordomuto Deaf Smith è l'agente più fidato di Sam Houston, presidente della neonata Repubblica del Texas. Ma un generale d'origine tedesca cospira per impedire il passaggio della Repubblica agli Stati Uniti. Deaf riuscirà a sventare i suoi piani. ■ WESTERN; COL.; 95'; ITALIA, 1973.

AMISTAD ★★★
Regia di STEVEN SPIELBERG. Con MORGAN FREEMAN, NIGEL HAWTHORNE, ANTHONY HOPKINS, DJIMON HOUNSOU, MATTHEW MCCONAUGHEY, STELLAN SKARSGARD. ■ Nel 1839 un gruppo di neri si ribella e uccide l'equipaggio della nave *Amistad* che li stava trasportando da Cuba agli Stati Uniti per venderli come schiavi. Vengono catturati, e messi in prigione. Il processo che ne segue diventerà uno dei più importanti della storia d'America. Il nero Cinquè, capo degli africani, forte e intelligente, dignitoso, diventa un simbolo. Il cuore della questione è il fatto che i neri non sono schiavi, ma uomini liberi portati via dal loro paese, la Sierra Leone. Questa verità emerge. Ma c'è di mezzo la questione Nord-Sud. Il processo d'appello davanti alla Corte suprema diventa politicamente decisivo, in sostanza, se gli africani saranno assolti il Sud finirà per ribellarsi. L'arringa decisiva è dell'ex presidente e giurista leggendario John Quincy Adams (Hopkins): strepitosa (gli africani vanno liberati anche a fronte di una guerra civile), significativa del senso altissimo della libertà espresso dalla dichiarazione d'indipendenza. In questo senso il film crea un precedente di racconto, caricando la tensione e il finale liberatorio doppiamente, con due processi. Il film naturalmente funziona nel bene e nel male di Spielberg, efficace come sempre, furbo e perennemente nel segno delle scene madri. C'è stata polemica per l'"ispirazione": Barbara Chase-Riboud, autore del libro *La rivolta della Amistad* ha accusato il regista di averla spudoratamente plagiata. Ma non ha chiesto danni. Forse è stata tacitata dalla promozione naturale che le ha portato il film, o forse da un congruo risarcimento. ■ DRAMMATICO; COL.; 155'; USA, 1997. ■ GOLDEN GLOBES 4 NOM; OSCAR 4 NOM.

AMITYVILLE HORROR *(The Amityville Horror)* ★★
Regia di STUART ROSENBERG. Con JAMES BROLIN, MARGOT KIDDER, JOHN LARCH, ROD STEIGER. ■ In una vecchia casa sulla costa atlantica, una notte un giovane uccide selvaggiamente, senza motivazione apparente, i suoi familiari. La voce popolare accusa il diavolo d'averlo invasato. Qualche anno dopo una famigliola, senza dare peso alle superstizioni, va ad abitare nella bicocca e subito deve passarne di tutti i colori. I figli s'ammalano, il capofamiglia sembra aver perso il ben dell'intelletto, il vecchio confessore della moglie diventa cieco e pazzo. L'antica tragedia sembra ripetersi. ■ HORROR; COL.; 117'; USA, 1979. ■ OSCAR 1 NOM.

AMITYVILLE HORROR ★★
Regia di ANDREW DOUGLAS. Con ANNABEL ARMOUR, PHILIP BAKER HALL, JIMMY BENNETT, ISABEL CONNER, BRENDAN DONALDSON, DAVID GEE, MELISSA GEORGE, JESSE JAMES, RICH KOMENICH, NANCY LOLLAR, DANNY MCCARTHY, CHLOË GRACE MORETZ, RACHEL NICHOLS, RYAN REYNOLDS, JOSÉ TAITANO. ■ Nel 1974 Ronald DeFeo, un ragazzo affetto da turbe psichiche, uccise tutti i componenti della sua famiglia (i genitori e tre fratelli). Condannato a sei ergastoli, dichiarò di aver sentito delle voci all'interno della casa che lo spinsero a compiere gli omicidi. Un anno dopo, i coniugi Lutz con i figli di lei avuti da un precedente matrimonio, si trasferiscono nella casa teatro dei tragici eventi che portarono allo sterminio dei vecchi proprietari; per loro inizierà una lenta discesa all'inferno. Ispirato a fatti realmente accaduti, raccontati nel libro *Orrore ad Amityville* (ed. Sonzogno) e nell'omonimo film del 1979 che dette vita a uno delle saghe horror più inutili di tutti i tempi, (otto film e un documentario televisivo), questo remake diretto da Andrew Douglas, sembra destinato a ripetere il successo dell'originale anche se il lavoro si regge soltanto su alcuni espedienti che mirano a spaventare lo spettatore e sulla ricchezza di effetti speciali che compensa la fragilità della trama e l'assenza totale di approfondimento psicologico dei personaggi. ■ HORROR; COL.; 90'; USA, 2005.

AMITYVILLE HORROR – LA FUGA DEL DIAVOLO ★
(Amityville: The Evil Escapes)
Regia di SANDOR STERN. Con PATTY DUKE ASTIN, JANE WYATT. ■ Su Amityville incombe da secoli una maledizione che nemmeno il più potente degli esorcismi è riuscito a infrangere. Così, l'ignara Nancy e la sua famiglia diventano le ennesime vittime delle spietate forze occulte che vi dimorano. ■ HORROR; COL.; 90'; USA, 1989.

AMITYVILLE POSSESSION ★★
(Amityville II: The Possession)
Regia di DAMIANO DAMIANI. Con RUTANYA ALDA, JAMES OLSON, BURT YOUNG. ■ Una famiglia si stabilisce in una villa in campagna, ad Amityville, ma la presenza di Satana fa manifestare fenomeni terrificanti. I componenti della famiglia sono posseduti dal demonio: Sonny, il figlio maggiore, e la sorella Patricia danno sfogo al loro amore incestuoso. Nonostante l'intervento di padre Adamski, che interviene per esorcizzare la casa, Sonny sterminerà tutta la famiglia. Adamski libererà da Satana Sonny, ma rimarrà lui indemoniato. ■ DRAMMATICO; COL.; 104'; USA, 1982.

AMITYVILLE 3D ★★
Regia di RICHARD FLEISCHER. Con CANDY CLARK, TESS HARPER, TONY ROBERTS. ■ Un giornalista che non crede alle forze sovrannaturali (e anzi ha smascherato parecchi cosiddetti *medium)* va ad abitare, come una sfida, nella famosa casa di Amityville dove un posseduto massacrò la propria famiglia. Pessima idea. La figlia dell'incauto muore. La moglie quasi impazzisce. Terza puntata del ciclo *Amityville,* girata in tre dimensioni (ma poi presentata piatta quasi dappertutto). ■ HORROR; COL.; 105'; USA, 1983.

AMLETO *(Hamlet)* ★★★★★🏆
Regia di LAURENCE OLIVIER. Con FELIX AYLMER, EILEEN HERLIE, TERENCE MORGAN, LAURENCE OLIVIER, BASIL SIDNEY, JEAN SIMMONS, NORMAN WOOLAND. ■ Amleto, principe di Danimarca, sospetta che la madre e lo zio abbiano ucciso il padre. Per smascherarli si finge pazzo. Lo zio contrattacca mandandogli contro un rivale con la spada avvelenata. Amleto muore, ma fa in tempo a uccidere lo zio. Laurence Olivier porta sullo schermo Shakespeare con risultati portentosi (aiutato moltissimo dalla fotografia di Desmond Dickinson). All'uscita (Festival di Venezia) fu criticata la scelta di Eileen Herlie (coetanea di Olivier) troppo giovane per il ruolo della madre. Ma il futuro lord l'aveva scelta appositamente. Per sottolineare la componente edipica del tormento del principe di Danimarca. ■ DRAMMATICO; B/N; 153'; GRAN BRETAGNA, 1948. ■ OSCAR 🏆 4 PR, 7 NOM; VENEZIA 🏆 3 PR.

AMLETO *(Gamblet)* ★★★
Regia di GRIGORIJ KOZINCEV. Con KENTI INNO, INNOKENTIJ SMOKTUNOVSKIJ, ANASTASIA VERTINSKAIA. ■ Un'altra versione (stavolta sovietica) della tragedia di Shakespeare. Kozincev abbandona ogni tentazione psicanalitica (che invece era alla base del lavoro di Olivier) per fare un Amleto eroico, romantico, un ribelle che non si batte contro gli usurpatori per vendicare il padre (o peggio, per vendicarsi della madre), ma mosso da un insopportabile anelito di libertà. La maggior parte degli appassionati ritiene che il lavoro di Kozincev sia, nel complesso, inferiore a quello di Olivier, ma i pregi sono tanti (dagli attori alle inquadrature del castello battuto dal vento, alla musica dirompente di Sciostakovic). ■ DRAMMATICO; B/N; 150'; URSS, 1964. ■ VENEZIA 1 PR.

AMLETO *(Hamlet)* ★★★
Regia di FRANCO ZEFFIRELLI. Con ALAN BATES, GLENN CLOSE,

MEL GIBSON, PAUL SCOFIELD. ■ Dopo *La bisbetica domata* e *Romeo e Giulietta*, Franco Zeffirelli si cimenta per la terza volta con un dramma di Shakespeare. L'*Amleto* viene rivisitato in veste moderna, pur rimanendo identico il periodo storico, e cioè meno femmineo e ambiguo che in passato. Questo in sintonia con il pubblico giovane abituato agli eroi ultramaschili e potenti fisicamente. Mel Gibson recita con una certa bravura i versi del drammaturgo inglese, coadiuvato da Glenn Close in versione dolce e da due mostri sacri del teatro e del cinema inglese: Alan Bates e Paul Scofield. Lo spettacolo regge, ma in alcuni momenti si rischia il ridicolo. Tutti gli accessori, scenografia, costumi e musiche sono egregiamente orchestrati. Ma non cercano finezze psicologiche. ■ DRAMMATICO; COL.; 130'; ITALIA, USA, 1990. ■ DAVID DI DONATELLO 1 PR, 1 NOM; OSCAR 2 NOM.

AMLETO DI MENO, UN ★★★
Regia di CARMELO BENE. Con CARMELO BENE, FRANCO LEO, LYDIA MANCINELLI, LUIGI MEZZANOTTE, ALFIERI VINCENTI. ■ Tratto da *Amleto ovvero le conseguenze della pietà filiale* (1877) di J. Loforgue. Claudio uccide il re suo fratello e diviene amante della vedova. Il "re nero" non vuole vendetta, bensì mettere in scena una commedia a Parigi. Orazio racconta ad Amleto di aver visto il fantasma del re assassinato e Amleto gli raccomanda di tacere. All'incoronazione, Claudio prega Amleto di restare e gli promette di sostenere le sue imprese teatrali. Polonio, che vuole studiare il "complesso di Edipo" di Amleto, viene da questi pugnalato: il figlio di Polonio accorre allora da Parigi e uccide Amleto sulla tomba di Ofelia. E i pasticci continuano. ■ DRAMMATICO; B/N; 70'; ITALIA, 1973.

AMMALIATRICE, L' *(The Flame of New Orleans)* ★★★★
Regia di RENÉ CLAIR. Con MISCHA AUER, BRUCE CABOT, ANDY DEVINE, MARLENE DIETRICH, FRANKLIN PANGBORN, ROLAND YOUNG. ■ Primo dei quattro film girati da Clair a Hollywood, narra la storia di una fatalona europea, ballerina di saloon, che tenta di entrare in una famiglia altolocata presentandosi come la vedova del figlio morto. L'imbroglio sta per avere successo, tutti gli uomini della casata s'innamorano di lei, ma l'"ammaliatrice" alla fine preferisce involarsi con un nerboruto e spiccio marinaio. ■ COMMEDIA; B/N; 78'; USA, 1941. ■ OSCAR 1 NOM.

AMMAZZAGIGANTI, L' *(Jack the Giant Killer)* ★★★
Regia di NATHAN J. JURAN. Con KERWIN MATHEWS, JUDITH MEREDITH, JO MORROW, TORIN THATCHER. ■ Lo stregone Pendragon, per vendicarsi di un affronto subito dal principe di Cornovaglia, gli rapisce la figlia. A liberarla accorre l'intrepido Jack che per lei affronta mostri, giganti, magie assortite del bieco Pendragon. ■ AVVENTURA; COL.; 94'; GRAN BRETAGNA, 1962.

AMMAZZALI TUTTI E TORNA SOLO ★★
Regia di ENZO GIROLAMI CASTELLARI. Con LEO ANCHORIZ, FRANCO CITTI, CHUCK CONNORS, FRANK WOLFF. ■ Western italiano scopiazzato senza troppi scrupoli dalla *Sporca dozzina*. ■ WESTERN; COL.; 100'; ITALIA, 1967.

AMMAZZARE IL TEMPO ★★
Regia di MIMMO RAFELE. Con STEFANIA CASINI, ANGELO INFANTI. ■ Dal romanzo di Lidia Ravera, che vuole (senza riuscirsi) essere uno specchio della generazione delusa che ha fatto il '68 e che dieci anni dopo si ritrova senza ideali a rifiutare il mondo o a inserirsi in quello, rassicurante, dei cinquantenni. La protagonista, una giornalista di sinistra, riesce a ritrovare una sua identità nel rapporto con un'adolescente che vive la sua vita senza sprecarla in speranze o rimpianti. ■ COMMEDIA; COL.; 95'; ITALIA, 1979.

AMMAZZATINA, L' ★★
Regia di IGNAZIO DOLCE. Con ERIKA BLANC, VITTORIO CAPRIOLI, PINO CARUSO, PAOLA QUATTRINI, LEOPOLDO TRIESTE. ■ Il film propone i moduli tipici della farsaccia sicula: frenetico agitarsi dei personaggi, situazioni equivoche, corna e "baciamo le mani". ■ COMMEDIA; COL.; 100'; ITALIA, 1975.

AMMAZZAVAMPIRI *(Fright Night)* ★★
Regia di TOM HOLLAND. Con AMANDA BEARSE, RODDY MCDOWALL, WILLIAM RAGDALE, CHRIS SARANDON. ■ Un ragazzotto scopre che il suo vicino di casa è un vampiro, ma né la polizia, né la madre, né la fidanzata gli credono. Dovrà cavarsela da solo, con l'aiuto, ben pagato, di un divo dei film dell'orrore: Peter Vincent. ■ HORROR; B/N; 103'; USA, 1985.

AMMAZZAVAMPIRI 2 *(Fright Night 2)* ★★
Regia di TOMMY LEE WALLACE. Con JULIE CARMEN, RODDY MCDOWALL, WILLIAM RAGDALE. ■ Una nuova diva della tv (in una trasmissione horror) è in realtà una vera vampira che vuole vendicare il fratello, ucciso qualche tempo prima da uno studentello e da un "cacciatore di vampiri". Il film è un seguito dell'*Ammazzavampiri* diretto da Tom Holland nel 1985. McDowall e Ragdale interpretano gli stessi ruoli. ■ HORROR; COL.; 104'; USA, 1988.

AMMESSO *(Accepted)* ★★
Regia di STEVE PINK. Con MARK DERWIN, ADAM HERSCHMAN, JONAH HILL, BLAKE LIVELY, JUSTIN LONG, COLUMBUS SHORT, MARIA THAYER. ■ Bartleby Gaines ha un problema: non è stato ammesso a nessun college presso cui ha fatto domanda e ciò non può piacere ai suoi genitori. Nella sua stessa situazione si trovano altri amici e amiche. Che fare? Con l'aiuto di Internet ci si inventa un'università inesistente, il South Harmon Institute of Technology (acronimo SHIT, con tutte le battute del caso). Poi si ristruttura in parte un istituto psichiatrico e si dà il via alle lezioni ritrovandosi un numero considerevole di iscritti frustrati dai rifiuti dei college "veri". ■ COMMEDIA; COL.; 90'; USA, 2006.

AMMIRAGLIO, L' *(Shipmates Forever)* ★★★
Regia di FRANK BORZAGE. Con ROSS ALEXANDER, DICK FORAN, RUBY KEELER, DICK POWELL, LEWIS STONE. ■ Un giovane cantante discende, purtroppo, da una famiglia che ha sempre dato ammiragli alla Marina americana dall'epoca delle guerre d'indipendenza. Dopo molte risse con i suoi vecchi, acconsente a entrare all'Accademia di Annapolis. Naturalmente la vita militare finisce per piacergli (anche perché avrà modo di cantare e ballare a volontà, miracoli degli sceneggiatori americani). ■ COMM. MUSICALE; B/N; 108'; USA, 1935.

AMMIRAGLIO, L' *(La grande nouba)* ★★
Regia di CHRISTIAN CAZA. Con JACQUES DUFILHO, JACQUES DYNAM, ROSY VARTE. ■ Il contrammiraglio Celestino, imbottigliato nel traffico di Nizza, si mette al volante di un taxi lasciato incustodito su cui sale il noto pianista Alessandro che deve correre in tv per una trasmissione. I due finiscono nelle mani di due banditi che li trattengono come ostaggi di una rapina. Lieto fine e qualche risata. ■ COMICO; COL.; 95'; FRANCIA, 1973.

AMMIRAGLIO È UNO STRANO PESCE, L' ★★★
(The Incredible Mr. Limpet)
Regia di ARTHUR LUBIN. Con CAROLE COOK, ANDREW DUGGAN, DON KNOTTS. ■ Henry Limpet, uomo tranquillo succube della tirannica consorte, ha una grande passione per i pesci. Magicamente, dopo un'accidentale caduta in mare, viene trasformato in delfino: Limpet è felice. Scoppia la guerra e Henry-delfino collabora con la Marina del suo paese (l'America) guidando le navi verso i sottomarini nemici. Dopo la vittoria finale della flotta statunitense, il delfino scompare per sempre insieme con una pesciolina. ■ COMMEDIA; COL.; 102'; USA, 1964.

AMMIRAGLIO NACKHIMOV, L' *(Admiral Nackhimov)* ★★
Regia di VSEVOLOD I. PUDOVKIN. Con ALEKSEY DIKI, ROUBEN SIMONOV. ■ Il grande regista de *La madre* fu schiacciato dal regime staliniano che lo costrinse a realizzare film anonimi, come questo di propaganda antifascista. ■ GUERRA; B/N; 85'; URSS, 1947.

AMMIRATORE SEGRETO, L' *(Secret Admirer)* ★★
Regia di DAVID GREENWALT. Con C. THOMAS HOWELL, LEIGH TAYLOR-YOUNG, FRED WARD. ■ Una lettera d'amore priva di firma scatena una sarabanda di equivoci non solo tra gli adolescenti presumibilmente coinvolti, ma anche fra i loro genitori. Una commedia abbastanza prevedibile che però è resa gradevole dal commento musicale di Jan Hammer e da un gruppo di simpatici interpreti (soprattutto Howell). ■ COMMEDIA; COL.; 101'; USA, 1985.

AMMIRATRICE, L' ★★
Regia di ROMANO SCANDARIATO. Con ANNIE BELLE, NINO D'ANGELO, MARINA MORRA. ■ Questa storia d'amore narra di Francesca, giovane giornalista che, intervistando Nino D'Angelo, il

famoso cantante, se ne innamora riamata. La loro felicità dura poco, perché la ragazza muore condannata da un tumore al cervello e Nino D'Angelo canterà solo per lei in un teatro completamente vuoto. Sceneggiata strappalacrime con l'amatissimo (al Sud) nuovo reuccio. ■ COMMEDIA; COL.; 103'; ITALIA, 1983.

AMMUTINAMENTO, L' ★★
Regia di SILVIO AMADIO. Con PIER ANGELI, IVAN DESNY, MICHÈLLE GIRARDON, EDMUND PURDOM. ■ Per popolare le colonie americane, una cinquantina di donne prigioniere per vari reati nel carcere di Newgate viene imbarcata su una nave assieme a trenta forzati. Scoppia la rivolta. Il capitano e i passeggeri sono fatti prigionieri, ma avranno salva la vita per l'interessamento dei più bravi fra i ribelli. ■ AVVENTURA; COL.; 87'; ITALIA, 1961.

AMMUTINAMENTO DEL CAINE, L' ★★★★
(The Caine Mutiny)
Regia di EDWARD DMYTRYK. Con HUMPHREY BOGART, JOSÉ FERRER, VAN JOHNSON, FRED MACMURRAY, TOM TULLY. ■ Un comandante con i nervi logorati da anni di guerra prende il comando di un dragamine sul fronte del Pacifico. Per coprire le sue debolezze, si mette a tiranneggiare l'equipaggio. Durante un tifone, il suo secondo, messo su da un collega subdolo, si ammutina. Viene deferito alla Corte marziale, ma un abile difensore riesce a farlo assolvere, mettendo in croce il comandante. Tratto da un best seller, molto ambiguo specie nel finale (l'avvocato difensore prima umilia il capitano e poi ne fa l'elogio a processo concluso), il film presenta un cast di bravi attori ma inadatti alle parti (particolarmete Bogart e MacMurray sembrano più "duri" e determinati dei loro ruoli). Nel complesso è un bel film commerciale, nella migliore tradizione di Hollywood. ■ DRAMMATICO; COL.; 125'; USA, 1954. ■ OSCAR 7 NOM.

AMMUTINAMENTO DELL'ELSINORE, L' ★★★
(Les mutinés de l'Elseneur)
Regia di PIERRE CHENAL. Con RENÉ BERGERON, ANDRÉ BERLEY, JEAN MURAT, WINNA WINFRIED. ■ Sull'*Elsinore* i marinai, esacerbati dalla brutalità del secondo ufficiale, si ammutinano. Nella rivolta muore il capitano. Ma la nipote di lui, con l'aiuto di uno scrittore, riesce a domare la rivolta. Uno dei romanzi di Jack London meno filmati. Ma anche una delle opere più significative di Pierre Chenal. ■ AVVENTURA; B/N; 90'; FRANCIA, 1935.

AMMUTINAMENTO NELLO SPAZIO ★★
(Mutiny in the Space)
Regia di HUGO GRIMALDI. Con PAMELA CURRAN, DOLORES FAITH, RICHARD GARLAND, WILLIAM LESLIE. ■ La base terrestre è in contatto con la stazione spaziale sulla quale è giunta, proveniente dalla Luna, l'astronave del maggiore Towers e del capitano Webber. Da Terra ci si accorge che Webber è morto contagiato da un misterioso fungo lunare. Mediante una nube frigorifera artificiale, il maggiore riuscirà a debellare il morbo. Film modesto. ■ FANTASCIENZA; COL.; 87'; USA, 1966.

AMMUTINATI, GLI *(Mutiny in the Big House)* ★★
Regia di WILLIAM NIGH. Con CHARLES BICKFORD, BARTON MACLANE, DENNIS MOORE. ■ I sistemi troppo brutali del direttore di una prigione spingono i detenuti alla ribellione. Una guardia è uccisa e anche il cappellano del carcere farebbe una brutta fine se uno dei rivoltosi per salvarlo non si mettesse contro il capo dell'ammutinamento. ■ DRAMMATICO; B/N; 83'; USA, 1937.

AMMUTINATI DEL BOUNTY, GLI ★★★
(Mutiny on the Bounty)
Regia di LEWIS MILESTONE. Con MARLON BRANDO, HUGH GRIFFITH, RICHARD HARRIS, RICHARD HAYDN, TREVOR HOWARD, TERIPIA TARITA. ■ Ammutinamento su una nave inglese nei mari del Sud alla metà del 1700. Il secondo, Christian, si ribella alle crudeltà del comandante Bligh e lo caccia dal *Bounty*. I ribelli si stabiliscono sull'isola di Pitcairn, ma Christian muore nel tentativo di ritornare in patria. Riedizione della *Tragedia del Bounty* con Brando e Howard nei ruoli che furono di Gable e di Laughton. Il film è troppo lungo, carico, pretenzioso. Tuttavia Brando ci dà una versione divertentissima di Christian (con l'accento di Oxford, la papalina e la pipa di gesso), un aristocratico che si ribella a Bligh prima per antagonismo di caste (il capitano è un villano rifatto) e solo in seguito per proteggere l'equipaggio dalle vessazioni del tirannello. ■ AVVENTURA; COL.; 179'; USA, 1962. ■ OSCAR 7 NOM.

AMMUTINATI DELL'ATLANTICO, GLI *(Mutiny)* ★★★
Regia di EDWARD DMYTRYK. Con GENE EVANS, PATRIC KNOWLES, ANGELA LANSBURY, ROBERT OSTERLOH, MARK STEVENS. ■ Durante la guerra d'indipendenza, un ufficiale americano riceve l'incarico di forzare il blocco inglese e di imbarcare a Le Havre un grosso quantitativo d'oro. Ma quando i marinai della sua nave lo sanno, si ammutinano. Il comandante viene salvato dal suo secondo che ci lascia la pelle nella battaglia. ■ AVVENTURA; COL.; 77'; USA, 1951.

AMMUTINATI DI SAMAR, GLI *(Samar)* ★★★
Regia di GEORGE MONTGOMERY. Con NICO MINARDOS, GEORGE MONTGOMERY, JOAN O'BRIEN, ZIVA RODANN, GILBERT ROLAND. ■ Un medico deportato nella colonia di Samar viene coinvolto nell'ammutinamento preparato dallo stesso comandante della piazzaforte, Salazar. Costui vuole portare via la propria gente da quel posto dove le condizioni di vita sono ormai impossibili. La popolazione inizia una faticosa marcia attraverso la giungla fino a giungere nell'ospitale Sierra de Oro. ■ AVVENTURA; COL.; 89'; USA, 1962.

AMMUTINATI DI SING SING, GLI ★★
(Within These Walls)
Regia di BRUCE H. HUMBERSTONE. Con MARY ANDERSON, THOMAS MITCHELL, JOHN RISSELL, EDWARD RYAN, MARK STEVENS. ■ Un veterano di guerra va a fare il direttore a Sing Sing. Ma i figli gli rendono duro il mestiere del carceriere. La ragazza si innamora di un detenuto, il giovanotto rimane addirittura coinvolto in un ammutinamento e ci lascia la pelle. ■ DRAMMATICO; B/N; 71'; USA, 1945.

AMNÈSIA *(Amnesia)* ★★
Regia di GABRIELE SALVATORES. Con DIEGO ABATANTUONO, SERGIO RUBINI, MARTINA STELLA, BEBO STORTI. ■ Ibiza. Sandro è un regista di film porno a cui piomba tra capo e collo la figlia diciassettenne Luce. Lui se ne è sempre occupato poco ma, soprattutto, lei non sa qual è il lavoro paterno. Angelino gestisce un piccolo bar sulla spiaggia, smercia un po' d'erba e sogna una casa e un figlio. Quando si trova tra le mani una valigetta con quattro chili di cocaina crede di poter cambiare vita. Il commissario dell'isola ha invece un figlio in costante rotta di collisione con lui dopo la morte della madre. Le vicende dei tre uomini si intrecciano. Se c'è qualcuno che soffre di una pericolosa amnesia sembra essere proprio il regista. Chi scrive ne è stato sostenitore convinto fino a *Mediterraneo* che, pur con i suoi difetti, reggeva fino allo stonato finale. Già con *Puerto Escondido* il controllo delle operazioni sembra essere sfuggito di mano al regista in favore del primattore Abatantuono (debordante). Poi s'indirizza alla fantascienza (*Nirvana*) con qualche pretesa di troppo e al grottesco dark di *Denti*. Ora, alla soglia dei cinquanta, Salvatores sembra dimentico del proprio passato e mescola senza passione le accelerazioni visive di *Sud* al vecchio Diego. Il tutto con reminiscenze messicane (alcune strade e zone aride sembrano le stesse) con l'immancabile (o quasi) droga. ■ COMMEDIA; COL.; 110'; ITALIA, SPAGNA, 2002.

AMO LUISA DISPERATAMENTE *(Louisa)* ★★
Regia di ALEXANDER HALL. Con CHARLES COBURN, RUTH HUSSEY, LAURIE PIPER, RONALD REAGAN. ■ Una nonnetta sprint mette in subbuglio la famiglia del figlio con le sue storie d'amore e alla fine si decide a sposare un ricco negoziante. ■ COMMEDIA; B/N; 90'; USA, 1950. ■ OSCAR 1 NOM.

AMO MIA MOGLIE *(I Love My... Wife)* ★★
Regia di MEL STUART. Con DABNEY COLEMAN, ELLIOTT GOULD, LEONARD STONE, BRENDA VACCARO. ■ Richard è un giovane medico dongiovanni. Ha moglie e figli ma è sempre a caccia d'avventure. Si innamora di Hélène, ma non sa prendere una decisione e resta solo. ■ COMMEDIA; COL.; 95'; USA, 1970.

AMO NON AMO ★★★
Regia di ARMENIA BALDUCCI. Con JACQUELINE BISSET, MONICA GUERRITORE, MAXIMILIAN SCHELL, TERENCE STAMP. ■ Amanti stanchi. Lui è un intellettuale in crisi, lei una quasi femminista

incerta sul suo nuovo ruolo. Litigano: lui va con una spregiudicata ragazza, lei con un pescatore amante della musica classica. Poi se ne vanno, ognuno per conto proprio. Ma ritornano. Nonostante tutto, il rapporto uomo-donna è ancora l'unico possibile. ■ DRAMMATICO; COL.; 100'; ITALIA, 1979.

AMOR DE HOMBRE ★★
Regia di YOLANDA GARCÍA SERRANO, JUAN LUIS IBARRA. Con ANTONIO ALBERT, JESUS CABRERO, LOLES LEÓN, ANDREA OCCHIPINTI. ■ Delusa dagli uomini Esperanza frequenta un gruppo di amici omosessuali. È una sorta di protettrice consigliera. Ma quando uno degli amici si fidanza con un ragazzo che lei disapprova, di nuovo delusa, molla tutto. Salvo poi tornare... Il tutto ambientato a Madrid. ■ COMMEDIA; COL.; 87'; SPAGNA, 1998.

AMORFU *(Amorfù)* ★
Regia di EMANUELA PIOVANO. Con SONIA BERGAMASCO, LUIGI DIBERTI, BARBARA MAUTINO, IGNAZIO OLIVA. ■ Elena è una specializzanda in psichiatria. Fausto un paziente recidivo, un musicista folle e disordinato che sembra resistere a ogni tentativo terapeutico di tornare alla normalità. Tra i due nasce un'amicizia che finirà per trasformarsi in amore. *Amorfù* è purtroppo un esempio di come certo cinema italiano non riesca a uscire da un malriposto velleitarismo. Battute di dialogo che si vorrebbero pensose e che suscitano solo risate, situazioni improbabili (quale psichiatra riceverebbe i genitori di un paziente suonando il flauto?) e presunte scene madri viste e straviste. Il tutto condotto con sciatteria irritante e disprezzo pressoché totale delle capacità logico/critiche dello spettatore. Va riconosciuto che gli interpreti funzionano e fanno il possibile: purtroppo non è sufficiente. Dalle parti della Von Trotta più involuta: per chi gradisce... ■ COMMEDIA; COL.; 87'; ITALIA, 2003.

AMORE ★★★
Regia di CARLO LUDOVICO BRAGAGLIA. Con GUIDO CELANO, GINO CERVI, EDWIGE FEUILLÈRE, GIANFRANCO GIACHETTI. ■ Una giovane francese, abituata alla vita di società, sposa il rampollo di una famiglia di artigiani, affettuosi ma legatissimi al sistema patriarcale. La crisi è inevitabile ma viene rapidamente risolta. ■ COMMEDIA; B/N; 89'; ITALIA, 1935.

AMORE *(Szerelem)* ★★
Regia di KAROLY MAKK. Con IVÁN DARVAS, LILI DARVAS, MARI TORCIK. ■ Siamo a Budapest. Un uomo è ingiustamente condannato al carcere per questioni politiche. A casa l'aspettano la moglie e la madre. Ma a quest'ultima viene fatto credere che il figlio sia negli Stati Uniti e abbia successo nel mondo del cinema. Un *kammerspiel* toccante e dolente. ■ DRAMMATICO; B/N; 87'; UNGHERIA, 1971.

AMORE, L' ★★★★
Regia di ROBERTO ROSSELLINI. Con FEDERICO FELLINI, ANNA MAGNANI. ■ Una prelibatezza per gli appassionati del cinema. Questo film è frutto della collaborazione di tre glorie della nostra cinematografia. Nel primo episodio Anna Magnani dà volto e voce a una donna che telefona al suo amante che la lascia per sposare un'altra. Nel secondo accanto all'attrice troviamo Federico Fellini nel ruolo di un vagabondo che viene scambiato per San Giuseppe da una povera demente. Si approfitta della donna che rimane incinta e grida alla gente il miracolo della sua prossima maternità. I paesani la deridono e la picchiano. Ma poi, quando le campane di una chiesetta danno l'annuncio della nascita, si inginocchiano riverenti. ■ DRAMMATICO; B/N; 78'; ITALIA, 1948.

AMORE, UN ★★
Regia di GIANNI VERNUCCIO. Con ROSSANO BRAZZI, MARISA MERLINI, LUCILLA MORLACCHI, AGNÈS SPAAK. ■ Tratto dall'omonimo romanzo di Dino Buzzati, il film non riesce a reggere il confronto con l'opera letteraria. Racconta senza molto vigore la storia di un maturo architetto, succube della madre, che rimane preda di una giovane, smaliziata e infida ventenne. ■ DRAMMATICO; B/N; 94'; ITALIA, 1965.

AMORE, UN ★★
Regia di GIANLUCA TAVARELLI. Con LUCIANO FEDERICO, FABRIZIO GIFUNI, LORENZA INDOVINA. ■ Ragazzi che s'incontrano all'università e percorrono dal 1982 un tratto di strada insieme fino al fatidico Duemila per un titolo buzzatiano di un film modesto. ■ COMMEDIA; COL.; 95'; ITALIA, 1999.

AMORE A 5 STELLE, UN *(Maid in Manhattan)* ★★
Regia di WAYNE WANG. Con RALPH FIENNES, BOB HOSKINS, JENNIFER LOPEZ, NATASHA RICHARDSON, STANLEY TUCCI. ■ Jennifer è Marisa Ventura una ragazza madre del Bronx che lavora come cameriera in un albergo a 5 stelle di Manhattan, il Beresford Hotel. Marisa aspira a una condizione migliore, ma la vita gli ha insegnato a contare solo su stessa e a restare con i piedi piantati per terra. Un giorno al Beresford capita Christopher Hall (Ralph Fiennes), l'affascinante rampollo di una dinastia di politici, che adesso corre per il senato. Per un divertente equivoco, conosce Marisa erroneamente ritenuta una facoltosa cliente dell'albergo. I due si innamorano e la giovane assapora per un attimo il gusto della celebrità prima che le cose tornino al loro giusto posto. Ma il figlio di Marisa, Ty, si mette di nuovo in mezzo per un lieto fine annunciato, ma non scontato. Commedia piacevole ricca di citazioni dai classici del "genere". ■ COMMEDIA; COL.; 105'; USA, 2003.

AMORE AI TEMPI DEL COLERA, L' ★★★
(Love in the Time of Cholera)
Regia di MIKE NEWELL. Con JAVIER BARDEM, BENJAMIN BRATT, HECTOR ELIZONDO, LAURA HARRING, JOHN LEGUIZAMO, GIOVANNA MEZZOGIORNO, FERNANDA MONTENEGRO, CATALINA SANDINO MORENO, LIEV SCHREIBER. ■ Un uomo e una donna si contendono la ricerca della felicità assoluta, a cavallo di un secolo, il Novecento, carico di promesse e di buoni presagi. Florentino Ariza (Javier Bardem) è un telegrafista che trova nel volto di Fermina Daza (Giovanna Mezzogiorno) il senso unico e solo della sua esistenza. Sullo sfondo di Cartagena, città resa magica dalla prosa di Gabriel Garcia Marquez – autore del romanzo e unico legittimo depositario del suo significato profondo – il colera coglie all'improvviso i suoi impotenti "spettatori". Una malattia inesorabile che un sofisticato aristocratico – il dottor Juvenal Urbino – tenterà di debellare con la sua arte curativa. Ed è proprio lui a vincere le resistenze della futura promessa sposa – l'affascinante Fermina – sottraendola all'amore e al desiderio del giovane Florentino, deciso ad attraversare i giorni, i mesi e gli anni che lo separano da un'insperata (ri)conquista della giovane amata. *L'amore ai tempi del colera*, romanzo simbolo di una generazione, sbarca sullo schermo in un'operazione che risulta difficile già in partenza. Difficile per l'ovvia diversità del mezzo, di un cinema che non può che arrendersi sin dal principio di fronte alla forza di un testo complesso e profondo come quello di Marquez. ■ DRAMMATICO; COL.; 138'; USA, 2007.

AMORE AL CIOCCOLATO, UN *(Hot chocolate)* ★★
Regia di JOSEE DAYAN. Con BO DEREK, ROBERT HAYS, FRANÇOIS MATHUORET. ■ Un'annoiata miliardaria americana ha voglia di cioccolato; ma per non smentirsi decide di acquistarne un'intera fabbrica. Arrivata in Francia per perfezionare i dettagli, si innamora dell'autista del nobile con il quale vuole concludere l'affare. Storia d'amore a lieto fine per il regista esordiente Dayan. Bo Derek fa rimpiangere le corse sulla spiaggia di *Dieci*. ■ COMMEDIA; COL.; 90'; FRANCIA, GRAN BRETAGNA, 1992.

AMORE ALLA FRANCESE *(In the French Style)* ★★
Regia di ROBERT PARRISH. Con STANLEY BAKER, ADDISON POWELL, JEAN SEBERG, MAURICE TEYNAC. ■ Una giovane americana vuol conquistare Parigi con le sue qualità artistiche: è pittrice. Invece conquista uomini, essendo più bella che brava. Il padre e un saggio amico americano se la riportano a casa. ■ COMMEDIA; B/N; 105'; USA, 1963.

AMORE ALLA FRANCESE ★★★
(Vous intéressez-vous à la chose?)
Regia di JACQUES BARATIER. Con MURIEL CATALA, NATHALIE DELON, DIDIER HAUDEPIN, BERNARD JEANTET, RENÉE SAINT-CYR. ■ In una bella fattoria in cui trascorrono le vacanze, due fratelli sono iniziati al sesso da una zia giovane e compiacente. ■ COMMEDIA; COL.; 90'; FRANCIA, GERMANIA, 1974.

AMORE ALL'AMERICANA *(Verliebtes Abenteuer)* ★★
Regia di HANS HEINZ ZERLETT. Con GEORG ALEXANDER, PAUL KLINGER, OLGA TSCHECHOWA. ■ Girato nell'anno in cui Olga

Tschechowa veniva nominata "attrice di Stato" in Germania, il film racconta la storia d'amore tra un ricco e brillante giovanotto e una signorina, quasi fidanzata con un prefetto di polizia parigino. Per rendersi interessante il giovanotto si finge ladro di gioielli, generando una lunga serie di equivoci. Alla fine la verità viene a galla. ■ COMMEDIA; B/N; 90'; GERMANIA, 1938.

AMORE ALL'ARRABBIATA ★★
Regia di CARLOS VELO. Con NINETTO DAVOLI, FRANCA GONELLA, MARIA ROSARIA RIUZZI, ALFREDO RIZZO. ■ Il protagonista è un proletario romano che vive facendo il pupazzo di un avvocato che lo usa per ogni tipo di imbrogli. Si innesca una serie di rapporti erotico-grotteschi e una certa dialettica di rivendicazioni sindacali. ■ COMMEDIA; COL.; 94'; ITALIA, 1979.

AMORE ALL'IMPROVVISO, L' *(Larry Crowne)* ★★
Regia di TOM HANKS. Con CEDRIC THE ENTERTAINER, BRYAN CRANSTON, TOM HANKS, TARAJI P. HENSON, JULIA ROBERTS. ■ Larry Crowne lavora con passione e attenzione in un centro commerciale Umart. Viene però licenziato in tronco. Motivazione: non ha un titolo di studio superiore e quindi non potrà mai fare carriera. D'altronde, lasciato il suo lungo impegno in marina, aveva dovuto lavorare, non potendo dunque proseguire gli studi. Si iscrive a un corso di economia del professore giapponese Matsutani e a un altro sulla capacità di parlare in pubblico della professoressa Mercedes Tainot, con una precaria situazione coniugale. Larry fa subito amicizia con una giovane studentessa, Celestia, che lo introduce in un gruppo di motociclisti e cerca di cambiarne il look un po' troppo fuori moda. È dal lontano 1996 (*Music Graffiti*) che Tom Hanks non dirigeva un film per il grande schermo. ■ COMMEDIA; COL.; 98'; USA, 2011.

AMORE ALL'ITALIANA – I SUPERDIABOLICI ★★
Regia di STENO. Con ISABELLA BIAGINI, PAOLO CARLINI, WALTER CHIARI, LUIGI DE FILIPPO, PAOLO PANELLI, RAIMONDO VIANELLO. ■ Solita infornata di scenette umoristico-delinquenziali a buon mercato. ■ COMMEDIA; COL.; 86'; ITALIA, 1966.

AMORE ALL'ULTIMO MORSO *(Innocent Blood)* ★★★
Regia di JOHN LANDIS. Con ANTHONY LA PAGLIA, ROBERT LOGGIA, ANNE PARILLAUD. ■ Dopo la delusione di *Oscar* un buon ritorno di Landis alla commedia macabra. Una specie di *Lupo mannaro americano a Londra* al femminile. Anne Parillaud conferma dopo *Nikita* la sua bravura. Tra poliziesco, horror e commedia, la storia è presto detta. Una bella vampira colta da raptus improvvisi succhia sangue a quelli che le capitano sulla sua strada. Un giorno conosce un agente della polizia di origine italiana e se ne invaghisce. C'è di mezzo anche una banda mafiosa ma i due risolveranno il problema. Molti i film citati, i più espliciti sono *Il buio si avvicina* e *Il bacio della pantera*. Tra gli amici registi di Landis appaiono, in piccoli cammeo, Dario Argento e Sam Raimi. ■ FANTASTICO; COL.; 114'; USA, 1992.

AMORE AL PRIMO MORSO *(Love at First Bite)* ★★★
Regia di STAN DRAGOTI. Con GEORGE HAMILTON, SUSAN SAINT JAMES. ■ Il conte Dracula, estromesso dal suo castello, sequestrato dal governo rumeno, si trasferisce a New York con il fido servo Renfield gran mangiatore di scarafaggi. In America conosce la bella indossatrice Cindy Sondheim. Tra i due sboccia il grande amore. Al terzo morso Cindy diventa, consenziente, una vampira. ■ COMMEDIA; COL.; 96'; USA, 1979. ■ GOLDEN GLOBES 1 NOM.

AMORE AMARO ★★★
Regia di FLORESTANO VANCINI. Con NINO DAL FABBRO, LISA GASTONI, RITA LIVESI, LEONARD MANN. ■ Vancini torna a raccontarci una storia ambientata in una città di provincia. Questa volta siamo a Ferrara, poco prima dello scoppio della guerra. Uno studente, di famiglia antifascista, si innamora di una vedova che, invece, fa parte del giro dei fedelissimi al regime. La passione è travolgente, ma troppe cose li dividono. La vedova rinuncia allo studente e sposa un gerarca. A guerra finita, lo rivede e l'emozione la stronca. ■ DRAMMATICO; COL.; 99'; ITALIA, 1974.

AMORE AMERICANO, UN ★★
Regia di PIERO SCHIVAZAPPA. Con CARLO DELLE PIANE, MEMÈ PERLINI, GRAZIELLA POLINESANTI, BROOKE SHIELDS. ■ Un docente universitario italiano trascorre un periodo di studio negli Stati Uniti dove si innamora della sua assistente americana. Lei, però, è fidanzata con il rampollo di una ricca famiglia locale. ■ SENTIMENTALE; COL.; 110'; ITALIA, 1992.

AMORE A MILLE... MIGLIA *(Going the Distance)* ★★
Regia di NANETTE BURSTEIN. Con CHRISTINA APPLEGATE, DREW BARRYMORE, CHARLIE DAY, JUSTIN LONG, JASON SUDEIKIS. ■ New York. In un pub chiassoso che profuma di birra e che ha come massimo divertimento una partita al videogame "Centripede", si forma la coppia di Garrett ed Erin: lui è un insoddisfatto produttore musicale, single da appena un giorno, che voleva sfogare la sua tristezza al bar con i suoi due amici Box e Dan; lei è una stagista aspirante giornalista alla ricerca disperata di un posto fisso. Si scontrano, si piacciono ma la loro storia dovrebbe essere destinata a durare solo sei mesi, visto che Erin, concluso il suo apprendistato in un quotidiano, deve tornare a San Francisco, a casa della sorella. Decidono di proseguire la loro storia d'amore oltre i limiti geografici. Ma una relazione può sopravvivere da costa a costa? ■ COMMEDIA; COL.; 109'; USA, 2010.

AMORE A PARIGI, UN *(Monpti)* ★★
Regia di HELMUT KAUTNER. Con HORST BUCHHOLZ, MARA LANE, ROMY SCHNEIDER. ■ È un drammino oleografico costruito sull'amore di un pittore squattrinato e di una bella ragazza, altrettanto priva di pecunia, che finge di essere ricca. ■ DRAMMATICO; COL.; 98'; GERMANIA, 1957.

AMORE A PRIMA SVISTA *(Shallow Hal)* ★★
Regia di BOBBY FARRELLY, PETER FARRELLY. Con JASON ALEXANDER, JACK BLACK, GWYNETH PALTROW, ANTHONY ROBBINS, SUSAN WARD. ■ Hal ha dovuto promettere al padre in punto di morte che non avrebbe mai avuto una ragazza che non fosse bella. E così si è procurato una serie di avventure con donne belle ma che non gli interessavano granché. Un giorno però resta bloccato in ascensore con un ipnotista che gli impone di guardare all'interiorità delle donne. Così si innamora di Rosemary e dei suoi 120 chili. I Farrelly colpiscono ancora avvalendosi della disponibilità della Paltrow pronta a sottoporsi a 4 ore di trucco per assumere le "dimensioni" richieste. Nella loro voglia di trasgredire i due fratelli si dimostrano ancora una volta (e nonostante le apparenze) più "moralisti" di altri. ■ COMMEDIA; COL.; 113'; USA, 2001.

AMORE A PRIMA VISTA ★★
Regia di FRANCO ROSSI. Con WALTER CHIARI, ISABELLE COREY, GIACOMO FURIA, YVONNE MONLAUR. ■ I soliti piccoli intrighi sentimentali, con genitori contrari, ambientato a Barcellona: protagoniste la figlia di un armatore e la figlia del giardiniere, sua amica. Gli innamorati sono un principe spagnolo e un camionista italiano. ■ COMMEDIA; COL.; 101'; ITALIA, 1957.

AMORE A PRIMA VISTA ★★
Regia di VINCENZO SALEMME. Con MAURIZIO CASAGRANDE, BIAGIO IZZO, MANDALA TAYDE. ■ Presunta rivelazione, il teatrante (modesto) Salemme è una sorta di ipocondriaco del cinema miracolato da Cecchi Gori. Dopo un trapianto di cornea, il protagonista si ritrova innamorato del vedovo della donatrice. Soggetto da barzelletta sui carabinieri. Una barzelletta troppo lunga. ■ COMMEDIA; COL.; 89'; ITALIA, 1999.

AMORE A ROMA, UN ★★★
Regia di DINO RISI. Con PETER BALDWIN, VITTORIO DE SICA, MYLÈNE DEMONGEOT, CLAUDIO GORA, ELSA MARTINELLI, JACQUES SERNAS. ■ Marcello e Anna vivono un turbolento amore, in cui alla gelosia di lui fa da contrappasso la volubilità di lei. La situazione non è sostenibile e Marcello si ritira. ■ DRAMMATICO; B/N; 105'; ITALIA, 1960.

AMORE A SIGMA-CHI, L' *(Sweetheart of Sigma-Chi)* ★★
Regia di JACK BERNHARD. Con PHIL BRITO, ROSS HUNTER, ELYSE KNOX. ■ Siamo in un allegro college americano, alla vigilia di una regata. Studenti e studentesse sono molto impegnati in attività extrascolastiche. ■ COMMEDIA; B/N; 80'; USA, 1946.

AMORE ATTRAVERSO I SECOLI, L' ★★★
(The Three Ages)
Regia di EDWARD F. CLINE, BUSTER KEATON. Con WALLACE BEERY, BUSTER KEATON, MARGARET LEAHY. ■ Il grande comico alle prese con tre diverse epoche: il presente, l'impero romano

e l'età della pietra. Ci sono citazioni a non finire, da *Quo Vadis?* a *Intolerance* e c'è una mitica corsa su un dinosauro. ■ COMICO; B/N; 58′; USA, 1923.

AMORE ATTRAVERSO I SECOLI, L' ★★★
(Le plus vieux metier du monde)
Regia di CLAUDE AUTANT-LARA, MAURO BOLOGNINI, PHILIPPE DE BROCA, JEAN-LUC GODARD, FRANCO INDOVINA, MICHAEL PFLEGHAR. Con JEAN-CLAUDE BRIALY, JACQUES CHARRIER, ANNA KARINA, ELSA MARTINELLI, MICHÈLE MERCIER, JEANNE MOREAU, ENRICO MARIA SALERNO, RAQUEL WELCH. ■ Dalla preistoria al futuribile sembra che i rapporti tra i due sessi non cambino di molto: finiscono sempre in un letto sia per amore sia per denaro. ■ COMMEDIA; COL.; 110′; FRANCIA, 1967.

AMORE A VENT'ANNI *(La cité des lumières)* ★★
Regia di JEAN DE LIMUR. Con CAMILLE BERT, CHRISTIAN GERARD, DANIEL LECOURTOIS, MADELEINE ROBINSON, JEAN WORMS. ■ Il rampollo di una ricca famiglia e la figlia di un cuoco si incontrano all'università e si innamorano. Ma la ricca famiglia storce il naso. La situazione peggiora quando la ragazza, rimasta orfana, si mette a fare la ballerina per pagarsi gli studi. Ma il giovanotto ha un grave incidente e lei gli è amorevolmente vicina. La famiglia è battuta. ■ COMMEDIA; B/N; 90′; FRANCIA, 1938.

AMORE A VENT'ANNI, L' *(L'amour à vingt ans)* ★★
Regia di SHINTARÔ ISHIHARA, MARCEL OPHÜLS, RENZO ROSSELLINI, FRANÇOIS TRUFFAUT, ANDRZEJ WAJDA. Con CHRISTIAN DOERMER, BARBARA FREY, KOJI FURUHATA, CRISTINA GAIONI, JEAN-PIERRE LÉAUD, MARIE-FRANCE PISIER, ELEONORA ROSSI DRAGO, NAMI TAMURA. ■ Doveva essere un concerto dedicato all'amore dei vent'anni. Purtroppo alcuni suonatori, tra cui Renzo Rossellini, non sapevano leggere la musica. Si salvano solamente in due, Truffaut e Wajda. ■ COMMEDIA; B/N; 118′; FRANCIA, 1962.

AMORE AZZURRO *(Amore di ussaro)* ★★
Regia di LUIS MARQUINA. Con CONCHITA MONTENEGRO, ALBERTO ROMEA, LUIS SAGI VELA. ■ La figlia di un nobile e un capitano degli ussari si amano, ma il nobile padre non vuole e un infido banchiere nemmeno. Ma non bisogna sottovalutare gli ussari. ■ COMMEDIA; B/N; 76′; ITALIA, 1940.

AMORE BREVE, L' ★★
Regia di ROMANO SCAVOLINI. Con ANTONIO CENTA, JOAN COLLINS, MASSIMO SERATO. ■ C'è una vedova triestina con cui lo sconclusionato rampollo di una ricca, ma non stimabile famiglia, intreccia una relazione. E c'è Trieste, sullo sfondo, tormentata da problemi socio-economici. La relazione non regge. Il rampollo ostenta troppa familiarità con un ambiguo antiquario. Ma anche questo rapporto dura poco. ■ DRAMMATICO; COL.; 92′; ITALIA, 1969.

AMORE, BUGIE E CALCETTO ★★
Regia di LUCA LUCINI. Con GIUSEPPE BATTISTON, CLAUDIO BISIO, ANDREA BOSCA, ANDREA DE ROSA, ANGELA FINOCCHIARO, CHIARA MASTALLI, MAX MAZZOTTA, FILIPPO NIGRO, CLAUDIA PANDOLFI, MARINA ROCCO, PIETRO SERMONTI. ■ Quando è l'ora del calcetto tutto si ferma e tutto può aspettare per correre in campo: un'importante riunione di lavoro, le pagine pianificate da studiare, la scrivania della redazione, le macchine della fabbrica, la moglie nevrotica e la prole piagnucolosa. Vittorio, cinquantenne resistente all'attacco, Lele, mediano di cuore che vive correndo, Adam, figlio ribelle di Vittorio che vive parando, Piero, che pianifica il gioco e l'amore, Filippo, che colpisce duro l'uomo e manca la palla, il Venezia, che gareggia in riserva, e il Mina, giocatore in pensione, col vizio della punizione e del tabacco, sono sette amici in campo e nella vita, dove provano ad applicare gli schemi di gioco e a sostenere i medesimi ruoli. Ma spesso un imprevisto o un fallo possono cambiare la partita, costringendo gli uomini e i dilettanti del pallone a (ri)giocarla con umiltà e rispetto. ■ COMMEDIA; COL.; 115′; ITALIA, 2007.

AMORE BUIO, L' ★★
Regia di ANTONIO CAPUANO. Con GABRIELE AGRIO, IRENE DE ANGELIS, VALERIA GOLINO, LUISA RANIERI, CORSO SALANI. ■ Area napoletana. Un ragazzo chiuso, introverso, insofferente e per di più confinato in galera, e una ragazza, ugualmente problematica ma reclusa in una vita borghese e cittadina dalla quale vorrebbe fuggire. I due sono uniti da qualcosa di più che un'affinità elettiva e la frequentazione di diversi psicologi, le loro vite hanno avuto una svolta negativa nel medesimo momento, in un evento che li ha coinvolti entrambi. Il regista si misura con un territorio a lui poco familiare ma tanto caro al nostro cinema contemporaneo, ovvero l'interno medio borghese fatto di noia e contrasti futili, di male di vivere inspiegabile e di prigioni della mente. ■ DRAMMATICO; COL.; 110′; ITALIA, 2010.

AMORE BUSSA TRE VOLTE, L' ★★★
(There Goes My Heart)
Regia di NORMAN Z. MCLEOD. Con VIRGINIA BRUCE, FREDRIC MARCH. ■ Una ricca ereditiera, stufa di miliardi e maggiordomi, se ne va di casa e si fa assumere come commessa in un grande magazzino. La trova un giovane reporter che però, invece di smascherarla, se ne innamora. Ma il giornale non rinuncia al colpo. La ragazza si sente imbrogliata e reagisce con una certa energia. Alla fine tutto si chiarisce e si passa ai confetti. ■ COMMEDIA; B/N; 84′; USA, 1938. ■ OSCAR 1 NOM.

AMORE CANTA, L' ★★★
Regia di FERDINANDO MARIA POGGIOLI. Con VERA DEL MONTE, MARIA DENIS, MASSIMO SERATO, JONE SOLINAS. ■ Divertente commediola in cui un musicista e un'indossatrice cercano reciprocamente di nascondere la loro modesta condizione economica. Alla fine l'amore è più forte della penuria di quattrini. ■ COMMEDIA; B/N; 85′; ITALIA, 1941.

AMORE CARNE ★★★
Regia di PIPPO DELBONO. Con SOPHIE CALLE, PIPPO DELBONO, MARIE-AGNÈS GILLOT, IRENE JACOB, TILDA SWINTON. ■ In un saggio pubblicato per Einaudi, Jonathan Franzen racconta l'infatuazione delle nuove generazioni per i moderni dispositivi, biasimando l'insopportabile "chiacchiera al cellulare" e l'ostentazione pubblica inflitta al prossimo. Franzen non desidera la privacy per sé, vorrebbe soltanto evitare che quella degli altri irrompa nella sua. Altro punto di vista, altro impiego, altre considerazioni e conclusioni sono quelle a cui arriva Pippo Delbono, interrogandosi sulle potenzialità estetiche e poetiche del cellulare con il quale ha interamente girato il suo film. *Amore Carne* è un film intimo che abdica la "distanza" e avvicina la realtà per essere nelle cose. Ha la serena bellezza di Marie-Agnès Gillot, i silenzi musicali di Bobò, la grazia aristocratica di Marisa Berenson, la frontalità coreografica di Pina Bausch. L'artista Sophie Calle ospite d'eccezione. ■ DOCUMENTARIO; COL.; 75′; ITALIA, SVIZZERA, 2011.

AMORE CHE CI INCATENA, L' ★★★
(Affair with a Stranger)
Regia di ROY ROWLAND. Con VICTOR MATURE, JEAN SIMMONS. ■ Lui è un commediografo che non riesce a far rappresentare i suoi lavori, lei è una brava indossatrice. Si amano, si sposano. Superano crisi, poi lui sfonda. La prima attrice cerca di soffiarlo alla moglie, ma non tiene conto della solida catena dell'amore coniugale. ■ COMMEDIA; B/N; 89′; USA, 1953.

AMORE CHE HO SOGNATO, L' *(La vie en rose)* ★★
Regia di JEAN FAUREZ. Con LOUIS GALAN, FRANÇOIS PERRIER, COLETTE RICHARD, LOUIS SALOU. ■ Gli studenti di un collegio giocano una tremenda beffa a un professore, innamorato della figlia del preside. Gli fanno pervenire lettere d'amore apocrife. Il professore sogna, ma si sveglia bruscamente quando scopre la fanciulla dei suoi sogni abbracciata con un altro professore. ■ COMMEDIA; B/N; 100′; FRANCIA, 1947.

AMORE CHE NON MUORE, L' ★★
(La veuve de St. Pierre)
Regia di PATRICE LECONTE. Con DANIEL AUTEUIL, JULIETTE BINOCHE, MICHEL DUCHAUSSOY, EMIR KUSTURICA, PHILIPPE MAGNAN. ■ Isola di St. Pierre, Canada francese, 1850. Un uomo (Kusturica) è condannato a morte per aver ucciso (ne è stato costretto) un ubriaco. Sarà ghigliottinato, solo che la ghigliottina non c'è, e dovrà passare molto tempo perché arrivi. L'uomo viene affidato a un ufficiale. La comunità, a cominciare dalla moglie dell'ufficiale (Binoche), si rende conto dell'umanità del condannato. Tutti sperano in un perdono Lento, corretto e curioso. ■ DRAMMATICO; COL.; 110′; FRANCIA, 2000. ■ GOLDEN GLOBES 1 NOM.

AMORE CHE REDIME *(Mauvaise graine)* ★★★
Regia di ALEXANDER ESWAY, BILLY WILDER. Con DANIELLE DARRIEUX, RAYMOND GALLE, PIERRE MINGAUD, JEAN WALL. ■ In marcia di avvicinamento verso Hollywood dalla Germania, Wilder si fermò in Francia per girare, in collaborazione con Esway, questa commedia. Si racconta di un giovanotto, pecora nera di una ricca famiglia, che si unisce a una banda di ladri. Braccato dalla polizia, riesce a fuggire, si redime e insieme con la sua complice prende un piroscafo per l'America. ■ COMMEDIA; B/N; 86'; FRANCIA, 1933.

AMORE CHE RESTA, L' *(Restless)* ★★★
Regia di GUS VAN SANT. Con JANE ADAMS, SCHUYLER FISK, HENRY HOPPER, RYO KASE, MIA WASIKOWSKA. ■ Enoch è un adolescente interrotto. Riemerso da tre mesi di coma, ha smesso di frequentare il liceo, si infila nei funerali degli altri ed è legato da profonda amicizia a Hiroshi, un giovane pilota "suicida" nel cielo del secondo conflitto mondiale. A una cerimonia funebre il ragazzo incontra Annabel, con cui condivide i pochi anni, lo sguardo inquieto, lo splendore della mortalità e un dramma doloroso. Enoch ha perso i genitori in un tragico incidente, Annabel ha un cancro e una manciata di vita da vivere. Deciso a rendere indimenticabile il tempo che resta, Enoch si vota all'amore e si apre alla vita. Una vita che chiederà inesorabilmente il conto ma che questa volta gli concederà, indulgente e misericordiosa, la bellezza del ricordo. Gus Van Sant ancora una volta elabora la sofferenza profonda di giovani sensibili, fragili e, in questo caso, consapevoli della propria mortalità. ■ DRAMMATICO; COL.; 95'; USA, 2011.

AMORE CHE TI HO DATO, L' *(Woman to Woman)* ★★
Regia di MACLEAN P. ROGERS. Con YVONNE ARNAUD, JOYCE HOWARD, DOUGLAS MONTGOMERY. ■ Un capitano inglese, sposato con una donna che non ama, incontra una dolce ballerina a Parigi, durante una missione. È l'amore. Poi i due si perdono di vista e lui torna, mutilato, dalla moglie. Si scopre che la ballerina ha avuto un figlio: lui vorrebbe sposarla, ma non ottiene il consenso al divorzio. La ballerina muore; allora il capitano lascia definitivamente la moglie per educare, da solo, suo figlio. ■ DRAMMATICO; B/N; 90'; GRAN BRETAGNA, 1947.

AMORE COMINCIA COSÌ, L' *(Elnökkisasszony)* ★★
Regia di ANDREW MARTON. Con ELLA GOMBASZÖGI, PÁL JÁVOR, LILI MURATI. ■ Due giovani si amano mentre intorno prosperano le avversità. Il soggetto è esile, l'interpretazione superficiale e la regia un po' sbadata. ■ COMMEDIA; B/N; 85'; UNGHERIA, 1935.

AMORE CON INTERESSI *(The Concierge)* ★★
Regia di BARRY SONNENFELD. Con GABRIELLE ANWAR, BOB BALABAN, MICHAEL J. FOX, ANTHONY HIGGINS. ■ New York. Un giovane portiere d'albergo, Doug, spera di poter diventare un giorno proprietario di un albergo. È indubbio che il suo lavoro lo faccia molto bene ma i soldi non bastano mai. Qualcuno cerca di aiutarlo ma il prezzo da pagare è alto. ■ COMMEDIA; COL.; 91'; USA, 1993.

AMORE CONIUGALE, L' ★★
Regia di DACIA MARAINI. Con LYDIA BIONDI, LORENZO CANNATELLA, MACHA MÉRIL, TOMAS MILIAN. ■ Tratto dall'omonimo romanzo di Alberto Moravia, il film non riesce a forzare il suo guscio letterario. La vicenda è quella di una coppia siciliana che campa sui proventi di un agrumeto, mentre il marito, ex giornalista, tenta di finire il suo romanzo. ■ DRAMMATICO; COL.; 102'; ITALIA, 1970.

AMORE CON LA "S" MAIUSCOLA ★★
Regia di PAOLO COSTELLA. Con ANA CRISTINA DE OLIVEIRA, PASQUALE FALCONE, BIAGIO IZZO, LUNETTA SAVINO. ■ Gaetano e Angelo, amici d'infanzia, hanno in comune il sogno di aprire un locale notturno a Cava de' Tirreni (Salerno). Gaetano è estroverso, sfrontato e trasgressivo Angelo, che è tornato al paese dopo un'esperienza infelice a Milano, è più pacato, riflessivo ed è ormai entrato nella piena maturità. Sono entrambi sposati a due donne molto interessanti e tra le coppie inizia un gioco di complicità, scambi incrociati ed equivoci. Parallelamente alle vicissitudini sentimentali si sviluppa il progetto del locale, per il quale Gaetano riceve aiuto da una fantomatica finanziaria dietro la quale c'è lo stesso Angelo. Angelo non riesce a comunicare all'amico questa realtà e soprattutto il suo desiderio di divenire suo socio. Anche qui si creano equivoci, malintesi che, cumulati a quelli scaturiti sul piano sentimentale, finiscono per incrinare l'amicizia tra i due uomini. Costella accosta tanti temi senza articolarli e svilupparli in un intreccio credibile. Ne esce una somma di sketch divertenti e gustosi che, forse sono tenuti insieme proprio dalla lettera "S". Con tanti sostantivi che iniziano per "S" (sesso, sospetto, soldi, svago) si potrebbe infatti titolarli tutti. ■ COMMEDIA; COL.; 95'; ITALIA, 2002.

AMORE COSÌ FRAGILE, COSÌ VIOLENTO, UN ★★
Regia di LEROS PITTONI. Con MARIA BAXA, PAOLA PITAGORA, GINO SANTERCOLE, FABIO TESTI. ■ Sull'ala della contestazione e del rifiuto della società consumistica, arriva questa storia di Leros Pittoni, prima affidata alle pagine di un libro, poi alla pellicola cinematografica. È un tentativo di descrivere il ritorno ai valori autentici della vita da parte di un giovane architetto. Peccato che cada nel melodramma. ■ DRAMMATICO; COL.; 97'; ITALIA, 1973.

AMORE DANNATO, UN *(Bille en tête)* ★★
Regia di CARLO COTTI. Con DANIELLE DARRIEUX, THOMAS LANGMANN, KRISTIN SCOTT THOMAS. ■ Virgil è un sedicenne orfano di madre e si innamora di Clara, una quarantenne trascurata dal marito. Il rapporto tra i due è ispirato alla leggerezza della gioventù (cronologica o di spirito). Ma la storia è destinata a finire. Bisogna saper crescere. Delicato déjà-vu. ■ SENTIMENTALE; COL.; 90'; FRANCIA, 1989.

AMORE DELL'ANNO, L' *(This year's love)* ★★
Regia di DAVID KANE. Con KATHY BAKER, JENNYFER EHLE, IAN HART, CATHERINE MCCORMACK. ■ Quartiere di Camden Town, un tempo agglomerato operaio e ora residenza di artisti con pochi soldi. Il matrimonio tra Danny Gorman e la designer Hannah, entrambi trentenni, dura solo 35 minuti (e 5 di film). Infatti Danny viene a sapere subito dopo il sì che la neo-moglie lo ha tradito e butta tutto all'aria. I due si ritrovano così single e comincia una nuova vita in cui le vicende amorose si intrecciano. Kane ha uno sguardo ambiguo che non giudica e non cerca di fare romanticismo. È un'osservazione clinica la sua alla memoria di *Quattro matrimoni e un funerale* e *Full Monty*. ■ COMMEDIA; COL.; 98'; GRAN BRETAGNA, 1999.

AMORE DI DONNA, UN ★★
Regia di NELO RISI. Con CLAUDINE AUGER, BRUNO GANZ, LAURA MORANTE. ■ Una signora venticinquenne di Milano, sposata a un avvocato senza scrupoli, si innamora di un pilota collaudatore. Dopo varie vicissitudini (tra cui un tentativo della donna di uccidere l'odioso consorte) i due si uniscono per sempre. Infelice ritorno allo schermo di Nelo Risi dopo molti anni di silenzio. Da vedere solo per qualche momento di Laura Morante. ■ DRAMMATICO; COL.; 100'; ITALIA, 1988.

AMORE DI FANTASMA, UN *(Love Can Be Murder)* ★★
Regia di JACK BENDER. Con CORBIN BERNSEN, CLIFF DE YOUNG, JACLYN SMITH. ■ Il fantasma è quello di un detective che abita ancora nel suo vecchio studio di Los Angeles, proprio dove Elizabeth ha scelto di aprire la sua agenzia investigativa perché annoiata dal tran tran dell'avvocatura. Va da sé che lo spettro aiuterà con successo la bella collega. ■ COMMEDIA; COL.; 85'; USA, 1992.

AMORE DIFFICILE, L' ★★★
Regia di ALBERTO BONUCCI, LUCIANO LUCIGNANI, NINO MANFREDI, SERGIO SOLLIMA. Con VITTORIO GASSMAN, NINO MANFREDI, ENRICO MARIA SALERNO, CATHERINE SPAAK. ■ Ciascuno degli episodi di questo film è tratto da un racconto di narratori italiani contemporanei (Patti, Moravia, Calvino, Soldati). Il tema è sempre l'amore. ■ FILM A EPISODI; B/N; 105'; ITALIA, 1962.

AMORE DI MÀRJA, L' ★★
Regia di ANNE RIITTA CICCONE. Con SARA FILIZZOLA HARTMANN, ANNIKA LEPISTÖ, ERIKA LEPISTÖ, LAURA MALMIVAARA, VINCENZO PELUSO, VERONICA VISENTIN. ■ Màrja, finlandese, 20 anni nei '70, ama Fortunato, sogna la pace, e crede in un mon-

do migliore. I due vivono in una comune e hanno due figlie, Alice e Sonia, gli altri due grandi amori di Màrja. Quando gli anni delle contestazioni pacifiste finiscono, Màrja non accetta di dover rinunciare ai propri ideali e soprattutto sente il dovere di trasmetterli alle figlie. ■ DRAMMATICO; COL.; 102′; ITALIA, 2004.

AMORE DI MISS LEONA, L' ★★
(The Seduction of Miss Leona)
Regia di JOSEPH HARDY. Con BRIAN DENNEHY, LYNN REDGRAVE, ANTHONY ZERBE. ■ Il dramma di una maestra che si innamora di un padre di famiglia. Il rapporto clandestino va avanti senza preoccupazioni per un certo periodo e i due sono felici. La voce dell'adulterio però arriva alla moglie dell'uomo che ricatta il marito "usando" i due figli. Il ritorno all'ovile è quindi inevitabile come pure il dolore dell'insegnante. Buona prova della sorella di Vanessa Redgrave, che ha avuto il suo momento di notorietà durante il *Free cinema* inglese. ■ DRAMMATICO; COL.; 98′; USA, 1979.

AMORE DI MURPHY, L' *(Murphy's Romance)* ★★★
Regia di MARTIN RITT. Con SALLY FIELD, JAMES GARNER, BRIAN KERWIN. ■ Murphy è un vedovo cinquantenne di professione farmacista, una specie di bisbetico in inconsapevole attesa di essere domato. La domatrice sarà una graziosa divorziata sui 35 (con figlio dodicenne) giunta nella cittadina di Murphy per ricominciare da capo. Una commedia prevedibile, ma ben condotta e godibilmente recitata da Sally Field e da James Garner (che ebbe una nomination all'Oscar). ■ COMMEDIA; COL.; 107′; USA, 1985. ■ GOLDEN GLOBES 2 NOM; OSCAR 2 NOM.

AMORE DI NORMA, L' ★★
Regia di GIUSEPPE DE MARTINO. Con GINO MATTERA, JACQUELINE PIERREUX, LORI RANDI. ■ Una soprano e un tenore si amano. Lei lo aiuta a raggiungere il successo; poi lui vuole arrangiarsi da solo e va all'estero. Torna e scopre di essere papà. ■ DRAMMATICO; B/N; 86′; ITALIA, 1950.

AMORE DI PRINCIPE ★★
(Des Jungen Dessauer grosse Liebe)
Regia di ARTHUR ROBISON. Con WILLY FRITSCH, PAUL HÖRBIGER, TRUDE MARLEN. ■ Un principe ama la figlia del farmacista, ma la principessa madre non gradisce e chiede all'imperatore di vietare le nozze del figlio con una plebea. L'imperatore, furbetto, accoglie la proposta e poi nomina principessa la ragazza. ■ COMMEDIA; B/N; 85′; GERMANIA, 1933.

AMORE DI RE *(Forbidden Hours)* ★★
Regia di HARRY BEAUMONT. Con RENÉE ADORÉE, DOROTHY CUMMING, ROY D'ARCY, RAMON NOVARRO. ■ Il re di Ruritania è innamorato di una ragazza borghese. Ma la ragion di stato si oppone al loro amore. La ragazza si sacrifica. ■ COMMEDIA; B/N; 80′; USA, 1928.

AMORE DI STREGA *(Love at Stake)* ★
Regia di JOHN MOFFITT. Con BARBARA CARRERA, PATRICK CASSIDY, KELLY PRESTON. ■ 1692. Nel New England i roghi delle donne ritenute streghe sono all'ordine del giorno. Quando giunge una vera fattucchiera i problemi si moltiplicano. ■ DRAMMATICO; COL.; 83′; USA, 1988.

AMORE DI STREGA, UN *(Witch Way Love)* ★
Regia di RENÉ MANZOR. Con JEANNE MOREAU, VANESSA PARADIS, JEAN RENO. ■ Paesi baschi. In un castello vive una famiglia di streghe alla disperata ricerca di un giovane che sia nato nello stesso giorno di un loro nipotino. Se lo troveranno per qualche strana ragione, il nipote sarà salvo. Costruito intorno a questa Vanessa Paradis piccolo mito della canzone e, di tanto in tanto, del cinema francese. Che groppo in gola vedere la Moreau in questo disastro! ■ FANTASTICO; COL.; 102′; FRANCIA, 1997.

AMORE DI SWANN, UN *(Un amour de Swann)* ★★★
Regia di VOLKER SCHLÖNDORFF. Con ALAIN DELON, JEREMY IRONS, ORNELLA MUTI. ■ Nella Parigi di fine secolo si consuma la storia d'amore del raffinato nobile Swann (Irons) per la bellissima e fatua Odette De Crecy (Muti), che prima lo affascina e poi lo rifiuta, umiliandolo. Schlöndorff si cimenta audacemente con Marcel Proust, dimostrando come, nonostante l'aderenza al testo originale e la sua indubbia maestria, non sia possibile rendere appieno in film le tormentate atmosfere psicologiche del romanzo. ■ DRAMMATICO; COL.; 110′; FRANCIA, GERMANIA, 1984.

AMORE DI TORERO *(Ora Ponciano)* ★★
Regia di GABRIEL SORIA. Con CONSUELO FRANK, CARLOS LOPEZ CHAFLAN, LEOPOLDO ORTIN, JESÚS SOLARZANO. ■ La figlia di un latifondista e un semplice *peón* si amano fin da ragazzi. Lui, per poterla sposare, diventa un grandissimo torero. Durante un breve ritorno al paese natale, incontra la ragazza e la fa sua. Il padre furibondo tiene con sé la nipotina, ma il torero insiste e vince. ■ COMMEDIA; B/N; 80′; MESSICO, 1936.

AMORE DI UNA DONNA, L' *(L'amour d'une femme)* ★★★
Regia di JEAN GRÉMILLON. Con MASSIMO GIROTTI, GABY MORLAY, MICHELINE PRESLE, PAOLO STOPPA. ■ Si racconta il contrastato amore tra una giovane dottoressa francese, dedita con entusiasmo alla sua professione, e un ingegnere italiano che, pur comprendendo le necessità professionali della compagna, ne è geloso. ■ DRAMMATICO; B/N; 104′; FRANCIA, 1953.

AMORE DI UNA GEISHA, L' *(Tokyo After Dark)* ★★
Regia di NORMANN T. HERMAN. Con MICHI KOBI, RICHARD LONG. ■ Un sergente americano si innamora di una giapponesina. Per disgrazia ammazza un ladruncolo e piuttosto che presentarsi davanti al tribunale giapponese fugge. Ma quando si accorge che per impalmare la giapponesina deve restare a Tokio si costituisce. ■ DRAMMATICO; B/N; 80′; USA, 1959.

AMORE DI UNA GRANDE REGINA, L' ★★★
(Mädchenjahre einer Königin)
Regia di ERNST MARISCHKA. Con PAUL HÖRBIGER, ADRIAN HOVEN, MAGDA SCHNEIDER, ROMY SCHNEIDER. ■ La storia d'amore della regina Vittoria con il principe Alberto è celebre: verità e aneddoti in proposito hanno fatto consumare fiumi di inchiostro. Ora ecco anche un film, che avrebbe pretese storiche. In realtà l'incontro tra la giovane regina e il bell'Alberto non avvenne mentre, in incognito, si concedevano entrambi una vacanza in un quieto alberghetto. I due si conoscevano ancor prima che Vittoria si assumesse la responsabilità del trono d'Inghilterra. ■ COMMEDIA; COL.; 109′; AUSTRIA, 1954.

AMORE DI ZINGARA *(La Hermana San Sulpicio)* ★★
Regia di LUIS LUCIA. Con MANUEL LUNA, JORGE MISTRAL, CARMEN SEVILLA. ■ Si narra di un ricco possidente che, dopo aver perso moglie e figlio, si dedica a un folto gruppo di orfani derelitti. Siccome il gruppo si ingrossa, per guadagnare abbastanza si mette a fare il torero. Alla fine sposa un'orfanella cieca, che riacquista la vista. ■ COMMEDIA; COL.; 82′; SPAGNA, 1952.

AMORE DI ZINGARA – PASSIONE DI ZINGARA ★★★
(Golden Earrings)
Regia di MITCHELL LEISEN. Con MARLENE DIETRICH, RAY MILLAND. ■ Un ufficiale inglese, durante una difficile missione nella Germania nazista, viene aiutato da una bella zingara. Tornato in Inghilterra, riceve dopo qualche tempo un pacchetto contenente un paio di orecchini zingareschi. L'amore sopito si risveglia e l'ufficiale raggiunge la sua bella. Il film ebbe un vasto successo. ■ SPIONAGGIO; B/N; 95′; USA, 1947.

AMORE DOLCE AMORE *(Bittersweet Love)* ★★
Regia di DAVID MILLER. Con ROBERT ALDA, CELESTE HOLM, LANA TURNER. ■ Una giovane coppia aspetta trepidante un bambino. Mentre aspettano, scoprono una sconvolgente verità. Sono fratellastri. I genitori degli sposi (veri e presunti) sono messi di fronte alle antiche malefatte. L'ultimo film interpretato per il grande schermo da Lana Turner. ■ DRAMMATICO; COL.; 92′; USA, 1976.

AMORE, DOLORE E ALLEGRIA ★★★
(Love and Pain and the Whole Damned)
Regia di ALAN J. PAKULA. Con CHARLES BAXTER, TIMOTHY BOTTOMS, MAGGIE SMITH. ■ Una storia d'amore piuttosto originale, un tantino eccentrica e abbastanza umoristica. I due amanti sono una zitella, che è fuggita dall'Inghilterra e soprattutto da due zie, e uno studente che invece è in Europa per scappare dall'invadenza di suo padre. L'incontro avviene in Spagna, ma i rapporti saranno più difficili del previsto. Spigliato e simpatico si ricorda per l'interpretazione della Smith. ■ COMMEDIA; COL.; 110′; USA, 1972.

AMORE DOPO, L' ★★
Regia di ATTILIO CONCARI. Con PIER PAOLO CAPPONI, VALERIA D'OBICI, MASSIMO GIROTTI, MASSIMO VENTURIELLO, ANNA ZANEVA. ■ Serena Staino si occupa dell'accoglienza degli immigrati extracomunitari in qualità di assistente sociale. Alla morte del marito viene "informata" che il marito avrebbe avuto una relazione con una delle donne dell'Est di cui lei si era occupata, giungendo fino a ospitarla in casa. La donna ha avuto un bambino. La prima reazione di Serena è quella del rifiuto del piccolo ma, progressivamente, tra i due vincerà l'affetto. Il film soffre di eccessiva verbosità anche se c'è il tentativo di leggere il problema da un punto di vista intimista. Vincitore del premio De Sica agli Incontri di Sorrento 1994. ■ DRAMMATICO; COL.; 95'; ITALIA, 1993.

AMORE DURA TRE ANNI, L' *(L'amour dure trois ans)* ★★★
Regia di FREDERIC BEIGBEDER. Con FREDERIQUE BEL, LOUISE BOURGOIN, JONATHAN LAMBERT, GASPARD PROUST, JOEY STARR. ■ Marc Marronnier ha trent'anni, una moglie e due lavori. Critico letterario di giorno e cronista mondano di notte, divorzia dopo tre anni per un sms di troppo. Se la moglie gli preferisce uno scrittore di successo, Marc vuole rifarsi con Alice, avvenente moglie del cugino. Conquistata da Marc, Alice prova a resistere all'uomo che, disperato, tenta il suicidio e poi scrive un pamphlet sulla caducità dell'amore. Scalate le classifiche dei libri e il cuore di Alice, Marc all'improvviso è il più letto e il più venduto. Critico letterario, scrittore, pubblicitario, editore, Frédéric Beigbeder debutta al cinema aggiungendo il mestiere del regista. Fingendo di rovesciare il romanticismo sentimentale, il film apre su una sintesi fatale intorno a una mediocre vita coniugale. ■ COMMEDIA; COL.; 98'; FRANCIA, 2011.

AMORE E ALTRE CATASTROFI, L' ★★
(Love and Other Catastrophes)
Regia di EMMA-KATE CROGHAN. Con ALICE GARNER, RADHA MITCHELL, FRANCES O'CONNOR. ■ Tre donne: una con propensioni lesbiche, una che cerca il principe azzurro, un'altra che non crede più a niente. Film a basso costo, girato in poche settimane, con tante citazioni dal cinema giovanil-trasgressivo contemporaneo. ■ COMMEDIA; COL.; 82'; AUSTRALIA, 1996.

AMORE E ALTRI CRIMINI *(Ljubav i drugi zlocini)* ★★★
Regia di STEFAN ARSENIJEVIC. Con ANICA DOBRA, MILENA DRAVIC, VUK KOSTIC, HANNA SCHWAMBORN, FEDJA STOJANOVIC. ■ Anica vive a Belgrado da troppo tempo e vuole andare lontano in cerca di un nuovo destino. Legata sentimentalmente a Milutin, boss del quartiere e usuraio mesto con figlia autistica a carico, Anica trascorre la sua ultima giornata nel quartiere dove è nata e dove vivono le uniche persone che abbia mai amato: la vecchia nonna senza più memoria in ospizio, l'amica trasandata che gestisce un chiosco alimentare e un marito delinquente, e Stanislav, un giovane uomo, braccio destro di Milutin. Il ragazzo, segretamente innamorato della donna, ha deciso di dichiararsi e di fuggire insieme a lei dentro una fredda notte di inverno. Aveva ventitré anni, Stefan Arsenijevic mentre cadeva il mandato di Slobodan Milosevic, presidente della Serbia accusato di crimini contro l'umanità, per questa ragione il suo sguardo sulle persone, sulle cose, sui luoghi e sul suo Paese non è mai distaccato. ■ DRAMMATICO; COL.; 106'; SERBIA, GERMANIA, AUSTRIA, SLOVENIA, 2008.

AMORE E ALTRI RIMEDI *(Love and Other Drugs)* ★★
Regia di EDWARD ZWICK. Con HANK AZARIA, JOSH GAD, JAKE GYLLENHAAL, ANNE HATAWAY, OLIVER PLATT. ■ Jamie Randall è un giovane uomo abile con le donne e con le parole. Seduttore implacabile e disoccupato, dopo aver conosciuto troppo a fondo la moglie del suo datore di lavoro, Jamie ricomincia dal farmaceutico. Viene spedito nell'angolo nordorientale degli Stati Uniti a "spacciare" antidepressivi e a sbaragliare la concorrenza. Blandisce medici e seduce segretarie, rivelandosi in poco tempo il venditore numero uno. Sognando ad occhi aperti di lasciare l'Ohio per volare con una promozione a Chicago, Jamie inciampa in Maggie, artista bohémienne affetta dal morbo di Parkinson al primo stadio. Ingordi di sesso ma refrattari ai sentimenti e alle relazioni stabili, Jamie e Maggie diventano amanti appassionati. Innamorati loro malgrado proveranno a resistersi e a resistere alla tentazione di amarsi. ■ DRAMMATICO; COL.; 113'; USA, 2010.

AMORE È BELLO, L' *(Happy Go Lovely)* ★★★
Regia di BRUCE H. HUMBERSTONE. Con DAVID NIVEN, CESAR ROMERO, VERA-ELLEN. ■ Brillante, come sempre, David Niven illumina una storiella non eccezionale a proposito di una rivista musicale che dovrebbe essere presentata al Festival di Edimburgo, se il bilancio dell'impresario non facesse acqua da tutte le parti. ■ COMM. MUSICALE; B/N; 87'; GRAN BRETAGNA, 1951.

AMORE E CHIACCHIERE *(Salviamo il panorama)* ★★★
Regia di ALESSANDRO BLASETTI. Con ELISA CEGANI, GINO CERVI, VITTORIO DE SICA, CARLA GRAVINA, ALESSANDRA PANARO. ■ Un industriale cerca di corrompere il vicesindaco sfruttandone la vanità oratoria, per evitare che la veduta panoramica della sua villa venga deturpata da un ospizio. La fuga d'amore di due adolescenti manderà all'aria il proposito. ■ COMMEDIA; B/N; 95'; ITALIA, 1957.

AMORE È COME IL SOLE, L' ★★
Regia di CARLO LOMBARDI. Con LYDIA ALFONSI, PIERGIORGIO FARINA, GIANNI PETTENATI, MARIO PISU, JEANNE VALÉRIE. ■ Gianni, giunto a Roma dal suo paese, si innamora di Irina. Ursula ne è contrariata poiché Irina fa l'indossatrice nel suo atelier. Ella quindi chiede al proprio fidanzato, Maurizio, di aiutarla ad allontanare i due innamorati. Maurizio, però, va oltre il proprio compito. Ursula, disperata, in una corsa in macchina con Irina esce di strada e rimane gravemente ferita. Maurizio pentito torna da lei e Irina sposa Gianni. ■ COMMEDIA; COL.; 97'; ITALIA, 1969.

AMORE E DESIDERIO *(Of Love and Desire)* ★★
Regia di RICHARD RUSH. Con STEVE COCHRAN, CURD JÜRGENS, MERLE OBERON. ■ Stefano, ingegnere americano, giunge nel Messico per seguire i progetti minerari dei Beckmann. Si innamora di Caterina Beckmann e ne è riamato. Paolo, fratellastro di Caterina, tenta di distruggere quest'amore poiché è morbosamente attratto dalla ragazza che gli ricorda la madre morta. Dopo una drammatica scena rivelatrice Caterina fugge e raggiunge Stefano. ■ DRAMMATICO; COL.; 97'; USA, 1963.

AMORE E DOLORE DI DONNA
(Frauenliebe Frauenlied) ★★
Regia di AUGUSTO GENINA. Con IVAN PETROVICH, MAGDA SCHNEIDER, OSKAR SIMA. ■ Una ragazza salva dal suicidio un pianista che poi parte per l'America dove diventa famoso. Quando ritorna in patria, la ragazza, non sentendosi alla sua altezza, gli manda il figlio avuto da lui e tenta il suicidio. Dopo varie vicissitudini finalmente i due si ricongiungono. ■ DRAMMATICO; B/N; 85'; GERMANIA, 1937.

AMORE È ETERNO FINCHÉ DURA, L' ★★★
Regia di CARLO VERDONE. Con ANTONIO CATANIA, LAURA MORANTE, STEFANIA ROCCA, CARLO VERDONE. ■ Gilberto, 50enne, si fa coinvolgere in un cosiddetto *speed-date*, una gara in cui i protagonisti devono trovare un partner in 3 minuti. Arrestato, deve confessare tutto in presenza della moglie che lo butta fuori di casa. Gilberto scopre che il suo migliore amico è amante della moglie e comincia a tentare di avviare nuove relazioni che falliscono tutte. Tranne, forse, proprio con la compagna dell'amico che lo ha ospitato. "Fare l'istrice" è la soluzione per difendersi da quel sentimento sempre più indefinibile che è l'amore. Verdone porta un'evoluzione rispetto al suo percorso: una riflessione "malincomica" su questi nostri tempi privi di punti di riferimento. Successo di botteghino. ■ COMMEDIA; COL.; 108'; ITALIA, 2003. ■ DAVID DI DONATELLO 1 NOM.

AMORE E FANGO – PALUDE TRAGICA ★★
(Cañas y barro)
Regia di JUAN DE ORDUÑA. Con ANNA AMENDOLA, ERNO CRISA, DELIA SCALA. ■ Tonet e Giacomo sono innamorati di Nella che, per ambizione, sposa Canamel, zio di Giacomo, pur amando Tonet. Canamel li sorprende e colto da infarto muore. Giacomo in una lite uccide Tonet. Nella, pentita, riconosce tutte le sue colpe. ■ DRAMMATICO; B/N; 87'; SPAGNA, 1954.

AMORE E FORTUNA *(Antoine et Antoinette)* ★★★
Regia di JACQUES BECKER. Con CLAIRE MAFFEI, GASTON MO-

DOT, ROGER PIGAUT, NOËL ROQUEVERT. ■ Peripezie di due giovani coniugi vincitori di una lotteria. Opera minore, ma apprezzabile di Becker non ancora giunto alla maturità de *Il buco* e di *Casco d'oro*. ■ COMMEDIA; B/N; 115'; FRANCIA, 1947. ■ CANNES 1 PR.

AMORE E GINNASTICA ★★
Regia di LUIGI FILIPPO D'AMICO. Con ADRIANA ASTI, SENTA BERGER, LINO CAPOLICCHIO, RENZO MARIGNANO. ■ Simone si innamora di Maria, un'antesignana nell'insegnamento della ginnastica femminile. Per conquistarla si dedica, senza successo, alle discipline ginniche. Ci riesce, finalmente, dopo essersi rotto la testa durante uno dei suoi numerosi tentativi di esibizione muscolare. Tratto da un De Amicis sorprendente. ■ COMMEDIA; COL.; 112'; ITALIA, 1973.

AMORE E GUAI ★★
Regia di ANGELO DORIGO. Con MAURIZIO ARENA, RICHARD BASEHART, VALENTINA CORTESE, MARCELLO MASTROIANNI. ■ Tre storie d'amore, con complicazioni diverse, si intersecano in questo lavoro eseguito con qualche velleità, ma con pochi risultati. ■ COMMEDIA; B/N; 87'; ITALIA, 1958.

AMORE E GUERRA *(Love and Death)* ★★★★
Regia di WOODY ALLEN. Con WOODY ALLEN, OLGA GEORGES-PICOT, HAROLD GOULD, DIANE KEATON. ■ Con questo film Allen comincia ad allontanarsi dal genere comico: si ride ancora, ma dappertutto affiorano riflessioni tutt'altro che allegre. Ai tempi dell'invasione napoleonica, Boris Grusenko, eroe involontario, sposa Sonia e per amor suo accetta di uccidere Napoleone, ma viene scoperto e fucilato. ■ COMMEDIA; COL.; 82'; USA, 1975. ■ BERLINO 1 PR.

AMORE E IL DIAVOLO, L' *(Les visiteurs du soir)* ★★★★
Regia di MARCEL CARNÉ. Con ARLETTY, JULES BERRY, ALAIN CUNY, MARIE DÉA, MARCEL HERRAND, FERNAND LEDOUX. ■ Ancora una volta Jacques Prévert si unisce a Marcel Carné per raccontare una storia d'amore. In questa occasione (la guerra infuriava e il cinema era un "sorvegliato speciale") una storia fantastica, ambientata in un castello durante il Medio Evo. Si festeggia il fidanzamento di Anna, la figlia del barone Ugo, con il nobile Renaud. Due menestrelli, Gilles e Dominique, arrivano al castello per presentare il loro spettacolo. In realtà sono inviati dal diavolo per seminare odio e discordia dove tutto è gioia e amore. Sembra che debbano riuscire nel loro intento, ma l'amore è troppo forte. Il diavolo furibondo tramuta i due giovani innamorati in statue. ■ FANTASTICO; B/N; 123'; FRANCIA, 1942.

AMORE E IL DIAVOLO, L' *(Der Satan lockt mit Liebe)* ★★
Regia di RUDOLF JUGERT. Con PETER CAPELL, IVAN DESNY, JOACHIM HANSEN, BELINDA LEE. ■ Un evaso tenta la fuga verso l'Australia e, grazie all'intervento di una donna, riesce ad imbarcarsi. Però viene smascherato dall'equipaggio; uccide il capitano della nave e la donna che l'aveva aiutato. Perduta ogni speranza, si lascia riacciuffare. ■ POLIZIESCO; B/N; 96'; GERMANIA, 1960.

AMORE E IL SANGUE, L' *(Flesh and Blood)* ★★★
Regia di PAUL VERHOEVEN. Con TOM BURLINSON, RUTGER HAUER, JENNIFER JASON LEIGH. ■ Nel 1501 il nobile Arnolfini conquista la fortezza con l'aiuto dei mercenari e del giovane Stephan, esperto nell'arte della guerra e promesso sposo della principessa Agnese. Quando Arnolfini si rifiuta di pagare, i mercenari esplodono con violenza e rapiscono Agnese. Toccherà a Stephen salvarla e sconfiggere i pericolosi mercenari comandati dal terribile Martin. Il film, girato in Italia dal regista di *Quarto uomo*, è fin troppo truculento. ■ AVVENTURA; COL.; 126'; USA, 1985.

AMORE È IMPERFETTO, L' ★
Regia di FRANCESCA MUCI. Con GIULIO BERRUTI, LORENA CACCIATORE, CAMILLA FILIPPI, ANNA FOGLIETTA, BRUNO WOLKOWITCH. ■ Elena, trentacinquenne di bell'aspetto, lavora per una casa editrice, e prende l'amore come viene dopo una cocente delusione. Per un buffo incidente, entra in contatto con una diciottenne disinibita, Adriana, e con un produttore discografico cinquantenne, Ettore. Due facce di uno stesso percorso di seduzione che, fino a qualche tempo prima, non avrebbe mai immaginato di poter intraprendere. Ispirato all'omonimo romanzo della stessa regista – documentarista al primo lungometraggio – al lavoro con Gianni Romoli anche sulla sceneggiatura, *L'amore è imperfetto* è apprezzabile per l'argomento scelto, una sessualità sempre meno indagata da un cinema schiavo della televisione. ■ DRAMMATICO; COL.; 92'; ITALIA, 2012.

AMORE E LA CHANCE, L' *(La chance et l'amour)* ★★★
Regia di CLAUDE BERRI, CHARLES L. BITSCH, ERIC SCHLUMBERGER, BERTRAND TAVERNIER. Con FRANCIS BLANCHE, BERNARD BLIER, MICHEL PICCOLI, STEFANIA SANDRELLI. ■ Un divertente collage di situazioni in cui la fortuna dovrebbe essere la protagonista. Invece pare che aiuti a cadere dalla padella nella brace. ■ COMMEDIA; B/N; 104'; FRANCIA, 1964.

AMORE E LIBERTÀ, MASANIELLO ★★
Regia di ANGELO ANTONUCCI. Con ANTONIO ACAMPORA, ANNA AMMIRATI, SERGIO ASSISI, NICOLA DI PINTO, FRANCO FANTASIA, COSIMO FUSCO, ANNA GALIENA, GABRIELE LAVIA, FRANCO NERO. ■ Masaniello – Tommaso Aniello di Amalfi – giovane pescivendolo napoletano, si fece promotore di una rivolta che durò solo dieci giorni, dal 7 al 16 luglio del 1647, contro il Duca D'Arcos, mandatario del re Filippo IV di Spagna. Rappresentante del riscatto del popolo vessato dai soprusi dei nobili e dalle gabelle imposte dal Vicerè, l'eroe di ieri diventa un eroe moderno, eterno simbolo del desiderio di libertà di chi – ancora ai nostri tempi – si ribella agli abusi del Potere. ■ STORICO; COL.; 90'; ITALIA, 2001.

AMORE E MAGIA *(The Butcher's Wife)* ★
Regia di TERRY HUGHES. Con JEFF DANIELS, GEORGE DZUNDZA, DEMI MOORE, MARY STEENBURGEN. ■ Demi Moore, dopo il successo di *Ghost*, gioca con l'inversione dei ruoli e si trova nei panni di una maga impegnata in sortilegi vari. ■ COMMEDIA; COL.; 100'; USA, 1991.

AMORE E MISTERO *(The Secret Agent)* ★★★
Regia di ALFRED HITCHCOCK. Con MADELEINE CARROLL, JOHN GIELGUD, PETER LORRE, LILLI PALMER, MICHAEL REDGRAVE, ROBERT YOUNG. ■ Durante la prima guerra mondiale, un ufficiale inglese è incaricato di recarsi in Svizzera e uccidere un agente nemico. Un uomo muore e sembra proprio che sia la vittima designata. In realtà questa è viva e cerca di involarsi con una ragazza innamorata dell'inglese. Non fra i migliori "Hitchcock" dell'anteguerra. ■ SPIONAGGIO; B/N; 83'; GRAN BRETAGNA, 1936.

AMORE E MORTE A LONG ISLAND ★★
(Love and Death on Long Island)
Regia di RICHARD KWIETNIOWSKI. Con JOHN HURT, FIONA LOEWI, JASON PRIESTLEY. ■ Dal romanzo di Gilbert Adair. Uno scrittore inglese di una certa età incontra un giovane attore americano. Il primo è colto, evanescente, l'altro confonde Rimbaud con Rambo. Eppure "legano". Il rapporto è simile a quello descritto da Mann e Visconti nella *Morte a Venezia*, naturalmente con minor stile, anche in virtù delle epoche diverse. Del film rimangono qualche lirica sensazione di Long Island e tante parole. ■ DRAMMATICO; COL.; 93'; USA, 1998.

AMORE E MORTE AL TAVOLO DA GIOCO ★★
(Stacy's Knights)
Regia di JIM WILSON. Con KEVIN COSTNER, ANDRA MILLAN, MIKE REYNOLDS. ■ Un giovanotto e la sua ragazza sono in gambissima al tavolo da gioco. Dovunque vanno, fanno saltare il banco. Il proprietario di un casinò si vendica crudelmente facendo uccidere il giovane. La ragazza recluta una banda di amici del morto disposti a tutto. ■ DRAMMATICO; COL.; 95'; USA, 1983.

AMORE E MORTE NEL GIARDINO DEGLI DEI ★
Regia di SAURO SCAVOLINI. Con ERIKA BLANC, ORCHIDEA DE SANTIS, PETER LEE LAWRENCE, EZIO MARANO. ■ Azzurra e Manfredi, sorella e fratello abbandonati a se stessi, vivono sin dall'infanzia un torbido rapporto di amore-odio. Azzurra si sposa, pur mantenendo il rapporto con il fratello; questi, da parte sua, intreccia una relazione con Viola. Le cose allora si complicano fino a sfociare in un massacro finale. ■ DRAMMATICO; COL.; 90'; ITALIA, 1972.

AMORE E MORTE – VERGINITÀ ★
Regia di MARCELLO ANDREI. Con YVES BENYTON, DAGMAR LASSANDER, ENRICO MARIA SALERNO. ■ Due episodi (diversi

come tono e collocazione) sul tema amore e morte. Nel primo, ambientato nella Russia dell'Ottocento, abbiamo una veemente passione che una faida familiare fa finire in tragedia. Il secondo è una commedia boccaccesca nella Sicilia contemporanea, imperniata sugli exploit di un maturo dongiovanni. ■ FILM A EPISODI; COL.; 108'; ITALIA, 1972.

AMORE E MUSICA *(Paroles et musique)* ★★
Regia di ELIE CHOURAQUI. Con RICHARD ANCONINA, CATHERINE DENEUVE, CHRISTOPHER LAMBERT. ■ Crisi esistenziale di tre personaggi. Lei è Margaux, organizzatrice di spettacoli musicali, gli altri sono un duo di cantanti, Michel e Jeremy, ai quali lei fa ricorso per rimpiazzare un'artista. Margaux e Jeremy s'innamorano, ma lei, che ha due figli, è ancora legata al marito. Infatti, quando lui torna sui suoi passi, si porta via moglie e figli. Jeremy riprende a cantare con Michel, forse con più successo. ■ COMMEDIA; COL.; 107'; FRANCIA, 1984.

AMORE È NOVITÀ, L' *(Love is News)* ★★★
Regia di TAY GARNETT. Con DON AMECHE, TYRONE POWER, GEORGE SANDERS, LORETTA YOUNG. ■ Un'ereditiera sposa un giornalista a caccia di colpi grossi. Gli scoop sono belli solo se le conseguenze (lo scandalo, le dicerie della gente) non ci riguardano. Il giornalista, sposando un personaggio pubblico, ha modo di provare sulla sua pelle cosa significhi essere il bersaglio (anziché il tiratore) della "stampa gialla". ■ COMMEDIA; B/N; 78'; USA, 1937.

AMORE E PAURA *(Love and Murder)* ★★
Regia di STEVEN HILLIARD STERN. Con KATHLEEN LASKY, TODD WARING. ■ Hal Caine, fotografo di professione, ha la mania di scattare foto alle vicine di casa, naturalmente a loro insaputa. È proprio in uno di questi momenti che assiste impotente all'assassinio di una giovane, installatasi in quel quartiere da pochi giorni. ■ GIALLO; COL.; 95'; USA, 1990.

AMORE E PETROLIO *(Aaron Slick from Punkin Crick)* ★★
Regia di CLAUDE BINYON. Con ADELE JERGENS, DINAH SHORE, ALAN YOUNG. ■ Tentativo di lanciare in cinema Dinah Shore, bionda cantante alla Doris Day e soprattutto grande *show-woman* della tv americana degli inizi. La Shore è un'ingenua vedova di provincia che viene circuita da un imbroglioncello di città. ■ COMM. MUSICALE; COL.; 95'; USA, 1952.

AMORE È PIÙ FREDDO DELLA MORTE, L' ★★
(Liebe ist kälter als der Tod)
Regia di RAINER WERNER FASSBINDER. Con INGRID CAVEN, RAINER WERNER FASSBINDER, ULI LOMMEL, HANNA SCHYGULLA. ■ Ispirandosi a *Frank Costello faccia d'angelo* di J. P. Melville, Fassbinder gira il suo primo lungometraggio interpretando anche un ruolo a lui congeniale: un protettore che diventa rapinatore. ■ DRAMMATICO; COL.; 85'; GERMANIA, 1969.

AMORE E RABBIA ★★★
Regia di MARCO BELLOCCHIO, BERNARDO BERTOLUCCI, JEAN-LUC GODARD, CARLO LIZZANI, PIER PAOLO PASOLINI. Con TOM BAKER, JULIAN BECK, NINO CASTELNUOVO, NINETTO DAVOLI. ■ In chiave moderna vengono rivisitate cinque parabole del Vangelo. Nell'*Indifferenza* un uomo coinvolto in un incidente stradale chiede invano aiuto ai passanti. In *Agonia* un vescovo muore e s'accorge di aver vissuto invano, senza aiutare nessuno. Pasolini fa vedere il solito Ninetto Davoli. In *Amore*, Godard ripropone in chiave politica la vicenda del figliol prodigo. Bellocchio mostra un gruppo di giovani contestatori che viene prima aggredito dagli studenti di destra e poi dalla polizia. ■ DRAMMATICO; COL.; 100'; ITALIA, 1968.

AMORE E RABBIA *(The Good Father)* ★★★
Regia di MIKE NEWELL. Con MICHAEL BYRNE, ANTHONY HOPKINS, HARRIET WALTER. ■ Un grande exploit recitativo per Anthony Hopkins nella parte di un padre che vive separato dalla moglie e dal figlio. Un giorno però la moglie gli annuncia che vuol partire per l'Australia portando il ragazzo con sé. L'uomo, furibondo, non esita a mettere in atto ogni sorta di sordido espediente pur di riavere la custodia del figlio. ■ DRAMMATICO; COL.; 90'; GRAN BRETAGNA, 1987.

AMORE E SANGUE ★★
Regia di MARINO GIROLAMI, HANS WOLF. Con ALAN CURTIS, FOLCO LULLI, MARIA MONTEZ, MASSIMO SERATO. ■ Un evaso uccide un traditore, si mette con l'amante di lui e ne viene ucciso a sua volta per gelosia. ■ DRAMMATICO; B/N; 90'; ITALIA, 1951.

AMORE E SANGUE A ESFAHAN ★
(Appointment in Esfahan)
Regia di TONY ZARINDAST. Con HASHERN KHAN, BURT MILLER, CATY TAYLOR, SUZANNE WEST. ■ Un avventuriero viene in possesso di un documento segreto che porta a un giacimento petrolifero. Tentativi di corruzione ma il bene trionfa. ■ AVVENTURA; COL.; 85'; IRAN, 1967.

AMORE E SMARRIMENTO ★
Regia di FILIPPO WALTER RATTI. Con MANUEL BOERO, LORIS GIZZI, FLORA LILLO, PIERO PALERMINI. ■ Un giovane ingenuo si innamora della donna sbagliata e dilapida le sue sostanze. Ruba, ma un prete lo riconduce sulla retta via. Fumettone di scarso interesse. ■ DRAMMATICO; B/N; 89'; ITALIA, 1954.

AMORE È SOLO UNA PAROLA, L' ★★
(Liebe ist nur ein Wort)
Regia di ALFRED VOHRER. Con HERBERT FLEISCHMANN, DONATA HÖFFER, MALTE THORSTEN, JUDY WINTER. ■ Figlio di un notissimo industriale lussemburghese Oliver Mansfeld andando in collegio incontra e si innamora della bella signora Virina Angenfort. Due inquieti compagni di collegio del ragazzo fanno la spia al marito e Virina è costretta a non rivedere più il suo giovane amico. Quando tornerà da lui sarà troppo tardi. ■ DRAMMATICO; COL.; 108'; GERMANIA, 1971.

AMORE E SPORT *(They Learned about Women)* ★★
Regia di JACK CONWAY, SAM WOOD. Con MARY DORAN, BESSIE LOVE, JOSEPH SHENCK. ■ Due giocatori di baseball lasciano lo sport per diventare attori di varietà. Hanno successo, ma torneranno al baseball in tempo per giocare nel campionato mondiale. Piccolo musical realizzato agli inizi del sonoro fu rifatto vent'anni dopo con il titolo *Facciamo il tifo insieme*. ■ COMMEDIA; B/N; 89'; USA, 1930.

AMORE ESTREMO – TOUGH LOVE *(Gigli)* ★★
Regia di MARTIN BREST. Con BEN AFFLECK, JUSTIN BARTHA, MISSY CRIDER, LAINIE KAZAN, JENNIFER LOPEZ, AL PACINO, CHRISTOPHER WALKEN. ■ Larry Gigli è un criminale da strapazzo il cui ultimo incarico è stato rapire il fratello minorato di un procuratore distrettuale per conto di Starkman, un potente boss malavitoso che, non fidandosi di lui, gli manda un aiutante. Trattasi di Ricki, un sicario omosessuale che ha in realtà il compito di badare tanto al rapito quanto al rapitore. "Sicario omosessuale", del resto, è solo un improbabile epiteto per definire Jennifer Lopez. Mimando la realtà, i due perdono rapidamente la testa l'uno per l'altra. ■ DRAMMATICO; COL.; 122'; USA, 2003.

AMORE È UNA COSA MERAVIGLIOSA, L' ★★★★
(Love is a Many Splendored Thing)
Regia di HENRY KING. Con ISOBEL ELSOM, WILLIAM HOLDEN, JENNIFER JONES, TORIN THATCHER. ■ Durante la guerra in Corea, una dottoressa di Hong Kong, di origine euroasiatica, si innamora di un giornalista americano. Finché dura è una cosa meravigliosa. Poi lui parte per la guera e muore. Astuto polpettone, di gusto fumettistico ma confezionato in maniera ineccepibile: bravi gli attori, fotogenici gli esterni di Hong Kong, allora ancora poco utilizzati nel cinema, orecchiabilissimo il leit-motiv di Alfred Newman che vinse l'Oscar e che divenne popolare in tutto il mondo. Alta valutazione per il grandissimo successo. ■ COMMEDIA; COL.; 102'; USA, 1955. ■ OSCAR 3 PR, 8 NOM.

AMORE E UN ADDIO, UN ★★
Regia di GERMÀN LORENTE. Con ANGEL ARANDA, MARIA ASQUERINO, CLAUDIA MORI, AMEDEO NAZZARI, MAURICE RONET. ■ Mediocre fumetto italo-spagnolo. La signora Celentano in veste di prim'attrice non convince molto, mentre se la cavano Maurice Ronet e il solito probo Amedeo Nazzari. ■ COMMEDIA; B/N; 86'; ITALIA, 1965.

AMORE È UNA MERAVIGLIOSA ESTASI, L' ★★
(Zwischen Zeit und Ewigkeit)
Regia di ARTHUR MARIA RABENALT. Con WILLY BIRGEL, LILLI PALMER, ELLEN SCHWIERS, CARLOS THOMPSON. ■ Quando ap-

prende, per caso, di essere affetta da un male incurabile, una giovane signora decide per distrarsi di partire per una crociera. In un villaggio conosce e s'innamora di un pescatore e, presa dalla passione, pensa di separarsi dal marito. Ma questi la raggiunge e la riconduce a casa a morire. ■ DRAMMATICO; B/N; 103'; GERMANIA, 1956.

AMORE È UNA SPLENDIDA ILLUSIONE, L' ★★
(Love is a Splendid Illusion)
Regia di TOM CLEGG. Con SIMON BRENT, ANDRÉE FLAMAND. ■ Durante una vacanza in Italia un giovane inglese ha la prova che la sua innamorata l'ha tradito. Morale: per continuare ad amare è meglio non sapere. Le scene erotiche del film provocarono un certo scalpore. ■ DRAMMATICO; COL.; 95'; GRAN BRETAGNA, 1970.

AMORE FACILE ★★
Regia di GIANNI PUCCINI. Con VITTORIO CAPRIOLI, FRANCO FRANCHI, RICCARDO GARRONE, CICCIO INGRASSIA, PHILIPPE LEROY, DIDI PEREGO, ELEONORA ROSSI DRAGO, BARBARA STEELE, RAIMONDO VIANELLO. ■ *Divorzio italo-americano*: un professore innamorato di un'americana tenta di eliminarne il marito. *Una casa rispettabile*: la proprietaria di un alberghetto alletta un bistrattato pensionante. *Il vedovo bianco*: un uomo sposato induce un vecchio amico a sposare la sua amante affinché la moglie non si insospettisca. *L'uomo corretto*: un tizio prende del denaro in prestito e lo utilizza per pagare le "prestazioni" della moglie dello strozzino stesso. *Una domenica d'agosto* (gita sfumata): due coppiette vedono andare in fumo, per molteplici contrattempi, la prevista gita al mare. ■ COMMEDIA; B/N; 99'; ITALIA, 1964.

AMORE FA MALE, L' ★
Regia di MIRCA VIOLA. Con CLAUDIO BIGAGLI, PAOLO BRIGUGLIA, DIANE FLERI, NICOLE GRIMAUDO, STEFANIA ROCCA. ■ Germana ha quarant'anni, una figlia e il sogno mai infranto di essere attrice. Amante annoiata e mantenuta di un avvocato ricco e coniugato, incontra Gianmarco in una corsia d'ospedale e se ne innamora. Corrisposta, ignora che l'uomo sia padre, marito e amico di vecchia data di Elisabetta, una rigida vicina di casa abbandonata dal marito e decisa a rifarsi una vita. Dentro un'estate siciliana e davanti a una tavola imbandita si incroceranno e risolveranno i loro destini. Opera prima di Mirca Viola, *L'amore fa male* è una commedia sentimentale con implicazioni omosessuali e complicazioni (extra)coniugali. Del tutto superflua. ■ DRAMMATICO; COL.; 100'; ITALIA, 2011.

AMORE FATALE, L' *(Enduring Love)* ★★★
Regia di ROGER MICHELL. Con DANIEL CRAIG, RHYS IFANS, ANDREW LINCOLN, SUSAN LYNCH, HELEN MCCRORY, SAMANTHA MORTON, BILL NIGHY. ■ Una coppia è adagiata su un prato. È un'immagine di ammaliante bellezza. L'uomo estrae dalla sacca una bottiglia di champagne. Improvvisamente tutto sembra mutare in una sequenza che scompagina ogni aspettativa. Un inizio travolgente, originale ed emozionante, uno svolgimento meno allettante, ma di certo non banale, con un'impennata finale che ci conduce direttamente verso la tragedia annunciata. Tratto da *Amore fatale* (*Enduring Love*, 2003), il romanzo di Ian McEwan. Ciò che accade all'inizio segnerà l'esistenza di chiunque era presente in quella circostanza. Tutti insieme disperatamente si avviano al tragico finale, mentre gli uffici stampa tentano di gabellare la pellicola per un thriller, che non è. Il regista Roger Mitchell, quello di *Notting Hill*, riesce comunque a mantenere un equilibrio narrativo, che la complessità della vicenda poteva disturbare. ■ THRILLER; COL.; 100'; GRAN BRETAGNA, 2004.

AMORE FOLLE *(Mad Love)* ★★★
Regia di KARL FREUND. Con COLIN CLIVE, FRANCES DRAKE, PETER LORRE. ■ Dal classico *Le mani di Orlac*. Un famoso chirurgo (Lorre) accetta di operare un musicista che in un incidente ha perso l'uso delle mani. Le mani nuove, il prof. le ha prese a un assassino giustiziato. Segue una serie di omicidi che tutti (compreso l'interessato) credono commessi dal musicista. E invece l'assassino è il dottore che s'è innamorato follemente della donna di Orlac e vuole togliere costui di mezzo. Un classico dell'orrore con una portentosa fotografia in bianco e nero. ■ HORROR; B/N; 70'; USA, 1935.

AMORE FORMULA 2 ★★
Regia di MARIO AMENDOLA. Con GIACOMO AGOSTINI, LINO BANFI, TERY HARE, GÉRARD HERTER, ENRICO LUZI, MAL, ELIO PANDOLFI. ■ Paul e Giorgio, due piloti automobilistici legati da viva amicizia, a seguito di un banale incidente in cui rimangono coinvolti e feriti, prendono strade diverse. I due rimangono però in contatto fino a quando, per colpa di una donna contesa, litigano. Poi tutto si aggiusterà. ■ COMMEDIA; COL.; 108'; ITALIA, 1970.

AMORE, FORSE DUE, UN *(The Miracle)* ★★★
Regia di NEIL JORDAN. Con NIALL BYRNE, BEVERLY D'ANGELO, DONAL MCCANN, LORRAINE PILKINGTON. ■ Un film con una storia molto particolare. Siamo a Bray, vicino a Dublino. Jimmy e Rose sono amici e passano il loro tempo sulla spiaggia. Jimmy ha un padre alcolizzato e musicista. La madre è morta da tempo. Il ragazzo un giorno si innamora di Renée, ma ben presto scopre che lei conosce molto bene il padre. È infatti sua madre che non era morta, ma fuggita. ■ DRAMMATICO; COL.; 98'; GRAN BRETAGNA, 1990.

AMORE FRA LE ROVINE *(Love Among the Ruins)* ★★★★
Regia di GEORGE CUKOR. Con KATHARINE HEPBURN, LAURENCE OLIVIER. ■ Vecchia attrice ritrova il primo amore dopo quarant'anni. Dapprima finge indifferenza, ma cede all'amore. Film prodotto per la televisione inglese da George Cukor che diresse la coppia Hepburn-Tracy nella loro ultima apparizione insieme: *Indovina chi viene a cena?* Regista e attori lavorano magistralmente: ascoltarli e vederli è una festa. ■ COMMEDIA; COL.; 102'; USA, 1975.

AMORE FUGGE, L' *(L'amour en fuite)* ★★★
Regia di FRANÇOIS TRUFFAUT. Con CLAUDE JADE, JEAN-PIERRE LÉAUD, MARIE-FRANCE PISIER. ■ Dopo il divorzio da Christine, Antoine ripensa al suo passato. Fa altri incontri e si scontra con i problemi della piena maturità. Capitolo finale e riassuntivo del personaggio di Antoine Doinel (J. P. Léaud) protagonista di alcuni film di Truffaut, da *I quattrocento colpi* a *Baci rubati* fino a *Non drammatizziamo... è solo questione di corna*. ■ COMMEDIA; COL.; 94'; FRANCIA, 1978.

AMORE GIOVANE, L' *(The Hottest State)* ★★
Regia di ETHAN HAWKE. Con SONIA BRAGA, JESSE HARRIS, ETHAN HAWKE, LAURA LINNEY, CATALINA SANDINO MORENO, MARK WEBBER, MICHELLE WILLIAMS, JOSH ZUCKERMAN. ■ Lo stadio della vita più caldo. Quello degli anni dell'adolescenza e del primo amore. Questo racconta il secondo film di Ethan Hawke, questa volta dietro la macchina da presa per mettere in scena la storia del suo alter ego William, attore ventunenne giunto a New York dal Texas in cerca di fortuna. La troverà per caso in un locale underground grazie all'incontro con la bella aspirante cantante Sarah, giovane inquieta e lunatica che lo condurrà in un viaggio fisico ed emotivo verso il Messico, verso la scoperta dell'amore vero e verso la dolorosa transizione all'età adulta. ■ DRAMMATICO; COL.; 117'; USA, 2006.

AMORE GITANO *(Rogue Song)* ★★★
Regia di LIONEL BARRYMORE. Con OLIVER HARDY, STAN LAUREL, DALE OWEN, LAWRENCE TIBBETT. ■ Il film è tratto dall'omonima operetta di Lehár. Nella Russia degli zar i cosacchi danno la caccia invano a una specie di Robin Hood della steppa che ruba al ricco per dare al povero. È la prima produzione della Metro in technicolor e la prima operetta ad essere portata in cinema. ■ COMM. MUSICALE; COL.; 103'; USA, 1930. ■ OSCAR 1 NOM.

AMORE GRANDE, AMORE LIBERO ★
Regia di LUIGI PERELLI. Con FAUSTA AVELLI, ENZO COLAJACONO, FAITH DOMERGUE, GILES KOHLER, PAOLA TEDESCO. ■ Paolo e Simona, fidanzati poveri, tentano dunque una rapina ai danni dell'avaro e ambiguo patrigno di Simona, ma questi muore accidentalmente durante l'azione. Paolo va in prigione, nel frattempo la ragazza dà alla luce una bimba. Dopo sedici anni, quando Paolo ritorna libero, ogni onesto impiego gli viene precluso. Anche Simona gli è affettivamente lontana, ma poi il loro amore ridiventa forte e partono insieme in cerca di fortuna in Svizzera. ■ DRAMMATICO; COL.; 100'; ITALIA, 1976.

AMORE HA DUE FACCE, L' ★★
(The Mirror has two Faces)
Regia di BARBRA STREISAND. Con LAUREN BACALL, JEFF BRIDGES, BARBRA STREISAND. ■ Barbra Streisand regista e protagonista di questa commedia romantica ispirata ad un vecchio film di Cayatte, affronta con determinazione il tema della solitudine. Due professori universitari decidono di intrecciare una relazione platonica per non cadere in nuove delusioni d'amore. Ma il desiderio sessuale, scacciato dalla porta, rientrerà dalla finestra. Elegante e cinica nell'interpretazione nel ruolo della madre della Streisand, Lauren Bacall, ex signora Bogart, spicca tra tutti. ■ COMMEDIA; COL.; 126'; USA, 1996. ■ GOLDEN GLOBES 1 PR, 4 NOM; OSCAR 2 NOM.

AMORE HA SBAGLIATO INDIRIZZO, L' ★★★
(Lettres d'amour)
Regia di CLAUDE AUTANT-LARA. Con JULIEN CARETTE, ODETTE JOYEUX, FRANÇOIS PÉRIER, SIMONE RENANT. ■ La moglie di un magistrato di provincia ha avuto una relazione con un avvocato parigino. Questi ha continuato a scriverle, inviando le lettere per precauzione a un'amica dell'amante. Un giorno il giovanotto arriva nella cittadina e conosce la destinataria dei suoi messaggi. Se ne innamora, dimentica la signora del magistrato, se la sposa. ■ COMMEDIA; B/N; 110'; FRANCIA, 1942.

AMORE IL POMERIGGIO, L' ★★★
(L'amour l'après-midi)
Regia di ERIC ROHMER. Con DANIEL CECCALDI, RENAUD VERLEY, ZOU ZOU. ■ È il sesto dei *Racconti morali* di Rohmer (la serie cominciò con *La mia notte con Maud*). Protagonista è uno dei soliti eroi chiacchieroni del regista, bravissimi a dissertare d'amore, però mai (o quasi mai) capaci di venire al sodo. Qui l'innamorato è un giovane felicemente sposato, ma attratto da una ragazza di facili costumi. I due iniziano a incontrarsi di pomeriggio per lunghe conversazioni (lui parla e parla, lei diviene sempre più bella e arrapante dopo ogni appuntamento). Ma la moralità è salva, secondo l'ironia sotterranea ma tagliente del regista. ■ COMMEDIA; COL.; 98'; FRANCIA, 1973.

AMORE, IL SESSO E BERLINO, L' ★★
(Liebe auf den ersten Blick)
Regia di RUDOLF THOME. Con JULIAN BENEDIKT, MARGARITA BROICH, GENO LECHNER. ■ Film post-caduta del muro. Un archeologo si innamora di una futurologa. Appartengono ognuno a una ex zona di Berlino. Lei è una ragazza madre con figlia e lui vedovo con altri due figli: una storia d'amore che si corona nell'unificazione. Presentato al Festival di Cannes. ■ COMMEDIA; COL.; 93'; GERMANIA, 1992.

AMORE IMPERFETTO, L' *(Die unvolkommene Liebe)* ★★
Regia di ERICH WASCHNECK. Con WILLY FRITSCH, LIANE HAID, GISELA UHLEN, GEORG VOGELSANG, IDA WUST. ■ Il ricco ingegner Folk, stancamente e a lungo fidanzato a una signora chic, durante una cura termale si innamora perdutamente di una mescitrice e decide di sposarla. Affinché la giovane moglie riceva un'educazione adeguata alla nuova posizione sociale, la affida a una zia. L'ex amica dell'ingegnere le tende un tranello per farle fare una brutta figura: la giovane vi cade ma alla fine gli equivoci vengono chiariti e l'amore trionfa sulle convenzioni sociali. ■ COMMEDIA; B/N; 88'; GERMANIA, 1940.

AMORE IMPERFETTO, L' ★★
Regia di GIOVANNI DAVIDE MADERNA. Con MARTA BELAUSTEGUI, ENRICO LO VERSO. ■ Sergio e Angela aspettano il loro primo figlio: sanno già che nascerà con una gravissima malformazione che lo condanna a morte certa, ma sperano in un miracolo. Quando questo non accade, si lasciano travolgere da una disperazione che rende impossibile qualsiasi dialogo. A questa disgrazia si aggiunge quella del misterioso suicidio di una collega di Sergio, che lui aveva visto proprio la sera prima del tragico gesto. Il secondo film di Maderna, ispirato a un fatto di cronaca, si perde nei paludosi rapporti tra fede, religione, speranza e incomunicabilità, non riuscendo né a convincere, né a commuovere. ■ DRAMMATICO; COL.; 92'; ITALIA, 2001.

AMORE IMPERIALE ★★
Regia di ALEXANDER VOLKOFF. Con LUISA FERIDA, CLAUDIO GORA. ■ Vicenda romantica ambientata nella Russia degli zar. La futura imperatrice Elisabetta, in attesa di salire al trono, si diverte a scandalizzare la corte con le sue scorribande, i travestimenti, le violazioni di etichetta. Conosce un giovane pastore e se ne innamora. Lui si arruola tra le guardie del reggimento imperiale e così ha modo di starle vicino. Ottima idea: diverrà l'eminenza grigia della corte degli zar e il suo principe consorte quando Elisabetta salirà al trono. ■ COMMEDIA; B/N; 90'; ITALIA, 1942.

AMORE IMPOSSIBILE, L' *(La croix des vivants)* ★★
Regia di YVAN GOVAR. Con KARLHEINZ BÖHM, GIANNI ESPOSITO, PASCALE PETIT, MADELEINE ROBINSON. ■ Provincia francese (sempre marcia, sempre meschina). Un giovanotto, Jean, è inviso alla popolazione. Lo sospettano colpevole della morte del patrigno. Il giudizio lo assolve, ma i dubbi rimangono. Quando poi una ragazza, la fidanzata di un amico (ma innamorata di Jean), muore per causa sua, si scatena quasi un linciaggio. Per fortuna il parroco del paese salva il giovanotto. A prezzo però della propria vita. ■ DRAMMATICO; B/N; 94'; FRANCIA, 1961.

AMORE INATTESO, L' *(Qui a Envie d'Être Aimé?)* ★★★
Regia di ANNE GIAFFERI. Con JEAN-LUC BIDEAU, BENJAMIN BIOLAY, ERIC CARAVACA, PHILIPPE DUQUESNE, ARLY JOVER. ■ Su invito dell'insegnante del figlio, Antoine, avvocato parigino, quarantenne e non credente, partecipa ad un incontro di catechesi solo per non risultare scortese. Dopo l'iniziale scetticismo, però, scatta in lui un profondo cambiamento che lo porterà a seguire l'intero percorso di educazione religiosa, all'oscuro di una moglie medico di cui teme il giudizio. Nelle parole di Thierry Bizot, autore del romanzo autobiografico *Catholique Anonyme* da cui la regista Anne Giafferi ha tratto la sceneggiatura, la pellicola racconta la vicenda di un "coming out spirituale", in un contesto alto borghese dove il raggiungimento degli obiettivi professionali va di pari passo con la fede in se stessi. ■ DRAMMATICO; COL.; 89'; FRANCIA, 2010.

AMORE IN CITTÀ ★★★★
Regia di MICHELANGELO ANTONIONI, FEDERICO FELLINI, ALBERTO LATTUADA, CARLO LIZZANI, FRANCESCO MASELLI, DINO RISI. Con VALERIA MORICONI, RITA JOSA, UGO TOGNAZZI, ANTONIO CIFARIELLO, GIOVANNA RALLI. ■ Sei big della regia riuniti da Zavattini per quello che doveva essere un "periodico filmato" su temi d'attualità, affrontati secondo i canoni (dettati dallo scrittore stesso) del neorealismo. Lo sketch più importante rimane ancora oggi quello firmato dall'allora giovanissimo Maselli: *Storia di Caterina*, vicenda (realmente accaduta) di una ragazza madre che, rimasta senza lavoro, abbandona il proprio bambino (rimanendo però a guardare da lontano chi se lo prende). Il sesto episodio, di Lattuada, fa vedere gli "Italiani che si voltano" al passaggio di una bella ragazza (una delle belle che passano è Mara Berni). ■ DRAMMATICO; B/N; 104'; ITALIA, 1953.

AMORE IN CORSA *(Love on the Run)* ★★★
Regia di W. S. VAN DYKE II. Con JOAN CRAWFORD, WILLIAM DEMAREST, CLARK GABLE, REGINALD OWEN, FRANCHOT TONE. ■ Due giornalisti, acerrimi rivali nella professione, lo diventano anche in amore quando entrambi prendono sotto la loro protezione un'ereditiera che sta tagliando la corda per non sposarsi con l'uomo assegnatole dalla famiglia. Nella fuga i tre incappano in una congiura di spie che riusciranno a smascherare. Gable si conquista la bella. ■ COMMEDIA; B/N; 80'; USA, 1936.

AMORE IN ERBA, L' *(L'amour en herbe)* ★★
Regia di ROGER ANDRIEUX. Con MICHEL GALABRU, PASCAL MEYNIER, FRANÇOISE PRÉVOST. ■ Marc e Martine non avrebbero ancora l'età per amare però cominciano a prenderci gusto con qualche giochino all'acqua di rose, suscitando la viva preoccupazione dei genitori. ■ COMMEDIA; COL.; 100'; FRANCIA, 1976.

AMORE INFEDELE, L' *(Unfaithful)* ★★
Regia di ADRIAN LYNE. Con RICHARD GERE, DIANE LANE, OLIVIER MARTINEZ, ERIK PER SULLIVAN. ■ Edward e Connie Sum-

ner sono una matura coppia borghese da manuale. Bella casa nei quartieri residenziali alla periferia di New York, un figlio di otto anni e un benessere raggiunto. Ma anche tanta, per quanto affettuosa, routine. Così, quando Connie conosce casualmente un giovane e affascinante straniero, appare quasi inevitabile che tra i due scoppi la passione. Ma, quando Edward scopre il tradimento, dopo il tormento iniziale prende corpo una rabbia devastante che lo spinge a uccidere il rivale. *L'amore infedele – Unfaithful*, remake del bel film di Chabrol *Stéphane, una moglie infedele*, conferma una volta di più i pochi pregi e i molti difetti del regista Adrian Lyne: tecnicamente dotato ma più furbo che ispirato. ■ DRAMMATICO; COL.; 110′; USA, 2002. ■ GOLDEN GLOBES 1 NOM; OSCAR 1 NOM.

AMORE IN GABBIA *(Die vertauschte Braut)* ★★
Regia di KARL LAMAC. Con ANNY ONDRA, ADOLF WOHLBRUECK. ■ Lady Virginia deve scontare alcuni giorni di galera per infrazione del codice stradale. Manda al suo posto una sosia. Ma il fidanzato della Lady si innamora della sosia e la sposa. ■ COMMEDIA; B/N; 85′; GERMANIA, 1934.

AMORE IN GIOCO, L' *(Fever Pitch)* ★★
Regia di BOBBY FARRELLY, PETER FARRELLY. Con DREW BARRYMORE, LENNY CLARKE, BRANDON CRAGGS, JIMMY FALLON, JESSAMY R. FINET, ISABELLA FINK, EVAN HELMUTH, JACK KEHLER, MAUREEN KEILLER, BRETT MURPHY, SCOTT H. SEVERANCE, IONE SKYE, JASON SPEVACK, KADEE STRICKLAND, MARISSA JARET WINOKUR. ■ È la versione americana di un romanzo dell'inglese Nick Hornby, già portato sullo schermo nel '97 e distribuito con scarso successo in Italia come *Febbre a 90'*. La squadra dell'Arsenal è l'ossessione del protagonista. L'incontro con un'affascinante e rampante consulente aziendale gli impone le regole dell'amore, che non fa sconti e che lo libera dalla sindrome di Peter Pan. Ben confezionata e pastorizzata dall'*american way of life*, la storia si adagia in una comoda convenzionalità. ■ COMMEDIA; COL.; 103′; USA, 2005.

AMORE IN OTTO LEZIONI, L' ★★
(Gold Diggers of 1937)
Regia di LLOYD BACON. Con JOAN BLONDELL, GLENDA FARRELL, VICTOR MOORE, DICK POWELL. ■ Quarto capitolo delle avventure delle *Gold Diggers* (o cercatrici d'oro), gruppo di ballerine di belle speranze, sempre alla ricerca di un finanziatore per le loro costosissime (per forza, con le coreografie faraoniche del grande Busby Berkeley) e avventurosissime riviste. Qui chi ci mette i quattrini è una compagnia d'assicurazioni, opportunatamente "pilotata" dalle grazie di Joan Blondell. ■ COMM. MUSICALE; B/N; 100′; USA, 1937. ■ OSCAR 1 NOM.

AMORE IN PEZZI, L' *(L'amour par terre)* ★★
Regia di JACQUES RIVETTE. Con JANE BIRKIN, GERALDINE CHAPLIN, ANDRÉ DUSSOLLIER, JEAN-PIERRE KALFON. ■ Il regista di *La bella scontrosa* alle prese con la coppia di attrici Birkin-Chaplin trova la chiave giusta per valorizzarle. Tre attori, due donne e un uomo, fanno teatro a domicilio. Un autore di teatro sperimentale li chiama nella sua villa ma la pièce che devono interpretare va oltre la finzione. ■ DRAMMATICO; COL.; 125′; FRANCIA, 1983.

AMORE IN PRIMA CLASSE, UN ★★
Regia di SALVATORE SAMPERI. Con SYLVIA KRISTEL, ENRICO MONTESANO, FRANCA VALERI. ■ Un ragazzo padre attraversa l'Italia in treno assieme al figlio piccolo. Il viaggio è reso anche più scomodo e difficoltoso dalle continue birbonate del ragazzino. Il padre inoltre ha messo gli occhi su una bella scienziata e cerca di appartarsi con lei. Ma il demonietto gli rompe puntualmente le uova nel paniere. Al punto che il padre ad un tratto ha l'impulso di abbandonarlo. L'impulso, fortunatamente, rientra... ■ COMMEDIA; COL.; 94′; ITALIA, 1980.

AMORE IN QUARANTENA *(La cigarra no es un bicho)* ★★
Regia di DANIEL TINAYRE. Con MARIA ANTINEA, JOSÉ CIBRIAN, LUIS SANDRINI, ENRIQUE SERRANO. ■ In un equivoco alberghetto di Buenos Aires una prostituta si accorge che il marinaio suo cliente è malato di peste. La polizia costringe allora in quarantena tutti gli altri ospiti dell'hotel. Terminata la quarantena, le coppie si separano tristemente sotto gli occhi ironici della cittadinanza accorsa a vedere l'insolito spettacolo. ■ COMMEDIA; B/N; 94′; ARGENTINA, 1963.

AMORE IN QUATTRO DIMENSIONI ★★
Regia di MINO GUERRINI, MASSIMO MIDA, GIANNI PUCCINI, JACQUES ROMAIN. Con CARLO GIUFFRÈ, SYLVA KOSCINA, PHILIPPE LEROY, MICHÈLE MERCIER, GASTONE MOSCHIN, FRANCA RAME. ■ Film a episodi tra i più squallidi in una stagione nella quale tutti facevano i lavori a sketch senza grandi risultati. Vediamo Carlo Giuffrè fare il siciliano troglodita "milanesizzato" da Franca Rame. Philippe Leroy sceneggiatore di grido si fa soffiare l'amore e la gloria dal timido Fabrizio Capucci. Michèle Mercier, finta vedova, approfitta delle gramaglie per imbrogliare i frequentatori del cimitero. Sylva Koscina architetta un intrigo per ottenere il divorzio dal marito, ma ne rimane vittima. ■ FILM A EPISODI; B/N; 107′; ITALIA, 1964.

AMORE IN VOLO *(Love Takes Flight)* ★★
Regia di CONRAD NAGEL. Con ASTRID ALLWYN, BRUCE CABOT, BEATRICE ROBERTS. ■ Un pilota statunitense dà lezioni di pilotaggio a una giovane hostess. Ha tra i passeggeri una celebre attrice cinematografica alla quale praticamente salva la vita compiendo un abile atterraggio di fortuna: si aprono allora per lui le porte del cinema e abbandona l'aviazione. Ma alla fine il pilota rinuncerà alle glorie della celluloide e sposerà la sua hostess. ■ COMMEDIA; B/N; 81′; USA, 1937.

AMORE LIQUIDO ★★
Regia di MARCO LUCA CATTANEO. Con MARTINA CAPANNINI, STEFANO FREGNI, PINA RANCI, SARA SARTINI, SIMONETTA SOLDER. ■ Nella Bologna torrida e deserta di agosto, Mario lavora di notte come netturbino. Le sue giornate si scandiscono tra le attenzioni per la madre colpita da un ictus, e le ore passate a guardare materiale pornografico o a chattare con sconosciute a cui promette un incontro a lungo termine. Una notte, durante il suo turno di lavoro, si imbatte in una ragazza che deposita un grosso scatolone vicino a una pattumiera. Incuriosito, si impossessa del contenuto e vi scopre fotografie e video che rivelano il passato amoroso della sconosciuta. Inizia a seguirla. ■ DRAMMATICO; COL.; 100′; ITALIA, 2010.

AMORE MALEDETTO *(Bugambilla)* ★★
Regia di EMILIO FERNANDEZ. Con PEDRO ARMENDARIZ, DOLORES DEL RIO, JULIO VILLAREAL. ■ Una ragazza, figlia del proprietario di una miniera, s'innamora di un *falliero* ("allevatore di galli da combattimento"). Costui viene ucciso dal padre di lei il giorno delle nozze. Arrestato e processato il genitore si uccide. La ragazza rimarrà sola. ■ DRAMMATICO; B/N; 90′; MESSICO, 1945.

AMORE MIO ★★
Regia di RAFFAELLO MATARAZZO. Con ELEONORA BROWN, PAUL GUERS, ANTONELLA LUALDI, DIDI PEREGO. ■ Un uomo sposato, padre di numerosa prole, salva la vita a una ragazza che ha tentato il suicidio. La fanciulla si innamora di lui, che la prende come segretaria. Quando poi la famiglia dell'uomo è sull'orlo della crisi, la ragazza decide di mettersi da parte. L'ultimo Matarazzo. ■ DRAMMATICO; B/N; 95′; ITALIA, 1964.

AMORE MIO AIUTAMI! ★★
Regia di ALBERTO SORDI. Con LAURA ADANI, MARIOLINA CANNULI, UGO GREGORETTI, ALBERTO SORDI, SILVANO TRANQUILLI, MONICA VITTI. ■ Marito civile e comprensivo viene messo duramente alla prova: sua moglie è innamorata follemente di un giovanotto. Chiede aiuto però al consorte perché le faccia passare l'infatuazione che, però, non passa. Per amore della donna, il poveraccio è costretto a rivolgersi al suo rivale e a fargliela sposare (dopo un solerte e "civilissimo" divorzio). ■ COMMEDIA; COL.; 124′; ITALIA, 1969.

AMORE MIO NON FARMI MALE ★★
Regia di VITTORIO SINDONI. Con ROBERTO CHEVALIER, WALTER CHIARI, VALENTINA CORTESE, LEONORA FANI, MACHA MÉRIL, LUCIANO SALCE. ■ Anna e Marcello, fidanzati liceali, vorrebbero fare l'amore; ma incomprensioni familiari e difficoltà ad appartarsi rinvieranno continuamente il momento tanto atteso. Così Marcello, psicologicamente frustrato, rischia di diventare impotente. Dietro consiglio del padre ha la sua prima esperienza con

una prostituta, ma questo non fa che peggiorare la situazione. ■ COMMEDIA; COL.; 100′; ITALIA, 1974.

AMORE MIO SPOGLIATI CHE POI TI SPIEGO... ★
Regia di FABIO PITTORRU. Con NINO CASTELNUOVO, ENZO CERUSICO, SILVIA DIONISIO, VALERIA FABRIZI, LIA TANZI. ■ Pittorru passa dall'abituale ruolo di soggettista e sceneggiatore a quello di regista e l'esordio non è dei migliori. Il film è un'insipida commediola. ■ COMMEDIA; COL.; 95′; ITALIA, 1975.

AMORE MIO TRADISCIMI *(Big Business Girl)* ★★
Regia di WILLIAM A. SEITER. Con FRANK ALBERTSON, RICARDO CORTEZ, LORETTA YOUNG. ■ Un direttore d'orchestra, che deve girare il mondo, vive lunghi periodi di forzata separazione dalla giovane moglie. Un giorno torna a casa d'improvviso e la scopre in dolce colloquio con il suo capufficio. Il dramma della gelosia sta per esplodere. Poi tutto s'aggiusta. ■ COMMEDIA; B/N; 75′; USA, 1931.

AMORE MIO UCCIDIMI! ★★
Regia di FRANCO PROSPERI. Con FARLEY GRANGER, ORAZIO ORLANDO, GIANCARLO PRETE, PAMELA TIFFIN. ■ Una moglie scappa con l'amante mentre il marito fa di tutto per creare ostacoli. Finale superdrammatico. ■ DRAMMATICO; COL.; 90′; ITALIA, 1973.

AMORE MOLESTO, L' ★★★
Regia di MARIO MARTONE. Con ANNA BONAIUTO, GIANNI CAJAFA, ANNA CALATO, PEPPE LANZETTA, ANGELA LUCE, LICIA MAGLIETTA. ■ Amalia, una sessantenne separata dal marito, viene trovata morta con indosso solo un reggiseno troppo "ricercato" per lei. La figlia Delia, che vive a Bologna dove fa la disegnatrice di fumetti, torna a Napoli per indagare sulla morte della madre. Nel tentativo di ricostruire gli ultimi giorni di Amalia, a partire dall'ultima telefonata ricevuta, Delia si trova a ripercorrere la propria vita. Ricorda la madre bellissima e contesa dagli uomini ma, soprattutto, vede tornare alla luce un passato rimosso. Da bambina aveva raccontato al padre una bugia su una presunta relazione extraconiugale della madre e aveva subito una violenza sessuale. La morte della donna resta inspiegata o, forse, spiegabile in molti modi. Mario Martone, abbandonata la teatralità del suo film d'esordio, si immerge nelle strade di Napoli, una città che, come la protagonista del film, ha bisogno di tornare alle radici del proprio disagio esistenziale per poter sperare di riprendere a vivere. ■ DRAMMATICO; COL.; 104′; ITALIA, 1995.

AMORE NASCE A ROMA, L' ★★
Regia di MARIO AMENDOLA. Con CARLO CAMPANINI, ANTONIO CIFARIELLO, ROSSELLA COMO, VALERIA MORICONI, CLAUDIO VILLA. ■ Lello e Mario giungono a Roma in cerca di fortuna: uno pittore, l'altro cantante. Intrecci amorosi e lieto fine. ■ COMMEDIA; B/N; 87′; ITALIA, 1958.

AMORE NASCOSTO, L' *(L'amour caché)* ★★
Regia di ALESSANDRO CAPONE. Con OLIVIER GOURMET, ISABELLE HUPPERT, MÉLANIE LAURENT, GRETA SCACCHI. ■ Danielle passa le sue giornate in un silenzio inviolabile nella clinica dove è stata ricoverata – dalla figlia Sophie – dopo il terzo tentativo di suicidio. La psicologa che l'ha in cura cerca di spingerla a comunicare e la esorta a mettere per iscritto i suoi pensieri. Dal diario disperato della donna emerge che ha vissuto una vita nell'indifferenza, alternando sensazioni di disgusto al senso di colpa. ■ DRAMMATICO; COL.; 90′; LUSSEMBURGO, ITALIA, BELGIO, 2007.

AMORE NECESSARIO, L' ★★
Regia di FABIO CARPI. Con MARIE-CHRISTINE BARRAULT, MALCOM CONRATH, ANN-GISEL GLASS, BEN KINGSLEY. ■ Ernesto e Valentina sono una coppia particolare: hanno deciso di fare una sorta di patto per il quale cercheranno di mantenere solido il loro rapporto nonostante alcune relazioni extra-coniugali. Coinvolgono così una giovane coppia che sarà segnata dall'esperienza. Il regista di *Quartetto Basileus*, pur costruendo una bella storia, parte da un presupposto troppo freddo e intellettuale, pur cercando il lirismo (è citata anche una poesia di Ungaretti). Presentato alla Mostra di Venezia. ■ DRAMMATICO; COL.; 93′; ITALIA, 1991.

AMORE NEL PACIFICO *(Love in the Pacific)* ★★
Regia di ZYGMUNT SULISTROWSKI. Con MICKIKO HORIKAWA, MIKO NAKANO. ■ Sulle coste del Pacifico riti d'amore primitivi. È un documentario ampiamente "ricostruito" in studio. ■ DOCUMENTARIO; COL.; 84′; USA, 1969.

AMORE NON BASTA, L' ★★
Regia di STEFANO CHIANTINI. Con CARLO DE RUGGERI, IVAN FRANEK, ALESSANDRO HABER, GIOVANNA MEZZOGIORNO, MARIT NISSEN, ROCCO PAPALEO. ■ Martina è un'assistente di volo a tempo pieno e studentessa a tempo perso. Durante un volo di linea conosce Angelo, un ragazzo timido e introverso che come lei vive in un piccolo paese dell'Abruzzo. Rinvenuto il suo diario, Martina decide di restituirglielo. Quello che sembrava un oggetto dimenticato si scoprirà invece un rinnovato voto d'amore. Perché in realtà Martina e Angelo si conoscono da tempo e si amano irrimediabilmente ma instabilmente. ■ DRAMMATICO; COL.; 84′; ITALIA, 2008.

♥ AMORE NON BASTA MAI, L' *(Masjävlar)* ★★★
Regia di MARIA BLOM. Con BARBRO ENBERG, KAJSA ERNST, SOFIA HELIN, JOAKIN LINDBLAD, ANN PETRÉN. ■ Mia, una ragazza che ormai vive a Stoccolma, torna al paese natale in Dalecarlia per il settantesimo compleanno del padre. Qui ritrova le due sorelle, Eva e Gunilla, ognuna con i propri problemi. Tra loro il dialogo è difficile e la festa sarà l'occasione per far emergere le tensioni più profonde. Con questo film la regista alla sua opera seconda ha ottenuto un premio per il miglior film svedese dell'anno e la segnalazione per correre all'Oscar in rappresentanza della Svezia. Anche se legato a una struttura "già vista" al cinema (basti solo pensare a *Festen*) *L'amore non basta mai* ha il pregio di una scrittura al femminile capace di delineare i personaggi delle tre sorelle senza manicheismi e con una sorridente capacità di approfondirne le reazioni più intime. ■ COMMEDIA; COL.; 98′; SVEZIA, 2005.

AMORE NON PAGA DOGANA, L' ★★
Regia di E.W. EMO. Con MARIA EIS, HANS MOSER. ■ Commedia in costume. Intrighi e amori alla corte dell'imperatore vengono svelati e aiutati da un vecchietto ancora in gamba. ■ COMMEDIA; B/N; 90′; AUSTRIA, 1941.

AMORE NON PUÒ ATTENDERE, L' ★★
(It's a Great Feeling)
Regia di DAVID BUTLER. Con JACK CARSON, DORIS DAY, BILL GOODWIN, DENNIS MORGAN, STANLEY RIDGES. ■ Un regista è malfamato a Hollywood per i suoi modi bizzarri. Tutte le dive si rifiutano di lavorare con lui. Allora il bizzarro s'inventa una protagonista reclutando una biondina di belle speranze. Le speranze (di gran carriera) diventano realtà, ma lei preferisce ritornare al paesello e sposare il suo innamorato dei tempi del liceo. ■ COMMEDIA; COL.; 85′; USA, 1949. ■ OSCAR 1 NOM.

AMORE NON VA IN VACANZA, L' *(The Holiday)* ★★
Regia di NANCY MEYERS. Con JACK BLACK, EDWARD BURNS, CAMERON DIAZ, JOHN KRASINSKI, JUDE LAW, RUFUS SEWELL, SHANNYN SOSSAMON, ELI WALLACH, KATE WINSLET. ■ Amanda vive a Los Angeles, dove è il capo di una società che realizza trailer cinematografici. La sua vita professionale va a gonfie vele mentre la sfera privata è un disastro per via della sua tendenza a voler avere ad ogni costo il controllo sulle sue emozioni. Dall'altra parte dell'Oceano c'è Iris, una giornalista inglese di cronaca rosa che si innamora sempre delle persone sbagliate. L'ennesima delusione sentimentale spingerà le due donne, così diverse fra loro, a sentire la necessità di un cambiamento netto. Grazie a un annuncio on line decidono di scambiarsi l'abitazione per le vacanze, e a 6000 miglia di distanza da casa riusciranno finalmente a riappropriarsi della propria vita. ■ COMMEDIA; COL.; 138′; USA, 2006.

AMORE PAGANO ★
Regia di HOWARD C. BROWN. ■ Nozze, fidanzamenti e riti d'amore delle popolazioni del Kenya, dell'Africa Occidentale, del Sudafrica, delle Nuove Ebridi, della Nuova Guinea, di Ceylon, della Malesia e di Bali. ■ DOCUMENTARIO; COL.; 89′; USA, 1959.

AMORE PASSEGGERO, UN *(Love at Large)* ★★★
Regia di ALAN RUDOLPH. Con ANNE ARCHER, TOM BERENGER, RUBY DEE, TED LEVINE, BARRY MILLER, KEVIN O'CONNOR, ANNETTE O'TOOLE, ELIZABETH PERKINS. ■ Un investigatore viene ingaggiato da una donna strana e affascinante per tenere d'occhio un playboy suo amante. Ma dopo le prime indagini si accorge di

avere pedinato un altro uomo. Intanto, viene a sua volta tenuto sotto controllo da una donna, pagata dalla stessa mandante del suo incarico. Il tutto si traduce in una commedia degli equivoci, con storie d'amore intrecciate, compresa quella del detective con la sua inseguitrice. ■ COMMEDIA; COL.; 95′; USA, 1990.

AMORE PENSAMI *(La vida sigue igual)* ★★
Regia di EUGENIO MARTÍN. Con JEAN HARRINGTON, JULIO IGLESIAS, CHARO LOPEZ. ■ Biografia, molto romanzata, del cantante Julio Iglesias. ■ COMM. MUSICALE; COL.; 87′; SPAGNA, 1969.

AMORE PER APPUNTAMENTO ★
(Appointment for Love)
Regia di WILLIAM A. SEITER. Con CHARLES BOYER, REGINALD DENNY, MARGARET SULLIVAN. ■ Un commediografo sposa una famosa dottoressa. Entrambi non volendo rinunciare alla propria carriera decidono di non lasciare interferire il lavoro con il loro legame. Più facile dirlo che metterlo in pratica. Stanno per divorziare, poi l'affetto (che non è mai venuto meno) fa loro cambiare idea. ■ COMMEDIA; B/N; 89′; USA, 1940. ■ OSCAR 1 NOM.

AMORE PERFETTO, UN ★★
Regia di VALERIO ANDREI. Con ANDREA ASCOLESE, CESARE CREMONINI, DENIS FASOLO, SERGIO ROMANO, CHIARA SANI, CARLO SIMONI, MARTINA STELLA, GIULIA WEBER. ■ Celestino, detto "Ceghe", ha un grande amico: Berni. Entrambi vivono sulla riviera romagnola, l'uno aiutando la famiglia nella conduzione di una pensione e l'altro fingendo di studiare. Un giorno incontrano Laura e per Ceghe è il grande amore. Anche se non si risparmia qualche avventura che fa soffrire la ragazza. Pian piano però anche Berni comincia a provare per la ragazza un sentimento diverso dall'amicizia. I tre poi si trovano coinvolti in una situazione più grande di loro. Credendo di riprendere di nascosto le effusioni di due lesbiche, Ceghe documenta l'attività di un trafficante di uranio. Sostituirlo nel traffico potrebbe essere l'occasione per arricchirsi facilmente. Non tutto va come previsto, sia sul piano dell'avventura che su quello dell'amore. Rita Rusic, dopo i flop con Chiambretti e Megan Gale, torna alla carica con due attori che hanno almeno il pregio della freschezza. Lei è Martina Stella, emersa grazie a *L'ultimo bacio* di Muccino e, dopo questo film, già sul set di Salvatores. Lui è Cesare Cremonini, leader di un gruppo famoso a fine anni Novanta: i Lunapop. ■ COMMEDIA; COL.; 95′; ITALIA, 2001.

AMORE PERFETTO O QUASI, UN ★★
(An Almost Perfect Affair)
Regia di MICHAEL RITCHIE. Con KEITH CARRADINE, RAF VALLONE, MONICA VITTI. ■ Tentativo di Monica Vitti di esportare il suo personaggio di simpatica sospirosa. Durante il Festival di Cannes Monica, moglie di un potente produttore, si innamora di un giovane, ingenuo regista americano. Una passione che sembra destinata a durare solo per il tempo di un festival, invece... ■ COMMEDIA; COL.; 93′; USA, 1979.

AMORE PER SEMPRE *(Forever Young)* ★★
Regia di STEVE MINER. Con MEL GIBSON, JAMIE LEE CURTIS, ELIJAH WOOD. ■ 1939. Daniel, collaudatore di aerei, ha una vita che gli dà soddisfazioni ma non ha il coraggio di chiedere a Helen di sposarlo. La donna rimane vittima di un incidente e lui accetta di farsi ibernare. Al risveglio ai giorni nostri viene aiutato da una donna e da suo figlio. Ritroverà il suo antico amore. Mel Gibson in una specie di "ritorno al futuro" con commozione incorporata nel finale. ■ SENTIMENTALE; COL.; 102′; USA, 1992.

AMORE, PIOMBO E FURORE ★★★
(China 9, Liberty 37)
Regia di ANTONIO BRANDT, MONTE HELLMAN. Con JENNY AGUTTER, FRANCO INTERLENGHI, WARREN OATES, SAM PECKINPAH, FABIO TESTI. ■ Un famoso pistolero è assoldato dai magnati della ferrovia perché elimini un agricoltore che non vuole cedere il suo terreno alla compagnia. Ma il pistolero si innamora della moglie della sua vittima. Scappa con lei, ma il marito li insegue. I due uomini però faranno fronte comune quando si tratterà di respingere l'attacco dei killer inviati dai magnati. ■ WESTERN; COL.; 102′; ITALIA, 1978.

AMORE PIÙ FORTE, L' *(Mutterliebe)* ★
Regia di GUSTAV UCICKY. Con KATHE DORSCH, PAUL HÖRBIGER. ■ Una vedova, madre di quattro bambini, respinge l'interessato aiuto offertole da alcuni parenti e tira avanti faticosamente da sola. I figli poi crescono e a poco a poco si allontanano da lei: imboccano, tra l'altro, strade poco oneste. Ma alla fine la comprensione e l'esperienza della donna le ricondurranno i ragazzi. ■ DRAMMATICO; B/N; 79′; AUSTRIA, 1939.

AMORE PIÙ GRANDE, L' *(My Son John)* ★★★
Regia di LEO MCCAREY. Con HELEN HAYES, VAN HEFLIN, DEAN JAGGER, ROBERT WALKER. ■ Il figlio di una famiglia-tipo americana fa la spia per i comunisti. Scoperto, viene ucciso. La madre cercherà di riabilitare la sua memoria. ■ DRAMMATICO; B/N; 122′; USA, 1952. ■ OSCAR 1 NOM.

AMORE PIÙ GRANDE DEL MONDO, L' ★★
(Come Next Spring)
Regia di ROBERT G. SPRINGSTEEN. Con WALTER BRENNAN, EDGAR BUCHANAN, STEVE COCHRAN, ANN SHERIDAN, SONNY TUFTS. ■ Un caposcarico, vagabondo e ubriacone, mette la testa a partito e torna nella fattoria dell'Arkansas dalla moglie e dai figli. Non è facile riconquistare il loro affetto e la stima dei suoi vecchi concittadini, ma tra sgobbate nei campi, tempeste di sabbia e qualche salutare scazzottata, l'uomo alla fine ci riesce. ■ COMMEDIA; COL.; 92′; USA, 1956.

AMORE PIZZICATO *(Raising the Wind)* ★★
Regia di GERALD THOMAS. Con PAUL MASSIE, LESLIE PHILLIPS, JAMES ROBERTSON JUSTICE. ■ Cinque allievi del Conservatorio, per racimolare il denaro sufficiente a mantenersi agli studi, compongono canzonette e organizzano orchestrine da ballo e "classiche". Dopo mille vicissitudini, Miranda (una del gruppetto) sposerà il compagno Mervyn che entrerà nell'orchestra del burbero professor Benjamin. ■ COMMEDIA B/N; 88′; GRAN BRETAGNA, 1962.

AMORE PRIMITIVO, L' ★★
Regia di LUIGI SCATTINI. Con RICCARDO CUCCIOLLA, FRANCO FRANCHI, MICKEY HARGITAY, CICCIO INGRASSIA, CARLO KECHLER, JAYNE MANSFIELD. ■ Dopo un lungo viaggio in terre lontane, una studentessa d'antropologia mostra il materiale raccolto riguardo alle usanze sessuali dei popoli primitivi al suo professore. L'incontro avviene nella camera d'albergo in cui la ragazza abita e dà adito alla curiosità di due maldestri camerieri. ■ DOCUMENTARIO; COL.; 88′; ITALIA, 1964.

AMORE PROBABILMENTE, L' ★★
Regia di GIUSEPPE BERTOLUCCI. Con SONIA BERGAMASCO, ROSALINDA CELENTANO, TECO CELIO, FABRIZIO GIFUNI. ■ La menzogna. Sofia frequenta, insieme all'amica Chiara, una scuola di recitazione. L'insegnante, Mariangela Melato, afferma che l'attore deve saper fingere e affinare questa sua capacità. Allora Sofia mente, con tutti, anche con il suo ragazzo, Cesare. Questo la porta a scoprire una verità scomoda: Chiara e Cesare si amano. La verità. Sofia fugge. Raggiunge la Svizzera e incontra un ferroviere. In treno ha letto una rivista su cui Stefania Sandrelli afferma che l'attore cinematografico è sempre se stesso. Al ferroviere offre per simpatia una prestazione sessuale, salvo poi recarsi dalla moglie e dirle tutta la verità. L'illusione. Sofia torna a casa sconvolta e scopre che la relazione tra Cesare e Chiara è già finita. Parte per Roma per affrontare un provino cinematografico. Qui ha luogo un duetto seduttivo tra lei e il regista, sulla base di quanto afferma Alida Valli e cioè che l'attrice è un'illusa che illude. ■ DRAMMATICO; COL.; 107′; ITALIA, SVIZZERA, 2001.

AMORE PROIBITO *(Le bienfaiteur)* ★★
Regia di HENRI DECOIN. Con JACQUES BAUMER, PIERRE LARQUEY, SUZY PRIM, RAIMU. ■ Un uomo facoltoso che s'è fatto la fama di benefattore, un tempo è stato un ladro famoso. Un giorno, per fare un regalo alla fidanzata, rapina una gioielleria. Scoperto da un poliziotto, confessa tutto. Muore però prima di essere portato in prigione. Melodramma vecchio stile. ■ DRAMMATICO; B/N; 88′; FRANCIA, 1942.

AMORE PROIBITO *(Forbidden Love)*
Regia di STEVEN HILLIARD STERN. Con DANA ELCAR, YVETTE MIMIEUX, ANDREW STEVENS. ■ Un giovanotto sui venticinque anni, che fa pratica come "interno" in un grande ospedale, conosce un'affascinante donna oltre la quarantina e se ne innamora, ri-

cambiato. Ma i rispettivi parenti e amici cercano di ostacolare in ogni modo la love story. ■ COMMEDIA; COL.; 92′; USA, 1982.

AMORE PROVINCIALE *(Small Town Girl)* ★★
Regia di LESLIE KARDOS. Con FARLEY GRANGER, ANN MILLER, JANE TOWELL. ■ Un playboy di città guida in stato di ubriachezza in una cittadina di provincia. Si fa arrestare, ma la figlia del giudice si innamora di lui e praticamente lo costringe alle nozze. Rifacimento musicale di un soggetto anni Trenta. ■ COMM. MUSICALE; COL.; 93′; USA, 1953. ■ OSCAR 1 NOM.

AMORE PUÒ ASPETTARE, L' *(Mr. Ace)* ★★
Regia di EDWIN L. MARIN. Con SARA HADEN, GEORGE RAFT, STANLEY RIDGES, SYLVIA SYDNEY. ■ Una ricca spregiudicata senatrice degli Stati Uniti durante la campagna elettorale viene sostenuta (senza che lei lo sappia) da una banda di gangster. Uno della gang però ha dei ripensamenti, si innamora di lei e le rivela di che risma son fatti i suoi finanziatori. La donna viene eletta ugualmente governatrice dello Stato. Quando la carica finirà, troverà ad attenderla il suo innamorato. ■ COMMEDIA; B/N; 82′; USA, 1946.

AMORE 14 ★★
Regia di FEDERICO MOCCIA. Con BEATRICE FLAMMINI, RANIERO MONACO DI LAPIO, VERONICA OLIVIER, FLAVIA ROBERTO. ■ Carolina detta Caro è una ragazza graziosa e solare che vive nel suo universo di tredicenne composto da: padre infermiere, madre che lavora in una stireria, un'arcigna sorella maggiore e Giovanni, detto Rusty James, il fratello più grande. Ci sono anche le migliori amiche, Claudia detta Clod e Alice detta Alis, con le quali Caro scandisce il suo ultimo anno alle medie in base all'evolversi dei sussulti d'amore. ■ COMMEDIA; COL.; 95′; ITALIA, 2009.

AMORE QUESTO SCONOSCIUTO, L' ★
Regia di MAX HUNTER. ■ Carrellata sul tema "amore": il sesso nella pubblicità, nel cinema, nell'editoria. Nozioni d'anatomia, le deviazioni sessuali, l'intesa matrimoniale, l'amplesso, la psicanalisi e l'amore, la prostituzione, la procreazione programmata. ■ DOCUMENTARIO; COL.; 87′; ITALIA, 1969.

AMORE RIBELLE *(Le Danube bleu)* ★★
Regia di EMILE EDWIN REINERT. Con JEAN GALLAND, MADELEINE SOLOGNE. ■ La graziosa tzigana Anika è corteggiata da un giovane zingaro e da un ricco possidente. Un giorno il riccone viene trovato morto e l'innamorato di Anika, sul quale cadono i sospetti, allontanato dalla tribù. Frattanto la comunità tzigana scopre l'innocenza del giovane e i due potranno finalmente sposarsi. ■ COMMEDIA; B/N; 84′; FRANCIA, 1939.

AMORE RICOMINCIA, L' *(Foldindulas)* ★★
Regia di ARZEN VON CSEREPY. Con OLGA ESZENYI, ANTAL PAGER. ■ Storia tragica di una famiglia. Contrasti suoceri-nuora e finale (abbastanza) lieto. ■ DRAMMATICO; B/N; 79′; UNGHERIA, 1940.

AMORE RINNOVATO, UN *(She's Having a Baby)* ★★★
Regia di JOHN HUGHES. Con KEVIN BACON, ALEC BALDWIN, ELIZABETH MCGOVERN. ■ Vita felice di una giovane coppia. Si amano, lui ha un buon posto, la casa che abitano è loro. Un giorno lei scopre di aspettare un bambino. «Magnifico, magnifico», dicono tutti. Ma lui, il giovane marito, si sente sempre intrappolato, chiuso in quel ménage per il resto della sua vita, "condannato" alla "felicità". ■ COMMEDIA; COL.; 79′; USA, 1988.

AMORE, RITORNA *(Lover Come Back)* ★★★
Regia di DELBERT MANN. Con EDIE ADAMS, DORIS DAY, ROCK HUDSON, JACK OAKIE, TONY RANDALL. ■ Due pubblicitari, un giovane playboy e una bionda per benino si danno battaglia senza esclusione di colpi pur non conoscendosi. Poi lui aggancia lei sotto falso nome. Quando lei lo scopre, la guerra (sul fronte professionale e su quello sentimentale) è senza quartiere. Poi la nascita di un bimbo mette tutto a posto. Forse la migliore delle commedie del duo Hudson-Day. ■ COMMEDIA; COL.; 107′; USA, 1961. ■ OSCAR 1 NOM.

AMORE RITORNA, L' ★★★
Regia di SERGIO RUBINI. Con FABRIZIO BENTIVOGLIO, MARGHERITA BUY, MARIANGELA MELATO, GIOVANNA MEZZOGIORNO, SERGIO RUBINI. ■ Un regista e attore, giunto a quarant'anni, conosciuto il successo, si appresta a interpretare un film e a girarne un altro. Improvvisamente sul set viene colto da un malore, che giorno dopo giorno diviene sempre più inspiegabile. Gli accadimenti fanno riflettere il protagonista sul passato e i perché della vita, con i suoi amori, le amicizie, il lavoro, il cinema. Alla fine troverà la soluzione e ritornerà. «È da trent'anni che mi pongo sempre la stessa domanda: è più importante il cinema o la vita?». Queste parole di François Truffaut sono perfette per sintetizzare il film di Sergio Rubini che si allontana dalla poetica del regista francese per raccontare luoghi e sensazioni del proprio mondo. Rubini realizza la sua opera più completa, e lo fa guardandosi indietro e analizzando il percorso filmico compiuto, con ironia e ritmo, accompagnato da un gruppo di attori che, in alcuni momenti risultano invadenti e sopra le righe, rischiando di compromettere il racconto. ■ DRAMMATICO; COL.; 110′; ITALIA, 2003.

AMORE RITROVATO, L' ★
Regia di CARLO MAZZACURATI. Con STEFANO ACCORSI, MAYA SANSA, ANNE CANOVAS, MARIE CHRISTINE DESCOUARD, GIACOMO LA ROSA, CLAUDE LEMAIRE, MARCO MESSERI, LUISANNA PANDOLFI, VANIA ROTONDI. ■ Provincia toscana, anni Trenta. Giovanni, impiegato di banca e padre di famiglia, ritrova Maria, suo vecchio amore: tra i due rinasce la passione. Sull'esile traccia di un triste romanzo di Carlo Cassola (*Una relazione*, 1969), Carlo Mazzacurati non esce dal banale. Se già il romanzo appariva ai suoi tempi nostalgico e datato, il film arriva sicuramente fuori tempo massimo, con una forza comunicativa prossima allo zero. ■ SENTIMENTALE; COL.; 108′; ITALIA, 2004.

AMORE ROSSO ★★★
Regia di ALDO VERGANO. Con MARINA BERTI, ARNOLDO FOÀ, MASSIMO SERATO. ■ Dal romanzo di Grazia Deledda. Marianna Sirca, figlia di un possidente sardo, alla morte del padre fatica a difendere le sue proprietà dai banditi, dagli speculatori e dai cacciatori di dote. Si innamora di un brigante (buon giovane travolto dalle circostanze) ma un cugino, innamorato di lei, uccide il giovanotto. Marianna, ferita anche lei, ammazza il pretendente. ■ DRAMMATICO; B/N; 96′; ITALIA, 1953.

AMORE SCOTTA A YOKOHAMA, L' ★
(The Glamorous Ghost)
Regia di HAJIME SATO. Con MASUMI HARUKAWA, AKIRA NISHIMURA, MEICHO SOGANOYA. ■ Un tassista disonesto con una moglie adeguata vive di imbrogli. ■ GIALLO; B/N; 84′; GIAPPONE, 1966.

AMORE SECONDO DAN, L' *(Dan in Real Life)* ★★
Regia di PETER HEDGES. Con JULIETTE BINOCHE, EMILY BLUNT, STEVE CARELL, DANE COOK, JOHN MAHONEY, ALLISON PILL, BRITTANY ROBERTSON, DIANNE WEIST. ■ Dan Burns, giornalista vedovo, cura una rubrica di costume e tre figlie esuberanti. Chiuso nel suo dolore, Dan conduce una vita ripetitiva che non contempla imprevisti. Durante un fine settimana in famiglia, sulle spiagge del Rhode Island, incontra la sofisticata Marie e ne viene attratto. Peccato che quella donna affascinante sia la nuova fidanzata del fratello Mitch, un ragazzone frivolo e superficiale. La convivenza forzata alimenterà l'attrazione e accorcerà le distanze. ■ COMMEDIA; COL.; 98′; USA, 2007.

AMORE SEGRETO DI MADELEINE, L' *(Madeleine)*
Regia di DAVID LEAN. Con LESLIE BANKS, IVAN DESNY, ANN TODD, NORMAN WOOLAND. ■ A Glasgow, nell'epoca vittoriana, una giovane appartenente ad una famiglia aristocratica diventa l'amante di un avventuriero straniero. Quando l'amante diventa scomodo un avvelenamento lo toglie di mezzo. La donna viene processata. Lei nega. Viene assolta per insufficienza di prove. ■ DRAMMATICO; B/N; 79′; GRAN BRETAGNA, 1949.

AMORE SELVAGGIO *(Canadian Pacific)* ★★★
Regia di EDWIN L. MARIN. Con ROBERT BARRAT, J. CARROL NAISH, RANDOLPH SCOTT, JANE WYATT. ■ Saga della costruzione della ferrovia dalla costa del Pacifico ai confini del Canada. Randolph Scott è il sorvegliante della linea che deve battersi con gli indiani, la natura e la concorrenza sleale. Solido western di serie B. La trama, i personaggi sono di maniera ma il ritmo eccel-

lente, le scene d'azione (pugni, sparatorie, assalti al treno) molto movimentati. ■ WESTERN; COL.; 95′; USA, 1949.

AMORE SENZA CONFINI *(Beyond Borders)* ★★
Regia di MARTIN CAMPBELL. Con ANGELINA JOLIE, NOAH EMMERICH, CLIVE OWEN, TERI POLO, LINUS ROACHE, YORICK VAN WAGENINGEN. ■ Quando Sarah Jordan, ingenua e benestante signora americana a Londra, conosce Nick Callahan, un medico che compie grossi sforzi umanitari in paesi devastati dalla guerra, resta tanto colpita da lasciarsi la sua vita ovattata alle spalle e partire per un rischioso viaggio in giro per il mondo al seguito del suo bel dottore. Angelina Jolie, come facevano le star di una volta, si volge all'impegno sociale. Divenuta ambasciatrice dell'Alto Commissariato dell'Onu per i rifugiati ha favorito una produzione destinata a raccogliere fondi per chi ha bisogno di aiuto. ■ DRAMMATICO; COL.; 127′; USA, 2003.

AMORE SENZA DOMANI *(Always Goodbye)* ★★
Regia di SIDNEY LANFIELD. Con LYNN BARI, IAN HUNTER, HERBERT MARSHALL, CESAR ROMERO, BARBARA STANWYCK. ■ Una ragazza madre, molto a malincuore, acconsente a far adottare il proprio bambino da una facoltosa famiglia. Più tardi ci ripensa, rivuole il pupo indietro. Ci riuscirà sposando il padre adottivo (nel frattempo rimasto vedovo). ■ COMMEDIA; B/N; 75′; USA, 1938.

AMORE SENZA FINE *(Endless Love)* ★★
Regia di FRANCO ZEFFIRELLI. Con MARTIN HEWITT, SHIRLEY KNIGHT, BROOKE SHIELDS. ■ Lei ha 15 anni, lui 17; si amano e si incontrano quasi ogni notte nella villetta di lei. Il padre della ragazza scopre la tresca e impone al giovane innamorato di starle alla larga almeno per un mese, finché lei non avrà terminato la scuola... Il giovane però non mantiene e provoca, fortuitamente, la morte del genitore di lei. Finisce in galera, ma l'amore resiste a ogni avversità. Il più brutto film di Zeffirelli. ■ DRAMMATICO; COL.; 115′; USA, 1982. ■ GOLDEN GLOBES 1 NOM; OSCAR 1 NOM.

AMORE SENZA FINE, UN ★★
Regia di LUIS KNAUT, MARIO TERRIBILE. Con LUISELLA BONI, MEMMO CAROTENUTO, ALBERTO FARNESE, JANET VIDOR. ■ Il giovane ingegner Danieli conosce al Terminillo Gloria e se ne innamora. Ma la ragazza scompare senza lasciare alcuna traccia. Danieli la ritrova poi in casa di un celebre chirurgo e, convinto che ella abbia una relazione con questi, se ne va senza voler ascoltare le spiegazioni di Gloria. Le circostanze lo portano alla fine a sapere che l'amata è gravemente malata. Corre al suo capezzale e la ragazza, operata, guarisce e progetta di sposarlo. ■ DRAMMATICO; B/N; 90′; ITALIA, 1958.

AMORE SENZA LIMITI, L' *(El limite del amor)* ★
Regia di RAFAEL ROMERO MARCHENT. Con JUAN LUIS GALIARDO, CHARO LOPEZ, DIDI SCHERMAN. ■ Maria, indecisa se farsi suora, accetta di diventare la segretaria di una ricca coppia di Siviglia. Il suo pudore sparirà all'arrivo di Luis che la farà sua. ■ DRAMMATICO; COL.; 79′; SPAGNA, 1978.

AMORE SENZA MA..., L' *(L'amour avec des si...)* ★★★
Regia di CLAUDE LELOUCH. Con JEAN FRANVAL, JANINE MAGNAN, GUY NAIRESSE, FRANCE NOËLLE, RICHARD SAINT-BRIS. ■ Un sadico evade dal carcere parigino della Santé. Il proprietario di un albergo telefona alla polizia sostenendo di aver riconosciuto il ricercato in un cliente dell'hotel, ma quando i gendarmi arrivano l'individuo si è già allontanato con un'occasionale compagna. La coppia si reca in un secondo albergo e la polizia viene a saperlo ma decide di attendere la mattina seguente prima di tentare di catturare l'evaso. Quando poi i poliziotti stanno per piombare sull'uomo, apprendono che si tratta di un sosia e che il vero sadico è già stato arrestato. È questo il primo lavoro di Lelouch. ■ DRAMMATICO; B/N; 83′; FRANCIA, 1963.

AMORE SENZA TEMPO, UN *(Evening)* ★★
Regia di LÁJOS KOLTAI. Con EILEEN ATKINS, GLENN CLOSE, TONI COLLETTE, HUGH DANCY, CLAIRE DANES, MAMIE GUMMER, VANESSA REDGRAVE, NATASHA RICHARDSON, MERYL STREEP, PATRICK WILSON. ■ Tratto dal pluripremiato romanzo di Susan Minot. Si racconta la storia di Ann Grant Lee che, bloccata a letto da un tumore in fase terminale, ricorda gli episodi salienti della sua vita, a cominciare dall'incontro col grande amore, avvenuto molti prima su un isolotto del Maine. Tra sogno, ricordi e realtà, la donna ne approfitta per fare un bilancio della sua vita. ■ DRAMMATICO; COL.; 117′; USA, 2007.

AMORE SENZA VOLTO, L' *(Night Song)* ★★★
Regia di JOHN CROMWELL. Con DANA ANDREWS, ETHEL BARRYMORE, HOAGY CARMICHAEL, MERLE OBERON, ARTHUR RUBINSTEIN. ■ Una signora dell'alta società si innamora di un pianista cieco e cerca di farlo innamorare, facendogli credere di essere cieca anche lei e per giunta povera in canna. Lui le crede. Poi scopre la verità. Crisi. Lieto fine con il musicista che si tiene una donna bella, ricca e con dieci decimi di vista. ■ DRAMMATICO; B/N; 101′; USA, 1947.

AMORE SI FA COSÌ, L' ★★
Regia di CARLO LUDOVICO BRAGAGLIA. Con LUIGI ALMIRANTE, COLETTE DARFEUIL, PAOLO STOPPA, ENRICO VIARISIO. ■ Un giovanotto è malvisto dal principale e poco considerato anche dalla sua fidanzata. Con uno stratagemma riuscirà ad apparire grand'uomo agli occhi dell'uno e dell'altra. ■ COMMEDIA; B/N; 88′; ITALIA, 1939.

AMORE SINGOLARE, UN *(An Uncommon Love)* ★★
Regia di STEVEN HILLIARD STERN. Con ED BEGLEY JR, BARRY BOSTWICK, KATHRYN HARROLD, HOLLY HUNTER. ■ Steve Kinser ha recentemente divorziato e, nel college dove insegna, la sua attenzione si dirige su una bella studentessa, Cynthia Malcolm. La ragazza, che studia biologia marina, non appartiene a una famiglia benestante e il professore finisce con lo scoprire che Cynthia si prostituisce come massaggiatrice. ■ DRAMMATICO; COL.; 100′; USA, 1983.

AMORE SOSPETTO, L' *(La Moustache)* ★★★
Regia di EMMANUEL CARRÈRE. Con MATHIEU AMALRIC, BRIGITTE BÉMOL, FANTINE CAMUS, EMMANUELLE DEVOS, HIPPOLYTE GIRARDOT, FRÉDÉRIC IMBERTY, TERESA LI, VINCENT LINDON, MACHA POLIKARPOVA, FRANCK RICHARD. ■ Marc un giorno decide di tagliarsi i baffi. Niente di eccezionale, se non fosse per il fatto che li porta sin da quando era ragazzo. Si aspetta quindi che sua moglie Agnes commenti il fatto. Invece nulla. Neppure le altre persone del suo entourage sembrano accorgersi del cambiamento. Nel momento in cui si decide a chiedere un parere gli viene detto che la domanda è assurda: lui non ha mai portato i baffi, quindi... Inizia così una spirale di presunta follia che coinvolge in modo particolare la coppia. Agnes vuole farlo visitare da uno psichiatra. Lui si convince sempre più o che sia lei a non essere più in sé o che si tratti di un complotto ordito ai suoi danni. Un viaggio ad Hong Kong dovrebbe aiutarlo a fare chiarezza. ■ DRAMMATICO; COL.; 86′; FRANCIA, 2005.

AMORE SOTTOCOPERTA ★★★
(Romance on the High Seas)
Regia di MICHAEL CURTIZ. Con JACK CARSON, DORIS DAY, DON DE FORE, OSCAR LEVANT, JANIS PAIGE. ■ Due sposi non possono partire insieme per una crociera a causa degli impegni di lavoro di lui. La moglie finge di partire sola, ma manda in sua vece un'amica canzonettista. Questa flirta durante il viaggio con un giovanotto e fa involontariamente spargere la voce che la donna da lei sostituita tradisce il marito. Una sarabanda di equivoci che si chiariranno solo alla fine della crociera. ■ COMM. MUSICALE; COL.; 99′; USA, 1948. ■ OSCAR 2 NOM.

AMORE SOTTO I TETTI *(Apartment for Peggy)* ★★
Regia di GEORGE SEATON. Con JEANNE CRAIN, EDMUND GWENN, WILLIAM HOLDEN, CHARLES LANE, GENE LOCKHART. ■ Due sposini (lui è un reduce della guerra mondiale) non riescono a trovare un tetto. Saranno accolti, fortunatamente, nella casa di un vecchio professore, malato di solitudine. Gli sposini gli ridaranno la gioia dell'esistenza. Lui li nutre, li ristora, li protegge. ■ COMMEDIA; COL.; 99′; USA, 1949.

AMORE SOTTO L'ALBERO, UN *(Noel)* ★★
Regia di CHAZZ PALMINTERI. Con ALAN ARKIN, PENELOPE CRUZ, SUSAN SARANDON, CHAZZ PALMINTERI, VICTORIA SANCHEZ, MARCUS THOMAS, PAUL WALKER, ROBIN WILLIAMS. ■ Vigilia di

Natale a New York. Rose è una quarantenne single che si occupa della madre malata. Nina desidera la maternità mentre Mike, il suo fidanzato è gelosissimo. Artie è un cameriere che periodicamente vede nei clienti la reincarnazione della madre morta. Jules sogna l'ospedale dove riposarsi dalla sua vita di ladro di strada. Chazz Palminteri ha un cuore di zucchero sotto l'aspetto del mafioso che il cinema ci ha dato di lui. ■ DRAMMATICO; COL.; 96′; USA, 2004.

AMORE SOTTO ZERO *(It's a Pleasure)* ★★
Regia di WILLIAM A. SEITER. Con SONJA HENIE, MARIE MCDONALD, MICHAEL O'SHEA. ■ Una ballerina pattinatrice ama un campione di hockey, ma le intemperanze dell'uomo minacciano la felicità della coppia. Per non compromettere la carriera della moglie, lui finge di scappare con un'altra donna. Gli equivoci si chiariranno solo dopo un paio d'anni quando lei è una stella affermata. ■ COMM. MUSICALE; COL.; 90′; USA, 1945.

AMORE SPECIALE, UN *(The Other Sister)* ★★
Regia di GARRY MARSHALL. Con DIANE KEATON, JULIETTE LEWIS, POPPY MONTGOMERY, GIOVANNI RIBISI, TOM SKERRITT. ■ Tre sorelle (una ritardata, una omosessuale, una che sta per sposarsi). La prima si innamora di un ragazzo che è nelle sue stesse condizioni e la coppia lo annuncia il giorno del matrimonio dell'altra. Happy End. ■ COMMEDIA; COL.; 129′; USA, 1999.

AMORES PERROS ★★★
Regia di ALEJANDRO GONZALEZ INARRITU. Con VANESSA BAUCHE, EMILIO ECHEVARRIA, GAEL GARCIA BERNAL, ALVARO GUERRERO, GOYA TOLEDO. ■ Città del Messico. Octavio tenta di scappare con Susana, sua cognata, portandosi dietro anche il cane Cofi che può servire per portare a casa qualche soldo in più. Daniel lascia la famiglia per iniziare una nuova vita con la modella Valeria che, nel giorno in cui dovrebbe cominciare a stare con lui, è vittima di un grave incidente. Lì sopraggiunge "El Chivo", un ex guerrigliero comunista uscito dal carcere e abile come sicario. L'uomo trova Cofi che sta morendo e lo porta con sé per guarirlo. Presentato nella Settimana della Critica a Cannes dove ha mietuto consensi così come ai Festival di Bogotà, Chicago, Tokio, Los Angeles ed Edimburgo, è giunto ora alla nomination agli Oscar come miglior film straniero. Si tratta di un'opera prima molto dura in cui, come dichiara il regista, «è rappresentato tutto il peggio» di una megalopoli come Città del Messico che ha 21 milioni di abitanti. Il ritmo e l'intensità sul piano visivo sono sintetizzati da una regia che immerge lo spettatore immediatamente nell'azione. Egoismo, speranza e tradimento si fondono e confondono in un mélo sopra le righe. Come ha scritto la critica francese si tratta di un film realizzato «non con il cuore ma con la pancia». Siamo d'accordo. ■ COMMEDIA; COL.; 147′; ITALIA, 2001. ■ GOLDEN GLOBES 1 NOM; OSCAR 1 NOM.

AMORE SPLENDIDO, UN *(An Affair to Remember)* ★★★
Regia di LEO MCCAREY. Con RICHARD DENNING, CARY GRANT, DEBORAH KERR, CATHLEEN NESBITT, NEVA PATTERSON. ■ Una cantante di night club incontra durante un viaggio un playboy e se ne innamora. Prima di sposarsi però i due debbono liberarsi dei rispettivi legami. Appuntamento, dopo un anno, all'Empire State Building. Ma lei ha un incidente, non ci può andare e non gli comunica quanto le è accaduto. Lui però lo viene a sapere. La sposerà anche in carrozzella. ■ COMMEDIA; COL.; 115′; USA, 1957. ■ OSCAR 4 NOM.

AMORE SPORCO, L' *(El amor es extraño)* ★
Regia di CARLOS BALAGUÉ. Con MUNTSA ALCAÑIZ, MARIO GAS, PEP MUNNÉ, EULALIA RAMÓN. ■ Victor incontra casualmente Carlotta e se ne innamora. La perde di vista ma, in seguito a un incontro occasionale con un'altra donna, diviene testimone di un omicidio commesso da Carlotta. L'uomo non riuscirà mai a scoprire la verità sulla misteriosa donna di cui si è invaghito. Lo spirito corrosivo di Almodóvar è lontano anni-luce da questa lettura cupa e mortuaria del rapporto amoroso. Il regista tenta, con il contributo dei responsabili culturali catalani, di raccontare una storia "proibita" senza però riuscirci. ■ DRAMMATICO; COL.; 90′; SPAGNA, 1988.

AMORE STREGONE, L' *(El amor Brujo)* ★★★
Regia di CARLOS SAURA. Con LAURA DEL SOL, ANTONIO GADES, CRISTINA HOYOS. ■ Passioni gitane, gelosia, danza (splendido il balletto *El amor brujo*) e riti magici in un film che narra la storia di José e Candela, prima promessi e poi sposi, e quella di altri due ragazzi, Carmelo (da sempre innamorato di Candela) e di Lucia, che José corteggia. Durante una rissa José viene ucciso e Carmelo se ne addossa la colpa. Quando esce dalla galera, spera che Candela gli si conceda, ma ella invoca sempre il perduto amore. In un esorcismo delirante, attraverso la danza del fuoco, i quattro personaggi si rincontrano, Lucia si getterà nelle braccia di José e Candela in quelle di Carmelo. ■ DRAMMATICO; COL.; 98′; SPAGNA, 1986.

AMORE SUBLIME *(Stella Dallas)* ★★★
Regia di KING VIDOR. Con JOHN BOLES, ALAN HALE, TIM HOLT, ANNE SHIRLEY, BARBARA STANWYCK. ■ Una figlia del popolo sposa un giovane aristocratico, ma presto lo disgusta con i suoi modi rozzi. Anche la vita della figlia forse sarebbe rovinata da quella madre sboccata e volgare, se questa, comprendendo i problemi della ragazza, volontariamente non si escludesse dalla sua vita, pur di farla felice. ■ DRAMMATICO; B/N; 106′; USA, 1937. ■ OSCAR 2 NOM.

AMORE SU MISURA, UN ★★
Regia di RENATO POZZETTO. Con ANNA GALIENA, FABRIZIO KOFLER, COCHI PONZONI, RENATO POZZETTO, RENATO SCARPA, CAMILLA SJOBERG, ANNA STANTE. ■ Trovare la donna ideale è davvero difficile: ne sa qualcosa l'ingegner Corrado Olmi, che, giunto alle soglie della mezza età, si rende conto che la routine non gli basta più. Un matrimonio ormai senza passione, il lavoro e i pochi hobby rappresentano una gabbia da cui fuggire e l'occasione gli è offerta da un esperimento scientifico propostogli da una multinazionale giapponese, ansiosa di testare il funzionamento di un prototipo, che permette di crearsi, in laboratorio, letteralmente l'amore su misura: Olmi accetta ma, come spesso accade, anche la perfezione può creare problemi. ■ COMMEDIA; COL.; 94′; ITALIA, 2006.

AMORE TARGATO FORLÌ, UN ★★
Regia di RICCARDO SESANI. Con ADRIANA ASTI, GIGI BALLISTA, LEONARD MANN, RENA NIEHAUS, MARIO SCACCIA. ■ Le peripezie di un giovane violoncellista sono il pretesto per analizzare l'aspetto psicologico dell'ingenuo provinciale che subisce l'impatto con la grande città. ■ COMMEDIA; COL.; 94′; ITALIA, 1976.

AMORE TOSSICO ★★★
Regia di CLAUDIO CALIGARI. Con ENZO DI BENEDETTO, CESARE FERRETTI, MICHELA MIONI. ■ A Ostia un gruppo di tossicodipendenti trascorre tutta la giornata nel cercare di procurarsi la droga con tutti i mezzi possibili. Due ragazzi, Cesare e Michela, decidono di uscire dal giro, ma l'ultima dose che si fanno prima di smettere li porta alla tragedia. Michela si sente male, Cesare la porta in ospedale, ma viene ucciso da due poliziotti in borghese che avevano cercato di fermarlo. ■ DRAMMATICO; COL.; 86′; ITALIA, 1983.

AMORE TRA GLI ANIMALI, L' *(Bestiaire d'amour)* ★★★
Regia di GÉRALD CALDERON. ■ Il film illustra i comportamenti di varie specie animali nel periodo dell'accoppiamento. ■ DOCUMENTARIO; COL.; 100′; FRANCIA, 1965.

AMORE TRA LE GOCCE DI PIOGGIA ★★
(Lasky mezi kapkami deste)
Regia di KAREL KACHYNA. Con VLADIMIR MENSIK, TERESA PAKORNA, LUKAS VACULIK. ■ Ambientato negli anni Trenta in Cecoslovacchia. Due fratelli, figli di un calzolaio, crescono tra donne e bevute. Un *Amarcord* dell'est con flash-back e nostalgia. ■ COMMEDIA; COL.; 122′; CECOSLOVACCHIA, 1979.

AMORE TRA LE NUVOLE *(The Aviator)* ★★
Regia di GEORGE T. MILLER. Con ROSANNA ARQUETTE, CHRISTOPHER REEVE, JACK WARDEN. ■ Nel 1928 un aereo da turismo con a bordo il pilota, asso della prima guerra mondiale, e una bella ragazza capotta sulle montagne. I due iniziano una dura battaglia per sopravvivere (anche un orso si aggiunge ai loro guai). Sopravviveranno, comunque, e naturalmente scopriranno di essere innamorati. ■ DRAMMATICO; COL.; 91′; USA, 1985.

AMORE TROVA ANDY HARDY, L' ★★
(Love Finds Andy Hardy)
Regia di GEORGE BRACKETT SEITZ. Con MICKEY ROONEY, LEWIS STONE, LANA TURNER. ■ Andy Hardy si mette nei guai con la sua ragazzina quando fa un giro in macchina con la ragazza di un amico (una diciottenne e pepatissima Lana Turner). A complicare ulteriormente le cose c'è anche una Judy Garland adolescente. Uno dei più *successful* film della serie. ■ COMMEDIA; B/N; 90'; USA, 1938.

AMORE TUTTO SUO, UN *(While You Were Sleeping)* ★★
Regia di JON TURTLETAUB. Con PETER BOYLE, SANDRA BULLOCK, PETER GALLAGHER, BILL PULLMAN, JACK WARDEN. ■ Commedia degli equivoci in cui la simpatica Sandra Bullock si innamora di uno sconosciuto che finisce in coma dopo un'aggressione. Il caso vuole che lei sia scambiata per la fidanzata della vittima e che il fratello di quest'ultimo se ne innamori. Il lieto fine sarà garantito dopo l'inevitabile resa dei conti in cui la verità verrà a galla. Volti giovani del cinema americano sono affiancati da solidi caratteristi come Warden e Boyle. ■ COMMEDIA; COL.; 108'; USA, 1995. ■ GOLDEN GLOBES 1 NOM.

AMORE TZIGANO *(The Little Minister)* ★★
Regia di RICHARD WALLACE. Con JOHN BEAL, DONALD CRISP, ALAN HALE, KATHARINE HEPBURN. ■ Nella Scozia del 1840, il pastore del luogo si innamora di una zingarella. Poi viene a sapere che è la figlia ribelle del signorotto del posto. Scandalo fra i parrocchiani che, durante un tumulto, feriscono il pastore. Guarito, sposerà la zingarella. Trampolino per la giovanissima Katharine Hepburn. ■ COMMEDIA; B/N; 110'; USA, 1934.

AMORE UNA VITA, UN *(Everybody's All-American)* ★★
Regia di TAYLOR HACKFORD. Con TIMOTHY HUTTON, JESSICA LANGE, DENNIS QUAID. ■ Venticinque anni nella vita di una "coppia perfetta" americana (lui campione di football, lei reginetta di bellezza). Poi lui decade, e lei al contrario "cresce" (si scopre una grande abilità manageriale). Tra lui che è sempre più frustrato e alcolista e lei che inconsciamente ormai lo disprezza, le nozze d'argento sembrano preludere a una divisione della coppia, che invece in extremis si ricomporrà. ■ COMMEDIA; COL.; 127'; USA, 1988.

AMORE, UNA VITA, UNA SVOLTA, UN ★★
(The Bumblebee Flies Anyway)
Regia di MARTIN DUFFY. Con JANEANE GAROFALO, GEORGE GORE, JANET PAPARAZZO, ELIJAH WOOD. ■ Barney deve convivere con una malattia molto grave e quasi sconosciuta. Tenta ogni possibile terapia inutilmente. Alterna momenti di depressione ad altri di vera e propria disperazione. Forse la radice del suo male viene da lontano, da qualche dimenticata esperienza. Ad accreditare questa possibilità è un incubo ricorrente che gli rende la vita ancora più penosa, se mai possibile. Allora si tratta di scoprire la radice dei mali, tutti e due. La posta in gioco è davvero la vita. Inutilmente ambizioso. ■ DRAMMATICO; COL.; 93'; USA, 2001.

AMORE VUOL DIRE GELOSIA ★★
Regia di MAURO SEVERINO. Con BARBARA BOUCHET, PINO FERRARA, ENRICO MONTESANO, GINO SANTERCOLE, MILENA VUKOTIC. ■ Gian Galeazzo, dentista di Procida, vive oppresso e represso dalle donne della sua famiglia: la moglie taccagna e bigotta, la madre, la nonna, la suocera, le due bambine, la domestica. Così Gian Galeazzo si invaghisce con estrema facilità della bella (e lombarda) Corinna. Si mette a corteggiarla, ma la tresca viene scoperta dalla moglie bigotta prima ancora che l'adulterio sia consumato: litigi tra le due donne, tentativi di suicidio, ma alla fine il "fatto" tra Gian Galeazzo e Corinna avverrà. ■ COMMEDIA; COL.; 95'; ITALIA, 1975.

AMORI CELEBRI *(Amours célèbres)* ★★★
Regia di MICHEL BOISROND. Con BRIGITTE BARDOT, JEAN-PAUL BELMONDO, ALAIN DELON, EDWIGE FEUILLÈRE, ANNIE GIRARDOT, MARIE LAFORÊT, SIMONE SIGNORET. ■ Quattro vicende storico-romantiche basate sui racconti di Paul Cordeaux pubblicati "a strisce" negli anni Cinquanta (anche su «Stampa Sera»). Il primo episodio vede il duca di Lauzun contendere al Re Sole i favori di una bella cortigiana. Nel secondo assistiamo all'amore medievale fra Alberto di Sassonia e Agnese Bernauer, "la strega del Rodano". Nel terzo segmento, la prostituta Jenny de la Cour per vendicarsi del tradimento dell'amante lo ferisce orrendamente. L'ultimo racconto vede le rivalità fra tre attrici celebri di varia età e abilità. ■ FILM A EPISODI; COL.; 130'; FRANCIA, 1961.

AMORI DI ANGELICA, GLI ★
Regia di LUIGI DE MARCHI. Con DINA DE SANTIS, VASSILI KARIS, CLAUDIE LANGE. ■ In Palestina, nel primo secolo dopo Cristo, il proconsole Marcello ha le sue brave gatte da pelare con le tribù ribelli. ■ AVVENTURA; COL.; 97'; ITALIA, SPAGNA, 1967.

AMORI DI ASTREA E CÉLADON, GLI ★★
(Les amours d'Astrée et de Céladon)
Regia di ERIC ROHMER. Con CÉCILE CASSEL, STÉPHANIE DE CRAYENCOUR, ANDY GILLET, MATHILDE MOSNIER, JOCELYN QUIVRIN, VÉRONIQUE REYMOND, ROSETTE. ■ Gallia al tempo dei druidi (V secolo d.C.). Il pastore Céladon è innamorato della pastorella Astrée la quale, per un equivoco, crede di essere stata tradita e intima all'amato di non farsi più vedere. Céladon, disperato, si getta in un fiume ma non muore. Viene salvato dalle ninfe alle quali giurerà di non ripresentarsi mai più ad Astrée. Il desiderio però è troppo forte e il giovane farà di tutto per rivedere la fanciulla senza infrangere la promessa. Rohmer torna a rileggere cinematograficamente il passato, e lo fa con un romanzo del XVII secolo di Honoré d'Urfé, nel quale trova materia per continuare, in altri termini, la sua ciclicamente ricorrente riflessione formale sul "sentire" della giovinezza. ■ DRAMMATICO; COL.; 109'; FRANCIA, 2007.

AMORI DI BENVENUTO CELLINI, GLI ★★★
(The Affairs of Cellini)
Regia di GREGORY LA CAVA. Con CONSTANCE BENNETT, LOUIS CALHERN, FREDRIC MARCH, FRANK MORGAN, JESSIE RALPH, FAY WRAY. ■ Un episodio boccaccesco inventato della vita dello scultore orafo fiorentino. Cellini s'è sistemato ottimamente a palazzo dei Medici e ha buone speranze di conquistare la moglie del duca Alessandro. Questi corteggia una modella di Cellini. Equivoci, intrighi, bisticci, duelli, finché il duca non si riconcilia con la moglie e Cellini con la modella se ne va da Firenze. ■ AVVENTURA; B/N; 80'; USA, 1934. ■ OSCAR 4 NOM.

AMORI DI CARMEN, GLI *(The Loves of Carmen)* ★★★
Regia di CHARLES VIDOR. Con LUTHER ADLER, JOHN BARAGREY, GLENN FORD, RITA HAYWORTH, VICTOR JORY, ARNOLD MOSS, RON RANDELL. ■ Dalla novella di Prospero Merimée. Ma non con le musiche di Bizet. La zingara Carmen fa innamorare di sé Don José, caporale dei dragoni a Siviglia. Per lei il giovane uccide un superiore ed è costretto a darsi alla macchia. Si rifugia sulle montagne con Carmen e lì deve ammazzare anche il marito della donna, che però, per tutto ringraziamento, lo tradisce con un torero. José fa fuori anche lei. La *Carmen* più costosa della storia del cinema. ■ DRAMMATICO; COL.; 99'; USA, 1948. ■ OSCAR 1 NOM.

AMORI DI CLEOPATRA, GLI *(Serpent of the Nile)* ★★
Regia di WILLIAM CASTLE. Con MICHAEL ANSARA, RAYMOND BURR, RHONDA FLEMING, WILLIAM LUNDIGAN. ■ Marcantonio conosce Cleopatra, s'innamora, per lei dimentica Roma. Eccetera. ■ STORICO; COL.; 81'; USA, 1953.

AMORI DI CRISTINA, GLI *(A Millionaire for Christy)* ★★
Regia di GEORGE MARSHALL. Con RICHARD CARLSON, FRED MACMURRAY, ELEANOR PARKER. ■ Cristina riceve dal principale l'incarico di recarsi a Los Angeles per annunciare al signor Peter la notizia di una grossa eredità di cui sarà beneficiario. Una smaliziata collega suggerisce a Cristina di cercare di conquistare il neomiliardario Peter. La ragazza conquisterà l'uomo ma perderà i miliardi. Ma i due saranno felici lo stesso. ■ COMMEDIA; B/N; 91'; USA, 1951.

AMORI DI ERCOLE, GLI ★
Regia di CARLO LUDOVICO BRAGAGLIA. Con MICKEY HARGITAY, JAYNE MANSFIELD, MASSIMO SERATO. ■ Tre o quattro fatiche di Ercole: salvataggio di Dejanira, avventure con Onfale, ammazzamento dell'Idra. ■ AVVENTURA; COL.; 102'; ITALIA, 1960.

AMORI DI FUOCO *(Scorchers)* ★★
Regia di DAVID BEAIRD. Con FAYE DUNAWAY, DENHOLM EL-

LIOTT, JAMES EARL JONES, EMILY LLOYD, JENNIFER TILLY. ■ Un lavoro televisivo con un buon cast. Troviamo la Dunaway e James Earl Jones in parti secondarie. Uno degli ultimi film dell'attore inglese Elliott. Protagoniste due donne, Splendid e Talbot. La prima si è appena sposata e non ha intenzione di consumare. La seconda al contrario fa amicizia con una prostituta per sapere come riconquistare il marito. ■ COMMEDIA; COL.; 90′; USA, 1991.

AMORI DI MANON LESCAUT, GLI ★★
Regia di MARIO COSTA. Con MIRIAM BRU, FRANCO INTERLENGHI, MARISA MERLINI, ROGER PIGAUT. ■ La più debole delle tante versioni del romanzo dell'abate Prévost. ■ COMMEDIA; COL.; 92′; FRANCIA, ITALIA, 1954.

AMORI DI MEZZO SECOLO ★★★
Regia di PIETRO GERMI, GLAUCO PELLEGRINI, ANTONIO PIETRANGELI, ROBERTO ROSSELLINI. Con ANDREA CHECCHI, FRANCO INTERLENGHI, ANTONELLA LUALDI, LEA PADOVANI, SILVANA PAMPANINI, ELEONORA RUFFO, ALBERTO SORDI. ■ C'è Sordi che fa la Marcia su Roma, la Pampanini la diva del muto; Interlenghi e la Ruffo gli innamoratini che non possono neanche sfiorarsi, Antonella Lualdi fa l'amore con un aviere a Napoli sotto i bombardamenti del 1943 e Carlo Campanini il medico paraninfo. Nell'episodio diretto da Germi (certamente il migliore di questa raccolta) all'inizio della prima guerra mondiale assistiamo a una storia d'amore fra un contadino abruzzese e la ragazzotta sua compagna d'infanzia. Finisce tragicamente: il giovanotto muore durante la ritirata di Caporetto. ■ FILM A EPISODI; COL.; 100′; ITALIA, 1954.

AMORI DI RICHARD, GLI *(Richard's Things)* ★★
Regia di ANTHONY HARVEY. Con TIM PIGOTT SMITH, AMANDA REDMAN, LIV ULLMANN. ■ Una signora quarantenne alla morte del marito (che credeva fedele), scopre che aveva una relazione con una ragazza di molti anni più giovane. Le due donne si conoscono e, imprevedibilmente, diventano amiche. Anzi, amanti. Però dopo una serie di scenate (motivate soprattutto dalla frivola condotta della giovane) decidono di lasciarsi. ■ DRAMMATICO; COL.; 107′; GRAN BRETAGNA, 1980. ■ VENEZIA 1 PR.

AMORI DI SUSANNA, GLI *(The Affairs of Susan)* ★★★
Regia di WILLIAM A. SEITER. Con WALTER ABEL, GEORGE BRENT, DON DEFORE, JOAN FONTAINE, DENNIS O'KEEFE. ■ Quattro uomini nella vita di una stella del cinema. Ma il più importante fu il primo, un produttore che la scoprì quando era solo una provincialotta specialista in gaffe. Poi divorziarono. Susanna diventa celebre e per altre tre volte è in procinto di risposarsi, ma l'ex le manda sempre tutto a monte. I due finiranno per rimettersi insieme. ■ COMMEDIA; B/N; 110′; USA, 1945. ■ OSCAR 1 NOM.

AMORI DI UNA BIONDA, GLI ★★★
(Lásky jedne plavovlásky)
Regia di MILOS FORMAN. Con JANA BREJCHOVA, VLAMIDIR PUCHOLT. ■ Durante una festa in una cittadina di provincia una ragazza, operaia in una fabbrica, conosce un giovanotto, pianista, originario di Praga. Fanno l'amore. Poi lui se ne va. Lei lo segue a Praga ma viene accolta tiepidamente dal pianista e freddamente addirittura dalla famiglia di lui. La bionda ritorna alla fabbrica, favoleggiando con le amiche delle sue avventure nella capitale. ■ COMMEDIA; B/N; 82′; CECOSLOVACCHIA, 1965. ■ OSCAR 1 NOM.

AMORI DI UNA SPIA *(Stambul Quest)* ★★
Regia di SAM WOOD. Con LIONEL ATWILL, MISCHA AUER, GEORGE BRENT, MYRNA LOY. ■ Durante la prima guerra mondiale la più famosa spia tedesca, Elisabeth Schragmüller, conosciuta con il nome di "Fraülein Doktor", si innamora di un giovane studente in medicina americano. ■ SPIONAGGIO; B/N; 88′; USA, 1934.

AMORI DI UN'ATTRICE, GLI *(Karriär)* ★
Regia di SCHAMYL BAUMAN. Con SIGNE HASSO, STURE LAGERWALL. ■ Ambiziosa e frivola, una giovane attrice drammatica svedese acquista notorietà e per la bravura e per l'avvenenza. Diventa concubina del principe ereditario, ma poi deve andarsene dalla Svezia. ■ COMMEDIA; B/N; 85′; SVEZIA, 1938.

AMORI & DISASTRI *(Flirting with Disaster)* ★★
Regia di DAVID O. RUSSELL. Con ALAN ALDA, PATRICIA ARQUETTE, GEORGE SEGAL, BEN STILLER, LILY TOMPLIN. ■ Mel Coplin è coniugato con Nancy ed è neopadre di un bambino. Avrebbe tutto per essere felice ma un desiderio inappagato lo tormenta: vorrebbe conoscere i propri genitori naturali. Con l'aiuto di una psicologa riesce a trovarli: sono ancora hippy, un po' in là con gli anni ma sempre in lotta con il sistema. ■ COMMEDIA; COL.; 86′; USA, 1996.

AMORI E IMBROGLI *(The Matchmaker)* ★
Regia di MARK JOFFE. Con JANEANE GAROFALO, DAVID HOARA, MILO O'SHEA, JAY O. SANDRES. ■ La giovane segretaria di un senatore del Massachusetts deve affrontare un problema: il suo capo ha difficoltà nel farsi rieleggere. Si reca quindi in Irlanda a cercare parenti e amici dell'uomo politico per costruire una connessione tra l'isola e lo Stato americano. Si muoverà in coppia con un giovane barista ma questo non basta a dare vivacità a una sceneggiatura smorta. ■ COMMEDIA; COL.; 96′; GRAN BRETAGNA, IRLANDA, USA, 1997.

AMORI & INCANTESIMI *(Practical Magic)* ★★★
Regia di GRIFFIN DUNNE. Con SANDRA BULLOCK, STOCKARD CHANNING, NICOLE KIDMAN, AIDAN QUINN, DIANNE WIEST. ■ Le sorelle Owens (Sally e Gillian) appartengono a una famiglia di streghe e si dice che chiunque si innamori di una di loro sia destinato a morire. Se Sally cerca di condurre una vita normale, Gillian è una sciupamaschi. Sally rimane presto vedova e Gillian si trova incastrata con un serial killer che uccide accidentalmente con l'aiuto della sorella. Tentano poi di farlo resuscitare grazie alla tradizione familiare ma si ritrovano con un cadavere in giardino e uno spirito che gira per casa. Il film riesce a stimolare l'attenzione degli spettatori grazie al gioco sui vari aspetti dell'amore e sulla presenza di donne "streghe". Con tutto quello che di atavico e di persecutorio il sostantivo si porta dietro. ■ COMMEDIA; COL.; 105′; USA, 1998.

AMORI E RIPICCHE *(Curtain Call)* ★★
Regia di PETER YATES. Con MICHAEL CAINE, BUCK HENRY, SAM SHEPARD, MAGGIE SMITH, JAMES SPADER, POLLY WALKER. ■ La Lowe & Sons Editrice si fonde con un'altra società e l'erede Stevenson si trova con il conto in banca pieno di soldi. Decide così di acquistare una casa bellissima in cui dedicarsi alla sua vita da scapolo. L'abitazione è però occupata da due spiriti, Max e Lily, che in vita sono stati attori di teatro ed ora si impicciano della vita di Stevenson e della sua fidanzata Julia ormai priva di speranza in un futuro matrimonio. Yates sa come muoversi con i suoi attori famosi e realizza una commedia gradevole su un tema scontato. ■ COMMEDIA; COL.; 91′; USA, 1998.

AMORI E SEGRETI *(Polish Wedding)* ★★
Regia di THERESA CONNELLY. Con JON BRADFORD, GABRIEL BYRNE, CLAIRE DANES, LENA OLIN. ■ È la storia di una famiglia polacca trasferitasi nell'America Centrale, alla periferia di Detroit. Ci sono una madre, Jadzia, un padre, quattro figli devoti e obbedienti e una figlia, la giovane Hala, di temperamento ribelle. Sarà proprio Hala a recare scompiglio rimanendo incinta del suo avvenente vicino di casa Russell che sarà costretto, viste le circostanze, a sposarla. La situazione si complicherà ulteriormente quando la madre di Hala, trascurata dal marito panettiere, lo tradirà con il ricco e sensuale Roman. Theresa Connelly, al suo debutto da regista, ha creato un film semi-autobiografico che, però, stenta ad assumere un ritmo accettabile a causa di una sceneggiatura singhiozzante. Degna di nota è, tuttavia, l'intensa interpretazione di Lena Olin. ■ COMMEDIA; B/N; 105′; USA, 1998.

AMORI E VELENI ★★
Regia di GIORGIO SIMONELLI. Con GIULIO DONNINI, LOIS MAXWELL, MARISA MERLINI, AMEDEO NAZZARI, OLGA SOLBELLI, ALFREDO VARELLI. ■ Cristina di Svezia, in esilio a Roma, si prende come amante un aitante ufficiale italiano. Ma costui è innamorato della giovanissima moglie di un anziano conte. Dopo molte avventure, duelli, regolamenti di vecchi conti, l'ufficiale e la contessa si sposano. L'ex regina Cristina si trova un altro capitano della guardia. ■ AVVENTURA; B/N; 90′; ITALIA, 1949.

AMORI E VENDETTE *(The Revenger's Comedies)* ★★
Regia di MALCOLM MOWBRAY. Con HELENA BONHAM CARTER, SAM NEILL, KRISTIN SCOTT THOMAS. ■ Un uomo e una donna

delusi e traditi decidono di vendicarsi aiutandosi reciprocamente. Combinano un sacco di guai. Bravi attori sprecati. ■ COMMEDIA; COL.; 95′; GRAN BRETAGNA, 1997.

AMORI FINISCONO ALL'ALBA, GLI ★★
(Les amours finissent à l'aube)
Regia di HENRI CALEF. Con JACQUES CASTELOT, FRANÇOISE CHRISTOPHE, NICOLE COURCEL, GEORGES MARCHAL, LOUIS SEIGNER. ■ Un giovane industriale sposato da anni a una donna malata, pur amando la moglie la tradisce con una ragazza di pochi scrupoli. Durante un alterco con quest'ultima la uccide senza volere. La polizia sospetta, ma non ha prove. Quando però la moglie muore, l'uomo decide di costituirsi. ■ GIALLO; B/N; 95′; FRANCIA, 1953.

AMORI FOLLI, GLI *(Les Herbes Folles)* ★★★
Regia di ALAIN RESNAIS. Con MATHIEU AMALRIC, SABINE AZEMA, ANNE CONSIGNY, EMMANUELLE DEVOS, ANDRE DUSSOLLIER. ■ Marguerite esce da un negozio di scarpe e subisce il furto della borsa. Georges trova il suo portafoglio per terra, nel parcheggio di un centro commerciale e comincia a fantasticare su di lei, ancora prima di conoscerla. Così passa dal pensiero all'azione. Marguerite resiste, ma per poco. A quasi novant'anni, Alain Resnais elabora un film ancora "alla Resnais", tratto dal libro di Christian Gailly *L'incident*. ■ DRAMMATICO; COL.; 104′; FRANCIA, ITALIA, 2009.

AMORI IMPOSSIBILI, GLI ★★
Regia di GUY CASARIL. Con ANICÉE ALVINA, GUY CASARIL, NICOLE CURCEL, GINETTE LECLERC, JEAN MARTIN, VENANTINO VENANTINI. ■ Un'adolescente inquieta conosce Tamara, amante del padre, una donna spregiudicata, molto chiacchierata nella città. L'amicizia fra le due si trasforma ben presto in un sentimento più profondo, che inutilmente il padre della fanciulla e un ex amico di Tamara tentano di scoraggiare. ■ COMMEDIA; COL.; 92′; FRANCIA, 1972.

AMORI IN CITTÀ... E TRADIMENTI IN CAMPAGNA *(Town & Country)* ★★
Regia di PETER CHELSOM. Con WARREN BEATTY, GOLDIE HAWN, DIANE KEATON, GARRY SHANDLING, ANDIE MACDOWELL. ■ Un cast "attempato" ma di altissimo livello. Un Beatty ultrasessantenne, Diane e Goldie fra i cinquanta e i sessanta, Andie oltre i quaranta. Però funzionano e la Hawn è il più inverosimile esempio di eterna forma fisica mantenuta, pur in presenza di tanta concorrenza nello spettacolo. È dunque verosimile che Beatty, arrivato appunto a "quell'età", sposato alla Keaton, veda lei come alternativa sessuale e come rassicurazione virile. È la storia della solita crisi della mezza età. Peter (Beatty, appunto) starnazza dappertutto, fra party straeleganti, partite a golf e tentativi romantici e sessuali. Il tutto nella solita New York stilizzata e patinata dei benestanti. Per poi scoprire che, tutto sommato, è meglio la moglie di tutto il resto. Qualche volta si sorride. ■ COMMEDIA; COL.; 110′; USA, 2001.

AMORI IN CORSA *(Chasing liberty)* ★★★
Regia di ANDY CADIFF. Con CAROLINE GOODALL, ANNABELLA SCIORRA, MATTHEW GOODE, MARK HARMON, MANDY MOORE, JEREMY PIVEN, BEATRICE ROSENBLATT, STARK SANDS. ■ Anna Foster, figlia diciottenne del Presidente degli Usa, sogna la libertà che la sua posizione non le concede. Durante un viaggio diplomatico in Europa, Anna strappa al padre la promessa di una serata di assoluta libertà. Il padre, all'ultimo minuto, torna sui suoi passi, ma Anna scappa. Braccata dalle guardie del corpo, conosce Ben, un ragazzo che l'aiuta nella sua fuga, pur non sapendo chi sia in realtà. Ma anche Ben nasconde un segreto. Film di scarso spessore tutto giocato sui riferimenti alla famiglia Clinton e sull'accattivante recitazione di Mandy Moore già vista in *I passi dell'amore*. Niente di più. ■ COMMEDIA ROSA; COL.; 111′; GRAN BRETAGNA, USA, 2004.

AMORI IN CORSO ★★★
Regia di GIUSEPPE BERTOLUCCI. Con FRANCESCA ROMANA PRANDI, AMANDA SANDRELLI, STELLA VORDEMANN. ■ Due ragazze vanno a preparare un esame universitario nella casa di campagna di una di esse. È atteso anche un amico di entrambe. Lui non arriva e le due cominciano a litigare (sono entrambe innamorate dell'assente). Litigano finché non arriva una terza ragazza che si rivela come la fidanzata (vera, non presunta) del giovanotto. ■ COMMEDIA; COL.; 82′; ITALIA, 1989.

AMORI INTIMI ★
Regia di WERNER WAGNER. Con RICHARD ALLEN, BRIGITTE BORDEAUX, ANKE SCHEIDER. ■ Le vicissitudini pubbliche e private di un eterogeneo ed affiatato gruppetto di uomini e donne, che vivono i loro impulsi e i desideri in maniera assai naturale, senza porsi problemi su quello che potrebbe pensarne la gente. Saranno molte, infatti, le storie in cui verranno coinvolti e che vivranno senza preconcetti. ■ EROTICO; COL.; 90′; GERMANIA, 1978.

AMORI, LETTI E TRADIMENTI ★
Regia di ALFONSO BRESCIA. Con DON BACKY, UGO BOLOGNA, MARISA MELL, SONIA VIVIANI. ■ Uno speculatore edile cerca in tutti i modi di mettere le grinfie sulle terre di un pastore. Perderà invece le sue fortune giocando a scopa con lui. ■ COMMEDIA; COL.; 90′; ITALIA, 1978.

AMORI MIEI ★★
Regia di STENO. Con JOHNNY DORELLI, EDWIGE FENECH, ENRICO MARIA SALERNO, MONICA VITTI. ■ Una signora, trascurata dal marito giornalista, si crea una doppia vita, conoscendo e sposando un maturo professore d'università. Per un po' riesce a dividersi fra due uomini, ma un giorno rimane incinta. Di chi sarà il pargolo? Nell'incertezza, la donna decide di tenersi entrambi i mariti. ■ COMMEDIA; COL.; 100′; ITALIA, 1978. ■ DAVID DI DONATELLO 1 PR, 1 NOM.

AMORI PERICOLOSI ★★★
Regia di ALFREDO GIANNETTI, CARLO LIZZANI, GIULIO QUESTI. Con JULIETTE MAYNIEL, SANDRA MILO, JEAN SOREL, ORNELLA VANONI, FRANK WOLFF. ■ Tre episodi di varia intonazione e qualità. Nel *Passo* un militare a riposo e la fantesca sua amante progettano l'eliminazione della moglie di lui. Ce la fanno, ma non godono i frutti della vittoria. Nel secondo (*La ronda*) un soldato della Legione straniera trascura i suoi doveri per correr dietro a una prostituta. Il terzo segmento ha come protagonista un generale della belle époque a cui, durante un appuntamento galante, viene il coccolone. Imbarazzo della ragazza che stava con lui, dell'attendente, della fantesca. ■ FILM A EPISODI; B/N; 115′; FRANCIA, ITALIA, 1964.

AMORI PROIBITI *(In the Cool of the Day)* ★★★
Regia di ROBERT STEVENS. Con CONSTANCE CUMMINGS, PETER FINCH, JANE FONDA, ARTHUR HILL, ANGELA LANSBURY. ■ Passione adulterina durante una vacanza in Grecia. Lui è un maturo inglese afflitto da una moglie fastidiosa e possessiva, lei è la giovane consorte di un editore newyorkese. Va a finire male: lei ha una malattia che non perdona. Prima che la vacanza finisca, muore. Lui rimane con la moglie noiosa. Gli esterni in Grecia sono la cosa migliore del film. ■ DRAMMATICO; COL.; 89′; USA, 1963.

AMORI SOSPESI *(The Only Thrill)* ★
Regia di PETER MASTERSON. Con DIANE KEATON, DIANE LANE, SAM SHEPARD. ■ Shepard ha una moglie in coma da anni. Diane è la commessa del suo negozio. Il loro è un amore nascosto. Non lo è invece quello dei loro figli, tutt'altro. Piatto e inutile. Due attori alla deriva. ■ DRAMMATICO; COL.; 108′; USA, 1999.

AMOR MIO NON MUORE, L' ★★
Regia di GIUSEPPE AMATO. Con EDUARDO DE FILIPPO, PEPPINO DE FILIPPO, TITINA DE FILIPPO, IVANA DE SIMONE, ROBERTA MARI, GIUSEPPE PORELLI, ALIDA VALLI. ■ Un ragazzo di modeste condizioni si vede rifiutare dal futuro suocero il consenso al matrimonio. Vent'anni dopo, divenuto un ricco finanziere, si mette alla ricerca della sua ex fidanzata. La incontra poi casualmente, senza essere riconosciuto, e la vede sciupata e provata da una vita matrimoniale piena di stenti e di dispiaceri. Si allontana con tanta tristezza nel cuore. Commedia strappalacrime di cui è autrice Titina De Filippo. ■ COMMEDIA; B/N; 75′; ITALIA, 1938.

AMOR NELLO SPECCHIO ★★
Regia di SALVATORE MAIRA. Con SIMONA CAVALLARI, ANNA GALIENA, PETER STORMARE. ■ Ispirato alla vita del drammaturgo

Giovanni Andreini, vissuto nel Seicento sotto il Ducato di Mantova. La moglie gelosa architetta con l'amante del marito un piano ingegnoso. Esordio cinematografico dello studioso di letteratura italiana Salvatore Maira che cerca di visitare un genere, quello in costume, che ha visto in Frears, Kubrick e Greenaway alcuni tra i migliori esempi. ■ DRAMMATICO; B/N; 104'; ITALIA, 1999.

AMOR NON HO PERÒ PERÒ... ★★
Regia di GIORGIO BIANCHI. Con GINA LOLLOBRIGIDA, LUIGI PAVESE, RENATO RASCEL. ■ Un ometto salva una ragazza che s'è buttata nel Tevere. La ragazza voleva suicidarsi per lo scoramento (il suo fidanzato è stato buttato in galera per un delitto non commesso). L'ometto si offre d'aiutarla e con molta fortuna riesce a trovare il vero colpevole, il capo di una banda di malfattori trasteverini. Il fidanzato della ragazza viene liberato. I due se ne vanno dopo aver sentitamente ringraziato l'ometto. Scritto da Giuseppe Marotta. ■ COMMEDIA; B/N; 90'; ITALIA, 1951.

AMOROSI, GLI *(Aiskande par)* ★★★
Regia di MAI ZETTERLING. Con HARRIET ANDERSSON, ANITA BJÖRK, GUNNAR BJÖRNSTRAND, EVA DAHLBECK, GUNNEL LINDBLOM, GIO PETRÉ. ■ Tre donne, che abitano nella stessa casa, sono incinte e ingannano l'attesa rievocando le rispettive storie. Una è la padrona e ha potuto rimanerlo nonostante la rovina della famiglia perché ha sposato il fattore. Un'altra ha avuto una relazione con uno dei giovani della famiglia ma poi s'è messa con un pittore. La terza era legata a una cameriera da una passione morbosa. Per sfuggirvi si è messa con un maturo dongiovanni che l'ha abbandonata incinta. ■ DRAMMATICO; B/N; 118'; SVEZIA, 1964.

AMOROSO CONVEGNO, L' *(Young Nowheres)* ★★★
Regia di FRANK LLOYD. Con RICHARD BARTHELMESS, MARION NIXON, BERT ROACH. ■ Due fidanzatini (lei cameriera lui manovratore d'ascensori) hanno un appuntamento nei corridoi di un albergo. Ma un appartamento poco distante da loro è stato svaligiato. I due giovani vengono accusati. ■ COMMEDIA; B/N; 85'; USA, 1929.

AMOR (PRIMERA PARTE), EL ★★★
Regia di ALEJANDRO FADEL, MARTÍN MAUREGUI, SANTIAGO MITRE, JUAN SCHNITMAN. Con LEONORA BALCARCE, LUCIANO CÀCERES, SOLEDAD CAGNONI, AUGUSTÍN MENDILAHARZU. ■ Vero e proprio vademecum per una convivenza-tipo, questo spassoso film diretto a otto mani, ripercorre la "via crucis" degli innamorati, dal primo sguardo, al primo appuntamento, alle maratone sessuali, passando per la convivenza, poi gli screzi, la noia e infine la separazione. La storia è quella di Pedro e Sofia, due ragazzi argentini che si conoscono su un traghetto. Divertente e acuto, il film scorre bene. Ottima performance dei due giovani amanti, in particolare di lui, *L'amore – parte prima* lascia un interrogativo: cosa succederà nella "seconda parte"? ■ COMMEDIA; COL.; 104'; ARGENTINA, 2004.

A MORTE ★
Regia di GIANLUCA SULIS. Con MARCO BISCARDI, GIOVANNI CARRONI, BARBARA DEVIGUS, MANRICO GAMMAROTA, TINO PETILLI. ■ Lo studente di Lettere Marco (Biscardi), tormentato e arrabbiato, decide di sequestrare, con un gruppo di colleghi, il suo docente universitario e un politico. Un crimine mosso dalla "cultura" delle Brigate Rosse negli Anni di Piombo. Questo lo porterà, attraverso i numerosi confronti con le sue vittime, a riflettere sul passato, sul presente e sul futuro dell'Italia. ■ DRAMMATICO; COL.; 83'; ITALIA, 2010.

A MORTE HOLLYWOOD! *(Cecil B. Demented)* ★
Regia di JOHN WATERS. Con STEPHEN DORFF, LARRY GILLIARD JR, ADRIAN GRENIER, MELANIE GRIFFITH, MAGGIE GYLLENHAAL, MIKE SHANNON, ZENZELE UZOMA, ALICIA WITT. ■ John Waters in questo film stecca. Sì, proprio lui, il regista indipendente americano per eccellenza, il cineasta del tutto folle e controcorrente che nei suoi film ha esaltato coprofagia (*Pink flamingos*, 1972) e obesità (*Grasso è bello*, 1988) e serial killers (*La signora ammazzatutti*, 1994) come valori rivoluzionari. Fino ad "ironizzare" sulla violenza sessuale in *Female trouble* (1974), che teorizza l'autostupro femminile. In *A morte Hollywood* John Waters eccede e basta. Il film racconta (ironicamente, e probabilmente) la sua storia da giovane: quello di un tranquillo impresario teatrale che di notte si trasforma e diventa Cecil B. Demented (probabilmente storpiatura del cineasta Cecil B. De Mille), un regista underground che odia Hollywood e fonda una compagnia di disadattati cinematografici – i "Perforati d'acciaio" – che cercano di fare un film controcorrente al grido di "Molti ragazzi sognano di girare film. Solo quelli pronti a morire ci riescono". Come? Rapendo una delle stelline hollywoodiane più capricciose che ci siano, Honey Withlock (alias Melanie Griffith), fino a convincerla con metodi terroristici di diventare la loro stella underground. Il film si salva grazie a una certa autoironia. ■ COMMEDIA; COL.; 84'; USA, 2000.

AMOS ★★
Regia di MICHAEL TUCHNER. Con KIRK DOUGLAS, DOROTHY MCGUIRE. ■ In seguito a un incidente Amos, anziano uomo di carattere, finisce in una clinica gestita da una donna senza scrupoli. Amos la sorprende mentre provoca con un'iniezione la morte di un paziente. Per dimostrare la colpevolezza della donna ci vorrà molto tempo. Ottima l'interpretazione di Kirk Douglas. ■ DRAMMATICO; COL.; 104'; USA, 1985.

AMOS & ANDREW ★★
Regia di E. MAX FRYE. Con NICOLAS CAGE, SAMUEL L. JACKSON, MICHAEL LERNER. ■ Andrew è un noto commediografo di colore. Viene arrestato per errore da un capo della polizia a caccia di notorietà. L'uomo, per rimediare allo sbaglio, mette in azione Amos, un piccolo malfattore che deve fingere il sequestro di Andrew. I due uniranno le loro forze. ■ COMMEDIA; COL.; 95'; USA, 1993.

AMO TE SOLA ★★
Regia di MARIO MATTOLI. Con MILLY, VITTORIO DE SICA, ENRICO VIARISIO. ■ Firenze. Un compositore napoletano, trascinato nell'ambiente liberale all'epoca delle guerre d'indipendenza, compone l'Inno dei Volontari. Per motivi politici, poi, è costretto ad emigrare a Milano. Qui trova il successo rappresentando una sua opera alla Scala. Ma il pensiero della fanciulla amata (rimasta a Firenze) spinge il giovane a rientrare in Toscana. Rivede la ragazza, ma una serie di equivoci mette i due innamorati in dissidio. Alla fine tutto si chiarirà. ■ COMMEDIA; B/N; 79'; ITALIA, 1935.

AMO TUTTE LE DONNE *(Ich liebe alle Frauen)* ★★
Regia di KARL LAMAC. Con JAN KIEPURA. ■ Commesso, sosia di un celebre tenore, lo sostituisce ad un importante ricevimento. La padrona del negozio in cui lavora, che è anche l'innamorata del giovane, incontra il vero tenore e, scambiandolo per il fidanzato, trascorre con lui un'allegra serata coronata da un bacio-promessa di matrimonio. Frattanto il commesso ottiene grande successo alla festa e si fidanza con un'ereditiera. Il giorno dopo scoppiano gli equivoci. I due sosia si incontreranno e chiariranno il pasticcio. ■ COMMEDIA; B/N; 79'; GERMANIA, 1935.

AMO UN ASSASSINO ★★
Regia di BACCIO BANDINI. Con ANDREA BOSIC, ENRICO GLORI, DELIA SCALA, UMBERTO SPADARO, MARCO VICARIO. ■ Bonario commissario di polizia indaga sulla morte della vicina di casa. Scopre che sua figlia è coinvolta (era l'amante del marito della defunta). Commissario disperato. ■ GIALLO; B/N; 90'; ITALIA, 1951.

AMOUR ★★★★ɤ
Regia di MICHAEL HANEKE. Con RITA BLANCO, LAURENT CAPELLUTO, ISABELLE HUPPERT, EMMANUELLE RIVA, WILLIAM SHIMELL, JEAN LOUIS TRINTIGNANT. ■ Anne e Georges sono due anziani insegnanti di musica in pensione. Hanno un pianoforte per accompagnare il loro tempo, speso in letture e concerti. Conducono una vita serena, interrotta soltanto dalla visita di un vecchio allievo o della figlia Eva, una musicista che vive all'estero con la famiglia. Un ictus improvvisamente colpisce Anne e collassa la loro vita. Paralizzata e umiliata dall'infarto cerebrale, la donna dipende interamente dal marito, che affronta con coraggio la sua disabilità. Assistito tre volte a settimana da un'infermiera, Georges non smette di amare e di lottare, sopportando le conseguenze affettive ed esistenziali della malattia. Malattia che degenera consumando giorno dopo giorno il corpo di Anne e la sua dignità. Spetterà a Georges accompagnarla al loro "ultimo concerto". Ci voleva un regista rigoroso come Michael Haneke per contemplare argomenti delicati

come la senilità e la malattia. Nei sogni ad occhi aperti, Anne e Georges vorrebbero "vivere" di nuovo, riavere tutto daccapo, guardando foto in bianco e nero o suonando un pianoforte accordato alla maniera della loro relazione. Ma è un attimo, non si fanno certo illusioni i personaggi interpretati da Jean-Louis Trintignant e Emmanuelle Riva, la cui bellezza il tempo ha oltraggiato. Unica concessione per Haneke è l'amore, l'amore del titolo, consentito insieme alla disperazione, alla rabbia e alla ribellione. ■ DRAMMATICO; COL.; 105'; FRANCIA, AUSTRIA, GERMANIA, 2012.

AMOUR À MORT, L' ★★★
Regia di ALAIN RESNAIS. Con FANNY ARDANT, PIERRE ARDITI, SABINE AZÉMA. ■ Resnais firma questa cerebrale analisi di un rapporto di coppia trattando temi accattivanti quali l'amore, la morte e la vita oltre la vita. Esercizio intellettuale di notevole pregio stilistico e di grande profondità. Non la prova migliore di Resnais, ma resta comunque l'opera di un grande maestro. ■ DRAMMATICO; COL.; 92'; FRANCIA, 1984.

AMOUR BRAQUE – AMORE BALORDO ★★★
(L'amour braque)
Regia di ANDRZEJ ZULAWSKI. Con FRANCIS HUSTER, TCHÉKY KARYO, SOPHIE MARCEAU. ■ Liberamente tratto dall'*Idiota* di Dostoevskij, narra di un rapinatore, Mickey, che conosce Léon, un transfuga ungherese che s'innamora della sua donna, Marie, costretta a fare la mantenuta nella gang dei quattro loschi fratelli Venin. I due amanti vengono coinvolti in una serie di crimini. Léon, sempre un po' candido, viene travolto dagli eventi. Mickey uccide i quattro fratelli, uno ad uno, per Marie. Ma la bella ragazza non l'ama. Perderanno la vita anche lei e Mickey nel corso di una sparatoria, mentre Léon riuscirà a fuggire. ■ GROTTESCO; COL.; 89'; FRANCIA, 1985.

AMOUR CACHÉ, L' ★★
Regia di ALESSANDRO CAPONE. Con OLIVIER GOURMET, ISABELLE HUPPERT, MÉLANIE LAURENT, GRETA SCACCHI. ■ A quasi cinquant'anni Danielle passa le sue giornate in un silenzio inviolabile nella clinica dove è stata ricoverata – dalla figlia Sophie – dopo il terzo tentativo di suicidio. La psicologa che l'ha in cura cerca di spingerla a comunicare e la esorta a mettere per iscritto i suoi pensieri. Dal diario disperato della donna emerge che ha vissuto una vita nell'indifferenza, perseguitata dai sensi di colpa. È un tema scomodo quello affrontato da Alessandro Capone. «Perché una donna, che ha partorito come una cagna, non può liberarsi del suo piccolo se ne prova fastidio, eliminandolo o divorandolo?», si chiede Danielle. Con un piglio d'autore il regista romano, noto più per le sue fiction poliziesche che per i suoi drammi teatrali, esplora l'universo femminile e nello specifico quello materno. ■ DRAMMATICO; COL.; 100'; BELGIO, ITALIA, LUSSEMBURGO, 2007.

AMOUR D'ENFANCE *(Amour d'enfance)* ★★
Regia di YVES CAUMON. Con MATHIEU AMALRIC, LAURYL BROSSIER, FABRICE CALS. ■ Paul manca dalla fattoria di famiglia da alcuni anni. Vi fa ritorno solo perché il padre è ammalato grave. Cerca allora di essere quella persona gentile e altruista che non è mai riuscito ad essere. Ruba però la ragazza al suo migliore amico e non riesce a trovare la pace interiore. Un'opera prima non molto riuscita. All'inizio si sorride per un gioco di situazioni con dialoghi ripetitivi ma poi si scopre che la storia è letteralmente piena di buche e di scene inutili. Il dramma misto a commedia poi non riesce a trovare la giusta direzione. ■ DRAMMATICO; COL.; 102'; FRANCIA, 2001.

AMOUR VIOLÉ, L' ★★★
Regia di YANNICK BELLON. Con PIERRE ARDITI, DANIEL AUTEUIL, ALAIN FOURÈS, NATHALIE NELL, MICHÉLE SIMONNET. ■ La giovane Nicole, infermiera all'ospedale di Grénoble, viene sequestrata e violentata da quattro ragazzotti. Nicole guarisce fisicamente, ma moralmente rimane segnata. Così, quando qualche tempo dopo le capita di incontrare uno dei suoi violentatori, lo denuncia contro il parere della madre e del fidanzato. ■ DRAMMATICO; COL.; 113'; FRANCIA, 1977.

AMSTERDAMNED (IL DANNATO DI AMSTERDAM) *(Amsterdamned)* ★★★
Regia di DICK MAAS. Con TANNEKE HARTVIZER, HUUB STAPEL, MONIQUE VAN DE VEN. ■ Un maniaco assassino venuto dall'acqua uccide una serie di persone sorprese nelle vicinanze degli imbarcaderi di Amsterdam. Un ispettore scopre la sua identità con l'aiuto di una bella bionda. ■ GIALLO; COL.; 113'; OLANDA, 1988.

AMSTERDAM OPERAZIONE DIAMANTI ★★★
(Operation Amsterdam)
Regia di MICHAEL MCCARTHY. Con EVA BARTÒK, TONY BRITTON, PETER FINCH, ALEXANDER KONOX. ■ Durante la seconda guerra mondiale, mentre l'Olanda sta per essere invasa dalle truppe naziste, un gruppo di coraggiosi è inviato dal governo inglese per mettere al sicuro i diamanti industriali di Amsterdam prima che i tedeschi se ne impadroniscano. Thriller in forma semi-documentaria. ■ GUERRA; B/N; 105'; GRAN BRETAGNA, 1958.

A MUSO DURO *(Mr. Majestyk)* ★★★
Regia di RICHARD FLEISCHER. Con CHARLES BRONSON, LINDA CRISTAL, PAUL KOSLO, AL LETTIERI, LEE PURCELL. ■ Un coltivatore di cocomeri si scontra con la mafia che s'è assunta il controllo del reclutamento dei braccianti locali. Lo sbattono in galera sotto falsa accusa. Lui scappa, coinvolgendo nella fuga un famoso gangster. Finisce che deve vedersela con tutti in una volta: mafiosi e gangster. Ma lui è un duro, pluridecorato in Vietnam. ■ POLIZIESCO; COL.; 103'; USA, 1974.

AMY ★★
Regia di VINCENT MCEVEETY. Con JENNY AGUTTER, BARRY NEWMAN, MARGARET O'BRIEN. ■ Edificante vicenda disneyana che ha avuto largo successo nei cinema dei paesi anglosassoni. Protagonista è una signora che all'inizio del secolo lascia la sua comoda posizione di agiata casalinga per mettersi a insegnare in una scuola di bambini handicappati (che all'epoca erano molto rare). Basato su fatti autentici. ■ DRAMMATICO; COL.; 100'; USA, 1981.

ANA ARABIA ★★
Regia di AMOS GITAI. Con SARAH ADLER, URI GAVRIEL, NORMAN ISSA, YUVAL SCHARF, YUSSUF ABU WARDA. ■ Una giovane giornalista, Yael, si reca in un quartiere, tra Jaffa e Bat Yam, in cui israeliani e palestinesi convivono. Ha sentito parlare di una donna ebrea che, sopravvissuta ad Auschwitz, aveva sposato un arabo ed era andata a vivere lì. Yael nella sua visita ascolta ciò che il marito Youssef ha da raccontarle e raccoglie anche le testimonianze di parenti e conoscenti. Amos Gitai è venuto a conoscenza grazie alla stampa della storia di una donna nata ad Auschwitz e poi sposatasi, nonostante molteplici ostilità, con un arabo da cui ebbe cinque figli e 25 nipoti. Si tratta di una vicenda che si inserisce perfettamente nella filmografia del regista israeliano, da sempre attento ad indagare i perché di una rivalità (che spesso si trasforma in odio) tra due popoli che hanno saputo convivere nel passato e potrebbero tornare a farlo. ■ DRAMMATICO; COL.; 84'; ISRAELE, FRANCIA, 2013.

ANACONDA ★
Regia di LUIS LLOSA. Con ICE CUBE, JENNIFER LOPEZ, JON VOIGHT. ■ Una spedizione va in Africa per un documentario. Ma ecco che arriva un serpente abnorme che cambia tutti i programmi. L'anaconda dovrebbe avere il ruolo dei vari "squali", ma ha solo quello di annoiare a morte nonostante le canoniche situazioni di violenza e apprensione, che non c'è. ■ AVVENTURA; COL.; 90'; USA, 1997.

ANACONDA: ALLA RICERCA DELL'ORCHIDEA MALEDETTA *(Anacondas: the Hunt for the Blood Orchid)* ★
Regia di DWIGHT H. LITTLE. Con EUGENE BYRD, MORRIS CHESTNUT, NICHOLAS GONZALEZ, MATTHEW MARSDEN, JOHNNY MESSNER, KADEE STRICKLAND, KARL YUNE. ■ Mira dritto al botteghino questo emulo del precedente *Anaconda*, che perlomeno aveva come pregio quello di offrire distratte carrellate su una avvenente Jennifer Lopez. Un gruppo di ricercatori scientifici parte per il Borneo "alla ricerca dell'orchidea maledetta", fiore che parrebbe contenere il corrispettivo chimico della mitica fonte dell'eterna giovinezza. Il gruppo, già poco affiatato di suo, verrà rapidamente sfoltito, neanche a dirlo, da fameliche anaconde che infestano la jungla. ■ AVVENTURA; COL.; 97'; USA, 2004.

ANALISI DI UN DELITTO *(A Murder of Crows)* ★★
Regia di ROWDY HERRINGTON. Con TOM BERENGER, CUBA GOO-

DING JR., MARIANNE JEAN-BAPTISTE, MARC PELLEGRINO, ERIC STOLTZ. ■ L'avvocato Lawson Russell viene radiato dall'albo per aver abbandonato la difesa di un cliente facoltoso riconoscendolo sicuramente colpevole. Si ritira giocoforza a vita privata e decide di scrivere un romanzo. Viene in possesso di un manoscritto consegnatogli da un vecchio che muore improvvisamente. Russell pubblica il libro a suo nome. Vi si narra di un killer che uccide i difensori di personaggi prosciolti dalle accuse in vari processi. Il problema è che quegli omicidi accadono realmente e l'avvocato diventa il primo indiziato. Cuba Gooding Jr. offre una prestazione di routine. ■ THRILLER; COL.; 99'; USA, 1998.

ANALISI FINALE *(Final Analysis)* ★★
Regia di PHIL JOANOU. Con KIM BASINGER, RICHARD GERE, UMA THURMAN. ■ Un giallo psicologico alla Hitchcock che presto si perde in lentezza e in incongruenze. Peccato perché Joanou aveva dato due buone prove nel documentario rock *U2 Rattle and Hum* e in *Stato di grazia*. Isac, psichiatra molto attraente, conosce come paziente la giovane Diane e in seguito la sorella Heather. Come in *Il principe delle maree* al contrario, l'uomo fa domande alla sorella per sapere le cause delle turbe di Diane. Finisce così a letto con Heather, che ha due problemi: l'alcol e il marito. Ambientato nella città di San Francisco. Molte citazioni hitchcockiane, soprattutto da *La donna che visse due volte*. ■ GIALLO; COL.; 124'; USA, 1992.

ANAMORPH ★★
Regia di HENRY MILLER. Con WILLEM DAFOE, CLEA DUVALL, DON HARVAY, SCOTT SPEEDMAN, PETER STORMARE. ■ Stan Aubrey, nel corso della sua carriera di poliziotto criminologo, ha contribuito all'arresto dello Zio Eddie, un serial killer psicopatico, ponendo fine alla sua "carriera". Costui realizzava delle vere e proprie sculture con i cadaveri delle sue vittime rifacendosi ad opere d'arte. I delitti però riprendono e Aubrey viene richiamato in causa non solo come detective ma anche sul piano personale. ■ THRILLER; COL.; 107'; USA, 2007.

ANASTASIA ★★★
Regia di ANATOLE LITVAK. Con INGRID BERGMAN, YUL BRYNNER, HELEN HAYES. ■ Nel 1928 a Parigi un gruppo di russi esiliati scova una donna (vagabonda e smemorata) che potrebbe essere Anastasia, una delle figlie dello zar Nicola, sfuggita miracolosamente al massacro da parte dei bolscevichi. La donna viene presentata alla granduchessa Romanoff e a suo figlio e riesce a convincerli di essere veramente Anastasia. Ma poi preferisce andarsene in compagnia di un generale di cui è innamorata. Fastoso melodrammone. Passò alla storia più che altro per l'Oscar assegnato a Ingrid Bergman. ■ DRAMMATICO; COL.; 105'; USA, 1956. ■ DAVID DI DONATELLO 1 PR, 1 NOM; OSCAR 1 PR, 2 NOM.

ANASTASIA ★★
Regia di DON BLUTH, GARY OLDMAN. ■ La storia della presunta figlia dello zar, (forse) scampata all'eccidio della sua famiglia. Dopo la Bergman e la Palmer ecco i disegni. ■ ANIMAZIONE; COL.; 85'; USA, 1998. ■ GOLDEN GLOBES 1 NOM; OSCAR 2 NOM.

ANASTASIA L'ULTIMA FIGLIA DELLO ZAR ★★
(Die letzte Zarentochter)
Regia di FALK HARNACK. Con IVAN DESNY, LILLI PALMER. ■ Un altro film sulla presunta Anastasia (cioè Anna Kira balzata alla ribalta nel 1928). Girato quasi contemporaneamente al film di Litvak, ne divenne, ovviamente, il parente povero, visto da pochissimi. Il film di Harnack ha maggiori scrupoli cronistici. Segue infatti abbastanza fedelmente la vicenda di Anna. Qui niente *happy end:* Anastasia-Anna rimane sola e senza un soldo. ■ DRAMMATICO; B/N; 95'; GERMANIA, 1956.

ANASTASIA MIO FRATELLO ★★★
Regia di STENO. Con RICHARD CONTE, EDOARDO FAJETA, MARIA REDESCHI, ALBERTO SORDI. ■ Don Salvatore Anastasia, un ingenuo prete italiano, va in America a trovare il fratello Alberto, ignorando che questi è il temuto capo dell'Anonima Omicidi. E continua a volerlo ignorare anche quando Alberto è imprigionato dalla commissione Kefauver e poi ammazzato in un negozio di barbiere. Ritorna in Italia e scrive un libro innocentista. ■ COMMEDIA; COL.; 122'; ITALIA, 1973.

A NATALE MI SPOSO ★
Regia di PAOLO COSTELLA. Con MASSIMO BOLDI, NANCY BRILLI, MASSIMO CECCHERINI, VINCENZO SALEMME, ENZO SALVI. ■ Gustavo è un cuoco milanese a Roma. Padre di un adolescente che coltiva il sogno di un amore impossibile, Gustavo viene scambiato per un celebre chef e invitato a organizzare a St. Moritz un sofisticato pranzo di nozze. ■ COMMEDIA; COL.; 97'; ITALIA, 2010.

ANATOMIA DI UN ADULTERIO ★★★
(Le viol – Overgreppet)
Regia di JACQUES DONIOL-VALCROZE. Con BIBI ANDERSSON, BRUNO CREMER, FREDERIC DE PASQUALE. ■ Una donna sola in casa viene aggredita da uno sconosciuto venuto (sembra) per uccidere il marito. I due trascorrono una giornata assieme. Lentamente, quasi inconsciamente, si instaura un rapporto affettuoso. Alla fine vanno a letto. Poi l'uomo se ne va. Quella sera, a cena ci sono ospiti, fra cui anche un uomo, un amico del marito con la faccia dello sconosciuto. Tutta la storia se l'era immaginata la protagonista che aveva materializzato l'attrazione per l'amico del consorte. ■ DRAMMATICO; COL.; 82'; FRANCIA, SVEZIA, 1967.

ANATOMIA DI UN DELITTO *(Naked Alibi)* ★★★
Regia di JERRY HOPPER. Con GENE BARRY, GLORIA GRAHAME, STERLING HAYDEN. ■ Poliziotto viene sospeso dal servizio perché mena troppo le mani. La sua vittima era un assassino che con un buon avvocato è riuscito a farla franca. Ma il poliziotto lo insegue in Messico e alla fine gli salda il conto. Ci rimette le penne però anche la prostituta di buon cuore innamorata dello sbirro. ■ GIALLO; B/N; 86'; USA, 1954.

ANATOMIA DI UN OMICIDIO ★★★
(Anatomy of a Murder)
Regia di OTTO PREMINGER. Con EVE ARDEN, BEN GAZZARA, ARTHUR O'CONNELL, LEE REMICK, GEORGE C. SCOTT, JAMES STEWART. ■ Un furbo avvocato difende un tenente dell'esercito accusato di aver ucciso un corteggiatore della moglie. Dramma della gelosia oppure omicidio a sangue freddo? Difficile dirlo. L'avvocato riesce comunque a farlo passare per delitto d'onore. Ottimo prodotto commerciale di Preminger, un grosso successo per vigore del dibattito processuale, l'interpretazione di tutti, una certa franchezza di linguaggio (inconsueta per i tempi). Primo ruolo di rilievo per George C. Scott (il procuratore). Il giudice (Joseph N. Welch) è un giudice vero. ■ DRAMMATICO; B/N; 160'; USA, 1959. ■ OSCAR 6 NOM; VENEZIA 1 PR.

ANATOMIA DI UN RAPIMENTO *(Tengoku to jigokv)* ★★★
Regia di AKIRA KUROSAWA. Con TOSHIRO MIFUNE, TATSUYA NAKADAI. ■ Rapiscono il figlio di un industriale giapponese. Dopo varie ricerche, colpi di scena, scacchi, la polizia riuscirà a salvarlo e ad assicurare alla giustizia i rapitori. Il padre del ragazzo chiederà alla fine un colloquio con il capo dei malviventi. Non per vendicarsi ma solo per fare misurare all'uomo l'enormità di quanto ha fatto. Akira Kurosawa, gran saccheggiatore di testi occidentali, questa volta non s'è rivolto al classico, ma a un lavoro minore da leggersi in treno: *Due colpi in uno*, uno dei romanzetti gialli di Ed McBain sull'87° distretto. ■ GIALLO; B/N; 142'; GIAPPONE, 1963.

ANATOMY *(Anatomie)* ★★
Regia di STEFAN RUZOWITZKY. Con SEBASTIAN BLOMBERG, BENNO FÜRMANN, ANNA LOOS, FRANKA POTENTE. ■ Il film narra la storia di Paula, una brillante studentessa di medicina che scopre alcune "stranezze" all'interno della sua Università. Dopo aver vinto il concorso di ammissione al corso estivo di anatomia dell'Università di Heidelberg, Paula si lascia totalmente assorbire dallo studio dal quale non riescono a distoglierla neanche le attenzioni di un suo compagno di classe. La storia si complica quando Paula si imbatte in una setta segreta, quella degli "anti-ippocratei". Tale setta utilizza metodi illegali di sezionamento dei cadaveri, e, cosa peggiore, la loro ricerca si basa su persone non ancora morte che aspettano nel laboratorio di essere dissezionate. Di chiara matrice televisiva con Franka Potente, resa celebre dal film *Lola corre*. ■ HORROR; COL.; 103'; GERMANIA, 2000.

ANATRA ALL'ARANCIA, L' ★★★
Regia di LUCIANO SALCE. Con BARBARA BOUCHET, JOHN RI-

CHARDSON, UGO TOGNAZZI, MONICA VITTI. ■ Dalla commedia di William Douglas Home e Marc Gilbert Sauvajon. Due coppie in crociera. Un riccone con l'amante, la moglie del riccone con un giovanotto che lei presenta come il suo bello. Naturalmente la signora vuole riconquistare il consorte, non prima di avergli fatto scontare le sue scappatelle. Il gioco riesce. ■ COMMEDIA; COL.; 110'; ITALIA, 1975. ■ DAVID DI DONATELLO 2 PR, 2 NOM.

ANCHE GLI ANGELI MANGIANO FAGIOLI ★★★
Regia di E. B. CLUCHER. Con GIULIANO GEMMA, ROBERT MIDDLETON, BUD SPENCER, BILL VANDERS, STEFFEN ZACHARIAS. ■ Due vagabondi in America, negli anni della depressione, per sbarcare il lunario fanno i gorilla per un temuto boss. Ma hanno il cuore troppo tenero. Invece di ricattare i negozianti finiscono per "proteggerli" sul serio. Anche dal boss. ■ AVVENTURA; COL.; 128'; ITALIA, 1973.

ANCHE GLI ANGELI TIRANO DI DESTRO ★★★
Regia di E. B. CLUCHER. Con DOMINIC BARTO, RICKY BRUCH, PUPO DE LUCA, GIULIANO GEMMA, RICCARDO PIZZUTI. ■ Stessa formula del precedente. Stavolta non c'è Bud Spencer, ma il campione olimpionico Ricky Bruch a far da prete menatore. Qui Gemma è un aspirante gangster che il giorno in cui cerca di imporre le sue "tangenti" ai negozianti del quartiere, si accorge che il prete (sotto mentite spoglie) è arrivato prima di lui. Naturalmente a scopo benefico. ■ AVVENTURA; COL.; 120'; ITALIA, 1974.

ANCHE GLI EROI PIANGONO ★★★
(The Proud and the Profane)
Regia di GEORGE SEATON. Con WILLIAM HOLDEN, DEBORAH KERR, DEWEY MARTIN, THELMA RITTER. ■ Un'infermiera cerca nel Pacifico la tomba del marito (che non morì precisamente da eroe). Durante le ricerche s'innamora di un eroe autentico, un "duro" e spregiudicato colonnello di origine pellerossa. Troppo duro e spregiudicato. Lei lo lascia. Ma lo riprende quando glielo riportano in barella gravemente ferito dai giapponesi. ■ GUERRA; B/N; 111'; USA, 1956. ■ OSCAR 2 NOM.

ANCHE GLI UCCELLI E LE API LO FANNO ★★★
(Birds Do it, Bees Do it)
Regia di NICOLAS NOXON, IRWIN ROSTEN. ■ È questo uno dei pochi documentari che si accosta con spirito seriamente scientifico alla vita sessuale degli animali, svelandone anche certi "misteri". ■ DOCUMENTARIO; COL.; 90'; USA, 1974. ■ OSCAR 1 NOM.

ANCHE GLI UCCELLI UCCIDONO ★★★
(Brewster McCloud)
Regia di ROBERT ALTMAN. Con BUD CORT, SHELLEY DUVALL, SALLY KELLERMAN, MICHAEL MURPHY, WILLIAM WINDOM. ■ Un giovanotto ritardato si nasconde sotto il tetto dell'osservatorio di Houston sognando il giorno in cui potrà volare. Uno dei primi film di Altman: ambiziosa allegoria cupa e feroce come una favola vittoriana, però con un andamento quasi da cartone animato. Alcune sequenze sono già passate nelle antologie dell'humour nero. ■ COMMEDIA; COL.; 101'; USA, 1970.

ANCHE GLI ZINGARI VANNO IN CIELO ★★
(Tabor Oukhodit v Niebo)
Regia di EMIL LOTIJANU. Con LJALA CIERNAIA, SERGIU FINITI, GRIGORE GRIGORIU, JON SANDRI SHKURIA, SVETLANA TOMA. ■ La storia d'amore dei due zingari Rada e Zobar è ambientata agli inizi del secolo, ai confini tra i due imperi d'allora: lo zarista e l'austroungarico. Desiderata da molti, ricchi e nobili, la bella Rada si concede soltanto a Zobar ma nemmeno per lui vuol rinunciare alla propria libertà e per questo Zobar la uccide. ■ DRAMMATICO; COL.; 97'; URSS, 1976.

ANCHE I BOIA MUOIONO *(Hangmen Also Die)* ★★★★
Regia di FRITZ LANG. Con WALTER BRENNAN, BRIAN DONLEVY, ALEXANDER GRANACH, ANNA LEE, GENE LOCKHART, DENNIS O'KEEFE, HANS VON TWARDOWSKI. ■ A Praga, durante l'occupazione, viene ucciso in un attentato Heydrich, proconsole di Hitler in Cecoslovacchia. L'uccisore è un dottore che combatte per la Resistenza, ma i suoi capi per salvarlo (e per salvare gli ostaggi in mano ai nazisti) fanno convergere i sospetti su un collaborazionista. Il miglior contributo di Brecht al cinema e uno dei migliori di Fritz Lang, anche se la mano è piuttosto pesante e gli intenti propagandistici a volte prendono la mano agli autori. ■ DRAMMATICO; B/N; 140'; USA, 1945. ■ OSCAR 2 NOM; VENEZIA 1 PR.

ANCHE I CINESI MANGIANO FAGIOLI *(Excelsior)* ★
Regia di WU MING SHUN. Con LEI CHENG KUN, TENG MEI FANG. ■ Anziché conservare il titolo originale l'edizione italiana, sfruttando il successo ottenuto dal nostrano *Anche gli angeli mangiano fagioli*, adatta la traduzione a scopo di "cassetta". ■ DOC. MUSICALE; B/N; 85'; HONG KONG, 1972.

ANCHE I COMMERCIALISTI HANNO UN'ANIMA ★★
Regia di MAURIZIO PONZI. Con SABRINA FERILLI, ENRICO MONTESANO, RENATO POZZETTO. ■ Sonia, ragazza romana molto attraente, passa le giornate in ufficio a fantasticare e a fare i test delle riviste. È fidanzata con Roberto, impiegato alla Corte dei conti. Lei vorrebbe che lui fosse più intraprendente, con meno scrupoli. Un giorno, nell'ufficio accanto, arriva un commercialista milanese, Carlo. ■ COMMEDIA COL.; 110'; ITALIA, 1994.

ANCHE I GANGSTER MANGIANO LENTICCHIE ★★
(La belle affaire)
Regia di JACQUES BESNARD. Con MICHEL GALABRU, JACQUES PRÉBOIST, PAUL PRÉBOIST, MICHEL SERRAULT, ROSY VARTE. ■ Paul e Simone rilevano a Marsiglia un bar, già centrale di smistamento della droga e il cui precedente gestore è stato assassinato. I trafficanti decidono di usare l'ignaro Paul come loro barista. Depositano e raccolgono nel bar i loro pacchi di droga fatti passare per confezioni di lenticchie. Quando Paul e Simone scoprono l'inghippo sono ormai coinvolti fino al collo e si accordano allora per eliminare tutta la banda. ■ AVVENTURA; COL.; 90'; FRANCIA, 1972.

ANCHE I GANGSTER MUOIONO *(The Lawbreakers)* ★★★
Regia di JOSEPH M. NEWMAN. Con ROBERT DOUGLAS, VERA MILES, JACK WARDEN. ■ Un capitano di polizia conduce una lotta spietata contro una gang che è "coperta" da un celebre e abilissimo avvocato. L'avvocato (che fra l'altro ha imboscato il bottino di una grossa rapina) viene ucciso dal killer della banda e dalla sua amante. Il capitano però metterà le mani su entrambi. ■ GIALLO; B/N; 78'; USA, 1960.

ANCHE IL SESSO È UN AFFARE DI STATO ★★
(Sex Play)
Regia di JACK ARNOLD. Con JANE ANTHONY, DAVID BEALE, JILL DAMAS, CHRISTINA HART, DRINA PAVLOVIC. ■ La scatenata diciassettenne Bunny, passando tra le braccia di ufficiali di grado sempre più elevato, mette in pericolo la morale dell'esercito statunitense e alla fine il mondo politico internazionale. ■ COMMEDIA; COL.; 85'; GRAN BRETAGNA, 1974.

ANCHE I NANI HANNO INIZIATO DA PICCOLI ★★★
(Auch Zwerge haben klein angefangen)
Regia di WERNER HERZOG. Con HELMUT DÖRING, GERD GICKEL, PAUL GLAUER. ■ Un film inquietante e affascinante allo stesso tempo. Un istituto con ospiti nani e gestito da nani è il microcosmo dove la vicenda si svolge e si conclude. All'inizio la polizia (si sente solo la voce di chi interroga) giunge sul luogo per scoprire le cause che hanno portato a una ribellione contro il direttore dell'istituto. Qualche rimando a *Freaks* di Browning ma per il resto c'è la grande originalità di Herzog. ■ DRAMMATICO; COL.; 96'; GERMANIA, 1970.

ANCHE LEI FUMAVA IL SIGARO ★★
Regia di ALESSANDRO DI ROBILANT. Con MAURIZIO DONADONI, MARIETTA MEHES, HARUHIKO YAMANOUCHI. ■ Uno sbandato di nome Giobbe rapina un negozio e fa strage di poliziotti per amore di una prostituta. Lei viene arrestata, mentre lui si dà al rock. ■ DRAMMATICO; COL.; 92'; ITALIA, 1986.

ANCHE LIBERO VA BENE ★★
Regia di KIM ROSSI STUART. Con BARBORA BOBULOVA, ALESSANDRO MORACE, MARTA NOBILI, TOMMASO RAGNO, KIM ROSSI STUART. ■ Rossi Stuart, alla sua opera prima, interpreta Renato, un padre single che vive coi suoi due figli, Viola e Tommi. Abbandonato dalla moglie Stefania, cerca di portare avanti al meglio la famiglia, ma non è semplice quando si hanno anche problemi di lavoro. Chi ne soffre di più è il piccolo Tommi. Spacca-

to di vita fra le mura di casa, che si ispira, seppure alla lontana, al cinema del Neorealismo. Il film vive sulla differenza di sguardo sul mondo che possono avere un padre e un figlio. Esperienza contro innocenza, grigio contro blu. ■ DRAMMATICO; COL.; 108'; ITALIA, 2000.

ANCHE L'INFERNO TREMA ★
Regia di PIERO REGNOLI. Con FRANCO FABRIZI, CARLA GRAVINA. ■ Un uomo evaso dal carcere dove era rinchiuso per un delitto non commesso, uccide chi l'ha denunciato. Poi si rifugia in una casa isolata abitata da un uomo e dalla figlia cieca. La casa è presto circondata dalla polizia. L'evaso minaccia di uccidere la ragazza. Poi si lascia persuadere da una giornalista. Esce allo scoperto, sta per arrendersi, ma compie una mossa falsa e i poliziotti, spicci, lo uccidono. Film di serie Z. ■ DRAMMATICO; B/N; 95'; ITALIA, 1958.

ANCHE NEL WEST C'ERA UNA VOLTA DIO ★★
Regia di DARIO SILVESTRI. Con DOMINIQUE BOSQUERO, ROBERTO CAMARDIEL, ENNIO GIROLAMI, RICHARD HARRISON, FOLCO LULLI, GILBERT ROLAND. ■ Un bandito che ha rubato un tesoro muore ucciso dai complici, che però non riescono a metter le mani sul grisbi. Lo trova invece uno sconosciuto che in realtà è il prete della missione, cui il fuorilegge rubò gli arredi sacri. Il prete sa anche sparare: difenderà con successo il tesoro dai banditi eliminandoli tutti. Western ciociaro-andaluso. ■ WESTERN; COL.; 91'; ITALIA, SPAGNA, 1968.

ANCHE OGGI È PRIMAVERA *(The Runaround)* ★★
Regia di CHARLES LAMONT. Con ROD CAMERON, BRODERICK CRAWFORD, FRANK MCHUGH, ELLA RAINES. ■ Due poliziotti privati inseguono per conto della famiglia una ragazza scappata di casa per sposarsi con un giovane poco gradito ai genitori. Echi di *Accadde una notte* e di *Amore in corsa*. ■ COMMEDIA; B/N; 86'; USA, 1947.

ANCHE PER DJANGO LE CAROGNE HANNO UN PREZZO ★
Regia di PAOLO SOLVAY. Con ESMERALDA BARROS, JEFF CAMERON, JOHN DESMONT, GENGHER GATTI, EDILIO KIM. ■ "Western-spaghetti" men che mediocre. ■ WESTERN; COL.; 89'; ITALIA, 1971.

ANCHE SE È AMORE NON SI VEDE ★
Regia di SALVATORE FICARRA, VALENTINO PICONE. CON AMBRA ANGIOLINI, SALVATORE FICARRA, DIANE FLERI, VALENTINO PICONE, SASCHA ZACHARIAS. ■ Amici fin dall'infanzia, Salvo e Valentino gestiscono una piccola impresa di servizi turistici a Torino, accompagnando ogni giorno su un vecchio e colorato bus inglese gruppi di stranieri in giro per la città. Valentino è l'uomo fedele e innamorato fino allo sfinimento della compagna Gisella; Salvo è invece lo scapolo scapestrato determinato ad assumere solo giovani guide turistiche carine e single. Quando Gisella, stremata dall'affetto sdolcinato e ossessivo di Valentino, decide di cambiare. Si avvia così una serie di romantici equivoci e di incroci sentimentali che coinvolgono anche Natascha, la nuova guida della società, Sonia, una cara amica d'infanzia, e Peter, il suo borioso fidanzato americano. ■ COMMEDIA; COL.; 96'; ITALIA, 2011.

ANCHE SE VOLESSI LAVORARE CHE FACCIO? ★★★
Regia di FLAVIO MOGHERINI. Con MAURIZIO ARENA, ADRIANA ASTI, VITTORIO CAPRIOLI, ENZO CERUSICO, NINETTO DAVOLI, LUCIANO SALCE. ■ Nell'alto Lazio quattro giovani ladri di tombe inesperti svolgono il "lavoro" tra molteplici difficoltà causate loro dai carabinieri e dalle guardie di Finanza. Pensano allora di compiere un furto al Museo Etrusco, per mettere fine alla loro precaria condizione economica. Flavio Mogherini, benché al suo primo lavoro, fa tutto da solo: regia, sceneggiatura e soggetto. ■ COMMEDIA; COL.; 99'; ITALIA, 1972.

ANCHIETA *(Anchieta José do Brasil)* ★★
Regia di PAUL CESAR SARACENI. Con HUGO CARVANA, MAURICIO DO VALLE. ■ Il film racconta la vita di José Anchieta, famoso missionario della Compagnia di Gesù. Dalla sua nascita nell'isola di Tenerife, fino alla sua morte nella regione dello Spirito Santo. È la storia soprattutto della sua lotta in favore degli indios brasiliani e dei nativi di Tenerife, i Guanches. ■ DRAMMATICO; COL.; 90'; BRASILE, 1978.

ANCH'IO HO IL DIRITTO DI NASCERE ★
(El derecho de nacer)
Regia di TITO DAVISON. Con JULIO ALEMAN, AURORA BAUTISTA, MARICRUZ OLIVIER. ■ Maria Elena, sedotta dal fidanzato e incinta, non vuole rivelare il nome del violentatore né abortire. Fra un pianto e l'altro si arriva al lieto fine. ■ DRAMMATICO; COL.; 101'; MESSICO, 1968.

ANCH'IO SONO UNA DONNA *(Jeg, en kvinde – II)* ★
Regia di MAC AHLBERG. Con BERTEL LAURINO, LARS LUNOE, KLAUS PAGH, GIO PETRÉ, KARL STEGGER. ■ L'antiquario Hans, anziché pagare i debiti, compra nuovi oggetti. La sua convivente Sylva deve subire l'assalto dei venditori: Hans, per denaro, la spinge persino tra le braccia di un vizioso. Infine scoperto poi che Hans è addirittura un ex nazista, lo lascia per sempre. ■ DRAMMATICO; COL.; 88'; SVEZIA, 1968.

ANCHORMAN – LA LEGGENDA DI RON BURGUNDY *(Anchorman: The Legend of Ron Burgundy)* ★
Regia di ADAM MCKAY. Con CHRISTINA APPLEGATE, JACK BLACK, STEVE CARELL, WILL FERRELL, DAVID KOECHNER, TIM ROBBINS, SETH ROGEN, PAUL RUDD, BEN STILLER, VINCE VAUGHN, LUKE WILSON. ■ San Diego, fine anni Settanta. Ron Burgundy (Ferrell) è un popolare anchorman televisivo. Il suo notiziario, che lui suggella con l'esortazione «Vivi con classe, San Diego!», è il più seguito e il più temuto dalle altre emittenti. La sua vita scorre tranquilla tra party, conquiste femminili e spettatori adoranti, finché un giorno non mette piede in redazione la battagliera e bellissima Veronica. Partito con l'idea di sedurla per "neutralizzarla" sul piano professionale, Ron se ne innamora, ricambiato. Ma quando il talento di Veronica la trasforma in una pericolosa concorrente, Ron vede compromessi in un sol colpo amore e carriera. ■ COMMEDIA; COL.; 93'; USA, 2004.

ANCORA DOLLARI PER I MACGREGOR ★★
Regia di JOSÉ LUIS MERINO. Con STAN COOPER, JOSÉ JASPE, PETER LEE LAWRENCE, MALISA LONGO, CHARLES QUINEY. ■ Ancora i MacGregor ma stavolta poco o nulla a che vedere con i simpatici (anche se manierati) emigrati scozzesi dei film di Girardi. Solo un generico clan familiare e piuttosto avido per giunta. Lotta mortale con una banda di *desperados* attorno a un malloppo. ■ WESTERN; COL.; 98'; ITALIA, SPAGNA, 1970.

ANCORA E PER SEMPRE *(Let's do it Again)* ★★★
Regia di ALEXANDER HALL. Con LEON AMES, KARIN BOOTH, TOM HELMORE, RAY MILLAND, ALDO RAY, JANE WYMAN. ■ Un musicista dongiovanni si fa cogliere dalla moglie in compagnia di una procace ballerina. La signora divorzia. Ma continua a vedersi con il marito scombinandogli le sue love story (cosa che fa regolarmente anche lui con lei). Finisce ovviamente che si rimettono insieme. ■ COMMEDIA; COL.; 95'; USA, 1953.

ANCORA INSIEME *(Together Again)* ★★★
Regia di CHARLES VIDOR. Con CHARLES BOYER, CHARLES COBURN, JEROME COURTLAND, IRENE DUNNE, MONA FREEMAN. ■ La vedova del sindaco di una cittadina di provincia decide di far edificare un monumento alla memoria del suo defunto marito. Lo scultore però è un tipo scanzonato che fa innamorare la signora. ■ COMMEDIA; B/N; 100'; USA, 1944.

ANCORA INSIEME *(Sweet Heart's Dance)* ★★★
Regia di ROBERT GREENWALD. Con JEFF DANIELS, DON JOHNSON, SUSAN SARANDON. ■ Provincia americana. Un triangolo amoroso, ma senza peccato. Lui è sposato a lei. Un amico di lui è innamorato di lei, ma non la tocca. Quando il matrimonio va in crisi, il terzo incomodo s'è già messo con una ragazza tutta sua. ■ SENTIMENTALE; COL.; 98'; USA, 1988.

ANCORA PIÙ SCEMO *(Trial and Error)* ★
Regia di JONATHAN LYNN. Con JEFF DANIELS, CHARLIZE THERON. ■ Il titolo italiano è un trucco per richiamare il famoso *Scemo e più scemo* con Jim Carrey, che già non era un capolavoro. Questo è un'idiozia quasi vergognosa. Un avvocato dovrebbe difendere una causa ma si ubriaca. A quel punto si dovrebbe ridere. ■ COMICO; COL.; 97'; USA, 1998.

ANCORA 48 ORE *(Another 48 Hours)* ★★
Regia di WALTER HILL. Con BRION JAMES, EDDIE MURPHY, NICK NOLTE, KEVIN TIGHE. ■ Un poliziotto di San Francisco è noto per i suoi modi rozzi e sbrigativi. Nella caccia a una banda di spacciatori di droga, ne uccide uno. Il gangster ha sparato per primo, ma il poliziotto non riesce a provarlo e viene sospeso dal servizio. Ha davanti a sé 48 ore per ricucire le fila degli avvenimenti e scagionarsi dall'accusa di omicidio. Dopo molte vicende e molta violenza riesce a stanare il capo della banda e a provare di aver agito secondo la legge. Nolte, il poliziotto, e Murphy, che aiuta a risolvere il caso, sono due agguerriti giustizieri impegnati in un raid senza esclusione di colpi non solo contro i malviventi, ma anche contro gli agenti di polizia corrotti. ■ POLIZIESCO; COL.; 95′; USA, 1990.

ANCORA SEI ORE DI VITA *(Six Hours to Live)* ★★
Regia di WILLIAM DIETERLE. Con WARNER BAXTER, JOHN BOLES, MIRIAM JORDAN. ■ Un diplomatico è assassinato mentre cerca di salvare la pace. Un geniale scienziato lo riporta in vita. Ma solo per sei ore. Il diplomatico tesaurizza il poco tempo a disposizione, scongiurando un trattato che sarebbe la rovina del suo Paese. E trovando l'uomo adatto a sostituirlo accanto alla sua prossima vedova. ■ DRAMMATICO; B/N; 78′; USA, 1932.

ANCORA TU *(You Again)* ★★
Regia di ANDY FICKMAN. Con KRISTEN BELL, KRISTIN CHENOWETH, SIGOURNEY WEAVER, BETTY WHITE, ODETTE YUSTMAN. ■ Nel 2002 Marni era la ragazza più bruttina e sfortunata del liceo e Joanna, la leader della scuola, non perdeva occasione per deriderla e metterla in difficoltà. Ora Marni è stata appena promossa vicepresidente della sede newyorkese di un'importante società di pubbliche relazioni. Deve però tornare a casa perché il fratello ha deciso di sposarsi... proprio con Joanna. Il passato torna a pesare sulle spalle di Marni anche se la futura cognata non sembra proprio ricordarsi di lei. ■ COMMEDIA; COL.; 105′; USA, 2010.

ANCORA TU, MALEDETTO SBIRRO ★★★
(Toma: Lash of Vengeance)
Regia di JEANNOT SZWARC. Con RAY DANTON, TONY MUSANTE, SIMON OAKLAND, SUSAN STRASBERG. ■ Pellicola tratta da una serie televisiva in cui Musante interpretava Dave Toma, tenente di polizia. Questa volta il nostro eroe è spinto dalla moglie a indagare su una banda di usurai: riuscirà a sgominarla. ■ POLIZIESCO; COL.; 95′; USA, 1974.

ANCORA UNA DOMANDA OSCAR WILDE! ★★★
(Oscar Wilde)
Regia di GREGORY RATOFF. Con PHYLLIS CALVERT, EDWARD CHAPMAN, ALEXANDER KNOX, ROBERT MORLEY, JOHN NEVILLE, DENNIS PRICE, RALPH RICHARDSON. ■ Il commediografo Oscar Wilde, accusato di omosessualità dal padre di un suo giovane amico, lo cita in giudizio. Il processo però è un disastro per Wilde. La sconfitta gli costa un'altra causa e poi la condanna ai lavori forzati. Rendiconto un po' teatrale di un caso giudiziario famoso. ■ DRAMMATICO; B/N; 96′; GRAN BRETAGNA, 1960.

ANCORA UNA VOLTA *(Once Around)* ★★
Regia di LASSE HALLSTRÖM. Con DANNY AIELLO, RICHARD DREYFUSS, HOLLY HUNTER. ■ Dal regista di *La mia vita a quattro zampe*. Renata è una ragazza di origine italiana in un brutto momento sentimentale. Infatti il suo ragazzo ha rotto il fidanzamento. Ora la ragazza conosce Sam, molto più anziano di lei, che dimostra subito di essere innamorato: ha deciso di sposarla. La famiglia di lei però ha un tipo di mentalità poco compatibile con l'irruenza di Sam. ■ COMMEDIA; COL.; 110′; USA, 1991.

ANCORA UNA VOLTA... A VENEZIA ★★
Regia di CLAUDIO GIORGI. Con KATIUSCIA, FRANCO DANI, RAIKA JURI, SVEN VALSECCHI, GIANNI VANNICOLA. ■ A Venezia lo studente Francesco si lega a Laura. Divenuto architetto e trasferitosi a Roma sposa la figlia del suo datore di lavoro, Elisabetta, che è incinta. Saputa la cosa molto tempo dopo per caso, Laura si reca a Roma e si fa assumere da Elisabetta come bambinaia del piccino nato nel frattempo. Fabrizio, fratello di Elisabetta ridotto in fallimento per il vizio del gioco, rapisce il bambino a scopo di ricatto. Ma il piccolo muore durante la prigionia per un'iniezione sbagliata. Elisabetta, disperata, si uccide; Francesco, ormai senza moglie e senza figlio, ritornerà a Venezia con Laura. ■ COMMEDIA; COL.; 90′; ITALIA, 1976.

ANCORA UNA VOLTA CON SENTIMENTO ★★★
(Once More with Feeling)
Regia di STANLEY DONEN. Con MARTIN BENSON, YUL BRYNNER, MERVYN JOHNS, KAY KENDALL, GREGORY RATOFF, GEOFFREY TOONE. ■ Un direttore d'orchestra ha un carattere egocentrico e insopportabile, ma ha la fortuna di avere una moglie che gli cura le pubbliche relazioni e gli aggiusta le sue molte grane. Si lasciano. Ma senza la consorte, nessuno tollera più le impennate del maestro. Urge riconciliazione. ■ COMMEDIA; COL.; 92′; GRAN BRETAGNA, 1960.

ANCORA UNA VOLTA PRIMA DI LASCIARCI ★★★
Regia di GIULIANO BIAGETTI. Con OLGA BISERA, BARBARA BOUCHET, FRANCO FABRIZI, CORRADO PANI, ANTONIA SANTILLI. ■ Giorgio e Luisa, il cui matrimonio è fallito, rievocano in un ultimo incontro episodi della loro vita in comune e si confessano i reciproci torti. Terminate le confessioni, Giorgio tenta inutilmente di convincere Luisa a tornare con lui. ■ COMMEDIA; COL.; 100′; ITALIA, 1973.

ANCORA VIVO *(Last Man Standing)* ★★
Regia di WALTER HILL. Con LESLIE MANN, CHRISTOPHER WALKEN, BRUCE WILLIS. ■ Una storia che ha indubbiamente radici profonde: dal *Servitore di due padroni* di Goldoni, a *La Sfida del samurai* di Kurosawa, a *Per un pugno di dollari*. Texas anni Trenta. Un "professionista" si colloca in mezzo a due bande rivali. Tutti cercano di ammazzarlo ma lui è un po' Clint Eastwood e un po' Bond. Un western senza cavalli. Stilizzato, esasperato, fotografato contro luce, stilisticamente ricercato. Viene ancora da pensare che la miglior regia è quella che non si vede. Qui decisamente si vede troppo. ■ DRAMMATICO; COL.; 130′; USA, 1996.

ANDALUSIA *(Andalousie)* ★★
Regia di ROBERT VERNAY. Con LUIS MARIANO, NOËL ROQUEVERT, CARMEN SEVILLA. ■ Un giovanotto canterino della provincia di Siviglia fa carriera come torero. Ma, esaltato dalla fama, si dimentica della dolce fidanzata e corre dietro a una fatalona. Le passioni extra influiscono sul suo rendimento nell'arena. Riceve una cornata che, anziché essergli fatale, lo fa tornare dall'antica fiamma. ■ COMMEDIA; COL.; 94′; FRANCIA, SPAGNA, 1951.

ANDA MUCHACHO SPARA ★★
Regia di ALDO FLORIO. Con JOSÉ CALVO, BEN CARRÈ, EDUARDO FAJARDO, MASSIMO SERATO, FABIO TESTI. ■ Un pistolero arriva in un villaggio di minatori taglieggiato da tre lestofanti. Li fa fuori e restituisce ai minatori l'oro a loro sottratto dall'iniquo terzetto. ■ WESTERN; COL.; 105′ ITALIA, SPAGNA, 1971.

ANDATA E RITORNO ★
Regia di ALESSANDRO PACI. Con ERIKA BERNARDI, ALESSANDRO PACI, FLAVIA VENTO. ■ Dopo Pieraccioni e Ceccherini, anche Alessandro Paci si aggiunge alla galleria di nuovi comici toscani che debuttano alla regia. Lo fa indossando anche i panni del protagonista Samuele, bravo ragazzo che lavora come cameriere e nel tempo libero fa il volontario come assistente agli anziani. La sua vita scorre tranquilla finché non scopre di aver ereditato cinque miliardi. E si ha un bel dire che i soldi non sono tutto nella vita. Disastrosi, sebbene fotogenici, gli interpreti. ■ COMICO; COL.; 86′; ITALIA, 2003.

ANDATE ALL'INFERNO E DITE AL DIAVOLO CHE VI MANDA CLEGG *(A Man Called Clegg)* ★★
Regia di LINDSAY SHONTEFF. Con NORMANN CLARIDGE, NOEL DAVIS, GILLY GRANT, GARY HOPE, GILBERT WYNNE. ■ L'investigatore privato Clegg è incaricato da un lord di indagare circa un anonimo biglietto nel quale lo si minaccia di morte. Poco tempo dopo il lord viene infatti ucciso e la stessa sorte tocca a due suoi ex soci. Clegg scopre che l'unico socio rimasto vivo è Sullivan: all'epoca, i quattro soci avevano fatto condannare un certo Castro, morto poi in carcere. Da questo dato Clegg arriverà infine a identificare l'assassino. ■ POLIZIESCO; COL.; 88′; GRAN BRETAGNA, 1969.

ANDATE AL WEST *(Go West)* ★★★
Regia di BUSTER KEATON. Con BUSTER KEATON, KATHLEEN

MYERS, RAY THOMPSON, HOWARD TRUESDALE. ■ Stanco della movimentata vita cittadina, Buster Keaton si trasferisce in una grossa fattoria dove viene assunto come guardiano di mandrie. Un giorno, mentre una di queste viaggia su un treno per essere venduta, alcuni banditi tentano di impossessarsene. Ma il nostro eroe riesce a impedire il furto con l'unico aiuto di una mucca! Capolavoro comico. ■ COMMEDIA; B/N; 61'; USA, 1925.

ANDERSEN – L'ACCIARINO MAGICO *(Fyrtøjet)* ★★
Regia di SVEND METHLING. ■ Una notte l'astronomo di corte legge nelle stelle che la principessa sposerà un modesto soldato. Frattanto, infatti, un soldato incontra una strega che lo carica d'oro in cambio di un acciarino che lui deve recuperarle: poiché la vecchia non gli rivela a che cosa le serva l'acciarino che lui le ha procurato, la uccide e se ne va con denaro e acciarino. In città sperpera tutto e si ritrova di nuovo povero. Ma sfregando l'acciarino per caso ottiene per magia ricchezze e l'esaudimento di ogni desiderio, principessa compresa. ■ ANIMAZIONE; COL.; 71'; DANIMARCA, 1946.

AND NOW... LADIES AND GENTLEMEN ★★★
(And now... Ladies and Gentlemen)
Regia di CLAUDE LELOUCH. Con CLAUDIA CARDINALE, JEREMY IRONS, THIERRY LHERMITTE, ALESSANDRA MARTINES. ■ Valentin (Jeremy Irons) è un ladro di gioielli di origine inglese le cui armi sono il bluff e l'humour. Un giorno decide di cambiare vita e di rimborsare tutte le vittime delle sue rapine: salpa su una barca a vela per un giro del mondo in piena solitudine. Contemporaneamente, in un palazzo in Marocco, Jane (Patricia Kaas), una cantante delusa dalla vita e dagli uomini, interpreta, nell'indifferenza generale, i suoi pezzi di blues. È qui che Valentin e Jane si incontrano. I due personaggi sono accomunati da una medesima ossessione: l'oblio del passato e la ricerca di un nuovo equilibrio materiale e spirituale nella più completa disillusione. Tra queste due persone che non vogliono sentir parlare d'amore scaturirà un legame che li sorprenderà. Commedia nel miglior stile di Lelouch, ricca di humour e di disincanto. ■ COMMEDIA; B/N; 95'; FRANCIA, 2001.

ANDRA DANSEN – VIAGGIO AL NORD ★
(Andra Dansen)
Regia di LARUS OSKARSSON. Con KIM ANDERZON, LISA HUGOSON. ■ Anna e Jo fanno conoscenza durante un viaggio in Svezia. Anna, che spera in cuor suo di mettere le mani sull'eredità di sua madre, non riesce a legare con Jo. ■ DRAMMATICO; COL.; 90'; SVEZIA, 1982.

ANDREA CHÉNIER ★★★
Regia di CLEMENTE FRACASSI. Con MICHEL AUCLAIR, PIERO CARNABUCI, ANTONELLA LUALDI, ANTONIO PIERFEDERICI, RAF VALLONE. ■ Andrea Chénier, poeta e uomo politico, s'innamora di un'aristocratica fanciulla concupita anche dal servo Gérard. Scoppia la Rivoluzione francese, Chénier e Gérard sono tra i capi, ma il primo è un moderato, per di più amante di una nobildonna. Gérard lo porta davanti al comitato di Salute Pubblica e riesce a farlo condannare. ■ DRAMMATICO; COL.; 97'; ITALIA, 1956.

ANDREA DORIA – 74 ★★★
Regia di BRUNO VAILATI. Con STEFANO CARLETTI, MIMÌ DIES, AL GIODINGS, ARNALDO MATTEI, BRUNO VAILATI. ■ Una spedizione diretta da Vailati raggiunge il relitto dell'*Andrea Doria*, l'ammiraglia della nostra flotta affondata nell'Atlantico il 26 luglio 1956. Scopo della spedizione è accertare le possibilità (rivelatesi inesistenti) di recuperare la nave. ■ DOCUMENTARIO; COL.; 82'; ITALIA, 1970.

♥ ANDREJ RUBLIOV *(Andrej Roublëv)* ★★★★
Regia di ANDREI TARKOWSKIJ. Con NIKOLAJ GRINKO, IVAN LAPIKOV, ANATOLIJ SDONITZYN. ■ Biografia del pittore di icone Andrej Rubliov ma anche storia della Russia all'indomani dell'invasione tartara. Andrej è un giovane monaco che affresca chiese nella Russia del 1400. È convinto che nel suo mondo ci sia posto solo per l'arte e per il suo sentimento religioso. Ma intanto la città di Wladimir dove abita e lavora è messa a sacco e Andrej assiste a scene di violenza indescrivibili. Lui stesso è costretto a uccidere per difendere una ragazza da un soldato straniero. Scioccato dagli avvenimenti si isola da tutti e si rifiuta di continuare a dipingere. Tornerà a creare quando avrà capito che la funzione dell'arte non è solo quella di appagare chi ha il dono di possederla. ■ BIOGRAFICO; B/N; 190'; URSS, 1971.

ANDREMO IN CITTÀ ★★★
Regia di NELO RISI. Con STEFANIA CAREDDU, NINO CASTELNUOVO, GERALDINE CHAPLIN. ■ In un paesino della ex Jugoslavia durante l'occupazione tedesca una ragazza, Lenka, vive con il fratellino cieco. Il padre e il fidanzato di Lenka combattono. Un giorno tornano con i nazisti alle calcagna. Il padre viene ucciso, il fidanzato ferito. Lenka e il fratellino vengono avviati verso i lager. ■ DRAMMATICO; B/N; 102'; ITALIA, 1966.

ANDREMO TUTTI IN PARADISO ★★★
(Nous irons tous au paradis)
Regia di YVES ROBERT. Con GUY BEDOS, CLAUDE BRASSEUR, VICTOR LANOUX, JEAN ROCHEFORT. ■ Secondo capitolo delle avventure degli eroi di *Certi piccolissimi peccati*: l'austero Etienne, il frivolo Bouly, il mammone Simon, il bisessuale Daniel. Etienne ormai ha preso gusto alle avventurette extraconiugali, ma non sa che la moglie lo ripaga di ugual moneta. Simon cerca di sottrarsi al giogo materno. Bouly è abbandonato e tradito dalla moglie e deve sopportarsi i marmocchi dell'amante. Daniel decide di sposarsi ma all'ultimo la sua matura fidanzata si tira indietro. ■ COMMEDIA; COL.; 110'; FRANCIA, 1978.

ANDRIES ★★
Regia di JACOV BAZELJAN, SERGEI PARAJANOV. Con NODAR CHACHIK, KONSTANTIN RUSSU, LYUBOV SOKOLOVA. ■ Andries, un pastorello di buon carattere, sta conducendo il gregge di pecore. Incontra il capo dei pastori che gli regala un flauto magico. Una sorta di sortilegio per affrontare la vita. ■ FIABESCO; COL.; 59'; RUSSIA, 1954.

ANDROCLO E IL LEONE *(Androcles and the Lion)* ★★★
Regia di CHESTER ERSKINE. Con MAURICE EVANS, VICTOR MATURE, ROBERT NEWTON, JEAN SIMMONS, ALAN YOUNG. ■ Durante l'impero di Antonino Pio, uno schiavo cristiano soccorre un leone ferito a una zampa. La belva gliene sarà grata, quando, trovandosi davanti nell'arena il povero Androclo inviato al martirio, lo risparmierà. ■ COMMEDIA; B/N; 98'; USA, 1952.

ANDRÒ COME UN CAVALLO PAZZO ★★★
(J'irai comme un cheval fou)
Regia di FERNANDO ARRABAL. Con MARCO PERRIN, EMMANUELLE RIVA, GEORGE SHANNON. ■ Un giovane epilettico che ha ucciso la madre, imputando ad essa il suo male, scappa nel deserto dove stringe amicizia con un eremita. Insieme tornano a Parigi dove il giovane omicida è riconosciuto e ucciso dalla polizia. L'eremita riporta il suo corpo nel deserto e se lo mangia. Metafora barocca, pletorica, spesso volutamente fastidiosa di Arrabal. ■ DRAMMATICO; COL.; 95'; FRANCIA, 1973.

ANDROID ★★
Regia di AARON LIPSTADT. Con CROFTON HARDESTER, KLAUS KINSKI, NORBERT WEISSER. ■ In una sperduta stazione spaziale vive un geniale professore in compagnia di Max 404, un androide quasi perfetto. Ma il professore sta lavorando a un automa anche più sofisticato che ha già chiamato Cassandra. I suoi piani vengono sconvolti dall'arrivo di tre forzati evasi da un penitenziario terrestre. ■ FANTASCIENZA; COL.; 80'; USA, 1983.

ANDROMEDA *(The Andromeda Strain)* ★★★
Regia di ROBERT WISE. Con ARTHUR HILL, PAULA KELLY, JAMES OLSON, KATE REID, DAVID WAYNE. ■ Un guppo di scienziati tenta affannosamente di salvare da un'epidemia un villaggio infetto sapendo benissimo il pericolo che corre. ■ FANTASCIENZA; COL.; 130'; USA, 1970. ■ OSCAR 2 NOM.

AND THE SPRING COMES *(Li Chun)* ★★
Regia di GU CHANGWEI. Con LI GUANDJIE, WU GUOHUA, JIANG WENLI, DONG XUAN. ■ Si narra la storia di una donna che riesce a superare le brutture del suo aspetto fisico attraverso la bellezza della sua voce. Cantare per lei significa vincere il dolore e dimenticare, per qualche istante, tutto ciò che la fa soffrire. Il suo sogno è quello di spostarsi da una cittadina del nord della Cina a Pechino, per cantare l'opera. ■ DRAMMATICO; COL.; 105'; CINA, 2007.

AND WHEN DID YOU LAST SEE YOUR FATHER? ★★★
Regia di Anand Tucker. Con Matthew Beard, Jim Broadbent, Colin Firth, Sarah Lancashire, Gina McKee, Juliet Stevenson. ■ Blake Morrison è scrittore e poeta di successo. Inoltre, nella sua vita ci sono un rapporto solido con la moglie e i figli, l'affetto per sua madre e le difficoltà di comprensione con il padre, Arthur, un medico di campagna che non ha mai compreso la sua scelta di scrivere ma anche un uomo dalla personalità gioviale, burlona e irrefrenabile; ciò, oltre a garantirgli un notevole successo alle feste, ha messo in crisi il rapporto con il figlio. Quando Arthur si ammala di cancro, Blake deve confrontarsi con i fantasmi del passato, le presunte infedeltà del padre e i ricordi di una vita insieme. ■ Biografico; col.; 92′; Gran Bretagna, Irlanda, 2007.

ANDY ★★★
Regia di Richard C. Sarafian. Con Norman Alden, Sudie Bond, Al Nesor, Murvyn Vye. ■ Un giovanotto di circa trent'anni, immigrato greco, è psichicamente ritardato. I genitori stanno pensando di farlo internare in manicomio. Lui passa una notte fuori e al mattino rincasa facendo una chiassata che suscita le proteste dei vicini. Padre e madre decidono di non internarlo, di curarlo da soli, dopo essersi trasferiti in una casa più isolata. Tentativo di riproporre a distanza di qualche anno il realismo minore dei vari *Marty*. ■ Drammatico; b/n; 86′; USA, 1964.

ANDY HARDY E LA FEBBRE DI PRIMAVERA ★★
(Andy Hardy Gets Spring Fever)
Regia di W. S. Van Dyke II. Con Mickey Rooney, Ann Rutherford, Lewis Stone. ■ Stavolta Andy Hardy si innamora della sua graziosa insegnante di recitazione. Quando scopre che la ragazza ha già un fidanzato, Andy va in crisi. Ma l'affetto della famiglia e soprattutto quello di una compagna di scuola lo rimettono in carreggiata. ■ Commedia; b/n; 85′; USA, 1939.

ANDY HARDY INCONTRA LA DEBUTTANTE ★★
(Andy Hardy Meets Debutante)
Regia di George Brackett Seitz. Con Judy Garland, Mickey Rooney, Lewis Stone. ■ Andy Hardy va a New York in compagnia del padre e nella metropoli s'innamora di una fascinosa coetanea, trascurando la sua girl-friend che lo ama da sempre. Ma poi si accorge che è quest'ultima che lui ama di più. ■ Commedia; b/n; 89′; USA, 1940.

ANELLO CINESE, L' *(The Chinese Ring)* ★★
Regia di William Beaudine. Con Warren Douglas, Mantan Moreland, Roland Winters. ■ Una delle ultime avventure di Charlie Chan (la serie spirò un anno dopo). Nel film il detective giallo indaga sull'assassinio di una principessa cinese a New York. Chi è il mandante? Un affarista di pochi scrupoli. ■ Giallo; b/n; 68′; USA, 1947.

ANELLO DI FUOCO, L' *(Ring of Fire)* ★★
Regia di Andrew L. Stone. Con Frank Gorshin, David Janssen, Joel Marston, Joyce Taylor. ■ Uno sceriffo dell'Oregon alla ricerca di un gruppo di delinquenti minorili viene da essi catturato. Ma lui si destreggia: fa innamorare la ragazza della gang, fa in modo che il gruppo si diriga verso una zona dove è sistemato un posto di blocco della polizia. Anche la natura (un gigantesco incendio nei boschi molto ben fotografato) gli dà una mano. ■ Poliziesco; col.; 91′; USA, 1961.

ANELLO DI SANGUE *(I never Sang for my Father)* ★★★
Regia di Gilbert Cates. Con Melvyn Douglas, Gene Hackman, Estelle Parsons. ■ Melvyn Douglas (già ultrasessantenne) ebbe una nomination all'Oscar per il ruolo in questo film, dove impersona un padre, che ha sempre dominato la famiglia e ha respinto ogni tentativo di affetto. Ora non più autosufficiente, trova ugualmente il modo di deludere il figlio quarantenne (Gene Hackman) che vorrebbe riaccostarsi a lui. Dal dramma (in parte autobiografico) di Robert Anderson. ■ Drammatico; col.; 93′; USA, 1970.

ANELLO INCANTATO, L' *(Wizard of the Lost Kingdom)* ★★
Regia di Hector Olivera. Con Dolores Michaels, Vidal Peterson, Bo Svenson. ■ Un guerriero soccorre un principino il cui padre è stato assassinato da un malvagio stregone. ■ Avventura; col.; 90′; Argentina, 1985.

ANELLO MATRIMONIALE, L' ★★
Regia di Mauro Ivaldi. Con Ray Lovelock, Amparo Muñoz, Carmen Villani. ■ Una moglie chiede al marito il permesso di andare a letto con un altro. Ma "l'altro" ha delle qualità e la donna perde la testa. Ma alla fine la riacquista e la famiglia si ricompone. ■ Commedia; col.; 115′; Italia, 1979.

ANELLO TRAGICO, L' *(Savoy Hotel 217)* ★★★
Regia di Gustav Ucicky. Con Hans Albers, René Deltgen, Brigitte Horney. ■ In una stanza d'albergo una donna viene trovata uccisa. Deduzione folgorante della polizia: l'assassino è il maggiordomo. Ma il maggiordomo è anche l'eroe del film: riesce a sfuggire agli sbirri e a trovare il vero colpevole. ■ Giallo; b/n; 85′; Germania, 1936.

ANEMA E CORE ★★
Regia di Mario Mattoli. Con Riccardo Billi, Mario Riva, Ferruccio Tagliavini. ■ Mario e Riccardo, di professione ladri, durante un "colpo" sentono cantare un elettricista che sfoggia una voce splendida: i due rinunciano all'"impresa" e convincono il cantante dilettante a firmare un contratto. Ma l'elettricista, sopraffatto dalla timidezza, non riesce a cantare in pubblico: solo l'amore riuscirà a compiere il miracolo. ■ Commedia; b/n; 90′; Italia, 1951.

ANEMIA ★★
Regia di Alberto Abruzzese, Achille Pisanti. Con Gérard Landry, Gioia Maria Scola, Hans Zischler. ■ Un giovane dirigente del Partito comunista italiano è anemico. Per questa ragione ha uno strano comportamento, predilige il buio e la notte. Viene anche assalito di frequente da incubi angosciosi, allucinazioni e fantasie. Il film contiene qualche spunto interessante ma non sempre mantiene l'equilibrio giusto occorrente alla visionarietà della storia. ■ Drammatico; col.; 89′; Italia, 1986.

ANESTESIA LETALE *(Paper Mask)* ★★
Regia di Christopher Morahan. Con Amanda Donohoe, Paul McGann, Frederick Treves, Tom Wilkinson. ■ Col classico humour nero britannico questo film vuole fare dell'ironia sui medici inglesi. Era tuttavia più interessante *Britannia Hospital* di Michael Anderson. Siamo all'ospedale di Brixton. Un addetto alle barelle prende il posto di un medico deceduto e, senza che se ne accorga nessuno, totalizza una bella collezione di morti sotto i ferri. ■ Commedia; col.; 105′; Gran Bretagna, 1990.

ANFITRIONE ★★★
(Amphitryon – Auf den Wolken Kommt das Glück)
Regia di Reinhold Schünzel. Con Willy Fritsch, Kathe Gold, Paul Kemp, Adele Sandrock. ■ Versione molto tedesca dell'*Anfitrione* di Plauto (però Schünzel ha tenuto in gran parte conto degli arrangiamenti dell'opera, da Molière a von Kleist). La storia è sempre quella: Giove concupisce Alcmena, moglie del generale Anfitrione, perciò ordisce l'intrigo di presentarsi a lei sotto spoglie identiche a quelle del marito. Sono della partita anche Mercurio e il valletto Sosia. ■ Commedia; b/n; 90′; Germania, 1935.

ANGEL ★★★
Regia di Neil Jordan. Con Marie Kean, Ray McAnally, Stephen Rea. ■ Un sassofonista un po' sognatore suona in una sala da ballo con un piccolo complesso. Una sera conosce una ragazza sordomuta e alla fine dello spettacolo esce con lei sul piazzale del locale. Il padrone non ha pagato le tangenti e viene giustiziato e con lui la sordomuta che si è sporta a guardare. Il musicista, dato che i criminali erano incappucciati, nota solo le scarpe ortopediche di uno di loro. Conosciute le identità degli assassini li giustizierà uno a uno, meno il capo che non morirà per mano sua. Il regista di *In compagnia dei lupi* e *Mona Lisa* aveva già quello stile onirico, sottolineato anche in questo caso dalla fotografia, che smorza i toni drammatici e tutto, compresa la morte, diventa un assurdo inevitabile. ■ Drammatico; col.; 85′; Gran Bretagna, 1982.

ANGELA ★★
Regia di Edoardo Anton, Dennis O'Keefe. Con Rossano Brazzi, Arnoldo Foà, Mara Lane, Dennis O'Keefe. ■ Americano a Roma coinvolto da una fatalona in fosco delitto. Solo do-

po molte batoste, fughe, ferimenti, l'uomo s'accorge della carogneria della sua amante. ■ GIALLO; B/N; 90'; ITALIA, 1954.

ANGELA ★★★
Regia di ROBERTA TORRE. Con ANDREA DI STEFANO, DONATELLA FINOCCHIARO, ERASMO LOBELLO, MARIO PUPELLA. ■ Roberta Torre fa di nuovo parlare di sé. Con *Tano da morire* aveva, nel suo piccolo, reinventato un genere, successivamente molto apprezzato dagli americani che hanno, in un certo senso, adottato la regista. Sarebbe stato facile, per lei, ripercorrere quella strada: quasi una franchigia, una garanzia di successo. Invece ha cambiato direzione. L'ambiente continua ad essere quello della mala siciliana, ma i toni diversi. È storia d'amore. Un negozio di scarpe serve da copertura ai soliti traffici di mafia. Angela (Finocchiaro) è benissimo inserita, conosce il lavoro, conosce le regole, ed è legata a un boss. Insomma tutto nella norma, in "quella" norma, dove ci sono regole precise e ferree e se le disattendi sono guai, grossi. A "destabilizzare" arriva Masino (Di Stefano), altro mafiosetto ma particolare, con una sua chiacchiera e un suo sentimento. Lei perde la testa e crede di poter ricominciare rinnegando tutto il resto. Ma proprio non si può. Il film ha ottenuto un buon successo di critica (presentato a Cannes) e anche di pubblico. La Torre, così come Muccino (certo, per contenuti completamente diversi) sta acquisendo i contorni di "autore di culto". Vedremo. ■ DRAMMATICO; COL.; 95'; ITALIA, 2002.

ANGEL-A ★★★
Regia di LUC BESSON. Con JAMEL DEBBOUZE, GILBERT MELKI, RIE RASMUSSEN, SERGE RIABOUKINE. ■ Il film rappresenta il personale tributo che il regista dedica alla propria città, Parigi. Sulle orme del cinema francese, in un bianco e nero che passa dal colore desaturato, allo "sporco" di Vigo (si cita anche la fotografia di Doisneau), Besson racconta la "Ville lumière" facendo passeggiare i personaggi per tutti i luoghi di culto che raffigurano la capitale francese nell'immaginario di chi la vive o l'ha vista almeno una volta. André è un maghrebino che deve soldi a mezza Parigi. Preso dallo sconforto pensa di suicidarsi buttandosi da un ponte, ma qualcun altro ha avuto la sua medesima idea. È Angela, bellissima ragazza, che viene salvata dalle acque nell'unico atto di coraggio compiuto da André nella propria vita. Per sdebitarsi la fanciulla gli offre di essere la sua compagna di avventure, il suo "angelo custode", per salvarlo dal baratro. Una favola moderna con una morale sulla vita, per innalzare ancora di più a protagonisti i ponti sulla Senna, i quais, i parchi, la Tour Eiffel, che Andrè e Angela percorrono in lungo e in largo. ■ COMMEDIA; B/N.; 90'; FRANCIA, 2005.

ANGELA COME TE ★★
Regia di ANNA BRASI. Con LAURA DE MARCHI, BARBARA DE ROSSI, ANTONELLA PONZIANI. ■ Incontro di due donne che si chiamano Angela. Tutt'e due sono originarie della Calabria, ma una, la più anziana, la lasciò molti anni prima per tentare la fortuna al Nord. L'ha trovata, è una donna arrivata, una manager, ma anche sola, senza un vero affetto. Decide un giorno di tornare al Sud. Nel viaggio incontra un'altra Angela, una ragazza ventenne che le ricorda molto se stessa qualche anno prima. Insieme le due donne riusciranno forse a chiarire il significato delle rispettive esistenze. ■ DRAMMATICO; COL.; 84'; ITALIA, 1988.

ANGELA – IL SUO UNICO PECCATO ERA L'AMORE... *(Angela)* ★★
Regia di BORIS SAGAL. Con JOHN HUSTON, SOPHIA LOREN, STEVE RAILSBACK, MICHEL ROSSIGNOL, JOHN VERNON. ■ Un reduce dalla guerra in Corea crede a torto che la moglie l'abbia tradito. E l'idea si rafforza il giorno in cui, durante una rapina, viene arrestato per una spiata. Fa così rapire il bambino della donna. Passano gli anni. La moglie, che s'è rifatta una vita, incontra un giovanotto per il quale sente una strana attrazione (ricambiata, d'altronde). È suo figlio, ma non lo sa. Fanno l'amore. Sorpresi dal rispettivo marito e padre, non possono evitare la tragedia. ■ DRAMMATICO; COL.; 100'; CANADA, 1977.

ANGEL BABY ★★★
Regia di MICHAEL RYMER. Con COLIN FRIELS, DEBORRA-LEE FURNESS, JOHN LINCH, JACQUELINE MCKENZIE, ROBYN NEVIN. ■ Harry e Kate sono due giovani schizofrenici che, conosciutisi durante la terapia di gruppo, si innamorano. I problemi iniziano quando Kate rimane incinta e tutti le consigliano di abortire, perché, a causa della sua malattia, non sarebbe in grado di accudire il suo bambino. Kate non ha affatto intenzione di perdere suo figlio, anche perché crede che sia l'incarnazione di un angelo che le appare frequentemente e con cui parla. Per portare avanti la sua gravidanza, Kate cessa di curarsi poiché i medicinali potrebbero compromettere la salute del feto. Il finale è tragico e insieme speranzoso. L'insieme del film è, purtroppo, televisivo ma i due protagonisti si rivelano all'altezza del difficile ruolo. ■ DRAMMATICO; B/N; 104'; AUSTRALIA, 1995.

ANGEL CITY ★★★
Regia di JON JOST. Con BOB GLAUDINI, WINIFRED GOLDEN, KATHLEEN KRAMER. ■ Un detective di Los Angeles indaga sulla morte di una modella di «Playboy». Scopre anche l'assassino, ma non lo denuncia né lo punisce. Il colpevole può uccidere anche lui. E il poliziotto molla il caso. Film *off* di un filmaker indipendente, un ingegnaccio contro e fuori il sistema produttivo. La trama poliziesca è poco più di un pretesto. ■ GIALLO; COL.; 100'; USA, 1977.

ANGEL DUST *(Enjeru dasuto)* ★★
Regia di SOGO ISHII. Con KAHO MINAMI, RYOKO TAKIZAWA, ETSUSHI TOKYOKAWA, TAKESHI WAKAMATSU. ■ Un assassino semina il terrore nella metropolitana. Uccide le sue vittime in un determinato giorno della settimana nelle ore di affollamento. Una psicologa svolge delle indagini e viene a sapere che un medico, con il quale ha avuto una relazione, si occupa di lavaggi del cervello. Un thriller agghiacciante. ■ GIALLO; COL.; 115'; GIAPPONE, 1994.

ANGELE E TONY *(Angèle et Tony)* ★★
Regia di ALIX DELAPORTE. Con ANTOINE COULEAU, EVELYNE DIDI, GREGORY GADEBOIS, CLOTILDE HESME, JERÔME HUGUET. ■ Da poco uscita dal carcere, Angèle cerca di riprendere i vecchi legami perduti. Per avere l'affidamento del figlio, nel frattempo lasciato in custodia ai nonni, cerca un contratto di lavoro e un uomo da sposare. Mette un annuncio sul giornale al quale risponde Tony, un marinaio del porto, ma durante il primo incontro i due non riescono a entrare in sintonia. Angèle non si rassegna e continua a insidiarlo: si sistema in una stanza a casa sua e comincia a lavorare anche lei al porto. Piano piano le due anime solitarie troveranno il modo per comprendersi e, forse, amarsi. ■ DRAMMATICO; COL.; 85'; FRANCIA, 2010.

ANGEL EYES – OCCHI D'ANGELO *(Angel Eyes)* ★★
Regia di LUIS MANDOKI. Con SONIA BRAGA, JIM CAVIEZEL, TERRENCE HOWARD, JENNIFER LOPEZ. ■ Jennifer Lopez è Sharon Pogue, un'agente della polizia. Nella notte si trova a pedinare un tale che si rivela poi molto pericoloso. La ragazza ci rimetterebbe la pelle se non intervenisse qualcuno a salvarla. Il salvatore è Jim Caviezel (*Frequency*, *La sottile linea rossa*), apparentemente mite, e con quegli occhi da angelo, ma capace di rischiare la propria vita per salvare una sconosciuta. I rapporti fra i due si fanno sempre più stretti fino alla naturale attrazione fatale. Cominciano i problemi seri, perché lui è davvero un tipo misterioso. Rivista la solita Lopez monocorde, una delle attrici più sopravvalutate del cinema americano. ■ DRAMMATICO; COL.; 102'; USA, 2001.

ANGEL HEART – ASCENSORE PER L'INFERNO *(Angel Heart)* ★★★
Regia di ALAN PARKER. Con ROBERT DE NIRO, CHARLOTTE RAMPLING, MICKEY ROURKE. ■ A Brooklyn negli anni Cinquanta un detective scalcinato è incaricato da un misterioso individuo di scovare un jazzista scomparso misteriosamente anni prima. Il poliziotto scova una serie di conoscenti del *missing* (che però vengono misteriosamente uccisi dopo ogni incontro). Finale a sorpresa. Uno splendido revival dei "neri" degli anni Quaranta. E con una marcia in più dei modelli. ■ DRAMMATICO; COL.; 113'; USA, 1987.

ANGELI *(Angels in the Outfield)* ★★
Regia di WILLIAM DEAR. Con TONY DANZA, DANNY GLOVER, CHRISTOPHER LLOYD. ■ Una squadra giovanile di baseball denominata "Angels" è nella bassa classifica. Riuscirà a vincere

grazie ad alcuni angeli discesi dal paradiso. Danny Glover recita con professionismo ma il filmetto è adatto solo ai bambini. ■ COMMEDIA; COL.; 93′; USA, 1994.

ANGELI ABBANDONATI ★

Regia di LASZLO CSEREPY. Con ANTAL PAGER, IREA PELSOCZY, ARTHUR SOMLAY. ■ La storia di un maestro di scuola che arriva in un povero villaggio abbandonato da Dio. ■ COMMEDIA; B/N; 85′; UNGHERIA, 1943.

ANGELI ALLA SBARRA *(Domaren)* ★★★

Regia di ALF SJÖBERG. Con GUNNAR HELLSTRÖM, PER MYRBERG, INGRID THULIN. ■ Un giovanotto, imbrogliato dal suo tutore, gli fa causa. Ma quello è un famoso magistrato e riesce a farlo internare in manicomio. La battaglia è però proseguita dalla fidanzata del giovane che non s'arrende davanti a nulla. Il giudice verrà punito per i suoi misfatti. Il ragazzo verrà liberato. Ma forse non sarà in grado di riprendere una vita normale. ■ DRAMMATICO; B/N; 110′; SVEZIA, 1961.

ANGELI ALL'INFERNO *(Cry Havoc)* ★★★

Regia di RICHARD THORPE. Con FAY BAINTER, JOAN BLONDELL, ANN SOTHERN, MARGARET SULLIVAN. ■ Girato durante gli anni della seconda guerra mondiale, questo film racconta le avventure di otto ragazze chiamate come infermiere a Bataan durante i bombardamenti giapponesi. Mentre la situazione si fa sempre più drammatica, una ragazza scopre che uno degli ufficiali della guarnigione, di cui è innamorata, è in realtà legato a una sua collega. Durante una incursione l'ufficiale, che in verità era sposato con la donna, perde la vita. Questo fatto rinsalderà l'amicizia fra le due donne che alla fine verranno fatte prigioniere. ■ DRAMMATICO; B/N; 97′; USA, 1943.

ANGELI ARMATI *(Man with Guns)* ★★★

Regia di JOHN SAYLES. Con DEMIAN DELGADO DOMINGO, FEDERICO LUPPI, DAN RIVERA GONZALES. ■ La vicenda del dottor Fuentes, di origine spagnola che un giorno parte alla ricerca dei suoi antichi allievi medici, che si erano dedicati alla cura degli indios in vari villaggi del Sudamerica. Ne trova solo i resti. Tutti sono stati uccisi da questa o quella polizia. Nel frattempo viene a contatto con personaggi perseguitati e torturati dai vari regimi. Film coraggioso e rigoroso. Un'ulteriore, efficace testimonianza contro le dittature latinoamericane. ■ DRAMMATICO; COL.; 128′; USA, 1997.

ANGELI A SUD ★★

Regia di MASSIMO SCAGLIONE. Con MATTEO GAZZOLO, NANDO GAZZOLO, VIVIANA NATALE, OTTAVIA PICCOLO, PACO RECONTI. ■ Siamo in Calabria durante gli anni Settanta: alcuni amici decidono di creare una televisione privata per dare sfogo al loro desiderio di creatività e divulgazione della cultura. Un tentativo sincero ma poco riuscito di studiare la società. ■ DRAMMATICO; COL.; 88′; ITALIA, 1992.

ANGELI BIANCHI, ANGELI NERI ★★

Regia di LUIGI SCATTINI. ■ Riti propiziatori, messe nere, superstizioni, cerimonie di iniziazione sono l'argomento del film che ci porta da Londra a Rio, da San Francisco a Los Angeles. ■ DOCUMENTARIO; COL.; 95′; ITALIA, 1969.

ANGELICA *(Angélique, marquise des anges)* ★★

Regia di BERNARD BORDERIE. Con GIULIANO GEMMA, CLAUDE GIRAUD, ROBERT HOSSEIN, PHILIPPE LEMAIRE, MICHÈLE MERCIER, ROSALBA NERI, JEAN ROCHEFORT. ■ La bellissima Angelica sposa per procura un conte alchimista zoppo e sfigurato che la conquista con le doti dell'animo. Quando viene ingiustamente giustiziato per stregoneria lei si rifugia da un antico amore. È il primo film tratto dai popolarissimi romanzi scritti da Anne e Serge Golon. ■ AVVENTURA; COL.; 105′; FRANCIA, 1965.

ANGELICA ALLA CORTE DEL RE ★★

(Angélique et le roi)

Regia di BERNARD BORDERIE. Con GIULIANO GEMMA, CLAUDE GIRAUD, MICHÈLE MERCIER, ROSALBA NERI, JEAN ROCHEFORT, JEAN-LOUIS TRINTIGNANT. ■ Angelica, regina degli straccioni parigini, dopo la morte del suo uomo e di un figlio decide di tornare ricca e famosa come prima. Ci riesce salvando (e sposando) un cugino incolpato di tradimento. ■ AVVENTURA; COL.; 100′; FRANCIA, 1965.

ANGELICA AVVENTURIERA – SOLE NERO, L' ★★

(Le soleil noir)

Regia di DENYS DE LA PATELLIÈRE. Con VALENTINA CORTESE, DANIEL GÉLIN, MICHÈLE MERCIER, DAVID O'BRIEN, DOMINIQUE PAGE, LOUIS SEIGNER. ■ Una ragazza parte per il Sudan alla ricerca del fratello al quale intende affidare l'attività del padre appena defunto. Il ragazzo è invischiato in loschi ambienti e non può staccarsene: lei riparte con un avventuriero pentito e innamorato. ■ DRAMMATICO; COL.; 100′; FRANCIA, 1967.

ANGELICA E IL GRAN SULTANO ★★

(Angelique et le sultan)

Regia di BERNARD BORDERIE. Con ARTURO DOMINICI, ROBERT HOSSEIN, ETTORE MANNI, MICHÈLE MERCIER, JEAN-CLAUDE PASCAL. ■ Angelica, rapita per rimpolpare l'harem del re del Marocco, resiste al crudele sovrano e, dopo una fuga rocambolesca, viene riscattata dal marito. ■ AVVENTURA; COL.; 99′; FRANCIA, 1968.

ANGELICA, RAGAZZA JET *(Mademoiselle Ange)* ★★★

Regia di GÉZA VON RADVANYI. Con JEAN-PAUL BELMONDO, MICHÈLE MERCIER, ROMY SCHNEIDER, JEAN TISSIER, HENRI VIDAL. ■ Lasciato dalla fidanzata, un corridore automobilista decide di uccidersi. Lo dissuade un angelo con le sembianze della sua ex ragazza. ■ COMMEDIA; COL.; 85′; FRANCIA, 1967.

ANGELI CON LA FACCIA SPORCA, GLI ★★★★

(Angels with Dirty Faces)

Regia di MICHAEL CURTIZ. Con GEORGE BANCROFT, HUMPHREY BOGART, JAMES CAGNEY, BILLY HALOP, BOBBY JORDAN, PAT O'BRIEN, ANN SHERIDAN. ■ Il noto criminale Rocky Sullivan, dopo aver scontato una pena in carcere, torna nel quartiere dove era cresciuto e scopre di essere l'idolo dei ragazzi del rione che addirittura intendono imitare le sue gesta. Padre Connelly, che in gioventù rischiò di essere rinchiuso in casa di correzione assieme a Rocky, si accorge dell'influenza criminale che il gangster può avere sui ragazzi che egli invece cerca di salvare. Scongiura Rocky di cambiar vita. Gli uomini della gang di Rocky cercano di sopprimere il sacerdote ma due di loro vengono uccisi dal gangster stesso che viene condannato alla sedia elettrica. Padre Connelly lo scongiurerà di non morire da eroe ma di sfatare quel mito a cui i ragazzi sono legati. ■ DRAMMATICO; B/N; 97′; USA, 1938. ■ OSCAR 2 NOM.

ANGELI CON LA PISTOLA *(Pocketfull of Miracles)* ★★★★

Regia di FRANK CAPRA. Con DAVIS BRIAN, BETTE DAVIS, PETER FALK, GLENN FORD, HOPE LANGE, ANN MARGRET, THOMAS MITCHELL, ARTHUR O'CONNELL. ■ Avuta la notizia che la figlia Louise sta per arrivare dalla Spagna assieme al suo promesso sposo, una mendicante di New York, che le ha sempre taciuto la verità sulle sue condizioni, viene aiutata da una banda di gangster a ricevere i due giovani come si conviene. Il capobanda Dave organizzerà un favoloso party durante il quale la vecchia Annie si presenterà come una facoltosa dama dell'alta società. Dopo la partenza dei promessi sposi, Annie tornerà a mendicare mentre Dave, che nel frattempo aveva raccontato tutto alla polizia, deciderà di cambiar vita. ■ COMMEDIA; COL.; 136′; USA, 1961. ■ OSCAR 3 NOM.

ANGELI DALLE MANI BENDATE, GLI ★

Regia di OSCAR BRAZZI. Con ROSSANO BRAZZI, GHIGO MASINO, TIBERIO MITRI, PATRICIA WEBLEY. ■ Un giornalista intende svolgere un'inchiesta filmata sull'ambiente pugilistico. La paura e l'omertà che vi regnano lo costringono a desistere anche se ha avuto ugualmente modo di scoprire imbrogli, corruzioni e persino delitti. ■ DRAMMATICO; COL.; 90′; ITALIA, 1976.

ANGELI DEI BASSIFONDI *(Angeles de Arrabal 1949)* ★

Regia di RAÚL DE ANDA Con SOFIA ALVAREZ, SARA LOPEZ, VICTOR PARRA, DAVID SILVA. ■ Una ragazza sfuggita alla prostituzione diventa amante di un uomo implicato in un furto di gioielli. Molte vittime, anche innocenti, spingeranno entrambi a iniziare una vita onesta. ■ DRAMMATICO; B/N; 85′; MESSICO, 1952.

ANGELI DEL DOLORE *(The White Parade)* ★★

Regia di IRVING CUMMINGS. Con ASTRID ALLWYN, JOHN BO-

LES, LORETTA YOUNG. ■ La vita di alcune ragazze che seguono un corso per infermiere. La protagonista ha un ricco innamorato di Boston che le pone la scelta tra matrimonio (con lui) e professione. Lei alla fine opta per la felicità altrui a scapito della propria. ■ DRAMMATICO; B/N; 90′; USA, 1934.

ANGELI DEL 2000, GLI ★★
Regia di HONIL RANIERI. Con FRANCO CITTI, IVANO DAVOLI, GIANNI DEI, EVI MARANDI, ELEONORA ROSSI DRAGO. ■ Un tossicomane, benché abbia un'amante, è profondamente affezionato ad una studentessa che gli ricorda il primo amore. Un violento scontro fra bande di spacciatori gli fa comprendere lo squallore della sua situazione: ma muore proprio quando decide di disintossicarsi. ■ DRAMMATICO; COL.; 100′; ITALIA, 1969.

ANGELI DELLA MORTE, GLI *(Angels of Death)* ★
Regia di TERESA WOO. Con MORNA LEE, HIDEKI SAIJO. ■ In Thailandia prospera il traffico degli stupefacenti. Madame Sue, potentissima e bella signora della droga, viene presa di mira da alcuni poliziotti abili con la pistola e con il karate. ■ DRAMMATICO; COL.; 93′; HONG KONG, 1988.

ANGELI DELLA NOTTE *(Vigil in the Night)* ★★★
Regia di GEORGE STEVENS. Con BRIAN AHERNE, ROBERT COOTE, PETER CUSHING, CAROLE LOMBARD, JULIEN MITCHELL, ANNE SHIRLEY. ■ In un ospedale di Manchester in Inghilterra, Annie, giovane infermiera, si addossa la colpa della morte di un bimbo dovuta alla negligenza della sorella Lucy, anch'essa infermiera. Poi nell'ospedale scoppia un'epidemia e le due donne si prodigheranno assieme al giovane medico Prescott per debellare il morbo. Lucy salverà la vita del figlio del presidente, ma morirà mentre Annie e il dottor Prescott continueranno il loro lavoro. Tratto dal romanzo di A. J. Cronin, questo film è uno degli ultimi interpretati da Carole Lombard, moglie di Clark Gable, drammaticamente scomparsa in un incidente aereo nel 1942. ■ DRAMMATICO; B/N; 96′; USA, 1940.

ANGELI DELLA STRADA, GLI ★★
(Das Gässchen zum Paradies)
Regia di MARTIN FRIC. Con PETER BOSSE, HANS MOSER, MADY RAHL. ■ Un accalappiacani adotta un trovatello e il suo cucciolo. L'eccessiva indulgenza verso i randagi gli costa il posto; in compenso viene assunto da una signora alla quale ha risparmiato l'adorato cane. ■ COMMEDIA; B/N; 85′; GERMANIA, 1938.

ANGELI DELLA VIOLENZA *(Hell's Angels)* ★
Regia di LEE MADDEN. Con STEVE SANDOR, JEREMY SLATE, TOM STERN, CONNY VAN DYKE. ■ Due fratelli, per dimostrare la propria abilità, rapinano un casinò con l'inconsapevole complicità di una banda di motociclisti. Questi li inseguono per consegnarli alla polizia; uno dei due ladri, deciso a tenere il bottino, muore nel tentativo di fuga. ■ DRAMMATICO; B/N; 95′; USA, 1970.

ANGELI DELL'INFERNO, GLI *(Hell's Angels)* ★★★★
Regia di HOWARD HUGHES. Con JAMES HALL, JEAN HARLOW, BEN LYON. ■ Insolito dramma bellico sonorizzato e in technicolor (limitatamente ad alcune scene dipinte a mano) in cui Jean Harlow ebbe il suo primo ruolo da protagonista. Due fratelli americani che stanno studiando a Oxford allo scoppio della prima guerra mondale si arruolano come volontari in uno speciale corpo dell'aviazione inglese e combattono come piloti in Francia. I due uomini hanno personalità molto differenti, ma le loro vicende individuali si intrecciano nell'amore e anche nella morte. Un film che è entrato nella storia per le spettacolari riprese aeree. Per il resto è inguardabile. Il film fu fortemente voluto dal magnate dell'industria aeronautica Hughes, che vi investì una fortuna. ■ AVVENTURA; COL.; 127′; USA, 1930. ■ OSCAR 1 NOM.

ANGELI DELL'INFERNO SULLE RUOTE ★★
(Hell's Angels on Wheels)
Regia di RICHARD RUSH. Con RICHARD ANDERS, JACK NICHOLSON, ADAM ROARKE, SABRINA SCART, JANA TAYLOR. ■ Annoiato dal lavoro di benzinaio un giovane si unisce ad un gruppo di teppisti. Si innamora della ragazza del capo, che sta per far ingelosire l'altro. Deluso, e sgomento per la morte accidentale del rivale durante una rissa con lui, il protagonista si stacca dalla banda. ■ DRAMMATICO; COL.; 95′; USA, 1968.

ANGELI DELL'ODIO, GLI *(World Gone Wild)* ★★
Regia di LEE H. KATZIN. Con ADAM ANT, BRUCE DERN. ■ Un gruppo di sopravvissuti alle catastrofi del futuro è l'unico ad avere l'acqua, quindi è ovvio che ci sia un cattivo che vuole impadronirsene. I nostri eroi combatteranno disperatamente. ■ DRAMMATICO; COL.; 94′; USA, 1987.

ANGELI DEL MARE *(Coast Guard)* ★★★
Regia di EDWARD LUDWIG. Con RALPH BELLAMY, FRANCES DEE, RANDOLPH SCOTT. ■ Una graziosa ragazza incontra due simpatici aviatori e viene corteggiata da entrambi. Si innamora del più intraprendente e lo sposa, ma dopo qualche tempo, trascurata dal marito, torna a casa sua. Nel frattempo l'altro aviatore, nel corso di una missione, si perde fra i ghiacciai di una zona del Nord Alaska; verrà salvato dall'amico che riconquisterà così la fiducia della moglie. ■ AVVENTURA; B/N; 72′; USA, 1939.

ANGELI DEL PECCATO *(Angels over Broadway)* ★★★
Regia di LEE GARMES, BEN HECHT. Con DOUGLAS FAIRBANKS JR, RITA HAYWORTH, THOMAS MITCHELL, JOHN QUALEN, GEORGE WATTS. ■ In un night club di Manhattan, una sera, fa il suo ingresso un certo Charles Engle. L'uomo è disperato; ha deciso di uccidersi perché non riesce a far fronte a un ammanco finanziario. Viene scambiato per un miliardario sprovveduto e invitato a un tavolo da gioco da un poco di buono di nome O'Brien. Al tavolo incontra Gibbons, uno scrittore alcolizzato, che decide di aiutarlo a vincere al gioco coinvolgendo Nina, una cantante amica di O'Brien. Engle vincerà la somma necessaria a toglierlo dai guai. ■ DRAMMATICO; B/N; 80′; USA, 1940. ■ OSCAR 1 NOM.

ANGELI DEL QUARTIERE, GLI ★★
Regia di CARLO BORGHESIO. Con MARISA MERLINI, ROSSANA PODESTÀ, VIRGILIO RIENTO, JACQUES SERNAS. ■ Orfani di guerra abbandonati a se stessi trovano un tesoro. Il giovane al quale hanno affidato l'amministrazione pensa dapprima di derubarli, poi si impegna seriamente nel suo compito. Dopo l'intervento della polizia i ragazzi vengono sistemati convenientemente. ■ DRAMMATICO; B/N; 89′; ITALIA, 1952.

ANGELI DI BORSELLINO – SCORTA QS21, GLI ★★
(Gli Angeli di Borsellino – Scorta QS21x)
Regia di ROCCO CESAREO. Con BRIGITTA BOCCOLI, VINCENZO FERRARA, FRANCESCO GUZZO, PINO INSEGNO, CRISTIANO MORRONI, ALESSANDRO PRETO. ■ Gli angeli del titolo sono i sei agenti della scorta del giudice Borsellino, seguiti nei 57 giorni che trascorrono tra la morte del giudice Falcone e l'attentato di via D'Amelio a Palermo, dove i sei, insieme al giudice, persero la vita. Di questi, la figura emergente è quella di Emanuela Loi, una ragazza sarda trasferita a Palermo, di cui vengono mostrati dubbi, angosce e paure, unitamente al cameratismo che la lega agli altri componenti della scorta. La scelta di spostare il baricentro dell'azione dall'emblematica figura di Borsellino ai semi-sconosciuti agenti di scorta tradisce l'intento populistico dell'operazione, che arriva giusto pochi mesi prima della produzione di una fiction sul giudice palermitano. ■ DRAMMATICO; COL.; 97′; ITALIA, 2003.

ANGELI DI ELVIS, GLI *(Les démons de Jésus)* ★★
Regia di BERNIE BONVOISIN. Con FABIENNE BABE, PATRICK BOUCHITEY, NADIA FARÈS, THIERRY FRÉMONT. ■ La famiglia Jacob (genitori e cinque figli) vive alla periferia nord di Parigi. Siamo nell'inverno 1968. Ognuno dei maschi ha una propria patologia. Le donne sono invece vittime. Il malessere esploderà con la violenza a cui il cinema francese dedica periodicamente un'attenzione particolare. Niente a posto e niente in ordine. ■ DRAMMATICO; COL.; 117′; FRANCIA, 1997.

ANGELI DISTRATTI ★★
Regia di GIANLUCA ARCOPINTO. Con ARAN BERTETTO JONES, RABIE HAMID. ■ Fallujah, novembre 2004. Mentre nella città si susseguono bombardamenti e massacri con armi non convenzionali, in una strana stanza alienante s'incontrano un soldato americano e una donna irachena. Il soldato, sia pure scosso per l'uccisione di suoi tre compagni da parte del figlio della donna, quando la scorge non le spara. Lei è bendata, non costituisce un pericolo: i due si parlano, si minacciano, piangono, si confessano, si raccontano, si feriscono. Quando tutto sembra finito, il soldato

crede di poter tornare da dove è venuto... ■ DOCU-FICTION; COL.; 75′; ITALIA, 2007.

ANGELI E DEMONI *(Angels & Demons)* ★★★
Regia di RON HOWARD. Con PIERFRANCESCO FAVINO, TOM HANKS, EWAN MCGREGOR, STELLAN SKARSGÅRD, AYELET ZURER. ■ Roma e il mondo sono in lutto per la morte del Santo Padre. Distrutto l'anello piscatorio, il camerlengo deve fare fronte al rapimento dei quattro cardinali favoriti alla successione pontificia e alla minaccia della distruzione della Città del Vaticano ad opera degli Illuminati, una confraternita venuta dal passato per rivendicare il primato della scienza sulla Chiesa e sullo Spirito. Il collegio cardinalizio, riunito in Concistoro per eleggere il nuovo papa, assolda Robert Langdon, docente di simbologia religiosa a Harvard. Il cavaliere accademico, anche se nemico stimato della Chiesa, che non gli perdona la negazione dell'incarnazione del Verbo, accetta l'investitura e parte alla volta della Capitale. Ecco che nel cuore spirituale di Roma e al centro del film, ritroviamo Robert Langdon (ancora impersonato da Tom Hanks), ansioso di lanciarsi in un'altra impresa di pensiero e di averla vinta sui cattivi di turno. Il professore e gli uomini della Chiesa, armati di spirito e alabarda, collaboreranno dunque alle indagini e alla risoluzione di un mistero nascosto dentro le chiese e sotto le segrete della Città Eterna. Il tutto tre anni dopo *Il Codice da Vinci*, best seller di Dan Brown sulla natura umana di Cristo e il suo amore per la Maddalena. ■ THRILLER; COL.; 138′; USA, 2008.

ANGELI E INSETTI *(Angels and Insects)* ★★
Regia di PHILIP HAAS. Con PATSY KENSIT, MARK RYLANCE, KRISTIN SCOTT THOMAS. ■ Tratto dal racconto di Antonia S. Byatt, il film di Philip Haas traccia uno sguardo impietoso sulla società vittoriana al tramonto nell'Inghilterra del 1858. Tornato dall'Amazzonia dopo un drammatico naufragio, il naturalista William Adamson, studioso di valore, ma squattrinato, sposa Eugenia primogenita di una facoltosa famiglia di campagna. Presto scoprirà che la famiglia della moglie applica le stesse leggi delle formiche rosse, che si riproducono tra consanguinei. Perfido ritratto antropologico dell'aristocrazia anglosassone. ■ DRAMMATICO; COL.; 117′; GRAN BRETAGNA, 1994. ■ OSCAR 1 NOM.

ANGELI NELL'INFERNO *(The Young Warriors)* ★★
Regia di JOHN PEYSER. Con STEVE CARLOS, JONATHAN DALY, JAMES DRURY, ROBERT PINE. ■ Una recluta al fronte diventa grande amico di un ufficiale. Lo soccorre nonostante il pericolo durante una missione e poiché le perdite costringono il superiore a rimpatriare, la recluta prende il suo posto e come lui diventa prezioso consigliere dei più giovani. ■ GUERRA; B/N; 93′; USA, 1967.

ANGELINO E IL PAPA *(El niño y el Papa)* ★
Regia di RODRIGO CASTANO. Con VERONICA CASTRO, CARMEN DUQUE, ANDRÉS GARCÍA, CHRISTOPHER LAGO. ■ Un bambino perde la madre nel terremoto che colpisce Città del Messico nel 1985. Così prende a cercarla con l'aiuto di persone di buon cuore. Una di queste, una cantante molto nota, riesce a farlo salire sul palco durante uno degli incontri di Giovanni Paolo II con i fedeli in Colombia. La madre, che aveva perso la memoria, vedendo il figlio alla televisione lo riconosce e i due si possono riabbracciare. Questa telenovela trasformata in film sarebbe priva d'interesse se non fosse per il fatto che Giovanni Paolo II è stato inserito a sua insaputa nelle riprese. Si vede infatti chiaramente che la sua presenza non è dovuta ad artifici di montaggio ma al fatto che due dei protagonisti sono riusciti ad essere effettivamente presenti al suo fianco. Woytyla batte un altro record: il primo papa attore involontario in un'opera cinematografica. ■ DRAMMATICO; COL.; 90′; MESSICO, 1986.

ANGELI O QUASI *(Almost Angels)* ★★
Regia di STEVE PREVIN. Con HANS HOLT, SEAN SCULLY, PETER WECK, VINCENT WINTER. ■ Una produzione Disney, nella quale un'esile storia (l'avventura di due ragazzini americani a Vienna) è un pretesto per le esibizioni delle voci angeliche dei fanciulli del celebrato Coro di Vienna (brani di Brahms, Schubert, Strauss). ■ COMM. MUSICALE; COL.; 93′; USA, 1962.

ANGELI PERDUTI *(Fallen Angels)* ★★
Regia di WONG-KAR-WAI. Con LEON LAI-MING, KAREN MOK, MICHELLE REIS. ■ Hong Kong, città tentacolare, è teatro della vita di Ho, un po' teppista un po' eroe solitario. Cerca e non trova mai. Fra discorsi e violenze rimane la noia e l'inutilità di tutto. Ideale sequel di *Hong Kong Express*. ■ DRAMMATICO; COL.; 90′; HONG KONG, 1996.

ANGELI RIBELLI *(Song for a Raggy Boy)* ★★
Regia di AISLING WALSH. Con ALAN DEVLIN, IAIN GLEN, STUART GRAHAM, AIDAN QUINN, DUDLEY SUTTON, MARC WARREN. ■ Irlanda del 1939. La scuola-riformatorio di St. Jude usa metodi fascisti per "educare" i suoi "ospiti". Il prete-professore William Franklin preferisce un rapporto più umano con i ragazzi, ma la cosa non è ben vista dai suoi colleghi. Il film ha vinto numerosi premi ma è troppo carico di riferimenti ad altro cinema per accreditargli l'originalità. ■ DRAMMATICO; COL.; 100′; DANIMARCA, GRAN BRETAGNA, IRLANDA, SPAGNA, 2003.

ANGELI SENZA CIELO ★★★
(The Angels Wash Their Faces)
Regia di RAY ENRIGHT. Con GABRIEL DELL, LEO GORCEY, BONITA GRANVILLE, HUNTZ HALL, BILLY HALOP, BOBBY JORDAN, HENRY O'NEILL, RONALD REAGAN, ANN SHERIDAN. ■ Girato un anno dopo l'uscita del film *Gli angeli con la faccia sporca*, questo film ne ripropone più o meno la stessa tematica: quella della rieducazione dei giovani dopo il riformatorio. Il personaggio del protagonista è però qui positivo, non solo, ma è anche aiutato dai "monelli del quartiere" a dimostrare la sua innocenza per un incendio doloso non commesso e attribuitogli da un gangster respinto dalla sorella di lui. ■ DRAMMATICO; B/N; 76′; USA, 1939.

ANGELI SENZA FELICITÀ ★★
(Mozart, Wenn die Götter lieben)
Regia di KARL HARTL. Con HANS HOLT, WINNIE MARKUS. ■ La cognata ed ex fidanzata di Mozart cerca di turbare senza successo la sua serenità domestica. Il film si conclude con la morte del musicista accompagnata da alcuni brani del suo repertorio. ■ BIOGRAFICO; B/N; 93′; GERMANIA, 1943.

ANGELI SENZA PARADISO ★★★
(Leise flehen meine Lieder)
Regia di WILLI FORST. Con MARTHA EGGERTH, HANS JARAY, HANS MOSER, LUISE ULLRICH. ■ Questa commedia musicale, dove si racconta la vita di Franz Schubert, non manca di una certa drammaticità solitamente assente nei film "viennesi" di quegli anni. ■ COMM. MUSICALE, B/N; 85′; GERMANIA, 1933.

ANGELI SENZA PARADISO ★
Regia di ETTORE M. FIZZAROTTI. Con AL BANO, AGOSTINA BELLI, CINZIA CAROLIS, ROMINA POWER. ■ Orrenda replica del film precedente, mal recitato dalla coppia Al Bano-Romina. ■ DRAMMATICO; COL.; 91′; ITALIA 1970.

ANGELI SULLA TERRA *(Sarasate)* ★★
Regia di RICHARD BUSH. Con MARGHERITA CAROSIO, ALFREDO MAYO, ALBERTO ROMEA ■ La celebre cantante Adelina Patti ama ricambiata un violinista col quale inizia una fortunata serie di concerti. Qualche tempo dopo sposa un ricchissimo francese. ■ DRAMMATICO; B/N; 98′; SPAGNA, 1942.

ANGELITOS NEGROS ★
Regia di JOSELITO RODRIGUEZ. Con EMILIA GUIN, PEDRO INFANTE, RITA MONTANEZ. ■ Una messicana che detesta la gente di colore si crede orfana: la madre, una donna di colore che le fa da governante, ha preferito così. Il disprezzo cesserà solo alla morte della genitrice. ■ DRAMMATICO; B/N; 90′; MESSICO, 1955.

ANGELI VOLANO BASSO, GLI *(Bright Angel)* ★★
Regia di MICHAEL FIELDS. Con DERMOT MULRONEY, LILI TAYLOR, BURT YOUNG. ■ Cosa può capitare a uno studente secchione che si trasferisce in città? Intanto di incontrare una bella ragazza che ha come scopo quello di fare scappare di galera il proprio fratello. In seguito arrivano i guai e l'università diventa un miraggio. ■ DRAMMATICO; COL.; 93′; USA, 1991.

ANGEL KILLER *(Angel)* ★★
Regia di ROBERT VINCENT O'NEIL. Con RORY CALHOUN, CLIFF GORMAN, DICK SHAWN, SUSAN TYRRELL, DONNA WILKES. ■ Una ragazza di dodici anni lascia i genitori e va a Hollywood. Di giorno frequenta una ottima scuola, di notte si prostituisce. Ter-

rorizzata però dall'uccisione di altre prostitute da parte di un maniaco, decide di passare all'azione ed infatti riesce a uccidere il mostro aiutata anche da altre sue colleghe. ■ THRILLER; COL.; 92′; USA, 1984.

ANGEL KILLER II ★

Regia di TOM DE SIMONE. Con MAUD ADAMS, MITZI KAPTURE. ■ Molly fa la prostituta ma un uomo si innamora di lei e riesce a toglierla dal marciapiede. L'uomo però viene assassinato e lei, per ottenere vendetta, è obbligata a ricominciare la "vita". ■ EROTICO; COL.; 90′; ITALIA, 1988.

ANGEL KILLER III *(Angel III: The Final Chapter)* ★★

Regia di TOM DE SIMONE. Con MAUD ADAMS, MITZI CAPTURE, RICHARD ROUNDTREE. ■ Molly detta "Angel", un tempo giovanissima prostituta e "giustiziera della notte", ora ha ventisei anni e va a trovare a Los Angeles la madre che credeva morta. La madre però è presto uccisa da una banda che esercita la tratta delle bianche e il traffico della droga. Angel si traveste da passeggiatrice e batte la strada alla ricerca degli assassini della madre. ■ DRAMMATICO; COL.; 99′; USA, 1988.

ANGEL – LA VITA, IL ROMANZO *(Angel)* ★★

Regia di FRANÇOIS OZON. Con CHRISTOPHER BENJAMIN, JANINE DUVITSKI, MICHAEL FASSBENDER, ROMOLA GARAI, SAM NEILL, CHARLOTTE RAMPLING, LUCY RUSSELL, JACQUELINE TONG. ■ 1905. Angel è una ragazza orfana che vive con la madre, la quale gestisce una drogheria nella Londra operaia. Angel ha una passione: scrivere. I suoi romanzi sono ricchi di colpi di scena e si alimentano di una vita da lei soltanto immaginata. Un giorno riesce a trovare un editore e da quel momento per lei tutto cambia. Ogni suo nuovo libro vende copie su copie. Può dunque realizzare il suo sogno: comprare la dimora "Paradise". La sua però è letteratura popolare, così come "popolari" sono i suoi gusti nell'arredare il proprio "castello". Tutto procede per il meglio finché non si innamora, ricambiata, di un pittore che vede il mondo esattamente al contrario: grigio e spento. Tratto dal romanzo pubblicato di Elizabeth Taylor (semplice caso di omonimia con l'attrice). ■ DRAMMATICO; COL.; 118′; BELGIO, FRANCIA, GRAN BRETAGNA, 2007.

ANGELO *(Angel)* ★★★★

Regia di ERNST LUBITSCH. Con ERNEST COSSART, MARLENE DIETRICH, MELVYN DOUGLAS, EDWARD EVERETT HORTON, HERBERT MARSHALL. ■ La moglie di un diplomatico inglese, insoddisfatta del suo matrimonio, si reca a Parigi in cerca di avventure galanti. In casa di una nobile decaduta incontra Anthony con il quale intreccia un flirt. Tornata a Londra, alcuni giorni dopo le viene presentato dal marito l'uomo che aveva incontrato. Torna a Parigi per rivederlo ma viene seguita dal marito che, insospettito, decide di scoprire la ragione dei suoi viaggi. Riesce però ad accomodare la situazione e a tornare col marito a Londra. ■ COMMEDIA; B/N; 91′; USA, 1937.

ANGELO ALLA MIA TAVOLA, UN ★★★★
(An Angel at my Table)

Regia di JANE CAMPION. Con KAREN FERGUSSON, KERRY FOX, ALEXIA KEOGH. ■ Il film, che avrebbe meritato il Leone d'Oro a Venezia, si è dovuto accontentare, si fa per dire, del Premio Speciale della Giuria. Realizzato per tre puntate televisive, il film è diviso in tre periodi della vita della scrittrice Janet Frame, considerata ingiustamente, per il suo carattere anticonformista e un po' introverso, pazza. Si parte quindi dall'infanzia per poi passare ai primi romanzi pubblicati, attraverso l'esperienza in una clinica psichiatrica. La regia è anticonformista, in linea con la scrittrice, e al tempo stesso scrupolosa e rigorosa. Poesia al cinema. ■ DRAMMATICO; COL.; 158′; NUOVA ZELANDA, 1990. ■ VENEZIA 3 PR.

ANGELO AZZURRO, L' *(Der Blaue Engel)* ★★★★★

Regia di JOSEF VON STERNBERG. Con HANS ALBERS, MARLENE DIETRICH, KURT GERRON, EMIL JANNINGS, ROSA VALETTI. ■ Il film è del 1930. È il grande momento della Germania, della Repubblica di Weimar che rappresenta la più alta manifestazione culturale del nostro secolo. Un vero fenomeno, una sorta di Rinascimento del diciannovesimo secolo. Letteratura, teatro, pittura, design, scienze, cinema: Weimar detta nuove regole al mondo. Sono invenzioni fondamentali i cui segni rimangono vivi e attivi anche nel nostro tempo. Una delle parole chiave è "espressionismo". Un gruppo di autori di lingua tedesca come Lang, Murnau e von Sternberg trova questa nuova forma, mediata dalle arti figurative, importantissima, decisiva. Molti di questi autori, dopo il 1933, con l'avvento di Hitler, abbandoneranno il loro paese portando la corrente in tutto il mondo civile, soprattutto in America. Marlene Dietrich arrivava nel momento più opportuno, a rappresentare qualcosa di ben più vasto di una parte in un film. Catalizzava fisicamente quella tendenza. Ne era, forse inconsapevolmente, una sorta di sintesi. Veniva da ruoli insignificanti e si trovò titolare di un personaggio, Lola Lola, che avrebbe costruito un precedente imprescindibile tramandato per decenni dalla stessa Dietrich e imitato con assoluta trasparenza. I grandi segni erano: cappello a cilindro, calze e giarrettiere nere, boa di piume. Di suo l'attrice ci mise una voce roca e profonda, una carnagione bianchissima di contrasto e due gambe notevoli. *L'Angelo azzurro* era tratto dal romanzo di Heinrich Mann *Il professor Unrath*. Protagonista il grande attore tedesco Emil Jannings. Il professore si innamora della cantante e diventa letteralmente suo schiavo. Perde, insieme al lavoro, la stima dei suoi allievi e quella di se stesso. Si rende grottesco e ridicolo. Alla fine muore nell'aula in cui, anni prima, insegnava. Fra le tante imitazioni di Lola Lola una in particolare si fa ricordare: quella di Liza Minnelli in *Cabaret*. Emigrata in America, insieme al suo scopritore Sternberg, Marlene divenne (come la Garbo e la Bergman) una delle grandi conquistatrici europee di Hollywood, partner dei massimi divi dell'epoca. Quasi sessantenne, mostrava ancore quelle gambe. ■ DRAMMATICO; B/N; 104′; GERMANIA, 1930.

ANGELO AZZURRO, L' *(The Blue Angel)* ★★

Regia di EDWARD DMYTRYK. Con JOHN BANNER, THEODORE BIKEL, MAY BRITT, CURD JÜRGENS. ■ Non riusciamo a comprendere perché Dmytryk abbia girato questo rifacimento del film di von Sternberg. Il risultato artistico fu disastroso come spesso succede quando si vogliono rifare opere già considerate capolavori. ■ DRAMMATICO; COL.; 107′; USA, 1959.

ANGELO BIANCO, L' *(Night Nurse)* ★★

Regia di WILLIAM WELLMAN. Con JOAN BLONDELL, CLARK GABLE, BEN LYON, BARBARA STANWYCK. ■ La bravura della Stanwyck, la bellezza della Blondell e uno dei primi ruoli di Gable che, inusuale per lui, ha la parte del cattivo. A causa di un'eredità due loschi individui mettono a repentaglio la vita di due bambini. Un'infermiera scopre il complotto. ■ THRILLER; B/N; 72′; USA, 1931.

ANGELO BIANCO, L' *(The White Angel)* ★★★

Regia di WILLIAM DIETERLE. Con NIGEL BRUCE, DONALD CRISP, KAY FRANCIS, IAN HUNTER, BILLY MAUCH, HENRY O'NEILL, DONALD WOODS. ■ Il film è la biografia di Florence Nightingale che nell'Ottocento diede vita al servizio sanitario delle infermiere. Nel film si narra il suo esordio come infermiera negli ospedali inglesi, il suo servizio e le sue peripezie durante la guerra di Crimea. ■ BIOGRAFICO; B/N; 75′; USA, 1936.

ANGELO BIANCO, L' ★★★

Regia di GIULIO C. ANTAMORO, FEDERICO SINIBALDI. Con EMMA GRAMATICA, BEATRICE MANCINI. ■ Ad una fanciulla sedotta e abbandonata, i mancati suoceri fanno credere che il figlio, da loro mandato in brefotrofio, sia morto, Lei prende i voti e torna in patria dopo anni di missione. Apprende che l'ex amante è stato ucciso in duello e fa appena in tempo a rivedere il figlio morente. ■ DRAMMATICO; B/N; 95′; ITALIA, 1943.

ANGELO BIANCO ★★★

Regia di RAFFAELLO MATARAZZO. Con AMEDEO NAZZARI, YVONNE SANSON. ■ Un conte, dopo varie disgrazie familiari, incontra una donna molto somigliante al suo unico amore. La sposa, benché lei finisca in carcere per complicità in una rapina, e prende con sé il figlio che la donna ha salvato dalle fiamme a prezzo della sua vita. Proprio una storia alla Nazzari-Sanson. ■ DRAMMATICO; B/N; 95′; ITALIA, 1955.

ANGELO BIONDO *(The Arizona Kid)* ★★★

Regia di ALFRED SANTELL. Con WARNER BAXTER, HANK MANN, MONA MARIS, THEODORE VON ELTZ. ■ È uno dei primi western sonori con l'allora famoso Warner Baxter nella parte di Arizona Kid. Il film narra un episodio di questo personaggio, più volte portato sullo schermo, che inizia con l'uccisione da parte del nostro eroe di uno dei banditi durante un assalto alla diligenza. Arizona Kid, che viaggiava in incognito, viene però sospettato dallo sceriffo Andrews che è ansioso di intascare la taglia di 5000 dollari. Aiutato dalla città, riuscirà ad allontanare i sospetti su di lui. ■ WESTERN; B/N; 91'; USA, 1930.

ANGELO CON LA PISTOLA, L' ★★
Regia di DAMIANO DAMIANI. Con REMO GIRONE, EVA GRIMALDI, TAHNEE WELCH. ■ Una Nikita all'italiana narrata con sicuro mestiere di Damiano Damiani. Lisa, in seguito alla strage della sua intera famiglia compiuta da alcuni malviventi, diventa una vendicatrice armata. Per questo va a Genova e comincia a uccidere. Incontrerà l'amore e l'appoggio di un commissario che però rimarrà ucciso in una sparatoria. Tahnee Welch è un po' impacciata mentre Remo Girone (reduce da *La Piovra* televisiva) se la cava da professionista. ■ POLIZIESCO; COL.; 100'; ITALIA, 1991.

ANGELO CUSTODE ★★
Regia di GIULIANO TOMEI. Con PAOLO FISCHNALLER, IRMA GIUSEPPE, ANNA PICHLER. ■ Un bambino abitante in un paesino del Trentino trova nei boschi circostanti la meta delle sue avventure. Il suo angelo custode lo salva dai numerosi pericoli, anche mortali, ai quali va inevitabilmente incontro. ■ AVVENTURA; COL.; 45'; ITALIA, 1968.

ANGELO DA QUATTRO SOLDI, UN ★★
(Almost an Angel)
Regia di JOHN CORNELL. Con PAUL HOGAN, ELIAS KOTEAS, LINDA KOZLOWSKI. ■ Dagli attori protagonisti di *Crocodile Dundee I & II* e dal regista della seconda parte dello stesso film un'ennesima pellicola sugli angeli e il paradiso. Terry, un ladro scarcerato di fresco, salva un ragazzo e muore di conseguenza. Torna sulla terra come angelo perché deve fare la brava persona che non è stato in vita. ■ COMMEDIA; COL.; 91'; USA, 1990.

ANGELO DEL CREPUSCOLO, L' ★★
Regia di GIANNI PONS. Con CESCO BASEGGIO, CAMILLA HORN, LUIS HURTADO, SILVIA MANTO, POLIDOR, PAOLA VENERONI. ■ L'infermiera di un ospizio di vecchi viene aiutata da uno dei suoi assistiti a sposare il seduttore che l'ha resa madre. ■ DRAMMATICO; B/N; 89'; ITALIA, 1942.

ANGELO DEL DOLORE, L' *(Sister Kenny)* ★★★
Regia di DUDLEY NICHOLS. Con BEULAH BONDI, DEAN JAGGER, ALEXANDER KNOX, PHILIP MERIVALE, DOROTHY PETERSON, ROSALIND RUSSELL. ■ È la biografia di Elizabeth Kenny che, dopo aver conseguito il diploma di infermiera, si dedicò alle cure dei bambini affetti da paralisi infantile. Ostacolata da medici e specialisti in Europa, riuscì a far valere il suo operato negli Stati Uniti. ■ BIOGRAFICO; B/N; 116'; USA, 1946. ■ OSCAR 1 NOM.

ANGELO DEL FOCOLARE, L' *(L'ange du foyer)* ★★
Regia di LÉON MATHOT. Con LUCIEN BAROUX, BETTY STOCKFELD. ■ Un dongiovanni sposa un'americana molto ricca. Questa, stanca dei tradimenti del marito e dell'inutilità dei suoi tentativi di correggerlo, chiede il divorzio. Sarà il migliore amico dei due a farli riconciliare. ■ COMMEDIA; B/N; 95'; FRANCIA, 1941.

ANGELO DELL'AMORE, L' *(Historia de un corazón)* ★★
Regia di JULIO BRACHO. Con ROSARIA GRANADOS, JOSÉ MARIA. ■ Una ragazza dà alla luce una figlia illegittima e l'alleva con enormi sacrifici. Pur di darle il meglio l'affida ai nonni ricchi e scompare dalla sua vita. Il giorno del matrimonio della fanciulla però viene reintegrata nella famiglia. ■ DRAMMATICO; B/N; 90'; MESSICO, 1953.

ANGELO DELLA MORTE, L' *(Brother John)* ★★
Regia di JAMES GOLDSTONE. Con BRADFORD DILLMAN, WILL GEER, SIDNEY POITIER. ■ Un misterioso signore di pelle scura arriva in una comunità del profondo Sud, dove la maggioranza bianca non nutre sentimenti troppo benevoli nei confronti dei neri. Lui, poi, è una specie di superman dotato di strani poteri. I bianchi lo mettono in prigione, ma lo straniero è presto liberato da un suo simpatizzante. *Mystery* senza molte novità (tranne quella della pelle dell'essere soprannaturale). Sulla sua identità gli autori non si sbilanciano: può essere anche Cristo o un benevolo *alien*. ■ DRAMMATICO; COL.; 94'; USA, 1972.

ANGELO DELLA NOTTE, L' *(The Night Angel)* ★★
Regia di EDMUND GOULDING. Con NANCY CARROLL, ALAN HALE, FREDRIC MARCH. ■ Polpettone strappalacrime su misura per due idoli romantici dei primi anni del sonoro. March è un integerrimo magistrato che manda in galera la tenutaria di un bordello, ma poi si innamora della figlia di lei, Nancy Carroll. Aggredito da un innamorato della ragazza, March uccide per difendersi. Ma sarebbe condannato ugualmente se la fanciulla, con una singhiozzante deposizione, non lo salvasse. ■ DRAMMATICO; B/N; 86'; USA, 1931.

ANGELO DELLA NOTTE – TU SEI LA LUCE, L' ★★
(L'ange de la nuit)
Regia di ANDRÉ BERTHOMIEU. Con MICHELLE ALFA, GABY ANDERN, JEAN-LOUIS BARRAULT, HENRI VIDAL. ■ Allo scoppio della guerra un gruppo di studenti parte per il fronte; uno di essi torna cieco e riprende fiducia nella vita grazie alla presenza di una ragazza fidanzata ad un compagno dato per disperso. Questi ritorna, ma lei rinuncia all'amore per non abbandonare il povero invalido. ■ DRAMMATICO; B/N; 95'; FRANCIA, 1942.

ANGELO DELLA SERA, L' *(Dankó Pista)* ★
Regia di LASZLO KALMAR. Con PÁL JÁVOR, MARGIT LUKÁCS, SÈNDOR TOMPA. ■ Dankó Pista, violinista ungherese, sposa una fanciulla di buona famiglia nonostante l'opposizione del padre di lei. La sua ex amante tenta di riconquistarlo durante una tournée ma invano: l'uomo, gravemente ammalato, torna dalla moglie e muore poco dopo. ■ DRAMMATICO; B/N; 85'; UNGHERIA, 1941.

ANGELO DELLA SPALLA DESTRA, L' ★★
(Fararishtay kifti rost)
Regia di JAMSHED USMONOV. Con MARDONKUL KULBOBO, MALOHAT MAQSUMOVA, UKTAMOI MIYASAROVA, MARUF PULODZODA, KOVA TILAVPUR. ■ Villaggio di Asht, Tagikistan. Da dieci anni Halima non vede il suo unico figlio, Khamro. La donna, anziana, aiutata da Rizaev, sindaco del villaggio, lo convince a tornare facendogli credere di essere in punto di morte. ■ COMM. DRAMMATICA; COL.; 91'; FRANCIA, ITALIA, SVIZZERA, TAGIKISTAN, 2004.

ANGELO DELLA STRADA, L' *(Street Angel)* ★★★
Regia di FRANK BORZAGE. Con HENRY ARMETTA, CHARLES FARRELL, JANET GAYNOR, NATALIE KINGSTON. ■ L'azione inizia a Napoli dove vive Maria (Gaynor) che accudisce una madre malata. Per curarla ruba le medicine e viene sorpresa dalla polizia. È costretta a fuggire e si unisce a un gruppo di nomadi dove incontra un ritrattista, Angelo (Farrell). Il giovane, impressionato dalla bellezza eterea della ragazza, le chiede di posare per il ritratto di Maria. I due giovani si innamorano, ma inaspettatamente Maria viene arrestata e Angelo cade in una profonda disperazione. Dopo qualche tempo Maria viene rilasciata e casualmente si imbatte nel suo ritratto esposto in una chiesa. Decide di cercare Angelo, il quale adesso si è unito a una sordida compagnia e non combina niente di buono. Spiegandole le ragioni del suo arresto, Maria conquista di nuovo Angelo e lo sprona a riprendere la pittura. Infine i due giovani si sposano. Commedia delicata, semplice e sincera che non raggiunge però i livelli di *Sunrise*. ■ COMMEDIA; B/N; 102'; USA, 1928. ■ OSCAR 1 PR, 3 NOM.

ANGELO DELLA VENDETTA, L' ★★
(Angel of Vengeance)
Regia di ABEL FERRARA. Con DARLENE STUTO, ALBERT SYNKIS, ZOE TAMERLIS. ■ Dopo essere stata ripetutamente violentata, Thana impazzisce e massacra tutti i maschi che le capitano a tiro, tra pistolettate vendicatrici e accurati squartamenti. ■ THRILLER; COL.; 84'; USA, 1981.

ANGELO DELLA VITA *(Life Begins)* ★★
Regia di JAMES FLOOD, ELLIOTT NUGENT. Con GLENDA FARRELL, ALINE MACMAHON, LORETTA YOUNG. ■ Una giornata nel reparto maternità di un ospedale. Ogni giorno nascono tanti bambini. Il parto più drammatico riguarda una giovane reclusa in temporanea "licenza" dal carcere. ■ DRAMMATICO; B/N; 71'; USA, 1932.

ANGELO DELLE ALPI, L' ★
Regia di CARLO CAMPOGALLIANI. Con LUISELLA BONI, ALBERTO FARNESE, GINO SINIMBERGHI. ■ Tratto dal romanzo di Carolina Invernizio, questo fumettone raccoglie tutti i luoghi comuni dei film di questo filone. La solita trovatella, il solito parroco che la aiuta a sistemarsi nella casa della solita contessa, il solito banchiere che s'innamora di lei, i soliti intrighi e infine il solito padre che si rifà vivo dopo vent'anni e che non è altri che il marito della solita contessa. ■ DRAMMATICO; B/N; 90'; ITALIA, 1957.

ANGELO DELLE TENEBRE, L' *(The Dark Angel)* ★★★
Regia di SIDNEY FRANKLIN. Con JANET BEECHER, HENRIETTA CROSMAN, JOHN HALLIDAY, FREDRIC MARCH, HERBERT MARSHALL, MERLE OBERON. ■ Rifacimento di un altro film con lo stesso titolo girato nel 1925 con Ronald Colman, questa storia narra le vicende di due cugini innamorati fin da bambini della stessa ragazza. Kitty sceglie però Alan il quale, durante una missione (siamo negli anni della prima guerra mondiale), perde la vista e viene ritenuto disperso. Kitty credendolo morto accetta la corte di Gerald ma, avuta la notizia che Alan è ancora vivo, lo raggiunge. ■ DRAMMATICO; B/N; 110'; USA, 1935. ■ OSCAR 1 PR, 3 NOM.

ANGELO DEL MALE, L' *(La bête humaine)* ★★★★★
Regia di JEAN RENOIR. Con JULIEN CARETTE, JEAN GABIN, JENNY HÉLIA, GÉRARD LANDRY, FERNAND LEDOUX, JEAN RENOIR, SIMONE SIMON. ■ Il capostazione Roubaud accecato dalla gelosia uccide un corteggiatore della moglie Sévérine. La donna s'innamora di Jacques Lantier, un ferroviere, e lo incita ad assassinare il marito per liberarsene. Il ferroviere ucciderà invece Sévérine e si getterà sotto un treno. Tratto dal romanzo di Émile Zola e sceneggiato dallo stesso Renoir, questo film è uno dei più riusciti del grande regista francese, che appare anche come attore nel ruolo di Cabuche, un bracconiere. Jean Gabin che aveva appena terminato di girare *Il porto delle nebbie* è qui in uno dei suoi ruoli più felici. Questo film fu rifatto da Fritz Lang nel 1954 in chiave prettamente americana con il titolo *La bestia umana* (Human Desire) con Glenn Ford, Broderick Crawford e Gloria Grahame; e con minor efficacia nel '57 da Daniel Tinayre con il titolo *Ossessione di sangue* con Massimo Girotti. ■ DRAMMATICO; B/N; 100'; FRANCIA, 1938.

ANGELO DEL MIRACOLO, L' ★★
Regia di PIERO BALLERINI. Con CESCO BASEGGIO, ANNA CAPODAGLIO, BIANCA DORIA, ATTILIO DOTTESIO, EMMA GRAMATICA. ■ Scritto da Alessandro De Stefani e sceneggiato da De Stefani, Ballerini e Gianni Granzotto, questo film, ispirato a una favola di Hans Christian Andersen, uscì in Italia durante gli anni della Liberazione e come tanti film girati in quel periodo non ebbe larga diffusione; ad esempio a Roma non fu mai proiettato. ■ COMMEDIA; B/N; 90'; ITALIA, 1944.

ANGELO DEL PECCATO, L' ★★
Regia di LEONARDO DE MITRI. Con GABY ANDRÉ, ROLDANO LUPI, UMBERTO SPADARO, LUIGI TOSI. ■ Un'infermiera addetta alle cure di un conte lo fa innamorare e lo sposa. Diventa l'amante del fattore e non vuole rassegnarsi a perderlo; durante l'ultimo incontro viene uccisa prima che spari sul marito che li ha sorpresi. ■ DRAMMATICO; B/N; 89'; ITALIA, 1951.

ANGELO DEL RING, L' *(The Leather Saint)* ★★
Regia di ALVIN GANZER. Con JOHN DEREK, PAUL DOUGLAS, JODY LAWRENCE, CESAR ROMERO. ■ Un sacerdote che in gioventù si dedicò al pugilato accetta la proposta di un manager di tornare sul ring per raccogliere i soldi per un'opera benefica. Naturalmente il ritorno avviene sotto falso nome e il suo successo provoca l'interessamento di altri manager. Fra questi un certo Tony manda in avanscoperta la propria ragazza che fingendosi innamorata dovrebbe convincere il prete ad accettare le proposte dell'amico. La ragazza, insospettita dal disinteresse amoroso del pugile, scopre la verità e assieme a Tony aiuterà il sacerdote nella sua opera benefica. ■ COMMEDIA; B/N; 86'; USA, 1956.

ANGELO È CADUTO, UN *(Fallen Angel)* ★★★
Regia di OTTO PREMINGER. Con DANA ANDREWS, CHARLES BICKFORD, BRUCE CABOT, JOHN CARRADINE, LINDA DARNELL, ALICE FAYE. ■ Per poter sposare un'avvenente cassiera, un giovane decide di sposare una ricca ereditiera per poi divorziare e avere così la possibilità di mantenere la donna amata. Il suo piano riesce e durante la prima notte di nozze si reca a trovare la cassiera, che però proprio quella sera ha accettato la corte di uno spasimante. Il giorno dopo viene trovata uccisa e naturalmente la polizia sospetta di lui. Ricordandosi di un bracciale che la donna portava, il giovane risalirà all'omicida e tornerà alla sua ricca ereditiera. ■ DRAMMATICO; B/N; 97'; USA, 1945.

ANGELO E IL DIAVOLO, L' ★★★
Regia di MARIO CAMERINI. Con ENZO BILIOTTI, GINO CERVI, CARLA DEL POGGIO, ALDO SILVANI, ALFREDO VARELLI. ■ Due giovani sposi fanno amicizia con due vicini di casa completamente differenti l'uno dall'altro. I due personaggi rappresentano le forze del bene e del male e di conseguenza agiscono positivamente e negativamente sulla coppia. ■ COMMEDIA; B/N; 90'; ITALIA, 1946.

ANGELO E IL DIAVOLO, L' *(Death of an Angel)* ★★
Regia di PETRU POPESCU. Con BONNIE BEDELIA. ■ Dopo un incidente d'auto, Grace si ritrova vedova e con la figlia paralizzata. La chiesa episcopale la nomina sacerdotessa e quando la figlia scappa di casa lei va alla sua ricerca. La ritroverà e conoscerà uno strano frate che conta un buon gruppo di discepoli. Per certi versi semplicistico, il film non decolla quasi mai. ■ DRAMMATICO; COL.; 95'; USA, 1985.

ANGELO È SCESO A BROOKLYN, UN ★★
(Un angel pasó por Brooklyn)
Regia di LADISLAO VAJDA. Con PABLITO CALVO, SILVIA MARCO, AROLDO TIERI, PETER USTINOV. ■ Il proprietario di uno stabile tiranneggia gli emigrati suoi inquilini. Trasformato in cane dalla maledizione di una vecchia, ha modo di conoscere tutti i disagi della situazione; quando l'affetto di un bambino lo fa tornare uomo, il suo animo è radicalmente cambiato. ■ COMMEDIA; B/N; 83'; SPAGNA, 1957.

ANGEL OF DEATH ★★
Regia di FRANK DREW WHITE. Con CHRISTOPHER MITCHUM, FERNANDO REY, HOWARD VERNON. ■ Il dottor Mengele, il famigerato aguzzino dei campi di sterminio nazisti, si nasconde in Sudamerica sotto le spoglie di un ricco industriale. Un commando israeliano gli dà la caccia. Stretto d'assedio, Mengele fa saltare la sua villa, morendo (forse) sotto le macerie. ■ DRAMMATICO; B/N; 89'; SPAGNA, 1988.

ANGEL OF VENGEANCE ★
Regia di TED V. MIKELS. Con HACKA FOEY, DAVID O'HARA, JANNINA POYNTER. ■ Un ufficiale dei Berretti Verdi morto durante la guerra del Vietnam ha tenuto un diario dove ha accuratamente annotato le più efficaci strategie per sopravvivere in ogni situazione e per battere il nemico. Animata da un insopprimibile desiderio di avventura, sua figlia Tina decide di sperimentarne di persona l'efficacia e si addentra nella foresta, dove incontra alcuni guerriglieri. ■ DRAMMATICO; COL.; 90'; USA, 1987.

ANGELO IN ESILIO *(Angel in Exile)* ★★
Regia di ALLAN DWAN, PHILIP FORD. Con JOHN CARROLL, THOMAS GOMEZ, BARTON MACLANE, ADELE MARA. ■ Un minatore si trova in prigione per furto di polvere d'oro. Dopo aver scontato la pena, con la refurtiva recuperata compera una miniera abbandonata in una cittadina mineraria. Il suo piano è intuibile; si tratta di far credere ai cittadini che la miniera è ancora sfruttabile. Tutto andrebbe a gonfie vele se in città non arrivassero i suoi ex soci. Redenzione finale. ■ AVVENTURA; B/N; 90'; USA, 1948.

ANGELO NERO, L' *(Black Angel)* ★★★
Regia di ROY WILLIAM NEILL. Con BRODERICK CRAWFORD, DAN DURYEA, WALLACE FORD, PETER LORRE, JUNE VINCENT. ■ Il marito di una cantante assassinata si unisce alla moglie di un presunto colpevole per trovare l'autore del delitto. L'unica traccia è una spilla rubata alla giovane vittima. Finale a sorpresa. Da Cornell Woobrich. ■ POLIZIESCO; B/N; 80'; USA, 1946.

ANGELO PELLEROSSA, UN *(Miracle in the Wilderness)* ★
Regia di KEVIN JAMES DOBSON. Con KIM CATTRALL, KRIS KRISTOFFERSON. ■ La voglia del remake immediato ha contagiato il

regista che copia malamente da *Balla coi lupi*, mettendo insieme una vicenda in cui i buoni sentimenti vorrebbero coniugarsi con i grandi spazi. ■ AVVENTURA; COL.; 85'; USA, 1991.

ANGELO PERDUTO, L' *(Lost Angel)* ★★★
Regia di ROY ROWLAND. Con JAMES CRAIG, MARSHA A. HUNT, PHILIP MERIVALE, MARGARET O'BRIEN. ■ Un istituto per lo studio delle scienze si fa affidare da un orfanotrofio una trovatella per poter compiere su di lei alcuni esperimenti sull'educazione impartita ai bambini. A sei anni la piccola ha già una cultura straordinaria ma purtroppo ha perso la sua infanzia. ■ DRAMMATICO; B/N; 91'; USA, 1943.

ANGELO PER RIBOT, UN ★
Regia di CARLO CAPRIATA. Con GUIDO CELANO, RICCARDO RICCI, ELSA VAZZOLER. ■ Un orfano accolto dal nonno, addetto ad alcune scuderie di purosangue, impara ad amare i cavalli e si lega in particolar modo al puledro Ribot. Ha la gioia di vedergli vincere un premio importante prima di morire. ■ DRAMMATICO; B/N; 95'; ITALIA, 1963.

ANGELO PER SATANA, UN ★★
Regia di CAMILLO MASTROCINQUE. Con ALDO BERTI, URSULA DAVIS, BARBARA STEELE, ANTHONY STEFFEN. ■ In concomitanza al ritorno dal collegio di una giovane castellana, viene ripescata nel lago la statua di un'antenata. Le superstizioni che gravitano attorno ad essa la indicano come responsabile di una serie di misteriosi delitti, ma alla fine il vero colpevole sarà smascherato. ■ HORROR; B/N; 90'; ITALIA, 1966.

ANGELO SCARLATTO *(Scarlet Angel)* ★★
Regia di SIDNEY SALKOW. Con AMANDA BLAKE, YVONNE DE CARLO, RICHARD DENNING, ROCK HUDSON. ■ A New Orleans durante la guerra di secessione, un ufficiale salva dalla prigione una bella avventuriera. La ragazza durante la notte lo deruba dei suoi averi e scappa assieme alla vedova di un militare. Il giovane ufficiale derubato si mette sulle sue tracce e la ritrova. Fra i due nasce un idillio che indurrà la donna a redimersi. ■ AVVENTURA; B/N; 80'; USA, 1952.

ANGELO SCATENATO, L' *(Angel Unchained)* ★★
Regia di LEE MADDEN. Con LUKE ASKEW, LARRY BISHOP, TYNE DALY, ALDO RAY, DON STROUD. ■ Un ragazzo si separa dai compagni motociclisti e si ferma in una comunità hippy. Alcuni cowboy aggrediscono e malmenano i suoi componenti ed egli, prevedendo un nuovo attacco, chiama in difesa gli ex compagni. Nello scontro seguente il capo degli hippy viene ucciso. ■ DRAMMATICO; B/N; 92'; USA, 1972.

ANGELO SPORCO, L' *(Schmutziger Engel)* ★★
Regia di ALFRED VOHRER. Con CORNY COLLINS, DORIS KIRCHNER, PETER VAN EYCK. ■ Studentessa innamorata di un professore cerca, invano, di conquistarlo. Inventa addirittura una grossa bugia per comprometterlo, ma viene smascherata dai compagni di classe. Allora parte alla ricerca di nuove esperienze. ■ DRAMMATICO; B/N; 87'; GERMANIA, 1959.

ANGELO STERMINATORE, L' ★★★★★
(El angel exterminador)
Regia di LUIS BUÑUEL. Con JACQUELINE ANDERE, JOSÉ BAVIERA, AUGUSTO BENEDICO, SILVIA PINAL, ENRIQUE RAMBAL. ■ Tratto da un soggetto teatrale scritto da José Bergamin intitolato *Los naufragos* e sceneggiato oltre che dallo stesso Buñuel anche da Luis Arcoriza, *L'angelo Sterminatore* è uno dei film più belli diretti dal grande maestro spagnolo. La trama è solo un pretesto per scavare nei meandri della psicologia umana del mondo borghese la cui morale, per Buñuel, diventa antimorale. Dopo una prima teatrale, una comitiva dell'alta borghesia viene invitata a cena in una villa di amici. Sul tardi, mentre ascoltano una pianista, si accorgono che la servitù si è inspiegabilmente eclissata. Cercano di uscire dalla villa ma qualcosa li trattiene. Sono prigionieri di loro stessi e improvvisamente si ritrovano, quasi fosse il giorno dell'Apocalisse, a piangere sul loro destino. La situazione si fa sempre più tesa, i loro dialoghi sempre più amari e violenti fino al "sacrificio carnale" di una giovane ragazza che viene posseduta dal loro ospite. Solo allora crederanno di essersi liberati dal loro incubo. ■ DRAMMATICO; B/N; 95'; MESSICO, 1962.

ANGELO TRA LA FOLLA ★★
Regia di LEONARDO DE MITRI. Con DANTE MAGGIO, ISA POLA, UMBERTO SPADARO. ■ Un orfano si perde e viene accolto da una fruttivendola. Il piccolo assiste ad un assassinio e, spaventato, fugge: dovrà passare molte avventure prima che la polizia riesca a ritrovarlo. ■ AVVENTURA; B/N; 88'; ITALIA, 1950.

ANGELO UBRIACO, L' *(Yoidore tenshi)* ★★★
Regia di AKIRA KUROSAWA. Con TOSHIRO MIFUNE, CHIEKO NAKAKITA, TAKASHI SHIMURA, REISABURO YAMAMOTO. ■ Si tratta di un film inedito del grande regista giapponese. Ambientato a Tokyo dopo la seconda guerra mondiale mostra realisticamente la difficile sopravvivenza dei giapponesi. Ognuno si adatta ai mestieri più umili. ■ DRAMMATICO; B/N; 98'; GIAPPONE, 1948.

ANGELUS NOVUS ★★
Regia di PASQUALE MISURACA. Con DOMENICO PESCE, TOMASO RICORDY, STEFANO VALOPPI. ■ Pensieri, scritti e circostanze degli ultimi giorni di vita di Pier Paolo Pasolini, dalle polemiche politiche e letterarie sino alla tragica fine sul lido di Ostia. Film provocatorio e tetro, con incessanti e inutili corse in macchina attraverso una Roma notturna, per illustrarne il degrado. ■ DRAMMATICO; COL.; 82'; ITALIA, 1986.

ANGIE – UNA DONNA TUTTA SOLA *(Angie)* ★★
Regia di MARTHA COOLIDGE. Con PHILIP BOSCO, GEENA DAVIS, JAMES GANDOLFINI, STEPHEN REA, AIDA TURTURRO. ■ Angie subisce all'età di tre anni l'abbandono da parte della madre. Il padre si trova una nuova donna che a lei non piace. Il suo rapporto con Vinnie, il suo ragazzo, subisce fasi alterne ma Angie si ritrova incinta. Ha un rapporto con uno sconosciuto che ben presto la lascia. Angie si trova dinanzi alla nascita di un bambino malformato ma decide di occuparsi di lui tornando a cercare la propria madre che soffre di schizofrenia. Geena Davis, alle prese con una storia dai risvolti drammatici, non rinuncia alla sua aria da simpatica svagata. ■ DRAMMATICO; COL.; 107'; USA, 1994.

ANGIOLETTO SENZA ALI ★★
(The Kid with the Broken Halo)
Regia di LESLIE H. MARTINSON. Con JUNE ALLYSON, GARY COLEMAN, ROBERT GUILLAUME, RAY WALSTON. ■ Per riuscire ad ottenere le ali, un angioletto di dodici anni dal carattere testardo ma ottimista deve superare alcune prove. Purtroppo si caccia sempre nei guai e il suo compito si presenta tutt'altro che facile. ■ COMMEDIA; COL.; 92'; USA, 1987.

ANGI VERA ★★★
Regia di PÁL GÁBOR. Con LASZLO HORVATH, VERONIKA PAPP, EVA SZÁBÓ. ■ Vera Angi è un'infermiera che dà prova di coraggio denunciando le malversazioni del primario. I funzionari del Partito comunista riconoscendo che ha carattere, intelligenza e volontà, la mandano in una scuola per funzionari di partito, dove Vera però si innamora del suo insegnante e ne diviene l'amante. Questo le costa un piccolo processo (data la moralità molto abbottonata dell'ambiente) da cui però esce facendo autocritica. Il suo amante è licenziato, ma Vera farà carriera. Film molto amaro, ambientato negli anni dello stalinismo, ricco di coraggiosi riferimenti alla realtà magiara odierna. ■ DRAMMATICO; COL.; 96'; UNGHERIA, 1978. ■ DAVID DI DONATELLO 1 PR, 1 NOM.

ANGOLO DI CIELO, UN *(East Side of Heaven)* ★★★
Regia di DAVID BUTLER. Con MISCHA AUER, JOAN BLONDELL, BING CROSBY, IRENE HARVEY, C. AUBREY SMITH. ■ L'esile storia non è che un pretesto per ascoltare alcune splendide canzoni scritte da James V. Monaco e Johnny Burke. Il film racconta la storia di un cantante che non riesce a sposare la sua ragazza per mancanza di mezzi. ■ COMM. MUSICALE; B/N; 90'; USA, 1939.

ANGOLO DI PARADISO, UN ★★
(Our Little Girl)
Regia di JOHN ROBERTS. Con ROSEMARY AMES, JOEL MCCREA, LYLE TALBOT, SHIRLEY TEMPLE. ■ L'angolo di paradiso è un piccolo ruscello dove una bimba si ritrova spesso durante le gite domenicali con i suoi genitori. Ma un giorno la piccola, accortasi che mamma e papà non vanno più d'accordo, scappa di casa con il suo cane per raggiungere l'angolo di paradiso. I genitori

comprenderanno il loro errore e tutto tornerà come prima. ■ COMMEDIA; B/N; 63'; USA, 1935.

ANGOLO ROSSO, L' *(The Red Corner)* ★★
Regia di JON AVNET. Con RICHARD GERE, BAI LING, BRADLEY WHITFORD. ■ Gere è un supermanager che deve fare un contratto fra un grande gruppo di comunicazione americano e i cinesi. Viene trovata morta una bella prostituta e il manager è arrestato. Lo difende un'avvocatessa intelligente ma, naturalmente, politicizzata. Pur in condizioni proibitive – il regime comunista sempre regime comunista è, e comunque il grande nodo è il denaro – riesce a venirne fuori. Grazie all'intervento di un altissimo ufficiale che possiede un rimasuglio di onestà e la stessa avvocatessa che non può non innamorarsi del sex symbol americano. Buone le intenzioni ma si sente la mancanza di uno scrittore di base. ■ THRILLER; COL.; 122'; USA, 1998.

ANGOSCIA *(Gaslight)* ★★★★
Regia di GEORGE CUKOR. Con INGRID BERGMAN, CHARLES BOYER, JOSEPH COTTEN, ANGELA LANSBURY, TERRY MOORE, DAME MAY WHITTY. ■ Questo film tratto dalla commedia *Angel Street* di Patrick Hamilton narra la storia di Gregory Anton, un affascinante pianista che sposa la bella Paola Asquit, conosciuta durante un soggiorno in Italia. Dopo un felice periodo iniziale qualcosa si incrina nel loro rapporto; la bella Paola crede di essere sull'orlo della pazzia in seguito a una serie di episodi poco chiari che avvengono nella sua casa. La donna è sul punto di farsi ricoverare in manicomio quando, con l'aiuto di un detective, scopre la verità. Per questo film Ingrid Bergman ricevette l'Oscar come migliore attrice protagonista. ■ DRAMMATICO; B/N; 114'; USA, 1944. ■ OSCAR 2 PR, 7 NOM.

ANGOSCIA, L' *(Anguish)* ★★
Regia di JUAN JOSÉ BIGAS LUNA. Con ÁNGEL JOVÉ, MICHAEL LERNER, CLARA PASTOR, TALIA PAUL, ZELDA RUBISTEIN. ■ Il film comincia con la storia di una donna pazza che, ipnotizzato il figlio infermiere, lo induce a uccidere alcuni pazienti e a strappare loro gli occhi di cui lei fa collezione. Ma attenzione! Non è questo il film che stiamo guardando: siamo in un cinema dove due ragazze stanno assistendo a un film dell'orrore; una delle due ragazze scopre, alla toilette, che un pazzo sta emulando il protagonista del film, che intanto, veniamo a sapere, agisce, in realtà, in un terzo film. Il regista sperava con questo macchinoso stratagemma di coinvolgere il pubblico all'interno di tutta questa vicenda. Il pazzo del cinema verrà arrestato, ma a noi rimarrà sempre il dubbio se, in un confuso intreccio tra finzione e realtà, il vero assassino non sia invece quello nello schermo. Si tratta di un esercizio di stile del regista catalano. ■ HORROR; COL.; 85'; SPAGNA, 1987.

ANGOSCIA NELLA NOTTE *(Fear in the Night)* ★★
Regia di MAXWELL SHANE. Con ANN DORAN, DEFOREST KELLEY, PAUL KELLY, KAY SCOTT. ■ Un giovane sogna così realisticamente di uccidere uno sconosciuto che al risveglio è convinto di averlo fatto davvero. Durante una scampagnata trova le prove del suo delitto e l'uomo che, ipnotizzandolo, l'ha costretto a commetterlo. ■ GIALLO; B/N; 72'; USA, 1947.

ANGUILLA DA 300 MILIONI, UN' ★★★
Regia di SALVATORE SAMPERI. Con MARIO ADORF, SENTA BERGER, GABRIELE FERZETTI, RICKY GIANCO, OTTAVIA PICCOLO, LINO TOFFOLO. ■ Una ragazza rapita convince gli occasionali salvatori a chiedere ugualmente il suo riscatto. Appena avuti i soldi la giovane uccide i complici e fugge; a sua volta però verrà abilmente ingannata e derubata. ■ DRAMMATICO; COL.; 109'; ITALIA, 1971.

ANGUS ★
Regia di PATRICK READ JOHNSON. Con KATHY BATES, RITA MORENO, GEORGE C. SCOTT, CHARLIE TALBERT. ■ Angus è uno studente sensibile e intelligente. Si innamora della più bella della scuola. Peccato però che sia decisamente sovrappeso. Questo però non costituisce un ostacolo determinante. La commediola scorre via liscia e prevedibile per raccontarci l'ennesima versione del "brutto anatroccolo". ■ COMMEDIA; COL.; 89'; USA, 1995.

ANIJA – LA NAVE ★★
Regia di ROLAND SEJKO. Con IVO CALEBOTTA, ENEIDA DEL PRETE, AVNI DELVINA, ARDIAN ELEZI, EVA KARAFILI. ■ Migliaia di cittadini albanesi, nei primi Anni '90, hanno voluto raggiungere l'Italia, allora il paese del benessere, per tentare di fuggire per sempre da un paese distrutto dalla dittatura comunista di Enver Hoxha. Tra la partenza rocambolesca da Durazzo all'attracco finale ai porti italiani, il loro viaggio si è distinto per un riverente e ossequioso silenzio che ha riempito le ore di attesa prima dell'arrivo a terra. Il grande esodo di quel burrascoso periodo ha segnato una svolta nella storia dell'Albania e ha inaugurato un flusso umano, fatto di sogni e disperazione, che ancora oggi segna l'Italia. Attraverso la voce dei protagonisti di quei viaggi straordinari, il documentario racconta gli antefatti socio-politici che hanno deviato il naturale corso della vita di quei giovani albanesi. ■ DOCUMENTARIO; COL.; 80'; ITALIA, 2012.

ANIMA CHE TORNA, L' *(Hazajárò Léilek)* ★
Regia di LAJOS ZILAHY. Con ISTVAN ERC, KATALIN KARADY, ANTAL PAGER. ■ Un'ex cantante, stanca della gelosia del marito, lo lascia. Rimasta vedova è costretta, per mantenere la figlia, a riprendere il suo lavoro. Amareggiata dal losco ambiente in cui canta, tenta il suicidio; salvata da un collega del coniuge defunto lo sposa. ■ DRAMMATICO; B/N; 90'; UNGHERIA, 1943.

ANIMA DEL DIAVOLO, L' *(Final Verdict)* ★★
Regia di JACK FISK. Con GLENN FORD, TREAT WILLIAMS. ■ Un avvocato si trova su posizioni decisamente garantiste benché abbia contro tutta l'opinione pubblica che ritiene sia ingiusto darsi da fare per un assistito della cui colpevolezza si è certi. ■ DRAMMATICO; COL.; 94'; USA, 1991.

ANIMA DI CLOWN *(Grock)* ★★★
Regia di CARL BOESE. Con GROCK, LIANE HAID, PAUL HÖRBIGER. ■ Questo è il secondo film interpretato da Grock, il più celebre clown del Novecento. Nato in Svizzera nel 1880, interpretò il suo primo lungometraggio nel 1926 in Francia dal titolo *Son premier film* e tornò sullo schermo ancora una volta nel 1950. Il suo vero nome era Adrien Wettach e assunse il nome di "Grock" nel 1903. ■ COMMEDIA; B/N; 95'; GERMANIA, 1931.

ANIMA DIVISA IN DUE, UN' ★★★
Regia di SILVIO SOLDINI. Con FELICE ANDREASI, MARIA BAKÒ, FABRIZIO BENTIVOGLIO, PHILIPPINE LEROY-BEAULIEU. ■ Secondo film di Soldini dopo *L'aria serena dell'ovest*. Presentato alla Mostra di Venezia ha fatto ottenere a Bentivoglio il premio come miglior attore. Pietro, separato dalla moglie e con un figlio, lavora in un grande magazzino di Milano, fa l'osservatore occulto. Controlla cioè se qualcuno commette furti. Conosce un giorno Pabe, una zingara che ha tentato di rubare, e vuole aiutarla a togliersi dall'ambiente dove l'hanno costretta a vivere. Allora fuggono lontano, ad Ancona, dove abita il suocero di Pietro (il bravo Felice Andreasi) e in seguito lei trova lavoro come cameriera in un albergo. La incolpano ingiustamente di furto. Se ne devono dunque andare ma ormai sono definitivamente uniti. Una storia sulle problematiche degli zingari in Italia, senza sermoni e con un "quanto" di ironia che rende tutto più credibile. Due culture completamente diverse a confronto. Bravo, Silvio Soldini, nel dirigere gli attori e capace di una regia asciutta. Esemplare il montaggio della parte iniziale in cui si alternano le scene di Pietro sul metrò e nel grande magazzino. Fotografia in odore anni Settanta. ■ COMMEDIA; COL.; 122'; ITALIA, 1993. ■ VENEZIA 2 PR.

ANIMA E CORPO *(Body and Soul)* ★★
Regia di ALFRED SANTELL. Con DONALD DILLAWAY, CHARLES FARRELL, ELISSA LANDI, MYRNA LOY. ■ Il film è legato alla famosa canzone *Body and Soul* scritta da Green, Sour, Heyman e Heyton (sono quattro gli autori ma ne è venuto fuori un autentico capolavoro) e lanciata nella rivista *Three's a Crowd* del 1930. Il tradizionale triangolo dà luogo a variazioni drammatiche. ■ DRAMMATICO; B/N; 74'; USA, 1931.

ANIMA E CORPO *(Body and Soul)* ★★★
Regia di ROBERT ROSSEN. Con HAZEL BROOKS, WILLIAM CONRAD, JOHN GARFIELD, LILLI PALMER, ANNE REVERE. ■ Questo film scritto da Abraham Polonsky narra l'ascesa nel mondo del pugilato di Charlie Davis. La trama più o meno è simile ad altri film

sullo stesso argomento. ■ COMMEDIA; B/N; 104′; USA, 1947. ■ OSCAR 1 PR, 3 NOM.

ANIMA E IL VOLTO, L' *(A Stolen Life)* ★★★★
Regia di CURTIS BERNHARDT. Con BRUCE BENNETT, WALTER BRENNAN, DANE CLARK, BETTE DAVIS, GLENN FORD, CHARLES RUGGLES. ■ Qui Bette Davis sostiene il doppio ruolo di due sorelle gemelle innamorate dello stesso uomo, Bill Emerson, il quale decide di sposare Patricia, meno sensibile ma più affascinante della sorella Kate. Bill si assenta per lungo tempo a causa del suo lavoro che lo porta lontano e le due sorelle riprendono a frequentarsi. Ma un giorno, mentre fanno una gita in barca, Patricia annega durante un improvviso temporale. Kate, ancora innamorata di Bill, fa credere di essere Patricia. Confesserà il suo gioco solo dopo aver scoperto che Bill non amava più la moglie. Questo film fu prodotto dalla stessa Bette Davis qui in una (anzi in due) delle sue più belle interpretazioni. ■ DRAMMATICO; B/N; 107′; USA, 1946. ■ OSCAR 1 NOM.

ANIMA E LA CARNE, L' *(Heaven Knows, Mr. Allison)* ★★★
Regia di JOHN HUSTON. Con DEBORAH KERR, ROBERT MITCHUM. ■ Un gruppo di giapponesi sbarca su un'isoletta del Pacifico. Una suora e un marine, suoi unici abitatori, sono costretti a rifugiarsi nella stessa grotta. Lui si innamora e vorrebbe sposarla; lei rifiuta, fermamente decisa a proseguire la strada scelta. ■ AVVENTURA; B/N; 107′; USA, 1957. ■ OSCAR 2 NOM.

ANIMA GEMELLA, L' ★★★
Regia di SERGIO RUBINI. Con DINO ABBRESCIA, VALENTINA CERVI, VIOLANTE PLACIDO, SERGIO RUBINI, MICHELE VENITUCCI. ■ Tonino è promesso sposo di Teresa, l'arrogante e frustrata figlia di un ricco commerciante di pesce di un paesino del Sud Italia, ma in realtà ama la cugina di lei, Maddalena, pura e solare. Quando viene abbandonata sull'altare da Tonino a favore della cugina, Teresa, resa folle dalla rabbia e dalla gelosia, si affida all'opera di Angelantonio, un barbiere truffaldino figlio della fattucchiera locale, perché riesca, con le arti magiche, a far mutare il cuore di Tonino. Nonostante la sua insipienza nell'uso della magia, Angelantonio riesce nel suo intento, ma nel far ciò complica talmente le cose che dovrà intervenire la madre per risanare la situazione. Giunto alla sua sesta regia, Rubini fa centro con una vicenda che mischia la comicità della commedia degli equivoci con i sapori misteriosi dei culti religiosi popolari del meridione. Grazie ad una solare felicità narrativa, e a due giovani interpreti perfettamente in sintonia, la pellicola si snoda con puntuale sincronia, e Rubini, che si ritaglia l'ottima figura del barbiere squinternato, sa tenere sotto controllo ogni possibile eccesso, senza scadere nel grottesco o nel caricaturale. Da vedere. ■ COMMEDIA; COL.; 96′; ITALIA, 2003.

ANIMAL ★★
Regia di LUKE GREENFIELD. Con EDWARD ASNER, JOHN C. MCGINLEY, ROB SCHNEIDER. ■ Il dottor Wilde ha usato il corpo di Marvin Mange per uno strano esperimento; trasformare un essere umano in uno zoo ambulante. Marvin si ritrova così a passare dal sedentario lavoro di archivista della polizia alla mobilità disinvolta di numerose specie animali assemblate in un solo corpo. Si arrampica come una scimmia e nuota come un delfino. Rob Schneider, noto negli Usa per le sue performance al *David Letterman Show* e al *Saturday Night Live* si mette al servizio di questo Dottor Doolitle al contrario. Lui non parla con gli animali, "è" una serie di animali. ■ COMICO; COL.; 84′; USA, 2001.

ANIMAL CRACKERS ★★★
Regia di VICTOR HEERMAN. Con MARGARET DUMONT, CHICO MARX, GROUCHO MARX, HARPO MARX, ZEPPO MARX, LILIAN ROTH, LOUIS SORIN. ■ Inedito in Italia è stato presentato in versione originale con sottotitoli da Raitre. Una sontuosa festa viene messa a repentaglio dai Marx. Groucho, che interpreta un capitano di ritorno dall'Africa, canta la celebre battuta spinta «Ho sparato a un elefante nel mio pigiama». Uno dei più spassosi film dei famosi fratelli, tratto dalla commedia teatrale di George S. Kaufman. ■ COMICO; B/N; 97′; USA, 1930.

ANIMALE, L' *(L'animal)* ★★
Regia di CLAUDE ZIDI. Con JEAN-PAUL BELMONDO, JULIEN GUIOMAR, ALDO MACCIONE, RAQUEL WELCH. ■ Un cascatore di cinema, bravo ma scapestrato, viene chiamato a sostituire nelle scene pericolose un divo suo sosia, 'duro" sullo schermo ma pusillanime (con tendenza al femmineo) nella vita privata. Lo stunt-man, pur volenterosissimo, è molto maldestro e viene cacciato dal set. Poco male: nel frattempo ha potuto conquistare il cuore di una sua collega. ■ COMMEDIA; COL.; 100′; FRANCIA, 1977.

ANIMALE CHIAMATO UOMO, UN ★
Regia di ROBERTO MAURI. Con GILLIAN BRAY, OMERO CAPANNA, VASSILI KARIS. ■ Due allegri piantagrane giungono in una cittadina del West dove si scontrano a parole e a fatti con una banda di fuorilegge. La sterminano e se ne vanno tra il sollievo di tutta la cittadinanza. ■ WESTERN; B/N; 88′; ITALIA, 1973.

ANIMALE FEMMINA, L' *(The Female Animal)* ★★
Regia di HARRY KELLER. Con HEDY LAMARR, GEORGE NADER, JANE POWELL. ■ Una diva e sua figlia sono innamorate dello stesso uomo. La madre vorrebbe sposarlo, poi, intuendo che il suo amante corrisponde il sentimento della fanciulla, si sacrifica per la loro felicità. ■ COMMEDIA; B/N; 84′; USA, 1958.

ANIMALE IRRAGIONEVOLE, UN
(Un animal doué de déraison) ★★★
Regia di PIERRE KAST. Con JEAN-CLAUDE BRIALY, JACQUES SPIESSER, ALEXANDRA STEWART, JECE VALADAO. ■ Il costruttore edile francese Claude popola di complessi residenziali la baia di Rio de Janeiro. Qui incontra una fredda bellezza dell'aristocrazia locale, Alexandra. Dopo un breve idillio, la donna si stufa perché innamoratasi dell'ecologo Jacques. Uno scrittore, fine osservatore della situazione, scrive un romanzo ambientato nel Brasile del 1700 e i cui personaggi rispecchiano la psicologia di Claude, Alexandra e Jacques. ■ DRAMMATICO; B/N; 110′; BRASILE, FRANCIA, 1975.

ANIMAL FACTORY ★★★
Regia di STEVE BUSCEMI. Con STEVE BUSCEMI, SEYMOUR CASSEL, WILLEM DAFOE, EDWARD FURLONG, MICKEY ROURKE. ■ Earl è un detenuto che sta scontando i suoi venticinque anni di carcere. Dopo diciotto anni trascorsi in prigione, è temuto, rispettato da tutti e ha un ottimo rapporto con le guardie. L'arrivo di Ron, un giovanotto di buona famiglia arrestato per spaccio di droga, segna l'inizio di uno speciale rapporto di amore-amicizia: Earl prenderà il giovane sotto la sua ala protettiva trasmettendogli un affetto paterno. L'attore-regista Steve Buscemi dirige un ottimo film; bravissimi gli attori ed efficaci le descrizioni dell'ordinata e violenta vita dietro le sbarre. ■ DRAMMATICO; COL.; 90′; USA, 2000.

ANIMAL HOUSE ★★★
(National Lampoon's Animal House)
Regia di JOHN LANDIS. Con JOHN BELUSHI, VERNA BLOOM, CESARE DANOVA, TIM MATHESON, JOHN VERNON. ■ Il club dei Delta è il circolo universitario più scanzonato del campus di Faber all'inizio degli anni Sessanta. Il rettore vede i suoi membri come il fumo negli occhi e appena gliene offrono l'occasione li caccia dall'università. I ragazzi del Delta si vendicano durante il corteo annuale del college. Il rettore e tutti gli altri membri dell'*establishment* ci faranno una figura barbina. ■ COMMEDIA; B/N; 109′; USA, 1979.

ANIMALI, GLI *(Les animaux)* ★★★
Regia di FRÉDÉRIC ROSSIF. ■ È una sequela di immagini sugli animali, dalla loro comparsa sulla Terra alla lotta per la sopravvivenza, dalla riproduzione ai rapporti con l'uomo. ■ DOCUMENTARIO; B/N; 90′; FRANCIA, 1964.

ANIMALI CHE ATTRAVERSANO LA STRADA ★★
Regia di ISABELLA SANDRI. Con SALVATORE GRASSO, ENRICA MARIA MODUGNO, FRANCESCA RALLO, ANDREA RENZI. ■ Martina è una quattordicenne con una madre che pensa troppo a se stessa e una vita di periferia a Roma. È affidata a un giovane assistente sociale, Giovanni. Fiammetta è una poliziotta comprensiva che diventa implacabile quando sospetta che Martina copra le attività illecite di Alì, proprietario della sauna/paravento in cui lavora sua madre. Quando un animale attraversa la strada le sue paure sono molteplici. Dice la regista: «Animali selvatici e animali addomesticati che nelle loro inadeguatezze hanno lo stesso destino.

Attoniti fissano la luce dei fari che arriva senza preavviso; la loro ingenuità fatta per essere tradita, che sembra nata con loro apposta per questo». Un film "sulla strada" con tutti gli slanci e le incertezze di un cinema a basso costo. ■ DRAMMATICO; COL.; 91′; ITALIA, 2000.

ANIMALI FELICI ★★
Regia di ANGELO RUTA. Con ROBERTO ANGLISANI, OUMAR BA, CHRISTIAN BANI, ADRIANA LIBRETTI, PIETRO UBALDI. ■ Milano. Rota ci offre un vasto campionario di "animali felici", cioè di persone che hanno raggiunto il successo grazie a dosi massicce di arrivismo e di egoismo. Preme però un po' troppo il pedale del grottesco rischiando di perdere di mira l'obiettivo che si era prefisso: quello di puntare l'indice sull'assenza di valori. ■ COMMEDIA; COL.; 99′; ITALIA, 1998.

ANIMALI METROPOLITANI ★★
Regia di STENO. Con SENTA BERGER, NINETTO DAVOLI, DONALD PLEASENCE. ■ In un futuro lontanissimo l'uomo sarà tornato allo stato scimmiesco. All'università di Buffalo un professore proietta un filmato preistorico ambientato alla fine del ventesimo secolo dove si vede l'uomo lì lì per diventare scimmia (la storia è quella di un safari organizzato da uno scienziato e dalla sua bella assistente). ■ COMMEDIA; COL.; 95′; ITALIA, 1987.

ANIMALI PAZZI ★★★
Regia di CARLO LUDOVICO BRAGAGLIA. Con CALISTO BELTRAMI, LILIA DALE, LUISA FERIDA, CESARE POLACCO, TOTÒ. ■ Il barone Tolomeo non può ricevere un'eredità se non sposa la cugina entro un tempo determinato. Aiutato da un sosia, riuscirà a prender possesso dell'eredità facendo sì che la somma non venga lasciata a una casa di cura di animali pazzi. Questo film è il secondo girato da Totò, allora alle prime armi nel cinema. ■ COMMEDIA; B/N; 72′; ITALIA, 1939.

ANIMAL KINGDOM ★★
Regia di DAVID MICHÔD. Con JOEL EDGERTON, LUKE FORD, BEN MENDELSOHN, GUY PEARCE, JACKI WEAVER. ■ La madre di J non apre più gli occhi. Muore dopo una fatale overdose. Il figlio disperato chiama la nonna che lo accoglie nella sua famiglia di criminali. Fratelli di sangue e tra il sangue, in lotta senza esclusione di colpi con la polizia a Melbourne. Tra strategie processuali manipolate e vendette servite su piatti gelidi, J perderà la sua innocenza di adolescente. ■ DRAMMATICO; COL.; 112′; AUSTRALIA, 2009.

ANIMALS ★
Regia di MICHAEL DI JIACOMO. Con MILI AVITAL, MICKEY ROONEY, TIM ROTH, ROD STEIGER. ■ Si parte con un flash back e da un filmato realizzato nel 1933 da una produzione francese sulla vita di uno strano personaggio. Sessant'anni dopo, tre uomini che facevano parte di quella troupe sono a New York e convincono un tassista a condurli in una città misteriosa per incontrare una donna. Nel segno della fantasy che "dovrebbe" essere garanzia di incassi. Invece è solo astrusità e nulla. E fa male rivedere Rooney e Steiger, due grandi, impantanati in un'iniziativa del genere. Auspicando una controtendenza rispetto alle pletore di produzioni fantasy. ■ FANTASTICO; COL.; 143′; USA, 1997.

ANIMALS UNITED 3D *(Die Konferenz der Tiere)* ★★
Regia di REINHARD KLOOS, HOLGER TAPPE. Con THOMAS FRITSCH, CHRISTOPH MARIA HERBST, BASTIAN PASTEWKA, RALF SCHMITZ. ■ Nel Delta dell'Okavango, in Botswana, la mangusta Billy, un padre di famiglia immaturo e bighellone, e il suo unico amico Socrates, il leone, avendo atteso invano l'annuale piena, decidono di mettersi in viaggio per andare a cercare l'acqua. ■ ANIMAZIONE; COL.; 93′; GERMANIA, 2010.

ANIMA NERA ★★★
Regia di ROBERTO ROSSELLINI. Con VITTORIO GASSMAN, ELEONORA ROSSI DRAGO, YVONNE SANSON, ANNETTE STROYBERG, NADIA TILLER. ■ Il film è tratto dal dramma di Patroni Griffi: un giovane corrotto cerca di riabilitarsi sposando una ragazza di condizioni sociali elevate. Questa lo lascia quando scopre certe sue passate ambiguità. Ma una prostituta, con la quale il marito è andato a convivere, la convince a perdonarlo. ■ DRAMMATICO; B/N; 98′; ITALIA, 1962.

ANIMA PERSA ★★★★
Regia di DINO RISI. Con ESTER CARLONI, CATHERINE DENEUVE, VITTORIO GASSMAN, DANILO MATTEI. ■ In una soffitta vive segregato un uomo impazzito per aver causato la morte di una bambina. Ma forse non è vero, forse la vera colpevole è Elisa, sua madre, sposata poi a un altro uomo. È un giovane che si trova davanti a questa serie di spiegazioni false, finché un giorno si decide ad aprire la porta della soffitta, e ciò che scopre lo sconvolge. Il film è tratto dal romanzo di Giovanni Arpino. ■ DRAMMATICO; B/N; 100′; ITALIA, 1977.

ANIME ALLO SPECCHIO ★★★
(She Knew All the Answers)
Regia di RICHARD WALLACE. Con JOAN BENNETT, JOHN HUBBARD, FRANCHOT TONE. ■ Il matrimonio fra una ballerina e un giovane benestante è contrastato dal tutore di quest'ultimo, che si oppone alle nozze pur non conoscendo la ragazza. Senza rivelare la propria identità, la ballerina si fa assumere in qualità di segretaria dal tutore del quale s'innamorerà lasciando il promesso sposo. ■ COMMEDIA; B/N; 88′; USA, 1941.

ANIME BRUCIATE *(Un missionaire)* ★★
Regia di MAURICE CLOCHE. Con JACQUES BERTHIER, YVES MASSARD, CHARLES VANEL. ■ Un religioso in Africa oppone il suo entusiasmo alla prudenza dell'anziano direttore della missione. Durante la sua assenza fa a modo suo ma fallisce; deluso, pensa di ritirarsi a vita contemplativa, ma il superiore lo convince a proseguire il suo apostolato. ■ DRAMMATICO; COL.; 99′; FRANCIA, 1957.

ANIME FERITE *(Till the End of Time)* ★★★
Regia di EDWARD DMYTRYK. Con WILLIAM GARGAN, GUY MADISON, DOROTHY MCGUIRE, ROBERT MITCHUM, JEAN PORTER, TOM TULLY, BILL WILLIAMS. ■ Questo film è molto simile a *I migliori anni della nostra vita* (girato da William Wyler e che fu il massimo successo dell'anno). Si racconta la storia di un gruppo di reduci della seconda guerra mondiale e il loro difficile reinserimento nella vita civile. Una giovane vedova si prenderà cura di loro. ■ DRAMMATICO; B/N; 105′; USA, 1946.

ANIME FIAMMEGGIANTI ★★★
Regia di DAVIDE FERRARIO. Con GIUSEPPE CEDERNA, ALESSANDRO HABER, ELENA SOFIA RICCI, MONICA SCATTINI. ■ Divertimento intelligente con molte citazioni, ma anche un tratto originale da parte del regista. La canzone dei Rolling Stones *Satisfaction* sarebbe l'ideale per spiegare lo stato di frustrazione e insoddisfazione del protagonista. Lasciato dalla moglie datasi all'investigazione privata, deve sopportare continuamente le avance di un malvivente omosessuale agli arresti domiciliari. Professore di filosofia, ha un bel daffare per riconquistare la moglie della quale è ancora innamorato. Lei nel frattempo si ritrova tra i piedi un industriale che vuole sposarla e così si rifugia dall'ex marito. In più gli piomba in casa una Madonna che lo vuole redimere. Alla fine scapperà in aereo con il delinquente per il gusto di trasgredire a una vita piatta, senza più stimoli. Bravi tutti gli attori, volutamente sopra le righe tranne il protagonista. Ferrario, divenuto anche romanziere (*Dissolvenza al nero*) e già distributore in Italia dei film del Nuovo Cinema Tedesco, costruisce il suo miglior film dai tempi dell'esordio. Presentato alla Mostra di Venezia. ■ COMMEDIA; COL.; 95′; ITALIA, 1994.

ANIME GEMELLE *(The Lonely Guy)* ★★
Regia di ARTHUR HILLER. Con CHARLES GRODIN, JUDITH IVEY, STEVE MARTIN. ■ Un aspirante scrittore viene abbandonato dalla fidanzata. È un brutto colpo per lui. Trova conforto nell'amicizia di un altro single per forza. Diventano talmente amici che la loro intesa risulta un ostacolo per le donne che successivamente riescono ad avvicinare. Alla fine però ognuno troverà la compagna giusta. E l'aspirante scrittore diverrà autore di successo (come? Ma naturalmente con un libro sulle sue esperienze da single). ■ COMMEDIA; COL.; 90′; USA, 1984.

ANIME INCATENATE *(White Shoulders)* ★★
Regia di MELVILLE W. BROWN. Con MARY ASTOR, RICARDO CORTEZ, JACK HOLT. ■ Una donna dal passato turbinoso sposa un milionario. Pur amando il marito non rifiuta la corte di un latin lover,

che è un ladro di gioielli. A complicare ulteriormente le cose arriva anche un precedente marito. ■ DRAMMATICO; B/N; 85′; USA, 1931.

ANIME INCATENATE *(La belle que voilà)* ★★
Regia di JEAN-PAUL LE CHANOIS. Con JEAN DEBUCOURT, MICHÈLE MORGAN, HENRI VIDAL. ■ Uno scultore ferisce l'ex amante, ballerina, e finisce in prigione. Lei guarisce e diventa una stella di prima grandezza e, grazie alle sue potenti conoscenze, lo fa liberare; quando lo rivede l'emozione è troppo forte e muore. ■ DRAMMATICO; B/N; 115′; FRANCIA, 1950.

ANIME IN DELIRIO *(Possessed)* ★★★
Regia di CURTIS BERNHARDT. Con GERALDINE BROOKS, JOAN CRAWFORD, VAN HEFLIN, RAYMOND MASSEY, MORONI OLSEN, JOHN RIDGELY, STANLEY RIDGES. ■ Una giovane infermiera assiste la moglie di un facoltoso signore di Los Angeles. Durante le vacanze estive conosce David e se ne innamora; quando il giovane rompe la relazione Louise accetta di sposare il facoltoso signore, rimasto vedovo. A Washington, Louise rivede David che sta per sposare la sua figliastra; nel tentativo di dissuaderlo lo uccide. ■ DRAMMATICO; B/N; 108′; USA, 1947. ■ OSCAR 1 NOM.

ANIME IN TUMULTO ★★
Regia di GIULIO DEL TORRE. Con GINA FALCKENBERG, TERESA FRANCHINI, LEDA GLORIA, CARLO TAMBERLANI, SERGIO TOFANO. ■ Un medico opera una ragazza rimasta ferita durante un incidente automobilistico. Purtroppo la donna non potrà avere figli ma questo non impedisce al medico, che le ha taciuto la verità, di sposarla, lasciando la fidanzata incinta. Scoperta la verità la moglie si "lascerà morire" in modo che il bimbo possa avere un padre. ■ DRAMMATICO; B/N; 92′; ITALIA, 1942.

ANIMANERA ★
Regia di RAFFAELE VERZILLO. Con GIADA DESIDERI, DOMENICO FORTUNATO, ANTONIO FRIELLO, LUIGI SANTORO, LUCA WARD. ■ Enrico Russo è un uomo gentile e stimato, marito esemplare e amministratore di condominio encomiabile, nasconde però un orribile segreto: bambino abusato dal padre in un passato mai dimenticato, Enrico è diventato un "predatore di bambini". Sulle sue tracce navigano a vista un magistrato garantista, un commissario ostinato e una psichiatra sensibile, tre sguardi differenti che vorrebbero rispettivamente garantire, punire o concepire una via di approccio alla psicologia del "mostro". Invaghitosi del piccolo Andrea, figlio di genitori abbienti e assenti, Enrico cerca di conquistarne la fiducia e la simpatia fuori dai cancelli della scuola. Spetterà alla dottoressa Polito e al commissario Masciandaro cercare di salvare il bambino dal suo atroce destino. ■ DRAMMATICO, COL.; 93′; ITALIA, 2006.

ANIME NEL DESERTO *(The Garden of Allah)* ★★★
Regia di RICHARD BOLESLAWSKI. Con CHARLES BOYER, JOHN CARRADINE, MARLENE DIETRICH, BASIL RATHBONE, JOSEPH SCHILDKRAUT, C. AUBREY SMITH. ■ Dopo la morte del padre la bella Domini Enfilden, dietro consiglio di un'amica, decide di trasferirsi in Africa. Nel deserto algerino incontra Boris Androwsky, un giovane russo da poco uscito da un convento di frati. I due s'innamorano e si sposano, ma dopo qualche tempo la donna viene a conoscenza di un delitto commesso dal marito molti anni prima. I due si separano e Boris tornerà a espiare la sua colpa in convento. ■ DRAMMATICO; B/N; 85′; USA, 1936.

ANIME NELLA NEBBIA *(In the Fog)* ★★
Regia di SERGEI LOZNITSA. Con VLADISLAV ABASHIN, VLAD IVANOV, NADEZHDA MARKINA, YULIA PERESILD, VLADIMIR SVIRSKIY. ■ Bielorussia 1942. La regione è sotto il controllo dei tedeschi e la resistenza partigiana cerca di reagire. Un treno viene fatto deragliare non lontano dal villaggio in cui vive Sushenya, che lavora nella ferrovia. Lui e i compagni, che aveva cercato di dissuadere da un atto pericoloso per la popolazione, vengono arrestati. Sushenya è il solo a salvarsi dall'impiccagione. Nell'ambito dei resistenti si diffonde la voce di un suo tradimento. Perché lo hanno risparmiato ? Loznitsa ha adattato un libro di Vasily Bykov in un film non facile, ma che riesce a far "sentire" allo spettatore il sospetto che ha attraversato sempre i movimenti resistenziali. ■ DRAMMATICO; COL.; 127′; GERMANIA, PAESI BASSI, BIELORUSSIA, RUSSIA, LETTONIA, 2012.

ANIME NELLA TORMENTA *(Föhn)* ★★
Regia di ROLF HANSEN. Con HANS ALBERT, LISELOTTE PULVER. ■ Due fidanzati vogliono scalare una montagna. Un uomo, non riuscendo a dissuaderli, li segue. Scoppiata una tormenta, i giovani si salvano dall'assideramento grazie al sacrificio del compagno. ■ DRAMMATICO; B/N; 90′; GERMANIA, 1951.

ANIME NERE *(The Glory Stompers)* ★★
Regia di ANTONY M. LANZA. Con DENNIS HOPPER, JOCK MAHONEY, JODY MCCREA, CHRIS NOEL. ■ Il capo di una banda di motociclisti rapisce la ragazza del rivale. È l'inzio di una catena di sciagure che annienta le bande rivali. ■ DRAMMATICO; COL.; 85′; USA, 1972.

ANIME SELVAGGE *(Killers of the Wild)* ★★
Regia di VIN MOORE. Con JAMES BUSH, RUTH COLEMAN, LEROY MASON, JOAN VALERIE. ■ Sulle Montagne Rocciose un cacciatore viene ucciso da un commerciante di pelli che fa cadere i sospetti sul cane della vittima, ma l'animale sa il fatto suo. ■ DRAMMATICO; B/N; 84′; USA, 1942.

ANIME SPORCHE *(Walk on the Wild Side)* ★★★
Regia di EDWARD DMYTRYK. CON ANNE BAXTER, CAPUCINE, JANE FONDA, LAURENCE HARVEY, BARBARA STANWYCK. ■ Alla morte del padre un giovane decide di ritrovare la ragazza che ama. La rintraccia in una casa di tolleranza: al momento di portarla con sé scoppia una rissa durante la quale lei rimane uccisa. ■ DRAMMATICO; B/N; 114′; USA, 1962. ■ OSCAR 1 NOM.

ANIME SUL MARE *(Souls at Sea)* ★★★
Regia di HENRY HATHAWAY. Con OLYMPE BRADNA, HARRY CAREY, GARY COOPER, ROBERT CUMMINGS, FRANCES DEE, GEORGE RAFT, HENRY WILCOXON. ■ Il film narra l'avventuroso viaggio di due amici a bordo di una nave carica di schiavi. Taylor, uno di loro, viene accusato di aver appiccato un incendio, ma è innocente. ■ AVVENTURA; B/N; 92′; USA, 1937. ■ OSCAR 3 NOM.

ANIME VELOCI ★★
Regia di PASQUALE MARRAZZO. Con GIOVANNI BRIGNOLA, ELISABETTA D'ARCO, ARNOLDO FOÀ, ULRIKE LODWIG, GABRIELLE SCHARNITZKY, RAINER WINKELVOSS. ■ Il muro di Berlino è caduto da dieci anni ed emergono documenti sino ad allora segreti: Susanna, che ha passato anni in carcere senza sapere chi l'ha accusata, si mette quindi a cercare brandelli di un passato perduto e misterioso. Il suo viaggio nel tempo intercetta quello di un'altra anima dannata, Francesca, transgender che esercita la professione di prostituta nella stessa città assieme alla sua amica Giada. A unire le due donne, un uomo, Andreas, cliente della seconda e ambiguo referente della prima. Film "invisibile", uno dei tanti che la cinematografia italiana propone ogni anno, girato in una città altrettanto invisibile, la Berlino post-muro. ■ DRAMMATICO; COL.; 94′; ITALIA, 2003.

ANITRA SELVATICA, L' *(Die Wildente)* ★★
Regia di HANS W. GEISSENDÖRFER. Con ANNE BENNENT, BRUNO GANZ, PETER KERN, JEAN SEBERG. ■ I componenti di una famiglia sembrano vivere senza più stimoli. L'arrivo di un ospite provocherà una rottura d'atmosfera. Da una commedia di Ibsen. ■ DRAMMATICO; COL.; 100′; AUSTRIA, FRANCIA, 1976.

ANITRA SELVATICA, L' *(The Wild Duck)* ★★
Regia di HENRI SAFRAN. Con JEREMY IRONS, LIV ULLMANN. ■ È la storia di una famiglia che vive tranquillamente se non mediocremente. Un giorno si scopre che la madre ha avuto la figlia da un amante. Ma il capofamiglia non affronta la realtà. Nemmeno quando la bambina muore assieme all'anitra che era il simbolo del precario equilibrio della famiglia. Una versione abbastanza inutile del classico di Ibsen, ottimi Irons e la Ullmann. ■ DRAMMATICO; COL.; 96′; AUSTRALIA, 1984.

ANKLAGET ★★
Regia di JACOB THUESEN. Con MICHAEL ASMUSSEN, SOFIE GRAABOEL, PAW HENRIKSEN, TROELS LYBY, SØREN MALLING, LOUISE MIERITZ. ■ Un padre ha problemi di relazione con la figlia di 14 anni. Un giorno la figlia lo accusa pubblicamente di avere abusato di lei. Il genitore viene arrestato e processato. È as-

solto (la figlia è una bugiarda patologica), ma ormai è compromesso. Il film ha il pregio di una buona recitazione che non cade mai nel patetico. ■ DRAMMATICO; COL.; 103'; DANIMARCA, 2004.

ANNA ★★★
Regia di ALBERTO LATTUADA. Con JACQUES DUMESNIL, VITTORIO GASSMAN, SILVANA MANGANO, GABY MORLAY, RAF VALLONE. ■ Una giovane suora infermiera riconosce in un ferito il giovane amato. Tormentata tra l'amore che rinasce e la missione, opta per quest'ultima. ■ DRAMMATICO; B/N; 95'; ITALIA, 1951.

ANNA ★★★
Regia di ALBERTO GRIFI, MASSIMO SARCHIELLI. Con MASSIMO SARCHIELLI, LOUIS WALDON. ■ Girato a Roma. È la vera storia di una ragazza drogata che aspetta un bambino. Il regista, che recita nel film, ha cercato di realizzare un'opera di finzione basandosi sulla realtà. Commovente e crudo. C'è persino una fugace apparizione di Jane Fonda. Non è mai stato realmente distribuito, dopo essere passato al Festival di Berlino e Venezia. ■ DRAMMATICO; B/N; 225'; ITALIA, 1975.

ANNA ★★★
Regia di YUREK BOGAYEVICZ. Con ROBERT FIELDS, SALLY KIRKLAND, PAULINA PORIZKOVA. ■ Un'ex diva del cinema cecoslovacco, in esilio, stringe amicizia con una giovane compatriota. La ragazza diviene una star, si attribuisce il passato dell'amica e le soffia anche l'amante. Una grossa occasione per vedere, al meglio della bravura, Sally Kirkland, grande attrice di teatro sconosciuta al pubblico del cinema. ■ DRAMMATICO; COL.; 100'; USA, 1987. ■ GOLDEN GLOBES 1 PR, 1 NOM; OSCAR 1 NOM.

ANNA *(Anna 6-18)* ★★★
Regia di NIKITA MIKHALKOV. Con ANNA MIKHALKOV. ■ Dodici anni della vita della figlia di Mikhalkov che corrono parallelamente alla storia sovietica. Non manca qualche eccesso di didascalismo anche se la sincerità e la coerenza di questo lavoro non sono in discussione. ■ COMMEDIA; COL.; 99'; FRANCIA, RUSSIA, 1994.

ANNA AL COLLO *(Anna na See)* ★★
Regia di ISIDOR ANNENSKIJ. Con ALLA LARIONOVA, A. SAKINE-NIKOLSKI, U. VLADISLAVSKI. ■ Dal racconto omonimo di Cechov. La giovane e bella Anna sposa un vecchio danaroso per poter provvedere alla famiglia. La vita brillante e il fascino che esercita sugli uomini le fanno dimenticare i suoi cari. ■ DRAMMATICO; COL.; 85'; URSS, 1957.

ANNA BOLENA *(Catalina de Inglaterra)* ★★
Regia di ARTUR RUIZ CASTILLO. Con MARUCHI FRESNO, SILVANA JACHINO, MARY LAMAR. ■ Mediocre ricostruzione della vicenda umana e regale di Anna Bolena. ■ STORICO; B/N; 96'; SPAGNA, 1953.

ANNA BOLENA – DRAMMA STORICO ★★★
(Anna Boleyn)
Regia di ERNST LUBITSCH. Con EMIL JANNINGS, HILDE MULLER, HEDWIG PAULY, HENNY PORTEN. ■ La storia della seconda moglie di Enrico VIII, madre di Elisabetta I. Sposa infelice dal tragico destino. Questo film appartiene al periodo tedesco di Lubitsch, quello in cui realizzava storie in stile melodramma. ■ STORICO; COL.; 136'; GERMANIA, 1920.

ANNA CHRISTIE ★★★★
Regia di CLARENCE BROWN. Con CHARLES BICKFORD, MARIE DRESSLER, GRETA GARBO, GEORGE MARION. ■ Dal dramma di Eugene O'Neill. È la storia di un'ex prostituta e del suo incontro col padre che non vedeva dall'infanzia. La donna nasconde il suo passato ma è costretta a confessarlo a Matt, un amico del padre che la vuol sposare. I due uomini riusciranno a comprendere il dramma di Anna dopo esserne rimasti dapprima sconvolti; Matt la sposerà ma s'imbarcherà con il padre di Anna. ■ DRAMMATICO; B/N; 74'; USA, 1930. ■ OSCAR 3 NOM.

ANNA DEI MILLE GIORNI ★★★
(Anne of the Thousand Days)
Regia di CHARLES JARROTT. Con GENEVIÈVE BUJOLD, RICHARD BURTON, JOHN COLICOS, IRENE PAPAS, ANTHONY QUAYLE. ■ Interessante ricostruzione della vita di Anna Bolena. Richard Burton primeggia nella parte di Enrico VII. ■ STORICO; COL.; 145'; GRAN BRETAGNA, 1970. ■ OSCAR 1 PR, 10 NOM.

ANNA DEI MIRACOLI – AL DI LÀ DEL SILENZIO ★★★
(The Miracle Worker)
Regia di ARTHUR PENN. Con ANNE BANCROFT, PATTY DUKE, VICTOR JORY, ANDREW PRINE, INGA SWENSON. ■ Dalla commedia omonima di Gibson. Un'insegnante tenta di rieducare una bimba cieca e sordomuta, prepotente e cattiva. La sua pazienza e il suo amore domeranno quel carattere ribelle. ■ DRAMMATICO; B/N; 107'; USA, 1963. ■ OSCAR 2 PR, 5 NOM.

ANNA DI BROOKLYN ★★
Regia di CARLO LASTRICATI. Con VITTORIO DE SICA, GINA LOLLOBRIGIDA, AMEDEO NAZZARI, DALE ROBERTSON. ■ Una bella vedova torna dall'America al paese natio. Molti uomini la corteggiano, ma lei sposerà proprio l'unico che le ha sempre dimostrato indifferenza e che si è accorto, quando sta per perderla, di esserne innamorato. ■ COMMEDIA; COL.; 90'; ITALIA, 1958. ■ DAVID DI DONATELLO 1 PR, 1 NOM.

ANNA ED ELISABETTA *(Anna und Elisabeth)* ★★
Regia di FRANK WISBAR. Con HERTHA THIELE, DOROTHEA WIECK. ■ Una paralitica, suggestionata da una guaritrice, ricomincia a camminare. Quando la fanciulla rifiuta di riprendere il suo posto vicino ad altri malati che hanno bisogno di assistenza, la guaritrice non regge alla delusione e si uccide. ■ DRAMMATICO; B/N; 85'; GERMANIA, 1933.

ANNA E IL RE DEL SIAM ★★★
(Anna and the King of Siam)
Regia di JOHN CROMWELL. Con LEE J. COBB, LINDA DARNELL, IRENE DUNNE, REX HARRISON, GALE SONDERGAARD. ■ Un'energica vedova britannica educa, insieme a suo figlio, la prole del re del Siam. Morto il proprio bambino, trova una ragione di vita nella cura costante e affettuosa del futuro sovrano. ■ DRAMMATICO; B/N; 128'; USA, 1946. ■ OSCAR 2 PR, 5 NOM.

ANNA E I LUPI *(Ana y los lobos)* ★★
Regia di CARLOS SAURA. Con RAFAELA APARICIO, GERALDINE CHAPLIN, FERNANDO FERNÁN GÓMEZ, JOSÉ MARIA PRADA, JOSÉ VIVO. ■ Anna è la governante in una ricca famiglia spagnola. Dovrebbe occuparsi delle tre bambine di casa ma finisce per interessarsi ai tre fratelli. La donna riesce così con la sua intelligenza a prendere il sopravvento sui tre uomini che rappresentano gli stereotipi delle convenzioni sociali più difficili da sradicare anche nella Spagna post-franchista. Saura fa un saggio uso del simbolismo per colpire i tabù del sesso, della politica e della religione. ■ COMICO; COL.; 92'; SPAGNA, 1972.

ANNA & THE KING ★★
Regia di ANDY TENNANT. Con ANN FIRBANK, JODIE FOSTER, BAI LING, YUN-FAT CHOW. ■ Storia dell'insegnante Anna, Jodie Foster, che incontra il re del Siam in un film che nasce dal sempreverde musical di Hammerstein e Rodgers. La novità di questa edizione è, prima di tutto, la Foster e, subito dopo, la ricostruzione del clima e dei costumi dell'epoca. Per lo spettatore è l'occasione d'incontro con un cinema spettacolare che non disdegna i contenuti. ■ DRAMMATICO; COL.; 148'; USA, 2002. ■ GOLDEN GLOBES 2 NOM; OSCAR 2 NOM.

ANNA KARENINA ★★★★
Regia di CLARENCE BROWN. Con FREDDIE BARTHOLOMEW, GRETA GARBO, FREDRIC MARCH, MAUREEN O'SULLIVAN, BASIL RATHBONE, MAY ROBSON. ■ Tratto dal famoso romanzo di Leone Tolstoj, questo film narra la storia del grande amore della moglie di un funzionario di stato russo per un ufficiale dell'esercito. I due amanti fuggono assieme, ma Anna sente il bisogno di rivedere il proprio figlio. Tornata a casa viene scacciata dal marito. L'ufficiale parte per la guerra e la donna si uccide. Greta Garbo interpretò lo stesso soggetto nel film *Love* diretto nel 1927 in versione muta da Edmund Goulding con John Gilbert nel ruolo di Vronsky, l'ufficiale. Nonostante la *Karenina* sia una delle eroine più "tradotte" in cinema o in televisione o in teatro, l'immagine che prende forma nella memoria dello spettatore è indubitabilmente questa della Garbo. ■ DRAMMATICO; B/N; 95'; USA, 1935. ■ VENEZIA 1 PR.

ANNA KARENINA ★★★
Regia di JULIEN DUVIVIER. Con GINO CERVI, SALLY ANN HOWES, VIVIEN LEIGH, KIERON MOORE, RALPH RICHARDSON. ■ Il romanzo di Tolstoj sceneggiato oltre che dallo stesso Duvivier anche dal celebre commediografo Jean Anouilh. L'interpretazione di Vivien Leigh, diversissima da quella della Garbo, è efficacissima. ■ DRAMMATICO; B/N; 123'; INGHILTERRA, 1948.

ANNA KARENINA ★★★
Regia di ALEKSANDR ZARKHY. Con NIKOLAJ GRITSENKO, VASILIJ LANOVOJ, TATIANA SAMOJLOVA. ■ Questa versione del celebre romanzo di Tolstoj si caratterizza per la ricerca da parte del regista russo di una tecnica narrativa di stile occidentale. ■ DRAMMATICO; COL.; 110'; URSS, 1969.

ANNA KARENINA ★★★
Regia di BERNARD ROSE. Con SEAN BEAN, JAMES FOX, MIA KIRSHNER, SOPHIE MARCEAU, ALFRED MOLINA. ■ Il vero interesse di questo film, che ripropone un personaggio già interpretato da Greta Garbo e da Vivien Leigh, non sta nell'interpretazione della Marceau che si muove nei limiti della professionalità che tutti le riconoscono e neppure nella regia. La particolarità si trova nel *décor*. È la prima produzione occidentale girata per intero in Russia. San Pietroburgo, opportunamente camuffata "da Mosca", è diventata uno splendido set per questa storia classica ■ DRAMMATICO; COL.; 105'; USA, 1997.

ANNA KARENINA ★★★
Regia di JOE WRIGHT. Con AARON JOHNSON, KEIRA KIGHTLEY, JUDE LAW, KELLY MCDONALD, MATTHEW MACFAYDEN. ■ Un treno innevato corre verso Mosca e verso un destino tragico, quello di Anna, moglie di Karenin, alto funzionario dello zar. Aristocratica e piena di una bellezza vaga, Anna deve intercedere per il fratello, impenitente fedifrago, presso Dolly, la cognata determinata a non perdonare il suo ennesimo tradimento. Condiviso il viaggio con la contessa Vronsky, ne incrocia il figlio Aleksej, innamorandosene perdutamente. I cuori di Anna e di Aleksej si intrecciano fatalmente, muovendo i loro destini e quelli di coloro che amano in direzioni ardite e sconvenienti per la società russa di fine Ottocento. Anna e Aleksej vivranno pienamente il loro amore, sfidando regole, convenzioni e religione, perdendo figli, diritti e prestigio. Invisa alla sua classe, al marito e a Dio, Anna riparerà in campagna e nell'abbraccio sempre aperto del suo amante, da cui avrà presto una bambina. Impossibilitata a sposare Aleksej e costretta ad affidare la sua piccola a Karenin, perché venga "riconosciuta" e gli venga garantito un futuro, Anna infila l'ultimo treno e il freddo polare della morte. Non è nuovo Joe Wright agli adattamenti "in costume" (*Orgoglio e pregiudizio*, *Espiazione*) ma mai come questa volta si è dimostrato sicuro del fatto suo e in pieno possesso dei propri mezzi: il suo film è calato in un teatro e percorso da un treno che apre e chiude una geometria delle passioni, a cui invano tentano di opporsi gli amanti di Tolstoj, esplosi nel mondo claustrofobico della Russia imperiale. L'*Anna Karenina* di Wright, al modo di Max Ophüls, fa danzare lo sguardo con la macchina da presa. ■ DRAMMATICO; COL.; 130'; GRAN BRETAGNA, 2012.

ANNA LUCASTA ★★
Regia di IRVING RAPPER. Con WILL GEER, PAULETTE GODDARD, GALE PAGE. ■ Una ragazza, lontana dalla sua famiglia, conduce un'esistenza piuttosto libera. Torna a casa il giorno dell'arrivo di un amico del quale si innamora e che sposa. Vergognandosi del suo passato fugge con un altro; il marito, però, la ritrova e la perdona. ■ DRAMMATICO; B/N; 86'; USA, 1950.

ANNA LUCASTA – LA RAGAZZA CHE SCOTTA ★★★
(Anna Lucasta)
Regia di ARNOLD LAVEN. Con SAMMY DAVIS JR, REX INGRAM, EARTHA KITT, FREDERICK O'NEAL, HENRY SCOTT. ■ Una ragazza di colore, cacciata di casa dai genitori, torna per sposare il figlio di un facoltoso amico di famiglia. Il disprezzo del padre la fa nuovamente fuggire. Torna di nascosto al capezzale del padre, finalmente pentita dei suoi errori. ■ DRAMMATICO; B/N; 97'; USA, 1966.

ANN AND EVE ★★
Regia di ARNE MATTSSON. Con MARIE LILJEDAHL, JULIAN MATEOS, GIO PETRÉ, FRANCISCO RABAL. ■ Ann, giornalista delusa dalla vita, spinge Eve ad esperienze sessuali con entrambi i sessi. Morto l'uomo Ann si ravvede ed Eve sposa l'uomo al quale è fidanzata. ■ DRAMMATICO; COL.; 87'; SVEZIA, 1972.

ANNA OZ ★★
Regia di ERIC ROCHANT. Con SAMI BOUAJILA, CHARLOTTE GAINSBOURG, GÉRARD LANVIN. ■ Anna si addormenta a Parigi svegliandosi a Venezia. Qui ha una storia con uno strano mercante d'arte. Quando si addormenta si ritrova a Parigi dove viene ricercata come testimone di un delitto. Il rincorrersi tra i sogni la porterà in una terra di nessuno che chiuderà il film. Rochant si diverte a giocare con le immagini ingannando gli spettatori in un film "alla maniera" di troppi autori. ■ DRAMMATICO; COL.; 99'; FRANCIA, ITALIA, SVIZZERA, 1996.

ANNA, PERDONAMI ★
Regia di TANIO BOCCIA. Con ALDO FIORELLI, MARIA FRAU, SILVANA JACHINO, TAMARA LEES, MARISA MERLINI. ■ Condotto negli Stati Uniti come prigioniero di guerra, un uomo vi è rimasto e si è sposato. Alla morte della moglie torna in patria e rivede tutte le donne che ha amato, tranne Anna, morta dando alla luce la loro figlia. ■ DRAMMATICO; B/N; 75'; ITALIA, 1953.

ANNAPOLIS ★
Regia di JUSTIN LIN. Con JORDANA BREWSTER, ZACHERY TY BRYAN, ROGER FAN, JAMES FRANCO, TYRESE GIBSON, VICELLOUS REAON SHANNON, DONNIE WAHLBERG. ■ Jake, pugile dilettante e giovane operaio, ha l'opportunità di abbandonare i cantieri portuali per realizzare il proprio sogno: entrare in Marina. La selezione all'accademia di Annapolis, dove gli aspiranti ufficiali vengono forgiati da estenuanti allenamenti fisici e mentali, e dove l'unica parola d'ordine è resistere, è durissima. Quanto sia dura la vita nelle accademie militari americane è notorio. Unica variante al genere la consistente componente pugilistica. Poco convinto prima che poco convincente. ■ DRAMMATICO; COL.; 108'; USA, 2006.

ANNA, PRENDI IL FUCILE *(Annie Get Your Gun)* ★★★★
Regia di GEORGE SIDNEY. Con EDWARD ARNOLD, LOUIS CALHERN, BETTY HUTTON HOWARD KEEL, KEENAN WYNN. ■ Anna Oakley, dopo aver battuto Frank Butler (campione di tiro nel circo di Buffalo Bill), viene assunta nel circo. Butler, geloso del successo della ragazza, accetta di entrare a far parte di un altro circo. Dopo una lunga tournée, Buffalo Bill decide, per ragioni di carattere finanziario, di far società con il circo di cui fa parte Butler. I due giovani tornano quindi a lavorare assieme ma l'antica gelosia non si è ancora spenta. Alla ragazza innamorata non rimarrà che lasciare a Frank l'antico ruolo di campione. ■ DRAMMATICO; COL.; 107'; USA, 1950. ■ OSCAR 1 PR, 4 NOM.

ANNA, QUEL PARTICOLARE PIACERE ★★
Regia di GIULIANO CARNIMEO. Con RICHARD CONTE, EDWIGE FENECH, ETTORE MANNI, CORRADO PANI, JOHN RICHARDSON. ■ La cassiera di un bar a Bergamo si innamora di uno spacciatore di stupefacenti. La ragazza si trova ben presto coinvolta nella gang di cui l'uomo fa parte. ■ DRAMMATICO; COL.; 100'; ITALIA, 1973.

ANNARÈ ★
Regia di NINI GRASSIA. Con GIGI D'ALESSIO, MARIA MONSÈ, LOREDANA ROMITO, FABIO TESTI. ■ Gigi D'Alessio, cantante spacciato per il Di Caprio napoletano, è fidanzato con Mara, ma va a letto con Anna. Intorno a questo dato di fatto si canta in una sorta di operetta inverosimile che sembra uno scherzo. ■ COMMEDIA; COL.; 105'; ITALIA, 1998.

ANNATA '47 *(The Journalist)* ★★
Regia di MICHAEL THORNHILL. Con MICHELLE RUPEENS, JACK THOMPSON. ■ Nel 1947 si scatenano i primi conflitti in Palestina fra arabi e israeliani. Un giornalista australiano è coinvolto nella lunga faida e rischia più volte la vita. ■ DRAMMATICO; COL.; 72'; AUSTRALIA, 1979.

ANNELIE *(Annelie – Die Geschichte eines Lebens)* ★★
Regia di JOSEF VON BACKY. Con KARL LUDWIG DIEHL, ILSE FÜRSTENBERG, WERNER KRAUSS, LUISE ULLRICH. ■ Annelie sposa il medico che l'ha salvata da un attacco di appendicite. Allo scoppio della prima guerra mondiale si fa crocerossina e assiste il marito

nella sua agonia; all'inizio del secondo conflitto, ormai vecchia, muore serenamente. ■ DRAMMATICO; B/N; 92'; GERMANIA, 1941. ■ VENEZIA 1 PR.

ANNIBALE ★★
Regia di CARLO LUDOVICO BRAGAGLIA. Con RIK BATTAGLIA, GABRIELE FERZETTI, RITA GAM, VICTOR MATURE, MILLY VITALE. ■ Annibale inizia in Italia una fortunata serie di conquiste. La tattica militare di Quinto Fabio Massimo lo arresta, tuttavia il generale cartaginese verrà battuto solo quando saprà che il fratello Asdrubale, che doveva arrivare coi rinforzi, è stato sconfitto e ucciso. ■ STORICO; COL.; 95'; ITALIA, 1960.

ANNIBALE E LA VESTALE *(Jupiter's Darling)* ★★★
Regia di GEORGE SIDNEY. Con GOWER CHAMPION, MARGE CHAMPION, HOWARD KEEL, GEORGE SANDERS, NORMA VARDEN, ESTHER WILLIAMS. ■ Si tratta di una rivista hollywoodiana ispirata alla commedia *Road to Rome* di Robert Sherwood e ambientata nell'antica Roma durante la guerra contro Annibale. Amytis, patrizia romana, viene catturata da Annibale che se ne innamora. Per salvare la sua città la donna sacrificherà se stessa al nemico di Roma. Nel film non mancano numeri acquatici di Esther Williams nel Tevere. ■ COMM. MUSICALE; COL.; 96'; USA, 1955.

ANNI CHE NON RITORNANO, GLI ★★★
(La meilleure part)
Regia di YVES ALLÉGRET. Con MICHÈLE CORDOUE, VALERIA MORICONI, GÉRARD OURY, GÉRARD PHILIPE, UMBERTO SPADARO. ■ L'ideatore di una diga dedica ad essa tutte le sue energie a discapito della salute. Un incidente all'apparenza grave si rivela invece positivo per i lavori, ed egli può finalmente lasciare il gravoso impegno. ■ DRAMMATICO; COL.; 90'; FRANCIA, 1956.

ANNI DEI RICORDI, GLI ★★
(How to Make an American Quilt)
Regia di JOCELYN MOORHOUSE. Con ANNE BANCROFT, ELLEN BURSTYN, WINONA RYDER. ■ Finn deve riflettere se accettare una proposta di matrimonio. Ritorna dunque nella casa di sua nonna, dov'era stata felice. Ma naturalmente tutto è cambiato. Le anziane ospiti sono più interessate a restaurare una vecchia coperta (l'*American Quilt* appunto, che risale ai tempi dei pionieri) e a rievocare i tempi che furono, con tanto di errori, rimpianti e miserie. L'infanzia e la felicità sono davvero un altro paese, lontano e irraggiungibile. ■ SENTIMENTALE; COL.; 116'; USA, 1996.

ANNI DELL'AVVENTURA, GLI ★★★
(The Young Adventurer)
Regia di RICHARD ATTENBOROUGH. Con ANNE BANCROFT, JACK HAWKINS, ANTHONY HOPKINS, ROBERT SHAW, SIMON WARD. ■ Da libro *My early life: a roving commission* di Winston Churchill. È la vita di Churchill presa dalle memorie. Il film narra le sue imprese come corrispondente militare, la clamorosa fuga durante la guerra anglo-boera e il suo ingresso in Parlamento. ■ BIOGRAFICO; COL.; 130'; GRAN BRETAGNA, 1973. ■ OSCAR 3 NOM.

ANNI DI CORSA, GLI *(Les années sandwiches)* ★★★
Regia di MICHEL BOUTRON. Con MICHEL AUMONT, NICOLAS GIRAUDI, WOJCIECH PSZONIAK. ■ A Parigi negli anni immediatamente seguenti il secondo conflitto mondiale, un ragazzo (orfano di ebrei uccisi nei lager) diventa uomo, tra giochi, bravate e traffici nel mercato nero. Con la maturità finirà anche l'amicizia con un coetaneo alto borghese. ■ DRAMMATICO; COL.; 105'; FRANCIA, 1988.

ANNI DIFFICILI ★★★★
Regia di LUIGI ZAMPA. Con ERNESTO ALMIRANTE, MASSIMO GIROTTI, AVE NINCHI, DELIA SCALA, UMBERTO SPADARO, MILLY VITALE. ■ Tratto dal romanzo *Il vecchio con gli stivali* di Vitaliano Brancati, questo splendido film di Zampa racconta le vicissitudini di un semplice impiegato del comune a cui viene richiesto, per poter continuare il suo lavoro, di iscriversi al Partito nazionale fascista. Scoppia la seconda guerra mondiale, si susseguono gli avvenimenti storici dei primi anni Quaranta e finalmente arrivano gli americani a liberare l'Italia; il povero impiegato perderà il suo posto di lavoro perché risulta essere fascista e sarà il sindaco del paese (che anni prima lo costrinse a ritirare la famigerata tessera) a farlo licenziare. ■ DRAMMATICO; B/N; 113'; ITALIA, 1947.

ANNI DI LUCE, GIORNO DI LUTTO ★★★
(Years of Lighting, Days of Drums)
Regia di BRUCE HERSCHENSON. ■ Il lungometraggio ripercorre le tappe umane e politiche di John F. Kennedy, dal giorno dell'ingresso alla Casa Bianca fino a quello del tragico assassinio. ■ DOCUMENTARIO; COL.; 86'; USA, 1965.

ANNI DI PIOMBO *(Die bleierne Zeit)* ★★★🏆
Regia di MARGARETHE VON TROTTA. Con JUTTA LAMPE, BARBARA SUKOWA, RUDIGER VOGLER. ■ Ispirato alla vicenda delle sorelle Esslin (Gudrun, la minore, fu una terrorista della banda Baader-Meinhof e morì in carcere in circostanze misteriose). Il film, diretto da una von Trotta in stato di grazia, è nella prima parte dedicato ai difficili, eppur affettuosi, rapporti fra le sorelle (la maggiore riformista). Nella seconda, la superstite si convince che la sorella è stata assassinata dai secondini, e si batte perché la verità salti fuori. Discutibile sul piano politico, il film è però trascinante su quello emotivo. Primo premio al Festival di Venezia. ■ DRAMMATICO; COL.; 109'; GERMANIA, 1981. ■ VENEZIA 🏆 3 PR.

ANNIE *(Feuerwerk)* ★★★
Regia di KURT HOFFMANN. Con LILLI PALMER, ROMY SCHNEIDER, KARL SCHOENBOECK. ■ Il direttore di un circo in visita ai parenti ne sconvolge l'esistenza: una nipote vuole seguirlo e lasciare il fidanzato, egli stesso viene abbandonato dalla moglie gelosa. Poi, però, tutto si aggiusta. ■ COMMEDIA; COL.; 98'; GERMANIA, 1956.

ANNIE ★★
Regia di JOHN HUSTON. Con CAROL BURNETT, ALBERT FINNEY, AILEEN QUINN. ■ Versione cinematografica del musical che nel '77 trionfò a Broadway. La favola di Annie, piccola orfanella oppressa da una direttrice antipatica e beona, che finisce adottata dal ricchissimo Mr. Warbucks, un burbero dal cuore d'oro. Huston approda al musical sei anni prima di morire, ma il suo film non rende giustizia all'opera teatrale. La protagonista non è degna nemmeno di fare la controfigura di Shirley Temple ed è assurda la decisione della distribuzione di far doppiare in italiano anche le belle canzoni. ■ MUSICAL; COL.; 128'; USA, 1982. ■ GOLDEN GLOBES 1 NOM; OSCAR 2 NOM.

ANNIE DEL KLONDIKE *(Klondike Annie)* ★★
Regia di RAOUL WALSH. Con VICTOR MCLAGLEN, PHILIP REED, MAE WEST. ■ Mae West durante la corsa all'oro nello Yukon. Come al solito è una donna di facili costumi, ma nella città dei minatori si presenta sotto le mentite spoglie di un ufficiale dell'esercito della salvezza. Inganna (per un po') una Giubba Rossa, che la sposerebbe anche, ma la donna al dunque si sottrae per non rovinare la vita all'ingenuo giovanotto. ■ COMMEDIA; B/N; 80'; USA, 1936.

ANNI FACILI ★★★★
Regia di LUIGI ZAMPA. Con ARMENIA BALDUCCI, GINO BUZZANCA, CLELIA MATANIA, GIOVANNA RALLI, NINO TARANTO. ■ Dopo *Anni difficili* ecco *Anni facili*, anche questo diretto da Zampa e tratto da un romanzo di Brancati. Il "nostro eroe" qui non è più un impiegato ma un professore che si trasferisce a Roma per iniziare l'attività di rappresentante di medicinali. Il suo compito è quello di riuscire ad ottenere i documenti necessari per la vendita dei prodotti. Purtroppo non riesce a farsi strada perché troppo onesto e viene quindi licenziato. L'unico lavoro che riesce a trovare è quello di aiutare per le elezioni un candidato disonesto ma finisce in galera mentre il candidato riuscirà a farla franca. ■ COMMEDIA; B/N; 105'; ITALIA, 1953.

ANNI FACILI, GLI *(Les années folles)* ★★★
Regia di MIREA ALEXANDRESCO, HENRY TORRENT. ■ Il film illustra il decennio che intercorre dalla fine della prima guerra mondiale alla crisi del '29. ■ DOCUMENTARIO; B/N; 90'; FRANCIA, 1961.

ANNI IMPAZIENTI *(The Impatient Years)* ★★★
Regia di IRVING CUMMINGS. Con JEAN ARTHUR, LEE BOWMAN, EDGAR BUCHANAN, CHARLES COBURN. ■ La guerra separa due

coniugi. Il marito, tornato a casa in licenza, scopre con disappunto l'esistenza di un inquilino. I litigi per colpa dell'intruso portano la coppia alle soglie del divorzio, ma alla fine l'amore trionfa. ■ COMMEDIA; B/N; 91'; USA, 1944.

ANNI IMPOSSIBILI, GLI *(The Impossible Years)* ★★
Regia di MICHAEL GORDON. Con LOLA ALBRIGHT, CHAD EVERETT, OZZIE NELSON, DAVID NIVEN. ■ L'irrequieta figlia di un professore ne combina di tutti i colori. Al ritorno da una gita con amici annuncia di essersi sposata; i genitori, superato l'iniziale sbalordimento, accettano la situazione. ■ COMMEDIA; COL.; 92'; USA, 1969.

ANNI IN TASCA, GLI *(L'argent de poche)* ★★★★
Regia di FRANÇOIS TRUFFAUT. Con NICOLE FELIX, CHANTAL MERCIER, JEAN-FRANÇOIS STÉVENIN, VIRGINIE THEVENET. ■ È la storia di alcuni bambini "irregolari". L'ambiente è quello di un collegio in Alvernia, dove si svolgono i piccoli drammi infantili. La vicenda centrale è quella di Julien, un piccolo gitano, che ha una vita familiare infelicissima. ■ COMMEDIA; COL.; 104'; FRANCIA, 1975. ■ GOLDEN GLOBES 1 NOM.

ANNI LUCE, GLI *(Les années lumières)* ★★★
Regia di ALAIN TANNER. Con MICK FORD, TREVOR HOWARD, BERNICE STEGERS. ■ Un giovane vagabondo stringe amicizia con un vecchio che vive come un eremita in una stazione di servizio abbandonata. Aiuterà il vecchio a coronare il suo sogno. Volare con due ali appositamente costruite. Il volo termina tragicamente. ■ DRAMMATICO; COL.; 105'; SVIZZERA, 1981. ■ CANNES 1 PR.

ANNI '90 ★★
Regia di ENRICO OLDOINI. Con MASSIMO BOLDI, CHRISTIAN DE SICA, EZIO GREGGIO. ■ Tutta una serie di episodi e finti spot sullo stile di *I mostri*. Ma non sono neanche lontanamente "parenti" di quella qualità. E le pubblicità "regresso" sono quasi di cattivo gusto. Forse con un altro cast, un'altra regia e una sceneggiatura meno "interessata" poteva venire fuori una buona satira. ■ COMMEDIA; COL.; 114'; ITALIA, 1992.

ANNI '90 PARTE II ★
Regia di ENRICO OLDOINI. Con CAROL ALT, FRANCESCO BENIGNO, MASSIMO BOLDI, CHRISTIAN DE SICA, NINO FRASSICA, ANDREA RONCATO. ■ Diviso in sei episodi, il seguito di *Anni '90* è riuscito a ottenere ancora una volta un grande consenso da parte del pubblico in cerca di facili risate. Rappresenta ormai tutto quel cinema, fortunatamente scomparso, che fa riferimento a una comicità di basso livello. Un uomo vive un rapporto sessuale sadomasochistico con una donna molto attraente; un conduttore televisivo viene preso in giro; un'attrice di film porno viene redenta da un prete; un uomo con una disfunzione fastidiosa, deceduto, incontra Costanzo in Paradiso; marito e moglie invitano due coniugi che non fanno che litigare; un tassinaro finisce in prigione per via di un importante personaggio della mafia. ■ COMMEDIA; COL.; 110'; ITALIA, 1993.

ANNI PERDUTI *(Ils étaient cinq)* ★★
Regia di JACQUES PINOTEAU. Con NICOLE BRESNARD, JEAN DEBUCOURT, ARLETTE MARRY, JEAN-CLAUDE PASCAL. ■ Alla fine della guerra, cinque commilitoni si promettono di conservare viva l'amicizia che li lega. Tragiche vicende, invece, li separeranno. ■ DRAMMATICO; B/N; 89'; FRANCIA, 1952.

ANNI PERICOLOSI *(The Little Sister/Tender Age)* ★★
Regia di JAN EGLESON. Con ROXANNE HART, TRACY POLLAN, JOHN SAVAGE. ■ Protagonista un giovane ufficiale di sorveglianza. Deve tener d'occhio una ragazza libera sulla parola, ma se la prende troppo a cuore. Rischia di perderci il sonno, il posto e magari anche la vita. ■ DRAMMATICO; COL.; 97'; USA, 1984.

ANNI PERICOLOSI, GLI *(These Dangerous Years)* ★★
Regia di HERBERT WILCOX. Con GEORGE BAKER, CAROLE LESLEY, FRANKIE VAUGHAN. ■ Un ragazzo irruente si trasforma in un soldato modello. Ucciso accidentalmente un compagno viene accusato di omicidio; un commilitone che ha assistito alla lotta testimonia in suo favore facendogli riottenere la libertà. ■ DRAMMATICO; B/N; 103'; USA, 1958.

ANNI PIÙ BELLI, GLI ★★
(Les amoureux sont seuls au mond)
Regia di HENRI DECOIN. Con RENÉE DEVILLERS, LOUIS JOUVET, PHILIPPE NICAUD, DANY ROBIN. ■ L'allieva di un compositore, influenzata dalle maldicenze dei giornali, crede di essere innamorata di lui e si comporta come tale. La moglie del musicista vuole suicidarsi, ma una telefonata udita per caso la convince che il marito l'ama come prima. ■ COMMEDIA; B/N; 105'; FRANCIA, 1949.

ANNI '40 *(Hope and Glory)* ★★★🏆
Regia di JOHN BOORMAN. Con IAN BANNEN, SARAH MILES, DERRICK O'CONNOR. ■ Il regista John Boorman racconta gli anni della sua infanzia. Che erano anni terribili per gli adulti (quelli della guerra) ma non per i ragazzini, che scoprivano il mondo (e per i quali un bombardamento era più che altro occasione per non andare a scuola). Intanto gli adulti morivano, si disperavano per i loro cari in guerra o in prigionia, soffrivano per amore. ■ DRAMMATICO; COL.; 98'; GRAN BRETAGNA, 1987. ■ GOLDEN GLOBES 🏆 1 PR, 3 NOM; OSCAR 🏆 5 NOM.

ANNI RIBELLI ★★
Regia di ROSARIA POLIZZI. Con ALESSANDRA ACCIAI, LETICIA BREDICE, MASSIMO DAPPORTO, INDA LEDESMA, ADRIANA RUSSO. ■ Più sceneggiato televisivo che film, nonostante l'eccessiva lunghezza ha dei momenti interessanti. Siamo a Buenos Aires nel 1955. Francesco, sarto immigrato dalla Sicilia, ha dei problemi con la figlia Laura. La ragazza infatti si è integrata a meraviglia nel nuovo Paese e si interessa di arte e di politica. Si innamora anche di un insegnante. Il padre contrae una grave malattia. ■ DRAMMATICO; COL.; 141'; ITALIA, 1994.

ANNI RUGGENTI, GLI ★★★
Regia di LUIGI ZAMPA. Con CARLA CALÒ, GINO CERVI, ANGELA LUCE, NINO MANFREDI, MICHÈLE MERCIER, GASTONE MOSCHIN, SALVO RANDONE, LINDA SINI. ■ Un assicuratore giunto nel Meridione per lavoro viene creduto un gerarca in incognito. Grazie a questo equivoco ha maniera di scoprire la facciata poco pulita del regime e comincia a perdere la sua fede politica. All'arrivo dell'autentico personaggio tutti lo allontanano. ■ COMMEDIA; B/N; 110'; ITALIA, 1962.

ANNI SPEZZATI, GLI *(Gallipoli)* ★★★
Regia di PETER WEIR. Con MEL GIBSON, BILL KERR, MARK LEE. ■ La tragica fine, sulle rocce di Gallipoli, del contingente australiano chiamato a combattere nel nome del re e dell'impero d'Inghilterra, ma considerato dagli inglesi semplicemente come carne da macello. Un massacro che coinvolge anche il giovane protagonista del film, un atleta di belle speranze. ■ STORICO; COL.; 105'; AUSTRALIA, 1981.

ANNI STRUGGENTI – IL CONCORRENTE, GLI ★★
Regia di VITTORIO SINDONI. Con GABRIELE FERZETTI, LAURA LENZI, CHIARA SALERNO, FABIO TRAVERSA, MARISA TRAVERSI. ■ Saverio, figlio di un pedagogo, va a Roma per partecipare ad un concorso per maestri elementari. Il ragazzo conosce Andreina, sua vicina di camera in pensione, e ben presto si mettono a vivere insieme dimenticando gli impegni di studio e i rispettivi legami sentimentali. Un'intrusione familiare li separa. ■ DRAMMATICO; COL.; 90'; ITALIA, 1979.

ANNI VERDI *(The Green Years)* ★★★
Regia di VICTOR SAVILLE. Con CHARLES COBURN, GLADYS COOPER, HUME CRONYN, TOM DRAKE. ■ Dal romanzo omonimo di A. J. Cronin. L'avarizia del nonno che lo ha adottato costringe un giovane orfano ad abbandonare gli studi per lavorare; l'eredità del bisnonno, che lo ha amato e aiutato anche in vita, gli permette di proseguirli e di sposare la donna che ama. ■ COMMEDIA; B/N; 127'; USA, 1946. ■ OSCAR 2 NOM.

ANNIVERSARIO, L' *(The Anniversary)* ★★
Regia di ROY WARD BAKER. Con BETTE DAVIS, JACK HEDLEY, CHRISTIAN ROBERTS. ■ Bette Davis in uno dei suoi tradizionali ruoli di terribile arpia. Qui è anche guercia. Fa la matriarca di una famiglia che ogni anno usa riunire i suoi congiunti per una festa che più che altro è occasione per metterli sotto i piedi. Stavolta però uno dei figli (l'unico che è riuscito a formarsi una famiglia per conto suo) spinto dalla giovane moglie, si ribella. Rinfaccia al-

la madre ciò che si merita e se ne va (forse libero). Dal dramma di Bill MacIlwraith. ■ DRAMMATICO; COL.; 95′; GRAN BRETAGNA, 1968.

ANNIVERSARIO, L' *(In Celebration)* ★★★
Regia di LINDSAY ANDERSON. Con ALAN BATES, JAMES BOLAM, BRIAN COX. ■ Dal dramma di David Storey. Tre fratelli tornano alla città mineraria che li vide nascere in occasione del quarantesimo anniversario delle nozze dei loro genitori. Due dei fratelli sono in crisi (il primo ha scoperto di essere omosessuale). ■ DRAMMATICO; COL.; 131′; GRAN BRETAGNA, 1975.

ANNIVERSARIO, L' ★★
Regia di MARIO ORFINI. Con ALESSANDRA CELI, ELENA FRESCO, LAURA MORANTE, MASSIMO ROSSI, LUCA ZINGARETTI. ■ Una donna dialoga con un marito che sembra non esserci. Lo scopriremo tramortito in uno sgabuzzino. Intanto, nella villa vicina, giunge un'ambulanza. Un flashback ci porta alla sera prima. La coppia ha festeggiato il decimo anniversario di matrimonio ed è sopraggiunta la vicina che cerca rifugio da un consorte violento. La festa finisce male perché la padrona di casa rivela di avere abortito senza dir nulla a nessuno. Si ritorna al mattino dopo per scoprire che la vicina ha ucciso il coniuge mentre la vita per l'altra coppia continua nel rancore. Orfini punta tutto sulla Morante che lo asseconda ma non può sostenere da sola una sceneggiatura interessante ma quasi "frenata". ■ DRAMMATICO; COL.; 76′; ITALIA, 1998.

ANNIVERSARY PARTY, THE ★★
Regia di ALAN CUMMING, JENNIFER JASON LEIGH. Con JENNIFER BEALS, ALAN CUMMING, JENNIFER JASON LEIGH, KEVIN KLINE, GWYNETH PALTROW. ■ Debuttano come registi i due protagonisti. E come spesso accade ci mettono del loro e di troppo: linguaggio che dovrebbe essere di (cattiva) tendenza, con camere digitali, sovraesposizioni, continuo movimento eccetera. La storia è quella di una coppia che si riconcilia dopo un anno di separazione. Alla festa vengono invitati amici vecchi e nuovi. Gli equilibri dei rapporti sono molto precari. Basta un regalo "anomalo" per scatenare liti, ricordi e ritorsioni. Il tutto in una magnifica villa quasi trasparente, perfetta per mettere a nudo azioni e sentimenti. ■ COMMEDIA; B/N; 115′; USA, 2001.

ANN JILLIAN – LA VERA STORIA DI ANN JILLIAN ★★
(The Ann Jillian Story)
Regia di COREY ALLEN. Con ANN JILLIAN, VIVECA LINDFORS, TONY LO BIANCO. ■ La storia della cantante e attrice tv Ann Jillian, che dovette subire una doppia mastectomia. Jillian impersona se stessa, con l'euforia di chi "può raccontarla". ■ DRAMMATICO; COL.; 100′; USA, 1988.

ANNO CON 13 LUNE, UN ★★★
(In einem Jahr mit 13 Monden)
Regia di RAINER WERNER FASSBINDER. Con INGRID CAVEN, GOTTFRIED JOHN, VOLKER SPENGLER. ■ Un macellaio sposato e con una bambina si scopre transessuale e si fa operare a Casablanca divenendo donna per amore di un ebreo, divenuto ricco con la speculazione edilizia. Respinto con disprezzo da questi, rifiutato dalla famiglia, abbandonato anche dalla sua unica amica, la prostituta Zora, si suicida. Ancora l'inferno esistenziale e il nichilismo di Fassbinder, il più doloroso e angosciante del regista maledetto. ■ DRAMMATICO; COL.; 124′; GERMANIA, 1978.

ANNO CRUDELE, L' *(Term of Trial)* ★★★
Regia di PETER GLENVILLE. Con SARAH MILES, LAURENCE OLIVIER, SIMONE SIGNORET, TERENCE STAMP. ■ Un professore viene considerato un inetto dalla moglie. Una ragazza innamorata di lui, pur di averlo, inventa da parte sua un tentantivo di violenza; l'uomo è costretto ad ammettere la bugia per non essere abbandonato dalla consorte. ■ DRAMMATICO; B/N; 130′; GRAN BRETAGNA, 1962.

ANNO DEI GATTI, L' ★★
Regia di AMASI DAMIANI. Con MARC BOYCE, AL CAPRI, LILLI RANDI, CLAUDIO SORRENTINO. ■ Scopiazzatura italica di *La febbre del sabato sera*. Il figlio di un tranviere, idolo di discoteca, prende una sbandata per la figlia snob di un professore. ■ COMM. MUSICALE; COL.; 98′; ITALIA, 1979.

ANNO DEL DRAGONE, L' *(Year of the Dragon)* ★★★
Regia di MICHAEL CIMINO. Con ARIANE, JOHN LONE, MICKEY ROURKE. ■ La malavita cinese controlla Chinatown tra traffici di droga, omicidi, attentati. A risolvere la situazione viene chiamato un nuovo capitano di polizia, un "duro" pluridecorato in Vietnam. Costui si trova di fronte un giovane "padrino" cinese che ha esautorato i vecchi boss. Tra i due si scatena una lotta all'ultimo sangue che si concluderà con la morte del padrino e con il capitano al limite del crollo psicofisico. Il primo film assegnato a Michael Cimino dopo il tonfo miliardario de *I Cancelli del cielo*. Il buon successo rilanciò Michael e impose Mickey Rourke. ■ DRAMMATICO; COL.; 136′; USA, 1984. ■ GOLDEN GLOBES 2 NOM.

ANNO DELLA COMETA, L' *(Year of the Comet)* ★★
Regia di PETER YATES. Con TOM DALY, LOUIS JOURDAN, ART MALIK, PENELOPE ANN MILLER, IAN RICHARDSON. ■ L'anno della cometa è lo stesso di una preziosissima bottiglia di vino "napoleonica". A trovarla in un losco castello è Margaret, che viene da una famiglia di grandissimi esperti. La bottiglia vale un milione di dollari e i castellani non vogliono farsela soffiare. Finale rocambolesco e amoroso. ■ AVVENTURA; COL.; 86′; USA, 1992.

ANNO DEL TERRORE, L' *(Year of the Gun)* ★★
Regia di JOHN FRANKENHEIMER. Con VALERIA GOLINO, ANDREW MCCARTHY, MATTIA SBRAGIA, SHARON STONE. ■ Primavera 1978. Un giornalista americano giunge a Roma. Qui si trova coinvolto in una vicenda amorosa che lo vede di conseguenza al centro di scontri politici che culminano con il sequestro di Moro. Il giornalista riesce a scrivere un libro sul terrorismo ma si vedrà tradire da chi credeva più vicino. Frankenheimer ha ormai imboccato la strada in discesa comune ad altri professionisti di solido mestiere. Si è cioè convinto di poter tirare fuori un film anche dalle sceneggiature più fasulle. Come in questo caso. ■ DRAMMATICO; COL.; 110′; USA, 1991.

ANNO DOMINI *(Anno Domini 1573)* ★★★
Regia di VATROSLAV MIMICA. Con CHARLES MILLOT, SERGIO MIMICA, FABIJAN SOVAGOCIE. ■ Nel 1573 i contadini della Croazia si ribellano contro la nobiltà, sotto la guida di Mathias Gubez. La ribellione è spenta nel sangue, Gubez bruciato vivo, ma il suo messaggio libertario non andrà disperso. ■ STORICO; COL.; 108′; JUGOSLAVIA, 1977.

ANNO 2118 PROGETTO X *(Project X)* ★★
Regia di WILLIAM CASTLE. Con GRETA BALDWIN, CHRISTOPHER GEORGE, HENRY JONES. ■ Nel 2118 il mondo è diviso in due blocchi nemici. Un agente segreto muore, ma gli scienziati lo fanno rivivere affinché riveli il piano ordito dai nemici per annientare l'umanità. ■ FANTASCIENZA; COL.; 97′; USA, 1971.

ANNO 2053 – LA GRANDE FUGA *(Neon City)* ★
Regia di MONTE MARKHAM. Con LYLE ALZADO, MICHAEL IRONSIDE, VANITY. ■ Prendete il soggetto di *Ombre rosse* e trasportatelo in un ipotetico futuro con un viaggio in cui delle bande punk, al posto degli indiani, attaccano la diligenza corazzata. Otterrete questo film girato per di più con modalità da cinema-spazzatura. Forse John Ford non aveva bisogno di questo "omaggio". ■ FANTASCIENZA; COL.; 105′; USA, 1991.

ANNO 2000 LA CORSA DELLA MORTE ★★★
(Death Race 2000)
Regia di PAUL BARTEL. Con DAVID CARRADINE, ROBERTA COLLINS, SIMONE GRIFFETH, SYLVESTER STALLONE, MARY WORONOV. ■ Vince la "corsa della morte" chi, durante la gara, travolge il maggior numero di persone. Il campione in carica, che segretamente detesta questo tipo di gara, uccide il presidente dello Stato dittatoriale in cui si svolge la vicenda e ristabilisce il regime democratico. ■ FANTASCIENZA; COL.; 78′; USA, 1976.

ANNO 2670 – ULTIMO ATTO ★★
(Battle for the Planet of the Apes)
Regia di JACK LEE THOMPSON. Con CLAUDE AKINS, SEVERN DARDEN, RODDY MCDOWALL, NATALIE TRUNDY. ■ Nel 2670 il mondo è governato dalle scimmie. Il loro capo cerca la pacifica convivenza con gli uomini e l'otterrà solo dopo lotte sanguinose. Quinta e ultima puntata della saga. ■ FANTASCIENZA; COL.; 92′; USA, 1974.

ANNO 2020: I GLADIATORI DEL FUTURO ★
Regia di KEVIN MANCUSO (pseud. di JOE D'AMATO). Con DAVID GREEN, HARRISON MULLER, SABRINA SIANI. ■ Nell'anno 2020 poco è cambiato: nel Texas i saloon sono sempre strapieni e densi di fumo, i malviventi permalosi e pronti a sfoderare le armi, le donne alla mercé dei violenti: la lotta per riuscire a sopravvivere è crudele e senza esclusione di colpi. ■ FANTASCIENZA; COL.; 95′; GERMANIA, 1984.

ANNO IN CAMPAGNA, UN ★★
Regia di MARCO DI TILLO. Con FRANCESCA ANTONELLI, GIULIO DI MAURO, SANDRA EYRAUD. ■ In una comune agricola arriva Sandro. Si tratterebbe solo di una visita, ma ospite della comune è una ragazza francese molto seduttiva. ■ COMMEDIA; COL.; 90′; ITALIA, 2000.

ANNO IN CUI I MIEI GENITORI ANDARONO IN VACANZA, L' *(O ano em que meus pais saíram de férias)* ★★★
Regia di CAO HAMBURGER. Con PAULO AUTRAN, CAIO BLAT, LILIANA CASTRO, GERMANO HAIUT, MICHEL JOELSAS, DANIELA PIEPSZYK, SIMONE SPOLADORE. ■ Presentato in concorso alla cinquantasettesima edizione della Berlinale. Lungi dal voler essere un semplice film di formazione in cui si mostra il passaggio del protagonista dall'infanzia alla sfera adulta, la vicenda tratta un tema impegnativo e importante come quello dell'esilio. Ognuno dei protagonisti si scontra con questa realtà sia letteralmente che metaforicamente. I genitori del protagonista, attivisti politici, sono costretti a separarsi dal figlio. Mauro non riesce a vivere la propria infanzia: è perennemente in bilico tra il mondo reale e quello sognato. Il Brasile stesso risulta essere un personaggio in esilio. La passione e il calore che il suo popolo dimostrano attraverso il tifo per i Mondiali del 1970 non contrastano con il regime del paese, in cui solo pochi detengono tutto il potere. ■ DRAMMATICO; COL.; 104′; BRASILE, 2006.

ANNO MILLE, L' ★★
Regia di DIEGO FEBBRARO. Con MARCO BONINI, GUGLIELMO CARBONARO, GIADA DESIDERI, EDOARDO LEO, FRANCO OPPINI, ANNA ORSO. ■ Roma, ai giorni nostri. Un gigante silenzioso, strano, un barbone, staziona davanti alla Porta magica di piazza Vittorio, frequentata da spacciatori, ubriachi, piccoli delinquenti. Qualche particolare della sua storia è emerso. Si tratta di un guerriero dell'anno Mille che si è trovato proiettato nel Duemila attraverso quella porta, un vero e proprio "stargate". Il gigante, Herrmugnen, è al centro di due storie parallele. La prima, medievale, riguarda un orrendo alchimista che vuole tutto il potere a scapito del principe eroe Valerio e della sua innamorata Altea. La seconda si svolge in un ospedale di Roma dove ci sono i buoni e i cattivi, omologhi appunto, dei personaggi medievali. Ci sono battaglie, intrighi amorosi e di potere, impennate inattese, mentre Herrmugnen, con la sua draghinassa, spada da ottanta chili, protegge i buoni, passando continuamente attraverso il suo "stargate". C'è anche un nodo, una sorta di thriller del tempo, che sarà sciolto in quel di Sermugnano (espressione che traduce "Herrmugnen"), borgo dalla parti di Todi. Sostenuto dai Beni culturali, il film si pone come alternativa ai contenuti correnti del cinema italiano. Arcieri, macchine da guerra, cavalieri, fossati, mura assaltate. Un tentativo di mito, di spettacolo e di favola che abbiamo quasi dimenticato. Un budget inadeguato e qualche intreccio nell'intreccio un po' scontato penalizzano qua e là la storia, che comunque va intesa come un coraggioso tentativo che soccorra il pubblico, "costretto" spesso dal cinema italiano a uscire dalla sala più depresso di quando era entrato. ■ FANTASTICO; COL.; 97′; ITALIA, 2008.

ANNO PROSSIMO... VADO A LETTO ALLE DIECI, L' ★★
Regia di ANGELO ORLANDO. Con LUCIANO CURRELI, NINETTO DAVOLI, CLAUDIA GERINI, VALERIO MASTANDREA, RICKY MEMPHIS, ANGELO ORLANDO. ■ La notte di San Silvestro si converte in un incubo per Poldo, trascinato fuori di casa da un amico disperato perché lasciato dalla propria ragazza. A pochi minuti dalla mezzanotte, su una strada extraurbana, i due danno un passaggio a due autostoppisti, uno dei quali "dirotta" l'automobile minacciandone gli occupanti con una pistola. E questo non è che l'inizio. Debutto registico di Angelo Orlando, protagonista insieme a numerosi attori della nuova generazione. ■ DRAMMATICO; COL.; 95′; ITALIA, 1995.

ANNO SCORSO A MARIENBAD, L' ★★★★
(L'année dernière à Marienbad)
Regia di ALAIN RESNAIS. Con GIORGIO ALBERTAZZI, PIERRE BARDAID, SACHA PITOËFF, DELPHINE SEYRIG, FRANÇOISE SPIRA. ■ Quest'opera (il soggetto è di Alain Robbe-Grillet) ebbe un grande successo di critica in tutto il mondo. Condotto con un linguaggio nuovo, affascinante, inquietante, il film è ambientato in una sontuosa villa dove fra gli invitati s'incontrano un uomo e una donna. L'uomo sostiene di averla conosciuta l'anno prima, mentre per lei, lui è soltanto un estraneo mai visto. Chi dei due ha ragione? Questo non importa, conta invece il significato di ciò che sta nella falsità di un certo ambiente racchiuso e prigioniero di se stesso. ■ DRAMMATICO; B/N; 93′; FRANCIA, 1961. ■ OSCAR 1 NOM; VENEZIA 1 PR.

ANNO 79 – LA DISTRUZIONE DI ERCOLANO ★★
Regia di GIANFRANCO PAROLINI. Con JACQUES BERTHIER, BRAD HARRIS, MARA LANE, SUSAN PAGET. ■ Un tribuno romano, attraverso le parole di una schiava convertita, impara a conoscere e a stimare i cristiani. Poiché ha rifiutato di guidare le truppe contro di essi deve fuggire a Ercolano, dove salva la fanciulla dall'eruzione del Vesuvio. ■ STORICO; COL.; 105′; ITALIA, 1963.

ANNO UNO ★★★
Regia di ROBERTO ROSSELLINI. Con CARLO BAGNO, RITA CALDERONI, DOMINIQUE DAREL, VALERIA SABEL, LUIGI VANNUCCHI. ■ In questo film vengono trattati ed esaminati gli avvenimenti legati alla figura politica di Alcide De Gasperi dalla fine della guerra al 1954. Notevole l'interpretazione di Vannucchi. ■ BIOGRAFICO; COL.; 118′; ITALIA, 1974.

ANNO UNO *(Year One)* ★★
Regia di HAROLD RAMIS. Con HANK AZARIA, JACK BLACK, MICHAEL CERA, DAVID CROSS, OLIVER PLATT. ■ Preistoria. Zed vorrebbe essere un cacciatore ma è abile soprattutto nello sbagliare bersaglio. Ha un amico, Oh, timido e riflessivo. Entrambi hanno scarsa fortuna con le donne e la frustrazione induce Zed a mangiare una mela staccata dall'albero proibito. Costretti a lasciare la tribù e inseguiti dal più temibile dei guerrieri, i due si mettono in marcia. Lungo il percorso incontrano Caino e Abele (assistendo al biblico omicidio) e Abramo mentre sta per sacrificare Isacco. Giungeranno infine a Sodoma avendo ormai al seguito anche Caino. Apatow produce un film che costituisce un detour dalle tematiche che ormai sembrano essergli molto care, quelle cioè dei maschi, adulti ma mai veramente cresciuti. ■ COMMEDIA; COL.; 97′; USA, 2009.

ANNO VISSUTO PERICOLOSAMENTE, UN ★★★
(The Year of Living Dangerously)
Regia di PETER WEIR. Con MEL GIBSON, LINDA HUNT, SIGOURNEY WEAVER. ■ Un giornalista australiano inviato a Giakarta in Indonesia s'impegna per cercare di capire a fondo la realtà del paese, tra corruzione e miseria. Quando scopre che sta per giungere una nave carica di armi destinata ai ribelli, tace la notizia per non nuocere alla loro causa, e per amore di una donna che la sostiene. Premio Oscar a Linda Hunt nel ruolo (maschile) del fotografo nano. ■ DRAMMATICO; COL.; 115′; AUSTRALIA, USA, 1982. ■ GOLDEN GLOBES 1 NOM; OSCAR 1 PR, 1 NOM.

ANNO ZERO – GUERRA NELLO SPAZIO ★★
Regia di AL BRADLEY. Con CHARLES BORROMEL, WEST BUCHANAN, KATIA CHRISTINE, JOHN RICHARDSON, YANTI SOMER. ■ Dalla galassia giungono sulla Terra segnali misteriosi: un'astronave guidata dal capitano Hamilton parte in esplorazione, scopre un robot mostruoso e lo sconfigge. ■ FANTASCIENZA; COL.; 100′; ITALIA, 1977.

ANNUNCI DI MORTE *(Lonely Hearts)* ★
Regia di ANDREW LANE. Con JOANNA CASSIDY, BEVERLY D'ANGELO, ERIC ROBERTS. ■ Le solite inserzioni con disgrazia incorporata. Lei si fidanza mediante annuncio su giornale e lui le ruba ogni avere. ■ DRAMMATICO; COL.; 95′; USA, 1991.

ANNUNCI PERSONALI *(Personals)* ★
Regia di STEVEN HILLIARD STERN. Con JENNIFER O'NEILL, STEPHANIE ZIMBALIST. ■ Heather ha una doppia vita. Di giorno è assistente in una biblioteca e di notte diventa una crudele assassina. È meglio ricordare la Jennifer O'Neill dei bei tempi. ■ DRAMMATICO; COL.; 88'; USA, 1990.

A NOI DUE *(À nous deux)* ★★★
Regia di CLAUDE LELOUCH. Con CATHERINE DENEUVE, JACQUES DUTRONC, JACQUES VILLERET. ■ Due malviventi, un uomo e una donna, incrociano le loro strade. Lui è un ladro figlio di ladri, lei una signora bene che per vendicarsi di una violenza carnale diviene l'amante di uomini importanti al solo scopo di ricattarli. Si ameranno solo a New York dove termina felicemente la loro lunga fuga. ■ GIALLO; COL.; 109'; FRANCIA, 1979.

A NOI LE INGLESINE – AVEVAMO 16 ANNI E BALLAVAMO IL ROCK 'N' ROLL ★★
(A nous les petites anglaises)
Regia di MICHEL LANG. Con STÉPHANE HILLEL, RÉMY LAURENT. ■ È la storia di due ragazzi francesi che vengono spediti in Inghilterra per imparare la lingua. Loro conterebbero di sedurre tante inglesine ma finiscono per innamorarsi di due loro connazionali. ■ COMMEDIA; COL.; 90'; FRANCIA, 1975.

A NOI PIACE FLINT *(We Like Flint)* ★★★
Regia di GORDON DOUGLAS. Con LEE J. COBB, JAMES COBURN, ANDREW DUGGAN, JEAN HALE, ANNA LEE. ■ Il capo di stato maggiore Usa vuole dominare il mondo servendosi della complicità di tre donne ricchissime. L'agente Flint localizza il covo della banda ed elimina l'uomo mentre sta dando inizio al folle progetto. ■ SPIONAGGIO; COL.; 114'; USA, 1967.

A NOI PIACE FREDDO...! ★★
Regia di STENO. Con PEPPINO DE FILIPPO, YVONNE FURNEAUX, UGO TOGNAZZI, RAIMONDO VIANELLO. ■ Durante il secondo conflitto mondiale, a Roma, un'attricetta si innamora di un borsaro nero che scambia per un agente inglese. Nel tentativo di essergli utile gli procura un sacco di fastidi. ■ COMICO; B/N; 110'; ITALIA, 1960.

ANONIMA ANTICRIMINE *(Soul Patrol)* ★
Regia di CHRISTOPHER ROWLEY. Con NIGEL DAVENPORT, PETER DYNELEY, KEN GAMPU. ■ Modestissima storia di droga con vittoria finale dei "nostri". ■ POLIZIESCO; COL.; 84'; USA, 1980.

ANONIMA COCOTTES ★★
Regia di CAMILLO MASTROCINQUE. Con FRANCIS BLANCHE, SOPHIE DESMARETS, ANITA EKBERG, RENATO RASCEL. ■ Un integerrimo impiegato bancario scopre un forte ammanco e viene invitato a ignorarlo. Riesce a far tacere il sentimento di ribellione dopo un incontro con una mondana assieme alla quale inizia operazioni di borsa che lo arricchiscono. La prosperità dura poco. ■ COMMEDIA; B/N; 100'; ITALIA, 1960.

ANONIMA DELITTI *(New York Confidential)* ★★★
Regia di RUSSELL ROUSE. Con ANNE BANCROFT, RICHARD CONTE, BRODERICK CRAWFORD, MARILYN MAXWELL, J. CARROL NAISH. ■ Il capo del "sindacato" di New York, a causa di alcune operazioni andate a male, perde la fiducia dei "colleghi", che lo fanno eliminare. La figlia dell'ucciso, incapace di sopportare la vergogna del nome che porta, si uccide. ■ DRAMMATICO; B/N; 87'; USA, 1955.

ANONIMA DIVORZI *(Lockvogel der Nacht)* ★★
Regia di WILM TEN HAAF. Con KAY FISHER, ERIKA REMBERG, PETER VAN EYCK. ■ Con la collaborazione di una complice, un investigatore privato costruisce prove di adulterio per le mogli che intendono divorziare. La polizia indaga e dopo un rocambolesco inseguimento riesce ad arrestare il malfattore. ■ DRAMMATICO; B/N; 85'; GERMANIA, 1969.

ANONIMA OMICIDI *(Chicago Confidential)* ★★★
Regia di SIDNEY SALKOW. Con DICK FORAN, BEVERLY GARLAND, BRIAN KEITH. ■ Il presidente dell'Unione Nazionale dei Lavoratori viene incolpato dell'assassinio del tesoriere (i testimoni a favore sono stati uccisi). La fidanzata dell'accusato e il procuratore generale riescono ugualmente a raccogliere le prove della sua innocenza. ■ POLIZIESCO; B/N; 73'; USA, 1957.

ANONIMA PECCATI *(Angel Baby)* ★
Regia di PAUL WENDKOS. Con JOAN BLONDELL, GEORGE HAMILTON, SALOMÉ JENS, MERCEDES MCCAMBRIDGE. ■ Una muta viene miracolata. Benché convinta di non possedere poteri taumaturgici come credeva, riesce, quando una contadina la supplica di guarire il figlio storpio, a compiere il miracolo. ■ DRAMMATICO; B/N; 97'; USA, 1963.

ANONIMA RICATTI *(En légitime defense)* ★★
Regia di ANDRÉ BERTHOMIEU. Con BERNARD BLIER, MARIA MAUBAN, PIERRE MONDY, PHILIPPE NICAUD. ■ Ricattato da una banda di protettori il proprietario di un bar ne uccide il capo. Fugge, poi si costituisce e si salva grazie alla testimonianza di uno dei malviventi. Questi in realtà lo vuole uccidere e gli tende una trappola, ma viene arrestato insieme ai complici. ■ POLIZIESCO; B/N; 98'; FRANCIA, 1959.

ANONIMA ROYLOTT, L' ★★★
Regia di RAFFAELLO MATARAZZO. Con ROMANO CALÒ, GIULIO DONADIO, MINO DORO, CAMILLO PILOTTO, ISA POLA, OLGA SOLBELLI, PAOLO STOPPA. ■ Scritto e sceneggiato da Guglielmo Giannini questo film narra la storia di un duplice omicidio. Le vittime sono due industriali, titolari di un'industria chimica. Viene accusato l'avvocato della ditta e condannato a morte. Ma il vero assassino verrà alla fine smascherato. ■ POLIZIESCO; B/N; 90'; ITALIA, 1936.

ANONIMA SEQUESTRI *(The Kidnappers)* ★★
Regia di GUERDON TRUEBLOOD. Con TIFFANY BOLLING, BEN PIAZZA, SUSAN SENNETT. ■ Un gioielliere non intende pagare il riscatto della figliastra rapita perché vuole ereditarne le sostanze. Ugualmente costretto a sborsare una grossa cifra viene ucciso dall'unico superstite dei malviventi. Nemmeno a questi, tuttavia, tocca sorte migliore. ■ DRAMMATICO; COL.; 95'; USA, 1975.

♥ ANONIMO VENEZIANO ★★★★
Regia di ENRICO MARIA SALERNO. Con FLORINDA BOLKAN, TOTI DAL MONTE, TONY MUSANTE. ■ È il primo film diretto da Enrico Maria Salerno e fu uno dei più grandi successi del cinema italiano di quegli anni. Scritto e sceneggiato dallo stesso Salerno (alla sceneggiatura collaborò anche Giuseppe Berto) questo film è ambientato a Venezia, qui fotografata splendidamente da Marcello Gatti. Un musicista della *Fenice*, affetto da un male incurabile, rivede la moglie da cui è separato e che nel frattempo si è legata a un altro uomo. La donna si accorge di essere ancora innamorata del marito che prima di morire riuscirà a dirigere un concerto, cosa che per anni non era mai riuscito a realizzare. ■ DRAMMATICO; COL.; 84'; ITALIA, 1970. ■ DAVID DI DONATELLO 2 PR, 2 NOM.

ANONYMOUS ★★
Regia di ROLAND EMMERICH. Con EDWARD HOGG, RHYS IFANS, VANESSA REDGRAVE, JOELY RICHARDSON, DAVID THEWLIS. ■ Shakespeare era veramente quello che crediamo? Se lo chiede un anziano su un palco teatrale, introducendo così l'inizio di una storia in costume che mette in scena una delle molte identità del bardo. Nell'Inghilterra cinquecentesca di Elisabetta I è disdicevole scrivere per il teatro se si è il duca di Oxford, così Edward De Vere paga un attore per assumere lo pseudonimo di Shakespeare e mettere in scena le sue opere spacciandole per proprie, così che possano finalmente essere rappresentate. Il successo è clamoroso, ma nell'ombra qualcuno trama ed è pronto a svelare il misterioso legame che lega il duca alla regina. ■ THRILLER; COL.; 130'; GERMANIA, 2011.

A NORD DI SHANGAI *(North of Shanghai)* ★★
Regia di DAVID ROSS LEDERMAN. Con JAMES CRAIG, BETTY FURNESS. ■ Una cronista in vacanza in Oriente si fa coinvolgere, assieme ad un fotografo, in una storia di spie. Riesce a smascherarle non senza aver messo a repentaglio la propria vita. Al ritorno in patria si fidanza col compagno d'avventura. ■ SPIONAGGIO; B/N; 78'; USA, 1940.

ANOTHER COUNTRY – LA SCELTA ★★★
(Another Country)
Regia di MAREK KANIEVSKA. Con RUPERT EVERETT, COLIN FIRTH, MICHAEL JENN. ■ Guy Bennet, un vecchio inglese che fece la spia per il Kgb e dovette fuggire in Russia, racconta ad un

giornalista la sua giovinezza che dovrebbe spiegare la sua "scelta" di vita. È stato educato in un rigido college inglese degli anni Trenta, meta dei giovani rampolli dell'aristocrazia. Lui, come altri, scopre di essere omosessuale e vive una storia d'amore con un suo compagno. Ma quando verranno scoperti dovranno andarsene. Guy viene rifiutato anche dalla famiglia e quindi sceglie di mettersi contro un paese che lo ha respinto. Un film delicato e sorretto da un'ottima fotografia. ■ DRAMMATICO; COL.; 90'; GRAN BRETAGNA, 1984. ■ CANNES 1 PR.

ANOTHER EARTH ★★
Regia di MIKE CAHILL II. Con JORDAN BAKER, FLINT BEVERAGE, WILLIAM MAPOTHER, ROBIN TAYLOR. ■ Rhoda Williams, studentessa dalle ottime capacità, è stata ammessa al Mit (Massachusetts Institute of Technology). Il suo interesse per l'astrofisica è talmente intenso da provocare un drammatico incidente stradale. La causa: è stato scoperto un pianeta speculare alla Terra e che inizia a comparire nel cielo. Rhoda, alla guida della sua auto, si distrae guardando in alto e uccide il figlio e la moglie incinta di John Burroughs, un noto compositore. La ragazza viene arrestata e quando uscirà dal carcere il suo scopo principale sarà quello di espiare ulteriormente la sua colpa aiutando Burroughs. ■ DRAMMATICO; COL.; 92'; USA, 2010.

ANOTHER TIME, ANOTHER PLACE ★★★
(Una storia d'amore)
Regia di MICHAEL RADFORD. Con PHYLLIS LOGAN, GIOVANNI MAURIELLO, PAUL YOUNG. ■ Piccola e triste storia d'amore tra Luigi, prigioniero napoletano, e Janie, la massaia per cui lavora insieme agli altri italiani in Scozia durante la seconda guerra mondiale. La guerra finisce, ma lui viene arrestato dalla polizia con l'accusa di aver abusato di una donna inglese. Lei smentisce, ma è inutile. Esordio felice del regista di *Orwell 1984*. Bellissima fotografia. ■ DRAMMATICO; COL.; 102'; GRAN BRETAGNA, 1983.

ANOTHER YEAR ★★★
Regia di MIKE LEIGH. Con JIM BROADBENT, OLIVER MALTMAN, LESLEY MANVILLE, RUTH SHEEN, PETER WIGHT. ■ Lo scorrere delle stagioni di un anno accompagna la vita di un gruppo di personaggi. Gerri, psicologa, e Tom, geologo, sono sposati da decenni e hanno un figlio avvocato, il trentenne Joe che conduce vita indipendente ma non ha ancora una compagna. Gerri e Tom ospitano spesso Mary, segretaria nella clinica in cui lavora Gerri sempre in cerca di un uomo col quale condividere le proprie tensioni. A loro si aggiungerà Ken, vecchio amico di Tom e ora spesso ubriaco. In autunno Joe porterà un sorpresa che i genitori troveranno molto piacevole: Katie, una terapista occupazionale di cui si è innamorato ricambiato. L'inverno una morte improvvisa colpirà la famiglia. Mike Leigh, dopo la variazione sul tema di *Happy Go Lucky* torna ai suoi soggetti preferiti: le persone (non i personaggi si badi bene) colte nel loro quotidiano con i piccoli/grandi problemi del vivere e con le piccole/grandi gioie (i pomodori coltivati nell'orto fuori città). ■ DRAMMATICO; COL.; 129'; GRAN BRETAGNA, 2010.

ANPLAGGHED AL CINEMA ★★★
Regia di RINALDO GASPARI. Con ALDO BAGLIO, SILVANA FALLISI, GIACOMO PORETTI, GIOVANNI STORTI. ■ Una coda al bancomat, una famiglia sfollata dopo una scossa sismica che ha semidistrutto la sua casa, un giro all'interno di una galleria d'arte, momenti di vita che diventano spunti per la nascita di situazioni comiche, farsesche, paradossali, diventate da anni il marchio di fabbrica per uno dei gruppi comici italiani più longevi e di successo. Non imbrigliati dai tempi cinematografici e dalla necessità di scrivere un'unica storia che si dipani per novanta minuti, Aldo, Giovanni e Giacomo tornano sul grande schermo proponendo la formula comica a loro più congeniale, composta da gag e sketch di media lunghezza, già presentati nell'ultima, lunghissima, tournée teatrale, che ha fatto segnare ovunque il tutto esaurito. Il risultato è uno show convincente e piacevole che, senza mai sfiorare (alleluja!) temi politici, riesce a divertire sfruttando la simpatia dei protagonisti, la loro innata fisicità e presenza scenica e la misurata follia delle situazioni proposte (fra tutte, spicca la visita alla galleria d'arte, venti minuti di ininterrotto divertimento). ■ COMMEDIA; COL.; 100'; ITALIA, 2006.

ANSELMO HA FRETTA – LA SPOSA NON PUÒ ATTENDERE ★★
Regia di GIANNI FRANCIOLINI. Con NANDO BRUNO, GINO CERVI, GINA LOLLOBRIGIDA, AVE NINCHI. ■ Un uomo parte per sposarsi, ma arriva con tre ore di ritardo a causa di alcuni contrattempi. Dopo il matrimonio un equivoco rischia di fargli perdere la moglie, ma fortunatamente la sua innocenza viena a galla. ■ COMMEDIA; B/N; 90'; ITALIA, 1950.

ANSIA DI LIBERTÀ ★
Regia di ERIK JACOBSON. Con GIL GERARD, TOM SILARDI, JOY VOGEL. ■ Stanco di subire i maltrattamenti del padre, dedito all'alcol, un giovane si iscrive a una palestra di arti marziali. Divenuto bravissimo, finisce suo malgrado col violare la legge. Condannato a un anno di prigione, accoglie l'alternativa che gli viene offerta: partire per il Vietnam. ■ DRAMMATICO; COL.; 78'; USA, 1985.

ANTARCTICA ★★
Regia di KOREYOSHI KURAHARA. Con KEN TAKAKURA, TSUNEHIKO WATASE. ■ Un gruppo di ricercatori scientifici giapponesi, per cause di forza maggiore, abbandona una splendida muta di cani da slitta in una sperduta base del Polo Sud. I quindici animali, legati tra loro, senza cibo e senza riparo, hanno ben poche possibilità di sopravvivere, ma Jiro e Taro, i due esemplari più belli e coraggiosi, riusciranno a salvarsi e a ritornare dagli uomini che li avevano dovuti abbandonare. Paesaggi splendidi e abbacinanti per una triste favola molto commovente. ■ AVVENTURA; COL.; 99'; GIAPPONE, 1983.

ANT BULLY – UNA VITA DA FORMICA, THE ★★
(The Ant Bully)
Regia di JOHN A. DAVIS. ■ Non è facile essere un bambino piccolo, occhialuto e mingherlino, specialmente quando quelli che dovrebbero essere i tuoi amici vanno tutti appresso al bullo del quartiere, ma così è la vita di Lucas; almeno fino a quando lo sciamano di una colonia di formiche, tormentate dagli sfoghi di quello che loro chiamano "il distruttore", non decide di mettere a punto una pozione che trasformi Lucas da gigantesco distruttore a bambino alla loro portata. La vita con le formiche insegnerà a Lucas che il gruppo è più importante e più forte del singolo, sia che si tratti di una rana, di un disinfestatore o di un bullo. ■ ANIMAZIONE; COL.; 89'; USA, 2006.

ANTELOPE COBBLER ★
Regia di ANTONIO FALDUTO. Con ELISABETTA CAVALLOTTI, FRANCO INTERLENGHI, MITA MEDICI, FRANCO TREVISI. ■ Una ragazza annoiata dalla vita, Annamaria, fa la ladra. Il responsabile di un supermarket resta scosso dalla psicologia della ragazza e diventa ladro a sua volta. ■ DRAMMATICO; COL.; 81'; ITALIA, 1991.

ANTENATO, L' ★★★
Regia di GUIDO BRIGNONE. Con PAOLA BARBARA, GUGLIELMO BARNABÒ, MERCEDES BRIGNONE, MAURIZIO D'ANCORA, OLIVIA FRIED, ANTONIO GANDUSIO, MINNA RUBINO. ■ In un vecchio castello medievale vive un giovane nobile ma senza il becco di un quattrino. Sta per sposare una ricca ereditiera che risolverebbe la sua situazione ma la presenza di un'altra donna rischia di compromettere il vantaggioso matrimonio. Il fantasma di un vecchio antenato lo aiuterà a mettere a posto le cose. Il soggetto è tratto dalla omonima commedia di Guglielmo Giannini. ■ COMMEDIA; B/N; 90'; ITALIA, 1936.

ANTHAR L'INVINCIBILE ★
Regia di ANTONIO MARGHERITI. Con RENATO BALDINI, MARIO FELICIANI, MICHÈLLE GIRARDON, KIRK MORRIS. ■ Anthar libera i figli del visir di Bagdad, ucciso da un usurpatore che vorrebbe eliminare i legittimi successori al trono. Sarà invece lui ad essere ucciso dal principe, mentre Anthar sposa la principessa. ■ AVVENTURA; COL.; 95'; ITALIA, 1964.

ANTICO AMANTE, L' *(Not Quite Decent)* ★★
Regia di IRVING CUMMINGS. Con OSCAR APFEL, LOUISE DRESSER, ALLAN LANE. ■ Uno dei primi film sonori. Durante il proibizionismo la proprietaria di un night club prende sotto la sua protezione una ragazza e la salva da un corteggiatore senza scrupoli. Poi salta fuori che le due donne sono madre e figlia. ■ DRAMMATICO; B/N; 85'; USA, 1929.

ANTICHRIST ★
Regia di LARS VON TRIER. Con WILLEM DAFOE, CHARLOTTE GAINSBOURG. ■ «Lascia ch'io pianga / mia cruda sorte / e che sospiri la libertà». È con questi versi di Handel che si apre e chiude quello che Lars Von Trier afferma essere il più importante film di tutta la sua carriera. Un marito e una moglie che fanno l'amore con grande trasporto. Nel frattempo il loro bambino esce dal box in cui dormiva, si arrampica sulla finestra per guardare affascinato la neve che cade e precipita morendo. La donna a distanza di un mese non riesce a riprendersi e il marito, psicoterapeuta, decide di curarla anche se i protocolli della professione non lo consentirebbero. Inizia così un percorso che condurrà entrambi in una casa nel bosco dove la tragedia è in agguato. Il regista danese gioca finalmente con se stesso a carte totalmente scoperte. Dafoe infatti sullo schermo altri non è che un Von Trier più giovane. Ma il regista si concede troppo. Compresa la responsabilità di infastidire il pubblico con sequenze estreme: taglio del clitoride, per dirne una. Von Trier potrebbe chiudere qui il suo percorso. ■ HORROR; COL.; 100'; DANIMARCA, GERMANIA, FRANCIA, ITALIA, SVEZIA, POLONIA, 2009.

ANTICRISTO, L' ★★
Regia di ALBERTO DE MARTINO. Con GEORGE COULOURIS, MEL FERRER, CARLA GRAVINA, ARTHUR KENNEDY, UMBERTO ORSINI, MARIO SCACCIA. ■ Una ragazza paralizzata agli arti inferiori viene affidata alle cure di un famoso professore. L'ipnosi svela che è posseduta da un'antenata perita sul rogo. Rivelatisi inutili i poteri della scienza, viene consultato un esorcista, che ha miglior fortuna. ■ DRAMMATICO; COL.; 115'; ITALIA, 1975.

ANTIDOTO, L' *(L'antidote)* ★★★
Regia di VINCENT DE BRUS. Con CHRISTIAN CLAVIER, ANNIE GRÉGORIO, ALEXANDRA LAMY, FRANÇOIS LEVANTAL, JUDITH MAGRE, FRANÇOIS MOREL, ERIC PRAT, AGNÈS SORAL, JACQUES VILLERET. ■ Jacques-Alain Marty è un brillante uomo d'affari a capo della Vladis Enterprises, uno dei maggiori gruppi industriali francesi. Il suo diretto e acerrimo concorrente è Steven Brickman, che gli ha dichiarato guerra per l'acquisto di un gigante dell'editoria, la Stardust. Complice lo stress e la pressione a cui è sottoposto, Marty comincia a somatizzare e a mostrare sintomi curiosi: sudorazione eccessiva e appestante ma soprattutto attacchi inopportuni di balbuzie nel corso di riunioni, assemblee generali o interviste alla televisione. Un noto psichiatra attribuisce le sue crisi a un trauma infantile che soltanto un antidoto può correggere. L'antidoto si rivelerà presto essere un mite contabile, il piccolo azionista del gruppo Vladis, André Morin. L'uomo non soltanto ha le fattezze rassicuranti dell'orsacchiotto perduto dell'infanzia di Marty, ma esibisce un'abilità da speculatore finanziario. Il suo intervento restituirà loquacità a Marty e liquidità all'azienda. Con la commedia di Vincent De Brus la Francia, almeno quella del cinema, torna a sorridere e a far sorridere. ■ COMMEDIA; COL.; 107'; FRANCIA, 2005.

ANTIMIRACOLO, L' ★★
Regia di ELIO PICCON. ■ Alcuni episodi interpretati dagli abitanti del luogo e la descrizione dei loro usi e costumi mostrano la vita di un paese sottosviluppato. ■ DOCUMENTARIO; B/N; 87'; ITALIA, 1965.

ANTINEA, L'AMANTE DELLA CITTÀ SEPOLTA
Regia di EDGARD GEORGE ULMER. Con RED FULTON, HAYA HARAREET, AMEDEO NAZZARI, JEAN-LOUIS TRINTIGNANT. ■ Tre tecnici vengono fatti prigionieri e condotti ad Atlantide. Inutilmente avvertono la regina dell'imminente scoppio di una bomba atomica: solo uno di essi riesce a porsi in salvo con una schiava che ama, prima che il leggendario regno scompaia. ■ AVVENTURA; COL.; 104'; ITALIA, 1961.

ANTOLOGIA DI PETROLINI ★★★
Regia di CARLO LUDOVICO BRAGAGLIA. ■ *Nerone* e *Medico per forza*, due tra le più riuscite gag del grande attore romano scomparso nel 1936, vengono riproposte in questo spaccato artistico del comico dall'ironia tagliente e provocatoria. ■ COMICO; B/N; 75'; ITALIA, 1930.

ANTOLOGIA DI TOTÒ ★★★★
Regia di JEAN-LOUIS COMOLLI. Con TOTÒ. ■ Il film presenta, grazie a un accurato mixaggio, alcuni dei pezzi migliori interpretati dal grande comico napoletano nel corso della lunga carriera. La grande maschera di Totò. ■ COMICO; COL.; 87'; FRANCIA, ITALIA, 1978.

ANTOLOGIA SESSUALE *(Vacances portugaises)* ★★
Regia di PIERRE KAST. Con FRANÇOISE ARNOUL, MICHEL AUCLAIR, JEAN-PIERRE AUMONT, JEAN-MARC BORY, FRANÇOISE BRION, CATHERINE DENEUVE, DANIEL GÉLIN, FRANÇOISE PRÉVOST. ■ Due coniugi desiderosi di tranquillità prendono in affitto una villa isolata; sopraggiunge la noia, ed essi invitano tutti gli amici. Tra le varie coppie si intrecciano relazioni che i due, rimasti soli, cercano di scordare per riscoprire il loro amore. ■ COMMEDIA; B/N; 57'; FRANCIA, 1964.

ANTONIA E JANE *(Antonia and Jane)* ★★
Regia di BEEBAN KIDRON. Con BRENDA BRUCE, BILL NIGHY, SASKIA REEVES, IMELDA STAUNTON. ■ Un film girato per la televisione inglese ma distribuito nel circuito delle sale cinematografiche. Diretto da una regista che sembra avere studiato la commedia attraverso la cultura ebrea americana. Una psicanalista ha in cura due donne che nella vita di tutti i giorni si professano grandi amiche. In realtà quando si confessano durante le sedute affiorano i reciproci rancori. ■ COMMEDIA; COL.; 80'; GRAN BRETAGNA, 1991.

ANTONIO DAS MORTES ★★★★
(O Dragão da Maldade contro o' Santo Quereiro)
Regia di GLAUBER ROCHA. Con OTHON BASTOS, HUGO CARVANA, MAURICIO DO VALLE, ODETE LARA. ■ Realizzato dall'allora trentenne Glauber Rocha questo film (presentato in Italia in versione originale con sottotitoli) è uno dei più interessanti realizzati in quegli anni. Narra, attraverso una serie di simbolismi e di allegorie legati alla tradizione brasiliana, la lotta dei contadini guidati dal bandito Coirana contro i proprietari terrieri. La polizia per combattere i rivoltosi assolda Antonio Das Mortes, il quale, dopo aver preso coscienza, si unirà ai rivoltosi. ■ DRAMMATICO; COL.; 98'; BRASILE, 1969. ■ CANNES 1 PR.

ANTONIO DI PADOVA ★★★
Regia di GIULIO C. ANTAMORO. Con ELIO COSCI, CARLO PINZAUTI. ■ Il film narra gli episodi più salienti della vita del santo, scritta da Vittorino Facchinetti e sceneggiata dallo stesso regista del film noto ai tempi del muto per aver portato sullo schermo altri soggetti di carattere religioso. Non si tratta di un film parlato e il sonoro è affidato solo alla musica scritta da Francesco Catalani d'Abruzzo. ■ BIOGRAFICO; B/N; 93'; ITALIA, 1931.

ANTONIO DI PADOVA ★★
Regia di PIETRO FRANCISCI. Con ALDO FABRIZI, ALDO FIORELLI, SILVANA PAMPANINI. ■ La moglie di un pittore scomparso in guerra prega S. Antonio di farlo tornare ed è esaudita. Il figlio dei due, sfogliando un libro sul santo, ne rimane conquistato e decide di farsi religioso. ■ DRAMMATICO; B/N; 85'; ITALIA, 1949.

ANTONIO E PLACIDO: ATTENTI RAGAZZI... CHI ROMPE PAGA ★★
Regia di GIORGIO FERRONI. Con LARS BLOCK, GIOVANNI CIANFRIGLIA, ROBIN MACDAVID, GIANCARLO PRETE, GIANNI RIZZO. ■ Un trafficante di armi disturba il commercio di un venditore di frutta. Questi e un vagabondo pacifista sgominano la banda del losco individuo a suon di pugni, poi partono per il Tibet dove si voteranno a vita contemplativa. ■ COMMEDIA; COL.; 90'; ITALIA, 1976.

ANTONIO E VIRGOLETTA *(Pünktchen und Anton)* ★★
Regia di THOMAS ENGEL. Con HERTA FEILER, PAUL KLINGER, ANNIE ROSAR, JANE TILDEN. ■ Un ragazzino provvede da solo alla mamma in cattive condizioni di salute; la sua piccola amica, figlia di benestanti, persuaderà i genitori a portare l'ammalata in montagna insieme a lei. ■ COMMEDIA; B/N; 85'; AUSTRIA, GERMANIA, 1955.

ANTONIO GRAMSCI – I GIORNI DEL CARCERE ★★★
Regia di LINO DEL FRA. Con RICCARDO CUCCIOLLA, MIMSY FARMER, FRANCO GRAZIOSI, JACQUES HERLIN, LEA MASSARI. ■ An-

tonio Gramsci, condannato a vent'anni di carcere dai tribunali fascisti, rivive le tappe della sua carriera politica e della vita privata: in particolare la fondazione del Partito comunista, l'inutile resistenza all'offensiva della destra, il matrimonio, l'arresto, il conflitto con Togliatti. In prigione l'uomo politico è prima considerato un eroe, poi evitato per via delle sue opinioni anticonformiste su Stalin e sull'involuzione autoritaria dell'Urss. Dimesso dal carcere per motivi di salute, muore nel 1937 in una clinica di Roma. Ritratto spesso didascalico, ma quasi sempre convincente, di uno dei padri del socialismo moderno. ■ STORICO; B/N; 130'; ITALIA, 1977.

ANTONIO, GUERRIERO DI DIO ★★
Regia di ANTONELLO BELLUCO, SANDRO CECCA. Con ANDREA ASCOLESE, ELEONORA DANIELE, PAOLO DE VITA, FRANCO DI FRANCESCANTONIO, ARNOLDO FOÀ, MARTA JACOPINI, LUCA LIONELLO, MICHELE MELEGA, JORDI MOLLÀ, MATT PATRESI, ROSA PIANETA, MATTIA SBRAGIA, DAMIR TODOROVIC. ■ 1263. Un frate, di fronte a ciò che resta del corpo di sant'Antonio, inizia a raccontare la sua storia. La vicenda del santo comincia dal suo arrivo in Italia dal Portogallo a bordo di una nave che trasporta un tesoro. La figura di Antonio, che prima di tutto era un uomo, si lega a quella di numerosi personaggi che incontra lungo il suo cammino. Il film porta per la prima volta sul grande schermo sant'Antonio da Padova, una delle figure più importanti e discusse della storia della cristianità. Nonostante la biografia del Santo sia circoscritta agli ultimi anni della sua vita e alcuni elementi della trattazione siano dichiaratamente inventati, piace l'approccio scelto dal regista: invece di cedere alla facile tentazione di spettacolarizzare la figura, proponendola come mero "miracle maker", con tutto quello che avrebbe potuto conseguirne, Belluco sceglie di focalizzare l'attenzione sull'umanità, i sentimenti, le paure e le emozioni provate dal protagonista, che appare assai fragile, tormentato e realistico. ■ BIOGRAFICO; COL.; 100'; ITALIA, 2006.

ANTONIO MEUCCI ★★★
Regia di ENRICO GUAZZONI. Con NERIO BERNARDI, RUBI D'ALMA, LEDA GLORIA, GRETA GONDA, LUIGI PAVESE, OSVALDO VALENTI. ■ È la storia romanzata di Antonio Meucci, l'inventore del telefono, e delle sue peripezie negli Stati Uniti per affermare la sua scoperta da altri attribuita a Graham Bell. ■ BIOGRAFICO; B/N; 90'; ITALIA, 1940.

ANTRO DELLA MORTE – LA CAVERNA DEL DIAVOLO, L' *(Two Gun Men)* ★★
Regia di PHIL ROSEN. Con CHARLES KING, NITA MARTIN, KEN MAYNARD, LAFE MCKEE, LUCILLE POWERS. ■ Il film narra i soliti contrasti fra vecchi e nuovi proprietari di pascoli in una cittadina del Far West. Ken Maynard è uno sceriffo federale in incognito che si batte per la giusta causa. ■ WESTERN; B/N; 88'; USA, 1931.

ANTROPOPHAGUS ★★
Regia di JOE D'AMATO. Con MARK BODIN, MARGARET DONNELLY, TISA FARROW, VANESSA STEIGER, SAVERIO VALLONE. ■ In un'isola greca un uomo, diventato cannibale dopo essere rimasto senza viveri in un canotto in compagnia del cadavere della moglie, stermina una comitiva di turisti. ■ HORROR; COL.; 92'; ITALIA, 1980.

ANTWONE FISHER ★★★
Regia di DENZEL WASHINGTON. Con DEREK LUKE, SALLI RICHARDSON, DENZEL WASHINGTON. ■ Antwone Fisher (Derek Luke) è un marinaio dal temperamento irascibile, che soffre di scatti d'ira. I suoi superiori lo inviano da uno psichiatra (Denzel Washington). Il medico scopre presto che l'origine del malessere di Antwone è nella sua famiglia di origine e, soprattutto, nella figura del padre assente, che il giovane non ha mai conosciuto. Il giovane marinaio comincia a credere in se stesso e parte insieme alla sua donna (Joy Bryant) verso i luoghi in cui è cresciuto, per cercare di ricomporre il mosaico del suo passato e togliersi così dalle spalle quel pesante fardello. Washington è alla sua prima regia e mostra l'onestà che lo ha sempre indirizzato anche nella scelta dei ruoli. Non ci sono lamentazioni contro il destino, non si imita Spike Lee in un film che vuole cercare le origini di un disagio profondo che permea la vita di molti che non sono bianchi negli States. ■ DRAMMATICO; COL.; 120'; USA, 2002.

ANUSCHKA ★★
Regia di HELMUT KAUTNER. Con SIEGFRIED BREUER, FRIEDL CZEPA, HILDE KRAHL, ROLF WANKA. ■ Una giovane assunta come domestica da un chirurgo viene accusata del furto di un accendino. Le indagini accerteranno che l'ha avuto in regalo da un ragazzo al quale è stato donato dalla moglie del medico stesso. ■ DRAMMATICO; B/N; 87'; GERMANIA, 1943.

ANVIL! THE STORY OF ANVIL ★★
Regia di SACHA GERVASI. Con KEVIN GOOCHER, GLENN GYORFFY, WILLIAM HOWELL, LEMMY, KUDLOW "LIPS" STEVE. ■ Sapere di essere stati a un passo dal successo e ritrovarsi a suonare in piccoli club per un centinaio di fan della prima ora, avrebbe dissuaso chiunque dal continuare per trent'anni. Prendete gli Anvil di Toronto, per esempio. Pionieri di un genere poi esploso, lo speed metal, sparirono poco dopo essere stati vicini al successo. Lontano dalle luci della ribalta, i due fondatori del gruppo – il cantante e chitarrista Steve "Lips" Kudlow e il batterista Robb Reiner – hanno continuato a suonare per trent'anni, finché un ex roadie non si è fatto vivo per documentare la loro storia in un film. ■ DOCUMENTARIO; COL.; 80'; CANADA, 2008.

ANYTHING ELSE ★★★
Regia di WOODY ALLEN. Con WOODY ALLEN, JASON BIGGS, STOCKARD CHANNING, GLENN CLOSE, DANNY DEVITO, JIMMY FALLON, DIANA KRALL, CHRISTINA RICCI. ■ Jerry Falk è un giovane aspirante scrittore di New York. Incontra Amanda, una ragazza libera e spregiudicata, e se ne innamora. Amore e passione, però, non bastano a tenere in piedi la relazione e Jerry chiede aiuto al suo mentore. Questo film rappresenta una svolta nel cinema di Woody Allen per più motivi. Quello più esteriore è la sua presenza alla Mostra del Cinema di Venezia. Quelli invece più sostanziali stanno nello stile e nel contenuto del film. Sul piano stilistico colpisce il frequentissimo uso che Woody fa dello sguardo in macchina. Jerry non perde occasione per rivolgersi allo spettatore, coinvolgendolo quindi direttamente nelle sue vicende. Woody poi utilizza per la seconda volta un alter ego cinematografico in compresenza sullo schermo. Lo aveva già fatto con il personaggio di Michael Caine in *Hannah e le sue sorelle* ma il rapporto tra i due non era comunque così diretto Qui invece la relazione dei due è da maestro ad allievo nella difficile scuola della vita. Ma dove la sorpresa si fa veramente grande è quando Woody reagisce ai soprusi con la violenza. Il suo personaggio non subisce più in totale passività. Che sia cambiato qualcosa dopo l'11 settembre? ■ COMMEDIA; COL.; 108'; FRANCIA, GRAN BRETAGNA, OLANDA, USA, 2003.

ANZIO ★★
Regia di EDWARD DMYTRYK. Con MARK DAMON, PETER FALK, EARL HOLLIMAN, ROBERT MITCHUM. ■ Durante la seconda guerra mondiale un giornalista segue gli spostamenti delle truppe anglo-americane alla vigilia dello sbarco di Anzio. Film ambizioso ma non molto riuscito, nonostante l'ottimo cast americano. ■ GUERRA; COL.; 117'; ITALIA, USA, 1967.

APACHE *(Face to the Wind)* ★★
Regia di WILLIAM A. GRAHAM. Con CLIFF POTTS, HARRY DEAN STANTON, DON WILBANKS, DEL ROSARIO XOCHITL. ■ Un'indiana, catturata dai soldati assieme a un cacciatore di taglie, viene violentata e si suicida. L'uomo la vendica eliminando gli aggressori, ma viene ucciso da due bianchi ai quali voleva impedire di assassinare un pellerossa. ■ WESTERN; COL.; 93'; USA, 1972.

APACHE *(Les Apaches)* ★★
Regia di THIERRY DE PERETTI. Con FRANÇOIS-JOSEPH CULLIOLI, JOSEPH MARIE EBRARD, AZIZ EL HADACHI, HAMZA MEZZIANI. ■ Aziz lavora col padre nella manutenzione di grandi ville a Porto Vecchio in Corsica. Dopo essere penetrato in una di queste per fare una festa con degli amici, finendo per lasciare segni evidenti della loro presenza e rubando diversi oggetti, scopre che il proprietario non è uno che accetti pacificamente di essere stato derubato. Il primo indiziato ovviamente è il padre e per scagionarlo Aziz darà il via ad una serie di dinamiche criminali che coinvol-

geranno anche gli altri amici presenti alla festa. ■ DRAMMATICO; COL.; 100′; FRANCIA, 2013.

APACHE IN AGGUATO *(Six Black Horses)* ★★
Regia di HARRY KELLER. Con ROY BARCROFT, DAN DURYEA, AUDIE MURPHY, JOAN O'BRIEN, BOB STEELE, GEORGE WALLACE. ■ Una ragazza, che sta per intraprendere un viaggio attraverso il deserto, assume Ben e Frank perché le facciano da scorta. Ben si innamora della ragazza e scopre che il suo socio in passato uccise il marito di lei. Dopo aver sventato un attacco indiano i due si battono a duello e Ben avrà la meglio. ■ WESTERN; COL.; 80′; USA, 1962.

APACHE – PIOGGIA DI FUOCO *(Fire Birds)* ★★
Regia di DAVID GREENE. Con NICOLAS CAGE, TOMMY LEE JONES, SEAN YOUNG. ■ Quando le idee sono poche e un ideale modello è un film come *Top Gun* i risultati sono immaginabili. A nulla serve un buon cast quando i dialoghi sono tanto scontati. Ci troviamo di fronte a un nuovo elicottero, di nome *Apache*. Il collaudo avviene per combattere una terribile banda di trafficanti di droga. Voli e fuoco a volontà. ■ GUERRA; COL.; 83′; USA, 1990.

APACHE TERRITORY ★★
Regia di RAY NAZARRO. Con BARBARA BATES, RORY CALHOUN, JOHN DEHNER, LEO GORDON. ■ Cinque banditi, tre uomini e due donne, attraversano il territorio Apache. Gli indiani li assediano, ma il capo del gruppo se ne libera lanciando contro di loro borracce cariche di esplosivo. Riusciranno alla fine a raggiungere un centro abitato, tutti sani e salvi. Meno uno. ■ WESTERN; B/N; 75′; USA, 1957.

APARAJITO – L'INVITTO *(Aparajito)* ★★★★
Regia di SATYAJIT RAY. Con KARNA BANERJEE, KANU BANERJIE. ■ Dal romanzo di B. Bandappadhy. Storia di Apu, ragazzo indiano che vorrebbe diventare sacerdote. Quando il padre muore, decide di andarsene a Calcutta, dove lavora, studia e riesce a laurearsi all'università. Nella sua lotta quotidiana si dimentica della madre che vive solo attendendo il suo ritorno. Apu un giorno torna, ma è troppo tardi. La madre è morta poco prima del suo arrivo. Il film, che impose Satyajit Ray come regista internazionale, vinse il Leone d'oro a Venezia nel 1957 (suscitando le ire di Luchino Visconti che era in lizza con *Le notti bianche* e che si lanciò in astiosi giochi di parole: «Mi conviene fare l'indiano»). ■ DRAMMATICO; B/N; 110′; INDIA, 1957. ■ VENEZIA 1 PR.

A PARIGI CON AMORE *(Rouge Basier)* ★★
Regia di VERA BELMONT. Con MARTHE KELLER, GÜNTER LAMPRECHT, LAMBERT WILSON. ■ Una ragazza di quindici anni, figlia di ebrei polacchi emigrati da anni a Parigi, viene aggredita per le sue idee politiche. La salva un giovanotto, giornalista affermato e un po' cinico. Sarà il primo uomo della vita della ragazza, nonostante la differenza d'età e di idee sulla vita. ■ SENTIMENTALE; COL.; 112′; FRANCIA, 1986.

A PARIGI IN VACANZA *(Mon coquin de père)* ★★
Regia di GEORGES LACOMBE. Con JEAN-CLAUDE DAUPHIN, PHILIPPE LEMAIRE, ANTONELLA LUALDI, GABY MORLAY. ■ Ruggero incontra per caso a Parigi Roberta, amica che non vedeva da anni. La donna gli racconta di aver da tempo dimenticato la propria relazione con Gianni, il quale, tra l'altro, si è poi sposato, ha avuto un figlio ed è rimasto ben presto vedovo. Ruggero decide allora di tentare di riavvicinare i due ex fidanzati e ci riesce dopo molta fatica. ■ COMMEDIA; B/N; 89′; FRANCIA, 1957.

APARTMENT ZERO ★
Regia di MARTIN DONOVAN. Con FABRIZIO BENTIVOGLIO, HART BOCHNER, COLIN FIRTH. ■ Adrian, proprietario di una sala cinematografica a Buenos Aires, decide di dividere il proprio appartamento con un americano. Un giorno però il ritrovamento di alcuni cadaveri mutilati gli cambia brutalmente la vita. ■ GIALLO; COL.; 120′; ARGENTINA, GRAN BRETAGNA, 1988.

APE REGINA *(Queen Bee)* ★★★
Regia di RANALD MACDOUGALL. Con JOAN CRAWFORD, JOHN IRELAND, LUCY MARLOW, BETSY PALMER, BARRY SULLIVAN, FAY WRAY. ■ La moglie di un industriale gioca con uomini, passioni, affari. La cognata, per colpa sua, muore. La vendicherà il fidanzato. Il marito dell'"ape" si consolerà presto. ■ DRAMMATICO; B/N; 100′; USA, 1955. ■ OSCAR 2 NOM.

APETTA GIULIA E LA SIGNORA VITA, L' ★★★
Regia di PAOLO MODUGNO. Con IRENE GRANDI, NINO MANFREDI, MICHELE MIRABELLA, LUDOVICA MODUGNO, RAF. ■ Prima operazione totalmente tridimensionale nell'ambito dell'animazione italiana, questo film racconta di una piccola ape che si ribella ai ritmi massacranti dell'alveare. Sua madre, l'ape regina, proverà a spiegarle come va il mondo prendendo, come soggetti delle storie che le racconta, gli umani. Se ogni tanto la differenza di budget (e quindi di tecnologia impiegata) si vede, questo film gode comunque di una libertà narrativa interessante. Giulia (doppiata da una toscanissima Irene Grandi) non intende sottomettersi ma lo fa con spirito. Così come sua madre sa descrivere bene, anche per i più piccoli, il mistero della vita e dei suoi percorsi. ■ ANIMAZIONE; COL.; 76′; ITALIA, 2003.

A PESO D'ORO *(Eldorado)* ★★★
Regia di GEZA BEREMENY. Con KAROLY EPERIES, JUDITH POGANY, BARNABAS TOTH. ■ Un affarista ungherese si arricchisce rapidamente dopo la guerra. Ma si trova nei guai quando i comunisti vanno al potere. Tuttavia riesce a conservare parte delle sue ricchezze, che forse gli procureranno una via di scampo durante la rivoluzione del 1956. ■ DRAMMATICO; COL.; 94′; UNGHERIA, 1988.

A PIEDI... A CAVALLO... IN AUTOMOBILE ★★
(À pied, à cheval et en voiture)
Regia di MAURICE DELBEZ. Con SOPHIE DAUMIER, JACQUES FABBRI, DENIS GRAY, NOËL-NOËL, GIL VIDAL. ■ Léon, pedone convinto, è costretto a procurarsi un'automobile per non sfigurare di fronte ai ricchissimi futuri suoceri della figlia. Tra mille peripezie Léon e sua moglie Margherita ottengono patente e auto, ma quando giungono al castello dei consuoceri si trovano comunque a disagio a causa di un ambiente sofisticato e arrogante che non è il loro. Tutto però finirà in gloria. ■ COMICO; B/N; 87′; FRANCIA, 1957.

♥ A PIEDI NUDI NEL PARCO ★★★★
(Barefoot in the Park)
Regia di GENE SAKS. Con MABEL ALBERTSON, CHARLES BOYER, JANE FONDA, MILDRED NATWICK, ROBERT REDFORD. ■ Due sposini a New York vanno ad abitare in un appartamento senza acqua calda in un grattacielo senza ascensore. Lui è un tipo perbene, lei una sventata che alla fine lo converte alle stramberie. C'è anche una love-story secondaria, quella tra la madre di lei e uno strambo anzianotto (Boyer, in una delle sue ultime apparizioni). Trasposizione di un successo teatrale di Neil Simon. ■ COMMEDIA; COL.; 105′; USA, 1967. ■ OSCAR 1 NOM.

APNEA ★★
Regia di ROBERTO DORDIT. Con GIUSEPPE BATTISTON, EMANUEL DABONE, ELIO DE CAPITANI, EMILIO DE MARCHI, DANIELE MAURO, MICHELA NOONAN, DIEGO RIBON, ENRICA ROSSO, FABRIZIA SACCHI, CLAUDIO SANTAMARIA. ■ Paolo aspetta fuori dalla palestra che il suo compagno di scherma lo raggiunga, ma Franz non si presenterà mai all'incontro: è morto di infarto nella sua auto. Complice la borsa sportiva di Franz, che la moglie gli lascia in dono, Paolo scopre che il suo migliore amico gli nascondeva una vita segreta e che anche la sua morte non è priva di misteri. Smessa la tuta bianco candido da campione del più nobile degli sport, si addentra allora nel mondo sporco della conceria, emblema delle tante imprese del Nordest che sacrificano la correttezza dei mezzi all'unico fine del denaro. Conoscerà lo spregiudicato Giordano (Elio De Capitani), imprenditore e padre della bella Chiara e del piccolo Leo, affetto da infinita tristezza, e scoprirà che, sotto il cielo sempre grigio di quella zona d'Italia, si consumano sfruttamenti neri e morti bianche. ■ DRAMMATICO; COL.; 93′; ITALIA, 2005.

APOCALISSE, L' ★★★
Regia di GIUSEPPE MARIA SCOTESE. Con TULLIO CARMINATI, ENRICO GLORI, LILIA LANDI, MASSIMO SERATO, ALFREDO VARELLI. ■ Ambiziosa allegoria sulla potenza della fede. Due episodi, uno d'ambientazione antico-romana, l'altro moderno. Nel primo il protagonista è Giuliano l'Apostata che, pochi decenni do-

po l'editto di Costantino, riporta in auge il paganesimo e si mette a perseguitare i cristiani. Sarà punito. Nello sketch moderno si assiste alla corruzione dell'uomo nella civiltà moderna. ■ AVVENTURA; B/N; 90'; ITALIA, 1947.

APOCALISSE A FROGTOWN – LA CITTÀ DELLE RANE *(Hell Comes to Frogtown)* ★★
Regia di DONALD G. JACKSON, R. J. KIZER. Con SANDAHL BERGMAN, RODDY PIPER. ■ In seguito a radiazioni atomiche gli abitanti della città di Frogtown hanno subito una spaventosa metamorfosi e si sono trasformati in rane. L'epidemia sta dilagando, così Sam Hell e la sua donna tentano l'impossibile per arrestarla. ■ FANTASCIENZA; COL.; 83'; USA, 1988.

APOCALISSE DI UN TERREMOTO ★
Regia di SERGIO PASTORE. Con GIORGIO ARDISSON, STELLA CARNACINA, LAURA DONADONI. ■ Un emigrato dell'Irpinia torna per cercare la sua fidanzata dopo il tragico terremoto. Ritrova una terra desolata, in preda alla malavita. Ritrova anche la fidanzata, che si era rifugiata in un ospedale con ambedue le gambe spezzate. ■ DRAMMATICO; COL.; 82'; ITALIA, 1982.

APOCALISSE SUL FIUME GIALLO ★★
Regia di RENZO MERUSI. Con FRANCA BETTOJA, CLAUDIO BIAVA, DORI DORIKA, ANITA EKBERG, GEORGES MARCHAL. ■ In Cina, durante la "lunga marcia" di Mao, un giornalista americano viene a sapere che agenti comunisti progettano la distruzione di una diga sul fiume Giallo. I sabotatori si trovano in una carovana su cui viaggiano anche una missionaria, una dottoressa e un gruppo di orfanelli asiatici. La diga salta: il giornalista muore assieme ai sabotatori. ■ AVVENTURA; COL.; 90'; ITALIA, 1959.

APOCALYPSE DOMANI ★★
Regia di ANTHONY DAWSON. Con TONY KING, JOHN SAXON, VENANTINO VENANTINI. ■ Tre veterani del Vietnam tornano a casa duramente scossi nella psiche: sono diventati cannibali. I primi a farne le spese sono i loro concittadini di Atlanta. Le persone morsicate vengono contagiate dal male. La polizia dà la caccia ai reduci, che vengono eliminati. Ma rimangono in circolazione due ragazzini che erano stati morsi dai disgraziati e che sono pronti a pasteggiare con amici e parenti. ■ HORROR; COL.; 96'; ITALIA, 1980.

APOCALYPSE MERCENARIES ★
Regia di JOHN R. DOWSON. Con PETER HIATZ, VASSILI KARIS, KARL LANDGREN, MAURICE POLI. ■ Nel corso dell'ultima guerra, quattro coraggiosi hanno tra le mani il futuro della Jugoslavia. Grazie a un piano audace e geniale, essi riescono a individuare e a eliminare il rifugio del comando tedesco e a far fallire un attacco aereo nemico. ■ GUERRA; COL.; 100'; ITALIA, 1987.

♥ APOCALYPSE NOW ★★★★★🎖
Regia di FRANCIS FORD COPPOLA. Con MARLON BRANDO, ROBERT DUVALL, FREDERIC FORREST, DENNIS HOPPER, MARTIN SHEEN. ■ In Vietnam, durante il terzo anno di guerra, il capitano Willard viene inviato ai confini della Cambogia per una missione segreta e delicatissima: dovrà uccidere il colonnello Kurtz che, impazzito, sta combattendo una sua guerra privata. Willard risale un fiume e si trova a percorrere tutti i gironi dell'inferno. I suoi compagni di viaggio sono degli squinternati. Quasi nulla è comprensibile: gli attacchi con gli elicotteri al ritmo di Wagner, un ufficiale che fa surf sotto i bombardamenti, battaglie all'insegna del napalm, che rendono la scena simile a quella di una Disneyland allucinata. Trova Kurtz-Brando in un incontro che il regista carica con toni epici e misteriosi: Brando, monumento più che mai, fotografato nella penombra, sembra qualcosa di più o di meno di un essere umano. Kurtz spiega la sua filosofia: occorre uccidere, distruggere e mutilare, anche donne e bambini, se la causa è giusta. In pratica il colonnello giustifica i propri delitti in nome della difesa della patria. È dunque un eroe o un pazzo sanguinario? Willard compie la sua missione e lo uccide. Il film è ispirato al racconto *Cuore di tenebra* di Conrad ed è sceneggiato da John Milius. Coppola è senza dubbio il regista che ha segnato gli anni Settanta (Oscar a *Il Padrino* e a questo film) con la sua regia capace di raccontare con stile, seppure appesantita da qualche virtuosismo. Negli autori che cominciavano allora e che sarebbero diventati grandi (come Scott, Cimino e Cohen) la sua lezione sarebbe stata un riferimento imprescindibile. Senza pretendere di cambiare i destini del mondo, Coppola si impegna in un ragionamento sul bene e sul male e sulla loro relatività. Un uomo che ha la possibilità di esercitare un potere sempre maggiore può non riuscire a fermarsi in tempo e a individuare il confine fra la propria anima ancestrale, violenta e amorale, e quella civile, perdendo di vista la possibilità di convivere con gli altri, se sono più deboli. Naturalmente non era casuale che questa filosofia venisse applicata a quella guerra sciagurata che aveva confuso e stravolto tutti gli aspetti della morale americana. Kurtz, credendosi onnipotente, aveva perso di vista il proprio limite umano. Doveva essere distrutto. Il film sarà ricordato per il grande budget (quaranta milioni di dollari) e per le difficoltà di lavorazione nelle Filippine, per il boicottaggio da parte delle autorità americane, che naturalmente non condividevano la chiave negativa e disperata che Coppola dava della guerra. Anche dopo tanti anni, *Apocalypse Now* si pone come manifesto attendibile di quella vicenda e come film dai grandi valori confermati. Ventidue anni dopo, Coppola ha riproposto il film in una nuova versione: *Apocalypse Now – Redux*, arricchito da 54 minuti di scene inedite, ma soprattutto con un nuovo finale, è giunto nelle sale nel 2001. ■ AVVENTURA; COL.; 150'; USA, 1979. ■ CANNES 🎖 1 PR; DAVID DI DONATELLO 🎖 1 PR, 1 NOM; GOLDEN GLOBES 🎖 2 PR, 3 NOM; OSCAR 🎖 2 PR, 8 NOM.

APOCALYPTO ★★★★
Regia di MEL GIBSON. Con CARLOS EMILIO BAEZ, MORRIS BIRDYELLOWHEAD, JONATHAN BREWER, ISRAEL CONTRERAS, DALIA HERNANDEZ, RUDY YOUNGBLOOD. ■ La tesi del film è annunciata da una frase dello storico-scrittore Will Durant: «una grande civiltà non viene conquistata fino a quando non si distrugge da sola dal di dentro». Così, quando nel 1518, gli spagnoli "conquistadores" sbarcarono per la prima volta su una spiaggia dello Yucatàn, per portare la nuova civiltà, i Maya avevano già compiuto buona parte del lavoro ed erano, diciamo così, predisposti. Gibson, creativo in modo allarmante, e anche furbo, corregge dunque la tesi del paradiso naturalistico: in quel tempo l'Europa aveva il Rinascimento, i codici civili e la polvere da sparo, i Maya "indietro" di millenni rispetto a quei parametri, e al riparo da quel tipo di civiltà, non erano poi così felici. Un'idea scaltra e magari strumentale, comunque accettabile, che poi permette al regista di fare il cinema violento-etnico-primordiale-iperrealista, attraverso "interpretazioni impossibili", che tanto gli sono congeniali. Il giovane maya Zampa di Giaguaro vive dunque in modo primordiale, va a caccia, si diverte coi suoi amici, ha una moglie incinta e un bambino. Il suo villaggio viene assalito da una tribù più forte che fa una strage. Insieme ad altri, Zampa di Giaguaro, che riesce a nascondere la famiglia in una grotta sotterranea, viene portato in un villaggio lontano dove sarà sacrificato al dio del sole. Riesce a fuggire, inseguito dai nemici. Li uccide uno a uno, torna al suo villaggio, salva miracolosamente la famiglia e dall'alto di una collina vede due galeoni nella baia e alcune barche che si stanno avvicinando alla spiaggia che portano uomini con armi, insegne e croci. Zampa di Giaguaro e la famiglia si rintanano nel cuore della foresta. Nella *Passione* Gibson si era ritagliato molte possibilità di invenzione, a cominciare dall'aramaico. Qui ripercorre la stessa strada (lingua maya con sottotitoli) ma gli si aprono orizzonti ancora più vasti: i corpi nudi che offrono un'opzione di violenza estrema che, per esempio, *Braveheart* coi costumi e le armature non offriva. La vegetazione umida e senza sole, nemica, e così folta che senti prima di vedere, ed è tardi. L'istinto primordiale: ci si immobilizza, gli occhi si allargano a scrutare, il pericolo mortale è vicino. L'idea delle violenza estrema ha un'altra chiave, suggestiva. Zampa di Giaguaro viene colpito da una lancia, letteralmente trapassato, se la toglie e riprende la fuga, poi viene colpito da una freccia, dalle parti del cuore, se la strappa e prosegue. E non sono le solite licenze del cinema d'avventura, è una considerazione sulle difese del corpo, che oggi diremmo sovrumane e che magari, in quel tempo e in quei luoghi, erano solo umane. L'istantanea estrema in questo senso è alla fine, quando Zampa di Giaguaro si affaccia sulla grotta e vede la moglie e due figli, che

stanno per annegare sopraffatti dalle grandi piogge. La donna ha partorito nell'acqua. Dunque è l'indagine sulla possibilità estrema, antropologica, ciò che il regista cercava. Può essere interessante la sua prossima mossa. Un'indicazione: perché no la genesi? Gibson cristiano radicale, avrebbe possibilità ancora maggiori, medierebbe le scritture con la scienza e offrirebbe certamente un'istantanea credibile di Adamo ed Eva. E dovrebbe inventare un linguaggio questa volta davvero ex novo. Un'avventura spaventosa, ma niente spaventa Mel. *Apocalypto* è un film molto importante. Per coraggio, per estetica e per forza in senso lato. Va inteso, oltre che come magnifico trucco (sempre di film trattasi) anche come indicazione che certamente si porterà dietro tante, tante parole. E, indubbiamente, fa già parte del corpo del cinema. ■ AZIONE; COL.; 139'; USA, 2006.

APOLLO 13 *(Apollo 13)* ★★★
Regia di RON HOWARD. Con KEVIN BACON, TOM HANKS, ED HARRIS, BILL PAXTON, KATHLEEN QUINLAN, GARY SINISE. ■ Ricostruzione romanzata ma non troppo di un evento che emozionò l'America nell'aprile del 1970. La missione spaziale dell'Apollo 13, con destinazione Luna, non segue l'iter prestabilito: l'esplosione del motore dei serbatoi dell'ossigeno e del motore principale trasforma il modulo lunare in una trappola spaziale. Solo la tenacia dei tre astronauti a bordo e l'abilità dei tecnici del controllo di Houston riescono ad avere il sopravvento sulle condizioni avverse. Per la gioia delle famiglie in attesa sulla Terra, la tragedia viene evitata e i tre rientrano nell'atmosfera sani e salvi. Suspense e buoni sentimenti adeguatamente sostenuti da un pregevole cast, dalla consulenza tecnologica degli esperti della NASA e da un budget multimiliardario che garantisce una perfetta ricostruzione degli eventi attraverso sofisticati effetti speciali. ■ DRAMMATICO; COL.; 140'; USA, 1995. ■ GOLDEN GLOBES 4 NOM; OSCAR 2 PR, 9 NOM.

APOLLO 13: UN DIFFICILE RIENTRO ★
(Houston, We've got a Problem)
Regia di LAWRENCE DOHENY. Con GARY COLLINS, ROBERT CULP, CLU GULAGER. ■ Durante il terzo viaggio verso la Luna, datato 11 aprile 1970, qualcosa non ha funzionato a dovere: si verifica un'esplosione e i tre astronauti a bordo della navicella spaziale (James Lovell, John Swigert e Fred Haise) sembrano destinati a girare a vuoto nello spazio. ■ DRAMMATICO; COL.; 71'; USA, 1974.

A PORTE CHIUSE *(Zàrt tàrgyalàs)* ★★
Regia di GÉZA VON RADVANJI. Con ANTAL PAGER, MARIA TASNADY. ■ Una ragazza prova simpatia per un celebre pianista ma questi, assorbito totalmente dal proprio lavoro, fa capire alla fanciulla che la loro unione sarebbe sconsigliabile. La donna sposa allora un amico del pianista e il matrimonio funziona perfettamente. Dopo alcuni anni trascorsi all'estero, il musicista torna e rivede la ragazza, rinverdendo la passione. Il marito-amico parlerà francamente al pianista che si allontanerà. ■ COMMEDIA; B/N; 88'; UNGHERIA, 1940.

A PORTE CHIUSE ★★
Regia di DINO RISI. Con GIANNI BONAGURA, FRED CLARK, ANITA EKBERG, CLAUDIO GORA, ETTORE MANNI. ■ Una bellona bionda è accusata d'aver ucciso il proprio amante miliardario. Imputata, avvocati, giudici, pubblico ministero, cancellieri si trasferiscono sull'isola dove morì il riccone. Lo scopo è di ricostruire le circostanze del (supposto) delitto. La biondona irretisce tutti, ma poi se la batte con un aitante marinaio. ■ COMMEDIA; B/N; 100'; ITALIA, 1961.

APOSTOLO, L' ★★★
Regia di ROBERT DUVALL. Con TODD ALLEN, JOHN BEASLEY, ROBERT DUVALL, FARRAH FAWCETT, MIRANDA RICHARDSON. ■ Il predicatore Euliss "Sonny" Dewey uccide l'amante della moglie e fugge dal Texas in Louisiana. Qui fonda una chiesa e ha un grosso seguito. La polizia interrompe, arrestandolo, la sua attività, ma lui continuerà ad essere "l'apostolo". Grande interpretazione e regia robusta per un Duvall in stato di grazia. Il suo personaggio si muove costantemente in bilico tra collera profonda e grande dolcezza. Forse Duvall non "giudica". Certo non è tenero non tanto con Dewey quanto con chi ne segue ciecamente le farneticazioni. ■ DRAMMATICO; COL.; 100'; USA, 2000. ■ OSCAR 1 NOM.

APPALOOSA ★★★
Regia di ED HARRIS. Con ED HARRIS, LANCE HENRIKSEN, JEREMY IRONS, VIGGO MORTENSEN, RENÉE ZELLWEGER. ■ Virgil Cole, un *self made man* scontroso e riservato, e Everett Hitch, soldato congedato addestrato a West Point, cavalcano insieme nelle terre selvagge del *west*, riportando l'ordine nelle città vessate dai fuorilegge. La loro meta è Appaloosa, una piccola cittadina nel New Mexico disarmata dal temibile Randall Bragg, ranchero col vizio dello scontro a fuoco. Dopo l'assassinio dello sceriffo di Appaloosa, i due vengono ingaggiati per difendere la città e assicurare il colpevole Bragg alla giustizia, ma l'arrivo in stazione della smaliziata signorina French, appassionata frequentatrice di maschi, abbindolerà eroi e *villain*, alterando gli equilibri dietro la tastiera di un pianoforte e dentro le lenzuola. Il genere western ha smesso di essere *demodé* e, in questo caso, Ed Harris si è ispirato dal romanzo omonimo di Robert B. Parker, inventandosi un film da uomini veri, da gente che non spara alle spalle, e dominando con fermezza un cast ben fatto e funzionale. ■ WESTERN; COL.; 116'; USA, 2008.

APPARITION, THE ★
Regia di TODD LINCOLN. Con TOM FELTON, ASHLEY GREENE, JULIANNA GUILL, LUKE PASQUALINO, SEBASTIAN STAN. ■ La giovane Kelly decide di trasferirsi col fidanzato Ben in un piccolo centro fuori Los Angeles. Pian piano iniziano a manifestarsi nella casa inspiegabili fenomeni. Gli eventi soprannaturali sembrano in qualche modo legati a un esperimento fatto da studenti di college tempo prima e terminato con la scomparsa di una ragazza. A Kelly e Ben il compito di allontanare le forze maligne che li circondano. Esordio al lungometraggio di Todd Lincoln. ■ HORROR; COL.; 90'; USA, 2011.

APPARIZIONE ★★★
Regia di JEAN DE LIMUR. Con MASSIMO GIROTTI, AMEDEO NAZZARI, ANDREINA PAGNANI, PAOLO STOPPA, ALIDA VALLI. ■ Avendo l'auto in panne, un noto divo dello schermo è costretto a pernottare in un modesto albergo di provincia suscitando l'interesse di tutti gli ospiti. Il fidanzato della nipote della proprietaria della pensione è geloso della situazione e rimprovera la ragazza di essersi comportata da civetta. Allora lei lo supplica di portarla con sé; lui acconsente giusto per darle una lezione e farla riflettere. La fanciulla tornerà poi, pentita, dal suo ragazzo. Buona la recitazione. ■ COMMEDIA; B/N; 90'; ITALIA, 1944.

APPARTAMENTO, L' *(The Apartment)* ★★★★🏆
Regia di BILLY WILDER. Con JACK KRUSCHEN, JACK LEMMON, SHIRLEY MACLAINE, FRED MACMURRAY, RAY WALSTON. ■ L'impiegatuccio di una grande compagnia d'assicurazioni fa carriera prestando il suo appartamento da scapolo ai dirigenti per le loro avventure galanti. Ma un giorno s'innamora dell'amante del capintesta. Ritrova la sua fierezza, guadagnandosi l'amore della ragazza (ma perdendo l'impiego). Uno dei migliori Wilder, una commedia dolce-amara sulla vita di città, sui compromessi dell'americano medio, sulle arrampicate aziendali al di fuori della meritocrazia. Forse un po' lungo (oltre due ore) e certamente schematico in certi conflitti, è però meravigliosamente condotto da un cineasta capace come pochi di alternare cinismo a moralismo. Splendido il duetto Lemmon-McLaine (che ricompariranno insieme, ma in minore stato di grazia). ■ COMMEDIA; B/N; 125'; USA, 1960. ■ OSCAR 🏆 5 PR, 10 NOM; VENEZIA 🏆 1 PR.

APPARTAMENTO, L' *(L'appartament)* ★★
Regia di GILLES MIMOUNI. Con MONICA BELLUCCI, ROMANE BORHINGER, VINCENT CASSEL. ■ Cecchi Gori ha distribuito questo film del '95 dopo il "successo" di *Dobermann*. I protagonisti sono infatti gli stessi, Cassel e Bellucci. L'appartamento ospita un faticoso ménage a tre. Max non riesce ad amare Lisa; Alice invece non si fa problemi. La Bellucci cerca di recitare. Risultato: in *Dobermann* le hanno prudentemente creato un personaggio muto. ■ DRAMMATICO; COL.; 116'; FRANCIA, 1995.

APPARTAMENTO, L' ★★
Regia di FRANCESCA PIRANI. Con EDAM IBRAHIM, ANITA LAURENZI, KOYNA ROUSSEVA STEFANOVA. ■ Mahmud è un giovane immigrato egiziano che lavora in una pizzeria. Lejila una ragazza

bosniaca, profuga da Mostar, che fa le pulizie in un appartamento al centro di Roma. La totale solitudine di Lejila è improvvisamente infranta dall'intrusione di Mahmud, entrato di nascosto nell'appartamento, che crede vuoto, per cercarvi riparo con una bambina di pochi mesi... Dalla paura alla diffidenza, alla complicità: la realtà di due immigrati a confronto, costretti dalla necessità alla conoscenza reciproca, tra ferite aperte, ricordi e affetti che riemergono. ■ DRAMMATICO; COL.; 84′; ITALIA, 1997.

APPARTAMENTO AD ATENE ★★
Regia di RUGGERO DIPAOLA. Con VINCENZO CREA, ALBA DE TORREBRUNA, LAURA MORANTE, RICHARD SAMMEL, GERASIMOS SKIADERESSIS. ■ Atene, 1942. Prima della guerra Nikolas Helianos era un editore e un borghese abbiente. Sensibile e illuminato è il padre amorevole di Leda e Alex e consorte di Zoe, con cui cerca di sopravvivere alla guerra e all'occupazione nazista. Il loro ménage viene interrotto dal tirannico capitano Kalter che sequestra la loro intimità. Nikolas e Zoe loro malgrado imparano, prudenti, a convivere col capitano. Richiamato in patria, Kalter si congeda per due settimane per poi rientrare dalla famiglia trasformato. Tra un bicchiere di vino rosso riscaldato e la lettura di un classico, Nikolas e Kalter sembrano trovare un equilibrio nuovo, ma la confessione del capitano intorno a un dolore privato, sovvertirà un'altra volta le convivenze, infilando un epilogo tragico. Opera prima e dolente di Ruggero Dipaola, *Appartamento ad Atene* è un crudele gioco delle parti. Trasposizione del romanzo omonimo di Glenway Wescott, indaga l'incarnazione del male e la relazione che intrattiene con l'umano. ■ DRAMMATICO; COL.; 95′; ITALIA, 2011.

APPARTAMENTO AL PLAZA *(Plaza Suite)* ★★★
Regia di ARTHUR HILLER. Con LEE GRANT, BARBARA HARRIS, WALTER MATTHAU, LOUISE SOREL, MAUREEN STAPLETON. ■ Sceneggiatura di Neil Simon, dalla sua commedia. Tre episodi ambientati all'hotel Plaza di New York: una coppia di genitori fronteggia con molta difficoltà le crisi della figlia durante il ricevimento di nozze; un marito dice addio alla moglie; un produttore dongiovanni cerca di portarsi a letto una sciocca casalinga. Eccezionale l'interpretazione di Walter Matthau. ■ COMMEDIA; COL.; 115′; USA, 1971. ■ GOLDEN GLOBES 2 NOM.

APPARTAMENTO DELLE RAGAZZE, L' ★★
(L'appartement des filles)
Regia di MICHEL DEVILLE. Con DANIEL CECCALDI, MYLÈNE DEMONGEOT, RENATE EWERT, BARBARA FREY, SYLVA KOSCINA. ■ Intrecci amorosi fra un "bello" e alcune hostess. Commediola giallo-rosa priva d'originalità. ■ COMMEDIA; B/N; 95′; FRANCIA, 1964.

APPARTAMENTO DELLO SCAPOLO, L' ★★★
(Bachelor Flat)
Regia di FRANK TASHLIN. Con STEPHEN BEKASSY, FRANCESCA BELLINI, RICHARD BEYMER, CELESTE HOLM, TERRY THOMAS, TUESDAY WELD. ■ Dalla commedia di Bud Crossman. Un professore inglese che insegna in un college della California, benché concupito da molte delle sue allieve, si fidanza con una coetanea. Un giorno gli piomba in casa una teenager indiavolata, fuggita da scuola. Grave imbarazzo del prof., timoroso dello scandalo. Tanto più che il peperino si rivela figlia della sua morosa. ■ COMMEDIA; COL.; 91′; USA, 1962.

APPARTAMENTO DEL 13° PIANO, L' ★
(La semana del asesino)
Regia di ELOY DE LA IGLESIA. Con EMMA COHEN, LOLA HERRERA, VICKY LAGOS, VICENTE PARRA, EUSEBIO PONCELA. ■ Carlos, inserviente del mattatoio, per difendere la fidanzata uccide un tassista. La ragazza vorrebbe che egli confessasse alla polizia l'assassinio, ma Carlos ammazza anche lei per timore che lo denunci. Analoga sorte tocca ad altre persone, ma alla fine giustizia è fatta. ■ HORROR; COL.; 82′; SPAGNA, 1971.

APPARTAMENTO SPAGNOLO, L' ★
(L'auberge espagnole)
Regia di CÉDRIC KLAPISCH. Con CÉCILE DE FRANCE, ROMAIN DURIS, JUDITH GODRÈCHE, AUDREY TAUTOU. ■ Xavier, venticinquenne studente parigino, per ottenere un posto al ministero delle Finanze decide di partire per Barcellona nel quadro del progetto Erasmus. Il distacco dalle abitudini e soprattutto dalla fidanzata Martine non è facile, né è di molto aiuto l'incontro con due conterranei appena sposati, disposti ad ospitarlo ma troppo diversi da lui. Quando Xavier troverà finalmente un appartamento da condividere con un gruppo di coetanei di diverse nazionalità la sua vita e le sue opinioni cominceranno a cambiare. Al termine dell'esperienza sarà diventato uomo e deciderà di percorrere autonomamente la propria strada. Presenti tutti i possibili luoghi comuni su studenti universitari, pregi e difetti delle varie nazionalità europee e storie d'amore giovanili. ■ COMMEDIA; COL.; 120′; FRANCIA, SPAGNA, 2002.

APPASSIONATA ★★
Regia di OLOF MOLANDER. Con ALF KJELLIN, VIVECA LINDFORS, GEORG RYDEBERG. ■ Durante un concerto, il celebre pianista Thomas Dahloff nota una ragazza dalla quale si sente irresistibilmente attratto. La corteggia e la sposa. Ma il loro matrimonio non funzionerà a causa dei continui impegni del pianista. La donna si rifugia allora nella platonica amicizia di un vecchio amico ma il marito, geloso, lo ferisce e finisce in carcere. Quando uscirà, la moglie gli confiderà la decisione di divorziare ed egli, disperato, si ucciderà. Melodramma artificioso. ■ DRAMMATICO; B/N; 90′; SVEZIA, 1944.

APPASSIONATA ★★
Regia di GIANLUIGI CALDERONE. Con VALENTINA CORTESE, NINETTO DAVOLI, GABRIELE FERZETTI, ELEONORA GIORGI, ORNELLA MUTI. ■ Il dottor Rutelli è un maturo dentista sposato con una pianista preda di crisi nervose ed esistenziali. Rutelli ha una figlia sedicenne, Eugenia, che lo adora morbosamente odiando, viceversa, la madre. Nicola è una disinibita amica di Eugenia che riesce a sedurre il dentista. Una notte, complice il buio, Eugenia si sostituisce all'amica nel letto del padre e completa così il suo amore filiale. ■ DRAMMATICO; COL.; 95′; ITALIA, 1974.

APPASSIONATAMENTE *(Devotion)* ★★★
Regia di CURTIS BERNHARDT. Con OLIVIA DE HAVILLAND, SIDNEY GREENSTREET, PAUL HENREID, IDA LUPINO. ■ I Brontë vivono nella loro casa in una contea inglese in un clima di rigorosità protestante e nell'incubo della tisi che grava sulle tre sorelle e sul giovane fratello: Carlotta ed Emilia scrivono, ma solo la prima assaporerà il successo. Emilia morirà consumata dal male e dall'amore per colui che diverrà marito di Carlotta. Anche il fratello si spegnerà stroncato dalla tisi. Il film è imperniato sulle vicende sentimentali delle sorelle scrittrici Brontë. ■ DRAMMATICO; B/N; 107′; USA, 1946.

APPASSIONATAMENTE ★★★
Regia di GIACOMO GENTILOMO. Con ISA BARZIZZA, MIRIAM BRU, VERA CARMI, ANDREA CHECCHI, GIORGIO DE LULLO, AMEDEO NAZZARI. ■ Una contessina, per salvare il padre in difficoltà finanziarie, acconsente a sposarsi con un uomo che non ama, un rude ingegnere minerario. Dopo qualche tempo, tra i due fiorirebbe anche l'amore, se una rivale, gelosa, non avvelenasse l'ingegnere (dando la colpa alla contessina). Tutto alla fine viene chiarito. Gli sposini vivranno felici e contenti. Fumettone strappalacrime vagamente ispirato al *Padrone delle ferriere*. ■ COMMEDIA; B/N; 102′; ITALIA, 1954.

APPASSIONATE ★★★
Regia di TONINO DE BERNARDI. Con ANNA BONAIUTO, IAIA FORTE, GALATEA RANZI. ■ Donne che amano troppo: sembra il titolo di un saggio di successo. È la miglior definizione per questo buon film dell'indipendente torinese De Bernardi, figura centrale di tanti festival Cinema Giovani voluti da Alberto Barbera. Il set è a Napoli e la discesa a sud dell'autore è una scommessa vinta. Fin troppo facile lodare le interpreti, di forte impianto teatrale, ma senza impacci davanti alla cinepresa. Un film appassionato e passionale, che al botteghino non ha avuto molta fortuna, ma che merita di esser segnalato e recuperato da spettatori curiosi e attenti. ■ COMMEDIA; COL.; 95′; ITALIA, 1999.

APPELLO ALLA VITA *(L'appel de la vie)* ★★
Regia di GEORGES NEVEUX. Con VICTOR FRANCEN, JEANNE LOURY, SUZY PRIM. ■ Un famoso dottore si innamora di una sua allieva. Quando viene a sapere che la ragazza è fidanzata, decide di togliersi la vita inoculandosi un siero sperimentale contro la

febbre gialla. Lo salvano per un pelo. Nel frattempo la fanciulla ha avuto modo di vedere chiaro nei propri sentimenti e di capire che l'uomo che veramente ama è l'illustre clinico (e non lo scialbo fidanzato). ■ DRAMMATICO; B/N; 90'; FRANCIA, 1936.

APPELLO DELL'OCCIDENTE, L' *(East is West)* ★★★
Regia di MONTE BELL. Con LEW AYRES, EDWARD G. ROBINSON, LUPE VELEZ. ■ A Chinatown, la comunità cinese di S. Francisco, una bella eurasiatica fa innamorare di sé un potente boss e un giovane bianco aristocratico. Costui deve battersi anche contro la propria famiglia per far accettare la giovane. Tuttavia la spunterà. Ottima l'interpretazione di Edward G. Robinson. ■ DRAMMATICO; B/N; 75'; USA, 1930.

APPELLO FINALE *(Final Appeal)* ★★
Regia di ERIC TILL. Con BRIAN DENNEHY, JO BETH WILLIAMS. ■ Il bravo Brian Dennehy si è ormai rassegnato a interpretare film di routine. In questo caso è avvocato ormai in disarmo che ama la bottiglia e la solitudine. Lo ridesta sua sorella in seri guai per via del marito. ■ POLIZIESCO; COL.; 94'; USA, 1993.

APPLESEED *(Appurushîdo)* ★★★
Regia di SHINJI ARAMAKI. ■ 2131. Una guerra non-nucleare ha distrutto il pianeta Terra. Deunan Knute continua a combattere mentre tutte le linee di comunicazione sono state tagliate e quindi non sa che la guerra è finita. La ragazza viene poi portata in salvo a Olympus, una città futuristica dove scopre che il suo ex fidanzato è diventato un cyborg. Deunan scopre che più della metà degli abitanti di Olympus sono cloni, creati per portare stabilità sulla terra. Al comando della città ci sono invece sette saggi e un computer. Il film è riuscito a metà: il background narrativo, pur classico, è ben realizzato e spiegato con dovizia di particolari, cosa questa che rende necessarie parecchie scene parlate che alla lunga appesantiscono leggermente il ritmo generale. ■ ANIMAZIONE; COL.; 103'; GIAPPONE, 2004.

APPRENDISTA, L' *(L'Apprenti)* ★★
Regia di SAMUEL COLLARDEY. Con PAUL BARBIER, MATHIEU BULLE. ■ Mathieu ha 15 anni e vive con la madre operaia, separata da un marito poco affidabile e praticamente assente dalla vita del ragazzo. Studente di un istituto agrario, Mathieu si reca in una fattoria dell'Alto Doubs, nell'est della Francia, per svolgere il suo apprendistato. Lo studio e il lavoro si intrecciano ben presto con la relazione che il ragazzo instaura con Paul, l'anziano proprietario della fattoria, che gli fa da tutor, ma nel quale trova anche quella figura paterna di cui ha sempre avuto bisogno. L'apprendistato si rivela dunque per Mathieu l'occasione per confrontarsi con se stesso, coi vissuti della propria famiglia e con le trame che, nella vita di ognuno, regolano gli affetti familiari e quelli personali. ■ DRAMMATICO; COL.; 85'; FRANCIA, 2007.

APPRENDISTA STREGONE, L' ★★
(The Sorcerer's Apprentice)
Regia di di JON TURTELTAUB. Con JAY BARUCHEL, MONICA BELLUCCI, NICOLAS CAGE, ALFRED MOLINA, TERESA PALMER. ■ L'eterna lotta tra Balthazar Blake e Maxim Horvath, stregoni una volta amici e poi rivali a causa di una donna il cui amore li ha divisi, dopo essersi dipanata per secoli tra incantesimi, trappole e prigionie è arrivata al giorno d'oggi a Manhattan, dove Balthazar ha trovato quello che probabilmente è la nuova incarnazione di Merlino. Il grande mago è stato il maestro di entrambi ed è l'unico a poter fermare la strega Morgana, che Horvath mira a liberare dal giogo cui l'ha costretta Balthazar. Tutto nasce dall'omonima ballata composta da Wolfgang Goethe, poi diventata poema sinfonico grazie alle musiche di Paul Dukas e infine arrivata al cinema come segmento di *Fantasia* con protagonista Topolino. ■ DRAMMATICO; COL.; 111'; USA, 2010.

APPREZZATO PROFESSIONISTA DI SICURO AVVENIRE, UN ★★★
Regia di GIUSEPPE DE SANTIS. Con FEMI BENUSSI, LINO CAPOLICCHIO, ANDREA CHECCHI, RICCARDO CUCCIOLLA, IVO GARRANI, ROBERT HOFFMAN, YVONNE SANSON. ■ Fumettone riscattato dal mestiere registico di Giuseppe De Santis e dalla buona recitazione. Un avvocato uccide un prete che sa troppo. Giochi di ricatto. ■ DRAMMATICO; COL.; 129'; ITALIA, 1971.

APPUNTAMENTO, L' *(Le rendez-vous)* ★★★
Regia di JEAN DELANNOY. Con ANNIE GIRARDOT, PHILIPPE NOIRET, JEAN-CLAUDE PASCAL, MICHEL PICCOLI, GEORGE SANDERS, ODILE VERSOIS. ■ Uccidono un fotografo. Tra i maggiori sospettati i membri poco affiatati di un clan di miliardari (il dispotico capofamiglia, le figlie, il genero scrittore) oltre alla ex moglie dello scrittore. Sorpresina finale. ■ GIALLO; B/N; 128'; FRANCIA, 1961.

APPUNTAMENTO A BELLEVILLE ★★★
(Les triplettes de Belleville)
Regia di SYLVAIN CHOMET. ■ Champion è un bambino orfano che ricorda i genitori scomparsi attraverso una fotografia che li ritrae in bicicletta, e da quella foto nasce l'unica cosa che gli dia gioia: pedalare. Quando Madame Souza, nonna e tutrice del bambino, scopre questa passione, gli regala un triciclo e diviene sua infaticabile allenatrice. Passano gli anni e Champion è pronto per entrare nella leggenda: correre – e magari vincere – il Tour de France. È lo spunto che dà il la a una serie di sviluppi che ospitano vecchiette bizzarre e vecchie glorie del musical. Trionfale a Cannes, *Appuntamento a Belleville* ha inoltre collezionato il massimo riconoscimento per il cinema d'animazione, vincendo il prestigioso festival di Annecy. E indubbiamente la qualità è molto al di sopra della media dei film d'animazione dei nostri giorni. ■ ANIMAZIONE; COL.; 78'; FRANCIA, 2003. ■ OSCAR 2 NOM.

APPUNTAMENTO A BROOKLYN *(Woo)* ★★
Regia di DAISY V. S. MAYER. Con TOMMY DAVIDSON, DARREL M. HEATH, DUANE MARTIN, JADA PINKETT-SMITH, MICHAEL RALPH. ■ Woo è un'affascinante newyorkese. Poiché il suo oroscopo le prevede un incontro determinante con un Vergine, una cugina glielo organizza. Il fortunato sarà il timido Tim che vedrà andar in fumo una serata promettente per colpa di alcuni amici. È l'inizio di una serie di complicazioni che vedono coinvolti gli ex compagni dei due e una Corvette ovviamente rossa. È un film "tutto". Tutto in una notte (come Landis vuole) e *all black* e potrebbe funzionare se certi dilatamenti della sceneggiatura non ne frenassero la vivacità. Un cameo per Billy Dee Williams, che qui fa la coscienza, accompagnato nella colonna sonora da un'evergreen Diana Ross. ■ COMMEDIA; COL.; 84'; USA, 1998.

APPUNTAMENTO A ISCHIA ★
Regia di MARIO MATTOLI. Con MINA, LINDA CHRISTIAN, CARLO CROCCOLO, PAOLO FERRARI, ANTONELLA LUALDI, DOMENICO MODUGNO. ■ Film semi-musicale che impiega i divi della canzone del momento e che sembra realizzato anche allo scopo di far conoscere al grande pubblico le bellezze dell'arcipelago partenopeo. ■ COMMEDIA; COL.; 91'; ITALIA, 1960.

APPUNTAMENTO AL BUIO *(Blind Date)* ★★
Regia di BLAKE EDWARDS. Con KIM BASINGER, WILLIAM DANIELS, BRUCE WILLIS. ■ Appuntamento fra un manager e una bella ragazza. Timida e adorabile quando non beve, scatenata ninfomane se si ubriaca. La serata pazza pazza finisce per sconvolgere (ma in definitiva positivamente) la vita d'entrambi. ■ COMMEDIA; COL.; 91'; USA, 1987.

APPUNTAMENTO AL BUIO *(Blind Dating)* ★★
Regia di JAMES KEACH. Con ANJALI JAY, CHRIS PINE, SENDHIL RAMAMURTHY, JANE SEYMOUR, EDDIE KAYE THOMAS, STEPHEN TOBOLOWSKY. ■ Danny è un ragazzo avvenente e simpatico, amato da tutti, che vive il suo stato di non vedente con filosofia. Le cose potrebbero cambiare se decidesse di sottoporsi a una delicata operazione del tutto sperimentale che gli darebbe (in parte) la vista. Ma non è la cecità a preoccupare Danny, quanto il fatto che a ventidue anni non ha ancora avuto un incontro amoroso. Mentre il fratello maggiore si offre di organizzargli una serie di veri e propri *blind date* – che finiscono però per rivelarsi disastrosi – Danny fa la conoscenza di una ragazza indiana di cui si innamora. ■ COMMEDIA; COL.; 95'; USA, 2006.

APPUNTAMENTO A LIVERPOOL ★★
Regia di MARCO TULLIO GIORDANA. Con NIGEL COURT, ISABELLA FERRARI, JOHN STEINER. ■ Una ragazza italiana va a Liverpool per rintracciare l'assassino del padre (ucciso a Bruxelles durante la partita Juventus-Liverpool nella Coppa dei Campioni). La ragazza identifica il teppista, ma al dunque non ha il coraggio

di vendicarsi. Film non brutto, ma nemmeno granché interessante, inferiore ai precedenti di Giordana. ■ DRAMMATICO; COL.; 99'; ITALIA, 1988.

APPUNTAMENTO AL KM 424 ★★★★
(Des gens sans importance)
Regia di HENRI VERNEUIL. Con FRANÇOISE ARNOUL, DANY CARREL, YVETTE ETIEVANT, JEAN GABIN, PIERRE MONDY. ■ Il maturo camionista Jean, padre di tre figli, si innamora di Clo, cameriera presso la solitaria locanda ove sostano abitualmente gli autisti. La situazione si complica quando Jean, che nel frattempo ha perso il lavoro, viene a sapere che Clo è incinta. Jean abbandona la famiglia, deciso ad andare a vivere con la ragazza. I due partono, ma Clo durante il viaggio si sente male e muore a causa di un aborto clandestino cui era ricorsa. ■ DRAMMATICO; B/N; 103'; FRANCIA, 1955.

APPUNTAMENTO ALLE CINQUE ★★
(The Lilac Domino)
Regia di FRIEDERICH ZELNIK. Con MICHAEL BARTLETT, JUNE KNIGHT. ■ Giovane ereditiera si innamora di un nobile e brillante ufficiale che ha dilapidato la propria fortuna conducendo una vita frivola e dispendiosa. Il ragazzo, pur non conoscendo l'identità della fanciulla, decide di sposarla. Dopo varie vicende ed equivoci, la giovane assumerà il titolo nobiliare permettendo a lui di rimpinguare le sue misere entrate. ■ COMMEDIA; B/N; 79'; GRAN BRETAGNA, 1938.

APPUNTAMENTO AL 38° PARALLELO ★
(A Yank in Korea)
Regia di LEW LANDERS. Con BRETT KING, LON MCCALLISTER, WILLIAM PHILLIPS. ■ Per un equivoco il pacifico Andy Smith si arruola nei marines. Prima di partire (destinazione: Corea) sposa la sua ragazza. Superate le iniziali impressioni negative, Andy combatte valorosamente. Tornerà in patria coi galloni e con un nuovo spirito di libertà, giustizia e pace. ■ GUERRA; B/N; 73'; USA, 1951.

APPUNTAMENTO A MIAMI *(Moon over Miami)* ★★★
Regia di WALTER LANG. Con DON AMECHE, ROBERT CUMMINGS, BETTY GRABLE, CHARLOTTE GREENWOOD, JACK HALEY, CAROLE LANDIS. ■ Tre sorelle cercano marito sulle spiagge assolate della Florida. Una si finge ereditiera e intrappola un giovane milionario, ma poi preferisce lasciarlo per mettersi con un giovanotto simpatico ma squattrinato. Il milionario si consolerà con una sorella della finta ereditiera. ■ COMMEDIA; COL.; 91'; USA, 1941.

APPUNTAMENTO A TRE *(Three to Tango)* ★★
Regia di DAMON SANTOSTEFANO. Con BOB BALABAN, NEVE CAMPBELL, DYLAN MCDERMOTT, MATTHEW PERRY, OLIVER PLATT. ■ Un miliardario sta per trasformare un vecchio edificio di Chicago in una fondazione. È fidanzato con una ragazza di cui è gelosissimo. L'affida pertanto alle cure di un architetto che crede gay. Errore. Tra i due nasce un amore che va occultato a tutti i costi. Commedia degli equivoci che adempie al proprio compito: far sorridere. ■ COMMEDIA; COL.; 98'; USA, 1999.

APPUNTAMENTO A WICKER PARK *(Wicker Park)* ★★
Regia di PAUL MCGUIGAN. Con ROSE BYRNE, CHRISTOPHER COUSINS, JOSH HARTNETT, DIANE KRUGER, MATTHEW LILLARD, JESSICA PARÉ, AMY SOBOL, VLASTA VRANA. ■ Matthew, affermato pubblicitario, ha in programma di partire per la Cina con la propria fidanzata quando durante una cena di lavoro ha la sensazione di intravedere la propria ex, mai dimenticata, di cui aveva perso inspiegabilmente le tracce anni prima. Il giovane verrà catapultato nel passato dai propri sentimenti, e la sua vita si trasformerà in una ossessiva caccia all'indizio. Seguendo le proprie intuizioni, Matthew si troverà dinnanzi a insospettabili verità. Punto d'arrivo simbolico e fisico in un girotondo di amori mancati, Wicker Park è il nome del luogo che battezza l'opera, un opera che vive proprio dei luoghi in cui le vicende si evolvono: il negozio di scarpe, l'appartamento di lei, il bar, il teatro, il parco. C'è qualcosa di ipnotico nella regia di McGuigan, nella gestione degli spazi, nelle scelte di accompagnamento e commento musicale, qualcosa che salva la baracca da una sceneggiatura non brillante e da un montaggio infelice. ■ DRAMMATICO; COL.; 114'; USA, 2004.

APPUNTAMENTO A ZURIGO ★★
(Die Zürcher Verlobung)
Regia di HELMUT KAUTNER. Con WOLFGANG LUKSCKY, LISELOTTE PULVER. ■ Nella sala d'aspetto dello zio dentista, Giulietta conosce Jean (che ha accompagnato l'amico Bisonte) e se ne innamora. Egli però sembra non accorgersene. Giulietta, per consolarsi, si mette allora a scrivere la storia del suo amore per Jean modificandola in modo che il finale sia rosa. Un regista trova interessante il soggetto e lo sottopone al collega Bisonte (Giulietta non sapeva che l'amico di Jean lavorasse nel cinema). Bisonte si innamora di Giulietta e la sposa. ■ COMMEDIA; COL.; 99'; GERMANIA, 1957.

APPUNTAMENTO COL CADAVERE *(Trauma)* ★★★
Regia di ROBERT MALCOLM YOUNG. Con LYNN BARI, JOHN CONTE, DAVID GARNER, WARREN KEMMERLING, LORRE RICHARDS. ■ In tragiche circostanze Emmelin perde la zia e smarrisce la memoria. Diventa unica erede di una grande fortuna e si sposa con il suo tutore. A poco a poco però la ragazza riacquista il ricordo del passato e scopre cose terribili che la conducono ad un passo dalla morte, vittima dello stesso assassino che uccise sua zia. ■ GIALLO; B/N; 92'; USA, 1962.

APPUNTAMENTO COL DESTINO ★★
(Turn the Key Softly)
Regia di JACK LEE. Con JOAN COLLINS, YVONNE MITCHELL, TERENCE MORGAN. ■ Dal romanzo di John Brophy. Tre donne escono dal carcere. Una, molto giovane, sta per incamminarsi di nuovo sulla strada della malavita, ma viene salvata dal fidanzato. Un'altra è coinvolta in un furto dal suo antico amante. La terza, una vecchietta cleptomane, ritrova una nuova ragione di vita nella compagnia di un cagnolino. ■ DRAMMATICO; B/N; 90'; GRAN BRETAGNA, 1953.

APPUNTAMENTO COL PONTE *(If Lucy Fell)* ★★
Regia di ERIC SHAEFFER. Con ELLE MACPHERSON, SARAH JESSICA PARKER, BEN STILLER. ■ Lei è un'analista, lui un pittore. Decidono di buttarsi dal ponte di Brooklyn se, compiuti trent'anni, non avranno trovato la felicità. Dopo diversi tentativi scoprono di essere fatti l'uno per l'altra. Il soggetto di Tony Spiridakis e qualche reminiscenza alla Woody Allen non sono sufficienti a rendere divertente questa commediola approdata da noi in piena estate. ■ COMMEDIA; COL.; 95'; USA, 1996.

APPUNTAMENTO CON IL DELITTO ★★★
(Un temoin dans la ville)
Regia di EDOUARD MOLINARO. Con JACQUES BERTHIER, FRANCO FABRIZI, SANDRA MILO, LINO VENTURA. ■ Un uomo, la cui moglie è stata uccisa dall'amante (poi mandato assolto per insufficienza di prove), si vendica uccidendo l'assassino. Ma un tassista l'ha visto uscire dalla casa del morto. L'uomo decide di sopprimere anche lui. Ma la fidanzata del poveretto avverte i colleghi di lui che iniziano una caccia per le strade di Parigi. L'uomo viene raggiunto, circondato e selvaggiamente punito. ■ GIALLO; B/N; 92'; FRANCIA, ITALIA, 1959.

APPUNTAMENTO CON IL DIAVOLO ★★★
(Le rendez-vous du diable)
Regia di HAROUN TAZIEFF. ■ Una spedizione scientifica viaggia attraverso vari continenti alla ricerca di dati sui fenomeni sismici ed in particolare sull'origine e sull'attività dei vulcani. Buon film didattico. ■ DOCUMENTARIO; COL.; 80'; FRANCIA, 1959.

APPUNTAMENTO CON IL DISONORE ★★
Regia di FRANCESCO BOLZONI. Con ADOLFO CELI, MICHAEL CRAIG, KLAUS KINSKI, EVA RENZI, GEORGE SANDERS. ■ A Cipro, i patrioti dell'isola combattono duramente contro la guarnigione inglese. Un maggiore di idee progressiste vorrebbe trovare un accordo (per evitare inutili massacri) con il capo dei rivoltosi che fu suo compagno nella guerra contro i nazisti. La tregua sembra a portata di mano, ma l'intervento di un prete fanatico manda all'aria l'incontro e la lotta prosegue più dura di prima. ■ AVVENTURA; COL.; 100'; ITALIA, 1970.

APPUNTAMENTO CON L'AMORE *(Valentine's Day)* ★★
Regia di GARRY MARSHALL. Con JESSICA ALBA, KATHY BATES, JESSICA BIEL, BRADLEY COOPER, ERIC DANE. ■ Nella giornata

di S. Valentino si incrociano diverse storie, tutte flebilmente unite tra loro. C'è l'italo-americano colmo di gioia per aver chiesto di sposarlo alla sua ragazza, c'è la press agent stressata e sempre sola, il reporter sportivo d'assalto relegato a fare costume, la donna soldato in licenza dal fronte, la maestra elementare che sembra aver finalmente trovato l'uomo giusto, il bambino di lei innamorato e il donnaiolo incallito. Tutto un campionario di modi diversi di approcciare il sentimento amoroso, il corteggiamento e il rapporto con l'altro sesso che converge nel giorno istituzionalmente cruciale per gli innamorati e per tutti quelli che non tollerano di non esserlo. ■ COMMEDIA; COL.; 125'; USA, 2010.

APPUNTAMENTO CON LA MORTE *(One-Way Street)* ★★
Regia di HUGO FREGONESE. Con WILLIAM CONRAD, KING DONOVAN, DAN DURYEA, JACK ELAM, JAMES MASON, MARTA TOREN. ■ Un medico, rimasto coinvolto nelle imprese di una banda di gangster, beffa i suoi complici e si rifugia in Messico con i soldi delle rapine e con la donna amata. I due iniziano una vita onesta finché il passato non li viene a cercare. ■ DRAMMATICO; B/N; 79'; USA, 1950.

APPUNTAMENTO CON LA MORTE *(Lune de miel)* ★★
Regia di PATRICK JAMAIN. Con NATHALIE BAYE, RICHARD BERRY, JOHN SHEA. ■ Una giovane coppia francese in vacanza a New York viene separata dall'arresto dell'uomo, trovato in possesso di cocaina. La donna per restare accanto a lui non ha altra scelta che sposare un americano e acquistare la cittadinanza. Ma l'uomo che si offre di sposarla non è affatto disposto a un matrimonio "bianco". ■ DRAMMATICO; COL.; 95'; FRANCIA, 1986.

APPUNTAMENTO CON LA MORTE ★★
(Appointment with Death)
Regia di MICHAEL WINNER. Con LAUREN BACALL, CARRIE FISHER, JOHN GIELGUD, PIPER LAURIE, DAVID SOUL, PETER USTINOV. ■ Torna l'infallibile Hercule Poirot con una storia firmata da Agata Christie. Il detective belga (Peter Ustinov) questa volta deve risolvere il caso dell'anziana signora Boynton, uccisa con un'iniezione nel braccio. Il figliastro e il compagno della detestabile vittima sono tra i sospettati, insieme a una deputata, a un avvocato e a un medico. A ognuno di essi, infatti, si è presentata l'occasione per commettere il delitto. ■ GIALLO; COL.; 108'; USA, 1988.

APPUNTAMENTO CON L'ASSASSINO ★★★
(L'agression)
Regia di GÉRARD PIRÈS. Con CLAUDE BRASSEUR, CATHERINE DENEUVE, FRANCO FABRIZI, JEAN-LOUIS TRINTIGNANT, MILENA VUKOTIC. ■ Un turista, in vacanza con la famiglia, viene aggredito da una banda di teppisti. Colpito duramente, perde i sensi. Quando si sveglia scopre la moglie violentata e uccisa. Tenta di vendicarsi, elude le domande della polizia, rintraccia i teppisti e ne uccide uno. Scopre però che il vero assassino è un altro. ■ GIALLO; COL.; 105'; FRANCIA, 1976.

APPUNTAMENTO CON LA VITA *(La récréation)* ★★
Regia di FRANÇOIS MOREUIL. Con CHRISTIAN MARQUAND, FRANÇOISE PRÉVOST, JEAN SEBERG. ■ Soggetto tratto da una novella di Françoise Sagan. L'adolescente Kate, allieva in un pensionato, si innamora dello scultore Philippe che vede al lavoro dalle finestre del collegio. Uscendo di nascosto, riesce ad incontrarlo e compie con lui una corsa in auto. In quell'automobile Kate riconosce la vettura che tempo prima aveva investito e ucciso un passante, dandosi poi alla fuga. Kate si allontana allora definitivamente dal suo innamorato dimostratosi tanto vigliacco. ■ DRAMMATICO; B/N; 95'; FRANCIA, 1961.

APPUNTAMENTO CON L'ORO ★★
(The Gold en Rendez-Vous)
Regia di ASHLEY LAZARUS. Con RICHARD HARRIS, GORDON JACKSON, DAVID JANSSEN, BURGESS MEREDITH, ANN TURKEL. ■ La *Carribean Star* è un vecchio cargo trasformato, in occasione di una crociera per miliardari, in bisca galleggiante. Durante il viaggio irrompe, dalla stiva, un commando cubano guidato da Luis Carreras. Il commando ha un piano diabolico per rubare un prezioso carico d'oro, ma all'ultimo momento tutto andrà in fumo grazie all'impegno di alcuni coraggiosi. ■ AVVENTURA; COL.; 103'; USA, 1977.

APPUNTAMENTO CON UN ANGELO ★
(Date with an Angel)
Regia di TOM MCLOUGHLIN. Con EMMANUELLE BÉART, PHOEBE CATES, MICHAEL E. KNIGHT. ■ Jim ha una vita normale fino a quando nella sua vita non giunge un essere celestiale che gliela cambierà procurandogli numerose invidie. La Béart prima del successo. ■ COMMEDIA; COL.; 114'; USA, 1987.

APPUNTAMENTO CON UNA RAGAZZA CHE SI SENTE SOLA *(T. R. Baskin)* ★★★
Regia di PETER HYAMS. Con CANDICE BERGEN, PETER BOYLE, JAMES CAAN, HOWARD PLATT, MARCIA RODD. ■ T. R. Baskin è una ragazza di provincia che viene a lavorare in città, ansiosa di ambienti e rapporti nuovi. Rimedia solo delusioni, incontri balordi con uomini sposati che si lasciano ingannare dal suo aspetto di bionda mangiatrice di uomini. Sta per mollare tutto e tornarsene a casa, ma supera la crisi. Rimarrà e un giorno farà l'incontro giusto. ■ COMMEDIA; COL.; 90'; USA, 1971.

APPUNTAMENTO CON UNA SCONOSCIUTA ★
(Rendevou me mia agnosti)
Regia di VASSILIS GEORGIADIS. Con ANNE LONGBERG, DIMITRI MYRAT, HELENA NATHANAEL, YIANNIS VOGLIS. ■ Una donna si sposa, si innamora di un altro, si reinnamora del marito, l'altro insiste, lei lo uccide. ■ DRAMMATICO; B/N; 91'; GRECIA, 1969.

APPUNTAMENTO DA SOGNO! ★★
(Win a Date with Tad Hamilton!)
Regia di ROBERT LUKETIC. Con KATE BOSWORTH, GARY COLE, JOSH DUHAMEL, TOPHER GRACE, SEAN HAYES, NATHAN LANE, AMY SMART, STEPHEN TOBOLOWSKY. ■ Rosalee, commessa in un negozio del West Virginia, ha un sogno: incontrare il suo idolo, l'attore Tad Hamilton. Un bel giorno, la fortuna le sorride: la ragazza vince un concorso per trascorrere una serata in compagnia della sua star del cuore. L'incontro tra Rosalee e Tad va benissimo; i due si piacciono e continuano a frequentarsi. Tutto fila liscio, finché un giorno Pete, collega di Rosalee e segretamente innamorato di lei, decide di complicare le cose. Secondo lungometraggio diretto dall'australiano Robert Luketic, che ha firmato *La rivincita delle bionde*, rendendo Reese Witherspoon una star mondiale. ■ COMMEDIA; COL.; 95'; USA, 2004.

APPUNTAMENTO DOVE, COME, QUANDO?, L' ★★
Regia di GIULIANO BIAGETTI. Con BARBARA BOUCHET, MARIO CAROTENUTO, ORCHIDEA DE SANTIS, RENZO MONTAGNANI. ■ Un uomo di mezza età riesce ad ottenere un appuntamento a casa di una bella e giovane collega. Una sorte maligna lo fa arrivare in ritardo: ormai inatteso, si troverà davanti una donna squallida, intenta alle faccende di casa. ■ COMMEDIA; COL.; 91'; ITALIA, 1977.

APPUNTAMENTO FRA LE NUVOLE ★★
(Come Fly with Me)
Regia di HENRY LEVIN. Con KARLHEINZ BOEHM, DOLORES HART, KARL MALDEN, LOIS NETTLETON, HUGH O'BRIAN, PAMELA TIFFIN. ■ Tre hostess in giro per il mondo. I viaggi non impediscono loro di covare progetti matrimoniali. Una ci prova con un aitante pilota, un'altra con un aristocratico mitteleuropeo (che si rivela un ladro di gioielli), la terza con un magnate texano. Dopo mille peripezie, le tre finiscono in prigione. Poi tutto si accomoda. ■ COMMEDIA; COL.; 109'; USA, 1962.

APPUNTAMENTO IN PARADISO ★★
Regia di GIUSEPPE ROLANDO. ■ Gianni, un ragazzo che frequenta l'oratorio, diviene amico di Robi, coetaneo dalle cattive compagnie. Gianni si prodiga per ricondurre l'amico sulla buona strada. Farà appena in tempo a vedere gli effetti del suo operato prima che un male inesorabile lo spenga. ■ AVVENTURA; B/N; 73'; ITALIA, 1960.

APPUNTAMENTO IN RIVIERA ★
Regia di MARIO MATTOLI. Con MINA, GRAZIELLA GRANATA, FRANCESCO MULÉ, TONY RENIS. ■ Tony Renis (*Quando, quando, quando*) e Mina interpretano se stessi in questo filmetto. ■ COMMEDIA; COL.; 92'; ITALIA, 1962.

APPUNTAMENTO PER UNA VENDETTA ★★
(Young Billy Young)
Regia di BURT KENNEDY. Con JOHN ANDERSON, DAVID CARRA-

DINE, ANGIE DICKINSON, JACK KELLY, ROBERT MITCHUM, ROBERT WALKER JR. ■ Un ex sceriffo ritorna al paesello per vendicare la morte del figlio ucciso da un ranchero. Trova il tempo per fidanzarsi con una ballerina e insegnare a uno sbarbatello la difficile professione di sceriffo. ■ WESTERN; COL.; 89′; USA, 1969.

APPUNTAMENTO SOTTO IL LETTO ★★★
(Yours, Mine and Ours)
Regia di MELVILLE SHAVELSON. Con LUCILLE BALL, HENRY FONDA, VAN JOHNSON, SIDNEY MILLER, LOUISE TROY. ■ Frank e Helen, entrambi vedovi, hanno rispettivamente 10 e 8 figli. Decidono di sposarsi, ma non osano rivelarsi reciprocamente l'esistenza della numerosa prole. Dopo varie situazioni esilaranti le nozze avvengono: la nuova famiglia sarà molto problematica per gli ex vedovi. La nascita del diciannovesimo figlio rafforzerà definitivamente l'unione della simpatica comunità. ■ COMMEDIA; COL.; 111′; USA, 1968.

APPUNTI DI VIAGGIO SU MODA E CITTÀ ★★★
(Note Book on Cities and Clothes)
Regia di WIM WENDERS. Con WIM WENDERS, YOHJI YAMAMOTO. ■ Wim Wenders, incaricato dal Centro George Pompidou di girare un film sulla moda, ha deciso di parlare di uno stilista giapponese, Yohji Yamamoto. Dopo il bellissimo *Tokyo-Ga* dell'85, dedicato al regista giapponese Ozu, e *Reverse Angle* dell'82, ecco un altro documentario alla ricerca dell'uomo. Non si tratta solo di un'intervista, è molto di più, è una ricerca della realtà umana attraverso l'uomo stesso. È un aggirarsi nei meandri più reconditi della mente umana. La tecnica è multiforme: dalla telecamera portatile video 8 alla camera da presa. In un gioco a scatole cinesi poi la camera da presa riprende le immagini del video 8 che sono trasmesse a loro volta da un piccolo televisore portatile. ■ DOCUMENTARIO; COL.; 80′; FRANCIA, GERMANIA, GIAPPONE, 1989.

APPUNTI PER UN'ORESTIADE AFRICANA ★★
Regia di PIER PAOLO PASOLINI. ■ È una ricerca condotta dallo scrittore-regista italiano attraverso il Kenia, il Tanganica e l'Uganda, di situazioni che ricordano la tragedia greca: Oreste, Agamennone, Elettra del terzo mondo. ■ DOCUMENTARIO; COL.; 70′; ITALIA, 1969.

A PRAGA *(Prague)* ★★
Regia di IAN SELLAR. Con SANDRINE BONNAIRE, ALAN CUMMING, BRUNO GANZ. ■ Presentato a Cannes. Alexander Novak, un inglese che ha le sue radici in Cecoslovacchia, parte per scoprire una cosa per lui fondamentale. Attraverso un archivio vuole riuscire a visionare un filmato che crede gli possa rivelare in che modo i suoi genitori di origine ebrea sono morti durante il dominio nazista. Conosce così un'impiegata dell'archivio e se ne innamora. Ma lei ha già una relazione con il suo capo e vorrebbe mantenere entrambi i legami. Un film piuttosto originale, recitato e diretto discretamente. ■ COMMEDIA; COL.; 89′; FRANCIA, GRAN BRETAGNA, 1992.

APRI GLI OCCHI *(Abre los ojos)* ★★
Regia di ALEJANDRO AMENÁBAR. Con PENELOPE CRUZ, EDUARDO NORIEGA. ■ Il biglietto di presentazione di questo film è impegnativo: a Madrid ha battuto gli incassi *del Titanic*. Storia di un giovane che seduce una donna dopo l'altra. Felice e vincente, la vita non può che sorridergli. Ma non è così. La vita sarà complicata, e pericolosa. Amenábar, ventisei anni, è considerato il nuovo Almodóvar. In questo film ha dimostrato un certo talento naturale, fin troppo sbrigliato. Per il resto, si vedrà. ■ THRILLER; COL.; 117′; SPAGNA, 1998.

APRI GLI OCCHI E SOGNA ★★
Regia di ROSARIO ERRICO. Con DARIO BALLANTINI, GIANNA COLETTO, JENNIFER DRIVER, ROSARIO ERRICO, NINO FRASSICA, NINO MANFREDI. ■ Alessio Mirti, un pittore trentenne vive a Roma con Joy, aspettando e sperando di diventare, un giorno, famoso. Una sera Joy convince Alessio a partecipare al programma televisivo *Magia per te*. Improvvisamente otterrà il successo professionale e sentimentale. ■ COMMEDIA; COL.; 90′; ITALIA, 2002.

APRILE ★★★
Regia di NANNI MORETTI. Con ANGELO BARBAGALLO, DANIELE LUCHETTI, NANNI MORETTI, PIETRO MORETTI, SILVIA NONO, SILVIO ORLANDO, CORRADO STAJANO. ■ Aprile è un mese decisivo nella vita di Moretti. Le elezioni vinte dal Polo nel '94 (la vicenda per lui peggiore: si fa l'unica "canna" della sua vita); quelle vinte dall'Ulivo nel '96; soprattutto la nascita del figlio. In questo contesto il regista scrive un diario, molto più vero di *Caro diario*. È indeciso se fare un documentario sull'Italia oppure un musical ambientato in una pasticceria. Nel frattempo sua moglie è incinta e tutto viene preparato per la nascita del bambino. Vediamo Emilio Fede esultare per il successo del Polo e Berlusconi pronunciare il discorso della vittoria. Moretti, uomo di sinistra dichiarato, assesta così due colpi al cerchio (di destra) e uno (piccolo) alla botte (di sinistra): come quando vede D'Alema in tv subire Berlusconi e lo incita a reagire. Poi va sul Po per l'adunata della Lega, ma finisce per essere troppo distratto dalla nascita del figlio. Lo dice anche: «mi rimproverano di non fare film da tempo, ho fatto un figlio, è importante». Così, come il Fellini-Mastroianni di *8 e mezzo*, non fa niente. Si limita a sognare un balletto col pasticciere Silvio Orlando. *Aprile* non vale il miglior Moretti. È comprensibile l'enorme passione per il proprio figlio (avuto dopo i quaranta e presumibilmente molto atteso) ma questa volta non è riuscito a portare gli spettatori (che infatti lo hanno tradito) al centro della sua vita. Presumeva troppo. La grande "distrazione" privata gli ha anche inibito la solita efficacia. Il profilo non si impenna mai, anche nei tratti che dovrebbero essere spettacolari, come la sequenza delle copertine dei giornali. Il punto di vista di un uomo intelligente e dotato come Nanni Moretti è diventata una rilettura conosciuta, quasi scontata, di una quantità di servizi televisivi visti qua e là negli anni in televisione. Speriamo si tratti di una distrazione momentanea. Il nostro cinema non può permettersi un Moretti in tono minore. Buona valutazione per la stima pregressa. ■ COMMEDIA; COL.; 78′; ITALIA, 1998.

APRILE A PARIGI *(April in Paris)* ★★
Regia di DAVID BUTLER. Con RAY BOLGER, JEAN-CLAUDE DAUPHIN, DORIS DAY, EVE MILLER. ■ Una ballerina di fila è invitata per sbaglio al Festival di Parigi. Lo sbaglio viene scoperto all'arrivo, ma intanto l'intraprendente biondina è riuscita a trovare marito (un fascinoso commissario di bordo, francese). ■ COMM. MUSICALE; COL.; 101′; USA, 1953.

A PRIMA VISTA *(At First Sight)* ★★
Regia di IRWIN WINKLER. Con BRUCE DAVISON, VAL KILMER, KELLY MCGILLIS, MIRA SORVINO, STEVEN WEBER. ■ Virgil è un massofisioterapista in una clinica termale. Amy è un'architetto in carriera che s'innamora di lui e vuole impedire che diventi totalmente cieco. Trova via Internet un bravo oculista e lo convince all'operazione nonostante l'opposizione della sorella che lo ha allevato dopo la scomparsa dei genitori. L'operazione riesce ma Virgil si trova completamente a disagio nel mondo dei colori e della parola scritta. I problemi aumentano quando si profila un ritorno alla cecità totale. L'happy end è però assicurato in un film che parte bene (l'idea della difficoltà di ridiventare "normali") per poi perdersi nel romanticismo più scontato. ■ DRAMMATICO; COL.; 127′; USA, 1999.

APRIMI IL CUORE ★★
Regia di GIADA COLAGRANDE. Con CLAUDIO BOTOSSO, GIADA COLAGRANDE, NATALIE CRISTIANI, ANDREA FOGLI. ■ Maria è una prostituta. Vive con la sorella Caterina e le fa da madre, da maestra, da amante. Il loro legame è un amore impossibile, minacciato da affetti esterni. *Aprimi il cuore* è il film di esordio di Giada Colagrande, ventisettenne pescarese prodotta da Andrea Occhipinti. È stato lanciato come un *hard* d'autore e si è rivelato invece come un'interessante sperimentazione di un digitale "raggelato" in cui il sesso non è pretesto ma parte integrante di una narrazione che lavora sulla paura di crescere. ■ DRAMMATICO; COL.; 90′; 2003.

À PROPOS DE NICE – A PROPOSITO DI NIZZA ★★
(À propos de Nice)
Regia di JEAN VIGO. ■ Un anomalo documentario, molto avanti coi tempi. Ritmo e immagini della città francese si susseguono in un turbinoso esperimento visivo. Il regista di *Zero in condotta* era

un talento e purtroppo si è spento troppo presto, all'età di 28 anni. ■ DOCUMENTARIO; B/N; 71'; FRANCIA, 1930.

A PROPOSITO DELL'ANGOLA ★★
Regia di UN COLLETTIVO DI CINEASTI ITALIANI, Con la collaborazione del MOVIMENTO PER LA LIBERAZIONE DELL'ANGOLA. Con ALAN CUMMING, SANDRINE BONNAIRE, BRUNO GANZ. ■ Lungometraggio in bianco e nero che illustra la lotta degli angolani per liberarsi dal dominio portoghese. Questo documentario (destinato ad un pubblico ristretto) risulta un po' "sorpassato" perché tratta di situazioni socio-politiche che negli ultimi anni hanno subito notevoli modifiche. ■ DOCUMENTARIO; B/N; 79'; ITALIA, 1974.

A PROPOSITO DELLA NOTTE SCORSA... ★★
(About Last Night)
Regia di EDWARD ZWICK. Con JAMES BELUSHI, ROB LOWE, DEMI MOORE. ■ Commedia giovanile ben lontana dal ricco filone "demenziale": Danny e Debbie vedono il loro rapporto prettamente sessuale trasformarsi lentamente in amore vero, ma sono troppo immaturi per rendersi conto di quello che significa. I dubbi e i problemi dell'età sono trattati con mano realistica ma con qualche insistenza di troppo: il lavoro teatrale di David Mamet da cui il film è tratto doveva essere qualcosa di più graffiante. ■ COMMEDIA; COL.; 113'; USA, 1986.

A PROPOSITO DI DONNE *(Boys on the Side)* ★★★
Regia di HERBERT ROSS. Con DREW BARRYMORE, WHOOPI GOLDBERG, MARY-LOUISE PARKER. ■ Storia dell'amicizia che lega tre donne apparentemente diverse tra loro, ma tutte reduci da insoddisfacenti esperienze domestiche: una *jazz-woman* omosessuale e provocatoria, una borghese *all american* malata di Aids e una giovane irriverente e inarrestabile. Tra commedia, dramma e sentimento, emergono le brillanti interpretazioni delle tre attrici protagoniste, ben condotte dal regista di *Provaci ancora, Sam*. ■ DRAMMATICO; COL.; 118'; USA, 1994.

A PROPOSITO DI HENRY *(Regarding Henry)* ★★★
Regia di MIKE NICHOLS. Con MIKKI ALLEN, ANNETTE BENING, HARRISON FORD, BILL NUNN. ■ Un avvocato di successo, cinico e spietato, viene coinvolto in una rapina e colpito alla testa da una pallottola. Salva la vita, ma resta parzialmente paralizzato e perde la memoria. La lenta riabilitazione fisica e il faticoso recupero delle sue facoltà mentali gli rivelano la sua precedente personalità. L'uomo decide di cambiare la sua vita per una nuova esistenza, nella quale saprà dare il giusto peso alle cose che contano realmente. Sono gli anni in cui l'America cerca se stessa. Questo titolo si va ad aggiungere alle altre pellicole che esprimono una sorta di rigetto verso la generazione dei vincenti tipica degli anni Ottanta. Harrison Ford si muove a suo agio nel clima alla Frank Capra che Nichols propone con discrezione. Una favola realistica accolta con simpatia da pubblico e critica. Una menzione particolare ad Annette Bening, nel ruolo della moglie che condivide le scelte del marito. Un volto che il nuovo cinema americano propone con sempre maggiore frequenza ■ COMMEDIA; COL.; 108'; USA, 1991.

A PROPOSITO DI OMICIDI *(The Cheap Detective)* ★★★★
Regia di ROBERT MOORE. Con EILEEN BRENNAN, SID CAESAR, JAMES COCO, PETER FALK, LOUISE FLETCHER, ANN MARGRET. ■ È una parodia dei film polizieschi e di spionaggio in voga negli anni Quaranta: in chiave dissacratoria, la pellicola riecheggia celebri personaggi di gialli famosi, ma soprattutto si rifà al film *Casablanca*. ■ COMMEDIA; COL.; 86'; USA, 1978.

A PROPOSITO DI QUELLA STRANA RAGAZZA ★★
Regia di MARCO LETO. Con DUILIO DEL PRETE, HELMUT GRIEM, JOELY RICHARDSON. ■ Anni di piombo a Roma. Un anziano signore accetta, con qualche riluttanza, di prendersi in casa come governante una studentessa che si dice amica del figlio. Finisce che se ne innamora, ma la ragazza è una terrorista che sta preparando un attentato a un uomo politico che ha l'amante lì vicino. Il vecchio se ne accorge troppo tardi. ■ DRAMMATICO; COL.; 93'; ITALIA, 1989.

A PROPOSITO DI SCHMIDT *(About Schmidt)* ★★★
Regia di ALEXANDER PAYNE. Con KATHY BATES, HOPE DAVIS, DERMOT MULRONEY, JACK NICHOLSON. ■ Warren Schmidt, un misantropo che ha speso una vita in una società di assicurazioni, all'età di 66 anni va in pensione. Potrebbe essere giunto il momento di godersela, ma la moglie Helen muore all'improvviso. Schmidt decide allora di andare a Denver, per tentare di convincere la figlia Jeannie a non sposare il fidanzato, un bellimbusto venditore di materassi ad acqua. Tutto va a rotoli: la figlia si sposa, lui si trova a vagare senza meta per gli States. Insperatamente, però, troverà un amico: un bambino nigeriano, adottato a distanza, a cui Schmidt affida i suoi pensieri, e che in cambio gli invierà un disegno. Dopo l'ottimo *Election*, Payne supera solo in parte il banco di prova del terzo film; ad un soggetto esile e provocatorio solo superficialmente, si contrappone peraltro la prova d'attore di Jack Nicholson che, da solo, rende la pellicola degna di essere vista. ■ DRAMMATICO; COL.; 125'; USA, 2002. ■ GOLDEN GLOBES 2 PR, 5 NOM; OSCAR 2 NOM.

A PROPOSITO DI STEVE *(All About Steve)* ★
Regia di PHIL TRAILL. Con SANDRA BULLOCK, THOMAS HADEN CHURCH, BRADLEY COOPER, KEN JEONG, D. J. QUALLS. ■ Mary Horowitz crea parole incrociate per il quotidiano locale «Sacramento Herald». La ragazza è single ed è sottoposta a pressioni familiari perché trovi un compagno. Ecco apparire Steve, interessante e pieno di appeal. Da quel momento Steve diventa il centro della vita di Mary. Come può un'attrice, nello stesso arco di tempo, passare dal set di un film che le procura l'Oscar (*Blind Side*) a una storiella banale come questa? ■ COMMEDIA; COL.; 99'; USA, 2009.

A PROPOSITO DI TUTTE QUESTE... SIGNORE ★★★★
(För att inte tala om alla dessa kvinnor)
Regia di INGMAR BERGMAN. Con BIBI ANDERSSON, HARRIET ANDERSSON, EVA DAHLBECK, ALLAN EDWALL. ■ Un critico musicale fa un patto con un celebre violoncellista. Scriverà la sua biografia se questi acconsentirà a suonare una composizione del critico. Nel frattempo conosce le numerose donne che orbitano intorno al musicista. La moglie di questi minaccia di ucciderlo se suonerà il pezzo del critico. Ma non ce ne sarà bisogno: il violoncellista muore sul colpo mentre attacca con la composizione incriminata. È la prima volta che Bergman vuol far ridere. ■ COMMEDIA; COL.; 80'; SVEZIA, 1962.

A PROPOSITO DI UOMINI *(Men)* ★★
Regia di ZOE CLARKE-WILLIAMS. Con KAREN BLACK, JOHN HEARD, RICHARD HILLMAN, DYLAN WALSH, SEAN YOUNG. ■ Tratto da un romanzo fortemente provocatorio di Margareth Diehl, il film dell'esordiente Clarke-Williams mostra Stella alla ricerca di continue relazioni nonostante viva con Teo, che ha problemi con l'alcol. Anche quando va a cercare lavoro a Los Angeles non smette di cercare uomini anche se finirà con l'innamorarsi di un fotografo. Sean Young cerca di rinverdire le sue quotazioni di femme fatale ma i tempi di *Blade Runner* o di *Senza via di scampo* sono ormai lontani. ■ DRAMMATICO; COL.; 92'; USA, 1998.

A PROVA DI ERRORE *(Fail-Safe)* ★★★
Regia di SIDNEY LUMET. Con EDWARD BINNS, HENRY FONDA, WALTER MATTHAU, DAN O'HERLIHY, FRANK OVERTON, FRITZ WEAVER. ■ L'infallibile sistema di sicurezza americano fallisce. Per un segnale sbagliato, i piloti di una squadriglia in volo intorno all'Urss ricevono l'ordine di attaccare. A Washington il presidente, avvertito, cerca di evitare il bombardamento di Mosca, ma non ci riesce. Dovrà offrire, per non far scoppiare la terza guerra mondiale, una sanguinosa contropartita al governo russo: la distruzione di New York. ■ FANTASTICO; B/N; 111'; USA, 1964.

A PROVA DI PROIETTILE *(Bulletproof)* ★★
Regia di STEVE CARVER. Con GARY BUSEY, DARLANNE FLUEGEL, HENRY SILVA. ■ Frank non è invulnerabile ma lo sembra, è l'uomo più in gamba che abbia fatto parte dei servizi segreti americani. Ma questa volta la missione sembra troppo dura anche per lui: sventare un complotto di terroristi, che hanno rubato un avveniristico carro armato di proprietà dell'esercito Usa. ■ THRILLER; COL.; 92'; USA, 1988.

A PROVA DI VENDETTA *(Eye of the Tiger)* ★★
Regia di RICHARD C. SARAFIAN. Con GARY BUSEY, SEYMOUR CASSEL, YAPHET KOTTO. ■ Deludente prova registica dell'auto-

re di *Frammenti di paura* e *Uomo bianco va' col tuo Dio*. Sorta di "giustiziere della notte", il film descrive la vendetta di un uomo tranquillo al quale uccidono la moglie e rapiscono la figlia. Per gli amanti del genere. ■ POLIZIESCO; COL.; 100'; USA, 1990.

A PUGNI NUDI ★★

Regia di MARCELLO ZEANI. Con RITA DE ANGELIS, LUCIANO DORIA, VASSILI KARIS, MARISA MERLINI, LAILA SHED. ■ Paolo, dopo una breve ma triste esperienza in carcere minorile, intraprende una vita regolare. Si dà al pugilato e vince ventotto incontri consecutivi, ma il mondo romano della malavita lo riprende tra le proprie maglie. Paolo cede e va incontro ad un drammatico destino. ■ DRAMMATICO; COL.; 96'; ITALIA, 1974.

A QUALCUNA PIACE CALVO ★★

Regia di MARIO AMENDOLA. Con ANTONIO CIFARIELLO, MAGALI NOËL, ROBERTO RISSO, GISELLA SOFIO. ■ Mariella è infatuata di un celebre attore calvo che ha il pallino di ascoltare i concerti d'arpa ma che non tollera la presenza delle donne. Mariella si traveste da uomo e viene assunta come dattilografo, mentre un'altra ragazza (che ha bisogno di lavorare) è accettata come arpista. Da ciò ha origine una serie di equivoci, ma poi tutto si accomoda. ■ COMMEDIA; B/N; 91'; ITALIA, 1960.

A QUALCUNO PIACE CALDO *(Some Like it Hot)* ★★★★★

Regia di BILLY WILDER. Con JOE E. BROWN, TONY CURTIS, JACK LEMMON, MARILYN MONROE, PAT O'BRIEN, NEHEMIAH PERSOFF, GEORGE RAFT. ■ Una volta Marilyn Monroe era a un party. C'era anche Zanuk, il grande capo della Fox. Marilyn era circondata da uomini che pendevano dalle sue labbra, e non solo da quelle. Attirò l'attenzione di Zanuk che disse: «Se quella raccoglie tante attenzioni a una festa vediamo se le raccoglie anche in pellicola». Le raccolse. Da quando cominciarono ad assegnarle ruoli in cui potesse esprimersi, successe un fatto straordinario: Marilyn cancellava completamente dallo schermo chi le stava intorno. Quando fece *Gli uomini preferiscono le bionde*, il primo nome in cartellone era Jane Russell, che fu letteralmente messa nell'ombra. In *Come sposare un milionario* la stessa sorte toccò a Lauren Bacall, e a Betty Grable, che dovette consegnare lo scettro di "bionda della Fox" a Marilyn. Il grande Billy Wilder disse della Monroe che era il più straordinario talento che fosse mai esistito, «più bella della Garbo». E non c'è dubbio che se ne intendesse. In *Quando la moglie è in vacanza* la Monroe è più bella, in *Fermata d'autobus* è più se stessa (dice: «Vado a Hollywood perché voglio diventare qualcuno», e poi: «Gli uomini si sono interessati a me da quando avevo dodici anni»), in *A qualcuno piace caldo* è più brava. Inoltre quest'ultimo è un capolavoro autentico del cinema. Tony Curtis e Jack Lemmon, per sfuggire alla caccia di una banda di gangster, si travestono da donne ed entrano in un'orchestra femminile, di cui fa parte Zucchero, Marilyn, appunto. Dopo una serie di gag magnifiche Marilyn si innamora di Curtis e Lemmon riceve una proposta di matrimonio da parte di un vecchio miliardario. È probabilmente il film più divertente della storia del cinema: evasione e intelligenza. Sequenze che si ricordano: Marilyn che cerca di sedurre Curtis che si finge impotente; la corte serrata del vecchio Joe Brown a Jack Lemmon, e poi i caratteri: George Raft che fa il gangster e George O'Brian che fa il poliziotto, ombre delle *gangster's story* degli anni Trenta. La Monroe era ormai in piena leggenda. Un mito alimentato anche dalle sue vicende private: i clamorosi matrimoni, le nevrosi, l'immaturità, i grandi capricci, la relazione coi Kennedy, la morte misteriosa a soli trentasei anni. Marilyn Monroe non ha perso nulla del suo mito. Il suo viso e il suo corpo rappresentano la donna del mondo di tutte le epoche. ■ COMMEDIA; B/N; 120'; USA, 1959. ■ OSCAR 1 PR, 6 NOM.

A QUALSIASI PREZZO *(Vatican Story)* ★★

Regia di EMILIO P. MIRAGLIA. Con TINO CARRARO, IRA FÜRSTENBERG, KLAUS KINSKI, CORRADO OLMI, WALTER PIDGEON. ■ Il professor Cummings, illustre studioso di cose vaticane, consegna al pontefice una propria monografia sul tesoro di S. Pietro e riceve in dono una rara e preziosa moneta. Cummings ha però in mente un piano diabolico: ingaggia alcuni malviventi e ruba il favoloso tesoro di S. Pietro. Ma il professore si tradisce per una minuzia: nel corso dell'azione perde la moneta avuta dal papa. ■ AVVENTURA; COL.; 88'; ITALIA, 1968.

AQUAMARINE ★

Regia di ELIZABETH ALLEN. Con ARIELLE KEBBEL, JOANNA LEVESQUE, JAKE MCDORMAN, SARA PAXTON, EMMA ROBERTS. ■ Claire ed Hailey, giovani amiche, trovano nella piscina del proprio residence qualcosa di inatteso: una sirena, trasportata dalla forte mareggiata della notte precedente. Si scoprirà che la zelante sirenetta, ribattezzata Aquamarine, è stata imprigionata dal padre in un incantesimo, a seguito del rifiuto della stessa a convolare a nozze con un giovane tritone. Tendente all'inutile. ■ COMMEDIA; COL.; 109'; USA, 2006.

AQUILA A DUE TESTE, L' *(L'aigle à deux têtes)* ★★★

Regia di JEAN COCTEAU. Con JEAN DEBUCOURT, EDWIGE FEUILLÈRE, JEAN MARAIS, SYLVIA MONFORT. ■ Una regina di uno Stato immaginario vive nel ricordo del marito morto e lascia liberi i cortigiani di tiranneggiare il paese. Un giorno incontra un anarchico (che ha tentato di ucciderla) molto somigliante al defunto. Si innamora, risorge a nuova vita, riprende in mano le redini del suo regno. Ma il potente primo ministro è più forte. La regina e il suo anarchico si toglieranno la vita. Delirio barocco di Jean Cocteau, per una volta giustificato dall'ambientazione. ■ DRAMMATICO; B/N; 95'; FRANCIA, 1948.

AQUILA D'ACCIAIO, L' *(Iron Eagle)* ★★

Regia di SIDNEY J. FURIE. Con JASON GEDRICK, LOUIS GOSSETT JR, DAVID SUCHET. ■ Figlio di un intrepido pilota da caccia, Doug sogna di entrare a sua volta all'Accademia Aeronautica e si esercita con un simulatore di voli a reazione. Quando l'aereo paterno viene abbattuto e il genitore catturato in Medio Oriente, il ragazzo "prende a prestito" un aereo militare e va a liberarlo. Avventura ben condotta (ma lo scenario è infantile) che si inserisce nel filone nazionalistico inaugurato dai vari *Rambo*. ■ AVVENTURA; COL.; 119'; USA, 1986.

AQUILA DEL DESERTO, L' *(Desert Hawk)* ★★★

Regia di FREDERICK DE CORDOVA. Con YVONNE DE CARLO, CARL ESMOND, JACKIE GLEASON, RICHARD GREENE, GEORGE MACREADY. ■ Il califfo di Teheran, dopo aver usurpato il trono, taglieggia la popolazione, che trova l'unica difesa nel valoroso Omar, detto l'"Aquila del deserto". Omar rapisce Sherazade, promessa sposa del califfo, con il risultato di far scatenare un conflitto con il sultanato di Bagdad. Alla fine il tiranno di Teheran trova la giusta punizione per mano dell'Aquila che (oltre alla fidanzata) gli sottrarrà anche il trono. ■ AVVENTURA; COL.; 77'; USA, 1950.

AQUILA E IL FALCO, L' *(The Eagle and the Hawk)* ★★★

Regia di STUART WALKER. Con CARY GRANT, CAROLE LOMBARD, FREDRIC MARCH. ■ Francia, 1918: due aviatori americani si detestano cordialmente. Troveranno alla fine una comune intesa, prima che uno dei due perda la vita in una missione. ■ DRAMMATICO; B/N; 68'; USA, 1933.

AQUILA E IL FALCO, L' *(The Eagle and the Hawk)* ★★★

Regia di LEWIS R. FOSTER. Con FRED CLARK, FRANK FAYLEN, RHONDA FLEMING, THOMAS GOMEZ, DENNIS O'KEEFE, JOHN PAYNE. ■ Due ufficiali americani inviati da Lincoln nel Messico per aiutare il presidente Juarez a combattere contro i francesi di Napoleone III, si trovano coinvolti negli intrighi di un apicoltore svizzero e di un *desperado*. ■ AVVENTURA; COL.; 104'; USA, 1950.

AQUILA GRIGIA IL GRANDE CAPO DEI CHEYENNE *(Grayeagle)* ★★★

Regia di CHARLES B. PIERCE. Con IRON EYES CODY, ALEX CORD, BEN JOHNSON. ■ Film realizzato nel solenne scenario del Montana su una trama un po' fumettistica (figlia segreta di un pellerossa contesa da altri indiani), ma comunque piacevole e ben confezionata. ■ WESTERN; COL.; 104'; USA, 1977.

AQUILA GRIGIA, L' *(Young Eagles)* ★★★

Regia di WILLIAM A. WELLMAN. Con JEAN ARTHUR, VIRGINIA BRUCE, JAMES FINLAYSON, PAUL LUKAS, CHARLES BUDDY ROGERS. ■ I giovani aviatori americani della squadriglia Lafayette combattono nei cieli di Francia durante la prima guerra mondiale. Amori a terra con due biondine ed epici duelli con l'Aquila grigia, il cavalleresco asso germanico. William Wellman, che combatté nei suoi anni giovanili proprio nella Lafayette, ci dà la sua versione. ■ GUERRA; B/N; 71'; USA, 1930.

AQUILA NERA *(The Eagle)* ★★★★
Regia di CLARENCE BROWN. Con WILMA BANKY, RODOLFO VALENTINO. ■ Uno dei migliori film interpretati da Rodolfo Valentino. Diretto da Brown in maniera esemplare e con una sceneggiatura di tutto rispetto. La zarina si invaghisce di un luogotenente dei cosacchi e lo vuole generale. L'uomo è molto imbarazzato e trova difficoltà nel trattenere le avance della sovrana. ■ AVVENTURA; COL.; 89'; USA, 1925.

AQUILA NERA ★★★
Regia di RICCARDO FREDA. Con ROSSANO BRAZZI, GINO CERVI, IRASEMA DILIAN. ■ Wladimir Dubrowsky, ufficiale dello zar, ritorna alla casa paterna e trova il genitore morto per colpa del perfido Kiril Petrovitch, un avido signorotto di campagna. Non potendo ottenere giustizia dai tribunali, Dubrowsky si dà alla macchia, diventa un celebre fuorilegge con il nome di "Aquila Nera" e rende la vita difficile a Petrovitch. Fino alla morte di costui. Dubrowsky sposerà la figlia. Riccardo Freda, che da ragazzo aveva molto ammirato *l'Aquila* con Valentino, divenuto regista affermato, dopo la guerra lo rifà con un certo estro e grinta spettacolare. ■ AVVENTURA; B/N; 109'; ITALIA, 1946.

AQUILA SOLITARIA *(Rainbow Trail)* ★★
Regia di DAVID HOWARD. Con MINNA GOMBELL, GEORGE O'BRIEN, CECILIA PARKER. ■ Un cowboy parte alla ricerca dello zio che è sparito in un canyon senza lasciare tracce. Ma c'è qualcuno che li vuole morti entrambi. ■ WESTERN; B/N; 98'; USA, 1932.

AQUILA SOLITARIA, L' *(The Spirit of St. Louis)* ★★★
Regia di BILLY WILDER. Con MARC CONNELLY, MURRAY HAMILTON, BARTLETT ROBINSON, JAMES STEWART, CARLETON YOUNG. ■ Nel 1927 Charles Lindbergh, colonnello d'aviazione americano, vola con il suo aeroplano *Spirit of St. Louis* da New York a Parigi in 33 ore e mezzo. Billy Wilder fa del suo meglio per dare un soffio epico alla rievocazione della famosa impresa aerea. ■ BIOGRAFICO; COL.; 138'; USA, 1957. ■ OSCAR 1 NOM.

AQUILE *(West Point of the Air)* ★★★
Regia di RICHARD ROSSON. Con WALLACE BEERY, MAUREEN O'SULLIVAN, ROSALIND RUSSELL, LEWIS STONE, ROBERT YOUNG. ■ Un bravo sergente ha cresciuto con grandi sacrifici il figliolo, fino a farlo diventare un brillante ufficiale dell'aeronautica. Ma il giovanotto ha messo su spocchia appena gli sono arrivate le spalline: disprezza il padre, umile graduato. Ha bisogno di una lezione. Magari dal babbo stesso. ■ AVVENTURA; B/N; 100'; USA, 1935.

AQUILE D'ACCIAIO *(Stukas)* ★★
Regia di KARL RITTER. Con OTTO EDUARD HASSE, ALBERT HEHN, CARL RADDATZ. ■ Film di propaganda di Karl Ritter sugli Stukas, i caccia tedeschi della seconda guerra mondiale. ■ GUERRA; B/N; 90'; GERMANIA, 1941.

AQUILE DAL MARE *(Task Force)* ★★★
Regia di DELMER DAVES. Con BRUCE BENNETT, WALTER BRENNAN, GARY COOPER, JACK HOLT, JULIE LONDON, WAYNE MORRIS, JANE WYATT. ■ Un ammiraglio, alla vigilia della pensione, rievoca vent'anni di marina statunitense. La storia di come ebbe per primo (o quasi) l'idea delle portaerei. ■ GUERRA; B/N; 116'; USA, 1949.

AQUILE D'ATTACCO *(Iron Eagle II)* ★★
Regia di SIDNEY J. FURIE. Con LOUIS GOSSETT JR, MARK HUMPHREY, STUART MARGOLIN. ■ Il nero pilota di *Aquila d'acciaio*, ora promosso generale, è incaricato di capeggiare una missione aerea composta da piloti Usa e Urss per la prima volta affratellati. Non è facile far coesistere soldati abituati a considerarsi nemici (alcuni hanno anche conti personali da saldare). Ma il generale ci riesce. E l'obiettivo (la neutralizzazione di una base nucleare che minaccia la pace nel mondo) sarà raggiunto. ■ AVVENTURA; COL.; 105'; CANADA, ISRAELE, 1988.

AQUILE DI STALINGRADO *(Normandie – Niémen)* ★★
Regia di JEAN DRÉVILLE. Con GIANNI ESPOSITO, ROLAND MENARD, PIERRE TRABAUD. ■ Dopo l'armistizio tra Germania e Francia, i soldati francesi che si trovano nella zona non occupata dai tedeschi decidono di aderire all'appello del generale De Gaulle. Un gruppo di aviatori riesce a fuggire e forma la squadriglia Normandia che si trasferisce in Russia, dove si copre di gloria. ■ GUERRA; B/N; 125'; FRANCIA, 1959.

AQUILE NELL'INFINITO *(Strategic Air Command)* ★★★
Regia di ANTHONY MANN. Con JUNE ALLYSON, FRANK LOVEJOY, ALEX NICOL, JAMES STEWART, BARRY SULLIVAN. ■ Un giocatore di baseball è richiamato in servizio con il grado di colonnello d'aviazione. Per qualche anno conta i giorni che gli rimangono al congedo e cerca di farsi tenere il posto in squadra. Poi ci prende gusto e rinnova la ferma. ■ AVVENTURA; COL.; 114'; USA, 1955. ■ OSCAR 1 NOM.

AQUILE NON CACCIANO MOSCHE, LE ★★
(Aguilas non cazan moscas)
Regia di SERGIO CABRERA. Con FAUSTO CABRERA, HUMBERTO DORADO, FLORINA LEMAITRE, FRANK RAMIREZ. ■ Cabrera, dopo il successo de *La strategia della lumaca*, tenta il bis recuperando un lungometraggio risalente a sei anni prima (*Tecnicas de duelo*) e lo integra con nuove scene girate con gli stessi attori. Ottenendo come risultato una macedonia compositiva che strizza l'occhio a Borges e a Ferreri senza riuscir più a riaprirlo (l'occhio). ■ COMMEDIA; COL.; 106'; COLOMBIA, ITALIA, 1994.

AQUILE SUL PACIFICO *(Flight for Freedom)* ★★★
Regia di LOTHAR MENDES. Con EDUARDO CIANNELLI, WALTER KINGSFORD, FRED MACMURRAY, HERBERT MARSHALL, ROSALIND RUSSELL. ■ Storia di un'intrepida aviatrice americana degli anni Trenta. La prima parte è dedicata alle vittorie della ragazza nei trofei internazionali e ai suoi battibecchi con un collega che la sposerebbe solo se si decidesse a starsene in casa e a badare ai fornelli. Nel secondo tempo, piega drammatica: alla vigilia della guerra, l'aviatrice è mandata a sorvegliare la costruzione di alcune installazioni belliche giapponesi e non fa più ritorno. ■ AVVENTURA; B/N; 99'; USA, 1943. ■ OSCAR 1 NOM.

AQUILE TONANTI *(Thunderbirds)* ★★
Regia di JOHN H. AUER. Con JOHN DREW BARRYMORE, WARD BOND, JOHN DEREK, GENE EVANS, MONA FREEMAN. ■ Due ragazzi dell'Oklahoma vanno in guerra. Capitano nello stesso battaglione dove è sergente il padre (sconosciuto) di uno di loro. L'uomo, che ha riconosciuto il figlio, morirà salvando i due giovanotti. ■ GUERRA; B/N; 98'; USA, 1952.

AQUILONI NON MUOIONO IN CIELO, GLI ★★★
(Dites-lui que je l'aime)
Regia di CLAUDE MILLER. Con JACQUES DENIS, GÉRARD DEPARDIEU, DOMINIQUE LAFFIN, MIOU-MIOU, CLAUDE PIÉPLU. ■ David vive a Boissy dove lavora come contabile. È pazzamente innamorato di un'amica d'infanzia, Lisa. La ragazza, però, spaventata dall'amore esagerato di David, si è sposata con Gérard e ne ha avuto un figlio. Una nuova collega, Juliette, si innamora di David ma non riesce a distoglierlo dal suo ossessivo amore per Lisa. David, anzi, diventa più aggressivo, fino a provocare la morte di Gérard. ■ DRAMMATICO; COL.; 107'; FRANCIA, 1977.

ARABELLA ★★★
Regia di MAURO BOLOGNINI. Con PAOLA BORBONI, JAMES FOX, GIANCARLO GIANNINI, VIRNA LISI, TERRY THOMAS. ■ Arabella, giovane appartenente ad una grande famiglia decaduta, mette a frutto la sua bellezza ed eleganza per risollevare le finanze sue e dei suoi vecchi. Qualche volta fa anche una buona azione, come quando accetta la proposta di un maturo gentiluomo perché rimetta sulla buona strada il figlio di lui, di tendenze decisamente femminee. Un giorno però è Arabella a venire imbrogliata, da un bel giovane, figlio del guardiano di un museo che passa la notte con lei e la deruba. I due si rivedranno e decideranno di mettere in comune l'avvenire e le loro capacità truffaldine. ■ COMMEDIA; COL.; 104'; ITALIA, 1967.

ARABELLA: L'ANGELO NERO ★
Regia di MAX STEEL. Con TINÌ CANSINO, RENA NIEHAUS, VALENTINA VISCONTI. ■ Arabella, moglie di un famoso scrittore ridotto su una sedia a rotelle, viene ricattata da un poliziotto che l'ha sorpresa durante una retata della polizia in un quartiere malfamato. Lo uccide ma il marito assiste e vuole farne un romanzo.

Da qui una serie di delitti a cui lei è però estranea. ■ GIALLO; COL.; 87'; ITALIA, 1989.

ARABESQUE ★★★
Regia di STANLEY DONEN. Con ALAN BADEL, DUNCAN LAMONT, SOPHIA LOREN, KIERON MOORE, GREGORY PECK. ■ Un noto professore di Oxford viene interpellato da un petroliere arabo perché decifri alcuni geroglifici. Il petroliere è losco; ammazza un concorrente e fa cadere la colpa sul professore, poi gli rifila la Loren perché gli confonda ulteriormente le idee. Il professore alla fine passa al contrattacco: sventa un complotto del petroliere, redime la Loren, si guadagna un'onorificenza. ■ AVVENTURA; COL.; 105'; USA, 1966.

ARAC ATTACK – MOSTRI A OTTO ZAMPE ★★★
(Eight Legged Freaks)
Regia di ELLORY ELKAYEM. Con DAVID ARQUETTE, SCARLETT JOHANSSON, SCOTT TERRA, KARI WUHRER. ■ Gli abitanti di una tranquilla cittadina mineraria sono alle prese con ragni mutanti, di dimensioni impressionanti e decisamente pericolosi. *Arac Attack* è un gradevole tributo ai B-movie di fantascienza americani degli anni Cinquanta e Sessanta. ■ FANTASCIENZA; COL.; 100'; USA, 2002.

ARACNOFOBIA *(Arachnophobie)* ★★★
Regia di FRANK MARSHALL. Con JEFF DANIELS, JOHN GOODMAN, HARLEY JANE KOZAK, JULIAN SANDS. ■ Un buon film ricco di tensione e raccapricciante, specie per chi non ama i ragni. Alla sceneggiatura c'è anche Don Jakoby, autore tra l'altro di *Alien*. Ovviamente il primo paragone che viene alla mente è con *Gli uccelli* del grande Hitchcock. La cittadina provinciale Canaima ha il piacere di ospitare un terribile esemplare di ragno venezuelano. Eccolo quindi, come i topi del *Nosferatu* di Murnau giunti in nave, costruire il proprio nido e procreare. Il protagonista, un medico appena giunto in città, dovrà lottare per distruggere gli esemplari e salvare la propria famiglia. Anche se sotto il sole non c'è nulla di nuovo, il materiale è efficace. ■ FANTASCIENZA; COL.; 110'; USA, 1990.

ARAGOSTA A COLAZIONE *(Langouste à déjeuner)* ★★★
Regia di GIORGIO CAPITANI. Con JANET AGREN, CLAUDINE AUGER, CLAUDE BRASSEUR, SILVIA DIONISIO, ADRIANA INNOCENTI, ENRICO MONTESANO. ■ Il povero Enrico non riesce a combinare nulla nella vita, neppure a suicidarsi. Chiede aiuto ad un vecchio amico ma finisce in guai ancora più grossi che quasi compromettono il suo matrimonio. Quasi, perché un pizzico di fortuna, alla fine, capita anche a lui. ■ COMMEDIA; COL.; 98'; FRANCIA, ITALIA, 1979. ■ DAVID DI DONATELLO 1 PR, 1 NOM.

ARAHAN *(Arahan jangpung daejakjeon)* ★★
Regia di RYOO SEUNG-WAN. Con RYU SEUNG-WAN, YOON SO-YI. ■ Arti marziali "urbane" condite da un tocco demenziale: per andare sul sicuro basta seguire la formula, a prova di botteghino, che ha fatto la fortuna di titoli quali *Shaolin Soccer* e *Kung Fu Hustle*. Un giovane agente di polizia è pieno di buona volontà ma è un imbranato cronico: a seguito dell'ennesima zuffa finita male, per caso incappa nei mitici "sette maestri delle arti marziali" che riconoscono in lui l'eletto, colui che salverà il mondo. Incredulo ma volenteroso di imparare a difendersi, il giovane si sottoporrà a duri allenamenti: riuscirà ad essere pronto per il prossimo risveglio delle forze del male. Un'opera fresca, spassosa e dinamica, apprezzabile sotto tanti aspetti anche se non originale in senso stretto, incapace però di capitalizzare in termini di fruibilità quanto di buono poteva lanciarla verso vette più elevate. La nostalgia dei vecchi film da un'oretta e mezzo comincia a farsi sentire. ■ AZIONE; COL.; 114'; COREA DEL SUD, 2004.

♥ **ARANCIA MECCANICA** *(A Clockwork Orange)* ★★★★
Regia di STANLEY KUBRICK. Con MICHAEL BATES, ADRIENNE CORRI, PATRICK MAGEE, MALCOLM MCDOWELL. ■ Alex è un giovane senza arte né parte, figlio di proletari e dedito a furti, stupri e omicidi. Fa capo a una banda di spostati, denominati "drughi". Dopo aver usato violenza alla moglie di uno scrittore finisce in carcere. Viene sottoposto ad angherie ma si fa amico un prete. Pur di essere scarcerato accetta il "trattamento lodovico", che consiste nell'assistere a filmati di violenza. Quando esce scopre che i genitori hanno subaffittato la sua stanza. Senza poter reagire, dovrà subire violenza da alcuni mendicanti vendicativi, dai "drughi" diventati poliziotti e dallo scrittore che ha perso la moglie e che ora si trova su una sedia a rotelle. Tenta il suicidio e all'ospedale riceve una visita di cortesia da parte del primo ministro. Ambientato nel futuro, ormai alle porte, e tratto da *Arancia ad orologeria* di Anthony Burgess. Geniale traversata di generi (fantascienza, storico, drammatico, comico, grottesco, orrore), un film che mostra la violenza per esserne un contromanifesto. Accolto da polemiche e ovazioni al suo apparire, è stato sequestrato per molti anni in Francia, mentre in Gran Bretagna non può essere ancora proposto né al cinema né in videocassetta. L'ambiguità del personaggio era necessaria per mostrare le diverse violenze della medicina, della polizia, della politica e della gente comune. Quando Alex viene guarito, non può gestire le proprie scelte. Diventa docile non per volontà ma per allergia (sente nausea quando cerca di usare violenza, anche se cerca di difendersi). La più grande prova al cinema di Malcolm McDowell che ha ideato alcune scene storiche, tra cui quella dello stupro a tempo di *I'm singing in the rain*. Le musiche di Beethoven e Rossini rielaborate da Walter Carlos e le immagini grandangolo di John Alcott accrescono l'immersione nell'incubo. Doppiaggio italiano all'altezza dell'originale. ■ DRAMMATICO; COL.; 137'; GRAN BRETAGNA, 1971. ■ GOLDEN GLOBES 3 NOM; OSCAR 4 NOM.

ARANCIA MECCANICA CONTINUA..., L' *(Tearaway)* ★
Regia di BRUCE MORRISON. Con MATTHEW HUNTER, MARK PILISI. ■ In un quartiere americano di periferia la violenza e l'ingiustizia esercitata da un potente gangster spingono alla rivolta il giovane Ska e i ragazzi facenti parte della banda dei "Kids Street". ■ DRAMMATICO; COL.; 90'; AUSTRALIA, 1987.

A/R ANDATA+RITORNO ★★
Regia di MARCO PONTI. Con KABIR BEDI, GIOVANNI CARRETTA PONTONE, UGO CONTI, LIBERO DE RIENZO, REMO GIRONE, VANESSA INCONTRADA. ■ Il secondo album è sempre il più difficile, nella carriera di un'artista. Se lo dice Caparezza dobbiamo crederci e parafrasando una strofa famosa di uno dei suoi successi non possiamo che sposare l'assunto per commentare questa seconda fatica di Marco Ponti dopo il successo di *Santa Maradona*. Purtroppo *A+R* non vale la metà del primo film: troppo confusionario, con troppi personaggi macchietta a fare da contorno alla storia d'amore più posticcia e meno credibile della storia del cinema tra la svagata Incontrada e lo sbalestrato De Rienzo. ■ COMMEDIA; COL.; 86'; ITALIA, 2003.

ARARAT ★★★
Regia di ATOM EGOYAN. Con DAVID ALPAY, CHARLES AZNAVOUR, ERIC BOGOSIAN, BRUCE GREENWOOD, ELIAS KOTEAS, CHRISTOPHER PLUMMER. ■ Il concetto di "pulizia etnica" non risale all'Olocausto, ma all'eliminazione di circa un milione di armeni da parte dei turchi nei primi decenni del Novecento. È innegabile che questa orrenda vicenda storica abbia avuto minor "promozione" della tragedia degli ebrei. La memoria viene riportata dal personaggio centrale, un pittore armeno di nome Gorky. Intorno a lui altri testimonieranno quello sterminio: un ragazzo, una donna esperta della pittura di Gorky, un poliziotto. Ricordare li cambierà, non solo in superficie. ■ DRAMMATICO; COL.; 115'; CANADA, FRANCIA, 2002.

ARATRO E LE STELLE, L' *(The Plough and the Stars)* ★★
Regia di JOHN FORD. Con BARRY FITZGERALD, PRESTON FOSTER, BARBARA STANWYCK. ■ Dal lavoro teatrale di Sean O'Casey. Film minore di John Ford, e uno dei suoi ritorni meno felici alla natia Irlanda. Pur avendo ottimo materiale a disposizione (la guerriglia urbana contro gli inglesi nella Dublino del 1916) rimase troppo attaccato alle convenzioni teatrali. Protagonista un fresco sposo (Foster) obbligato a prendere il comando della rivolta. Barbara Stanwyck è la moglie che corre alla sua ricerca nelle strade insanguinate della città. ■ DRAMMATICO; B/N; 78'; USA, 1937.

ARAUCANA, MASSACRO DEGLI DEI, L' ★★
Regia di JULIO COLL. Con VICTOR ALCAZAR, LUCIANO BENETTI, ELSA MARTINELLI, JULIO PENA, VENANTINO VENANTINI. ■ 1539: il capitano spagnolo Pedro de Valdivia compie una spedi-

zione nei territori cileni abitati dagli Araucani. Sottomessi gli indigeni, ribattezza la regione col nome di Nuova Estremadura e fonda Santiago. ■ AVVENTURA; COL.; 81'; ITALIA, 1971.

ARBITRO, L' ★★

Regia di LUIGI FILIPPO D'AMICO. Con LANDO BUZZANCA, JOAN COLLINS, MASSIMO MOLLICA, GABRIELLA PALLOTTA, MARISA SOLINAS. ■ Un arbitro siciliano, famoso per le sue doti di energia e di fermezza, viene coinvolto in una speculazione terriera manovrata da un suo conterraneo di pochi scrupoli. Quando lo viene a sapere, l'integerrimo si rivolta, accusa pubblicamente il suo partner, ma lui stesso è travolto dallo scandalo. ■ COMMEDIA; COL.; 112'; ITALIA, 1974.

ARCA DI NOÈ, L' *(Noah's Ark)* ★★★

Regia di MICHAEL CURTIZ. Con NOAH BEERY, DOLORES COSTELLO, GEORGE O'BRIEN. ■ È un vecchio film muto che venne sonorizzato con il sistema Vitaphone che in quegli anni trasformò la Warner Bros da "studio" sull'orlo del fallimento a casa di punta di Hollywood. La storia è divisa in due parti: una, antica, che racconta dell'arca e del diluvio universale, un'altra, moderna, ambientata durante la guerra mondiale. Gli attori (sempre gli stessi) affrontano le stesse traversie. Ma Dio vede e provvede. Provvede cioè secondo i desideri di Paul McAllister che impersona Noè e un pastore protestante ai primi del Novecento. ■ STORICO; B/N; 100'; USA, 1928.

ARCA DI NOÈ, L' *(The Naughty Nineties)* ★★★

Regia di JEAN YARBROUGH. Con BUD ABBOTT, LOU COSTELLO. ■ Ennesima avventura di Gianni e Pinotto alle prese con il mondo del gioco d'azzardo. ■ COMICO; B/N; 76'; USA, 1945.

ARCANA ★★★

Regia di GIULIO QUESTI. Con TINA AUMONT, LUCIA BOSÈ, MAURIZIO DEGLI ESPOSTI, GIANFRANCO POZZI, DARIO VIGANÒ. ■ Maria è una donna meridionale vedova di un modesto manovale morto per un incidente sul lavoro. È una specie di medium e sfrutta le sue doti per sopravvivere nella grande metropoli in cui vive col figlio. ■ DRAMMATICO; COL.; 111'; ITALIA, 1972.

ARCANGELI, GLI ★★

Regia di ENZO BATTAGLIA. Con ROBERTO BISACCO, PAOLO GRAZIOSI, VIRGINIA ONORATO, GRAZIELLA POLESINATI, STEFANO SATTA FLORES. ■ Poiché i genitori si oppongono alle nozze, Anna Maria, ragazza di provincia, fugge a Roma col fidanzato e chiede protezione al fratello Roberto. Nella capitale la ragazza farà nuovi e diversi incontri che le permetteranno di cambiare mentalità, personalità e fidanzato. ■ COMMEDIA; B/N; 95'; ITALIA, 1962.

ARCANGELI, GLI ★★

Regia di SIMONE SCAFIDI. Con FRANCO BRANCIAROLI, FRANCESCA INAUDI, ZAMIRA PASCERI, FABRIZIO RAGGI, ANDREA RIVA. ■ Christian (Riva) viene battezzato a 10 anni, e quel momento lo segnerà per sempre. Padre Siro, il suo educatore, sa infatti che la vita del ragazzo, che ha visto gli Arcangeli pulire il volto di Cristo, sarà condannata alla sofferenza. Sicuramente il budget limitato ha inciso non poco sulla realizzazione, ma questo aspetto si trasforma inaspettatamente in un vantaggio. La ricerca di un linguaggio e di una forma alternativa, diventano una sorta di "incentivo" per lo spettatore. Da rilevare lo sviluppo dei percorsi paralleli di sacralità e carne, che si fondono o si allontanano seguendo il cammino del protagonista. ■ DRAMMATICO; COL.; 87'; ITALIA, 2007.

ARCANGELO, L' ★★

Regia di GIORGIO CAPITANI. Con ADOLFO CELI, IRINA DEMICK, VITTORIO GASSMAN, PAMELA TIFFIN. ■ Un avvocato di Milano, che non ha mai vinto una causa, viene assunto da un riccone, magnate delle multinazionali. Dovrà fare l'uomo di paglia per il grand'uomo in uno dei suoi affari meno puliti. Lui però non lo sa, come non sa che la moglie e l'amante del riccone tramano contro quest'ultimo. Lo uccideranno rifilando naturalmente la colpa al povero azzeccagarbugli. ■ COMMEDIA; COL.; 105'; ITALIA, 1969.

ARCANO INCANTATORE, L' ★★

Regia di PUPI AVATI. Con CARLO CECCHI, STEFANO DIONISI, ARNALDO NINCHI. ■ Il fantasma di qualcuno che non ha pace. Un morto che deve essere disseppellito pena immani sciagure. Un giovane che cerca di uscire da questi misteri. Un vecchio morente che custodisce segreti disperati. E una bella libreria antica. Ritorno di Avati a un genere col quale ha esordito e al quale rimane affezionato. C'è di buono che non viene scimmiottato il genere anglosassone. Ma non è un film di grande "utilità". ■ FANTASTICO; COL.; 96'; ITALIA, 1996.

ARCA RUSSA *(Russkij kovcheg)* ★★★

Regia di ALEKSANDR SOKUROV. Con ALEXANDER CHABAN, SERGEJ DREIDEN, MARIA KZSNETSOVA, LEONID MOZGOVOY. ■ Invisibile agli altri, un regista contemporaneo si ritrova magicamente all'interno dell'Hermitage di San Pietroburgo. È l'occasione per un viaggio nel tempo lungo tre secoli compiuto in compagnia di un ironico diplomatico francese del secolo scorso legato alla Russia da un rapporto di amore e odio. Ora separati ora insieme, i due incontreranno senza soluzione di continuità i protagonisti della Russia zarista, da Pietro il Grande fino alla famiglia di Nicola II alla vigilia della rivoluzione. Al termine il cineasta tornerà all'oggi, il diplomatico deciderà invece di rimanere. Da sempre interessato al passato, Sokurov stavolta cerca di superarsi. Non più un film su un singolo personaggio ma addirittura il tentativo di tracciare l'intera storia della propria nazione: e per sottolineare l'idea del flusso temporale realizza (grazie al digitale) un unico piano – sequenza in soggettiva di 90 minuti. Il risultato è di quelli notevoli per ricchezza di possibili letture e piacere dell'occhio, con la sequenza del gran ballo imperiale che resta nella memoria. Arduo, certo, e qua e là affiora un sospetto di auto-compiacimento. Ma fa piacere che qualcuno al cinema punti ancora in alto. ■ STORICO; COL.; 96'; GERMANIA, RUSSIA, 2002.

ARCHIMEDE LE CLOCHARD ★★★
(Archimède le clochard)

Regia di GILLES GRANGIER. Con BERNARD BLIER, DARRY COWL, DORA DOLL, JEAN GABIN, NOËL ROQUEVERT. ■ Archimède le clochard è un barbone che bazzica le vecchie osterie di Parigi. Ci sono anziani operai, perdigiorno, pensionati. Archimède è quello che beve di più, che filosofeggia, che "vende saggezza". ■ COMMEDIA; B/N; 83'; FRANCIA, 1959. ■ BERLINO 1 PR.

ARCIDIAVOLO, L' ★★

Regia di TONI FRENGUELLI. Con CARLO NINCHI, LAURA NUCCI, GERMANA PAOLIERI, PINA RENZI. ■ Il diavolo in persona prende il posto di capitano su un panfilo di alcuni ricconi i quali, per sfuggire alla noia della vita, intraprendono una crociera senza meta. Il diavolo, che li sa tutti peccatori, li vuole spingere a peccare ancora di più per poi far affondare il natante e portarsi le loro anime all'inferno. Ma i crocieristi, ipocritamente, non osano rincarare la dose dei loro peccati per non esporsi al giudizio dei loro compagni di viaggio. Allora Satana li abbandona a vagare in eterno. ■ COMMEDIA; B/N; 103'; ITALIA, 1940.

ARCIDIAVOLO, L' ★★

Regia di ETTORE SCOLA. Con CLAUDINE AUGER, GABRIELE FERZETTI, VITTORIO GASSMAN, ETTORE MANNI, MICKEY ROONEY, LUIGI VANNUCCHI. ■ Dalla novella *Belfagor l'arcidiavolo* di Niccolò Machiavelli. Satana manda sulla terra l'arcidiavolo Belfagor per attentare alla virtù di Maddalena, la figlia di Lorenzo il Magnifico, duca di Firenze. Belfagor parte aiutato dal demonietto Adramelech, combina un mucchio di diavolerie, ma s'innamora di Maddalena. Per lei perderà le corna e l'immortalità. La novella di Machiavelli presa a pretesto per una farsa moderatamente boccaccesca. ■ COMMEDIA; COL.; 103'; ITALIA, 1966.

ARCIERE BIANCO, L' *(Guard that Girl)* ★★

Regia di LAMBERT HILLYER. Con ROBERT ALLEN, BARBARA KENT, ROGER PRYOR, FLORENCE RICE. ■ Un misterioso arciere scaglia all'interno di una villa frecce recanti biglietti minatori che ammoniscono un'ereditiera a rinunciare all'eredità, pena la morte. Un giovane e valente investigatore privato scoprirà il colpevole e sposerà l'ereditiera. Film molto modesto. ■ GIALLO; B/N; 64'; USA, 1935.

ARCIERE DEL CONTINENTE NERO, L' *(Tembo)* ★★★

Regia di HOWARD HILL. ■ È la storia della spedizione, guidata dallo stesso Hill, che si recò nell'Africa Centrale alla ricerca del misterioso popolo degli uomini-leopardo. ■ DOCUMENTARIO; COL.; 80'; USA, 1952.

ARCIERE DELLE MILLE E UNA NOTTE – LA FRECCIA D'ORO, L' ★★★
Regia di ANTONIO MARGHERITI. Con DOMINIQUE BOSCHERO, MARIO FELICIANI, TAB HUNTER, UMBERTO MELNATI, ROSSANA PODESTÀ. ■ Un tiranno orientale apprende da una profezia che il giorno in cui la figlia si sposerà, lui perderà il potere. Per questo, quando un aitante giovanotto vince un torneo conquistando il cuore della principessa, mette in atto una serie di tranelli per impedire le nozze. Con l'aiuto di un paio di maghi e del consueto tappeto magico, il giovane riuscirà a sventare ogni intrigo. ■ AVVENTURA; COL.; 100'; ITALIA, 1962.

ARCIERE DEL RE, L' *(Quentin Durward)* ★★★
Regia di RICHARD THORPE. Con GEORGE COLE, WILFRID HYDE-WHITE, KAY KENDALL, DUNCAN LAMONT, ROBERT MORLEY, ROBERT TAYLOR. ■ In Francia durante il regno di Luigi XI, un cavaliere scozzese prende le difese di una bella dama contro tutti: il re (che la vorrebbe usare per manovre politiche); il duca di Borgogna, i briganti delle Ardenne, una tribù di zingari. Sarà premiato; la dama sposerà lui, preferendolo ai pretendenti altolocati. ■ AVVENTURA; COL.; 101'; GRAN BRETAGNA, USA, 1955.

ARCIERE DI FUOCO, L' ★★
Regia di GIORGIO FERRONI. Con LARS BLOCK, LUIS DAVILA, SILVIA DIONISIO, DANIELE DUBLINO, GIULIANO GEMMA, NELLO PAZZAFINI. ■ Robin Hood si dà alla macchia nella foresta di Sherwood capeggiando una rivolta contro re Giovanni l'usurpatore. All'arrivo del buon Riccardo Cuor di Leone avrà il più completo successo. ■ AVVENTURA; COL.; 99'; ITALIA, 1971.

ARCIERE DI GHIACCIO, L' *(Ofelas)* ★★★
Regia di NILS GAUP. Con MIKKEL GAUP, STEVEN SCHARFENNBERG, NILS UTSI. ■ In Lapponia una banda di feroci guerrieri minaccia un pacifico villaggio. Un giovane è catturato dai predoni, ma riesce a disfarsene guidandoli per un sentiero di montagna dove moriranno tutti. ■ AVVENTURA; COL.; 87'; NORVEGIA, 1987.

ARCIERE NERO, L' ★★
Regia di PIERO PIEROTTI. Con GÉRARD LANDRY, LIVIO LORENZON, FEDERICA RANCHI, CARLA STROBER. ■ Il deforme Lodrisio e il cugino Ludovico, bello e perverso, vogliono impadronirsi del potere detenuto dal feudatario Alvise, loro zio. Con la collaborazione della sadica sicaria Ubaldina assassinano il conte di Sant'Elia che sospetta le loro trame, ma fanno apparire responsabile del delitto Corrado, figlio del conte stesso, che per salvarsi fugge e diventa un bandito. Lieto fine. ■ AVVENTURA; COL.; 91'; ITALIA, 1959.

ARCIERE VERDE, L' *(Der grüne Bogenschütze)* ★★
Regia di JÜRGEN ROLAND. Con EDDI ARENT, KARIN DOR, GERT FRÖBE, KLAUSJÜRGEN WUSSOW. ■ Da un romanzo di Edgar Wallace. La leggenda vuole che in un castello vaghi lo spirito dell'Arciere verde. Un turista viene trovato ucciso da una freccia all'interno del maniero e l'ispettore Featherstone (travestito da maggiordomo) inizia le sue indagini. Dopo avventurose vicende la polizia riesce a fare piena luce sul misterioso Arciere verde, mentre i responsabili pagano con la vita i loro delitti. ■ GIALLO; B/N; 93'; GERMANIA, 1960.

ARCIERI DI SHERWOOD, GLI ★★
(Sword of Sherwood Forest)
Regia di TERENCE FISHER. Con PETER CUSHING, NIGEL GREEN, RICHARD GREENE, OLIVER REED. ■ Robin Hood dalla foresta di Sherwood continua a combattere contro gli usurpatori normanni. In particolare lo sceriffo di Nottingham e il duca di Newark che stanno tramando contro il re Riccardo. L'arciere naturalmente sventerà i piani dei malvagi. ■ AVVENTURA; COL.; 80'; GRAN BRETAGNA, 1960.

ARCIPELAGHI ★★
Regia di GIOVANNI COLUMBU. Con GIANCARLO LOSTIA, PAOLO LOSTIA, PIETRINA MENNEAS, CARLO SANNAIS. ■ Dal romanzo di Maria Giacobbi. A Nuoro viene dibattuto un processo. Un quattordicenne viene accusato dell'omicidio di un altro giovanissimo, Giosuè, ucciso per aver visto qualcosa che non doveva vedere. Emerge il quadro di una terra particolare come la Sardegna, dove i rapporti sono difficili e occorre sempre fare i conti con una certa cultura che rende tutto complicato, a cominciare dal legittimo bisogno di giustizia che anima la gente. Gli attori non sono professionisti, parlano la lingua del posto. ■ DRAMMATICO; COL.; 95'; ITALIA, 2001.

ARCIPELAGO DI FUOCO, L' ★★
Regia di MARCELLO ANDREI. ■ Il lungometraggio illustra gli usi, i costumi e le credenze religiose dei popoli dell'Indonesia. ■ DOCUMENTARIO; COL.; 85'; ITALIA, 1957.

ARCIPELAGO IN FIAMME *(Air Force)* ★★★★
Regia di HOWARD HAWKS. Con JAMES BROWN, HARRY CAREY, CHARLES DRAKE, JOHN GARFIELD, ARTHUR KENNEDY, JOHN RIDGELY, GEORGE TOBIAS, GIG YOUNG. ■ Storia di una superfortezza volante e delle gesta del suo equipaggio, a Manila, a Pearl Harbor e nel Mar dei Coralli. L'eroe principale è un aviere che salva l'apparecchio quando ormai i commilitoni si sono buttati con il paracadute e il comandante è stato ucciso. Riuscirà ad atterrare, a raccogliere i superstiti e a avvertire la flotta americana dell'attacco giapponese. Howard Hawks dimostra che si può fare uno spettacolo appassionante con poco. Le parti belliche sono riprese dai cinegiornali, che il regista riesce a montare efficacemente con le gesta (girate a casa) di Garfield e compagni. ■ GUERRA; B/N; 124'; USA, 1943. ■ OSCAR 1 PR, 4 NOM.

ARCIPELAGO IN FIORE *(Isle of Escape)* ★★
Regia di HOWARD BRETHERTON. Con NOAH BEERY, MONTE BLUE, BETTY COMPSON, MYRNA LOY. ■ Una vicenda convenzionale ambientata nelle isole del Sud, con eroine in pericolo, paesaggi stupendi e danze esotiche. ■ AVVENTURA; B/N; 90'; USA, 1930.

ARCO, L' *(Hwal)* ★★★
Regia di KIM KI-DUK. Con JEON GOOK-HWAN, KIM IL-TAE, SEO JI-SEOK, MIN-JUNG SEO, JEON SUNG-HWAN, HAN YEO-REUM. ■ L'arco è un'arma che offende, ma la sua corda può suonare una musica dolcissima e la sua freccia diventare un appassionato messaggio d'amore: quello di un uomo che prende con sé una bambina di sei anni e la cresce per sposarla al compimento dei sedici. La gabbia d'oro è un peschereccio che il vecchio affitta. Fino a quando arriva un giovane ospite che inizia una tenera amicizia con la ragazza e decide di liberarla. Ma il progetto non sarà di facile attuazione. ■ DRAMMATICO; COL.; 90'; COREA DEL SUD, 2005.

ARCOBALENO *(Chasing Rainbows)* ★★
Regia di CHARLES FRANCIS RIESNER. Con JACK BENNY, CHARLES KING, BESSIE LOVE. ■ È uno dei molti musical che la Metro fece agli albori del sonoro. Le trame erano sempre le stesse, storie d'amore a lieto fine. ■ COMM. MUSICALE; B/N; 90'; USA, 1930.

ARCOBALENO *(Raduga)* ★★★
Regia di MARK DONSKOY. Con NINA ALISOVA, NATALIA UZVI. ■ Un villaggio ucraino, durante la seconda guerra mondiale, è invaso dai tedeschi. Il comandante nazista infierisce sulla popolazione che gli oppone una resistenza passiva. Solo il sindaco e una donna di facili costumi collaborano. La pagheranno cara quando arriveranno i russi e cacceranno i nazisti. ■ GUERRA; B/N; 96'; URSS, 1944.

ARCOBALENO NERO *(Black Rainbow)* ★★
Regia di MIKE HODGES. Con ROSANNA ARQUETTE, TOM HULCE, JASON ROBARDS. ■ Un film non molto equilibrato nel suo voler mischiare elementi surreali alla realtà. Poco convincente, in alcuni punti sfiora il ridicolo. Prende in considerazione la storia di Martha Travis, una medium che compie vere e proprie tournée in teatri stracolmi di gente nei quali risponde ai quesiti dei presenti e conversa con i morti. Un giornalista la incontra proprio quando lei si avvia su una strada pericolosa: quella di predire in anticipo alcuni omicidi. C'è spazio per fare riferimento alle sette religiose che ormai negli Stati Uniti sono in gran crescita. ■ THRILLER; COL.; 100'; GRAN BRETAGNA, USA, 1990.

ARCOBALENO SELVAGGIO *(Wild Rainbow)* ★★
Regia di ANTHONY DAWSON. Con ERNEST BORGNINE, LEWIS COLLINS, LEE VAN CLEEF. ■ Wesley è il capitano inglese di un gruppo di mercenari, incaricato di distruggere un deposito di oppio nella giungla asiatica. Tra mille pericoli e avventure Wesley ce la fa e anzi, quando scopre che c'è un altro deposito, distrugge an-

che quello. Tutti sono soddisfatti, ma a lui non basta e parte per giustiziare il capo supremo (e insospettabile) del traffico della droga. Un discreto film avventuroso di matrice italiana con interpreti americani. ■ AVVENTURA; COL.; 95′; ITALIA, 1985.

ARCOBALENO SUL FIUME *(Rainbow on the River)* ★★
Regia di KURT NEUMANN. Con BOBBY BREEN, CHARLES BUTTERWORTH, MAY ROBSON. ■ Uno dei film del canterino adolescente Bobby Breen, idolo negli anni Trenta come Shirley Temple (ma in America perché in Italia non fu mai notato). Qui la sua storia è ambientata nel "profondo Sud" degli Stati Uniti. Breen è un orfanello della guerra civile che viene allevato da una buona negra sua ex schiava. Dopo qualche anno la negra si metterà in contatto con la nonna del piccolo a New York, che sarà felice, dopo un'iniziale diffidenza, di prenderlo con sé. ■ COMM. MUSICALE; B/N; 83′; USA, 1936.

ARCO DI TRIONFO *(Arch of Triumph)* ★★★
Regia di LEWIS MILESTONE. Con STEPHEN BEKASSY, INGRID BERGMAN, CHARLES BOYER, LOUIS CALHERN, WILLIAM CONRAD, CHARLES LAUGHTON. ■ Nella Parigi alla vigilia della guerra, un rifugiato polacco incontra il suo antico aguzzino nazista e lo uccide. Tra l'incontro e l'uccisione avrà il tempo di innamorarsi e di perdere una bella ragazza. Il romanzo di Remarque, ricco di buone intenzioni umanitarie, è trasposto in modo un po' schematico e grossolano da un regista discontinuo. Come "melodramma", però, il film funziona abbastanza soprattutto per il grande mestiere degli interpreti (il più convincente di tutti è Louis Calhern, il colonnello russo). ■ DRAMMATICO; B/N; 114′; USA, 1948.

ARDENA ★
Regia di LUCA BARBARESCHI. Con LUCA BARBARESCHI, ISA BARZIZZA, ARNOLDO FOÀ, LUCREZIA LANTE DELLA ROVERE, ENRICA MARIA MODUGNO. ■ Luca Barbareschi non rinuncia a stare dietro e davanti alla macchina da presa e realizza questo film in cui ci racconta di un recente passato (estate 1969) visto attraverso le vacanze di Andrea. Ardena è un paesino vicino al lago di Como in cui, nel corso dell'estate, il tredicenne scopre il primo amore. L'autunno caldo è dietro l'angolo ma i temi sociali non sono pane per i denti di Barbareschi. ■ DRAMMATICO; COL.; 107′; ITALIA, 1997.

ARDENNE '44: UN INFERNO *(Castle Keep)* ★★
Regia di SYDNEY POLLACK. Con JEAN-PIERRE AUMONT, TONY BILL, CATERINA BORATTO, BRUCE DERN, PETER FALK, AL FREEMAN JR, BURT LANCASTER, PATRICK O'NEAL, SCOTT WILSON. ■ Nel '44, in Belgio, gli americani avanzano; una compagnia si sistema in un paese delle Ardenne e gli ufficiali nel castello. La controffensiva tedesca li coglie di sorpresa. Muoiono il castellano, il maggiore e il capitano umanista. ■ GUERRA; COL.; 105′; USA, 1969.

ARDENTE FIAMMA *(Moonlight Sonata)* ★★★
Regia di LOTHAR MENDES. Con IGNACE PADEREWSKI, ERIC PORTMAN, MARIE TEMPEST. ■ Cade un aeroplano e i superstiti, in ospedale, hanno la gradita consolazione di un concerto a loro esclusivo uso e consumo del celebre pianista Paderewski. Il musicista trova anche modo, nella circostanza, di riconciliare due coniugi che stavano per separarsi per colpa di un dongiovanni che corteggiava la moglie. ■ COMM. MUSICALE; B/N; 80′; GRAN BRETAGNA, 1937.

ARDENTE PASSIONE, UN' *(Third Degree Burn)* ★★
Regia di ROGER SPOTTISWOODE. Con VIRGINIA MADSEN, TREAT WILLIAMS. ■ Un detective deve controllare la moglie di un marito geloso. Tra i due nasce ben presto una relazione pericolosa seguita dalla morte del marito, la cui fisionomia però non corrisponde a quella dell'uomo che ha dato l'incarico al detective. Manierato e prevedibile. ■ GIALLO; COL.; 93′; USA, 1989.

ARDIMENTO *(La route impériale)* ★★★
Regia di MARCEL L'HERBIER. Con KATHE VON NAGY, PIERRE RICHARD WILLM. ■ Un ufficiale inglese a Bagdad, che ha compiuto molte audaci imprese tra le file nemiche, è sospettato d'intesa con le tribù ribelli e processato. ■ DRAMMATICO; B/N; 98′; FRANCIA, 1935.

ARDITI CIVILI ★
Regia di DOMENICO GAMBINO. Con GUIDO CELANO, ELLI PARVO. ■ Un vigile del fuoco, figlio di un maresciallo della stessa Arma, conosce una bella acrobata e per lei compie una grave infrazione al regolamento; per questo viene sospeso per un mese dal lavoro. Peripezie e lieto fine. ■ DRAMMATICO; B/N; 89′; ITALIA, 1940.

ARDITI DEGLI ABISSI, GLI *(Underwater Warrior)* ★★
Regia di ANDREW MARTON. Con DAN DAILEY, JAMES GREGORY, CLAIRE KELLY, ROSS MARTIN. ■ Un uomo-rana americano, recuperato in stato di choc dopo una pericolosa missione, dal suo letto sulla portaerei ricorda il passato. Come si arruolò volontario, come si fece accettare tra i sabotatori acquatici nonostante l'età non più giovanissima. ■ GUERRA; COL.; 90′; USA, 1958.

ARDITI DEL CINEMA, GLI *(Lucky Devils)* ★★★
Regia di RALPH INCE. Con WILLIAM BOYD, LON CHANEY JR, WILLIAM GARGAN, DOROTHY WILSON. ■ Film imperniato sul mondo e sulla vita dei cosiddetti "cascatori" del cinema. Finale-brivido: il "cascatore" salta le cascate del Niagara. ■ DRAMMATICO; B/N; 64′; USA, 1933.

ARDITI DELL'ARIA *(Test Pilot)* ★★★
Regia di VICTOR FLEMING. Con LIONEL BARRYMORE, CLARK GABLE, MYRNA LOY, MARJORIE MAIN, SPENCER TRACY. ■ Un bravissimo (ma caposcarico) collaudatore aereo si caccia nei guai ma ne è puntualmente tirato fuori dalla moglie e dall'amico meccanico. Il meccanico muore in un incidente. Il collaudatore si persuade ad accettare l'incarico molto meno pericoloso di istruttore. Sua moglie tirerà un sospiro di sollievo. ■ AVVENTURA; B/N; 118′; USA, 1938. ■ OSCAR 3 NOM.

ARDITI DELL'OCEANO *(U-Boote Westwarts)* ★★
Regia di GÜNTHER RITTAU. Con JOACHIM BRENNECKE, ILSE WERNER, HERBERT WILK. ■ È un film tedesco di propaganda bellica imperniato sulle gesta dei sottomarini germanici che spadroneggiarono in tutti i mari durante il conflitto (fino a quando non inventarono il sonar). ■ GUERRA; B/N; 85′; GERMANIA, 1941.

ARDITI DEL MARE, GLI *(Hell Below)* ★★★
Regia di JACK CONWAY. Con JIMMY DURANTE, MADGE EVANS, WALTER HUSTON, ROBERT MONTGOMERY, ROBERT YOUNG. ■ Momenti di tensione in una base sottomarina di stanza nel Mediterraneo durante la prima guerra mondiale. ■ GUERRA; B/N; 105′; USA, 1933.

ARDITI DEL 7° FUCILIERI *(Suicide Battalion)* ★★
Regia di EDWARD L. CAHN. Con JOHN ASHLEY, MICHAEL CONNORS, JEWELL LAIN. ■ Corea. Le truppe americane sono costrette a ritirarsi e abbandonano Balajama, ma presso il comando sono rimasti alcuni documenti segreti che se cadessero nelle mani del nemico potrebbero compromettere l'esito del conflitto. Il maggiore Cormich deve riuscire a recuperarli. Con un drappello di uomini va incontro a mille insidie e alla perdita di quasi tutti i suoi soldati. ■ GUERRA; B/N; 79′; USA, 1958.

ARDORE *(Fires Within)* ★
Regia di GILLIAN ARMSTRONG. Con VINCENT D'ONOFRIO, TAYLA FERRO, GRETA SCACCHI, JIMMY SMITS. ■ Un ex castrista esce dalla prigione e cerca comprensione nella moglie. Costei però si è già innamorata di un altro. ■ DRAMMATICO; COL.; 90′; USA, 1991.

AREA B-2 ATTACCO! *(Armored Command)* ★★
Regia di BYRON HASKIN. Con WARNER ANDERSON, EARL HOLLIMAN, HOWARD KEEL, TINA LOUISE, BURT REYNOLDS. ■ Ancora la battaglia delle Ardenne. C'è una fascinosa spia dai capelli rossi che mette lo scompiglio in un avamposto americano. La spia verrà uccisa e l'offensiva di Patton prenderà il via. ■ GUERRA; B/N; 99′; USA, 1961.

ARENA INSANGUINATA *(Hora de la verdad)* ★★
Regia di NORMAN FOSTER. Con RICARDO MONTALBAN, VIRGINIA SERRET. ■ Rafael, dopo molti sacrifici, diventa *espada* nell'arena messicana, ma sua moglie impazzisce per le ansie che la pericolosa professione del marito le procura. Rafael viene ferito e perde il lavoro, piombando in miseria. Disperato, dopo un po' tenta di tornare nell'arena per guadagnare qualche soldo ma viene ucciso da un toro. ■ DRAMMATICO; B/N; 95′; MESSICO, 1945.

ARETINO NEI SUOI RAGIONAMENTI... SULLE CORTIGIANE, LE MARITATE... E I CORNUTI CONTENTI, L' ★
Regia di ENRICO BOMBA. Con LUCIANO DE AMBROSIS, FIORELLA MASSELLI, GERALDINE STEWART, MARISA TRAVERSI, WILMA TRUCCOLO. ■ Film alquanto sciocco, costruito su una parvenza di trama, privo di qualsiasi comicità, che rimpingua la già congrua schiera dei vari *Boccaccio* e *Aretino*. ■ COMMEDIA; COL.; 80'; ITALIA, 1972.

ARGENT, L' ★★★
Regia di ROBERT BRESSON. Con CAROLINE LANG, CHRISTINA PATEY, VINCENT RISTERUCCI. ■ Vincent, onesto lavoratore, spaccia inconsapevolmente un biglietto da 500 franchi falsi. I veri colpevoli lo accusano e finisce per tre anni in prigione. Quando esce è ormai solo (la figlia è morta e la moglie lo ha lasciato) e uccide per denaro una coppia di albergatori. Accolto da una signora anziana nella sua casa, il giovane fa una strage massacrando lei e gli altri ospiti. Poi si consegna alla polizia. Parabola sulla maledizione del denaro (*argent* in francese significa "denaro") accolto a Cannes nell'83 con qualche dissenso, ma anche con il premio Speciale della Giuria. ■ DRAMMATICO; COL.; 85'; FRANCIA, 1985. ■ CANNES 1 PR.

ARGENTO VIVO *(Bombshell)* ★★★
Regia di VICTOR FLEMING. Con JEAN HARLOW, FRANK MORGAN, PAT O'BRIEN, FRANCHOT TONE, LEE TRACY. ■ Dalla commedia di Francke e Crane. Una bionda diva del cinema è esasperata per la campagna pubblicitaria scandalistica che i press-agent della sua casa stanno montando attorno a lei. Uno in particolare tende a farla apparire come una specie di Messalina. Dopo vari litigi, risse, fughe, la diva scopre che il press-agent è innamorato di lei. È questo il film che rivelò Jean Harlow. ■ COMMEDIA; B/N; 95'; USA, 1933.

ARGENTO VIVO *(Spitfire)* ★★
Regia di JOHN CROMWELL. Con RALPH BELLAMY, KATHARINE HEPBURN, ROBERT YOUNG. ■ Uno dei primi ruoli di Katharine Hepburn. È una selvatica ragazza di montagna che i paesani credono una specie di strega. Quando rapisce un bambino (a fin di bene) cercano persino di linciarla. Un medico, innamorato di lei, riesce a salvarla. Ma la ragazza dovrà andarsene. Un deciso insuccesso commerciale che all'epoca fece definire la Hepburn un «veleno per il botteghino» dagli irati produttori della RKO. ■ DRAMMATICO; B/N; 91'; USA, 1933.

ARGINE, L' ★★
Regia di CORRADO D'ERRICO. Con OLGA CAPRI, GINO CERVI, RUBI D'ALMA, LUISA FERIDA, GUGLIELMO SINAZ. ■ Il "passatore" romagnolo Zvanì, innamorato di una sconosciuta che ha ospitato per una notte (a causa di un incidente d'auto) in casa propria, lascia paese, madre e fidanzata per seguire la bella misteriosa a Roma. Ma poi, resosi conto che per la ragazza egli non rappresenta che un capriccio, torna ai suoi affetti paesani. ■ COMMEDIA; B/N; 85'; ITALIA, 1938.

ARGO ★★★★🎬
Regia di BEN AFFLECK. Con BEN AFFLECK, ALAN ARKIN, BRYAN CRANSTON, VICTOR GARBER, JOHN GOODMAN. ■ Nel 1979, in seguito alla fuga negli Stati Uniti dello scià iraniano Mohammad Reza Pahlavi durante la rivoluzione, l'ambasciata americana di Teheran fu presa d'assalto dai rivoluzionari e i suoi impiegati sequestrati per più di quattrocento giorni. Sei cittadini statunitensi riuscirono a fuggire e trovarono rifugio nella residenza dell'ambasciatore canadese, il quale, a proprio rischio e pericolo, concesse clandestinamente ospitalità e supporto. Per riportare in patria i propri connazionali la Cia organizzò una missione di esfiltrazione particolarmente audace, ideata dall'esperto del campo Tony Mendez e coadiuvata da una vera produzione hollywoodiana. Basandosi su una sceneggiatura realmente acquistata dal sindacato sceneggiatori fu data l'illusione a tutti (soprattutto alla stampa, in modo che si producessero articoli in materia) che c'era l'intenzione di girare un film di fantascienza in Iran, così da poter ottenere dal Ministero della cultura iraniano il permesso di entrare ed uscire dal paese e, nel fare questo, poter portare via i sei ospiti dell'ambasciatore canadese spacciandoli per maestranze del film. Il titolo del finto film in questione era *Argo*. Sulle basi di questa vera storia Ben Affleck orchestra un film, che gli fa meritare l'Oscar, che forza la realtà dei fatti quanto serve per creare tensione e suspense. Nonostante sia solo al suo terzo film da regista Ben Affleck si conferma uno degli autori giovani più interessanti, capace di fondere l'azione da cinema di guerra della prima parte con la commedia hollywoodiana della seconda e infine la tensione del dramma storico della terza. Oscar 2013 come miglior film. ■ DRAMMATICO; COL.; 120'; USA, 2012.

ARGONAUTI, GLI *(Jason and the Argonauts)* ★★
Regia di DON CHAFFEY. Con TODD ARMSTRONG, HONOR BLACKMAN, NIGEL GREEN, NANCY KOVACK, NIAL MCGINNIS, GARY RAYMOND. ■ Il mito di Giasone, degli Argonauti e della ricerca del Vello d'Oro rivisitato dal produttore Charles Schneer (della serie *Sinbad*). ■ AVVENTURA; COL.; 104'; GRAN BRETAGNA, 1963.

ARGOS ALLA RISCOSSA ★
(Santo contro mujeres vampiras)
Regia di ALFONSO CORONA BLAKE. Con AUGUSTO BENEDICO, MARIA DUVAL, JAIME FERNANDEZ, SANTO, LORENA VELASQUEZ. ■ Le donne-vampiro si risvegliano, dopo un letargo durato due secoli, per designare la nuova regina. Ma Argos distrugge le vampiresse. ■ HORROR; B/N; 78'; MESSICO, 1962.

ARGOS CONTRO LE 7 MASCHERE DI CERA ★
(Santo en el museo de cera)
Regia di ALFONSO CORONA BLAKE. Con ROXANA BELLINI, CLAUDIO BROOK, NORMA MORA, RUBEN ROJO, SANTO. ■ La giovane fotoreporter Susan scompare dopo aver visitato il museo delle cere del Dr. Karol. Ma il solito Argos metterà tutto a posto. ■ HORROR; B/N; 77'; MESSICO, 1964.

ARGOS IL FANTASTICO SUPERMAN ★
(Santo contro los asesinos de la Mafia)
Regia di MANUEL BENGOA. Con ELSA CARDENAS, MARA CRUZ, CESAR DEL CAMPO, ANTONIO PICA, SANTO. ■ Un commando di tipo militare ruba dai depositi di una miniera un grosso smeraldo grezzo. Per le indagini, la polizia chiede aiuto ad Argos, campione di lotta libera, che agisce sempre coperto da una maschera d'argento. Dopo mille peripezie, Argos scoprirà i colpevoli. ■ AVVENTURA; B/N; 83'; MESSICO, SPAGNA, 1975.

ARIA ★★★
Regia di ROBERT ALTMAN, BRUCE BERESFORD, BILL BRYDEN, JEAN-LUC GODARD, DEREK JARMAN, FRANC RODDAM, NICOLAS ROEG, KEN RUSSELL, CHARLES STURRIDGE, JULIEN TEMPLE. Con THERESA RUSSELL, ARTHUR COX, FRANK BAKER. ■ È un film-opera formato da dieci brani diretti da altrettanti registi di gran livello. Godard ambienta un pezzo dell'*Armida* di Lulli in una palestra di culturisti. Altman si balocca con la musica di Rameau e Roeg con *Il ballo in maschera* di Verdi. Un'operazione certo interessante, spesso suggestiva, ma troppo lasciata in balia delle superstar della regia. ■ COMM. MUSICALE; COL.; 90'; GRAN BRETAGNA, 1987.

ARIA DEL CONTINENTE, L' ★★★
Regia di GENNARO RIGHELLI. Con ROSINA ANSELMI, LUIGI CIMARA, LEDA GLORIA, SILVANA JACHINO, ANGELO MUSCO. ■ Dalla commedia di Nino Martoglio. Un agricoltore siciliano si vanta di essere più moderno e spregiudicato dei suoi retrogradi concittadini. Va a Roma "a respirare un po' d'aria del continente" e ritorna con un'amante settentrionale (una ballerina di pochi scrupoli). La ballerina lo cornifica e gli fa fare figure meschine davanti ai parenti. L'agricoltore dopo un po' si persuade a rispedirla al mittente. ■ COMMEDIA; B/N; 90'; ITALIA, 1935.

ARIA DI FAMIGLIA *(Un air del famille)* ★★
Regia di CÉDRIC KLAPISCH. Con JEAN-PIERRE BACRI, JEAN-PIERRE DARROUSSIN, AGNÈS JAOUI. ■ Tratto dalla commedia di Bacri e Jaoui che nel film recitano. La famiglia Menard, unitissima, festeggia un compleanno. Bastano un paio di frasi per scatenare un putiferio. Vengono a galla tutti i livori nascosti. La famiglia era solo apparentemente unita. Una storia in un interno con tutti i pregi e i difetti della verbosità francese. ■ COMMEDIA; COL.; 110'; FRANCIA, 1997.

ARIA DI PAESE ★★
Regia di EUGENIO DE LIGUORO. Con LAURA ADANI, ERMINIO MACARIO, ERNESTO MARRONI. ■ È il film dell'esordio di Macario. Il comico in ambiente agreste propone il suo personaggio del campagnolo furbo-ingenuo. ■ COMMEDIA; B/N; 62'; ITALIA, 1933.

ARIA DI PARIGI *(L'air de Paris)* ★★★★
Regia di MARCEL CARNÉ. Con ARLETTY, MARIA PIA CASILIO, MARIE DAEMS, JEAN GABIN, ROLAND LESAFFRE, FOLCO LULLI. ■ Un manager di boxe che in gioventù è stato campione di Francia, si picca di scoprire nuovi talenti e crede d'averne trovato uno in un biondino che tratta come un figlio. Il biondino infatti è bravo, ma si lascia irretire da una fatalona e la sua carriera sembra spegnersi sul nascere. Ma la donna lo lascerà e il biondino potrà tornare alla boxe, al manager e a una tranquilla e non impegnativa fidanzatina. ■ COMMEDIA; B/N; 110'; FRANCIA, ITALIA, 1954. ■ VENEZIA 1 PR.

ARIANNA *(Love in the Afternoon)* ★★★★
Regia di BILLY WILDER. Con MAURICE CHEVALIER, GARY COOPER, AUDREY HEPBURN, JOHN MCGIVER, OLGA VALÉRY. ■ Un'adolescente parigina, figlia di un detective privato, s'innamora di uno dei sorvegliati del padre, un playboy americano molto ben accetto dalle signore parigine. Salva il playboy da un marito geloso e così ha modo di conoscerlo. Gli si presenta come una fatalona internazionale e riesce così bene nella commedia che il giovane incarica un detective (il padre della ragazza, ma lui non lo sa) di indagare sui suoi trascorsi. ■ COMMEDIA; B/N; 130'; USA, 1957.

ARIA SALATA, L' ★★★
Regia di ALESSANDRO ANGELINI. Con MICHELA CESCON, GIORGIO COLANGELI, PAOLO DE VITA, GIORGIO PASOTTI, PAOLO PIEROBON, KATY LOUISE SAUNDERS, SERGIO SOLLI. ■ Fabio lavora in carcere come educatore. Fronteggia ogni giorno, con le sue belle maniere, i volti segnati e gli scatti d'ira dei detenuti che vanno a colloquio da lui e s'impegna per far loro trovare la strada giusta, che conduca a un permesso o a uno sconto di pena. Un giorno, un collega gli affida il caso di un detenuto che è appena stato trasferito da un altro penitenziario: Luigi Sparti, assassino, dietro le sbarre da vent'anni. Quello che né il collega né il carcerato sanno è che Sparti (Colangeli) è il padre di Fabio (Pasotti), sparito da decenni nel nulla per scontare la pena, mentre la sua famiglia, fuori, si ritrovava ugualmente condannata a una vita segnata dal suo gesto. Nonostante la sorella Cristina si opponga all'idea di cercare il contatto con quell'uomo, Fabio vuole un padre, per colmare il vuoto del passato ora che si affaccia sulla soglia di una vita adulta e Sparti desidera un figlio, perché questo è il suo modo di immaginare un futuro. Quello che si chiedono a vicenda supera apparentemente le loro forze, perché il vecchio non è un modello d'uomo ma un amaro prodotto del carcere, e il figlio non è pronto ad accettarlo. Però, nel momento in cui proveranno a incontrarsi avranno già vinto, anche se quell'aria salata, che si respira in testa e in coda, suggerisce una circolarità di contenuto che non lascia scampo. ■ DRAMMATICO; COL.; 85'; ITALIA, 2006.

ARIA SERENA DELL'OVEST, L' ★★★
Regia di SILVIO SOLDINI. Con FABRIZIO BENTIVOGLIO, ANTONELLA FATTORI, IVANO MARESCOTTI. ■ Dopo *Paesaggio con figure* e *Giulia in ottobre*, questo è il terzo film diretto da Soldini, ma solo il primo distribuito nelle sale cinematografiche. Ambientato a Milano, prende in considerazione le esistenze di Cesare, antropologo che ha una notte d'amore con una ragazza da lui intervistata; Tobia, un chimico che non condivide i metodi di lavoro a cui deve sottostare; Irene, una traduttrice che ha problemi con il suo uomo. A fare da collegamento c'è poi Veronica che ha detto a Cesare di chiamarsi Olga; ha dimenticato una piccola agenda che viene trovata casualmente da Tobia che conosce così Irene. Il regista milanese è stato accostato a Olmi ma ha un suo immaginario molto personale. C'è poi un'ironia di fondo che rende l'assunto più scorrevole. La tecnica un po' sperimentale rimanda a certo cinema italiano degli anni Sessanta-Settanta. ■ COMMEDIA; COL.; 90'; ITALIA, 1990.

ARIDA STAGIONE BIANCA, UN' ★★★
(A Dry White Season)
Regia di EUZHAN PALCY. Con MARLON BRANDO, SUSAN SARANDON, DONALD SUTHERLAND. ■ Nel 1976 in Sudafrica un professore bianco vuol saperne di più sulla morte del giardiniere nero. Il poveretto è stato ucciso dai feroci agenti del corpo speciale di polizia istituito per sedare ogni tentativo di ribellione da parte della popolazione di colore. Il professore però insiste nel chiedere giustizia. Perderà il lavoro, la famiglia e anche la vita. ■ DRAMMATICO; COL.; 107'; USA, 1989. ■ GOLDEN GLOBES 1 NOM; OSCAR 1 NOM.

A RISCHIO DELLA VITA *(Mad livet som insats)* ★★
Regia di ALF SJÖBERG. Con ANDERS HENRIKSSON, AKE OHBERG, EDWARD PERSSON, TEKLA SJOBLOM, AINO TAUBE. ■ Durante la guerra russo-finlandese il conflitto interiore di una bella spia divisa fra amore e dovere. Paga con la vita l'aver ceduto all'amore. ■ DRAMMATICO; B/N; 91'; SVEZIA, 1940.

A RISCHIO DELLA VITA *(Sudden Death)* ★★
Regia di PETER HYAMS. Con RAYMOND J. BARRY, POWER BOOTHE, JEAN CLAUDE VAN DAMME. ■ Pittsburgh. Dieci cariche di esplosivo sono piazzate nella Civic Arena, in cui sta per svolgersi un'attesissima finale di hockey su ghiaccio imperniata sulla "sudden death", l'eliminazione immediata della squadra che subisce la prima rete. Tocca al solito Van Damme evitare una morte ben più concreta agli spettatori e ai giocatori. Gli manca però un regista all'altezza di John Woo e questo fa la differenza. ■ AZIONE; COL.; 110'; USA, 1995.

ARISHA *(Arisha, der Bar und der steinerne Ring)* ★★★
Regia di WIM WENDERS. Con GONG HUNG TRUONG, RUDIGER VOGLER, ANNA VRONSKAYA, WIM WENDERS. ■ Arisha è una bambina, figlia di una ricca signora che ha dato lavoro a un disoccupato piuttosto misterioso. Un cortometraggio che Wenders ha realizzato tra i due colossi *Fino alla fine del mondo* e *Così lontano, così vicino*. Il regista appare travestito da Babbo Natale. ■ CORTOMETRAGGIO; COL.; 30'; GERMANIA, 1993.

ARISTOCRATICI, GLI *(Les aristocrates)* ★★★
Regia di DENYS DE LA PATELLIÈRE. Con BRIGITTE AUBER, PIERRE FRESNAY. ■ Una famiglia dell'antica aristocrazia vive fiera del proprio blasone. E detesta i nuovi "padroni". Questo almeno ha sempre fatto il padre, il marchese di Maubrun, ma i figli si ribellano. Uno di loro muore mentre affronta un pazzo armato di fucile. Il patriarca va in crisi. Si chiuderà in convento. ■ DRAMMATICO; B/N; 100'; FRANCIA, 1955.

ARISTOGATTI, GLI *(The Aristocats)* ★★★★
Regia di WOLFGANG REITHERMAN. ■ Bellissimo lungometraggio a disegni animati dal ritmo sostenutissimo e ricco di personaggi azzeccati, divertenti e di facile presa sul pubblico dei più piccini. Quattro gatti ricchi sono salvati da Romeo, gatto povero, che sconfigge il perfido maggiordomo Edgar. ■ ANIMAZIONE; COL.; 100'; USA, 1970.

ARIZONA *(The Arizonian)* ★★★
Regia di CHARLES VIDOR. Con LOUIS CALHERN, RICHARD DIX, PRESTON FOSTER, MARGOT GRAHAME. ■ Un maresciallo federale è inviato dal governatore dello Stato dell'Arizona a ripulire una contea dove i banditi spadroneggiano. Con l'aiuto di un fuorilegge redento, il maresciallo porta legge ed ordine eliminando il capo della banda. Uno dei primi western sonori. ■ WESTERN; B/N; 72'; USA, 1935.

ARIZONA ★★★
Regia di WESLEY H. RUGGLES. Con JEAN ARTHUR, EDGAR BUCHANAN, PORTER HALL, WILLIAM HOLDEN, REGIS TOOMEY, WARREN WILLIAM. ■ Saga della nascita dello Stato del Sud-Ovest all'indomani della guerra di secessione. L'intrepida proprietaria di una ditta di trasporti si costruisce una fortuna battendosi contro indiani, fuorilegge e affaristi. Un vagabondo del Missouri l'aiuta e poi la sposa. ■ WESTERN; B/N; 127'; USA, 1941. ■ OSCAR 2 NOM.

ARIZONA CAMPO 4 *(Mean Dog Blues)* ★★
Regia di MEL STUART. Con GREGG HENRY, GEORGE KENNEDY, KAY LENZ. ■ Un giovanotto per un reato minore è mandato ai lavori forzati in un campo di lavoro in Arizona. Il direttore è crudele, i secondini sadici e come se non bastassero, ci sono anche alcuni feroci dobermann specializzati nel dare la caccia ai prigionieri che tentano di evadere. Vessato dai sorveglianti, il giovane è inse-

guito dai dobermann. Ma lui si salverà. ■ DRAMMATICO; COL.; 108′; USA, 1978.

ARIZONA COLT ★★★
Regia di MICHELE LUPO. Con ROBERTO CAMARDIEL, GIULIANO GEMMA, CORINNE MARCHAND, ROSALBA NERI, FERNANDO SANCHO. ■ Giuliano Gemma e Michele Lupo, una coppia avventurosa che ha continuato anche dopo la morte del western casereccio, qui in una delle migliori interpretazioni. ■ WESTERN; B/N; 95′; ITALIA, 1966.

ARIZONA DREAM ★★★
(Arizona Dream-American Dreamers)
Regia di EMIR KUSTURICA. Con JOHNNY DEPP, FAYE DUNAWAY, VINCENT GALLO, JERRY LEWIS, LILI TAYLOR. ■ Film diretto da Kusturika nel '93. Presentato ai giornalisti al Mifed di Milano. Approda da noi solo nell'estate del '98. L'America secondo un cineasta jugoslavo, dunque, davvero "nel paese delle meraviglie". Axel (Depp) dovrebbe, per volontà dello zio (Lewis), fare il venditore di Cadillac, ma preferisce convivere con Faye Dunaway in una fattoria e costruire una rudimentale macchina volante. A complicare i rapporti c'è la figlia della signora, votata al suicidio. Nel frattempo conosciamo una famiglia di esquimesi coi suoi cani, e un pesce che ha entrambi gli occhi dalla stessa parte. La ragazza alla fine riesce a morire, così come il vecchio zio. Ma il pesce si libera allegro nell'aria. L'America è proprio complicata. E lui, Kusturika, la esorcizza con le sue invenzioni, le sue parabole fantastiche e grottesche, a scapito del rigore stilistico occidentale, ma a favore della fantasia per la fantasia, che non è mai cattiva cosa. Come tutti i film di Kusturika ha vinto un premio importante: l'Orso d'argento a Berlino. ■ FANTASTICO; COL.; 140′; USA, 1993. ■ BERLINO 1 PR.

ARIZONA JUNIOR *(Raising Arizona)* ★★★
Regia di JOEL COEN. Con NICOLAS CAGE, HOLLY HUNTER, TREY WILSON. ■ Una strana coppia – lei poliziotta, lui rapinatore – senza figli, rapisce il quinto figlio di un ricco commerciante, Arizona, scatenando una gigantesca caccia da parte degli scagnozzi del padre. Dopo mille avventure, tra rapine in banca e corse affannose, lo riconsegnano indenne, rifiutando il premio. ■ COMICO; COL.; 93′; USA, 1987.

ARIZONA SI SCATENÒ... E LI FECE FUORI TUTTI! ★
Regia di SERGIO MARTINO. Con MARCELLA MICHELANGELI, ALDO SAMBRELL, ANTHONY STEFFEN. ■ "Spaghetti-western" che Sergio Martino ha realizzato emigrando in Spagna. ■ WESTERN; COL.; 102′; ITALIA, 1970.

ARLINGTON ROAD – L'INGANNO ★★
(Arlington Road)
Regia di MARK PELLINGTON. Con JEFF BRIDGES, JOAN CUSACK, HOPE DAVIS, ROBERT GOSSETT, TIM ROBBINS. ■ Michael Faraday, professore di storia, presta soccorso al figlio dei vicini di casa, i signori Lang. La conoscenza diviene progressivamente più stretta e, in particolare, il figlio di Faraday è sempre più attratto dalla vita dei vicini. Deciderà di indagare su di loro scoprendo che fanno parte di un gruppo terroristico. Si accorgerà troppo tardi di essere divenuto un loro strumento. Trama intricata e verbosità all'eccesso non riescono a coprire la convenzionalità di un film che vorrebbe denunciare le trame terroristiche ma finisce solo per deludere lo spettatore affascinato (per ritmo e scelte visive) dalla sequenza che precede i titoli di testa. ■ DRAMMATICO; COL.; 118′; USA, 1998.

ARMA, L' ★★★
Regia di PASQUALE SQUITIERI. Con CLAUDIA CARDINALE, CLARA COLOSIMO, BENEDETTA FANTIOLI, DARIO GHIRARDI, STEFANO SATTA FLORES. ■ Un giorno Luigi vede un agente uccidere un giovanissimo ladruncolo minorenne e non armato. Sconvolto, decide di farsi concedere il porto d'armi e di acquistare una pistola. Così avviene e Luigi se ne va in giro tranquillo con l'arma, incapace di far del male a qualcuno. Tuttavia, per un equivoco, viene ucciso da un altro cittadino armato e fanatico giustiziere privato. ■ DRAMMATICO; COL.; 94′; ITALIA, 1978.

ARMA BIANCA ★★
Regia di FERDINANDO MARIA POGGIOLI. Con MIMÌ AYLMER, NERIO BERNARDI, ENZO BILIOTTI, LEDA GLORIA, TINA LATTANZI. ■ Giacomo Casanova di passaggio a Parma, falsamente accusato di furto, dimostra la propria innocenza e anzi sventa un complotto di cortigiani contro il duca. ■ AVVENTURA; B/N; 85′; ITALIA, 1936.

ARMA CHE CONQUISTÒ IL WEST, L' ★★★
(The Gun that Won the West)
Regia di WILLIAM CASTLE. Con RICHARD DENNING, ROY GORDON, DENNIS MORGAN, PAULA RAYMOND. ■ Fort Laramie nel 1865. I guerrieri di Nuvola Rossa minacciano la piazzaforte. Il colonnello Carrington però può contare sui servigi di una guida famosa, Kim Bridger, e su un nuovo tipo di fucile a ripetizione, lo Springfield. Nuvola Rossa riceverà una batosta che lo convincerà a venire a patti. ■ WESTERN; COL.; 71′; USA, 1955.

ARMA DA TAGLIO – IL BOIA, LA VITTIMA E L'ASSASSINO *(Prime Cut)* ★★★
Regia di MICHAEL RITCHIE. Con GENE HACKMAN, LEE MARVIN, SISSY SPACEK, ANGEL TOMPKINS, GREGORY WALCOTT. ■ Un gangster dell'Arkansas fa uno "sgarro" ai suoi capi di Chicago. Questi gli spediscono subito un killer, un "ispettore" del sindacato che fa fuori il gangster e i suoi accoliti in una memorabile battaglia. Complicano nel frattempo le cose due donne: una fanciulla che s'innamora del killer e una bella bionda di facili costumi. ■ GIALLO; COL.; 86′; USA, 1972.

ARMA DEL DELITTO, L' *(The Weapon)* ★★
Regia di VAL GUEST. Con STEVE COCHRAN, NICOLE MAUREY, LIZABETH SCOTT. ■ Un ragazzo trova un revolver nascosto in un cumulo di macerie. Con quel revolver un uomo ha commesso un delitto. Il ragazzo si porta via l'arma. L'assassino però è sulle sue tracce. Il piccolo verrà salvato dalla polizia all'ultimo momento. ■ GIALLO; B/N; 80′; GRAN BRETAGNA, 1956.

ARMA DELLA GLORIA, L' *(Gun Glory)* ★★★
Regia di ROY ROWLAND. Con RHONDA FLEMING, STEWART GRANGER, STEVE ROWLAND, CHILL WILLS. ■ Un pistolero torna al paesello e trova la moglie morta e il figlio maldisposto nei suoi riguardi. L'uomo si riabilita debellando la gang di un prepotente che voleva assoggettare la vallata. ■ WESTERN; COL.; 89′; USA, 1957.

ARMA DEL RICATTO, L' *(Over-exposed)* ★★
Regia di LEWIS SEILER. Con RICHARD CRENNA, CLEO MOORE. ■ Lila Miller, entraîneuse, è invitata dalla polizia a rientrare al suo paese allorché il locale in cui lavora viene chiuso. Ma Lila convince un anziano fotografo a tenerla presso di sé. La presenza della ragazza esercita un'azione benefica sul vecchio il quale, per contraccambiare, insegna alla donna i segreti della fotografia. Lila va a New York decisa a "sfondare". Alla fine, al bivio fra carriera e amore, sceglie l'amore. ■ DRAMMATICO; B/N; 80′; USA, 1956.

ARMAGEDDON-GIUDIZIO FINALE *(Armageddon)* ★★
Regia di MICHAEL BAY. Con BEN AFFLECK, LIV TYLER, BRUCE WILLIS. ■ La solita cometa minaccia l'umanità. Dagli Usa parte una spedizione che dovrà far esplodere il meteorite. Insomma la solita storia con attori e investimento diversi. Solito abnorme incasso in Usa. ■ FANTASCIENZA; COL.; 150′; USA, 1998. ■ OSCAR 4 NOM.

ARMA LETALE *(Lethal Weapon)* ★★★
Regia di RICHARD DONNER. Con GARY BUSEY, MEL GIBSON, DANNY GLOVER. ■ "Arma letale" è il soprannome di un poliziotto dalla pistola facile, Martin Riggs, un reduce dal Vietnam incattivito dalla guerra e dalla perdita della moglie adorata, uccisa da un criminale. Messo in coppia con un maturo poliziotto di colore, Roger, si affeziona a lui e alla sua famiglia. Quando la figlia del collega viene rapita da una banda di trafficanti di droga anche Martin e Roger vengono catturati e torturati. Ma Riggs si libera e stermina la banda. ■ POLIZIESCO; COL.; 106′; USA, 1987. ■ OSCAR 1 NOM.

♥ **ARMA LETALE 2** *(Lethal Weapon 2)* ★★★
Regia di RICHARD DONNER. Con MEL GIBSON, DANNY GLOVER, PATSY KENSIT. ■ I due sergenti di polizia di *Arma letale*, il buon *pater familias* nero e il giovane con manie suicide vengono inca-

ricati di vegliare sull'incolumità di un supertestimone. Ma costui è nel mirino dei suoi ex datori di lavoro, una gang di sudafricani che spacciano droga in Usa, coprendosi con l'immunità diplomatica. Dopo alterne vicende la strana coppia di sbirri spazza via l'intera gang. ■ POLIZIESCO; COL.; 113'; USA, 1989. ■ OSCAR 1 NOM.

ARMA LETALE 4 *(Lethal Weapon 4)* ★★
Regia di RICHARD DONNER. Con KIM CHAN, MEL GIBSON, DANNY GLOVER, JET LI, CHRIS ROCK, RENE RUSSO. ■ Riggs (Gibson) e Murtaugh (Glover), i due amici agenti dei primi tre film, amici anche nel privato, incappano in un cargo che trasporta un gruppo di cinesi. Il vecchio mafioso cinese e il giovane emergente esperto di arti marziali che danno una sonora lezione persino a Riggs-Gibson. Il "quarto" è prolisso e involuto. Autoironico e chiacchierato a oltranza. Gli attori danno la sensazione di divertirsi recitando, a scapito del divertimento degli spettatori. E poi ci sono addirittura due gravidanze, della figlia di Glover e della compagna di Gibson. ■ POLIZIESCO; COL.; 127'; USA, 1998.

ARMA LETALE 3 *(Lethal Weapon 3)* ★★★
Regia di RICHARD DONNER. Con MEL GIBSON, DANNY GLOVER, JOE PESCI. ■ Se non è bastato il secondo capitolo, ecco un'altra avventura dei due poliziotti in "bianco e nero" più simpatici ai giovani spettatori. Incassi record che hanno fatto subito presagire un quarto capitolo. C'è da dire comunque che il terzo è più autoironico e meno peggio del secondo. Soliti inseguimenti, sparatorie e missioni. L'unica novità, è la presenza di una agente donna che si scontra con Gibson. ■ POLIZIESCO; COL.; 118'; USA, 1992.

ARMA, L'ORA, IL MOVENTE, L' ★★
Regia di FRANCESCO MAZZEI. Con EVA CZEMERYS, RENZO MONTAGNANI, BEDY MORATTI. ■ Il giovane don Giorgio, insegnante in un convento femminile, ha due amanti: Orchidea e Giulia. Un giorno decide di troncare la relazione con Orchidea ma, poco dopo, una mano ignota lo uccide a pugnalate nella chiesa del convento. Un piccolo orfanello, Ferruccio, vede tutto ma non ne parla alla polizia che ha aperto le indagini. Poi muore Giulia. Quando Ferruccio si deciderà a parlare, il numero dei morti sarà ulteriormente salito. ■ GIALLO; COL.; 105'; ITALIA, 1972.

ARMAND E MICHAELA DENIS FRA I CACCIATORI DI TESTE *(Among the Headhunters)* ★★★
Regia di ARMAND DENIS. ■ Lungo filmato che descrive il viaggio dei coniugi Denis nella Nuova Guinea, al di là della Barriera Corallina. Il documentario propone la visione di certi territori inesplorati e dei popoli primitivi che vi risiedono, soprattutto i Chimba ("cacciatori di teste"). ■ DOCUMENTARIO; COL.; 92'; USA, 1953.

ARMA NON CONVENZIONALE *(I Come in Peace)* ★★
Regia di CRAIG R. BAXLEY. Con YAGY BILAS, MATTHIAS HUES, DOLPH LUNDGREN. ■ Il protagonista è l'avversario di Stallone in Rocky IV, soprannominato "ti spiezzo in due". Qui si ritrova a combattere contro una sorta di spacciatore venuto dallo spazio. Costui è armato di siringa e dissangua i malcapitati. Inutile dire che Jack Caine, il personaggio interpretato da Lundgren, farà piazza pulita. ■ FANTASCIENZA; COL.; 92'; USA, 1990.

ARMA SEGRETA *(Secret Weapon)* ★★
Regia di IAN SHARP. Con KAREN ALLEN, BRIAN COX, GRIFFIN DUNNE, JOHN RHYS-DAVIES. ■ Una spy-story che ripropone il caso di Mordecai Vanunu, il tecnico che rubò al governo israeliano alcuni progetti atomici. All'epoca i servizi segreti del Mossad puntarono sul fascino di una bella agente, alla quale fu dato l'incarico di conquistare l'uomo e riprendere i piani segreti. ■ AVVENTURA; COL.; 100'; USA, 1990.

ARMATA A CAVALLO, L' *(Csillagosok katonak)* ★★★★
Regia di MIKLÓS JANCSÓ. Con TIBOR MOLNAR, KRISTYNA MYKOLAYEWSKA. ■ Infuria in Ungheria la guerra fra i russi "bianchi" e i partigiani "rossi". La lotta è sanguinosissima con continui rovesciamenti di fronte. Il vinto di oggi (se sopravvive) è il vincitore di domani. Vincono i "rossi". Ma la vittoria è stata conquistata a caro prezzo. Il film con cui Miklós Jancsó ha sfondato sul mercato occidentale (*I disperati di Sandor* è precedente, ma in Italia è stato visto dopo). Jancsó c'è già tutto, nei suoi procedimenti narrativi e nel motivo degli uomini sconfitti e uccisi dalla brutalità della guerra che travolge tutti, anche i vincitori della giornata. ■ DRAMMATICO; B/N; 102'; UNGHERIA, 1967.

ARMATA AZZURRA, L' ★★
Regia di GENNARO RIGHELLI. Con ENNIO CERLESI, ALFREDO MORETTI, GERMANA PAOLIERI. ■ Due cognati amici e ufficiali di aviazione litigano e si tolgono il saluto. Un incidente di volo però li riunisce. Celebrazione dell'"armata aerea", una specie di "tutti gli uomini di Italo Balbo". ■ COMMEDIA; B/N; 85'; ITALIA, 1932.

♥ **ARMATA BRANCALEONE, L'** ★★★★
Regia di MARIO MONICELLI. Con VITTORIO GASSMAN, ENRICO MARIA SALERNO, CATHERINE SPAAK, BARBARA STEELE, GIAN MARIA VOLONTÉ. ■ In un'Italia medievale famelica e stracciona Brancaleone, soldato di ventura, vaga al comando di un'armata di velleitari e disperati ancor più malmessa di lui. Salva fanciulle ma non ne approfitta (lo fanno gli altri), difende le città della costa dall'attacco dei musulmani, ma per poco non viene impalato. Sul punto di essere messo a morte dai turchi verrà salvato da un monaco che lo condurrà a una crociata in Terrasanta. Sbrigliata stravaganza in costume godibilissima per chi ha fatto il liceo e ha quelle memorie linguistiche: il cavallo è "lo malo caballo", i turchi sono "lo nero periglio". Grande trovata cinematografica di Monicelli (intervenuto anche nella sceneggiatura e persino nella famosa, orecchiabile canzone), capace di fare cinema autentico, nei segni dello spettacolo, dell'intelligenza e dell'umorismo. Alcune scene fanno parte della mitologia, riportata in molti film successivi, come la scena del duello fra Gassman e Volonté nel campo di grano che viene letteralmente mietuto dalle grandi spade. Memorabile la prova di Gassman acconciato (straordinaria la ricostruzione della corte bizantina). Una composta da Rustichelli. Cinque anni dopo il seguito: *Brancaleone alle Crociate*. ■ COMMEDIA; COL.; 120'; ITALIA, 1965.

ARMATA DEGLI EROI, L' *(L'armée des ombres)* ★★★
Regia di JEAN-PIERRE MELVILLE. Con CHRISTIAN BARBIER, JEAN-PIERRE CASSEL, CLAUDE MANN, PAUL MEURISSE, SIMONE SIGNORET, LINO VENTURA. ■ Storia di alcuni resistenti francesi. Il capo, catturato dai tedeschi, viene salvato da un'intrepida donna. Ma l'intrepida tradirà (e verrà giustiziata dai compagni) quando i collaborazionisti la ricatteranno. Poi c'è il comandante dei *maquis* che fa a tempo a intravedere il fratello prima che questi parta per una missione in cui troverà la morte. Nei cinque anni di occupazione cadranno tutti ad uno ad uno sotto il piombo nazista. ■ GUERRA; COL.; 107'; FRANCIA, 1970.

ARMATA DELLE BELVE, L' *(The Ravagers)*
Regia di EDDIE ROMERO. Con BRONWYN FITZSIMMONS, FERNANDO POE JR, JOHN SAXON. ■ 1945. Mentre le truppe giapponesi si ritirano dal Pacifico, una loro colonna che trasporta 4 tonnellate d'oro s'accampa a Luzon (Filippine) in attesa d'imbarcarsi. Del fatto sono al corrente i guerriglieri filippini, guidati dall'americano Dowling, i quali faranno di tutto per impedire ai giapponesi di portare in patria quel tesoro. ■ GUERRA; B/N; 79'; USA, 1965.

ARMATA DELLE TENEBRE, L' *(Army of Darkness)* ★★
Regia di SAM RAIMI. Con BRUCE CAMPBELL, EMBETH DAVIDTZ, MARCUS GILBERT. ■ Terzo capitolo de *La casa* e purtroppo si avvertono molti sintomi di stanchezza. Ash ora si trova nel Medioevo. Deve riprendere il *Necronomicon*, libro dei morti, che di guai ne ha già fatti abbastanza. Dapprima osteggiato dai cavalieri del luogo e poi con loro alleati, deve sconfiggere un'armata di scheletri. ■ HORROR; COL.; 90'; USA, 1992.

ARMATA RITORNA, L' *(Le général de l'armée morte)* ★★★
Regia di LUCIANO TOVOLI. Con ANOUK AIMÉE, MARCELLO MASTROIANNI, MICHEL PICCOLI. ■ A dieci anni dalla fine del conflitto mondiale, un generale italiano e un cappellano ricercano in Albania i corpi di un reggimento di compagni caduti. Scopriranno che i defunti non si sono coperti affatto di gloria. Verrà fuori una storia di ferocia, di sangue e di sopraffazione. Uno dei nostri maghi della fotografia debutta nella regia, mettendo in immagini un soggetto che, all'epoca degli avvenimenti, avrebbe spedito dritto in galera i realizzatori. Lui, invece, fa un ottimo film che

nessuno vede (passato solo in tv). ■ DRAMMATICO; COL.; 105′; FRANCIA, ITALIA, 1983.

ARMATA SUL SOFÀ, L' *(La vie de château)* ★★★
Regia di JEAN-PAUL RAPPENEAU. Con PIERRE BRASSEUR, CATHERINE DENEUVE, PHILIPPE NOIRET, CARLOS THOMPSON. ■ Un castello della Normandia in Francia, nel '44. Mentre gli Alleati stanno per invadere il paese, in un castello, la bella padrona di casa, malcontenta del contegno pacioso e attendista del marito, fa apertamente la civetta con il comandante tedesco e con il capo dei partigiani locali. Sbarcano gli americani e la popolazione si ribella ai nazisti. Nel momento del combattimento, sia il tedesco che il partigiano si vanno a nascondere. È invece il castellano che prende il comando degli insorti, vince la battaglia e riconquista l'affetto della moglie. ■ COMMEDIA; B/N; 92′; FRANCIA, 1967.

ARMATE ROSSE ALLA LIBERAZIONE D'EUROPA, LE *(Liberation – Osvobozdenie)* ★★★
Regia di JURIJ N. OZEROV. Con LARA GOLUBKINA, VASILI SHUKSHIN, MIKAIL ULIANOV. ■ Non è che la terza parte di un kolossal girato in Russia e che prendeva in considerazione gli ultimi due anni della guerra mondiale (gli altri episodi, debitamente scorciati, erano *La grande battaglia* e *Ordine da Berlino: vincere o morire*). ■ GUERRA; COL.; 90′; URSS, 1969.

ARMATE ROSSE CONTRO IL TERZO REICH, LE ★★
(Daleko na zapade)
Regia di ALEKSANDR FAJNSTSIMMER. Con NIKOLAJ KRIUCKIOV, V. SAFONOV. ■ Un gruppo di prigionieri sovietici, rinchiusi in un'isola fortificata sulla Manica, alla vigilia dello sbarco in Normandia si ribellano e sopraffanno la guarnigione tedesca. Quando arrivano i soccorsi dei nazisti, i russi si ritirano facendo saltare la fortezza. Realizzata con un certo impegno, la narrazione si trascina inerte. ■ GUERRA; COL.; 88′; URSS, 1970.

ARMATI FINO AI DENTI *(Fast Gun)* ★★
Regia di CIRO SANTIAGO. Con ROBERT DRYER, KAZ GARAS. ■ Un ex agente della Cia ingaggiato da un potente e misterioso individuo mette a ferro e fuoco la città di Granite Lake. Ma ha fatto i conti senza uno sceriffo duro che darà la paga all'ex agente, alla sua banda e anche al mandante. ■ AVVENTURA; COL.; 80′; FILIPPINE, 1987.

ARMIAMOCI E PARTITE! ★
Regia di NANDO CICERO. Con MARTINE BROCHARD, FRANCO FRANCHI, CICCIO INGRASSIA, ANNA MAESTRI, ALFONSO TOMAS. ■ 1914. Ciccio e Franco, camerieri siciliani emigrati in Francia, ottengono la sospirata cittadinanza ma vengono subito arruolati e mandati a combattere. Commetteranno, al fronte, pasticci di ogni genere ma tutto finirà allegramente. ■ COMICO; COL.; 106′; ITALIA, 1971.

ARMI CONTRO LA LEGGE ★
Regia di RICARDO BLASCO. Con RENATO BALDINI, MARA BERNI, MARIA LUISA MERLO, MOIRA ORFEI. ■ Marini, gangster espulso dagli Usa, prepara con la sua banda un grosso colpo in una gioielleria di Madrid. Ma non tutto fila liscio: uno dei complici viene ferito e la polizia si mette subito sulle tracce dei malviventi. Marini si rintana in un locale notturno ma, dopo un'aspra lotta con i poliziotti, viene ucciso. ■ POLIZIESCO; B/N; 105′; ITALIA, 1963.

ARMIDA, IL DRAMMA DI UNA SPOSA ★★
Regia di BRUNO MATTEI. Con ROLAND BRYAN, PETER HUNTER, MARIA KIRIAKIS, FRANCA PARISI, FRANK SHERMAN. ■ Scosso dagli avvenimenti bellici, il soldato Alessio abbandona il proprio reparto e si rifugia in una fattoria nella quale vivono Armida, suo marito e la cugina Lisa. Armida nasconde e cura il ragazzo e ben presto ne diviene l'amante. Anche Lisa si innamora del soldato ma, respinta, denuncia i due. Poi si pente, ma è troppo tardi. ■ DRAMMATICO; B/N; 83′; ITALIA, 1971.

ARMI DELLA VENDETTA, LE ★★
(Le chevalier de Pardaillan)
Regia di BERNARD BORDERIE. Con GÉRARD BARRAY, GUY DELORME, VALÉRIE LAGRANGE, ISA MIRANDA, JEAN TOPART. ■ Dal romanzo di Michel Zevaco. Nel 1588 il re Enrico III, assediato a Chartres dalle truppe del duca di Guisa, manda l'intrepido cavaliere Pardaillan a chiedere aiuto. Il cavaliere riesce nella missione e, sulla via del ritorno, sventa il complotto di una banda di fanatici che sta per assassinare il re. ■ AVVENTURA; COL.; 88′; FRANCIA, 1963.

ARMI DEL RE, LE *(Lilacs in the Spring)* ★★
Regia di HERBERT WILCOX. Con DAVID FARRAR, ERROL FLYNN, PETER GRAVES, KATHLEEN HARRISON, ANNA NEAGLE. ■ Durante la seconda guerra mondiale un'ausiliaria inglese, scioccata da un bombardamento, sogna se stessa come Nell Gwyn (la favorita di Carlo II) e come regina Vittoria. Già che c'è rivive anche la storia d'amore dei genitori, attori di varietà che si separarono quando le loro carriere vennero a conflitto. ■ COMMEDIA; COL.; 94′; GRAN BRETAGNA, 1954.

ARMI DI EVA, LE *(Fashions of 1934)* ★★★
Regia di WILLIAM DIETERLE. Con BETTE DAVIS, HUGH HERBERT, HENRY O'NEILL, REGINALD OWEN, WILLIAM POWELL. ■ Tre lestofanti, due uomini e una donna, si recano a Parigi per carpire i figurini dei modelli di un grande sarto. Uno dei lestofanti si fa passare per il sarto. S'impadronirà anche dell'atelier. Miscuglio di giallo-rosa e musical con una trama abbastanza movimentata. ■ AVVENTURA; B/N; 78′; USA, 1934.

ARMI E L'UOMO, LE *(Helden)* ★★★
Regia di FRANZ PETER WIRTH. Con OTTO WILHELM FISCHER, JAN HENDRIKS, KURT KASZNAR, LISELOTTE PULVER, ELLEN SCHWIERS. ■ Nel diciannovesimo secolo durante una guerra nei Balcani, un mercenario è sconfitto sul campo da un temerario ufficiale dei russi. Sbandato, il mercenario si rifugia nella casa di un notabile di campagna. La figlia del notabile si innamora di lui nonostante sia fidanzata, e proprio all'ussaro temerario. Questi torna, fa un pandemonio, sfida il mercenario ma viene battuto. Dovrà consolarsi con la fantesca procace. Bernard Shaw filmato piattamente da un noto regista tedesco. ■ COMMEDIA; COL.; 94′; GERMANIA, 1959. ■ OSCAR 1 NOM.

ARMI SEGRETE DEL GENERALE FIASCONE, LE ★★
(Martin Soldat)
Regia di MICHEL DEVILLE. Con ROBERT HIRSCH, MARLÈNE JOBERT, WALTER RILLA, ANTHONY SHARP, VÉRONIQUE VENDELL. ■ L'attorucolo Fiascone viene sorpreso in Normandia dagli Alleati mentre sta facendo le prove di un lavoro nei panni di ufficiale tedesco. Fatto prigioniero, è affidato quale attendente a un generale. Fiascone viene poi istruito dallo spionaggio inglese e mandato tra i tedeschi (come tenente Hauser) per appoggiare i generali nemici del Führer. Ma Hauser Fiascone cade nelle mani della Gestapo. Viene però casualmente in possesso dei piani per la distruzione di Parigi: diventa così un eroe nazionale. ■ COMMEDIA; COL.; 90′; FRANCIA, 1966.

ARMI SEGRETE DEL III REICH ★
(Er ging an meiner Seite)
Regia di PETER PEWAS. Con INA MARIA KLEBER, JOCHEN SCHRODER. ■ Filmetto con storielle rosa e ampi inserti di documenti bellici. ■ GUERRA; B/N; 91′; GERMANIA, 1958.

ARMONICA A BOCCA ★★
Regia di PIERO NATOLI. Con ANTONIO BALLERIO, LUISA MANERI. ■ Sceneggiato da Marco Bellocchio, amico del regista, il film ha come modello *Family Life* di Ken Loach e nasce sulla scia delle teorie e pratiche antipsichiatriche di Basaglia. Si narra la storia di Elisa, una ragazza con problemi che una psicologa segrega in luogo isolato, lasciandole come unico legame con la realtà un'armonica a bocca. ■ DRAMMATICO; COL.; 95′; ITALIA, 1979.

ARMONIE DI GIOVENTÙ *(They Shall Have Music)* ★★★
Regia di ARCHIE MAYO. Con WALTER BRENNAN, ANDREA LEEDS, DIANA LYNN, JOEL MCCREA, GENE REYNOLDS. ■ Un'orchestra (condotta dal grande Jascha Heifetz) tiene un concerto di beneficenza per aiutare i ragazzi traviati degli *slums*. Una trama tipo *Strada sbarrata* e *Gli angeli dalla faccia sporca* (conditi però con il sentimentalismo de *La Città dei ragazzi*) messa in cinema con l'aiuto di fior di professionisti. ■ COMM. MUSICALE; B/N; 101′; USA, 1939. ■ OSCAR 1 NOM.

ARMOUR OF GOD ★
(Armour of God / Operation Condor 2: the armour of the gods)
Regia di JACKIE CHAN. Con KEN BOYLE, JACKIE CHAN, LOLA

FORNER, ROSAMUND KWAN, BOZIDAR SMILJANIC, ALAN TAM. ■ Avventura d'azione firmata Jackie Chan (anche regista), il film è uno dei tanti lavori poco conosciuti della ben nota star di Hong Kong. La storia raccontata vorrebbe essere un mix tra un'avventura alla Indiana Jones e il solito cocktail di arti marziali e comicità ma il risultato finale è scialbo. Jackie Condor, cacciatore di tesori e reliquie, in compagnia di un imbranato amico/aiutante, cerca di salvare la sua ex-fidanzata rapita da una congrega di oscuri e invasati monaci. ■ AZIONE; COL.; 88'; HONG KONG, 1987.

ARMSTRONG LIE, THE ★★
Regia di ALEX GIBNEY. Con LANCE ARMSTRONG. ■ Sette vittorie al Tour de France e la vittoria più difficile di tutte, quella sul cancro, hanno fatto del texano Lance Armstrong non solo uno dei più grandi atleti del mondo ma un simbolo delle capacità miracolose del fisico umano, che ha nutrito i sogni e le speranze di ammiratori di tutto il mondo. Ma Armstrong ha anche un altro primato, meno dignitoso ed altrettanto stupefacente: il primato della menzogna più lunga e più testarda. Dopo aver sostenuto, infatti, per anni e anni, la propria estraneità rispetto all'uso di sostanze illecite per incrementare il proprio potenziale, riuscendo a non farsi mai incastrare dai risultati delle prove nonostante l'accanimento di varie organizzazioni antidoping, il campione ha ammesso la sua colpevolezza nel 2013, scrivendo per se stesso un'uscita di scena clamorosa quanto la spettacolare ascesa che l'aveva preceduta. Da rilevare la presenza di un attore a dir poco straordinario com'è Armstrong stesso, che ha recitato per una vita il copione che aveva scelto di scriversi addosso. ■ DOCUMENTARIO; COL.; 105'; USA, 2013.

A ROTTA DI COLLO *(Speedy)* ★★★
Regia di TED WILDE. Con BROOKS BENEDICT, ANN CHRISTY, HAROLD LLOYD, BABE RUTH, BERT WOODRUFF. ■ Speedy è un perdigiorno e passa da un lavoro all'altro, ma ha un animo grande. Quando la compagnia ferroviaria cerca di rovinare il business del padre della sua fidanzata, che gestiva l'ultimo servizio di carrozza a cavallo, Speedy organizza la resistenza a questo progetto e generosamente si batte contro la ferrovia. Commedia brillante con Harold Lloyd in forma splendida. Esilaranti le scene degli inseguimenti in auto per le strade di New York e di Coney Island. ■ COMMEDIA; B/N'; USA, 1928. ■ OSCAR 1 NOM.

A ROTTA DI COLLO ★★★★
(Harold Lloyd's World of Comedy)
Regia di HAROLD LLOYD. Con MILDRED DAVIS, HAROLD LLOYD. ■ Antologia di celebri comiche tratte dai film più significativi del grande attore americano. Harold Lloyd presenta qui brani realizzati ai tempi del "muto" e altri girati dopo l'avvento del sonoro. Lloyd rappresenta l'americano intraprendente e ottimista e proprio per queste caratteristiche si differenzia da altri comici (tipo Chaplin) che venano di un filo di malinconia o di rassegnazione le loro scenette. Pur essendo un film composito, *A rotta di collo* è tutto da godere. ■ COMICO; B/N; 93'; USA, 1962.

ARPA BIRMANA, L' *(Biruma no tategoto)* ★★★★★
Regia di KON ICHIKAWA. Con YUNOSYKE ITO, TATSUYA MIHASHI, SHOY TASUI. ■ Un soldato giapponese, Mizushima, rimane sconvolto dagli orrori della guerra in Birmania. Dopo aver assistito al massacro di alcuni fanatici che hanno rifiutato di arrendersi, s'imbatte in montagne di cadaveri, tutti di commilitoni morti inutilmente (la guerra ormai è perduta per il Giappone). Allora, invece di seguire i compagni del battaglione in campo di concentramento, scappa, si fa bonzo e rimane in Birmania, prendendosi come scopo della vita le onoranze funebri di tutti i compagni caduti. Il film di Ichikawa stempera le visioni degli orrori della guerra in una sorta di contemplazione assorta e ieratica. È forse il film più pacifista sul conflitto mondiale degli ultimi quarant'anni, venato di una tristezza infinita che accomuna cristianamente amici e nemici. ■ DRAMMATICO; B/N; 116'; GIAPPONE, 1956. ■ OSCAR 1 NOM; VENEZIA 1 PR.

ARRANGIATEVI! ★★★
Regia di MAURO BOLOGNINI. Con LAURA ADANI, GIORGIO ARDISSON, VITTORIO CAPRIOLI, PEPPINO DE FILIPPO, TOTÒ, MARIO VALDEMARIN, FRANCA VALERI. ■ Un buon padre di famiglia in cerca di alloggio, dopo mille tentativi trova una splendida dimora, ampia, confortevole, a buon mercato. Non sa che è un'ex casa di tolleranza (la chiusura per la legge Merlin è avvenuta solo qualche mese prima). Guai, equivoci a non finire, litigate giornaliere con ex clienti che sperano (vedendo le persiane spalancate) in un'inopinata riapertura. ■ COMMEDIA; B/N; 107'; ITALIA, 1959.

ARRENDERSI O MORIRE *(A Time to Die)* ★
Regia di CHARLES T. KANGANIS. Con JEFF CONAWAY, TRACI LORDS, RICHARD ROUNDTREE. ■ Ragazza-madre trova fortunosamente un lavoro presso il dipartimento di polizia come fotografa; ma la fortuna finisce quando scatta fotografie che dimostrano la corruzione del suo distretto. Per metterla a tacere le sequestrano la bimba minacciando di ucciderla; ma un poliziotto onesto la aiuterà. ■ GIALLO; COL.; 90'; USA, 1991.

ARREST! *(Nobody Runs Forever)* ★★★
Regia di RALPH THOMAS. Con DALIAH LAVI, LILLI PALMER, CHRISTOPHER PLUMMER, CAMILLA SPARV, ROD TAYLOR, FRANCHOT TONE. ■ Un poliziotto australiano è inviato a Londra per arrestare un alto funzionario accusato di aver ucciso la prima moglie. Gli tocca invece proteggerlo da una serie di attentati politici (che invece colpiranno la seconda consorte). ■ POLIZIESCO; COL.; 101'; GRAN BRETAGNA, 1966.

ARRESTATE BULLDOG DRUMMOND ★★
(Arrest Bulldog Drummond)
Regia di JAMES HOGAN. Con HEATHER ANGEL, JOHN HOWARD, HENRY BYRON WARNER, GEORGE ZUCCO. ■ L'investigatore Bulldog Drummond viene ingiustamente accusato dell'omicidio dell'inventore di un'arma segreta. Scoprirà da solo il vero colpevole. John Howard veste ancora una volta i panni di Bull Drummond. ■ GIALLO; B/N; 57'; USA, 1938.

ARRESTATELA! *(Murder in Greenwich Village)* ★★
Regia di ALBERT S. ROGELL. Con LEON AMES, RICHARD ARLEN, FAY WRAY. ■ Una ragazza, modella presso un pittore, è accusata dell'omicidio dell'artista stesso. Poiché la notte del delitto fu vista insieme a un fotografo, ella dichiara di essere fidanzata con questi (per procurarsi l'alibi). Ma il fotografo smentisce. Intanto il fratello della vittima, che conduce indagini per proprio conto, scopre il colpevole e lo uccide. ■ GIALLO; B/N; 68'; USA, 1937.

ARRIETTY *(Karigurashi no Arrietty)* ★★★
Regia di HIROMASA YONEBAYASHI. Con TARSUYA FUJIWARA, MIRAI RYUNOSUKE KAMIKI, SHINOBU OTAKE, KEIKO TAKESHITA. ■ Sotto il pavimento di una grande casa nella campagna di Tokyo vive la quattordicenne Arrietty con la madre e il padre. Sono una famiglia di "rubacchiotti", alti dieci centimetri, che prendono in prestito dagli umani tutto ciò che serve loro per sopravvivere, ma in modo che nessuno scopra la loro esistenza. Arrietty però viene vista da Sho, un ragazzino umano di dodici anni che soggiorna presso la zia, in attesa di una rischiosa operazione al cuore. Nonostante la cosa scateni il terrore nei genitori, tra i due nasce una breve ma importante amicizia. ■ ANIMAZIONE; COL.; 94'; GIAPPONE, 2010.

ARRIVA CHARLIE BROWN ★★★
(A Boy Named Charlie Brown)
Regia di BILL MELENDEZ. ■ Charlie Brown, ragazzino insicuro, sensibile, sfortunato e pasticcione, è nato dalla fantasia e dalla penna del disegnatore Schultz. Trasportato sullo schermo, perde un po' in freschezza e in immediatezza rispetto alle "strisce". ■ ANIMAZIONE; COL.; 85'; USA, 1970. ■ OSCAR 1 NOM.

ARRIVA DORELLIK ★★
Regia di STENO. Con JOHNNY DORELLI, MARGARET LEE, DIDI PEREGO, TERRY THOMAS. ■ Johnny Dorelli porta in cinema il suo personaggio degli show televisivi. Gli serve se non altro per far vedere che come attore è suscettibile (e in effetti lo sarà) di un buon uso in cinema. Dorellik è la caricatura di Diabolik. ■ COMMEDIA; COL.; 96'; ITALIA, 1967.

ARRIVA DURANGO... PAGA O MUORI ★
Regia di ROBERTO MONTERO BIANCHI. Con GISELA HAHN, BRAD HARRIS, GINO LAVAGETTO, ROBERTO MESSINA, JOSÉ TORRES. ■ Vicenda banalissima e modestamente interpretata. Durango sconfigge puntualmente tutti i cattivi. ■ WESTERN; COL.; 88'; ITALIA, 1971.

ARRIVA FRA CRISTOFORO *(L'auberge rouge)* ★★★
Regia di CLAUDE AUTANT-LARA. Con FERNANDEL, FRANÇOISE ROSAY. ■ I padroni di una taverna vicino a un valico alpino hanno l'abitudine di arrotondare i guadagni uccidendo e derubando qualcuno dei loro ospiti. Uno però è più tosto degli altri, uno strano tipo di frate che fa andare in crisi la padrona. Questa gli confessa tutto. Il frate non ci crede. Ma alla fine arrivano i gendarmi e scoprono i cadaveri. ■ COMMEDIA; B/N; 95'; FRANCIA, 1951.

ARRIVA IL CAMPIONE *(Les rois du sport)* ★★
Regia di PIERRE COLOMBIER. Con FERNANDEL, LISETTE LANVIN. ■ Il cameriere di un bar viene scambiato per un noto pugile. Poiché il vero boxeur è scomparso, gli avidi organizzatori convincono il giovane a salire sul ring al posto del campione. La truffa verrà scoperta e al cameriere non resterà che tornarsene anonimamente al suo lavoro. ■ COMICO; B/N; 100'; FRANCIA, 1938.

ARRIVA JESSE JAMES *(Alias Jesse James)* ★★★
Regia di NORMAN Z. MCLEOD. Con JAMES ARNESS, WARD BOND, GARY COOPER, WENDELL COREY, BING CROSBY, JIM DAVIS, RHONDA FLEMING, BOB HOPE, GLORIA TALBOTT. ■ Uno sciocco assicuratore stipula una polizza sulla vita con un distinto signore che poi si rivela essere il terribile Jesse James. Mille acrobazie dello sciocco per tenere in vita il famoso bandito. ■ WESTERN; B/N; 92'; USA, 1958.

ARRIVA JOHN DOE *(Meet John Doe)* ★★★★
Regia di FRANK CAPRA. Con EDWARD ARNOLD, WALTER BRENNAN, GARY COOPER, JAMES GLEASON, BARBARA STANWYCK, REGIS TOOMEY. ■ Un'ambiziosa giornalista monta un "caso" nazionale su un vagabondo che vuole suicidarsi per protesta contro l'egoismo e la cattiveria del mondo. Trova anche l'uomo per impersonare l'aspirante suicida, un giocatore di baseball fallito. Il caso s'ingrossa, il giocatore si trova a capeggiare un movimento politico. Ma una cricca di industriali tenta di strumentalizzare il partito per i suoi fini. Il giocatore si rivolta contro di loro: forse riuscirà a batterli. L'ultimo dei film "newdealisti" di Frank Capra. John Doe è la *summa* dei precedenti Mr. Deeds e Mr. Smith (che andava a Washington), cioè l'idealista che capita nel vespaio dei politicanti e li mette a posto. Anche il film è un concentrato dei precedenti lavori di Capra. Godibilissimo, ma senza novità. ■ COMMEDIA; B/N; 132'; USA, 1941. ■ OSCAR 1 NOM.

ARRIVA LA BANDA ★★
Regia di TANIO BOCCIA. Con MARIA FIORE, CARLO GIUFFRÈ, MATTEO SPINOLA. ■ È il solito intreccio melenso, con due innamorati che hanno la vita dura perché il padre di lei non è d'accordo. Non manca una rivale maligna e gelosa. ■ COMMEDIA; B/N; 85'; ITALIA, 1959.

ARRIVA LA BUFERA ★★
Regia di DANIELE LUCHETTI. Con DIEGO ABATANTUONO, MARGHERITA BUY, ANGELA FINOCCHIARO, SILVO ORLANDO, MARINA CONFALONE. ■ Dopo i buoni risultati di critica e di pubblico riscossi da *Il portaborse*, Luchetti si getta in un'impresa ambiziosa. Il grottesco non è nelle sue corde. Così con gli onnipresenti Rulli e Petraglia (che in realtà hanno al loro seguito molti scribacchini) ha voluto sorprendere con alcune scene a effetto che ricordano in due casi (l'esplosione coi rifiuti che volano ovunque e la scena finale con *'O sole mio*) gli aspetti negativi dei film di Tornatore. Quel tentativo cioè di vendere all'estero le cose che si aspettano gli stranieri da noi. Gli echi felliniani che in *La settimana della Sfinge* risultavano gradevoli, qui danno fastidio. Rimangono alcune scene divertenti e la buona volontà degli interpreti. La storia è presto detta. Fortezza, giudice suo malgrado, arriva in un paesino meridionale dove abita Mario, un truffatore da quattro soldi sul quale deve indagare. In realtà i veri crimini se li spartiscono la borghesia e un procuratore. Fortezza, dopo aver mandato in carcere Mario, si innamora della sua fidanzata. Ma dopo un matrimonio posticcio li aiuterà a coronare il loro sogno d'amore. ■ COMMEDIA; COL.; 105'; ITALIA, 1993. ■ DAVID DI DONATELLO 1 PR, 1 NOM.

ARRIVA LA ZIA D'AMERICA ★★
Regia di ROBERTO MONTERO BIANCHI. Con DANTE MAGGIO, TINA PICA, ACHILLE TOGLIANI. ■ Una famiglia napoletana, che vive in povertà, riceve la visita della ricca zia d'America. Cercano di farsi passare per gran signori e nascono gli equivoci. C'è anche una storia d'amore fra la "nipote" d'America e uno dei giovani napoletani. ■ COMMEDIA; B/N; 89'; ITALIA, 1956.

ARRIVAN LE RAGAZZE *(Here Come the Girls)* ★★★
Regia di CLAUDE BINYON. Con ROSEMARY CLOONEY, ARLENE DAHL, BOB HOPE. ■ Un guitto viene licenziato dalla compagnia in cui lavora per la sua incapacità. Poco dopo viene però riassunto. Il mistero è piuttosto fitto ma viene spiegato dal fatto che il personaggio che il guitto ha sostituito è minacciato di morte dai gangster. ■ COMM. MUSICALE; COL.; 78'; USA, 1953.

ARRIVANO DJANGO E SARTANA... È LA FINE! ★★
Regia di DICK SPITFIRE (pseud. di DEMOFILO FIDANI). Con DENNIS COLT, CHET DAVIS, HUNT POWERS. ■ Un western all'italiana. Gli ingredienti si sanno: un capobanda che fugge, un pistolero che insegue, una donna come premio, pugni e pallottole. ■ WESTERN; COL.; 89'; ITALIA 1970.

ARRIVANO GLI AVIOGETTI *(Here Comes the Jets)* ★★
Regia di GENE FOWLER JR. Con STEVE BRODIE, LYN THOMAS. ■ Un eroe dell'aviazione torna dalla Corea zoppo e non riesce a inserirsi, a causa della sua menomazione, nell'ambiente di prima. Cade sempre più in basso finché un amico gli tende una mano e lo fa assumere come collaudatore di aerei a reazione. Serenità ritrovata. ■ DRAMMATICO; B/N 73'; USA, 1958.

ARRIVANO I BERSAGLIERI ★★
Regia di LUIGI MAGNI. Con VITTORIO MEZZOGIORNO, GIOVANNA RALLI, UGO TOGNAZZI. ■ Nel 1870, i bersaglieri entrano in Roma attraverso la breccia di Porta Pia. Il principe Prospero difende vanamente la città con i suoi zuavi. Poi si rifugia a casa sua, presto invasa dai bersaglieri. Uno di questi gli porta la notizia che suo figlio è morto (uno dei pochissimi morti di Porta Pia) combattendo con Lamarmora. Il principe muore. Luigi Magni dissacra ancora un pezzo di storia patria, ma con risultati decisamente inferiori a *In Nome del papa re*. ■ COMMEDIA; COL.; 120'; ITALIA, 1980.

ARRIVANO I CARRI ARMATI ★★★
(The Tanks Are Coming)
Regia di DAVID ROSS LEDERMAN, LEWIS SEILER. Con MARI ALDON, PHILIP CAREY, STEVE COCHRAN. ■ È una storia ambientata durante la guerra mondiale, uno dei molti film di propaganda che Hollywood produsse. Muore un sergente sul suo carro armato e viene sostituito da un nuovo comandante che deve faticare per ottenere il rispetto dei soldati. ■ GUERRA; B/N; 90'; USA, 1951.

ARRIVANO I DINOSAURI *(Prehysteria)* ★
Regia di ALBERT BAND, CHARLES BRAND. Con BRETT CULLEN, TONY LONGO, SAMANTHA MILLS, COLLEEN MORRIS. ■ Sull'onda di *Jurassic Park*: cinque dinosauri escono dal guscio e sono accuditi da due ragazzi. Mentre un disonesto archeologo, che vuole soltanto arricchirsi, dà la caccia ai piccoli animali preistorici, i ragazzi si preoccupano di trovare l'ambiente più adatto dove farli vivere. Alla fine, nel momento del pericolo, i dinosauri aiuteranno i loro amici umani contro il malvagio ricercatore. ■ FANTASTICO; COL.; 81'; USA, 1993.

ARRIVANO I DOLLARI! ★★
Regia di MARIO COSTA. Con RICCARDO BILLI, ISA MIRANDA, MARIO RIVA, ALBERTO SORDI, NINO TARANTO. ■ Un telegramma dal Sud Africa riunisce e movimenta la vita di cinque fratelli: un vecchio zio è morto e la sua vedova è in arrivo. Tutti, ad eccezione di uno, cercano di evitare la zia che suppongono vecchia. Sorpresa: arriva una giovane in Cadillac accompagnata da un'altra giovane. Anche il testamento dello zio prende in contropiede i fratelli. Infine la vera zia scopre le carte e tutto si risolve bene. ■ COMMEDIA; B/N; 112'. ITALIA, 1957.

ARRIVANO I FLODDER *(Flodder)* ★★
Regia di DICK MAAS. Con NELLY FRIJDA, HUUB STAPEL, RENÉ VAN'T HOF. ■ Una sgangherata famiglia che vive in una discarica di rifiuti viene mandata dal Comune ad abitare in un quartiere residenziale, dove ne combina di tutti i colori. Tenta addirittura di abbattere la propria casa con un carro armato, ma finalmente gli incivili Flodder espatriano. ■ COMICO; COL.; 108'; OLANDA, 1986.

ARRIVANO I GANGSTERS, MANI IN ALTO ★★
(Crime over London)
Regia di ALFRED ZEISLER. Con PAUL CAVANAGH, MARGOT GRAHAME. ■ Un abile poliziotto sventa un maldestro colpo di banditi americani evasi dal carcere e fuggiti in Europa. Un tentativo di furto in un supermercato, con sostituzione di persona, finisce in una grande sparatoria. ■ POLIZIESCO; B/N; 95′; GRAN BRETAGNA, 1937.

ARRIVANO I GATTI ★★
Regia di CARLO VANZINA. ■ È la storia de *I Gatti di Vicolo Miracoli*, quattro cabarettisti che tentano di fare del cinema nel genere comico. ■ COMICO; COL.; 95′; ITALIA, 1980.

ARRIVANO I MIEI ★★
Regia di NINÌ SALERNO. Con DIEGO ABATANTUONO, SYDNE ROME, NINÌ SALERNO. ■ Padre, madre, nonni, una figlia di 14 anni, due gemelli, uno zio cantautore, una domestica. Una famiglia matta e sconclusionata in cui la madre crede di innamorarsi di un grande cantante che la corteggia, ma l'abbandona al momento opportuno. Si consolerà con la pazza famiglia. ■ COMMEDIA; COL.; 95′; ITALIA, 1983.

ARRIVANO I NOSTRI ★★
Regia di MARIO MATTOLI. Con RICCARDO BILLI, WALTER CHIARI, FRANCA MARZI, MARIO RIVA. ■ Walter, innamorato di Lisetta, figlia di un barone indebitato, si associa a tre artisti per sventare i piani del padrone che vuole sposare la sua donna. Nonostante il tentativo di ricatto del disonesto industriale, Walter, all'ultimo momento, raggiungerà il suo scopo. ■ COMICO; B/N; 112′; ITALIA, 1951.

ARRIVANO I RUSSI, ARRIVANO I RUSSI ★★★
(The Russians are Coming! The Russians are Coming!)
Regia di NORMAN JEWISON. Con ALAN ARKIN, BRIAN KEITH, CARL REINER, EVA MARIE SAINT. ■ Un gruppo di marinai russi, sbarcato in un porticciolo americano in cerca d'aiuti per disincagliare il sottomarino insabbiato, crea un pandemonio. Ma il comune sforzo, dei marinai e degli abitanti, per salvare un bimbo in pericolo porterà la pace. ■ COMMEDIA; COL.; 126′; USA, 1966. ■ OSCAR 4 NOM.

ARRIVANO I TITANI ★★★
Regia di DUCCIO TESSARI. Con PEDRO ARMENDARIZ, GIULIANO GEMMA, ANTONELLA LUALDI. ■ Un Titano inviato da Giove per sconfiggere Cadmo re di Tebe, ribellatosi agli dei, non solo vi riesce ma finisce per sposare anche la figlia del re. ■ AVVENTURA; COL.; 120′; ITALIA, 1962.

ARRIVANO JOE E MARGHERITO ★★
Regia di GIUSEPPE COLIZZI. Con PEPE CALVO, KEITH CARRADINE, SYBIL DANNING, TOM SKERRITT. ■ Il film narra con garbo le chiassose avventure comiche di Joe, "picciotto" americano, e Margherito, pescatore, che per ordine della mafia devono trasferire negli Stati Uniti un boss della mala. La saggezza di un flemmatico inglese li riporterà sulla strada giusta salvando così capra e cavoli. ■ COMMEDIA; COL.; 105′; ITALIA, 1974.

ARRIVA SABATA!... ★
Regia di TULIO DEMICHELI. Con EDUARDO FAJARDO, PETER LEE LAWRENCE, ALFREDO MAYO, ANTHONY STEFFEN. ■ Due banditi, Sabata e Mangosta, con la complicità di un impiegato disonesto, Peter, svaligiano una banca. Come sempre Mangosta fa il furbo e scappa con il malloppo. Sabata e Peter lo inseguono. Interviene un altro prepotente per arraffare i soldi, ma stavolta il terzo non gode. La sparatoria finale elimina quasi tutti gli attori ma risparmia disgraziatamente il regista. ■ WESTERN; COL.; 95′; ITALIA, 1970.

ARRIVA SPEEDY GONZALES! ★★★
(Merrie Melodies – Looney Tunes)
Quattordici episodi piacevoli in cui si scatenano il gatto Silvestro, il topo Gonzales, il canarino Titti, il coniglietto Bunny ed il bulldog Ettore, in avventure piene di vivacità e fantasia. ■ ANIMAZIONE; COL.; 79′; USA, 1965.

ARRIVA UN CAVALIERE LIBERO E SELVAGGIO *(Comes a Horseman)* ★★★★
Regia di ALAN J. PAKULA. Con JAMES CAAN, JANE FONDA, GEORGE GRIZZARD, JASON ROBARDS, RICHARD FARNSWORTH. ■ Una bella nubile eredita una fattoria. Un boss corteggia entrambe, ma la donna, aiutata da un vecchio, tiene duro. Poi arriva un giovane cowboy e si installa nella fattoria. Il boss diventa sempre più malvagio, fino a uccidere più volte, e viene punito come si merita. Così i due giovani possono finalmente vivere sereni. ■ WESTERN; COL.; 118′; USA, 1979. ■ OSCAR 1 NOM.

ARRIVEDERCI ALL'INFERNO, AMICI ★★★
(Dovidenia V Peckle, Priatelia)
Regia di JURAJ JAKUBISKO. Con OLINKA BEROVA, NINO BESOZZI, JAN MELKOVIC. ■ Presentato alla Mostra di Venezia e mandato in onda da Raitre, il film ha avuto una lunga gestazione. Le riprese sono infatti cominciate nel 1968, durante la primavera di Praga, e sono terminate, dopo un'interruzione, per problemi politici, nel 1989. È una divertente sarabanda con tanti personaggi che vivono in una sorta di comune in campagna. Ci sono Rita e Petra, un vecchio, un eremita, un colonnello, un cantante e perfino una guardiana di oche. ■ COMMEDIA; COL.; 85′; CECOSLOVACCHIA, ITALIA, 1990.

ARRIVEDERCI AMORE, CIAO ★★★
Regia di MICHELE SOAVI. Con ALESSIO BONI, CARLO CECCHI, LORENZO FAVELLA, ISABELLA FERRARI, ALINA NEDELEA, MICHELE PLACIDO, MICHELE SOAVI. ■ Dal romanzo di Massimo Carlotto. Giorgio è un terrorista di sinistra condannato all'ergastolo e rifugiato in un avamposto guerrigliero nel Centro America. Nel 1989, col crollo del muro di Berlino e successive smobilitazioni, Giorgio decide di rientrare in Italia ma soltanto per tornare ad essere un uomo normale. Consegnatosi alla polizia, su suggerimento del vice questore della Digos, Anedda, l'ex terrorista "canta", rivelando i tanti nomi dei suoi vecchi compagni. Scontata una pena minima in carcere Giorgio mira a una reintegrazione sociale che vuole ad ogni costo; per ottenerla non si farà scrupoli e distruggerà la vita di colpevoli e innocenti. L'ex terrorista non ripara, non risarcisce, non si pone interrogativi morali e i suoi delitti restano senza castigo. ■ AZIONE; COL.; 107′; ITALIA, 2005. ■ DAVID DI DONATELLO 1 PR, 3 NOM.

ARRIVEDERCI BABY *(Drop Dead, Darling)* ★★★
Regia di KEN HUGHES. Con TONY CURTIS, ZSA ZSA GABOR, LIONEL JEFFRIES, ROSANNA SCHIAFFINO. ■ Una sorta di giovane Barbablù vive coi soldi delle mogli che ha ucciso. Si sposa per l'ennesima volta ma cade piuttosto male perché la donna ha esattamente le stesse intenzioni uxoricide. Ma alla fine trionfa il vero amore. ■ COMMEDIA; COL.; 105′; GRAN BRETAGNA, 1966.

ARRIVEDERCI DIMAS *(Los jueves, milagro)* ★★★
Regia di LUIS GARCIA BERLANGA. Con RICHARD BASEHART, PAOLO STOPPA. ■ Un gruppo di amici con pochi scrupoli e molta fantasia decide, per risollevare le sorti di un paesino la cui unica ricchezza è una fonte termale, di far credere che la fonte stessa sia miracolosa. Dopo qualche diffidenza la cosa prende piede e il paese diviene meta di un'orda di malati. L'imbroglio c'è stato ma la fede riesce con la sola sua forza a fare anche i miracoli. ■ COMMEDIA; B/N; 86′; ITALIA, SPAGNA, 1957.

ARRIVEDERCI DOMANI *(Do widzenia do jutra!)* ★★
Regia di JANUSZ MORGENSTERN. Con ZBIGNIEW CYBULSKI, TERESA TUSZYNSKA. ■ Un giovane sognatore riesce, dopo non poca fatica, a sedurre una ragazza. Ma la più forte si rivela essere lei, che conduce tranquillamente il rapporto. Quando lei decide che è finita è proprio finita. A lui rimane il ricordo. ■ COMMEDIA; B/N; 89′; POLONIA, 1961.

ARRIVEDERCI E GRAZIE ★★
Regia di GIORGIO CAPITANI. Con ANOUK AIMÉE, RICKY TOGNAZZI, UGO TOGNAZZI. ■ Un padre di famiglia, stufo della famiglia e del lavoro, se ne va di casa. Ma nell'appartamento da scapolo dove va a vivere, s'installano per una serie di equivoci anche gli altri due figli maschi (uno è stato lasciato dalla moglie, l'altro aspetta un figlio dalla compagna). Il padre viene a sapere che ha un cancro. Prima di morire, avrà però la forza di mettere a posto tutti i pasticci della sua strampalata famiglia. ■ COMMEDIA; COL.; 98′; ITALIA, 1987.

ARRIVEDERCI FRANCESCA ★★
(Auf wiedersehen Franziska)
Regia di HELMUT KAUTNER. Con MARIANNE HOPPE, HANS SÖHNKER. ■ Lui fa il fotografo e un giorno conosce una ragazza. Matrimonio e felicità breve perché lui gira troppo. Soliti problemi matrimoniali finché scoppia la guerra. Lui va sereno al fronte. ■ DRAMMATICO; B/N; 89'; GERMANIA, 1942.

ARRIVEDERCI FRANCESCA ★★
(Auf wiedersehen Franziska)
Regia di WOLFGANG LIEBENEINER. Con RUTH LEUWERICK, CARLOS THOMPSON. ■ È il rifacimento delll'omonimo film di Kautner. Ci ha guadagnato qualcosa col colore ma ha perso in rigore e "passione". ■ DRAMMATICO; COL.; 90'; GERMANIA, 1957.

ARRIVEDERCI IN FRANCIA *(Arise My Love)* ★★
Regia di MITCHELL LEISEN. Con CLAUDETTE COLBERT, RAY MILLAND, DENNIS O'KEEFE. ■ Un pilota americano viene salvato dalla fucilazione da una giornalista che produce falsi documenti coi quali ottiene la grazia. Lui la corteggia ma lei è tutta d'un pezzo. Poi scoppia la guerra e i sentimenti trionfano. Alla fine lui è ferito ma sposa la bella. ■ AVVENTURA; B/N; 113'; USA, 1940. ■ OSCAR 1 PR, 4 NOM.

ARRIVEDERCI PAPÀ ★★
Regia di CAMILLO MASTROCINQUE. Con GINO BECHI, NINO BESOZZI, MARIELLA LOTTI. ■ È una favoletta musicale che racconta di un artista molto sensibile che vorrebbe aver successo come compositore e invece ce l'ha come cantante. Ci sono anche dialoghi fra stelle in cielo, e c'è naturalmente il lieto fine. ■ COMM. MUSICALE; B/N; 85'; ITALIA, 1947.

ARRIVEDERCI RAGAZZI *(Au revoir les enfants)* ★★★♉
Regia di LOUIS MALLE. Con RAPHAEL FEJITO, GASPARD MANESSE, FRANCINE RACETTE. ■ Leone d'Oro al Festival di Venezia 1987. Louis Malle in stato di grazia ci dà il suo *Amarcord*, la storia dei suoi anni di scuola in un collegio di provincia. A scuola il piccolo Louis (nel film, Julien) stringe amicizia con un coetaneo un po' misterioso, ma intelligente e sensibilissimo. Il loro rapporto verrà brutalmente troncato dall'arrivo della Gestapo (siamo nel 1944, la Francia è occupata) che porta via l'amico di Julien perché ebreo. ■ DRAMMATICO; COL.; 103'; FRANCIA, 1987. ■ DAVID DI DONATELLO 1 PR, 1 NOM; GOLDEN GLOBES 1 NOM; OSCAR 2 NOM; VENEZIA ♉ 2 PR.

ARRIVEDERCI ROMA ★★★
Regia di ROY ROWLAND. Con MARISA ALLASIO, MARIO LANZA, RENATO RASCEL. ■ Un cantante americano rincorre una donna fino a Roma. Qui conosce una bella ragazza acqua e sapone e un artista troppo buono. Vicende di bohème che avrebbero vagamente voluto ricordare la Montparnasse di *Un americano a Parigi*. Mario Lanza era al tramonto. ■ COMM. MUSICALE; COL.; 104'; ITALIA, 1957.

ARRIVEDERCI STRANIERA *(Lebewohl, Fremde)* ★★
Regia di TEVFIK BASER. Con MUSFIF KENTER, GRAZYNA SZAPOLOWSKA, BADI UZZAMANN. ■ Si incontrano su un'isola che rispecchia il loro stato d'animo, la solitudine: sono un turco che soffre per l'esilio dal suo paese e una tedesca abbastanza depressa. Effettivamente non hanno molto in comune, a cominciare dalle lingue; ma, anche al di là delle differenze politiche e sociali, tra i due nasce qualcosa. Il film era in concorso al Festival di Cannes del'91. ■ DRAMMATICO; COL.; 97'; GERMANIA, 1991.

ARRIVIAMO NOI! ★★
Regia di AMLETO PALERMI. Con LAURA NUCCI, VIRGILIO RIENTO, CARLO ROMANO, ERMINIO SPALLA. ■ Tre perdigiorno gestiscono un baraccone in un luna park. C'è una povera ragazza maltrattata dalla matrigna. Quando la ragazza sta per perdere l'eredità che le spetta, i tre prendono in mano la situazione e la risolvono. ■ COMMEDIA; B/N; 85'; ITALIA 1942.

ARRIVISTA, L' *(La race des seigneurs)* ★★★
Regia di PIERRE GRANIER-DEFERRE. Con ALAIN DELON, JEANNE MOREAU, CLAUDE RICH, SYDNE ROME. ■ Alain Delon è un giovane politico che cerca di arrivare a un ministero. Ha una storia d'amore che lo coinvolge abbastanza ma il vero grande amore resta la politica. La bellissima modella innamorata di lui arriva al suicidio. ■ COMMEDIA; COL.; 90'; FRANCIA, ITALIA, 1974.

ARRIVÒ ANGEL KID E... COMINCIÒ LA FESTA ★
(The Wicked Die Slow)
Regia di WILLIAM HENNIGAR. Con GARY ALLEN, JEFF KANEW, STEVE RIVARD. ■ È un western dai soliti temi, che nel 1970 diventano davvero troppo triti. Una banda e un bandito che alla fine si redime. ■ WESTERN; COL.; 85'; USA, 1970.

ARRIVO DI UN TRENO ALLA STAZIONE DI CIOTAT, L' *(L'arrivée d'un train en gare de La Ciotat)* ★★★
Regia di LOUIS LUMIÈRE. ■ Si tratta di uno dei più celebri cortometraggi dei fratelli Lumière Storica la scena dell'avanzare del treno che spaventò gli spettatori. Immagini fondamentali per il cinema. ■ DOCUMENTARIO; B/N; 1'; FRANCIA, 1896.

ARRIVO DI WANG, L' ★★
Regia di ANTONIO MANETTI, MARCO MANETTI. Con FRANCESCA CUTTICA, ENNIO FANTASTICHINI, JADER GIRALDI, JULIET ESEY JOSEPH, ANTONELLO MORRONI. ■ Alle prese con la traduzione di un film cinese da consegnare il giorno dopo, Gaia, al telefono, riceve un misterioso e urgente ingaggio profumatamente pagato. Dopo mezz'ora un'auto passa a prenderla per condurla dove dovrà tradurre il dialogo tra Curti, l'agente che l'ha prelevata, e il fantomatico Mr. Wang. Solo dopo aver ottenuto di accendere la luce, la giovane interprete comprenderà il motivo di tanta segretezza. I Manetti Bros. si cimentano con la difficile via della fantascienza, confezionando una pellicola che sconfina nel dramma psicologico. ■ THRILLER; COL.; 80'; ITALIA, 2011.

ARRIVÒ L'ALBA *(Never Let Me Go)* ★★★
Regia di DELMER DAVES. Con CLARK GABLE, GENE TIERNEY. ■ Due giornalisti americani sono inviati a Mosca. L'atmosfera della capitale russa è opprimente e ostile. I giornalisti hanno sposato due donne che sono l'unica cosa buona della loro vita moscovita. Quando si tratta di tornare negli Stati Uniti il governo russo non lascia partire le mogli. Allora i giornalisti mettono a punto un piano per recuperare le loro mogli e ci riescono. ■ DRAMMATICO; B/N; 94'; USA, 1953.

ARROW BEACH: LA SPIAGGIA DELLA PAURA ★
(Welcome to Arrow Beach)
Regia di LAURENCE HARVEY. Con LAURENCE HARVEY, JOHN IRELAND, JOANNA PETTET, STUART WHITMAN. ■ Un reduce completamente pazzo uccide le donne che riesce ad adescare e le mette in frigorifero. Una riesce a scappare e da quel momento il pazzo è in trappola. Muore alla fine ucciso dalla sorella fino ad allora compiacente. ■ DRAMMATICO; COL.; 99'; USA, 1974.

ARS AMANDI – L'ARTE DI AMARE ★★
Regia di WALERIAN BOROWCZYK. Con MASSIMO GIROTTI, MARINA PIERRO, MICHELE PLACIDO. ■ Walerian Borowczyk porta in cinema i poemi di Ovidio visti come un trattato sull'amore. Al centro della vicenda è la love story tra il giovane romano Cornelio e la bellissima Claudia. ■ EROTICO; COL.; 96'; ITALIA, 1983.

ARSENALE *(Arsenal)* ★★★
Regia di ALEKSANDR DOVZENKO. Con AMBROSU BUCMA, SEMION SVASCENKO. ■ È una storia stile documentario sulla Russia nel 1917: le lotte interne prima della grande guerra, la rivoluzione, la controrivoluzione. ■ STORICO; B/N; 83'; URSS, 1929.

ARSENICO E VECCHI MERLETTI ★★★★
(Arsenic and Old Lace)
Regia di FRANK CAPRA Con JACK CARSON, CARY GRANT, RAYMOND MASSEY. ■ Due anziane sorelle sembrano le persone più dolci e tranquille del mondo, ma in realtà sono due pazze che assassinano la gente in nome di un senso umanitario decisamente mal interpretato. Un nipote savio scopre la faccenda e dopo molti guai riesce a farle rinchiudere in manicomio. Il savio scopre, per fortuna sua, di non avere legami di sangue con le assassine e scopre anche l'amore. Un film perfetto; una combinazione di umorismo, di interpretazione e di sceneggiatura che ne fanno un vero capolavoro della cinematografia. ■ COMMEDIA; B/N; 118'; USA, 1944.

ARSENIO LUPIN *(Arsene Lupin)* ★★★
Regia di JACK CONWAY. Con JOHN BARRYMORE, LIONEL BARRY-

MORE, KAREN MORLEY. ■ È il primo film girato da John Barrymore per la Metro, e anche il primo in cui appare a fianco del fratello Lionel. John ha la parte del famoso ladro gentiluomo parigino, Lionel del poliziotto che alla fine lo intrappola. ■ AVVENTURA; B/N; 75′; USA, 1932.

ARSENIO LUPIN *(Enter Arsene Lupin)* ★
Regia di FORD BEEBE. Con CHARLES KORVIN, J. CARROL NAISH, ELLA RAINES. ■ Modesto film, oltretutto di breve durata, con le solite avventure del ladro-gentiluomo inventato dalla fantasia di Maurice Leblanc. ■ GIALLO; B/N; 72′; USA, 1944.

ARSENIO LUPIN *(Arsène Lupin)* ★★
Regia di JEAN-PAUL SALOMÉ. Con JESSICA BOYDE, MARIE BUNEL, MATHIEU CARRIÈRE, ROMAIN DURIS, EVA GREEN. ■ Figlio di un abile ladro, Arsenio Lupin verrà iniziato all'arte del furto fin da bambino. Perso il padre, il piccolo non tarderà a riscattarne la fama, vivendo nell'illegalità secondo un proprio singolare codice d'onore. Raggiunta la maturità, il giovane tenterà di mettere le mani sul tesoro Reale, ma i suoi interessi entreranno in diretto contrasto con quelli di una potente loggia, nonché con quelli della contessa di Cagliostro, temibile quanto seducente avversaria. Dopo lunghi anni di assenza, torna il leggendario ladro gentiluomo nato dalla penna di Maurice Leblanc, e lo fa in veste sensibilmente rinnovata rispetto al passato. Il tutto inserito in un canovaccio che palesa alla lunga manie di grandezza e lungaggini annesse. ■ AZIONE; COL.; 125′; FRANCIA, GRAN BRETAGNA, ITALIA, SPAGNA, 2005.

ARSENIO LUPIN CONTRO ARSENIO LUPIN ★★★
(Arsène Lupin contre Arsène Lupin)
Regia di EDOUARD MOLINARO. Con JEAN-CLAUDE BRIALY, JEAN-PIERRE CASSEL, DANIEL CAUCHY. ■ Al funerale del famoso Arsenio due donne rivelano ai propri figli che loro padre è appunto il ladro gentiluomo. I due rampolli cominciano subito a rinverdire la fama paterna. ■ COMMEDIA; B/N; 116′; ITALIA, SPAGNA, 1962.

ART. 519 CODICE PENALE ★★
Regia di LEONARDO CORTESE. Con COSETTA GRECO, PAOLO STOPPA, HENRI VIDAL. ■ L'articolo 519 del codice penale è quello che condanna chi abusa di una minorenne. Ed è il caso di un giovane chimico che seduce una ragazza che non ha ancora ventun anni. Però la sposa e tutto si risolve. Un po' diverso è il caso che riguarda la sorella del chimico, che si vede sedotta e poi anche piantata. ■ DRAMMATICO; B/N; 95′; ITALIA, 1951.

ARTE DELLA FELICITÀ, L' ★★
Regia di ALESSANDRO RAK. Con LUCIO ALLOCCA, LEANDRO AMATO, SILVIA BARITZKA. ■ Sergio è un tassista, musicista per vocazione, ma ha chiuso con la musica dieci anni prima, quando suo fratello maggiore, Alfredo, l'ha abbandonato proprio nel momento in cui la loro carriera artistica stava decollando. Da quel giorno Sergio si rinchiude nel suo tassì, che diventa un microcosmo a tenuta stagna, tramite il quale filtra il mondo esterno; una piccola gabbia percettiva, una specie di ombelico del mondo su quattro ruote nel quale vanno e vengono persone, vite e coincidenze. ■ ANIMAZIONE; COL.; 82′; ITALIA, 2013.

ARTE DELLA GUERRA, L' *(The Art of War)* ★★
Regia di CHRISTIAN DUGUAY. Con ANNE ARCHER, MAURY CHAYKIN, MARIE MATIKO, WESLEY SNIPES, DONALD SUTHERLAND. ■ *L'arte della guerra* è un manuale di strategia orientale, molto antico, al quale pare si ispirasse anche Napoleone. Snipes, nei panni del detective dell'Fbi Shaw, il cui teatro di operazione sono le Nazioni Unite, lo considera anche un'ottima guida per il suo lavoro. Quando viene assassinato l'ambasciatore cinese – sul punto di firmare un accordo decisivo col segretario generale dell'Onu – proprio l'aspetto "orientale" che fa parte della personalità del detective lo aiuta a capire che dietro l'ipotesi del terrorismo c'è una ragione ben più profonda e spaventosa. ■ GIALLO; COL.; 117′; USA, 2000.

ARTE DEL SOGNO, L' *(La science des rêves)* ★★
Regia di MICHEL GONDRY. Con ALAIN CHABAT, CHARLOTTE GAINSBOURG, GAEL GARCÍA BERNAL, MIOU-MIOU. ■ Dopo la morte del padre in Messico, Stéphane, un giovane creativo che confonde realtà e sogno, torna a Parigi su richiesta della madre. Ad attenderlo ci sono un impiego da illustratore in una piccola impresa di calendari promozionali e una bella vicina di casa. Stéphane, che cuce per hobby giocattoli di pezza, si innamora di una ragazza che corteggia in sogno. Ma in amore, sogno e realtà non coincidono quasi mai. ■ COMMEDIA; COL.; 105′; FRANCIA, ITALIA, 2006.

ARTE DI AMARE, L' *(The Art of Love)* ★★★
Regia di NORMAN JEWISON. Con ANGIE DICKINSON, JAMES GARNER, ELKE SOMMER, DICK VAN DYKE. ■ A Parigi vive un pittore senza soldi che ha un amico malamente ingegnoso. Il progetto è quello di scomparire, fingere la morte e far sì che i quadri moltiplichino le loro quotazioni. Solo che l'amico si spinge troppo oltre, arrivando a sedurre la fidanzata del pittore, il quale trama vendetta e il furbastro si trova davvero sull'orlo del patibolo. ■ COMMEDIA; COL.; 99′; USA, 1965.

ARTE DI ARRANGIARSI, L' ★★★
Regia di LUIGI ZAMPA. Con ARMENIA BALDUCCI, FRANCO COOP, ELLI PARVO, ALBERTO SORDI. ■ È la storia di un furbastro che cerca di mantenersi a galla. Un classico voltagabbana, che prima sta coi socialisti, poi coi fascisti, poi coi comunisti. Alla fine finisce in prigione per banalissimi motivi. Quando ne esce riprende come prima. ■ COMMEDIA; B/N; 100′; ITALIA, 1954.

ARTE DI CAVARSELA, L' *(The art of getting by)* ★★
Regia di GAVIN WIESEN. CON MICHAEL ANGARANO, FREDDIE HIGHMORE, ELIZABETH REASER, SAM ROBARDS, EMMA ROBERTS. ■ George è un adolescente solitario, dotato di una sensibilità che lo porta a tormentarsi sui grandi perché della vita. A turbare questa sua solitaria quiete da giovane misantropo arriva un giorno Sally, una compagna di scuola affascinata da quei modi schivi, riservati e ingenuamente ribelli, che vede in lui un animo più affine rispetto a quello di tutti gli altri suoi amici ricchi e viziati. L'emarginazione volontaria di George comincia così lentamente a sciogliersi, man mano che sente crescere i suoi sentimenti per Sally. C'è un potenziale giovane Holden in ogni angolo di Manhattan. Del romanzo di Salinger, per quanto non esista nessuna versione filmica ufficiale, conosciamo ormai una quantità di libere trasposizioni perlopiù provenienti dai cataloghi del Sundance. *L'arte di cavarsela* è una di queste: ennesima variazione dell'adolescente inquieto e senza prospettive sullo sfondo dello skyline newyorkese. ■ DRAMMATICO; COL.; 105′; USA, 2010.

ARTE DI VINCERE, L' *(Moneyball)* ★★
Regia di BENNETT MILLER. Con JONAH HILL, PHILIP SEYMOUR HOFFMAN, BRAD PITT, CHRIS PRATT, ROBIN WRIGHT. ■ Oakland Athletics è una buona squadra di baseball che non può però competere con i budget stratosferici di gruppi come i New York Yankees. Quando al termine di una buona stagione il general manager Billy Beane perde i suoi tre migliori giocatori, incontra Peter Brand, giovane laureato in economia, che gli dimostra come si possa costruire una squadra vincente basandosi sulle statistiche invece che sui nomi altisonanti. Beane abbraccia la filosofia del ragazzo e rifonda la squadra con nomi sconosciuti. Pian piano il "sistema" comincia a dare frutti insperati. Seconda regia di Bennett Miller presentata al Toronto Film Festival. ■ DRAMMATICO; COL.; 126′; USA, 2011.

ARTE E GLI AMORI DI REMBRANDT, L' ★★★
(Rembrandt)
Regia di ALEXANDER KORDA. Con ELSA LANCHESTER, CHARLES LAUGHTON. ■ È la vita, non sempre felice, del grande artista fiammingo la cui arte non fu mai del tutto compresa; così avviene anche per i suoi sentimenti. ■ BIOGRAFICO; B/N; 88′; GRAN BRETAGNA, 1936.

ARTE MORTALE *(High Art)* ★★
Regia di WALTER SALLES JR. Con RAUL CORTEZ, PETER COYOTE, TCHÉKY KARYO, AMANDA PAYS. ■ Rio de Janeiro. Un fotografo americano è molto colpito da una prostituta e la ritrae in alcuni scatti. Quando lei viene uccisa l'uomo decide di vendicarla. ■ DRAMMATICO; COL.; 100′; BRASILE, 1991.

ARTHUR E LA VENDETTA DI MALTAZARD ★★
(Arthur et la vengeance de Maltazard)
Regia di LUC BESSON. Con PENNY BALFOUR, RON CRAWFORD,

MIA FARROW, FREDDIE HIGHMORE, ROBERT STANTON. ■ Durante le dieci lune che lo separano dal reincontro con l'amata principessa Selenia, il giovane Arthur si affida alla tribù che abita nel proprio giardino, i Bogo Matassalai, per entrare in contatto spirituale con la natura dei boschi. Al termine dell'iniziazione, nel giorno dell'investitura ufficiale presso il popolo dei Minimei, suo padre si spazientisce per la vita di campagna e decide di fare ritorno in città. Allarmato dalla notizia e da una richiesta d'aiuto, Arthur teme che Selenia e i Minimei possano essere in pericolo, ed escogita così una stratagemma per poter restare nella fattoria dei nonni ed assumere le dimensioni necessarie per entrare ancora una volta nel micromondo. ■ ANIMAZIONE; COL.; 105'; FRANCIA, 2009.

ARTHUR E IL POPOLO DEI MINIMEI ★★★
(Arthur et les Minimoys)
Regia di LUC BESSON. Con PENNY BALFOUR, MIA FARROW, FREDDIE HIGHMORE, ADAM LEFEVRE, DOUG RAND. ■ 1960. Connecticut. Il piccolo Arthur vive in campagna con la nonna. La tenuta sta per passare a un avido uomo d'affari. L'unico modo per mantenerla consiste nel ritrovare un tesoro di cui si parla nel misterioso diario del nonno scomparso da tempo. Il tesoro si trova nel mondo dei Minimei, esseri minuscoli dei quali Arthur scoprirà la presenza nel sottosuolo intorno a casa. Riuscirà a raggiungerli e a trasformarsi in uno di loro per compiere la missione. Luc Besson non si sottrae alle sfide. Questa volta ha deciso di confrontarsi nuovamente con gli americani (come già ha fatto in passato con *Nikita* e *Il quinto elemento*) ma sull'ancor più insidioso fronte dell'animazione. Puntuali le stroncature d'Oltreoceano. Decisamente ingenerose però. ■ ANIMAZIONE; COL.; 102'; FRANCIA, 2006.

ARTHUR E IL SUO PRATO ★★
(Arthur's Hallowed Ground)
Regia di FREDDIE YOUNG. Con MICHAEL ELPHICK, JIMMY JEWEL, DAVID SWIFT. ■ La storia di Arthur Chapman, un nome fatidico per tutti gli inglesi che giocano a cricket, re dei campi sportivi per circa cinquant'anni. Dal produttore della saga di *Momenti di gloria*. ■ COMMEDIA; COL.; 89'; GRAN BRETAGNA, 1982.

ARTHUR E LA GUERRA DEI DUE MONDI ★★
(Arthur et la guerre des deux mondes)
Regia di LUC BESSON. Con JIMMY FALLON, MIA FARROW, SELENA GOMEZ, FREDDIE HIGHMORE, ROBERT STANTON. ■ La vicenda continua. Con un padre sempre più pentito di come ha trattato Arthur, mentre il nonno cerca di mediare con Maltazard che, dopo aver tentato una precaria plastica facciale, rivela le proprie intenzioni di distruzione. Arthur però, con l'aiuto di Selenia e di Betameche, non perde tempo per la riscossa anche se le sue ridotte dimensioni sembrerebbero ostacolarlo. I tre non saranno i soli a muoversi a Daisy Town. Con loro c'è il figlio di Maltazard, Darkos. Luc Besson è il più americano dei registi francesi. ■ ANIMAZIONE; COL.; 101'; FRANCIA, 2011.

ARTIC BLU *(Arctic Blue)* ★
Regia di PETER MASTERSON. Con RUTGER HAUER, RYA KIHLSTEDT, DYLAN WALSH. ■ Un guardiacaccia arresta un bracconiere e cerca di portarlo in prigione attraverso la furia degli elementi (siamo in Alaska). Prima di giungere alla meta lo libererà perché (come previsto) avrà scoperto di essergli affine. Rutger Hauer continua a sperperare il suo talento in film come questo che "replicano" all'eccesso un cliché abusato. ■ THRILLER; COL.; 97'; CANADA, USA, 1993.

ARTICOLO 2, L' ★★★
Regia di MAURIZIO ZACCARO. Con RABIA BEN ABDALLAH, NAIMA EL MCHERQUI, SUSANNA MARCOMENI, MOHAMED MIFTAH. ■ Prodotto da Maurizio Nichetti. Said è un lavoratore algerino che vive nella provincia di Milano. Ha moglie e figli ed è felice. Un giorno viene a sapere della morte del padre. Giungono così inaspettatamente l'altra moglie e gli altri figli ai quali Said mandava denaro. Dopo aver risolto i problemi familiari l'uomo vorrebbe poter vivere con le due famiglie. La legge però vieta la bigamia. La soluzione è di tenere le due famiglie in due case distinte. Il legale che difende Said si appella all'articolo 2. Ma la tragedia è in agguato. ■ DRAMMATICO; COL.; 100'; ITALIA, 1993.

ARTICOLO 99 ★★
Regia di HOWARD DEUTCH. Con RAY LIOTTA, JOHN MAHONEY, KIEFER SUTHERLAND, FOREST WHITAKER. ■ L'articolo 99 assegna agli ex combattenti assistenza medica ma solo per ragioni di servizio. Il dottor Peter Morgan lavora in un istituto che dovrebbe curare i reduci delle ultime guerre – Corea, Vietnam, Golfo – e che in realtà è dominato dalla corruzione. (I medicinali vengono venduti, così come le attrezzature eccetera.) Ma Peter ha lo spirito del ribelle idealista e organizza una vera resistenza. Naturalmente le forze del male si coalizzano e il fatto diventa esemplare e politico. Alla fine, coi dovuti sacrifici di malati innocenti e con l'impegno dei vecchi soldati, il medico-eroe vince. Ma c'è già pronto un nuovo direttore messo lì dall'ordine costituito. Film grottesco, simbolico e allegorico. Vorrebbe dire troppe cose, per di più conosciute. Inutile. ■ FANTASTICO; COL.; 99'; USA, 1992.

ARTICO SELVAGGIO *(White Wilderness)* ★★★
Regia di JAMES ALGAR. ■ È il classico documentario alla Disney, all'insegna cioè del superprofessionismo. Ne esce il solito miracolo dove l'Artico sembra essere una cosa animata. ■ DOCUMENTARIO; COL.; 73'; USA, 1958. ■ OSCAR 1 NOM.

ARTIGLI *(The Uncanny)* ★★
Regia di DENIS HÉROUX. Con PETER CUSHING, SAMANTHA EGGAR, DONALD PLEASENCE. ■ Anziano scrittore presenta ad un editore il materiale che dimostra che i gatti possono diventare terribili assassini quando l'uomo trama contro di essi. L'editore, dopo aver letto tre allucinanti storie, brucia il manoscritto mentre lo scrittore, tornando a casa, verrà dilaniato dai gatti dei quali ha osato svelare il segreto. ■ THRILLER; COL.; 85'; CANADA, 1977.

ARTIGLI DELLO SQUARTATORE, GLI ★★
(Hands of the Ripper)
Regia di PETER SASDY. Con DEREK GODFREY, JANE MERROW, ERIC PORTER. ■ Inghilterra, secolo scorso: durante una seduta spiritica una medium viene uccisa. La ricerca dell'assassino è pretesto per scene di orrore parapsicologico. ■ HORROR; COL.; 85'; GRAN BRETAGNA, 1972.

ARTIGLI INVISIBILI DEL DOTTOR MABUSE, GLI ★★
(Die unsichtbaren Krallen des dr. Mabuse)
Regia di HARALD REINL. Con LEX BARKER, SIEGFRIED LOWITZ. ■ Il professor Mabuse ha modo di mettere le mani su una scoperta sconvolgente: la possibilità di rendere l'uomo invisibile. C'è però un agente americano che veglia, neutralizza Mabuse e trova l'amore. ■ POLIZIESCO; B/N; 88'; GERMANIA, 1961.

ARTIGLI NELL'OMBRA *(Verräter)* ★★
Regia di KARL RITTER. Con LIDA BAAROVA, WILLY BIRGEL. ■ Germania: c'è un'infiltrazione di spie che mirano a una fabbrica di armi. Uno dei responsabili della fabbrica si fa corrompere, e anche un giovane soldato viene coinvolto, ma in buona fede. Alla fine tutto finisce bene, a favore naturalmente della Germania. ■ SPIONAGGIO; B/N; 85'; GERMANIA, 1936. ■ VENEZIA 1 PR.

ARTIGLIO BLU, L' *(Die blaue Hand)* ★★
Regia di ALFRED VOHRER. Con KLAUS KINSKI, HARALD LEIPNITZ, ILSE STEPPAT. ■ Un giovane lord è chiuso in un manicomio criminale per assassinio. Riesce a evadere e si rifugia in un castello. Arriva Scotland Yard e cominciano le complicazioni; salta fuori un misterioso assassino (l'artiglio blu appunto) che rimescola tutte le carte. I maggiori sospettati sono un dottore e il gemello del lord. ■ GIALLO; COL.; 86'; GERMANIA, 1967.

ARTIGLIO DEL DESTINO, L' *(La griffe du hasard)* ★★
Regia di RENÉ PUJOL. Con GERMAINE AUSSEY, PIERRE LARQUEY. ■ Un giovane è ricattato da un tale in possesso di alcuni suoi assegni. C'è anche un furto che peggiora ulteriormente la sua situazione. Ma un bravo poliziotto non si fa ingannare dalle apparenze. ■ DRAMMATICO; B/N; 85'; FRANCIA, 1937.

ARTIGLIO DELLA PANTERA, L' *(Panther's Claw)* ★★
Regia di WILLIAM BEAUDINE. Con SIDNEY BLACKMER, HERBERT RAWLINSON, RICK VALLIN. ■ Assassinio al teatro dell'Opera. L'uccisore lascia per firma un segno a forma di pantera. Thatcher Colt, poliziotto di grande acume, lavorando su quell'indizio riesce a identificare l'omicida. ■ GIALLO; B/N; 86'; USA, 1942.

ARTIGLIO DI VELLUTO *(Missing Witnesses)* ★★
Regia di William Clemens. Con Jean Dale, John Litel. ■ In una cittadina americana una banda taglieggia i commercianti. Un poliziotto deve battersi contro l'omertà dei commercianti stessi. Fortuna che la segretaria del capo gangster è onesta. Vittoria del bene e matrimonio finale. ■ Poliziesco; b/n; 90'; USA, 1937.

ARTIGLIO GIALLO, L' *(Charlie Chan in Shanghai)* ★★★
Regia di James Tinling. Con Irene Hervey, Warner Oland. ■ Il console inglese convoca il famoso Charlie a Shangai perché indaghi su una banda di contrabbandieri. Il poliziotto si mette subito sulla pista giusta: sospetta addirittura del console americano. Un film che "Chan" portò in quegli anni a un grosso successo. ■ Giallo; b/n; 70'; USA, 1935.

ARTIGLIO INSANGUINATO, L' *(The Lion Hunters)* ★★
Regia di Ford Beebe. Con Johnny Sheffield, Ann Todd. ■ Due cacciatori organizzano la cattura, in Africa, di animali per gli zoo. C'è però un certo "Bomba" (un bianco tale e quale a Tarzan) che si oppone. I cacciatori riescono a imbrogliare una tribù e a farsi aiutare nel loro intento. Ma alla fine i neri si accorgono di tutto. Bomba aiuta a far giustizia. ■ Avventura; b/n; 75'; USA, 1951.

ARTIGLIO MORTALE DI TA-KANG, L' ★
(The Awaken Punch)
Regia di Fang Long Siang. Con Shine Jia Lan, Henry YueWo. ■ Il solito intreccio di varie forme di lotte orientali e tenue storia d'amore. ■ Drammatico; col.; 79'; Hong Kong, 1972.

ARTIGLIO NERO, L' *(Le mystère de la chambre jaune)* ★★★
Regia di Henri Aisner. Con Hélène Pedrière, Serge Reggiani, Pierre Renoir. ■ Una ragazza viene ferita ed è ritrovata in stato di grave shock. Poiché figlia di un personaggio importante, la polizia si impegna. Le indagini vengono affidate prima a un certo Larse, poi a un altro detective; senza contare che c'è di mezzo anche un giornalista. Intanto, si viene a sapere che uno dei poliziotti è stato marito della ragazza. ■ Drammatico; b/n; 90'; Francia, 1948.

ARTIGLIO ROSA, L' *(Honor of the Family)* ★★
Regia di Lloyd Bacon. Con Bebe Daniels, Alan Mowbray, Warren William. ■ Il film è tratto da un racconto di Honoré de Balzac e narra le vicende di una famiglia povera ma piena di dignità e orgoglio. ■ Drammatico; b/n; 70'; USA, 1931.

ARTI MARZIALI DI BRUCE LEE, LE ★
Regia di Yao Feng. Con Kan Fei, Wei Yang. ■ Un esperto di arti marziali dà continue dimostrazioni delle sue capacità. ■ Drammatico; col.; 90'; Hong Kong, 1977.

ARTIST, THE ★★★★🏆
Regia di Michel Hazanavicius. Con Berenice Bejo, James Cromwell, Jean Dujardin, John Goodman, Penelope Ann Miller. Hollywood 1927. ■ George Valentin è un noto e amato attore del cinema muto. I suoi film avventurosi e romantici attraggono le platee. Un giorno, all'uscita da una prima, una giovane aspirante attrice lo avvicina e si fa fotografare sulla prima pagina di «Variety» abbracciata a lui. Di lì a poco se la troverà sul set di un film come ballerina. È l'inizio di una carriera tutta in ascesa con il nome di Peppy Miller. Carriera che sarà oggetto di una ulteriore svolta quando il sonoro prenderà il sopravvento e George Valentin, sempre accompagnato dal suo fedele cagnolino, verrà rapidamente dimenticato. Ma non da lei. Michel Hazanavicius porta sullo schermo, con una coproduzione di rilievo, un film non sul cinema muto, ma addirittura un film "muto": con musica e cartelli con le battute dei personaggi. Ha vinto l'Oscar. ■ Drammatico; col.; 100'; Francia, 2011.

ARTISTA, L' *(El artista)* ★★★
Regia di Mariano Cohn, Gaston Dupra. Con Albero Laisecca, Ana Laura Lozza, Sergio Pangaro, Marcello Prayer. ■ Jorge lavora come infermiere in un istituto geriatrico. Tra gli altri, si occupa anche di un vecchio autistico, Romano, dotato di uno spiccato talento pittorico. Quando Jorge recapita ad una galleria i lavori di Romano spacciandoli per propri, la sua vita prende una svolta inattesa e si ritrova catapultato nel mondo dell'arte contemporanea. In breve, diviene un artista di culto, ricercato da curatori, critici, collezionisti e belle donne. Ma non è facile sostenere la parte. ■ Drammatico; col.; 110'; Argentina, Italia, 2008.

ARTISTES DU THÉÂTRE BRÛLÉ, LES ★★★
Regia di Rithy Panh. Con Bopha Chheng, Hoeun Ieng, Rotha Kèv, Phan Peng, Nan Doeun Thén. ■ Una donna cambogiana racconta, in lacrime, la sua tragedia personale: il marito e il figlio sono morti a causa della dittatura sanguinaria dei Khmer Rossi. Ma l'inquadratura si allarga e il regista entra in scena: stiamo assistendo alle prove di una rappresentazione teatrale. Inizia così il film di Rithy Panh presentato fuori concorso al cinquantottesimo Festival di Cannes. E questa prima sequenza già da sola potrebbe riassumere la linea guida del film e dell'intera cinematografia del regista cambogiano (che comincia come documentarista e prosegue con opere di finzione, o meglio di docu-fiction): l'arte è uno strumento per tramandare la memoria e l'identità culturale di una popolazione. Nello specifico, per narrare gli orrori e le rovinose conseguenze del regime omicida di Pol Pot e dei Khmer Rossi in Cambogia. *Les Artistes du Théâtre Brûlé* racconta le vicende di una compagnia di attori che assistono alla decadenza del loro teatro, bruciato dal regime e mai più ricostruito, e della loro arte: gli spettacoli della tradizione – cambogiana (danza, canti, teatro delle marionette, ecc.) e non – si stanno estinguendo per colpa del disinteresse delle istituzioni statali e del pubblico, ormai attratto solo dai canali satellitari e dal karaoke. Così i commedianti sono costretti a vivere in povertà, mangiando i pipistrelli trovati in soffitta, partecipando a soap televisive, e mettendo privatamente in scena la morte della loro arte (come nella sequenza in cui un attore sale sulle rovine di un palazzo, appende un cappio e "suicida" il manichino che lo rappresenta). Il tutto è raccontato con estremo realismo, lasciando spazio, pur nella drammaticità della situazione, all'ironia. In un mondo distrutto dalla dittatura e dalla guerra c'è ancora spazio per la speranza: quella degli artisti e quella della gente comune che comunque continuano a vivere e a lottare. ■ Drammatico; col.; 85'; Cambogia, Francia, 2005.

ARTISTI E MODELLE *(Artists and Models)* ★★★
Regia di Raoul Walsh. Con Richard Arlen, Jack Benny, Ben Blue, Judy Canova, Ida Lupino, Gail Patrick. ■ Allegra commedia musicale in cui gioca uno dei primi ruoli Jack Benny che interpreta Mac Brewster. Mac è un pubblicitario che tenta di rimanere aggrappato al suo maggiore cliente, una società che tratta argento e che è diretta da Alan Townsend. Negli stessi uffici lavora Ida che desidera impazientemente partecipare al concorso "Artisti e Modelle" e vincere il titolo di regina. Le modelle professioniste non vogliono ammettere al concorso le debuttanti, che infatti vengono penalizzate. Inoltre sulla strada di Ida esiste anche la favoritissima Cynthia. Ma Ida ha un piano per diventare regina. ■ Commedia; b/n; 95'; USA, 1937. ■ Oscar 1 nom.

ARTISTI E MODELLE *(Artists and Models)* ★★★
Regia di Frank Tashlin. Con Jerry Lewis, Shirley MacLaine, Dean Martin. ■ Un pittore e uno scrittore vanno a New York in cerca di fortuna. Sono tipi strani (uno è sonnambulo) e hanno vita difficile soprattutto quando si tratta di cercar casa. Finiscono per conoscere due ragazze. I quattro giovani uniscono i loro sforzi e arrivano i primi successi. La pubblicazione di un libro dà inizio a un complicato affare di spionaggio in cui i giovani si trovano coinvolti loro malgrado. Alla fine tutto si aggiusta e ci sono quattro fedi matrimoniali in vista. È uno dei classici di Lewis-Martin, col loro robusto umorismo che tanto piaceva in quegli anni (e un po' anche adesso). Muove i primi passi la MacLaine, e si vede che ha classe. ■ Commedia; col.; 109'; USA, 1955.

ARTISTI SOTTO LA TENDA DEL CIRCO: PERPLESSI *(Die Artisten in der Zirkuskuppel: ratlos)* ★★★🏆
Regia di Alexander Kluge. Con Alfred Edel, Siegfrid Graue, Bernd Hoeltz, Hannelore Hoger, Curd Jürgens. ■ Il figlio di un circense eredita dal padre un circo e cerca di migliorare le cose. Non riuscendoci tenta la carta della televisione. Un film che coniuga la vita con la politica in un gioco non destinato a un vasto pubblico. Vinse il Leone d'oro alla Mostra di Venezia. ■ Drammatico; col.; 102'; Germania, 1968. ■ Venezia 🏆 1 pr.

ART OF FIGHTING *(Ssaum-ui gisul)* ★
Regia di Shin Han-sol. Con Kim Eung-su, Jae Hee, Choi Yeo-jin, Baek Yun-shik. ■ Un ragazzo introverso e poco brillante negli studi viene trasferito di istituto in istituto dal padre, fino a giungere in una scuola professionale, ricettacolo di ragazzi disadattati e bulli di periferia. Preso di mira, incassa in silenzio un numero infinito di umiliazioni e pestaggi, fino a quando, stanco di essere picchiato quotidianamente, decide di imparare a combattere. ■ Commedia; col.; 100′; Corea del Sud, 2006.

ART OF FLIGHT 3D, THE ★★★
Regia di Curt Morgan. ■ Diversi snowboarder si avvicendano di fronte a una videocamera che si sposta di paese in paese, di continente in continente inseguendo l'inverno e la neve, con un'unica idea di sport, vita e rapporto con la Terra. Una "cartolina" del cinema: paesaggi naturali lontanissimi e scenari impressionanti e l'uomo, piccolissimo, al centro di tutto. ■ Documentario; col.; 80′; USA, 2011.

ART OF THE DEVIL *(Khon len khong)* ★
Regia di Thanit Jitnukul. Con Supakson Chaimongkol, Somchai Satuthum, Arisa Will. ■ Bum è sedotta ed umiliata da un uomo sposato, disposto a tutto pur di tenerla lontana dalla propria famiglia. Accortasi di essere rimasta incinta, la ragazza, nuovamente rifiutata dal padre della creatura che porta in grembo, mediterà una sanguinosa vendetta: cercherà di sterminare la famiglia del proprio ex amante tramite la magia nera. Il montaggio è veloce, da epilessia, la trama confusa, un'orgia di flashback frammentati che come una miriade di schegge impazzite si susseguiranno senza tregua. In tutto questo caos ci sarà spazio per numerosissime scene *gore*, con abbondanza di serpenti, chiodi e lamette vomitati a turno dalla bocca dei vari personaggi. ■ Horror; col.; 98′; Thailandia, 2004.

ARTURO *(Arthur)* ★★★
Regia di Steve Gordon. Con John Gielgud, Liza Minnelli, Dudley Moore. ■ L'impareggiabile Dudley Moore interpreta il multimiliardario scavezzacollo e libertino Arturo, promesso sposo di un'altrettanto ricca ma insipida fanciulla. Ma l'incontro tra Arturo e la proletaria Linda (Liza Minnelli) fa nascere l'amore: per lei Arturo è disposto anche a rinunciare alla sua fortuna. Scoppiettante commedia insignita di due premi Oscar: a Christopher Cross per la miglior canzone e a Sir John Gielgud, strepitoso nella parte del saggio maggiordomo. ■ Commedia; col.; 97′; USA, 1981. ■ Golden Globes 4 pr, 5 nom; Oscar 2 pr, 4 nom.

ARTURO 2 ON THE ROCKS *(Arthur 2 on the Rocks)* ★★
Regia di Bud Yorkin. Con John Gielgud, Liza Minnelli, Dudley Moore. ■ Seguito di *Arturo*, che terminava con il simpatico miliardario alcolista che, saggiamente (per una volta), sceglieva la moglie giusta sotto le spoglie di una simpatica e assennata proletaria. Sette anni dopo, la coppia è felice, ha un figlio e tutto andrebbe bene se il padre della sua ex fidanzata non lo incastrasse e non cercasse di farlo interdire per mettere le mani sui suoi miliardi, naturalmente. Per fortuna a consigliare Arturo ritorna il suo defunto maggiordomo. ■ Commedia; col.; 110′; USA, 1988.

ARTURO VA IN CITTÀ *(Hercule)* ★★★
Regia di Alexander Esway. Con Fernandel, Gaby Morlay. ■ Un tipo all'apparenza sprovveduto eredita un giornale. Cercano subito di imbrogliarlo ma lui, giovandosi delle persone giuste, riesce a far funzionare la baracca. Si innamora di una redattrice ma non è ricambiato. Allora agisce per benino anche lì facendo il generoso. ■ Commedia; b/n; 90′; Francia, 1938.

ARTWORKS ★★
Regia di Jim Amatulli. Con Daniel Von Bargen, Ted Hutton, Virginia Madsen, Eddie Mills, Rick Rossovich. ■ Emma Becker, figlia del capo della polizia di Cincinnati, installa sistemi di sicurezza nelle case dei ricconi della zona. La perdita della figlioletta appena nata l'ha fatta cadere in una profonda depressione: non dipinge più, non trova interesse in nulla e il suo matrimonio è ormai irrimediabilmente compromesso. L'incontro con l'affascinante Bret, proprietario di una galleria d'arte, la porterà a rivedere completamente la sua vita e i suoi valori. La trama presenta spunti non banali. ■ Giallo; col.; 93′; USA, 2003.

ARUKU-HITO *(Aruku – Hito)* ★★
Regia di Masahiro Kobayashi. Con Yasufumi Hayashii, Teruyuki Kagawa, Ken Ogata. ■ Ambientato nell'isola di Hokkaido. Per il secondo anniversario della morte della moglie l'ultrasessantenne Nobuo vorrebbe avere accanto a sé, oltre al figlio Yasuo, che lo accudisce mettendo in pericolo il rapporto con la fidanzata, anche il figlio da tempo lontano da casa. Volutamente lento e ripetitivo questo film giapponese è stilisticamente ineccepibile ma non può incontrare il favore del pubblico occidentale. Divertente nella prima parte diviene poi ossessivo via via che i personaggi esprimono le loro emozioni. Una grande sorpresa è rivedere dopo molti anni l'attore Ken Ogata, indimenticato protagonista di *Hiroshima Mon Amour*, il capolavoro del 1959 di Alain Resnais. ■ Drammatico; col.; 103′; Giappone, 2001.

A RUOTA LIBERA ★★
Regia di Vincenzo Salemme. Con Manuela Arcuri, Massimo Ceccherini, Sabrina Ferilli, Nando Paone, Vincenzo Salemme. ■ Il povero Pericle, in seguito a un intervento di ernia al disco, finisce su una sedia a rotelle. Naturalmente intende far causa al luminare che lo ha operato, ma costui è un barone arrogante, protetto e pericoloso. Occorrono testimoni forti e credibili. È il nodo intorno al quale si articola la vicenda. Poi c'è una bella moglie, ci sono due zie orrende (una è Ceccherini) e una serie infinita di intrighi comico-sessuali scontati da commedia dell'arte. Qualche risata viene strappata. Sarebbe la risposta meridionale ai comici del Centro (De Sica e i toscani) e a quelli del Nord (Aldo Giovanni e Giacomo). Ma Salemme deve proprio fare un film all'anno? ■ Comico; col.; 88′; Italia, 2000.

A SANGUE FREDDO *(Johnny O'Clock)* ★★★
Regia di Robert Rossen. Con Ellen Drew, Evelyn Keyes, Dick Powell. ■ È la storia di due banditi che lavorano insieme. La moglie di uno dei due gangster ama l'altro e questo fatto innesca una catena di delitti che vanno ben oltre la necessità del "mestiere". Alla fine i due banditi si affrontano con le armi, uno muore e l'altro è catturato dalla polizia. È il primo film di Rossen. ■ Drammatico; b/n; 81′; USA, 1947.

A SANGUE FREDDO *(In Cold Blood)* ★★★★
Regia di Richard Brooks. Con Robert Blake, Paul Stewart, Scott Wilson. ■ Il film è tratto dal romanzo *In Cold Blood* di Truman Capote e narra di due malviventi che usciti di prigione tentano una rapina e finiscono per uccidere inutilmente una famiglia intera. La polizia li bracca a lungo e poi li cattura. Verranno impiccati cinque anni dopo. ■ Drammatico; b/n; 134′; USA, 1967. ■ David di Donatello 1 pr, 1 nom; Oscar 4 nom.

A SCANNER DARKLY – UN OSCURO SCRUTARE ★★
(A Scanner Darkly)
Regia di Richard Linklater. Con Rory Cochrane, Robert Downey Jr., Woody Harrelson, Keanu Reeves, Winona Ryder. ■ Fred Arctor è un agente della narcotici infiltrato in un gruppo di consumatori abituali di Sostanza D, un acido che brucia il cervello e provoca allucinazioni. Incaricato di sorvegliare un trafficante di droga e il suo giro di affari, Fred finisce per spiare se stesso, sempre più instabile per l'assunzione della Sostanza D. L'abuso lo conduce alla schizofrenia, sviluppando una doppia personalità. Denunciato da Barris, un drogato informatore, ai suoi ambigui superiori di polizia, Fred finisce in una comunità di recupero ai confini col Messico, dove scoprirà ciò che non si aspettava. Un incubo dark. ■ Fantascienza; col.; 100′; USA, 2006.

ASCENSORE, L' *(The Lift)* ★★★
Regia di Dick Maas. Con Huub Stapel, Josine Val Dalsum, Van Ammelrooy Willeke. ■ Negli impianti di ascensori di un modernissimo edificio in Olanda si verifica una serie di inspiegabili e mortali incidenti. Un tecnico cocciuto indaga e scopre che la colpa è di un mostruoso computer killer. Rivelazione di un piccolo padreterno del thriller europeo. ■ Giallo; col.; 95′; Olanda, 1981.

ASCENSORE DI LUSSO *(Le petit garçon de l'ascenseur)* ★★
Regia di Pierre Granier-Deferre. Con Marcel Dalio, Michel De Ré, Alain Decock, Michel Etcheverry, Mireille Nègre. ■ Anche se la storia interessa un gruppo di ragazzi, il vero centro

d'attenzione del film rimane l'ascensore attorno al quale si sviluppa tutta la vicenda. ■ COMMEDIA; B/N; 95'; FRANCIA, 1961.

ASCENSORE PER IL PATIBOLO ★★★
(Ascenseur pour l'échafaud)
Regia di LOUIS MALLE. Con JEANNE MOREAU, GEORGES POUJOULY, MAURICE RONET. ■ Julien uccide, d'accordo con l'amante, il marito di lei. Ma quando sta uscendo dalla casa del delitto resta chiuso nell'ascensore. In una memorabile scena tenta di liberarsi dalla trappola. Solo all'alba può fuggire. Tutto sembra riuscito perfettamente, ma mentre Julien era chiuso nell'ascensore, alcuni teppisti avevano rubato la sua auto e poi ucciso due turisti tedeschi. Arrestato per questo delitto che non ha commesso, Julien non sa come difendersi perché dovrebbe rivelare l'altro delitto. Ma la sua amante riesce a scagionarlo. Però, all'ultimo minuto, la polizia scopre tutto. Per gli amanti ci sarà il patibolo. Malle racconta la storia con precisione assoluta e gli attori sono al massimo delle loro possibilità. ■ GIALLO; B/N; 90'; FRANCIA, 1958.

ASCESA DELLA FAMIGLIA HARDY, L' ★★
(The Hardy Ride High)
Regia di GEORGE BRACKETT SEITZ. Con MICKEY ROONEY, ANN RUTHERFORD, LEWIS STONE. ■ La famiglia di Andy Hardy va a Detroit a raccogliere un'eredità. La prospettiva della ricchezza dà alla testa a tutti e specialmente a Andy che cade vittima di una ballerina cacciatrice di dote. Poi tutto si chiarisce. L'eredità non tocca agli Hardy. Se ne dovranno tornare al paesello. ■ COMMEDIA; B/N; 80'; USA, 1939.

ASCIA DI GUERRA, L' *(The Yellow Tomahawk)* ★★
Regia di LESLEY SELANDER. Con NOAH BEERY JR, RORY CALHOUN, PEGGIE CASTLE. ■ Adam Reed, uno scout, e Fire Knife, un indiano, sono legati da amicizia. Ma per salvare soldati e civili di un forte, attaccato dai pellerossa, i due si trovano l'uno contro l'altro. Il comandante del forte, un maggiore, è un crudele razzista. Nell'attacco solo pochi riescono a sfuggire al massacro degli indiani: tra questi Adam e il maggiore. Fire Knife promette salva la vita a tutti gli scampati in cambio del maggiore ma Adam respinge la proposta, riesce a sconfiggere gli indiani e consegna ai soldati del generale in capo il crudele maggiore. ■ WESTERN; COL.; 82'; USA, 1955.

ASCOLTAMI
Regia di CARLO CAMPOGALLIANI. Con FRANCO SILVA, LUCIANO TAJOLI, JANET VIDOR. ■ Film-pretesto per far cantare Tajoli; c'è tutto: la moglie morta, il figlio ritrovato e la felicità finale. ■ DRAMMATICO; B/N; 90'; ITALIA, 1957.

A SCUOLA CON PAPÀ *(Back to School)* ★★
Regia di ALAN METTER. Con RODNEY DANGERFIELD, SALLY KELLERMAN, BURT YOUNG. ■ Il proprietario di una catena di supermarket, preoccupato per il figlio troppo timido e imbranato, decide di iscriversi all'università con lui. Esuberante e simpatico, galvanizza tutta la scuola e alla fine anche il figliolo mollusco (assieme al quale vincerà anche una gara di nuoto). Trova anche il modo di avere una love story con una bella professoressa. ■ COMMEDIA; COL.; 96'; USA, 1986.

A SCUOLA DI BALLO *(Stepping out)* ★★
Regia di LEWIS GILBERT. Con ELLEN GREENE, LIZA MINNELLI, LUKE REILLY, JULIE WALTERS, SHELLEY WINTERS. ■ Si tratta della versione cinematografica di un musical portato in giro per il mondo da Liza Minnelli. Indubbia la sua bravura come cantante e ballerina. La regia invece è piuttosto piatta. Mavis, famosa ballerina, decide per amore di lasciare il palcoscenico. Si apre così una nuova fase nella sua vita, come insegnante di danza. Ritroverà l'entusiasmo attraverso i suoi allievi. ■ COMM. MUSICALE; COL.; 105'; USA, 1991.

A SERVIZIO EREDITIERA OFFRESI *(Maid to Order)* ★★
Regia di AMY JONES. Con BEVERLY D'ANGELO, MICHAEL ONTKEAN, VALERIE PERRINE, DICK SHAWN, ALLY SHEEDY. ■ Un'ereditiera non ha altro scopo nella vita che spendere i suoi quattrini e divertirsi. Ma durante una delle sue follie viene arrestata. Scambiata per un'altra, improvvisamente senza il becco di un quattrino, è costretta a impiegarsi come cameriera presso una casa di ricchi spocchiosi. ■ COMMEDIA; COL.; 94'; USA, 1987.

ASFALTO *(Asphalt)* ★★
Regia di JOE MAY. Con BETTY AMANN, GUSTAV FRÖHLICH, ALBERT STEINRUCK. ■ Elsa, una bella ladra, tenta un furto da un gioielliere. Viene però arrestata da Albert, un aitante vigile urbano. La donna riesce a circuirlo e a sedurlo. Un buon dramma a tinte fosche. ■ DRAMMATICO; COL.; 72'; GERMANIA, 1929.

ASFALTO CHE SCOTTA *(Classe tous risques)* ★★
Regia di CLAUDE SAUTET. Con JEAN-PAUL BELMONDO, SANDRA MILO, LINO VENTURA. ■ Un criminale internazionale condannato a morte cerca di sfuggire alla cattura. Con moglie, due figli e un amico sbarca a Mentone, ma ha uno scontro a fuoco con la polizia. Si salva con i figli e cerca rifugio e protezione a Parigi da vecchi amici del mestiere. Rimane solo, disperato e aumenta la serie di delitti, finché stanco della lotta e della fuga si lascia catturare. ■ GIALLO; B/N; 110'; FRANCIA, ITALIA, 1960.

ASFALTO ROSSO *(The Miami Story)* ★★★
Regia di FRED F. SEARS. Con LUTHER ADLER, ADELE JERGENS, BARRY SULLIVAN. ■ Un ex gangster, Flagg, viene ingaggiato per liberare Miami da una banda di banditi capeggiata da Brill. Flagg sta per riuscire nell'impresa ma la banda avversaria gli rapisce il figlio e lo ricatta. Con l'aiuto della bella Abbott, finge di cedere il campo agli avversari ma è solo una mossa per scoprire il loro covo, catturarli e liberare suo figlio. Abbott poi sposa il bravo Flagg. ■ POLIZIESCO; B/N; 75'; USA, 1954.

ASFALTO SELVAGGIO *(This Rebel Breed)* ★★
Regia di RICHARD L. BARE. Con MARY ASHERTON, MARK DAMON, GERALD MOHR, RITA MORENO. ■ Un poliziotto bianco e uno mulatto si intrufolano nell'università per smascherare alcune bande di gangster. Il primo viene accolto in una banda, il secondo si innamora della ragazza di un giovane criminale. Stanno per soccombere ma arrivano i nostri (poliziotti) e tutto si risolve. ■ DRAMMATICO; B/N; 90'; USA, 1961.

ASHANTI ★★★
Regia di RICHARD FLEISCHER. Con KABIR BEDI, MICHAEL CAINE, REX HARRISON, WILLIAM HOLDEN, BEVERLY JOHNSON, OMAR SHARIF, PETER USTINOV. ■ Una bellissima nera viene rapita per essere venduta come concubina a un principe arabo. Il marito organizza la ricerca aiutato da strani personaggi. Praticamente viene attraversata l'Africa e alla fine i due sposi si ritroveranno, anche se a caro prezzo. ■ AVVENTURA; COL.; 117'; USA, 1979.

ASIAPOL SECRET SERVICE *(Asiapol Service)* ★
Regia di AKINORI MATSUO. Con RURIKO ASAOKA, HIDEAKI NITANI, JOE SHISHIDO. ■ Un agente alla caccia di trafficanti d'oro. Un ricatto ignobile, subìto dal patrigno dell'agente, lo sprona a catturare vivo il capo dei gangster. Non tutto va bene. L'oro viene recuperato, la banda sgominata, ma il capo morirà colpito da una bomba a mano. ■ SPIONAGGIO; COL.; 100'; GIAPPONE, 1968.

ASIK KERIB – STORIA DI UN ASHUG INNAMORATO *(Asik Kerib)* ★★★★
Regia di DAVID ABASIZE. Con SOFICO CAURELI, VERONIQUE METONIZE, JURIJ MGOIAN, LEVAN NATROSVILI. ■ Presentato fuori concorso a Venezia. L'ultimo capolavoro del regista georgiano scomparso nel 1988, nello stesso ospedale di Parigi dove è morto Tarkovskij. David Abasize ha curato la co-regia come nel precedente *La leggenda della fortezza di Suram*. Asik è un povero musico che canta e suona ai matrimoni. Ama Magoul-Meguerie, ricca e bella, senza speranza. Parte per un lungo viaggio sperando di diventare ricco a sua volta, per poterla sposare. Lo stile del regista è molto personale. Inquadrature, movimenti, oggetti e persone fanno parte di enormi tele pittoriche che diventano cinema. ■ FIABESCO; COL.; 80'; URSS, 1988.

ASILO DEI PAPÀ, L' *(Daddy Day Care)* ★★
Regia di STEVE CARR. Con JEFF GARLIN, ANJELICA HUSTON, REGINA KING, EDDIE MURPHY, STEVE ZAHN. ■ La risata più inconfondibile del cinema si mette al servizio del film per famiglie, mercato da botta sicura negli Usa, e permette al proprio possessore (Eddie Murphy) di tornare a far cassa da protagonista almeno in patria. Charlie e Phil, pubblicitari di successo, vengono licenziati in seguito ad un fallimento. Trovatisi senza impiego i due passano più tempo con i rispettivi figli e, alla ricerca di un nuovo lavoro,

decidono a cuor leggero di mettere su un asilo: "L'asilo dei Papà". L'impresa, apparentemente semplice agli occhi dei due, sarà tutt'altro che una passeggiata. ■ COMMEDIA; COL.; 93'; USA, 2003.

ASILO DI POLIZIA *(Detective School Dropouts)* ★★
Regia di FILIPPO OTTONI. Con CHRISTIAN DE SICA, VALERIA GOLINO, DAVID LANDSBERG. ■ Collage di sketch e peripezie di due giovani investigatori squattrinati che capitano, a New York, nella villa di un boss mafioso, dove egli tiene, sequestrata, la bella figlia di un altro boss. Per liberarla i due finiscono in mille posti, anche a Roma, e si imbattono in un terzo clan mafioso. Saranno ricercati perfino dall'ambasciata degli Stati Uniti, ma con un ennesimo stratagemma, i due riusciranno a liberare la ragazza nel bel mezzo di un matrimonio. ■ COMMEDIA; COL.; 93'; ITALIA, USA, 1986.

ASINI ★★
Regia di ANTONELLO GRIMALDI. Con CLAUDIO BISIO, RENATO CARPENTIERI, FABIO DE LUIGI, ARNOLDO FOÀ, GIOVANNA MEZZOGIORNO, MARIA AMELIA MONTI. ■ Italo ha quarant'anni, vive con mamma e zia e sta in panchina durante le partite di rugby (lo sport che ama). Accetta l'incarico di insegnante di ginnastica in una comunità romagnola. Lì, aiuterà gli "asini" che la compongono a trovare regole di vita e a difendersi dai soprusi. Interessante tentativo di Bisio di liberarsi dalla direzione di registi che lo "usano". Peccato che il film manchi di un'articolazione più solida. ■ COMMEDIA; COL.; 103'; ITALIA, 1999.

ASINO D'ORO: PROCESSO PER FATTI STRANI CONTRO LUCIUS APULEIUS CITTADINO ROMANO, L' ★
Regia di SERGIO SPINA. Con BARBARA BOUCHET, MARISA FABBRI, SAMY PAVEL, PAOLO POLI, JOHN STEINER. ■ È la storia di un giovane romano e di un suo amico che incappano in una serie di avventure e di sventure procurate da fattucchiere. Il protagonista, quando è uomo, si comporta da asino, mentre agisce da uomo una volta trasformato in somaro. ■ COMMEDIA; COL.; 99'; ITALIA, 1970.

ASJA E LA GALLINA DALLE UOVA D'ORO ★★★
(Riaba, ma poule)
Regia di ANDREJ KONCHALOVSKY. Con INNA CHURIKOVA, GUENNADI IEGORITCHEV, ALEXANDER SURIN. ■ Come negli anni Sessanta i contadini sovietici accoglievano con diffidenza le riforme provenienti da Mosca, così negli anni Novanta le popolazioni rurali non guardano di buon occhio la mentalità neocapistalista della Russia post-Gorbacev. Così la non più giovane Asja, già protagonista nel 1967 di *La storia di Asja Kljacina che amò senza sposarsi*, non cede al corteggiamento di un ricco possidente e non condivide la propensione del figlio per i soldi facili. Ritorno di Konchalovsky a temi e personaggi del suo paese d'origine. ■ DRAMMATICO; COL.; 117'; FRANCIA, RUSSIA, 1994.

A SOAP *(En soap)* ★★
Regia di PERNILLE FISCHER CHRISTENSEN. Con DAVID DENCIK, TRINE DYRHOLM, ELSEBETH STEENTOFT, FRANK THIEL. ■ Charlotte, 34 anni, è proprietaria di una clinica di bellezza. Un giorno decide di abbandonare il proprio compagno Kristian e di andare a vivere in un appartamento squallido. Al piano di sotto abita un giovane transessuale, che la donna conoscerà facendosi partecipe dei suoi problemi. Film danese "classico" che riproduce volutamente lo stile di una soap opera per scavare nelle vite di due personaggi incerti sul loro futuro, e che tali restano sino allo scorrere dei titoli di coda. ■ DRAMMATICO; COL.; 102'; DANIMARCA, 2006.

A SPASSO COL RAPINATORE *(Carpool)* ★
Regia di ARTHUR HILLER. Con TOM ARNOLD, DAVID PAYMER, RHEA PERLMAN, ROD STEIGER. ■ Arthur Hiller mette in scena una storiellina scontata in cui il padrone di un Luna Park in fase di chiusura diventa rapinatore e sequestra, con una pistola-accendino, l'auto di un pubblicitario con cinque ragazzini all'interno. A parte le esibizioni della Toyota monovolume, nel film non c'è molto. ■ COMMEDIA; COL.; 89'; USA, 1996.

A SPASSO CON DAISY *(Driving Miss Daisy)* ★★★
Regia di BRUCE BERESFORD. Con DAN AYKROYD, MORGAN FREEMAN, JESSICA TANDY. ■ Dopo che la signora Daisy finisce con l'automobile in una grande siepe il figlio decide di dare un autista alla madre. La donna però non gradisce il "dono" e si ostina ad andare a piedi, così è l'autista di colore a doverla convincere. Daisy però non ha un carattere molto tranquillo e per un po' lo tratta male. Quando imperverserà il Ku Klux Klan la donna cambierà e proverà molto affetto per il suo autista che l'andrà a trovare anche nella casa di ricovero dove sarà portata anni più tardi. Un film formalmente gradevole, ben girato e interpretato, ma forse non abbastanza grintoso. Imbarazzante il fatto che abbia vinto 4 Oscar tra i quali: miglior regia e migliore attrice protagonista. ■ COMMEDIA; COL.; 99'; USA, 1989. ■ BERLINO 2 PR; DAVID DI DONATELLO 1 PR, 1 NOM; GOLDEN GLOBES 3 PR, 3 NOM; OSCAR 4 PR, 9 NOM.

A SPASSO CON LA MORTE *(Dance with Death)* ★
Regia di CHARLES PHILIP MOORE. Con BARBARA ALYN WOODS, MAXWELL CAULFIELD. ■ Un serial killer uccide numerose spogliarelliste. Una giornalista decide di indagare facendosi assumere per gli strip. Lo scoop arriva ma in modo imprevisto. ■ THRILLER; COL.; 86'; USA, 1991.

A SPASSO NEL TEMPO ★
Regia di CARLO VANZINA. Con MASSIMO BOLDI, CHRISTIAN DE SICA, DEAN JONES, MARCO MESSERI. ■ De Sica e Boldi provano la macchina del tempo e sono catapultati prima nella preistoria, poi nella Firenze del Rinascimento, poi a Venezia nel Settecento, infine a Roma occupata dai tedeschi. Le battute sono le solite dei Vanzina. ■ COMICO; COL.; 95'; ITALIA, 1996.

A SPASSO NEL TEMPO: L'AVVENTURA CONTINUA ★★
Regia di CARLO VANZINA. Con MASSIMO BOLDI, MARIANGELA D'ABBRACCIO, CHRISTIAN DE SICA, MARCO MESSERI. ■ La rivisitazione di momenti storici e di costume per le solite gag natalizie dei fratelli Vanzina. Christian fa il verso al papà maresciallo di *Pane amore e fantasia* e Boldi suona la batteria di Ringo Starr insieme agli altri Beatles. ■ COMICO; COL.; 95'; ITALIA, 1997.

ASPETTAMI ★★
Regia di N. SHAPIRO. Con B. BLINORE, V. SIEROVA. ■ È la storia della moglie di un pilota che attende fiduciosa il ritorno del marito. Anche quando tutti lo danno per morto lei continua a sperare. E ha ragione. ■ DRAMMATICO; B/N; 89'; URSS, 1945.

ASPETTAMI STASERA *(Meet Me after the Show)* ★★
Regia di RICHARD SALE. Con LOIS ANDREWS, BETTY GRABLE. ■ Una cantante sposa un regista, vanno a Broadway e lei ha successo. Poi comincia a essere gelosa di un'impresaria e vuole divorziare. La vita diventa difficilissima anche per i molti equivoci. Poi le canzoni sistemano tutto. ■ COMM. MUSICALE; COL.; 86'; USA, 1951.

ASPETTANDO CAROLINE *(Waiting for Caroline)* ★★
Regia di RON KELLY. Con ROBERT HOWAY, ALEXANDRA STEWART, FRANÇOIS TASSÉ. ■ C'è una ragazza fidanzata che si vede arrivare fra capo e collo un suo ex. Si risveglia l'antica fiamma ma non si spegne la nuova. La situazione si prolunga davvero troppo e alla fine i due uomini si tolgono di mezzo e lei rimane sola e (forse) contenta. ■ COMMEDIA; COL.; 84'; USA, 1968.

ASPETTANDO IL SOLE ★
Regia di AGO PANINI. Con RAOUL BOVA, CLAUDIA GERINI, VANESSA INCONTRADA, CLAUDIO SANTAMARIA, BEBO STORTI. ■ Anni Ottanta. Italia. Tre sbandati raggiungono il Bellevue Hotel, un albergo isolato in cui trovare temporaneo ristoro, ma dove incontrano personaggi particolari. Ci sono infatti un regista di film hard con la troupe, un uomo disilluso dall'amore, il detentore di un segreto che dovrebbe restare tale e altra varia umanità accolta da un portiere di notte in strenua lotta con termiti e tarli. ■ COMMEDIA; COL.; 95'; ITALIA, 2007.

ASPETTANDO LA FELICITÀ *(Heremakono)* ★★
Regia di ABDERRAHMANE SISSAKO. Con KHATRA OULD ABDEL KADER, MAATA OULD MOHAMED ABEID. ■ Diario di viaggio di Abdallah, un giovane africano di passaggio nel suo villaggio natale in Mauritania, prima di ripartire per l'Europa. Il vento, la sabbia, il mare, la solitudine, un bambino apprendista elettricista

alle prese con una lampadina che non funziona, una bambina che canta melodie antichissime, un uomo che muore, un altro che parte per un futuro migliore che non arriverà mai perché incontrerà la morte, l'attesa di ripartire di Abdallah, le tante sigarette fumate, i numerosi tè bevuti, tutto fa parte della vita di ogni giorno del villaggio che sembra in perenne attesa di qualcosa. ■ DRAMMATICO; COL.; 101'; 2003.

ASPETTANDO LA NOTTE *(End of the Night)* ★★★
Regia di KEITH MCNALLY. Con NATHALIE DEVAUX, AUDREY MATSON, ERIC MITCHELL. ■ Presentato alla Quinzaine des realisateurs di Cannes il film è l'ottimo esordio di un regista che in passato aveva provato senza successo la strada della recitazione e della scrittura da palcoscenico. Di origine inglese, McNally ha saputo dare una particolare visione di New York con la fotografia di Di Cillo (lo stesso di *Stranger than Paradise*). Joe Blinski, di origine russa, diventa un violento quando la moglie sta mettendo alla luce il figlio. Inconsciamente si sente messo da parte e comincia ad attivare influssi psicosomatici che lo portano a fuggire e a cercare un'altra identità. È incubo, o realtà? ■ DRAMMATICO; COL.; 108'; USA, 1990.

ASPETTA PRIMAVERA BANDINI ★★★
Regia di DOMINIQUE DERUDDERE. Con FAYE DUNAWAY, JOE MANTEGNA, ORNELLA MUTI. ■ Vita dura di un emigrato italiano negli anni Venti in Usa. Bandini, muratore, lavora solo nella bella stagione. D'inverno fa fatica a tirare avanti con la sua numerosa famiglia. Una calorosa vedova gli offre lavoro. Ma anche il suo letto. La relazione con lei minaccia di far naufragare il matrimonio dell'uomo. Poi, per merito del figlio maggiore, tutto s'aggiusta. ■ DRAMMATICO; COL.; 105'; ITALIA, 1989.

ASPETTO UNA SIGNORA *(Ein Lied für Dich)* ★★
Regia di JOE MAY. Con PAUL KEMP, JAN KIEPURA. ■ Una ragazza un po' cretina ha ambizioni canore. Conosce un tenore e spera di usarlo per i suoi scopi. C'è anche un fidanzato compiacente e abbandonato. Tutto finisce come gli spettatori vogliono. E intanto Kiepura canta. ■ COMMEDIA; B/N; 85'; GERMANIA, 1934.

ASPHYX *(The Asphyx)* ★★
Regia di PETER NEWBROOK. Con JANE LAPOTAIRE, ROBERT POWELL, ROBERT STEPHENS. ■ Uno scienziato riesce a isolare lo "spirito della morte" che aleggia intorno a tutti nel momento fatale. Riuscendo a "vederlo" può evitarlo in tempo, così da procurarsi, almeno per un po', l'immortalità. Un buon esempio di fantasy di produzione inglese, ambientato convincentemente nell'Ottocento. ■ FANTASCIENZA; B/N; 99'; GRAN BRETAGNA, 1972.

ASPROMONTE ★★
Regia di HEDY KRISSANE. Con MARIA PIA CALZONE, PIER MARIA CECCHINI, ANDREA DE ROSA, FRANCO NERI, SILVIA SQUIZZATO. ■ Due fratelli, una terra ostica e bella come l'Aspromonte, un *on the road* su una jeep del Corpo forestale dello Stato. Franco Neri è Torquato, calabrese trapiantato al Nord e diventato imprenditore; Andrea De Rosa, già irresistibile in *Notte prima degli esami*, è Marco, il giovane fratello che ha una band e che gli deve una firma sull'atto di vendita del suo mobilificio. Quel tratto di penna li porta a ritrovarsi ma anche a litigare, dopo pochi minuti. E Marco scompare in Aspromonte, una passeggiata notturna per sbollire la rabbia diventa una fuga. O, come sospetta il fratello, un sequestro. L'amico ufficiale del Cfs gli mette a disposizione il suo miglior agente (Pier Maria Cecchini) per ritrovarlo e noi, con loro, ci ritroviamo catapultati in un Aspromonte *coast to coast*. Una commedia leggera che mostra un pezzo d'Italia la cui bellezza è stata spesso accantonata. ■ COMMEDIA; COL.; 90'; ITALIA, 2012.

ASSALONNE BOMBE E DONNE *(I Only Arsked)* ★★
Regia di MONTGOMERY TULLY. Con ALFIE BASS, BERNARD BRESSLAW, MICHAEL MEDWIN. ■ Un maggiore inglese ha l'incarico di mantenere l'ordine in un paese del Medio Oriente, ricco di petrolio. Il guaio è stato creato dal fratello del re che tenta di usurpare il trono. Gli inglesi, aiutati anche dalla fortuna, riescono nel loro intento. ■ COMICO; B/N; 82'; GRAN BRETAGNA, 1958.

ASSALTO, L' *(Fury at Furnace Creek)* ★★
Regia di BRUCE H. HUMBERSTONE. Con COLEEN GRAY, VICTOR MATURE. ■ Un generale scorta un carico di rifornimenti, poi abbandona il convoglio e gli indiani hanno gioco facile nella conquista del forte. Il generale va sotto processo e muore di dolore. I suoi due figli, vent'anni dopo, faranno giustizia. ■ WESTERN; B/N; 88'; USA, 1948.

ASSALTO, L' *(De Aanslag)* ★★★★
Regia di FONS RADEMAKERS. Con DEREK DELINT, JOHN KRAAYKAMP, MONIQUE VAN DE VEN, MARC VAN UCHELEN. ■ Tratto da un romanzo di Harry Mulisch, il film narra la storia di un fisico la cui famiglia fu sterminata dai nazisti durante la seconda guerra mondiale. Nel gennaio 1945, la Resistenza tedesca uccide un alleato nella strada in cui abita l'allora dodicenne Anton Steenwijk. Poiché l'uomo, ucciso in realtà di fronte alla casa dei vicini della famiglia Steenwijk, viene rimosso e trasportato di fronte alla porta di casa della famiglia Steenwijk dagli stessi vicini, i tedeschi non esitano a sterminare il padre, la madre e il fratello di Anton. Divenuto adulto, Anton è deciso a scoprire la verità e passa gran parte della sua vita ad interrogarsi sul motivo che ha spinto i suoi vicini a comportarsi in quel modo. Nel 1984, durante una dimostrazione anti-missile, il "mistero" si risolve e la risposta ai mille interrogativi di Anton si rivela molto più complessa di quella che si poteva immaginare nel lontano 1945. Il film, strutturato a flashback, acquista un fascino tutto particolare proprio perché i fatti e le parole chiave per la comprensione della vicenda riaffiorano a poco a poco da un passato nebuloso trovando chiarimenti nel presente. ■ DRAMMATICO; COL.; 149'; USA, 1986. ■ OSCAR 1 PR, 1 NOM.

ASSALTO AL CIELO *(Chain Lightning)*
Regia di STUART HEISLER. Con HUMPHREY BOGART, RAYMOND MASSEY, ELEANOR PARKER. ■ Un grande pilota un po' in declino (economico) viene assunto da un'impresa che costruisce aerei a reazione. La sua amicizia con un progettista si trasforma in competizione, tanto drammatica che l'altro ne muore. ■ AVVENTURA; B/N; 94'; USA, 1950.

ASSALTO AL KANSAS PACIFIC *(Kansas Pacific)* ★★
Regia di RAY NAZARRO. Con STERLING HAYDEN, EVE MILLER. ■ Alla vigilia della guerra civile, il governo di Washington manda un capitano a dirigere la costruzione di una ferrovia indispensabile per i collegamenti. Il capitano compie la missione, si innamora e si sposerà. ■ AVVENTURA; COL.; 73'; USA, 1953.

ASSALTO ALLA TERRA *(Them!)* ★★★
Regia di GORDON DOUGLAS. Con EDMUND GWENN, JOAN WELDON, JAMES WHITMORE. ■ Dopo un'esplosione atomica avvenuta nel New Mexico, la Terra è minacciata da un'invasione di gigantesche formiche, contro cui si prodigano in particolare un entomologo e sua figlia. ■ FANTASCIENZA; B/N; 94'; USA, 1954. ■ OSCAR 1 NOM.

ASSALTO AL NETWORK *(Pass the Ammo)* ★★
Regia di DAVID BEAIRD. Con TIM CURRY, LINDA KOZLOWSKI, BILL PAXTON, ANNIE POTTS. ■ Una presa in giro dei predicatori che fanno i divi alla tv americana. Un "reverendo" e sua moglie hanno spillato quattrini a parecchi gonzi durante le loro tele-cerimonie. La nipote di una delle vittime interrompe lo show per riavere i soldi della nonna e, quando la polizia interviene, prende in ostaggio il predicatore. ■ COMMEDIA; COL.; 97'; USA, 1988.

ASSALTO AL TESORO DI STATO ★★
Regia di PETER E. STANLEY. Con ROGER BROWNE, FRANCO RESSEL, ANITA SANDERS. ■ Un gruppo di banditi cerca di rapinare una somma destinata a riscattare un'impresa americana in uno stato arabo. Alcuni agenti vengono mandati a sventare la rapina. Uno di loro, a missione compiuta, trova anche l'amore in una ribelle redenta. ■ AVVENTURA; COL.; 90'; ITALIA, 1966.

ASSALTO AL TRENO *(The Great Train Robbery)* ★★★
Regia di EDWIN S. PORTER. Con MAX ANDERSON, GEORGE BARNES, MARIE MURRAY. ■ Viene compiuta una rapina su di un treno. I banditi verranno catturati grazie a una telegrafista. Interpretato da uno dei primi divi del cinema western, Broncho Billy. Celebre l'*emblematic shot* in cui un bandito spara contro la macchina da presa, cioè verso gli spettatori. Uno dei primi grandi successi della storia del cinema. ■ WESTERN; B/N; 11'; USA, 1903.

ASSALTO AL TRENO GLASGOW-LONDRA ★★
(Die Gentlemen bitten zur Kasse)
Regia di JOHN F. OLDEN. Con HANS COSSY, HARRY ENGEL, HORST TAPPERT. ■ Il famoso assalto eseguito con tecnica militare, portato sullo schermo dai tedeschi. ■ DRAMMATICO; B/N; 110′; GERMANIA, 1966.

ASSALTO AL TRENO POSTALE *(Wyoming Mail)* ★★
Regia di REGINALD LE BORG. Con STEPHEN MCNALLY, ALEXIS SMITH. ■ Un ex ufficiale viene incaricato di indagare sulle frequenti rapine che subisce un treno postale. L'uomo riesce a entrare a far parte della banda di un famoso bandito. Lavorando dall'interno, la soluzione del caso diventa più facile. Anche qui non manca la giusta svolta sentimentale. ■ AVVENTURA; COL.; 87′; USA, 1950.

ASSALTO A TOMBSTONE *(Four Eyes)* ★
Regia di PIERS HAGGARD. Con PATRICIA CLARKSON, JUDGE REINHOLD, FRED WARD. ■ Ammiratore di Wyatt Earp e specialista di ottica arriva a Tombstone per aprire un negozio di occhiali. Lo prendono in giro perché si ritiene un valido tiratore ma scoprono che dice la verità. ■ WESTERN; COL.; 89′; USA, 1992.

ASSALTO DALLO SPAZIO *(Invisible Invaders)* ★
Regia di EDWARD L. CAHN. Con JOHN AGAR, JEAN BYRON. ■ Uno scienziato sente una voce extraterrestre che chiede un riscatto per certi uomini scomparsi. Nessuno crede all'esistenza di tali voci. Derisione generale ma poi ci si accorge che il pericolo c'è. ■ FANTASCIENZA; COL.; 67′; USA, 1959.

ASSALTO DELLE FRECCE ROSSE, L' ★★
(Slaughter Trail)
Regia di IRVING ALLEN. Con BRIAN DONLEVY, VIRGINIA GREY, GIG YOUNG. ■ Un bandito viene catturato dopo una rapina. Quando è il momento di giudicarlo, ecco che un capo indiano lo reclama per farne a sua volta giustizia. Grave dilemma che un valoroso ufficiale riesce a risolvere per il meglio. ■ WESTERN; COL.; 78′; USA, 1951.

ASSALTO DEL 5° BATTAGLIONE ★★
(Signal nad gradon)
Regia di ZIVORAD ZIKA MITROVIC. Con ALEXANDER MITROVIC, MARY YOUNG. ■ Circa il settanta per cento del cinema dell'ex-Jugoslavia narra di guerra e partigiani. Questo è uno dei tanti film sull'argomento. ■ GUERRA; B/N; 90′; JUGOSLAVIA, 1959.

ASSALTO FINALE ★★
(The Long Ride Home – A Time for Killing)
Regia di PHIL KARLSON. Con GLENN FORD, GEORGE HAMILTON, INGER STEVENS. ■ Un ufficiale sudista evade con un gruppo di soldati. Non rivela che la guerra è finita (cosa che lui sa) e continua a depredare e uccidere. ■ WESTERN; COL.; 88′; USA, 1968.

ASSASSINATION ★★
Regia di HAL BRADY. Con FRED BEIR, HENRY SILVA, EVELYN STEWART. ■ Un uomo condannato per un delitto che non ha commesso viene salvato *in extremis* dalla Cia. In cambio dovrà entrare nei panni di una spia e svolgere una pericolosa missione. Banale. ■ SPIONAGGIO; COL.; 90′; ITALIA, 1968.

ASSASSINATION ★★
Regia di PETER HUNT. Con MICHAEL ANSARA, CHARLES BRONSON, JILL IRELAND. ■ Qualcuno vuol uccidere la futura presidentessa degli Stati Uniti. Alla vigilia infatti dell'insediamento del marito alla Casa Bianca, la first lady è presa di mira da una banda di misteriosi killer (il mandante è un politico al di sopra di ogni sospetto) ma il capo dei servizi di sicurezza la salva. ■ GIALLO; COL.; 88′; USA, 1986.

ASSASSINATION, THE ★★
(The Assassination of Richard Nixon)
Regia di NIELS MUELLER. Con DON CHEADLE, BRAD HENKE, SEAN PENN, JACK THOMPSON, NAOMI WATTS, MYKELTI WILLIAMSON, MICHAEL WINCOTT. ■ Cosa può far pensare a un uomo di assassinare un presidente? Questa domanda non ha molte risposte, se non quella della follia di chi è giunto allo stremo delle forze psichiche che tenta un gesto disperato, definitivo. 1974, Stati Uniti. Quella di Sam Bicke (Sean Penn), agente di commercio di un'azienda di mobili, è una storia vera, drammaticamente vera, in cui le debolezze e le condizioni di vita influiscono sulle sue giornate. Una moglie da cui è separato che non ne vuole più sapere, un lavoro che lo vede sempre in difficoltà e un amico meccanico con il quale vorrebbe aprire un'attività sono il suo mondo. Ma il suo unico sogno si scontra con la difficoltà di ottenere un finanziamento. Senza avere questa apertura verso il futuro la situazione si fa davvero impossibile. Completamente sulle spalle di Sean Penn, con una regia tanto dimenticabile quanto inesistente, il film è un "one man show", espressione delle capacità interpretative di un attore come pochi, che si perde completamente nelle complesse magie di Sam. La sua recitazione appare in alcuni momenti di maniera, ma il ritmo è scandito da lui, lento nello sviluppo e crescente nel finale. Assimilabile per molti versi a *Taxi driver* (il personaggio interpretato da De Niro si chiamava Travis Bickle), la vicenda di quest'uomo piccolo piccolo, distrutto dalla vita, è un'ulteriore manifestazione del malessere sotterraneo della provincia americana. ■ DRAMMATICO; COL.; 95′; MESSICO, USA, 2004.

ASSASSINATION BUREAU ★★★
Regia di BASIL DEARDEN. Con OLIVER REED, DIANA RIGG, TELLY SAVALAS. ■ C'è una sofisticata organizzazione, della quale fanno parte fior di cervelloni internazionali, che uccide gente ad altissimo livello (capi di Stato, grandi industriali, eccetera). Un giorno, per gioco, il capo di questa organizzazione decide di sfidare i suoi sicari commissionando la sua stessa morte. Comincia una rincorsa attraverso tutto il mondo e, fra un'impresa e l'altra, si trova modo di evitare una guerra fra la Russia e la Germania. ■ GIALLO; COL.; 113′; GRAN BRETAGNA, 1968.

ASSASSINATION TANGO ★★
Regia di ROBERT DUVALL. Con KATHY BAKER, RUBÉN BLADES, ROBERT DUVALL, JAMES KEANE. ■ John J. Anderson, esponente della malavita newyorkese ormai sulla via del declino, viene assoldato per compiere un omicidio. La vittima designata è un vecchio generale dell'esercito argentino che si è macchiato in passato di crimini verso il suo popolo. Si tratta quindi per John di lasciare per qualche giorno la sua compagna e la figlioletta di lei, Jenny, per recarsi a Buenos Aires dove risiede attualmente il generale. Una volta là le cose si complicano. Dopo un incontro con i complici locali, John incappa quasi per caso in due ballerini di tango e ne resta affascinato. Da qui in poi è tutto un alternarsi di passione per il ballo e organizzazione del delitto. Gli eventi precipitano e Anderson sarà costretto ad agire di testa sua con conseguenze imprevedibili. ■ THRILLER; COL.; 114′; ARGENTINA, USA, 2002.

ASSASSINI DEI GIORNI DI FESTA ★★★
Regia di DAMIANO DAMIANI. Con SARA D'AMARIO, LEONARDO FERRANTINI, CARMEN MAURA, AGNESE NANO. ■ Durante i funerali di un capocomico, una compagnia teatrale decide di recitare nella vita reale interpretando i ruoli dei parenti nelle veglie funebri. Recatisi a una veglia, scoprono che il defunto non aveva parenti. Decidono così di mettere in scena la loro opera. ■ GROTTESCO; COL.; 98′; ITALIA, 2002.

ASSASSINI DEL KARATÈ, GLI ★★★
(The Karate Killers)
Regia di BARRY SHEAR. Con JOAN CRAWFORD, CURD JÜRGENS, HERBERT LOM, DAVID MCCALLUM, TELLY SAVALAS, TERRY THOMAS, ROBERT VAUGHN. ■ Muore un inventore pieno di paure e di scrupoli e affida una preziosissima formula alle quattro figlie sparse nel mondo. Si accende la lotta fra le potenze. Gli Stati Uniti inviano i due famosi agenti dell'UNCLE, Napoleon Solo e Ilya Kuryakin. Avventure in tutto il mondo e successo finale. ■ AVVENTURA; COL.; 85′; USA, 1967.

ASSASSINI DELLA DOMENICA, GLI ★★★
(Les assassins du dimanche)
Regia di ALEX JOFFÉ. Con BARBARA LAAGE, JEAN SERVAIS, JEAN-MARC THIBAULT. ■ Un meccanico si vede consegnare una Mercedes per ripararla. È tardi e non ce la fa a finire. Rimangono da fissare dei bulloni, cosa che rimanda alla mattina dopo. Ma la moglie consegna la macchina così. Si tratta di sapere quando la ruota si staccherà. ■ DRAMMATICO; B/N; 100′; FRANCIA, 1956.

ASSASSINI NATI – NATURAL BORN KILLERS ★★★
(Natural Born Killers)
Regia di OLIVER STONE. Con ROBERT DOWNEY JR., WOODY HARRELSON, TOMMY LEE JONES, JULIETTE LEWIS. ■ Tratto dal soggetto di Quentin Tarantino, il quale ha poi polemizzato, per via dell'arbitraria sceneggiatura, con Stone. Due giovani, un ragazzo e una ragazza, seminano il panico e la morte. Sono serial killer senza scrupoli e senza una vera e propria ragione. Imprigionati dopo il 54° omicidio, diventano divi della televisione e riusciranno a fuggire. Divertente la parodia della *situation commedy* per mostrare l'infanzia della protagonista e l'incontro tra i due futuri assassini. Il regista dice di essersi ispirato ad *Arancia meccanica* per la scelta grottesca ma il debito maggiore lo ha con *Cuore selvaggo* di Lynch. Ciò detto, il film è comunque il migliore che Stone abbia fatto da anni perché smuove lo spettatore, alimenta la discussione, cerca strade nuove passando da altre già segnate. Sceglie l'iperrealismo rispetto a film dello stesso genere come *Henry – Pioggia di sangue* e *Il cameraman e l'assassino*. Fa una denuncia, forse un tantino retorica, nei confronti dei mass-media. Incarna la violenza spettacolo per far sì che il serpente si morda la coda. Mischia fumetti a formati di pellicola diversi in maniera suggestiva. Fa dei chiari riferimenti alla cronaca attuale senza fare del documentarismo. Per contro, necessita di una grande maturità da parte dello spettatore. Soprattutto perché nello spettacolo caleidoscopico, che scorre come sulle montagne russe, non c'è il tempo per i più giovani di prendere le distanze dai protagonisti. La musica è quanto mai varia, spaziando dalle atmosfere di Peter Gabriel al rock di Patti Smith, a Puccini (come già aveva fatto Kubrick), fino alla voce demoniaca di Diamanda Galas. Deprecabile il divieto ai minori di 14 anni, anziché di 18. ■ DRAMMATICO; COL.; 120'; USA, 1994. ■ GOLDEN GLOBES 1 NOM; VENEZIA 2 PR.

ASSASSINI NON HANNO SCELTA, GLI ★★
(Un choix d'assassin)
Regia di PHILIPPE FOURASTIÉ. Con DUDA CAVALCANTI, ROBERT DALBAN, BERNARD NOËL. ■ Un uomo perde la moglie che era la sua unica ragione di vita. Diventa un rifiuto e un tale ne approfitta per indurlo a commettere un omicidio. Il poveretto tuttavia al momento cruciale ritrova la lucidità e agisce per il meglio, recuperando anche l'affetto di una bambina. ■ DRAMMATICO; COL.; 93'; FRANCIA, 1960.

ASSASSINIO A BORDO *(Murder Ahoy)* ★★★
Regia di GEORGE POLLOCK. Con LIONEL JEFFRIES, MARGARET RUTHERFORD, CHARLES TINGWELL. ■ È una trama gialla con la famosa vecchietta che assomigliava come una goccia d'acqua alla grande scrittrice di gialli Agatha Christie. Questa volta la "poliziotta" è alle prese con un assassino che terrorizza i passeggeri di una nave. Questo film comunque non è tratto da un romanzo della Christie. ■ GIALLO; B/N; 93'; GRAN BRETAGNA, 1964.

ASSASSINIO AL CIMITERO ETRUSCO ★
Regia di CHRISTIAN PLUMMER. Con ELVIRE AUDRAY, CLAUDIO CASSINELLI, PAOLO MALCO. ■ Una donna dotata di poteri medianici "vede" in sogno l'assassinio del marito archeologo in un cimitero etrusco. Recatasi sul luogo del delitto, assiste a una lunga serie di inspiegabili omicidi, che, sotto apparenze demoniache, celano un losco traffico di droga. ■ HORROR; COL.; 80'; ITALIA, 1982.

ASSASSINIO AL GALOPPATOIO ★★★
(Murder at the Gallop)
Regia di GEORGE POLLOCK. Con ROBERT MORLEY, FLORA ROBSON, MARGARET RUTHERFORD. ■ Tratto da un romanzo di Agatha Christie. Un maneggio frequentato dalla borghesia di una cittadina inglese è teatro di strane uccisioni. Miss Marple indaga fino a rischiare la morte. Come sempre l'assassino non le sfuggirà. ■ GIALLO; B/N; 81'; GRAN BRETAGNA, 1963.

ASSASSINIO ALL'AEROPORTO *(Friday Foster)* ★★
Regia di ARTHUR MARKS. Con GODFREY CAMBRIDGE, PAM GRIER, YAPHET KOTTO. ■ Un'intraprendente fotografa di colore viene a conoscenza di un complotto per assassinare uomini politici neri. Naturalmente riesce a sventare la macchinazione. ■ GIALLO; COL.; 95'; USA, 1975.

ASSASSINIO ALLO SPECCHIO ★★
(The Mirror Crack'd)
Regia di GUY HAMILTON. Con ROCK HUDSON, ANGELA LANSBURY, ELIZABETH TAYLOR. ■ Una troupe cinematografica americana va a girare un film sulla vita di Maria Stuarda proprio nella cittadina dove abita da sempre la detective dilettante Jane Marple. A un ricevimento una ragazza muore avvelenata, e pochi giorni dopo anche una segretaria. Molti membri della troupe vengono sospettati (tra cui il regista, il produttore e le due attrici principali). Un ispettore di Scotland Yard, nipote della Marple, brancola nel buio. Ma sua zia, no. Individuerà il colpevole, che muore suicida. ■ GIALLO; COL.; 105'; GRAN BRETAGNA, 1980.

ASSASSINIO ALLO STADIO ★★
(Murder at the World Series)
Regia di ANDREW V. MCLAGLEN. Con LYNDA DAY GEORGE, NANCY KELLY, KAREN VALENTINE. ■ A Houston, nel Texas, si sta giocando il campionato mondiale di baseball. Per vendicarsi di essere stato cacciato dalla sua squadra, uno squilibrato decide di sequestrare la moglie di un noto giocatore. Si impadronisce invece, per sbaglio, della splendida Kelly, e minaccia di farla saltare per aria nel camioncino dove l'ha nascosta se la sua ex società non gli verserà una certa somma di denaro. ■ DRAMMATICO; COL.; 97'; USA, 1978.

ASSASSINIO AL NETWORK ★★
(Money, Power, Murder)
Regia di LEE PHILIPS. Con BLYTHE DANNER, KEVIN DOBSON, JOSEF SOMMER. ■ La giornalista di un network di New York scompare. Il marito, tramite alcune lettere della moglie e insieme a un collega di lei, riuscirà a scoprire sordidi traffici coperti dalla rete televisiva. ■ THRILLER; COL.; 91'; USA, 1989.

ASSASSINIO AL SOLE – AMORE E VIOLENZA ★★
(Le hasard et la violence)
Regia di PHILIPPE LABRO. Con ANTONIO CASAGRANDE, SERGIO FANTONI, YVES MONTAND, KATHARINE ROSS. ■ Uno studioso di criminologia libera un detenuto da una prigione dove egli stesso fu chiuso durante la guerra. Questa sua attitudine a fare esperimenti lo mette nei guai. Subisce un'aggressione che gli costa molto cara. Non basta l'amore, che una dottoressa prova per lui, a salvarlo. ■ DRAMMATICO; COL.; 83'; FRANCIA, 1973.

ASSASSINIO AL TERZO PIANO *(Games)* ★★★
Regia di CURTIS HARRINGTON. Con JAMES CAAN, KATHARINE ROSS, SIMONE SIGNORET. ■ Un collezionista un po' criminale decide di far diventare pazza la moglie per averne l'eredità. Per il suo piano chiede l'aiuto di una poco di buono, la quale si dimostra attivissima, tanto da essere lei l'unica beneficiaria della morte della donna ormai diventata pazza. ■ GIALLO; COL.; 100'; USA, 1967.

ASSASSINIO A 45 GIRI *(Meurtre en 45 tours)* ★★★
Regia di ETIENNE PÉRIER. Con MICHEL AUCLAIR, DANIELLE DARRIEUX, JEAN SERVAIS. ■ Una cantante vedova (forse il marito è stato ucciso) riceve delle telefonate dal marito stesso. Naturalmente è sconvolta e la sua arte ne risente. Il marito (che era un compositore) vorrebbe che la donna cantasse un suo lavoro. C'è di mezzo anche un impresario con pochissimi scrupoli che si sospetta abbia ucciso il compositore. Alla fine si scopre tutto. ■ GIALLO; B/N; 93'; FRANCIA, 1960.

ASSASSINIO A SANGUE FREDDO *(Pusteblume)* ★★
Regia di RALPH GREGAN, GUNTER VAESSEN. Con RUTGER HAUER, WALTER RICHTER, VERA TSCHECHOWA. ■ Una giovane assiste involontariamente a un rapimento. Per evitare che parli, i rapitori la prendono in ostaggio. Ma litigano fra di loro, si ammazzano. La ragazza e il rapito salveranno vita e libertà. ■ THRILLER; COL.; 90'; GERMANIA, 1982.

ASSASSINIO DEL CORRIERE DI LIONE, L' ★★
(L'affaire du courrier de Lyon)
Regia di CLAUDE AUTANT-LARA, MAURICE LEHMANN. Con PIERRE BLANCHAR, DITA PARLO. ■ La vicenda si svolge in Francia durante la Rivoluzione. Un corriere che sta trasportando del denaro in Italia viene rapinato e ucciso. La colpa viene data a un no-

bile che tuttavia alla fine risulta innocente. ■ AVVENTURA; B/N; 102'; FRANCIA, 1938.

ASSASSINIO DEL DOTT. HICHTCKOK, L' ★★
(Autopsia de un criminal)
Regia di RICHARD BLASK. Con DANIELLE GODET, FRANCISCO RABAL, HOWARD VERNON. ■ Charles ha un debito col dottor Hichtckok e gli dà una collana in pegno. Ma le circostanze impongono che la collana venga recuperata. Charles va dal dottore e lo trova morto, insieme alla moglie. Viene subito sospettato ma alla fine la verità viene fuori. ■ GIALLO; B/N; 85'; SPAGNA, 1962.

ASSASSINIO DI FAMIGLIA *(Secret Sins of the Father)* ★★
Regia di BEAU BRIDGES. Con BEAU BRIDGES, LLOYD BRIDGES, FREDERICK COFFIN, LEE PURCELL. ■ Un piccolo giallo per la televisione diretto dall'attore Beau Bridges, fratello di Jeff e figlio di Lloyd. Un poliziotto vuole scoprire chi ha assassinato sua madre spingendola dalle scale. Sospetta del padre. ■ DRAMMATICO; COL.; 120'; USA, 1994.

ASSASSINIO DI FRED HAMPTON, L' ★★★
(The Murder of Fred Hampton)
Regia di MIKE GRAY. ■ Fred Hampton è il fondatore e presidente del movimento americano "Pantere Nere". Il film è la sua storia, fino alla sua morte avvenuta nel '69. La polizia disse di averlo ucciso per legittima difesa, le "Pantere" dissero che si era trattato di un assassinio a freddo. ■ DRAMMATICO; COL.; 90'; USA, 1973.

ASSASSINIO DI JESSE JAMES PER MANO DEL CODARDO ROBERT FORD, L' ★★
(The Assassination of Jesse James By the Coward Robert Ford)
Regia di ANDREW DOMINIK. Con CASEY AFFLECK, ZOOEY DESCHANEL, GARRET DILLAHUNT, MARY-LOUISE PARKER, BRAD PITT, JEREMY RENNER, SAM ROCKWELL, PAUL SCHNEIDER, SAM SHEPARD. ■ Dal libro omonimo di Ron Hansen. Sul finire degli anni sessanta dell'Ottocento la famigerata banda dei fratelli James imperversava nello stato del Missouri, assalendo banche, treni e diligenze. Gli ultimi ribelli della guerra civile erano al servizio del più carismatico dei fratelli James, Jesse. Figlio di un pastore e ultimo di tre fratelli, James è venerato e invidiato dal più piccolo dei cinque Ford, Robert, poco più che ventenne, che spera di farsi apprezzare e reclutare dal carismatico leader. L'ostinata diffidenza di James per Robert trasformerà l'ammirazione in disprezzo. Il biasimo di Bob e un colpo di pistola fredderanno Jesse James a tradimento. Era il 3 aprile 1882, era l'inizio della leggenda del "bandito sociale". Non si tratta di un western, almeno nel senso tradizionale del termine. A mancare è il respiro epico che appartiene al genere. Non è facile comprendere il personaggio di Jesse James, il guerrigliero degenerato in bandito. Qui ci si limita all'introspezione psicologica, concentrandosi sulla relazione tra il fuorilegge navigato e l'ambizioso neofita. Il film è stato visto... praticamente da nessuno. Il western, quello vero, si vendica. ■ AZIONE; COL.; 160'; USA, 2007.

ASSASSINIO DI MARY PHAGAN, L' ★★
(The Murder of Mary Phagan)
Regia di BILLY HALE. Con RICHARD JORDAN, JACK LEMMON, REBECCA MILLER. ■ Rievocazione di un famoso fatto giudiziario ad Atlanta nel 1913. Un agricoltore venne processato per l'assassinio di una sua dipendente e condannato a morte per impiccagione. Jack Lemmon ha il ruolo del governatore della Georgia che volle riaprire il caso, pur sapendo che la cosa poteva costargli la carriera. Dal libro dossier di Larry McMurtry. ■ DRAMMATICO; COL.; 216'; USA, 1988.

ASSASSINIO DI SISTER GEORGE, L' ★★★★
(The Killing of Sister George)
Regia di ROBERT ALDRICH. Con CORAL BROWNE, PATRICIA MEDINA, BERYL REID, SUSANNAH YORK. ■ È una storia "dietro le quinte". Una vecchia attrice omosessuale sa che un suo personaggio verrà eliminato e allora cerca di difendersi. I rapporti dell'attrice con la sua "amica" vanno sempre peggio, fino a finire in tragedia quando la bella le viene sottratta da una produttrice. ■ DRAMMATICO; COL.; 138'; USA, 1969.

ASSASSINIO DI TROTSKY, L' ★★★
(The Assassination of Trotsky)
Regia di JOSEPH LOSEY. Con RICHARD BURTON, DUILIO DEL PRETE, ALAIN DELON, LUIGI VANNUCCHI. ■ Leone Trotsky, fuggito dalla Russia in Messico (perseguitato da Stalin), trova rifugio in una fattoria. Qui, assistito dalla moglie, pensa e scrive. Un giorno, un certo Frank Jackson uccide con un martello il rivoluzionario. Non si sa perché e non si saprà mai. Chiaro che in mano a Losey un film del genere non può non funzionare. ■ DRAMMATICO; COL.; 103'; FRANCIA, GRAN BRETAGNA, ITALIA, 1972.

ASSASSINIO DI UN ALLIBRATORE CINESE, L' ★★★
(The Killing of a Chinese Bookie)
Regia di JOHN CASSAVETES. Con SEYMOUR CASSEL, BEN GAZZARA. ■ È la storia del proprietario di un locale notturno pieno di debiti. Ridotto alla disperazione, per salvarsi la vita accetta, dopo molte tergiversazioni, di uccidere un allibratore cinese. ■ DRAMMATICO; COL.; 136'; USA, 1976.

ASSASSINIO DI UNA RAGAZZA SQUILLO ★
(Hachinin-me no teki)
Regia di HAJIME SATO. Con HISAKO TSUKUBA, TATSUO UMEMIYA. ■ Una ragazza muore dopo aver consegnato a un medico un nastro che inchioda i capi del racket della prostituzione. Il medico si dà da fare insieme alla polizia per sgominare i banditi. ■ POLIZIESCO; B/N; 80'; GIAPPONE, 1963.

ASSASSINIO MADE IN ITALY – IL SEGRETO DEL VESTITO ROSSO ★★
Regia di SILVIO AMADIO. Con CYD CHARISSE, MARIO FELICIANI, HUGH O'BRIAN. ■ Un americano che vive a Roma si mette in cerca di un amico scomparso, facendosi aiutare da una donna. ■ GIALLO; COL.; 90'; ITALIA, 1964.

ASSASSINIO PER CAUSE NATURALI ★★
(Murder by Natural Causes)
Regia di ROBERT DAY. Con HAL HOLBROOK, KATHARINE ROSS. ■ Un uomo molto in vista muore per cause apparentemente naturali. Alcuni indizi fanno però ritenere che la causa non sia così naturale. ■ GIALLO; COL.; 100'; USA, 1979.

ASSASSINIO PER CONTRATTO ★★
(Murder by Contract)
Regia di IRVING LERNER. Con VINCE EDWARDS, PHILIP PINE. ■ Un impiegato accetta di diventare assassino su commissione pur di guadagnare denaro. Si dimostra anche bravo finché non gli ordinano di uccidere una donna. Allora si intenerisce e ci rimette la vita. ■ DRAMMATICO; B/N; 81'; USA, 1958.

ASSASSINIO PREMEDITATO ★★★
(A Blueprint for Murder)
Regia di ANDREW L. STONE. Con JOSEPH COTTEN, JEAN PETERS. ■ Muore un uomo ricco e poco dopo la figlia di lui. I sospetti cadono sulla seconda moglie. Si teme per la vita dell'ultimo figlioletto il quale, morendo, lascerebbe via libera alla matrigna. La donna se ne va in Europa ma un amico del marito la segue. Tanto fa che alla fine riesce a far luce sui due decessi. ■ POLIZIESCO; B/N; 76'; USA, 1953.

ASSASSINIO SU COMMISSIONE ★★★
(Murder by Decree)
Regia di BOB CLARK. Con GENEVIÈVE BUJOLD, JAMES MASON, CHRISTOPHER PLUMMER, DONALD SUTHERLAND. ■ È la storia del famigerato serial killer londinese Jack lo Squartatore. Questa volta a svolgere le indagini è niente meno che Sherlock Holmes. Il grande investigatore risale, di prostituta in prostituta, fino ai membri della famiglia reale. Arriva a smascherarli ma poi è impotente di fronte al potere. ■ DRAMMATICO; COL.; 121'; CANADA, GRAN BRETAGNA, 1979.

ASSASSINIO SULLA COSTA AZZURRA ★★★
(Les bras de la nuit)
Regia di JACQUES GUYMONT. Con EVA DAMIEN, DANIELLE DARRIEUX, ROGER HANIN. ■ Scompare un ricco dalla sua villa. Un poliziotto comincia le indagini e si innamora della vedova. Un altro poliziotto continua con molto tatto. L'innamorato scopre che l'assassina è la sua amata. Commette allora un omicidio per salvarla.

Ma poi si pente e si toglie la vita. ■ GIALLO; B/N; 90'; FRANCIA, 1965.

ASSASSINIO SULL'EIGER *(The Eiger Sanction)* ★★★
Regia di CLINT EASTWOOD. Con CLINT EASTWOOD, GEORGE KENNEDY, VONETTA MCGEE. ■ Il protagonista è un agente segreto americano che ha l'incarico di scoprire una spia e ucciderla. Il finale si avrà sull'impervio sesto grado dell'Eiger. Sorpresa finale. È il quarto film di Eastwood come regista. ■ AVVENTURA; COL.; 128'; USA, 1975.

♥ ASSASSINIO SULL'ORIENT EXPRESS ★★★★
(Murder on the Orient Express)
Regia di SIDNEY LUMET. Con LAUREN BACALL, INGRID BERGMAN, JACQUELINE BISSET, SEAN CONNERY, ALBERT FINNEY, ANTHONY PERKINS. ■ Un gruppo impressionante di attori e di mezzi per questo film tratto dall'omonimo romanzo della Christie. L'assassinato è un poco di buono, uno che nella vita aveva solo nemici. Anche il più bravo giallista non potrebbe alla fine trovare il colpevole. C'è davvero una grossa sorpresa. Albert Finney, ancora giovane e aitante, cerca disperatamente di stringersi e invecchiarsi per entrare nei panni dell'ispettore Poirot. A parte questo, Finney è bravissimo. Un film estramamente divertente. ■ GIALLO; COL.; 127'; GRAN BRETAGNA, 1974. ■ OSCAR 1 PR, 6 NOM.

ASSASSINIO SUL NILO *(Death on the Nile)* ★★★
Regia di JOHN GUILLERMIN. Con JANE BIRKIN, LOIS CHILES, BETTE DAVIS, MIA FARROW, JON FINCH, GEORGE KENNEDY, ANGELA LANSBURY, PETER USTINOV. ■ Un battello risale il Nilo con a bordo una dozzina di personaggi alla Agatha Christie. C'è una ricca americana che viene asssassinata e c'è Poirot che indaga. Alla fine l'assassino è davero quello che non ci si aspetta. È un bel film che dà soddisfazione a chi ama il giallo, l'avventura e l'immagine. Si vede il Nilo, la valle dei templi, bei vestiti, bella gente. ■ GIALLO; COL.; 140'; GRAN BRETAGNA, 1978. ■ GOLDEN GLOBES 1 NOM; OSCAR 1 PR, 1 NOM.

ASSASSINIO SUL PALCOSCENICO ★★★
(Murder most Foul)
Regia di GEORGE POLLOCK. Con RON MOODY, MARGARET RUTHERFORD, CHARLES TINGWELL. ■ Una compagnia teatrale vive in mezzo a grossi problemi. Gli attori si detestano, il denaro manca, ci sono amori illeciti. Ce n'è a sufficienza per dar luogo a dei delitti. Cosa che avviene. Miss Marple si fa assumere come attrice e risolve il caso. Anche questo film è tratto da un romanzo di Agatha Christie. ■ GIALLO; B/N; 90'; GRAN BRETAGNA, 1965.

ASSASSINIO SUL PONTE ★★★
(Der Richter und sein Henker)
Regia di MAXIMILIAN SCHELL. Con JACQUELINE BISSET, MARTIN RITT, ROBERT SHAW, JON VOIGHT. ■ Gastman, un diabolico trafficante d'armi con appoggi politici, dissemina il suo cammino di cadaveri e il commissario Berlin tenta vanamente di incastrarlo. L'occasione si presenta anni dopo, quando Gastman fa uccidere l'assistente del commissario. Sarà proprio il nuovo assistente l'inconsapevole strumento della vendetta di Berlin. Dal giallo di Friedrich Dürrenmatt. ■ POLIZIESCO; COL.; 98'; GERMANIA, 1975.

ASSASSINIO SUL TEVERE ★★
Regia di BRUNO CORBUCCI. Con MARINA LANTE DELLA ROVERE, ROBERTA MANFREDI, TOMAS MILIAN. ■ Tomas Milian nelle vesti del solito irsuto poliziotto dai modi anticonformisti risolve il caso di un delitto avvenuto su un barcone del Tevere. ■ POLIZIESCO; COL.; 98'; ITALIA, 1979.

ASSASSINIO SUL TRENO *(Murder, She Said)* ★★★
Regia di GEORGE POLLOCK. Con ARTHUR KENNEDY, MURIEL PAVLOW, MARGARET RUTHERFORD. ■ È il primo dei film Pollock-Rutherford. Tratto da un romanzo di Agatha Christie, vede la famosa Miss Marple impegnata a risolvere un intricato caso poliziesco. Le capita di guardare, su un treno che per qualche istante viaggia parallelamente al suo, un uomo che sta per strangolare una donna. Caparbiamente risalirà all'assassino. ■ GIALLO; B/N; 87'; GRAN BRETAGNA, 1962.

ASSASSINIO X *(Family Doctor)* ★★
Regia di DEREK TWIST. Con LISA GASTONI, MARIUS GORING, RICK JASON. ■ Un uomo arriva in una cittadina americana per far luce sulle misteriose morti di tre donne, sposate di volta in volta dallo stesso uomo. Ci sono molte complicazioni, ma alla fine si scopre chi è il colpevole (però non è una sorpresa). ■ DRAMMATICO; B/N; 80'; GRAN BRETAGNA, 1958.

ASSASSINI SILENZIOSI *(Silent Assassins)* ★
Regia di LEE DOO YONG, SCOTT THOMAS. Con LINDA BLAIR, JUN CHONG, SAM JONES. ■ Il controspionaggio americano e l'omologo russo si battono senza esclusione di colpi per impossessarsi della formula di una micidiale sostanza chimica messa a punto in Oriente. ■ SPIONAGGIO; COL.; 91'; USA, 1987.

ASSASSINI SONO FRA NOI, GLI ★
(Die Mörder sind unter uns)
Regia di WOLFGANG STAUDTE. Con HILDEGARDE KNEFF, ARNO PAULSEN. ■ Una donna torna a casa, a Berlino, dopo esser stata in un campo di concentramento. Trova un estraneo in casa sua. Estraneo e un po' matto, sconvolto anche lui dalla guerra. ■ DRAMMATICO; B/N; 85'; GERMANIA, 1946.

ASSASSINI SONO NOSTRI OSPITI, GLI ★
Regia di VINCENZO RIGO. Con LIVIA CERINI, MARGARET LEE, LUIGI PISTILLI, ANTHONY STEFFEN. ■ Due uomini e una donna, dopo una rapina, si rifugiano in una casa dove c'è una famiglia in completo disaccordo. Così la faccenda poliziesca si intreccia con quella familiare. ■ GIALLO; COL.; 90'; ITALIA, 1974.

ASSASSINI VANNO ALL'INFERNO, GLI ★★★
(Les salauds vont en enfer)
Regia di ROBERT HOSSEIN. Con SERGE REGGIANI, HENRI VIDAL, MARINA VLADY. ■ Due giovani evadono dal carcere. Trovano rifugio nella casa di un artista che si ribella e viene ucciso. La modella (e compagna) del pittore prima si dispera, poi mostra una certa simpatia per uno dei due evasi. L'altro immediatamente si arrabbia. Nasce una rivalità che li farà finir male. ■ DRAMMATICO; B/N; 91'; FRANCIA, 1955.

ASSASSINI VANNO IN COPPIA, GLI ★★★
Regia di PIERO NATOLI. Con MASSIMO BONETTI, MANUELA GATTI, FRANCO INTERLENGHI, PIERO NATOLI, PAOLA PITAGORA. ■ Una commedia con tinte giallo-rosa. Un avvocato assiste per caso a un omicidio. Allo stesso tempo ha un problema amoroso: non sa come comportarsi quando incontra dopo molto tempo la sua prima ragazza. Il problema è che ora è sposato. Con questo film Piero Natoli (scomparso nel 2001) prosegue con coerenza la sua strada di regista-attore passando per i canali indipendenti e a basso costo. ■ COMMEDIA; COL.; 95'; ITALIA, 1992.

ASSASSINO, L' ★★★
Regia di ELIO PETRI. Con ANDREA CHECCHI, MARCELLO MASTROIANNI, SALVO RANDONE. ■ Un antiquario è condotto a un posto di polizia per essere interrogato. Nessuno però gli spiega la ragione del fermo e l'uomo cerca di immaginare quale può essere la sua colpa. Ecco dunque che dai ricordi esce una sorta di esame di coscienza che comunque non lo porta vicino alla verità, che è ben più grave. È infatti sospettato di aver ucciso una donna. Quando il vero colpevole viene arrestato, l'esperienza sarà stata così intensa che la vita dell'antiquario cambierà. ■ DRAMMATICO; B/N; 105'; FRANCIA, ITALIA, 1960.

ASSASSINO ABITA AL 21, L' ★★★
(L'assassin habite au 21)
Regia di HENRI-GEORGES CLOUZOT. Con SUZY DELAIR, PIERRE FRESNAY, JEAN TISSIER. ■ Il film è incentrato sulla figura dell'investigatore Wens, reso con abilità dal bravo e disinvolto Pierre Fresnay. ■ GIALLO; B/N; 84'; FRANCIA, 1942.

ASSASSINO ARRIVA DI NOTTE, L' ★★★
(The Long Dark Hall)
Regia di REGINALD BECK, ANTHONY BUSHELL. Con ANTHONY BUSHELL, REX HARRISON, RAYMOND HUNTLEY, LILLI PALMER. ■ Viene uccisa una ballerina e i sospetti cadono sul suo amante Groome, che è sposato. Sua moglie viene avvicinata da uno strano individuo. Groome viene poi condannato, ma il vero assassino invia una lettera confessandosi colpevole. Non ci sono prove e così la sentenza sta per essere eseguita. Ma l'ispettore ha un colpo di genio e da una frase risale al colpevole. ■ DRAMMATICO; B/N; 86'; GRAN BRETAGNA, 1951.

ASSASSINO ARRIVA SEMPRE ALLE DIECI, L' ★★★
(The Night Visitor)
Regia di László Benedek. Con Trevor Howard, Jim Kennedy, Per Oscarsson, Liv Ullmann, Max von Sidow. ■ Un uomo è stato rinchiuso in manicomio perché si è voluto farlo credere pazzo per invalidare una sua testimonianza. L'uomo comincia a vendicarsi uccidendo. Solo che sembra impossibile poter evadere dal manicomio. Ma un ispettore comincia a sospettare la verità. ■ Giallo; col.; 106'; USA, 1970.

ASSASSINO CHE PASSA, L' *(L'assassin qui passe)* ★★★
Regia di Michel Vianey. Con Richard Berry, Jean-Louis Trintignant. ■ Un assassino psicopatico è seguito passo passo da un ispettore di polizia che si diverte sadicamente a giocare a gatto e topo. Non lo cattura quando potrebbe, lascia che colpisca ancora, per poi farlo fremere di paura. Chi dei due è il peggiore? Il regista non ha dubbi: il poliziotto. ■ Giallo; col.; 105'; Francia, 1977.

ASSASSINO COLPISCE ALL'ALBA, L' ★★
(Le champignon)
Regia di Marc Simenon. Con Jean-Claude Bouillon, Mylène Demongeot, Philippe Monnet, Alida Valli. ■ Un giovane pediatra, trascurato dalla moglie, comincia a frequentare Linda, una pittrice che fa uso di allucinogeni per esprimere meglio sulla tela la profondità delle sue sensazioni. Quando Linda viene trovata uccisa, il medico si convince di averla uccisa lui sotto l'effetto della droga; ma sarà sua moglie, ritornata a lui, a scoprire il vero colpevole. ■ Giallo; col.; 90'; Francia, 1971.

ASSASSINO COLPISCE A TRADIMENTO, L' ★★
(The Traitor)
Regia di Michael McCarthy. Con Jane Griffiths, Donald Wolfit. ■ A Londra, il colonnello Richard Price riunisce un ex gruppo di resistenti clandestini antinazisti. Il colonnello comunica che durante la guerra il loro capo, Gerard, fu assassinato dai tedeschi a causa di un traditore che ora deve essere fra loro. Prima di venire scoperto, il traditore farà in tempo a commettere alcuni omicidi e a fare inaspettate rivelazioni sulla lotta antinazista. ■ Poliziesco; b/n; 88'; Gran Bretagna, 1957.

ASSASSINO CONOSCE LA MUSICA, L' ★★
(L'assassin connaît la musique)
Regia di Pierre Chenal. Con Paul Meurisse, Maria Schell. ■ Lionello deve comporre un'importante sinfonia ma viene continuamente disturbato: per trovare un po' di calma si fidanza con donne proprietarie di ville isolate e uccide suoceri e mariti. L'unico luogo dove riuscirà a scrivere la sua musica sarà così il carcere. ■ Commedia; b/n; 82'; Francia, 1963.

ASSASSINO DELLA DOMENICA, L' ★★
(Tomorrow Never Comes)
Regia di Peter Collinson. Con Raymond Burr, Susan George, John Ireland, Donald Pleasence, Oliver Reed. ■ Gli attori ci sarebbero, e di calibro, in questo film di Peter Collinson. Il regista lo ha girato molti anni prima che venisse ripescato dalla distribuzione italiana. Quel che non si comprende è il motivo di un'operazione legata a un prodotto di media qualità che presenta ormai una storia un po' *déjà-vu* con tanto di pazzo che tiene in ostaggio una spaventata fanciulla. ■ Thriller; col.; 109'; Canada, Gran Bretagna, 1978.

ASSASSINO DELLA SIERRA NEVADA, L' ★★
(A Strange Adventure)
Regia di William N. Witney. Con Ben Cooper, Ioan Evans. ■ Una banda di gangster ricercati per furto si rifugia nell'osservatorio meteorologico della Sierra Nevada. Fra loro c'è un giovane innocente che li segue solo perché innamorato di Lynn, la subdola ragazza del capobanda. Verranno scoperti e arrestati e il giovane si troverà un'altra donna. ■ Poliziesco; b/n; 72'; USA, 1956.

ASSASSINO DELLO ZAR, L' *(Tsareubijtsa)* ★★★
Regia di Karen Chakhnazarov. Con Armen Dzhigarkhanyan, Malcolm McDowell, Yuri Sherstnyov, Oleg Yankovsky. ■ Un film interessante con due grandi interpretazioni: quella di McDowell (*Arancia meccanica* e *Caligola*) e quella di Yankovsky (*Nostalghia*). Siamo in un manicomio dove uno schizofrenico crede di essere il bolscevico Jurovskij che nel 1918 aveva trucidato tutta la famiglia dello zar. A seguirlo nelle sue allucinazioni c'è Smirnov, un medico che lo asseconda nel suo gioco e diventa per lui lo zar Nicola II. Un grande gioco psicologico con una buona tenuta, per chi ama il cinema sovietico e le sue rivisitazioni. ■ Drammatico; col.; 104'; URSS, 1991.

ASSASSINO DI FIDUCIA *(The Green Man)* ★★
Regia di Robert Day. Con Alastair Sim, Terry Thomas. ■ Un raffinato gentleman vive uccidendo per conto terzi, con metodi eleganti e aristocratici. Un delitto compiuto a metà innesca una catena di equivoci che coinvolgono William, rappresentante elettricista, e Ann, moglie di un funzionario televisivo. Saranno questi due a fare arrestare il nobile assassino, ritrovandosi naturalmente innamorati. ■ Commedia; b/n; 80'; Gran Bretagna, 1956.

ASSASSINO DI PIETRA, L' *(The Stone Killer)* ★★★
Regia di Michael Winner. Con Martin Balsam, Charles Bronson, Stuart Margolin. ■ Don Alberto, un boss mafioso che vuole vendicare l'uccisione dei suoi familiari, prepara una strage addestrando un gruppo di reduci dal Vietnam. Lo contrasta Lou Torrey, un tenente allontanato dalla polizia per i suoi metodi troppo brutali. La strage avviene e Lou non riesce a dimostrare la colpevolezza di Don Alberto. Contro Cosa Nostra non bastano più nemmeno i poliziotti senza scrupoli. ■ Poliziesco; col.; 95'; USA, 1973.

ASSASSINO DI RILLINGTON PLACE N. 10, L' ★★★
(10, Rillington Place)
Regia di Richard Fleischer. Con Richard Attenborough, Judy Geeson. ■ Ispirato alla vera storia di un "mostro di Londra", il film racconta gli omicidi compiuti da Reginald Christie, un piccolo borghese di mezza età dall'apparenza mite che, spacciandosi per medico, uccide le sue pazienti e le seppellisce in giardino. La scoperta casuale di un cadavere lo fa arrestare e condannare. ■ Drammatico; col.; 110'; Gran Bretagna, 1970.

ASSASSINO È ALLA PORTA, L' *(Hell is a City)* ★★★
Regia di Val Guest. Con Stanley Baker, Donald Pleasence. ■ Consueto scontro tra forze del crimine e forze dell'autorità: Starling, evaso dal carcere e tornato subito ad uccidere, è ricercato da Martineau, un ispettore in crisi con la moglie che gli rimprovera di pensare solo al suo lavoro. Ma quando Martineau cattura Starling, ottiene una promozione e un periodo di riposo, che gli permetteranno di ritrovare l'armonia. ■ Poliziesco; b/n; 105'; Gran Bretagna, 1960.

ASSASSINO È AL TELEFONO, L' ★★
(L'assassin est dans l'annuaire)
Regia di Léo Joannon. Con Marie Déa, Fernandel. ■ Una banda di ladri sfrutta il debole per le donne di Remondier, impiegato di banca ingenuo e di buon cuore, coinvolgendolo in furto di valori. Scoperta la trama, Remondier fa arrestare i colpevoli e, benché deluso dall'inganno subito, riprende il suo atteggiamento di solidarietà umana adottando un orfano. ■ Giallo; b/n; 90'; Francia, 1961.

ASSASSINO... È AL TELEFONO, L' ★
Regia di Alberto De Martino. Con Rossella Falk, Anne Heywood, Telly Savalas. ■ Un'attrice subisce una completa amnesia dopo aver assistito alla morte del fidanzato, che è stato ucciso, ma che lei crede morto in un incidente. L'incontro con il killer e il ritorno sul luogo del delitto le fanno ritrovare la memoria. Sfuggita al killer scopre l'inaspettato mandante dell'assassinio. ■ Drammatico; col.; 93'; Italia, 1972.

ASSASSINO È ANCORA TRA NOI, L' ★
Regia di Camillo Teti. Con Mariangela D'Abbraccio, Riccardo Perrotti, Giovanni Visentin. ■ Un assassino psicopatico sevizia e uccide coppiette appartate in auto. Una giovane criminologa si mette sulle sue tracce finendo naturalmente in un sacco di guai. ■ Thriller; col.; 100'; Italia, 1986.

ASSASSINO È COSTRETTO A UCCIDERE ANCORA, L' ★
Regia di Luigi Cozzi. Con Femi Benussi, George Hilton, Alessio Orano. ■ Un architetto sposato con una donna molto ricca decide di ucciderla con l'aiuto di un killer. Il loro piano è in-

tralciato casualmente da due giovani. ■ DRAMMATICO; COL.; 98'; ITALIA, 1975.

ASSASSINO È IN CASA, L' *(Slightly Honorable)* ★★
Regia di TAY GARNETT. Con PAT O'BRIEN, RUTH TERRY. ■ L'onesto avvocato John Webb si batte contro il corrotto Vincent Cuching, capo di un gruppo di finanzieri responsabili di disastri edilizi. Viene accusato di due omicidi ma alla fine, con un colpo di scena, dimostra la sua innocenza. ■ POLIZIESCO; B/N; 83'; USA, 1940.

ASSASSINO È PERDUTO, L' *(The Killer is Loose)* ★★★
Regia di BUDD BOETTICHER. Con JOSEPH COTTEN, RHONDA FLEMING. ■ Leon, un cassiere di banca arrestato per furto, evade giurando di vendicare la moglie, uccisa per sbaglio da Sam Wagner, il poliziotto che gli dava la caccia. Leon vorrebbe rendere occhio per occhio uccidendo Lila, moglie di Sam, che da un po' rimprovera il marito di trascurarla. La vendetta non riuscirà e i due coniugi in crisi si riconcilieranno. ■ DRAMMATICO; B/N; 76'; USA, 1956.

ASSASSINO È QUELLO CON LE SCARPE GIALLE, L' ★★
Regia di FILIPPO OTTONI. Con ROBERTO CIUFOLI, FRANCESCA DRAGHETTI, TIZIANA FOSCHI, PINO INSEGNO. ■ Esordio cinematografico della compagnia nota col nome collettivo di "Premiata Ditta". Un thriller in chiave parodistica ambientato tra Roma, Spoleto e Sofia, con un misterioso omicida dalle scarpe gialle. Finale a sorpresa dopo opportuni depistaggi. ■ COMMEDIA; COL.; 100'; ITALIA, 1995.

ASSASSINO FANTASMA – IL VUOTO INTORNO, L' ★★
Regia di JAVIER SETÒ. Con TERESA GIMPERA, JACK STUART. ■ Ci sono due gemelli, John, ricco e affermato che ha abbandonato la moglie Denise, e Peter, povero e umiliato, che è diventato l'amante di Denise. Approfittando delle crisi epilettiche cui John va soggetto, Peter e Denise cercano di farlo impazzire con un elettroshock, ma John ritrova la sua lucidità e li uccide entrambi. ■ GIALLO; COL.; 93'; ITALIA, 1971.

ASSASSINO HA LASCIATO LA FIRMA, L' ★★
(Cop Hater)
Regia di WILLIAM BERKE. Con ROBERT LOGGIA, GERALD O'-LOUGHLIN. ■ A New York una serie di delitti ai danni di poliziotti fa pensare all'opera di un pazzo. Indagano MacGuire e Corell, ma quando MacGuire rimane ucciso, Corell scopre che dietro gli omicidi c'è un mandante tutt'altro che folle. Da un romanzo di Ed McBain. ■ POLIZIESCO; B/N; 75'; USA, 1957.

ASSASSINO HA PRENOTATO LA TUA MORTE, L' ★★★
(Le temps de mourir)
Regia di ANDRÉ FARWAGI. Con BRUNO CREMER, ANNA KARINA, JEAN ROCHEFORT. ■ Un ricco industriale, Max (in cui alcuni hanno visto precisi riferimenti a Howard Hughes), riceve da una misteriosa ragazza un film, nel quale è ripresa la sua morte ad opera di un certo Hervé Breton. Max ricerca Breton e decide di ucciderlo per eliminare ogni pericolo, ma per sbaglio ne colpisce la moglie: Breton si vendica sparando a Max esattamente come si vedeva nel film. ■ DRAMMATICO; COL.; 80'; FRANCIA, 1969.

ASSASSINO HA RISERVATO NOVE POLTRONE, L' ★★
Regia di GIUSEPPE BENNATI. Con LUCRETIA LOVE, HOWARD ROSS, ROSANNA SCHIAFFINO. ■ In un vecchio teatro dove è perita misteriosamente un'intera famiglia, Patrick Davenant, ricco nobile, riunisce nove persone legate fra loro da varie passioni e incomincia ad ucciderle in un sanguinoso rituale. Uno solo sopravviverà. ■ GIALLO; COL.; 92'; ITALIA, 1974.

ASSASSINO LASCIA LA TRACCIA, L' ★★★
(Mordeca zostawia siao)
Regia di ALEKSANDER SCIBOR-RYLSKI. Con ZBIGNIEW CYBULSKI, TADEUSZ SZMIDT. ■ Nel dopoguerra a Varsavia un avvocato che conservava i documenti della Gestapo sui delatori polacchi viene trovato ucciso mentre i documenti sono spariti. Indagini fra i partigiani. ■ DRAMMATICO; B/N; 100'; POLONIA, 1967.

ASSASSINO NEL BUIO, UN *(A Stranger Waits)* ★★
Regia di ROBERT M. LEWIS. Con TOM ATKINS, PAUL BENJAMIN, SUZANNE PLESHETTE. ■ Uno sceriffo trova che la morte del custode di una villa al mare, avvenuta poco prima che la ricca proprietaria vi giungesse in vacanza, sia abbastanza sospetta... almeno quanto la presenza di un bel giovane che la donna ha conosciuto sul posto e dal quale è rimasta completamente affascinata. ■ THRILLER; COL.; 100'; USA, 1987.

ASSASSINO PER UN TESTIMONE, UN *(Stiletto)* ★★
Regia di BERNARD KOVALSKI. Con ALEX CORD, BRITT EKLAND. ■ Truculento film nero tratto da un romanzo di Harold Robbins: Cesare Cardinali, industriale automobilistico, ed Emilio Matteo, boss mafioso, stipulano per doveri di gratitudine un patto di amicizia. Ma la mafia vuole legare a sé completamente Cardinali. Nella storia si inserisce un poliziotto che combatte Matteo e alla fine tutti si uccidono reciprocamente. ■ DRAMMATICO; COL.; 98'; USA, 1969.

ASSASSINO SI CHIAMA POMPEO, L' ★★
Regia di MARINO GIROLAMI. Con GINO BRAMIERI, ERNESTO CALINDRI, AVE NINCHI. ■ Alcuni attori beniamini del pubblico televisivo impegnati senza troppe pretese nella storia di Pompeo, un uomo timido e insicuro che si convince di essere responsabile dell'assassinio di una donna. Quando, dopo molte incertezze, va a costituirsi, scopre che il vero assassino è già stato arrestato. ■ GIALLO; B/N; 89'; ITALIA, 1962.

ASSASSINO SUL TETTO *(Appointment with a Shadow)* ★★
Regia di RICHARD CARLSON. Con JOANNA MOORE, GEORGE NADER. ■ Paul Baxter è un giornalista alcolizzato e fallito: a credere in lui è rimasta solo la fidanzata Penny, che un giorno gli rivela che un pericoloso bandito sta per essere arrestato, e che la notizia ancora segreta sarebbe un grosso colpo giornalistico. Paul smette di bere, assiste all'uccisione del bandito da parte della polizia, ma poi scopre che il morto era un altro e cattura personalmente il bandito. ■ AVVENTURA; B/N; 72'; USA, 1958.

ASSASSINO TI SIEDE ACCANTO, L' ★★
(Friday the 13th Part 2)
Regia di STEVE MINER. Con JOHN FUREY, BETSY PALMER, AMY STEEL. ■ Capitolo secondo della saga di *Venerdì 13*, che sembrava conclusa al capitolo uno, con la morte per annegamento del mostruoso Jason e per sgozzamento della sua malefica genitrice. Cinque anni dopo altri giovani vanno a campeggiare al Crystal Lake e vengono puntualmente massacrati. Stavolta chi gli salda il conto (ma non definitivamente, come gli *aficionados* della serie sanno) è l'assistente sociale del camping. ■ HORROR; COL.; 87'; USA, 1981.

ASSASSINO VENUTO DAL PASSATO, L' ★
(Ubica na otsustvu)
Regia di BOSKO BOSKOVIC. Con VAJO AFRIC, CHRISTINA LAZAR, FREE PETERSON. ■ Un giallo piuttosto complicato che cerca di essere disperatamente occidentale. L'assassino naturalmente ha una motivazione tanto antica da... essere scoperto subito. ■ GIALLO; B/N; 87'; JUGOSLAVIA, 1956.

ASSASSINO VIENE RIDENDO, L' ★★★
(The Yellow Canary)
Regia di BUZZ KULIK. Con PAT BOONE, BARBARA EDEN. ■ Andy Paxton, famoso cantante, trascura la moglie e il figlio. L'occasione per ritrovare l'importanza della famiglia gli è drammaticamente fornita dal rapimento del figlio. Andy riuscirà da solo a ritrovare il piccolo scoprendo che il rapitore era uno dei personaggi più legati alla macchina divistica del suo successo. ■ GIALLO; B/N; 93'; USA, 1963.

ASSASSINS ★★
Regia di RICHARD DONNER. Con ANTONIO BANDERAS, ANATOLY DAVYDOV, JULIANNE MOORE, SYLVESTER STALLONE. ■ C'è il killer affermato, autentico numero uno e il giovane rampante e psicopatico. Si battono per un dischetto che porterà a molti milioni di dollari. È in mano a una giovane specialista di Internet. C'è anche il passato che preme e un agente russo che non è più il nemico di una volta. Spari, computer, misteri, un po' di Freud. Vince il "vecchio" Stallone. ■ GIALLO; COL.; 133'; USA, 1996.

ASSASSIN(S) ★★
Regia di MATHIEU KASSOVITZ. Con MEHDI BENUOFA, MATHIEU KASSOVITZ, MICHEL SERRAULT. ■ Un vecchio killer si accorge di fare troppi errori e così decide di passare la mano a un collega

più giovane. Passo falso del regista di *Métisse*, che gli aveva fatto vincere la Palma d'oro a Cannes. ■ DRAMMATICO; COL.; 134'; FRANCIA, 1998.

ASSATANATA *(Saving Silverman)* ★★

Regia di DENNIS DUGAN. Con JASON BIGGS, JACK BLACK, AMANDA PEET, STEVE ZAHN. ■ Quando c'è di mezzo Jason Biggs (l'eroe di *American Pie*) naturalmente ci sono di mezzo le "ragazze che rompono". È il pensiero di J. D. e Wayne, amici per la pelle, sempre pronti a dividersi tutto. Ecco che il loro compare Darren (Biggs, appunto) perde la testa per Judith, psicologa asettica e prepotente. La donna è talmente invadente da costringere il gruppetto a sciogliere il loro complesso musicale. Il fatto è che Judith vorrebbe sposarsi, dunque è necessario correre ai ripari. La solita pellicola per adolescenti. Quasi già tutto visto. ■ COMMEDIA; COL.; 90'; USA, 2001.

ASSAULT ON PRECINCT 13 ★★

Regia di JEAN-FRANÇOIS RICHET. Con MARIA BELLO, GABRIEL BYRNE, DREA DE MATTEO, BRIAN DENNEHY, LAURENCE FISHBURNE, ETHAN HAWKE, JOHN LEGUIZAMO, JA RULE. ■ È la vigilia del nuovo anno ed alcuni poliziotti sono rimasti in servizio. Il sergente capo Jake Roenick, un buon poliziotto con un passato da dimenticare, si trova a dover fronteggiare una vera e propria battaglia. A causa del maltempo alcuni detenuti in trasferimento vengono presi in custodia all'interno del distretto 13, tra questi Marion Bishop. Improvvisamente il distretto subisce una serie di attacchi. In una situazione divenuta disperata Jake deve venire a patti coi detenuti. Onesto remake del classico omonimo di John Carpenter. ■ THRILLER; COL.; 109'; FRANCIA, USA, 2005.

ASSAULT – PROFONDO NERO *(The Assault)* ★★★

Regia di FONS RADEMAKERS. Con DEREK DELINT, MONIQUE VAN DER VEN, ERIC VON LUCHELEN. ■ In Olanda, durante l'occupazione tedesca, un collaborazionista è ucciso dai partigiani. La reazione dei nazisti non si fa attendere. La famiglia di un professore, vicino di casa del morto, è sterminata. Si salva solo un ragazzo che molti anni dopo i sanguinosi avvenimenti cerca di ricostruire tutti gli eventi che portarono alla tragedia. Riesce a dare un nome e un cognome a tutti i personaggi coinvolti. Ma rinuncia alla vendetta. ■ DRAMMATICO; COL.; 100'; OLANDA, 1986.

ASSEDIO, L' ★★★

Regia di BERNARDO BERTOLUCCI. Con MASSIMO DE ROSSI, THANDIE NEWTON, PAUL OSUL, CLAUDIO SANTAMARIA, DAVID THEWLIS. ■ Shandurai è una giovane africana che vive a Roma studiando medicina e guadagnandosi da vivere facendo la colf a un compositore inglese, Kinsky. La donna ha lasciato nel proprio Paese il marito, che è stato arrestato per motivi politici da un regime dittatoriale. Nel momento in cui il musicista le dichiara il suo amore lei gli rivela la sua situazione e l'uomo si spoglia, progressivamente e di nascosto, dei propri averi per far uscire dal carcere il condannato. Quando Shandurai comprende l'accaduto non può non amare Kinsky. Il mattino dopo suo marito suonerà alla porta. Passato provvidenzialmente dallo status di produzione televisiva a quello di cinema tout court, *L'assedio* è un piccolo gioiello. Anche se la ricerca formale si fa qualche volta maniera (in particolare nei movimenti di macchina o nelle scelte cromatiche), Bertolucci sfugge alle secche narrative di *Io ballo da sola* (ispirandosi a un racconto di James Lasdun) per lavorare sui codici non dimenticando mai il plot. Trent'anni dopo *Ultimo tango a Parigi* unisce nuovamente due solitudini per farle esplodere in un progress di donazione eroica ed erotica che ribalta i termini della questione. Nell'epoca dell'esibizione fine a se stessa, Bertolucci nasconde, depura, mostra con pudore. Intervenendo però sul confronto/amalgama tra le lingue e i linguaggi. Si veda il *griot* che percorre le strade martoriate del paese africano (non è un caso che il marito di Shandurai sia un insegnante). Si veda l'uso della musica come mezzo di comunicazione "forte". Si veda anche la fatica della scrittura dalla quale emergerà un "I love you" inciso prima nell'intimo. I grandi registi poi si vedono dai dettagli. Osservate il fedele che va alla messa africana e tiene il ritmo come se fosse in discoteca. È un'inquadratura di pochissimi secondi ma tratteggia un personaggio con grande precisione. ■ DRAMMATICO; COL.; 93'; ITALIA, 1998.

ASSEDIO ALLA TERRA *(Unearthly Stranger)* ★★

Regia di JOHN KRISH. Con GABRIELLA LICUDI, JOHN NEVILLE. ■ Alcuni scienziati inglesi che studiano la trasmissione del pensiero nello spazio muoiono misteriosamente. Ne sono responsabili potenze terrestri nemiche o sconosciuti esseri di altri mondi? Sorpresa finale. ■ FANTASCIENZA; COL.; 90'; GRAN BRETAGNA, 1963.

ASSEDIO ALL'ULTIMO SANGUE *(13 Fighting Men)* ★★

Regia di HARRY GERSTAD. Con BRAD DEXTER, GRANT WILLIAMS. ■ Durante la guerra di secessione i sudisti, guidati dal losco Boyd, assediano l'oro custodito dai nordisti del buon capitano Forrest. C'è di mezzo anche una donna, Carole, e pure lei vorrebbe impadronirsi dell'oro. Forrest impedisce ogni furto, ma non infierisce sugli sconfitti. ■ WESTERN; B/N; 69'; USA, 1960.

ASSEDIO ALLA CITTÀ *(Self Defense)* ★★

Regia di PAUL DONOVAN, MAURA O'CONNELL. Con BRENDA BAZINET, TOM NARDINI. ■ Che avverrebbe se un giorno le forze di polizia decidessero di scioperare in massa? Le città cadrebbero ovviamente nelle mani dei delinquenti. È quanto avviene nel film. Dopo i primi massacri, alcuni cittadini con la tendenza a fare i giustizieri della notte, si organizzano, si armano e restituiscono la pariglia ai teppisti. ■ THRILLER; COL.; 101'; CANADA, 1983.

ASSEDIO D'AMORE *(Mr. Music)* ★★★

Regia di RICHARD HAYDN. Con BING CROSBY, GROUCHO MARX, NANCY OLSON. ■ Tipica storia-pretesto per numeri musicali: Paul Merrick è un compositore in crisi e il suo impresario, per spronarlo, gli assegna una vivace segretaria, Ketty. Dapprima i due non fanno che litigare, poi lui ritrova l'ispirazione, lei trova un finanziatore per il suo spettacolo e si fidanzano. ■ COMM. MUSICALE; B/N; 113'; USA, 1950.

ASSEDIO DEGLI APACHES, L' *(Apache War Smoke)* ★★

Regia di HAROLD F. KRESS. Con GLENDA FARRELL, GILBERT ROLAND. ■ Il cow-boy Tom deve trasportare un carico d'oro attraverso il territorio degli Apaches che sono sul sentiero di guerra. In più l'oro fa gola a due trafficanti, uno dei quali, Pedro, è il padre di Tom. Quando gli Apaches vengono respinti, Tom può ripartire con il suo prezioso carico, ma Pedro continuerà a stargli alle costole. ■ WESTERN; B/N; 57'; USA, 1952.

ASSEDIO DEI MORTI VIVENTI, L' ★★

(Children Shouldn't Play with Dead Things)

Regia di BOB CLARK. Con JANE DALY, JEFFREY GILLEN, ALAN ORMSBY. ■ Un gruppo di ragazzi si raduna in un cimitero di periferia e fa un rito per resuscitare un morto. È uno scherzo ma il morto risorge davvero. Uno dei primi film di Bob Clark più tardi dedito alla saga dei Porcelloni. ■ HORROR; COL.; 90'; CANADA, 1973.

ASSEDIO DELLA FORTEZZA DI OSAKA, L' ★★★

(Osaka natsu no jin)

Regia di TEINOSUKE KINUGASA. Con KAZUO HASEGAWA, ISUZU YANADA. ■ Nel 1937, nel Giappone imperialista che ha appena invaso la Cina, fare film ideologici o antimilitaristi è proibito: Kinugasa, che con Mizoguchi aveva modernizzato il cinema giapponese a partire dagli anni Venti, apportandovi influenze occidentali, è costretto a ripiegare su soggetti del passato: qui racconta l'assedio di una fortezza dove è tenuta prigioniera una principessa. Un valoroso cavaliere riesce a liberarla e la sposa. ■ GUERRA; B/N; 103'; GIAPPONE, 1937.

ASSEDIO DELL'ALCAZAR, L' ★★★

Regia di AUGUSTO GENINA. Con MIREILLE BALIN, MARIA DENIS, FOSCO GIACHETTI. ■ Durante la guerra di Spagna il presidio dell'Alcazar resiste all'assedio dei governativi, fino a che arrivano i franchisti. Nella vicenda collettiva, una storia privata, l'amore tra una ragazza di Madrid e il capitano dell'Alcazar. ■ DRAMMATICO; B/N; 90'; ITALIA, 1940. ■ VENEZIA 1 PR.

ASSEDIO DELLE 7 FRECCE, L' ★★★

(Escape from Fort Bravo)

Regia di JOHN STURGES. Con JOHN FORSYTHE, WILLIAM HOLDEN, ELEANOR PARKER. ■ Dal Forte Bravo, comandato dal capitano nordista Roper, un gruppo di prigionieri sudisti tenta la fuga, aiutato da una ragazza coraggiosa e intraprendente, Carla. Carla è divisa tra l'amore per il prigioniero sudista March e per il capitano Roper: un attacco degli indiani Mascaleros riporta all'unità i due gruppi di soldati e, con la morte di March, si risolve a favore di Roper la storia d'amore con Carla. Non originalissimo nella parte sentimentale, il film è di ottimo mestiere in tutte le scene d'azione: Sturges si confermerà molto bravo nel genere western (*Sfida all'OK Corral*, *I magnifici sette*). ■ WESTERN; COL.; 98'; USA, 1953.

ASSEDIO DI FORT POINT, L' *(The Last Outpost)* ★★
Regia di LEWIS R. FOSTER. Con BRUCE BENNETT, RHONDA FLEMING, RONALD REAGAN. ■ Durante la guerra civile, un ricco commerciante, Dawson, traffica con gli indiani ai danni dei soldati confederati del maggiore Dick. Ma saranno proprio questi ultimi a salvare il Fort Point da un potente attacco degli indiani. ■ WESTERN; B/N; 88'; USA, 1951.

ASSEDIO DI FUOCO, L' *(Riding Shotgun)* ★★★
Regia di ANDRÉ DE TOTH. Con WAYNE MORRIS, RANDOLPH SCOTT, JOAN WELDON. ■ Larry Delong scorta la corriera di Deepwater con un carico prezioso e viene assalito dalla banda di Marady, che lo deruba e lo abbandona legato nel deserto. Liberatosi, Larry corre a Deepwater, dove dapprima è creduto un traditore e rischia il linciaggio, poi è riconosciuto innocente, anche perché smaschera e sgomina i banditi. ■ WESTERN; B/N; 74'; USA, 1954.

ASSEDIO DI SIDNEY STREET, L' ★★
(The Siege of Sidney Street)
Regia di ROBERT S. BAKER, MONTY BERMAN. Con KIERON MOORE, DONALD SINDEN, PETER WYNGARDE. ■ La storia vera di un complotto anarchico nella Londra del 1912. Si temono molti sanguinosi attentati. Ma Scotland Yard sta sul chi vive. Il gruppo eversivo è localizzato. Una tremenda battaglia tra centinaia di poliziotti e il gruppo dei sabotatori termina con l'annientamento di questi ultimi. ■ THRILLER; B/N; 95'; GRAN BRETAGNA, 1960.

ASSEDIO DI SIRACUSA, L' ★
Regia di PIETRO FRANCISCI. Con ROSSANO BRAZZI, TINA LOUISE, ENRICO MARIA SALERNO. ■ Drammatizzazione di un personaggio storico in un improbabile e romanzesco quadro delle guerre fra Roma e Cartagine. Archimede si innamora di una danzatrice romana che poi sposerà proprio il console Marcello, conquistatore di Siracusa. Archimede, con le sue macchine, ucciderà Marcello. Insensato falso storico. ■ AVVENTURA; B/N; 90'; ITALIA, 1960.

ASSENZA, L' *(L'Absence die Abwesenheit)* ★★★
Regia di PETER HANDKE. Con EUSTAQUIO BARJAU, ALEX DESCAS, BRUNO GANZ, JEANNE MOREAU, SOPHIE SEMIN. ■ Realizzato dallo scrittore austriaco Handke e prodotto da Wim Wenders. I due hanno già collaborato altre volte, come ad esempio per *Il cielo sopra Berlino*, e hanno sempre dato ottimi risultati. Qui, anche se non siamo ai soliti livelli (Handke ha definito la sua terza regia cinematografica un «esperimento»), ritroviamo le pagine del libro omonimo, che ha come sottotitolo "una favola", sotto forma di immagini scarne dove la parola ha il ruolo principale. Ci sono quattro personaggi che si muovono separatamente ma sono destinati a incontrarsi sulla strada: un vecchio, un giocatore, un soldato e una donna. Sono scappati dal quotidiano in cerca di qualcosa di diverso. Un film che probabilmente interesserà chi conosce i romanzi dell'autore. ■ DRAMMATICO; COL.; 105'; FRANCIA, GERMANIA, 1992.

ASSENZA INGIUSTIFICATA ★★★
Regia di MAX NEUFELD. Con AMEDEO NAZZARI, PAOLO STOPPA, ALIDA VALLI. ■ Una studentessa diciottenne espulsa da scuola per indisciplina si finge malata con la complicità di un giovane medico, che se ne innamora e la sposa. La ragazza vive con fastidio il nuovo ruolo di moglie e segretamente riprende ad andare a scuola. Il marito la scopre ma comprende di averla trascurata per il suo lavoro: la rappacificazione è sottolineata dalla futura maternità della ragazza. ■ COMMEDIA; B/N; 93'; ITALIA, 1939.

ASSI ALLA RIBALTA ★★
Regia di FERDINANDO BALDI. Con CARLO CROCCOLO, FAUSTO GUERZONI, UGO TOGNAZZI, RAIMONDO VIANELLO. ■ La storiella di due investigatori alquanto idioti, che ricercano un ladro nell'ambiente teatrale, fa da pretesto ad un'antologia di sketch umoristici della rivista italiana degli anni Cinquanta. ■ COMMEDIA; B/N; 73'; ITALIA, 1954.

ASSICURASI VERGINE ★
Regia di GIORGIO BIANCHI. Con VITTORIO CAPRIOLI, ROMINA POWER, LEOPOLDO TRIESTE. ■ Storiella di una sicilianina che si sposa contro la volontà del padre. Greve satira antisiciliana. Romina Power è penosa e meglio di lei non è certo il regista. ■ COMMEDIA; COL.; 100'; ITALIA, 1967.

ASSISI UNDERGROUND ★★
Regia di ALEXANDER RAMATI. Con BEN CROSS, JAMES MASON, MAXIMILIAN SCHELL. ■ Tratto dal romanzo di Alexander Ramati *Assisi clandestina*. Ad Assisi nel 1943, il vescovo tenta di salvare più ebrei possibile dalle persecuzioni naziste. Ci riesce aiutato da un frate francescano e dalle suore di clausura. ■ DRAMMATICO; COL.; 116'; USA, 1984.

ASSISTENTE SOCIALE TUTTO PEPE, L' ★
Regia di NANDO CICERO. Con NADIA CASSINI, RENZO MONTAGNANI, IRENE PAPAS. ■ L'esibizione delle generose forme della Cassini, assistente sociale inviata in una borgata popolata di imbranati truffatori, dovrebbe essere il pepe di questa insulsa commediola dell'esausto filone "pecoreccio". ■ COMMEDIA; COL.; 91'; ITALIA, 1981.

ASSO ★★
Regia di FRANCO CASTELLANO, PIPOLO. Con ADRIANO CELENTANO, EDWIGE FENECH, RENATO SALVATORI. ■ Un giocatore impenitente viene ucciso la sera delle nozze. Ritorna sotto forma (quasi) incorporea per trovare un nuovo marito alla sua quasi vedova. La prima scelta (un occhialuto miliardario) è infelice. Andrà meglio con la seconda. ■ COMICO; COL.; 95'; ITALIA, 1981.

ASSO DEGLI ASSI, L' *(L'as des as)* ★★
Regia di GÉRARD OURY. Con JEAN-PAUL BELMONDO, MARIE-FRANCE PISIER. ■ Durante la prima guerra mondiale due spericolati aviatori si inseguono in drammatici duelli aerei sopra le trincee tra Francia e Germania. Dopo la guerra si ritrovano nella Germania nazista. Il francese cerca di far fuggire una famiglia ebrea perseguitata e ci riesce con l'aiuto dell'ex rivale diventato generale del Reich. Avventura con buoni sentimenti e gag divertenti. ■ AVVENTURA; COL.; 100'; FRANCIA, 1982.

ASSO DI PICCHE, L' *(The Power of the Whistler)* ★
Regia di LEW LANDERS. Con JANIS CARTER, RICHARD DIX. ■ Un maniaco omicida fuggito dal manicomio incontra una ragazza che lo assiste pietosamente, aiutandolo a ritrovare la sua lucidità. Ma il maniaco la assale e la ragazza per difendersi è costretta ad ucciderlo. ■ DRAMMATICO; B/N; 66'; USA, 1945.

ASSO DI PICCHE, L' *(Cerny petr)* ★★★★
Regia di MILOS FORMAN. Con LADISLAV JAKIM, PAVLA MARTINKOVA. ■ Questo primo film di Milos Forman è da molti considerato il migliore. Protagonista è un adolescente operaio, "Pietro il nero", con le sue apatie e i suoi sogni, i suoi contrasti familiari, le sue insicurezze e il suo difficile rapporto con il lavoro. Un ritratto della gioventù cecoslovacca degli anni Sessanta. ■ COMMEDIA; B/N; 85'; CECOSLOVACCHIA, 1963.

ASSO DI PICCHE OPERAZIONE CONTROSPIONAGGIO ★★★
Regia di NICK NOSTRO. Con GIORGIO ARDISSON, HÉLÈNE CHANEL. ■ Una storia inverosimile ma divertente che fa il verso ai film di spie e di agenti segreti. Asso di Picche è appunto un agente segreto, spregiudicato e simpatico, che da solo sgomina una banda di criminali pronti a distruggere il mondo con armi atomiche. ■ SPIONAGGIO; COL.; 83'; ITALIA, 1966.

ASSOLTO PER AVER COMMESSO IL FATTO ★★
Regia di ALBERTO SORDI. Con ANGELA FINOCCHIARO, ENZO MONTEDURO, MARCO PREDOLIN, ALBERTO SORDI. ■ Il film, che non ha avuto un grande successo, segna il ritorno di Alberto Sordi dietro alla macchina da presa dopo alcuni anni. La sua interpretazione riesce in alcuni momenti a ritrovare i fasti di un tempo ma la regia lascia a desiderare sul piano del ritmo narrativo. La storia è una satira sulle beghe televisive dei grossi gruppi italiani. ■ COMMEDIA; COL.; 119'; ITALIA, 1992.

ASSOLUTAMENTE FAMOSI! *(Iedereen beroemd!)* ★★★
Regia di Dominique Deruddere. Con Josse De Pauw, Werner De Smedt, Thekla Reuten, Eva van der Gucht. ■ Marva è una diciassettenne con qualche chilo in più che ama imitare cantanti famosi (Madonna in particolare) in kermesse provinciali. Suo padre Jean, operaio, perde il posto di lavoro e concentra le sue attenzioni sul possibile successo della figlia. Il giorno in cui incappa in Debbie, cantante al top delle classifiche, pensa di aver trovato l'occasione giusta. La rapisce e convince il suo agente ad accettare un ricatto: continuerà a trattenere Debbie (i cui dischi sono sempre più richiesti) a patto che Marva possa avere un passaggio in tv. Un film belga che mescola, con abilità, il comico e il sociale così come insegna la cinematografia britannica degli ultimi anni. Con un'attrice capace di non esagerare e con una canzone, *Lucky Manuelo*, che non sarà facile dimenticare. ■ Comico; col.; 90'; Belgio, Francia, Olanda, 2001.

ASSOLUTO NATURALE, L' ★★★
Regia di Mauro Bolognini. Con Laurence Harvey, Sylva Koscina, Isa Miranda. ■ Con la consueta eleganza formale Bolognini ha tratto dal libro omonimo di Goffredo Parise un contrasto d'amore tra un uomo tutto idealismo e una donna tutta concretezza. Peter è un inglese in vacanza in Italia che sogna l'amore come assoluto sentimento, Ella è una signora borghese che dà peso soprattutto all'attrazione fisica. Il dialogo tra i due sarà fallimentare: Peter deluso si farà uccidere da Ella con l'automobile. ■ Drammatico; b/n; 90'; Italia, 1969.

ASSOLUZIONE, L' *(True Confessions)* ★★★
Regia di Ulu Grosbard. Con Robert De Niro, Charles Durning, Robert Duvall. ■ Due fratelli, entrambi d'origine irlandese. Uno è prete, l'altro poliziotto. Il poliziotto indaga sull'assassinio di una prostituta e sospettato è un ricco parrocchiano del fratello. Il poliziotto porta l'indagine fino in fondo, sollevando però uno scandalo che provocherà anche la rovina del prete. Bel film drammatico, con una notevole descrizione ambientale e un'ottima interpretazione specie da parte di Duvall. ■ Drammatico; col.; 108'; USA, 1981. ■ Venezia 2 pr.

ASSOLUZIONE PERICOLOSA *(Restraining Order)* ★★
Regia di Lee H. Katzin. Con Hannes Jaenicke, Tatjana Patitz, Eric Roberts, Dean Stockwell. ■ Woodfield, un avvocato specializzato nella difesa di criminali colpevoli perché convinto che anche essi meritino una difesa competente, riesce a far assolvere Ritter, un assassino. Una sera un amico dell'avvocato viene ucciso da una banda di killer mascherati, ma Woodfield riesce a vederne uno in volto e si tratta proprio di Ritter. Woodfield è bloccato dal segreto professionale. Un film che è passato al cinema ma più adatto a una seconda serata tv. ■ Thriller; col.; 95'; Germania, USA, 1999.

ASSO NELLA MANICA, L' *(The Big Carnival)* ★★★★★
Regia di Billy Wilder. Con Kirk Douglas, Jan Sterling. ■ Charlie Tatum, giornalista con la carriera in avaria, si ritrova in un giornaletto di provincia. La sua grinta e il suo professionismo fanno presa in quell'ambiente. Ma Tatum sogna lo scoop. E lo trova nella figura di Leo Minosa, un pover'uomo rimasto bloccato in una caverna. Tatum organizza attorno a quell'uomo intrappolato una magistrale montatura giornalistica. Diventa amico dello sventurato e amante della moglie, moralmente degna di lui. Una grande folla si accalca attorno alla galleria. Tatum dirige le operazioni, ma Leo muore e Tatum è ucciso dalla vedova. Charlie Tatum è uno dei più spregevoli eroi dell'intera storia del cinema. Questo elemento, indispensabile al film, è anche il motivo del suo insuccesso. Nessuna possibilità di consolazione è concessa allo spettatore. Con una spietata e incalzante narrazione, Wilder ci dimostra come il successo sia il tallone di Achille di una società opulenta come quella americana. Nulla viene risparmiato in questa crudele requisitoria dal talento di Wilder, in anticipo sui tempi di almeno vent'anni. Il film venne ritirato, come talvolta usa fare la Paramount, vedi il caso di *Salvate la tigre*, e rimesso in circolazione con un altro titolo: *The Big Carnival*. Quello originario era *Ace in the Hole*. Fu comunque un notevole flop dal punto di vista degli incassi. Mettere sotto accusa il pubblico stesso era una concessione che Wilder ottenne in virtù delle sue credenziali e della permissività della Paramount. Ma il devastante ritratto del protagonista era francamente troppo per il pubblico americano. Tuttavia la sceneggiatura de *L'asso nella manica*, a opera dello stesso Wilder e di Lesser Samuels e Walter Newman, è stimolante e cinematograficamente perfetta. Douglas implorò Wilder di ammorbidire il personaggio del cronista. Wilder tenne duro e tutto sommato pensiamo avesse ragione lui. La critica, formata per lo più da giornalisti, si sentì offesa e abbandonò il film al suo destino. Wilder racconta di avere in seguito assistito a un incidente stradale. Mentre lui cercava soccorso per un ferito, un fotografo si limitava a scattare foto mormorando: «Devo pubblicare le foto». L'episodio lo mise in pace con la sua coscienza. L'interpretazione di Douglas è scandalosamente perfetta. Infatti non ebbe l'Oscar. E cosa ancora più incredibile non lo ebbe in tutta la carriera. Una inspiegabile dimenticanza di Hollywood o una postuma vendetta? Ma l'emozione che suscita il film ogni volta che si ha la fortuna di rivederlo è il giusto compenso morale, che non è poco, concesso al più intransigente ed efferato capolavoro del cinema americano. John Ford usava dire: «Quando hai dubbi sulla tua carriera, fai un western». Il successivo film di Douglas fu un western. ■ Drammatico; b/n; 112'; USA, 1951. ■ Oscar 1 nom; Venezia 2 pr.

ASSO NELLA MIA MANICA, UN ★★★
(Crime and Passion)
Regia di Ivan Passer. Con Karen Black, Joseph Bottoms, Omar Sharif, Bernard Wicki. ■ Ivan Passer è, come Milos Forman, un regista della "primavera di Praga" emigrato in Occidente dopo il 1968. Tra Vienna e il Tirolo due amanti scanzonati e senza scrupoli, Susan e André, architettano una tragica beffa ai danni di un ricchissimo finanziere. Riusciranno a ucciderlo e a godersi tutti i suoi beni. ■ Drammatico; col.; 92'; USA, 1976.

ASSO PIGLIATUTTO *(The Card)* ★★★
Regia di Ronald Neame. Con Petula Clark, Alec Guinness, Glynis Johns. ■ Storia di Denny Machin, figlio di una povera lavandaia, che con astuzie ed opportunismi diventa sindaco della sua città. Solo allora capisce l'insincerità della maestra di ballo che ha sempre corteggiato, e l'amore sincero di un'altra ragazza, che gli ha voluto bene fin dagli inizi della sua ascesa sociale. Ottima come sempre l'interpretazione di Alec Guinness. ■ Commedia; b/n; 95'; Gran Bretagna, 1952. ■ Oscar 1 nom.

A SS 7 OPERAZIONE DEUTSCHLAND ★★
(Secretul Cifrului)
Regia di Lucian Bratu. Con Angela Chiarini, Emanuele Petri. ■ "L'operazione Deutschland" è l'operazione di sfondamento compiuta dall'esercito rumeno, con l'aiuto dei russi, sul fronte tedesco nel settembre 1944. Ubald Dorovic, agente A SS 7, individua alcune spie naziste e impedisce loro di fuggire con un cifrario segreto. ■ Guerra; b/n; 82'; Romania, 1959.

ASSUNTA SPINA ★★★★
Regia di Mario Mattoli. Con Antonio Centa, Eduardo De Filippo, Titina De Filippo, Anna Magnani. ■ È il famoso dramma di Salvatore di Giacomo (già portato sullo schermo nel 1915 da Serena) sceneggiato da Eduardo De Filippo. Assunta, una popolana di Napoli, viene sfregiata per gelosia dal suo amante Michele. Per ottenergli una detenzione meno gravosa, Assunta accetta di diventare l'amante di un cancelliere, che Michele, appena uscito di prigione, ucciderà per vendicare il suo onore. Assunta prende su di sé la colpa del delitto. ■ Drammatico; b/n; 91'; Italia, 1948.

ASSURDO INCONTRO *(The Meal)* ★★
Regia di R. John Hugh. Con Leon Ames, Carl Betz, Dina Merrill. ■ Un party in casa di una riccona della Florida si trasforma in un gioco al massacro. Tutti gli altarini degli ospiti della festa vengono alla luce, compresi quelli dell'uomo di cui la padrona di casa è perdutamente innamorata (che si rivela nell'ultima sequenza un malinconico omosessuale). ■ Drammatico; col.; 90'; USA, 1975.

AS TEARS GO BY *(Mongkok Carmen)* ★★
Regia di Wong-Kar-wai. Con Jacky Cheung, Maggie Cheung,

ANDY LAU. ■ Il film d'esordio del regista di *Hong Kong Express*. Ambientato in un piccolo quartiere è la storia di Ah Wah, delinquente di buon cuore che cerca di aiutare un amico. Ma la tragedia è dietro l'angolo. Qualche riferimento al cinema di Scorsese e una grande capacità nel muovere la macchina da presa. ■ DRAMMATICO; COL.; 95'; HONG KONG, 1988.

ASTERIX ALLE OLIMPIADI ★★
(Astérix aux jeux olympiques)
Regia di FREDERIC FORESTIER, THOMAS LANGMANN. Con LUCA BIZZARRI, JEAN-PIERRE CASSEL, CLOVIS CORNILLAC, ALAIN DELON, GÉRARD DEPARDIEU, FRANC DUBOSC, JOSÉ GARCIA, VANESSA HESSLER, PAOLO KESSISOGLU, BENOÎT POELVOORDE, STÉPHANE ROUSSEAU. ■ Il giovane gallo Alafolix è innamorato della principessa greca Irina, che però è stata promessa in sposa al figlio di Cesare, Bruto. Decisa a non unirsi in matrimonio con un uomo così rozzo e colpita nel profondo dalle romantiche lettere d'amore del gallo, Irina propone di sposare colui che vincerà le Olimpiadi. La missione di Asterix e Obelix sarà quella di portare Alafolix sul podio e smascherare lo sleale Bruto, che giocherà sporco pur di ottenere la vittoria e la mano della principessa. Non paghi dell'accoppiata Depardieu/Delon, i due registi fanno ricorso a una serie di allusioni al cinema e all'attualità, sfruttando gli sportivi Michael Schumacher e l'inseparabile Jean Todt, Amélie Mauresmo, Tony Parker e Zinédine Zidane. ■ AVVENTURA; COL.; 117'; FRANCIA, GERMANIA, SPAGNA, 2008.

ASTERIX CONQUISTA L'AMERICA ★★
(Asterix in Amerika – Asterix conquers America)
Regia di GERHARD HAHN. ■ Poiché i Galli danno fastidio, Cesare fa rapire Panoramix per lanciarlo oltre i confini del mondo (piatto). Così il druido e i nostri finiscono in America, da cui tornano più forti di prima. Animazione in piena regola con computer acceso ma la comicità si fa tiepida. ■ ANIMAZIONE; B/N; 84'; GERMANIA, 1994.

ASTERIX CONTRO CESARE ★
(Astérix et la surprise de César)
Regia di GAËTAN BRIZZI, PAUL BRIZZI. ■ Asterix e Obelix sono ancora una volta in lotta contro Cesare che non risparmia loro del filo da torcere. Peccato che a preparare il filo siano quegli stupidotti dei Romani che vengono regolarmente beffati dai nostri eroi. In questo episodio Obelix è innamorato perdutamente di Falbalà e, con la sua connaturata timidezza, suscita qualche risata. ■ ANIMAZIONE; COL.; 80'; FRANCIA, 1985.

ASTERIX E CLEOPATRA *(Astérix et Cléopâtre)* ★★★★
Regia di RENÉ GOSCINNY, ALBERT UDERZO. ■ È il secondo film, dopo *Asterix il gallico*, tratto dal personaggio dei fumetti di René Goscinny e Albert Uderzo. Con un'animazione classica e tradizionale alla Walt Disney prima maniera, racconta una sfida fra Cesare e Cleopatra in cui restano coinvolti i guerrieri gallici di Asterix: Cleopatra ha scommesso che riuscirà a fare costruire un palazzo in tre mesi dal suo architetto Numerabix, e ce la farà grazie ad Asterix. ■ ANIMAZIONE; B/N; 73'; FRANCIA, 1970.

ASTERIX E I VICHINGHI *(Astérix et les Vikings)* ★★★
Regia di STEFAN FJELDMARK, JESPER MØLLER. ■ Il capo dei Vichinghi parte alla volta della Gallia perché ha sentito che "la paura mette le ali" e, non sapendo cosa sia, vuole entrarne in possesso, credendo così di poter volare. Nel villaggio di Asterix e Obelix intanto è arrivato Goudurix, nipote del capo. Il ragazzino viene affidato ai due eroi perché lo facciano diventare un uomo, ma lui non ha alcuna intenzione di sottoporsi a fatiche. ■ ANIMAZIONE, COL.; 80'; DANIMARCA, FRANCIA, 2006.

ASTERIX E LA GRANDE GUERRA ★★★
(Astérix et le coup du menhir)
Regia di PHILIPPE GRIMOND. ■ Sesta avventura del piccolo eroe creato da Goscinny e Uderzo, tradotta in lungometraggio. *Asterix e la grande guerra* è tratto da due racconti fusi insieme, uno è omonimo al titolo, l'altro è *Asterix e l'indovino*. Chi non conoscesse l'eroe sappia che Asterix è un gallico che difende il suo piccolo villaggio dalla colonizzazione romana nel primo secolo dopo Cristo con l'aiuto di Obelix, "gigante buono", suo inseparabile amico e di un druido che è a conoscenza di una pozione in grado di dare al nostro eroe la forza di mille uomini. Questa volta troviamo Asterix alle prese con un indovino che crea scompiglio, prima nel villaggio gallico, poi nell'accampamento romano portando le due fazioni a un inevitabile e comicissimo scontro. ■ ANIMAZIONE; COL.; 85'; FRANCIA, 1989.

ASTERIX E LA POZIONE MAGICA ★★★
(Asterix chez les Bretons)
Regia di PINO VAN LAMSWEERDE. ■ Un po' in declino il personaggio di Asterix perché le ultime sceneggiature sono tirate per i capelli. Tra l'altro il film ci è giunto in ritardo. Tuttavia i cartoni sono ancora abbastanza buoni come qualità visiva. Cesare, l'eterno nemico dell'eroe gallico, vuole impadronirsi di Londinium. Inutile dire che Asterix, Obelix e gli altri riusciranno ad impedirglielo. ■ ANIMAZIONE; COL.; 80'; DANIMARCA, FRANCIA, 1986.

ASTERIX E OBELIX AL SERVIZIO DI SUA MAESTÀ ★
(Astérix et Obélix: Au Service de Sa Majesté)
Regia di LAURENT TIRARD. Con EDOUARD BAER, GÉRARD DEPARDIEU, GUILLAUME GALLIENNE, VICNENTE LACOSTE, VALÉRIE LEMERCIER. ■ Cesare vuole allargare ancora i confini di Roma, invadendo la Britannia. Soccorsa e consigliata dal fedele Beltorax, la regina Cordelia invia il suo primo ufficiale in Gallia a chiedere consiglio e barili di magica pozione. Asterix e Obelix sono alle prese con un nipote da formare. Beltorax non fatica a convincerli ad accompagnarlo come scorta e "arma" contro l'odiato romano. ■ COMMEDIA; COL.; 110'; FRANCIA, ITALIA, SPAGNA, UNGHERIA, 2012.

ASTÉRIX & OBÉLIX CONTRO CESARE ★★
(Astérix et Obélix contre César)
Regia di CLAUDE ZIDI. Con ROBERTO BENIGNI, LAETITIA CASTA, CHRISTIAN CLAVIER, GÉRARD DEPARDIEU, ARIELLE DOMBASLE, MICHEL GALABRU. ■ La pozione magica che il druido Panoramix somministra ai Galli li rende invincibili dinanzi alle legioni romane. L'infido Detritus riuscirà a impadronirsi della preziosa pozione. Asterix e Obelix dovranno darsi da fare per riprendere il controllo della situazione. Il fumetto diventa carne (Depardieu) ed ossa (Benigni) per la gioia dei francesi. Ma solo per la loro perché anche gli estimatori non francofoni del fumetto hanno poco da ridere dinanzi a questa produzione ipertrofica (84 miliardi) di Claude Berri. ■ COMMEDIA; COL.; 109'; FRANCIA, GERMANIA, ITALIA, 1999.

ASTERIX E OBELIX: MISSIONE CLEOPATRA ★★
(Astérix & Obélix: Mission Cléopâtre)
Regia di ALAIN CHABAT. Con MONICA BELLUCCI, ALAIN CHABAT, CHRISTIAN CLAVIER, GERARD DARMON, JAMEL DEBBOUZE, GÉRARD DEPARDIEU, CLAUDE RICH. ■ Egitto, la bellissima Cleopatra deve far costruire in suo onore e in soli tre mesi il più sontuoso palazzo mai visto. Affida l'opera all'architetto Numérobis che si trova costretto, per non diventare cibo per coccodrilli, a chiedere l'aiuto di Asterix ed Obelix. Non basta inserire un po' di musical e approfittare di un nuovo regista che è anche attore per rendere vivace un film. La Bellucci fa la Bellucci e i francesi (forse) si compiacciono. ■ COMMEDIA; COL.; 108'; FRANCIA, GERMANIA, 2002.

ASTERIX IL GALLICO *(Astérix le Gaulois)* ★★★★
Regia di RENÉ GOSCINNY, ALBERT UDERZO. ■ Giulio Cesare non riesce ad espugnare un unico villaggio della Gallia, quello abitato da Asterix e dai suoi compagni Obelix e Panoramix. Dopo inutili tentativi, riconosce la loro superiorità. Il piccolo guerriero gallico creato da Goscinny-Uderzo è stato tra l'altro interpretato come il generale De Gaulle dei fumetti. ■ ANIMAZIONE; B/N; 80'; FRANCIA, 1968.

ASTRAGALO, L' *(L'astragale)* ★★
Regia di GUY CASARIL. Con HORST BUCHHOLZ, MARLÈNE JOBERT, MAGALI NOËL. ■ Anna è una giovane detenuta, evasa nella speranza di ritrovare la ragazza che ama. Saltando dal muro del carcere si rompe l'osso del piede, l'astragalo, e viene raccolta da Julien, anche lui pregiudicato. Fra i due nasce una relazione burrascosa e senza speranza, che finirà con il nuovo arresto di Anna. ■ DRAMMATICO; COL.; 98'; FRANCIA, 1968.

ASTRO BOY ★
Regia di DAVID BOWERS. Con KRISTEN BELL, NICOLAS CAGE,

FREDDIE HIGHMORE, NATHAN LANE, DONALD SUTHERLAND. ■ Nel futuro scenario di Metro City lo scienziato Tenma, padre dei robot tuttofare che sostituiscono gli umani nei compiti più gravosi, perde per un incidente il figlio Tobio. Incapace di farsene una ragione decide di creare il robot ad immagine e somiglianza del figlio. Il prodotto è talmente perfetto che vive di una vita propria e non è la copia carbone del defunto figlioletto. La cosa getta nella disperazione il creatore che, non avendo alcun rispetto per i sentimenti dei robot, non esita a sbarazzarsi di lui. ■ ANIMAZIONE; COL.; 94′; USA, GIAPPONE, HONG KONG, 2009.

ASTRONAUTA ALLA TAVOLA ROTONDA, UN *(The Spaceman and King Arthur)*
Regia di RUSSELL MAYBERRY. Con DENNIS DUGAN, RON MOODY, KENNETH MORE. ■ Una nuova versione de *L'Americano alla corte di re Artù* di Mark Twain. Qui il viaggiatore del tempo è uno scienziato della NASA. Capita alla corte dei cavalieri della Tavola Rotonda e deve vedersela con un suo collega del Medioevo, cioè il mago Merlino. L'ironia dell'originale (e il piacevole contrasto fra pragmatismo americano e snobismo britannico) è praticamente scomparsa, ma gli sceneggiatori della Disney forniscono il consueto numero di trovate di buona lega. ■ COMMEDIA; COL.; 93′; GRAN BRETAGNA, 1979.

ASTRONAUT FARMER, THE ★★
Regia di MICHAEL POLISH. Con BRUCE DERN, VIRGINIA MADSEN, MAX THIERIOT, BILLY BOB THORNTON. ■ Charles Farmer, un ex astronauta della Nasa con alle spalle numerose missioni, deve tornare a occuparsi della propria famiglia nel suo ranch in Texas: il sogno spaziale però non lo ha mai abbandonato e con testardaggine, anche grazie al supporto dei suoi cari, costruisce pezzo per pezzo un razzo per andare in orbita attorno alla Terra. La notizia attira la stampa e la televisione ma anche l'attenzione della Nasa e dell'Fbi, che cercano in tutti i modi di mettere il bastone tra le ruote di Farmer e impedirgli di compiere la sua folle impresa. Se fosse ancora vivo, un film del genere lo avrebbe forse girato Frank Capra: un tale concentrato di ottimismo, fiducia incrollabile nei propri mezzi e "solidarietà familiare" a supporto di un progetto impossibile, riporta inevitabilmente alla mente i classici del grande regista. ■ DRAMMATICO; COL.; 104′; USA, 2007.

ASTRONAUTI PER FORZA ★★★
(The Road to Hong Kong)
Regia di NORMAN PANAMA. Con JOAN COLLINS, BING CROSBY, BOB HOPE, DOROTHY LAMOUR. ■ Harry e Chester girano il mondo vendendo un gioco-truffa che promette agli acquirenti un immediato decollo per la Luna. Restano coinvolti negli intrighi di un'organizzazione criminale, che ad ogni costo vuole conquistare lo spazio prima dei russi e degli americani, ma anche se finiscono su un razzo con destinazione sconosciuta, si godono il viaggio planetario con la bella spia Diane che li ama entrambi. ■ COMMEDIA; B/N; 91′; GRAN BRETAGNA, 1962.

ASTRONAUT'S WIFE, THE ★★
Regia di RAND RAVICH. Con NICK CASSAVETES, JOHNNY DEPP, CLEA DUVALL, JOE MORTON, CHARLIZE THERON. ■ Depp, ex astronauta, uomo di grandi qualità fisiche e mentali, dopo le dimissioni dalla NASA riceve offerte principesche. Accanto alla bellissima moglie si godrà la vita. Ma il nuovo ambiente è pieno di trabocchetti, e l'ex eroe forse ha un passato, e una circostanza, non tanto eroiche. Tensioni anche paranormali. Gli astronauti non sono proprio più di moda. ■ COMMEDIA; COL.; 109′; USA, 1999.

ASTRONAVE ATOMICA DEL DOTTOR QUATERMASS, L' *(Quatermass Experiment)* ★★★
Regia di VAL GUEST. Con BRIAN DONLEVY, JACK WARNER, RICHARD WORDSWORTH. ■ Il dottor Quatermass è uno scienziato spaziale, protagonista di telefilm inglesi degli anni Cinquanta, divenuto personaggio cinematografico sull'onda del successo degli inquietanti film di fantascienza di quel periodo (*Ultimatum alla Terra*, *La cosa da un altro mondo*). Caroon, unico superstite dell'astronave atomica di Quatermass, incomincia a trasformarsi in un mostro amorfo e simile a un polipo, seminando morte e terrore per le vie di Londra. Infine la polizia riesce ad ucciderlo con una potente scarica elettrica. ■ FANTASCIENZA; B/N; 90′; GRAN BRETAGNA, 1955.

ASTRONAVE DEGLI ESSERI PERDUTI, L' ★★★
(Quatermass and the Pit – Five Million Years to Earth)
Regia di ROY WARD BAKER. Con JAMES DONALD, JULIAN GLOVER, ANDREW KEIR, DUNCAN LAMONT, BARBARA SHELLEY. ■ In un'astronave disseppellita in un quartiere periferico di Londra vengono rinvenuti esseri misteriosi e perfettamente conservati. Al loro risveglio molte persone muoiono; il sacrificio di uno scienziato permetterà che vengano distrutti questi esseri che già in passato si erano incarnati in forme simili al demonio. ■ FANTASCIENZA; COL.; 97′; GRAN BRETAGNA, 1968.

ASTRONAVE FANTASMA, L' *(Uchu kaisokusen)* ★
Regia di TERENCE MARVIN JR. Con PETER CONWAY, THOMAS LEE, DEBORAH SCOTT. ■ Un'astronave nettuniana tenta la conquista della Terra. Tutti i tentativi falliscono grazie all'intervento dell'Insuperabile, che si sposta a bordo di uno straordinario razzo. Alla fine i nettuniani sono definitivamente distrutti da una raffica di missili nucleari. ■ FANTASCIENZA; B/N; 85′; GIAPPONE, 1971.

ASTRONOMI, GLI ★★
Regia di DIEGO RONSISVALLE Con LAURA BETTI, PAOLO BONACELLI, ANTONIO CONTE, MARISA FABBRI. ■ Sicilia, 1843. Due astronomi provenienti dal nord Europa – il danese Peters e il tedesco Wittelsberg – vengono incaricati dal canonico Stupendo di realizzare una meridiana nella locale cattedrale. I due si accingono al progetto con gran cura, ma l'atmosfera di malcelata ostilità che li circonda convince presto Wittelsberg a tornare a casa. Rimasto solo, Peters diviene oggetto di lusinghe e più o meno velate minacce perché modifichi il proprio lavoro in modo da non turbare i sonni dei notabili sepolti nella chiesa. Presentato al Festival di Taormina, *Gli astronomi* – opera prima di Diego Ronsisvalle, figlio del più celebre Vanni dal cui romanzo omonimo il film è tratto – mira direttamente al cinema di pensiero: ieraticità, dibattito sugli universali, scontro tra Fede e Ragione. Peccato che la realizzazione sia più adatta al piccolo schermo che a quello grande, e che qua e là la noia – nonostante la breve durata – la faccia da padrone. ■ DRAMMATICO COL.; 95′; ITALIA, 2003.

ASTUZIE DELLA VEDOVA, LE *(A Ticklish Affair)* ★★
Regia di GEORGE SIDNEY. Con EDGAR BUCHANAN, RED BUTTONS, CAROLYN JONES, SHIRLEY JONES, GIG YOUNG. ■ Il comandante di un cacciatorpediniere sbarca dopo aver ricevuto un SOS da terra. L'allarme è stato provocato per gioco dal figlio di una vedova, che trova il modo di combinare altri guai. Intanto l'ufficiale e la donna imparano a conoscersi e ad amarsi. ■ COMMEDIA; COL.; 89′; USA, 1963.

A SUD DELL'EQUATORE *(I Married Adventure)* ★★
Regia di OSA JOHNSON. ■ Il film narra la vita di due coniugi statunitensi accomunati dalla stessa passione per l'avventura. Servendosi di una cinepresa acquistata con i loro risparmi, hanno girato numerosi documentari di grande valore scientifico. ■ DOCUMENTARIO; B/N; 80′; USA, 1940.

ASUDDELSOLE ★★
Regia di PASQUALE MARRAZZO. Con BENIAMINO BERTOLDO, RAFFAELLA BOSCOLO, GIOVANNI BRIGNOLA, ELISABETTA D'ARCO, CRISTINA DONADIO, FILIPPO VENUTI. ■ Siamo a Milano, nel quartiere dell'isola, nella zona della stazione Garibaldi. I personaggi sono giovani alla ricerca di una identità, di un sogno, di una speranza, di un senso a cui aggrapparsi. Gianni vorrebbe tirar fuori dall'istituto in cui è ricoverato, il fratello gemello down. Betty ha un rapporto altamente conflittuale con la madre. E quest'ultima, in strenua lotta contro il tempo che passa, si affida a un uomo che pare amarla e che invece la tradirà proprio con Betty. La regia ha le idee chiare ma ciò che lascia perplessi è la sceneggiatura, incapace di dare il giusto spessore ai personaggi. ■ DRAMMATICO; COL.; 86′; ITALIA, 2001.

A SUD DI NEW YORK ★
Regia di ELENA BONELLI. Con FIORETTA MARI, CARMEN NAPOLITANO, LUCA NAPOLITANO, FRANCO NERI, FRANCESCO PAOLANTONI. ■ Carmelina, una giovane ragazza pugliese, sogna una vita migliore. Di giorno in giorno, mentre serve ai tavolini di un pic-

colo bar, canticchia canzoni d'amore assieme al fidanzato Marco, anche lui aspirante musicista. Jenny invece vive a New York, dove cerca di scovare nuovi talenti da lanciare nel mondo dello star system musicale. Quando muore lo zio ricchissimo, Jenny si catapulta in Puglia, la sua terra d'origine, dove scopre di aver ereditato solo un mucchio di debiti da saldare e una macchina scassata piena zeppa di giornalini porno. ■ COMMEDIA MUSICALE; COL.; 85'; ITALIA, 2011.

A SUD DI PAGO PAGO *(South of Pago Pago)* ★
Regia di ALFRED E. GREEN. Con FRANCES FARMER, JON HALL, VICTOR MCLAGLEN. ■ Alcuni bianchi sbarcano su una pacifica e felice isola. Un'avventuriera seduce il giovane capo ma questi, che ha compreso di essere stato raggirato per scopi poco puliti, conduce ugualmente l'attacco a una nave nemica. Durante l'assalto la donna muore per salvarlo. ■ AVVENTURA; B/N; 90'; USA, 1940.

A SUD DI PANAMA *(South of Panama)* ★
Regia di JEAN YARBROUGH. Con ROGER PRYOR, LIONEL ROYCE, VIRGINIA VALE. ■ Un uomo ha creato un prodotto capace di rendere invisibili gli oggetti. Una banda di gangster intende rubargli la preziosa formula; la sorella dell'inventore, grazie ad un abile stratagemma, manda in fumo il piano criminoso. ■ SPIONAGGIO; B/N; 77'; USA, 1941.

A SUD DI SUEZ *(South of Suez)* ★★
Regia di LEWIS SEILER. Con GEORGE BRENT, BRENDA MARSHALL. ■ Complicatissimo dramma minerario. C'è un proprietario di miniere la cui moglie è innamorata dell'assistente, che la respinge. Il proprietario cerca di rubare un diamante e uccide il padrone di un'altra miniera; la moglie respinta accusa l'assistente, che fugge a Londra. Qui si innamora della figlia dell'ucciso. Processo e giustizia (sommaria) finale. ■ DRAMMATICO; B/N; 79'; USA, 1940.

A SUD DI TAHITI *(South of Tahiti)* ★★
Regia di GEORGE WAGGNER. Con BRIAN DONLEVY, MARIA MONTEZ. ■ Il capitano di un veliero, che ha fatto naufragio su un'isola, si innamora della figlia del capo indigeno. Insieme ai suoi marinai difende le perle della tribù dall'avidità di alcuni avventurieri conquistando definitivamente l'affetto dei nativi. ■ AVVENTURA; B/N; 80'; USA, 1941.

A SUD NIENTE DI NUOVO ★★★
Regia di GIORGIO SIMONELLI. Con CARLO DAPPORTO, FULVIA FRANCO, ABBE LANE, NINO TARANTO. ■ Deciso a dedicarsi all'allevamento di cavalli, un cacciatore viene derubato dal rivale in amore di un magnifico stallone. Dopo lunghe ricerche, ritrova la bestia e uccide il rivale per legittima difesa. Poi dà inizio, con la donna amata, alla sua attività di allevatore. ■ COMMEDIA; COL.; 81'; USA, 1966.

A SUD-OVEST DI SONORA *(The Appaloosa)* ★★
Regia di SIDNEY J. FURIE. Con MARLON BRANDO, MIRIAM COLON, ANJANETTE COMER, EMILIO FERNANDEZ, ALEX MONTOYA, JOHN SAXON, FRANK SILVERA. ■ Un bandito messicano ruba ad un mite cacciatore il magnifico purosangue che l'uomo vorrebbe usare per rifarsi una vita come allevatore. Deciso a riaverlo ad ogni costo, il cowboy è costretto ad impugnare la pistola. Un Brando, non del tutto a proprio agio, di nuovo impegnato nel genere western. Nel 1962 aveva dato corpo e volto al bandito Rio, nell'unico film firmato come regista. ■ WESTERN; COL.; 98'; USA, 1966.

A SUD RULLANO I TAMBURI ★★
(Drums in the Deep South)
Regia di WILLIAM CAMERON MENZIES. Con JAMES CRAIG, GUY MADISON, BARBARA PAYTON. ■ Durante la guerra di secessione, tre amici si trovano su fronti opposti: tra i confederati Bob e George, tra gli unionisti Will. La moglie di quest'ultimo, innamorata di George, tradisce la sua gente e muore con lui durante un attacco del marito alla postazione avversaria. ■ AVVENTURA; COL.; 79'; USA, 1951.

A SUON DI LUPARA ★★
Regia di LUIGI PETRINI. Con FEMI BENUSSI, ANNABELLA INCONTRERA, LANG JEFFRIES, LUCIANA PAOLI. ■ Un magistrato esercita la sua professione in una cittadina siciliana dalla mentalità tradizionalista che egli intende sradicare. Tuttavia, quando la moglie rimane incinta di un uomo che l'ha costretta ad essere sua, egli faticherà a considerare il suo un caso da giudicare come gli altri, ma finirà col perdonarla. ■ DRAMMATICO; COL.; 95'; ITALIA, 1968.

A SUON DI MUSICA *(Wir machen Musik)* ★★
Regia di HELMUT KAUTNER. Con VIKTOR DE KOWA, ILSE WERNER. ■ Un compositore, che per sopravvivere è costretto a suonare il piano in un locale di infimo ordine, conosce una ragazza della quale si innamora. Qualche problema e poi il lieto fine. ■ DRAMMATICO; B/N; 76'; GERMANIA, 1942.

ASYLUM ★★
Regia di DAVID MACKENZIE. Con HUGH BONNEVILLE, NATASHA RICHARDSON, MARTON CSOKAS, IAN MCKELLEN. ■ Quanto è sottile il confine fra la passione e la follia? Molto poco nell'ultimo film di David Mackenzie, tratto dall'omonimo romanzo di Patrick McGrath. Nella Gran Bretagna degli anni Cinquanta, un medico si trasferisce con moglie e figlio nella villetta all'interno del parco dell'ospedale psichiatrico dove ha preso impiego. La scintilla scoppierà fra la donna e l'affascinante paziente che si occupa del giardino. Le conseguenze saranno terribili sia per il nucleo familiare che per il disturbato mentale. Purtroppo il film non regge l'importanza del romanzo di McGrath (come invece succedeva nel cronenberghiano *Spider*). ■ DRAMMATICO; COL.; 93'; IRLANDA, USA, 2004.

AS YOU LIKE IT (COME VI PIACE) *(As You Like It)* ★★
Regia di KENNETH BRANAGH. Con SACHA BENNETT, BRIAN BLESSED, JONATHAN BROADBENT. ■ Dopo aver esiliato il legittimo regnante, suo fratello, il duca Federico, bandisce da corte anche la nipote Rosalinda, che s'inoltra nella foresta di Arden, sulle tracce del padre e dei suoi fedeli. La scortano la cugina affezionata, Celia, e il buffone di corte. Nel bosco, intanto, ha trovato rifugio anche il suo innamorato Orlando, in fuga dall'odio che gli riserva il fratello minore. Travestita da ragazzo per prudenza, Rosalinda, sotto il falso nome di Ganimede, ha così l'opportunità di mettere alla prova l'amore di Orlando, scatenando equivoci brillanti e romantiche reazioni a catena. Kenneth Branagh, che si è da tempo prefisso di far rivivere l'opera Shakespeare con i mezzi della cinematografia, continua con la sua missione. ■ DRAMMATICO; COL.; 127'; GRAN BRETAGNA, USA, 2006.

♥ ATALANTE, L' ★★★★★
Regia di JEAN VIGO. Con JEAN DASTÉ, DITA PARLO, MICHEL SIMON. ■ In una cittadina francese, Jean, che gestisce una chiatta fluviale da trasporto, sposa Juliette. La chiatta diventa la loro casa, in compagnia di Jules, anziano marinaio che ha girato il mondo, e di un ragazzo che li aiuta. La vita matrimoniale è gradevole. Jules incanta tutti con le storie delle sue avventure. Ben presto Juliette comincia a sentirsi a disagio in quell'angusto spazio galleggiante, fino a litigare col marito e ad andarsene. Jules è sempre più disperato. Pur di rivedere la moglie, che ha a lungo cercato, ricorre persino alla superstizione secondo la quale se terrai gli occhi aperti in acqua vedrai la tua amata. Jules si butta nel fiume, nuota a occhi aperti (è la scena "mitizzata" della sigla di *Fuori orario*, programma di Rai Tre) e vede la moglie in abito da sposa. La sua disperazione diventa intollerabile, potrebbe anche morire e allora i suoi amici decidono di ritrovare a ogni costo la donna. E la trovano. E lei è ben felice di tornare insieme agli altri. Film molto importante, significativo di una certa epoca. Non si può prescindere dalla vicenda personale del regista Vigo, morto ventinovenne di tubercolosi, prima di finire il film. Vigo faceva parte di quel gruppo di artisti francesi che si erano innamorati dei princìpi della Rivoluzione russa ed erano stati delusi dallo stalinismo che quei princìpi aveva mortificato. Un dolore intellettuale che diventa la chiave del film, in uno stile minimale-simbolico. Ogni personaggio segue le proprie attitudini e cerca di compiere il proprio destino: è ricerca di libertà (la donna addirittura lascia tutto, piccola rivoluzione privata); c'è l'amore comune e quello coniugale (soprattutto fisico); c'è il lavoro e ci sono i sogni lontani, o passati, comunque irraggiungibili (Jules). E infine c'è la scoperta che soli non si conclude niente, è meglio stare insieme. Dunque manifesto del cinema francese con tutte quelle precise espressio-

ni: la vita e il destino attraverso i simboli ragionati rispetto a quel momento storico. ■ Drammatico; b/n; 89'; Francia, 1934.

ATANARJUAT – THE FAST RUNNER ★★
(Atanarjuat – the fast runner)
Regia di Zacharias Kunuk. Con Peter Henry Arnatsiaq, Sylvia Ivalu, Natar Ungalaaq. ■ Una comunità d'Inuit nomadi viene separata da uno sciamano misterioso che ha portato il male. Gli unici in grado di sconfiggerlo sono due fratelli: uno ha la forza e il secondo la velocità. L'interesse per il film viene dal fatto che è diretto da un canadese di origine esquimese, della comunità Inuit. È il suo primo film a lungometraggio e dopo aver iniziato come scultore è stato il primo, nella sua comunità, ad acquistare una videocamera. Spiace dire che il film è troppo lungo e a volte ingenuo. ■ Drammatico; col.; 167'; Canada, 2001. ■ Cannes 1 pr.

AT ANY PRICE ★★★
Regia di Ramin Bahrani. Con Clancy Brown, Kim Dickens, Zac Efron, Heather Graham, Dennis Quaid. ■ Henry Whipple ha due figli e un impero agricolo. Vende semi geneticamente modificati nelle contee del suo Stato, l'Iowa, in un regime di competizione serrata e senza sosta. Vorrebbe che i ragazzi ereditassero il suo lavoro, come è prassi nella famiglia da generazioni, ma il grande vuole vedere il mondo e il giovane, Dean, corre in macchina e sogna i circuiti professionali. Le preoccupazioni di Henry si aggravano quando si vede arrivare in azienda due ispettori, inviati da qualcuno per rovinarlo. Come spesso avviene, lo sguardo dello straniero sulla terra di adozione è più sanguigno di quello autoctono e illumina con maggior limpidezza le contraddizioni sociali. Per il suo quarto lungometraggio, Ramin Bahrani si addentra nel cuore dell'America rurale, divisa tra la soggezione di una tradizione patriarcale e calvinista e il dinamismo di un mercato che impone il rinnovamento perenne, almeno in chiave tecnologica. Ma è alla famiglia nel suo insieme che punta l'obiettivo dell'autore, come un nucleo diviso e indissolubile, protagonista assoluta di questa storia di decadenza morale. ■ Avventura; col.; 90'; Gran Bretagna, USA, 2012.

AT BERKELEY ★★
Regia di Frederick Wiseman. ■ Nel 2010 Frederick Wiseman si aggira tra i corridoi dell'università californiana di Berkeley per riprenderne la quotidianità. Attraverso le immagini del documentarista viviamo le lezioni, le discussioni, le proteste e i dibattiti del campus americano. Dopo aver immortalato la danza classica dell'Opéra e quella irriverente del Crazy Horse, lasciando spazio alla flessuosità dei corpi e allo stupore per le coreografie, Wiseman passa radicalmente ad altro, confezionando con un certosino taglia e incolla un gigantesco kammerspiel del reale. ■ Documentario; col.; 244'; USA, 2013.

A-TEAM *(The A-Team)* ★★
Regia di Joe Carnahan. Con Jessica Biel, Bradley Cooper, Sharlto Copley, Quinton "Rampage" Jackson, Liam Neeson. ■ Messi insieme con sapienza dal colonnello Hannibal Smith sono la squadra più affidabile ed efficiente dell'esercito americano a cui vengono affidate le missioni che paiono irrisolvibili. Un tradimento inaspettato però li trasforma in fuorilegge, costringendoli ad un'evasione e a lottare per dimostrare la propria innocenza in una giungla in cui è impossibile distinguere gli amici dai nemici. Non è una storia dell'*A-Team* ma la storia di come l'*A-Team* sia diventato quello che conosciamo. Fare dell'ominima serie TV un film poteva essere un'impresa anche più improbabile delle omologhe compiute su *Starsky&Hutch* o *Charlie's Angels*, invece Joe Carnahan, applicando il suo registro vorticoso e ipertrofico, azzecca il taglio giusto e confeziona un film indirizzato ad un target tredicenne ma diretto con un'abilità tale da conquistare anche l'adulto pronto a regredire. Infantile ma con stile. ■ Azione, col.; 121'; USA, 2010.

A TEMPO DI VALZER *(Operette)* ★
Regia di Willi Forst. Con Willy Forst, Maria Holst, Paul Hörbiger, Dora Komar. ■ Artista dell'operetta si innamora di un regista ma lo lascia al sorgere delle prime divergenze artistiche. Lo rivede dopo anni e lo abbandona di nuovo, preferendogli la carriera. Disperato, lui si disinteressa di tutto, ma potrà risollevarsi grazie all'aiuto dell'ex amante costretta all'inattività da una malattia. ■ Commedia; b/n; 74'; Austria, 1940.

A TEMPO PIENO *(L'emploi du temps)* ★★★
Regia di Laurent Cantet. Con Félix Cantet, Marie Cantet, Christophe Charles, Pauline De Laubie, Elisabeth Joinet, Nicolas Kalsch, Olivier Lejoueioux, Serge Livrozet, Jean-Pierre Mangeot, Monique Mangeot, Nigel Palmer, Didier Perez, Aurélien Recoing, Maxime Sassier, Karin Viard. ■ Vincent ha moglie e tre figli. È molto dedito al lavoro che lo costringe a trasferte e a riunioni e quindi è spesso assente. Ma finge. Perché è stato licenziato e da settimane non ricopre più il ruolo di consulente a cui teneva. Non ha avuto il coraggio di rivelarlo alla famiglia e agli amici e prosegue la finzione inventando un cambio di ditta grazie a un importante incarico a Ginevra. Mente ormai a tempo pieno ma deve garantire un reddito alla famiglia. Convince allora degli amici ad affidargli del denaro per misteriosi investimenti. Ma il raggiro non può durare per sempre. Cantet sta diventando il profondo analista francese di un mondo in cui il lavoro sta mutando profondamente le proprie regole (ammesso che ne restino ancora). Si sceglie così, come in *Risorse umane* dei protagonisti estremamente "quotidiani" e cerca di coglierne le contraddizioni additandole ma non giudicando mai con crudeltà. Un cinema "civile" che merita i riconoscimenti che riceve. Leone d'oro a Venezia 2001 ben attribuito. ■ Drammatico; col.; 133'; Francia, 2001.

A TESTA ALTA *(Walking Tall)* ★
Regia di Kevin Bray. Con John Beasley, Johnny Knoxville, Neal McDonough, Ashley Scott, Barbara Tarbuck, The Rock, Khleo Thomas, Kristen Wilson. ■ Chris, una sorta di agente speciale dell'esercito americano torna a casa. È stanco e deluso, e tutto peggiora quando si accorge che il paese è cambiato. Criminalità e droga la fanno da padroni. Decide che sia il caso di intervenire. Proprio come Rambo. ■ Azione; col.; 88'; USA, 2004.

ATHENA E LE SETTE SORELLE *(Athena)* ★★★
Regia di Richard Thorpe. Con Louis Calhern, Vic Damone, Jane Powell, Edmund Purdom, Debbie Reynolds. ■ L'antica Grecia con le sue tradizioni e l'astrologia ispira la strampalata esistenza di Athena, delle sue sette sorelle e dei nonni. La fanciulla adotterà un regime di vita "regolare" solo dopo il matrimonio con l'uomo che ama e che sapeva destinatole "dalle stelle". ■ Musical; b/n; 96'; USA, 1956.

ATLANTIC CITY, U.S.A. *(Atlantic City)* ★★★
Regia di Louis Malle. Con Burt Lancaster, Michel Piccoli, Susan Sarandon. ■ Bel film di Louis Malle sulla "città morta" di Atlantic City, ex capitale dei gangster della costa Est, forse futura metropoli del gioco d'azzardo in America. Protagonista è un vecchio ex gangster, coinvolto suo malgrado in una storia di spaccio di droga e di vendette mafiose. Costretto dagli avvenimenti, uccide due killer e mette le mani sul ricavato della vendita di una grossa partita di eroina. Finirà il suo weekend da leone con una bella ragazza che ama da tempo. Poi tornerà a essere quello di prima: il mantenuto di un'anziana e danarosa vedova. ■ Drammatico; col.; 104'; Canada, Francia, 1980. ■ David di Donatello 1 pr, 1 nom; Golden Globes 3 nom; Oscar 5 nom; Venezia 1 pr.

ATLANTIDE *(Die Herrin von Atlantis)* ★★★★
Regia di Georg Wilhelm Pabst. Con Jean Angelo, Pierre Blanchar, Odette Florelle, Brigitte Helm, Vladimir Sokolov, Tela Tchai, George Tourreil. ■ Il film, tratto dal romanzo di Pierre Benoît, racconta la storia di due ufficiali che, dopo essersi smarriti nel deserto, scoprono Atlantide e la regina Antinea della quale si innamorano. Uno dei due morirà mentre l'altro riuscirà a scappare. Ma cercherà ancora di tornare da Antinea schiavo del suo amore. ■ Fantastico; b/n; 94'; Germania, 1932.

ATLANTIDE *(Siren of Atlantis)* ★★★
Regia di Gregg G. Tallas. Con Jean-Pierre Aumont, Maria Montez, Dennis O'Keefe. ■ Due uomini perduti nel deserto arrivano ad Atlantide, regno della bellissima e crudele Antinea. Uno

di essi uccide il compagno per gelosia poi, pentito, fugge e ritorna in patria. Dopo qualche tempo, però, una forza oscura lo riconduce nel deserto. Rifacimento del film omonimo di Pabst. ■ Fantastico; b/n; 75′; USA, 1948.

ATLANTIDE, L' *(Atlantide)* ★★★
Regia di Jacques Feyder. Con Jean Angelo, Georges Melchior, Stacia Napierkowska. ■ Saint-Avit, un tenente della legione straniera, viene trovato in preda al delirio nel Sahara. Dice di aver visto una città misteriosa, Atlantide, e di aver conosciuto la sua sovrana Antinea. Donna crudele, punisce chi non la soddisfa sessualmente tramutandolo in statua d'oro. È la prima versione cinematografica del romanzo di Benoît. ■ Fantastico; col.; 126′; Francia, 1921.

ATLANTIDE, L' ★★
Regia di Bob Swaim. Con Anna Galiena, Tchéky Karyo, Christopher Thompson. ■ Il regista di *Masquerade* in questa coproduzione europea costata parecchi milioni di dollari, con timidi risultati. Tratto dal celebre romanzo di Pierre Benoît. Due ufficiali della legione straniera sono nel Sahara e inevitabilmente si perdono. Scoprono così Atlantide e la sua sovrana Antinea, la famosa divoratrice di uomini. Si lascia guardare, ma a noi resta nei cuori la mitica parodia di Totò in *Totò sceicco* di Mattoli del 1951. ■ Fantastico; col.; 113′; Francia, Italia, 1992.

ATLANTIDE, CONTINENTE PERDUTO ★★
(Atlantis the Lost Continent)
Regia di George Pal. Con John Dall, Anthony Michael Hall, Edward C. Platt, Joyce Taylor. ■ Un pescatore salva la principessa di Atlantide e con lei si reca nella sua terra. Qui viene fatto schiavo dal crudele consigliere del re che mira al potere, ma riacquista la libertà superando una certa prova. Il giovane è il solo, insieme con la principessa, che si salva quando il continente si inabissa. ■ Fantascienza; col.; 90′; USA, 1961.

ATLANTIS *(Rapa-Nui)* ★★★
Regia di Mario Bonnard. Con Liane Haid, André Roanne. ■ Uno dei tanti film diretti in terra straniera da alcuni nostri registi. Bonnard fu uno dei pionieri del cinema italiano nella Torino degli anni Dieci e si trasferì in Germania nel 1925. ■ Drammatico; b/n; 72′; Germania, 1928.

ATLANTIS ★★★
Regia di Luc Besson. ■ Pur essendo stato girato tra *Le grand bleu* e *Nikita* è uscito sugli schermi solo all'inizio degli anni Novanta. Si tratta di un suggestivo, anche se in alcuni tratti noioso, documentario in forma fiabesca sulla misteriosa città di Atlantis, sulla vita subacquea, sui delfini e sull'impossibilità per l'uomo di diventare pesce e unirsi agli altri esseri viventi nel mare. Presentato alla Mostra di Venezia. ■ Documentario; col.; 78′; Francia, 1991.

ATLANTIS: L'IMPERO PERDUTO ★★★
(Atlantis: the lost empire)
Regia di Gary Trousdale, Kirk Wise. ■ Il giovane Milo Thatch, cartografo e linguista, sogna di portare a termine il sogno del nonno, famoso esploratore: ritrovare la mitica Atlantide. In possesso di una mappa, Milo decide di unirsi alla spedizione del capitano Rourke e parte alla ricerca dell'isola scomparsa. Giunti a destinazione, i nostri incontrano la Principessa Kida e scoprono che la città è ancora abitata: l'energia di un cristallo ha fatto sì che la popolazione potesse sopravvivere. Il capo della spedizione, però, da sempre al corrente dei poteri magici dei cristalli, ha in mente di impossessarsene per riportarli in superficie e sfruttarli per i propri scopi... I due registi, Kirk Wise e Gary Trousdale, sono specializzati in film d'animazione: infatti avevano già diretto, sempre per la Walt Disney, *La bella e la bestia* e *Il gobbo di Notre Dame*. Stavolta però, nonostante la fedeltà alle atmosfere disneyane, la storia non emoziona più di tanto, anche se sicuramente i bambini si divertiranno a immedesimarsi nelle avventure del buon Milo. Purtroppo l'inventiva relativa ai personaggi e ai vari animaletti che popolano l'isola sommersa è piuttosto limitata. Risulta invece divertente l'uso dell'"atlantidese" inventato dal linguista Marc Okrand, che fu l'autore della lingua Vulcaniana per *Star Trek*. ■ Animazione; col.; 95′; USA, 2001.

ATLAS, IL TRIONFATORE DI ATENE *(Atlas)* ★★
Regia di Roger Corman. Con Michael Forest, Barbara Maris, Frank Wolff. ■ Atlas vince il combattimento contro il principe di Atene permettendo così al suo signore di diventare re della città. Nonostante ciò, egli si ribella al suo padrone quando questi diventa un tiranno. Poi guida il popolo nella vittoriosa ribellione. Con la sua donna va infine verso nuove avventure. ■ Avventura; b/n; 84′; USA, 1962.

ATM. TRAPPOLA MORTALE ★★
Regia di David Brooks. Con Aaron Alice Eve, Brian Geraghty, Steve Nagribianko, Josh Peck. ■ Tornando a casa dopo una festa aziendale, tre colleghi si fermano a un bancomat. Fuori dalla cabina compare un uomo incappucciato che, immobile, li guarda a distanza. Dopo averlo visto uccidere a sangue freddo una persona a passeggio col cane, bloccati dietro al vetro della piccola stazione, David, Corey ed Emily cercano di salvarsi la vita. Thriller da camera dalle evidenti aspirazioni sociologiche. ■ Horror; col.; USA, Canada, 2012.

ATMOSFERA ZERO *(Outland)* ★★★
Regia di Peter Hyams. Con Peter Boyle, Sean Connery, James B. Sikking. ■ Nel futuro in una stazione spaziale vicina alla luna di Giove, il capo della polizia si accorge che alcuni operai cadono in preda ad eccessi di follia, uccidono e s'uccidono. Il poliziotto scopre che la colpa è dei datori di lavoro, che drogano i lavoratori per ottenere maggiori ritmi nella produzione. Allora li denuncia. Ma subito deve vedersela con i loro killer. ■ Fantascienza; col.; 109′; USA, 1981. ■ Oscar 1 nom.

ATOLLO K *(Atoll K)* ★★★
Regia di John Berry, Léo Joannon. Con Suzy Delair, Oliver Hardy, Stan Laurel, Adriano Rimoldi. ■ Film senza pretese, sorretto dalla simpatia e dalla bravura della coppia Laurel-Hardy, *Atollo K* viene ricordato soprattutto come l'ultima apparizione cinematografica dei celeberrimi comici. ■ Commedia; b/n; 99′; Francia, 1951.

ATOMICOFOLLIA *(The Atomic Kid)* ★★
Regia di Leslie H. Martinson. Con Elaine Davis, Mickey Rooney, Robert Strauss. ■ Due amici in cerca di uranio credono di scoprirne nei pressi di una casa. La radioattività è causata invece dalla vicinanza di una bomba atomica che, irradiando uno dei due, ne fa un fenomeno da baraccone. Lui sta al gioco sin quando cessa di essere radioattivo. ■ Commedia; b/n; 86′; USA, 1955.

ATOMIC REPORTER ★★
(Revenge of the Radioactive Reporter)
Regia di Craig Pryce. Con David Scammel. ■ Colpevole di aver scoperto traffici illeciti delle centrali nucleari ed essersene interessato, un giornalista si ritrova sfigurato dopo essere stato gettato tra le scorie radioattive; ma questo non gli impedirà di vendicarsi. ■ Avventura; col.; 80′; USA, 1989.

ATOM, IL MOSTRO DELLA GALASSIA ★
(Space Amoeba)
Regia di Ishirô Honda. Con Silvie Blondé, Akira Kubo. ■ Gli abitanti di un'isola oceanica vengono attaccati da enormi mostri marini provenienti da una navicella nascosta negli abissi. Dopo diversi tentativi andati a vuoto le mostruose creature vengono uccise dall'unica arma in grado di fermarli: gli ultrasuoni. ■ Fantascienza; col.; 89′; Giappone, 1972.

ATOR L'INVINCIBILE ★
Regia di Joe D'Amato. Con Ritza Brown, Miles O'Keeffe, Sabrina Siani. ■ In un regno fantastico nasce un bambino che porta sul cuore il segno di Thorn: secondo la leggenda, è destinato a sconfiggere il Grande Antico. Un malvagio sacerdote ordina allora l'uccisione di tutti i neonati del regno, ma il piccolo Ator viene salvato da un guerriero e, una volta cresciuto, porterà a termine la sua profetica missione. ■ Avventura; col.; 90′; Italia, 1982.

A TORTO O A RAGIONE *(Taking Sides)* ★★★
Regia di István Szabó. Con Moritz Bleibtreu, Harvey Keitel, Stellan Skarsgard. ■ Dopo il crollo del Terzo Reich, l'ingresso delle truppe alleate in Berlino dà avvio, oltre che alla spartizione della città, al processo di denazificazione. Chiunque

abbia collaborato coi nazisti deve essere epurato. Ciò avviene in tutti i settori, nessuno escluso. Un alto graduato americano, interpretato da Harvey Keitel, ha l'incarico di occuparsi di Wilhelm Furtwangler, il famoso direttore d'orchestra. Il Maestro è principalmente accusato di aver diretto un concerto in occasione del compleanno di Hitler. Lo scontro tra l'accusatore e l'accusato occupa ampia parte del film. Ma non si tratta né di un film biografico, né, ancor meno, di una di quelle opere che mutuano dal cinema processuale le loro figure retoriche. Grazie alla recitazione dei protagonisti il confronto tra due uomini si tramuta in uno scontro tra culture. Su un tema facilmente manipolabile come è quello dell'acquiescenza alla dittatura, Szabó innesta una riflessione sulla chiusura mentale del militare statunitense. Anche nel compiere un'azione utile e necessaria dimostra i limiti di una cultura con radici troppo recenti per potersi addentrare in territori "alti". Quando poi la giovane assistente dice all'americano: «Sono stata interrogata dalla Gestapo e i metodi erano come i suoi» la memoria non può non andare alla prigione di Guantanamo. Coraggiosa la Berlinale a programmarlo. ■ STORICO; COL.; 100'; GERMANIA, GRAN BRETAGNA, FRANCIA, 2002.

ATRAGON *(Kaitei Gunkan)* ★
Regia di ISHIRÔ HONDA. Con YOKO FUJIYAMA, TADAO TAKASHIMA. ■ Gli abitatori di un misterioso regno oceanico vogliono impadronirsi della Terra. L'Atragon, una futuristica macchina da guerra costruita in segreto da un uomo creduto morto, verrà usata per scongiurare dopo lunghe lotte la tremenda minaccia. ■ FANTASCIENZA; COL.; 88'; GIAPPONE, 1966.

A 30 MILIONI DI KM DALLA TERRA ★★
(20 Million Miles to Earth)
Regia di NATHAN J. JURAN. Con WILLIAM HOPPER, JOAN TAYLOR. ■ Una navicella spaziale di ritorno da Venere finisce in mare. Un animale venusiano a contatto con l'atmosfera terrestre diventa gigantesco. Il mostro è ucciso dopo una serie di puerili avventure. ■ FANTASCIENZA; B/N; 84'; USA, 1957.

A 30 SECONDI DALLA FINE *(Runaway Train)* ★★★
Regia di ANDREJ KONCHALOVSKY. Con REBECCA DE MORNAY, ERIC ROBERTS, JON VOIGHT. ■ Nel microcosmo di un gigantesco treno merci senza guidatore, vagamente demoniaco, lanciato alla folle corsa nei boschi e tra le nevi di un'Alaska brumosa e selvaggia, inizia e termina l'avventura di due evasi braccati dagli inseguitori e con la prospettiva di andare a schiantarsi. Film di grande e genuina tensione. ■ DRAMMATICO; COL.; 111'; USA, 1985. ■ GOLDEN GLOBES 1 PR, 3 NOM; OSCAR 3 NOM.

A TRE PASSI DALLA FORCA ★★
(Three Steps to the Gallows)
Regia di JOHN GILLING. Con JOHN BLYTHE, SCOTT BRADY, MARY CASTLE. ■ Un innocente, vittima di un intrigo, deve essere giustiziato per omicidio. Il fratello, che crede alla sua versione, cerca le prove per discolparlo e individua il responsabile del complotto. ■ DRAMMATICO; B/N; 81'; GRAN BRETAGNA, 1953.

ATSALUT PADER ★★★
Regia di PAOLO CAVARA. Con CLAUDIO BIGAGLI, MARINO CAMPANARO, MICHELA CARUSO, GIANNI CAVINA. ■ Il film tratteggia con efficacia l'enigmatica figura di padre Lino da Parma, un singolare frate che, agli albori del secolo, fece parlare di sé per l'atteggiamento anticonformista con cui operava il bene. ■ BIOGRAFICO; COL.; 102'; ITALIA, 1979.

ATTACCO ALLA BASE SPAZIALE U.S. *(Gog)* ★
Regia di HERBERT L. STROCK. Con CONSTANCE DOWLING. ■ Mentre alcuni scienziati americani lavorano al progetto segreto di una base spaziale, uno di loro viene ucciso. Le indagini dimostrano che la colpa è di due robot controllati da extraterrestri. ■ FANTASCIENZA; COL.; 80'; USA, 1954.

ATTACCO ALLA COSTA DI FERRO ★★
(Attack on the Iron Coast)
Regia di PAUL WENDKOS. Con LLOYD BRIDGES, ANDREW KEIR, SUE LLOYD. ■ Nel corso del secondo conflitto mondiale, un ufficiale prepara un audace piano per sabotare un'importante base navale tedesca, e ottiene il comando dell'impresa. Questa riesce perfettamente nonostante le difficoltà, ma costa la vita al suo ideatore. ■ GUERRA; COL.; 89'; USA, 1968.

ATTACCO ALLA PERESTROJKA *(The Company)* ★★
Regia di HARRY WINER. Con ANTHON JOHN DENISON, LINDA PURL. ■ Un film di spionaggio poco riuscito soprattutto per quanto riguarda la psicologia dei personaggi. Tutto parte con una fuga da Teheran di alcuni agenti che poi trovano rifugio in Urss. Si deve poi far luce sull'agente della Cia, Dylan, che viene sospettato di tradimento. In missione nell'Unione Sovietica dimostrerà quanto vale nel salvaguardare la sicurezza del famoso progetto politico denominato appunto *perestrojka*. ■ SPIONAGGIO; COL.; 95'; USA, 1990.

ATTACCO AL POTERE *(The Siege)* ★★★
Regia di EDWARD ZWICK. Con ANNETTE BENING, SAMI BOUAJILA, TONY SHALHOUB, DENZEL WASHINGTON, BRUCE WILLIS. ■ Il presidente Clinton, dopo l'attentato al World Trade Center, promette durezza nei confronti dei terroristi. Si aprono due indagini parallele: da un lato il capitano Hubbard dell'Fbi e dall'altro l'agente segreto della Cia Elise Kraft. Mentre le indagini proseguono altri attentati colpiscono New York e il generale Devereaux ha buon gioco nell'imporre le maniere forti facendo saltare le garanzie costituzionali. Sarà Hubbard a metterlo in condizioni di non nuocere riuscendo al contempo a fermare i terroristi. Ancora il "pericolo arabo" in un film d'azione che si pone il problema della difesa della legalità senza dimenticare la sicurezza dei cittadini. Denzel "Buono" e Bruce "cattivo" a confronto. ■ AZIONE; COL.; 113'; USA, 1998.

ATTACCO AL POTERE – OLYMPUS HAS FALLEN *(Olympus Has Fallen)* ★★
Regia di ANTOINE FUQUA. Con ANGELA BASSETT, GERARD BUTLER, AARON ECKHART, MORGAN FREEMAN, DYLAN MCDERMOTT. ■ Mike Banning è un agente della sicurezza al servizio del presidente degli Stati Uniti. Brillante e intraprendente, è ben voluto dalla First Lady e da suo figlio, un ragazzino che sogna un giorno di servire il Paese. Alla Vigilia di Natale la donna muore in un tragico incidente, "sacrificata" insieme a due agenti per salvare la vita del presidente. Sollevato dall'incarico e costretto dietro alla scrivania, Mike conduce una vita ordinaria a cui non riesce ad abituarsi, ma l'attacco alla Casa Bianca di un gruppo di estremisti nord coreani, gli offre l'occasione di tornare operativo. Con un pretesto offerto dall'attualità, la minaccia da parte della Corea del Nord di un attacco nucleare, Hollywood produce un action movie di circostanza, che risulta un brutto incidente diplomatico. ■ AZIONE; COL.; 120'; USA, 2013.

ATTACCO A OKINAWA ★★
Regia di SHOICHI SIMAZU. Con URA MIZUKI, KEN TAKATURA. ■ Un ufficiale giapponese presta servizio in marina. Alla fine della guerra la sua nave, unica scampata dopo un attacco alle preponderanti forze nemiche, si sta allontanando dal luogo della sconfitta ma riceve il crudele ordine di riprendere il combattimento. ■ GUERRA; B/N; 87'; GIAPPONE, 1962.

ATTACCO A ROMMEL *(Raid on Rommel)* ★★★
Regia di HENRY HATHAWAY. Con RICHARD BURTON, JOHN COLICOS, CLINTON GREYN, WOLFGANG PREISS. ■ Durante l'ultima guerra, un ufficiale inglese deve sabotare le difese tedesche al porto di Tobruk. Egli conduce brillantemente a termine l'impresa ma, attardatosi a far fuggire i compagni, cade prigioniero del nemico. ■ GUERRA; COL.; 99'; USA, 1971.

ATTACCO: PIATTAFORMA JENNIFER ★★
(North Sea Hijack)
Regia di ANDREW V. MCLAGLEN. Con DAVID HEDISON, JAMES MASON, ROGER MOORE, MICHAEL PARKS, ANTHONY PERKINS, JACK WATSON. ■ Il solito supergruppo di terroristi s'impadronisce di una piattaforma petrolifera inglese nel Mare del Nord e ricatta il governo britannico, ma interverrà il solito supergruppo di commando. ■ AVVENTURA; COL.; 99'; GRAN BRETAGNA, 1980.

ATTACK AT DAWN – ATTACCO ALL'ALBA ★
(Attack at Dawn)
Regia di SATSUO YAMAMOTO. ■ Nel corso della guerra tra la Cina, la Russia e il Giappone si combatte in Manciuria una battaglia

tanto disperata quanto sanguinosa. ■ GUERRA; COL.; 95′; GIAPPONE, 1984.

ATTACK FORCE – LA MORTE NEGLI OCCHI ★★
(Attack Force)
Regia di MICHAEL KEUSCH. Con ANDREW BICKNELL, MATTHEW CHAMBERS, DAVID KENNEDY, LISA LOVBRAND, STEVEN SEAGAL. ■ Marshall Lawson è un agente americano in missione a Parigi che si vede decimare in una notte tutta la sua squadra. Scoprirà che l'assassina è una prostituta dotata di una forza straordinaria che le deriva da una droga già testata come arma sperimentale e che ora viene spacciata per le strade. Non ci saranno ordini superiori che possano fermare l'azione di Lawson contro questa micidiale sostanza. ■ AZIONE; COL.; 94′; GRAN BRETAGNA, ROMANIA, USA, 2006.

ATTACK THE BLOCK – INVASIONE ALIENA ★★
(Attack the Block)
Regia di JOE CORNISH. Con JOHN BODEGA, FRANZ DRAMRH, ALEX ESMAIL, LEEON JONES, JODIE WHITTAKER. ■ Sam, infermiera, viene fermata da una gang di ragazzini incappucciati, che la derubano. Nel mentre qualcosa che assomiglia ad un meteorite piomba giù dal cielo e si schianta su un'automobile. È una piccola creatura pelosa e sibilante, che Moses, il capetto della banda, uccide senza grande difficoltà. Ma è solo l'inizio di una vera e propria invasione aliena. ■ AZIONE; COL.; 88′; GRAN BRETAGNA, 2011.

ATTANASIO, CAVALLO VANESIO ★★
Regia di CAMILLO MASTROCINQUE. Con TINA DE MOLA, RENATO RASCEL, KIKI URBANI. ■ Un fantino compra il cavallo preferito. Dopo che gli è stato rubato, passa attraverso varie peripezie ma, alla fine, lo ritrova e partecipa a un importante derby. Con i soldi della vincita sposerà la sua fidanzata. ■ COMM. MUSICALE; COL.; 105′; ITALIA, 1953.

ATTENBERG ★★
Regia di ATHINA RACHEL TSANGARI. Con ARIANE LABED, GIORGIOS LANTHIMOS, VANGELIS MOURIKIS, EVANGELIA RANDOU. ■ Marina ha 23 anni e vive con il padre in una cittadina industriale della Grecia. La ragazza è poco interessata alla specie umana e praticamente per nulla al sesso anche se cerca di comprendere qualcosa grazie alle canzoni dei Suicide e ai documentari sulla Natura di Sir David Attenborough. C'è poi Bella, l'amica/rivale che le impartisce lezioni di educazione sessuale. Marina proverà ad applicarle con un forestiero arrivato in città per lavoro. Intanto suo padre si prepara a morire per tumore. Athina Rachel Tsangari è forse l'unica regista capace di imprimere un'impronta "nordica" a un film mediterraneo: *Attenberg* è un film algido così come appare il rapporto che Marina ha instaurato con il mondo. ■ DRAMMATICO; COL.; 95′; GRECIA, 2010. ■ VENEZIA 🏆 1 PR.

ATTENDENTI, GLI ★★
Regia di GIORGIO BIANCHI. Con GINO CERVI, VITTORIO DE SICA, DORIAN GRAY, DIDI PEREGO, RENATO RASCEL. ■ Cinque attendenti sono al servizio nelle abitazioni di altrettanti ufficiali. Nascono amori e si consolidano le unioni già esistenti. ■ COMMEDIA; B/N; 90′; ITALIA, 1961.

ATTENTATO, L' *(Zamach)* ★★
Regia di JERZY PASSENDORFER. Con BOZENA KUROWSKA, ANDRZEJ MAY. ■ Nella Varsavia occupata dai tedeschi, un comandante nazista si attira l'odio degli abitanti per la sua inaudita crudeltà. Alcuni partigiani decidono la sua soppressione e portano a termine il pericoloso piano nonostante le difficoltà di preparazione e le numerose perdite. ■ GUERRA; B/N; 100′; POLONIA, 1960.

ATTENTATO, L' *(L'attentat)* ★★★★
Regia di YVES BOISSET. Con BRUNO CREMER, PHILIPPE NOIRET, MICHEL PICCOLI, JEAN SEBERG, JEAN-LOUIS TRINTIGNANT, GIAN MARIA VOLONTÉ. ■ Il film racconta, con qualche mutamento e inserendovi la storia di un giornalista, il famoso affare Ben Barka. Questo leader marocchino fu consegnato dai servizi segreti francesi e americani al suo nemico Oufkir, ministro degli Interni del Marocco. Ben Barka fu poi ucciso. Nel film, un giornalista, al soldo dei servizi segreti, tradisce il leader, ma quando si accorge che questi sta per essere ucciso, tenta di liberarlo, ma senza successo. Non solo, ma ci rimette la pelle. ■ DRAMMATICO; COL.; 113′; FRANCIA, 1973.

ATTENTATO AI TRE GRANDI ★★
Regia di UMBERTO LENZI. Con KEN CLARK, HORST FRANK, CARLO HINTERMANN, HOWARD ROSS, JEANNE VALÉRIE. ■ Cinque soldati tedeschi devono uccidere Churchill, Roosevelt e Stalin durante la Conferenza di Casablanca. Rimasti in tre dopo l'attacco di alcuni nomadi, finiscono in una trappola preparata dalla donna che fa loro da guida e che in realtà è al soldo degli Alleati. ■ SPIONAGGIO; COL.; 100′; ITALIA, 1967.

ATTENTATO AL PUDORE *(Les risques du métier)* ★★★
Regia di ANDRÉ CAYATTE. Con NADINE ALARI, JACQUES BREL, RENÉ DARY, CHRISTINE FABREGA, JACQUES HARDEN, EMMANUELLE RIVA. ■ Tre studentesse fanno incriminare un insegnante accusandolo falsamente di aver attentato al loro pudore. La moglie dell'accusato, convinta della sua fedeltà, riesce a far confessare la verità ad una di esse. Anche le altre due ammetteranno poi di aver raccontato un mucchio di fandonie. ■ DRAMMATICO; COL.; 105′; FRANCIA, 1968.

ATTENTATO AL TRANS-AMERICAN EXPRESS *(Runaway!)* ★★★
Regia di DAVID LOWELL RICH. Con BEN JOHNSON, VERA MILES, MARTIN MILNER, BEN MURPHY, ED NELSON. ■ Al termine di un fine settimana sulle nevi delle Montagne Rocciose, parte un treno con circa 200 persone più il personale di servizio. Ma ben presto il conducente si rende conto che i freni non rispondono. I passeggeri vengono istruiti per prepararsi al deragliamento o ad un terribile scontro. Ma il disastro verrà evitato. ■ DRAMMATICO; COL.; 73′; USA, 1973.

ATTENTE AI MARINAI *(Sailor Beware)* ★★
Regia di HAL WALKER. Con CORINNE CALVET, JERRY LEWIS, DEAN MARTIN. ■ Un timido marinaio acquista il titolo di dongiovanni per aver fatto da giudice in un concorso sulla "ragazza che bacia meglio". I suoi amici commilitoni lo sfidano a baciare la famosa attrice Corinne Calvet ma sarà proprio lei, in uno slancio affettuoso, a farlo in pubblico. ■ COMMEDIA; B/N; 108′; USA, 1952.

ATTENTI AGLI OCCHI, ATTENTI AL... ★
(Attention les yeux)
Regia di GÉRARD PIRÈS. Con CLAUDE BRASSEUR, ANDRÉ POUSSE, SONIA VAREUIL. ■ Un regista sogna di girare un film impegnato, ma si ritrova a dirigere una pellicola sexy, dando origine a una serie di gag che vorrebbero essere divertenti. ■ COMMEDIA; COL.; 85′; FRANCIA, 1976.

ATTENTI AL BUFFONE ★★
Regia di ALBERTO BEVILACQUA. Con ENZO CANNAVALE, NINO MANFREDI, MARIANGELA MELATO, MARIO SCACCIA, FRANCO SCANDURRA, ELI WALLACH. ■ Un pacifico violinista è sposato ad una donna volubile che viene sedotta da un uomo potente. Questi riesce a far annullare il loro matrimonio e offre al violinista denaro in cambio della moglie perduta. Ma il musicista riesce a prendersi una rivincita. ■ DRAMMATICO; COL.; 110′; ITALIA, 1976. ■ DAVID DI DONATELLO 1 PR, 1 NOM.

ATTENTI AL LADRO *(Object of Beauty)* ★★
Regia di MICHAEL LINDSAY-HOGG. Con RUBY DAVIES, ANDIE MACDOWELL, JOHN MALKOVICH. ■ Una coppia di americani molto ricchi, in apparenza, fa un viaggio nella vecchia Europa. Ritrovatisi ben presto al verde pensano di imbrogliare l'assicurazione inscenando il furto di una statuetta di Henry Moore in loro possesso. Prima che possano attuare il loro piano però l'oggetto scompare. Subito sospettano uno dell'altra senza però confessarlo. Dopo una serie di situazioni ed equivoci si scopre che la statuetta l'ha rubata la cameriera ma non perché a conoscenza del valore bensì per gusto personale. Commedia fiacca con due attori che sulla carta potevano essere perfetti ma in pratica sono troppo uguali: freddi e intellettuali, anche quando scherzano. ■ COMMEDIA; COL.; 110′; USA, 1991.

ATTENTI ALLE ROSSE *(Beware of Redheads)* ★★
Regia di HAL YATES. Con MYRNA DELL, LEON ERROL, DOROTHY GRANGER, ARTHUR LOFT, CYRIL RING. ■ Una affascinante ros-

sa, bussa alla porta di Mr. Errol chiedendogli di restituirle gentilmente il suo portacipria che durante una ballo dovrebbe essergli finito accidentalmente in tasca. Ma la gelosissima Mrs. Errol ha già trovato il portacipria in questione, e crede si tratti di un regalo di suo marito per quella rossa. L'arrivo del marito della donna non faciliterà certo le cose, che alla fine però si chiariranno. Uno degli episodi più divertenti della serie prodotta dalla RKO (1938-50), che vedeva protagonista il comico Leon Errol. ■ CORTOMETRAGGIO; B/N; 17'; USA, 1945.

ATTENTI ALLE VEDOVE *(It Happened to Jane)* ★★★
Regia di RICHARD QUINE. Con DORIS DAY, STEVE FORREST, ERNIE KOVACS, JACK LEMMON. ■ Una giovane vedova allevatrice di aragoste, a causa di un affare andato a male per un ritardo ferroviario, intenta causa al proprietario della linea. La vicenda, diffusa da tutti i mezzi d'informazione, entusiasma l'America intera. Sarà la donna ad avere partita vinta. ■ COMMEDIA; COL.; 98'; USA, 1959.

ATTENTI A NOI DUE ★
Regia di MARIANO LAURENTI. Con LUIGI ATTRICE, FABRIZIO BRACCONERI, NINO D'ANGELO, REGINA RODRIGUEZ. ■ Siamo ancora una volta alle prese con il cantante languido e passionale. Siamo a Rimini dove Nino è proprietario di una pizzeria. Tra le moine della sua ragazza e un tentativo, a spese di Nino, di riaprire un'agenzia di investigazioni c'è il tempo per la cattura di una banda. ■ COMMEDIA; COL.; 95'; ITALIA, 1994.

ATTENTI A QUEI DUE... ANCORA INSIEME ★★★
(Someone Like Me – A Death in the Family)
Regia di ROY WARD BAKER, SIDNEY HAYERS. Con DIANE CILENTO, TONY CURTIS, JOANNE DAYTON, REGINALD MARS, ROGER MOORE. ■ Il lungometraggio è composto da due telefilm della serie *The Persuaders* intitolati *Someone like me (Qualcuno mi ama)* e *A death in the family (Morte in famiglia)*. Nel primo Lord Sinclair, aggredito e sequestrato, racconta poi l'avventura all'amico Danny. I due indagano e arrivano a credere che qualcuno abbia "costruito" un sosia di Lord Sinclair. In *A death in the family*, mentre Danny è ospite dell'amico Lord Brett Sinclair, numerosi membri della blasonata famiglia muoiono assassinati. Brett e Danny, aiutati da Kate, scopriranno il colpevole. ■ GIALLO; COL.; 92'; GRAN BRETAGNA, 1971.

ATTENTI A QUEI DUE... CHIAMATE LONDRA ★★★
(The Persuaders)
Regia di DAVID GREENE, JAMES HILL. Con TONY CURTIS, CY GRANT, ROGER MOORE, LAURENCE NAISMITH, ROSEMARY NICOLS. ■ Altra pellicola con la coppia Sinclair-Danny (vedi film precedente). Sinclair, coadiuvato dall'inseparabile amico, prima impedisce ad alcuni industriali senza scrupoli di usare il suo nome per l'appalto di miniere africane e in seguito svela il mistero di un villino apparentemente stregato, covo di una banda criminale. ■ COMMEDIA; COL.; 93'; GRAN BRETAGNA, 1971.

ATTENTI A QUEI DUE... L'ULTIMO APPUNTAMENTO! *(The Persuaders)* ★★★
Regia di BASIL DEARDEN, BASIL DEARDEN, LESLIE NORMAN. Con TONY CURTIS, SUZY KENDALL, ROGER MOORE, LAURENCE NAISMITH, TERRY THOMAS. ■ Lord Sinclair (Moore), l'amico Danny (Curtis) e Archibald, cugino di Sinclair, devono scoprire l'identità di un agente dello spionaggio britannico che tradisce a favore dei russi. Lo identificano ben presto ma, anziché concludersi la vicenda, cominciano i guai per i nostri eroi. ■ SPIONAGGIO; COL.; 90'; GRAN BRETAGNA, 1971.

ATTENTI A QUEI DUE NAPOLETANI ★
Regia di MARIO GARIAZZO. Con FRANCO MARINO, PINO MAURO, MARISA REICHLIN. ■ Pino Mauro, il re della sceneggiata napoletana, si improvvisa agente 007. Lo vediamo impegnato assieme a un amico in una serie di mirabolanti avventure. I due partenopei non sono proprio James Bond, ma insomma, se la cavano. ■ AVVENTURA; COL.; 91'; ITALIA, 1982.

ATTENTI A QUEI P2 ★★
Regia di PIER FRANCESCO PINGITORE. Con PIPPO FRANCO, ORESTE LIONELLO, ANNA MARIA RIZZOLI. ■ Licio Belli, esponente di spicco di una sgangherata loggia, tesse i suoi intrighi per compromettere importanti uomini politici, arrivando persino a uno scambio di persona tra un onorevole e un commerciante ambulante. ■ COMMEDIA; COL.; 96'; ITALIA, 1982.

ATTENTI A QUELLA PAZZA ROLLS-ROYCE ★★
(The Grand Theft Auto)
Regia di RON HOWARD. Con RON HOWARD, NANCY MORGAN, MARION ROSS. ■ L'attentissimo Roger Corman ha dato la possibilità all'"amico di Fonzie" di fare un film addosso a se stesso. Corse in automobile, storielle d'amore ed equivoci innocenti sono l'intreccio di questo *Happy Days* dilatato. ■ COMMEDIA; COL.; 85'; USA, 1980.

ATTENTO GRINGO... È TORNATO SABATA! ★★
Regia di AL BAGRAN. Con GEORGE MARTIN, ROSALBA NERI, VITTORIO E. RICHELMY, FERNANDO SANCHO. ■ Separatosi dai compagni con i quali ha partecipato a una rapina, un bandito ne nasconde il ricavato. Due sconosciuti che lo hanno salvato in varie occasioni, lo derubano della refurtiva, poi fuggono, lasciandolo nei guai. ■ WESTERN; COL.; 90'; ITALIA, 1972.

ATTENTO GRINGO... ORA SI SPARA ★
(La tumba de el pistolero)
Regia di ARMANDO DE OSSORIO. Con MERCEDES ALONSO, TODD MARTENS, GEORGE MARTIN, SILVIA SOLAR, JACK TAYLOR. ■ Un uomo ritrova il fratello che credeva morto assassinato. I due stanno per affrontare il mancato omicida (che ha sparato per vendicare la fidanzata uccisa) ma una delle ragazze del saloon confessa di essere la colpevole. ■ WESTERN; B/N; 85'; SPAGNA, 1965.

ATTENTO, SICARIO: CROWN È IN CACCIA ★★
(99 and 44 – 100% Dead)
Regia di JOHN FRANKENHEIMER. Con CHUCK CONNORS, BRADFORD DILLMAN, RICHARD HARRIS, EDMOND O'BRIEN, ANN TURKEL. ■ Due bande di gangster cercano di eliminarsi a vicenda servendosi di abili sicari. Nella disputa vengono coinvolte anche le donne degli interessati; la contesa si risolve quando Crown, con un "collega", penetra nel rifugio dell'avversario e ha definitivamente ragione di lui. ■ DRAMMATICO; COL.; 98'; USA, 1974.

ATTENZIONE, L' ★★
Regia di GIOVANNI SOLDATI. Con BEN CROSS, AMANDA SANDRELLI, STEFANIA SANDRELLI. ■ Sull'aereo che lo riporta a Roma, un noto giornalista si abbandona a delle fantasticherie e pensa di scrivere un libro su sua moglie Livia, con la quale i rapporti sono cessati da tempo. Per tenerlo legato a sé, la moglie gli procura degli incontri con altre donne in un appartamento di sua proprietà. Monica, figlia di Livia, è incitata dalla madre ad avere rapporti col marito, ma quando ciò avviene la madre si uccide. Alberto accetta un viaggio di lavoro in Brasile, ma l'aereo atterra a Roma e si vede la moglie che lo riceve all'aeroporto. Opera prima di Giovanni Soldati poco riuscita, trascrizione piatta e superficiale del romanzo di Moravia. Ben Cross è meglio in *Momenti di gloria*. ■ SENTIMENTALE; COL.; 100'; ITALIA, 1985.

ATTENZIONE ALLA PUTTANA SANTA ★★★
(Warnung von einer heiligen Nutte)
Regia di RAINER WERNER FASSBINDER. Con LOU CASTEL, EDDIE CONSTANTINE, HANNA SCHYGULLA. ■ La "puttana santa" è il cinema, che si prostituisce a tutto. Durante l'estate, un giovane regista sta girando un film; ma le riprese vanno a rilento, i fondi mancano, gli attori e la troupe sono nervosi. Sopravvive nella bufera solo un vecchio attore ormai indifferente a tutto. Film autobiografico dello scomparso Fassbinder. ■ DRAMMATICO; COL.; 95'; GERMANIA, 1970.

ATTENZIONE! ARRIVANO I MOSTRI ★
(Gamera tai barugan)
Regia di SHIGEO TANAKA. Con KYOKO ENAMI, KOJI FJIYAMA, KOJIRO HONGO, AKIRA NATSUKI. ■ Un uovo molto simile ad un opale si dischiude liberando un mostro terrificante. Sarà ucciso da un altro mostro. ■ FANTASCIENZA; COL.; 80'; GIAPPONE, 1969.

ATTENZIONE: GUERRA ★★
Regia di JIRI BRDECKA, ALBERTO CALDANA. ■ Si tratta di cinque episodi (tre cecoslovacchi a cartoni animati, uno francese e uno italiano a carattere documentario) ora umoristici, ora drammatici,

riguardanti la guerra. ■ FILM A EPISODI; B/N; 99′; CECOSLOVACCHIA, FRANCIA, ITALIA, 1961.

ATTERRAGGIO DI FORTUNA ★★
(Sur le plancher des vaches)
Regia di PIERRE-JEAN DUCIS. Con RAYMOND CORDY, SIMONE MAREUIL, NOËL-NOËL, BETTY STOCKFELD. ■ Un uomo vince un aereo e prende lezioni di volo perché si è innamorato dell'istruttrice. Lieto fine. ■ COMMEDIA; B/N; 87′; FRANCIA, 1939.

ATTERRAGGIO FORZATO *(Broken Journey)* ★★★
Regia di MELVILLE W. BROWN. Con ESTHER RALSTON, ONSLOW STEVENS. ■ Sullo stesso aereo si ritrovano casualmente alcuni complici di vecchia data e un poliziotto. Dopo l'imprevisto atterraggio viene commesso un delitto: il poliziotto, destreggiandosi tra vicende tragiche e colpi di scena, scopre il colpevole, che si uccide per non finire in prigione. ■ AVVENTURA; B/N; 89′; USA, 1938.

ATTERRAGGIO FORZATO *(Broken Journey)* ★★★
Regia di KEN ANNAKIN. Con PHYLLIS CALVERT, JAMES DONALD, MARGOT GRAHAME, RAYMOND HUNTLEY. ■ Un aereo compie un atterraggio forzato su un ghiacciaio; riesce a trasmettere via radio grazie al sacrificio di un infermo che ha donato le batterie del polmone d'acciaio in cui vive. La sua infermiera, disperata, si uccide; gli altri passeggeri vengono salvati. ■ DRAMMATICO; B/N; 89′; GRAN BRETAGNA, 1947.

ATTERRAGGIO ZERO *(Ekipazh)* ★★
Regia di ALEKSANDR MITTA. Con ALEXANDRA JAKOVLEVA, ANTOL VASSILIEV, GEORGE ZENOV. ■ Tre piloti e una hostess dell'Aeroflot, tutti più o meno coinvolti in problemi personali, compongono l'equipaggio di un aereo di soccorso che deve atterrare in una zona terremotata. Effetti speciali di cartapesta, ma buoni ritratti psicologici. ■ AVVENTURA; COL.; 90′; URSS, 1980.

AT THE END OF THE DAY. UN GIORNO SENZA FINE *(At the End of the Day)* ★★
Regia di COSIMO ALEMA'. Con SAM COHAN, ANDREW HARWOOD MILLS, VALENE KANE, NEIL LINPOW, DANIEL VIVIAN. ■ In una giornata assolata, un gruppo di amici, uomini e donne, si avventura nella boscaglia per una partita di soft-air, un gioco di squadra che consiste nella simulazione di tattiche e scontri militari con fucili giocattolo. Durante l'esercitazione, improvvisamente, una delle ragazze scompare nel nulla; è l'inizio di una folle caccia all'uomo condotta da tre sconosciuti in assetto da guerra che imbracciano armi vere. Dopo un gran numero di videoclip firmati per i maggiori artisti della scena musicale italiana, il regista romano esordisce al cinema con un action-thriller di consumato mestiere verso l'horror contemporaneo. ■ THRILLER; COL.; 93′; ITALIA, 2010.

ATTICA ★★
Regia di MARVIN J. CHOMSKY. Con CHARLES DURNING, MORGAN FREEMAN, GEORGE GRIZZARD, ANTHONY ZERBE. ■ Attica è il nome di una prigione americana. Il film vuole raccontare la drammatica ribellione dell'8 settembre 1971, durante la quale i detenuti si erano impadroniti del carcere dopo aver neutralizzato le guardie. Le autorità iniziarono a patteggiare, ma un secondino venne ucciso e i soldati attaccarono la prigione. ■ DRAMMATICO; COL.; 97′; USA, 1981.

ATTICO, L' ★★★
Regia di GIANNI PUCCINI. Con LILLA BRIGNONE, WALTER CHIARI, PHILIPPE LEROY, TOMAS MILIAN, DANIELA ROCCA. ■ Una fanciulla in visita alla capitale si perde e decide di passare la notte in un attico non ancora ultimato. Nei giorni seguenti ha modo di conoscere vari uomini e finisce per sposare il proprietario dell'appartamento. L'uomo muore poco dopo lasciandoglielo in eredità. ■ COMMEDIA; B/N; 103′; ITALIA, 1963.

ATTICO SOPRA L'INFERNO, UN *(The Penthouse)* ★★
Regia di PETER COLLINSON. Con MARTINE BESWICK, SUZY KENDALL, TERENCE MORGAN. ■ Due uomini penetrano con una scusa nell'attico affittato da un uomo sposato e dalla sua amante e approfittano della ragazza. Il contegno di lui, che vuol ignorare l'accaduto, provoca la reazione della ragazza che lo abbandona. ■ DRAMMATICO; COL.; 96′; GRAN BRETAGNA, 1968.

ATTI DEGLI APOSTOLI ★★★
Regia di ROBERTO ROSSELLINI. Con OLIMPIA CARLISI, JACQUES DUMUR, MOHAMED KOUKA, MOHAMED KTARI, RENZO ROSSI, EDOARDO TORRICELLA. ■ Diffondere l'amore universale e la cultura del perdono di fronte a civiltà insane, crudeli o indifferenti. È quel che gli apostoli di Gesù Cristo, dopo la crocifissione di questi e la Pentecoste, cercano di fare nei loro pellegrinaggi di città in città, di stato in stato. Diramando la parola del Maestro, e fondando, con estrema difficoltà, le prime piccole comunità cristiane che saranno i focolai di una nuova era. Gli Atti degli Apostoli costituiscono il quinto libro del Nuovo Testamento e sono la continuazione del Vangelo secondo Luca, distinguendosi dal resto dei contenuti religiosi della Bibbia, in quanto offrono un particolare spaccato storico delle origini della primitiva chiesa cristiana e la descrizione dell'attività dei antichi predicatori. Rossellini si accosta a questo materiale e ne fa una miniserie in 5 puntate, trasmessa dalla Rai dal 5 aprile al 4 maggio 1969. ■ RELIGIOSO; COL.; 343′; FRANCIA, GERMANIA, ITALIA, 1969.

ATTILA ★★★
Regia di PIETRO FRANCISCI. Con SOPHIA LOREN, ANTHONY QUINN, COLETTE RÉGIS, HENRI VIDAL. ■ Il film narra la leggendaria discesa in Italia degli Unni. Alla loro testa il feroce Attila sbaraglia gli eserciti avversari; solo la non comune personalità di Papa Leone I, che lo attende a un valico appenninico, lo persuade a non continuare l'invasione. ■ STORICO; COL.; 100′; ITALIA, 1954.

ATTILA FLAGELLO DI DIO ★★
Regia di FRANCO CASTELLANO. Con DIEGO ABATANTUONO, ANGELO INFANTI, RITA RUSIC. ■ Un accampamento di barbari accampati nel Nord Italia viene saccheggiato dai Romani. Il loro capo, Attila, decide di partire per assediare Roma. Urilia, una barbara presa prigioniera, riesce a fuggire e a ricongiungersi con Attila. I barbari saranno sconfitti, ma il loro amore trionferà. Uno degli ultimi film demenziali di Abatantuono. ■ COMICO; COL.; 102′; ITALIA, 1982.

ATTIMI DI PAURA *(Deranged)* ★
Regia di CHUCK VINCENT. Con JENNIFER DELORA, JAMIE GILLIS, JANE HAMILTON, PAUL SIEDERMAN. ■ Protagonista di questo film tinteggiato di giallo è una ragazza trasformatasi in folle omicida, dopo essere stata aggredita da uno sconosciuto. Inizialmente il film venne distribuito sotto il titolo di *Follia*. ■ DRAMMATICO; COL.; 90′; USA, 1987.

ATTIMO DELLA VIOLENZA, L' *(Guns of Darkness)* ★★
Regia di ANTHONY ASQUITH. Con LESLIE CARON, IAN HUNTER, DAVID NIVEN, DAVID OPATOSHU, JAMES ROBERTSON JUSTICE. ■ Il presidente di una nazione sudamericana in rivolta viene ferito dai rivoluzionari. Una coppia di coniugi lo aiuta a fuggire ma viene fermata al confine, arrestata e poi rilasciata. ■ DRAMMATICO; B/N; 95′; GRAN BRETAGNA, USA, 1963.

ATTIMO DI VITA, UN *(La sensualità è un attimo di vita)* ★
Regia di DANTE MARACCINI. Con RITA CALDERONI, GIANNI DEI, MARGARET LEE, GABRIELE TINTI. ■ Alcuni rampolli di famiglie benestanti vengono obbligati dai congiunti a vivere in un luogo appartato, privi della nozione del tempo. L'arrivo di un estraneo sconvolge tragicamente le abitudini della comunità. ■ DRAMMATICO; B/N; 90′; ITALIA, 1976.

♥ **ATTIMO FUGGENTE, L'** *(Dead Poets Society)* ★★★★
Regia di PETER WEIR. Con ETHAN HAWKE, NORMAN LLOYD, ROBIN WILLIAMS. ■ In un college molto tradizionale nel New England degli anni Cinquanta, capita un professore simpatico e anticonformista, che esorta i ragazzi ad affrontare lo studio e la vita seguendo le proprie idee e non quelle dei nonni. Uno degli studenti, entrato in conflitto con i genitori, si suiciderà. La responsabilità viene rifilata al prof. Lui sarà cacciato, ma i suoi allievi non lo dimenticheranno. ■ DRAMMATICO; COL.; 128′; USA, 1989. ■ DAVID DI DONATELLO 1 PR, 1 NOM; GOLDEN GLOBES 4 NOM; OSCAR 1 PR, 4 NOM.

ATTIMO PER ATTIMO *(Moment by Moment)* ★★
Regia di JANE WAGNER. Con ANDRA AKERS, DEBRA FEUER, BERT KRAMER, LILY TOMLIN, JOHN TRAVOLTA. ■ Trisha, signora-bene di mezza età, è in crisi per la separazione dal marito che si è legato alla giovanissima Stacie: cerca di dimenticare e di dor-

mire riempiendosi di sonniferi. La donna conosce per caso il bulletto Strip e inizia una relazione con lui: la storia avrà fasi alterne e momenti di contrasto, ma i due resteranno insieme. ■ COMMEDIA; COL.; 102′; USA, 1978.

ATTIMO SOSPESI, UN ★
Regia di PETER MARCIAS. Con PAOLO BONACELLI, FARIDA, ROSARIO LISMA, ANA CATERINA MORARIU, FIORENZA TESSARI. ■ Le vite di cinque persone dalle personalità complesse si intrecciano e si perdono fra loro nella Roma di oggi, di pari passo con quelle di altre figure satelliti. Ognuna di queste porta con sé una falda di passato che impedisce di vivere a pieno il proprio presente, in cui sta gradualmente prendendo forma una catastrofe umanitaria. ■ DRAMMATICO; COL.; 90′; ITALIA, 2008.

ATTIMO UNA VITA, UN *(Bobby Deerfield)* ★★★
Regia di SYDNEY POLLACK. Con ANNY DUPEREY, MARTHE KELLER, AL PACINO, ROMOLO VALLI. ■ Un pilota americano di Formula 1 non ha altri interessi che il suo lavoro. Quando un suo amico ha un grave incidente, il pilota vuol saperne di più e va a trovarlo. Cade in una profonda crisi. Per fortuna conosce una misteriosa ragazza, della quale si innamora. Poi lei (gravemente malata) muore e lui rimane più solo che mai. ■ DRAMMATICO; COL.; 124′; USA, 1977. ■ GOLDEN GLOBES 1 NOM.

ATTO D'ACCUSA ★★
Regia di GIACOMO GENTILOMO. Con ANDREA CHECCHI, KARL LUDWIG DAHL, MARCELLO MASTROIANNI, LEA PADOVANI. ■ Dopo anni di prigionia in Russia, un uomo torna al paese e scopre che la fidanzata si è sposata. Il marito di lei tenta di sorprendere i due durante un incontro e uccide incidentalmente una donna. Con un secondo omicidio tenta di far accusare definitivamente il profugo ma viene scoperto e si uccide. ■ DRAMMATICO; B/N; 99′; ITALIA, 1960.

ATTO D'AMORE – IL MAGNIFICO DISERTORE ★★★
(Act of Love)
Regia di ANATOLE LITVAK. Con GABRIELLE DORZIAT, KIRK DOUGLAS, BARBARA LAAGE, SERGE REGGIANI, DANY ROBIN. ■ Un uomo ricorda la storia d'amore vissuta durante la guerra. A Parigi si è innamorato di una ragazza poi arrestata per sbaglio e suicida in carcere per la disperazione. ■ DRAMMATICO; B/N; 108′; USA, 1953.

ATTO DI DOLORE ★
Regia di PASQUALE SQUITIERI. Con GIULIA BOSCHI, CLAUDIA CARDINALE, BRUNO CREMER, MEMÈ PERLINI, KARL ZINNY. ■ Siamo a Milano. Una vedova con due figli a carico lavora e fa sacrifici per mandare avanti la casa. Un brutto giorno scopre che il figlio Sandro si droga. Fa allora di tutto per aiutarlo ma lui reagisce con violenza. Esasperata e maltrattata finirà per investirlo con l'auto. Basato su un vero fatto di cronaca. ■ DRAMMATICO; COL.; 108′; ITALIA, 1990.

ATTO DI FORZA *(Total Recall)* ★★★
Regia di PAUL VERHOEVEN. Con MICHAEL IRONSIDE, ARNOLD SCHWARZENEGGER, SHARON STONE, RACHEL TICOTIN. ■ Il film si ispira a un racconto di Philip K. Dick e ha uno stile, a parte gli effetti speciali innovativi per l'epoca, simile a certi telefilm degli anni Sessanta diventati oggetto di culto come *Il prigioniero*. Siamo verso il 2100, una società organizza simulazioni di viaggio su Marte. Il problema è che non sempre tutto funziona e Doug, il protagonista della storia, si ritrova in mille pericoli. Un po' violento, un po' intricato e con qualche incongruenza, il film tuttavia offre spettacolo. ■ FANTASCIENZA; COL.; 109′; USA, 1990. ■ OSCAR 1 PR, 3 NOM.

ATTO DI PIRATERIA *(Act of Piracy)* ★★
Regia di JOHN BUD CARDOS. Con GARY BUSEY, JENNIFER O'NEIL. ■ Un reduce del Vietnam è attaccato da un gruppo di gangster. Lui rimane ferito, i suoi figli vengono rapiti. L'uomo si mette in caccia e con l'aiuto dell'ex moglie riesce a sgominare i furfanti. ■ AVVENTURA; COL.; 101′; USA, 1988.

ATTO DI VIOLENZA *(Act of Violence)* ★★★★
Regia di FRED ZINNEMANN. Con MARY ASTOR, VAN HEFLIN, JANET LEIGH, ROBERT RYAN, PHYLLIS THAXTER. ■ Un ufficiale statunitense, prigioniero in un campo di concentramento, tradisce alcuni compagni causandone la morte. L'unico superstite lo ritrova a guerra terminata e lo perseguita per ammazzarlo. L'uomo, colto dal rimorso, morirà per proteggere l'ex compagno dal sicario al quale ha affidato l'incarico di eliminarlo. ■ DRAMMATICO; B/N; 82′; USA, 1950.

ATTO INDECENTE *(Gross Misconduct)* ★★
Regia di GEORGE T. MILLER. Con SARAH CHADWICK, JIMMY SMITS, NAOMI WATTS. ■ Un professore universitario, sposato con figli, viene accusato di violenza da una studentessa. L'unica speranza per l'imputato è che la ragazza ritratti l'accusa. ■ DRAMMATICO; COL.; 96′; USA, 1992.

ATTORE SCOMPARSO, L' ★★
Regia di LUIGI ZAMPA. Con CARLO CAMPANINI, LAURO GAZZOLO, VIVI GIOI, MARIA MERCADER, CARLO ROMANO, STEFANO SIBALDI. ■ Un attore scompare durante una rappresentazione. Sorpresa prima e panico poi. La polizia scopre che si trattava dell'iniziativa di un pompiere annoiato. ■ DRAMMATICO; B/N; 90′; ITALIA, 1941.

ATTORI DI PROVINCIA *(Aktorzy Prowincjonalni)* ★★
Regia di AGNIESZKA HOLLAND. Con TADEUS HUKE, HELINA LABONARSKA, TOMASZ ZYGADIO. ■ Un regista di Varsavia viene chiamato a dirigere la messinscena di un dramma famoso in un piccolo teatro polacco, suscitando speranze, gelosie e crisi familiari tra gli attori che sperano di abbandonare la provincia per approdare al grande teatro. ■ DRAMMATICO; COL.; 107′; POLONIA, 1979.

ATTRAZIONE, L' ★★
Regia di MARIO GARIAZZO. Con MARTINE BROCHARD, FLORENCE GUERIN, MARINO MASÉ. ■ Un ricco industriale intraprende una partita a scacchi con un'affascinante ospite della sua villa. La posta in gioco è alta: se vince lui, si porterà a letto la bella donna. Se vince lei, l'uomo dovrà suicidarsi. La partita è lunga e interrotta spesso dagli interventi della moglie e della segretaria dell'industriale (anch'essa innamorata di lui). ■ DRAMMATICO; COL.; 89′; ITALIA, 1987.

ATTRAZIONE FATALE *(Fatal Attraction)* ★★★
Regia di ADRIAN LYNE. Con ANNE ARCHER, GLENN CLOSE, MICHAEL DOUGLAS. ■ Un avvocato di Manhattan ha un'avventura di fine settimana con la manager di una casa editrice. Poi lui torna in famiglia ma la donna non si rassegna, tenta il suicidio, inizia una esasperante persecuzione, che culmina con il tentativo di uccisione della moglie dell'uomo. Grosso successo commerciale che nella seconda parte degrada a melodramma, ma nella prima non è privo di notazioni acute sugli incontri d'amore a New York. ■ DRAMMATICO; COL.; 120′; USA, 1987. ■ GOLDEN GLOBES 4 NOM; OSCAR 6 NOM.

ATTRICE, L' *(The Actress)* ★★★★
Regia di GEORGE CUKOR. Con ANTHONY PERKINS, JEAN SIMMONS, SPENCER TRACY, MARY WICKERS, KAY WILLIAMS, IAN WOLF, TERESA WRIGHT. ■ Una provinciale sogna di diventare una grande attrice benché si renda conto prestissimo delle difficoltà da superare. Quando il padre rimane disoccupato è disposta a rinunciare al progetto ma proprio il padre, vendendo un prezioso binocolo, le fornirà i mezzi per iniziare la carriera. Il film, ambientato nel 1917, è tratto dalla commedia autobiografica di Ruth Gordon *Years ago* (*Anni fa*). ■ COMMEDIA; B/N; 91′; USA, 1954. ■ OSCAR 1 NOM.

A TU PER TU ★★
Regia di SERGIO CORBUCCI. Con JOHNNY DORELLI, MARISA LAURITO, PAOLO VILLAGGIO. ■ L'industriale Sansoni (Dorelli), che ha conti da regolare con la guardia di finanza e con la mafia, scappa per l'Europa accompagnato dall'ingenuo tassista Villaggio che ne diventa inconsapevole complice. Tra equivoci, travestimenti, scambio di ruoli, la commedia stenta a decollare nonostante la professionalità degli interpreti. ■ COMMEDIA; COL.; 102′; ITALIA, 1984.

A TU PER TU CON UNA RAGAZZA SCOMODA ★★★
(Something to Hide)
Regia di ALASTAIR REID. Con COLIN BLAKELY, PETER FINCH, LINDA HAYDEN, JOHN STRIDE, SHELLEY WINTERS. ■ Nell'isola di Wight, Harry è impiegato al locale municipio. È un uomo di mezza età, minato dall'alcol e ossessionato dalla moglie. La don-

na muore, ma Harry non si sente liberato. Nella sua esistenza si insinua, di prepotenza, una ragazza che sconvolgerà la sua vita d'impiegato abitudinario. Finalmente scosso, Harry darà sfogo alla sua personalità ormai malata. ■ DRAMMATICO; COL.; 89'; GRAN BRETAGNA, 1971.

A TUTTA BIRRA *(Beer)* ★★
Regia di PATRICK KELLY. Con KENNETH MARS, LORETTA SWIT, RIP TORN. ■ Si beve poca birra negli States? Una bionda, inarrestabile press agent di Madison Avenue, organizza una campagna pubblicitaria rivolta a fare degli americani bevitori più accaniti di un montanaro bavarese. E ci riesce, almeno per qualche tempo. ■ COMMEDIA; COL.; 94'; USA, 1985.

...A TUTTE LE AUTO DELLA POLIZIA ★★
Regia di MARIO CAIANO. Con GABRIELE FERZETTI, LUCIANA PALUZZI, ANTONIO SABATO, ENRICO MARIA SALERNO. ■ Una sedicenne muore ammazzata e le indagini mettono in luce una squallida organizzazione in cui sono coinvolti personaggi della Roma-bene. Ci sono altri ammazzamenti. Ma l'assassino viene smascherato. Tratto dal romanzo di Massimo Felisatti *Violenza a Roma*. ■ POLIZIESCO; COL.; 90'; ITALIA, 1975.

A TUTTO GAS *(Speedway)* ★★★
Regia di NORMAN TAUROG. Con BILL BIXBY, GALE GORDON, ELVIS PRESLEY, NANCY SINATRA. ■ Formula 1, quattrini, fisco e amore conditi con molte canzoni. ■ COMM. MUSICALE; COL.; 101'; USA, 1968.

A TUTTO GAS *(Gas)* ★★
Regia di LES ROSE. Con SUSAN ANSPACH, STERLING HAYDEN, DONALD SUTHERLAND. ■ Ovvero i deleteri effetti di un falso allarme. In una tipica città americana, la notizia fasulla della chiusura delle scorte di gas semina il panico nella popolazione. Velleitaria commedia pazza pazza che coinvolge molti nomi noti (fra cui il vecchio Sterling Hayden e Donald Sutherland nel ruolo di un pirotecnico disc jockey). ■ COMMEDIA; COL.; 94'; CANADA, 1981.

A TUTTO ROCK *(A Matter of Degrees)* ★
Regia di W. T. MORGAN. Con ARYE GROSS, JUDITH HOAG, TOM SIZEMORE. ■ Il protagonista nutre un folle amore per la musica rock e una antipatia per il suo lavoro. A tutti i costi vuol fare in modo che la sua radio preferita non chiuda i battenti. ■ COMMEDIA; COL.; 100'; USA, 1989.

AUDACE AVVENTURA *(The Foreman Went to France)* ★★
Regia di CHARLES FREND. Con CONSTANCE CUMMINGS, CLIFFORD EVANS, TOMMY TRINDER. ■ Un militare inglese in servizio sul suolo francese deve rientrare in possesso di materiale bellico e riportarlo in patria. Siamo nel 1940 e i tedeschi avanzano. Tra mille difficoltà l'impresa riesce. ■ GUERRA; B/N; 87'; GRAN BRETAGNA, 1942.

AUDACE COLPO DEI SOLITI IGNOTI ★★★
Regia di NANNI LOY. Con CLAUDIA CARDINALE, RICCARDO GARRONE, VITTORIO GASSMAN, NINO MANFREDI, TIBERIO MURGIA, RENATO SALVATORI. ■ Cinque banditelli romani vengono chiamati a Milano per rapinare il furgone che trasporta i milioni del Totocalcio. Il milanese che aveva ideato il colpo, però, viene acciuffato dalla polizia. I cinque poveracci agiscono da soli e riescono, fortunosamente, a impossessarsi del bottino. Con la valigia piena di soldi combinano un sacco di guai e alla fine preferiscono disfarsene. ■ COMICO; B/N; 90'; ITALIA, 1959.

AUDITION *(Odishon)* ★
Regia di TAKASHI MIIKE. Con RYO ISHIBASHI, JUN KUNIMURA, MIYUKI MATSUDA, TOSHIE NEGISHI, REN OSUGI, TETSU SAWAKI, EIHI SHIINA. ■ Adattamento di un romanzo di Murakami Ryu, *Audition*. Un produttore cinematografico rimasto vedovo decide, dopo anni di solitudine, di risposarsi. Un suo collega ed amico organizza un'audizione di casting fittizia dove l'uomo, in principio riluttante, incontra una misteriosa giovane di cui si innamora: la scelta sfortunatamente si rivelerà infelice. Sequenze deliranti portano all'attenzione dello spettatore un orrore forzato e avvolgente al quale non è possibile sottrarsi nemmeno distogliendo lo sguardo. ■ HORROR; COL.; 111'; COREA DEL SUD, GIAPPONE, 1999.

AUDREY ROSE ★★★
Regia di ROBERT WISE. Con JOHN BECK, ANTHONY HOPKINS, MARSHA MASON. ■ Il film è tratto da un romanzo di Frank De Felitta. La storia è quella di un padre che ha perduto la figlia adorata, una bimba di cinque anni. All'improvviso l'uomo si convince che l'anima della piccola si è reincarnata nel corpo di una bambina di dieci anni che abita a New York. ■ DRAMMATICO; COL.; 113'; USA, 1977.

AUGURI E FIGLI MASCHI ★★
Regia di GIORGIO SIMONELLI. Con CARLO CROCCOLO, GIOVANNA PALA, DELIA SCALA, UGO TOGNAZZI. ■ In questo filmetto-passatempo si raccontano le tragicomiche avventure di tre sorelle che si maritano con tre amici. Problema comune è quello dell'alloggio e le tre coppie ne passano di cotte e di crude prima di conquistarselo. ■ COMICO; B/N; 87'; ITALIA, 1951.

AUGURI PROFESSORE ★★
Regia di RICCARDO MILANI. Con DUILIO DEL PRETE, SILVIO ORLANDO, CLAUDIA PANDOLFI. ■ Orlando è un insegnante deluso. Ricorda quando cominciò in provincia e voleva fare la rivoluzione – odiava la Fiat e separava in classe i figli dei proletari da quelli dei borghesi. Adesso insegna a Roma, reincontra una sua allieva diventata collega, naturalmente innamorata di lui, e niente è cambiato, anzi, è peggiorato. Corretto, ben scritto (Rulli e Petraglia), in sintonia col precedente *La scuola* di Luchetti (di cui Milani, qui esordiente è stato assistente), ma terribilmente omologato con la frontiera grigia, povera e pessimista del cinema dai contenuti post-post-post-sessantottini. Qualche volta vorremmo respirare e uscire dalle sale meno tristi, specie se abbiamo figli che vanno a scuola. E vivaddio il nostro sociale presenta anche altri versanti. ■ COMMEDIA; COL.; 95'; ITALIA, 1997.

AUGUST ★★
Regia di ANTHONY HOPKINS. Con KATE BURTON, ANTHONY HOPKINS, LESLIE PHILLIPS. ■ Inghilterra fine Ottocento. Un uomo non giovane e assolutamente abitudinario si vede arrivare nella sua bella casa il fratello scapestrato che intende vendere la magione per far fronte ai debiti. A complicare le cose c'è anche la cognata. Maniera e calligrafismo. Niente di più. Hopkins, già che c'era, ha composto anche la musica. ■ SENTIMENTALE; COL.; 95'; GRAN BRETAGNA, 1996.

AU HASARD BALTHAZAR ★★★★
Regia di ROBERT BRESSON. Con WALTER GREEN, JEAN-CLAUDE GUILBERT, FRANÇOIS LAFARGE, ANNE WIAZEMSKY. ■ Una straziante allegoria della ingratitudine umana narrata attraverso la storia del povero Balthazar, un asino che passa di padrone in padrone: l'animale subisce ogni sorta d'angherie fino a quando non viene dato a un alcolizzato, Arnold. Perito Arnold per ubriachezza, Balthazar finisce in un circo, dove viene esibito come ciuco matematico; di lì, nelle mani di un avaro fabbricante di acqua minerale, che lo aggioga alla ruota di un pozzo. Fino al tragico epilogo: caricato di merce di contrabbando, presso il confine spagnolo, viene ferito dai finanzieri e muore in mezzo a un gregge di pecore. In queste bizzarre vicende l'animale fa risaltare la sua proverbiale pazienza e la dote di grande intelligenza ingigantita a confronto degli uomini affaccendati, impegnati senza costrutto a distruggersi l'uno con l'altro. Dietro il rigore formale, i personaggi ieratici, la narrazione asciutta e il linguaggio essenzialissimo, si agitano alcuni dei grandi problemi della vita dell'uomo d'oggi caratteristici della poetica del grande maestro francese. È un film di grande poesia. Bresson sembra voler dire che nessun calvario può riscattare un mondo terreno governato dal male. ■ DRAMMATICO; B/N; 90'; FRANCIA, 1966.

AULE TURBOLENTE *(School Daze)* ★★
Regia di SPIKE LEE. Con TISHA CAMPBELL, LAURENCE FISHBURNE. ■ Rivalità fra due combriccole di ragazzi di colore. I "nerissimi" Jigaboo vorrebbero seguire la strada delle Pantere Nere degli anni Settanta. I Whannabee invece vorrebbero integrarsi con i bianchi (e magari confondersi fra di loro). La tensione fra i due gruppi comunque si scatena in modo indolore: con qualche scherzo, qualche gara sportiva un po' accesa e soprattutto molti canti e balli. ■ COMMEDIA; COL.; 114'; USA, 1988.

A UN PASSO DALLA MORTE *(The Young Captives)* ★
Regia di IRVIN KERSHNER. Con STEVEN MARLO, LUANA PAT-

TEN, TOM SELDEN. ■ Due giovani, fuggiti da casa per sposarsi, viaggiano verso il Messico. A loro si unisce un pazzo omicida. Si salvano a stento. ■ DRAMMATICO; B/N; 100′; USA, 1959.

A UN PASSO DALLA MORTE *(You'll Like my Mother)* ★★
Regia di LAMONT JOHNSON. Con SIAN BARBARA ALLEN, PATTY DUKE, ROSEMARY MURPHY, RICHARD THOMAS. ■ Una giovane vedova, in stato di avanzata gravidanza, si reca a trovare la suocera. Resta intrappolata in una villa, isolata dalla neve, insieme con la perfida signora e i suoi figli, uno assassino e stupratore, l'altra subnormale. Se la cava soltanto con l'aiuto della povera mentecatta. ■ DRAMMATICO; B/N; 92′; USA, 1972.

A UN PASSO DALL'INFERNO *(To the Shores of Hell)* ★★
Regia di WILL ZENS. Con RICHARD ARLEN, RICHARD JORDAHL, KIVA LAWRENCE, MARSHALL THOMPSON. ■ Durante la guerra in Vietnam, un medico americano viene fatto prigioniero dai vietcong. Continua però a prodigarsi per ammalati e feriti. Liberato dal fratello marine, se ne va poi in Congo a continuare la sua missione. ■ GUERRA; COL.; 82′; USA, 1966.

AURELIA ★★
Regia di GIORGIO MOLTENI. Con MADDALENA CRIPPA, NICOLA PISTOIA, FABIO SARTOR. ■ Alla vigilia del suo matrimonio, Tommaso parte da Roma con l'autostop, lungo la via Aurelia, per raggiungere la fidanzata a Loano. Incontra un'altra autostoppista, Giuditta, una ragazza vivace ed estroversa quanto lui è timido. Si amano e si lasciano, ma a Tommaso ormai il suo matrimonio appare grigio. ■ COMMEDIA; COL.; 92′; ITALIA, 1987.

AURORA *(Sunrise)* ★★★
Regia di FRIEDRICH WILHELM MURNAU. Con JANET GAYNOR, MARGARET LIVINGSTON, GEORGE O'BRIEN. ■ Tratto dal romanzo *Una gita a Tilsit* di Hermann Sudermann. Un altro capolavoro di Murnau, il primo girato negli Stati Uniti e vincitore di due premi Oscar: miglior attrice (Gaynor) e fotografia (Struss e Roscher). Ebbe successo di critica ma l'incasso nei cinema non fu sufficiente al rientro delle spese. Ansass è un contadino sposato e felice. Un giorno si invaghisce di una donna che viene dalla città e che lo convince a uccidere la moglie. Si ravvede *in extremis*. ■ DRAMMATICO; COL.; 97′; USA, 1927. ■ OSCAR 2 PR, 3 NOM.

AURORA SUL DESERTO *(Another Dawn)* ★★★
Regia di WILLIAM DIETERLE. Con ERROL FLYNN, KAY FRANCIS, IAN HUNTER. ■ Il film è ispirato al romanzo di Somerset Maugham *The Ambassador's Wife* e racconta la vicenda di un colonnello inglese che ha sposato una donna, pur sapendo di non essere amato. In un forte nel deserto la donna incontra un ufficiale e se ne innamora. Il colonnello si sacrifica e parte per una missione suicida. ■ DRAMMATICO; B/N; 73′; USA, 1937.

AURORA SUL MARE ★★
Regia di GIORGIO SIMONELLI. Con ENNIO CERLESI, FEDELE GENTILE, NORMA REDIVO, RENZO RICCI, GIOVANNA SCOTTO. ■ Il giovanissimo figlio di un uomo, che ha lasciato l'Italia dopo aver ucciso un fascista, salva il padre che sta rientrando clandestinamente in Italia. Ma l'uomo non trova pace e se ne va. ■ DRAMMATICO; B/N; 90′; ITALIA, 1935.

AURORA TRAGICA *(Matinée Idol)* ★
Regia di GEORGE KING. Con MARGUERITE ALLAN, CAMILLA HORN, MILES MANDER. ■ Un attore a furia di rincorrere gonnelle si mette nei guai e uccide. Si accusa una ragazza. Ma alla fine il colpevole, identificato, si uccide. ■ DRAMMATICO; B/N; 75′; GRAN BRETAGNA, 1933.

AUSTIN POWERS – IL CONTROSPIONE ★★
(Austin Powers)
Regia di JAY ROACH. Con ELIZABETH HURLEY, MIKE MYERS, MIMI ROGERS. ■ Prodotto dall'attrice Demi Moore, il film vede come protagonista l'attore di *Fusi di testa* che ha scritto anche la sceneggiatura. È la storia di Austin, eroe alla 007, ibernato per trent'anni. Dopo il risveglio deve scontrarsi con la realtà odierna a lui estranea e con il Dr. Evil suo acerrimo nemico. L'Intelligence Service sorveglia la situazione. Tra i cameo il musicista Burt Bacharach, Christian Slater, Rob Lowe e Carrie Fisher. ■ COMICO; COL.; 113′; USA, 1997.

AUSTIN POWERS IN GOLDMEMBER ★
Regia di JAY ROACH. Con MICHAEL CAINE, SETH GREEN, BEYONCÉ KNOWLES, MIKE MYERS, MICHAEL YORK. ■ Austin Powers, dopo aver assistito a un film sulla sua vita interpretato dai migliori divi di Hollywood, cattura ancora una volta il dottor Male e si guadagna la nomina a baronetto. Il suo malvagio antagonista, per tutta risposta, convince l'olandese debosciato Goldmember a rapirne il padre. Lo scopo, ancora una volta, è quello di impadronirsi della Terra grazie a un cannone spaziale in grado di attirare un asteroide nell'orbita del pianeta. Ma Powers, ritrovata l'antica fiamma Foxxy Cleopatra, non farà gran fatica a sbrogliare la matassa trovandosi anche un inaspettato fratello. I film comici dovrebbero far ridere, e in precedenza l'attore/sceneggiatore Mike Myers c'era anche riuscito. Ma qui si gioca al risparmio – se non di soldi – di idee, con gag già deboli in partenza ripetute tre o quattro volte e un fastidiosissimo sovrappiù di volgarità. Eccetto che per gli azzeccati titoli di testa non si ride una volta. Infantile, privo di ritmo e insulso come pochi: davvero inspiegabili i 213 milioni di dollari incassati negli Usa. ■ COMICO; COL.; 94′; USA, 2002.

AUSTIN POWERS LA SPIA CHE CI PROVAVA ★★
(Austin Powers The Spy Who Shagged Me)
Regia di JAY ROACH. Con HEATHER GRAHAM, MIKE MYERS. ■ Myers è la spia demenziale Austin Powers, visto anche in un videoclip di Madonna. È il secondo episodio della serie. Le gag sono piuttosto rozze, ma hanno riscosso un notevole successo presso il pubblico internazionale. La sceneggiatura le assembla piuttosto casualmente. Il ritmo spesso scade al livello delle battute pronunciate. Nostalgia visiva degli anni Sessanta. ■ COMICO; COL.; 95′; USA, 1999. ■ GOLDEN GLOBES 1 NOM; OSCAR 1 NOM.

AUSTRALIA ★★
Regia di JEAN-JACQUES ANDRIEN. Con FANNY ARDANT, JEREMY IRONS, AGNES SORAL. ■ Un belga emigrato in Australia da molti anni torna alla città natale per risollevare le sorti dell'industria paterna. La rimpatriata diventa l'occasione per intrecciare una storia d'amore con una bellezza locale. ■ COMM. DRAMMATICA; COL.; 118′; BELGIO, 1989. ■ VENEZIA 1 PR.

AUSTRALIA ★★★
Regia di BAZ LUHRMANN. Con BRYAN BROWN, HUGH JACKMAN, NICOLE KIDMAN, BRUCE SPENCE, DAVID WENHAM. ■ Australia, 1939. Sarah Ashley, un'aristocratica inglese, lascia Londra alla volta di Darwin, per ricondurre a casa il proprio consorte. Nella tenuta di Faraway Downs, scortata da un mandriano brusco e attaccabrighe, con il quale nasce una storia d'amore, Sarah scopre con sgomento la morte del marito, Lord Ashley, e la crisi in cui versa il *ranch*. La protagonista, affascinata da questa nuova terra selvaggia, e l'affetto per Nullah, un orfano nato da madre aborigena e padre inglese, decide di restare e di risollevare le sorti della proprietà. Con l'aiuto del suo accompagnatore, ormai innamorato e ricambiato, di un contabile ubriaco, di un misterioso stregone e di un piccolo meticcio, Sarah riuscirà a condurre la propria mandria a destinazione attraverso un territorio impervio, vincendo una concorrenza sleale, dopo essere sopravissuta a un attacco aereo giapponese e vivendo, infine, una spettacolare favola d'amore. Mentre sulla superficie dello schermo si agita una storia totalmente cinematografica, in secondo piano si denuncia lo scandalo delle "generazioni rubate": un piano governativo del Commonwealth per assimilare gli indigeni nella dominante comunità bianca. Dietro ai mulini a vento, Baz Luhrmann esplora la sua terra con sentimento smisurato, e "protegge" i bambini (quasi tutti meticci) sottratti alle famiglie e consegnati a istituzioni assistenziali religiose per ridimensionarne il colore e la cultura. ■ DRAMMATICO; COL.; 165′; USA, AUSTRALIA, 2008.

AUSTRALIANO, L' *(The Shout)* ★★★★
Regia di JERZY SKOLIMOWSKI. Con ALAN BATES, TIM CURRY, JOHN HURT, ROBERT STEPHENS, SUSANNAH YORK. ■ In un paesino inglese, la locale squadra di cricket sfida quella del manicomio. Un ricoverato, Charles, fa da giudice affiancato da Robert (sano) e nel corso dell'incontro gli racconta la propria storia. Charles ha imparato da un aborigeno australiano a concentrare la forza in un urlo devastatore e mortale. Per questo fu internato in casa di cu-

ra per malattie mentali. Finito il racconto, Charles urla e muore. Questo film ottenne il premio speciale al Festival di Cannes nel 1978. Pellicola singolare e suggestiva. ■ DRAMMATICO; COL.; 87'; GRAN BRETAGNA, 1978. ■ CANNES 1 PR.

AUSTRALIENO, L' *(As Time Goes By)* ★
Regia di BARRY PEAK. Con MAX GILLIES, BRUNO LAWRENCE. ■ Mike Tagger si imbatte in un extraterrestre e in tutta una serie di stravaganti personaggi. La situazione precipita ed egli, per sopravvivere, deve modificare l'andamento del tempo. ■ FANTASCIENZA; COL.; 100'; AUSTRALIA, 1988.

AUTENTICO CAMPIONE, UN *(Stay Hungry)* ★★
Regia di BOB RAFELSON. Con JEFF BRIDGES, SALLY FIELD, ARNOLD SCHWARZENEGGER. ■ Uno dei primi ruoli di Schwarzenegger, quando ancora era solo un culturista e nessuno certo immaginava per lui un avvenire nel cinema. Il vero protagonista è Jeff Bridges nella parte di un giovane speculatore edilizio che entra in contatto con la gente che frequenta una palestra di body building (e ha una torrida storia d'amore con Sally Field). Interessante, ma confuso e velleitario come quasi tutto il cinema di Rafelson. ■ COMMEDIA; COL.; 103'; USA, 1976.

AUTISTA PAZZO, L' *(The Yellow Cab Man)* ★★★
Regia di JACK DONOHUE. Con EDWARD ARNOLD, GLORIA DE HAVEN, JAMES GLEASON, RED SKELTON, WALTER SLEZAK. ■ Si raccontano le disavventure di un giovane inventore che ha trovato il modo di fabbricare vetro infrangibile. Un individuo senza scrupoli lo perseguita per impossessarsi della formula. Per fortuna la fidanzata dell'inventore non si perde d'animo e, mobilitando uno stuolo di tassisti, rimette tutto a posto. ■ COMMEDIA; B/N; 85'; USA, 1950.

AUTOCOLONNA ROSSA, L' *(Red Ball Express)* ★★★
Regia di BUDD BOETTICHER. Con JUDITH BROWN, JEFF CHANDLER, ALEX NICOL. ■ Il capitano Campbell comanda l'autocolonna adibita ai rifornimenti delle truppe che, sbarcate in Normandia, stanno ricacciando indietro i tedeschi. Un sergente, che fa parte dell'autocolonna, ce l'ha con il capitano perché lo reputa responsabile della morte del fratello. Ma Campbell gli salva la vita e l'amicizia trionfa. ■ GUERRA; B/N; 83'; USA, 1952.

AUTO FOCUS ★★★★
Regia di PAUL SCHRADER. Con MARIA BELLO, WILLEM DAFOE, GREG KINNEAR, BRUCE SOLOMON, RITA WILSON. ■ California, anni Sessanta. Bob Crane, popolare dj, accetta la proposta del suo agente e diventa il protagonista della serie tv *Hogan's Heroes*. La serie ha un successo enorme, ma Crane non sembra intenzionato ad approfittarne in alcun modo: marito e padre devoto, vorrebbe apparentemente restare tale. Ma l'incontro col tecnico video John Carpenter, incallito frequentatore di night club e sessuomane impenitente, stravolgerà la sua vita. Bob diventerà uno schiavo del sesso e delle esperienze più devianti, fino al declino e alla misteriosa morte in un motel nel 1978. Paul Schrader è forse l'ultimo moralista del cinema americano, ma di un moralismo dolente e tutt'altro che autocompiaciuto. *Auto Focus* è l'ideale prosecuzione di Hardcore, con un cambiamento di prospettiva che porta ad indagare sui fruitori dell'hard anziché sui corpi che ne sono oggetto. Il risultato è la radiografia di esseri persi nell'impossibile ricerca di una redenzione, condannati a un declino che, prima che fisico, è soprattutto spirituale. Il tutto impaginato magnificamente e con uno splendido lavoro sulla fotografia, dal technicolor sparato dell'inizio all'angosciante monocromatismo del finale. Superlativi gli interpreti. ■ DRAMMATICO; COL.; 107'; USA, 2002.

AUTOPSIA ★★
Regia di JUAN LUGAR. Con VINCENTE ACITORES, MARIA JOSÉ CANTUDO, JUAN LUIS GALIARDO, EMILIANO REDONDO. ■ Un corrispondente di guerra, dopo anni passati al fronte, torna in patria e si rende conto che la gente non si lascia scalfire dalle tragedie che si consumano in tante parti del mondo. Per scuotere l'opinione pubblica filma un'autopsia. ■ DRAMMATICO; COL.; 90'; SPAGNA, 1973.

AUTOPSIA DI UN DELITTO *(The Burning Bed)* ★★
Regia di ROBERT GREENWALD. Con FARRAH FAWCETT, PAUL LE MAT. ■ Un matrimonio è turbato dai violenti scoppi di collera del marito. Dopo anni di sopportazione, nel marzo del 1977 lei lo ammazza appiccando il fuoco al letto in cui sta dormendo. ■ DRAMMATICO; COL.; 105'; USA, 1984.

AUTOPSIA DI UN GANGSTER *(Never Love a Stranger)* ★
Regia di ROBERT STEVENS. Con JOHN DREW BARRYMORE, ROBERT BRAY, LITA MILAN. ■ Un ragazzo fugge dall'orfanotrofio consegnando a una sua amica un mucchio di quattrini affidatigli da un gangster. Quando torna scopre che la ragazza si è messa con il gangster. Il giovane diventa gangster a sua volta e finisce ucciso. ■ DRAMMATICO; B/N; 91'; USA, 1958.

AUTOPSIA DI UN MOSTRO *(À chacun son enfer)* ★★★★
Regia di ANDRÉ CAYATTE. Con BERNARD FRESSON, ANNIE GIRARDOT, STÉPHANE HILLEL, HARDY KRÜGER, FERNAND LEDOUX. ■ Disperata, la signora Girard si reca alla tv per parlare dai teleschermi ai rapitori della figlia di sette anni i quali, dopo aver saputo che la polizia era stata avvertita del rapimento, non hanno dato più notizie. Avvenuto poi un nuovo contatto, la donna raggiunge il luogo indicato per il pagamento del riscatto; ma la bimba viene trovata strangolata. Numerosi elementi raccolti fanno ritenere agli inquirenti che il "mostro" sia un intimo della famiglia. Sarà la signora stessa a scoprire il colpevole. ■ DRAMMATICO; COL.; 100'; FRANCIA, GERMANIA, 1977.

AUTOPSIA DI UN SOGNO *(Shattered Image)* ★
Regia di RAOUL RUIZ. Con WILLIAM BALDWIN, LISANNE FALK, GRAHAM GREENE, BULLE OGIER, ANNE PARILLAUD. ■ Il protagonista e la protagonista sono in vacanza ai Tropici con qualche difficoltà all'orizzonte soprattutto per lei. Ruiz si aggroviglia nelle sue elucubrazioni cinefile toccando uno dei livelli più elevati di astrusità nel suo cinema. Questa volta il gioco della mescolanza dei piani tra sogno e realtà non funziona. ■ PSICOLOGICO; COL.; 102'; USA, 1998.

AUTOREVERSE ★★
(Ni Pour, Ni Contre (Bien Au Contraire))
Regia di CÉDRIC KLAPISCH. Con SIMON ABKARIAN, VINCENT ELBAZ, MARIE GILLAIN, JOCELYN LAGARRIGUE, NATACHA LINDINGER, ZINEDINE SOUALEM, DIMITRI STOROGE. ■ Caty, cameraman annoiata, capita casualmente nel giro di un gruppo di rapinatori e cedendo alle lusinghe di una vita borderline si lascia trascinare dagli eventi fino a diventare protagonista della rapina della "svolta". Un film che cambia passo più volte, che adotta ed abbandona soluzioni senza seguire un criterio, che alterna godibilità e noia. ■ HARD BOILED; COL.; 111'; FRANCIA, 2003.

AUTOSTOP *(You Can't Run Away from It)* ★★★
Regia di DICK POWELL. Con JUNE ALLYSON, CHARLES BICKFORD, PAUL GILBERT, JACK LEMMON. ■ La figlia di un miliardario, fuggita di casa per non sposare l'uomo scelto da suo padre, incontra un giovanotto. Strada facendo i due si innamorano. Ma un equivoco a proposito di quattrini induce la ragazza a tornare dal papà. Poi tutto si chiarisce e i due colombi si riuniscono. È il remake di *Accadde una notte*. ■ COMMEDIA; COL.; 95'; USA, 1956.

AUTOSTOP ROSSO SANGUE ★★
Regia di PASQUALE FESTA CAMPANILE. Con CORINNE CLÉRY, JOHN LOFFREDO, FRANCO NERO, CARLO PURI. ■ Walter ed Eve, giovani sposi in crisi, partono per un viaggio-salvezza in California. Durante il ritorno, i due offrono un passaggio ad un autostoppista: questi è un bandito in fuga che subito immobilizza l'uomo e violenta Eve. Ma lei saprà poi reagire ed ucciderlo. Walter, però, si impossessa dell'ingente somma che il rapinatore aveva con sé e lascia che la moglie muoia, priva di soccorso, in un precipizio in cui è caduta l'auto. ■ DRAMMATICO; COL.; 102'; ITALIA, 1977.

AUTOSTRADA DELLA MORTE, L' ★★
(Death Car on the Freeway)
Regia di HAL NEEDHAM. Con PETER GRAVES, SHELLEY HACK, GEORGE HAMILTON. ■ Il regista Needham si mette sulle tracce di Spielberg, riproponendo il tema di *Duel* (1972), del folle automezzo all'inseguimento di autisti indifesi, in questo caso due donne. ■ DRAMMATICO; COL.; 120'; USA, 1979.

AUTOSTRADA PER L'INFERNO *(Highway to Hell)* ★★
Regia di ATE DE JONG. Con PATRICK BERGIN, RICHARD FARNSWORTH, CHAD LOWE, ADAM STORKE, KRISTY SWANSON. ■

Commedia horror presentata al Fantafestival di Roma. Sull'autostrada per Las Vegas due fidanzati si imbattono in un poliziotto infernale che rapisce la ragazza e sfida il giovanotto a salvarla. Quest'ultimo, a bordo di un'automobile, deve affrontare le diaboliche creature che popolano l'oltretomba. ■ HORROR; COL.; 90'; USA, 1991.

AUTRE, L' ★★
Regia di BERNARD GIRAUDEAU. Con JULIAN NEGULESCO, FRANCISCO RABAL, WADECK STANCZAK. ■ Opera prima dell'attore francese Giraudeau, il film mette in scena un terremoto, che si abbatte sul protagonista e per poco ne cancella la memoria. ■ DRAMMATICO; COL.; 100'; FRANCIA, TUNISIA, 1989.

AUTRE, L'
Regia di PATRICK MARIO BERNARD, PIERRE TRIVIDIC. Con DOMINIQUE BLANC, PETER BONKE, CYRIL GUEÏ, CHRISTÈLE TUAL. ■ All'età di 47 anni, Anne-Marie ha deciso di lasciare il suo giovane compagno Alex. Lui vorrebbe una vera vita coniugale, mentre lei, che ha già vissuto un matrimonio, desidera mantenere la sua libertà, pensare prima di tutto a se stessa. Eppure, quando a distanza di qualche tempo viene a sapere che Alex ha una nuova compagna, una folle gelosia s'impossessa di lei e la spinge in una drammatica crisi d'identità. L'ambivalenza, la coesistenza di sentimenti opposti, il fantasma: questa è la sostanza imprendibile ma non invisibile al centro della scena, che sfrutta anche la soglia piena di ombre della mezza età femminile. Una citazione per Dominique Blanc, coppa Volpi a Venezia. Rispetto al testo di partenza, *L'occupation* di Annie Ernaux, Bernard e Trividic mutano il mestiere della protagonista da scrittrice ad assistente sociale, complicando in modo sottile e intelligente le conseguenze del suo disturbo. ■ DRAMMATICO; COL.; 97'; FRANCIA, 2007; VENEZIA, 1 PR.

AUTUMN IN NEW YORK ★★
Regia di JOAN CHEN. Con RICHARD GERE, ANTHONY LA PAGLIA, WINONA RYDER, ELAINE STRITCH. ■ Will incontra Charlotte, decisamente più giovane di lui. Potrebbe essere una delle tante che colpisce con il suo fascino. Ma non è così. La ragazza lo costringe a rivedere il suo passato (compreso quello che l'ha visto tra i corteggiatori di sua madre). Ma c'è un "ma": lei soffre di una forma tumorale che ostacola gravemente il lavoro del cuore. Ha poco da vivere. Tra abbandoni romantici e improvvise incapacità di responsabilizzarsi da parte di lui, si giunge all'epilogo che non è dei più lieti. Tranne che per un'appendice di paternità accettata. C'era una volta *Love Story*. C'erano un Ryan O'Neal e una Ali MacGraw quasi sconosciuti. C'è, oggi, *Autumn in New York*. Con Richard Gere e Winona Ryder dove tutto è previsto e prevedibile. ■ DRAMMATICO; COL.; 95'; USA, 2000.

AUTUNNO ★★
Regia di NINA DI MAJO. Con NINA DI MAJO, PIETRO ALESSIO DI MAJO, MARINO MASÉ, MONI OVADIA, ELISABETTA PICCOLOMINI. ■ Costanza è una studentessa e ha problemi con il mondo (famiglia, amici, ragazzo). L'unico che sembra capirla è un professore molto caricaturato. Massimo è un sedicenne imbranato che sfugge all'iperprotezione materna nascondendosi sotto i mobili e spia una vicina con il cannocchiale. Molta ispirazione proviene da Moretti. Vero pregio: una Napoli non stereotipata. ■ COMMEDIA; COL.; 95'; ITALIA, 1999.

AUTUNNO FRA LE NUVOLE *(Digging to China)* ★★★
Regia di TIMOTHY HUTTON. Con KEVIN BACON, MARY STUART MASTERSON, CATHY MORIARTY, EVAN RACHEL WOOD. ■ Una bambina di dieci anni con la voglia di fuggire dall'ambiente familiare fa amicizia con un trentenne rimasto a uno stadio mentale infantile. L'attore Hutton sa dirigere senza pigiare sul pedale della retorica. Presentato al Sundance Film Festival 1998. ■ DRAMMATICO; COL.; 98'; USA, 1998.

A.V. ★★★
Regia di PANG HO-CHEUNG. Con JEFFREY CHOW, LAWRENCE CHOW, DEREK TSANG, WONG YOU-NAM. ■ *A. V.* come *Adult Video*. Quattro giovani universitari alla disperata ricerca di sesso montano un progetto per una casa di produzioni pornografiche fasulla fino al midollo: attori e tecnici pagheranno di tasca loro per assistere o partecipare. L'attrice contattata, una stellina del cinema a luci rosse (Amamiya Manami, che nel film interpreta se stessa), è la vittima designata della truffa. I quattro sprovveduti constateranno a loro spese quanto sia arduo gestire una mascherata di tali proporzioni, rischiando serie conseguenze. Una commedia made in Hong Kong leggera ma tutt'altro che inutile. Il regista Pang Ho-Cheung tira le fila di una miriade di caratteri, dimostrando interessanti capacità di accostamento nel mescere nelle giuste dosi momenti di pura ironia e sapori agrodolci. Tempi comici ineccepibili, citazionismo dilagante (si va da Tony Montana a Tarkowsky passando per l'esplicito omaggio al Far East Film Festival di Udine!), straordinaria sensibilità antifrastica e gusto per il paradosso. Parodia di una parodia, il titolo stupisce per immediatezza e potenza espressiva, vivido dipinto senza condanne di una generazione priva di sogni. Un'iperbole stilistica che, tra una risata e l'altra, colpisce nel segno. ■ COMMEDIA; COL.; 103'; HONG KONG, 2005.

AVALANCHE EXPRESS ★★★
Regia di MARK ROBSON. Con MICHAEL CONNORS, LINDA EVANS, LEE MARVIN, MAXIMILIAN SCHELL, ROBERT SHAW. ■ Il capo dei servizi segreti russi fa la spia per gli americani e poi chiede asilo politico a Milano, ma i suoi connazionali decidono di eliminarlo. L'azione deve aver luogo sul treno che porta il fuggitivo dalla capitale lombarda a Rotterdam. Ma la manovra, dopo mille cambiamenti di fronte e peripezie, fallirà. ■ AVVENTURA; COL.; 88'; IRLANDA, 1979.

AVALON ★★★
Regia di BARRY LEVINSON. Con LOU JACOBI, ARMIN MUELLER-STAHL, ELIZABETH PERKINS, AIDAN QUINN, ELIJAH WOOD. ■ Un profugo polacco ebreo, Sam Krichinsky, giunge a Baltimora nel 1914; con pazienza ed umiltà costruisce il suo nucleo familiare. Tra le banalità di tutti i giorni e il cuore fedele alla cultura ebraica, il tempo passa, i figli crescono e l'America cambia: i Krichinsky cercano di adeguarsi al nuovo evolversi delle cose, commerciano in elettrodomestici, assimilano la cultura della televisione, seguono fedelmente il destino del paese che li ha ospitati. Le cose però vanno male, il negozio brucia e i Krichinsky tentano invano un'altra strada. Sam è ormai vecchio e vede sfaldarsi quella unica concezione della famiglia che aveva tanto amato; ha dato tutto con umiltà, ma i tempi ormai sono troppo più avanti di lui. Avalon è il paradiso perduto di Sam, è il naufragio delle sue speranze. Ottima descrizione del declino di una famiglia, tra cultura, sacrifici, malincuore e un pizzico di humour. Un plauso va anche agli attori, diversi, ma tutti attenti a fare corpo unico nella grande ed unita famiglia. ■ COMMEDIA; COL.; 126'; USA, 1990. ■ GOLDEN GLOBES 3 NOM; OSCAR 4 NOM.

AVALON ★★
Regia di MAMORU OSHII. Con DARIUSZ BISKUPSKI, MALGORZATA FOREMNIAK, JERZY GUDEJKO, WLADYSLAW KOWALSKI. ■ In un futuro prossimo una gioventù totalmente disillusa si costruisce una realtà alternativa: un guerriero virtuale e illegale di nome Avalon, con riferimento all'isola leggendaria in cui riposano le anime degli eroi. I partecipanti al gioco ne diventano dipendenti al punto da ritrovarsi decerebrati come fossero vittime di una droga. Chi cede viene definito "non-ritornato". Ash è una ragazza che si guadagna da vivere passando in continuazione dal mondo reale a quello virtuale di Avalon. Un giorno scopre che un esperto del gioco, Murphy, è finito tra i "non-ritornati" perché aveva cercato di entrare in un'area proibita del gioco. Film di impatto visivo ed effettistico elevato, *Avalon* è un *Matrix* nipponico che affascina ma che, come spesso accade con film di questo genere, suscita una perplessità di base. ■ FANTASCIENZA; COL.; 106'; GIAPPONE, 2001.

AVAMPOSTI DELLA GLORIA, GLI ★★
(The Quick and the Dead)
Regia di ROBERT TOTTEN. Con SANDY DONIGAN, VICTOR FRENCH, LARRY MANN, LOUIS MASSAD. ■ Durante l'ultima guerra, un gruppetto di soldati americani viene mandato in Corsica per far saltare un deposito di munizioni tedesco. Ne passano di cotte e di crude prima di riuscirci. Poi, insieme con i partigiani, sconfiggono un gruppo di tedeschi. ■ GUERRA; B/N; 90'; USA, 1962.

AVAMPOSTO, L' *(The Last Outpost)* ★★★
Regia di CHARLES BARTON, LOUIS GASNIER. Con CARY GRANT,

GERTRUDE MICHAEL, CLAUDE RAINS. ■ Si racconta di un ufficiale inglese che, ricoverato in un ospedale del Cairo, si innamora dell'infermiera, che però è la moglie dell'uomo che lo ha salvato. La lealtà ha il sopravvento sull'amore. Risanato, l'ufficiale presta servizio in un avamposto e, ancora una volta, viene salvato dallo stesso uomo, che muore. La moglie è libera di amare il suo ufficiale. ■ DRAMMATICO; B/N; 70'; USA, 1935.

AVAMPOSTO DEGLI STUKAS, L' ★★
(Der Stern von Afrika)
Regia di ALFRED WIEDENMANN. Con JOACHIM HANSEN, MARIANNE KOCH. ■ Intrepido aviatore tedesco fa strage di nemici, poi viene la sua ora. Lascia giovane vedova. Qualche interesse ha il materiale di repertorio. ■ GUERRA; B/N; 85'; GERMANIA, 1957.

AVAMPOSTO DEGLI UOMINI PERDUTI, L' ★★★
(Only the Valiant)
Regia di GORDON DOUGLAS. Con WARD BOND, LON CHANEY JR, BARBARA PAYTON, GREGORY PECK. ■ È il solito western con il capitano severo, ma eroico, che presidia un fortino e tiene a bada gli Apaches finché non "arrivano i nostri". Ha qualche pregio di recitazione, per il resto è normale routine. ■ WESTERN; B/N; 105'; USA, 1951.

AVAMPOSTO DEI DISPERATI, L' ★★
Regia di KIHACHI OKAMOTO. Con TOSHIRO MIFUNE, IZUMI YIKIMURA. ■ Contro il volere di tutti, un sergente giapponese affronta un perigliosissimo viaggio per scoprire la verità sul "suicidio" del fratello, avvenuto in un lontano avamposto. ■ GUERRA; B/N; 90'; GIAPPONE, 1960.

AVAMPOSTO DELL'INFERNO, L' *(Hell's Outpost)* ★★★
Regia di JOSEPH KANE. Con ROD CAMERON, JIM DAVIS, JOAN LESLIE, JOHN RUSSELL. ■ In una città mineraria, un reduce della Corea cerca di mettere in attività una miniera di uranio. Il capoccia del luogo lo contrasta duramente: ci sono di mezzo i quattrini e gli occhi di una bella donna. Vince il reduce, anche se non mette le mani sulla miniera. ■ AVVENTURA; B/N; 90'; USA, 1954.

AVAMPOSTO DISTRUTTO, L' *(Kieta Chtai)* ★
Regia di AKIRA MIMURA. Con YUKIKO SHIMANAZI, RYUTARO TATSUMI. ■ Un'intricata vicenda basata sul senso dell'onore militare nipponico, e quindi un po' dura da comprendere per noi occidentali. ■ GUERRA; B/N; 85'; GIAPPONE, 1961.

AVAMPOSTO SAHARA *(Station Six Sahara)* ★★
Regia di SETH HOLT. Con MARIO ADORF, CARROLL BAKER, PETER VAN EYCK. ■ Una bella donna, che arriva in un'isolata stazione di controllo di un oleodotto nel Sahara, fa esplodere le tensioni latenti nei cinque uomini incaricati della sorveglianza. La donna ci rimette la pelle. ■ DRAMMATICO; B/N; 100'; GRAN BRETAGNA, 1964.

AVANTI C'È POSTO ★★★
Regia di MARIO BONNARD. Con ADRIANA BENETTI, ANDREA CHECCHI, ALDO FABRIZI, CARLO MICHELUZZI. ■ Diego Calcagno, recensendo questo film, scriveva: «È il primo omaggio affettuoso al fattorino dell'autobus...». Infatti si racconta di una cameriera che, derubata sull'autobus, infiamma i cuori del bigliettaio e del conducente. È questo il primo film in cui compare Aldo Fabrizi. ■ COMMEDIA; B/N; 88'; ITALIA, 1942.

AVANZARE FINO AL PUNTO ZERO *(Nightbreaker)* ★★
Regia di PETER MARKLE. Con EMILIO ESTEVEZ, MARTIN SHEEN, LEA THOMPSON. ■ La cooperazione nella famiglia Sheen continua. Questa volta il titolo viene presentato come protesta contro gli esperimenti nucleari americani degli anni Cinquanta, eseguiti su inconsapevoli soldati. ■ GUERRA; COL.; 100'; USA, 1989.

AVANZI DI GALERA ★★★
Regia di VITTORIO COTTAFAVI. Con RICHARD BASEHART, WALTER CHIARI, ANTONELLA LUALDI. ■ Il film racconta le storie di tre detenuti appena usciti dal carcere: c'è il medico, condannato per aver causato la morte di un paziente, c'è il ladro che ha nascosto il malloppo, c'è chi ha scontato una pena continuando a sostenere la sua innocenza. I tre hanno destini diversi: due riescono a rifarsi una vita, il terzo no. ■ COMMEDIA; B/N; 102'; ITALIA, 1955.

AVARO, L' ★★★
Regia di TONINO CERVI. Con VALERIE ALLAIN, FRANCO ANGRISANO, LAURA ANTONELLI, LUCIA BOSÈ, MIGUEL BOSÈ, CARLO CROCCOLO, NICOLA FARRON, FRANCO INTERLENGHI, CHRISTOPHER LEE, ALBERTO SORDI. ■ Trasposizione della commedia di Molière e ambientazione nella Roma del Seicento. Con personaggi nuovi e situazioni aggiunte. Il ricco strozzino Arpagone affama i figli, i servi, i cavalli della sua scuderia. Per i figli, Elisa e Cleante, riserva matrimoni con personaggi anziani e ricchissimi, incurante degli amori che essi nutrono rispettivamente per Valerie e per Marianna. Dovrà, alla fine, cedere ai veri sentimenti, anche perché il padre degli innamorati dei suoi giovani figli si rivelerà un gentiluomo molto abbiente e disposto a pagare le spese di nozze e la sistemazione delle due coppie di sposi. Anche Arpagone si sposerà, con la tenutaria del bordello di sua proprietà, che desiderava ardentemente diventare sua moglie. Grande successo di pubblico. ■ FARSESCO; COL.; 117'; ITALIA, 1990.

♥ AVATAR ★★★★
Regia di JAMES CAMERON. Con STEPHEN LANG, MICHELLE RODRIGUEZ, ZOE SALDANA, SIGOURNEY WEAVER, SAM WORTHINGTON. ■ Jake Sully è un marine costretto su una sedia a rotelle che accetta di trasferirsi sul pianeta Pandora (distante 44 anni luce dalla Terra) in sostituzione del fratello morto. Costui era uno scienziato la cui missione era quella di esplorare il pianeta mediante un avatar. Essendo l'atmosfera del pianeta tossica per gli umani sono stati creati degli esseri simili in tutto e per tutto ai nativi che possono essere "guidati" dall'umano che si trova al sicuro dentro la base. Pandora però non è solo un luogo da studiare. È soprattutto un enorme giacimento di un minerale prezioso per la Terra su cui la catastrofe ecologica ha ridotto a zero le fonti di energia. Uomini d'affari avidi e militari si trovano così uniti nel tentativo di spoliazione del pianeta. C'è però un problema: gli indigeni Na'vi non hanno alcuna intenzione di farsi colonizzare. Il compito iniziale dell'avatar di Jake sarà quello di conoscerne usi e costumi e di farsi accettare all'interno delle loro comunità. Sarà così in grado di riferire se sia possibile sottometterli. Jake conosce così Neytiri, una guerriera Na'vi figlia del capo tribù. Da lei impara a divenire un guerriero molto diverso dal marine che è stato e se ne innamora ricambiato. Da quel momento la sua visione dell'impresa cambia. James Cameron è tornato e, ancora una volta, ha lanciato la sua sfida molto personale al mondo del cinema. Così come in *Titanic*, snobbato a torto dalla critica più vetero-conservatrice, anche in *Avatar* decide di basare l'impresa su una sceneggiatura che a un primo sguardo non può non apparire decisamente semplice (anche se chi ha fatto facili e ironici riferimenti a *Pocahontas* ha dimenticato che la giovane indiana d'America visse, nella sua storia d'amore con John Rolfe, il percorso esattamente opposto a quello qui narrato). Cameron si rivela comunque, proprio grazie agli stereotipi narrativi di cui fa ampio uso, un vero autore. Il film è diventato rapidamente primatista mondiale di incassi. Non è un dettaglio. ■ FANTASCIENZA; COL.; USA, GRAN BRETAGNA, 2009. ■ GOLDEN GLOBES 🏆 2 PR.

AVAZE GONJESHK-HA ★★
Regia di MAJID MAJIDI. Con HOSSEIN AGHAZI, MARYAM AKBARI, KAMRAN DEHGHAN, REZA NAJIE. ■ Karim lavora in un allevamento di struzzi. Un giorno uno di essi sfugge al suo controllo e, nonostante le ricerche, non viene più trovato. L'uomo (che ha tre figli) viene licenziato proprio mentre deve affrontare una spesa, per lui ingente, per ricomprare alla figlia più grande (che è sorda) l'apparecchio uditivo che si è rotto. Si reca in città con la sua moto e viene scambiato per un mototaxi. Comprende allora che la moto può diventare un lavoro. Ma il contatto con la città lo muta profondamente, lo rende avaro e lo allontana dalla famiglia. Solo un incidente gli permetterà di riprendere contatto con il mondo rurale al quale appartengono le sue radici. ■ DRAMMATICO; COL.; 96'; IRAN, 2007.

AVE MARIA ★★
Regia di JOHANNES RIEMANN. Con BENIAMINO GIGLI, KATHE VON NAGY. ■ Annientato dalla morte della moglie, un tenore si lascia turlupinare da una ragazza che, raccontando una storia pietosa, si fa accogliere in casa sua. Dopo qualche tempo interviene un complice che chiede al tenore dei quattrini per liberarlo dalla

scomoda presenza della ragazza. Ma il tenore è innamorato e la ragazza pentita. ■ DRAMMATICO; B/N; 95′; GERMANIA, 1936. ■ VENEZIA 1 PR.

AVE MARIA, L' ★★
Regia di NINI GRASSIA. Con NINO D'ANGELO, MARIA ROSARIA OMAGGIO. ■ La carriera di cantante che ha sempre sognato, e che ora sembra arridergli, costringe il giovane Nino a trascurare il figlioletto Ciro e la donna che potrebbe occupare il posto della sua defunta moglie. Aprirà gli occhi prima di perdere l'amore di entrambi. ■ SENTIMENTALE; COL.; 90′; ITALIA, 1982.

A VENDRE – IN VENDITA *(A vendre)* ★★★
Regia di LAETITIA MASSON. Con SERGIO CASTELLITTO, AURORE CLÉMENT, SANDRINE KIBERLAIN, CHIARA MASTROIANNI, JEAN-FRANÇOIS STÉVENIN. ■ 3 agosto. Marsiglia. France molla all'altare il suo maturo pretendente portandogli via cinquecentomila franchi. L'uomo assolda un vecchio amico italiano, Luigi Primo, per cercare di ritrovarla. Nel paesino della Champagne dove è nata riesce a scoprire che se n'è andata a cercare una nuova vita a Parigi dove, lavorando in un supermercato, ha iniziato una relazione a pagamento con un bancario. Anche i suoi rapporti successivi, seppur non di prostituzione, hanno previsto corresponsioni in denaro. L'indagine artigianale segue il percorso in discesa della ragazza con un Castellitto in parte più del solito e una matura (artisticamente parlando) Sandrine Kiberlain. ■ DRAMMATICO; COL.; 99′; FRANCIA, 1998.

A VENEZIA COME ROMA-MILANO-TORINO, LA SPIRALE DEL CRIMINE *(The Champions)* ★
Regia di MICHAEL LINDSAY-HOGG, JEREMY SUMMERS. Con TONY ANHOLT, NYREE DAWN PORTER, ROBERT VAUGHN. ■ Un agente dei Lloyds di Londra, accompagnato da una collaboratrice, viene inviato a Venezia sulle tracce di trafugatori di opere d'arte che inseguirà attraverso tutta l'Italia e da qui fino a New York. Sorpresa finale: il boss della gang è un insospettabile. ■ DRAMMATICO; COL.; 88′; GRAN BRETAGNA, 1974.

A VENEZIA MUORE UN'ESTATE *(Largo retorno)* ★★★
Regia di PEDRO LAZAGA. Con MARK BURNS, LYNNE FREDERICK. ■ Si sposano giovani e al massimo della felicità. Poi si scopre che lei è malata di un male inguaribile. L'unica speranza è l'ibernazione. Lui la fa ibernare e aspetta quarant'anni. Lei guarisce ma lui ormai è un vecchietto. Però l'amore c'è ancora. Il "vecchietto" vivrà felice gli ultimi mesi della sua vita. ■ DRAMMATICO; COL.; 88′; SPAGNA, 1975.

A VENEZIA, UNA NOTTE *(À Venise, une nuit)* ★★★
Regia di CHRISTIAN-JAQUE. Con ELVIRE POPESCO, ALBERT PRÉJEAN. ■ Un giovanotto squattrinato corteggia, per incarico del marito, una signora in modo da creare le prove necessarie al divorzio. Però si innamora della donna. Un suo amico scopre che il marito è un ladro e lo smaschera. Semaforo verde per l'amore. Commediola relax. ■ COMMEDIA; B/N; 88′; FRANCIA, 1937.

A VENEZIA... UN DICEMBRE ROSSO SHOCKING ★★★
(Don't Look Now)
Regia di NICOLAS ROEG. Con JULIE CHRISTIE, CLELIA MATANIA, MASSIMO SERATO, DONALD SUTHERLAND, LEOPOLDO TRIESTE. ■ È una complicata vicenda angloveneziana, in cui la parapsicologia fa la parte del leone. Tratto dal romanzo di Daphne Du Maurier *Non dopo mezzanotte*. La cosa più notevole del film è la fotografia. ■ DRAMMATICO; COL.; 100′; GRAN BRETAGNA, 1973.

AVENGERS, THE ★★
Regia di JEREMIAH S. CHECHIK. Con SEAN CONNERY, RALPH FIENNES, UMA THURMAN. ■ Il film ripropone la famosa serie televisiva *Agente speciale* degli anni Sessanta. Allora i protagonisti si chiamavano Patrick Mcnee e Diana Rigg. Oggi sono Fiennes e la Thurman. I personaggi televisivi avevano una loro ragione di essere, con tanto di progetto sociale: lui aveva la bombetta e la Rolls, lei era straelegante, fuori dal tempo ma mica tanto. Oggi il gioco del paradosso e della satira non ce la fa e tutto diventa gioco nel gioco. I nuovi agenti combattono il solito cattivo e sembrano due James Bond. Ed ecco che a questo punto arriva il gran colpo grottesco con la presenza del vero Bond: Connery nei panni del cattivo. Il resto è piatto e banale. ■ THRILLER; COL.; 88′; USA, 1998.

AVENGERS, THE ★★
Regia di JOSS WHEDON. Con ROBERT DOWNEY JR., CHRIS EVANS, CHRIS HEMSWORTH, SCARLETT JOHANSSON, MARK RUFFALO. ■ Loki è sulla Terra per impossessarsi del tesseract, un cubo asgardiano di grande potenza, per ridurre gli umani a suoi sudditi. Nick Fury, direttore dello Shield chiama all'appello l'unica possibilità di vincita: i Vendicatori, una squadra di supereroi che non hanno mai combattuto. Whedon tratta il tema fantascientifico correttamente. ■ AZIONE; COL.; 140′; USA, 2012.

AVENGING ANGELO ★★
Regia di MARTYN BURKE. Con RAOUL BOVA, ANTHONY QUINN, SYLVESTER STALLONE, MADELEINE STOWE. ■ Frankie Delano è la guardia del corpo di un boss mafioso italo-americano. Quando questi viene assassinato, Frankie si reca dalla figlia del boss, deciso a proteggerla. Tra i due nasce una bella amicizia e forse anche l'amore. ■ COMMEDIA; COL.; 100′; USA, 2002.

A VENT'ANNI È SEMPRE FESTA ★★
Regia di VITTORIO DUSE. Con ADRIANA BENETTI, MEMMO CAROTENUTO, NUNZIO GALLO, LUISA RIVELLI. ■ Storiella improbabile di un ex allievo di una scuola di agraria che dopo aver organizzato uno spettacolino al paese, vorrebbe portarlo in tournée per l'Italia. Ma la sua fidanzata è ammalata e lui torna ai campi. ■ COMMEDIA; B/N; 78′; ITALIA, 1957.

AVIATOR, THE ★★🏅
Regia di MARTIN SCORSESE. Con ALAN ALDA, ALEC BALDWIN, KATE BECKINSALE, CATE BLANCHETT, LEONARDO DICAPRIO, KELLI GARNER, IAN HOLM, ADAM SCOTT, GWEN STEFANI. ■ Howard Hughes: pilotava gli aerei, li produceva, faceva del cinema, gli piacevano le donne, ebbe come amanti alcune delle più belle dive di Hollywood, da Katharine Hepburn ad Ava Gardner, a Jane Greer. Era affetto da disordine ossessivo-compulsivo. Da grande anarchico cercò di cambiare tutte le regole dei giochi in cui entrava, era amato e odiato. Ma, forse, era geniale. Finì malissimo, isolato al buio, ossessionato dalla sua sindrome igienista. Non a caso la prima immagine del film è quella di un preadolescente nudo che viene lavato accuratamente dalla madre con un sapone nero per preservarlo dalle malattie. Immenso budget a fronte di un risultato deludente. Proprio com'era accaduto nel precedente *Gangs of New York*. Speriamo in un'inversione di tendenza. ■ BIOGRAFICO; COL.; 160′; GIAPPONE, USA, 2004. ■ GOLDEN GLOBES 🏅 3 PR, 6 NOM; OSCAR 5 PR, 9 NOM.

AVIK E VALENTINE *(Map of the Human Heart)* ★★
Regia di VINCENT WARD. Con PATRICK BERGIN, JOHN CUSACK, JASON SCOTT LEE, JEANNE MOREAU, ANNE PARILLAUD. ■ Artico. Un vecchio esquimese narra le vicende della sua esistenza ad alcuni tecnici petroliferi. Colpito da tubercolosi si era dovuto trasferire a Montreal. Il difficile inserimento e l'amore per un'infermiera lo hanno cambiato nell'intimo. Presentato al Festival di Cannes. Un cast di tutto rispetto e il regista di *Navigator*. ■ AVVENTURA; COL.; 90′; GRAN BRETAGNA, NUOVA ZELANDA, 1992.

A VISO APERTO *(Showdown)* ★★★
Regia di GEORGE SEATON. Con SUSAN CLARK, ROCK HUDSON, DEAN MARTIN, DONALD MOFFAT. ■ Billy Massey fugge; lo sceriffo Charles Jarvis, amico di Billy e ansioso di salvarlo in qualche modo dalla forca, lo insegue. Rock Hudson e Dean Martin recitano magnificamente. ■ WESTERN; COL.; 99′; USA, 1973.

A VOLTE RITORNANO *(Sometimes They Come Back)* ★★
Regia di TOM MCLOUGHLIN. Con BROOKE ADAMS, TIM MATHESON, ROBERT RUSLER. ■ Un insegnante torna al suo paese natale e prende una classe. A terrorizzarlo però ci sono, tra gli alunni, tre delinquenti ufficialmente morti sotto un treno. Costoro erano deceduti poco tempo dopo aver ucciso il fratello del docente. Tratto da un romanzo dell'onnipresente Stephen King, il film è adatto ai fans del genere e anche a chi non ama le scene truculente. ■ HORROR; COL.; 96′; USA, 1990.

A VOLTE RITORNANO... ANCORA ★
(Sometimes They Come Back... Again)
Regia di ADAM GROSSMAN. Con ALEXIS ARQUETTE, MICHAEL GROSS, HILARY SWANK. ■ La mamma muore misteriosamente. Il figlio e la fidanzata raggiungono la sua abitazione e lì il Maligno

si scatena con una serie di effetti e di effettacci visti innumerevoli volte nel cinema di genere. Il regista esordiente fa uso anche di alcuni personaggi di Stephen King che ormai è evidentemente disposto a concedersi a tutti. ■ HORROR; COL.; 100′; USA, 1996.

AVORIO NERO *(Anthony Adverse)* ★★★
Regia di MERVYN LE ROY. Con OLIVIA DE HAVILLAND, ANITA LOUISE, FREDRIC MARCH, CLAUDE RAINS, GALE SONDERGAARD. ■ Figlio illegittimo di nobili genitori, Anthony Adverse viene allevato dal nonno, eredita e viaggia in tutti i continenti per seguire i suoi affari. Ama, da sempre, una donna. E la ritrova, di ritorno da un lungo viaggio, a Parigi. Scopre che dal loro amore è nato un figlio, ma scopre anche che la donna se la fa con Napoleone. Allora se ne va con il bambino. ■ DRAMMATICO; B/N; 136′; USA, 1936. ■ OSCAR 4 PR, 7 NOM.

AVVELENATRICE, L' *(L'affaire Lafarge)* ★★★
Regia di PIERRE CHENAL. Con MARCELLE CHANTAL, PIERRE RENOIR. ■ Una giovane orfana, Maria, viene spinta dallo zio che l'ha allevata a sposare Charles Lafarge, brav'uomo, agiato ma un po' rozzo. Nonostante la primitiva repulsione, Maria comincia a rivalutare il marito. Nella grande casa in cui gli sposi abitano, vivono anche la madre e la sorella di Charles, zotiche e cattive. Charles muore avvelenato, Maria è accusata, processata e condannata all'ergastolo. Uscirà dal carcere poco prima di morire continuando a sostenere la sua innocenza. ■ DRAMMATICO; B/N; 97′; FRANCIA, 1938.

AVVENNE... DOMANI *(It Happened Tomorrow)* ★★★★
Regia di RENÉ CLAIR. Con LINDA DARNELL, EDGAR KENNEDY, JACK OAKIE, DICK POWELL. ■ Un giornalista riesce a sapere quello che accadrà il giorno successivo da un vecchietto che gli regala il quotidiano dell'indomani: in tal modo fornisce al suo giornale notizie in anteprima. Però quando il giovanotto riceve, nel solito fantastico modo, la notizia della sua morte, viene preso dal terrore. Ma tutto finisce bene e il giornalista e la sua bella vivranno felici e contenti. ■ FANTASTICO; B/N; 84′; USA, 1944. ■ OSCAR 2 NOM.

AVVENTURA *(Adventure)* ★★
Regia di VICTOR FLEMING. Con JOAN BLONDELL, CLARK GABLE, GREER GARSON, THOMAS MITCHELL. ■ Un nostromo, che è un vero "duro", sposa per allegria una bibliotecaria. Poi riparte per i mari, mentre lei si dispera. Scosso dalla morte di un amico torna a casa e trova la moglie che sta partorendo. Redenzione immediata e definitiva. ■ COMMEDIA; B/N; 125′; USA, 1945.

AVVENTURA, L' ★★★★★
Regia di MICHELANGELO ANTONIONI. Con DOMINIQUE BLANCHAR, GABRIELE FERZETTI, LEA MASSARI, RENZO RICCI, MONICA VITTI. ■ I protagonisti de *L'Avventura* sono sostanzialmente tre: Sandro (Ferzetti), architetto, Anna (Massari), ricca e viziata, legata a Sandro, e Claudia (Vitti), romantica e abbastanza per bene, e amica di Anna. Durante una crociera alle Eolie, Anna scompare. Tutto il gruppo di amici la cerca fra gli scogli e in mare, fino a notte. Nulla. La cosa è molto misteriosa, viene avvertita la polizia. Sandro e Anna decidono di cercarla per proprio conto. Arrivano in Sicilia e di paese in paese domandano di Anna. Ma continuano a non venire a capo di niente, la donna è come un fantasma imprendibile. Ritrovano i loro amici, tutti squinternati, senza morale, senza vocazioni, senza niente, solo con un po' di soldi: una del gruppo seduce un giovane artista nel suo studio, praticamente davanti agli occhi di Claudia. Nel frattempo qualcosa è nato fra Sandro e Anna: un sentimento indecifrabile e indefinibile, che comunque si consuma in un campo vicino a una ferrovia. Anna ne è abbastanza felice, ma anche impaurita: ha tradito la sua amica. Sandro, su un campanile, improvvisamente chiede a Claudia di sposarlo, poi si lamenta del proprio lavoro: lui, architetto che fa i calcoli per i progetti degli altri. Nella piazza di una chiesa rovescia di proposito un calamaio sul disegno di una giovane. Li ritroviamo in una piazzetta di Taormina, all'alba. Lui è seduto su una panchina, lei gli si avvicina e, faticosamente, lo accarezza. Questo film consacrò Antonioni a livello internazionale. Il regista aveva trovato un equilibrio esatto e suggestivo, fotografando paesaggi e sentimenti con pulizia e rigore e lasciando trasparire nelle possibilità di comportamento dei personaggi cose che potevano anche essere sconvolgenti. Niente era dipendente da una volontà, non c'erano onestà, coerenza, umanità, logica, speranza, al massimo poteva esserci convenzione. Sandro è tutto questo, capace di fare qualsiasi cosa, di prendere tutte le decisioni in quel momento. Non ha morale, non ha talento, non ha volontà, parla e non si fa capire, ascolta e non capisce. È solo educato, com'era, come continua ad essere la borghesia che interessa ad Antonioni. Nel precedente *Il grido* il regista si era assunto responsabilità minori, tutto era determinato dalla necessità e dal piccolo sentimento, quasi dalla biologia. Per questo *L'avventura* mantiene minore vedibilità rispetto al primo, che è un'opera d'arte totale e perfetta, anche se, appunto, di respiro più corto. Certo, c'è sempre il gesto finale di Claudia, che può essere un richiamo di tenerezza e di speranza. Il film ebbe un clamoroso successo a Cannes (1960) anche se non vinse la Palma: è ormai tradizione consolidata che il film migliore non vinca la Palma ma ottenga premi speciali della critica. I temi de *L'Avventura,* distruttivi e senza speranza, indussero la magistratura a sequestrare il film per oscenità e offesa al pudore. Del resto l'incomprensione fa parte della liturgia del mito. Da secoli. ■ DRAMMATICO; B/N; 140′; ITALIA, 1959. ■ CANNES 1 PR.

AVVENTURA A BOMBAY *(They Met in Bombay)* ★★★
Regia di CLARENCE BROWN. Con CLARK GABLE, PETER LORRE, REGINALD OWEN, ROSALIND RUSSELL. ■ Gerald, ladro-falso detective, vuole rubare dei gioielli. Ma è preceduto da Anna. Braccati dalla polizia, fuggono ad Hong Kong dove Gerald, improvvisatosi ufficiale, inscena un'audace beffa militare e si copre di gloria. ■ COMMEDIA; B/N; 86′; USA, 1941.

AVVENTURA A CAPRI ★★
Regia di GIUSEPPE LIPARTITI. Con MAURIZIO ARENA, ALESSANDRA PANARO, NINO TARANTO, LEOPOLDO TRIESTE. ■ Yvonne e Mario, Renato e Sandra si incontrano a Capri. Equivoci e malintesi li separano, ma infine alla stazione di Napoli si ritrovano per rinnovarsi reciproche promesse d'amore. ■ COMMEDIA; COL.; 89′; ITALIA, 1958.

AVVENTURA A CORTE *(Königswalzer)* ★★★
Regia di VICTOR TOURJANSKY. Con MICHAEL CRAMER, MARIANNE KOCH, JOE STÖCKEL. ■ Il conte Rottenbach viene inviato alla corte di Baviera dall'imperatore Francesco Giuseppe per convincere il sovrano Massimiliano II a dargli in sposa la nipote Elisabetta. ■ COMMEDIA; B/N; 90′; GERMANIA, 1955.

AVVENTURA AFRICANA – GLI SCORRIDORI DEL MARE *(Africa Adventure)* ★★★
Regia di ALLEN H MINER. ■ Lo spettacolo consiste di due parti distinte a carattere di documentario: la prima descrive la preparazione e le successive fasi di una spedizione di caccia grossa in Africa. La seconda parte è dedicata alla pesca del tonno ripresa con non comune perizia fotografica. ■ DOCUMENTARIO; B/N; 85′; USA, 1955.

AVVENTURA AL CAIRO *(Cairo)* ★★★
Regia di W. S. VAN DYKE II. Con EDUARDO CIANNELLI, JEANETTE MACDONALD, ETHEL WATERS, ROBERT YOUNG. ■ Omar Smith, giornalista, è inviato come corrispondente in Africa settentrionale. La nave viene silurata ed egli, su una zattera, raggiunge la corte egiziana. Qui conosce una cantante americana che gli fa credere di essere una spia nazista e, a sua volta, crede il giornalista al soldo dei tedeschi. Chiariti gli equivoci, i due lasciano via libera all'amore. ■ COMMEDIA; B/N; 100′; USA, 1942.

AVVENTURA AL CIRCO DI MOSCA ★★★
(Circus v circuse)
Regia di OLDRICH LIPSKY. Con A. S. LENKOV, E. P. LEONOV. ■ Per un congresso, arrivano a Mosca numerosi zoofili che esibiranno i loro animali nel corso di uno spettacolo dato al circo equestre. Meschinità dietro le quinte della manifestazione: bestie intelligentissime e uomini stolti. ■ COMMEDIA; COL.; 90′; CECOSLOVACCHIA, URSS, 1978.

AVVENTURA AL GRAND HOTEL *(Le grand Elan)* ★★
Regia di CHRISTIAN-JAQUE. Con FERNAND CHARPIN, WISSIA DINA, MILA PARÉLY, JEAN TISSIER. ■ In una località di montagna, il proprietario di un grande albergo vorrebbe acquistare un alber-

ghetto che, in seguito alla costruzione di una teleferica, verrà a trovarsi in un'ottima posizione. Ma il proprietario e un suo giovane nipote non vogliono vendere. Il giovane spera di vincere una grossa somma in palio in una gara sciistica. Alla gara partecipa una celebre campionessa che lascia vincere il giovanotto del quale è innamorata. Immancabile lieto fine. ■ COMMEDIA; B/N; 84'; FRANCIA, 1938.

AVVENTURA ALL'AVANA *(Her Cardboard Lover)* ★★
Regia di GEORGE CUKOR. Con GEORGE SANDERS, NORMA SHEARER, ROBERT TAYLOR. ■ Consuelo Dryden, innamorata di Chappie Champagne che non la ricambia come lei vorrebbe, induce Terry, a sua volta innamorato di lei, a fingersi suo amante. Lo scontro tra i due si conclude in tribunale. Poi Consuelo si accorge di preferire Terry a Chappie. ■ COMMEDIA; B/N; 93'; USA, 1942.

AVVENTURA AL MAROCCO *(Road to Morocco)* ★★★
Regia di DAVID BUTLER. Con BING CROSBY, YVONNE DE CARLO, BOB HOPE, DOROTHY LAMOUR. ■ Due naufraghi americani approdano in Marocco. Vorrebbero sposare una bella principessa promessa a un truce sceicco. Riescono a convincerla a fuggire con loro e riprendono il mare con lei e la sua dama di compagnia. Ma per un'imprudenza la nave salta in aria. I quattro rientreranno a New York su una zattera. ■ COMMEDIA; B/N; 83'; USA, 1942. ■ OSCAR 2 NOM.

AVVENTURA AL MOTEL ★
Regia di RENATO POLSELLI. Con GINO CERVI, CLAUDIA MORI, LIANA ORFEI, AROLDO TIERI. ■ Film che trae spunto dal motel inteso come ambiente di incontri occasionali e clandestini. ■ COMMEDIA; B/N; 89'; ITALIA, 1963.

AVVENTURA A MALAGA *(Moment of Danger)* ★★★
Regia di LÁSZLÓ BENEDEK. Con DOROTHY DANDRIDGE, TREVOR HOWARD, EDMUND PURDOM. ■ John Bains, un fabbro che non riesce a trovare lavoro a causa del suo carattere collerico, è coinvolto in un furto dal delinquente Peter, che poi lo denuncia come unico responsabile. Con l'aiuto di Gianna, una ragazza che Peter ha abbandonato, John dimostra la colpa del delinquente, e lui stesso si costituisce per prepararsi ad una vita onesta. ■ DRAMMATICO; COL.; 90'; GRAN BRETAGNA, 1960.

AVVENTURA A MEZZANOTTE *(It's Love I'm After)* ★★★
Regia di ARCHIE MAYO. Con BETTE DAVIS, OLIVIA DE HAVILLAND, LESLIE HOWARD. ■ Una ragazza troppo sognatrice (la De Havilland) preferisce un famoso attore al suo fidanzato. Il quale fidanzato si rivolge all'attore stesso per riconquistare la ragazza, ma poiché si inserisce anche la gelosa compagna dell'attore, succedono liti a non finire. Le due coppie si ricomporranno rappacificate. ■ COMMEDIA; B/N; 90'; USA, 1937.

AVVENTURA A SERAJEVO, UN' *(Sarajevo)* ★★
Regia di AKOS RATHONYI. Con FERENC KISS, MARIA TASNADY. ■ Nel 1914 a Serajevo una giovane ungherese è divisa tra l'amore per il suo fidanzato e quello per uno straniero, un pittore russo. Il pittore allo scoppio della guerra salva sia la ragazza che il fidanzato, rinunciando in favore di quest'ultimo alla sua storia d'amore. ■ AVVENTURA; B/N; 89'; UNGHERIA, 1940.

AVVENTURA A SOHO *(Miracle in Soho)* ★★
Regia di JULIAN AMYES. Con CYRIL CUSACK, JOHN GREGSON, BELINDA LEE. ■ A Londra, nel quartiere popolare di Soho, due emigrati italiani, Michele e Giulia, si innamorano ma non si capiscono. Quando stanno per lasciarsi definitivamente, Giulia implora il santo a cui è devota perché Michele resti: si rompono inaspettatamente le tubature a cui Michele lavorava, il giovane deve tornare indietro e decide di legarsi definitivamente a Giulia. ■ COMMEDIA; COL.; 98'; GRAN BRETAGNA, 1957.

AVVENTURA A VARSAVIA *(Abenteuer in Warschau)* ★
Regia di CARL BOESE. Con JADWIGA KENDA, PAUL KLINGER. ■ È un'insipida storia, piena di sentimento, di un regista che quando cominciò a fare film aveva grosse ambizioni, ma che alla fine sacrificò tutto alle esigenze di cassetta. ■ COMMEDIA; B/N; 90'; POLONIA, 1937.

AVVENTURA A ZANZIBAR *(Adventure in Zanzibar)* ★★★
Regia di VICTOR SCHERTZINGER. Con BING CROSBY, BOB HOPE, DOROTHY LAMOUR. ■ Una delle solite avventure del trio Hope-Crosby-Lamour, questa volta ambientata nella giungla di Zanzibar: i due amici giramondo finiscono nelle mani dei cannibali per accompagnare attraverso la foresta una ragazza che piace ad entrambi e di entrambi si prende gioco. Ma si ritroveranno, e la ragazza sposerà finalmente uno dei due. ■ COMMEDIA; B/N; 92'; USA, 1941.

AVVENTURA COMINCIA DOMANI, L' ★★
(L'aventure commence demain)
Regia di RICHARD POTTIER. Con ISA MIRANDA, RAYMOND ROULEAU. ■ A Parigi, nel dopoguerra, una bella ragazza senza soldi e un avventuriero vivono truffando un turista americano. Lui però capisce il gioco e organizza per loro una caccia ad un tesoro inesistente, facendoli partire per l'Africa. ■ COMMEDIA; B/N; 97'; FRANCIA, 1947.

AVVENTURA D'AMORE E DI GUERRA ★★
(Marines Let's Go)
Regia di RAOUL WALSH. Con DAVID HEDISON, LINDA HUTCHINS, TOM TRYON. ■ Uno degli ultimi e meno riusciti film del veterano di Hollywood, Raoul Walsh: durante la guerra di Corea il sergente Hawkins ottiene una licenza a Tokyo per sé e per i suoi cinque uomini. Non potrà godersela a causa delle risse provocate da questi soldati, e verrà ucciso, prima di riuscire a rivedere la moglie. ■ GUERRA; COL.; 104'; USA, 1961.

AVVENTURA DEGLI EWOKS, L'
(The Ewok Adventure) ★★
Regia di JOHN KORTY. Con WARWICK DAVIS, FIONNULA FLANAGAN, ERIC WALKER. ■ Gli Ewoks sono delle strane creature, metà nanetti e metà orsacchiotti che vivono nella Luna di Endor. Un giorno vi precipita un'astronave con a bordo una coppia con due figli. Un mostro rapisce i genitori e i due fratellini vengono soccorsi dai simpatici e coraggiosi Ewoks. Saranno loro ad aiutarli, a ritrovare i genitori e a salvarli. ■ FANTASTICO; COL.; 94'; USA, 1984.

AVVENTURA DEL GRANDE NORD, L' ★★
(Challenge to Be Free)
Regia di TAY GARNETT. Con JIMMY KANE, MIKE MAZURKI. ■ Un cacciatore, per evitare di essere arrestato per un errore di gioventù, sceglie di vivere in beata solitudine in Alaska, in compagnia solo di un cane, Stella Bianca, che lui ha salvato e che non l'abbandona mai. ■ AVVENTURA; COL.; 88'; USA, 1976.

AVVENTURA DEL POSEIDON, L' ★★★★
(The Poseidon Adventure)
Regia di RONALD NEAME. Con ERNEST BORGNINE, GENE HACKMAN, CAROL LYNLEY, SHELLEY WINTERS. ■ Ultima crociera per un vecchio transatlantico prossimo alla demolizione: ma durante la notte di Capodanno, un terremoto sottomarino provoca la morte di quasi tutti i passeggeri. In dieci, guidati da un coraggioso prete che spesso apostrofa Dio, cercano di uscire dalla nave, ma solo pochi di loro si metteranno in salvo. ■ DRAMMATICO; COL.; 117'; USA, 1972. ■ GOLDEN GLOBES 1 PR, 4 NOM; OSCAR 2 PR, 9 NOM.

AVVENTURA DI ANNABELLA, L' ★★
Regia di LEO MENARDI. Con PAOLA BORBONI, MAURIZIO D'ANCORA, FIORETTA DOLFI. ■ I genitori di due giovani fidanzati si inventano reciprocamente una grande ricchezza. Sorgono molti equivoci, finché uno zio di buon senso ristabilisce la verità, permettendo il lieto fine della storia d'amore. ■ COMMEDIA; B/N; 90'; ITALIA, 1942.

AVVENTURA DI ANNA GRAY, L' *(Woman Wanted)* ★★
Regia di GEORGE BRACKETT SEITZ. Con JOEL MCCREA, MAUREEN O'SULLIVAN. ■ Una detenuta innocente evade. Ma i pericoli sono moltissimi. Un giovane avvocato interviene e tutto finisce bene. ■ DRAMMATICO; B/N; 97'; USA, 1935.

AVVENTURA DI GIL BLAS, UN' ★★
(Una aventura de Gil Blas)
Regia di RENÉ JOLIVET. Con SUSANNA CANALES, GEORGES MARCHAL. ■ Gil Blas è uno studente di filosofia ed un valoroso cavaliere. Si innamora ricambiato di donna Maria, già promessa sposa del marchese Pallanti, ma contro il loro amore trama Antonella, una attrice gelosa di Maria. Lieto fine dopo molti dolori. ■ AVVENTURA; B/N; 89'; SPAGNA, 1955.

AVVENTURA DI LADY X, L' ★★★
(The Divorce of Lady X)
Regia di Tim Whelan. Con Merle Oberon, Laurence Olivier, Ralph Richardson. ■ A Londra una giovane donna si innamora di un avvocato e per poterlo frequentare finge di voler divorziare dal marito. Quando l'avvocato scopre di avere una cliente fasulla, vorrebbe troncare ogni rapporto con lei, ma poiché nel frattempo è nato l'amore, i due finiscono per sposarsi davvero. ■ Commedia; col.; 90'; USA, 1938.

AVVENTURA DI LUSSO *(Ein Zug fährt ab)* ★★
Regia di Johannes Meyer. Con Leni Marenbach, Ferdinand Marian. ■ L'atmosfera è quella della *pochade:* un esperto seduttore sta per essere colto in flagrante dal marito di una sua amante; lo salva l'abile intervento di una ragazza. Naturalmente cerca di conquistarla, ma lei gli resiste. Dopo molte esitazioni e baruffe si sposeranno. ■ Commedia; b/n; 88'; Germania, 1942.

AVVENTURA DI MR. BLISS, L' ★★
(The Amazing Quest of Ernest Bliss)
Regia di Alfred Zeisler. Con Mary Brian, Cary Grant. ■ Un milionario eccentrico scommette che riuscirà a vivere per un anno col suo solo lavoro. Fa una gran fatica ma ci riesce e gli capita anche di incontare l'amore (disinteressato, naturalmente). ■ Commedia; b/n; 95'; Gran Bretagna, 1935.

AVVENTURA DI SALVATOR ROSA, UN' ★★★
Regia di Alessandro Blasetti. Con Gino Cervi, Luisa Ferida, Rina Morelli, Paolo Stoppa, Osvaldo Valenti. ■ La vicenda ha per protagonista un pittore dalla doppia personalità, che sotto le spoglie dello spadaccino Formica si batte per il popolo oppresso dal viceré di Napoli e dal conte Lamberto. ■ Avventura; b/n; 97'; Italia, 1940.

AVVENTURA DI TERI, L' *(Jewel Robbery)* ★★
Regia di William Dieterle. Con Kay Francis, William Powell. ■ Il film è tratto da un racconto di Ladislaus Födor, che narra la storia di un furto di gioielli. Dieterle, un buon artigiano, si trova a disagio. ■ Drammatico; b/n; 70'; USA, 1932.

AVVENTURA DI UNA NOTTE *(Metropolitan)* ★★
Regia di Maurice Cam. Con Ginette Leclerc, Albert Préjean. ■ Mentre si trova in metropolitana un uomo, Garnaux, vede ad una finestra pugnalare una giovane donna. Ma è solo una prova dell'illusionista Zoltini, che prepara i trucchi per il suo spettacolo. La donna però approfitta dell'equivoco per fuggire con Garnaux e smettere la difficile convivenza con Zoltini. Ritornerà pentita, ma Zoltini questa volta la ucciderà davvero. ■ Drammatico; b/n; 85'; Francia, 1939.

AVVENTURA È L'AVVENTURA, L' ★★★
(L'aventure c'est l'aventure)
Regia di Claude Lelouch. Con Jacques Brel, Charles Denner, John Halliday, Aldo Maccione, Yves Robert, Lino Ventura. ■ Protagonisti sono cinque estrosi malviventi, che adottano coperture ideologiche per ogni crimine: rapiscono Johnny Hallyday, cantante di successo del sistema neocapitalistico, dirottano un aereo in Africa dove sono accolti trionfalmente dalla popolazione come rivoluzionari, e infine organizzano il rapimento del Papa, chiedendo come riscatto un franco ad ogni cattolico del mondo. ■ Commedia; col.; 120'; Francia, 1972.

AVVENTURA HAWAIANA, UN' *(Hawaiian Bukaroo)* ★★
Regia di Ray Taylor. Con Smith Ballew, Evelyn Knapp. ■ Un cow-boy viene invogliato a comprare piantagioni di ananas alle Hawaii, ma è una truffa, e nelle isole trova solo terreni brulli. In compenso riesce a difendere dagli intrighi di alcuni affaristi una giovane allevatrice e alla fine la sposa. ■ Commedia; b/n; 85'; USA, 1938.

AVVENTURA IMPOSSIBILE, L' *(Desperate Journey)* ★★
Regia di Raoul Walsh. Con Errol Flynn, Ronald Reagan. ■ Alcuni aviatori americani paracadutati in Germania riescono a rubare ai nazisti preziosi documenti militari. La Gestapo li insegue, ma grazie all'aiuto di un medico antinazista e di sua figlia, raggiungono Londra e consegnano i documenti segreti. ■ Guerra; b/n; 107'; USA, 1942. ■ Oscar 1 nom.

AVVENTURA IN BRASILE *(Road to Rio)* ★★★
Regia di Norman Z. McLeod. Con Bing Crosby, Bob Hope, Dorothy Lamour. ■ Il famoso trio della Paramount questa volta ha la sua avventura in Brasile. Un po' di esotismo (del resto c'è la Lamour per questo) fra una canzone e l'altra. ■ Commedia; b/n; 100'; USA, 1947. ■ Oscar 1 nom.

AVVENTURA IN BUDAPEST *(Skandal in Budapest)* ★★
Regia di Géza Von Bolvàry. Con Franziska Gaal, Paul Hörbiger. ■ Un pianista masochista si innamora di una ragazza quando questa lo schiaffeggia. Lei non si fida, ma alla fine ci sono i fiori d'arancio. ■ Commedia; b/n; 92'; Ungheria, 1933.

AVVENTURA IN CINA *(China Venture)*
Regia di Don Siegel. Con Edmond O'Brien, Barry Sullivan. ■ È uno dei primi film del regista. L'ammiraglio giapponese Amara durante la seconda guerra mondiale è fatto prigioniero da guerriglieri cinesi e dichiara di conoscere il modo per far terminare il conflitto. Un commando americano guidato dal capitano Reardon e dall'agente speciale Thompson libera Amara per condurlo a Washington. Amara dice ai dirigenti militari americani che la guerra terminerà con il lancio della bomba atomica sul Giappone. ■ Drammatico; b/n; 83'; USA, 1953.

AVVENTURA IN CITTÀ *(Paisanella)* ★★
Regia di Roberto Savarese. Con Luisella Boni, Nick Pagano. ■ A Napoli, Pietro, un giovane coinvolto contro la sua volontà nelle azioni criminali della banda di Enrico, per sbaglio scambia la borsa contenente il piano di un furto con la cartella della studentessa Mariuccia. L'equivoco fa nascere l'amore tra i due e in Enrico il sospetto che Pietro sia un traditore. Pietro e Mariuccia vengono così imprigionati dalla banda, ma la polizia uccide in uno scontro a fuoco Enrico e libera i due giovani. ■ Drammatico; b/n; 90'; Italia, 1958.

AVVENTURA IN MONTAGNA *(Hit the Ice)* ★★★
Regia di Charles Lamont. Con Bud Abbott, Lou Costello. ■ Bud Abbott e Lou Costello in Italia sono noti come Gianni e Pinotto. Senza volerlo i due riescono a consegnare una banda di rapinatori alla polizia, dopo un inseguimento sulla neve che si trasforma in una valanga umana. ■ Commedia; b/n; 81'; USA, 1943.

AVVENTURA IN ORIENTE *(Harum Scarum)* ★★★
Regia di Gene Nelson. Con Mary Ann Mobley, Elvis Presley. ■ Questa volta Elvis è alle prese con il principe Dragna, che lo fa rapire e portare in Medio Oriente per avere il suo aiuto di esperto di karate contro il re Toranshah. Ma Elvis si batte con Toranshah, per amore di sua figlia Jhalima. Alla fine Elvis porta con sé a Las Vegas alcuni ballerini orientali. ■ Avventura; col.; 86'; USA, 1965.

AVVENTURA IN POLONIA ★★
(Abenteuer eines jungen Herrn in Polen)
Regia di Carl Froelich. Con Maria Andergast, Gustav Fröhlich, Olga Tschechowa. ■ Un tenente degli ussari e una contessina russa rischiano di essere divisi dalle opposte nazionalità. Mentre il tenente sta per essere condannato a morte dai russi come spia, un contrattacco degli ussari lo salva. I due giovani si scambiano una promessa di matrimonio. ■ Avventura; b/n; 85'; Germania, 1935.

AVVENTURA MERAVIGLIOSA, UN' *(Golden Girl)* ★★
Regia di Lloyd Bacon. Con Dennis Day, Mitzi Gaynor, Dale Robertson Sir. ■ Il sogno di Lotte è di diventare una cantante di varietà: così quando il padre, indebitato per perdite al gioco, parte per cercare soldi, Lotte gira l'America dando spettacoli con un carrozzone ambulante. A San Francisco, ritrova il padre che ha fatto fortuna, e Tom, un ufficiale confederato che aveva conosciuto durante i suoi viaggi. Fiori d'arancio. ■ Comm. musicale; b/n; 108'; USA, 1951. ■ Oscar 1 nom.

AVVENTURA MESSICANA *(Woman Trap)* ★★
Regia di Harold Young. Con Gertrude Michael, George Murphy. ■ Un giornalista e la figlia di un uomo politico vengono rapiti in Messico da una banda di ricattatori. Ma il capobanda è in realtà un agente che smaschera i delinquenti. Intanto il giornalista e la ragazza si sono innamorati. ■ Avventura; b/n; 90'; USA, 1936.

AVVENTURA NELLA FANTASIA ★★★
(The Wonderful World of the Brothers Grimm)
Regia di HENRY LEVIN, GEORGE PAL. Con CLAIRE BLOOM, LAURENCE HARVEY. ■ È la storia parallela dei due fratelli Grimm, l'uno fantasioso scrittore di fiabe, l'altro lucido studioso di filologia. L'interesse del film sta nell'uso del cinerama. ■ COMMEDIA; COL.; 129'; USA, 1962. ■ OSCAR 1 PR, 4 NOM.

AVVENTURA NELLA GIUNGLA *(The Bushbaby)* ★★
Regia di JOHN TRENT. Con MARGARET BROOKS, LOUIS GOSSETT JR. ■ È la storia dell'amicizia fra Jackie, una bambina inglese, Tembo, il servitore indigeno della sua famiglia, e Kamba, un lemure addomesticato. Jackie si nasconde nella foresta perché non vuole tornare in Inghilterra e abbandonare Kamba. Della sua scomparsa viene accusato Tembo. Alla fine tutto si chiarisce. ■ AVVENTURA; COL.; 90'; GRAN BRETAGNA, 1970.

AVVENTURA NEL TEMPO ★★
(Biggles: Adventures in Time)
Regia di JOHN HOUGH. Con PETER CUSHING, NEIL DICKSON, ALEX HYDE-WHITE. ■ Un agente pubblicitario di New York si trova inspiegabilmente proiettato nel passato, a combattere in Francia la prima guerra mondiale assieme a un asso dell'aviazione inglese, il capitano Biggles. Più tardi è Biggles a essere mandato nel futuro. Un misterioso individuo comparso all'inizio fornirà la spiegazione di queste escursioni nel tempo. ■ FANTASTICO; COL.; 92'; GRAN BRETAGNA, 1985.

AVVENTURA NEL WYOMING *(Wyoming)* ★★
Regia di RICHARD THORPE. Con WALLACE BEERY, LEO CARRILLO, ANN RUTHERFORD. ■ Beery, il grande attore di *L'ultimo dei Mohicani*, era ormai in declino quando girò questo modesto film di avventure. Impersona un avventuriero che si batte contro un intero paese corrotto, dove sindaco e sceriffo si alleano con banditi e indiani per poter derubare i coltivatori della zona. Saranno tutti sgominati dal nostro protagonista. ■ AVVENTURA; B/N; 89'; USA, 1940.

AVVENTURA SUL PACIFICO ★★
(Pacific Adventure – Southern Cross)
Regia di KEN G. HALL. Con RON RANDELL, MURIEL STEINBECK. ■ Kingford Smith è un aviatore australiano pioniere di voli sul Pacifico e sull'Atlantico. Grazie alle sue imprese aviatorie una compagnia americana stabilisce una via aerea tra gli Stati Uniti e l'Australia. Ormai vecchio, Smith muore nel corso di un'ultima audace trasvolata sul Pacifico. ■ AVVENTURA; B/N; 95'; AUSTRALIA, USA, 1942.

AVVENTURA TERRIBILMENTE COMPLICATA, UN' *(An Awfully Big Adventure)* ★★
Regia di MIKE NEWELL. Con HUGH GRANT, ALAN RICKMAN, RITA TUSHINGHAM, CATHERINE WALSH. ■ Tratta da un romanzo di Beryl Bainbridge, una storia di teatro, sentimenti, nevrosi e omosessualità sullo sfondo di una martoriata Inghilterra dell'immediato dopoguerra. Tra i drammi recitati in scena e quelli vissuti nella propria vita reale si delineano i personaggi principali: l'introverso Meredith (l'immancabile Hugh Grant), l'infantile Stella (Georgina Cates) e lo sbandato eppure grande O'Hara (Alan Rickman). Nel confronto fra i tre emergono segreti inconfessabili e piccole meschinità quotidiane. ■ DRAMMATICO; COL.; 116'; GRAN BRETAGNA, 1995.

AVVENTURA VIENE DAL MARE, L' ★★★
(Frenchman's Creek)
Regia di MITCHELL LEISEN. Con ARTURO DE CORDOVA, JOAN FONTAINE, BASIL RATHBONE. ■ Dona, nobildonna inglese, si rifugia con i suoi due bambini nel castello di Cornovaglia per stare lontana dal marito e dall'amante che non ama. Affascinata da Benoit, un gentiluomo francese che fa il pirata, quando viene ricattata per questo dal suo amante che l'ha raggiunta e cerca di usarle violenza, lo uccide. Si scatena una battaglia tra i pirati e i nobili inglesi amici del marito di Dona, Benoit ne esce vincitore, ma Dona rinuncia a seguirlo in Francia per amore dei suoi figli. ■ AVVENTURA; COL.; 113'; GRAN BRETAGNA, USA, 1944. ■ OSCAR 1 PR, 1 NOM.

AVVENTURE A CAVALLO ★★
Regia di ANGIO ZANE. Con ALEX BLOND, REX CALIMER. ■ Un film per bambini, non particolarmente riuscito: Filippo e Briciola, due piccoli amici, girano di paese in paese con il puledro Angelo, imbattendosi spesso in bande di malviventi. Poi tornano dalla famiglia di Filippo (Briciola è orfano), che rinuncia a vendere Angelo come aveva prospettato. ■ AVVENTURA; COL.; 90'; ITALIA, 1967.

AVVENTURE ACQUATICHE DI STEVE ZISSOU, LE *(The life aquatic with Steve Zissou)* ★★★
Regia di WES ANDERSON. Con CATE BLANCHETT, BUD CORT, WILLEM DAFOE, MICHAEL GAMBON, JEFF GOLDBLUM, ANJELICA HUSTON, SEU JORGE, BILL MURRAY, NOAH TAYLOR, OWEN WILSON. ■ Chi ha amato *I Tenenbaum*, impazzirà per *Acquatici Lunatici*. Anderson ripropone lo stesso umorismo demenzial-intellettuale, la stessa moda colorata anni Settanta (qui i costumi sono della genovese Milena Canonero), lo stesso folle gruppo (ieri una famiglia, oggi una troupe) alle prese con avventure incredibili. Fra gli attori ricompaiono Bill Murray e Owen Wilson. La novità è la trama compatta, quasi totalmente ambientata in ambiente "acquatico": Steve Zissou è un ricercatore-regista di documentari marini (figura ispirata a Jacques Cousteau) che dal giorno in cui il suo migliore amico viene divorato da uno squalo giaguaro, ingaggia una spedizione per dare la caccia all'animale. I compagni di viaggio di Murray sono la moglie (Anjelica Huston), il figlio (Wilson), una giornalista incinta (Cate Blanchett), la ciurma (fra cui Willem Dafoe e Jeff Goldblum) e un bestiario di animaletti fantastici (un cavalluccio marino multicolore, granchi zebrati, meduse luminescenti, ecc.). Chi invece non sopporta quel certo tocco snob del giovane regista americano, lasci perdere! ■ COMICO; COL.; 118'; USA, 2005.

AVVENTURE ALL'ARCIPELAGO ★★
Regia di DINO PARTESANO. Con PIETRO GIAGNONI, DIEGO POZZETTO. ■ Il professor Bellini da anni studia il volo umano senza motore, ma tutti deridono le sue ricerche, all'infuori di un gruppo di bambini che gli procurano le ali di seta per il suo aereo. Bellini viene accusato ingiustamente di furto, ed espulso dal paese dove svolgeva i suoi studi, ma prima di partire vede levarsi in cielo il suo aereo, guidato da uno dei bambini. ■ COMMEDIA; B/N; 89'; ITALIA, 1958.

AVVENTURE AMOROSE DI ROBIN HOOD, LE ★
Regia di RICHARD KANTER. Con RALPH JERKINS, DANELLE KARVEN. ■ Un'insolita versione dell'eroe inglese dei poveri: Robin si batte contro il governatore di Sherwood, affamatore del popolo, ma appena può organizza colossali orge con i suoi uomini. ■ AVVENTURA; COL.; 75'; GERMANIA, USA, 1975.

AVVENTURE A PARIGI *(French Postcards)* ★★
Regia di WILLARD HUYCK. Con MARIE-FRANCE PISIER, JEAN ROCHEFORT, DEBRA WINGER. ■ Una specie di *American Graffiti* turistico. Protagonisti sono un gruppo di studenti americani che spendono le loro vacanze in Europa sognando avventure amorose (qualcuna, a dir la verità, si concretizza). Film debutto per Debra Winger e Mandy Patinkin. ■ COMMEDIA; COL.; 92'; USA, 1979.

AVVENTURE A WASHINGTON ★★★
(Adventure in Washington)
Regia di ALFRED E. GREEN. Con VIRGINIA BRUCE, HERBERT MARSHALL. ■ Martin, un giovane di povere origini, ha fatto carriera politica con l'aiuto del senatore Coleridge. Uno scandalo amministrativo crea malintesi fra i due, e Martin incolpa il suo protettore. Poi, per le oneste esortazioni di una radiocronista, confessa i suoi torti alla Commissione del Senato, e i compagni, per premiare la sua sincerità, lo riabilitano subito. ■ COMMEDIA; B/N; 84'; USA, 1941.

AVVENTURE DEI TRE MOSCHETTIERI, LE ★
Regia di JOSEPH LERNER. Con DAWN ADDAMS, SEBASTIAN CABOT, PAUL CAMPBELL, DOMENICO MODUGNO. ■ Libera versione degli eroi di Dumas, con Domenico Modugno nei panni di D'Artagnan involontariamente comico e Dawn Addams in quelli di Milady. ■ AVVENTURA; B/N; 90'; ITALIA, 1955.

AVVENTURE DEL BARONE DI MUNCHAUSEN, LE *(The Adventures of Baron Munchausen)* ★★★
Regia di TERRY GILLIAM. Con JOHN NEVILLE, OLIVER REED,

STING. ■ Il leggendario barone di Munchausen annuncia che salverà una città assediata dai turchi. La sua riscossa si farà attendere un bel po' (fa prima un giro sulla luna e cade dentro un vulcano) ma la promessa sarà mantenuta. Kolossal messo su con molti mezzi e non troppe idee da Terry Gilliam del gruppo Monty Python. ■ AVVENTURA; COL.; 126'; GRAN BRETAGNA, 1989. ■ OSCAR 4 NOM.

AVVENTURE DEL CAPITANO HORNBLOWER, IL TEMERARIO, LE *(Captain Horatio Hornblower)* ★★★★
Regia di RAOUL WALSH. Con VIRGINIA MAYO, GREGORY PECK. ■ Nel 1807, durante le guerre napoleoniche, il valoroso capitano inglese Hornblower combatte in Nicaragua e in Francia per il suo Paese, pensando sempre a Lady Barbara, sorella del duca di Wellington, che lui ama riamato, ma che è già moglie dell'ammiraglio Leighton. Dopo un'ultima missione vittoriosa, Hornblower trova Barbara vedova e può finalmente sposarla. ■ AVVENTURA; COL.; 113'; USA, 1951.

AVVENTURE DEL TOPINO DESPEREAUX, LE ★★
(The Tale of Despereaux)
Regia di SAM FELL, ROBERT STEVENHAGEN. Con MATTHEW BRODERICK, DUSTIN HOFFMAN, KEVIN KLINE, EMMA WATSON. ■ Tanto tempo fa nel regno di Doremi nasce Despereaux, un topo diverso da tutti gli altri che vivono costantemente impauriti, e che lo chiamano appunto "coraggioso". In realtà Despereaux è solo molto curioso, talmente tanto da superare la naturale paura che identifica la sua razza. ■ ANIMAZIONE; COL.; 90'; USA, GRAN BRETAGNA, 2008.

AVVENTURE DI ALICE NEL PAESE DELLE MERAVIGLIE, LE *(Alice's Adventures in Wonderland)* ★★
Regia di WILLIAM STERLING. Con HYWELL BENNETT, MICHAEL CRAWFORD, FIONA FULLERTON, DUDLEY MOORE, PETER SELLERS. ■ Il lungo fantastico sogno della bambina di Lewis Carroll raccontato con toni freddi. Meglio seppe portare sugli schermi questa celebre fiaba Walt Disney. ■ FANTASTICO; COL.; 96'; GRAN BRETAGNA, 1972.

AVVENTURE DI ARSENIO LUPIN, LE ★★★
(Les aventures d'Arsène Lupin)
Regia di JACQUES BECKER. Con ROBERT LAMOUREUX, SANDRA MILO, LISELOTTE PULVER. ■ Protagonista è il ladro internazionale creato dal romanziere Maurice Leblanc, che con i suoi travestimenti riesce a farsi beffa, nella Parigi di fine Ottocento, del prefetto della polizia, del Kaiser Guglielmo II e della baronessa Von Kraft, che era rimasta affascinata dalla sua astuzia e dalla sua galanteria. ■ AVVENTURA; COL.; 104'; FRANCIA, 1957.

AVVENTURE DI BARBAPAPÀ, LE *(Barbapapà)* ★★★
Regia di TALUS TAYLOR, ANNETTE TISON. ■ Barbapapà, Barbamamma e i Barbabebè sono degli strani animali prodotti da una natura in vena di stravaganze. La buona famiglia Barba lotta contro i mali dell'umanità. ■ ANIMAZIONE; COL.; 90'; OLANDA, 1973.

AVVENTURE DI BIANCA E BERNIE, LE ★★★★
(The Rescuers)
Regia di JOHN LOUNSBERY, WOLFGANG REITHERMAN, ART STEVENS. ■ A New York, durante una seduta della Società Internazionale di Soccorso, giunge un SOS mandato dall'orfanella Penny. In aiuto della ragazzina vengono mandati Bianca e Bernie, due volenterosi topolini. Quando essi giungono all'orfanotrofio, vengono a sapere che Penny è stata rapita da due loschi individui. Bianca e Bernie sono aiutati dagli altri animali del luogo, riescono a rintracciare la bambina e a riportarla all'istituto dove troverà due bravi coniugi disposti ad adottarla. ■ ANIMAZIONE; COL.; 77'; USA, 1977. ■ OSCAR 1 NOM.

AVVENTURE DI BRACCIO DI FERRO, LE ★★★
■ Alcuni disegni animati tratti da serie televisive di Popeye, il marinaio che diventa straordinariamente forte quando mangia gli spinaci. ■ ANIMAZIONE; COL.; 85'; USA, 1958.

AVVENTURE DI BRISCO COUNTY JR., LE ★★
(The Adventures of Brisco County jr.)
Regia di BRYAN SPICER. Con JOHN ASTIN, BRUCE CAMPBELL, JULIUS CARRY, DAN GERRITY. ■ Con Bruce Campbell (*La casa* e *L'armata delle tenebre*) e la sceneggiatura di Jeffrey Boam (*Indiana Jones e l'ultima crociata*). Il figlio dello sceriffo Brisco County vuole arrestare la banda che ha ucciso il padre. Dalla sua ha un grande spirito e una flemma britannica, ottenuta all'università di Harvard. ■ WESTERN; COL.; 95'; USA, 1993.

AVVENTURE DI BUCKAROO BANZAI, LE ★★
(The Adventures of Buckaroo Banzai Across the Light Dimension)
Regia di W. D. RICHTER. Con ELLEN BARKIN, JEFF GOLDBLUM, JOHN LIGHTGOW, PETER WELLER. ■ Piacevole film fantascientifico, per amanti del genere, con un cast di tutto rispetto. Uno scienziato ha la sua bella gatta da pelare nel momento in cui libera accidentalmente degli esseri alieni malvagi provenienti dall'ottava dimensione. ■ FANTASCIENZA; COL.; 90'; USA, 1984.

AVVENTURE DI CACCIA DEL PROFESSOR DE PAPERIS, LE ★★★★
Regia di WOLFGANG REITHERMAN. ■ È un'antologia di nove cartoni animati sulle avventure di caccia dei personaggi disneyani di Pluto, Pippo, Topolino e dottor Pico de Paperis. ■ ANIMAZIONE; COL.; 85'; USA, 1963.

AVVENTURE DI CADET ROUSSEL, LE ★★
(Cadet Rousselle)
Regia di ANDRÉ HUNEBELLE. Con ANDRÉ BOURVIL, FRANÇOIS PÉRIER, DANY ROBIN. ■ Allegra interpretazione di cappa e spada della Rivoluzione francese e delle guerre napoleoniche: tra belle spie del Tribunale Rivoluzionario che si spacciano per nobildonne e belle ballerine pronte a seguirlo ovunque, Cadet Roussel, giovane avventuriero, con una folgorante carriera diventa colonnello dell'Impero e parte con Napoleone per Austerlitz, dove si coprirà di gloria. ■ AVVENTURA; COL.; 105'; FRANCIA, 1954.

AVVENTURE DI CAPITAN BLOOD, LE ★★
(Fortunes of Captain Blood)
Regia di GORDON DOUGLAS. Con LOUIS HAYWARD, PATRICIA MEDINA. ■ Il prolifico regista hollywoodiano Gordon Douglas ripropone senza troppa originalità il personaggio dell'affascinante corsaro-medico che era stato reso famoso da Errol Flynn. ■ AVVENTURA; COL.; 91'; USA, 1950.

AVVENTURE DI CASANOVA, LE ★★
(Les aventures de Casanova)
Regia di JEAN BOYER. Con GEORGES GUÉTARY, NOËLLE NORMAN. ■ L'avventuriero veneziano sempre pronto a nuove conquiste amorose è qui coinvolto nell'assassinio di una bella giovane che ha incontrato travestita da uomo in un viaggio per Parigi. Casanova la vendica, rischia di venire a sua volta ucciso da sicari, ma è salvato da un'altra sua amante, Ginevra, che poi si fa suora di clausura. ■ AVVENTURA; B/N; 88'; FRANCIA, 1946.

AVVENTURE DI CHARLES DARWIN, LE ★★
(The Darwin Adventure)
Regia di JACK COUFFER. Con NICHOLAS CLAY, ROBERT FLEMYNG, IAN RICHARDSON. ■ Biografia non molto scioccante dell'uomo che scioccò l'Inghilterra (e il mondo) con le sue teorie sull'evoluzionismo. Come fu che Darwin si convinse che l'uomo deriva dalla scimmia? L'illuminazione gli venne (dice il film) durante il viaggio intorno al mondo sulla nave *Beagle*. ■ STORICO; COL.; 100'; GRAN BRETAGNA, 1972.

AVVENTURE DI CHARLIE, LE ★★
(All Dogs Go to Heaven 2)
Regia di LARRY LEKER, PAUL SABELLA. ■ Charlie, cane playboy, è finito in paradiso e non sa darsi pace perché si annoia. Avrà pane per i suoi denti quando dovrà riagguantare la tromba di Gabriele caduta in mani sbagliate. Prodotto dalla MGM e adatto ai più piccoli. ■ ANIMAZIONE; COL.; 80'; USA, 1996.

AVVENTURE DI CHEYENNE BILL, LE *(Cheyenne)* ★★
Regia di LESLIE H. MARTINSON. Con DENNIS HOPPER, CLINT WALKER. ■ È un film derivato da una popolare serie televisiva americana, *Cheyenne*, in cui recita un giovanissimo Dennis Hopper. ■ WESTERN; COL.; 93'; USA, 1960.

AVVENTURE DI CISCO KID, LE ★★
(The Return of the Cisko Kid)
Regia di HERBERT I. LEEDS. Con LYNN BARI, WARNER BAXTER. ■ Cisko Kid è un *desperado* scampato fortunosamente alla fuci-

lazione. L'incontro con Ann, una ragazza bella e onesta di cui si innamora, lo spinge a battersi contro uno sceriffo disonesto che ha truffato la famiglia di Ann. Sposa la ragazza e diventa un tranquillo coltivatore. ■ AVVENTURA; B/N; 70'; USA, 1939.

AVVENTURE DI DAVY CROCKETT, LE ★★★
(Davy Crockett)
Regia di NORMAN FOSTER. Con BUDDY EBSEN, FIER PARKER. ■ Davy Crockett, cacciatore amico degli indiani, difende i loro diritti di fronte al generale Jackson, poi protegge i pionieri dagli affaristi corrotti, viene eletto senatore ma, deluso dagli intrighi politici, lascia Washington e va a morire nella difesa di Fort Alamo. ■ AVVENTURA; COL.; 93'; USA, 1955.

AVVENTURE DI DON GIOVANNI, LE ★★★
(Adventures of Don Juan)
Regia di VINCENT SHERMAN. Con ERROL FLYNN, VIVECA LINDFORS. ■ Il famoso seduttore presentato in chiave romantico-avventurosa: è un gentiluomo di nobili sentimenti che sventa gli intrighi del duca Lorca contro i reali di Spagna. Quando la regina gli dichiara di amarlo, abbandona volontariamente il suo paese alla volta del Portogallo, per lealtà verso il sovrano spagnolo. ■ AVVENTURA; COL.; 110'; USA, 1949. ■ OSCAR 1 PR, 2 NOM.

AVVENTURE DI ELMO IN BRONTOLANDIA, LE ★★
(The Adventures of Elmo in Grouchland)
Regia di GARY HALVORSON. Con KEVIN CLASH, MANDY PATINKIN, VANESSA WILLIAMS. ■ Dopo trent'anni di carriera televisiva, Jim Henson concede ai pupazzi di *Sesame Street* di avere il loro momento di celebrità in un film incentrato sulla storia di Elmo: il simpatico pupazzo rosso ha perso la sua coperta, inseparabile compagna di vita. Per recuperarla, Elmo, insieme ai suoi amici, si reca a Brontolandia, luogo magico il cui regnante è un ladro (Huxley). La dolcezza di Elmo conquista gli abitanti di Brontolandia e le parole del nostro simpatico protagonista improntate all'altruismo e all'amicizia finiscono per capovolgere i valori cardine di un luogo dove la sporcizia e la puzza regnano sovrane. Film dal sottile moralismo che però non ha avuto successo di pubblico. ■ ANIMAZIONE; B/N; 73'; USA, 1999.

AVVENTURE DI ENEA, LE ★★★
Regia di FRANCO ROSSI. Con GIULIO BROGI, OLGA KARLATOS. ■ È la fedele versione dell'*Eneide* di Virgilio, dalla fuga da Troia in fiamme all'incontro con la regina di Cartagine, Didone, all'arrivo sulle terre del Lazio dove sorgerà un giorno Roma. ■ AVVENTURA; COL.; 100'; ITALIA, 1974.

AVVENTURE DI FIOCCO DI NEVE, LE ★★
(Floquet de Neu)
Regia di ANDRÉS G. SCHAER. Con CLAUDIA ABATE, ELSA PATAKY, PERE PONCE, CONSTANTINO ROMERO, JUAN SULLÀ. ■ Rimasto orfano dopo l'uccisione della madre, un piccolo gorilla bianco della Guinea equatoriale viene affidato allo zoo di Barcellona, ma prima passa per un periodo di adattamento da casa di Paula, la figlia dodicenne di un primatologo, che ne fa il suo migliore amico e gli dà un nome: Fiocco di Neve. Una volta allo zoo, però, nonostante il colore eccezionale del suo pelo attiri visitatori da tutto il mondo, il cucciolo ha seri problemi con la famiglia di gorilla che lo respinge, in quanto "diverso". Pronto a tutto per essere accettato, Fiocco di Neve scappa in cerca dell'aiuto della Strega del Nord, senza sapere che l'odioso Luc De Sac vuole rapirlo per fare del suo cuore un amuleto contro la sfortuna che lo perseguita. ■ ANIMAZIONE; COL.; 85'; SPAGNA, 2011.

AVVENTURE DI ERCOLE II, LE ★
(The Adventures of Hercules)
Regia di LEWIS COATES. Con MILLY CARLUCCI, LOU FERRIGNO. ■ Il re Minosse semina disordine e inimicizia sulla terra. Giove, per contrastarlo, gli invia il fortissimo Ercole, che riuscirà non senza fatica a ristabilire la pace tra i popoli. Il ruolo femminile è ricoperto dalla nostra show-girl Milly Carlucci al suo unico episodio hollywoodiano. ■ MITOLOGICO; COL.; 89'; USA, 1984.

AVVENTURE DI FORD FAIRLANE, LE ★
(The Adventures of Ford Fairlane)
Regia di RENNY HARLIN. Con ANDREW DICE CLAY, ROBERT ENGLUND, PRISCILLA PRESLEY. ■ Harlin oltre ad essere reo di aver girato il pessimo seguito, colpa anche della sceneggiatura è vero, di *Trappola di cristallo*, realizza quest'altro insopportabile filmetto. Ford Fairlane che di mestiere fa il Marlowe dei cantanti rock deve scoprire chi ha ucciso un suo amico. Si sa soltanto che nella faccenda ci sono di mezzo alcuni compact-disc. Nel cast anche Freddie-Nightmare, ovverosia Robert Englund, e la ex moglie di Elvis Presley che rende molto di più quando recita nelle "pallottole spuntate". ■ POLIZIESCO; COL.; 101'; USA, 1990.

AVVENTURE DI GERARD, LE ★★★
(The Adventures of Gerard)
Regia di JERZY SKOLIMOWSKI. Con CLAUDIA CARDINALE, JACK HAWKINS, PETER MCENERY, PAOLO STOPPA, ELI WALLACH. ■ Nella Francia delle guerre napoleoniche il capitano Gerard viene scelto da Napoleone per recapitare una falsa notizia militare: Gerard è così poco sveglio intellettualmente che Bonaparte è certo che il nemico lo catturerà e sarà informato male. Insieme a una bella contessa filospagnola, Gerard viene fatto prigioniero da banditi italiani e soldati inglesi, ma riesce a guidare l'esercito francese alla vittoria finale. ■ AVVENTURA; COL.; 91'; GRAN BRETAGNA, 1970.

AVVENTURE DI GIACOMO CASANOVA, LE ★★
Regia di STENO. Con GABRIELE FERZETTI, IRENE GALTER. ■ Casanova è stato arrestato dagli inquisitori spagnoli e in carcere ricorda il suo travolgente passato amoroso. Riesce a fuggire e si ripromette di cambiare vita. Ma gli basta incontrare una bella signora per ritornare l'irresistibile seduttore che non lascia perdere nemmeno una donna. ■ AVVENTURA; B/N; 95'; ITALIA, 1954.

AVVENTURE DI HAJJI BABÀ, LE ★★
(The Adventures of Hajji Baba)
Regia di DON WEIS. Con JOHN DEREK, ELAINE STEWART. ■ Hajji Babà è un giovane barbiere innamorato di Fatma, figlia del califfo, che è fuggita dal palazzo reale per sposare di nascosto il cugino Nur-El-Dim. Hajji scopre che Nur non ama veramente Fatma ma pensa solo a impadronirsi del potere. Con l'aiuto del bellicoso popolo delle donne turcomanne, smaschera Nur e ottiene la mano di Fatma e la successione al califfato. ■ AVVENTURA; B/N; 94'; USA, 1954.

AVVENTURE DI HUCK FINN, LE ★★★
(The Adventures of Huckleberry Finn)
Regia di MICHAEL CURTIZ. Con TONY RANDALL, MICKEY SHAUGHNESSY. ■ Tratto da un romanzo di Mark Twain, il film narra le vicende del ragazzo Huck che scappa di casa per fare un viaggio sul Mississippi, e dello schiavo nero Jim, che fugge verso l'Illinois dove la schiavitù è stata abolita. Jim troverà la libertà, Huck, soddisfatto il suo desiderio, tornerà a casa dalla sua nutrice. ■ AVVENTURA; COL.; 107'; USA, 1960.

AVVENTURE DI HUCK FINN, LE ★★★
(The Adventures of Huck Finn)
Regia di STEPHEN SOMMERS. Con ROBBIE COLTRANE, JASON ROBARDS, COURTNEY VANCE, ELIJAH WOOD. ■ È uno dei più famosi libri di Mark Twain e, di conseguenza, è stato oggetto di numerose trasposizioni cinematografiche. In questa di Sommers, ex manager di gruppi rock, il livello qualitativo è più che buono. Così il messaggio di tolleranza implicito che segna le avventure di Huck che fugge insieme a Jim, uno schiavo, lungo il Mississippi, emerge con chiarezza. ■ AVVENTURA; COL.; 108'; USA, 1993.

AVVENTURE DI HUCKLEBERRY FINN, LE ★★
(The Adventures of Huckleberry Finn)
Regia di JACK B. HIVELY. Con KURT IDA, DAN MONAHAN, BROCK PETERS, FORREST TUCKER. ■ In Illinois la schiavitù è stata abolita. Rincorrendo il sogno della libertà, Huckleberry Finn, Tom Sawyer e lo schiavo Jim fuggono di casa e raggiungono il Mississippi, dove inizia un avventuroso viaggio. ■ AVVENTURA; COL.; 92'; USA, 1978.

AVVENTURE DI JOE DIRT, LE *(Joe Dirt)* ★
Regia di DENNIE GORDON. Con ADAM BEACH, BRITTANY DANIEL, DENNIS MILLER, ERIK PER SULLIVAN, JAIME PRESSLY, DAVID SPADE, CHRISTOPHER WALKEN. ■ «Amo la radio perché arriva fra la gente», dice una canzone di molti anni fa: ed è questo il motivo per cui il piccolo Joe Dirt affida a questo splendido stru-

mento il racconto della sua triste storia. Solo triste? Tristissima: a soli otto anni venne abbandonato dai genitori nel Grand Canyon (non è specificato il mese ma tant'è, la temperatura non dev'essere stata comunque ideale). Tutta la splendida Los Angeles lo ascolta via etere, anche il dj Zander Kelly, che conduceva la trasmissione al momento in cui il piccolo si è introdotto. Buoni sentimenti, facili soluzioni narrative, interpretazioni secondo la tradizione. Il risultato? Un film di sicuro effetto emotivo per gli spettatori meno scafati, cioè per quel pubblico con pochi film nella memoria degli occhi. ■ COMMEDIA; COL.; 90'; USA, 2001.

AVVENTURE DI MANDRIN, LE ★★★

Regia di MARIO SOLDATI. Con SILVANA PAMPANINI, ALBERTO RABAGLIATI, RAF VALLONE. ■ Nel Settecento, in Savoia, Mandrin capeggia una famosa banda di contrabbandieri. La favorita di re Luigi XV, affascinata dal personaggio, desidera conoscerlo, ma dopo esserne stata beffata cerca di farlo condannare a morte. Cambierà idea quando ammirerà gli sforzi della fidanzata di Mandrin, una locandiera generosa e combattiva, per salvare la vita del suo uomo. ■ AVVENTURA; B/N; 90'; ITALIA, 1951.

AVVENTURE DI MARY READ, LE ★★

Regia di UMBERTO LENZI. Con JEROME COURTLAND, LISA GASTONI. ■ Mary Read è un'avventuriera del 1600, prima ladra, poi capitano corsaro, che non dimentica il nobile Peter, conosciuto un giorno nelle prigioni di Londra. Quando lo ritroverà, lascerà la pirateria per lui. ■ AVVENTURA; COL.; 98'; ITALIA, 1961.

AVVENTURE DI MAX HEADROOM, LE ★★

(Max Headroom)

Regia di FRANCIS DELIA, FARHAD MANN. Con GEORGE COE, MATT FREWER, AMANDA PAYS. ■ Un giornalista specializzato in crociate contro gli speculatori trova un eterodosso alleato in un uomo concepito al computer, Max Headrom, di professione anchor-man di un'avveniristica tv. Basato sui personaggi creati da Peter Wagg. ■ AVVENTURA; COL.; 60'; GRAN BRETAGNA, USA, 1986.

AVVENTURE DI MIKY GIOY, IL PICCOLO PIRATA, LE ★★

Regia di RENÉ CARDONA JR. Con AL COSTER, HUGO STIGLITZ. ■ Su un'isola abitata da antropofagi, alcuni naufraghi inglesi trovano il piccolo Miky, figlio di un leggendario corsaro. Sfuggendo a molti pericoli riescono a ripartire con Miky per l'Inghilterra. ■ AVVENTURA; COL.; 90'; MESSICO, 1972.

AVVENTURE DI MISTER CORY, LE *(Mister Cory)* ★★★

Regia di BLAKE EDWARDS. Con TONY CURTIS, MARTHA HYER. ■ Nato nei bassifondi di Chicago, Cory tenta la scalata sociale prima corteggiando le due ricche sorelle, la sofisticata Abby e la dolce Jen, poi diventando un professionista del gioco d'azzardo. Divenuto ricco, ritrova Abby e Jen, e sceglie l'amore sincero e onesto di quest'ultima. ■ DRAMMATICO; COL.; 92'; USA, 1957.

AVVENTURE DI MR. WEST NEL PAESE DEI BOLSCEVICHI, LE ★★★

(Neobycajnye prikljucenija Mistera Vesta v strane blo'sevikov)

Regia di LEV KULESOV. Con BORIS BARNET, ALEKSANDRA HOHLOVA, PORFIRIJ PODOBED, VSEVOLOD PUDOVKIN. ■ Un americano desidera visitare la Russia. Una volta arrivato è vittima di un complotto ma i bolscevichi lo salveranno. Interpretato tra gli altri da Barnet e Pudovkin, destinati alla regia, è un film "storico" sotto tutti gli aspetti. ■ COMMEDIA; B/N; 99'; URSS, 1924.

AVVENTURE DI OLIVER TWIST, LE ★★★★

(Oliver Twist)

Regia di DAVID LEAN. Con ALEC GUINNESS, ROBERT NEWTON. ■ È la traduzione cinematografica più attendibile del libro di Charles Dickens. Oliver Twist è un trovatello che vive fra i malviventi londinesi. Va a scuola di furto, viene picchiato e vessato in ogni modo fino a scoprire le sue nobili origini. Grande il regista e gli interpreti. ■ AVVENTURA; B/N; 105'; GRAN BRETAGNA, 1947. ■ VENEZIA 1 PR.

AVVENTURE DI PETER PAN, LE *(Peter Pan)* ★★★★

PROD. WALT DISNEY. ■ Ispirato al capolavoro di James Barrie, è un film davvero riuscito, dove l'ansia di non crescere e la ricerca di qualcosa che esiste solo nei sogni offrono un richiamo irresistibile. Amato da Spielberg, che l'ha omaggiato nel suo *Hook*, è un film per tutti coloro che vogliono restare bambini, e per cui la fantasia è la cosa più importante della vita. Narra il viaggio fantastico dei fratelli Darling nell'Isola che non c'è in compagnia di Peter Pan. Dov'è l'Isola che non c'è? Sembra una filastrocca e invece è una domanda che si può rivolgere a un sogno, perché è nell'ora dei sogni, di notte, che Peter Pan viene a far visita a Wendy, Gianni e Michele per portarli a solcare il cielo e raggiungere quell'isola fantastica dove vivono le sirene e gli indiani, la principessa Giglio Tigrato e la fatina Trilli Campanellino; dove si può far amicizia con i Bimbi Sperduti e combattere contro i pirati di Capitan Uncino, dove i duelli sono all'ordine del giorno e il tempo è scandito dal tic-tac di un coccodrillo, dove l'avventura è fuori dallo spazio e dal tempo e dove l'adolescenza vorrebbe non finire mai... Ma è il nostro cuore o il nostro cervello che ha bisogno di una spruzzatina di polvere magica? Un viaggio che è un sogno ma che dura una vita, per tutti i bambini e per coloro che vogliono restarlo. ■ ANIMAZIONE; COL.; 76'; USA, 1952.

AVVENTURE DI PICASSO, LE ★★

(Adventures of Picasso)

Regia di TAGE DANIELSSON. Con WILFRID BRAMBELL, BERNARD CRIBBINS, GOSTA EKMAN. ■ Un onesto tentativo di ricostruire la figura di Pablo Picasso, senza romanzarla. Il famoso pittore è raccontato attraverso i suoi rapporti con le donne, le sue convinzioni politiche e soprattutto durante la meravigliosa estasi del suo lavoro. ■ DOCUMENTARIO; COL.; 90'; GRAN BRETAGNA, SVEZIA, 1978.

AVVENTURE DI PINOCCHIO, LE ★★★

Regia di GIANNETTO GUARDONE. Con VITTORIO GASSMAN, MARIELLA LOTTI, ALESSANDRO TOMMEI. ■ Fedele trasposizione della favola di Collodi. Curiosa la presenza di Gassman nel ruolo di Mangiafuoco. ■ FANTASTICO; B/N; 88'; ITALIA, 1947.

AVVENTURE DI PINOCCHIO, LE ★★★

(Priklyucheniya Buratino)

Regia di DIMITRIJ BABICHENKO, IVAN IVANOV-VANO. Con NINA GULYAYEVA, MARGARITA KORABELNIKOVA, VLADIMIR LEPKO, ELENA POPOVA. ■ Pinocchio, nei suoi molti incontri dopo la fuga da Geppetto, riceve da una tartaruga il regalo di una chiave misteriosa. Quando trova la porta giusta per la chiave, scopre un enorme teatro, dove allestirà insieme al suo babbo uno spettacolo di burattini. ■ ANIMAZIONE; B/N; 92'; URSS, 1965.

♥ AVVENTURE DI PINOCCHIO, LE ★★★

Regia di LUIGI COMENCINI. Con ANDREA BALESTRI, FRANCO FRANCHI, CICCIO INGRASSIA, GINA LOLLOBRIGIDA, NINO MANFREDI. ■ Comencini ha sempre guardato con intelligenza al mondo infantile, dedicandogli film e inchieste televisive: anche con questa versione del libro di Collodi, trasmessa prima a puntate dalla televisione italiana, ha avuto la mano molto felice. ■ FANTASTICO; COL.; 134'; ITALIA, 1971.

AVVENTURE DI POLLICINO E POLLICINA, LE ★★

(The adventures of Tom Thumb and Thumbelina)

Regia di GLENN CHAIKA. ■ Pollicino e Pollicina disperano di trovare qualcuno delle loro dimensioni con cui coronare i rispettivi sogni d'amore, finché non si incontrano! Ma anche allora, mille difficoltà ostacolano il loro destino... Una rivisitazione di Andersen non particolarmente brillante. ■ ANIMAZIONE; COL.; 75'; USA, 2002.

AVVENTURE DI ROBINSON, LE ★★★

(Robinson soll nicht sterben)

Regia di JOSEF VON BACKY. Con HORST BUCHHOLZ, ROMY SCHNEIDER. ■ Il grande romanziere Daniel Defoe, autore delle *Avventure di Robinson Crusoe*, vive in povertà e non può pubblicare il suo capolavoro, a causa di contrasti avuti con il sovrano inglese. Saranno suo figlio Tom e Maud, figlia della padrona di casa di Defoe, a intercedere per lui presso il principe ereditario, per fargli ottenere la meritata fama. ■ AVVENTURA; B/N; 99'; GERMANIA, 1957.

AVVENTURE DI ROBINSON CRUSOE, LE ★★★

(Robinson Crusoe)

Regia di LUIS BUÑUEL. Con JAIME FERNANDEZ, DAN O'HER-

LIHY. ■ Con l'avvento della dittatura franchista, il regista Luis Buñuel lascia la Spagna ed inizia un volontario esilio prima negli Stati Uniti e poi in Messico, dove gira film belli e film meno belli, e fra questi ultimi c'è la riduzione non proprio memorabile del romanzo di Daniel Defoe. Robinson è un ricco inglese assetato di avventura che deve vivere per 28 anni su un'isola deserta in seguito a un naufragio. Dopo l'incontro con un indigeno che battezza Venerdì, riuscirà a ripartire per l'Inghilterra. ■ AVVENTURA; COL.; 89'; MESSICO, 1954. ■ OSCAR 1 NOM.

AVVENTURE DI ROBINSON CRUSOE, LE ★★
(Robinson Crusoe)
Regia di RENÉ CARDONA JR. Con HUGO STIGLITZ. ■ Al famoso naufrago creato da Daniel Defoe nel suo romanzo si sono ispirati molti registi, compreso Buñuel: questa di René Cardona jr., decoroso artigiano del film di avventure, è una delle tante versioni senza infamia e senza lode. ■ AVVENTURA; COL.; 80'; MESSICO, 1969.

AVVENTURE DI ROBINSON CRUSOE, LE ★★
(Robinson Crusoe)
Regia di ROD HARDY, GEORGE T. MILLER. Con PIERCE BROSNAN, IAN HART, DAMIAN LEWIS, WILLIAM TAKAKU, POLLY WALKER. ■ Defoe viene rispettato più che mai in questo film che utilizza il volto troppo "moderno" di Pierce Brosnan per il ruolo dell'aristocratico scozzese che sopravvive su un'isoletta dopo un naufragio. L'immancabile incontro con Venerdì è il prodromo per l'ennesima, ma non didascalica, rappresentazione del rapporto tra la "civiltà" e la "vita allo stato di natura". ■ AVVENTURA; COL.; 90'; USA, 1997.

AVVENTURE DI ROBY E BUCK, LE ★★
Regia di GENNARO DE DOMINICIS. Con MIRANDA CAMPA, ANGELA PORTALURI, TULLIO TOMADONI. ■ Un film per ragazzi commovente ed edificante: Roby, orfano di madre, scappa dalla zia che non ama e cerca di raggiungere il padre in Sicilia, accompagnato dal suo cane Buck. Lungo la strada fa amicizia con un vecchio mendicante e una ragazza cieca, Maria, che canta per le strade. Il mendicante muore prima che Roby arrivi in Sicilia, ma il padre di Roby accoglierà Maria in casa sua come una figlia. ■ AVVENTURA; B/N; 85'; ITALIA, 1957.

AVVENTURE DI ROCKETEER, LE *(The Rocketeer)* ★★
Regia di JOE JOHNSTON. Con ALAN ARKIN, BILL CAMPBELL, JENNIFER CONNELLY, TIMOTHY DALTON, PAUL SORVINO. ■ Un supereroe da fumetti alle prese con un attore star della mecca del cinema. Costui sta aiutando i nazisti e Rocketeer deve impedirgli di far cadere gli Stati Uniti in mano ai nemici. La polizia lo aiuterà assieme alla malavita organizzata. Per i ragazzi è ottimo, per i grandi un po' meno. ■ AVVENTURA; COL.; 108'; USA, 1991.

AVVENTURE DI ROCKY E BULLWINKLE, LE ★★
(The Adventures of Rocky & Bullwinkle)
Regia di DES MCANUFF. Con JASON ALEXANDER, ROBERT DE NIRO, RENE RUSSO. ■ C'era già stato *Chi ha incastrato Roger Rabbit?* (del 1988), ma prima ancora *Volere volare* del nostro Maurizio Nichetti. Prima ancora perché anche se il suo film è del 1991, l'idea – modernamente intesa – di "mescolare" – grazie alla *computer graphic* – attori veri con cartoni animati è antecedente alla pellicola di Robert Zemeckis, ed è appunto completamente italiana. Tutto sommato il neo-genere cinematografico ha funzionato, così è stato più volte ripreso da film successivi. Ad esempio da questo interpretato e prodotto addirittura da Robert De Niro. La storia? Poca cosa, il film è da gustare più "visivamente": trattasi comunque delle peripezie di un topo parlante e di un alce volante che lottano a fianco dell'Fbi, composto da persone in carne e ossa. Ma nel film chi risulterà più buffo? I personaggi a colori oppure le persone in carne ed ossa? A voi la risposta: sappiate solo che la loro unione ha lo scopo di bloccare i piani di due spie, Boris Badenov e Natasha Fatale, e soprattutto del loro diabolico e spietato capo, Fearless Leader. Un po' come Batman alla caccia del malandrino di turno... ■ COMMEDIA; COL.; 88'; USA, 2001.

AVVENTURE DI SAMMY ★★
(Sammy's avonturen: De geheime doorgang)
Regia di BEN STASSEN. Con ANTHONY ANDERSON, SYDNEY HOPE BANNER, ISABELLE FUHRMAN, MELANIE GRIFFITH, YURI LOWENTHAL. ■ Il tartarughino marino Sammy non è ancora nato che già si trova a conoscere i pericoli della vita. Finito nel becco di un gabbiano riuscirà a salvarsi e, proprio grazie al rischio corso, incontrerà l'amore della sua vita: la tartarughina Shelly. ■ ANIMAZIONE; COL.; 89'; BELGIO, 2010.

AVVENTURE DI SCARAMOUCHE, LE ★★
(Mascara de Scaramouche)
Regia di ANTONIO ISASI ISASMENDI. Con GÉRARD BARRAY, GIANNA MARIA CANALE. ■ Robert Lafleur recita come attore ambulante con il nome di "Scaramouche" riscuotendo molti successi nei cuori femminili, ma aspetta di vendicarsi dell'assassino di suo padre, il marchese La Tour, che gli ha usurpato il titolo di duca. Dimostrerà la colpa di La Tour inscenando in presenza di questi una rappresentazione dell'omicidio. ■ AVVENTURA; B/N; 90'; SPAGNA, 1963.

AVVENTURE DI SHARKBOY & LAVA GIRL IN 3-D, LE *(The Adventures of Shark Boy & Lava Girl in 3-D)* ★★
Regia di ROBERT RODRIGUEZ. Con DAVID ARQUETTE, CAYDEN BOYD, TIGER DARROW, JACOB DAVICH, KRISTIN DAVIS, TAYLOR DOOLEY, TAYLOR LAUTNER, SASHA PIETERSE. ■ Max, un bambino di dieci anni, emarginato dai compagni, si chiude in se stesso e, per sfuggire alla solitudine, si inventa due amici immaginari: sharkboy, metà bambino e metà squalo e lavagirl, una bambina che ha la lava al posto del sangue e possiede il dono di sciogliere tutto ciò che tocca. ■ AVVENTURA; COL.; 95'; USA, 2005.

AVVENTURE DI SHERLOCK HOLMES, LE ★★
(Adventures of Sherlock Holmes)
Regia di ALFRED L. WERKER. Con NIGEL BRUCE, IDA LUPINO, BASIL RATHBONE. ■ Secondo episodio della serie su Holmes interpretata da Basil Rathbone. Alla base non c'è un romanzo di Conan Doyle, ma un dramma di David Gillette. Qui Sherlock ingaggia una lotta mortale con il suo eterno rivale, il dottor Moriarty, che sta progettando una super rapina alla torre di Londra. ■ GIALLO; B/N; 80'; USA, 1939.

AVVENTURE DI STANLEY, LE ★★★
Regia di DON BLUTH, GARY GOLDMAN. ■ Stanley è un simpatico troll che viene esiliato da una regina cattiva in un mondo grigio e senza fiori: New York. Central Park diventerà il luogo da cui riprendere a vivere. Alla regia il papà di Fievel. Il professionismo è garantito. ■ ANIMAZIONE; COL.; 75'; USA, 1994.

AVVENTURE DI STANLIO E OLLIO, LE ★★★
(Below Zero)
Regia di JAMES PARROTT. Con OLIVER HARDY, STAN LAUREL. ■ Si tratta di tre comiche del 1930 della coppia Laurel e Hardy, *Below zero*, *Another Fine Mess* e *The Chimps*, riunite e legate dal filo conduttore di una voce off. ■ COMMEDIA; B/N; 85'; USA, 1930.

AVVENTURE DI TADDEO L'ESPLORATORE, LE ★
(Las aventuras de Tadeo Jones)
Regia di ENRIQUE GATO. Con MERITXELL ANÉ, OSCAR BERBERAN, FIONA GLASCOTT, ADAM JAMES, MICHELLE JENNER. ■ Fin dall'infanzia Taddeo ha sognato di scavare alla ricerca di tesori antichi e diventare un giorno come Max Mordon, l'archeologo più famoso del mondo. Ora che è un uomo, Taddeo scava, ma soltanto nei cantieri edilizi, perché fa il muratore. La passione per l'archeologia, però, non lo ha abbandonato e un caso fortuito lo porta al posto del suo amico professor Humbert, del Metropolitan Museum di Chicago, sul volo per il Perù, in possesso di una tavoletta, la chiave per la città perduta di Paititi e per il leggendario tesoro degli Inca. ■ ANIMAZIONE; COL.; 91'; SPAGNA, 2012.

AVVENTURE DI TAKLA MAKAN, LE ★★★
(Kigansio no boken)
Regia di SENKICHI TANIGUCHI. Con MIE HAMA, TOSHIRO MIFUNE, YUMI SHIRAKAWA. ■ Un tipico film giapponese "antico". Improntato cioè al misticismo del suo popolo. È la storia di un bonzo che cerca le reliquie di Budda. Naturalmente la vita gli viene resa particolarmente difficile da intrighi religioso-economici. ■ AVVENTURA; B/N; 98'; GIAPPONE, 1965.

AVVENTURE DI TARTÙ, LE *(Adventures of Tartu)* ★★
Regia di HAROLD S. BUCQUET. Con ROBERT DONAT, VALERIE HOBSON. ■ "Tartù" è il nome assunto da un capitano inglese du-

rante la sua missione nella Cecoslovacchia del 1938 invasa dai nazisti: deve distruggere la formula di un nuovo gas tossico in possesso dei tedeschi. Prima ostacolato da una bella spia alleata che lo scambia per nazista, riesce infine nel suo compito e può fuggire con la donna. ■ GUERRA; B/N; 103′; GRAN BRETAGNA, 1943.

AVVENTURE DI TIN TIN, IL SEGRETO DELL'UNICORNO, LE ★★★
(The Adventures of Tintin: The Secret of the Unicorn)
Regia di STEVEN SPIELBERG. Con JAMIE BELL, DANIEL CRAIG, NICK FROST, SIMON PEGG, ANDY SERKIS. ■ Tintin è un giovane reporter col vizio dell'avventura, e non disdegna nel tempo libero cose meno straordinarie, come acquistare, in un mercatino, il modellino di una nave che nasconde un immancabile segreto, che l'infido Sakharine vuole sottrargli a tutti i costi. Ma a difenderlo affiancandolo ci sono i maldestri Thomson e Thompson e l'impavido Snowy, un fox terrier. Derubato del prezioso veliero Tintin si mette sulle tracce del ladro finendo prigioniero sul cargo di Capitan Haddock nella più grande delle avventure. Attraverso mari burrascosi e deserti torridi, a bordo di una scialuppa o di un idrovolante, cavalcando onde o polene a foggia di unicorno, il "sobrio" Tintin e l'alcolico Capitan Haddock troveranno il più grande dei tesori: l'amicizia. ■ ANIMAZIONE; COL. 107′; USA, NUOVA ZELANDA, BELGIO, 2011.

AVVENTURE DI TOM SAWYER, LE ★★★
(The Adventures of Tom Sawyer)
Regia di NORMAN TAUROG. Con TOMMY KELLY, JACKIE MORAN. ■ Tom Sawyer è un ragazzo particolarmente vivace: un giorno assiste all'omicidio di un dottore da parte di un indio e lo denuncia. L'indio giura vendetta e una notte assale Tom in una grotta isolata, cercando di ucciderlo. Ma Tom si salverà. ■ AVVENTURA; COL.; 94′; USA, 1938. ■ OSCAR 1 NOM.

AVVENTURE DI TOPO GIGIO, LE ★★★
Regia di FEDERICO CALDURA. Con IGNAZIO COLNAGHI, MILENA ZINI. ■ Il simpatico pupazzo creato da Maria Perego parte su un razzo alla volta della Luna, insieme con la sua fidanzata Rosy e con Giovannino, un piccolo verme. Atterreranno invece in un Luna Park. ■ ANIMAZIONE; B/N; 80′; ITALIA, 1961.

♥ AVVENTURE DI ULISSE, LE ★★★★
Regia di FRANCO ROSSI. Con MARINA BERTI, BEKIM FEHMIU, IRENE PAPAS, RENAUD VERLEY. ■ Franco Rossi ottenne un grande successo con la riduzione televisiva del poema epico di Omero, e le sei puntate furono condensate in questo film di cui si ricordano soprattutto alcune felici interpretazioni. ■ AVVENTURA; COL.; 105′; ITALIA, 1969.

AVVENTURE DI UNA BELLA DONNA, LE ★★
(Das Abenteuer einer schönen Frau)
Regia di HENRY KOSTER. Con LIL DAGOVER, HANS REHMANN. ■ È il primo film di Koster. Praticamente gli servì da esercizio per la sua produzione futura (in America realizzò molti film di discreta importanza). È la storia di una donna molto corteggiata che alla fine si innamora dell'unico che non la corteggiava. ■ COMMEDIA; B/N; 89′; GERMANIA, 1932.

AVVENTURE DI UN FOTOGRAFO ★★
Regia di FRANCESCO MASELLI. Con PAOLO FALACE, NUNZIA GRECO. ■ Un uomo, che ha ricevuto in dono una macchina fotografica, trova nella sua compagna il tramite ideale per fissare la realtà sulla pellicola. Questo strumento cambia la sua esistenza in maniera quasi ossessiva. ■ DRAMMATICO; COL.; 65′; ITALIA, 1987.

AVVENTURE DI UN GIOVANE, LE ★★★★
(Hemingway's Adventures of a Young Man)
Regia di MARTIN RITT. Con RICHARD BEYMER, JESSICA TANDY, PAUL NEWMAN. ■ Martin Ritt ha ricavato il suo film dalla raccolta di racconti *In our time* di Ernest Hemingway: ma le vicende di Nick Adams, dalla sua giovinezza nel Michigan, diviso tra due genitori in perenne contrasto, alla partecipazione alla guerra in Italia, sono narrate con molto meno vigore che sulla pagina hemingwayana. ■ AVVENTURA; COL.; 145′; USA, 1962.

AVVENTURE DI UN UOMO INVISIBILE ★★★
(Memoirs of an Invisible Man)
Regia di JOHN CARPENTER. Con CHEVY CHASE, DARYL HANNAH, SAM NEILL. ■ Dopo *Essi vivono*, un film girato con pochi soldi, che faceva riferimento alle pellicole di fantascienza degli anni Cinquanta, Carpenter si occupa di un remake. Pur non basandosi sulla sceneggiatura de *L'uomo invisibile* di James Whale (e interpretato da Claude Rains) questo ne è comunque un chiaro omaggio. Il protagonista lavora in Borsa e per un banale contrattempo diventa invisibile. Conosce una ragazza e sta per finire nei tentacoli di un pericolosissimo agente della Cia. Riuscirà con non poche difficoltà a risolvere il suo problema. Con le nuove tecnologie è stato possibile usare dei trucchi veramente singolari, come la visione dell'organismo del corpo umano. Ci sono comunque i soliti riferimenti alla società in disfacimento, una delle tematiche care a Carpenter. Chevy Chase è molto meno scialbo del solito e Daryl Hannah si conferma buona attrice brillante. ■ COMMEDIA; COL.; 100′; USA, 1992.

AVVENTURE DI ZARAFA – GIRAFFA GIRAMONDO, LE *(Zarafa)* ★★
Regia di REMI BEZANÇON, JEAN-CHRISTOPHE LIE. Con SIMON ABKARIAN, FRANÇOIS-XAVIER DEMAISON, VERNON DOBTCHEFF, THIERRY FREMONT, MAX RENAUDIN PRATT. ■ All'ombra di un baobab, nel cuore dell'Africa, un vecchio saggio racconta a un gruppo di bambini la storia dell'amicizia tra il piccolo Maki, dieci anni, e Zarafa, giraffa orfana offerta in dono dal pascià d'Egitto al re di Francia Carlo X nel 1827 per ottenerne il sostegno contro i turchi che assediavano Alessandria d'Egitto. ■ ANIMAZIONE; COL.; 78′; FRANCIA, BELGIO, 2012.

AVVENTURE E GLI ALLEGRI AMORI DI RICCARDO CUOR DI LEONE, LE ★
(Mit csinált felséged)
Regia di KAROLY MAKK. Con IVÀN DARVAS, EVA PAP, IREN PSOTA. ■ Re Riccardo, sua moglie Berengaria e il nobile di corte Foxter fanno a gara nel tradimento reciproco. Film completamente cretino. ■ AVVENTURA; COL.; 90′; UNGHERIA, 1964.

AVVENTURE E GLI AMORI DI MIGUEL CERVANTES, LE *(Young Rebel)* ★★★
Regia di VINCENT SHERMAN. Con HORST BUCHHOLZ, LOUIS JOURDAN, GINA LOLLOBRIGIDA, FRANCISCO RABAL. ■ Una biografia molto romanzata dell'autore di *Don Chisciotte*: prima in missione diplomatica per conto di Filippo II di Spagna a Roma, dove si innamora della bella cortigiana Giulia, poi combattente nella battaglia di Lepanto, infine catturato dai pirati e condotto prigioniero ad Algeri. Ma verrà liberato. ■ AVVENTURA; COL.; 118′; FRANCIA, ITALIA, SPAGNA, 1967.

AVVENTURE E GLI AMORI DI MOLL FLANDERS, LE *(The Amorous Adventures of Moll Flanders)* ★★★
Regia di TERENCE YOUNG. Con VITTORIO DE SICA, RICHARD JOHNSON, KIM NOVAK, GEORGE SANDERS. ■ L'eroina del romanzo di Daniel Defoe portata sullo schermo da un maestro del cinema spettacolare come Terence Young. Moll Flanders è una giovane di povere origini che tenta la scalata sociale nella Londra del Settecento, sfruttando la sua avvenenza fisica. Ma si innamorerà di Peter, un ladro che si spaccia per ricco signore, abbandonando per lui le sue antiche ambizioni. ■ AVVENTURA; COL.; 122′; GRAN BRETAGNA, 1965.

AVVENTURE E GLI AMORI DI OMAR KHAYYAM, LE *(Omar Khayyam)* ★★
Regia di WILLIAM DIETERLE. Con JOHN DEREK, DEBRA PAGET, MICHAEL RENNIE, CORNEL WILDE. ■ Omar Khayyam viene scelto come astronomo del sultano di Persia, ma in cambio la sua fidanzata Scirina entra a far parte dell'harem di corte. Omar riesce a sventare una congiura contro il sultano, guidata da uno dei figli di questo, e a riottenere la libertà di Scirina. ■ AVVENTURA; COL.; 101′; USA, 1957.

AVVENTURE E GLI AMORI DI SCARAMOUCHE, LE ★★★
Regia di ENZO GIROLAMI CASTELLARI. Con URSULA ANDRESS, ALDO MACCIONE, MICHAEL SARRAZIN. ■ Sullo sfondo della Francia giacobina le spacconate amorose di Scaramouche, l'avventuriero più odiato dai mariti parigini. Per sfuggire alle vendette di questi, Scaramouche finisce a fare il barbiere di Napoleone e sventa un

attentato a Bonaparte durante la campagna d'Italia. Ma in compenso conquista Giuseppina, moglie di Napoleone. ■ AVVENTURA; COL.; 101'; ITALIA, 1976.

AVVENTURE GALANTI DEL GIOVANE MOLIÈRE, LE *(Molière)* ★★
Regia di LAURENT TIRARD. Con EDOUARD BAER, ROMAIN DURIS, FABRICE LUCHINI, LAURA MORANTE, LUDIVINE SAGNIER, FANNY VALETTE. ■ Tornato a Parigi dopo una lunga tournée in provincia che ha contribuito a portare al successo la sua compagnia teatrale, Molière vorrebbe allestire un grande spettacolo che non sia una farsa. La sua troupe cerca di dissuaderlo perché non è portato per la tragedia – balbetta e respira in controtempo – ma solo l'incontro con una donna misteriosa lo farà desistere e lo porterà a scrivere la sua prima pièce, *Il Tartufo*. ■ COMMEDIA; COL.; 120'; FRANCIA, 2006.

AVVENTURIERA, L' *(Lady of Chance)* ★★★
Regia di ROBERT Z. LEONARD. Con JOHNNY MACK BROWN, NORMA SHEARER, LOWELL SHERMAN. ■ L'affascinantissima Norma in una parte disegnatale addosso. Si racconta di una donna che tratta gli uomini come burattini, poi trova quello che inverte le parti. ■ DRAMMATICO; B/N; 78'; USA, 1929.

AVVENTURIERA, L' *(L'émigrante)* ★★★
Regia di LÉO JOANNON. Con JEAN CHAVRIER, EDWIGE FEUILLÈRE. ■ Un'avventuriera abbandona la banda di delinquenti a cui era legata, denunciandoli alla polizia, e fugge su una nave carica di emigranti diretta in America. Durante il viaggio è protetta da un giovane ufficiale. Quando arriva in America, per aiutare gli emigranti offre i suoi gioielli, ma il capobanda suo vecchio complice l'aspetta allo sbarco e per vendicarsi le spara. ■ DRAMMATICO; B/N; 109'; FRANCIA, 1939.

AVVENTURIERA, L' *(The Law and the Lady)* ★★★
Regia di EDWIN H. KNOPF. Con GREER GARSON, MICHAEL WILDING. ■ Le avventure di una simpatica coppia di truffatori, Jane e Nigel, di città in città. Fino a che arrivano alla villa di una miliardaria americana, dove Jane si fa passare per una lady e viene chiesta in moglie da un allevatore messicano, mentre Nigel si finge maggiordomo ma viene scoperto e arrestato. Gli resta comunque l'amore di Jane. ■ COMMEDIA; B/N; 130'; USA, 1951.

AVVENTURIERA DEL PIANO DI SOPRA, L' ★★
Regia di RAFFAELLO MATARAZZO. Con CLARA CALAMAI, VITTORIO DE SICA. ■ In un condominio vivono, una al piano di sopra, una al piano di sotto, due coppie di coniugi afflitte dalla gelosia. Una serie di equivoci, poi la rappacificazione delle due coppie. ■ COMMEDIA; B/N; 90'; ITALIA, 1941.

AVVENTURIERA DI BAHAMAS, L' ★★
(Flame of the Islands)
Regia di EDWARD LUDWIG. Con YVONNE DE CARLO, HOWARD DUFF, ZACHARY SCOTT. ■ Rosalind, con l'eredità di un uomo creduto suo amante, apre un locale notturno a Nassau, nelle isole Bahamas, ma i suoi affari sono ostacolati da una banda di affaristi assassini. Sfuggita alla morte, Rosalind segue il consiglio di un pescatore solitario che la invita a lasciare tutto, e se ne va con lui. ■ AVVENTURA; COL.; 90'; USA, 1956.

AVVENTURIERA DI MONTECARLO, L' ★★
(Woman from Monte Carlo)
Regia di MICHAEL CURTIZ. Con LIL DAGOVER, WALTER HUSTON, WARREN WILLIAM. ■ Durante la prima guerra mondiale, un incrociatore francese è affondato dai sottomarini tedeschi. Il comandante è accusato di negligenza e sottoposto alla corte marziale. La moglie però può salvarlo con la sua testimonianza. Per farlo però dovrà confessare nel contempo una sua avventura con l'ufficiale in seconda. Dopo molte titubanze decide di sacrificare la sua reputazione per salvare quella del marito. ■ DRAMMATICO; B/N; 92'; USA, 1932.

AVVENTURIERA DI SAN FRANCISCO, L' ★★
(Allotment Wives)
Regia di WILLIAM NIGH. Con KAY FRANCIS, PAUL KELLY, OTTO KRUGER. ■ Un'organizzazione di truffatori organizza matrimoni di giovani donne con soldati in partenza per la guerra in modo da poterne poi incassare gli assegni militari. Un agente del servizio segreto americano scopre che capo dell'organizzazione è una ricca signora di San Francisco. La donna verrà uccisa da un poliziotto. ■ POLIZIESCO; B/N; 83'; USA, 1945.

AVVENTURIERA DI TANGERI, L' *(My Favorite Spy)* ★★
Regia di NORMAN Z. MCLEOD. Con BOB HOPE, HEDY LAMARR. ■ L'attore comico White è mandato a Tangeri dal servizio segreto americano per recuperare un microfilm. A causa della sua somiglianza con il gangster Augustine, che avrebbe dovuto compiere la missione al suo posto, incorre in varie avventure, ma fa innamorare Lily, ex amante di Augustine, e lascia Tangeri con lei e con il microfilm. ■ COMMEDIA; B/N; 93'; USA, 1951.

AVVENTURIERA PERVERSA, L' *(Wicked Lady)* ★★
Regia di MICHAEL WINNER. Con ALAN BATES, FAYE DUNAWAY, JOHN GIELGUD. ■ Una ricca dama inglese nella metà del Seicento, dopo aver soffiato per puro capriccio il fidanzato ad una sua amica alla vigilia delle nozze, diventa l'amante di un bandito, commette rapine ed efferati omicidi, ed alla fine se ne sbarazza facendolo arrestare. Alla fine viene uccisa lei stessa da uno dei suoi occasionali amanti. Grandi interpreti sprecati in un film mediocre. ■ AVVENTURA; COL.; 98'; GRAN BRETAGNA, 1982.

AVVENTURIERI, GLI *(Dodge City)* ★★★
Regia di MICHAEL CURTIZ. Con OLIVIA DE HAVILLAND, ERROL FLYNN, ANN SHERIDAN. ■ Un colonnello costruisce la ferrovia a Dodge City. Ecco che arriva ogni tipo di umanità. Cacciatori, cercatori e banditi. Ci vuole uno che metta ordine. ■ AVVENTURA; COL.; 105'; USA, 1939.

AVVENTURIERI, GLI *(Zentrale Rio)* ★★
Regia di ERICH ENGELS. Con WERNER FUETTERER, LENI MARENBACH. ■ Una lettera anonima spinge una donna che si crede vedova a recarsi a Rio de Janeiro per ritrovarvi il marito. Il marito è realmente vivo, ma alle sue spalle si muove una organizzazione di contrabbandieri. Verranno scoperti. ■ AVVENTURA; B/N; 90'; GERMANIA, 1939.

AVVENTURIERI AI CONFINI DEL MONDO ★★
(High Road to China)
Regia di BRIAN G. HUTTON. Con BESS ARMSTRONG, TOM SELLECK, JACK WESTON. ■ Negli anni Venti una ragazza cerca di salvare il padre che è entrato in conflitto con un "signore della guerra" cinese. Con l'aiuto di un pilota americano, arriva, dopo un viaggio avventurosissimo, nel cuore della Cina e interviene nella battaglia decisiva, facendo prevalere il genitore. ■ AVVENTURA; COL.; 120'; USA, 1983.

AVVENTURIERI DEI TROPICI, GLI ★★
Regia di SERGIO BERGONZELLI. Con GIANNA MARIA CANALE, FRANK LATIMORE, SARO URZÌ. ■ Storia della rivalità tra due fratelli, Fernand e Frank, che svolgono traffici d'armi nella terra del Rio Paraná, dove i guerriglieri lottano per l'indipendenza. Fernand ha rubato la fidanzata Jana a Frank, ma quando viene ferito gravemente, Frank dimentica i rancori e corre in suo aiuto. Fernand però muore e Frank e Jana si ricongiungono. ■ AVVENTURA; COL.; 90'; ITALIA, 1960.

AVVENTURIERI DELLA CITTÀ PERDUTA, GLI ★★
(Allan Quatermain and the Lost City of Gold)
Regia di GARY NELSON. Con RICHARD CHAMBERLAIN, JAMES EARL JONES, SHARON STONE. ■ Un famoso esploratore, Allan Quatermain, dopo aver sposato una bella archeologa americana in Africa, si mette con lei alla ricerca del fratello scomparso mentre cercava una leggendaria città d'oro. Dopo una serie di incredibili peripezie, la coppia riesce a trovare la città e a salvare lo scomparso. ■ AVVENTURA; COL.; 93'; USA, 1986.

AVVENTURIERI DELLA COSTA NERA, GLI ★★
(Un mundo nuevo)
Regia di RENÉ CARDONA JR. Con LORY VELAX. ■ Nel mare dell'isola di Bahia è affondato un piroscafo in circostanze sospette. Un agente di assicurazioni, con l'aiuto di due giovani del luogo, Risco e Mara, scopre che dietro all'incidente si nasconde una banda di trafficanti e li sgomina. Fra lui e Mara è nato nel frattempo l'amore. ■ AVVENTURA; B/N; 90'; MESSICO, 1957.

AVVENTURIERI DELL'ARIA – EROI SENZA GLORIA *(Only Angels Have Wings)* ★★★★
Regia di HOWARD HAWKS. Con JEAN ARTHUR, RICHARD BARTHELMESS, CARY GRANT, RITA HAYWORTH. ■ Da *La squadriglia dell'aurora* a *Brume*, a *Arcipelago in fiamme*, Howard Hawks, aviatore in gioventù, ha sempre amato i film di ambiente aeronautico. In questo *Avventurieri dell'aria* si intrecciano difficili storie d'amore e tensioni di lavoro nell'aeroporto di Barranca, dove il capitano Geoff, impersonato da Cary Grant, perde in un volo l'amico più caro e trova l'amore in una bella passeggera, Bonnie. ■ DRAMMATICO; B/N; 121'; USA, 1939. ■ OSCAR 1 NOM.

AVVENTURIERI DELLE INDIE, GLI ★★
(El duende y el rey)
Regia di ALESSANDRO PERLA. Con BIANCA DE SILOS, NANDO MORAN, ANTONIO VILAR. ■ Dalle Indie Occidentali verso Madrid viaggiano tre avventurieri: una marchesa rimasta vedova, un duca che vuole riabilitarsi delle ingiuste accuse di tradimento, un aspirante falsario. Il duca dimostrerà la sua innocenza e sarà quindi lui a sposare la marchesa, di cui si è innamorato durante il viaggio. ■ AVVENTURA; B/N; 90'; SPAGNA, 1948.

AVVENTURIERI DELLE ROCCE, GLI ★★
(Romance of the Rockies)
Regia di ROBERT NORTH BRADBURY. Con TOM KEENE, BERYL WALLACE. ■ Un dottore ristabilisce la tranquillità in un villaggio del West oppresso dai ricatti di alcuni banditi che monopolizzano l'unico lago della zona. La figlia del banchiere locale si innamorerà di lui per il suo coraggio. ■ WESTERN; B/N; 90'; USA, 1937.

AVVENTURIERI DELL'URANIO, GLI ★★
Regia di ANGIO ZANE. ■ Gli avventurieri dell'uranio sono lo scienziato Sten, che ha costruito un apparecchio che può produrre uranio, e un ladro in fuga, che vuole sfruttare l'apparecchio per scopi criminali. Un gruppo di ragazzi aiuta Sten nella ricerca dell'uranio, ma l'apparecchio viene distrutto dal ladro, che muore nella fuga. Sten si converte a ricerche più utili al bene dell'umanità e lascia da parte il pericoloso uranio. ■ AVVENTURA; B/N; 89'; ITALIA, 1958.

AVVENTURIERI DEL MEKONG, GLI ★★
(Les aventuriers du Mékong)
Regia di JEAN BASTIA. Con JEAN GAVEN, DOMINIQUE WILMS. ■ Sei uomini guidati dall'avventuriero Dominique attraversano il fiume e la foresta di Saigon e recuperano un tesoro sepolto di lingotti d'oro. L'oro andrà perduto, secondo la lezione del grande film di John Huston, *Il tesoro della Sierra Madre*. ■ AVVENTURA; COL.; 100'; FRANCIA, 1957.

AVVENTURIERI DEL PIANETA TERRA, GLI ★★★
(The Ultimate Warrior)
Regia di ROBERT CLOUSE. Con YUL BRYNNER, JOANNA MILES, MAX VON SIDOW. ■ Un conflitto atomico ha distrutto la Terra riportandola al primitivo stato selvaggio: i pochi sopravvissuti si scontrano a New York in due bande rivali, la Comune del Barone, con la quale combatte il Guerriero Carlson, e i Briganti di Carrot. Carlson riesce con molta fatica a condurre la figlia del Barone, Melinda, che è incinta, in un'isola lontana e abitata da gente pacifica, ma il Barone viene ucciso. ■ FANTASCIENZA; COL.; 94'; USA, 1975.

AVVENTURIERI DI LONDRA, GLI *(Seven Sinners)* ★★★
Regia di ALBERT DE COURVILLE. Con CONSTANCE CUMMINGS, EDMUND LOWE. ■ Una coppia di investigatori scopre che il responsabile di alcuni disastri ferroviari sulla linea Francia-Inghilterra è un funzionario della polizia francese. Arrestato mentre in un cinema sta assistendo al cinegiornale dell'ennesimo incidente ferroviario, il sabotatore rimane ucciso tentando la fuga. Un film di ottima fattura. ■ POLIZIESCO; B/N; 70'; GRAN BRETAGNA, 1936.

AVVENTURIERI DI PLYMOUTH, GLI ★★★
(Plymouth Adventure)
Regia di CLARENCE BROWN. Con GENE TIERNEY, SPENCER TRACY. ■ A bordo del *Mayflower*, diretto in Virginia con i primi coloni inglesi dell'America, si intrecciano diverse passioni: il capitano Jones, che d'accordo con un gruppo di speculatori conta di far sbarcare i coloni lontano dalla Virginia, si innamora di Dorothy, una donna sposata. Ma Dorothy, che lo ricambia, preferisce morire pur di non tradire il marito. Il suo sacrificio spinge Jones a restare dalla parte dei coloni. ■ AVVENTURA; COL.; 105'; USA, 1952. ■ OSCAR 1 PR, 1 NOM.

AVVENTURIERI DI SAN JUAN, GLI ★★
(Cargaison clandestine)
Regia di ALFRED RODE. Con CLAUDINE DUPUIS, PIERRE RENOIR, KATHE VON NAGY. ■ In un locale notturno si svolgono traffici di stupefacenti controllati dalla proprietaria del night, Luisa, e dal direttore Mendoza. Vengono coinvolti anche due giovani innocenti, Mila e José, che sono legati ai due capibanda. Luisa e Mendoza vengono scoperti e muoiono nella fuga, Mila e José resteranno liberi insieme. ■ DRAMMATICO; B/N; 90'; FRANCIA, 1947.

AVVENTURIERI DI SANTA MARTA, GLI ★★
(Rangers of Fortune)
Regia di SAM WOOD. Con ALBERT DEKKER, FRED MACMURRAY. ■ In un villaggio del West spadroneggiano i banditi e gli unici che si oppongono sono un vecchio tipografo e sua nipote con il loro giornale. Ristabiliranno l'ordine tre cow-boy stranieri, ma il vecchio e la ragazza pagheranno con la vita. ■ WESTERN; B/N; 80'; USA, 1940.

AVVENTURIERI GALANTI – SETTIMO: NON RUBARE, GLI *(Diamond Cut Diamond)* ★★
Regia di MAURICE ELVEY, FRED NIBLO. Con BENITA HUME, ADOLPHE MENJOU. ■ A Londra, in un albergo di ricchi aristocratici, due coppie di ladri si fronteggiano, derubando a turno i clienti. Sarà la donna della seconda coppia a smascherare i primi due e a convincere il suo compagno a rimettersi sulla retta via. ■ COMMEDIA; B/N; 70'; GRAN BRETAGNA, 1932.

AVVENTURIERO, L' ★★
Regia di TERENCE YOUNG. Con RITA HAYWORTH, RICHARD JOHNSON, ANTHONY QUINN, ROSANNA SCHIAFFINO. ■ Tratto dal romanzo *The Rover* di Conrad. Peyrol si rifugia in un castello, dove fa amicizia con le due donne che vi abitano, Caterina e la nipote Arlette, impazzita per un trauma giovanile. Peyrol aiuta Arlette a recuperare la lucidità e, quando un ufficiale francese di cui la ragazza è innamorata gli chiede aiuto per una missione, accetta, pur sapendo che andrà a morire. ■ AVVENTURA; COL.; 105'; ITALIA, 1967.

AVVENTURIERO A TAHITI, UN *(Tendre voyou)* ★★★
Regia di JEAN BECKER. Con JEAN-PAUL BELMONDO, MYLÈNE DEMONGEOT, PHILIPPE NOIRET, STEFANIA SANDRELLI, NADIA TILLER. ■ Durante una crociera da Cannes a Tahiti con gli amici della baronessa Mina Von Strasshofer, Tony si fa imbrogliare da una ragazza, Veronique, che gli racconta di voler vendere un giacimento di manganese di un'isola che le appartiene. Tony accetta di fare da intermediario e così finisce in prigione, ma appena uscito riprenderà la consueta vita. ■ AVVENTURA; COL.; 97'; FRANCIA, 1966.

AVVENTURIERO DEGLI ABISSI, L' ★★
(Evil in the Deep)
Regia di VIRGINIA STONE. Con STEPHEN BOYD, ROSEY GRIER, DAVID LADD, CHERYL STOPPELMOOR. ■ Un gruppo di amici raggiunge i mari della Giamaica per recuperare un tesoro inabissatosi secoli prima con un galeone. Una squadra di bravacci cerca di ostacolarli, ma gli squali fan giustizia mentre loro rinunciano al tesoro per salvare la vita di un compagno. ■ AVVENTURA; COL.; 96'; USA, 1976.

AVVENTURIERO DEI DUE MONDI, L' *(Sonatas)* ★★
Regia di JUAN ANTONIO BARDEM. Con MANUEL ALEXANDRE, FRANCISCO RABAL, FERNANDO REY. ■ La progressiva presa di coscienza del marchese Brandomin nella Spagna dei moti liberali contro la Santa Alleanza e nel Messico che lotta per l'indipendenza. Brandomin all'inizio protegge i patrioti ma pensa soprattutto a conquistare belle signore. La generosa morte di un liberale suo amico lo convince che il suo posto è nella lotta con i ribelli. ■ AVVENTURA; COL.; 90'; SPAGNA, 1959.

AVVENTURIERO DEI SETTE MARI, L' ★★
(Der Seawolf)
Regia di WOLFGANG STAUDTE. Con BEATRICE CARDON, RAI-

MUND HARMSTORF, EDWARD MEEKS. ■ Tratto dall'omonimo romanzo di Jack London, il film racconta gli scontri tra Von Veiden, uno scrittore amante dell'avventura raccolto come naufrago, e il capitano Larsen, rozzo e violento. Von Veiden non sopporta i metodi autoritari di Larsen e quindi scappa dalla sua nave. Lo ritroverà molto tempo dopo, approdato ormai cieco e malato su un'isola abbandonata. ■ AVVENTURA; COL.; 91'; GERMANIA, 1974.

AVVENTURIERO DELLA CITTÀ D'ORO, L' ★★
(Barbary Coast Gent)
Regia di ROY DEL RUTH. Con WALLACE BEERY, JOHN CARRADINE. ■ Beery impersona un amabile imbroglione, Plush, che scopre un giacimento d'oro presso un villaggio e lo fa registrare per gli abitanti. L'arrivo di un suo vecchio nemico che lo ricatta e l'assassinio per legittima difesa portano Plush in carcere, ma non gli tolgono la simpatia e la solidarietà di tutta la città. ■ AVVENTURA; B/N; 87'; USA, 1944.

AVVENTURIERO DELLA LOUISIANA, L' ★★
(Mississippi Gambler)
Regia di RUDOLPH MATÉ. Con PIPER LAURIE, TYRONE POWER. ■ Mark è un appassionato e leale giocatore d'azzardo: innamorato di Angelique, gode le simpatie di suo padre, ma è odiato da suo fratello Laurent, che cerca di ucciderlo. Dopo un matrimonio sbagliato, Angelique tornerà da Mark. ■ DRAMMATICO; COL.; 98'; USA, 1953. ■ OSCAR 1 NOM.

AVVENTURIERO DELLA MALESIA, L' ★★★
(Outcast of the Islands)
Regia di CAROL REED. Con TREVOR HOWARD, ROBERT MORLEY, RALPH RICHARDSON. ■ Peter Willems simula il suicidio per poter fuggire indisturbato da Singapore, dove è ricercato dalla polizia, e dedicarsi ai traffici commerciali in Malesia, con la sua compagna indigena Aissa. Lo scoprirà il suo superiore Lingard, che però non lo denuncerà ma lo abbandonerà per sempre in Malesia ■ AVVENTURA; B/N; 105'; GRAN BRETAGNA, 1951.

AVVENTURIERO DELLA TORTUGA, L' ★★
Regia di LUIGI CAPUANO. Con NADIA GRAY, GUY MADISON, GIULIO MARCHETTI, INGEBOR SCHÖNER. ■ Pedro Valverde è un pirata che si conquista ricchi bottini non sul mare ma fidanzandosi con facoltose principesse e poi scappando con la loro dote. Fino a quando non si innamorerà sul serio di una di queste principesse, Soledad. ■ AVVENTURA; COL.; 90'; ITALIA, 1965.

AVVENTURIERO DELLE LANDE, L' ★★
(The Barefoot Mailman)
Regia di EARL MCEVOY. Con ROBERT CUMMINGS. ■ Avventure e imbrogli di un trio di amici, due uomini e una ragazza, a Miami, dove uno dei tre sparge la voce che su un tratto di terreno assolutamente incoltivabile, che gli appartiene, verrà costruita una ferrovia. La truffa viene scoperta. ■ AVVENTURA; COL.; 83'; USA, 1951.

AVVENTURIERO DI BURMA, L' *(Escape to Burma)* ★★★
Regia di ALLAN DWAN. Con ROBERT RYAN, BARBARA STANWYCK. ■ Questa volta la prestigiosa coppia Stanwyck-Ryan, già nobilitata da Fritz Lang, vive un'avventura in Birmania. Il protagonista è un uomo braccato ingiustamente dalla legge, che si trova coinvolto in strani commerci. Dopo un complicato intreccio mistico-amoroso-avventuroso c'è il lieto fine. ■ AVVENTURA; COL.; 87'; USA, 1955.

AVVENTURIERO DI HONG KONG, L' ★★★
(Soldier of Fortune)
Regia di EDWARD DMYTRYK. Con CLARK GABLE, SUSAN HAYWARD, MICHAEL RENNIE. ■ Jane Hot sbarca ad Hong Kong per cercare il marito Luis, un fotoreporter misteriosamente scomparso. La aiuta e la corteggia l'affascinante avventuriero americano Hank Lee, che riesce a liberare Luis dal battello cinese dove è tenuto prigioniero, a causa di un'inchiesta giornalistica che sta svolgendo. E poiché Jane e Luis non vanno più d'accordo, sarà Hank ad avere l'amore della bella signora. ■ AVVENTURA; COL.; 96'; USA, 1955.

AVVENTURIERO DI MACAO, L' *(Macao)* ★★★
Regia di JOSEF VON STERNBERG. Con ROBERT MITCHUM, JANE RUSSELL. ■ Nick Cochran, un avventuriero capitato a Macao, viene scambiato per un poliziotto e coinvolto nei traffici illegali di una rete di case d'azzardo. Con l'aiuto di Giulia, incontrata nel viaggio, sta al gioco e riesce a sgominare tutta la banda dei trafficanti. Von Sternberg fu lo scopritore di Marlene Dietrich. ■ POLIZIESCO; B/N; 80'; USA, 1952.

AVVENTURIERO DI NEW ORLEANS, L' ★★★
(Adventures of Captain Fabian)
Regia di WILLIAM MARSHALL. Con ERROL FLYNN, AGNES MOOREHEAD, MICHELINE PRESLE, VINCENT PRICE. ■ George, nipote di un ricco giudice, è innamorato della cameriera creola Lea ed è pronto a tutto per lei. Quando viene processata per aver ucciso per legittima difesa uno stalliere che intendeva usarle violenza, Lea trova un nuovo protettore in Fabian, capitano marittimo. Fabian capirà con che donna ha a che fare solo dopo che Lea e George avranno ucciso il ricco zio e accusato Fabian dell'omicidio. Fabian dimostra la loro colpevolezza e i due assassini muoiono. ■ DRAMMATICO; B/N; 100'; USA, 1951.

AVVENTURIERO DI RE ARTÙ, L' ★★
(Siege of the Saxons)
Regia di NATHAN J. JURAN. Con RONALD LEWIS, JANETTE SCOTT. ■ Uno dei molti film che prendono spunto dal ciclo della Tavola Rotonda. ■ AVVENTURA; COL.; 100'; GRAN BRETAGNA, 1963.

AVVENTURIERO DI SIVIGLIA, L' ★★
(L'aventurier de Seville – Aventuras del barbero de Sevilla)
Regia di LADISLAO VAJDA. Con LUIS MARIANO, LOLITA SEVILLA. ■ Il Figaro della commedia di Beaumarchais e dell'opera di Rossini in un musical: la prodigiosa voce del barbiere di Siviglia è sfruttata dai briganti per trarre in un'imboscata il governatore con la moglie e la figlia Rosina. Scoperti, devono fuggire nelle Antille, dove riescono a vincere con una partita di calcio i nemici inglesi: tornano quindi trionfalmente in Spagna e Figaro trova ad aspettarlo la sua fedele innamorata Pepya. ■ COMM. MUSICALE; B/N; 93'; SPAGNA, 1954.

AVVENTURIERO DI TOLOSA, L' *(Serge Panine)* ★★
Regia di CHARLES MÉRÉ. Con PIERRE RENOIR, FRANÇOISE ROSAY. ■ Una ricca merciaia vede dissipare i suoi averi da un avventuriero che ha sposato una delle sue figlie ma le insidia entrambe. La donna sarà costretta a ucciderlo. ■ DRAMMATICO; B/N; 91'; FRANCIA, 1939.

AVVENTURIERO DI VENEZIA, L' *(Volpone)* ★★★
Regia di MAURICE TOURNEUR. Con HARRY BAUR, LOUIS JOUVET. ■ Nella Venezia del Seicento, il ricco Volpone si fa beffe dei parenti e degli amici che mirano alla sua eredità. Sarà a sua volta beffato da Mosca, furbo domestico, che aprirà le porte del grande palazzo di Volpone al popolo veneziano. ■ COMMEDIA; B/N; 94'; FRANCIA, 1938.

AVVENTUROSA FUGA, L' *(Gli ultimi angeli)* ★★
Regia di ENZO DORIA. Con FLAVIO COLOMBAIONI, NATHALIE DELON, ALESSANDRO DORIA, ARTHUR KENNEDY, PHILIPPE LEROY. ■ I genitori stanno per divorziare e il piccolo Marco vive con il padre in una casa di campagna, ma è trascurato e soffre molto per la situazione familiare. Decide allora di fingersi rapito, allo scopo di suscitare l'interesse dei familiari. Marco compie un avventuroso viaggio verso la Sicilia, dove abita il nonno. Alla fine i genitori si riuniranno per amore del figlio. ■ DRAMMATICO; COL.; 90'; ITALIA, 1977.

AVVERSARIO, L' *(L'adversaire)* ★★
Regia di NICOLE GARCIA. Con DANIEL AUTEUIL, HUMBERT BALSAM, FRANÇOIS BERLÉAND, FRANÇOIS CLUZET. ■ Il 9 gennaio 1993 Jean-Claude Romand uccide sua moglie, i figli e i suoi genitori e tenta il suicidio. I familiari hanno scoperto che non è mai stato un medico come aveva fatto loro credere per diciotto anni. L'inchiesta svelerà, fatto ancor più sconvolgente, che non esercitava un'altra professione. Nicole Garcia pedina il percorso di una mente che precipita sempre più nel labirinto delle menzogne che ha costruito rifacendosi al fatto di cronaca ben noto in Francia e avvalendosi di un attore capace di scavare nelle psicosi come Daniel Auteuil. Il tema era già stato affrontato da Cantet in *A tempo pieno* con un'indagine formalmente più raffinata e con maggiore attenzione alle problematiche sociali legate al tema del lavoro. La Garcia, da ex attrice, punta tutto sul collega attore. Ma realizza un

film che finisce col mettere in ombra il contesto. ■ DRAMMATICO; COL.; 120′; FRANCIA, 2002.

AVVERTIMENTO, L' ★★★

Regia di DAMIANO DAMIANI. Con MARTIN BALSAM, GIULIANO GEMMA, GUIDO LEONTINI, DEDDI SAVAGNONE, LAURA TROTTER, GIANCARLO ZANETTI. ■ Il capo della squadra mobile romana viene ucciso proprio mentre sta per incastrare una grossa cosca mafiosa. Il questore affida l'incarico di continuare le indagini a un collaboratore della vittima, ma gli astuti delinquenti riescono a insinuare nelle menti degli investigatori il sospetto che la mafia abbia corrotto tutti i poliziotti della questura. Alla fine questore e commissario decideranno di arrestare i mandanti facendo il loro dovere. ■ POLIZIESCO; COL.; 110′; ITALIA, 1980.

AVVISO DI CHIAMATA *(Hanging Up)* ★★

Regia di DIANE KEATON. Con DIANE KEATON, LISA KUDROW, WALTER MATTHAU, MEG RYAN. ■ All'avviso di chiamata devono ricorrere tre sorelle per comunicare fra loro. Una è positiva (Ryan), una in carriera (Keaton), l'altra malamente artista (tv). Chiacchierano, chiacchierano. Poi c'è Matthau, al suo addio. È lui a salvare parzialmente il film. Quando si tratta di dare anima a una situazione, e ci sarebbero anche i presupposti del cast, tutto cade nella piattezza della regia. Keaton, infatti è attrice, fa un mestiere diverso. ■ COMMEDIA; COL.; 92′; USA, 1999.

AVVOCATI CRIMINALI *(Criminal Lawyer)* ★★

Regia di SEYMOUR M. FRIEDMAN. Con MARY CASTLE, PAT O'BRIEN, JANE WYATT. ■ Sebbene abbia fatto carriera difendendo criminali, Jim Reagan ha l'affetto e la stima dei suoi due collaboratori, Mike e Mary. La vedova dell'uomo ucciso dal suo ultimo cliente lo affronta con ira, e Jim si rende conto per la prima volta di essere un avvocato senza scrupoli. Sconvolto, finisce in tribunale implicato ingiustamente in un delitto. Sarà Mike a farlo assolvere e Jim cambierà stile di vita a fianco di Mary che lo ama. ■ DRAMMATICO; B/N; 74′; USA, 1951.

AVVOCATO DE GREGORIO, L' ★★

Regia di PASQUALE SQUITIERI. Con GIORGIO ALBERTAZZI, CIRO CAPANO, ANNA TOGNETTI. ■ L'avvocato De Gregorio è un relitto del passato. Costretto ad abbandonare il tribunale a seguito di un tentativo di truffa operato per salvare il figlio malato, si lascia vivere in uno scalcinato palazzo di Spaccanapoli odiando tutto quel che gli sta intorno. L'incontro con Nunziatina, che si prostituisce a seguito della morte del marito, e la scoperta che quest'ultimo era rimasto vittima di un incidente sul lavoro mascherato da sciagura stradale, lo convinceranno a tornare alla professione. Ritroverà così anche la propria dignità umana. Squitieri non è proprio un regista famoso per la leggerezza del tocco, e questo film non fa che confermarlo. ■ DRAMMATICO; COL.; 97′; ITALIA, 2003.

AVVOCATO DEI LADRI, L' *(People's Enemy)* ★★

Regia di CRANE WILBUR. Con MELVIN DOUGLAS, PRESTON FOSTER, LILA LEE. ■ Il gangster Fulton, dal carcere, prega il suo avvocato Stuart di rintracciargli la moglie che un tempo aveva lasciato ma che ancora ama. Intanto il magistrato Warren, coinvolto nelle attività illegali di Fulton, cerca di ingannarlo presentandogli l'avvocato come un traditore. Fulton evade per uccidere Stuart, ma, scoperta la verità, si rivolge contro Warren e muore a sua volta in uno scontro con la polizia. Stuart e la moglie di Fulton si sono nel frattempo innamorati. ■ POLIZIESCO; B/N; 90′; USA, 1935.

AVVOCATO DEL DIAVOLO, L' ★★
(The Devil's Advocate)

Regia di TAYLOR HAKFORD. Con AL PACINO, KEANU REEVES, CHARLIZE THERON. ■ Kevin è un brillante avvocato di provincia, vince sempre. Viene chiamato a New York da un grande studio. Avrà il successo che merita. In realtà il giovane vende l'anima al diavolo, letteralmente, perché il suo pigmalione è proprio il diavolo. Una storia che vuol dire troppo: grandi pronunciamenti, simboli seminati qua e là, un insieme suggestivo anche se a volte un po' greve e altre volte persino un po' ridicolo. Ma si sa, l'effetto speciale e l'intervento fantastico incombono su tutti i film, purtroppo. ■ THRILLER; COL.; 143′; USA, 1997.

AVVOCATO DELLA MALA, L' ★★

Regia di ALBERTO MARRAS. Con LILLI CARATI, MEL FERRER, RAY LOVELOCK, ORAZIO ORLANDO, UMBERTO ORSINI. ■ Un avvocato squattrinato accetta di fare da intermediario in una storia di quadri trafugati. Ma la cosa non è tanto agevole, e per il leguleio finirà bene solo dopo mille peripezie. ■ POLIZIESCO; COL.; 95′; ITALIA, 1977.

AVVOCATO DIFENSORE, L' ★★

Regia di GERO ZAMBUTO. Con DORA BALDANELLO, LETIZIA BONINI, OSVALDO GENAZZANI. ■ È la storia melodrammatica di un avvocato alle prese con cause lacrimevoli. ■ COMMEDIA; B/N; 80′; ITALIA, 1934.

AVVOCATO DI ME STESSO *(Young Man with Ideas)* ★★

Regia di MITCHELL LEISEN. Con GLENN FORD, RUTH ROMAN. ■ Spinto dall'energica moglie Giulia a dare a Los Angeles gli esami di iscrizione all'albo degli avvocati, Max, placido e poco ambizioso, si trova un po' sbandato, fra tentazioni femminili e incontri con allibratori clandestini. Però l'arresto per ingiusta accusa di complicità con il racket dell'azzardo gli darà modo di dimostrare le sue qualità di avvocato, ottenendo la propria assoluzione. ■ COMMEDIA; B/N; 84′; USA, 1952.

AVVOLTOI, GLI *(Return of the Bad Men)* ★★★

Regia di RAY ENRIGHT. Con ANNE JEFFREYS, ROBERT RYAN, RANDOLPH SCOTT. ■ In un villaggio di cercatori d'oro l'avventuriero Nibbio capeggia una banda di fuorilegge. Contro di lui si batte un onesto allevatore, Frank, aiutato da Cheyenne, la ragazza indiana che un tempo collaborava con la banda. Cheyenne verrà uccisa dai suoi vecchi compagni, ma Frank riuscirà a sconfiggere Nibbio e potrà tornare dalla sua fidanzata. ■ WESTERN; B/N; 90′; USA, 1948.

AVVOLTOI DELLA METROPOLI, GLI ★★
(Dossier 1413)

Regia di ALFRED RODE. Con JEAN DANET, CLAUDINE DUPUIS. ■ L'investigatore privato Gilles Canvin e la sua amica Doris indagano sull'assassinio di Caroline. Tutto fa capo ad un locale notturno (dove si fanno tratta delle bianche e traffici di stupefacenti) e a una clinica psichiatrica dove il dottor Pira estorce preziosi segreti ai pazienti sotto effetto di droghe. Gilles scopre ogni cosa ma Doris muore per salvare la sorella coinvolta nell'affare. ■ POLIZIESCO; B/N; 100′; FRANCIA, 1961.

AVVOLTOI DELLA STRADA FERRATA, GLI ★★
(Rails into Laramie)

Regia di JESSE HIBBS. Con MARIE BLANCHARD, JOHN PAYNE. ■ Il sergente Jeff Harder deve affrontare il suo vecchio amico Jim che è il sabotatore della ferrovia di Laramie. Scoperto, Jim cerca di fuggire sul treno, ma Jeff, aiutato da Lou, socia di Jim, lo raggiunge e salva la linea da un disastro ferroviario. ■ WESTERN; COL.; 81′; USA, 1954.

AVVOLTOI HANNO FAME, GLI ★★★
(Two Mules for Sister Sara)

Regia di DON SIEGEL. Con CLINT EASTWOOD, SHIRLEY MACLAINE. ■ Mentre i ribelli messicani juaristi si battono contro il protettorato francese, Sara, una giovane suora, e Hogan, un mercenario texano, fanno amicizia e procedono insieme verso il forte francese, dove Hogan riesce a uccidere il comandante. I juristi hanno vinto e Sara rivela a Hogan, ormai innamorato di lei, di non essere una vera suora ma una prostituta. ■ WESTERN; COL.; 105′; USA, 1970.

AVVOLTOI NON VOLANO, GLI ★★
(Where No Vultures Fly)

Regia di HARRY WATT. Con DINAH SHERIDAN, ANTHONY STEEL. ■ Bob Payton fa il sorvegliante in una zona del Kenya afflitta da un gruppo di speculatori. Il suo sincero amore per gli animali lo porterà a sconfiggere questi loschi affaristi e a costruire un Parco Nazionale. ■ AVVENTURA; COL.; 107′; GRAN BRETAGNA, 1951.

AVVOLTOIO, L' *(The Vulture)* ★★

Regia di LAWRENCE HUNTINGTON. Con BRODERICK CRAWFORD, ROBERT HUTTON, AKIM TAMIROFF. ■ Scienziato pazzo vuol vendicare il suo antenato seppellito vivo assieme a un gigantesco avvoltoio alcuni secoli prima. Però pasticcia alquanto e trasforma se stesso in un orribile essere metà uomo metà uccello, che comunque, compie la vendetta straziando due discendenti dell'antico carnefice del bis-bisnonno. ■ FANTASTICO; COL.; 91′; GRAN BRETAGNA, 1967.

AWAKE – ANESTESIA COSCIENTE *(Awake)* ★★
Regia di JOBY HAROLD. Con JESSICA ALBA, HAYDEN CHRISTENSEN, TERENCE HOWARD, CHRISTOPHER MCDONALD, LENA OLIN. ■ Clayton è un affascinante rampollo con un cuore molto fragile, per questo è in attesa di un organo sano che possa sostituirlo. La madre vorrebbe farlo operare dal chirurgo di famiglia, ma Clay ha messo la sua vita in mano al dottor Jack Harper per fiducia, amicizia e gratitudine. Quando arriva l'ora dell'intervento e viene addormentato, Clay si ritrova in uno stato di consapevolezza anestetica. Disteso sul tavolo e immobilizzato dall'anestesia, percorrerà (a cuore aperto) i meandri della sua mente per sfuggire al dolore fisico andando incontro a ben più dolorose scoperte. ■ DRAMMATICO; COL.; 84′; USA, 2007.

AWAY FROM HER – LONTANO DA LEI ★★★
(Away from Her)
Regia di SARAH POLLEY. Con JULIE CHRISTIE, WENDY CREWSON, DEANNA DEZMARI, OLYMPIA DUKAKIS, GRACE LYNN KUNG, STACEY LABERGE, MICHAEL MURPHY, GORDON PINSENT, ALBERTA WATSON. ■ Sposati da 50 anni, Grant e Fiona sembrano ancora molto legati l'un l'altra e la loro vita quotidiana è piena di tenerezza e umorismo. La loro serenità sembra vacillare solo in conseguenza degli occasionali e attentamente limitati riferimenti al passato, che sembrano far trapelare che forse il loro matrimonio non è stato solo rose e fiori. La tendenza di Fiona a riferirsi sempre più spesso al passato, oltre alla perdita di memoria più evidente ogni giorno che passa, creano una tensione che viene però generalmente dissipata facilmente dall'uno o dall'altra. Quando i vuoti di memoria diventano più lampanti e drammatici, nessuno dei due può ignorare che Fiona è stata colpita dal morbo d'Alzheimer. A quel punto Grant, che teme che la vita di Fiona sia in serio pericolo, intraprende quello che sarà un autentico viaggio d'abnegazione per permettere alla moglie di essere felice per l'ultima volta. ■ DRAMMATICO; COL.; 110′; CANADA, 2006.

A WONG FOO, GRAZIE DI TUTTO! JULIE NEWMAR ★
(To Wong Foo, Thanks for Everything! Julie Newmar)
Regia di BEEBAN KIDRON. Con STOCKARD CHANNING, JOHN LEGUIZAMO, WESLEY SNIPES, PATRICK SWAYZE. ■ Tre travestiti viaggiano da New York a Los Angeles esibendosi nei concorsi di bellezza. Il loro portafortuna è una cartolina firmata da questa Newmar (protagonista della serie televisiva *Batman*), diventata per sottili e misteriose ragioni una sorta di idolo per i gay. Gli appassionati la ricorderanno in *Sette spose per sette fratelli*, era la mora altissima e impacciata, l'unica che non ballava. Per il resto le solite gag da soap, per questa nuova perla della lunga collana gay dell'estate cinematografica 1996. ■ COMMEDIA; COL.; 108′; USA, 1995. ■ GOLDEN GLOBES 2 NOM.

AYAKO ★★★
Regia di HEINOSUKE GOSHO. Con KEIZO KAWASAKI, JITSUKO YOSHIMURA. ■ Ayako è una giovane costretta dalla povertà a prostituirsi: ma per una sorta di maledizione gli uomini che si legano a lei muoiono. Liberata con un rituale magico da questa persecuzione, prometterà agli dei di non prostituirsi più. ■ DRAMMATICO; B/N; 102′; GIAPPONE, 1967.

AY, AY, AY... MARIA... MARIA DE BAHIA ★★
(Mademoiselle s'amuse)
Regia di JEAN BOYER. Con JEAN FUSIER, GEORGES LANNES. ■ Difficili rapporti fra la ricca e dispettosa Cristina e l'orchestra che il padre le ha "regalato" per il suo compleanno. Saranno però gli orchestrali e un giovane medico innamorato di lei a salvare Cristina da una brutta avventura in un locale malfamato. ■ COMM. MUSICALE; B/N; 95′; FRANCIA, 1947.

AY, CARMELA! ★★★
Regia di CARLOS SAURA. Con MAURIZIO DE RAZZA, CARMEN MAURA, ANDRES PAJARES. ■ Candidato al premio Oscar come miglior film straniero. Ritorno alla commedia per Carlos Saura dopo film più impegnati. Alla sceneggiatura c'è Rafael Azcona collaboratore quasi sempre presente nella filmografia di Marco Ferreri. Protagonista Carmen Maura, una delle attrici predilette di Almodóvar. Carmela è un'attrice che si esibisce in varietà teatrali nel bel mezzo della guerra civile in Spagna. Messasi in viaggio verso Valencia sta per essere addirittura fucilata dai franchisti ma viene salvata *in extremis* da un tenente italiano "volontario" in Spagna. Non è certo tra le cose migliori in assoluto di Saura ma la pellicola ha una sua dignità. ■ COMMEDIA; COL.; 105′; SPAGNA, 1990.

A 077, DALLA FRANCIA SENZA AMORE ★★
(On the Fiddle)
Regia di CYRIL FRANKEL. Con SEAN CONNERY, ALFRED LYNCH, CECILIA PARKER. ■ Sul fronte francese durante la seconda guerra mondiale, Pedro, aviere 077, e Orazio se la passano allegramente, trafficando in licenze e gestendo una birreria clandestina. Quando per caso vengono coinvolti in un'azione contro i tedeschi, riescono a fermarli fino all'arrivo dei rinforzi francesi. ■ AVVENTURA; B/N; 94′; GRAN BRETAGNA, 1961.

A 077, SFIDA AI KILLERS ★★
Regia di ANTHONY DAWSON. Con SUSY ANDERSEN, RICHARD HARRISON. ■ Antonio Margheriti, in arte "Anthony Dawson", è un personaggio curioso del cinema italiano. Qui si cimenta col filone derivato dai successi di James Bond: l'agente 077 scopre e sventa il complotto allestito ai danni di un importante scienziato che non dovrebbe fidarsi neanche della moglie. ■ AVVENTURA; COL.; 84′; ITALIA, 1966.

A 027, DA LAS VEGAS IN MUTANDE ★★
(Blague dans le coin)
Regia di MAURICE LABRO. Con FERNANDEL, PERRETTE PRADIER. ■ Le avventure di un anziano comico di buon cuore, Jeff Schiappacasse, interpretato da Fernandel, che per vendicare la morte di una giovane amica ballerina scopre Mano d'Oro, il misterioso capo del racket di Las Vegas. Con la ricompensa offertagli dai proprietari delle case da gioco, fa il regalo di nozze a Dolly, sorella dell'amica morta. ■ COMMEDIA; B/N; 96′; FRANCIA, 1963.

A 009 MISSIONE HONG KONG ★★
Regia di ERNST HOFBAUER. Con STEWART GRANGER, PAUL KLINGER, ROSANNA SCHIAFFINO. ■ Ennesima variante del filone James Bond, che qui sarebbe l'agente americano 009, con cornici esotiche, belle donne e fantapolitiche organizzazioni criminali: 009 e la sua avvenente partner Carol scoprono, grazie anche all'infiltrazione di Carol tra i criminali, chi controlla ad Hong Kong il contrabbando di materiali nucleari diretti nella Cina comunista. ■ AVVENTURA; B/N; 84′; ITALIA, 1965.

A 008, OPERAZIONE STERMINIO ★★
Regia di UMBERTO LENZI. Con ALBERTO LUPO, INGRID SCHOELLER. ■ Lenzi è un abile confezionatore di film d'avventura, artigianali e di cassetta, e non poteva mancare all'appuntamento col filone spionistico. Qui la novità è costituita dall'agente segreto donna, bella e bionda, che insieme all'agente 606 distrugge i piani criminali per la costruzione di un antiradar. Ma la donna-spia non ha merito né come donna né come attrice. ■ AVVENTURA; COL.; 84′; ITALIA, 1965.

A 007, DALLA RUSSIA CON AMORE ★★★
(From Russia, with Love)
Regia di TERENCE YOUNG. Con DANIELA BIANCHI, SEAN CONNERY, LOTTE LENYA, ROBERT SHAW. ■ È il secondo film della serie di James Bond. Diretto da Terence Young come già in *Licenza di uccidere* e come poi in *Thunderball*, Sean Connery sventa le trame della Spectre, un'organizzazione criminale che vuole dominare il mondo con il Lektor, un decifratore universale. Naturalmente a collaborare con Bond tra Istanbul, l'Orient Express e Venezia c'è una spia russa, innamorata di lui più che della propria patria. C'è Robert Shaw, l'attore dello *Squalo*, a contrastare 007, mentre la Bond Girl di turno è Daniela Bianchi. ■ AVVENTURA; COL.; 118′; GRAN BRETAGNA, 1963.

A 001, OPERAZIONE GIAMAICA ★
Regia di RICHARD JACKSON. Con LARRY PENNELL, MARGARITA SCHERR. ■ L'agente 001 dell'Fbi scopre, tra numerosi attentati, una banda di trafficanti di armi che rifornisce la guerriglia a Santo Domingo ■ AVVENTURA; COL.; 88′; ITALIA, 1965.

AZIONE CONTINUA, L' *(Marine Raiders)* ★★
Regia di HAROLD SCHUSTER. Con PAT O'BRIEN, ROBERT RYAN. ■ I successi militari e sentimentali dei due amici Steve Lockard e Dan Craig, sbarcati in Australia durante la seconda guerra mondiale. ■ GUERRA; B/N; 91′; USA, 1944.

AZIONE DI CONTROSPIONAGGIO ★★
(Escape Route – I'll Get You)
Regia di SEYMOUR M. FRIEDMAN. Con SALLY GRAY, GEORGE RAFT. ■ L'agente dell'Fbi Steve Rossi e la sua collega di Scotland Yard, uniti con successo contro un'organizzazione criminale che rapisce gli studiosi nucleari. ■ AVVENTURA; B/N; 79′; GRAN BRETAGNA, 1953.

AZIONE ESECUTIVA *(Executive Action)* ★★
Regia di DAVID MILLER. Con BURT LANCASTER, ROBERT RYAN. ■ A metà tra il film a soggetto e il documentario storico con testimonianze, viene rievocato l'assassinio del presidente John Kennedy avvenuto nel 1963 a Dallas. ■ DRAMMATICO; COL.; 91′; USA, 1973.

AZIONE IMMEDIATA *(Action immédiate)* ★★
Regia di MAURICE LABRO. Con BARBARA LAAGE, LINO VENTURA, HENRI VIDAL. ■ La banda Cosmos capeggiata dal gangster Kalpanner ha rubato il campione di un nuovo metallo per proiettili e l'agente Coplan del controspionaggio francese deve recuperarlo. ■ POLIZIESCO; B/N; 100′; FRANCIA, 1956.

AZIONE MUTANTE *(Acción mutante)* ★
Regia di ÁLEX DE LA IGLESIA. Con ALEX ANGULO, FRÉDERIQUE FEDER, ANTONIO RESINES, JUAN VIADAS. ■ Sul pianeta Axturia si combatte una guerra civile tra i padroni del look che detengono il potere e i *freak* di "Acción mutante". De la Iglesia non solo imita troppo Almodóvar ma, di lì a pochi anni, realizzerà un altro film assolutamente privo di presa sul pubblico, *El dia de la bestia*. È recidivo. ■ FANTASCIENZA; COL.; 94′; SPAGNA, 1993.

AZIZA ★★
Regia di ADBELTIF BEN AMMAR. Con RAOUF BEN AMOR, YASMINE KHLAT. ■ In cerca di fortuna, la famiglia dell'artigiano Si Bechir abbandona la vecchia abitazione della Medina e si trasferisce a Tunisi. Nel più confortevole appartamento Si e sua nipote Aziza si sentono a disagio; il figlio di lui, Alì, nell'ambiente cittadino incontra amare delusioni. ■ DRAMMATICO; COL.; 98′; TUNISIA, 1980.

A ZONZO PER MOSCA *(Ja sagàju po moskvè)* ★★
Regia di GEORGHIJ DANELJA. Con ALEKSEJ LORTJOV, NIKITA MICHALKOV. ■ Una commedia sovietica sentimentale, piena di ottimismo e speranza. Kolia, operaio della metropolitana di Mosca, e Velodia, meccanico ucraino con ambizioni di scrittore, fanno amicizia e trascorrono insieme un'intera giornata, nel corso della quale la ragazza di Kolia, Aljona, ha modo di innamorarsi di Velodia. Kolia non si ingelosisce ma accetta la situazione con serenità, lasciando campo libero all'amico. ■ COMMEDIA; B/N; 92′; URSS, 1966.

AZUR E ASMAR *(Azur et Asmar)* ★★★
Regia di MICHEL OCELOT. ■ Azur ha gli occhi azzurri, Asmar li ha neri come la notte. Il primo è figlio di un nobile gelido, il secondo di un'amorevole balia, che cresce i pargoli come fratelli, raccontando a entrambi, ogni sera prima di addormentarsi, la leggenda della fata dei Jinns, che attende, da una prigione nascosta, il giovane che la libererà. Ma un giorno il padre di Azur lo manda lontano da casa per studiare e scaccia dalla sua dimora francese la nutrice e il piccolo Asmar. Solo una volta adulto, Azur si imbarcherà in direzione dell'Oriente per ritrovare i suoi amici e liberare la fata dei Jinns. ■ ANIMAZIONE; COL.; 90′; FRANCIA, 2006.

AZZARDO *(Hazard)* ★★★
Regia di GEORGE MARSHALL. Con MACDONALD CAREY, PAULETTE GODDARD. ■ Una ricca giocatrice d'azzardo emette un assegno a vuoto in seguito a una forte perdita al gioco e si mette così alla mercé di un ricattatore che è incapricciato di lei. La ragazza fugge ma viene ritrovata da un investigatore privato pagato dal suo persecutore. I due giovani però si innamorano e la ragazza riuscirà a pagare il suo debito. ■ COMMEDIA; B/N; 95′; USA, 1948.

AZZURRO ★★
Regia di DENIS RABAGLIA. Con MARIE-CHRISTINE BARRAULT, JEAN-LUC BIDEAU, SORAYA GOMAA, TOM NOVEMBRE, FRANCESCA PIPOLI, RENATO SCARPA, PAOLO VILLAGGIO. ■ Giuseppe de Metrio, settantacinquenne, ha lavorato per trent'anni a Ginevra in un'impresa del Genio Civile. Ritorna in Puglia dove è nato e intende risolvere il problema della nipotina Carla, di sette anni. Carla è cieca ed è in attesa di un trapianto di cornea che sembra non arrivare mai. Giuseppe decide così di tornare a Ginevra per chiedere un aiuto economico al suo ex datore di lavoro a cui lo lega un'antica promessa. Nel corso del viaggio il nonno descrive alla nipotina più la Svizzera che ha nella memoria che quella reale. Quando i due giungono a Ginevra la situazione non è più quella di una volta: l'azienda è passata nelle mani del figlio dell'antico proprietario che è irreperibile. La recessione si fa sentire. Film esile in cui si cerca di riflettere (tra dramma e commedia) sull'identità svizzera e sul suo rapporto con l'immigrazione. ■ COMMEDIA; COL.; 83′; FRANCIA, ITALIA, SVIZZERA, 2000.

B

BAARIA ★★
Regia di GIUSEPPE TORNATORE. Con GAETANO ARONICA, ALDO BAGLIO, RAOUL BOVA, LAURA CHIATTI, GIORGIO FALETTI, SALVATORE FICARRA, DONATELLA FINOCCHIARO, NINO FRASSICA, NICOLE GRIMAUDO, LUIGI LO CASCIO, MARGARETH MADÈ, ANGELA MOLINA, VALENTINO PICONE, MICHELE PLACIDO, VINCENZO SALEMME, LINA SASTRI, FRANCESCO SCIANNA, ALFIO SORBELLO, TONY SPERANDEO. ■ La storia di una famiglia siciliana che prende le mosse dal ventennio fascista in cui Cicco, sin da bambino apertamente contestatore, è un pastore che ha la passione per la letteratura epica. Suo figlio Peppino, cresciuto durante la guerra, entrerà nelle file del Partito comunista divenendone un esponente di spicco sul piano locale e riuscendo a sposare, nonostante la più assoluta opposizione della famiglia di lei, Mannina che diventerà madre dei loro numerosi figli, che saranno considerati da alcuni sempre e comunque "figli del comunista". Tornatore riprende a narrare della terra che ama, la Sicilia, e lo fa con un affresco collettivo che abbraccia numerosi decenni della storia del secolo scorso. Lo fa con quel piglio che a tratti travalica nell'enfasi che ormai gli appartiene quando torna cinematograficamente a varcare lo Stretto di Messina (e che gli procura tante critiche) ma anche con la sincera voglia di fare cinema a tutto campo. ■ DRAMMATICO; COL.; 150′; ITALIA, FRANCIA, 2009.

BAAZ HAM SIB DAARI? ★★★
Regia di BAYRAM FAZLI. Con ZABIH AFSHAAR, LEILA MOUSAVI, ALI YAAGOUBI. ■ Iran. Il Dasdaran ("Falciatori"), è un potente clan che controlla territori senza confini, assoggettando alle proprie regole le popolazioni dei villaggi. Nessuno osa disobbedire, soltanto un nomade, insieme a una giovane donna, prova a ribellarsi. Girato nell'Azerbaijan iraniano, il film sorprende per la scelta coraggiosa di un linguaggio che, al realismo e agli scenari urbani, preferisce un registro simbolico e paesaggi naturali sui quali inventare e ricostruire un immaginario che ha il sapore di un'antica leggenda. Il risultato finale è un film visivamente potente, la cui universalità risiede in un messaggio che offre una metafora contro qualsiasi totalitarismo, odierno o del passato. ■ DRAMMATICO; COL.; 90′; Iran, 2006.

BABAR *(Babar: the Movie)* ★★
Regia di ALAN BUNCE. ■ Cartoni animati per i più piccoli, tratti dai fumetti del signore e della signora de Brunhoff. Protagonisti Babar e Celeste, due elefanti che devono vedersela con i cattivi che in questo caso sono dei rinoceronti, comandati da Rataxes. ■ ANIMAZIONE; COL.; 78′; CANADA, 1989.

BABAR RE DEGLI ELEFANTI ★★★
(Babar, König der Elefanten)
Regia di RAYMOND JAFELICE. ■ *Il primo libro di Babar* di Jean de Brunhoff pubblicato nel lontano 1931 arriva ora sul grande schermo. In precedenza c'erano già stati film sull'elefantino ma questo sembra essere il più aderente alla narrazione dell'autore francese che inventò il pachiderma che viene "civilizzato" con tanto di bombetta e vestito ma non dimentica lo spirito di fratellanza nei confronti dei suoi simili. Neppure quando diviene re. Film adatto per bambini capaci ancora di sfuggire alla presa mortale dei Pokemon e per adulti che siano disposti a non inseguire la solita animazione made in Usa. ■ ANIMAZIONE; COL.; 80′; CANADA, FRANCIA, GERMANIA, 1998.

BABA YAGA ★★★
Regia di CORRADO FARINA. Con CARROLL BAKER, DANIELA BALZARETTI, ISABELLE DE FUNÈS, GEORGE EASTMAN, ELY GALLEANI. ■ Baba Yaga è una strega che coinvolge in un'avventura fatta di magia, mistero e omosessualità una bella fotografa di nome Valentina. Sul finale del film gli "incantesimi" si spezzano e la misteriosa donna svanisce nel nulla. Si tratta di una storia fantastica che risente, nelle inquadrature e nelle caratteristiche dei protagonisti, dello stile dei fumetti sexy di Guido Crepax. ■ DRAMMATICO; COL.; 85′; ITALIA, 1974.

BABBO BASTARDO *(Bad Santa)* ★★
Regia di TERRY ZWIGOFF. Con ALEX BORSTEIN, TONY COX, LAUREN GRAHAM, BRETT KELLY, BERNIE MAC, JOHN RITTER, BILLY BOB THORNTON, LAUREN TOM. ■ C'era bisogno di un Babbo Natale veramente "bastardo", da chiamare mocciosi i bambini che siedono simpaticamente sulle sue ginocchia esprimendo desideri di regali festosi? La risposta è sì. Il film prodotto dai *Coen Brothers* fa ridere cinicamente, con le sue volgarità gratuite e il suo tasso alcolico da coma etilico. Willie è il Santa Claus in questione, accompagnato da un simpatico nanetto di colore vestito da folletto. Entrambi trascorrono l'anno in attesa del mese di dicembre, in cui vestendosi da festa, assoldati dal *department store* del caso, divertono a modo loro i bambini che accorrono a frotte, per poi svuotare, la notte della vigilia, la cassaforte con il malloppo. ■ COMMEDIA; COL.; 91′. GERMANIA, USA, 2003.

BABEL ★★★
Regia di ALEJANDRO GONZALEZ INARRITU. Con ADRIANA BARRAZA, CATE BLANCHETT, GAEL GARCÍA BERNAL, RINKO KIKUCHI, MICHAEL PEÑA, BRAD PITT, KÔJI YAKUSHO. ■ Individui distanti tra loro migliaia di chilometri incrociano per qualche ora i loro destini, creando un disperato affresco di un'umanità sola e dolente. Il detonatore che innesca una reazione a catena è il colpo di fucile partito dalle mani di due ragazzini in un paese sperduto del Marocco. Un gesto immotivato, compiuto quasi accidentalmente da due innocenti che, come in un domino, agisce profondamente sulle vite di tre gruppi di persone in diverse zone del pianeta: una coppia di americani lì in vacanza per risolvere una crisi coniugale, una domestica messicana alle prese con i bambini dei due nel giorno del matrimonio di suo figlio, e un'adolescente giapponese, sordomuta ed emotivamente emarginata, alla disperata ricerca d'amore in una Tokyo caotica e alienante. Ossessionato dalle coincidenze del destino e dalle storie parallele, il messicano Iñarritu alza il tiro per questa babele multietnica di storie e destini, vincitrice del Premio per la Regia al 59° Festival di Cannes. ■ DRAMMATICO; COL.; 144′; USA, 2006.

BABE – LA LEGGENDA, THE *(The Babe)* ★★
Regia di ARTHUR HILLER. Con BRUCE BOXLEITNER, JOHN GOODMAN, KELLY MCGILLIS. ■ È la storia di George Hermann "Babe" Ruth, grande campione del baseball statunitense negli anni Venti. L'infanzia, gli amori, la vecchiaia di uno dei campioni più amati dal pubblico. ■ AVVENTURA; COL.; 110′; USA, 1991.

BABE – MAIALINO CORAGGIOSO *(Babe)* ★★★
Regia di CHRIS NOONAN. Con JAMES CROMWELL, MAGDA SZU-

BANSKI. ■ Il maialino Babe, dopo essersi salvato dal macello viene vinto, in una fiera, da una coppia di contadini. Nella fattoria il maialino diventa amico degli altri animali, fra questi un papero che vuole essere un gallo, una pecora particolarmente sensibile. Soprattutto Babe si scopre una singolare attitudine e si dimostra talmente bravo in quel lavoro, che parteciperà al campionato di cani da pastore. Un film che ha rivelato qualità davvero particolari, tanto da diventare un campione di incassi valorizzato anche dalla critica. Certo, Babe è un magnifico esempio; attraverso la sua vicenda e quella della fattoria emerge un modo positivo, forte, a volte anche eroico di affrontare la vita: la famiglia è visitata anche da avversità e dolori, ma tutto viene accettato, con coraggio e dignità. ■ FANTASTICO; COL.; 92'; AUSTRALIA, 1995. ■ GOLDEN GLOBES 1 PR, 1 NOM; OSCAR 1 PR, 7 NOM.

BABETTE VA ALLA GUERRA ★★★
(Babette s'en va-t-en guerre)
Regia di CHRISTIAN-JAQUE. Con BRIGITTE BARDOT, FRANCIS BLANCHE, JACQUES CHARRIER, HANNES MESSEMER. ■ Durante la guerra, una bella ragazza viene paracadutata in Francia con un tenente per aiutare la Resistenza a catturare un generale nemico. L'impresa riesce e i due, ai quali non viene riconosciuto alcun merito ufficiale, ne approfittano per scappare insieme. ■ COMMEDIA; COL.; 100'; FRANCIA, 1959.

BABE VA IN CITTÀ *(Babe: Pig in the City)* ★★★
Regia di GEORGE T. MILLER. Con JAMES CROMWELL, PAUL LIVINGSTON, MICKEY ROONEY, MARY STEIN, MAGDA SZUBANSKI. ■ La fattoria di Arthur sta per essere "divorata" dalla banca. Solo se Babe vincerà un premio in denaro si potrà risolvere la questione. Accompagnato dalla padrona si trova bloccato in città ospitato in un albergo in cui vivono molti animali. Le avventure non mancano e anche la fattoria di Arthur troverà una benefattrice. Alla seconda uscita sugli schermi Babe non tradisce le attese e fa uso del computer (per far "parlare" gli animali) senza farsene però condizionare. Un film a-disneyano capace di conservare una sua freschezza grazie a una sceneggiatura che sa come delineare i personaggi ■ AVVENTURA; COL.; 92'; USA, 1998. ■ OSCAR 1 NOM.

BABUNA *(Baboona)* ★★★
Regia di MARTIN JOHNSON. ■ Un lungometraggio dei coniugi Johnson sulla flora e fauna africane; esso descrive in particolare la vita delle scimmie a Babuna. ■ DOCUMENTARIO; B/N; 80'; USA, 1935.

BABY *(The Baby)* ★★
Regia di TED POST. Con TOD ANDREWS, ANJANETTE COMER, MARIANNA HILL, RUTH ROMAN, SUZANNE ZENOR. ■ Una donna cerca di recuperare un minorato, Baby. La madre e le sorelle, contrarie al tentativo, moriranno di morte violenta; Baby andrà a vivere in casa della "salvatrice", il cui marito è nelle sue stesse condizioni. ■ DRAMMATICO; COL.; 102'; USA, 1972.

BABY BIRBA *(Baby's Day Out)* ★★
Regia di PATRICK READ JOHNSON. Con JOE MANTEGNA, ADAM WORTON, JACOB WORTON. ■ Lo sceneggiatore è John Hughes, quello di *Mamma ho perso l'aereo*, e si vede. Poca fantasia e molta tecnica effettistica per dimostrare come Hollywood sia in grado di far recitare anche un bambino di pochissimi anni. Siamo a Chicago e il piccolo protagonista, figlio di un miliardario (ma i piccoli attori sono due gemelli), viene rapito. I rapitori sono maldestri e così il bambino li beffa. ■ COMMEDIA; COL.; 88'; USA, 1994.

BABY BOOM ★★
Regia di CHARLES SHYER. Con DIANE KEATON, HAROLD RAMIS, SAM SHEPARD. ■ Una yuppie di Manhattan (detta "la Tiger Lady", per la sua grinta in affari) è costretta ad accollarsi l'orfanella (tredici mesi) di un lontano parente. Il fatto sconvolge la sua vita. Presto dimentica, a causa della piccina, lavoro e ambizioni, lascia Manhattan e se ne va a vivere con la marmocchia. Troverà marito e anche l'idea per un commercio che le farà prendere una bella rivincita con i suoi ex colleghi di Manhattan. ■ COMMEDIA; COL.; 106'; USA, 1987. ■ GOLDEN GLOBES 2 NOM.

BABY BOY ★★
Regia di JOHN SINGLETON. Con TYRESE GIBSON, OMAR GOODING, TARAJI P. HENSON, ADRIENNE-JOI JOHNSON, SNOOP DOGGY DOGG. ■ Jody è un disoccupato afroamericano di vent'anni che vive ancora con la madre Juanita. Ha già due figli da due compagne diverse, ma non riesce ancora a crescere. Ha per di più intorno un amico poco raccomandabile, Sweetpea, che entra ed esce dalla galera. Ma non basta: deve anche affrontare Rodney che è un ex di una delle sue due compagne. Quando sua madre lo invita a darsi da fare da solo per Jody tutto sembra crollare. Singleton dichiara: «Credo che *Baby Boy* sia un'analisi, sullo schermo, dell'anima di un uomo nero. Può sembrare caotico, ma è vero. Questo film parla di una generazione di giovani neri che non sono cresciuti». ■ COMMEDIA; COL.; 130'; USA, 2001.

BABYCALL ★★
Regia di PAL SLETAUNE. Con SWENSEN HØEG, TORKIL JOHANNES, KRISTOFFER JONER, NOOMI RAPACE, VETLE QVENILD WERRING. ■ Anna vive al buio, nel silenzio di un appartamento, ai piani alti di un palazzone di periferia. Adora suo figlio Anders di otto anni, lo protegge al punto da rinunciare al sonno per poterlo sorvegliare durante la notte. Il comportamento ossessivo non è solo la logica conseguenza dell'amore smisurato di una madre per il figlio, ma nasconde la paura di essere vittima, ancora una volta, dell'ex compagno violento. Le sue abitudini cominciano a diventare sempre più patologiche, comincia a sentire delle interferenze inquietanti al suo babycall, sospetta dei vicini di casa e la realtà si confonde con l'immaginazione. Solo l'incontro con Helge, timido commesso in un negozio di elettrodomestici, potrebbe rappresentare l'occasione del riscatto. Dopo aver interpretato la cyber punk Lisbeth nella trilogia di Larsson, l'attrice Noomi Rapace porta con sé un'aura di inquietudine in un buon thriller che rappresenta il grigiore sociale di molte periferie metropolitane. ■ THRILLER; COL.; 96'; NORVEGIA, 2011.

BABY DOLL – LA BAMBOLA VIVA ★★★
Regia di ELIA KAZAN. Con CARROLL BAKER, MILDRED DUNNOCK, KARL MALDEN, ELI WALLACH. ■ Scritto e sceneggiato da Tennessee Williams e presentato in Italia con il sottotitolo *La bambola viva*, questo film, che racconta la storia di un matrimonio fra un quarantenne e una sedicenne, è ambientato in una cittadina di uno Stato del profondo Sud americano. Il marito della giovane ragazza dirige un'azienda sull'orlo del fallimento. Egli entra in conflitto con il proprietario di un'altra azienda che gli insidia la moglie. Tenterà di vendicarsi ma verrà imprigionato. ■ DRAMMATICO; B/N; 116'; USA, 1956. ■ OSCAR 4 NOM.

BABY GANG ★★
Regia di SALVATORE PISCICELLI. Con CLAUDIO BOCCALATTE, DANIELE MARCHITELLI, MARCO TESTA. ■ Il regista di *Le occasioni di Rosa* ritorna con un'opera di denuncia che fotografa con chiarezza le violenze e le miserie nella Napoli minorile. Luca è ancora un ragazzino, ma il dover assicurare una dose al fratello lo spinge ad arrangiarsi per la strada. Qui ci sono molti altri come lui: minorenni che sopravvivono vendendo il proprio corpo, smerciando droga o diventando piccoli assassini. ■ DRAMMATICO; COL.; 81'; ITALIA, 1992.

BABY – IL SEGRETO DELLA LEGGENDA PERDUTA ★★
(Baby... Secret of the Lost Legend)
Regia di BILL W. L. NORTON. Con WILLIAM KATT, PATRICK MCGOOHAN, SEAN YOUNG. ■ Baby è il cucciolo di una famiglia di brontosauri che viene braccata nelle foreste africane da un anziano paleontologo a scopo di lucro. Ma per loro fortuna c'è anche la bella Susan che, con suo marito, riuscirà ad impedire che vengano portati via dalla foresta. Un film della Walt Disney Productions che con *Baby* ha creato un altro cucciolo da amare. ■ AVVENTURA; COL.; 95'; USA, 1985.

BABY KILLER *(It's Alive)* ★★★
Regia di LARRY COHEN. Con JAMES DIXON, ANDREW DUGGAN, SHARON FARRELL, JOHN P. RYAN, GUY STOCKWELL. ■ Una donna dà alla luce un essere deforme che uccide il personale medico e fugge. Il padre, dapprima propenso a farlo eliminare, tenta poi di salvarlo dalle armi dei poliziotti, ma invano. Il film è un eccellente prodotto fantascientifico, carico di suspence che cresce di minuto in minuto. ■ HORROR; COL.; 91'; USA, 1975.

BABY KILLER III *(It's Alive III – Island of the Alive)* ★★
Regia di Larry Cohen. Con Karen Black, Laurene Landon, Michael Moriarty. ■ I bambini cattivi, si sa, vanno esiliati su un'isola. Ma è stato commesso l'errore di non farla presidiare da un moderno Erode. Perciò i demonietti tornano a fare stragi. Terza puntata della saga di Larry Cohen che non molla la regia a nessuno. ■ Horror; col.; 95'; USA, 1987.

BABYLON ★
Regia di Guido Chiesa. Con Sophie Bernhard, Paolo Lorimer, Valeria Milillo. ■ Torino. Tre personaggi al margine dell'esistenza. Un operaio che vuole lasciare la città e sua figlia, che sembra essere l'oggetto delle attenzioni di un americano che cerca di raggiungerla con scarsi risultati. Musiche dei gruppi più "centro sociale che si può" (Almamegretta, 99 Posse ecc.) per un film molto distante da *Il caso Martello* che denuncia tutto il suo scarso budget. Si può essere indipendenti da molte cose, sarebbe meglio non esserlo da una recitazione minimamente accettabile. ■ Drammatico; col.; 94'; Italia, 1994.

BABYLON A.D. ★
Regia di Mathieu Kassovitz. Con Gérard Depardieu, Vin Diesel, Jérôme Le Banner, Charlotte Rampling, Mark Strong, Melanie Thierry, Lambert Wilson, Michelle Yeoh. ■ Il mercenario veterano di guerra Toorop accetta l'incarico di scortare una misteriosa giovane donna dalla Russia a New York. Non sa però che la sua compagna di viaggio ha subito una terribile manipolazione genetica, diventando il vettore di un ospite che si nutre di lei, un organismo geneticamente modificato creato in laboratorio da una setta religiosa che vuole dare vita a una sorta di Messia, una creatura aliena che potrebbe sterminare l'intera razza umana... ■ Azione; col.; 90'; Francia, USA, 2008.

BABY MAMA ★★
Regia di Michael McCullers. Con Tina Fey, Greg Kinnear, Amy Poehler, Dax Shepard. ■ Kate è una manager trentasettenne in carriera che non può avere figli anche se lo desidererebbe. Decide di utilizzare un utero in affitto. La "madre" in questione è Angie, una giovane donna di bassa estrazione sociale sposata a un uomo decisamente rozzo e infantile. Kate prende ad occuparsi da vicino della "madre" del suo bambino cercando di modificarne lo stile di vita. Nel frattempo, nel corso di sopralluoghi legati al suo lavoro, conosce Rob, un tempo avvocato e ora produttore di bevande vegetariane. Mentre i due progressivamente si sentono attratti l'uno dall'altra Angie si trova in gravi difficoltà: ha un segreto da rivelare a Kate. ■ Commedia; col.; 99'; USA, 2008.

BABY OF MACON, THE ★★
Regia di Peter Greenaway. Con Ralph Fiennes, Don Henderson, Julia Ormond, Philip Stone. ■ Questa volta Greenaway ha forse teso come non mai il filo della pazienza dello spettatore. Duro, cinico, blasfemo e statico, il film è una prova imbarazzante per chi scrive. Col tempo può darsi che si potrà stabilirne l'esatto valore. L'ispirazione comunque pare sia nata dalla Controriforma cattolica e da due foto di Toscani per la casa Benetton, che mercificherebbero l'infanzia. Siamo nel 1650 e la cattedrale di Macon è testimone di un irreversibile decadimento. Una donna avanti negli anni partorisce un bambino. Le donne incapaci di procreare allora vogliono poterlo toccare. La figlia diciottenne "dell'anziana" finge di essere la vera madre e di essere anche vergine. Distrugge la propria famiglia. La Chiesa a sua volta sfrutta il bambino vendendo tutte le sue secrezioni. Allora la ragazza uccide il bimbo soffocandolo. Per legge una vergine non può essere condannata a morte. Il vescovo dunque acconsente che venga stuprata da un centinaio di soldati. La storia è scandita in atti teatrali con pubblico che assiste alla rappresentazione, cosa non troppo originale. L'ultimo esempio del genere è *L'ultima Salomè* di Ken Russell, regista al quale Greenaway deve molto figurativamente. ■ Drammatico; col.; 112'; Gran Bretagna, 1992.

BABYSITTER ★★
Regia di Guy Ferland. Con Lee Garlington, George Segal, Alicia Silverstone, J. T. Walsh. ■ Opera prima del regista, allievo di Joel Schumacher. Una coppia americana affida, per il week end, i bambini a una babysitter troppo sexy (il primo ad accorgersene è il padre). Gli altri personaggi sono: il ragazzo della babysitter e un amico del ragazzo che spinge per una performance a tre. Per fortuna (soprattutto dei bambini) arriva la polizia e arrivano i genitori. Film d'agosto, dimenticabile. ■ Drammatico; col.; 90'; USA, 1996.

BABY-SITTER – LA NOTTE DEL DELIRIO ★
(The Sitter)
Regia di Rick Berger. Con Brett Cullen, Kim Myers. ■ Una ragazza alla pari ingaggiata come baby-sitter crea più di un problema a chi la ospita. Come in *La mano sulla culla*, che sembra copiato da questo film. ■ Thriller; col.; 85'; USA, 1991.

BABY-SITTER – UN MALEDETTO PASTICCIO ★★★
(La baby-sitter)
Regia di René Clément. Con Renato Pozzetto, Sydne Rome, Maria Schneider, Nadia Tiller. ■ Una baby-sitter si trova involontariamente alle prese coi sequestratori del piccolo che ha in custodia. Una ragazza, complice del misfatto, le rivela i nomi dei responsabili che denuncerà prima di suicidarsi per il rimorso. ■ Drammatico; col.; 90'; Francia, 1975.

BACCANALI DI TIBERIO, I ★★
Regia di Giorgio Simonelli. Con Tino Buazzelli, Walter Chiari, Abbe Lane, Ugo Tognazzi. ■ Al risveglio dopo un incidente, due amici si trovano in pieno Impero romano. Qui vivono una serie di tragicomiche avventure, e sul più bello si accorgono di aver sognato. ■ Commedia; col.; 93'; Italia, 1960.

BACCANTI, LE ★
Regia di Giorgio Ferroni. Con Pierre Brice, Taina Elg, Alberto Lupo, Alessandra Panaro. ■ Il re di Tebe decide di offrire in sacrificio all'irato dio Dioniso la figlia dell'indovino di corte. La fanciulla sarà salvata da la divinità stessa e il re, che in realtà è un usurpatore, verrà ucciso dal vero erede al trono. ■ Avventura; col.; 90'; Italia, 1961.

BACHELOR PARTY – ADDIO AL CELIBATO ★★
(Bachelor Party)
Regia di Neal Israel. Con Tom Hanks, Tawny Kitaen, Adrian Zmed. ■ Alla vigilia delle nozze, Rick viene coinvolto dai soliti buontemponi in un festoso "addio al celibato" a base di liquori, musica e belle ragazze. La futura sposina, sospettosa, non soltanto organizza una sua festa in contemporanea a quella del fidanzato, ma convince anche le amiche a truccarsi da ragazze-squillo e a indurre in tentazione Rick per metterne alla prova la fedeltà. ■ Commedia; col.; 106'; USA, 1984.

BACHI DA SETA ★★
Regia di Gilberto Visintin. Con William Berger, Sandra Mantegna, Patrizia Masi, Carlo Ratti. ■ Una famiglia ebrea ai giorni nostri a Perugia. Uno zio fa da tutore alle nipoti rimaste orfane. La più anziana s'innamora di un prete spretato, ma lo zio la costringe a sposare un giovane di una famiglia amica. L'altra è colta da una passione selvaggia per un siriano. Per lui scappa di casa, ma se ne pente. Quando l'arabo viene a sapere che la ragazza è ebrea, la scaccia indignato. ■ Drammatico; col.; 93'; Italia, 1988.

BACIALA PER ME *(Kiss Them for Me)* ★★★
Regia di Stanley Donen. Con Harry Carey jr, Leif Erickson, Cary Grant, Jayne Mansfield, Suzy Parker, Ray Walston. ■ Durante la seconda guerra mondiale tre ufficiali di Marina ricevono una licenza premio che decidono di trascorrere a San Francisco. Nell'hotel dove alloggiano, si dà una festa dove i tre incontrano la bella Alice. Uno dei tre, Crewson, corteggia Gwennett, fidanzata di un costruttore di navi di nome Turnbill; questi accortosi della cosa fa a pugni con Crewson che conquista definitivamente il cuore di Gwennett. I tre torneranno alla loro nave che nel frattempo è stata attaccata dai giapponesi ma è riuscita a mettere in fuga il nemico, e uno di loro (Mac) riceverà la notizia di essere stato eletto senatore. ■ Commedia; col.; 105'; USA, 1957.

BACIAMI ANCORA ★★
Regia di Gabriele Muccino. Con Stefano Accorsi, Pierfrancesco Favino, Giorgio Pasotti, Vittoria Puccini, Clau-

DIO SANTAMARIA. ■ Carlo e Giulia si sono amati, odiati e traditi e ora, separati, condividono la figlia Sveva. Giulia ha un nuovo compagno, un attore, mentre Carlo ha tante donne e poco amore. Marco e la moglie hanno inseguito disperatamente il desiderio di un figlio e da quel fantasma si sono lasciati corrodere. Livia ha cresciuto Matteo da sola, Alberto ha perseguito l'indipendenza affettiva, Paolo è passato da una dipendenza ad un'altra. Il ritorno a Roma di Adriano, il padre di Matteo, dopo quasi dieci anni, li riunisce e li riporta alla fontana dei desideri, ma non c'è più acqua: o la si riempie o ci si schianta al suolo. Dieci anni fa, *L'ultimo bacio* irrompeva sulla scena cinematografica italiana risollevandone le sorti al botteghino ma soprattutto proponendosi come uno specchio delle brame e dei tentennamenti dei trentenni, a cui la maturità pareva porre le sue richieste anzitempo; scomoda, insoddisfacente, liberticida. In questo film non c'è vera libertà di scelta, si corre e si suda sul tragitto senza sbocco di un tapis roulant e il battito cardiaco accelera sì, ma per claustrofobia. *Baciami Ancora* è cinema del ritorno, del falso movimento, che va benissimo finché non si spaccia per cinema della possibilità o della verità. ■ DRAMMATICO, COL.; 130', ITALIA, 2009.

BACIAMI COSÌ *(It's All Yours)* ★★★
Regia di ELLIOTT NUGENT. Con MISCHA AUER, GRACE BRADLEY, MADELEINE CARROLL, VICTOR KILIAN, FRANCIS LEDERER, GEORGE MCKAY. ■ È una delle tante commedie anni Trenta dirette da Nugent che narra la storia di un giovane diseredato che impalmerà la ragazza, segretaria del defunto, che ha ereditato al suo posto. ■ COMMEDIA; B/N; 85'; USA, 1937.

BACIAMI E LO SAPRAI *(Twice Blessed)* ★★★
Regia di HARRY BEAUMONT. Con PRESTON FOSTER, RICHARD GAINES, GAIL PATRICK, LEE WILDE, LYN WILDE. ■ Dopo molti anni di separazione Mary e Jeff si rivedono per ragioni professionali. Le loro due figlie gemelle, anche loro separate, riusciranno con un provvidenziale stratagemma a riunire i due genitori. ■ COMMEDIA; B/N; 90'; USA, 1945.

BACIAMI GUIDO *(Kiss me, Guido)* ★
Regia di TONY VITALE. Con ANTHONY BARRILE, NICK SCOTTI. ■ Un giovane italoamericano del Bronx, deluso dalla sua ragazza, va a vivere a Manhattan deciso a fare l'attore. Conosce un omosessuale che lo introduce nell'ambiente (dello spettacolo) e gli fa cambiare idea sul mondo gay. Luoghi comuni e volgarità gratuite. ■ COMMEDIA; COL.; 91'; USA, 1998.

BACIAMI, KATE! *(Kiss me, Kate!)* ★★★
Regia di GEORGE SIDNEY. Con BOB FOSSE, KATHRYN GRAYSON, HOWARD KEEL, ANN MILLER, JAMES WHITMORE, KEENAN WYNN. ■ Scritto da Dorothy Kingsley e tratto da un lavoro di Samuel e Bella Spewack, questo film è uno dei grandi musical degli anni Cinquanta. Il film narra la preparazione di un musical di Broadway ispirato a *La bisbetica domata* di Shakespeare. L'autore delle canzoni è Cole Porter (qui interpretato da Ron Randell) e le coreografie sono di Hermes Pan. Nei panni di Ortensio troviamo Bob Fosse che diverrà uno dei più noti registi degli anni Settanta. Fra le canzoni si possono ascoltare *Wunderbar*, *So in Love*, *From This Moment on*, *Too Darn Hot*. ■ MUSICAL; COL.; 109'; USA, 1954. ■ OSCAR 1 NOM.

BACIAMI PICCINA ★★
Regia di ROBERTO CIMPANELLI. Con VITTORIO AMANDOLA, LUIGI MARIA BURRUANO, NERI MARCORÈ, MARCO MESSERI, ELENA RUSSO, VINCENZO SALEMME, MARIELLA VALENTINI, AUGUSTO ZUCCHI. ■ Il 7 Settembre 1943, alla vigilia dell'annuncio dell'armistizio con gli Alleati, un noto truffatore, Raoul Nuvolini, deve essere scortato presso la sede della magistratura di Venezia. I carabinieri della scorta sono feriti in un incidente ferroviario e il brigadiere Umberto Petroni viene incaricato di consegnare Nuvolini alla giustizia. Luisa, la fidanzata di Umberto, da anni in attesa di un permesso speciale per sposare il suo brigadiere, si aggiunge a sorpresa al viaggio. Roberto Cimpanelli partendo da un'idea di Sergio Citti, a cui il film è dedicato, sceglie per la sua storia un tabù ideologico e storiografico: l'8 settembre 1943. Nel giorno della dissoluzione dell'esercito italiano, in assenza di un qualsiasi potere che governasse il Paese se non il caos, un carabiniere compie un viaggio iniziatico che lo condurrà a una conversione di intenti. ■ COMMEDIA, COL.; 111'; ITALIA, 2006.

BACIAMI, STUPIDO *(Kiss Me, Stupid)* ★★★★
Regia di BILLY WILDER. Con FELICIA FARR, DEAN MARTIN, KIM NOVAK, CLIFF OSMOND, RAY WALSTON. ■ Tratto da una commedia di Anna Bonacci (*L'ora della fantasia* del 1944) e sceneggiato da Wilder e I. A. L. Diamond, il film racconta lo stratagemma inscenato da un maestro di musica che, dovendo ospitare un cantante di successo, costringe la bellissima moglie a scambiarsi d'abito con una cameriera, cercando così di evitare che fra i due possa nascere un probabile flirt. Logicamente la messinscena non scongiurerà l'inevitabile incontro. ■ COMMEDIA; B/N; 124'; USA, 1964.

BACIAMO LE MANI ★★★
Regia di VITTORIO SCHIRALDI. Con AGOSTINA BELLI, PINO COLIZZI, CORRADO GAIPA, ARTHUR KENNEDY, JOHN SAXON, PAOLO TURCO, DANIELE VARGAS. ■ Tratto dall'omonimo romanzo del regista, il film avrebbe potuto avere un ben diverso spicco se egli non avesse tentato di concludere nella lunghezza della pellicola il discorso su una complicata realtà sociale qual è la mafia. La trama: un capoccia viene soppiantato dal crudele rivale; dopo tutta una sequela di vendette e di assassinii entrambi saranno uccisi. ■ DRAMMATICO; COL.; 110'; ITALIA, 1973.

BACIATI DALLA SFORTUNA *(Just my Luck)* ★★
Regia di DONALD PETRIE. Con SAMAIRE ARMSTRONG, LINDSAY LOHAN, CHRIS PINE, CARLOS PONCE, BREE TURNER. ■ Ashley, giovane e sexy addetta alle pubbliche relazioni di una famosa azienda, è molto bella e fortunata. Jake, sguattero non pagato in un bowling, nonché maldestro produttore di uno scalcinato gruppo musicale, è invece l'impersonificazione della jella. Durante un incontro a una festa in maschera, i due si baciano, si innamorano e... si scambiano la sorte. Il mondo comincia a sorridere a Jake, mentre sulla buona sorte di Ashley calano le tenebre... ■ COMMEDIA; COL.; 103'; USA, 2006.

BACIATO DALLA FORTUNA ★
Regia PAOLO COSTELLA. Con ASIA ARGENTO, DARIO BANDIERA, GIUSEPPE GIACOBAZZI, NICOLE GRIMAUDO, VINCENZO SALEMME. ■ Gaetano è uno sfortunato vigile urbano napoletano trapiantato a Parma. Sistematicamente tradito dalla procace compagna Betty con il suo comandante, oppresso da grossi debiti con la banca e vessato da una pesante ex moglie a cui deve mesi di alimenti arretrati, trova gioia e speranza solo tre volte la settimana: quando gioca i suoi sei numeri fortunati al lotto. Gaetano perde una giocata. Scopre che sono usciti proprio i suoi sei numeri e per lo shock sviene: al suo risveglio tutta la città è convinta che sia lui il vincitore. Reminiscenza di Eduardo. Solo quella. ■ COMMEDIA; COL.; 97'; ITALIA, 2011.

BACI, CAREZZE E PUGNI *(Footlight Serenade)* ★★★
Regia di GREGORY RATOFF. Con JAMES GLEASON, BETTY GRABLE, VICTOR MATURE, JOHN PAYNE, PHIL SILVERS, JANE WYMAN. ■ Un musical anni Quaranta scritto da Fidel La Barbra e Kenneth Earl inferiore ad altri girati in quegli anni con John Payne e la Grable. L'idea di inserire un pugile su un palcoscenico di Broadway non dà l'effetto sperato da Ratoff. ■ MUSICAL; B/N; 80'; USA, 1942.

BACI E ABBRACCI ★★★
Regia di PAOLO VIRZÌ. Con EDOARDO GABBRIELLINI, MASSIMO GAMBACCIANI, PIERO GREMIGNI, DANIELA MOROZZI, FRANCESCO PAOLANTONI. ■ Per riuscire a salvare il bilancio di un allevamento di struzzi che non sta dando gli esiti sperati, una famiglia toscana invita a cena per la vigilia di Natale l'ultimo fidanzato della sorella, assessore regionale dell'Ulivo e possibile procacciatore di finanziamenti pubblici. Un equivoco fa giungere nel casale di campagna, omaggiato e onorato, un ristoratore in fallimento scambiato per l'uomo politico. Virzì, accusato di "buonismo" per *Ovosodo* aggiunge un po' di acido ed è convinto che i *jump cut* (eliminazioni di fotogrammi nella sequenza) facciano autore. Il professionismo non manca ma la zampata vera sta nella caratterizzazione del nonno rincoglionito che alla tv guarda solo incontri di biliardo. Che ci sia (da li-

vornese a fiorentino) qualche riferimento a Nuti? ■ COMICO; COL.; 106′; ITALIA, 1999.

BACI MAI DATI, I ★★
Regia di ROBERTA TORRE. Con PIERA DEGLI ESPOSTI, DONATELLA FINOCCHIARO, BEPPE FIORELLO, CARLA MARCHESE, PINO MICOL. ■ Estate. Catania, Librino, quartiere satellite. Manuela ha tredici anni, una sorella maggiore che si sta infilando in giri pericolosi, una madre che non sa bene che fare della propria vita e un padre che c'è e non c'è. È un'esistenza come tante la sua, fino a che un giorno la statua della Madonna che è stata eretta nello spiazzo antistante la sua abitazione diventa qualcosa di più di un monumento. Le parla o, almeno, così sembra. Da quel momento la vita di Manuela e di chi la circonda si trasforma radicalmente. La voce si diffonde e la sua abitazione diviene meta di persone che chiedono di ricevere una grazia. Diviene anche occasione di arricchimento per sua madre e di stress per lei. Finché un giorno... ■ DRAMMATICO; COL.; 80′; ITALIA, 2010.

BACIO A FIOR D'ACQUA, UN ★★
Regia di GIUSEPPE GUARINO. Con GUGLIELMO BARNABÒ, TINO BIANCHI, MARIA BONORA, DOMENICO GUARINO, LAURA NUCCI. ■ Una governante accetta l'invito per una romantica gita in barca lasciando il bimbo di cui si occupa da solo a riva. La barca subisce un incidente, i due vengono raccolti a riva, mentre il bimbo viene rinvenuto piangente da un giovanotto. Si pensa a un rapimento, ma alla fine tutto si aggiusta e mentre la bambinaia viene licenziata, il giovanotto verrà assunto al suo posto. ■ DRAMMATICO; B/N; 80′; ITALIA, 1936.

BACIO AL BUIO, UN *(One Rainy Afternoon)* ★★★
Regia di ROWLAND V. LEE. Con FRANCIS LEDERER, IDA LUPINO, ROLAND YOUNG. ■ È la storia di un equivoco piuttosto insolito. Un attore, per errore, invece che baciare la propria ragazza, bacia una bella sconosciuta. Processato dalla Lega del Buon Costume e costretto a pagare una somma che non possiede, viene salvato dalla donna stessa che si è innamorata di lui. ■ COMMEDIA; B/N; 79′; USA, 1936.

BACIO APPASSIONATO, UN *(Ae Fond Kiss)* ★★★
Regia di KEN LOACH. Con EVA BIRTHISTLE, ATTA YAQUB. ■ Casim, figlio di pakistani ma nato a Glasgow lavora come DJ in un club. La sua famiglia ha già programmato per lui il matrimonio con una cugina. Ma Casim si innamora di Roisin, l'insegnante irlandese di musica della sorella minore. Da qui nascono i problemi, aggravati dal fatto che Roisin è separata e l'istituto cattolico in cui insegna pretende da lei una condotta irreprensibile. L'amore rischia di essere compromesso sin dall'inizio ma i due proveranno a resistere. Loach non è più l'arrabbiato di una volta o, meglio, lo è ancora quando deve difendere i più giovani e più deboli come in *Sweet Sixteen*. Quando invece si tratta di integrazione razziale la sua rivolta morale resta ad alto livello ma cerca (spera?) una soluzione positiva. ■ DRAMMATICO; COL.; 103′; GRAN BRETAGNA, 2003. ■ BERLINO 1 PR.

BACIO CHE ASPETTAVO, IL *(In the Land of Women)* ★★
Regia di JONATHAN KASDAN. Con ADAM BRODY, OLYMPIA DUKAKIS, CLARK GREGG, DUSTIN MILLIGAN, MEG RYAN, KRISTEN STEWART, MAKENZIE VEGA. ■ Il ventiseienne Carter è appena stato lasciato da Sophia e, caduto in depressione, decide di allontanarsi momentaneamente da Los Angeles per andare dalla nonna in Michigan e prendersi cura di lei. Il dolore e il senso di perdita verranno alleviati dalla conoscenza di Sarah, la vicina di casa, e della figlia Lucy. Trascinato in un universo al femminile, Carter si troverà costretto ad analizzare i suoi sentimenti per Sophia e a fare un percorso di crescita sentimentale. I personaggi creati dalla penna (e dalla regia) dell'esordiente Jon Kasdan sono sospesi in una leggera bolla di sapone pronta a rompersi al primo colpo di vento. ■ COMMEDIA; COL.; 97′; USA, 2007.

BACIO DA UN MILIONE DI DOLLARI, UN ★★
(The Million Dollar Face)
Regia di MICHAEL O'HERLIHY. Con TONY CURTIS, SYLVIA KRISTEL. ■ Chester Masterson, un industriale della cosmesi, ha dedicato l'esistenza a tentare di imporre la sua società nel mondo della bellezza. Adesso è pronto a lanciare il prodotto che segnerà l'apice della sua carriera, ma gli serve una donna all'altezza del suo Kiss of Gold. ■ COMMEDIA; COL.; 98′; USA, 1981.

BACIO DEL BANDITO, IL *(The Kissing Bandit)* ★★★
Regia di LÁSZLÓ BENEDEK. Con KATHRYN GRAYSON, J. CARROL NAISH, MILDRED NATWICK, MIKHAIL RASUMNY, FRANK SINATRA. ■ È una commedia musicale ambientata nella vecchia California. Il giovane Riccardo torna da Boston, dove ha compiuto i suoi studi, alla casa paterna per occuparsi degli affari del vecchio padre defunto. Si accorge che il genitore era in realtà un bandito che "rubava" baci a tutte le ragazze del ranch. ■ COMM. MUSICALE; COL.; 102′; USA, 1948.

BACIO DELLA DONNA RAGNO, IL ★★★
(Kiss of the Spider Woman)
Regia di HECTOR BABENCO. Con SONIA BRAGA, WILLIAM HURT, RAUL JULIA. ■ Un omosessuale, condannato per aver violentato un minorenne, e un prigioniero politico dividono la stessa, cupa cella in un carcere sudamericano. All'uomo è stata promessa la libertà, purché riesca a far confessare il nome dei complici al suo compagno di cella. Le giornate si susseguono, tetramente uguali, e l'omosessuale, ormai sinceramente affezionato al compagno di sventura, inganna l'attesa raccontando la trama di vecchi film anni Quaranta, nei quali la protagonista seduce ambigui ufficiali delle SS. Tutto è sospeso tra sogno e realtà, anche l'unico, intenso rapporto fisico tra i due prigionieri, fino al tragico finale. ■ DRAMMATICO; COL.; 119′; BRASILE, USA, 1985. ■ CANNES 1 PR; DAVID DI DONATELLO 1 PR, 1 NOM; GOLDEN GLOBES 3 NOM; OSCAR 1 PR, 4 NOM.

BACIO DELLA MORTE, IL *(Kiss of Death)* ★★★★
Regia di HENRY HATHAWAY. Con BRIAN DONLEVY, TAYLOR HOLMES, KARL MALDEN, VICTOR MATURE, RICHARD WIDMARK. ■ È uno dei film polizieschi più riusciti degli anni Quaranta affidato a uno specialista di questo genere, del quale ricordiamo altri splendidi film quali: *Il 13 non risponde*, *Chiamate Nord 777*, *14ª ora*, *23 passi dal delitto*. È la storia di un gangster che finisce in prigione dopo l'assalto a un negozio di gioielli. Dopo qualche tempo apprende il suicidio della moglie e il ricovero in un orfanotrofio delle sue due bambine. Decide quindi di collaborare con la polizia, fornendo i nomi dei suoi complici, per poter così abbreviare la sua pena. Scarcerato, viene però scovato da un pericoloso gangster che vorrebbe vendicarsi ma cade in una trappola tesagli dalla polizia. Nel ruolo di Tommy Udo, il gangster, troviamo Richard Widmark alla sua prima esperienza cinematografica. Egli con questa straordinaria caratterizzazione (indimenticabile la sua satanica risata) si impose subito all'attenzione della critica e del pubblico. Widmark prima di darsi al teatro insegnò dizione e recitazione in una scuola americana. ■ POLIZIESCO; B/N; 98′; USA, 1947. ■ OSCAR 2 NOM.

BACIO DELLA MORTE, IL *(Kiss of Death)* ★★
Regia di BARBET SCHROEDER. Con NICOLAS CAGE, DAVID CARUSO, HELEN HUNT, SAMUEL L. JACKSON. ■ Un ex detenuto che vorrebbe uscire dal giro si trova suo malgrado coinvolto in una rapina. Per non abbandonare un amico si mette nei guai e torna dentro. Gli offrono la libertà se denuncerà un assassino. Lui accetta. Una trama vagamente simile a quella del classico del '47 diretto da Hathaway con Victor Mature e Richard Widmark. "Quel" cinema era istituzionalmente migliore di "questo". Qui c'è davvero un abisso. ■ DRAMMATICO; COL.; 101′; USA, 1995.

BACIO DELLA PANTERA, IL ★★
(Cat People)
Regia di PAUL SCHRADER. Con JOHN HEARD, NASTASSJA KINSKI, MALCOLM MCDOWELL. ■ Prologo: a New Orleans una donna viene uccisa e offerta in sacrificio a una dea-pantera. Nella stessa città, una ragazza incontra il fratello, che non aveva mai conosciuto e che la informa della maledizione che pesa su di loro: essi non possono innamorarsi e, se questo dovesse accadere, verrebbero subito trasformati in pantere... ■ FANTASTICO; COL.; 73′; USA, 1982. ■ GOLDEN GLOBES 2 NOM.

BACIO DELLA PANTERA – IL FIGLIO DELLA NOTTE, IL *(Cat People)* ★★★
Regia di JACQUES TOURNEUR. Con TOM CONWAY, JANE RAN-

DOLPH, SIMONE SIMON, KENT SMITH. ■ Una ragazza serba rifiuta qualsiasi rapporto col marito perché così facendo, secondo le superstizioni del suo popolo, si trasformerebbe in una belva assassina. Ne fa le spese uno psichiatra incredulo che prima di spirare, riesce a colpirla a morte. ■ FANTASTICO; B/N; 118'; USA, 1949.

BACIO DELL'ASSASSINO, IL *(Killer's Kiss)* ★★★
Regia di STANLEY KUBRICK. Con JERRY JARRET, IRENE KANE, FRANK SILVERA, JAMIE SMITH. ■ La trama è esile: un boxeur in declino, una notte accorre in aiuto di una sua vicina di casa insidiata dal proprietario del night club nel quale lavora. Fra i due nasce del tenero; il boxeur viene accusato di un delitto compiuto dal losco rivale, che rapisce la ragazza perché unica testimone del delitto. Il boxeur, spinto dall'amore, rischia il tutto per tutto per liberare la ragazza e scagionare se stesso dell'accusa di omicidio. È il secondo film girato da Kubrick allora venticinquenne. Non un brutto film, ma neanche un capolavoro della risma cui il regista ci avrebbe poi abituati. L'atmosfera è quella del noir francese del periodo d'oro, con un eroe-protagonista ferito dalla vita. Il film ha un buon ritmo e una scena, quella della lotta tra i due nel magazzino dei manichini, di gran classe. ■ DRAMMATICO; B/N; 67'; USA, 1955.

BACIO DELLA TARANTOLA, IL *(Kiss of the Tarantula)* ★
Regia di CHRIS MUNGER. Con PATRICIA LANDON, SUZANNE LING, ERIC MASON, HERMAN WALLNER. ■ Una ragazza usa i ragni velenosi per eliminare le persone che a suo parere non meritano di vivere. Lo zio poliziotto scopre tutto e invece di arrestarla tenta di approfittare di lei. Farà la stessa fine degli altri. ■ DRAMMATICO; COL.; 85'; USA, 1972.

BACIO DELL'ORSO, IL *(Bear's kiss)* ★★
Regia di SERGEJ BODROV. Con MAURIZIO DONADONI, JOACHIM KROL, REBECKA LILJEBERG, SILVIO ORLANDO. ■ All'interno di una compagnia circense, che si sposta dalla Russia alla Spagna, vivono le vicende degli artisti. Niente di divertente o grottesco. Molto dolore. Il centro di tutto è Lola, una trapezista. ■ SENTIMENTALE; COL.; 92'; FRANCIA, GERMANIA, ITALIA, SPAGNA, 2002.

BACIO DELLO SPETTRO, IL *(The Return of Dracula)* ★
Regia di PAUL LANDRES. Con NORMA EBERHARDT, FRANCIS LEDERER, RAY STRICKLYN. ■ Storia molto stupida di un vampiro rovinato dall'amore. ■ FANTASTICO; B/N; 77'; USA, 1959.

BACIO DEL SERPENTE, IL *(The Serpent's Kiss)* ★★
Regia di PHILIPPE ROUSSELOT. Con EWAN MCGREGOR, GRETA SCACCHI. ■ Inghilterra 1600: un nobile incarica un architetto di realizzare un giardino stupendo. I giardini, in quell'epoca, pare fossero uno status symbol determinante. Il giovane artista diventa oggetto di desiderio di varie signore. Calligrafico, già visto, non indispensabile. ■ DRAMMATICO; COL.; 104'; FRANCIA, GERMANIA, GRAN BRETAGNA, 1998.

BACIO DEL TERRORE, IL *(The Kiss)* ★★
Regia di PEN DENSHAM. Con MIMI KUZYK, JOANNA PACULA, MEREDITH SALENGER. ■ Una donna, da ragazzina, è stata baciata dalla zia, adepta di culti stregoneschi. Diventa una strega, e come tale si comporta molti anni dopo quando va a far visita alla sorella. Uccide quest'ultima, e poi altre due persone. Ma viene fermata e distrutta prima che possa passare il maleficio alla nipote adolescente. ■ THRILLER; COL.; 101'; CANADA, 1988.

BACIO DI FUOCO, IL *(Kiss of Fire)* ★★
Regia di JOSEPH M. NEWMAN. Con PAT HOGAN, JACK PALANCE, REX REASON, BARBARA RUSH. ■ La bella erede al trono di Spagna, residente in Messico, si affida ad un avventuriero del luogo per attraversare la zona poco sicura che la porterà alla nave in partenza per l'Europa. Durante il viaggio pericoloso ha maniera di conoscerlo e, poiché si è innamorata di lui, decide di restare nel Nuovo Mondo. ■ AVVENTURA; COL.; 87'; USA, 1956.

BACIO DI GIUDA, IL *(El beso de Judas)* ★★
Regia di RAFAEL GIL. Con FRANCISCO RABAL, RAFAEL RIVELLES. ■ È la versione cinematografica dell'episodio evangelico. Giuda si unisce agli apostoli e compie un prodigio. Sentendo poi vacillare la sua fede favorisce l'arresto di Gesù; poi, perseguitato dal rimorso e dalla vergogna, si suicida. ■ DRAMMATICO; B/N; 90'; SPAGNA, 1957.

BACIO DI GIUDA, IL ★★
Regia di PAOLO BENVENUTI. Con GIORGIO ALGRANTI, CARLO BACHI, EMIDIO SEMINI. ■ Riabilitazione del personaggio di Giuda, che tradì Cristo proprio perché sapeva che, dal suo sacrificio, il mondo si sarebbe salvato. ■ STORICO; COL.; 90'; ITALIA, 1988.

BACIO DI MEZZANOTTE, IL *(That Midnight Kiss)* ★★★
Regia di NORMAN TAUROG. Con ETHEL BARRYMORE, KATHRYN GRAYSON, JOSÉ ITURBI, MARIO LANZA, JULES MUNSHIN, J. CARROL NAISH, KEENAN WYNN. ■ Per affetto verso una giovane nipote di talento, una ricca signora di Filadelfia finanzia una compagnia lirica scritturando un celebre tenore e il maestro Iturbi. La giovane cantante non è soddisfatta del suo partner, avendo incontrato per caso un artista italo-americano di eccezionali qualità canore. Il finale è prevedibile. È il debutto cinematografico di Mario Lanza. ■ COMM. MUSICALE; COL.; 96'; USA, 1949.

BACIO DI TOSCA, IL *(Le baisier de Tosca)* ★★
Regia di DANIEL SCHMID. Con LEONIDA BELLON, SALVATORE LOCAPO, GIUSEPPE MANACCHINI, SARA SCUDERI. ■ Alcuni anziani ospiti della casa di riposo Giuseppe Verdi raccontano la loro carriera e i loro ricordi, a metà strada tra il documentario e il nostalgico psico-dramma. ■ DOCUMENTARIO; COL.; 87'; SVIZZERA, 1984.

BACIO DI UNA MORTA, IL ★
Regia di GUIDO BRIGNONE. Con VIRGINIA BELMONT, GIANNA MARIA CANALE, PETER TRENT. ■ Innamorata di un rivoluzionario che crede morto, una fanciulla sposa un conte che prima la tradisce e poi l'avvelena. Il rivoluzionario si reca a vedere la salma dell'amata. La ragazza, che è in stato di catalessi, si sveglia al suo bacio. Il marito pentito si sacrifica per la patria. ■ DRAMMATICO; B/N; 90'; ITALIA, 1949.

BACIO DI UNA MORTA, IL ★
Regia di CARLO INFASCELLI. Con SILVIA DIONISIO, RICCARDO GARRONE, ORSO MARIA GUERRINI, PETER LEE LAWRENCE, KARIN SCHUBERT, ELSA VAZZOLER. ■ Avvelenata dal marito dietro insistenza dell'amante di lui, una giovane contessa in stato di morte apparente si ridesta al bacio del fratellastro. Al processo i colpevoli del tentato omicidio vengono condannati; il marito si riconcilia con la sua sposa. Il film è tratto dall'omonimo romanzo di Carolina Invernizio. ■ DRAMMATICO; COL.; 90'; ITALIA, 1974.

BACIO DI VENERE, IL *(One Touch of Venus)* ★★★
Regia di WILLIAM A. SEITER. Con EVE ARDEN, TOM CONWAY, AVA GARDNER, DICK HAYMES, OLGA SAN JUAN, ROBERT WALKER. ■ Questo film tratto da un successo teatrale di Broadway narra le disavventure di un giovanotto che, mentre sta allestendo la vetrina di un negozio, vede la statua di Venere trasformarsi in una splendida ragazza. Quel che ne segue può essere immaginabile: la fidanzata lo lascia, il proprietario del magazzino lo accusa di furto, Giove dall'Olimpo richiama la dea capricciosa che ritornerà sulla Terra come una comune mortale. ■ COMMEDIA; B/N; 81'; USA, 1948.

BACIO E NULLA PIÙ, UN *(A nönck minden sikerül)* ★★
Regia di AKOS RATHONYI. Con PÁL JÁVOR, GABOR RAYNAY, KLARI TORNAY. ■ Un avvocato riesce a farsi invitare in casa di una bella donna senza far niente di male. Questo fatto però compromette la posizione giuridica della signora, che sta chiedendo il divorzio. Lei crede a una montatura dell'avvocato, ma sbaglia, perché lui la sposa. ■ COMMEDIA; B/N; 90'; UNGHERIA, 1939.

BACIO E UNA CANZONE, UN ★★
(Ein Lied, ein Küss, ein Mädel)
Regia di GÉZA VON BOLVÀRY. Con MARTHA EGGERTH, GUSTAV FRÖHLICH, FRITZ GRUNHAUM, GRETEL THEIMER. ■ Ancora un film musicale firmato negli anni Trenta dal regista von Bolvary (uno specialista di questo genere) con l'attrice-cantante Martha Eggerth. ■ COMM. MUSICALE; B/N; 90'; GERMANIA, 1932.

BACIO E UNA PISTOLA, UN *(Kiss Me Deadly)* ★
Regia di ROBERT ALDRICH. Con ALBERT DEKKER, CLORIS LEACHMAN, RALPH MEEKER, PAUL STEWART. ■ La morte della ragazza alla quale aveva dato un passaggio induce un investigatore privato a iniziare le indagini. Dopo aver subito numerosi attentati, scopre che la causa di tutto è un contenitore di materiale atomico. Da Mickey Spillane. ■ AVVENTURA; B/N; 105'; USA, 1955.

BACIO, IL *(The Kiss)* ★★★★
Regia di JACQUES FEYDER. Con LEW AYRES, GEORGE DAVIS, GRETA GARBO, HOLMES HERBERT, CONRAD NAGEL, ANDERS RANDOLF. ■ Tratto da una storia scritta da George M. Saville e sceneggiato da Hans Kraly, il film narra la vicenda di Irene sposata a un mercante di seta. Il figlio di un collega del marito si innamora di lei. Irene resiste, il marito si accorge della cosa e cerca di uccidere il presunto amante della moglie. Ma nel tentativo di salvare il giovane Pierre, Irene uccide il marito. Al processo viene difesa da un avvocato suo ex amante che, ignaro dei fatti, riesce a scagionarla impostando la difesa sul probabile suicidio del mercante in gravi difficoltà finanziarie. I due ex amanti torneranno assieme. ■ DRAMMATICO; B/N; 70′; USA, 1929.

BACIO, IL ★★
Regia di MARIO LANFRANCHI. Con MARTINE BESWICK, MAURIZIO BONUGLIA, VALENTINA CORTESE, BRIAN DEACON, ELEONORA GIORGI, MASSIMO GIROTTI. ■ Come *Il bacio di una morta* di Infascelli, narra le vicende di una nobile avvelenata dal marito la cui morte, in realtà, è soltanto apparente. ■ DRAMMATICO; COL.; 90′; ITALIA, 1974.

BACIO MORTALE *(Death Kiss)* ★★
Regia di EDWIN L. MARIN. Con ADRIENNE AMES, BELA LUGOSI, DAVID MANNERS. ■ Uno sceneggiatore indaga sulla morte sul set di un attore, ucciso durante una sparatoria. Un poliziesco interessante stilisticamente. ■ GIALLO; B/N; 76′; USA, 1933.

BACIO MORTALE *(Kiss and Be Killed)* ★
Regia di TOM MILO. Con JIMMY BAIO, CRYSTAL CARSON, CAROLINE LUDVIK. ■ Due sposini in luna di miele vengono aggrediti da tre reduci dal Vietnam intenzionati a uccidere chiunque si trovi sul loro cammino. ■ THRILLER; COL.; 82′; USA, 1991.

BACIO PER MORIRE, UN *(Once Before I Die)* ★★★
Regia di JOHN DEREK. Con URSULA ANDRESS, JOHN DEREK, RON ELY, RICHARD JAECKEL, ROD LAUREN. ■ Un gruppo di soldati americani e una ragazza devono giungere a Manila cercando di evitare i giapponesi. Durante il percorso tutti gli uomini vengono sterminati; la sola a salvarsi è la ragazza. ■ GUERRA; COL.; 97′; USA, 1967.

BACIO PERVERSO *(Naked Kiss)* ★★
Regia di SAMUEL FULLER. Con MICHAEL DANTE, VIRGINIA GREY, CONSTANCE TOWERS. ■ Una prostituta cerca di rifarsi una vita come insegnante in una città di provincia. Sembra riuscirci. Un riccone del luogo si innamora di lei e insiste a sposarla anche quando viene a conoscere il suo passato. Ma c'è una ragione. L'uomo è un fior di pervertito. L'ex prostituta lo uccide quando lo scopre mentre sta per fare violenza a una bambina. ■ DRAMMATICO; COL.; 93′; USA, 1974.

BACIO PRIMA DI MORIRE, UN *(A Kiss Before Dying)* ★★★
Regia di JAMES DEARDEN. Con MATT DILLON, MAX VON SYDOW, SEAN YOUNG. ■ È un thriller psicologico che ci descrive la lucida follia di un ragazzo, Matt Dillon, disposto a tutto pur di soddisfare la sua sete di soldi. Prende di mira le sue vittime, due sorelle gemelle, le studia, quindi agisce: ne uccide una, sposa l'altra, infine "conquista" anche il suocero. Tutto sembra andare secondo i suoi piani, ma la moglie decide di indagare sull'omicidio della sorella: crede di scoprire un colpevole, poi si affaccia un dubbio nei confronti del marito; i sospetti aumentano, ma troppe sono le esitazioni, finché si crea una tensione psicologica degna del miglior Hitchcock, con le più classiche situazioni del thriller d'autore. Tratto da un romanzo di Ira Levin, il film è abilmente condotto, complice un'ottima scenografia e un azzeccatissimo Matt Dillon nel ruolo del giovane complessato, nevrotico ma totalmente lucido. ■ THRILLER; COL.; 93′; USA, 1990.

BACIO ROMANTICO – MY BLUEBERRY NIGHTS, UN *(My Blueberry Nights)* ★★★
Regia di WONG KAR-WAI. Con NORAH JONES, JUDE LAW, NATALIE PORTMAN, DAVID STRATHAIRN, RACHEL WEISZ. ■ Elizabeth rompe la relazione con un compagno con cui ha a lungo convissuto e si confida con Jeremy, il proprietario di un caffè, che se ne innamora. Ma la ragazza lascia New York per un viaggio le cui tappe sono scandite dalla ricerca di un lavoro, il desiderio di poter acquistare un'auto e il bisogno di curare le ferite interiori. Incontrerà storie di individui che la faranno crescere e la porteranno a uno sguardo nuovo sul mondo. Forse più libero o forse ancor più legato a qualcuno e quindi positivamente "libero". Ancora un viaggio nei sentimenti quello del regista cinese alla sua prima prova in lingua inglese. ■ SENTIMENTALE; COL.; 111′; CINA, FRANCIA, HONG KONG, 2007.

BACI PER UN AMANTE SCONOSCIUTO ★★
(Strangers Kiss)
Regia di MATTHEW CHAPMAN. Con PETER COYOTE, RICHARD ROMANUS, VICTORIA TENNANT. ■ È la storia dell'agitatissima lavorazione di un film degli anni Cinquanta. Il regista, per ottenere maggior calore sullo schermo, incoraggia i protagonisti a diventare amanti davvero. L'amante autentico della donna, un produttore, diventa pazzo di gelosia, si ubriaca, tenta di uccidere il suo rivale (divenuto rivale sul serio). Risolve la situazione la donna che torna col produttore e lo sposa. ■ DRAMMATICO; B/N; 94′; USA, 1984.

BACI RUBATI *(Baisers volés)* ★★★
Regia di FRANÇOIS TRUFFAUT. Con CLAUDE JADE, JEAN-PIERRE LÉAUD, MICHAEL LONSDALE, DELPHINE SEYRIG. ■ È la storia di Antoine, ex militare che passa da un mestiere all'altro con disinvoltura, inseguito dalla sua ragazza, Christine, che non vuol lasciarselo sfuggire. ■ COMMEDIA; COL.; 92′; FRANCIA, 1968. ■ OSCAR 1 NOM.

BACI SOTTO ZERO *(Fifty Roads to Town)* ★★★
Regia di NORMAN TAUROG. Con DON AMECHE, JANE DARWELL, ANN SOTHERN, SLIM SUMMERVILLE. ■ Una bella ereditiera scappa da casa per raggiungere un giovanotto di cui è innamorata. Durante il viaggio, sotto la minaccia di una rivoltella è costretta a seguire un misterioso individuo fino in Canada. Nel frattempo i genitori hanno avvertito la polizia della scomparsa della ragazza che crede di essere in balia di un pericoloso delinquente ma in realtà il simpatico giovanotto cercava solo di evitare di essere chiamato a testimoniare in una causa di separazione di due amici. Scoperto l'equivoco la ragazza dimenticherà l'antico fidanzato. ■ COMMEDIA; B/N; 81′; USA, 1937.

BACKBEAT ★★
Regia di IAIN SOFTLEY. Con GARY BAKEWELL, STEPHEN DORFF, IAN HART, SHERYL LEE. ■ Partendo da Liverpool nel 1960 un gruppo alle primissime armi si sposta ad Amburgo in una cantina, per fare concerti. Si tratta dei Beatles ma il film, più che percorrere la loro carriera, mette a fuoco la storia di Stuart Sutcliffe. Costui è stato lo sfortunato quinto membro della band più famosa del mondo. Si era distaccato dal gruppo per amore di una fotografa. Morì per una emorragia cerebrale prima che scoppiasse il fanatismo per il gruppo di Lennon e soci. Non del tutto riuscito, ha la sua parte migliore nella colonna sonora coi brani dei Beatles reinventati da musicisti delle ultime leve. ■ COMMEDIA; COL.; 100′; GRAN BRETAGNA, 1994.

BACKROADS ★
Regia di MARTIN RITT. Con SALLY FIELD, MICHAEL V. GAZZO, DAVID KEITH, TOMMY LEE JONES ■ Una prostituta di buon cuore e un vagabondo meno cattivo di quel che sembra si conoscono *on the road*. Si innamorano, ma ci mettono un po' a capirlo. Uniranno definitivamente le loro strade. Sally Field era stata diretta con migliori risultati da Ritt in *Norma Rae*. ■ COMMEDIA; COL.; 94′; USA, 1981.

BACKSTAGE
Regia di EMMANUELLE BERCOT. Con SAMUEL BENCHETRIT, SANDY LAKDAR, ISILD LE BESCO, NOÉMIE LVOVSKY, EMMANUELLE SEIGNER, VALÉRY ZEITOUN. ■ Una mattina, Lucie, ragazzina ossessionata da Lauren, pop star, se la vede materializzata in giardino. Ne deriva una grande delusione. Inspiegabilmente ospite "fuori concorso" a Venezia '62. ■ DRAMMATICO; COL.; FRANCIA, 2005.

BACKSTREET *(Death Collector)* ★★
Regia di RALPH DE VITO. Con BOBBY ALTO, JOSEPH CORTESE, LOU CRISCUOLO, KEITH DAVIS, JOE PESCI. ■ Film che si dipana lungo la falsariga dell'ottimo *Mean Streets* di Martin Scorsese. Il

modesto Joseph Cortese viene proposto quale valido rivale (in fatto di bravura recitativa) di Robert De Niro, protagonista del lavoro di Scorsese. ■ DRAMMATICO; COL.; 85'; USA, 1975.

BACKWARD ★
Regia di MAX LEONIDA. Con FABIO BONINI, UGO CONTI, RANDI INGERMAN, GERARDO PLACIDO, TONY SPERANDEO. ■ Il signor Brioschi morendo lascia alla figlia Marta la responsabilità della squadra di calcio della cittadina di Neive, in provincia di Cuneo, di cui era presidente. La figlia, tornata da Los Angeles, decide di rimanere e di proseguire l'opera paterna. Ha però bisogno di un allenatore valido e lo trova in Gianni Ferrante, ex portiere della Nazionale che si è ritirato dal mondo dello sport e beve oltre misura. Dopo qualche diniego Ferrante accetta di allenare la squadra. Si farà carico anche di tutti i problemi privati dei suoi giovani calciatori trovando per ognuno la soluzione. Il calcio continua a non funzionare al cinema. Soprattutto se è scontato e banale. Da un'idea di Tacconi, ex portiere della Juventus e della nazionale. Portiere, non scrittore. ■ DRAMMATICO; COL., 100'; ITALIA, 2010.

BACO DA SETA, IL ★★
Regia di MARIO SEQUI. Con MARIO FELICIANI, RICCARDO GARRONE, GEORGE HILTON, EVI MARANDI, NADIA TILLER. ■ Per pagare i debiti, un'ex cantante simula un furto a suo danno. Il complice è uno spiantato che la donna uccide per non avere testimoni. Il commissario incaricato del caso, sensibile al fascino della donna, accetterà la sua versione di legittima difesa. ■ GIALLO; COL.; 91'; ITALIA, 1974.

BADA ALLA TUA PELLE SPIRITO SANTO! ★★
Regia di ROBERTO MAURI. Con CRAIG HILL, VASSILI KARIS, DARIA NORMAN, RAY O'CONNOR, JOSÉ TORRES. ■ Due falsi militari rubano dell'oro a intervalli regolari; scoperti, vengono eliminati da un tenente soprannominato "Spirito Santo", il quale provvederà a disfarsi anche di una banda che vuole impadronirsi del prezioso metallo. ■ WESTERN; COL.; 101'; ITALIA, 1972.

BAD BOY BUBBY ★★★
Regia di ROLF DE HEER. Con CLAIRE BENITO, RALPH COTTERILL, NICK HOPE, CARMEL JOHNSON. ■ Premiato alla Mostra di Venezia. Bubby è un trentenne che abita in una sorta di scantinato fatiscente. Con lui c'è la madre, che lo usa a suo piacere. Quando torna il padre Bubby fa una strage ed esce di casa. Trova un mondo completamente sconosciuto, fa una rapina e diventa una rockstar. Tutto ciò lo fa con incantata ingenuità. La regia di de Heer è scarna e antiestetica. Molto bravo l'attore. Il personaggio è tutto sommato una variante sul tema degli alieni o degli estranei al progresso della società (*Oltre il giardino*, *Boudu salvato dalle acque*, *Ho fatto splash*, *L'uomo venuto dall'impossibile*, *E.T.*). ■ COMMEDIA; COL.; 100'; AUSTRALIA, ITALIA, 1993. ■ VENEZIA 2 PR.

BAD BOYS ★★★
Regia di RICK ROSENTHAL. Con CLANCY BROWN, SEAN PENN, RENI SANTONI. ■ Rivalità mortale tra due giovani teppisti. Uno finisce al carcere minorile e l'altro fa in modo di seguirlo per saldargli il conto una volta per tutte. Inutili i tentativi dei guardiani per evitare lo scontro. ■ DRAMMATICO; COL.; 123'; USA, 1983.

BAD BOYS ★
Regia di MICHAEL BAY. Con TCHÉKY KARYO, MARTIN LAWRENCE, WILL SMITH. ■ Burnett è tutto famiglia e lavoro. Lowrey è ricco ed è un playboy incontenibile. Fanno i poliziotti e lavorano in coppia. Per sgominare una banda di trafficanti di eroina dovranno scambiarsi i ruoli che sono loro abituali nella vita. Ennesimo clone di *Arma letale* con, in aggiunta, la morale della favola formato "ognuno stia al suo posto". ■ AZIONE; COL.; 117'; USA, 1995.

BAD BOYS 2 ★
Regia di MICHAEL BAY. Con MARTIN LAWRENCE, JORDI MOLLÀ, WILL SMITH, PETER STORMARE, GABRIELLE UNION. ■ Mike Lowrey e Marcus Burnett, agenti della narcotici di Miami, hanno vite ed inclinazioni diverse ma accomunate dalla scelta di servire la giustizia nella lotta contro il crimine. Questa volta sono alle prese con un grosso trafficante di stupefacenti cubano, Johnny Tapia, che con la sua organizzazione smercia ecstasy a mezza Miami. Tra raduni del Ku Klux Klan e incursioni a Cuba, i due ne vedranno di tutti i colori ■ AZIONE; COL.; 146'; USA, 2003.

BAD BOY STORY – IL RAGAZZO CHE GRIDAVA ★★★
(The Boy who cried Bitch)
Regia di JUAN JOSÉ CAMPANELLA. Con JESSE BRADFORD, HARLEY CROSS, KAREN YOUNG. ■ Un buon debutto. Dan Love è un ragazzo che possiede una notevole predisposizione alla violenza. La madre comincia a preoccuparsi quando Dan tenta di plagiare i due fratelli più piccoli, Mike e Nick. Dan a sua volta viene plagiato da un reduce del Vietnam che gli fa amare le armi. A questo punto la madre decide che l'unica cosa da fare è ricoverarlo. La vicenda si fa tragica. ■ DRAMMATICO; COL.; 102'; USA, 1992.

BAD BRAINS ★
Regia di IVAN ZUCCON. Con KRISTINA CEPRAGA, EMANUELE CERMAN, LORENZA DAMIANI, VALTER D'ERRICO, VALERIA SANNINO, MATTEO TOSI. ■ Un folle serial killer uccide con la complicità della sorella e la loro unione di sangue è totale, visto che tra i due c'è anche un rapporto d'amore incestuoso. La terribile coppia tortura le vittime, le riprende con una telecamera prima di ucciderle, filma le sofferenze e lo scannamento finale. L'uomo dà il colpo di grazia per poi tuffare le mani nelle ferite e cibarsi delle interiora e degli occhi della vittima. È detto tutto. ■ HORROR; COL.; 83; ITALIA, 2005.

BAD COMPANY ★★
Regia di DAMIAN HARRIS. Con ELLEN BARKIN, LAURENCE FISHBURNE, FRANK LANGELLA. ■ Gioco di inganni tra agenti ed ex agenti della Cia. In un mondo privo di ideologie restano due unici valori incrollabili, il sesso e il denaro. E su questo puntano i due protagonisti, la *dark lady* (Ellen Barkin) e il fallito (Laurence Fishburne), coinvolti in uno schema di doppi giochi in cui vince e sopravvive solo chi riesce a essere più spietato degli altri. ■ THRILLER; COL.; 100'; USA, 1994.

BAD COMPANY – PROTOCOLLO PRAGA ★★
(Bad Company)
Regia di JOEL SCHUMACHER. Con ANTHONY HOPKINS, MATTHEW MARSH, CHRIS ROCK, PETER STORMARE. ■ Una coppia di agenti Cia. Hopkins fa Oakes, equilibrato, non violento, triste: gli è morta la moglie e il lavoro è tutto per lui; Rock è Pope, giovane, efficiente, pragmatico. Si tratta di seguire le tracce di un ordigno nucleare che sta per cadere in cattive mani. Il posto giusto è Praga e la persona giusta è un certo Vas, un russo che sembra avere il monopolio di quel tipo di commercio. Pope riesce ad ottenere la fiducia del russo, ma muore in un incidente. Il tutto sembra dunque crollare ma Pope ha un fratello gemello, si tratta di addestrarlo velocemente e fargli assumere l'identità dell'altro. Non è facile, ma Hopkins riesce anche in questa impresa. ■ SPIONAGGIO; B/N; 116'; REPUBBLICA CECA, USA, 2002.

BADER, IL PILOTA *(Reach for the Sky)* ★★★
Regia di LEWIS GILBERT. Con KENNETH MORE, MURIEL PAVLOW. ■ Bader, valente pilota inglese, durante un'esibizione nella quale vuole dar prova della sua bravura ci rimette le gambe. Nonostante gli arti artificiali, allo scoppio del secondo conflitto mondiale diventa ufficiale di carriera, combattendo valorosamente. ■ BIOGRAFICO; B/N; 130'; GRAN BRETAGNA, 1956.

BAD GIRLS ★★
Regia di JONATHAN KAPLAN. Con DREW BARRYMORE, ANDIE MACDOWELL, MARY STUART MASTERSON, MADELEINE STOWE. ■ Le prostitute non sono mai ben viste, figuriamoci ai tempi del furioso West. Così le quattro intrepide eroine si fanno largo con le pistole. Alla fine una deciderà di sposarsi e vivere una vita tranquilla. Il cinema di Jonathan Kaplan non è mai stato di grande *appeal* ma in quest'occasione non lo è affatto. Fuori parte tutte le attrici. ■ WESTERN; COL.; 99'; USA, 1994.

BAD HABITS STORIES ★
Regia di UMBERTO DEL PRETE, EGIDIO FERRARA, GIULIO REALE, ENRICO TUBERTINI. Con MANILA AIELLO, CARLO CUTOLO, SANTA DE SANTIS, UMBERTO DEL PRETE, ALBERTO DONATELLI, FRANCESCA FERRAZZO, LUCREZIA PIAGGIO, FRANCESCA SPINELLA. ■ Quattro storie per quattro differenti registi e registri con cui raccontare personaggi cattivi e cattive abitudini motivate da ragioni del cuore o da squilibri della testa. In *Full of Life*, quattro amiche danno vita in una fredda notte natalizia. *Virgo dai colori*

primari racconta un'amicizia fra due ragazze destinata a farsi passione vibrante e morbosa per una delle due. *Cattivi* segue l'evolversi nervoso ed eccessivo di un addio al celibato fra cinque amici. *Una notte di quelle* vede un giovane dal cuore infranto e bisognoso d'amore cercare conforto e attenzioni nelle ragazze della strada. ■ DRAMMATICO; COL.; 92'; ITALIA, 2011.

BAD TASTE – FUORI DI TESTA *(Bad Taste)* ★★
Regia di PETER JACKSON. Con MIKE MINETT, PETER O'HERNE. ■ I fast-food esistono anche su un pianeta molto lontano dal nostro: peccato che Lord Crumb, proprietario di un'importante catena galattica, abbia preso di mira la Terra: dove intende sterminarne gli abitanti per poter così offrire carne fresca ai suoi clienti. ■ FANTASTICO; COL.; 95'; NUOVA ZELANDA, 1987.

BAD TEACHER. UNA CATTIVA MAESTRA ★★★
(Bad Teacher)
Regia di JAKE KASDAN. Con CAMERON DIAZ, JOHN MICHAEL HIGGINS, LUCY PUNCH, JASON SEGEL, JUSTIN TIMBERLAKE. ■ Elizabeth Halsey è un'insegnante di letteratura dai metodi poco ortodossi e dalla condotta sregolata. Dopo aver lavorato per un anno in una piccola scuola media della provincia di Chicago, Elizabeth è prossima ad abbandonare finalmente l'istituto e il mondo dell'istruzione per sistemarsi con un ricco appassionato di opera. Ma quando questi decide di rompere il fidanzamento dopo aver scoperto le spese folli e le venali intenzioni della compagna, Elizabeth si trova costretta a tornare in mezzo a quei colleghi e a quegli alunni che aveva cercato di evitare per un intero anno. Rimasta senza soldi e con molti vizi, l'improvvida prof imposta il suo programma scolastico sulla visione di film in classe e su qualunque stratagemma per ottenere i soldi necessari a rifarsi il seno e conquistare il nuovo giovane supplente di matematica. ■ COMMEDIA; COL.; 92'; USA, 2011.

BAD 25 ★★★
Regia di SPIKE LEE. Con MICHAEL JACKSON. ■ A 25 anni dall'uscita dell'album *Bad*, i musicisti, i registi, gli attori e tutti i professionisti che presero parte a quell'impresa ne ricordano la gestazione e, assieme ad alcuni giornalisti musicali e star della musica nera di oggi, l'impatto. Aiutato da una quantità sorprendente di materiale di repertorio inedito (sia video che audio) messo a disposizione dall'etichetta discografica e da chi gestisce l'eredità di Michael Jackson, Spike Lee ricostruisce la genesi di un disco e, così facendo, l'uomo dietro di esso. *Bad 25* dichiara senza timore la propria parzialità: si tratta di un documentario celebrativo, un'operazione commerciale che fa da accompagnamento alla riedizione del disco stesso e di un film la cui fattura è stata affidato ad un fan, cioè Spike Lee. C'era ancora molto da dire sull'icona della musica pop e Spike Lee l'ha tirata fuori. ■ DOCUMENTARIO; COL.; 100'; USA, 2012.

BAGARRE EXPRESS *(La course à l'échalote)* ★★★
Regia di CLAUDE ZIDI. Con AMADEUS AUGUST, MICHEL AUMONT, JANE BIRKIN, HENRI DEUS, PIERRE RICHARD. ■ Il bancario parigino Pierre si trova a dover seguire la troupe del celebre locale notturno Alcazar, onde poter recuperare importanti documenti rubati nella sua banca. Equivocando sulle intenzioni di Pierre, anche la sua ragazza e la polizia inseguono quelli dell'Alcazar fino in Gran Bretagna. Dopo mille pasticci il povero ragioniere è obbligato a dimettersi e finirà anche in altri guai. ■ COMICO; COL.; 100'; FRANCIA, 1975.

BAGDAD ★★
Regia di CHARLES LAMONT. Con PAUL CHRISTIAN, MAUREEN O'HARA, VINCENT PRICE, JOHN SUTTON. ■ La figlia di uno sceicco torna dall'Europa ma apprende che il padre è stato ucciso dai ribelli. Incontra il capo dei ribelli accusato ingiustamente dell'omicidio e con il suo aiuto smaschererà i veri autori del delitto. ■ AVVENTURA; COL.; 82'; USA, 1949.

BAGDAD CAFÉ *(Out of Rosenheim)* ★★★
Regia di PERCY ADLON. Con JACK PALANCE, MARIANNE SÄGEBRECHT. ■ Il Bagdad Café è una specie di motel nel deserto dell'Arizona, un posto fumoso, sporco, pittoresco, dove si incontrano i tipi più strani. Fra questi una grassona tedesca, in lite col marito. Al Bagdad fa amicizia con una moltitudine di spostati, ma anche con la proprietaria. Un'amicizia che ridarà alle due donne un po' di calore e di fiducia nell'avvenire. Simpatico grottesco che mette in campo persone brutte, grasse e sporche con azioni e sentimenti in genere riservati (nei film) ai belli e simpatici. Grosso successo anche di pubblico (il primo, in Italia, di Percy Adlon). ■ GROTTESCO; COL.; 110'; GERMANIA, 1987. ■ OSCAR 1 NOM.

BAGLIORE A MEZZOGIORNO *(Blaze of Noon)* ★★★
Regia di JOHN FARROW. Con ANNE BAXTER, WILLIAM BENDIX, STERLING HAYDEN, WILLIAM HOLDEN, SONNY TUFTS. ■ Il film, tratto da un romanzo di Ernest K. Gann, narra le vicende di quattro fratelli piloti (ai tempi in cui l'aviazione era ancora agli inizi) che vengono assunti da una società per dar vita al servizio postale aereo. ■ DRAMMATICO; B/N; 91'; USA, 1947.

BAGLIORI A ORIENTE *(Thunder in the East)* ★★★
Regia di CHARLES VIDOR. Con CHARLES BOYER, CORINNE CALVET, CECIL KELLAWAY, DEBORAH KERR, ALAN LADD. ■ Dopo la seconda guerra mondiale, in India un avventuriero cerca di vendere un carico di armi perché la popolazione possa difendersi dagli attacchi dei ribelli. Innamoratosi di una ragazza cieca, aiuterà poi il Paese nella lotta. ■ AVVENTURA; B/N; 98'; USA, 1953.

BAGLIORI DI GUERRA *(A Rumor of War)* ★★
Regia di RICHARD T. HEFFRON. Con KEITH CARRADINE, BRAD DAVIS, BRIAN DENNEHY. ■ Dal romanzo autobiografico di Philip Caputo, volontario in Vietnam, che descrive dalla parte dei soldati l'*escalation* nervosa e psicologica di una guerriglia condotta contro un nemico spietato e invisibile. Film che coniuga scene d'azione di grande impatto visivo con momenti di profonda riflessione. ■ GUERRA; COL.; 110'; USA, 1980.

BAGLIORI DI MANHATTAN *(Music in Manhattan)* ★★
Regia di JOHN H. AUER. Con DENNIS DAY, ANNE SHIRLEY, PHILIP TERRY. ■ A causa di un equivoco, la soubrette di una compagnia teatrale viene scambiata per un'altra persona. ■ COMMEDIA; B/N; 80'; USA, 1944. ■ OSCAR 1 NOM.

BAGLIORI NEL BUIO *(Fire in the Sky)* ★★
Regia di ROBERT LIEBERMAN. Con JAMES GARNER, ROBERT PATRICK, CRAIG SHEFFER, DANIEL BERNARD SWEENEY, HENRY THOMAS. ■ Si tratta, a dare per certe le affermazioni di Travis Walton, di una storia vera. Costui, boscaiolo proveniente dall'Arizona, nel 1975 pare sia stato rapito da un oggetto volante non identificato. Una settimana di reclusione e poi di nuovo tra la gente. Ma durante la sua assenza nel suo paese si è creato un grande scompiglio e quando dice di essere stato rapito da un UFO viene preso per matto. Diretto da un regista televisivo, il film ha una sua dignità spettacolare e qualche buon effetto scpeciale. ■ FANTASTICO; COL.; 100'; USA, 1992.

BAGLIORI SULLA JUNGLA *(The Lost Volcano)* ★★
Regia di FORD BEEBE. Con MARJORIE LORD, JOHN RIDGELY, JOHNNY SHEFFIELD, DONALD WOODS. ■ È uno dei film della serie *Bomba, il figlio della giungla* tutti diretti da Ford L. Beebe e interpretati da Johnny Sheffield, che iniziò la sua carriera qualche anno prima, ancora bambino, nella parte del figlio di Tarzan. ■ AVVENTURA; B/N; 67'; USA, 195[illegible].

BAGNI DEL SABATO NOTTE, I ★★
(Saturday Night at the Baths)
Regia di DAVID BUCKLEY. Con ROBERT ABERDEEN, PHILLIP OWENS, DON SCOTTI, ELLEN SHEPPARD, PAUL VANESE. ■ Giovane pianista squattrinato accetta di lavorare in un locale notturno (con piscina) frequentato da omosessuali. Il ragazzo detesta gli omosessuali e li considera "anormali": infatti convive con una bella fotografa. Ma cadrà anche lui, sia pure per una volta, nel "vizietto". ■ DRAMMATICO; COL.; 90'; USA, 1975.

BAGNINO D'INVERNO, IL ★★★
(Cuvar plaze u zimskom periodu)
Regia di GORAN PASKALJEVIC. Con MIRA BANJAC, DARA CALENIC, GORDANA KOSANOVIC, IRFAN MENSUR, DANILO STOJKOVIC. ■ Giovane diplomato senza fisso lavoro decide di sposare la fidanzata, giusto perché entrambi sono stanchi di vivere nelle rispettive famiglie. Si sistemano in uno stabilimento balneare, disabitato poiché è inverno. Il ragazzo si mette a fare umili lavori pur di guadagnare qualche soldo, ma la vita è amara. Intanto i ge-

nitori della sposina la convincono a lasciare il marito. Per sopravvivere lo sfortunato giovane dovrà emigrare in Scandinavia. ■ DRAMMATICO; COL.; 95′; JUGOSLAVIA, 1976.

BAGNOMARIA ★
Regia di GIORGIO PANARIELLO. Con MANUELA ARCURI, ANDREA COMBI, GIANNA GIACCHETTI, UGO PAGLIAI, GIORGIO PANARIELLO. ■ Il film si articola su quattro storie ambientate nella Versilia di fine stagione. Nella prima un bambino di nome Simone si innamora di una ragazza e si allontana dalla colonia per seguirla. Nella seconda un sindaco conservatore si scontra con il figlio di tutt'altre idee e comportamenti. Nella terza l'ubriacone del paese viene fatto oggetto di uno scherzo decisamente pesante facendogli trovare in una bara un morto al posto del vino che lui pensava vi fosse contenuto. Nella quarta un bagnino di buon cuore salva dal fallimento la proprietaria del Bagnomaria. In attesa dei più che buoni ascolti televisivi, Panariello si cuce addosso un film di serie B che non va al di là di una serie di sketch. È quello che fanno da (quasi) sempre i Vanzina. ■ COMICO; COL.; 90′; ITALIA, 1999.

BAGNO TURCO, IL ★★
Regia di FERZAN OZPETEK. Con FRANCESCA D'ALOJA, ALESSANDRO GASSMAN, MEHMET GUNSUR. ■ Francesco, un giovane architetto sposato e con un sicuro avvenire professionale, viene informato di un'eredità lasciatagli da una zia ad Istanbul: un hamam (bagno turco). Giunto nella città turca scopre un mondo completamente nuovo, affascinante per la sua diversità culturale ed anche sessuale. ■ DRAMMATICO; COL.; 94′; ITALIA, 1997.

BAHIA DE TODAS OS SAMBAS ★★
Regia di GIANNI AMICO, LEON HIRSZMAN, PAULO CEZAR SARACENI. ■ È il documento delle performances dal vivo dei più importanti musicisti brasiliani a Roma, nel 1983. Tra gli artisti ricordiamo Gilberto Gil, Joao Gilberto, Gal Costa, Nana Vasconcelos e Caetano Veloso. ■ DOCUMENTARIO; COL.; 100′; BRASILE, ITALIA, 1996.

BAIA DEI PIRATI, LA *(Fury at Smugglers Bay)* ★★
Regia di JOHN GILLING. Con PETER CUSHING, LIZ FRAZER, BERNARD LEE, MICHÈLE MERCIER. ■ In Inghilterra alcuni malfattori si servono di un abile stratagemma per attirare contro gli scogli le navi cariche di merci e poi derubarle. Il giudice, ricattato dal capo dei fuorilegge, vuol fare condannare degli innocenti ma suo figlio riesce a scoprire la verità e a far punire i colpevoli. ■ AVVENTURA; COL.; 85′; GRAN BRETAGNA, 1963.

BAIA DEL DESIDERIO, LA *(La baie du désir)* ★★
Regia di MAX PÉCAS. Con FABIENNE DALÍ, FRANÇOIS DYREK, SOPHIE HARDY, JEAN VALMONT. ■ Una donna uccide il marito con la collaborazione dell'amante. L'arrivo improvviso di una cugina sconvolge i piani dei due; quando la ragazza scappa, gli amanti diabolici decidono di eliminarla, ma la donna muore nell'inseguimento e l'uomo viene fermato dalla polizia. ■ DRAMMATICO; B/N; 89′; FRANCIA, 1963.

BAIA DELL'INFERNO, LA *(Hell on Frisco Bay)* ★★★
Regia di FRANK TUTTLE. Con WILLIAM DEMAREST, JOANNE DRU, ALAN LADD, JAYNE MANSFIELD, EDWARD G. ROBINSON, FAY WRAY. ■ Tratto dal romanzo *Le ore sono nere* di William P. McGivern, questo film narra la vicenda di un poliziotto che, accusato ingiustamente di un delitto, uscito di prigione, cerca il vero colpevole. ■ DRAMMATICO; COL.; 98′; USA, 1956.

BAIA DEL TUONO, LA *(Thunder Bay)* ★★★
Regia di ANTHONY MANN. Con JOANNE DRU, DAN DURYEA, JAY C. FLIPPEN, GILBERT ROLAND, JAMES STEWART. ■ Un buon film del binomio Mann-Stewart iniziato con *Winchester '73* nel 1950. James Stewart nella parte di un ingegnere petrolifero è contrastato nelle sue ricerche dalla popolazione del paese. ■ DRAMMATICO; COL.; 102′; USA, 1953.

BAIA DI EVA, LA *(Eve's Bayou)* ★★
Regia di KASI LEMMONS. Con SAMUEL L. JACKSON, DEBBI MORGAN, LYNN WHITFIELD. ■ Profondo Sud. Storia di una famiglia di neri in cui il padre latita per correre dietro alle donne. Una delle figlie lo punisce col rito voodoo. Opera prima di una regista che è stata attrice. ■ DRAMMATICO; COL.; 109′; USA, 1997.

BAIA DI HUDSON, LA *(Hudson's Bay)* ★★★
Regia di IRVING PICHEL. Con NIGEL BRUCE, PAUL MUNI, VINCENT PRICE, JOHN SUTTON, GENE TIERNEY. ■ È la storia di Radisson, l'esploratore che valorizzò la baia di Hudson. Il film è interpretato da uno stuolo di ottimi attori. ■ AVVENTURA; B/N; 95′; USA, 1941.

BAIA DI MALACHI, LA *(Malachi's Cove)* ★★
Regia di HENRY HERBERT. Con ARTHUR ENGLISH, DONALD PLEASENCE, VERONICA QUILLIGAN. ■ Dal libro per ragazzi di Anthony Trollope. La storia di una ragazzina di 14 anni che vive per conto suo nella Cornovaglia del 1880. Un giorno verrà a sapere che i suoi genitori sono morti in un naufragio. ■ DRAMMATICO; COL.; 95′; GRAN BRETAGNA, 1975.

BAIA DI NAPOLI, LA *(It Started in Naples)* ★★★
Regia di MELVILLE SHAVELSON. Con PAOLO CARLINI, VITTORIO DE SICA, CLARK GABLE, SOPHIA LOREN, MARIETTO. ■ Un avvocato americano si reca a Napoli per sistemare l'eredità del figlio di suo fratello morto. Il bimbo vive con una zia a cui è molto affezionato. L'avvocato resterà a Napoli e farà da padre al nipote sposando la bella zia. È il penultimo film di Clark Gable. ■ COMMEDIA; B/N; 100′; USA, 1960. ■ OSCAR 1 NOM.

BAILA GUAPA – BALLA GUAPA *(Baila Guapa)* ★
Regia di AL MIDWEG. Con ENZO A. VALLONE, VINCENZO CROCITTI, GLORIA PIEDIMONTE, GIANCARLO PRETE, ERNA SCHURER. ■ Film costruito per mostrare la "ragazza di Disco Ring" resa effimeramente celebre dalla tv. ■ COMMEDIA; COL.; 80′; ITALIA, 1979.

BAIONETTE IN CANNA *(Hell Squad)* ★★
Regia di BURT TOPPER. Con WALLY CAMPO, BRANDON CARROLL, FRED GAVLIN, GREG STEWART. ■ Di ritorno da una missione, alcuni soldati americani si rendono conto di essere molto distanti dai compagni. Nel tentativo di ricongiungersi ad essi tutti, tranne uno, perdono la vita. ■ GUERRA; B/N; 90′; USA, 1963.

BAISE MOI – SCOPAMI *(Baise moi)* ★
Regia di VIRGINIE DESPENTES, CORALIE TRINH THI. Con RAFFAELA ANDERSON, KAREN BACH. ■ Diciamolo subito, questo "caso" è un film porno, né più né meno. La qualità delle "attrici" è quella – se avessero miglior qualità farebbero film migliori – e anche quella degli "attori". Provincia francese, due amiche. Entrambe si drogano bevono eccetera. La piccola è anche filosofa. Cominciano con l'uccidere un compagno, poi, visto che sono al punto senza ritorno tanto vale lasciarsi andare. Uccidono una donna per rubarle il bancomat, poi un uomo per rubargli la macchina, poi uno perché vuole usare il preservativo, un altro per rapinarlo, due poliziotti e infine tutta l'allegra compagnia di un club privato (una quindicina, fra uomini e donne). All'ultimo infilano la pistola nel sedere e sparano. Forse va inteso come grande metafora finale. La piccoletta viene uccisa e l'altra catturata. Macchina a mano (e bisogna saperlo fare altrimenti è un disastro) e rabbia che monta minuto dopo minuto, se si pensa che questo film è stato ospitato a Locarno, dove ha imbarazzato tutti. La speranza è che, come al solito, l'orrore non finisca per attrarre gli spettatori. Davvero orrendo. ■ EROTICO; COL.; 85′; FRANCIA, 2000.

BAISERS DE SECOURS – BACI DI SCORTA, LES ★★★
(Les baisers de secours)
Regia di PHILIPPE GARREL. Con ANÉMONE, PHILIPPE GARREL, BRIGITTE SY. ■ Mathieu è un regista di cinema. Sta per fare un nuovo film e ha già scelto un'attrice. Jeanne, sua moglie, sapendo che la sceneggiatura tratta della loro vita, è gelosa e si separa da lui. L'uomo cade in una crisi esistenziale. Un regista indipendente francese molto amato dalla critica festivaliera ma sconosciuto al pubblico. Il film è stato presentato alla Mostra di Venezia. ■ DRAMMATICO; COL.; 83′; FRANCIA, 1989.

BAIT – L'ESCA *(Bait)* ★★
Regia di ANTOINE FUQUA. Con JAMIE FOXX, DOUG HUTCHISON, DAVID MORSE, ROBERT PASTORELLI. ■ Si conoscono in cella: Sanders (Foxx) è un tappistello da strapazzo, Jaster (Pastorelli) è un genio delle rapine che ha soffiato 42 milioni di dollari in oro allo stato. Il detective Clenteen (Morse) fa in modo che Sanders venga liberato e lo segue per farsi portare sulle tracce di un altro

criminale, molto più importante. In sostanza il teppista farà l'"esca", appunto. Il finale è scontato. Il tutto è certamente dinamico, con le naturali, funzionali location di New York. Per il resto sono luoghi... abbastanza comuni. Aggressivo. ■ THRILLER; COL.; 119'; CANADA, USA, 2000.

BAJA OKLAHOMA ★★
Regia di BOBBY ROTH. Con PETER COYOTE, ALICE KRIGE, SWOOSIE KURTZ, JULIA ROBERTS, LESLEY-ANN WARREN. ■ La storia è tratta dal romanzo di Dan Jenkins e narra di una cameriera (la Warren) che lavora in un locale notturno ma sogna di diventare famosa componendo una canzone di successo. Nel frattempo sua figlia (una Roberts ancora agli esordi) se ne va di casa seguendo uno spacciatore. ■ COMMEDIA; COL.; 105'; USA, 1988.

BAKTERION ★★
Regia di TONINO RICCI. Con JANET AGREN, FRANCO RESSEL, DAVID WARBECK. ■ In una cittadina inglese si verificano orribili omicidi. La voce popolare accusa un celebre professore che nel suo laboratorio sta conducendo misteriosi esperimenti. Difatti l'assassino è lui. Nelle sue ricerche ha contratto un virus che l'ha trasformato in un mostro omicida. ■ HORROR; COL.; 80'; ITALIA, 1982.

BAL ★★
Regia di SEMIH KAPLANOGLU. Con ERDAL BESIKÇIOGLU, TÜLIN ÖZEN, ALEV UÇARER. ■ Yusuf è un bambino solitario che vive con i genitori in un bosco di montagna. Il padre alleva api e il bambino prova una grande ammirazione per lui con il quale condivide segreti. Yusuf, che a casa sa leggere correntemente, a scuola si blocca e non riesce ad ottenere la targhetta rossa che il maestro dà in premio a chi legge bene. Il diminuire della presenza delle api costringe i genitori a cercare di porre le arnie in luoghi più lontani e ad altezze più elevate. Un giorno l'uomo non farà ritorno e mentre la moglie si metterà alla sua ricerca il bambino si sentirà spinto a sperare in una sua prossima riapparizione da una lettura sacra. Il regista turco procede, sostenuto dal consenso ottenuto in importanti festival internazionali, nel suo percorso autoriale con il terzo capitolo della storia di Yusuf. ■ DRAMMATICO; COL.; 103'; TURCHIA, GERMANIA, 2010. ■ BERLINO 🏆 1 PR.

BALACLAVA, LA VALLE DELLA MORTE *(Balaclava)* ★★
Regia di MAURICE ELVEY. Con BENITA HUME, CYRIL MCLAGLEN, MILTON ROSMER. ■ È il primo film ispirato alla famosa battaglia di Balaclava combattuta nel 1854. ■ STORICO; B/N; 100'; GRAN BRETAGNA, 1929.

BALALAIKA ★★
Regia di REINHOLD SCHÜNZEL. Con LIONEL ATWILL, NELSON EDDY, ILONA MASSEY, FRANK MORGAN, CHARLES RUGGLES. ■ Fu il film più famoso della coppia Massey-Eddy specializzata in operette portate sullo schermo. Nelson Eddy interpreta la parte di un principe russo che, durante la rivoluzione, si innamora di una cantante la cui famiglia è contro il regime. I due innamorati si ritroveranno dopo la guerra a Parigi. ■ COMM.MUSICALE; B/N; 102'; USA, 1939. ■ OSCAR 1 NOM.

BALALAIKA *(Toprini Nasz)* ★★★
Regia di ANDRÉ DE TOTH. Con PÁL JÁVOR, KLARI TOLNAY. ■ Il film narra le vicende di un ufficiale del controspionaggio ungherese che sotto mentite spoglie riesce a smascherare una spia che complotta ai danni dello Stato. ■ DRAMMATICO; B/N; 108'; UNGHERIA, 1939.

BALANCE, LA ★★
Regia di RAYMOND LEPLONT. Con NATHALIE BAYE, RICHARD BERRY, PHILIPPE LÉOTARD. ■ Nei quartieri più poveri di Parigi si è creato un tollerabile *modus vivendi* tra i poliziotti e i personaggi che vivono ai limiti della legge. Ma un giorno un agente viene ucciso e il sottile equilibrio si spezza. ■ DRAMMATICO; COL.; 94'; FRANCIA, 1982.

BALBOA ★★
Regia di JAMES POLIAKOFF. Con MARTINE BESWICK, TONY CURTIS, CAROL LINLEY. ■ Una sorta di *Dallas* ambientato in Sudamerica. Tony Curtis è uno speculatore edilizio senza scrupoli che si serve di ogni mezzo pur di raggiungere i suoi scopi. Una vicenda corale che ha il suo episodio principale nelle traversie sentimentali di una bella ragazza piena di illusioni all'inizio. ■ DRAMMATICO; COL.; 91'; USA, 1986.

BALCONE, IL *(The Balcony)* ★★
Regia di JOSEPH STRICK. Con JEFF COREY, PETER FALK, LEE GRANT, SHELLEY WINTERS. ■ Si tratta della versione cinematografica della nota commedia di Jean Genet. Alla proprietaria di una casa di appuntamenti viene chiesto dalle autorità di uno Stato di impersonare la figura della regina, fuggita durante la rivoluzione, affinché il popolo si rianimi e combatta per liberare il Paese. ■ COMMEDIA; B/N; 90'; USA, 1963. ■ OSCAR 1 NOM.

BALDORIA *(Delikatessen)* ★★★
Regia di GÉZA VON BOLVÀRY. Con HARRY LIEDTKE, GEORGIA LIND, ERNST VEREBES. ■ È uno dei primi film sonori diretti dal noto regista ungherese Bolvary che divenne famoso per i suoi film operettistici girati in Germania e in Austria negli anni Trenta. ■ COMM. MUSICALE; B/N; 90'; GERMANIA, 1930.

BALDORIA NEI CARAIBI ★
Regia di UBALDO RAGONA. ■ Documentario povero e noioso sulle danze caraibiche. ■ DOCUMENTARIO; COL.; 85'; ITALIA, SPAGNA, 1961.

BALEARI, OPERAZIONE ORO ★★
Regia di JOSÉ MARÍA FORQUÉ. Con DANIELA BIANCHI, MIREILLE DARC, JOSÉ LUIS LOPEZ VAZQUÉZ, JACQUES SERNAS, MARILÙ TOLO, VENANTINO VENANTINI. ■ Uno scettro dal valore inestimabile, esposto in un museo, eccita la cupidigia di alcuni visitatori. L'oggetto viene rubato, passa di mano in mano finché finisce sullo stesso fondale marino dal quale è stato recuperato. ■ AVVENTURA; COL.; 90'; ITALIA, 1966.

BALENE D'AGOSTO, LE *(The Whales of August)* ★★★
Regia di LINDSAY ANDERSON. Con BETTE DAVIS, LILLIAN GISH, VINCENT PRICE, ANN SOTHERN. ■ Due anziane sorelle vivono in una casa sulla riva dell'oceano. Sarah, vedova di guerra, è attiva e serena e fa da infermiera alla sorella cieca, mentre sogna di installare sulla veranda una grande vetrata che le consenta di vedere il passaggio delle mitiche balene d'agosto, curiosità inappagata della loro gioventù; Libby amareggiata dalla cecità e dalla perduta bellezza è sempre scontrosa. Ma la loro unione si fa più salda quando un agente immobiliare tenta di comprare quella casa piena di ricordi, e insieme le due sorelle vi si oppongono. Una suggestiva atmosfera alla Cechov, grazie alla perfetta recitazione di due grandi dive del passato. ■ DRAMMATICO; COL.; 93'; USA, 1987. ■ OSCAR 1 NOM.

BALENIERA DELL'ANTARTIDE, LA *(Valfangare)* ★★
Regia di ANDERS HENRIKSON. Con ALLAN BOHLIN, TUTTA ROLF. ■ Per vendicarsi dell'uomo innamorato come lui della stessa ragazza, il comandante di una baleniera lo fa passare per clandestino. L'altruismo del rivale in un momento di difficoltà è tale che egli si tirerà da parte. ■ DRAMMATICO; B/N; 90'; SVEZIA, 1942.

BALENIERI DELLA VIKING *(The Viking)* ★★
Regia di GEORGE MELFORD. Con LOUISE HUNTINGTON, CHARLES STARRETT. ■ Un film avventuroso diretto da Melford, famoso ai tempi del muto per alcuni film di successo con Rodolfo Valentino. ■ AVVENTURA; B/N; 89'; USA, 1931.

BALIA, LA ★★★
Regia di MARCO BELLOCCHIO. Con PIERGIORGIO BELLOCCHIO, FABRIZIO BENTIVOGLIO, VALERIA BRUNI TEDESCHI, JACQUELINE LUSTIG, MICHELE PLACIDO, MAYA SANSA. ■ Bellocchio, dopo anni di allineamento alle direttive (e alle sceneggiature) dell'analista Massimo Fagioli, si libera con questo film da ogni sudditanza e ritrova la sua impronta autoriale non rinunciando a nessuno dei temi che gli stanno a cuore. Si ispira a una delle novelle di Pirandello, ne conserva il plot di base modificando tutto il resto e, con l'aiuto di Beppe Lanci alla fotografia e di Marco Dentici alla scenografia, ne fa un piccolo saggio per immagini fruibile anche dal grande pubblico. Ricostituisce la coppia Bentivoglio/Bruni Tedeschi, già utilizzata da Calopresti per *La parola amore esiste*, i due reggono bene alla prova in costume. La vicenda di una famiglia altoborghese (lui è psichiatra) che si trova di fronte al rifiuto della neomadre di allattare il proprio piccolo ed è costretta ad assumere una balia che gli offre latte e amore è il punto di par-

tenza per una serie di riflessioni che si fanno cinema. Bellocchio torna così ad occuparsi della pazzia ma non più di quella dirompente e "rivoluzionaria" bensì di quella implosa ben più diffusa. Riflette anche sulle lotte per la libertà (ed è forse la parte più didascalica del film), ma mette in gioco con forza i temi, apparentemente distanti, della maternità e della scrittura. In un film in cui la suzione del latte dal seno materno si fa suono significante e in cui le dinamiche di relazione innescate da questo atto vengono esposte senza pedanteria, è la scrittura ad emergere come bisogno "naturale" e culturale al contempo. La balia analfabeta, che riceve una lettera carica di sentimento dal marito in prigione e se ne troverà una scritta per lei dal medico che le sta insegnando a leggere e scrivere, diviene personaggio in cui si coglie la modernità di un Pirandello che può essere sottoposto a rilettura conservandone lo spirito. Ed è l'uomo pirandelliano quello che apre e quasi chiude il film con un interessante ruolo cameo di Michele Placido. ■ DRAMMATICO; COL.; 106'; ITALIA, 1999.

BALIO ASCIUTTO, IL *(Rock-a-bye Baby)* ★★★
Regia di FRANK TASHLIN. Con SALVATORE BACCALONI, REGINALD GARDINER, JERRY LEWIS, MARILYN MAXWELL, CONNIE STEVENS. ■ Qui vediamo Jerry Lewis alle prese con tre gemelli in qualità di "balio" per amore di una sua vecchia fiamma diventata diva del cinema e impossibilitata a far da mamma per impegni artistici. ■ COMMEDIA; COL.; 103'; USA, 1958.

BALKAN EXPRESS ★★
Regia di BRANKO BALETIC. Con DRAGAN NICOLIC, BORA TODOROVIC. ■ I componenti di un'orchestrina serba, la Balcan Express, vivono di musica e di locali notturni, soddisfatti di questa esistenza che per altri potrebbe sembrare pazzesca. Poi un giorno del 1941 scoppia la guerra e la loro realtà prende una piega paradossale. ■ COMMEDIA; COL.; 100'; JUGOSLAVIA, 1987.

BALLA COI LUPI *(Dances with Wolves)* ★★★★🏆
Regia di KEVIN COSTNER. Con KEVIN COSTNER, GRAHAM GREENE, MARY MCDONNELL. ■ Durante la guerra civile americana un ufficiale di cavalleria ferito, col terrore che gli amputino una gamba, supera il confine di fuoco tra il nemico e il proprio esercito. Cavalca poi inconsciamente con le braccia in fuori come segno di sfida, ma non viene colpito. Per questo atto eroico viene mandato ad un avamposto che risulterà deserto. Questa solitudine alimenta in lui il senso critico che manca agli altri soldati, quindi riesce in qualche modo a comunicare con un lupo e a diventare amico dei pellerossa. Anche se come attore gigioneggia forse un po' troppo, quello di Costner è un debutto alla regia di tutto rispetto. Il messaggio arriva al cuore e alla ragione con citazioni da Ford, Kurosawa e Leone. "Balla coi lupi" è il nome che gli indiani danno a Dunbar, il protagonista, dopo averlo visto giocare col lupo, oltre ad altri nomi suggestivi: "Alzata con pugno", "Vento nei capelli" e soprattutto "Uccello scalciante". Il film ha i sottotitoli quando gli indiani si esprimono nella loro lingua ed ha vinto sette Oscar tra cui: miglior film e miglior regia. Enorme successo di pubblico che ha decretato la parziale rinascita del genere western. Nel giugno 1992 è poi circolata la versione integrale di quasi 4 ore, dove c'è più spazio per spiegare alcune cose non del tutto chiare nella prima versione. ■ WESTERN; COL.; 180'; USA, 1990. ■ GOLDEN GLOBES 🏆 3 PR, 6 NOM; OSCAR 🏆 7PR, 12 NOM.

BALLA CON ME *(Broadway Melody of 1940)* ★★★★
Regia di NORMAN TAUROG. Con FRED ASTAIRE, IAN HUNTER, FRANK MORGAN, GEORGE MURPHY, ELEANOR POWELL, FLORENCE RICE. ■ È uno dei tanti *Broadway Melody of...* iniziati nel 1929 per presentare il meglio dei film di rivista dell'anno nelle produzioni MGM. "Bei tempi per il cinema", ci vien voglia di pensare ricordando Astaire, la Powell, Murphy e tanti altri; e che musica! In questo film si ascoltavano due celebri canzoni di Cole Porter (un genio della canzone americana): *Begin the Beguine* e *I Concentrate on You*. Ma sono tempi passati e non torneranno più, così come ben difficilmente nasceranno altri Fred Astaire e altri Cole Porter. Di tutta la serie, questo riscosse il maggior successo. ■ MUSICAL; B/N; 102'; USA, 1940.

BALLA CON NOI ★★
Regia di CINZIA BOMOLL. Con ALICE BELLAGAMBA, GUIDO BRANCA, ANDREA MONTOVOLI, MASCIA MUSY, SARA SANTOSTASI. ■ Marco fa parte di una *crew* romana di ballerini hip hop e da quando la sua ex si è messa con il leader della banda avversaria, il suo unico pensiero è battere il rivale a tempo di beat e riconquistare la ragazza. Sua sorella minore, Erika, ha diciott'anni e da quando è una bambina sogna la danza classica, ma nel momento in cui si avvicinano gli esami finali dell'Accademia, è tormentata dalla paura di fallire e non riesce più a concentrarsi. Una leggera distorsione sarà l'occasione per riavvicinarsi al fratello, da tempo scappato di casa, e per scoprire i ritmi incendiari della streetdance. ■ MUSICALE; COL.; 90'; ITALIA, 2011.

BALLA LA MIA CANZONE *(Dance Me to My Song)* ★★
Regia di ROLF DE HEER. Con JOHN BRUMPTON, JOEY KENNEDY, RENA OWEN, HEATHER ROSE. ■ Una ragazza tetraplegica subisce i maltrattamenti di Madeleine, l'assistente sociale a cui è affidata. Incontra Eddie e se ne innamora al punto che Madeleine cerca di sedurlo per affermare la propria "normalità". Ma l'amore di Eddie vince. Film molto duro di un regista abituato a choccare il pubblico. La protagonista ha scritto il film e questo, quando la mostra nuda, può scatenare reazioni psicologiche che vengono dal profondo. Il problema però non sta qui né, tantomeno, in una rivendicazione della vita sessuale degli handicappati. Sta nel lieto fine posticcio e zuccheroso che Rolf de Heer dice voluto dalla Rose ma che rischia di essere davvero "osceno". ■ DRAMMATICO; COL.; 102'; AUSTRALIA, 1998.

BALLANDO AL BUIO *(Dancin' Thru the Dark)* ★★
Regia di MIKE OCKRENT. Con PETER BECKETT, JULIAN LITTMAN, BEN MURPHY, CON O'NEILL. ■ Commedia con pretesa di ricerca psicologica, cattiva musica e una buona sceneggiatura annacquata da una regia inesistente. In Gran Bretagna, e forse anche in qualche altro paese, c'è una particolare usanza per cui la sposa promessa non deve incontrare il futuro marito alla vigilia delle nozze. Linda e Dave allora decidono di unirsi ai rispettivi amici e dare l'addio al celibato ognuno per conto proprio. ■ COMMEDIA; COL.; 94'; GRAN BRETAGNA, 1990.

BALLANDO A LUGHNASA *(Dancing at Lughnasa)* ★★★
Regia di PAT O'CONNOR. Con KATHY BURKE, MICHAEL GAMBON, CATHERINE MCCORMACK, MERYL STREEP, SOPHIE THOMPSON. ■ Il cinema come si faceva una volta e come oggi, forse, non si deve più fare. Ovvero, alla vigilia della guerra di Spagna, in un paese irlandese quasi fuori dal mondo vive una famiglia composta da sole donne che si vogliono bene nonostante le differenze di temperamento. Il ritorno a casa del fratello missionario in Africa fa emergere tensioni sentimentali troppo a lungo sopite ma che troveranno comunque una loro risoluzione. Meryl Streep conduce le danze di un film di puro intrattenimento che sembrerebbe aspirare allo scavo psicologico che invece resta in superficie. I film del passato sono tutt'altra cosa. ■ COMMEDIA; COL.; 92'; GRAN BRETAGNA, IRLANDA, USA, 1998.

BALLANDO BALLANDO ★★★★🏆
Regia di ETTORE SCOLA. Con CRISTOPHE ALLWRIGHT, AZIZ ARBIA, MARC BERMAN. ■ Il mutamento del costume e della società visti attraverso una sala da ballo alla periferia di Parigi, che diventa testimonianza della storia nel periodo compreso tra il 1936 e la fine degli anni Settanta, una sorta di clessidra musicale. Vi si incontrano piccoli borghesi, operai, casalinghe, commesse, un universo di solitudini che cercano nel ballo il solo modo per comunicare. Cinquant'anni di ritmi e di canzoni che scandiscono il trascorrere del tempo, dal Fronte popolare alla guerra, dalle barricate del '68 al rock. Secondo l'estetica del cinema muto, senza che i personaggi dicano mai una parola, avvolti in un sottile, continuo velo di malinconia. Un grande Scola. ■ COMMEDIA; COL.; 112'; ITALIA, 1983. ■ BERLINO 1 PR; DAVID DI DONATELLO 🏆 4 PR, 4 NOM; OSCAR 1 NOM.

BALLANDO CON UNO SCONOSCIUTO ★★★
(Dance with a Stranger)
Regia di MIKE NEWELL. Con MATTHEW CARROLL, RUPERT EVERETT, IAN HOLM, MIRANDA RICHARDSON. ■ Tratto da un fatto di cronaca realmente accaduto, il film narra la storia di Ruth Ellis, condannata al capestro e giustiziata nel 1955. Ruth, divorziata e

con un figlio di una decina d'anni, fa l'entraîneuse. Conosce David, un giovane nobile ma squattrinato, ed è subito attrazione fatale: lui è fidanzato con una ragazza del suo ceto, ma si lega morbosamente a Ruth, la cerca e l'abbandona, la ama e la picchia, spingendola sempre più verso il baratro della follia. Ormai schiava della sua malsana passione lei lo fredda all'uscita di un pub. ■ DRAMMATICO; COL.; 101'; GRAN BRETAGNA, 1985.

BALLANDO LO SLOW NELLA GRANDE CITTÀ ★★★

(Slow Dancing in the Big City)

Regia di JOHN G. AVILDSEN. Con NICOLAS COSTER, ANNA DANGLER, ANNE DITCHBURN, THAAO PENGHLIS, PAUL SORVINO. ■ Il giornalista americano Lou Fitzgerald nota una ballerina, Sarah, la quale cerca di ottenere in affitto un appartamentino accanto al suo. Lou convince il burbero locatario a cederle l'appartamento. Lou e Sarah cominciano così a conoscersi e ad amarsi, anche se un illustre medico conferma alla fanciulla la diagnosi di un male assai grave. Il dottore sentenzia che Sarah deve immediatamente smettere di fare qualsiasi sforzo fisico, ma lei non gli dà ascolto. E così dopo aver ballato alla prima del balletto resterà paralizzata. ■ DRAMMATICO; COL.; 101'; USA, 1978.

BALLAST ★★

Regia di LANCE HAMMER. Con JOHNNY MCPHAI, TARRA RIGGS, JIMMYRON ROSS, MICHAEL J. SMITH. ■ Delta del Mississippi. James è un dodicenne che vive praticamente da solo per tutta la giornata. La madre, Marlee, lavora per una misera paga. Così il figlio finisce in un giro di piccoli delinquenti e diventa una sorta di corriere della droga. Quando le cose volgono al peggio e Marlee si è accorta di tutto, madre e figlio decidono di fuggire. ■ DRAMMATICO; COL.; 96; USA, 2007.

BALLATA BERLINESE *(Berliner Ballade)* ★★

Regia di ROBERT ADOLF STEMMLE. Con GERT FRÖBE, TATIANA SAIS. ■ Un tedesco, alla fine della guerra, si ritrova senza abitazione e senza denaro. Nonostante ciò non si perde d'animo e combatte onestamente le sue battaglie quotidiane. ■ COMMEDIA; B/N; 85'; GERMANIA, 1950. ■ VENEZIA 1 PR.

BALLATA BIANCA, UNA ★★★

Regia di STEFANO ODOARDI. Con CARMELA LANCI, NICOLA LANCI, SIMONA SENZACQUA. ■ Un sogno ricorrente, una vecchia casa votata al silenzio di lui e di lei, coppia senza più voce ma con una miriade di ricordi: un confine che separa la morte dai suoi fantasmi. Giovinezza e vecchiaia si incrociano senza retorica e con un tocco stilistico coraggioso e singolare. Un esperimento visivo ed evocativo che si priva di effetti speciali e sceneggiature roboanti, lasciando sullo sfondo la complessa semplicità dell'esistenza, attraverso gli occhi di chi l'ha vissuta. Non è stato per niente facile proporre sul mercato italiano un "prodotto" simile, un film che, invece, ha attratto frotte di spettatori in altri paesi, a partire dalla vicina Olanda fino al Brasile e alla Corea. ■ DRAMMATICO; COL.; 78; ITALIA, PAESI BASSI, 2007.

BALLATA DA UN MILIARDO ★★

Regia di GIANNI PUCCINI. Con ALDO BERTI, ALDO BUFI LANDI, RAY DANTON, CARLO PISACANE, GIANNA SERRA, UMBERTO SPADARO. ■ L'onesto figlio di un gangster deve derubare un casinò per acquistare credito presso i "colleghi". Però il ragazzo si appropria di tutto il denaro col gioco; per far contento il padre tenta il progettato furto, ma viene arrestato con i complici. Scritto da Bernardo Bertolucci. ■ COMMEDIA; COL.; 95'; ITALIA, 1967.

BALLATA DEI FANTASMI, LA

(Das Spukschloss im Spessart) ★

Regia di KURT HOFFMANN. Con HEINZ BAUMANN, PAUL HESSER, LISELOTTE PULVER, ELSA WAGNER, HANNE WIEDER. ■ I fantasmi di alcuni banditi si trasferiscono in un castello. Qui derubano una persona facoltosa ma poiché del furto viene accusata la giovane proprietaria del castello, essi fanno in modo che al processo risulti chiara la sua innocenza. ■ COMMEDIA; COL.; 90'; GERMANIA, 1968.

BALLATA DEI MARITI, LA ★★

Regia di FABRIZIO TAGLIONI. Con MEMMO CAROTENUTO, MARISA DEL FRATE, AROLDO TIERI, XENIA VALDERI. ■ Due mariti in cerca di distrazioni sentimentali si imbattono in due sconosciute; la desiderata avventura ha risvolti imprevisti che li portano alla polizia. Se la caveranno. ■ COMMEDIA; COL.; 90'; ITALIA, 1964.

BALLATA DEI SETTE PECCATI, LA *(Panoptikum '59)* ★★

Regia di WALTER KOLM-VELTÉE. Con ELIZABETH BORZOBOHATY, MICHAEL HELTAN, ALEXANDER TROJAN. ■ Uno studente e una ballerina si amano. Dapprima lei, incapace di sottrarsi alla volontà del suo impresario, rifiuta di seguirlo, poi la forza del suo sentimento ha la meglio. ■ DRAMMATICO; B/N; 89'; AUSTRIA, 1962.

BALLATA DEI TRE KILLERS, LA *(Killers Three)* ★★

Regia di BRUCE KESSLER. Con DICK CLARK, DIANE VARSI, ROBERT WALKER. ■ Due ex militari senza lavoro organizzano un furto che va male. Uno di essi uccide un poliziotto, e si dà alla fuga trascinandosi dietro la moglie e il complice. Solo quando essi cadranno per mano degli agenti si arrenderà. ■ DRAMMATICO; COL.; 88'; USA, 1972.

BALLATA DEI VAGABONDI, LA *(Dogpound Shuffle)* ★★★

Regia di JEFFREY BLOOM. Con RON MOODY, DAVID SOUL, RAY STRICKLYN. ■ Un ex attore di varietà, un pugile mezzo suonato e un cagnolino randagio diventano amici. L'amicizia dà loro la forza di ricominciare una nuova vita. ■ COMMEDIA; COL.; 91'; CANADA, 1975.

BALLATA DEL BOIA, LA *(El Verdugo)* ★★★

Regia di LUIS GARCIA BERLANGA. Con JOSÉ ISBERT, NINO MANFREDI, EMMA PENELLA. ■ Il genero di un boia accetta il posto dell'anziano suocero con la segreta speranza di non dover mai eseguire alcuna pena capitale. L'illusione però è di breve durata e, sebbene a malincuore, si occupa del suo primo condannato. ■ DRAMMATICO; B/N; 90'; SPAGNA, 1964.

BALLATA DEL CAFFÈ TRISTE, LA ★★★

(The Ballad of Sad Café)

Regia di SIMON CALLOW. Con KEITH CARRADINE, CORK HUBBERT, VANESSA REDGRAVE, ROD STEIGER. ■ Il film ha una duplice derivazione, infatti è tratto dalla commedia teatrale di Edward Albee che a sua volta è l'adattamento da un romanzo di Carson McCullers. Prodotto dal regista James Ivory è ambientato nel Sud degli Stati Uniti durante il proibizionismo. Vanessa Redgrave interpreta il ruolo di Miss Amelia, una donna rozza che del luogo è un po' il capoccia e distilla alcol contro la legge. Si trasferisce da lei il cugino che vuole ricavare un caffè dalla "distilleria". Il luogo sembra rianimarsi, ma il marito di Amelia, Keith Carradine, uscito di galera, ha un conto da saldare con la moglie. Gli attori sono bravi anche se con una recitazione sopra le righe, ricercata dal regista. In un piccolo ruolo anche il grande Rod Steiger. ■ DRAMMATICO; COL.; 100'; USA, 1990.

BALLATA DELLA CITTÀ SENZA NOME, LA ★★★

(Paint Your Wagon)

Regia di JOSHUA LOGAN. Con CLINT EASTWOOD, LEE MARVIN, HARVE PRESNELL, JEAN SEBERG. ■ Intorno ad un filone aurifero sorge una piccola città. Uno dei cercatori ha comprato la moglie di un mormone; lei, durante una sua assenza, si è innamorata di un altro e si divide equamente fra i due. Poi il giacimento si esaurisce e il cercatore si ritira affinché i due possano sposarsi. ■ MUSICAL; COL.; 166'; USA, 1970. ■ OSCAR 1 NOM.

BALLATA DEL LAVAVETRI, LA ★

Regia di PETER DEL MONTE. Con AGATA BUZEK, OLEK MINCER, KIM ROSSI STUART. ■ Alcuni polacchi non riescono a partire per il Canada e rimangono a Roma, dove non è detto che si debba fare per forza il lavavetri. Così li conosciamo: uno sogna il papa, un altro spaccia, un altro ruba. E non mancano nemmeno i simboli, come gli uccelli che volteggiano nel bagno. Senza commento. ■ DRAMMATICO; COL.; 94'; ITALIA, 1998.

BALLATA DELL'ODIO E DELL'AMORE ★★★

(Balada triste de trompeta)

Regia di ÁLEX DE LA IGLESIA. Con CARLOS ARECES, CAROLINA BANG, ANTONIO DE LA TORRE, JUAN LUIS GALIARDO, SANCHO GRACIA. ■ Guerra civile spagnola. Durante uno spettacolo circense, i due pagliacci in scena vengono arruolati a combattere nell'esercito repubblicano. Uno di loro viene arrestato e costretto a lavorare per lo stato. Il giovane figlio Javier organizza un attentato per vendicarsi dei soprusi subiti ma, nello scoppio, muore anche il padre. Da grande, sotto la dittatura di Franco, viene assunto come pagliaccio triste in un circo, dove incontra Sergio, il suo alter ego sorridente, con il quale dovrà dividere il palco e l'amore per l'acrobata Natalia. I mostri politici della storia – raccolti nel quadro spaventoso dei titoli di testa – hanno una responsabilità precisa nei confronti di chi governano. De la Iglesia recupera, dopo la più rarefatta narrazione di *Oxford Murders*, l'uso dotto del grottesco de *La Comunidad*. Il regista riesce a coniugare la maschera del clown triste e il corredo di suggestioni che il personaggio porta con sé, con il dramma di un paese smunto di umanità, felice solo nei telegiornali di propaganda franchista. ■ DRAMMATICO; COL.; 107′; SPAGNA, FRANCIA, 2010.

BALLATA DEL PIACERE – NUDA PER IL MONDO, LA *(The Wild, Wild World of Jayne Mansfield)* ★★★
Regia di ARTHUR KNIGHT. Con BRIGITTE HALBERG, MICKEY HARGITAY, JAYNE MANSFIELD, BOB OLIVER, ROCKY ROBERTS. ■ È la storia della vita e della carriera cinematografica di Jayne Mansfield. ■ DOCUMENTARIO; COL.; 91′; USA, 1970.

BALLATA DI CABLE HOGUE, LA *(The Ballad of Cable Hogue)* ★★★
Regia di SAM PECKINPAH. Con SLIM PICKENS, JASON ROBARDS, STELLA STEVENS, DAVID WARNER, PETER WHITNEY. ■ Un cercatore d'oro, derubato e abbandonato nel deserto dai compagni, trova una vena d'acqua, che lo salva da morte certa, e si arricchisce impiantando una stazione per diligenze. I due compagni capitano da quelle parti: ne ammazza uno e affida all'altro la stazione, perché vuole godersi i soldi con la sua donna, che lo ucciderà per errore. ■ WESTERN; COL.; 121′; USA, 1970.

BALLATA DI EVA, LA ★★
Regia di FRANCESCO LONGO. Con CAROLYN DE FONSECA, IDA DI BENEDETTO, VANESSA PETILLO. ■ Eva, ragazza-madre trasferitasi da Napoli a Milano, sta per realizzare il suo sogno: ha trovato un alloggio e sta per riunirsi alla sua figlia dodicenne, che aveva lasciato dalla nonna. Ma la ragazzina scompare in circostanze misteriose. Incurante dei pericoli e delle minacce, Eva torna a Napoli e si improvvisa detective, riuscendo a salvare la figlia, finita in un giro di baby-prostitute, e a conquistare l'amore di un bravo ragazzo. ■ DRAMMATICO; COL.; 86′; ITALIA, 1986.

BALLATA DI GREGORIO CORTEZ, LA *(The Ballad of Gregorio Cortez)* ★★★
Regia di ROBERT MALCOLM YOUNG. Con JAMES GAMMON, EDWARD JAMES OLMOS. ■ Texas, 1901. Alla fattoria di Gregorio Cortez si presenta lo sceriffo, che lo accusa, pistola alla mano, di aver venduto un cavallo rubato. Il fratello di Gregorio interviene e viene ucciso e il povero mandriano uccide lo sceriffo. È l'inizio di una feroce caccia all'uomo. Una storia amara e drammatica, tratta da un fatto realmente accaduto e diretta con polso fermo. ■ WESTERN; COL.; 99′; USA, 1982.

BALLATA DI NARAYAMA, LA *(Narayama Bushiko)* ★★★🏆
Regia di SHOHEI IMAMURA. Con KEN OGATA, SUMIKO SAKAMOTO, AKI TAKEJO. ■ In un villaggio giapponese sperduto tra i monti, giunti a 70 anni i vecchi vengono condotti a morire sulla cima del monte Narayama per permettere ad un giovane di sfamarsi. Una vecchia, per lasciare il posto alla giovane nuora, si rompe i denti contro un pozzo per sembrare più vecchia e affrettare quindi la sua fine. ■ DRAMMATICO; COL.; 90′; GIAPPONE, 1983. ■ CANNES 🏆 1 PR.

BALLATA DI STROSZEK, LA *(Stroszek)* ★★★★
Regia di WERNER HERZOG. Con PITT BEDEWITZ, EVA MATTES, ELY RODRIGUEZ, BRUNO S., CLEMENS SCHEITZ, WILHELM VON HOMBURG. ■ Un giovane sbandato, Bruno Stroszek, accoglie a casa propria una prostituta, Eva. Ma le difficoltà economiche e le minacce dei protettori della ragazza inducono Bruno, Eva e il padrone di casa, Scheitz, a emigrare in America del Nord dove lavora un nipote di Scheitz. Eva si mette a fare la cameriera, Bruno diventa meccanico. Coi primi soldi comprano una lussuosissima roulotte, ma pagarne le rate diviene ben presto problematico. La ragazza allora torna a prostituirsi e se ne va, mentre Bruno e Scheitz tentano goffamente di effettuare una rapina. Il miraggio di una nuova vita è durato solo qualche attimo. Film assai importante, soprattutto per la problematica che pone riguardo all'America. È un lavoro di estrema sensibilità per il quale il trentacinquenne Herzog ha voluto far tutto da solo: regia, soggetto e sceneggiatura. ■ DRAMMATICO; COL.; 108′; GERMANIA, 1977.

BALLATA DI UN SOLDATO *(Ballada o soldate)* ★★★
Regia di GRIGORI CHUKHRAJ. Con VLADIMIR IVACHEV, JANNA PROKHORIENKO. ■ Ad un eroico e giovanissimo soldato russo vengono concessi sei giorni di licenza-premio. Durante il difficoltoso viaggio verso casa il ragazzo incontra vari personaggi, tra i quali una ragazza della quale si innamora. Perso il mezzo sul quale entrambi viaggiavano si adatta a mezzi di fortuna. Giunto finalmente a casa, ha appena il tempo di vedere i suoi cari e già deve tornare a combattere per la guerra dalla quale non tornerà. ■ DRAMMATICO; B/N; 96′; URSS, 1959. ■ DAVID DI DONATELLO 1 PR, 1 NOM; OSCAR 1 NOM.

BALLATA IN BLU *(Ballad in Blue)* ★★★
Regia di PAUL HENREID. Con DAWN ADDAMS, TOM BELL, RAY CHARLES, MONICA HENREID, MARY PEACH. ■ Il pianista-cantante Ray Charles si prodiga affinché un bimbo cieco possa riacquistare la vista. La trama non è che un pretesto per ascoltare alcune belle canzoni del noto musicista americano. La regia è affidata a un attore noto soprattutto negli anni Quaranta: Paul Henreid. ■ DRAMMATICO; B/N; 89′; USA, 1965.

BALLATA MACABRA *(Burnt Offerings)* ★★★
Regia di DAN CURTIS. Con KAREN BLACK, BETTE DAVIS, EILEEN HECKART, BURGESS MEREDITH, OLIVER REED. ■ Un'intera famiglia trascorre le vacanze in una bellissima ma misteriosa villa. Alcuni fatti inspiegabili la convincono ad andarsene ma non ci riuscirà: tutti periranno vittime di quell'abitazione che si serve di sacrifici umani per mantenere inalterato il suo splendore. ■ HORROR; COL.; 115′; USA, 1976.

BALLATA PER UN PISTOLERO ★★
Regia di ALFIO CALTABIANO. Con ANTHONY FREEMAN, ANTHONY GHIDRA, ANGELO INFANTI, AL NORTON. ■ Due cacciatori di taglie seguono le tracce di una banda che ha derubato la banca cittadina. Prima per conto proprio, poi insieme, cercano finché trovano i fuorilegge, ai quali riprendono il mal tolto. *Dulcis in fundo*, verranno a sapere di avere il medesimo padre. ■ WESTERN; COL.; 85′; ITALIA, 1967.

BALLATA PER UN RE ★★
Regia di ABDELHAFIDH BOUASSIDA. Con BEKIM FEHMIU, MIROSLAV MACHACEK, IRENE PAPAS, YORGO VOYAGIS. ■ Un contadino salva la vita del suo re. Questi, per sdebitarsi, promette di regalargli tutto il pezzo di terra che riuscirà ad attraversare in una giornata. Il contadino ambirebbe solamente ad un piccolo podere sufficiente per la sua famiglia, tuttavia inizia la maratona sfibrante. ■ AVVENTURA; COL.; 95′; TUNISIA, 1991.

BALLATA SELVAGGIA *(Blowing Wild)* ★★★
Regia di HUGO FREGONESE. Con WARD BOND, GARY COOPER, ANTHONY QUINN, RUTH ROMAN, BARBARA STANWYCK. ■ In una cittadina del Messico, un giovanotto di nome Jeff è costretto per ragioni economiche ad accettare lavoro dal marito della sua ex amante. La donna è ancora innamorata di lui e nella speranza di riconquistarlo sopprimerà il marito. Durante un attacco dei banditi, che infestano la zona per impossessarsi del petrolio, la donna muore mentre il giovanotto abbandonerà il Messico in compagnia di una graziosa ragazza americana. ■ DRAMMATICO; B/N; 90′; USA, 1953.

BALLATA TRAGICA ★
Regia di LUIGI CAPUANO. Con NANDO BRUNO, MARC LAWRENCE, BENIAMINO MAGGIO, TINA PICA, TEDDY RENO. ■ Un contrabbandiere nasconde una valigetta piena di droga su un battello, e ferisce il nostromo che l'ha scoperto. Poiché l'uomo viene trovato morto, i sospetti cadono sul comandante, suo futuro genero. L'assassino invece è un suo rivale in amore. ■ POLIZIESCO; B/N; 85′; ITALIA, 1955.

BALLERINA DEI GANGSTERS, LA *(Gangway)* ★★
Regia di SONNIE HALE. Con JESSIE MATTHEWS, BARY MYCKAY.

■ Per ridestare l'interesse della gente nei confronti di un'attrice, una giornalista inscena un furto. I gioielli che ruba, però, appartengono ad un'altra donna, e solo dopo molte avventure tra poliziotti e banditi potrà dimostrare la sua buona fede. ■ COMMEDIA; B/N; 89'; GRAN BRETAGNA, 1939.

BALLERINA DELLA CZARDA, LA ★★
Regia di BÉLA GAÀL. Con IRÉN ÁGAY, ANTAL PAGER. ■ Una ragazza è segretamente innamorata di un uomo ammalato e convinto di avere poco tempo da vivere. Quando finalmente è diventata una famosa ballerina, lo incontra, suscitando la sua passione. La diagnosi medica (ovviamente) si rivelerà errata. ■ COMMEDIA; B/N; 90'; UNGHERIA, 1940.

BALLERINA E BUON DIO ★★★
Regia di ANTONIO LEONVIOLA. Con WERA CECOVA, VITTORIO DE SICA, GABRIELE FERZETTI, MARIETTO, ROBERTO RISSO. ■ Un orfanello, che desidera per madre una ballerina della quale ha visto l'immagine, vaga per la città finché la trova in un teatro. Lei dapprima lo respinge, ma quando si accorge della sua scomparsa lo cerca assieme al fidanzato, deciso come lei ad adottarlo. ■ COMMEDIA; B/N; 90'; ITALIA, 1958.

BALLERINE ★★
Regia di GUSTAV MACHATY. Con ANTONIO CENTA, MARIA DENIS, SILVANA JACHINO. ■ Dopo aver sostituito una collega in un numero personale, una ballerina ottiene un successo clamoroso. Un giornalista si innamora di lei e vuole sposarla, ma la ragazza preferisce continuare a dedicarsi alla sua professione. ■ COMMEDIA; B/N; 89'; ITALIA, 1937.

BALLERINE INTORNO AL MONDO ★★
(Wir tanzen um die Welt)
Regia di KARL ANTON. Con LUCIE HÖFLICH, CAROLA HÖHN, HERBERT HUBNER, IRENE MEYENDORFF, CHARLOTTE THIELE. ■ Un gruppo di ballerine presenta nei locali di tutto il mondo uno spettacolo che riscuote consensi. Tutti i tentativi di boicottarlo non hanno successo. ■ COMMEDIA; B/N; 85'; GERMANIA, 1941.

♥ BALLE SPAZIALI *(Spaceballs)* ★★★
Regia di MEL BROOKS. Con MEL BROOKS, JOHN CANDY, RICK MORANIS. ■ Parodia di *Guerre stellari*. In un pianeta retto da un repellente tiranno comincia a difettare l'aria respirabile. Allora vengono inviati nello spazio predoni senza scrupoli per derubare dell'ossigeno ai pianeti che ne hanno in abbondanza. Ma i predoni preferiscono rapire una principessa per barattarla con grandi riserve di ossigeno del suo pianeta. In soccorso della reale fanciulla arriva un avventuriero degli spazi, che libererà la bella e conquisterà il suo cuore. Discreto film di Brooks, che non ha più il genio degli esordi, ma comunque molto mestiere. ■ COMICO; COL.; 97'; USA, 1987.

BALLE SPAZIALI 2 *(Martians go Home)* ★★
Regia di DAVID ODELL. Con MARGARET COLIN, RONNY COX, VIC DUNLOP, RANDY QUAID, BARRY SOBEL. ■ Malgrado il titolo che è stato dato in Italia, il film non ha nulla a che vedere col primo *Balle spaziali*. La storia è totalmente diversa: numerosi marziani di tutte le forme giungono sulla Terra richiamati dalla musica elettronica di un compositore. Questi bonari extraterrestri hanno come unico scopo quello di mettere allo scoperto le malefatte degli uomini per riportare sulla Terra ordine e moralità: incesti, corruzione e menzogne hanno i giorni contati. Ma siamo davvero sicuri che l'uomo preferisca vivere senza questi mali? Con uno stratagemma, il compositore riesce a rimandare a casa i marziani e la Terra tira un sospiro di sollievo. L'idea potrebbe anche essere buona, ma è realizzata male. I dialoghi riescono a farci anche sorridere. ■ COMMEDIA; COL.; 92'; USA, 1989.

BALLETS DE PARIS, LES *(Un, deux, trois, quattre!)* ★★★
Regia di TERENCE YOUNG. Con CYD CHARISSE, ZIZI JEANMAIRE, ROLAND PETIT, MOIRA SHEARER. ■ Maurice Chevalier commenta i quattro balletti che compongono il film. ■ COMM. MUSICALE; COL.; 85'; FRANCIA, 1962.

BALLETTI ROSA *(Die zornigen jungen Männer)* ★★
Regia di WOLF RILLA. Con DAWN ADDAMS, HANSJÖRG FELMY, HORST FRANK. ■ Il pezzo grosso di una fabbrica di alimentari vuole evitare che uno studioso divulghi i risultati delle analisi condotte sui suoi prodotti. Benché lusingato in tutti i modi, l'uomo non si lascia comprare e, disgustato dalla gente tra cui vive, cambia professione. ■ DRAMMATICO; B/N; 91'; GERMANIA, 1961.

BALLIAMO INSIEME IL TWIST *(Hey, Let's Twist)* ★
Regia di GREG GARRISON. Con JOEY DEE, ZOHRA LAMPERT, TEDDY RANDAZZO. ■ Due ragazzi trasformano il ristorante del padre ammalato in un ritrovo per i giovani dove si balla il twist. Gli incassi aumentano vertiginosamente. ■ COMM. MUSICALE; B/N; 80'; USA, 1962.

BALLISTIC ★
Regia di WYCH KAOSAYANANDA. Con ANTONIO BANDERAS, GREGG HENRY, LUCY LIU. ■ Una nuova arma letale circola nell'ambiente dello spionaggio internazionale. Per scongiurare il pericolo, due nemici storici, l'agente Sever (Lucy Liu) e Jeremiah Ecks dell'Fbi, si alleano temporaneamente. Trama davvero nuova. ■ AZIONE; COL.; 91'; USA, 2003.

BALLKAN BAZAR ★★
Regia di EDMOND BUDINA. Con EDMOND BUDINA, LUCA LIONELLO, LAERTIS VASILIOU, VISAR VISHKA, CATHERINE WILKENING. ■ Un film piccolo piccolo. Un po' in tutti i sensi. E non è necessariamente un difetto questo per *Ballkan Bazar*, opera bizzarra e discontinua che alterna momenti e intuizioni di buon livello a vuoti narrativi e dilettantismi visivi forse inevitabili. Edmond Budina, regista, sceneggiatore e uno dei protagonisti – l'ambiguo prete traffichino e iracondo – si pone su una terra di confine per raccontare il suo film. Lo fa geograficamente, tra Grecia e Albania, lo fa cinematograficamente, tra commedia etnica (un po' troppo balcanica), e denuncia storico-civile. Perché con il sorriso e l'uso del grottesco Budina racconta uno strano e inquietante legame tra Chiesa (ortodossa) e politica, con un giornalismo d'inchiesta che nuota nel fango con disinibita nonchalance. Una storia incredibile (e romanzata), ma vera. ■ COMMEDIA; COL.; 91'; ITALIA, ALBANIA, 2010.

BALLO AL CASTELLO ★★
Regia di MAX NEUFELD. Con ANTONIO CENTA, ALIDA VALLI. ■ A causa di un fortunato equivoco, una ballerina agli esordi ottiene il ruolo di spicco in un balletto. Per dimostrare la sua bravura, lascia che persino il suo fidanzato creda ad una condotta disonesta, poi però, dopo il successo, gli fornisce le prove della sua lealtà. ■ COMMEDIA; B/N; 80'; ITALIA, 1939.

BALLO ALL'OPERA *(Opernball)* ★★
Regia di GÉZA VON BOLVÀRY. Con MARTE HARELL. ■ Due donne cercano di capire se i loro mariti sono fedeli. Dopo vari trucchi scoprono che vorrebbero non esserlo, ma lo sono. ■ COMMEDIA; B/N; 89'; GERMANIA, 1939.

BALLO AL SAVOIA, UN *(Ball im Savoy/Ball a Savoyban)* ★★
Regia di STEVE SEKELY. Con GITTA ALPAR, ROSY BARSONY, HANS JARAY. ■ Girato in doppia versione tedesco-ungherese, questo film non è altro che la celebre operetta portata sullo schermo. ■ COMM. MUSICALE; B/N; 90'; UNGHERIA, 1934.

BALLO A TRE PASSI ★★
Regia di SALVATORE MEREU. Con YAËL ABECASSIS, MICHELE CARBONI, CAROLINE DUCEY. ■ Le stagioni della vita attraverso quattro episodi, ognuno scandito dal succedersi del tempo: nella primavera, quattro bambini scoprono per la prima volta il mare; nell'estate, un giovane pastore scopre le gioie del sesso con una turista francese; nell'autunno, una suora torna al paese per il matrimonio della sorella, e affronta il dolore delle scelte; nell'inverno un vecchio fisarmonicista canta per l'ultima volta e poi muore. Girato quasi tutto in dialetto sardo, il film di Salvatore Mereu (vincitore della Settimana della Critica alla Mostra del Cinema di Venezia) è una veduta su miserie e trionfi della vita, a volte sofferto, a tratti divertente. ■ DRAMMATICO; COL.; 107'; ITALIA, 2003. ■ DAVID DI DONATELLO 1 PR, 1 NOM.

BALLO CON L'IMPERATORE *(Tanz mit dem Kaiser)* ★
Regia di GEORG JACOBY. Con WOLF ALBACH-RETTY, MARIA EIS, MARIKA RÖKK, ALEX VON AMBESSER. ■ Durante un ballo, una fanciulla crede che il suo compagno – un inserviente – sia l'imperatore. Gli manda una lettera appassionata; lui la fa chiamare e se ne innamora. La donna, però, sposerà il ballerino causa dell'equivoco. ■ COMMEDIA; B/N; 90'; GERMANIA, 1941.

BALLO DELLE PISTOLE, IL *(He Rides Tall)* ★★
Regia di ROBERT G. SPRINGSTEEN. Con R. G. ARMSTRONG, DAN DURYEA, JO MORROW, MADLYN RHUE, TONY YOUNG. ■ Uno sceriffo è obbligato a eliminare il figlio dell'uomo al quale deve moltissimo. Un dipendente di quest'ultimo vuole derubarlo e cerca di convincere un medico a rovinare con una finta operazione la mano dello sceriffo, di modo che non possa più usare la pistola. Ma l'indistruttibile sceriffo cattura ugualmente il cattivone. ■ WESTERN; B/N; 84'; USA, 1964.

BALLO DELL'IMPERATORE, IL ★★
Regia di FRANZ ANTEL. Con HANNELORE BOLLMANN, HANS MOSER, RUDOLF PRACK, SONJA ZIEMANN. ■ Il conte Hoheneck e la principessa Maria si invaghiscono, durante un ballo imperiale, di una sartina e di un tenente. Lo scopo del ballo era invece quello di far sposare i due nobili, da qui una serie di malintesi. ■ COMMEDIA; COL.; 95'; AUSTRIA, 1956.

BALLO PROIBITO, IL *(Lambada, the Forbidden Dance)* ★
Regia di GREYDON CLARK. Con BARBRA BRIGHIRON, MIRANDA GARRISON, LAURA HERRING, JEFF JAMES. ■ Una ragazza, impegnata nella battaglia per la salvaguardia della Foresta Amazzonica minacciata dagli speculatori, incontra un giovane che si innamora di lei. I due subiscono il veto dei genitori di lui contrari all'unione e insieme decidono di partecipare a una gara di ballo che permetterà ai primi classificati di esibirsi sui network americani. Trionferanno e il medium televisivo sarà il trampolino di lancio anche per la battaglia ecologica che intendono combattere. Di lambada in lambada lanceranno il loro messaggio. ■ AVVENTURA; COL.; 97'; ITALIA, 1990.

BALLROOM – GARA DI BALLO *(Strictly Ballroom)* ★★★
Regia di BAZ LUHRMANN. Con PAUL MERCURIO, TARA MORICE. ■ Presentato a Cannes in una sezione minore ha ottenuto successo in tutto il mondo, compresi gli Stati Uniti dove ha incassato quasi 12 milioni di euro. Di origine australiana e con un regista, all'epoca, esordiente di appena trent'anni. Se la regia e il montaggio denotano una spiccata originalità, la storia al contrario è tradizionale. Un ballerino troppo moderno per le gare di ballo a cui partecipa viene eliminato con la sua partner. Quest'ultima è inferocita e il giovane deve cercare una sostituta. Si fa avanti una ragazza ai primi passi ma con tanto temperamento. Di nascosto i due si preparano alla gara più importante. Di estrazione sociale molto differente i due si innamorano. Il giorno della gara di ballo verranno eliminati da una giuria corrotta ma balleranno senza musica guadagnandosi gli applausi del pubblico. C'è anche un enigma paterno che rende più complessa la storia. ■ MUSICALE; COL.; 94'; AUSTRALIA, 1992. ■ GOLDEN GLOBES 1 NOM.

BALMAT – IL RE DEL MONTE BIANCO ★
(Der Ewige Traum/Der König des Mont Blanc Balmat)
Regia di ARNOLD FANCK. Con BRIGITTE HORNEY, SEPP RIST. ■ L'avido e ambizioso Balmat, rinnegando il giuramento fatto dopo una serie di sconfitte, riesce a raggiungere la cima del Monte Bianco. La sua esultanza è spenta dalla morte del figlio; il dolore servirà a fargli apprezzare valori e sentimenti più concreti. ■ DRAMMATICO; B/N; 90'; GERMANIA, 1934.

BALOCCHI E PROFUMI ★
Regia di NATALE MONTILLO. Con CESARE DANOVA, DIANA D'ORSINI, TAMARA LEES. ■ Una donna lasciata dal marito riceve la proposta di matrimonio di un ricco ammiratore. Quando si è rassegnata ad accettare, la sua piccina muore. Il coniuge, che nel frattempo è ritornato pieno di pentimento, l'aiuta a superare la terribile crisi. ■ DRAMMATICO; B/N; 85'; ITALIA, 1953.

BALORDI & CO. – SOCIETÀ PER LOSCHE AZIONI, CAPITALE INTERAMENTE RUBATO 1.000.000 ★★
(Harry and Walter Go to New York)
Regia di MARK RYDELL. Con JAMES CAAN, MICHAEL CAINE, ELLIOTT GOULD, DIANE KEATON. ■ 1892, Massachusetts. Due banditelli di terz'ordine conoscono in prigione un famoso ladro. Gli rubano i piani di un grosso colpo e quando escono intendono eseguirlo. Ma il "pezzo grosso" esce a sua volta dalla prigione, li raggiunge e con la forza si fa restituire i piani. Ma i teppisti sono migliori (come ladri) di quanto si pensasse, così viene formata una società. ■ COMMEDIA; COL.; 123'; USA, 1976.

BALSAMUS, L'UOMO DI SATANA ★
Regia di PUPI AVATI. Con ANTONIO AVATI, PINA BORIONE, GIANNI CAVINA, GIULIO PIZZIRANI, BOB TONELLI, GRETA VAILLANT. ■ All'abitazione di un nanetto che esercita la professione di mago convergono tutti coloro che hanno bisogno della sua opera. Fisicamente incapace di amare, egli si suicida quando la consorte, che intanto si diverte con altri uomini, gli chiede di adempiere ai doveri coniugali. ■ FANTASTICO; COL.; 99'; ITALIA, 1970.

BAL TABARIN ★★★
Regia di PHILIP FORD. Con STEVE BRODIE, CLAIN CARLETON, WILLIAM CHING, MURIEL LAWRENCE. ■ Una ragazza, ricercata sia dalla polizia come unica testimone di un omicidio, sia da alcuni gangster convinti a torto che possieda una certa chiave, stipula un contratto di lavoro col Bal Tabarin. Costretta a richiedere alcuni documenti, conosce un furbo ispettore, al quale fornirà le indicazioni necessarie per smascherare gli assassini. ■ GIALLO; B/N; 95'; USA, 1952.

BALTIC STORM ★
Regia di REUBEN LEDER. Con HERB ANDRESS, DIETER LASER, JURDEN PROCHNOW, GRETA SCACCHI, BARBARA SCHONE, DONALD SUTHERLAND. ■ Nel 1994 una nave svedese-estone calò a picco nel Mar Baltico, con 852 vittime, e 137 sopravvissuti. Nessuno seppe dare un motivo dell'accaduto. Solo tre anni dopo l'incidente un avvocato svedese e una giornalista tedesca si incontrano per scoprire insieme le misteriose cause dell'affondamento. Un film da seconda serata televisiva.■ DRAMMATICO; COL.; 113'; GERMANIA, INGHILTERRA, 2003.

BALTIMORE BULLET *(The Baltimore Bullet)* ★★
Regia di ROBERT ELLIS MILLER. Con BRUCE BOXLEITNER, JAMES COBURN, OMAR SHARIF. ■ È la vicenda di un campione di biliardo che, pur disprezzando tornei e premi, si convince a partecipare ad un torneo perché è questo l'unico modo di vincere un suo imbattibile nemico. ■ COMMEDIA; COL.; 103'; USA, 1980.

BALTO ★★
Regia di SIMON WELLES. ■ Balto, mezzo cane e mezzo lupo porta, attraverso un terribile viaggio di mille chilometri, i medicinali che serviranno a salvare un gruppo di bambini che si è ammalato di difterite. Un cartone complesso, voluto da Spielberg, che non ha però richiamato un grande pubblico. ■ ANIMAZIONE; COL.; 92'; USA, 1996.

BALZAC E LA PICCOLA SARTA CINESE ★★
(Balzac et la petite tailleuse chinoise)
Regia di DAI SIJIE. Con WANG HONG WEI, CHEN KUN, WANG SHUANGBAO, ZHOU XUN, LIU YE, CONG ZHIJUN. ■ Carta e immagini in due mani per un film autoriale che strizza l'occhio al cinema *mainstream*. La vicenda è ambientata in Cina, durante il periodo maoista. Lou e Ma sono due amici, relegati in un paesino di montagna per rieducarsi, poiché considerati rivoluzionari dal regime. Una ragazza, una giovane sarta, attrae le loro attenzioni e li conduce a rubare una cassa di libri occidentali, piccolo tesoro, simbolo della loro *joie de vivre*. ■ DRAMMATICO; COL.; 116'; CINA, FRANCIA, 2002.

BALZO NEL TEMPO *(Quantum Leap)* ★★
Regia di DAVID HEMMINGS. Con SCOTT BAKULA. ■ Sorta di *Ritorno al futuro* con Sam, scienziato, che si ritrova pilota nel 1956. Le difficoltà intervengono quando si tratta di raggiungere di nuovo il presente. Film pilota di una serie televisiva, è diretto dall'ex attore David Hemmings, famoso per *Blowup* e *Profondo rosso*. ■ FANTASTICO; COL.; 89'; USA, 1989.

BALZO NEL TEMPO 2, UN ★
(Quantum Leap 2: The Leap Home)
Regia di JOE NAPOLITANO, MICHAEL ZINBERG. Con SCOTT BAKULA, DEAN STOCKWELL. ■ Seconda parte cinematografica di quello che sarebbe poi diventato il serial giunto sui nostri teleschermi con il titolo *In viaggio nel tempo*. ■ FANTASTICO; COL.; 84'; USA, 1990.

BAMBA, LA ★★★
Regia di LUIS VALDEZ. Con ROSANA DE SOTO, LOU DIAMOND

PHILLIPS, ESAI MORALES, ELIZABETH PENA. ■ Ricardo Valenzuela, un giovane di origine messicana che fa il bracciante a S. Fernando Valley in California, coltiva una forte passione per la musica, osteggiato però dalla famiglia, che tuttavia si ricrede quando tre brani rock da lui composti e cantati arrivano in testa alle classifiche. Ma improvvisamente Ricardo muore in un incidente aereo a soli diciassette anni. La pur splendida colonna musicale è poco più di un pretesto per un'illustrazione incisiva delle condizioni di vita delle comunità ispanoamericane. ■ DRAMMATICO; COL.; 108'; USA, 1987. ■ GOLDEN GLOBES 1 NOM.

BAMBI ★★★★
Regia di DAVID HAND (E WALT DISNEY). ■ Bambi è un bel cerbiatto che impara a vivere nella foresta, a conoscere i pericoli dell'ambiente e l'alternarsi delle stagioni. Diventato adulto, incontra la compagna giusta e forma la sua famiglia. Il film è tra i più significativi prodotti disneyani. ■ ANIMAZIONE; COL.; 72'; USA, 1942. ■ OSCAR 3 NOM.

BAMBI E IL GRANDE PRINCIPE DELLA FORESTA *(Bambi 2)* ★★
Regia di BRIAN PIMENTAL. ■ Bambi è rimasto orfano della madre e viene cresciuto dal padre, il quale, pur non avendo esperienza in materia, riesce ad insegnare al figlio a sopravvivere nella foresta, comportandosi con dignità e orgoglio, caratteristiche che devono essere proprie del figlio del Grande Principe della foresta. Proseguendo il filone di sequel di successo, la Disney riporta sul grande schermo le avventure del cerbiatto che commossero le platee di tutto il mondo con la triste vicenda della scomparsa della madre. ■ ANIMAZIONE; COL.; 75'; USA, 2006.

BAMBINA NEL POZZO, LA *(The Well)* ★★
Regia di LEO POPKIN, RUSSELL ROUSE. Con GWENDALYN LASHER, MAIDIE NORMAN, RICHARD ROBER. ■ La sparizione di una bambina negra provoca l'arresto di un ragazzo e uno scoppio di violenza da parte degli abitanti di colore della città. Un indizio permette di scoprire che la piccola è finita in un pozzo dal quale proprio l'accusato riuscirà a recuperarla viva. ■ DRAMMATICO; B/N; 85'; USA, 1952. ■ OSCAR 2 NOM.

BAMBINI CI AMANO, I ★★
Regia di ENZO DELLA SANTA. Con ROBERTO BIONDI, AMALIA GOTTARDI, KITTI LORITZ, ROBERTO MAFFEI, OTELLO SENO. ■ Un vedovo si risposa ma il figlioletto rifiuta la matrigna e lo costringe a separarsene. L'uomo comincia a bere. Allora il bambino convincerà la nuova mamma a tornare a casa. ■ DRAMMATICO; B/N; 82'; ITALIA, 1955.

BAMBINI CI GUARDANO, I ★★★★
Regia di VITTORIO DE SICA. Con EMILIO CIGOLI, LUCIANO DE AMBROSIS, ISA POLA, ADRIANO RIMOLDI. ■ Una donna tradisce il marito e ne provoca il suicidio. Lo sviluppo della tragedia è osservato e sofferto dal loro figlio, il piccolo Pricò. È uno dei primi esempi, assieme a *Ossessione*, del nuovo cinema italiano che avrebbe dato vita al neorealismo. L'attore Emilio Cigoli, qui nella parte del marito, avrebbe dato la voce a tantissimi attori (Gary Cooper, Gregory Peck, John Wayne, Jean Gabin). Il soggetto è tratto dal romanzo *Pricò* di Cesare Giulio Viola. ■ DRAMMATICO; B/N; 80'; ITALIA, 1943.

BAMBINI DELLA SUA VITA, I ★
Regia di PETER MARCIAS. Con JULIEN ALLUGUETTE, GIULIA BELLU, CARLA BUTTARAZZI, PIERA DEGLI ESPOSTI, CATERINA GRAMAGLIA. ■ Alice osserva bene la realtà che la circonda. Rincorre i segni di un'infanzia trascorsa a tempo pieno con la nonna, meno con la madre tossicodipendente, più spesso con Julien, un architetto che nasconde bene la sua identità. Quando le viene lasciata in eredità la vecchia casa, dove ha vissuto gli anni più difficili, la sua ricerca diventa un viaggio dentro l'anima che la porterà a confondere realtà e fantasia, e forse a ricevere una risposta alla domanda che più la tormenta: "chi è mio padre?". ■ DRAMMATICO; COL.; 90'; ITALIA, 2011.

BAMBINI DI COLD ROCK, I *(The Tall Man)* ★★
Regia di PASCAL LAUGIER. Con JESSICA BIEL, WILLIAM B. DAVIS, JODELLE FERLAND, SAMANTHA FERRIS, STEPHEN MCHATTIE. ■ Ex cittadina mineraria nella zona nord-occidentale del Pacifico, Cold Rock è abitata da una comunità sconvolta dalle inspiegabili sparizioni dei suoi bambini, svaniti nell'aria senza lasciare la minima traccia. Per alcuni, colpevole delle scomparse sarebbe un non meglio identificato "uomo alto", tremenda figura che qualcuno giura di aver visto nel bosco al tramonto. Julia Danning, una risoluta infermiera che fa il possibile per tenere uniti i cittadini terrorizzati, reputa la storia una superstizione fino a quando, una sera, non assisterà al rapimento di suo figlio. Primo film girato in inglese dal francese Pascal Laugier, *I bambini di Cold Rock* è uno di quei classici titoli che si negano a chiunque voglia stiparli in una categoria precisa. ■ THRILLER; COL.; 100'; USA, 2012.

BAMBINO CHE AMAVA IL NATALE, IL ★
(The Kid Who Loved Christmas)
Regia di ARTHUR ALLAN SEIDELMAN. Con SAMMY DAVIS JR, CICELY TYSON. ■ Un bambino orfano perde anche la madre adottiva. Il clima è natalizio e il produttore è Eddie Murphy in vena di commozioni facili. ■ SENTIMENTALE; COL.; 93'; USA, 1990.

BAMBINO CON IL PIGIAMA A RIGHE, IL ★★★
(The Boy in the Striped Pyjamas)
Regia di MARK HERMAN. Con ASA BUTTERFIELD, VERA FARMIGA, ZAC MATTOON O'BRIEN. ■ Berlino, anni Quaranta. Bruno è un bambino di otto anni con grandi occhi chiari e una passione sconfinata per l'avventura, che divora nei suoi romanzi e condivide coi compagni di scuola. Il padre di Bruno, ufficiale nazista, viene promosso e trasferito con la famiglia in campagna. La nuova residenza è ubicata a poca distanza da un campo di concentramento in cui si pratica l'eliminazione sistematica degli ebrei. Bruno, costretto ad una noiosa e solitaria cattività dentro il giardino della villa, trova una via di fuga per esplorare il territorio. Oltre il bosco e al di là di una barriera di filo spinato elettrificato incontra Shmuel, un bambino ebreo affamato di cibo e di affetto. Sfidando l'autorità materna e l'odio insensato indotto dal padre e dal suo tutore, Bruno intenderà (soltanto) il suo cuore e supererà le recinzioni razziali. Il regista inglese è abile a evitare gli stereotipi della storia "cattiva" e della contrapposizione tra infanzia idealizzata e abiezioni del mondo adulto, analizzando la durezza di un'epoca (la Germania nazionalsocialista) e di un'età (l'infanzia). ■ DRAMMATICO; COL.; 93'; USA, 2008.

BAMBINO DI KABUL, IL *(Kabuli Kid)* ★★
Regia di BARMAK AKRAM. Con HELENA ALAM, AMÉLIE GLENN, HADJI GUL, MESSI GUL, MOHAMMAD CHAFI SAHEL, VALÉRY SCHATZ. ■ Kabul, oggi. Un tassista carica sulla sua auto una donna totalmente coperta dal burqa, con un bambino in braccio. Il neonato viene abbandonato dalla madre nella vettura e il tassista inizia a girare per la città cercando di risolvere il problema. Dopo aver inutilmente provato ad affidarlo all'orfanotrofio o alla polizia, è costretto a portarselo a casa, dove la moglie, che ha avuto solo figlie femmine, lo accoglie e lo allatta. Entra poi in contatto con due rappresentanti francesi di una ONG che si offrono di ricompensare con 100 dollari la madre del bambino se risponderà a un annuncio diramato da Radio Kabul. Quando all'ingresso della radio si presentano numerose "madri" del bambino, tutte nascoste dal burqa, il tassista riconosce quella vera da un neo alla caviglia. ■ DRAMMATICO; COL.; 97'; AFGHANISTAN, FRANCIA, 2008.

BAMBINO D'INVERNO, IL *(L'enfant de l'hiver)* ★★
Regia di OLIVER ASSAYAS. Con GÉRARD BLAIN, COTILDE DE BAYSER, MICHEL FELLER, MARIE MATHERON. ■ Una coppia aspetta un bambino ma ognuno si fa i fatti suoi. Il regista è stato critico dei «Cahiers du Cinéma», come Truffaut e Godard. ■ DRAMMATICO; COL.; 85'; FRANCIA, 1989.

BAMBINO D'ORO, IL *(The Golden Child)* ★★
Regia di MICHAEL RITCHIE. Con CHARLES DANCE, CHARLOTTE LEWIS, EDDIE MURPHY. ■ Ogni mille generazioni nasce un bambino dai magici poteri, così crede una setta orientale. Sardo Numspa, il male in persona, rapisce il piccolo per ucciderlo. Gli orientali si rivolgono a Chandler Jarrell, esperto californiano di bambini scomparsi. Convinto facilmente dalla bella Kee Nang, egli si trova coinvolto in oscure avventure che lo portano perfino in Tibet. Fenomeni esoterici provocano il "male" che si trasforma in un

diavolo che Chandler sconfigge. Liberazione del bambino d'oro e lieto fine per l'eroe e Kee. ■ FANTASTICO; COL.; 93'; USA, 1986.

BAMBINO E IL GRANDE CACCIATORE, IL ★★
(The Earthling)
Regia di PETER COLLINSON. Con WILLIAM HOLDEN, RICKY SCHROEDER, JACK THOMPSON. ■ Un americano decide di morire nei selvaggi posti che lo videro ragazzo. Lì, incontra un ragazzino di città che vaga disperato per la boscaglia dopo la morte in un incidente stradale dei genitori. L'uomo prossimo a morire e il piccolo orfano diventano amici. L'uomo insegnerà al ragazzo a sopravvivere in quelle solitudini, così da potersela cavare quando lui non sarà più in vita. ■ AVVENTURA; COL.; 102'; AUSTRALIA, 1980.

BAMBINO E IL POLIZIOTTO, IL ★★
Regia di CARLO VERDONE. Con BARBARA CUPISTI, ADRIANA FRANCESCHI, FEDERICO RIZZO, CARLO VERDONE. ■ Un commissario di polizia romano si trova tra capo e collo un ragazzino provvisoriamente senza la madre, che deve scontare un periodo in carcere per avere spacciato droga con una banda di teppisti. Egli si trasforma in trepidante padre putativo, tanto il piccolo gli è diventato caro con il passare del tempo. Quando quest'ultimo viene rapito dalla banda di spacciatori, il commissario si butta alla ricerca senza risparmio di energie. Lo ritroverà e troverà anche la giovane mamma. Difficile per un regista e interprete così caratterizzato uscire dal suo ruolo standard di commedia all'italiana. ■ COMMEDIA; COL.; 118'; ITALIA, 1989.

BAMBINO PERDUTO – PER RITROVARTI, IL ★★★
(Little Boy Lost)
Regia di GEORGE SEATON. Con BING CROSBY, CHRISTIAN FOURCADE, NICOLE MAUREY. ■ Durante la guerra, un americano è costretto ad abbandonare in Francia la moglie (che verrà giustiziata dai tedeschi) e il figlio neonato. Dopo otto anni l'uomo cerca il bambino, e lo trova in un orfanotrofio. Disposto a tenerlo nonostante i sospetti sulla sua identità, ottiene casualmente la prova che si tratta veramente di suo figlio. ■ DRAMMATICO; B/N; 95'; USA, 1954.

BAMBOLA
Regia di BIGAS LUNA. Con MANUEL BANDERA, STEFANO DIONISI, VALERIA MARINI, JORGE PERUGORRIA. ■ Settimio uccide incidentalmente un amico di "Bambola". Lei, insieme a suo fratello lo va a trovare in carcere, dove c'è Furio che si innamora di Bambola, mentre il fratello si innamora di Settimio, che viene violentato dagli amici di Furio. Furio esce (per buona condotta) e va a convivere con Bambola e il fratello. Alla fine viene ucciso dal fratello che vivrà felice con Settimio uscito di prigione. Bambola se ne andrà in treno. La qualità del plot salta agli occhi. Nella sua ormai lunga storia il cinema ha accolto Carnera e Tiberio Mitri, Gigi Rizzi e Vittorini, Soraya e Mike Bongiorno. Ha dato la possibilità di fare un film alla coppia Ciprì-Maresco, ha fatto incassare miliardi a pellicole con Boldi protagonista. Il cinema dunque accoglie anche l'"attrice" Marini e il "regista" Luna. Il nodo non sono le scene di nudo e di sesso promiscuo, secondo la vocazione del regista, non è la morbosità, alla quale siamo abituati. È la licenza di poter far tutto questo. C'è chi ha prodotto questo film, chi lo ha girato, chi lo ha interpretato. E c'è chi ha permesso che uscisse. È un segnale significativo e disgraziato dello stato del nostro Paese negli anni Novanta. Io che scrivo dico che mai sono uscito da una sala con un malessere così profondo. E confesso il grande disagio perché sono costretto a scrivere, e lungamente, di questo "film", diventando a mia volta involontario complice dell'associazione a delinquere. ■ DRAMMATICO; COL.; 94'; ITALIA, 1996.

BAMBOLA ASSASSINA *(Child's Play)* ★★
Regia di TOM HOLLAND. Con BRAD DOURIF, CATHERINE HICKS, CHRIS SARANDON. ■ Un killer psicopatico viene ferito a morte da un poliziotto. Ma prima di morire riesce a trasmettere la sua anima a una bambola. Nel suo nuovo involucro seguita a commettere omicidi, ma accusato di essi è un bambino di sei anni, figlio della donna che aveva acquistato il bambolotto. ■ HORROR; COL.; 91'; USA, 1988.

BAMBOLA ASSASSINA 2, LA *(Child's Play 2)* ★★
Regia di JOHN LAFIA. Con JENNY AGUTTER, ALEX VINCENT. ■ Se vi è piaciuto il primo episodio questo vi apparirà più debole, nonostante sia diretto dal regista di *Blue iguana*, tuttavia il terribile bambolotto che prende il nome di Chucky ha ancora qualche cartuccia da sparare. Dopo essere stato rimesso a nuovo da una ditta di giocattoli, il perfido cerca di infastidire ancora il povero Andy, il bambino del vecchio episodio. ■ HORROR; COL.; 80'; USA, 1990.

BAMBOLA ASSASSINA 3, LA *(Child's Play 3)* ★★
Regia di JACK BENDER. Con PERREY REEVES, JUSTIN WHALIN. ■ Ed eccoci al terzo capitolo, meglio del secondo, ma inutile come la maggior parte dei sequel. Andy Barclay è stato perseguitato già due volte da un bambolotto demoniaco che aveva in sé lo spirito di un pericoloso delinquente. Ora ritorna mentre lui è in un collegio militare. ■ HORROR; COL.; 86'; USA, 1991.

BAMBOLA CINESE *(China Doll)* ★★
Regia di FRANK BORZAGE. Con WARD BOND, JOHNNY DESMOND, LI LI HUA, BOB MATHIAS, VICTOR MATURE, STUART WHITMAN. ■ In tempo di guerra un ufficiale statunitense si innamora della cinese che gli fa da domestica, e quando apprende che aspetta un figlio la sposa. L'uomo rimane ucciso durante un'incursione aerea e anche la moglie muore. Qualche anno dopo la loro bambina si trasferirà in America. ■ DRAMMATICO; B/N; 88'; USA, 1958.

BAMBOLA DEL DIAVOLO, LA *(The Devil-Doll)* ★★★
Regia di TOD BROWNING. Con LIONEL BARRYMORE, MAUREEN O'SULLIVAN. ■ Un banchiere fugge dall'Isola del Diavolo dopo molti anni di detenzione. Utilizzando una droga capace di miniaturizzare gli esseri umani, apre un negozio di bambole viventi che diventano gli strumenti della sua vendetta. Un incidente distruggerà il laboratorio. ■ FANTASTICO; B/N; 79'; USA, 1936.

BAMBOLA DI CARNE, LA *(Die Puppe)* ★★★
Regia di ERNST LUBITSCH. Con VICTOR JANSON, MARGA KOHLER, MAX KRONERT, HERMANN THIMIG. ■ Un piccolo villaggio è in subbuglio. Il barone di Chanterelle vuole trovare una sposa al nipote, erede universale. Chiede a tutte le ragazze di andare sulla piazza del mercato perché il giovane possa scegliere la sua futura moglie. ■ COMMEDIA; B/N; 50'; GERMANIA, 1919.

BAMBOLA DI CERA, LA *(The Psychopath)* ★★
Regia di FREDDIE FRANCIS. Con MARGARET JOHNSTON, ALEXANDER KNOX, JOHN STANDING, PATRICK WYMARK. ■ Accanto al cadavere di un uomo assassinato, viene trovato un pupazzo che mette l'ispettore di Scotland Yard su una falsa traccia. Solo dopo altri tre omicidi, riuscirà a scovare il vero colpevole. ■ HORROR; COL.; 83'; GRAN BRETAGNA, 1967.

BAMBOLA DI PEZZA, LA *(Picture Mommy Dead)* ★★★
Regia di BERT I. GORDON. Con DON AMECHE, ZSA ZSA GABOR, SUSAN GORDON, SIGNE HASSO, MARTHA HYER. ■ Una piccola ereditiera appena uscita da una clinica psichiatrica (ha subìto uno choc per la morte della madre) è oggetto di attentati. ■ GIALLO; COL.; 88'; USA, 1966.

BAMBOLA DI SATANA, LA ★
Regia di FERRUCCIO CASAPINTA. Con AURORA BATISTA, ROLAND CAREY, ETTORE RIBOTTA, ERNA SCHURER. ■ Una ragazza trascorre una notte tormentata nel castello che ha ereditato. L'amministratrice e il suo amante tentano di spaventarla per entrarne in possesso, ma vengono scoperti e assicurati alla giustizia. ■ GIALLO; COL.; 91'; ITALIA, 1970.

BAMBOLA MECCANICA MODELLO CHERRY 2000 ★★
(Cherry 2000)
Regia di STEVE DE JARNATT. Con DAVID ANDREWS, MELANIE GRIFFITH. ■ Western del futuro con giovanotto alla disperata ricerca di donna-robot di cui è innamorato. Durante l'avventura però s'innamora di polposa (e interamente umana) cacciatrice di taglie. ■ AVVENTURA; COL.; 96'; USA, 1987.

BAMBOLA NERA, LA *(The Black Doll)* ★★
Regia di OTIS GARRETT. Con C. HENRY GORDON, NAN GREY, EDGAR KENNEDY, DONALD WOODS. ■ Un ricco possidente messicano riceve una bambola nera, simbolo di morte. Poco dopo, infatti, viene ucciso e la figlia si sottrae per miracolo a una fine analoga. Il suo fidanzato riuscirà a scoprire il fantomatico assassino. ■ GIALLO; B/N; 66'; USA, 1940.

BAMBOLE, LE ★★★
Regia di MAURO BOLOGNINI, LUIGI COMENCINI, DINO RISI, FRANCO ROSSI. Con MAURIZIO ARENA, PIERO FOCACCIA, VIRNA LISI, GINA LOLLOBRIGIDA, NINO MANFREDI, ORAZIO ORLANDO, ELKE SOMMER, JEAN SOREL, MONICA VITTI. ■ Sono quattro episodi: un marito impaziente finisce tra le braccia della formosa dirimpettaia; una svedese, contrariamente alle sue intenzioni, sposa un uomo brutto; una donna cerca invano di uccidere il noioso consorte; la proprietaria di un albergo fa di tutto perché l'uomo che ama si accorga di lei. ■ COMMEDIA; B/N; 110'; ITALIA, 1965.

BAMBOLE DEL DESIDERIO, LE *(The Strangler)* ★★★
Regia di BURT TOPPER. Con VICTOR BUONO, ELLEN CORBY, DAVEY DAVISON, DAVID MCLEAN, DIANE SAYER. ■ Un uomo, traumatizzato dall'eccessivo affetto materno, è l'insospettabile autore di numerosi delitti. A mettere la polizia sulle sue tracce sono alcune rivelazioni della ragazza che egli segretamente ama; l'assassino viene eliminato *in extremis*, proprio quando sta per fare di lei – che ha rifiutato di sposarlo – l'ennesima vittima. ■ GIALLO; B/N; 89'; USA, 1964.

BAMBOLE E SANGUE *(Private Parts)* ★★
Regia di PAUL BARTEL. Con LUCILLE BENSON, AYN RUYMEN, JOHN VENTANTONIO. ■ Una commedia nera diretta da Paul Bartel, oggi noto per *Scene di lotta di classe a Beverly Hills*. Una ragazzina vuol mostrarsi emancipata e rifiuta le *avance* di un boyfriend per accettare l'invito in un motel di un uomo navigato. Si troverà impegolata con una serie di personaggi strani. ■ COMMEDIA; COL.; 86'; USA, 1972.

BAMBOLE RUSSE *(Les poupées russes)* ★★★
Regia di CÉDRIC KLAPISCH. Con KEVIN BISHOP, CÉCILE DE FRANCE, ROMAIN DURIS, EVGUENYA OBRATZSOVA, KELLY REILLY, AUDREY TAUTOU. ■ Cinque anni sono trascorsi dagli eventi de *L'Appartamento Spagnolo*: Xavier, trentenne, ha coronato il proprio sogno di vivere facendo lo scrittore, ma la sua vita sentimentale, e quella dei suoi ex-coinquilini ai tempi dell'Erasmus, continua ad essere il solito caos. Fluidità narrativa e buona sensibilità registica in una commedia romantico-esistenzialista dal discreto spessore. ■ COMMEDIA; COL.; 125'; FRANCIA, GRAN BRETAGNA, 2005.

BAMBOLONA, LA ★★★
Regia di FRANCO GIRALDI. Con LILLA BRIGNONE, ISABELLA REI, UGO TOGNAZZI. ■ Un ricco e maturo professionista frequenta una bella quanto difficile adolescente, apparentemente apatica, che non è disposta a cedergli. La ragazza, che aspetta un figlio, approfitterà della situazione e gli farà sborsare un milione per non essere denunciato. ■ COMMEDIA; COL.; 107'; ITALIA, 1969.

BAMBOOZLED ★★★
Regia di SPIKE LEE. Con TOMMY DAVIDSON, SAVION GLOVER, JADA PINKETT-SMITH, DAMON WAYANS. ■ Pierre Delacroix è uno sceneggiatore televisivo di colore che vuole sfondare. È il solo nero in uno studio tutto formato da bianchi e con un capo, Dunwitty, sotto pressione perché la rete (CNS) perde costantemente audience. A Delacroix viene allora un'idea per salvare il proprio posto e il network. Ispirandosi ai film e agli spettacoli in cui i neri venivano rappresentati da bianchi che si tingevano il volto o da neri ridicoli, scrive uno show decisamente razzista. Saranno però due neri a tingersi il volto e ad andare in scena. Trova due ballerini di tip tap da strada che sembrano fare al caso suo. Lo show ottiene un immediato successo e Dunwitty è al settimo cielo. Solo la fedele segretaria di edizione di Delacroix (anche lei di colore) non approva. Non basta dire che si fa dell'ironia: qui si solleticano i più bassi istinti del pubblico. Le polemiche non mancano ma, soprattutto, non manca l'audience. C'è però un gruppo di *rapper* duri, i Mau Mau, che decidono di farla pagare al protagonista principale dello show, Mantan. Il quale ha appena preso coscienza della propria prostituzione artistica quando viene rapito ed ucciso in diretta mondiale. La sorte di Delacroix (per altra mano) non sarà migliore. Spike Lee è finalmente tornato al suo naturale modo di fare cinema. ■ COMM. DRAMMATICA; COL.; 135'; USA, 2000.

BAMBULÈ ★★
Regia di MARCO MODUGNO. Con CICO DIAZ, FULVIA MIDULLA, MARCO MODUGNO, DARIO SILVAGNI. ■ Crudele favola di tre ragazzi che sognano di arrivare un giorno nel Taranà, inesistente paese dove regna la felicità che non riescono a trovare in casa propria. Non c'è niente che riesca ad interessare i tre i quali, appena hanno un po' di denaro, acquistano un'automobile per partire. Il loro viaggio è breve, come tutti i loro sogni precedenti. ■ DRAMMATICO; COL.; 98'; ITALIA, 1979.

BAM GUA NAT ★★
Regia di HONG SANGSOO. Con PARK EUNHYE, HWANG SOOJUNG, KIM YOUNGHO. ■ Sungnam è un quarantenne sposato che ha lasciato il proprio Paese perché accusato di consumo di marjuana, per il quale rischia l'arresto. Ha raggiunto Parigi dove, essendo lui un pittore, pensa di trovare ispirazione. Di fatto girovaga per le strade e qui fa il primo incontro importante: una sua ex compagna con la quale (ora sposata) riprende una relazione dalla quale però fugge rapidamente. Il suo interesse si orienta allora verso una studentessa di arte, presentatagli dal padrone di casa. Yujeong, questo è il suo nome, lo attrae nonostante la differenza d'età e benché lei inizialmente lo tenga sulla corda. Hong Sansoo è noto tra chi ama il cinema coreano come un appassionato cultore della Nouvelle Vague. In questo film la passione per quel genere di cinema francese gli ha però preso troppo la mano. ■ DRAMMATICO; COL.; 145'; COREA DEL SUD, 2007.

BANANA JOE ★★
Regia di STENO. Con GIANFRANCO BARRA, GIORGIO BRACARDI, BUD SPENCER. ■ Grande, grosso e buono, Banana Joe vende banane per foraggiare gli indigeni di una non meglio precisata repubblica sudamericana. I cattivi di turno gli metteranno i bastoni tra le ruote, ma le prenderanno di santa ragione. ■ COMMEDIA; COL.; 92'; GERMANIA, ITALIA, 1982.

BANANA REPUBLIC ★★★
Regia di OTTAVIO FABBRI. Con ROSALINO CELLAMARE, LUCIO DALLA, FRANCESCO DE GREGORI. ■ Con questo film si entra nella realtà della fortunatissima tournée italiana effettuata nell'estate del '79 da Lucio Dalla, Francesco De Gregori, Ron e i loro collaboratori. ■ DOCUMENTARIO; COL.; 97'; ITALIA, 1979.

BANANA SPLIT *(The Gang's All Here)* ★★★
Regia di BUSBY BERKELEY. Con ALICE FAYE, CARMEN MIRANDA, EUGENE PALLETTE. ■ Grandi coreografie com'è d'uso nei film di Berkeley. Tra un sergente di ricca famiglia e una cantante nasce l'amore. Purtroppo lui ha già una promessa sposa ma il lieto fine è dietro l'angolo. Celebre il numero di Carmen Miranda adornata di banane. ■ COMM. MUSICALE; B/N; 105'; USA, 1944. ■ OSCAR 1 NOM.

BANCA DEL SEME PIÙ PAZZA DEL MONDO, LA ★
(Frozen Assets)
Regia di GEORGE T. MILLER. Con CORBIN BERNSEN, SHELLEY LONG, LARRY MILLER. ■ Una società di Los Angeles vuole avviare una speculazione sul servizio che viene fornito da una banca del seme che si trova in una cittadina dell'Oregon. Viene quindi inviato sul posto Zach il quale riesce a ribaltare la tranquilla conduzione di Grace nonché la vita del piccolo centro. La comicità non è né demenziale né volgare. Semplicemente non è. ■ COMICO; COL.; 93'; USA, 1992.

BANCA DI MONATE, LA ★★★
Regia di FRANCESCO MASSARO. Con PAOLO BONACELLI, WALTER CHIARI, VINCENT GARDENIA, MAGALI NOËL. ■ Tratto dal racconto omonimo di Piero Chiara, il film narra di un direttore di banca fallito che, per risollevare la sua situazione finanziaria, tenta di far concludere alla figlia un matrimonio d'interesse. Non riuscendoci, manovra una rapina alla sua stessa banca della quale diverrà presidente. ■ COMMEDIA; COL.; 106'; ITALIA, 1976.

BANCHETTO DI NOZZE, IL *(The Wedding Banquet)* ★★★8
Regia di ANG LEE. Con WINSTON CHAO, MAY CHIN, MITCHELL LICHTENSTEIN, SIHUNG LUNG. ■ Si tratta del quarto lungometraggio del regista Lee, taiwanese di nascita. Sono però molti anni che l'autore si è trasferito negli Stati Uniti e infatti la produzione è anche americana. Il protagonista è Wai-Tung, cinese trapiantato a New York. Ha intrapreso con successo la carriera di imprenditore, è instabile psicologicamente e di tendenza omoses-

suale. Il suo uomo, Simon, gli consiglia di prendere in moglie Wei-Wei, che ha problemi finanziari. La situazione però precipita perché, per partecipare al matrimonio, i parenti di lui approdano a Manhattan. La storia è una miscela tra *Green Card* di Peter Weir e *Il vizietto* di Molinaro. Il regista è bravo nel fondere ironia e ritmo da farsa alla Feydeau e ciò che ne esce è un gradevole film, ben interpretato e fotografato. Successo sia in Italia che negli Stati Uniti. ■ COMMEDIA; COL.; 102'; TAIWAN, USA, 1993. ■ BERLINO 🏅 1 PR; GOLDEN GLOBES 1 NOM; OSCAR 1 NOM.

BANCHETTO DI PLATONE, IL ★★★
Regia di MARCO FERRERI. Con PHILIPPE LÉOTARD, IRENE PAPAS. ■ Alcuni tra i maggiori autori e filosofi dell'antica Grecia – da Socrate ad Aristofane, da Febo a Pausania – disquisiscono sul dio Amore. Il film è ispirato al *Simposio* di Platone. Un film misconosciuto di Marco Ferreri, prodotto da France 3. ■ STORICO; COL.; 80'; FRANCIA, ITALIA, 1988.

BANCHIERA, LA *(La banquière)* ★★★
Regia di FRANCIS GIROD. Con JEAN-CLAUDE BRIALY, ROMY SCHNEIDER, JEAN-LOUIS TRINTIGNANT. ■ Siamo a Parigi, negli anni Trenta. Emma Eckhert (ispirata al personaggio di Marthe Hanau), ebrea alsaziana di umili origini, divorziata dal marito che le è però rimasto amico, ha una relazione con un'altra donna, ricchissima. Grazie ai soldi dell'amante, Emma apre una cassa di risparmio, che ha subito un grande successo e che dà fastidio ad alcuni esponenti del mondo politico. Finita in carcere, Emma, anziché ricattare i numerosi personaggi politici che figuravano tra la sua clientela, fa lo sciopero della fame e poi riesce a evadere. Un killer stroncherà la sua carriera bancaria e la sua vita. ■ DRAMMATICO; COL.; 131'; FRANCIA, 1980.

BANCHIERI DI DIO – IL CASO CALVI, I ★★
Regia di GIUSEPPE FERRARA. Con OMERO ANTONUTTI, ALESSANDRO GASSMAN, GIANCARLO GIANNINI, RUTGER HAUER, PAMELA VILLORESI. ■ A vent'anni dall'omicidio di Roberto Calvi, il presidente del Banco Ambrosiano, si cerca di ricostruire quella vicenda con attori di nome ma con un taglio molto televisivo. Calvi era stato trovato morto sotto un ponte di Londra dopo la bancarotta. I legami tra Chiesa e massoneria avevano ingarbugliato la vicenda e il film non aggiunge nulla di realmente nuovo. ■ DRAMMATICO; COL.; 100'; ITALIA, 2001.

BANCO PAZ *(Scorched)* ★★
Regia di GAVIN GRAZER. Con JOHN CLEESE, PAULO COSTANZO, WOODY HARRELSON, DAVID KRUMHOLTZ, RACHAEL LEIGH COOK, JOSHUA LEONARD, ALICIA SILVERSTONE. ■ Nell'arco di trentasei ore la Desert Savings Bank sarà rapinata. Il ladro sarà uno dei dipendenti? Molti di loro ci stanno in effetti pensando... Con un buon ritmo, interessanti incastri narrativi e alcune caratterizzazioni piacevoli il film getta un po' di vetriolo sul sogno americano (che qui si trasforma nell'impellente desiderio di rubare al prossimo). ■ COMMEDIA; COL.; 89'; USA, 2002.

BANDA, LA *(Bikur Ha-Tizmoret)* ★★★
Regia di ERAN KOLIRIN. Con SALEH BAKRI, RONIT ELKABETZ, SASSON GABAI, KHALIFA NATOUR. ■ La banda musicale della polizia di Alessandria d'Egitto viene invitata a suonare all'inaugurazione del centro culturale arabo di una cittadina israeliana. All'aeroporto di Tel Aviv non c'è nessuno ad attendere il gruppo di musicisti, così il pragmatico direttore d'orchestra e colonnello Tewfiq decide di raggiungere il luogo con un autobus locale. Arrivato nella remota e desertica cittadina, capisce che, per un difetto di pronuncia, ha sbagliato destinazione. Non si trova nella moderna Petah Tikva, bensì nell'arida Bet Hatikva. Poiché non c'è modo di andarsene da lì (c'è una sola corriera che passa una volta al giorno) gli otto egiziani sono costretti ad accettare l'ospitalità di Dina, la bella proprietaria dell'unico ristorante del posto. Al suo esordio in un lungometraggio l'israeliano Eran Kolirin realizza una piccola opera cinematografica, densa di valore, trovando il modo per fotografare e raccontare il suo paese con umorismo, sentimento e nostalgia, utilizzando un linguaggio (e lanciando un messaggio) universale. ■ COMMEDIA; COL.; 90'; FRANCIA, ISRAELE, 2007.

BANDA BAADER MEINHOF, LA ★★★
(Der Baader Meinhof Komplex)
Regia di ULI EDEL. Con MORITZ BLEIBTREU, BRUNO GANZ, MARTINA GEDECK, ALEXANDRA MARIA LARA, JOHANNA WOKALEK. ■ Germania Federale, 1967. Durante una manifestazione pacifica contro la visita di Stato dello Scià di Persia Reza Pahlavi e consorte, la polizia attacca duramente i manifestanti, spara e uccide lo studente Benno Ohnesorg. Ulrike Meinhof, moglie, madre e giornalista militante della sinistra radicale tedesca conosce e intervista in carcere una delle responsabili: Gudrun Ensslin, figlia disinibita di un pastore protestante, madre di un figlio ripudiato e compagna di politica e di cuore di Andreas Baader. Affascinata dalla forza delle loro idee e della loro azione politica, la giornalista aiuta Gudrun a far evadere il suo compagno nella primavera del 1970. L'evasione di Baader diventa l'atto di nascita della Raf (Rote Armee Fraktion) e avvia la clandestinità della Meinhof. Elaborato il manifesto programmatico del gruppo armato, la Meinhof e i suoi compagni rapinano le banche e compiono attentati dinamitardi e omicidi per abbattere il capitalismo e lo "Stato maiale". Inaugurano in questo modo dieci anni di piombo e sangue che li condurranno dritti all'inferno, condannandoli all'*isolationsfolter* e al suicidio collettivo nella divisione di massima sicurezza di Stammheim. Il film ci rammenta che se gli anni Sessanta furono quelli del rinnovamento e dei movimenti, gli anni Settanta furono quelli del dolore e del rimpianto. Nella velocità dell'action Edel coglie e abita fino in fondo la dimensione di quella stagione. ■ DRAMMATICO; COL.; 149'; GERMANIA, 2008.

BANDA BONNOT, LA ★★★
(La bande à Bonnot/Les anarchistes)
Regia di PHILIPPE FOURASTIÉ. Con JACQUES BREL, BRUNO CREMER, ANNIE GIRARDOT, JEAN-PIERRE KALFON. ■ Al comando di Bonnot, alcuni anarchici combattono la società capitalistica. Un poliziotto scopre il loro covo: fa arrestare due banditi ma viene eliminato dal capo. Bonnot e il suo complice saranno poi uccisi dagli agenti. ■ DRAMMATICO; COL.; 90'; FRANCIA, 1969.

BANDA CASAROLI, LA ★★★
Regia di FLORESTANO VANCINI. Con JEAN-CLAUDE BRIALY, TOMAS MILIAN, RENATO SALVATORI, GABRIELE TINTI, MARIELLA ZANETTI. ■ Paolo Casaroli, "cervello" di numerose rapine effettuale nel 1950, uccide il poliziotto presentatosi a casa sua in base a precise informazioni. Spaventato, il bandito e il suo luogotenente iniziano una fuga costellata di assassinii ma vengono braccati: il primo viene ferito e arrestato, il secondo e un altro complice si suicidano. ■ DRAMMATICO; B/N; 103'; ITALIA, 1963.

BANDA DEGLI ANGELI – LA FRUSTA E LA CARNE, LA *(Band of Angels)* ★★★
Regia di RAOUL WALSH. Con YVONNE DE CARLO, CLARK GABLE, SIDNEY POITIER. ■ La figlia di un piantatore, che ha avuto per madre una donna di colore, perde la piantagione che viene acquistata da un proprietario terriero che s'innamora di lei. All'inizio delle ostilità tra Nord e Sud la ragazza, saputo che l'uomo si è arricchito col commercio degli schiavi, lo lascia. Nel momento del pericolo però accorre in suo aiuto e accetta di seguirlo. ■ DRAMMATICO; COL.; 127'; USA, 1958.

BANDA DEGLI INESORABILI, LA ★★
(Règlements de comptes)
Regia di PIERRE CHEVALIER. Con DANY CARROLL, DANIEL GÉLIN, BRYANT HALIDAY, NOËL ROQUEVERT. ■ Alcuni banditi tengono d'occhio un ladro per soffiargli la refurtiva. Uno sconosciuto – si scoprirà poi che è il figlio del derubato – lo aiuta a disfarsi degli avversari. ■ GIALLO; B/N; 91'; FRANCIA, 1963.

BANDA DEGLI ONESTI, LA ★★★★
Regia di CAMILLO MASTROCINQUE. Con PEPPINO DE FILIPPO, TOTÒ. ■ Venuto casualmente in possesso di un cliché rubato, un portiere si mette a fabbricare banconote false con due amici. Suo figlio, finanziere, è sulle tracce di una banda di spacciatori e l'uomo, per non comprometterlo, decide di costituirsi. Scopre però con gioia che l'unico biglietto che lui e i complici hanno speso è quello autentico, servito come modello per gli altri. ■ COMMEDIA; B/N; 82'; ITALIA, 1956.

BANDA DEGLI ONESTI, LA *(Ma petite entreprise)* ★★★
Regia di PIERRE JOLIVET. Con FRANÇOIS BÉRLEAND, VINCENT LINDON, ROSCHDY ZEM. ■ Yvan vive nella *banlieu* parigina. Un giorno un incendio gli distrugge il laboratorio di falegnameria. Quando denuncia il sinistro scopre che l'agente Maxime non aveva mai registrato il contratto intascando i premi. La vittima non trova altro mezzo che entrare nel computer centrale dell'assicurazione e retrodatare un contratto a proprio nome. Questo film in Francia ha avuto più di sei milioni di spettatori. Da noi è uscito in modo semiclandestino. Chiedersi il perché non è poi così scontato. È un film piacevole, che tratta temi seri come quello della furbizia come regola di vita e quello dell'arrangiarsi come unico mezzo per rivalersi. Ma lo fa con quella *souplesse* che solo ai francesi riesce e che gli italiani sembrano snobbare. ■ COMMEDIA; COL.; 100'; FRANCIA, 2000.

BANDA DEGLI OTTO, LA *(La banda de los ocho)* ★★
Regia di TULIO DEMICHELI. Con MARILOLI COBO, CESAR PULGARCITO QUEZADAS, LUZ ROMERO, ANTONIO VELA. ■ Un gruppo di bambini adotta un randagio. L'animale viene preso dall'accalappiacani e loro, per riscattarlo, si sottopongono a molti sacrifici. Il denaro di cui dispongono non è sufficiente: liberano con l'astuzia lui e gli altri cani. Il custode lascia correre. ■ COMMEDIA; B/N; 89'; SPAGNA, 1965.

BANDA DEI BABBI NATALE, LA ★★★
Regia di PAOLO GENOVESE. Con ALDO BAGLIO, GIORGIO COLANGELI, ANGELA FINOCCHIARO, GIACOMO PORETTI, GIOVANNI STORTI. ■ Sorpresi a "scalare" un edificio la notte di Natale, Aldo, Giovanni e Giacomo vengono arrestati e condotti davanti all'inflessibile commissario Irene Bestetti, impaziente di fare il verbale e di correre a casa a godersi in famiglia la Vigilia. Interrogato, il trio in abito rosso e barba bianca si racconta e confessa i propri affanni quotidiani. Aldo è un nullafacente col vizio per le scommesse e un amore sconfinato per Monica, esasperata dalla sua condotta; Giovanni è un veterinario irresponsabile con due matrimoni e due vite vissute tra Milano e Lugano; Giacomo è un medico seppellito da dodici anni sotto il ricordo di una moglie defunta e corteggiato senza effetto dalla vitale (e vivente) dottoressa Elisa. Compagni di vita e di bocce, sbocciando e accostando, proveranno a dimostrare la loro innocenza e a vincere il trofeo natalizio. ■ COMMEDIA; COL.; 100'; ITALIA, 2010.

BANDA DEI DIECI, LA *(Ten Wanted Men)* ★★
Regia di BRUCE H. HUMBERSTONE. Con RICHARD BOONE, JOCELYN BRANDO, RANDOLPH SCOTT, MINOR WATSON. ■ Il solito racconto ambientato nel Far West fra allevatori e cowboy. Un western minore interpretato da Randolph Scott. ■ WESTERN; COL.; 80'; USA, 1955.

BANDA DEI FALSIFICATORI, LA *(Crack-up)* ★★
Regia di IRVING REIS. Con HERBERT MARSHALL, PAT O'BRIEN, CLAIRE TREVOR. ■ Il consigliere di un museo vuol far credere pazzo il perito artistico per smerciare tele d'autore contro semplici copie. Ad un certo punto decide persino di sopprimerlo, ma fortunatamente la fidanzata della potenziale vittima avverte la polizia e lo salva. ■ POLIZIESCO; B/N; 93'; USA, 1955.

BANDA DEI FUORILEGGE, LA *(Billy the Kid Wanted)* ★
Regia di SHERMAN SCOTT. Con BUSTER CRABBE, DAVE TEX O'BRIEN, AL ST JOHN. ■ È il solito western che narra di banditi, di proprietari terrieri e di un eroe che si batte gratis. ■ WESTERN; B/N; 85'; USA, 1941.

BANDA DEI MIAU MIAU, LA ★★
■ Il film è composto da una serie di cartoni animati annunciati da Alighiero Noschese che imita, di volta in volta, la voce di un attore conosciuto. Ad unire la prima alla seconda parte è una comica di Charlot. ■ ANIMAZIONE; COL.; 80'; USA, 1960.

BANDA DEI RAZZIATORI, LA *(The Lawless Nineties)* ★
Regia di JOSEPH KANE. Con LANE CHANDLER, ANN RUTHERFORD, JOHN WAYNE. ■ Un John Wayne pressoché imberbe fa l'agente federale incaricato di debellare una pericolosa banda che taglieggia la popolazione. Ci riesce dopo un'epica battaglia. ■ WESTERN; B/N; 74'; USA, 1936.

BANDA DEI TRE STATI, LA *(Highway 301)* ★★★
Regia di ANDREW L. STONE. Con STEVE COCHRAN, VIRGINIA GREY, ROBERT WEBBER. ■ Cinque banditi rapinano banche e uccidono tutti quelli che potrebbero identificarli. La polizia, basandosi sull'omicidio dell'amante di uno dei criminali, scopre la loro base. ■ POLIZIESCO; B/N: 83'; USA, 1951.

BANDA DEL BUCO, LA ★★
Regia di MARIO AMENDOLA. Con MARIO CAROTENUTO, ELIO CROVETTO, CLAUDIO VILLA ■ Dopo la visita dell'angelo custode che gli consiglia di ravvedersi, un ladro non riesce a portare a termine neanche un colpo. In seguito ad un giuramento espresso in fin di vita diventa onesto, ma la scarsa soddisfazione che ne trae lo spinge ad una nuova rapina. All'ultimo istante si tira indietro, e poiché è morto dopo aver compiuto una buona azione ottiene il Paradiso. ■ COMMEDIA; B/N; 97'; ITALIA, 1960.

BANDA DEL DRAGO VERDE, LA *(Hong Kong Affair)* ★★
Regia di PAUL F. HEARD. Con JACK KELLY, RICHARD LOO, MAY WYNN. ■ Ex soldato Usa rimpatriato si occupa degli affari di famiglia. Recatosi a Hong Kong trova strano il comportamento di un socio e si mette a indagare, rischia varie volte di essere ucciso ma scopre che l'uomo si serve della ditta per un commercio di droga, e lo fa arrestare. ■ AVVENTURA; B/N; 88'; USA, 1960.

BANDA DEL GOBBO, LA ★★
Regia di UMBERTO LENZI. Con PINO COLIZZI, ISA DANIELI, TOMAS MILIAN, MARIO PIAVE, SOLVI STUBING. ■ Pellicola imperniata sulle gesta di un banditello di borgata, detto "il Gobbo". ■ POLIZIESCO; COL.; 98'; ITALIA, 1977.

BANDA DELLA CITTÀ VECCHIA, LA ★★
(Medan staden sover)
Regia di LARS-ERIC KJELLGREN. Con SVEN ERIC GAMBLE, INGA LANDGRÉ, HANS SUNDBERG. ■ Alcuni giovani, scoperti mentre rubano, vengono arrestati e poi rilasciati. Tutti mettono la testa a posto tranne il loro capo e il suo braccio destro. Finiranno in galera per omicidio. ■ DRAMMATICO; B/N; 91'; SVEZIA, 1950.

BANDA DELLA FRUSTA NERA, LA *(The Black Whip)* ★★
Regia di CHARLES MARQUIS WARREN. Con COLEEN GRAY, RICHARD GREENE, HUGH MARLOWE. ■ Una banda di fuorilegge sudisti vuole rapire un'importante personalità. Per attuare lo scopo si installano in una casa: uno dei due proprietari riuscirà a sventare il criminoso progetto. ■ WESTERN; B/N; 77'; USA, 1959.

BANDA DELL'AUTO NERA, LA *(Rue des Saussaies)* ★★
Regia di RALPH HABIB. Con AIMÉ CLAMOND, MAURICE REGAMEY, ANNE VERNON. ■ Alcuni banditi compiono diversi furti avvalendosi della stessa auto nera. Un poliziotto, seguendo la traccia di un apparente suicidio, si introduce con una falsa identità nel locale notturno che serve da copertura alla banda. Verrà scoperto ma catturerà tutti i malfattori. ■ POLIZIESCO; B/N; 91'; FRANCIA, 1952.

BANDA DELLE FRITTELLE DI MELE, LA ★★
(The Apple Dumpling Gang)
Regia di NORMAN TOKAR. Con BILL BIXBY, SUSAN CLARK, DON KNOTTS. ■ Un giocatore professionista si trova inopinatamente sul gobbo tre ragazzini. Si affeziona, ma è obbligato a comportarsi in avvenire da persona brava e assennata. Il meglio del film (produzione Disney) è fornito dai caratteristi Tim Conway e Don Knotts (nei panni di due furfanti pasticcioni). ■ COMMEDIA; COL.; 92'; USA, 1975.

BANDA DELLE FRITTELLE DI MELE 2, LA ★★
(The Apple Dumpling Gang Rides Again)
Regia di VINCENT MCEVEETY. Con TIM CONWAY, DON KNOTTS, TIM MATHESON. ■ Due ex fuorilegge, più pasticcioni che cattivi, si sono ritirati a vivere in campagna. Ma sentono un'invincibile nostalgia per quando correvano nel West di avventura in avventura. Perciò mollano la fattoria e tornano alla frontiera in groppa al loro asinello. ■ COMMEDIA; COL.; 90'; USA, 1979.

BANDA DEL TAMIGI, LA *(The Saint's Girl Friday)* ★★
Regia di SEYMOUR M. FRIEDMAN. Con NAOMI CHAUCE, LOUIS HAYWARD. ■ È un'avventura del famoso "Santo", alias Simon Templar. Il messaggio ricevuto da un'amica e la sua subitanea morte in un incidente, lo inducono a indagare. Gli assassini gesti-

sconο un casinò galleggiante; l'intervento del Santo li manderà dritti in galera. ■ POLIZIESCO; B/N; 82′; USA, 1954.

BANDA DEL TERRORE, LA ★★
(Die Bande des Schreckens)
Regia di HARALD REINL. Con KARIN DOR, JOACHIM FUCHSBERGER, FRITZ KASP. ■ L'uccisore di un poliziotto, prima di essere giustiziato, giura che i suoi persecutori moriranno. La predizione si avvera; l'ispettore incaricato del misterioso caso, salvatosi da un tentativo di omicidio, risalirà alla banda degli assassini. ■ POLIZIESCO; B/N; 84′; GERMANIA, 1961.

BANDA DEL TRUCIDO, LA ★★★
Regia di STELVIO MASSI. Con KATIA CHRISTINE, FRANCO CITTI, LUC MERENDA, TOMAS MILIAN, ELIO ZAMUTO. ■ Il commissario Ghini, capo della squadra antirapine, arresta l'omicida del suo predecessore. Poi Ghini si butterà alla caccia del bandito Belli che, per effettuare una rapina, ha commesso una strage attirandosi addosso anche altri appartenenti alla malavita. ■ POLIZIESCO; COL.; 95′; ITALIA, 1977.

BANDA DI EDDIE, LA *(Eddie and the Cruisers)* ★★
Regia di MARTIN DAVIDSON. Con TOM BERENGER, JOE PANTOLIANO, MICHAEL PARÉ. ■ Una giornalista viene incaricata di far luce sulla misteriosa scomparsa di Eddie, il capo dei Cruisers, un gruppo rock di promettente successo negli anni Cinquanta. La ragazza, aiutata da un suo amico professore, incontra tutti gli ex Cruisers ora quarantenni. Non riesce a scoprire nulla su Eddie ma in compenso ritrova dei nastri con le canzoni dei Cruisers che erano scomparsi con lui. In questo modo il rock del complesso potrà essere di dominio pubblico. ■ COMMEDIA; COL.; 92′; USA, 1984.

BANDA DI HARRY SPIKES, LA *(The Spikes Gang)* ★★★
Regia di RICHARD FLEISCHER. Con GARY GRIMES, RON HOWARD, LEE MARVIN. ■ Tre ragazzi, esaltati dalle parole di un incallito rapinatore, decidono di seguire la stessa strada. Finiti in prigione vengono liberati dal bandito col quale si uniscono per formare una banda. Questa è destinata a sciogliersi dopo la prima rapina, e i suoi componenti a restare uccisi. ■ WESTERN; COL.; 96′; USA, 1974.

BANDA DI JESSE JAMES, LA ★★★
(The Great Northfield Minnesota Raid)
Regia di PHILIP KAUFMAN. Con LUKE ASKEW, ROBERT DUVALL, CLIFF ROBERTSON. ■ Benché la pace tra Nord e Sud sia conclusa, Jesse James continua ad accanirsi sugli yankee; progetta una rapina, ed altri banditi si uniscono a lui in seguito alla soppressione della promessa amnistia. Due sono i superstiti del sanguinoso colpo: Jesse James e il suo ex capo, che muore in prigione. ■ WESTERN; COL.; 91′; USA, 1972.

BANDA DI LAS VEGAS, LA ★★★
(Guns, Girls and Gangsters)
Regia di EDWARD L. CAHN. Con LEE VAN CLEEF, MAMIE VAN DOREN. ■ Un ex carcerato si prepara alla rapina che ha ideato mentre era in prigione. Sua complice è l'amante di un detenuto che evade e si unisce ai due. Il piano fallisce e tutti i componenti della banda vengono uccisi. ■ POLIZIESCO; B/N; 76′; USA, 1959.

BANDA J. & S. – CRONACA CRIMINALE DEL FAR WEST ★★★
Regia di SERGIO CORBUCCI. Con LAURA BETTI, SUSAN GEORGE, TOMAS MILIAN, TELLY SAVALAS, ROSSANA YANNI. ■ Dopo una vita solitaria, un fuorilegge sposa una ragazza innamorata di lui. I due compiono numerosi furti senza che nessuno riesca a catturarli. Infine lei libera il marito che aveva consegnato allo sceriffo in un impulso di gelosia e, forte del suo gesto, lo tratta dall'alto al basso così come faceva prima lui con lei. ■ WESTERN; COL.; 84′; ITALIA, 1972.

BANDA PELLETIER, LA *(Crossroads)* ★★★
Regia di JACK CONWAY. Con HEDY LAMARR, WILLIAM POWELL, BASIL RATHBONE, CLAIRE TREVOR. ■ Un diplomatico francese che ha perso la memoria è ricattato da due malviventi che sostengono di conoscere perfettamente la sua passata identità di criminale. Ma la verità verrà a galla. ■ DRAMMATICO; B/N; 84′; USA, 1942.

BANDA VALLANZASCA, LA ★
Regia di MARIO BIANCHI. Con STEFANIA D'AMARIO, GIANNI DIANA, ANTONELLA DOGAN, FRANCO GAROFALO, ENZO PULCRANO. ■ Il film si ispira solo vagamente alla biografia del bel René (aggiornata al 1977). ■ POLIZIESCO; COL.; 104′; ITALIA, 1979.

BANDERA, LA *(La Bandéra)* ★★★★
Regia di JULIEN DUVIVIER. Con ANNABELLA, JEAN GABIN, PIERRE RENOIR, VIVIANE ROMANCE. ■ Durante una lite, una notte a Montmartre, Pierre Gilieth uccide un uomo. Si rifugia in Spagna e si arruola nella legione straniera. Assieme a lui si arruolano altri due uomini: Marcel Mulot, un disertore, e Fernando Lucas, un misterioso personaggio. In effetti Lucas cerca di trovare le prove della colpevolezza di Pierre in quanto sul suo capo pende una grossa taglia. Durante una pericolosa missione i due dimenticheranno il loro astio. ■ DRAMMATICO; B/N; 100′; FRANCIA, 1935.

BANDERA – MARCIA O MUORI, LA *(March or Die)* ★★★
Regia di DICK RICHARDS. Con MARCEL BOZZUFFI, CATHERINE DENEUVE, GENE HACKMAN, TERENCE HILL, MAX VON SYDOW. ■ Avventure di un reparto della legione straniera reduce dalla prima guerra mondiale e inviato in Marocco per proteggere una spedizione archeologica. Ma i legionari dovranno vedersela con i nazionalisti berberi: ci sarà una strage dalla quale si salveranno in pochi. ■ AVVENTURA; COL.; 85′; GRAN BRETAGNA, 1977.

BANDIDAS ★★
Regia di JOACHIM ROENNING, ESPEN SANDBERG. Con DENIS ARNDT, AUDRA BLASER, CARLOS CERVANTES, PENELOPE CRUZ, SALMA HAYEK, SAM SHEPARD, DWIGHT YOAKAM, STEVE ZAHN. ■ Messico, 1880. Sara, figlia di un ricco banchiere, viziata e capricciosa; Maria, appartenente a una famiglia di contadini, concreta e orgogliosa. Due giovani donne – diversissime dunque per ceto e provenienza – che in teoria hanno poche possibilità di incrociare i loro destini e invece diventano le ragazze più ricercate del West. Nel loro paese, infatti, arriva Tyler Jackson – un funzionario della Bank and Trust di New York – il quale ha un unico obiettivo: il prolungamento della ferrovia americana in terre messicane; e, per raggiungerlo, vuole espropiare illegalmente i terreni ai piccoli fazenderos. Uno "spaghetti western" tutto al femminile che ricorda più Bud Spencer e Terence Hill che John Ford. ■ WESTERN; COL.; 93′; FRANCIA, MESSICO, USA, 2006.

BANDIDO! *(Bandido)* ★★★
Regia di RICHARD FLEISCHER. Con RODOLFO ACOSTA, ROBERT MITCHUM, GILBERT ROLAND, ZACHARY SCOTT, URSULA THIESS. ■ Ambientato in Messico nel 1910, il film narra la storia di alcuni avventurieri americani implicati nel traffico d'armi durante la Rivoluzione messicana. ■ WESTERN; COL.; 92′; USA, 1956.

BANDIDOS ★★
Regia di MAX DILLMANN. Con MARCO GUGLIELMI, CHRIS HUERTA, TERRY JENKINS, MARIA MARTIN, ENRICO MARIA SALERNO, VENANTINO VENANTINI. ■ Provetto pistolero addestra un ragazzo affinché lo vendichi del rivale che gli ha reso le mani quasi inservibili. Quando giunge il momento, però, il ragazzo non spara perché l'avversario è il solo a poter testimoniare in suo favore per un'accusa infondata. Non esita tuttavia ad ammazzarlo dopo che ha fatto fuori l'invalido. ■ WESTERN; COL.; 91′; ITALIA, 1968.

BANDIERA DI COMBATTIMENTO *(The Eternal Sea)* ★★★
Regia di JOHN H. AUER. Con STERLING HAYDEN, DEAN JAGGER, ALEXIS SMITH. ■ Ad un ufficiale di marina, durante il secondo conflitto mondiale, viene amputata una gamba. Nonostante ciò continua a combattere e, a pace conclusa, si adopera attivamente al fine di rendere più agevole il trasferimento dei feriti dal posto di battaglia. ■ GUERRA; B/N; 103′; USA, 1955.

BANDIERA GIALLA *(Die gelbe Flagge)* ★★
Regia di GERHARD LAMPRECHT. Con HANS ALBERS, OLGA TSCHECHOWA. ■ Durante la "quarantena" del piroscafo su cui viaggia, un esploratore è conteso da una giornalista e un'infermiera. Sarà quest'ultima a cedere, pentita di un tranello teso alla rivale. ■ COMMEDIA; B/N; 93′; GERMANIA, 1937.

BANDIERA GIALLA *(Panic in the Streets)* ★★★★
Regia di ELIA KAZAN. Con BARBARA BEL GEDDES, PAUL DOUGLAS, ZERO MOSTEL, JACK PALANCE, RICHARD WIDMARK. ■

Uno straniero di origine armena viene assassinato in una strada di New York durante la notte. L'autopsia rivela che l'uomo era affetto da peste. Viene dato l'allarme nella città e la polizia riesce a risalire ai luoghi e alle persone frequentate dall'armeno riuscendo a isolare la fonte del contagio. Splendidamente diretto da Kazan questo film è uno dei primi esempi di quel genere che negli anni Cinquanta avrebbe fatto epoca e dato capolavori come *Un tram che si chiama desiderio*, *Viva Zapata* e *Fronte del porto*, tutti diretti dallo stesso regista. ■ DRAMMATICO; B/N; 93'; USA, 1950. ■ OSCAR 1 PR, 1 NOM; VENEZIA 1 PR.

BANDIERA SVENTOLA ANCORA, LA ★★★★
(Edge of Darkness)
Regia di LEWIS MILESTONE. Con NANCY COLEMAN, HELMUT DANTINE, ERROL FLYNN, WALTER HUSTON, ANN SHERIDAN. ■ Il film narra un episodio della Resistenza norvegese durante la seconda guerra mondiale. Sceneggiato da Robert Rossen (che alcuni anni dopo diventerà un apprezzato regista) e diretto da Milestone (*All'Ovest niente di nuovo?*), questo film è annoverato fra i migliori del genere degli anni Quaranta. È un film corale e qui Errol Flynn abbandona le vesti dell'eroe, per combattere l'invasione nazista in nome della libertà. ■ GUERRA; B/N; 120'; USA, 1943.

BANDIERE BIANCHE *(White Banners)* ★★★
Regia di EDMUND GOULDING. Con FAY BAINTER, JACKIE COOPER, BONITA GRANVILLE, CLAUDE RAINS. ■ Un professore di una piccola città di provincia scopre che gli hanno rubato il brevetto di una ghiacciaia alla quale stava lavorando da tempo. Poco male: non si lascia prendere dallo sconforto e torna al tavolo da lavoro per studiare un progetto più sofisticato e perfezionato del precedente. La fortuna lo assisterà. ■ COMMEDIA; B/N; 88'; USA, 1938. ■ OSCAR 1 NOM.

BANDITI ★
Regia di STEFANO MIGNUCCI. Con BEN GAZZARA, LINO TROISI, MIRCA VIOLA. ■ Amos, un rivoluzionario ancora in servizio, decide di rapire (insieme a un gruppo di fedelissimi) un ex compagno ora divenuto ministro di un governo oppressivo. Dal sequestro emergeranno verità inattese. Presentato a Venezia '95 nella sezione "Panorama Italiano" il film si rivela troppo carico di un sociologismo didascalico che solo alcuni autori del cinema italiano degli anni Settanta avrebbero potuto supportare con la loro professionalità militante. ■ DRAMMATICO; COL.; 89'; ITALIA, 1995.

BANDITI A MILANO ★★★
Regia di CARLO LIZZANI. Con DON BACKY, CARLA GRAVINA, RAY LOVELOCK, PIERO MAZZARELLA, TOMAS MILIAN, EZIO SANCROTTI, LAURA SOLARI, GIAN MARIA VOLONTÉ. ■ Il film racconta la rapina al Banco di Napoli (in largo Zandonai a Milano) del 25 settembre 1967 ad opera della banda Cavallero. ■ DRAMMATICO; COL.; 102'; ITALIA, 1968. ■ DAVID DI DONATELLO 2 PR, 2 NOM.

BANDITI A ORGOSOLO ★★★★
Regia di VITTORIO DE SETA. ■ È il primo film di De Seta. Il personaggio principale è un pastore che, suo malgrado, è costretto a tenere in casa alcuni banditi. Sospettato e ricercato dalla polizia non troverà altra alternativa che quella di darsi al banditismo. Il film ebbe un premio speciale a Venezia. ■ DRAMMATICO; B/N; 98'; ITALIA, 1961. ■ VENEZIA 1 PR.

BANDITI A PARIGI *(Hold-up pour Laura)* ★★
Regia di JEAN MALEY. Con SYLVIE BREAL, MICHEL CHARREL, CLAUDINE DELVAUX, HENRI LAMBERT, ALEXANDRE MINCER. ■ Un gangster uccide il complice per non dividere il malloppo. La moglie del morto, che lo crede oltre confine e vuole raggiungerlo, organizza col gangster e una terza persona un colpo che ha buon esito. A godersi il bottino sarà però un ladro sconosciuto. ■ DRAMMATICO; COL.; 91'; FRANCIA, 1973.

BANDITI ATOMICI *(Creature with the Atom Brain)* ★★
Regia di EDWARD L. CAHN. Con RICHARD DENNING, ANGELA STEVENS. ■ Con l'aiuto di uno scienziato, un gangster cacciato dagli Usa si vendica dei nemici, facendoli uccidere da mostruosi cadaveri-robot apparentemente indistruttibili. Un poliziotto, giunto al covo dei criminali, li rende inoffensivi. ■ FANTASCIENZA; B/N; 70'; USA, 1955.

BANDITI DEL FIUME ROSSO, I *(Alias the Bad Man)* ★★
Regia di PHIL ROSEN. Con VIRGINIA BROWNE FAIRE, KEN MAYNARD. ■ Uno dei numerosissimi western di Ken Maynard, cowboy canterino ed ex campione di rodeo, sempre in sella al fido cavallo Tarzan. ■ WESTERN; B/N; 91'; USA, 1931.

BANDITI DELLA CITTÀ FANTASMA, I ★★
(Bad Men of Tombstone)
Regia di KURT NEUMANN. Con BRODERICK CRAWFORD, MARJORIE REYNOLDS, BARRY SULLIVAN. ■ Un uomo evade dal carcere con un capobanda, e assieme stabiliscono il covo nella cosiddetta "città fantasma". Dopo molte rapine viene posta sul loro capo una taglia; l'uomo, eliminati i due complici che volevano ucciderlo, viene freddato davanti alla moglie. ■ AVVENTURA; B/N; 86'; USA, 1948.

BANDITI DELL'AUTOSTRADA, I ★★
(Banditen der Autobahn)
Regia di GÉZA VON CZIFFRA. Con HANS CHRISTIAN BLECH, PAUL HÖRBIGER, EVA INGEBORG SCHOLZ. ■ Un poliziotto uccide un uomo, credendolo uno dei fuorilegge della banda che infesta l'autostrada. Si innamora della fidanzata del defunto che lo lascia quando le rivela la sua identità. In seguito si riconciliano e lui riesce a eliminare i criminali. ■ POLIZIESCO; B/N; 94'; GERMANIA, 1956.

BANDITI DEL PETROLIO, I *(The Houston Story)* ★★
Regia di WILLIAM CASTLE. Con EDWARD ARNOLD, GENE BARRY, BARBARA HALE. ■ Con l'aiuto di una banda di gangster, un uomo si appropria illegalmente di ingenti quantità di petrolio. Destinato ad essere ucciso dai suoi stessi complici si salva per la delazione dell'ex fidanzata e di un amico. ■ POLIZIESCO; B/N; 79'; USA, 1956.

BANDITI DEL TEMPO, I *(Time Bandits)* ★★
Regia di TERRY GILLIAM. Con JOHN CLEESE, SEAN CONNERY, RALPH RICHARDSON. ■ Kevin, un ragazzino appassionato di letture fantastiche, una notte vede uscire dall'armadio sei nani in possesso di una mappa con i buchi del tempo, che permettono di passare da un'epoca all'altra della storia. Kevin li segue in una serie di mirabolanti avventure, dalla Grecia antica all'Inghilterra di Robin Hood, fino allo scontro finale con il Male. ■ FANTASTICO; COL.; 89'; GRAN BRETAGNA, 1982.

BANDITI DI POKER FLAT, I ★★
(The Outcasts of Poker Flat)
Regia di JOSEPH M. NEWMAN. Con ANNE BAXTER, MIRIAM HOPKINS, CAMERON MITCHELL, DALE ROBERTSON. ■ In seguito ad una rapina, alcune persone "non gradite" vengono allontanate dal paese. Una tormenta costringe il gruppo a cercare riparo; mentre un volontario torna indietro per chiedere aiuto, uno dei rapinatori tenta di uccidere sua moglie alla quale ha affidato il bottino, ma viene soppresso. Gli altri se la cavano. ■ WESTERN; B/N; 81'; USA, 1953.

BANDITI SENZA MITRA *(Loan Shark)* ★★★
Regia di SEYMOUR M. FRIEDMAN. Con DOROTHY HART, JOHN HOYT, GEORGE RAFT, PAUL STEWART. ■ Un ex pugile, per vendicare l'assassinio del cognato, finge di collaborare con la banda di taglieggiatori responsabile dell'omicidio. Conosciutone finalmente il capo, lo uccide per legittima difesa. ■ DRAMMATICO; B/N; 79'; USA, 1952.

BANDITO, IL *(El matrero)* ★★
Regia di ORESTE CAVIGLIA. Con AMELIA BENCE, SEBASTIAN CHIOLA, AGUSTIN IRUSTA. ■ Una bella ragazza prende il posto del padre ferito nell'amministrazione dei possedimenti; si imbatte in un bandito del quale, ricambiata, si innamora. Un giorno l'uomo, circondato dai contadini esasperati dalle sue passate imprese, viene ucciso. ■ DRAMMATICO; B/N; 86'; ARGENTINA, 1942.

BANDITO, IL ★★★★
Regia di ALBERTO LATTUADA. Con CARLO CAMPANINI, CARLA DEL POGGIO, MINO DORO, FOLCO LULLI, ANNA MAGNANI, AMEDEO NAZZARI. ■ Il film narra le peripezie di un reduce che torna in Italia e trova la sua casa distrutta e la madre uccisa. Si è salvata solo una sorella che egli, dopo molte ricerche, ritrova in una casa equivoca. S'innamora di un'avventuriera e viene coinvolto in

traffici loschi. Nel tentativo di salvare una bimba cadrà sotto il fuoco della polizia. ■ DRAMMATICO; B/N; 95'; ITALIA, 1946.

BANDITO DAGLI OCCHI AZZURRI, IL ★★
Regia di ALFREDO GIANNETTI. Con FABRIZIO BENTIVOGLIO, DALILA DI LAZZARO, FRANCO NERO. ■ Renzo Dominici conduce una doppia vita: impiegato dimesso e umile durante il giorno, atletico bandito nel tempo libero. Il colpo riesce e il finto-Fantozzi va a godersi il bottino ai Caraibi. ■ GIALLO; COL.; 91'; ITALIA, 1980.

BANDITO DELLA CALIFORNIA, IL ★★
(Unconquered Bandit)
Regia di HARRY S. WEBB. Con TOM TYBER, ALBERTA VAUGHN. ■ Un ragazzo, che attribuisce la morte del padre alla crudeltà del vicino, lo deruba con l'aiuto di un bandito. Questi, al momento buono, tenta di farlo catturare al posto suo. Il piano fallisce e il ragazzo, innamorato della nipote del nemico, rinuncia a proseguire la vendetta. ■ DRAMMATICO; B/N; 91'; USA, 1939.

BANDITO DELLA CASBAH, IL *(Pépé le Moko)* ★★★★
Regia di JULIEN DUVIVIER. Con MIREILLE BALIN, MARCEL DALIO, SATURNIN FABRE, JEAN GABIN, GABRIEL GABRIO. ■ Braccato dalla polizia, un bandito si rifugia nella casbah di Algeri. L'amore per una ragazza parigina lo costringerà a lasciare la casbah per imbarcarsi alla volta della Francia. Ma si ucciderà mentre sta per cadere nelle mani della polizia. Questo film, considerato uno dei capolavori della cinematografia francese, resta la migliore opera di Duvivier. ■ DRAMMATICO; B/N; 85'; FRANCIA, 1936.

BANDITO DELL'EPIRO, IL *(Action of the Tiger)* ★★
Regia di TERENCE YOUNG. Con MARTINE CAROL, SEAN CONNERY, ANTHONY DAWSON, ANNA GERBER, VAN JOHNSON, HERBERT LOM. ■ Un uomo e una ragazza si recano in Albania, il primo per liberare alcuni bambini rapiti, la seconda per avere notizie del fratello. Entrambi raggiungono lo scopo; il gruppo, imprigionato per due volte, fugge grazie all'aiuto di un agente che si unisce al gruppo con i propri figli. ■ AVVENTURA; COL.; 94'; GRAN BRETAGNA, 1957.

♥ **BANDITO DELLE 11, IL** *(Pierrot le fou)* ★★★
Regia di JEAN-LUC GODARD. Con JEAN-PAUL BELMONDO, RAYMOND DEVOS, ROGER DUTOIT, GRAZIELLA GALVANI, ANNA KARINA, HANS MEYER, DIRK SANDERS. ■ Ferdinand lascia la famiglia per vivere su una spiaggia deserta con l'amante. Lei lo convince a partecipare ad un colpo con l'ex innamorato, poi fugge con quest'ultimo. ■ DRAMMATICO; COL.; 112'; FRANCIA, ITALIA, 1965.

BANDITO DI KANDAHAR, IL ★★
(The Brigand of Kandahar)
Regia di JOHN GILLING. Con DUNCAN LAMONT, RONALD LEWIS, OLIVER REED, YVONNE ROMAIN, CATHERINE WOODVILLE. ■ Per evitare la prigione, alla quale è ingiustamente destinato in seguito alla testimonianza di un rivale, un ufficiale inglese fugge. Si arruola tra i ribelli e ne diviene uno dei capi. Durante un sanguinoso scontro con gli ex commilitoni sia lui che il rivale perdono la vita. ■ AVVENTURA; COL.; 88'; GRAN BRETAGNA, 1966.

BANDITO DI SIERRA MORENA, IL ★★
(Amanecer en puerta oscura)
Regia di JOSÉ MARÍA FORQUÉ. Con LUISELLA BONI, ALBERTO FARNESE, LUIS PEÑA, FRANCISCO RABAL. ■ Due minatori, in seguito a drammatiche vicende, si nascondono con le famiglie tra i monti e si uniscono ad un fuorilegge. Catturati dopo qualche tempo sono destinati alla forca; è un giorno sacro, e in tale circostanza è consuetudine graziare un condannato. A salvarsi è solo il fuorilegge. ■ AVVENTURA; COL.; 86'; SPAGNA, 1962.

BANDITO DI YORK, IL *(The Lady and the Bandit)* ★★
Regia di RALPH MURPHY. Con LOUIS HAYWARD, PATRICIA MEDINA. ■ Un bandito innamorato si sposa deciso a cambiar vita. Per caso la suocera scopre il suo passato, ed egli ricomincia a rubare. Svela i nomi dei congiurati di un complotto ai danni del re; catturato mentre torna dalla moglie viene giustiziato prima che giunga la grazia. ■ AVVENTURA; B/N; 79'; USA, 1952.

BANDITO E LA "MADAMA", IL ★★★
(Smokey and the Bandit)
Regia di HAL NEEDHAM. Con SALLY FIELD, JACKIE GLEASON, MIKE HENRY, JERRY REED, BURT REYNOLDS. ■ Il noto e simpatico contrabbandiere Bill viene sfidato dai signori Enos (padre e figlio) a trasportare 400 casse di birra dal Texas alla Georgia in ventotto ore al massimo. Impresa pazzesca che egli saprà portare a termine da par suo. ■ AVVENTURA; COL.; 94'; USA, 1977. ■ GOLDEN GLOBES 1 NOM; OSCAR 1 NOM.

BANDITO E LA SIGNORINA, IL *(The Great Divide)* ★★
Regia di REGINALD BARKER. Con LEW AYRES, IAN KEITH, MYRNA LOY, DOROTHY MACKAILL. ■ Un bandito si prende cura di una ragazza che altrimenti sarebbe continuamente travolta dalla vita, secondo lui. In realtà lei è più in gamba di quanto sembri. ■ WESTERN; B/N; 85'; USA, 1930.

BANDITO FANTASMA, IL *(Lone Rider Fight Back)* ★★
Regia di SAM NEWFIELD. Con GEORGE HUSTON, DENNIS MOORE. ■ Un bandito spaventa a morte gli abitanti di una cittadina del West affinché vendano a basso costo i loro possedimenti. La decisa reazione di una ragazza convince lo sceriffo a chiedere aiuto ad un amico, che non solo smaschera il colpevole, ma sposa anche la ragazza. ■ AVVENTURA; B/N; 64'; USA, 1941.

BANDITO GALANTE, IL *(The Great Jewel Robber)* ★★
Regia di PETER GODFREY. Con DAVIS BRIAN, MARJORIE REYNOLDS. ■ Un evaso porta a termine una rapina con la collaborazione di due complici che lo malmenano e lo derubano. Sposa un'infermiera e la lascia per un'avventuriera; realizza un nuovo colpo e viene arrestato al termine di una lunga fuga. ■ POLIZIESCO; B/N; 91'; USA, 1951.

BANDITO IN VACANZA, UN *(A Slight Case of Murder)* ★★★
Regia di LLOYD BACON. Con JANE BRIAN, EDWARD G. ROBINSON. ■ Arricchitosi col Proibizionismo, un gangster trattiene tre fedelissimi della sua banda, che adibisce a mansioni "domestiche", e si vota a traffici legali. La fortuna, però, non è dalla sua parte. ■ COMMEDIA; B/N; 85'; USA, 1939.

BANDITO NERO, IL *(The Ride to Hangman's Tree)* ★★
Regia di ALAN RAFKIN. Con RICHARD ANDERSON, JAMES FARENTINO, DON GALLOWAY, MELODIE JOHNSON, JACK LORD, EDDIE PECK. ■ Abbandonato e derubato da due compari un bandito realizza audaci furti contro la Wells-Fargo. Gli ex complici si fanno assumere dalla compagnia per tentare a loro volta un colpo fruttuoso. Quando uno sveglio agente viene a sapere della loro vera identità tutti e tre fuggono insieme. ■ WESTERN; COL.; 90'; USA, 1967.

BANDITO SENZA COLPA *(High Lonesome)* ★★
Regia di ALAN LE MAY. Con JOHN ARCHER, JOHN DREW BARRYMORE, LOIS BUTLER, CHILL WILLS. ■ Fuggito dal genitore che detesta, un ragazzo incontra due banditi e viene coinvolto in una pericolosa avventura. Accusato di omicidio si scagiona catturando degli assassini. ■ WESTERN; COL.; 84'; USA, 1950.

BANDITO SENZA NOME, IL *(Somewhere in the Night)* ★★★
Regia di JOSEPH LEO MANKIEWICZ. Con RICHARD CONTE, NANCY GUILD, JOHN HODIAK, LLOYD NOLAN. ■ Un ex militare americano teme di essere un assassino. Egli infatti ha perso la memoria e possiede (per errore) i documenti di un uomo accusato di omicidio. Riesce a far luce sulla vicenda con l'aiuto di una ragazza innamorata di lui. ■ POLIZIESCO; B/N; 100'; USA, 1947.

BANDITO SÌ... MA D'ONORE *(La vendetta)* ★★
Regia di JEAN CHERASSE. Con FRANCIS BLANCHE, MARIO CAROTENUTO, LOUIS DE FUNÈS, MARISA MERLINI. ■ In una cittadina corsa sono molti coloro che aspirano alla carica di primo cittadino. La disputa si fa sempre più accesa e coinvolge addirittura due bande di gangster. Verrà eletto sindaco l'unico candidato disinteressato. ■ COMMEDIA; B/N; 81'; FRANCIA, ITALIA, 1962.

BANDITS ★★★
Regia di BARRY LEVINSON. Con CATE BLANCHETT, ANTHONY BURCH, SCOTT BURKHOLDER, WILLIAM CONVERSE-ROBERTS, TROY GARITY, JANUARY JONES, MICOLE MERCURIO, PEGGY MILEY, BRIAN F. O'BYRNE, RICHARD RIEHLE, AZURA SKYE, BOBBY SLAYTON, BILLY BOB THORNTON, STACEY TRAVIS, BRUCE WILLIS. ■ Joe (Willis) e Terry (Thornton) sono due rapinatori più simpatici che violenti, più ottimisti che organizzati. Però, in carriera, hanno messo a punto una tecnica semplice ma assoluta-

mente efficace. Per rapinare una banca ne sequestrano il direttore, famiglia compresa, lo trattano bene, poi di buonora lo accompagnano al lavoro, gli fanno aprire la banca e compiono la rapina prima dell'orario ufficiale di apertura. La formula sembra funzionare – non sempre perché gli eroi a volte erano stati acciuffati – fino a quando il gruppo incappa in Kate (Blanchett), che ha una voglia matta di trasgressione a avventura. Tutto cambia, a cominciare dai rapporti interni. Cambiano anche i sentimenti. La "formula", così funzionale, si sfalda. Discreto prodotto, per attori e per regia, buona evasione. Levinson (*Rivelazioni*, *Sfera*) è uno che "va sul sicuro". Gli preme raccontare più che giocare con la macchina. ■ THRILLER; COL.; 100′; USA, 2001. ■ GOLDEN GLOBES 1 NOM.

BANDOLERO! ★★★
Regia di ANDREW V. MCLAGLEN. Con GEORGE KENNEDY, DEAN MARTIN, JAMES STEWART, RAQUEL WELCH. ■ Una banda di fuorilegge viene catturata e condannata a morte. Il fratello del capo prende il posto del boia e li libera. I fuggitivi, inseguiti dallo sceriffo, vengono sorpresi al risveglio. Sulla via del ritorno sono attaccati dai crudeli *bandoleros*: i due fratelli muoiono per difendere la donna che il capo dei fuorilegge ama. ■ WESTERN; COL.; 106′; USA, 1968.

BANDOLEROS, I *(Gunfighters)* ★★★
Regia di GEORGE WAGGNER. Con BARBARA BRITTON, BRUCE CABOT, CHARLES GRAPEWIN, RANDOLPH SCOTT, FORREST TUCKER. ■ Ancora un western con Randolph Scott qui alle prese con un gruppo di banditi che gli hanno ucciso un amico. ■ WESTERN; COL.; 87′; USA, 1947.

BANDOLEROS DELLA DODICESIMA ORA, I ★
Regia di AL BAGRAN. Con LUIGI BONOS, MICHAEL FOREST, FRED HARRISON. ■ Un uomo e i suoi due figli rubano gli averi di alcuni contadini per pagare un debito. Il creditore, che vuole impadronirsi dei loro terreni, tenta invano di far recuperare i dollari dai suoi uomini. I due ragazzi li restituiranno. ■ WESTERN; COL.; 90′; ITALIA, 1973.

BANDOLERO STANCO, IL ★★
Regia di FERNANDO CERCHIO. Con TINO BUAZZELLI, LAURETTA MASIERO, RENATO RASCEL. ■ Un poveraccio, Pepito, scopre un filone d'oro e diventa ricchissimo. La donna che lui ama lo raggiunge e si accorda con lo sceriffo per rubargli tutti i soldi. Pepito si accorge del tranello, lo evita abilmente e, cacciati i malfattori dalla città, sposa una bella e giovane soubrette che si era innamorata di lui. ■ COMICO; B/N; 88′; ITALIA, 1953.

BANDSLAM. HIGH SCHOOL BAND *(Bandslam)* ★★
Regia di TODD GRAFF. Con GAELAN CONNEL, VANESSA HUDGENS, LISA KUDROW, ALYSON MICHALKA, SCOTT PORTER. ■ Nonostante quello che possa pensare di se stesso, Will Burton è un ragazzo fortunato. Vessato, preso in giro e schifato dai suoi coetanei, la sua vita cambia quando si trasferisce assieme a sua madre in un'altra città. La nuova scuola non solo gli offrirà ben due ragazze che lo apprezzano davvero (una più carina dell'altra) ma anche la possibilità di dare sfogo alla sua grandissima passione per la musica. ■ COMMEDIA; COL.; 111′; USA, 2009.

BANG! *(Bang)* ★★★
Regia di JAN TROELL. Con HAKAN SERNER. ■ Presentato al Festival di Cannes 1977, dopo una assenza della Svezia di molti anni, è la storia della crisi esistenziale di un compositore di mezza età, che si sente fallito come uomo, come artista e come insegnante. ■ DRAMMATICO; COL.; 91′; SVEZIA, 1977.

BANG BANG KID ★
Regia di LUCIANO LELLI. Con TOM BOSLEY, RICCARDO GARRONE, GUY MADISON, SANDRA MILO. ■ Bang Bang Kid, un pistolero-robot azionato a distanza, libera un paese dalla prepotenza del padrone di una miniera e del suo aiutante. Questi si ribella e viene ucciso; l'altro, pentito della sua condotta, si sposa e dona la miniera ai concittadini. ■ WESTERN; COL.; 86′; ITALIA, 1968.

BANGKOK DANGEROUS – IL CODICE DELL'ASSASSINO *(Bangkok Dangerous)* ★★
Regia di DANNY PANG, OXIDE PANG. Con NICOLAS CAGE, PANWARD HEMMANEE, NITRATTISAI KALJARUEK, SHAHKRIT YAMNARM, CHARLIE YEUNG. ■ Pratica oltremodo abusata, specie in tempi recenti, quella del remake. In particolare a Hollywood, saccheggiando da cinematografie altre con spirito colonialista e/o curiosità da turista. Capita pure che il remake sia affidato allo stesso autore dell'originale, come nel caso di *Bangkok Dangerous*, per cercare di non tradirne lo spirito, ma nemmeno questa di per sé è sufficiente come garanzia di genuinità o di necessità dell'operazione. Kong non è più protagonista e non è più muto, mentre lo è Fon, impossibile oggetto d'amore e strumento di redenzione; Joe si chiama ancora Joe ma è tutt'altro, un killer in cerca dell'ultimo colpo. La volontà di ricondurre a forza la vicenda, specie verso il finale, nei binari del predecessore, anziché deragliare liberamente con spirito iconoclasta, mina alla base anche il senso della trama, con una risoluzione svuotata di senso logico. ■ AZIONE, COL.; 100′, USA, 2008.

BANGKOK LOCO ★★
Regia di PORNCHAI HONGRATTANAPORN. Con NIMPONTH CHAISIRIKUL, NOPHADAL TAVITUMNUSIN, KRISSADA TERRENCE, NOUNTAKA WARAWANITCHANOUN. ■ Bay è un formidabile batterista, depositario della sacra arte del "Tamburo di Dio", tramandatagli dal proprio maestro prima che venisse sconfitto da Ringo Starr, a sua volta depositario della sacra arte del "Tamburo del Diavolo", in un duello di batteria all'ultima rullata. A pochi giorni dal suo primo concerto ufficiale, Bay viene accusato di omicidio ed è ricercato dalla polizia. In più, in giro corre voce che ci sia un tale di origine olandese, a suo tempo istruito da Ringo Starr, pronto a sfidare Bay in un duello tra le due discipline di drumming. Stravaganza con la S maiuscola è la parola d'ordine, in un film che si può definire solo eufemisticamente "demenziale". ■ COMMEDIA; COL.; 98′; TAILANDIA, 2004.

BANGKOK, SENZA RITORNO *(Brokedown Palace)* ★★
Regia di JONATHAN KAPLAN. Con KATE BECKINSALE, CLAIRE DANES, BILL PULLMAN. ■ Da una cittadina dell'Ohio, due diplomate dicono di partire per le Hawaii, in realtà volano a Bangkok in cerca di emozioni orientali. Qui si imbattono in una giovane australiana che le inguaia mettendo nei loro zainetti una quantità considerevole di droga. Arrestate all'aeroporto vengono rinchiuse in un carcere da incubo, il Brokedown Palace, un vero girone infernale dove si consumano le peggiori nefandezze a carico delle nostre due povere studentesse che si prendono, infine, una condanna pesantissima. Fortunatamente arriva in loro soccorso un avvocato americano sposato a una thai. Film senza alcun pregio a parte le due belle protagoniste. ■ DRAMMATICO; COL.; 100′; USA, 1999.

BANISHMENT, THE ★★
Regia di ANDREI ZVYAGINTSEV. Con ALEKSANDR BALUYEV, MARIA BONNEVIE, KONSTANTIN LAVRONENKO, DIMITRI ULYANOV. ■ Una coppia con due figli ancora molto giovani lascia la città per una vacanza. Il luogo che li accoglie è la casa paterna del marito, isolata nella campagna. L'uomo sospetta una relazione della moglie e quando la donna si scopre incinta ha forti sospetti sulla paternità. Chiama allora il fratello, una specie di gangster, il quale si mette a disposizione per "aggiustare" tutto. Zvyagintsev è certamente un attento analista dei capolavori dei Maestri del cinema dell'Est Europa. Ma non basta conoscere benissimo Tarkovskij o Sokurov per diventare come loro. ■ DRAMMATICO; COL.; 150′; RUSSIA, 2006.

BANK, THE ★★
Regia di ROBERT CONNOLLY. Con SIBYLLA BUDD, MITCHELL BUTEL, ANTHONY LAPAGLIA, KAZUHIRO MUROYAMA, STEVE RODGERS, DAVID WENHAM. ■ Due i personaggi rilevanti: un genio matematico che applica il suo talento in maniera quanto mai concreta riuscendo a prevedere i movimenti della Borsa e i crolli; un banchiere senza scrupoli che intuisce le potenzialità del "genio". La ditta sembrerebbe funzionare, ma l'imprevisto è sempre in agguato. Naturalmente a far le spese dell'iniziativa saranno, come al solito, i poveri correntisti. Prodottino australiano. ■ DRAMMATICO; COL.; 103′; AUSTRALIA, 2002.

BANKER – IL BANCHIERE, THE *(The Banker)* ★★
Regia di WILLIAM WEBB. Con JEFF CONAWAY, ROBERT FORSTER,

SHANNA REED. ■ Siamo a Los Angeles dove un insospettabile *business-man* passa le notti, come un moderno Mr. Hyde, ad assassinare e a fare a pezzi giovani ragazze. Un detective indaga ma l'unica traccia è l'ambiente della prostituzione. La moglie del poliziotto poi rischia di fare una brutta fine. Niente di speciale. ■ THRILLER; COL.; 95'; USA, 1990.

BANKOMATT ★★
Regia di VILLI HERMANN. Con OMERO ANTONUTTI, BRUNO GANZ, FRANCESCA NERI. ■ Un film a tratti intrigante, ma con cadute di ritmo, che si fa notare per l'interpretazione di Bruno Ganz che recita coraggiosamente in italiano in un ruolo particolarmente ambiguo e contorto. Un giovane uscito con dei ragazzi suoi amici compie una bravata e finisce per conoscere Bruno. Viene accolto in una serra vicino al lago e coinvolto da Ganz, dopo che i due si sono introdotti nella villetta vicina, nel furto in una banca. ■ DRAMMATICO; COL.; 90'; ITALIA, SVIZZERA, 1988.

BANQUET, THE *(Ye yan)* ★★
Regia di XIAOGANG FENG. Con YOU GE, XIAOMING HUANG, JINGWU MA, DANIEL WU, XUN ZHOU, ZHANG ZIYI. ■ Nella Cina delle Cinque Dinastie e dei Dieci Regni il principe Wu Luan, in esilio per amore, pratica le arti della danza e della musica. A Palazzo suo padre sposa e incorona imperatrice l'incantevole Wan, la donna amata dal principe. Il crudele Li, ambizioso fratello dell'imperatore, lo fa assassinare, ne usurpa il trono, ne sposa la vedova e invia dei sicari per uccidere Wu Lan. Il principe, avvisato da fedeli cortigiani, scampa al delitto e raggiunge la reggia in cerca di vendetta. Intrighi di corte e triangoli amorosi condurranno al sontuoso banchetto del titolo dove si decideranno le sorti di principi, imperatrici, usurpatori e servitori. Siamo intorno al 950 nella Cina kolossal(e) di Feng Xiaogang dove tutto è grazia e bellezza, ma anche crudeltà e barbarie. ■ DRAMMATICO; COL.; 131'; CINA, 2006.

BANZAI *(Banzaï)* ★★
Regia di CLAUDE ZIDI. Con MICHEL COLUCHE, VALERIE MAIRESSE, MARTHE VILLALONGA. ■ Coluche, il compianto comico francese, per una volta fa l'impiegatuccio timido. Non solo è timoroso per sé, ma per gli altri, nella fattispecie la sua fidanzata che fa un lavoro pericoloso, quello dell'hostess. Lui tanto fa e tanto dice che la ragazza chiede e ottiene un incarico a terra. Ma un imprevisto attende la coppia quando sta per convolare... ■ COMMEDIA; COL.; 100'; FRANCIA, 1983.

BANZAI ★
Regia di CARLO VANZINA. Con FRANCESCA ROMANA COLUZZI, FRANCESCO DE ROSA, PAOLO VILLAGGIO. ■ Un gruppo di malviventi infila nella borsa del personaggio interpretato da Villaggio un quantitativo di droga. Lui, che dovrebbe recarsi a Vancouver, sbaglia uscita all'aeroporto e finisce a Tokyo. Qui è costretto a travestirsi più volte per sfuggire agli inseguitori che non gli danno tregua. I Vanzina hanno tentato la carta delle trasformazioni in geisha, lottatore di sumo e facchino per rinvigorire i personaggi affidati a Paolo Villaggio. Non ci sono riusciti e il film si è avvicinato, come flop al botteghino, all'ormai storico *Jackpot* con Celentano. ■ COMICO; COL.; 90'; ITALIA, 1997.

BANZAI RUNNER ★★
Regia di JOHN G. THOMAS. Con CHARLES DIERKOP, JOHN SHEPERD, DEAN STOCKWELL. ■ Billy viene cacciato dalla polizia perché intende far finire in galera dei giovani delinquenti figli di ricchi e influenti personaggi. Non si arrende. ■ AVVENTURA; COL.; 90'; USA, 1992.

BARABBA *(Barabbas)* ★★★
Regia di RICHARD FLEISCHER. Con ERNEST BORGNINE, VALENTINA CORTESE, VITTORIO GASSMAN, ARTHUR KENNEDY, SILVANA MANGANO, JACK PALANCE, ANTHONY QUINN. ■ Benché non possa dimenticare la figura di Gesù, Barabba ricomincia a rubare e ad uccidere, e per questo viene condannato a lavorare in una miniera siciliana. Liberato, si reca a Roma e durante il famoso incendio saccheggia un deposito. Di nuovo condannato al supplizio della croce morirà da cristiano. ■ STORICO; COL.; 134'; ITALIA, USA, 1962.

BARACCA E BURATTINI ★★
Regia di SERGIO CORBUCCI. Con CARLO DAPPORTO, LAURETTA MASIERO. ■ Selenio precipita dalla Luna sulla Terra. Un burattino al quale ha dato vita, gli illustra il funzionamento di vari apparecchi. L'extraterrestre accende il televisore e rimane incantato dalle ragazze di una rivista; il fantoccio, temendo qualche guaio, si affretta a rispedirlo con un cannone sul suo pianeta. ■ COMM. MUSICALE; COL.; 81'; ITALIA, 1954.

BARA CON VISTA *(Plots with a View)* ★★
Regia di NICK HURRAN. Con BRENDA BLETHYN, ALFRED MOLINA, CHRISTOPHER WALKEN, NAOMI WATTS. ■ Boris ama Betty fin dall'infanzia, ma la sua goffaggine gli ha sempre impedito di manifestare il suo sentimento. Così lui, ballerino mancato, ha ereditato l'azienda di pompe funebri di famiglia, mentre lei, sensibile e sentimentale, ha sposato il sindaco del paese del Galles dove entrambi vivono. Due fatti sconvolgono questa vita così tranquilla: la morte della suocera di Betty, che rende possibile un suo riavvicinamento all'antico spasimante, e l'apertura di un'altra ditta di pompe funebri gestita da un eccentrico americano. ■ COMMEDIA; COL.; 94'; GRAN BRETAGNA, USA, 2002.

BARA DEL DOTTOR SANGUE, LA ★★★
(Doctor Blood's Coffin)
Regia di SIDNEY J. FURIE. Con HAZEL COURT, IAN HUNTER, KIERON MOORE. ■ In una cittadina alcune persone scompaiono misteriosamente. Il medico del posto, infatti, eseguendo alcuni esperimenti sui loro cadaveri, è riuscito a farle rivivere. Perirà durante un furioso corpo a corpo con uno di questi "resuscitati". ■ HORROR; COL.; 98'; GRAN BRETAGNA, 1960.

BARA DEL VAMPIRO, LA *(El ataud del vampiro)* ★★
Regia di FERNANDO MENDEZ. Con LIDIA MELLON, ABEL SALAZAR, EDWARD TUCKER, ADRIANE WELTER. ■ Un vampiro si innamora della fidanzata di un medico, la rapisce e la nasconde nel suo orripilante rifugio. Il dottore trova il nascondiglio e spedisce definitivamente il mostro nell'aldilà. ■ HORROR; B/N; 91'; MESSICO, 1958.

BARAKA ★★★
Regia di RON FRICKE. ■ Dall'alba al tramonto, una giornata per viaggiare attraverso il mondo e gli uomini che lo abitano. Apparentemente privo di alcun filo conduttore, il film svela lentamente il suo intento: mostrare la disarmante bellezza intrinseca nella natura così come nell'uomo, quale essere vivente e quale essere sociale. La religione e il rapporto con la natura (due cose che coincidono, sotto certi punti di vista) sono le chiavi di volta nella comprensione dell'evoluzione spirituale delle varie compagini dell'umanità, anche nei momenti più cupi della sua Storia – l'Olocausto, la povertà delle favelas, la cementificazione selvaggia. Un'opera incantevole, emozionata ed emozionante. Come la vita stessa. ■ DOCUMENTARIO; COL.; 96'; USA, 1992.

BARAN ★★★
Regia di ABE LEVITOW, MAJID MAJIDI. Con MAJID MAJIDI, FOUAD NAHAS. ■ Alcuni rifugiati afghani lavorano in un cantiere di Teheran, come manovali. Un giorno Najaf ha un incidente ed è costretto ad abbandonare il lavoro. Ma il suo stipendio è necessario per non far morir di fame la sua famiglia. La figlia Baran si traveste da uomo e si offre di sostituirlo. Il cinema iraniano esce dai circuiti locali sulla scia della fama di Kiarostami. L'identità culturale di questo cinema rimane forte e non cede alle lusinghe del mercato. ■ DRAMMATICO; COL.; 98'; IRAN, 2001.

BARAONDA *(En Sjöman i Frack)* ★★
Regia di RAGNAR ARVEDSON. Con MARIANNE AMINOFF, ADOLF JOHR, KARIN NORGREEN. ■ Il sosia di un famoso attore cinematografico, un marinaio in vena di scherzi, prende il posto del divo che ha interrotto la lavorazione di un film dopo una lite col regista. Inevitabili i divertenti equivoci. ■ COMMEDIA; B/N; 90'; SVEZIA, 1942.

BARAONDA – PASSIONI POPOLARI, LA ★★
Regia di FLORESTANO VANCINI. Con EDI ANGELILLO, WANDA ASCHEI, GIULIANO GEMMA. ■ Al Palasport di Milano, durante la "sei giorni" ciclistica, il medico sportivo Federico Salvi si scopre pedinato da una bella ragazza, Erminia, con la quale aveva avuto una breve relazione estiva. Erminia vuole richiamarlo alle sue responsabilità: il bambino nato dalla loro breve passione. Florestano

Vancini tenta di fare un "commedione", una sorta di *Nashville* milanese. Ma senza disporre di attori, di sceneggiatori, di vere idee. ■ COMMEDIA; COL.; 92′; ITALIA, 1980. ■ DAVID DI DONATELLO 1 PR, 1 NOM.

BARA PER LO SCERIFFO, UNA ★★
Regia di MARIO CAIANO. Con EDUARDO FAJARDO, LUCIANA GILLI, ARTHUR KENT, ANTHONY STEFFEN. ■ Per vendicarsi dell'uomo che ha abusato della sua compagna e poi l'ha uccisa, uno sceriffo si unisce al gruppo dei banditi tra i quali si trova anche il suo nemico. Benché costretto dalle circostanze a rivelarsi per quello che è, raggiunge ugualmente il suo scopo. ■ WESTERN; COL.; 89′; ITALIA, 1965.

BARA PER RINGO, UNA ★★
(5000 Dollar für den Kopf von Jonny R.)
Regia di JOSÉ LUIS MADRID. Con LEX BARKER, JOACHIM FUCHSBERGER, MARIANNE KOCH, RALF WOLTER. ■ Un fuorilegge viene salvato *in extremis* dai suoi uomini. Tenta di farsi passare per morto dopo l'incendio alla fattoria nella quale si è rifugiato, ma invano. Un innocente sta per essere ucciso al suo posto, ma lui lo impedisce consegnandosi ai carnefici. ■ WESTERN; COL.; 104′; GERMANIA, 1966.

BARBABLÙ ★★
Regia di CARLO LUDOVICO BRAGAGLIA. Con NINO BESOZZI, LILIA SILVI. ■ Una ragazza scappata di casa per evitare un matrimonio non desiderato trova ospitalità nella casa di un uomo che detesta il gentil sesso. I due, costretti loro malgrado a frequentarsi, si innamorano e si sposano. ■ COMMEDIA; B/N; 98′; ITALIA, 1941.

BARBABLÙ *(Barbebleue)* ★★★
Regia di CHRISTIAN-JAQUE. Con CÉCILE AUBRY, PIERRE BRASSEUR, JACQUES SERNAS. ■ Barbablù intende sposarsi, per la settima volta. Si innamora di una "cenerentola" capitata per caso nel palazzo. La sposa e cerca di terrorizzarla col racconto dei suoi assassinii. La giovane sposa scopre che le precedenti mogli non sono state uccise, ma sono rinchiuse in un sotterraneo. Barbablù ci rimane male perché è geloso della sua fama di "terribile". Ci rimane ancora più male quando lo mandano in esilio, senza mogli. ■ FIABESCO; COL.; 99′; FRANCIA, 1951.

BARBABLÙ *(Bluebeard)* ★★★
Regia di EDWARD DMYTRYK. Con RICHARD BURTON, NATHALIE DELON, VIRNA LISI, KARIN SCHUBERT, MARILÙ TOLO, RAQUEL WELCH. ■ L'ottava moglie di un facoltoso barone nazista scopre per puro caso che il marito ha assassinato le precedenti consorti. Destinata a morire, si fa raccontare dall'uomo i motivi e le circostanze dei delitti, poi viene rinchiusa in un'enorme stanza-frigorifero assieme ai cadaveri delle sfortunate donne. È salvata da un ragazzo ebreo che ha ucciso per rappresaglia il crudele barone. ■ DRAMMATICO; COL.; 125′; USA, 1972.

BARBABLÙ, BARBABLÙ ★★★
Regia di FABIO CARPI. Con JOHN GIELGUD, MARIE LABORIT, SUSANNAH YORK. ■ Fabio Carpi è stato ispirato da un suo documentario su Cesare Musatti. Un vecchio patriarca ha sposato cinque donne. Sta per morire e vuole fare un'ultima intervista con una troupe televisiva e chiama a raccolta i familiari, tutte nullità di fronte a lui. Ha un attacco di cuore ma non muore. Il suo gioco sadico provocherà un suicidio. Un buon film e interpretazione ottima di John Gielgud che è abituato a raccogliere attorno a sé i familiari, vedi *Providence* di Alain Resnais. ■ DRAMMATICO; COL.; 100′; ITALIA, 1989.

BARBAGIA *(La società del malessere)* ★★
Regia di CARLO LIZZANI. Con DON BACKY, TERENCE HILL, GABRIELE TINTI, FRANK WOLFF. ■ Un pastore finisce in prigione per un delitto d'onore. Evade e assieme ad alcuni complici organizza rapimenti di persone facoltose. Abbandonato dai suoi uomini comprende che non potrà fuggire. ■ DRAMMATICO; COL.; 101′; ITALIA, 1969.

BARBAGIALLA IL TERRORE DEI SETTE MARI E MEZZO *(Yellowbeard)* ★★
Regia di MEL DAMSKI. Con PETER BOYLE, GRAHAM CHAPMAN, MARTY FELDMAN. ■ Barbagialla, pirata del Mar di Giamaica, riesce a evadere di prigione e decide di recuperare il bottino nascosto anni prima su un'isola. Sua moglie ha però bruciato la mappa, dopo averla fatta riprodurre, sotto forma di tatuaggio, sul cranio del figlio... ■ COMMEDIA; COL.; 101′; USA, 1983.

BARBARA ★★
Regia di ANGELO ORLANDO. Con MARCO GIALLINI, VALERIO MASTANDREA. ■ Al suo secondo film il regista teatrale Orlando accentua la sua vena fantastico-surreale nella storia di Aldo (Mastandrea) e Pino (Giallini), romani che vivono a Torino, incontrano una strana – soprattutto sessualmente – ragazza, che gliene combina di tutti i colori. ■ COMMEDIA; COL.; 85′; ITALIA, 1998.

BARBARA IL MOSTRO DI LONDRA ★★★
(Dr. Jekyll and Sister Hyde)
Regia di ROY WARD BAKER. Con RALPH BATES, MARTINE BESWICK, LEWIS FIANDER, GERALD SIM. ■ Il dottor Jekyll scopre una pozione capace di trasformarlo in donna, sister Hyde. È lei ad avere la meglio sul suo "alter ego", e a costringerlo ad assassinare giovani donne dalle quali prelevare ciò che le serve per vivere. Tallonata dalla polizia, sister Hyde muore cadendo da un tetto. ■ HORROR; COL.; 96′; GRAN BRETAGNA, 1971.

BARBARELLA ★★★
Regia di ROGER VADIM. Con GIANCARLO COBELLI, JANE FONDA, ANITA PALLENBERG, UGO TOGNAZZI, VÉRONIQUE VENDELL. ■ Il destino dell'umanità è compromesso da uno scienziato che, usando come mezzo di intimidazione un terrificante raggio di sua invenzione, vuole sottomettere l'universo intero ai suoi voleri. Barbarella viene inviata alla sua ricerca. Spalleggiata da un gruppo di "ribelli" toglie di mezzo lo scomodo individuo. ■ FANTASCIENZA; COL.; 97′; FRANCIA, ITALIA, 1967.

BARBARIANS, THE ★
Regia di RUGGERO DEODATO. Con SHEEBA ALAHANI, EVA LA RUE, RICHARD LYNCH. ■ Tanti secoli fa, in un mondo popolato di animali mostruosi, coraggiosi paladini, streghe e filtri magici, un re cattivo teneva segregata la sua stupenda moglie e i bambini avuti da lei: una femmina e due gemelli. ■ FANTASTICO; COL.; 87′; ITALIA, USA, 1987.

BARBARO E LA GEISHA, IL ★★★
(The Barbarian and the Geisha)
Regia di JOHN HUSTON. Con EIKO ANDO, SAM JAFFE, JOHN WAYNE, SO YAMAMURA. ■ Il primo diplomatico Usa di stanza in Giappone suscita la diffidenza degli abitanti e poi la loro gratitudine, per essere riuscito a debellare un'epidemia di colera. Giunge persino al cospetto dell'imperatore, e lo persuade a modernizzare i costumi. I nemici dell'americano decidono di eliminarlo; il sacrificio di una geisha innamorata di lui fa riflettere il capo dei congiurati che, pentito, si suicida. ■ AVVENTURA; B/N; 105′; USA, 1958.

BARBAROSA ★
Regia di FRED SCHEPISI. Con GARY BUSEY, WILLIE NELSON. ■ In un western al di fuori di qualsiasi tentativo di classificazione, un cantante country rievoca le gloriose imprese di un bandito leggendario. ■ WESTERN; COL.; 90′; USA, 1982.

BARBAROSSA *(Akahige)* ★★★
Regia di AKIRA KUROSAWA. Con KYÔKO KAGAWA, YUZO KAYAMA, TOSHIRO MIFUNE, YOSHIO TSUCHIYA. ■ Un medico di nobili sentimenti è a capo di un ospedale per povera gente. Il suo assistente imparerà da lui a stabilire un contatto umano, prima che professionale, con i pazienti. ■ DRAMMATICO; B/N; 180′; GIAPPONE, 1965. ■ VENEZIA 1 PR.

BARBAROSSA ★★
Regia di RENZO MARTINELLI. Con CECILE CASSEL, RAZ DEGAN, RUTGER HAUER, HRISTO SHOPOV, KASIA SMUTNIAK. ■ Anno 1158. Nelle campagne intorno a Milano un ragazzino, Alberto da Giussano, salva la vita a un cavaliere che gli donerà un pugnale: è l'imperatore Federico I di Hohenstaufen. Il giovane Alberto torna dalla famiglia mentre Federico si sente dire da una veggente che la falce gli procurerà la sconfitta e l'acqua la morte. Alberto, cresciuto, si innamora di Eleonora considerata una fanciulla strana e in grado di "sentire" ciò che accadrà. Federico invece porta

all'altare la sposa bambina Beatrice di Borgogna e avverte come ineludibile l'esigenza di sottomettere i liberi comuni italiani a partire da Milano che verrà assediata e rasa al suolo anche grazie al tradimento del milanese Siniscalco Barozzi. Alberto vede morire i fratelli e tenta di uccidere l'imperatore che, riconosciuto in lui il suo salvatore di un tempo, lo lascia libero. Alberto però non demorde. Il recensore nell'affrontare questo film si trova dinanzi a un bivio: leggerlo politicamente o sul piano cinematografico? Non è possibile esimersi dall'affrontare entrambi i percorsi. Perché è vero che Martinelli ha cercato in extremis di farne un manifesto di libertà tout court ma l'apparato "politico" messo in essere per la prima mondiale (con tutti gli esponenti della Lega e il presidente del Consiglio presenti non "in sala" ma nel più evocativo Castello Sforzesco), oltre a un raffinato volume edito dalla Regione Lombardia, erano lì a smentirlo. Non poteva quindi mancare un certo sentore da film di regime. Rimane comunque un'intenzione spettacolare che non manca. ■ DRAMMATICO; COL.; 139'; ITALIA, 2008.

BARBERSHOP 2 *(Barbershop 2: Back in Business)* ★★
Regia di KEVIN RODNEY SULLIVAN. Con ICE CUBE, CEDRIC THE ENTERTAINER, MICHAEL EALY, EVE, TROY GARITY, LEONARD EARL HOWZE, QUEEN LATIFAH, SEAN PATRICK THOMAS. ■ Sequel dell'omonimo n. 1 questo film è, come l'altro, un talk show dal barbiere in cui tutti sono, a turno, ospiti ed intervistatori. Con, in più, il rischio di chiusura del locale perché la concorrenza è dall'altra parte della strada e ha molti più mezzi. Film, come quasi tutti i sequel, con un impianto già visto a cui non basta la simpatia degli attori per risollevarsi dalla prevedibilità. ■ COMMEDIA; COL.; 118'; USA, 2004.

BARBIERE DI RIO, IL ★★
Regia di GIOVANNI VERONESI. Con DIEGO ABATANTUONO, ZULEIKA DOS SANTOS, IRENE GRANDI, ROCCO PAPALEO. ■ Matteo (Abatantuono) sogna di fare il barbiere a Rio. E un giorno parte. Ci sono tutte le dovute gag e qualche risatina a buon mercato. Tentativo di film medio tipo commedia all'italiana. Fallito. ■ COMMEDIA; COL.; 105'; ITALIA, 1996.

BARBIERE DI SIBERIA, IL *(Le barbier de Sibérie)* ★★
Regia di NIKITA MIKHALKOV. Con RICHARD HARRIS, OLEG MENSHIKOV, JULIA ORMOND. ■ Il titolo non si riferisce al *Barbiere di Siviglia* di Rossini ma al seguito scritto da Mozart, *Le nozze di Figaro*. Innamorato di quell'opera è Andrei Tolstoi, un soldatino che sul finire dell'Ottocento incontra una bella signora su un treno. Tra i due nasce un'infelice storia d'amore. Nelle intenzioni si voleva costruire un melodramma alla *Dottor Zivago*: dispendio di mezzi e molti paesi coinvolti produttivamente in questo kolossal diretto da Mikhalkov, regista russo in declino. Presentato fuori concorso all'apertura del Festival di Cannes. ■ AVVENTURA; COL.; 180'; CECOSLOVACCHIA, FRANCIA, ITALIA, RUSSIA, 1999.

BARBIERE DI SIVIGLIA, IL *(Le barbier de Séville)* ★★
Regia di JEAN KEMM. Con ANDRÉ BAUGÉR, JOSETTE DAY, JEAN GALLAND, NANE GERMON, HÉLÈNE ROBERT. ■ Miscuglio de *Il barbiere di Siviglia* di Rossini e de *Le nozze di Figaro* di Mozart. ■ COMMEDIA; B/N; 93'; FRANCIA, 1934.

BARBIERE DI SIVIGLIA, IL *(El barbero de Sevilla)* ★
Regia di BENITO PEROJO. Con ROBERTO REY, RAQUEL RODRIGO. ■ Il barbiere Figaro rimpolpa i suoi guadagni contribuendo alla realizzazione di molti matrimoni. Grazie alla sua abilità riuscirà a far sposare il conte d'Almaviva e la sua innamorata Rosina sottraendola alle avide mire del tutore. ■ COMMEDIA; B/N; 86'; SPAGNA, 1938.

BARBIERE DI SIVIGLIA, IL ★★
Regia di MARIO COSTA. Con NELLY CORRADI, VITA DE TARANTO, TITO GOBBI, FERRUCCIO TAGLIAVINI, ITALO TAJO. ■ Solita trasposizione del *Barbiere di Siviglia* rossiniano. ■ COMMEDIA; B/N; 86'; ITALIA, 1946.

BARBIERI DI SICILIA, I ★★
Regia di MARCELLO CIORCIOLINI. Con FRANCO FRANCHI, DANIELA GIORDANO, CARLO HINTERMANN, CICCIO INGRASSIA, MARIO MARANZANA, GEORGIA MOLL, ADRIANA PACCHETTI, FRANCO PESCE. ■ Due parrucchieri si accapigliano per la stessa ragazza. C'è la guerra e i tedeschi si istallano nel loro paese. Il comandante nemico sospetta che i due siano spie e li fa sorvegliare; sarà involontariamente ucciso da Franco e Ciccio che compiranno altre imprese "eroiche". ■ COMICO; COL.; 91'; ITALIA, 1967.

BARCA È PIENA, LA *(Das Boot ist voll)* ★★★
Regia di MARKUS IMHOOF. Con HANS DIEHL, TINA ENGEL, MARTIN WALZ. ■ Agosto 1942: cinque ebrei e un disertore fuggono dalla Germania nazista e si rifugiano in Svizzera, ignorando che un decreto federale di quel paese nega asilo alle vittime di persecuzioni razziali. Chiedono ospitalità a una donna, ma il marito di lei li denuncia alla polizia. I fuggiaschi tentano di scambiarsi i ruoli per sfuggire al controllo, ma vengono riconsegnati ai nazisti. ■ DRAMMATICO; COL.; 94'; SVIZZERA, 1981. ■ BERLINO 2 PR; DAVID DI DONATELLO 1 PR, 1 NOM; OSCAR 1 NOM.

BARCAIOLO DI AMALFI, IL ★
Regia di MINO ROLI. Con GUIDO CELANO, LEDA GLORIA, FRANCA MARZI, MARIA VITALE. ■ La vicenda ruota attorno alla figura di un barcaiolo che ha derubato e ucciso un uomo. Quando verrà scoperto finirà in prigione. Sua sorella fugge con l'amante ma lo lascia quando questi nega la paternità del figlio che la donna aspetta. ■ DRAMMATICO; B/N; 88'; ITALIA, 1954.

BARCAMENANDOCI ★★
Regia di ANTONIO BIDO. Con ADOLFO BELLETTI, GIANCARLO BULLO, ISABELLE ILLIERS. ■ Andrea e Isabella costruiscono pazientemente sulla terrazza della loro casa una barca che dovrebbe portarli lontano dalla monotonia della routine quotidiana. Da un'idea simpatica un film completamente mancato. ■ COMMEDIA; COL.; 90'; ITALIA, 1984.

BARCAROLA *(Barcarole)* ★★
Regia di GERHARD LAMPRECHT. Con LIDA BAAROVA, GUSTAV FRÖHLICH. ■ Un dongiovanni scommette col geloso marito di una donna serissima che riuscirà a farla sua in una notte. La posta è la vita del perdente. Il dongiovanni vince, ma poiché si è innamorato della donna preferisce sostenere il contrario. Muore per mano del rivale. ■ DRAMMATICO; B/N; 100'; GERMANIA, 1935.

BARCA SULL'ERBA, LA *(Le bateau sur l'herbe)* ★★
Regia di GÉRARD BRACH. Con JEAN-PIERRE CASSEL, CLAUDE JADE. ■ Due amici sognano di andare su un veliero all'Isola di Pasqua. Ma il loro battello si arena su un prato. Apologo sull'impossibilità delle fughe per l'uomo moderno. Più velleitario che interessante. ■ COMMEDIA; COL.; 90'; FRANCIA, 1971.

BARCELLONA *(Barcelona)* ★★
Regia di WHIT STILLMAN. Con TUSHKA BERGEN, CHRIS EIGEMAN, PEP MUNNÉ, TAYLOR NICHOLS, MIRA SORVINO. ■ Ted e Fred sono due cugini americani che vivono nella Barcellona del dopo Franco. Dopo incomprensioni sia private che politiche sposeranno due spagnole per poi tornare in patria. Film sull'incontro tra *made in Usa* e *made in Spain* in cui prevale l'americanità di un regista che racconta l'Europa come se l'immagina un suo compatriota che non abbia consultato altro che i depliant di un'agenzia turistica senza mai entrare in un aeroporto. Un po' di folclore (anche olimpico) e diversi richiami a *Ufficiale e gentiluomo*, film bollato come "fascista" quando uscì in Spagna. ■ COMMEDIA; COL.; 95'; USA, 1994.

BARCELONA (UN MAPA) ★★★
Regia di VENTURA PONS. Con JORDI BOSCH, MARIA BOTTO, PABLO DERQUI, NURIA ESPERT, JOSEP MARIA POU, ROSA MARÍA SARDÁ. ■ Sei persone si incrociano in un appartamento di Barcellona. Ognuna di loro rappresenta una solitudine diversa. Ventura Pons, giunto al quinto lavoro, continua la sua sensibile raffigurazione di gente sola e priva di speranze. Con una poetica molto delicata, il microcosmo rappresentato racchiude le fragilità di una società più decadente che vincente. L'incesto, l'adulterio e l'omosessualità si incrociano senza rompere, nella loro forza intrinseca, la banalità del quotidiano. ■ DRAMMATICO; COL.; 90'; SPAGNA, 2007.

BAR DEL SUD, IL *(Le bar du Sud)* ★
Regia di HENRI FESCOURT. Con TANIA FEDOR, LUCAS GRIDOUX, CHARLES VANEL. ■ Un industriale, la cui vera attività è il traffi-

co di armi, giunge in Africa con la moglie. Questa chiede il divorzio quando apprende la verità; l'uomo, i cui piani sono falliti per merito del controspionaggio, preferisce uccidersi. ■ DRAMMATICO; B/N; 91'; FRANCIA, 1938.

BAR DEL TELEFONO, IL ★★
Regia di CLAUDE BARROIS. Con DANIEL DUVAL, CHRISTOPHER LAMBERT, FRANÇOIS PERRIER. ■ Un poliziesco di scarso interesse se non per la possibilità di vedere, in una delle sue prime piccole prove, Christopher Lambert. Tutto ruota intorno a un ex pugile che pretende del denaro da due fratelli. Entrano in gioco prima la polizia e poi un killer. ■ POLIZIESCO; COL.; 90'; FRANCIA, 1980.

BARFLY ★★
Regia di BARBET SCHROEDER. Con FAYE DUNAWAY, ALICE KRIGE, MICKEY ROURKE. ■ Mickey Rourke rifà le intemperanze alcoliche di Charles Bukowski, lo stravagante scrittore di Los Angeles che passò molti anni ciondolando nei bar come un barbone (finché il successo letterario corresse, ma fino a un certo punto, le sue abitudini). Qui è raccontata la sua storia d'amore con l'anima gemella, una bella donna anche lei ormai schiava dell'alcol. Rourke è bravo, ma alla lunga annoia. Come il film. ■ DRAMMATICO; COL.; 97'; USA, 1987. ■ GOLDEN GLOBES 1 NOM.

BARKLEYS DI BROADWAY, I ★★★
(The Barkleys of Broadway)
Regia di CHARLES WALTERS. Con FRED ASTAIRE, GINGER ROGERS. ■ Due coniugi sono gli interpreti principali di una rivista di successo. La donna, per dimostrare al marito di possedere anche qualità drammatiche, accetta la proposta di lavoro di un commediografo. Si renderà conto di dovere all'innamorato consorte il merito del trionfo ottenuto. La trama, fin troppo esile, non è che una scusa per far ballare la celeberrima coppia Astaire-Rogers. ■ MUSICAL; COL.; 109'; USA, 1949. ■ OSCAR 1 NOM.

BARNABO DELLE MONTAGNE ★★
Regia di MARIO BRENTA. Con CARLO CESAROTTI, DUILIO FONTANA, MARCO PAULETTI. ■ Nonostante i risultati non siano del tutto convincenti, Mario Brenta riesce a costruire un'atmosfera particolare che può essere paragonata a *Il deserto dei Tartari* di Zurlini e *Il segreto del bosco vecchio* di Olmi. Come quei casi infatti la storia è tratta da Dino Buzzati. Barnabo è un guardiaboschi pieno di paure, contraddizioni e dubbi. Vive la sua esistenza tra le montagne costretto a grandi momenti di solitudine e a un difficile rapporto con il lavoro. Prova a fare il contadino ma alla fine torna alle origini e alla propria natura di solitario. Presentato al Festival di Cannes. ■ DRAMMATICO; COL.; 124'; ITALIA, 1994.

BARNUM IL RE DEL CIRCO *(Barnum)* ★★
Regia di LEE PHILIPS. Con BURT LANCASTER, HANNA SCHYGULLA. ■ Burt Lancaster nella parte di Phineas T. Barnum, l'inventore dello spettacolo da circo moderno. Comincia come ragazzotto intraprendente che organizza lotterie e prosegue come impresario degli show circensi più prestigiosi (i suoi assi nella manica furono il nano Tom Thumb e la cantante Jenny Lind). ■ BIOGRAFICO; COL.; 99'; USA, 1987.

BARNYARD – IL CORTILE *(Barnyard)* ★★
Regia di STEVE OEDEKERK. ■ Otis è un simpatico bue dedito all'ozio: organizza feste, canta e balla con i suoi amici animali, in un'atipica fattoria che prende vita ogni qualvolta il proprietario si assenta. Quando il padre adottivo muore per salvare il pollaio dall'attacco di famelici coyote, Otis, tra mille difficoltà, prende il comando della situazione e acquisisce finalmente la consapevolezza delle proprie azioni... ■ ANIMAZIONE; COL.; 90'; USA, 2006.

BARO, IL *(Les grands chemins)* ★★★
Regia di CHRISTIAN MARQUAND. Con ANOUK AIMÉE, ROBERT HOSSEIN, RENATO SALVATORI. ■ Durante un viaggio, il protagonista fa conoscenza con un individuo che possiede una straordinaria agilità nel muovere le dita. A questo giovane baro vengono spezzate le mani da tre loschi individui. Il baro si vendicherà uccidendoli ma verrà a sua volta ucciso dall'amico. ■ DRAMMATICO; COL.; 93'; FRANCIA, 1962.

BAROCCO ★★
Regia di CLAUDIO SESTIERI. Con DAVIDE BECHINI, CRISTINA MARSILLACH, MASSIMO VENTURIELLO. ■ Siamo a Roma. Luca è un dj radiofonico che viene lasciato da Valeria, la sua ragazza. Lei va ad abitare con due ragazzi omosessuali. Non riesce però a far durare neanche questa situazione. Allora conosce, tramite Sandra, sua professoressa, un architetto. Sembra che Valeria cambi atteggiamento nei confronti della vita e dell'amore ma ascoltando la radio risente la voce di Luca. Ancora un po' acerba come regia, non molto aiutata dai dialoghi, a volte scontati. Tra gli attori anche Ottavia Piccolo e Carlo Lizzani in piccole parti. ■ COMMEDIA; COL.; 95'; ITALIA, 1991.

BARONE, IL *(Le Baron de l'Écluse)* ★★★
Regia di JEAN DELANNOY. Con BLANCHETTE BRUNOY, JEAN DESAILLY, JEAN GABIN, MICHELINE PRESLE. ■ Un'imprevista vincita al gioco permette ad un barone dalle mani bucate di condurre, ancora per qualche tempo, vita dispendiosa. L'uomo potrebbe sistemarsi con una locandiera benestante, ma l'amore per la libertà è più forte. ■ COMMEDIA; B/N; 95'; FRANCIA, ITALIA, 1959.

BARONE CARLO MAZZA, IL ★★★
Regia di GUIDO BRIGNONE. Con SILVANA PAMPANINI, NINO TARANTO. ■ Una bella ragazza americana sposa un barone in miseria per entrare in possesso dell'eredità di uno zio piuttosto originale. L'uomo, bersagliato da scherzi e commenti salaci (la condotta della moglie è alquanto libera), preferisce divorziare; la sposina torna dall'uomo che ama. ■ COMMEDIA; B/N; 86'; ITALIA, 1948.

BARONE DELL'ARIZONA, IL *(The Baron of Arizona)* ★★
Regia di SAMUEL FULLER. Con ELLEN DREW, VINCENT PRICE. ■ Con imbrogli e falsificazioni di documenti, un uomo si fa passare per il proprietario dell'Arizona. I rappresentanti del governo, persuasi della validità di quelle prove, dapprima sono propensi a ricomprare lo Stato, poi scoprono la truffa. L'uomo sconta sei anni di prigione. ■ AVVENTURA; B/N; 90'; USA, 1949.

BARONE DI CORBÒ, IL ★★
Regia di GENNARO RIGHELLI. Con ENRICO GLORI, WANDINA GUILLAUME, LAURA NUCCI, DIANA TORRIERI, VANNA VANNI. ■ Alcuni pazzi furiosi fuggono da un manicomio e, con un travestimento insospettabile, penetrano senza fatica in una villa situata nelle vicinanze. Potrebbe finire in tragedia, ma intervengono gli infermieri a ristabilire la calma. ■ DRAMMATICO; B/N; 81'; ITALIA, 1939.

BARONE DI MÜNCHHAUSEN, IL *(Münchhausen)* ★★★
Regia di JOSEF VON BAKY. Con HANS ALBERS, FERDINAND MARIAN, ILSE WERNER. ■ Un anello dai poteri straordinari permette al barone di Münchhausen di non invecchiare. Durante l'interminabile vita egli si imbatte in straordinarie avventure e finisce persino sulla Luna per non cadere nelle mani della giustizia. Tornato sulla Terra, come un mortale qualunque attende serenamente la morte. ■ FANTASTICO; COL.; 92'; GERMANIA, 1943.

BARONE DI MÜNCHHAUSEN, IL *(Baron Prásil)* ★★★
Regia di KAREL ZEMAN. Con JANA BREJCHOVA, RUDOLF JELINEK, MILES KOPECKY. ■ Il barone di Münchhausen, che abita sulla Luna, scambia un astronauta per un indigeno. Chiarito l'equivoco torna con lui sulla Terra, e lo aiuta a liberare una principessa, prigioniera di un emiro; poi volano tutti e tre sulla Luna, pianeta di chi si ama. ■ FANTASTICO; COL.; 90'; CECOSLOVACCHIA, 1962.

BARONE FANTASMA, IL *(Le baron fantôme)* ★★
Regia di SERGE DE POLIGNY. Con ANDRÉ ALERME, ALAIN CUNY, JANY HOLT, ODETTE JOYEUX, ANDRÉ LEFAUR. ■ Una donna in cattive acque si trasferisce, assieme alle figlie, nel castello di un parente che da qualche tempo si è come volatilizzato. Anni dopo troveranno il suo cadavere mummificato, le cose di valore e il testamento. ■ DRAMMATICO; B/N; 99'; FRANCIA, 1942.

BARONE ROSSO, IL *(Von Richthofen and Brown)* ★★
Regia di ROGER CORMAN. Con HURD HATFIELD, KAREN HUSTON, JOHN PHILIP LAW, BARRY PRIMUS, CORIN REDGRAVE, DON STROUD. ■ Durante il primo conflitto mondiale un pilota tedesco, il "Barone rosso", desta l'ammirazione dei compagni e persino quella dei nemici a causa delle sue incredibili imprese. Egli continua a lottare anche quando appare chiaro che il destino della sua

nazione è ormai segnato, e perisce in uno scontro con l'asso dell'aviazione americana. ■ GUERRA; COL.; 97'; USA, 1971.

BARONESSA DI FUOCO – OPERAZIONE SIGFRIDO, LA *(Die feuerrote Baronesse)* ★★
Regia di RUDOLF JUGERT. Con DAWN ADDAMS, PAUL DAHKE, VERA FRYDTBERG, JOACHIM FUCHSBERGER, HANS NIELSEN, WERNER PETERS. ■ Un agente inglese opera in territorio tedesco con l'aiuto di una spia in gonnella, la "baronessa di fuoco". Si innamora della figlia di un SS che lo ricambia e lo aiuta a compiere la sua missione. Durante la fuga deve abbandonarla; la baronessa cade sotto i colpi nemici. ■ GUERRA; B/N; 90'; GERMANIA, 1959.

BARONESSA E IL MAGGIORDOMO, LA ★★
(The Baroness and the Butler)
Regia di WALTER LANG. Con ANNABELLA, WILLIAM POWELL. ■ Alla Camera di un ipotetico Stato, siedono un maggiordomo e il suo datore di lavoro, acerrimo avversario. La situazione è insostenibile e precipita quando la figlia del secondo, innamorata del maggiordomo, divorzia per seguirlo. ■ DRAMMATICO; B/N; 75'; USA, 1938.

BARONI, I ★★
Regia di GIAN PAOLO LOMI. Con VITTORIO CAPRIOLI, ALDO FABRIZI, ANDRÉA FERRÉOL, TURI FERRO, IRA FÜRSTENBERG, RENA NIEHAUS, UMBERTO SPADARO, LEOPOLDO TRIESTE, JACQUES WEBER. ■ Una bella nordica disinibita restituisce la virilità ad un barone in procinto di sposarsi. Nomi famosi ma personaggi inconsistenti e superficiali. ■ COMMEDIA; COL.; 86'; ITALIA, 1975.

BARONI DELLA MEDICINA, I ★★★
(Sept morts sur ordonnance)
Regia di JACQUES ROUFFIO. Con MICHEL AUCLAIR, JANE BIRKIN, GÉRARD DEPARDIEU, MONIQUE MELINAND, MICHEL PICCOLI, CHARLES VANEL, MARINA VLADY. ■ È la versione riveduta e corretta di uno scandalo: un bravo chirurgo viene boicottato dal capo di un'organizzazione di medici che amministra una sorta di "mercato dei pazienti". Il chirurgo scopre che l'uomo è coinvolto nel suicidio di un collega, ma nessuno lo ascolta; sapendo di essere gravemente ammalato spara prima alla moglie e poi a se stesso. ■ DRAMMATICO; COL.; 106'; FRANCIA, 1975.

BAROUD *(Love in Morocco)* ★
Regia di REX INGRAM. Con PIERRE BATCHEFF, ROSITA GARCIA, REX INGRAM. ■ È un'innocua storia d'amore ambientata in Marocco, in mezzo a qualche fucilata di beduini. ■ AVVENTURA; B/N; 90'; GRAN BRETAGNA, 1932.

BARQUERO ★★★
Regia di GORDON DOUGLAS. Con KERWIN MATHEWS, WARREN OATES, LEE VAN CLEEF. ■ Attorno alla casa di un barcaiolo sorge lentamente un villaggio. Gli abitanti si rifugiano sulla riva opposta del fiume per non sottostare agli ordini di alcuni fuorilegge in fuga, che abbatteranno mentre tentano il trasbordo con mezzi di fortuna. ■ AVVENTURA; COL.; 115'; USA, 1970.

BARRACUDA *(The Lucifer Project)* ★★★
Regia di HARRY KERWIN. Con WAYNE CRAWFORD, CLIFF EMMICH, JASON EVERS, WILLIAM KERWIN, ROBERTA LEIGHTON. ■ Il giovane professor Canfield si reca a Palm Cove per analizzare il grado di inquinamento delle acque marine di quella cittadina. I campioni prelevati confermano i sospetti d'inquinamento di Canfield, il quale viene infatti richiamato a Palm Cove a causa di una preoccupante e misteriosa moria di pesci. In tutta la faccenda c'è lo zampino del governo americano che impedirà al professore di rivelare la verità. E i morti saranno tantissimi. ■ DRAMMATICO; COL.; 90'; USA, 1977.

BARRIERA *(Bariera)* ★★
Regia di JERZY SKOLIMOWSKI. Con TADEUSZ LOMNICKI, JAN NOWICKI, JOANNA SZCZERBIC. ■ Siamo nel periodo pasquale a Varsavia. Uno studente vagabonda per la città nelle ore notturne e si innamora di una ragazza che guida i tram. ■ DRAMMATICO; B/N; 77'; POLONIA, 1966.

BARRIERA A SETTENTRIONE ★★
Regia di LUIS TRENKER. Con MARIANNE HOLD, AMEDEO NAZZARI, LUIS TRENKER. ■ Due finanzieri sotto mentite spoglie tentano di individuare i componenti di una banda di spacciatori di droga. Li scoprono e seguono i compagni durante l'attacco al rifugio; uno perde la vita per salvare l'amico. Tutti i malviventi sono arrestati o abbattuti. ■ DRAMMATICO; B/N; 86'; ITALIA, 1949.

BARRIERA DELLA LEGGE, LA ★★
Regia di PIERO COSTA. Con ROSSANO BRAZZI, LEA PADOVANI, JACQUES SERNAS. ■ Un ragazzo, nonostante le preghiere della sorella, resta a far parte di una banda criminale. Una sera la polizia sorprende i fuorilegge sul fatto: il ragazzo è tra quelli che periscono sotto il fuoco degli agenti. ■ DRAMMATICO; B/N; 91'; ITALIA, 1954.

BARRIERA DI CARNE – LA PORTA DEL CORPO ★★
Regia di SUZUKI SEIJUN. Con SATOKO KASAI, YUMIKO NOGAWA, JOE SHISHIDO. ■ Per combattere la povertà, Maya, ragazza giapponese, è costretta a prostituirsi. L'ambiente però è senza pietà e pericoloso. Così punta tutto su un amore. Ma la cosa più difficile è conservarlo. Un film molto duro, trasmesso in televisione, non era uscito all'epoca nelle nostre sale cinematografiche. ■ DRAMMATICO; COL.; 90'; GIAPPONE, 1964.

BARRIERA D'ORO, LA *(Nob Hill)* ★★
Regia di HENRY HATHAWAY. Con JOAN BENNETT, VIVIAN BLAINE, PEGGY ANN GARNER, GEORGE RAFT. ■ Il proprietario di un locale notturno si innamora di una ragazza che si serve di lui per facilitare la carriera politica del fratello. Dopo tutta una serie di guai riprende a lavorare, viene perdonato dalla fidanzata e adotta definitivamente un'orfanella. ■ DRAMMATICO; COL.; 95'; USA, 1945.

BARRIERA INVISIBILE *(Gentleman's Agreement)* ★★★🏆
Regia di ELIA KAZAN. Con JOHN GARFIELD, CELESTE HOLM, DOROTHY MCGUIRE, GREGORY PECK, ANNE REVERE, JANE WYATT. ■ Per svolgere adeguatamente un'indagine sull'antisemitismo in America, un giornalista, dietro consiglio della fidanzata, si finge ebreo. Cozza inevitabilmente contro la "barriera invisibile" che si interpone tra gli appartenenti a quella razza e un certo tipo di società. Kazan svolge il suo compito onestamente, dando al film l'impronta di un documento sulle condizioni di vita degli ebrei Usa. Gregory Peck (definito dal regista «uno zero di bell'aspetto») è bravo ma impersonale. Meglio di Gregory Peck recitano Dorothy McGuire e John Garfield. Il successo avuto dal film è dovuto più alla nobiltà dell'assunto che al suo intrinseco valore. ■ DRAMMATICO; B/N; 118'; USA, 1948. ■ OSCAR 🏆 3 PR, 7 NOM.

BARRIERE D'ORGOGLIO *(Robber's Roost)* ★★
Regia di LOUIS KING. Con WALTER MCGRAIL, GEORGE O'BRIEN, MAUREEN O'SULLIVAN. ■ Una guerra del bestiame è combattuta all'ultimo sangue tra due bande di *pistoleros* decisi a tutto. Rimangono pochi superstiti. Uno di essi si aggiudica la ragazza. Dal romanzo di Zane Grey *Covo di banditi*. ■ WESTERN; B/N; 90'; USA, 1933.

BARRITI NELLA JUNGLA *(Elephant Stampede)* ★
Regia di FORD BEEBE. Con EDITH EVANSON, JOHN KELLOG, DONNA MARTELL, JOHNNY SHEFFIELD. ■ Il protagonista non si chiama Tarzan ma come lui vola da una liana all'altra e ha per amici gli animali che lo salvano da una situazione incresciosa. ■ AVVENTURA; B/N; 81'; USA, 1951.

BARRY – LA FIACCOLA DELLA VITA *(Barry)* ★★
Regia di RICHARD POTTIER. Con PIERRE FRESNAY, SIMONE VALÈRE. ■ La figlia di un commerciante crede che il suo amato Silvan sia morto durante le guerre napoleoniche e sposa l'uomo che il padre le impone. Anni dopo, durante un viaggio con la famiglia, viene travolta da una valanga, ma sia lei che la figlia verranno salvate da Barry, un cane San Bernardo, addestrato da padre Tommaso. ■ DRAMMATICO; B/N; 99'; FRANCIA, 1949.

♥ BARRY LYNDON ★★★★
Regia di STANLEY KUBRICK. Con MARISA BERENSON, STEVEN BERKOFF, GAY HAMILTON, MARIE KEAN, HARDY KRÜGER, PATRICK MAGEE, RYAN O'NEAL. ■ Barry è un giovane di bell'aspetto ma dalle origini modeste. Rifiutato dalla donna che ama, intraprende la carriera militare dopo un duello con l'avversario in amore. Stanco della vita militare, con un espediente entra nell'esercito prussiano, divenendo il beniamino del capitano Potzdorf. Ma anche questa volta la fortuna gli volta le spalle e, costretto a

fuggire, diventa il compare di un raffinato avventuriero. Con la spada e la pistola si fa largo nella bella società. Ormai è un uomo appagato. Gli manca solo il blasone. Sposando la contessa di Lyndon e assumendone il cognome colma la lacuna. Ma sarà un matrimonio infelice. Il figlio della contessa, nato da un altro matrimonio, lo odia e per molti anni progetterà una vendetta, che si compirà quando affronterà il patrigno in duello. Barry Lyndon perderà una gamba e i suoi averi. Un malinconico esilio segna il suo definitivo destino. Tratto dal noto romanzo settecentesco di William Makepeace Thackeray, *Barry Lyndon* si può definire un film anomalo nella produzione del grande Stanley Kubrick. Film di difficile collocazione e che ha spaventato la critica al suo apparire a causa della mancanza di una chiave di lettura che conducesse alle origini del progetto. Il misterioso Kubrick non ha mai chiarito le sue intenzioni. Ma ciò non impedisce di giudicare il film una splendida anomalia. Usando una tecnica d'illuminazione naturalistica, tutta a base di candele, che il grande direttore della fotografia John Alcott realizza genialmente, il film è immerso in una atmosfera che restituisce il clima del tempo. Kubrick si è avvalso di lenti speciali, fornite dalla Carl Zeiss e adattate da Ed Di Giulio. Un film freddo e crudele. Ironico e mastodontico. Solenne e malinconico. La bella voce narrante di Romolo Valli accompagna il racconto con tono suadente e beffardo. Altro contributo memorabile al film sono le musiche assemblate da Leonard Rosenman. Fra tutte spicca il trio per piano in mi bemolle di Schubert. Gli interpreti sono usati da Kubrick come pedine di un'invisibile scacchiera, che egli percorre seguendo un imperscrutabile disegno metafisico. Le leggi cosmiche e l'ineluttabilità del destino avvicinano *Barry Lyndon* a *2001, Odissea nello spazio*. L'astronauta affronta i misteri del cosmo e ne è vittima, così come Lyndon entra in un mondo che non gli appartiene, subendone la consueta glacialità. Il film ha ricevuto quattro Oscar: per i costumi, la fotografia, la scenografia e la musica. ■ DRAMMATICO; COL.; 184'; GRAN BRETAGNA, 1975. ■ DAVID DI DONATELLO 1 PR, 1 NOM; GOLDEN GLOBES 2 NOM; OSCAR 4 PR, 7 NOM.

BAR SPORT ★★

Regia di MASSIMO MARTELLI. Con GIUSEPPE BATTISTON, CLAUDIO BISIO, ANTONIO CATANIA, ANGELA FINOCCHIARO, LUNETTA SAVINO. ■ 1976. In un piccolo paese di provincia vicino Bologna viene inaugurato il Bar Sport. Il gestore, detto Onassis per la sua tirchieria, condivide per l'occasione un paio di bottiglie di Lambrusco e qualche pastarella con i vecchi amici del luogo e col nuovo arrivato Eros, un tuttologo chiacchierone, mentre il povero Bovinelli cerca invano di accendere l'insegna del locale. Dai gelati estivi alla riffa natalizia, l'umanità che popola il Bar Sport si ritrova giorno dopo giorno, fra chiacchiere e battute, partite a carte e tornei di boccette, trasferte fuori rotta e aneddoti mitologici. Dal romanzo di Stefano Benni, l'antropologia da bar è una delle espressioni più significative della commedia italiana umana. ■ COMMEDIA; COL.; 93'; ITALIA, 2011.

BARTON FINK ★★★★🏆

Regia di ETHAN COEN, JOEL COEN. Con JUDY DAVIS, JOHN GOODMAN, MICHAEL LERNER, JOHN TURTURRO. ■ Vincitore a Cannes, unico nella storia del Festival, di tre premi: miglior film, migliore regia e migliore attore. John Turturro, qui nella sua più significativa interpretazione, è un commediografo piuttosto presuntuoso che vive a New York. Se ne infischia delle critiche benevole e si sente rappresentante dei bassi ceti sociali. Viene scritturato ad Hollywood per scrivere un film sulla lotta libera interpretato da Wallace Beery (siamo negli anni Trenta). Dapprima è restio, ma poi accetta e viene alloggiato in un albergo, un tempo rinomato, ormai in disfacimento. Conosce così il vicino di stanza che dice di essere un rappresentante e poi uno scrittore che ammira. Quest'ultimo però deve molto alla sua assistente che passerà una notte con il commediografo. Ci sarà un misterioso omicidio e al termine della stesura della sceneggiatura il lavoro di Barton Fink sarà rifiutato. Con molto sarcasmo e bravura formale i fratelli Coen firmano uno dei loro migliori lavori assieme al precedente *Crocevia della morte*. Grande anche l'interpretazione di John Goodman (*True Stories* e *Arizona Junior*), dall'enorme mole. ■ DRAMMATICO; COL.; 114'; USA, 1990. ■ CANNES 🏆 3 PR; DAVID DI DONATELLO 1 PR, 1 NOM; GOLDEN GLOBES 1 NOM; OSCAR 3 NOM.

BARUFFE D'AMORE *(Rosen in Tirol)* ★

Regia di GÉZA VON BOLVÀRY. Con THEODOR DANEGGER, MARTE HARELL, HANS MOSER, JOHANNES MOSER. ■ Spiando il nobile marito per essere rassicurata sulla sua onestà, una donna si innamora di un ufficiale. Accetta di seguirlo quando, dopo una serie di divertenti avventure, ha le prove dell'infedeltà del maturo consorte. ■ COMMEDIA; COL.; 78'; GERMANIA, 1940.

BARZELLETTE, LE ★

Regia di CARLO VANZINA. Con BRUNO ARENA, STEFANO BICOCCHI, CARLO BUCCIROSSO, MASSIMILIANO CAVALLARI, LORENZO FLAHERTY, MAX GIUSTI, SIMONETTA GUARINO, BIAGIO IZZO, CHIARA NOSCHESE, LUIGI PROIETTI, ENZO SALVI, SAMUELA SARDO, DORELIA VASILESCU. ■ Gli uomini, la vita, la Storia, raccontati attraverso una serie di brevi sketch comici. In attesa di un critico che tra vent'anni lo consideri un classico della comicità. Per ora non lo è. ■ COMICO; COL.; 92'; ITALIA, 2004.

BASATO SU UNA STORIA NON VERA ★★
(Based on an Untrue Story)

Regia di JIM DRAKE. Con DYAN CANNON, MORGAN FAIRCHILD, DAN HEDAYA, VICTORIA JACKSON. ■ Una professionista nel settore dei cosmetici, e consulente nei profumi, ha un grosso problema da risolvere: ha perso l'olfatto. ■ COMMEDIA; COL.; 90'; USA, 1993.

BASCOMB IL MANCINO *(Bad Bascomb)* ★★

Regia di SYLVAN SIMON. Con WALLACE BEERY, MARGARET O'BRIEN. ■ Per non essere catturati due fuorilegge si aggregano ad una carovana di Mormoni, col segreto proposito di derubarla. Uno dei due, in seguito all'affetto dimostratogli da una bambina, torna sulla sua decisione e chiede l aiuto degli uomini della legge quando il complice e alcuni indiani assaltano il gruppo. Perde la libertà ma salva la coscienza. ■ AVVENTURA; B/N; 110'; USA, 1946.

BASE ARTICA ZEBRA *(Ice Station Zebra)* ★★★

Regia di JOHN STURGES. Con TONY BILL, ERNEST BORGNINE, JIM BROWN, ROCK HUDSON, ALF KJELLIN, PATRICK MCGOOHAN, LLOYD NOLAN. ■ La spedizione Usa diretta alla Base Artica Zebra deve rientrare in possesso di un filmato di enorme importanza che interessa anche ai russi. Gli americani arrivano per primi, e preferiscono distruggere il documento piuttosto che consegnarlo agli avversari armati. ■ AVVENTURA; COL.; 148'; USA, 1968. ■ OSCAR 2 NOM.

BASEKETBALL ★

Regia di DAVID ZUCKER. Con DIAN BACHAR, YASMINE BLEETH, JENNY MCCARTHY, TREY PARKER, MATT STONE. ■ Coop e Remer sono due amici d'infanzia di Milwaukee, due perdenti nati. Ma hanno una "grande" idea e inventano uno sport a metà tra il basket e il baseball: il BASEketball. Con l'aiuto di un miliardario il gioco diventa un successo, tanto che i due formano una lega di professionisti, seppur stramba come il gioco stesso. ■ COMMEDIA; COL.; 103'; USA, 1990.

BASE LUNA CHIAMA TERRA *(First Men in the Moon)* ★★★

Regia di NATHAN J. JURAN. Con MARTHA HYER, LIONEL JEFFRIES, EDWARD JUDD. ■ Uno scienziato e altre due persone, servendosi di un'astronave "primitiva", sono sbarcati sulla Luna e hanno vissuto con i suoi abitanti anticipando in segreto la prima spedizione "ufficiale". L'unico sopravvissuto narra l'avventura. ■ FANTASCIENZA; COL.; 103'; GRAN BRETAGNA, 1965.

BASHÙ, IL PICCOLO STRANIERO ★★★
(Bashù, gharibek kuchak)

Regia di BAHRAM BEIZAI. Con ADNAN AFRAVIAN, PARVIZ PURHOSSEINI, SUSSAN TASLIMI. ■ Uno dei primi, se non addirittura il primo in assoluto, film distribuiti in Italia del cinema iraniano. Di grande interesse artistico. Ottima l'interpretazione dell'attrice Sussan Taslimi. Un ragazzino di colore vede distruggere la propria casa. Fugge su un camion diretto verso un'altra parte dell'Iran. Qui, atterrito dalle esplosioni, scappa di nuovo e finisce col conoscere una donna che si prenderà cura di lui nonostante le prime incomprensioni, anche linguistiche. ■ DRAMMATICO; COL.; 118'; IRAN, 1989.

BASIC ★★★
Regia di JOHN MCTIERNAN. Con TIMOTHY DALY, TAYE DIGGS, SAMUEL L. JACKSON, CONNIE NIELSEN, GIOVANNI RIBISI, ROSELYN SANCHEZ, JOHN TRAVOLTA, BRIAN VAN HOLT. ■ Tom Hardy, un ex militare divenuto agente della DEA da cui è stato sospeso per sospetta corruzione, viene chiamato per aiutare a risolvere un caso intricato. Il sergente West, odiato da tutti i soldati, è stato ucciso nel corso di una missione di addestramento a Panama. Solo due dei militari sono sopravvissuti ma, per motivi diversi, non vogliono collaborare. Hardy, affiancato dal capitano Julia Osborne, che non ne approva i metodi, cerca la verità. Non sarà facile, soprattutto per Osborne, comprendere come si sono svolti i fatti. John McTiernan affronta una complessa sceneggiatura di James Vanderbilt con decisione. Buon risultato. ■ THRILLER; COL.; 98′; CANADA, USA, 2003.

BASIC INSTINCT ★★★
Regia di PAUL VERHOEVEN. Con MICHAEL DOUGLAS, GEORGE DZUNDZA, SHARON STONE. ■ Siamo a San Francisco. Un cantante viene trovato morto in circostanze che non lasciano dubbi sul fatto che a commettere l'omicidio sia stata una donna. Viene sospettata una scrittrice, Catherine, e delle indagini si occupa l'agente Nick. Tra i due ci sarà una relazione, ma Nick riuscirà anche a scoprire il colpevole. Il film comincia come *Matador* di Almodóvar ma finisce in una sequela di banalità narrate da una grande fotografia e da buon professionismo. Indubbio il fascino della Stone. Le polemiche che hanno accompagnato il film negli Stati Uniti con le proteste di gay – si tratta di un'assassina bisex – non hanno fatto altro che farne lievitare il successo in tutto il mondo. ■ THRILLER; COL.; 125′; USA, 1992. ■ GOLDEN GLOBES 2 NOM; OSCAR 2 NOM.

BASIC INSTINCT 2: RISK ADDICTION ★★
(Basic Instinct 2: Risk Addiction)
Regia di MICHAEL CATON-JONES. Con STAN COLLYMORE, HUGH DANCY, KATA DOBÓ, KEITH HOW, DAVID MORRISSEY, CHARLOTTE RAMPLING, SHARON STONE, DAVID THEWLIS, VEE VIMOLMAL. ■ Catherine Tramell è tornata. Trasferitasi dagli Stati Uniti a Londra, viene accusata dell'omicidio di un uomo dall'ispettore di Scotland Yard Washburn. Affidata per la perizia psichiatrica al dottor Glass, noto analista che in passato ha però lasciato libero un uomo che avrebbe poi massacrato la propria fidanzata, la donna fa di tutto per sedurlo. La scrittrice, con istinti omicidi e con una sessualità al calor bianco (tanto esibita quando gelida), è tornata. A scanso di equivoci, durante lo scorrere dei titoli di testa si fa masturbare, mentre è alla guida di un'auto lanciata a forte velocità, dal suo accompagnatore di turno. Ne segue un incidente con annegamento del malcapitato. Il resto... è superfluo. ■ THRILLER; COL.; 113′; USA, 2006.

BASILICATA COAST TO COAST ★★
Un film di ROCCO PAPALEO. Con PAOLO BRIGUGLIA, ALESSANDRO GASSMAN, MAX GAZZÈ, GIOVANNA MEZZOGIORNO, ROCCO PAPALEO. ■ Nicola Palmieri insegna storia dell'arte e coltiva il sogno della musica. Frontman entusiasta di un gruppo di amici col vizio degli strumenti, compone canzoni e vorrebbe esibirsi sul palcoscenico scanzonato di Scanzano. Salvatore, alla chitarra, è uno studente di medicina che ha dimenticato di laurearsi e di innamorarsi, Franco, al contrabbasso, è pescatore di pesca libera a cui l'amore ha tolto parole e intenzioni, Rocco, alle percussioni, è un villano di grande fascino ossessionato dalla celebrità. Decisi ad attraversare la Basilicata dal Tirreno allo Ionio, intraprenderanno un viaggio picaresco, ripreso da una televisione parrocchiale e accompagnato da una giornalista svogliata e annoiata. ■ COMMEDIA; COL.;105′; ITALIA, 2010.

BASILISCHI, I ★★★
Regia di LINA WERTMÜLLER. Con ANTONIO PETRUZZI, ROSANNA SANTORO, STEFANO SATTA FLORES. ■ È un bozzetto della vita in un paese del Meridione disegnato attraverso la figura di due ragazzi, uno studente svogliato e un ragioniere. I due trascorrono le giornate negli stessi luoghi, facendo i medesimi discorsi, preferendo la monotonia quotidiana a qualunque altro possibile sbocco. Primo lungometraggio della brava regista televisiva che dimostra mano sicura e approfondisce l'indagine psicologica e sociale della realtà meridionale. La Wertmüller era partita bene, piena di rigore e di propensione alla verità. Non ha poi mantenuto le promesse, anche lei catturata dalla tentazione del cinema dai grandissimi mezzi. ■ DRAMMATICO; B/N; 84′; ITALIA, 1963.

BASIL L'INVESTIGATOPO *(The Great Mouse Detective)* ★★
Regia di RON CLEMENTS, BURNY MATTINSON, DAVE MICHENER, JOHN MUSKER. ■ In Inghilterra, nel 1897, il topo investigatore Basil viene incaricato di trovare un costruttore di giocattoli rapito dal perfido Rattigan affinché costruisca un robot sosia della regina, a cui sostituirlo. Basil, con l'aiuto di fedeli amici, riesce a sventare il diabolico piano. ■ ANIMAZIONE; COL.; 91′; USA, 1986.

BASKET MUSIC *(The Fish that Saved Pittsburgh)* ★★
Regia di GILBERT MOSES. Con JULIUS ERVING, MEADOW LARK LEMON, JONATHAN WINTERS. ■ La squadra di basket di Pittsburgh è in crisi. Un ragazzino di colore, tifoso della squadra, convince i finanziatori a seguire i consigli di un'astrologa: rifare la squadra con elementi dello stesso segno zodiacale dell'unico campione da tenere, Moses, che è dei Pesci. La squadra ricomincia infatti a vincere. ■ COMMEDIA; COL.; 102′; USA, 1979.

BASQUIAT ★★
Regia di JULIAN SCHNABEL. Con DAVID BOWIE, CLAIRE FORLANI, DENNIS HOPPER, GARY OLDMAN, JEFFREY WRIGHT. ■ La biografia al cinema è sempre un genere impervio: o si cade nell'agiografia o si resta nell'illustrazione. Schnabel affronta il rischio di raccontare la vita di un grande graffitista metropolitano e ottiene un film in cui tutti gli stereotipi del genere artista-pazzo-società-che-non-lo-comprende sono rispettati. Gli unici accenti interessanti sono dati dalla dolcezza dell'interpretazione della Forlani e dall'abilità con cui Bowie interpreta Andy Warhol, conferendogli un'interessante dimensione costante di presenza/assenza dai luoghi in cui si trova. ■ BIOGRAFICO; COL.; 106′; USA, 1996.

BASSA MAREA *(The House by the River)* ★★★★
Regia di FRITZ LANG. Con LEE BOWMAN, LOUIS HAYWARD, DOROTHY PATRICK, JANE WYATT. ■ Uno scrittore non riesce a piegare la cameriera alle sue voglie e la uccide. Nasconde il cadavere lungo le rive di un fiume facendosi aiutare dal fratello, che tenta di incolpare prima, e di sopprimere poi. Sarà lui invece a perire mentre, dopo essere stato scoperto, fugge per salvarsi. ■ DRAMMATICO; B/N; 88′; USA, 1950.

BASSIFONDI *(Donzoko)* ★★★
Regia di AKIRA KUROSAWA. Con KYÔKO KAGAWA, TOSHIRO MIFUNE, ISUZO YAMADA. ■ Tratto da *L'albergo dei poveri* di Gorkij. In una discarica un uomo senza scrupoli ha organizzato un dormitorio dove vari poveracci soggiornano. Un film neorealista che in parte preannuncia, sul tema degli emarginati, la bidonville di *Dodes'ka-den* girato dallo stesso regista tredici anni più tardi. ■ DRAMMATICO; B/N; 135′; GIAPPONE, 1957.

BASSIFONDI DEL PORTO, I ★★
(Slaughter on Tenth Avenue)
Regia di ARNOLD LAVEN. Con DAN DURYEA, JAN STERLING. ■ L'assassinio di uno scaricatore di porto rischia di rimanere impunito a causa della paura e dell'omertà che regnano in quell'ambiente. All'ultimo istante però i compagni dell'ucciso si ribellano e il processo ai due imputati si chiude con la loro condanna. ■ DRAMMATICO; B/N; 103′; USA, 1957.

BASSIFONDI DI SAN FRANCISCO – CRIMEN, I ★★★★
(Knock on Any Door)
Regia di NICHOLAS RAY. Con HUMPHREY BOGART, JOHN DEREK, GEORGE MACREADY. ■ Ingiustamente imprigionato, un commerciante muore di dolore. La moglie si trasferisce in un rione popolare con i figli. Il maggiore di essi si unisce a ragazzi di vita e comincia a rubare. Dopo il riformatorio si sposa e si impegna, ma la calma dura poco: finirà giustiziato per omicidio. È uno dei film dove Bogart fa il cattivo. Il destino ha voluto che i suoi lavori migliori fossero proprio quelli. Bogart "buono" richiamava più gente al botteghino, ma Bogart "cattivo" faceva i capolavori. ■ DRAMMATICO; B/N; 100′; USA, 1949.

BASSIFONDI DI SHANGHAI *(Mystère à Shanghai)* ★★
Regia di ROGER BLANC. Con PIERRE JOURDAN, HÉLÈNE PER-

DRIÈRE, MAURICE TEYNAC. ■ Un bandito che si cela sotto le spoglie di un onesto commerciante, prepara un piano per derubare la moglie ignara della sua doppia identità. Gli va male e viene ucciso da un detective che sposa la vedova innamorata di lui sin da prima dello sfortunato matrimonio. ■ DRAMMATICO; B/N; 85'; FRANCIA, 1950.

BASSO, MORO, SCALCAGNATO E... CON I PIEDI PIATTI *(The Policeman)* ★★
Regia di EPHRAIM KISHON. Con ZAHARIA HARIFAI, SHAI K. OPHIR. ■ È la storia di un poliziotto buono e un po' maldestro, e con una moglie malata. I suoi problemi finanziari sono parzialmente risolti dalla promozione a sergente. ■ COMMEDIA; COL.; 89'; ISRAELE, 1976.

BASTA! ADESSO TOCCA A NOI ★★★
Regia di LUCIANO EMMER. Con GIANLUCA ANGELINI, DAVID EMMER, ALESSANDRO HABER. ■ Dadi e Andrea, assieme ai loro amici, hanno concluso le scuole superiori. La loro idea è di rimanere uniti durante i due mesi di vacanze. Le loro vite sono in una importante fase di cambiamento che li vedrà più maturi. A distanza di ben trentasei anni, da un suo film con un tema identico come *Terza liceo*, Emmer affronta il difficile momento, ma se vogliamo ancora spensierato, di passaggio tra la scuola e ciò che si vuole diventare nella vita. Del film del 1954 c'è anche una divertente autocitazione quando viene proiettato all'aperto e bersagliato dagli studenti che non vogliono più sentir parlare di scuola. Il titolo originale, voluto dal regista, è *Basta! Ci faccio un film*. ■ COMMEDIA; COL.; 100'; ITALIA, 1990.

BASTA CHE FUNZIONI *(Whatever Works)* ★★★
Regia di WOODY ALLEN. Con ED BEGLEY JR., PATRICIA CLARKSON, LARRY DAVID, CONLETH HILL, MICHAEL MCKEAN, EVAN RACHEL WOOD. ■ Boris Yelnikoff, un tempo fisico di fama mondiale ed ora uomo anziano che ha già fallito un tentato suicidio, è in lotta con il mondo. Non c'è nulla che consideri positivo e anche le lezioni di scacchi che impartisce a giovani allievi divengono un'occasione di scontro. Finché, un giorno, non incappa in Melody, una giovane miss di provincia che è fuggita nella Grande Mela e dorme in strada. Il burbero Boris cede alle sue richieste e acconsente ad ospitarla per una notte che si trasformerà in mesi sino a divenire un matrimonio. Mettendo da parte la falsa modestia che ha sempre fatto da velo tra lui e il suo essere un intellettuale a tutto campo, Allen ammette di essere un genio perché non ha una visione limitata della realtà. Lo fa in un film in cui la sceneggiatura è di una precisione millimetrica e nella quale, ancora una volta, le battute che vorresti mandare a memoria sono molte. Woody non è diventato buonista e le sue dosi di cinismo continuano a prevalere. Però questa volta ogni personaggio è visto, anche quando descritto con ritrattini al vetriolo, nella sua debolezza e pertanto, in definitiva, compreso. ■ COMMEDIA; COL.; 92'; USA, FRANCIA, 2009.

BASTA CHE NON SI SAPPIA IN GIRO! ★★★
Regia di LUIGI COMENCINI, NANNI LOY, LUIGI MAGNI. Con JOHNNY DORELLI, VITTORIO MEZZOGIORNO, MARCO ONORATO, MONICA VITTI. ■ Sono tre film: *Macchina d'amore* (Comencini), dove si narra di una dattilografa che lavora sul copione di un film porno. *Il superiore* (Loy), che racconta di un gruppo di detenuti che protestano per la mancanza di donne. *L'equivoco* (Magni), dove il protagonista è un ragioniere che scambia una ragazza che vende libri per una prostituta. ■ COMMEDIA; COL.; 100'; ITALIA, 1976.

BASTA CON LA GUERRA... FACCIAMO L'AMORE ★
Regia di ANDREA BIANCHI. Con JACQUES DUFILHO, LUCIO FLAUTO, DAGMAR LASSANDER. ■ Lo zio di un timido seminarista affida alla consorte e alla domestica l'incarico di svegliare nel nipote l'interesse per il sesso. Ci riusciranno. ■ COMMEDIA; COL.; 81'; ITALIA, 1974.

BASTA GUARDARE IL CIELO *(The Mighty)* ★★★
Regia di PETER CHELSOM. Con KIERAN CULKIN, ELDEN HENSON, GENA ROWLANDS, SHARON STONE. ■ Kevin (Kieran Culkin, fratello di Macaulay) usa le stampelle per una malformazione, Maxwell, grande e grosso, ma timido e impacciato, se lo porta in giro sulle spalle. Insieme si sentono forti e "normali" e possono affrontare i cattivi. Intorno a loro, genitori e nonni sono tutti molto bravi e umani, capaci di capire ogni sfumatura e di aiutare i due ragazzi nel modo migliore. La Stone ha voluto produrre questo film per scegliersi un nuovo capitolo della sua evoluzione, anche se già sapevamo che è brava. Certo è un po' meno bella, ma sempre più attrice vera. ■ DRAMMATICO; COL.; 108'; USA, 1998. ■ GOLDEN GLOBES 2 NOM.

BASTA GUARDARLA ★★★
Regia di LUCIANO SALCE. Con MARIA GRAZIA BUCCELLA, UMBERTO D'ORSI, SPIROS FOCAS, PIPPO FRANCO, RICCARDO GARRONE, CARLO GIUFFRÈ, MARIANGELA MELATO, LUCIANO SALCE, FRANCA VALERI. ■ Divenuta soubrette per le doti fisiche più che per autentica bravura, una contadinella fa innamorare un cantante. L'ex amante di questi, gelosa, reagisce e riesce a far cacciare la rivale. I due innamorati, dopo numerose avventure e un tentato suicidio dell'uomo, si ricongiungeranno. ■ COMMEDIA; COL.; 96'; ITALIA, 1971.

BASTANO TRE PER FARE UNA COPPIA ★★
(Seems Like Old Times)
Regia di JAY SANDRICH. Con CHEVY CHASE, CHARLES GRODIN, GOLDIE HAWN. ■ Un giovanotto viene senza sua colpa coinvolto in una rapina. In qualche modo sfugge alla polizia e ai veri rapinatori rifugiandosi in casa dell'ex moglie causandole non pochi guai (specialmente a un ricevimento in cui il marito dell'ex ha invitato un pezzo grosso della politica). ■ COMMEDIA; COL.; 121'; USA, 1981.

BASTARDA, LA *(La renégate)* ★★
Regia di JACQUES SÉVERAC. Con LOUISE CARLETTI, MAURICE ESCAUDE, YVES VINCENT. ■ Costretta suo malgrado a sposare un ricco arabo, una ragazza non sa adeguarsi all'ambiente a lei estraneo. Allora fugge, dopo aver liberato un ufficiale del quale è innamorata. Il marito la ritrova e si piega ai suoi desideri. Poco dopo muore assassinato lasciandola definitivamente libera. ■ DRAMMATICO; B/N; 95'; FRANCIA, 1947.

BASTARDI ★
Regia di FEDERICO DEL ZOPPO, ANDRÉS ARCE MALDONADO. Con RICCARDO BARBERA, BARBARA BOUCHET, MASSIMILIANO CAROLETTI, DIEGO CONTE, PIETRO GENUARDI, GIANCARLO GIANNINI, EVA HENGER, MERCEDES HENGER, DON JOHNSON, MASSIMO VANNI, ENRICO MONTESANO, FRANCO NERO. ■ Trani. La rivalità tra i due clan Juvara e Patene è insanabile e lo diviene ancor di più quando i due rampolli (Luca Juvara e Alessandro Patene) si sfidano a una gara in moto per poter partecipare a uno spettacolo condotto dall'affascinante Lenka. Per un errore Luca provoca la morte di Alessandro. Il padre della vittima, Sante, giura vendetta. Non si può fare riferimento, come qualcuno ha fatto, al "poliziottesco" all'italiana di venerata memoria. Siamo solo in presenza di una storiella banale, fortunatamente breve. ■ COMMEDIA; COL.; 88'; ITALIA, 2007.

BASTARDI, I *(Né de père inconnu)* ★★
Regia di MAURICE CLOCHE. Con IRASEMA DILIAN, IRENE GENNA, GABY MORLAY, SANDRO RUFFINI. ■ Accusato dell'omicidio dell'amante – che invece è annegata per un incidente – un operaio viene arrestato. La figlia del suo datore di lavoro lo fa difendere dall'avvocato di cui è innamorata. Inutilmente il padre tenta di boicottare quel sentimento, che trionfa, e con esso la giustizia. ■ DRAMMATICO; B/N; 75'; FRANCIA, 1950.

BASTARDI, I ★★
Regia di DUCCIO TESSARI. Con CLAUDINE AUGER, GIULIANO GEMMA, RITA HAYWORTH, KLAUS KINSKI, MARGARET LEE, SERGE MARQUAND. ■ È la storia di due fuorilegge, fratellastri, che vogliono la stessa donna e il medesimo bottino. Il meno "cattivo" uccide l'altro che gli ha reso una mano inservibile, ma a sua volta viene soppresso dalla madre alcolizzata. ■ DRAMMATICO; COL.; 94'; ITALIA, 1969.

BASTARDI SENZA GLORIA *(Inglourious Basterds)* ★★★
Regia di QUENTIN TARANTINO. Con DANIEL BRÜHL, DIANE KRUGER, MÉLANIE LAURENT, BRAD PITT, CHRISTOPH WALTZ. ■ Nella Francia occupata dai nazisti, Shosanna Dreyfus (Mélanie Laurent) assiste all'uccisione di tutta la sua famiglia per mano del co-

lonnello nazista Hans Landa (Christoph Waltz). Shosanna riesce a sfuggire miracolosamente alla morte e si rifugia a Parigi, dove assume una nuova identità e diviene proprietaria di una sala cinematografica. Altrove in Europa, il tenente Aldo Raine (Brad Pitt) mette assieme una squadra speciale di soldati ebrei: noti come "The Basterds", i soldati vengono incaricati dai loro superiori di agire come cani sciolti sul territorio uccidendo ogni soldato tedesco che incontrano e prendendogli lo scalpo. La loro missione li porterà nei pressi del cinema parigino dove Shosanna sta tramando un piano di vendetta privata... *Inglorious Basterds*, progetto covato da anni da Quentin Tarantino, è ispirato da uno dei cult-movie per eccellenza del regista americano, *Quel maledetto treno blindato* di Enzo G. Castellari. ■ AZIONE; COL.; 160′; USA, GERMANIA, 2009. ■ GOLDEN GLOBES 1 PR.

BASTARDI SI NASCE, CAROGNE SI DIVENTA... ★★
Regia di CARAVAN DA COSTA. Con LARRY DANIELS, JOHN MILLER, KATHLEEN PARKER, LAURIE STEVENS, ALEX STEWART, MARIA XENIA. ■ Due soldati greci assumono l'incarico di liberare un villaggio macedone occupato dai bulgari. Con un'audace manovra fanno evadere alcuni prigionieri di guerra e grazie al loro aiuto sgominano i nemici che stanno per mettere in atto una feroce rappresaglia. ■ GUERRA; COL.; 101′; GRECIA, 1972.

BASTARDO, IL *(Bastard)* ★★★
Regia di HELGE LUNDE. Con SIGNE HASSO, GEORG LOEKBERG. ■ È una contrastata storia d'amore tra un ragazzo e una ragazza che il padre vuole dare in sposa al figlio di un creditore. Lei resiste e dopo drammatici avvenimenti può coronare il suo sogno. ■ DRAMMATICO; B/N; 90′; NORVEGIA, 1940. ■ VENEZIA 1 PR.

BASTARDO DENTRO *(Mauvais esprit)* ★★
Regia di PATRICK ALESSANDRIN. Con COLETTE CASSIDE, CLÉMENTINE CÉLARIÉ, LISE LAMÉTRIE, FRANÇOIS LEVANTAL, THIERRY LHERMITTE, MICHEL MULLER, MARIA PACÔME, MATTHIAS VAN KHACHE, LEONOR WATLING, OPHÉLIE WINTER. ■ Un poveraccio perseguitato dalla sfortuna non è architetto solo perché impedito all'ultimo esame da una malattia e un giorno scopre che qualcuno gli ha rubato il progetto di uno stadio ormai in costruzione. Infine viene investito dall'imprenditore edile Vincent Porel e defunge, per rinascere, consapevole, nel corpo del figlio tanto atteso di Porel. Sarà un neonato colmo di odio per quel padre al quale renderà la vita impossibile. Impregnato di un umorismo greve, tra pannolini sporchi, rigurgiti infantili, mogli fedifraghe e madri snaturate, suocere laide ed invadenti, vegliarde sporcaccione, ladruncoli e mentitori. ■ COMMEDIA; COL.; 90′; FRANCIA, SPAGNA, 2003.

BASTARDO ECCELLENTE *(Character)* ★★★
Regia di MIKE VAN DIEM. Con TAMAR VAN DEN DOP, FEDJA VAN HUET. ■ Rotterdam anni Venti. Un ragazzo assiste a un delitto del suo padre naturale, che comunque non lo riconoscerà mai. Per anni i due si odieranno, e anche la madre non arde d'amore per nessuno dei due uomini. Il ragazzo fa la sua vita, ma il "genitore" incombe. La tragedia è sempre presente. Film di grande espressione, preciso ed efficace nei caratteri e nel racconto. Ottima la ricostruzione di una città e di un tempo che non hanno grande famigliarità col nostro pubblico. Il film ha ottenuto l'Oscar come miglior film straniero. ■ DRAMMATICO; COL.; 98′; OLANDA, 1997. ■ OSCAR 1 PR, 1 NOM.

BASTARDO VAMOS A MATAR ★★
Regia di GINO MANGINI. Con GEORGE EASTMAN, FRANCO LANTIERI, LINCOLN TATE. ■ Un cacciatore di taglie insegue un messicano destinato all'impiccagione; rendendosi conto che le accuse a suo carico sono infondate lo aiuta a scovare i veri colpevoli. Insieme faranno giustizia. ■ WESTERN; COL.; 88′; ITALIA, 1971.

BASTA UN NIENTE... ★★
Regia di IVAN POLIDORO. Con FILIPPO CALACE, DAVID COCO, GIULIA COSMA, MIMMO ESPOSITO, GIANNI FERRERI, GIANFELICE IMPARATO, LORENZA INDOVINA, GIGIO MORRA, ARMANDO PUGLIESE. ■ Rosario, Ivo e Peppe sono amici per la pelle, e a tener saldo questo legame c'è lo swing: i tre quarantenni sono infatti una piccola e non troppo bene in arnese band musicale, sempre alla ricerca di una cantante e di un ingaggio decente. Oltre a quest'amicizia, hanno anche delle vite private, nessuna troppo esaltante. Un giorno un giovane boss locale si finge morto, in seguito a una rapina, per scappare indisturbato col bottino, e i tre cominciano a pensare con sempre maggior insistenza di poter provare lo stesso trucco e sistemarsi una volta per tutte. Il film inquadra una Napoli particolare, dove i protagonisti vivono come se fossero in Messico, o alle Hawaii, indossando camicie dai colori sgargianti, panama e calzoni corti, perfettamente a loro agio in questa atmosfera, sornioni e allergici allo stress. ■ COMMEDIA; COL.; 84′; ITALIA, 2006.

BASTA VINCERE *(Blue Chips)* ★★
Regia di WILLIAM FRIEDKIN. Con MARY MCDONNELL, NICK NOLTE, SHAQUILLE O'NEAL. ■ Ancora un film ambientato nel mondo dello sport. Questa volta è la pallacanestro. Un "dietro le quinte" del basket, girato da un regista il cui professionismo è fuor di dubbio. A Nolte il compito di allenare la squadra dei Dolphins che si vogliono guadagnare la coppa universitaria. Come in tutti gli sport però, quando corre troppo denaro, arriva la corruzione. ■ COMMEDIA; COL.; 104′; USA, 1994.

BASTOGNE *(Battle-ground)* ★★★★
Regia di WILLIAM A. WELLMAN. Con JOHN HODIAK, VAN JOHNSON, GEORGE MURPHY, JAMES WHITMORE. ■ Un plotone Usa rimane isolato dai commilitoni; a più riprese i tedeschi cercano di infiltrarsi tra le sue maglie. Gli americani resistono e all'arrivo dei carri armati di Patton iniziano il vittorioso contrattacco. Il film è basato sull'azione benché non manchino accenni ideologici. Ben caratterizzato il personaggio di Van Johnson che non riesce a cuocersi una frittata. Lo sceneggiatore, Robert Pirosh, era tra gli assediati, e ha potuto ricostruire fedelmente quegli avvenimenti. George Murphy, in tarda età, si è messo in politica ed è diventato senatore Usa. ■ GUERRA; B/N; 118′; USA, 1949. ■ OSCAR 2 PR, 6 NOM.

BASTONE DELLA CIECA, IL *(Rozsafabot)* ★★
Regia di BÉLA BALOGH. Con ZITA SZELECZKY, JOZEF TIMAR. ■ Una cieca ama un ragazzo condannato ingiustamente, qualche tempo prima, alla prigione. Qualcuno ne approfitta accusandolo nuovamente di furto. Lei lo salva provando la sua innocenza, riacquista la vista e lo sposa. ■ COMMEDIA; B/N; 89′; UNGHERIA, 1941.

BATAAN ★★★
Regia di TAY GARNETT. Con THOMAS MITCHEL, LLOYD NOLAN, ROBERT TAYLOR. ■ Film drammatico per la sua veridicità. Racconta di tredici soldati Usa che tentano di rallentare l'avanzata giapponese attestandosi su un ponte. Uno a uno muoiono tutti, ma conseguono lo scopo di rallentare l'avanzata nemica. ■ GUERRA; B/N; 114′; USA, 1944.

BATANGA – NELL'INFERNO DEI CORREGIDOR ★★
(Mission Batangas)
Regia di KEITH LARSEN. Con KEITH LARSEN, VERA MILES, DENNIS WEAVER. ■ Siamo in pieno conflitto mondiale. Un gruppo di soldati filippini, che hanno occultato il tesoro di Stato in una chiatta in mano nemica, affida ad un avventuriero il compito di farla colare a picco. L'uomo riesce nell'impresa ma ci lascia la pelle. ■ GUERRA; COL.; 94′; USA, 1969.

BATMAN ★★★
Regia di LESLIE H. MARTINSON. Con LEE MERIWETHER, CESAR ROMERO, BURT WARD, ADAM WEST. ■ Batman passa dai fumetti al grande schermo muovendosi in mezzo a trucchi di un certo effetto. Facendosi accompagnare come di consueto dal fedele Robin, salva alcune personalità politiche Usa dai loschi progetti di quattro supercriminali. ■ FANTASTICO; COL.; 105′; USA, 1966.

BATMAN ★★★
Regia di TIM BURTON. Con KIM BASINGER, MICHAEL KEATON, JACK NICHOLSON. ■ Il maggiore incasso del 1989 (in America e fuori) è per la verità uno spettacolo ben costruito, ma non eccezionale, dove un dilagante Jack Nicholson nel ruolo di cattivo, mette in secondo (e anche in terzo) piano il protagonista ufficiale. Batman è il miliardario Bruce Wayne che sotto la maschera e la mantellina dell'uomo-pipistrello porta la giustizia nella imma-

ginaria Gotham City. Il suo avversario principale è il Joker, un criminale sfigurato che cerca di far fuori l'intera popolazione di Gotham con un intruglio di sua invenzione. ■ FANTASTICO; COL.; 126'; USA, 1989. ■ GOLDEN GLOBES 1 NOM; OSCAR 1 PR, 1 NOM.

BATMAN BEGINS ★★★
Regia di CHRISTOPHER NOLAN. Con CHRISTIAN BALE, MICHAEL CAINE, MORGAN FREEMAN, RUTGER HAUER, KATIE HOLMES, CILLIAN MURPHY, LIAM NEESON, GARY OLDMAN, KEN WATANABE, TOM WILKINSON. ■ Bruce Wayne, giovane rampollo di un illuminato filantropo di Gotham City, vede i suoi genitori assassinati da un rapinatore. Incapace di liberarsi del senso di colpa, inizia un vagabondaggio che lo porta fin sulle vette dell'Himalaya, dove Ra's Al Ghul e il suo fido Ducard lo iniziano alla via del loro culto ninja. Wayne è deciso a servire la giustizia e tornato a Gotham, trova in Falcone, potente trafficante di droga, e in Crane, altrettanto corrotto psichiatra, i due più acerrimi nemici, dietro ai quali però pare celarsi qualcuno di ancor più potente. L'unico modo per combatterli è diventare un simbolo, che dia forza e speranza alla gente. Lo stile lo si è già visto. ■ FANTASTICO; COL.; 140'; USA, 2005. ■ OSCAR 1 NOM.

BATMAN & ROBIN ★
Regia di JOEL SCHUMACHER. Con GEORGE CLOONEY, CHRIS O'DONNELL, ARNOLD SCHWARZENEGGER, UMA THURMAN. ■ Il dottor Freeze è alla ricerca di una cura per la moglie che è ibernata. Ha al suo fianco Poison Ivy, una volta scienziata in chimica e divenuta ora una specie di dea della Flora. Batman, con l'aiuto di Robin, deve difendere Gotham City dalla pericolosa irruzione di questi due personaggi. Troveranno un aiuto inatteso nella nipote del maggiordomo di Batman e riusciranno, ovviamente, a sconfiggere i "cattivi". Dimenticate le atmosfere introversamente dark dei film di Burton, nella serie *Batman* psicologie dei personaggi e sviluppo delle battute non contano più nulla. Ciò che importa è solo ed esclusivamente aggiungere luci a colori e suoni in un ritmo incessante che lasci lo spettatore esausto al termine della proiezione. Con il risultato di aggiungere una nuova dose di droga visiva agli assuefatti e di far individuare un vuoto pneumatico in confezione extralusso a chi invece ha conservato un minimo di capacità di discernimento. Film come questo hanno, per fortuna, un destino segnato: col passaggio televisivo perderanno qualsiasi tipo di presa, rivelando così la loro inconsistenza. ■ FANTASTICO; COL.; 130'; USA, 1997.

BATMAN FOREVER ★★★
Regia di JOEL SCHUMACHER. Con JIM CARREY, NICOLE KIDMAN, VAL KILMER, TOMMY LEE JONES, CHRIS O'DONNELL. ■ Due criminali funestano Gotham City: "Due Facce", magistrato deturpato e impazzito, e l'"Enigmista", scienziato folle e geniale con l'ossessione degli indovinelli. Bruce Wayne, *alias* Batman, rivive i propri traumi infantili quando la famiglia del giovane trapezista Dick Grayson viene decimata da "Due Facce", ma per fortuna interviene l'incandescente psicanalista Chase Meridian. Alla fine Dick diventerà Robin per affiancare Batman nella resa dei conti. ■ FANTASTICO; COL.; 121'; USA, 1995. ■ GOLDEN GLOBES 1 NOM; OSCAR 3 NOM.

BATMAN – IL RITORNO *(Batman Returns)* ★★★
Regia di TIM BURTON. Con DANNY DEVITO, MICHAEL KEATON, MICHELLE PFEIFFER, CHRISTOPHER WALKEN. ■ Il ritorno di Batman ha fatto sì che negli Stati Uniti il successo dell'eroe dei fumetti si sia raddoppiato. È indubbia la bravura registica di Burton che però si perde spesso in sofisticherie e citazioni che fanno cadere il ritmo del film. Tuttavia ci sono molte sequenze di grande effetto e i personaggi del criminale-pinguino e della donna-gatto trovano in De Vito e nella Pfeiffer due attori credibili. Da notare le musiche di Elfman e un dubbio: come mai Robin, compagno di Batman nei fumetti, non appare ancora? ■ FANTASTICO; COL.; 126'; USA, 1992. ■ OSCAR 2 NOM.

BATMAN – LA MASCHERA DEL FANTASMA ★★
(Batman: Mask of The Phantasm)
Regia di HAVEN ALEXANDER. ■ Batman viene sospettato di aver commesso dei delitti, col nome di "Angelo della Morte". Si tratta della versione a cartoni animati della Warner Bros dopo il successo dell'ultima versione cinematografica. È uscita in video ed è stata adattata per la televisione. Si basa sui fumetti moderni dell'eroe pipistrello. ■ ANIMAZIONE; COL.; 80'; USA, 1993.

BATOUK – AFRICA CHE MUORE ★★★
Regia di JEAN-JACQUES MANIGOT. Con JUDITH JAMISON, LAMINE SY. ■ Un documentario sul continente africano come era ieri e come si presenta oggi: paesaggi, costumi, credenze e superstizioni. ■ DOCUMENTARIO; COL.; 91'; FRANCIA, 1975.

BATS ★★
Regia di LOUIS MORNEAU. Con LOU DIAMOND PHILLIPS, BOB GUNTON, CARLOS JACOTT, DINA MEYER. ■ Pipistrelli sanguinari e spietati, vittime di una manipolazione genetica, terrorizzano un piccolo paese texano. Toccherà alla dottoressa Sheila Casper e allo sceriffo locale Kimsey scoprire la causa di questo fenomeno ed individuare il covo dei pipistrelli killer. Effetti speciali discreti. ■ HORROR; B/N; 91'; USA, 1999.

BATTAGLIA, LA *(La bataille)* ★★
Regia di NICOLAS FARKAS. Con ANNABELLA, CHARLES BOYER, BETTY STOCKFELD. ■ Farkas era un operatore talmente bravo che ebbe occasione di fare dei film. Comunque rimase sempre legato allo "strumento" a discapito dell'intreccio. *La battaglia* non sfugge a questa regola. ■ GUERRA; B/N; 90'; FRANCIA, 1934.

BATTAGLIA DEI GIGANTI, LA *(Battle of the Bulge)* ★★★
Regia di KEN ANNAKIN. Con DANA ANDREWS, CHARLES BRONSON, HENRY FONDA, TY HARDIN, GEORGE MONTGOMERY, ANNA MARIA PIERANGELI, ROBERT RYAN, ROBERT SHAW. ■ Alla fine del '44 i tedeschi approntano un'imponente offensiva di mezzi cingolati nelle Ardenne: gli americani sono costretti a retrocedere. S'impone una soluzione che eviti di perdere altro terreno: la troveranno dando fuoco ad una collina, e, insieme ad essa, ai minacciosi carri armati nemici. ■ GUERRA; COL.; 163'; USA, 1965.

BATTAGLIA DEI MODS, LA ★★
Regia di FRANCESCO MONTEMURRO. Con ELGA ANDERSEN, ELEONORA BROWN, JOACHIM FUCHSBERGER, RICKY SHAYNE. ■ Chitarrista inglese dal carattere libero e ribelle giunge in Italia, dopo molte peripezie, e si reca a trovare il padre per cercare di instaurare un nuovo tipo di rapporto. L'amante del genitore tenta inutilmente di sedurlo: lui prende una cotta per la meno smaliziata sorellina. ■ DRAMMATICO COL.; 94'; ITALIA, 1966.

BATTAGLIA DEI SESSI, LA *(The Battle of the Sexes)* ★★★
Regia di CHARLES CRICHTON. Con JAMESON CLARK, CONSTANCE CUMMINGS, ROBERT MORLEY, PETER SELLERS. ■ I metodi rivoluzionari introdotti da un'americana in una ditta britannica sconvolgono a tal punto gli impiegati che uno di essi, al limite della sopportazione, decide di sopprimerla. Il progetto va a monte, tuttavia egli riesce ugualmente a farla cacciare. Si lascerà commuovere dal pianto della donna. ■ COMMEDIA; B/N; 83'; GRAN BRETAGNA, 1959.

BATTAGLIA DEI TRE REGNI, LA *(Chi bi)* ★★★
Regia di JHON WOO. Con CHEN CHANG, ZHANG FENGYI, TAKESHI KANESHIRO, TONY LEUNG, WEI ZHAO. ■ III secolo d.C.: il primo ministro Cao Cao muove guerra ai regni del Sud della Cina per annetterli all'Impero: questi dovranno unire le loro forze per resistere all'invasore. Sembra che John Woo se ne sia stato assiso su un trono ad osservare una sequela di colleghi (Zhang Yimou, Chen Kaige, Ang Lee, Feng Xiaogang, Ching Siu-tung) che si cimentavano con *wu xia pian* sempre più imponenti e spettacolari prima di scendere in campo e rimettere ordine nelle gerarchie. Woo torna a casa, dopo le luci e le ombre di una lunga trasferta hollywoodiana – che in fondo di film davvero destinato a *restare*, all'altezza dei suoi migliori, ci ha regalato solo *Face Off* – e lo fa da leader indiscusso. *Il romanzo dei tre regni* è uno dei testi fondamentali dell'epos cinese e Woo lo affronta senza badare a spese – ottanta milioni di dollari fanno del film la produzione più costosa della storia del cinema cinese – e cercando di convogliare nel kolossal tutte le sfaccettature di uno stile peculiare, a volte discusso, ma senza dubbio unico. ■ AZIONE; COL.; 148'; CINA, 2008.

BATTAGLIA DEL DANUBIO, LA *(Valurile Dunarii)* ★★
Regia di LIVIU CIULEI. Con IRINA PETRESCU, LAZZARO VARALLI.

■ Un battello nazista in navigazione sul Danubio trasporta armi. Un partigiano si nasconde su di esso e ne prende possesso con l'aiuto del capitano e della sua fidanzata; dopo una vittoriosa battaglia ingaggiata col nemico, può distribuire il bottino ai suoi compagni. ■ GUERRA; B/N; 86'; ROMANIA, 1959.

BATTAGLIA DEL DESERTO, LA ★★
Regia di MINO LOY. Con RIK BATTAGLIA, GEORGE HILTON, ROBERT HOSSEIN, IVANO STACCIOLI, FRANK WOLFF. ■ I superstiti di uno scontro con i tedeschi sono costretti dalle circostanze a viaggiare nel deserto con due nemici alleati da una momentanea tregua. Rimasti senza carburante, i comandanti delle due parti (impareranno a stimarsi) partono in cerca d'aiuto. Gli altri, stremati dall'odio e dalla sete, si ammazzano vicendevolmente. L'inglese ritrova i suoi compagni che ingaggiano una vittoriosa battaglia coi tedeschi. ■ GUERRA; COL.; 89'; ITALIA, 1969.

BATTAGLIA DELLA MANCIURIA, LA ★★
(Jenseits der Hölle/Man and War)
Regia di SATSUO YAMAMOTO. Con SHINSUKE ASHIDA, MIZUHO SUZUKI, HIDEKI TAKAHASHI, KEY YAMAMOTO, SAYRI YOSHINAGA. ■ La notte di S. Silvestro del 1936 il Giappone invade la Manciuria. La guerra sarà durissima e coinvolgerà migliaia di giovani che neppure ne comprendono le ragioni. Finirà nel 1939, quando i giapponesi saranno costretti ad accettare un umiliante armistizio coi russi. Intanto, in Europa, la Germania dà inizio alle manovre della seconda guerra mondiale. ■ GUERRA; COL.; 101'; GIAPPONE, 1974.

BATTAGLIA DELLA NERETVA, LA *(Bitka na Neretvi)* ★★★
Regia di VELJKO BULAJIC. Con SERGEJ BONDARCIUK, YUL BRYNNER, ANTHONY DAWSON, MILENA DRAVIC, CURD JÜRGENS, SYLVA KOSCINA, HARDY KRÜGER, FRANCO NERO, ORSON WELLES. ■ Le truppe popolari jugoslave, comandate da Tito, tentano di attraversare la Neretva per porsi in salvo dai nemici. Il futuro maresciallo, con notevole acume tattico, induce i tedeschi ad allontanare gran parte dei soldati dal fiume; lui e la sua gente possono guadarlo prima che essi si accorgano dell'inganno. ■ GUERRA; COL.; 134'; JUGOSLAVIA, 1969. ■ OSCAR 1 NOM.

BATTAGLIA DELLE AQUILE, LA *(Aces High)* ★★★
Regia di JACK GOLD. Con PETER FIRTH, MALCOLM MCDOWELL, CHRISTOPHER PLUMMER, SIMON WARD, DAVID WOOD. ■ Gran Bretagna, ottobre 1917. L'aviazione compie imprese strabilianti. Lo studente Steve raggiunge il campo della 76esima Squadriglia, ad Amiens, dove trova il giovanissimo maggiore John, eroe e suo ex compagno di studi, nonché fratello della sua fidanzata. Steve scopre che l'eroe John annega la propria paura di morire nell'alcol. Finirà male per tutti. ■ GUERRA; COL.; 114'; GRAN BRETAGNA, 1977.

BATTAGLIA DELL'ODER, LA *(Vesna na Oder)* ★★
Regia di LEON SAAKOV. Con ANATOLIJ GRACJOV, LJUDMILA GURSINA, ANATOLY KURNCTCOV. ■ Un ufficiale russo fa saltare le chiuse dell'Oder permettendo ai compagni di proseguire la marcia verso Berlino; alla loro testa conquista la città casa per casa. Rimane ferito durante le trattative con un gruppo di tedeschi asserragliati in un palazzo pieno di civili. ■ GUERRA; B/N; 94'; URSS, 1968.

BATTAGLIA DELL'ULTIMO PANZER, LA ★★
Regia di JOSÉ LUIS MERINO. Con STAN COOPER, GUY MADISON, RUBEN ROYO, ERNA SCHURER. ■ Siamo in una cittadina francese dopo lo sbarco in Normandia. Il comandante dell'unico carro armato tedesco scampato ad un attacco non vuole arrendersi. Alcuni civili presi come ostaggi gli assicurano una tregua; con un'abile manovra riesce persino a far saltare un cingolato nemico ma viene ammazzato, per sbaglio, dai suoi stessi compagni. ■ GUERRA; COL.; 96'; ITALIA, 1968.

BATTAGLIA DEL MAR DEI CORALLI, LA ★★
(The Battle of the Coral Sea)
Regia di PAUL WENDKOS. Con CLIFF ROBERTSON, GIA SCALA, TERN SHIMADA. ■ L'equipaggio di un sommergibile americano si arrende ai nipponici per evitare una strage. Gli uomini, evasi dal campo di concentramento, raggiungono le loro linee: i dati strategici raccolti serviranno a battere i giapponesi nel Mar dei Coralli fermando così la loro avanzata verso l'Australia. ■ GUERRA; B/N; 80'; USA, 1959.

BATTAGLIA DEL MEDITERRANEO, LA ★★
(Flammes sur l'Adriatique)
Regia di ALEXANDRE ASTRUC. Con CLAUDINE AUGER, GÉRARD BARRAY, RELIA BASIC, ANTONIO PASSALIA. ■ La Jugoslavia attaccata dai tedeschi sceglie la resa. Un ufficiale di marina non vuole accettare questa soluzione e viene imprigionato dai nemici sulla sua nave. Grazie ad un compagno, salta per aria coi nazisti. ■ GUERRA; COL.; 100'; FRANCIA, 1968.

BATTAGLIA DEL PACIFICO, LA ★★
(Admiral Yamamoto and the Allied Fleets)
Regia di TOSHIO SHIMURA. Con SHIN SABURI, TADAO TAKASHIMA, KEN UTSUI. ■ Questo film è un omaggio all'ammiraglio Yamamoto. È legato al suo nome l'attacco a Pearl Harbor e tutte le offensive che nei primi mesi del secondo conflitto mondiale causarono durissimi smacchi all'America. ■ GUERRA; B/N; 94'; GIAPPONE, 1959.

BATTAGLIA DEL PIANETA PERDUTO, LA ★
(The Battle of the Lost Planet)
Regia di BRETT PIPER. Con DENISE COWARD, JOE GENTISSI, MATT MITLER. ■ Alcuni eventi sfortunati fanno sì che Harry Trent, un uomo dedito allo spionaggio industriale, finisca su un'astronave priva di controllo. Anni dopo, al ritorno sulla Terra, la scopre occupata dagli extraterrestri: dovrà elaborare un piano ingegnoso ma riuscirà a sbarazzarsi di loro. ■ FANTASCIENZA; COL.; 95'; GRAN BRETAGNA, 1987.

BATTAGLIA DEL SINAI, LA *(5 giorni nel Sinai)* ★★
Regia di MAURIZIO LUCIDI. Con LUIGI CASELLATO, ASSAF DAYAN, FRANCO GIORNELLI. ■ Un gruppo di otto soldati israeliani in guerra con l'Egitto. Dopo aver perduto camionette e carri armati, e anche un elicottero, ridotti a piedi, scoprono una postazione di missili nemica, fanno prigionieri due ufficiali, vengono attaccati, stanno per soccombere ma la guerra finisce. ■ GUERRA; COL.; 101'; ITALIA, 1969.

BATTAGLIA DEL TALISMANO VERDE, LA ★★
Regia di ZOLTAN VARKONYI. Con MARIEMMA BARDI, TIBOR BITSKEY, IMRÉ SINHKOVITSM GYÖRGY. ■ Due bambini sfuggono al loro rapitore dopo avergli preso il "talismano verde", emblema di libertà del loro popolo. Anni dopo, diventano marito e moglie e ancora sono perseguitati dal losco figuro che vuole riavere a tutti i costi il talismano. Non ci riuscirà. Non è solo una vicenda avventurosa ma anche la storia della resistenza ungherese all'invasione turca del XVI secolo. ■ AVVENTURA; COL.; 86'; UNGHERIA, 1971.

BATTAGLIA DEL V.1, LA *(The Battle of V.1)* ★★
Regia di VERNON SEWELL. Con PATRICIA MEDINA, MICHAEL RENNIE, MILLY VITALE. ■ Quattro partigiani polacchi riescono a sabotare lo stabilimento di produzione della terribile V. 1, posticipando così il bombardamento della capitale inglese. Due di essi muoiono, ma gli altri due riescono a mandare agli Alleati un esemplare dell'arma segreta perché possano studiarla. ■ DRAMMATICO; B/N; 94'; GRAN BRETAGNA, 1958.

BATTAGLIA DI ALAMO, LA *(The Alamo)* ★★★★
Regia di JOHN WAYNE. Con FRANKIE AVALON, RICHARD BOONE, LAURENCE HARVEY, JOHN WAYNE, RICHARD WIDMARK, CHILL WILLS. ■ Nel forte di Alamo pochi uomini (tra i quali Davy Crockett) resistono strenuamente alle preponderanti forze messicane. Tutti verranno uccisi; il dono delle loro vite verrà riscattato a S. Jacinto: il Texas diventa un paese libero. Primo film diretto da John Wayne (seguirà *Berretti verdi* del 1968), ebbe un grande successo di pubblico. Ci fu un intervento di John Ford dietro la macchina e soprattutto in sala di montaggio. Alcune filmografie di Ford addirittura gli attribuiscono il film come coregista. Wayne costruì il forte esattamente uguale alla missione autentica. I due edifici non sono molto lontani. I turisti li visitano entrambi, preferendo spesso il forte dove finsero di morire Wayne e Widmark, piuttosto che quello vero dove perirono Crockett e il colonnello Travis. ■ WESTERN; B/N; 161'; USA, 1960. ■ OSCAR 1 PR, 8 NOM.

♥ **BATTAGLIA DI ALGERI, LA** ★★★★★8
Regia di GILLO PONTECORVO. Con FAWZIA EL KADER, BRAHIM

HAGGIAG, JEAN MARTIN, TOMMASO NERI, YACEF SAADI. ■ Magnifica rievocazione di un momento storico, cruciale nel cammino della lotta per l'indipendenza algerina, e della figura di un capo rivoluzionario, Alì La Pointe. Convertitosi alla causa nazionalista dopo un passato burrascoso, viene ucciso nel suo rifugio dalle truppe francesi. I disordini momentaneamente cessano: ricominciano nel 1960, e nel '62 l'Algeria diventa una nazione libera. Il film ha vinto il Leone d'Oro alla Mostra di Venezia nel 1966. È certamente l'opera di maggior rilievo del regista. Di grande rigore espressivo, tale da rasentare, in alcuni punti, il documentario. Un film che ha fatto molti proseliti. Un'opera d'arte che trascende il cinema. ■ DRAMMATICO; B/N; 123'; ITALIA, 1966. ■ OSCAR 3 NOM; VENEZIA 1 PR.

BATTAGLIA DI BERLINO, LA *(Kierunek Berlin)* ★★
Regia di JERZY PASSENDORFER. Con KRYSTOF CHAMIEC, ANDREY HERDER, WOJCIECH SIEMION. ■ Un gruppo di militari polacchi avanza verso Berlino. Durante il percorso un soldato tedesco in avanscoperta è fatto prigioniero; i commilitoni lo ritrovano e lo passano per le armi credendolo un disertore. Poco più tardi Berlino viene presa: la Germania è in ginocchio. ■ GUERRA; B/N; 104'; POLONIA, 1959.

BATTAGLIA DI DONNE *(Zwei Frauen)* ★★
Regia di HANS HEINZ ZERLETT. Con WALTER JANSSEN, OLGA TSCHECHOWA. ■ Per non compromettere la sua carriera, una famosa attrice rifiuta di aiutare la figlia che vuole dedicarsi al teatro. La ragazza ottiene ugualmente una parte e i dissapori con la madre si acuiscono. Ben presto, però, le due donne fanno pace. ■ COMMEDIA; B/N; 96'; GERMANIA, 1939.

BATTAGLIA DI EL ALAMEIN, LA ★★
Regia di GIORGIO FERRONI. Con MARCO GUGLIELMI, GEORGE HILTON, ROBERT HOSSEIN, ETTORE MANNI, MICHAEL RENNIE, FREDERICK STAFFORD. ■ I tedeschi avanzano in Africa; gli inglesi contrattaccano e Rommel retrocede. A questo punto è di scena la Divisione Folgore: il coraggio di quegli uomini e il sacrificio della loro vita costringe il nemico a rallentare l'avanzata. ■ GUERRA; COL.; 86'; ITALIA, 1968.

BATTAGLIA DI ENGELCHEN, LA ★★
(Smrt si riká Engelchen)
Regia di JAN KADAR, ELMAR KLOS. Con BLASENA HOLISOVA, JAN KACER, EVA POLAKOVÈ. ■ Un partigiano, ricoverato in seguito ad alcune ferite, ricorda gli avvenimenti nei quali è stato coinvolto: le scaramucce col nemico, una ragazza che si è venduta ai tedeschi per utili informazioni, l'inumano comandante Engelchen. ■ DRAMMATICO; B/N; 110'; CECOSLOVACCHIA, 1963.

BATTAGLIA DI FORT APACHE, LA ★★
Regia di HUGO FREGONESE. Con LEX BARKER, RIK BATTAGLIA, PIERRE BRICE, DALIAH LAVI. ■ Alcuni banditi scaricano la responsabilità dei loro crimini sugli indiani. Lo scontro con i bianchi è inevitabile e cruento. Un colono, amico di un capo tribù pellerossa, riesce a stabilire la verità e a riportare la pace sul territorio. ■ WESTERN; COL.; 88'; ITALIA, 1964.

BATTAGLIA DI FORT RIVER, LA ★★★
(Battle of Rogue River)
Regia di WILLIAM CASTLE. Con RICHARD DENNING, MARTHA HYER, GEORGE MONTGOMERY. ■ Pregevole soprattutto per la grandiosità spettacolare di alcune sequenze. ■ WESTERN; COL.; 79'; USA, 1954.

BATTAGLIA DI MARATONA, LA ★★
Regia di BRUNO VAILATI. Con MYLÈNE DEMONGEOT, IVO GARRANI, STEVE REEVES, DANIELA ROCCA. ■ Episodio romanzato di storia greca. Ferve la lotta tra Ateniesi e Persiani. Nella capitale ellenica c'è chi ha interesse alla vittoria del nemico e per raggiungere i suoi scopi tenta di corrompere i difensori. Sparta corre in aiuto della città sorella e la libertà è assicurata. ■ STORICO; COL.; 84'; ITALIA, 1959.

BATTAGLIA DI MIDWAY, LA *(Battle of Midway)* ★★★
Regia di JACK SMIGHT. Con JAMES COBURN, HENRY FONDA, GLENN FORD, CHARLTON HESTON, TOSHIRO MIFUNE, ROBERT MITCHUM, CLIFF ROBERTSON, ROBERT WAGNER. ■ Nel giugno del '42, presso le isole Midway, si svolge la battaglia decisiva della guerra del Pacifico. Gli americani batterono i giapponesi grazie alla loro superiorità aerea. ■ GUERRA; COL.; 132'; USA, 1976.

BATTAGLIA DI NANCY, LA *(Taking Back My Life)* ★★
Regia di HARRY WINER. Con ELLEN BURSTYN, STEPHEN LANG, PATRICIA WETTIG. ■ Nancy non sopporta più marito e suocera. Trova un'amante e fugge da casa. Quando torna porta nell'intimo il trauma di una violenza carnale e deve subire anche l'incredulità di chi la circonda. Da una storia vera. ■ DRAMMATICO; COL.; 95'; USA, 1993.

BATTAGLIA D'INGHILTERRA, LA ★★★
Regia di ENZO GIROLAMI CASTELLARI. Con VAN JOHNSON, RENZO PALMER, LUIGI PISTILLI, FRANCISCO RABAL, FREDERICK STAFFORD, EVELYN STEWART. ■ Alcuni soldati tedeschi hanno raggiunto l'Inghilterra (devono sabotare gli impianti di avvistamento aereo) assumendo l'identità di alcuni inglesi, ma il tentativo dei nazisti di far esplodere la centrale dei radar fallisce ed essi periscono nell'impresa. ■ GUERRA; COL.; 170'; FRANCIA, ITALIA, SPAGNA, 1969.

BATTAGLIA DI OKINAWA, LA ★★
(Taimeiyo senso to himeyuri)
Regia di KIYOSHI KOMORI. Con SACHITO KOZUKI, KOJI NANBARA, YOSHIE TAZAKI. ■ I giapponesi resistono ad oltranza benché abbiano perso la guerra. A Okinawa, dove è previsto l'arrivo degli americani, civili e militari concentrano gli sforzi per un'efficace difesa. La battaglia ingaggiata senza i promessi rinforzi volge a favore del nemico: tutti preferiscono il suicidio alla cattura. ■ GUERRA; COL.; 88'; GIAPPONE, 1962.

BATTAGLIA DI PORT ARTHUR, LA ★★★
(Nihonkai Daikaisen)
Regia di SEIJI MARUYAMA. Con TED GAUNTER, YUZO KAIAMA, TOSHIRO MIFUNE, YACOB SHAPIRO. ■ Alcune fasi della guerra tra russi e giapponesi, nel 1916, per il dominio nell'Estremo Oriente. I nipponici battono il nemico spintosi nelle loro acque grazie all'abilità strategica del loro ammiraglio. Gli Usa ci mettono lo zampino ed è la fine delle ostilità. ■ GUERRA; COL.; 115'; GIAPPONE, 1969.

BATTAGLIA DI RIO DELLA PLATA, LA ★★★
(The Battle of the River Plate)
REGIA DI MICHAEL POWELL, EMERIC PRESSBURGER. Con PETER FINCH, JOHN GREGSON, IAN HUNTER, BERNARD LEE, ANTHONY QUAYLE. ■ La "corazzata tascabile" *Graf Spee* è per qualche tempo una sorta di nave fantasma. Gli inglesi intercettano un messaggio e l'affrontano a Rio della Plata. Gravemente danneggiata, la nave non può essere riparata nei giorni stabiliti dalla neutrale Montevideo. Il comandante tedesco decide allora di affondare la sua nave. ■ GUERRA; COL.; 119'; GRAN BRETAGNA, 1956.

BATTAGLIA DI SHAKER HEIGHTS, LA ★★
(The Battle of Shaker Heights)
Regia di EFRAM POTELLE, KYLE RANKIN. Con SHIRI APPLEBY, BILLY KAY, ELDEN HENSON, SHIA LABEOUF, KATHLEEN QUINLAN, AMY SMART. ■ Kelly e Burt, due ragazzi diciassettenni, si conoscono partecipando come attori dilettanti alla simulazione di scene di combattimento della seconda guerra mondiale. Kelly conosce la "molto americana" famiglia di Burt e si invaghisce della sorella maggiore, artista ed incline all'introspezione, nonché in procinto di sposarsi. Ciò allontanerà i due amici per un breve tempo. La natura ribelle di Kelly, in apparente contrasto con la solidità dell'amico Burt, lo porta ad avere contrasti con i professori a scuola, con il padre (ex tossicodipendente occupato a redimere disadattati sociali) e con chiunque lui pensi possa minare la sua vita. Ma forse qualcosa può cambiare. ■ DRAMMATICO; COL.; 90'; USA, 2003.

BATTAGLIA DI SPIE *(Circle of Deception)* ★★★
Regia di JACK LEE. Con HARRY ANDREWS, BRADFORD DILLMAN, SUZY PARKER, PAUL ROGERS. ■ Un agente del controspionaggio viene usato come inconsapevole cavia dell'Intelligence Service. Egli infatti, catturato dai tedeschi, rivela false informazioni com'era negli intenti del Servizio. La convinzione di aver tradito deprime l'uomo a tal punto che pensa di suicidarsi;

desiste dal proposito quando viene a sapere la verità. ■ DRAMMATICO; B/N; 100′; USA, 1960.

BATTAGLIA DI STALINGRADO, LA ★★★
(Stalingrazkaia Bitva)
Regia di VLADIMIR MICHAJLOVIC PETROV. Con S. BGENSKI, ANDY DICK, I. SCIUMSKIJ. ■ Monumentale ricostruzione degli episodi più salienti della battaglia di Stalingrado ad opera di uno dei più importanti registi del cinema storico sovietico nel periodo del realismo. ■ GUERRA; B/N; 90′; URSS, 1949.

BATTAGLIA DI THALA – L'OPPIO E IL BASTONE, LA ★★
Regia di AHMED RACHEDI. Con JEAN-CLAUDE BERCQ, MUSTAPHA KALEB, MARIE JOSÉ NAT. ■ Siamo in Algeria, sotto il dominio francese. Un medico torna al villaggio natale per sfuggire agli orrori della guerra, ma viene coinvolto nella battaglia di Thala. ■ DRAMMATICO; COL.; 85′; ALGERIA, 1969.

BATTAGLIA FRA LE NUVOLE ★★
(Dick Tracy – Battle in the Clouds)
Regia di JOHN ENGLISH, WILLIAM N. WITNEY. Con RALPH BYRD, LYNN ROBERTS. ■ Si tratta di un'antologia di alcuni brevi episodi che hanno come protagonista il celebre Dick Tracy. ■ AVVENTURA; B/N; 60′; USA, 1937.

BATTAGLIA IN INDOCINA *(A Yank in Indo-China)* ★★
Regia di WALLACE GRISSELL. Con JOHN ARCHER, DOUGLAS DICK, JEAN WILLES. ■ Comunisti indocinesi sequestrano uno scienziato americano. I due uomini incaricati di liberarlo sono catturati, fuggono, vengono ripresi e portati al rifugio in cui è prigioniero lo scienziato. Evaderanno tutti insieme. ■ GUERRA; B/N; 91′; USA, 1952.

BATTAGLIA NEL CIELO *(Batalla en el cielo)* ★
Regia di CARLOS REYGADAS. Con EL ABUELO, BRENDA ANGULO, DAVID BORNSTIEN, MARCOS HERNÁNDEZ, EL MAGO, ANAPOLA MUSHKADIZ, BERTA RUIZ. ■ Carlos Reygadas conferma lo stile visionario e spiazzante che già aveva mostrato in *Japon*. Questa volta narra di Marcos, l'autista di un generale, sconvolto dal tragico epilogo del rapimento di un bambino perpetrato da lui e dalla moglie. Cerca conforto confessando tutto ad Ana, la figlia del suo padrone. Reygadas propone scene di sesso molto esplicite: non servono al film. ■ DRAMMATICO; COL.; 98′; BELGIO, FRANCIA, GERMANIA, MESSICO, 2005.

BATTAGLIA PER LA BOMBA ATOMICA, LA ★★
(La bataille de l'eau lourde/Kampen om tungt vannet)
Regia di TITUS VIBE-MÜLLER. ■ Lo stabilimento norvegese che produce l'acqua pesante per gli Alleati viene occupato dai tedeschi. Alcuni sabotatori del luogo lo fanno saltare; i nazisti, per nulla scoraggiati, lo ricostruiscono e lo fanno funzionare a ritmo incalzante. I partigiani aspettano che il primo carico di prodotto venga caricato su una nave in partenza per la Germania e la fanno esplodere. ■ GUERRA; B/N; 97′; NORVEGIA, 1948.

BATTAGLIA PER LA TERRA *(Battlefield earth)* ★★
Regia di ROGER CHRISTIAN. Con KIM COATES, BARRY PEPPER, JOHN TRAVOLTA, FOREST WHITAKER. ■ Tratto da un romanzo di Ron Hubbard, il film è incentrato sulla lotta tra il Bene e il Male. Il Male è incarnato dagli Psyclos, violento popolo di alieni capeggiato da Terl (John Travolta) che, nell'anno 3000, riduce la Terra e gli umani in schiavitù. La riscossa umana è guidata da Johnny Goodboy Tyler (Barry Pepper), rappresentante del Bene. È una lotta estrema ma priva di emozioni. Malriuscita trasposizione del libro, il film risulta noioso e a tratti ridicolo. ■ FANTASCIENZA; COL.; 117′; USA, 2000.

BATTAGLIA PER L'UCRAINA SOVIETICA, LA ★★
(Bitva za nasu Sovietskaja Ukraina)
Regia di JULIA SOLNTSEVA. ■ L'Ucraina è la regione russa che forse più delle altre ha pagato gli orrori della guerra e lo dimostra questo documentario. Le immagini diventano ancora più angosciose quando sono raffrontate con la vita degli abitanti in tempo di pace. ■ DOCUMENTARIO; B/N; 92′; URSS, 1943.

BATTAGLIA PER UN TESORO ★★
Regia di BURT PETERSEN. Con BERT BROOKS, PAT CARVER, STEPHEN MITCHELL, TOM RICHARDS. ■ La principessa Young incarica due famosi investigatori privati di ritrovare un gioiello che per lei ha un immenso valore. I piani della coppia vengono contrastati dal perfido Gibbs, altrettanto interessato al tesoro. ■ AVVENTURA; COL.; 90′; USA, 1988.

BATTAGLIA SEGRETA DI MONTGOMERY, LA ★★★
(I Was Monty's Double)
Regia di JOHN GUILLERMIN. Con CLIFTON JAMES, JOHN MILLS, CECILIA PARKER. ■ È di scena il servizio segreto inglese. Per ingannare gli strateghi tedeschi e allontanare le loro truppe dall'Europa, esso invia in Africa una controfigura del generale Montgomery (Clifton James) che accetta di impersonarlo dopo molte titubanze. L'astuto piano ha successo. ■ GUERRA; B/N; 90′; GRAN BRETAGNA, 1958.

BATTAGLIA SULLA SPIAGGIA INSANGUINATA ★★
(Battle at Bloody Beach)
Regia di HERBERT COLEMAN. Con GARY CROSBY, AUDIE MURPHY, ALEJANDRO REY. ■ Ufficiale americano acconsente a portare armi ai compagni nascosti nelle Filippine, anche per cercare la moglie della quale non ha più notizie. La ritroverà assieme ad un capo indigeno e, dopo il vittorioso scontro per la liberazione di alcuni civili dai giapponesi, la riporterà via con sé. ■ GUERRA; B/N; 83′; USA, 1961.

BATTAGLIE NELLA GALASSIA *(Battlestar Galactica)* ★★★
Regia di RICHARD A. COLLA. Con DIRK BENEDICT, TERRY CARTER, LORNE GREENE, RICHARD HATCH, JANE SEYMOUR. ■ Nell'anno 7000 la razza umana è sparsa in tutta la Galassia. Nemici degli uomini sono i Cylon, terribili robot. Ci saranno battaglie durissime e pochi superstiti. Alla fine, gli uomini decideranno di tornare al vecchio ma ospitale pianeta Terra. ■ FANTASTICO; COL.; 125′; USA, 1979.

BATTAGLIE SUI MARI – 1940-45 ★★
Regia di ROBERTO SAVARESE. ■ Serie di documentari che hanno come protagonista la Marina italiana prima e durante la seconda guerra mondiale. ■ DOCUMENTARIO; B/N; 85′; ITALIA, 1961.

BATTAGLIONE D'ASSALTO *(Unternehmen Michael)* ★★
Regia di KARL RITTER. Con WILLY BIRGEL, HEINRICH GEORGE, PAUL OTTO. ■ Prima guerra mondiale: un battaglione tedesco accerchiato in un paese si difende caparbiamente dagli attacchi nemici. Arrivano i rinforzi: tutto il battaglione sceglie di morire piuttosto che sacrificare i compagni. ■ GUERRA; B/N; 80′; GERMANIA, 1937.

BATTAGLIONE NERO ★
Regia di VLADIMIR CECH. Con KURT OLIGMÜLLER, TADEUS SCHMIDT, GÜNTHER SIMON. ■ Alcuni legionari di tutte le nazionalità difendono un'importante postazione in Indocina. Uno di essi scopre che un compagno, ex SS, ha ammazzato suo padre e aspetta l'occasione buona per vendicarsi. Un giorno i due partono per una missione e scompaiono. Nessuno saprà mai cos'è successo. ■ GUERRA; B/N; 85′; CECOSLOVACCHIA, 1960.

BATTE IL TAMBURO LENTAMENTE ★★★
(Bang the Drum Slowly)
Regia di JOHN HANCOCK. Con ROBERT DE NIRO, PHIL FOSTER, VINCENT GARDENIA, HEATHER MACRAE, MICHAEL MORIARTY. ■ Il giocatore di baseball Bruce è minato da un male incurabile, ma lo sa solo il suo compagno di squadra e amico Henry. Henry fa in modo che Bruce venga reingaggiato, nonostante il modesto rendimento dovuto alla malattia, anche nella stagione successiva. Poi anche il manager della squadra scoprirà la verità, mentre gli altri, invece, malignano sulla stretta amicizia che lega i due atleti. Henry infonde coraggio a Bruce il quale, prima di morire, giungerà a prove sportive eccezionali. ■ DRAMMATICO; COL.; 97′; USA, 1973. ■ OSCAR 1 NOM.

BATTELLIERI DEL VOLGA, I ★★
(Les bateliers de la Volga)
Regia di WLADIMIR DIMITRI STRICHEWSKY. Con PIERRE BLANCHAR, VÉRA KORÈNE. ■ Un giovane ufficiale dello zar ritrova la fanciulla di cui si è innamorato tempo prima e che ora è moglie di un suo superiore. Questi fa in modo che il giovane venga accusato di tradimento e condannato a parecchi anni di prigione. Il ragazzo evade e trova rifugio tra i battellieri del Volga. La sua ama-

ta lo aiuta a scagionarsi e, dopo il suicidio del marito, rimane con lui. ■ AVVENTURA; B/N; 91′; FRANCIA, 1936.

BATTELLIERI DEL VOLGA, I ★★
Regia di ARNALDO GENOINO. Con DAWN ADDAMS, JOHN DEREK, ELSA MARTINELLI, CHARLES VANEL. ■ Un ufficiale offende il superiore che ha abusato di sua moglie, ma poiché non rivela pubblicamente la causa del gesto viene mandato nella steppa. La moglie lo fa fuggire e ci rimette la pelle; lui si mescola ad alcuni battellieri ma viene riconosciuto e messo in prigione. Alla fine di alcune vicende avventurose viene riabilitato. ■ AVVENTURA; COL.; 90′; ITALIA, 1958.

BATTICUORE ★★
Regia di MARIO CAMERINI. Con JOHN LODGE, ASSIA NORIS. ■ Ladra colta sul fatto viene obbligata ad usare la sua abilità durante un ballo di diplomatici. Porta a termine la missione e desta l'interesse della sua vittima. I due si innamorano. ■ COMMEDIA; B/N; 88′; ITALIA, 1939.

BATTITO D'ALI DOPO LA STRAGE, UN *(Le fils)* ★★★
Regia di PIERRE GRANIER-DEFERRE. Con MARCEL BOZZUFFI, LEA MASSARI, YVES MONTAND. ■ Un bandito apprende che il padre è stato ammazzato intenzionalmente benché la versione ufficiale parli di incidente di caccia. Saputo il nome di chi ha sparato, rinuncia al proposito di vendicarsi ma viene ucciso da un killer. ■ DRAMMATICO; COL.; 103′; FRANCIA, 1973.

BATTITO FINALE *(Final Pulse)* ★★
Regia di JERROLD FREEDMAN. Con DENNIS ARNDT, MARK BLUM, CHRISTINA HAAG, JOANNA PACULA, KEVIN SORBO. ■ Una misteriosa epidemia si sta abbattendo su Los Angeles (e dove se no?) seminando vittime e suscitando il panico nella popolazione. Nessuna cura, nessuna ipotesi per arginare la malattia. L'équipe medica che se ne sta occupando è divisa da contrasti personali. Per trovare in tempo una soluzione, i ricercatori devono far fronte comune contro il male. ■ THRILLER; COL.; 90′; USA, 1992.

♥ BATTLE ROYALE *(Batoru rowaiaru)* ★★★
Regia di KINJI FUKASAKU. Con MASANOBU ANDO, TATSUYA FUJIWARA, TAKESHI KITANO, AKI MAEDA, TARO YAMAMOTO. ■ I giovani giapponesi sono troppo esagitati. Per disciplinarli viene emanato il Battle Royale Act: ogni anno una scolaresca viene estratta a sorte e catapultata su un'isola deserta. Sorvegliati dal professor Takeshi e da un nucleo militare, gli studenti si giocano la "battaglia reale": ognuno riceve un'arma diversa, che sia un bazooka o una pinza per le ciglia, e si dà alla macchia. Scopo del gioco: eliminare tutti gli altri entro tre giorni. Regole: nessuna. Un soggetto assurdo dà il via ad uno tra i film più agghiaccianti mai realizzati, in cui timidi secchioni diventano spietati assassini. Un "incubo splatter", professionale. ■ GROTTESCO; COL.; 114′; GIAPPONE, 2000.

BATTLESHIP ★★
Regia di PETER BERG. Con TABANOBU ASANO, TAYLOR KITSCH, HAMISH LINKLATER, RIHANNA, ALEXANDER SKARSKARD. ■ Gli scienziati americani individuano il pianeta "G". Ha caratteristiche simili alla Terra e potenziale presenza di vita al suo interno. Inviano un segnale di contatto da una postazione nelle Hawaii. Mentre la marina militare americana è in procinto di compiere un'esercitazione nel Pacifico, la risposta aliena arriva, pericolosissima, e dalle profondità siderali si tuffa in quelle oceaniche. Il marine Alex Hopper, fino a quel momento testardo e inconcludente, si ritrova a capitanare l'unica nave superstite nei dintorni e a dover prevenire ad ogni costo un'invasione globale della Terra. Kolossal catastrofico, ispirato dal gioco della Hasbro, come già *Transformers* e *G.I. Joe*. ■ AZIONE; COL.; 131′; USA, 2012.

BATTUTA DI CACCIA *(Weekend of Shadows)* ★★
Regia di TOM JEFFREY. Con BILL HUNTER, MARILYN JAFFER, JOHN WATERS. ■ In un paese dell'Australia, negli anni Trenta, assassinano la moglie di un agricoltore. Le male lingue del luogo accusano uno straniero, un polacco, che da qualche giorno è scomparso. Lo sceriffo, che ha ambizioni politiche, organizza una battuta alla caccia del disgraziato. ■ DRAMMATICO; COL.; 96′; AUSTRALIA, 1978.

BATTUTA DI CACCIA *(The Shooting Party)* ★★★
Regia di ALAN BRIDGES. Con EDWARD FOX, JOHN GIELGUD, JAMES MASON. ■ Affascinante, raffinatissimo ritratto di un'aristocrazia britannica vacua ed altezzosa, chiusa nella sua torre d'avorio e volutamente ignara degli accadimenti del mondo. Il pretesto è una battuta di caccia organizzata da Lord Nettleby (Mason) nel microcosmo della sua splendida tenuta di campagna. È il 1913: il mondo sta cambiando, ma nella loro ottusa superbia i nobili si rifiutano di accorgersene. Si corteggiano stancamente, continuano a confrontarsi secondo immutabili schemi rivelando agghiaccianti meschinità. Film britannico fino al midollo, ricercatissimo e calligrafico, curato nei particolari in modo maniacale e splendidamente fotografato. ■ DRAMMATICO; COL.; 100′; GRAN BRETAGNA, 1984.

BAT 21 ★★★
Regia di PETER MARKLE. Con DANNY GLOVER, GENE HACKMAN, JERRY REED. ■ La vera storia di un colonnello costretto a paracadutarsi in una zona del Vietnam battuta dai guerriglieri comunisti. Unico suo aiuto, un pilota del gruppo recuperi, che lo salva a più riprese dagli attacchi del nemico. Un film di guerra imprevedibilmente buono, ricco di suspense, con due bei personaggi principali. ■ GUERRA; COL ; 104′; USA, 1988.

BATWOMAN – LA DONNA INVINCIBILE ★
(La mujer Murcielago)
Regia di RENÉ CARDONA JR. Con CROX ALVARADO, ROBERTO COÑEDO, HECTOR GODOY, MAURA MONTI, DAVID SILVA. ■ Batwoman (Batman al femminile) scopre che uno scienziato è diventato assassino per potersi procurare dai cadaveri la sostanza necessaria a creare gli "uomini pesce". Batwoman, naturalmente, gli mette i bastoni tra le ruote. ■ FANTASTICO; B/N; 91′; MESSICO, 1968.

BAY, THE ★★
Regia di BARRY LEVINSON. Con NANSI ALUKA, FRANK DEAL, CHRISTOPHER DENHAM, KETHER DONOHUE, STEVEN KUNKEN. ■ Chesapeake Bay, Maryland. 4 luglio: la città si prepara, sindaco in testa, a festeggiare con una molteplicità di iniziative, a partire dalla gara dei mangiatori di granchi. Questa atmosfera viene descritta, in un collegamento via Skype, dalla giovane Donna Thompson che racconta come da uno scenario di festa si passò, tempo prima, nell'arco di pochissimo tempo all'orrore a causa di un parassita cresciuto a dismisura ed impegnato a divorare tutto. Il Barry Levinson di oggi utilizza la propria competenza in fatto di media per suggerire riflessioni su questioni che ci toccano da vicino; qui è la tematica ambientale al centro. ■ FANTASCIENZA; COL.; 84′; USA, 2012.

BAZAR DELLE FOLLIE, IL *(The Big Store)* ★★★
Regia di CHARLES FRANCIS RIESNER. Con BETTY FIELD, TONY MARTIN, CHICO MARX, GROUCHO MARX, HARPO MARX. ■ Il direttore di un negozio vuole sposarne l'erede perché non scopra le sue manovre poco pulite. Il fratello della ragazza, intenzionato a venderlo, sembra colpevole di alcuni tentativi di omicidio. Un poliziotto privato arresta il pericoloso individuo assieme ai complici. ■ COMMEDIA; B/N; 80′; USA, 1941.

BAZAR DELLE IDEE, IL ★★
Regia di MARCELLO ALBANI. Con RENATO CHIANTONI, ANITA FARRA, CLAUDIO GORA, LILIAN HERMANN, GIUSEPPE PORELLI. ■ Per sbarcare il lunario, un poeta e un pittore si mettono a vendere idee: l'iniziativa è nascostamente finanziata da una riccona innamorata (in segreto) del pittore. I clienti affluiscono numerosi al Bazar delle idee ma ad un certo punto la mecenate, non ricambiata con l'amore, decide di far fallire l'originale negozio. Alla fine, però, tutto si risolverà per il meglio. ■ COMMEDIA; B/N; 80′; GRECIA, ITALIA, 1941.

B.B. E IL CORMORANO ★
Regia di EDOARDO GABBRIELLINI. Con GIORGIO ALGRANTI, CAROLINA FELLINE, EDOARDO GABBRIELLINI. ■ Mario sogna di fuggire dalla piccola città di provincia e di raggiungere uno zio che vive in America. Ma intanto trascorre le sue giornate in una colonia di personaggi surreali, innamorato perso di Gaia, came-

riera di un residence. Fare il regista nella vita non è indispensabile. ■ DRAMMATICO; COL.; 87′; ITALIA, 2003.

B.B. KING: THE LIFE OF RILEY ★★
Regia di JON BREWER. Con BONO, ERIC CLAPTON, B.B. KING, CARLOS SANTANA, BRUCE WILLIS. ■ Il leggendario B.B. King si confida aprendo il suo cuore al regista Jon Brewer, raccontando la storia di come un giovane oppresso e in qualche modo orfano sia riuscito a influenzare l'industria musicale guadagnandosi le lodi e il titolo di "re del blues". Realizzato con la completa collaborazione e il contributo dello stesso B.B. King e del B.B. King Museum, *The life of Riley* riporta in vita il calore delle piantagioni intrise di gin da cui tutto è nato. ■ DOCUMENTARIO; COL.; 123′; USA, 2013.

BEACH, THE ★
Regia di DANNY BOYLE. Con LEONARDO DI CAPRIO, VIRGINIE LEDOYEN, TILDA SWINTON. ■ Gestire un'icona dell'immaginario adolescenziale mondiale come Leonardo Di Caprio, dopo il successo di *Titanic* poteva riuscire solo a Woody Allen. Che infatti in *Celebrity* ha saputo gestire il divo. Non altrettanto sa fare Danny Boyle reduce a sua volta dal successo "maledetto" di *Trainspotting* e che qui si trova a proporre l'immersione in una comunità alla ricerca delle radici dell'esistenza da parte di un "turista per caso" che scoprirà invece come i paradisi non esistono. A meno che siano "artificiali" come Internet e la droga. Il problema di Boyle è quello di voler fare di tutto e di più. Riuscendo a far partorire dalla classica montagna carica di simboli e di citazioni spesso troppo facili (da *Il cacciatore* a *Il signore delle mosche*) un film troppo tirato a lucido. Un esempio per tutti: osservate le signore e signorine che affollano la comunità. Possibile che nessuna di loro abbia un grammo di cellulite? Per cercare se stessi è necessario passare prima dalla Weight Watchers? ■ COMMEDIA; COL.; 134′; USA, 2000.

BEASTLY ★
Regia di DANIEL BARNZ. Con LISA GAY HAMILTON, VANESSA HUDGENS, PETER KRAUSE, MARY-KATE OLSEN, ALEX PETTYFER. ■ Kyle Kingston, figlio adolescente di uno dei giornalisti televisivi più famosi di New York, si prepara alle elezioni per diventare rappresentante degli studenti del suo liceo con tutta la forza che gli garantiscono la sua arroganza e una sfacciata spavalderia. Kyle è infatti un cultore dell'aspetto esteriore e della bellezza apollinea come strumenti unici per ottenere successo e popolarità incondizionati. Dopo aver vinto le elezioni, il suo primo pensiero è vendicarsi di Kendra, una compagna di scuola che ha cercato di sabotare la sua campagna. Ma per il fatto di umiliarla di fronte a tutti gli studenti durante il suo party per la vittoria, Kyle subisce un incantesimo che gli fa cadere i capelli e gli rende il volto sfregiato e mostruoso. Da quel momento, ha un anno di tempo per far innamorare una ragazza di sé o porterà quelle sembianze per tutto il resto della sua vita. ■ FANTASTICO; COL.; 90′; USA, 2011.

BEATI I RICCHI ★★★
Regia di SALVATORE SAMPERI. Con SYLVA KOSCINA, ENZO ROBUTTI, LINO TOFFOLO, PAOLO VILLAGGIO. ■ Geremia, un bel tipo di contrabbandiere, fa la spola di qua e di là della Svizzera, scortando a volte gli imboscatori di capitale. Uno di questi viene ucciso in uno scontro con le guardie. A Geremia rimangono i suoi quattrini. Da quel momento non ha più pace (oltre ai parenti che hanno fiutato il colpo grosso, gli stanno addosso anche i ricchi che avevano affidato i loro soldi al defunto). Ma Geremia batterà tutti. ■ COMMEDIA; COL.; 98′; ITALIA, 1972.

BEATO TRA LE DONNE *(L'homme orchestre)* ★★★
Regia di SERGE KORBER. Con NOËLLE ADAM, PUCK ADAMS, LOUIS DE FUNÈS, OLIVIER DE FUNÈS, TIBERIO MURGIA. ■ L'impresario di balletti Evans non tollera che le sue ballerine si fidanzino e si sposino e al rispetto di questa volontà collabora il nipote Filippo. Durante una tournée a Roma, una delle fanciulle è costretta a portarsi appresso il bambino. La ragazza escogita allora un piano per fare in modo che sia lo stesso Evans (convinto che il pupo sia figlio illegittimo di Filippo) a prendersi cura del bambino. Le cose si complicheranno alla comparsa di un secondo pargolo (vero figlio del nipote), ma poi tutto si chiarirà felicemente. ■ COMMEDIA; COL.; 85′; FRANCIA, 1970.

BEATRICE CENCI ★★
Regia di GUIDO BRIGNONE. Con GIULIO DONADIO, CAROLA HÖHN, TINA LATTANZI, OSVALDO VALENTI. ■ Vita e morte di Beatrice Cenci, decapitata per l'uccisione del padre, Francesco Cenci, tirannello cinquecentesco nello Stato Pontificio. Beatrice era innocente. I colpevoli erano la matrigna e il fratello, ma la verità venne alla luce troppo tardi. ■ DRAMMATICO; B/N; 82′; ITALIA, 1941.

BEATRICE CENCI ★★★
Regia di RICCARDO FREDA. Con GINO CERVI, ANTONIO DE TEFFÉ, MIREILLE GRANELLI, MICHELINE PRESLE, FAUSTO TOZZI, FRANK VILLARD. ■ Rifacimento del film di Guido Brignone. L'accento stavolta è sull'amore fra Beatrice Cenci e Olimpio Calvetti (qui cavaliere senza macchia e senza paura, in realtà una specie di servo di casa Cenci). La migliore delle versioni sul celebre fattaccio cinquecentesco. ■ DRAMMATICO; COL.; 93′; ITALIA, 1956.

BEATRICE CENCI ★★★
Regia di LUCIO FULCI. Con ANTONIO CASAGRANDE, ADRIENNE LA RUSSA, TOMAS MILIAN, RAYMOND PELLEGRIN, GEORGES WILSON. ■ Rifacimento del film di Guido Brignone, ma stavolta le pretese sono anche maggiori. Non più il solo fumettone storico ma il tentativo di immettere Freud nella vicenda. ■ DRAMMATICO; COL.; 90′; ITALIA, 1969.

BEAT STREET ★★
Regia di STAN LATHAN. Con GUY DAVIS, RAE DAWN CHONG, ROBERT TAYLOR. ■ Una vicenda di bande rivali nella periferica zona newyorkese del Bronx è il pretesto per tutta una serie di coloratissime esibizioni delle recenti tendenze artistiche giovanili americane: musica, danza, pittura murale. Ne esce un film interessante più da un punto di vista semi-documentaristico che di narrazione. ■ COMMEDIA; COL.; 106′; USA, 1984.

BEAT – VIOLENZA ALLA DERIVA, THE *(The Beat)* ★★
Regia di PAUL MONES. Con JOHN SAVAGE. ■ Billy è il capo riconosciuto di una banda di giovani. Il suo carattere non è dei più docili e gli scontri del gruppo con altre realtà metropolitane sono all'ordine del giorno. Il regista sa costruire l'atmosfera giusta per uscire dai cliché del genere. ■ DRAMMATICO; COL.; 102′; USA, 1987.

BEAUFORT ★★
Regia di JOSEPH CEDAR. Con ALON ABUTBUL, ELI ALTONIO, OSHRI COHEN, OHAD KNOLLER, ITAY TIRAN, AMI WEINBERG, DANNY ZAHAVI. ■ Libano, anno 2000. La roccaforte di Beaufort, base militare israeliana che controlla da diciotto anni i territori libanesi, è seriamente minacciata dalla rivolta degli Hezbollah, il gruppo indipendentista che mira a distruggere il quadrato israeliano per cacciare i nemici, complici di anni di occupazione. Il film di Joseph Cedar racconta la storia di una ritirata, quella seguita alla sera del 24 maggio del 2000, quando la base fu rasa al suolo da migliaia di bombe. *Beaufort* parla di guerra da un punto di vista insolito, non già quello di una battaglia per la liberazione, ma da quello introspettivo dei suoi soldati, raccontandone gli antefatti e le giornate passate in attesa di un imminente attacco. ■ GUERRA; COL.; 125′; ISRAELE, 2007.

BEAU GESTE ★★★★
Regia di WILLIAM A. WELLMAN. Con GARY COOPER, BRIAN DONLEVY, SUSAN HAYWARD, RAY MILLAND, J. CARROL NAISH, ROBERT PRESTON. ■ Tre fratelli si arruolano nella legione straniera, sotto il comando del terribile sergente Markov. Ne passano di tutti i colori, fino all'assalto in massa dei beduini al fortino dove prestano servizio. Il maggiore muore eroicamente, gli altri due ritornano in Inghilterra. Uno dei soggetti più famosi sulla legione straniera (da un romanzo di P. C. Wren) portato sullo schermo da William A. Wellman con il vigore proverbiale di questo grande organizzatore di avventure cinematografiche. La trovata finale (durante l'assedio i cadaveri dei soldati sono appoggiati alle feritoie per ingannare i beduini sulla consistenza numerica degli assediati) è stata mandata a memoria da tutti gli appassionati del cinema. Brian Donlevy, per la parte di Markov, ottenne una nomination all'Oscar. ■ AVVENTURA; B/N; 122′; USA, 1939. ■ OSCAR 2 NOM.

BEAU GESTE ★★★
Regia di DOUGLAS HEYES. Con LEO GORDON, DOUG MCCLURE, LESLIE NIELSEN, TELLY SAVALAS, GUY STOCKWELL. ■ Rifacimento del film di William A. Wellman. Variazioni: i fratelli sono diventati due. Il sergente cattivo è ridiventato francese come nel romanzo originale (la nazionalità del personaggio varia a seconda del clima politico del momento). Non muore "Beau Geste" ma il fratello minore John. Il film non vale quello di Wellman, ma ha una sua grinta spettacolare. Stockwell non ha il carisma di Cooper ma è capace di creare tensione. Telly Savalas, come sergente perverso, naturalmente, dilaga. ■ AVVENTURA; COL.; 103′; USA, 1966.

BEAU SERGE, LE ★★★
Regia di CLAUDE CHABROL. Con GÉRARD BLAIN, JEAN-CLAUDE BRIALY, BERNADETTE LAFONT. ■ Un giovane, appena uscito dal sanatorio, torna al paese dove ritrova l'amico fraterno Serge, fannullone e alcolizzato. Quando la moglie di Serge sta per partorire, è l'amico a salvarla. Il suo gesto ridà al "Beau Serge" fiducia nella vita. Però è l'ultimo. Il poveraccio muore. Uno dei primi film di Chabrol. ■ DRAMMATICO; B/N; 99′; FRANCIA, 1960.

BEAUTIFUL COUNTRY ★
Regia di HANS PETTER MOLAND. Con BAI LING, DAMIEN NGUYEN, NICK NOLTE, TIM ROTH. ■ Bihn è un giovane vietnamita cresciuto in adozione che lascia il villaggio in cui vive per cercare la madre ad Ho-Chi-Minh City. Si tratta però solo di una tappa perché l'intenzione è quella di trovare il padre, un soldato americano che non ha lasciato tracce. Ha così inizio un viaggio verso la "beautiful country" rappresentata dagli Stati Uniti. Il soggetto potrebbe dar luogo a più di una riflessione ed è quindi ancor più spiacevole che il regista norvegese Hans Petter Moland lo anneghi in un oceano di retorica narrativa e visiva che ne vanifica le premesse. ■ AZIONE; COL.; 126′; NORVEGIA, USA, 2004.

BEAUTIFUL CREATURES – LA SEDICESIMA LUNA *(Beautiful Creatures)* ★★
Regia di RICHARD LAGRAVENESE. Con VIOLA DAVIS, ALEDN EHRENREICH, ALICE ENGLERT, JEREMY IRONS, EMMY ROSSUM. ■ Una giovane maga in un piccolo paese conservatore e bigotto d'America crea scompiglio, morale e meteorologico, nella comunità e nel cuore di un ragazzo disposto a tutto per lei. La maga vive con lo zio e la nonna, lui ha subìto un lutto che lo porta a isolarsi nella lettura. E saranno proprio i libri, di ogni genere, a unirli e, forse, dividerli. Il loro sentimento passerà per prove durissime, provocate dalla natura di lei ma anche dall'incantesimo che lui, umano, le ha fatto: l'amore. ■ DRAMMATICO; COL.; 132′; USA, 2013.

BEAUTIFUL GIRLS ★★
Regia di TED DEMME. Con MATT DILLON, ANNABETH GISH, MIRA SORVINO, UMA THURMAN. ■ Cittadina del Massachussetts: quattro ragazzi passano un week-end in un bar. Ciascuno confessa se stesso e gli altri. I soliti problemi: i genitori, il sesso, il futuro, e angosce relative. Uno dei tanti film intimistico-sentimental-giovanili. ■ COMMEDIA; COL.; 110′; USA, 1996.

BEAUTIFUL JOE ★★
Regia di STEPHEN METCALFE. Con GIL BELLOWS, BILLY CONNOLLY, IAN HOLM, SHARON STONE. ■ Joe, un povero Cristo del Bronx, ha un tumore ed è stato abbandonato dalla moglie. Allora decide di vivere un'avventura prima di sottoporsi all'intervento che può costargli la vita. A Louisville nel Kentucky incontra casualmente una donna tanto bella quanto svitata di nome Hush (Sharon Stone) e si innamora di lei. Hush però è in un sacco di guai seri e Joe decide di difenderla strenuamente. A parte qualche ottima trovata nella sceneggiatura, Metcalfe confeziona un film che non riesce a coinvolgere. ■ DRAMMATICO; COL.; 95′; USA, 2002.

BEAUTIFUL MIND, A ★★★★♉
Regia di RON HOWARD. Con JENNIFER CONNELLY, RUSSELL CROWE, ED HARRIS, JUDD HIRSCH, CHRISTOPHER PLUMMER. ■ John Nash, matematico tanto promettente quanto schivo, all'università non ha una vita sociale degna di nota e il suo unico vero amico è il compagno di stanza. Siamo all'epoca della guerra fredda e Nash mostra una particolare abilità nella decrittazione dei messaggi in codice. Il Pentagono gli chiede di collaborare. Nel frattempo le sue teorie gli valgono pubblicazioni e una cattedra. Sposa una studentessa dalla quale avrà un figlio, ma la situazione precipita quando John comincia a sospettare di essere nel mirino dei russi che lo seguono e cercano di ucciderlo. In realtà le cose non stanno precisamente così perché lo studioso, che verrà insignito negli anni Novanta del premio Nobel, soffre di schizofrenia. Il percorso narrativo è simile a quello di *Shine* (là la musica e qui la matematica), la sceneggiatura, ricca di battute brillanti, e gli attori riescono a rendere, con ancor minori cadute nel mélo, la difficile conciliazione tra genialità e stabilità psicologica. ■ BIOGRAFICO; COL.; 140′; GRAN BRETAGNA, 2001. ■ GOLDEN GLOBES ♉ 4 PR, 6 NOM; OSCAR ♉ 4 PR, 8 NOM.

BEAUTIFUL PEOPLE ★★
Regia di JASMIN DIZAR. Con ROSALIND AYERS, CHARLOTTE COLEMAN, CHARLES KAY, DANNY NUSSBAUM. ■ Dizdar è un bosniaco che vive a Londra e cerca di essere inglese senza dimenticare le sue origini. Così intreccia alcune storie di mondi e personaggi di diversissima cultura, appunto, portando acqua alla tesi di uno delle sue parti: che la guerra è soprattutto nell'uomo, e non nei paesi. Apprezzato a Cannes. ■ DRAMMATICO; COL.; 109′; GRAN BRETAGNA, 1999.

BEAUTIFUL THING ★★
Regia di HETTIE MACDONALD. Con GLENN BERRY, TAMEKA EMPSON, SCOTT NEAL. ■ Jamie e Ste, due adolescenti vicini di casa in un quartiere di Londra, vivono la loro esistenza non certamente felice dal punto di vista affettivo-familiare. Tra i due giovani nasce una storia sentimentale, che servirà per combattere la loro solitudine. ■ COMMEDIA; COL., 89′; GRAN BRETAGNA, 1996.

BEAUTY SHOP ★★★
Regia di BILLE WOODRUFF. Con QUEEN LATIFAH, ANDIE MACDOWELL, ALICIA SILVERSTONE, MENA SUVARI, ALFRE WOODARD. ■ Ripresa dall'alto della città americana di Atlanta, poi la macchina da presa scende e si infila all'interno di una villetta middle-class di una famiglia di colore tutta al femminile: nonna, mamma e una ragazzina di dieci anni di nome Vanessa. La madre, Geena – alta, grossa e fiera – lavora in un salone di bellezza diretto dal severo Jorg (qui un esilarante Kevin Bacon in versione gay con forte accento tedesco). Geena è una brava parrucchiera, paziente nel sopportare le angherie a cui la sottopone il suo capo e nell'ascoltare le confidenze, spesso futili, delle clienti (tra cui anche Andie McDowell), ma un giorno – stanca delle continue pressioni sul lavoro – si licenzia. «Credito, coperture, capitale» sono le parole magiche che servirebbero alla banca per concederle un prestito e permetterle di aprire un negozio tutto suo, ma Geena non ha le credenziali necessarie e per di più ha la pelle nera; ma, grazie ad un'improvvisa idea geniale, riuscirà ad ottenere il finanziamento e ad aprire un suo beauty-shop. ■ COMMEDIA; COL.; 105′; USA, 2005.

BEBÈ MANIA *(Funny about Love)* ★★
Regia di LEONARD NIMOY. Con CHRISTINE LAHTI, GENE WILDER. ■ Il regista di *Tre scapoli e un bebè* ha confezionato questa commedia che, a dire il vero, convince ben poco. C'è un matrimonio sul filo del rasoio a causa dei tentennamenti di Duffy, che di mestiere fa il disegnatore, circa l'avere o non avere figli. La moglie Mag invece ci terrebbe in particolar modo anche perché pensa che questo potrebbe rinsaldare il loro rapporto. Quando si decide è troppo tardi perché è lei ad avere problemi col lavoro. ■ COMMEDIA; COL.; 97′; USA, 1990.

BECKET ★
Regia di DAVIDE MANULI. Con LUCIANO CURRELI, ROBERTO FREAK ANTONI, FABRIZIO GIFUNI, SIMONE MALUDROTTU, PAOLO ROSSI. ■ Godot non è arrivato e Vladimiro ed Estragone sono stufi di attenderlo, così intraprendono un cammino nella landa desolata che li ospita, in un mondo tra il post atomico e il delirante entrando in contatto con un'umanità esagerata in linea con quella rappresentata dal testo di Becket. Potrebbero essere incontri alla fine del mondo ma non lo sono, potrebbe essere un film di Ciprì e Maresco ma manca la capacità di compiere l'ultimo miglio e dare senso alla rappresentazione della vacuità, potrebbe essere un film di spazi aperti ma questi sono usati solo per tentare di rappresentare il chiuso delle esistenze, potrebbe infine essere un film

di Wenders se non fosse che i personaggi non stringono nessun rapporto con l'ambiente che li circonda ma lo abitano indifferentemente. *Becket* invece è una sorta di sequel di *Aspettando Godot* ma invece che proseguire in quella linea ed evolverne il pensiero ne ripete il percorso di fatto allungando il testo originale. ■ DRAMMATICO; COL.; 80′; ITALIA, 2008.

♥ BECKET E IL SUO RE *(Becket)* ★★★★
Regia di PETER GLENVILLE. Con RICHARD BURTON, GINO CERVI, JOHN GIELGUD, PETER O'TOOLE, PAOLO STOPPA. ■ In Inghilterra re Enrico II, in dissidio con la Chiesa, fa eleggere il suo ministro Thomas Becket arcivescovo di Canterbury. Ma Becket, una volta assunto il suo nuovo compito, diventa il più tenace assertore dei diritti ecclesiastici. La lotta fra i due diventa sempre più accesa, fino alla completa rottura. Enrico fa assassinare Becket dai suoi cavalieri mentre dice messa in cattedrale. Tratto da una commedia di Jean Anouilh, il film non ne conserva solo in minima parte la sottigliezza e lo spirito. ■ STORICO; COL.; 148′; GRAN BRETAGNA, 1964. ■ OSCAR 1 PR, 11 NOM.

BECKY SHARP ★★★
Regia di ROUBEN MAMOULIAN. Con NIGEL BRUCE, FRANCES DEE, MIRIAM HOPKINS, ALAN MOWBRAY. ■ Tratto da *La fiera delle vanità* di William Thackeray. Siamo in Inghilterra alla vigilia della battaglia di Waterloo. Mentre l'esercito del duca di Wellington si appresta a partire alla volta dell'Europa, Becky Sharp, ambiziosa e venale, irretisce vari ufficiali. Ne sposa uno e tenta di rubare il marito alla sua migliore amica. A guerra terminata, non perde il vizio. Abbandonata dal consorte, riuscirà a tenersi ugualmente a galla abbindolando un altro militare, ricco e semplicione. *Becky Sharp* è il primo technicolor a tre colori. ■ DRAMMATICO; COL.; 85′; USA, 1935. ■ OSCAR 1 NOM; VENEZIA 1 PR.

BECOMING JANE – IL RITRATTO DI UNA DONNA CONTRO *(Becoming Jane)* ★★★
Regia di JULIAN JARROLD. Con JAMES CROMWELL, ANNE HATHAWAY, JAMES MCAVOY, MAGGIE SMITH, JULIE WALTERS. ■ Jane Austen è una giovane donna in età da marito nell'Hampshire del 1795. Educata dal padre alla letteratura e alla musica, sogna un matrimonio con sentimento. Di tutt'altro parere sembra essere sua madre, ansiosa di accasarla con l'aristocratico e impacciato Sir Wisley, nipote della facoltosa Lady Gresham. L'arrivo in campagna di Tom Lefroy, irlandese sfacciato avviato dallo zio alla carriera giuridica, sconvolgerà gli equilibri della piccola comunità rurale. Invaghitosi, ricambiato, dell'orgogliosa Jane, Tom ispirerà col suo amore il cuore e le pagine della Austen. Come si diventa Jane Austen? Rinunciando al sentimento, accettando il proprio status di zitella e concentrandosi sul comportamento sociale della borghesia del primo Ottocento. L'educazione sentimentale della scrittrice inglese anticipa i temi che la stessa Austen approfondirà in seguito nei suoi romanzi: gli affari amorosi delle fanciulle, l'eterno binomio mente e cuore, etica ed estetica, ragione e istinto, i gruppi di famiglia, il ballo. Che sia l'Elizabeth di *Orgoglio e pregiudizio*, la Marianne di *Ragione e sentimento* o la Anne di *Persuasione*, la giovane protagonista è sempre lei, Jane, una donna determinata a seguire le ragioni del cuore grazie a un padre indulgente e affettuoso e nonostante una madre compromessa col "sistema" e fermamente convinta della bontà delle proprie iniziative. ■ BIOGRAFICO; COL.; 120′; GRAN BRETAGNA, USA, 2007.

BE COOL ★★★
Regia di F. GARY GRAY. Con PAUL ADELSTEIN, SCOTT ADSIT, BRIAN CHRISTENSEN, DANNY DEVITO, KIMBERLY J. BROWN, HARVEY KEITEL, CHRISTINA MILIAN, UMA THURMAN, JOHN TRAVOLTA. ■ Sequel di *Get Shorty*. Se nel precedente episodio Palmer era un piccolo criminale, intelligente ed ambizioso, che faceva il suo ingresso nel mondo del cinema, utilizzando il suo aplomb periferico, in *Be Cool*, il suo bersaglio è il mondo della canzone, infestato da lestofanti di ogni genere, persino dalla mafia russa, che comunque nell'immaginario collettivo ha preso il posto di tutti i cattivi convenzionali del passato. E Palmer prende sotto la sua ala una giovane cantante, Linda Moon (Christina Milian), accerchiata appunto dalla malavita, da rapper da strapazzo e destinata ad un'effimera carriera. ■ COMMEDIA; COL.; 114′; USA, 2005.

BED & BREAKFAST – SERVIZIO IN CAMERA ★★
(Bed & Breakfast)
Regia di ROBERT ELLIS MILLER. Con ROGER MOORE, TALIA SHIRE, NINA SIEMASZKO. ■ Il regista di *Reuben, Reuben* firma un film di taglio televisivo. Roger Moore, messo da parte James Bond, cerca di vendere la sua simpatia. Un uomo in pericolo di morte si rifugia in una locanda. Conosce tre donne e dopo essere riuscito a sedurle le aiuta anche negli affari. ■ COMMEDIA; COL.; 96′; USA, 1992.

BEDELIA ★★
Regia di LANCE COMFORT. Con ANNE CRAWFORD, JILL ESMOND, IAN HUNTER, MARGARET LOCKWOOD. ■ Una bella donna dell'alta società londinese è coccolata dal marito e dai salotti della città, ma un giorno si scopre che ha fatto fuori con il veleno i suoi tre uomini precedenti. Il marito per un pelo evita di divenire il quarto. ■ DRAMMATICO; B/N; 90′; GRAN BRETAGNA, 1946.

BEDLAM ★★★
Regia di MARK ROBSON. Con RICHARD FRASER, BORIS KARLOFF, ANNA LEE. ■ Classico del *mystery* (del ciclo prodotto per la RKO da Val Lewton) ispirato a un ciclo di pittura di William Hogarth. "Bedlam" è l'abbreviazione di Bethlehem House for Insane, un'allucinante casa di cura presso Londra realmente esistita nel 1700. Boris Karloff è il terribile direttore più pazzo dei suoi ricoverati. Un'attrice viene a scoprire delle sue pratiche sadiche all'interno dell'istituto. Cercano di neutralizzarla facendo rinchiudere anche lei a Bedlam. ■ HORROR; B/N; 79′; USA, 1946.

BED TIME *(Mientras duermes)* ★★
Regia di JAUME BALANGUERÒ. Con MARTA ETURA, CARLOS LASARTE, PETRA MARTINEZ, ALBERTO SAN JUAN, LUIS TOSAR. ■ Senza scopo nella vita e incapace di essere felice, César prova piacere nella sofferenza delle persone che lo circondano. Nel palazzo di Barcellona in cui lavora come portiere appronta un gioco al massacro psicologico che ha come oggetto principale Clara, una giovane il cui atteggiamento gioioso verso la vita lo deprime e rende aggressivo. Ogni sera, penetra nell'appartamento della donna e, dopo averla resa inerte col cloroformio, mette in atto il suo piano. ■ THRILLER; COL.; 102′; SPAGNA, 2011.

BEEFCAKE ★★
Regia di THOM FITZGERALD. Con CARROLL GODSMAN, DANIEL MACIVOR, JACK GRIFFIN MAZEIKA, JOSH PEACE, JONATHAN TORRENS. ■ A mezza via tra il documentario e la fiction rievoca l'epoca di Ed Wood e della Hollywood Babilonia. In aggiunta un omaggio al fotografo omo Bob Mizer. ■ DRAMMATICO; COL.; 99′; CANADA, 1999.

BEE MOVIE ★★★
Regia di STEVE HICKNER, SIMON J. SMITH. ■ Nella versione originale, il celebre comico americano Jerry Seinfeld, oltre ad aver co-sceneggiato e prodotto la pellicola, presta la voce all'ape che porta il nome di Barry Benson. Quest'ultimo è un giovane neo-laureato che sogna di avventurarsi al di fuori dell'alveare per venire a contatto con il mondo degli umani. L'incontro con Vanessa, una fioraia di Manhattan, gli farà infrangere una delle regole di base del mondo in giallo e nero: parlare con gli uomini. La magia dell'animation computerizzata permette allo spettatore di conoscere ed esplorare le vite nascoste di queste creature. Tutto è in proporzione alle loro piccole dimensioni e ai loro frenetici movimenti. ■ ANIMAZIONE; COL.; 90′; USA, 2007.

BEES LO SCIAME CHE UCCIDE *(The Savage Bees)* ★★★
Regia di BRUCE GELLER. Con HORST BUCHHOLZ, PAUL HECHT, BEN JOHNSON, MICHAEL PARKS. ■ New Orleans. Una petroliera sperona una nave di banane proveniente dal Brasile e stranamente alla deriva. Poco dopo una serie di morti misteriose sconvolge la città. Gli esami di laboratorio effettuati sui cadaveri sentenziano che i decessi sono provocati dalla puntura di api assassine. Si scopre che questi insetti, di origine africana e già noti nell'America del Sud, sono giunti per mezzo della bananiera affondata. Occorrerà studiare un piano per eliminare le api mortali. ■ FANTASCIENZA; COL.; 99′; USA, 1976.

BEETHOVEN ★★★
Regia di BRIAN LEVANT. Con CHARLES GRODIN, BONNIE HUNT,

DEAN JONES. ■ Non si tratta della biografia del grande musicista classico tedesco bensì delle avventure di un cane San Bernardo. Il simpatico animale è ospitato in una famiglia ma il padrone di casa non è per nulla convinto di volerlo tenere, anche perché il cane ne combina di tutti i colori. In più, come nei film di Walt Disney, c'è anche un dottore in veterinaria nemico del povero Beethoven. Un film solo per divertirsi, senza nessuna pretesa. Inutile dire che il migliore in campo è il San Bernardo. ■ COMMEDIA; COL.; 87'; USA, 1992.

BEETHOVEN 2 ★★
Regia di ROD DANIEL. Con CHRISTOPHER CASTILE, SARAH ROSE KARR, NICHOLLE TOM. ■ Dopo *Un poliziotto a quattro zampe*, Daniel mette le mani su un altro cane, Beethoven. Il simpatico San Bernardo ha deciso di mettere su famiglia con l'aiuto dell'affascinante Missy. Ma non ha fatto i conti con Regina, donna cattiva che rapisce la cagnetta. Solo per i fan del primo episodio. ■ COMMEDIA; COL.; 106'; USA, 1993. ■ GOLDEN GLOBES 1 NOM; OSCAR 1 NOM.

BEETLEJUICE – SPIRITELLO PORCELLO ★★
(Beetlejuice)
Regia di TIM BURTON. Con ALEC BALDWIN, GEENA DAVIS, MICHAEL KEATON. ■ Una coppia di giovani sposi muore in un incidente stradale. Tornano come fantasmi nella loro vecchia casa che però è abitata da una famiglia di cialtroni di città. Dopo aver cercato di spaventarli, i due chiamano in aiuto uno spiritello simpatico, sboccato e pasticcione, a nome Beetlejuice, che, dopo alcune difficoltà iniziali, riuscirà nell'impresa. ■ FANTASTICO; COL.; 92'; USA, 1988. ■ OSCAR 1 PR, 1 NOM.

BEFFA DELL'AMORE, LA *(Chances)* ★★★
Regia di ALLAN DWAN. Con ANTHONY BUSHELL, DOUGLAS FAIRBANKS JR, ROSE HOBART. ■ Durante la prima guerra mondiale, due ufficiali inglesi si innamorano della stessa ragazza. Ma uno dei due muore in guerra. ■ COMMEDIA; B/N; 71'; USA, 1931.

BEFFA DELLA VITA, LA *(David Golder)* ★★★
Regia di JULIEN DUVIVIER. Con PAUL ANDRAL, HARRY BAUR, CAMILLE BERT. ■ David Golder è un miliardario di origine ebraica che in vita sua non ha mai indietreggiato di fronte a nulla pur di raggiungere il suo scopo. Ama solo sua figlia Georgette. E sarà proprio la fanciulla la causa involontaria della fine del padre. Mentre lui è impegnato in una grossissima combinazione internazionale, lei scappa con l'uomo che ama (un nemico personale di Golder). David non capisce più nulla. Ne approfitteranno gli avversari per metterlo a terra. ■ DRAMMATICO; B/N; 86'; FRANCIA, 1930.

BEFORE SUNSET – PRIMA DEL TRAMONTO ★★★
(Before Sunset)
Regia di RICHARD LINKLATER. Con JULIE DELPY, ETHAN HAWKE, VERNON DOBTCHEFF. ■ Li avevamo lasciati a Vienna dopo una sera e una notte trascorsa insieme e un amore nato e rinviato ad un appuntamento qualche mese dopo. Li abbiamo ritrovati alla Berlinale (dove *Prima dell'alba* vinse l'Orso d'argento nel 1994) Jesse e Celine. Jesse è sposato e ha figli ed è diventato uno scrittore proprio raccontando la storia di nove anni prima. A una presentazione del libro a Parigi arriva anche Celine che si è riconosciuta nella protagonista. I due passeggiano per le vie di una Parigi semideserta. Ancora una volta hanno poche ore perché Jesse ha un posto prenotato in aereo. Grazie a una sceneggiatura mai retorica il film è migliore del precedente. ■ SENTIMENTALE; COL.; 80'; USA, 2004.

BEHIND ENEMY LINES – DIETRO LE LINEE NEMICHE *(Behind Enemy Lines)* ★★★
Regia di JOHN MOORE. Con JOAQUIN DE ALMEIDA, GENE HACKMAN, DAVID KEITH, OLEK KRUPA, GABRIEL MACHT, OWEN WILSON. ■ Si direbbe che *Behind* esca in una contingenza fortunata. Molto della nostra vita si riferisce al "dopo 11 settembre", figuriamoci un film di guerra. Dunque un riflusso di patriottismo che sembrerebbe aderire in generale alle storie di guerra americane. In questo caso c'è persino la location che, volendo, sarebbe a sua volta "favorevole", nel senso che la guerra dei Balcani ospitava etnie musulmane estremiste buone per tutti i terrorismi e tutte le guerre. Solo che Chris Burnett, il protagonista, è un militare ironico e tormentato, molto lontano dal concetto "patria e obbedienza" che è la bandiera dell'esercito Usa, e non solo di quello. Comunque vorrebbe combattere sul serio, perché il suo comandante (Hackman) gli ha sempre affidato ordinaria amministrazione. Volando per provare una nuova macchina fotografica, viene abbattuto dalla contraerea serba. Rimasto solo nei boschi e nel freddo, sperimentata la crudeltà del nemico che gli ha ucciso un compagno, Chris lotta per la sopravvivenza. Nel frattempo il comandante ha organizzato il soccorso. Il film prende spunto dalla storia vera di Scott O'Grady, un ufficiale dell'aviazione che visse, appunto, una vicenda simile. Il regista Moore è una new entry con matrice (ma guarda) pubblicitaria che salta all'occhio. Dunque eccesso di montaggio e anche di "espressione" che però a volte giova, come nella scena madre dove Chris si salva fingendosi un cadavere in una fossa comune. ■ GUERRA; COL.; 115'; USA, 2001.

BE KIND REWIND – GLI ACCHIAPPAFILM ★★★
(Be Kind Rewind)
Regia di MICHEL GONDRY. Con JACK BLACK, MOS DEF, MELONIE DIAZ, MIA FARROW, DANNY GLOVER, IRV GOOCH, CHANDLER PARKER. ■ Jerry e Mike sono amici dall'infanzia. Jerry è il meccanico della zona. Vive in un camper e teme le radiazioni che provengono, secondo lui, dalla centrale elettrica vicina. Mike lavora in un negozio che noleggia videocassette, di proprietà del signor Fletcher, un appassionato fan del pianista Fats Waller. Il giorno in cui Fletcher decide di partire per un viaggio affida il negozio a Mike, invitandolo a tenere Jerry, decisamente esuberante, alla larga. Mike comprende in ritardo l'avvertimento e intanto Mike ha fatto il danno: avendo tentato di entrare nella centrale ha finito con l'essere così caricato di energia da smagnetizzare tutte le videocassette. Che fare? Una soluzione c'è. I due girano amatorialmente versioni short dei blockbuster del cinema. I film, una volta noleggiati, piacciono e la richiesta si fa sempre più pressante. Ma c'è un altro problema che incombe: una società immobiliare vuole abbattere l'edificio. Michel Gondry ha il pregio indiscutibile dell'originalità. Ogni suo film si avvale di una vena surreale che si riflette sull'esito complessivo. ■ COMMEDIA; COL.; 98'; USA, 2007.

BEL AMI – IL MONDO DELLE DONNE ★
(Femmes vicieuses)
Regia di GEORGES CACHOUX. Con JEAN-CLAUDE BERCQ, MICHEL DAVID, NATHALIE NORT. ■ Un giornalista ama servirsi delle donne, oltre che per il proprio personale diletto, anche per scopi carrieristici. Mette gli occhi sulla consorte di un banchiere, ma le cose non vanno per il solito verso in quanto la signora in oggetto è una donna fedele. ■ EROTICO; COL.; 89'; FRANCIA, 1975.

BEL AMI – L'IDOLO DELLE DONNE *(Bel Ami)* ★★★
Regia di WILLI FORST. Con WILLI FORST, HILDE HILDEBRAND, OLGA TSCHECHOWA. ■ Dal romanzo di Maupassant. A Parigi alla fine dell'Ottocento, un giornalista fascinoso e senza scrupoli, George Duroy, fa una rapida carriera perché sa infilarsi nei letti giusti. Le dame altolocate impazziscono per lui, compresa la vedova del suo principale, che lo sposa. ■ COMMEDIA; B/N; 90'; GERMANIA, 1939.

BEL AMI. STORIA DI UN SEDUTTORE *(Bel Ami)* ★★★
Regia di DECLAN DONNELLAN, NICK ORMEROD. Con COLM MEANY, ROBERT PATTINSON CRISTINA RICCI, CHRISTIN SCOTT THOMAS, UMA THURMAN. ■ Parigi, fine diciannovesimo secolo. Georges Duroy torna dopo aver combattuto in Algeria, senza in tasca un franco. Incontra casualmente in un locale Charles Forestier che gli regala il denaro per comprarsi un abito decente e fare il suo ingresso in società. Georges ha così modo di conoscere Madeleine, la moglie di Forestier, l'editore Rousset e sua moglie Virginie, e la giovane Clotilde. Grazie alla figlia ancora bambina di Rousset gli verrà dato l'appellativo di Bel Ami che tutte e tre le donne, catturate dalla sua misteriosa bellezza, utilizzeranno. Grazie a loro Georges, bello quanto superficiale, farà carriera calpestando però i sentimenti di ognuna. Già nel 1919 il cinema italiano muto si impossessava del libro di Guy de Maupassant per farne un film. Da allora periodicamente la figura dello sciupafem-

mine arrampicatore sociale Georges Duroy è tornata a fare la sua comparsa nelle sale cinematografiche. La messa in scena di Donnellan e Ormerod non brilla per originalità, ma c'è un cast di alto livello e un bravo e "bel tenebroso" Pattinson. ■ DRAMMATICO; COL.; 102'; GRAN BRETAGNA, FRANCIA, ITALIA, 2012.

BEL CAPITANO, IL *(The Gay Diplomat)* ★★
Regia di RICHARD BOLESLAWSKI. Con BETTY COMPSON, IVAN LEBEDEFF, GENEVIÈVE TOBIN. ■ Il "bel capitano" è un avvenente giovanotto che pensa più a far innamorare le donne che al suo dovere militare, anche se alla resa dei conti si rivela un buon ufficiale. ■ COMMEDIA; B/N; 90'; USA, 1930.

BEL COLPO, AMICO *(Big Shots)* ★★★
Regia di ROBERT MANDEL. Con RICKY BUSKER, ROBERT JOY, DARIUS MCCRARY. ■ Le avventure di due bambini, uno bianco e uno di colore. Il primo è un orfanello che è finito in un pericoloso quartiere. Viene preso di mira e derubato in poco tempo. Il secondo fa amicizia con lui e lo toglie dalla drammatica situazione. Tra gli interpreti ha una piccola parte il regista Jerzy Skolimowski. Un grande divertimento per piccoli spettatori. ■ COMMEDIA; COL.; 91'; USA, 1987.

BEL CONTRABBANDIERE, IL *(Women Everywhere)* ★★
Regia di ALEXANDER KORDA. Con FIFI DORSAY, RALPH KELLARD, HAROLD MURRAY. ■ È la storia di un contrabbandiere che ha una donna in ogni paese (nel quale fa contrabbando) ed è così riuscito a escogitare la maniera di unire l'utile al dilettevole. Anche se alla fine gli va male da una parte. ■ COMMEDIA; B/N; 90'; GRAN BRETAGNA, 1930.

BELFAGOR – IL FANTASMA DEL LOUVRE ★
(Belphégor – Le fantôme du Louvre)
Regia di JEAN-PAUL SALOMÉ. Con LIONEL ABELANSKI, PIERRE AUSSEDAT, JEAN-FRANÇOIS BALMER, JEAN-CLAUDE BOLLE-REDDAT, JULIE CHRISTIE, JULIETTE GRÉCO, SOPHIE MARCEAU, MICHEL SERRAULT. ■ Durante i lavori di ristrutturazione del Louvre il sarcofago di un'antica mummia viene ritrovato intatto. Si manifestano subito strani fenomeni. Un'egittologa inglese, Glenda Spender, riceve l'incarico di studiare la mummia. Che si risveglia e prende a muoversi all'interno del museo. Non contenta possiede il corpo di Lisa, una giovane donna. Alla polizia torna in mente in caso analogo degli anni Sessanta e l'ispettore Verlac segue il caso. Ci vorrà del tempo per ricondurre tutto alla normalità. Se avete apprezzato la serie televisiva degli anni Sessanta con Juliette Gréco protagonista conservatene il ricordo ed evitatevi questo film che non è piaciuto neppure ai francesi (ed è tutto dire considerati gli attori coinvolti nell'impresa). Dotato di un budget imponente fallisce anche sul piano spettacolare perché malservito da una sceneggiatura incapace di coinvolgere e perfino di fare paura. Gli effetti speciali finiscono con l'essere inutili e questo, per chi vuole imitare la già abusata *Mummia* americana, non è bene. Non restano che le riprese del Louvre. Ma allora o ci andate oppure guardatevi un video sul museo. ■ HORROR; COL.; 97'; FRANCIA, 2001.

BELIEVER, THE ★★★
Regia di HENRY BEAN. Con GARRET DILLAHUNT, KRIS EIVERS, GLENN FITZGERALD, JOEL GARLAND, RYAN GOSLING, JOSHUA HARTO, TOMMY NOHILLY, SUMMER PHOENIX, THERESA RUSSELL, BILLY ZANE. ■ Presentato con successo al Sundance Festival, e al Noir in Festival, è un film di cui discutere, sia per il contenuto contraddittorio, sia per il modo in cui è raccontato. Se non fosse la vera storia di Danny Balint, o almeno così dicono, sarebbe troppo provocatorio per essere vero. Danny è un brillante studente ebreo, ma è anche un violento antisemita. La paradossale contraddizione in cui vive arriva al culmine quando gli viene chiesto di mettere una bomba in una sinagoga. In realtà sarà lui ad andare in corto circuito. Aspro, isterico e violento, il primo film di Henry Bean (sceneggiatore di *Nemico pubblico* e *Affari sporchi*) è capace di scuotere le coscienze, pur non approfondendo le difficili tematiche religiose. ■ DRAMMATICO; COL.; 100'; USA, 2001.

BELIEVERS, THE – I CREDENTI DEL MALE ★★
(The Believers)
Regia di JOHN SCHLESINGER. Con ROBERT LOGGIA, HELEN SHAVER, MARTIN SHEEN. ■ Uno psichiatra indaga con la polizia sulle misteriose uccisioni di alcuni bambini. Scopre che dietro c'è una setta di fanatici che fa sacrifici di "credenti" in tenera età. Lo psichiatra viene catturato e drogato dagli uomini della setta e quasi indotto a uccidere il proprio ragazzo. Ma per fortuna si riprende all'ultimo minuto. ■ THRILLER; COL.; 110'; USA, 1986.

BELLA ADDORMENTATA ★★★
Regia di MARCO BELLOCCHIO. Con PIER GIORGIO BELLOCCHIO, FABRIZIO FALCO, FEDERICA FRACASS, ROBERTO HERLITZKA, ISABELLE HUPPERT, GIGIO MORRA, BRENNO PLACIDO, MICHELE RIONDINO, ALBA ROHRWACHER, MAYA SANSA. ■ Giorni di inizio febbraio 2009. Eluana Englaro, dopo diciassette anni trascorsi in coma e con alimentazione artificiale, viene fatta trasportare dal padre in una struttura ospedaliera di Udine in cui operano medici disposti a interrompere il trattamento. L'avvenimento scatena in Italia la reazione di fronti opposti. C'è chi vuole impedire ad ogni costo che ciò avvenga e chi invece ritiene che sia l'attuazione di un diritto civile. Il senatore Uliano Beffardi del Popolo della libertà viene convocato a Roma per la votazione del decreto d'urgenza in materia voluto dal governo Berlusconi per contrastare la volontà del padre della giovane donna. Se Beffardi sta maturando dei dubbi sul voto (anche in seguito a una vicenda personale), sua figlia Maria è invece determinata nel raggiungere la clinica per manifestare contro l'interruzione del trattamento. Incontrerà Roberto e suo fratello diversamente schierati sul fronte opposto. Intanto il dottor Pallido si trova dinanzi al caso di Rossa, tossicodipendente che cerca la morte, mentre la Divina Madre (un'attrice ritiratasi dalle scene per assistere una figlia in coma profondo) ha cancellato qualsiasi altro interesse dalla propria vita a partire dal marito e dal figlio. Marco Bellocchio non si è mai ritratto dinanzi alle sfide che una coscienza laica e civile sembrava quasi imporre al suo fare cinema. In *Bella addormentata* confluiscono due delle anime del regista. Da un lato quella del narratore incalzante e lucido dei fatti come ai tempi di *Sbatti il mostro in prima pagina* e dall'altra quella di un maestro del cinema in grado di trasfigurare in forma concretamente astratta e simbolica le tensioni di una vicenda. In questa doppia anima stanno la forza e la debolezza del film. ■ DRAMMATICO; COL.; 110'; ITALIA, 2012.

BELLA ADDORMENTATA, LA ★★
(Fräulein Hoffmanns Erzählungen)
Regia di KARL LAMAC. Con ANNY ONDRA. ■ Anny Liman è la titolare di un'azienda che commercia in caffè. Suo più temibile concorrente è Harding. Proprio Harding salva Anny dalla morte. I due si innamorano e cessa la rivalità professionale: dopo un felice matrimonio, nascerà la Caffè Liman-Harding. ■ COMMEDIA; B/N; 85'; GERMANIA, 1933.

BELLA ADDORMENTATA, LA ★★★
Regia di LUIGI CHIARINI. Con LUISA FERIDA, TERESA FRANCHINI, AMEDEO NAZZARI, OSVALDO VALENTI. ■ Tratto dalla commedia di Rosso di San Secondo. La protagonista è Carmela che, sedotta e abbandonata, viene avviata alla prostituzione. Ma poco dopo cade in una specie di torpore, da cui cerca di levarla un uomo generoso. Pessima idea: il giorno delle nozze la poverina muore. ■ COMMEDIA; B/N; 89'; ITALIA, 1942.

BELLA ADDORMENTATA, LA *(Sleeping Beauty)* ★
Regia di DAVID IRVING. Con MORGAN FAIRCHILD, SYLVIA MILES, TAHNEE WELCH. ■ La fiaba di Perrault rivisitata con attori in cerca di occasioni e *décor* televisivo dichiaratamente esplicito. Non se ne sentiva il bisogno. ■ FANTASTICO; COL.; 93'; USA, 1987.

BELLA ADDORMENTATA NEL BOSCO, LA ★★★★
(Sleeping Beauty)
Regia di CLYDE GERONIMI (E WALT DISNEY). ■ Re Stefano e la regina ebbero finalmente una bambina alla quale diedero nome Aurora. Indispettita per non essere stata invitata al battesimo, la fata Malefica scagliò una maledizione contro la piccina: prima di compiere i sedici anni, Aurora si sarebbe punta toccando un fuso e sarebbe morta. Ma la fata Serenella attenuò il maleficio tramutando la morte in sonno profondo, dal quale la ragazza avrebbe potuto destarsi grazie al primo bacio d'amore. Così avvenne: il bel principe Filippo baciò Aurora, ella si risvegliò, si sposarono e vis-

sero felici per tanti e tanti anni. ■ ANIMAZIONE; COL.; 75′; USA, 1959. ■ OSCAR 1 NOM.

BELLA AFFETTUOSA ILLIBATA CERCASI ★★
(The Matchmaker)
Regia di JOSEPH ANTHONY. Con SHIRLEY BOOTH, PAUL FORD, WALLACE FORD, SHIRLEY MACLAINE, ROBERT MORSE, ANTHONY PERKINS. ■ Tratto dalla commedia *La sensale di matrimoni* di Thornton Wilder (che diede lo spunto anche a *Hello Dolly* con Barbra Streisand e Walter Matthau). La sensale è Dolly, una vedova ebrea che dopo aver combinato una serie di nozze (più o meno felici) pensa anche a se stessa. ■ COMMEDIA; B/N; 101′; USA, 1958.

BELLA AMERICANA, LA *(La belle americaine)* ★★★
Regia di ROBERT DHÉRY. Con ALFRED ADAM, COLETTE BROSSET, LOUIS DE FUNÈS, ROBERT DHÉRY, JACQUES FABBRI. ■ Marcel compera una Cadillac, auto che in Francia è detta "la bella americana". Questa vettura prestigiosa gli aprirà le porte del mondo dorato, ma gli procurerà anche un mare di guai. ■ COMICO; B/N; 98′; FRANCIA, 1961.

BELLA ANTONIA, PRIMA MONICA E POI DIMONIA, LA ★
Regia di MARIANO LAURENTI. Con ELIO CROVETTO, EDWIGE FENECH, PIERO FOCACCIA, RICCARDO GARRONE, LUCIANA TURINA. ■ Antonia non può sposare Folco perché l'avaro padre le rifiuta la dote. Entra allora in un convento di suore che assai liberamente intrattengono i frati del monastero vicino. Ma riuscirà a sposare Folco e a fargli le corna il giorno stesso delle nozze. ■ COMICO; COL.; 92′; ITALIA, 1972.

BELLA AVVENTURA, LA *(West of the Pecos)* ★★★
Regia di EDWARD KILLY. Con BARBARA HALE, RICHARD MARTIN, ROBERT MITCHUM. ■ Dal romanzo *A occidente del Pecos* di Zane Grey. Nella versione italiana Pecos è divenuto il nome del protagonista, un giovanotto ingiustamente accusato di omicidio. L'accusa che gli pende sul capo non gli impedisce di prendere le difese di un maturo industriale dell'est e di sua figlia. Anzi, unendo l'utile al dilettevole, farà fuori il bandito che perseguita l'industriale, che nel frattempo s'è rivelato l'autore dell'omicidio attribuito a Pecos. Uno dei primi film di Mitchum. ■ WESTERN; B/N; 66′; USA, 1945.

BELLA AVVENTURIERA, LA *(The Wicked Lady)* ★★★
Regia di LESLIE ARLISS. Con FELIX AYLMER, GRIFFITH JONES, JEAN KENT, MARGARET LOCKWOOD, JAMES MASON, MICHAEL RENNIE, PATRICIA ROC. ■ In Inghilterra, nella seconda metà del Seicento la moglie di un Lord, per scacciare la noia, diventa l'amante di un bandito e lei stessa una fuorilegge. Cadrà uccisa durante una rapina dall'uomo che avrebbe potuto ricondurla sulla retta via. Buon film, ben recitato. ■ AVVENTURA; B/N; 103′; GRAN BRETAGNA, 1945.

BELLA, BIONDA... E DICE SEMPRE SÌ ★★
(The Marrying Man)
Regia di JERRY REES. Con ALEC BALDWIN, KIM BASINGER, ROBERT LOGGIA. ■ Commedia brillante che, pur non essendo molto originale, parte col piede giusto. Purtroppo ben presto diventa ripetitiva e perde smalto. Scritto dal commediografo Neil Simon, il copione prende in considerazione la storia di Charley Pearl, miliardario molto attraente che incontra Vicki, una cantante di night altrettanto attraente. I due hanno un rapporto allo stesso tempo appassionato e burrascoso per cui si lasciano e si risposano più volte. Kim Basinger e Alec Baldwin non riescono a trasmettere quasi nulla, solo bellezza esteriore. ■ COMMEDIA; COL.; 100′; USA, 1991.

BELLA BRIGATA, LA *(La belle équipe)* ★★★★
Regia di JULIEN DUVIVIER. Con JEAN GABIN, VIVIANE ROMANCE, CHARLES VANEL. ■ Un gruppo di operai senza lavoro vince una bella somma a una lotteria e decide di metter su un'osteria in campagna. Ma presto una rivalità amorosa divide due degli operai. Per colpa di una fatalona il più giovane ucciderà l'amico fraterno. Uno dei film più noti della corrente populista francese dell'anteguerra. La storia è raccontata molto bene, specialmente nelle scene che descrivono la costruzione dell'osteria da parte del gruppo dei disoccupati. Le cose (anche per il regista) si complicano quando appare in scena Viviane Romance. Allora Duvivier si fa sopraffare da una vocazione mai soppressa (nemmeno nelle migliori circostanze) per il melodramma e chiude come un qualsiasi narratore d'appendice. Comunque sempre un classico, per quanto invecchiato, con un Jean Gabin in evidente stato di grazia. ■ DRAMMATICO; B/N; 101′; FRANCIA, 1936.

BELLA DELLO YUKON, LA *(Belle of the Yukon)* ★★
Regia di WILLIAM A. SEITER. Con BOB BURNS, GIPSY ROSE LEE, WILLIAM MARSHALL, RANDOLPH SCOTT, DINAH SHORE. ■ Nel Klondike durante la febbre dell'oro, una ballerina ritrova "Honest John", un lestofante che, dopo averla amata, scappò derubandola dei suoi gioielli. L'"Honest" però è diventato veramente onesto e lo dimostra quando sventa una rapina a danno dei minatori. Diventerà l'eroe del paese e sposerà la ballerina. ■ AVVENTURA; COL.; 84′; USA, 1945. ■ OSCAR 2 NOM.

BELLA DI GIORNO *(Belle de jour)* ★★★★
Regia di LUIS BUÑUEL. Con PIERRE CLÉMENTI, CATHERINE DENEUVE, GEORGES MARCHAL, GENEVIÈVE PAGE, MICHEL PICCOLI, FRANCISCO RABAL, JEAN SOREL. ■ Una giovane signora borghese, piuttosto frigida con il marito, si mette a frequentare di pomeriggio una casa d'appuntamenti. Diventa campionessa d'erotismo, finché non si risolve a dedicarsi (ma sul serio) al legittimo consorte. Però uno dei suoi amanti non accetta il ravvedimento. Spara al povero marito ignaro riducedolo in fin di vita. La "bella di giorno" si voterà alla cura del poveraccio (e alla castità) per tutta la vita. Con questo film d'argomento *osé* (per il '68), il grande Luis Buñuel a quasi settant'anni conquista un ampio pubblico. Meglio tardi che mai. Un mediocre romanzo di Kessel diviene per lui l'occasione per raccontare cinematograficamente una nevrosi con notevole acutezza e sensibilità. Fa ancora oggi testo il suo modo di alternare la realtà e le fantasie della protagonista (uno studio sulla schizofrenia che anche gli specialisti hanno trovato impeccabile). ■ DRAMMATICO; COL.; 120′; FRANCIA, 1968. ■ VENEZIA 1 PR.

BELLA DI GIORNO, MOGLIE DI NOTTE ★★
Regia di NELLO ROSSATI. Con LEE BANNER, NINO CASTELNUOVO, EVA CZEMERYS, ENZO LIBERTI, ANNA MISEROCCHI. ■ Al commissariato, arrestata per aver ucciso il marito, Paola racconta la storia della propria vita. La donna, allo scopo di brillare nelle occasioni mondane, si era notevolmente indebitata. Non potendo pagare i propri debiti, era stata costretta a prostituirsi per racimolare il denaro occorrente. Quando però si era accorta che il marito aveva scoperto tutto e che non ne era rimasto turbato, Paola lo aveva ucciso. ■ DRAMMATICO; COL.; 95′; ITALIA, 1971.

BELLA DI LODI, LA ★★★
Regia di MARIO MISSIROLI. Con ANGEL ARANDA, MARIA MONTI, STEFANIA SANDRELLI. ■ Roberta, figlia di ricconi lombardi, vagabonda in cerca di sensazioni lungo l'autostrada del Sole. Incontra un giovane meccanico e si fa portare a letto. Un po' di tira e molla fra i due finché Roberta non se lo conduce in famiglia come futuro sposo. Il meccanico fa una rapida *escalation*: sarà di lì a poco il conduttore dell'azienda di famiglia. ■ COMMEDIA; B/N; 85′; ITALIA, 1963.

BELLA DI MOSCA, LA *(Silk Stockings)* ★★★
Regia di ROUBEN MAMOULIAN. Con FRED ASTAIRE, CYD CHARISSE, PETER LORRE, JANIS PAIGE, GEORGE TOBIAS. ■ Un commissario russo in gonnella giunge a Parigi per recuperare un famoso compositore che ha accettato di scrivere le musiche per un kolossal hollywoodiano. La bella "commissaria" viene però circuita da un simpatico produttore americano che la convince a rinunciare alla sua missione, a rimanere in Occidente "scegliendo la libertà". Rifacimento di *Ninotchka*. ■ COMM. MUSICALE; COL.; 117′; USA, 1957.

BELLA DI MOSCA, LA ★★
Regia di CESARE FERRARIO. Con RALITZA BALEVA, IGOR KOSTOLEWSKY, ANGELO MARESCA, ANNA MOLCHANOVA, IVANA MONTI. ■ Il titolo evoca un classico della MGM con Fred Astaire e Syd Charisse, a sua volta remake del leggendario *Ninotchka* con la Garbo. Un richiamo di magnifico auspicio dunque. Un richiamo che alla resa dei conti finisce addirittura per disturbare. La storia di una grande mondana moscovita dovrebbe rappresentare

(oltre a ciò che intrinsecamente già rappresenta) il cambiamento strisciante in Urss prima della "controrivoluzione", chiamiamola così, della fine degli anni Ottanta. Anche se il concetto "dolce vita moscovita" è imbarazzante e grottesco, la vicenda è proprio quella. La ragazza va a letto con un sacco di gente: agenti del KGB, politici, nuovi ricchi eccetera. È chiaro che alla fine si mette nei guai. Sgradevole sensazione di "fatto in casa" oppure "voglio non posso". Lei è carina ma la storia non regge e gli attori non sono abbastanza bravi. Il regno dell'abbastanza dunque. Un dato (abbastanza) interessante. La troupe ha avuto il permesso per girare all'interno del blindatissimo Cremlino. ■ AVVENTURA; COL.; 105′; ITALIA, RUSSIA, 2001.

BELLA DI ROMA, LA ★★★
Regia di LUIGI COMENCINI. Con ANTONIO CIFARIELLO, SILVANA PAMPANINI, ALBERTO SORDI, PAOLO STOPPA, SERGIO TOFANO. ■ Nannina, popolana romana, si divide fra tre uomini: un pugile (di cui in fondo è innamorata), un maturo bottegaio e un bulletto che ha la fama di dongiovanni. Il bottegaio, quando scopre l'esistenza dei rivali, si ritira in buon ordine. Il bulletto ha qualche *chance* ma la perde a causa di sua madre e di un voto fatto imprudentemente alla Madonna. Arriva infine il pugile deciso ormai a sposare la ragazza. ■ COMMEDIA; B/N; 98′; ITALIA, 1955.

BELLA DONNA ★★
Regia di ROBERT MILTON. Con MARY ELLIS, SIR CEDRIC HARDWICKE, CONRAD VEIDT. ■ In Egitto, all'inizio del Novecento, una bella signora, moglie di uno scienziato inglese, si innamora pazzamente di un avventuriero locale. Per lui tenta di avvelenare il marito. Il consorte è salvato da un avveduto poliziotto che metterà la bella donna con le spalle al muro. Un fumettone salvato dai protagonisti maschili. ■ DRAMMATICO; B/N; 91′; GRAN BRETAGNA, 1935.

BELLADONNA ★★★
Regia di EIICHI YAMAMOTO. ■ Jean e Jeanne si sposano e vivono felici in semplicità e lavorando sodo. Ma a poco a poco il Diavolo riesce a circuire, allettare e a far innamorare di sé la ragazza. Divenutone l'amante, il Diavolo dà a Jeanne il fiore di belladonna (potente afrodisiaco) che ella distribuisce poi ai compaesani. La sposina verrà in seguito bruciata sul rogo come strega e indemoniata, ma la belladonna continuerà a diffondere nel villaggio i propri effetti inebrianti. Film d'animazione "per adulti". ■ ANIMAZIONE; COL.; 80′; GIAPPONE, 1974.

BELLA E ACCESSIBILE *(Twenty One)* ★★
Regia di DON BOYD. Con PATSY KENSIT, PATRICK RYECART, JACK SHEPHERD. ■ Katie è alla ricerca di se stessa in una Londra in cui è sempre più difficile vivere. Ha una famiglia in via di dissoluzione, un amante con moglie e un amico schiavo dell'eroina. Patsy Kensit fornisce il suo corpo (ma soprattutto i suoi occhi) a un personaggio decisamente stereotipato. ■ DRAMMATICO; COL.; 101′; GRAN BRETAGNA, 1991.

BELLA E IL BANDITO, LA *(Beauty and the Bandit)* ★★★
Regia di WILLIAM NIGH. Con RAMSAY AMES, MARTIN GARRALAGA, GILBERT ROLAND, FRANK YACONELLI. ■ La figlia di un emigrante francese mentre viaggia in California viene rapinata da un misterioso bandito, Cisco Kid. Cisco però è un *caballero*, restituisce il maltolto e anzi aiuta la ragazza a sbarazzarsi di un losco veterinario che avvelena le mandrie della zona per speculare sui terreni. La donna s'innamora ma Cisco, braccato dagli uomini dello sceriffo, deve lasciarla. ■ WESTERN; B/N; 90′; USA, 1947.

BELLA E LA BELVA, LA *(Männer müssen so sein)* ★★
Regia di WALTER TOST. Con HERTA FEILER, HANS SÖHNKER. ■ Una ballerina si innamora di un domatore di tigri, ma l'uomo parte per l'America con il proprio circo. La ragazza, al fine di poterlo ritrovare, si fa assumere da un altro circo e accetta di ballare nella gabbia delle belve. Il suo domatore torna poi in Europa, ma lei non può seguirlo perché è ancora sotto contratto con un giocoliere. Tra i due uomini scoppia un violento litigio che si conclude con il suicidio del giocoliere. ■ DRAMMATICO; B/N; 85′; GERMANIA, 1939.

BELLA E LA BESTIA, LA *(La belle et la bête)* ★★★
Regia di JEAN COCTEAU. Con MICHEL AUCLAIR, JOSETTE DAY, JEAN MARAIS. ■ Un armatore ha tre figlie: una buona e due cattive. Quando il padre è catturato da un orribile mostro, la figlia buona si offre alla bestia in sostituzione del genitore. Il mostro s'innamora della ragazza. Lei, sia pure con leggero ribrezzo, non si esime. Morale: il mostro si trasforma in bellissimo giovane. L'amore ha fatto il miracolo. Jean Cocteau gioca con le immagini e i buoni sentimenti. Il film nel suo esasperato formalismo era già datato nel 1946. Ora è solo curiosità da cineteca. Può servire come documento della poetica di un autore certo più celebre che importante. ■ COMMEDIA; B/N; 100′; FRANCIA, 1946.

BELLA E LA BESTIA, LA *(Beauty and the Beast)* ★★
Regia di FIELDER COOK. Con VIRGINIA MCKENNA, GEORGE C. SCOTT, TRISH VAN DEVERE. ■ Un'altra versione della celebre fiaba di Perrault. Una bella ragazza si offre a un essere mostruoso in cambio della vita del padre. Ma il mostro è tale per una maledizione. L'amore farà il miracolo. Riprenderà sembianze perlomeno umane (Scott proprio bello non è) e convolerà con la ragazza, che è riuscita a vederlo bello sotto belluine spoglie. ■ FIABESCO; COL.; 100′; USA, 1976.

BELLA E LA BESTIA, LA *(The Beauty and the Beast)* ★
Regia di EUGÈNE MARNER. Con REBECCA DE MORNAY, JOHN SAVAGE. ■ La versione con attori (decisamente di impronta televisiva) della storia amata da Cocteau e portata al successo dalla Disney. ■ FANTASTICO; COL.; 99′; USA, 1986.

BELLA E LA BESTIA, LA *(The Beauty and the Beast)* ★★★★
Regia di GARY TROUSDALE, KIRK WISE. ■ Stupenda trasposizione dell'antica favola sull'amore che nasce tra una bellissima ragazza che cerca di salvare il proprio padre e il mostruoso proprietario di un castello che sotto la crosta da orso nasconde un cuore. Ancora una volta è la Walt Disney Productions a fare il miracolo. Superando di molto la pur felice trasposizione di *La sirenetta*, questo si attesta come uno dei più bei cartoni in assoluto. Sarebbe ideale vederlo con le canzoni in originale. Il fatto poi che il malvagio venga mostrato come un giovane affascinante e muscoloso mentre il buono mostruoso (anche se nel finale si tramuta in un altro bel giovane) dà una visione inedita rispetto alle solite fiabe rappresentate. Col sistema computerizzato si sono poi fatti miracoli e nella scena più virtuosistica, il ballo, tutto è realistico e i cartoni sembrano attori in carne ed ossa. Bella anche l'idea dei servitori tramutati in oggetti (dalla teiera allo spolverino). ■ ANIMAZIONE; COL.; 85′; USA, 1992. ■ GOLDEN GLOBES 3 PR, 3 NOM; OSCAR 2 PR, 4 NOM.

BELLA GOVERNANTE DI COLORE, UNA ★
Regia di LUIGI RUSSO. Con ORCHIDEA DE SANTIS, MARISA MERLINI, RENZO MONTAGNANI, INES PELLEGRINI, JEAN-CLAUDE VERNÉ. ■ Il film narra le imprese erotiche del rampollo di un noto industriale. Il ragazzo mette regolarmente incinta tutte le domestiche che transitano per casa. Ma quando ciò avviene con la governante di colore, il padre lo costringe a sposarla. ■ COMMEDIA; COL.; 89′; ITALIA, 1976.

BELLA GRINTA, UNA ★★
Regia di GIULIANO MONTALDO. Con NORMA BENGELL, MARINA MALFATTI, RENATO SALVATORI. ■ Un giovane industriale non s'accontenta del piccolo stabilimento tessile di cui è proprietario e dà il via a grossi progetti che minacciano di rovinarlo finanziariamente. Mentre i suoi affari vanno a rotoli, scopre che la moglie lo tradisce con uno studente. Si sbarazza dell'avversario uccidendolo e dei concorrenti con l'intimidazione e il ricatto. Vincerà su tutta la linea. In capo a un anno sarà un VIP di Bologna e dintorni. ■ DRAMMATICO; B/N; 92′; ITALIA, 1964.

BELLA IMPRUDENTE, LA *(Julia Misbehaves)* ★★★
Regia di JACK CONWAY. Con MARY BOLAND, GREER GARSON, PETER LAWFORD, WALTER PIDGEON, CESAR ROMERO, ELIZABETH TAYLOR. ■ Giulia, moglie di un facoltoso uomo d'affari, stufa della vita di casalinga si unisce a una troupe di artisti, facendosi corteggiare da un bellimbusto. Il matrimonio della figlia la fa rinsavire. Torna a casa dal marito e si appresta a compiti di nonna. ■ COMMEDIA; B/N; 99′; USA, 1948.

BELLA IN ROSA *(Pretty in Pink)* ★★
Regia di HOWARD DEUTCH. Con ANNIE POTTS, MOLLY RING-

WALD, HARRY DEAN STANTON. ■ Una ragazza povera frequenta una scuola di ricchi dai quali è continuamente derisa. Con un *escamotage* alla Cenerentola conquisterà il cuore di un "principino" di buoni sentimenti. Niente di nuovo sotto il sole. ■ COMMEDIA; COL.; 96′; USA, 1986.

BELLA LA VITA CHE SE NE VA ★★
(Bodies, Rest & Motion)
Regia di MICHAEL STEINBERG. Con PHOEBE CATES, BRIDGET FONDA, TIM ROTH, ERIC STOLTZ. ■ Un quartetto di giovani promesse del cinema americano in una girandola di amori. Nick, dopo aver commesso un furto, va dalla sua ragazza che si invaghisce di un imbianchino. Alla fine si farà viva la ex fidanzata di Nick e si formeranno le nuove coppie. Un film ben diretto, prodotto dall'attore Stoltz. ■ COMMEDIA; COL.; 95′; USA, 1993.

BELLA MALEDETTA, LA *(Das blaue Licht)* ★★
Regia di LENI RIEFENSTAHL. Con BENI FÜHRER, MAX HOLBOER, FRANZ MALDACEA, LENI RIEFENSTAHL, MATHIAS WIEMAN. ■ Junta, ragazza selvaggia da tutti creduta una maga, è l'unica persona capace di scalare una roccia impervia che durante la notte diffonde tra i monti e nelle valli un bagliore misterioso. Un giovane pittore pedina la fanciulla e scopre così la via di accesso alla rupe. Giunge in cima e ruba i misteriosi cristalli che inviano la luce. Junta, disperata, muore. Film troppo datato. ■ DRAMMATICO; B/N; 93′; GERMANIA, 1932.

BELLA MA PERICOLOSA *(She Had to Say Yes)* ★★
Regia di LLOYD BACON. Con EDGAR BUCHANAN, ROBERT MITCHUM, JEAN SIMMONS. ■ Un'ereditiera torna nei luoghi dove passò l'infanzia, per beneficiare quelli che la aiutarono quando era ragazzina. Cerca il buon dottore ma non c'è più. C'è il figlio che non ha affatto bisogno di essere beneficiato. L'ereditiera allora lo sposa. ■ COMMEDIA; B/N; 90′; USA, 1953.

BELL'AMICO ★
Regia di LUCA D'ASCANIO. Con ROSALINDA CELENTANO, PAOLA CORTELLESI, FRANCESCA D'ALOJA, CECILIA DAZZI, CINZIA MASCOLI, GIORGIO TIRABASSI. ■ Damiana scarica da Nicola il regista angolano Mariano Bartolomeu. I giorni diventano mesi e Mariano non se ne va, anzi, penetra sempre più a fondo nella vita di Nicola, riprendendolo anche con una telecamera. Quando però l'ospite diventa troppo invadente il padrone di casa, finalmente, si libera di lui. Ma solo provvisoriamente. ■ GROTTESCO; COL.; 84′; ITALIA, 2001.

BELLA MUGNAIA, LA ★★★
Regia di MARIO CAMERINI. Con VITTORIO DE SICA, SOPHIA LOREN, MARCELLO MASTROIANNI, YVONNE SANSON, PAOLO STOPPA. ■ A Napoli, nel Settecento, durante la dominazione spagnola, il governatore tenta in tutti i modi di far sua la bella moglie di un mugnaio. Non ci riesce, ma il marito della donna, credendo di esser stato tradito, decide di vendicarsi introducendosi nella camera da letto della governatrice. Nemmeno questo adulterio è consumato, ma i rispettivi patemi persuaderanno i quattro protagonisti a ritornare nei giusti letti. Tratto da *Il cappello a tre punte* di Pedro de Alarcón. ■ COMMEDIA; COL.; 91′; ITALIA, 1955.

BELLA NON PIANGERE ★★
Regia di DAVID CARBONARI. Con MEMMO CAROTENUTO, CARLO DELLE PIANE, MARIA FIORE, ETTORE MANNI. ■ La vita di Enrico Toti, famoso eroe della prima guerra mondiale. Giovane, perde una gamba sotto un treno mentre cerca di salvare la pelle a un ladruncolo. Scoppia la guerra mondiale e Toti si arruola nonostante le suppliche della donna amata. Lo prendono nei bersaglieri dove compie, benché menomato, prodigi di valore, finché le pallottole nemiche non lo falciano. ■ BIOGRAFICO; B/N; 90′; ITALIA, 1955.

BELL'ANTONIO, IL ★★★★
Regia di MAURO BOLOGNINI. Con PIERRE BRASSEUR, CLAUDIA CARDINALE, MARCELLO MASTROIANNI, TOMAS MILIAN, RINA MORELLI. ■ Antonio Magnano è un bel giovane siciliano che dopo molti anni torna a Catania preceduto da una fama di dongiovanni. Sposa una bellissima, ricchissima e illibata, ma non riesce a consumare. Scoppia lo scandalo. Il padre di Antonio muore dal dispiacere. Le azioni dell'ex dongiovanni saranno rialzate un poco dalla notizia che ha messo incinta la servetta di casa. ■ DRAMMATICO; B/N; 105′; ITALIA, 1960.

BELLA OTERO, LA *(La belle Otero)* ★★★
Regia di RICHARD POTTIER. Con JACQUES BERTHIER, MARIA FELIX, LOUIS SEIGNER, PAOLO STOPPA, MAURICE TEYNAC. ■ Storia di Caroline Otero, danzatrice spagnola della Belle Époque. Dai balli in strada per procurare il pane alla famiglia fino ai fastigi dell'Opera di Parigi. Tuttavia Caroline è infelice in amore. L'uomo per cui ha perso la testa, un giovane nobile, viene ucciso in duello. Caroline passerà di letto in letto, ma non riuscirà mai a dimenticarlo. ■ BIOGRAFICO; COL.; 106′; FRANCIA, ITALIA, 1955.

BELLA, PAZZA E PERICOLOSA *(Hexed)* ★★
Regia di ALAN SPENCER. Con RAY BAKER, CLAUDIA CHRISTIAN, ARYE GROSS, ADRIENNE SHELLY. ■ Matthew lavora in un albergo come portiere ma il suo vero mestiere è quello del bugiardo, del sognatore ad occhi aperti. E come i suoi predecessori in *Sogni proibiti* e *Billy il bugiardo* finisce nei guai. Il ragazzo infatti si vanta a dismisura di conquiste femminili. A un certo punto dovrà dimostrare di avere un flirt con Hexina, una famosa fotomodella. Questa però è una squilibrata dalla pistola e dal coltello facili. Lei fa una brutta fine, lui finirà sulle pagine dei giornali e si fidanzerà con una ragazza più tranquilla. Qualche risatina ci scappa, ma nulla più. ■ COMMEDIA; COL.; 90′; USA, 1992.

BELLA PREDA, LA *(The Gal Who Took the West)* ★★
Regia di FREDERICK DE CORDOVA. Con SCOTT BRADY, CHARLES COBURN, YVONNE DE CARLO, MYRNA DELL, JAMES MILLICAN, JOHN RUSSELL. ■ Una sciantosa apparentemente svagata arriva in una città del West e affascina due cugini, nipoti del signorotto locale. I cugini si chiamano Grant e Lee, come i generali nordista e sudista. E, come insegna la storia, Lee vince magari le battaglie (qui a pugni) ma perde la guerra (è Grant che si sposa la sciantosa). ■ WESTERN; COL.; 84′; USA, 1949.

BELLA, RICCA, LIEVE DIFETTO FISICO, CERCA ANIMA GEMELLA ★
Regia di NANDO CICERO. Con ERIKA BLANC, ELENA FIORE, CARLO GIUFFRÈ, MARISA MELL, GINA ROVERE. ■ Il partenopeo Michele truffa ricche vedove per mezzo di inserzioni sui giornali. Dopo varie "imprese" si innamora di Paola, individuo ermafrodito. Poi costei si sottopone ad un'operazione chirurgica e diventa uomo. Nel frattempo Michele finisce in carcere e sua moglie si consola con la ex Paola, diventuta tanto virile da metterla incinta. Filmuccio del peggior cinema italiano. ■ COMMEDIA; COL.; 89′; ITALIA, 1973.

BELLA SCONTROSA – DIVERTIMENTO, LA ★★★★
(La Belle Noiseuse)
Regia di JACQUES RIVETTE. Con EMMANUELLE BÉART, JANE BIRKIN, MICHEL PICCOLI. ■ La versione distribuita in Italia è quella presentata a Venezia e ha un'ora e cinquanta minuti in meno rispetto a quella presentata al Festival di Cannes. Jacques Rivette è tra i migliori registi francesi, con alle spalle una lunga carriera. Qui in Italia il pubblico lo conosce poco e quindi ben venga questo primo film distribuito. Una ragazza viene trascinata dal suo compagno al cospetto di un grande pittore schivo ed egoista. Un amico collezionista di questi suggerisce che la ragazza potrebbe essere la modella adatta per permettere al pittore di completare *La bella scontrosa*, un quadro incompiuto. Con un ritmo necessariamente lento e pieno di dialoghi il film può dare grandi emozioni a chi è in grado di saperle cogliere. Superlativo Michel Piccoli, brava Jane Birkin e bella la Béart. Ha vinto il Gran Premio Speciale della Giuria al Festival di Cannes. ■ COMMEDIA; COL.; 130′; FRANCIA, 1991. ■ CANNES 1 PR.

BELLA SEDUTTRICE, LA *(Une fille dans le soleil)* ★★
Regia di MAURICE CAM. Con MIRIAM BRU, YVETTE ETIEVANT, HENRI GÉNÈS. ■ In un tranquillo paesino della Francia meridionale arriva un'avvenente straniera che attira subito l'attenzione degli uomini e la gelosia delle donne. I traumi prodotti dalla bellona sono molti. C'è chi la vorrebbe sposare e c'è chi vuole complicare le cose. Alla fine lei se ne va e tutto torna tranquillo. ■ COMMEDIA; B/N; 92′; FRANCIA, 1952.

BELLAS MARIPOSAS ★★
Regia di SALVATORE MEREU. Con LUCIANO CURRELI, MAYA MULAS, SARA PODDA, MICAELA RAMAZZOTTI. ■ "Voi non sapete cosa vuol dire vivere a casa mia", afferma Caterina detta Cate, guardando in camera. Pensiero di ogni undicenne del mondo, ma detto da una ragazzina che abita in un appartamento fatiscente della periferia di Cagliari, in mezzo ad un alveare di scale labirintiche e sotterranei pieni di drogati ha un altro valore. Il padre di Cate "non ha mai lavorato una giornata intera", la madre "arrotonda" la pensione di invalidità, sorelle e fratelli spuntano come funghi. Per fortuna ci sono Luna, la migliore amica di Cate, e Gigi, il vicino di casa "da sposare". È proprio come gira il mondo – almeno il suo – ciò che Cate racconta, spesso rivolgendosi agli spettatori. ■ DRAMMATICO; COL.; 100'; ITALIA, 2012.

BELLA STRANIERA, LA *(Victory)* ★★
Regia di MARK PEPLOE. Con WILLEM DAFOE, IRÈNE JACOB, SAM NEILL, RUFUS SEWELL, JEAN YANNE. ■ La fonte d'ispirazione è il romanzo omonimo (vedi titolo originale) pubblicato nel 1915 da Joseph Conrad. Lo è stata per diversi registi (da Tourneu nel 1919 a Cromwell nel 1940). Peploe (che ha vinto l'Oscar come sceneggiatore per *L'ultimo imperatore*) lo sceglie come soggetto per il suo secondo film come regista. Ne trae un film spettacolare che racconta di un europeo che vive nelle Indie olandesi e difende una musicista dalle "attenzioni" di tre malintenzionati. Già finito nel 1995 ha trovato la via della sala da noi solo nella stagione 1998/99 dopo la presentazione al Marché di Cannes nel 1997. ■ DRAMMATICO; COL.; 99'; FRANCIA, GERMANIA, GRAN BRETAGNA, 1995.

BELLA VITA, LA ★★
Regia di PAOLO VIRZÌ. Con CLAUDIO BIGAGLI, PAOLA PATRIZIA CRUCIANI, SABRINA FERILLI, MASSIMO GHINI. ■ C'è qualcosa che lega questo film a *Romanzo popolare*, citato a Venezia dall'allora esordiente regista Virzì. Il protagonista proletario e di sinistra è in crisi col lavoro e con la moglie. Alla fine perderà l'una e l'altro. Il film di Monicelli era ambientato a Milano e questo a Piombino; l'amante era un poliziotto e Ghini invece è un presentatore televisivo; la moglie rimaneva con un figlio mentre la Ferilli no. I risultati sono soddisfacenti e il film risulta godibile. Confortato da un discreto successo di pubblico, risente di molti debiti verso la commedia all'italiana. Quello che si desidera dai nuovi autori è la ricerca di originalità oltre alla buona confezione o non ci sarà mai un ricambio generazionale. ■ COMMEDIA; COL.; 97'; ITALIA, 1994. ■ VENEZIA 1 PR.

BELLE AL BAR ★★★
Regia di ALESSANDRO BENVENUTI. Con ALESSANDRO BENVENUTI, ANDREA BRAMBILLA, EVA ROBIN'S, ASSUMPTA SERNA. ■ Un restauratore quarantenne, ipocondriaco e con un matrimonio in crisi, si reca per qualche tempo a Piacenza per lavoro. Lì incontra quella che gli appare come una donna bellissima, ma che in realtà è un travestito. Inoltre si tratta di suo cugino. L'uomo viene ospitato dal parente e il contatto quotidiano fa cadere numerosi tabù morali dei quali era preda il restauratore. Una vera e propria educazione sentimentale, che malgrado qualche inevitabile imbarazzo si rivelerà comunque un'esperienza positiva. Alessandro Benvenuti può a buon diritto essere considerato una piacevole anomalia nel panorama del cinema italiano. Maturato come regista e come attore è un autore personalissimo. *Belle al bar* è condotto con amabilità e professionalità. Meno impegnato di Moretti e più sottile di Verdone, Benvenuti, a differenza del vanaglorioso Nuti, sa amministrare il suo talento con discrezione. Non a caso è stato il leader del gruppo I Giancattivi composto da Athina Cenci e appunto Francesco Nuti. Il tempo ha dato ragione a Benvenuti che sta raccogliendo i frutti di un impegno costante e volutamente discreto. Il troppo amato Almodóvar è un parametro allettante dal momento che Benvenuti dimostra che in Italia si possono realizzare film cosiddetti trasgressivi. ■ COMMEDIA; COL.; 100'; ITALIA, 1994.

BELLE D'AMORE ★★
Regia di FABIO DE AGOSTINI. Con BRUNO GARCIN, LUISA GIULIETTI, GIORGIO PENNA, DANIELA ROSSELLINI, PAOLA TEDESCO. ■ Due studenti universitari, Monique e Bruno, si introducono nel mondo della prostituzione per studiarne gli aspetti e per poter così elaborare la loro tesi di laurea imperniata sull'ambiente del vizio. Dopo numerose avventure, i due ragazzi giungeranno a concludere che la libertà sessuale tra i giovani è il miglior rimedio alla prostituzione. ■ DRAMMATICO; COL.; 89'; ITALIA, 1971.

BELLE DELLA NOTTE, LE *(Les belles de nuit)* ★★★
Regia di RENÉ CLAIR. Con MARILYN BUFERD, RAYMOND BUSSIÈRES, MARTINE CAROL, GINA LOLLOBRIGIDA, GÉRARD PHILIPE, PAOLO STOPPA. ■ Un giovane musicista, di belle speranze ma di grigia realtà, evade sognando amori e avventure con bellissime donne di varie epoche. Ama una bionda signora inizio secolo, una splendida algerina durante le guerre coloniali, un'aristocratica mentre infuria la Rivoluzione francese, persino Madame Bonacieux, l'amica dei tre moschettieri. Alla fine si sveglierà accettando la realtà, tanto più che non è così brutta. ■ COMMEDIA; B/N; 84'; FRANCIA, ITALIA, 1952.

BELLE DELL'ARIA, LE ★★
Regia di MARIO COSTA. Con GINO CERVI, PIERRE CRESSOY, FULVIA FRANCO, FIORELLA MARI, GIOVANNA RALLI, JOSÉ SUAREZ. ■ Per mostrarsi moderna ed emancipata, una bella ragazza rifiuta l'offerta di matrimonio del fidanzato, proprietario di un'autoscuola, e diventa hostess. Dopo qualche avventura nell'aria e alcune a terra con passeggeri e piloti intraprendenti, la fanciulla si convincerà che è meglio rimettere i piedi in terra (anche metaforicamente) sposandosi il suo ex e dedicandosi ai figli e ai fornelli. ■ COMMEDIA; B/N; 91'; ITALIA, 1957.

BELLE ÉPOQUE ★★
Regia di FERNANDO TRUEBA. Con PENELOPE CRUZ, FERNANDO FERNÁN GÓMEZ, MICHEL GALABRU, JORGE SANZ. ■ Presentato al Festival di Berlino questo film è poco più di un divertente esercizio. La storia è ambientata in Spagna nel 1931, l'anno della vittoria repubblicana. Fernando, giovane disertore, giunge a casa di Manolo. Costui ha un pezzo di terra, odia il clero e ha quattro belle figliole. Ovvio che si innamori della più carina. Trueba, già regista di *Mad monkey* (un pasticcio con Jeff Goldblum mai giunto in Italia) e di *Opera prima*, deve ancora crescere. Penelope Cruz (*Jamon jamon*) ha talento. La sceneggiatura è di Rafael Azcona, collaboratore preferito da Marco Ferreri. Premiato con l'Oscar per il miglior film straniero. ■ COMMEDIA; COL.; 108'; SPAGNA, 1992. ■ OSCAR 1 PR, 1 NOM.

BELLE FAMIGLIE, LE ★★★
Regia di UGO GREGORETTI. Con ADOLFO CELI, ANNIE GIRARDOT, NANNI LOY, SANDRA MILO, TOTÒ. ■ Il film si compone dei seguenti episodi: *Il principe azzurro*: una ragazza siciliana si fa suora piuttosto che sposare l'uomo impostole dai genitori. *Il bastardo della regina*: una signora assume un cameriere per ingelosire il marito, ma otterrà che il coniuge finisca per preferire il domestico alla mogliettina. *La cernia*: chi la fa l'aspetti. Un ragazzo "fila" con una bella straniera maritata e il coniuge seduce la fidanzata del playboy. *Amare è un po' morire*: marito e amante di una signora sono entrambi ammalati e questa li copre di attenzioni. ■ COMMEDIA; B/N; 106'; ITALIA, 1955.

BELLE, GIOVANI E PERVERSE *(So Young, So Bad)* ★★
Regia di BERNARD VORHAUS. Con GRACE COPPIN, ANNE FRANCIS, PAUL HENREID, CATHERINE MCLEOD, RITA MORENO. ■ Un dottore arriva in una casa di correzione per minorenni e cerca di applicare i suoi metodi umanitari. Ma si scontra con la direttrice della casa e con il sovraintendente, fautori della maniera forte. La fuga di due ragazze mette in cattiva luce, presso i superiori, il buon dottore, che sta per essere trasferito. Ma le due tornano. Ad essere allontanata sarà la sadica direttrice. ■ DRAMMATICO; B/N; 91'; USA, 1950.

BELLE HISTOIRE, LA ★★
Regia di CLAUDE LELOUCH. Con AMIDOU, PATRICK CHESNAIS, BÉATRICE DALLE, GERARD LAVIN, VINCENT LINDON. ■ A duemila anni dall'incontro tra Gesù e Maddalena, in Spagna, una specie di replicante del Nazareno litiga con il proprietario di un night-club. Quest'ultimo riesce a farlo arrestare con una falsa prova. Passa un anno perché l'uomo dimostri la propria innocenza.

Due prostitute si prendono gioco di due agenti della polizia e poi rubano in un megastore. Una delle due, Odona, sembra Maria Maddalena e in seguito fa innamorare un commissario. Alla fine l'uomo ospiterà la sua famiglia in un antico castello mentre il commissario troverà un lavoro per Odona. La scoperta di uno storico Cristo in legno conclude il film costato all'epoca miliardi di franchi. ■ FANTASTICO; COL.; 183'; FRANCIA, 1992.

BELLE MA POVERE ★★

Regia di DINO RISI. Con MARISA ALLASIO, MAURIZIO ARENA, LORELLA DE LUCA, RICCARDO GARRONE, SANDRA PANARO, RENATO SALVATORI. ■ Seguito di *Poveri ma belli*. La bella Giovanna s'è trovata un altro fidanzato, Romolo ha messo giudizio ed è diventato un elettrotecnico, Salvatore invece continua a fare il bulletto che vive d'espedienti. Finisce che Romolo sposa la sorella di Salvatore e costui quella dell'amico. ■ COMMEDIA; B/N; 99'; ITALIA, 1957.

BELLE O BRUTTE SI SPOSAN TUTTE... ★★

Regia di CARLO LUDOVICO BRAGAGLIA. Con MARIA DENIS, UMBERTO MELNATI, LAURA NUCCI, GIUSEPPE PORELLI, PINA RENZI. ■ Per ricevere quattrini da un ricco zio americano, un ragazzo gli fa credere di essersi laureato in medicina. Ma lo zio sospetta qualcosa e perciò rientra all'improvviso in Europa. Minaccia di diseredare il giovanotto se non cambia vita e se non sposa una ragazza di suo gradimento. Dopo varie vicende, il nipote finisce coll'innamorarsi davvero della fanciulla che lo zio ha scelto per lui. ■ COMMEDIA; B/N; 90'; ITALIA, 1939.

BELLE SPERANZE *(High Hopes)* ★★★

Regia di MIKE LEIGH. Con PHILIP DAVIS, RUTH SHEEN, HEATHER TOBIAS. ■ Difficili rapporti tra otto londinesi: un giovane marxista che fa il pony express, la sorella cialtrona, la madre di entrambi, i rispettivi coniugi, i vicini di casa e un giovane provinciale. ■ COMMEDIA; COL.; 112'; GRAN BRETAGNA, 1988.

BELLE STARR STORY, THE – IL MIO CORPO PER UN POKER ★★

Regia di LINA WERTMÜLLER. Con GEORGE EASTMAN, ORSO MARIA GUERRINI, DAN HARRISON, ELSA MARTINELLI, ROBERT WOODS. ■ Per rifuggire da un matrimonio non voluto, Myra Belle Shelly se ne va di casa e, assunto il nome di Belle Starr, si dà ai furti di cavalli insieme con il vecchio amico Col. Dopo varie vicende, vengono uccisi sia il padre di Belle sia Col, e la ragazza resta sola. ■ WESTERN; COL.; 90'; ITALIA, 1968.

BELLE TOUJOURS – BELLA SEMPRE ★★★

Regia di MANOEL DE OLIVEIRA. Con LEONOR BALDAQUE, JULIA BUISEL, BULLE OGIER, MICHEL PICCOLI, RICARDO TREPA. ■ Sono trascorsi 38 anni da *Bella di giorno*, e dall'ultimo incontro tra Severine (Bulle Ogier) e Henri (Michel Piccoli). Il tempo è passato velocemente, ma la magia di quei momenti è ancora intatta, presente, e descritta in una cena che può segnare un nuovo inizio. Ci voleva la mano di De Oliveira per realizzare un film rischioso come *Belle Toujours*. In omaggio a Buñuel, il maestro portoghese (autore anche della sceneggiatura), ha diretto con il suo stile personale, fatto di inquadrature fisse che divengono quadri immobili, una storia che deve essere osservata, in intimità. L'attesa di quel momento tanto desiderato da Henri, al quale si illuminano gli occhi come un bambino, è l'attesa dello spettatore nel conoscere cosa si diranno i protagonisti in questo nuovo incontro. Piccoli e la Ogier (la Deneuve ha rifiutato il ruolo) in quell'attimo unico, al crepuscolo, esprimono con i gesti, gli sguardi, poi con le parole, il rispetto per le emozioni del passato e la consapevolezza di un addio. De Oliveira, quindi, non prende decisioni. Guarda. ■ DRAMMATICO; COL.; 72'; FRANCIA, PORTOGALLO, 2006.

BELLEZZA CHE NON LASCIA SCAMPO, UNA ★★

Regia di FRANCESCA PIRANI. Con LUCA CITARELLA, THEKLA REUTEN, FEDERICO ROSSI SCRIBANI. ■ Francesca Pirani è una regista di "scuola Bellocchio", ottima scuola dunque. Aderire a quel tipo di contenuti intimi, interni è già un risultato. Poi l'orizzonte dell'allieva non è quello del maestro. Ma si può aspettare. Vengono trattati trauma e insoddisfazione. La musicista Tony sta con Alberto. Tutto funzione "abbastanza" bene. Sesso, passioni artistiche, comprensione. Poi appare all'orizzonte Vittorio, musicista a sua volta, e la "simpatia" ben presto si evolve, quasi con violenza. Toni si rende conto che "sopra" di lei, sopra i normali sentimenti conosciuti, c'è dell'altro più intenso ma anche più complicato e doloroso. Sì, alla Bellocchio. Corretto. ■ DRAMMATICO; COL.'; 90'; ITALIA, 2001.

BELLEZZA DEL DIAVOLO, LA *(La beauté du diable)* ★★★★

Regia di RENÉ CLAIR. Con CARLO NINCHI, GÉRARD PHILIPE, MICHEL SIMON, PAOLO STOPPA, SIMONE VALÈRE. ■ René Clair si accosta al mito di Faust facendosi riscrivere la storia dal commediografo Armand Salacrou. La principale novità è nello scambio delle sembianze fra il vecchio scienziato che fa il patto con il diavolo e il diavolo stesso (Michel Simon impersona Faust prima della cura e, dopo, un furfantesco e gibboso Mefistofele, mentre Gérard Philipe è all'inizio un aitante e spiritoso Maligno e poi lo stupefatto Faust giovinetto). Vediamo Faust, dopo il patto col diavolo, ridiventare giovane, conquistare Margherita, la potenza e la ricchezza. Ma la potenza genera morte e corruzione, Faust vuole abbandonare tutto e Mefistofele lo accontenta. Ma il paese va in rovina e la folla (che incolpa Faust) lo identifica con Mefistofele e così lincia lo sfortunato demonio. Film ambizioso, anche se un tantino retorico specie nel messaggio finale. ■ FANTASTICO; B/N; 99'; FRANCIA, ITALIA, 1950.

BELLEZZA DEL SOMARO, LA ★★

Regia di SERGIO CASTELLITTO. Con BARBORA BOBULOVA, SERGIO CASTELLITTO, MARCO GIALLINI, ENZO JANNACCI, LAURA MORANTE. ■ Marcello è un architetto di successo, un marito distratto e un padre (troppo) amicale. Marina è una psicologa disadattata, moglie trattenuta e madre "eco-solidale". In mezzo c'è Rosa, liceale di diciassette anni e secchiona irriducibile. Invaghitasi di Armando, un uomo anziano e composto dentro una giacca di tweed, lo invita nella tenuta di campagna dei suoi, decisa a mettere alla prova le loro idee progressiste. Armato di saggezza e piena consapevolezza di sé e della sua età, il senile fidanzato di Rosa costringerà Marcello e Marina a rivedere la loro relazione e la loro condotta esistenziale. ■ COMMEDIA; COL.; 107'; ITALIA, 2010.

BELLEZZA DI IPPOLITA, LA ★★

Regia di GIANCARLO ZAGNI. Con MILVA, LARS BLOCK, GINA LOLLOBRIGIDA, ENRICO MARIA SALERNO. ■ Ippolita, una ballerina d'avanspettacolo, sposa un benzinaio e si mette tranquilla alla stazione di servizio. Ma il matrimonio è burrascoso per via di una scappatella del marito con un'altra ballerina e dei corteggiamenti cui Ippolita è fatta oggetto da parte di un giovane e ingenuo tedesco. Alla fine l'armonia torna fra i coniugi. ■ COMMEDIA; B/N; 90'; ITALIA, 1962.

BELLEZZE A CAPRI ★★

Regia di ADELCHI BIANCHI. Con ADELCHI BIANCHI, NANDO BRUNO, TAMARA LEES, AVE NINCHI. ■ Fra Don Camillo, prete d'idee avanzate e parroco di Capri, e Don Violante, sacerdote all'antica, e parroco d'Anacapri, non corre buon sangue. La rivalità si accentua quando un giovane organista protetto da Don Camillo si innamora della nipote di Don Violante, Clelia. Dopo numerose vicende ed equivoci, le cose si sistemeranno. ■ COMMEDIA; B/N; 85'; ITALIA, 1951.

BELLEZZE AL BAGNO *(Bathing Beauty)* ★★★

Regia di GEORGE SIDNEY. Con XAVIER CUGAT, BILL GOODWIN, JEAN PORTER, BASIL RATHBONE, RED SKELTON, ESTHER WILLIAMS. ■ Un autore di commedie musicali si innamora di un'insegnante di nuoto e la sposa. Ma il suo impresario, che non vede di buon occhio il matrimonio, ingaggia una ragazza perché si finga sua moglie. L'insegnante abbandona il marito credendolo bigamo. Poi tutto si chiarisce e la nuotatrice diviene la star della rivista scritta dal consorte. ■ COMM. MUSICALE; COL.; 101'; USA, 1944.

BELLEZZE IN BICICLETTA ★★★

Regia di CARLO CAMPOGALLIANI. Con SILVANA PAMPANINI, RENATO RASCEL, DELIA SCALA, AROLDO TIERI. ■ Le ballerine Delia e Silvana partono in pullman per Milano dove devono aggregarsi alla compagnia di Totò. A causa di un blocco stradale, il mezzo deve fermarsi e le due ragazze accettano un passaggio fino a Bologna da un giovanotto, Giulio. Quando però questi tenta di baciare Silvana, le due donne scappano indignate. Qui inizia per loro una serie di avventure tragicomiche che infine si concluderà felicemente per entrambe. ■ COMMEDIA; B/N; 99′; ITALIA, 1951.

BELLEZZE IN MOTOSCOOTER ★★
Regia di CARLO CAMPOGALLIANI. Con ISA BARZIZZA, VIRGINIA BELMONT, FULVIA FRANCO, ENRICO VIARISIO. ■ In una cittadina di mare, il sindaco proibisce la circolazione dei motorini. Per protesta i proprietari di motoscooter organizzano un corteo: la manifestazione suggerisce ad un agente di pubblicità l'idea di allestire un Giro d'Italia femminile in motorino. L'iniziativa è accolta con entusiasmo: si iscrivono numerose "bellezze", tra le quali la figlia del sindaco. Il Giro si svolge nonostante complicazioni e contrattempi. ■ COMMEDIA; B/N; 101′; ITALIA, 1952.

BELLEZZE RIVALI *(Centennial Summer)* ★★★
Regia di OTTO PREMINGER. Con CONSTANCE BENNETT, WALTER BRENNAN, JEANNE CRAIN, LINDA DARNELL, CORNEL WILDE. ■ A Boston, 1876, si festeggia con una grande parata in costume il centenario dell'indipendenza americana. Due sorelle tentano di sedurre un giovane e affascinante straniero. Ci riesce la meno calcolatrice. L'altra dovrà ripiegare su un amico d'infanzia. ■ COMMEDIA; COL.; 102′; USA, 1947. ■ OSCAR 2 NOM.

BELLEZZE SULLA SPIAGGIA ★★
Regia di ROMOLO GIROLAMI. Con MARIO CAROTENUTO, WALTER CHIARI, VALERIA FABRIZI, ENNIO GIROLAMI. ■ Secondo il professor De Matteis, che dirige una lussuosa clinica nei pressi di una località balneare, la donna è la cagione di tutti i disturbi psichici dell'uomo. Per dimostrare la veridicità della tesi, lo studioso concede ai suoi pazienti tre giorni di libertà per poterne analizzare reazioni e comportamenti. ■ COMMEDIA; COL.; 90′; ITALIA, 1961.

BELLI E BRUTTI RIDONO TUTTI ★★
Regia di DOMENICO PAOLELLA. Con MARIA BAXA, RICCARDO BILLI, WALTER CHIARI, OLGA KARLATOS, DANIELA POGGI, COCHI PONZONI, LUCIANO SALCE. ■ Quattro episodi comico-sexy basati su un umorismo di bassa lega, barzellette goliardiche, sceneggiate. ■ COMMEDIA; COL.; 85′; ITALIA, 1979.

BELLI E DANNATI – MY OWN PRIVATE IDAHO ★★★
(My Own Private Idaho)
Regia di GUS VAN SANT. Con CHIARA CASELLI, RIVER PHOENIX, KEANU REEVES, WILLIAM RICHERT. ■ Al terzo film, e dopo il discreto successo di *Drugstore Cowboy*, Gus Van Sant propone il viaggio "dannato" di un ragazzo che si prostituisce per sopravvivere. Oltre ai problemi della vita di tutti i giorni Mike è anche narcolettico, cioè si addormenta nei momenti di stress psicologico. Così la storia e i luoghi visitati sono scanditi dalle sue perdite di conoscenza (si addormenta in un luogo e si risveglia in un altro). Mike è innamorato di un amico prostituto che è figlio del sindaco. Quest'ultimo muore e lascia un'eredità al figlio, che si sposa con un'italiana. Mike sarà comunque dimenticato dall'amico e continuerà da solo la dura vita per la sopravvivenza. Tra Pasolini e Warhol. River Phoenix, che era l'attore più vicino a James Dean, ha vinto alla Mostra di Venezia la Coppa Volpi per la migliore interpretazione maschile. ■ DRAMMATICO; COL.; 102′; USA, 1991. ■ VENEZIA 1 PR.

BELLI FRESCHI ★★
Regia di ENRICO OLDOINI. Con LINO BANFI, CHRISTIAN DE SICA, LIONEL STANDER. ■ Due attori da quattro soldi rimangono coinvolti, per la loro dabbenaggine, nel ferimento di un divo del cinema americano. Braccati dalla polizia, i due, per far perdere le tracce, non trovano altro mezzo che travestirsi sotto abiti femminili. Ovviamente i pasticci per loro aumenteranno. ■ COMICO; COL.; 90′; ITALIA, 1987.

BELLISSIMA ★★★★★
Regia di LUCHINO VISCONTI. Con TINA APICELLA, WALTER CHIARI, ANNA MAGNANI, GASTONE RENZELLI. ■ Quando il regista Alessandro Blasetti (che qui si presenta anche come interprete) annuncia che gli occorre un'attrice bambina "bellissima", una torma di mamme romane si riversa su Cinecittà proponendo la propria figliolanza. Tra di esse, Maddalena Cecconi, che però si lascia invischiare tra scrocconi e traffichini, con il risultato di passare attraverso una serie di umiliazioni (per lei e la sua piccolina). La bambina vince la parte, ma la madre, ormai disincantata, rifiuta. Non è forse il miglior film di Visconti, ma certo è tra i memorabili per via della prestazione di Anna Magnani, *summa* di ogni madre umiliata e offesa, italiana e non. Il tono al film lo dà lei, Visconti le costruisce attorno con molta sagacia e sensibilità l'infernale carosello del sottobosco del cinema. ■ DRAMMATICO; B/N; 113′; ITALIA, 1951.

BELLISSIMA ESTATE, LA ★★
Regia di SERGIO MARTINO. Con SENTA BERGER, CATERINA BORATTO, ALESSANDRO COCCO, JOHN RICHARDSON, LINO TOFFOLO. ■ Il protagonista è un ragazzino decenne, figlio di un famoso corridore automobilistico morto durante una gara. La madre vuol preservarlo da ogni male e se lo porta dietro in vacanza al mare. Ma un giorno, il ragazzo si lancia a rotta di collo giù per una discesa. Si ferisce mortalmente e muore, tra le urla straziate della genitrice. ■ DRAMMATICO; COL.; 95′; ITALIA, 1974.

BELLISSIME GAMBE DI MIA MOGLIE, LE ★★
(La casta Susana)
Regia di LUIS CÉSAR AMADORI. Con RAFAEL ALONSO, MARUJA DIAZ, CARLOS ESTRADA, COLETTE MERCIER, NOËL ROQUEVERT. ■ Susanna, moglie di un militare, vince un premio consistente in una vacanza a Biarritz. Vi si reca senza il marito (trattenuto da certe manovre belliche) e ciò dà strada ai corteggiatori. Da Biarritz, Susanna si sposterà a Parigi dove troverà altri numerosi spasimanti, ma alla fine la rispettabilità di ognuno (marito compreso) verrà ristabilita. ■ COMMEDIA; COL.; 90′; SPAGNA, 1963.

BELLISSIME GAMBE DI SABRINA, LE ★★★
Regia di CAMILLO MASTROCINQUE. Con ANTONIO CIFARIELLO, RAFFAELE PISU, MAMMIE VAN DOREN, ENRICO VIARISIO. ■ Riguardo a un furto commesso in una gioielleria di Baden Baden, la polizia dispone di un solo elemento: tra i ladri vi era una ragazza con un segno particolare su una gamba. Il fotografo Teo riprende senza saperlo le gambe. Disavventure con la banda che vuole recuperare le fotografie. ■ COMMEDIA; B/N; 91′; ITALIA, 1958.

BELLISSIMO NOVEMBRE, UN ★★★
Regia di MAURO BOLOGNINI. Con GABRIELE FERZETTI, CORRADO GAIPA, DANIELLE GODET, ANDRÉ LAWRENCE, GINA LOLLOBRIGIDA, PAOLO TURCO. ■ Da un romanzo di Ercole Patti. Protagonista è un diciassettenne catanese, alle prese con la sua prima storia d'amore con Cettina, la bella sorella della madre, annoiata dalla vita di provincia. Cettina gli fa da nave-scuola, poi rivolge attenzioni al giovane socio del marito. Il nipotino lì per lì ci rimane male, poi accetta la situazione, sposa una coetanea, riservandosi di concedersi con la bella zia qualche distrazione di tanto in tanto. ■ COMMEDIA; COL.; 91′; ITALIA, 1969.

BELLO COME UN ARCANGELO ★
Regia di ALFREDO GIANNETTI. Con ERIKA BLANC, PAOLA BORBONI, LANDO BUZZANCA, STELLA CARNACINA, ORAZIO ORLANDO. ■ Gaetano, rappresentante, è assai orgoglioso della propria virilità. Seduce la sedicenne Mariangela, e con uno stratagemma riesce ad installarsi in casa della ragazza, dove verrà sottoposto ad un "tour de force" sessuale da parte delle altre donne della famiglia. ■ COMMEDIA; COL.; 95′; ITALIA, 1974.

BELLO DI MAMMA ★
Regia di RINO DI SILVESTRO. Con CAROLE ANDRÉ, PHILIPPE LEROY, CARMEN SCARPITTA. ■ Il figlio di un ricco e aristocratico siciliano è considerato da tutti inetto sessualmente (e quindi incapace di continuare la stirpe). La sorella manovra per farlo diseredare, e il padre è propenso a darle ragione. Ma il giovane non è affatto impotente e lo dimostrerà con la donna giusta (una psicanalista). ■ COMMEDIA; COL.; 90′; ITALIA, 1980.

BELLO, IL BRUTTO, IL CRETINO, IL ★
Regia di GIANNI GRIMALDI. Con FRANCO FRANCHI, LOTAR GUNTONER, CICCIO INGRASSIA, MIMMO PALMARA, BRIGITTE PETRY. ■ La trama altro non è che la parodia de *Il buono, il brutto, il cattivo*, bel western realizzato da Sergio Leone. ■ WESTERN; COL.; 92′; ITALIA, 1967.

BELLO MIO BELLEZZA MIA ★★
Regia di SERGIO CORBUCCI. Con GIANCARLO GIANNINI, MARIANGELA MELATO, STEFANIA SANDRELLI. ■ Gennarino, un giovanotto del Sud, commette uno sgarro con un boss mafioso (an-

dando a letto con la donna di lui). Per sfuggire alla vendetta, decide di partire per Milano dove viene raggiunto dagli sgherri del boss. Costretto a lavorare per loro, il poveraccio accetta di portare in Sicilia un pacco che (ma lui non lo sa) contiene una bomba. La bomba scoppia, ma il giovane non muore. E, all'ospedale, ritrova la donna che lo ama, una prostituta di buoncuore. Tentativo di Giannini di rinverdire gli allori del suo personaggio più famoso (*Mimì metallurgico* è quasi la copia conforme di Gennarino). Ma la formula si rivela ormai logora (e anche un po' i protagonisti). ■ COMMEDIA; COL.; 120′; ITALIA, 1981.

BELLO, ONESTO, EMIGRATO AUSTRALIA, SPOSEREBBECOMPAESANA ILLIBATA ★★★
Regia di LUIGI ZAMPA. Con CLAUDIA CARDINALE, RICCARDO GARRONE, ANGELO INFANTI, ALBERTO SORDI. ■ Giovanni, un brav'uomo emigrato in Australia, da molti anni vorrebbe una moglie italiana. Manda in patria un annuncio corredandolo con la foto di un suo amico molto più prestante di lui. Arriva una ragazza giovane e bellissima, che però è una prostituta. L'incontro fra i due promessi non è dei più felici (Giovanni delude la donna con il suo aspetto, ma è a sua volta non poco scioccato dalla scoperta della professione di lei). Tuttavia alla fine i due si metteranno insieme (lui innamoratissimo, lei meno). ■ COMMEDIA; COL.; 115′; ITALIA, 1971. ■ DAVID DI DONATELLO 1 PR, 1 NOM.

BEL MATRIMONIO, IL *(Le beau mariage)* ★
Regia di ERIC ROHMER. Con ARIELLE DOMBASLE, ANDRÉ DUSSOLLIER, BEATRICE ROMAND. ■ Sabina è l'amante di un uomo sposato, ma non è felice di questa situazione e desidera sposarsi veramente. È talmente decisa a volerlo che lo annuncia a tutti e pensa di sposare un giovane avvocato appena conosciuto. Ma lui non ne vuole affatto sapere e lascia Sabina, che però in treno incontra un giovanotto, forse il futuro marito. ■ COMMEDIA; COL.; 97′; FRANCIA, 1981. ■ VENEZIA 1 PR.

BEL MOSTRO, IL *(Un beau monstre)* ★★
Regia di SERGIO GOBBI. Con CHARLES AZNAVOUR, HELMUT BERGER, MARC CASSOT, VIRNA LISI, ALAIN NOURY. ■ Alain, agiato, mondano e raffinato, sposa in seconde nozze Nathalie. Lei ha assistito per caso (in quanto dirimpettaia) al suicidio della prima moglie di Alain. Questo soffre di una nevrosi che lo induce a soffrire e a far soffrire, tanto che è stato proprio lui a spingere la ex moglie all'insano gesto. Nathalie si accorge subito che il marito ha le stesse intenzioni anche con lei: cerca di sfuggire al suo condizionamento psicologico, ma non vi riesce: finirà tragicamente per entrambi. ■ DRAMMATICO; COL.; 123′; FRANCIA, 1970.

BELOW ★★★
Regia di DAVID TWOHY. Con BRUCE GREENWOOD, CRISPIN LAYFIELD, HOLT MCCALLANY. ■ Durante la seconda guerra mondiale un sommergibile il cui comandante è appena morto soccorre i tre superstiti dell'equipaggio di una nave sprofondata negli abissi dell'oceano. Dopo il salvataggio, sul sommergibile iniziano a verificarsi strani fenomeni. Quel che è peggio, un guasto alle macchine sta facendo progressivamente mancare l'aria. Diventa difficile stabilire se quanto accade sia frutto delle allucinazioni provocate dalla insufficiente quantità d'ossigeno o dipenda da un segreto misfatto perpetrato dagli ufficiali rimasti. David Twohy aveva già bene impressionato col notevole *Pitch Black*. ■ THRILLER; COL.; 107′; USA, 2003.

... BELPAESE, IL ★★★
Regia di LUCIANO SALCE. Con MASSIMO BOLDI, GIULIANA CALANDRA, PINO CARUSO, SILVIA DIONISIO, ANNA MAZZAMAURO, PAOLO VILLAGGIO. ■ Reduce da sette anni di duro lavoro nel golfo Persico (petrolio) e con qualche milioncino da parte, Guido rimpatria per aprire un'orologeria a Milano. Ma gli amici lo avevano informato bene: l'Italia non è più quella di un tempo. Guido è ben presto preso di mira da rapinatori, estremisti politici e taglieggiatori: si ritrova senza un soldo e pieno di debiti e senza più il negozio. È quasi deciso a ripartirsene per il golfo Persico, ma la nascita di un figlio lo indurrà a lottare ancora per non cedere alle violenze. ■ COMMEDIA; COL.; 115′; ITALIA, 1977.

BEL PASTICCIO!, UN *(A Fine Mess)* ★★★
Regia di BLAKE EDWARDS. Con TED DANSON, HOWIE MANDEL, RICHARD MULLIGAN. ■ Spence e l'amico Dennis, uno comparsa cinematografica, l'altro cameriere, apprendono casualmente di un cavallo drogato. Lo puntano e vincono. Di qui nasce una serie di avventure e di equivoci che li portano ad essere inseguiti dalla polizia. A complicare le cose ci si mette anche una bella brunetta, amante di un boss mafioso, ma la polizia finirà per scoprire i gaglioffi che trafficano nelle corse truccate all'ippodromo. ■ FARSESCO; COL.; 88′; USA, 1986.

BELTENEBROS ★★
Regia di PILAR MIRÓ. Con JOSÉ LUIS GOMEZ, GERALDINE JAMES, PATSY KENSIT, TERENCE STAMP. ■ Anni Sessanta con i dissidi tra vecchi appartenenti al Partito comunista in una Spagna cupa sotto il tallone franchista. Non mancano i delitti su commissione ma latita il pathos in questo film tratto da un romanzo di Antonio Munoz Molina e diretto da un ex ministro della Cultura iberico. Ha vinto il premio per la miglior fotografia al Mystfest 1992. Difficile assegnargli quello per l'originalità. ■ DRAMMATICO; COL.; 110′; SPAGNA, 1991. ■ BERLINO 1 PR.

BELVA, LA *(Track of the Cat)* ★★★
Regia di WILLIAM A. WELLMAN. Con WILLIAM HOPPER, TAB HUNTER, DIANA LYNN, ROBERT MITCHUM, TERESA WRIGHT. ■ Sulle montagne della California, una famiglia di allevatori è minacciata da un puma che fa strage di uomini e di bestiame. Il capo del clan decide di dargli la caccia, ma muore. Sarà il fratello minore ad eliminare la belva. ■ DRAMMATICO; COL.; 102′; USA, 1954.

BELVA, LA ★★
Regia di MARIO COSTA. Con ANDREA AURELI, GABRIELLA GIORGELLI, KLAUS KINSKI. ■ Un losco figuro vuole impadronirsi di una miniera. Tende un agguato al proprietario e lo uccide. E continuerà a uccidere chi ha visto (o sospettato) il delitto. Finché non gli salderanno definitivamente il conto. ■ WESTERN; COL.; 85′; ITALIA, 1970.

BELVA COL MITRA, LA ★★
Regia di SERGIO GRIECO. Con HELMUT BERGER, CLAUDIO GORA, RICHARD HARRISON, MARISA MELL. ■ Il solito violento poliziesco all'italiana: un commissario tutto d'un pezzo debella un feroce bandito che ha preso in ostaggio la sua famiglia. ■ POLIZIESCO; COL.; 90′; ITALIA, 1977.

BELVA DEL COLORADO, LA *(Fury at Showdown)* ★★
Regia di GERD OSWALD. Con NICK ADAMS, JOHN DEREK, JOHN SMITH. ■ Un giovane pistolero, dopo un periodo di prigione, torna al suo paese natale. È accolto bene dal fratello e malissimo dalla popolazione. L'ex galeotto sfugge a una serie di attentati ed esacerbato minaccia di fare un massacro. Il fratello minore lo convince a soprassedere. Dopo però muore. Allora il pistolero si riallaccia il cinturone e fa piazza pulita. ■ WESTERN; B/N; 75′; USA, 1957.

BELVA DELL'AUTOSTRADA, LA *(The Hitchhiker)* ★★★
Regia di IDA LUPINO. Con FRANK LOVEJOY, EDMOND O'BRIEN, WILLIAM TALLMAN. ■ Due uomini d'affari americani, mentre vanno a pesca, hanno la cattiva idea di dare un passaggio a un viandante solitario. Costui è un pericoloso ricercato, uno psicopatico che li prende in ostaggio e se ne serve per continuare la sua fuga. ■ DRAMMATICO; B/N; 71′; USA, 1953.

BELVA DEL SECOLO, LA *(Hitler)* ★★
Regia di STUART HEISLER Con JOHN BANNER, RICHARD BASEHART, CORDULA TRANTOW. ■ Biografia di Hitler. La vita del dittatore viene rievocata attraverso una curiosa e arbitraria impostazione psicanalitica. ■ STORICO; B/N; 107′; USA, 1962.

BELVA DI DÜSSELDORF, LA ★★★
(Le vampire de Düsseldorf)
Regia di ROBERT HOSSEIN. Con ROGER DUTOIT, ROBERT HOSSEIN, MARIE-FRANCE PISIER, COLETTE RÉGIS. ■ A Düsseldorf, nel 1830, un misterioso assassino terrorizza la città uccidendo donne di tutte le età (ma in prevalenza prostitute). Il "mostro" in realtà è un timido operaio, Peter Kurten, sessualmente complessato. Un giorno Kurten s'innamora di una ballerina che lo ricambia, ma poi la ragazza viene a sapere con chi ha a che fare e lo de-

nuncia. Kurten, prima di esser preso, la uccide. ■ DRAMMATICO; B/N; 88′; FRANCIA, 1965.

BELVA DI GUERRA *(The Beast)* ★★★
Regia di KEVIN REYNOLDS. Con STEVEN BAUER, KABIR BEDI, GEORGE DZUNDZA, JASON PATRIC. ■ Un carro armato sovietico, dopo aver distrutto un villaggio dell'Afghanistan, imbocca una valle senza uscita. Un pugno di guerriglieri afghani si organizza e si lancia alla caccia del carro, da loro chiamato "la belva". Notevole film d'azione, che conferma il talento di Kevin Reynolds, il regista di *Fandango*. Da un dramma di William Mastrosimone. ■ GUERRA; B/N; 109′; USA, 1988.

BELVA DI SAIGON, LA ★★
Regia di ROBERTO BIANCHI MONTERO. Con HEINZ DRAKE, HORST FRANK, LUCIANA GILLI, BRAD HARRIS, JERRY MOORE. ■ Una misteriosa e ferocissima pantera assale ed uccide varie persone che, direttamente o indirettamente, sono al corrente di una rapina avvenuta anni addietro in un tempio buddista. Spostandosi in varie località della Thailandia, l'ingegner Padberg riuscirà a scoprire gli scopi della belva misteriosa. ■ AVVENTURA; COL.; 89′; ITALIA, 1963.

BELVA SCATENATA, LA *(Le fauve est lâché)* ★★★
Regia di MAURICE LABRO. Con ESTELLA BLAIN, PAUL FRANKEUR, JESS HAHN, LINO VENTURA. ■ Il "gorilla" Paul, agente (controvoglia) dei servizi segreti francesi, vien messo alla caccia di alcuni importantissimi documenti trafugati al governo del suo paese. Il recupero non è facile: le spie di mezzo mondo vogliono mettere le mani sul dossier. La spunta il "gorilla", primatista internazionale di cazzottoni. Uno dei primi film per Lino Ventura, dove il suo personaggio proverbiale c'è già quasi tutto. ■ GIALLO; B/N; 100′; FRANCIA, 1959.

BELVA UMANA – IL GENERALE QUANTRILL, LA ★★★
(Dark Command)
Regia di RAOUL WALSH. Con GEORGE GABBY HAYES, MARJORIE MAIN, WALTER PIDGEON, ROY ROGERS, CLAIRE TREVOR, JOHN WAYNE. ■ Protagonista infatti è William Clark Quantrill, famigerato combattente nella guerra di Secessione, l'uomo che instradò gli assi della criminalità americana negli anni seguenti: Jesse e Frank James, i Dalton, gli Younger. Qui lo vediamo agli inizi, maestro di scuola frustrato nelle sue ambizioni politiche che si dà al brigantaggio. Dopo una serie di crimini, viene ucciso dalla madre. Il film comunque, nonostante il buon cast e il bravo regista, non ha particolari valori. ■ WESTERN; B/N; 94′; USA, 1940. ■ OSCAR 2 NOM.

BELVE, LE ★★
Regia di GIANNI GRIMALDI. Con MARIA BAXA, FEMI BENUSSI, PAOLA BORBONI, LANDO BUZZANCA, IRA FÜRSTENBERG. ■ Il film si compone dei seguenti episodi: *Il salvatore*, *La voce del sangue*, *Il fachiro*, *Una bella famiglia*, *Il caso Apposito*, *Il cincillà*, *Il chirurgo*, *Processo a porte chiuse*. ■ COMMEDIA; COL.; 97′; ITALIA, 1971.

BELVE, LE *(Savages)* ★★★
Regia di OLIVER STONE. Con SALMA HAYEK, EMILE HIRSCH, AARON JOHNSON, BLAKE LIVELY, JOHN TRAVOLTA. ■ Ben e Chon sono due amici per la pelle che condividono tutto, dall'amore per la bella Ophelia – detta O – all'attività di coltivatori e spacciatori della miglior marijuana della California del Sud. È stato Chon, ex marine, a riportare i primi semi dall'Afghanistan, poi è venuto Ben, botanico e buddista, che ne ha fatto un prodotto sopraffino, buono per far dollari così come per alleviare il dolore dei malati terminali. La vita scorre dunque idilliaca per il fortunato trio e i loro amici, finché un brutale cartello di trafficanti messicani non decide di fare affari con loro, che lo vogliano o meno. Una delle cose che riescono meglio a Oliver Stone è il ritratto di uno o più personaggi invischiati in qualcosa di più grande di loro. Il coraggio, che all'inizio può essere provocazione o reale ardimento, è materia di vita o di morte. Tutti ingredienti che non mancano certo a *Le belve*, ambientato a cavallo della frontiera delle frontiere, e che ne fanno uno spettacolo cinematografico efficace, complice l'estetica acida che lo permea da cima a fondo e, pur con qualche eccesso di maniera, ben racconta il clima da paradiso perduto e da avventura folle e schizzata. C'è anche un "ma": il discorso di Stone finisce per farsi, a tratti, confuso e spesso ambiguo. ■ THRILLER; COL.; 131′; USA, 2012.

BELVE DELLA CITTÀ, LE *(Bullets or Ballots)* ★★★
Regia di WILLIAM KEIGHLEY. Con JOAN BLONDELL, HUMPHREY BOGART, BARTON MACLANE, FRANK MCHUGH, EDWARD G. ROBINSON. ■ Un poliziotto insubordinato e manesco viene espulso dal corpo. In realtà è una messinscena per permettere al piedipiatti di intrufolarsi nel racket che domina la città. Ci riesce, diventa anzi un boss e predispone un piano per mettere in trappola i gangster. Ma il suo luogotenente intuisce il doppio gioco e lo affronta in un duello che si rivelerà per entrambi mortale. ■ POLIZIESCO; B/N; 77′; USA, 1936.

BELVE DELLA NOTTE, LE ★
Regia di JEAN LOUIS DANIEL. Con DANIEL AUTEUIL, PHILIPPE LÉOTARD. ■ Dopo la scomparsa della moglie, un cascatore decide di cambiare mestiere e sceglie di fare il detective: un impegno ricco di colpi di scena, di imprevisti e di pericoli. ■ DRAMMATICO; COL.; 95′; FRANCIA, 1986.

BELVE IN GINOCCHIO *(Menschen, Tiere und Sensation)* ★★
Regia di HARRY PIEL. Con RUTH EWELER, EDITH OSS, HARRY PIEL, ELIZABETH WENDT. ■ Un domatore di circo equestre è convinto che le belve vadano trattate con umanità e sottomesse con suggestioni visive. Applica con successo questo suo metodo anche in momenti drammatici e pericolosi. Il domatore è separato dalla moglie, ma ne è sempre innamorato: quando i due si riconcilieranno una donna (che il domatore aveva respinto) per vendicarsi gli ucciderà la consorte. ■ DRAMMATICO; B/N; 85′; GERMANIA, 1938.

BELVE SU BERLINO *(Beasts of Berlin)* ★★
Regia di SHERMAN SCOTT. Con ROLAND DREW, STEFFI DUNA, ALAN LADD. ■ Un gruppo clandestino si adopera, a Berlino, per combattere il nazismo. Pellicola di propaganda antinazista ben interpretata e realizzata discretamente. ■ DRAMMATICO; B/N; 84′; USA, 1939.

BEN ★★
Regia di PHIL KARLSON. Con MEREDITH BAXTER, LEE MONTGOMERY, ARTHUR O'CONNELL. ■ Seguito di *Willard e i topi*, che si concludeva con la cattura del maniaco Willard che aveva addestrato una torma di topi per eseguire le sue vendette. Ora i topi sono liberi e impazzano per la città. Privi di nutrimento (a loro provvedeva Willard), i sorci, capitanati dall'indomabile e intelligentissimo Ben, assaltano i negozi di alimentari. Un esercito di cittadini dà loro la caccia fino al massacro finale. Ma Ben riesce a scamparla. ■ HORROR; COL.; 95′; USA, 1972. ■ GOLDEN GLOBES 1 PR, 1 NOM; OSCAR 1 NOM.

BENEATH THE VALLEY OF THE ULTRAVIXENS ★★
Regia di RUSS MEYER. Con KEN KERR, JUNE MACK, ANNE MARIE, FRANCESCA KITTEN NATIVIDAD. ■ Cittadina del Sud-Ovest degli Usa. Un narratore ci racconta dei gusti sessuali degli abitanti. Russ Meyer si spinge sempre più in là, sia sul piano delle immagini che su quello della frammentazione narrativa. ■ EROTICO; COL.; 93′; USA, 1979.

BENEDIZIONE MORTALE *(Bed of Lies)* ★★
Regia di WILLIAM A. GRAHAM. Con CHRIS COOPER, SUSAN DEY, FRED DALTON THOMPSON. ■ La vera storia di Price Daniel jr, appartenente a una potente famiglia del Texas e candidato alla carica di governatore, che s'innamora di una bella cameriera di gelateria. Per lei lascia moglie e politica andando incontro a non pochi problemi. ■ DRAMMATICO; COL.; 90′; USA, 1980.

BENEDIZIONE MORTALE *(Deadly Blessing)* ★★
Regia di WES CRAVEN. Con ERNEST BORGNINE, LISA HARTMAN, LOIS NETTLETON. ■ In una comunità agricola della Pennsylvania vivono gli Ittiti, una setta religiosa che rifiuta il progresso tecnologico e le sue invenzioni. Quando un giovane membro della comunità sposa una ragazza "normale", la maledizione cade su di lui e su tutta la sua gente e inizia un'atroce serie di delitti. ■ HORROR; COL.; 102′; USA, 1981.

BENEFICIO DEL DUBBIO, IL *(Benefit of the Doubt)* ★★
Regia di JONATHAN HEAP. Con AMY IRVING, RIDER SRONG, DO-

NALD SUTHERLAND. ■ Accusato dalla figlia dell'omicidio della madre, dopo vent'anni Frank torna in libertà. Cerca di riavvicinarsi alla figlia e al nipote. La morte del fidanzato di lei gli consente di andare a vivere a casa sua. Tenterà di violentarla e la donna riuscirà a stento a salvarsi. Donald Sutherland se la cava egregiamente in un film che risulta invece scontato e dalla sceneggiatura incerta. ■ DRAMMATICO; COL.; 91'; USA, 1993.

BENGASI ★★★
Regia di AUGUSTO GENINA. Con MARIA DE TASNADY, FOSCO GIACHETTI, VIVI GIOI, AMEDEO NAZZARI. ■ Bengasi è assediata dagli inglesi. Un ufficiale tenta di rivedere la moglie e il figlio, ma la guerra li separa di continuo. Un ingegnere è accusato di fare il doppio gioco con gli inglesi mentre è un agente del servizio segreto italiano. Quasi tutti i personaggi ci rimettono la pelle. Finché non arrivano le truppe italiane alla riscossa. Il film circola con una coda aggiunta dieci anni dopo. Una ragazza italiana e un ufficiale inglese si ritrovano nel cimitero di Bengasi e rendono un commosso omaggio ai caduti delle due parti. Poi, verosimilmente, si mettono insieme. ■ GUERRA; B/N; 89'; ITALIA, 1942. ■ VENEZIA 2 PR.

BEN-HUR ★★★
Regia di FRED NIBLO. Con BETTY BRONSON, FRANCIS X. BUSHMAN, MAY MCAVOY, RAMON NOVARRO. ■ Dalla nascita di Gesù alla sua crocifissione seguiamo la vita di Ben Hur, nobile ebreo che poi si unirà ai cristiani. La storia è praticamente la stessa del remake fatto trentaquattro anni dopo da Wyler. Da notare che questa versione ebbe un budget di quattro milioni di dollari. La scena delle bighe, che è rimasta la più importante anche nel film con Heston, suscitò enorme stupore. ■ STORICO; B/N; 194'; USA, 1925.

♥ BEN-HUR ★★★★★♉
Regia di WILLIAM WYLER. Con STEPHEN BOYD, HUGH GRIFFITH, JACK HAWKINS, CHARLTON HESTON. ■ Giuda Ben Hur accoglie a Gerusalemme Messala, suo vecchio amico, divenuto tribuno. Siamo nell'era dell'imperatore Tiberio. Ma Messala non è il ragazzo che Ben Hur aveva conosciuto, ora è imbevuto di ideali di grandezza e terribilmente ambizioso, tanto da approfittare di un banale incidente per far arrestare l'antico amico con tutta la famiglia, per dare un esempio clamoroso a tutti e per portare ordine in una terra solitamente turbolenta. Ben Hur viene inviato alle galee. Morirebbe di sete se Gesù in persona non gli desse da bere. Il caso vuole che Ben Hur salvi la vita del console Ario durante una battaglia navale. Ario affilia il giovane schiavo e alla sua morte Ben Hur si trova ricco, potente e... romano. Torna in patria per vendicarsi. Sfida Messala nella corsa delle bighe. Vince e ritrova vive madre e sorella guarite dalla lebbra grazie alla pioggia mista al sangue di Gesù morto sulla croce. Tratto dal romanzo di Lew Wallace, è sempre stato ritenuto un grande polpettone. E forse lo è, ma indimenticabile. Cinquecento attori (con almeno una battuta, Giuliano Gemma compreso), centomila comparse, quindici milioni di dollari di costo, dieci anni di preparazione. Risultato: il "colosso" per eccellenza, con un riconoscimento importante, il record assoluto di Oscar, ben undici. Tutto nella chiave del grande sentimento, del fasto e delle scene madri. Firmato da Wyler, autentico imperatore degli Oscar (cinque con *Signora Miniver* e sette con *I migliori anni della nostra vita*), il film impegnò un gruppo di registi di grosso nome, da Andrew Marton a Richard Thorpe, al nostro Mario Soldati, che si dedicarono soprattutto alla leggendaria scena della corsa delle bighe. Non può non essere citata la colonna sonora di Miklos Rozsa, inventore delle più grandi musiche d'epoca (*Quo Vadis?*, *Ivanhoe*, *El Cid*). *Ben Hur* aveva avuto altre due versioni, una nel 1925 e una addirittura agli albori del cinema, nel 1907. Filmone assoluto, alla *Via col vento*, ancora suggestivo e grande spettacolo per la famiglia. Un altro dei titoli che vengono immediatamente ripescati nella memoria favolosa. ■ AVVENTURA; COL.; 212'; USA, 1959. ■ DAVID DI DONATELLO 1 PR, 1 NOM; OSCAR ♉ 11 PR, 12 NOM.

BENIAMINO *(Benji)* ★★★
Regia di JOE CAMP. Con PETER BRECK, CHRISTOPHER CONNELLY, PATSY GARRETT, TOM LESTER, MARK SLADE. ■ Beniamino, cane bastardo, è il "coccolo" dei piccoli Paul e Cinzia, ma il loro padre non lo vuole in casa perché è un fanatico dell'igiene. Un giorno i due bambini vengono rapiti e sarà proprio Beniamino a liberarli, conquistandosi così anche l'amore e l'accoglienza del padrone di casa. Pellicola semplice, per i bambini. ■ COMMEDIA; COL.; 86'; USA, 1974. ■ GOLDEN GLOBES 1 PR, 1 NOM; OSCAR 1 NOM.

BENIAMINO SEGUGIO CELESTE *(Oh Heavenly Dog)* ★★
Regia di JOE CAMP. Con CHEVY CHASE, JANE SEYMOUR, OMAR SHARIF. ■ Un poliziotto è ucciso mentre sta compiendo un'indagine. Però risorge sotto forma di cane. Nientemeno che il famoso cane Benji che si darà da fare per mettere le mani sul "suo" assassino. ■ GIALLO; COL.; 103'; USA, 1980.

BENITO MUSSOLINI ★★
Regia di PASQUALE PRUNAS. ■ La biografia di Mussolini è presentata attraverso i vari cinegiornali dell'epoca e altri filmati di repertorio. Viene illustrata la vita privata e politica del duce. ■ DOCUMENTARIO; B/N; 91'; ITALIA, 1962.

BENITO MUSSOLINI: ANATOMIA DI UN DITTATORE ★★
Regia di MINO LOY. ■ Lungometraggio realizzato con materiale di repertorio. Presenta un ritratto di Mussolini dagli albori del fascismo fino alla Liberazione. Il film ripercorre vari importanti momenti di cinquant'anni di storia italiana, soffermandosi in particolare sulla Marcia su Roma e sull'entrata in guerra dell'Italia. ■ DOCUMENTARIO; B/N; 89'; ITALIA, 1952.

BENJAMIN – OVVERO AVVENTURE DI UN ADOLESCENTE *(Benjamin)* ★★★
Regia di MICHEL DEVILLE. Con FRANCINE BERGÉ, PIERRE CLÉMENTI, CATHERINE DENEUVE, JACQUES DUFILHO, MICHÈLE MORGAN, MICHEL PICCOLI. ■ Benjamin è un ignaro adolescente che entra nella casa di una bella contessa (siamo nella Francia della Rivoluzione). L'amante della contessa è un irresistibile dongiovanni, che diventa l'istruttore amoroso di Benjamin. L'allievo supera ben presto il maestro. Quando quest'ultimo si sposa con una dama molto più giovane di lui, sarà l'ex spaurito adolescente a collaudare la sposina per primo. ■ COMMEDIA; COL.; 104'; FRANCIA, 1968.

BENJI, DUE FIDANZATE E UN NONNO *(Family Reunion)* ★★
Regia di VIC SARIN. Con DAVID EISNER, REBECCA JENKINS. ■ Una ragazza decide di fare un viaggio per dimenticare la morte del cane. Durante il volo in aereo socializza con un ragazzo appena lasciato dalla fidanzata. All'arrivo i parenti di lui, in aeroporto, scambiano la ragazza per la fidanzata. Lei sta al gioco ma... ■ COMMEDIA; B/N; 95'; USA, 1988.

♥ BENNY & JOON ★★★
Regia di JEREMIAH S. CHECHIK. Con JOHNNY DEPP, MARY STUART MASTERSON, JULIANNE MOORE, AIDAN QUINN. ■ Una graziosa commedia di buoni sentimenti, ma non retorica. Un fratello troppo protettivo verso la sorella rischia di rovinarle l'esistenza. Joon è una ragazza originale e con molto talento. Conosce Sam, una sorta di mimo perdigiorno. Allegro e vitale, imita in maniera egregia Keaton e Chaplin, porta una ventata nuova nella vita della ragazza. Molto bravo Johnny Depp, agli esordi. ■ COMMEDIA; COL.; 100'; USA, 1993. ■ GOLDEN GLOBES 1 NOM.

BENTORNATI A CASA, RAGAZZI *(Welcome Home, Soldier Boys)* ★★
Regia di RICHARD COMPTON. Con JOE DON BAKER, PAUL KOSLO, GEOFFREY LEWIS. ■ Quattro ex Berretti Verdi tornano dal Vietnam ma vengono accolti con ostilità dai loro paesani. Da un affronto a una rissa, dalla violenza subita a quella fatta. I quattro finiscono per violentare una ragazza e dar fuoco a una città. Dodici anni prima di *Rambo* il regista Compton aveva già detto tutto sull'argomento reduci. Però lo aveva detto male. ■ DRAMMATICO; COL.; 91'; USA, 1972.

BENTORNATO, DIO! *(Oh, God!)* ★★★
Regia di CARL REINER. Con RALPH BELLAMY, GEORGE BURNS, WILLIAM DANIELS, JOHN DENVER, DONALD PLEASENCE. ■ Un giovanotto impiegato in un supermercato riceve un biglietto con il quale Dio gli fissa un appuntamento al ventisettesimo piano di un

grattacielo. Lui ci va, ma è certo che si tratti di uno scherzo di qualche amico. Dio, invisibilmente, gli parla e gli dice di annunciare al mondo l'esistenza di Dio e di aver fiducia nel domani e nella bontà. Dio, poi, gli appare ancora sotto le spoglie di un arzillo vecchietto in tuta e scarpe da tennis. La missione da compiere procurerà al ragazzo un sacco di guai e di situazioni ridicole, ma il suo operato porterà un certo beneficio all'umanità. ■ COMMEDIA; COL.; 104′; USA, 1977. ■ OSCAR 1 NOM.

BENTORNATO, PICCHIATELLO! *(Hardly Working)* ★★
Regia di JERRY LEWIS. Con ROGER C. CARMEL, JERRY LEWIS, SUSAN OLIVER. ■ Un clown perde il lavoro, ed è costretto, per vivere, a fare molti mestieri. Il risultato è sempre disastroso, finché la sua fidanzata non gli trova un impiego nella ditta del padre. Quando gli si sta schiudendo una bella carriera come funzionario, l'uomo pianta tutto per tornare a lavorare in un circo. E la fidanzata, dopo qualche perplessità, lo segue. ■ COMICO; COL.; 91′; USA, 1980.

BENTORNATO PINOCCHIO ★★
Regia di ORLANDO CORRADI. ■ La storia di Pinocchio non finisce con la sua trasformazione in bambino. Come premio per la sua buona volontà il nostro eroe è diventato bambino e il burattino in cui era imprigionato è stato gettato in un angolo della falegnameria di Geppetto; ma Pinocchio non sa che la possibilità di ritornare burattino, comportandosi male, esiste ancora. ■ ANIMAZIONE; COL.; 90′; ITALIA, 2007.

BENUR – UN GLADIATORE IN AFFITTO ★★
Regia di MASSIMO ANDREI. Con ELISABETTA DE VITO, TERESA DEL VECCHIO, STEFANO FRESI, NICOLA PISTOIA, PAOLO TRIESTINO. ■ Sergio e Maria, fratelli cinquantenni, abitano insieme nella periferia romana degradata condividendo rancori e ristrettezze economiche. Sergio, dopo un "glorioso" passato di *stuntman* a Cinecittà, si ritrova a fare il finto centurione al Colosseo. Maria invece, abbandonata dal marito, lavora per una *hotline* erotica. In questa situazione si intromette Milan, un immigrato clandestino della Bielorussia pieno di voglia di lavorare e buone intenzioni. ■ COMMEDIA; COL.; 98′; ITALIA, 2012.

BENVENUTA ★★
Regia di ANDRÉ DELVAUX. Con FANNY ARDANT, MATHIEU CARRIÈRE, VITTORIO GASSMAN. ■ La passione, carnale ma al tempo stesso dai precisi risvolti mistici, tra due personaggi di un romanzo, la fiamminga Benvenuta (Ardant) e il magistrato italiano Livio (Gassman), si confonde agli struggenti ricordi dell'autrice del romanzo stesso. Film stilisticamente ineccepibile, al quale calza alla perfezione la definizione data dalla stampa francese: «Abbastanza ricco e abbastanza fallito». ■ DRAMMATICO; COL.; 105′; BELGIO, FRANCIA, 1984.

BENVENUTA IN PARADISO ★★
(How Stella Got Her Grove Back)
Regia di KEVIN RODNEY SULLIVAN. Con ANGELA BASSETT, TAYE DIGGS, WHOOPI GOLDBERG, REGINA KING, MICHAEL J. PAGAN. ■ Una donna d'affari quarantenne si reca in vacanza in Giamaica con un'amica più matura. Qui si innamora di un ventenne. Ma, con la fine delle vacanze, tutto torna come prima, anzi peggio perché l'amica muore, la gente è maldicente ma l'happy end è in agguato. Commedia brillante sulla ricca borghesia in bilico (forse troppo) tra mélo e divertimento. I paesaggi, come molte battute, sono belli ma "freddi". ■ COMMEDIA; COL.; 124′; USA, 1998.

BENVENUTI A CEDAR RAPIDS *(Cedar Rapids)* ★★★
Regia di MIGUEL ARTETA. Con ANNE HECHE, ED HELMS, JOHN C. REILLY, ALIA SHAWKAT, SIGOURNEY WEAVER. ■ Jim Lippe è un venditore di assicurazioni che non ha mai lasciato la cittadina di Brown Valley, nel Wisconsin. Unico suo svago dal lavoro: una relazione con quella che un tempo fu la sua insegnante, Macy Vanderhei. Costretto dalla morte di un collega a sostituirlo, Tim deve partire (si tratta del suo primo volo) per Cedar Rapids, nello Iowa, dove si tiene l'annuale convention della società e dove viene assegnato il Premio Due Diamanti come miglior venditore. All'arrivo si trova davanti un hotel lussuosissimo per i suoi parametri di provinciale e due compagni di stanza di cui inizialmente teme la compagnia. Al duo si aggiungeranno una simpatica e affascinante venditrice e una prostituta che staziona vicino all'albergo. ■ COMMEDIA; COL.; 86′; USA, 2011.

BENVENUTI AL NORD ★★
Regia di LUCA MINIERO. Con CLAUDIO BISIO, ANGELA FINOCCHIARO, VALENTINA LODOVINI, NANDO PAONE, ALESSANDRO SIANI. ■ Alberto Colombo, brianzolo impiegato alle poste, ha ottenuto la promozione e il trasferimento a Milano. Il Sud sembra un ricordo lontano che Mattia, indolente compagno meridionale, in crisi matrimoniale, risveglia col suo arrivo. Per dimostrare alla consorte di essere un uomo responsabile, Mattia si lascia contagiare dall'operosità milanese finendo per fare brunch e carriera sotto la Madunina. Alberto intanto, promosso direttore e occupato full time, trascura la moglie che finirà per lasciarlo. Sedotti e abbandonati si rimboccheranno le maniche e proveranno a riprendersi la famiglia e una vita migliore in un'Italia senza confini e campanilismi. Il Nord e il Sud del Belpaese diventano il territorio da occupare, rilanciando col sorriso l'unità nazionale. ■ COMMEDIA; COL.; 110′; ITALIA, 2012.

BENVENUTI AL REGGIMENTO ★★★
(You Are in the Army Now)
Regia di LEWIS SEILER. Con JIMMY DURANTE, PHIL SILVERS, REGIS TOOMEY, JANE WYMAN. ■ Due piazzisti, Homer e Breezy, vengono accolti in un ufficio: è un ufficio di arruolamento per l'esercito e i due, senza rendersene conto, sono arruolati come volontari. Da questo episodio comincerà per loro una serie di avventure tragicomiche. ■ COMICO; B/N; 79′; USA, 1941.

BENVENUTI AL SUD ★★
Regia di LUCA MINIERO. Con CLAUDIO BISIO, ANGELA FINOCCHIARO, VALENTINA LODOVINI, NANDO PAONE, ALESSANDRO SIANI. ■ Alberto è un mite responsabile delle poste della bassa Brianza a un passo dal tanto sospirato trasferimento nel centro di Milano. Quando gli comunicano che la promessa rilocazione gli è stata revocata per dare precedenza a un collega disabile, Alberto, per non deludere le speranze della moglie e del figlio, decide di fingersi a sua volta disabile. Durante la visita di controllo commette però un'imprudenza e, come punizione, gli viene imposto un trasferimento in Campania, in un piccolo paese del Cilento. Per un lombardo abitudinario e pieno di preconcetti sul Sud Italia come lui, la prospettiva di vivere almeno due anni in quei luoghi rappresenta un incubo, cui si prepara con un nuovo guardaroba di vestiti leggeri e giubbotto antiproiettile. ■ COMMEDIA; COL.; 102′; ITALIA, 2010.

BENVENUTI A SAINT TROPEZ ★★
(Des gens qui s'embrassent)
Regia di DANIÈLE THOMPSON. Con MONICA BELLUCCI, VALERIE BONNETON, ERIC ELMOSNINO, KAD MERAD, SYLVIE VARTAN. ■ "Siamo bravissimi a farci del male". Questa frase rappresenta il rapporto fra Roni e Zef, fratelli ebrei francesi agli antipodi: Roni è ricco e generoso, imbroglione e tollerante, frustrato nelle sue ambizioni artistiche e appagato in quelle sessuali da una moglie italiana, Giovanna. Zef è taccagno, moralmente ineccepibile, ma incapace di godersi la vita. Le figlie di Roni e Zef, Melita e Noga, sono più serene, ma con lo stesso oggetto del desiderio, l'ambizioso e affascinante Sam. Quinto film da regista di Danièle Thompson, *Benvenuti a Saint Tropez* è una commedia agrodolce ricca di spunti interessanti ma sovraffollata di sottotrame. ■ COMMEDIA; COL.; 100′; FRANCIA, 2013.

BENVENUTI A SARAJEVO *(Welcome to Sarajevo)* ★★
Regia di MICHAEL WINTERBOTTOM. Con STEPHEN DILLANE, WOODY HARRELSON, MARISA TOMEI. ■ Sarajevo durante la guerra. Tutti gli orrori possibili, la fame, i cecchini, la distruzione, i morti, i bambini. Il tutto registrato da un giornalista americano, Flynn, interpretato da Harrelson. Per non essere impotente, per aver la sensazione di fare davvero qualcosa il giornalista cercherà di portare via almeno una bambina. Il film corre tutti i pericoli delle storie d'attualità già abbastanza dilaniate dalla televisione. Per il regista è un passo indietro rispetto al precedente ottimo *Go Now* al quale, in questa sede, sono state attribuite quattro stelle. ■ DRAMMATICO; COL.; 100′; GRAN BRETAGNA, 1997.

♥ BENVENUTI IN CASA GORI ★★★
Regia di Alessandro Benvenuti. Con Alessandro Benvenuti, Athina Cenci, Novello Novelli, Ilaria Occhini. ■ Siamo nel 1986, è Natale e c'è tutta la famiglia Gori riunita. Tutto si svolge in sala da pranzo dove ci sono Gino e sua moglie Adele; il nonno Annibale, Libero, ballerino di liscio, e sua moglie, Bruna; Sandra, ecologista ex comunista, e il marito Luciano, parrucchiere. Qui i problemi personali e le antiche rabbie represse hanno modo di trovare sfogo in maniera a volte comica e a volte drammatica. Anche i giovani Danilo e Cinzia con la piccola Samantha assistono a questo quadro familiare simile a molti ritratti presentati al cinema e in teatro ma a suo modo originale. Simpatica commedia, terza prova alla regia per Alessandro Benvenuti, ex Giancattivo. La produzione è di Francesco Nuti. ■ Commedia; col.; 90′; Italia, 1990.

BENVENUTI IN PARADISO *(Come See the Paradise)* ★★
Regia di Alan Parker. Con Dennis Quaid, Sab Shimono, Tamlyn Tomita. ■ Pur con qualche caduta nel sentimentalismo, è innegabile l'interesse storico che questo film di Parker (*Fuga di mezzanotte* e *Birdy*) possiede. Si tratta di una storia d'amore tra un irlandese e una giapponese nella seconda parte degli anni Trenta a Los Angeles. Si sposano e hanno una figlia ma dopo lo scoppio della seconda guerra mondiale nascono i problemi. Lui si deve arruolare e lei con decine di migliaia di residenti giapponesi viene deportata in un campo americano. Solo dopo la guerra la piccola famiglia si riunirà. ■ Drammatico; col.; 131′; USA, 1990.

BENVENUTO A BORDO *(Bienvenue à bord)* ★★
Regia di Eric Lavaine. Con Lionnel Astier, Gerard Darmon, Franck Dubosc, Valerie Lemercier, Luisa Ranieri. ■ Responsabile delle risorse umane in una compagnia di crociere, Isabelle si vendica del suo capo, uomo sposato di cui è stata amante e che l'ha piantata su due piedi, assumendo come animatore Remy, un disoccupato talmente candido da sembrare un perfetto cretino. A bordo, i suoi comportamenti surreali porteranno all'esasperazione dei personaggi più antipatici e al coronamento di una vita più felice per tutti gli altri. ■ Commedia; col.; 90′; Francia, 2011.

BENVENUTO A SCOTLAND YARD ★★★
(Law and Disorder)
Regia di Charles Crichton. Con Lionel Jeffries, Robert Morley, Michael Redgrave, Elizabeth Sellars. ■ Un incallito lestofante fa credere al figliolo di essere un missionario che viaggia spesso (così può giustificare anche i periodi di detenzione). Accade però che il giovanotto, laureatosi e divenuto magistrato, sia incaricato di un processo in cui il genitore compare come imputato. Attraverso mille maneggi, il padre e i parenti riusciranno a far sì che il figlio diserti l'udienza e seguiti a ignorare le poco pulite attività del suo vecchio. ■ Commedia; b/n; 76′; Gran Bretagna, 1959.

BENVENUTO MR. MARSHALL! ★★★
(Bienvenido Mr. Marshall)
Regia di Luis Garcia Berlanga. Con José Isbert, Lolita Sevilla. ■ Un paesotto spagnolo è sconvolto dalla notizia che stanno per arrivare da quelle parti funzionari americani incaricati degli aiuti all'estero (sono gli anni del piano Marshall). Il villaggio è in fermento. Si preparano festeggiamenti come non era mai accaduto. E difatti gli americani arrivano ma senza fermarsi. Il paesotto era sul percorso, non faceva parte del "piano". ■ Commedia; b/n; 80′; Spagna, 1952. ■ Cannes 1 pr.

BENVENUTO, ONOREVOLE! – GENTE FELICE ★★
Regia di Mino Loy. Con Riccardo Billi, Arturo Bragaglia, Memmo Carotenuto, Lorella De Luca, Mario Riva. ■ Tanino, abitante in un paesino privo di cimitero, si reca da un deputato per ottenere la concessione del terreno necessario per il camposanto. Gli viene dato il consenso, ma poi la pratica resta ferma perché la mortalità annua del paesetto non raggiunge il minimo prestabilito: manca un morto, per l'esattezza. Gli abitanti sperano allora che qualche vegliardo si tolga di mezzo, ma tutti gli ottuagenari godono perfetta salute. Inaspettatamente, dopo mille vicende, sarà proprio l'onorevole a risolvere la situazione. ■ Comico; col.; 80′; Italia, 1957.

BENVENUTO PRESIDENTE ★★
Regia di Riccardo Milani. Con Claudio Bisio, Cesare Bocci, Beppe Fiorello, Remo Girone, Kasia Smutniak. ■ Peppino è un bibliotecario onesto e genuino che vive in un piccolo paese di montagna sognando un futuro migliore per il suo unico figlio, venditore rampante di un articolo sportivo. A Roma intanto destra, sinistra e centro discutono le sorti del paese e l'identità del nuovo presidente della Repubblica. A sorpresa e per provocazione viene eletto Giuseppe Garibaldi. Generale, patriota e condottiero italiano naturalmente defunto il cui nome e cognome è stato però ereditato da almeno cinque italiani. Peppino si fregia di quel nome e dell'età giusta per ricoprire la carica di presidente. Eletto suo malgrado, viene prelevato dalle sponde del fiume e condotto a Roma. Pescatore di trote e di sogni, viene risolutamente invitato a rinunciare al mandato. Ma al momento di pronunciare il discorso alla Camera, Peppino Garibaldi avverte l'opportunità di fare qualcosa e di cambiare finalmente il suo paese. Nonostante alcune scene retoriche, la commedia di Milani funziona soprattutto per quella grossolana innocenza diffusa nel film e incarnata da Claudio Bisio. ■ Commedia; col.; 90′; Italia, 2013.

BENVENUTO, REVERENDO! ★★★
Regia di Aldo Fabrizi. Con Lianella Carell, Aldo Fabrizi, Gabriele Ferzetti. ■ Giuseppe, appena uscito di prigione, va in cerca del parroco di un paesino per chiedergli lavoro e consegnargli una lettera di raccomandazione. Ma il reverendo è gravemente ammalato e Giuseppe non può quindi incontrarlo. Spinto dalla fame, l'uomo ruba dalla cassetta delle elemosine ma viene scoperto e rincorso. Per sfuggire agli inseguitori, Giuseppe indossa una tonaca e si allontana così dal paese. Strada facendo viene scambiato per il parroco e invitato a recarsi al castello di un ricco signore per cercare di calmare i contadini in sciopero. Riuscirà a sedare gli animi e a restituire i soldi rubati. ■ Comico; b/n; 90′; Italia, 1949.

BENVENUTO, STRANIERO! *(Welcome, Stranger)* ★★★
Regia di Elliott Nugent. Con Joan Caulfield, Bing Crosby, Barry Fitzgerald. ■ Il vecchio medico di una cittadina vuole concedersi un periodo di vacanza: assume perciò un giovane sostituto, che viene accolto con diffidenza. Il giovanotto darà prova di grande abilità, supererà l'ostilità del collega e della cittadinanza: gli si schiuderà così una brillante carriera (oltre che l'amore). ■ Commedia; b/n; 107′; USA, 1947.

BEN X ★
Regia di Nic Balthazar. Con Titus De Voogdt, Pol Goossen, Marijke Pinoy, Greg Timmermans, Laura Verlinden. ■ Ben parla poco, socializza poco e ride poco, in compenso studia molto, pensa tanto ed è molto intelligente. Ben, in sostanza, è autistico. Va al liceo, è maltrattato dai bulli di turno, sogna una vita migliore che rimane confinata nei suoi pensieri perché, appunto, parla poco e del resto ha anche pochi se non nessun amico. Ma Ben è anche Ben X nel mondo virtuale del MMORPG (Massive multiplayer online role playing game) a cui gioca, una sorta di World of Warcraft nel quale è un guerriero con punteggio 80, numero che a molti dice quasi nulla ma che a pochi fa strabuzzare gli occhi dallo stupore e dall'ammirazione. In quel mondo Ben X conosce Scarlite, ragazza con cui stabilisce un legame importante, perché potrebbe farlo uscire dal virtuale. ■ Drammatico; col.; 93′; Belgio, Paesi Bassi, 2009.

BENZINA ★
Regia di Monica Lisa Stambrini. Con Luigi Maria Burrano, Regina Orioli, Pietro Ragusa, Maya Sansa, Mariella Valentini. ■ La vicenda prende spunto dal romanzo di Elena Stancanelli che nel 1998 trovò un suo spazio. È la storia di Lenni, borghesuccia e convenzionale, e di Stella, irrequieta e sbandata. Le due sono innamorate, non capite dalla madre di Lenni che è stolta e oppressiva quanto basta. La madre muore, forse per disgrazia, forse no. Le due ragazze fuggono portandosi il corpo della donna nel bagagliaio. ■ Drammatico; col.; 91′; Italia, 2002.

BEOWULF ★
Regia di Graham Baker. Con Oliver Cotton, Christopher Lambert, Rhona Mitra, Goetz Otto, Layla Roberts. ■ La Bestia uccide chiunque trovi. Il difensore della Rocca è in difficoltà fino a quando non giunge il misterioso Beowulf (figlio di un'umana e del Dio delle tenebre e della menzogna). Tutto finirà in gloria in un film che si ispira, molto alla lontana, a un antico poema epico anglosassone scegliendo però un ambientazione post-atomica e non avvalendosi di effetti speciali all'altezza. Resta solo una colonna sonora fatta su misura con la presenza di gruppi ben noti agli amatori della musica metal e dintorni. ■ Avventura; col.; 89'; Gran Bretagna, 1998.

BERBERI CONTRO LA LEGIONE STRANIERA, I ★★
(Legion of the Doomed)
Regia di Thor L. Brooks. Con Dawn Richard, Bill Williams. ■ Filmetto sulla legione straniera. Il cattivo capitano sarà sostituito da un suo eroico subalterno, che sconfiggerà i berberi e si prenderà in premio la vedova del capitano, opportunamente defunto. ■ Avventura; b/n; 75'; USA, 1958.

BERDEL ★★
Regia di Atif Yilmaz. Con Tarik Akan, Mine Cayiroglu, Turkan Soray. ■ Berdel in turco significa "scambio delle mogli". È quello che realizza Omer che cede la figlia maggiore per avere una nuova sposa, visto che la prima gli ha dato solo figlie femmine. Non tutto andrà come lui desidera. Yilmaz è un regista attento sia alla tradizione sia a tutto quel che di nuovo emerge dall'universo femminile del suo paese. ■ Drammatico; col.; 83'; Turchia, 1991.

BERLIN ALEXANDERPLATZ ★★★
Regia di Piel Jutzi. Con Maria Bard, Heinrich George, Bernhard Minetti. ■ Prima versione del romanzo di Alfred Döblin. Un ex galeotto viene coinvolto in una rapina. Finisce in manicomio per poi tornare a fare il venditore ambulante sull'Alexanderplatz. ■ Drammatico; b/n; 80'; Germania, 1931.

BERLIN – ALEXANDERPLATZ ★★★★
Regia di Rainer Werner Fassbinder. Con Günter Lamprecht, Hanna Schygulla, Barbara Sukowa. ■ Diviso in tredici puntate più un epilogo, è la trasposizione, che segue quella del 1931 del regista Piel Jutzi, dal romanzo omonimo di Alfred Döblin. Franz, un ex carcerato, ha deciso di cambiar vita ma viene truffato dai suoi vecchi amici malviventi. Durante un difficile colpo infatti lo spingono fuori da un'auto in fuga e perderà un braccio. Non contenti gli uccideranno anche la ragazza. Ingiustamente accusato dell'omicidio, Franz riuscirà a scagionarsi. ■ Drammatico; col.; 910'; Germania, Italia, 1979.

BERLIN CALLING ★★
Regia di Hannes Stöhr. Con Corinna Harfouch, Paul Kalkbrenner, Rita Lengyel, Peter Schneider, Araba Walton. ■ Ickarus è un affermato dj berlinese di ritorno da una logorante tournée internazionale. Nonostante continui ad esibirsi ogni sera su palchi locali si impegna, con l'aiuto di Mathilde, la ragazza alla quale è fedele, nel mixing dell'album di prossima uscita. La pressione di Alice, la produttrice del disco, e le tentazioni dell'ambiente underground portano Ickarus sulla via della droga. Inizia per lui un percorso autodistruttivo, nel corso del quale perde tutti gli affetti normali. È costretto a disintossicarsi in un centro di recupero dal quale, grazie alla dottoressa Petra Paul, riuscirà ad uscire ristabilito e con un album nuovo. ■ Drammatico; col.; 105'; Germania, 2008.

BERLINGUER TI VOGLIO BENE ★★★
Regia di Giuseppe Bertolucci. Con Roberto Benigni, Carlo Monni, Alida Valli. ■ Mario, sottoproletario con complesso edipico ed altre inibizioni a livello esistenziale e sociale, si ribella solo a parole all'alienazione di vita e di comportamento prodotta dall'attuale società. Anche in campo sessuale, Mario è fortemente "bloccato"; gli amici gli combinano gli scherzi più atroci, ma lui accetta qualsiasi realtà. ■ Commedia; col.; 90'; Italia, 1977.

BERLIN – JERUSALEM ★★★
Regia di Amos Gitai. Con Lisa Kreuzer, Rivka Neuman, Markus Stockhausen. ■ Siamo a Berlino, dopo la fine della prima guerra mondiale. Qui Else, una poetessa ebrea, conosce Tania, una sionista venuta dalla Russia. Tania spiega ad Else il suo proposito di andare in Palestina per partecipare alla nascita di un collettivo agricolo. Arriva il nazismo e dopo essere scappata in Svizzera Else raggiungerà l'amica a Gerusalemme ma vi troverà rovina e distruzione. Un film poetico, in alcuni momenti criptico, ma di forte suggestione. La musica è di Markus Stockhausen. ■ Drammatico; col.; 89'; Francia, Germania, Gran Bretagna, Italia, URSS, 1989.

BERLINO – APPUNTAMENTO PER LE SPIE ★★
Regia di Vittorio Sala. Con Dana Andrews, Tania Beryll, Brett Halsey, Gastone Moschin, Anna Maria Pierangeli. ■ La tedesca Paula, figlia di uno scienziato nucleare, è catturata dai russi i quali credono che la ragazza conosca una preziosa formula ideata dal padre. Americani, russi e cinesi lottano per impossessarsi della formula. Vincono gli americani aiutati dai russi. ■ Spionaggio; col.; 90'; Italia, 1965.

BERLINO EST PASSAPORTO FALSO ★★
(Beyond the Curtain)
Regia di Compton Bennett. Con Eva Bartòk, Marius Goring, Richard Greene, Lucie Mannheim. ■ La polizia di Berlino Est cerca di intrappolare un esponente del movimento clandestino anticomunista facendo in modo di farlo incontrare con la sorella (pedinata da molto tempo). Ma un agente inglese, fidanzato con la sorella del ricercato, sventa i piani della polizia e porta all'Ovest i due fratelli. ■ Spionaggio; b/n; 89'; Gran Bretagna, 1960.

BERLINO, L'INFERNO DEI VIVI *(...y eligió el infierno)* ★★
Regia di César Fernandez Ardavín. Con Sabine Bethmann, Corrado San Martin, Gérard Tichy. ■ In una cittadina portuale tedesca sul Baltico, nella zona controllata dall'Urss, gli abitanti sono comandati da Brunding (capo della polizia) e dal suo vice, Kramer. Costui è innamorato di Elsa, una partigiana. Brunding, però, comincia a nutrire qualche sospetto, ma alla fine, dopo drammatiche vicende, Elsa e Kramer potranno amarsi e continuare a lavorare per i perseguitati. ■ Drammatico; b/n; 93'; Spagna, 1957.

BERLINO 1945 LA CADUTA DEI GIGANTI ★★
(Epitaph for Friends and Enemies)
Regia di Clark Le Roy. Con Ken Bacall, Dick Cooper, Glenn Douglas, Otto Kimmell, Nadya Strauss. ■ Alla fine della seconda guerra mondiale, durante l'occupazione di Berlino, un ufficiale russo ferito si rifugia nell'appartamento dei coniugi Binder dove vive, apparentemente da sola, la signora Erika Binder. La donna lo cura fino alla guarigione. Ma alla fine la vicenda si concluderà tragicamente. ■ Guerra; col.; 90'; Jugoslavia, 1966.

BERLINO OPZIONE ZERO *(Judgment in Berlin)* ★★
Regia di Leo Penn. Con Sean Penn, Martin Sheen, Sam Wanamaker. ■ Nel 1978 una coppia di tedeschi orientali costringe il pilota di un aereo polacco ad atterrare a Berlino Ovest. È un atto di pirateria aerea, che però procura più guai del previsto all'uomo, che, per ragioni diplomatiche, viene imprigionato in un carcere militare americano e processato. Potrebbe essere rispedito all'Est, ma un giudice molto umano lo proscioglie. ■ Drammatico; col.; 92'; USA, 1988.

BERLINO POLIZIA CRIMINALE ★★
(Die Spur füürht nach Berlin)
Regia di Frantisek Cap. Con Gordon Howard, Kurt Meisel, Hans Nielsen, Barbara Rütting. ■ Un poliziotto americano a Berlino arriva ai ferri corti con una banda di falsari. Posta in gioco: il padre della ragazza dell'americano, un vecchio incisore al Poligrafico di Stato, costretto dai malviventi a lavorare per loro. Sconfitta dei falsari e recupero del quasi suocero. ■ Poliziesco; b/n; 85'; Germania, 1952.

BERLINO – SINFONIA DI UNA GRANDE CITTÀ ★★★
(Berlin, die Symphonie einer Grosstadt)
Regia di Walter Ruttmann. ■ Si tratta di un documentario sulla città tedesca, ripresa nell'arco di una giornata. La fotografia di

Karl Freund è notevole. ■ DOCUMENTARIO; B/N; 70'; GERMANIA, 1927.

BERLIN – TOKYO OPERAZIONE SPIONAGGIO ★★★
(Verrat an Deutschland)
Regia di VEIT HARLAN. Con VALERIJ INKINOFF, PAUL MÜLLER, KRISTINA SÖDERBAUM. ■ Storia di Richard Sorge, la "spia del secolo", agente russo a Tokyo durante la seconda guerra mondiale. Tedesco di nazionalità e amante di un'impiegata del consolato germanico, Sorge viene a sapere con anticipo dell'attacco di Hitler all'Urss e può avvertire i suoi capi a Mosca. Provocando ad arte uno scandalo che coinvolge il capo della fazione pacifista giapponese, dà modo al partito belligerante di prendere il comando ed attaccare gli Stati Uniti a Pearl Harbor. Scoperto, viene condannato a morte. Ma prima dell'esecuzione si suicida. ■ SPIONAGGIO; B/N; 107'; GERMANIA, 1955.

BERMUDA NOW... IL FILM *(The Bermuda Triangle)* ★★
Regia di RICHARD FRIEDENBERG. Con DONALD ALBEE, LIN BERLITZ, BRAD CRANDALL. ■ Documentario sul mistero del triangolo delle Bermude. Ci sono anche ricostruzioni delle sparizioni di navi e di aerei. ■ DOCUMENTARIO; COL.; 89'; USA, 1978.

BERMUDE: LA FOSSA MALEDETTA ★★
Regia di ANTHONY RICHMOND. Con JANET AGREN, PINO COLIZZI, ANDRÉS GARCÍA, ARTHUR KENNEDY, CINZIA MONREALE. ■ Ennesimo prodotto drammatico-avventuroso basato sul mistero del triangolo "maledetto" delle Bermude (dove inspiegabilmente spariscono natanti e persone). È una pellicola che unisce l'elemento "giallo" allo sfruttamento delle bellezze turistiche del luogo. Di un certo pregio sono le riprese subacquee. ■ AVVENTURA; COL.; 95'; ITALIA, SPAGNA, 1978.

BERNADETTE *(The Song of Bernadette)* ★★★
Regia di HENRY KING. Con CHARLES BICKFORD, LEE J. COBB, GLADYS COOPER, WILLIAM EYTHE, JENNIFER JONES, VINCENT PRICE, ANNE REVERE. ■ A Lourdes, nella seconda metà del secolo scorso, una contadinella, Bernadette Soubirous, ha la visione della Madonna. Le autorità civili e religiose (il prete del villaggio, il dottore, il magistrato, la badessa del convento dove Bernadette è inviata perché rinsavisca) non credono al miracolo. Dovranno convincersi. ■ BIOGRAFICO; B/N; 156'; USA, 1943. ■ OSCAR 4 PR, 11 NOM.

BERNARDO, CANE LADRO E BUGIARDO ★★
(My Dog the Thief)
Regia di ROBERT STEVENSON. Con JOE FLYNN, DWAYNE HICKMAN, ELSA LANCHESTER, MARY ANN MOBLEY, JOHN VAN DREELEN. ■ Il cane San Bernardo, Bernardo, cleptomane, fugge dall'accalappiacani e si nasconde sull'elicottero di un addetto ai bollettini sul traffico stradale, Jack. Bernardo, involontariamente, vivacizza le trasmissioni di Jack e lo salva così dal licenziamento (per monotonia). Jack acquista allora il cane il quale, col suo vizio di rubare, gli procurerà parecchi guai. Ma alla fine sarà proprio Bernardo a fare la fortuna del padrone. ■ COMMEDIA; COL.; 81'; USA, 1970.

BERRETTI ROSSI *(The Red Berets)* ★★★
Regia di TERENCE YOUNG. Con HARRY ANDREWS, LEO GENN, DONALD HOUSTON, ALAN LADD, SUSAN STEPHEN. ■ Un paracadutista americano (che si spaccia per canadese) torturato da un complesso di colpa (per causa sua un compagno è morto) si arruola nelle truppe britanniche. Avrà modo di liberarsi dai suoi complessi durante la sfortunata impresa di Arnhem (*Quell'ultimo ponte*). ■ GUERRA; COL.; 87'; GRAN BRETAGNA, 1954.

BERRETTI VERDI, I *(The Green Berets)* ★★★
Regia di RAY KELLOGG, JOHN WAYNE. Con JIM HUTTON, DAVID JANSSEN, JOHN WAYNE. ■ La storia è divisa in tre parti. L'addestramento, la difesa di un fortilizio dall'attacco notturno dei Vietcong, un colpo di mano in una base nemica. L'attacco viene respinto a prezzo di dure perdite. Il colpo di mano ha successo, ma uno dei personaggi più simpatici, un caporale, ci lascia le penne impalato in una trappola vietnamita. Commento finale di un giornalista al seguito della spedizione: «Non mi crederanno quando racconterò quanto ho visto qui». Film fortissimamente voluto dal "falco" John Wayne, passerà alla storia come l'unico lavoro di grande impegno dove l'intervento Usa nel Sud-est asiatico è visto in luce favorevole. Osteggiato dai gruppi di sinistra in tutto il mondo, in sé è solo un film di guerra come tanti altri (senza l'impatto emotivo dell'opera precedente di Wayne, *La battaglia di Alamo*). ■ GUERRA; COL.; 141'; USA, 1968.

BERSAGLI *(Targets)* ★★
Regia di PETER BOGDANOVICH. Con JAMES BROWN, BORIS KARLOFF, RANDY QUAID. ■ Il primo film di Bogdanovich, satira e insieme mitizzazione dei vecchi film dell'orrore. Karloff rifà praticamente se stesso, un vecchio attore di horror, che vuole ritirarsi, ritenendo che il terrore sullo schermo sia niente in confronto a quello della vita di ogni giorno. Un reduce del Vietnam gli dà pienamente ragione uccidendo tutti quelli che gli capitano a tiro. ■ HORROR; COL.; 90'; USA, 1968.

BERSAGLIO, IL *(Le Choc)* ★★
Regia di ROBIN DAVIS. Con ALAIN DELON, CATHERINE DENEUVE, PHILIPPE LÉOTARD. ■ Classico film noir alla francese: un killer professionista si ritira contro il parere dei suoi boss e decide di vivere una vita tranquilla accanto a una bella donna conosciuta in un allevamento di tacchini. Ci riuscirà dopo molte peripezie. ■ DRAMMATICO; COL.; 100'; FRANCIA, 1982.

BERSAGLIO ALTEZZA UOMO ★★
Regia di GUIDO ZURLI. Con GABRIELLA GIORGELLI, KADIR INANIR, LUC MERENDA, PAOLA SENATORE, PAMELA VILLORESI. ■ A Istanbul, un poliziotto americano sgomina una banda di trafficanti di droga. ■ POLIZIESCO; COL.; 89'; ITALIA, 1979.

BERSAGLIO DI NOTTE *(Night Moves)* ★★★★
Regia di ARTHUR PENN. Con EDWARD BINNS, SUSAN CLARK, GENE HACKMAN, JENNIFER WARREN, HARRIS YULIN. ■ Un detective privato è ingaggiato per ritrovare un'ereditiera scomparsa. La sua caccia è complicata dai problemi personali (il tradimento della moglie). Tuttavia il detective seguirà il suo caso fino in fondo nonostante i contrordini del datore di lavoro (il ritrovamento della fanciulla è ormai diventato fatto personale). ■ GIALLO; COL.; 95'; USA, 1975.

BERSAGLIO ECCELLENTE *(The Tall Target)* ★★★
Regia di ANTHONY MANN. Con ADOLPHE MENJOU, DICK POWELL, PAULA RAYMOND. ■ Un film inedito dell'americano Anthony Mann. Tra gli autori della sceneggiatura c'era anche Joseph Losey che però non appare citato. Un ispettore deve proteggere Abramo Lincoln che deve andare a Washington per essere proclamato presidente degli Stati Uniti. Sale allora sul treno da New York, ma è impresa ardua riconoscere i possibili attentatori, inoltre è senza un'arma di difesa. Grandi Dick Powell e Adolphe Menjou. ■ THRILLER; B/N; 80'; USA, 1951.

BERSAGLIO MOBILE ★★
Regia di SERGIO CORBUCCI. Con VITTORIO CAPRIOLI, GRAZIELLA GRANATA, TY HARDIN, PAOLA PITAGORA, MICHAEL RENNIE. ■ Jason, re dell'evasione, riesce ancora una volta a fuggire mentre sta per essere trasferito in una galera greca. Lo aiuta, nella fuga, qualcuno che vuole da lui una contropartita: Jason dovrà recuperare un certo microfilm. Detto microfilm interessa a varie persone e l'ex galeotto avrà vita difficile. Riuscirà però a sbaragliare tutti gli avversari. Tuttavia, finirà in carcere per l'ennesima volta ma per lui, genio dell'evasione, non è un problema. ■ SPIONAGGIO; COL.; 95'; ITALIA, 1967.

BERSAGLIO NUMERO UNO ★★
(Number One with a Bullet)
Regia di JACK SMIGHT. Con VALERIE BERTINELLI, ROBERT CARRADINE, BILLY DEE WILLIAMS. ■ Due poliziotti di Los Angeles (uno bianco, irruento, psicopatico, l'altro nero, donnaiolo, rispettoso delle regole) cercano di incastrare il boss del traffico di droga nella città californiana. Non è facile: il boss ha appoggi altolocati. ■ GIALLO; COL.; 101'; USA, 1987.

BERSAGLIO PARTICOLARE, UN ★★★
(Handgun/Deep in the Heart)
Regia di TONY GARNETT. Con CLAYTON DAY, SUZIE HUMPHREYS, KAREN YOUNG. ■ L'insegnante cattolica Young, violentata nel Texas da un "macho" (Day) fanatico delle armi, muta lentamente la propria pacifica indole pianificando una vendetta che la

porterà ad umiliare il suo stupratore. Per quanto a tratti semplicistico, il film riesce a coinvolgere emotivamente e spinge alla riflessione. ■ DRAMMATICO; COL.; 89'; GRAN BRETAGNA, 1983.

BERSAGLIO SULL'AUTOSTRADA ★★
Regia di MARIUS MATTEI. Con LINDA BLAIR, ERNEST BORGNINE, GABRIELLA GIORGELLI, CHARLES PITT, STUART WHITMAN. ■ La chiave di una cassetta di sicurezza che racchiude una fortuna è il motore dell'azione di questo film. L'ha addosso una ragazza, Kim, che l'ha avuta dal suo innamorato, un piccolo spacciatore di droga. Inseguono la ragazza un motociclista dalla misteriosa identità, che non esita a far fuori varie persone, una giornalista e un fotografo al soldo di un capobanda. Ma anche il capitano Morrison della locale polizia è interessato al tesoro. Per impossessarsene, ucciderà il motociclista (che altri non è se non la giornalista), la ragazza che ha la chiave e il suo attuale compagno. Poliziotti corrotti sulle strade d'America con Borgnine classe 1918, ritornato alla prima vocazione di cattivo. ■ THRILLER; COL.; 85'; ITALIA, 1984.

BERSAGLIO UMANO *(The Clay Pigeon)* ★★★
Regia di RICHARD FLEISCHER. Con BARBARA HALE, RICHARD LOO, RICHARD QUINE, BILL WILLIAMS. ■ Un reduce di guerra, sottufficiale di marina, ha perso la memoria. Viene scovato dalla polizia militare e sottoposto a corte marziale. Quand'era prigioniero dei giapponesi, tradì. Almeno così gli dicono. Lui scappa e scopre attraverso mille peripezie di essere al centro di un complotto. Chi tira le fila è lo "Scoiattolo", l'aguzzino giapponese del campo di prigionia. Il vero traditore è un amico fraterno del reduce: alla fine della lunga caccia riceverà la meritata punizione. ■ GIALLO; B/N; 75'; USA, 1949.

BERSAGLIO UMANO *(Target: Harry)* ★★
Regia di HENRY NEILL (pseud. di ROGER CORMAN). Con VICTOR BUONO, VIC MORROW, SUZANNE PLESHETTE. ■ Roger Corman (sotto lo pseudonimo di Henry Neill) rifà il vecchio *Mistero del falco* con Bogart, ambientandolo a Istanbul. Qui il protagonista è un pilota che indaga sull'assassinio di un suo cliente e sul furto di una valigia che scotta. Un filmetto di scarsa presa nonostante il nome del regista e quelli di un cast che comprende fra l'altro, Charlotte Rampling, Cesar Romero e Stanley Holloway. ■ GIALLO; COL.; 81'; USA, 1969.

BERSAGLIO UMANO *(Destroy the Kentucky)* ★
Regia di JEFF YONIS. Con DENICE DUFF, DANNY LOPEZ, YUJI OKUMOTO, DON STARK, DON THE DRAGON WILSON. ■ Il campione del mondo di kickboxing interpreta... un campione di kickboxing costretto dall'Fbi a sgominare una banda di coreani. Ma per affrontare la lotta, l'uomo deve superare anche un conflitto "esistenziale", essendo un americano di sangue coreano. ■ AVVENTURA; COL.; 80'; USA, 1993.

BERSAGLIO UMANO, IL *(The Walking Target)* ★★
Regia di EDWARD L. CAHN. Con MERRY ANDERS, IOAN EVANS, RON FOSTER. ■ Quando esce di prigione, dopo aver scontato cinque anni di detenzione per rapina, Nick trova ad aspettarlo Susan e Deve i quali hanno l'incarico (commissionato dal gangster Arn) di recuperare la refurtiva della rapina commessa da Nick. Ma Nick riesce ad allontanare i due e a recarsi in Arizona presso la vedova di un ex complice nella cui automobile è custodita, ad insaputa della donna, la famosa refurtiva. Anche Susan e Deve, però, giungono sul posto ma un poliziotto li sistemerà. Dopo molte avventure e alcuni morti, Nick consegnerà il frutto della rapina alle autorità. ■ POLIZIESCO; B/N; 63'; USA, 1960.

BERTOLDO, BERTOLDINO E CACASENNO ★★★
Regia di GIORGIO SIMONELLI. Con CESCO BASEGGIO, OLGA CAPRI, FAUSTO GUERZONI, SILVANA JACHINO, UMBERTO SACRIPANTE. ■ Trasposizione cinematografica alquanto libera della famosa opera dello scrittore bolognese cinque-seicentesco Giulio Cesare Croce, con un Cesco Baseggio in gran forma. ■ COMMEDIA; B/N; 85'; ITALIA, 1936.

BERTOLDO, BERTOLDINO E CACASENNO ★★
Regia di MARIO AMENDOLA. Con FULVIA FRANCO, ENRICO LUZI, VINICIO SOFIA, ALBERTO SORRENTINO, ACHILLE TOGLIANI, OTELLO TOSO. ■ Siamo in un generico principato medievale dove un losco Lord Wilmore trama per sposare la principessa e annettersi il trono. Bertoldo, aiutato (si fa per dire) dallo sciocco figlio Bertoldino e dal grullissimo nipote Cacasenno, manderà all'aria i suoi piani. Il principe conserverà il trono e la figlia andrà in sposa al trovatore Brunello (l'ineffabile Achille Togliani). ■ COMMEDIA; B/N; 90'; ITALIA, 1954.

BERTOLDO, BERTOLDINO E CACASENNO ★★
Regia di MARIO MONICELLI. Con LELLO ARENA, MAURIZIO NICHETTI, UGO TOGNAZZI. ■ Dai racconti villaneschi (1606) di Giulio Cesare Croce. Nell'Italia dell'anno Mille il contadino burlone Bertoldo (Tognazzi) dispensa argute frecciate e saggi consigli al re Alboino (Arena), nonché sonori scapaccioni all'imbranatissimo figlio Bertoldino (Nichetti). Un Alberto Sordi sopra le righe nel ruolo dell'arrampicatore Fra' Cipolla completa il cast di un film tutto sommato fracassone e volgarotto, solo a tratti divertente. ■ COMMEDIA; COL.; 126'; ITALIA, 1984.

BERTOLUCCI SECONDO IL CINEMA ★★★
Regia di GIANNI AMELIO. Con BERNARDO BERTOLUCCI, ROBERT DE NIRO, GÉRARD DEPARDIEU, STERLING HAYDEN, DONALD SUTHERLAND, ROMOLO VALLI. ■ Si tratta di un documentario sul set di *Novecento* di Bernardo Bertolucci. Amelio si è divertito a riprendere alla sua maniera alcune sequenze che Bertolucci stava girando. Inoltre ci sono dichiarazioni di Hayden, della Sanda e del regista. Prodotto dalla televisione di Stato. ■ DOCUMENTARIO; COL.; 70'; ITALIA, 1976.

BESAME MUCHO ★
Regia di MAURIZIO PONZI. Con TONI BERTORELLI, GIULIANA DE SIO, DUCCIO GIORDANO, ELENA RUSSO, FRANCESCO STELLA. ■ In un film come questo, di taglio esplicitamente televisivo, la durata è una palla al piede. I classici "venti minuti di meno" avrebbero forse contribuito a dare un po' di ritmo alla sceneggiatura ispirata ai libri *Besame mucho* e *Bella ciao* di Enrico Deaglio. Vi si narra di Tommaso che abita in un appartamento all'ultimo piano prospiciente il golfo di Napoli. Nel palazzo vive Giulia, attrice frustrata che mette in scena spettacoli con una comunità di ex detenuti. C'è Granger, accolto in casa da Tommaso. Tonino che non ha buone frequentazioni mentre un tossicodipendente è in attesa di un trapianto di fegato ecc. ecc. Ponzi si riposa. ■ COMICO; COL.; 110'; ITALIA, 1999.

BEST ★★★
Regia di MARY MCGUCKIAN. Con IAN BANNEN, IAN HART, PATSY KENSIT, JOHN LYNCH. ■ George Best è stato uno dei più grandi calciatori britannici (è irlandese) degli anni Sessanta-Settanta, grande talento naturale che gli permetteva di "vivere la vita" anche senza i sacrifici che toccavano a chi non aveva le sue qualità. Best era inaffidabile, gli piacevano le donne, beveva, non si allenava. Ma faceva i gol e vinceva, nel leggendario Manchester United. Un "carattere" perfetto per un film, che porta Best al 1994, dove fa uno spettacolino, ricordando i bei tempi, in un pessimo locale di Belfast. Ubriaco, si addormenta. Sogna i suoi trionfi. Al risveglio viene a sapere che il suo vecchio e fedele amico Busby è morto. Brutto ritorno alla realtà dunque. Sapore e sentimento. E la rivisitazione di... un altro calcio. ■ BIOGRAFICO; COL.; 102'; GRAN BRETAGNA, 2002.

BESTIA, LA *(Teen-age Crime Wave)* ★★
Regia di FRED F. SEARS. Con TOMMY COOK, MOLLY MCCART. ■ Il giovanissimo Mike effettua rapine a mano armata ai danni dei cittadini, servendosi della bella amica Terry che funge da esca. Ma un giorno la polizia arresta Terry e Jane (una ragazza coinvolta a sua insaputa nelle "attività" dei due), le quali vengono condannate a scontare una pena in riformatorio. Mike però riesce a farle fuggire, uccidendo un agente. I tre si rifugiano in una fattoria, ma non potranno evitare un drammatico epilogo della loro avventura. ■ DRAMMATICO; B/N; 90'; USA, 1955.

BESTIA, LA *(La bête)* ★★★
Regia di WALERIAN BOROWCZYK. Con PIERRE BENEDETTI, LISBETH HUMMEL, ELIZABETH KAZA, SIRPA LANE, GUY TRÉJAN. ■ Un marchese cerca di far sposare il figlio a una americana. Grossi problemi perché il figlio è un po' speciale: è una "bestia" con tanto di coda. Intanto, l'americana fa sogni pieni di erotismo.

Fiaba erotica che ricorda certe novelle libertine del diciottesimo secolo. Bellissima la fotografia e l'ambientazione. ■ DRAMMATICO; COL.; 104'; FRANCIA, 1975.

BESTIA DI SANGUE, LA *(Beast of Blood)* ★
Regia di EDDIE ROMERO. Con JOHN ASHELEY, EDDIE GARCIA, CELESTE YARNALL. ■ La giornalista Myra Russel e il dott. Foster arrivano a un'isoletta i cui abitanti vivono sottomessi e terrorizzati dagli uomini di uno scienziato folle, il dottor Work, il quale sta tentando esperimenti di trapianto di teste umane. ■ HORROR; B/N; 90'; FILIPPINE, USA, 1971.

BESTIA MAGNIFICA, LA ★★
Regia di CHANO URUETA. Con CROX ALVARADO, STERN MIROSLAVA, JOSÉ ELIAS MORENO, WOLF RUVINSKY. ■ Due amici, David e Carlos, sono cultori appassionati di lotta libera. Si allenano a lungo e decidono di iniziare la carriera professionistica. A causa di una perfida donna, Moche, i due compagni divengono in seguito accesi rivali. Carlos finirà paralizzato per mano del suo stesso amico. David conquisterà anche il titolo mondiale ma, per i colpi ricevuti, diventerà pazzo. La terribile Moche non proverà alcun rimorso. ■ DRAMMATICO; B/N; 90'; MESSICO, 1952.

BESTIA MUORE DUE VOLTE, LA *(La bonne tisane)* ★★
Regia di HERVÉ BROMBERGER. Con ESTELLA BLAIN, BERNARD BLIER, RAYMOND PELLEGRIN, MADELEINE ROBINSON. ■ Dopo un selvaggio regolamento di conti fra gangster, un capobanda, ferito, si rifugia in un ospedale. Ma anche lì è braccato dai superstiti della gang che vorrebbero sottrarlo alla polizia e poi ucciderlo. Non ce la fanno. Arriva prima la "madama" a saldare il conto a tutti. ■ GIALLO; B/N; 104'; FRANCIA, 1958.

BESTIA NEL CUORE, LA ★
Regia di CRISTINA COMENCINI. Con GIOVANNA MEZZOGIORNO, ALESSIO BONI, STEFANIA ROCCA, ANGELA FINOCCHIARO, GIUSEPPE BATTISTON, LUIGI LO CASCIO. ■ Tratto da un romanzo della stessa Comencini. Un assunto: la scrittura, quella vera, non può essere scippata agli scrittori, quelli veri. Ne sono i legittimi titolari in virtù dello spessore, della vocazione e preparazione a capire, interpretare e rappresentare contenuti importanti. Non basta frequentare la Scuola del cinema, possedere un'attitudine all'immagine e al racconto cinematografico, com'è il caso della Comencini. I personaggi del film: Sabina, doppiatrice. Una notte evoca il suo ricordo devastante, la sua "bestia": suo padre che entrava nella sua camera (lei ha sei anni) e abusava di lei. Daniele è suo fratello appena più grande: subisce la stessa violenza. Poi c'è la madre che sa tutto, anzi, prepara per benino la bambina, vestendola da ballerina, per il piacere del papà e arriva anche a spiegare: «è un vizio, non vuole farti del male, siamo una famiglia». Poi c'è Emilia, non-vedente lesbica, grande amica di Sabina. Ecco Maria, abbandonata dal marito, con figli, che dice a Emilia: «da quando mio marito mi ha mollata ho pensato che sarebbe stato più semplice avere una storia con una donna», e le due si fidanzano, così, come se fosse un'evoluzione naturale ed automatica. C'è Negri, un regista teatrale che vorrebbe fare un film ma è costretto al girone infernale della televisione, ma dice una frase importante: «lo sai cosa mi piace nel mio film? L'idea di raccontare l'uomo partendo dai suoi detriti, quello che nascondi nei cassonetti dell'immondizia». I due fratelli si ritrovano adulti in America, dove Daniele insegna, si confrontano e rivivono il dolore immane. Nel quadro delle molte misure sbagliate de *La bestia nel cuore*, alcune scene sono approssimative e inadeguate. C'è un momento in cui Sabina e il suo compagno Franco si confrontano: lei col suo dolore devastante, lui col senso di colpa perché, una sola volta, è andato a letto con un'altra. La regista-romanziera pone i due sentimenti, di qualità e quantità tanto diversa, sullo stesso piano, come se si componessero l'uno nell'altro. Uno scrittore-senza-virgolette... non lo avrebbe fatto. Verso il finale del film Sabina, incinta, si trova su un treno mentre le si rompono le acque, la "romanziera", per analogia, le fa rivivere la sindrome orrenda, padre, madre, se stessa piccola: tutti travolti da un'immane onda d'acqua purificatrice. È una metafora imbarazzante e grottesca, simbolo e pensiero deboli, anzi debolissimi: il regista che vuol fare lo scrittore, appunto. Il film, così come *Quo vadis baby?* di Salvatores (si tratta di autori che "pesano") è un altro titolo perfetto ad accreditare una società, la nostra, depressa, malsana e nichilista. Quello che dovrebbe essere un altro «esempio orribile ma rivolto al bene». Solo che il bene non è rintracciabile. Inopinatamente nominato per l'Oscar, è stato opportunamente ignorato dagli americani. La "bestia" detta un'ultima considerazione: c'è davvero un grande bisogno di film come quelli che faceva il padre della Comencini. ■ DRAMMATICO; COL.; 120'; ITALIA, FRANCIA, SPAGNA, GRAN BRETAGNA, 2005. ■ DAVID DI DONATELLO 1 PR, 6 NOM; OSCAR 1 NOM; VENEZIA 1 PR.

BESTIA NELLO SPAZIO, LA ★
Regia di AL BRADLEY. Con VASSILI KARIS, SIRPA LANE, LUCIO ROSATO. ■ Terrestre va su un pianeta con un affascinante ufficiale galattico alla ricerca di un prezioso materiale che invece verrà rubato da un mercante spaziale. Ma i due diventano amici ugualmente. ■ AVVENTURA; COL.; 89'; ITALIA, 1980.

BESTIA UCCIDE A SANGUE FREDDO, LA ★★
Regia di FERNANDO DI LEO. Con GIOIA DESIDERI, JANE GARRET, KLAUS KINSKI, MARGARET LEE, ROSALBA NERI. ■ Succedono fatti allucinanti in una clinica per donne malate di mente: un'infermiera viene decapitata, una paziente pugnalata, una ninfomane massacrata, un'altra donna è trafitta da una freccia. Un misterioso individuo incappucciato è l'artefice di questi omicidi e la polizia decide di tendergli una trappola. Ma prima che l'insospettabile mostro venga catturato, questi ha il tempo di compiere un'altra serie di omicidi. ■ HORROR; COL.; 90'; ITALIA, 1971.

BESTIA UMANA, LA *(The Human Desire)* ★★★★
Regia di FRITZ LANG. Con EDGAR BUCHANAN, BRODERICK CRAWFORD, GLENN FORD, GLORIA GRAHAME. ■ Un violento e geloso ferroviere uccide un corteggiatore della moglie. Quest'ultima intanto si mette con un conduttore di treni, bravo giovanotto, che però ad un certo punto viene persuaso dalla fatalona ad ammazzare il troppo possessivo consorte. All'ultimo momento, però, non ne ha il coraggio: che i coniugi si ammazzino per conto loro. Rifacimento de *L'angelo del male* di Renoir (dal romanzo di Zola). ■ DRAMMATICO; B/N; 90'; USA, 1954.

BESTIONE, IL ★★★
Regia di SERGIO CORBUCCI. Con GIULIANA CALANDRA, MICHEL CONSTANTIN, DALILA DI LAZZARO, GIANCARLO GIANNINI, GIUSEPPE MAFFIOLI. ■ Sandro, camionista lombardo di mezza età, si vede arrivare come secondo autista un giovane siciliano, Nino. Inizialmente i due stentano ad affiatarsi, anche per i rispettivi caratteri assai dissimili. Dopo, però, nasce tra loro un profondo legame che li induce a mettersi in proprio, a costo di cambiali e tante rinunce. ■ COMMEDIA; COL.; 100'; ITALIA, 1974.

BESTIONE SUPERSTAR *(The Wrestler)* ★★
Regia di JIM WESTMAN. Con EDWARD ASNER, VERNE GAGNE, ELAINE GIFTOS, DON MORACO, BILLY ROBINSON. ■ Il buon Frank è gestore di un'agenzia di catch (lotta libera) e rifugge dai tentativi di corruzione operati da certi scommettitori che vorrebbero che egli truccasse gli incontri. ■ DRAMMATICO; B/N; 90'; USA, 1973.

BEST MEN – AMICI PER LA PELLE *(Best Men)* ★★
Regia di TAMRA DAVIS. Con DREW BARRYMORE, DEAN CAIN, ANDY DICK, BRAD DOURIF, SEAN PATRICK FLANERY. ■ In una cittadina del Sud degli Stati Uniti è in atto la campagna elettorale per l'elezione del sindaco. L'evento non suscita particolari emozioni. Il sopraggiungere di cinque ragazzi tornati per il matrimonio di uno di loro ravviva di colpo l'atmosfera. Il figlio del più quotato aspirante sindaco riesce addirittura ad organizzare una rapina in banca con cerimonia nuziale incorporata. Peccato che arrivi l'Fbi. Tamra Davis al suo quarto film esagera con le caratterizzazioni e disperde quella vena di follia che percorre il suo cinema. ■ COMMEDIA; COL.; 84'; USA, 1998.

BEST OF JOHN BELUSHI, THE ★★★
Regia di LORNE MICHAELS. Con DAN AYKROYD, JOHN BELUSHI, CHEVY CHASE, ELLIOTT GOULD, BUCK HENRY, ROB REINER. ■ È un collage di piccoli sketch, tra i più riusciti, tratti dalla serie *Saturday Night Live*, dalla quale sono partiti tutti i più celebri comici delle nuove generazioni. Le trasformazioni di Belushi sono in-

credibili, da un samurai all'eroe di *Star Trek*, da Marlon Brando a Joe Cocker. Le registrazioni risalgono agli anni dal 1975 al 1979 e contengono delle apparizioni musicali dei Blues Brothers. ■ COMICO; COL.; 60'; USA, 1985.

BEST SELLER ★★★
Regia di JOHN P. FLYNN. Con BRIAN DENNEHY, VICTORIA TENNANT, JAMES WOODS. ■ Un poliziotto, che è anche un noto scrittore di libri gialli, viene avvicinato da un killer professionista che gli offre, come soggetto del prossimo libro, la storia dei suoi delitti, commessi per ordine di un potente uomo d'affari. L'uomo sembra un mitomane, e invece dice la verità. La notizia del libro però viene appresa dal magnate che cerca di far tacere con le cattive entrambi, il killer e il poliziotto scrittore. Nella sparatoria (inevitabile) il killer muore, ma il poliziotto salda il conto al magnate. ■ GIALLO; COL.; 95'; USA, 1987.

BETA 7, SERVIZIO POLITICO ★★★
(Murio hace Quince Años)
Regia di RAFAEL GIL. Con MARIA PIAZZAI, FRANCISCO RABAL, RAFAEL RIVELLES, LYLA ROCCO. ■ Spagna. Nel corso della guerra civile, squadre comuniste comandate da Goeritz sottraggono bimbi alle famiglie. Tra i rapiti c'è Diego, dieci anni, che viene condotto in Russia. Tornerà in patria quindici anni dopo, in qualità di "informatore" sovietico. Quando al giovane viene dato l'ordine di eliminare (se pure indirettamente) il proprio padre, Diego è combattuto tra il senso del dovere di agente comunista e l'affetto filiale. Prevarrà il primo e il ragazzo inviterà il genitore al mortale appuntamento, dove lo aspetta Goeritz per ucciderlo. Ma un colpo di scena finale risolverà le cose in altro modo. ■ DRAMMATICO; B/N; 90'; SPAGNA, 1954.

BETELNUT BEAUTY *(AI NI AI WO)* ★★★
Regia di LIN CHENG-SHENG. Con CHANG CHEN SINJE, TSAI CHEN-NAN, KAO MING-CHUN. ■ Il Betelnut è una pianta tropicale da cui si estrae una droga leggera diffusa in molti paesi asiatici, in particolare a Taiwan. Poiché la maggioranza dei consumatori è composta di lavoratori, in particolare da rappresentanti, è usanza trovare le Betelnut Beauties, giovanissime venditrici di Betelnut, che per tutta la notte stazionano in squallidi box situati lungo le strade della capitale taiwanese. Il film si avvia lentamente, per raccontare la vita di una di queste ragazzine, i suoi sogni e le aspettative per un futuro quanto mai incerto. Fei-Fei è una Betelnut Beauty come tante, cresciuta senza l'affetto del padre e nello squilibrio di una metropoli moderna e labirintica come Taipei. I suoi incontri sono segnati da una casualità che pare contraddistinguere le modalità comunicative imposte dalla società consumistica. La cinepresa indaga in un universo dove sembra inesistente qualsiasi principio morale, etico; ciascun personaggio, quasi seguisse un copione già scritto, prima o poi si confronta con regole che non ammettono errori, tantomeno ripensamenti. Un bel film che ritrae la giovinezza in tutto il suo splendore, l'incoscienza; la gioia di vivere ha la meglio sulla tragicità e le difficoltà quotidiane. ■ DRAMMATICO; COL.; 106'; TAIWAN, 2000. ■ BERLINO 1 PR.

BETHUNE – IL MITICO EROE *(Bethune)* ★★
Regia di PHILLIP BORSOS. Con ANOUK AIMÉE, HELEN SHAVER, DONALD SUTHERLAND. ■ Dedito alla musica classica e ai piaceri della vita, Bethune si dichiara antifascista e ricerca ostinatamente la libertà. L'attore Sutherland si era già calato nei panni di questo personaggio, sotto la direzione di Eric Till. ■ BIOGRAFICO; COL.; 112'; CANADA, 1990.

BETÌA OVVERO IN AMORE PER OGNI GAUDENZA CI VUOLE SOFFERENZA, LA ★★★
Regia di GIANFRANCO DE BOSIO. Con MARIO CAROTENUTO, NINO MANFREDI, EVA RAS, ROSANNA SCHIAFFINO, LINO TOFFOLO. ■ La bella contadina Betìa non vuole sposare il goffo bracciante Zilio anche perché lo ritiene incapace di poter soddisfare la sua continua richiesta di prestazioni sessuali. Interviene il furbo Nale, amante segreto di Betìa, che convincerà la donna a sposare Zilio assicurandole che la loro relazione potrà continuare. Alla fine, si instaurerà un singolare ménage a cinque con Betìa, Zilio, Nale, la moglie di Nale e l'amante della moglie di Nale. ■ COMMEDIA; COL.; 99'; ITALIA, 1971.

BETLY ★★
CON ULLA LINDBERY, GINO ORLANDINI, NASCO PETROFF. ■ Il giovane contadino Daniele è innamorato di Betly, la più bella ragazza del paese. Ma lei non ricambia il sentimento e allora Daniele, per dimenticare, si arruola. Caso vuole che il comandante della compagnia sia proprio il fratello di Betly, il quale si adopererà affinché la sorella si accorga delle buone qualità e dell'amore sincero di Daniele. ■ COMM. MUSICALE; B/N; 103'; ITALIA, 1950.

BETRAYED – TRADITA *(Betrayed)* ★★★
Regia di CONSTANTIN COSTA-GAVRAS. Con TOM BERENGER, JOHN HEARD, DEBRA WINGER. ■ Un agente in gonnella dell'Fbi indaga su un farmer del Mid West sospettato di aver ucciso un divo della radio e di far parte di un movimento clandestino fascista. La donna si innamora del farmer e ci rimane malissimo quando i sospetti sono confermati. Ispirato all'uccisione di Alan Berg a Denver. Non tutto riuscito in questo melodramma politico di Costa-Gavras (afflitto da troppe inverosimiglianze e forzature) ma Debra Winger e alcune scene (come il raduno fascista) sono memorabili. ■ DRAMMATICO; COL.; 127'; USA, 1988.

BETSY *(The Betsy)* ★★★
Regia di DANIEL PETRIE JR. Con JANE ALEXANDER, ROBERT DUVALL, TOMMY LEE JONES, LAURENCE OLIVIER, KATHARINE ROSS. ■ Lord Hardeman, fondatore di una grandissima industria automobilistica di Detroit, decide di realizzare un'auto rivoluzionaria adatta per la crisi petrolifera e finanziaria. La macchina si chiamerà "Betsy", come la pronipote prediletta dell'anziano signore. Ma mille rancori personali e difficoltà varie impediranno la messa a punto di "Betsy" e il vecchio imprenditore vedrà la sua ditta finire nelle mani di un ex corridore di Formula Uno. Il soggetto è ricavato dal celebre romanzo omonimo dello scrittore Harold Robbins. ■ DRAMMATICO; COL.; 125'; USA, 1978.

BETTER TOMORROW, A *(Yingxiong bense)* ★★
Regia di JOHN WOO. Con LESLIE CHEUNG, TI LUNG, CHOW YUN-FAT. ■ Uscito solo per il noleggio. Questo film, diretto dal più bravo regista d'azione di Hong Kong, ruota sulla vicenda di un gangster. Uscito dal carcere, vuole rifarsi una vita e conquistarsi il rispetto del fratello poliziotto che lo crede assassino del loro genitore. ■ POLIZIESCO; COL.; 105'; HONG KONG, 1986.

BETTER TOMORROW II, A *(Yingxiong bense II)* ★★
Regia di JOHN WOO. Con LESLIE CHEUNG, TI LUNG, CHOW YUN-FAT. ■ New York. Il fratello gemello del gangster del primo atto cerca di aiutare un amico a superare il trauma per la figlia uccisa. Si mette in azione per vendicarlo. Migliore rispetto al precedente *A Better Tomorrow*. ■ POLIZIESCO; COL.; 100'; HONG KONG, 1987.

BETTY ★★★
Regia di CLAUDE CHABROL. Con STÉPHANE AUDRAN, JEAN-FRANÇOIS GARREAUD, MARIE TRINTIGNANT, PIERRE VERNIER. ■ Per questo dramma Chabrol si è ispirato a un racconto del romanziere Georges Simenon. È un ritorno del regista alla qualità dei suoi migliori film. Betty ha avuto esperienze negative con gli uomini che l'hanno portata all'alcol e a una visione pessimistica della vita. Tutto ciò viene narrato dopo che la poverina è tratta in salvo, dallo squallore di un ennesimo bar in quel di Versailles, da una ricca signora che la conduce in un grande albergo. ■ DRAMMATICO; COL.; 104'; FRANCIA, 1992.

BETTY BLUE *(37° 2 le matin)* ★★★
Regia di JEAN-JACQUES BEINEIX. Con JEAN-HUGUES ANGLADE, BÉATRICE DALLE, CONSUELO DE HAVILLAND. ■ La placida esistenza dell'aspirante scrittore Zorg viene sconvolta dall'arrivo della conturbante Betty. Tra i due scoppia una passione travolgente destinata a concludersi tragicamente quando le stranezze e l'instabilità di Betty sfoceranno nell'aperta follia. Film d'amore e di morte, amaro e inquietante, contrappuntato da una colonna sonora (opera di Gabriel Yared) tra le più originali ed interessanti di quel decennio. ■ DRAMMATICO; COL.; 115'; FRANCIA, 1986. ■ GOLDEN GLOBES 1 NOM; OSCAR 1 NOM.

BETTY FISHER *(Betty Fisher et autres histoires)* ★★
Regia di CLAUDE MILLER. Con EDOUARD BAER, NICOLE GARCIA, SANDRINE KIMBERLAIN, MATHILDE SEIGNER. ■ Betty, gio-

vane scrittrice di talento, è in crisi per la morte del figlio. Improvvisamente riappare sua madre, ammalata gravemente, che, spinta dai sensi di colpa, la coinvolge nel rapimento di un bambino, un "figlio di ricambio". Ma la mamma del bambino rapito ha amici nella malavita... Il regista confonde le carte e si avventura nel thriller, nel dramma psicologico, nel *banlieue-film*. Tratto dal romanzo *The Tree of Hands*, dell'inglese Ruth Rendell. ■ DRAMMATICO; COL.; 103′; CANADA, FRANCIA, 2003.

BETTY LOVE *(Nurse Betty)* ★★★
Regia di NEIL LABUTE. Con MORGAN FREEMAN, GREG KINNEAR, CHRIS ROCK, RENÉE ZELLWEGER. ■ Betty fa la cameriera in un ristorante in una città di provincia. Ogni giorno, per cinque giorni alla settimana, ha la possibilità di sognare e di vedere il suo grande amore: il dottor David Ravell. Costui è il personaggio protagonista di *Amore e Passione* la soap opera di cui la ragazza non perde una puntata. Ma Betty è sposata e una sera si vede uccidere davanti, non vista, il marito. Gli assassini sono Charlie e il suo allievo Wesley. Betty non trova altro modo per reagire all'accaduto che raggiungere Los Angeles dove vive il principe azzurro dei suoi sogni. Lo raggiunge (seguita dai due killer) e lo incontra. Per lei non si tratta di un attore ma proprio del dottor Ravell. Con tutte le conseguenze del caso. Labute abbandona i toni della commedia sulfurea che avevano contraddistinto le sue due opere precedenti non dimenticando però un omaggio alla sensibilità femminile. Perché se in *Nella società degli uomini* e in *Amici e vicini* lo sguardo sull'universo maschile era privo di illusioni qui, inizialmente, la prospettiva sembra ribaltata. Betty è una soap-dipendente al punto da non distinguere più tra finzione e realtà. Ma la sua ingenuità la conserva pulita in un mondo che non lo è. Il tutto con i toni della commedia graffiante ma non acida sostenuta dalla coppia Freeman/Rock che sa come giocarsi i tempi comici ■ COMMEDIA; COL.; 112′; USA, 2000. ■ CANNES 1 PR; GOLDEN GLOBES 1 PR, 1 NOM.

BEVERLY HILLS COP II – UN PIEDIPIATTI A BEVERLY HILLS II *(Beverly Hills Cop II)* ★★★
Regia di TONY SCOTT. Con EDDIE MURPHY, BRIGITTE NIELSEN, JUDGE REINHOLD. ■ Eddie Murphy ancora nei panni di Axel Foley, lo scatenato piedipiatti di Detroit, di nuovo in visita a Beverly Hills. Ci va per indagare sul misterioso ferimento di un poliziotto suo amico. Adoperando sempre metodi poco ortodossi, Murphy scopre che responsabili del ferimento sono i sicari di una banda di rapinatori, capitanata da una terribile biondina, che ha il suo covo in un club di tiro a segno. ■ POLIZIESCO; COL.; 102′; USA, 1987. ■ GOLDEN GLOBES 1 NOM; OSCAR 1 NOM.

BEVERLY HILLS COP III *(Beverly Hills Cop III)* ★★
Regia di JOHN LANDIS. Con HECTOR ELIZONDO, EDDIE MURPHY, JUDGE REINHOLD. ■ Axel Foley, agente della polizia dalla risata inconfondibile, torna per la terza volta. Purtroppo, nonostante la regia di Landis, siamo ancora una volta nel già visto e nelle battute banali. L'idea di ambientare il film a Wonder World, un grande parco di giochi, era dettata forse dall'intento di mostrare come gli Stati Uniti siano un enorme baraccone. L'ironia però si perde nella sceneggiatura scontata che vede Foley cercare di districarsi nell'ennesimo caso di omicidio. Salti e capriole non sono sufficienti. ■ COMMEDIA; COL.; 105′; USA, 1994.

BEVERLY HILLS COP – UN PIEDIPIATTI A BEVERLY HILLS *(Beverly Hills Cop)* ★★★
Regia di MARTIN BREST. Con JOHN ASHTON, EDDIE MURPHY, JUDGE REINHOLD. ■ Eddie Murphy è Axel Foley, poliziotto di Detroit che chiede le ferie per poter cercare gli assassini di un suo amico. La pista lo porta a Beverly Hills e ai traffici illeciti di un potente uomo d'affari responsabile della morte dell'amico. Quando torna al suo distretto Axel si accorge di aver guadagnato la stima dei suoi colleghi. Divertente e ricco di azione, ennesimo successo dell'irresistibile attore di colore "nato" con *Una poltrona per due*. ■ POLIZIESCO; COL.; 105′; USA, 1984. ■ GOLDEN GLOBES 2 NOM; OSCAR 1 NOM.

BEVERLY HILLS 90210 ★★
Regia di DANIEL ATTIAS, TIM HUNTER. Con SHANNEN DOHERTY, JENNIE GARTH, LUKE PERRY, JASON PRIESTLEY. ■ Si tratta dell'episodio pilota della famosa serie televisiva: l'arrivo di Brandon e sua sorella Brenda nel ricco quartiere di Los Angeles, l'ingresso nell'esclusivo college e, ovviamente, l'intreccio di love-story tra feste movimentate e vita da spiaggia. Come appendice: l'ultima puntata, intitolata *Il giorno del diploma*, e un'intervista ai protagonisti. ■ COMMEDIA; COL.; 210′; USA, 1990.

BEYOND *(Svinalängorn)* ★★★
Regia di PERNILLA AUGUST. Con TEHILLA BLAD, OUTI MÄENPÄÄ, NOOMI RAPACE, OLA RAPACE, VILLE VIRTEN. ■ Svezia. Festa di Santa Lucia. Padre, madre e due figli si svegliano serenamente. Il telefono squilla. È la madre di Leena che la cerca. Leena riattacca. Il telefono squilla nuovamente: è un ospedale che la informa che sua madre sta per morire e vuole vederla. Leena non vuole raggiungerla ma il marito la obbliga. Quel viaggio e quella visita fanno riemergere il passato della donna e di suo fratello. È un film sulla rimozione di ciò che ci ha ferito nell'infanzia l'opera prima di Pernilla August, attrice scoperta da Ingmar Bergman che le offrì un ruolo in *Fanny e Alexander* e che poi ha avuto e continua ad avere una carriera prestigiosa. ■ DRAMMATICO; COL.; 92′; SVEZIA, FINLANDIA, 2010.

BEYOND THE MAT ★
Regia di BARRY W. BLAUSTEIN. Con DARREN DROZDOV, MICK FOLEY, VINCE MCMAHON, JAKE ROBERTS. ■ Appassionato di wrestling fin dalla sua infanzia, Barrey W. Blaustein si presenta al pubblico ed inizia ad illustrarci il mondo del wrestling, intervistando i suoi protagonisti, ripercorrendo le loro vite ed i loro successi e raccontando le reali motivazioni che hanno spinto ognuno di loro ad intraprendere questo sport. Il regista ci fa conoscere così le scuole in cui si formano i wrestler, le società che organizzano gli incontri, come la potente World Wrestling Entertainment della famiglia di Vince McMahon, e i meccanismi che regolano lo show business: dai match confezionati al look dei combattenti, dai gadget alle musiche. ■ DOCUMENTARIO; COL.; 102′; USA, 1999.

BEYOND THE SEA ★★★
Regia di KEVIN SPACEY. Con BRENDA BLETHYN, KATE BOSWORTH, JOHN GOODMAN, BOB HOSKINS, GRETA SCACCHI, KEVIN SPACEY. ■ Il film biografico ha estimatori e detrattori ed è da questa premessa, apparentemente ovvia, che è necessario partire per parlare di *Beyond the Sea*. Perché, in questo caso, all'interesse per il genere va aggiunto un elemento ulteriore: Kevin Spacey, regista e protagonista, ama profondamente il personaggio che porta in scena il quale, di fatto, non offrirebbe molta materia per un film. Bobby Darin è un cantante che ha azzeccato nella sua carriera dei buoni pezzi da *entertainer* ma non può essere considerato un classico. Per di più è morto giovane (37 anni) anche se i medici gli avevano diagnosticato una vita non superiore ai 15 anni. Più che rivisitare un'epoca si mostra interessato alla psicologia di un uomo che fin da bambino è cosciente di essere destinato a una vita breve. ■ MUSICALE; COL.; 121′; USA, GERMANIA, GRAN BRETAGNA, 2005. ■ GOLDEN GLOBES 1 NOM.

BEYOND THE VALLEY OF THE DOLLS – LUNGO LA VALLE DELLE BAMBOLE *(Beyond the Valley of the Dolls)* ★★
Regia di RUSS MEYER. Con MARCIA MCBROOM, CYNTHIA MYERS, DOLLY READ, EDY WILLIAMS. ■ Tre belle ragazze alla ricerca, con l'aiuto di un miliardario segretamente transessuale, del successo. Finisce tutto in una totale confusione, tra sesso e sangue. Il celebre regista dell'eccesso farà felici i suoi fans, un po' meno gli altri. Al di là dei giudizi morali, un grande tecnico della macchina da presa. ■ EROTICO; COL.; [illegible]00′; USA, 1970.

BHUTTO ★★
Regia di DUANE BAUGHMAN, JOHNNY O'HARA. Con TARIQ ALI, REZA ASLAN, DIANA AVENI, BENAZIR BHUTTO, FATIMA BHUTTO. ■ Benazir è un nome che significa "senza paragoni", "unica". Speciale era Benazir Bhutto, la leader pakistana morta in un attentato nel dicembre 2007. A lei, alla sua vita e alla sua dinastia è dedicato *Bhutto*, il documentario di Duane Baughman e Johnny O'Hara sulla prima donna a essere eletta primo ministro in un paese musulmano, colei che ha cambiato il Pakistan, e il mondo.

■ DOCUMENTARIO, COL.; 111′; USA, PAKISTAN, GRAN BRETAGNA, 2010.

BIANCA ★★★

Regia di NANNI MORETTI. Con LAURA MORANTE, NANNI MORETTI, REMO REMOTTI. ■ Solitario e nevrotico, Michele passa le giornate studiando la vita di coppia di amici e conoscenti e aggiornando una specie di schedario. Quando la sua dirimpettaia, che più volte aveva spiato dalla finestra, viene trovata uccisa, Michele è tra i sospettati. Nel frattempo, però, si innamora di una collega e sembra ritrovare un briciolo di equilibrio. Finale amaro e surreale, in perfetto stile "morettiano". ■ DRAMMATICO; COL.; 95′; ITALIA, 1983.

BIANCA COME IL LATTE, ROSSA COME IL SANGUE ★★

Regia di GIACOMO CAMPIOTTI. Con LUCA ARGENTERO, ROMOLO GUERRERI, AURORA RUFFINO, FILIPPO SCICCHITANO, GAIA WEISS. ■ Leo ha sedici anni, studia poco, ma ha molta voglia di dichiararsi a Beatrice, la ragazza dai capelli rossi che frequenta il suo liceo. Perdutamente innamorato, Leo chiede aiuto agli amici Niko e Silvia, invaghita di lui dalle medie. Inciampato a un passo da lei, il ragazzo riesce finalmente a strapparle la promessa di rivedersi presto a scuola, ma in aula Beatrice non tornerà più perché la leucemia le ha compromesso il futuro. Sconvolto ma risoluto, Leo decide di prendersi cura di lei e di accompagnarla nella malattia, allacciando con Beatrice una tenera amicizia che contemplerà il buio e la luce. Giacomo Campiotti con *Mai + come prima* aveva trattato la perdita durante l'adolescenza. Allo stesso modo *Bianca come il latte, rossa come il sangue,* trasposizione del romanzo omonimo di Alessandro d'Avenia, è un percorso di formazione che affronta la crescita attraverso la morte. ■ COMMEDIA; COL.; 102′; ITALIA, 2012.

BIANCA E BERNIE NELLA TERRA DEI CANGURI ★★★

(The Rescuers down Under)

Regia di HENDEL BUTOY, MIKE GABRIEL. ■ Nuova avventura per i due topolini anni Ottanta di casa Disney che sono alle prese con un doppio rapimento. Un bambino di otto anni infatti ha cercato inutilmente di salvare, da un feroce bracconiere, un'aquila reale. Il risultato invece è stato quello di essere catturato assieme all'uccello in via d'estinzione. I due topolini naturalmente riusciranno a liberarli e a sconfiggere il bracconiere. Un divertimento per tutti che ha al suo attivo un sempre maggior perfezionamento tecnico che rende tutto più realistico. In coda un mediometraggio con Topolino & Co. ispirato a *Il principe e il povero* di Twain, che da solo vale il biglietto. ■ ANIMAZIONE; COL.; 80′; USA, 1990.

BIANCANEVE *(Mirror Mirror)* ★★

Regia di TARSEM SINGH. Con LILY COLLINS, ARMIE HAMMER, NATHAN LANE, JULIA ROBERTS, MARE WINNINGHAM. ■ La perfida regina, dopo la morte del magnanimo re-padre, rinchiude la figliastra Biancaneve nel palazzo, e prende controllo del regno, sperperando il denaro del popolo e vessando corte e servitori. Il giorno del suo diciottesimo compleanno, però, Biancaneve esce di nascosto dalla reggia per verificare le condizioni del reame che il padre le ha lasciato. Si imbatte prima in un ricco e giovane principe di passaggio e poi in sette nani briganti, che l'aiuteranno a trovare il coraggio di ribellarsi alla matrigna. Tarsem Singh rilegge la fiaba più famosa del mondo in chiave divertente, non troppo demente, realizzando, dal vivo, quasi un film d'animazione. ■ FANTASTICO; COL.; 105′; USA, 2012.

BIANCANEVE & CO. ★

Regia di MARIO BIANCHI. Con FRANCO BRACARDI, GIANFRANCO D'ANGELO, ORESTE LIONELLO, MICHELA MITI. ■ Versione boccaccesca della celebre favola, con una Biancaneve molto ben disposta a certe proposte e la regina Grimilde che si fa livida per l'invidia. ■ COMMEDIA; COL.; 93′; ITALIA, 1982.

BIANCANEVE E GLI 007 NANI ★

(Happily N'Ever After 2)

Regia di STEVEN E. GORDON, BOYD KIRKLAND. Con LAURA BOCCANERA, JERRY CALÀ, ANTONELLA CLERICI, DAVIDE LEPORE, FABRIZIO PUCCI. ■ Nel mondo della favole due figure non ben precisate si apprestano a guardare in una sfera magica lo svolgersi dell'ennesima storia, pasticciando però con la bilancia del bene e del male causeranno diversi imprevisti al normale flusso del racconto fiabesco. Biancaneve è la figlia dell'amata regina del regno, una volta beniamina di tutti i sudditi, ma come le sue amiche (Cappuccetto Rosso, Riccioli d'oro e compagnia bella) è una ragazzina ricca e viziata che non ascolta i consigli del padre e che pensa di poter essere come la madre solo badando alla propria popolarità. Ci vorranno i 7 nani per farla tornare la vera Biancaneve. ■ ANIMAZIONE; COL.; 70′; USA, 2009.

BIANCANEVE E I SETTE LADRI ★★★

Regia di GIACOMO GENTILOMO. Con MISCHA AUER, PEPPINO DE FILIPPO, SILVANA PAMPANINI. ■ Milano. È Ferragosto, ma il ragionier Peppino Biancaneve è ancora in città perché sta preparando il discorso da fare al futuro suocero per chiedere la mano della figlia. Ma una specie di iettatore manda a catafascio tutti i piani di Biancaneve. Il ragioniere napoletano si trova in mezzo ad un mare di guai e di equivoci, ma alla fine otterrà il sospirato consenso alle nozze. ■ COMICO; B/N; 90′; ITALIA, 1949.

BIANCANEVE E I SETTE NANI ★★★★★

(Snow White and the Seven Dwarfs)

Regia di DAVID HAND. ■ La perfida regina ordina al suo cacciatore di uccidere Biancaneve che lo specchio parlante ha definito la più bella del reame. La ragazza fugge. Guidata dagli animaletti del bosco, arriva alla casa dei sette nani. Eolo, Mammolo, Pisolo, Brontolo, Dotto, Gongolo e Cucciolo la accolgono e la proteggono. Quando la regina, trasformatasi in strega, arriva per ucciderla, i nanetti inseguono la cattiva che precipita da un burrone. Biancaneve, vegliata dai suoi amici come morta, torna in vita quando viene baciata dal giovane principe innamorato. Primo lungometraggio di Walt Disney, pietra miliare della comunicazione del Novecento. Uno dei titoli che fanno parte della leggenda vivente del cinema. Facile, infantile, sentimentale, dolciastro, ma solo apparentemente. In realtà il film portava in sé precisi significati, anche molto seri (per esempio l'iperattività dei nani, in un momento in cui l'America si dibatteva ancora nella crisi economica) e comunque recava messaggi di allegria non gratuita, conquistata con fatica e dolore: la terribile lotta con la strega. Successivamente i cartoni di Disney sono stati perfezionati, sino ad arrivare alle ultime quasi incredibili *performance* de *La Sirenetta*, *La bella e la bestia*, *Aladdin* e *Il re leone*, ma la spontaneità, la dolcezza e la magia di quei disegni restano irripetibili. La Disney, infatti, nei decenni ha difeso a oltranza *Biancaneve* negando i diritti alla televisione e "cedendo" solo recentemente all'home video. Ricordiamo alcuni nomi importanti: Joe Grant e Albert Hurter autori dei bozzetti; Frank Churchill, Leigh Harline e Paul Smith che scrissero le canzoni. L'abbrivio del film, pur venendo ormai da molto lontano, ha dato vita alla "cultura" dei sette nani senza soluzione di continuità attraverso un *merchandising* capillare e globale (figurine, giocattoli, abbigliamento, oggetti eccetera) e innescando un'altra vera e propria cultura dell'imitazione. Tutto questo è sicuramente più buono che cattivo, anche se la solita certa critica non ha mancato di sviscerare gli aspetti deteriori del film guardandosi bene, naturalmente, dal canonizzarlo in qualche classifica. Scrive Georges Sadoul: «...Le scene poetiche e sentimentali erano caratterizzate da un cattivo gusto pesante, misto di *kitsch* e cartoline di Natale; i due personaggi centrali erano scialbi e senza rilievo...». Erano talmente privi di rilievo che sono diventati un mito continuo. È anche vero che il lungometraggio fu a suo tempo proibito nei paesi scandinavi perché "terrorizzante" nella figura della strega. Significa che il messaggio non era poi solo natalizio. Biancaneve ha raccolto intorno a sé cinque generazioni di famiglie, tutte con la stessa felicità e commozione. Mi domando se un fatto del genere non sia importante almeno quanto la storia di qualche sconosciuto eroe della Rivoluzione di Ottobre, immancabilmente presente nelle classifiche nobili del cinema. ■ ANIMAZIONE; COL.; 82′; USA, 1937. ■ OSCAR 1 PR, 2 NOM; VENEZIA 1 PR.

BIANCANEVE E I TRE COMPARI ★★★

(Snow White and the Three Stooges)

Regia di WALTER LANG. Con CAROL HEISS, PATRICIA MEDINA,

THREE STOOGES, EDSON STROLL. ■ Biancaneve viene imprigionata dalla terribile matrigna la quale, gelosa della bellezza della fanciulla, ne desidera la morte. Il killer incaricato di eliminare Biancaneve decide però di risparmiarla abbandonandola in mezzo al bosco. Biancaneve arriva quindi alla casa dei sette nani dove vivono anche i tre Compari e un altro giovane detto "il Quarto". Tra Biancaneve e il Quarto nasce l'amore e, una volta sbarazzatisi della perfida matrigna, vivranno a lungo felici e contenti. ■ FIABESCO; COL.; 107'; USA, 1961.

BIANCANEVE E IL CACCIATORE ★★
(Snow White and the Huntsman)
Regia di RUPERT SANDERS. Con SAM CLAFLIN, CHRIS HEMSWORTH, IAN MCSHANE, KRISTEN STEWART, CHARLIZE THERON. ■ Ravenna è una bambina strappata precocemente alla madre da un re malvagio. Battezzata da un incantesimo e determinata a vendicarsi degli uomini, Ravenna cresce in potere, magia (nera) e beltà, disponendo di eserciti di ombre, facendo innamorare sovrani e rovinando regni. Dopo aver incantato il padre di Biancaneve, vedovo dolente e sconsolato, Ravenna diventa regina e padrona e rinchiude la sua bambina nella torre più fredda del castello. Gli anni passano e Biancaneve matura una bellezza che specchio e regina non possono davvero ignorare. La Biancaneve di Rupert Sanders è subito sfida tra "belle del reame". La bellezza bionda e folgorante di Charlize Theron è provocata da quella pallida e introversa di Kristen Stewart. Nessun principe azzurro canonico spalleggia la principessa di Kristen Stewart, piuttosto un team di sette nani minatori convertiti al furto e un cacciatore vedovo e sbronzo, lanciati contro le ingiustizie e i tempi correnti, quando i "cattivi" non basta più sgominarli ma bisogna anche "capirli". La voglia di piacere troppo spesso rovina la favola e la bella della favola. ■ AVVENTURA; COL.; 127'; USA, 2012.

BIANCANEVE (E VISSERO FELICI E CONTENTI) ★★
(Snow White Happily Ever After)
Regia di JOHN HOWLEY. ■ Versione al limite dell'orrore della storia di Biancaneve, dove la protagonista e il suo principe non riescono a sposarsi, dove ci sono le cuginette dei nani al posto di Brontolo e compagni, i mostri aggrediscono la fanciulla, il principe viene trasformato per incantesimo nell'Uomo Ombra. Il finale, però, è lieto, come si conviene a una fiaba. ■ ANIMAZIONE; COL.; 82'; USA, 1988.

BIANCANEVE NELLA FORESTA NERA ★
(Snow White in the Black Forest)
Regia di MICHAEL COHN. Con GIL BELLOWS, SAM NEILL, SIGOURNEY WEAVER. ■ Che ci fanno Sam Neill e Sigourney Weaver in una fiaba? Apparentemente nulla se non si trattasse di un tentativo di rilettura basato sulle teorie dello storico Eckhard Sander. Costui nel 1994 avanzò l'ipotesi che la principessa, di cui raccontano i fratelli Grimm, fosse davvero esistita nel Cinquecento. Ecco allora un tentativo di rendere "vera" la fiaba con tanto di nani-banditi e regina orrorifica. Cosa ci fanno allora i due attori già citati? Portano a casa il compenso. ■ DRAMMATICO; COL.; 100'; GRAN BRETAGNA, USA, 1996.

BIANCHEGGIA UNA VELA SOLITARIA ★★★★
(Beleet Parus Odinokij)
Regia di VLADIMIR LEGOSCIN. Con IGOR BUT, BORIS RUNG. ■ Nel 1905 durante l'ammutinamento dell'incrociatore *Potemkin* nel porto di Odessa, un marinaio della nave, ferito, viene raccolto e curato da due ragazzini. Guarirà per partecipare alla rivolta nella città. Poi, soffocata la ribellione, riuscirà ancora a fuggire, sempre con l'aiuto dei due fanciulli. È una specie di *Incrociatore Potemkin* ma visto dal basso, cioè attraverso gli occhi stupefatti di due ragazzini, ignari di politica. ■ AVVENTURA; B/N; 86'; URSS, 1937.

BIANCHE SCOGLIERE DI DOVER, LE ★★★★
(The White Cliffs of Dover)
Regia di CLARENCE BROWN. Con GLADYS COOPER, IRENE DUNNE, PETER LAWFORD, ALAN MARSHALL, FRANK MORGAN. ■ Una ragazza americana sposa alla vigilia della prima guerra mondiale un Lord inglese. Lui muore. Lei rimane con un figlio e molte lacrime. Scoppia poi il secondo conflitto mondiale. Il ragazzo parte per il fronte e ci lascia la pelle pure lui. La Lady avrà ancora di che piangere. Tratto non da un romanzo ma addirittura da un poema (chissà quanto retorico) di Alice Duer Miller, il film è uno dei più conosciuti tributi (l'altro è *La signora Miniver*) che il cinema americano volle elargire all'alleato inglese. Piuttosto enfatico, ebbe a suo tempo grandissimo successo e oggi rimane apprezzabile per la professionalità della realizzazione. ■ DRAMMATICO; B/N; 126'; USA, 1944. ■ OSCAR 1 NOM.

BIANCHE TRACCE DELLA VITA, LE *(The Claim)* ★★
Regia di MICHAEL WINTERBOTTOM. Con WES BENTLEY, MILLA JOVOVICH, NASTASSJA KINSKI, PETER MULLAN. ■ 1867. Corsa all'oro in California. La cittadina mineraria di Kingdom Come è governata o, meglio, dominata da Daniel Dillon, arricchitosi anni prima grazie alla vendita di sua moglie e della loro bambina. Ora le due compaiono in città. Le cose per Dillon prendono una piega diversa dall'abituale. Winterbottom è un regista sicuramente dotato (vedi *Welcome to Sarajevo* e *Go now*) che ha il difetto di girovagare troppo tra i generi. Sono pochi i registi che si possono permettere l'eclettismo e lui non è tra questi. ■ DRAMMATICO; COL.; 120'; CANADA, GRAN BRETAGNA, 2001.

BIANCHI CAVALLI D'AGOSTO ★★★
Regia di RAIMONDO DEL BALZO. Con RENATO CESTIÉ, CICCIO INGRASSIA, JEAN SEBERG, FREDERICK STAFFORD, ALBERTO TERRACINA. ■ Una famiglia della Virginia si reca nel Gargano per trascorrere le vacanze estive. I genitori sono ormai separati e trascurano il loro piccolo Barny, il quale ha solo la compagnia del suo cagnetto Clipper. Un grave infortunio occorso al bimbo riunirà i coniugi. ■ DRAMMATICO; COL.; 90'; ITALIA, 1975.

BIANCO APACHE ★
Regia di VINCENT DAWN – (pseud. di BRUNO MATTEI). Con LOLA FORNER, SEBASTIAN HARRISON. ■ Il capo di una tribù pellerossa accoglie e cresce come suo un bambino bianco. Questi tornerà tra la sua gente dopo molte avventure. ■ WESTERN; COL.; 95'; ITALIA, SPAGNA, 1986.

BIANCO E NERO ★★
Regia di PAOLO PIETRANGELI. ■ Carrellata in bianco e nero sull'Italia politica dal dopoguerra agli anni Settanta. È un film di montaggio che comprende anche interviste con personaggi noti e sconosciuti. ■ DOCUMENTARIO B/N; 95'; ITALIA, 1975.

BIANCO E NERO ★★
Regia di CRISTINA COMENCINI. Con AMBRA ANGIOLINI, ANNA BONAIUTO, FRANCO BRANCIAROLI, ERIQ EBOUANEY, AWA LY, AÏSSA MAÏGA, KATIA RICCIARELLI, MARIA TERESA SAPONANGELO, TERESA SAPONANGELO, FABIO VOLO. ■ Elena è una mediatrice culturale tra gli africani e le istituzioni italiane, ma inconsciamente spera che il suo impegno possa in qualche modo espiare i pregiudizi razziali dei genitori borghesi. Il marito Carlo non condivide il suo stesso entusiasmo e non ama accompagnarla alle serate benefiche promosse dall'associazione perché si sente fuori luogo. Finché non conosce Nadine, l'affascinante moglie senegalese del collega di Elena, e se ne innamora. Bianco e nero si scontrano e si fondono nel nuovo lungometraggio di Cristina Comencini, un po' meno triste del solito, che sceglie la commedia per invitare il pubblico ad aprirsi al "diverso". ■ DRAMMATICO; COL.; 100'; ITALIA, 2007.

BIANCO E NERO A COLORI ★★★
(Noir et blanc en couleur)
Regia di JEAN-JACQUES ANNAUD. Con JEAN CARMET, JACQUES DUFILHO, JACQUES SPIESSER. ■ Jean-Jacques Annaud, il regista de *Il nome della rosa*, si fece clamorosamente notare alla metà degli anni Settanta, con questo denso, beffardo apologo sul colonialismo francese (che ottenne l'Oscar 1978 per il miglior film straniero). Protagonisti sono i militari di una piccola guarnigione, che allo scoppio della prima guerra mondiale devono dar battaglia ai soldati tedeschi divenuti improvvisamente nemici. ■ DRAMMATICO; COL.; 91'; FRANCIA, 1977. ■ OSCAR 1 PR, 1 NOM.

BIANCO, IL GIALLO, IL NERO, IL ★★★
Regia di SERGIO CORBUCCI. Con GIULIANO GEMMA, TOMAS MILIAN, ELI WALLACH. ■ Uno sprovveduto che aspira a fare il samurai si mette in cerca di un cavallo che l'imperatore del Giappone ha regalato a una comunità giapponese che vive in America.

Il cavallo viene preso da qualcuno che intende far scoppiare la guerra fra i due paesi. C'è anche la richiesta di un milione di dollari che stuzzica un avventuriero svizzero. Alla fine tutto torna a posto. ■ WESTERN; COL.; 112'; ITALIA, 1974.

BIANCO NATALE *(White Christmas)* ★★★
Regia di MICHAEL CURTIZ. Con ROSEMARY CLOONEY, BING CROSBY, DEAN JAGGER, DANNY KAYE, VERA-ELLEN. ■ Due reduci di guerra, che hanno sfondato come artisti di varietà, capitano in un albergo di montagna tirato avanti alla meno peggio dal loro ex generale. I due si danno da fare, organizzano uno spettacolo, rilanciando in grande stile la locanda, guadagnandosi, oltre alla gratitudine del loro ex comandante, anche l'affetto di due belle ragazze. ■ COMM. MUSICALE; COL.; 120'; USA, 1954. ■ OSCAR 1 NOM.

BIANCO ROSSO E... ★★★
Regia di ALBERTO LATTUADA. Con ENZO CANNAVALE, ADRIANO CELENTANO, SOPHIA LOREN, GIUSEPPE MAFFIOLI, FERNANDO REY. ■ In ospedale, una suora bellissima è alle prese con un malato giovane, turbolento, comunista. Ci scappa il romanzetto? La sorella è tentata, ma interviene il destino a far del malato un defunto allo scoccare del novantesimo minuto. Alberto Lattuada dai tempi di *Anna* (con la Mangano) ha sempre avuto un certo gusto nel coprire le bellissime in abiti monacali. ■ COMMEDIA; COL.; 99'; ITALIA, 1972.

BIANCO ROSSO E VERDONE ★★★
Regia di CARLO VERDONE. Con MARIO BREGA, ANGELO INFANTI, CARLO VERDONE. ■ Tre personaggi percorrono l'autostrada del Sole (sono tutti diretti a Roma per votare): un emigrato meridionale, un padre di famiglia e un giovanotto bonaccione con la nonna a carico. La trasferta risulta disastrosa. La nonna muore, l'emigrato viene derubato e picchiato. E il *pater familias* si vede soffiare la moglie da un dongiovanni. ■ COMICO; COL.; 110'; ITALIA, 1981.

BIANCO, ROSSO, GIALLO, ROSA ★★
Regia di MASSIMO MIDA. Con MARIA GRAZIA BUCCELLA, ANITA EKBERG, CARLO GIUFFRÈ, GIUSI RASPANI DANDOLO, LEOPOLDO TRIESTE. ■ Il film si compone dei seguenti episodi: Giallo: *Anonima omicidi*. Bianco: *L'intrigo*. Rosso: *L'incastro*. Rosa: *Veni, vidi, vici*. ■ COMMEDIA; COL.; 115'; ITALIA, 1964.

BIANCO SOLE DEL DESERTO, IL *(Hayano)* ★★★
Regia di VLADIMIR MOTYL. Con KAKHI KAVSADZE, ANATOLIJ KUZNETSOV, PAVEL LUSPEKAEV, SPARTAK MISCIULIN. ■ Il russo Nicolaj Sukov, sergente di cavalleria (senza cavallo) reduce dalla campagna bellica del 1917-18, è in cammino per tornare a casa, attraverso pericoli e disagi d'ogni sorta. Durante la strada, scrive mentalmente alcune lettere alla moglie, colorandole di poetiche bugie. ■ AVVENTURA; COL.; 92'; URSS, 1970.

BIANCO VESTITO PER MARIALÉ, UN ★
Regia di ROMANO SCAVOLINI. Con EDILIO KIM, LUIGI PISTILLI, IVAN RASSIMOV, EVELYN STEWART, PILAR VELASQUEZ. ■ In un sinistro edificio, Paolo tiene segregata la moglie Marialé. La donna, manomettendo il lucchetto del telefono, invita un gruppo di amici. Gli ospiti vengono orrendamente decimati da un feroce quanto misterioso assassino. Resteranno, alla fine della festa, vivi in tre: Paolo, Marialé e uno degli invitati. Ma non per molto. ■ HORROR; COL.; 95'; ITALIA, 1972.

BIBBIA, LA ★★★
Regia di JOHN HUSTON. Con STEPHEN BOYD, AVA GARDNER, RICHARD HARRIS, JOHN HUSTON, FRANCO NERO, PETER O'TOOLE, GEORGE C. SCOTT. ■ L'Antico Testamento da Adamo a Isacco. Assistiamo all'assassinio di Abele da parte di Caino, alla torre di Babele costruita da Nimrod, al diluvio universale con annessa arca di Noè. La seconda parte è imperniata sulla vicenda di Abramo, il matrimonio con Sara, la nascita e il sacrificio (mancato) di Isacco, la distruzione di Sodoma e Gomorra. Il film doveva essere il trionfo produttivo di De Laurentiis, ma rischiò di mandarlo in bancarotta. ■ STORICO; COL.; 170'; ITALIA, 1966. ■ DAVID DI DONATELLO 4 PR, 4 NOM; OSCAR 1 NOM.

BIBBIA E LA PISTOLA, LA *(Shoot Out at Big Sag)* ★
Regia di ROGER KAY. Con WALTER BRENNAN, LEIF ERICKSON, VIRGINIA GREGG, LUANA PATTEN, CHRIS ROBINSON. ■ È un mediocre western realizzato per la televisione americana e imperniato sulle vicende di una famiglia di pionieri. Anche la sceneggiatura, opera dello stesso Kay, è modestissima. ■ WESTERN; B/N; 70'; USA, 1961.

BIBBIA SECONDO PIERINO, LA ★★★
(Stvoreni Sveta/La création du monde)
Regia di EDUARD HOFMAN. ■ Da quattro uova Dio estrae tre angioletti e un demonietto. Decide poi di procedere alla creazione, aiutato dagli angeli. In sei giorni appronta tutto nonostante, puntualmente, il diavoletto lo disturbi aggiungendo spine alle rose, sale nei mari, zizzania nel frumento, e via dicendo. ■ ANIMAZIONE; COL.; 80'; CECOSLOVACCHIA, FRANCIA, 1957. ■ VENEZIA 1 PR.

BIBO PER SEMPRE ★★
Regia di ENRICO COLETTI. Con MARCO DELLA NOCE, ANNA GALIENA, GIORGIO GOBBI, LUIS SEPÚLVEDA, TEO TEOCOLI. ■ Bibo Cedrelli, personaggio televisivo di successo, con magnifica famiglia (la moglie è la Galiena), si accorge, e a ragione, che si è perso le cose migliori della vita. L'incontro con uno strano barbone, interpretato dallo scrittore Sepúlveda, lo porta a ragionare sull'esistenza e alla naturale crisi di identità. Teocoli, uno dei più bravi e intelligenti sul piccolo schermo, si sforza di adeguarsi a quello grande. Ma le regole, ahimè, sono diverse. ■ COMMEDIA; COL.; 95'; ITALIA, 2000.

BICCHIERE DI RABBIA, UN *(Un copo de colera)* ★
Regia di ALUÌSIO ABRANCHES. Con ALEXANDRE BORGES, LINNEU DIAS, JULIA LAMMERTZ. ■ Lui è un operaio, lei una giornalista. Si incontrano e vanno a letto. Non occorre aggiungere altro. ■ DRAMMATICO; COL.; 78'; BRASILE, 1999.

BICHES – LE CERBIATTE, LES *(Les biches)* ★★★
Regia di CLAUDE CHABROL. Con STÉPHANE AUDRAN, JACQUELINE SASSARD, JEAN-LOUIS TRINTIGNANT. ■ Tra la giovane Why, che sbarca il lunario dipingendo cerbiatte sui marciapiedi di Parigi, e la ricca Frédérique nasce un'amicizia "particolare". Ospite di Frédérique a Saint-Tropez, Why si innamora di un architetto, Paul. Frédérique fa allora in modo che Paul volga subito le proprie attenzioni da Why a lei. In un primo tempo Why soffre, poi è felice di vivere insieme ai due amanti ai quali sente di voler molto bene, senza rancore. Però per Frédérique la presenza di Why diventa un peso e quindi se ne torna a Parigi col suo uomo. Why, contrariata, la raggiunge e la uccide. ■ DRAMMATICO; COL.; 97'; FRANCIA, 1968. ■ BERLINO 1 PR.

BICICLETTA VERDE, LA *(Wadjda)* ★★
Regia di HAIFAA AL-MANSOUR. Con REEM ABDULLAH, SULTAN AL ASSAF, ABDULLRAHMAN ALGOHANI, AHD KAME, WAAD MOHAMMED. ■ Arabia Saudita: in una scuola solo femminile Wadjda lotta per i propri desideri di libertà. In particolare uno: l'acquisto di una bicicletta verde per essere alla pari del bambino con cui gioca dopo scuola. La sua famiglia non può permettersela e comunque si tratta di un oggetto tradizionalmente riservato agli uomini, così Wadjda comincia a cercare i soldi. L'unica soluzione per lei è partecipare ad una gara di Corano della scuola (lei che non eccelle nelle materie religiose), il cui primo premio è in denaro. ■ DRAMMATICO; COL.; 100'; ARABIA SAUDITA, GERMANIA, 2012.

BICICLETTE DI PECHINO, LE ★★★
(Shiqi sui de dan che)
Regia di WANG XIAOSHUAI. Con LI BIN, CUI LIN, ZHOU XUN, GAO YUANYUAN. ■ Il film si dilunga eccessivamente nel mostrare gli inseguimenti ed i tentennamenti dei suoi protagonisti. Wang Xiao-shuai, nel narrare una vicenda non distante da quella di *Ladri di biciclette*, in cui un ragazzino trova lavoro presso un corriere, una sorta di Pony Express in bicicletta, traccia lo spaccato di una società assolutamente divisa tra il consumismo sfrenato metropolitano e l'attaccamento a tradizioni rurali del passato. La ricerca della bicicletta "rubata", fonte di guadagno per Guo, pertanto un oggetto prezioso, offre lo spunto alla cinepresa per vagabondare tra le strade di Pechino, dove, malgrado tutto, sembra ancora possibile trovare e scoprire valori come la solidarietà e l'amicizia. Bravissimi gli attori, ragazzi che non sembrano aver raggiunto la maggiore età e bravo il regista della sesta generazione,

Wang Xiaoshuai, per aver raccontato in modo realistico, ma non privo di poesia, una storia apparentemente semplice. ■ DRAMMATICO; COL.; 113'; CINA, FRANCIA, 2000. ■ BERLINO 🏅 1 PR.

BIDONE, IL ★★★★

Regia di FEDERICO FELLINI. Con RICHARD BASEHART, BRODERICK CRAWFORD, FRANCO FABRIZI, GIULIETTA MASINA. ■ I personaggi principali son tre: Augusto (Crawford), Roberto (Fabrizi) e Picasso (Basehart). Sono truffatori da quattro soldi. Il primo bidone lo tirano a due vecchiette facendo loro trovare un tesoro nel loro podere (per averlo devono pagare mezzo milione di dollari di messe), poi truffano dei benzinai lasciando a garanzia un vecchio cappotto. Augusto ha una figlia deliziosa che non vede mai, Picasso una moglie (Masina) sottomessa e disperata. Roberto, assolutamente cinico, è forse il peggiore di tutti, pensa solo a imbrogliare e alle donne. Tentano ancora una volta la truffa del tesoro nascosto. Una delle truffate è una ragazza paralizzata che si confida con Augusto, vestito da prete. Al momento della spartizione Augusto dice di non avere i soldi: non ha avuto il coraggio di imbrogliare la poveretta. I complici non gli credono, lo insultano e lo picchiano e poi gli trovano, nascosti in un calzino, i soldi. Augusto cadendo ha battuto la schiena. Abbandonato, dopo una notte terribile muore sulla strada, mentre lontano passa una famiglia di contadini. Fellini era al sesto film e aveva trovato la sua identità riconoscibilissima. Pochi anni dopo, con la *La dolce vita* avrebbe fatto l'ultimo salto di qualità. Ma la poesia c'è tutta, e ci sono i contenuti ancora robusti dell'età migliore, quella dell'energia. Augusto porta sua figlia al cinema, è contento, possiede un valore che aveva persino dimenticato, ma al cinema viene riconosciuto da qualcuno che aveva truffato, e finisce in prigione. E la figlia assiste a tutto. Inserito temporalmente fra *Le notti di Cabiria* e *La strada*, storie di squisito mondo e di fantasia felliniana, il film è una sorta di intervallo di realismo, ultimo richiamo in questo senso. Amaro e vedibile *a posteriori*, va rivalutato rispetto a una critica che lo ha inteso come "opera minore". ■ DRAMMATICO; B/N; 135'; ITALIA, 1955.

BIDONI ★★

Regia di FELICE FARINA. Con GIUSEPPE CEDERNA, GIOELE DIX, ANGELA FINOCCHIARO, DANIELE LIOTTI, OTTAVIA PICCOLO. ■ Sandra, segretaria e complice di un subdolo uomo politico, trascina nei guai un regista televisivo con cui ha una relazione e un carabiniere che coabita con quest'ultimo. I tre devono cavarsela in una storia di intrighi e tangenti. Piccolissimo sabotaggio. ■ COMMEDIA; COL.; 97'; ITALIA, 1995. ■ VENEZIA 1 PR.

BI E IL BA, IL ★★

Regia di MAURIZIO NICHETTI. Con NINO FRASSICA, LEO GULLOTTA, MARCO MESSERI. ■ Un Frassica stralunato e confusionario come ai tempi di *Quelli della notte* cala a Roma dal remoto paesello natio per scombinare la vita della capitale. Nichetti confeziona un film leggerino e a tratti divertente, ma comunque lontano dall'intelligenza dei suoi precedenti lavori. Frassica, nonostante la sua innegabile simpatia, dimostra di non essere ancora in grado di misurarsi sulla distanza del lungometraggio. ■ COMICO; COL.; 90'; ITALIA, 1986.

BIG ★★★

Regia di PENNY MARSHALL. Con TOM HANKS, ROBERT LOGGIA, ELIZABETH PERKINS. ■ Ragazzino sogna di diventare subito grande. Grazie a un incantesimo lo diventa. Con il corpo di un trentenne e il cervello da undicenne, fa un carrierone come manager di un'industria di giocattoli (chi conosce meglio i gusti di una clientela undicenne di un manager con l'età mentale del cliente?). Per giunta si porta a letto una bella dirigente (attratta evidentemente da quel "non so che" di infantile nel comportamento). ■ COMMEDIA; COL.; 102'; USA, 1988. ■ GOLDEN GLOBES 1 PR, 2 NOM; OSCAR 2 NOM.

BIGAMO, IL ★★

Regia di LUCIANO EMMER. Con MEMMO CAROTENUTO, VITTORIO DE SICA, MARCELLO MASTROIANNI, MARISA MERLINI, GIOVANNA RALLI, FRANCA VALERI. ■ Un giovane rappresentante di commercio viene accusato di bigamia. Dieci anni prima avrebbe sposato la figlia di un gerarca romagnolo. In realtà la sedicente prima moglie è una zitella mitomane che ha approfittato di un caso di omonimia. Tutto si chiarisce: l'imputato però dovrà scontare una leggera pena per falsa testimonianza: il suo avvocato (De Sica) gli aveva consigliato di confessarsi colpevole. ■ COMMEDIA; B/N; 110'; ITALIA, 1955.

BIG BANG LOVE, JUVENILE A *(46 oku nen no koi)* ★★★

Regia di TAKASHI MIIKE. Con MASANOBU ANDO, KENICHI ENDO, RENJI ISHIBASHI, RYO ISHIBASHI, RYUHEI MATSUDA. ■ Il giovane Jun Ariyoshi viene arrestato per aver ucciso un uomo durante una rissa nel bar gay dove lavorava. Quel giorno a entrare nel buio della prigione non è solo, il caso o il destino vogliono che varchi la stessa soglia anche Shiro Kazuki e che i due si conoscano prima e più di tutti gli altri. Shiro ha carisma e un fascino magnetico, doti che combina con un talento per la violenza e che lo portano velocemente in cima alla gerarchia carceraria. ■ DRAMMATICO, COL.; 85'; GIAPPONE, 2005.

BIG BLUE, THE ★★

Regia di ANDREW HORN. Con DAVID BRISBIN, JOHN ERDMAN, SHEILA MCLAUGHLIN, JIM NEU. ■ Un caso di adulterio apparentemente insignificante si rivela in realtà una pericolosa trappola per il poliziotto privato incaricato delle indagini. ■ POLIZIESCO; COL.; 100'; USA, 1987.

BIG BOSS *(Lepke)* ★★

Regia di MENAHEM GOLAN. Con WARREN BERLINGER, MICHAEL CALLAN, TONY CURTIS. ■ Vita e morte di Lepke Buchalter, gangster di origine ebraica che, da malvivente di piccolo cabotaggio, divenne capo dell'Anonima Assassini. Arrestato per un reato di poco conto, Lepke viene buttato a mare dai suoi complici. La sua parte nei delitti dell'Anonima viene così alla luce. Buchalter è condannato alla sedia elettrica nonostante i disperati tentativi di sua moglie di salvarlo. ■ POLIZIESCO; COL.; 110'; USA, 1974.

BIG DADDY – UN PAPÀ SPECIALE *(Big Daddy)* ★★

Regia di DENNIS DUGAN. Con JOEY LAUREN ADAMS, ADAM SANDLER, JOHN STUART. ■ Per acquisire credito con la sua ragazza Sonny si finge padre di un bambino affidato ai servizi sociali È solo la prima grande idea nel quadro del progetto di conquista. Ovviamente le cose non vanno per il verso giusto. Dal regista di *Piccola peste* e *Gli sgangheroni* una commedia su misura per il giovane attore comico Adam Sandler. Piuttosto scontato, ha ottenuto un grande successo negli States. Una curiosità: nella parte del bambino si sono alternati due gemelli. ■ COMICO; COL.; 95'; USA, 1998.

BIG EASY, THE ★★★

Regia di JIM MCBRIDE. Con ELLEN BARKIN, NED BEATTY, DENNIS QUAID. ■ Il "big easy" è la città di New Orleans, dove tutto è "accomodante" (anche, magari, il delitto). Ma una procuratrice distrettuale non la pensa così e ha avviato un'inchiesta sulla morte di un boss della malavita (una faccenda che la polizia locale sembra voler insabbiare). Dalle indagini vengono fuori brutte storie di poliziotti corrotti, di traffico di eroina, di lotte fra cosche locali. La funzionaria, con l'aiuto di un tenente innamorato di lei (anche se di moralità tutt'altro che specchiata), viene a capo di tutto. ■ GIALLO; COL.; 103'; USA, 1987.

BIG FISH *(Shooting Fish)* ★★★

Regia di STEFAN SCHWARTZ. Con KATE BECKINSALE, DAN FUTTERMAN, STUART TOWNSEN. ■ Due simpatici truffatori lavorano in allegria. Hanno l'alibi di far fessi i ricchi. Con loro c'è la bella Georgie, contesa. Trama esile ma simpatica e leggera, grazie al regista e allo sceneggiatore Richard Holmes. Nel quadro del (discretamente) felice cinema inglese contemporaneo. ■ COMMEDIA; COL.; 110'; GRAN BRETAGNA, 1998.

BIG FISH – LE STORIE DI UNA VITA INCREDIBILE *(Big Fish)* ★★★

Regia di TIM BURTON. Con HELENA BONHAM CARTER, STEVE BUSCEMI, BILLY CRUDUP, DANNY DEVITO, ALBERT FINNEY, JESSICA LANGE, ALISON LOHMAN, EWAN MCGREGOR. ■ Chi è veramente Edward Bloom: un ormai vecchio commesso viaggiatore contaballe ottusamente radicato nei racconti fantastici con cui ha descritto la sua vita, o un personaggio misterioso e mitologico, un avventuriero dalla vita straordinaria? Agli occhi del figlio Will la risposta è certa e inappellabile: Ed Bloom (interpretato rispettivamente da Ewan McGregor nella versione giovanile e da Albert Finney nella fase della vecchiaia, entrambi magnifici) altro non è che una figura lontana e patetica, incapace di affrontare la realtà e colpevole di averla sempre sfuggita attraverso il ricorso alle fiabe con cui l'ha rivestita. Realizzato a seguito della morte del padre e mentre lo stesso regista stava preparandosi a diventarlo, *Big Fish* può essere considerato un punto di svolta nella carriera di Tim Burton. ■ FIABESCO; COL.; 110'; USA, 2003. ■ DAVID DI DONATELLO 1 NOM; GOLDEN GLOBES 3 NOM; OSCAR 1 NOM.

BIGFOOT E I SUOI AMICI *(Harry and the Hendersons)* ★★
Regia di WILLIAM DEAR. Con DON AMECHE, MELINDA DILLON, JOHN LIGHTGOW. ■ Un *sasquatch* (un uomo scimmia delle foreste del Nordamerica) entra nella vita di una famiglia tipo americana. Tutti s'affezionano al gigante dai grandi piedi, ma devono rimandarlo nei boschi per sottrarlo alla persecuzione di un fanatico cacciatore. ■ COMMEDIA; COL.; 110'; USA, 1987. ■ OSCAR 1 PR, 1 NOM.

BIGGER, STRONGER, FASTER ★
Regia di CHRISTOPHER BELL. ■ Un film-documentario sull'uso e abuso di steroidi incentrato sulla storia del regista Christopher Bell e dei suoi due fratelli, cresciuti idolatrando le masse muscolari di Hulk Hogan, Sylvester Stallone, Arnold Schwarzenegger, e che sono passati attraverso la sub-cultura popolare degli steroidi nel tentativo di realizzare il loro Sogno Americano. ■ DOCUMENTARIO; COL.; 105'; USA, 2008.

BIG GIRLS DON'T CRY *(Große Mädchen weinen nicht)* ★★
Regia di MARIA VON HELAND. Con JOSEFINE DOMES, KAROLINE HERFURTH, ANNA MARIE MÜHE, AARON STANFORD. ■ Kati e Steffi sono due diciassettenni berlinesi, alle prese con i problemi tipici delle adolescenti: la scuola che non funziona, gli amori che sbocciano e sfioriscono senza soluzione di continuità, l'amicizia come rifugio. Ed infine, la famiglia: Kati ha genitori conservatori, che la controllano e la trattano ancora come una bambina, mentre Steffi, in apparenza figlia di una famiglia-modello che le dà libertà e autonomia, all'improvviso scopre che il padre ha una relazione extra-coniugale. Sarà rinsaldando il loro legame indissolubile che le due ragazze sapranno trarsi d'impaccio, imparando così a crescere. ■ DRAMMATICO; COL.; 87'; GERMANIA, 2002.

BIG KAHUNA, THE ★★
Regia di JOHN SWANBECK. Con PAUL DAWSON, DANNY DEVITO, PETER FACINELLI, KEVIN SPACEY. ■ Il "Big Kahuna" è il grande colpo, la grande vendita. Tre agenti di una società in crisi cercano di agganciare un possibile ricco cliente. Parlano, parlano, del lavoro, di se stessi, della vita. Un vero *Kammerspiel* (tutto in una, anzi, due stanze). Si aspetta, si aspetta. Per niente. Si salva De Vito, più bravo del "doppio oscar" Spacey, che pure si è costruito il film addosso. ■ DRAMMATICO; COL.; 90'; USA, 2000.

BIGLIETTI... D'AMORE *(Just the Ticket)* ★★★
Regia di RICHARD WENK. Con ELIZABETH ASHLEY, RICHARD BRADFORD, ANDY GARCIA, LAURA HARRIS, ANDIE MACDOWELL. ■ Lui è un bagarino newyorkese tanto ricco di sogni quanto privo di mezzi di sussistenza e di documenti. Ama lei ma non potrà mai realizzare il suo sogno se non riuscirà a sistemarsi. Con l'involontario aiuto del Papa in visita allo Yankee Stadium architetta il colpo della sua vita. È una storia ben girata, senza altre pretese che intrattenere con professionismo e suscitare simpatia. Ci riesce, grazie anche ai due protagonisti. Garcia (ricordate *Eroe per caso*?) è sempre a suo agio nei panni dei meno abbienti. ■ SENTIMENTALE; COL.; 111'; USA, 1999.

BIGLIETTO IN DUE, UN ★★
(Planes, Trains and Automobiles)
Regia di JOHN HUGHES. Con JOHN CANDY, RICHARD HERD, STEVE MARTIN. ■ Un padre di famiglia vuol tornare a casa per le feste del giorno del Ringraziamento, ma, fin dalla partenza da New York, è ritardato dal tempo, dagli aerei in ritardo e da un invadente (in ogni senso) compagno di viaggio. Simpatica commedia che serve meglio il ciccione John Candy della star Steve Martin. ■ COMMEDIA; COL.; 95'; USA, 1987.

BIG MAMA'S HOUSE *(Big Momma's House)* ★
Regia di RAJA GOSNELL. Con PAUL GIAMATTI, TERRENCE HOWARD, MARTIN LAWRENCE, NIA LONG, ELLA MITCHELL. ■ Il cinema, e il pubblico, hanno già dovuto digerire l'intollerabile professore grasso-Murphy, figurarsi il suo orrido clone Lawrence che invade senza pietà tutte le parti dello schermo: il faccione, il corpone, le mossone, le battutacce. C'è un limite anche alla pratica della "nuova estetica". ■ COMICO; COL.; 98'; USA, 2001. ■ OSCAR 1 PR, 1 NOM.

BIG MAMA. TALE PADRE, TALE FIGLIO ★
(Big Mommas: Like Father, Like Son)
Regia di JOHN WHITESELL. Con MAX CASELLA, PORTIA DOUBLEDAY, BRANDON T. JACKSON, MARTIN LAWRENCE, JESSICA LUCAS. ■ L'agente FBI Malcolm Turner ha un figliastro, Trent, tutto preso dal sogno di diventare un rapper di successo ma con davanti a sé la possibilità di entrare alla Duke University. Trent assiste a un omicidio. La vittima, prima di morire, rivela al ragazzo di aver nascosto del materiale che incriminerebbe il pericoloso Vlad e i suoi due braccio-destro in una scuola femminile di Atlanta. A Malcolm non resta che travestirsi di nuovo da "Big Momma" e trascinare con sé Trent a sua volta vestito da ragazza. ■ COMMEDIA; COL.; 107'; USA, 2011.

BIG MAN *(The Big Man)* ★★
Regia di DAVID LELAND. Con IAN BANNEN, BILLY CONNOLLY, LIAM NEESON, JOANNE WHALLEY-KILMER. ■ Liam Neeson, divenuto celebre per *Schindler's List* di Spielberg, è un pugile quasi per necessità, dovendo trovare un modo per sopravvivere. Nel pugilato mette tutto se stesso, salvo poi scoprire che l'esito degli incontri è già deciso *a priori*. ■ DRAMMATICO; COL.; 117'; GRAN BRETAGNA, 1990.

BIG NIGHT ★★
Regia di SCOTT CAMPBELL, STANLEY TUCCI. Con MARC ANTHONY, MINNIE DRIVER, TONY SHALHOUB, STANLEY TUCCI. ■ Primo e Secondo Pilaggi, fratelli italiani emigrati sulla costa del New Jersey gestiscono un ristorante sull'orlo del fallimento. I due, per risollevare la situazione, decidono di organizzare una sontuosa cena nel loro locale, alla quale invitare il famoso musicista Luis Prime. Gustosa commedia-gastronomica ambientata negli anni Cinquanta. ■ COMMEDIA; COL.; 107'; USA, 1996.

BIG TIME ★★
Regia di CHRIS BLUM. Con MICHAEL BLAIR, RALPH CARNEY, TOM WAITS. È un documentario (con qualche inserto di fiction concernente la vita del protagonista fra un concerto e l'altro) sul "cantattore" Tom Waits (apparso solo come attore in *Daunbailò*, *Ironweed*, *Short Cuts*). Assistiamo a una tournée di Waits, dove, fra un omaggio e l'altro ai suoi maestri Louis Armstrong e Bob Dylan, trova il tempo anche per insolentire il pubblico come faceva un altro suo idolo, l'*entertainer* Lenny Bruce. ■ COMM. MUSICALE; COL.; 87'; USA, 1988.

BIG TOP PEE-WEE – LA MIA VITA PICCHIATELLA ★★
(Big Top Pee-Wee)
Regia di RANDAL KLEISER. Con VALERIA GOLINO, PEE-WEE HERMAN, KRIS KRISTOFFERSON. ■ Un film che ha come traino il personaggio televisivo di Pee-Wee, notissimo negli Stati Uniti, e che ha incassato sette milioni di dollari. Pee-Wee vive in una fattoria e ha un maiale parlante, Vance, con il quale coltiva delle strane piante. È un tipo molto particolare, ed è fidanzato con Winnie. Salverà un circo caduto in disgrazia. ■ COMMEDIA; COL.; 86'; USA, 1988.

BIG TROUBLE – UNA VALIGIA PIENA DI GUAI ★★
Regia di BARRY SONNEFELD. Con TIM ALLEN, DENNIS FARINA, BEN FOSTER, RENE RUSSO, TOM SIZEMORE, STANLEY TUCCI. ■ Barry Sonnenfeld dirige un incredibile cast di attori in un film corale dalla comicità surreale. Le vite di quattordici persone si intrecciano a causa di una misteriosa valigia che sembra contenere una bomba atomica: un giornalista, un manager e sua moglie, poliziotti, killer trafficanti d'armi, balordi, hippy sono alcuni dei personaggi di questa commedia degli equivoci. ■ COMMEDIA; B/N'; USA, 2002.

BIG WHITE, THE ★★
Regia di MARK MYLOD. Con FRANK ADAMSON, W. EARL BROWN,

ERIC EPSTEIN, MICHAL GRAJEWSKI, WOODY HARRELSON, HOLLY HUNTER, ALISON LOHMAN, CRAIG MARCH, BRENDA MCDONALD, TIM BLAKE NELSON, GIOVANNI RIBISI, ROBIN WILLIAMS. ■ Paul Barnell, titolare di una piccola compagnia di viaggi sull'orlo della bancarotta, ha un disperato bisogno di denaro per salvare la propria attività e per garantire alla moglie malata le cure necessarie. L'unico modo per ottenere il denaro necessario è quello di riscuotere una polizza assicurativa di un milione di dollari intestata a suo fratello Raymond, scomparso ormai da cinque anni. Un giorno Paul trova per caso un cadavere e dopo averlo reso irriconoscibile lo spaccia per suo fratello ottenendo così il diritto a riscuotere la polizza. Tutto sembra andare per il meglio quando uno scrupoloso perito assicurativo a caccia di promozioni e una coppia di maldestri killer si mettono sulla sua strada. ■ COMMEDIA; COL.; 100′; USA, 2005.

BIKER BOYZ ★
Regia di REGGIE ROCK BYTHEWOOD. Con DANTE BASCO, TYSON BECKFORD, LISA BONET, LAURENCE FISHBURNE, RICK GONZALEZ, ORLANDO JONES, DEREK LUKE, SALLI RICHARDSON, LARENZ TATE. ■ Laurence Fishburne è Smoke, il "Re di Calì" – l'imbattuto campione delle corse clandestine di moto. La sua leadership è minacciata da Kid (Derek Luke) un giovane prodigio delle due ruote. Ne deriva una rivalità devastante. ■ AZIONE; COL.; 110′; USA, 2003.

BIKINI BEACH ★★
Regia di WILLIAM ASHER. Con FRANKIE AVALON, ANNETTE FUNICELLO, MARTHA HYER. ■ È il secondo film della serie *Vacanze sulla spiaggia*, in un ciclo di grandissimo successo in America negli anni Sessanta, specie presso i teenager. Protagonista di quasi ogni episodio è Frankie Avalon che qui compare in un doppio ruolo: il solito personaggio di tipo da spiaggia e il suo sosia, un cantante pop inglese. ■ MUSICALE; COL.; 90′; USA, 1964.

BIKINI PER DIDI, UN *(Boy, Did I Get a Wrong Number!)* ★★
Regia di GEORGE MARSHALL. Con BENNY BAKER, CESARE DANOVA, PHYLLIS DILLER, BOB HOPE, ELKE SOMMER. ■ Un agente immobiliare telefona alla moglie, sbaglia numero e rimane coinvolto nei pasticci di una attricetta bionda. Uno degli ultimi film di Bob Hope. ■ COMICO; COL.; 99′; USA, 1966.

BIKINI PERICOLOSI *(Le roi du village)* ★★
Regia di HENRI GRUEL. Con CHARLES BLAVETTE, LUISA MATTIOLI, ANNA MARIA PACE, CATHERINE ROUVEL, HENRI TISOT. ■ Un giorno arrivano in un paesello quattro scatenate parigine che portano lo scompiglio nell'animo degli uomini del villaggio, soprattutto in quello del giovane trovatello Mosè. Quando le ragazze se ne vanno via, Mosè le raggiunge a Parigi. Ma poi si convincerà dell'inutilità del proprio gesto e rientrerà al paese, accolto festosamente e intenzionato a costruire un futuro con Agnese, ragazza che lo amava. ■ COMMEDIA; B/N; 90′; FRANCIA, 1963.

BIKINI SHOP *(Malibu Bikini Shop)* ★★
Regia di DAVID WECHTER. Con BRUCE GREENWOOD, BARBARA HORAN, MICHAEL WRIGHT. ■ Un giovanotto eredita un negozio di costumi da bagno. Sulle prime cerca di disfarsene (ha già un'altra attività e sta per sposarsi). Poi ci prende gusto a gestire e soprattutto alla compagnia delle sue modelle per i bikini. Una di queste gli farà girare la testa... ■ COMMEDIA; COL.; 91′; USA, 1987.

BIKINI SUMMER 2 – VACANZE IN BIKINI 2 ★★
(Bikini Summer 2)
Regia di JEFF CONAWAY. Con AVALON ANDERS, MELINDA ARMSTRONG, JEFF CONAWAY, JESSICA HAHN. ■ Ancora Malibù, ancora corpi sexy che si muovono sulle spiagge. Il film non racconta una storia: fotografa unicamente le curve di sorridenti ragazze abbronzate, coperte a stento da costumi improbabili quanto improponibili. ■ COMMEDIA; COL.; 90′; USA, 1993.

BIKINI SUMMER – VACANZE IN BIKINI ★★
(Bikini Summer)
Regia di ROBERT VEZE. Con MELINDA ARMSTRONG, KELLY KONOP, DAVID MILLBERN. ■ È la solita *beach comedy* d'ambientazione californiana. Sulle spiagge di Malibù un fotografo sta cercando una modella, un gruppo di ragazze pensa solo a divertirsi e un concorso di bikini viene prontamente organizzato per accontentare tutti. ■ COMMEDIA; COL.; 90′; USA, 1992.

BILITIS ★★
Regia di DAVID HAMILTON. Con PATTI D'ARBANVILLE, BERNARD GIRAUDEAU, MONA KRISTENSEN. ■ La giovanissima Bilitis lascia il collegio e la sua amichetta "particolare" per andare a trascorrere le vacanze presso la ricca Melissa e il di lei rozzo marito Pierre. Qui la ragazzina riprenderà i suoi giochi saffici malgrado la presenza di un giovane fotografo di cui è innamorata. Il soggetto è tratto malamente da una raccolta di poemetti in prosa del francese Pierre Louys. ■ COMMEDIA; COL.; 95′; FRANCIA, 1976.

BILL IL BANDITO *(The Parson and the Outlaw)* ★★
Regia di OLIVER DRAKE. Con ANTHONY DEXTER, JEAN PARKER, CHARLES BUDDY ROGERS, SONNY TUFTS. ■ L'ex bandito Billy Kid vuole ricrearsi una vita onesta e per questo, d'accordo con lo sceriffo, si fa passare per morto e si trasferisce in un altro paese. Qui farà giustizia di una crudele banda che spadroneggia e ammazza a destra e a sinistra. Poi, ferito, se ne andrà anche dalla nuova cittadina. ■ WESTERN; COL.; 71′; USA, 1957.

BILL IL SANGUINARIO *(The Kid from Texas)* ★★
Regia di KURT NEUMANN. Con ALBERT DEKKER, AUDIE MURPHY, GALE STORM, SHEPPERD STRUDWICK. ■ Biografia del bandito Billy the Kid costruita per Audie Murphy (che interpretava, in quegli anni, tutti i giovani delinquenti del West). ■ WESTERN; COL.; 78′; USA, 1950.

BILL IL TACITURNO ★★
Regia di MAX HUNTER. Con GEORGE EASTMAN, PETER HELLMAN, LIANA ORFEI, EDWIN G. ROSS. ■ Il cowboy Bill riesce a salvare la giovane Linda, vittima di una banda di banditi messicani che ha assaltato la carovana. Bill e Linda si recano poi a Santa Anna dove il cowboy sgomina una combricola di trafficanti di armi, gli stessi che avevano tempo addietro ucciso il marito della donna. ■ WESTERN; COL.; 92′; ITALIA, 1967.

BILL SEI GRANDE ★★★
(When Willie Comes Marching Home)
Regia di JOHN FORD. Con CORINNE CALVET, DAN DAILEY, WILLIAM DEMAREST, EVELYN VARDEN. ■ Durante la seconda guerra mondiale, Bill, il figlio di un veterano del conflitto precedente, si arruola volontario. Sulle prime finisce a pelar patate. Poi parte in missione per la Francia. Il suo aereo è abbattuto, ma Bill, con l'aiuto dei partigiani, riesce a tornare in patria, portando preziosi messaggi e guadagnandosi (senza grandi meriti in verità) pure una decorazione. ■ COMMEDIA; B/N; 82′; USA, 1949. ■ OSCAR 1 NOM.

BILL WEST FRATELLO DEGLI INDIANI ★★★
(The Great Sioux Uprising)
Regia di LLOYD BACON. Con LYLE BETTGER, JEFF CHANDLER, FAITH DOMERGUE, PETER WHITNEY. ■ Nuvola Rossa vuol vivere in pace con i bianchi. Ma gli rubano i cavalli e le autorità militari proteggono i ladri (perché bianchi). Fort Laramie passa brutti momenti. Per fortuna un medico militare ci mette una pezza. ■ WESTERN; COL.; 80′; USA, 1953.

BILLY ★★
Regia di JEAN-PIERRE DURIEZ. Con FRANCESCO BLASIO, SARAH LOU DURIEZ, MARIO GAUDIERI. ■ Billy è un ragazzo di dieci anni che si è talmente identificato negli eroi del West che sogna di essere lo sceriffo che si batte contro i banditi. Anche una sua compagna di classe, Lou Lou, vive lo stesso sogno: è una ballerina di saloon. Ecco dunque gli stereotipi western tradotti secondo l'immaginario infantile. C'è il duello finale dove Billy naturalmente non può che trionfare. Poi il sogno... finisce. Una buona idea tradotta in modo scontato e senza fantasia. ■ FANTASTICO; COL.; 94′; ITALIA, 1992.

BILLY BATHGATE – A SCUOLA DI GANGSTER ★★★
(Billy Bathgate)
Regia di ROBERT BENTON. Con LOREN DEAN, DUSTIN HOFFMAN, NICOLE KIDMAN, BRUCE WILLIS. ■ Bisogna dire che il regista Benton si è dato da fare nel trovare collaboratori perlomeno di ottimo livello: alla sceneggiatura c'è Tom Stoppard, regista di *Rosencrantz e Guildenstern sono morti*, e alla fotografia Nestor

Almendros, uno dei più grandi. Tratto dal romanzo di E. L. Doctorow, il film parla di Billy che sta prendendo lezioni per diventare il perfetto gangster. Lo fa osservando Dutch Schultz, interpretato da Hoffman, che però finirà trucidato con gli altri della banda, salvo Billy, da un certo Lucky Luciano. Il risultato è buono e l'interpretazione di Hoffman ottima. ■ DRAMMATICO; COL.; 107'; USA, 1991. ■ GOLDEN GLOBES 1 NOM.

BILLY BUDD ★★★
Regia di PETER USTINOV. Con MELVIN DOUGLAS, ROBERT RYAN, TERENCE STAMP, PETER USTINOV. ■ Durante le guerre napoleoniche, l'equipaggio di una nave da battaglia inglese è terrorizzato dal terribile secondo ufficiale. Un marinaio in special modo, l'angelico gabbiere Billy Budd, è angariato dal sadico individuo. Un giorno, in uno scatto d'ira lo uccide. Verrà condannato a morte (sia pure con lacrimuccia) dal comandante. ■ AVVENTURA; B/N; 112'; GRAN BRETAGNA, USA, 1962. ■ OSCAR 1 NOM.

BILLY CHANG *(One Way Bridge)* ★
Regia di LEE DOO. Con SYLVIA BELTRIN, KIM MOON, YONG HAN. ■ C'è il campione di una lotta (che si chiama *tae-kwon-do*) che ha problemi esistenziali. Ma poi si arrabbia quando uccidono il suo patrigno. Si scatena e molla pugni a non finire. ■ AVVENTURA; COL.; 85'; COREA, 1976.

BILLY ELLIOT ★★★
Regia di STEPHEN DALDRY. Con JAMIE BELL, JAMIE DRAVEN, GARY LEWIS, JULIE WALTERS, STUART WELLS. ■ 1984. In un paese minerario dell'Inghilterra la politica tatcheriana è causa di gravi problemi. I minatori sono in sciopero perché il lavoro è in pericolo. Billy è figlio di uno di questi minatori che si leva quasi letteralmente il pane di bocca per permettergli di continuare a frequentare la palestra di boxe. Ma il proprietario della palestra, visti i tempi, decide di affittare una parte dell'ampio locale a una scuola di danza. Billy è attratto da quella disciplina e progressivamente si distrae dal pugilato per interessarsi alle evoluzioni alla sbarra. Diventa così l'unico allievo di un gruppo tutto femminile. Non appena il padre e il fratello se ne rendono conto si scatena il finimondo. Ma Billy ha il sostegno della sua insegnante, la signora Wilkinson. Mentre le lotte sociali proseguono e dividono il padre dal figlio maggiore, continua la lotta personale di Billy per inseguire il proprio sogno. Un sogno che rischia di diventare realtà quando la signora Wilkinson lo iscrive a un esame al Royal Ballett... Gratificato dagli incassi in patria e dalle nomination all'Oscar è un film che va oltre *Full Monty* nel mescolare problematiche sociali e commedia con molto garbo, confezionando una delle colonne sonore più interessanti della stagione. ■ COMMEDIA; COL.; 110'; GRAN BRETAGNA, 2000. ■ GOLDEN GLOBES 2 NOM; OSCAR 3 NOM.

BILLY IL BUGIARDO *(Billy Liar)* ★★★★
Regia di JOHN SCHLESINGER. Con JULIE CHRISTIE, TOM COURTENAY, FINLAY CURRIE, MONA WASHBOURNE. ■ Billy è un giovane travet di provincia che evade dalla grigia realtà quotidiana sognando imprese gloriose, amori sublimi, pieni poteri su eserciti e nazioni. Perso dietro le fantasie combina, com'è logico, un mucchio di pasticci nella vita di tutti i giorni. Una ricca londinese si innamora di lui e lo vorrebbe condurre con sé nella capitale. Ma all'ultimo, Billy, per pusillanimità, rinuncia. Meglio la provincia. Meglio i sogni di gloria, che la dura lotta nella grande città. ■ COMMEDIA; B/N; 96'; GRAN BRETAGNA, 1963.

BILLY IL MANCINO *(Son of Billy the Kid)* ★
Regia di RAY TAYLOR. Con LASH LA RUE, AL FUZZY ST. JOHN. ■ Nel primo episodio, il poliziotto Lash La Rue e il suo aiutante Fuzzy St. John indagano sulla scomparsa di Jack Thorton. Scoprono che questi è stato ucciso e arrivano ai colpevoli. Nella seconda avventura, La Rue e St. John smascherano un insospettabile bandito. Nell'ultima storia, La Rue sgomina una gang di malviventi che tenta di impadronirsi del denaro di un banchiere. ■ WESTERN; B/N; 100'; USA, 1949.

BILLY JACK ★★★
Regia di T. C. FRANK – (pseud. di TOM LAUGHLIN). Con BERT FREED, TOM LAUGHLIN, DELORES TAYLOR, KENNETH TOBEY. ■ Un meticcio, già "berretto verde" in Vietnam, vagabonda per il deserto dell'Arizona, proteggendo i cavalli selvaggi, le vecchiette, le fanciulle bisognose d'aiuto e pestando duro teppisti motorizzati e cafoni rappresentanti dell'*establishment*. ■ AVVENTURA; COL.; 112'; USA, 1971.

BILLY MADISON ★★
Regia di TAMRA DAVIS. Con DARREN MCGAVIN, ADAM SANDLER, BRADLEY WHITFORD. ■ Un giovane rampollo deve terminare gli studi a tutto gas per poter avere la fiducia del padre e la sua eredità. La Davis si è dimostrata una buona regista in altre occasioni ma qui è deludente. ■ COMMEDIA; COL.; 95'; USA, 1995.

BIMBA ★★
Regia di SABINA GUZZANTI. Con ADRIANA ASTI, ANTONIO CATANIA, GIOVANNI ESPOSITO, IAIA FORTE, SABINA GUZZANTI, NERI MARCORÈ, FRANCESCO PAOLANTONI. ■ La Guzzanti è appunto Bimba, una "modella-forse-attricetta" idiota, straviziata da una sorta di successo che l'ha resa capricciosissima. In una fiction ha il ruolo della Maddalena, troppo modesto a suo dire e così chiede di prendere il posto di Gesù sulla croce. Ma il suo mondo cambia improvvisamente quando scopre di essere il clone di una cantante degli anni Settanta che aveva vissuto una breve stagione di successo. Dunque deve rivedere tutto il suo mondo. E si arrabbia molto. ■ COMMEDIA; COL.; 100'; ITALIA, 2002.

BIMBA DI SATANA, LA ★
Regia di ALAN W. COOLS. Con GIANCARLO DEL DUCA, JACQUELINE DUPRÉ, MARIANGELA GIORDANO. ■ Lo spirito maligno di una donna assassinata dal marito possiede il corpo della figlia, spingendola a compiere la sua atroce vendetta. Pasticciaccio sanguinolento senza capo né coda. ■ HORROR; COL.; 92'; ITALIA, 1982.

BIM BIANCO DALL'ORECCHIO NERO ★★
(Belij Bim ceiornoje ubko)
Regia di STANISLAV ROSTOSKI. Con LYUBOV SOKOLOVA, VIACESLAV TIKHONOV, VALENTINA VLADIMOROVA. ■ Un cane da caccia vive felice con il suo padrone, un ex militare, fino al giorno in cui costui è costretto ad andare in ospedale. Senza il padrone corre mille avventure, ma un giorno capita nelle mani di un malvagio accalappiacani che lo fa uccidere. ■ AVVENTURA; COL.; 95'; URSS, 1977. ■ OSCAR 1 NOM.

BIMBO IN PERICOLO, UN *(Unexpected Father)* ★★
Regia di CHARLES LAMONT. Con MISCHA AUER, DENNIS O'KEEFE, BABY SANDY. ■ Un attore prende con sé un bimbo rimasto orfano. Una sera, inaspettatamente, il piccolo sale sul palcoscenico suscitando vivi consensi col proprio "fuori programma". Un impresario decide allora di "lanciare" il ragazzino. Compare un ubriacone, zio del fanciullo, il quale (per interesse) chiede che gli venga affidato il nipotino. Il risultato è che il bambino finisce in un brefotrofio. L'attore fa di tutto per riaverlo, ci riesce e gli trova anche una mamma. ■ COMMEDIA; B/N; 78'; USA, 1939.

BIMBO RAPITO, IL *(Miss Fane's Baby is Stolen)* ★★★
Regia di ALEXANDER HALL. Con BABY LE ROY, DOROTHEA WIECK. ■ Il film narra la tristissima vicenda del famoso rapimento del piccolo Lindbergh, figlio del grande aviatore. Il fatto avvenne nel 1932: il bimbo fu sequestrato a scopo di estorsione e poi ucciso. Seguì un clamoroso processo che condannò a morte il presunto colpevole. L'episodio diede luogo a polemiche che commossero l'opinione pubblica americana per tanti anni. ■ DRAMMATICO; B/N; 89'; USA, 1934.

BIM, BUM, BAM ★★
Regia di AURELIO CHIESA. Con CLAUDIO BIGAGLI, MASSIMO BONETTI, GIORGIO LOCURATOLO. ■ Anno 1963: Bibi, Nello e Macio sono tre amici inseparabili, appassionati di calcio e aspiranti alle glorie della serie A. La grottesca vicenda si conclude cinque anni più tardi, nel corso delle presunte rivoluzioni sessantottine. ■ COMMEDIA; COL.; 90'; ITALIA, 1982.

BINGO BONGO ★★
Regia di PASQUALE FESTA CAMPANILE. Con FELICE ANDREASI, CAROLE BOUQUET, ADRIANO CELENTANO. ■ Spedizione scientifica trova giovanotto-scimmia (da bambino superstite di un disastro aereo cresciuto con le scimmie) e lo affida ad una bella antropologa. Bingo Bongo, questo il suo nome, riuscirà a diventare

"umano" grazie all'amore della sua dottoressa. Celentano "superstar" ci prova con la favoletta ecologica e, come sempre, ha successo. ■ COMMEDIA; COL.; 105'; ITALIA, 1982.

BINGO – SENTI CHI ABBAIA *(Bingo)* ★★
Regia di MATTHEW ROBBINS. Con DAVID FRENCH, DAVID RASCHE, ROBERT J. STEINMILLER JR, CINDY WILLIAMS. ■ Una commedia per bambini al di sotto dei sette anni, visto che poi sono troppo svegli, sull'ennesimo cane prodigio. Il protagonista a quattro zampe non solo impedisce un rapimento ma si presenta in tribunale. Oltre a ciò fa altre allegre amenità normalmente prerogativa degli esseri umani. Il regista è quello di *Miracolo sull'8ª strada*. ■ COMMEDIA; COL.; 87'; USA, 1991.

BIONDA, LA ★★
Regia di SERGIO RUBINI. Con LUCA BARBARESCHI, ENNIO FANTASTICHINI, NASTASSIA KINSKI, SERGIO RUBINI. ■ Tommaso è un giovane orologiaio claudicante che vive a Milano. La sua è una vita monotona finché non viene sconvolta da una giovane donna bionda. Tommaso, ossessionato dal bisogno di lei, finirà col morire. Rubini ha dovuto superare diversi complicazioni (non ultime quelle causate dalla sua instabile protagonista) per ottenere un risultato minore rispetto a *La stazione*. ■ DRAMMATICO; COL; 121'; ITALIA, 1993.

BIONDA AVVENTURIERA *(Yours for the Asking)* ★★★
Regia di ALEXANDER HALL. Con DOLORES COSTELLO, JAMES GLEASON, IDA LUPINO, REGINALD OWEN, GEORGE RAFT. ■ Una milionaria, ridotta sul lastrico, si associa con un gangster nella conduzione di una casa da gioco. I due diventano amanti, nonostante l'intervento di alcuni amici del biscazziere. Vorrebbero sbarazzarsi della ragazza (e gliene spediscono un'altra tra i piedi) ma l'ex milionaria sventerà tutte le manovre. ■ COMMEDIA; B/N; 90'; USA, 1936.

BIONDA CARMEN, LA *(Die blonde Carmen)* ★
Regia di VIKTOR JANSON. Con MARTHA EGGERTH, WOLFGANG LIEBENEINER. ■ Un librettista si reca in un paesino di montagna per scrivere una nuova operetta intitolata *La bionda Carmen*. Nella stessa località montana si trova in vacanza anche una nota cantante, che decide di avvicinare il librettista per far innamorare di sé l'autore. ■ COMMEDIA; B/N; 92'; GERMANIA, 1935.

BIONDA COSÌ, UNA *(Une blonde comme ça)* ★★★
Regia di JEAN JABELY. Con TANIA BERYLL, JESS HAHN, HAROLD KAY, ROBERT MANUEL. ■ Scompare misteriosamente Myra, figlia di un impresario di circo equestre. Il padre offre una forte ricompensa a chi ritroverà la ragazza. Un giornalista, Millan, individua la fanciulla in Sudamerica ove si è nascosta per sfuggire al padre dispotico. Myra ha avuto da un indiano la facoltà magica di sdoppiarsi. Millan la ritrova, se ne innamora e riesce a porre fine all'incantesimo. ■ AVVENTURA; B/N; 106'; FRANCIA, 1963.

BIONDA DELLA STRADA, LA *(La rubia del camino)* ★★
Regia di MANUEL ROMERO. Con ENRIQUE SERRANO, PAULINA SINGERMAN. ■ Una volubile e capricciosa ereditiera argentina resta in panne con la propria auto e viene soccorsa da un giovane camionista che la porta con sé per un lungo viaggio in varie città. La fanciulla presenta ai genitori l'autista come proprio fidanzato, ma questi preferisce tornare al suo modesto lavoro. Per la ragazza sarà una salutare lezione di vita. ■ COMMEDIA; B/N; 95'; ARGENTINA, 1938.

BIONDA DI PECHINO, LA *(La blonde de Pékin)* ★★
Regia di NICOLAS GESSNER. Con CLAUDIO BROOK, MIREILLE DARC, GEORGIA MOLL, PASCALE ROBERTS, EDWARD G. ROBINSON. ■ Il soggetto è tratto dal romanzo di James Hadley Chase. Gli agenti segreti d'America, della Russia e della Cina cercano la giovane Erica Olsen che ha conosciuto a Pechino un eminente scienziato. Dopo varie peripezie e qualche morto ammazzato, si scoprirà che Erica non c'entra in tutta la faccenda e che la ragazza da localizzare è la sorella. ■ SPIONAGGIO; COL.; 90'; FRANCIA, 1967.

BIONDA E L'AVVENTURIERO, LA *(Blonde Grazy)* ★★★
Regia di ROY DEL RUTH. Con JOAN BLONDELL, JAMES CAGNEY, LOUIS CALHERN. ■ Storia d'amore giocata sui toni della commedia. Diretto con mestiere, il film è da ricordare soprattutto perché ha offerto la possibilità a James Cagney di interpretare un ruolo brillante, il primo della sua carriera. In una particina come avvocato il giovane Ray Milland. ■ COMMEDIA; B/N; 95'; USA, 1931.

BIONDA E LO SCERIFFO, LA ★★★
(The Sheriff of Fractured Jaw)
Regia di RAOUL WALSH. Con HENRY HULL, JAYNE MANSFIELD, KENNETH MORE, ROBERT MORLEY, RONALD SQUIRE. ■ Un fabbricante d'armi inglese, in viaggio per il West, per una serie di fortuite circostanze diventa lo sceriffo di un paesino. Deve vedersela con gli indiani, i fuorilegge e una pimpante ballerina di saloon. ■ WESTERN; COL.; 110'; GRAN BRETAGNA, 1959.

BIONDA ESPLOSIVA, LA ★★★
(Will Success Spoil Rock Hunter?)
Regia di FRANK TASHLIN. Con JOAN BLONDELL, BETSY DRAKE, HENRY JONES, JAYNE MANSFIELD, TONY RANDALL. ■ Un timido impiegato viene adoperato da una diva del cinema per far ingelosire il suo fidanzato. La notorietà della star fa del travet un personaggio famoso, vezzeggiato dalla pubblicità, assediato dai fotografi e dalle ammiratrici della diva. Gli arrivano non pochi grattacapi e una fama (che rimane anche quando tutto torna nei normali binari) di "amatore del secolo". ■ COMMEDIA; COL.; 100'; USA, 1957.

BIONDA FRAGOLA *(The Strawberry Blonde)* ★★★
Regia di RAOUL WALSH. Con JAMES CAGNEY, JACK CARSON, OLIVIA DE HAVILLAND, ALAN HALE, RITA HAYWORTH, GEORGE TOBIAS. ■ A Brooklyn, all'inizio del secolo, un giovane dentista fa la corte a una bellona con i capelli rossi. Un amico però gliela soffia con l'inganno. Lui ripiega su una fanciulla solo graziosa. Più tardi, davanti alla cattiva riuscita dell'altra coppia, il dentista capirà che s'è preso la donna migliore. ■ COMMEDIA; B/N; 97'; USA, 1941. ■ OSCAR 1 NOM.

BIONDA FRAGOLA ★★
Regia di MINO BELLEI. Con MINO BELLEI, UMBERTO ORSINI, RENATO SCARPA. ■ Due omosessuali vivono come marito e moglie da molti anni. Ma un giorno, uno di loro, il maschietto della coppia, si tira in casa un fotomodello e costringe l'anziano partner al ménage a tre. Il partner però si vendica tirando dalla sua il fotomodello. ■ COMMEDIA; COL.; 95'; ITALIA, 1980.

BIONDA FRA LE SBARRE *(Cross My Heart)* ★★
Regia di JOHN BERRY. Con MICHAEL CHEKHOV, BETTY HUTTON, SONNY TUFTS, RYS WILLIAMS. ■ Una mitomane si autoaccusa di omicidio. Una giuria più sensata di lei l'assolve. Lei per riabilitarsi trova il vero omicida. ■ GIALLO; B/N; 83'; USA, 1945.

BIONDA GRAFFIA, LA *(Dans la gueule du loup)* ★★★
Regia di JEAN-CHARLES DUDRUMET. Con DANIEL CECCALDI, JACQUES DUFILHO, FELIX MARTEN, PIERRE MONDY, MAGALI NOËL. ■ Lo spiantato fotografo Henry viene coinvolto dalla vecchia amica Barbara in un piano per truffare il marito stesso della donna. Una donna viene poi trovata uccisa proprio in casa del fotografo. Una serie di indizi, appositamente preparati dall'assassino, inducono la polizia a sospettare di Henry, ma alla fine sarà fatta giustizia. ■ GIALLO; B/N; FRANCIA, 1961.

BIONDA IN CARRIERA, UNA ★★
(Legally Blonde 2: Red, White & Blonde)
Regia di CHARLES HERMAN-WURMFELD. Con SALLY FIELD, REGINA KING, BOB NEWHART, REESE WHITERSPOON, LUKE WILSON. ■ Elle Woods, già protagonista del film n° 1, diventa ora un'attivista in difesa dei diritti degli animali dopo che ha scoperto gli esperimenti che vengono compiuti su di loro. Il personaggio ha subito una profonda trasformazione anche se veste sempre in rosa. I riferimenti al Mr. Smith di Capra sono un po' troppi e il film crolla con il discorso finale che non regge il confronto con l'appeal delle arringhe d'epoca. ■ COMMEDIA; COL.; 101'; USA, 2003.

BIONDA INCENDIARIA *(Incendiary Blonde)* ★★★
Regia di GEORGE MARSHALL. Con EDUARDO CIANNELLI, ARTURO DE CORDOVA, BARRY FITZGERALD, BETTY HUTTON, CHARLES RUGGLES. ■ La storia di Texas Guinan, celebre cantante di night club. Da garzoncella di campagna a ballerina, fino alla gloria di Broadway e di Hollywood. Non manca una storiella d'a-

more con un biscazziere (del tutto inventato), interrotta quando l'uomo viene arrestato per omicidio. ■ BIOGRAFICO; COL.; 113'; USA, 1945. ■ OSCAR 1 NOM.

BIONDA IN PARADISO *(Topper Returns)* ★★★
Regia di ROY DEL RUTH. Con EDDIE ROCHESTER ANDERSON, JOAN BLONDELL, BILLIE BURKE, DENNIS O'KEEFE, ROLAND YOUNG. ■ Seguito de *La via dell'impossibile*, commedia fantasiosa che ebbe grosso successo nell'anteguerra per merito dell'interpretazione di Cary Grant e del serafico Roland Young nella parte del signor Topper. Topper qui ritorna con una compagnia di suoi amici fantasmi per salvare una ragazza perseguitata da un cattivo tutore che la vuole eliminare per carpirne l'eredità. Topper e compagno manderanno il mascalzone a congiurare fra i trapassati. ■ COMMEDIA; B/N; 85'; USA, 1941. ■ OSCAR 2 NOM.

BIONDA NATURALE *(The Real Blonde)* ★★
Regia di TOM DICILLIO. Con DARYL HANNAH, CATHERINE KEENER, MATTHEW MODINE. ■ DiCillio manifesto dell'off-Hollywood, talentoso e graffiante, anche questa volta non abbandona il suo tema preferito che è quello degli attori, del cinema nel cinema. Due amici fanno i camerieri in attesa della grande occasione. La "bionda" del titolo è il sogno di uno dei due. Tutto corretto, anche i "nomi" erano disponibili, adesso manca a DiCillio il salto di qualità. ■ COMMEDIA; COL.; 105'; USA, 1997.

BIONDA SELVAGGIA *(Blonde Savage)* ★★
Regia di STEVE SEKELY. Con VEDA ANN BORG, DOUGLAS DUMBRILLE, LEIF ERICKSON, GALE SHERWOOD. ■ Un avventuriero ha ingaggiato un pilota americano perché gli ritrovi una ragazza, sperdutasi nella foresta, ma costui viene a conoscenza dei trascorsi del datore di lavoro e si schiera dalla parte della fanciulla. Che poi, ad avventura terminata, sposerà. ■ AVVENTURA; B/N; 85'; USA, 1946.

BIONDA SOTTOCHIAVE ★★★
Regia di CAMILLO MASTROCINQUE. Con VIVI GIOI, MIRETTA MAURI, GIUSEPPE PORELLI, LAURA SOLARI, ENRICO VIARISIO. ■ Un noto regista americano vede sulla copertina di una rivista il ritratto di una ragazza che farebbe proprio al caso suo quale protagonista di un film: offre duemila dollari in cambio di una foto originale della fanciulla. I redattori, però, ignorano chi sia la bella e si danno da fare per individuarne l'identità. Alla fine, si scoprirà che la modella misteriosa altri non è se non la dattilografa della redazione stessa. Soggetto e sceneggiatura sono di Cesare Zavattini. ■ COMMEDIA; B/N; 91'; ITALIA, 1939.

BIONDA SOTTO SCORTA, UNA *(Chasers)* ★★
Regia di DENNIS HOPPER. Con TOM BERENGER, GARY BUSEY, SEYMOUR CASSEL, ERIKA ELENIAK, FREDERIC FORREST, DENNIS HOPPER, WILLIAM MCNAMARA. ■ Divertimento apparentemente diverso dai precedenti film dell'attore-regista. Una sorta di parodia de *L'ultima corvée*. Due ufficiali della marina militare un po' stupidotti devono consegnare un marinaio di sesso femminile alla giustizia. L'aspettano dieci anni per aggressione a un collega e diserzione. Diligenti gli attori e sano divertimento. ■ COMMEDIA; COL.; 102'; USA, 1993.

BIONDA TUTTA D'ORO, UNA *(The Real McCoy)* ★★
Regia di RUSSELL MULCAHY. Con KIM BASINGER, VAL KILMER, TERENCE STAMP. ■ Uscita dal carcere Karen McCoy, un'abile ladra di Atlanta, cerca di ricostruirsi una vita normale. Viene invece costretta a partecipare a una rapina in una banca superprotetta. Lo farà, per riavere il figlio che le è stato sequestrato. Riuscirà ad abbandonare l'impresa al momento giusto. Russell Mulcahy sembra ormai lontanissimo dalla genialità manifestata in *Razorback* e in *Highlander*. Qui anche la macchina da presa è statica. Kim Basinger esce da sei anni di carcere perfettamente in forma come se fosse stata in una clinica della salute e da quel momento gli stereotipi abbondano. ■ POLIZIESCO; COL.; 105'; USA, 1993.

BIONDE, ROSSE, BRUNE... ★★★
(It Happened at the World's Fair)
Regia di NORMAN TAUROG. Con GARY LOCKWOOD, JOAN O'BRIEN, ELVIS PRESLEY, VICKY TIU. ■ Gli amici Mike e Danny sono due piloti privati che svolgono la professione in campagna con un piccolo velivolo personale. A Mike piacciono le donne, a Danny il gioco d'azzardo. A causa dei rispettivi hobby, i due sono perennemente al verde e al centro di continue vicende tragicomiche. Alla fine il dongiovanni Mike metterà però la testa a partito. ■ COMMEDIA; COL.; 104'; USA, 1963.

BIRAGHIN ★★★
Regia di CARMINE GALLONE. Con ANDREA CHECCHI, LILIA SILVI. ■ Un'allieva della scuola di danza della Scala sostituisce la prima ballerina che si è ammalata. Raggiunge così un'improvvisa notorietà. Si fanno sotto tre corteggiatori malintenzionati e uno (giornalista) onesto. Dopo grottesche situazioni, la fanciulla capirà che solamente il giornalista merita il suo amore. Piccola storia, ma ebbe allora il suo pubblico. ■ COMMEDIA; B/N; 90'; ITALIA, 1946.

BIRD ★★★
Regia di CLINT EASTWOOD. Con SAMUEL BOTTOMS, DIANE VENORA, FOREST WHITAKER. ■ La vita di Charlie Parker, il sassofonista jazz più famoso, inventore del be-bop assieme a Dizzy Gillespie. Parker morì a 35 anni nel 1955, divorato dall'alcol e dalla droga. Clint Eastwood stupisce tutti con la regia di questo film notevole per sensibilità, vigore, puntigliosa ricostruzione (anche musicale). ■ DRAMMATICO; COL.; 163'; USA, 1988. ■ CANNES 1 PR; GOLDEN GLOBES 1 PR, 3 NOM; OSCAR 1 PR, 1 NOM.

BIRD NOW ★★★
Regia di MARC HURAUX. Con DIZZY GILLESPIE, BILL MILES, CHARLIE PARKER. ■ Negli anni Quaranta ha inizio la carriera musicale di Charlie Parker, nella cornice di una New York che si entusiasma per il jazz "nero". Ottimo per gli appassionati di questo genere musicale e per i fan di *Bird*. ■ BIOGRAFICO; COL.; 90'; BELGIO, FRANCIA, 1987.

BIRDY – LE ALI DELLA LIBERTÀ *(Birdy)* ★★★
Regia di ALAN PARKER. Con NICOLAS CAGE, MATTHEW MODINE, KAREN YOUNG. ■ Reduce dal Vietnam, con la faccia sfigurata dalle ustioni riportate in combattimento, il sergente Al Columbato trova ad attenderlo in patria una delicatissima missione: tentare di salvare dal baratro della follia il suo vecchio amico d'infanzia Birdy. Quest'ultimo, in realtà, non era mai stato equilibrato: fin da ragazzino, vessato da una madre insopportabile e strepitante, Birdy nutriva un'ossessiva passione per gli uccelli e sognava di poter imitare il loro volo. Gli orrori del Vietnam gli hanno dato il colpo di grazia e la sua mente sembra definitivamente persa in un mondo di fantasie. Sarà l'amico Al a restituirgli il sorriso. ■ DRAMMATICO; COL.; 120'; USA, 1984. ■ CANNES 1 PR.

BIRICHINA DEL GRAN MONDO *(The Naughty Girl)* ★★
Regia di EDWARD F. CLINE. Con GEORGE IRVING, MYRNA LOY, ALICE WHITE. ■ Una capricciosa ragazza lascia il suo innamorato, un giovanotto in ordine, per un altro. Sta per sposarsi con quest'ultimo poi ci ripensa e torna al primo amore. Commedia a uso e consumo di un'attrice irreparabilmente mediocre, Alice White. Myrna Loy, a ventisei anni, era ancora costretta ai ruoli di antagonista. ■ COMMEDIA; B/N; 85'; USA, 1931.

BIRICHINO DI PAPÀ, IL ★★★
Regia di RAFFAELLO MATARAZZO. Con PAOLA BORBONI, ARMANDO FALCONI, DINA GALLI, CHIARETTA GELLI, FRANCO SCANDURRA, ANNA VIVALDI. ■ L'irrequieta e viziata Nicoletta viene spedita in collegio dietro le pressioni di un'anziana parente. In collegio la ragazza ne combina di tutti i colori e intanto si interessa anche dell'andamento del matrimonio della sorella, poiché ha dubbi circa la fedeltà del cognato. Organizza un piano e, dopo alterne vicende, sistema le cose tra la sorella e suo marito. L'Anna Vivaldi che appare tra gli interpreti è Anna Proclemer. ■ COMMEDIA; B/N; 80'; ITALIA, 1942.

BIRRA GHIACCIATA AD ALESSANDRIA ★★★
(Ice Cold in Alex)
Regia di JACK LEE THOMPSON. Con HARRY ANDREWS, JOHN MILLS, ANTHONY QUAYLE, SYLVIA SYMS. ■ Nel 1942 in Libia, un'ambulanza della Croce Rossa inglese, perso il contatto con le proprie truppe, cerca di riguadagnare la base di Alessandria. Non è facile: miglia e miglia di deserto, molte delle quali minate dai sabotatori tedeschi. Per di più nel gruppo c'è una spia germanica. Ma i protagonisti alla fine berranno la tanto sospirata birra ghiac-

ciata in un bar della città egiziana. ■ GUERRA; B/N; 79′; GRAN BRETAGNA, 1958. ■ BERLINO 1 PR.

BIRTH ★★

Regia di JONATHAN GLAZER. Con MILO ADDICA, LAUREN BACALL, ZOE CALDWELL, ALISON ELLIOTT, ELIZABETH GREENBERG, ANNE HECHE, ARLISS HOWARD, DANNY HUSTON, NICOLE KIDMAN, TED LEVINE, NOVELLA NELSON, CARA SEYMOUR, PETER STORMARE. ■ Dopo la festa di fidanzamento di Anna, arriva nella sua casa un ragazzino che sostiene di essere Sean, il marito morto dieci anni prima. Nonostante il rifiuto di tutta la famiglia, la donna inizia a credere nel bambino, convinta dai ricordi del nuovo Sean e dalla speranza di ricreare l'antico rapporto, mai dimenticato. Nonostante la confezione raffinata di Glazer e l'interesse che il film suscita nella prima mezzora, *Birth* delude per la sceneggiatura superficiale e prevedibile. ■ DRAMMATICO; COL.; 100′; USA, 2004. ■ GOLDEN GLOBES 1 NOM.

BIRTHDAY GIRL ★★★

Regia di JEZ BUTTERWORTH. Con VINCENT CASSEL, BEN CHAPLIN, KATE EVANS, MATHIEU KASSOVITZ, NICOLE KIDMAN. ■ John è un impiegato di banca molto apprezzato dai suoi superiori. Gli manca però un amore e decide di affidarsi ad Internet per trovare una compagna proveniente dalla Russia. La ragazza arriva, si chiama Nadja ma non parla una parola di inglese. Lui, che aveva chiesto una donna comunicativa, cerca di rispedirla a casa. Ma la giovane avvenente lo lega a sé sul piano sessuale. Tutto sembra funzionare ma, di lì a poco in occasione del suo compleanno, arrivano due amici di Nadja che si installano in casa. Lo scopo diventa esplicito nell'arco di poco tempo: far prelevare un'ingente somma a John minacciando di uccidere Nadja. Una volta compiuto il furto l'uomo si vede ingannato dalla ragazza che è complice dei due e sa parlare inglese molto bene. Da lì ha inizio una serie di mutamenti di fronte. Butterworth è alla sua opera seconda e già gli viene offerta l'occasione di avere a disposizione un cast in cui spicca Nicole Kidman, brava come sempre nel tratteggiare dei personaggi ambigui, capaci di presentare degli aspetti insoliti variando dall'ingenuità più assoluta a una lucida astuzia. La commedia regge. ■ COMM. DRAMMATICA; COL.; 93′; GRAN BRETAGNA, 2001.

BISARCA, LA ★★

Regia di GIORGIO SIMONELLI. Con CARLO CAMPANINI, PEPPINO DE FILIPPO, CLELIA MATANIA, SILVANA PAMPANINI. ■ A causa di un pugno ben assestato, un barbiere vede le stelle e sogna un nuovo diluvio universale *sui generis*. La Bisarca è la trasmissione radiofonica che il malcapitato stava ascoltando al momento del pugno, ma nel delirio, per lui diventa l'Arca-bis. ■ COMM. MUSICALE; B/N; 90′; ITALIA, 1950.

BISBETICA DOMATA, LA *(The Taming of the Shrew)* ★★★

Regia di SAMUEL TAYLOR. Con DOUGLAS FAIRBANKS, MARY PICKFORD. ■ Caterina, figlia di un mercante, per il suo cattivo carattere ha fatto scappare tutti i suoi pretendenti e anche quelli della sorella. Verrà domata da Petruccio, fautore della maniera forte nei rapporti prima e dopo il matrimonio. ■ COMMEDIA; B/N; 120′; USA, 1929.

BISBETICA DOMATA, LA ★★

Regia di FERDINANDO MARIA POGGIOLI. Con LAURO GAZZOLO, AMEDEO NAZZARI, CARLO ROMANO, LILIA SILVI, PAOLO STOPPA. ■ La ribelle e bisbetica Catina non vuole sposare un amico d'infanzia, reduce dall'America, come invece desidererebbero i suoi. Ma il ragazzo saprà trasformarla in una moglie tenera, docile e sottomessa. Il film si ispira, seppure in abiti moderni, all'omonima commedia di Shakespeare. ■ COMMEDIA; B/N; 82′; ITALIA, 1942.

BISBETICA DOMATA, LA *(The Taming of the Shrew)* ★★★★

Regia di FRANCO ZEFFIRELLI. Con RICHARD BURTON, CYRIL CUSACK, MICHAEL HORDERN, ELIZABETH TAYLOR, MICHAEL YORK. ■ Per una volta, in una riduzione di Shakespeare, lo scenario e l'azione prendono il sopravvento sulle parole. Una versione della commedia che forse sarà spiaciuta a molti shakespeariani di stretta osservanza ma appaga molto gli occhi e le orecchie. ■ COMMEDIA; COL.; 126′; ITALIA, USA, 1967. ■ DAVID DI DONATELLO 3 PR, 3 NOM; OSCAR 2 NOM.

BISBETICA INNAMORATA, LA ★★★

(Love Before Breakfast)

Regia di WALTER LANG. Con PRESTON FOSTER, CAROLE LOMBARD, CESAR ROMERO. ■ Un agiato imprenditore si infatua di una ragazza già fidanzata. Fa allora in modo che il giovanotto venga inviato in Cina a lavorare Cerca poi di convincere la fanciulla a sposarlo, spalleggiato anche dalla madre di lei che, per interesse, sarebbe favorevole al matrimonio. Ma la ragazza non vuole saperne e allora l'industriale ricorre alla prepotenza trascinando a viva forza la donna sul proprio panfilo, ove la sposerà dinanzi al capitano. ■ COMMEDIA; B/N; 70′; USA, 1936.

BISBETICO DOMATO, IL *(Marry Me Again)* ★★

Regia di FRANK TASHLIN. Con JESS BARKER, MARY COSTA, ROBERT CUMMINGS, MARIE WILSON. ■ Bill e Dedé si amano, ma lui è un meccanico e lei un'impiegata di concetto che guadagna il doppio. Ogni volta che decidono di sposarsi, ci ripensano all'ultimo momento. L'attrito sembra diventare insanabile quando la ragazza, in seguito a un'eredità, diventa milionaria. Ma un pericolo corso da Dedé (rapita da una banda di delinquenti) li riavvicina. Bill dovrà rassegnarsi ad avere una moglie più ricca. ■ COMMEDIA; B/N; 73′; USA, 1953.

BISBETICO DOMATO, IL ★★

Regia di FRANCO CASTELLANO, PIPOLO. Con MILLY CARLUCCI, ADRIANO CELENTANO, ORNELLA MUTI. ■ Una bella, ricca (e snob) ragazza milanese s'innamora di un agricoltore dell'Oltrepò pavese, di carattere brusco, sedicente misogino. La bella mette in mostra ogni suo vezzo per farlo cedere e alla fine ci riesce. Anzi, con lei, il bisbetico si rifarà velocemente dei molti anni di astinenza sessuale. ■ COMMEDIA; COL.; 90′; ITALIA, 1980.

BISEXUAL *(Daini no sei)* ★

Regia di YASUZO MASUMURA. Con YUJI HAYATA, KEN OGATA, MAYUMI OGAWA, TOMOO UCHIDA, MICHIYO YASUDA. ■ È la storia di una ragazza che fa sport ed è fisicamente anormale: metà femmina e metà maschio. Addio corse, ma arriverà, in sostituzione dello sport, l'amore del suo allenatore. ■ DRAMMATICO; COL.; 80′; GIAPPONE, 1968.

BISMARCK ★★★

Regia di WOLFGANG LIEBENEINER. Con LIL DAGOVER, OTTO GEBÜHR, PAUL HARTMANN, WERNER HINZ. ■ Biografia del Cancelliere di Ferro, con evidenti intenti propagandistici (il paragone tra il fondatore della Germania moderna e Hitler era certo la prima consegna di ogni addetto al lavoro). La linea biografica è rispettata. ■ BIOGRAFICO; B/N; 90′; GERMANIA, 1940.

BISTICCI D'AMORE *(Sweethearts)* ★★

Regia di W. S. VAN DYKE II. Con NELSON EDDY, JEANETTE MCDONALD, FRANK MORGAN. ■ Fastoso, ma troppo lungo (dato l'esile tema) musical basato su una commedia di Victor Herbert. Per lo sfarzoso technicolor (di Oliver Marsh) ebbe un Oscar. Eddy e la McDonald impersonano un po' loro stessi, due star musicali tanto affiatate sul palcoscenico quanto litigiose nella vita privata. A differenza della realtà (non solo non furono amanti, ma nemmeno amici) qui tutto si conclude nel più affettuoso dei modi. ■ MUSICAL; COL.; 89′; USA, 1938. ■ OSCAR 1 PR, 3 NOM.

BISTURI, LA MAFIA BIANCA ★★★★

Regia di LUIGI ZAMPA. Con SENTA BERGER, GABRIELE FERZETTI, CLAUDIO GORA, LUCIANO SALCE, ENRICO MARIA SALERNO. ■ Un discorso contro i baroni della medicina. Protagonista è un primario che guadagna cifre favolose, si fa passare per un benefattore, ma in realtà è un losco intrigante che specula sui suoi malati. Solo un dottore gli si oppone, ma ha un debole per l'alcol e il barone ci mette poco a incastrarlo. Il primario però la pagherà: malato anche lui. Dovrà mettersi nelle mani di un collega (però in Svizzera). Ogni tanto Zampa dimentica le trame di tutto riposo e si riscopre l'unghia del polemista. ■ DRAMMATICO; COL.; 100′; ITALIA, 1973.

BITCH, THE ★★

Regia di GERRY O'HARA. Con MICHAEL COBY, JOAN COLLINS, KENNETH HAIGH. ■ Joan Collins pensa a salvare dal fallimento la sua discoteca londinese. Ci prova con ogni mezzo. Nei ritagli di tempo se la spassa con uno stallone italiano. ■ COMMEDIA; COL.; 93'; GRAN BRETAGNA, 1979.

BITCH SLAP. LE SUPERDOTATE *(Bitch Slap)* ★★

Regia di RICK JACOBSON. Con ERITH CUMMINGS, MICHAEL HURST, RON MELENDEZ, AMERICA OLIVO, JULIA VOTH. ■ Tre ragazze giungono con una macchina d'epoca nel bel mezzo del deserto alla ricerca di un bottino di diamanti sepolto vicino a una roulotte. Sono Trixie, una spogliarellista ingenua e sensibile, Camero, una spietata killer che fa il corriere della droga, e Hel, un'importante donna d'affari. Nel bagagliaio della loro Ford Thunderbird hanno incastrato Gage, il pericoloso trafficante che ha sottratto i diamanti e dunque è l'unico che conosca il punto esatto dove scavare. Andando progressivamente a ritroso nel tempo, emergono molti dettagli sul passato delle tre ragazze e sulla misteriosa figura di un vendicatore spietato e sconosciuto: Mr. Pinky. ■ AZIONE; COL.; 105'; USA, 2009.

BIUTIFUL ★★★

Regia di ALEJANDRO GONZALEZ INARRITU. Con MARICEL ALVAREZ, JAVIER BARDEM, DIARYATOU DAFF, EDUARD FERNANDEZ, CHENG TAI SHEN. ■ Uxbal ha due figli, Ana e Mateo, che ama profondamente, e una moglie, Marambra, con la quale c'è un rapporto conflittuale che li spinge a separazioni e a tentativi di riappacificazione. Uxbal vive di manodopera clandestina o cerca di far crescere il proprio figlio in condizioni comunque estremamente precarie come l'africana Ige. Uxbal si trova a confronto con la morte anche di minorenni. Uxbal attende la morte, la propria; ha un cancro che gli lascia poco da vivere. Per Alejandro Gonzales Inarritu è finalmente arrivato il film della maturità. Liberatosi dell'autoimposta necessità di far prevalere gli incastri di montaggio sulla qualità della sceneggiatura, si autorizza in *Biutiful* a portare sullo schermo una storia tanto lineare quanto complessa e profonda. ■ DRAMMATICO; COL.; 138'; USA, 2010. ■ CANNES 1 PR.

BIUTI QUIN OLIVIA ★★★

Regia di FEDERICA MARTINO. Con ELENA BONELLI, CAROLINA FELLINE, OTTAVIA FUSCO, MANRICO GAMMAROTA, ELEONORA MATERAZZO. ■ Quanto può far male crescere! E Olivia, ragazzina ribelle e infelice, cresce odiando tutto e tutti, il padre triste e violento, la società chiusa e ottusa, le coetanee. Eppure sarà proprio una ragazzina completamente diversa da lei, Lilli, l'organizzatrice di un disarmante concorso di bellezza, a far breccia nel suo rancore adolescenziale e a diventarne la miglior amica. Opera prima di Federica Martino, la storia è il pretesto per far luce sui complicati meccanismi dell'adolescenza, con una punta di pudore e attimi di poesia: il risultato è un film gradevole e non scontato. ■ DRAMMATICO; COL.; 100'; ITALIA, 2001.

BIVIO, IL ★★★

Regia di FERNANDO CERCHIO. Con CLAUDINE DUPUIS, GIANNI RIZZO, SARO URZÌ, RAF VALLONE, CHARLES VANEL. ■ Un giovanotto entra nella polizia all'unico scopo di carpire preziose informazioni che gli permettono grosse imprese criminali senza colpo ferire. Benché il commissario capo sospetti di lui, tutto gli va liscio, finché la morte di un collega, durante un tentativo di rapina, non lo getta in piena crisi di coscienza. Decide di confessare e di consegnare la sua banda nelle mani della polizia, ma una pallottola dei complici lo ferma per sempre. ■ GIALLO; B/N; 100'; ITALIA, 1952.

BIX – UN'IPOTESI LEGGENDARIA ★★★

Regia di PUPI AVATI. Con JULIA EWING, EMILE LEVISETTI, BRYANT WEEKS. ■ Leon Bix Beiderbecke è stato il primo grande musicista bianco a imporre uno stile personale e rivoluzionario nella musica jazz. È il compositore prediletto di Pupi Avati assieme a Wolfgang Amadeus Mozart, sul quale aveva cesellato quel gioiellino intitolato *Noi tre*. Essendo stato a sua volta un musicista jazz l'approccio del regista è stato fondamentale per il risultato. A differenza di una banale agiografia o di una visione puramente vittimistica del genio sregolato è presente un certo ritmo musicale nel montaggio che rimane per tutto il film, non solo nei passaggi puramente concertistici. Da molti anni grande direttore di attori, Avati ha ottenuto anche un ottimo risultato sotto il profilo della recitazione, considerando poi il fatto che si trattava dell'esordio cinematografico dell'intero cast recitativo. Il più costoso dei film del regista bolognese è stato girato interamente negli Stati Uniti e la ricostruzione è ineccepibile. È stato proiettato ufficialmente al Festival di Cannes. ■ BIOGRAFICO; COL.; 111'; ITALIA, 1990. ■ DAVID DI DONATELLO 1 PR, 1 NOM.

BLACK AND WHITE ★★

Regia di JAMES TOBACK. Con SCOTT CAAN, ROBERT DOWNEY JR., STACY EDWARDS, OLIVER POWER GRANT, GABY HOFFMAN, BROOKE SHIELDS, BEN STILLER. ■ Oltre agli attori del cast c'è spazio anche per personaggi come Mike Tyson (che non può fare che se stesso), e Warren Beatty. Il film è uno zibaldone dove un'ombra di trama si snoda intorno a un omicidio. Ma in realtà Toback intende mostrare un insieme di cultura giovanile attiva fra New York, Harvard e Atlantic City, che gira intorno alla musica dei gruppo nero dei Wu Tang Clan. Secondo il regista la loro musica ha una presa inverosimile sulla nuova fascia dei teen borghesi bianchi: qualcosa più che un culto. Ma zibaldone significa anche "contaminazioni" con musica seria, come le sinfonie di Shostakovich. La trama non c'è. Le battute, secondo Toback, non erano nemmeno state scritte. Stiller, Beatty, persino la Schiffer (ahimè) si esprimono a braccio. Per chi è interessato all'americanità e a una sua certa antropologia. ■ DRAMMATICO; COL.; 100'; USA, 2001.

BLACK BOOK *(Zwartboek)* ★★★

Regia di PAUL VERHOEVEN (I). Con RONALD ARMBRUST, CHRISTIAN BERKEL, PETER BLOK, DEREK DE LINT, DOLF DE VRIES, DIANA DOBBELMAN, THOM HOFFMAN, MICHIEL HUISMAN, WALDEMAR KOBUS, SEBASTIAN KOCH, HALINA REIJN, MATTHIAS SCHOENAERTS, XANDER STRAAT, JEROEN UIJTTENHOUT, CARICE VAN HOUTEN. ■ Settembre 1944, Rachel Stein, giovane cantante di varietà, fugge in Olanda dalla Germania nazista. Nei territori liberati ritrova la sua famiglia per perderla subito dopo in un'imboscata tedesca. Unica sopravvissuta all'esecuzione di massa, ottiene asilo in una cellula della resistenza olandese capeggiata da Kuipers. Rachel decide di mettere il suo appeal al servizio della resistenza, cambiando identità (sarà Ellis De Vries). Infiltratasi nei salotti del potere e incaricata di sedurre l'ufficiale Müntze, finisce per innamorarsene. Il sentimento che li lega non le impedisce di portare a termine la missione: piazzare una microspia. Dall'altra parte della barricata, Rachel è amata da Hans Akkermans, un medico della resistenza. Una notte, durante un'irruzione, vengono uccisi numerosi partigiani. Rachel è accusata di alto tradimento ma niente è quello che sembra e nessuno è quello che dice di essere. Dopo vent'anni trascorsi alla corte di Hollywood, Paul Verhoeven torna in Europa e apre il libro nero della Resistenza olandese. Il libro mai ritrovato del titolo, che conteneva i nomi di traditori e collaborazionisti, fu conservato fino al 1946 da una giovane donna, l'avvocato De Boer, uccisa da ignoti. *Black Book* è un affresco realistico di quella vicenda. ■ GUERRA; COL.; 135'; BELGIO, GERMANIA, GRAN BRETAGNA, PAESI BASSI, 2006.

BLACK BOX AFFAIR – IL MONDO TREMA ★★

Regia di JAMES B. HARRIS. Con PATRICIA CAR, TERESA GIMPERA, CRAIG HILL, LOUIS MARIN, ROLF TASNA. ■ Spagna. Un bombardiere americano con bombe atomiche a bordo precipita dopo lo scontro in volo con un'aerocisterna. Il Pentagono ordina all'agente Grant del controspionaggio di recuperare il delicato congegno che serve ad impartire l'ordine di attacco a tutti gli aerei militari americani. Ci si mettono di mezzo anche i cinesi e i russi. Grant, dopo mille peripezie e incredibile fortuna, riesce ad impossessarsi dei meccanismi. ■ SPIONAGGIO; COL.; 95'; ITALIA, SPAGNA, 1966.

BLACK CAESAR IL PADRINO NERO *(Black Caesar)* ★★

Regia di LARRY COHEN. Con JULIUS HARRIS, GLORIA HENDRY, ART LUND, D'URVILLE MARTIN, FRED WILLIAMSON. ■ Rifacimento (con attori neri) di *Piccolo Cesare*, il classico gangsteristico con Edward G. Robinson. Qui il gangster è il giovane Tommy che dagli *slums* sale ai vertici della malavita rubando e uccidendo. Va in crisi quando la moglie lo lascia per il migliore amico. Intanto il suo impero crolla da un giorno all'altro. Tommy viene ucciso ma fa in tempo a vendicarsi del poliziotto carogna che l'aveva maltrattato da bambino. ■ POLIZIESCO; COL.; 96'; USA, 1973.

BLACK CAT ★★★
Regia di EDGARD GEORGE ULMER. Con BORIS KARLOFF, BELA LUGOSI, DAVID MANNERS. ■ Un classico del terrore che ha mantenuto il suo impatto a oltre settant'anni di distanza. Boris Karloff è un distinto architetto che in realtà è un seguace di un culto demoniaco. Una delle sue vittime (l'altro grande dell'horror Bela Lugosi) riuscirà alla fine a rendergli la pariglia (cioè a torturarlo e ucciderlo). ■ HORROR; B/N; 65'; USA, 1934.

BLACK CAT *(Il gatto nero)* ★★
Regia di LUCIO FULCI. Con MIMSY FARMER, PATRICK MAGEE, DAVID WARBECK. ■ Un vecchio stravagante ha doti di ipnotizzatore e le sperimenta su un gatto nero cui comanda, più volte, di compiere assassini. Il gatto uccide una ragazza, un ubriaco e ferisce gravemente un poliziotto. Ma una giornalista sospetta qualcosa. Il vecchio cerca di murarla viva, ma, imprevedibilmente, è il gatto a salvarla. ■ HORROR; COL.; 92'; ITALIA, 1981.

♥ **BLACK CHRISTMAS – UN NATALE ROSSO SANGUE** *(Black Christmas)* ★★★
Regia di BOB CLARK. Con KEIR DULLEA, OLIVIA HUSSEY, MARGOT KIDDER, JOHN SAXON. ■ In una cittadina canadese, le ospiti di una pensione per studentesse vengono terrorizzate da un maniaco al telefono. Dalle parole ai fatti. Le ammazza quasi tutte. La superstite, credendo di averlo individuato nel proprio fidanzato, uccide quest'ultimo. Ma si sbagliava. ■ GIALLO; COL.; 98'; CANADA, 1974.

BLACK CHRISTMAS – UN NATALE ROSSO SANGUE *(Black Christmas)* ★
Regia di GLEN MORGAN. Con KATIE CASSIDY, LACEY CHABERT, KRISTEN CLOKE, OLIVER HUDSON, CRYSTAL LOWE, ANDREA MARTIN, MICHELLE TRACHTENBERG, MARY ELIZABETH WINSTEAD. ■ Billy è un bambino sfortunato: respinto dalla madre a causa di un grave problema fisico, viene segregato per anni in soffitta da quest'ultima che, oltretutto, ne fa oggetto di abusi sessuali. Dopo essersi vendicato, in modo particolarmente cruento, delle violenze subite, Billy viene dichiarato mentalmente instabile e rinchiuso in carcere: quindici anni dopo, la sua vecchia casa è utilizzata dalle petulanti componenti di una confraternita studentesca, ignare del fatto che il ragazzo, cresciuto, vuole festeggiare il Natale in famiglia. Remake aggiornato e più truculento del classico di Clark del 1974, *Black Christmas* non rende minimamente giustizia all'originale e si inserisce alla perfezione nel folto gruppo di pellicole horror di pessimo gusto e fattura che popolano gli schermi del nuovo millennio. ■ HORROR; COL.; 84'; CANADA, USA, 2006.

BLACK COBRA, THE ★★
Regia di STELVIO MASSI. Con EVA GRIMALDI, RALF LANDGREN, FRED WILLIAMSON. ■ È la storia di un pericoloso assassino che la polizia cerca di neutralizzare, ma senza risultato. Il killer devasta un'intera città e quando sente troppo vicino il fiato dei poliziotti, prende una ragazza in ostaggio. Girato in esterni in America. ■ POLIZIESCO; COL.; 89'; ITALIA, 1986.

BLACK COMEDY *(Family Viewing)* ★★
Regia di ATOM EGOYAN. Con DAVID EMBLEN, GABRIELLE ROSE, AIDAN TIERNEY. ■ Un ragazzo stufo di vivere in mezzo a gente videodipendente, s'attacca alla nonna, molto più sveglia, benché, trattandola da rimbambita, la famiglia l'abbia chiusa in un ospizio. Lega talmente bene con la vecchia da rapirla dal ricovero e da fuggire con lei in un'assurda quanto commovente fuga. ■ COMMEDIA; COL.; 80'; CANADA, 1987.

BLACK DAHLIA, THE ★★★
Regia di BRIAN DE PALMA. Con AARON ECKHART, JOSH HARTNETT, SCARLETT JOHANSSON, MIA KIRSHNER, FIONA SHAW, MIKE STARR, HILARY SWANK. ■ Lee Blanchard e Bucky Bleichert sono poliziotti nella Los Angeles del 1947. Ex pugili in categorie differenti, si incontrano e si scontrano sul ring e nella vita, dove condividono una donna e un'ossessione. La prima è la bionda e raffinata Kay, compagna di Blanchard e prostituta riabilitata, la seconda è Betty Ann Short, la Dalia Nera, prostituta assassinata e orribilmente mutilata. La ricerca dell'assassino della Dalia, braccato e scovato sotto la polvere di stelle della città degli angeli, condurrà i due investigatori lontano da qualsiasi forma di moderazione emotiva e professionale. Ombre del e dal passato e amori illeciti dal sapore necrofilo finiranno per consumarli e per determinarne la sorte, opposta come il ghiaccio e il fuoco. Lo squilibrio e l'irrequietezza degli antieroi creati dalla penna noir di James Ellroy tracimano nella trasposizione cinematografica di Brian De Palma. ■ DRAMMATICO; COL.; 121'; USA, 2006.

BLACK DAWN – TEMPESTA DI FUOCO *(Black Dawn)* ★
Regia di ALEXANDER GRUSZYNSKI. Con MIKE BALDRIDGE, NICHOLAS DAVIDOFF, TAMARA DAVIES, WARREN DEROSA, STEVEN SEAGAL. ■ Jonathan Cold (Steven Seagal) è un ex-agente della Cia che viene assoldato da chiunque abbia bisogno di lui. In una delle numerose operazioni in cui è coinvolto, qualcosa non va per il verso giusto, facendo affiorare un complotto ai danni dello Stato. Seagal, appesantito e gonfio come le star di Hollywood in disuso, non è più credibile in questo genere di cinema che ha ormai nuovi miti e nuovi idoli. ■ AZIONE; COL.; 96; USA, 2005.

BLACK DOG ★
Regia di KEVIN HOOKS. Con GABRIEL CASSEUS, MEAT LOAF, PATRICK SWAYZE, RANDY TRAVIS, BRIAN VINCENT. ■ Un camionista viene ingaggiato per un trasporto che si rivelerà di ben altra natura rispetto alla routine a cui è abituato. I soliti cattivi lo costringeranno a battersi e a farcela da solo. Ennesimo revival dell'uomo onesto in lotta contro il Male ma che sa come difendersi. Patrick Swayze è sicuramente meno bello che nel passato, ma per questo tipo di B movie è senz'altro più credibile di molti suoi colleghi. ■ AZIONE; COL.; 88'; USA, 1998.

BLACKFIRE ★★
Regia di TEDDY PAGE. Con RON CHRISTOFF, JAMES GAINES, CHARLOTTE MAINE. ■ Un veterano del Vietnam, sconvolto da un incidente che ha procurato la morte di molti suoi camerati, accetta un qualunque incarico di consigliere militare. Ma in Sudamerica scopre che il capo della polizia traffica in armi con i sovversivi. ■ AVVENTURA; COL.; 85'; USA, 1986.

BLACK HAWK DOWN ★★★
Regia di RIDLEY SCOTT. Con JERRY BRUCKHEIMER, JOSH HARTNETT, JASON ISAACS, EWAN MCGREGOR, RIDLEY SCOTT, SAM SHEPARD, TOM SIZEMORE. ■ Nel 1993 in Somalia comanda l'orrido Aidid che letteralmente fa morire di fame il popolo sottraendo gli aiuti umanitari occidentali. Gli americani decidono di catturare alcuni complici del signore della guerra. Al blitz partecipano i soliti reparti speciali: Ranger, Delta Force eccetera. Sulla carta l'operazione è perfetta, ma nella realtà ben presto il controllo viene perso. L'imprevisto è l'abbattimento di un elicottero (il senso del titolo) proprio in una piazza di Mogadiscio. Da quel momento il film diventa una battaglia più realistica di una battaglia vera. Il famoso sbarco a Omaha di Spielberg nel *Soldato Ryan* rispetto all'"incidente di Mogadiscio" è quasi una gita. Lo sbarco durava diciannove minuti, qui ci sono due ore buone di spari. Certo, sembra davvero un videogame di guerra. Strategia sulla strada, dall'alto coi video, dallo stato maggiore. E poi sangue, sangue e ancora sangue. E poi troppe storie: sono una ventina i soldati che vengono tallonati dal regista. Quasi non c'è il tempo di conoscerli. Era meglio lo Scott di *Thelma & Louise*, anche se il regista, e la verità del film, meritano riguardo. ■ GUERRA; B/N; 144'; USA, 2001. ■ OSCAR 2 PR, 4 NOM.

BLACK HOLE – IL BUCO NERO, THE *(The Black Hole)* ★★
Regia di GARY NELSON. Con ROBERT FORSTER, ANTHONY PERKINS, MAXIMILIAN SCHELL. ■ L'astronave statunitense *Palomino* si trova nelle vicinanze di un buco nero accanto al quale scopre il *Cygnus*, una stazione scomparsa da vent'anni, che invita l'equipaggio ad entrare. Gli ospiti si accorgono che il *Cygnus* è guidata da un folle scienziato che ha ridotto a robot il suo equipaggio per violare i segreti del buco nero. Per salvarsi, l'equipaggio del *Palomino* ingaggia una dura lotta ma riesce a vincere. ■ FANTASCIENZA; COL.; 97'; USA, 1979. ■ OSCAR 2 NOM.

BLACK HORROR – LE MESSE NERE *(Black Horror)* ★★
Regia di VERNON SEWELL. Con RUPERT DAVIES, BORIS KARLOFF, CHRISTOPHER LEE, BARBARA STEELE. ■ Un giovane mer-

cante d'arte, non vedendo tornare il fratello, partito per comprare antichità in una misteriosa località della Scozia, parte alla sua ricerca. Ritrova il luogo, ritrova il fratello, ma ormai cadavere. Era capitato in una casa dove si tenevano messe nere e sacrifici umani e aveva pagato con la vita la sua scoperta. ■ HORROR; COL.; 86′; GRAN BRETAGNA, 1968.

BLACK JACK ★★
Regia di GIANFRANCO BALDANELLO. Con RIK BATTAGLIA, LUCIENNE BRIDOU, LARRY DOLGIN, NINO FUSCAGNI, ROBERT WOODS. ■ Dopo una rapina, Jack e i suoi uomini si riuniscono per la spartizione del malloppo. Ma Jack, che non vuole dividere in parti uguali, fugge in un paese abbandonato con la sorella e il cognato Peter. Ma, traditi, vengono raggiunti. La ragazza è uccisa, Peter ferito, Jack torturato. Riesce però a cavarsela e decide di vendicarsi. ■ WESTERN; COL.; 102′; ITALIA, 1968.

BLACK JACK *(Heat)* ★★
Regia di R. M. RICHARDS. Con PETER MACNICOL, BURT REYNOLDS, KAREN YOUNG. ■ Reduce dal Vietnam con la passione del gioco, Nick Escalante fa un po' di tutto per vivere, addestra anche un milionario, Cyrus Kinnick, alla difesa personale, divenendone amico. Rimasto senza quattrini, dopo aver perso tutto al casinò, Nick viene perseguitato dalla banda di un certo De Marco che gli aveva seviziato un amico, Cassie, ma rifiuta il denaro che Cyrus gli offre per aiutarlo. Ciononostante sgomina la gang; poi parte per il Casinò di Venezia. ■ AVVENTURA; COL.; 101′; USA, 1986.

BLACK KILLER ★★
Regia di LUCKY MOORE. Con ANTONIO CANTAFORA, PAUL CRAINE, KLAUS KINSKI, MARY MULLIGAN, FRED ROBSHAM. ■ La cittadina di Tombstone è assoggettata alle prepotenze dei cinque fratelli O'Hara. Arriva un abile pistolero, Burt, che viene subito nominato sceriffo. Ma agli O'Hara la sua presenza non è gradita e glielo dimostrano uccidendogli il fratello e violentandogli la cognata. Questa, Sara, si unisce a Burt per attuare la vendetta. I cinque fratelli vengono fatti fuori, ma si scoprirà che Burt non è per niente uno stinco di santo. Lucky Moore è in realtà Carlo Croccolo. ■ WESTERN; COL.; 91′; ITALIA, 1971.

BLACK KNIGHT ★★
Regia di GIL JUNGER. Con MARTIN LAWRENCE, VINCENT REGAN, TOM WILKINSON. ■ C'è un parco di divertimenti chiamato Mondo Medievale, ed un giovane operaio di colore, di nome Jamal Walker, un po' svitato, che ci lavora. Un giorno, Jamal, pulendo il fossato, trova un medaglione d'oro; nel tentativo di afferrarlo, cade e picchia la testa. Quando si risveglia, si ritrova in pieno Medioevo. Dapprima si finge un ambasciatore, poi si unisce persino ad una banda di ribelli contro il malvagio re inglese, e con l'aiuto di una bella cortigiana, Victoria, riesce a prevalere. Ma i sogni finiscono presto: Jamal si risveglia ai giorni nostri, e si ritrova di nuovo operaio in un parco di divertimenti. Ma fra i clienti, nota da lontano qualcuno che assomiglia proprio alla Victoria dei suoi sogni. ■ AVVENTURA; COL.; 95′; USA, 2001.

BLACK MAGIC WOMAN ★
Regia di DERYN WARREN. Con MARK HAMILL, APOLLONIA KOTERO. ■ Cantante scoperta da Prince, in questo film Apollonia è una splendida donna dedita alla stregoneria; un uomo la incontra e resta irretito dal suo fascino. Tra i due sboccia la passione. ■ COMMEDIA; COL.; 88′; USA, 1990.

BLACKMAIL ★★
Regia di ALFRED HITCHCOCK. Con SARA ALLGOOD, JOHN LONGDEN, ANNY ONDRA. ■ Si tratta del primo film sonoro del maestro del brivido. Una giovane uccide, per legittima difesa, un pittore che vuole stuprarla. Un tipo losco la ricatta e il suo fidanzato, poliziotto di Scotland Yard, cercherà di aiutarla dopo un primo momento di sgomento. Esiste anche una versione muta del film. ■ POLIZIESCO; B/N; 95′; GRAN BRETAGNA, 1929.

BLACKOUT ★
Regia di ABEL FERRARA. Con BÉATRICE DALLE, DENNIS HOPPER, MATTHEW MODINE, CLAUDIA SCHIFFER. ■ Matty è un divetto del cinema, beve, si droga, è innamorato di Annie, rapporto difficile. Nei fumi della cocaina forse – ecco il blackout, non ricorda – ha ucciso una ragazza. Il resto sono effetti, inquadrature anomale, flash-back, chiaroscuri, ricerca. Sembra di assistere a un brutto film degli anni Settanta, dove niente doveva essere chiaro e comprensibile. Che passo indietro rispetto al Ferrara di *Fratelli*. ■ DRAMMATICO; COL.; 106′; USA, 1997.

BLACKOUT: INFERNO NELLA CITTÀ *(Blackout)* ★★★
Regia di EDDY MATALON. Con JEAN-PIERRE AUMONT, ROBERT CARRADINE, RAY MILLAND, JIM MITCHUM, BELINDA MONTGOMERY. ■ Per uno spaventoso nubifragio, New York, la sera del 13 luglio 1977, rimane per diverse ore priva di illuminazione. Da questo spunto di cronaca, il film ci presenta alcune drammatiche situazioni: stupri, rapine, disagi vari. La pellicola è tutta un elogio alle forze dell'ordine delle quali viene sottolineata l'abnegazione e il coraggio dimostrati nel frangente. ■ DRAMMATICO; COL.; 100′; CANADA, FRANCIA, 1978.

BLACK RAIN – PIOGGIA SPORCA *(Black Rain)* ★★★
Regia di RIDLEY SCOTT. Con KATE CAPSHAW, MICHAEL DOUGLAS, ANDY GARCIA. ■ Un poliziotto americano deve consegnare alle autorità nipponiche un gangster giapponese che ha commesso vari delitti nei due Paesi. Ma all'arrivo a Tokyo, il gangster è liberato dai suoi accoliti, e, poco dopo, il compagno del poliziotto è ucciso. Il piedipiatti yankee chiede vendetta e la ottiene sorprendendo l'assassino a un raduno dei capi della mafia giapponese. Ottimo film di consumo diretto da un Ridley Scott in forma. ■ GIALLO; COL.; 125′; USA, 1989. ■ OSCAR 2 NOM.

BLACKROCK ★★
Regia di STEVEN VIDLER. Con LAURENCE BREULS, JEANETTE CRONIN, LINDA CROPPER, SIMON LYNDON, JESSICA NAPIER. ■ Tratto da un testo teatrale di Nick Enright il film racconta di una festa di surfisti che si conclude con uno stupro e una morte. Chi ha assistito al delitto tace per amicizia. ■ DRAMMATICO; COL.; 90′; AUSTRALIA, 1997.

BLACK SAFARI *(Quiet Thunder)* ★★
Regia di B. J. DAVIS. Con JUNE CHADWICK, WAYNE CRAWFORD, VICTOR STEINBACH. ■ L'impiegato di un'agenzia turistica, durante un viaggio in Africa, viene scambiato per il killer del presidente di un piccolo Stato. Le spiegazioni non servono: il disgraziato deve scappare attraverso il continente nero. Alle sue spalle si organizza un gigantesco safari dove per una volta è il nero (anzi tanti neri) che caccia il bianco. ■ AVVENTURA; COL.; 85′; USA, 1987.

BLACK SNOW ★★
Regia di FRANK PATTERSON. Con JANE BADLER, PETER SHERAYKO. ■ Colombia, immenso punto nevralgico dello smercio di stupefacenti. Un uomo viene coinvolto in un mortale giro di droga che mette in pericolo la sua vita. ■ DRAMMATICO; COL.; 95′; USA, 1987.

BLACK STALLION *(The Black Stallion)* ★★★
Regia di CARROLL BALLARD. Con TERI GARR, KELLY RENO, MICKEY ROONEY, FAUSTO TOZZI, LEOPOLDO TRIESTE. ■ Durante un naufragio al largo delle coste africane, un ragazzino finisce in mare con un meraviglioso stallone nero. I due vengono salvati e possono tornare negli Usa, ma l'animale rimane ombroso e selvaggio finché, domato dal bambino, non riuscirà a diventare un campione. ■ COMMEDIA; COL.; 118′; USA, 1979. ■ OSCAR 1 PR, 3 NOM.

BLACK SUNDAY ★★★
Regia di JOHN FRANKENHEIMER. Con BRUCE DERN, BEKIM FEHMIU, MARTHE KELLER, ROBERT SHAW, FRITZ WEAVER. ■ La guerrigliera palestinese Dahlia, che capeggia un'organizzazione terroristica, organizza un attentato a Miami, per colpire gli Usa. Si tratta di far saltare per aria un intero stadio gremito di 80.000 persone, presente il presidente stesso degli Stati Uniti. Il piano verrà sventato *in extremis*. ■ POLIZIESCO; COL.; 150′; USA, 1976.

BLACK SYMPHONY *(Tuno Negro)* ★
Regia di PEDRO BARBERO. Con FELE MARTINEZ, JORGE SANZ, SILKE. ■ All'università di Salamanca un serial killer uccide tutti i peggiori studenti. Alex, uno studente in architettura, cerca di scoprire la sua identità. Chi si ricorda *Scream* continui pure a pensare a quel modello. Condito in salsa ispanica perde praticamente tutta l'originalità che contraddistingueva almeno il primo

film della serie. Qui neanche il sesso risolleva le sorti della vicenda. ■ THRILLER; COL.; 106′; SPAGNA, 2002.

BLACK TUNNEL ★★

Regia di FEDERICO BRUNO. Con SPIROS FOCAS, GIANNI GARKO, FLAMINIA LIZZANI. ■ Un uomo d'affari di pochi scrupoli, rifugiato all'estero, viene arrestato e portato in Italia per essere processato. Ma la mafia teme che possa fare rivelazioni importanti e spedisce due killer perché lo uccidano durante il ritorno in patria. I due predispongono un agguato in un tunnel vicino alla frontiera. ■ DRAMMATICO; COL.; 90′; ITALIA, 1986.

BLACK VENUS *(Venus noire)* ★★★

Regia di ABDEL KECHICHE. Con JEAN-CHRISTOPHE BOUVET, OLIVIER GOURMET, ANDRE JACOBS, OLIVIER LOUSTEAU, JONATHAN PIENAAR. ■ Nel 1817 all'Accademia Reale di Medicina di Parigi il professor Georges Cuvier discute una tesi sulle somiglianze anatomiche fra gli ottentotti e le scimmie basandosi sugli studi effettuati sul corpo e gli organi di una donna, Sarah Baartman. La storia di Saartjie e dell'esposizione del suo corpo ha però inizio sette anni prima a Londra, dove assieme al suo padrone afrikaner tiene spettacoli di intrattenimento a Piccadilly Street interpretando una selvaggia in catene nota come la "Venere Ottentotta". In *Venus noire* il rapporto col palcoscenico e lo spettacolo si allunga e si estende indietro nel tempo fino al primo Ottocento, quando, fra residui illuministi e rivoluzione industriale, sia popolani che aristocratici applaudivano intimoriti e divertiti dal "cattivo selvaggio" interpretato da una donna sudafricana diventata fenomeno da baraccone per volere del suo padrone. Kechiche fa coincidere la vera storia di Saartjie Baartman col racconto dei suoi spettacoli e delle sue esposizioni, a cominciare da un incipit-epilogo che ricrea l'esposizione dei suoi organi di fronte agli anatomisti francesi fino a ripercorrere tutte le tappe antecedenti che l'hanno vista esibirsi di fronte al popolo inglese, alla corte di giustizia, ai salotti libertini e ai bordelli parigini. ■ DRAMMATICO; COL.; 166′; FRANCIA, ITALIA, BELGIO, 2010.

BLACULA ★★

Regia di WILLIAM CRAIN. Con WILLIAM MARSHALL, VONETTA MCGEE, GORDON PINSENT, THALMUS RASULALA. ■ Nel 1815, in Transilvania, un principe africano viene vampirizzato dal conte Dracula. Centocinquant'anni dopo il suo corpo è portato a Los Angeles e per un caso fortuito risorge a nuova vita. Con la sete di sangue che si ritrova, non c'è più possibilità però di buoni sentimenti. Dopo una mezza dozzina di vittime, il Dracula nero viene individuato dalla polizia e muore incenerito dalla luce del sole. Il primo horror fatto da neri. ■ HORROR; COL.; 92′; USA, 1972.

BLADE ★★★

Regia di STEPHEN NORRINGTON. Con STEPHEN DORFF, KRIS KRISTOFFERSON, WESLEY SNIPES, N' BUSHE WRIGHT. ■ Tratto dall'omonimo fumetto di Mark Wolfman, il film narra la storia di Blade (Wesley Snipes), guerriero metropolitano metà uomo e metà vampiro che si propone di sterminare tutti i vampiri esistenti per difendere la razza umana e per vendicare sua madre, morsa da un vampiro poco prima della nascita del nostro eroe. L'acerrimo nemico di Blade è Deacon Frost (Stephen Dorff), che, con l'aiuto del computer riesce a tradurre il *Libro di Erebo* e a scoprire la formula per dare avvio al "Bagno di sangue", giorno in cui ogni uomo del mondo diventa un vampiro. Anche se il film non rispecchia interamente la storia narrata dal fumetto, buoni sono il suo adattamento e la sua sceneggiatura. Esilaranti le scene d'azione, qualche difetto si riscontra nelle scene di animazione ottenute con il computer. ■ AZIONE; B/N; 120′; USA, 1998.

BLADE, THE *(Dao)* ★★

Regia di HARK TSUI. Con CHIU-MAN-CHEUK, TSUI-YU SU, XINXIN XIONG. ■ Tratto da *Lo spadaccino con una mano sola* di Chang Cheh. Un artigiano che cesella spade vuole vendicare la morte del padre. Resta con una mano sola e deve apprendere un nuovo metodo di combattimento. Nel frattempo la sua ragazza e un amico lo cercano per aiutarlo nell'intento. ■ AVVENTURA; COL.; 105′; HONG KONG, 1995.

BLADE II ★★★

Regia di GUILLERMO DEL TORO. Con LUKE GOSS, KRIS KRISTOFFERSON, RON PERLMAN, WESLEY SNIPES, LEONOR VARELA. ■ Wesley Snipes torna a vestire per la seconda volta i panni di Blade l'antivampiro. Ma ora sono proprio le creature delle tenebre a invocarne l'aiuto, proponendogli di allearsi con un commando composto dai vampiri più potenti, in origine creato proprio per sconfiggere Blade. Lo scopo è quello di eliminare una nuova razza di vampiri mutanti, che uccidono persino gli altri vampiri. La seconda avventura dell'eroe della Marvel è un film molto più ricco di effetti speciali e scene spettacolari: un mix tra horror e azione, dal ritmo incalzante. ■ HORROR; COL.; 116′; USA, 2002.

BLADE, IL DURO DELLA CRIMINALPOL *(Blade)* ★★

Regia di ERNEST PINTOFF. Con KEENE CURTIS, JON CYPHER, JOHN MARLEY, WILLIAM PRINCE, KATHRYN WALKER. ■ L'indagine sull'omicidio della figlia di un noto uomo politico viene affidata all'anziano poliziotto Blade, al quale mancano soltanto due settimane alla pensione. Blade non è un "duro", bensì un incorruttibile, attaccato alla professione e dotato di profonde convinzioni morali. Blade rifugge il razzismo, l'ipocrisia e la disonestà dei politici, il quieto vivere. Anche se la verità sarà clamorosa, il poliziotto porterà a termine le indagini e scoprirà il potente assassino. ■ POLIZIESCO; COL.; 90′; USA, 1973.

♥ BLADE RUNNER ★★★★★

Regia di RIDLEY SCOTT. Con JOANNA CASSIDY, HARRISON FORD, DARYL HANNAH, RUTGER HAUER, EDWARD JAMES OLMOS, SEAN YOUNG. ■ In una Los Angeles piovosa e sovrappopolata, il poliziotto Deckard (Harrison Ford), dell'unità Blade Runner, viene richiamato in servizio. La sua specialità è l'eliminazione di esemplari insubordinati di replicanti, androidi destinati al lavoro nelle colonie spaziali. Quattro di loro, Roy Batty, Leon, Zhora e Pris, hanno raggiunto la Terra per tentare di infiltrarsi nelle industrie che li fabbricano. I replicanti sono identici agli esseri umani, tranne che per la durata limitata della loro esistenza e per l'apparente incapacità di provare sentimenti. Proprio sulla registrazione delle reazioni emotive si basa il test Voigt-Kampff, con cui Deckard indentifica in Rachel (Sean Young), collaboratrice dell'industriale, una replicante sperimentale, inconsapevole della propria vera natura. Deckard si pone sulle tracce di replicanti da "ritirare", eliminando per prima la spogliarellista Zhora (Joanna Cassidy). È però Rachel a salvarlo da Leon, mentre Pris (Daryl Hannah) si installa a casa di un ricercatore per convincerlo a portare lei e Batty (Rutger Hauer) dall'industriale. L'incontro non ha esito felice: i due replicanti apprendono che non c'è modo di prolungare la loro esistenza. Deckard li raggiunge nel loro nascondiglio e, "ritirata" Pris, affronta Batty in un duello spietato. Salvato *in extremis* dal suo stesso avversario un attimo prima che questi muoia, Deckard recupera Rachel e fugge con lei lontano dalla città. Abile fusione di poliziesco e fantascienza, *Blade Runner* vive un rapporto di simbiosi con *Il cacciatore di androidi*, romanzo di Philip K. Dick da cui è tratto. Anche se il film risulta più coerente ed equilibrato, alcuni riferimenti sono apprezzabili solo leggendo il libro: i dettagli del test o la descrizione di un mondo in cui le riproduzioni artificiali degli animali, quasi estinti, diventano *status symbol*. Tuttavia il film descrive perfettamente una società multietnica e tratteggia perfettamente i diversi personaggi, tutti pervasi dall'amarezza tipica dell'opera di Dick: dallo scienziato colpito da invecchiamento precoce che vive in una casa piena di giocattoli, ai replicanti afflitti da angosce esistenziali, dalla fragile e sensuale Rachel alle prese con la propria identità sconosciuta al detective anni Quaranta trasferito nel futuro. Altrettanto efficaci sono gli effetti speciali di Douglas Trumbull e la colonna sonora di Vangelis. *Blade Runner* divenne rapidamente un *cult-movie*, cosa che anni dopo permise a Ridley Scott di distribuirne la versione "originale" (*Blade Runner: the Director's Cut*). Meno ottimistica nel finale dell'edizione nota al pubblico, essa è priva della narrazione fuori campo del protagonista e della ripresa aerea conclusiva, aggiunta per volontà del produttore, utilizzando ritagli della sequenza iniziale di *Shining*. Infine nel 2007 è uscita un'ultima versione del film, *Blade Runner: the Final Cut*, con l'aggiunta di dettagli cruenti eliminati nelle versioni precedenti. ■

FANTASCIENZA; COL.; 118′; USA, 1982. ■ GOLDEN GLOBES 1 NOM; OSCAR 2 NOM.

BLADE RUNNER: THE FINAL CUT ★★★★

Regia di RIDLEY SCOTT. Con JOANNA CASSIDY, HARRISON FORD, DARYL HANNAH, RUTGER HAUER, JAMES HONG, HY PYKE, BRION JAMES, JOE TURKEL, JOHN EDWARD ALLEN, KEVIN THOMPSON, MORGAN PAULL, EDWARD JAMES OLMOS, WILLIAM SANDERSON, M. EMMETT WALSH, SEAN YOUNG. ■ «Io ho visto cose che voi umani non potete neanche immaginare»: frase storica, storico film, giunto – a venticinque anni dalla sua prima uscita – alla terza edizione, dopo il director's cut del 1992 e la versione, a quanto pare definitiva, del 2007. Torna dunque in servizio l'ex poliziotto fallito Rick Deckard, prestato all'unità speciale Blade Runner, per dare la caccia ai replicanti, uguali in tutto e per tutto agli esseri umani salvo per l'apparente incapacità di provare dei sentimenti e per la durata limitata delle loro esistenze: circa quattro anni. In una Los Angeles del futuro, anno 2019, cupa, nebbiosa e terribilmente affollata, il simulacro dell'esistenza nella pessimistica penna di Philip K. Dick ritrova vita nelle immagini girate nel capolavoro di Ridley Scott. Oltre al piacere di rivedere un classico del cinema – con tutti i costrutti filosofici che ne conseguono – questa nuova versione del film sembra aderire a un preciso piano commerciale, piuttosto che essere una vera e propria rivisitazione operata dal regista rispetto alle precedenti versioni. ■ FANTASCIENZA; COL.; 118′; USA, 2007.

BLADES OF GLORY ★★★

Regia di JOSH GORDON, WILL SPECK. Con WILL ARNETT, ROB CORDDRY, WILL FERRELL, WILLIAM FICHTNER, JENNA FISCHER, JON HEDER, ROMANY MALCO, CRAIG T. NELSON, AMY POEHLER, NICK SWARDSON. ■ Il mondo del pattinaggio maschile è dominato da due atleti americani, Jimmy MacElroy e Chazz Michael Michaels, pattinatori dai caratteri opposti che non si possono sopportare. Uno è una giovane promessa, timido ed effemminato, mentre l'altro è un improvvisatore nato, drogato di sesso ed esuberante. La scintilla scoppia quando durante una gara finiscono pari merito vincendo entrambi la medaglia d'oro e scatenando una rissa sul podio. Banditi dalla federazione di pattinaggio, si dedicano a lavori minori con esiti umilianti fino a che la scoperta di un cavillo legale li metterà insieme: nulla infatti vieta loro di competere insieme nel pattinaggio a coppie. Prima però dovranno imparare a convivere. Il cinema demenziale americano arriva in Italia a singhiozzi, così è più difficile per il nostro pubblico conoscerne i principali interpreti e le caratteristiche basilari. Il film è tuttavia è un buon esempio di questo modo industriale di produrre: si prende una disciplina sportiva o un microcosmo specifico e se ne sfruttano tutte le situazioni comiche. ■ SPORTIVO; COL.; 93′; USA, 2007.

BLADE: TRINITY ★

Regia di DAVID S. GOYER. Con MARK BERRY, JESSICA BIEL, JOHN MICHAEL HIGGINS, KRIS KRISTOFFERSON, PARKER POSEY, DOMINIC PURCELL, RYAN REYNOLDS, WESLEY SNIPES, TRIPLE H. ■ *Tertium non datur*. Valeva per i latini e, spiace dirlo, pure per *Blade*. La trilogia, che nei primi due episodi aveva garantito un decente intrattenimento, soprattutto grazie alla presenza di Del Toro in cabina di regia (poi passato con eguale risultato ad *Hellboy*), si chiude mestamente con un film davvero poco ispirato. Snipes questa volta se la deve vedere con Dracula. ■ FANTASTICO; COL.; 113′; USA, 2004.

BLADE VIOLENT ★★

Regia di GEORGES ROUSSEL. Con CARLO DE MEJO, LAURA GEMSER, GABRIELE TINTI. ■ Emanuelle, celebre giornalista, è in carcere sulla base di una falsa accusa. In prigione è coinvolta nel tentativo di evasione da parte di un gruppo di condannate alla sedia elettrica. Finale sanguinosissimo con Emanuelle salva per un pelo. ■ DRAMMATICO; COL.; 92′; ITALIA, 1982.

BLAIR WITCH 2: IL LIBRO SEGRETO DELLE STREGHE *(Book of Shadows: Blair Witch 2)* ★★

Regia di JOE BERLINGER. Con STEPHEN BERKER TURNER, KIM DIRECTOR, JEFFREY DONOVAN, ERICA LEERHSEN, TRISTEN SKYLER. ■ Burkittsville e il bosco di Black Hill, luoghi d'ambientazione del primo film, sono diventati meta di pellegrinaggio da parte di curiosi e appassionati di stregoneria. Su questo dato di cronaca il regista Joe Berlinger innesta la trama del nuovo film. Quattro escursionisti, Stephen, Tristen, Erica e Kim, guidati da Jeff, un giovane del luogo, decidono di passare la notte nel bosco per filmare fenomeni occulti. Dopo aver sistemato le telecamere e aver vegliato alcune ore, si addormentano. La mattina si accorgono che la loro attrezzatura è stata distrutta. Per capire cosa sia accaduto visionano i nastri registrati, ritrovati stranamente intatti. Scopriranno cose agghiaccianti e commetteranno azioni terribili. Ciò che rendeva originale e coinvolgente *The Blair Witch Project*, ossia l'effetto documento-verità, non poteva ovviamente essere ripetuto. Quindi, pur mantenendo una certa ambiguità nel rapporto fra realtà e finzione, *BW2* assume la forma di un horror tradizionale. Discretamente recitato, con una colonna sonora con brani di Marylin Manson e Death in Vegas, il film tuttavia non decolla. Agli spettatori rimane un senso di esercizio incompiuto. ■ HORROR; COL.; 90′; USA, 2000.

BLAIR WITCH PROJECT, THE ★★★

Regia di DANIEL MYRICK, EDUARDO SÁNCHEZ. Con HEATHER DONAHUE, JOSHUA LEONARD, MICHAEL C. WILLIAMS. ■ Sorprendente caso di promozione internettiana per un superindipendente che ha sbancato, dando vita anche a un sequel. Il fenomeno principale del nuovo cinema, girato come *real fiction*. Si finge il ritrovamento di videocamere in un bosco dove è successo qualcosa, qualcosa di terribile. Che cosa? Non interessa né agli autori né agli spettatori. Quel che conta è il clima, l'atmosfera. È come vendere al prezzo di un Van Gogh una cornice. Impresa geniale, no? ■ HORROR; COL.; 87′; USA, 1999.

BLAISE PASCAL ★★★

Regia di ROBERTO ROSSELLINI. Con GIUSEPPE ADDOBBATI, PIERRE ARDITI, CHRISTIAN DE SICA, RITA FORZANO, LIVIO GALASSI. ■ Il film narra la vita del grande scrittore, filosofo e scienziato francese Blaise Pascal. Buona l'ambientazione e notevole la regia di Rossellini. ■ BIOGRAFICO; COL.; 131′; ITALIA, 1971.

BLANCHE, UN AMORE PROIBITO *(Blanche)* ★★★

Regia di WALERIAN BOROWCZYK. Con STANLEY BARRY, GUY BONNAFOUX, LIGIA BRANICE, MICHEL DELAHAYE, JEAN GRAS, GENEVIEVE GRAVES, DENIS PERON, JACQUES PERRIN, MICHEL SIMON, LAWRENCE TRIMBLE, GEORGE WILSON. ■ Dopo molti anni arriva finalmente in Italia questo film di Walerian Borowczyk che narra una fortunatissima favola polacca del XIII secolo, secondo la quale un paggio del re fu costretto a compiere una folle galoppata legato al dorso di un cavallo nell'immensa e gelida pianura polacca. La contesa amorosa intorno alla bella cortigiana Blanche che coinvolge tutti i protagonisti della storia è avvolta in quella aura sensuale e carnale che è tipica del maestro polacco. ■ DRAMMATICO; COL.; 92′; FRANCIA, 1971.

BLASTFIGHTER ★★

Regia di LAMBERTO BAVA. Con VALERIE BLAKE, MICHAEL SOPKIW. ■ Uscito di galera dopo un'ingiusta condanna a dieci anni, l'ex poliziotto Tiger vorrebbe soltanto vivere in pace, ma un gruppo di teppisti-bracconieri inizia a stuzzicarlo, gli uccide un amico e gli massacra l'amatissima figlia. È davvero troppo: la vendetta sarà inesorabile. ■ AVVENTURA; COL.; 90′; ITALIA, 1984.

BLEK GIEK ★

Regia di ENRICO CARIA. Con GREG, LILLO, BIAGIO IZZO, GIOVANNI MAURIELLO. ■ Definirla una commedia grottesco-demenziale è già un complimento. Tra rapinatori ammalati, sparatorie improbabili, sangue che cola come passata di pomodoro e una droga, blek giek per l'appunto, che ha lo straordinario potere di farti sballare fino a causare una morte apparente (e dove sta lo sballo, scusate?) si dipana la storia di Scellone, rozzo e patetico ladro alla disperata ricerca di un cuore nuovo, da sostituire al suo che di colpi ne ha già persi parecchi. Finirà in malo modo. I tossici finiranno spersi in mezzo al mare. La droga finirà ai pesci. Non si ride mai, neanche per sbaglio. Un sorriso, giusto alla fine, quando i pesci drogati, ritenuti morti, si risveglieranno nel banco dei surgelati o dentro le scatole di sardine. Un po' di compassione possiamo provarla solo per loro. ■ COMICO; COL.; 72′; ITALIA, 2001.

BLINDMAN ★★
Regia di FERDINANDO BALDI. Con TONY ANTHONY, LLOYD BATTISTA, MAGDA KONOPKA, MARISA SOLINAS, RINGO STARR. ■ Per denaro, un pistolero cieco si impegna a procurare donne ai minatori del Texas che vogliono sposarsi. Sulla sua strada trova due messicani che lo ostacolano: uno lo sistema, mentre l'altro va ad offrire le donne ai soldati di El General. Sarà una lotta lunga e senza quartiere fra il pistolero, il messicano, El General e le donne contese. Segnaliamo, per i fans dei Beatles, la presenza (in veste di attore co-protagonista) di Ringo Starr. ■ WESTERN; COL.; 105'; ITALIA, 1971.

BLINDNESS ★★
Regia di FERNANDO MEIRELLES. Con ALICE BRAGA, GAEL GARCÍA BERNAL, JULIANNE MOORE, SANDRA OH, MARK RUFFALO. ■ Un uomo sta guidando nel traffico cittadino. D'improvviso la sua auto, ferma a un semaforo, non riparte più. Non si tratta di un guasto tecnico. Molto più tragicamente, l'uomo non vede più nulla se non un biancore lattiginoso. Dopo che un passante, con la scusa di accompagnarlo a casa, gli avrà rubato l'auto, l'uomo andrà a farsi visitare da un oftalmologo il quale, al risveglio il mattino dopo, si ritroverà privo della vista. L'epidemia si espande a macchia d'olio e i primi colpiti vengono internati in un ospedale nel quale si fa ricoverare anche la moglie del medico, che è l'unica a non essere stata colpita dal morbo. Da quel momento utilizzerà il proprio vantaggio (che non rivelerà agli altri) per cercare di sopravvivere all'inferno in cui si trasforma la società. All'origine di questo film sta un romanzo di José Saramago. L'ultraottantenne autore ne ha sempre impedito la trasposizione cinematografica perché temeva divenisse una sorta di film di zombie. Qui invece pesa troppo l'origine letteraria. ■ DRAMMATICO; COL.; 118'; BRASILE, CANADA, GIAPPONE, 2008.

BLIND SIDE, THE ★★
Regia di JOHN LEE HANCOCK. Con QUINTON AARON, KATHY BATES, SANDRA BULLOCK, LILY COLLINS, TIM MCGRAW. ■ Michael Oher, detto Big Mike per l'imponente statura, è un adolescente della periferia di Memphis, abbandonato dal padre e con madre tossicodipendente. Viene introdotto dall'allenatore della Wingate Christian School come giovane promessa dello sport. Questo ragazzone di colore, solitario e silenzioso, attira le attenzioni della famiglia Tuohy e in particolare di Leigh Anne, risoluta arredatrice dal cuore d'oro che una sera decide di accoglierlo sotto il suo tetto. ■ DRAMMATICO; COL.; 128'; USA, 2009. ■ OSCAR 1 PR.

BLITZKRIEG! GUERRA LAMPO ★★★
(Blitzkrieg – Beiderseits der Rollbahn)
Regia di HANS GNAMM. ■ Il lungometraggio presenta una documentazione relativa all'aggressione nazista nei confronti del mondo: dall'attacco contro la Polonia all'occupazione della Norvegia e della Danimarca, dalla rapida invasione della Francia (attraverso il Belgio e l'Olanda) alla guerra nei Balcani e in Africa. Vengono inoltre descritti l'attacco alla Russia, l'intervento dell'Italia, la guerra del Pacifico; infine la capitolazione della Germania. Siamo di fronte, in pratica, ad un documentario sulla seconda guerra mondiale. ■ DOCUMENTARIO; B/N; 90'; GERMANIA, 1953.

BLITZ NELL'OCEANO *(Raise the Titanic)* ★★
Regia di JERRY JAMESON. Con RICHARD JORDAN, JASON ROBARDS, DAVID SELBY. ■ Americani e russi cercano il bizanio utile per un progetto di difesa nucleare, nell'isola di Svardlov in cui fu estratto nel 1910. Non trovandone traccia, gli americani si convincono che il bizanio sia affondato insieme al transatlantico *Titanic* e riportano il relitto in superficie ma nelle casse c'è solo ghiaia. Solo Dirk e Jim, rivali in amore nell'impresa, scoprono che il minerale è sepolto nella tomba del suo scopritore, ma non lo riveleranno. ■ DRAMMATICO; COL.; 112'; USA, 1980.

BLIZZARD – LA RENNA DI BABBO NATALE ★★
(Blizzard)
Regia di LEVAR BURTON. Con BRENDA BLETHYN, GARY JOHNSTON, STEPHANIE MORGENSTEN, CHRISTOPHER PLUMMER, KEVIN POLLACK, ZOE WARNER. ■ La piccola Jess non vuole più uscire di casa da quando il suo migliore amico si è trasferito in un'altra città, così passa le sue giornate chiusa nella sua stanza a piangere. Si avvicina la vigilia di Natale, i genitori, rattristati, per consolarla chiamano l'eccentrica e avventurosa zia Millie, che narra alla nipote la storia di Blizzard, il cucciolo di una delle renne più famose di Babbo Natale. ■ FANTASTICO; COL.; 90'; CANADA, USA, 2003.

BLOOD ★★★
Regia di NICK MURPHY. Con PAUL BETTANY, BRIAN COX, BEN CROMPTON, STEPHEN GRAHAM, MARK STRONG. ■ Joe Fairburn e il fratello Chris sono detective di polizia di una cittadina costiera dell'Inghilterra. Investigano sull'omicidio di una dodicenne che ha scosso la comunità. I sospetti cadono ben presto su Jason Buleigh contro il quale però non ci sono prove così stringenti. Chris e Joe si ritengono legittimati da quanto il padre (che è stato a lungo capo del Dipartimento della Polizia locale) raccontava loro sui metodi sbrigativi utilizzati dalle forze dell'ordine. Decidono così di farsi giustizia da soli salvo poi trovarsi ad indagare su se stessi. *Blood* è la rivisitazione cinematografica della miniserie tv *Conviction*. Murphy dà alla sceneggiatura un'impronta personale a partire dalle location utilizzate, co-protagoniste della vicenda. ■ THRILLER; COL.; 100'; GRAN BRETAGNA, 2012.

BLOOD AND WINE ★★
Regia di BOB RAFELSON. Con MICHAEL CAINE, JUDY DAVIS, STEPHEN DORFF, JACK NICHOLSON. ■ Nicholson è un commerciante di vino senza un dollaro. Ha la possibilità di rubare una preziosa collana e si avvale di un vecchio scassinatore malato, Caine. A complicare tutto c'è il figlio, onesto, di Nicholson. Alla fine grande tragedia. La collana deve essere buttata in mare per non finire in galera. Storia amara e di sapore antico (anzi vecchio) risultato della collaborazione di due vecchi amici, il regista Rafelson e Nicholson, che insieme avevano fatto di molto meglio: *Cinque pezzi facili*, *I giardini di Marvin*. ■ DRAMMATICO; COL.; 104'; USA, 1996.

BLOOD APPEARS *(La sangre brota)* ★★
Regia di PABLO FENDRIK. Con ARTURO GOETZ, NAHUEL PÉREZ BISCAYART. ■ Arturo, un pacifico tassista, deve trovare duemila dollari nelle prossime ventiquattro ore. Ramiro, il figlio maggiore che ha lasciato la famiglia quattro anni prima, ha appena chiamato da Houston per chiedere urgentemente un aiuto. Sua moglie, Irene, cerca salvaguardare i risparmi della famiglia. Lo stesso giorno, Leandro, il figlio minore, si prepara a derubare la madre per comprare uno stock di ecstasy da rivendere sulla costa e comprarsi così un biglietto aereo con cui raggiungere il fratello. Quando tutti si mettono a discutere per accaparrarsi il denaro, Arturo si trasforma di nuovo in quell'uomo che aveva spinto Ramiro a scappare. ■ DRAMMATICO; COL.; 100'; ARGENTINA, FRANCIA, GERMANIA, 2008.

BLOOD BROTHERS *(Tiantang kou)* ★★★
Regia di ALEXI TAN. Con SHU QI, DANIEL WU, LIU YE, ZHANG ZHEN. ■ Sembra di essere tornati a Hollywood o a Cinecittà, persi nelle scenografie fumose degli anni Trenta, quando il cinema americano era tutto pistole e proibizionismo. E invece siamo a Shanghai, più o meno nello stesso periodo, seduti al "Paradise", il club notturno più in voga della città, frequentato da aristocratici e malviventi. Tre fratelli di "sangue", gli inseparabili Fung, Kang e Hu, tentano la fortuna nella grande città, dopo essersi autoesiliati dalla provincia e dall'umile lavoro di pescatori. I sogni di gloria vengono interrotti da un mondo sotterraneo e criminale, capitanato dal boss Hong, un sedicente produttore cinematografico, perennemente accompagnato dall'attrazione principale del nightclub: l'affascinante e inarrivabile Lulù. Buon esordio per l'allievo di John Woo, che ha deciso di presentarsi al pubblico internazionale con un remake di *Bullet in the Head*, dello stimato maestro cinese. ■ AZIONE; COL.; 95; CINA, TAIWAN, 2007.

BLOOD DIAMOND – DIAMANTI DI SANGUE ★★★
(Blood Diamond)
Regia di EDWARD ZWICK. Con JENNIFER CONNELLY, LEONARDO DICAPRIO, DJIMON HOUNSOU, MICHAEL SHEEN, ARNOLD VOSLOO. ■ Danny Archer è un ex mercenario della Rhodesia che contrabbanda diamanti durante la guerra civile, scoppiata in Sier-

ra Leone sul finire degli anni Novanta. Arrestato al confine con la Liberia, finisce in carcere dove incontra Solomon Vandy, un pescatore separato dalla sua famiglia dopo la feroce irruzione dei ribelli del Fronte rivoluzionario nel suo villaggio. Sospettato pubblicamente di avere nascosto un diamante di grande caratura, Solomon accende l'interesse di Archer. In cambio della libertà e della promessa di ritrovare la sua famiglia, finita in un campo profughi dove si sono raccolte oltre un milione di persone, Solomon decide di condurre Archer al diamante. Con l'aiuto di Maddy Bowen, una giornalista idealista e appassionata, i due uomini intraprendono il viaggio. Fedele alla retorica del suo "ultimo samurai", Edward Zwick replica il percorso di formazione imperniato sul confronto tra etnie diverse. Da una parte il bianco contrabbandiere di DiCaprio, dall'altra il pescatore nero di Djimon Hounsou, finiti nel cuore di una guerra civile, scatenata e mantenuta viva dagli interessi di commercianti di diamanti senza scrupoli. ■ Drammatico; col.; 138'; USA, 2006.

BLOOD FEAST, THE ★★
Regia di Herchell Gordon Lewis. Con Mal Arnold, Lyn Bolton, William Kerwin, Connie Mason, Thomas Wood. ■ Un egiziano uccide numerose donne a Miami. I pezzi dei loro corpi servono a riportare in vita una divinità. Un B-movie da guardare con benevolenza. ■ Horror; col.; 67'; USA, 1963.

BLOOD FEAST 2 *(Blood Feast 2: All U Can Eat)* ★★
Regia di Herchell Gordon Lewis. Con J. P. Delahoussaye, John McConnell, Mark McLachlan, Melissa Morgan, Toni Wynne. ■ Il remake del film del 1963 realizzato dallo stesso autore con molti anni in più. I fan applaudono. Gli altri... ■ Horror; col.; 99'; USA, 2002.

BLOOD FRENZY – FRENESIA SANGUINARIA ★
(Blood Frenzy)
Regia di Hal Freeman. Con John Clark, Lisa Loring, Wendy MacDonald, Tony Montero. ■ Il film ruota attorno a sette protagonisti che ancor prima di rendersi conto di quanto sta succedendo si trovano tra le mani un cadavere sgozzato. ■ Horror; col.; 90'; USA, 1987.

BLOODLINE ★
Regia di Edo Tagliavini. Con Marco Benevento, Monica Citarda, Francesca Faiella, Paolo Ricci II, Fabio Rizzuto. ■ Sandra e Marco, rispettivamente giornalista e cameraman di una web tv, ricevono l'incarico di realizzare un servizio sulle riprese di un film porno come ultima possibilità per non essere licenziati dopo un lavoro andato male. Proprio nella villa del set quindici anni prima la sorellina di Sandra era scomparsa, vittima di un serial killer. Tra apparizioni fantasmatiche, strani morbi, premonizioni, labirinti e set hardcore, l'indomita reporter deve affrontare il passato. ■ Horror; col.; 94'; Italia, 2010.

BLOOD SIMPLE – SANGUE FACILE *(Blood Simple)* ★★★
Regia di Joel Coen. Con John Getz, Frances McDormand, M. Emmer Walsh. ■ Un greco paranoico, che gestisce un bar nel Texas, ha forti dubbi sulla fedeltà della moglie e ingaggia un detective. La signora, in effetti, se la spassa con uno dei dipendenti del locale e il marito tradito decide di farli uccidere entrambi dall'investigatore. Un giallo ingegnoso e un po' folle, che preannuncia *Arizona Junior*, opera seconda dello stesso regista che lavora sempre in coppia con il fratello sceneggiatore Ethan. ■ Thriller; col.; 97'; USA, 1985.

BLOOD STORY ★★
Regia di Amasi Damiani. Con Fortunato Arena, Femi Benussi, Tony Kendall, Piero Mazzinghi, Philip McNamara. ■ Stati Uniti, anni Trenta. La banda di Sam, dopo il fallimento di un'impresa, si rifugia in un paesino abbandonato dove è giunta anche un'altra gang. Le due compagini decidono di allearsi ma, per una serie di circostanze, la loro unione avrà breve vita: la polizia li farà fuori quasi tutti. ■ Poliziesco; b/n; 90'; Italia, 1972.

BLOOD STORY *(Let me In)* ★★
Regia di Matt Reeves. Con Cara Buono, Richard Jenkins, Elias Koteas, Kodi Smit-Mcphee, Chloe Moretz. ■ Owen ha dodici anni, vive con la madre in una piccola cittadina del New Mexico che nessuno sceglierebbe. Torturato da tre bulli compagni di classe, provato dal divorzio in corso dei genitori, trova per la prima volta un'amica nella nuova vicina di casa: una ragazzina strana, che non sente il freddo e non mangia le caramelle. Ma ha una passione per il sangue... ■ Horror; col.; 115'; USA, Gran Bretagna, 2010.

BLOOD TIES – LEGAMI DI SANGUE *(Blood Ties)* ★★
Regia di Jim McBride. Con Patrick Bauchau, Bo Hopkins, Kim Johnston-Ulrich, Harley Venton. ■ Cody è sconvolto perché gli hanno massacrato il padre e la madre. Cerca di cambiare aria e va a Los Angeles. Qui viene a sapere che i suoi genitori erano vampiri, uccisi da una terribile setta. Diretto da un regista di talento (*Great Balls of Fire* e *The Big Easy*), il film tende alla suspense più che ai facili effetti orrorifici. ■ Horror; col.; 100'; USA, 1991.

BLOODTRACKS ★★
Regia di Mats Olsson. Con Michael Fitzpatrick, Jeff Harding, Naomi Kaneda. ■ Una banda di rockettari si trasferisce sulle montagne del Colorado dove conta di trovare pace per la libertà creativa (e magari qualche avventuretta con le valligiane). E invece trovano una famiglia di cannibali assassini che sembrano non gradire affatto il rock. ■ Horror; col.; 91'; Svezia, USA, 1986.

BLOODY NIGHTMARE ★
Regia di John Quinn. Con Lucinda Dickey, Leif Garrett, Betsy Russel. ■ Alison, una bella e sensuale fanciulla, è tormentata da sogni terrificanti. Nel frattempo, avviene una cruenta e inspiegabile serie di omicidi. ■ Horror; col.; 85'; USA, 1987.

BLOODY SUNDAY ★★★
Regia di Paul Greengrass. Con Nicholas Farrell, Gerald McSorley, James Nesbitt, Tom Pigott-Smith. ■ Il cinema ha, tra i suoi innumerevoli compiti, quello di ricordarci dei passaggi nodali della Storia. È il caso del film di Greengrass che passa da un film che si potrebbe definire "romantico" come *La teoria del volo* (protagonista Kenneth Branagh) a una cronaca dura e realistica. Irlanda del Nord, 30 gennaio 1972. Tredici persone muoiono e quattordici vengono ferite dalle pallottole dell'esercito britannico che reprime così una manifestazione pacifica contro una legge che prevede la detenzione preventiva. La giornata verrà ricordata come la "Domenica di Sangue" e segnerà l'inizio della guerra civile. Il film descrive in dettaglio gli eventi di quel giorno festivo seguendo quattro personaggi. Ivan Cooper, un cattolico che lotta per i diritti civili; Gerry Donaghy, un cattolico che ama una protestante; il generale MacLellan che guida le truppe britanniche e un soldato che si trova nell'occhio del ciclone. Un film di guerra sulla lotta per la pace. ■ Drammatico; col.; 107'; Gran Bretagna, Irlanda, 2002. ■ Berlino 1 pr.

♥ BLOW ★★★
Regia di Ted Demme. Con Penelope Cruz, Johnny Depp, Ray Liotta, Jordi Mollà, Franka Potente. ■ George Jung è figlio di un operaio spesso in lite con la moglie che ritiene guadagni troppo poco. Non appena diventa adulto riesce in poco tempo a diventare il punto di riferimento negli States degli anni Sessanta per il traffico della cocaina colombiana. L'ascesa di un giovane che riesce ad avere talmente tanti soldi da non sapere fisicamente dove metterli in casa che viene catturato due volte dall'Fbi e la seconda volta è per una condanna a sessanta anni. La storia è vera e Demme ha incontrato più volte il protagonista. Depp fa passare il suo personaggio dal senso di onnipotenza alla tristezza della solitudine senza mai calcare la mano. Penelope Cruz compare solo a metà film e non è che la sua presenza sia così essenziale tranne che per la scena madre in cui costituisce un grave pericolo per il coniuge. Uno dei mali endemici del cinema dei nostri giorni sono i finali, spesso privi di nerbo. Guardate le ultime scene di questo film: da sole valgono il biglietto. ■ Drammatico; col.; 125'; USA, 2001.

BLOWN AWAY – FOLLIA ESPLOSIVA *(Blown Away)* ★★
Regia di Stephen Hopkins. Con Suzy Amis, Jeff Bridges, Lloyd Bridges, Tommy Lee Jones, Forest Whitaker. ■ Un duello tra Jimmy Dove, agente della polizia di Boston, e un bombarolo dell'IRA. Entrambi irlandesi, uno ha appena preso moglie

e l'altro è appena evaso. Quest'ultimo, per una vendetta in sospeso con il poliziotto, sparge delle bombe per la città. Jimmy, che dopo il matrimonio non faceva più l'artificiere, deve riprendere il pericoloso lavoro. Buon ritmo, ma piuttosto prevedibile. ■ AZIONE; COL.; 113'; USA, 1994.

BLOW OUT ★★★

Regia di BRIAN DE PALMA. Con NANCY ALLEN, JOHN LIGHTGOW, JOHN TRAVOLTA. ■ Jack è un ex poliziotto diventato tecnico del suono. Compiendo esperimenti per la colonna sonora di un nuovo film, capta casualmente il rumore di un'auto che cade in un torrente. Precipitatosi sul luogo dell'incidente, riesce a salvare una bella ragazza che era a bordo di una macchina, ma non il conducente, governatore dello Stato e candidato alle elezioni presidenziali. Riascoltando i suoi nastri, Jack sente il rumore di uno sparo e capisce che l'incidente è stato in realtà un delitto, dietro il quale si cela un'oscura macchinazione politica. ■ THRILLER; COL.; 107'; USA, 1981.

BLOW UP ★★★★♉

Regia di MICHELANGELO ANTONIONI. Con DAVID HEMMINGS, SARAH MILES, VANESSA REDGRAVE. ■ A Londra, un fotografo di moda crede di aver visto (e fotografato) un omicidio. Cerca di arrivare alla soluzione del mistero, ma non ci riesce. La realtà ha molte facce, persino l'evidenza, persino un'immagine impressionata su lastra possono essere negate. Il film parte come un *mistery* ma si rivela ben presto una fascinosa meditazione sul divario (ammesso che ci sia) fra realtà e fantasia. A differenza di altri film di Antonioni, *Blow up* è opera forse più tempista che valida. Capitò in un momento in cui il pubblico era interessato ai temi esistenziali, agli ermetismi di linguaggio, alle opere prive di trama. La portentosa fotografia di Carlo di Palma cattura gli scorci più suggestivi della Londra dei Beatles e di Carnaby Street e riprende (velocemente) le nudità della Redgrave. ■ COMMEDIA; COL.; 108'; GRAN BRETAGNA, ITALIA, 1966. ■ CANNES ♉ 1 PR; OSCAR 2 NOM.

BLUE ★★★

Regia di DEREK JARMAN. ■ Diretto con il parziale aiuto di David Lewis. È un esperimento molto radicale, monocromatico. Infatti lo schermo è completamente coperto dal colore blu mentre la voce del regista ci fa attraversare dal di dentro le tensioni di un malato terminale di Aids. È autobiografico, ma come è nello stile del regista non manca l'ironia. Una storia troppo impegnativa per il grosso pubblico. Molto bella la musica di Simon Fisher Turner. ■ SPERIMENTALE; COL.; 76'; GRAN BRETAGNA, 1993.

BLUE BELL *(Breaking All the Rules)* ★

Regia di JAMES ORR. Con CAROLYNE DUNN, CARL MAROTTE. ■ Ultimo giorno di vacanza. Al parco dei divertimenti succedono strane cose ai gaudenti, coinvolti in episodi d'amore e terrore. ■ DRAMMATICO; COL.; 91'; USA, 1984.

BLUEBERRY ★★

Regia di JAN KOUNEN. Con ERNEST BORGNINE, VINCENT CASSEL, VAHINA GIOCANTE, NICHOLE HILTZ, DJIMON HOUNSOU, EDDIE IZZARD, KESTENBETSA, JULIETTE LEWIS, MICHAEL MADSEN, COLM MEANEY, TEMUERA MORRISON, HUGH O'CONOR, KATERI WALKER. ■ Liberamente tratto dall'omonimo fumetto del celebre Gir/Moebius. Mike Blueberry è un ragazzo turbolento della Louisiana che viene spedito nel Far West, presso uno zio, per essere raddrizzato. Dopo un confuso quanto tragico evento viene salvato dagli indiani, che lo accolgono come uno di loro. Diventato uomo e sceriffo, Mike, *trait d'union* tra diverse culture, dovrà fronteggiare i fantasmi del proprio passato. ■ WESTERN; COL.; 115'; FRANCIA, MESSICO, USA, 2004.

BLUEBERRY HILL – RAGAZZI PROIBITI
(Blueberry Hill) ★★

Regia di STRATHFORD HAMILTON. Con MARGARET AVERY, MATT LATTANZI, JENNIFER RUBIN, CARRIE SNODGRESS. ■ Ellie nasce la notte in cui suo padre muore per annegamento. Da quel momento la madre trasformerà la casa in un reliquiario e vivrà nel ricordo del marito. Nel 1956 una Ellie ormai cresciuta vuole sapere qualcosa di più del padre e, mediante le musiche che egli come pianista suonava nel club locale, riesce nell'operazione memoria. Film *compilation* con l'interessante ritorno sullo schermo di Carrie Snodgress a cui è affidato un ruolo non ben sviluppato. ■ DRAMMATICO; COL.; 95'; USA, 1988.

BLUE CAR ★★

Regia di KAREN MONCRIEFF. Con AGNES BRUCKNER, MARGARET COLIN, FRANCES FISHER, DAVID STRATHAIRN. ■ Meg ha diciotto anni. Suo padre ha abbandonato la famiglia e ha generato il caos nella vita della ragazza. L'unica punto di riferimento per Meg è il suo insegnante di poesia Mr. Auster. Ancora un film sullo sfascio dei nuclei familiari. Non del tutto privo di interesse, grazie anche alla recitazione di attori poco noti ma tutti "nella parte". ■ DRAMMATICO; COL.; 89'; USA, 2002.

BLUE CITY ★★

Regia di MICHELLE MANNING. Con JUDD NELSON, ALLY SHEEDY, PAUL WINFIELD. ■ Da un romanzo di Ross MacDonald. Un giovanotto torna alla sua città natale dopo cinque anni di assenza. Scopre che il padre è morto, probabilmente assassinato. E allora dà il via a una implacabile caccia al presunto assassino. E la polizia? Sta a guardare. ■ GIALLO; COL.; 83'; USA, 1986.

BLUE CRUSH ★

Regia di JOHN STOCKWELL. Con KATE BOSWORTH, MATTHEW DAVIS, MICHELLE RODRIGUEZ. ■ Sull'isola hawaiana di Maui Anne Marie lavora con scarso entusiasmo come cameriera. L'unica sua passione è il surf. Insieme ad un gruppo di amiche affitta un capanno sul mare e decide di prepararsi ad una gara importante. L'arrivo di Matt, un giocatore di calcio, la distrae dal suo intento. Lanciato come una sorta di risposta al femminile a *Un mercoledì da leoni*, *Blue Crush* è semplicemente dimenticabile. ■ AVVENTURA; COL.; 104'; USA, 2002.

BLUE DOLPHIN – L'AVVENTURA CONTINUA... ★★

Regia di GIORGIO MOSER. Con PAOLA BORBONI, TARA FREEMAN, GIANLUCA VALERIO, TONY VOGEL, HARUHIKO YAMANOUCHI. ■ La scuola sta per finire e la dodicenne Tara sogna di passare le vacanze a bordo della barca-laboratorio di papà, un archeologo che ha scoperto nel mar Rosso un reperto fenicio, un piccolo delfino di cristallo. La vacanza non si realizza, ma con l'aiuto del computer e di un ragazzo fenicio, Tara compirà un'avventura fantastica tra mari (bellissime riprese subacque di Pierludovico Pavoni) e isole sconosciute fino alla terra dei fenici dove dominano dei feroci fuorilegge giapponesi. Sfuggita all'esecuzione capitale da parte dei banditi, Tara vorrebbe continuare la sua avventura, ma il piccolo fenicio è scomparso. ■ FANTASTICO; COL.; 95'; ITALIA, 1990.

BLUE HAWAII ★★

Regia di NORMAN TAUROG. Con JOAN BLACKMAN, ELVIS PRESLEY, NANCY WALTERS. ■ Un "accompagnatore turistico" deve vedersela con quattro ragazze. Le complicazioni sono molte perché "lui" è davvero irresistibile, ma alla fine una di loro la spunta sulle altre e se lo sposa. Un film che non poteva non funzionare anche solo per due elementi: Elvis e le sue canzoni, e la bellezza delle Hawaii. ■ COMMEDIA; COL.; 101'; USA, 1961.

BLUE HOTEL ★★

Regia di ROB COHEN. Con JOSH BROLIN, BILL SADLER, MICHAEL WOODS. ■ Un idolo del rock'n'roll (siamo a Hollywood, nella metà degli anni Cinquanta, quando la nuova musica comincia a spopolare) viene trovato ucciso. Un investigatore privato si mette sulle orme dell'assassino. I suoi sospetti si appuntano sull'agente hollywoodiano del defunto. ■ GIALLO; COL.; 90'; USA, 1987.

BLUE IGUANA *(The Blue Iguana)* ★★

Regia di JOHN LAFIA. Con JESSICA HARPER, DYLAN MCDERMOTT, JAMES RUSSO. ■ Una fragorosa, spesso azzeccata parodia delle detective story degli anni Quaranta e dei western iperbolici alla Sergio Leone. Un detective è costretto con un ricatto da due agenti del fisco ad andare in Messico a recuperare una somma di 20 milioni (rubati in Usa e portati in una banca della cittadina di Diablo). Là il detective si trova nel mezzo di un conflitto fra due bande armate, che però si massacrano a vicenda consentendo all'americano di recuperare il confine con il grisbi. Ma il malloppo gli viene involato appena varcata la frontiera. ■ COMMEDIA; COL.; 88'; USA, 1988.

BLUE IN THE FACE ★★★
Regia di PAUL AUSTER, WAYNE WANG. Con ROSEANNE BARR, MICHAEL J. FOX, JIM JARMUSCH, HARVEY KEITEL, MADONNA, LOU REED, MIRA SORVINO, LILY TOMLIN. ■ Parte seconda di *Smoke*. C'è ancora la tabaccheria di Keitel a un incrocio di Brooklyn. Passano i soliti originali e diseredati: chi racconta, chi si fa scippare, chi fuma, chi ricorda. Ne esce un quadro di Brooklyn, città nella città, con una sua anima particolare. Viene persino resuscitato un campione di baseball degli anni Cinquanta. Il mite tabaccaio Harvey guarda tutto dal suo angolo. Film di montaggio e di fantasia, persino surreale. Ma, come tutti i numeri due che hanno la tendenza a involversi e a strafare, ecco che questo *Smoke 2* non ha il rigore e la semplicità del primo, capolavoro autentico. Fossero molti i film di allegra intelligenza come questo. ■ COMMEDIA; COL.; 85'; USA, 1996.

BLUE JEANS ★★
Regia di MARIO IMPEROLI. Con PAOLO CARLINI, GIAN LUIGI CHIRIZZI, ALFRED EDEL, GLORIA GUIDA, ANNIE KAROL, MARIO PISU. ■ La diciassettenne prostituta Daniela detta "Blue Jeans", dopo essere stata arrestata, dichiara alla polizia di essere la figlia di un noto restauratore. L'autorità affida allora la minorenne all'artista. Daniela intende, complice il proprio amante, eliminare il restauratore per ereditarne le ricchezze. Ma il piano non verrà portato a termine e "Blue Jeans" tornerà al marciapiede. ■ EROTICO; COL.; 95'; ITALIA, 1975.

BLUE MOON ★★★
Regia di ANDREA MARIA DUSL. Con DETLEV W. BUCK, JOSEF HADER, VICTORIA MALEKTOROVYCH. ■ Film d'esordio di una giornalista ed editorialista austriaca, *Blue Moon*, ogni riferimento alla celebre canzone è assolutamente voluto, racconta la strana storia d'amore tra Johnny, silenzioso corriere di denaro sporco e la bella Shirley, misteriosa bionda che sbarca il lunario offrendosi come *escort* ai nuovi ricchi spuntati come funghi dopo la dissoluzione dell'impero comunista. Il percorso della coppia li porta tra numerosi tira e molla, colpi di scena e vicissitudini di varia natura, in Slovacchia, Ucraina ed infine a Odessa, mistica città portuale sul Mar Nero. Curioso mix di generi diversi. ■ AVVENTURA; COL.; 90'; AUSTRIA, 2003.

♥ **BLUES BROTHERS – I FRATELLI BLUES, THE** ★★★★
(The Blues Brothers)
Regia di JOHN LANDIS. Con DAN AYKROYD, JOHN BELUSHI, KATHLEEN FREEMAN. ■ Il film si colloca nel recente filone del comico demenziale, già legato al genere catastrofico con *Animal House* di Landis e con *1941* di Spielberg (con Belushi non a caso presente in un cammeo) e qui apertosi anche al musicale. Si fornisce quindi l'estro per una serie di tributi ai miti della "black music": James Brown è il reverendo che tiene il catechismo danzato di *The Old Landmark*; Aretha Franklin canta *Think* nel caffè Soul Food che gestisce; Ray Charles riesce a vendere i suoi strumenti suonando *Shake Your Tailfeathers*; Cab Calloway è l'amico dell'orfanotrofio che rifà se stesso in *Minnie the Moocher*. Tutti eseguono i loro brani in sintonia con la paradossale e sgangherata comicità dei Brothers. Il concetto "culto" dunque aderisce perfettamente a questo film composito e straordinario. ■ COMM. MUSICALE; COL.; 130'; USA, 1980.

BLUES BROTHERS IL MITO CONTINUA ★★
(Blues brothers 2000)
Regia di JOHN LANDIS. Con DAN AYKROYD, J. EVAN BONIFANT, JOHN GOODMAN. ■ Elwood Blues (Aykroyd) esce di prigione dopo diciotto anni e aspetta inutilmente che Belushi lo venga a prendere. Gli dicono che il suo amico è morto. Allora Elwood vive per rimettere insieme la vecchia banda. Ci riesce. Fra un concerto e un disastro gira l'America, incontrando tutti (letteralmente) i principi del rock. *Blues Brothers 2* non entrerà nella mitologia come il precedente. È un tentativo di far rivivere sensazioni che non possono più esserci. Tolto qualche spunto, il resto è quasi tutto deludente. La magia è morta con John Belushi e Cab Calloway, ai quali (insieme a John Candy) è dedicato il film. ■ COMM. MUSICALE; COL.; 123'; USA, 1998.

BLUES DI MEZZANOTTE *(Too Late Blues)* ★★
Regia di JOHN CASSAVETES. Con SEYMOUR CASSEL, BOBBY DARIN, STELLA STEVENS. ■ Uno dei primi film di Cassavetes, che già s'infischiava delle regole della drammaturgia (seguendo i personaggi anche negli atti quotidiani) ma non aveva ancora imparato a rendere quei personaggi veramente degni d'essere seguiti. Protagonista è un giovane musicista che "punta" una bella bionda e cerca di strapparla al suo innamorato. Ci riesce, ma poi la perde e perde il suo lavoro. Quando recupera entrambi, lei è diventata una prostituta. ■ DRAMMATICO; B/N; 100'; USA, 1962.

BLUE SKY ★★
Regia di TONY RICHARDSON. Con POWER BOOTHE, JESSICA LANGE, TOMMY LEE JONES, CHRIS O'DONNELL. ■ Primi anni Sessanta. Lui è un tecnico nucleare dell'esercito, lei sua moglie insoddisfatta e un po' matta. Si trasferiscono in una base dell'Alabama, in una casetta squallida e lei proprio non lo sopporta. Esuberante e irrequieta, ben presto si fa notare da tutta la comunità. Frequenta anche alcuni letti ma il marito la sostiene a oltranza. Quando lui verrà coinvolto in una brutta faccenda militar-politica, lei si farà in quattro per toglierlo dai guai. Premio Oscar a Jessica Lange. ■ DRAMMATICO; COL.; 101'; USA, 1995. ■ GOLDEN GLOBES 1 PR, 1 NOM; OSCAR 1 PR, 1 NOM.

BLUES METROPOLITANO ★★
Regia di SALVATORE PISCICELLI. Con PAOLO BONETTI, IDA DI BENEDETTO, MARINA SUMA. ■ A Napoli, d'estate, s'intrecciano le vite un po' sballate di alcuni personaggi in occasione dell'organizzazione di un concerto. È il terzo lungometraggio di Piscicelli dopo *Immacolata e Concetta* e *Le occasioni di Rosa*. Molto al di sotto dei precedenti. ■ COMMEDIA; COL.; 111'; ITALIA, 1984.

BLUE STEEL BERSAGLIO MORTALE *(Blue Steel)* ★★★
Regia di KATHRYN BIGELOW. Con CLANCY BROWN, LOUISE FLETCHER, JAMIE LEE CURTIS, RON SILVER. ■ Dopo il successo di *Point Break* i distributori si sono decisi a mettere in campo anche la pellicola precedente della regista americana. Il sicuro mestiere le permette anche stavolta di creare un buon film di sicura presa. Nel ruolo principale, una poliziotta molto attiva alla maniera delle nuove donne con pistola da *Nikita* a *Thelma e Louise*, una brava Jamie Lee Curtis. Lei lavora a New York e instaura un rapporto molto ambiguo con un agente di borsa che viene colto da istinti omicidi dopo averla vista alle prese con alcuni rapinatori. Della stessa regista è da ricordare *Il buio si avvicina* prodotto da Oliver Stone. ■ POLIZIESCO; COL.; 102'; USA, 1990.

BLUE SUEDE SHOES ★★
Regia di CURTIS CLARK. Con EDDIE COCHRAN, BILL HALEY, JERRY LEE LEWIS. ■ Trent'anni dopo la grande esplosione del rock'n'roll i superstiti si ritrovano in un grande concerto dove rievocano le glorie del periodo d'oro. ■ COMMEDIA; COL.; 89'; GRAN BRETAGNA, 1981.

BLUE TIGER ★★
Regia di NORBERTO BARBA. Con RYO ISHIBASHI, VIRGINIA MADSEN, TORU NAKAMURA, HARRY DEAN STANTON. ■ Una donna disperata vuole rintracciare l'assassino, un pericoloso yakuza, del suo bambino. La tigre blu del titolo si riferisce al tatuaggio che la donna si fa disegnare per trovare il killer. ■ THRILLER; COL.; 85'; USA, 1993.

BLUE TORNADO ★
Regia di ANTONIO BIDO. Con DIRK BENEDICT, PATSY KENSIT, TED MCGINLEY, DAVID WARNER. ■ Piloti della Nato, alla guida dei loro F 104, perdono il controllo e precipitano a causa di fenomeni luminosi inspiegabili. Un pilota che riesce a cavarsela si dichiara convinto che si tratti di Ufo. La Nato lo mette sotto inchiesta perché lo ritiene responsabile della morte del compagno di volo. Dinanzi alle sue insistenze sull'esistenza degli Ufo, si decide di mettere tutto a tacere. Ma il pilota aveva ragione. Antonio Bido, dopo *Mak PI greco 100* sembra essere diventato il regista di fiducia dell'aeronautica militare italiana. Quando tenta di imitare *Top Gun* se la cava, ma gli Ufo sono davvero troppo. ■ FANTASTICO; COL.; 91'; ITALIA, 1991.

BLUE VALENTINE ★★
Regia di DEREK CIANFRANCE. Con JOHN DOMAN, RYAN GOSLING, BEN SHENKMAN, MIKE VOGEL, MICHELLE WILLIAMS. ■ Dean e Cindy si sono incontrati per caso, si sono molto amati costruendo una famiglia, ma ora l'incanto sembra finito. Mentre si concedono forse l'ultima notte insieme, nella "camera del futuro" di un motel a ore, ricordano quel che c'è stato e che non c'è più. Dopo un eccellente debutto al Sundance e anni di documentarismo, Derek Cianfrance riesce finalmente a portare alla luce *Blue Valentine*, che aveva iniziato a scrivere già nel 1998. ■ DRAMMATICO; COL.; 120'; USA, 2010.

BLUFF – STORIA DI TRUFFE E DI IMBROGLIONI ★★★
Regia di SERGIO CORBUCCI. Con UGO BOLOGNA, CAPUCINE, ADRIANO CELENTANO, CORINNE CLÉRY, ANTHONY QUINN. ■ Il film è imperniato sulle imprese e sulle avventure di due simpatici truffatori che "esercitano" nella Francia degli anni Trenta. Il lavoro vuole ironizzare sul cinema francese e americano che più volte ha trattato l'argomento gangster. ■ COMMEDIA; COL.; 110'; ITALIA, 1976. ■ DAVID DI DONATELLO 1 PR, 1 NOM.

BLU GANG E VISSERO PER SEMPRE FELICI E AMMAZZATI ★★★
Regia di MARC MEYER. Con TINA AUMONT, MAURIZIO BONUGLIA, ANTONIO FALSI, GUIDO MANNARI, JACK PALANCE. ■ Siamo ai primi del Novecento. Il film narra le imprese dei quattro fratelli Blu, castigatori dei ricchi e dei prepotenti. Avventure, rapine, vicende sentimentali si susseguono in questa buona pellicola diretta con grande cura. ■ WESTERN; COL.; 93'; ITALIA, 1972.

BLUNT IL QUARTO UOMO *(Blunt)* ★★★
Regia di JOHN GLENISTER. Con ANTHONY HOPKINS, IAN RICHARDSON, MICHAEL WILLIAMS. ■ La storia di Anthony Blunt, critico d'arte, consulente dei più famosi musei inglesi negli anni Cinquanta e Sessanta. Amico di Burgess e McLean, famose spie filosovietiche che fuggirono a Mosca al tempo della guerra fredda, Blunt ne era anche il complice. Burgess e McLean vennero smascherati nel 1951, Blunt oltre venticinque anni dopo. ■ SPIONAGGIO; COL.; 90'; GRAN BRETAGNA, 1986.

BLU PROFONDO *(Deep Blue Sea)* ★★
Regia di RENNY HARLIN. Con SAFFRON BURROWS, SAMUEL L. JACKSON, THOMAS JANE. ■ Pasticcio ad effetti speciali su un gruppo di scienziati impegnati con gli squali. Ci si diverte, ma non abbastanza. ■ AVVENTURA; COL.; 140'; USA, 1999.

B. MONKEY – UNA DONNA DA SALVARE *(B. Monkey)* ★
Regia di MICHAEL RADFORD. Con ASIA ARGENTO, RUPERT EVERETT, JARED HARRIS, JONATHAN RHYS MEYERS. ■ Dopo *Il postino* Radford torna sullo schermo con un "nulla" raccontato per un'ora e mezzo. Rapine, spaccio, ricerca di normalità da parte della protagonista. Tutto qui. Ed è poco. ■ DRAMMATICO; COL.; 88'; GRAN BRETAGNA, USA, 1999.

BOARDING GATE ★★
Regia di OLIVIER ASSAYAS. Con ASIA ARGENTO, MICHAEL MADSEN. ■ Sandra è una ex prostituta che torna a trovare Miles, per il quale in passato lavorava e di cui era innamorata. La loro storia potrebbe ricominciare. Così almeno vorrebbe Miles ma gli obiettivi di Sandra sono altri. Assayas ha dichiarato di aver voluto realizzare un B-movie del genere thriller ispirandosi a fatti realmente accaduti in Francia: l'assassinio del finanziere Edouard Stern. ■ DRAMMATICO; COL.; 106'; FRANCIA, 2007.

BOATNIKS – I MARINAI DELLA DOMENICA ★★
(The Boatniks)
Regia di NORMAN TOKAR. Con WALLY COX, NORMAN FELL, ROBERT MORSE, STEFANIE POWERS, PHIL SILVERS. ■ Film per ragazzi che narra le ingarbugliate avventure di un guardiamarina alle prese con un comandante che lo considera un imbranato e con tre ladri che gli causano un sacco di guai. Alla fine, si riabiliterà agli occhi del suo superiore e sposerà la bella ragazza della quale si è innamorato. ■ COMMEDIA; COL.; 100'; USA, 1970.

BOAT TRIP ★
Regia di MORT NATHAN. Con VIVICA A. FOX, CUBA GOODING JR., ROGER MOORE, RICHARD ROUNDTREE, ROSELYN SANCHEZ, HORATIO SANZ, LIN SHAYE, VICTORIA SILVSTEDT. ■ Jerry, appena piantato dalla fidanzata, si lascia convincere da Nick a fare una crociera a bordo di una nave carica di splendide donne. I due si imbarcano ma ben presto si accorgono che sulla nave ci sono soprattutto uomini. La noia prende il sopravvento, finché a bordo non salgono quindici splendide modelle. In queste sta l'interesse per il film. Oltre che nell'ennesima apparizione di Roger Moore. ■ COMMEDIA; COL.; 94'; GERMANIA, USA, 2002.

BOBBY ★★★
Regia di EMILIO ESTEVEZ. Con HARRY BELAFONTE, JOY BRYANT, NICK CANNON, LAURENCE FISHBURNE, BRIAN GERAGHTY, HEATHER GRAHAM, ANTHONY HOPKINS, HELEN HUNT, JOSHUA JACKSON, ASHTON KUTCHER, SHIA LABEOUF, LINDSAY LOHAN, WILLIAM H. MACY, DEMI MOORE, FREDDY RODRIGUEZ, MARTIN SHEEN, CHRISTIAN SLATER, SHARON STONE, MARY ELIZABETH WINSTEAD, ELIJAH WOOD. ■ 4 giugno 1968. Si stanno svolgendo le elezioni per le primarie democratiche in California, un test decisivo per la corsa verso la candidatura per la presidenza degli Stati Uniti. Le ore di quella giornata scorrono verso la speranza di una possibile vittoria di Bob Kennedy sull'avversario McCarthy. Si chiuderanno nelle prime ore del 5 giugno con i colpi di pistola sparati da Sirhan Sirhan, che stroncheranno non solo la vita di un uomo ma le speranze di quell'America che vuole uscire dalla follia della guerra nel Vietnam. Emilio Estevez decide di raccontare, non focalizzando sul candidato, la vita di gente comune che si trova, per diversi motivi, nell'Hotel Ambassador, quartier generale dei democratici. Il film si chiude col lungo discorso di Bob Kennedy: «... sono convinto che possiamo lavorare tutti insieme. Siamo un grande paese, un paese altruista e compassionevole...». *Bobby*, dunque, attraverso il passato fa riflettere sul presente. ■ DRAMMATICO; COL.; 114'; USA, 2006.

BOBBY FISCHER AGAINST THE WORLD ★★
Regia di LIZ GARBUS. Con BOBBY FISCHER, BORIS VASIL'EVIC SPASSKIJ. ■ Biografia di Bobby Fischer, il grande scacchista, nato nel 1943 e morto nel 2008, ripercorsa dalle testimonianze di chi lo ha conosciuto direttamente, e la complessa psicologia del personaggio, integrate con un'ampia selezione di materiali video. Un ritratto con al centro il famoso incontro in Finlandia con Boris Spassky nel 1972. ■ DOCUMENTARIO; COL.; 90'; USA, GRAN BRETAGNA, ISLANDA, 2011.

BOBBY IL CUCCIOLO DI EDIMBURGO ★★
(Greyfriars Bobby)
Regia di DON CHAFFEY. Con DONALD CRISP, LAURENCE NAISMITH, KAY WALSH. ■ La vera storia di un terrier scozzeze che, alla fine del secolo scorso, suscitò la curiosità e l'affetto della gente di Edimburgo, quando rifiutò di lasciare il cimitero dove era stato sepolto il suo padrone. ■ AVVENTURA; COL.; 90'; GRAN BRETAGNA, 1961.

BOBBY Z – IL SIGNORE DELLA DROGA ★★
(The Death and Life of Bobby Z)
Regia di JOHN HERZFELD. Con LAURENCE FISHBURNE, JASON FLEMYNG, JASON LEWIS, PAUL WALKER. ■ Trattasi di un action-thriller con scambi d'identità in salsa latino-pulp. Il film parte con la proposta di libertà fatta da un agente della DEA, Tas Gruzsa (Fishburne) a Tim Kearney (Walker), ex marine attualmente carcerato e condannato all'ergastolo, a patto di uno scambio d'identità: diventare il temuto e appena deceduto trafficante di marijuana Bobby Z. Ambientato fra coloratissimi paesaggi messicani, ville e barche di quella California che se le può permettere, il film riesce a mantenere per tutti i novantasette minuti una discreta tensione. ■ AZIONE; COL.; 97'; GERMANIA, USA, 2007.

BOB & CAROL & TED & ALICE ★★★★
Regia di PAUL MAZURSKY. Con DYAN CANNON, ROBERT CULP, ELLIOTT GOULD, NATALIE WOOD. ■ Due giovani coppie californiane, influenzate dalle moderne teorie sessuali, decidono di considerare il matrimonio "modernamente". Prima Bob e Carol si confessano (e ammettono) i rispettivi adulteri, poi propongono agli amici Ted e Alice lo *swapping* (lo scambio dei partner) nello stesso letto. Ma, al dunque, ci ripensano. ■ COMMEDIA; COL.; 104'; USA, 1969. ■ OSCAR 4 NOM.

BOB IL BARO *(Bob le Flambeur)* ★★
Regia di JEAN-PIERRE MELVILLE. Con DANIEL CAUCHY, ISABELLE COREY, ROGER DUCHESNE. ■ Un giocatore si accorda con un amico rapinatore per svaligiare il casinò di Deauville. Ma il giorno stabilito la passione per il gioco lo riprende, dimentica la ragione per cui è venuto a Deauville, manda a monte il colpo. Ma la polizia lo arresta egualmente, quando esce con i milioni non rubati, ma "onestamente" guadagnati al casinò. Uno dei primi film di Melville, già affezionato ai personaggi di malviventi in rotta col resto del mondo. ■ GIALLO; B/N; 94'; FRANCIA, 1955.

BOB IL BARO ★
Regia di ATIF YILMAZ. Con GILSEN BUBIKO, GEORGE EASTWOOD, NANDO POGGI, ALIS SADIK, STEFANIA SALTINELLI. ■ Avventure, mafia e fiori d'arancio in questo pasticcio ambientato ad Istanbul e battente bandiera turca. In realtà, gran parte del cast e dei tecnici è italiana, mentre la rimanente parte è cosmopolita. ■ COMMEDIA; COL.; 100'; TURCHIA, 1976.

BOB MARLEY LIVE *(Exodus)* ★★
Regia di KEITH MACMILLIAN. Con BOB MARLEY, THE THIRD WORLD BAND, THE WAILER. ■ Ripresa dal vivo del concerto tenuto a Londra nel '77 dal re del reggae Bob Marley e da due complessi al suo seguito. ■ DOCUMENTARIO; COL.; 92'; GRAN BRETAGNA, 1977.

BOBO JACCO ★★
Regia di WALTER BAL. Con JEAN-CLAUDE BRIALY, ANNIE GIRARDOT, LAURENT MALET. ■ Un giovanotto poco più che ventenne è l'amante della padrona di un bar. Ma lui ama la figlia della donna e riesce a farla sua. Ma non dura. La ragazza preferisce sposare un ricco signore di mezza età. Bobo deve ripiegare ancora sulla madre. ■ COMMEDIA; COL.; 90'; FRANCIA, 1979.

BOBO UNA VITA DA CANI *(Walk Like a Man)* ★★
Regia di MELVIN FRANK. Con CLORIS LEACHMAN, CHRISTOPHER LLOYD, HOWIE MANDEL. ■ Un bambino viene smarrito in mezzo alla foresta e viene allevato dai lupi. Un naturalista lo trova dopo molti anni. Il ragazzo è reinserito nella civiltà, ma conserva abitudini leggermente... canine. Un tema drammatico che però qui è sfruttato solo per trarne spunti di farsa. ■ COMMEDIA; COL.; 86'; USA, 1986.

BOB ROBERTS ★★★
Regia di TIM ROBBINS. Con GIANCARLO ESPOSITO, TIM ROBBINS, SUSAN SARANDON. ■ Robbins ha imparato la lezione dal maestro Altman, che aveva parlato di elezioni nella serie televisiva *Tanner '88* e che lo ha diretto in *I protagonisti*. È riuscito a fare il ritratto dell'America, attraverso un personaggio arrivista disposto a tutto. Con uno sguardo di americano ottimista da prendere a schiaffi sa suonare anche la chitarra. Così scopiazza e adatta (nel versante opposto e col suo nome) tutte le copertine di Bob Dylan, compreso un video storico. Invece di portare avanti un "manifesto" progressista punta sul completo ritorno al conservatorismo compresa una riscoperta della guerra in Vietnam. Presentato al Festival di Cannes. ■ COMMEDIA; COL.; 103'; USA, 1992. ■ GOLDEN GLOBES 1 NOM.

BOCA A BOCA ★★★
Regia di MANUEL GOMEZ PEREIRA. Con JAVIER BARDEM, MARIA BARRANCO, JOSEP MARIA FLOTATS, FERNANDO GUILLEN-CUERVO, AITANA SANCHEZ-GIJON. ■ Victor è un aspirante attore che, per campare, fa la voce erotica per una hot line. Un suo cliente ricco, Ricardo, è nel mirino della moglie e dell'amante che vogliono, con la complicità ignara di Victor, ucciderlo per poi godersi l'eredità. Amanda lavora in un locale e viene ingaggiata per sedurre Victor e innescare così la miccia dell'omicidio. Victor però si innamora davvero di Amanda e, intanto, supera un provino. Il protagonista di questa commedia sexy ben ritmata e Javier Bardem già visto in *Prosciutto prosciutto* e abile nel farsi guardare dalle signore ma anche apprezabile per la recitazione. ■ COMMEDIA; COL.; 110'; SPAGNA, 1995.

BOCCA, LA ★★
Regia di LUCA VERDONE. Con CLAUDINE AUGER, MASSIMO BONETTI, RODNEY HARVEY, ALIDA VALLI, TAHNEE WELCH. ■ Non si fraintenda subito il titolo o, meglio, non lo si fraintenda del tutto: la bocca questa volta è anche il simbolo della voce, delle parole non dette, delle intese a prima vista. È la storia di Alessandra, giovane e avvenente restauratrice, che viene ospitata in una villa toscana per ripulire un antico affresco. Strani e variati personaggi abitano la villa: c'è Giulio, dolce ragazzo sordomuto, sua madre mezza pazza, una ragazzina incinta (di chi?), il fattore suicida e la vecchia contessa, malata, ma ancora in grado di gestire una così strana famiglia. Tra discussioni, turpi amori e un po' di mistero, la trama scorre via mettendo soprattutto in evidenza il problema della comunicazione tra Alessandra e il muto Giulio. Non mancano tuttavia riferimenti sessuali, descritti con molta decenza. In un film che vorrebbe studiare l'uso delle parole, proprio i dialoghi mancano di tono e di efficacia. Il regista Luca Verdone sembra non riuscire a decidersi tra il film drammatico e la storia d'amore un po' spinta, dando così vita a un "di tutto un po'". ■ DRAMMATICO; COL.; 104'; ITALIA, 1991.

BOCCACCESCHE NOTTI DI UN LIBERTINO E DI UNA CANDIDA PROSTITUTA, LE ★★★
(Raphaël ou le débauché)
Regia di MICHEL DEVILLE. Con FRANÇOISE FABIAN, MAURICE RONET, JEAN VILAR. ■ Nella Francia della Restaurazione, una bella e virtuosa vedova si innamora di un libertino. Lui la ricambia ma non la tocca (conosce i propri limiti). Lei cerca di scendere al suo livello prostituendosi. Lui si uccide. ■ COMMEDIA; COL.; 100'; FRANCIA, 1970.

BOCCACCIO ★★★
Regia di MARCELLO ALBANI. Con LUIGI ALMIRANTE, CLARA CALAMAI, SILVANA JACHINO, OSVALDO VALENTI. ■ Giovanni Boccaccio non compare. Compare suo nipote, che sfruttando la fama dello zio fa collezione di belle ragazze nella Firenze dell'età di mezzo. Una ragazza, che è stata una delle sue vittime, si traveste da uomo, e presentandosi come l'autore de *Il Decamerone*, rovina la piazza al dongiovanni. Alla fine costui scoprirà l'identità del falso zio. ■ COMMEDIA; B/N; 88'; ITALIA, 1940.

BOCCACCIO ★★
Regia di BRUNO CORBUCCI. Con LINO BANFI, RAYMOND BUSSIÈRES, ANDREA FABBRICATORE, PIPPO FRANCO, SYLVA KOSCINA, ENRICO MONTESANO, ALIGHIERO NOSCHESE. ■ Mezza dozzina di novelle de *Il Decamerone* tenute insieme dalla presenza dei burloni Bruno e Buffalmacco (Pippo Franco e Enrico Montesano). La loro vittima è il grullo Calandrino, sanguinosamente beffato più di una volta (l'interprete è Andrea Fabbricatore, campione della *Fiera dei sogni* in tv, e nella vita tutt'altro che grullo). ■ COMMEDIA; COL.; 90'; ITALIA, 1972.

BOCCACCIO '70 ★★★
Regia di VITTORIO DE SICA, FEDERICO FELLINI, MARIO MONICELLI, LUCHINO VISCONTI. Con PEPPINO DE FILIPPO, ANITA EKBERG, SOPHIA LOREN, TOMAS MILIAN, ROMY SCHNEIDER, MARISA SOLINAS, ROMOLO VALLI. ■ Quattro episodi boccacceschi affidati ad altrettanti big della regia. In *Le tentazioni del dottor Antonio*, un gretto censore è ossessionato da una biondona che propaganda il latte su un cartellone (dirige Fellini); ne *Il lavoro* la moglie di un principe coinvolto in uno scandalo di squillo si rifà pretendendo dal marito di essere pagata per ogni prestazione sessuale (regia di Visconti). De Sica dirige la Loren in *La riffa*, storia di una bellezza da tirassegno che si mette in palio in una piazza romagnola. La vince alla riffa l'illibato sagrestano. In *Renzo e Luciana* (dirige Monicelli) due promessi sposi del giorno d'oggi si trovano a dover affrontare le difficoltà pratiche del matrimonio nell'Italia dell'epoca. ■ COMMEDIA; COL.; 150'; ITALIA, 1961.

BOCCA CHE SOGNAVA, LA *(Der träumende Mund)* ★★
Regia di JOSEF VON BAKY. Con OTTO WILHELM FISCHER, MARIA SCHELL. ■ La moglie di un orchestrale, Elisabetta, prende una cotta per un violinista famoso, amico del marito. La donna non ha però il coraggio di rivelare l'adulterio al coniuge, in quanto questi si è nel frattempo ammalato gravemente. Dopo alterne vicende, la donna deciderà di ritornare fedele al marito, che recupererà la salute. ■ DRAMMATICO; B/N; 90'; GERMANIA, 1953.

BOCCA DA FUOCO *(Firepower)* ★★★
Regia di MICHAEL WINNER. Con JAMES COBURN, ANTHONY FRANCIOSA, SOPHIA LOREN. ■ Ammazzano uno scienziato italiano che, dopo essere stato per anni dipendente di un'industria farmaceutica, voleva denunciare al mondo le malefatte del datore di lavoro (pasticche cancerogene). La vedova chiede vendetta e l'Fbi si dà da fare per snidare l'industria dal suo rifugio nei Caraibi: arriva all'uopo lo "specialista" Fanon. Costui crede di essere riuscito nella missione, invece cattura solo una controfigura del magnate. Ritenterà e andrà a segno. ■ AVVENTURA; COL.; 104'; USA, 1979.

BOCCA DELLA VERITÀ, LA *(The Horse's Mouth)* ★★★★
Regia di RONALD NEAME. Con ALEC GUINNESS, RENÉE HOUSTON, MIKE MORGAN, KAY WALSH. ■ Uno dei personaggi più belli (e più lunari) di Alec Guinness tratto da un romanzo di Joyce Cary, sceneggiato dallo stesso Guinness. L'attore qui è un pittore stravagante, che quando ha sentito nascere la passione per l'arte ha mollato tutto (famiglia, amici, lavoro) per vivere la vita del bohémien. Ogni tanto trova qualche ricco protettore che lo ospita. Ma il pittore ne approfitta e usa le pareti di casa per i suoi affreschi, rovinando la dimora e facendola rovinare dai suoi amici barboni. Alla fine gli arriva la fama, i suoi lavori sono esposti alla National Gallery ma lui continua la sua vita vagabonda. ■ COMMEDIA; COL.; 93'; GRAN BRETAGNA, 1958. ■ OSCAR 1 NOM; VENEZIA 1 PR.

BOCCA SULLA STRADA, LA ★★★
Regia di ROBERTO LEONE ROBERTI. Con GUGLIELMO BARNABÒ, VERA BERGMAN, CARLA DEL POGGIO, ARMANDO FALCONI, GIUSEPPE RINALDI. ■ Prima di morire, un ricco signore dà incarico all'anziano e buon custode del palazzo di allevare una propria figlia illegittima. Il generoso e onesto portiere cresce la fanciulla con ogni cura senza farle mancare niente. Il figlio dei nuovi padroni della casa si innamora della ragazza e alla fine si sposeranno. Il film è ambientato a Napoli. ■ COMMEDIA; B/N; 91'; ITALIA, 1941.

BOCCHE CUCITE ★★
Regia di PINO TOSINI. Con PIER PAOLO CAPPONI, ROLAND CAREY, LOU CASTEL, CARLA ROMANELLI, JEAN VALMONT. ■ La polizia trova per strada il cadavere di un siciliano emigrato al Nord. È stato ucciso per vendetta da alcuni della sua stessa famiglia. Dietro a tutto c'è una squallida storia di prostituzione. La vicenda si concluderà drammaticamente. ■ DRAMMATICO; COL.; 95'; ITALIA, 1970.

BODAS DE SANGRE – NOZZE DI SANGUE ★★★
(Bodas de sangre)
Regia di CARLOS SAURA. Con ANTONIO GADES, CRISTINA HOYOS, JUAN ANTONIO JIMENEZ. ■ Amore, morte e balletto nel segno di García Lorca e di Antonio Gades. Un uomo e una donna stanno per sposarsi, ma lei ama, riamata, il migliore amico di lui, già marito e padre. Il giorno delle nozze, la sposa viene rapita dallo spasimante. Il marito li raggiunge e sfida a duello il rivale: muoiono entrambi. Il tutto a passo di flamenco. Grandi balletti e grande spettacolo. ■ DRAMMATICO; COL.; 71'; SPAGNA, 1981.

BODY, THE ★★
Regia di JONAS MCCORD. Con ANTONIO BANDERAS, DEREK JACOBI, JOHN SHRAPNEL, OLIVIA WILLIAMS. ■ Dal romanzo di Richard Sapir. A Gerusalemme c'è chi ha voglia di fare scavi. In una tomba appartenuta a un uomo facoltoso viene trovato uno scheletro. Gli studi rivelano trattarsi di un uomo morto duemila anni fa, crocefisso. C'è dunque chi si spinge all'ipotesi massima: si tratta di Gesù. Ma il ritrovamento del corpo comporterebbe che il Cristo non sia mai risorto e questo non sarebbe uno scoop da poco. Ci pensa Banderas, nei panni di un prete, a cercare di definire l'abnorme mistero. Dopo una premessa così grande non era facile mantenere il racconto a un livello adeguato. E infatti il resto cade nella banalità di discorsi astratti e di misteri che non offrono mai la soddisfazione della soluzione. Inoltre, che c'entra il bell'Antonio? ■ FANTASTICO; COL.; 109'; USA, 2002.

BODY BAGS – CORPI ESTRANEI *(Body Bags)* ★★
Regia di JOHN CARPENTER, TOBE HOOPER. Con SHEENA EASTON, MARK HAMILL, DEBORAH HARRY, STACY KEACH, TWIGGY. ■ Due maestri dell'horror insieme per tre episodi. Risultati sufficienti. Uno spietato assassino insidia una donna; un occhio trapiantato rende la vita difficile al nuovo proprietario; un uomo non riesce a superare il problema della perdita dei capelli. Tra gli attori due cantanti pop, Sheena Easton e Deborah Harry. ■ HORROR; COL.; 95'; USA, 1993.

BODYGUARDS ★★
Regia di NERI PARENTI. Con MASSIMO BOLDI, CINDY CRAWFORD, CHRISTIAN DE SICA, ANNA FALCHI, MEGAN GALE, BIAGIO IZZO, ENZO SALVI, VICTORIA SILVSTEDT. ■ I nostri eroi, affiancati da Biagio Izzo sono due carabinieri radiati dall'Arma, i quali si ritrovano a fare le guardie del corpo a vip e starlet. Christian De Sica interpreta Fabio, bodyguard della maggiorata Victoria Silvsted, Massimo Boldi è Paolo, dogsitter di un tenero cagnolino di proprietà di Anna Falchi, Biagio Izzo è Ciro, guardia del corpo di Luca Laurenti. Ma l'avventura finirà male per gli intrepidi paladini. Rischiano difatti di essere licenziati anche dalla Security, ma il titolare sarà disposto a chiudere un occhio qualora i tre acconsentano di occuparsi di un caso molto particolare ed altamente pericoloso: proteggere la bellissima Cindy Crawford da un maniaco. Gag a ripetizione e un ritmo frenetico da cartone animato. ■ COMMEDIA; COL.; 90'; ITALIA, 2000.

BODY LANGUAGE ★
Regia di GEORGE CASE. Con PATRICIA BELCHER, TOM BERENGER, DAYTON CALLIE. ■ Una donna affascinante attrae un avvocato che sta difendendo un boss della mafia. Racconta di essere stata vessata dal marito rozzo e manesco e di avere bisogno di aiuto. Sarà tutto vero? Tom Berenger è ormai una presenza costante di questi thriller prodotti per le tv via cavo. ■ DRAMMATICO; COL.; 98'; USA, 1995.

BODY LANGUAGE ★★
Regia di JEFFREY ELMONT. Con FLORIS BOSVELD, CHANDLER BULLOCK, LUCIANO HIWAT, LORENZO VAN VELZEN BOTTAZZI. ■ Finanziati da un programma statale, un gruppo di ballerini olandesi sta per partire per New York quando viene a sapere che i fondi non ci sono. Solo cinque di loro, i migliori e più determinati, partiranno lo stesso contando di trovare un modo per mantenersi a Manhattan. Il cinema di danza da strada, partito dagli Stati Uniti con i seminali *Step up*, in pochi anni si è diffuso a macchia d'olio in tutti i Paesi (compreso il nostro) e questa filiazione olandese è uno dei molti esempi e segue tutte le regole del genere. ■ MUSICALE; COL.; 97'; PAESI BASSI, 2011.

BODY OF EVIDENCE ★★
Regia di ULI LEDEL. Con ANNE ARCHER, WILLEM DAFOE, MADONNA, JOE MANTEGNA. ■ Un avvocato deve difendere un'avvenente cliente accusata di aver ucciso il proprio amante. ■ GIALLO; COL.; 119'; USA, 1992.

BODY PUZZLE ★
Regia di LAMBERTO BAVA. Con TOMAS ARANA, ERIKA BLANC, GIANNI GARKO, FRANÇOIS MONTAGUT, JOANNA PACULA. ■ Bava torna alla carica cercando di proporre un serial killer in sedicesimo. Il film è un puzzle indistinto di citazioni raccolte qua e là per raccontare la storia di un giovane pianista, tossico, omosessuale e psicopatico, che squarta sconosciuti e poi li porta nel giardino della vedova del suo migliore amico. Il poliziotto che indaga sugli omicidi, già che c'è, si porta a letto l'avvenente vedova. ■ THRILLER; COL.; 90'; ITALIA, 1992.

BODY ROCK ★★
Regia di MARCELO EPSTEIN. Con VICKI FREDRICK, LORENZO LAMAS, RAY SHARKEY. ■ Fustaccio campione di *break dance* si aliena la simpatia dei compagni di sempre quando li lascia di punto in bianco per andarsi a esibire in un locale notturno per ricconi di Los Angeles. I numeri di danza sono ottimamente fotografati da Robby Muller, ma il greve Lorenzo come ballerino è una pena, nella danza per strada o in quella al night. ■ COMM. MUSICALE; COL.; 93'; USA, 1984.

BODY SHOTS ★
Regia di MICHAEL CRISTOFER. Con SEAN PATRICK FLANERY, RON LIVINGSTON, JERRY O'CONNELL. ■ Los Angeles. Otto ventenni (quattro ragazzi e quattro ragazze) ricchi, senza remore, belli

quanto immaturi. Una notte: la dissoluzione di coppie mentre altre se ne formano. Fino a che Sara, ferita, bussa alla porta di una delle sue coetanee dicendo di essere stata violentata da Michael. Ma questi racconta le cose diversamente. Qual è la realtà e fin dove arriva la fantasia? David McKenna ha sceneggiato quell'interessante film che è *American X*. Qui manca il bersaglio e realizza un ritrattino di maniera di una generazione che va scandagliata con ben altri strumenti. ■ DRAMMATICO; COL.; 102'; USA, 2000.

BODY SNATCH *(Corps à corps)* ★★
Regia di FRANÇOIS HANSS. Con ABBE LANE, VITTORIA SCOGNAMIGLIO, EMMANUELLE SEIGNER, PHILIPPE TORRETON. ■ Laura fa la spogliarellista in un sordido night di Marsiglia. Un giorno incontra Marco, un giovane medico, che si innamora di lei e le offre una vita diversa: il matrimonio, una grande villa fuori città, una famiglia. Laura accetta pur di vivere una vita normale. Ma il passato non si può gettare alle spalle, e sarà così, per una fatalità, che Laura scoprirà il terribile segreto che si cela dietro l'amore premuroso di Marco. Inizia come una storia pruriginosa, continua come una storia d'amore, termina come un giallo. Il tutto, superfluo. ■ THRILLER; COL.; 100'; FRANCIA, 2002.

BOEING BOEING ★★★
Regia di JOHN RICH. Con TONY CURTIS, SUZANNA LEIGH, JERRY LEWIS, THELMA RITTER, DANY SAVAL. ■ Un giornalista americano a Parigi, combinando ingegnosamente i vari piani di volo di tre sue amiche hostess, riesce ad averle regolarmente nel proprio letto senza che le tre lo sappiano. L'arrivo di un amico dall'America, più qualche imprevisto nel traffico aereo internazionale, metteranno il furbacchione in serio imbarazzo: dovrà ripiegare forzatamente su una sola delle tre. ■ COMMEDIA; COL.; 102'; USA, 1965.

BOGARD IL GIUSTIZIERE DI CHICAGO *(Black Fist)* ★★
Regia di TIMOTHY GALFAS. Con ROBERT BURR, ANNAZETTE CHASE, AL CHECCO, DABNEY COLEMAN, RICHARD LAWSON. ■ Bogard, giovane e corpulento negro squattrinato, viene assunto da Logan, organizzatore di incontri clandestini di lotta libera. Diventa un campione imbattibile che si lascia alle spalle avversari malconci o addirittura cadaveri. ■ DRAMMATICO; COL.; 80'; USA, 1987.

BOGUS – L'AMICO IMMAGINARIO *(Bogus)* ★
Regia di NORMAN JEWISON. Con GÉRARD DEPARDIEU, WHOOPI GOLDBERG, HALEY JOEL OSMENT. ■ Un bambino di sette anni, orfano di madre, viene affidato a una zia. Riesce a sopportare il mutamento radicale di vita solo grazie a un amico che si inventa: Bogus. Troppo chiaramente ispirato ad *Harvey* con il grande James Stewart, questo film vola talmente basso da pulire la pista. Depardieu fornisce una prestazione "alimentare" (per lui) e l'unico che si salva è il piccolo protagonista già visto nel ruolo di *Forrest Gump* bambino. ■ COMMEDIA; COL.; 110'; USA, 1996.

BOHÈME, LA ★★★
Regia di KING VIDOR. Con RENÉE ADORÉE, JOHN GILBERT, LILLIAN GISH. ■ Probabilmente la migliore versione del capolavoro di Murger al cinema. Risale al muto e presenta un'indimenticabile interpretazione di Lillian Gish. ■ DRAMMATICO; B/N; 110'; USA, 1927.

BOHÈME, LA *(Mimì)* ★★
Regia di PAUL L. STEIN. Con DOUGLAS FAIRBANKS JR, GERTRUDE LAWRENCE, HAROLD WARRENDER. ■ Dal romanzo di Murger che ispirò l'opera di Puccini. A interpretare Mimì, la giovane *midinette* del Quartiere Latino dalla «gelida manina», i produttori ebbero la cattiva idea di chiamare Gertrude Lawrence diva dell'operetta inglese. ■ DRAMMATICO; B/N; 100'; GRAN BRETAGNA, 1935.

BOHÈME, LA ★★
Regia di MARCEL L'HERBIER. Con MARIA DENIS, LOUIS JOURDAN, ANDRÉ ROUSSIN, LOUIS SALOU. ■ Dal romanzo di Henry Murger (ma senza la musica di Puccini). Ritroviamo Rodolfo il poeta, Marcello il pittore, Schaunard il musicista e Colline il filosofo. Nonché la patetica Lucia detta comunemente "Mimì". Rodolfo ama Mimì ma è povero. Lei per non essergli di peso lo lascia, si dà alla bella vita che però dura poco. Nello stesso inverno muore di tisi tra le braccia del singhiozzante Rodolfo. ■ DRAMMATICO; B/N; 120'; FRANCIA, ITALIA, 1943.

BOHÈME, LA ★★★
Regia di LUIGI COMENCINI. Con LUCA CANONICI, BARBARA HENDRICKS, GINO QUILLICO. ■ Trasposizione dell'opera lirica di Giacomo Puccini tratta dal libro *Scene della vita di bohème* di Murger. Quattro amici artisti, tra i quali un poeta e un pittore, vivono in una soffitta. Il pittore litiga spesso con la sua innamorata mentre il poeta ama una ragazza che morirà di tisi. Buona la regia di Comencini. ■ DRAMMATICO; COL.; 120'; ITALIA, 1989.

BOIA, IL *(The Hangman)* ★★★
Regia di MICHAEL CURTIZ. Con GENE EVANS, JACK LORD, TINA LOUISE, FESS PARKER, ROBERT TAYLOR. ■ Mackenzie Bovard, sceriffo federale con la reputazione di spietato cacciatore d'uomini, arriva in città per mettere le mani su un giovanotto a suo tempo coinvolto nelle imprese di una pericolosa banda. Lo cattura ma poi, per le suppliche di una bella ragazza, lo lascia andare. ■ WESTERN; B/N; 86'; USA, 1959.

BOIA ARRIVA ALL'ALBA, IL *(Day Break)* ★★
Regia di COMPTON BENNETT. Con JANE HYLTON, ERIC PORTMAN, MAXWELL REED, ANN TODD. ■ Un barbiere, che è anche il carnefice della contea, sposa una bionda vagabonda che presto lo tradisce con un marinaio svedese. Il barbiere si uccide facendo in modo che la responsabilità ricada sul rivale. ■ DRAMMATICO; B/N; 81'; GRAN BRETAGNA, 1946.

BOIA ASPETTERÀ, IL *(Le bourreau attendra)* ★★
Regia di ROBERT VERNAY. Con ROBERT BENI, ARTURO FERNANDEZ, PAUL GUERS, CLAIRE MAURIER. ■ Con la complicità dei contrabbandieri Marina e Larsen, l'ergastolano Morleix riesce ad evadere. In cambio dovrà uccidere lo zio della donna. Morleix si innamora di Marina ed ella lo istiga ad uccidere Riccardi, un creditore, credendo che si tratti invece del rivale Larsen. Intanto Larsen uccide lo zio e le accuse cadono sull'ergastolano. Allora si dà alla fuga, seguito da Marina. Larsen si mette alle loro calcagna. Si dirigono verso il confine, ma la polizia li fermerà per sempre. ■ POLIZIESCO; B/N; 90'; FRANCIA, 1964.

BOIA DI BRANDEBOLD, IL *(Ridd i Natt)* ★★
Regia di GUSTAV MOLANDER. Con EVA DAHLBECK, GERD HAGMAN, LARS HANSON, ERIK HELL, OSCAR LJUNG. ■ Contro i soprusi di un barone, i contadini insorgono; uno di essi ammazza un uomo che vuole condurlo a forza al lavoro. L'omicida va a nascondersi nel bosco. Un perfido boia, che in passato aveva avuto un litigio con l'agricoltore, lo giustizia seppellendolo ancora vivo. Ma gli altri contadini si scatenano e incendiano le terre e le tenute del barone. Il soggetto è ricavato da un romanzo di Wilhelm Moberg. Molander diresse Ingrid Bergman agli esordi. ■ DRAMMATICO; B/N; 90'; SVEZIA, 1942.

BOIA DI LILLA, IL ★★
Regia di VITTORIO COTTAFAVI. Con ROSSANO BRAZZI, ENZO FIERMONTE, MARIA GRAZIA FRANCIA, ARMANDO FRANCIOLI, YVETTE LEBON. ■ Una Lady cattivissima che all'esordio si chiama Anna de Beuil seduce un giovane seminarista e con lui fugge. Giunti in Piccardia, nelle terre del conte di La Fère, Anna (che ha fatto passare l'amante per il fratello) si fa sposare dal conte. Questi viene a sapere dei suoi trascorsi e la uccide. O meglio crede di ucciderla. Per le sue malefatte la donna pagherà con la vita molti anni più tardi per mano del boia di Lilla (fratello del seminarista) e del conte divenuto nel frattempo il celebre moschettiere Athos. ■ AVVENTURA; B/N; 93'; FRANCIA, ITALIA, 1953.

BOIA DI VENEZIA, IL ★★
Regia di LUIGI CAPUANO. Con LEX BARKER, GUY MADISON, ALESSANDRA PANARO, MARIO PETRI. ■ A Venezia nel Quattrocento, un ministro intrigante viene a sapere che il supposto figlio del doge in realtà è il rampollo di un pirata. Utilizzando la scoperta, astutamente riesce a fare un colpo di stato. Il doge è deposto, il figlio ammazzato (così almeno si crede) proprio dal vero padre. Ma il giovanotto è scampato e torna alla riscossa. ■ AVVENTURA; COL.; 89'; ITALIA, 1963.

BOIA È DI SCENA, IL *(Two on a Guillotine)* ★★
Regia di WILLIAM CONRAD. Con CONNIE GILCHRIST, VIRGINIA

GREGG, DEAN JONES, CESAR ROMERO, CONNIE STEVENS. ■ Una bella bionda, figlia di una famoso illusionista, dopo vent'anni d'assenza torna in America per prendere possesso dell'eredità paterna. Il testamento però stabilisce che potrà avere tutto quanto lasciatole, se riuscirà a passare sette giorni e sette notti nella casa degli avi. Lei accetta ma corre pericoli d'ogni genere e magari ci rimetterebbe la pelle sotto una ghigliottina se un giornalista innamorato di lei non sopraggiungesse a trarla d'impaccio. ■ HORROR; B/N; 107'; USA, 1965.

BOIA SCARLATTO, IL ★★
Regia di MAX HUNTER. Con LIZ BARRETT, WALTER BRANDT, MICKEY HARGITAY, RITA KLEIN, ALFRED RICE. ■ La troupe di un editore entra abusivamente in un castello per realizzare fotografie per una serie di romanzi gialli. Ritenendosi la reincarnazione del Boia Scarlatto, un maniaco giustiziato secoli prima e sepolto nelle cantine del castello, Anderson comincia a torturare i componenti della troupe. Ma uno di loro riuscirà ad eliminare il pazzo e i suoi uomini e a salvare la vita ai compagni di lavoro. ■ HORROR; COL.; 90'; ITALIA, 1966.

BOILING POINT *(3-4x Jugatsu)* ★★
Regia di TAKESHI KITANO. Con MINORU IIKUZA, YURIDO ISHIDA, TAKESHI KITANO, MASAHIKO ONO. ■ Masaki è una vera schiappa al baseball e lavora per un benzinaio. Un giorno s'imbatte in uno yakuza e finisce nei guai. Verrà aiutato da un malvivente. È il secondo film diretto da questo sorprendente regista giapponese specializzato in storie di yakuza. Il talento visionario in questo caso è in tono minore. ■ POLIZIESCO; COL.; 95'; GIAPPONE, 1990.

BOLA, EL ★★★
Regia di ACHERO MAÑAS. Con JUAN JOSÉ BALLESTA, PABLO GALÁN, ALBERTO JIMÉNEZ, MANUEL MORÓN. ■ Opera prima del regista spagnolo Achero Mañas. "El bola" (la biglia) è il soprannome col quale viene chiamato Paolo, dodici anni, per via della piccola sfera di metallo che porta sempre con sé. Vessato dalle quotidiane violenze del padre, rispettabile commerciante, il ragazzino riuscirà ad acquisire fiducia e sicurezza in se stesso grazie all'amicizia col coetaneo Alfredo, che ha alle spalle una famiglia molto meno convenzionale di quella di Paolo (il padre di Alfredo è un maestro di tatuaggi) ma molto più capace di trasmettere affetto e comprensione. Il film, semplice e lineare, ha il pregio di raccontare una storia di denuncia sociale con i giusti termini, senza eccedere in drammi e tragedie. Anche per questo la pellicola ha avuto diversi riconoscimenti. ■ DRAMMATICO; COL.; 88'; SPAGNA, 2000.

BOLERO ★★★
Regia di WESLEY H. RUGGLES. Con CAROLE LOMBARD, GEORGE RAFT, SALLY RAND. ■ C'è una coppia di ballerini. Lei sposa un ricco, lui deluso va in guerra. I due si ritrovano anni dopo in un locale notturno. Lui è malato e povero, lei è realizzata e felice, col marito. Comunque ballano in memoria dei vecchi tempi. Alla dolce nenia del bolero lui muore. ■ DRAMMATICO; B/N; 85'; USA, 1934.

BOLERO *(Rosen für Bettina)* ★★★
Regia di GEORG WILHELM PABST. Con WILLY BIRGEL, IVAN DESNY, EVA KERBLER, ELISABETH MÜLLER, CARL WERY. ■ Durante le prove di *Bolero*, la celebre ballerina Bettina viene colta da una forma di paralisi che la terrà lontana dalle scene a lungo, se non addirittura per sempre. Il suo fidanzato Kostia, che è anche il coreografo del balletto, è costretto a cercare una sostituta. La trova in Irene, con la quale parte per una tournée all'estero. Tra i due nasce l'amore, all'insaputa della degente Bettina. Nel frattempo il medico curante di Bettina dimostra di nutrire un grande affetto per lei, permettendole di sopportare meglio l'assenza di Kostia e l'inevitabile fine del loro legame. Ultimo film realizzato dal regista Pabst. ■ DRAMMATICO; B/N; 95'; GERMANIA, 1956.

♥ **BOLERO** *(Les une et les autres)* ★★★
Regia di CLAUDE LELOUCH. Con JAMES CAAN, GERALDINE CHAPLIN, ROBERT HOSSEIN. ■ Il film copre un periodo di mezzo secolo (dagli anni Trenta agli anni Ottanta) e narra le vicende di quattro famiglie geograficamente lontane (una russa, una americana, una francese e una tedesca) accomunate dalla passione per la musica più in voga nei rispettivi Paesi nei periodi storici trattati. Saga monumentale della durata di tre ore il cui risultato, per quanto sopra la media, è comunque inferiore alle aspettative che Lelouch poteva suscitare su un tema come questo. ■ DRAMMATICO; COL.; 173'; FRANCIA, 1981.

BOLGIA DEI VIVI, LA ★★★
(You Can't Get Away with Murder)
Regia di LEWIS SEILER. Con HUMPHREY BOGART, BILLY HALOP, GALE PAGE. ■ Johnny, un orfano adolescente, a causa delle cattive compagnie si mette nei guai. In carcere subirà poi una profonda trasformazione morale e psicologica. Grazie anche alle attenzioni e all'affetto di suo fratello, il ragazzo troverà la forza di riscattarsi proprio poco prima di morire. ■ DRAMMATICO; B/N; 78'; USA, 1939.

BOLIDE D'ARGENTO, IL *(Der grosse Preis)* ★★
Regia di KARL ANTON. Con GUSTAV FRÖHLICH, CAROLA HÖHN. ■ Uno spericolato pilota intende partecipare a un gran premio con una macchina specialissima. La sua amata non vorrebbe, ma la passione è tanta. Comunque tutto va bene. ■ AVVENTURA; B/N; 90'; GERMANIA, 1944.

BOLIDE ROSSO *(Johnny Dark)* ★★
Regia di GEORGE SHERMAN. Con SIDNEY BLACKMER, TONY CURTIS, PAUL KELLY, PIPER LAURIE, DON TAYLOR. ■ Il collaudatore di una fabbrica di macchine da corsa progetta una vettura rivoluzionaria. Il pilota della casa si rifiuta di guidarla. Allora è il collaudatore stesso a pilotarla: partecipa a una corsa e batte il pilota spocchioso. ■ AVVENTURA; COL.; 85'; USA, 1954.

BOLIDI, I *(The Green Helmet)* ★★
Regia di MICHAEL FORLONG. Con ED BEGLEY JR, SIDNEY JAMES, URSULA JEANS, BILL TRAVERS. ■ Rafferty è un famoso pilota d'auto che ultimamente accusa qualche battuta a vuoto. Il coraggio sta scemando e così pure i riflessi. Inoltre la madre e la ragazza lo incitano a smettere. Chi glielo fa fare a continuare? La passione per le corse e il bisogno di denaro (deve mantenere i suoi familiari). Si persuaderà quando constaterà che il fratello (da lui sempre trattato come un bambinello) è un pilota bravo quanto lui. ■ AVVENTURA; B/N; 88'; GRAN BRETAGNA, 1960.

BOLIDI NELLA NOTTE *(King of the Mountain)* ★★
Regia di NOEL NOSSECK. Con JOSEPH BOTTOMS, HARRY HAMLIN, DENNIS HOPPER. ■ Da un articolo di David Barry, ispirato ai pazzi piloti della Mulholland Drive di Los Angeles. Si tratta di una folle corsa notturna (praticamente senza regole) sulle collinose strade della città californiana. Tutti possono parteciparvi purché abili guidatori e del tutto incuranti della pelle propria e altrui. Al centro del film la rivalità fra due meccanici di garage. Partecipa Dennis Hopper nella parte di un anziano ex asso della Mulholland. ■ DRAMMATICO; COL.; 90'; USA, 1981.

BOLIDI SULL'ASFALTO – A TUTTA BIRRA! ★★
Regia di BRUNO CORBUCCI. Con GIACOMO AGOSTINI, GIAMPIERO ALBERTINI, GIANFRANCO D'ANGELO, DANIELA GIORDANO, SERGIO LEONARDI. ■ Filmetto cucito su misura per Giacomo Agostini che ha qui modo di esibirsi nella sua specialità, il motociclismo. La pellicola offre scarso interesse, salvo le riprese delle corse. ■ COMMEDIA; COL.; 89'; ITALIA, 1970.

BOLLE DI SAPONE *(Soapdish)* ★★★
Regia di MICHAEL HOFFMAN. Con SALLY FIELD, WHOOPI GOLDBERG, KEVIN KLINE, CATHY MORIARTY. ■ Simpatica presa in giro delle soap opera televisive che tengono incollate per anni le casalinghe. Siamo su di un set e i personaggi televisivi si mescolano a quelli della realtà: attrici in lotta tra loro, attori falliti e bizzosi. Kline fa un personaggio che in alcuni tic ricorda le sue passate interpretazioni (specie *Un pesce di nome Wanda*), la Goldberg è meno scatenata del solito e la Field riesce bene nel ruolo dell'attrice vicina alla quarantina. ■ COMMEDIA; COL.; 95'; USA, 1991. ■ GOLDEN GLOBES 1 NOM.

BOLLENTI SPIRITI ★★
Regia di GIORGIO CAPITANI. Con JOHNNY DORELLI, GLORIA GUIDA, ALESSANDRO HABER, LIA TANZI. ■ Un nobile squattrinato, vittima di un'amante nevrotica, eredita il 90 per cento di un castello abitato dall'immancabile fantasma. Il restante 10 per cento spetta a una bella ragazza, a sua volta povera in canna. Tra i due

nasce l'amore, non prima però di aver pagato un "pedaggio" all'inquieto spiritello, mentre il castello viene venduto agli svizzeri. ■ COMMEDIA; COL.; 98'; ITALIA, 1981.

BOLSHOI BALLET, THE ★★★
Regia di PAUL CZINNER. Con RAISSA STRUCHKOWA-ZAKHAROV. ■ È la ripresa di uno spettacolo presentato al Covent Garden di Londra dal Corpo di Ballo del Bolshoi di Mosca. Il programma comprende balletti sulle seguenti musiche: *La danza dei Tartari* (Asafiev); *Danza spagnola* (Ciaikowski); *Acque di primavera* (Rachmaninoff); *Polonaise* e *Cracovienne* (Glinka); *La morte del cigno* (Saint-Saëns); *Giselle* (Adam). ■ DOCUMENTARIO; COL.; 85'; GRAN BRETAGNA, 1957. ■ OSCAR 1 NOM.

BOLT. UN EROE A QUATTRO ZAMPE *(Bolt)* ★
Regia di BYRON HOWARD, CHRIS WILLIAMS. ■ Bolt è il cane-attore perfetto, per lui non esiste differenza tra set e vita, tra realtà e finzione, Bolt è davvero convinto di essere un supercane frutto di un esperimento scientifico come il personaggio che interpreta. La sua missione nella serie Tv, e quindi nella vita, è molto simile a quella di qualsiasi cane: difendere il padrone, che nel caso specifico è una bambina. ■ ANIMAZIONE; COL.; 96'; USA, 2008.

BOMBA, LA ★★
Regia di GIULIO BASE. Con ENRICO BRIGNANO, ALESSANDRO GASSMAN, VITTORIO GASSMAN, LOLA PAGNANI, ROCCO PAPALEO, SHELLEY WINTERS. ■ Tre italiani che vorrebbero fare gli attori in America si trovano a recitare dal vero la parte dei mafiosi riuscendo ad essere tanto convincenti da estorcere il denaro sufficiente per girare un film di successo. Parodia spuntata del genere mafioso. ■ COMMEDIA; COL.; 99'; ITALIA, 1999.

BOMBA COMICA, LA ★★★
Con CHARLIE CHAPLIN, OLIVER HARDY, STAN LAUREL. ■ Il filo narrativo dell'avventura di Stanlio serve per presentare una serie di episodi comici interpretati dai più famosi comici dell'epoca. Il film è dedicato al pioniere dell'umorismo statunitense, Mack Sennett. ■ FILM DI MONTAGGIO; B/N; 80'; USA, 1958.

BOMBA DI KANSAS CITY, LA *(Kansas City Bomber)* ★★
Regia di JERROLD FREEDMAN. Con NORMAN ALDEN, JEANNE COOPER, HELENA KALLIANIOTES, KEVIN MCCARTHY, RAQUEL WELCH. ■ Storiella banale incentrata su Kitty, la "Bomba di Kansas City", campionessa di pattinaggio. Avventure e disavventure sino al matrimonio finale. ■ DRAMMATICO; COL.; 99'; USA, 1972. ■ GOLDEN GLOBES 1 NOM.

BOMBA H, LA *(H Bomb)* ★★
Regia di PETER CHALONG. Con OLIVIA HUSSEY, CHRISTOPHER MITCHUM. ■ Un generale cambogiano ruba un missile nucleare americano, un'arma formidabile che può dare al generale il controllo di tutto il Sudest asiatico. Cia e Kgb per una volta concordi decidono di condurre una comune operazione per neutralizzare il folle. ■ AVVENTURA; COL.; 90'; HONG KONG, 1980.

BOMBARDAMENTO ALTA QUOTA *(Hell's Horizon)* ★★★
Regia di TOM GRIES. Con MARTHA ENGLISH, JOHN IRELAND, BILL WILLIAMS. ■ Un bombardiere ha l'incarico di distruggere un ponte al confine con la Manciuria. La missione viene portata positivamente a termine, sia pure dopo fasi drammatiche. I pericoli e le tragedie superate nel corso della disperata azione avvicineranno gli uomini dell'equipaggio, prima divisi da rancori e da problemi personali. ■ GUERRA; B/N; 80'; USA, 1955.

BOMBAY EXPRESS *(Bombay Mail)* ★★
Regia di EDWIN L. MARIN. Con SHIRLEY GRAY, EDMUND LOWE. ■ Sul treno Calcutta-Bombay vengono ammazzati un anziano governatore britannico e un rajah indiano al quale sono sottratte delle pietre preziose. Sull'espresso viaggia però anche un ispettore di polizia che riuscirà a risolvere le complicate indagini. ■ POLIZIESCO; B/N; 70'; USA, 1934.

BOMBER ★★
Regia di MICHELE LUPO. Con JERRY CALÀ, MIKE MILLER, BUD SPENCER. ■ Un ex campione di pugilato si imbarca su una vecchia nave destinata alla demolizione e, durante una rissa tra portuali, scopre un giovane che promette di diventare un buon boxeur. Quando il suo protetto verrà ingiustamente squalificato dalla gara, sarà lo stesso Bomber a salire sul ring e a ristabilire la giustizia. ■ COMMEDIA; COL.; 112'; ITALIA, 1982.

BOMBER ★★★
Regia di PAUL COTTER. Con ULRIKE ARNDT, MICHAEL ASMUSSEN, EILEEN NICHOLAS, SHANE TAYLOR, BANJAMIN WHITROW. ■ Alistair ha molti anni e un senso di colpa che lo tormenta dal 1943. Ex pilota della Raf, per sfuggire agli aerei tedeschi si liberò delle bombe sopra a un villaggio della Germania e lì vuole tornare ad espiare. Lo accompagnano la moglie Valerie, da sempre in cerca di attenzioni e considerazione da parte del consorte, e il figlio Ross, trentenne sensibile che sogna un futuro con una fidanzata esigente. Nel viaggio che dall'Inghilterra li condurrà in Germania lungo strade secondarie, Alistair, Valerie e Ross affronteranno e confronteranno emozioni irrisolte, svelandosi, ciascuno a suo modo. È un cinema umanista quello di Paul Cotter interessato alle persone vere e alle storie comuni, alle nevrosi e alle tragedie personali nelle quali è facile riconoscersi. Opera prima del regista inglese. ■ COMMEDIA; COL.; 84'; GRAN BRETAGNA, USA, 2009.

BOMBE SU VARSAVIA *(In Our Time)* ★★★
Regia di VINCENT SHERMAN. Con MARY BOLAND, VICTOR FRANCEN, PAUL HENREID, IDA LUPINO, ALLA NAZIMOVA. ■ Una segretaria inglese, che accompagna in un viaggio in Europa un'anziana dama britannica, incontra a Varsavia un conte polacco e lo sposa. Va ad abitare con lui al castello degli avi e, quando scoppia la guerra, alla partenza del marito, organizza la vita nella casa, il lavoro nei campi e poi la resistenza ai nazisti. Finirà male. ■ GUERRA; B/N; 110'; USA, 1944.

BOMBÓN – EL PERRO ★★★
Regia di CARLOS SORIN. Con MARIELA DÍAZ, WALTER DONADO, CLAUDINA FAZZINI, SABINO MORALES, ROSA VALSECCHI, JUAN VILLEGAS. ■ Juan Villegas ha lavorato, per quasi tutta la sua vita, in una stazione di servizio, su una strada deserta della Patagonia, ma è stato licenziato. Durante un pomeriggio assolato, il Caso offre a Juan un lavoretto: la riparazione di una vecchia automobile in una fattoria. La proprietaria è un'anziana signora che, invece di pagare Juan in denaro, gli consegna un cane – di nome Bombòn e di razza Dogo Argentino. Da quel momento la sorte di Juan comincia a cambiare. Un racconto dolce-amaro, minimalista, con attori non professionisti. Un road-movie dai ritmi lenti come sono i pensieri di Juan che – silenzioso – osserva il mondo disincantato e crudele che lo circonda e come Bombòn, il cane che tutti giudicano forte e aggressivo e che, invece, non riesce ad avvicinarsi ad una femmina. Dicono che i Dogo non provino neanche dolore. Ma non è così: Bombòn, come il suo padrone, è semplicemente estraneo all'insensibilità e alla volgarità. ■ DRAMMATICO; COL.; 97'; ARGENTINA, SPAGNA, 2004.

BONGO E I TRE AVVENTURIERI ★★★★
(Fun and Fancy Free)
Con DINAH SHORE. ■ Il lungometraggio si compone di due episodi: *Bongo* e *La valle felice*. *Bongo*: Bongo è un orsetto acrobata e ciclista che lascia il circo e si reca nel bosco ma, poco abituato ad essere libero, si sente a disagio. Sta per tornare al circo, quando incontra l'orsacchiotta Lulubelle della quale s'innamora a prima vista. Ma un equivoco li allontanerà temporaneamente: si ritroveranno in seguito e vivranno felici e contenti. *La valle felice*: l'arpa d'oro, che diffondeva le sue dolci note dal castello in cui si trovava, un giorno sparisce e la valle circostante diventa un luogo di disperazione: tutti muoiono di fame. Topolino, Paperino e Pippo decidono allora di cercare di recuperare l'arpa. ■ ANIMAZIONE; B/N; 80'; USA, 1947.

BONJOUR MICHEL ★★
Regia di ARCANGELO BONACCORSO. Con ELENA ARVIGO, BEN GAZZARA, ANDY LUOTTO, BEATRICE PALME, RUBEN RIGILLO, LUCIANO SCARPA. ■ Michele Terranova ha perso la moglie e con lei la voglia di vivere. La depressione è tale che decide di uccidersi, ma non ne ha il coraggio. Un tempo legato alla mafia, coltiva l'idea di farsi "suicidare" da qualcuna delle vecchie conoscenze. Così "l'incarico" parte. Ma nel frattempo Michele ha conosciuto una donna con la quale è nato un rapporto importante. Si tratta di

"disdire" la commissione. Ma non sarà semplice. ■ Drammatico; col.; 95'; Italia, 2005.

BONJOUR TRISTESSE ★★★

Regia di Otto Preminger. Con Walter Chiari, Juliette Gréco, Deborah Kerr, David Niven, Jean Seberg. ■ Una diciassettenne appena uscita dal collegio, Cecilia, va a vivere col padre vedovo e dongiovanni. Egli conduce la figlia ed Elsa, l'amante di turno, in vacanza sulla Costa Azzurra. Li raggiunge poi Anna, un'amica della defunta mamma, che suscita l'antipatia di Cecilia e di Elsa. Questa se ne va, accettando l'ospitalità di un altro suo corteggiatore. Quando Anna e il padre di Cecilia decidono di sposarsi, l'attrito fra le due donne si fa più acuto. Cecilia cercherà in tutti i modi di ostacolare le nozze, fino alle estreme conseguenze. Tratto dal romanzo omonimo di Françoise Sagan. ■ Drammatico; col.; 93'; USA, 1958.

BONNE, LA ★★

Regia di Salvatore Samperi. Con Florence Guerin, Katrine Michelsen, Rita Savagnone. ■ Nella provincia veneta degli anni Cinquanta si consuma l'ambigua relazione tra l'annoiata Anna (Florence Guerin) e l'astuta cameriera Angela. ■ Commedia; col.; 108'; Italia, 1986.

BONNIE E CLYDE ALL'ITALIANA ★★

Regia di Steno. Con Ornella Muti, Jean Sorel, Paolo Villaggio. ■ Un "lui" ed una "lei" coinvolti nella rapina di una banca: prima presi come ostaggi, poi con il bottino nelle loro mani, creduti i rapinatori e usati come esca per scoprire i veri colpevoli. ■ Commedia; col.; 97'; Italia, 1982.

BONUS MALUS ★★

Regia di Vito Zagarrio. Con Gigio Alberti, Felice Andreasi, Claudio Bigagli, Claudio Bisio, Giulia Boschi, Claudio Botosso, Athina Cenci. ■ Marco Altoviti è ispettore per una compagnia assicurativa e conduce anche corsi di aggiornamento per venditori. I giri di ispezione lo mettono davanti a piccole e grandi malversazioni mentre la sua vita sentimentale non è delle migliori. Marco precipita sempre più nella nevrosi finché tenta un suicidio che non gli riesce. Zagarrio mette molta carne al fuoco attraverso una sceneggiatura di cui è coautore. Tutto così finisce con il gravare sulle spalle di Claudio Bigagli che dà al suo protagonista i toni giusti. Questo però non basta per tenere desta l'attenzione per tutta la durata del film. ■ Commedia; col.; 97'; Italia, 1993.

BON VOYAGE ★★★

Regia di Jean-Paul Rappeneau. Con Isabelle Adjani, Peter Coyote, Gérard Depardieu, Virginie Ledoyen. ■ Francia occupata dai nazisti. Varia umanità in fuga da Parigi verso un rifugio più accogliente. Rappeneau, anziano e poco prolifico regista, dirige "alla francese", con charme, intrighi, un cast tutto stelle, qualche stilettata politica sul mai sopito problema del collaborazionismo del governo di Vichy e, soprattutto, un *divertissement* sul cinema e sulla sua capacità di "mettere in scena". Con tutta una serie di ammiccamenti finali al fascino del grande schermo. Sembra quasi un saggio di estetica e di sociologia in sintesi. Senza noiose note a piè di pagina. ■ Commedia; col.; 115'; Francia, 2003.

BONZO LA SCIMMIA SAPIENTE *(Bedtime for Bonzo)* ★★

Regia di Frederick De Cordova. Con Herbert Heyes, Diana Lynn, Ronald Reagan, Walter Slezak. ■ Un professore di college è convinto che il carattere sia determinato dall'educazione. Perciò prende come cavia lo scimpanzé Bonzo trattandolo come un bimbo. Bonzo, da scimmia adulta, si trova, a dire la verità, un po' a disagio. Poi prende gusto al ruolo. Si trasforma in capricciosissimo. Urge un ritorno allo stadio scimmiesco. ■ Commedia; b/n; 82'; USA, 1951.

BOOG & ELLIOT A CACCIA DI AMICI *(Open Season)* ★★

Regia di Roger Allers, Jill Culton, Anthony Stacchi. ■ Boog è un grizzly pigro e viziato che abita nella tranquilla cittadina di Timberline, coccolato da Beth, la docile madre putativa, amante degli animali, che lo protegge sin da piccolo dai pericoli della foresta. Attrazione principale dello show presentato nel locale anfiteatro, Boog passa il tempo a guardare i suoi programmi tv preferiti, consuma otto pasti al giorno e di notte si addormenta insieme all'adorato Dinkelman, un orsetto di pezza che non lo abbandona mai. Almeno fino all'arrivo di Elliot, un cervo goffo e maldestro che viene catturato dal terribile Shaw, un cacciatore fanatico e senza cuore. Quando l'orso salverà la vita al piccolo cervo, saranno guai per tutti. Il primo lungometraggio animato della Sony Animation. Incoraggiante. ■ Animazione; col.; 86'; USA, 2006.

BOOGEYMAN. L'UOMO NERO *(Boogeyman)* ★★

Regia di Stephen Kay. Con Emily Deschanel, Lucy Lawless, Skye McCole Bartusiak, Tory Mussett, Barry Watson. ■ Secondo film prodotto dalla Ghost House Pictures di Sam Raimi e Rob Tapert per la regia di Stephen Kay, racconta le vicende di uno dei mostri più famosi del folklore americano, il boogeyman, da noi conosciuto come l'uomo nero, la creatura che si annida negli angoli bui delle case, spaventando e rapendo i bambini cattivi che non vogliono dormire. ■ Horror; col.; 89'; USA, Nuova Zelanda, Germania, 2005.

BOOGEYMAN 2. IL RITORNO DELL'UOMO NERO ★ *(Boogeyman 2)*

Regia di Jeff Betancourt. Con Matthew Cohen, David Gallagher, Renée O'Connor, Danielle Savre, Mae Whitman. ■ Laura Porter quando era una bambina e nel giorno del suo compleanno ha visto uccidere, insieme al fratello Henry, entrambi i genitori. Per i due bambini l'assassino era l'Uomo Nero. Ora i due sono diventati due ragazzi e Laura conserva ancora quel ricordo e quella paura dentro di sé. L'Uomo Nero non tarderà a presentarsi cominciando a mietere vittime. ■ Horror; col.; 93'; USA, 2007.

BOOGIE NIGHTS ★★★

Regia di Paul Thomas Anderson. Con Julianne Moore, Burt Reynolds, Mark Wahlberg ■ Anni Settanta: prospera il cinema erotico. C'è un sottobosco che ha le stesse regole del grande cinema, i suoi divi, il suo pubblico, i suoi premi. Due "modelli" prendono la professione molto sul serio, a volte confondendo la realtà col set. Attraverso quell'ottica di ambiente emergono tutti i problemi degli anni Settanta e Ottanta. A tirare le fila il buon vecchio Reynolds, molto bravo. Storia lunga ma senza un attimo di caduta. Montaggio frenetico ma adeguato e funzionale. ■ Commedia; col.; 152'; USA, 1997. ■ Golden Globes 1 pr, 2 nom; Oscar 3 nom.

BOOM ★★

Regia di Andrea Zaccariello. Con Serena Bonanno, Piermaria Cecchini, Alessandro Di Carlo, Pietro Ghislandi, Brad Harris, Eliana Miglio, Piero Natoli, Tiziana Pini, Denis Zamponi. ■ Tre episodi stile anni Cinquanta. *Il figlio di Pelé*: un acceso tifoso romanista (soprannominato Pelè) si ritrova con un figlio che non si interessa di calcio ed è così studioso da convincere il padre a prendere la licenza media. *Il figlio di Claudio Villa*: Sandrino, trasteverino, canta come Claudio Villa ma si fa imbrogliare da un impresario che non riesce neppure a farlo partecipare a un concorso canoro minore. *Il figlio di Maciste*: Aurelio crede di essere il figlio dell'attore di *peplum* Gordon Steel. Si guadagna da vivere facendosi fotografare dai turisti vestito da antico romano. Riuscirà a far tornare in Italia il suo mito e ad aprire con lui un ristorantino. Zaccariello, autore di corti interessanti, regge la misura dell'episodio ma è malservito da sceneggiature ormai *d'antan*. ■ Comico; col.; 110'; Italia, 1999.

BOOM, IL ★★★★★

Regia di Vittorio De Sica. Con Mariolina Bovo, Maria Grazia Buccella, Gianna Maria Canale, Ettore Geri, Alberto Sordi. ■ Roma primi anni Sessanta. Giovanni Alberti cerca di fare l'imprenditore edile senza avere capitali, e si trova in grandi difficoltà. I suoi amici sono tutti costruttori e hanno un tenore di vita che Giovanni non può sostenere. Quando chiede prestiti gli altri fanno orecchie da mercante. Giovanni deve ridimensionarsi e la moglie, abituata all'agiatezza, non capisce, in sostanza lo lascia. Giovanni incontra la moglie, non giovane, di un grande costruttore. Questa, ammiccante, gli dà un appuntamento. Ma la ragione non è quella che Giovanni immaginava: la donna gli chiede se sarebbe disposto a vendere un occhio al marito, che lo aveva perso in un incidente. Giovanni dapprima è furioso, ma poi capisce di non aver altra scelta. Con l'anticipo dei duecento milioni pattuiti dà una grande festa, per l'invidia di tutti, e sana i suoi debiti. La moglie torna a casa e tutto va a posto. Adesso però c'è da vendere l'occhio. In clinica Giovanni è terrorizzato, cerca di scappare ma viene ripreso. Non potrà proprio sottrarsi. Il film ebbe allora critiche pessime. Bastava che una storia dispensasse qualche sorriso perché venisse ritenuta di serie B. Era il dramma del povero Totò. *Il Boom* è del 1963, che fu proprio l'anno fondamentale del miracolo economico italiano (del "boom" appunto), e De Sica fece un ritratto che risulta geniale soprattutto *a posteriori*, quando sappiamo che quella stagione era soprattutto una speranza se non un abbaglio. La vicenda individuale di Alberto Sordi era come sempre la storia della speranza di un italiano. Del resto è proprio con ruoli come questo che l'attore è diventato l'"Albertone nazionale", l'"italiano medio", il "più italiano degli italiani". Noi riteniamo che nessun film come questo rappresenti quei sentimenti e quella confusione. Tutto questo con in più l'effetto De Sica, maestro assoluto, conoscitore della gente come nessuno e con l'effetto Sordi, nel momento migliore della sua carriera. E poi c'è la Roma dei ministeri. E adesso sappiamo bene cosa significasse tutto questo. Dunque De Sica non era solo di *Ladri di biciclette* e di *Sciuscià*, ma anche una voce determinante nella stagione successiva, quella dei grandi "commedianti" come Risi, Comencini e Monicelli. Le canzoni dell'epoca, le trattorie romane, i ritrovi di quella borghesia, i discorsi di miliardi: rivalutiamo un film che è una grande testimonianza. ■ COMMEDIA; B/N; 94'; ITALIA, 1963.

BOOM BOOM ★★★

Regia di ROSA VERGÉS. Con VIKTOR LASZLO, SERGIO MATEU. ■ Pellicola piuttosto divertente in sintonia con i film di Pedro Almodóvar, anche se si differenzia da questi per una minor trasgressione. C'è Sofia, una bellissima dentista, e Tristan che abita a Barcellona nello stesso palazzo ed entrambi non si sono ancora decisi al matrimonio. Come in un film di Lelouch i due si incontrano raramente e, anche se sono destinati all'amore, il destino stesso li tiene divisi. La regista è chiaramente dalla parte delle donne che sono più determinate rispetto a quelle dei film del famoso connazionale di Madrid. ■ COMMEDIA; COL.; 92'; BELGIO, SPAGNA, 1990.

BOOMERANG – ANCHE I GIOVANI UCCIDONO ★★
(Boomerang)

Regia di ALFRED WEIDENMANN. Con MARIO ADORF, HORST FRANK, MARTIN HELD, HARDY KRÜGER. ■ Berlino. Giorgio, Roberto e Willy si riuniscono per compiere un grosso furto. Willy presenta a Roberto la propria amica Else. Roberto ed Else riscoprono un'antica passione e Willy, per vendicarsi, rivela alla polizia il progetto della rapina. Roberto e Giorgio cadono così in trappola. ■ DRAMMATICO; B/N; 90'; GERMANIA, 1959.

BOOMERANG – L'ARMA CHE UCCIDE ★★★★
(Boomerang)

Regia di ELIA KAZAN. Con DANA ANDREWS, LEE J. COBB, JANE WYATT. ■ Un pazzo uccide un vecchio prete. Le indagini sono difficili proprio perché non esiste movente. Ma siamo in un momento elettorale, dunque d'obbligo per la polizia far bella figura e scoprire l'assassino. Viene allora accusato un uomo in base a indizi fasulli. Per fortuna c'è un procuratore al quale sta a cuore soprattutto la verità. Il colpevole viene finalmente trovato. ■ DRAMMATICO; B/N; 88'; USA, 1947. ■ OSCAR 1 NOM.

BOONDOCK SAINTS, THE ★★

Regia di TROY DUFFY. Con WILLEM DAFOE, SEAN PATRICK FLANERY, NORMAN REEDUS. ■ Due *goodfellas* irlandesi giocano a fare i giustizieri a Boston. L'agente dell'Fbi Dafoe prova a fermarli. La bella città *east coast* è ben ripresa e rappresenta il fascino principale del film, ma lo *shooting* è stato fatto anche a Toronto. ■ POLITICO; COL.; 140'; USA, 2000.

BOON IL SACCHEGGIATORE *(The Reivers)* ★★★

Regia di MARK RYDELL. Con RUPERT CROSSE, SHARON FARRELL, WILL GEER, STEVE MCQUEEN, MITCH VOGEL. ■ In un paesino del Mississippi, il giovanissimo nipote di un grosso possidente inaugura la nuova automobile del nonno scorrazzando per la contrada in compagnia di un bracciante della fattoria e di un giovane negro. I tre portano scompiglio alle corse dei cavalli, in un bordello, fino al ritorno con la coda fra le gambe (e l'auto sfasciata) a casa. Tratto da un'opera minore di Faulkner. ■ AVVENTURA; COL.; 107'; USA, 1970. ■ OSCAR 2 NOM.

BOOTMEN ★★★

Regia di DEIN PERRY. Con ADAM GARCIA, SOPHIE LEE, SUSIE PORTER, SAM WORTHINGTON. ■ Opera prima di Dein Perry dal sapore autobiografico è ambientata a Newcastle, in Australia, ed è ispirata alla storia di un famoso ballerino di *tap dance*. Sean Okden (Adam Garcia) è un operaio insoddisfatto e un dotato ballerino di tip tap. Viene scritturato per un grande balletto a Sidney e coglie l'occasione per dedicarsi alla sua grande passione. Rientrato a Newcastle, Sean raduna alcuni ex compagni di lavoro, anche loro ballerini di tip tap, per creare un nuovo e rivoluzionario spettacolo. Nonostante la città dileggi questo progetto, Sean è fermamente determinato a portarlo a compimento e i fatti gli daranno ragione. *Bootmen* è un film dalle coreografie eccezionali e riesce a tenere lo schermo malgrado una sceneggiatura non troppo originale. ■ COMMEDIA; COL.; 92'; USA, 2000.

BOPHA! ★★

Regia di MORGAN FREEMAN. Con DANNY GLOVER, MALCOLM MCDOWELL, MARIUS WEYERS. ■ Il dramma psicologico di un sergente di colore, Micah, in Sudafrica. Siamo nel 1980 e nonostante il dramma dell'*apartheid* l'uomo seguita a fare il suo lavoro. Dovranno esserci le prime manifestazioni di protesta perché inizi il suo conflitto interno. L'attore Morgan Freeman (*Glory*, *A spasso con Daisy*) debutta decorosamente nella regia grazie anche all'apporto di Glover e McDowell. ■ DRAMMATICO; COL.; 114'; USA, 1993.

BORAT – STUDIO CULTURALE SULL'AMERICA A BENEFICIO DELLA GLORIOSA NAZIONE DEL KAZAKISTAN *(Borat: Cultural Learnings of America For Make Benefit Glorious Nation of Kazakhstan)* ★★

Regia di LARRY CHARLES. Con PAMELA ANDERSON, SACHA BARON COHEN, KEN DAVITIAN. ■ Borat Sagdiyev è un reporter kazako in viaggio negli Stati Uniti d'America per girare un documentario che riprenda le usanze e i costumi del Nuovo Mondo, per poi riportare la preziosa e fedele testimonianza al suo paese. Misogino, antisemita e razzista, semina il panico e lascia il segno a ogni suo passaggio, scardinando di volta in volta le certezze e le ipocrisie di una cultura carica di pregiudizi e oscenità. Per lo meno nelle intenzioni. Decisamente sopravvalutato. ■ COMMEDIA; COL.; 84'; USA, 2006.

BORDELLA ★★★

Regia di PUPI AVATI. Con GIANNI CAVINA, CHRISTIAN DE SICA, AL LETTIERI, TARYN POWER, GIGI PROIETTI. ■ Il segretario di Stato americano Harry (non Henry) Kissinger, idolatrato dalle donne, annuncia alla stampa la creazione di una multinazionale intesa a dispensare sesso e felicità a tutti. Un siculo-americano si reca allora a Milano con l'incarico di istituire un bordello per le signore milanesi. L'iniziativa riscuoterà enorme successo. ■ COMMEDIA; COL.; 100'; ITALIA, 1976.

BORDER CROSSING – IL CONFINE *(The Border)* ★★★

Regia di CHRISTOPHER LEITCH. Con EDDIE ALBERT, CECILIA CAMACHO, ROBIN CLARKE, DANNY LA PAZ, TELLY SAVALAS. ■ Un poliziotto americano protegge due giovani messicani e lotta contro una losca organizzazione che favorisce l'immigrazione clandestina negli Usa. ■ POLIZIESCO; COL.; 87'; USA, 1980.

BORDERLAND – LINEA DI CONFINE ★★

Regia di ZEV BERMAN. Con SEAN ASTIN, MARTHA HIGAREDA, BRIAN PRESLEY. ■ Due poliziotti messicani entrano in una villa apparentemente disabitata. In realtà li attende un gruppo di sadici appartenenti a una setta che offre sacrifici a una divinità in cambio del desiderato dono dell'invisibilità. Questa volta l'orrore si ispira a fatti realmente accaduti e a un killer sadico, Adolfo de Jesùs Costanzo, morto a 27 anni, che a Matamoros (al confine con gli Usa) aveva dato origine a una setta dedita ad omicidi rituali. ■ HORROR; COL.; 104'; MESSICO, USA, 2007.

BORDERTOWN ★★★
Regia di GREGORY NAVA. Con ANTONIO BANDERAS, SONIA BRAGA, KATE DEL CASTILLO, JENNIFER LOPEZ, JOHN NORMAN, MARTIN SHEEN. ■ La città di Juarez, al confine tra Messico e Stati Uniti, è una delle principali vittime del Bafta, il trattato che avrebbe dovuto portare lavoro nello stato latinoamericano limitando l'immigrazione negli States. Qui un personale a prevalenza femminile produce televisori e computer, che verranno poi venduti a prezzi contenuti negli Usa e nel mondo. Queste donne, in gran parte giovani, godono di poche garanzie sul piano lavorativo, e di nessuna su quello della dignità della persona. Molte di loro sono state infatti rapite, stuprate e uccise senza che le autorità locali andassero oltre le formalità di rito. Gregory Nava, regista che afferma di essere nato nell'unica area in cui il Primo e il Terzo Mondo confinano, ha deciso di raccontare una storia di violenza quotidiana partendo da uno dei tanti casi venuti alla luce. ■ THRILLER; COL.; 115'; GRAN BRETAGNA, USA, 2007.

♥ BORGHESE PICCOLO PICCOLO, UN ★★★★
Regia di MARIO MONICELLI. Con VINCENZO CROCITTI, ALBERTO SORDI, ROMOLO VALLI, SHELLEY WINTERS. ■ Un impiegato al ministero ha un figlio ragioniere e una moglie casalinga. C'è un concorso i cui vincitori verranno assunti al ministero, però saranno uno su cinquanta. Allora l'impiegato le prova tutte, arriva persino a farsi massone. Pare abbia trovato la strada buona, quando il figlio viene ucciso da un rapinatore. Il padre riesce a trovare l'assassino, lo lega a una sedia con un fil di ferro e lo tortura giorno dopo giorno, finché quello muore. È un film triste e crudele dove la nota abilità di Monicelli carica anche troppo l'emozione e l'emotività dello spettatore. ■ DRAMMATICO; COL.; 122'; ITALIA, 1977. ■ DAVID DI DONATELLO 4 PR, 4 NOM.

BORINAGE *(Misère au Borinage)* ★★★
Regia di JORIS IVENS, HENRI STORK. ■ Si tratta di un documentario che mette in evidenza la miseria delle famiglie dei minatori della regione del Borinage. In primo piano anche uno sciopero del 1932. Per la crudezza e la verità del documento ne fu impedita la circolazione. ■ DOCUMENTARIO; B/N; 28'; BELGIO, 1934.

BORIS E NATASHA *(Boris and Natasha)* ★
Regia di CHARLES MARTIN SMITH. Con ARYE GROSS, SALLY KELLERMAN, DAVE THOMAS, PAXTON WHITEHEAD. ■ Con *Morte a 33 giri* ('86) aveva esordito nella regia; dopo due anni C. M. Smith ci riprova con questo *Boris e Natasha*, che descrive le impacciate manovre di due agenti della Germania orientale. Il film, opera di uno degli ex protagonisti di *American Graffiti*, esce in notevole ritardo rispetto alle riprese, avvenute nell'88, e risulta anacronistico rispetto alla storia, visto che nel '92 il muro era già crollato. ■ COMMEDIA; COL.; 88'; USA, 1992.

BORIS. IL FILM ★★
Regia di GIACOMO CIARRAPICO, MATTIA TORRE, LUCA VENDRUSCOLO. Con LUCA AMOROSINO, VALERIO APREA, NINNI BRUSCHETTA, PAOLO CALABRESI, ANTONIO CATANIA, CATERINA GUZZANTI, FRANCESCO PANNOFINO. ■ René Ferretti ha fatto tanta brutta televisione. Ad essere precisi l'ha subita, per ottemperare alle richieste al ribasso delle produzioni, alle ridotte capacità professionali della sua troupe storica e all'immensa negazione degli attori a sua disposizione, paragonabile soltanto alla misura dei loro capricci. Eppure, un giorno, il momento di dire "basta" arriva anche per lui, di fronte alla richiesta di girare a ralenti la corsa nei prati di un giovanissimo Ratzinger. Tutti a casa, tutti in crisi, tutti in bolletta. Almeno finché il cinema non bussa alla porta. A Ferretti non sembra vero: un film in pellicola, serio, di denuncia. L'adattamento del saggio best-seller *La Casta*, il racconto di sprechi, scandali e privilegi immotivati della classe politica italiana. Peccato che il mondo del cinema non sia molto diverso... ■ COMMEDIA; COL.; 108'; ITALIA, 2011.

BORIS, IL LEGGENDARIO MACEDONE ★★
(Kapetan Lesi)
Regia di ZIVORAD ZIKA MITROVIC. Con ALEKSANDAR GAVRIC, ELMA KARLOWA, REINER PENKERT, MARIJA TOCINOWSKI. ■ Macedonia, 1945. Siamo quasi alla fine della guerra e un distaccamento di tedeschi viene catturato dalle truppe regolari nelle quali combatte Boris, celebre per il suo eroismo. Boris studia anche un piano per far prigioniero Kosta, capo di un gruppo di ribelli. Il macedone riuscirà nella sua impresa e annienterà il feroce Kosta. ■ AVVENTURA; COL.; 85'; JUGOSLAVIA, 1960.

BORMAN ★★
Regia di JOHN HUXLEY. Con DOMINIQUE BOSCHERO, ROBERT KENT, LIANA ORFEI, KITTY SWAN, MOA THAI. ■ L'ex nazista Martin Borman è vivo e capeggia un'organizzazione che ha come fine quello di distruggere l'umanità creando un nuovo mondo formato solo da "superuomini". Agenti segreti di varie nazionalità sono sulle sue tracce e riescono infine a localizzarlo e a circondare il luogo in cui si trova coi suoi uomini. Il gerarca non avrà scampo. ■ SPIONAGGIO; COL.; 90'; FRANCIA, ITALIA, 1966.

BORNEO SELVAGGIO *(East of Borneo)* ★★
Regia di GEORGE MELFORD. Con CHARLES BICKFORD, ROSE HOBART, GEORGES RENAVENT, LUPITA TOVAR. ■ Una donna affronta mille pericoli per ritrovare il marito scomparso nelle giungle malesi. Lo ritrova alla fine: fa il dottore presso un bieco signorotto uso a buttare gli oppositori del suo regime agli alligatori. ■ AVVENTURA; B/N; 77'; USA, 1931.

BORN INTO BROTHELS ★★★
Regia di ZANA BRISKI, ROSS KAUFFMAN. ■ Una fotografia per raccogliere in uno scatto tutta l'angoscia dell'esistenza di coloro che sono nati nella parte sbagliata del mondo, nel posto peggiore (un bordello), dove la tristezza è impressa nei lineamenti del volto e il destino un'illogica certezza. Oscar per il miglior documentario nel 2005, *Born into Brothels* si immerge con discrezione e disincanto nella sporcizia e nella povertà del quartiere a luci rosse di Calcutta, raccontando le fatiche di un gruppo di bambini costretti a confrontarsi quotidianamente col loro peccato originale: essere nati in un bordello, figli o fratelli di donne obbligate a prostituirsi per sopravvivere alla miseria. La fotografia come mezzo d'espressione ed emancipazione, è l'indicazione della fotografa Zana Briski e del documentarista Ross Kauffman. ■ DOCUMENTARIO; COL.; 85'; INDIA, USA 2005.

BORN KILLER ★
Regia di KIMBERLY CASEY. Con TY HARDIN, TED PRIOR. ■ Giocare alla guerra può essere divertente fino a quando si tratta di gioco e basta: il divertimento, però, si tramuta in terrore quando alcuni amici che vi si stanno dedicando in un bosco solitario vengono decimati da due sanguinari assassini evasi di prigione. ■ DRAMMATICO; COL.; 86'; USA, 1989.

BORN ROMANTIC – ROMANTICI NATI ★★
(Born Romantic)
Regia di DAVID KANE. Con ADRIAN LESTER, JIMI MISTRY, DAVID MORRISSEY, OLIVIA WILLIAMS. ■ Il film si svolge principalmente all'interno di un club di salsa londinese. È lì che, del tutto casualmente, Frankie, un nostalgico di Sinatra, Eddy, un ladruncolo non troppo convinto e Fergus, un musicista fallito, troveranno l'anima gemella. Jimmy, il taxista foriero di buoni consigli, è la figura di raccordo tra i protagonisti, colui cui il regista ha attribuito il ruolo dell'osservatore e che soltanto nel finale muta la propria posizione "angelica" per diventare un personaggio come gli altri. Le conversazioni tra due colleghi di lavoro – seduti al tavolo di un bar –, che esprimono giudizi sulle donne e sul sesso, fanno da contrappunto alla vicenda. Una buona regia che, pur non brillando per originalità, trova il suo punto di forza nella recitazione degli attori, all'epoca astri nascenti del cinema inglese. ■ COMMEDIA; COL.; 97'; GRAN BRETAGNA, 2000.

BORN TO BE A STAR ★★
Regia di TOM BRADY. Con STEPHEN DORFF, DANA GOODMAN, DON JOHNSON, CHRISTINA RICCI, NICK SWARDSON. ■ Il film racconta la storia di un giovane nerd che vive in un piccolo centro abitato nel Nord dell'Iowa. La quotidianità del ragazzo verrà sconvolta quando un giorno scoprirà un incredibile segreto di famiglia: i suoi genitori, apparentemente una coppia tranquilla e rispettabile come tante, erano celebri attori porno negli anni Settanta! Cosa fare se non partire verso Los Angeles per ricalcare le orme dei genitori e diventare una star del porno? ■ COMMEDIA; COL.; 100'; USA, 2010.

BOROTALCO ★★★8
Regia di CARLO VERDONE. Con ELEONORA GIORGI, ANGELO INFANTI, CARLO VERDONE. ■ Sergio (Verdone), imbranato e grigio venditore porta a porta, assume l'identità di un affascinante *viveur* per far colpo sulla bella Nadia (Giorgi). Ma a poco a poco il vortice delle menzogne sulle quali ha costruito il suo rapporto con Nadia lo porta a non riuscire a liberarsi del personaggio che millanta di essere, con tragicomiche conseguenze. Verdone sceneggia e dirige un film molto divertente, originale e costruito in maniera eccellente. ■ COMMEDIA; COL.; 130'; ITALIA, 1981. ■ DAVID DI DONATELLO 5 PR, 5 NOM.

BORSALINO ★★★
Regia di JACQUES DERAY. Con JEAN-PAUL BELMONDO, FRANÇOISE CHRISTOPHE, ALAIN DELON, CORINNE MARCHAND, CATHERINE ROUVEL. ■ Marsiglia, 1930. Due banditi, Rock e François, si associano. La città è controllata dai due gangster Poli e Marello che si spartiscono il dominio del mercato delle carni e quello delle bische e dei locali notturni. Rock e François decidono d'insidiare il monopolio di Poli e vi riescono. Poi, è la volta di Marello. Rock e François diventano così i re della "mala" marsigliese, ma altri intraprendenti malviventi si fanno sotto per usurpare il loro titolo. ■ POLIZIESCO; COL.; 120'; FRANCIA, ITALIA, 1969.

BORSALINO & CO. *(Borsalino and Co.)* ★★★
Regia di JACQUES DERAY. Con RICCARDO CUCCIOLLA, ALAIN DELON, ANDRÉ FALCON, DANIEL IVERNEL, CATHERINE ROUVEL. ■ Seguito di *Borsalino* che finiva con l'uccisione di François Cabella (Belmondo) fra la costernazione del suo compare Rock Siffredi. Rock è deciso a vendicare l'amico, ma il mandante dell'assassinio, il temibile boss di Marsiglia Volpone, riesce a mettere fuori gioco anche lui facendolo rinchiudere in manicomio. Con l'aiuto dell'amante, Rock però si libera e salderà il conto al suo nemico. ■ POLIZIESCO; COL.; 100'; FRANCIA, ITALIA, 1974.

BORSA PIENA DI GUAI, UNA *(Sticky Fingers)* ★★
Regia di CATLIN ADAMS. Con EILEEN BRENNAN, LORETTA DEVINE, MELANIE MAYRON, HELEN SLATER. ■ Il titolo italiano prelude già a un seguito ricco di equivoci. Al centro della vicenda due musiciste senza soldi, delle quali una, Melanie Mayron, è nota per esser stata la protagonista di *Girlfriends* ('78), diretto da Claudia Weill. ■ COMMEDIA; COL.; 85'; USA, 1988.

BOSCO D'AMORE ★★
Regia di ALBERTO BEVILACQUA. Con RODOLFO BIGOTTI, ORSO MARIA GUERRINI, MONICA GUERRITORE. ■ Da una novella di Giovanni Boccaccio. Mentre Roma è insanguinata dalle contese fra gli Orsini e i Colonna due innamorati fuggono nelle campagne e fanno una serie di incontri allucinanti. Alberto Bevilacqua cerca nei boschi laziali un equivalente dei drammi in costume di Kurosawa. Ma solo qua e là arriva a momenti di qualche suggestione. ■ DRAMMATICO; COL.; 113'; ITALIA, 1982.

BOSCO DEGLI AMANTI, IL *(Les bois des amants)* ★★★
Regia di CLAUDE AUTANT-LARA. Con HORST FRANK, GERT FRÖBE, ERIKA REMBERG, FRANÇOISE ROSAY, LAURENT TERZIEFF. ■ 24 dicembre 1943. Herta, moglie di un ufficiale tedesco, raggiunge il marito di stanza in una cittadina della Bretagna. L'ufficiale sistema la consorte al sicuro, presso Madame Parisot: per quella notte infatti è previsto un attacco da parte degli inglesi. L'arrivo del figlio della padrona di casa, degli inglesi, e altre circostanze drammatiche costeranno inaspettatamente la vita alla giovane Herta. ■ GUERRA; B/N; 96'; FRANCIA, 1960.

BOSCO DI BETULLE, IL *(Brzezina)* ★★★
Regia di ANDRZEJ WAJDA. Con EMILIA KRAKOWSKA, OLGIERD LUKASZEWICZ, DANIEL OLBRYCHSKI. ■ Ispirato al romanzo di Jaroslaw Iwaszkiewicz. Due fratelli molto diversi si affrontano nella Polonia degli anni Trenta. Uno è vedovo e fa il guardiaboschi, l'altro è tisico e non ha molto da vivere. Uno dei film più significativi di Wajda. ■ DRAMMATICO; COL.; 99'; POLONIA, 1970.

BOSCO FUORI, IL ★★
Regia di GABRIELE ALBANESI. Con CRISTIANO CALLEGARO, LUIGI CAMPI, SANTA DE SANTIS, RINO DIANA, VALTER GILARDONI, DANIELE GRASSETTI, GEREMIA LONGOBARDO, FRANCESCO LOPEZ, FABIANO MALANTRUCCO, DAVID PIETRONI, ELISABETTA ROCCHETTI, ENRICO SILVESTRIN, DANIELA VIRGILIO. ■ Aurora e Rino: come la passione sboccia, può anche terminare, o fermarsi a metà. Una sera i due giovani romani decidono di appartarsi in macchina nei pressi del parco del Tuscolo. Subiscono l'improvvisa aggressione di tre bulli. Aurora rischia lo stupro da parte del gruppo, ma è soccorsa da Clara e Antonio, che offrono rifugio a lei e Rino in una grande villa al centro del bosco. Non è tutto oro quello che luccica, però, e l'inferno, invece che scomparire, non fa che peggiorare. Il basso budget giustifica solo in parte i movimenti di camera falsati e la povertà generale. ■ HORROR; COL.; 80'; ITALIA, 2006.

BOSCO SACRO, IL *(Les bois sacre)* ★★
Regia di LÉON MATHOT. Con VICTOR BOUCHER, ANDRÉ LEFAUR, GABY MORLAY, ELVIRE POPESCO. ■ Una signora-bene, autrice di romanzi, è travolta dall'ambizione di vedersi assegnare un premio che prevede anche una onorificenza cavalleresca. Convince allora il marito a corteggiare la moglie del giudice del concorso, mentre lei stessa fa la "civetta" con l'anziano giudice. Dopo un po' però la scrittrice capisce che rischia di perdere il marito e quindi lascia perdere i sogni di gloria. ■ COMMEDIA; B/N; 80'; FRANCIA, 1939.

BOSS, IL ★★
Regia di FERNANDO DI LEO. Con VITTORIO CAPRIOLI, RICHARD CONTE, GIANNI MUSY, ANTONIA SANTILLI, HENRY SILVA. ■ Inconsistente film che potrebbe essere un lavoro di spionaggio, un giallo o un western se solo venissero leggermente modificati i dialoghi e, naturalmente, l'ambientazione. La pellicola riguarda invece il mondo della mafia calabrese e siciliana e ne descrive gli agganci con l'ambiente politico. Si susseguono omicidi, massacri e violenze varie. ■ DRAMMATICO; COL.; 90'; ITALIA, 1973.

BOSSA NOVA ★★
Regia di BRUNO BARRETO. Con DEBORA BLOCH, ALEXANDRE BORGES, ANTONIO FAGUNDES, AMY IRVING. ■ Presentata al Festival di Berlino nel 2000 e diretta da Bruno Barreto, questa elegante e romantica commedia ruota intorno alla vita di una vedova di mezza età, Mary Ann Simpson, insegnante di inglese a Rio de Janeiro, che, da quando è morto il marito non ha nessuna intenzione e voglia di innamorarsi per una seconda volta. Un giorno, però, incontra in ascensore l'affascinante avvocato Pedro Paulo che è appena stato lasciato da sua moglie, infatuatasi di un istruttore di tai chi. Per l'avvocato è colpo di fulmine. Ma la storia non finisce qui: un calciatore "sciupafemmine" comincia a fare a Mary Ann una serie di avance creando non pochi problemi tra lei e Pedro. ■ COMMEDIA; B/N; 93'; BRASILE, USA, 1999.

BOSS E LA MATRICOLA, IL *(The Freshman)* ★★★
Regia di ANDREW BERGMAN. Con MARLON BRANDO, MATTHEW BRODERICK, BRUNO KIRBY. ■ Clark arriva a New York per studiare cinematografia all'università. Appena giunto però rimane vittima di uno scippo in cui perde denaro e valigia. Quando ritrova lo scippatore è troppo tardi perché l'uomo non ha più un dollaro. Gli propone allora un lavoro da suo zio: Carmine Sabatini. Seguiranno molte fughe, il furto di una enorme lucertola in via d'estinzione e il lieto fine. Qua e là divertente ma con qualche fiacchezza, il film si fa notare soprattutto per la *performance* autoironica di Marlon Brando, che prende in giro il proprio personaggio de *Il Padrino*, e per la buona volontà di Matthew Broderick, all'epoca uno dei più bravi "nuovi giovani" americani. ■ COMMEDIA; COL.; 102'; USA, 1989.

BOSS È MORTO, IL *(The Don is Dead)* ★★
Regia di RICHARD FLEISCHER. Con CHARLES CIOFFI, FREDERIC FORREST, ROBERT FORSTER, ANTHONY QUINN, ANGEL TOMPKINS. ■ Muore un "padrino" famoso. Il figlio del defunto giunge a un accordo con un "capofamiglia" amico del padre che lo proteggerà e salvaguarderà la sua "zona". Ma i due uomini vengono a conflitto a causa di una donna. Ne approfitta un altro boss per scatenare una guerra di "famiglia". Ma non sarà lui a spuntarla. Un giovanotto, un outsider, metterà tutti a tacere. ■ POLIZIESCO; COL.; 115'; USA, 1973.

BOSS SOTTO STRESS, UN *(Analyze that)* ★★
Regia di HAROLD RAMIS. Con BILLY CRYSTAL, ROBERT DE NIRO,

LISA KUDROW, JOE VITERELLI. ■ Il boss mafioso Paul Vitti sta terminando il periodo di detenzione a Sing Sing, ma i continui attentati alla sua vita gli provocano un crollo nervoso. L'Fbi si rivolge allora a Ben Sobel, lo psichiatra che già in precedenza l'aveva curato con successo, affidandoglielo in custodia con il compito di reinserirlo nella vita civile. Gli inevitabili problemi di adattamento che ne seguono sembrano poca cosa quando gli "amici" del capomafia si faranno vivi con intenzioni poco amichevoli. Seguito di *Terapia e pallottole*, il film è una commediola corriva e qua e là volgarotta. Gag per lo più già viste, qualche presunta scena cult (il boss che canta un brano di *West Side Story* in sala mensa) che lascia il tempo che trova. ■ COMMEDIA; COL.; 95'; USA, 2003.

BOSTONIANI, I *(The Bostonians)* ★★
Regia di JAMES IVORY. Con MADELEINE POTTER, VANESSA REDGRAVE, CHRISTOPHER REEVE. ■ Tratto dal romanzo di Henry James, il film precede di due anni *Camera con vista*, grande successo del regista. Boston di fine Ottocento: Miss Olive, esponente del movimento femminista, ha un morboso affetto per la sua giovane protetta, Verena, anch'essa attiva nella conquista dei diritti civili. Ranson (Christopher Reeve, scomparso nel 2004, che per l'occasione aveva smesso i panni di Superman con validi risultati) contrasta le speranze di Olive, scettico sugli ideali delle femministe, innamorandosi di Verena. Olive gliela contende, ma la giovane cede all'amore per l'uomo quasi suo malgrado. La scrittura e l'ambientazione storica di Ivory è raffinata, perfetta nei dettagli e nelle interpretazioni. ■ PSICOLOGICO; COL.; 122'; USA, 1984. ■ GOLDEN GLOBES 1 NOM; OSCAR 2 NOM.

BOTTA DI VITA, UNA ★★
Regia di ENRICO OLDOINI. Con BERNARD BLIER, ANDRÉA FERRÉOL, PHILIPPE NOIRET, ALBERTO SORDI. ■ Due anziani pensionati, che i parenti "si sono dimenticati a casa", decidono di fare un colpo di vita passando qualche giornata brava in Costa Azzurra. Enrico Oldoini cerca di resuscitare la commedia all'italiana, imbastendo una specie di *Sorpasso* sulla misura di due grandi attori giunti alla terza età. Ma son passati troppi anni. Per il pubblico e per gli attori. ■ COMMEDIA; COL.; 104'; ITALIA, 1988.

BOTTA E RISPOSTA ★
Regia di MARIO SOLDATI. Con LOUIS ARMSTRONG, ISA BARZIZZA, KATHERINE DUNHAM, WANDA OSIRIS, RENATO RASCEL, NINO TARANTO. ■ Il commesso di una sartoria parigina parte per Roma dove deve consegnare un costosissimo abito a una nota attrice. Durante il viaggio conosce una cleptomane che gli ruba la preziosa toilette. La vicenda, con molti numeri musicali, si conclude a Napoli dove il commesso riesce a ritrovare il vestito. ■ COMM. MUSICALE; B/N; 90'; ITALIA, 1950.

BOTTA SENZA RISPOSTA *(Champagne for Caesar)* ★★★
Regia di RICHARD WHORF. Con BARBARA BRITTON, RONALD COLMAN, CELESTE HOLM, VINCENT PRICE. ■ Mr. Waters è una brava persona e un pozzo di scienza. Ma l'imbecillità del mondo non gli ha mai permesso di trovare un impiego all'altezza delle sue qualità. Partecipa allora a una trasmissione radio, sponsorizzata da una grossa industria, una specie di *Lascia o raddoppia?*, però senza domanda finale (se il candidato vuole può raddoppiare all'infinito). Il dirigente della società, che ha paura di essere sbancato, gli butta fra le braccia una bella bionda. Il nostro la gradisce ma continua a giocare e a vincere. Quando smette ha guadagnato abbastanza per prendere il posto del dirigente marpione. ■ COMMEDIA; B/N; 99'; USA, 1950.

BOTTE DI NATALE ★★
Regia di TERENCE HILL. Con RON CAREY, TERENCE HILL, ANNE KASPRIK, BUD SPENCER. ■ Travis, baro a poker, riceve una lettera della madre. La donna vorrebbe che lui e il fratello Moses passassero con lei il Natale. Travis allora cerca Moses che fa il cacciatore di taglie. Costui sta cercando di catturare un bandito per ricavare il denaro necessario alla famiglia: dieci figli. Dopo nove anni da *Miami supercops* la famosa coppia Spencer-Hill ritorna insieme. Ma ormai raccolgono successo solo all'estero o in televisione. ■ WESTERN; COL.; 108'; ITALIA, 1994.

BOTTEGA CHE VENDEVA LA MORTE, LA ★★★
(From Beyond the Grave)
Regia di KEVIN CONNOR. Con IAN BANNEN, IAN CARMICHAEL, PETER CUSHING, DIANA DORS, MARGARET LEIGHTON. ■ In un negozietto di oggetti usati si alternano parecchi compratori che, in modi diversi, tentano d'imbrogliare il proprietario. Il titolare della bottega è un distinto vecchietto. Agli acquirenti che cercano di truffare l'anziano signore accadono fatti terribili e misteriosi. Fantasmi, sangue, urla, cimiteri: tutti gli ingredienti tipici del film dell'orrore di marca inglese. ■ HORROR; COL.; 97'; GRAN BRETAGNA, 1973.

BOTTEGA DEI SUICIDI, LA ★★
(Le magasin des suicides)
Regia di PATRICE LECONTE. Con BERNARD ALANE, JEAN PAUL COMART, ISABELLE GIAMI, KACEY MOTTET KLEIN, ISABELLE SPADE. ■ La crisi sembra senza fine, la città è un crogiuolo di persone sole, imbottigliate nel traffico, ogni cosa è oggetto di multa, persino il suicidio sulla strada pubblica, tutto è grigio e triste. Solo un luogo è ancora frequentatissimo, colorato e più vitale che mai: la bottega dei suicidi di Mishima Touvache e famiglia. Qui, tra corde, veleni, funghi letali e lamette affilate, ognuno può trovare il modo di scrivere con successo la dolce e rapida fine di una vita fallimentare. E gli affari vanno alla grande, almeno fino a quando Lucrèce Touvache non dà alla luce il suo terzogenito: un bambino che è l'incarnazione inaspettata della gioia di vivere. ■ ANIMAZIONE; COL.; 85'; FRANCIA, CANADA, BELGIO, 2012.

BOTTEGA DEL BARBIERE, LA *(BarberShop)* ★★
Regia di TIM STORY. Con ICE CUBE, ANTHONY ANDERSON, SEAN PATRICK THOMAS. ■ Alla morte del padre, Calvin eredita una bottega da barbiere a Chicago, ma decide di sbarazzarsene. La vende così ad uno strozzino locale, ma poi viene sopraffatto dal rimorso. Inutile dire che finirà in gloria, col negozio riconquistato e la comunità nera riunita di nuovo nel locale. *Barbershop* è stato uno dei successi a sorpresa della scorsa stagione americana. Alla prova dei fatti però la pellicola non regge. La sceneggiatura è infatti assai gracile, e il divertimento assicurato dallo slang afroamericano – punto di forza dell'originale – va inevitabilmente perduta nel doppiaggio. ■ COMICO; COL.; 102'; USA, 2002.

BOTTEGA DELL'OREFICE, LA ★★
Regia di MICHAEL ANDERSON. Con JO CHAMPA, BEN CROSS, BURT LANCASTER, ANDREA OCCHIPINTI. ■ L'opera teatrale alla base del film è stata scritta da Karol Wojtyla (papa Giovanni Paolo II), all'epoca in cui era arcivescovo di Cracovia. La storia delle due giovani coppie di coniugi polacchi, al tempo dell'invasione tedesca e poi alle prese con le difficoltà dell'emigrazione in Canada, è caratterizzata da un profondo richiamo alla tradizione e ai valori espressi dalla famiglia. ■ SENTIMENTALE; COL.; 110'; ITALIA, 1987.

BOTTEGA MAGICA, LA *(The Magic Toyshop)* ★★
Regia di DAVID WHEATLEY. Con TOM BELL, PATRICIA KERRIGAN. ■ Un intagliatore di burattini prende con sé la giovane Melanie e i suoi fratelli, che sono rimasti orfani dei genitori. L'uomo conduce un'esistenza insolita e spesso misteriosa, che mette la ragazza a disagio e la spinge a cercare aiuto nel suo primo amore. ■ FANTASTICO; COL.; 103'; GRAN BRETAGNA, 1986.

BOUBOULE, PRIMO RE NEGRO ★★
(Bouboule 1er roi nègre)
Regia di LÉON MATHOT. Con SIMONE DEGUYSE, GEORGES MILTON. ■ Un avventuriero deve portare in Africa dei diamanti per conto di certi loschi banchieri. I preziosi sono stati però precedentemente assicurati (con un premio favoloso): i banchieri tentano quindi di non farli giungere a destinazione per intascarsi i soldi dell'assicurazione. Ma il tizio incaricato della missione riuscirà lo stesso a portare in Africa i brillanti. ■ COMMEDIA; B/N; 90'; FRANCIA, 1933.

BOUDU SALVATO DALLE ACQUE ★★★★
(Boudu sauvé des eaux)
Regia di JEAN RENOIR. Con CHARLES GRANVAL, MARCELLE HAINIA, MICHEL SIMON. ■ Boudu, un barbone, viene miracolosamente salvato dall'annegamento, si installa nella casa dell'uomo a

cui deve la vita e, con gioioso senso della trasgressione, ne seduce la moglie e la figlia. ■ DRAMMATICO; B/N; 83′; FRANCIA, 1932.

BOULEVARD ★★★

Regia di JULIEN DUVIVIER. Con MONIQUE BRIENNE, JACQUES DUBY, JEAN-PIERRE LÉAUD, PIERRE MONDY, MAGALI NOËL. ■ Parigi. Il diciottenne George abbandona la famiglia perché non approva la nuova relazione del padre vedovo. Il ragazzo si trasferisce in una modesta soffitta di Place Pigalle e allaccia amicizie con persone poco raccomandabili. Poi si ravvede, soprattutto grazie all'aiuto offertogli da una povera ma onesta famiglia di emigrati italiani. George si innamora della figlia di questi italiani. Dopo drammatici episodi, il giovane si riconcilierà anche col padre. ■ DRAMMATICO; B/N; 90′; FRANCIA, 1960.

BOULOT L'AVIATORE *(Boulot Aviateur)* ★★

Regia di MAURICE DE CANONGE. Con ROBERT ARNOUX, MICHEL SIMON, JEAN TISSIER. ■ Canonge era un regista tuttofare. Ciò significa che i suoi film hanno delle caratteristiche molto eterogenee. Era anche attore. In questo caso l'intreccio è avventuroso-divertente: è la storia di un pilota particolarmente spericolato e delle sue imprese. ■ AVVENTURA; B/N; 89′; FRANCIA, 1937.

BOUNCE ★★

Regia di DON ROOS. Con BEN AFFLECK, JOHNNY GALECKI, TONY GOLDWYN, JENNIFER GREY, NATASHA HENSTRIDGE, ALEX LINZ, JOE MORTON, GWYNETH PALTROW. ■ Premessa: fa un certo effetto, dopo l'11 settembre, vedere un film in cui, nel giro di pochi minuti dall'inizio, un aereo delle linee interne americane precipita senza superstiti. Detto ciò parliamo di Buddy, un pubblicitario rampante, che offre il proprio biglietto a uno scrittore teatrale che vuole tornare dai suoi rapidamente in una serata in cui tutti i voli sono stati cancellati. Nel gesto di Buddy non c'è solo generosità: c'è anche la possibilità di trascorrere la notte con Mimi, appena conosciuta. L'aereo precipita e Abby rimane vedova con due figli. Dopo essere entrato in profonda crisi, a un anno di distanza Buddy va a cercare Abby per dirle tutto. Ma se ne innamora e non è facile distruggere la felicità. Ben Affleck e Gwyneth Paltrow (che si sono conosciuti bene al di fuori del set) tornano a recitare insieme dopo il breve ruolo di lui *in Shakespeare in Love*. In una mescolanza tra commedia, dramma e mélo lei se la cava meglio di lui che è sicuramente un bel ragazzo, ma ha qualche problema nei momenti patetici: piange senza troppa convinzione. Anche perché, forse, tanto convinto di quelle scene non è neppure il regista, quel Don Roos che ci aveva offerto un caustico ritratto del mondo giovanile in *The Opposite of Sex* e che ora, davanti al verde colore dei dollari, si è piegato alle regole della Hollywood perbenista. Non è un caso che le battute più taglienti siano affidate al personaggio omo mentre al povero Ben tocca dire: «Non puoi avere coraggio se non hai paura». ■ SENTIMENTALE; COL.; 106′; USA, 2001.

BOUND – TORBIDO INGANNO *(Bound)* ★

Regia di ANDY WACHOWSKI, LARRY WACHOWSKI. Con GINA GHERSHON, JOE PANTOLIANO, JENNIFER TILLY. ■ Due ragazze rubano alla mafia. Scatta la rappresaglia ma le due amiche sono durissime. Tentativo, disastroso, di fare Tarantino. I fratelli Wachowski si rifaranno col campione d'incassi *Matrix* inizio dell'osannata trilogia. ■ DRAMMATICO; COL.; 110′; USA, 1996.

BOUNTY, IL *(The Bounty)* ★★★

Regia di ROGER DONALDSON. Con EDWARD FOX, MEL GIBSON, ANTHONY HOPKINS, LAURENCE OLIVIER. ■ Ennesima trasposizione cinematografica dell'ammutinamento più famoso della storia: alla fine del 1700 il *Bounty* salpa dall'Inghilterra alla volta di Tahiti, per imbarcare germogli dell'albero del pane da trapiantare in Giamaica. Ma gli splendidi paesaggi e le donne tahitiane seducono i marinai, che si ribellano al capitano pur di restare in quel paradiso terrestre. Regia decorosa e interpretazioni di buon livello, ma le edizioni precedenti avevano ben altro fascino. ■ AVVENTURA; COL.; 130′; USA, 1983.

BOUNTY HUNTER, THE ★

Regia di ROBERT GINTY. Con ROBERT GINTY, BO HOPKINS. ■ In un paesino dell'Oklahoma è stato commesso un delitto del quale sembrano responsabili alcune persone del posto e persino lo sceriffo. A svolgere le indagini giunge un cacciatore di taglie che non ha vita facile. ■ POLIZIESCO; COL.; 85′; USA, 1989.

BOUNTY KILLER, THE ★★

Regia di EUGENIO MARTÍN. Con ELLA KARIN, TOMAS MILIAN, RICHARD WYLER, MANUEL ZARZO. ■ Un cacciatore di taglie è deciso a mettere le mani su un *desperado* messicano. Capita però in una famiglia dove il ricercato è ritenuto un bravo figliolo. Ma questi si rivela ben presto una belva assetata di sangue, cosicché i suoi amici, dopo averlo sulle prime aiutato, gli si rivolteranno contro decretando la sua fine. ■ WESTERN; COL.; 85′; ITALIA, SPAGNA, 1967.

BOUNTY KILLER A TRINITÀ, UN ★

Regia di OSKAR FARADINE. Con JEFF CAMERON, ATTILIO DOTTESIO, TED JONES, PAUL MCCREN, PAT MINAR. ■ La banda dei fratelli Sancho e Paco rapina cruentemente tutti i carichi d'oro diretti a Trinità. Arriva in soccorso della cittadina il bounty killer Alan Boyd, la cui arma segreta è una medievale balestra che egli usa per lanciare dinamite. Farà pulizia di tutta la banda. ■ WESTERN; COL.; 90′; ITALIA, 1974.

BOUNTY TRACKER – POLIZIOTTO A LOS ANGELES *(Bounty Tracker)* ★

Regia di KURT ANDERSON. Con EUGENE ROBERT GLAZER, MATTHIAS HUES, LORENZO LAMAS. ■ Un commando criminale semina la morte in un ufficio commerciale e l'unico testimone rimasto, nonostante la protezione della polizia, viene ucciso poco dopo. Entra allora in azione il fratello della vittima, John Damone, che gira gli States a caccia di criminali. Per sgominare la temibile squadra di assasssini Damone ricorre soprattutto alle arti marziali. ■ POLIZIESCO; COL.; 86′; USA, 1992.

BOURGES OPERAZIONE GESTAPO ★★★
(Le Franciscain de Bourges)

Regia di CLAUDE AUTANT-LARA. Con GERARD BERNER, JEAN-PIERRE DORAT, BÉATRIX DUSSANE, HARDY KRÜGER, MICHEL VITOLD. ■ Il francescano tedesco Alfred Stauke è in Francia, a Bourges, come infermiere nella prigione della Gestapo. Benché appartenente all'esercito germanico, il frate agisce contro le norme, pur di alleviare il dolore fisico e morale dei detenuti. Tante miserie umane lo porteranno alla soglia della disperazione, ma gli amici prigionieri e stranieri sapranno infondergli nuova fiducia. La vicenda narrata è realmente accaduta ed è raccontata nel libro omonimo di Marc Toledano. ■ GUERRA; COL.; 110′; FRANCIA, 1968.

BOURNE IDENTITY, THE ★★

Regia di DOUG LIMAN. Con CHRIS COOPER, MATT DAMON, FRANKA POTENTE, JULIA STILES. ■ Un uomo gravemente ferito viene raccolto in mare. Una volta ristabilitosi scopre di aver perso totalmente la memoria ma non le proprie caratteristiche: parla varie lingue, usa con disinvoltura le armi, conosce benissimo le arti marziali. Il recupero di una cassetta di sicurezza presso una banca di Zurigo non fa che aggiungere confusione, visto che contiene sei passaporti diversi. Si tratta di capire quale sia l'identità giusta. ■ AZIONE; COL.; 110′; USA, 2002.

BOURNE LEGACY, THE ★★★

Regia di TONY GILROY. Con OSCAR ISAAC, STACY KEACH, EDWARD NORTON, JEREMY RENNER, RACHEL WEISZ. ■ Chiusa la storia di Jason Bourne tocca ad Aaron Cross. Agente del programma Outcome, miracolosamente sopravvissuto alla "chiusura del programma", ovvero all'eliminazione fisica di tutti gli agenti, Cross è costretto ad assumere una serie di medicinali che ne migliorano le prestazioni (fisiche) e ne indirizzano le scelte (intellettuali), dai quali deve disintossicarsi per non dipendere dal governo. L'unica a poterlo aiutare è una delle dottoresse incaricate di tenere d'occhio gli agenti, anch'essa a sua insaputa a rischio "chiusura". Finito un ciclo ne inizia un altro e siccome il mutamento palesa ciò che gli sfugge, la nuova serie di Bourne (ormai solo nominalmente) nel suo mutare protagonista lascia emergere gli elementi caratteristici dello spionaggio moderno. ■ AZIONE; COL.; 135′; USA, 2012.

BOURNE SUPREMACY, THE ★★

Regia di PAUL GREENGRASS. Con OKSANA AKINSHINA, JOAN ALLEN, BRIAN COX, MATT DAMON, TOM GALLOP, GABRIEL MANN,

MICHELLE MONAGHAN, FRANKA POTENTE, KAREL RODEN, ETHAN SANDLER, JULIA STILES, KARL URBAN. ■ Paul Greengrass gira il sequel di *The Bourne identity*, dove l'agente Jason Bourne veniva colpito da amnesia. Toltosi dal giro lo ritroviamo in India con la sua donna. Si rifà identità e vita. Ma qualcuno ritiene di poterlo ricattare e così viene richiamato dalla Cia per una missione sporca. Forse, per una storia come questa e per questo intento, è meglio il romanzo di Ludlum, da cui è tratto il testo cinematografico. ■ THRILLER; COL.; 120′; GERMANIA, USA, 2004.

BOUTIQUE, LA ★
Regia di LAWRENCE WEBBER. Con GIANNA MARIA GARBELLI, ALMA LO MORO. ■ Una città di provincia e un giro di appuntamenti dietro la facciata di una boutique. Sandra scopre che, oltre a lei, la frequentano anche la madre e il fidanzato. ■ EROTICO; COL.; 85′; ITALIA, 1990.

BOWFINGER ★★★
Regia di FRANK OZ. Con HEATHER GRAHAM, STEVE MARTIN, EDDIE MURPHY, TERENCE STAMP. ■ Il mago Oz confeziona una pellicola agrodolce gradevolissima sul lato sbagliato di Hollywood. Come si fa un film senza star? Le si coinvolgono in una sorta di candid camera. Spiritoso. Ma i backstage movies non hanno successo di pubblico ■ COMMEDIA; COL.; 97′; USA, 1999.

BOWLING A COLUMBINE *(Bowling for Columbine)* ★★
Regia di MICHAEL MOORE. ■ Michael Moore si era fatto conoscere anche in Europa con il lungometraggio *Roger and Me* (1989). Si ripropone con un nuovo documentario in cui stigmatizza il liberismo assoluto in materia di porto d'armi negli Stati Uniti. Prendendo come punto di partenza la strage alla Columbine High School del 1999 il regista non si limita a scaricare tutte le colpe su Charlton Heston e sulla sua associazione che promuove l'autodifesa dei cittadini, ma prova ad andare più a fondo. ■ DOCUMENTARIO; COL.; 120′; USA, 2002.

BOX, THE ★★
Regia di RICHARD KELLY. Con CAMERON DIAZ, FRANK LANGELLA, JAMES MARSDEN, HOLMES OSBORNE, JAMES REBHORN. ■ Arlington Steward è misteriosamente resuscitato in ospedale dopo essere stato colpito da un fulmine e, costruito un certo apparecchio, se n'è andato. Virginia, 1976. Prima dell'alba il campanello di casa Lewis suona svegliando i coniugi Norma e Arthur. Trovano un pacchetto e un biglietto: il signor Steward chiamerà alle cinque del pomeriggio. Norma, insegnante, è sola in casa quando arriva puntuale il signor Steward, con il volto sfigurato dal suo incontro ravvicinato con il fulmine. Spiega a Norma che se preme il pulsante che sovrasta la scatola provocherà la morte di uno sconosciuto e guadagnerà un milione di dollari. Se invece rinuncerà a premerlo, riceverà cento dollari per il disturbo. Ventiquattro ore per decidere. Dopo tanto parlare, Norma preme il pulsante quasi d'impulso. Ma questo è solo l'inizio. Inquietanti bizzarrie e suggestive stranezze sono disseminate per tutto il film a dare un tono singolare alla vicenda. ■ THRILLER; COL.; 115′; USA, 2009.

BOXE *(Split Decision)* ★★
Regia di DAVID DRURY. Con JENNIFER BEALS, JEFF FAHEY, GENE HACKMAN. ■ Tre generazioni di pugili di origine irlandese (nonno, padre, due figli). Il padre ora fa da manager. Povero ma onesto, sta preparando per le Olimpiadi il figlio minore. Il maggiore s'è messo con un manager di pochi scrupoli, che cerca di persuaderlo a perdere un incontro (ci sono di mezzo il racket e le scommesse). Il giovane rifiuta e viene ucciso dai sicari del racket. Ma il fratello minore prende il suo posto. Affronta il pugile protetto dal racket, e, con l'aiuto del padre, lo batte. ■ DRAMMATICO; COL.; 95′; USA, 1988.

BOXER, THE ★★★
Regia di JIM SHERIDAN. Con BRIAN COX, DANIEL DAY-LEWIS, KEN SCOTT, EMILY WATSON. ■ Danny torna a Belfast dopo quattordici anni di carcere come membro dell'IRA. Vuole aprire una palestra che possa essere frequentata sia da protestanti che da cattolici. Maggie, un tempo innamorata di lui, si è sposata con il suo migliore amico e ha un figlio. I due però si amano ancora. Sheridan continua a riflettere sull'Irlanda e questa volta il messaggio non è più di lotta ad oltranza ma di speranza di ricomposizione dei conflitti. In concorso a Berlino 1998. ■ DRAMMATICO; COL.; 113′; GRAN BRETAGNA, IRLANDA, USA, 1997. ■ GOLDEN GLOBES 3 NOM.

BOXER DALLE DITA D'ACCIAIO, IL ★
Regia di YANG SHIH CHIN. Con TSAO CHIEN, LING FENG, SHANG KUAN, TIEN PENG. ■ Ennesima pellicola del filone karate, kungfu e affini: grandi scazzottate e basta. Chi mena di più è una donna esile e minuta. ■ AVVENTURA; COL.; 80′; HONG KONG, 1970.

BOXER REBELLION ★★★
Regia di CHANG CHEN. Con EVE ARDEN, RICHARD HARRISON, GEORGE HOWARD, JENNY LEE, ALEXANDER SENG. ■ Cina, 1900. Molti amministratori locali commettono ingiustizie, appoggiati da nazioni straniere. Questo *status* favorisce l'azione dei Boxer, rivoluzionari fanatici che si credono invincibili. Ma non sono invulnerabili, e gli avvenimenti lo dimostreranno. Pellicola realizzata a Hong Kong da produzioni straniere. È un film un po' fumetto e traboccante di situazioni inverosimili. Il lavoro offre tuttavia una discreta spettacolarità grazie alle belle ricostruzioni ambientali. ■ DRAMMATICO; COL.; 85′; HONG KONG, 1975.

BOXEUR E LA BALLERINA, IL *(Movie Movie)* ★★★
Regia di STANLEY DONEN. Con GEORGE C. SCOTT, TRISH VAN DEVERE, ELI WALLACH. ■ Il film vuole essere un omaggio ai vecchi *double bill* (doppio programma cinematografico, cioè due film da vedere con un solo biglietto, uno dopo l'altro) in voga negli anni Trenta. Così *Il boxeur e la ballerina* presenta proprio due programmi: una vicenda patetica-drammatico-gangsteristica e una commedia musicale. ■ COMMEDIA; COL.; 107′; USA, 1979. ■ DAVID DI DONATELLO 1 PR, 1 NOM; GOLDEN GLOBES 2 NOM.

BOXING HELENA ★
Regia di JENNIFER LYNCH. Con SHERILYN FENN, ART GARFUNKEL, BILL PAXTON, JULIAN SANDS. ■ Un film tendenzialmente idiota con molti videoclip pseudo-erotici. Di trasgressivo proprio nulla. Le fonti da cui ha rubato sono molte: si va da *Il collezionista* a *Misery*, da *Lo zoo di Venere* a *L'occhio che uccide* e *Velluto blu*. Presentato alla Mostra di Venezia. Nick, giovane chirurgo, si invaghisce perdutamente di una donna e la rapisce. Poi le taglia le gambe. Successivamente, dato che lei si ribella, le amputa anche le braccia. Ma fa tutto parte della fantasia del chirurgo. Sia Kim Basinger, finita in tribunale per rottura di contratto, che Madonna si sono rifiutate di interpretare la parte di Sherilyn Fenn. Non si può far altro che dar loro ragione. ■ DRAMMATICO; COL.; 115′; USA, 1993.

BOX OFFICE 3D. IL FILM DEI FILM ★
Regia di EZIO GREGGIO. Con EZIO GREGGIO, MAURIZIO MATTIOLI, GIGI PROIETTI, ENZO SALVI, GIORGIA WURTH. ■ Il famoso professore di simbologia Frank Strong, accompagnato da Liz Salamander (hacker chiusa in carcere a Parigi) segue le orme della temibile setta del Lacryma Christi fino a scoprire, suo malgrado, il terribile segreto del *Codice Teomondo Scrofalo*. Dalle violente battaglie di un vampiro e di un lupo mannaro che si contendono l'avvenente Bellabimba, le macchine truccate dell'episodio *Corri fast, che sono furios* alla storia di un gladiatore che finisce per preferire i rischi mortali dell'arena alla moglie giungiamo al pianeta di Panduro, dove gli azzurri abitanti, i Viagratar, trascorrono le serate nel rito sacro del Bunga Bunga dopo essersi saziati di misteriose pillole azzurre. Non mancano poi Erry Sfotter e gli amici Ronf ed Erniona, tre maghi ripetenti tenuti segregati nella scuola di magia del Castello dei Sequels dall'esigente Mago Silenzio. Mamma mia... ■ COMICO; COL.; 80′; ITALIA, 2011.

BOX OF MOONLIGHT ★★
Regia di TOM DICILLO. Con DERMOT MULRONEY, SAM ROCKWELL, JOHN TURTURRO. ■ Tom DiCillo, già esponente del cinema indipendente Usa ed autore di *Si gira a Manhattan*, si conferma cineasta di valore "a basso costo" con questo piccolo film, storia di un ingegnere (John Turturro), dalla rigida educazione che lo porta ad avere rapporti problematici con la sua famiglia e con gli altri. Un giorno, girovagando per i luoghi della sua infanzia, incontra Kid, un giovane sbandato vestito alla David Crockett, ma che lo costringerà ad aprirsi verso un mondo nuovo e migliore. ■ COMMEDIA; COL.; 95′; USA, 1996.

BOY FRIEND, IL *(The Boy Friend)* ★★★★
Regia di KEN RUSSELL. Con MAX ADRIAN, CHRISTOPHER GABLE, GLENDA JACKSON, VLADEK SHEYBAL, TWIGGY. ■ In una città di provincia inglese fervono le prove di un nuovo musical. Ma la primattrice si fa male e il suo posto viene preso da una filiforme biondina di belle speranze. Ken Russell, come molti cineasti della sua generazione (venuti su a pane e Fred Astaire), covava da sempre l'ambizione di fare un grande musical come quelli del passato. Riprende una vecchia commedia di Sandy Wilson (rappresentata quindici anni prima), la manipola, la spezzetta e la ricompone, proponendola infine alla Metro (la casa che patrocinò l'ultima grande stagione del film cantato e danzato) che la finanzia. Rimettendoci (quasi) il suo futuro. Il film, costosissimo, riuscì a circolare poco. Solo a sette-otto anni di distanza, nelle riproposte televisive, il pubblico (anche quello che non ama il musical) gli rese giustizia. Una gioia per gli occhi, le orecchie e lo spirito. Glenda Jackson fa un solo numero, ma straordinario. ■ COMM. MUSICALE; COL.; 110'; GRAN BRETAGNA, 1971. ■ GOLDEN GLOBES 1 PR, 2 NOM; OSCAR 1 NOM.

BOYGIRL – QUESTIONE DI... SESSO ★★
(It's a Boy Girl Thing)
Regia di NICK HURRAN. Con SAMAIRE ARMSTRONG, MAURY CHAYKIN, BROOKE D'ORSAY, EMILY HAMPSHIRE, ROBERT JOY, MPHO KOAHO, SHARON OSBOURNE, SHERRY MILLER, KEVIN ZEGERS. ■ Nell Bedworth (Armstrong) è la classica brava ragazza. Carina, giudiziosa, perfetta a scuola, con il grande desiderio di una carriera universitaria da Premio Nobel. Woody Deane (Zegers) è un bel ragazzone, muscoloso, che pensa solo allo sport. È il quarterback della squadra di football americano della Westdale Bay High School (la stessa di Nell), e il suo unico obiettivo è entrare nelle università che potrebbero farlo diventare uno sportivo di successo. I due si odiano sufficientemente, e durante una gita scolastica respirano dopo un violento diverbio i vapori di una statua azteca esposta in un museo. Da questo momento in poi, per una strana magia, l'uno vivrà nel corpo dell'altro. Con le debite conseguenze. ■ COMMEDIA; COL.; 95'; CANADA, GRAN BRETAGNA, 2006.

BOY MEETS GIRL ★★★
Regia di LEOS CARAX. Con CARROLL BROOKS, DENIS LAVANT, MIREILLE PERRIER. ■ Film d'esordio del regista di *Rosso sangue*. L'attore e lo stile originale sono gli stessi di quel film ma in questo caso l'autore riesce a essere più efficace e meno presuntuoso nell'assunto. Tuttavia Carax anche qui crea un'atmosfera tra teatro e poesia che al grosso pubblico risulta indigesta. La storia è quella di un giovane che viene lasciato dalla propria ragazza e che cade in crisi depressiva. Intorno a lui altri drammi amorosi vengono consumati. Incontrerà una ragazza e si confideranno le loro esperienze. Finale tragico. Girato in bianco e nero, è una pellicola piena di silenzi e ricercatezze visive. ■ DRAMMATICO; B/N; 98'; FRANCIA, 1987.

BOYS ★★
Regia di STACY COCHRAN. Con LUKAS HAAS, WINONA RYDER, SKEET ULRICH. ■ Il protagonista si innamora di una ragazza che ha perso la memoria e solo grazie a un lungo lavoro fatto di affetto riuscirà ad aiutarla. La storia è risaputa e gli interpreti non aiutano molto. In particolare la Ryder, che sembra a disagio nel tratteggiare un personaggio che nasconde inconsapevolmente una parte importante di sé. ■ DRAMMATICO; COL.; 89'; USA, 1996.

BOYS AND GIRLS – ATTENZIONE: IL SESSO CAMBIA TUTTO ★★
(Boys and Girl – Warning: sex changes everything)
Regia di ROBERT ISCOVE. Con JASON BIGGS, AMANDA DETMER, CLAIRE FORLANI, ALYSON HANNIGAN, FREDDIE PRINZE JR. ■ Ecco un'altra pellicola estiva, cioè inutile, in attesa della stagione "vera" dell'autunno. Purtroppo per i distributori italiani l'estate non deve esistere. Spazio dunque a titoli "sfortunati", già compromessi dal mercato americano. Rarissimamente si è trovato qualche piccolo tesoro nascosto. Non è comunque il caso di questo film che narra la vicenda di Ryan e Jennifer, che si conoscono da ragazzini, detestandosi, poi continuano a incontrarsi nelle varie stagioni, finché... gli ormoni cambiano. E anche il rapporto. ■ COMMEDIA; COL.; 95'; USA, 2000.

BOYS DON'T CRY ★★★★
Regia di KIMBERLY PIERCE. Con PETER SARSGAARD, CHLOE SEVIGNY, BRENDAN SEXTON III, HILARY SWANK. ■ Queste sono le opere prime da girare! Capaci di appassionare le platee con una storia difficile, quella della ragazza Teena Brandon che vive e ama da ragazzo, con l'inversione anche del nome, Brandon Teena. Le interpreti (meno di cinquant'anni in due) sono Hilary Swank, Oscar clamoroso e meritatissimo e Chloe Sevigny, bella, affascinante, amata da Brandon, sentimento che gli/le costa la vita. Brandon un tenero, ambiguo Marlon Brandon del Terzo Millennio. Chloe interpeta a meraviglia una povera ma bella, entusiasmante, coinvolgente. Gli orridi *machos* che *matano* Teena sono ottimamente diretti dall'esordiente Pierce, che proviene da studi antropologici. Raramente si viene tanto suggestionati da un film. Quando accade, il cinema riacquista senso e valore. Chi vuol iniziare una carriera cinematografica si guardi e riguardi questo film. ■ DRAMMATICO; COL.; 114'; USA, 1999. ■ GOLDEN GLOBES 1 PR, 2 NOM; OSCAR 1 PR, 2 NOM.

BOYS IN COMPANY C, THE ★★
Regia di SIDNEY J. FURIE. Con SCOTT HYLAND, ANDREW STEVENS, CRAIG WASSON. ■ Giovani e con la voglia di lottare per il proprio Paese, partono per il Vietnam. Qui, la loro adolescenza finirà presto e le loro illusioni cadranno. ■ GUERRA; COL.; 127'; USA, 1978.

BOYZ'N THE HOOD – STRADE VIOLENTE ★★★
(Boyz'n the Hood)
Regia di JOHN SINGLETON. Con ICE CUBE, MORRIS CHESTNUT, CUBA GOODING JR., REDGE GREEN. ■ Los Angeles. I giovani ragazzi di colore non riescono ad avere un'adolescenza e gioventù tranquille. Ci sono molte bande rivali che lottano tra loro, smerciano droga e si uccidono a vicenda. Ter, un ragazzo come loro ma con un padre più severo e cosciente, riesce a stare al di fuori dall'inferno, ma un suo amico no. Quest'ultimo, sposato e con un figlio, dopo aver guadagnato la tanto sospirata borsa di studio viene trucidato per una sciocchezza da una banda di delinquenti. Il regista, poco più che ventenne, è riuscito a dare un taglio realistico e veritiero a una situazione che va via via peggiorando. E lo si nota anche dal moltiplicarsi delle opere che trattano questo genere di problemi. ■ DRAMMATICO; COL.; 112'; USA, 1991. ■ OSCAR 2 NOM.

BOZAMBO *(Sanders of the River)* ★★
Regia di ZOLTAN KORDA. Con LESLIE BANKS, ROBERT COCKRANE, NINA MAE MCKINNEY, PAUL ROBESON. ■ Tratto da uno dei romanzi africani di Edgar Wallace, con protagonisti fissi l'ispettore Sanders della polizia coloniale britannica e il capo tribù Bozambo, apoteosi del nero "buono", fedele collaboratore del colonizzatore bianco. Qui Bozambo combatte strenuamente contro un altro capotribù fautore della lotta ad oltranza contro gli inglesi. Costui fa rapire la moglie di Bozambo e poi cattura anche il bravo nero quando questi accorre per salvarla. Saranno però liberati dall'arrivo di Sanders e delle sue truppe. ■ AVVENTURA; B/N; 98'; GRAN BRETAGNA, 1935. ■ VENEZIA 1 PR.

BRACCATI DAI G-MEN *(The Threat)* ★★★
Regia di FELIX E. FEIST. Con JULIE BISHOP, VIRGINIA GREY, CHARLES MCGRAW, MICHAEL O'SHEA. ■ Un pericoloso criminale evaso dal carcere medita di vendicarsi di coloro che contribuirono a mandarlo in galera: un giudice, un agente di polizia e una donna, la ragazza della banda, che lo denunciò. Li cattura tutti e tre e li conduce in una capanna tra i boschi dove intende ucciderli e poi fuggire in elicottero. E l'elicottero arriva infatti, ma con la polizia a bordo. Il gangster è ucciso, i prigionieri si salvano. ■ POLIZIESCO; B/N; 65'; USA, 1949.

BRACCATO *(Le battant)* ★★
Regia di ALAIN DELON. Con ALAIN DELON, ANNE PARILLAUD, FRANÇOIS PÉRIER. ■ Un uomo esce di galera dove ha scontato alcuni anni per un colpo a una gioielleria. Appena fuori però viene perseguitato da una banda di gangster, che vuol mettere le mani

sul bottino (in diamanti) del colpo. L'ex galeotto però non si lascia intimorire. Reagisce alle aggressioni ed elimina i gangster uno ad uno. Poi fugge in America con i diamanti e la donna del capo gangster, nel frattempo innamoratasi di lui. ■ GIALLO; COL.; 110'; FRANCIA, 1983.

BRACCATO A VITA *(Mad Dog Morgan)* ★★
Regia di PHILIPPE MORA. Con DAVID GULPILIL, DENNIS HOPPER. ■ Le scorrerie di uno sbandato attraverso l'Australia di fine Ottocento. Un film che non mantiene il ritmo e trova Dennis Hopper non al meglio della sua forma. C'è anche Gulpilil, l'aborigeno più famoso del cinema, che ha lavorato in *L'inizio del cammino* e *L'ultima onda* di Peter Weir. ■ DRAMMATICO; COL.; 90'; AUSTRALIA, 1976.

BRACCIATA PER LA VITTORIA, UNA ★★
(Swimming Upstream)
Regia di RUSSELL MULCAHY. Con JUDY DAVIS, TIM DRAXL, GEOFFREY RUSH, JESSE SPENCER. ■ Storia vera dell'asso del nuoto australiano Tony Fingleton. Dall'infanzia fino ai primi successi nelle corsie delle piscine, la parabola del giovane Tony è ostacolata in continuazione da un rapporto conflittuale con il padre. Nella numerosa famiglia – cinque figli – il padre è un ubriacone fallito, capace solo di instaurare un insano regime di competizione tra i fratelli. E proprio Tony, pur essendo l'unico della prole ad eccellere nello sport, non riuscirà mai ad ottenere il supporto del genitore. Prevale un effetto commozione da lacrima facile. ■ SPORTIVO; COL.; 114'; AUSTRALIA, 2003.

BRACCIO DI FERRO CONTRO GLI INDIANI ★★★
Regia di SEYMOUR KNEITEL, SPARBER, TYTCA. ■ Braccio di Ferro trova la lampada di Aladino e chiede al genio di fargli compiere dei viaggi nel tempo: Popeye si trova così a gareggiare con il mitico Ercole, incontra re Artù, la Bella Addormentata, Gamba di Legno, Robin Hood ecc. ■ ANIMAZIONE; COL.; 80'; USA, 1977.

BRACCIO DI FERRO SPACCATUTTO! ★★★
(Popeye Cartoons)
Regia di SEYMOUR KNEITEL. ■ Braccio di Ferro affronta varie avventure per convincere i tre nipoti a mangiare gli spinaci. ■ ANIMAZIONE; COL.; 75'; USA, 1940.

BRACCIO SBAGLIATO DELLA LEGGE, IL ★★★
(The Wrong Arm of the Law)
Regia di CLIFF OWEN. Con BERNARD CRIBBINS, LIONEL JEFFRIES, DAVY KAYE, PETER SELLERS. ■ La malavita londinese è disturbata nell'"esercizio della professione" dall'arrivo di tre banditi stranieri che mettono a segno dei colpi utilizzando uniformi da poliziotti. Il malvivente Paino, per smantellare la "sleale" concorrenza, ottiene (a nome di tutti i ladri londinesi) da Scotland Yard un periodo di tregua (reciproco), fino allo smascheramento del terzetto estero. Finale a sorpresa. ■ COMMEDIA; B/N; 94'; GRAN BRETAGNA, 1962.

BRACCIO VINCENTE *(The Big Town)* ★★
Regia di BEN BOLT. Con MATT DILLON, DIANE LANE, TOMMY LEE JONES. ■ Un giovanotto di provincia abilissimo nel gioco dei dadi arriva a Chicago deciso a vincere somme e donne favolose. Ci riesce ma solo per essere coinvolto in un giro di bari e di assassini. Ma saprà uscirne e conquistare, assieme a una fanciulla come si deve, anche una fama di giocatore onesto e imbattibile, che gli permetterà di fare a meno di losche protezioni. ■ DRAMMATICO; COL.; 109'; USA, 1987.

BRACCIO VIOLENTO DEL KUNG-FU, IL ★
(The Good and the Bad)
Regia di WU SY YEUAN. Con IRENE RYDER, XING CHEN, BAO ZHAO. ■ Film a base d'interminabili incontri di kung-fu e privo di una trama che stia in piedi. ■ AVVENTURA; COL.; 80'; HONG KONG, 1970.

BRACCIO VIOLENTO DELLA LEGGE, IL ★★★★♉
(The French Connection)
Regia di WILLIAM FRIEDKIN. Con MARCEL BOZZUFFI, FREDERIC DE PASQUALE, EDDIE EGAN, GENE HACKMAN, FERNANDO REY, ROY SCHEIDER. ■ Pop Doyle, un duro poliziotto della squadra antidroga, segue la pista di un famoso spacciatore francese. Questi sta concludendo un affare colossale, un traffico di stupefacenti fra gli Stati Uniti e il suo paese d'origine. Doyle individua il contatto e tende un'imboscata nel porto alla banda. Questa viene distrutta, la droga recuperata, ma il capo della gang riesce a fuggire. Doyle, che nella foga della caccia ha ucciso accidentalmente un collega, riceve una nota di biasimo e il trasferimento. È forse il capostipite dei film sui poliziotti violenti che prima sparano e poi dicono altolà. Ne seguiranno decine, molte delle quali di produzione italiana. Questo almeno, sul piano della fattura, è dei migliori, ben diretto da Friedkin, ottimamente interpretato da Hackman, che ottenne un Oscar per la caratterizzazione di Doyle (detto Popeye, "Braccio di Ferro"). Memorabile un inseguimento automobilistico. ■ POLIZIESCO; COL.; 104'; USA, 1971. ■ GOLDEN GLOBES 3 ♉ PR, 3 NOM; OSCAR 5 ♉ PR, 8 NOM.

BRACCIO VIOLENTO DELLA LEGGE N. 2, IL ★★★
(French Connection II)
Regia di JOHN FRANKENHEIMER. Con BERNARD FRESSON, GENE HACKMAN, FERNANDO REY. ■ Seguito (ovviamente) del film di Friedkin. Dopo lo smacco subito in America, Doyle è inviato in Francia, a Marsiglia, con l'incarico di dare la caccia nel suo covo a Lantier, capo del traffico della droga. Doyle viene catturato e pesantemente drogato. Ma riesce a recuperare e a saldare tutti i conti con Lantier. ■ POLIZIESCO; COL.; 119'; USA, 1976. ■ GOLDEN GLOBES 1 NOM.

BRACCIO VIOLENTO DELLA LEGGE 3, IL ★
(Popeye Doyle)
Regia di PETER LEVIN. Con JAMES HANDY, MATTHEW LAWRENCE, ED O'NEILL. ■ Niente a che vedere con i due film interpretati da Gene Hackman. Una prostituta dei quartieri alti viene uccisa a New York, Popeye Doyle indaga. Pilot televisivo per una serie incompiuta. ■ POLIZIESCO; COL.; 100'; USA, 1986.

BRACCIO VIOLENTO DELLA MALA, IL ★
(Dinero Maldito)
Regia di SERGIO GARRONE. Con DAN FORREST, VICTOR ISRAEL, MARA RUANAO, ROBERT WIDMARK. ■ Uno scassinatore gitano, un pugile nero e una ragazza lottano contro un capo gangster per il possesso di un favoloso bottino. ■ POLIZIESCO; COL.; 90'; MESSICO, SPAGNA, 1978.

BRACCIO VIOLENTO DEL THAY-PAN, IL ★
Regia di BRUCE LEE. Con YEO BAN, PA HUNG, CHIN PENG, PAI TAIAU, WONG HOI, TOMMY WU. ■ Il film è una raccolta di episodi realizzati probabilmente in tempi diversi e in occasioni differenti. Sono stati messi insieme con l'aggiunta di altro materiale di repertorio per attirare il pubblico grazie alla firma di Bruce Lee e alla moda delle arti marziali. ■ AVVENTURA; COL.; 82'; HONG KONG, 1978.

BRADDOCK: MISSING IN ACTION III ★
Regia di AARON NORRIS. Con AKI ALEONG, MAI KING, CHUCK NORRIS. ■ Diretto dal fratello di Chuck Norris è l'ennesima avventura del colonnello Braddock alla ricerca di moglie e figlio in Vietnam. Seguito di *Rombo di tuono* e *Missing in action*. Per aficionados. ■ AVVENTURA; COL.; 100'; USA, 1987.

BRAGHE DEL PADRONE, LE ★★
Regia di FLAVIO MOGHERINI. Con ENRICO BERUSCHI, VANNA BROSIO, ADOLFO CELI, ENRICO MONTESANO, PAOLO POLI, MILENA VUKOTIC. ■ Ex pulitore di vetri diventa impiegato di una grande azienda. Il Diavolo lo avvicina e lo convince ad intraprendere la scalata sociale: arriverà addirittura ad insidiare la presidenza di un certo avvocato noto nel ramo automobilistico. Mogherini (*Per amare Ofelia*) ci presenta, in chiave moderna, l'eterno mito del patto col Diavolo, di Faust e Mefistofele. ■ COMMEDIA; COL.; 95'; ITALIA, 1978.

BRAIN CONTROL *(The Happiness Cage)* ★★
Regia di BERNARD GIRARD. Con JOSS ACKLAND, RALPH MEEKER, CHRISTOPHER WALKEN. ■ In Germania un dottore, finanziato dall'esercito, fa strani esperimenti sottoponendo cavie umane (reclutate tra i soldati) all'elettroshock. Lo scopo è individuare le reazioni, controllare le aggressività. Un progetto *top secret* che velocemente riesce a controllare il trust che dovrebbe gestirlo. Per fortuna c'è un investigatore "duro" che sa quel che de-

ve fare con le "cavie" e con chi le ha ridotte in quel modo. ■ THRILLER; COL.; 90′; USA, 1973.

BRAIN DAMAGE – LA MALEDIZIONE DI HELMER ★★
Regia di FRANK HENENLOTTER. Con RICK HERBST, JENNIFER LOWRY, GORDON MACDONALD. ■ Un E.T. a forma di rettile è nascosto nelle tubature della casa abitata da due ragazzi e dalla fidanzata di uno di essi. L'"alien" è uno schifoso parassita che s'impossessa di uno dei ragazzi e lo rende folle, al punto che il disgraziato per liberarsene si spara. Il ragazzo muore, il parassita no. ■ HORROR; COL.; 94′; USA, 1988.

BRAINSCAN – IL GIOCO DELLA MORTE *(Brainscan)* ★
Regia di JOHN P. FLYNN. Con EDWARD FURLONG, FRANK LANGELLA, T. RYDER SMITH. ■ Michael, orfano di madre, è un tipo decisamente introverso. Si rifugia allora nell'elettronica e sperimenta Brainscan, un CD-Rom così interattivo da coinvolgerlo apparentemente in una serie di delitti. Il cinema che si occupa della tecnologia è ormai quasi un sottogenere in cui si inserisce, con poche pretese, questo film. ■ FANTASTICO; COL.; 95′; USA, 1994.

BRAINSTORM – GENERAZIONE ELETTRONICA ★★★
(Brainstorm)
Regia di DOUGLAS TRUMBULL. Con CLIFF ROBERTSON, CHRISTOPHER WALKEN, NATALIE WOOD. ■ Un'équipe di ricercatori di un'importante industria scopre una macchina rivoluzionaria, capace di realizzare la telepatia, trasmettendo da un cervello all'altro emozioni e sensazioni. I servizi segreti vogliono impadronirsi dell'invenzione ma due scienziati, Karen e Michael Brace, vi si oppongono. Karen muore d'infarto, ma Michael riesce a sottrarre la sua scoperta agli uomini della Cia. L'ultimo film di Natalie Wood (che morì prima della fine della lavorazione). ■ FANTASCIENZA; COL.; 106′; USA, 1981.

BRAINWAVES ★★
Regia di ULLI LOMMEL. Con TONY CURTIS, KEIR DULLEA, VERA MILES. ■ Caduta in coma profondo, una sostanza che agisce a livello cerebrale dovrebbe portare la protagonista al risveglio, ma invece la danneggia ulteriormente. ■ DRAMMATICO; COL.; 98′; USA, 1982.

BRAMA DI VIVERE *(Lust for Life)* ★★★★
Regia di VINCENTE MINNELLI. Con PAMELA BROWN, HENRY DANIELL, JAMES DONALD, KIRK DOUGLAS, ANTHONY QUINN, EVERETT SLOANE. ■ La vita tormentata di Vincent Van Gogh. Dalla sua esperienza di missionario nelle miniere di carbone nel Belgio agli inizi come pittore a Parigi, alla parentesi ad Arles assieme all'amico Paul Gauguin, fino al suicidio, in un campo di grano, durante una delle sue violente crisi depressive. Il film fece vincere ad Anthony Quinn (Gauguin) il secondo Oscar della sua carriera (ma Kirk Douglas mancò per un pelo la statuetta e se la meritava). ■ DRAMMATICO; COL.; 122′; USA, 1956. ■ OSCAR 1 PR, 4 NOM.

BRANCALEONE ALLE CROCIATE ★★
Regia di MARIO MONICELLI. Con ADOLFO CELI, VITTORIO GASSMAN, BEBA LONCAR, LUIGI PROIETTI, STEFANIA SANDRELLI, LINO TOFFOLO, PAOLO VILLAGGIO. ■ Seguito dell'*Armata Brancaleone*. Ma non un pigro seguito. Le avventure, i personaggi del secondo capitolo sono tanti e quasi tutti divertenti. Partito per le crociate con la turba del frate Zenone, Brancaleone scampa per un pelo al massacro dei compagni, salva una principessa francese e un'avvenente streghetta che stava per essere bruciata viva. Raggiunge in Terrasanta l'esercito di Boemondo, ma ne viene scacciato quando si scoprono i suoi oscuri natali. Duella con la Morte e questa volta è la streghetta a salvarlo ma a prezzo della vita. Manca al secondo *Brancaleone* la novità dei caratteri e del latino maccheronico. In compenso le trovate sono molte: dal personaggio dello stilista (ricalcato sul *Simone del deserto* di Buñuel) al giudizio di Dio fra papa e antipapa, dalla corte di Boemondo (vista come l'opera dei pupi) ai personaggi di Toffolo e Villaggio. ■ COMMEDIA; COL.; 117′; ITALIA, 1970.

BRANCHIE ★
Regia di FRANCESCO RANIERI MARTINOTTI. Con TOMAS ARANA, CHRISTOPHER BUCHHOLZ, VALENTINA CERVI, GIANLUCA GRIGNANI, PAOLA QUATTRINI. ■ Marco ha una grande passione per i pesci tropicali e dovrebbe andare a Delhi con l'incarico di costruire un grande acquario. Soffre però di una forte tosse e non potrebbe coronare il suo sogno. A meno che si trasformi in un sogno a tutti gli effetti. L'onirico e il para MTV non si fondono in un film che non ha attirato neppure i fans del cantante protagonista. ■ COMMEDIA; COL.; 104′; ITALIA, 1999.

BRANCO, IL *(The Pack)* ★★
Regia di ROBERT CLOUSE. Con BIBI BESCH, JOE DON BAKER, RICHARD B. SHULL, NED WERTIMER, HOPE ALEXANDER WILLIS. ■ Nell'Isola delle Foche i cani randagi, abbandonati dai turisti, diventano talmente feroci per la fame che sbranano animali e uomini. Per risolvere il drammatico problema occorre attirare il branco in un punto ed eliminarlo. ■ DRAMMATICO; COL.; 99′; USA, 1977.

BRANCO, IL ★★
Regia di MARCO RISI. Con GIAMPIERO LISARELLI, RICKY MEMPHIS, SALVATORE SPADA. ■ Alcuni giovani provinciali piuttosto aggressivi, aiutati da un vecchio senza scrupoli, rapiscono due giovani turiste. Una di loro è vergine ma oltre all'illibatezza perderà anche la vita, durante uno stupro di massa. Pur animato da buoni propositi, risulta il meno riuscito tra i film di Risi. È da imputare a un tentativo di neorealismo, con dialoghi non all'altezza, contrapposto a una ricerca manieristica dell'effetto "macchina da presa". Questo contrasto fa stridere irrimediabilmente il risultato. Per quanto riguarda le scene degli stupri, Risi ha saputo restarne lontano. Presentato alla Mostra di Venezia, il film non ha ottenuto un successo di pubblico. ■ DRAMMATICO; COL.; 90′; ITALIA, 1994.

BRANCO DI VIGLIACCHI, UN ★★
Regia di FABRIZIO TAGLIONI. Con SCILLA GABEL, LUISA MATTIOLI, ROGER MOORE, PASCALE PETIT, CARLO SCHELL, AROLDO TIERI, FRANK VILLARD. ■ In Italia, durante l'ultima guerra, un gruppo di civili è preso prigioniero dai tedeschi. Un sergente che comanda la pattuglia annuncia che li lascerà liberi se una di loro, una ragazza, andrà a letto con lui. Per salvare la pelle, quelli del gruppo cercano di convincere la fanciulla. Questa acconsente a giacere con il sergente, ma solo per ucciderlo. ■ DRAMMATICO; B/N; 89′; ITALIA, 1962.

BRANCO SELVAGGIO ★★★
(Cattle Annie and Little Britches)
Regia di LAMONT JOHNSON. Con SCOTT GLENN, BURT LANCASTER, DIANE LANE, AMANDA PLUMMER, JOHN SAVAGE, ROD STEIGER. ■ Verso il 1890, due ragazzine scappate di casa arrivano in Oklahoma e si aggregano alla banda del famoso Bill Doolin. Quando il fuorilegge viene arrestato dallo sceriffo Bill Tilgham, gli altri componenti della banda se la squagliano e saranno proprio le due ragazzine a convincerli a liberare il loro capo. ■ WESTERN; COL.; 95′; USA, 1980.

BRASS ★★
Regia di COREY ALLEN. Con LOIS NETTLETON, CARROLL O'CONNOR, BERGONIA PLAZA. ■ New York è terrorizzata da uno sconosciuto killer che occupa le prime pagine di tutti i giornali. Nolan, ispettore della polizia cittadina, è incaricato di neutralizzarlo prima che la stampa cominci ad accusare di inefficienza le forze dell'ordine. ■ POLIZIESCO; COL.; 95′; USA, 1985.

BRAVADOS *(The Bravados)* ★★★
Regia di HENRY KING. Con STEPHEN BOYD, JOAN COLLINS, GREGORY PECK, ALBERT SALMI, HENRY SILVA. ■ Un uomo, la cui moglie è stata violentata e uccisa, dà la caccia a quattro *desperados* che crede gli assassini. Li raggiunge e li uccide ad uno ad uno. Poi scopre che di quel delitto erano innocenti. ■ WESTERN; COL.; 98′; USA, 1958.

BRAVATA, LA ★★
Regia di ROBERTO BIANCHI MONTERO. Con FRANCA GONELLA, RED MARTIN, SILVANO TRANQUILLI, VENANTINO VENANTINI, AJITA WILSON. ■ Cinque ragazzi-bene romani rubano tre auto di un'organizzazione clandestina che esporta in Svizzera valuta: su una di esse ci sono quattro miliardi. La "bravata" costerà cara ai cinque giovanotti. ■ DRAMMATICO; COL.; 90′; ITALIA, 1977.

BRAVE DONNE DI BANGKOK, LE ★★★
(The Good Woman of Bangkok)
Regia di DENNIS O'ROURKE. Con YAOWALAK CHONCHANAKUN.

■ Un toccante documento sulla storia di una prostituta di Bangkok che si confessa e racconta davanti alla macchina da presa la sua vita. Vengono esposti così i problemi della sua infanzia, il fatto che spedisce a casa i guadagni e che è costantemente a rischio di Aids. ■ DOCUMENTARIO; COL.; 80′; AUSTRALIA, 1991.

♥ BRAVEHEART – CUORE IMPAVIDO ★★★♉
(Braveheart)
Regia di MEL GIBSON. Con MEL GIBSON, BRENDAN GLEESON, SOPHIE MARCEAU, CATHERINE MCCORMACK, PATRICK MCGOOHAN. ■ La storia di William Wallace, il ribelle che fra il 1290 e il 1305 guidò i clan scozzesi contro Edoardo I Plantageneto, re d'Inghilterra. Furono proprio i nobili del suo popolo a tradirlo. Preso prigioniero venne torturato in pubblica piazza e poi decapitato. Lo sceneggiatore Randall Wallace (ispiratosi al trovatore Blind Harry) attribuisce il furore libertario dell'eroe all'iniziale tragedia d'amore di Wallace che si vede uccidere la giovane moglie dal comandante inglese del presidio. Diventa una furia, raccoglie un esercito e sconfigge ripetutamente gli inglesi. Ha persino una storia d'amore con la principessa Isabella, nuora del re. Film di grandi investimenti, con migliaia di comparse e con una certa attenzione alla ricostruzione e ai costumi (siamo lontani dalla Hollywood di *Ivanhoe*). Si farà ricordare per le magnifiche scene di battaglia e anche per la grande passione interpretativa (e registica) di Mel Gibson, che dopo l'ottima prova "intimista" de *L'uomo senza volto*, dimostra di sapersi muovere benissimo anche negli spazi e nell'epica. ■ AVVENTURA; COL.; 177′; USA, 1995. ■ GOLDEN GLOBES 1 PR, 4 NOM; OSCAR ♉ 5 PR, 10 NOM.

BRAVISSIMO! ★★★
Regia di LUIGI FILIPPO D'AMICO. Con IRENE CEFARO, MARIO RIVA, ALBERTO SORDI, GIANRICO TEDESCHI, IRÈNE TUNC, GIANCARLO ZARFATI. ■ Un maestro di scuola scopre in uno dei suoi piccoli allievi una potentissima voce da baritono. Allora cerca di lanciarlo, lo presenta agli impresari, gli fa cantare il *Rigoletto* alla Scala. In realtà il ragazzino ha le tonsille gonfiate oltre il normale. Un'operazione toglierà a lui il vocione e all'insegnante arrivista ogni velleità manageriale. ■ COMMEDIA; B/N; 95′; ITALIA, 1955.

BRAVO BENNY *(The Best of Benny Hill)* ★★
Regia di JOHN ROBBINS. Con BENNY HILL, NICHOLAS PARSONS, BOB TODD. ■ Film di montaggio che raggruppa i migliori sketche degli anni Settanta del comico inglese Benny Hill, sempre alle prese con situazioni paradossali e ragazze discinte. Esilarante soltanto nelle gag mute. ■ COMICO; COL.; 85′; GRAN BRETAGNA, 1981.

BRAVO DI VENEZIA, IL ★★★
Regia di CARLO CAMPOGALLIANI. Con PAOLA BARBARA, ROSSANO BRAZZI, EMILIO CIGOLI, VALENTINA CORTESE, ERMINIO SPALLA. ■ Un nobile che si è dato al banditismo dopo aver commesso un delitto passionale viene catturato e condannato a morte. Il Consiglio dei Dieci, che ha anche incarcerato l'innocente figlio del nobiluomo, gli propone (in cambio della salvezza sua e del ragazzo) di assumere l'incarico di Bravo di Venezia (un boia segreto che esegue le condanne del Consiglio per le quali non si vuole processo pubblico). Il disgraziato accetta, ma una notte si trova davanti, da giustiziare, il proprio figlio. Salva il ragazzo (che poi dimostrerà la propria innocenza) ma muore lui. ■ DRAMMATICO; B/N; 103′; ITALIA, 1941.

BRAVO GATTO PRENDE I TOPI, IL ★★★
Regia di FRANCESCA CONVERSANO, NENE GRIGNAFFINI. ■ Miglior Documentario al David di Donatello 2006, *Il bravo gatto prende i topi* (da un detto di Deng Xiaoping) è un lunghissimo tragitto che porta in Estremo Oriente, nel tentativo di coglierne lo spirito al volgere del Secolo. Stretto nella morsa fra la difesa della tradizione e la spinta al neocapitalismo – e sotto il regime comunista – il popolo cinese affronta un progresso industriale e tecnologico senza eguali nella sua storia, in una crescita smisurata. Ma il documentario trova anche il tempo per fotografare la miseria delle periferie, dei villaggi, di una terra sconosciuta e contadina che lotta quotidianamente per vincere la fame e la povertà. ■ DOCUMENTARIO; COL.; 85′; ITALIA, 2006.

BRAVO SOLDATO SCHWEJK, IL ★★★
(Der brave Soldat Schwejk)
Regia di ALEX VON AMBESSER. Con SENTA BERGER, HEINZ RÜHMANN, URSULA VON BORSODY. ■ Dal romanzo di Jaroslav Hasek che ispirò anche Bertolt Brecht. Schwejk è il personaggio-tipo del poveraccio bonaccione, dell'uomo qualunque, travolto, nonostante la sua secolare mitezza, dalla follia della guerra. Lo *Schwejk* di Brecht veniva imbarcato per la Russia dalle SS, quello di Hasek deve vedersela con la polizia austriaca quando scoppia la guerra mondiale. Dopo una serie di peripezie si trova al muro condannato per tradimento. Ma *in extremis* lo salva l'annuncio che la guerra è finita. ■ COMMEDIA; B/N; 100′; GERMANIA, 1962.

BRAXTON ★★
Regia di ROBERT HALMI. Con CAROLINE BLISS, PATRICK SKELTON, MICHEL SUBOR. ■ Braxton è una specie di amico degli animali che non esita a usare la forza quando i suoi amici (africani) sono in pericolo. Succede quando deve impedire una strage ad opera dei mercanti e di guerrieri Masai al loro soldo. ■ AVVENTURA; COL.; 90′; USA, 1987.

BRAZIL ★★★
Regia di JOSEPH SANTLEY. Con VIRGINIA BRUCE, TITO GUIZAR, EDWARD EVERETT HORTON, ROBERT LIVINGSTONE, ROY ROGERS. ■ Una turista americana in Brasile si innamora di una guida canterina. Non sa che è un milionario in incognito, padrone di terre e pascoli. Un giorno lo incontra al Rancho Grande. Il giovanotto per un po' finge di non conoscerla, poi abbandona la commedia e dichiara il suo amore all'americana. ■ COMM. MUSICALE; B/N; 91′; USA, 1944. ■ OSCAR 3 NOM.

BRAZIL ★★★
Regia di TERRY GILLIAM. Con ROBERT DE NIRO, KATHERINE HELMOND, JONATHAN PRYCE. ■ Ispirato a *1984* di George Orwell e diretto da un membro dei Monty Python, *Brazil* (che è il titolo della famosa canzone degli anni Quaranta simbolo di evasione) è una bizzarra e straripante metafora contro le dittature in nome della libertà. Il "portavoce" è Sam Lowry, addetto agli archivi del Dipartimento informazioni in un paese del futuro dominato dal potere e dalla burocrazia, dove gruppi di terroristi seminano distruzione per reagire all'oppressione. In seguito ad imprevisti e a strani incontri (un idraulico che si oppone al sistema riparando abusivamente nelle case, interpretato da De Niro), Sam si scopre vocazioni di oppositore e di terrorista, ma verrà reso innocuo. ■ FANTASTICO; COL.; 131′; USA, 1984. ■ OSCAR 2 NOM.

BREACH – L'INFILTRATO *(Breach)* ★★★
Regia di BILLY RAY. Con GARY COLE, CHRIS COOPER, CAROLINE DHAVERNAS, DENNIS HAYSBERT, LAURA LINNEY, RYAN PHILLIPPE, KATHLEEN QUINLAN. ■ Robert Hanssen, agente operativo dell'Fbi, ha tradito il suo paese per più di vent'anni vendendo deliberatamente documenti del servizio segreto nazionale alla ex Unione Sovietica. Nel febbraio 2001 viene affidato a un gruppo scelto di uomini il compito di trovare prove incriminanti a suo carico. Eric O'Neil, giovane matricola irlandese, viene ingaggiato per sorvegliare da vicino Hanssen. Se Robert De Niro ha rivelato la genesi della Cia, lo spy movie di Billy Ray si muove nel "Bureau" della polizia federale per denunciare, appunto, la spia americana Robert Hanssen. ■ THRILLER; COL.; 111′; USA, 2007.

BREAD AND ROSES ★★★
Regia di KEN LOACH. Con ADRIEN BRODY, ELPIDIA CARRILLO, JACK MCGEE, PILAR PADILLA. ■ Maya è costretta a lasciare sua madre a Cuernavaca per emigrare clandestinamente negli Stati Uniti. Sfuggita alle mire di un rude cowboy raggiunge a Los Angeles la sorella Rosa con la quale va a vivere. Comincia con il lavorare presso un bar notturno e poi in un'impresa di pulizia. Ben presto Maya si rende conto dello sfruttamento a cui vengono sottoposti lei e i suoi compagni di lavoro e, al contrario di Rosa, vuole lottare. Grazie anche all'aiuto di Sam, un sindacalista statunitense che non ha rinunciato agli ideali. Ken Loach continua a proporci il suo cinema impegnato. Guardate il confronto duro, aspro ma carico di umanità ferita tra le due sorelle: è una pagina di impegno civile tradotto in cinema. Non succede spesso. ■ DRAMMATICO; COL.; 112′; GRAN BRETAGNA, 2000.

BREAKDANCE *(Breakin')* ★★
Regia di JOEL SILBERG. Con MICHAEL CHAMBERS, LUCINDA DICKEY, ADOLFO SHABBA DOO QUINONES. ■ Tre ballerini di breakdance iniziano ad esibirsi sui marciapiedi e, dopo non poche difficoltà, conquistano il successo. Storiellina esile che fa da supporto a eccellenti numeri di danza. ■ COMM. MUSICALE; COL.; 83'; USA, 1984.

BREAKDANCE DIETRO LE SBARRE ★
Regia di PHILLIP SCHUMAN. Con RHONDA ALDRICH, ROBIN ANTIN, RONALD LACEY. ■ Una ragazza vive col patrigno e con la madre. Un giorno, per difendere quest'ultima dalle violenze di lui, lo uccide e finisce in prigione. Qui, a dispetto della triste realtà, continua a coltivare il suo amore per la danza e ottiene addirittura di poter organizzare un piccolo show. ■ DRAMMATICO; COL.; 100'; USA, 1987.

BREAKDOWN-LA TRAPPOLA *(Breakdown)* ★★
Regia di JONATHAN MOSTOW. Con KATHLEEN QUINLAN, KURT RUSSELL, J. T. WALSH. ■ Marito e moglie restano in panne in viaggio verso San Diego. Mentre lui rimane in attesa di aiuto lei accetta un passaggio da un camionista. Che la rapisce e ne chiede un riscatto. Dopo le canoniche tribolazioni del marito ecco che alla fine la donna viene ritrovata. Ben fatto. È quello che vuole essere. ■ THRILLER; COL.; 100'; USA, 1998.

BREAKER MORANT ★★★
Regia di BRUCE BERESFORD. Con BRYAN BROWN, JACK THOMPSON, EDWARD WOODWARD. ■ Durante la guerra anglo-boera in Africa all'inizio del secolo, tre militari australiani (arruolati con gli inglesi) uccidono senza processo tre prigionieri e anche un prete che probabilmente faceva da informatore. I tre hanno agito per vendicare la morte del loro capitano, ucciso dai guerriglieri, e anche perché confidavano nell'approvazione (o perlomeno nell'indulgenza) dei superiori. Invece vengono sottoposti a corte marziale e condannati a morte, nonostante gli sforzi del loro avvocato difensore. ■ AVVENTURA; COL.; 107'; AUSTRALIA, 1980. ■ CANNES 1 PR; GOLDEN GLOBES 1 NOM; OSCAR 1 NOM.

BREAKFAST CLUB *(The Breakfast Club)* ★★★
Regia di JOHN HUGHES. Con EMILIO ESTEVEZ, ANTHONY MICHAEL HALL, JUDD NELSON. ■ Tre ragazzi e due ragazze, tutti di sedici anni, per punizione devono trascorrere un intero sabato nella biblioteca della loro scuola, sorvegliati da un professore che assegna loro un tema: *Chi sono io?* Parlando fra di loro, cercando di svolgerlo, vengono fuori tutte le frustrazioni, le incomprensioni, soprattutto verso le rispettive famiglie. Tutto questo sarà per loro estremamente utile e torneranno a casa trasformati. ■ COMMEDIA; COL.; 97'; USA, 1984. ■ GOLDEN GLOBES 1 NOM.

BREAKFAST ON PLUTO ★★★
Regia di NEIL JORDAN. Con EVA BIRTHISTLE, GAVIN FRIDAY, BRENDAN GLEESON, LAURENCE KINLAN, CILLIAN MURPHY, LIAM NEESON, RUTH NEGGA, STEPHEN REA. ■ Patrick Brady è nato dalla relazione clandestina tra un prete cattolico e la sua governante. Abbandonato dalla madre, fuggita a Londra, e affidato dal padre alla tabaccaia del paese, Patrick rivela sin da ragazzino una sensibilità spiccatamente femminile che si traduce in gesti appariscenti, in travestimenti e maquillage vivacissimi. Rinnegato dai genitori naturali e dalla madre adottiva, il ragazzo cresce con un gruppo di amici nell'Irlanda degli anni Settanta, occupata dagli inglesi e rivendicata dall'IRA. In seguito alla morte violenta di un amico, Patrick muta il nome in Kitten e parte alla volta di Londra per conoscere sua madre. Dopo la trasposizione cinematografica di *The Butcher Boy*, Neil Jordan cerca di nuovo ispirazione (trovandola) nelle pagine di Patrick McCabe, per raccontare la storia di un ragazzo nato dentro un corpo sbagliato. Alla ricerca della propria identità e di una madre che somigli a Mitzi Gaynor (avvenente attrice e cantante americana), Patrick Brady attraversa in tacchi a spillo, parrucche e unghie laccate gli anni Sessanta e il conflitto anglo-irlandese. ■ COMMEDIA; COL.; 135'; GRAN BRETAGNA, IRLANDA, 2005 GOLDEN GLOBES 1 NOM.

BREAKIN' ALL THE RULES ★★
Regia di DANIEL TAPLITZ. Con MORRIS CHESTNUT, JENNIFER ESPOSITO, JAMIE FOXX, BIANCA LAWSON, PETER MACNICOL, JILL RITCHIE, GABRIELLE UNION. ■ Quincy Watson è uno scrittore senza troppa ispirazione. Quando viene mollato dalla fidanzata, sta talmente male da scriverci un libro, una sorta di manuale su come lasciare la propria ragazza senza soffrire. Il libro diventa un best-seller e un vademecum indispensabile per tutti i suoi amici, che dà il via ad una serie di equivoci. ■ COMMEDIA; COL.; 88'; USA, 2004.

BREAKIN' ELECTRIC BOOGALOO ★★
(Breakin' 2: Electric Boogaloo)
Regia di SAM FIRSTENBERG. Con MICHAEL CHAMBERS, LUCINDA DICKEY, ADOLFO SHABBA DOO QUINONES. ■ Un gruppo di amici e professionisti di *breakdance* rimette in sesto un vecchio palazzo trasformandolo in un centro ricreativo. Un industriale, interessato all'intera zona, li fa sfrattare. L'unica via di uscita è acquistare l'edificio e per trovare i soldi organizzano un fantastico show. ■ COMMEDIA; COL.; 89'; USA, 1984.

BREAKING AND ENTERING ★★
Regia di ANTHONY MINGHELLA. Con JULIETTE BINOCHE, MARTIN FREEMAN, JUDE LAW, ROBERTO PURVIS, RAY WINSTONE, ROBIN WRIGHT PENN. ■ Dal regista premio Oscar Anthony Minghella un nuovo affascinante film che narra l'originale storia dell'incontro tra un ladro e un architetto. ■ DRAMMATICO; COL. 120'; USA, 2006.

BREAKING GLASS ★★★
Regia di BRIAN GIBSON. Con JON FINCH, HAZEL O'CONNOR, JONATHAN PRYCE. ■ Duro, anche spietato nella pittura d'ambiente (nella descrizione del giro vorticoso d'interessi attorno ai cantanti), musical di produzione britannica. Protagonisti sono un giovane manager e una ancor più ambiziosa rockettara. Dai piccoli pub di Londra, lui la porta fino al rango di superstar. La ragazza «spezza il vetro» (come dice la canzone), arriva al successo, ma lo stress ha ragione di lei. ■ COMM. MUSICALE; COL.; 104'; GRAN BRETAGNA, 1980.

BREAKING OUT *(Vagen Ut)* ★★
Regia di DANIEL LIND LAGERLÖF. Con PETER HABER, BJORN KJELLMAN, VIVEKA SELDHAL. ■ Un attore senza parti accetta di fare l'animatore in un carcere. Cerca di far recitare i detenuti, ma non è davvero semplice. Tutto un po' scontato e già visto anche se emerge qualche discreta iniziativa. Avrà un remake con budget ben più ampio grazie a Peter Cattaneo (*Lucky Break*) ■ COMMEDIA; COL.; 119'; SVEZIA, 1999.

BREAKING UP – LASCIARSI *(Breaking Up)* ★
Regia di ROBERT GREENWALD. Con ABRAHAM ALVAREZ, RUSSELL CROWE, SALMA HAYEK. ■ Steve e Monica si interrogano, tra citazioni di Freud, di Einstein e di Marx, su come finisce un amore. Giungono alla conclusione che ha termine quando si smette di viverlo e si comincia a razionalizzarlo. Bastava che leggessero Alberoni. ■ DRAMMATICO; COL.; 89'; USA, 1997.

BREAK-UP ★★★
Regia di MARCO FERRERI. Con MARCELLO MASTROIANNI, CATHERINE SPAAK, UGO TOGNAZZI. ■ Si tratta della versione integrale, uscita all'epoca solo in Francia, dell'episodio incluso in *Oggi, domani e dopodomani* (in quel caso la durata non arrivava alla mezz'ora). ■ COMMEDIA; COL.; 85'; FRANCIA, ITALIA, 1965.

BREAK UP, THE ★★
Regia di PEYTON REED. Con JENNIFER ANISTON, JASON BATEMAN, JUDY DAVIS, JON FAVREAU, JOEY LAUREN ADAMS, ANN MARGRET, VINCE VAUGHN. ■ Una coppia affiatata ma molto litigiosa decide di lasciarsi dopo una discussione più grossa delle altre. Il problema è che nessuno dei due vuole lasciare la casa dove abitano, dunque sceglieranno di fare una coabitazione forzata nella quale non mancheranno litigi e dispetti reciproci. ■ COMMEDIA; COL.; 105'; USA, 2006.

BREAK UP – PUNTO DI ROTTURA *(The Break Up)* ★
Regia di PAUL MARCUS. Con BRIDGET FONDA, TIPPI HEDREN, PENELOPE ANN MILLER, KIEFER SUTHERLAND, STEVEN WEBER. ■ Una donna di Los Angeles è fatta oggetto di ripetute violenze da parte del marito al punto di diventare sorda in modo permanente. L'uomo muore e la donna viene sospettata della sua ucci-

sione. Le vengono messi alle costole due agenti che la scoprono colpevole ma non useranno le prove contro di lei. Opera prima priva di particolari qualità che si segnala per un *cameo-role* di Tippi Hedren. ■ THRILLER; COL.; 93′; USA, 1998.

BREEDERS ★★
Regia di TIM KINCAID. Con THERESA FARLEY, LANCE NEWMAN, FRANCIS RAINES. ■ Ancora gli alieni, ancora un'invasione di ultracorpi. Una miriade di extraterrestri scende sul pianeta e prende possesso dei corpi dei malcapitati che incontra. Nessuno se ne accorge finché una donna aggredita a Manhattan non fa una sommaria descrizione degli assalitori, mettendo la polizia sulla buona strada. ■ HORROR; COL.; 85′; USA, 1986.

BREED – LA RAZZA DEL MALE, THE *(The breed)* ★★
Regia di NICHOLAS MASTANDREA. Con HILL HARPER, OLIVER HUDSON, ERIC LIVELY, TARYN MANNING, MICHELLE RODRIGUEZ. ■ Cinque universitari si recano su un'isola deserta per un partecipare a un party di fine anno accademico. Il tempo trascorre fra divertimenti e festeggiamenti, ma alcune presenze inquietanti cominciano a terrorizzare i partecipanti. Le presenze in questione sono dei cani malefici, in apparenza normali ma con istinto assassino. Craven, fra i maestri dell'horror degli ultimi vent'anni, ha deciso di fare da produttore al suo assistente regista Mastandrea, che ha realizzato un film non eccelso, perché troppo legato agli stereotipi di genere, ma con un'idea di fondo quasi ambientalista. L'intenzione di Mastandrea di utilizzare animali presenti nel nostro quotidiano e trasformarli in creature assassine può non essere innovativa, tuttavia si inserisce in una certa metafora, benemerita. ■ HORROR; COL.; 87′; SUDAFRICA, USA, 2006.

BREEZY ★★★
Regia di CLINT EASTWOOD. Con ROGER C. CARMEL, WILLIAM HOLDEN, KAY LENZ. ■ Un uomo di mezza età prende a bordo una ragazzina che fa l'autostop. Lei si innamora subito di lui, che dopo aver un pochino lottato cede. Ma poi si pente perché rattristato dalla vicenda che riguarda una sua ex amante. Salvo a cambiar ancora opinione per godere ciò che può della bellissima (e destinata ad essere breve) storia d'amore con la ragazza. ■ COMMEDIA; COL.; 108′; USA, 1973. ■ GOLDEN GLOBES 2 NOM.

BRENDA STARR – L'AVVENTURA IN PRIMA PAGINA *(Brenda Starr)* ★★
Regia di ROBERT ELLIS MILLER. Con TIMOTHY DALTON, TONY PECK, DIANA SCARWID, NESTOR SERRANO, BROOKE SHIELDS. ■ La ragazza del fumetto, Brenda Starr, disegnata da Mike Randall, esce dalla pagina e diventa una giornalista, e poi, dopo avere contribuito a incastrare un pericoloso gangster, un'eroina nazionale. Inseguita dal controspionaggio russo per una formula chimica scoperta da uno scienziato, incontra un agente segreto di cui si innamora. Ma Mike Randall è innamorato di lei e, alla fine di tante avventure, glielo dichiara. Lei preferisce rientrare nel fumetto. ■ FANTASTICO; COL.; 93′; USA, 1989.

BRENNO IL NEMICO DI ROMA ★★
Regia di GIACOMO GENTILOMO. Con URSULA DAVIS, TONY KENDALL, GORDON MITCHELL, MASSIMO SERATO. ■ Scende dal nord verso Roma il re gallico Brenno. Nell'Urbe c'è lo scompiglio (anche amoroso fra i vari alti personaggi militari e le nobildonne relative). Quando viene promessa a Brenno una sacerdotessa, il suo fidanzato Quinto Fabio la rapisce. Brenno si arrabbia e sconfigge i Romani, ma alla fine viene ucciso personalmente da Fabio. ■ STORICO; COL.; 92′; ITALIA, 1963.

BREVE ESTASI *(Brief Ecstasy)* ★★
Regia di EDMOND T. GRÉVILLE. Con PAUL LUKAS, LINDEN TRAVERS. ■ Una studentessa si innamora di un pilota. Lui parte e vorrebbe sposarla ma per un disguido la lettera del pilota non le arriva. Allora sposa un chimico, amico del pilota, che un giorno torna e scopre la cosa. Si riaccende la fiamma mai spenta ma alla fine vince l'amore regolare. Marito e moglie tornano sereni e felici. ■ DRAMMATICO; B/N; 71′; GRAN BRETAGNA, 1937.

BREVE INCONTRO *(Brief Encounter)* ★★★★★
Regia di DAVID LEAN. Con JOYCE CAREY, STANLEY HOLLOWAY, TREVOR HOWARD, CELIA JOHNSON. ■ Due persone sposate, un medico e una casalinga, s'incontrano più volte al bar della stazione di Brighton e simpatizzano. S'innamorano e "consumerebbero" se le circostanze e il senso del dovere non li persuadessero a troncare il rapporto. Il film romantico per eccellenza degli anni Quaranta, ma non zuccheroso, non fumettistico, anzi realistico e spesso sgradevole nella descrizione dei personaggi e della loro timida passione. Robert Krasker si rivelò il fotografo più prestigioso del cinema britannico; la musica di Rachmaninov avvinse tutte le casalinghe dalle velleità extraconiugali. Esemplare la prova di Celia Johnson e di Trevor Howard, due innamorati "non giovani e non belli" come erano descritti nell'originale teatrale (un atto unico di Noel Coward). Ma grande specialmente il regista. ■ DRAMMATICO; B/N; 86′; GRAN BRETAGNA 1945. ■ CANNES 1 PR; OSCAR 3 NOM.

BREVE INCONTRO *(Brief Encounter)* ★★★
Regia di ALAN BRIDGES. Con RICHARD BURTON, ANNE FIRBANK, JACK HEDLEY, JOHN LE MESURIER, SOPHIA LOREN. ■ Rifacimento dell'omonimo film di David Lean fatto per la televisione (ma presentato nelle sale cinematografiche fuori dall'Inghilterra). La storia è rimasta la stessa, ma il regista ha creduto opportuno allargarne gli scenari, portarla fuori dalla stazione, nei verdi prati, nei campi di gioco del Sussex. Idea non molto felice. Come del resto non è felice l'idea di scegliere la Loren e Burton per le parti dei protagonisti. Il loro divismo toglie alla storia d'amore ogni grigiore, ogni senso del quotidiano, del provvisorio, tutto quanto insomma dava sapore al vecchio classico di David Lean. ■ DRAMMATICO; COL.; 103′; GRAN BRETAGNA, 1975.

BREVE STAGIONE, UNA ★★
Regia di RENATO CASTELLANI. Con MARCELLO DE MARTIRE, PIA DEGERMARK, ORSO MARIA GUERRINI, CHRISTOPHER JONES, NADIR MORETTI. ■ L'americano John Phillips, residente a Roma, condannato a cinque anni di carcere per appropriazione indebita, riesce a fuggire durante un trasferimento. Nell'azione, involontariamente ammazza uno degli agenti di scorta. Sa di non avere scampo. Decide allora di trascorrere le poche ore di libertà insieme con la sua ragazza: era stato per poterla sposare che aveva rubato. Vivono attimi di folle felicità e, all'arrivo dei carabinieri, si uccidono entrambi. ■ DRAMMATICO; COL.; 95′; ITALIA, 1969.

BREVE VACANZA, UNA ★★★
Regia di VITTORIO DE SICA. Con FLORINDA BOLKAN, TERESA GIMPERA, JOSÉ MARIA PRADA, DANIEL QUENAUD, RENATO SALVATORI. ■ La calabrese Clara, sposata con il conterraneo Franco, è madre di tre figli e fa l'operaia al Nord. Clara si ammala ed è inviata dalla Mutua al sanatorio di Sondalo per curarsi. Per la donna questo soggiorno risulta una piacevole "vacanza" e le consente di prendere coscienza di sé e delle sue miserie. L'amore che nasce tra lei e un altro ricoverato rende ancora più piacevole la permanenza a Sondalo ma, guarita, verrà dimessa e tristemente tornerà alla sua vita di duro lavoro e umiliazioni. ■ DRAMMATICO; COL.; 104′; ITALIA, 1973. ■ DAVID DI DONATELLO 1 PR, 1 NOM.

BREVI AMORI A PALMA DI MAJORCA ★★
Regia di GIORGIO BIANCHI. Con GINO CERVI, DORIAN GRAY, BELINDA LEE, ALBERTO SORDI. ■ Un gruppo di italiani è a Palma in cerca d'avventure sentimentali. Due giovanotti della compagnia finiscono però nelle reti tese da alcune mamme desiderose di accasare le figlie. C'è anche un maturo industriale che si fa spillar quattrini dall'amichetta; c'è l'astuto zoppetto italiano Pandolfini, e tanta altra "fauna" eterogenea. ■ COMMEDIA; COL.; 98′; ITALIA, 1959.

BREVI GIORNI SELVAGGI, I *(Last Summer)* ★★★
Regia di FRANK PERRY. Con CATHERINE BURNS, BRUCE DAVISON, BARBARA HERSHEY, RICHARD THOMAS. ■ In una località balneare sull'Atlantico, la sedicenne Sandy fa amicizia coi coetanei Dan e Peter. Più tardi ad essi si aggrega anche Rhoda, ragazza assai pacata e riflessiva, del tutto diversa dagli altri tre. Un giorno Rhoda rimprovera Sandy e il fatto scatena i due uomini: per vendetta, Dan violenta la ragazza. ■ DRAMMATICO; COL.; 97′; USA, 1969. ■ OSCAR 1 NOM.

BRIAN DI NAZARETH *(Life of Brian)* ★★★
Regia di TERRY JONES. Con GRAHAM CHAPMAN, JOHN CLEESE, TERRY GILLIAM, TERRY JONES, MICHAEL PALIN. ■ Ci sono volu-

ti ben dodici anni perché questo film, che può essere considerato il migliore dei Monty Python con *Il senso della vita*, riuscisse a essere distribuito in Italia, perché era giudicato blasfemo nei confronti della religione cattolica. Ovviamente i tempi sono cambiati, specie dopo l'uscita de *L'ultima tentazione di Cristo*, e poi non c'è traccia di bestemmia né in questo film né in quello di Scorsese. È la storia di Brian che per una serie di coincidenze è stato partorito nello stesso momento del Redentore e non molto lontano da lui. Perfino i re magi, in un primo momento, cadono nella trappola dello scambio di persona. Ma ecco che alla fatidica età di 33 anni, maltrattato dalla madre, diventa involontariamente l'idolo delle folle. ■ COMMEDIA; COL.; 94'; GRAN BRETAGNA, 1979.

BRICK ★★
Regia di RIAN JOHNSON. Con EMILIE DE RAVIN, NOAH FLEISS, MEAGAN GOOD, JOSEPH GORDON-LEVITT, LUKAS HAAS, NOAH SEGAN, NORA ZEHETNER. ■ Brendan è uno studente come tanti di un'high school californiana. Un giorno riceve una telefonata dalla sua ex ragazza Emily, la quale dopo poco scompare e viene ritrovata cadavere. Inizia così l'investigazione di Brendan nel sottobosco scolastico tra spacciatori di droga, una ricca e misteriosa coetanea e la seducente leader del gruppo teatrale Kara. Johnson è al suo debutto sul grande schermo e subito ottiene il Premio Speciale della Giuria al Sundance per l'originalità della visione. Anche se il film, narrativamente, non ha nulla di originale, in quanto rivisitazione esplicita del noir alla Dashiell Hammett e alla Chandler. ■ DRAMMATICO; COL.; 110'; USA, 2005.

BRIDE OF THE MONSTER, THE – LA SPOSA DEL MOSTRO *(The Bride of the Monster)* ★★
Regia di EDWARD D. WOOD. Con TOR JOHNSON, LORETTA KING, BELA LUGOSI. ■ Uno pseudo scienziato pazzo vuole creare una razza di uomini giganti usando l'energia atomica. Il suo fedele servo gli procura il materiale umano adatto a questo scopo. È il film di Wood dove c'è la squinternata lotta tra Lugosi e la piovra, riproposta con Martin Landau nel film di Tim Burton *Ed Wood*. Per fans del kitsch. ■ HORROR; B/N; 70'; USA, 1955.

BRIDE WARS – LA MIA MIGLIOR NEMICA *(Bride Wars)* ★★
Regia di GARY WINICK. Con BRYAN GREENBERG, ANNE HATHAWAY, KATE HUDSON. ■ Liv ed Emma sognano da sempre il giorno delle nozze. Vorrebbero dire sì all'uomo dei loro sogni dentro un abito da sogno e lungo i saloni del Plaza Hotel di New York. Insegnante timida e introversa l'una, avvocato ambiziosa e incontenibile l'altra, Emma e Liv sono amiche del cuore quasi felici e quasi contente. Ricevuto anello e dichiarazione, decidono insieme di organizzare i loro giorni più belli. Si sposeranno al Plaza, diranno sì in un giorno di primavera, l'una sarà la damigella dell'altra. Ma un fatale errore di agenda le vuole spose lo stesso giorno. Fermamente decise a non cedersi il passo, la data e i riflettori, Liv ed Emma daranno vita a una guerra senza esclusione di colpi e di tulle. Tra un abito di Vera Wang e una torta a due piani, le amiche adorate diventeranno nemiche giurate. ■ COMMEDIA; COL.; 82'; USA, 2009.

BRIDE WITH WHITE HAIR, THE – LA SPOSA DAI CAPELLI BIANCHI *(Baifa monu zhuan)* ★★
Regia di RONNIE YU. Con LESLIE CHEUNG, BRIGITTE LIN CHINGHSIA, ELAINE LUI. ■ Yi-hang, maestro nell'arte della spada, è al centro dei pensieri della strega Lien che decide per amore di perdere il proprio potere. In seguito crede che lo spadaccino l'abbia tradita e la vendetta non tarda ad arrivare. ■ AVVENTURA; COL.; 100'; HONG KONG, 1993.

BRIDGE, THE ★★
Regia di ERIC STEEL. ■ Nel 2004 Eric Steel e la sua troupe, armati di cineprese, hanno tenuto d'occhio il Golden Gate Bridge per documentare un fenomeno drammatico che riguarda il ponte di San Francisco, una delle mete preferite dai suicidi, riuscendo a filmare gran parte delle 24 persone che solo in quell'anno (ma in tutto sono più di 1000) hanno preso la "scorciatoia per l'altro mondo". Lisa, Gene e Philip sono i principali protagonisti di *The Bridge*, ma non sono loro a parlare, bensì i familiari e gli amici intervistati dal regista. Si ha così un quadro esauriente e complesso delle fragili personalità di ragazzi che hanno fatto il salto di 4 secondi a 190 km/h. ■ DOCUMENTARIO; COL.; 93'; GRAN BRETAGNA, USA, 2006.

BRIDGET ★★
Regia di AMOS KOLLEK. Con VICTOR ARGO, THOM CHRISTOPHER, ALEX FELDMAN, ANNA THOMSON. ■ Ambientato a New York narra la storia di un'avvenente donna (Anna Thomson) che combatte per riavere il figlio, che le è stato sotratto in relazione a torbide vicende durante le quali ha perduto il compagno. Questa ricerca strettamente intrecciata con la storia interiore della protagonista la porterà nei luoghi più disparati: dal Midwest alla Florida, da New York al Medio Oriente. Scontato e poco avvincente thriller sentimentale illuminato dalla sola luce della bella Anna. ■ AZIONE; COL.; 90'; FRANCIA, GIAPPONE, 2002.

BRIGADIERE PASQUALE ZAGARIA AMA LA MAMMA E LA POLIZIA, IL ★★
Regia di LUCA DAVAN. Con LINO BANFI, FRANCESCA ROMANA COLUZZI, ALDO GIUFFRÉ. ■ Il maldestro brigadiere Zagaria (specialista in travestimenti) viene espulso dalla polizia a causa della sua inettitudine. Tuttavia continua ad indagare su tutti e su tutto anche nella vita privata sperando, tra l'altro, di poter essere riassunto. Zagaria vivrà una serie di rocambolesche avventure e ne uscirà malconcio, deluso e sempre disoccupato. ■ COMICO; COL.; 100'; ITALIA, 1973.

BRIGADOON ★★★
Regia di VINCENTE MINNELLI. Con CYD CHARISSE, VAN JOHNSON, BARRY JONES, GENE KELLY, ELAINE STEWART. ■ Due turisti americani in Scozia capitano nel villaggio di Brigadoon che si risveglia alla vita un giorno ogni cento anni. Innamoratosi di una bella fanciulla, uno dei due americani opta per una vita eterna a Brigadoon. Una fiaba musicale di Alan Jay Lerner (*Lili, Gigi, Camelot, My Fair Lady*) che a Broadway fu un successo, ma in cinema funziona meno. I fondali dipinti sono con troppa evidenza fondali dipinti, la regia di Minnelli è meno efficace del solito, i ballerini ballano meno bene del consueto (anche i numeri di Gene Kelly e di Cyd Charisse non escono dall'ordinaria amministrazione). Tre punti per il prestigio dei "nomi". ■ COMM. MUSICALE; COL.; 108'; USA, 1954. ■ OSCAR 3 NOM.

BRIGANTE, IL *(O cangaceiro)* ★★★★
Regia di LIMA BARRETO. Con MARISA PRADO, ALBERTO RUSCHEL. ■ È una tenera storia d'amore e di violenza. Un brigante distrugge e saccheggia. Un giorno prende prigioniera una donna della quale si innamora Teodoro, braccio destro del bandito. Teodoro fugge con la bella e il capo si mette in caccia. Fra pericoli e disagi nasce l'amore. I due vengono raggiunti e Teodoro si sacrifica per salvar la vita della sua innamorata. La musica del film ebbe successo mondiale. ■ DRAMMATICO; B/N; 105'; BRASILE, 1953.

BRIGANTE, IL ★★★★
Regia di RENATO CASTELLANI. Con ADELMO DI FRAIA, ANNA FILIPPINI, SERENA VERGANO. ■ Dal romanzo di Giuseppe Berto. In Sicilia, poco prima della guerra, un giovane, Michele Rende, libero e scanzonato, è inviso ai notabili e ai fascisti del paese. Accusato falsamente di un delitto deve scappare ma torna con le truppe americane. A conflitto terminato, guida l'occupazione delle terre da parte dei contadini. Viene messo fuori dalla legge, braccato come un assassino e infine ucciso. ■ AVVENTURA; B/N; 143'; ITALIA, 1960.

BRIGANTE DI TACCA DEL LUPO, IL ★★★★
Regia di PIETRO GERMI. Con COSETTA GRECO, VINCENZO MUSOLINO, AMEDEO NAZZARI, FAUSTO TOZZI, SARO URZÌ. ■ In Calabria, qualche anno dopo l'unificazione d'Italia, un reggimento di bersaglieri dà la caccia a un famoso brigante. Non è facile: i notabili del paese coprono il bandito, ma con l'aiuto di una ragazza disonorata e del fidanzato deciso a vendicarla, i bersaglieri riusciranno a scovare la banda e a distruggerla. ■ AVVENTURA; B/N; 97'; ITALIA, 1952.

♥ BRIGANTE MUSOLINO, IL ★★★
Regia di MARIO CAMERINI. Con IGNAZIO BALSAMO, GUIDO CELANO, ROCCO D'ASSUNTA, ARNOLDO FOÀ, SILVANA MANGANO, AMEDEO NAZZARI, UMBERTO SPADARO. ■ Storia romanzata del

brigante siciliano alla svolta del secolo. Beppe Musolino è un bracciante fiero ed individualista che non tollera soprusi da parte dei mafiosi. Così quelli lo incastrano: quando uccidono un "pezzo da novanta", testimoni pagati danno la colpa a Musolino. Condannato all'ergastolo, scappa e si vendica uccidendo i suoi nemici ad uno ad uno. Muore però per una pallottola vagante anche la compagna di Musolino. Il brigante, schiantato dal dolore, si consegna ai carabinieri. ■ AVVENTURA; B/N; 95'; ITALIA, 1950.

BRIGANTI *(Brigands-Chapitre VII)* ★
Regia di OTAR IOSSELIANI. Con AMIRAN AMIRANACHVILI, DATO GOGIBEDACHVILI, GUIO TZINTSADZÉ. ■ Quattro epoche storiche si confrontano. L'oggi a Parigi in un ambiente di malviventi; il Rinascimento in Georgia con i combattimenti contro i musulmani; la Russia imperiale; la Russia rivoluzionaria. Iosseliani viaggia nel tempo per dirci che la storia non cambia e i più deboli debbono sempre confrontarsi con l'oppressione. Peccato che utilizzi un genere (la satira grottesca) che non è nelle sue corde. Ne esce così un film che, soprattutto nella parte rinascimentale, ricorda i "decamerotici" italiani degli anni Settanta. Il fine cesellatore di *Caccia alle farfalle* rischia di farsi soffocare dalla sua voglia di prendersela con il potere comunista che lo ha vessato più volte. ■ COMMEDIA; COL.; 121'; FRANCIA, ITALIA, RUSSIA, SVIZZERA, 1996. ■ VENEZIA 1 PR.

BRIGANTI, I *(The Michigan Kid)* ★★
Regia di RAY TAYLOR. Con ANDY DEVINE, JON HALL, RITA JOHNSON, VICTOR MCLAGLEN. ■ Quattro reduci dalla guerra di Secessione si separano promettendo di rivedersi presto. L'occasione si presenta prima del previsto. Uno di loro, che lavora in un ranch e s'è acceso per una bionda, viene ai ferri corti con una banda di rapinatori. Chiama in aiuto gli amici. Tempi brutti per i rapinatori. ■ WESTERN; COL.; 69'; USA, 1948.

BRIGANTI DI ZABUT, I ★★
Regia di PASQUALE SCIMECA. Con VINCENZO ALBANESE, GIUSEPPE FIASCONARO, TONINO RUSSO, FRANCO SCALDATI. ■ Un bracciante, che è stato inviato al confino per aver difeso un mendicante, torna al paese dopo l'armistizio. Lo trova in preda alle rivolte contadine e finisce ben presto a capo di una banda ricercata sia dai carabinieri che dalla mafia. Ricostruzione storico-sociale interessante. ■ STORICO; COL.; 95'; ITALIA, 1997.

BRIGANTI ITALIANI, I ★★★
Regia di MARIO CAMERINI. Con BERNARD BLIER, ERNEST BORGNINE, VITTORIO GASSMAN, KATY JURADO, PHILIPPE LEROY, MICHELINE PRESLE, ROSANNA SCHIAFFINO. ■ Appena compiuta l'Unità d'Italia, nell'ex regno delle due Sicilie le truppe piemontesi devono fronteggiare le bande di briganti assoldate dai Borboni. Fra queste quella del bandito Sante Carbone che dopo una lunga lotta viene sconfitto. Mentre sta per arrendersi a un leale ufficiale piemontese, viene ucciso in un agguato (presumibilmente dei borbonici che l'avevano armato). Testimone di tutto uno sprovveduto caporale napoletano. ■ AVVENTURA; B/N; 108'; ITALIA, 1961.

BRIGATA DEL DIAVOLO, LA *(Devil's Brigade)* ★★★
Regia di ANDREW V. MCLAGLEN. Con VINCE EDWARDS, WILLIAM HOLDEN, ANDREW PRINE, CLIFF ROBERSTON. ■ La "brigata del diavolo" è in realtà una truppa raccogliticcia formata dai rifiuti di molte unità americane e dai superstiti di un reggimento canadese duramente provato nella prima fase della guerra. Sotto la guida del generale Savage, i rifiuti non solo coabiteranno decentemente con i veterani, ma faranno mirabilie sui campi di battaglia di Norvegia e d'Italia. Il comandante dei canadesi però ci rimetterà la pelle. Imitazione della *Sporca dozzina*. ■ GUERRA; COL.; 130'; USA, 1968.

BRIGATA DEL FUOCO, LA *(Arson Squad)* ★★
Regia di LEW LANDERS. Con FRANK ALBERTSON, ROBERT ARMSTRONG, GRACE GILLERN. ■ Ci sono fabbriche di tessuti sull'orlo del fallimento che sistematicamente truffano le assicurazioni incendiando i loro stessi magazzini. La brigata del fuoco è una squadra di poliziotti addestrata per questo tipo di indagine. Un poliziotto, fingendosi assicuratore, riesce a risalire agli organizzatori degli incendi. ■ POLIZIESCO; B/N; 92'; USA, 1945.

BRIGATA DI FUOCO *(The Glory Brigade)* ★★
Regia di ROBERT D. WEBB. Con LEE MARVIN, VICTOR MATURE. ■ Siamo in Corea, c'è un americano che comanda una brigata greca. Tensione fra il comandante e il capo dei greci. Comunque alla fine, per raggiungere la vittoria, i due superano le loro incomprensioni. ■ GUERRA; B/N; 82'; USA, 1953.

BRIGATA INVISIBILE, LA *(The Naked Brigade)* ★★
Regia di MAURY DEXTER. Con MARY CHRONOPOULOU, SHIRLEY EATON, JOHN HOLLAND, KEN SCOTT. ■ Creta, 1941. Mentre i tedeschi occupano l'isola, una ragazza inglese diventa partigiana agli ordini del capitano Kristos. Scopo della pattuglia, formata da pescatrici di spugne, è quello di sabotare le navi tedesche. ■ GUERRA; B/N; 92'; USA, 1965.

BRIGATA SELVAGGIA, LA *(La brigade sauvage)* ★★
Regia di JEAN DRÉVILLE. Con VÉRA KORÈNE, CHARLES VANEL. ■ Un colonnello e un tenente rimandano un duello perché c'è la guerra. Si ritrovano dopo molti anni e il caso vuole che la figlia del colonnello si innamori del tenente. Ma il vecchio è cocciuto e vuol fare l'antico duello a tutti i costi. Il giovane viene ferito ma guarisce e diventa genero del suo ex nemico. ■ GUERRA; B/N; 95'; FRANCIA, GRAN BRETAGNA, 1939.

BRIGHT STAR ★★★
Regia di JANE CAMPION. Con ABBIE CORNISH, KERRY FOX, EDIE MARTIN, PAUL SCHNEIDER, BEN WHISHAW. ■ 1818. Il ventitreenne John Keats e la sua vicina di casa Fanny Brawne si conoscono, grazie all'interesse della ragazza per le sue poesie, si frequentano, si scrivono, si fidanzano, nonostante le condizioni economiche disperate del poeta. Minato dalla tubercolosi, Keats si vede costretto a partire per l'Italia, dove il clima è migliore e dove troverà la morte, nel febbraio del 1821. *Bright Star* racconta l'inabissamento amoroso sottolineandone il parallelo con la dissoluzione fisica del poeta, ma sceglie il punto di vista di Fanny Brawne per narrare innanzitutto un nuovo personaggio femminile, la cui esuberanza intellettuale è mitigata da una crudele coscienza di ciò che le sta accadendo e si risolve in un'accettazione che è remotissima eco di quella che fu di Isabel Archer, la stella più luminosa del firmamento di Jane Campion. Lungi dall'essere un pretesto per evitare la formula più comune di biopic, perciò, l'adozione dello sguardo di Fanny, che incontra Keats subito dopo la pubblicazione di *Endymion* e lo perde dopo avergli ispirato le liriche che lo faranno amare dal mondo, è il modo in cui la regista, col sorrisetto sulle labbra, riflette sul potere creativo del sentimento amoroso. Instaurando un triangolo tra Keats, l'amico Brown, che lo vorrebbe al riparo dall'influenza femminile, protetto dai classici, e Fanny, che ad ogni apparizione distrae e confonde, la Campion racconta come l'infiltrarsi di una musa, con tutti i limiti del suo agire, nel mondo libero e ozioso degli uomini abbia strappato Keats all'accademia e permesso l'estensione del romanticismo al di là della pagina, nella vita, e dunque, per affinità di cose, nel cinema. Tra gli interstizi di un rituale quotidiano allegramente rigido, fatto di lezioni di danza nel salotto di casa, di passeggiate e danze e ruoli precisi, tra le mura stesse della casa, dove regna l'ordine e la cura, irrompe la vertigine che il poeta domanda e suscita; il desiderio di un per sempre, che nella vicenda di Keats passa dal verbo alla carne e trova l'eternità. Quando si àncora alla normalità dello scambio amoroso, quando si affida ad Abbie Cornish e alla credibilità della sua interpretazione, il film si toglie il costume e tocca i suoi vertici, ma la tentazione di obbedire alla richiesta di confezionare "a thing of beauty" è spesso irresistibile e talvolta lo affonda nella maniera. ■ DRAMMATICO; COL.; 120'; GRAN BRETAGNA, AUSTRALIA, FRANCIA, 2009.

BRIGITTE, LAURA, URSULA, MONICA, RAQUEL, LIZ, MARIA, FLORINDA, BARBARA, CLAUDIA E SOFIA, LE CHIAMO TUTTE... ANIMA MIA ★★
Regia di MAURO IVALDI. Con MARIO ADORF, EDMONDA ALDINI, MONICA MONET, ORAZIO ORLANDO, PAMELA TIFFIN, CARMEN VILLANI, MARTINE ZACHER. ■ Il playboy Marco Donati decide di sposare Francesca ma riceve una minaccia (anonima) di morte, qualora non rinunci alle nozze. Alcuni episodi lo convincono che

non si tratta di uno scherzo. Il giorno del matrimonio Marco subisce l'ennesimo attentato, ma proprio in quell'occasione verrà smascherato il colpevole. Il titolo è imbecille. ■ GIALLO ROSA; COL.; 90'; ITALIA, 1974.

BRIGLIADORO ★★
Regia di ANGIO ZANE. Con TONI BARPI, IGNAZIO COLNAGHI, GIULIANA RIVERA. ■ Il giovane figlio di un allevatore di cavalli, Pippo, fugge da casa con Angelo, il suo puledro preferito. Strada facendo incontra un orfanello, Briciola, e lo prende con sé come scudiero. I due ragazzi cadono però nelle mani di certi furfanti che fabbricano vino artefatto. Vengono fatti prigionieri, ma si liberano e fanno arrestare i delinquenti. ■ AVVENTURA; B/N; 91'; ITALIA, 1959.

BRILLANO LE STELLE *(Es leuchten die Sterne)* ★★
Regia di HANS HEINZ ZERLETT. Con VERA BERGMAN, FRITZ FUERBRINGER. ■ Intrighi e piccoli drammi che si svolgono dietro le quinte dell'ambiente cinematografico. Vicende d'amore di un'attrice che da semplice comparsa assurge al ruolo di vedette. ■ COMMEDIA; B/N; 85'; GERMANIA, 1938.

BRILLANTE CARRIERA DI UN GIOVANE VAMPIRO, LA *(I Was a Teenager Vampire)* ★★
Regia di JIMMY HOUSTON. Con RENÉ AUBERJONOIS, ROBERT SEAN LEONARD, DAVID WARNER. ■ Uno studente crede d'avere una bella avventura con una misteriosa donna, ma incappa in una vampira, che lo morsica sul collo. Lui si dispera. Ma poi conosce un famoso vampiro che lo rassicura (non è poi tanto male, non si muore mai, e per il nutrimento basta qualche bicchiere di sangue di maiale). Il guaio è che nelle vicinanze bazzica anche un professore cacciatore di vampiri. ■ COMMEDIA; COL.; 90'; USA, 1987.

BRILLANTI *(Brillanten)* ★★
Regia di EDUARD VON BORSODY. Con HANS HOLDEN, HANS KNOTECK, HILDE KÖRBER, VIKTOR STAAL. ■ È la vicenda di due sosia che approfittando della loro rassomiglianza truffano i gioiellieri. Filmetto tedesco giunto in Italia per "convenienze" politiche. ■ COMMEDIA; B/N; 90'; GERMANIA, 1937.

BRILLANTINA BOYS *(The Brylcreem Boys)* ★★
Regia di TERENCE RYAN. Con JEAN BUTLER, GABRIEL BYRNE, BILL CAMPBELL, ANGUS MACFAYDEN, WILLIAM MCNAMARA. ■ Settembre 1940. Il giovane pilota canadese Miles Keogh finisce per errore in territorio irlandese, viene catturato e internato in un campo insieme a detenuti tedeschi (l'Irlanda sta cercando di mantenersi equidistante dalle parti in lotta). Mentre i tedeschi dedicano tutte le loro energie a tentativi di fuga gli Alleati cercano di ingannare il tempo fondamentalmente contenti di essere lontani dalla linea di fuoco. Unica "tensione": l'innamoramento di Miles e di un tedesco per la stessa contadina locale. Attori tutti "in parte" per una commedia non sempre calibrata. ■ COMMEDIA; COL.; 105'; GRAN BRETAGNA, 1996.

BRILLANTINA ROCK ★
Regia di MICHELE MASSIMO TARANTINI. Con MIMMO BUA, CECILIA BUONOCORE, MAURA FRITTELLA, AURETTA GAI, MONTY GARRISON. ■ Ennesimo prodotto nato allo scopo di sfruttare il fenomeno del "travoltismo". Balli a ripetizione, disco-music e storielle sentimentali da balera del sabato sera. ■ COMMEDIA; COL.; 90'; ITALIA, 1979.

BRING ON THE NIGHT – VIVI LA NOTTE *(Bring on the Night)* ★★
Regia di MICHAEL APTED. Con OMAR HAKIM, DARRYL JONES, STING. ■ Il film è uno spaccato di vita del cantante Sting che ci accompagna attraverso le sue sensazioni. Lo vediamo esercitarsi in lunghe prove in una villa vicino a Parigi, dove egli si esibì in una "prima" con un successo strepitoso. Come nasce una canzone e la soddisfazione che gli danno i suoi fans. C'è anche la ripresa della nascita di uno dei suoi figli, in clinica, a coronamento della gioia di quei giorni. ■ COMM. MUSICALE; COL.; 97'; GRAN BRETAGNA, 1985.

BRISBY E IL SEGRETO DI NIMH *(The Secret of Nimh)* ★★
Regia di DON BLUTH. ■ Dal romanzo di Robert O'Brien. Brisby, una topolina vedova con numerosa prole, deve combattere contro un trattore che sta arando il terreno in cui vive. Vorrebbe traslocare ma non può, perché uno dei topolini è gravemente malato. Alla fine, aiutata da un gruppo di topi resi intelligenti in laboratorio, riesce a trasferire altrove la famiglia. ■ ANIMAZIONE; B/N; 82'; USA, 1981.

BRITANNIA HOSPITAL ★★★
Regia di LINDSAY ANDERSON. Con JILL BENETT, MALCOLM MCDOWELL, JOAN PLOWRIGHT, LEONARD ROSSITER. ■ Al Britannia Hospital arriva un giornalista in caccia di scoop, ma la sua testa servirà al professor Miller, che, trapiantando pezzi di cadavere, cerca di costruire un uomo nuovo. Nel frattempo i dipendenti dell'ospedale entrano in sciopero e la loro rivolta è sostenuta dall'esterno dove una folla urlante costringe Sua Altezza Reale ad entrare nascosta in un'ambulanza. Paradossalmente geniale o insopportabile: *de gustibus...* ■ COMMEDIA; COL.; 102'; GRAN BRETAGNA, 1982.

BRIVIDI *(Into the Fire)* ★
Regia di GRAEME CAMPBELL. Con OLIVIA D'ABO, ART HINDLE, LEE MONTGOMERY. ■ Un uomo attraversa un luogo solitario e giunge in una grande casa: qui abitano due donne affascinanti, complici di un pesante segreto e unite da un legame sospetto. L'atmosfera di complicità sfocia in una notte allucinante. ■ HORROR; COL.; 88'; USA, 1987.

BRIVIDI DI PAURA *(Screamtime)* ★★
Regia di AL BERESFORD. Con ROBIN BAILEY, DORA BRYAN, ANN LYNN. ■ Tre storie dell'orrore. Nella prima un burattinaio folle usa le marionette per compiere le sue vendette. Nella seconda una giovane coppia entra nella nuova casa e ha delle allucinazioni. Nella terza un gruppo di giovani teppisti è terrorizzato e messo a morte da un nugolo di spettri. ■ HORROR; COL.; 91'; GRAN BRETAGNA, 1983.

BRIVIDI NELLA NOTTE *(In the Cold of the Night)* ★
Regia di NICO MASTORAKIS. Con JEFF LESTER, ADRIENNE SACHS. ■ Il protagonista di questo film è un fotografo in preda all'incubo soffocante e continuo di strangolare la sua compagna. ■ THRILLER; COL.; 108'; USA, 1990.

BRIVIDO ★★★
Regia di GIACOMO GENTILOMO. Con CLARA CALAMAI, CARLO CAMPANINI, ANDREA CHECCHI, UMBERTO MELNATI, MARIA MERCADER. ■ Ugo, fortunato scrittore di romanzi gialli, scopre con l'aiuto della moglie il responsabile dell'omicidio di una donna. Dall'episodio Ugo trarrà lo spunto per realizzare un nuovo libro (che l'editore gli ha già pagato anticipatamente) e per il quale non aveva fino a quel momento l'ispirazione. ■ GIALLO ROSA; B/N; 75'; ITALIA, 1941.

BRIVIDO *(Maximum Overdrive)* ★★
Regia di STEPHEN KING. Con EMILIO ESTEVEZ, LAURA HARRINGTON, PAT HINGLE. ■ Nel giorno della congiunzione della Terra con la coda della cometa, le macchine si ribellano all'uomo: un ponte mobile provoca un disastro, il distributore di bibite scaraventa lattine sui ragazzi, un Tir investe l'autista ecc. Tutti i protagonisti delle disavventure si ritrovano assediati dai Tir in una stazione di servizio, ma riescono a fuggire attraverso le fognature e attendono che la cometa se ne vada. King è più bravo come scrittore. ■ FANTASTICO; COL.; 97'; USA, 1986.

BRIVIDO BIANCO *(Peur blanche)* ★
Regia di OLIVIER CHAVAROT. Con SOPHIE CARLE, FREDERIC DEBAN, DANIELA NANE, FREDERIC VAN DER DRIESSCHE, ALEXANDRA VANDERNOOT. ■ Dopo la morte di un paziente, un anestesista comincia ad indagare, portando alla luce un insospettabile segreto. Il thriller di assoluta piattezza. Una menzione solo per la brava (e bella) protagonista. ■ THRILLER; COL.; 95'; FRANCIA, GERMANIA, 1998.

BRIVIDO CALDO *(Body Heat)* ★★★
Regia di LAWRENCE KASDAN. Con RICHARD CRENNA, WILLIAM HURT, MICKEY ROURKE, KATHLEEN TURNER. ■ Tra un giovane avvocato e una donna sposata scocca il colpo di fulmine: il marito di lei è ricchissimo e tratta affari poco puliti. La donna sembra temerlo e non ha nessuna intenzione di rinunciare alle sue ricchezze: così, convince il giovane amante a partecipare all'ucci-

sione dell'ingombrante consorte. Per quanto ottenebrato dalla passione, l'avvocato intuisce però che qualche cosa non funziona: questi sospetti lo salveranno da morte certa... L'ennesimo "postino che suona due volte". ■ DRAMMATICO; COL.; 113′; USA, 1981.

BRIVIDO D'AMORE *(I'll be Yours)* ★★
Regia di WILLIAM A. SEITER. Con WILLIAM BENDIX, TOM DRAKE, DEANNA DURBIN, ADOLPHE MENJOU. ■ Una ragazza di provincia va a New York in cerca di fortuna. La trova nella persona di un maturo miliardario che la lancia come cantante. Per sottrarsi al corteggiamento dell'attempato ganimede, la ragazza s'inventa un matrimonio con un giovane avvocato. L'imbroglio viene scoperto ma la fanciulla e il giovanotto nel frattempo si sono innamorati e si sposano davvero. Al miliardario non rimarrà che il ruolo di munifico zio per i figlioletti della coppia. ■ COMMEDIA; B/N; 93′; USA, 1947.

BRIVIDO D'ESTATE *(Summer Heat)* ★★
Regia di MICKIE GLEASON. Con BRUCE ABBOTT, ANTHONY EDWARDS, LORI SINGER. ■ Negli anni Trenta, nella California del Nord, un agricoltore è ucciso dal suo bracciante. L'assassino è l'amante della moglie della vittima e tenta di convincere la donna a fuggire con lui. Ma lei rifiuta. Al processo il bracciante è condannato a morte. La storia è raccontata dalla donna quarant'anni dopo. ■ DRAMMATICO; COL.; 86′; USA, 1987.

BRIVIDO DI SANGUE *(The Wisdom of Crocodiles)* ★★★
Regia di LEONG PO-CHIH. Con JACK DAVENPORT, JUDE LAW, ELINA LOWENSOHN, COLIN SALMON, TIMOTHY SPALL, HITLER WONG. ■ Affascinante rubacuori, Steven comincia ad avere dei problemi quando una delle sue conquiste viene ritrovata cadavere. La polizia crede alla sua innocenza, fino a quando un'altra sua ex non muore ed è inevitabile che Steven sia il maggior sospettato. Intressante per chi vuole seguire la carriera di Jude Law. ■ THRILLER; COL.; 98′; GRAN BRETAGNA, 1998.

BRIVIDO FREDDO *(Cold Sweat)* ★
Regia di GAIL HARVEY. Con ADAM BALDWIN, BEN CROSS, DAVE THOMAS, SHANNON TWEED. ■ Un killer professionista deciso a non prendere nuovi "contratti" viene invece coinvolto nel piano criminale di un uomo d'affari che ormai si è indebitato fino al collo. L'uomo è infatti schiavo dell'alcol e della droga e ha una moglie che non intende aiutarlo, perciò pensa di far eliminare il socio e riscattare l'assicurazione. ■ THRILLER; COL.; 90′; USA, 1993.

BRIVIDO NELLA NOTTE *(Play Misty for Me)* ★★
Regia di CLINT EASTWOOD. Con CLINT EASTWOOD, JOHN LARCH, DONNA MILLS, DON SIEGEL, JESSICA WALTER. ■ Dave, giornalista radiofonico, subisce le incessanti e quasi morbose attenzioni di un'ammiratrice, Evelyn, che non gli dà respiro. Gli isterismi e le insistenze di Evelyn compromettono il fidanzamento di Dave e gli mandano all'aria un'interessante prospettiva professionale. Alla fine, la pazzoide viene arrestata. Rilasciata, metterà in atto un folle piano per eliminare la fidanzata dell'ossessionato giornalista. ■ GIALLO; COL.; 102′; USA, 1971. ■ GOLDEN GLOBES 1 NOM.

BRIVIDO SULLA PELLE, UN ★★
Regia di A. VAN DYKE. Con FEMI BENUSSI, ROSSELLA D'AQUINO, JIM HAMILTON, VIRGINIA HONOR, ANNA MARIA PANARO. ■ Susy, segretaria del direttore di una centrale nucleare, scompare misteriosamente. La stessa cosa accade al suo fidanzato Henry. Un ispettore, un detective privato, e la sua segretaria si mettono in movimento per far luce sull'episodio e riusciranno a risolvere il caso impedendo così che una preziosa formula cada nelle mani di un paese nemico. ■ SPIONAGGIO; B/N; 90′; ITALIA, 1966.

BROAD STREET *(Give My Regards to Broad Street)* ★★
Regia di PETER WEBB. Con BARBARA BACH, BRYAN BROWN, PAUL MCCARTNEY, RINGO STARR. ■ Intrappolato in un ingorgo a Londra, Paul McCartney s'addormenta e sogna di esser stato derubato del suo ultimo disco. Appena sveglio si mette alla ricerca del ladro (in realtà dando spago alla propria natura sospettosa). Ma era tutto frutto d'immaginazione. Due dei Beatles superstiti (McCartney e Ringo Starr) tentano di metter su un grande musical. Ma senza disporre di uno scenario né di un regista all'altezza del mito degli "scarafaggi". ■ MUSICAL; COL.; 103′; GRAN BRETAGNA, 1984. ■ GOLDEN GLOBES 1 NOM.

BROADWAY DANNY ROSE ★★★
Regia di WOODY ALLEN. Con WOODY ALLEN, NICK APOLLO FORTE, MIA FARROW. ■ Le vicende professionali e affettive di un modesto impresario teatrale di Broadway, Danny Rose (Allen), si snodano tra cocenti delusioni e perenni insuccessi. I suoi assistiti sono un patetico e sparuto gruppo di artisti destinati a rimanere nell'ombra, legati però da quell'amicizia che accomuna gli sfortunati. Tra aggressive vamp (un'insolita Mia Farrow), cantanti infedeli e mafiosi caricaturali, Danny Rose riuscirà comunque a mantenere intatte purezza e ingenuità. Allen confeziona con mano maestra un film leggerino e delizioso, in equilibrio tra comicità e malinconia, splendido nella caratterizzazione dei personaggi. ■ COMMEDIA; B/N; 86′; USA, 1984. ■ GOLDEN GLOBES 1 NOM; OSCAR 2 NOM.

BROGLIACCIO D'AMORE ★★
Regia di DECIO SILLA. Con SENTA BERGER, PAOLO CARLINI, ENRICO MARIA SALERNO, MARISA VALENTI. ■ Un ricco industriale in crisi decide di risolvere la medesima scrivendo un libro, ma per farlo intende frequentare donne diverse dal suo ambiente. Finisce perciò per girare attraverso l'Italia con Roberta, donna piuttosto equivoca. Ma la realtà non è quella che l'uomo aveva immaginato e Roberta, dopo tutto, è la persona migliore che lui abbia mai incontrato. ■ DRAMMATICO; COL.; 94′; ITALIA, 1976.

BROKEN CITY ★★
Regia di ALLEN HUGHES. Con RUSSELL CROWE, BARRY PEPPER, MARK WAHLBERG, JEFFREY WRIGHT, CATHERINE ZETA-JONES. ■ Billy Taggart è un ex poliziotto di Brooklyn, convertito per necessità a detective privato. Quando il sindaco Hostetler lo ingaggia, in piena campagna elettorale, per indagare sulla moglie che sospetta di adulterio, Billy s'infila senza accorgersene in una trappola che lo porterà a fare i conti con i ricatti del potere, ma anche con il proprio passato e con i debiti rimasti in sospeso. La sproporzione tra la qualità delle performance attoriali di Mark Wahlberg e Russell Crowe e quella del copione è evidente. L'aspetto più interessante di *Broken City* è l'arco di trasformazione del personaggio principale, lo stesso non si può dire dell'affresco sulla corruzione cittadina né dei rapporti o delle dinamiche che legano le pedine dello scacchiere sociale tra loro. ■ THRILLER; COL.; 109′; USA, 2013.

BROKEN FLOWERS ★★★
Regia di JIM JARMUSCH. Con FRANCES CONROY, JULIE DELPY, JESSICA LANGE, BILL MURRAY, SHARON STONE, TILDA SWINTON, JEFFREY WRIGHT. ■ Don Johnston, scapolo impenitente sulla sessantina, riceve una lettera anonima in cui una sua ex compagna gli rivela che il figlio ormai diciannovenne avuto da lui si è messo sulle sue tracce. L'amico Winston, detective dilettante, lo spinge a chiarire il mistero. Don parte così controvoglia alla ricerca della possibile mittente. Avrà modo di confrontarsi con una parte del suo passato e di riflettere sul presente. ■ COMMEDIA; COL.; 105′; USA, 2005. ■ CANNES 1 PR.

BRONCO BILLY ★★★
Regia di CLINT EASTWOOD. Con SCATMAN CROTHERS, CLINT EASTWOOD, GEOFFREY LEWIS, SONDRA LOCKE, BILL MCKINNEY. ■ Bronco Billy, cow-boy dei giorni nostri, tiene desto lo spirito della vecchia frontiera con un circo imperniato sul mito del West. Assume una ragazza, in realtà un'ereditiera, e gli capitano un sacco di guai. Il tendone del circo brucia, ma dei pazzi ricoverati in un manicomio gliene faranno un altro intessuto di bandiere americane. ■ COMMEDIA; COL.; 119′; USA, 1980.

BRONSON ★★
Regia di NICOLAS WINDING REFN. Con KELLY ADAMS, KATY BARKER, EDWARD BENNETT-COLES, JUNE BLANDON, TOM HARDY. ■ Di indole violenta, Michael Peterson – in arte Charles Bronson – non riesce a tenere sotto controllo il suo egocentrismo. E così, dopo un'infanzia trascorsa tra le mura di una casa piena d'amore, il ragazzo cresce collezionando bravate di poco conto. Una volta diventato grande, muscoloso e forzuto, dopo l'ennesima prepotenza viene rinchiuso per sette anni in carcere. Nella

cella, tra una scazzottata al secondino e un morso ai colleghi, diventa il prigioniero più famoso d'Inghilterra: un carcerato eccentrico e biecamente intelligente che non ha mai ucciso nessuno ma vive da trent'anni in totale isolamento. ■ AZIONE; COL.; 92'; GRAN BRETAGNA, 2008.

BRONTE – CRONACA DI UN MASSACRO CHE I LIBRI DI STORIA NON HANNO RACCONTATO ★★★
Regia di FLORESTANO VANCINI. Con ILIJA DZUVALEKOVSKI, IVO GARRANI, RUDOLF KUKIÉ, MODRAG LONCAR, MARIANO RIGILLO. ■ Il film ricostruisce le fasi di un drammatico episodio avvenuto a Bronte, cittadina presso Catania, poco dopo l'impresa dei Mille. Centocinquanta persone furono arbitrariamente arrestate, processate in modo sommario e fucilate per ordine di Nino Bixio. La pellicola vuole dimostrare come la Sicilia sia rimasta sempre la stessa, coi suoi uomini privilegiati, i suoi nobili arroganti e lazzaroni, il suo popolo sempre sfruttato. ■ STORICO; COL.; 109'; ITALIA, 1972.

♥ BRONX *(A Bronx Tale)* ★★★
Regia di ROBERT DE NIRO. Con ROBERT DE NIRO, CHAZZ PALMINTERI. ■ Bronx, anni Cinquanta. Lorenzo Aniello (De Niro) è un conducente d'autobus, è soddisfatto e si fa i fatti suoi. Ha un bambino di nove anni, Calogero, che passa le giornate seduto sulla scaletta del palazzo a guardare Sonny (Palmintieri), il boss del quartiere. Un giorno il bimbo vede Sonny uccidere un uomo. La polizia lo interroga ma lui comincia a frequentare Calogero, lo coinvolge nel suo locale, gli fa guadagnare qualche dollaro, gli vuol bene. Naturalmente il padre è furibondo. Non vuole che il figlio frequenti quel genere di persone. Dieci anni dopo la situazione non è cambiata. Calogero si innamora di una ragazza di colore e deve vedersela con gli amici, tutti italiani, teppisti che odiano i neri. Sonny lo consiglia e lo guida per il meglio. E gli salva anche la vita quando Calogero sta per essere trascinato in una bravata dai suoi amici. Alla fine Sonny viene ucciso e Calogero lo piange davanti alla bara. All'ultimo momento arriva anche Lorenzo. È indubbio che la parentela cinematografica italiana (vicina e lontana) di De Niro pesi molto nella sua cultura. *Il Padrino*, Coppola, La Motta, Capone, Leone, Bertolucci, *Quei bravi ragazzi*, gli hanno lasciato un segno importante. E per la sua prima avventura registica il più grande attore del cinema contemporaneo ha voluto andare sul sicuro, raffigurare qualcosa che conosce bene, con un linguaggio che aveva già usato come attore. La sua regia non è entusiasmante, è corretta e un po' dilatata. Rispetto agli esordi dei suoi grandi colleghi (Eastwood, Redford, Beatty, Nicholson, Costner, Gibson) la sua partenza va definita in sordina. Apprezzabile l'intenzione di De Niro di rimanere sotto tono, lasciando lo spazio maggiore a Chazz Palminteri, autore della sceneggiatura. Certo, quando c'è in scena Robert è come se si accendesse la luce. ■ DRAMMATICO; COL.; 122'; USA, 1993.

BRONX 41° DISTRETTO DI POLIZIA ★★★
(Fort Apache the Bronx)
Regia di DANIEL PETRIE JR. Con EDWARD ASNER, PAUL NEWMAN, KEN WAHL. ■ L'agente quarantenne Murphy (Newman) combatte con immutabile costanza il crimine per le strade del famigerato quartiere newyorkese del Bronx, vero ricettacolo di malavitosi. E nemmeno i colleghi di Murphy sono raccomandabili (al distretto non mancano i corrotti e gli assassini). L'umanità, la grinta e la rettitudine di Murphy finiranno però per prevalere. Film realistico e crudo, di grande tensione drammatica. ■ POLIZIESCO; COL.; 125'; USA, 1981.

BROOD – LA COVATA MALEFICA *(The Brood)* ★★★
Regia di DAVID CRONENBERG. Con HENRY BECKMAN, SAMANTHA EGGAR, OLIVER REED. ■ Toronto. Il professor Raglan ipnotizza i suoi pazienti, li inchioda con interrogatori, li tortura. Nola, la malata di cui il professore è innamorato, ha scoppi di violenza inaudita. La donna odia i genitori e la maestra della figlia (rea di aver mostrato simpatia per il marito): tutti e tre muoiono a breve distanza, assassinati con incredibile ferocia: non può essere una combinazione. Il marito di Nola indaga: la chiave del mistero, guarda caso, è nella clinica di Raglan. Finirà in un massacro. Thriller dal ritmo selvaggio, ben diretto e ben interpretato. ■ HORROR; COL.; 91'; CANADA, 1978.

BROOKLYN CHIAMA POLIZIA *(The Naked Street)* ★★★
Regia di MAXWELL SHANE. Con ANNE BANCROFT, FARLEY GRANGER, PETER GRAVES, ANTHONY QUINN. ■ La sorella di un famoso gangster è sedotta da un teppistello da quattro soldi. Il gangster costringe il teppistello a riparare. I due si sposano ma il matrimonio è infelice. Il gangster allora decide di liberarsi del cognato, incastrandolo per un delitto che non ha commesso. Il disgraziato muore sulla sedia elettrica, ma ha fatto in tempo a raccontare tutto a un giornalista che dà il via a una campagna di stampa contro il gangster, che si concluderà con la distruzione del racket. ■ POLIZIESCO; B/N; 84'; USA, 1955.

BROTHER ★★★
Regia di TAKESHI KITANO. Con OMAR EPPS, TAKESHI KITANO, CLAUDE MAKI. ■ *Brother*, nono film del giapponese Takeshi Kitano, vincitore nel 1997 del Leone d'oro a Venezia con *Hana-Bi (Fiori di fuoco)*, è la storia di Yamamoto, membro della yakuza, a cui è stata sterminata la famiglia in Giappone dalle bande rivali, che decide di andare in America a trovare suo fratello Ken, arrivato negli States per motivi di studio, diventato nel frattempo piccolo spacciatore di droga. L'imperscrutabile Yamamoto, pur non conoscendo una sola parola d'inglese, decide di unirsi al fratello e al suo clan, per assumere il controllo del traffico della droga a Los Angeles. Il potere della nuova famiglia, da lui costituita, viene però fortemente contrastato dalle altre associazioni mafiose della città. Inizia una vera e propria guerra tra i clan, che sfocerà in un incredibile massacro. Tornato al suo genere preferito, dopo la parentesi di *L'estate di Kikujiro* (film di tutt'altro genere e natura), presentato nell'edizione del Festival di Cannes '99, Kitano vuole mostrare come i patti di sangue della yakuza siano in un certo senso più forti e profondi dei vincoli tra fratelli veri. Per il proprio signore e i componenti della "famiglia" si è pronti a togliersi la vita senza ripensamenti. I membri della yakuza non pensano due volte a tagliarsi un dito o ad estrarsi le budella, pur di mostrare la propria lealtà. *Brother* è il primo film di Kitano girato negli Usa. ■ GIALLO; COL.; 110'; GIAPPONE, GRAN BRETAGNA, USA, 2000.

BROTHERS ★★★
Regia di JIM SHERIDAN. Con TAYLOR GEARE, JAKE GYLLENHAAL, BAILEE MADISON, TOBEY MAGUIRE, NATALIE PORTMAN. ■ Sam Cahill è un ufficiale in partenza per la sua quarta missione in Afghanistan. Posato e responsabile, è sposato con Grace, conosciuta al liceo, ed è padre di due adorabili bambine. Campione nella vita ed eroe in guerra, Sam è il figlio prediletto di Hank, padre suscettibile e veterano del Vietnam legato in seconde nozze con Elsie. I rancori e le frustrazioni del padre ricadono immancabilmente su Tommy, figlio minore e trascurato che ha dissipato il suo potenziale nei boccali di birra e in prigione. La presunta morte di Sam al fronte costringe Tommy a rivedere e organizzare la sua vita. Deciso a prendersi cura di Grace e delle nipotine, finirà per innamorarsi di lei e per desiderare di appartenere finalmente a qualcuno. Il ritorno improvviso di Sam, sopravvissuto a un incidente e alla prigionia, sconvolgerà gli equilibri familiari costringendo i due fratelli a un confronto diretto. ■ DRAMMATICO; COL.; 108'; USA, 2009.

BROTHERS IN BLOOD ★★
Regia di TONINO VALERI. Con PETER HOOTEN, CARLO MUCARI, BO SVENSON. ■ Due americani combattono in Vietnam negli ultimi mesi di guerra. Uno salva la vita all'altro. Quest'ultimo torna subito in patria. L'altro rimane prigioniero nel Sudest asiatico. Molti anni dopo lo rimpatriano, ma l'aereo su cui viaggia viene dirottato. È il momento per l'ex commilitone di restituire il favore al compagno. ■ AVVENTURA; COL.; 90'; ITALIA, 1988.

BROTHERS OF THE HEAD ★★
Regia di KEITH FULTON, LOUIS PEPE. Con TOM BOWER, BRYAN DICK, STEVEN EAGLES, TANIA EMERY, HARRY TREADAWAY, LUKE TREADAWAY. ■ Negli anni Settanta un produttore musicale scopre due gemelli siamesi facendoli diventare delle rock star. Gli autori di un documentario magistrale come *Lost in La Mancha*, affron-

tano qui la strada della fiction con risultati incoraggianti, ma che troveranno dei totali estimatori solo negli aficionados del punk. ■ DRAMMATICO; COL.; 90′; GRAN BRETAGNA, 2006.

BROWN'S REQUIEM ★★
Regia di JASON FREELAND. Con SELMA BLAIR, KEVIN CORRIGAN, HAROLD GOULD, BRION JAMES, MICHAEL ROOKER, JACK WALLACE, BIG DADDY WAYNE, WILL SASSO. ■ L'ex poliziotto Fritz Brown per sbarcare il lunario è costretto a recuperare auto rubate e, parallelamente, fa l'investigatore privato. Un giorno viene ingaggiato da un curioso personaggio per pedinare la sorella, coinvolta in un'ambigua relazione con un anziano benestante. Non solo Brown realizza di essere coinvolto in un caso di denaro sporco, ma scopre che a capo dell'organizzazione c'è un poliziotto corrotto: lo stesso che lo espulse dal corpo di polizia di Los Angeles. Unica trovata rilevante la rievocazione della sequenza d'apertura in chiusura di pellicola. ■ POLIZIESCO; COL.; 104′; USA, 1998.

BRUBAKER ★★★
Regia di STUART ROSENBERG. Con JANE ALEXANDER, YAPHET KOTTO, ROBERT REDFORD. ■ Robert Redford è il direttore di un carcere. Bel carcere: è in mano a un gruppo di galeotti privilegiati che taglieggiano gli altri. Gli impiegati rubano, i secondini, poi, sono emeriti assassini. Redford scopre le tracce di almeno duecento omicidi commessi all'interno della prigione. Ma non riesce a farla pagare ai responsabili. Il senatore dello Stato l'ha preso in antipatia, chiede e ottiene le sue dimissioni. Buon film drammatico, con un Redford in forma e una schiera di caratteristi eccezionali. ■ DRAMMATICO; COL.; 132′; USA, 1980. ■ OSCAR 1 NOM.

BRUCE LEE *(The Bruce Lee Story)* ★★
Regia di SZE DIANG. Con CAROL GRACE, LAI SHIAO LUNG, BRUCE LEE JR, NA YUN SHAU, TONG PUI. ■ Bruce Lee, morto agli inizi degli anni Settanta, è forse la figura più famosa in materia di arti marziali. Questo film-biografia, realizzato frettolosamente per sfruttare il mito del campione di kung-fu, è un mediocre prodotto mal sceneggiato e mal diretto. ■ BIOGRAFICO; COL.; 89′; HONG KONG, 1974.

BRUCE LEE CHEN L'IMMORTALE ★
(Iron of the Tiger's Killer)
Regia di TU LU PO. Con KU FENG, HAN KUO TSAI, MI HSUCH. ■ Bruce ha deciso che «il pugno è la legge» e, sapendo di essere il più forte, vuole riportare l'ordine nella regione. La sua ragazza cerca di farlo desistere da tanta violenza, ma solo in punto di morte (si suicida) ci riuscirà. ■ AVVENTURA; COL.; 91′; HONG KONG, 1978.

BRUCE LEE CONTRO I SUPERMEN ★
(Bruce Lee Against Supermen)
Regia di WU CHIA CHUN. Con AU YEUNG ROSS, FOE BROWN, LUNG FEI, BRUCE LEE, LU LU MEN. ■ Ennesimo e fumettistico film imperniato sulle doti atletico-marziali di Bruce Lee. La vicenda è ingenua e le esibizioni di lotta sembrano quasi esercizi acrobatici da circo equestre. Per fortuna non è una pellicola cruenta. ■ AZIONE; COL.; 88′; HONG KONG, 1976.

BRUCE LEE – CONTRO LA SETTA DEL SERPENTE ★
Regia di WU CHIA CHUN. Con TAN WEI CHOU, CHAI HONG, BRUCE LIANG. ■ Una gang di spacciatori opera indisturbata eliminando chiunque tenti di opporsi ai suoi piani. Poi arriva Bruce Lee, che con la sua straordinaria abilità di combattente riesce ad avere ragione degli spietati avversari. ■ AVVENTURA; COL.; 90′; HONG KONG, 1977.

BRUCE LEE IL COLPO CHE FRANTUMA ★
(Monkey Kung-Fu)
Regia di LO MAR. Con CHENG HSIAO TUNG, WAN FA, KWAN LUNG. ■ Un detenuto riceve da un condannato a morte la metà di una medaglia e l'incarico di cercare l'altra metà, che contiene un prezioso segreto. Esso consiste in un manuale per apprendere la tecnica di combattimento chiamata "dello scimpanzé", che lo renderà invincibile. ■ AVVENTURA; COL.; 92′; HONG KONG, 1980.

BRUCE LEE IL LEGGENDARIO *(Dangerous First)* ★
Regia di HO CHUNG TAO. Con DAN INOSANTO, BRUCE LI. ■ Bruce cerca un lavoro e lo trova in una compagnia di assicurazioni poco onesta. Infatti, gli assicuratori vogliono convincere un grande attore cinematografico a firmare una polizza, in modo che se dovesse succedergli un incidente, loro ci guadagnerebbero moltissimo. Bruce prima truffa l'attore, poi si pente e si libera di quello sporco lavoro. ■ AZIONE; COL.; 94′; HONG KONG, 1982.

BRUCE LEE IL RE DEL KUNG-FU ★
(The Magnificent Wonderman)
Regia di GODFREY HO. Con JIM CHOI, CHARLIE HYUN, CASANOVA WONG. ■ Bruce Lee è morto nel '73 ma i film che lo sfruttano nel titolo non si contano. Qui siamo nel 1231, nella Cina invasa dai mongoli dove, in un tempio, i giovani si allenano al kung-fu per affrontare il nemico. Ma tre banditi si infiltrano nel tempio per rubare: non ce la faranno, grazie al coraggioso Sousen. ■ DRAMMATICO; COL.; 92′; CINA, 1980.

BRUCE LEE – IL VOLTO DELLA VENDETTA ★
Regia di JOSEPH KONG. Con JOHN BENN, DRAGON LEE, YANG TZE. ■ Pellicola di montaggio con filmati originali per i cultori di kung-fu e delle altre antichissime forme di lotta orientale. ■ AVVENTURA; COL.; 91′; HONG KONG, 1976.

BRUCE LEE: LA MALEDIZIONE DEL DRAGO ★★
(Curse of the Dragon)
Regia di TOM KUHN, FRED WEINTRAUB. Con JAMES COBURN, KAREEM ABDUL JABBAR, BRUCE LEE, CHUCK NORRIS. ■ È un documentario sulla vita di Bruce Lee con spezzoni inediti e interviste a personaggi famosi che aiutano a tratteggiarne la figura. ■ DOCUMENTARIO; COL.; 95′; USA, 1993.

BRUCE LEE – L'ARTE DEL KUNG-FU ★
Regia di HUAN FU CHING. Con CHENG HUNG LIE, TIEN PON, LON TIUNG. ■ Ovvero, come imparare a conoscere e mettere in pratica le tecniche del kung-fu in questo film supervisionato da Bruce Lee, campione insuperato di quest'arte. ■ AVVENTURA; COL.; 94′; HONG KONG, 1979.

BRUCE LEE: LA SUA VITA, LA SUA LEGGENDA ★
(The Legend of Bruce Lee)
Regia di PING LIN. Con LUNG FEI, KUS LAI, BRUCE LI, LEI HSIAO LUNG, HIEN SHIEN. ■ Ancora una biografia del leggendario Bruce Lee. È un film che non aggiunge nulla di nuovo rispetto a quelli che lo hanno preceduto. ■ BIOGRAFICO; COL.; 90′; HONG KONG, 1975.

BRUCE LEE LA TIGRE INDOMABILE *(Savage Killers)* ★
Regia di JIMMY WANG YU. Con LAU KA WING, JIMMY YU. ■ Sfida fino all'ultimo sangue tra due giovani esperti in kung-fu e il terribile tiranno che vuole favorire l'invasione dei giapponesi. Uno dei due ragazzi muore, ma l'altro riesce a vincerlo in un titanico duello. ■ AVVENTURA; COL.; 91′; HONG KONG, 1980.

BRUCE LEE – L'INDOMABILE E IL SUO ARTIGLIO D'ACCIAIO ★
Regia di TU LU PO. Con CHEN HSING, BRUCE LIANG. ■ Un poliziotto riesce a imprigionare un componente della pericolosa banda dei Tigre quindi uccide sua moglie, suo figlio e suo fratello. Con l'aiuto dei compari, il prigioniero evade e giura di vendicarsi dell'assassino della sua famiglia. ■ DRAMMATICO; COL.; 83′; HONG KONG, 1976.

BRUCE LEE, L'IRA DEL DRAGO COLPISCE ANCHE L'OCCIDENTE ★
Regia di TU LU PO. Con KU FENG, MI HSUCH. ■ Riproposta per l'ennesima volta e senza nemmeno la presenza di Bruce Lee, ecco la storia di un giovanotto di povera famiglia che apprende i segreti delle arti marziali e li usa a fin di bene. ■ AVVENTURA; COL.; 79′; HONG KONG, 1980.

BRUCE LEE – L'IRA DEL DRAGO COLPISCE ANCORA ★
(Bruce Lee's Greatest Revenge)
Regia di TU LU PO. Con KU FENG, BRUCE LE. ■ Alcuni piccoli villaggi vivono nel terrore a causa di una banda di assassini che miete vittime a colpi di kung-fu. Dopo duelli e sanguinose scaramucce tra rivali si giunge allo scontro conclusivo tra i leader delle gang. ■ AVVENTURA; COL.; 90′; HONG KONG, 1976.

BRUCE LEE – LOTTA DI TITANI *(Five Superfighters)* ★
Regia di LO MAR. Con SHENG HOU CHAO, HSUNG KANG, TIEN-CHI HUI. ■ Tre giovani esperti in kung-fu subiscono una vergo-

gnosa sconfitta da un misterioso uomo vestito di nero e allora decidono di andare ognuno per la sua strada per migliorarsi nell'arte del combattimento. Così accade, e quando si ritrovano dopo sei mesi passati accanto al loro vecchio maestro, incontrano nuovamente l'uomo in nero e lo vincono. ■ AVVENTURA; COL.; 91'; HONG KONG, 1980.

BRUCE LEE SUPERCAMPIONE ★★
Regia di NG SEE YUEN. Con UNICORN CHAN, DAVID CHIOU, HO CHING TAO. ■ È la vita del celebre interprete dei film sulle arti marziali, morto a trentatré anni nel pieno della gloria in modo ancor oggi misterioso. Viene rievocata la sua giovinezza, gli studi in un'università americana. I tentativi (inutili) di sfondare a Hollywood. Infine il ritorno in Cina (a Hong Kong per l'esattezza) dove diventa il divo numero uno dei film sul kung-fu. ■ AVVENTURA; COL.; 90'; HONG KONG, 1980.

BRUCE LEE SUPERDRAGO ★
Regia di LEEKOON CHEUNG. Con CHEN PEI LING, OU-YANG CHUNG, LUNG FEI, LEI HSIAO LUNG, SAW MOU. ■ Ennesimo mal riuscito tentativo di sfruttare la popolarità del defunto Bruce Lee, leggendario portacolori del filone kung-fu e arti marziali. ■ AVVENTURA; COL.; 88'; USA, 1976.

BRUCE LEE – THE FLYING DRAGON ★
Regia di CHEUNG CHIEH. Con LING FENG, SHANG KUAN, LO LIEH CHEUNG. ■ La trama si snoda tra innumerevoli scontri che hanno come protagonisti da una parte uomini assetati di denaro e potere e dall'altra una coppia che lotta per il trionfo della giustizia. Il tutto, naturalmente, con un grande sfoggio delle tecniche di kung-fu. ■ DRAMMATICO; COL.; 90'; HONG KONG, 1975.

BRUCE LEE VIVE ANCORA *(Bruce Lee Strikes Back)* ★
Regia di JOSEPH KONG. Con WANG JANGE LEE, BRUCE LE, HAROLD SAKATA. ■ Uscito di galera, Lee decide di cambiare vita e di aiutare la polizia a ritrovare una ragazza rapita dai suoi ex complici. Vincerà, come sempre, a colpi di kung-fu. ■ AZIONE; COL.; 84'; TAIWAN, 1981.

BRUCIANTE SEGRETO *(Burning Secret)* ★★★
Regia di ANDREW BIRKIN. Con KLAUS MARIA BRANDAUER, FAYE DUNAWAY, IAN RICHARDSON, DAVID EBERTS. ■ Da un racconto di Stefan Zweig. Nel 1919 un ragazzino incontra in una stazione invernale dove s'è recato con la madre un misterioso barone austriaco. È chiaro però che questi mira alla bella genitrice. Quando il piccolo scopre i due insieme fa una scenata di gelosia (doppia: è più geloso della madre o dell'amico?). Ma sarà appunto questo dolore a maturarlo. ■ DRAMMATICO; COL.; 108'; GRAN BRETAGNA, 1988. ■ VENEZIA 3 PR.

BRUCIA, RAGAZZO, BRUCIA ★★
Regia di FERNANDO DI LEO. Con MICHEL BARDINET, GIANNI MACCHIA, ANNA PAGANO, FRANÇOISE PRÉVOST, MONICA STREBEL. ■ Clara, matura signora insoddisfatta del rapporto col marito, si concede al giovane bagnino della spiaggia sulla quale sta trascorrendo le vacanze. Convinta che siano problemi di ordine sessuale i motivi della crisi del suo matrimonio, decide di dire tutto al marito. Ma il coniuge non la capisce e, anzi, decide di separarsi. Clara, disperata, tenta di uccidersi: il marito la trova priva di sensi, ma non la soccorre e la lascia morire. ■ DRAMMATICO; COL.; 91'; ITALIA, 1969.

BRUCIATELO VIVO! *(Land Raiders)* ★★
Regia di NATHAN J. JURAN. Con GEORGE COULOURIS, ARLENE DAHL, GEORGE MAHARIS, TELLY SAVALAS. ■ Un *ranchero*, gran predone di terre e di donne, ruba la dama al fratello e le praterie agli Apache. Il fratello tenta di ucciderlo. Gli indiani gli risolvono il problema. ■ WESTERN; COL.; 100'; USA, 1970.

BRUCIATI DA COCENTE PASSIONE ★★
Regia di GIORGIO CAPITANI. Con JANE BIRKIN, ALDO MACCIONE, MARIO MARANZANA, COCHI PONZONI, CATHERINE SPAAK. ■ L'adulterio non è prerogativa della borghesia, anche i proletari tradiscono ed è quello che capita a Mike, ambulante, sposato con Virginia, operaia, e a Casimiro, operaio, sposato con Milena, operaia. Le coppie si mescolano ma il tentativo non si può dire riuscito. ■ COMMEDIA; COL.; 105'; ITALIA, 1976.

BRUCIO NEL VENTO ★★★
Regia di SILVIO SOLDINI. Con PAVEL ANDEL, CAROLINE BAEHR, PETR FORMAN, IVAN FRANEK, CTIRAD GÖTZ, BARBARA LUKEOVÁ, ZUZANA MAURÉRY, CÉCILE PALLAS. ■ Tobias Horvath vive in Svizzera e da dieci anni lavora in una fabbrica di orologi. La vita scorre monotona. Tobias ha però un passato oscuro e misterioso. La sua ossessione è una donna chiamata Line. Un giorno arriva nella fabbrica una nuova operaia. È Line che non può riconoscerlo ma a cui ben presto lui si rivela. Line è sposata e si trova in Svizzera solo per un anno. La passione di Tobias ora esplode e non può essere senza conseguenze. Soldini torna al cinema che gli è più congeniale. Un cinema di tensioni interiori, di nodi esistenziali da sciogliere, di fatica del vivere. *Brucio nel vento* ha però due difetti apparentemente contraddittori: la fedeltà assoluta al libro fino all'epilogo e il finale, invece, che se ne distacca in modo netto. ■ DRAMMATICO; COL.; 118'; ITALIA, SVIZZERA, 2001.

BRUME *(Ceiling Zero)* ★★★
Regia di HOWARD HAWKS. Con JAMES CAGNEY, STUART ERWIN, PAT O'BRIEN, JUNE TRAVIS. ■ Il pilota civile Dizzy Davis, tanto coraggioso quanto scavezzacollo, simula un attacco cardiaco per trascorrere qualche ora con la sua ragazza; ma il collega che lo sostituisce muore al suo posto. Redenzione del protagonista. ■ DRAMMATICO; B/N; 95'; USA, 1935.

BRUNA INDIAVOLATA, UNA ★★
Regia di CARLO LUDOVICO BRAGAGLIA. Con NANDO BRUNO, SILVANA PAMPANINI, UGO TOGNAZZI. ■ Carlo, avendo vinto al gioco una forte somma, lascia il natio paesino presso Cremona e si reca a Roma per far bagordi. Giunto nella capitale, si accorge d'esser stato derubato di tutti i soldi. Cominciano allora innumerevoli peripezie del povero cremonese che però si concluderanno con un felice matrimonio. ■ COMICO; B/N; 90'; ITALIA, 1951.

BRUNE SPARANO, LE *(La brune que voilà)* ★★
Regia di ROBERT LAMOUREUX. Con FRANÇOISE FABIAN, ROBERT LAMOUREUX, MICHÈLLE MERCIER. ■ Un tizio ci sa fare con le donne, ne ha addirittura quattro in una volta. Un giorno arriva un marito che gli impone di smettere la relazione con sua moglie. Il seduttore non sa quale sia la moglie e per prudenza chiude con tutte, meno una che insiste. Matrimonio finale. ■ COMMEDIA; B/N; 80'; FRANCIA, 1960.

BRÜNO ★
Regia di LARRY CHARLES. Con SACHA BARON COHEN, GUSTAF HAMMARSTEN. ■ Brüno con la dieresi è energicamente gay e assolutamente esaltato. Austriaco e appassionato di moda, conduce in modo singolare un programma che va in onda in fascia notturna e protetta. Passati i limiti leciti del buon conduttore e sfilato suo malgrado in passerella con un'originale tuta in velcro, viene licenziato dall'emittente austriaca e abbandonato dal suo amante pigmeo. *Out* per l'amore e per la moda, Brüno è deciso a tornare *in*. Carico di bagagli e accompagnato dal suo secondo assistente, Brüno parte alla volta degli States per cercare fortuna e diventare la più grande celebrità austriaca dopo Hitler e Schwarzenegger. ■ COMMEDIA; COL.; 81'; USA, 2009.

BRUNO ASPETTA IN MACCHINA ★★★
Regia di DUCCIO CAMERINI. Con NANCY BRILLI, ANTONELLO FASSARI, LEO GULLOTTA, VALERIO MASTANDREA, AMANDA SANDRELLI. ■ Margherita e Riccardo non si amano più. Lui cerca consolazioni con una nuova donna, mentre lei, trasportando un manichino, viene vista da conoscenti. Le viene così attribuita una frequentazione maschile. Sfrutterà l'equivoco finché potrà. Camerini affronta la commedia sofisticata servito da una sceneggiatura interessante. ■ COMMEDIA; COL.; 91'; ITALIA, 1996.

BRUSCO RISVEGLIO *(Rude Awakening)* ★★
Regia di DAVID GREENWALT, AARON RUSSO. Con ROBERT CARRADINE, JULIE HAGERTY, CHEECH MARIN, ERIC ROBERTS. ■ Hesus e Fred tornano a New York dopo venti anni, da quando, cioè, sono andati a rifugiarsi in Sud America per sfuggire a un ispettore che li perseguitava. Ma ora i loro amici sono cambiati: gli hippie con i quali hanno affrontato tante battaglie sociali sono diventati yuppie, mentre l'amore per la vita semplice e il disprezzo

del denaro sono ormai un ricordo lonano. ■ DRAMMATICO; COL.; 105'; USA, 1991.

BRUTO, IL *(El bruto)* ★★★

Regia di LUIS BUÑUEL. Con ROSITA ARENAS, PEDRO ARMENDARIZ, KATY JURADO, BEATRIX RAMOS, ANDRÉS SOLER. ■ Un costruttore di pochi scrupoli intende sfrattare gli operai dalle loro casupole, onde edificare su quei terreni. Gli operai si ribellano e allora il riccone ordina al suo fedele "El Bruto" di dare una lezione ai rivoltosi. Dopo molte avventure, il costruttore verrà ammazzato dal suo stesso servitore il quale, a sua volta, sarà ucciso dalla polizia. È questo uno dei lavori "minori" di Buñuel. ■ DRAMMATICO; B/N; 83'; MESSICO, 1952.

BRUTO E LA BELLA, IL *(The Bad and the Beautiful)* ★★★★

Regia di VINCENTE MINNELLI. Con KIRK DOUGLAS, GLORIA GRAHAME, WALTER PIDGEON, DICK POWELL, GILBERT ROLAND, BARRY SULLIVAN, LANA TURNER. ■ Una famosa diva, un regista, uno sceneggiatore convocati dal direttore di uno studio cinematografico rievocano i loro trascorsi con un giovane ambizioso produttore. La donna con lui divenne una star, ma poi fu brutalmente abbandonata. Anche il regista venne lanciato, ma in una successiva occasione sostituito con un *director* più titolato. Lo sceneggiatore aveva una moglie possessiva che, su istigazione del produttore, divenne l'amante di un celebre attore. Ora il marpione è in disgrazia e chiede ai tre di aiutarlo. Dopo un secco rifiuto, ci ripensano. Faranno di nuovo un film con lui. La fattura è egregia. Il parco attori funziona a meraviglia. Gloria Grahame ottenne un Oscar (per la parte della moglie adultera). Il film è, con gli opportuni rimaneggiamenti (onde evitare grane giudiziarie), una biografia del produttore indipendente Val Lewton, morto l'anno prima. Una sequenza è dedicata all'ideazione (che avvenne nel 1942 negli studi RKO) de *Il Bacio della pantera* (che rilanciò l'horror film). ■ COMMEDIA; B/N; 118'; USA, 1952. ■ OSCAR 5 PR, 6 NOM.

BRUTTA STORIA, UNA *(Un mauvais fils)* ★★

Regia di CLAUDE SAUTET. Con PATRICK DEWAERE, BRIGITTE FOSSEY, YVES ROBERT. ■ Un giovanotto dopo cinque anni di carcere (uso e spaccio di droga) torna a casa deciso a rigare dritto. Ma il suo reinserimento in una vita normale è reso difficoltoso dall'atteggiamento ostile del padre. Ma il vecchio si sbaglia. Il figlio è cambiato e lo dimostrerà quando si prenderà cura di lui (paralizzato da un incidente). ■ DRAMMATICO; COL.; 110'; FRANCIA, 1980.

BRUTTI DI NOTTE ★★

Regia di GIANNI GRIMALDI. Con FRANCO FRANCHI, CICCIO INGRASSIA. ■ Franco ha dei disturbi, va dallo psichiatra che gli raccomanda un'intensa terapia di sesso: solite avventure dei due comici. ■ COMICO; B/N; 91'; ITALIA, 1968.

BRUTTINA STAGIONATA, LA ★★★

Regia di ANNA DI FRANCISCA. Con EDI ANGELILLO, ISABELLA BIAGINI, FABRIZIO GIFUNI, CARLA SIGNORIS, LUIGI VERGA, MILENA VUKOTIC. ■ Dal romanzo di Carmen Covito. Marilina, sui trentacinque, è sola e timida, e non particolarmente avvenente. Vive a Padova scrivendo tesi di laurea per studenti. Poi comincia a uscire dal guscio, si accompagna a un'amica scatenata, frequenta i locali per sole donne, fa del sesso. Pian piano scopre di avere delle possiblità. Gli uomini si interessano a lei, molti. Si è trovata e realizzata. Il film traduce il romanzo in chiave più leggera, ma forse è giusto così. La Di Francisca sa come muovere gli attori e conosce le regole del comico e del grottesco. Ha forse troppa simpatia per la macchietta, ma è un peccato veniale. Guarda caso, quando alla base della sceneggiatura c'è un romanzo vero, tutto l'impianto funziona, ricordiamo *Va' dove ti porta il cuore*. Fra le molte, contemporanee produzioni italiane, questo film si fa notare. Senza strane velleità è un prodotto ben riuscito. ■ COMMEDIA; COL.; 91'; ITALIA, 1996.

BRUTTI, SPORCHI E CATTIVI ★★★

Regia di ETTORE SCOLA. Con MARCELLA BATTISTI, FRANCESCO CRESCIMONE, SILVIA FERLUGA, NINO MANFREDI, MARCELLA MICHELANGELI. ■ Il film è ambientato nel mondo delle baraccopoli ai margini delle grandi città (in questo caso, Roma). Descrive impietosamente le miserie materiali e morali di cui soffrono i poveri che abitano le baracche. Scola collabora anche al soggetto e alla sceneggiatura. È un lavoro interessante segnato da momenti umoristici e grotteschi e da altri poetici e drammatici. ■ COMMEDIA; COL.; 115'; ITALIA, 1976. ■ CANNES 1 PR.

BRUTTO SOGNO, UN *(Celia)* ★★★

Regia di ANN TURNER. Con NICHOLAS EADIE, MARY-ANNE FAHEY, VICTORIA LONGLEY, MARGARET RICKETTS, REBECCA SMART. ■ Melbourne, 1957. Celia ha otto anni e ha fantasie decisamente efferate. I genitori la soffocano con una fobia antimarxista fino al punto di impedirle di instaurare un rapporto di amicizia con Alice. Costei è figlia dei nuovi vicini che sono membri del Partito comunista australiano. Celia e Alice (i cui nomi sono l'anagramma l'uno dell'altro) crescono insieme nonostante gli adulti. Rebecca Smart, che ha vinto il riconoscimento quale migliore interprete femminile al Salso Fest del 1989, sa dare spessore a una protagonista che agisce in una storia in cui comicità e horror si alternano per dare corpo a un messaggio di tolleranza. ■ DRAMMATICO; COL.; 102'; AUSTRALIA, 1989.

BUBBLE ★★★

Regia di STEVEN SODERBERGH. Con MISTY DAWN WILKINS, DAVID HUBBARD, KYLE SMITH. ■ In una cittadina dell'Ohio, Martha e Kyle lavorano in una fabbrica di bambole. La loro vita è grigia, sempre uguale. Lavoro, *junk food* per pranzo, ancora lavoro, e poi a casa davanti alla televisione. Una linea piatta. Senza ritorno. L'amicizia che li lega, rifugio della rispettiva malinconia, viene improvvisamente minacciata per l'arrivo di una nuova operaia, Rose, che suscita interesse in Kyle. Una mattina Rose viene trovata morta, strangolata. Primo di sei film che Steven Soderbergh dirigerà con la 2929 Productions, *Bubble* non è solamente interessante per la strategia distributiva innovativa (negli Stati Uniti sarà distribuito contemporaneamente nelle sale, in dvd e in televisione ad alta definizione), ma anche per l'approccio minimalista a una piccola storia di provincia, che perde il suo equilibrio al momento del delitto che, paradossalmente, diviene momento di luce nell'esistenza dei protagonisti. ■ DRAMMATICO; COL.; 73'; USA, 2006.

BUBÙ ★★

Regia di MAURO BOLOGNINI. Con OTTAVIA PICCOLO, LUIGI PROIETTI, MASSIMO RANIERI, GIANNA SERRA. ■ Tratto dal libro di Charles Louis Philippe. Il giovane Bubù trova che la vita del magnaccia è più comoda e redditizia di quella del fornaio. Si mette con la giovane Berta e le fa battere il marciapiede. Berta s'innamora di un giovane studente, Piero, cui Bubù con l'aiuto dei suoi amici del "giro" la strapperà per riportarla alla squallida vita di peripatetica (e alla precoce morte). ■ DRAMMATICO; COL.; 99'; ITALIA, 1970.

BUCANIERI, I *(The Buccaneer)* ★★★

Regia di ANTHONY QUINN. Con CLAIRE BLOOM, CHARLES BOYER, YUL BRYNNER, CHARLTON HESTON, INGER STEVENS. ■ Nel 1812 la città di New Orleans è assediata dalla flotta inglese. Ma in soccorso arriva il corsaro Jean Lafitte (che ha fatto un patto con il generale Jackson: la salvezza della città contro il perdono per sé e i suoi pirati). Gli inglesi sono battuti ma gli americani non mantengono la promessa. Lafitte e compagni dovranno riprendere la loro vita per i mari. ■ AVVENTURA; COL.; 121'; USA, 1958. ■ OSCAR 1 NOM.

BUCCIA DI BANANA *(Peau de banane)* ★★★

Regia di MARCEL OPHÜLS. Con JEAN-PAUL BELMONDO, CLAUDE BRASSEUR, JEANNE MOREAU. ■ Una donna vuol vendicare il padre mandato in rovina da due suoi tirapiedi. Si allea al suo ex marito e prepara una grande truffa. Uno dei due antichi tirapiedi però non ha tutte le colpe. ■ GIALLO ROSA; B/N; 100'; FRANCIA, 1963.

BUCHI NERI, I ★★

Regia di PAPPI CORSICATO. Con MARINELLA ANACLERIO, MANUELA ARCURI, IAIA FORTE, VINCENZO PELUSO. ■ Adamo, dalle strane attitudini sessuali, frequenta la prostituta Angela ma senza concretizzare. Ci sono altre prostitute, una che non ha mai avuto le mestruazioni e una senza mani. Quando Adamo uccide incidentalmente un ragazzo e viene arrestato per Angela sembra tutto finire, invece tutto incomincia, miracolosamente la vita si impenna: alle due poverette arrivano le mestruazioni e crescono le mani. La vita è strana, piena di contrasti. I buchi neri possono essere una cosa bellissima come le macchie della notte in mezzo alle stelle, o volgare come lo scarico di un gabinetto. Accenti surreali e fantasia colorita per il napoletano Corsicato, nell'ambito della corrente "sudespressionista" del nostro cinema. Profilo non alto, ma almeno si tenta. ■ FANTASTICO; COL.; 97'; ITALIA, 1995.

BUCKAROO BANZAI ★★

Regia di WILLIAM RICHERT. Con JEFF GOLDBLUM, JOHN LIGHTGOW, PETER WELLER. ■ Avventure di un super eroe che è nel contempo chirurgo, cantante rock, agente del governo, fisico nucleare e astronauta. Qui scongiura la conquista della Terra da parte di un esercito di *aliens*. La cosa più divertente è la rievocazione della famosa notte del 1939 in cui Orson Welles in una trasmissione radiofonica terrorizzò l'America descrivendo un assalto di E.T. In realtà, racconta il film, Welles diede una notizia vera, poi, ipnotizzato, ritrattò e disse che era stata una finzione. Nel '39 gli alieni erano davvero arrivati e si erano mescolati ai terrestri. ■ AVVENTURA; COL.; 102'; USA, 1984.

BUCKSKIN – I CONQUISTATORI DEL WEST ★★
(Buckskin)

Regia di MICHAEL MOORE. Con JOAN CAULFIELD, WENDELL COREY, BARRY SULLIVAN. ■ Uno speculatore vuol cacciare gli agricoltori dalle loro terre perché sa che da quelle parti deve arrivare la ferrovia. E non esita a far uccidere chiunque gli si oppone. Ma uno sceriffo federale lo mette a posto. Un western pieno di vecchie glorie, ma troppo lento e verboso per piacere anche agli *aficionados*. ■ WESTERN; COL.; 96'; USA, 1968.

♥ BUCO, IL *(Le trou)* ★★★★

Regia di JACQUES BECKER. Con MICHEL CONSTANTIN, JEAN KERAUDY, PHILIPPE LEROY, MARC MICHEL. ■ Da un romanzo di José Giovanni, basato su fatti realmente accaduti. Cinque detenuti progettano l'evasione. Ma uno è un giovanetto debole e infido che, davanti alla prospettiva di una probabile liberazione, tradisce i compagni, che verranno separati e non avranno ulteriori possibilità di fuga per molti anni. Una storia che poteva essere banale, nelle mani del grande Jacques Becker diviene uno splendido apologo sulla libertà, la solidarietà umana, la differenziazione fra "uomini e no". Le scene del lavoro nella galleria fanno testo ancor oggi (nemmeno *Fuga da Alcatraz* di Siegel è riuscito a pareggiare i risultati di suspense e di suggestione). Gli attori erano tutti dilettanti all'epoca (anche Catherine Spaak che qui compare in una sequenza), ma tre divennero professionisti e anche a un certo livello (Leroy, Michel e Constantin). ■ DRAMMATICO; B/N; 115'; FRANCIA, ITALIA, 1959.

BUCO IN FRONTE, UN ★★

Regia di JOSEPH WARREN. Con JOHN BRYAN, GIORGIO GARGIULO, ANTHONY GHIDRA, ROBERT HUNDAR, ROSY ZICHELL. ■ Per ritrovare un tesoro occorre riunire le tre carte da gioco sulle quali è disegnata la mappa. Una l'ha il disertore Munguja; la seconda è in mano al bandito Murienda e la terza è posseduta dal fuorilegge Garrincha. Murienda viene fatto fuori subito. Gli altri due si danno battaglia a suon di morti sparsi ovunque, ma sarà un terzo estraneo a godere i frutti di tanto armeggiare. ■ WESTERN; COL.; 90'; ITALIA, 1968.

BUCO NELLA PARETE, IL ★★
(Besessen-das Lock in der Wand)

Regia di PIM DE LA PARRA. Con DIETER GEISSLER, ALEXANDRA STEWART, TOM VAN BEEK. ■ Uno studente in medicina, Nils, approfitta di un buco formatosi nella parete per osservare ciò che accade nell'appartamento del vicino. Insospettito da certe circostanze, il ragazzo chiama a spiare dal buco anche la sua fidanzata Marina, giornalista che sta occupandosi di un omicidio. La giovane risolverà, grazie al foro nella parete, il suo caso criminale, ma il povero Nils verrà ucciso. Sceneggiatura di Martin Scorsese. ■ GIALLO; COL.; 89'; PAESI BASSI, 1969.

BUDDA *(Shaka)* ★★

Regia di KENJI MISUMI. Con KOJIRO HONGO, SHINTARO KATSU, MACHIKO KYÔ, CHARITO SOLIS. ■ La pellicola intenderebbe proporre un'attendibile biografia del principe Siddartha, futuro Budda, fondatore della religione che porta proprio il suo nome. Ma il lavoro risulta poco storico. ■ STORICO; COL.; 85'; GIAPPONE, 1962.

BUDDY BUDDY ★★★

Regia di BILLY WILDER. Con KLAUS KINSKI, JACK LEMMON, WALTER MATTHAU. ■ Rifacimento del francese *Il rompiballe* (1973). Matthau è un killer a pagamento che dalla sua stanza d'albergo sta per sparare su un testimone scomodo. Ma nella stanza attigua c'è un poveraccio che tenta il suicidio perché abbandonato dalla moglie. Il killer cerca di dissuaderlo (la faccenda richiamerebbe senz'altro l'attenzione della polizia sul posto). Ma così facendo, non riesce a togliersi dai piedi quel piagnisteo, che rischia di mandargli a rotoli il piano così bene organizzato. ■ COMMEDIA; COL.; 96'; USA, 1982.

BUDDY SYSTEM *(The Buddy System)* ★★

Regia di GLENN JORDAN. Con NANCY ALLEN, RICHARD DREYFUSS, SUSAN SARANDON. ■ Ragazzino vorrebbe trovare un marito a sua madre (sempre signorina almeno all'anagrafe). L'uomo giusto sembra un simpatico scapolo, che vorrebbe diventare il nuovo Hemingway e nel frattempo tira a campare (piuttosto bene però) inventando gadget. Ma l'operazione complica invece di semplificare la vita dei due possibili sposini. ■ COMMEDIA; COL.; 97'; USA, 1984.

BUDDY-UN GORILLA PER AMICO *(Buddy)* ★★

Regia di CAROLINE THOMPSON. Con ROBBIE COLTRANE, ALAN CUMMING, IRMA P. HALL, RENE RUSSO. ■ Ispirandosi a una storia vera la Thompson (già sceneggiatrice per Tim Burton e autrice del primo film sugli Addams) realizza la storia di un'eccentrica signora degli anni Venti e del suo altrettanto eccentrico amore per gli animali. ■ COMMEDIA; COL.; 84'; USA, 1997.

BUDINO MAGICO, IL ★★

Regia di ROBBERT SMIT, KARL ZWICKY. ■ Trasposizione animata di una fiaba australiana antica. Koalino è un piccolo koala che scopre un giorno che i suoi genitori potrebbero essere ancora vivi, nonostante abbia sempre creduto il contrario. Parte così per un viaggio lungo il quale incontra un esagitato marinaio, un pinguino ammaestrato, e un budino al cioccolato che parla e cammina come un essere umano, di nome Albert. ■ ANIMAZIONE; COL.; 80'; AUSTRALIA, 2000.

BUE, IL *(Oxen)* ★★★★

Regia di SVEN NYKVIST. Con EWA FROELING, BIÖRN GRANATH, BJÖRN GUSTAFSSON, LENNART HJULSTROM. ■ Svezia, zona rurale, Natale del 1687, la famiglia di Helge Roos vive nella povertà assoluta. I bambini hanno fame. L'uomo è costretto a uccidere un bue del suo padrone per macellarlo. Tutto va bene finché la carne finisce e Helge prova a vendere le interiora ad un rivenditore del posto. Condotto dal vicario locale, l'uomo finisce per confessare la sua colpa. Il vicario gli promette che la sua pena sarà minore se egli deciderà di venire allo scoperto. Ma la sentenza di Helge andrà al di là di qualsiasi previsione... Stellan Skarsgard è perfetto nel ruolo dell'uomo che, non potendo sopportare la visione della moglie e della figlia ridotte allo stento, uccide uno dei suoi buoi non immaginando le terribili conseguenze che questa sua azione porterà con sé. ■ DRAMMATICO; COL.; 92'; DANIMARCA, NORVEGIA, SVEZIA, 1991.

BUENA VIDA DELIVERY ★★

Regia di LEONARDO DI CESARE. Con MARIANA ANGHILERI, SOFIA DA SILVA, ÓSCAR NÚÑEZ, ALICIA PALMES, IGNACIO TOSELI. ■ Hernan vive in Argentina, ormai solo. La sua famiglia, per via della crisi che attanaglia quel Paese, si è straferita in Spagna. Il ragazzo, a disagio nella grande casa, cerca di sopravvivere alla meglio, facendo lavoretti. Incontra la bella Patricia, che affitta una stanza. Ben presto fra i due ragazzi nasce qualcosa. La casa è presto occupata dalla famiglia di lei. Tanto spazio è davvero sprecato, occorre un'iniziativa, che viene trovata: trasformare la casa in una pasticceria. Opera d'esordio del regista. C'è del buono. ■ COMMEDIA NERA; COL.; 93'; ARGENTINA, FRANCIA, OLANDA, 2005.

BUENA VISTA SOCIAL CLUB ★★★★

Regia di WIM WENDERS. Con RY COODER, IBRAHIM FERRER,

OMARA PORTUONDO, COMPAY SEGUNDO. ■ Il musicista Ry Cooder, invitato da Wenders, va alla scoperta dei musicisti del Buena Vista Social Club di Havana. I talenti che ospitava, erano (e sono) enormi, ma sconosciuti (fino a questo film) al grande pubblico. Wenders, col suo stile rigoroso, reale-espressionista (appunto, è solo suo) racconta la loro storia, lunga, misera e magnifica. I personaggi sono: Ibrahim Ferrer, cantante, Ruben Gonzalez, chitarrista, Manuel "Puntillita" Licea, pianista, Omara Portuondo, l'Edith Piaf cubana, Manuel Galban, chitarrista. E altri. Tutti oltre gli ottanta, qualcuno oltre i novanta. Il regime di Castro, inibendo loro il resto del mondo, li ha costretti a una vita povera anche se non infelice: lo dicono continuamente «la fortuna di essere cubano». E comunque, per il successo nel mondo c'è voluto Wenders, che ama queste iniziative, basti ricordare i Madredeus, diventati internazionali grazie a *Lisbon Story*. Nella loro tournée americana i cubani guardano le vetrine della Quinta Strada e non riconoscono le effigi di Kennedy e della Monroe. E tutti raccontano, di quegli anni lontani, del Club in cui si esibivano, loro, leggende tornate viventi. E naturalmente Wenders non ignora L'Havana, la povertà, i colori, le vecchie Cadillac rimaste lì dai tempi di Batista, gli alberghi lussuosi rovinati dal vento e dal mare e lasciati a marcire, le prostitute, i mendicanti, i bambini che rincorrono i turisti. Il film comincia col grande concerto di New York del gruppo, e ricordo dopo ricordo ritorna al concerto. Da allora i musicisti, alcuni morti, hanno girato i teatri del mondo e venduto milioni di dischi. Un grande film, il miglior Wenders. ■ DOC. MUSICALE; COL.; 101'; GERMANIA, 1998.

BUFERA D'AMORE *(Le ruisseau)* ★★★
Regia di CLAUDE AUTANT-LARA, MAURICE LEHMANN. Con PAUL CAMBO, GINETTE LECLERC, FRANÇOISE ROSAY, MICHEL SIMON, GABY SYLVIA. ■ Un ufficiale di Marina, figlio naturale di una nota soubrette, affida a sua madre la ragazza che intende sposare. La donna, però, contraria alle nozze, consegna la fanciulla al tenutario di un bordello. La giovane, protetta da un nobiluomo decaduto, riuscirà tuttavia a conservare la propria onestà e a sposare il suo ufficiale. ■ COMMEDIA; B/N; 100'; FRANCIA, 1938.

BUFERA IN PARADISO *(Trapped in Paradise)* ★
Regia di GEORGE GALLO. Con JOHN ASHTON, NICOLAS CAGE, DANA CARVEY, JON LOVITZ. ■ Un rapinatore occasionale si pente e restituisce i soldi alla banca di una cittadina di provincia dopo aver apprezzato la bontà del direttore e degli abitanti. Non a caso siamo a Paradise. Qualsiasi tentativo di riferirsi a Frank Capra è destituito di fondamento. ■ COMMEDIA; COL.; 112'; USA, 1994.

BUFERA MORTALE *(The Mortal Storm)* ★★★
Regia di FRANK BORZAGE. Con FRANK MORGAN, ROBERT STACK, JAMES STEWART, MARGARET SULLIVAN, ROBERT YOUNG. ■ È questa una pellicola di propaganda antinazista realizzata da un regista notevole e interpretata da attori di rilievo. Il film raggiunge i suoi scopi attraverso la narrazione delle vicissitudini di una famiglia tedesca travolta dal nazismo intorno al 1933, anno in cui Hitler fu nominato cancelliere. ■ DRAMMATICO; B/N; 100'; USA, 1940.

BUFERE ★★
Regia di GUIDO BRIGNONE. Con CARLA DEL POGGIO, JEAN GABIN, SILVANA PAMPANINI, SERGE REGGIANI, PAOLO STOPPA. ■ Un medico famoso, felicemente sposato, si lascia irretire da una fatalona acrobata da circo. Il matrimonio del luminare va a rotoli e la carriera pure. Ma la moglie dell'uomo passa al contrattacco. Sale in macchina con la rivale e si butta volontariamente in un precipizio. Le va anche bene. La fatalona muore. Lei invece sopravvive, con le amorose cure del marito. ■ DRAMMATICO; B/N; 83'; ITALIA, 1953.

BUFFALO BILL ★★★
Regia di WILLIAM A. WELLMAN. Con EDGAR BUCHANAN, LINDA DARNELL, JOEL MCCREA, THOMAS MITCHELL, MAUREEN O'HARA, ANTHONY QUINN. ■ Biografia (romanzata) di William Frederick Cody detto "Buffalo Bill", cacciatore di bufali, guida dell'esercito, "star" del primo circo sul West. Litiga con il presidente Grant (che lo rovina) e con la moglie (che lo perdona). ■ WESTERN; COL.; 90'; USA, 1944.

BUFFALO BILL ANCORA IN SELLA ★★
(Buffalo Bill Rides Again)
Regia di BERNARD B. RAY. Con RICHARD ARLEN, JOHN DEXTER, JENNIFER HOLT, GAIL PATRICK, LEE ZHUMWAY. ■ Uno speculatore, che vuole impadronirsi di un fondo dove forse si trova il petrolio, non esita davanti alle peggiori azioni pur di raggiungere il suo scopo. Fa uccidere un indiano e ne addossa la colpa al proprietario del fondo. Buffalo Bill però lo smaschera e gli salda il conto. ■ WESTERN; B/N; 79'; USA, 1947.

BUFFALO BILL A ROMA ★★
Regia di GIUSEPPE ACCATINO. Con RINA DE LIGUORO, ENZO FIERMONTE, UGO SASSO, ELLI STAR. ■ Buffalo Bill giunge a Roma con il suo circo equestre. Per acquistare cavalli si reca in una fattoria della Maremma dove fra lui e i butteri ha luogo una gara di abilità. La celebre gara fra Buffalo Bill e i cow-boy nostrani (molti dicono che l'eroe del West sia stato anche battuto) serve a calamitare l'interesse degli appassionati su questo film dai pochi pregi. ■ AVVENTURA; B/N; 85'; ITALIA, 1950.

BUFFALO BILL E GLI INDIANI ★★★8
(Buffalo Bill and the Indians, or Sitting Bull's History Lesson)
Regia di ROBERT ALTMAN. Con GERALDINE CHAPLIN, JOEL GREY, HARVEY KEITEL, BURT LANCASTER, PAUL NEWMAN, WILL SAMPSON. ■ Buffalo Bill, per aumentare i numeri sensazionali del suo circo, persuade Toro Seduto, il vecchio capo Sioux (confinato da anni nella riserva) a esibirsi in una grottesca imitazione della battaglia di Little Big Horn. Crede di umiliare il glorioso capo, ma ne riceve una lezione di vita. Il capo tornerà alla riserva e lì morirà, durante una ribellione repressa nel sangue. Bill continuerà ad atteggiarsi a eroe nei suoi show. La commedia di Arthur Kopit, che rende giustizia al vecchio Toro Seduto e smitizza all'estremo il personaggio di Buffalo Bill (presentandolo come un buffone che l'avventura del West l'aveva vissuta solo marginalmente), viene portata sullo schermo da un Robert Altman non al massimo della forma. Quel che di buono c'era nell'originale è stato quasi sicuramente eliminato dal montaggio del produttore De Laurentiis. ■ WESTERN; COL.; 120'; USA, 1976. ■ BERLINO 1 PR.

BUFFALO BILL L'EROE DEL FAR WEST ★★
Regia di MARIO COSTA. Con JAN HENDRIKS, ROLDANO LUPI, GORDON SCOTT. ■ Buffalo Bill con una mano sola sgomina indiani ribelli, contrabbandieri, fuorilegge. Western casereccio, quasi contemporaneo al fatidico *Per un pugno di dollari* ma goffo, stentato. ■ WESTERN; COL.; 81'; ITALIA, 1964.

BUFFALO '66 ★★
Regia di VINCENT GALLO. Con VINCENT GALLO, BEN GAZZARA, ANJELICA HUSTON, CHRISTINA RICCI. ■ Un monumento a se stesso. Così l'attore Gallo ha inteso questo film. In scena dall'inizio alla fine, il personaggio esce di prigione, va a trovare i genitori che certo non lo amano, conosce Layla (Ricci), e chiacchiera sulla propria infelicità. Stancante. ■ DRAMMATICO; COL.; 112'; USA, 1998.

BUFFALO SOLDIERS ★★
Regia di GREGOR JORDAN. Con SCOTT GLENN, ED HARRIS, ELIZABETH MCGOVERN, ANNA PAQUIN, MICHAEL PENA, JOAQUIN PHOENIX. ■ 1989, Germania ovest: in una base militare americana, alla fine della guerra fredda, i soldati si annoiano. Elwood è uno di loro, e si aggiusta come può mettendo le mani su tutto ciò che passa il convento per poi rivenderlo al mercato nero, dai detersivi ai più disparati tipi di droga. Quando fortuitamente il giovane soldato entra in possesso di un carico d'armi militari dato per disperso, la questione si fa più seria, anche perché un nuovo superiore, appena trasferito, è seriamente deciso a ripulire la base. Accompagnata da forti polemiche e osteggiata fin dove possibile negli Usa, questa produzione anglo-tedesca, tratta dall'omonimo romanzo di Robert O'Connor, getta uno sguardo sul passato con argomentazioni decisamente attuali. ■ DRAMMATICO; COL.; 98'; GERMANIA, GRAN BRETAGNA, 2001.

BUFFET FREDDO *(Buffet froid)* ★★
Regia di BERTRAND BLIER. Con BERNARD BLIER, JEAN CARMET, GÉRARD DEPARDIEU. ■ Un uomo solitario e stravagante si trova al centro di una serie di assassinii. Dopo aver scoperto un cada-

vere è preso in mezzo fra l'assassino e un poliziotto incaricato delle indagini. Muoiono anch'essi, ma pure il protagonista fa una brutta fine per mano della figlia del primo ucciso. Stravagante rondò di morte, scritto e diretto da un regista, Bertrand Blier, specializzato in *pastiche* di dramma e commedia fin dagli esordi (*Sin j'étais un espion* con suo padre Bernard). ■ DRAMMATICO; COL.; 95'; FRANCIA, 1980.

BUFFY L'AMMAZZAVAMPIRI ★
(Buffy the Vampire Slayer)
Regia di FRAN RUBEL KUZUI. Con RUTGER HAUER, LUKE PERRY, PAUL REUBENS, DONALD SUTHERLAND, KRISTY SWANSON. ■ Lei ha trascorso tutte le sue vite precedenti impalando vampiri. Lui è Donald Sutherland che, con un impermeabile di bogartiana memoria, fa il suo istruttore. Il vampiro è l'ormai perso alla causa Rutger Hauer che si butta via in B-movie come questo. Ennesima rivisitazione del genere con la figlia di Natalie Wood in una particina. ■ HORROR; COL.; 94'; USA, 1992.

BUG ★★★★
Regia di WILLIAM FRIEDKIN. Con LYNN COLLINS, HARRY CONNICK JR., ASHLEY JUDD, BRIAN F. O'BYRNE, MICHAEL SHANNON. ■ Agnes vive sola in una stanza d'affitto nel bel mezzo di un desolato niente. Lavora in un pub, raccoglie il suo gruzzolo e preferisce la solitudine alla mala compagnia. Ma l'ex marito, geloso e violento, ricompare in semilibertà e bussa alla sua porta con un carico di nuovi insulti e vecchi dolori, compresa la misteriosa scomparsa del loro bambino. Con un vertiginoso approssimarsi della macchina da presa, William Friedkin plana dall'alto sull'oggetto del suo interesse, una squallida camera di motel a New Orleans. Da qui non si muoverà più, rinunciando a qualsiasi inseguimento mozzafiato di quelli che gli vengono tanto bene, per far crescere, nella claustrofobica unità di luogo, una vertigine tutta mentale. ■ THRILLER; COL.; 102'; USA, 2006.

BUGIA ALLO SPECCHIO *(Lies of the twins)* ★
Regia di TIM HUNTER. Con HURD HARTFIELD, IMAN, AIDAN QUINN, ISABELLA ROSSELLINI. ■ Ci sono due gemelli, uno buono e l'altro cattivo. Una fotomodella si innamora del primo e finisce nei tentacoli del secondo. ■ DRAMMATICO; COL.; 90'; USA, 1991.

BUGIARDA, LA ★★
Regia di LUIGI COMENCINI. Con MARC MICHEL, ENRICO MARIA SALERNO, CATHERINE SPAAK. ■ Dalla commedia di Diego Fabbri. Una ragazza romana, pasticciona e mitomane, tiene due uomini sulla corda, il fidanzato (un giovane dottore) e un aristocratico pontificio. Sposa il primo, ma continua ad essere amante del secondo (con qualche sbandata per un imberbe innamorato). Alla fine i suoi imbrogli vengono scoperti. Rifatto con Francesca Dellera. ■ COMMEDIA; B/N; 92'; ITALIA, 1965.

BUGIARDO BUGIARDO *(Liar Liar)* ★
Regia di TOM SHADYAC. Con JIM CARREY, AMANDA DONOHOE, MAURA TIERNEY, JENNIFER TILLY. ■ Jim Carrey affronta l'autostrada del demenziale deciso a percorrerla a grande velocità. Con questo film il regista Shadyac si mette a sua completa disposizione dandogli corda. Il problema è di non usarla per impiccarsi. Una comicità come quella del Nostro (che inserisce nei titoli di coda gli spezzoni scartati) rischia, alla lunga, di diventare ripetitiva e noiosa. ■ COMMEDIA; COL.; 87'; USA, 1997. ■ GOLDEN GLOBES 1 NOM.

BUGIARDO INNAMORATO, IL *(Real Life)* ★★
Regia di FRANCIS MEGAHY. Con WARREN CLARKE, RUPERT EVERETT, CHRISTINA RAINES. ■ Un giovanotto caposcarico che lavora presso un negozio d'antiquariato, per far colpo su una bella americana, le dà a intendere di trafficare in quadri rubati. La donna gli crede, ma le panzane del giovane gli attirano anche le ire di un trafficante autentico che cerca di ucciderlo. Ma la polizia arriva in tempo. ■ COMMEDIA; COL.; 120'; GRAN BRETAGNA, 1983.

BUGIARDO IN PARADISO, UN ★★
Regia di ENRICO OLDOINI. Con GABRIELE CIRILLI, FLAVIO INSINNA, PAOLO VILLAGGIO. ■ Villaggio è un barbone pronto a tutto, cattivo. Riesce a convincere un ricco industriale di essere suo padre. Così si ritrova una famiglia, con tanto di nipotini. Il nuovo ruolo lo coinvolge e lo redime. Confessa l'imbroglio. Film che si era creato delle aspettative e con una sua chiave morale: alla fine l'uomo è più buono che cattivo. Capito? A Villaggio, davvero esausto, non riesce il grande rientro. L'attore, sopravvalutato e stranamente beatificato da Fellini, rimane l'ombra del vecchio Fantozzi. ■ COMMEDIA; COL.; 108'; ITALIA, 1998.

BUGIE *(Gojitmal)* ★
Regia di JANG SUN WOO. Con KIM TEA YEON, LEE SANG HYUON. ■ Una liceale e un artista quarantenne fanno l'amore passando prima in rassegna i vari buchi del corpo e poi procedendo in un crescendo di percosse prodotte con materiali sempre più contundenti. In concorso a Venezia. Perché? ■ DRAMMATICO; COL.; 102'; COREA DEL SUD, 1999.

BUGIE, BACI, BAMBOLE & BASTARDI *(Hurlyburly)* ★★
Regia di ANTHONY DRAZAN. Con CHAZZ PALMINTERI, ANNA PAQUIN, SEAN PENN, KEVIN SPACEY, ROBIN WRIGHT PENN. ■ Un'occasione sprecata quella di Drazan che denuncia, senza alcuna elaborazione, l'origine teatrale del testo di David Rabe. Ci troviamo così dinanzi a un gruppo di attori, tutti di serie A, costretti a parlarsi addosso per più di due ore. Eddy, Micky e Phil sono tre amici che convivono in una villa lussuosa. I primi due sono proprietari di uno Studio di Hollywood. Phil è invece un attore in cerca di lavoro. Ciò che lega i tre sono due donne, la cocaina e i dollari. Eddy vede in Phil il suo lato oscuro mentre Micky costituisce l'aspetto vincente e cinico. Se li tiene vicini proprio per questa loro duplice valenza. La morte di uno di loro farà saltare gli equilibri mettendo a nudo le solitudini. ■ DRAMMATICO; COL.; 122'; USA, 1998.

BUGIE NEL MIO LETTO, LE *(Adorable menteuse)* ★★
Regia di MICHEL DEVILLE. Con JEAN-MARC BORY, MACHA MÉRIL, MICHEL VITOLD, MARINA VLADY. ■ Le sorelle Juliette e Sophie vivono insieme. Per combattere la noia, Juliette decide di occuparsi del proprio vicino, Antonio, del quale s'è fatta una cattiva opinione. Invece finisce per innamorarsi di lui. Ma Antonio, che la sa bugiarda, non le crede. Juliette dovrà faticare non poco per convincerlo della propria sincerità. ■ COMMEDIA; B/N; 91'; FRANCIA, 1962.

BUGIE ROSSE ★
Regia di PIER FRANCESCO CAMPANELLA. Con TOMAS ARANA, NATASHA HOVEY, GIANFRANCO JANNUZZO, GIOIA MARIA SCOLA, ALIDA VALLI. ■ Un giornalista deve fare un articolo sul mondo degli omosessuali. Così comincia a frequentare l'ambiente. Una sera, in un parco dove avvengono incontri furtivi, viene ucciso un ragazzo. Il giornalista decide di indagare. Rischia la pelle ma non viene ucciso. L'assassino gli riserva infatti un trattamento privilegiato. Basato sfacciatamente sui film di Dario Argento, con *Profondo Rosso* in prima linea. Interpretazioni penose, regia latitante e sceneggiatura prevedibile. La cosa più imperdonabile è aver doppiato la voce di Alida Valli. ■ GIALLO; COL.; 91'; ITALIA, 1993.

BUG INSETTO DI FUOCO *(Bug)* ★★
Regia di JEANNOT SZWARC. Con BRADFORD DILLMAN, ALAN FUDGE, RICHARD GILLILAND, JOANNA MILES, JAMIE SMITH JACKSON. ■ Dopo un terremoto, in una cittadina americana si sviluppano misteriosi incendi. Viene anche notata l'esistenza di strani insetti che emettono vampate di fuoco causando numerose vittime. Uno studioso afferma che gli insetti appartengono a una specie preistorica. Lo scienziato impazzirà e arriverà a far riprodurre gli insetti, che lo uccideranno. Però, poi, se ne torneranno nelle profondità da cui erano stati sbalzati. ■ FANTASCIENZA; COL.; 100'; USA, 1975.

BUG'S LIFE: MEGAMINIMONDO, A *(A Bug's Life)* ★★★
Regia di JOHN LASSETER, ANDREW STANTON. ■ Dalla Pixar un film di John Lasseter, già acclamato regista di *Toy Story*. Siamo a Central Park, in una piccola colonia di dolcissime formiche, purtroppo indebolite dalla siccità e assediate dalla perfida banda di cavallette guidate dal cattivo Hopper. Flik, la giovane protagonista, è un inventore pasticcione ma dal cuore grande. Capisce che solo con un aiuto esterno potrà salvare la colonia, e così parte per un viaggio durante il quale assolda un gruppo di insetti-attori, provenienti da un circo di pulci, con i quali sconfigge Hopper e

conquista l'amore della principessa Atta. L'eterna lotta tra il bene ed il male è qui sorretta da una trama ricca di situazioni esilaranti e di dialoghi brillanti. Ottima la caratterizzazione dei personaggi, tanto che alla fine, durante i titoli di coda, vengono proposti i "ciak sbagliati", come se si fosse girato un film con attori veri. Sicuramente un film d'animazione ben riuscito, affascinante e divertente anche per un pubblico adulto. ■ ANIMAZIONE; COL.; 93'; 1998. ■ GOLDEN GLOBES 1 NOM.

BUGSY ★★★
Regia di BARRY LEVINSON. Con WARREN BEATTY, ANNETTE BENING, HARVEY KEITEL, BEN KINGSLEY. ■ Ha avuto dieci nomination per l'Oscar e ne ha vinti solo due minori (direzione artistica e costumi). Beatty e Keitel, pur non avendo l'Oscar per l'interpretazione sono i migliori sul campo. Infatti la regia di Levinson, brillante ma anche plateale, ha solo qualche vero sprazzo: come un dialogo tra Beatty e la Bening creato con le ombre cinesi. L'immagine poi di questo gangster assassino è troppo ambigua. Troppo simpatico, eppure sanguinario, troppo romantico nel suo sogno di creare Las Vegas ma al tempo stesso pronto a uccidere un grande amico con le lacrime agli occhi. E come le "prime" delle opere di Puccini, l'anteprima della "Città del gioco" è un fiasco per poi esplodere commercialmente una volta che il creatore è morto. Garbata la musica di Morricone, candidato all'Oscar. ■ AVVENTURA; COL.; 135'; USA, 1991. ■ GOLDEN GLOBES 1 PR, 7 NOM; OSCAR 2 PR, 9 NOM.

BUIO, IL *(The Haunted House of Horror)* ★★
Regia di MICHAEL ARMSTRONG. Con FRANKIE AVALON, JILL HAWORTH. ■ Un gruppo di ragazzi visita una casa molto strana. Non c'è luce, l'atmosfera è terrorizzante. Uno muore, alcuni fuggono per la paura. Rimangono in tre. L'assassino verrà scoperto. ■ HORROR; COL.; 88'; GRAN BRETAGNA, 1969.

BUIO, IL *(The Dark)* ★★
Regia di JOHN BUD CARDOS. Con WILLIAM DEVANE, CATHY LEE CROSBY, KEENAN WYNN. ■ Uno scrittore e una giornalista alla caccia di un misterioso alieno. L'extraterrestre s'aggira infatti per le vie di Los Angeles uccidendo tutti quelli che incontra. La polizia dapprima pensa a un licantropo. Rintracciato, l'alieno si autodistrugge per non essere catturato. ■ HORROR; COL.; 92'; USA, 1979.

BUIO DELLA NOTTE, IL *(Dark of the Night – Mr. Wrong)* ★
Regia di GAYLENE PRESTON. Con HEATHER BOLTON, DAVID LETCH. ■ Una giovane donna acquista un'automobile e non tarda a scoprire che questa influisce in maniera inspiegabile sulla sua esistenza. Influisce a tal punto che la ragazza potrebbe addirittura essere uccisa. ■ HORROR; COL.; 96'; NUOVA ZELANDA, 1985.

BUIO IN CIMA ALLE SCALE, IL ★★★
(The Dark at the Top of the Stairs)
Regia di DELBERT MANN. Con EVE ARDEN, SHIRLEY KNIGHT, ANGELA LANSBURY, DOROTHY MCGUIRE, FRANK OVERTON, ROBERT PRESTON. ■ Tratto da una commedia di William Inge. Molti problemi nella famiglia di Rubin Flood, un modesto venditore di finimenti nel profondo Sud all'inizio del secolo. Rubin e la moglie litigano, la figlia è spaventata per il primo ballo, il figlio è un ragazzino timidissimo. Rubin se ne va di casa sbattendo la porta e passa il week-end con una piacente vedova. I problemi in parte si ricomporranno alla fine del film. ■ DRAMMATICO; COL.; 123'; USA, 1960. ■ OSCAR 1 NOM.

BUIO INTORNO A MONICA, IL ★★
(La muerte ronda a Monica)
Regia di HANS BURMAN. Con SANDRA ALBERTI, NADIUSKA, BARBARA REY, KARIN SCHUBERT, JEAN SOREL. ■ Il "principe consorte" di una ricca imprenditrice, Monica, la trascura e intrattiene una relazione clandestina con Eva. Elena, amica "particolare" di Eva, spiffera a Monica il tradimento. Da questo fatto si svilupperà un'oscura catena di omicidi. ■ GIALLO; COL.; 89'; SPAGNA, 1977.

BUIO MACCHIATO DI ROSSO, IL *(Craze)* ★★
Regia di FREDDIE FRANCIS. Con DIANA DORS, JULIE EGE, TREVOR HOWARD, SUZY KENDALL, JACK PALANCE, MARTIN POTTER. ■ Un negoziante londinese si tiene in cantina un idolo africano, al cui culto s'è consacrato. L'idolo lo spinge a uccidere, periodicamente, preferibilmente fanciulle giovani e "facili". La polizia cerca affannosamente l'omicida e crede di identificarlo in un giovane commesso del negoziante. Il ragazzo muore. Ma anche il negoziante finirà distrutto. ■ HORROR; COL.; 95'; GRAN BRETAGNA, 1973.

BUIO NELLA MENTE, IL *(La cérimonie)* ★★★
Regia di CLAUDE CHABROL. Con JACQUELINE BISSET, SANDRINE BONNAIRE, JEAN-PIERRE CASSEL, ISABELLE HUPPERT, VIRGINIE LEDOYEN. ■ Chabrol racconta la storia di una domestica assunta presso una villa che appartiene a una famiglia di ricchi borghesi. La ragazza non sa leggere ma vuole nascondere questo suo handicap. Troverà la solidarietà di una postina, sua coetanea, che l'aiuterà a sterminare l'intera famiglia. Chabrol torna ad analizzare dei personaggi femminili all'interno di un contesto sociale in cui le differenze di classe restano intatte anche se l'omologazione televisiva si fa sempre più pericolosa. Non c'è partecipazione per gli uni o per gli altri da parte del regista, il quale sa che il suo posto potrebbe essere tra le vittime ma non disprezza le carnefici. Gli scontri ideologici del '68 sembrano scomparsi definitivamente ma il malessere esistenziale è, se possibile, ancora più forte. ■ DRAMMATICO; COL.; 120'; FRANCIA, 1995. ■ VENEZIA 1 PR.

BUIO NELL'ANIMA, IL *(The Brave One)* ★★★
Regia di NEIL JORDAN. Con NAVEEN ANDREWS, JODIE FOSTER, TERRENCE HOWARD, NICKY KATT, MARY STEENBURGEN. ■ Erica Bain vive a New York, dove conduce il programma radiofonico "Street Walk". Spento il microfono e conclusa la giornata si rifugia nell'abbraccio dell'amato David, il compagno che intende sposare. Ma due balordi lo massacrano a Central Park. Sopravvissuta all'aggressione, Erica compra illegalmente una pistola per affrontare la strada e la paura. Un nuovo trauma, l'assassinio di una donna in un drugstore, scatena la sua rabbia e il desiderio di vendetta. Sui marciapiedi di New York incontrerà il senso del dovere del detective Mercer, che la costringerà a riflettere sulla legittimità della vendetta. ■ AZIONE; COL.; 121'; AUSTRALIA, USA, 2007.

BUIO OLTRE IL SOLE *(Dark of the Sun)* ★★★
Regia di JACK CARDIFF. Con JIM BROWN, PETER CARSTEN, YVETTE MIMIEUX, ANDRÉ MORELL, ROD TAYLOR. ■ Il capitano mercenario Bruce Curry viene inviato dal governo congolese nell'interno del paese per liberare gli abitanti di una cittadina dall'assedio dei ribelli di Simba. Altro scopo è quello d'impedire che una grossa partita di diamanti finisca nelle mani dei ribelli. Curry riesce a concludere positivamente la duplice missione. ■ AVVENTURA; COL.; 100'; GRAN BRETAGNA, 1967.

♥ **BUIO OLTRE LA SIEPE, IL** *(To Kill a Mockingbird)* ★★★★
Regia di ROBERT MULLIGAN. Con MARY BADHAM, PAUL FIX, FRANK OVERTON, GREGORY PECK, BROCK PETERS. ■ Nel profondo Sud degli Stati Uniti un avvocato di elevati principi difende un nero accusato di aver violentato una ragazza bianca. Il nero viene condannato da una giuria di razzisti, ma il padre della ragazza cerca ugualmente di vendicarsi dell'avvocato aggredendo i suoi figli. Verrà ucciso da un giovane handicappato. ■ DRAMMATICO; B/N; 129'; USA, 1962. ■ DAVID DI DONATELLO 1 PR, 1 NOM; OSCAR 3 PR, 8 NOM.

BUIO OMEGA ★★
Regia di JOE D'AMATO. Con KIERAN CANTER, SAM MODESTO, CINZIA MONREALE, FRANCA STOPPI. ■ Ricco e introverso, Francesco vive solo in una enorme villa con la governante Iris, che per riuscire a sposarlo lo asseconda in tutte le sue stranezze. Anche quando il giovane imbalsama il cadavere della fidanzata morta improvvisamente, Iris lo aiuta e il fatto che il giovanotto diventi un maniaco omicida non la spaventa. A por fine all'insolito ménage arrivano un impresario di pompe funebri con l'hobby dell'investigazione e la sorella gemella della defunta fidanzata. ■ HORROR; COL.; 93'; ITALIA, 1979.

BUIO S'AVVICINA, IL *(Near dark)* ★★★
Regia di KATHRYN BIGELOW. Con LANCE HENRIKSEN, TIM THOMERSON, JENNY WRIGHT. ■ Un gruppo di vampiri viaggia attraverso l'America su un camion con i finestrini sempre chiusi (sennò arriva la luce e li polverizza). Un giovane s'innamora di una ragazza del gruppo e viene vampirizzato. Ma fortunatamente

riesce a salvarsi e a salvare la ragazza. Uno dei migliori horror della fine degli anni Ottanta, diretto magistralmente da una regista piena di talento figurativo. ■ HORROR; COL.; 95′; USA, 1987.

BULLDOG DRUMMOND IN AFRICA ★★
Regia di LOUIS KING. Con HEATHER ANGEL, JOHN HOWARD, ANTHONY QUINN, HENRY BYRON WARNER. ■ L'investigatore Nielsen (Warner) viene rapito e il detective Bulldog Drummond ne segue le tracce fino in Africa. John Howard interpreta Drummond per la quarta volta. Nel cast spicca un ventenne, Anthony Quinn. ■ POLIZIESCO; B/N; 60′; USA, 1938.

BULLDOG JACK ★★
Regia di WALTER FORDE. Con JACK HULBERT, RALPH RICHARDSON, FAY WRAY. ■ Una variazione di Bulldog Drummond che è alle prese con il solito malvivente, in quel di Londra. ■ POLIZIESCO; B/N; 75′; GRAN BRETAGNA, 1934.

BULLDOZER *(Grandview U.S.A.)* ★★
Regia di RANDAL KLEISER. Con C. THOMAS HOWELL, JAMIE LEE CURTIS, PATRICK SWAYZE. ■ Tre personaggi incrociano i loro destini in una città di provincia del Midwest: un adolescente che vuole andarsene a vivere in una metropoli, una bella ragazza che cerca di risollevare l'industria paterna e un caposcarico innamorato della ragazza, ma incapace di districarsi da precedenti legami. ■ COMMEDIA; COL.; 97′; USA, 1984.

BULL DURHAM – UN GIOCO A TRE MANI ★★
(Bull Durham)
Regia di RON SHELTON. Con KEVIN COSTNER, TIM ROBBINS, SUSAN SARANDON. ■ Due giocatori di una squadra di baseball di provincia (il trentenne Crash e il ventenne Nuke) sono concupiti da una professoressa, da parecchi anni l'ape regina della compagine. Nuke fa carriera e se ne va. Crash si aggiudicherà la ragazza. Commedia tutt'altro che priva di spirito e di acutezza, anche se il canovaccio è troppo tenue per fornire un significato al di là del puro divertimento. ■ COMMEDIA; COL.; 108′; USA, 1988. ■ GOLDEN GLOBES 2 NOM; OSCAR 1 NOM.

BULLET ★
Regia di JULIEN TEMPLE. Con MICKEY ROURKE, TUPAC SHAKUR, ALBERTA WATSON. ■ Bullet esce di prigione e rientra subito nel giro: rapine, droga, violenza, incomprensioni in famiglia e con tutti. Per fortuna alla fine lo ammazzano. Pessimo film con un attore intollerabile la cui faccia è ormai un effetto speciale. ■ DRAMMATICO; COL.; 96′; USA, 1996.

BULLET IN THE HEAD *(Die xue jie tou)* ★
Regia di JOHN WOO. Con JACKY CHEUNG, WAISE LEE, TONY LEUNG CHIU WAI, SIMON YAM, FENNIE YUEN. ■ 1967. La guerra del Vietnam è in corso e tre amici scappano da Hong Kong e raggiungono Saigon, dove si danno alla criminalità e al mercato nero. Travolti dalla guerra, vengono arrestati perché sospettati di essere dei Vietcong, poi rilasciati e infine rapiti dai Vietcong stessi. Tra drammatiche disavventure metteranno alla prova la loro amicizia. ■ HARD BOILED; COL.; 136′; HONG KONG, 1990.

BULLETPROOF ★★
Regia di ERNEST DICKERSON. Con JAMES CAAN, ADAM SANDLER, DAMON WAYANS. ■ Storia di due amici, uno poliziotto e l'altro malvivente. Uno lavora per un boss, l'altro deve incastrare il boss. Si scontrano all'inizio, ma poi anche il "cattivo" si redime e l'amicizia su tutto trionfa. Compitino. ■ POLIZIESCO; COL.; 85′; USA, 1997.

BULLETT: UN PROIETTILE PER AMARE *(Sogeki)* ★★
Regia di HIROMICHI HORIKAWA. Con RURIKO ASAOKA, YUZO KAYAMA, MORI KISHIDA, MASAYUKI MORI, SHOICHI OZAWA. ■ Bullett, killer per "vocazione", uccide quasi tutti i componenti di una banda di trafficanti d'oro. I superstiti gli mettono alle costole un collega-killer. Deciso ad abbandonare il suo macabro mestiere per amore di una ragazza, Bullett non è più in tempo. Tragedia finale. ■ DRAMMATICO; COL.; 80′; GIAPPONE, 1968.

BULLI E PUPE *(Guys and Dolls)* ★★★★
Regia di JOSEPH LEO MANKIEWICZ. Con VIVIAN BLAINE, MARLON BRANDO, STUBBY KAYE, ROBERT KEITH, JEAN SIMMONS, FRANK SINATRA. ■ Due famosi giocatori newyorkesi, Nathan Detroit e "Cielo" Masterson, fanno la scommessa delle scommesse. Cielo è sicuro di poter sedurre Sarah Brown ufficiale dell'Esercito della Salvezza. Ci riesce, ma, innamorato anche lui, rinuncia a ritirare la posta. Giocherà ancora con Detroit ottenendo che l'intera banda dei bulli per un giorno svolga mansioni ancillari alla missione dell'Esercito della Salvezza. Ogni ruolo nel 1955 veniva offerto a Marlon Brando. Accettò (forse anche lui per scommessa) quello di Cielo Masterson, tratto da un musical di successo basato sui personaggi di Damon Runyon. Interpretazione non esaltante: le sue ammiratrici italiane rimasero perplesse constatando, nelle parti cantate in inglese, come la voce del loro idolo fosse ben diversa da quella, maschia e sonora, del suo doppiatore italiano (Cigoli). Le cose buone vennero essenzialmente da Frank Sinatra, dai bravi caratteristi e dagli stupendi numeri delle Goldwyn Girls. ■ COMM. MUSICALE; COL.; 150′; USA, 1955. ■ OSCAR 4 NOM.

BULLITT ★★★★
Regia di PETER YATES. Con JACQUELINE BISSET, ROBERT DUVALL, DON GORDON, STEVE MCQUEEN, ROBERT VAUGHN. ■ San Francisco. Bullitt, tenente della squadra omicidi, viene incaricato da un politicante di tener d'occhio un mafioso, Ross, intenzionato contro "cosa nostra". Bullitt dovrebbe garantire l'incolumità di Ross che però viene ugualmente fatto fuori da due sicari. Allora il tenente, per non incorrere nelle ire dell'uomo politico, nasconde il cadavere. Riesce anche a scoprire che l'ucciso non è il vero Ross. Bullitt lo rintraccia e verrà a sapere cose interessanti. Il soggetto è tratto dal romanzo *Mute Witness* di Robert L. Pike. ■ POLIZIESCO; COL.; 113′; USA, 1968. ■ OSCAR 1 PR, 2 NOM.

BULLWORTH – IL SENATORE *(Bullworth)* ★★★
Regia di WARREN BEATTY. Con WARREN BEATTY, HALLE BERRY, OLIVER PLATT, PAUL SORVINO, JACK WARDEN. ■ Siamo in California durante la campagna del 1996 per il nuovo presidente degli Stati Uniti. Il senatore Bullworth è sempre più stressato e ormai siamo alle battute finali. Confuso ed esaurito fa un colpo di testa e paga un sicario perché lo uccida durante la conclusione della campagna. Allo stesso tempo firma un contratto di assicurazione sulla vita a favore della figlia. Peccato perché, travestito da rapper, comincia a divertirsi quando può sputare in faccia la verità sulla corruzione politica alla televisione. Inoltre si innamora di una bella ragazza di colore progressista. A otto anni dall'ultima regia (*Dick Tracy*), Warren Beatty colpisce nel segno anche se per il pubblico degli Stati Uniti è sembrato un film troppo scomodo. Il suo personaggio in certi momenti riecheggia il grande Lenny Bruce, che dimostrò come la volgarità non dipendesse dalle parole, ma da chi le pronunciava. Tra i coproduttori anche Frank Capra III. Presentato alla Mostra di Venezia, Leone d'oro alla carriera per Beatty. ■ COMMEDIA; COL.; 108′; USA, 1998. ■ GOLDEN GLOBES 3 NOM; OSCAR 1 NOM.

BULLY ★★★
Regia di LARRY CLARK. Con LEO FITZPATRICK, RACHEL MINER, BIJOU PHILLIPS, BRAD RENFRO, NICK STAHL. ■ Tratto da *Bully, the True Story of a High School Revenge* di Jim Schutze, il film è lo scandalo atteso realizzato da un moralista nel senso buono del termine. Bobby Kent e Marty Puccio sono amici sin da bambini ma il termine non rende la dinamica del loro rapporto. Bobby, un diciottenne privo di qualsiasi senso morale, tratta Marty come uno schiavo da dileggiare. Lo coinvolge nelle sue imprese sessuali ma lo vuole assolutamente succube. Fino al giorno in cui Marty conosce Lisa che, incinta di lui o di Bobby, decide che il vessatore va eliminato. Si mette così insieme un gruppo eterogeneo che compie con efferatezza il delitto. Le condanne saranno pesanti, ivi compresa una pena capitale. Clark descrive un vuoto interiore assolutamente pneumatico che si accompagna a una sorta di desensibilizzazione assoluta nei confronti di qualsiasi sentimento degno di questo nome. ■ DRAMMATICO; COL.; 106′; USA, 2001.

BUNKER *(The Blockhouse)* ★★
Regia di CLIVE REES. Con CHARLES AZNAVOUR, PER OSCARSSON, PETER SELLERS. ■ Basato su un fatto autentico. Quasi alla fine della seconda guerra mondiale sette uomini di diverse nazionalità rimasero intrappolati in un bunker. La loro reclusione durò sei anni. Ma solo due dei sette sopravvissero (nonostante il bunker fos-

se attrezzato con viveri a volontà). ■ DRAMMATICO; COL.; 90′; GRAN BRETAGNA, 1974.

BUNKER DEL TERRORE, IL *(Massive Retaliation)* ★
Regia di THOMAS A. COHEN. Con TOM BOWER. ■ Film su un possibile conflitto nucleare tra Stati Uniti e Unione Sovietica. La *perestrojka* stava per arrivare ma la produzione non se n'è accorta. ■ GUERRA; COL.; 90′; USA, 1984.

BUNNY, IL CONIGLIO DAL FIERO CIPIGLIO ★★★
■ Dodici episodi che hanno per protagonisti il coniglio Bunny e i suoi amici. ■ ANIMAZIONE; COL.; 90′; USA, 1963.

BUNNY LAKE È SCOMPARSA *(Bunny Lake is Missing)* ★★
Regia di OTTO PREMINGER. Con NOEL COWARD, KEIR DULLEA, CAROL LYNLEY, LAURENCE OLIVIER. ■ Ricca ragazza-madre americana a Londra con il fratello e la figlioletta si vede sparire la bambina. Ricerche affannose da parte della povera donna e della polizia. Si scoprirà alla fine che l'autore del rapimento è il fratello, fior di psicopatico incestuosamente attaccato alla sorella. ■ GIALLO; B/N; 107′; GRAN BRETAGNA, 1965.

BUONA COME IL PANE ★★
Regia di RICCARDO SESANI. Con GIANFRANCO BARRA, SAVERIO MARCONI, CARMEN RUSSO. ■ Una prosperosa prostituta passa di cliente in cliente finché non incontra l'anima gemella, un astronomo pasticcione. Si sposeranno. Auguri (ce n'è molto bisogno) e figli maschi. ■ COMMEDIA; COL.; 90′; ITALIA, 1982.

BUONA FORTUNA "MAGGIORE" BRADBURY ★★★
(Paper Tiger)
Regia di KEN ANNAKIN. Con JEFF COREY, HARDY KRÜGER, TOSHIRO MIFUNE, DAVID NIVEN, IRENE TSU. ■ Un ambasciatore giapponese sta per trasferirsi in Gran Bretagna. Allo scopo di preparare il figlioletto Koichi alla cultura e ai costumi europei, il diplomatico assume come precettore un anziano individuo che si spaccia per maggiore dell'esercito inglese. In realtà è un imbroglione che non ha neppure partecipato alla guerra e che racconta un sacco di frottole. Il "maggiore" avrà finalmente qualcosa di eroico e di veritiero da raccontare dopo il rapimento (politico) di cui rimane vittima insieme con il giapponesino: sarà infatti per merito suo se riusciranno a liberarsi. ■ AVVENTURA; COL.; 99′; GRAN BRETAGNA, 1974. ■ GOLDEN GLOBES 1 NOM.

BUONA FORTUNA MR. STONE *(The Pickle)* ★★
Regia di PAUL MAZURSKY. Con DANNY AIELLO, DYAN CANNON, SHELLEY WINTERS. ■ Harry Stone è un regista cinematografico costretto a piegarsi alle esigenze del mercato. Se vuole lavorare deve girare un film su un cetriolo sottaceto volante. Il film piacerà ai ragazzi ma crea a lui qualche problema tanto da portarlo vicino al suicidio. ■ COMMEDIA; COL.; 103′; USA, 1993.

BUONA GIORNATA ★
Regia di CARLO VANZINA. Con DIEGO ABANTANTUONO, LINO BANFI, TERESA MANNINO, MAURIZIO MATTIOLI, VINCENZO SALEMME. ■ Gaetano Cavallini, principe romano decaduto, affitta il suo palazzo a troupe televisive e passa le giornate tra funerali, vernissage e cene a sbafo. Leonardo Lo Bianco è un senatore corrotto in attesa del voto del Senato. Alberto Dominici è un imprenditore romano col vizio del lusso e dell'evasione fiscale. Rosaria Micciché è una manager siciliana emigrata a Milano, che rinnega le origini meridionali ed è ossessionata dalla tecnologia. Romeo Telleschi è un milanese trapiantato in Puglia con una consorte petulante e tre figli indifferenti. Luigi Pinardi è un notaio di Napoli vessato da una moglie isterica e a caccia di una singolare collaboratrice domestica. Cecco è un tifoso scaramantico della Fiorentina, che segue in trasferta con Chiara, eterna fidanzata decisa a impalmarlo. Tra problemi, corna, vizi e scaramucce, proveranno ciascuno a suo modo a portare a casa la giornata. Evidentemente italiana. ■ COMMEDIA; COL.; 97′; ITALIA, 2012.

BUON ANNO SARAJEVO *(Djeca)* ★★★
Regia di AIDA BEGIC. Con DJURICKO, STASA DUKIC, ISMIR GAGULA, MARIJA PIKIC, NIKOLA VELIBOR TOPIC. ■ Rahima vive a Sarajevo con il fratello minore Nedim. Entrambi orfani e sotto osservazione dei servizi sociali. Rahima lavora, senza una paga regolare, come cuoca in un ristorante. Il fratello è vittima del bullismo di un gruppo di studenti capeggiati dal figlio di un ministro. La sorella, di recente convertitasi all'islamismo osservante, teme per la sua sorte soprattutto dopo la scoperta del coinvolgimento di Nedim nel contrabbando di armi. Si apre con un video amatoriale di una festa natalizia di un tempo apparentemente lontano, questo secondo lungometraggio di Aida Begic presentato a Cannes nella sezione "Un Certain Regard". La guerra nell'ex Jugoslavia è ormai un ricordo rimosso dalla memoria dell'Occidente, ma non da chi l'ha vissuta. Begic ci offre una lettura al femminile con una macchina da presa che muta in parte lo stile di ripresa dai fratelli Dardenne di *Rosetta*. ■ DRAMAMTICO; COL.; 90′; BOSNIA-HERZEGOVINA, GERMANIA, FRANCIA, TURCHIA, 2012.

BUONA NOTTE, AMORE! *(Make a Wish)* ★★
Regia di KURT NEUMANN. Con BOBBY BREEN, BASIL RATHBONE. ■ Un musicista conosce un ragazzo in un campeggio. Il ragazzo è figlio di una cantante vedova che ha lasciato il suo lavoro per fare solo la mamma. Amore fra i due artisti e matrimonio. ■ COMM. MUSICALE; B/N; 75′; USA, 1937. ■ OSCAR 1 NOM.

BUONANOTTE... AVVOCATO! ★★
Regia di GIORGIO BIANCHI. Con MARA BERNI, VITTORIO CAPRIOLI, ANDREA CHECCHI, GIULIETTA MASINA, TINA PICA, ALBERTO SORDI. ■ Un giovane avvocato approfitta dell'assenza della moglie per darsi alle avventure galanti. Gli capita per caso una bella bionda inseguita da un marito geloso, ma il velleitario leguleio non riesce ad approfittare dell'occasione. È duro però persuadere della sua (forzata) innocenza la moglie (tornata in anticipo) e il furente marito della sconosciuta. ■ COMICO; B/N; 95′; ITALIA, 1955.

BUONASERA, SIGNORA CAMPBELL ★★★
(Buona sera, Mrs. Campbell)
Regia di MELVIN FRANK. Con LEE GRANT, PETER LAWFORD, PHILIPPE LEROY, GINA LOLLOBRIGIDA, TELLY SAVALAS, PHIL SILVERS, SHELLEY WINTERS. ■ Bella vedova italiana ha avuto una figlia da un militare americano durante la seconda guerra mondiale. Dopo vent'anni arrivano al paese come turisti tre yankee che furono amanti della donna. Ma chi è il vero padre? ■ COMMEDIA; COL.; 113′; USA, 1968. ■ DAVID DI DONATELLO 1 PR, 1 NOM.

BUONA SORTE, LA *(La baraka)* ★★
Regia di JEAN VALÈRE. Con GERARD DARMON, ROGER HANIN, MARTHE VILLALONGA. ■ Il proprietario di un ristorante di Marsiglia è pieno di pregiudizi nei confronti degli algerini. Ignora che il giovane che gli ha salvato la vita, e che poi è diventato l'amante di sua figlia, è mezzo arabo. Non solo, ma è anche evaso dalla prigione (dove era detenuto per omicidio, accidentale secondo il giovane). Comunque il ristoratore supera i pregiudizi e gli dà una mano. Se ne pentirà amaramente. ■ DRAMMATICO; COL.; 98′; FRANCIA, 1982.

BUONA TERRA, LA *(The Good Earth)* ★★★
Regia di SIDNEY FRANKLIN. Con PAUL MUNI, LUISE RAINER. ■ Siamo in Cina. Padre, madre e tre bambini emigrano verso il sud abbandonando le loro terre arse dalla siccità. Un colpo di fortuna consente alla famigliola di raggiungere la ricchezza e di rientrare in patria. Ma il benessere porta scompiglio tra i due coniugi (lui si fa l'amante). Ci vorrà una nuova calamità, l'invasione delle cavallette, per riunire la famiglia. Il film è tratto dal famoso romanzo della scrittrice Pearl Buck. ■ DRAMMATICO; B/N; 138′; USA, 1937. ■ OSCAR 2 PR, 5 NOM.

BUON COMPLEANNO MR GRAPE ★★★
(Who's Eating Mr. Grape?)
Regia di LASSE HALLSTRÖM. Con JOHNNY DEPP, LEONARDO DICAPRIO, JULIETTE LEWIS, MARY STEENBURGEN. ■ Siamo a Endora, nello Iowa, e assistiamo ai problemi quotidiani di Gilbert Grape, commesso in un *drugstore*. Il ragazzo ha un fratello, Arnie, portatore di handicap che ha il vizio di arrampicarsi su una pericolosa torretta. Gilbert ha una relazione con una donna matura ma è l'incontro con Becky, nuova del luogo, che porta ossigeno nella sua vita. Il regista de *La mia vita a quattro zampe* dimostra ancora una volta di avere buoni strumenti. Bravi Depp e la Lewis. DiCaprio nel ruolo di Arnie è stato candidato all'Oscar. ■ DRAMMATICO; COL.; 116′; USA, 1993. ■ GOLDEN GLOBES 1 NOM; OSCAR 1 NOM.

BUON COMPLEANNO TOPOLINO ★★★
(The Mickey Mouse Golden Jubilee)
Regia di WALT DISNEY. ■ Questo film è stato realizzato per commemorare il cinquantenario della nascita di Topolino, personaggio prediletto del grande Walt Disney. È un lungometraggio antologico che propone tredici cartoni animati di epoche diverse. ■ ANIMAZIONE; COL.; 80′; USA, 1978.

BUONE INTENZIONI, LE *(Touche à tout)* ★★
Regia di JEAN DRÉVILLE. Con JULES BERRY, COLETTE DARFEUIL, FERNAND GRAVEY, SUZY VERNON. ■ Un ragazzo eredita un'ingente fortuna. Abbandona allora il proprio modesto impiego e si getta nella vita mondana. Cade però vittima ben presto di una combriccola di avventurieri che lo ridurrebbero velocemente di nuovo in povertà se una giovane cameriera d'albergo non gli aprisse in tempo gli occhi. Matrimonio fra i due. ■ COMMEDIA; B/N; 117′; FRANCIA, 1935.

BUONE NOTIZIE ★★★
Regia di ELIO PETRI. Con PAOLO BONACELLI, AURORE CLÉMENT, OMBRETTA COLLI, GIANCARLO GIANNINI, ANGELA MOLINA. ■ Un funzionario televisivo ormai indifferente a tutto quanto lo circonda rivede dopo tanti anni un amico d'infanzia. Questi sembra afflitto da mania di persecuzione: dice di ricevere lettere anonime, minacce di morte. Il protagonista non gli crede. Ma quello viene ammazzato davvero. Forse dalla moglie. ■ COMMEDIA; COL.; 105′; ITALIA, 1979.

BUON FUNERALE AMIGOS... PAGA SARTANA ★★
Regia di ANTHONY ASCOTT. Con GIANNI GARKO, DANIELA GIORDANO, IVANO STACCIOLI, ANTONIO VILAR. ■ Il pistolero Sartana, che ha assistito all'uccisione del cercatore d'oro Benson, si reca ad Indian Creek per scoprire i mandanti. E ci riesce. Poco originale western-spaghetti girato nel Lazio. ■ WESTERN; COL.; 95′; ITALIA, 1970.

BUONGIORNO DEL MATTINO, IL ★★★
(Morning Glory)
Regia ROGER MICHELL. Con HARRISON FORD, JEFF GOLDBLUM, DIANE KEATON, RACHEL MCADAMS, PATRICK WILSON. ■ Il sogno di Becky Fuller è lavorare a USA Today, ma la realtà è che, dopo un traumatico licenziamento, l'opportunità che le si presenta è quella di risollevare le sorti di *Daybreak*, il programma del mattino meno seguito tra quelli dei network nazionali. Executive producer stacanovista, senza una vita privata d'intralcio, Becky riesce ad affidare la co-conduzione del programma ad una vecchia gloria del giornalismo, Mike Pomeroy, il quale però non ne vuole sapere di presentare pseudo-notizie di curiosità, occuparsi di cibo, sorridere del bello come del cattivo tempo, come la sua partner Colleen. *Il buongiorno del mattino* è un'ottima commedia, firmata dalla sceneggiatrice del *Diavolo veste Prada* e dal regista di *Notting Hill*. ■ COMMEDIA; COL.; 102′; USA, 2010.

BUONGIORNO, ELEFANTE! – SABÙ, PRINCIPE LADRO ★★
Regia di GIANNI FRANCIOLINI. Con NANDO BRUNO, VITTORIO DE SICA, MARIA MERCADER, SABÙ. ■ Garetti, maestro elementare dal magro stipendio, ha moglie e quattro figli. Un giorno fa da cicerone in giro per Roma a un principe indiano che lo ricompensa con un po' di denaro. Tempo dopo il sultano manda in regalo ai bimbi del maestro un elefantino che provoca scompiglio. Alla fine verrà comprato dallo zoo a lauto prezzo, così da risanare le finanze della modesta famigliola. ■ COMMEDIA; B/N; 89′; ITALIA, 1951.

BUONGIORNO MADRID ★
Regia di GIAN MARIA COMINETTI, MAX NEUFELD. Con CARLO CAMPANINI, ANITA FARRA, GIOVANNI GRASSO, MARIA MERCADER, ROBERTO REY. ■ Un'autrice di Siviglia invia una sua canzone ad un concorso a Madrid. La sua canzone (interpretata da un cantante che si è invaghito di lei) vince il primo premio. Dopo una serie di altre peripezie, la vicenda si chiude con una promessa di matrimonio. ■ COMMEDIA; B/N; 90′; ITALIA, 1943.

BUONGIORNO, MISS DOVE! ★★★
(Good Morning, Miss Dove!)
Regia di HENRY KOSTER. Con ROBERT DOUGLAS, JENNIFER JONES, ROBERT STACK. ■ Miss Dove è un'insegnante che ha dovuto ridimensionare i suoi sogni alla morte del padre. Tuttavia la sua personalità e sensibilità continuano a fare di lei un personaggio eccezionale. Passano nella sua classe generazioni (guerre ecc.) ma Miss Dove è sempre lì con la sua bontà e il suo prestigio. Quando la donna si ammala viene operata da un chirurgo che fu suo allievo e assistita da un'infermiera che fu sua allieva. ■ COMMEDIA; B/N; 107′; USA, 1955.

BUONGIORNO, NOTTE ★★★
Regia di MARCO BELLOCCHIO. Con PIER GIORGIO BELLOCCHIO, PAOLO BRIGUGLIA, GIOVANNI CALCAGNO, ROBERTO HERLITZKA, LUIGI LO CASCIO, MAYA SANSA. ■ Gli "anni di piombo" rivivono attraverso la vicenda di Chiara, brigatista coinvolta nel rapimento di Aldo Moro. L'ideologia si intreccia con la sua esistenza quotidiana, l'anima della combattente crede nella rivoluzione che sta per compiersi. Ma l'utopia non riesce a compensare la ferocia della lotta e Chiara comincia ad avvertire un dubbio morale che indebolisce le sue certezze. Del sequestro e dell'omicidio di Aldo Moro sembrava si fosse detto e scritto ormai tutto. Bellocchio non teme i confronti e ci propone un altro punto di vista. Quando le contraddizioni dell'agire si fanno troppo forti non resta che rifugiarsi nel sogno? Forse sì. Se poi il sogno è narrato da un regista che ne conosce le dinamiche si può sferrare anche un attacco pesante alle BR. Proprio nell'apparente contraddizione tra immagini di repertorio e attori che interpretano personaggi reali (Herlitzka regge benissimo il confronto con il Volonté del film di Ferrara) sta la forza di un film che non cerca "verità" alla Martinelli ma che riflette dolorosamente non su un "caso" ma, ancora una volta per Bellocchio, sull'animo umano. ■ STORICO; COL.; 105′; ITALIA, 2003. ■ DAVID DI DONATELLO 1 PR, 4 NOM.

BUONGIORNO PAPÀ ★★
Regia di EDOARDO LEO. Con RAOUL BOVA, MARCO GIALLINI, NICOLE GRIMAUDO, ROSABELL LAURENTI SELLERS, EDOARDO LEO. ■ Andrea, quarantenne che non ha mai smesso di avere vent'anni, è bello e disinvolto, tinto e abbronzato, fa carriera e successo in un'agenzia che si occupa di *product placement*. Sempre sul pezzo e in movimento, divide il suo appartamento con l'amico Paolo e il suo letto con ogni donna che lo trovi irresistibile. Ma alla sua porta una mattina suona Layla, una diciassettenne coi capelli viola che dice di essere sua figlia. La prova è il diario della madre, deceduta qualche mese prima. Diffidente e prudente, Andrea si sottopone alla prova del Dna, certificando la sua paternità. Spaventato e confuso, prova a prendere le misure di una nuova vita, complicata da un'adolescente e da suo nonno, un musicista "dismesso" che vive in camper e sogna i New Trolls. Coerente col debutto di ieri (*18 anni dopo*), Edoardo Leo ritorna a parlare di passato, paternità e umana imperfezione, intervenendo con grande sensibilità su un soggetto di Massimiliano Bruno. ■ DRAMMATICO; COL.; 109′; ITALIA, 2013.

BUONGIORNO PRIMO AMORE! ★★★
Regia di MARINO GIROLAMI. Con FULVIA FRANCO, ROSITA QUINTANA, ENRICO VIARISIO, CLAUDIO VILLA. ■ Michele e Valentina stanno per sposarsi, ma sono poverissimi. La ragazza esprime al fidanzato il desiderio assurdo di poter "saltare" i primi cinque anni di nozze. Un misterioso ometto, che ha assistito al loro dialogo, asseconda il loro desiderio e i fidanzati si ritrovano in Spagna: lui è un famoso cantante e la loro situazione è delle più invidiabili. Ma ben presto i due giovani si rendono conto di non trovarsi a proprio agio in quelle condizioni e l'ometto mette fine all'esperimento riportandoli nella realtà. ■ COMMEDIA; B/N; 90′; ITALIA, 1957.

BUONI SENTIMENTI STUZZICANO L'APPETITO, I ★★★
(Les grands sentiments font les bons gueuletons)
Regia di MICHEL BERNY. Con MICHEL BOUQUET, JEAN CARMET, GABRIELLE DOULCET, JACQUES DYNAM, MICHAEL LONSDALE. ■ In un palazzo di Parigi, sullo stesso pianerottolo, abitano due famiglie che, per motivi diversi, si trovano a vivere contemporaneamente alcune convulse giornate. Gli Armand devono fare il funerale alla nonna, spericolata guidatrice, morta in un incidente. I Réverson, invece, stanno organizzando il matrimonio della loro figlia. Gli equivoci nella consegna dei doni di nozze e delle parte-

cipazioni al lutto sembrano congiurare per trasformare il funerale in festa e il matrimonio in un mortorio. ■ COMMEDIA; COL.; 105′; FRANCIA, 1973.

BUON NATALE... BUON ANNO ★★★
Regia di LUIGI COMENCINI. Con PAOLO GRAZIOSI, VIRNA LISI, MICHEL SERRAULT. ■ Una inconsueta commediola diretta dal sempre bravo Luigi Comencini. Si tratta della storia di due coniugi anziani che per problemi economici si vedono costretti a vendere la propria casa e si stabiliscono ognuno a casa di una delle due figlie. Per un po' la cosa va avanti ma a un certo punto i due sentono di dover tornare insieme. Gli incontri segreti diventano così una regola e la coppia riscopre l'antico ardore dei tempi andati. Quando saranno costretti dalle loro figlie a un piano per le vacanze fuggiranno definitivamente. Un faro sarà la loro nuova dimora. ■ COMMEDIA; COL.; 105′; ITALIA, 1989.

BUONO, IL BRUTTO, IL CATTIVO, IL ★★★
Regia di SERGIO LEONE. Con MARIO BREGA, CLINT EASTWOOD, ALDO GIUFFRÉ, LUIGI PISTILLI, RADA RASSIMOV, LEE VAN CLEEF, ELI WALLACH. ■ Mentre infuria la guerra di Secessione, tre figuri si danno battaglia per un tesoro nascosto in un cimitero. Il Buono (soprannominato "Biondo"), il "Brutto" Tuco e il "Cattivo" Sentenza passano attraverso campi di concentramento, battaglie, deserti e città distrutte, fino al regolamento di conti finale. Vince il Buono, uccidendo il Cattivo e mettendo il Brutto nell'impossibilità di nuocere. Al suo terzo western, Sergio Leone non s'accontenta più di accumulare i morti ammazzati, vuole inserire le carneficine in un discorso più ampio e significante (la polemica contro la guerra, la religione, i lager). Naturalmente è fumo negli occhi, però lo spettacolo c'è. ■ WESTERN; COL.; 182′; ITALIA, SPAGNA, 1966.

BUONO, IL MATTO E IL CATTIVO, IL ★★
(Joheunnom nabbeunnom isanghannom)
Regia di KIM JEE-WOON. Con LEE CHEONG-A, WOO-SUNG JUNG, BYUNG-HUN LEE, DAL-SU OH, KANG-HO SONG. ■ Il western manciuriano di Kim Jee-woon omaggia indubbiamente il cinema di Sergio Leone. Il titolo cambia un po', ma l'oggetto della questione, una mappa del tesoro difficile da decifrare, rimane lo stesso. La sequenza finale, con i tre contendenti in corsa, riprende i meccanismi usati dal maestro italiano. Il cast annovera tre star del cinema coreano. L'intreccio è fin troppo semplice, ma l'assenza di originalità della sceneggiatura viene sostituita dalla forza delle immagini. ■ AVVENTURA; COL.; 120′; COREA DEL SUD, 2008.

BUON PREZZO PER MORIRE, UN ★★★
(The Running Man)
Regia di CAROL REED. Con ALAN BATES, BOB CUNNINGHAM, LAURENCE HARVEY, LEE REMICK. ■ Un pilota civile inglese finge un incidente per truffare l'assicurazione. Si ritrova in Spagna, con sua moglie, ma quella vita da fuorilegge scuote loro i nervi. Litigano. La donna si sente attratta da un giovanotto (che manco a dirlo è un ispettore dell'assicurazione). Stavolta il pilota ci rimetterà sul serio la pelle. La vedova non sarà inconsolabile (è pronto l'ispettore delle assicurazioni) ■ GIALLO; COL.; 103′; GRAN BRETAGNA, 1963.

BUON SAMARITANO, IL *(Good Sam)* ★★
Regia di LEO MCCAREY. Con RAY COLLINS, GARY COOPER, JOAN LORRING, EDMUND LOWE, RUTH ROMAN, ANN SHERIDAN. ■ Sam è proprio un bonaccione. Se qualcuno gli si rivolge per aiuto, lui non sa negarglielo. Affida la sua auto a un vecchietto semicieco che la distrugge, accoglie in casa ragazze madri, presta soldi a destra e a manca. Così facendo impegola sé e la sua famigliola in una serie di situazioni da cui è sempre più difficile uscire. Ma la moglie è innamorata e paziente. Sopporterà tutte le traversie che la dabbenaggine del consorte farà ricadere sulla loro casa. ■ COMMEDIA; B/N; 113′; USA, 1948.

BUON SOLDATO, IL ★★
Regia di FRANCO BRUSATI. Con CARLA BIZZARRI, GERARD DARIEN, MARIANGELA MELATO. ■ La storia parallela di Marta, donna sulla quarantina, figlia e moglie infelice, e di Tommaso, il ragazzo che se ne innamora a dieci anni e che ora sta partendo militare. Tra i due un incontro breve ma intenso, soprattutto per Marta che trova la forza per lasciare il marito. Un giorno viene a sapere che Tommaso si è suicidato in caserma: Marta sembra crollare, ma poi si riprende da quella combattente nata che è. Un film molto pessimista che non ha convinto del tutto nonostante alcuni momenti di poesia. ■ DRAMMATICO; COL.; 104′; ITALIA, 1982.

BUON VIAGGIO POVER'UOMO! ★★
Regia di GIORGIO PASTINA. Con VERA CARMI, ANNA DI LEO, UMBERTO SPADARO. ■ Un povero impiegato, Torquato, si trova ad avere scambiato la propria borsa con un'altra contenente una forte somma: cerca il proprietario, rende la cartella e riceve come compenso centomila lire. Con quei soldi, Torquato se ne parte per una vacanza "da scapolo". Gli va tutto male e alla fine dovrà molto pregare per tornare ad essere il tranquillo impiegato di prima. ■ COMMEDIA; B/N; 81′; ITALIA, 1951.

BURATTINAIO, IL *(Puppet Master)* ★
Regia di DAVID SCHMOELLER. Con PAUL LE MAT, JIMMIE F. SCAGGS. ■ Ricorrendo all'antica magia egiziana, un burattinaio trasferisce alle sue bambole un demoniaco potere distruttivo. Ma l'imprevista morte del vecchio fa sì che le marionette assassine cadano in mano di alcuni pazzi che le vogliono mettere in circolazione. A promuovere l'operazione è Charles Band, che ha poi diretto *Giocattoli assassini*. ■ HORROR; COL.; 83′; USA, 1989.

BURATTINO DI NOME PINOCCHIO, UN ★★★
(La vera storia scritta da Collodi)
Regia di GIULIANO CENCI. ■ Il racconto segue fedelmente la favola di Collodi: Geppetto fabbrica il burattino che poi girerà per il mondo incontrando i vari personaggi; sarà in seguito inghiottito da un mostro marino ma si salverà diventando un ragazzino per bene. Film d'animazione ben fatto e ambientato, vagamente, nei dolci paesaggi della Toscana di Collodi. ■ ANIMAZIONE; COL.; 80′; ITALIA, 1972.

BURBERO, IL ★★
Regia di FRANCO CASTELLANO, PIPOLO. Con ADRIANO CELENTANO, DEBRA FEUER, JEAN SOREL. ■ Bella camerierina che vive a New York, Mary, viene chiamata in Italia dal marito col miraggio di una improvvisa ricchezza. Sull'aereo conosce un burbero avvocato, Tito Torrisi. Giunta a Firenze, la ragazza trova una realtà intricatissima, il marito ha affari con loschi individui e giunge al suicidio. Mary chiede aiuto a Torrisi, il quale, suo malgrado, le dà una mano. Dopo una serie di colpi di scena si scopre che il marito non è affatto morto e che aveva tradito i complici dopo una rapina. Ma intanto il burbero e Mary si sono innamorati. ■ COMMEDIA; COL.; 110′; ITALIA, 1986.

BURIED. SEPOLTO *(Buried)* ★★
Regia di RODRIGO CORTES. Con SAMANTHA MATHIS, ROBERT PATERSON, JOSE LUIS GARCIA PEREZ, RYAN REYNOLDS, STEPHEN TOBOLOWSKY. ■ Un uomo si sveglia in una bara, una cassa di legno grezzo. Ha le mani legate e un bavaglio alla bocca, inoltre ha anche diversi oggetti nella bara, messi lì dalle stesse persone che lo hanno chiuso e seppellito, tra i quali un telefono cellulare, unico mezzo per comunicare con l'esterno. E comunicare con l'esterno è esattamente quello che deve fare secondo i suoi aguzzini: l'idea è infatti che il povero camionista, sepolto non si sa dove nel deserto dell'Iraq, convinca governo o ambasciata a pagare un riscatto per la sua libertà. E soprattutto che lo faccia prima che finisca l'aria. ■ THRILLER; COL.; 95′; SPAGNA, 2010.

BURKE AND HARE – MERCANTI DI CARNE UMANA *(Burke and Hare)* ★★★
Regia di VERNON SEWELL. Con HARRY ANDREWS, GLYNN EDWARDS, YOOTHA JOYCE, DERREN NESBITT. ■ Edimburgo. Il calzolaio Burke e il tuttofare Hare vivono, con le rispettive consorti, nella stessa umile casa. Un giorno, per fare un favore ad alcuni amici, i due devono far sparire un cadavere: decidono di venderlo al dottor Knox studioso d'anatomia. Le mogli incitano i mariti a continuare nel redditizio traffico, e quando Burke e Hare si trovano a corto di defunti si mettono a "fabbricarli" al momento. Diventano ricchissimi: la resa dei conti, però, ci sarà. ■ HORROR; COL.; 91′; GRAN BRETAGNA, 1971.

BURLESQUE ★★
Regia di STEVE ANTIN. Con CHRISTINA AGUILERA, CHER, ERIC

DANE, CAM GIGANDET, JULIANNE HOUGH. ■ Ali Rose ha pochi soldi e una grande ambizione: lasciare la provincia americana per vivere il sogno americano. Approdata a Los Angeles trova impiego e accoglienza nel teatro di varietà gestito dalla ruvida ma generosa Tess, cantante e creatrice dei numeri di danza che ogni sera infiammano il palcoscenico del Burlesque Lounge. Arruolata come cameriera, Ali sogna di calcare il palco, di indossare piume e paillettes e magari far innamorare Jack, un barista dal cuore d'oro e il volto amabile che scrive canzoni mai pronte. Il licenziamento di Nikki, la prima ballerina sempre biliosa e sempre ubriaca, e la gravidanza inaspettata di un'altra dancer le permetteranno di conquistarsi la scena e di rivelare la sua sorprendente voce. ■ MUSICAL; COL.; 116′; AUSTRALIA, 2010.

BURN AFTER READING – A PROVA DI SPIA ★★★
Regia di ETHAN COEN, JOEL COEN. Con GEORGE CLOONEY, RICHARD JENKINS, JOHN MALKOVICH, FRANCES MCDORMAND, BRAD PITT, J. K. SIMMONS, TILDA SWINTON. ■ Osborne Cox è un analista della Cia che viene da un giorno all'altro allontanato dal suo incarico. Motivo ufficiale: ha dei problemi con l'alcol. Comincerà ad averli rimanendo a casa disoccupato e con una moglie che lo tradisce con Harry Pfaffer, uno sceriffo federale affetto da numerose intolleranze alimentari. Alla periferia di Washington, in una palestra, Linda Litzke (una donna di mezza età che sogna interventi di chirurgia estetica che non può pagarsi) viene coinvolta da Chas, un collega svaporato, in un gioco pericoloso. Un inserviente ha trovato in uno spogliatoio un dischetto con informazioni riservate della Cia. I due risalgono al proprietario, che è Osborne, e decidono di tentare di ricattarlo. I Coen questa volta si divertono davvero con attori amici come Clooney e McDormand. Il divertimento per i due consiste nel realizzare un film "alla Landis" mutandone il segno. Il riferimento a Chevy Chase protagonista dell'indimenticato *Spie come noi* è addirittura esplicito. Ma, come sempre accade con i più intellettuali dei registi americani, tutto è molto più complesso di come appare a una lettura superficiale. È questa costante ambiguità che fa sì che questo film, che alcuni potrebbero considerare come minore nella filmografia coeniana, si collochi invece alla perfezione nella consapevole e continua ricerca di uno sguardo che non dimentica mai una proposta alta delle potenzialità del cinema. ■ COMMEDIA; COL.; USA, 2008.

BURNING PLAIN, THE ★★★
Regia di GUILLERMO ARRIAGA. Con KIM BASINGER, JOAQUIM DE ALMEIDA, JENNIFER LAWRENCE, DANNY PINO, CHARLIZE THERON, JOSÉ MARÍA YAZPIK. ■ Sylvia è la responsabile di un ristorante di lusso a Portland. È fredda e contenuta come l'ambiente che la circonda. Mariana è una ragazzina che ha intrecciato una relazione con Santiago, dopo che un rogo si è portato via il padre di lui e la madre di lei, nella deserta pianura del New Messico. Maria è una bambina messicana che vive felice con il padre, fino a quando un incidente non cambia improvvisamente ogni cosa. *The burning plain*, esordio alla regia dello sceneggiatore Guillermo Arriaga. Nella scrittura di Arriaga – *Babel* lo testimonia – c'è sempre un momento che apre la diga e fa debordare, inarrestabile e potente, il film-fiume. Quel momento coincide con un incontro e, spesso, l'incontro è con uno sconosciuto, l'altro che rivela il sé. Il viaggio di Sylvia lungo la mappa della sua storia prende l'avvio dall'incontro con uno sconosciuto proveniente da una terra che il regista conosce bene, il Messico, e dalla quale non ha più bisogno di allontanarsi esageratamente. Non è il caso (come altrove) a fare da guida, piuttosto, al contrario, la necessità. Con pochi, importanti scarti rispetto al già dato, Arriaga dimostra di saper evitare le trappole di un sistema di scrittura che, per quanto estensibile all'infinito, rischiava evidentemente di divenire già gabbia. ■ DRAMMATICO; COL.; 110′; USA, 2008.

BURRO ★★★
Regia di JOSÉ MARIA SANCHEZ. Con RENATO POZZETTO, ELENA SOFIA RICCI. ■ Pacioccone di paese, mentre vende dolciumi al cinema, si innamora di una diva dello schermo e crede di vederla in tutte le donne che incontra. In realtà è un bambinone mai cresciuto che sente acuta la nostalgia del padre che non ha mai conosciuto. Un giorno il genitore ricompare (o così sembra a Burro) ma sotto spoglie di cane. Burro decide di rimanere con lui. ■ COMMEDIA; COL.; 90′; ITALIA, SPAGNA, 1989.

BUSHIDO, LA SPADA DEL SOLE *(Bushido)* ★★
Regia di TOM KOTANI. Con RICHARD BOONE, TOSHIRO MIFUNE, MICHAEL STARR. ■ Ai primi del Novecento sta per essere stipulato un accordo commerciale tra gli Stati Uniti e il Giappone, ma il furto della "spada del sole" (*Bushido*) ferma tutto. Il capitano Hawk, aiutato dal samurai Tomoe, recupera la preziosa arma difendendola con la grinta di un vero samurai. L'accordo verrà fatto. ■ AVVENTURA; COL.; 92′; GRAN BRETAGNA, 1979.

BUSINESS OF STRANGERS, THE ★
Regia di PATRICK STETTNER. Con STOCKARD CHANNING, FRED WELLER, JACK HALLETT, MARCUS GIAMATTI, MARY TESTA, JULIA STILES. ■ A causa di un pesante ritardo ad una riunione di grande importanza, Julie licenzia la sua giovane e nuova assistente, Paula. Le due prendono strade differenti, ma per varie circostanze si ritrovano la sera nello stesso albergo. Nel frattempo Julie ha saputo di essere stata promossa a direttore generale dell'azienda per cui lavora e per questo decide di perdonare la sua assistente e riprenderla con sé. Le due cominciano a conoscersi e passano del tempo insieme. Questo porta all'instaurarsi di uno strano rapporto, ai limiti della morbosità e con espliciti riferimenti saffici. Una pellicola girata male e ulteriormente deteriorata dal doppiaggio in italiano. ■ THRILLER; COL.; 84′; USA, 2001.

BUS IN VIAGGIO *(Get on the Bus)* ★★
Regia di SPIKE LEE. Con RICHARD BELZER, DEANDRE BONDS, ANDRE BRANGHER, CHARLES DUTTON. ■ Un gruppo di uomini di colore parte in autobus per partecipare alla storica Million Man March. Durante i tre giorni di viaggio, tra tensioni, canti e riflessioni, alla fine tutti troveranno un senso comune di appartenenza, una voglia di costruire insieme un mondo migliore contro ogni razzismo e discriminazione. ■ COMMEDIA; COL.; 122′; USA, 1996. ■ BERLINO 1 PR.

BUSSOLA D'ORO, LA *(The Golden Compass)* ★★★
Regia di CHRIS WEITZ. Con NONSO ANOZIE, BEN WALKER, DAKOTA BLUE RICHARDS, JIM CARTER, TOM COURTENAY, DANIEL CRAIG, SAM ELLIOTT, ADAM GODLEY, EVA GREEN, CLARE HIGGINS, NICOLE KIDMAN, SIMON MCBURNEY, CHARLIE ROWE. ■ Lyra (Blue Richards) è una ragazzina orfana che vive con il suo Daimon (rappresentazione fisica in forma animale di un individuo), che si fida del suo tutore Lord Asriel (Craig) ma che viene concupita dalla bella e affascinante Mrs. Coulter (Kidman). Quando alcuni dei suoi amici vengono rapiti dagli "ingoiatori", Lyra cercherà insieme ai Gyziani di recarsi nella terra degli orsi polari per salvare chi realmente conta per lei. Il romanzo di Philip Pullman (il primo di una trilogia), è una favola adulta, psicologica, molto differente dagli *Harry Potter* della Rowling, e per questo motivo più complessa anche da trasferire sullo schermo. L'inizio del film è potteriano, non si parla di maghetti, ma di certo di un istituto dove vengono educati ragazzi che sembrano avere qualcosa di speciale. Poi viene introdotto il concetto di Daimon, come scritto in precedenza una rappresentazione dell'anima umana che nei bambini non è stabilizzata e cambia continuamente di forma, che nel libro ha una sua reale complessità, e che nel film invece si dispiega in pochi minuti. Il Daimon è la chiave di tutta la storia, e forse come tale, avrebbe dovuto essere più approfondito. ■ AZIONE; COL.; 120′; GRAN BRETAGNA, USA, 2007.

BUSTER ★★
Regia di DAVID GREEN. Con PHIL COLLINS, LARRY LAMB, JULIE WALTERS. ■ È la storia raccontata, con tono volutamente leggero, di Buster Edwards, uno degli uomini che rapinarono il treno Glasgow-Londra nel 1963. Riuscì a mettersi in salvo in Messico, ma per amore della moglie (nostalgica delle nebbie inglesi) acconsentì a tornare a Londra. Dove fu catturato. Terzo film sul fatidico colpo al treno, non è il migliore, ma il cantante Phil Collins riesce a imporre un suo piacevole personaggio cinematografico. ■ DRAMMATICO; COL.; 102′; GRAN BRETAGNA, 1988. ■ GOLDEN GLOBES 1 PR, 1 NOM; OSCAR 1 NOM.

BUSTER KEATON NELLA LUNA ★★
(El moderno Barba Azul)
Regia di JAIME SALVADOR. Con ANGEL GARASA, BUSTER KEATON, VIRGINIA SERRET. ■ Nel corso di una battaglia navale Buster finisce in mare: un aereo americano gli lancia un canotto sul quale Keaton raggiunge un'isola. Credendosi in un paese nemico, Buster diffida di tutti e poi si costituisce alle autorità. Questi lo scambiano per un Barbablù assassino di sei mogli e lo cacciano in prigione. Poi tutto si chiarirà felicemente. ■ COMICO; B/N; 90'; MESSICO, 1946.

BUTCH CASSIDY ★★★★
(Butch Cassidy and the Sundance Kid)
Regia di GEORGE ROY HILL. Con TED CASSIDY, PAUL NEWMAN, ROBERT REDFORD, KATHARINE ROSS. ■ È la biografia dei capi di *Branco selvaggio*, gli ultimi grandi fuorilegge del West. Sundance era il braccio e Butch il cervello. Rapinarono banche e treni finché il cerchio degli agenti di Pinkerton si strinse intorno a loro. Emigrarono in Bolivia con la bella Etta finché i *corregidores* non li massacrarono a fucilate. È un film fondamentale per molti motivi. Intanto viene indicato come il western più significativo dell'ultima generazione (quella del tramonto) e poi è l'occasione per alcuni esperimenti che Hill tentò e azzeccò: una certa ironia sempre presente, la musica completamente autonoma e avulsa dal racconto (la canzone di Burt Bacharach, *Raindrops keep fallin' on my head*, ebbe l'Oscar e una popolarità straordinaria). E poi rappresenta la consacrazione a grande divo di Robert Redford. Nel successivo film che i due protagonisti fecero insieme, *La stangata*, sempre di Roy Hill, le parti si invertirono. Redford tolse lo spazio principale a Newman, che se la prese moltissimo e litigò col suo vecchio amico e allievo. Un cenno infine sull'efficace fotografia di Conrad Hall, che usò la tecnica della luce soffusa, un artificio che avrebbe dettato legge negli anni Settanta per i film rievocativi del tempo passato. ■ WESTERN; COL.; 112'; USA, 1969. ■ OSCAR 4 PR, 7 NOM.

BUTTANE, LE ★★
Regia di AURELIO GRIMALDI. Con IDA DI BENEDETTO, ALEX DI SANZO, PAOLA PACE. ■ Presentato in concorso al Festival di Cannes. Terza opera di Grimaldi, ha raccolto pochi consensi. Nonostante l'ottimo bianco e nero della fotografia, c'è un uso eccessivo delle canzonette. Narrazione della vita di alcune prostitute. Si voleva dare un quadro squallido e realistico. In realtà è solo di cattivo gusto. Brava comunque Ida Di Benedetto, sfruttata molto meglio da Piscicelli. A paragone è importante citare di quest'ultimo *Le occasioni di Rosa*. Quel film diceva molto di più mostrando di meno su emarginazione e prostituzione. ■ COMMEDIA; COL.; 85'; ITALIA, 1994.

BUTTATI BERNARDO! *(You're a Big Boy, Now)* ★★★
Regia di FRANCIS FORD COPPOLA. Con KAREN BLACK, ELIZABETH HARTMAN, PETER KASTNER, GERALDINE PAGE, RIP TORN. ■ New York. Il diciannovenne Bernardo è ancora succube dei genitori, i quali decidono di mandarlo a vivere da solo affinché si "svezzi". Dopo una serie di errori, di incidenti e di contrattempi, Bernardo si accorgerà del sincero amore che una segretaria di suo padre nutre per lui e si staccherà definitivamente da una nevrotica attricetta e, soprattutto, dalle ossessive premure dei genitori. ■ COMMEDIA; COL.; 96'; USA, 1967. ■ OSCAR 1 NOM.

BUTTERFLY ★★
Regia di MATT CIMBER. Con STACY KEACH, ORSON WELLES, PIA ZADORA. ■ Fallito tentativo di lanciare in cinema la protetta bassottella di Frank Sinatra, Pia Zadora. La storia (desunta molto liberamente da un romanzo di James M. Cain) è quella di una minorenne ipertesa sessuale che cerca di sistemarsi finanziariamente seducendo il maturo Stacy Keach, che però forse è suo padre. Una delle ultime apparizioni di Orson Welles. ■ DRAMMATICO; COL.; 107'; CANADA, 1981. ■ GOLDEN GLOBES 2 NOM.

BUTTERFLY ★
Regia di YAN YAN MAK. Con JOMAN CHAING, ISABEL CHAN, JOSIE HO, ERIC KOT, TIAN YUAN. ■ In alcuni casi, la celeberrima fama dei film di Hong Kong cosparsi di violenza, sangue e colori forti, può annacquarsi e diluirsi, e raccontare storie di un'innocenza patinata al limite del credibile. Due coppie, una sposata, e una di adolescenti, affrontano la scoperta dell'omosessualità. ■ DRAMMATICO; COL.; 124'; HONG KONG, 2004.

BUTTERFLY AMERICANA *(Call Me Mister)* ★★★
Regia di LLOYD BACON. Con RICHARD BOONE, DAN DAILEY, BETTY GRABLE, DALE ROBERTSON, DANNY THOMAS. ■ 1945. Un sergente americano, che nella vita fa il ballerino, è nei pressi di Tokyo in attesa di rientrare in America. S'imbatte in sua moglie, dalla quale è separato da alcuni anni. Anche lei è una artista di varietà. I due si amano ancora ma lei è bloccata dal ricordo dei continui tradimenti patiti. Lei cerca di sfuggirgli e lui, per rincorrerla, viene considerato disertore. Alla fine si riconcilieranno. ■ COMM. MUSICALE; COL.; 95'; USA, 1951.

BUTTERFLY BALL, THE ★★
Regia di TONY KLINGER. Con DAVID COVERDALE, IAN GILLAN, ROGER GLOVER, VINCENT PRICE, TWIGGY. ■ È un concerto con molti musicisti rock celebri, la maggior parte provenienti dai Deep Purple. Alternato da immagini di una fiaba narrata da Vincent Price. ■ COMM. MUSICALE; COL.; 90'; GRAN BRETAGNA, 1976.

BUTTERFLY EFFECT, THE ★★
Regia di ERIC BRESS, J. MACKYE GRUBER. Con ELDEN HENSON, ASHTON KUTCHER, KEVIN SCHMIDT, AMY SMART, MELORA WATERS. ■ Evan si sta per laureare, e sembra aver superato le amnesie che aveva sin da bambino: tutti i momenti traumatici della sua vita sono avvolti dal buio, e lui non ne ha memoria se non nei diari che il suo analista gli fa scrivere dall'età di nove anni e che ancora conserva. Evan rilegge i diari e accade l'assurdo: viene catapultato indietro nel passato, che presto scopre di poter influenzare. C'è un problema, però: cambiare anche il minimo dettaglio sconvolge tutto il suo vissuto, e il destino di Evan e dei suoi amici, al risveglio, è completamente cambiato. Buona solo l'idea. ■ FANTASTICO; COL.; 113'; USA, 2003.

BUTTERFLY KISS ★★
Regia di MICHAEL WINTERBOTTOM. Con PAUL BOWN, AMANDA PLUMMER, SASKIA REEVES. ■ Amore e morte tra Eunice, una delirante serial-killer desiderosa di onnipotenza ma inevitabilmente in cerca di nemesi, e Miriam, ingenua e innamorata, che le offrirà inconsapevole la redenzione. Un *road movie* in nero, una storia dominata dalla presenza dell'antidiva Amanda Plummer, cui l'esordiente Saskia Reeves fornisce un adeguato contrappunto ironico. ■ THRILLER; COL.; 88'; GRAN BRETAGNA, 1995.

BUTTERFLY ROOM – LA STANZA DELLE FARFALLE, THE ★★
Regia di JONATHAN ZARANTONELLO. Con HEATHER LANGENKAMP, ERICA LEERHSEN, ELLERY SPRAYBERRY, BARBARA STEELE, RAY WISE. ■ Elegante e solitaria, Ann si occupa spesso della piccola Julie, figlia di una vicina assente. Nella casa dell'anziana donna, la bambina è sempre più attratta dalla stanza delle farfalle. Intanto, al legame stretto con Julie, si sovrappone – in flashback – quello con Alice, che offre ad Ann il proprio affetto di figlia surrogata in cambio di denaro. Ispirato ad *Alice dalle 4 alle 5*, titolo di un racconto e cortometraggio dello stesso regista, *The Butterfly Room* rientra in quell'affascinante categoria di "nero per signora" che da *Che fine ha fatto Baby Jane?* in poi ha rappresentato la declinazione al femminile di un filone in equilibrio tra thriller e horror. ■ THRILLER; COL.; 87'; ITALIA, USA, 2012.

BUTTERFLY ZONE. IL SENSO DELLA FARFALLA ★★
Regia di LUCIANO CAPPONI. Con BARBARA BOUCHET, FRANCESCO MARTINO, PIETRO RAGUSA, ALESSANDRA RAMBALDI, FRANCESCO SALVI. ■ Un misterioso raggio di provenienza aliena colpisce le vigne e i terreni adibiti al pascolo di un casolare vicino Roma. La tenuta appartiene al professor Chenier, scienziato con una passione per l'enologia, che, pochi giorni dopo l'accaduto, viene portato via da alcuni uomini in nero. Molti anni dopo, il figlio Vladimiro vive da solo nel casolare tormentato dai ricordi del padre scomparso e della sorella morta suicida. Una sera ritrova nella cantina di casa una serie di vecchie bottiglie di vino rosso e un messaggio del padre che lo invita ad assaggiare il frutto di quella speciale annata. Il vino, denominato "Caresse de Roi", viene as-

saggiato da Vladimiro una sera a cena assieme all'amico d'infanzia Amilcare, salumiere dal carattere vitale e sanguigno. Dopo solo pochi sorsi, i due amici si ritrovano in preda a una febbrile euforia, viandanti in uno strano luogo popolato di musicisti che non suonano, di bar che servono caffè senza zucchero e di loschi figuri armati di coltelli. ■ THRILLER; COL.; 100′; ITALIA, 2009.

BUTTIGLIONE DIVENTA CAPO DEL SERVIZIO SEGRETO ★★
Regia di MINO GUERRINI. Con GIANNI AGUS, GIANNI CAVINA, FRANCO DIOGENE, JACQUES DUFILHO, RAF LUCA. ■ Il generale Buttiglione, grazie alla sua inettitudine che lo rende al di sopra di ogni sospetto, viene nominato capo del gruppo destinato all'operazione di spionaggio detta in codice "Occhio di lince". Il compito è quello di individuare l'agente nemico "Dollaro". Buttiglione e i suoi individueranno Dollaro dopo mille peripezie. ■ COMMEDIA; COL.; 92′; ITALIA, 1975.

BWANA DEVIL ★★
Regia di ARCH OBOLER. Con BARBARA BRITTON, NIGEL BRUCE, ROBERT STACK. ■ Nell'Africa Orientale Britannica si sta costruendo una ferrovia; i lavori devono essere interrotti allorché nella zona due feroci leoni mietono parecchie vittime tra gli operai addetti. I cacciatori non riescono ad abbattere le due belve: ci riuscirà un ingegnere della spedizione. Fu il primo film presentato in 3-Dimensioni. ■ AVVENTURA; COL.; 79′; USA, 1952.

BYE BYE BABY ★★
Regia di ENRICO OLDOINI. Con CAROL ALT, LUCA BARBARESCHI, BRIGITTE NIELSEN. ■ Giovani sposi di Milano litigano, si separano, divorziano, si rimettono insieme (come amanti). Tra un litigio e una riconciliazione, trovano anche il tempo per relazioni extra lui con una biondona, lei con un giovane dottore, suo collega in ospedale. ■ COMMEDIA; COL.; 95′; ITALIA, 1988.

BYE BYE BARBARA ★★★
Regia di MICHEL DEVILLE. Con PHILIPPE AVRON, BRUNO CREMER, MICHEL DUCHAUSSOY, ALEXANDRA STEWART, EVA SWANN. ■ Il giornalista Thomas incontra in un bar Barbara, e la porta a casa propria, dove la ragazza si addormenta profondamente perché in preda all'effetto dei sonniferi. Thomas esce per poco e, al ritorno, non trova più la fanciulla. Una sera il giornalista legge che Barbara è morta in un incidente. Ma in seguito Thomas vede, durante una trasmissione televisiva, il volto di Barbara tra il pubblico. Un biglietto inviatogli dalla ragazza gli conferma che è viva. Thomas si dà da fare e arriverà a svelare il mistero. ■ COMMEDIA; COL.; 102′; FRANCIA, 1969.

BYE BYE BERLUSCONI! *(Bye Bye Berlusconi)*
Regia di JAN HENRIK STAHLBERG. Con MAURIZIO ANTONINI, FABIO BEZZI, PIETRO BONTEMPO, LUCIA CHIARLA, FRANCO LEO, PIETRO RAGUSA, TULLIO SORRENTINO, JAN HENRIK STAHLBERG. ■ Presentato nella sezione Panorama della Berlinale, il film fa perdere 89 minuti a chi per dovere lo va a vedere. Gli "sceneggiatori" immaginano una troupe che vuole girare un film su un ipotetico sequestro del presidente del Consiglio. Consigliati dagli avvocati di evitare di nominare direttamente Berlusconi per evitare pesanti querele, riscrivono il tutto ambientando la vicenda a Topolandia e chiamando il loro protagonista Topolino. Girato in modo supponente (per le tematiche che vorrebbe affrontare) e dilettantesco al contempo (a livello della più ingenua amatorialità) il film non può neppure essere definito un tentativo di satira malriuscito. Alla proiezione stampa (c'erano molti critici italiani e di tutte le posizioni ideologiche) un silenzio tombale e imbarazzato. Fortunatamente il film batte bandiera tedesca. ■ POLITICO; COL.; 89′; GERMANIA, 2005.

BYLETH – IL DEMONE DELL'INCESTO ★
Regia di LEOPOLDO SAVONA. Con ALDO BUFI LANDI, MARK DAMON, TONY DENTON, CLAUDIA GRAVY, FRANCO JAMONTE. ■ Lionello è legato alla sorella Barbara da un affetto morboso. Quando la ritrova, dopo un anno di assenza, sposata al maturo nobiluomo Giordano, fa di tutto per staccarla dal marito. ■ HORROR; COL.; 92′; ITALIA, 1971.

C

CABAL *(Nightbreed)* ★★
Regia di Clive Barker. Con Anne Bobby, David Cronenberg, Craig Sheffer. ■ Lo scrittore-regista ci riprova dopo *Hellraiser*, ma questa volta tende troppo a fare lo Spielberg versione horror. Seppur non del tutto riuscito, l'esordio era perlomeno più originale. Restano gli splendidi trucchi e le creature della stirpe Nightbreed composta da non-morti. Il protagonista viene arrestato dalla polizia con l'aiuto del suo medico, interpretato dal regista Cronenberg. Lo si accusa di aver commesso una strage, che in realtà è stata opera proprio del dottore. Finisce così a Midian, sorta di inferno dove lo seguirà di lì a poco la sua donna. ■ Fantastico; col.; 110'; Gran Bretagna, 1989.

CABARET ★★★★★🏆
Regia di Bob Fosse. Con Marisa Berenson, Joel Grey, Helmut Griem, Liza Minnelli, Michael York. ■ Siamo a Berlino agli inizi degli anni Trenta. Una giovane americana, Sally, mezza cantante e mezza prostituta, incontra un giovane inglese, Bryan. Tra i due si stabilisce una relazione tempestosa e ambigua, in cui si inserisce un ricco barone che conquista le grazie di lui e di lei. A un certo punto Sally rimane incinta e Bryan, anche se non è certo di essere il padre della creatura, accetta di sposare la ragazza. Ma questa, senza consultarsi con lui, abortisce. Per salvare il loro amore, dice, ma in realtà per poter continuare la sua carriera. I due allora si lasciano. Sulla Germania sta per abbattersi la bufera hitleriana. Tratto da una commedia musicale di John van Druten (a sua volta ispirata da un romanzo di Isherwood), *Cabaret* è stato un grande successo, sia per la splendida interpretazione di Liza Minnelli, sia per la bravura del regista. Onorato da otto Oscar, il film è ormai un classico che riesce a unire le piacevolezze del musical alla splendida rievocazione di un momento tragico della storia d'Europa. ■ Drammatico; col.; 128'; USA, 1972. ■ David di Donatello 🏆 2 pr, 2 nom; Golden Globes 🏆 3 pr, 7 nom; Oscar 🏆 8 pr, 10 nom.

CABARET – BALLATA ROMANTICA ★★
(Dieses Lied bleibt bei dir)
Regia di Willi Forst. Con Paul Henreid, Elma Karlowa, Eva Kerbler, Fritz Schulz. ■ Conrad, noto compositore romantico, è anche un impenitente dongiovanni. Ma quando incontra Léonie, questa non ci sta e lui accetta di sposarla. In seguito Conrad incontra Franzie, bella e ambiziosa, e Léonie lo pianta. Conrad, pentito, decide di arruolarsi per la guerra nel frattempo scoppiata. Allora Léonie, che ancora lo ama, corre da lui. ■ Commedia; b/n; 91'; Germania, 1954.

CABIN FEVER ★
Regia di Eli Roth. Con James DeBello, Jordan Ladd, Rider Strong. ■ Un gruppo di studenti affittano un capanno nel bosco per organizzare una festa. Ma, all'improvviso, il party viene interrotto da un uomo delirante e devastato dalle piaghe. Dopo una cruenta lite l'uomo scompare, ma la misteriosa malattia da cui era affetto comincia a contagiare i ragazzi. Il finale – teoricamente apocalittico – è talmente fuori contesto da risultare disturbante. ■ Horror; col.; 94'; USA, 2003.

CABIRIA ★★★
Regia di Giovanni Pastrone. Con Italia Almirante Manzini, Umberto Mozzato, Lydia Quaranta. ■ Annibale che dichiara guerra a Roma e le cospirazioni a Cartagine sono lo sfondo storico. Cabiria, durante la seconda guerra punica, sfugge alla strage dell'Etna, ma viene rapita e portata a Cartagine. Sta per essere sacrificata a Moloch, ma la salva Fulvio Axilia con l'aiuto dello schiavo Maciste. Durante la fuga Maciste viene catturato, mentre Cabiria si salva, ma diventa schiava di Sofonisba. Maciste dovrà salvarla ancora una volta. Primo grande kolossal della storia del cinema, è stato scritto da Gabriele D'Annunzio. La grande pulizia della messinscena e un ottimo restauro lo rendono ancora un grande e avvincente spettacolo per gli occhi. ■ Storico; col.; 121'; Italia, 1913.

CABOBLANCO ★★
Regia di Jack Lee Thompson. Con Charles Bronson, Fernando Rey, Jason Robards, Gilbert Roland, Dominique Sanda, Camilla Sparv. ■ In un villaggio costiero del Sudamerica, nell'immediato dopoguerra, un gruppo di avventurieri (fra i quali alcuni ex nazisti) lotta per assicurarsi il tesoro inabissatosi con il piroscafo *Britannia*. Il proprietario di un night club per un po' sta a guardare, poi interviene dando la paga all'ex SS e ai suoi soldati. Un rifacimento (non ufficiale) del vecchio *Casablanca* con Bogart. ■ Avventura; col.; 87'; USA, 1980.

CABRIOLA ★★
Regia di Mel Ferrer. Con Rafael De Cordova, Marisol, Angel Peralta, Pedro Maria Sanchez. ■ Una ragazza si reca dal famoso torero Angel Peralta per chiedergli di poter lavorare per lui. Viene scambiata per un ragazzo e quindi educata alla tauromachia. Le sue doti di clown le attirano le simpatie del pubblico. L'intervento di Miguel, uomo di fiducia del torero, mette fine all'equivoca situazione e il film termina lasciando sperare che Peralta ricambierà l'amore che la ragazza nutre per lui. ■ Commedia; col.; 90'; Spagna, 1965.

CACCIA, LA *(La caza)* ★★★
Regia di Carlos Saura. Con Emilio Gutierrez Caba, Alfredo Mayo, Ismael Merlo. ■ Uno dei primi (e migliori) film di Carlos Saura (e un chiaro segno di rinascita del cinema spagnolo). La storia di una battuta di caccia, che finisce in un massacro, è un pretesto per un apologo sulla borghesia franchista emersa dalla guerra civile. Tre ex veterani falangisti e un ragazzo vanno a sparare alle lepri in una pianura, dove i tre combatterono trent'anni prima. Il più ricco e anziano è accidentalmente ucciso. Gli altri due litigano e s'ammazzano a vicenda. Rimane vivo e sperduto solo il ragazzo. ■ Drammatico; b/n; 93'; Spagna, 1965. ■ Berlino 1 pr.

CACCIA, LA *(The Chase)* ★★★★
Regia di Arthur Penn. Con Marlon Brando, Angie Dickinson, Jane Fonda, Miriam Hopkins, Robert Redford. ■ Un evaso, Bubber Reeves, arriva al paese e scopre che la moglie ha una relazione con Jake, figlio di chi ha in mano il paese. Vorrebbe fare una strage, ma lo sceriffo cerca di convincere l'evaso a costituirsi e quasi avrebbe raggiunto il suo scopo, se la folla inferocita non linciasse sia l'evaso sia l'amante di sua moglie. ■ Drammatico; col.; 135'; USA, 1966.

CACCIA AI DIAMANTI *(The Secret Place)* ★★★
Regia di Clive Donner. Con Michael Brooke, Belinda Lee, Ronald Lewis, John Walsh. ■ Molly si fa dare da Freddy la

divisa da poliziotto di suo padre per fare uno scherzo. La usa invece Jerry, fidanzato di Molly, per rubare dei diamanti che nasconde in un grammofono. L'ignara Molly lo regala a Freddy che, scoperto il furto, insegue Jerry e riesce ad assicurarlo alla giustizia. ■ POLIZIESCO; B/N; 98'; GRAN BRETAGNA, 1956.

CACCIA AI FALSARI *(Outside the Law)* ★★
Regia di JACK ARNOLD. Con RAY DANTON, LEIGH SNOWDEN. ■ A Berlino viene ucciso un soldato americano. Johnny Salvo, amico dell'ucciso, incaricato delle indagini, scopre due casse di dollari falsi nascoste tra i tessuti della ditta presso la quale lavora Maria, moglie dell'ucciso, ma ignara di tutto. Amore tra Johnny e Maria. ■ POLIZIESCO; B/N; 81'; USA, 1956.

CACCIA AI TERRESTRI *(Without Warning)* ★★
Regia di GREYDON CLARK. Con MARTIN LANDAU, CAMERON MITCHELL, JACK PALANCE. ■ Stavolta gli alieni esagerano in aggressività. Aggrediscono i poveri terrestri lanciando loro contro dischi carnivori. I primi a essere straziati sono i cacciatori e i turisti che frequentano una località lacustre. Due ragazzini però riusciranno a controbattere gli alieni. ■ FANTASTICO; COL.; 90'; USA, 1981.

CACCIA AI VIOLENTI ★
Regia di NINO SCOLARO. Con ROSSANO BRAZZI, ALDO BUFI LANDI, TY HARDIN, ANNA MARIA PIERANGELI, GEORGE SANDERS. ■ Una donna scompare. È stata presa e ricattata per costringerla a svelare l'ubicazione di una miniera. Il tenente King prende in mano la situazione e fa piazza pulita. ■ AVVENTURA; COL.; 91'; ITALIA, 1968.

CACCIA AL FANTASMA *(Ghost Catchers)* ★★
Regia di EDWARD F. CLINE. Con LEO CARRILLO, ANDY DEVINE, HAROLD CHIC JOHNSON, OLE OLSEN. ■ Un ufficiale in pensione e le sue figlie affittano una villa a New York. Nell'edificio accadono cose strane che il colonnello, le figlie e due comici di un vicino cabaret cercano di svelare. C'è o non c'è il fantasma? No, non c'è. C'è invece il proprietario del cabaret, che voleva cacciare i vicini per continuare nei suoi loschi traffici. ■ COMMEDIA; B/N; 67'; USA, 1944.

CACCIA AL LADRO *(To Catch a Thief)* ★★★★
Regia di ALFRED HITCHCOCK. Con BRIGITTE AUBER, CARY GRANT, GRACE KELLY, CHARLES VANEL. ■ John è un famoso ladro di gioielli, ritiratosi dalla "professione" dopo essere stato scarcerato durante la guerra e aver partecipato alla Resistenza in Francia. Sulla Costa Azzurra, dove ora vive, si verificano dei furti eseguiti secondo la sua tecnica d'un tempo. Sospettato, tra gli altri, da un'affascinante connazionale, rischia di essere ucciso e, alla fine, riesce a scoprire il nuovo "gatto": imprevedibile, ma non troppo. ■ COMMEDIA; COL.; 97'; USA, 1955. ■ OSCAR 1 PR, 3 NOM.

CACCIA ALL'ASSASSINO *(Romance de fieras)* ★★
Regia di ISMAEL RODRIGUEZ. Con ARMANDO CALVO, JOAQUIN CORDERO, JACK LAURON, MARTHA ROTH. ■ Don Narvaez disereda suo figlio Riccardo (dopo aver scoperto che è un assassino e un mascalzone) in favore di Gabriella, da lui sedotta. Riccardo riesce a sposare Gabriella, ma la giovane, quando scopre la verità, vuole devolvere l'eredità ai poveri. Riccardo la minaccia e viene sbranato dai cani della moglie. ■ DRAMMATICO; B/N; 90'; MESSICO, 1954.

CACCIA ALLA STREGA *(Fosfoljesen)* ★★
Regia di ANJA BREIEN. Con BJORN SKAGESTAD, LIL TERSELIUS. ■ In Norvegia, nel Seicento, una giovane torna nel villaggio natale, dove intreccia una storia d'amore con un giovane. Ma la sua riservatezza, che la porta a vivere da sola, e l'abilità nel maneggiare le erbe la fanno sospettare di essere una strega. Viene imprigionata, torturata, decapitata e bruciata. ■ DRAMMATICO; COL.; 90'; NORVEGIA, 1981. ■ VENEZIA 2 PR.

CACCIA ALLA VOLPE *(After the Fox)* ★★★
Regia di VITTORIO DE SICA. Con LANDO BUZZANCA, BRITT EKLAND, VICTOR MATURE, PETER SELLERS, PAOLO STOPPA, AKIM TAMIROFF. ■ Al Cairo sparisce un carico d'oro. Deve riuscire a introdurlo in Italia Aldo Vanucci, detto "la volpe" per la furberia con la quale riesce sempre a evadere. Ma proprio mentre appronta la scena dello sbarco dell'oro rubato, interviene l'Interpol. Tutti arrestati. Naturalmente in primavera "la volpe" evaderà di nuovo. Film decisamente minore del De Sica postneorealista. ■ COMMEDIA; COL.; 103'; GRAN BRETAGNA, ITALIA, 1966.

CACCIA ALLE FARFALLE *(La chasse aux papillons)* ★★★★
Regia di OTAR IOSSELIANI. Con NARDA BLANCHET, PIERRETTE POMPOM BAILHACHE, ALEXANDRE TCHERKASSOFF. ■ Iosseliani ritorna alla bravura di *I favoriti della luna* con un film che sta a mezza strada tra il proprio stile, quello di Tati e quello di Buñuel. La storia è ambientata in Francia. Ci sono due simpatiche vecchiette che abitano in un grande castello. Durante questa vita ritirata, le due signore vengono a sapere indirettamente tutti i terribili avvenimenti che sconvolgono il mondo. E, tramite i loro mobili e i loro oggetti preziosi, hanno un ricordo del passato. Poi la morte attraverserà la casa e degli speculatori immobiliari giapponesi riusciranno a diventare proprietari della piccola ricchezza delle due signore. Poesia, un tocco di ironia e grande cinema. Grandi le interpreti. Presentato alla Mostra di Venezia. ■ COMMEDIA; COL.; 115'; FRANCIA, 1992. ■ VENEZIA 1 PR.

CACCIA ALL'UOMO ★★
Regia di RICCARDO FREDA. Con ANDREA CHECCHI, YVONNE FURNEAUX, RICCARDO GARRONE, PHILIPPE LEROY, UMBERTO ORSINI, ELEONORA ROSSI DRAGO. ■ Dedicato a Dox, noto canepoliziotto. In Sicilia si cerca il fuorilegge Mazzarò che ha ucciso un notaio e rapito una bambina. C'è Maria, amante di Mazzarò, e di un boss. Maria precipita in un burrone, il bandito viene preso, la bambina ritrovata, Dox decorato. A Roma, Dox collabora in un'operazione di traffico di stupefacenti con assassinio di un'indossatrice. ■ DRAMMATICO; B/N; 90'; ITALIA, 1961.

CACCIA ALL'UOMO *(Requiem pour un caïd)* ★★★
Regia di MAURICE CLOCHE. Con JACQUES DUBY, PIERRE MONDY, MAGALI NOËL, JEAN TISSIER. ■ La polizia tiene d'occhio Jo Pinelli, boss della malavita. In casa sua sono state infatti trovate le armi servite per una rapina nella quale morì un uomo. Interrogatori, informazioni, corse, appostamenti. Alla fine Jo viene acciuffato. ■ POLIZIESCO; B/N; 86'; FRANCIA, 1964.

CACCIA ALL'UOMO NELLA GIUNGLA ★★
(Jungle Manhunt)
Regia di LEW LANDERS. Con SHEILA RYAN, RICK VALLIN, BOB WATERFIELD, JOHNNY WEISSMULLER. ■ Jim Bradley, meglio conosciuto come "Jim della giungla", deve salvare un campione di football americano. Weissmuller, celebre Tarzan, interpretò anche alcuni film con questo personaggio. ■ AVVENTURA; B/N; 65'; USA, 1951.

CACCIA ALL'UOMO NELL'ARTIDE *(Artic Manhunt)* ★★
Regia di EWING SCOTT. Con WALLY CASSEL, MICHAEL CONRAD, CAROL THURSTON. ■ Uscito di prigione, un uomo recupera una valigia contenente una grossa somma trafugata e, inseguito dagli agenti della compagnia derubata, parte per l'Alaska per raggiungere il suo complice. ■ DRAMMATICO; B/N; 69'; USA, 1949.

CACCIA AL MARITO ★★
Regia di MARINO GIROLAMI. Con WALTER CHIARI, PIERRE CRESSOY, LORELLA DE LUCA, ENNIO GIROLAMI, SANDRA MONDAINI, RAIMONDO VIANELLO. ■ Quattro amiche mettono insieme i loro pochi soldi per far la vita delle signore in un grande albergo. Sperano di trovar marito. Fanno vari incontri e si susseguono molte vicende, ma solo una di loro trova nell'albergo l'uomo dei suoi sogni, uno scrittore alla moda, e lo sposa. ■ COMMEDIA; COL.; 90'; ITALIA, 1960.

CACCIA AL MASCHIO *(La chasse à l'homme)* ★★★
Regia di EDOUARD MOLINARO. Con JEAN-PAUL BELMONDO, BERNARD BLIER, JEAN-CLAUDE BRIALY, CATHERINE DENEUVE, FRANÇOISE DORLÉAC, MARIE LAFORÊT, MICHELINE PRESLE, CLAUDE RICH, MICHEL SERRAULT. ■ Giselle e Antoine fanno parte della buona società e stanno per sposarsi. Ma lui è atterrito dalle catastrofiche previsioni di due amici vittime del matrimonio; utilizzando il biglietto per il viaggio di nozze fugge in Grecia dove, però, verrà "catturato" da Sandra, professionista della caccia a turisti danarosi. ■ COMMEDIA; B/N; 90'; FRANCIA, 1964.

CACCIA AL MONTONE ★★★
(L'ordinateur des pompes funèbres)
Regia di GÉRARD PIRÈS. Con MIREILLE DARC, BERNADETTE

LAFONT, CLAUDIA MARSANI, LEA MASSARI, JEAN-LOUIS TRINTIGNANT. ■ Fred, impiegato nel ramo assicurativo, è sposato con la scostante Gloria. Presasi come amante la segretaria Charlotte, architetta la morte (accidentale) della moglie. Frattanto conosce la moglie dell'amico Pierre e, servendosi di Charlotte, organizza anche la morte di Pierre. Si instaura così un *ménage à trois* tra Fred, Charlotte e la moglie di Pierre. ■ COMICO; COL.; 85'; FRANCIA, 1975.

CACCIA AL RE *(To Catch a King)* ★★
Regia di CLIVE DONNER. Con TERI GARR, BARBARA PARKINS, ROBERT WAGNER. ■ Durante la seconda guerra mondiale, i nazisti ordiscono un complotto per rapire i duchi di Windsor a Lisbona. Ma il piano è mandato all'aria da una cantante e da un proprietario di un caffè concerto. ■ SPIONAGGIO; COL.; 113'; USA, 1984.

CACCIA AL TENENTE *(The Horizontal Lieutenant)* ★★
Regia di RICHARD THORPE. Con JACK CARTER, JIM HUTTON, PAULA PRENTISS, MIYOSHI UMEKI. ■ Il tenente Merle Wye viene incaricato di scoprire l'autore dei furti al magazzino militare di Honolulu. Affiancato dalla "tenente" Molly Blue, riesce ad accertare che il ladro si trova tra un gruppo di attori che devono tenere una rappresentazione in occasione di una grande festa. Ma il ladro riesce a fuggire. Poi il tenente, recatosi in un punto deserto dell'isola per passare un pomeriggio d'amore con Molly, scopre una caverna e assicura alla giustizia il ladro. ■ COMMEDIA; COL.; 90'; USA, 1962.

CACCIA AL TESTAMENTO ★★
(Daddy's Dyin'... Who's Got the Will?)
Regia di JACK FISK. Con BEAU BRIDGES, KEITH CARRADINE, BEVERLY D'ANGELO, PATRIKA DARBO, TESS HARPER, JUDGE REINHOLD, AMY WRIGHT. ■ Vincitore di alcuni premi, tra i quali uno al Festival di Chicago. Gli aspiranti eredi di un cospicuo patrimonio si dannano per trovare il testamento. ■ COMMEDIA; COL.; 91'; USA, 1990.

CACCIA A OTTOBRE ROSSO ★★★
(The Hunt for Red October)
Regia di JOHN MCTIERNAN. Con ALEC BALDWIN, SEAN CONNERY, SCOTT GLENN, JAMES EARL JONES. ■ Il regista di *Nomads* e *Trappola di cristallo* alle prese con una storia fanta-storica, tratta dal romanzo di Tom Clancy. *Ottobre Rosso* è un sommergibile nucleare comandato da Ramius che vuole avvicinarsi alle coste americane. Spionaggio, azione e molto professionismo caratterizzano il film. Molto spettacolo, poca profondità, nondimeno la "tenuta" attoriale di Sean Connery e la furbizia della regia nascondono bene la scarsa plausibilità della storia. ■ AVVENTURA; COL.; 135'; USA, 1990. ■ OSCAR 1 PR, 3 NOM.

CACCIA APERTA *(A Small Town in Texas)* ★★
Regia di JACK STARRETT. Con TIMOTHY BOTTOMS, SUSAN GEORGE, ART HINDLE, BO HOPKINS. ■ Un corrotto sceriffo texano è implicato in un traffico di droga, ma ha mandato in galera un suo complice per amoreggiare con la moglie di lui. Quando il poveraccio esce assiste a un omicidio politico in cui è implicato il rivale che cerca d'accollargliene la responsabilità. Riuscirà a fatica a dimostrarsi innocente. ■ POLIZIESCO; COL.; 95'; USA, 1979.

CACCIA DI GUERRA *(War Hunt)* ★★★
Regia di DENIS SANDERS. Con CHARLES AIDMAN, TOMMY MATSUDA, SIDNEY POLLACK, ROBERT REDFORD, JOHN SAXON. ■ Il soldato Roy raggiunge il fronte in Corea e conosce un orfano, protetto da Endore, che è un fegataccio. Ma dopo l'armistizio Endore, non volendo tornare entro le linee, si nasconde con Charlie. Ritrovato, in una colluttazione viene ucciso dal capitano Pratt, mentre Charlie fugge. ■ DRAMMATICO; B/N; 81'; USA, 1961.

CACCIA IMPLACABILE *(The Pursuit of D. B. Cooper)* ★★
Regia di ROGER SPOTTISWOODE. Con ROBERT DUVALL, ED FLANDERS, PAUL GLEASON, KATHRYN HARROLD, TREAT WILLIAMS. ■ La storia di D. B. Cooper che, nel 1971, rapinò un milione di dollari e sparì senza lasciare traccia. Robert Duvall è un ex sergente dei marines che è diventato detective assicurativo e deve riuscire a prendere un ex commilitone, autore di una rapina da un milione di dollari. Duvall è però seguito da vicino da un altro militare che vive d'espedienti. Tutti e tre sono stati, ovviamente, nel Vietnam. Si tratta di un film di cui poi Spottiswoode girerà un remake con *Sulle tracce dell'assassino*. Ricco di sequenze spettacolari ma povero di tutto il resto. ■ DRAMMATICO; COL.; 100'; USA, 1981.

CACCIA MORTALE *(Joshua Tree)*
Regia di VIC ARMSTRONG. Con KRISTIAN ALFONSO, DOLPH LUNDGREN, GEORGE SEGAL, BEAU STARR. ■ Santee fa parte di una banda di ladri d'auto di grossa cilindrata. A capo dell'organizzazione sta un importante poliziotto. Accusato ingiustamente di omicidio, Santee rischia la vita perché conosce l'identità del boss. Riesce a fuggire dal carcere portando con sé un ostaggio, Rita, una vicesceriffo che si innamora di lui. Il lieto fine è garantito con l'arresto del malvagio poliziotto. Una volta, quando non si riusciva a trovare un pregio a un film, si scriveva: «Bella la fotografia». In questa occasione si può affermare: «Bella l'ambientazione e spettacolari i combattimenti». Per il resto la sceneggiatura è latitante ma ben pronta ad adattarsi alle esigenze del lieto fine. ■ AVVENTURA; COL.; 99'; USA, 1993.

CACCIA R.B. 1 – 5 MISSIONE SEGRETA ★★
(Historia Jednego Mysliwca)
Regia di HUBERT DRAPELLA. Con BOGUSZ BILEWSKI, KRISTINA IWASZKIEWICZ. ■ Decisamente modesto, il film racconta di Stefano, pilota polacco, costretto a un atterraggio di fortuna. Atterra su un villaggio francese ed è curato e protetto da alcuni partigiani. Tornato in patria, riceve l'ordine di bombardare quel villaggio. Mentre si avvicina all'obiettivo l'angoscia gli impedisce di vedere un aereo nemico. Una raffica, e il suo aereo precipita. ■ DRAMMATICO; B/N; 90'; POLONIA, 1960.

CACCIA RISERVATA *(Le roi)* ★★
Regia di PIERRE COLOMBIER. Con VICTOR FRANCEN, ELVIRE POPESCO. ■ In uno staterello, naturalmente di fantasia, la protagonista riesce a barcamenarsi tra il sovrano, un ricco marchese e un simpatico borghese trovando una soluzione soddisfacente ai problemi personali e del Paese. ■ COMMEDIA; B/N; 113'; FRANCIA, 1938.

CACCIA SADICA *(Figures in a Landscape)* ★★★★
Regia di JOSEPH LOSEY. Con CRISTOPHER MALCOLM, MALCOLM MCDOWELL, ROBERT SHAW, HENRY WOOLF. ■ Due evasi, Ansell e Mac, del cui passato poco sappiamo, fuggono disperatamente attraverso pianure e montagne per raggiungere una vicina frontiera. Li sovrasta in continuazione un mostruoso elicottero del cui conducente non vedremo mai il volto. Gli stessi soldati che li inseguono hanno connotati imprecisi. Tutto risulta volutamente indeterminato. Il film infatti è una lancinante metafora sulla crudeltà della vita e dei rapporti umani. ■ DRAMMATICO; COL.; 106'; GRAN BRETAGNA, 1971.

CACCIA SELVAGGIA *(Dead Hunt)* ★★
Regia di PETER HUNT. Con CHARLES BRONSON, ANGIE DICKINSON, LEE MARVIN. ■ In Canada negli anni Trenta, un cacciatore solitario è scambiato per un maniaco assassino che va in giro per le distese gelate, scannando tutti i malcapitati che incontra. Un sergente delle giubbe rosse è incaricato di catturarlo, ma il cacciatore riesce a sfuggirli. Nel frattempo viene svelata la vera identità dell'assassino. ■ AVVENTURA; COL.; 97'; USA, 1980.

CACCIA SENZA PIETÀ *(Reseau Secret)* ★★
Regia di JEAN BASTIA. Con JACQUES BERNARD, GABRIEL CATTAND, CHRISTIANA LANG, RAYMOND LOYER. ■ Il capo di un'organizzazione neo-nazista in Marocco, curioso personaggio dal viso tutto bendato, ordina a Eva, sua agente, di farsi intercettare. Caduta nelle mani di Philippe che lavora al servizio di sicurezza francese, riesce a guidare i neo-nazisti in un piccolo rifugio di agenti francesi, che dovrebbero così essere tutti sterminati. Ma naturalmente alla fine sarà Philippe a smascherare l'organizzazione criminale. ■ DRAMMATICO; COL.; 91'; FRANCIA, 1967.

CACCIA SPIETATA ★
Regia di DAVID CHUNG. Con MICHELLE KHAN, HENRY SANADA, MICHAEL WONG. ■ Due agenti e un collega della sezione aerea uccidono, durante il viaggio su un aereo di linea giapponese, un killer da tempo ricercato e il suo compare. Questo gesto procura loro la fama e la gloria presso l'opinione pubblica e nel contem-

po scatena la decisione di vendicarsi di loro nelle alte sfere del crimine. ■ DRAMMATICO; COL.; 92'; USA, 1986.

CACCIA SPIETATA *(Seraphim falls)* ★★
Regia di DAVID VON ANCKEN. Con PIERCE BROSNAN, ANJELICA HUSTON, LIAM NEESON. ■ Ruby Mountains, 1868. La guerra civile americana è terminata ma non per tutti. C'è ancora qualcuno che cerca vendetta. Si tratta dell'ex militare sudista Carver che, con un piccolo gruppo di uomini, dà la caccia al nordista Gideon che fugge nei boschi innevati, viene ferito ed è costretto a togliersi la pallottola da un braccio. Ma la sua fuga continua coinvolgendo anche altre persone mentre il gruppo di Carver, grazie all'abilità dell'inseguito, si assottiglia progressivamente. Due attori di origine irlandese (Brosnan e Neeson) che ben conoscono le ferite che lascia una guerra civile si confrontano con intensità in un western per questi tempi inusuale. ■ DRAMMATICO; COL.; 116'; USA, 2006.

♥ **CACCIATORE, IL** *(The Deer Hunter)* ★★★★★🏆
Regia di MICHAEL CIMINO. Con JOHN CAZALE, ROBERT DE NIRO, JOHN SAVAGE, MERYL STREEP, CHRISTOPHER WALKEN. ■ Tre ragazzi della Pennsylvania vanno alla guerra (nel Vietnam). Due tornano mutilati nel corpo e nello spirito. Il terzo non ritorna affatto. Rimane nell'inferno di Saigon a rischiare ogni sera la vita in un assurdo gioco della roulette russa (una pallottola sola in canna, ogni sera un avversario diverso). Finché ci rimane, sotto gli occhi inorriditi del commilitone che era tornato a ripescarlo. Tre ore di spettacolo, raccontato con una grinta e un rilievo drammatico che il cinema americano da tempo non riusciva ad esprimere. Più appassionante come romanzone che significante per i caratteri (abbastanza sfumati nelle loro motivazioni), il film vanta sequenze memorabili (il matrimonio, la tortura, la roulette nelle bettole di Saigon). Presentato al Festival di Berlino, fu sonoramente beccato da molti giovani di sinistra per la rappresentazione che faceva dei Vietcong (sadici, torturatori, assassini). In realtà, il conflitto nel Sudest serve solo come corrusca tela di fondo. Giudizi storico-politici non vengono dati dal regista. Al massimo il Vietnam è visto come una sporca avventura per la quale non era proprio il caso di immolare tanti bravi ragazzi americani. Il film vive particolarmente per la bravura di tutti gli interpreti e per la gagliardia registica di Michael Cimino. ■ DRAMMATICO; COL.; 183'; USA, 1979. ■ GOLDEN GLOBES 🏆 1 PR, 6 NOM; OSCAR 🏆 5 PR, 9 NOM.

CACCIATORE BIANCO, CUORE NERO ★★★
(White Hunter, Black Heart)
Regia di CLINT EASTWOOD. Con MARISA BERENSON, GEORGE DZUNDZA, CLINT EASTWOOD, JEFF FAHEY. ■ Clint Eastwood con questo film, ispirato al romanzo di Peter Viertel, conferma la sua crescita come regista e, soprattutto dopo *Bird*, è a un passo dal confine che separa il mestierante dall'autore. La pellicola termina al primo ciak e inizia con l'intenzione ostinata del regista John Wilson di voler girare in Africa. Wilson è un personaggio violento e non riesce ad andare d'accordo con il soggettista e col produttore. Vuole uccidere un elefante e per questa ragione ha assunto una guida. Ma proprio quando si trova davanti all'animale, non trova il coraggio di ucciderlo e per disgrazia muore la guida, che voleva difendere il padrone. Non c'è dubbio che il regista della storia è John Huston e il film che sta per girare è *La regina d'Africa*. ■ DRAMMATICO; COL.; 119'; USA, 1990.

CACCIATORE DELLA FORESTA D'ARGENTO, IL ★
(Der Foerster von Silberwald)
Regia di ALFONS STUMMER. Con ANITA GUTWELL, RUDOLF LENZ. ■ Una ragazza di Vienna si "isola" in montagna col nonno. Qui conosce un guardiacaccia. Nasce l'amore e dopo qualche contrasto (sistemato dal nonno) c'è il matrimonio. ■ COMMEDIA; B/N; 92'; AUSTRIA, 1954.

CACCIATORE DELLE TENEBRE, IL ★★
(Vampires: Los Muertos)
Regia di TOMMY LEE WALLACE. Con JON BON JOVI, CRISTIAN DE LA FUENTE, NATASHA GREGSON WAGNER, ARLY JOVER, DARIUS MCCRARY. ■ Il titolo si ricollega agli eventi narrati in *Vampires* da John Carpenter, qui in veste di produttore esecutivo, presentandosi di fatto come una sorta di sequel, perlomeno a livello di concept. In Messico, un gruppo di vampiri batte il territorio alla ricerca di un leggendario crocifisso nero che può renderli diurni. Derek Bliss, cacciatore di vampiri, si recherà sul posto deciso ad estirpare la minaccia. Troverà la collaborazione di un giovane prete, nonché di altri aspiranti ammazzavampiri. Un trash-horror dall'apprezzabile stile visivo che crede in se stesso ciecamente, quasi al punto di convincere. Piacevolmente anacronistico. ■ HORROR; COL.; 90'; USA, 2002.

CACCIATORE DELLO SPAZIO, IL *(Space Hunter)* ★★
Regia di LAMONT JOHNSON. Con ERNIE HUDSON, MOLLY RINGWALD, PETER STRAUSS. ■ Pilota prezzolato addetto alle missioni di soccorso, Wolff scende sul pianeta-lazzaretto Terra Undici per salvare tre fanciulle in pericolo. Siamo nel XXII secolo, ma, tra plastica e rottami, sembra di essere nel deposito di uno sfasciacarrozze. ■ FANTASCIENZA; COL.; 90'; USA, 1982.

CACCIATORE DEL MISSOURI, IL ★★★
(Across the Wide Missouri)
Regia di WILLIAM A. WELLMAN. Con CLARK GABLE, JOHN HODIAK, MARIA ELENA MARQUÉS, RICARDO MONTALBAN. ■ Flint con la giovane sposa indiana organizza una caccia sui monti. Durante il viaggio, i cavalli vengono razziati da Ironshirt, ex innamorato della donna. Costei ne chiede la restituzione al vecchio capo tribù, che però muore. Gli indiani attaccano e la donna viene uccisa dopo aver partorito. ■ AVVENTURA; COL.; 78'; USA, 1951.

CACCIATORE DI AQUILONI, IL *(The Kite Runner)* ★★★
Regia di MARC FORSTER. Con KHALID ABDALLA, ZEKIRIA EBRAHIBI, HOMAYOUN ERSHADI, ATOSSA LEONI, SAÏD TAGHMAOUI, SHAUN TOUB. ■ Kabul 1978. Amir è figlio di Baba, un uomo facoltoso di etnia Pashtun. Il suo migliore amico è Hassan, figlio del servitore di casa e appartenente alla inferiore etnia degli Hazara. Entrambi amano far volare gli aquiloni, per i quali sono previste gare che coinvolgono molti ragazzi della città. Il vincitore è chi riesce a far restare il proprio aquilone in volo per ultimo dopo che tutti gli altri hanno avuto il filo tranciato. Amir, che ha ritrovato la stima di suo padre proprio in seguito alla vittoria (insieme ad Hassan) nella gara più importante di lì a poco assiste (senza avere il coraggio di intervenire) alla sodomizzazione di Hassan da parte di un terzetto di ragazzi ricchi e razzisti. Da quel momento si porterà dentro un senso di colpa che lo allontanerà dall'amico, che vede come denuncia vivente della sua vigliaccheria. Finché un giorno, trasferitosi negli Stati Uniti e divenuto scrittore di successo, gli giungerà una telefonata. Il romanzo di Khaled Hosseini trova una dignitosa rappresentazione. Certo, come è naturale, il libro ha più possibilità di un film. Se però si prova ad allontanarsi dalla parola scritta e si pensa al film in sé, allora si apprezzano senz'altro l'intensità di un attore come Homayoun Ershadi nel complesso ruolo del padre di Amir oppure la scena della gara degli aquiloni. Ottima la ricostruzione della Kabul anni Settanta, realizzata... in Cina. ■ DRAMMATICO; COL.; 131'; USA, 2007.

CACCIATORE DI CERVI, IL *(The Deerslayer)* ★★
Regia di RICHARD FRIEDENBERG. Con JOHN ANDERSON, STEVE FORREST, NED ROMERO. ■ Nel corso della guerra tra indiani e francesi, un pacifico pioniere e un pellerossa stringono amicizia. I due attraversano i difficoltosi territori nel Nord e riescono a liberare una principessa indiana sequestrata da una tribù nemica. ■ AVVENTURA; COL.; 74'; USA, 1978.

CACCIATORE DI EX, IL ★★
(The Bounty Hunter)
Un film di ANDY TENNANT. Con JENNIFER ANISTEN, CHRISTINE BARANSKI, GERARD BUTLER, DORIAN MISSICK, JASON SUDEIKIS. ■ Milo Boyd è un ex poliziotto con una ex moglie. Cacciatore di taglie per sopravvivenza e non per vocazione, gli viene offerta la possibilità di pareggiare i conti con Nicole, giornalista d'assalto sposata per nove mesi e poi congedata per incompatibilità. Sulle tracce di un omicidio mascherato da suicidio, Nicole manca la convocazione in tribunale per oltraggio a pubblico ufficiale e diventa suo malgrado latitante. Beccata e sfuggita più volte allo zelo dell'ex marito, Nicole finisce per chiedergli aiuto nell'indagine. In fuga da loro stessi e da un presunto assassino, Milo e consorte

rivedranno le rispettive posizioni. ■ AZIONE; COL.; 110′; USA, 2010.

CACCIATORE DI FORTUNA, IL *(The Outcast)* ★★
Regia di WILLIAM N. WITNEY. Con JIM DAVIS, JOHN DEREK, IOAN EVANS. ■ Lotta all'ultimo sangue tra zio e nipote, tornato dopo una lunga assenza al paese reclamando il ranch del quale lo zio si era a suo tempo impossessato. ■ WESTERN; COL.; 90′; USA, 1954.

CACCIATORE DI GIGANTI, IL ★★
(Jack the Giant Slayer)
Regia di BRYAN SINGER. Con NICHOLAS HOULT, IAN MCSHANE, BILL NIGHY, ELEANOR TOMLINSON, STANLEY TUCCI. ■ Jack, inviato a vendere cavallo e carro al mercato, torna con dei fagioli. Lo zio, sgridandolo, incautamente getta i fagioli nell'acqua: l'esplosione genera una pianta gigantesca che si erge fino a sopra le nuvole. Come l'antica leggenda racconta, dove la pianta finisce esistono i giganti, una razza che si nutre di umani, già un tempo scacciata dalla Terra e desiderosa di vendetta. Con molta fedeltà al formato originale e un piglio decisamente più scanzonato Bryan Singer e il suo sceneggiatore di fiducia Christopher McQuarrie (lo stesso di *I soliti sospetti*) adattano la favola *Jack e la pianta di fagioli*, con una rilettura più adulta di fiabe tradizionali. ■ AZIONE; COL.; 114′; USA, 2013.

CACCIATORE DI INDIANI, IL *(The Indian Fighter)* ★★★
Regia di ANDRÉ DE TOTH. Con LON CHANEY JR, ELISHA COOK, KIRK DOUGLAS, ELSA MARTINELLI, WALTER MATTHAU. ■ Vicenda western ambientata nell'Oregon, dove il mancato accordo fra l'esploratore Johnny e Nuvola Rossa per far cessare il traffico di whisky provoca conflitti e disavventure fra le parti, sino alla scoperta dei colpevoli e al trionfo della giustizia. ■ WESTERN; COL.; 88′; USA, 1955.

CACCIATORE DI SQUALI, IL ★★
Regia di ENZO GIROLAMI CASTELLARI. Con MICHAEL FOREST, JORGE LUKE, FRANCO NERO, WERNER POCHAT, PATRICIA RIVERA. ■ Pellicola italo-spagnola che narra le avventure di Mike, unico scampato ad un disastro aereo nel quale l'apparecchio si è inabissato con a bordo cento milioni di dollari. Mike vive in un'isola al largo del Messico, dove fa il cacciatore di squali, ma il suo scopo è quello di ritrovare quel tesoro sommerso. Con l'aiuto di un agente della Cia e dell'amico Acapulco riuscirà nell'intento, ma una banda gli soffierà il malloppo sotto il naso. Sorpresa finale. ■ AVVENTURA; COL.; 97′; ITALIA, 1979.

CACCIATORE DI TAGLIE, IL *(The Hunter)* ★★
Regia di BUZZ KULIK. Con KATHRYN HARROLD, STEVE MCQUEEN, ELI WALLACH. ■ Un cacciatore di taglie attraversa gli Stati Uniti, dal Texas al Nebraska, per catturare diversi ricercati, mentre la moglie attende un bambino. Un bandito sequestra sua moglie: lui fa appena in tempo a liberarla e a condurla in ospedale per far nascere il bebè. ■ AVVENTURA; COL.; 97′; USA, 1979.

CACCIATORE DI TESTE, IL *(Headhunter)* ★
Regia di FRANCIS SCHAEFFER. Con KAY LENZ. ■ Una maledizione africana viene importata a Miami da dei profughi nigeriani. Cadranno numerose teste (non metaforicamente). ■ THRILLER; COL.; 88′; USA, 1988.

CACCIATORE DI TESTE, IL *(The Borrower)* ★★
Regia di JOHN MCNAUGHTON. Con RAE DAWN CHONG, ANTONIO FARGAS. ■ Siamo in un contesto tra il fantascientifico e l'orrore. Un assassino proveniente da un altro pianeta viene mandato in castigo sulla Terra. Per passare il tempo, si diverte a uccidere alcuni terrestri per provare come gli stanno le loro teste, al posto della sua. Una poliziotta cercherà di far luce sul caso e di non rimetterci la pelle. Con punte d'ironia il filmetto regge per gli appassionati. ■ HORROR; COL.; 93′; USA, 1991.

CACCIATORE DI TESTE *(Le Couperet)* ★★★
Regia di CONSTANTIN COSTA GAVRAS. Con YVON BACK, DIEUDONNÉ, JEAN-PIERRE GOS, OLIVIER GOURMET, OLGA GRUMBERG, THIERRY HANCISSE, SERGE LARIVIÈRE, VANESSA LARRÉ, GEORDY MONFILS, YOLANDE MOREAU, JEANNE SAVARY, CHRISTA THERET, ULRICH TUKUR, KARIN VIARD. ■ Bruno Davert, chimico cartaceo, apprezzato, apparentemente al sicuro, si trova senza lavoro. Quarantenne, tenore di vita alto, famiglia felice. Bruno ritiene che si tratti di un intervallo quasi propizio, riposerà, sarà riassunto da un'altra parte. Ma dopo tre anni è ancora disoccupato. E disperato. Per trovare un lavoro sarà costretto a una strategia estrema: eliminare, letteralmente, tutti i concorrenti. Gavras mostra icone e modelli canonici che l'Occidente ben conosce, scioperi violenti, pubblicità volgare, la tv della sporcizia, una dialettica banale e disperata «l'unica industria florida è quella del crimine» e poi «ciascuno per sé e nessun dio per tutti». Una sorta di girone infernale che incombe sul corpo e sulla mente di Bruno. Certo un autore come Gavras quando fa suoi un argomento e un principio, li porta a termine con efficacia e qualità. ■ DRAMMATICO; COL.; 122′; BELGIO, FRANCIA, SPAGNA, 2005.

CACCIATORE DI UOMINI, IL ★
Regia di JESUS FRANCO. Con AL CLIVER, ANTONIO DE CABO, URSULA FELLNER. ■ Pasticciaccio sanguinolento e dilettantistico, nel quale un non meglio identificato dio cannibale sgranocchia gratuitamente esseri umani. Tra il nauseabondo e l'involontariamente comico, cinematograficamente nullo. ■ HORROR; COL.; 90′; ITALIA, 1980.

CACCIATORE MISTERIOSO, IL *(Mysterious Poacher)* ★★
Regia di DON CHAFFEY. Con VERA KULICEK, HERBERT LEIDINGER, HERBERT NAWRATIL. ■ Il guardiano della forestale di un parco australiano perderà il lavoro se non scoprirà rapidamente l'autore di numerosi furti di cervi. Il figlio del guardiano però individuerà il colpevole con l'aiuto di alcuni coetanei e tutto finirà nel migliore dei modi. ■ AVVENTURA; B/N; 49′; GRAN BRETAGNA, 1950.

CACCIATORE SOLITARIO, IL ★
(Der Schrei der schwarzen Wolfe)
Regia di HARALD REINL. Con RON ELY, RAIMUND HARMSTORF, ANGELICA OTT, GILA WEINTERMASSEN. ■ Un cacciatore di pelli, onesto e solitario, viene coinvolto, suo malgrado, in un'avventura di vendette tra bande rivali. Convinto con un inganno ad uscire allo scoperto, riesce dopo varie peripezie ad avere la meglio sui "cattivi" e a ritornare sulle sue montagne. ■ AVVENTURA; COL.; 90′; GERMANIA, 1972.

CACCIATORI, I *(The Hunters)* ★★
Regia di DICK POWELL. Con MAY BRITT, ROBERT MITCHUM, ROBERT WAGNER. ■ In Corea un maggiore dell'aviazione americana comanda una squadriglia della quale fa parte un complessato e alcolizzato tenente. Tra le azioni di guerra c'è anche il salvataggio del tenente da parte del maggiore, innamorato, ma senza speranza, della moglie del suo subalterno. ■ GUERRA; B/N; 108′; USA, 1958.

CACCIATORI DEL COBRA D'ORO, I ★★
Regia di ANTHONY DAWSON. Con JOHN STEINER, ALMANTA SUSKA, DAVID WARBECK. ■ Un soldato americano e uno inglese riescono a distruggere un comando giapponese nelle Filippine, alla fine della seconda guerra mondiale, ma si lasciano sfuggire un sosia del generale Yamato, che porta con sé un cobra d'oro... Il vero nome del regista è Antonio Margheriti. ■ AVVENTURA; COL.; 95′; ITALIA, 1982.

CACCIATORI DEL LAGO D'ARGENTO, I ★★★
(Those Calloways)
Regia di NORMAN TOKAR. Con WALTER BRENNAN, BRANDON DE WILDE, BRIAN KEITH, VERA MILES. ■ Un agricoltore che intende acquistare un campo di granoturco per offrire asilo alle anitre in transito viene raggirato da uomini d'affari che invece si appostano per cacciarle. L'agricoltore insorgerà contro di loro e con lui il villaggio, commosso dal suo comportamento. ■ COMMEDIA; COL.; 131′; USA, 1963.

CACCIATORI DELLA NOTTE *(Sunnyside)* ★★
Regia di TIMOTHY GALFAS. Con JOHN LANSING, STACEY PICKREN, ANDREW RUBIN, JOEY TRAVOLTA, MICHAEL TUCCI. ■ Joey Travolta, fratello del più famoso John, è il capo di una banda di teppisti newyorkesi che si ricrede dopo essersi alleato a un gangster. ■ DRAMMATICO; COL.; 100′; USA, 1979.

CACCIATORI DELLA NOTTE, I *(Avenging Force)* ★★
Regia di SAM FIRSTENBERG. Con JAMES BOOTH, MICHAEL DU-

DIKOFF, STEVE JAMES. ■ Nonostante sia nero, Larry Richards, appoggiato da Matt Hunter, ex agente del servizio segreto americano, si impegna nella campagna elettorale a New Orleans. Durante una manifestazione i suoi nemici provocano un massacro uccidendogli anche il figlio. A capo del gruppo razzista "Pentangolo" vi è il fanatico professor Elliot, dal credo nazista. Si gioca una partita sanguinaria e mortale tra Larry, Matt e i nemici, in una tragica battuta di caccia all'uomo nella palude. ■ AVVENTURA; COL.; 98'; USA, 1986.

CACCIATORI DELL'OCEANO, I *(Blue Fin)* ★★
Regia di CARL SCHULTZ. Con JOHN JARRATT, HARDY KRÜGER, GREG ROWE. ■ Padre e figlio, non in buonissimi rapporti, durante un viaggio molto pericoloso (con un peschereccio al largo della costa sud dell'Australia) scoprono l'affetto e la stima reciproca. Un buon film per famiglie con splendidi scenari naturali. ■ AVVENTURA; COL.; 90'; AUSTRALIA, 1977.

CACCIATORI DELL'ORO, I *(The Spoilers)* ★★★
Regia di RAY ENRIGHT. Con MARLENE DIETRICH, RANDOLPH SCOTT, JOHN WAYNE. ■ In Alaska, durante l'"età dell'oro", il commissario confisca a proprio favore le miniere più ricche. Ribellione dei minatori. Il loro capo viene arrestato, ma la padrona del bar locale lo aiuterà a fuggire. ■ AVVENTURA; B/N; 87'; USA, 1942. ■ OSCAR 1 NOM.

CACCIATORI DEL TEMPO, I *(Timestalkers)* ★★
Regia di MICHAEL SCHULTZ. Con WILLIAM DEVANE, LAUREN HUTTON, KLAUS KINSKI. ■ Un killer arriva dal futuro per assassinare il presidente degli Stati Uniti. Glielo impediranno una donna, proveniente dalla stessa epoca del killer, e un professore di storia del West del ventesimo secolo. ■ FANTASCIENZA; COL.; 100'; USA, 1987.

CACCIATORI DI DONNE *(The Girl Hunters)* ★★★
Regia di ROY ROWLAND. Con SHIRLEY EATON, LLOYD NOLAN, SCOTT PETERS, MICKEY SPILLANE. ■ Giallo tratto da un romanzo di Mickey Spillane, che fa anche la parte dell'investigatore. Buona trama. ■ POLIZIESCO; B/N; 103'; USA, 1963.

CACCIATORI DI DOTE ★★
Regia di MARIO AMENDOLA. Con ALBERTO LIONELLO, LAURETTA MASIERO, RAIMONDO VIANELLO. ■ Alba, ex ballerina vedova di un miliardario sudamericano, viene corteggiata da Manlio, guitto d'avanspettacolo, e da Carlo, nobiluomo spiantato. Dopo averli coinvolti in un delitto, sposa il maggiordomo di Carlo che la ama sinceramente. ■ COMMEDIA; COL.; 90'; ITALIA, 1961.

CACCIATORI DI FRONTIERA *(The Bounty Hunter)* ★★
Regia di ANDRÉ DE TOTH. Con ERNEST BORGNINE, DOLORES DORN, RANDOLPH SCOTT, MARIE WINDSOR. ■ Jim viene chiamato per mettersi in caccia di una banda. Si reca a Twin Forks e scopre che i banditi si trovano lì e passano per cittadini rispettabili. Dopo vari conflitti a fuoco, Jim ritrova la refurtiva e parte con Julie, la figlia del dottore, che gli ha salvato la vita. ■ WESTERN; COL.; 79'; USA, 1954.

CACCIATORI DI NAVI ★★
Regia di FOLCO QUILICI. Con MICHAEL BECK, PAOLO BONACELLI, PERRY KING, FABIO TESTI. ■ Un film destinato alla televisione che è stato distribuito senza fortuna nelle sale cinematografiche. Il ritorno del famoso documentarista Quilici non è comunque dei più eclatanti. Al centro della storia c'è un intero equipaggio che, a bordo dell'*Ulysses*, va nei pressi della foresta amazzonica e scopre l'esistenza di una goletta che ha a bordo una grande quantità di esplosivo. I guai li seguiranno fino alla catastrofe. ■ AVVENTURA; COL.; 115'; ITALIA, 1992.

CACCIATORI DI NINJA *(Ninja Hunters)* ★
Regia di RICHARD WARD. Con CHUCK CONNORS, MIKE KELLY, GEORGE NICHOLS. ■ Un gruppetto di ninja, spietati e abilissimi guerrieri di una delle più segrete organizzazioni criminali orientali, ruba una videocassetta dal contenuto esplosivo. Subito un agente soprannominato "il colonnello" e due subordinati vengono inviati sulle loro tracce con l'ordine di recuperare ad ogni costo la refurtiva. ■ AVVENTURA; COL.; 88'; USA, 1986.

CACCIATORI DI SAIGON, I *(Hunter's Crossing)* ★★
Regia di TEDDY PAGE. Con BRUCE BARON, JAMES GAINES, RICHARD HARRIS. ■ Saigon è caduta. Un gruppo di profughi vietnamiti fugge per mare a bordo di una barca. Con loro viaggiano un ricco americano e la figlia. Ma la barca è aggredita dai pirati. L'americano e la figlia sono rapiti. E un esoso riscatto è chiesto ai loro parenti in Usa. ■ AVVENTURA; COL.; 90'; USA, 1986.

CACCIATORI DI SQUALI *(The Sharkfighters)* ★★
Regia di JERRY HOPPER. Con VICTOR MATURE, JAMES OLSON, KAREN STEELE. ■ Un gruppo di ufficiali americani, dislocati in un'isola vicino a Cuba, cerca di trovare una sostanza che protegga i naufraghi dagli squali. Il comandante si offre per un esperimento. Momenti di grande tensione, ma gli squali non superano la barriera creata dalla sostanza in prova. ■ DRAMMATICO; COL.; 73'; USA, 1956.

CACCIATORI ESCHIMESI *(The Alaskan Eskimo)* ★★★
Regia di JAMES ALGAR. ■ Questo mediometraggio è un episodio della serie disneyana *Genti e paesi*. In Italia è stato presentato abbinato a *Il mare intorno a noi*. Seguendo la storia di una famiglia eschimese vengono illustrate le condizioni di vita di un popolo. ■ DOCUMENTARIO; COL.; 85'; USA, 1953.

CACCIATORPEDINIERE MALEDETTO, IL ★★
(The Gift Horse)
Regia di COMPTON BENNETT. Con RICHARD ATTENBOROUGH, TREVOR HOWARD, SONNY TUFTS. ■ Il *Ballantrae*, cacciatorpediniere britannico, viene camuffato per imbarcare un "commando" che dovrà superare gli sbarramenti di protezione del porto di Saint-Nazaire, in mano ai tedeschi, e distruggere le installazioni portuali. La nave, carica d'esplosivo, giunge in porto. Abbandonata dall'equipaggio, catturata dai tedeschi, esplode devastando gli impianti di Saint-Nazaire. ■ GUERRA; B/N; 100'; GRAN BRETAGNA, 1952.

CACCIA TRAGICA ★★★
Regia di GIUSEPPE DE SANTIS. Con ANDREA CHECCHI, CARLA DEL POGGIO, VITTORIO DUSE, VIVI GIOI, MASSIMO GIROTTI, CARLO LIZZANI, FOLCO LULLI, PIERO LULLI, UMBERTO SACRIPANTE. ■ Valle Padana, 1945. Una rapina compiuta da un reduce disoccupato e dalla sua amante, una ex infermiera nazista, provoca la reazione dei contadini della zona. Al termine dell'inseguimento, il reduce, catturato e processato dalla comunità, viene bersagliato da zolle di terra e con ciò simbolicamente perdonato da uomini che vogliono finalmente ritrovare la pace nel lavoro. ■ DRAMMATICO; B/N; 80'; ITALIA, 1947. ■ VENEZIA 1 PR.

CACCIA ZERO TERRORE DEL PACIFICO ★★
(Ozora No Samurai)
Regia di SEIJI MARUYAMA. Con HIROSHI FUJIOKA, TAKEO JI, TARO SHIGAKI, TETSURO TAMBA. ■ Saburo, tenente d'aviazione durante la seconda guerra mondiale, rievoca le azioni belliche alle quali partecipò (Pearl Harbor, Guadalcanal), il coraggio dei suoi uomini, i momenti tragici e l'inarrestabile disfatta del suo Giappone sopraffatto dagli Stati Uniti. ■ GUERRA; COL.; 85'; GIAPPONE, 1977.

CACTUS ★★
Regia di PAUL COX. Con ISABELLE HUPPERT, NORMAN KAYE, SEAN SCULLY. ■ Una bionda pimpante crede che la sua vita sia finita quando viene a sapere che per un incidente d'auto è condannata alla cecità. Lì per lì pensa anche al suicidio, ma troverà un motivo di vita nell'amore che ha suscitato in un giovane cieco. ■ DRAMMATICO; COL.; 93'; AUSTRALIA, 1986.

CADAVERE A SPASSO ★★
Regia di MARCO MASI. Con PIETRO DE VICO, TIBERIO MURGIA, ENRICO POZZI, HEIDI STROH. ■ Nicolino, giornalista praticante, giunge in un motel con Patrizia, sua collaboratrice. In un armadio trovano un cadavere di cui cercano senza successo di sbarazzarsi. Il risveglio del "cadavere", che aveva ingerito un sonnifero destinato ad altri, li salverà dall'imputazione di omicidio. ■ COMMEDIA; B/N; 90'; ITALIA, 1965.

CADAVERE DAGLI ARTIGLI D'ACCIAIO, IL *(Qui?)* ★★
Regia di LÉONARD KEIGEL. Con SIMONE BACH, MAURICE RONET, ROMY SCHNEIDER, GABRIELE TINTI. ■ La macchina di due fidanzati precipita in mare. Marina si salva e crede che Claude sia

morto. Ma quando egli, dopo svariate circostanze, riappare, minacciandola, è costretta a ucciderlo. ■ POLIZIESCO; COL.; 83′; FRANCIA, 1970.

CADAVERE DEL MIO NEMICO, IL ★★
(Le corps de mon ennemi)
Regia di HENRI VERNEUIL. Con JEAN-PAUL BELMONDO, BERNARD BLIER, CLAUDE BROSSET, CHARLES GÉRARD, DANIEL IVERNEL, MARIE-FRANCE PISIER. ■ Da un romanzo di Felicien Marceau. François torna al paese dopo aver passato sette anni in prigione per un delitto che non ha commesso. Il suo scopo è quello di vendicarsi del suocero, un notabile di provincia responsabile di tutte le sue disgrazie. François riuscirà nell'intento con l'aiuto della moglie. ■ GIALLO; COL.; 120′; FRANCIA, 1976.

CADAVERE DI TROPPO, UN *(La main à couper)* ★★★
Regia di ETIENNE PÉRIER. Con BERNARD BLIER, MICHEL BOUQUET, LEA MASSARI, MICHEL SERRAULT. ■ Hélène e Filippo sono amanti. Recatasi al solito appuntamento del martedì, lei lo trova morto. Ricattata da un misterioso individuo, potrà salvarsi solo per l'intervento del marito, che non ha mai cessato d'amarla. ■ POLIZIESCO; COL.; 93′; FRANCIA, 1973.

CADAVERE ERA GIÀ MORTO, IL ★★
(Les W.C. étaient fermés de l'interieur)
Regia di PATRICE LECONTE. Con MICHEL COLUCHE, ROLAND DUBILLARD, JEAN ROCHEFORT, OLGA VALÉRY. ■ Negli anni Cinquanta due poliziotti pasticcioni scoprono l'assassino di un tranviere. ■ COMMEDIA; COL.; 80′; FRANCIA, 1976.

CADAVERE IN CANTINA, IL *(Nothing but the Best)* ★★★
Regia di CLIVE DONNER. Con HARRY ANDREWS, ALAN BATES, DENHOLM ELLIOTT, MILLICENT MARTIN. ■ Un giovane arrampicatore sociale si avvale dei preziosi insegnamenti del discendente d'una famiglia aristocratica inglese. L'allievo supererà il maestro uccidendolo e concluderà la sua *escalation* sposandone la sorella. ■ COMMEDIA; COL.; 99′; GRAN BRETAGNA, 1964.

CADAVERE IN FUGA, UN ★★
(Dans l'eau qui fait des bulles)
Regia di MAURICE DELBEZ. Con LOUIS DE FUNÈS, PIERRE DUDAN, PHILIPPE LEMAIRE, MARTHE MERCADIER. ■ Una moglie, un socio e un creditore si affannano inutilmente a nascondere un cadavere che hanno trovato sulla riva di un lago. L'intervento della polizia riporta loro la tranquillità. Non si trattava di omicidio, ma di suicidio. ■ COMMEDIA; B/N; 85′; FRANCIA, 1961.

CADAVERE PER SIGNORA ★★
Regia di MARIO MATTOLI. Con LANDO BUZZANCA, SERGIO FANTONI, SCILLA GABEL, SYLVA KOSCINA, SANDRA MONDAINI, TONI UCCI, ELSA VAZZOLER. ■ Laura, sposata ad un ricco armatore, viene ricattata a causa di alcune lettere d'amore. Il ricattatore viene ucciso. Dopo molte disavventure per nascondere il cadavere con l'aiuto di tre amiche d'infanzia, la soluzione arriva imprevedibile e la reputazione di Laura è salva. ■ COMMEDIA; B/N; 90′; ITALIA, 1964.

CADAVERI ECCELLENTI ★★★★
Regia di FRANCESCO ROSI. Con TINA AUMONT, MARCEL BOZZUFFI, TINO CARRARO, ALAIN CUNY, FERNANDO REY, CHARLES VANEL, LINO VENTURA, MAX VON SYDOW. ■ In un paese immaginario (ma immaginabile) vengono uccisi alcuni alti magistrati. L'ispettore Rogas concentra i suoi sospetti su di un farmacista, ma quando la catena di omicidi raggiunge la capitale, le indagini si spostano sulle frange dell'estrema sinistra. Rogas, però, riesce ad ottenere le prove d'un disegno eversivo che coinvolge le stesse alte sfere dello Stato. Ne informa il segretario del Partito comunista, ma entrambi saranno uccisi in un agguato. Falsa e sviante la versione della polizia. I compagni del segretario, pur non ignorando la verità, rinunciano tuttavia alla conquista del potere ritenendola prematura. Primo film sulla "strategia della tensione", ricavato da *Il contesto* di Sciascia. ■ DRAMMATICO; COL.; 105′; ITALIA, 1975. ■ DAVID DI DONATELLO 2 PR, 2 NOM.

CADAVERI E COMPARI *(Wise Guys)* ★★
Regia di BRIAN DE PALMA. Con DANNY DEVITO, HARVEY KEITEL, JOE PISCOPO. ■ Harry e Moe, uno italo-americano, l'altro ebreo-italiano, due criminali di piccolo calibro, vivacchiano alle dipendenze di un boss che li usa come cavie (assaggiano i cibi o avviano il motore dell'auto per proteggerlo da eventuale omicidio) e sognano di avere un ristorante. Un giorno scappano con l'ingente somma che dovevano puntare, per il capo, su un altro cavallo. Ne vedranno di tutti i colori ma poi riusciranno a recuperare i fondi per il loro ristorante. ■ COMMEDIA; COL.; 91′; USA, 1986.

CADETTI ALLEGRI *(Prep and Pep)* ★★
Regia di DAVID BUTLER. Con FRANK ALBERTSON, NANCY DREXEL, DAVID ROLLINS. ■ Giovane timido e poco sportivo all'Accademia Militare si rivela audace e atletico per amore della figlia del comandante. ■ COMICO, B/N; 85′; USA, 1928.

CADETTI DELLA III BRIGATA, I *(Annapolis Story)* ★★
Regia di DON SIEGEL. Con JOHN DEREK, DIANA LYNN, KEVIN MCCARTHY. ■ Tony e Jim, cugini, sono cadetti dell'Accademia Militare di Annapolis. Scoppiata la guerra in Corea, i due giovani ufficiali sono destinati al fronte in qualità di piloti di apparecchi da caccia della Marina. Durante una missione, Tony salva Jim da una pericolosa situazione. ■ GUERRA; B/N; 81′; USA, 1955.

CADETTI DI GUASCOGNA, I ★★
Regia di MARIO MATTOLI. Con RICCARDO BILLI, WALTER CHIARI, ALDA MANGINI, MARIO RIVA, UGO TOGNAZZI. ■ Film "gemello" di *Arrivano i nostri* con cui ha in comune la produzione, tre degli attori principali, gli sceneggiatori e il regista (il "velocista" Mattoli che in quell'anno sfornò cinque opere). ■ COMICO; B/N; 90′; ITALIA, 1950.

CADETTI DI SMOLENKO, I *(Kadetten)* ★★
Regia di KARL RITTER. Con ANDREWS HENGELMANN, CARSTA LÀCK, MATHIAS WIEMAN. ■ Alcuni cadetti sono prigionieri dei cosacchi in Russia. Riescono tuttavia a fuggire e a tornare in patria. ■ DRAMMATICO; B/N; 92′; GERMANIA, 1939.

CADETTI DI VIENNA, I *(Liebeskommando)* ★★
Regia di GÉZA VON BOLVÀRY. Con GUSTAV FRÀHLICH, DOLLY HAAS, LIVIO PAVANELLI. ■ Alamari, crinoline, balli a corte, fanciulle in fiore: è il solito repertorio della cine-operetta, divenuta di moda col sonoro, di cui Geza von Bolvary, autore di più di cento film girati in Ungheria, Austria, Germania, divenne il Gran Cuciniere. ■ COMM. MUSICALE; B/N; 90′; GERMANIA, 1931.

CADETTO DI GUASCOGNA – IL CAVALIERE DEL RE, IL *(Le capitan)* ★★
Regia di ROBERT VERNAY. Con AIMÉ CLARIOND, LISE DELAMARE, HENRI DUFLOS, PIERRE RENOIR. ■ Il film pretende d'essere una ricostruzione storica del periodo della reggenza di Maria de' Medici dopo la morte di Enrico IV e durante la minore età di suo figlio divenuto re col nome di Luigi XIII. Invece si esaurisce nei passaggi obbligati del genere ' cappa e spada". ■ AVVENTURA; B/N; 98′; FRANCIA, 1945.

CADILLAC MAN ★★
Regia di ROGER DONALDSON. Con PAMELA REED, TIM ROBBINS, ROBIN WILLIAMS. ■ Joey, un piazzista di auto usate, ha una moglie da cui ha divorziato, una ragazza che fa la stilista o comunque cerca di diventarlo, un'amante che è sposata e che si porta sempre dietro un cagnolino che abbaia in continuazione. Il proprietario dell'autosalone vuole ridurre il personale e quindi comincia una gara tra piazzisti per non subire un fatale licenziamento. In mezzo a tutto questo ecco che arriva armato di mitra, il marito geloso della segretaria dell'azienda che tiene in ostaggio le persone che sono presenti. Joey piano piano riesce a convincerlo a liberare tutti e nasce tra i due una forma di amicizia. All'uscita però la polizia colpirà il giovane squilibrato. A metà tra commedia e tragedia il film riesce solo nella seconda parte a prendere quota per poi terminare con il tranquillo lieto fine. Bravi i due protagonisti, specialmente Williams, che a partire da questo film rivela la sua piena maturità. Il regista è migliorato rispetto a *Cocktail*, non ci voleva granché, ma non ha il senso del ritmo. ■ COMMEDIA; COL.; 90′; USA, 1990.

CADILLAC TUTTA D'ORO, UNA ★★★
(The Solid Gold Cadillac)
Regia di RICHARD QUINE. Con FRED CLARK, PAUL DOUGLAS, JUDY HOLLIDAY. ■ Laura possiede solo dieci azioni di una grossa società di New York, ma è così intraprendente da riuscire a sco-

prire che una ditta collegata alla società è fallita per la balordaggine di uno dei consiglieri. Per l'azione svolta riceve come premio una Cadillac tutta d'oro. ■ COMMEDIA; COL.; 99'; USA, 1956. ■ OSCAR 1 PR, 2 NOM.

CADO DALLE NUBI ★★★

Regia di GENNARO NUNZIANTE. Con DINO ABBRESCIA, RAUL CREMONA, GIULIA MICHELINI, FABIO TROIANO, CHECCO ZALONE. ■ Checco vive in Puglia e coltiva il sogno di fare il musicista neomelodico ma la sua ragazza, Angela, non lo prende sul serio e, stanca del suo disimpegno, lo abbandona. Addolorato, Checco lascia Polignano a mare e va dal cugino a Milano. Qui conosce la bella Marika, figlia di un leghista convinto, alla quale sembra non interessare che come amico, buffone di corte. Affranto, Checco decide allora di tentare il provino per il programma "I want you", che seleziona talenti musicali per la tv. Luca Medici, alias Checco Zalone, come tanti suoi colleghi s'imbarca sul volo che dal piccolo schermo, dal palcoscenico dei comici televisivi, porta al cinema, dentro un film. Con sé non ha una valigia di cartone ma un bagaglio più solido, che resiste al tragitto. Scritto da Zalone stesso in coppia fissa con l'autore dei suoi testi Gennaro Nunziante, qui anche regista, *Cado dalle nubi* non rivede certo la storia della comicità cinematografica, non ne cambia una virgola né aggiunge una mezza frase, ma ha il pregio, nella sua meravigliosa mediocrità (per usare un'espressione che il film dedica al suo protagonista), di andare a stanare la piccola Italia che nella cronaca è fatta più di concetti che di immagini – i giovani dell'oratorio, le manifestazioni leghiste di portata locale – e di raccontarla senza ricorrere per forza al grottesco, cosciente che, ahi noi, non ce n'è nemmeno bisogno. ■ COMMEDIA; COL.; 90'; ITALIA, 2009.

CADUTA, LA *(Der Untergang)* ★★★

Regia di OLIVER HIRSCHBIEGEL. Con BRUNO GANZ, CORINNA HARFOUCH, JULIANE KÖHLER, ALEXANDRA MARIA LARA, ULRICH MATTHES. ■ La "caduta è quella di Hitler. Cercando di non essere banale (sono molti i film sull'argomento) il regista cerca di percorrere la strada del ragionamento *a posteriori*. Rilevando soprattutto la fase psicologica, anzi, patologica del Führer. Merita di essere sottolineata soprattutto l'ultima ora di film, in cui si seguono le vicissitudini fisiche e mentali dei fedelissimi di Hitler, sopravvissuti al loro capo e completamente allo sbando: una pagina di storia ancor meno esplorata, e che invece merita grande attenzione. ■ DRAMMATICO; COL.; 150'; GERMANIA, 2003.

CADUTA DEGLI ANGELI RIBELLI, LA ★★

Regia di MARCO TULLIO GIORDANA. Con CLIO GOLDSMITH, VITTORIO MEZZOGIORNO, ALIDA VALLI. ■ Una bella e ricca signora si innamora di un misterioso sconosciuto (forse un terrorista). Per lui abbandona la famiglia e con lui attraversa l'Italia, ma i due sono braccati dalla polizia. La vicenda si conclude tragicamente a Palermo. Melodramma sugli anni di piombo in Italia, che nelle intenzioni doveva essere l'equivalente contemporaneo di *Senso* e invece è solo un fumettone riscattato qua e là da qualche momento di bravura. ■ DRAMMATICO; COL.; 103'; ITALIA, 1981. ■ DAVID DI DONATELLO 1 PR, 1 NOM.

CADUTA DEGLI DEI – GÖTTERDÄMMERUNG, LA ★★★★

Regia di LUCHINO VISCONTI. Con HELMUT BERGER, DIRK BOGARDE, FLORINDA BOLKAN, HELMUT GRIEM, UMBERTO ORSINI, CHARLOTTE RAMPLING, NORA RICCI, INGRID THULIN, RENAUD VERLEY. ■ Siamo in Germania, alla vigilia dell'avvento al potere di Hitler. Il capo di una grande famiglia, gli Essenbeck, proprietari di una potente acciaieria, decide di far dirigere la sua grande fabbrica al figlio Konstantin, nazista sfegatato. Il vecchio ha capito da che parte tira il vento, e pur essendo antinazista, pensa bene di ingraziarsi il nuovo regime che sta per prendere il potere. Ma a questo punto si scatenano con ferocia gli odi familiari, intrecciandosi con gli odi tra due fazioni hitleriane, le SA e le SS Vinceranno le SS, che nella "notte dei lunghi coltelli" massacreranno le SA e vincerà il giovane Haschenback, cugino degli Essenbeck ed esponente delle SS. Il soggetto, pur vigoroso, è troppo carico e intreccia troppi filoni. Infatti, alla trama principale, si sovrappongono spunti sull'omosessualità e sulla violenza contro i minori. Il grande mestiere di Visconti e la sua grande capacità di fare cinema riescono a costruire uno spettacolo di forte efficacia nell'insieme, ma carente nei particolari, anche se alcune scene, come lo stupro della piccola ebrea e il massacro delle SA sono ormai da antologia. Il titolo, *Gotterdâmmerung*, vorrebbe evocare atmosfere wagneriane, ma, a parte la musica di bassa imitazione nibelungica, tra Visconti e Wagner corre un largo fiume. In Wagner il crepuscolo degli dei diventa una storia universale, in Visconti rimane un puro e semplice racconto. ■ DRAMMATICO; COL.; 155'; ITALIA, 1969. ■ OSCAR 1 NOM.

CADUTA DELLA CASA USHER, LA ★★★

(La chute de la maison Usher)

Regia di JEAN EPSTEIN. Con LUC DARTAGNAN, JEAN DEBUCOURT, MARGUERITE GANCE, CHARLES LAMY. ■ *La caduta della casa Usher*, tratto dal racconto omonimo di Edgar Allan Poe, non può essere considerato solo una trasposizione da quel testo, ma rappresenta un tentativo molto più complesso. Il film è infatti costruito su un insieme di più racconti – tra i quali quello del titolo, *Il ritratto ovale*, *Ligeia*... – e non solo immerge il pubblico nelle pagine inquietanti di Poe, ma riesce a renderne la vena claustrofobica e il senso di fatalità in ogni suo fotogramma. Le atmosfere allucinate di Poe diventano immagini che trasformano elementi naturali in eventi inquietanti: il vento, la penombra, gli oggetti che si muovono senza che nessuno li abbia toccati. Il film ottiene così effetti simili all'espressionismo ma servendosi di metodi del tutto diversi, dall'illuminazione all'utilizzo del ralenti. ■ DRAMMATICO; B/N; 63'; FRANCIA, USA, 1928.

CADUTA DELLE AQUILE, LA *(The Blue Max)* ★★★

Regia di JOHN GUILLERMIN. Con URSULA ANDRESS, JAMES MASON, GEORGE PEPPARD, KARL MICHAEL VOGLER. ■ Prima guerra mondiale. Bruno, audace pilota, desidera il conferimento della più importante decorazione tedesca: la croce azzurra. Per ottenerla ricorre ad un riprovevole inganno. In seguito, pilotando un apparecchio difettoso, precipita e muore. ■ GUERRA; COL.; 156'; USA, 1966.

CADUTA DELL'IMPERO ROMANO, LA ★★★

(The Fall of the Roman Empire)

Regia di ANTHONY MANN. Con STEPHEN BOYD, MEL FERRER, ALEC GUINNESS, JOHN IRELAND, SOPHIA LOREN, JAMES MASON, ANTHONY QUAYLE, OMAR SHARIF. ■ Guerra tra i Romani e i popoli d'Oriente che si ribellano al dominio sempre più iniquo dell'imperatore Commodo, succeduto al padre Marco Aurelio (un ottimo Alec Guinness). Persino il re d'Armenia che ha sposato Lucilla, sorella di Commodo, insorge, ma viene sconfitto e ucciso. Lucilla si trasferisce a Roma con Livio, comandante romano di cui si è innamorata. A Livio, vincitore in duello di Commodo, i soldati offrono l'impero, ma egli rifiuta, disgustato dalla dilagante corruzione. ■ STORICO; COL.; 153'; SPAGNA, 1964. ■ OSCAR 1 NOM.

CADUTA DEL TERZO REICH, LA ★★★

(The Rise and Fall of the Third Reich)

Regia di JACK KAUFMAN. ■ Dalla presa del potere da parte di Hitler nel 1933 alla guerra, alla caduta. Film di montaggio di cinegiornali. ■ DOCUMENTARIO; B/N; 95'; USA, 1968.

CAFÉ CHANTANT ★★

Regia di CAMILLO MASTROCINQUE. Con ELENA GIUSTI, VIRGILIO RIENTO, ALBERTO TALEGALLI, UGO TOGNAZZI. ■ Film che sfrutta la popolarità del personaggio radiofonico e televisivo del Sor Clemente, creato dalla vena bonaria dell'attore Alberto Talegalli agli inizi degli anni Cinquanta. Qui si immagina che il buon uomo, sfuggito alla sorveglianza della moglie, si rechi ad assistere ad uno spettacolo di varietà. ■ COMM. MUSICALE; COL.; 90'; ITALIA, 1953.

CAFÉ EUROPA *(G.I. Blues)* ★★

Regia di NORMAN TAUROG. Con ARCHIE JOHNSON, ELVIS PRESLEY, JULIET PROWSE. ■ Nella Germania occupata, tre soldati americani fanno uno spettacolino. Sull'onda di questa iniziativa decidono di aprire un locale una volta tornati a New York. Per finanziare l'impresa, scommettono che uno di loro conquisterà la famosa ballerina Lilli del Café Europa. Ovviamente tutto riesce nel migliore dei modi. ■ COMM. MUSICALE; B/N; 95'; USA, 1960.

CAFÉ EXPRESS ★★★
Regia di NANNI LOY. Con VITTORIO CAPRIOLI, ADOLFO CELI, NINO MANFREDI, VITTORIO MEZZOGIORNO. ■ Michele Abbagnano è un poveraccio che fa il venditore abusivo di caffè sui treni del Sud. Scoperto dopo tanti anni, viene arrestato, senonché l'ispettore delle ferrovie si intenerisce per le suppliche del figlio di Abbagnano. Questi, di nuovo libero, riprenderà a caracollare per gli scompartimenti. L'idea per il personaggio venne a Nanni Loy quando preparava una trasmissione tv sui treni del Sud. ■ COMMEDIA; COL.; 100'; ITALIA, 1980.

CAFÉ LA MAMA
Regia di GIANLUCA FUMAGALLI. Con DARIO D'AMBROSI, RAUL MANSO. ■ Nell'ospedale psichiatrico di Feltre un attore-terapeuta e un infermiere, penetrato dalla follia che lo circonda, diventano amici. Sedici millimetri sperimentale di un regista che cerca di fondere, con qualche successo, documentarismo e fiction. Il titolo fa riferimento a un allora noto locale newyorkese frequentato da intellettuali. È lì che l'attore ha sentito la vocazione al palcoscenico. ■ DRAMMATICO; COL.; 80'; ITALIA, 1991.

CAFFÈ DEL PORTO – SVOLTA PERICOLOSA ★★
(Le tournant dangereux)
Regia di ROBERT BIBAL. Con PHILIPPE LEMAIRE, ARMAND MISTRAL, VIVIANE ROMANCE. ■ Ambientata in luoghi malfamati, la vicenda riguarda Lucienne, ex ballerina, e Daniel, contrabbandiere. I loro conflitti sentimentali hanno per sfondo lotte, delazioni, traffici di droga e altre abiezioni con finale in sintonia. ■ DRAMMATICO; B/N; 97'; FRANCIA, 1953.

CAFFÈ INTERNAZIONALE *(Café de Paris)* ★★
Regia di YVES MIRANDE. Con JULES BERRY, PIERRE BRASSEUR, VÉRA KORÈNE. ■ Fine d'anno in un locale parigino. Il direttore di un giornale viene assassinato. Molti gli indiziati per ragioni varie. Il colpevole verrà alla fine scoperto fra i meno sospettabili. ■ POLIZIESCO; B/N; 91'; FRANCIA, 1938.

CAFFÈ METROPOLE *(Café Metropole)* ★★
Regia di EDWARD H. GRIFFITH. Con ADOLPHE MENJOU, TYRONE POWER, LORETTA YOUNG. ■ Tony ha contratto un debito di gioco col direttore del caffè Metropole ed è da quest'ultimo costretto a fingersi principe russo per far innamorare una ricchissima americana. Invece l'amore è autentico e reciproco. Commedia scipita. ■ DRAMMATICO; B/N; 83'; USA, 1937.

CAFFÈ MOSCOVA *(Csak egy ejszaka/Cafe Moszka)* ★★
Regia di STEVE SEKELY. Con GYULA CSORTOS, ANNA TOKES, LAJOS VERTESS. ■ Confine russo-ungherese, durante la prima guerra mondiale. In un villaggio occupato dai magiari, è rimasta come cantante la moglie di un generale russo. Per ottenere un salvacondotto si rivolge ad un tenente cui, al ritorno dei russi, salverà la vita. Riconquista dei magiari: morto il marito, la donna si unirà al tenente. ■ DRAMMATICO; B/N; 74'; UNGHERIA, 1936.

CAFFÈ VIENNESE *(Wiener Geschichten)* ★★
Regia di GÉZA VON BOLVÀRY. Con MARTE HARELL, PAUL HÀRBIGER, HANS MOSER. ■ Siamo ai primi del Novecento, la padrona di un noto caffè è amata, senza saperlo, dal capo cameriere. In seguito ad un litigio egli si licenzia, apre un caffè nelle vicinanze e batte in concorrenza il caffè della sua ex padrona. Ma lei si è accorta di amarlo. Quindi riunione di cuori e di locali. Consueta mano di von Bolvary. ■ COMMEDIA; B/N; 88'; GERMANIA, 1940.

CAGES ★★
Regia di OLIVIER MASSET-DEPASSE. Con ADEL BENCHERIF, ANNE COESENS, MICHELINE GOETHALS, SAGAMORE STÉVENIN, NASSER ZERKOUNE. ■ Eve e Damien fanno coppia fissa. Tuttavia non riescono a comunicare. È un problema serio che li potrebbe portare alla rottura. È quasi una fuga la loro, da un rapporto costruito nel tempo e nel quale sono imprigionati. L'incomunicabilità nelle relazioni era cosa da Bergman, che riusciva a costruire film sulle pause, sugli sguardi, sui gesti, privando gli attori della parola. Erano magie uniche, tempi sospesi che comunicavano più di ogni dialogo. Masset-Depasse non si distanzia da questo approccio facendo accadere piccole cose che lasciano gli attori sulla scena comunicare-non comunicare. La leggerezza della regia tuttavia latita e il peso dei tempi morti si fa sentire. Nulla di reale accade anche quando la protagonista cambia registro e comportamento, cercando di dare una svolta al rapporto. ■ DRAMMATICO; COL.; 86'; BELGIO, FRANCIA, 2006.

CAGLIOSTRO *(Black Magic)* ★★★
Regia di GREGORY RATOFF. Con VALENTINA CORTESE, NANCY GUILD, FRANK LATIMORE, AKIM TAMIROFF, ORSON WELLES. ■ È la storia del grande mago a partire dai primi anni di vita. Adulto, conosce il grande Messmer che scopre le sue doti paranormali. Inizia così la sua prodigiosa carriera che lo porta alla corte di Francia dove, in seguito a intrighi contro la regina, verrà condannato a morte. Mentre tenta la fuga, viene ucciso. ■ AVVENTURA; B/N; 105'; ITALIA, 1949.

CAGLIOSTRO ★★
Regia di DANIELE PETTINARI. Con ROBERT ALDA, BEKIM FEHMIU, MASSIMO GIROTTI, CURD JÜRGENS, LUIGI PISTILLI, ROSANNA SCHIAFFINO, EVELYN STEWART. ■ Iniziato da un monaco alle pratiche di guaritore empirico, Cagliostro raccoglierà gloria e successi in tutta Europa. Ma, avendo fatto orribili profezie alla moglie di Luigi XVI ed essendo inviso alla Curia Romana, viene condannato a morte dalla Santa Inquisizione. La pena gli verrà comminata da Pio VI in prigione a vita nella fortezza di San Leo. ■ DRAMMATICO; COL.; 105'; ITALIA, 1975.

CAGNA, LA *(La chienne)* ★★★
Regia di JEAN RENOIR. Con HENRI GUISOL, ALEXANDRE RIGNAULT, MICHEL SIMON. ■ Un anziano impiegato, sposato con un'arpia, s'innamora pazzamente di una prostituta. Quando s'accorge che costei si burla di lui, la uccide e fa in modo che la colpa sia gettata sul giovane amante di lei. Dallo stesso soggetto Fritz Lang trasse, una quindicina d'anni dopo, il suo classico *La strada scarlatta*. ■ DRAMMATICO; B/N; 100'; FRANCIA, 1931.

CAGNA, LA ★★★
Regia di MARCO FERRERI. Con CATHERINE DENEUVE, CORINNE MARCHAND, MARCELLO MASTROIANNI, MICHEL PICCOLI. ■ Ispirato alla lontana a un romanzo breve di Flaiano (*Melampus*), ma fedele espressione dell'universo di Ferreri, è un tipico film di negazione: delle relazioni umane, della società, delle istituzioni, ma anche della identità stessa dei protagonisti. Giorgio è un pittore, che si rifugia su di un'isola deserta illudendosi di sottrarsi ai condizionamenti psicologici d'una esistenza organizzata secondo rigidi schemi ideologici. Lisa, una femmina-oggetto, si unirà a lui, disertando una crociera, per ricostituire però un alienante rapporto padrone-schiavo e collocarsi, sia pure per amore, in una posizione subalterna e degradata. Un giorno, stremati dal freddo e dalla fame, i due saliranno su di un aereo, residuato di guerra, che anziché levarsi in volo scivola verso il mare arrestandosi sulla spiaggia. Sarà una morte accettata, perché il loro non era desiderio reale di reinserirsi nella vita ma finzione di fuga. ■ COMMEDIA; COL.; 90'; FRANCIA, ITALIA, 1972.

CAGNACCIO DEI BASKERVILLES, IL ★★
(The Hound of the Baskervilles)
Regia di PAUL MORRISSEY. Con PETER COOK, JOAN GREENWOOD, DUDLEY MOORE. ■ Il film è la parodia della storia *Il mastino dei Baskerville* scritta da Conan Doyle. Entriamo nel campo della vita privata del grande investigatore Sherlock Holmes, campo peraltro già trattato da altri registi con esiti ben più positivi (Billy Wilder). Il "cagnaccio" sbrana tutti gli eredi maschi della nobile schiatta dei Baskerville. In più ci sono anche una ninfomane (Joan Greenwood, bellissima degli anni Cinquanta), una finta medium, cagnolini vari. ■ COMICO; COL.; 84'; GRAN BRETAGNA, 1977.

CAIMANO, IL ★★
Regia di NANNI MORETTI. Con TONI BERTORELLI, MARGHERITA BUY, CECILIA DAZZI, LUISA DE SANTIS, ANTONELLO GRIMALDI, VALERIO MASTANDREA, GIULIANO MONTALDO, NANNI MORETTI, SILVIO ORLANDO, MICHELE PLACIDO, JASMINE TRINCA. ■ Se, come si dice nei film sui rapimenti, si chiedesse una prova di esistenza in vita del cinema italiano, la prova sarebbe Moretti. In questa sede il concetto non è davvero nuovo. Ma il regista non riesce ad essere un soldatino, un militante che "debba" muoversi perché le circostanze (o chi altri) lo richiedono: fare un film contro

Berlusconi. E proprio perché il regista non è un Deaglio o un Cornacchione qualunque, e proprio perché ha talento e autonomia, non puoi dettargli le regole. Ed ecco che in certe zone del film si muove a disagio, guarda caso nelle zone che riguardano il "compitino". È la storia di Bruno, produttore di film trash dei decenni passati (*Cata-ratte*, *Maciste contro Freud*, *Stivaloni porconi*) che si ritrova a leggere un copione dal titolo *Il caimano*, la storia di Berlusconi. Lo ha scritto Teresa (Trinca), giovane, energica, durissima nei confronti del presidente del Consiglio. Porta tutte le didascalie conosciute: ma dove ha trovato tutti quei soldi? C'è chi dice «lei entra in politica per non andare in galera», eccetera. Bruno compone, con la fantasia, il film. Nella prima scena un'immensa valigia piena di soldi sfonda il soffitto e piomba davanti a Berlusconi: soldi trovati, piovuti dal cielo. Metafora davvero non all'altezza di Moretti. Un sosia di Silvio percorre le vicende conosciute: la costruzione di Milano 2 e 3, le televisioni, gli annunci da megalomane, le perquisizioni della Finanza. Nel frattempo Bruno ha un privato tristissimo, la moglie (Buy) che lo lascia, i figli con problemi, la banca che lo sta rovinando. Sembrerebbe farcela, ma tutto crolla. Però, almeno una scena la gira, quella del processo finale di Berlusconi, che verrà condannato a sette anni. Ma questa volta è Nanni in persona a dare corpo e volto al Presidente, che si difende con altre didascalie conosciute, il liberalismo, i comunisti, e poi la magistratura, i media e le scuole: tutto governato dalla sinistra. Si finisce con Nanni-Silvio, in macchina, con la luce che gli si spegne in faccia. Bruno (Orlando) lo dichiara all'inizio: «Vogliono che faccia film di sinistra, non ne ho voglia». Lo stesso Moretti, facendo (quasi) se stesso dice: «Non voglio fare un film su Berlusconi, sto preparando una commedia». Una sorta di excusatio. Infatti Moretti non vede l'ora di risolvere il disagio, di uscirne. Il compito impone, per esempio, la citazione del battibecco, al parlamento europeo, di Berlusconi col socialista tedesco Schulz. Ma l'aveva già usata nel suo *Quando c'era Silvio*. Il segmento "privato" invece è squisitamente morettiano, dunque riconoscibile, dunque di qualità. Con citazioni, anche robuste, di Almodóvar (la scena grottesca di sangue in cucina), e con qualche scontato richiamo, magari senza entusiasmo, zapateriano: Teresa alla fine si rivela lesbica con tanto di "moglie" e bambino "inseminato" in Olanda. Se dal corpo del film togli i blocchi del Presidente, strutturalmente non succede nulla. Sarebbe semplicemente un altro film, migliore, da tre stelle. Così è da due. ■ POLITICO; COL.; 112'; ITALIA, 2006. ■ DAVID DI DONATELLO 6 PR, 14 NOM.

CAIMANO DEL PIAVE, IL ★★
Regia di GIORGIO BIANCHI. Con GINO CERVI, CARLO CROCCOLO, HARRY FEIST, FRANK LATIMORE, MILLY VITALE. ■ Durante la prima guerra mondiale, Lucilla raggiunge a S. Donà il padre, colonnello di cavalleria. Questi, dopo la rotta di Caporetto, organizza una rete spionistica, ma è sorpreso e ucciso. Lucilla ne prende il posto: catturata a sua volta, sarà salvata dal fidanzato alla testa della cavalleria. ■ AVVENTURA; B/N; 90'; ITALIA, 1950.

CAINO *(Caïn, aventure des mers exotiques)* ★★
Regia di LEON POIRIER. Con THOMY BOURDELLE, RAMA TAHÈ. ■ Sul finire degli anni Venti il cinema conquista i grandi spazi, ripresi dal vero. Poirier si dedica con assiduità all'impresa esotica e, dopo il celebrato *La croisière noire* (1926), dirige nel Madagascar questo semi-documentario. ■ DRAMMATICO; B/N; 79'; FRANCIA, 1930.

CAINO! *(Bergkristall)* ★★
Regia di HARALD REINL. Con FRANZ EICHBERGEN, CILLI GREIF, HANS RENZ, MARIA STOLZ. ■ I due figli d'un cacciatore di frodo, accusato ingiustamente d'aver ucciso il guardiacaccia, hanno in sogno la rivelazione di dove si trova il cadavere di costui, che era in realtà caduto in un crepaccio. ■ DRAMMATICO; B/N; 92'; GERMANIA, 1949.

CAINO E ABELE *(Cain and Mabel)* ★★★
Regia di LLOYD BACON. Con MARION DAVIES, CLARK GABLE, ALLEN JENKINS, ROSCOE KARNS. ■ Un pugile e una ballerina, a causa di un trucco pubblicitario, vedono pubblicata la notizia del loro fidanzamento. Naturalmente poi si innamorano sul serio. Commedia americana in stile anni Trenta. ■ COMMEDIA; B/N; 90'; USA, 1937. ■ OSCAR 1 NOM.

CAINO E CAINO ★★
Regia di ALESSANDRO BENVENUTI. Con ALESSANDRO BENVENUTI, ENRICO MONTESANO, DANIELA POGGI. ■ Il vecchio padre industriale tessile sta morendo e i due figli si danno da fare per accaparrarsi l'eredità. Non si risparmiano i colpi bassi e, quando alla fine sembreranno aver dimenticato la rivalità, lo scontro riprende. ■ COMMEDIA; COL.; 102'; ITALIA, 1993.

ÇA IRA, IL FIUME DELLA RIVOLTA ★★★
Regia di TINTO BRASS. ■ Film di montaggio di attualità e documentari che non si riferisce, come di solito, ad un personaggio o ad un'epoca, ma che attraverso insistite immagini di orrori causati dalle guerre, consente all'autore di formazione marxista di articolare un discorso storico-ideologico. ■ DOCUMENTARIO; B/N; 94'; ITALIA, 1964.

CAIRO ROAD – SULLA VIA DEL CAIRO *(Cairo Road)* ★★
Regia di DAVID MACDONALD. Con CAMELIA, LAURENCE HARVEY, MARIA MAUBAN, ERIC PORTMAN. ■ L'arabo Baslim, che fa parte del giro della droga, viene ucciso in una via del Cairo. Tutta la vicenda ruota intorno a questi traffici illegali. ■ POLIZIESCO; B/N; 95'; GRAN BRETAGNA, 1949.

CAL ★★★
Regia di PAT O'CONNOR. Con JOHN LYNCH, DONAL MCCANN, HELEN MIRREN. ■ Vincitore di un premio al Festival di Cannes, il film è un buon dramma psicologico. Un giovane cattolico è impelagato nelle attività terroristiche dell'IRA e si innamora della vedova di un poliziotto protestante che lui aveva giustiziato. ■ DRAMMATICO; COL.; 100'; OLANDA, 1984. ■ CANNES 1 PR.

CALABUIG *(Calabuch)* ★★
Regia di LUIS GARCIA BERLANGA. Con VALENTINA CORTESE, FRANCO FABRIZI, EDMUND GWENN. ■ Un vecchio studioso dell'atomo, stanco e nauseato del suo lavoro, si rifugia, sotto falso nome, in un paesino sconosciuto (o di fantasia?). Ma, scoperto da un giornalista per aver organizzato una sensazionale festa pirotecnica, sarà costretto ad abbandonare questa idilliaca esistenza. ■ COMMEDIA; B/N; 95'; SPAGNA, 1956. ■ VENEZIA 1 PR.

CALAFURIA ★★★
Regia di FLAVIO CALZAVARA. Con RUBI D'ALMA, GUSTAV DIESSL, DORIS DURANTI, ALDO SILVANI. ■ Ricavato da un romanzo di Delfino Cinelli, il film pretende di nobilitare il melodramma di fondo (un famoso pittore diviene l'amante d'una ragazza che potrà sposare, riunendosi a lei e al bambino nato nel frattempo, solo dopo essere stato ferito in guerra) indugiando in particolari descrittivi. ■ DRAMMATICO; B/N; 90'; ITALIA, 1943.

CALAMARO E LA BALENA, IL ★★★
(The squid and the whale)
Regia di NOAH BAUMBACH. Con WILLIAM BALDWIN, JEFF DANIELS, JESSE EISENBERG, OWEN KLINE, LAURA LINNEY, ANNA PAQUIN. ■ Tutto scorre apparentemente tranquillo nella vita di quella che potrebbe essere una qualsiasi famiglia di Brooklyn, padre, madre e due figli, ma a dispetto della facciata perfettamente integra le fondamenta barcollano non poco, fino a crollare fragorosamente. Così, a seguito della separazione tra Bernard, scrittore senza più editori, e l'esasperata Joan, decisa a liberarsi dall'ego e dall'ombra del marito, i figli Walt e Frank si troveranno a fare la spola tra gli appartamenti dei due genitori. Gli adulti si daranno da fare imbarcandosi in relazioni improbabili, chi con un giovane istruttore di tennis, chi con un'acerba ma smaliziata studentessa, influenzando giocoforza le vite dei ragazzi, in una girandola di confusione adolescenziale. Noah Baumbach scrive e dirige l'autobiografia della propria adolescenza, facendoci assistere al racconto da un punto di vista privilegiato: quello di chi lo ha vissuto. ■ DRAMMATICO; COL.; 81'; USA, 2005.

CALAMITA D'ORO ★★
Regia di ARMANDO FIZZAROTTI. Con BENIAMINO MAGGIO, FRANCA MARZI, PIERO PALERMINI. ■ Un giovane, innamorato di una donna di malaffare, "Calamita d'oro", finisce per lei in prigione. La sorella lo fa difendere dal proprio fidanzato, che si in-

namora anch'egli della perfida donna. ■ DRAMMATICO; B/N; 90'; ITALIA, 1948.

CÀLAMO ★★

Regia di MASSIMO PIRRI. Con LINO CAPOLICCHIO, RAFFAELE CURI, PAOLA MONTENERO, VALERIA MORICONI, ALDO REGGIANI, PAOLA SENATORE. ■ Riccardo, appartenente ad una decaduta famiglia di notabili pugliesi, studia in Svizzera in un istituto religioso spinto verso una confusa vocazione mistica. La sorellastra Stefania, con la quale egli ha avuto rapporti incestuosi, gli annuncia il proprio matrimonio. Riccardo tenta allora di riconquistarla, ma invano. Lascia la scuola e si unisce ad una comunità hippy che gli fa conoscere la droga. Va anche in galera. Finirà massacrato da una squadraccia di neonazisti. ■ DRAMMATICO; COL.; 120'; ITALIA, 1976.

CALANDRIA, LA ★★★

Regia di PASQUALE FESTA CAMPANILE. Con AGOSTINA BELLI, BARBARA BOUCHET, LANDO BUZZANCA, SALVO RANDONE, GIUSI RASPANI DANDOLO, MARIO SCACCIA, MARIA SPINA. ■ Lidio, introdottosi in vesti femminili in casa di Calandrio per sedurre la bella e ingenua moglie Fulvia, detta "la Calandria", fa innamorare di sé entrambi. Calandrio poi, nella sua stolidità, si lascia convincere d'essere incinto. Il film non va confuso con il becero filone "boccaccesco", benché a tratti non disdegni a sua volta di avvalersi d'una comicità greve e corriva. Tratto dalla commedia del Bibbiena. ■ COMMEDIA; COL.; 103'; ITALIA, 1972.

CALATA DEI BARBARI, LA *(Der Kampf um Rom)* ★★

Regia di ROBERT SIODMAK. Con HONOR BLACKMAN, LAURENCE HARVEY, ROBERT HOFFMAN, SYLVA KOSCINA, ORSON WELLES. ■ Intrighi tra Cetego, prefetto di Roma, e Amalafrida, da lui indotta a uccidere la sorella Amalasunta successa a Teodorico, re dei Goti. Battaglie tra Goti, Romani e Bizantini guidati da Narsete, che con la sua vittoria estende all'Italia il dominio di Bisanzio. ■ AVVENTURA; COL.; 89'; GERMANIA, 1970.

CALATA DEI MONGOLI, LA *(The Golden Horde)* ★★

Regia di GEORGE SHERMAN. Con ANN BLYTH, DAVID FARRAR. ■ Regno di Samarcanda. A Sir Gay, principe crociato, è affidato il compito di proteggere la giovane sovrana e il suo regno dalle orde dei barbari: li sconfigge e conquista il cuore della regina. ■ AVVENTURA; COL.; 77'; USA, 1951.

CALCIUM KID *(The Calcium Kid)* ★★

Regia di ALEX DE RAKOFF. Con RONNI ANCONA, ORLANDO BLOOM, OMID DJALILI, DAVID KELLY, MICHAEL LERNER, MICHAEL PENA, BILLIE PIPER, RAFE SPALL. ■ Jimmy Connelly è un ragazzo appagato dal suo lavoro di lattaio, ma sfortunatamente incontra Pete Wright, pretendente alla cintura del mondo di boxe, che mette ko e fuori gara durante un allenamento alla vigilia dell'incontro per il titolo. Niente di più naturale che sia Jimmy a prendere il posto del povero Wright nella sfida col campione. Orlando Bloom quando non aveva ancora una precisa identità. ■ SPORTIVO; COL.; 88'; GRAN BRETAGNA, 2004.

CALCUTTA ★★★

Regia di JOHN FARROW. Con WILLIAM BENDIX, JUNE DUPREZ, ALAN LADD, GAIL RUSSELL. ■ I protagonisti sono tre piloti amici per la pelle. Quando uno dei tre, alla vigilia delle nozze, viene assassinato, gli altri due svolgono indagini affrontando una serie di pericolose avventure. ■ POLIZIESCO; B/N; 83'; USA, 1947.

CALCUTTA ★★★★

Regia di LOUIS MALLE. ■ Regista sottile che, a partire dalla collaborazione con l'oceanografo Cousteau, ha sempre coltivato un suo "angolo" documentaristico, nell'ambito cinematografico e televisivo. Malle si reca – come già Rossellini – in India e gira un immenso materiale per 37 ore di proiezione da cui ricava 7 puntate di 50 minuti per la televisione francese (*L'Inde Fantôme*) e una monografia di 107 minuti su Calcutta. ■ DOCUMENTARIO; COL.; 93'; FRANCIA, 1969.

CALDA AMANTE, LA *(La peau douce)* ★★★

Regia di FRANÇOIS TRUFFAUT. Con NELLY BENEDETTI, DANIEL CECCALDI, JEAN DESAILLY, FRANÇOISE DORLÉAC. ■ Pierre, scrittore affermato, diventa l'amante di una hostess, ma la relazione fallisce. Pierre tenta di tornare con la gelosissima moglie, ma è ormai tardi. Finale drammatico. ■ DRAMMATICO; B/N; 116'; FRANCIA, 1964.

CALDA EMOZIONE *(White Palace)* ★★★

Regia di LUIS MANDOKI. Con KATHY BATES, EILEEN BRENNAN, SUSAN SARANDON, JAMES SPADER. ■ Romanzo d'amore d'autore si potrebbe definire questo film che vede, tra i protagonisti, due attori di fama indiscussa e come produttore Sidney Pollack. È la storia di Nora, cameriera in un fast-food, sola dopo la morte del figlio, e di Max, un giovane ricco vedovo, legato profondamente alla sua cultura ebrea; due persone diverse ma avvicinate da una carenza di affetto che le accomuna. Si incontrano e iniziano, quasi in sordina, una relazione, infastidita però dalle differenze di ceto e di cultura che non tardano a manifestarsi; obbligatorio il litigio e, quindi, la separazione, mentre il lieto fine giunge, questa volta, un po' inaspettato. Il film, pur non trattando un argomento originale, riesce a partire alla grande, ma va via via affievolendosi e probabilmente si spegnerebbe del tutto se non fosse per l'eccellente interpretazione dei due protagonisti. ■ DRAMMATICO; COL.; 106'; USA, 1990. ■ GOLDEN GLOBES 1 NOM.

CALDA NEVE, LA *(Het snà)* ★★

Regia di TOBJORN AXELMAN. Con SVEN BERTIL BERTIL TAUBE, ERNST-HUGO JÅREGÅRD, INGVAR KJELLSON, GRYNET MOLVIG. ■ Un corridore automobilistico, Robert, si innamora di una giornalista che indaga sul traffico di stupefacenti. I boss della droga la fanno uccidere. La vendetta di Robert fallirebbe se non intervenisse provvidenzialmente una drogata a uccidere il cattivo di turno. ■ POLIZIESCO; COL.; 90'; SVEZIA, 1968.

CALDA NOTTE, LA *(A Swinging Summer)* ★★

Regia di ROBERT SPARR. Con QUINN O'HARA, JAMES STACY, RAQUEL WELCH, WILLIAM A. WELLMAN JR. ■ Pupe, pugni, pistole: soliti ingredienti d'un mediocre intrattenimento in cui si raccontano i guai a cui va incontro il giovane Rick per aver voluto aprire un dancing sulle rive del lago Arrowhead. ■ COMMEDIA; COL.; 80'; USA, 1969.

CALDA NOTTE DELL'ISPETTORE TIBBS, LA ★★★★Ȣ *(In the Heat of the Night)*

Regia di NORMAN JEWISON. Con LEE GRANT, WARREN OATES, SIDNEY POITIER, ROD STEIGER. ■ Un industriale viene assassinato in una città del profondo Sud degli Usa. Viene arrestato, come individuo sospetto, un nero elegantemente vestito. Costernazione quando si scopre che è un ispettore della polizia federale esperto in omicidi. Singolare contesa tra il capo della polizia locale e il nero, al quale la vedova dell'assassinato ha affidato le indagini. Destinato al successo con due insoliti film musicali (*Il violinista sul tetto* e *Jesus Christ Superstar*), Jewison "cattura" qui l'attenzione con un caso poliziesco, avviando un discorso limpido e impegnato sui pregiudizi razziali del profondo Sud. Eccellente la caratterizzazione di Steiger, nella parte del capo della polizia locale che alla fine diventa amico del poliziotto nero. ■ DRAMMATICO; COL.; 109'; USA 1967. ■ OSCAR Ȣ 5 PR, 7 NOM.

CALDA NOTTE D'ESTATE, UNA *(Hot Summer Night)* ★★★

Regia di DAVID FRIEDKIN. Con EDWARD ANDREWS, JAMES BEST, COLLEEN MILLER, LESLIE NIELSEN. ■ Bill porta sua moglie in un villaggio in montagna, teatro delle imprese di un noto bandito. Bill ottiene un colloquio con lui, ma un altro elemento della banda, che è contrario a questa pubblicità, viene a lite col brigante, l'uccide e sequestra il giornalista. La polizia poi scopre il covo della banda. ■ DRAMMATICO; B/N; 86'; USA, 1957.

CALDA PELLE, LA *(De l'amour)* ★★★

Regia di JEAN AUREL. Con PHILIPPE AVRON, ANNA KARINA, ELSA MARTINELLI, MICHEL PICCOLI, JOANNA SHIMKUS. ■ Schermaglia amorosa fra un tipo di poca iniziativa e una ragazza che fa la timida. Quando è ormai disperata, vince. Intanto Raoul, autentico dongiovanni, scheda le sue conquiste mediante riprese filmate. Un suo litigio in vettura con l'amante di turno accende la fantasia erotica d'una libertina motorizzata. ■ EROTICO; B/N; 90'; FRANCIA, 1965.

CALDA PIOGGIA D'ESTATE, LA *(Warm Summer Rain)* ★★

Regia di JOE GAYTON. Con KELLY LYNCH. ■ Una storia d'amore tutta sopra le righe per l'attrice che avrebbe trovato la notorietà in *Ore disperate* di Michael Cimino. ■ DRAMMATICO; COL.; 82′; USA, 1989.

CALDA PREDA, LA *(La curée)* ★★★
Regia di ROGER VADIM. Con JANE FONDA, TINA MARQUAND, PETER MCENERY, MICHEL PICCOLI. ■ Soggetto tratto da un romanzo di Émile Zola. Maxime seduce la matrigna Renée. Il padre, l'industriale Sacard, si accorge della relazione, ma non lo dà a vedere e, durante un'assenza di Renée, convince il debole Maxime a fidanzarsi con la figlia di un grosso industriale. Renée impazzisce e Sacard la chiude in una stanza. ■ DRAMMATICO; COL.; 100′; FRANCIA, 1968.

CALDA VITA, LA ★★★
Regia di FLORESTANO VANCINI. Con FABRIZIO CAPUCCI, GABRIELE FERZETTI, JACQUES PERRIN, CATHERINE SPAAK. ■ Accanto alla violenza, la sessualità costituisce un tema ricorrente nelle opere di Vancini. Desunto da un romanzo di Quarantotti Gambini (su di un'isola deserta, una adolescente desiderata da due coetanei si concederà ad un uomo maturo), il film risulta però epidermico, a causa del mancato approfondimento imputabile ad una censura non ancora liberalizzante. ■ COMMEDIA; COL.; 110′; ITALIA, 1964.

CALDE AMANTI DI KYOTO, LE *(Night Ladies)* ★
Regia di YASUKE WATANABE. Con MAKO MIDORI, MAYUMI OGAWA. ■ Triste e trito melodramma, nel quale si racconta di Asaku che, chiuse le case di tolleranza, prosegue per strada la sua attività. Mal gliene incoglie. ■ DRAMMATICO; B/N; 85′; GIAPPONE, 1966.

CALDE AMICIZIE, LE *(48 heures d'amour)* ★★
Regia di CÉCIL SAINT-LAURENT. Con FRANCIS LEMONNIER, BULLE OGIER, THELMA RAMSTROM. ■ Ingmar e Monica stanno per sposarsi. Lei però vuole passare due giorni col suo ex innamorato, il francese Jean-Pierre. La moglie di costui ha una violenta reazione. Allo scadere delle 48 ore, Ingmar tornerà da solo in Svezia e Monica e Pauline, la moglie di Jean-Pierre, se ne andranno insieme. ■ COMMEDIA; COL.; 93′; FRANCIA, 1969.

CALDE BAMBOLE DI HONG KONG, LE *(Himo)* ★
Regia di HIDEO SEKIGAWA. Con MAKO MIDORI, TATSUO UMEMIYA. ■ Sheila è indotta da Tony alla prostituzione. Riuscirà a ribellarsi e a denunciarlo alla polizia solo quando questi avrà ucciso il nuovo protettore, al quale l'aveva egli stesso venduta. ■ DRAMMATICO; B/N; 80′; GIAPPONE, 1967.

CALDE LABBRA DEL CARNEFICE, LE ★★
Regia di JUAN BOSCH. Con BRUNO CORAZZARI, ORCHIDEA DE SANTIS, ANGEL DEL POZO, GILLIAN HILLS. ■ La giovane Darin è implicata in una serie di omicidi per il solo fatto che, approfittando della sua situazione di corrispondente dal Vietnam, ha organizzato una serie di furti ai danni dell'Esercito americano. ■ POLIZIESCO; COL.; 91′; ITALIA, SPAGNA, 1975.

CALDE NOTTI D'ESTATE *(That Night)* ★★
Regia di CRAIG BOLOTIN. Con C. THOMAS HOWELL, JULIETTE LEWIS, HELEN SHAVER. ■ L'esperienza indiretta di una storia d'amore da parte di una bambina, mediata da una ragazza alla quale vorrebbe assomigliare. Segue dunque con interesse le tappe di una relazione che l'amica ha con un adolescente. Si conferma-va una promessa la protagonista, Juliette Lewis. ■ COMMEDIA; COL.; 90′; USA, 1993.

CALDE NOTTI DI DON GIOVANNI, LE ★★
Regia di ALFONSO BRESCIA. Con BARBARA BOUCHET, EDWIGE FENECH, IRA FÜRSTENBERG, ROBERT HOFFMAN, ANNABELLA INCONTRERA. ■ Don Giovanni, esiliato in Oriente, riesce a sedurre la bellissima castellana figlia di Omar, capo delle tribù irredentiste del Rif. Condannato all'evirazione, viene salvato dalla regina di Cipro e ancora una volta deve darsi alla fuga per sfuggire al matrimonio con costei. ■ COMMEDIA; COL.; 93′; ITALIA, 1971.

CALDE NOTTI DI LADY HAMILTON, LE ★★
(Les amours de Lady Hamilton)
Regia di CHRISTIAN-JAQUE. Con RICHARD JOHNSON, MICHÈLLE MERCIER, JOHN MILLS, MARIO PISU, NADIA TILLER, VENANTINO VENANTINI. ■ Emma è una campagnola che arriva a Londra e d'acchito sposa un Lord. Diviene poi l'amante del comandante Orazio Nelson ma, deceduto il marito, resterà sola perché Nelson morirà nella battaglia di Trafalgar. ■ DRAMMATICO; COL.; 100′; FRANCIA, 1968.

CALDE NOTTI DI PARIGI, LE ★★
(24 heures d'un américain à Paris)
Regia di JOSÉ BÉNAZÉRAF. Con CLAUDINE HOGLEMEL, PAMELA HOLHOUSE, NANCY HOLLOWAY, POUPÉE LA ROSE, DICK RANDALL. ■ Un impresario alla ricerca di nuovi "numeri" è l'abusato espediente per una panoramica sui locali per turisti de *la ville lumière*. ■ DOCUMENTARIO; COL.; 85′; FRANCIA, 1963.

CALDE PALME DI RIO, LE *(Svarta palmkronor)* ★★★
Regia di LARS-MAGNUS LINDGREN. Con BIBI ANDERSSON, THOMMY BERGGREN, TORALF MANRSTAD, MAX VON SYDOW. ■ Storia di quattro marinai svedesi che, lasciati a Rio de Janeiro dalla loro nave perché sempre ubriachi, vivono alla giornata. Uno muore, gli altri due vengono caricati a forza su una nave, il quarto ritrova una donna che aveva salvato e con lei inizia una nuova vita. ■ DRAMMATICO; COL.; 92′; SVEZIA, 1969.

CALDERON ★★★
Regia di GIORGIO PRESSBURGER. Con PAOLO BONACELLI, FRANCESCA MUZIO, CARMEN SCARPITTA. ■ Dal complesso testo teatrale di Pier Paolo Pasolini, ecco un film sospeso tra sogno e realtà. La protagonista è Rosaura, innamorata di Sigismondo, un ebreo convertito al quale la legano intricati rapporti incestuosi. Il tutto in Spagna nel 1967, alla vigilia delle sommosse popolari del '68. ■ DRAMMATICO; COL.; 90′; ITALIA, 1981.

CALDI AMORI, I *(Et satan conduit le bal)* ★
Regia di GRISHA M. DABAT. Con FRANÇOISE BRION, CATHERINE DENEUVE, BERNADETTE LAFONT, JACQUES PERRIN. ■ In una villa tre coppie, male assortite. Infatti, Eric ama Isabelle, Jean Claude desidera Isabelle, ma è l'amante di Monica che è desiderata da Ivan, amato invece da Manuelle. Dopo un prevedibile intreccio, Ivan viene ammazzato. ■ DRAMMATICO; B/N; 76′; FRANCIA, 1962.

CALDO AMORE DI EVELYN, IL *(La petite vertu)* ★★★
Regia di SERGE KORBER. Con PIERRE BRASSEUR, DANY CARREL, ROBERT HOSSEIN, JACQUES PERRIN. ■ Evelyn, giovane ladra che lavora in coppia con Brady, e Fred, fotografo, si incontrano e si amano. Evelyn decide quindi di cambiar vita e diventa cantante in un night. Ma, ricattata da Brady, sarà costretta a ucciderlo. ■ DRAMMATICO; COL.; 98′; FRANCIA, 1968.

CALDO E IL NUDO, IL *(Quand les filles se déchaînent)* ★★
Regia di GUY MARIA. Con BOB ASKLOF, JEAN-MICHEL DHERMAY, ANNE KERYLENE, JACQUELINE LAURENT, MARIE-GEORGES PASCAL. ■ Fumettone sentimentale ambientato nel mondo dei "cascatori", i cosiddetti *stuntmen*. ■ DRAMMATICO; COL.; 85′; FRANCIA, 1973.

CALDO SOFFOCANTE ★★
Regia di GIOVANNA GAGLIARDO. Con CHRISTINE BOISSON, ENNIO FANTASTICHINI. ■ Marie-Christine, dopo aver trovato il bagaglio con i documenti di viaggio di una certa Miriam, decide di consegnarle tutto il materiale. Il problema è trovarla. Inoltre ci sono delle persone che non vogliono che questo avvenga. Tragedia finale. Il titolo si riferisce alla temperatura estiva di Roma, dove la protagonista cerca di raggiungere lo scopo che si è prefissa in un'atmosfera difficile e ostile. La Gagliardo, da sempre regista di storie di donne, è legata a uno stile tipo anni Sessanta e Settanta. ■ DRAMMATICO; COL.; 95′; ITALIA, 1991.

CALENDAR GIRLS ★★★
Regia di NIGEL COLE. Con JOHN ALDERTON, LINDA BASSETT, ANNETTE CROSBIE, HELEN MIRREN, JULIE WALTERS. ■ The Women's Institute è una istituzione femminile che difende la tradizione e le buone maniere e parteggia per le marmellate fatte in casa, il ricamo, il lavoro a maglia e la buona creanza. Ogni anno l'istituto realizza un calendario che si compone per lo più di paesaggi e vasi di fiori. Il calendario ha lo scopo di raccogliere fondi da destinare ad una giusta causa. Questa volta, però, le pie donne si sono impegnate in una difficile crociata: raccogliere soldi per salvare l'ospedale locale. Fiori secchi e paesaggi non bastano a realizzare la somma necessaria. La soluzione; posare nude. *Ca-*

lendar Girls è un buon esempio dello stato positivo del cinema inglese. Un cinema sempre ben scritto e recitato, che cerca agganci con la realtà quotidiana (la pellicola è del resto basata su una storia vera). ■ COMMEDIA; COL.; 108′; GRAN BRETAGNA, 2003. ■ GOLDEN GLOBES 1 NOM.

CALENDARIO *(Calendar)* ★★
Regia di ATOM EGOYAN. Con ATOM EGOYAN, ARSINÉE KHANJIAN. ■ Il regista armeno di *Exotica* e *Black Comedy* descrive la vita familiare di un fotografo, che sta lavorando a un calendario, e la moglie. ■ DRAMMATICO; COL.; 70′; CANADA, 1993.

CALIBRO 38 *(L'homme qui trahit la mafia)* ★★
Regia di CHARLES GÉRARD. Con GIGI BALLISTA, CLAUDINE COSTER, ROBERT HOSSEIN, CLAUDE MANN. ■ Un giovane tenente di polizia è incaricato di indagare su molteplici omicidi. Usando come esca la moglie di uno degli assassini, arriverà al covo dell'intera banda. ■ DRAMMATICO; COL.; 85′; FRANCIA, 1967.

♥ **CALIBRO 20 PER LO SPECIALISTA, UNA** ★★★
(Thunderbolt and Lightfoot)
Regia di MICHAEL CIMINO. Con CATHERINE BACH, JEFF BRIDGES, CLINT EASTWOOD, GEORGE KENNEDY, GEOFFREY LEWIS. ■ Mezzo milione di dollari, frutto di una rapina, è stato nascosto in una scuola di un paesetto del Montana. Ma quando i banditi vi si recano, non riescono a ritrovare la scuola a causa delle trasformazioni edilizie. Tentano allora di rapinare una banca, ma una inezia compromette tutto. ■ POLIZIESCO; COL.; 114′; USA, 1971. ■ OSCAR 1 NOM.

CALICE D'ARGENTO, IL *(The Silver Chalice)* ★★★
Regia di VICTOR SAVILLE. Con VIRGINIA MAYO, PAUL NEWMAN, JACK PALANCE, ANNA MARIA PIERANGELI. ■ Lo scultore Basilio, liberato dalla schiavitù, si reca a Roma per portare una riproduzione da lui eseguita del calice che venne usato nell'Ultima Cena. Vi si reca anche Simon Mago, dopo aver mandato un sicario affinché si impadronisca del calice. Simon Mago, per sfidare l'apostolo Pietro, promette di volare lanciandosi da una torre. Naturalmente precipita e muore. Il sicario viene ucciso dalla folla. Basilio, riavuto il calice, lo dona al destinatario e torna in patria con Debora che aveva contribuito alla sua liberazione. Lavoro noto soprattutto per l'esordio di Paul Newman. ■ STORICO; COL.; 144′; USA, 1954. ■ OSCAR 2 NOM.

CALIFFA, LA ★★★
Regia di ALBERTO BEVILACQUA. Con MARINA BERTI, ROBERTO BISACCO, ENZO FIERMONTE, ROMY SCHNEIDER, UGO TOGNAZZI. ■ "Califfa" in Emilia si dice a donna spregiudicata e volitiva. La "califfa" del film odia Doberdò, proprietario della fabbrica presso la quale lavorava suo marito prima che venisse ucciso in un scontro con le forze dell'ordine. In seguito impara a stimarlo e divengono amanti. Ma Doberdò verrà assassinato da sicari mandati da industriali contro i quali si era schierato per amore della "califfa". Esordio registico dello scrittore Bevilacqua. ■ DRAMMATICO; COL.; 99′; ITALIA, 1964.

CALIFORNIA ★★★
Regia di WOODBRIGE STRONG VAN DYKE. Con FRANK CURRIER, MARC MCDERMOTT, DOROTHY SEBASTIAN. ■ Van Dyke, già assistente di Griffith in *Intolerance*, era qui ai primi passi d'una carriera prolifica e brillante. La Sebastian, di provenienza teatrale, esaurì in pochi anni l'esperienza cinematografica. McDermott, attore inglese scritturato fra i primi in America dalla Edison, morì due anni più tardi. Il film narra la solita epopea di "frontiera". ■ WESTERN; B/N; 100′; USA, 1927.

CALIFORNIA *(Can't Help Singing)* ★★★
Regia di FRANK RYAN. Con DEANNA DURBIN, ROBERT PAIGE. ■ La figlia di un senatore, Caterina, va alla ricerca di un ufficiale dell'esercito federale di cui è innamorata. Fra un'avventura è l'altra incontra Johnny e, quando viene a sapere che l'ufficiale è già sposato, si consola con lui. ■ COMMEDIA; COL.; 89′; USA, 1944. ■ OSCAR 2 NOM.

CALIFORNIA ★★★
Regia di MICHELE LUPO. Con CHRIS AVRAM, WILLIAM BERGER, MIGUEL BOSÈ, GIULIANO GEMMA, RAIMUND HARMSTORF. ■ Alla fine della guerra di Secessione, due ufficiali sudisti fanno amicizia. Il più giovane muore. L'altro, California, porta la triste notizia alla famiglia. Si stabilirà presso di essa e troverà il modo di salvare la sorella del suo commilitone dalle grinfie di un sanguinario cacciatore di taglie. ■ WESTERN; COL.; 105′; ITALIA, 1977.

CALIFORNIA DOLLS *(...All the Marbles)* ★★★
Regia di ROBERT ALDRICH. Con PETER FALK, VICKI FREDRICK, LAURENE LANDON. ■ Due lottatrici di catch alle prese con un manager truffaldino e con un sottobosco di malavita e sfruttamento. Riusciranno a farcela e ad aggiudicarsi l'ambito trofeo. Robert Aldrich, maestro del cinema di violenza, per raccontare lo sport più sadico e crudele, il catch femminile, ha scelto la strada della commedia, con risultati solo qua e là brillanti. ■ COMMEDIA; COL.; 113′; USA, 1981.

CALIFORNIA DREAMING ★★★
Regia di JOHN HANCOCK. Con SEYMOUR CASSELL, DENNIS CHRISTOPHER, GLYNNIS O'CONNOR. ■ Un buon film, acuto e anche abbastanza spregiudicato sul riflusso degli anni Settanta in America. Un giovanotto si unisce a una comitiva che pratica il surf sulle spiagge della California, invidiando la loro vita libera e spensierata. Ci metterà un po' a capire che le esistenze dei leoni della tavoletta sono anche più vuote della sua. ■ DRAMMATICO; COL.; 92′; USA, 1979.

CALIFORNIA EXPRESS *(Without Reservations)* ★★★
Regia di MERVYN LE ROY. Con CLAUDETTE COLBERT, JOHN WAYNE. ■ Una scrittrice americana viene invitata a Hollywood per assistere alla lavorazione di un film tratto da un suo romanzo. Durante il viaggio, incontra a Chicago un giovane aviatore e si sente tanto attratta di lui da perdere il treno per Hollywood. ■ COMMEDIA; B/N; 107′; USA, 1946.

CALIFORNIANO, IL *(Guns of Diablo)* ★★
Regia di BORIS SAGAL. Con CHARLES BRONSON, JOHN FIEDLER, JAN MERLIN, SUSAN OLIVER, KURT RUSSELL. ■ Linc ritrova la donna amata, che credeva morta in un'imboscata tesagli da Ronce. Ora Maria è moglie del rivale. Ma l'antico amore non si è spento. In un duello all'ultimo sangue vincerà l'onesto Linc. ■ WESTERN; COL.; 86′; USA, 1963.

CALIFORNIANO – ROBIN HOOD DELLA CALIFORNIA, IL *(The Californian)* ★★
Regia di GUS MEINS. Con RICARDO CORTEZ, KATHERINE DE MILLE, MORGAN WALLACE, MARJORIE WEAVER. ■ Loschi individui inviati dal governo centrale degli Stati Uniti compiono ingiustizie. In attesa di un ispettore, il giovane figlio di un ricco signore si allea con alcuni banditi e lotta contro gli oppressori riuscendo poi a documentare le loro malversazioni. ■ WESTERN; B/N; 90′; USA, 1937.

CALIFORNIANS, THE ★
Regia di JONATHAN PARKER. Con ILLEANA DOUGLAS, CLORIS LEACHMAN, KATE MARA, NOAH WYLE. ■ Un uomo venuto dalla città sogna ad occhi aperti la propria fortuna, mentre non sa che la troverà dove meno se la aspetta. Kevin Renson, uno spietato agente immobiliare (Wyle), progetta di costruire uno sconfinato villaggio turistico sulle colline californiane, rifugio ameno di un'improbabile comunità di ambientalisti che qui vive in simbiosi con la natura. Ha inizio uno scontro senza esclusione di colpi, complicato dalla presenza della sorella di Kevin, pronta a tutto pur di fermare il progetto. ■ DRAMMATICO; COL.; 87′; USA, 2005.

CALIFORNIA POKER *(California Split)* ★★★★
Regia di ROBERT ALTMAN. Con ELLIOTT GOULD, ANN PRENTISS, BERT REMSEN, GEORGE SEGAL, GWEN WELLES. ■ Bill e Charlie, giocatori inveterati, un giorno "sentono" che è arrivato il momento della fortuna. Vendono tutto e partono per Reno. Avevano "sentito" giusto. Girato prima di *Nashville*, viene giudicato un film minore di Altman. ■ COMMEDIA; COL.; 108′; USA, 1974.

CALIFORNIA 436 *(You and Me)* ★★
Regia di DAVID CARRADINE. Con DAVID CARRADINE, KEITH CARRADINE, BARBARA HERSHEY. ■ In una bettola nel deserto californiano, un disgraziato viene ucciso da un teppista che fugge. Fuggono anche due compagni di strada dell'assassino, che temono di essere coinvolti. Uno di essi raccoglie per strada un ragaz-

zino scappato da casa. Insieme i due raggiungeranno il Canada dove potranno finalmente vivere in pace. ■ DRAMMATICO; B/N; 92′; USA, 1978.

CALIFORNIA SKATE *(Gleaming the Cube)* ★★
Regia di GRAEME CLIFFORD. Con STEVEN BAUER, ART CHUDABALA, RICHARD HERD, MIN LUONG, CHRISTIAN SLATER, LE TUAN. ■ L'unico interesse di Brian, ragazzo di buona famiglia, è il suo skate-board, con il quale compie pericolose evoluzioni insieme agli amici. Invece, il fratello adottivo, un ragazzo vietnamita, è studioso e posato. Un giorno questi viene a contatto con un conterraneo, che si occupa di assistenza ai vietnamiti che lottano contro il regime comunista. Ma il commercio di medicinali e cibo nasconde un commercio di armi. Scoperto il traffico micidiale, il ragazzo viene ucciso. Allora il fratello si mette alla ricerca degli assassini. Potrà incastrare i loschi trafficanti grazie all'aiuto determinante degli amici dello skate-board. ■ AVVENTURA; COL.; 108′; USA, 1988.

CALIFORNIA SUITE ★★★
Regia di HERBERT ROSS. Con ALAN ALDA, MICHAEL CAINE, BILL COSBY, JANE FONDA, WALTER MATTHAU, ELAINE MAY, RICHARD PRYOR, MAGGIE SMITH. ■ All'hotel Beverly Hills in California, durante la notte della consegna degli Oscar arriva un gruppo di persone, tutte con (seri) problemi personali. Ci sono due coniugi separati, che si battono per la custodia della figlia adolescente; un tranquillo marito, che si trova in camera una ragazza compiacente e deve risponderne alla moglie, che di lì a poco sopraggiunge; due coppie afroamericane che ne passano di tutti i colori per i disservizi dell'albergo; infine un'attrice candidata all'Oscar. Non vince, ma si consola nelle braccia del comprensivo consorte. ■ COMMEDIA; COL.; 103′; USA, 1978. ■ GOLDEN GLOBES 1 PR, 2 NOM; OSCAR 1 PR, 3 NOM.

CALIGOLA ★
Regia di JOE D'AMATO, DAVID HILLS (pseud.). Con CHARLES BORROMEL, DAVID CAIN, OLIVER FINCH, LAURA GEMSER. ■ La vita, gli amori, le sregolatezze, le malvagità di questo pazzo imperatore romano che ha ispirato più di una versione cinematografica della sua vita. ■ STORICO; COL.; 87′; ITALIA, 1979.

CALIGOLA E MESSALINA ★
Regia di ANTHONY PASS. Con FRANÇOISE BLANCHARD, VLADIMIR BRAJOVIC, BETTY ROLAND. ■ Partendo dallo spunto storico, il film insiste soprattutto sul personaggio di Messalina, che verrà condannata a morte con l'amante Caio Silio a causa delle congiure di Agrippina. ■ COMMEDIA; COL.; 85′; ITALIA, 1982.

CALIGOLA – IO CALIGOLA *(Caligula)* ★★
Regia di TINTO BRASS. Con ADRIANA ASTI, JOHN GIELGUD, MALCOLM MCDOWELL, PETER O'TOOLE, THERESE ANN SAVOY, LEOPOLDO TRIESTE. ■ Storia del famigerato (giustamente) imperatore romano Caligola travolto dalla follia e dai pasticci amorosi. Uno dei film più perseguitati dalla censura. La collaborazione di Tinto Brass con lo scrittore americano Gore Vidal si risolse in un fallimento. ■ BIOGRAFICO; COL.; 105′; ITALIA, USA, 1977.

CALIGOLA... LA STORIA MAI RACCONTATA ★
Regia di JOE D'AMATO. Con DAVID CAIN, OLIVER FINCH, LAURA GEMSER. ■ I delitti, le prepotenze, le ingiustizie e gli scandali provocati da Caligola, che successe a Tiberio nel dominio di Roma. Alla fine pare che il folle imperatore sia rinsavito, ma nessuno ci crede, e lo ammazzano. ■ FANTASTICO; COL.; 90′; ITALIA, 1982.

CALLAGHAN CHIAMA INTERPOL ★★
(Plus de whisky pour Callaghan)
Regia di WILLY ROZIER. Con MAGALI DE VANDEUIL, TONY WRIGHT. ■ Le avventure di Callaghan, che deve recuperare un nastro magnetico su cui è inciso un motivo musicale dal quale, applicando uno speciale sistema di defrazione, si ricava la formula rubata in un centro atomico. Il poliziotto privato Callaghan trova anche modo di sposarsi. ■ AVVENTURA; B/N; 89′; FRANCIA, 1954.

CALLAGHAN CONTRO MASCHERA NERA ★★
(Callaghan remet ça)
Regia di WILLY ROZIER. Con FABIENNE DALÌ, GENEVIÈVE KERVINE, ANDRÉ LUGUET, TONY WRIGHT. ■ Callaghan, detective privato, riesce a scoprire i responsabili di un ingente furto di diamanti ai danni di una compagnia di assicurazioni. ■ GIALLO ROSA; B/N; 81′; FRANCIA, 1961.

CALLAS FOREVER ★★
Regia di FRANCO ZEFFIRELLI. Con FANNY ARDANT, GABRIEL GARKO, JEREMY IRONS, ANNA LELIO, JOAN PLOWRIGHT, JAY RODAN. ■ L'impresario Kelly (Zeffirelli stesso?) si introduce, con mille sotterfugi, in casa della Callas, che conosce benissimo, e dopo le giuste resistenze riesce a spiegarle il progetto. Lei ha perso la voce, d'accordo, e allora canterà nei film, doppiata dalla sua stessa voce com'era una volta. Soliti dubbi eccetera ma poi la diva accetta. Il primo film è *Carmen* che si presta perché Maria non l'aveva mai interpretata, l'aveva solo registrata. È un trionfo. Al quale segue la naturale depressione «era solo un trucco, non ero io, ho imbrogliato il pubblico». Ancora una volta Kelly-Zeffirelli rimedia. Ma ecco l'evoluzione, temuta e inaspettata: Maria vuole essere ancora se stessa, completamente, vuole che la voce sia la sua, allora decide di fare Tosca, con la voce attuale. Decisione tragica. Emerge dunque che il film non è documento, non è rivisitazione, ma è pura fiction. Dunque perfetta per Zeffirelli. ■ DRAMMATICO; COL.; 111′; ITALIA, 2002.

CALLE MAYOR ★★★★
Regia di JUAN ANTONIO BARDEM. Con BETSY BLAIR, DORA DOLL, YVES MASSARD, JOSÉ SUAREZ. ■ Quando negli anni Cinquanta Bardem era il numero uno del cinema spagnolo e la critica si occupava di lui, si scrisse che ogni suo film costituiva l'omologo d'un film italiano d'autore. Questo, secondo alcuni, riecheggia *I vitelloni*, ma l'analogia si ferma all'argomento: una certa provincia e i suoi giovani sfaccendati, autori di beffe squallide e atroci. Uno di loro si finge innamorato d'una zitella e la illude, restando conquistato alla fine dalla sua sensibilità. Ma un amico svelerà alla donna l'inganno. ■ DRAMMATICO; B/N; 89′; SPAGNA, 1956. ■ VENEZIA 1 PR.

CALLING, THE – LA CHIAMATA ★★
Regia di RICHARD CAESAR. Con LAURA HARRIS, ALICE KRIGE, RICHARD LINTERN, FRANCIS MAGEE, ALEX ROE-BROWN. ■ Kristie avrebbe una vita perfettamente felice: magnifica casa nella campagna inglese, lavoro interessante a Londra, un marito e un figlio perfetti. Avrebbe, perché un paio di turbative ci sono: la morte della sua migliore amica e quella di Jack, figlio dei suoi vicini di casa. Ma la turbativa peggiore è davvero strana, e assolutamente inquietante. Nella vita della donna entra un taxista misterioso, che le consegna una pergamena consunta che contiene una tesi inverosimile e orrenda: suo figlio sarebbe la reincarnazione di Satana, che dopo l'iniziativa di Dio duemila anni prima, vorrebbe percorrere quella stessa via. Kristie, naturalmente sconvolta, sempre meno incredula, comincia a difendere se stessa e il figlio. Superfluo e già visto. ■ HORROR; COL.; 91′; GRAN BRETAGNA, 2001.

CALL – NON RISPONDERE, THE *(Chakushin ari)* ★
Regia di TAKASHI MIIKE. Con KAZUE FUKIISHI, ATSUSHI IDA, RENJI ISHIBASHI, GORO KISHITANI, ANNA NAGATA, KOU SHIBASAKI, MATSUSHIGE YUTAKA. ■ Una musichetta ossessionante, messaggi provenienti dallo stesso telefonino, annunciano la morte di chi lo possiede o di un amico, entro qualche giorno. Le vittime si susseguono e Yumi, giovane studentessa, sa che, prima o poi, la chiamata verrà anche per lei. La storia è semplice, lo svolgersi degli eventi alquanto complesso. Non è facile riuscire a seguire la trama nei suoi convulsi intrighi. ■ HORROR; COL.; 112′; GIAPPONE, 2003.

CALMA RAGAZZE, OGGI MI SPOSO ★★
(Le gendarme... se marie!)
Regia di JEAN GIRAULT. Con MAURIZIO BONUGLIA, LOUIS DE FUNÈS, GENEVIÈVE GRAD, JEAN LEFEBVRE. ■ Il sergente maggiore Cruchot, per un errore del cervello elettronico, riesce ad avere la promozione a maresciallo maggiore. De Funès e nient'altro. ■ COMMEDIA; COL.; 89′; FRANCIA, 1968.

CALORE *(Heat)* ★★★
Regia di PAUL MORRISSEY. Con JOE DALLESANDRO, ENRIC EMERSON, ANDREA FELDMAN, SYLVIA MILES. ■ Joe va a Hollywood sperando di fare del cinema. Si prostituisce alla padrona del motel per non pagare il conto e a Sally, ex attrice sfiorita, per ave-

re il suo appoggio nella carriera. Infine deve scappare per sfuggire alla figlia di costei, diciassettenne drogata che lo insidia. Allievo e collaboratore di Warhol, Morrissey si presenta come un autorevole esponente del tardo underground newyorkese. ■ DRAMMATICO; COL.; 100'; USA, 1971.

CALORE E POLVERE *(Heat and Dust)* ★★
Regia di JAMES IVORY. Con JULIE CHRISTIE, SHASHI KAPOOR, GRETA SCACCHI. ■ La storia di Anna, giornalista della BBC, che va in India per svolgere un'inchiesta sulla sua prozia Olivia che, negli anni Venti, aveva seguito in Oriente il marito ma poi era rimasta incinta di un riccone locale. Anche Anna rimane attratta dall'India e, come la prozia, rimane incinta di un indiano. Solo che lei, al contrario della prima, decide di non abortire. Tratto dall'omonimo romanzo di Ruth Prawer Jhabvala (sceneggiatrice del film), quest'opera (dello stesso regista di *Camera con vista* e di *Maurice*) ripropone il confronto fra due culture diverse (europea e orientale) che si risolve in una attrazione (o repulsione?) tra inglesi e indiani. Ma non convince quanto *Passaggio in India* di Lean. ■ DRAMMATICO; COL.; 130'; GRAN BRETAGNA, 1982.

CALTIKI, IL MOSTRO IMMORTALE ★★
Regia di RICCARDO FREDA. Con GÉRARD HERTER, JOHN MERIVALE, DIDI SULLIVAN. ■ Gli scienziati John e Max scoprono nella giungla messicana una statua di Caltiki, dea della morte. Davanti alla statua c'è una pozza d'acqua, dalla quale esce un enorme mostro che afferra un braccio di Max. John riesce a salvare l'amico e lo conduce a Città del Messico. Sul braccio di Max è rimasto un brandello di carne del mostro, da cui si svilupperà un'orribile creatura. ■ FANTASCIENZA; B/N; 75'; ITALIA, 1959.

CALUNNIA, LA *(These Three)* ★★★★
Regia di WILLIAM WYLER. Con BONITA GRANVILLE, MIRIAM HOPKINS, JOEL MCCREA, MERLE OBERON. ■ In un piccolo paese Karen e Martha dirigono un collegio. Alda è fidanzata con un giovane medico del quale è segretamente innamorata anche Martha. Una ragazzina viziata, per vendicarsi di una peraltro meritata punizione, inventa un'odiosa calunnia che coinvolge i tre protagonisti. Sottile studio psicologico e d'ambiente, il film s'arresta davanti al tabù dell'omosessualità femminile, a differenza del dramma di Lillian Hellman da cui è tratto. ■ DRAMMATICO; B/N; 93'; USA, 1936. ■ OSCAR 1 NOM.

CALUNNIATORI, I ★
Regia di FRANCO CIRINO. Con ANTONELLA GAGLIANO, TURI PANDOLFINI, ACHILLE TOGLIANI. ■ Giacomo, uomo pieno di soldi, sposa Dorina, povera orfana. La cugina Elvira, gelosa, riesce a fargli credere che il bimbo nato dal matrimonio non sia suo. Quando Giacomo scopre la verità, è troppo tardi: il suo cuore, da tempo ammalato, cede. ■ DRAMMATICO; B/N; 90'; ITALIA, 1957.

CALVARIO DI UNA MADRE, IL *(Le droit de l'enfant)* ★★
Regia di JACQUES DAROY. Con JEAN CHEVRIER, RENÉE DEVILLERS. ■ Louise abbandona il marito e la figlia per fuggire con Daniel. Quando questi l'abbandona, il marito generosamente la perdona. Daniel tornerà il giorno del matrimonio della figlia con cattive intenzioni. Ma sarà ucciso. ■ DRAMMATICO; B/N; 95'; FRANCIA, 1948.

CALYPSO ★★
Regia di LEO BENVENUTI, GOLFIERO COLONNA, FRANCO ROSSI. ■ La storia d'amore di Raisy si intreccia con quella del fratellino venuto in possesso di un gallo da combattimento. Una tenue traccia narrativa. Ma il film è soprattutto uno studio sulle consuetudini d'un paese esotico. ■ DOCUMENTARIO; COL.; 90'; ITALIA, 1958.

CALZE NERE, NOTTI CALDE ★
(Unser Wunderland bei Nacht)
Regia di REINHARD ELSNER, HANS HEINRICH, JÜRGEN ROLAND. Con PAUL ESSER, ANGELIKA MEISSNER, FREDRICH SCHOENFELDER. ■ Tre episodi per mostrare la vita notturna di tre città tedesche. Teutonicamente noioso. ■ FILM A EPISODI; B/N; 85'; GERMANIA, 1959.

CAMALEONTE *(Chameleon)* ★★
Regia di JON JOST. Con ELLEN BLAKE, BOB GAUDINI, KATHLEEN MACKAY. ■ Uno dei primi film sperimentali del regista di *Tutti i Vermeer a New York*. Un uomo spaccia droga e smercia quadri falsi, oltre ad essere un assassino. Si pente e si auto-punisce buttandosi addosso della vernice. ■ DRAMMATICO; COL.; 90'; USA, 1978.

CAMALEONTE, IL *(Chameleon Street)* ★★★
Regia di WENDEL B. HARRIS JR. Con AMINA FAKAR, WENDEL B. HARRIS JR, ANGELA LESLIE. ■ Douglas Street lavora col padre nel ramo antifurti. Durante le sue giornate sogna di andare a letto con le donne bianche. Finisce all'ospedale perché un tipo lo scambia per il pappone della moglie, mentre i due coniugi stanno cenando "tranquillamente" in un locale "tranquillo". Lascia la moglie e si fa falsificare un certificato di laurea, per lavorare in qualità di medico chirurgo. Dopo ventitré operazioni riuscite viene arrestato e lo psicologo lo disegna come "Zelig", cioè un uomo in grado di diventare ciò che gli altri si aspettano da lui. Così diventerà studente francese all'università di Yale, avvocato volontario a Detroit e infine dirigente, prima di essere ancora arrestato. Divertente commediola più vicina a Woody Allen che a Spike Lee, diretta dal regista-attore di colore Wendel B. Harris jr., che attendiamo per una riprova. Belli i titoli di coda con la fiaba dello scorpione e della rana, raccontata con una frase a turno da alcune comparse. ■ COMMEDIA; COL.; 98'; USA, 1989.

CAMBIA LA TUA VITA CON UN CLICK *(Click)* ★★
Regia di FRANK CORACI. Con SEAN ASTIN, KATE BECKINSALE, DAVID HASSELHOFF, JONAH HILL, JULIE KAVNER, ADAM SANDLER, CHRISTOPHER WALKEN, HENRY WINKLER. ■ Quando la tua vita è divisa tra una moglie e due figli, i genitori da accontentare e un lavoro pressante a cui stare dietro per garantire benessere e sopravvivenza alla famiglia, quello di cui avresti bisogno è proprio un telecomando con il quale manipolare la realtà mettendo in pausa, andando avanti veloce e rivedendo le scene fondamentali della tua vita. Peccato che non è tutto oro quello che luccica e Michael lo imparerà a sue spese, capendo che la soluzione ai suoi problemi non è il magico telecomando, ma stare di più con la famiglia e sacrificare il lavoro. ■ COMMEDIA; COL.; 107'; USA, 2006.

CAMBIALE, LA ★★
Regia di CAMILLO MASTROCINQUE. Con VITTORIO GASSMAN, SYLVA KOSCINA, ERMINIO MACARIO, AROLDO TIERI, UGO TOGNAZZI, TOTÒ, RAIMONDO VIANELLO. ■ Una cambiale passa di mano in mano in un susseguirsi di scenette piuttosto comiche. ■ COMMEDIA; B/N; 91'; ITALIA, 1959.

CAMBIAR VITA *(A New Life)* ★★
Regia di ALAN ALDA. Con ALAN ALDA, ANN MARGRET. ■ Due giovani si innamorano, si sposano e sembrano felici. Ma col passare del tempo le cose sono lentamente cambiate, sono sorti molti problemi e alla passione è subentrata l'indifferenza. Il divorzio è inevitabile. Poi, anni dopo, trovano entrambi un compagno per il quale sembrano aver perso la testa. ■ COMMEDIA; COL.; 99'; USA, 1988.

CAMBIAR VITA *(Rich in Love)* ★★★
Regia di BRUCE BERESFORD. Con JILL CLAYBURGH, KATHRYN ERBE, ALBERT FINNEY, KYLE MACLACHLAN. ■ Dopo *A spasso con Daisy*, un altro film sui buoni sentimenti del registra Beresford, uscito in Italia solo in videocassetta. Ha nel cast, oltre al sempre bravo Albert Finney, un'attrice che sembrava dimenticata, Jill Clayburgh. Una madre di famiglia si allontana da casa. Il marito a malincuore deve adattarsi alla nuova situazione. Inoltre le due figlie sono in un momento particolare, una è incinta e l'altra alle soglie dell'età matura. ■ COMMEDIA; COL.; 106'; USA, 1992.

CAMBIO DELLA GUARDIA, IL ★★
Regia di GIORGIO BIANCHI. Con GINO CERVI, FERNANDEL, FRANCO PARENTI, MILLA SANNONER. ■ In un paesino viene ucciso il signorotto del paese, fascista sfegatato. Attilio, l'oste noto antifascista, teme d'essere accusato e col futuro consuocero tenta inutilmente di far sparire il cadavere. L'arrivo degli americani aggiusterà tutto. Si ricostituisce l'accoppiata di *Don Camillo*. ■ COMMEDIA; B/N; 92'; ITALIA, 1962.

CAMBIO D'IDENTITÀ *(True identity)* ★★
Regia di CHARLES LANE. Con LENNY HENRY, CHARLES LANE, FRANK LANGELLA. ■ Un attore di colore si sente frustrato perché interpreta solo ruoli secondari mentre il suo sogno è *Otello*. L'oc-

casione per una gran parte arriva quando deve camuffarsi da bianco per sfuggire alla furia di un boss della malavita: l'attore infatti conosce la sua reale identità. Simpatico. ■ POLIZIESCO; COL.; 95'; USA, 1991.

CAMBIO DI GIOCO *(The Game Plan)* ★★
Regia di ANDY FICKMAN. Con MORRIS CHESTNUT, GORDON CLAPP, HAYES MACARTHUR, MADISON PETTIS, ROSELYN SANCHEZ, KYRA SEDGWICK, THE ROCK, BRIAN WHITE. ■ Joe Kingman è un celebrato campione di football che ha tutto quanto si possa desiderare: soldi, fama, successo, donne. Anche se a volte si sente solo, la sua vita trascorre tranquilla, fino all'arrivo di una bambina di otto anni che sostiene di essere sua figlia, nata da una precedente e brevissima relazione. La bambina rivoluzionerà la vita del padre, con conseguenze imprevedibili per tutti... ■ COMMEDIA; COL.; 110'; USA, 2007.

CAMBIO DI INDIRIZZO *(Changement d'adresse)* ★★
Regia di EMMANUEL MOURET. Con ARIANE ASCARIDE, FRÉDÉRIQUE BEL, DANY BRILLANT, EMMANUEL MOURET, FANNY VALETTE. ■ David, suonatore di corno, giunge a Parigi per suonare in un'orchestra, contando di dare anche lezioni private. Un giorno legge un annuncio in cui viene proposto di condividere un appartamento. Lo ha fatto pubblicare Anne. I due si incontrano e si accordano. Se Anne, addetta alle fotocopie, è innamorata di un cliente, David è affascinato da un'allieva che però tarda a prendere una decisione. I due si alternano nel ruolo di pazienti ascoltatori delle passioni altrui... Un piccolo film passato alla Quinzaine di Cannes, che consente di scoprire un regista/attore che in patria ha già al suo attivo un mediometraggio e due "lunghi". Il doppiaggio italiano, per quanto ben fatto, penalizza sempre un po' i film francesi, fatti di semitoni e di ritmo del dialogo. ■ COMMEDIA; COL.; 85'; FRANCIA, 2006.

CAMBIO DI SESSO *(Cambio de sexo)* ★★
Regia di VICENTE ARANDA. Con VICTORIA ABRIL, BIBI ANDERSSON, RAFAELA APARICIO, LOU CASTEL, FERNANDO SANCHO. ■ Il sedicenne José Maria, nonostante i tentativi di "virilizzazione" messi in pratica dal padre, si sente donna in tutto. Aiutato dalla sorella, fugge a Barcellona e trova lavoro presso un parrucchiere per signora. Qui conosce Bibi Andersson, che si è sottoposta ad un intervento ed è diventata donna. Bibi fa assumere José come ballerina in un locale dove conosce un uomo del quale si innamora. Costui ricambierà (non subito) il sentimento e lo condurrà in una clinica, dove diventerà pienamente donna. ■ DRAMMATICO; COL.; 106'; SPAGNA, 1977.

CAMBIO MARITO *(Switching Channels)* ★★
Regia di TED KOTCHEFF. Con CHRISTOPHER REEVE, BURT REYNOLDS, KATHLEEN TURNER. ■ Bella giornalista della tv vuol sposarsi e spostarsi da Chicago a New York. Ma il suo capo non le permette di fare né una cosa né l'altra alla vigilia di un probabile scoop giornalistico (l'esecuzione di un poveraccio condannato ingiustamente). Ma non c'è solo un interesse professionale nelle manovre del capo: la donna è la sua ex moglie. Quarto remake di *Prima pagina*, è ambientato stavolta tra gli *anchor-men*. Inferiore ai precedenti, anche se l'idea di fare di una donna la protagonista è azzeccata. ■ COMMEDIA; COL.; 105'; USA, 1988.

CAMBIO VITA *(The Change-Up)* ★★
Regia di DAVID DOBKIN. Con ALAN ARKIN, JASON BATEMAN, LESLIE MANN, RYAN REYNOLDS, OLIVIA WILDE. ■ Mitch e Dave sono amici da sempre. Ognuno di loro ha però fatto scelte di vita molto differenti. Mitch è un single a caccia di avventure e sedicente attore in filmacci semiporno. Dave invece è avvocato, ha una moglie e tre figli. I due confessano reciprocamente il desiderio di vivere la vita dell'altro. Grazie a un improvviso blackout Mitch si ritrova nel corpo di Dave e viceversa. Ora i due possono scoprire se la differenza valeva la pena. ■ COMMEDIA; COL.; 112'; USA, 2011.

CAMBOGIA EXPRESS *(Angkor: Cambodia Express)* ★★
Regia di ALEX KING. Con CHRISTOPHER GEORGE, WOODY STRODE. ■ Un giornalista americano in Cambogia assiste ai massacri compiuti dai Khmer rossi e manda le notizie ai giornali. I Khmer non la prendono bene. Il giornalista è costretto a darsi alla fuga attraverso il Paese, braccato come una bestia feroce. ■ AVVENTURA; COL.; 90'; USA, 1983.

CAMBOGIA – LA GUERRA DIMENTICATA ★
Regia di TORANONG SRICHUA. Con SO SOMBAT, SO WANPEN. ■ Nel corso della guerra tra Vietnam e Cambogia, un adolescente vede morire i componenti della sua famiglia. Esasperato dagli orrori e dal sangue, inizia un lungo e pericoloso cammino verso la frontiera con la Thailandia. ■ GUERRA; COL.; 89'; VIETNAM, 1989.

CAMELIA *(El maktub)* ★
Regia di GIANNI VERNUCCIO. Con RUDI BORGONCINO, CAMELIA, MUKLAR, OSMAR. ■ Salim sposa Camelia, amante di Omar. Ma la relazione fra i due continua. Quando Salim comprende tutto, uccide Camelia ed è a sua volta ucciso dalla polizia durante la fuga. Camelia era una diva popolare in Egitto. ■ DRAMMATICO; B/N; 91'; EGITTO, 1952.

CAMELOT ★★★
Regia di JOSHUA LOGAN. Con RICHARD HARRIS, FRANCO NERO, VANESSA REDGRAVE. ■ Castello di Camelot: Ginevra, moglie di re Artù, si innamora di Lancillotto. Scoperti, lui riesce a fuggire, lei è condanata al rogo. Ma Lancillotto riesce a tornare prima dell'esecuzione. Salva Ginevra che andrà in convento. ■ MUSICAL; COL.; 178'; USA, 1967. ■ OSCAR 3 PR, 5 NOM.

CAMERA BLINDATA, LA *(Man in the Vault)* ★★
Regia di ANDREW V. MCLAGLEN. Con WILLIAM CAMPBELL, KAREN SHARPE. ■ Un poliziesco qualsiasi, incentrato su di una cassetta contenente 200.000 dollari attorno alla quale si scatenano cupidigie e si moltiplicano morti violente. ■ POLIZIESCO; B/N; 90'; USA, 1955.

CAMERA BLINDATA, LA *(Strongroom)* ★★★
Regia di VERNON SEWELL. Con COLIN GORDON, ANN LYNN, DERREN NESBITT. ■ Durante una rapina, il direttore della banca e la sua segretaria vengono chiusi nella camera blindata. Si tenta di liberarli praticando un foro nella porta d'acciaio con la fiamma ossidrica. Ma non si giunge in tempo per salvare la segretaria dalla morte per asfissia. ■ GIALLO; B/N; 73'; GRAN BRETAGNA, 1962.

CAMERA CON VISTA *(A Room with a View)* ★★★★
Regia di JAMES IVORY. Con HELENA BONHAM CARTER, DENHOLM ELLIOTT, JULIAN SANDS, MAGGIE SMITH. ■ Nella splendida e luminosa Firenze dei primi del Novecento l'inglesina Lucy scopre che c'è un'alternativa giocosa all'ossessivo puritanesimo in voga nel suo paese. Film satirico, leggero, frizzante, sottile, raffinato, pungente e molto ben recitato. Insignito di tre premi Oscar: sceneggiatura, costumi e art direction. ■ COMMEDIA; COL.; 115'; GRAN BRETAGNA, 1985. ■ DAVID DI DONATELLO 1 PR, 1 NOM; GOLDEN GLOBES 1 PR, 3 NOM; OSCAR 3 PR, 8 NOM; VENEZIA 1 PR.

CAMERA D'ALBERGO ★★
Regia di MARIO MONICELLI. Con VITTORIO GASSMAN, ENRICO MONTESANO, MONICA VITTI. ■ Tre giovani cineamatori riprendono, all'insaputa degli interessati, i clienti di un albergo di quarta categoria. Poi hanno l'idea di trasformare il filmato in una specie di *Specchio segreto* (o *Candid Camera*) magari manipolandolo un po' e facendo interpretare, agli improvvisati attori, scene aggiunte. Ma due di essi (un netturbino e la sua amante) si sono nel frattempo divisi. Dovendo simulare il passato amore, nella speranza di guadagnarci un po' di quattrini, ci riprendono gusto e si rimettono insieme. Ultimi conati della vecchia commedia all'italiana. Monicelli rispolvera senza vera convinzione un vecchio progetto dimenticato nel cassetto. ■ COMMEDIA; COL.; 105'; ITALIA, 1981. ■ DAVID DI DONATELLO 1 PR, 1 NOM.

CAMERA DA LETTO DI ATTILIO BERTOLUCCI, LA ★★
Regia di STEFANO CONSIGLIO, FRANCESCO DAL BOSCO. Con ATTILIO BERTOLUCCI, LAURA MORANTE. ■ Trasmesso in piccole parti dalla televisione, è un film girato in video. Si tratta della lettura, da parte del grande poeta italiano, delle proprie poesie. Per quanto riguarda l'aspetto puramente cinematografico, invece, la regia lascia a desiderare. Presentato in una sezione della Mostra di Venezia. ■ DOCUMENTARIO; COL.; 480'; ITALIA, 1992.

CAMERA DELLA MORTE, LA *(She's Dangerous)* ★★
Regia di LEWIS R. FOSTER. Con TALA BIRELL, WALTER PIDGEON,

CESAR ROMERO. ■ Una ragazza, agente di polizia, si finge una delinquente per far arrestare un temibile bandito. Ma egli scopre il gioco e uccide il capo della polizia, che è l'unico a sapere la verità. Quindi la ragazza viene condannata a morte col bandito. La salverà un giovane medico, che strapperà la confessione al delinquente. ■ DRAMMATICO; B/N; 90'; USA, 1937.

CAMERA DELLA TORTURA, LA *(Torture Dungeon)* ★★
Regia di ANDY MILLIGAN. Con JEREMY BROOKS, SUSAN CASSIDY, PATRICIA DILLON, NEIL FLANAGAN. ■ Alcuni sadici servitori del demonio torturano e uccidono senza pietà le vittime prescelte. Le meno sfortunate sono quelle che muoiono mentre sono immerse nel sonno. Il regista è uno specialista del genere. ■ HORROR; COL.; 80'; USA, 1970.

CAMERAMAN E L'ASSASSINO, IL ★★
(C'est arrivé près de chez vous)
Regia di RÉMY BELVAUX, ANDRÉ BONZEL, BENOIT POELVOORDE. Con JEAN-MARC CHENUT, NELLY PAPPAERT, BENOIT POELVOORDE, JACQUELINE POELVOORDE PAPPAERT. ■ Copia in sedici millimetri e grande successo di pubblico in Belgio e Francia. In Italia ha diviso la critica, il pubblico lo ha ignorato. Ben è un assassino senza nessun rimorso. Uccide i derelitti, i vecchi, i disadattati, perché è più facile farla franca. Con lui ci sono un operatore e un regista che seguono le sue sortite. Verrà ucciso e anche gli altri faranno la sua fine. Rientra nella tendenza di film sui serial killer che uccidono senza una ragione, come *Henry – Pioggia di sangue*. ■ DRAMMATICO; COL.; 95'; BELGIO, 1992.

CAMERA VERDE, LA *(La chambre verte)* ★★★★
Regia di FRANÇOIS TRUFFAUT. Con NATHALIE BAYE, FRANÇOIS TRUFFAUT. ■ Julien, giornalista di provincia, è riuscito a superare il dolore per la perdita della moglie solo onorandone in modo morboso e assurdo la memoria. Presto il suo culto si estende a quanti, fra i suoi amici, sono scomparsi nel frattempo. La sua mania gli aliena ben presto le simpatie di tutti, e alla fine anche di una fanciulla che con il suo amore lo avrebbe riportato alla vita, facendogli chiudere una volta per sempre la porta sul passato. Autore che spesso si è rivolto a personaggi afflitti da monomanie (*Adele H*, *La sposa in nero*), François Truffaut, questa volta, ha voluto raccontare la vicenda di una danza di morte servendosi di due racconti di Henry James (e delle lettere di James alla fidanzata defunta). Il film si fa apprezzare per il gusto e la misura (non scade mai nell'horror né, come era possibile, nella macchietta jettatoria) ma spesso si riduce a una prova di equilibrismo: far sembrare interessante un personaggio che lo è solo per cinquanta minuti al massimo, perché privo di spessore psicologico. ■ DRAMMATICO; COL.; 94'; FRANCIA, 1979.

CAMERE DA LETTO ★★
Regia di SIMONA IZZO. Con DIEGO ABATANTUONO, GIOBBE COVATTA, MARIA GRAZIA CUCINOTTA, SIMONA IZZO, RICKY TOGNAZZI. ■ Un film a mosaico con montaggio parallelo quello realizzato da Simona Izzo. Si incastrano così le storie di un avaro povero che torna a innamorarsi di una vecchia fiamma, di una coppia sommersa da figli, matrimoni finiti male e alimenti da pagare e di un'altra travolta da quotidiani litigi ma capace di volersi bene. Il denaro è il motore di tutte le azioni, buone o cattive che siano e la regia sa destreggiarsi col tema sfuggendo ai rischi del cinema alla Vanzina. ■ COMMEDIA; COL.; 97'; ITALIA, 1997.

CAMERE E CORRIDOI *(Bedrooms & Hallways)* ★★
Regia di ROSE TROCHE. Con SIMON CALLOW, JENNIFER EHLE, KEVIN MCKIDD, HARRIET WALTER, HUGO WEAVING. ■ Darren incontra un agente immobiliare di bell'aspetto del quale si invaghisce e con cui ha rapporti solo in appartamenti sul punto di essere venduti. Leo invece partecipa agli incontri di un gruppo maschile e si innamora di Brendan. Rischia però anche di fare l'amore con un'amica dei tempi della scuola che è proprio la moglie di Brendan. Ora Leo è pieno di dubbi e si confida con Darren: uno che è stato "sul punto di" con una donna è eterosessuale? La regista si diverte e non teorizza. Questo ci deve bastare. ■ COMMEDIA; COL.; 92'; FRANCIA, GERMANIA, GRAN BRETAGNA, 1998.

CAMERIERA BELLA PRESENZA OFFRESI ★★★
Regia di GIORGIO PASTINA. Con GINO CERVI, EDUARDO DE FILIPPO, PEPPINO DE FILIPPO, VITTORIO DE SICA, ALDO FABRIZI, ELSA MERLINI. ■ Una domestica non più freschissima (interpretata con *verve* da una Elsa Merlini riproposta come primadonna dopo i fasti dell'anteguerra) passa da un "servizio" all'altro e intrattiene col maturo fidanzato un rapporto piuttosto turbolento: ciò consente di cucire tra loro alcuni episodi moderatamente divertenti. ■ COMMEDIA; B/N; 89'; ITALIA, 1951.

CAMERIERA NERA, LA ★
Regia di MARIO BIANCHI. Con FEMI BENUSSI, CARLA BRAIT, GIANNI DEI, MAGDA KONOPKA, LUCIANA TURINA. ■ In un condominio romano vivono diversi inquilini accomunati dall'interesse morboso per la domestica veneta Mariolina che presta servizio in tutti gli appartamenti. Ma la veneta passa in secondo piano quando nello stabile giunge la cameriera di colore Aminta. ■ COMMEDIA; COL.; 95'; ITALIA, 1976.

CAMERIERA SEDUCE I VILLEGGIANTI, LA ★
Regia di ARMANDO GRIMALDI. Con ISABELLA BIAGINI, CARLO GIUFFRÈ, ANNA MARIA RIZZOLI. ■ Marito e moglie, proprietari di un albergo, seducono una coppia di creditori per salvarsi dai debiti, mentre la cameriera libertina entra in possesso di una partita di droga. ■ COMMEDIA; COL.; 92'; ITALIA, 1980.

CAMERIERE, LE ★★
Regia di CARLO LUDOVICO BRAGAGLIA. Con ANDREA CHECCHI, VALERIA MORICONI, SERGIO RAIMONDI, GIOVANNA RALLI, XENIA VALDERI. ■ Una cameriera è accusata del furto di una *trousse* d'oro appartenente alla sua padrona. Tutte le cameriere del palazzo si danno da fare per scoprire il ladro e naturalmente ci riescono. ■ COMMEDIA; B/N; 90'; ITALIA, 1959.

CAMERIERE, IL CONTO ★★
Regia di E. W. EMO. Con PAUL HOERBIGER, HANS MOSER. ■ Hans Moser, uno degli attori austriaci più conosciuti, è l'interprete di questa commedia brillante. La storia è presto detta: dopo aver coronato il sogno di possedere un piccolo caffè di Vienna, due camerieri hanno dei diverbi, perché scoprono la reciproca cattiva fede. ■ COMMEDIA; B/N; 95'; AUSTRIA, 1957.

CAMERIERE PER SIGNORA *(Monsieur Hector)* ★★
Regia di MAURICE CAMMAGE. Con FERNANDEL, DENISE GREY, JEAN TEMERSON. ■ Ettore e il visconte St. Amard, suo padrone, si scambiano i ruoli. In questi travestimenti entrambi troveranno l'amore. ■ COMICO; B/N; 85'; FRANCIA, 1940.

CAMERIERI ★★
Regia di LEONE POMPUCCI. Con DIEGO ABATANTUONO, MARCO MESSERI, PAOLO VILLAGGIO. ■ Alla vigilia del cambio di gestione, i camerieri del ristorante Eden si giocano il posto di lavoro in una cena in onore del nuovo proprietario. Alla loro testa Loris, maître della vecchia guardia, interpretato da Paolo Villaggio. Una commedia italiana al di sopra della media. ■ COMMEDIA; COL.; 100'; ITALIA, 1994.

CAMERON'S CLOSET ★★
Regia di ARMAND MASTROIANNI. Con TAB HUNTER, CHUCK MCCANN, LEIGH MCCLOSKEY. ■ Un ragazzo è stato iniziato dal padre ai rituali sacrileghi e all'evocazione di potenze demoniache. Difatti si è trovato in casa un diavoletto, che viene chiuso nel bagno. Il che non impedisce al terribile satanasso di trucidare tutti i poveracci che gli capitano a tiro. ■ HORROR; COL.; 90'; USA, 1988.

CAMICIA NERA ★★★
Regia di GIOVACCHINO FORZANO. Con FEBO MARI, ENRICO MARRONI, CARLO NINCHI, CAMILLO PILOTTO. ■ Dei film dichiaratamente apologetici della ideologia fascista, questo di Forzano appare il più smaccato ed ingenuo. Narra della "rivoluzione" partendo dalle condizioni dei reduci della guerra mondiale e, in particolare, d'un fabbro che, persa la memoria, «recupera poco a poco la pienezza delle sue facoltà spirituali quando il medico gli riproduce su di uno schermo portatile il bollettino della vittoria» (da una recensione dell'epoca). È comunque un documento significativo. ■ DRAMMATICO; B/N; 89'; ITALIA, 1933.

CAMICIE ROSSE (ANITA GARIBALDI) ★★★
Regia di GOFFREDO ALESSANDRINI. Con MICHEL AUCLAIR, ALAIN CUNY, GINO LEURINI, ANNA MAGNANI, CARLO NINCHI,

SERGE REGGIANI, RAF VALLONE. ■ Film sfortunato per traversie produttive. Un incidente costrinse Alessandrini a passare la mano a Francesco Rosi, suo assistente, che lo portò a termine. L'opera, che ambiva ad essere una ricostruzione attendibile d'un momento della vita di Garibaldi (dalla caduta della Repubblica Romana alla fuga nel Ravennate e alla morte di Anita), risulta purtroppo frammentaria e approssimativa. ■ STORICO; B/N; 99'; ITALIA, 1952.

CAMILLA ★★★
Regia di LUCIANO EMMER. Con LUCIANA ANGIOLILLO, GINA BUSIN, FRANCO FABRIZI, GABRIELE FERZETTI, IRÈNE TUNC. ■ Camilla, domestica di mezza età, è un non personaggio, una semplice testimone dei drammi inespressi d'un ambiente borghese sulla cui aridità la sceneggiatura, firmata da due autori come Flaiano e Sonego, la dice lunga. ■ DRAMMATICO; B/N; 90'; ITALIA, 1954.

CAMILLA ★★
Regia di DEEPA MEHTA. Con BRIDGET FONDA, ELIAS KOTEAS, JESSICA TANDY. ■ Un incontro tra una ragazza e una donna anziana, entrambe musiciste: la prima scrive canzoni, la seconda suona il violino. Durante un viaggio troveranno il tempo di soffermarsi sulle loro scelte di vita. Ultimo film interpretato da Jessica Tandy. ■ COMMEDIA; COL.; 93'; CANADA, GRAN BRETAGNA, 1993.

CAMILLA – UN AMORE PROIBITO *(Camila)* ★★★
Regia di MARIA LUISA BEMBERG. Con HECTOR ALTERIO, IMANOL ARIAS, SUSU PECORARO. ■ È la storia vera di Camila Gorman, una bella giovane, figlia di una famiglia altolocata di Buenos Aires, che nel 1847 destò un famoso scandalo, innamorandosi di un prete, Ladislao Gutierrez, e fuggendo con lui. Ma il governo argentino diede loro la caccia (il reato era sacrilegio allora punibile con la morte). ■ SENTIMENTALE; COL.; 105'; ARGENTINA, 1985. ■ OSCAR 1 NOM.

CAMILLE CLAUDEL ★★★
Regia di BRUNO NUYTTEN. Con ISABELLE ADJANI, ALAIN CUNY, GÉRARD DEPARDIEU. ■ Storia della triste vita di Camille Claudel, scultrice di talento e donna appassionata. Amò intensamente due uomini, il fratello Paul, famoso letterato, e lo scultore Auguste Rodin, che finisce per lasciarla. Paul la fa rinchiudere in manicomio. Qui Camille muore quasi trent'anni dopo. ■ DRAMMATICO; COL.; 170'; FRANCIA, 1988. ■ BERLINO 1 PR; GOLDEN GLOBES 1 NOM; OSCAR 2 NOM.

CAMILLE 2000 ★★
Regia di RADLEY METZGER. Con NINO CASTELNUOVO, PHILIPPE FORQUET, DANIÈLE GAUBERT, ELEONORA ROSSI DRAGO, MASSIMO SERATO. ■ Ennesimo rifacimento della *Signora delle camelie*. Questa volta non è la tisi a uccidere la bella "traviata", ma la droga. ■ DRAMMATICO; COL.; 90'; ITALIA, 1969.

CAMIONISTI, I ★
Regia di FLAVIO MOGHERINI. Con DANIELA POGGI, ANDREA RONCATO, GIGI SAMMARCHI. ■ Gigi e Andrea, in versione *on the road*, raccontano la storia di un camionista innamorato di una bella benzinaia, corteggiata anche da un nobiluomo che per piacerle si trasforma in borgataro. Scempiaggine volgarotta e neanche divertente. ■ COMMEDIA; COL.; 99'; ITALIA, 1982.

CAMMELLI, I ★★
Regia di GIUSEPPE BERTOLUCCI. Con DIEGO ABATANTUONO, GIULIA BOSCHI, PAOLO ROSSI. ■ Un giovanotto, che sa tutto sui cammelli, va da Carpi a Milano per partecipare a un telequiz (sono in ballo cinquecento milioni). Ci va ma non vince. Gli contestano una risposta sui difetti di vista di quegli animali. Se ne torna a Carpi, e sul treno si presta a una commedia inscenata da una ragazza che vuole liberarsi del fidanzato. All'arrivo alla stazione ha due bellissime notizie: la ragazza si è innamorata di lui e la tv ha riconosciuto giusta la sua risposta (e gli manderà i 500 milioni). ■ COMMEDIA; COL.; 100'; ITALIA, 1988.

CAMMINA CAMMINA ★★
Regia di ERMANNO OLMI. Con ANTONIO CUCCIARRÉ, ALBERTO FUMAGALLI, ELIGIO MARTELLUCCI. ■ Un vecchio astronomo, Mel, una notte viene colpito da una luce abbagliante, che sveglia tutti gli abitanti della città, e riconosce la profezia della nascita del Salvatore. Insieme a molti pellegrini si mette in viaggio sino alla città imperiale, in una lunga marcia che dura sei giorni e sei notti, mentre tanti stanchi e sfiduciati abbandonano. Dopo aver incontrato altre due carovane, e seguiti dalle truppe del preoccupato tiranno, giungono infine alla culla del bambino, tra le rovine di un castello, dove depongono i doni prima di fuggire avvisati da un altro prodigio. Metafora ambiziosissima, ma poco riuscita, di Olmi sul difficile cammino dell'umanità verso la salvezza. ■ DRAMMATICO; COL.; 171'; ITALIA, 1983.

CAMMINANDO SULL'ACQUA *(Walk on Water)* ★★
Regia di EYTAN FOX. Con LIOR ASHKENAZI, KNUT BERGER, CAROLINE PETERS, CAROLA REGNIER, GIDEON SHEMER, HANNS ZISCHLER. ■ Al giovane Eyal, agente speciale del Mossad, il servizio segreto israeliano, viene affidato l'incarico di raccogliere informazioni su Alfred Himmelman, spietato ex ufficiale nazista dato per defunto o disperso. Durante le sue ricerche Eyal, in incognito, incontra Axel, nipote di Himmelman. Fra i due prima nasce un'amicizia, poi l'amore. La scoperta che Alfred Himmelman è ancora vivo incrinerà irreversibilmente il rapporto fra i due. Presentato al Festival di Berlino, ha ricevuto il premio del pubblico al Festival di Film con Tematiche Omosessuali di Torino. ■ DRAMMATICO; COL.; 104'; ISRAELE, 2004.

CAMMINA, NON CORRERE *(Walk don't Run)* ★★★
Regia di CHARLES WALTERS. Con SAMANTHA EGGAR, CARY GRANT, JIM HUTTON. ■ A Tokyo, durante le Olimpiadi del '64, Cristina, ragazza inglese, e Steve, giovane atleta americano, si conoscono, si innamorano, si sposano con l'aiuto di Sir William Rutland, ricco industriale inglese giunto in Giappone per affari. Intrattenimento arguto e di buon gusto firmato da un regista di successo. ■ COMMEDIA; COL.; 114'; USA, 1966.

CAMMINO DEGLI EROI, IL ★★
Regia di CORRADO D'ERRICO. ■ Uno dei pochi film girati da D'Errico, ex aiuto-regista di Mario Camerini, prematuramente scomparso. ■ DOCUMENTARIO; B/N; 85'; ITALIA, 1938. ■ VENEZIA 1 PR.

CAMMINO DELLA SPERANZA, IL ★★★★
Regia di PIETRO GERMI. Con SARO ARCIDIACONO, LILIANA LATTANZI, SARO URZÌ, RAF VALLONE, ELENA VARZI. ■ La chiusura d'una solfatara induce alcuni minatori siciliani ad espatriare in Francia con le loro famiglie. Durante il drammatico trasferimento al Nord, saranno prima truffati dalla guida, poi coinvolti in uno sciopero di contadini e in un duello rusticano in cui il protagonista, innamoratosi della ex amante d'un bandito, uccide quest'ultimo. Dopo una bufera di neve, le guardie francesi, intuendo la disperata condizione dei clandestini, consentono il loro passaggio del confine. ■ DRAMMATICO; B/N; 101'; ITALIA, 1950.

CAMMINO DELLE STELLE, IL *(The Stars are Singing)* ★★
Regia di NORMAN TAUROG. Con ANNA MARIA ALBERGHETTI, ROSEMARY CLOONEY, LAURITZ MELCHIOR. ■ Una ragazza fuggita dalla Polonia chiede aiuto a un gruppo di artisti per non essere costretta a lasciare l'America, dove è sbarcata clandestinamente. Raggiungerà l'intento conquistando l'America attraverso la televisione: è infatti dotata di una voce dolcissima. ■ COMM. MUSICALE; COL.; 99'; USA, 1953.

CAMMINO DELL'INFERNO, IL *(Camino de infierno)* ★
Regia di MIGUEL MORAYTA. Con PEDRO ARMENDARIZ, LETICIA PALMA, WOLF RUVINSKY. ■ Una ragazza si guadagna la vita cantando e ballando in un locale; dopo una rapina nella quale muore il suo fidanzato, fugge con Pedro. Si sposano, ma la donna si ammala di lebbra. Per non contagiare il marito, fugge. Questi, credendosi tradito, si mette a capo d'una banda di malviventi. ■ DRAMMATICO; B/N; 90'; MESSICO, 1946.

CAMMINO PER SANTIAGO, IL *(The Way)* ★★★★
Regia di EMILIO ESTEVEZ. Con EMILIO ESTEVEZ, JAMES NESBITT, MARTIN SHEEN, DEBORAH KARA UNGER, YORICK VAN WAGENINGEN. ■ Il santuario di Santiago de Compostela è certo un nome evocativo, mistico e misterioso, e merita un breve promemoria. Santiago è san Giacomo, apostolo, fratello di Giovanni, il prediletto di Gesù. Dalla Palestina passò in Spagna, predicò, si fece conoscere, evangelizzò quel paese. Così Giacomo divenne

Santiago, appunto. Tornò a Gerusalemme e fu decapitato, divenendo il primo martire. Alcuni suoi discepoli portarono le sue spoglie in Spagna. Fu un anacoreta a riscoprire la tomba della quale si erano perse le tracce. Il monaco ebbe una visione luminosa. Dopo questo miracolo il luogo del ritrovamento venne chiamato *campus stellae*, meglio conosciuto come Santiago de Compostela. La famosa basilica costruita nel 1075, meta dei pellegrini del mondo, è dedicata a lui. Nel "Cammino per Santiago" Tom è un medico, californiano, di successo. Vive bene, secondo i suoi parametri: country club, golf, amici come lui. È vedovo e ha un figlio, Daniel, completamente diverso, alternativo, appassionato, che ama visitare il mondo, che ama ricercare: posti che non ha mai visto, culture lontane, se stesso. Fra padre e figlio, dunque, quasi non c'è rapporto. Sono fatti per non capirsi. Sta giocando a golf Tom, quando gli arriva una telefonata: suo figlio è morto in un incidente, sui Pirenei, mentre stava apprestandosi al lungo viaggio verso Santiago. Il padre raggiunge Saint Jean Pièd de port, dove si trova il corpo del figlio. Recupera lo zaino di Daniel, l'urna con le sue ceneri, tutto il materiale per il lungo viaggio e parte. Porterà a compimento il pellegrinaggio, realizzerà il sogno del figlio. Il tragitto non è semplice, la fatica è grande, forse è oltre le possibilità di un settantenne, ma l'uomo non si scoraggia. Tom vorrebbe che la sua fosse una missione intima e solitaria. Ma su quella via incontra tanta gente. Così si forma un gruppetto eterogeneo. C'è un olandese estroverso e sovrappeso che vorrebbe snellirsi camminando – sua moglie lo ha espulso dal letto –. C'è una donna arrabbiata e disillusa, certo nevrotica, che vuole semplicemente smettere di fumare. E c'è uno scrittore mezzo matto che vive il cosiddetto blocco dello scrittore. I quattro camminano, si susseguono i paesaggi, i paesi, le genti. Tom, sempre scontroso, è sempre davanti agli altri tre, oppure dietro, solo comunque. Ma l'umano è l'umano, e alla fine la sua attitudine primaria è quello di stare insieme, confrontarsi, confidarsi, magari confessarsi. Di tanto in tanto, in posti chiave, il padre disperde parte delle ceneri. E gli capita di vederlo Daniel, visione lì presente, per qualche secondo. Il percorso dei pellegrini è organizzato, ci sono ostelli e baracche. I quattro dormono in camerate maleodoranti, su materassi mai lavati. Arrivano a Santiago. L'olandese non è dimagrito, la fumatrice non ha smesso e non smetterà, lo scrittore ha però superato il blocco: gli basterà raccontare quel viaggio. E Tom comprende meglio se stesso grazie a Daniel, così diverso e umano. Il protagonista è Martin Sheen, magnifico. Forse lo deve alla regia, firmata da Emilio Estevez... suo figlio. Una collaborazione artistica e umana. Una ricerca nella ricerca. Senza dubbio utile... alla famiglia. ■ AZIONE; COL.; 94'; USA, 2010.

CAMORRA ★★★
Regia di PASQUALE SQUITIERI. Con LILLA BRIGNONE, RAYMOND PELLEGRIN, JEAN SEBERG, FABIO TESTI, CHARLES VANEL. ■ Tonino, uscito di prigione, entra nell'organizzazione del camorrista don Mario Capece. Riceve il controllo di due bische, ma vuole sostituirsi al capo in un controllo edilizio. Il boss tenta di ucciderlo, ma è Tonino che riesce ad uccidere lui. ■ DRAMMATICO; COL.; 114'; ITALIA, 1972.

CAMORRISTA, IL ★★
Regia di GIUSEPPE TORNATORE. Con LAURA DEL SOL, BEN GAZZARA, LEO GULLOTTA. ■ Cruda rappresentazione del dominio della camorra nel napoletano: l'organizzazione del "Professore" (Ben Gazzara) si arricchisce con spietati omicidi, spaccio di droga, tangenti, senza incontrare efficaci reazioni da parte dello Stato. La memoria va a crudeli fatti di cronaca dell'epoca, qui tuttavia in versione molto romanzata. Poteva essere un rigoroso filmdenuncia, ma ha tutta l'aria di un'operazione commerciale, per quanto discretamente riuscita. ■ DRAMMATICO; COL.; 168'; ITALIA, 1986. ■ DAVID DI DONATELLO 1 PR, 1 NOM.

CAMPA, CAROGNA... LA TAGLIA CRESCE ★★
Regia di GIUSEPPE ROSATI. Con STEPHEN BOYD, GIANNI GARKO, GABRIELLA GIORGELLI, HOWARD ROSS. ■ Sul bandito messicano Angel c'è una taglia di 1000 dollari. Ad acciuffarlo sono interessati un capitano, un tenente e un sergente, venuti dalla capitale per recuperare le armi trafugate dal bandito a Fort Apache. A costoro si aggiunge "Corano", cacciatore di taglie. ■ WESTERN; COL.; 95'; ITALIA, 1973.

CAMPANA DEL CONVENTO, LA ★★★
(Thunder on the Hill)
Regia di DOUGLAS SIRK. Con ANN BLYTH, CLAUDETTE COLBERT, ROBERT DOUGLAS. ■ Valeria viene condannata alla pena capitale per l'uccisione del fratello. I due poliziotti che l'accompagnano al luogo dell'esecuzione sono costretti a rifugiarsi in un convento a Fen, in Inghilterra, poiché la regione tutt'intorno è allagata. La giovane suor Maria crede la ragazza innocente e riesce a scoprire il vero assassino. Questi tenta di gettare la suora dal campanile, ma ella si aggrappa alla fune della campana: l'allarme è dato. ■ DRAMMATICO; B/N; 84'; USA, 1951.

CAMPANA DI SAN GIUSTO, LA ★★
Regia di MARIO AMENDOLA, RUGGERO MACCARI. Con GABY ANDRÉ, ANDREA CHECCHI, ROLDANO LUPI, MIRELLA UBERTI. ■ Il triestino Roberto riesce a passare il confine per militare nell'esercito italiano. Dopo un'eroica impresa, torna nella sua villa dove trova un maggiore tedesco che lo fa prigioniero. Ma nel frattempo i bersaglieri italiani sono entrati a Trieste. ■ GUERRA; B/N; 90'; ITALIA, 1954.

CAMPANA HA SUONATO, LA *(Silver Lode)* ★★
Regia di ALLAN DWAN. Con DAN DURYEA, JOHN PAYNE, LIZABETH SCOTT. ■ Jack, accusato ingiustamente di aver rubato 20.000 dollari e di aver ucciso lo sceriffo, si rifugia su un campanile per sottrarsi al linciaggio. Ma il telegrafo, che era stato manomesso dal vero assassino, riprende a funzionare e potrà così essere provata l'innocenza di Jack. ■ WESTERN; COL.; 80'; USA, 1954.

CAMPANA PER ADANO, UNA *(A Bell of Adano)* ★★
Regia di HENRY KING. Con WILLIAM BENDIX, JOHN HODIAK, GENE TIERNEY. ■ Con lo sbarco in Sicilia degli Alleati arriva ad Adano, piccolo paese di pescatori, il maggiore Jappolo, americano di origine siciliana. Mancano i viveri e l'acqua, ma i maggiorenti chiedono al maggiore anche la restituzione della storica campana trafugata dai tedeschi. Singolare, ma tutt'altro che convincente film sull'Italia occupata, vista dagli occupanti americani. ■ GUERRA; B/N; 103'; USA, 1945.

CAMPANE A MARTELLO ★★★
Regia di LUIGI ZAMPA. Con EDUARDO DE FILIPPO, GINA LOLLOBRIGIDA, YVONNE SANSON. ■ Agostina, ex prostituta, torna al paese e cerca il vecchio parroco a cui mandava i propri risparmi. Ma costui è morto e don Andrea, venuto a sostituirlo, ha usato i soldi per costruire un orfanotrofio. ■ DRAMMATICO; B/N; 109'; ITALIA, 1949.

CAMPANE A MORTE PER LA VENDETTA DI CHANG FU *(Bells Death)* ★
Regia di HUANG FENG. Con CHAO HSIN YEN, CHING PING, YI CHANG. ■ Film del filone kung-fu. ■ AVVENTURA; B/N; 85'; HONG KONG, 1972.

CAMPANE DI NAGASAKI, LE ★★
(Nagasaki no uta wasureji)
Regia di TOMOTOKA TASAKA. Con YUMEJI TSUKIOKA, MASAO WAKANARA. ■ Il medico Nagai si dedica alla radiologia ancora agli albori. La moglie muore per il bombardamento atomico. Lui, colpito da leucemia, mentre si spegne lentamente, diviene l'animatore della rinascita del suo popolo. ■ DRAMMATICO; B/N; 89'; GIAPPONE, 1952.

CAMPANE DI POMPEI – IL BANDITO CALABRESE, LE ★
Regia di GIUSEPPE LOMBARDI. Con CLARA BINI, RINO GENOVESE, NAVAR LOMBARDI. ■ Peppino, scarcerato dopo venticinque anni, si mette alla ricerca del figlio. Non sa come rintracciarlo. Decide di rivolgersi alla Madonna di Pompei. ■ DRAMMATICO; B/N; 90'; ITALIA, 1952.

CAMPANE DI SANTA MARIA, LE ★★★
(The Bells of St. Mary's)
Regia di LEO MCCAREY. Con INGRID BERGMAN, BING CROSBY, WILLIAM GARGAN, HENRY TRAVERS. ■ Padre O'Malley riesce a convincere un milionario a cedere un grande edificio per co-

struirvi la nuova scuola condotta dalle suore. ■ COMMEDIA; B/N; 126′; USA, 1945. ■ OSCAR 1 PR, 8 NOM.

CAMPANE DI S. FERNANDO, LE ★★
(Bells of S. Fernando)
Regia di TERRY MORSE. Con ANTONY WARDE, GLORIA WARREN, DONALD WOODS. ■ In un paese del Messico vengono trovate delle pepite d'oro. Si vuole fonderle col bronzo destinato alla costruzione delle campane della chiesa. Il cattivo di turno, che si oppone per prendersi l'oro, verrà schiacciato proprio dalla campana che precipita dalle impalcature. ■ DRAMMATICO; B/N; 90′; USA, 1947.

CAMPANE SUONANO ALL'ALBA, LE ★★
(I Love a Mystery)
Regia di HENRY LEVIN. Con JIM BANNON, NINA FOCH, GEORGE MACREADY. ■ La moglie di Levin sta al gioco di una setta (fasulla) di malviventi e finge di essere suggestionata. Ma Levin scoprirà il complotto e riuscirà a uccidere tutti i criminali. ■ DRAMMATICO; B/N; 70′; USA, 1945.

CAMPANILE D'ORO, IL ★
Regia di GIORGIO SIMONELLI. Con RICCARDO BILLI, SANDRA MONDAINI, VIRGILIO RIENTO, ROBERTO RISSO, MARIO RIVA, YVONNE SANSON. ■ Il film sfrutta la popolarità di una rubrica televisiva per proporre l'epica gara tra Rocca di Sopra e Rocca di Sotto. Il gonfalone sventolerà tutto l'anno sul campanile vincente. ■ COMMEDIA; B/N; 90′; ITALIA, 1955.

CAMP – DIVENTERANNO FAMOSI *(Camp)* ★★
Regia di TODD GRAFF. Con ALANA ALLEN, SASHA ALLEN, KAHIRY BESS, JOANNA CHILCOAT, STEVEN CUTTS, ROBIN DE JESUS, DON DIXON, ANNA KENDRICK, DANIEL LETTERLE, VINCE RIMOLDI, TIFFANY TAYLOR. ■ Girato in un vero campeggio estivo per giovani attori, cantanti e ballerini, *Camp* è la storia di un gruppo di ragazzi che prendono coscienza del proprio talento. A casa loro erano emarginati e irrisi, ma qui li vediamo, su un autobus, cantare le canzoni di Sondheim. Sembrano arrivati nel mondo di Oz. Da lì comincia il lavoro vero, la fatica e l'applicazione che occorre mettere in campo per realizzare il sogno. Ma lo abbiamo già visto in altri film, molti. ■ COMMEDIA; COL.; 114′; USA, 2005.

CAMPEGGIO DEI PAPÀ, IL *(Daddy Day Camp)* ★★
Regia di FRED SAVAGE. Con SPENCIR BRIDGES, BRIAN DOYLE-MURRAY, RICHARD GANT, CUBA GOODING JR., TAMALA JONES, JOSHUA MCLERRAN, LOCHLYN MUNRO, PAUL RAE. ■ Charlie Hinton (Gooding, Jr.) e Phil Ryerson (Rae) sono i due papà alle prese con la gestione di un campeggio estivo per ragazzi. La situazione però risulta più complicata del previsto (sia per questioni economiche che di organizzazione) e Charlie è costretto a chiedere aiuto a suo padre, il colonnello Buck Hinton, che con il senso della disciplina e del dovere tipici di un marine riuscirà a mettere ordine nel confusionario campeggio. Un film sui rapporti familiari condito da gag più per i piccoli che per i grandi. ■ COMMEDIA; COL.; 93′; USA, 2007.

CAMPER PIÙ PAZZO DEL MONDO – L'ESCA MECCANICA PER RAGAZZE, IL *(The Van)* ★★
Regia di SAM GROSSMAN. Con DANNY DEVITO, STUART GETZ, STEPHEN OLIVER. ■ Un ragazzo, appena ottenuto il diploma, si compra un grosso camper e con questo se ne va in giro per l'America, incontrando ragazze, gangster e molti guai. ■ COMMEDIA; COL.; 92′; USA, 1977.

CAMPFIRE TALES – RACCONTI DEL TERRORE ★★
(Campfire Tales)
Regia di MATT COOPER, MARTIN KUNERT, DAVID SEMEL. Con JAY R. FERGUSON, JAMES MARSDEN, AMY SMART. ■ Quattro ragazzi scampati a un incidente stradale, per farsi coraggio si raccontano delle storie intorno a un falò. Fanno a gara a farsi paura. Citazioni e ideuzze prese qua e là dai cosiddetti classici. ■ HORROR; COL.; 98′; USA, 1996.

CAMPING ★★
Regia di FRANCO ZEFFIRELLI. Con MARISA ALLASIO, PAOLO FERRARI, NINO MANFREDI, LYLA ROCCO. ■ Tre giovani decidono di far le vacanze in un camping. L'ambiente favorisce gelosie, ripicche, malintesi che naturalmente vengono poi chiariti. Già assistente di Visconti e scenografo-regista di opere liriche, Zeffirelli esordisce in sordina con un filmetto occasionale. ■ COMMEDIA; B/N; 108′; ITALIA, 1958.

CAMPING DEL TERRORE ★
Regia di RUGGERO DEODATO. Con MIMSY FARMER, BRUCE PENHALL. ■ Un gruppo di giovani arriva in un camping dove impazza un maniaco omicida. È il figlio dei gestori del camping sconvolto per aver assistito da ragazzo al tradimento della madre. Macelleria. ■ HORROR; COL.; 92′; ITALIA, 1987.

CAMPING PON PON *(Carry on Behind)* ★
Regia di GERALD THOMAS. Con BERNARD BRESSLAW, KENNETH CONNOR, JACK DOUGLAS, ELKE SOMMER, KENNETH WILLIAMS. ■ Ennesima avventura della serie *Carry on*..., firmata Thomas (regista) e Rogers (produttore). L'impostazione, comune a ciascuno di questi filmetti, è simile a quella della commedia "all'italiana" di fine anni Settanta. ■ COMMEDIA; COL.; 95′; GRAN BRETAGNA, 1975.

CAMPIONE, IL *(The Champ)* ★★★★
Regia di KING VIDOR. Con ROSCOE ATES, WALLACE BEERY, JACKIE COOPER, IRENE RICH. ■ Wallace Beery ha la parte di Champ, un pugile irlandese, peso massimo, ritiratosi dal ring e ormai destinato a un rapido declino fisico e morale. Il figlio di dieci anni lo adora e vorrebbe che riprendesse a combattere. Champ per amore del figlioletto torna ad allenarsi e accetta la sfida del ring. Vince l'incontro, ma muore poco dopo provato dallo sforzo. Storia melodrammatica e patetica che potrebbe facilmente scadere in un romanzo d'appendice se non vi fosse la mano di King Vidor che ne fa una leggenda di amore, di riscatto e di sacrificio. All'epoca il film ottenne un premio Oscar e varie nomination oltre che divenire uno dei primi film fenomeno al box office. Numerosi i remake tra i quali *Il Campione* diretto nel 1979 da Franco Zeffirelli con Jon Voight. ■ DRAMMATICO; B/N; 87′; USA, 1931. ■ OSCAR 2 PR, 4 NOM.

CAMPIONE, IL ★★
Regia di CARLO BORGHESIO. Con VERA BERGMAN, FIORELLA BETTI, ENZO FIERMONTE, ERMINIO SPALLA. ■ Ex campione di pugilato, Fiermonte entra nel cinema alla fine degli anni Trenta, prima come attor giovane, poi come caratterista. Il film gli appartiene in buona parte, essendo autore del soggetto (un allenatore prende a proteggere una"promessa" della boxe e la porta al successo, dopo l'inevitabile crisi causata dalla vamp di turno). ■ COMMEDIA; B/N; 90′; ITALIA, 1943.

CAMPIONE, IL *(The Champ)* ★★★
Regia di FRANCO ZEFFIRELLI. Con FAYE DUNAWAY, ARTHUR HILL, STROTHER MARTIN, RICKY SCHROEDER, JON VOIGHT. ■ Un ragazzo idolatra il padre, un pugile fallito vicino alla quarantina. Ma un giorno viene la madre a riprendere il figlio, pentita per averlo abbandonato tanti anni prima. Per riacquistare l'affetto del bambino, il boxeur si ripresenta sul ring. ■ DRAMMATICO; COL.; 121′; USA, 1979. ■ GOLDEN GLOBES 1 NOM; OSCAR 1 NOM.

CAMPIONE DI BEVERLY HILLS, IL *(Diving in)* ★
Regia di STRATHFORD HAMILTON. Con MATT ADLER, MATT LATTANZI, KRISTY SWANSON, BURT YOUNG. ■ Due potenziali campioni di tuffo e un coach che sceglie quello più spaccone: l'altro ha paura di tuffarsi a causa di un trauma che risale all'infanzia, ma viene seguito da una allenatrice che ha fiducia nelle sue capacità. Grazie soprattutto all'amore che nasce tra i due, il giovane ottiene ottimi risultati sportivi. ■ COMMEDIA; COL.; 90′; USA, 1990.

CAMPIONE... PER FORZA! *(Mr. Baseball)* ★★
Regia di FRED SCHEPISI. Con TOM SELLECK, KEN TAKAKURA. ■ Dall'autore di *Casa Russia*, un film che racconta il declino di un giocatore di baseball, finito senza volerlo in una squadra giapponese. Interpreti di questa commedia Tom Selleck, che la serie televisiva *Magnum P. I.* ha reso celebre, e Ken Takakura, già noto per aver fatto parte del cast di *Black Rain*. ■ COMMEDIA; COL.; 104′; USA, 1992.

CAMPIONE PER TOMMY JOE, UN ★★
(Tomboy and the Champ)
Regia di FRANCIS D. LYON. Con BEN JOHNSON, CANDY MOORE,

JESSE WHITE. ■ Una ragazzina malata di polio alleva un piccolo toro che grazie alle sue cure vince il primo premio all'esposizione di Chicago. Ma subito dopo l'animale è destinato alla macelleria. La ragazzina però riesce a salvarlo. ■ DRAMMATICO; COL.; 90'; USA, 1961.

CAMPIONI DI RAZZA *(Best in Show)* ★★
Regia di CHRISTOPHER GUEST. Con CHRISTOPHER GUEST, MICHAEL HITCHCOCK, EUGENE LEVY, PARKER POSEY. ■ Il Mayflower Dog Show è un importante concorso newyorkese per cani di razza. Qui si incontrano personaggi di diversa provenienza, che vengono seguiti nelle loro piccole storie, ovviamente accompagnati dai loro amati animali. La famiglia Swan ha un Weimaraner di nome Beatrice. Il commesso viaggiatore Gerry è accompagnato dalla moglie Cookie e dal Norwich Terrier Winky, mentre il proprietario di un negozio di articoli per la pesca Harlan è lì con il suo Bracco Hubert. Christopher Guest fa il regista e l'attore in questa commedia che vuole satireggiare il microcosmo dei proprietari di cani. ■ COMMEDIA; COL.; 90'; USA, 2000. ■ GOLDEN GLOBES 1 NOM.

CAMPO, EL ★★
Regia di HERNAN BELON. Con POCHI DUCASSE, DOLORES FONZI, MATILDA MANZANO, LEONARDO SBARAGLIA, JUAN VILELGAS. ■ Una giovane coppia e la loro figlia di poco più di un anno si trasferiscono in una piccola villa nella campagna argentina. La casa e il nuovo ambiente, molto decadenti, fanno emergere un atteggiamento diverso nella coppia: Santiago, il marito, è entusiasta e non vede l'ora di cominciare i lavori di restauro per trasformarla nella loro residenza estiva, la moglie Elisa è a disagio fra quelle mura poco accoglienti, dai continui rumori e dagli spifferi onnipresenti, e inizia a convergere le sue paure in una morbosa attenzione nei confronti della piccola figlia Matilda. ■ DRAMMATICO; COL.; 85'; ITALIA, ARGENTINA, 2011.

CAMPO, IL *(The Field)* ★★★
Regia di JIM SHERIDAN. Con TOM BERENGER, RICHARD HARRIS, JOHN HURT. ■ Siamo nel 1939, in Irlanda. Bull McCabe sta per vedere avverarsi il grande sogno della sua vita, diventare proprietario di un campo. Si tratta di un terreno su cui ha lavorato quasi tutta la sua vita, che era di proprietà di una vedova ed ora è all'asta. Proprio sul più bello arriva un americano affarista che lo vuole a sua volta. La contesa, andando avanti, si farà drammatica fino a sfociare in tragedia. C'è anche un personaggio che ricorda Jago di *Otello*, interpretato da John Hurt. Un buon risultato qualitativo del regista di *Il mio piede sinistro*. ■ DRAMMATICO; COL.; 100'; GRAN BRETAGNA, 1990. ■ GOLDEN GLOBES 1 NOM; OSCAR 1 NOM.

CAMPO 111 *(The Wooden Horse)* ★★★
Regia di JACK LEE. Con LEO GENN, LIZA LOWERT, ANTHONY STEEL. ■ Tre inglesi evadono da un campo di prigionia tedesco. Con un foglio di lavoro per operai francesi in Germania riescono a raggiungere Lubecca e a imbarcarsi per Copenaghen. ■ DRAMMATICO; B/N; 101'; GRAN BRETAGNA, 1950.

CAMPO DE' FIORI ★★★
Regia di MARIO BONNARD. Con CATERINA BORATTO, CRISTIANO CRISTIANI, PEPPINO DE FILIPPO, ALDO FABRIZI, ANNA MAGNANI, OLGA SOLBELLI. ■ Al suo secondo film, Fabrizi – dopo il tranviere – impersona un pescivendolo, cioè ancora un personaggio di immediata e schietta estrazione popolare. Stesso l'ambito produttivo di *Avanti c'è posto*, stesso il regista, stessa la matrice bozzettistica (ma tra i collaboratori figura Fellini). Da una vicenda tutta prevedibile e in parte melensa (il protagonista s'invaghisce d'una signora della buona società, ma ne resterà deluso e accetterà il legame con una impetuosa fruttivendola) emergono alcune sequenze di brulicante umanità. ■ COMMEDIA; B/N; 85'; ITALIA, 1943.

CAMPO DI CIPOLLE, IL *(The Onion Field)* ★★★
Regia di HAROLD BECKER. Con RONNY COX, TED DANSON, JOHN SAVAGE, FRANKLYN SEALES, JAMES WOODS. ■ Il film racconta un caso realmente accaduto nel 1963. Due poliziotti di pattuglia sono catturati da due balordi e uno viene ucciso. I delinquenti sono arrestati e, nonostante l'assassino sia uno solo dei due, per le leggi californiane entrambi sono condannati a morte. La revisione del processo commuterà la pena a tutti e due, mentre il poliziotto superstite faticherà molto per ritrovare il proprio equilibrio. ■ POLIZIESCO; COL.; 122'; USA, 1979. ■ GOLDEN GLOBES 1 NOM.

CAMPO DI MAGGIO ★★★
Regia di GIOVACCHINO FORZANO. Con ENZO BILIOTTI, GIOVANNI CIMARA, PINO LOCCHI, LAMBERTO PICASSO, CORRADO ROCCA, EMILIA VARINI. ■ Napoleone a Sant'Elena. Flash-back, ed ecco i Cento giorni dopo la fuga dall'Elba, quindi Waterloo. Forzano traduce in film il suo fortunato dramma storico, di cui è coautore occulto nientemeno che Mussolini. ■ STORICO; B/N; 90'; ITALIA, 1935.

CAMPO THIAROYE *(Camp Thiaroye)* ★★★★
Regia di OUSMANE SEMBENE, THIERNO FATY SOW. Con IBRAMINA SANE, GABRIEL ZAHON. ■ L'odissea dei soldati senegalesi, che dopo aver dato il loro contributo di sangue combattendo per i francesi durante la seconda guerra mondiale, vengono smobilitati senza neanche un "grazie" quando il conflitto è quasi finito. Anzi, prima di essere inviati alle loro tribù, vengono stipati in un campo militare che assomiglia molto a un lager. Uno stupido incidente provocherà una feroce repressione da parte delle autorità francesi. Giustamente premiato al Festival di Venezia 1988. ■ DRAMMATICO; COL.; 150'; SENEGAL, TUNISIA, 1988. ■ VENEZIA 3 PR.

CAMP 7: LAGER FEMMINILE *(Love Camp 7)* ★★
Regia di LEE FROST. Con R. W. CREESE, BRUCE KEMP, MARIA LEASE, KATH WILLIAMS. ■ L'ambiente è quello di un campo di concentramento, che è in realtà un bordello. Marta, assistente di uno scienziato che ha fatto un'importante scoperta scientifica, condivide con due ragazze (agenti alleati che dovranno favorire la sua fuga) atrocità e peripezie. ■ DRAMMATICO; COL.; 90'; USA, 1975.

CAMPUS STORY ★
Regia di THOMAS J. TOBIN. Con PETER FOX, GREGORY HARRISON. ■ La storia di Charles Gary Allison, prima scrittore quindi produttore hollywoodiano, inizia nel 1954, quando era studente in un esclusivo e rinomato college. ■ DRAMMATICO; COL.; 101'; USA, 1977.

CANADESI, I *(The Canadians)* ★★
Regia di BURT KENNEDY. Con JOHN DEHNER, ROBERT RYAN, TERESA STRATAS, TORIN THATCHER. ■ Gli indiani vengono costretti ad andare in Canada. Il governo canadese comunica che verranno ammessi solo se non si sparerà neppure un colpo di fucile. Ma dei malviventi assaltano il villaggio indiano. L'intervento della polizia canadese, che riesce ad arrestare i colpevoli, eviterà il conflitto. ■ WESTERN; COL.; 85'; USA, 1961.

CANAGLIA A TUTTO GAS, UNA ★★
(Smokey and the Bandit II)
Regia di HAL NEEDHAM. Con JACKIE GLEASON, JERRY REED, BURT REYNOLDS. ■ Uno spericolato camionista e un cantante country ricevono l'incarico di portare dalla Florida al Texas una elefantessa incinta. Ma sulla loro strada incontrano lo sceriffo Buford, che tenta di impedirglielo, mobilitando centinaia di autopattuglie. Il camionista chiama allora in soccorso i suoi colleghi e tra camionisti e poliziotti si svolge una gigantesca battaglia stradale, nella quale hanno la meglio i camion. ■ AVVENTURA; COL.; 104'; USA, 1980.

CANAGLIA DA ABBATTERE, UNA *(Title Shot)* ★★
Regia di LES ROSE. Con RICHARD CABOURIE, TONY CURTIS, ROBERT DELBERT. ■ Un boss mafioso accumula ricchezze con le scommesse sportive, aiutato nei pronostici da un computer infallibile. Proprio quando sta per mettere a segno il colpo del secolo, truffando un incontro di boxe da campionato, un oscuro poliziotto riesce a smascherarlo. ■ POLIZIESCO; COL.; 90'; CANADA, 1982.

CANAGLIA EROICA *(The Prince of Thieves)* ★★
Regia di HOWARD BRETHERTON. Con JON HALL, ADELE JERGENS, PATRICIA MORISON, ALAN MOWBRAY. ■ Sir Nottingham vorrebbe che la figlia Cristabel sposasse il perfido principe Giovanni. Ma ella ama il prode Sir Allen che, con l'aiuto di Robin Hood riuscirà a rapirla e a coronare il loro sogno d'amore. ■ AVVENTURA; COL.; 72'; USA, 1948.

CANAGLIE, LE *(Les canailles)* ★★
Regia di MAURICE LABRO. Con PHILIPPE CLAY, SCILLA GABEL, ROBERT HOSSEIN, MARINA VLADY. ■ Hélène arriva in Italia per provare l'infedeltà della quarta moglie di suo padre, il potente proprietario dell'Universal Press. Infatti scopre che è diventata l'amante di un ex gangster italo-americano. Hélène muore e tutto l'intreccio si sviluppa intorno a questa misteriosa morte. Poliziesco consueto. ■ POLIZIESCO; B/N; 102'; FRANCIA, 1960.

CANAGLIE DI LONDRA, LE *(The Unstoppable Man)* ★★★
Regia di TERRY BISHOP. Con DENIS GILMORE, MARIUS GORING, LOIS MAXWELL, CAMERON MITCHELL. ■ Viene rapito un bambino, figlio di un americano che vive a Londra. Il padre, giocando d'astuzia e con l'aiuto della polizia, riesce a liberarlo e a far arrestare i rapitori. ■ POLIZIESCO; B/N; 80'; GRAN BRETAGNA, 1964.

CANAGLIE DORMANO IN PACE, LE ★★
(Waruy Yatsu hodo yokonemuru)
Regia di AKIRA KUROSAWA. Con TOSHIRO MIFUNE, MASAYUKI MORI, TAKASHI SHIMURA. ■ Un film minore di Kurosawa, girato in mezzo a due capolavori (*La fortezza nascosta* e *La sfida del samurai*). Minore, ma più ambizioso e moralista. Toshiro Mifune è il figlio bastardo di un magnate, che non indietreggia davanti a nulla pur di far carriera. Né mancano le sue vendette (il padre venne ucciso). ■ DRAMMATICO; B/N; 138'; GIAPPONE, 1960.

CANAGLIE DORMONO IN PACE, LE ★★★
(The Hoodlum Priest)
Regia di IRVIN KERSHNER. Con KEIR DULLEA, LARRY GATES, DON MURRAY, LOGAN RAMSEY. ■ Bill, durante una rapina, uccide un uomo. Barricatosi in una casa, si arrende solo per opera di un sacerdote. Questi però, che da tempo svolgeva il suo apostolato nella periferia della città, pensa che la sua missione sia fallita. Ma poi capisce che il suo lavoro può ancora servire. ■ DRAMMATICO; B/N; 90'; USA, 1961.

CANALE DEGLI ANGELI, IL ★★★★
Regia di FRANCESCO PASINETTI. Con ANNA ARIANI, MAURIZIO D'ANCORA, UGO GRACCI, PINO LOCCHI. ■ Critico e docente di cinema, sceneggiatore, regista di parecchi documentari degli anni Quaranta, dedicati per lo più alla "sua" Venezia, Pasinetti diresse solo questo lungometraggio che, in verità, attraverso il filo conduttore d'un bozzetto intimista (un bambino coglie l'impalpabile legame che si è venuto a creare tra la madre e un giovane comandante d'un vaporetto) costituisce un "vagabondaggio" elegiaco dentro la realtà quotidiana e umile della città lagunare. ■ COMMEDIA; B/N; 65'; ITALIA, 1934.

CANALE DELLA NOTTE, IL *(The Big Night)* ★★
Regia di SIDNEY SALKOW. Con RANDY SPARKS, VENETIA STEVENSON. ■ Frank ed Ellie trovano una borsa contenente una grossa somma di denaro e dai giornali apprendono che è il frutto di una rapina. I due giovani vengono perseguitati dal rapinatore, che riusciranno però a far arrestare. ■ POLIZIESCO; B/N; 90'; USA, 1959.

CANAL GRANDE ★★★
Regia di ANDREA ROBILANT. Con ALANOVA, CESCO BASEGGIO, MARIA DENIS, CAMILLO PILOTTO. ■ Il produttore e sceneggiatore Robilant si toglie per una volta lo sfizio della regia, assegnando però all'attore Baseggio la "direzione artistica" dei suoi colleghi. Approfittando d'una trama scontata, con risvolti sociali rimasti tra le pieghe della commedia (l'entrata in funzione dei vaporetti e la conseguente crisi dei gondolieri), il film sciorina naturalmente le suggestioni lagunari. ■ COMMEDIA; B/N; 89'; ITALIA, 1943.

CANARIS ★★★
Regia di ALFRED WEIDENMANN. Con OTTO EDUARD HASSE, MARTIN HELD, ADRIAN HOVEN, BARBARA RÜTTING. ■ L'ammiraglio Canaris, capo del servizio segreto tedesco, informa l'Alto Comando e Hitler dei mezzi potentissimi che gli Alleati stanno preparando. In seguito tenta di prendere contatto con gli anglo-americani per una resa onorevole. Al suo ritorno in Germania verrà impiccato per ordine del Führer. ■ DRAMMATICO; B/N; 92'; GERMANIA, 1954.

CANCAN ★★★
Regia di WALTER LANG. Con MAURICE CHEVALIER, LOUIS JOURDAN, SHIRLEY MACLAINE, FRANK SINATRA. ■ Siamo a Parigi alla fine dell'Ottocento. Simone possiede un locale notturno e, con l'aiuto di François, organizza uno spettacolo di can-can. Il ballo è considerato scandaloso e un giovane giudice vorrebbe chiudere il locale, ma, invitato ad assistere allo spettacolo, capisce di essersi sbagliato e si innamora della bella Simone. ■ MUSICAL; COL.; 131'; USA, 1960. ■ OSCAR 2 NOM.

CANCELLI DEL CIELO, I *(Heaven's Gate)* ★★★
Regia di MICHAEL CIMINO. Con ISABELLE HUPPERT, KRIS KRISTOFFERSON, CHRISTOPHER WALKEN. ■ La storia della guerra nella contea di Johnson nel Wyoming. I grandi allevatori organizzano una spedizione punitiva contro i contadini. Ma costoro si difendono strenuamente guidati da uno sceriffo. Uno dei più grossi smacchi commerciali degli anni Ottanta. Portò al fallimento la United Artists e alla morte presunta il genere western. ■ WESTERN; COL.; 149'; USA, 1981. ■ OSCAR 1 NOM.

CANCELLI DELL'INFERNO, I *(The Prophecies)* ★
Regia di TOM MCLOUGHLIN. Con CHRISTOPHER WIGGINS. ■ Ammiccando al più noto *I cancelli del cielo* di Michael Cimino, il film si svolge nella cittadina di Marie Mere, dove il diavolo Astaroth cerca proseliti per la sua "dottrina". ■ COMMEDIA; COL.; 93'; USA, 1989.

CANCELLO DEL PARADISO, IL *(Su ultima aventura)* ★★
Regia di GILBERTO MARTINEZ SOLARES. Con ARTURO DE CORDOVA, ESTHER FERNANDEZ. ■ Un noto truffatore vince una grossa somma alla lotteria. Poiché non può presentarsi a reclamarla convince una brava ragazza a ritirarla. Si dà poi alla fuga con i compagni. Ma la ragazza viene arrestata come complice. Allora il capo torna e si costituisce. In futuro inizierà una nuova vita con lei. ■ COMMEDIA; B/N; 90'; MESSICO, 1948.

CANDELABRI DELLO ZAR, I ★★★
(The Emperor's Candlesticks)
Regia di GEORGE FITZMAURICE. Con WILLIAM POWELL, LUISE RAINER. ■ In due artistici candelabri sono nascoste le carte riguardanti una cospirazione dei polacchi contro lo zar. I due candelabri passano di mano in mano fino ad arrivare in quelle del maggior interessato. ■ COMMEDIA; B/N; 89'; USA, 1937.

CANDIDA, DOVE VAI SENZA PILLOLA? ★★
(A Nice Girl Like me)
Regia di DESMOND DAVIS. Con HARRY ANDREWS, GLADYS COOPER, BARBARA FERRIS, BILL HINNANT. ■ Candida è un'orfana piuttosto irresponsabile, che nelle sue peregrinazioni tra Londra, Parigi e Venezia riesce a mettere insieme un certo numero di bambini, tra quelli messi al mondo con incoscienza da lei e quelli che le vengono affidati. Per fortuna ha un buon amico che si prende cura di tutti. ■ COMMEDIA; COL.; 91'; GRAN BRETAGNA, 1969.

CANDIDATO, IL *(The Candidate)* ★★★
Regia di MICHAEL RITCHIE. Con PETER BOYLE, MELVIN DOUGLAS, DON POSTER, ROBERT REDFORD. ■ Bill, giovane e affascinante avvocato, accetta di concorrere per il Partito democratico contro il senatore repubblicano uscente. La campagna pubblicitaria lascia sbalordito Bill, che si vede trattato come un prodotto da vendere. Vincerà le elezioni, ma ne uscirà svuotato. ■ DRAMMATICO; COL.; 109'; USA, 1972. ■ OSCAR 1 PR, 2 NOM.

CANDIDATO ALL'OBITORIO *(St. Ives)* ★★★
Regia di JACK LEE THOMPSON. Con JACQUELINE BISSET, CHARLES BRONSON, JOHN HOUSEMAN, MAXIMILIAN SCHELL. ■ Uno scrittore senza soldi, St. Ives, accetta la proposta di un riccone di recuperare sei diari dello stesso sottrattigli da un ladro. St. Ives riesce nell'impresa, ma scopre dai quadernetti che il suo datore di lavoro è un famoso lestofante. Più lestofanti ancora sono però il medico del riccone e una sua bella amica. Lo scrittore li affronta, ma salva per un pelo la vita. ■ POLIZIESCO; B/N; 93'; USA, 1976.

CANDIDATO A SORPRESA *(The Campaign)* ★★
Regia di JAY ROACH. Con SARAH BAKER, WILL FERRELL, ZACH GELIFIANAKIS, KATHERINE LA NASA, JOHN LITHGOW. ■ Il volgare e ignorante deputato Cam Brady è sicuro che otterrà l'ennesima conferma del suo mandato nonostante una gaffe irrimediabile, ma non ha fatto i conti con lo strapotere del capitale. I miliardari fratelli Motch, infatti, decisi ad arricchirsi vendendo mezza Carolina del Nord ai cinesi, hanno bisogno di un burattino me-

no compromesso di Brady e lo individuano nell'ingenuo Marty Huggins, il figlio idealista di un loro ricco amico. La battaglia tra i due candidati al seggio si tramuta in una gara spietata. ■ COMMEDIA; COL.; 85'; USA, 2012.

CANDIDATO PER UN ASSASSINIO ★★

Regia di JOSÉ MARIA ELORRIETA. Con ANITA EKBERG, MARGARET LEE, FERNANDO REY, JOHN RICHARDSON. ■ Un hippy assomiglia a un contrabbandiere d'armi. Gli chiedono di sostituirsi a lui e accetta. Gli arrivano addosso un sacco di guai, che tuttavia riesce a risolvere con l'aiuto di una giornalista e dell'Interpol. ■ DRAMMATICO; COL.; 90'; ITALIA, 1969.

CANDIDO O L'OTTIMISMO NEL XX SECOLO ★★
(Candide ou l'optimisme au XX siècle)

Regia di NORBERT CARBONNEAUX. Con PIERRE BRASSEUR, JEAN-PIERRE CASSEL, NADIA GRAY, DALIAH LAVI. ■ Siamo in Francia all'inizio della guerra. Candido corteggia Cunegonda, la quale viene rapita perché è stata una collaborazionista dei tedeschi. Pangloss, dopo essere stato in un campo di concentramento nazista, diventa un alto funzionario sovietico. Il nucleo letterario e filosofico del *pamphlet* di Voltaire appare sicuramente irriducibile a film. ■ COMMEDIA; B/N; 88'; FRANCIA, 1960.

CANDLESHOE – UNA RAGAZZA, UN MAGGIORDOMO E UNA LADY *(Candleshoe)* ★★

Regia di NORMAN TOKAR. Con JODIE FOSTER, HELEN HAYES, DAVID NIVEN. ■ Un furfante cerca di far passare un'orfanella per un'ereditiera, in modo da poter mettere le mani sulla sua eredità. Una delle ultime apparizioni cinematografiche di David Niven, come sempre godibile, nei panni di un maggiordomo. ■ COMMEDIA; COL.; 90'; GRAN BRETAGNA, USA, 1977.

CANDY ★

Regia di NEIL ARMFIELD. Con DAVID ARGUE, ABBIE CORNISH, HEATH LEDGER, GEOFFREY RUSH. ■ Due ragazzi entrano in una stanza rotonda: una giostra che gira velocemente su se stessa. La forza centrifuga li spinge contro la parete e loro sono felici: sono insieme e si amano. Eroina e amore si intrecciano nella vita dei due come uno stesso vortice di ebbrezza. Sulla "terra", e ancor di più "all'inferno", i problemi emergono insormontabili: la prostituzione per lei è insostenibile, così come il tentativo di disintossicarsi, e come la gravidanza. ■ DRAMMATICO; COL.; 108'; AUSTRALIA, 2006.

CANDY CANDY ★★

Regia di HIROSHI SHIDARA. ■ L'orfanella texana Candy, dopo molte dolorose vicende, va in Inghilterra a studiare da infermiera e incontra l'amore. ■ ANIMAZIONE; COL.; 80'; GIAPPONE, 1979.

CANDY CANDY E TERENCE *(Candy Candy)* ★★

Regia di HIROSHI SHIDARA. ■ Candy ama Terence che, sebbene la contraccambi, decide di partire per l'America a tentare la fortuna come attore. Così accade, ma i due ragazzi prima di poter riunirsi per sempre ed essere felici dovranno soffrire e superare molte prove. ■ ANIMAZIONE; COL.; 80'; GIAPPONE, 1980.

CANDY E IL SUO PAZZO MONDO *(Candy)* ★★

Regia di CHRISTIAN MARQUAND, GIANCARLO ZAGNI. Con EWA AULIN, CHARLES AZNAVOUR, MARLON BRANDO, RICHARD BURTON, JAMES COBURN, WALTER MATTHAU, SUGAR RAY ROBINSON, ENRICO MARIA SALERNO, RINGO STARR, MARILÙ TOLO. ■ Tutto il film è il lungo sogno di Candy, che si è addormentata durante una lezione. Naturalmente è pieno d'avventure e di incontri: un giardiniere messicano, un chirurgo con infermiera gelosissima, un fachiro, un santone ecc. ■ FANTASTICO; COL.; 108'; FRANCIA, ITALIA, USA, 1968.

CANDYMAN 2 – L'INFERNO NELLO SPECCHIO ★
(Candyman 2: Farewell to the Flesh)

Regia di BILL CONDON. Con TIMOTHY CARHART, KELLY ROWAN, TONY TODD. ■ L'assassino dietro allo specchio ritorna e questa volta, a New Orleans, cerca la sua ex donna reincarnata. Nel frattempo, tanto per gradire, fa qualche vittima. Molto meno interessante del primo episodio. ■ HORROR; COL.; 95'; USA, 1995.

CANDYMAN – TERRORE DIETRO LO SPECCHIO *(Candyman)* ★★

Regia di BERNARD ROSE. Con XANDER BERKELEY, VIRGINIA MADSEN, TONY TODD. ■ Tratto da una storia di Clive Barker, un buon film horror pur con alcuni limiti del genere. A due amiche viene la cattiva idea di indagare su una serie di delitti, opera di un fantomatico Candyman. Reincarnazione di uno schiavo nero, divorato da un tremendo sciame di api, basta nominare il suo nome tre volte per fare una brutta fine. La musica di Philip Glass, insolita per il genere horror, avvolge in maniera inquietante il film. Buoni risultati vengono anche da Virginia Madsen e dal direttore della fotografia Anthony B. Richmond. ■ HORROR; COL.; 99'; USA, 1993.

CANE BIANCO *(White Dog)* ★★★

Regia di SAMUEL FULLER. Con PAUL BARTEL, BURL IVES, KRISTY MCNICHOL, PAUL WINFIELD. ■ Un soggetto molto particolare per un regista particolare. Il film non ha avuto una distribuzione nelle sale statunitensi. Un'attrice ha un cane molto aggressivo verso la gente di colore. Infatti, a sua insaputa, è stato istruito a tale scopo. Il cane impazzirà e attaccherà chiunque senza preoccuparsi della razza. ■ DRAMMATICO; COL.; 89'; USA, 1982.

CANE DELLA SPOSA, IL *(Behave Yourself)* ★★

Regia di GEORGE BECK. Con FARLEY GRANGER, SHELLEY WINTERS. ■ Un giovane porta alla moglie, come regalo per il primo anniversario di matrimonio, un cane che ha trovato per la strada. Il cane è un prezioso spinone ammaestrato di una banda di gangster. Costoro e una banda rivale cercano lo spinone causando un sacco di guai agli sposi. ■ COMMEDIA; B/N; 81'; USA, 1951.

CANE DELL'ORTOLANO, IL *(El perro de Hortolano)* ★★

Regia di PILAR MIRÓ. Con ANNA DUATO, CARMELO GOMEZ, EMMA SUARÈZ. ■ Millesettecento. Nella Napoli occupata dagli spagnoli, la bella Diana, contessa di Belfior promessa sposa a questo o quel nobile, ama segretamente il suo segretario. Ma, si sa, la casta conta. Comunque finisce tutto bene. Qualche discreto sforzo per la ricostruzione, e nulla più. ■ COMMEDIA; COL.; 109'; SPAGNA, 1998.

CANE DI PAGLIA *(Straw Dogs)* ★★★

Regia di SAM PECKINPAH. Con SUSAN GEORGE, DUSTIN HOFFMAN, PETER VAUGHAN, DAVID WARNER. ■ Campagna scozzese. Un professore americano viene ad abitarvi con la giovane moglie, che è nata lì. Lui studia e lei si annoia. Alcuni vecchi amici della ragazza, sollecitati dalla sua civetteria, la violentano. Rabbiosa reazione del marito, creduto un pavido. Sarà una strage. Peckinpah dice che la violenza dei suoi film è giustificata dalla violenza dei rapporti umani. Qui, però, la violenza sembra esagitata e compiaciuta e, secondo i più, al servizio d'una ideologia reazionaria. Ineccepibile Hoffman; ma la sorpresa è Susan George: una presenza di inquietante sensualità. ■ DRAMMATICO; COL.; 113'; USA, 1971. ■ OSCAR 1 NOM.

CANE DI PIETRA, IL ★★

Regia di GASTONE GRANDI. ■ Mediometraggio per bambini. A Carlo, di dodici anni, viene regalato un cane di pietra. Durante la notte, sogna il cane che gli dice di essere stato pietrificato da un genio cattivo. Se il ragazzo troverà un anello magico gli ridarà la vita. Al risveglio Carlo riceve dalla mamma in dono un cane vero. ■ FANTASTICO; B/N; 85'; ITALIA, 1961.

CANE E GATTO ★★

Regia di BRUNO CORBUCCI. Con MARC LAWRENCE, TOMAS MILIAN, BUD SPENCER. ■ Mentre sta per andare in vacanza, Mark, della polizia di Los Angeles, viene incaricato di acciuffare l'autore di furti e omicidi, un certo Tony Roma. Costui è però difeso dalla mafia, che sequestra la famiglia di Mark. Ma il poliziotto travolgerà ogni ostacolo, riuscirà a catturare il ladro, a liberare la famiglia e ad andare finalmente in vacanza. ■ COMMEDIA; COL.; 98'; ITALIA, 1982.

CANE E IL POLIZIOTTO, IL *(Top Dog)* ★

Regia di AARON NORRIS. Con CLYDE KUSATSU, MICHELE LAMAR RICHARDS, CHUCK NORRIS. ■ Il terrorismo è sempre più folle e determinato. A contrastarlo ci sono un poliziotto come Chuck Norris e, soprattutto, un cane di nome Reno. Gli edifici principali di San Diego verranno così salvati dal crollo grazie all'intervento dello straordinario animale. ■ DRAMMATICO; COL.; 85'; USA, 1995.

CANE E IL SUO GENERALE, IL ★★★
(Le chien, le général et les oiseaux)
Regia di FRANCIS NIELSEN. ■ Nel 2003 Tonino Guerra decide di dedicare la sua attenzione ai bambini con questa fiaba deliziosa. Diretto in maniera molto sobria dall'esordiente Francis Nielsen, il film è l'ennesimo esempio di un trend opposto del cinema d'animazione. La storia è semplice: "il Generale", mentre Napoleone avanzava in Russia, aveva escogitato di dare Mosca alle fiamme, così da paralizzare le stanche truppe francesi. Per incendiare la città aveva fatto catturare gli uccelli e dato loro fuoco, cosicché impazziti questi erano andati a schiantarsi contro le case di legno spargendo le fiamme. Ormai vecchio e stanco il Generale è ancora vittima della vendetta dei piccioni, che si accaniscono su di lui tempestandolo di cacchette ogni qual volta egli esca a fare una passeggiata. ■ ANIMAZIONE; COL.; 72′; FRANCIA, ITALIA, 2003.

CANE GIALLO DELLA MONGOLIA, IL ★★
(Die höhle des gelben hundes)
Regia di BYAMBASUREN DAVAA. Con BABBAYAR BATCHULUUN, NANSAL BATCHULUUN, NANSALMAA BATCHULUUN, BUYANDULAM DARAMDADI, BATCHULUUN URJINDORJ. ■ Dopo il grande successo ottenuto con *La storia del cammello che piange*, Byambasuren Davaa torna alla regia di un'altra vicenda toccante, raccontata con taglio documentaristico. Nansa è la figlia maggiore di una famiglia nomade della Mongolia. Un giorno trova un cagnolino e decide di tenerlo, contro il volere del padre. Quando giunge il momento di trasferirsi, l'animale diventa un impaccio, e il padre vorrebbe che Nansa se ne liberasse. Ma il cane riuscirà a conquistarsi l'affetto di tutti, con un vero atto di eroismo. ■ DRAMMATICO; COL.; 93′; GERMANIA, 2005.

CANE INFERNALE, IL *(Devil Dog: The Hound of Hell)* ★★
Regia di CURTIS HARRINGTON. Con RICHARD CRENNA, VICTOR JORY, YVETTE MIMIEUX. ■ Le occulte forze del male prendono forma in un cane che, tornato in vita grazie a un'arcana formula, sparge il terrore e la morte. Apparentemente niente e nessuno riesce a fermarlo. Curtis Harrington ha militato molto nel campo horror. ■ HORROR; COL.; 95′; GRAN BRETAGNA, 1981.

CANE POMPIERE, IL *(Firehouse Dog)* ★★
Regia di TODD HOLLAND. Con STEVEN CULP, MAYTE GARCIA, BRUCE GREENWOOD, HANNAH LOCHNER, JOSH HUTCHERSON, SCOTCH E. LORING, DASH MIHOK, BILL NUNN, TEDDY SEARS, BREE TURNER. ■ Rexxx non è solo un cane: si tratta di una vera star di Hollywood, ed è coccolato in maniera talmente ridicola da rischiare di essere invitato per un'intervista in un talk show. Un incidente lo separa da Trey, il suo proprietario, e lo rende irriconoscibile. È in queste condizioni che arriva alla centrale dei pompieri in cui lavora Connor Fahley (Greenwood), il padre di Shane (Hutcherson), un dodicenne difficile. Connor decide di adottare il randagio e innesca così l'inizio di una sequenza di fraintendimenti tra Rexxx, che pretende di essere trattato da star, e gli altri bipedi. Allo stesso tempo, proprio il cane sarà la chiave di volta per risolvere tutti i rapporti. ■ AZIONE; COL.; 111′; USA, 2007.

CANE RANDAGIO *(Norainu)* ★★
Regia di AKIRA KUROSAWA. Con TOSHIRO MIFUNE, YASUSHI NAGATA, TAKASHI SHIMURA. ■ Uno dei primi film di Kurosawa (un anno dopo, lui e Toshiro Mifune avrebbero fatto *Rashomon*). Mifune è un giovane poliziotto a cui rubano la pistola d'ordinanza. Con quell'arma vengono commesse numerose rapine. Una buona imitazione dei "neri" americani dell'epoca. ■ POLIZIESCO; B/N; 95′; GIAPPONE, 1949.

CANICHE ★★★
Regia di JUAN JOSÉ BIGAS LUNA. Con ÁNGEL JOVÉ, CONSOL TURA. ■ Il rapporto contorto e infelice di due fratelli appartenenti alla borghesia spagnola. Hanno entrambi una passione insana per i cani che fa da surrogato a un desiderio incestuoso. Non è facile resistere ai propri istinti. Un film che richiama le provocazioni del maestro di Bigas Luna, Marco Ferreri. ■ GROTTESCO; COL.; 87′; SPAGNA, 1979.

CANICOLA *(Canicule)* ★★
Regia di YVES BOISSET. Con JEAN CARMET, PIERRE CLÉMENTI, LEE MARVIN, MIOU-MIOU. ■ Diretto da un esperto del genere e interpretato da ottimi attori questo poliziesco si lascia guardare senza problemi. Jimmy Cobb decide di occultare un milione di dollari frutto di un "colpo". Non ha tenuto conto del fatto però che gli imprevisti sono il sale della vita e infatti un bambino che abita nei dintorni trova il malloppo. La madre quindi non trova niente di meglio che ricattare il povero Jimmy. ■ DRAMMATICO; COL.; 95′; FRANCIA, 1983.

CANICOLA *(Hundstage)* ★★★
Regia di ULRICH SEIDL. Con GEORG FRIEDRICH, MARIA HOFSTÄTTER, ALFRED MRVA. ■ Nei dintorni di Vienna, in un atipico quartiere di villette e condomini, durante i giorni della canicola. I giorni di caldo soffocante provocano nei suoi residenti comportamenti inusuali. Scene di giardinaggio si alternano a maltrattamenti sessuali e a spogliarelli senili. Un detective indaga sui vandalismi alle auto del quartiere. Una giovane autostoppista, che conosce a memoria tutti i prodotti di consumo, asfissia letteralmente chi le dà il passaggio finché qualcuno si vendica. Il regista Seidl viene dal documentario e con questo primo film di finzione si propone come un Werner Herzog del Duemila senza lirismi. ■ DRAMMATICO; COL.; 120′; AUSTRIA, 2001.

CANI DELL'ALTRO MONDO *(Good Boy!)* ★★
Regia di JOHN ROBERT HOFFMAN. Con LIAM AIKEN, BRITTANY MOLDOWAN, KEVIN NEALON, MOLLY SHANNON, GEORGE TOULIATOS. ■ Il piccolo Owen può finalmente adottare un cagnolino, e che sorpresa quando scopre che il simpatico trovatello parla! Perché Hubble è in realtà Canid 3942, un agente inviato dalla costellazione canina di Sirio per verificare certe voci secondo cui i cani non governano il Pianeta Terra come dovrebbero. ■ FANTASTICO; COL.; 87′; USA, 2003.

CANI E GATTI ★★
Regia di LEONARDO DE MITRI. Con TITINA DE FILIPPO, ARMANDO FRANCIOLI, ANTONELLA LUALDI, UMBERTO SPADARO, PAOLO STOPPA. ■ Il farmacista Filippo ed Elvira, proprietaria di un albergo, si contendono i voti alle elezioni municipali di un paesino di montagna. Dopo alterne vicende tutto si risolverà in modo soddisfacente per entrambi. ■ COMICO; B/N; 90′; ITALIA, 1952.

CANI E GATTI. LA VENDETTA DI KITTY ★
(Cats & Dogs: The Revenge of Kitty Galore)
Regia di BRAD PEYTON. Con CHRISTINA APPLEGATE, MICHAEL CLARKE DUNCAN, NEIL PATRICK HARRIS, SEAN HAYES, JAMES MARSDEN. ■ Un cane poliziotto, Diggs, è costretto al pensionamento anticipato a causa della sua eccessiva partecipazione alle azioni in cui il suo addestratore lo ha coinvolto. La sua carriera però non è finita perché un gruppo spionistico canino lo contatta. È necessario neutralizzare Kitty Galore, una perfida felina che ha messo a punto un richiamo in grado di far impazzire tutti i cani del mondo. ■ COMMEDIA; COL.; 83′; USA, AUSTRALIA, 2010.

CANI MILIARDARI *(Hot Dogs: Wau – wir sind reich!)* ★★★
Regia di MICHAEL SCHOEMANN. ■ Durante una terribile notte, Chuffie, un adorabile cagnolino, viene gettato da una macchina in corsa ed abbandonato per strada, al freddo e sotto la pioggia. Fortunatamente J. D., un cane randagio abituato a cavarsela da solo nelle situazioni più difficili, interviene e gli salva la vita. Un giorno, i due amici incontrano Emmo, un pappagallo spagnolo che li prende in simpatia e decide di aiutarli, portandoli nella casa della signora Lilly. L'eccentrica vecchietta, che aveva già tre cani ed aveva allestito una sorta di "comune" canina, li accoglie con gioia. Purtroppo, la donna muore, ma non abbandona i suoi animali ad una triste sorte. Tutt'altro. Prima di morire li nomina eredi di tutte le sue proprietà e di un milione di dollari. I nipoti però, avidi e prepotenti, faranno di tutto ed escogiteranno ogni sorta di tranello pur di impedire che un così ricco patrimonio finisca nelle mani (o meglio tra le zampe) di cinque cani e di un pappagallo. Piacevole per i più piccoli. ■ ANIMAZIONE; COL.; 84′; GERMANIA, 2001.

CANI PERDUTI SENZA COLLARE ★★★
(Chiens perdus sans collier)
Regia di JEAN DELANNOY. Con ANNE DACT, JEAN GABIN, SERGE LECOINTE, JIMMY URRAIN. ■ Un giudice di minorenni si occupa con intelligenza dei problemi dei ragazzi traviati e con la pedagogia spicciola dei buoni sentimenti riesce a contribuire alla re-

denzione dei ragazzi a lui affidati. ■ DRAMMATICO; B/N; 93′; FRANCIA, 1955.

CANI RANDAGI *(Jiaoyou -Stray Dogs)* ★★

Regia di TSAI MING-LIANG. Con Y-CHIEH LEE, LEE KANG-SHENG, YICHENG LEE, CHEN SHIANG-CHYI, LU YI-CHING. ■ A Taipei la vita di un padre e due figli si svolge nella quotidiana disperazione di chi non ha dove andare e fa fatica a sostentarsi. Lui lavora come reggicartello umano ai margini della strada, i due bambini vagano per la città. In queste peregrinazioni incontrano una donna che lavora in un supermercato, le loro vite si incrociano e in una notte di tempesta lei sembra decidere di unirsi al nucleo, probabilmente a scapito dell'uomo. Sbattuti da una parte all'altra di Taipei, ospitati da case abbandonate e pronti a lavarsi in bagni pubblici o a mangiare cibo dato in prova ai supermercati, i cani randagi dell'ultimo film di Tsai Ming-Liang (ha dichiarato che non ne farà più) sono tre esseri umani che sembrano accettare passivamente tutto, ma non senza una fatica e dolore. ■ DRAMMATICO, COL.; 138′, FRANCIA, CINA, 2013

CANI SCIOLTI *(2 Guns)* ★★

Regia di BALTASAR KORMÁKUR. Con JAMES MARSDEN, PAULA PATTON, BILL PAXTON, MARK WAHLBERG, DENZEL WASHINGTON. ■ Bobby Trench e Marcus Stigman da un anno sono in una banda di narcotrafficanti con base in Messico. Bobby è stato infiltrato dalla Dea (la Squadra antinarcotici) mentre Marcus fa parte dell'Intelligence della Marina degli Stati Uniti. Nessuno dei due sa però quale sia il vero ruolo dell'altro. Il tentativo, in coppia, di svaligiare una banca che conserva un ingente capitale proveniente dal narcotraffico, ha esiti imprevisti. Da quel momento i due non hanno più il sostegno dei loro superiori che cercano di arrestarli. Baltasar Kormákur entra in contatto diretto con lo star system hollywoodiano avendo a disposizione Denzel Washington, Mark Wahlberg e Paula Patton in pari misura affascinante ed efficace. Tra sparatorie, inseguimenti in auto e confronti/scontri, azione e ritmo non mancano. ■ AZIONE; COL.; 109′; USA, 2013.

CANITOGA *(Wasser für Canitoga)* ★★

Regia di HERBERT SELPIN. Con HANS ALBERS, CHARLOTTE SUSA. ■ Sono i momenti della febbre dell'oro: un ingegnere, per difendersi, deve uccidere un suo assistente sabotatore. Ne derivano vendette e odi, disastri evitati per un pelo, indagini e trionfo degli innocenti con punizione dei colpevoli. ■ DRAMMATICO; B/N; 89′; GERMANIA, 1939.

CANNE INFUOCATE *(Shotgun)* ★★

Regia di LESLEY SELANDER. Con YVONNE DE CARLO, STERLING HAYDEN. ■ Clay vuole vendicare l'amico sceriffo che è stato ucciso. Caccia all'assassino, incontro con una ragazza e con un avventuriero che vende armi agli indiani. ■ WESTERN; COL.; 81′; USA, 1955.

CANNIBALE METROPOLITANO, IL *(The Vagrant)* ★★

Regia di CHRIS WALAS. Con MARSHALL BELL, MITZI CAPTURE, MICHAEL IRONSIDE, BILL PAXTON. ■ Graham Krakowski compra una villetta davanti alla quale staziona un barbone monocolo. Comincia a esserne ossessionato, fino a essere accusato di aver compiuto delitti efferati. Allo scontro finale con il suo avversario è il barbone a soccombere. Graham cambia casa, ma la voce del "nemico" è lì a perseguitarlo. Si gioca in equilibrio instabile tra horror e commedia sotto la supervisione di Mel Brooks. ■ HORROR; COL.; 88′; USA, 1992.

CANNIBAL FEROX ★★

Regia di UMBERTO LENZI. Con JOHN BARTHA, LORRAINE DE SELLE, BRIAN REDFORD. ■ Una studentessa americana va in Amazzonia a vedere con i suoi occhi se esistono ancora i cannibali. I cannibali non ci sono, ma i compagni di spedizione della ragazza fanno egualmente una brutta fine e anche lei sarebbe torturata e uccisa se non arrivassero *in extremis* i soccorsi. ■ HORROR; COL.; 91′; ITALIA, 1981.

CANNIBAL HOLOCAUST ★★

Regia di RUGGERO DEODATO. Con LUCA BARBARESCHI, FRANCESCA CIARDI, ROBERT KERMANN. ■ Narra di quattro giovani newyorkesi (tre ragazzi e una ragazza) partiti per l'Amazzonia, allo scopo di realizzare un documentario, e mai più ritornati. Da ricerche effettuate si scopre che i quattro sono stati giustiziati dal capo di una tribù indigena. Viene trovata una cinepresa con relativo rullino impressionato: le immagini di quel film sono atroci e dimostrano le crudeltà perpetrate ai danni dei disgraziati selvaggi dai quattro americani, che volevano ottenere un documentario "sensazionale". ■ DRAMMATICO; COL.; 95′; ITALIA, 1979.

CANNIBALI, I ★★★

Regia di LILIANA CAVANI. Con DELIA BOCCARDO, PIERRE CLÉMENTI, BRITT EKLAND, MARINO MASÉ, TOMAS MILIAN. ■ Il mito di Antigone modernizzato (male). Il Potere ordina che i morti caduti durante una sommossa siano lasciati insepolti. Antigone, invece, con l'aiuto di Tiresia, un misterioso straniero, compie la sua opera di pietà dando sepoltura al fratello. Ma il Potere ucciderà anche i due seppellitori. Altri giovani, però, prenderanno esempio dai due nuovi morti per continuare la loro opera. È il terzo film della Cavani. ■ DRAMMATICO; COL.; 95′; ITALIA, 1969.

CANNIBALI, I *(Os cannibais)* ★★★

Regia di MANOEL DE OLIVEIRA. Con LUÍS MIGUEL CINTRA, DIEGO DORIA, LEONOR SILVEIRA. ■ Un'altra geniale (e stravagante) operazione del numero uno del Portogallo, Manoel de Oliveira. Qui ha preso un'opera lirica dimenticata e ne ha fatto un sensazionale grottesco alla Luis Buñuel. Protagonista è una nobile fanciulla innamorata perdutamente di un misterioso visconte. La notte delle nozze scopre però che è un uomo in parte meccanico. Sviluppi raccapriccianti. La sposina muore. Lo sposino finisce arrosto. Il padre della sposa, senza saperlo, si ciba con le carni del genero. ■ DRAMMATICO; COL.; 90′; PORTOGALLO, 1988.

CANNIBALI DOMANI ★

Regia di GIUSEPPE MARIA SCOTESE. ■ Drammi e condizioni di vita inumane ai quattro angoli del mondo, dall'India al Brasile, dalla Bolivia ai deserti africani. Tutto vero, purtroppo, anche se raccontato con eccessivo compiacimento e crudezza. ■ DOCUMENTARIO; COL.; 85′; ITALIA, 1983.

CANNIBAL LOVE. MANGIATA VIVA ★
(Trouble Every Day)

Regia di CLAIRE DENIS. Con BÉATRICE DALLE, ALEX DESCAS, NICOLAS DUVAUCHELLE, FLORENCE LOIRET, VINCENT GALLO, TRICIA VESSEY. ■ Un aereo nella notte. Rotta Usa-Parigi. June si addormenta a fianco di Shane. Si sono sposati da poco. Anche lui chiude gli occhi... e si abbandona ad un incubo: attraverso una trasformazione genetica ha trasformato sua moglie in una cannibale. Adesso si tratta di proteggerla o diventare suo complice. Il biglietto, che ha accompagnato il film alla sua proiezione (notturna) al festival di Cannes, portava la dicitura: «Questo film contiene scene che possono urtare la sensibilità di alcuni spettatori». Ne ha "urtati molti". ■ HORROR; COL.; 101′; FRANCIA, GERMANIA, GIAPPONE, 2001.

CANNIBALS, THE ★

Regia di RUGGERO DEODATO. Con MASSIMO FOSCHI, ME ME LAY, IVAN RASSIMOV. ■ Robert Harper, uno studioso americano, si reca per motivi di lavoro nell'isola di Mindanao. Qui viene catturato da una tribù di cannibali, che lo fanno partecipe di antichissimi riti tribali. ■ HORROR; COL.; 90′; ITALIA, 1977.

CANNONBALL ★★

Regia di PAUL BARTEL. Con DAVID CARRADINE, ROBERT CARRADINE, ROGER CORMAN, JOE DANTE, VERONICA HAMEL, BILL MCKINNEY, MARTIN SCORSESE, SYLVESTER STALLONE. ■ La Cannonball è l'auto di un celebre specialista di corse fuorilegge, Buchman. Buchman partecipa al rally Santa Monica-New York proibito (e giustamente) dalla legge, anche perché tutti i colpi sono ammessi e parecchi fra i partecipanti ci lasciano le penne. Buchman vince, ma per protesta contro gli organizzatori di quel massacro rinuncia a tagliare il traguardo. ■ AVVENTURA; COL.; 93′; USA, 1976.

CANNONI A BATASI *(Guns at Batasi)* ★★★

Regia di JOHN GUILLERMIN. Con RICHARD ATTENBOROUGH, MIA FARROW, JACK HAWKINS, FLORA ROBSON. ■ È una storia di decolonizzazione. Un nero in rivolta con i suoi compagni minaccia un gruppo di soldati inglesi. Nel momento in cui gli inglesi stanno per soccombere, si viene a sapere che i rivoltosi sono stati riconosciuti dal governatore di Londra come detentori legali del potere. ■ GUERRA; COL.; 103'; GRAN BRETAGNA, 1964.

CANNONI D'AGOSTO, I *(Guns of August)* ★★
Regia di NATHAN KROLL. Con NANDO GAZZOLO. ■ Si tratta di un film di montaggio a base di spezzoni documentari e fotografie d'epoca incentrato sulla vigilia della prima guerra mondiale e con copiosi riferimenti alle battaglie che si svolsero in Belgio e in Francia. ■ DOCUMENTARIO; B/N; 85'; USA, 1965.

CANNONI DI NAVARONE, I *(The Guns of Navarone)* ★★★
Regia di JACK LEE THOMPSON. Con DAVID NIVEN, GREGORY PECK, ANTHONY QUINN, GIA SCALA. ■ Durante la seconda guerra mondiale, un commando alleato deve far saltare i cannoni di Navarone, isoletta greca che domina uno stretto. Con l'aiuto di un resistente greco e dopo aver ucciso un traditore, il commando riesce nell'impresa. I famosi cannoni saltano in aria. ■ GUERRA; COL.; 157'; USA, 1961. ■ OSCAR 1 PR, 7 NOM.

CANNONI DI SAN SEBASTIAN, I ★★
(Guns for San Sebastian)
Regia di HENRI VERNEUIL. Con CHARLES BRONSON, ANJANETTE COMER, SAM JAFFE, SILVIA PINAL, ANTHONY QUINN. ■ Il bandito Leon, rifugiatosi, per sfuggire alla polizia, a San Sebastian, trova il villaggio abbandonato e una chiesa in rovina. I contadini, scesi dai monti sui quali erano scappati per paura della tribù indiana degli Yaquis, lo scambiano per un sacerdote. Egli li aiuterà ad organizzarsi e a sconfiggere gli indiani. ■ WESTERN; COL.; 111'; USA, 1968.

CANNONI TUONANO ANCORA, I ★★
Regia di SERGIO COLASANTI. Con MAURIZIO FIORINI, GIUSEPPE MICHELE LUCA, ZUKER NORMAN, ROBERT WOODS. ■ Siamo nel 1944, in Francia. Per sfuggire a un bombardamento, tre soldati e due civili si rifugiano in una caverna, in cui però si trovano anche cinque tedeschi a guardia di un tesoro. Comincia una lotta senza quartiere, in cui quasi tutti ci rimetteranno la pelle. ■ DRAMMATICO; COL.; 95'; ITALIA, 1975.

CANONE INVERSO ★
Regia di RICKY TOGNAZZI. Con GABRIEL BYRNE, HANS MATHESON, MELANIE THIERRY. ■ Tratto da un romanzo del sopravvalutato Maurensig, il film non è stato apprezzato e su questo il regista ha innescato una polemica. Ma non è difendibile. Si parla di nazismo, Olocausto e Primavera di Praga. Ma la tematica non salva il prodotto. ■ COMMEDIA; COL.; 107'; ITALIA, 2000.

CANTA CHE TI PASSA – DUE MARINAI E UNA RAGAZZA *(Anchors Aweigh)* ★★★
Regia di GEORGE SIDNEY. Con KATHRYN GRAYSON, JOSÉ ITURBI, GENE KELLY, FRANK SINATRA, DEAN STOCKWELL. ■ Due marinai, Clarence e Joe, hanno un permesso per visitare Hollywood. Nel riportare a casa un bambino che era scappato fanno la conoscenza della zia, Susie, dotata di una bella voce, che desidera un'audizione col maestro Iturbi. I due fingono di conoscerlo e, dopo una serie di comici equivoci, riescono davvero a provocare l'incontro. Susie canterà e sposerà Joe, mentre il timido Clarence si fidanzerà con la cameriera di un dancing. Un canovaccio puro stile anni Quaranta, illuminato a pieno giorno dalla vitalità di Gene Kelly: rimane nel ricordo la sua favola-balletto con il topo Jerry (il partner di Tom) ripreso con la tecnica della *pixillation*, ossia fusione tra attori in carne e ossa e personaggi di cartoon. Da segnalare ancora il duetto con Sinatra. Di gusto alquanto pomposo, invece, una fantasia concertistica eseguita da decine di pianoforti in parata. ■ MUSICAL; COL.; 140'; USA, 1945. ■ OSCAR 1 PR, 5 NOM.

CANTAMI: BUONGIORNO TRISTEZZA ★★
Regia di GIORGIO PASTINA. Con ARNOLDO FOÀ, GIACOMO RONDINELLA, MILLY VITALE. ■ Una ragazza, incinta e innamorata, sposa uno che non ama e che, per di più, è un gran mascalzone. Ma il destino premia i buoni: il mascalzone muore in un incidente e la ragazza avrà amore, denaro e un padre per il bambino. ■ DRAMMATICO; B/N; 89'; ITALIA, 1956.

CANTANDO DIETRO I PARAVENTI ★★
Regia di ERMANNO OLMI. Con CAMILLO GRASSI, JUN ICHIKAWA, MAKOTO KOBAYASHI, SALLY MING ZEO NI, BUD SPENCER, YANG LI XIANG. ■ Un giovane ed ingenuo studente si ritrova per errore in un teatrino fuori mano, tra le cui sale è possibile comprare trasgressioni e favori sessuali. Il vecchio capitano – un Bud Spencer inedito ma fuori parte – sta raccontando le gesta di Ching, piratessa ai tempi della Cina imperiale. Ching era sposa di un prode corsaro che, per aver accettato di collaborare con l'imperatore, era stato ucciso a tradimento. La vedova, incapace di accettare questo oltraggio, si era dunque messa a capo della flotta del defunto marito ed era divenuta il pirata più temuto della Cina. Olmi torna a misurarsi con la fiaba ma volge lo sguardo all'Oriente. L'iniziativa si arena però su una sorta di stanchezza generale. Così la poesia che dovrebbe emergere dagli episodi (come quello del ragazzo finito per caso nel bordello che perde la verginità ma acquista la sensazione dell'ignoto) è come frenata. È come se quella feluca che vola via all'inizio del film fosse difficile da inseguire e raccogliere ma proprio per questo andasse comunque inseguita. ■ DRAMMATICO; COL.; 90'; ITALIA, 2003. ■ DAVID DI DONATELLO 3 PR, 3 NOM.

CANTANDO SOTTO LA PIOGGIA ★★★★★
(Singin' in the Rain)
Regia di STANLEY DONEN, GENE KELLY. Con CYD CHARISSE, JEAN HAGEN, GENE KELLY, MILLARD MITCHELL, DONALD O'CONNOR, DEBBIE REYNOLDS. ■ Hollywood 1927. Don Lockwood, attore del cinema muto, è l'idolo degli spettatori che amano l'avventura. Ma la Warner ha prodotto *Il cantante di jazz*, primo film parlato, e, improvvisamente, attori e storie diventano superati. Occorre dunque correre ai ripari. Dopo il fiasco colossale dell'ultimo "muto" gli attori prendono lezioni di dizione. Qualcuno ha attitudine, qualcun altro no, come la prima diva, viziata e cattiva, che ha la voce stridula. Fra le tante invenzioni ecco il doppiaggio, una vera e brava cantante darà la sua voce alla diva. In tutto questo Gene Kelly balla col suo amico Donald O'Connor e amoreggia con Debbie Reynolds. Questo film viene ritenuto da molti il più bel musical di tutto il cinema, per ironia, fantasia, intelligenza e qualità musicale. Insieme a *Un americano a Parigi* (dell'anno prima e vincitore di ben nove Oscar) è la massima espressione di Gene Kelly – attore, regista, cantante, coreografo e ballerino – che deve essere considerato il più grande uomo-spettacolo del cinema per somma di attitudini. Sono presenti molte scene entrate nel mito: dal fantasmagorico ballo di O'Connor che si arrampica sui muri alla tenda che smaschera il trucco del doppiaggio davanti a centinaia di persone, al numero centrale di Cyd Charisse moderna e sexy, allo strepitoso "a solo" di Gene Kelly nella pioggia, che canta e balla *Singin' in the Rain*. Il film, anche a tanti anni di distanza, non ha perso nulla della sua freschezza, impreziosendosi anzi per la nostalgia... di quei film che non si fanno più. ■ MUSICAL; COL.; 103'; USA, 1952. ■ OSCAR 2 NOM.

CANTANDO SOTTO LE STELLE ★★
Regia di MARINO GIROLAMI. Con NILLA PIZZI, VIRGILIO RIENTO, LUCIANO TAJOLI, ACHILLE TOGLIANI. ■ Augusto e Guglielmo comprano un biglietto della lotteria e lo dividono in due parti. Poi si perdono di vista. Quando il biglietto viene estratto, Guglielmo si mette alla ricerca di Augusto, che però non vuole farsi trovare, perché non ricorda più dove ha messo la metà in suo possesso. ■ COMMEDIA; B/N; 90'; ITALIA, 1956.

CANTANTE, EL ★★
Regia di LEON ICHASO. Con MARC ANTHONY, FEDERICO CASTELLUCCIO, VINCENT LARESCA, JENNIFER LOPEZ, JOHN ORTIZ. ■ Hector Lavoe è stato uno dei più grandi cantanti di salsa della storia. Veniva da Porto Rico, ma si era trasferito a New York con la famiglia a diciassette anni e lì, giovanissimo, aveva trovato la sua strada nella musica come vocalista nell'orchestra di Willie Colón. La sua personale battaglia contro l'industria discografica a colpi di talento e carisma non allontanò mai Lavoe dal palco, a farlo furono le droghe alle quali ormai era assuefatto. Parte della sua parabola è narrata nel brano composto da Rubén Blades *El cantante*, che appare nell'omonimo film diretto da Leon Ichaso e prodotto da Marc Anthony e Jennifer López in omaggio al grande artista. ■ BIOGRAFICO; COL.; 110'; USA, 2006.

CANTANTE DELL'OPERA, LA ★★
Regia di NUNZIO MALASOMMA. Con UGO CESERI, GIANFRANCO

GIACHETTI, GERMANA PAOLIERI, ISA POLA. ■ Una cantante lirica si fidanza con un ricco americano facendosi passare per un'aristocratica veneziana. Suo padre, modesto cameriere, paga le conseguenze della menzogna, ma alla fine perdona l'ingegnosa figlia. ■ COMM. MUSICALE; B/N; 91'; ITALIA, 1931.

CANTANTE DEL LUNA PARK, IL *(Roustabout)* ★★
Regia di JOHN RICH. Con LEIF ERICKSON, JOAN FREEMAN, ELVIS PRESLEY, BARBARA STANWYCK. ■ Il cantante Charlie viene cacciato dal locale in cui lavora in seguito a una rissa. Giunge in un luna park in crisi di pubblico. Conquistato dalla figlia del direttore accetta di lavorarvi e avendo un grande successo rialza le sorti dell'azienda. In seguito ad un equivoco va a cantare da un concorrente, ma, fattasi nuovamente critica la condizione finanziaria del luna park, vi fa ritorno per amore di Cathy. ■ COMMEDIA; COL.; 101'; USA, 1964.

CANTANTE DI JAZZ, IL *(The Jazz Singer)* ★★★★★
Regia di ALAN CROSLAND. Con AL JOLSON, MYRNA LOY, MAY MCAVOY. ■ Nel 1927 Jack Warner, *tycoon* dell'omonima *major*, ebbe un'intuizione semplice e geniale: la parola. La Warner, precedendo le altre grandi case hollywoodiane, aveva messo a punto la tecnica per le registrazioni audio. Mise dunque in produzione un film parlato, anzi, cantato. La sceneggiatura prevedeva per il dialogo i soliti cartelli, ma per le canzoni, una presa diretta. Warner assunse Al Jolson, cantante e divo del musical, quarantaseienne, grandissimo. Jolson aveva rivoluzionato lo spettacolo leggero americano, adattando certe novità (il palcoscenico in verticale, per essere in mezzo al pubblico) a certe regole intoccabili. Per esempio, riprendendo la secolare pratica dei menestrelli, si era dipinto la faccia di scuro. Guanti e polsini candidi, abito e faccia scura: ecco il personaggio leggendario che Jolson portò nel primo film "sonoro" della storia del cinema. Era figlio di un rabbino che lo avrebbe voluto cantore nella sinagoga. Era attaccatissimo a sua madre. Il *plot* del film era semplicemente la storia di Jolson. Dopo aver registrato la celeberrima canzone *Mamy*, alla presenza di sua madre, Jolson domandò: «Allora, mamma, ti è piaciuta?». La macchina registrò e al visionamento la frase di Jolson fece impressione. Il cinema poteva parlare. E parlò. *Il cantante di jazz* è un film, oggi, quasi intollerabile: sentimentale, melenso, zuccheroso e didascalico. Vale per le canzoni di Jolson. Un ragazzo ebreo destinato dal padre alla sinagoga fugge per cantare in un teatro. Cresce, passa attraverso varie forme di spettacolo, sfonda. Trova anche l'amore, ma la carriera ha la precedenza su tutto e il successo, si sa, è foriero di sacrifici e dolore. Solo la "mamma" è un valore inamovibile. La mamma sempre pronta a piangere durante gli spettacoli del figlio. Al Jolson fu dunque, involontariamente, il fautore della rivoluzione del cinema. Dall'oggi al domani, attori che vivevano di sola presenza, che non sapevano recitare, ebbero la carriera stroncata; John Gilbert, per esempio. Lo stesso Chaplin fu il più accanito oppositore del "parlato" e continuò a fare film muti ancora per una quindicina di anni. In *Viale del tramonto* Gloria Swanson, nei panni della diva del muto Norma Desmond, dice: «Noi eravamo grandi, è il cinema che è diventato piccolo... ci bastavano gli occhi». Al Jolson, col suo *Il cantante di jazz*, soprattutto con la "parola", entra dunque a buon diritto nella storia. ■ COMM. MUSICALE; B/N; 90'; USA, 1927. ■ OSCAR 1 PR, 3 NOM.

CANTANTE E IL CAMPIONE, IL ★
Regia di NINI GRASSIA. Con IRENE DAMON, ELENA VALENTINO. ■ Il tentativo di emancipazione dei protagonisti, napoletani, che tentano, con tutti i mezzi e con l'aiuto della sola forza di volontà, di prepararsi un futuro migliore e soprattutto differente da quello offerto dalla squallida realtà. ■ COMMEDIA; COL.; 95'; ITALIA, 1989.

CANTANTE MATTO, IL *(The Stooge)* ★★★
Regia di NORMAN TAUROG. Con JERRY LEWIS, DEAN MARTIN. ■ Bill non vuole continuare a lavorare in coppia nel varietà e prova ad esibirsi da solo. Dopo il fiasco, cerca un nuovo compagno di scena e trova Ted, un giovanotto ingenuo dotato di grande capacità comica. Di nuovo il presuntuoso Bill pretende di far da sé. Verrà salvato dall'insuccesso dal partner accorso in aiuto. ■ COMMEDIA; B/N; 100'; USA, 1953.

CANTANTE MISTERIOSO, IL ★★★
Regia di MARINO GIROLAMI. Con CARLO CAMPANINI, LAURA CARLI, MARCELLA MARIANI, LUCIANO TAJOLI. ■ Luciano, accusato ingiustamente, evade da la prigione. Durante la fuga cade, si ferisce e viene soccorso da un vecchio pescatore. Rimasto paralizzato, ma avendo nella sua voce una ragione di vita, incide un disco con l'aiuto dell'organista del paese e lo manda alla Rai. Convocato, dapprima si rifiuta di cantare in pubblico. Poi, per ripagare le persone che lo hanno assistito, acconsente. Riconosciuto, viene arrestato. Colei che lo aveva denunciato questa volta indicherà il vero colpevole. Luciano la perdona e va a vivere con l'adorata mamma. Questi film riempivano le sale. ■ COMM. MUSICALE; B/N; 85'; ITALIA, 1955.

CANTANTE PAZZO, IL *(The Singing Fool)* ★★★
Regia di LLOYD BACON. Con BETTY BRONSON, JOSEPHINE DUN, AL JOLSON, DAVEY LEE. ■ Sollecitato dall'enorme successo de *Il cantante di jazz*, questo film risultò più melenso del precedente. Affidato alla regia di Bacon, che sfoggerà più estrosi virtuosismi al servizio delle geometriche coreografie di Busby Berkeley, costituisce un pretesto per riproporre le canzoni più conosciute di Al Jolson, in particolare *Sonny Boy* che il protagonista, un cantante abbandonato dalla moglie, dedica con veemente partecipazione al figlioletto, in realtà deceduto in un incidente, credendo di scorgerne la presenza fra il pubblico d'un suo spettacolo. ■ COMM. MUSICALE; B/N; 89'; USA, 1928.

CANTANTE SCONOSCIUTO, IL *(Le chanteur inconnu)* ★★
Regia di ANDRÉ CAYATTE. Con TINO ROSSI, LELIA VETTI. ■ Un tenore caduto in mare (non accidentalmente), durante una crociera, viene raccolto da alcuni pescatori spagnoli. È incolume, ma ha perso la memoria. Diventa la vedette di Radio Montecarlo e la moglie riconosce la sua voce. La vicenda prosegue in modo drammatico. ■ DRAMMATICO; B/N; 95'; FRANCIA, 1947.

CANTATE CON ME! ★★
Regia di GUIDO BRIGNONE. Con UGO CESERI, RUBI D'ALMA, GIUSEPPE LUGO, LAURA NUCCI, GIULIO STIVAL. ■ Un famoso tenore, a causa d'un incidente d'automobile, chiede ospitalità a un farmacista. La moglie, affascinata dal cantante, lo segue a Roma. Verrà rispedita a casa: in quel tempo l'adulterio in Italia non era gradito. ■ COMM. MUSICALE; B/N; 90'; ITALIA, 1940.

CANTATE CON NOI ★★
Regia di ROBERTO BIANCHI MONTERO. Con ROSARIO BORELLI, GUGLIELMO INGLESE, TINA PICA, VIRGILIO RIENTO. ■ Nicola e Pasquale si ritrovano dopo venticinque anni. Nicola ha due figli, Pasquale due figlie. Desiderano il doppio matrimonio. I ragazzi, che non si conoscono, non sono d'accordo. Lo saranno quando si incontreranno per caso. ■ COMMEDIA; B/N; 88'; ITALIA, 1955.

CANTICO DEI CANTICI, IL *(Song of Songs)* ★★★★
Regia di ROUBEN MAMOULIAN. Con BRIAN AHERNE, HARDIE ALBRIGHT, LIONEL ATWILL, MARLENE DIETRICH, HELEN FREEMAN, ALISON SKIPWORTH. ■ Lily, una ragazza di campagna venuta a vivere a Berlino presso la zia, accetta di posare nuda per un giovane scultore di cui si è innamorata. Ma questi, spaventato dalle possibilità di un legame duraturo, accetta di "cederla" al proprio mecenate, un barone, che la sposerà. Lilly incontra ancora l'amante e, coinvolta in uno scandalo, fugge da casa. Più tardi lo scultore la sorprende come canzonettista in un locale equivoco: è una donna ormai degradata, ma egli le proporrà di sposarlo. ■ DRAMMATICO; B/N; 90'; USA, 1933.

CANTICO DELLA TERRA – LA CAPANNA DELL'AMORE ★★
Regia di SALVATORE F. RAMPONI. Con ROBERTO BIANCHI MONTERO, ALICE D'ARTENA, MILVIA VEJO. ■ Riproposto nel 1940 con il suo secondo titolo, il film narra una vicenda assolutamente trita, cioè le traversie d'una ragazza, figlia di benestanti, che viene cacciata da casa per essere divenuta l'amante di un pastore. ■ DRAMMATICO; B/N; 62'; ITALIA, 1935.

CANTINFLAS E I TRE MOSCHETTIERI ★★
(Los tres mosqueteros)
Regia di MIGUEL M. DELGADO. Con CONSUELO FRANK, MARIO

MORENO. ■ Il film è costituito dal sogno di uno scavezzacollo, che insieme a tre amici va sul set di un teatro di posa di Città del Messico, dove è stato invitato per gratitudine da un'attrice alla quale aveva recuperato un prezioso gioiello. Cantinflas sogna d'essere D'Artagnan. ■ COMMEDIA; B/N; 89'; SPAGNA, 1942.

CANTO, AMORE E CHA CHA CHA *(Susanna y yo)* ★★
Regia di ENRIQUE CAHEN SALABERRY. Con ABBE LANE, GEORGES RIVIÈRE. ■ Susanna, soubrette di un locale notturno, dopo aver ingerito un filtro magico prende le sembianze del suo fidanzato. Ha così modo di verificare che la sua gelosia è infondata. ■ COMM. MUSICALE; COL.; 90'; SPAGNA, 1957.

CANTO D'AMORE *(Here's to Romance)* ★★
Regia di ALFRED E. GREEN. Con NINO MARTINI, GENEVIÈVE TOBIN. ■ Amori che s'intrecciano tra cantanti e ballerini sotto la protezione di un miliardario e della moglie. Il tenore otterrà l'amore della donna desiderata e la scrittura al Metropolitan. ■ COMMEDIA; B/N; 95'; USA, 1935.

CANTO D'AMORE *(Mädchen in Weiss)* ★★
Regia di VIKTOR JANSON. Con MARIA CEBOTARI, IVAN PETROVICH, HILDE VON STOLZ. ■ Ragazza con bellissima voce perde la stima della famiglia (nobile, russa) e l'amore del fidanzato perché vuole fare la cantante. Col successo riavrà entrambi. ■ COMMEDIA; B/N; 91'; GERMANIA, 1935.

CANTO D'AMORE *(Song of Love)* ★★★
Regia di CLARENCE BROWN. Con PAUL HENREID, KATHARINE HEPBURN, ROBERT WALKER. ■ Senza troppi riguardi per la verità storica, il film racconta le vicende dell'amore tra Schumann, il celebre compositore, e Clara Wieck e dell'impegno che la donna, restata vedova, dedicherà alla diffusione delle musiche del consorte. ■ BIOGRAFICO; B/N; 119'; USA, 1947.

CANTO DEL CIGNO *(Swang Song)* ★★
Regia di KENNETH BRANAGH. Con RICHARD BRIERS, JOHN GIELGUD. ■ Un cortometraggio tratto da Cechov. Un attore shakespeariano dà l'addio al teatro e scherza nostalgicamente con il suo suggeritore. Grande interpretazione di Gielgud e regia misurata di Branagh. ■ CORTOMETRAGGIO; COL.; 24'; GRAN BRETAGNA, 1992.

CANTO DEL DESERTO, IL *(Desert Song)* ★★
Regia di ROY DEL RUTH. Con JOHN BOLES, CARLOTTA KING, MYRNA LOY. ■ "Ombra Rossa", il leader di un corpo di cavalieri del Rif, è in realtà il figlio del comandante delle forze francesi in Marocco e come tale si finge stupido e pavido. Avendo rapito la donna amata promessa a un rivale, è sfidato a duello dal proprio padre che non l'ha riconosciuto. Naturalmente rifiuta e perde la stima dei suoi uomini. Allora torna dal padre e dall'amata, che ormai hanno scoperto la sua vera identità. ■ AVVENTURA; B/N; 90'; USA, 1929.

CANTO DEL DESERTO, IL *(The Desert Song)* ★★
Regia di ROBERT FLOREY. Con BRUCE CABOT, IRENE MANNING, DENNIS MORGAN. ■ Un pianista-cantante ha una doppia vita: è anche capo dei ribelli che si oppongono alla costruzione di una ferrovia. Tra una canzone e l'altra risolve la questione. ■ COMM. MUSICALE; COL.; 96'; USA, 1942. ■ OSCAR 1 NOM.

CANTO DEL FIUME, IL *(Swanee River)* ★★
Regia di SIDNEY LANFIELD. Con DON AMECHE, ANDREA LEEDS. ■ Stephen, ottimo compositore di canzoni, è ostacolato dalla famiglia che lo vuole impiegato. Con l'aiuto di Christy, grande cantante, otterrà il successo e potrà sposare la sua amata Lydia. ■ COMMEDIA; COL.; 84'; USA, 1939. ■ OSCAR 1 NOM.

CANTO DEL GALLO, IL *(El canto del gallo)* ★★
Regia di RAFAEL GIL. Con JACQUELINE PIERREUX, FRANCISCO RABAL, GÉRARD TICHY. ■ Siamo in un momento di persecuzioni religiose: padre Muller rinnega il suo sacerdozio e convive con una prostituta che però ha molto rispetto per lui. In seguito riscatterà la propria vigliaccheria affrontando coraggiosamente la morte. ■ DRAMMATICO; B/N; 85'; SPAGNA, 1955.

CANTO DELLA CULLA, IL *(Cradle Song)* ★★
Regia di MITCHELL LEISEN. Con GERTRUDE MICHAEL, KENT TAYLOR, EVELYN VENABLE, DOROTHEA WIECK. ■ Primo film girato nel '33 da Mitchell Leisen, regista di opere quali *La porta d'oro* con Charles Boyer (1940) e *A ciascuno il suo destino* con Olivia de Havilland (1946). ■ COMM. MUSICALE; B/N; 96'; USA, 1933.

CANTO DELLA VITA, IL ★★
Regia di CARMINE GALLONE. Con LUIGI ALMIRANTE, ROBERTO BRUNI, CARLO NINCHI, MARIO PISU, ALIDA VALLI. ■ Dopo aver approfittato della devozione di una povera ragazza, il rampollo di una ricca famiglia convola a nozze più convenienti al suo rango. Ma a distanza di qualche anno il destino riporta la giovane e il figlioletto nella posizione che, moralmente, spettava loro da molto tempo. ■ DRAMMATICO; B/N; 90'; ITALIA, 1945.

CANTO DELL'EMIGRANTE, IL ★★
Regia di ANDREA FORZANO. Con MARINA BERTI, CARLO CAMPANINI, MARIA PIA CASILIO, UBALDO LAY, LUCIANO TAJOLI. ■ Luciano torna dall'America dove ha mietuto grandi successi e trova la fidanzata in carcere per un'ingiusta accusa. La ragazza non si difende perché gli assassini hanno rapito il bimbo suo e di Luciano. Questi, tra una canzone e l'altra, riesce a riprendere il bambino e a liberare Anna. ■ DRAMMATICO; B/N; 92'; ITALIA, 1956.

CANTO DELLE SPOSE, IL *(Le chant des mariées)* ★★★
Regia di KARIN ALBOU. Con SIMON ABKARIAN, KARIN ALBOU, OLYMPE BORVAL, LIZZIE BROCHERÈ, NAJIB OUDGHIRI. ■ Tunisi, novembre 1942. Due adolescenti, Myriam e Nour sono amiche e vicine di casa sin dall'infanzia e condividono ogni segreto. Nour, musulmana, è innamorata di Khaled che il padre non vuole come genero finché non avrà un lavoro. Myriam, ebrea e orfana di padre viene promessa in sposa a Raoul, un medico benestante molto più vecchio di lei ma in grado di sanare i problemi economici familiari. Le due conserveranno una forte solidarietà fino a quando l'occupante tedesco, spalleggiato dai francesi collaborazionisti, non inizierà un'azione di propaganda volta a mettere i musulmani contro gli ebrei. Karin Albou ha già affrontato nella sua opera prima (inedita in Italia) *La petite Jérusalem* il complesso tema del rapporto tra individui e fede religiosa. ■ DRAMMATICO; COL.; 100'; FRANCIA, TUNISIA, 2008.

CANTO DELL'INDIA, IL *(Song of India)* ★★
Regia di ALBERT S. ROGELL. Con TURHAN BEY, GAIL RUSSEL, SABÙ. ■ Un giovane maharajah si reca nella "jungla proibita", dove è vietata la caccia, e cattura alcune belve. Un capotribù riesce a liberarle e a dimostrare di essere lui il vero maharajah. ■ AVVENTURA; B/N; 77'; USA, 1949.

CANTO DELL'UOMO OMBRA, IL ★★★
(Song of the Thin Man)
Regia di EDWARD BUZZELL. Con MYRNA LOY, WILLIAM POWELL, KEENAN WYNN. ■ Un noto investigatore, detto "l'uomo ombra", non è più in servizio, ma non può esimersi dal riprendere il suo lavoro quando è scongiurato da una giovane amica di indagare sull'assassinio del direttore d'orchestra del locale di cui è proprietario il suo fidanzato. Continua la serie iniziata da Van Dyke nel '34. ■ GIALLO; B/N; 86'; USA, 1947.

CANTO DELL'USIGNOLO, IL *(Saeta del ruiseñor)* ★★
Regia di ANTONIO DEL AMO ALGARA. Con IVY BLESS, JOSELITO JIMENEZ, ARCHIBALD L. LYALE, MANOLO ZORZO. ■ In un paese della Spagna vive Joselito, ragazzino con bellissima voce. Dei turisti americani, avendolo sentito cantare, lo aiutano ad affermarsi. Così egli potrà pagare l'operazione a una bimbetta cieca sua amica. ■ AVVENTURA; B/N; 90'; SPAGNA, 1957.

CANTO DEL WEST, IL *(Wagon Wheels)* ★★
Regia di CHARLES BARTON. Con MONTE BLUE, GAIL PATRICK, RANDOLPH SCOTT. ■ Carovana in viaggio verso il West. Fatiche, avventure, scontri con gli indiani in uno splendido paesaggio. ■ WESTERN; B/N; 90'; USA, 1934.

CANTO DI PALOMA, IL *(La teta asustada)* ★★★
Regia di CLAUDIA LLOSA. Con BALLÓN, MARINO SUSI SÁNCHEZ, MAGALY SOLIER, EFRAIN SOLIS. ■ La madre di Fausta, una ventenne peruviana, sta morendo e le ricorda cantando che lei è stata allattata con il "latte della tristezza" perché nata negli anni Ottanta in cui terrorismo e stupri erano all'ordine del giorno. Dopo la morte della genitrice Fausta vorrebbe offrirle un funerale degno di questo nome ma i pochi soldi sono stati tutti investiti nei festeggiamenti per l'imminente matrimonio della cugina. Lo zio però

vuole che il cadavere venga seppellito prima delle nozze. Fausta che vive in una baraccopoli alla periferia di Lima cerca di vincere le sue paure e trova lavoro come cameriera presso una pianista. Spera così di mettere insieme una somma adeguata per le esequie. Anche se non manca qualche tocco di folklore di troppo, la percezione di un divario sociale che non può non essere colmato, pena l'esplosione di conflitti dalle conseguenze imprevedibili, è quasi tattile. ■ DRAMMATICO; COL.; 103'; SPAGNA, PERÙ, 2008.

CANTO, MA SOTTOVOCE ★★
Regia di GUIDO BRIGNONE. Con FRANCESCO ALBANESE, GUGLIELMO BARNABÒ, MARIELLA LOTTI, AVE NINCHI, DINA SASSOLI, PAOLO STOPPA. ■ Un ex marinaio si offre come autista per portare da Roma a Salerno un commendatore e la sua famiglia, che sperano così di sottrarsi alle privazioni della guerra. Il viaggio è inframmezzato dalle canzoni dell'autista, che riesce a conquistare l'altera padroncina. ■ COMMEDIA; B/N; 85'; ITALIA, 1946.

CANTO NEL DESERTO, UN ★★
Regia di MARINO GIROLAMI. Con VALERIA FABRIZI, PAUL MÜLLER, ODOARDO SPADARO, CLAUDIO VILLA. ■ Silvano, ingaggiato da Rudi e Jacqueline, che sono due poco di buono, credendo di rischiare l'arresto, si arruola nella Legione Straniera. Quando Jacqueline in punto di morte gli rivela la verità, diserta e torna a casa dalla mamma e dalla fidanzata. ■ AVVENTURA; B/N; 86'; ITALIA, 1960.

CANTO PER TE *(Liebeslied)* ★★
Regia di FRANZ PETER BUCH. Con FITA BENKHOFF, CAROLA HÖHN, PAUL HÄRBIGER, ALESSANDRO ZILIANI. ■ Un tenore ama correre dietro alle donne e ha una sorella saggia e affezionata. Un giorno incontra una brava e virtuosa ragazza della quale si innamora veramente. Questo incontro non solo riconduce il nostro sulla retta via, ma accresce il suo successo. La sorella a sua volta troverà marito. ■ COMM. MUSICALE; B/N; 83'; GERMANIA, 1935.

CANTO PER TE ★★
Regia di MARINO GIROLAMI. Con GALEAZZO BENTI, CARLO CAMPANINI, GIUSEPPE DI STEFANO, JOHN KITZMILLER, AVE NINCHI, HÉLÈNE REMY. ■ Un famoso tenore va troppo spesso a impegnare oggetti preziosi al banco dei pegni. Il suo strano atteggiamento genera i sospetti di un investigatore. Il tutto è complicato dal fatto che tenore e investigatore sono innamorati della stessa donna. Avvengono tentativi di tradimenti, ripicche e spiate. Alla fine l'amore vince ogni cosa. ■ COMM. MUSICALE; B/N; 90'; ITALIA, 1956.

CAN'T STOP THE MUSIC ★★
Regia di NANCY WALKER. Con GLENN HUGHES, RANDY JONES, FILIPE ROSE. ■ Biografia romanzata del famoso gruppo dei Village People, costruita su misura per le acrobazie musicali dei protagonisti. Un video-clip lungo più di un'ora e mezzo, con fin troppo chiari intenti promozionali. ■ COMM. MUSICALE; COL.; 90'; USA, 1980.

CANYON DELLA MORTE, IL *(The Singing Buckaroo)* ★★
Regia di SAM NEWFIELD. Con LOIS JANUARY, FRED SCOTT. ■ Un cowboy smaschera gli uccisori di un uomo con l'aiuto del figlioletto della vittima. E conquista l'amore di una fanciulla salvandola da un rapimento. ■ WESTERN; B/N; 90'; USA, 1937.

CANYON RIVER – DUELLO A CANYON RIVER ★★
(Canyon River)
Regia di HARMON JONES. Con PETER GRAVES, MARCIA HENDERSON, GEORGE MONTGOMERY. ■ Un allevatore intraprende un lungo viaggio per andare a comprare del bestiame. Il suo capo mandriano, che lo accompagna, ordisce un piano per depredarlo. Sulla via del ritorno i due incontrano una bella e giovane vedova e il suo bambino. Il capo mandriano ha più di un'occasione per apprezzare la generosità dell'allevatore e, prima dell'agguato, cerca di salvarlo. Però muore. ■ AVVENTURA; COL.; 80'; USA, 1956.

CANYONS, THE ★★
Regia di PAUL SCHRADER. Con JIM BOEVEN, AMANDA BROOKS, JAMES DEEN, NOLAN GERARD FUNK, LINDSAY LOHAN. ■ Da circa un anno Tara fa coppia con Christian, ricco produttore cinematografico, mantenuto dal padre con un fondo fiduciario in cambio di una seduta alla settimana dall'analista. Quando Christian accetta di ingaggiare Ryan, aspirante attore e fidanzato della sua fedele assistente, non sa che Tara condivide un passato con Ryan che forse non si è mai chiuso. Il sospetto porta Christian a innescare una spirale di ricatti e vendette. L'incontro tra la cinepresa di Paul Schrader e la penna di Bret Easton Ellis (*American Psycho*, *The Informers*) non poteva che avvenire attorno ad un microcosmo di giovani rampanti tristi e violenti, apparentemente fermo agli anni Ottanta, alle piscine delle ville e agli incontri sessuali di una volta soltanto, fissati per rimandare la noia da protagonisti costantemente altalenanti tra lo status di oggetto e di soggetto, di viventi e di larve. Schrader racconta la sua storia, ribadisce la sua teoria, ma il suo cinema questa volta non si distingue, non pulsa, non respira. ■ THRILLER; COL.; 90'; USA, 2013.

CANZONE APPASSIONATA ★★
Regia di GIORGIO SIMONELLI. Con ELISA CEGANI, GÉRARD LANDRY, NILLA PIZZI, VIRA SILENTI, UMBERTO SPADARO. ■ Lucia, avendo un'infelice vita matrimoniale, diviene l'amante di Alberto. Questi, accortosi che la ragazza ha una bella voce, ne fa una cantante di successo. ■ DRAMMATICO; B/N; 89'; ITALIA, 1954.

CANZONE D'AMORE ★
Regia di GIORGIO SIMONELLI. Con BRUNA CORRÀ, MARIA FIORE, WALTER SANTESSO, CLAUDIO VILLA. ■ La sfortuna in amore di Mario è compensata dal suo successo in un concorso canoro. ■ DRAMMATICO; B/N; 92'; ITALIA, 1954.

CANZONE DEI LUPI, LA *(Wolf Song)* ★★
Regia di VICTOR FLEMING. Con GARY COOPER, LUPE VELEZ, SAM WATERSTON. ■ Gary Cooper (giovanissimo) è un cercatore di pellicce che si converte alla vita di famiglia quando s'innamora di una bella ragazza messicana (che per lui ha lasciato la famiglia). In seguito l'abbandona in un'imboscata, ma lei lo perdona e se lo riprende quando ritorna a casa ferito dagli indiani. ■ AVVENTURA; B/N; 90'; USA, 1929.

CANZONE DEI NIBELUNGHI, LA *(Die Nibelungen)* ★★★★
Regia di FRITZ LANG. Con HANNA RALPH, PAUL RICHTER, MARGARETHE SCHÖN, GERTRUD ARNOLD, THEODOR LOOS. ■ Diviso in due parti: *La morte di Sigfrido* e *La vendetta di Crimilde*. Un grande film con lo stile classico di Fritz Lang, teso verso la poesia e la grandiosità degli spazi e delle forme che divengono un'espressione di architettura visiva. Narra delle gesta di Sigfrido, che uccide un drago e bagnandosi nel suo sangue diventa invincibile. Uccide poi il sovrano dei Nibelunghi e prende il loro tesoro. Innamoratosi di Crimilde, fa un patto con re Gunther: se Sigfrido permetterà al sovrano di sposare la regina d'Islanda Brunilde, Gunther gli concederà la mano dell'amata. Ci saranno i matrimoni, ma Sigfrido verrà mortalmente ferito alla spalla da un servo di Gunther, infatti l'eroe non si era bagnato col sangue del drago quella parte del corpo a causa di una foglia. Brunilde si suicida e Crimilde si vendicherà dopo essersi risposata con Attila. ■ MITOLOGICO; B/N; 230'; GERMANIA, 1924.

CANZONE DEL CUORE, LA *(Lady of the Pavements)* ★★★
Regia di DAVID WARK GRIFFITH. Con ALBERTO CONTI, WILLIAM DOYA, JETTE GONDAL, LUPE VELEZ. ■ Karl, ambasciatore prussiano a Parigi, lascia la contessa Diana che gli è stata infedele. Questa, per vendicarsi, gli fa conoscere Nanon, cantante di un equivoco cabaret, presentandola come una nobile. È un amore a prima vista e un immediato matrimonio. Ma al banchetto nuziale, la perfida Diana rivela la vera identità di Nanon. È un film "parlato" di Griffith. ■ DRAMMATICO; B/N; 93'; USA, 1929.

CANZONE DEL CUORE, LA *(Die Stimme des Herzens)* ★★
Regia di KARL HEINZ MARTIN. Con BENIAMINO GIGLI, GERALDINE KATT, FERDINAND MARIAN. ■ Una principessa prende una sbandata per un famoso tenore, che riesce però a farla riconciliare col fidanzato geloso. ■ COMM. MUSICALE; B/N; 89'; GERMANIA, 1936.

CANZONE DEL CUORE, LA ★★
Regia di CARLO CAMPOGALLIANI. Con ALBERTO FARNESE, DANTE MAGGIO, MARISA MERLINI, NICO PEPE, MILLY VITALE. ■ Guai e dispiaceri di una vedova con figlia malaticcia e suocera dispotica. ■ DRAMMATICO; B/N; 90'; ITALIA, 1955.

CANZONE DEL DESERTO, LA *(Das Lied der Wüste)* ★
Regia di PAUL MARTIN. Con FRIEDRICH DOMIN, GUSTAV KNUTH, ZARAH LEANDER. ■ Un gruppo di industriali inglesi cerca di mettere le mani su alcune miniere. Ma un ingegnere si schiera a fianco degli indigeni che le difendono. Naturalmente la bella Zarah Leander è dalla parte dell'ingegnere. ■ AVVENTURA; B/N; 91'; GERMANIA, 1939.

CANZONE DEL DESTINO, LA ★
Regia di MARINO GIROLAMI. Con CARLO CAMPANINI, MARCO GUGLIELMI, CLAUDIO VILLA, MILLY VITALE. ■ Incomprensioni e malintesi tra due fratellastri e la bella Elena, della quale sono entrambi innamorati. La prima guerra mondiale metterà in luce i loro valori morali e farà morire uno dei due innamorati, in modo che non ci siano più rivalità. ■ DRAMMATICO; B/N; 89'; ITALIA, 1957.

CANZONE DEL FIUME, LA *(Banjo on my Knee)* ★★★
Regia di JOHN CROMWELL. Con JOEL MCCREA, BARBARA STANWYCK. ■ Un giovanotto porta tra la sua gente, che vive sulle rive del Mississippi, la mogliettina nata e cresciuta sulla terraferma. Le incomprensioni sono molte e soltanto nel momento del pericolo l'amore le supera. Un ottimo "film d'attori". ■ DRAMMATICO; B/N; 80'; USA, 1936. ■ OSCAR 1 NOM.

CANZONE DELL'AMORE, LA ★★★
Regia di GENNARO RIGHELLI. Con MERCEDES BRIGNONE, DRIA PAOLA, CAMILLO PILOTTO, ISA POLA, ELIO STEINER. ■ Una ragazza rinuncia all'amore d'un musicista, contesole da una rivale, per dedicarsi al bambino che la propria madre ha avuto da una relazione e che le ha affidato prima di morire. Quando il padre della creatura riconoscerà il figlio, la ragazza troverà nel musicista ritornato da lei il conforto per la separazione dal bimbo. Tratto da una novella di Pirandello (*In silenzio*), è questo il primo film italiano parlato. ■ DRAMMATICO; B/N; 91'; ITALIA, 1930.

CANZONE DELLE DUE PISTOLE, LA ★★
(Six Gun Rhythm)
Regia di SAM NEWFIELD. Con HARRY HARVEY, FRED SCOTT. ■ Ennesimo western del cowboy canterino Fred Scott, abbastanza popolare anche in Italia negli anni Trenta e all'inizio degli anni Quaranta. ■ WESTERN; B/N; 90'; USA, 1939.

CANZONE DEL MISSISSIPPI, LA *(I Dream of Jeanie)* ★★★
Regia di ALLAN DWAN. Con MURIEL LAWRENCE, RAY MIDDLETON. ■ Un giovane musicista perde la fidanzata perché preferisce le canzonette alla musica classica. Per fortuna c'è sempre un'altra ragazza, che invece si lascia conquistare dallo swing della sua ultima canzone. ■ COMM. MUSICALE; COL.; 90'; USA, 1952.

CANZONE DEL SOLE, LA ★★★
Regia di MAX NEUFELD. Con VITTORIO DE SICA, LILIAN DIETZ, GIACOMO LAURI VOLPI, UMBERTO MELNATI. ■ Girato a Berlino in versione italiana e tedesca. Favorito da un equivoco, l'avvocato del tenore Giacomo Lauri Volpi (che interpreta se stesso e in funzione della cui popolarità il film è confezionato) si spaccia per il celebre cantante e fa innamorare di sé la segretaria di un impresario. ■ COMMEDIA; B/N; 90'; ITALIA, 1933.

CANZONE DI MAGNOLIA, LA *(Show Boat)* ★★★★
Regia di JAMES WHALE. Con IRENE DUNNE, ALLAN JONES, HELEN MORGAN, PAUL ROBESON. ■ Un cantante e la figlia di un impresario si sposano e vanno a vivere in città. Ma presto egli perde tutto il denaro al gioco. La ragazza è costretta a lavorare in un caffè concerto. Il musical di Oscar Hammerstein II, che aveva già avuto una prima versione cinematografica nel '29, ne avrà una terza nel '51. ■ COMM. MUSICALE; B/N; 110'; USA, 1936.

CANZONE DI PRIMAVERA ★★
Regia di MARIO COSTA. Con PAOLA BORBONI, LEONARDO CORTESE, LUDMILLA DUDAROVA, DELIA SCALA, AROLDO TIERI, CLAUDIO VILLA. ■ Screzi e malintesi tra Rosetta e Mario, giovane compositore. Rosetta si crede tradita e si getta nel Tevere. Tratta in salvo, ritrova il suo Mario sempre innamorato. ■ DRAMMATICO; B/N; 89'; ITALIA, 1951.

CANZONE È FINITA, LA *(Das Lied ist aus)* ★★
Regia di GÉZA VON BOLVÀRY. Con WILLY FORST, LIANE HAID, MARGARETE SCHLEGEL. ■ Uno dei cento e più film di Geza von Bolvary, dispensatore di frivolezze operettistiche. ■ COMM. MUSICALE; B/N; 90'; GERMANIA, 1930.

CANZONE IMMORTALE *(Unsterblicher Walzer)* ★★★
Regia di E. W. EMO. Con MARIA ANDERGAST, FRIEDL CZEPA, PAUL HÀRBIGER. ■ Tutti e tre i figli del celeberrimo Johann Strauss seguono con alterna fortuna le orme paterne. Alla morte del padre si divideranno a causa di gelosie e rivalità. Ma l'intervento di un autorevole amico del padre li riconcilierà. ■ COMM. MUSICALE; B/N; 91'; GERMANIA, 1939.

CANZONE PAGANA *(Pagan Love Song)* ★★★
Regia di ROBERT ALTON. Con MINNA GOMBELL, HOWARD KEEL, RITA MORENO, ESTHER WILLIAMS. ■ Un insegnante riceve in eredità una piantagione a Tahiti. Ma l'affare è meno vantaggioso del previsto. Lo consolano tre piccoli indigeni e una ricca ereditiera sua compatriota. ■ AVVENTURA; COL.; 76'; USA, 1950.

CANZONE PER BOBBY LONG, UNA ★★
(A Love Song for Bobby Long)
Regia di SHAINEE GABEL. Con WARREN BLOSJO, CLAYNE CRAWFORD, SCARLETT JOHANSSON, NICK LOREN, GABRIEL MACHT, BROOKE MUELLER, JOHN TRAVOLTA, DEBORAH UNGER. ■ Nella New Orleans dei giorni nostri si consumano il dramma, la solitudine, le relazioni familiari di Bobby Long, alcolizzato ex professore universitario, Lawson, aspirante scrittore fallito, e Purslane, ragazza senza sogni, incontrata a causa della morte di Lorraine, madre odiata e donna che ha segnato indelebilmente la vita di Bobby. Il film di Gabel vive nel contrasto e nella convivenza fra intellettualismo tinto di blues e speranze diluite dal tempo, e delinea i caratteri dei protagonisti, vera forza del lungometraggio, nelle loro contraddizioni ormai radicate. Grande John Travolta nell'esecuzione della canzone del titolo. ■ DRAMMATICO; COL.; 119'; USA, 2004. ■ GOLDEN GLOBES 1 NOM.

CANZONE PER MARION, UNA *(Unfinished Song)* ★★
Regia di PAUL ANDREW WILLIAMS. Con GEMMA ARTERTON, CHRISTOPHER ECCLESTON, ORLA HILL, VANESSA REDGRAVE, TERENCE STAMP. ■ Marion è una donna che apprezza la vita e la compagnia e ha trovato un nuovo piacere nel cantare con il coro locale degli anziani, diretto dalla giovane Elizabeth. Suo marito Arthur è un burbero e un solitario, disprezza il coro, non capisce suo figlio e non accetta altra compagnia se non quella di Marion. Ma la donna è gravemente malata e Arthur deve prepararsi ad affrontare la solitudine vera, quella che non ha scelto ma che non può evitare. Questa non è, dunque, la storia di Marion, ma quella di Arthur, costretto a imparare nel modo più doloroso che l'esistenza è fatta di rapporti umani e arroccarsi su una torre significa solo attraversare la vita, senza esperirla veramente. Se cinema geriatrico dev'essere, che lo sia con la forza, l'esperienza e la vitalità che i suoi interpreti rivendicano. Ma il punto di vista del regista quarantenne, qui, è quello del nipote anziché del creativo, nonché di chi la fa troppo facile, pensando che basti un po' di british understatement per scampare il pericolo del patetico, perennemente in agguato. ■ COMMEDIA, COL.; 93'; GRAN BRETAGNA, GERMANIA, 2013.

CANZONE PIÙ BELLA, LA ★★
Regia di OTTORINO FRANCO BERTOLINI. Con MEMMO CAROTENUTO, CARLO D'ANGELO, JULA DE PALMA, WANDISA GUIDA, EMILIO PERICOLI. ■ Elena e Paolo, musicisti, poveri e innamorati, devono fuggire perché la ragazza è concupita da un ricco malvagio. Quest'ultimo provoca un grave incidente alla vista di Paolo. Il misfatto sarà scoperto dopo molte peripezie e, mentre Paolo ritroverà Elena, il malvagio finirà in galera. ■ DRAMMATICO; B/N; 90'; ITALIA, 1957.

CANZONE PIU' TRISTE DEL MONDO, LA ★★★
(The saddest music in the world)
Regia di GUY MADDIN. Con MARIA DE MEDEIROS, DAVID FOX, MARK MCKINNEY, ISABELLA ROSSELLINI. ■ Winnipeg, in Canada, la grande depressione ha causato una tale penuria che Lady Helen Port-Huntley, proprietaria di una fabbrica di birra, decide di indire un concorso mondiale che verrà trasmesso in diretta radiofonica per attirare in città quanti più forestieri possibile. L'esecutore della canzone più triste del mondo riceverà un premio di 25.000 dollari, mentre lei guadagnerà sulle bevande e si farà una

buona pubblicità in vista della ratifica del XXI emendamento che a breve porrà fine all'era del proibizionismo. Con qualche piccola modifica il soggetto di Kazuo Ishiguro, autore di *Quel che resta del giorno*, offre a Guy Maddin la possibilità di parlare dello sfruttamento del proibizionismo mantenendo il leitmotiv gradevole. ■ MUSICALE; COL.; 99'; CANADA, 2003.

CANZONE PROIBITA ★★
Regia di FLAVIO CALZAVARA. Con DANTE MAGGIO, FIORELLA MARI, FRANCO SILVA, CLAUDIO VILLA. ■ Roberto è innamorato di Bianca, fidanzata di Paolo. I due giovani partono per la guerra. Bianca riceve la notizia della morte del fidanzato e quando Roberto ritorna accetta di sposarlo. Ma non sempre le informazioni che giungono dal fronte corrispondono alla verità. ■ DRAMMATICO; B/N; 90'; ITALIA, 1956.

CANZONE RUBATA, LA ★★
Regia di MAX NEUFELD. Con VIVI GIOI, SANDRO RUFFINI, PAOLO STOPPA, NINO TARANTO. ■ Una ragazza sottopone a un editore una sua canzoncina, che per caso viene scambiata per la composizione di un maestro famoso. Quindi alla musicista dilettante vengono commissionate le musiche di una rivista. La toglierà dai guai lo stesso maestro, divertito dall'imbarazzo della ragazza. ■ COMMEDIA; B/N; 91'; ITALIA, 1941.

CANZONI A DUE VOCI ★★
Regia di GIANNI VERNUCCIO. Con ISA BARZIZZA, GINO BECHI, TITO GOBBI, FRANCA MARZI. ■ Il celebre baritono con sosia pazzo che vuole ucciderlo – chissà perché – viene addirittura scambiato per quest'ultimo e buon per lui che cantando può dimostrare la sua vera identità. ■ COMM. MUSICALE; B/N; 92'; ITALIA, 1953.

CANZONI APPASSIONATE *(Go Into Your Dance)* ★★★
Regia di ARCHIE MAYO. Con AL JOLSON, RUBY KEELER. ■ Un attore di varietà corteggia l'amica di un gangster per farsi finanziare un costoso spettacolo. Si avvede poi che il gioco è pericoloso e rischia di fargli perdere il vero amore. ■ COMM. MUSICALE; B/N; 89'; USA, 1935. ■ OSCAR 1 NOM.

CANZONI A TEMPO DI TWIST ★
Regia di STEFANO CANZIO. Con ACHILLE BILLI, DOMINIQUE BOSCHERO, GINO BRAMIERI, TIBERIO MURGIA. ■ Tiberio ama a tal punto Betty Curtis da recarsi a Roma per distruggere tutti i cinebox che diffondono l'immagine della sua beniamina. Scopre invece un'organizzazione spionistica. Film senza senso. ■ MUSICALE; B/N; 90'; ITALIA, 1962.

CANZONI, BULLI E PUPE ★
Regia di CARLO INFASCELLI. Con FRANCE ANGLADE, GIGLIOLA CINQUETTI, FRANCO FRANCHI, CICCIO INGRASSIA, ALICE KESSLER, ELLEN KESSLER. ■ Una storia sconclusionata in cui il più savio pare essere un pazzo che, a suo dire, intrattiene dei buoni rapporti con Leonardo Da Vinci. ■ COMICO; B/N; 85'; ITALIA, 1964.

CANZONI, CANZONI, CANZONI ★
Regia di DOMENICO PAOLELLA. Con GALEAZZO BENTI, FRANCO COOP, ERNO CRISA, FRANCO INTERLENGHI, ANTONELLA LUALDI, SILVANA PAMPANINI, ALBERTO SORDI, ENRICO VIARISIO. ■ Seconda puntata di *Canzoni di mezzo secolo*, che ebbe uno strariparte successo. ■ COMM. MUSICALE; B/N; 92'; ITALIA, 1953.

CANZONI DI IERI, CANZONI DI OGGI,CANZONI DI DOMANI ★
Regia di DOMENICO PAOLELLA. Con GALEAZZO BENTI, FRANCO INTERLENGHI, ANTONELLA LUALDI, DELIA SCALA, ALBERTO SORDI, MARINA VLADY. ■ Il film è un semplice montaggio, in quanto altro non è che la fusione di brani tratti sia da *Canzoni di mezzo secolo* che da *Canzoni, canzoni, canzoni*, intervallati da "siparietti" affidati a Ernesto Calindri. ■ FILM DI MONTAGGIO; B/N; 90'; ITALIA, 1952.

CANZONI DI MEZZO SECOLO ★★
Regia di DOMENICO PAOLELLA. Con ERNO CRISA, CARLO DAPPORTO, ANNA MARIA FERRERO, COSETTA GRECO, SILVANA PAMPANINI, MARCO VICARIO. ■ Progenitore del "genere", il film nasce dalla voga, in auge negli anni Cinquanta, delle cavalcate rievocative e ripropone, rimpannucciata e svigorita, la gloriosa sceneggiata; ogni episodio contempla una modesta traccia narrativa che prende spunto da un personaggio canoro (lo scettico blu, la sciantosa) e si sviluppa utilizzando canzoni in consonanza con l'argomento, di cui gli attori – chi doppiato e chi no – accennano le strofette. ■ COMM. MUSICALE; B/N; 91'; ITALIA, 1952.

CANZONI DI TUTTA ITALIA ★
Regia di DOMENICO PAOLELLA. Con GIORGIO DE LULLO, ANNA MARIA FERRERO, TAMARA LEES, SILVANA PAMPANINI, ROSSANA PODESTÀ, MARCO VICARIO. ■ Canzoni sceneggiate ambientate in alcune città italiane: Venezia, Firenze, Roma, Torino ecc. ■ COMM. MUSICALE; B/N; 86'; ITALIA, 1955.

CANZONI IN... BIKINI ★
Regia di GIUSEPPE VARI. Con MARIA GRAZIA BUCCELLA, TIBERIO MURGIA, TINO SCOTTI. ■ Due ditte di pubblicità televisiva entrano in corrispondenza per aggiudicarsi l'esecuzione di una serie di caroselli per la televisione. Intrighi di vario genere, compreso un matrimonio riparatore. ■ COMMEDIA; B/N; 84'; ITALIA, 1963.

CANZONI NEL MONDO ★
Regia di VITTORIO SALA. Con MINA, GILBERT BÉCAUD, PEPPINO DI CAPRI, JULIETTE GRÉCO, DEAN MARTIN. ■ Spogliarelli del Lido di Parigi e del Crazy Horse, sketch vari e canzoni eseguite da celebri cantanti. ■ DOCUMENTARIO; B/N; 85'; ITALIA, 1963.

CANZONI PER LE STRADE ★
Regia di MARIO LANDI. Con VERA BERGMAN, ERNESTO CALINDRI, ANTONELLA LUALDI, CARLO NINCHI, LUCIANO TAJOLI. ■ A Milano il buon Carlone, con sorellina cieca, capeggia una banda di barboni musicisti e rimedia situazioni precarie con fantasia e intelligenza. Con l'aiuto del famoso Luciano Landi riuscirà a far operare la sorella che sposerà poi il cantante. ■ COMM. MUSICALE; B/N; 91'; ITALIA, 1949.

CAOS CALMO ★★★
Regia di ANTONELLO GRIMALDI. Con CHARLES BERLING, ISABELLA FERRARI, ALESSANDRO GASSMAN, HIPPOLYTE GIRARDOT, VALERIA GOLINO, BABAK KARIM, MANUELA MORABITO, NANNI MORETTI, ROBERTO NOBILE, SILVIO ORLANDO, DENIS PODALYDÈS, ALBA ROHRWACHER, KASIA SMUTNIAK, BLU YOSHIMI. ■ Pietro Paladini ha promesso alla sua bambina di aspettarla davanti alla scuola fino alla fine delle lezioni. Lara, sua moglie, è morta improvvisamente poco tempo prima e Pietro non sa decidersi a soffrire, non sa decidersi a ripartire. Seduto su una panchina, giorno dopo giorno riceve le visite e le rivelazioni dolorose dei colleghi, turbati da una fusione aziendale, e dei familiari, preoccupati per il suo stato di "arresto". Trasgredite le regole dell'efficienza e della produttività e abitato da una sorprendente calma, Pietro resta in attesa del dolore e della vita dopo il dolore. *Caos Calmo*, tratto dal romanzo omonimo di Sandro Veronesi, non è un film "autosufficiente" perché per afferrarlo è necessario affiancare alla visione una ricognizione della fonte letteraria. Eppure proprio in questa "dipendenza", in questa assenza di "autarchia" cara al Moretti in Super8, risiede il valore del film di Antonello Grimaldi. Troppe pagine di Veronesi non corrispondono esattamente al cinema, troppe cose che sono nominate non possono essere viste, perché tutto accade nella testa del personaggio; è Pietro Paladini a prevalere sull'intreccio e l'intreccio non esiste se non attraverso la sua costruzione. ■ DRAMMATICO; COL.; 112'; Italia, 2007.

CAÓTICA ANA ★★
Regia di JULIO MEDEM. Con NICOLAS CAZALE, GERRIT GRAHAM, MATTHIAS HABICH, LLUÍS HOMAR, ASIER NEWMAN, CHARLOTTE RAMPLING, RAUL PEÑA, MANUELA VELLÉS. ■ Ana è una giovane donna cresciuta dal padre in una grotta davanti al mare delle Baleari. In un mercato d'arte di Ibiza, dove espone coloratissimi quadri naïf, le sue opere attirano l'attenzione di Justine, una mecenate di Madrid. La donna le offre l'opportunità di entrare in una "comune" di giovanissimi artisti per coltivare il suo talento. Lontana dal padre e dalla grotta che la isolava dal mondo, Ana pratica il sonno ipnotico, scoprendo di essere stata una madre berbera, una scalatrice femminista, una dea della fertilità indiana e tante altre donne uccise per mano di un uomo. Nel Nuovo Mondo troverà una risposta e il principio di sé. Il film affronta il rapporto tra maschile e femminile, tentando di rappresentare le differenza e le gerarchie sociali che si sono storicamente stabilite. Buone le inten-

zioni, grande l'ambizione, inadeguata la gestione della materia esoterica. ■ COMMEDIA; COL.; 118'; SPAGNA, 2007.

CAPAGIRA, LA ★
Regia di ALESSANDRO PIVA. Con DINO ABBRESCIA, TEODORO DANTE MARMONE. ■ Pellicola definita "rivelazione" dal mensile «Ciak». Chissà perché... Le rivelazioni sono ben altre. Non basta la buona volontà di chi vuole fare un film a qualunque costo, e andrebbe incoraggiato. I film prodotti sono persino troppi. Comunque il destino de *La Capagira* si ferma alla positiva citazione del mensile. La solita storia di droga e di piccoli delinquenti. Respiro cortissimo. ■ DRAMMATICO; COL.; 75'; ITALIA, 1999.

CAPANNA DELLO ZIO TOM, LA *(Onkel Toms Hütte)* ★★
Regia di GEZA RADVANYI. Con MYLÈNE DEMONGEOT, OTTO WILHELM FISCHER, HERBERT LOM. ■ Quando ancora si potevano commerciare gli schiavi, il buon e saggio Zio Tom viene acquistato dal padre della piccola Eva. Ma questa muore. Quando sembrerà giunto il momento di acquistare la libertà, si accenderanno lotte implacabili e il vecchio Tom non vivrà abbastanza a lungo per essere riscattato. ■ DRAMMATICO; COL.; 88'; GERMANIA, 1965.

CAPANNINA, LA *(The Little Hut)* ★★★
Regia di MARK ROBSON. Con WALTER CHIARI, AVA GARDNER, STEWART GRANGER, DAVID NIVEN. ■ Naufragio di uno yacht. Lord Filippo con la moglie Susanna e l'amico Henry (che corteggia Susanna) trovano rifugio su un'isola tropicale dove il Lord, molto pratico, costruisce una capannina per l'amico e una capanna per lui e la moglie. Henry cerca di conquistare definitivamente Susanna, ma marito e moglie si rappacificheranno. Torneranno poi tutti sani e salvi in Inghilterra. ■ COMMEDIA; COL.; 78'; USA, 1956.

CAPE FEAR – PROMONTORIO DELLA PAURA ★★★
(Cape Fear)
Regia di MARTIN SCORSESE. Con ROBERT DE NIRO, JESSICA LANGE, JULIETTE LEWIS, NICK NOLTE. ■ Ritorno di Martin Scorsese dopo il viaggio grottesco attraverso il genere gangster compiuto con *Quei bravi ragazzi*. Si tratta stavolta di un film su commissione, nato come scommessa contro il sistema hollywoodiano che lo ha sempre confinato a "regista di storie italo-americane". Riesce nell'intento spettacolare o, per meglio dire, plateale, con ritmi serrati, movimenti funambolici della macchina da presa, ma non è lo Scorsese che amiamo. Sembra più un film diretto da De Palma o da Cimino. Anche la recitazione, o è sbiadita come quella di Nolte e della Lange oppure troppo caricata come quella di De Niro. La più brava è Juliette Lewis allora diciottenne, candidata all'Oscar come attrice non protagonista. *Cape Fear* è il remake dell'ottimo thriller del 1963, peraltro sottovalutato, diretto da Jack Lee Thompson. Là al posto di De Niro e Nolte c'erano Mitchum e Peck. I ruoli di protagonista e comprimario in questa rivisitazione sono capovolti. Infatti a Scorsese interessa maggiormente la psicologia furiosa di Max Cady, l'ex detenuto che dopo aver passato tre lustri in penitenziario è deciso a vendicarsi nei confronti dell'avvocato artefice della sua condanna. Se infatti nel primo film Peck era un membro della giuria senza macchia alcuna, qui si scopre che Nolte ha nascosto una prova importante per il proprio cliente, perdendo così la causa. Max perciò insidia la famiglia del penalista Sam Bowden, in un crescendo scioccante e a volte ricco di tensione. Al di là delle riserve, nel personaggio di De Niro si intravedono i protagonisti di *Mean Streets* e di *Taxi Driver* e, se vogliamo, il regista qui porta all'ennesima potenza le loro fobie. La musica rielaborata è la stessa del precedente, cioè di Bernard Herrmann, collaboratore di Hitchcock. I titoli di testa sono uguali a *Psycho* e la fotografia è del mago del terrore Freddie Francis. Peck, Mitchum e Balsam appaiono in camei. ■ THRILLER; COL.; 130'; USA, 1991. ■ GOLDEN GLOBES 2 NOM; OSCAR 2 NOM.

CAPINERA DEL MULINO, LA ★★
Regia di ANGIO ZANE. Con FRANCO ANDREI, MARISA BELLI, ALESSANDRO FERSEN, VIRGILIO RIENTO, MARIA ZANOLI. ■ In un paese sul Garda, un abbietto individuo con raggiri e minacce vuole acquisire pieno dominio sulla mugnaia e sulla di lei figlia Giusi, fidanzata con un marinaio. Ma non riuscirà nell'intento, perché il fidanzato, creduto morto in un naufragio, ritorna deciso a tutto pur di far trionfare la giustizia. ■ DRAMMATICO; B/N; 79'; ITALIA, 1956.

CAPITALISM: A LOVE STORY ★★
Regia di MICHAEL MOORE. Con THORA BIRCH, WILLIAM BLACK, JIMMY CARTER, ELIJAH CUMMINGS, MICHAEL MOORE. ■ Questa volta Michael Moore prende le mosse da lontano, addirittura dall'Impero Romano, per mostrare come i segnali di decadenza di quella potenza antica siano tutti rintracciabili nella realtà odierna. La domanda è più che mai esplicita e con la risposta già incorporata: quanto è alto il prezzo che il popolo americano paga a causa della confusione operata tra il concetto di Capitalismo e quello di Democrazia? Per Moore i due termini non coincidono, anzi sono in più che netta opposizione soprattutto ora, dopo la crisi mondiale di cui tutti paghiamo le conseguenze. Per sostenere la sua tesi questa volta Moore fa un uso molto più ridotto di gag verbali e visive, essendo il tema talmente serio da lasciare poco spazio all'evasione. ■ DOCUMENTARIO; COL.; 127'; USA, 2009.

CAPITALISTA, IL *(Has Anybody seen my Gal?)* ★★
Regia di DOUGLAS SIRK. Con CHARLES COBURN, JAMES DEAN, ROCK HUDSON, PIPER LAURIE. ■ Un vecchio molto ricco vuole come suoi eredi i discendenti di Lisa, suo antico amore. Per vedere se sono degni di tale fortuna, va a vivere da loro come pensionante. ■ COMMEDIA; COL.; 89'; USA, 1952.

CAPITAN AMERICA *(Captain America)* ★★
Regia di ALBERT PYUN. Con NED BEATTY, RONNY COX, MELINDA DILLON, MATT SALINGER. ■ Steve Rogers è l'invincibile eroe che lotta per la conquista di libertà e democrazia. Il personaggio di Capitan America viene dal fumetto e va ad aggiungersi agli altri eroi (Superman, Batman ecc.) che sono stati "promossi" in prima visione cinematografica. ■ COMMEDIA; COL.; 103'; USA, 1990.

CAPITAN APACHE *(Captain Apache)* ★★
Regia di ALEXANDER SINGER. Con CARROLL BAKER, PERCY HERBERT, LEE VAN CLEEF, STUART WHITMAN. ■ Un agente indiano viene assassinato. Costui però, prima di morire, riesce a pronunciare due parole: «Mattino d'aprile». È il capitano Apache, indiano che ha frequentato l'Accademia di West Point, che deve scoprire il significato del misterioso messaggio e l'assassinio di Collier. ■ WESTERN; COL.; 94'; GRAN BRETAGNA, 1970.

CAPITAN BARBABLU *(A Girl in Every Port)* ★★★
Regia di HOWARD HAWKS. Con ROBERT ARMSTRONG, LOUISE BROOKS, MYRNA LOY, VICTOR MCLAGLEN. ■ Un marinaio dongiovanni ha una relazione con una trapezista. Quando scopre che era la ragazza di un collega, con il quale ha stretto amicizia, si mette da parte. ■ COMMEDIA; B/N; 98'; USA, 1928.

CAPITAN BASILICO 2 ★★
Regia di MASSIMO MORINI. Con DAVIDE AGENO, MAURIZIO BORZONE, MASSIMO BOSSO, GIANNI CASELLA, MASSIMO MORINI. ■ Capitan Basilico deve far fronte ad una nuova minaccia criminale. Il perfido BarMan è in possesso di una micidiale arma in grado di piegare chiunque al suo volere. Riuscirà il verde supereroe a fermarlo? *Capitan Basilico 2* è il terzo film benefico dei Buio Pesto. È stato realizzato grazie all'apporto finanziario di enti pubblici e privati, e i proventi verranno devoluti al progetto "Ambulanza Verde". ■ FANTASCIENZA; COL.; 131'; ITALIA, 2011.

CAPITAN BLOOD *(Capitain Blood)* ★★★★
Regia di MICHAEL CURTIZ. Con OLIVIA DE HAVILLAND, ERROL FLYNN. ■ L'azione si svolge in una colonia del Mar dei Caraibi, verso la fine del diciassettesimo secolo. Il dottor Peter Blood cura i ribelli feriti durante una sollevazione e viene perciò deportato nell'isola di Port Royal. Sta per essere venduto come schiavo, quando attira l'attenzione della bella nipote del governatore; dopo qualche tempo, la fanciulla lo salverà dalle terribili fatiche a cui è stato condannato e lo accoglierà a palazzo come medico. Riesce dunque a fuggire con più facilità da questo luogo privilegiato, servendosi di una nave pirata e portando con sé i vecchi compagni di prigionia: d'ora in avanti farà la vita del corsaro. Il film è stato "colorizzato". ■ DRAMMATICO; B/N; 119'; USA, 1935. ■ OSCAR 2 NOM.

CAPITAN CINA *(Captain China)* ★★
Regia di Lewis R. Foster. Con John Payne, Gail Russel. ■ Al risveglio da una solenne sbornia, capitan Cina si accorge di essere stato abbandonato dall'equipaggio. Naufraga, ma si salva, per imbarcarsi poi su un'altra nave comandata dal suo ex secondo che lo aveva tradito. Il film si conclude con il salvataggio di questa seconda nave. ■ Avventura; b/n; 97'; USA, 1950.

CAPITAN CONAN *(Capitain Conan)* ★★
Regia di Bertrand Tavernier. Con Samuel Le Bihan, Bernard Le Coq, Philippe Torreton. ■ Balcani 1918. Alla guida di una cinquantina di soldati scelti, il capitano Conan combatte le ultime fasi della prima guerra mondiale, uccidendo i nemici dietro le linee. Inviato con il suo reparto a Bucarest, Conan non può far altro che continuare inesorabilmente la sua sanguinaria guerra personale, avendo perso il gusto della normale vita civile. ■ Drammatico; col.; 120'; Francia, 1996.

CAPITAN DEMONIO ★★
Regia di Carlo Borghesio. Con Luisella Beghi, Nerio Bernardi, Maria Martin, Adriano Rimoldi, Otello Toso. ■ Capitan Demonio è un avventuriero che nella Firenze del 1700 salva una ballerina dalle insidie del Bargello. Si innamora della fanciulla e, naturalmente, ne è riamato. ■ Storico; b/n; 90'; Italia, 1949.

CAPITAN FANTASMA ★★
Regia di Primo Zeglio. Con Paola Barbara, Frank Latimore, Enzo Musumeci Greco, Maxwell Reed, Anna Maria Sandri. ■ Probabilmente la prima versione cinematogrfica sulle gesta del barone di Sicognac. ■ Avventura; b/n; 86'; Italia, 1919.

CAPITAN FRACASSA *(Le capitaine Fracasse)* ★★★
Regia di Alberto Cavalcanti. Con Pierre Blanchar, Charles Boyer, Lien Deyers. ■ Il romanzo di Gautier, liberamente corretto e riveduto. ■ Avventura; b/n; 106'; Francia, 1928.

CAPITAN FRACASSA ★★★
Regia di Duilio Coletti. Con Nerio Bernardi, Clara Calamai, Franco Coop, Elsa De Giorgi, Nico Pepe, Osvaldo Valenti. ■ Personaggio destinato alle reincarnazioni cinematografiche viene questa volta rielaborato da sceneggiatori come Pannunzio, Benedetti, Tellini. L'esito è però incolore. ■ Avventura; b/n; 79'; Italia, 1940.

CAPITAN FRACASSA *(Le capitaine Fracasse)* ★★★
Regia di Pierre Gaspard-Huit. Con Gérard Barray, Riccardo Garrone, Geneviève Grad, Jean Marais. ■ Dal romanzo di Théophile Gautier. Il barone di Sicognac decide di seguire i comici che aveva ospitato nel suo castello, conquistato dalla grazia di Isabelle, assumendo il nome d'arte di Capitan Fracassa. Grande spadaccino, deve sventare gli intrighi del perfido duca di Vallombrosa, innamorato di Isabelle. Otterrà comunque di sposare la fanciulla e di rientrare in possesso dei beni aviti. ■ Avventura; col.; 105'; Francia, 1961.

CAPITAN FUOCO ★★
Regia di Carlo Campogalliani. Con Lex Barker, Anna Maria Ferrero, Dante Maggio, Rossana Rory, Massimo Serato. ■ Un barone fa uccidere il conte, suo vicino, pensando di sposarne la figlia e di entrare in possesso dei suoi possedimenti. Ma Capitan Fuoco, nobile di cuore, se non di lignaggio, salva la ragazza e la proprietà. ■ Avventura; b/n; 84'; Italia, 1958.

CAPITAN FURIA *(Captain Fury)* ★★★
Regia di Hal Roach. Con Brian Aherne, June Lang. ■ Un galeotto inglese, deportato in Australia perché lavori nei possedimenti dei latifondisti, riesce a fuggire e, a capo di una banda di ex forzati, si fa paladino dei coloni. ■ Avventura; b/n; 91'; USA, 1939. ■ Oscar 1 nom.

CAPITAN GENNAIO *(Captain January)* ★★★
Regia di David Butler. Con Buddy Ebsen, Guy Kibbee, June Lang, Slim Summerville, Shirley Temple. ■ Una bambina, dopo una tempesta, viene raccolta da due vecchi marinai, guardiani di un faro. I lupi di mare adorano la bimba e fanno di tutto per impedire che venga spedita in un collegio. Poi l'identità della piccina viene scoperta e i suoi doviziosi parenti dimostrano la loro gratitudine portando con loro i due marinai a bordo di uno yacht. ■ Avventura; b/n; 75'; USA, 1936.

CAPITAN HARLOCK 3D ★★
(Space Pirate Captain Harlock)
Regia di Shinji Aramaki. Con Yu Aoi, Arata Furuta, Haruma Miura, Toshiyuki Morikawa, Shun Oguri. ■ Il pianeta Terra, ormai abbandonato da centinaia di anni da una popolazione troppo numerosa per contenerlo, è diventato un luogo inviolabile e quasi sacro, mantenuto tale con pugno di ferro e fermezza militare dalla coalizione Gaia. Ad essa si contrappongono Capitan Harlock e la sua ciurma a bordo dell'Arcadia, a cui si è appena aggiunto un nuovo elemento: Logan, fratello dell'ufficiale disabile Ezra e dunque infiltrato di Gaia dentro l'armata di Harlock con il compito di uccidere il capitano.Quando però Logan capirà qual è l'ideale che muove Harlock, che ha sempre percepito come un nemico, sarà pronto a schierarsi con lui contro il fratello, il quale lo accusa di aver causato la sua disabilità. Sesta reiterazione del mito di Capitan Harlock. ■ Animazione; col.; 90'; Giappone, 2013.

CAPITANI CORAGGIOSI *(Captains Courageous)* ★★★
Regia di Victor Fleming. Con Lionel Barrymore, Freddie Bartholomew, John Carradine, Melvin Douglas, Mickey Rooney, Spencer Tracy. ■ Ispirato all'omonimo romanzo di Kipling, il film racconta la storia di un ricco ragazzino, salvato da un pescatore. Il ragazzo passa qualche mese sulla goletta tra marinai rudi, ma di buon cuore. Per lui è una grande lezione di vita. Un buon film, arricchito da uno Spencer Tracy in gran forma: per questa interpretazione si guadagnò l'Oscar. ■ Avventura; b/n; 116'; USA, 1937. ■ Oscar 1 pr, 4 nom.

CAPITANI D'APRILE *(Capitães de Abril)* ★★
Regia di Maria de Medeiros. Con Stefano Accorsi, Maria de Medeiros. ■ A Lisbona, il 25 aprile del 1974, un gruppo di capitani dell'esercito portoghese, stanchi della dittatura e delle atrocità delle guerre coloniali, dà vita alla cosiddetta "Rivoluzione dei garofani", grazie alla quale viene deposto Salazar e vengono gettate le basi del futuro democratico del Portogallo. La rivoluzione, spontanea e non violenta, viene vista e raccontata attraverso tre protagonisti, diversi eppure accomunati dagli stessi ideali e dall'importanza storica dell'evento: il capitano Maia, Manuel e sua moglie Antonia. Il racconto è scarno, minimalista, e i personaggi servono più che altro da pretesto per raccontare le differenze ideologiche delle varie classi sociali. ■ Drammatico; col.; 123'; Francia, Italia, Portogallo, Spagna, 2001.

CAPITANI DI VENTURA ★★
Regia di Angelo Dorigo. Con Wandisa Guida, Gérard Landry, Franca Parisi, Mario Petri. ■ Un tesoro destinato al papa finisce in mano ai briganti. Un intrepido cavaliere riesce a recuperarlo insieme con la mogliettina che gli era stata rapita. ■ Avventura; col.; 90'; Italia, 1961.

CAPITAN JIM *(Wallaby Jim of the Island)* ★★
Regia di Charles Lamont. Con Ruth Coleman, George Houston. ■ Edificante storia di un capitano-cercatore di perle. È un capo sagace ed equo, è generoso con gli abitanti delle isole, è coraggioso e forte quanto basta per sbarazzarsi dei nemici, è magnanimo con l'amico che ha smarrito la strada della rettitudine. ■ Avventura; b/n; 90'; USA, 1937.

CAPITAN KIDD *(Captain Kidd)* ★★★
Regia di Rowland V. Lee. Con Barbara Britton, Charles Laughton, Randolph Scott. ■ Capitan Kidd, famoso pirata, riceve l'incarico di scortare fino in Inghilterra una nave ricca di tesori e un'illustre dama, Lady Falconer. Ma il semplice servizio di scorta non gli garba e cerca di rendere movimentato il viaggio, facendo saltare la nave della regia marina e ammazzando un po' di gente. La sua carriera sanguinosa finisce sulla forca. ■ Avventura; b/n; 89'; USA, 1945. ■ Oscar 1 nom.

CAPITAN NEMO – MISSIONE ATLANTIDE ★★
(The Amazing Captain Nemo)
Regia di Alex March Con Horst Buchholz, Lynda Day George, José Ferrer, Mel Ferrer, Burgess Meredith. ■ Dopo ben centouno anni d'ibernazione nelle profondità marine, viene ritrovato il *Nautilus* (avveniristico battello subacqueo crea-

to dalla fantasia dello scrittore Jules Verne) con il suo capitano, Nemo, ancora in vita. Capitan Nemo, trovatosi in una realtà nuova, viene subito coinvolto in complicate questioni di spionaggio tipo 007. Ma il suo progetto è quello di trovare la mitica città di Atlantide, e ci riuscirà. ■ FANTASCIENZA; COL.; 112'; USA, 1978.

CAPITAN NEWMAN *(Captain Newman, M.D.)* ★★★
Regia di DAVID MILLER. Con EDDIE ALBERT, TONY CURTIS, BOBBY DARIN, ANGIE DICKINSON, GREGORY PECK. ■ Il capitano Newman opera come psichiatra in una base militare aerea. Considera primario il suo ruolo di medico rispetto a quello di militare e si comporta di conseguenza. I suoi rapporti con le alte gerarchie militari non sono facili, ma il capitano ha abbastanza carattere. ■ DRAMMATICO; COL.; 126'; USA, 1963. ■ OSCAR 3 NOM.

CAPITANO, IL *(His Woman)* ★★★
Regia di EDWARD SLOMAN. Con CLAUDETTE COLBERT, GARY COOPER, AVERELL HARRIS, RICHARD SPIRO. ■ Il comandante di una nave da carico deve interrompere la tranquilla routine quotidiana per occuparsi di un orfanello abbandonato e di un'irrequieta ragazza fuggita di casa. L'uomo e la donna giungeranno ai ferri corti, ma alla fine comprenderanno di amarsi. ■ DRAMMATICO; B/N; 80'; USA, 1931.

CAPITANO ARDENTE *(Le capitaine ardent)* ★★
Regia di ANDRÉ ZWOBADA. Con JEAN DONET, RENÉE SAINT-CYR, YVES VINCENT. ■ Il capitano Ardente viene inviato in Nord Africa dal governo francese perché scopra i responsabili di un traffico di armi. Insieme con i contrabbandieri ci sono però i ribelli. La giovane vedova di un francese, che gestisce un locale notturno, lo salva da un agguato. Dopo molte peripezie il capitano compie la sua missione e si unisce alla vedova. ■ AVVENTURA; B/N; 90'; FRANCIA, 1951.

CAPITANO BOYCOTT, IL *(Captain Boycott)* ★★
Regia di FRANK LAUNDER. Con ROBERT DONAT, STEWART GRANGER, KATHLEEN RYAN. ■ Ecco da dove viene il termine "boicottaggio". Boycott è un tirannico proprietario terriero irlandese, che con le sue vessazioni spinge alla ribellione i suoi contadini. L'economia del paese è paralizzata. Gli sta bene, al Boycott. ■ AVVENTURA; B/N; 93'; GRAN BRETAGNA, 1947.

CAPITANO CASANOVA *(Adventures of Casanova)* ★★
Regia di ROBERTO GAVALDÓN. Con LUCILLE BREMER, ARTURO DE CORDOVA. ■ America latina, XIX secolo. Lotte per l'indipendenza. Il giovane capitano di ventura soprannominato "Casanova" sfugge a un tranello del governatore e dopo avventure e duelli riesce persino a sposarne la figlia. ■ AVVENTURA; B/N; 90'; USA, 1948.

CAPITANO CRADDOCK, IL *(Bomben auf Monte Carlo)* ★★
Regia di HANS SCHWARZ. Con HANS ALBERS, JEAN MURAT, HEINZ RÜHMANN, KATHE VON NAGY. ■ Una trama da operetta, con la principessa che si innamora del capitano, che, a sua volta, sventa trame losche e pericolose per la fanciulla. ■ AVVENTURA; B/N; 85'; GERMANIA, 1931.

CAPITANO DEGLI USSARI, IL ★★★
Regia di STEPHAN SZEKELY. Con PINA GALLINI, CARLO ROMANO, CLARA TABODY, ENRICO VIARISIO, PAOLO VIERO. ■ Questo film è la versione italiana di *Gli ussari di Bergery*, girato dallo stesso regista con attori ungheresi. Un padre ancora giovanile torna a corteggiare una sua ex fiamma, ma ha come rivale il figlio, studente spensierato. L'amore cova sotto le ceneri e tra i due pretendenti la spunta il più maturo. L'altro si consola alla svelta. ■ COMMEDIA; B/N; 90'; ITALIA, 1941.

CAPITANO DEI MARI DEL SUD, IL ★★★
(Twilight for the Gods)
Regia di JOSEPH PEVNEY. Con CYD CHARISSE, ROCK HUDSON, ARTHUR KENNEDY. ■ Su una nave maledetta, comandata dal capitano Bell, vengono accolti alcuni passeggeri diretti in Messico. L'imbarcazione non regge e il capitano preferisce fermarsi alle Hawaii. Qui una bella passeggera, con cui Bell aveva stabilito un tenero rapporto, viene arrestata per una vecchia faccenda. Il capitano fa distruggere la sua nave e si imbarca su un'altra in attesa che la sua bella torni libera. ■ AVVENTURA; COL.; 120'; USA, 1958.

CAPITANO DELLA LEGIONE, IL ★★★
(Sénéchal, le magnifique)
Regia di JEAN BOYER. Con ROLAND ARMONTEL, JEANNE AUBERT, GEORGES CHAMARAT, FERNANDEL, NADIA GRAY. ■ I travestimenti di un attore risultano credibilissimi nella vita di tutti i giorni. Gli impresari non credono alle sue possibilità, ma in un'aula di tribunale riuscirà ad avere successo. ■ COMMEDIA; B/N; 95'; FRANCIA, 1957.

CAPITANO DEL RE, IL *(Le capitaine)* ★★
Regia di ANDRÉ HUNEBELLE. Con ARNOLDO FOÀ, JEAN MARAIS, ELSA MARTINELLI. ■ Duelli e agguati ostacolano i propositi di un nobiluomo che vuol vendicare un amico ucciso. Naturalmente vince e, altrettanto naturalmente, trova l'amore. ■ AVVENTURA; COL.; 107'; FRANCIA, 1960.

CAPITANO DI CASTIGLIA, IL *(Captain from Castile)* ★★★
Regia di HENRY KING. Con LEE J. COBB, JEAN PETERS, TYRONE POWER, CESAR ROMERO. ■ Nella Spagna del Cinquecento, Pedro de Vargas entra in grave conflitto con un membro dell'Inquisizione, perciò segue Cortez in America, dove si conquista i gradi di capitano. L'inquisitore arriva, insieme con una delegazione reale, e viene ammazzato. Pedro viene accusato del delitto. ■ AVVENTURA; COL.; 140'; USA, 1947. ■ OSCAR 1 NOM.

CAPITANO DI FERRO, IL ★
Regia di SERGIO GRIECO. Con MARIO PETRI, GUSTAVO ROJO, BARBARA STEELE, SUSAN TERRY. ■ È un guazzabuglio improbabile tra soldati di ventura e lanzichenecchi. ■ AVVENTURA; COL.; 90'; ITALIA, 1963.

CAPITANO DI KOEPENICK, IL ★★
(The Captain of Koepenick)
Regia di RICHARD OSWALD. Con ALBERT BASSERMANN, ERIC BLORE, MARY BRIAN. ■ La vicenda, come nell'omonimo film di Helmut Kâutner, riguarda un ex carcerato che, per riuscire ad avere un passaporto, si traveste da capitano. ■ COMMEDIA; B/N; 91'; USA, 1941.

CAPITANO DI KOEPENICK, IL ★★★
(Der Hauptmann von Kàpenick)
Regia di HELMUT KÄUTNER. Con MARTIN HELD, HEINZ RUCHMAN, ERICH SCHELLOW, HANNELORE SCHROTH. ■ Nella Germania di Guglielmo II un poveraccio, uscito dal carcere, non trova lavoro perché non ha i documenti e non può avere i documenti perché non ha lavoro. Allora compera una divisa da capitano e si mette a capo di un gruppo di soldati. Arresta il borgomastro e ordina che gli consegnino il passaporto. Ma non ce ne sono. La sua mascherata viene scoperta, tuttavia l'imperatore gli fa avere il passaporto. Pare che il film sia ispirato a un fatto realmente accaduto. ■ COMMEDIA; B/N; 90'; GERMANIA, 1956. ■ OSCAR 1 NOM.

CAPITANO DI LUNGO... SORSO, IL ★★
(The Extraordinary Seaman)
Regia di JOHN FRANKENHEIMER. Con FAYE DUNAWAY, DAVID NIVEN, MICKEY ROONEY. ■ Il capitano inglese Finchhaven, morto nel vano tentativo di affondare un incrociatore nemico, viene rispedito sulla terra dai suoi antenati per meritarsi il cielo con una missione riuscita. Attacca delle navi giapponesi insieme a un gruppo di marinai sprovveduti e a una donna, ma riesce solo ad affondare un vascello già preda americana. La sua missione è fallita nuovamente. ■ COMMEDIA; COL.; 80'; USA, 1967.

CAPITANO DI QUINDICI ANNI, UN ★★
Regia di CLIFFORD BROWN (pseud. di JESUS FRANCO). Con MARC CASSOT, JOSÉ MANUEL MARCUS, EDMUND PURDOM, HOWARD VERNON. ■ Mandato dal suo patrigno a fare il mozzo su una baleniera per farsi le ossa di marinaio, il giovane Dick prima finisce schiavo in Africa perché non si è accorto degli intrighi di un sabotatore, poi riesce a scappare e a tornare a San Francisco, dove decide di intraprendere con passione la carriera nella marina. Il film è tratto (molto alla larga) da un romanzo di Jules Verne. ■ AVVENTURA; COL.; 100'; FRANCIA, ITALIA, 1974.

CAPITANO DI VENEZIA, IL ★★
Regia di GIANNI PUCCINI. Con ANDREA CHECCHI, LEONARDO CORTESE, MARIELLA LOTTI, DANTE MAGGIO. ■ Siamo nel secolo dodicesimo e le tre massime città venete litigano. Venezia si

fa mediatrice fra Verona e Vicenza. Sarà un matrimonio a sancire la pace. Ma la fanciulla promessa sposa ama un cavaliere e non vuole sposarsi. Dopo intrighi e duelli l'amore trionferà. ■ AVVENTURA; B/N; 90'; ITALIA, 1951.

CAPITANO DI VENTURA *(Trenk der Pandur)* ★★
Regia di HERBERT SELPIN. Con HANS ALBERS, SYBILLE SCHMITZ. ■ Le gloriose imprese di un capitano di ventura fedele all'imperatrice austriaca Maria Teresa. Diventerà sovrano dello Stato di Ungheria e avrà per sposa una principessa. ■ AVVENTURA; B/N; 91'; GERMANIA, 1940.

CAPITANO EDDIE *(Captain Eddie)* ★★★
Regia di LLOYD BACON. Con LYNN BARI, FRED MACMURRAY. ■ Per distrarre i compagni di naufragio, il capitano Eddie racconta loro la storia della propria vita, caratterizzata dalla passione per la tecnica e dalla fiducia nel progresso scientifico. Le sue parole invitano a non disperare, e infatti i soccorsi aerei non tarderanno. ■ DRAMMATICO; B/N; 107'; USA, 1945. ■ OSCAR 1 NOM.

CAPITANO GARY, IL *(Deputy Marshal)* ★★
Regia di WILLIAM BERKE. Con JON HALL, FRANCES LANGFORD. ■ Una banda di fuorilegge non esita ad uccidere pur di impossessarsi dei terreni della famiglia Master, destinati al passaggio di una linea ferroviaria. Il capitano Gary e la giovane Janet Master li sgominano, scoprendo che il capobanda è il cugino di Janet. ■ AVVENTURA; B/N; 90'; USA, 1949.

CAPITANO, IL *(His Woman)* ★★★
Regia di EDWARD SLOMAN. Con CLAUDETTE COLBERT, GARY COOPER, AVERELL HARRIS, RICHARD SPIRO. ■ Il comandante di una nave da carico deve interrompere la tranquilla routine quotidiana per occuparsi di un orfanello abbandonato e di un'irrequieta ragazza fuggita di casa. L'uomo e la donna giungeranno ai ferri corti, ma alla fine comprenderanno di amarsi. ■ DRAMMATICO; B/N; 80'; USA, 1931.

CAPITANO MOLLENARD, IL *(Mollenard)* ★★★
Regia di ROBERT SIODMAK. Con HARRY BAUR, GABRIELLE DORZIAT. ■ Rimpatriato dopo aver trafficato armi in Estremo Oriente, il capitano Mollenard, ormai vecchio e malato, è circondato dall'ostilità di moglie e figli e rimpiange la sua fedele ciurma. Una figlia però riesce a comprenderlo e lo porta a morire sulla sua nave pronta a salpare, come il vecchio Mollenard desiderava. ■ DRAMMATICO; B/N; 91'; FRANCIA, 1938.

CAPITANO NEMO E LA CITTÀ SOMMERSA, IL ★★★
(Captain Nemo and the Underwater City)
Regia di JAMES HILL. Con CHUCK CONNORS, NANETTE NEWMAN, LUCIANA PALUZZI, ROBERT RYAN. ■ Sei naufraghi vengono raccolti da misteriosi sommozzatori e portati a bordo di una città sottomarina, nella quale è vietato avere rapporti con la Terra. Ma i naufraghi sentono il bisogno di ritornare alle loro case e tentano la fuga con un grande sommergibile simile al *Nautilus* di Capitan Nemo. Solo due si salveranno e non verranno creduti. ■ AVVENTURA; COL.; 105'; GRAN BRETAGNA, 1969.

CAPITANO NERO, IL ★★
Regia di GIORGIO ANSOLDI, ALBERTO POZZETTI. Con STEVE BARCLAY, MARINA BERTI, ANDREA CHECCHI, FRANCA MARZI. ■ Quadro senza troppe pretese delle fosche lotte di fazione fra i principi del Cinquecento: Marco Adinolfi vendica, nonostante rischi e pericoli, la violenza subita da sua sorella e l'assassinio dei suoi fratelli ad opera di Giuliano Garlandi e del duca di Riano. ■ AVVENTURA; B/N; 89'; ITALIA, 1950.

CAPITANO ROSSO, IL *(Captain Scarlett)* ★★
Regia di THOMAS CARR. Con LEONORE AMAR, RICHARD GREENE, NEDRICK YOUNG. ■ Il capitano Rosso è un vendicatore del popolo tiranneggiato dal duca di Corlaine. Quando questi fa prigioniera la bella principessa Maria, il capitano, che ne è innamorato, riesce a liberarla e a uccidere il suo avversario. ■ AVVENTURA; COL.; 75'; USA, 1953.

CAPITANO SOFFRE IL MARE, IL *(Barnacle Bill)* ★★★
Regia di CHARLES FREND. Con IRENE BROWNE, ALEC GUINNESS, PERCY HERBERT, VICTOR MADDERN. ■ Amabile satira della marina britannica con perfetto humour inglese: anche se discende da una famiglia di gloriosi uomini di mare, il capitano Horatio Ambrose si sente male appena sale su una nave. Avrà anche lui la sua missione vittoriosa, riuscendo ad attraversare la Manica con la sua rudimentale *Arabella*. ■ COMMEDIA; B/N; 87'; GRAN BRETAGNA, 1957.

CAPITAN ROGERS NEL 25° SECOLO ★★
(Buck Rogers in the 25th Century)
Regia di DANIEL HALLER. Con GIL GERARD, ERIN GRAY, PAMELA HENSLEY, HENRY SILVA, JOSEPH WISEMAN. ■ Un astronauta americano, partito per un viaggio nel 1987, per un guasto al suo razzo rimane ibernato e si risveglia nel venticinquesimo secolo. Lì si trova coinvolto nella guerra fra il despota re Draco, padrone delle galassie, e gli abitanti della Terra. In quattro e quattr'otto risolve il conflitto a favore dei terrestri. ■ FANTASCIENZA; COL.; 89'; USA, 1979.

CAPITAN SINBAD *(Captain Sinbad)* ★★★
Regia di BYRON HASKIN. Con HEIDI BRUHL, GUY WILLIAMS. ■ La principessa Jana chiede a un mago di trasformarla in uccello per volare a cercare l'amato capitano Sinbad in giro per il mondo, ma il suo tentativo fallisce a causa del tiranno El Kerim, che spadroneggia nella città di Sinbad. Infine Sinbad ritorna, trafigge il cuore del tiranno, che è conservato in una torre inespugnabile, e sposa Jana fra il tripudio popolare. ■ AVVENTURA; COL.; 85'; USA, 1963.

CAPITAN SPARVIERO *(Escuadrilla)* ★★
Regia di ANTHONY ROMAN. Con ALFREDO MAYO, LUCHY SOTO. ■ È un film di regime, ispirato alla guerra civile spagnola e visto dalla parte del fronte franchista: uniti nella lotta contro i comunisti, i due aviatori Pablo e Miguel sono invece divisi dall'amore che nutrono per la stessa donna. ■ DRAMMATICO; B/N; 91'; SPAGNA, 1941.

CAPITAN TEMPESTA ★★
Regia di CORRADO D'ERRICO. Con CARLA CANDIANI, DORIS DURANTI, CARLO NECCHI, ADRIANO RIMOLDI. ■ "Capitan Tempesta" è la figlia del governatore Bragadin, che così travestita si batte contro i turchi e cerca di liberare il suo innamorato, Marcello, loro prigioniero. Con l'aiuto di un nobile turco di fede cristiana, il "Leone di Damasco", riesce nelle sue imprese. Da un romanzo di Emilio Salgari. ■ AVVENTURA; B/N; 90'; ITALIA, 1942.

CAPITAN URAGANO *(Bomben auf Monte Carlo)* ★★
Regia di GEORG JACOBY. Con EDDIE CONSTANTINE, MARION MICHAEL. ■ Una giovane principessa è esposta agli intrighi del suo disonesto primo ministro che organizza una congiura contro di lei. Sventa tutto l'avventuriero capitan Uragano, di cui la principessa si è innamorata nel corso di una festa di carnevale. ■ COMMEDIA; COL.; 89'; GERMANIA, 1960.

CAPITA TUTTO A ME *(Ca n'arrive qu'à moi)* ★★
Regia di FRANCIS PERRIN. Con BERNARD BLIER, VERONIQUE GENEST, FRANCIS PERRIN. ■ Un giornalista scalcinato, reduce da una serie di disavventure professionali e sentimentali, conosce un giorno una bellissima ragazza e crede che l'incontro potrà cambiare la sua vita. Difatti la cambia: è la figlia del suo editore. ■ COMMEDIA; COL.; 85'; FRANCIA, 1978.

CAPITOLO SECONDO *(Chapter Two)* ★★
Regia di ROBERT MOORE. Con JOSEPH BOLOGNA, JAMES CAAN, MARSHA MASON. ■ Da una commedia di Neil Simon (quasi autobiografica), la storia di un secondo matrimonio, fra un vedovo e una divorziata, che sta per naufragare. Al vedovo ciò farà capire di aver di fronte una vita felice. ■ SENTIMENTALE; COL.; 124'; USA, 1979. ■ GOLDEN GLOBES 2 NOM; OSCAR 1 NOM.

CAPO, IL ★★★
Regia di YURI ANCARANI. ■ Carrara, le cave. Un solido sipario di marmo lentamente, ma con fragore, si spacca a metà. La pace viene rotta da una gru, un mostro arancione, che lacera in due la bancata e, finito il suo compito, si allontana, scomparendo sul lato destro. Ma il rumore rimane e si impone il capo, il reale protagonista: "colui che dirige i lavori", che comanda all'interno della cava. Una figura rassicurante e vissuta: a torso nudo con la carne bruciata dal sole che batte insistente da mattina a sera all'interno di una gola bianca. Prodotto dall'artista Maurizio Cattelan, Yuri Ancarani realizza un quadro deciso e poetico di un lavoro appa-

rentemente meccanico, ma soprattutto umano, lasciando la sensazione di un rito compiuto. ■ DOCUMENTARIO; COL.; 15′; ITALIA, 2011.

CAPOBANDA, IL *(The Music Man)* ★★★
Regia di MORTON DA COSTA. Con PAUL FORD, HERMIONE GINGOLD, BUDDY HACKETT, RON HOWARD, SHIRLEY JONES, ROBERT PRESTON. ■ Un piazzista di strumenti musicali si arrangia come può per riuscire a vendere la merce. I colleghi concorrenti, che gradiscono poco i suoi metodi, lo denunciano mettendolo nei guai anche con la popolazione di un piccolo paese. Una ragazza che lo ama lo aiuterà a togliersi dai pasticci. ■ COMM. MUSICALE; COL.; 151′; USA, 1962.

CAPOBLANCO ★★★
Regia di JACK LEE THOMPSON. Con CHARLES BRONSON, FERNANDO REY, JASON ROBARDS, DOMINIQUE SANDA. ■ In una magnifica isola dei Caraibi qualcuno cerca di recuperare un tesoro nazista. C'è la bella avventuriera francese (Sanda), il nazista transfuga (Robards), il capo della polizia locale (Rey) e il proprietario di un locale (Bronson), che ricorda il Bogart di *Casablanca*. C'è chi accomuna questo film proprio all'opera di "culto" di Curtiz. ■ AVVENTURA; COL.; 87′; USA, 1980.

CAPO D'ACCUSA: UXORICIDIO *(Teufel in Seide)* ★★
Regia di ROLF HANSEN. Con CURD JÜRGENS, LILLI PALMER. ■ Il musicista Thompson viene ingiustamente accusato di uxoricidio dal legale di sua moglie, che si è tolta la vita esasperata dal tradimento di Thompson, che lei aveva sempre maltrattato e considerato un oggetto di sua proprietà. Ma il processo dimostra l'innocenza di Thompson. ■ DRAMMATICO; B/N; 91′; GERMANIA, 1956.

CAPODANNO A NEW YORK *(New Year's Eve)* ★
Regia di GARRY MARSHALL. Con JESSICA BIEL, ROBERT DE NIRO, ZAC EFRON, ASHTON KUTCHER, LEA MICHELE. ■ Certe notti l'impossibile può accadere, soprattutto se è la notte di Capodanno, soprattutto a New York. All'ombra dell'Empire, sotto la sfera di Times Square, un gruppo scelto di newyorkesi "imbandisce" la tavola e l'ultima giornata dell'anno ognuno col suo desiderio, piccolo o grande, da esaudire. ■ COMMEDIA; COL.; 118′; USA, 2011.

CAPOFAMIGLIA, IL *(Top Man)* ★★
Regia di CHARLES LAMONT. Con SUSANNA FOSTER, LILLIAN GISH, DONALD O'CONNOR, PEGGY RYAN. ■ Protagonista è un giovane pigro, che scopre il senso della responsabilità quando il padre lascia la famiglia per andare a combattere. Il ragazzo coinvolge i compagni di scuola nel lavoro volontario in una fabbrica di aeroplani. ■ COMMEDIA; B/N; 74′; USA, 1943.

CAPO NORD ★★
Regia di CARLO LUGLIO. Con ALBERTO CRETARA, LUCA RIEMMA, EMANUELE VALENTI, FRANCESCO VITIELLO. ■ Le vicende di quattro giovani napoletani (Ettore, Francesco, Jenny e Fofò) che intraprendono un viaggio verso il nord; i ragazzi, partiti da Napoli, faranno una prima tappa ad Amburgo per poi arrivare in Norvegia. Il viaggio, nato da un bisogno di fuga e di evasione verso mete idealizzate, si rivelerà essere un' amara scoperta della realtà. La ricerca della fortuna personale lontano dalla mediocrità si concretizzerà, per i quattro diciannovenni, in una sopravvivenza fatta di furti, lavoro nero e in una sequenza di disillusioni. Il primo lungometraggio di Carlo Luglio, che ha vinto il Premio Opera Prima Roma Film Festival 2002, è a tratti convincente. ■ DRAMMATICO; COL.; 103′; ITALIA, 2003.

CAPORALE DI GIORNATA ★★
Regia di CARLO LUDOVICO BRAGAGLIA. Con MAURIZIO ARENA, ROSSELLA COMO, NINO MANFREDI, FRANCA RAME. ■ Prolifico artigiano di ogni genere di cinema popolare, Bragaglia si diverte qui a raccontare le disavventure dei soldati di una caserma che rispondono al nome di Felice: un bambino è stato infatti trovato all'ingresso della caserma, con un biglietto che ne attribuisce la paternità a un misterioso Felice. Alla fine il vero padre verrà scoperto. ■ COMMEDIA; B/N; 87′; ITALIA, 1958.

CAPORALE SAM, IL *(Jumping Jacks)* ★★★
Regia di NORMAN TAUROG. Con JERRY LEWIS, DEAN MARTIN. ■ La goffaggine di Lewis ha modo di manifestarsi in tutte le disavventure in cui incorre in un campo di paracadutisti, dove finge di essere un soldato, per potere allestire uno spettacolo di varietà con la sua compagnia di attori. ■ COMICO; B/N; 96′; USA, 1952.

CAPPELLI IN ARIA *(Hats Off)* ★★
Regia di BORIS PETROFF. Con MAE CLARKE, JOHN PAYNE. ■ Lui e lei fanno gli agenti pubblicitari e si combattono per rivalità professionali. Ma dalla competizione nasce l'amore e lei rinuncia a un successo personale, preferendo lasciare a lui il colpo di contattare una famosa attrazione di varietà. ■ COMMEDIA; B/N; 96′; USA, 1937.

CAPPELLO A CILINDRO *(Top Hat)* ★★★★★
Regia di MARK SANDRICH. Con FRED ASTAIRE, GINGER ROGERS. ■ Ci sono decine di canzoni che dall'inizio degli anni Trenta la gente conosce. Per esempio *I Won't Dance*, *Smoke in Your Eyes*, *A Fine Romance*, *Cheek to Cheek*, *Night and Day*, *They Can't Take that away from Me*. Le cantava Fred Astaire. Generazione dopo generazione, sempre meno di moda, sempre più lontane (un tempo erano suonate dalle grandi orchestre, adesso le suonano i pianisti dei piano bar), non vendono più milioni di dischi ma fanno semplicemente parte della vita. Miliardi di volte quelle musiche sono entrate nella vita di qualcuno e certamente non hanno portato cattive cose. Non è un fatto di piccola importanza. Lo spettacolo rappresentato da Fred Astaire, per certi momenti, era quanto di più importante e imponente potesse esistere. Poi, come detto, tutto si evolve e seleziona, rimane l'essenza, ma ciò che è rimasto dei film con Astaire e la Rogers è buono, importante e definitivo. Negli anni Trenta, durante la grande depressione economica di tutto il mondo, Hollywood inventò Fred Astaire. E lui diede una mano a tutti a superare quel momento, con grande semplicità, distraendo e divertendo. Toglieva la consapevolezza dei problemi, erano finte soluzioni, dannose. Tutte chiacchiere. Gli americani lavoravano e lottavano, facevano sacrifici, e poi la sera andavano al cinema e il giorno dopo tornavano a lavorare più sereni. È una delle grandi funzioni del cinema. Astaire cantava, ballava e recitava, tutto al meglio. Era esile e leggero, sembrava senza corpo. Vestito col suo frac e il cappello a cilindro, Astaire è uno dei massimi "disegni" del Novecento. Le storie dei suoi film erano quanto di più banale si potesse immaginare. Non rappresentavano niente di ciò che quegli artisti avevano nella testa, rappresentavano solo ciò che avevano nel cuore. E tutto questo oggi, dopo tante cose successe, è un segnale di cultura superata ma preziosa, proposta dal piccolo schermo che ne ha selezionato il patrimonio. Fred Astaire e Ginger Rogers hanno fatto nove film insieme, tutti sospettosamente simili. *Cappello a cilindro*, il quarto della serie, è il più noto, per le grandi canzoni (*To Be Caught in the Rain*, *Cheek to Cheek*, *Top Hat*) e per la formula ancora fresca ma ben collaudata. Lui si innamora di una modella. Lei lo crede sposato. Si ritrovano in una Venezia ricostruita in maniera tanto inverosimile da essere... perfetta e indimenticabile, com'era la Casablanca di Bogart e com'erano, appunto, i film con Fred Astaire. Questi musical della RKO, semplici, geniali, scontati, rappresentano una forma di evasione esclusiva, simile solo a se stessa. Come succede per le cose insostituibili. ■ COMM. MUSICALE; B/N; 105′; USA, 1935. ■ OSCAR 4 NOM.

CAPPELLO A TRE PUNTE, IL ★★
Regia di MARIO CAMERINI. Con EDUARDO DE FILIPPO, PEPPINO DE FILIPPO, LEDA GLORIA. ■ La novella *El sombrero de tres picos* di Pedro de Alarcón è trasportata dalla Spagna a Napoli: il governatore spagnolo si è incapricciato di una bella popolana e per sedurla ne fa imprigionare il marito. Questi cerca di vendicarsi appena può, ricambiando il presunto tradimento con la moglie del governatore. Ma a tutto rimedia l'intelligente popolana, che riesce a respingere la corte del governatore e a riprendere il marito. ■ COMMEDIA; B/N; 71′; ITALIA, 1934.

CAPPELLO DA PRETE, IL ★★★
Regia di FERDINANDO MARIA POGGIOLI. Con LUIGI ALMIRANTE, LIDA BAAROVA, ROLDANO LUPI. ■ Il barone di Santafosca, ultimo discendente di una famiglia nobile decaduta, uccide un prete usuraio con il quale era indebitato, ma il rimorso e il terrore di essere scoperto lo perseguitano fino a farlo impazzire. ■ DRAMMATICO; B/N; 82′; ITALIA, 1943.

CAPPELLO DI PAGLIA DI FIRENZE, UN ★★★
(Un chapeau de paille d'Italie)
Regia di RENÉ CLAIR. Con MARISE MAIA, ALBERT PRÉJEAN, OLGA TCHEKOVA. ■ Il volo di un cappello, scappato al suo proprietario, e un matrimonio in corso. Questi due avvenimenti semplici sono l'ossatura del film. Tutte le situazioni si incrociano in un valzer divertente e surreale. Dalla semplice corsa dietro il carro funebre del celebre *Entr'acte* (1924, 22 min.), Clair comincia a passare dal paradosso alla critica di costume. La borghesia ne fa le spese. Uno dei capolavori del muto. ■ COMMEDIA; COL.; 60'; FRANCIA, 1927.

CAPPELLO PIENO DI PIOGGIA, UN ★★★
(A Hatful of Rain)
Regia di FRED ZINNEMANN. Con ANTHONY FRANCIOSA, DON MURRAY, LLOYD NOLAN, EVA MARIE SAINT, HENRY SILVA. ■ Tratto dal dramma teatrale di Michael Vincent Gazzo, il film si svolge negli ambienti popolari newyorkesi: Johnny Pope, reduce della guerra di Corea, è divenuto morfinomane in seguito alla degenza in ospedale. L'unico che conosce il suo segreto e che quindi può aiutarlo è il fratello Polo, che è innamorato, ricambiato, della moglie di Johnny, Celia. Ma i due frenano i loro sentimenti e Celia, quando scopre il dramma del marito, lo spinge ad intraprendere una cura disintossicante. ■ DRAMMATICO; B/N; 109'; USA, 1957. ■ OSCAR 1 NOM; VENEZIA 2 PR.

CAPPOTTO, IL ★★★★
Regia di ALBERTO LATTUADA. Con ANTONELLA LUALDI, RENATO RASCEL, YVONNE SANSON, GIULIO STIVAL. ■ È uno dei più bei film di Alberto Lattuada, anche se non uno dei suoi maggiori successi commerciali. Affiancato nella sceneggiatura da Cesare Zavattini, il regista del *Bandito* sposta la vicenda del racconto di Nicolaj Gogol dalla Russia alla Lombardia. Akaki Akakievic diventa Carmine De Carmine, piccolo impiegato di provincia il cui unico sogno è un cappotto nuovo. Quando lo ottiene, gli viene rubato in una gelida notte di neve, e il povero Carmine muore di polmonite. ■ COMMEDIA; B/N; 95'; ITALIA, 1952.

CAPPOTTO DI ASTRAKAN, IL ★★★
Regia di MARCO VICARIO. Con PAOLO BONACELLI, CAROLE BOUQUET, MARCEL BOZZUFFI, JOHNNY DORELLI, ANDRÉA FERRÉOL. ■ Un vitellone di provincia, in vacanza a Parigi, diventa l'amante di due donne perché assomiglia parecchio a un misterioso malvivente, che fu il marito di una e l'"amico" dell'altra. All'arrivo del suo truce sosia, il vitellone scappa da Parigi, tornando nella sua protettiva cittadina dove verrà raggiunto da una delle due donne. ■ COMMEDIA; COL.; 105'; ITALIA, 1980.

CAPPOTTO DI LEGNO ★★
Regia di GIANNI MANERA. Con MICHEL CONSTANTIN, JOSEPH LOGAN, GIANNI MANERA. ■ Una storia di mafia a livello internazionale: dopo uno sgarro subito da un boss siciliano, l'azione e la vendetta si spostano fino a New York e a Marsiglia. ■ DRAMMATICO; COL.; 90'; ITALIA, 1982.

CAPPUCCETTO ROSSO *(La caperucita roja)* ★★
Regia di ROBERTO RODRIGUEZ. Con MARY GRACE, FRANK VALDES. ■ Una versione un po' smitizzata della fiaba di Charles Perrault, che risente comunque dello stile del cinema per ragazzi alla Walt Disney. ■ AVVENTURA; COL.; 85'; MESSICO, 1959.

CAPPUCCETTO ROSSO E GLI INSOLITI SOSPETTI *(Hoodwinked)* ★★
Regia di CORY EDWARDS, TEDD EDWARDS, TONY LEECH. ■ Questa rivisitazione della famosa favola prende le mosse dalla fine della storia per tornare all'inizio attraverso un percorso a ritroso. Gli insoliti sospetti del titolo, coinvolti in un caso che mette in difficoltà le autorità, sono Cappuccetto Rosso, la Nonna, il Taglialegna e il Lupo. Il caso si risolverà quando i sospettati decideranno di porre fine alle ostilità e cercare il vero colpevole. ■ ANIMAZIONE; COL.; 80'; USA, 2005.

CAPPUCCETTO ROSSO SANGUE ★
(Red Riding Hood)
Regia di CATHERINE HARDWICKE. Con BILLY BURKE, SHILOH FERNANDEZ, MAX IRONS, GARY OLDMAN, AMANDA SEYFRIED. ■ In un piccolo villaggio ai bordi della foresta, gli abitanti vivono con terrore le notti di luna piena per la presenza di un lupo mannaro. La giovane Valerie è cresciuta in questo clima cupo e segnato dal destino, ma ha anche altri problemi: sin dall'infanzia è innamorata di Peter, ma i suoi genitori vogliono farle sposare il ricco Henry. Peter e Valerie decidono di fuggire insieme, ma il villaggio è sconvolto dall'avvento del licantropo. ■ THRILLER; COL.; 99'; USA, CANADA, 2011.

CAPRA, LA *(La chèvre)* ★★
Regia di FRANCIS VEBER. Con PEDRO ARMENDARIZ, GÉRARD DEPARDIEU, PIERRE RICHARD ■ Una ragazza di ricchissima famiglia viene rapita in Messico: le indagini della polizia e di un detective privato non portano a nulla. Uno psicologo ha allora un'idea geniale: visto che la ragazza è sempre stata sfortunatissima, soltanto uno sfortunato come lei potrà ritrovarla... La scelta cade su un oscuro contabile perseguitato dalla malasorte. ■ COMMEDIA; COL.; 91'; FRANCIA, 1981.

CAPRICCI *(Caprices)* ★★
Regia di LÉO JOANNON. Con DANIELLE DARRIEUX, ALBERT PRÉJEAN. ■ Un ricco signore ogni anno regala una notte di lusso a una ragazza povera, ma finisce per imbattersi in un'attrice di teatro, che è per caso travestita da fioraia e che si diverte a stare al suo gioco, fingendosi in condizioni misere. Quando il signore scopre la verità, si accorge anche di essersi nel frattempo innamorato della bella commediante. ■ COMMEDIA; B/N; 80'; FRANCIA, 1941.

CAPRICCI ★★★
Regia di CARMELO BENE. Con CARMELO BENE, ORNELLA FERRARI, ANNE WIAZEMSKY. ■ Ispirandosi molto liberamente a un dramma di anonimo inglese del 1600, Bene racconta due storie parallele. La prima è quella di una giovane donna, abituata a girare nuda per casa, che si innamora sempre di uomini vecchi e decrepiti e ora cerca di assassinare il marito con il suo cadentissimo amante. La seconda è quella di un uomo (interpretato dallo stesso Carmelo Bene) che, insieme a una prostituta, cerca di suicidarsi provocando incidenti d'auto. ■ COMMEDIA; COL.; 89'; ITALIA, 1969.

CAPRICCIO ★★
Regia di TINTO BRASS. Con FRANCESCA DELLERA, ANDY J. FOREST, NICOLA WARREN. ■ Giovani coniugi americani in crisi tornano a Capri dopo la guerra, il luogo che aveva visto nascere il loro amore. Fred riparte subito per un viaggio di lavoro in Toscana. Prima però, spinto dai suoi ricordi, si ferma a Roma per rivedere Rosa, sua antica fiamma. Anche Jennifer, rimasta sola, ripercorre la strada dei suoi ricordi d'amore con Ciro. Fred, dopo i giochi erotici con Rosa, ritorna, deluso, dalla moglie, che a sua volta ha capito che i ricordi di Ciro non la fanno più fremere. Confessatisi reciprocamente i rispettivi "capricci", i due comprendono di amarsi ancora. Tratto con invereconda infedeltà dal libro *Lettere da Capri* di Mario Soldati. ■ EROTICO; COL.; 103'; ITALIA, 1986.

CAPRICCIO ALL'ITALIANA ★★★
Regia di MAURO BOLOGNINI, MARIO MONICELLI, PIER PAOLO PASOLINI, STENO, PINO ZAC. Con WALTER CHIARI, FRANCO FRANCHI, IRA FÜRSTENBERG, CICCIO INGRASSIA, SILVANA MANGANO, TOTÒ. ■ Sei episodi senza un preciso filo conduttore e di scarso rilievo artistico: ne *Il mostro della domenica* di Steno, Totò è un anziano signore che taglia i capelli a giovani beat. Bolognini dirige *Perché?*, imperniato sul malcostume automobilistico degli italiani, e *La gelosia*, storiella di una moglie morbosamente gelosa. Pier Paolo Pasolini in *Che cosa sono le nuvole*, con Totò e il duo Franchi e Ingrassia, inscena una rappresentazione teatrale con intemperanze del pubblico. Monicelli fa impersonare a Silvana Mangano il ruolo di un'istitutrice che propone fiabe invece di fumetti. ■ COMM. A EPISODI; B/N; 95'; ITALIA, 1968.

CAPRICCIO DI CAROLINE CHÉRIE, UN ★★
(Un caprice de Caroline)
Regia di JEAN DEVAIVRE. Con MARTINE CAROL, JACQUES DACQMINE. ■ Durante la guerra di Spagna il generale Gastone è costretto a fuggire con la bella moglie Carolina. Vengono accolti da una bella contessa. Per salvarsi Gastone si finge il suo amante; Carolina, che in un primo momento su questa strategia è d'accordo, quando si accorge che il marito fa sul serio, cerca di vendicarsi

seducendo un nemico. Lieto fine. ■ COMMEDIA; COL.; 105'; FRANCIA, 1953.

CAPRICCIO DI FEMMINA *(The Blue Danube)* ★★
Regia di HERBERT WILCOX. Con BRIGITTE HELM, JOSEPH SCHILDKRAUT. ■ Film girato in Inghilterra dall'eroina di *Metropolis* di Lang. ■ COMMEDIA; B/N; 90'; GRAN BRETAGNA, 1932.

CAPRICCIO DI UN GIORNO *(We have our Moments)* ★★
Regia di ALFRED L. WERKER. Con JAMES DUNN, SALLY EILERS. ■ Una ragazza affronta una banda di contrabbandieri che si servono delle sue valigie per trasportare valute preziose in Europa. Al suo fianco un poliziotto in borghese, che sgomina la banda e conquista la ragazza. ■ AVVENTURA; B/N; 65'; USA, 1937.

CAPRICCIO SPAGNOLO *(The Devil is a Woman)* ★★★
Regia di JOSEF VON STERNBERG. Con LIONEL ATWILL, MARLENE DIETRICH, CESAR ROMERO. ■ Il personaggio della protagonista, Concha, è tratto dal romanzo di Pierre Louÿs *La femme et le pantin*: gli uomini sono burattini nelle mani di questa affascinante sigaraia sivigliana. Prima il maturo Don Pasquale, poi il giovane amico di questo, Antonio, vanno in rovina per i suoi capricci e si battono a duello. Concha segue il vincitore del duello, Antonio, ma sul più bello lo lascia e torna da Don Pasquale. È l'ultimo dei sette film che von Sternberg girò con Marlene Dietrich. ■ DRAMMATICO; B/N; 85'; USA, 1935. ■ VENEZIA 1 PR.

CAPRICE: LA CENERE CHE SCOTTA *(Caprice)* ★★★
Regia di FRANK TASHLIN. Con DORIS DAY, RICHARD HARRIS, RAY WALSTON. ■ Patricia Foster, spia di formule di cosmesi, indaga sulla sospetta morte del fratello in un incidente. Con Christopher White, un agente dell'Interpol che si finge spia industriale, scopre un grosso traffico di stupefacenti. ■ POLIZIESCO; COL.; 98'; USA, 1967.

CAPRICORN ONE ★★★
Regia di PETER HYAMS. Con KAREN BLACK, JAMES BROLIN, ELLIOTT GOULD, HAL HOLBROOK, TELLY SAVALAS, O. J. SIMPSON, BRENDA VACCARO, SAM WATERSTON. ■ Sta per partire l'astronave *Capricorn One*, ma un guasto persuade gli uomini della NASA a rinviare la partenza. Per non perdere la faccia (e le commesse governative) simulano però una partenza, sequestrando i tre piloti in una base nel deserto e costringendoli col ricatto a dare false informazioni alla televisione. Un giornalista però subodora l'inganno e si mette alla ricerca degli astronauti sospettando che siano in pericolo di vita. Ma riesce a salvarne solo uno. ■ FANTASCIENZA; COL.; 124'; USA, 1978.

CAPRO ESPIATORIO, IL *(The Scapegoat)* ★★★
Regia di ROBERT HAMER. Con BETTE DAVIS, ALEC GUINNESS, NICOLE MAUREY, JEROME WORTH. ■ Per caso si incontrano due uomini assolutamente identici, l'inglese Barrat e il nobile francese decaduto De Gue. Barrat si ritrova, dopo una lunga dormita, con addosso i vestiti del suo sosia, di cui è costretto a prendere il posto nella intricata vita familiare. L'arrivo di un'eredità spinge De Gue a ricomparire e a rivendicare la sua identità, ma Barrat ora non gliela vuole più concedere. Nella lite che sorge parte un colpo di pistola e uno dei due rimane ucciso: ma è Barrat quello che sopravvive e va a prendere possesso dell'eredità. ■ DRAMMATICO; B/N; 92'; GRAN BRETAGNA, 1958.

CAPTAIN AMERICA: IL PRIMO VENDICATORE ★★★
(Captain America: The First Avenger)
Regia di JOE JOHNSTON. Con HAYLEY ATWELL, CHRIS EVANS, TOBY JONES, SEBASTIAN STAN, HUGO WEAVING. ■ Il giovane Steve Rogers, scioccato da ciò che i nazisti stanno facendo in Europa, vuole arruolarsi. La sua costituzione fragile, l'asma, l'altezza tutt'altro che idonea, però, fanno sì che venga rispedito al mittente ad ogni tentativo, finché un giorno un uomo di Stato, il dottor Abraham Erskine, gli propone di sottoporsi alla sperimentazione di un siero che ne farà il primo super-soldato dell'esercito a stelle e strisce. Rogers, dunque, subisce una straordinaria trasformazione, ma sarà solo dopo un passaggio per le fila dello show-business (e cioè solo dopo aver indossato una calzamaglia) a divenire davvero Captain America. L'icona dello zio Sam, con quel dito puntato che diviene poi il dito di Stanley Tucci e trasforma uno scarto in un leader, come in un giudizio universale pop art, collega con grande efficacia e immediatezza visiva lo spirito degli Stati Uniti con il piccolo eroe di un film, chiudendo un cerchio immaginario ma assai reale. ■ AZIONE; COL.; 125'; USA, 2011.

CAPTIVE *(Prey)* ★★★
Regia di BRILLANTE MENDOZA. Con RUSTICA CARPIO, ISABELLE HUPPERT, RONNIE LAZARO, KATHY MULVILLE, MARC ZANETTA. ■ 2001, quindici residenti nell'hotel di un'isola dell'arcipelago filippino sono catturati e rapiti da un commando appartenente al gruppo musulmano di Abu Sayyaf. L'intento è ricattare le nazioni di appartenenza e il governo filippino per ottenere denaro e contropartì politiche. Le trattative si arenano quasi subito e i prigionieri saranno tenuti per più di un anno, costantemente in movimento, nella giungla filippina prima di essere liberati dall'esercito. A partire da eventi realmente accaduti, Brillante Mendoza gira il suo primo film in cui il realismo dello stile si accompagna a quello di una trama ispirata alla cronaca. E nel disegnare i fatti veri il regista filippino sceglie subito la barricata dietro la quale schierarsi. ■ DRAMMATICO; COL.; 120'; FILIPPINE, FRANCIA, GERMANIA, GRAN BRETAGNA, 2011.

CAPTIVE, LA ★★
Regia di CHANTAL AKERMAN. Con FRANÇOISE BERTIN, OLIVIA BONAMY, STANISLAS MERHAR, SYLVIE TESTUD. ■ Liberamente ispirato al capolavoro di Marcel Proust, *La prisonnière*, è il racconto dell'estenuante agonia sentimentale di Ariane e Simon: lei è una donna che ama la libertà e per la quale amare significa dare, lui un uomo che vuole possedere e controllare, ossessionato dal bisogno di sapere e condividere tutto di lei e con lei. Le schermaglie tra i due, gli inutili sofismi, gli arrovellamenti, i tradimenti veri o presunti sono raccontati con un'eccessiva dovizia di particolari e una conseguente esasperante lentezza, fino al drammatico finale, dove neppure la tragedia riesce a togliere quel velo di artificiosa stucchevolezza che pervade tutto il film. ■ DRAMMATICO; COL.; 108'; FRANCIA, 2000.

CAPTIVE – PRIGIONIERA *(Captive)* ★★
Regia di LOU ANTONIO. Con DOUGLAS TRAVIS, SARA VENEBLE. ■ Una giovane donna viene rapita da uno psicopatico, un giovane tornato dal Vietnam con la mente sconvolta. Comprendendo che l'unico modo per salvarsi la vita è destare l'affetto del suo carceriere, la donna lo lusinga. Ma pure lei resta coinvolta sentimentalmente. ■ DRAMMATICO; COL.; 90'; USA, 1988.

CAPTIVES – PRIGIONIERI ★★★
Regia di ANGELA POPE. Con KEITH ALLEN, JULIA ORMOND, TIM ROTH. ■ Lui è un detenuto che sta per finire di scontare la pena per uxoricidio. Lei è la dentista della prigione che si è separata dal marito adultero. L'attrazione è inevitabile con tutte le conseguenze del caso. Le psicologie dei personaggi sono credibili, come spesso accade nel cinema britannico che rinuncia ai facili stereotipi dei cugini d'Oltreoceano. ■ DRAMMATICO; COL.; 95'; GRAN BRETAGNA, 1994.

CAPTIVITY ★★
Regia di ROLAND JOFFÉ. Con LAZ ALONSO, ELISHA CUTHBERT, MAGGIE DAMON, DANIEL GILLIES, MICHAEL HARNEY, PRUITT TAYLOR VINCE. ■ Un serial killer ha preso di mira Jennifer Tree, la modella più in auge di New York. La segue e la riprende con una telecamera prima di rapirla e portarla nella casa delle torture che ha allestito per le sue vittime. Tra le quattro mura spoglie della sua prigione altamente tecnologica, Jennifer viene messa a confronto con ogni tipo di paura (la solitudine, il buio, ritrovarsi col suo bel volto corroso dall'acido) finché non scopre che nella cella adiacente alla sua è incarcerato un altro giovane. L'avere accanto Gary le darà coraggio e insieme i due cercheranno di contrastare il terrificante omicida. ■ THRILLER; COL.; 96'; RUSSIA, USA, 2007.

CARABBIMATTI, I ★
Regia di GIULIANO CARNIMEO. Con GIORGIO BRACARDI, DANIELE FORMICA, ANDY LUOTTO. ■ Slegata sequela di gag con protagonisti due carabinieri imbecilli capitati in una gabbia di matti. Filmaccio talmente insulso e irritante da non risultare nemmeno offensivo per l'Arma. ■ COMICO; COL.; 90'; ITALIA, 1981.

CARABBINIERI, I ★★
Regia di FRANCESCO MASSARO. Con DIEGO ABATANTUONO,

GIORGIO BRACARDI, LEO GULLOTTA. ■ Un generale dei carabinieri vuole un'indagine approfondita su uno scandalo del metano e dà l'incarico a una squadra appositamente formata. La scelta è avvenuta con il computer, ma i designati sono i più cretini dell'Arma. Riusciranno però, imprevedibilmente, a far luce sul caso. ■ COMICO; COL.; 92'; ITALIA, 1981.

CARABINA MIKE TUONA SUL TEXAS ★
(The Marksman)
Regia di LEWIS D. COLLINS. Con WAYNE MORRIS, ELENA VERDUGO. ■ Distribuito in Italia dodici anni dopo la realizzazione, è un western molto convenzionale: il grande tiratore di carabina Mike aiuta l'anziano sceriffo Scott a sconfiggere una banda di ladri di bestiame. ■ WESTERN; B/N; 62'; USA, 1953.

CARABINA PER SCHUT, UNA *(Der Schut)* ★★
Regia di ROBERT SIODMAK. Con LEX BARKER, RIK BATTAGLIA, MARIE VERSINI. ■ Schut è un fuorilegge che opera nei Balcani sotto le mentite spoglie di un mercante di tappeti: la sua ultima impresa, il rapimento di monsieur Gallingrè, lo fa catturare, grazie all'abilità dell'avventuriero straniero Kara. ■ AVVENTURA; COL.; 88'; GERMANIA, 1964.

CARABINA QUIGLEY *(Quigley down Under)* ★★★
Regia di SIMON WINCER. Con ALAN RICHMAN, LAURA SAN GIACOMO, TOM SELLECK. ■ Siamo nel 1860 e il pistolero Quigley si trasferisce dall'America in Australia. Va a lavorare dal proprietario inglese di un ranch. Girato nel vecchio stile dei classici del western uscì nei cinema quasi in contemporanea con l'*outsider* per eccellenza *Balla coi lupi*. Selleck se la cava bene, a mezza strada tra un John Wayne leggero e un Clint Eastwood spiritoso. ■ WESTERN; COL.; 106'; USA, 1990.

CARABINA WILLIAMS *(Carbine Williams)* ★★★
Regia di RICHARD THORPE. Con JEAN HAGEN, JAMES STEWART. ■ È la storia di Mark Williams, l'inventore, appunto, della carabina. Terminato il servizio in marina, Mark sposa una ragazza contro la volontà dei genitori di lei; la vita è difficile e presto il giovane viene a contatto di cattive compagnie. Durante l'assalto da parte della polizia a una fabbrica clandestina di whisky, Mark è coinvolto suo malgrado nell'uccisione di un agente e finisce in prigione. È lì che idea il meccanismo per il fucile automatico. Intanto sua moglie non ha mollato; riesce ad ottenere la revisione del processo e a far rilasciare il marito. Il film è stato colorizzato. ■ BIOGRAFICO; B/N; 91'; USA, 1952.

CARABINIERE, IL ★★
Regia di SILVIO AMADIO. Con MASSIMO RANIERI, ENRICO MARIA SALERNO, FABIO TESTI, VALERIA VALERI. ■ Una famiglia di contadini è alle prese con gli speculatori edilizi che vogliono impadronirsi della loro terra: il figlio carabiniere viene ucciso, la fidanzata impazzisce, la madre muore di crepacuore e il fratello superstite finisce in galera dopo essersi fatto giustizia da solo. ■ DRAMMATICO; COL.; 90'; ITALIA, 1981.

CARABINIERE A CAVALLO, IL ★★★
Regia di CARLO LIZZANI. Con MAURIZIO ARENA, NINO MANFREDI, CLELIA MATANIA, ANNETTE STROYBERG. ■ Il carabiniere Francesco è costretto a sposare di nascosto la fidanzata Letizia perché il regolamento gli vieta di prendere moglie prima di quindici anni di servizio. Ma dopo il matrimonio gli viene rubato il cavallo e, dovendo assolutamente ritrovarlo, finisce coinvolto in varie disavventure presso una carovana di zingari, responsabili del furto. ■ COMMEDIA; B/N; 95'; ITALIA, 1961.

CARABINIERI SI NASCE ★
Regia di MARIANO LAURENTI. Con ALESSANDRO BENVENUTI, TINÌ CANSINO, DIEGO CAPPUCCIO, SANDRO GHIANI. ■ Per una serie di equivoci, due evasi, fuggiti in mutande da un ospedale, vengono scambiati per ispettori dei carabinieri e accolti in una caserma. Ormai perfettamente calati nella parte, i due impostori smascherano un complotto internazionale. ■ COMMEDIA; COL.; 91'; ITALIA, 1985.

CARA DOLCE DELILAH... MORTA ★★
(Dear, Dead Delilah)
Regia di JOHN FARRIS. Con WILL GEER, AGNES MOOREHEAD. ■ A causa della ricca eredità della vecchia Delilah, in una famiglia di Nashville si scatenano efferati delitti. Ne viene incolpata la cameriera Luddy, che è appena uscita dal manicomio criminale per avere ucciso sua madre, ma il vero colpevole verrà scoperto e ucciso. ■ HORROR; COL.; 90'; USA, 1972.

CARA DOLCE STREGA *(Teen Witch)* ★
Regia di DORIAN WALKER. Con ROBYN LIVELY, ZELDA RUBINSTEIN. ■ Le dolci teenager delle scuole americane si possono anche trasformare, in modo inaspettato, in assatanate streghe. ■ COMMEDIA; COL.; 95'; USA, 1988.

CARA INSOPPORTABILE TESS *(Guarding Tess)* ★★
Regia di HUGH WILSON. Con EDWARD ALBERT, NICOLAS CAGE, SHIRLEY MACLAINE. ■ Commedia nel vecchio stile di Frank Capra. I nuovi film, però, a parte *Forrest Gump*, non riescono a dare quel senso di poesia e ingenuità che si riscontrava in quel cinema. Ora tutto è troppo costruito e furbesco. Shirley MacLaine è piuttosto brava nel ruolo di una ex First Lady alla quale viene affidato Doug, una giovane guardia del corpo. Poi lei si ammala gravemente. ■ COMMEDIA; COL.; 98'; USA, 1994. ■ GOLDEN GLOBES 1 NOM.

CARA MAMMA, MI SPOSO *(Only the Lonely)* ★★★
Regia di CHRIS COLUMBUS. Con JAMES BELUSHI, JOHN CANDY, MAUREEN O'HARA, ALLY SHEEDY. ■ Dopo l'enorme successo di *Mamma, ho perso l'aereo*, il regista Columbus ci riprova con una sorta di remake, con debite distanze, del bellissimo *Marty, vita di un timido* di Delbert Mann, che valse l'Oscar a Ernest Borgnine. Invece del macellaio qui troviamo un agente della polizia, grasso e intimidito dalle ragazze per il brutto carattere della madre, che lo ha chiuso in un mondo di vetro da cui lui ha paura ad uscire. L'incontro con Theresa, di origine italo-polacca, lo farà reagire. Divertente anche se con i limiti di una maniera, ha il dono di riportare sullo schermo dopo vent'anni l'indimenticabile Maureen O'Hara nel ruolo della madre. In una particina anche Macaulay Culkin, il bambino protagonista del precedente film di Columbus. ■ COMMEDIA; COL.; 102'; USA, 1991.

CARAMBA, CARMELITA *(Mexican Spitfire's)* ★★★
Regia di LESLIE GOODWINS. Con LEON ERROL, LUPE VELEZ. ■ Commedia degli equivoci che ruota intorno a un gioiello rubato e nascosto, per superare la dogana, in un elefante d'onice del distratto Lord Epping. I due ladri verranno scoperti quando cercheranno di recuperare la refurtiva. ■ COMMEDIA; B/N; 64'; USA, 1942.

CARAMBOLA ★★
Regia di FERDINANDO BALDI. Con MICHAEL COBY, PAUL SMITH. ■ Il riferimento per questo western è la serie di *Trinità* con la coppia Bud Spencer e Terence Hill: qui il duo è formato da Coby e dal gigantesco Rodovan, che ovunque va combina disastri per le sue dimensioni ingombranti. Infatti, quando i due vincono una taglia per la cattura del capo dei trafficanti di armi fra gli Stati Uniti e il Messico, la somma va tutta esaurita per ripagare i danni provocati da Rodovan. ■ WESTERN; COL.; 95'; ITALIA, 1974.

CARAMBOLA D'AMORE *(The Invader)* ★★
Regia di ADRIAN BRUNEL. Con BUSTER KEATON. ■ Keaton è qui un milionario che arriva in Spagna e si innamora di una ballerina, suscitando l'ira dell'amico di lei. ■ COMICO; B/N; 96'; GRAN BRETAGNA, 1935.

CARAMBOLA D'AMORE *(Love Laughs at Andy Hardy)* ★★
Regia di WILLIS GOLDBECK. Con BONITA GRANVILLE, MICKEY ROONEY, LEWIS STONE. ■ Andy Hardy torna dal servizio militare follemente innamorato di una compagna di università, Kitty, con sorpresa della sua ragazza Isabel e del padre, il giudice Hardy. La delusione che prova quando Kitty sposa il suo tutore gli fa giurare che abbandonerà gli studi di legge per diventare un ricco industriale, ma suo padre e Isabel gli faranno cambiare idea. ■ COMMEDIA; B/N; 93'; USA, 1947.

CARAMBOLA FILOTTO... TUTTI IN BUCA ★
Regia di FERDINANDO BALDI. Con GABRIELLA ANDREINI, MICHAEL COBY, GLAUCO ONORATO, PAUL SMITH. ■ Seguito di *Carambola*, continua il filone del western farsesco, con molte scazzottate e torte in faccia come nelle vecchie comiche. ■ WESTERN; COL.; 88'; ITALIA, 1975.

CARAMEL ★★★
Regia di Nadine Labaki. Con Yasmine Al Masri, Gisèle Aouad, Siham Haddad, Adel Karam, Nadine Labaki, Joanna Moukarzel. ■ A Beirut, alcune donne lavorano in un istituto di bellezza: Layale (Labaki), innamorata di un uomo sposato, Nisrine (Al Masri), che sta per sposarsi e non sa come dire al futuro sposo che ha già perduto la verginità, Rima (Moukarzel), che non riesce ad accettare di essere attratta dalle donne, Jamale (Aouad), ossessionata dall'età e dal fisico, e infine Rose (Haddad), che ha sacrificato i suoi anni migliori e la sua felicità per occuparsi della sorella Lili (Semaan). Nel salone, tra colpi di spazzola e cerette al caramello, si parla di sesso e maternità, con la libertà e l'intimità propria delle donne. Nadine Labaki, insieme protagonista e regista del film, ci propone un affresco sulle donne, un acquerello a tinte delicate, mai volgari, che tratta però temi di scottante attualità: la guerra, la convivenza tra cristiani e musulmani, il mischiarsi di abitudini ed etnie differenti. ■ Commedia; col.; 96′; Francia, Libano, 2007.

CARAMELLE DA UNO SCONOSCIUTO ★★
Regia di Franco Ferrini. Con Athina Cenci, Barbara De Rossi, Marina Suma. ■ Un maniaco ammazza le prostitute romane, che decidono di coalizzarsi per difendersi dall'assassino. Ma questi sembra imprendibile. Sarà un poliziotto, non molto sveglio all'apparenza, a mettere le mani addosso al killer, proprio quando questi sta per fare la sua ennesima vittima. ■ Drammatico; col.; 94′; Italia, 1987.

CARA SEGRETARIA, LA *(My Dear Secretary)* ★★★
Regia di Charles M. Martin. Con Laraine Day, Kirk Douglas. ■ Stephanie, pur di imparare il mestiere di scrittrice, fa la segretaria del famoso romanziere Waterbury, accettando anche le mansioni di collaboratrice domestica. Waterbury si innamora di lei e la sposa. Avranno una crisi quando l'ultimo libro di lui farà fiasco, mentre il debutto letterario di lei riscuoterà vivi consensi, ma alla fine ritroveranno l'armonia coniugale. ■ Commedia; b/n; 94′; USA, 1948.

CARA SPOSA ★★
Regia di Pasquale Festa Campanile. Con Agostina Belli, Enzo Cannavale, Johnny Dorelli, Lina Volonghi. ■ Marito milanese e caposcarico viene lasciato da mogliettina terroncella e smaniosa di una solida vita borghese. Lui tenta di riprenderla facendo leva sul figlioletto. Lei reagisce violentemente, ma si commuove quando il gaglioffo per errore viene quasi linciato da alcuni passanti svelti di mano. ■ Commedia; col.; 110′; Italia, 1977.

CARA, TI AMO ★★
Regia di Gian Paolo Vallati. Con Massimiliano Franciosa, Emma Nitti, Angelo Orlando, Alessandro Procoli. ■ Il regista ci offre un "manuale d'amore" contro le donne, lavorando sugli stereotipi. Quattro uomini si prendono la rivincita verso l'altro sesso, mostrando i propri difetti, rivelandosi un sesso debolissimo. Storielle da bar in un mosaico che ha voglia di essere politicamente scorretto e allo stesso tempo delicato, cercando la risata non troppo facile. ■ Commedia; col.; 82′; Italia, 2011.

CARAVAGGIO ★★★★
Regia di Derek Jarman. Con Sean Bean, Dexter Fletcher, Nigel Terry. ■ Un film difficile per il grande pubblico e molto figurativo. Il regista *underground* inglese Jarman proviene dalla pittura e nel rappresentare la vita del Caravaggio utilizza continui riferimenti pittorici. Psicologico e con molte fantasie storiche, si tratta di un film provocatorio nello stile del regista di *Sebastiane*. Non per tutti i palati, ma molto suggestivo. C'è anche qualche riferimento al cinema del maestro Ken Russell, per il quale Jarman studiava le scenografie. ■ Drammatico; col.; 90′; Gran Bretagna, 1986.

CARAVAGGIO, IL PITTORE MALEDETTO ★★★
Regia di Goffredo Alessandrini. Con Clara Calamai, Lauro Gazzolo, Amedeo Nazzari. ■ Alessandrini, che è stato, tra l'altro, marito di Anna Magnani, con i divi de *La Cena delle beffe*, Amedeo Nazzari e Clara Calamai, girò questa romanzata biografia del pittore Michelangelo Merisi da Caravaggio, descritto nelle sue passioni amorose, nei suoi frequenti duelli, via via fino alla fuga da Roma per omicidio e alla morte in una palude nel tentativo di rientrare in quella città. ■ Drammatico; b/n; 106′; Italia, 1941.

CARAVAN PETROL ★★
Regia di Mario Amendola. Con Lauretta Masiero, Raffaele Pisu, Nino Taranto. ■ Meglio la povertà familiare di Napoli che il petrolio del turbolento Oriente. È la conclusione a cui giunge il barbiere Ciro, partito per un paese del Medio Oriente per un'eredità e coinvolto nelle rivoluzioni politiche e nei traffici frenetici di quel paese. ■ Commedia; b/n; 80′; Italia, 1960.

CARAVANS ★★
Regia di James Fargo. Con Joseph Cotten, Christopher Lee, Jennifer O'Neill, Anthony Quinn, Michael Sarrazin, Barry Sullivan. ■ Nell'immediato dopoguerra la figlia di un senatore americano lascia il marito, un militare meridionale, per unirsi a una carovana di nomadi. Un giovane diplomatico è incaricato di recuperarla al marito e alla vita civile. Riesce a raggiungerla ma non a convincerla. Anzi solidalizzerà con lei e con i nomadi il giorno in cui il marito della donna cercherà di riprendersela con la forza. ■ Avventura; col.; 123′; USA, 1978. ■ Oscar 1 nom.

CARBONARA, LA ★★
Regia di Luigi Magni. Con Claudio Amendola, Lucrezia Lante Della Rovere, Nino Manfredi, Valerio Mastandrea. ■ L'esperto massimo del Risorgimento italiano, in termini cinematografici, Luigi Magni (*In nome del papa re* e *Nell'anno del Signore*) è tornato al lavoro. Il titolo prende spunto dall'osteria dove una bella locandiera serve succulenti spaghetti in un clima rivoluzionario. Briganti, cospiratori, gendarmi e un cardinale arricchiscono la vicenda. Ma la stagione di Magni è passata, rimane solo un tentativo nostalgico fuori dal tempo. ■ Storico; col.; 100′; Italia, 2000.

CARCERATO ★★
Regia di Armando Zorri. Con Franca Marzi, Otello Toso. ■ Luisa aspetta un figlio da Renato, che ha lasciato Napoli per emigrare in America, ma l'amante di sua madre, Marco, le nasconde le lettere del fidanzato, così che Luisa si crede abbandonata. Di dramma in dramma si arriva a un quasi lieto fine. ■ Drammatico; b/n; 90′; Italia, 1951.

CARCERATO ★
Regia di Alfonso Brescia. Con Regina Bianchi, Aldo Giuffrè, Mario Merola. ■ Merola, innocente carcerato canterino, evade per assistere la madre malata e per cantare alla prima comunione della figlia. Non manca nessuno dei luoghi comuni della sceneggiata napoletana. Per appassionati. ■ Drammatico; col.; 90′; Italia, 1981.

CARCERE *(The Big House)* ★★★
Regia di George Roy Hill. Con Wallace Beery, Robert Montgomery, Chester Morris, Lewis Stone. ■ Capostipite del fortunato genere carcerario, molto in auge a Hollywood soprattutto nel decennio successivo, racconta la vita carica di violenza e di tensione di un gruppo di reclusi. Tutto finirà in un massacro. ■ Drammatico; b/n; 80′; USA, 1930. ■ Oscar 3 pr, 5 nom.

CARCERE DI DONNE *(Càrcel de mujeres)* ★★
Regia di Miguel M. Delgado. Con Katy Jurado, Stern Miroslava, Sara Montiel. ■ Evangelina viene incarcerata con l'ingiusta accusa di avere ucciso Alberto, il suo ex amante, che la ricattava. Sua compagna di prigione è la vera assassina di Alberto, Dora. Colpita dalla generosità di Evangelina, che salva la vita al bambino che lei mette al mondo in carcere, Dora, ferita mortalmente in un tentativo di fuga, confessa la sua colpevolezza. Evangelina esce di prigione e terrà con sé il bambino di Dora. ■ Drammatico; b/n; 92′; Messico, 1951.

CAR CRASH ★★
Regia di Anthony Dawson. Con Vittorio Mezzogiorno, Ana Obregon, Joey Travolta. ■ Storia d'amicizia sullo sfondo dei *car crash*, le corse d'auto senza regole. Dei due amici, uno è meccanico, l'altro corridore. S'iscrivono a un *car crash* con buone speranze di vittoria. Ma le speranze sembrano ridotte al minimo,

quando sui due vengono fatte pressioni ad opera di un racket che controlla le scommesse sulle corse. La coppia però ha la meglio sui gangster. ■ AVVENTURA; COL.; 100′; ITALIA, 1981.

CARDINALE, IL *(The Cardinal)* ★★★
Regia di OTTO PREMINGER. Con JOHN HUSTON, CAROL LYNLEY, ROMY SCHNEIDER, TOM TRYON, RAF VALLONE. ■ Stephen Fermoyle è un sacerdote di Boston uscito dalla penna del romanziere Henry Morton Robinson. Trasponendo il libro sullo schermo, Preminger dà un quadro della vita della Chiesa cattolica dalla prima guerra mondiale alla caduta del nazismo, attraverso le difficoltà pastorali, le tentazioni e i dubbi di questo pastore americano, che diventerà cardinale. ■ DRAMMATICO; COL.; 175′; USA, 1963. ■ OSCAR 6 NOM.

CARDINALE LAMBERTINI, IL ★★★
Regia di PARSIFAL BASSI. Con GIULIETTA DE RISO, ERMETE ZACCONI. ■ Viene portato in cinema il lavoro teatrale di Alfredo Testoni. Il cardinale Lambertini fa sposare due innamorati contro i disegni di una madre troppo ambiziosa. ■ COMMEDIA; B/N; 89′; ITALIA, 1934.

CARDINALE LAMBERTINI, IL ★★
Regia di GIORGIO PASTINA. Con GINO CERVI, ARNOLDO FOÀ, NADIA GRAY, SERGIO TOFANO. ■ Altra versione cinematografica della commedia di Alfredo Testoni, con il popolare personaggio del cardinale Lambertini, che difende l'amore contrastato di due giovani di diverso ceto sociale. ■ COMMEDIA; B/N; 103′; ITALIA, 1954.

CARDINALE RICHELIEU, IL *(Cardinal Richelieu)* ★★
Regia di ROWLAND V. LEE. Con GEORGE ARLISS, MAUREEN O'-SULLIVAN. ■ Il grande diplomatico francese di re Luigi XIII è malvisto dai nobili di corte perché ha fatto incamerare i loro beni dallo Stato. Fingendo di essere rimasto ucciso, Richelieu scopre una congiura di aristocratici che tramano accordi segreti con la Spagna e li smaschera di fronte al sovrano. ■ STORICO; B/N; 83′; USA, 1935.

CARDIOFITNESS ★★★
Regia di FABIO TAGLIAVIA. Con GIULIA BEVILACQUA, FEDERICO COSTANTINI, DANIELE DE ANGELIS, SARAH FELBERBAUM, NICOLETTA ROMANOFF, FABIO TROIANO. ■ Stefania ha ventisette anni, Stefano quindici. S'incontrano in palestra. Lei è sognatrice, alla ricerca di una strada sulla quale incanalare la sua vita sulla soglia dell'età adulta. Lui è silenzioso, timido e maturo, con i piedi ben saldi per terra. Contro ogni legge di una presunta "normalità" i due s'innamorano follemente, disposti a rischiare tutto pur di assecondare quel sentimento. Opera prima per il regista Fabio Tagliavia, che ha preso le mosse dall'omonimo romanzo di Alessandra Montrucchio. Un film lieve e spontaneo che ha il coraggio di parlare in modo schietto, genuino e naturale, di un amore scomodo. ■ COMMEDIA; COL.; 82′; ITALIA, 2006.

CARGO DELLA VIOLENZA, IL *(Passage Home)* ★★★
Regia di ROY WARD BAKER. Con DIANE CILENTO, ANTHONY STEEL. ■ Su un piroscafo che fa rotta dal Sud America all'Inghilterra si accende la passione del brutale capitano Ryland per la bella passeggera Ruth. Ma Ruth gli preferisce il comandante in seconda e Ryland, dopo aver cercato di conquistare la ragazza con la violenza, cade in un abbattimento profondo. Lo scoppio di una tempesta gli fa ritrovare la grinta abituale. ■ DRAMMATICO; B/N; 102′; GRAN BRETAGNA, 1955.

CARGO 200 ★★★★
Regia di ALEKSEJ BALABANOV. Con LEONID BICHEVIN, LEONID GROMOV, AGNIYA KUZNETSOVA, ALEXEY POLUYAN, ALEXEY SEREBRYAKOV, YURI STEPANOV. ■ Urss, 1984. Mentre il regime sovietico è agonizzante e pesanti aerei da carico riconducono in patria le salme dei soldati sacrificati in Afghanistan, un professore di ateismo scientifico, in viaggio verso la casa materna, è costretto da un guasto alla macchina a chiedere asilo e aiuto a un ex galeotto che crede nell'anima e sogna la Città del sole. Nella baracca convergeranno vite e miserie di un giovane trafficante di vodka, della sprovveduta figlia di un segretario distrettuale del partito comunista, di un meccanico vietnamita e di un capitano di polizia violento e delirante. Madri folli di figli impotenti e padri colpevoli di figli innocenti guardano alla televisione il futuro in bianco e nero della nazione. Superando le note realistiche sulla vita dei suoi personaggi nell'Unione Sovietica e calcando il cinismo e la disperazione che caratterizzano i loro comportamenti, il film espone con lucida ma anche orrorifica essenzialità la mancanza del conflitto morale. Individuo e sistema viaggiano insieme, su una Simca o su un sidecar. ■ DRAMMATICO; COL.; 89′; RUSSIA, 2007.

CARI AMICI MIEI... *(Les Gaspards)* ★★★
Regia di PIERRE TCHERNIA. Con GÉRARD DEPARDIEU, MICHEL GALABRU, PHILIPPE NOIRET, MICHEL SERRAULT, JEAN CLAUDE VAN DAMME. ■ Sulle tracce della figlia scomparsa e non soddisfatto delle indagini del commissario Lalatte, il libraio Jean-Paul finisce nei sotterranei di Parigi e incontra Gaspard, re di una piccola società ribelle e naturalmente fuorilegge. Il commissario Lalatte e un ministro riescono a privare la società sotterranea della propria sede, ma Jean-Paul mette a loro disposizione le cantine della sua libreria. ■ COMMEDIA; COL.; 94′; BELGIO, FRANCIA, 1973.

CARIBBEAN BASTERDS ★★
Regia di ENZO CASTELLARI Con ELEONORA ALBRECHT, JOHN ARMSTEAD, GUSTAVO CEBALLOS, MAXIMILIANO HERNANDO BRUNO, VIK C. RYAN. ■ Due fratelli inglesi, Roy e Linda, sono in vacanza su un'isola del Venezuela, ospiti nella villa del padre, un trafficante che vende armi nel Centro America. Durante un combattimento clandestino, i due fratelli incontrano José, anche lui figlio di uno dei ricchi signori delle armi dell'isola, cominciano a frequentarsi e a condividere opulenza e vita dissoluta. Ma Roy cova dentro una certa inquietudine per i traffici gestiti dal padre e un giorno, dopo aver litigato furiosamente con lui, decide di rivolgere questa rabbia verso l'esterno e di scaricarla verso i suoi soci d'affari. I nuovi giustizieri di Castellari possono fregiarsi della stessa storpiatura dei *Basterds* di Tarantino, ma se Castellari rielabora Tarantino che si richiama a Castellari, chi dei due è il vero figlio bastardo? ■ AZIONE; COL.; 90′; ITALIA, 2010.

CARIBE ★
Regia di MICHAEL KENNEDY. Con KARA GLOVER, JOHN SAVAGE. ■ Siamo in America Centrale, per l'esattezza nel Belize, dove la rappresentante di una ditta di munizioni viene coinvolta da alcuni rivoluzionari nel traffico d'armi. Un investigatore però la scopre e da quel momento nascerà una passione e una serie di disavventure. Un filmetto insipido e stereotipato. ■ AVVENTURA; COL.; 89′; USA, 1987.

CARICA DEGLI APACHES, LA *(The Half Breed)* ★★
Regia di STUART GILMORE. Con JANIS CARTER, ROBERT YOUNG. ■ Tom Crawford istiga i pellerossa di una riserva federale americana a ribellarsi ai bianchi: in questo modo spera che gli sarà più facile impadronirsi di una ricca miniera d'oro della zona. Ma i suoi traffici vengono sventati dal meticcio Johnny "il Falco" e dal giocatore d'azzardo Dan Craig. ■ WESTERN; COL.; 81′; USA, 1952.

CARICA DEI 102, LA *(102 Dalmatians)* ★★
Regia di KEVIN LIMA. Con GLENN CLOSE, GÉRARD DEPARDIEU, ALICE EVANS, IOAN GRUFFUDD, TIM MCINNERNY, A. RESINES. ■ Dopo un'ipnotica terapia e tre anni di detenzione, Crudelia DeMon appare una donna del tutto riabilitata e riesce a convincere il giudice a rilasciarla sulla parola. Ma al primo rintocco del Big Ben gli effetti dell'ipnosi svaniscono e la famigerata Crudelia torna alla cattiveria a lei più consona. La seconda trasposizione filmica della saga dei dalmata propone (ancora una volta) Glen Close intenta a rapire i cani "macchiati" per farne una pelliccia. *La carica dei 102* è un film modesto che regala solo qualche timido sorriso. ■ COMMEDIA; COL.; 100′; USA, 2000. ■ OSCAR 1 NOM.

CARICA DEI 101, LA ★★★★
(One Hundred and One Dalmatians)
Regia di WOLFGANG REITHERMAN, HAMILTON LUSKE, CLYDE GERONIMI (E WALT DISNEY). ■ Il cane dalmata Pongo, con la sua cagnetta, salva 99 cuccioli tenuti prigionieri nel suo castello dalla terribile Crudelia, che vuole farsi una pelliccia di dalmati. La ricca cucciolata sarà poi ospitata dal padrone di Pongo, un musicista divenuto popolare con una canzone ispiratagli da Crudelia. ■ ANIMAZIONE; COL.; 79′; USA, 1961.

CARICA DEI 101 – QUESTA VOLTA LA MAGIA È VERA, LA *(101 Dalmatians)* ★★
Regia di Stephen Herek. Con Glenn Close, Jeff Daniels, Joan Plowright, Joely Richardson. ■ Se Glenn Close è perfetta nei panni di una Crudelia DeMon portata ai vertici della cattiveria e dello sberleffo verso tutto quanto è "buono", non altrettanto si può dire del film. Non è stato facile per Herek, regista sempre più importante all'interno dei Disney's Studios, lavorare su una sceneggiatura di Hughes che punta direttamente alla comica slapstick piuttosto che a una rilettura capace di non far dimenticare l'originale. I cani diventano così "veri" ma, al contempo e quasi paradossalmente, sembravano più reali i Pongo e Peggy disegnati. ■ Commedia; col.; 103′; USA, 1996. ■ Golden Globes 1 nom.

CARICA DEI KHYBER, LA *(King of the Khyber Rifles)* ★★★
Regia di Henry King. Con Terry Moore, Tyrone Power, Michael Rennie. ■ In un forte britannico assediato da ribelli indiani nasce una difficile storia d'amore tra la figlia del comandante e un giovane soldato di sangue misto, sospettato di alleanza con i ribelli. Con una pericolosa missione, il giovane riesce a salvare la fortezza e a conquistare così la mano della sua innamorata. ■ Avventura; col.; 100′; USA, 1953.

CARICA DEI QUATTROMILA, LA *(Fort Bowie)* ★★
Regia di Howard W. Kock. Con Jan Harrison, Ben Johnson, Kent Taylor. ■ A Fort Bowie il colonnello Garret è incerto fra i metodi di pacifica convivenza con gli indiani del capitano Thompson e quelli di ostilità aperta del maggiore Wharton. L'allontanamento di quest'ultimo fa precipitare la situazione. Sarà proprio Thompson, che è legato ad una giovane pellerossa, a salvare Fort Bowie. ■ Western; b/n; 116′; USA, 1958.

CARICA DEI 600, LA *(The Charge of the Light Brigade)* ★★★
Regia di Michael Curtiz. Con Olivia de Havilland, Errol Flynn. ■ Durante la guerra di Crimea, nella guarnigione inglese due cugini si contendono l'amore della figlia del comandante, fidanzata con uno e innamorata dell'altro. Ma restano uccisi, come tutti i loro compagni lancieri, in un attacco contro i russi. Il film è stato colorizzato. ■ Avventura; b/n; 116′; USA, 1936. ■ Oscar 1 pr, 3 nom.

CARICA DELLE MILLE FRECCE, LA *(Pawnee)* ★★
Regia di George Waggner. Con Lola Albright, George Montgomery, Bill Williams. ■ Una carovana di coloni guidata da Freccia d'Argento, un giovane bianco adottato da un capo indiano, attraversa la pericolosa regione della tribù Pawnee. Non tutti si fidano di Freccia d'Argento, che invece salva i pionieri da un attacco dei pellerossa. ■ Western; col.; 80′; USA, 1957.

CARICA DELLE PATATE, LA ★★
Regia di Walter Santesso. Con Luigi D'Ecclesia, Nicola Dell'Olio, Walter Margara, Tommy Polgart, Renzo Veronese. ■ Film che si ispira al celebre *I ragazzi della via Paal*. È una pellicola per ragazzi, discreta. La storia è ambientata a Venezia e narra della rivalità tra due bande di ragazzini. Alla fine le due bande si coalizzeranno per sgominare (a suon di patate marce) gli uomini di un losco individuo chiamato l'Orco. ■ Avventura; col.; 90′; Italia, 1978.

CARICA EROICA ★★
Regia di Francesco De Robertis. Con Franco Fabrizi, Dario Michaelis, Domenico Modugno, Tania Weber. ■ Durante la seconda guerra mondiale un reggimento di cavalleria italiano compie la sua ultima carica contro le batterie russe. Muoiono quasi tutti. Sopravvive il cavallo dell'eroe, l'Albino ferito agli occhi. ■ Avventura; b/n; 85′; Italia, 1952.

CARICA NELLA JUNGLA *(Golden Ivory)* ★★
Regia di George Breakston. Con Susan Stephen, Robert Urquhart. ■ Fra i pionieri colonizzatori di una regione del Kenya ci sono i due fratelli Paul e Jim, che partecipano alla spedizione per riuscire ad impadronirsi di preziosi depositi di oro e avorio. Jim però si innamora della figlia del capo dei coloni e lascia perdere le sue mire disoneste. ■ Avventura; col.; 85′; USA, 1955.

CARICATORE, IL ★★★
Regia di Eugenio Cappuccio, Massimo Gaudioso, Fabio Nunziata. Con Eugenio Cappuccio, Massimo Gaudioso, Vincenzo Marinese, Fabio Nunziata. ■ C'era una volta un cortometraggio che raccontava in sintesi le peripezie a cui deve prepararsi chiunque voglia cercare di fare cinema indipendente in Italia. Il caricatore non era quello di un'arma ma quello della cinepresa. Il corto vinse numerosi premi in giro per festival e consentì ai suoi realizzatori di farlo "allungare". A volte in queste operazioni lo spirito iniziale si annacqua in lungaggini e digressioni. Non è stato così. ■ Commedia; b/n; 91′; Italia, 1996.

CARI FOTTUTISSIMI AMICI ★★★
Regia di Mario Monicelli. Con Vittoro Benedetti, Massimo Ceccherini, Chris Childs, Paolo Villaggio. ■ Monicelli firma un film molto particolare e originale, sfortunato al botteghino. Siamo nel 1943, in Toscana. C'è stata la liberazione yankee e il sor Dieci gira di piazza in piazza con dei boxeur addestrati. Per potersi guadagnare da vivere organizza una sfida di pugilato con gli americani. Bravo Paolo Villaggio. ■ Commedia; col.; 113′; Italia, 1993.

CARI GENITORI ★★★
Regia di Enrico Maria Salerno. Con Florinda Bolkan, Maria Schneider, Catherine Spaak. ■ Giulia, una signora borghese ancora giovane, lascia l'Italia per ritrovare la figlia Antonia scomparsa in Inghilterra. La accompagna Madò, amica di Antonia, che Giulia scoprirà essere stata anche amante di sua figlia. Quando ritrovano Antonia in un teatrino *off* della *swinging* London, Giulia non riesce a capire la sua ribellione né a farsi capire da lei. Così riparte da sola per l'Italia. ■ Drammatico; col.; 94′; Italia, 1973. ■ David di Donatello 2 pr, 2 nom.

CARILLON ★
Regia di Ciriaco Tiso. Con Francesco Carnelutti, Lou Castel, Severino Saltarelli, Isabelle Weingarten. ■ Lisa e Alfonso incontrano, nel corso di un viaggio d'affari, un viandante misterioso, il quale li coinvolge in un gioco a tre in una dimensione atemporale che fa riemergere i loro lati peggiori. Classico esempio di film pretenzioso ma incapace di coniugare la "profondità" del pensiero con quella dello sguardo. ■ Drammatico; col.; 103′; Italia, 1992.

CARI MOSTRI DEL MARE ★★★
Regia di Bruno Vailati. ■ Ottimo documentario realizzato da Vailati e dalla sua équipe su certi animali marini ritenuti a torto pericolosi per l'uomo. Dai Caraibi alle Azzorre, dal Mar Rosso all'Artico, il regista ha avvicinato e filmato orche, murene, piovre, mante, trichechi, cernie. Il vero "mostro" è l'uomo, che stermina foche e capodogli, coccodrilli e altri animali a scopo di lucro o di divertimento. ■ Documentario; col.; 92′; Italia, 1977.

CARIOCA *(Flying down to Rio)* ★★★
Regia di Thornton Freeland. Con Fred Astaire, Dolores Del Rio, Gene Raymond, Ginger Rogers. ■ Il proprietario di un locale notturno di Rio, per sconfiggere la concorrenza di una cosca di biscazzieri che intralciano il suo lavoro, organizza un abile spettacolo promozionale: lancia un nuovo ballo, la *carioca*, e lo fa eseguire dal suo corpo di danza sulle ali di un aeroplano che volteggia a bassa quota su Rio. ■ Comm. musicale; b/n; 89′; USA, 1933. ■ Oscar 1 nom.

CARIOCA TIGRE ★
Regia di Giuliano Carnimeo. Con Augusto Henrique Alves, Michael Coby, Aldo Maccione, Cesar Romero, Luciana Turina. ■ Si narrano le rocambolesche avventure del "Tigre" e di un genovese che arriva a Rio. ■ Avventura; col.; 89′; Italia, 1976.

CARI PARENTI, I *(Miss Tatlock's Millions)* ★★★
Regia di Richard Haydn. Con Barry Fitzgerald, Wanda Hendrix, John Lund. ■ Il vecchio custode di Carlo, rampollo picchiatello di una ricca famiglia, perde il ragazzo affidato alle sue cure e prega un attore di sostituirlo presso i suoi familiari per evitargli guai. Carlo è infatti diventato padrone di una forte eredità. L'attore accetta e nel corso della sua truffa si innamora della sorella di Carlo, Nancy. Così quando ricompare miracolosamente il vero ereditiero, Nancy e l'attore non si curano dei soldi e se ne vanno insieme. ■ Commedia; b/n; 101′; USA, 1948.

CARISSIMA ME *(L'age de raison)* ★★★
Regia di YANN SAMUELL. Con MARTON CSOKAS, MICHEL DUCHAUSSOY, EMMANUELLE GRÖNVOLD, SOPHIE MARCEAU, JONATHAN ZACCAÏ. ■ Margaret è una donna in carriera. Non le manca nulla, ha un collega che la ama, ha eleganza, denaro e potere. Il giorno del suo quarantesimo compleanno, però, un vecchio notaio di provincia le recapita la prima di una serie di lettere che lei stessa si scrisse una volta raggiunta l'età della ragione, vale a dire i sette anni, per assicurarsi un promemoria sulle priorità della vita quando, avanzando con l'età, la ragione si sarebbe persa confusamente per strada. Scopriamo, dunque, che Margaret manca di qualcosa: non ha un passato, poiché l'ha sepolto nella memoria e interrato per bene affinché non potesse riaffiorare mai più. Dentro una confezione piuttosto rigida, con un inizio all'insegna dello stereotipo e un finale che purtroppo non evita la retorica, le sorprese sono tante, a tanti livelli, come la prova eccellente di Sophie Marceau. ■ COMMEDIA; COL.; 97'; FRANCIA, BELGIO, 2010.

CARI VICINI DI CASA, I *(Meet the Applagates)* ★★
Regia di MICHAEL LEHMANN. Con ED BEGLEY JR, STOCKARD CHANNING, DABNEY COLEMAN. ■ Il regista di *Schegge di follia* alle prese con una famiglia di insetti proveniente dall'Amazzonia. Costoro si trasformano in umani e vanno ad abitare nell'Ohio. Vogliono rendere inattiva una centrale nucleare. ■ COMICO; COL.; 90'; USA, 1991.

CARLA'S SONG – LA CANZONE DI CARLA *(Carla's Song)*
Regia di KEN LOACH. Con OYANKA CABEZAS, ROBERT CARLYLE, SCOTT GLENN. ■ Glasgow 1987. George, conducente d'autobus bizzarro (e un po' cretino) incontra Carla, profuga politica nicaraguense. Si innamora di lei e molla tutto per riportarla a casa, dove c'è guerriglia fra i ribelli e i *contras*. La ragazza cerca il suo ex compagno Antonio, che ritroverà alla fine, ormai larva umana. George se ne torna in Scozia. Film sbagliato, che sembra scappato dagli anni Settanta. Peccato per Loach, dopo il magnifico *Terra e libertà*. La parte girata in Nicaragua è didascalica, forzata e priva di poesia. La dialettica dei partigiani antifranchisti in *Terra e libertà* diventava vera e commovente forse per la prospettiva storica, lontana. La realtà nicaraguense era in quegli anni un fatto di attualità, pertinenza di media più attrezzati del cinema in quel senso. Non aiuta la scarsa simpatia del personaggio interpretato da Carlyle, attore inutilmente espressivo. Ribadiamo: peccato. ■ DRAMMATICO; COL.; 127'; GRAN BRETAGNA, 1996. ■ VENEZIA 1 PR.

CARLITO'S WAY ★★★
Regia di BRIAN DE PALMA. Con PENELOPE ANN MILLER, AL PACINO, SEAN PENN. ■ Per un cavillo legale, opera del suo avvocato, Charly Brigante, portoricano, detto "Carlito", si fa cinque anni di prigione invece di trenta. Era un grande spacciatore di droga, un vero mito. Si reinserisce acquistando la quota di un locale e righerebbe dritto se non fosse per il suo amico avvocato, che lo coinvolge addirittura nell'uccisione di un boss della mafia. Braccato senza pietà viene raggiunto – e non dalla mafia – proprio nel momento di salire in treno per fuggire alle Bahamas con la sua donna, che aspetta un bambino. Il miglior De Palma che racconta alla sua maniera, facendo della cinepresa un altro attore, e senza dimenticare la sua solita scena-madre-in-stazione, che ricorda sin troppo quella degli *Intoccabili*. Interessante l'artificio di far sentire i pensieri del gangster, già morente all'inizio, secondo un flash-back che ricorda vagamente quello di Holden in *Viale del tramonto*. Straordinario Al Pacino che ha un'ottima misura di interpretazione. O forse è il doppiaggio di Giannini a farlo sembrare ancora più bravo. ■ DRAMMATICO; COL.; 130'; USA, 1993. ■ GOLDEN GLOBES 2 NOM.

CARLO! ★★
Regia di FABIO FERZETTI, GIANFRANCO GIAGNI. Con CARLO VERDONE. ■ Verdone: il suo cinema, la sua vita, i suoi celebri personaggi. Ritratto di un attore e regista tra i più noti della commedia italiana, visto attraverso le testimonianze di colleghi ed amici, famigliari e collaboratori. Racconti e aneddoti dello stesso protagonista. Spezzoni e sequenze dei suoi film più celebri e dei personaggi entrati ormai nell'immaginario collettivo del nostro paese. Il documentarista Gianfranco Giagni e il giornalista e critico cinematografico Fabio Ferzetti cercano di analizzare e restituire multidimensionalità al «mito» Carlo Verdone alternando al documentario «divertito» un'analisi che si discosti dall'agiografia per restituire quel rimando continuo tra pubblico e privato insito in ogni artista. ■ DOCUMENTARIO; COL.; 76'; ITALIA, 2012.

CARLO DI SCOZIA *(Bonnie Prince Charlie)* ★★★
Regia di ANTHONY KIMMINS. Con JACK HAWKINS, MARGARET LEIGHTON, DAVID NIVEN, JUDY CAMPBELL. ■ Le vicende storiche e private dei re inglesi Stuart nel Seicento, impegnati nella lotta contro i ribelli puritani di Londra. ■ STORICO; COL.; 136'; GRAN BRETAGNA, 1948.

CARLO GIULIANI, RAGAZZO ★★
Regia di FRANCESCA COMENCINI. ■ La regista ha visionato circa trecento ore di filmati relativi a quell'ormai storico 20 luglio 2001. Quel pomeriggio a Genova Carlo Giuliani venne ucciso da un carabiniere. Il film rappresenta quella giornata cercando un distacco puramente documentaristico. Tuttavia la tesi emerge con grande chiarezza: le forze dell'ordine ebbero tutte le colpe e i no global (italiani, stranieri, tute nere, tute bianche che fossero) non ne ebbero nessuna. La grande, incomprensibile violenza – a volte occasionale (per paura e per difesa), a volte premeditata, come tutto l'episodio della scuola Diaz – da parte della polizia e dei carabinieri è un dato di fatto. Ma le molte scene di violenza da parte dei manifestanti sono "dimenticate" al contrario delle scene opposte. Il "testimone" che fa da voce narrante e che lega il film è Heidi, la madre di Carlo, lucida e umanissima, ma certamente "teneramente" schierata: i dimostranti erano «teneri cavalieri medievali»; i bastoni erano lasciati dalla polizia perché fossero raccolti dal "nemico"; i manifestanti goliardi benintenzionati, omologabili agli eroi della "resistenza", costretti ad essere violenti dalla violenza altrui. Il capo-Casarini era un organizzatore preoccupato soltanto che nessuno si facesse male. E Carlo era pacifico e pacifista a oltranza. L'estintore era lì ai suoi piedi, per farsi raccogliere. È terribile che un ragazzo sia morto, ed è drammatico che una parte di città sia stata distrutta. La pagina è stata nera, per tutti. Un'occasione per mostrare distacco, obiettività, non militanza, non demagogia. Perduta. ■ DOCUMENTARIO; COL.; 77'; ITALIA, 2002.

CARMELA ★★
Regia di FLAVIO CALZAVARA. Con DORIS DURANTI, PÀL JÀVOR, ALDO SILVANI. ■ Carmela è diventata pazza da quando è stata abbandonata dall'uomo che amava. L'incontro con un ufficiale che assomiglia al suo amore la porta a credere che lui sia tornato. L'ufficiale la capisce e l'aiuta, fino a farle ritrovare la sua lucidità. ■ DRAMMATICO; B/N; 90'; ITALIA, 1943.

CARMELA È UNA BAMBOLA ★★★
Regia di GIANNI PUCCINI. Con MARISA ALLASIO, NINO MANFREDI, GIANRICO TEDESCHI. ■ Carmela è stata promessa in moglie dal padre, guappo napoletano, ad un ricco conte, ma la ragazza ogni notte ha delle crisi di sonnambulismo e va a trovare un giovane malvisto da suo padre, Totò. Un dottore intelligente capisce che Carmela è segretamente innamorata di Totò, ma riesce a superare il blocco psicologico creato dalla proibizione paterna e a manifestare il suo amore solamente nel sonno. Con l'aiuto del professionista il padre manda a monte il progettato matrimonio con il conte. Totò e Carmela potranno finalmente amarsi alla luce del sole. ■ COMMEDIA; B/N; 85'; ITALIA, 1958.

CARMEN ★★
Regia di CECIL B. DEMILLE. Con PEDRO DE CORDOBA, GERALDINE FARRAR, WALLACE REID. ■ La prima trasposizione della *Carmen* di Mérimée uscita in contemporanea con la versione di Raoul Walsh e un anno prima della parodia di Chaplin. La cosa curiosa è che, pur essendo ovviamente una pellicola muta, ha come protagonista una celebre soprano dell'epoca. ■ DRAMMATICO; B/N; 66'; USA, 1915.

CARMEN ★★★
Regia di CHARLIE CHAPLIN. Con CHARLIE CHAPLIN, EDNA PURVIANCE, BEN TURPIN. ■ Una versione molto personale del personaggio di Mérimée. Chaplin fa il verso alle versioni hollywoodiane che lo hanno preceduto (dirette da Walsh e DeMille) cam-

biando epoca e finale. Carmen e Darm infatti coronano il proprio amore. ■ COMICO; COL.; 44′; USA, 1916.

CARMEN ★★★
Regia di JACQUES FEYDER. Con LOUIS LERCH, RAQUEL MELLER, GASTON MODOT. ■ Una delle versioni più fedeli al testo originale. ■ DRAMMATICO; B/N; 110′; FRANCIA, 1926.

CARMEN ★★★
Regia di CHRISTIAN-JAQUE. Con JEAN MARAIS, ADRIANO RIMOLDI, VIVIANE ROMANCE. ■ Il brigadiere Don José perde la testa per Carmen e si unisce alla banda di contrabbandieri cui la giovane è legata. Ma quando Carmen lo tradisce con il torero Escamillo, Don José, pazzo di gelosia, uccide la donna che ama. ■ DRAMMATICO; B/N; 124′; FRANCIA, 1942.

CARMEN ★★
Regia di LUIGI VANZI. Con NINO CARTA, MARTA ROSE. ■ Una modesta versione cinematografica della *Carmen* di Mérimée-Bizet: non si va al di là dell'opera lirica filmata. ■ COMM. MUSICALE; B/N; 90′; ITALIA, 1961.

CARMEN ★★★Ȣ
Regia di FRANCESCO ROSI. Con PLACIDO DOMINGO, JULIA MIGENES JOHNSON, RUGGERO RAIMONDI. ■ Rosi mette in scena una versione ariosa e di ampio respiro del celeberrimo dramma lirico musicato da Georges Bizet. Con il cast sopra citato, la direzione d'orchestra di Lorin Maazel, la coreografia di Antonio Gades e la fotografia di Pasqualino De Santis, ce n'è abbastanza per soddisfare anche il più esigente dei puristi. ■ DRAMMATICO; COL.; 142′; ITALIA, 1983. ■ DAVID DI DONATELLO Ȣ 5 PR, 5 NOM.

CARMEN BABY – CARMEN 13 *(Carmen Baby)* ★★
Regia di RADLEY METZGER. Con UTA LEVKA, CLAUDE RINGER, WALTER WILZ. ■ Questa volta Carmen è una prostituta dal furto facile, che fa innamorare di sé il poliziotto Joseph, che la fa fuggire di prigione sperando di redimerla, ma è lui a rimanerne soggiogato, tanto da arrivare a uccidere prima il capo della polizia, che aveva una relazione con la donna, poi la stessa Carmen, che lo ha tradito ancora con un cantante. ■ DRAMMATICO; COL.; 90′; PAESI BASSI, 1967.

CARMENCITA *(Rebellion)* ★★
Regia di LYNN SHORES. Con LEO CARRILLO, RITA HAYWORTH, TOM KEENE. ■ I patrioti spagnoli della California, taglieggiata da avventurieri americani, chiedono l'intervento del presidente degli Stati Uniti. Sarà il capitano Carroll, a fianco della coraggiosa Carmencita, a sconfiggere i banditi, e a ottenere, insieme all'amore di Carmencita, la carica di governatore della California. ■ AVVENTURA; B/N; 90′; USA, 1936.

CARMEN DI TRASTEVERE ★★
Regia di CARMINE GALLONE. Con JACQUES CHARRIER, FIORENZO FIORENTINI, GIOVANNA RALLI, LINO VENTURA. ■ Dalla Spagna a Roma: la Carmen di turno è la moglie di un detenuto, Vincenzo, che diviene amante di Antonio. Quando Vincenzo, uscito di prigione, muore in un tentativo di rapina, Carmen si mette con un giovane motociclista. Antonio, che è pazzamente geloso di lei, la uccide. ■ DRAMMATICO; B/N; 94′; ITALIA, 1962.

CARMEN FRA I ROSSI *(Frente de Madrid)* ★★
Regia di EDGAR NEVILLE. Con FOSCO GIACHETTI, CONCHITA MONTES. ■ Durante la guerra civile di Spagna nasce il tragico amore tra una giovane, che lavora in una stazione radio clandestina falangista, e un giovane, che fa la spia fra i combattenti comunisti. Lei verrà uccisa da soldati repubblicani mentre sta trasmettendo e lui, avendo sentito la sua morte in diretta alla radio, uscirà, folle di dolore, allo scoperto sotto il fuoco nemico. ■ DRAMMATICO; B/N; 91′; SPAGNA, 1939.

CARMEN JONES ★★★
Regia di OTTO PREMINGER. Con HARRY BELAFONTE, DOROTHY DANDRIDGE. ■ Da un famoso musical di Oscar Hammerstein ispirato alla *Carmen* di Bizet, Preminger ha tratto questo dramma musicale interpretato tutto da attori di colore. Carmen è un'operaia di una fabbrica di paracaduti, che fa innamorare il caporale Joe, spingendolo ad abbandonare la caserma per fuggire con lei a Chicago. Ma a Chicago la vita è dura e Carmen diventa l'amante di un pugile famoso, Husky Miller. Joe, folle di gelosia, la uccide. ■ DRAMMATICO; COL.; 105′; USA, 1954. ■ OSCAR 2 NOM.

CARMEN PROIBITA ★★
Regia di GIUSEPPE MARIA SCOTESE. Con ANA ESMERALDA, MARIELLA LOTTI, FAUSTO TOZZI. ■ Il capitano della polizia di Siviglia, José, si innamora della bella gitana Carmen e per lei arriva all'omicidio e al contrabbando. Ma quando Carmen, da lui ripetutamente implorata, rifiuta di smetterla con questo tipo di vita, José la uccide e viene poi a sua volta colpito a morte dalla polizia. ■ DRAMMATICO; B/N; 80′; ITALIA, 1952.

CARMEN STORY *(Carmen)* ★★★
Regia di CARLOS SAURA. Con PACO DE LUCIA, LAURA DEL SOL, ANTONIO GADES, CRISTINA HOYOS. ■ Questa è forse la versione cinematografica più vicina al celebre racconto di Mérimée. Maestro di ballo, Antonio scopre una giovane promessa del flamenco, Carmen. Se ne innamora e le insegna tutta la sua arte: il balletto è splendido, ma l'amore finisce, proprio quando ricompare il marito di Carmen, appena uscito di prigione. I due uomini duellano a passo di danza, mentre Carmen concede le sue grazie a un altro ballerino. Antonio, stanco e furente, la uccide. Grande musica, ottimi ballerini e interpreti perfetti. ■ DRAMMATICO; COL.; 102′; SPAGNA, 1983. ■ CANNES 1 PR; GOLDEN GLOBES 1 NOM; OSCAR 1 NOM.

CARNAGE *(God of Carnage)* ★★★
Regia di ROMAN POLANSKI. Con JODIE FOSTER, JOHN C. REILLY, CHRISTOPH WALTZ, KATE WINSLET. ■ In un misurato appartamento di Brooklyn due coppie provano a risolvere uno smisurato accidente. Zachary e Ethan, i loro figli adolescenti, si sono confrontati incivilmente nel parco. Due incisivi rotti dopo, i rispettivi genitori si incontrano per appianare i conflitti adolescenziali e riconciliarne gli animi. Ricevuti con le migliori intenzioni dai coniugi Longstreet, genitori della parte lesa, i Cowan, legale col vizio del BlackBerry lui, broker finanziario debole di stomaco lei, corrispondono proponimenti e gentilezza. Almeno fino a quando la nausea della signora Cowan non viene rigettata sui preziosi libri d'arte della signora Longstreet, scrittrice di un solo libro, attivista politica di troppe cause e consorte imbarazzata di un grossista di maniglie e sciacquoni. L'imprevisto "dare di stomaco" sbriglia le rispettive nature, sospendendo maschere e buone maniere, innescando un'esilarante carneficina dialettica. Non è la prima volta che Roman Polanski "costringe" e isola i suoi protagonisti a bordo di una barca, dentro un castello, oltre il ghetto di Cracovia, sopra un'isola (in)accessibile: la separazione è necessaria per mettere ordine e avviare un' 'inchiesta. Mezza stella in più. ■ DRAMMATICO; COL.; 79′; FRANCIA, GERMANIA, POLONIA, SPAGNA, 2011.

CARNAVAL ★★★
Regia di HENRI VERNEUIL. Con FERNANDEL, JACQUELINE PAGNOL. ■ La moglie confessa al marito di averlo tradito e lui, con grande scandalo dell'ambiente di provincia in cui vive, non dà l'impressione di preoccuparsene, anzi, in occasione del carnevale organizza un carro allegorico di mariti cornuti. Ma finisce per confessare il dolore provato e il suo non finito affetto per la moglie: tra i due la pace è fatta. ■ COMMEDIA; B/N; 90′; FRANCIA, 1953.

CARNE, LA ★★★
Regia di MARCO FERRERI. Con SERGIO CASTELLITTO, FRANCESCA DELLERA, PHILIPPE LÉOTARD. ■ Uscito a breve distanza da *La casa del sorriso*, questo film segna il ritorno alla dissacrazione più cattiva di Ferreri, soprattutto nei confronti della coppia e del rapporto uomo-donna. Lo stile è rimasto quello di un rozzo poeta dietro alla macchina da presa. L'amore completo, in questo caso, viene a coincidere per il protagonista nell'atto cannibalesco verso la persona che si vuole possedere. Un musicista di piano bar conosce una misteriosa donna dal fisico prorompente e con lei si reclude in una piccola casa sulla spiaggia. Il loro rapporto avrà, tra la burla e la beffa, alti e bassi, fino al finale in cui lui la ucciderà per poterla poi mangiare. È stato presentato in concorso al Festival di Cannes. ■ COMMEDIA; COL.; 92′; ITALIA, 1990.

CARNE CRUDA *(Sweet Suzy – Black Snake)* ★★
Regia di RUSS MEYER. Con ANOUSHKA HEMPEL, DAVID WAR-

BECK. ■ Lady Susan è una ex prostituta, divenuta proprietaria della piantagione di Christobal grazie a una serie di matrimoni con uomini nobili e ricchi. Susan opprime gli schiavi neri e tiene il suo ultimo marito prigioniero e in stato di abbrutimento. Il fratello di questi, Sir Charles, scopre le malefatte della donna, che rimane poi uccisa in una rivolta di schiavi. ■ DRAMMATICO; COL.; 85′; USA, 1975.

CARNE E IL DIAVOLO, LA *(The Flesh and the Devil)* ★★★
Regia di CLARENCE BROWN. Con GRETA GARBO, JOHN GILBERT, LARS HANSON, BARBARA KENT. ■ Incredibile successo al botteghino e definitiva consacrazione del mito di Greta Garbo. Felicitas conquista un tenente, Leo von Harden. Poi lo spinge in un pericoloso duello col marito. Dopo aver ucciso quest'ultimo, Leo fugge, ma è confortato dal pensiero che ora avrà Felicitas. Lei però gli volta le spalle e sceglie un altro. Ha fatto però male i calcoli perché il nuovo marito è un amico di vecchia data di Leo. ■ DRAMMATICO; COL.; 109′; USA, 1927.

CARNE E L'ANIMA, LA *(Father and Son)* ★★
Regia di ERLE C. KENTON. Con JACK HOLT, DOROTHY REVIER. ■ È la storia d'amore fra un medico e la sua assistente: un grande spirito umanitario li accomuna. ■ DRAMMATICO; B/N; 90′; USA, 1929.

CARNE E L'ANIMA, LA *(Only 8 Hours)* ★★
Regia di GEORGE BRACKETT SEITZ. Con VIRGINIA BRUCE, RICARDO CORTEZ, CHESTER MORRIS. ■ In una clinica, il chirurgo e l'assistente si contendono l'amore di una bella infermiera. C'è anche un intermezzo giallo, con l'arrivo di un pericoloso gangster che ferisce gravemente il chirurgo, il quale guida il suo assistente nel delicato intervento con uno specchio che gli permette di controllare ogni mossa. Riuscirà anche ad ottenere l'amore dell'infermiera. ■ DRAMMATICO; B/N; 95′; USA, 1935.

CARNE E L'ANIMA, LA ★★
Regia di WLADIMIR DIMITRI STRICHEWSKY. Con MASSIMO GIROTTI, ISA MIRANDA. ■ Stella è una ballerina ricattata dal proprietario del locale notturno in cui lavora. Per sfuggirgli, raggiunge il vecchio padre che fa il capostazione in un paese isolato e qui si innamora di un onesto macchinista. Per un attimo il suo passato difficile sembra prevalere sui suoi sentimenti, ma alla fine la storia d'amore va avanti per il meglio. ■ DRAMMATICO; B/N; 90′; ITALIA, 1943.

CARNE E LO SPERONE, LA *(Flesh and the Spur)* ★★
Regia di EDWARD L. CAHN. Con JOHN AGAR, MARTHA ENGLISH. ■ Luke vuole vendicare il fratello ucciso da un componente della banda Tanner. Nella ricerca del colpevole lo aiutano una giovane indiana, Fiore, un vecchio cowboy e un pistolero, Stace. Con sua grande sorpresa Luke scoprirà che l'assassino di suo fratello è proprio Stace e lo batterà in duello. ■ WESTERN; COL.; 92′; USA, 1956.

CARNEFICE DI ME STESSO *(My Own Executioner)* ★★
Regia di ANTHONY KIMMINS. Con DULCIE GRAY, BURGESS MEREDITH, KIERON MOORE. ■ Uno psichiatra nevrotico e insicuro si trova alle prese con un paziente molto difficile: reduce di guerra, l'uomo è ossessionato dal ricordo di avere svelato segreti militari sotto la tortura dei giapponesi. In un momento di ira incontrollata arriva a uccidere la moglie. Lo psichiatra viene processato per non essere riuscito a impedire il delitto. Sarà assolto. ■ DRAMMATICO; B/N; 108′; GRAN BRETAGNA, 1947.

CARNEFICI DEL SOL LEVANTE, I ★★
(Daitowa Senso to Kokusai Saiban)
Regia di KIYOSHI KOMORI. Con KANJURO ARASHI, TAKAMARU SASAKI. ■ È un film di impianto documentaristico che rievoca le vicende storiche del Giappone, dall'espansione imperialista in Manciuria allo scontro con gli Stati Uniti nel corso della seconda guerra mondiale, al processo contro i criminali giapponesi di guerra. ■ DRAMMATICO; B/N; 90′; GIAPPONE, 1959.

CARNEFICI DI NEW YORK, I *(Murder Inc.)* ★★
Regia di LEW LANDERS. Con LEO CARRILLO, MARTHA TILTON. ■ Un giornalista aiuta la polizia a scoprire le file del sindacato del crimine di New York: accanto ai vari gangster ci sono anche funzionari delle forze dell'ordine. Il giornalista poi si lega alla sorella di un gangster, che si era ribellato al sindacato e ne era stato ucciso. ■ POLIZIESCO; B/N; 89 ; USA, 1945.

CARNE FRESCA PER SETTE BASTARDI ★★
(Brute Corps)
Regia di JERRY JAMESON. Con JENNIFER BILLINGSLEY, PAUL CARR. ■ Sette mercenari messicani incontrano due giovani, Terry e Kevin, che girano insieme in autostop, e li fanno prigionieri. Uno di loro, Wix, approfitta di Terry. Inseguiti dalla polizia e divisi anche fra di loro, muoiono tutti uno dopo l'altro. ■ DRAMMATICO; COL.; 90′; USA, 1971

CARNE INQUIETA ★★
Regia di CARLO MUSSO, SILVESTRO PRESTIFILIPPO. Con MARINA BERTI, CLARA CALAMAI, LUIGI CIMARA, RAF VALLONE. ■ Un melodramma calabrese: il contadino Peppe fugge dal paese con l'amata Femia, che non può sposare, perché lei è troppo più ricca di lui. Ma i compaesani li raggiungono e approfittano di Femia, che finisce disperata in convento. Peppe, impazzito, torna al paese e comincia ad incendiare una ad una tutte le case degli uomini che hanno violentato Femia: i paesani, dopo aver cercato inutilmente di fermarlo, lo uccidono. ■ DRAMMATICO; B/N; 90′; ITALIA, 1952.

CARNERA – THE WALKING MOUNTAIN ★★★
Regia di RENZO MARTINELLI Con F. MURRAY ABRAHAM, ANTONIO CUPO, ANDREA IAIA, ELEONORA MARTINELLI, PAOLO SEGANTI, KASIA SMUTNIAK, PAUL SORVINO, ANNA VALLE, BURT YOUNG. ■ Primo Carnera pesa alla nascita otto chili e a dieci anni il banco di scuola è già troppo piccolo per contenerlo. Nato sulle montagne del Friuli, Primo conosce la fame ed è costretto ad emigrare in Francia per sopravvivere. Approdata sulla pista polverosa di un circo, l'imponenza fisica del gigante friulano, oltre due metri per centoventi chili, colpisce l'immaginazione dell'ex campione di pesi massimi Paul Journèe. Costruita una vincente carriera da professionista, Primo Carnera attraversa in prima classe l'oceano e si guadagna il titolo di campione del mondo dei pesi massimi contro Jack Sharkey nell'arena del Madison Square Garden, gremita di italiani esultanti. Era il 1933 e il regime fascista si impadronì del mito, esibendone le virtù fisiche e morali e sollecitando l'orgoglio patriottico. ■ BIOGRAFICO; COL.; 123′; ITALIA, 2007.

CARNET DEL MAGGIORE THOMPSON, IL ★★★
(Les carnets du major Thompson)
Regia di PRESTON STURGES. Con JACK BUCHANAN, MARTINE CAROL, NOËL-NOËL. ■ Amabili polemiche fra due coniugi di diversa nazionalità: Thompson è un inglese sempre attento alle formalità, Martine è una parigina libera e vivace. La pace fra i due avviene all'insegna del compromesso, e Thompson pubblica un carnet umoristico. ■ COMMEDIA; B/N; 96′; FRANCIA, 1957.

CARNET DI BALLO *(Un carnet de bal)* ★★★★
Regia di JULIEN DUVIVIER. Con HARRY BAUR, MARIE BELL, PIERRE BLANCHAR, FERNANDEL, LOUIS JOUVET. ■ Ricordando il suo primo ballo in società vent'anni prima, una vedova va a cercare, seguendo i nomi segnati sul carnet di ballo, i vecchi corteggiatori: ogni incontro è una delusione, perché gli ideali della giovinezza in tutti si sono spenti. Non le resterà che adottare l'orfano del suo ultimo innamorato. ■ DRAMMATICO; B/N; 132′; FRANCIA, 1937. ■ VENEZIA 1 PR

CARNET PER UN MORTO *(Le Judoka agent secret)* ★★
Regia di PIERRE ZIMMER. Con JEAN-CLAUDE BERCQ, PERRETTE PRADIER, MARILÙ TOLO. ■ Prima di morire ucciso in una strada di Parigi, un uomo lascia a Catherine un libriccino, che la ragazza e un investigatore privato usano come traccia per scoprire l'assassino. Scopriranno anche una potente organizzazione di spionaggio. ■ SPIONAGGIO; COL.; 88′; FRANCIA, 1968.

CARNE TREMULA ★★
Regia di PEDRO ALMODÓVAR. Con JAVIER BARDEM, ANGELA MOLINA, FRANCESCA NERI. LIBERTO RABAL. ■ Le storie intrecciate di cinque personaggi, a Madrid, nella Spagna al passaggio dai bui anni franchisti agli anni nostri. Un insieme di generi, fra il mélo e il poliziesco, secondo lo stile di Almodóvar. Continuiamo a pensare che il regista spagnolo faccia meritatamente parte del

club degli autori sopravvalutati del cinema contemporaneo. ■ COMMEDIA; COL.; 100'; SPAGNA, 1997.

CARNEVALE *(Carnival)* ★★★
Regia di STANLEY HAYNES. Con SALLY GREY, MICHAEL WILDING. ■ Un artista offre a una giovane ballerina di girare il mondo insieme a lui, ma la ragazza rifiuta per i suoi doveri familiari e poco dopo sposa un fattore di cui non è innamorata. Quando qualche tempo dopo l'artista torna a rinnovare il suo invito, la donna non ha modo di decidere, perché suo marito, geloso, le spara. ■ DRAMMATICO; B/N; 93'; GRAN BRETAGNA, 1946.

CARNEVALE DEI LADRI – IL GRANDE COLPO DEI TORI D'ORO, IL *(The Caper of the Golden Bulls)* ★★
Regia di RUSSELL ROUSE. Con STEPHEN BOYD, YVETTE MIMIEUX, GIOVANNA RALLI. ■ Peter è costretto a rubare i gioielli della Madonna di San Firmino a Pamplona, perché è ricattato dalla sua vecchia amante Angela e dal complice di lei, François. Ma la donna misteriosa a cui Peter consegna la refurtiva è la sua fidanzata Grace, che è riuscita astutamente a seguire il colpo. Grace restituisce i gioielli in tempo per la grande processione, Angela e François devono fuggire inseguiti dalla polizia. ■ COMMEDIA; B/N; 104'; USA, 1967.

CARNEVALE DELLA VITA, IL *(Flesh and Fantasy)* ★★★
Regia di JULIEN DUVIVIER. Con CHARLES BOYER, BETTY FIELD, EDWARD G. ROBINSON, BARBARA STANWYCK. ■ Un uomo, che ha un incubo ricorrente, chiede aiuto a un amico. Questi gli legge tre racconti significativi: uno riferito a una donna mascherata che corteggia un uomo; l'altro a un uomo sicuro di sé, che tuttavia diventa assassino solo perché glielo hanno predetto; il terzo relativo a un acrobata, che morirà il giorno in cui una donna griderà durante il suo numero. È una terapia che funziona, tanto che il sogno servirà all'uomo per trovare l'amore. ■ DRAMMATICO; B/N; 93'; USA, 1943.

CARNEVALE D'INVERNO *(Vanishing Act)* ★★
Regia di DAVID GREENE. Con MIKE FARRELL, ELLIOTT GOULD, MARGOT KIDDER. ■ Durante il carnevale un uomo cerca la moglie scomparsa poco dopo le nozze. O almeno è quello che dice a un poliziotto, che s'incarica delle ricerche. Un bel momento arriva una brunetta, che dice di essere la consorte dell'uomo. Ma questi non la riconosce. Quarta o quinta versione di una storia già portata, con qualche manipolazione, in cinema e in tv (il primo film fu *Acqua alla gola*). ■ DRAMMATICO; COL.; 99'; USA, 1986.

CARNEVALE DI VENEZIA, IL ★★
Regia di GIUSEPPE ADAMI, GIACOMO GENTILOMO. Con CESCO BASEGGIO, TOTI DAL MONTE. ■ Una ragazza è corteggiata da un giovane. La mamma della ragazza è un ex grande cantante lirica e vorrebbe che la figlia seguisse la stessa strada. La situazione si sblocca quando la ragazza canta alla radio durante il carnevale di Venezia. L'innamorato le dà anche una mano. C'è un piccolo equivoco prima del successo e del matrimonio finale. ■ COMMEDIA; B/N; 90'; ITALIA, 1940.

CARNEVALE IN COSTARICA *(Carnival in Costarica)* ★★
Regia di GREGORY RATOFF. Con DICK HAYMES, CESAR ROMERO, VERA-ELLEN. ■ Siamo in Costarica. Due potenti famiglie intendono far sposare fra loro due loro figli, che però non sono affatto d'accordo. Infatti sono innamorati, ma ciascuno di un'altra persona. ■ COMM. MUSICALE; B/N; 95'; USA, 1947.

CARNEVALE ROMANTICO *(Cameo Kirby)* ★★★
Regia di IRVING CUMMINGS. Con MYRNA LOY, HAROLD MURRAY. ■ È una storia d'amore che vive degli equivoci causati dai protagonisti, che di volta in volta si truccano in maniera differente. ■ COMMEDIA; B/N; 89'; USA, 1930.

CARNIERE, IL ★★★
Regia di MAURIZIO ZACCARO. Con ANTONIO CATANIA, MASSIMO GHINI, LEO GULLOTTA. ■ Nell'autunno del 1991, tre amici italiani girano in automobile la Jugoslavia per una battuta di caccia. Improvvisamente i tre verranno coinvolti nella "piccola sporca guerra", che sconvolgerà le loro vite e le loro coscienze. Interessante e sfortunato film di Zaccaro, con momenti di alta drammaticità e tensione. Ottima prova di Ghini. ■ DRAMMATICO; COL.; 94'; ITALIA, 1997.

CARNIVORI VENUTI DALLA SAVANA, I *(Squirm)* ★★★
Regia di JEFF LIEBERMAN. Con FRAN HIGGINS, WILLIAM NEWMAN, PATRICIA PEARCY, BARBARA QUINN, DON SCARDINO. ■ In Georgia, in seguito ad un disastroso temporale, un traliccio dell'elettricità è crollato, scaricando altissima tensione in un terreno lagunare zeppo di vermi. Da ciò si scatena una vera e propria invasione di vermi feroci e voraci. Divorano tutto, esseri umani compresi. Nel paesino colpito dai vermi resteranno vivi in tre. ■ HORROR; COL.; 92'; USA, 1976.

CARNY UN CORPO PER DUE UOMINI *(Carny)* ★★
Regia di ROBERT KAYLOR. Con GARY BUSEY, JODIE FOSTER, MEG FOSTER. ■ Due amici lavorano in un luna park (uno di essi, mascherato da scimmione, si espone quotidianamente alle provocazioni un po' sadiche degli spettatori). L'amicizia rischia di finire il giorno in cui una ragazza di scarsa virtù entra nella carovana e si concede ora all'uno ora all'altro giovanotto. La solidarietà torna quando si deve fronteggiare un nemico comune (il capo di una gang che vuol taglieggiare la gente del luna park). ■ DRAMMATICO; COL.; 107'; USA, 1980.

CARO BABBO NATALE *(All I Want for Christmas)* ★★
Regia di ROBERT LIEBERMAN. Con LAUREN BACALL, HARLEY JANE KOZAK, LESLIE NIELSEN. ■ Col pensiero rivolto alle vacanze invernali, due ragazzi studiano il modo per trascorrerle insieme, riunendo le loro famiglie. Ma non tutto fila liscio. ■ COMMEDIA; COL.; 98'; USA, 1991.

CARO DIARIO ★★★★🏆
Regia di NANNI MORETTI. Con RENATO CARPENTIERI, NANNI MORETTI, ANTONIO NEIWILLER, SILVIA NONO. ■ Diviso in tre momenti distinti, il film di Moretti è giunto nelle sale a distanza di quattro anni da *Palombella rossa*. Nel frattempo ha interpretato *Il portaborse* e diretto il film-documento *La cosa*. Nella prima parte di *Caro diario*, intitolata *In vespa*, siamo a Roma nel mese d'agosto. Il personaggio-protagonista girovaga, cercando quartieri e luoghi inusuali. Va al cinema e vede, oltre a un film italiano minimalista sulle sconfitte presunte della sinistra e del '68, *Henry – Pioggia di sangue*. Trovandolo brutto e troppo violento, decide di fare un terzo grado a un critico, che ne ha scritto le lodi con un linguaggio pseudo-colto e incomprensibile (piccola apparizione di Carlo Mazzacurati). Dopo aver osservato delle coppie ballare il merengue, incontra Jennifer Beals. Infine visita il luogo dove è stato ucciso Pier Paolo Pasolini. Nella seconda parte, *Isole*, la più disimpegnata e divertente, incontra un amico che non ama la televisione. Insieme girano le isole Eolie fino a quando la tranquillità e la solitudine non fanno esplodere l'amico, che si converte a *Beautiful* e a *Chi l'ha visto?* e fugge verso il continente. La terza parte, *Medici*, è invece la cronistoria, con una ripresa iniziale autentica, della lunga malattia che Moretti aveva contratto. Diagnosi e medicine sbagliate, medici poco disposti ad ascoltare. Poi il paradosso finale: quella che sembrava una malattia della pelle era un tumore benigno e i sintomi erano riportati da una semplice enciclopedia medica. Lineare e semplice, questo film di Moretti conferma l'originalità e la suggestiva visione cinematografica dell'autore. Bravo Renato Carpentieri. Il regista ha ottenuto la Palma d'Oro al Festival di Cannes. ■ COMMEDIA; COL.; 100'; ITALIA, 1993. ■ CANNES 🏆 1 PR; DAVID DI DONATELLO 🏆 2 PR, 2 NOM.

CARO ESTINTO, IL *(The Loved One)* ★★★★
Regia di TONY RICHARDSON. Con DANA ANDREWS, JAMES COBURN, ANJANETTE COMER, JOHN GIELGUD, ROBERT MORSE, ROD STEIGER, JONATHAN WINTERS. ■ Dennis, nipote di Sir Hinsley appena suicidatosi, ne organizza i funerali e conosce così l'industria funeraria Sentieri Melodiosi, con l'estetista di cadaveri Emy e il direttore, reverendo Glenworthy, che medita di fare un grosso affare organizzando spedizioni di cadaveri nello spazio. Il primo ad essere mandato in orbita sarà proprio quello di Emy, che si toglie la vita, delusa dalla mercificazione del suo lavoro che lei svolgeva come una missione. ■ COMMEDIA; B/N; 116'; GRAN BRETAGNA, 1965.

CAROGNE – CIRO AND ME ★
Regia di ENRICO CARIA. Con LEO GULLOTTA, ALESSANDRO HA-

BER, ANGELO INFANTI, CARLOTTA NATOLI, MILENA VUKOTIC. ■ Enrico Caria proviene dal gruppo degli scrittori satirici che hanno collaborato con «Il Male» e con «Cuore». Ci racconta la storia dell'avvocato-detective Lello Prototipo, che deve indagare su un ipotetico complotto messo in atto da alcune organizzazioni monopolistiche. Il tentativo di satira si perde in un eccesso di bersagli. ■ COMMEDIA; COL.; 88′; ITALIA, 1995.

CAROGNE SI NASCE ★

Regia di AL BRADLEY. Con GORDON MITCHELL, GLENN SAXSON. ■ Fruttuosa collaborazione fra un procuratore distrettuale e il *bounty-killer* Mulo nel combattere alcuni banditi del Texas, che uccidono i coloni per impadronirsi dei loro terreni. ■ WESTERN; COL.; 90′; ITALIA, 1968.

CARO GORBACIOV ★★

Regia di CARLO LIZZANI. Con HARVEY KEITEL, FLAMINIA LIZZANI. ■ Una notte del 1937. L'ultima che passarono insieme Bucharin, uno dei capi storici della rivoluzione sovietica, e la moglie Anna. L'indomani Bucharin è arrestato e processato. L'anno dopo è fucilato. Basato sul memoriale di Anna Larina Bucharin. Il titolo allude alla lettera mandata da Anna a Gorbaciov perché riabilitasse la memoria del marito. Il che è avvenuto, a mezzo secolo dalla morte. ■ DRAMMATICO; COL.; 81′; ITALIA, 1988. ■ DAVID DI DONATELLO 1 PR, 1 NOM; VENEZIA 1 PR.

CAROLINE CHÉRIE ★★★

Regia di RICHARD POTTIER. Con MARTINE CAROL, JACQUES DACQMINE. ■ La storia di Caroline si svolge durante la Rivoluzione francese. Caroline è molto bella e desiderata, ma sposa un vecchio, che però è rivoluzionario. Ma è innamorata di Gaston. Le fortune girano per il marito e per Caroline, ma Gaston vigila e protegge. Altri grossi ostacoli si presentano. Poi arriva Napoleone e tutto cambia, tranne l'amore di Caroline per Gaston, che finalmente possono vivere insieme. ■ AVVENTURA; B/N; 120′; FRANCIA, 1950.

CAROLINE CHÉRIE ★★★

Regia di DENYS DE LA PATELLIÈRE. Con FRANCE ANGLADE, BERNARD BLIER, VITTORIO DE SICA. ■ Stessa storia della precedente rifatta tre lustri dopo. Chiaro che cambiano le regole in gioco: negli anni Cinquanta l'avventura di una bella donna era solo maliziosa, alla fine dei Sessanta, invece, è principalmente fatta di sesso. ■ AVVENTURA; COL.; 106′; FRANCIA, 1967.

CARO MICHELE ★★★

Regia di MARIO MONICELLI. Con LOU CASTEL, AURORE CLÉMENT, MARIANGELA MELATO, DELPHINE SEYRIG. ■ Michele è un giovane ex sessantottino emigrato a Londra, da dove continua a scrivere lettere ai suoi familiari, all'amico "particolare" Osvaldo e alla giovane Mara, una ragazza un po' svitata il cui figlio potrebbe essere di Michele. Mara conosce i familiari di Michele, tipici personaggi borghesi assai diversi da lei, e poi parte per girare l'Italia in taxi con il suo bambino, mentre arriva la notizia che Michele è morto in una sommossa studentesca a Bruges. Il romanzo di Natalia Ginzburg del 1973, da cui il film è tratto, affrontava il tema della disperazione giovanile dopo gli anni rivoluzionari del '68. Monicelli si concentra in particolare sul personaggio di Mara, che è la bravissima Mariangela Melato, facendone un hippy piena di coraggio e aggressività, diversa dalla ragazza del romanzo. Michele, come nel libro, non compare mai. Interpretano piccole parti alcuni famosi non-attori come il regista Eriprando Visconti, lo sceneggiatore Fabio Carpi e il poeta Alfonso Gatto, nel ruolo del padre di Michele. ■ DRAMMATICO; COL.; 115′; ITALIA, 1976. ■ BERLINO 1 PR; DAVID DI DONATELLO 1 PR, 1 NOM.

CARO PAPÀ ★★★

Regia di DINO RISI. Con AURORE CLÉMENT, VITTORIO GASSMAN, JULIEN GUIOMAR, STEFANO MADIA. ■ Un industriale italiano, che vota a sinistra ma ha fatto i soldi appoggiandosi ai governi di centro-destra, scopre con angoscia che il figlio studente è un terrorista. Rinviene infatti un diario, nel quale è dettagliatamente descritta una "seduta" in cui si è decisa l'esecuzione di un magnate il cui nome comincia per "p". Mentre il protagonista si rompe il capo a indovinare quale suo collega con quell'iniziale è nel mirino del killer, gli arrivano quattro pallottole in corpo. La "p" stava per papà. ■ DRAMMATICO; COL.; 109′; ITALIA, 1979. ■ CANNES 1 PR; DAVID DI DONATELLO 1 PR, 1 NOM.

CAROSELLO DEL VARIETÀ ★★★

Regia di ALDO BONALDI, ALDO QUINTI. Con ODOARDO SPADARO. ■ Un'antologia di numeri di varietà, con Totò, Petrolini, Anna Magnani, Macario, Josephine Baker e altri, trasmessi dal televisore che un pittore regala a sua figlia per il diciottesimo compleanno. ■ COMM. MUSICALE; B/N; 91′; ITALIA, 1955.

CAROSELLO DI CANZONI ★★

Regia di LUIGI CAPUANO. Con MARIA FIORE, WANDISA GUIDA, RAFFAELE PISU. ■ Le truffe quotidiane di Salvatore e Peruzzi, che tra l'altro organizzano uno spettacolo sostituendo cantanti famosi con le loro voci incise sui nastri che hanno rubato al commendator Majello. Vengono scoperti ma senza gravi conseguenze, anzi Salvatore riesce anche a maritare le sue due figlie. ■ COMM. MUSICALE; B/N; 92′; ITALIA, 1958.

CAROSELLO DISNEYANO ★★★

PRODUZIONE DISNEY. ■ Sono dieci cortometraggi di normale confezione con protagonisti i più popolari eroi disneyani: Pippo, Pluto, Paperino. ■ ANIMAZIONE; COL.; 85′; USA, 1955.

CAROSELLO MATRIMONIALE ★★★

(The Marriage-Go-Round)

Regia di WALTER LANG. Con SUSAN HAYWARD, JAMES MASON. ■ La serenità coniugale di Content e di suo marito Paul, antropologo, è interrotta dall'arrivo di una bella svedese, che vuole a tutti i costi fare un figlio con Paul perché sia un bambino bellissimo e intelligentissimo. Quando Content lo lascia, Paul capisce che è lei la cosa più importante della sua vita e le chiede perdono della sua distrazione sentimentale. ■ COMMEDIA; COL.; 98′; USA, 1961.

♥ CAROSELLO NAPOLETANO ★★★

Regia di ETTORE GIANNINI. Con SOPHIA LOREN, CLELIA MATANIA, GIACOMO RONDINELLA, PAOLO STOPPA. ■ Dal carrettino di un cantastorie si staccano i fogli degli spartiti, che vengono trasportati dal vento. Sullo schermo si susseguono una serie di episodi che prendono spunto da varie vicende ambientate in secoli diversi. ■ COMM. MUSICALE; COL.; 129′; ITALIA, 1954. ■ CANNES 1 PR.

CAROSELLO SPAGNOLO ★★

Regia di SALVATORE ROSSO. ■ Una piccola gitana, Marisol, sogna un fantastico viaggio attraverso la Spagna. Da questo sogno il regista trae lo spunto per presentare, oltre che le città, le feste popolari e religiose più famose della penisola iberica. ■ DOCUMENTARIO; COL.; 85′; ITALIA, 1959.

CAROUSEL ★★★

Regia di HENRY KING. Con SHIRLEY JONES, GORDON MACRAE, CAMERON MITCHELL, BARBARA RUICK. ■ Un uomo muore mentre è rincorso dalla polizia per aver tentato una rapina. Anni dopo dal cielo osserva cosa avviene nella sua casa. Sua figlia Louise, che egli non ha mai conosciuto, non è felice, tutti la evitano proprio a causa delle malefatte del padre. L'uomo otterrà una giornata di permesso per poter scendere sulla terra ad aiutare sua figlia. ■ COMMEDIA; COL.; 129′; USA, 1956.

CAROVANA DEI CORAGGIOSI, LA ★★

(The Fiercest Heart)

Regia di GEORGE SHERMAN. Con JULIET PROWSE, KEN SCOTT, STUART WHITMAN, RAYMOND MASSEY. ■ Specializzato nella direzione di western, Sherman ripropone in questo film situazioni tipiche del genere, benché l'ambientazione sia diversa (siamo in Sud Africa) e l'assalto alla carovana di boeri sia compiuto da una tribù di neri che sostituiscono i pellerossa. ■ AVVENTURA; COL.; 91′; USA, 1961.

CAROVANA DEI MORMONI, LA *(Wagon Master)* ★★★★

Regia di JOHN FORD. Con WARD BOND, HARRY CAREY, JOANNE DUR, BEN JOHNSON, CHARLES KEMPER. ■ Due cowboy vengono assunti da una carovana di mormoni come guide. Cinque fuorilegge, braccati dalla polizia, li assalgono e impongono la loro poco piacevole compagnia. Dopo molte vicende, sconfitti i banditi, la carovana giungerà a destinazione. ■ AVVENTURA; B/N; 86′; USA, 1950.

CAROVANA DEI RIBELLI, LA *(Gypsy Wildcat)* ★★
Regia di ROY WILLIAM NEILL. Con LEO CARRILLO, JON HALL, MARIA MONTEZ. ■ Un'intera tribù di zingari è arrestata, perché durante il loro spettacolo un uomo è ucciso. I sospetti ricadono su Michele, un cavaliere travestitosi da gitano per amore della bella zingara Carla. Peripezie varie e scontate e poi il lieto fine: Carla e Michele si sposano. ■ AVVENTURA; COL.; 75'; USA, 1944.

CAROVANA DELL'ALLELUIA, LA ★★★
(The Hallelujah Trail)
Regia di JOHN STURGES. Con JIM HUTTON, BURT LANCASTER, LEE REMICK, PAMELA TIFFIN. ■ Denver, una cittadina del West, deve essere rifornita di alcool. Una carovana di 40 carri colmi di whisky e champagne parte scortata dalla cavalleria per giungere a destinazione. Ma il whisky finirà nelle sabbie mobili e gli indiani brinderanno a champagne. ■ WESTERN; COL.; 165'; USA, 1965.

CAROVANA DELLE SCHIAVE, LA ★★
(Die Sklavenkarawane)
Regia di GEORG MARISCHKA. Con MARA CRUZ, THEO LINGEN, VIKTOR STAAL, GEORG THOMALLA. ■ Un esploratore tedesco, durante un viaggio attraverso il deserto in compagnia del suo servo Omar, viene attaccato da Abu El Marat e la sua banda di predoni. Sfuggito all'agguato grazie all'aiuto del suo servitore, ritornerà all'accampamento del bandito, per sconfiggerlo definitivamente. ■ AVVENTURA; B/N; 90'; GERMANIA, 1958.

CAROVANA DEL LUNA PARK, LA *(Carnival Story)* ★★
Regia di KURT NEUMANN. Con ANNE BAXTER, LYLE BETTGER, STEVE COCHRAN. ■ Gli amori sfortunati di Billie, una giovane e debole ragazza, si intrecciano sullo sfondo di un luna park. Prima amante di Joe, un poco di buono, sposerà poi Frank, uno sfortunato trapezista. Rimasta ben presto vedova, Billie cade di nuovo sotto il giogo di Joe. Sarà Mike infine a liberarla e a sposarla. ■ DRAMMATICO; B/N; 95'; USA, 1954.

CAROVANA DEL PECCATO, LA ★★
Regia di PINO MERCANTI. Con FRANCA MARZI, LUISA POSELLI, CHARLES RUTHERFORD. ■ Marco, un medico condannato per aver causato la morte di un uomo (che ha operato in stato di ubriachezza), riesce a fuggire dal penitenziario. Durante uno scontro con dei fuorilegge, Marco non esita a operare un amico, anche se ciò lo farà riconoscere dalla polizia. ■ DRAMMATICO; B/N; 90'; ITALIA, 1952.

CAROVANA D'EROI *(Virginia City)* ★★★
Regia di MICHAEL CURTIZ. Con HUMPHREY BOGART, ERROL FLYNN, MIRIAM HOPKINS, RANDOLPH SCOTT. ■ Durante la guerra civile, dalle miniere del Nord viene inviato al Sud, di contrabbando, oro. Una ragazza del servizio segreto viene incaricata di incrementare gli invii. Durante la sua missione rocambolesca e ricca di intrighi, conosce un capitano del controspionaggio avversario. Finita la guerra i due si sposeranno. ■ WESTERN; B/N; 121'; USA, 1940.

CAROVANA DI CANZONI ★★
Regia di SERGIO CORBUCCI. Con MARIO CAROTENUTO, ACHILLE TOGLIANI. ■ In un lussuoso albergo di Miramare, si organizza un concorso fra cantanti di musica leggera. Sono invitati famosi personaggi e cantanti di grido. Ma sopraggiungono difficoltà improvvise: viene rubato il premio per il vincitore, i cantanti perdono la voce e il concorso sembra ormai fallito. Ma poi tutto si accomoda. ■ COMM. MUSICALE; B/N; 91'; ITALIA, 1955.

CAROVANA DI FUOCO *(The War Wagon)* ★★★
Regia di BURT KENNEDY. Con KIRK DOUGLAS, HOWARD KEEL, ROBERT WALKER, JOHN WAYNE. ■ Ennesimo film sull'annoso tema degli amici-nemici. Taw Jackson (Wayne) è finito in galera a causa di Pierce, proprietario terriero che si è anche impadronito delle sue terre. Quando Taw esce di prigione, il "cattivo" gli manda incontro un sicario. Ma anziché uccidersi, i due preferiscono accordarsi per rapinare una diligenza che trasporta i soldi di Pierce. ■ WESTERN; COL.; 101'; USA, 1967.

CAROVANA DONNER, LA ★★
(Donner Pass: The Road to Survival)
Regia di JAMES L. CONWAY. Con MICHAEL CALLAN, ROBERT FULLER, ANDREW PRINE. ■ Rievocazione di uno dei più tragici avvenimenti della storia del West, l'odissea della carovana Donner che si smarrì sulla Sierra californiana. I superstiti, per restare tali, dovettero pasteggiare con i loro compagni morti. ■ WESTERN; COL.; 95'; USA, 1978.

CAROVANA MALEDETTA, LA *(The Outriders)* ★★★
Regia di ROY ROWLAND. Con ARLENE DAHL, JOEL MCCREA, BARRY SULLIVAN. ■ Tre compagni scappano da un campo di prigionia degli unionisti. Si imbattono in una banda di fuorilegge comandata da Kelly, che si dichiara dalla parte dei confederati. Kelly affida a Will (uno dei tre fuggitivi) il comando di un convoglio che trasporta dell'oro da consegnare al comando dei federati. In realtà il bandito vorrebbe appropriarsi del carico. Quando Will se ne rende conto, decide di opporsi e annienta la banda. ■ WESTERN; COL.; 93'; USA, 1950.

CAROVANA NEL DESERTO *(Jericho)* ★★
Regia di THORNTON FREELAND. Con WALLACE FORD, PAUL ROBESON, HENRY WILCOXON. ■ Un ufficiale inglese è sottoposto senza sua colpa a corte marziale. La responsabilità invece è di un disertore assassino, che è fuggito. L'ufficiale lo insegue attraverso l'Africa. Un buon film d'avventura, dove la parte del leone non la fa l'eroe bianco (Wilcoxon) ma il portentoso basso nero Paul Robeson. ■ AVVENTURA; B/N; 86'; GRAN BRETAGNA, 1937.

CAROVANA TZIGANA *(Caravan)* ★★
Regia di ERIK CHARELL. Con CHARLES BOYER, PHILLIPS HOLMES, JEAN PARKER, LORETTA YOUNG. ■ Alla lettura del testamento paterno, una giovane contessina viene a sapere che entrerà in possesso dell'eredità solo se sposata. Lo zio vorrebbe farle sposare suo figlio, un ufficiale, che la ragazza non conosce. La giovane per ripicca sposa un violinista tzigano, ma questi la lascia quando viene a sapere di essere stato sposato solo per interesse. La contessina finirà per innamorarsi del cugino ufficiale senza sapere di chi si tratta. ■ COMMEDIA; B/N; 101'; USA, 1934.

CAROVANA VERSO IL SUD *(Untamed)* ★★★
Regia di HENRY KING. Con SUSAN HAYWARD, TYRONE POWER. ■ L'amore tra Kate e Paul, due giovani irlandesi, non può giungere a buon fine, così Paul, ancora sensibile alle illusioni, parte per il Sud Africa, per sostenere la causa boera. Qui alcuni anni dopo incontra nuovamente la donna amata, vedova e madre di due figli. L'amore è ancora vivo e gli ostacoli non riescono a prevalere: dopo un lungo periodo di separazione e altre traversie, Kate e Paul coronano i loro desideri. ■ AVVENTURA; COL.; 111'; USA, 1955.

CAROVANA VERSO IL WEST ★★
(Westward Ho, The Wagons!)
Regia di WILLIAM BEAUDINE. Con KATHLEEN CROWLEY, FESS PARKER, JEFF YORK. ■ Una carovana di agricoltori, in viaggio verso l'Oregon, deve attraversare il territorio Sioux. Gli indiani impediscono il passaggio ai coloni e vogliono la bambina dai "capelli d'oro", che secondo lo stregone porterà fortuna alla tribù. Un avvenimento improvviso capovolgerà la situazione: il figlio dello stregone sta male e un medico della carovana lo cura. L'esito positivo dell'operazione fa cambiare atteggiamento agli indiani. ■ WESTERN; COL.; 90'; USA, 1957.

CARREL AGENTE PERICOLOSO *(Deadly Hero)* ★★
Regia di IVAN NAGY. Con JAMES EARL JONES, DON MURRAY, DIAHN WILLIAMS. ■ Una giovane direttrice d'orchestra, aggredita da un nero nella sua abitazione, viene salvata dall'intervento dell'agente Carrel. Costui però è un paranoico e uccide senza necessità il nero. Il fatto è strumentalizzato da un deputato reazionario, che invoca una polizia dalle maniere forti. La musicista entra allora in urto con lui e con Carrel, che si è aggregato al carrozzone del deputato. Carrel la prende in malo modo: la segue a casa e tenta di ucciderla. ■ POLIZIESCO; COL.; 90'; USA, 1977.

CARREMENT A L'OUEST *(Carrément à l'Ouest)* ★★
Regia di JACQUES DOILLON. Con LOU DOILLON, CAROLINE DUCEY, GUILLAUME SAURREL. ■ Nel suo consueto stile minimale e a tratti teatrale (con riferimenti a Marivaux), il regista francese compone il suo ritratto di alcuni giovani parigini. Alex conosce due ragazze, Fred e Sylvia. La prima (nonostante il nome è una ragazza) si diverte a costruire un amore tra Sylvia ed Alex, ma poi si innamora del ragazzo, che ora non sa più quale scegliere visto

che anche Sylvia se ne è innamorata. ■ COMMEDIA; COL.; 97′; FRANCIA, 2001.

CARRETTO FANTASMA, IL *(Körkarlen)* ★★★
Regia di VICTOR SJÖSTRÖM. Con HILDA BORGSTROM, ASTRID HOLM, VICTOR SJÖSTRÖM. ■ Sjöström è il regista svedese divenuto famoso, ironia della sorte, come attore ne *Il posto delle fragole* di Bergman. Molto avanti nel linguaggio, rispetto al periodo, il film è un flusso di immagini fantastiche e realistiche. È la notte di Capodanno. Una leggenda vuole che un carretto fantasma passi con l'anima dell'ultima persona deceduta prima del nuovo anno. ■ FANTASTICO; COL.; 90′; SVEZIA, 1921.

CARRIE (LO SGUARDO DI SATANA) *(Carrie)* ★★★
Regia di BRIAN DE PALMA. Con AMY IRVING, WILLIAM KATT, PIPER LAURIE, SISSY SPACEK, JOHN TRAVOLTA. ■ Carrie è una liceale timida e bruttina afflitta da una madre paranoica e da compagni di scuola spocchiosi e malvagi. La ragazza però sotto l'apparenza di uccellino spaurito ha terribili poteri telecinetici (può sollevare i corpi col solo sforzo mentale). Se ne accorgeranno le compagne quando alla festa della scuola la beffeggiano in maniera anche più pesante del consueto. Carrie ha una reazione tremenda: scatena la sua forza repressa provocando incendi, distruzioni e la morte di decine di persone (compresa la madre). ■ DRAMMATICO; COL.; 97′; USA, 1976. ■ GOLDEN GLOBES 1 NOM.

CARRIERA PER DUE, UNA *(Working Trash)* ★
Regia di ALAN METTER. Con GEORGE CARLIN, BUDDY EBSEN, MICHAEL J. POLLARD, BEN STILLER. ■ Un netturbino scopre che un sistema escogitato da due *brokers* per guadagnare in borsa è illegale. Essi, infatti, sfruttano il trasporto dei rifiuti per farsi "recapitare" documenti con preziose informazioni sui mercati finanziari. Anche l'uomo si mette in affari e si organizza nello scantinato dell'edificio in cui operano gli altri due speculatori. ■ COMMEDIA; COL.; 120′; USA, 1990.

CARRINGTON ★★★
Regia di CHRISTOPHER HAMPTON. Con JONATHAN PRYCE, EMMA THOMPSON, STEVEN WADDINGTON, SAMUEL WEST. ■ Inghilterra 1915. Dora Carrington, giovane pittrice anticonformista, incontra Lytton Strachey, scrittore pacifista ed omosessuale. Tra i due nasce una tormentata, ma intensa e platonica relazione sentimentale. La loro storia, fatta di complicità, di appassionate discussioni sull'arte e sulla cultura, tra i matrimoni dell'una e le avventure gay dell'altro, durerà fino al 1932, anno della morte di Strachey ed anche della tragica fine di Dora. Diretto da Christopher Hampton, già abile drammaturgo, che esordisce dietro la macchina da presa, conducendo con efficacia gli ottimi Emma Thompson e Jonathan Pryce. ■ DRAMMATICO; COL.; 98′; GRAN BRETAGNA, 1995. ■ CANNES 2 PR.

CARRO ARMATO DELL'8 SETTEMBRE, IL ★★
Regia di GIANNI PUCCINI. Con GABRIELE FERZETTI, YVONNE FURNEAUX, DORIAN GRAY, MARISA MERLINI. ■ Un carro armato in perlustrazione viene sorpreso dagli avvenimenti dell'8 settembre 1943. L'equipaggio scappa, resta solo il caporale ben deciso a riportare a destinazione il mezzo. Vari episodi comici, drammatici e grotteschi, di cui il caporale e il carro sono protagonisti, si susseguono sullo sfondo di un'Italia sconvolta dalla guerra. ■ DRAMMATICO; B/N; 95′; ITALIA, 1960.

CARRO FANTASMA, IL *(La charrette fantôme)* ★★★★
Regia di JULIEN DUVIVIER. Con MARIE BELL, MICHELINE FRANCEY, PIERRE FRESNAY, LOUIS JOUVET. ■ Secondo un'antica leggenda nordica, il carro fantasma è il carro della morte, il cui rumore è udito solo da chi è prossimo a morire. Chi muore il 31 dicembre, lo conduce per tutto l'anno. Davide, un vagabondo alcolizzato, dopo una rissa si rifugia in un ricovero aperto dall'Esercito della Salvezza. Sogna di essere il carrettiere della morte e, spaventato, decide di redimersi, grazie anche all'aiuto di Edith, una delle "sorelle" dell'Esercito. ■ DRAMMATICO; B/N; 93′; FRANCIA, 1939.

CARROZZA D'ORO, LA ★★★
Regia di JEAN RENOIR. Con PAUL CAMPBELL, DUNCAN LAMONT, ANNA MAGNANI, RICCARDO RIOLI, ODOARDO SPADARO. ■ Il viceré di una colonia spagnola si invaghisce della prima donna di una compagnia di comici italiani, Camilla. A dimostrazione del suo amore, le regala una carrozza tutta d'oro. Ma pare che non si addica a un viceré un tale amore, né un tale comportamento: i nobili gelosi e preoccupati gridano allo scandalo minacciando il viceré. Questi, impressionato, sta per cedere. Quando Camilla gli sbatte in faccia il suo disprezzo, egli tenta inutilmente di riconquistarla. La bella Camilla ha altri due spasimanti: un cavaliere e un torero, ma tutti e tre la deluderanno e alla fine la commediante sceglierà quella che è la sua vera passione: il teatro. ■ COMMEDIA; COL.; 100′; ITALIA, 1952.

CARS 2 ★★
Regia di BRAD LEWIS, JOHN LASSETER. Con LARRY THE CABLE GUY, CHEECH MARIN, JOHN RATZENBERGER, TONY SHALHOUB, OWEN WILSON. ■ Un ricco magnate del petrolio decide di passare ai carburanti ecologici e per promuovere l'affidabilità della sua nuova miscela organizza un campionato in tre gare, ciascuna in un paese diverso (Inghilterra, Giappone e Italia), a cui parteciperanno le automobili più veloci del mondo con lo scopo di determinare quale sia la più potente. ■ ANIMAZIONE; COL.; 120′; USA, 2011.

CARS – MOTORI RUGGENTI *(Cars)* ★★★
Regia di JOHN LASSETER. ■ Saetta McQueen è la matricola più promettente di tutta la storia della Piston Cup, il principale torneo automobilistico non europeo. È bello, forte, veloce e arrogante, dalla vita ha tutto quello che vuole ma, durante il trasferimento verso il circuito dove disputerà la grande finale, si trova accidentalmente bloccato a Radiator Springs, un piccolo paesino di provincia. Costretto ai lavori forzati e a stare a contatto con persone (o macchine) dai valori semplici ma radicati, riuscirà a trovare la vera felicità, l'amore e forse anche qualche motivazione in più per vincere il campionato. ■ ANIMAZIONE; COL.; 112′; USA, 2006.

CARTACALHA ★★
Regia di LÉON MATHOT. Con ROGER DUCHESNE, VIVIANE ROMANCE. ■ La regina di una comunità di zingari, per aiutare i suoi compagni, accetta di esibirsi in un teatro parigino. La sua bellezza e il suo successo suscitano l'invidia e la gelosia di un'altra gitana, che la fa spodestare con false accuse. Incompresa e disperata, la bella regina vorrebbe uccidersi, ma infine tutto si aggiusta. ■ AVVENTURA; B/N; 95′; FRANCIA, 1941.

CARTA CHE VINCE CARTA CHE PERDE ★★
(The Flim Flam Man)
Regia di IRVIN KERSHNER Con JACK ALBERTSON, SUE LYON, HARRY MORGAN, GEORGE C. SCOTT. ■ Due amici sfruttano la loro abilità nel gioco delle "tre carte" per imbrogliare sciocchi individui avidi di soldi. Arrestati riescono a evadere. Mentre Curley, il più vecchio, scappa, Archie decide di riconsegnarsi alla giustizia per amore di Bonnie, una ragazza conosciuta durante un inseguimento da parte della polizia. ■ COMMEDIA; COL.; 115′; USA, 1967.

CARTAGINE IN FIAMME ★★
Regia di CARMINE GALLONE. Con PIERRE BRASSEUR, DANIEL GÉLIN, ILARIA OCCHINI, PAOLO STOPPA. ■ Hiram, condottiero cartaginese, esiliato dal governo, rientra di nascosto a Cartagine per rivedere la donna che ama. Salva Fulvia, una donna romana alla quale deve riconoscenza poiché lei, a sua volta, lo aveva salvato. Hiram rapisce Ophir, ma è fatto prigioniero e ancora una volta Fulvia si sacrificherà per salvarlo. ■ AVVENTURA; COL.; 95′; ITALIA, 1953.

CARTAIO, IL ★★
Regia di DARIO ARGENTO. Con FIORE ARGENTO, LIAM CUNNINGHAM, VERA GEMMA, ADALBERTO MARIA MERLI, SILVIO MUCCINO, STEFANIA ROCCA, CLAUDIO SANTAMARIA. ■ Una turista inglese scompare ed un'e-mail firmata "il cartaio" ne rivendica il rapimento: il misterioso maniaco sfida la polizia ad una partita di poker via chat la cui posta in palio è la vita della ragazza. La polizia si rifiuta di giocare e vede la ragazza morire in diretta via webcam. Ha inizio una serie di rapimenti con la stessa modalità su cui indagano l'ispettrice Mori e l'agente Brennan dell'ambasciata inglese. L'incursione del Maestro del Brivido in un ambito fatto di chat, webcam, ossessione da videopoker e affini, tradisce tut-

ta la sua mancanza di conoscenza in proposito: il film non solo non fa paura, ma è talmente banale e sconclusionato da non innescare mai la minima tensione. La seconda stella è solo per il rispetto dovuto. ■ HORROR; COL.; 106′; ITALIA, 2003.

CARTA VINCENTE, LA *(Where It's At)* ★★
Regia di GARSON KANIN. Con ROBERT DRIVAS, ROSEMARY FORSYTH, DAVID JANSSEN. ■ Las Vegas: il proprietario di una importante casa da gioco vorrebbe che il figlio (ritornato dopo una lunga assenza per motivi di studio) diventasse suo socio. Dapprima riluttante a questo tipo di affari, il giovane diventerà l'unico proprietario della "casa", estromettendone il genitore. Innamoratosi di Molly, ex segretaria del padre, quando questa rimane incinta decide di sposarla abbandonando la disonesta attività di biscazziere. ■ COMMEDIA; COL.; 104′; USA, 1969.

CARTER *(Get Carter)* ★★★
Regia di MIKE HODGES. Con MICHAEL CAINE, BRITT EKLAND, IAN HENDRY, JOHN OSBORNE. ■ Un killer indaga sulla morte del fratello, deceduto in apparenza per un incidente stradale, in realtà eliminato da una banda della malavita locale. Jack eliminerà ad uno ad uno tutti i responsabili, ma alla fine subirà la stessa sorte per mano di un altro killer. ■ DRAMMATICO; COL.; 112′; USA, 1971.

CARTOLINE DALL'INFERNO ★★★
(Postcards from the Edge)
Regia di MIKE NICHOLS. Con RICHARD DREYFUSS, GENE HACKMAN, SHIRLEY MACLAINE, DENNIS QUAID, MERYL STREEP. ■ I tempi di *Il laureato* e di *Conoscenza carnale* sono lontani per Nichols che, a parte *Silkwood*, non è mai riuscito negli anni Ottanta a ritrovare l'ispirazione degli esordi. Fortuna che per lui *Una donna in carriera* è stato perlomeno un grosso successo di pubblico. Anche in questo caso spreca un'altra occasione buona e, invece di fare qualcosa di veramente corrosivo, lascia che tutto rimanga innocuo. È il dramma di un'attrice quarantenne, da sempre in conflitto con la madre, che per superare le proprie crisi si è rintanata nell'uso di stupefacenti. Per uscire dal vizio della droga la strada è molto difficile, specie se si lavora a Hollywood. La Streep e la MacLaine fanno a gara nel recitare ad "alta voce" e se proprio bisogna trovare una vincitrice la palma va alla seconda. ■ DRAMMATICO; COL.; 101′; USA, 1990. ■ GOLDEN GLOBES 3 NOM; OSCAR 2 NOM.

CARTOLINE ITALIANE ★★
Regia di MEMÈ PERLINI. Con CRISTIANA BORGHI, LINDSAY KEMP, GENEVIÈVE PAGE. ■ Un programmista televisivo manda la moglie, con un microfono nascosto, in una pensione per vecchi attori per realizzare un servizio su una famosa attrice ritiratasi dalle scene. Ma la donna, coinvolta nella strana atmosfera teatrale, tradisce il marito, fallisce il servizio e fugge. Il teatro è vita, è la tesi: entrambi sono negativi. ■ DRAMMATICO; COL.; 97′; ITALIA, 1987.

CARTONI ANIMATI ★★
Regia di FRANCO CITTI, SERGIO CITTI. Con FRANCO CITTI, FIORELLO, ELIDE MELLI. ■ Nella magica armonia del Villaggio Felice – di nome e di fatto – arriva Salvatore, nipote del Totò di *Miracolo a Milano*, che distribuisce a tutti delle boccettine colorate il cui liquido rende reale i sogni di chi lo beve. Tra gli altri, quelli di Peppe e di Maria che ne è pazzamente innamorata. Come in ogni favola, però, l'incantesimo si rompe... ■ COMM. DRAMMATICA; COL.; 90′; ITALIA, 1998.

CARTOUCHE ★★
Regia di PHILIPPE DE BROCA. Con JEAN-PAUL BELMONDO, CLAUDIA CARDINALE, JEAN ROCHEFORT. ■ Ennesimo film sulle disavventure del celebre bandito francese. Cartouche, capo della più organizzata banda di borsaioli di Parigi, ha un debole per le belle donne. A causa di una donna infatti viene arrestato. Venus, una bella zingara innamorata di lui, lo salva, ma rimane ferita a morte. Come ultimo dono a colei che lo ha tanto amato, Cartouche ruba i gioielli di tutte le signore al ballo della polizia. ■ AVVENTURA; COL.; 115′; FRANCIA, ITALIA, 1962.

CARTOUCHE IL BANDITO *(Cartouche)* ★★
Regia di GUILLAUME RADOT. Con JEAN DAVY, RENÉE DEVILLERS, ROGER PIGAUT. ■ Cartouche, avventuriero famoso a Parigi, si innamora di una fanciulla che scopre essere sua cugina. Quando viene a sapere che la ragazza è l'amante del duca di Marne, torna ad essere un bandito. Grazie al coraggio di Cartouche viene sventata una congiura ai danni del re, ordita dallo stesso duca; per questo al giovane verrà dato un lasciapassare col quale potrà lasciare la Francia. ■ AVVENTURA; B/N; 80′; FRANCIA, 1949.

CARTOUCHE – LE AVVENTURE DI CARTOUCHE ★★
Regia di GIANNI VERNUCCIO. Con RICHARD BASEHART, PATRICIA ROC, MASSIMO SERATO. ■ Un giovane conte si accusa per salvare il padre sospettato di un omicidio che non ha commesso. Per questo deve lasciare la Francia. Ritornato in patria, inizia di nascosto le ricerche per trovare il vero assassino. Grazie a un gioiello che vede al collo di una commediante, riesce a risalire al colpevole dell'intrigo, che ucciderà in un duello non prima di avergli fatto confessare il delitto. ■ AVVENTURA; COL.; 114′; ITALIA, 1954.

CARUSO PASKOSKI DI PADRE POLACCO ★★
Regia di FRANCESCO NUTI. Con CLARISSA BURT, FRANCESCO NUTI, RICKY TOGNAZZI. ■ Uno psichiatra viene abbandonato dalla moglie, innamorata di un suo paziente. Il dottore dà fuori da matti. Poi scopre che il suo rivale ha tendenze omosessuali. La moglie, che l'ha scoperto da tempo, finisce per tornare da Caruso. La commedia è, come le precedenti di Nuti, appesantita dal narcisismo del comico toscano. Ma parecchie trovate sono di buona lega. Ricky Tognazzi riesce a destreggiarsi, con imprevista abilità, fra le pieghe di un ruolo ingrato. ■ COMMEDIA; COL.; 100′; ITALIA, 1988.

CARUSO, ZERO IN CONDOTTA ★
Regia di FRANCESCO NUTI. Con APAMATO CAFUA, CECILIA DAZZI, LORENZO DE ANGELIS, FRANCESCO NUTI, PLATINETTE, REMO REMOTTI, MASSIMO SALVIANTI, GIULIA SERAFINI. ■ Lorenzo Caruso, vedovo da tredici anni, ha una figlia, Giulia, che ha allevato da solo sin dalla più tenera età. Caruso è uno psicologo, ha avuto una compagna, Olga, per tre anni e ora la vorrebbe lasciare, ma lei continua a interferire con la sua vita. Un giorno i carabinieri lo chiamano: Giulia fa parte di una baby gang. Caruso comincia a pedinarla e a immaginarsi le cose peggiori su di lei, anche perché le ha trovato nello zaino dei preservativi. Il dialogo tra i due langue, fino a che fa la comparsa sulla scena una pistola. Il problema di Nuti è che non ha assolutamente idea di come sviluppare il tema centrale del film, quello dal rapporto tra padri e figli. ■ COMMEDIA; COL.; 91′; ITALIA, 2001.

CAR WASH – STAZIONE DI SERVIZIO *(Car Wash)* ★★★
Regia di MICHAEL SCHULTZ. Con FRANKLYN AJAYE, IVAN DIXON, ANTONIO FARGAS, SULLY OYAR, RICHARD PRYOR. ■ Tutto ambientato in una stazione di servizio, nello svolgersi di una normale giornata lavorativa. Il film presenta e analizza alcuni personaggi assai diversi tra loro ma per qualche verso interessanti. ■ COMMEDIA; COL.; 97′; USA, 1976. ■ CANNES 1 PR.

CASA, LA *(Evil Dead)* ★★
Regia di SAM RAIMI. Con BETSY BAKER, BRUCE CAMPBELL, SARAH YORK. ■ Un gruppo di ragazzi penetra in una casa sperduta, trova un libro di antiche formule magiche e con esso malauguratamente risveglia una serie di spiriti maligni assetati di sangue. Film grandguignolesco, girato relativamente a basso costo con effetti speciali spesso "caserecci", ma non privo di qualche buona trovata. ■ HORROR; COL.; 85′; USA, 1982.

CASA, LA *(Evil Dead)* ★★
Regia di FEDE ALVAREZ. Con ELIZABETH BLACKMORE, SHILOH FERNANDEZ, JANE LEVY, JESSICA LUCAS, LOU TAYLOR PUCCI. ■ Tre ragazze e due ragazzi, divisi in coppie e per tipologie umane (i fratelli con problemi, la fidanzatina, la pragmatica, il professore) si recano in una casa nel bosco per il weekend. L'intenzione è di aiutare una di loro a chiudere con la droga, passando con lei i primi giorni di astinenza. Ed è proprio la più fragile ad essere posseduta per prima da un demone evocato da un volume ritrovato negli scantinati. ■ HORROR; COL.; 90′; USA, 2013.

CASA ABBANDONATA, LA *(At the Villa Rose)* ★★
Regia di WALTER G. SUMMERS. Con JUDY KELLY, KENNETH KENT. ■ Una vecchia signora ospita una ragazza con virtù medianiche. Durante una seduta spiritica, la giovane scompare e la vecchia viene strangolata. Viene incaricato dell'indagine un detective competente di pratiche medianiche, che riesce a risolvere

il caso. Alla fine c'è una notevole sorpresa. ■ HORROR; B/N; 74'; GRAN BRETAGNA, 1939.

CASA ALLA FINE DEL MONDO, UNA ★★★
(A Home at the End of the World)
Regia di MICHAEL MAYER. Con HARRIS ALLAN, ANDREW CHALMERS, WENDY CREWSON, RYAN DONOWHO, COLIN FARRELL, MATT FREWER, RON LEA, DALLAS ROBERTS, ERIK SMITH, SISSY SPACEK, ASIA VIEIRA, ROBIN WRIGHT PENN. ■ Bobby Morrow è un bambino con un fratello meraviglioso, Carlton, che gli insegna a sorridere alla vita. Carlton muore tragicamente, e dopo di lui tutti i familiari di Bobby, che pur se solo, non perde la gioia di vivere. Viene accolto nella famiglia del suo miglior amico, Jonathan, che diventa rapidamente la sua. ■ DRAMMATICO; COL.; 95'; USA, 2002.

CASA AL N. 13 IN HORROR STREET, LA ★★
(Dram Demon)
Regia di HARLEY COKLISS. Con SUSAN FLEETWOOD, JIMMY NAIL, JEMMA REDGRAVE, TIMOTHY SPALL, KATHLEEN WILHOITE. ■ Diana ha delle visioni. Non è più sicura del suo amore per il futuro marito, un ufficiale inglese. Nella casa londinese nella quale si è trasferita, in cui vivrà da sposata, capita una ragazza americana, che non conosce il proprio passato. Le due donne stabiliscono un sodalizio ed è Diana, con le sue visioni tormentose, a scoprire l'identità dell'amica, i cui genitori morirono proprio in quella casa. Il sangue scorre a fiotti e la casa pare invasa dagli spiriti dei trapassati. ■ HORROR; COL.; 86'; GRAN BRETAGNA, 1988.

CASABLANCA ★★★★★ 🏆
Regia di MICHAEL CURTIZ. Con INGRID BERGMAN, HUMPHREY BOGART, SIDNEY GREENSTREET, PAUL HENREID, PETER LORRE, CLAUDE RAINS, CONRAD VEIDT. ■ L'affascinante Rick, avventuriero newyorkese, gestisce un locale a Casablanca. Siamo nel 1941 e la città sulla costa atlantica africana è meta di ogni tipo di umanità: spie, povera gente che vuole espatriare, eroi della Resistenza, truffatori, trafficanti, giocatori di professione. Arriva al locale la bella Ilssa, insieme al marito Victor Laszlo, braccato dai nazisti. Rick aveva conosciuto la donna a Parigi un anno prima e fra i due c'era stata una breve, intensa storia d'amore. Quando si ritrovano scocca di nuovo la scintilla. Rick è in possesso di due preziosi lasciapassare e progetta di partire con la donna. Ma alla fine, all'aeroporto, Bogart fa in modo che a partire (e salvarsi) al posto suo sia Victor, prezioso per la lotta contro il nazismo. «Noi due siamo niente in questa immensa tragedia», dice alla Bergman piangente. Autentico mito del cinema, uno dei massimi, superiore forse agli effettivi meriti del film. Ma si sa, il cinema non è sempre così logico e allora ecco che il pubblico consegna alla leggenda una storia che inciampa più volte nel mélo, che presenta ricostruzioni d'ambiente del tutto improbabili, ma che, appunto, misteriosamente funziona. Nutrito nel tempo dal mito perenne di Bogart, dalle citazioni di Woody Allen, dalle continue riproposte televisive, il film resiste proprio in virtù delle sue "contaminazioni". Grande merito va reso al gruppo straordinario di caratteristi, diventati manifesti perfetti e insostituibili nella rappresentazione di certi segnali: il grasso Sydney Greenstreet, l'ambiguo Claude Rains, l'angosciato Peter Lorre. E inoltre Paul Henreid, il più efficace "perseguitato" (per lo più dai nazisti) della storia del cinema. Il film ebbe l'Oscar assoluto del 1943 anche per le sue dichiarazioni contro il "nemico del mondo", divenendo un manifesto della propaganda bellica. Numerose le sequenze memorabili: i presenti nel locale che cantano la *Marseillaise* davanti ai nazisti; il flash-back dell'amore parigino; la canzone *As time goes by* cantata da Dooley Wilson e la scena finale dell'aeroporto. *Casablanca* è uno dei film presenti e viventi nella comunicazione perenne: Bogart-Rick è stato continuamente usato dalla pubblicità diventando una sorta di manifesto dell'uomo vero. ■ DRAMMATICO; B/N; 102'; USA, 1942. ■ OSCAR 🏆 3 PR, 8 NOM.

CASABLANCA CASABLANCA ★★
Regia di FRANCESCO NUTI. Con GIULIANA DE SIO, MARCELLO LOTTI, FRANCESCO NUTI. ■ Ritroviamo il terzetto che dava il titolo al precedente *Io, Chiara e lo Scuro*, del quale *Casablanca Casablanca* rappresenta il seguito. La scena si sposta appunto in Marocco, dove la sassofonista Chiara (De Sio) è in tournée e dove lo Scuro si trova a partecipare al campionato mondiale di biliardo. Francesco (Nuti) li raggiunge: litiga con Chiara, ormai lanciata nel firmamento musicale, e vince il campionato grazie all'aiuto dello Scuro. Protagonista, regista e sceneggiatore, Francesco Nuti confeziona una commedia gradevole e godibilissima, tutto sommato superiore a tanti scadenti prodotti italiani dello stesso periodo. ■ COMMEDIA; COL.; 105'; ITALIA, 1985. ■ DAVID DI DONATELLO 1 PR, 1 NOM.

CASABLANCA EXPRESS ★★
Regia di SERGIO MARTINO. Con JASON CONNERY, GLENN FORD, DONALD PLEASENCE, FRANCESCO QUINN, JEAN SOREL, JOHNNY STEFAN. ■ Il primo ministro inglese Winston Churchill viene sostituito da un sosia durante una missione speciale strategica a Casablanca nel novembre del 1942. Sul treno, insieme al presunto premier, viaggiano un agente speciale dello spionaggio britannico e alcuni ufficiali, ma è in azione anche un agente tedesco che ha l'incarico di fare prigioniero Churchill. ■ AVVENTURA; COL.; 93'; ITALIA, 1989.

CASABLANCA PARTE 2 *(Jane and the Lost City)* ★★
Regia di TERENCE MARCEL. Con MAUD ADAMS, JASPER CARROTT, SAM JONES. ■ In Africa durante la seconda guerra mondiale, due spedizioni, una guidata da emissari nazisti, l'altra al comando di una bella agente britannica, cercano di raggiungere una mitica città nel deserto, dove, secondo la leggenda, si celano immense ricchezze. ■ AVVENTURA; COL.; 90'; GRAN BRETAGNA, 1987.

CASABLANCA PASSAGE *(The Passage)* ★★
Regia di JACK LEE THOMPSON. Con CHRISTOPHER LEE, JAMES MASON, MALCOLM MCDOWELL, PATRICIA NEAL, ANTHONY QUINN. ■ Durante la guerra, un professore antinazista fugge attraverso l'Europa con la sua famiglia. Lo insegue un giovane sadico ufficiale delle SS. Alla frontiera franco-spagnola il gruppo è preso sotto la protezione di una guida basca, uomo deciso e coraggioso che riuscirà a portarli (quasi) tutti in salvo. ■ AVVENTURA; COL.; 99'; GRAN BRETAGNA, 1979.

CASA CHE GRONDAVA SANGUE, LA ★★
(The House that Dripped Blood)
Regia di PETER DUFFELL. Con NYREE DAWN PORTER, DENHOLM ELLIOTT, CHRISTOPHER LEE. ■ Quattro racconti legati a una casa sulla quale grava una maledizione. L'ispettore Cohill, che conduce le indagini con molta abilità e pazienza, riesce alla fine a scoprire il mistero, ma anche lui verrà ucciso da un vampiro. ■ AVVENTURA; COL.; 102'; GRAN BRETAGNA, 1970.

CASA 5, LA ★★
Regia di CLYDE ANDERSON. Con BARBARA BINGHAM, DAVID BRANDON, GENE LE BROCK, MICHAEL STEPHENSON. ■ Quinta puntata della saga delle case maledette, ma nulla di nuovo in realtà. Questa volta il protagonista è un prete protestante, David Brandon, che, a seguito di un esorcismo, viene egli stesso "catturato" dallo spirito satanico. Cosa potrà allora accadere quando David si troverà ad incontrare la famiglia di un suo ex compagno di università? Ovviamente allo spettatore non resta che seguire le manifestazioni del prete indemoniato che, munito di Bibbia e coltello e accompagnato da schiere di fantasmi, perseguita per tre quarti del film la povera famigliola. Il film, prodotto in Italia con troupe americana, non è privo di qualche finezza tecnica e buoni sono gli effetti speciali; resta comunque destinato esclusivamente agli amanti del genere. ■ HORROR; COL.; 85'; ITALIA, 1990.

CASA CON LA SCALA NEL BUIO, LA ★★
Regia di LAMBERTO BAVA. Con ANDREA OCCHIPINTI, ANNIE PAPA, FABIOLA TOLEDO. ■ Un compositore di musiche da film, Bruno, ritiratosi in una villa isolata per scrivere una colonna sonora, s'imbatte in una serie di misteriosi delitti. Scopre che essi sono collegati al film e che il colpevole è un travestito, il quale rimane ucciso dal suo stesso coltello mentre tenta di colpire Bruno. ■ GIALLO; COL.; 97'; ITALIA, 1983.

CASA DA GIOCO – UN SOLO DESIDERIO ★★
(One Desire)
Regia di JERRY HOPPER. Con JULIE ADAMS, ANNE BAXTER, ROCK HUDSON, NATALIE WOOD. ■ Tracy, ex ballerina, proprietaria di

una casa da gioco, è innamorata di Clint, un biscazziere. Tra di loro si intromette Judith, la bella figlia di un banchiere che, innamoratasi di Clint, denuncia Tracy alla polizia. Ma alla fine Clint e Tracy tornano insieme e Judith muore in un incendio da lei stessa provocato. ■ DRAMMATICO; COL.; 94′; USA, 1955.

CASA DALLE FINESTRE CHE RIDONO, LA ★
Regia di PUPI AVATI. Con LINO CAPOLICCHIO, GIANNI CAVINA, FRANCESCA MARCIANO, GIULIO PIZZIRANI. ■ Stefano, un giovane pittore, è chiamato a restaurare un affresco, terrificante opera di un folle morto suicida. Durante il lavoro, Stefano è vittima di fatti strani e inquietanti e assiste a una serie di morti strane. Dopo non pochi spaventi e scampati pericoli il pittore riesce finalmente a risolvere il mistero. ■ GIALLO; COL.; 110′; ITALIA, 1976.

CASA D'APPUNTAMENTO ★
Regia di F. L. MORRIS. Con BARBARA BOUCHET, ANITA EKBERG, ROSALBA NERI, ROBERT SACCHI. ■ In una "casa" viene uccisa una prostituta. Un giovane viene accusato e messo in prigione. Quando tenta di evadere, muore decapitato. Tutti i personaggi coinvolti nel processo muoiono in circostanze misteriose. Il colpevole verrà scoperto, ma morirà precipitando dalla torre Eiffel. ■ GIALLO; COL.; 90′; ITALIA, 1972.

CASA DA TÈ ALLA LUNA D'AGOSTO, LA ★★★
(The Teahouse of the August Moon)
Regia di DANIEL MANN. Con EDDIE ALBERT, MARLON BRANDO, GLENN FORD, MACHIKO KYÔ. ■ Siamo a Okinawa subito dopo la guerra. C'è un colonnello che amministra la città e c'è un capitano (esperto di guerra "psicologica") che viene invitato a dargli una mano. Il capitano, completamente conquistato dalla civiltà orientale, amministra la popolazione con criteri locali (usa kimono e bastoncini e ha una moglie geisha), per cui il colonnello lo crede pazzo. Viene costruita una casa da tè invece che una scuola. Ma alla fine dall'America il lavoro del capitano viene riconosciuto a tal punto che una delegazione di uomini politici va in Giappone a rendersi conto del miracolo. ■ COMMEDIA; COL.; 123′; USA, 1956.

CASA DEGLI AGGUATI, LA *(Confidential)* ★★
Regia di EDWARD L. CAHN. Con DONALD COOK, EVELYN KNAPP. ■ Agente di polizia, per indagare sulle illecite attività di una banda, si introduce clandestinamente nella stessa. Riesce a raccogliere prove sufficienti, ma è scoperto e sta per essere ucciso. Verrà salvato da una componente della banda che si è innamorata di lui. ■ POLIZIESCO; B/N; 90′; USA, 1935.

CASA DEGLI AMORI PARTICOLARI, LA *(Manji)* ★★★
Regia di YASUZO MASUMURA. Con EIJI FUNAKOSHI, KYOKO KISHIDA, AYAKO WAKAO. ■ Sanako, una giovane donna, si innamora di Mitsuko, una sua compagna. Suo marito vorrebbe troncare questa relazione, ma finisce per innamorarsi anche lui di Mitsuko. Inizia un ménage a tre, ma quando la loro storia finisce sui giornali decidono di suicidarsi bevendo un veleno. Sanako viene ingannata, le fanno bere un sonnifero e quando si sveglia trova il marito e l'amica uniti in un ultimo abbraccio. ■ DRAMMATICO; COL.; 89′; GIAPPONE, 1964.

CASA DEGLI ANGELI, LA *(Anglagörd)* ★★
Regia di COLIN NUTLEY. Con HELENA BERGSTRÖM, RIKARD WOLFF, SVEN WOLTER. ■ In un villaggio svedese si sviluppa una storia costellata di ripicche e litigi a causa dell'acquisizione di alcune terre. Axel pensava che spettassero a lui e invece il vecchio Erik le ha lasciate in eredità alla nipote Fanny. ■ COMMEDIA; COL.; 116′; SVEZIA, 1992.

CASA DEGLI INCUBI, LA *(Goupi mains rouges)* ★★★★
Regia di JACQUES BECKER. Con BLANCHETTE BRUNOY, FERNAND LEDOUX, GEORGES ROLLIN. ■ È una vicenda di contadini francesi, i Goupi, una famiglia piena di piccoli intrighi e grettezze. La storia ruota intorno a un fantomatico tesoro che dovrebbe essere nascosto in qualche parte della casa. Alla fine il tesoro c'è davvero, ma sarà utile soprattutto rimanendo nascosto. È il primo film del grande regista francese. Molti lo considerano il suo migliore in assoluto. ■ DRAMMATICO; B/N; 104′; FRANCIA, 1943.

CASA DEGLI ORRORI – AL DI LÀ DEL MISTERO, LA *(House of Dracula)* ★
Regia di ERLE C. KENTON. Con LIONEL ATWILL, JOHN CARRADINE, LON CHANEY JR, MARTHA O'DRISCOLL, ONSLOW STEVENS. ■ Vecchio scienziato trasforma il suo castello in una sorta di "clinica per mostri". Promette infatti di guarire licantropi e vampiri con sieri ricavati da piante tropicali da lui coltivate. Un arcigno barone, che vorrebbe farsi curare dal vampirismo, inietta il suo sangue nelle vene del folle medico che impazzito libera un vampiro suo ospite. Costui dà fuoco a tutto il castello. ■ HORROR; B/N; 67′; USA, 1945.

CASA DEGLI ORRORI NEL PARCO, LA ★★
(House in Nightmare Park)
Regia di PETER SYKES. Con HUGH BURDEN, FRANKIE HOWERD, RAY MILLAND. ■ In una villa isolata Stuart e Jessica Anderson invitano tra gli altri Foster, inconsapevole protagonista della loro macchinazione. Figlio di un loro defunto fratello, Foster ignora di custodire documenti che provano l'esistenza di un tesoro nascosto nella villa. Destreggiandosi miracolosamente fra i vari attentati, l'uomo vede sparire successivamente tutti i fratelli Anderson e alla fine scopre il tesoro. ■ HORROR; COL.; 95′; GRAN BRETAGNA, 1974.

CASA DEGLI SPIRITI, LA *(The House of Spirits)* ★★
Regia di BILLE AUGUST. Con ANTONIO BANDERAS, GLENN CLOSE, JEREMY IRONS, WINONA RYDER, MERYL STREEP. ■ Delusione cocente dal regista di *Con le migliori intenzioni*. Aveva il compito difficile di restituire la magia di scrittura del romanzo di Isabel Allende, e non avendo Ingmar Bergman alla sceneggiatura, come nel precedente film, il risultato è da teleromanzo. Anche il cast da grande produzione non è all'altezza, si salva solo Glenn Close. Assistiamo alla storia di una famiglia dagli inizi del Novecento fino ai primi anni Settanta, in coincidenza col colpo di Stato avvenuto in Cile. Protagonisti il barone Esteban Trueba, sua moglie, sua figlia e sua sorella. La prima è veggente; la seconda, una volta cresciuta, amerà un rivoluzionario; la terza avrà un destino crudele. Successo di pubblico. ■ DRAMMATICO; COL.; 140′; DANIMARCA, GERMANIA, ITALIA, PORTOGALLO, USA, 1993.

CASA DEGLI USHER, LA ★★
(The Fall of the House of Usher)
Regia di JAMES L. CONWAY. Con ROBERT HAYS, MARTIN LANDAU, CHARLENE TILTON. ■ Ennesima versione del racconto di Edgar Allan Poe. Una giovane coppia visita la casa degli Usher, inquietanti personaggi che comunicano con il mondo dei morti. La sorella del padrone di casa muore misteriosamente, ma una notte torna sotto forme vampiresche e accoppa il fratello. La casa crolla sulla stirpe maledetta. ■ HORROR; COL.; 97′; USA, 1981.

CASA DEGLI ZOMBI, LA *(The Child)* ★★
Regia di ROBERT VOSKANIAN. Con LAUREL BARRETT, ROSALIE COLE, FRANK JANSON. ■ Una ragazza va a fare la governante presso una famiglia evidentemente bacata. La più bacata di tutti è una bambina di undici anni, ossessionata dal ricordo violento della morte della madre uccisa (forse) da rapinatori. Per vendicare la genitrice la piccola si allea a una squadra di morti-viventi, che guidati da lei massacrano tutti gli abitanti della zona. Solo la governante riesce, almeno temporaneamente, a cavarsela. ■ HORROR; COL.; 79′; USA, 1977.

CASA DEI FANTASMI, LA *(Das Gespensterhaus)* ★★★
Regia di FRANZ SCHNEYDER. Con B. AUBREY, ALFRED RASSER. ■ Un piccolo classico favolistico svizzero, sceneggiato dal miglior *scripter* elvetico, Richard Schweizer. La storia è un susseguirsi di vicende tragicomiche che coinvolgono gli abitanti di un villaggio popolato da antiche leggende. ■ FANTASTICO; B/N; 85′; SVIZZERA, 1942.

CASA DEI FANTASMI, LA *(House on Haunted Hill)* ★★
Regia di WILLIAM CASTLE. Con ALAN MARSHALL, VINCENT PRICE. ■ Loren, eccentrico proprietario di un castello isolato, offre una forte somma a chi trascorrerà un'intera notte in casa sua. Accettano due giovani bisognosi di denaro, una anziana giornalista in cerca di notizie e uno psicologo. Sarà una lunga notte di terrore: Loren è un pazzo omicida. All'alba si conteranno i morti. ■ HORROR; B/N; 75′; USA, 1958.

CASA DEI FANTASMI, LA *(The Haunted Mansion)* ★★
Regia di ROB MINKOFF. Con AREE DAVIS, MARC JOHN JEFFERIES, EDDIE MURPHY, NATHANIEL PARKER, WALLACE SHAWN, TERENCE STAMP, MARSHA THOMASON, JENNIFER TILLY, DINA WATERS. ■ A Jim Evers, agente immobiliare di New Orleans, capita l'affare di una vita: poter gestire la vendita di Villa Gracey, un tempo prestigiosa dimora ma oggi fatiscente e inquietante. Recatosi con la famiglia a visitare la casa, scopre ben presto che è infestata dai fantasmi. Murphy ormai fa ridere solo i bambini che non lo abbiano mai visto recitare. ■ COMMEDIA; COL.; 90′; USA, 2003.

CASA DEI GIOCHI, LA *(House of Games)* ★★★
Regia di DAVID MAMET. Con LINDSAY CROUSE, JOE MANTEGNA, LILIA SKALA. ■ Una psichiatra, per aiutare un paziente compromesso con alcuni giocatori professionisti, entra in contatto con questi ultimi. Il loro capo, un autentico equilibrista del gioco d'azzardo e della truffa, l'affascina, diventa il suo amante, la coinvolge in una truffa dove ci scappa il morto. Per rimediare la donna non esita a stanziare una grossa somma, che dovrebbe mettere ogni cosa a tacere. Solo dopo un certo periodo, scopre che è stato tutto un inganno: non c'è il morto e il paziente era d'accordo con i furfanti. Allora si vendica. ■ DRAMMATICO; COL.; 102′; USA, 1987. ■ GOLDEN GLOBES 1 NOM; VENEZIA 2 PR.

CASA DEI 1000 CORPI, LA *(House of 1000 Corpses)* ★★
Regia di ROB ZOMBIE. Con KAREN BLACK, ERINE DANIELS, SID HAIG, CHRIS HARDWICK, JENNIFER JOSTYN, SHERI MOON, BILL MOSELEY. ■ Un gruppo di ragazzi attraversa la provincia americana in auto alla ricerca di luoghi e personaggi bizzarri da inserire in una "guida turistica" delle stranezze. Alla stazione di servizio del Capitan Spaulding, con museo degli orrori annesso, vengono a conoscenza del Dottor Satana, leggendario assassino del luogo. Incuriositi si mettono sulle sue tracce, ma restano bloccati in una casa i cui tenutari sono tutti maniaci assassini, ognuno a modo suo. E il Dottor Satana è davvero morto come dicono? ■ HORROR; COL.; 88′; USA, 2004.

CASA DEI MOSTRI, LA *(The Unearthly)* ★★
Regia di BROOKE L. PETERS. Con MARILYN BUFERD, JOHN CARRADINE, ALLISON HAYES, SALLY TODD. ■ I pazienti ricoverati nella clinica psichiatrica del dottor Convay spariscono misteriosamente. Il giovane poliziotto Mark si introduce clandestinamente tra gli ammalati per vederci chiaro, ma viene scoperto e sottoposto ai terrificanti esperimenti di Convay, che trasforma gli uomini in esseri mostruosi. Uno dei degenti, però, in una crisi particolarmente violenta, uccide il dottore e Mark può liberare i prigionieri della clinica. ■ HORROR; B/N; 73′; USA, 1957.

CASA DEI NOSTRI SOGNI, LA ★★
(Mr. Blandings Builds his Dream House)
Regia di HENRY C. POTTER. Con LEX BARKER, MELVIN DOUGLAS, CARY GRANT, MYRNA LOY. ■ Innocua commediola imperniata sulle disavventure di una famiglia americana, che sogna di vivere in una casa di campagna. Quando il capofamiglia trova finalmente la dimora dei suoi sogni, si trova sommerso di ipoteche e non riesce nemmeno più a concentrarsi sul suo lavoro di pubblicitario. Ma il ritorno dell'ispirazione gli garantirà i soldi per acquistare definitivamente la casetta. ■ COMMEDIA; B/N; 94′; USA, 1948.

CASA DEI ROTHSCHILD, LA *(House of Rothschild)* ★★★
Regia di ALFRED L. WERKER. Con GEORGE ARLISS, BORIS KARLOFF, LORETTA YOUNG, ROBERT YOUNG. ■ È la storia della famiglia ebrea dei Rothschild, dai primi anni del Settecento all'età napoleonica, quando questi banchieri tedeschi raggiungono l'apogeo della loro potenza. ■ DRAMMATICO; COL.; 88′; USA, 1934. ■ OSCAR 1 NOM.

CASA DEI SETTE CAMINI – LA MALEDIZIONE DELLA MORTE, LA *(House of the Seven Gables)* ★★
Regia di JOE MAY. Con MARGARET LINDSAY, GEORGE SANDERS. ■ Nella casa dei sette camini rivive lo spirito di un vecchio cattivone che fece condannare un innocente. Intrighi vari, finché il figlio del cattivone, che è della stessa pasta del padre in quanto a perfidia, muore fulminato da paralisi. ■ DRAMMATICO; B/N; 89′; USA, 1940. ■ OSCAR 1 NOM.

CASA DEI SETTE FALCHI, LA ★★★
(The House of the Seven Hawks)
Regia di RICHARD THORPE. Con LINDA CHRISTIAN, NICOLE MAUREY, ROBERT TAYLOR. ■ Il capitano marittimo Johnny Nordley trova morto Anselm, uno sconosciuto che aveva noleggiato il suo battello. Dopo che una sedicente figlia di Anselm ha frugato tutta la nave, Johnny trova fra le carte del defunto quelle della casa dei sette falchi. ■ GIALLO; B/N; 92′; USA, 1959.

CASA DEI VAMPIRI, LA *(House of Dark Shadows)* ★★
Regia di DAN CURTIS. Con JOAN BENNETT, THAYER DAVID, JONATHAN FRID, GRAYSON HALL. ■ Un uomo sconosciuto si presenta alla ricca dimora della famiglia Collins e sostiene di essere Barnabas, un lontano parente. Effettivamente assomiglia molto al ritratto di un antenato dei Collins, ma da quando si stabilisce nella villa iniziano misteriosi delitti. ■ HORROR; COL.; 90′; USA, 1970.

CASA DEL BUON RITORNO, LA ★★
Regia di BEPPE CINO. Con STEFANIA CABRINI, FIAMMETTA CARENA, AMANDA SANDRELLI. ■ Un giovane torna nella casa di campagna che l'ha visto ragazzo. Ma appena arrivato riaffiorano vecchi e terribili ricordi, che aveva in qualche modo rimossi. Molti anni prima aveva ucciso (forse senza volere, forse no) una sua coetanea, una bambina, gettandola da una terrazza. Quella tragedia riprende a ossessionarlo, vede la bambina dappertutto (e quando non vede è una strana vicina di casa a ricordargli la sua antica colpa). ■ DRAMMATICO; COL.; 90′; ITALIA, 1986.

CASA DEL CORVO, LA *(The Man with a Cloak)* ★★★
Regia di FLETCHER MARKLE. Con LESLIE CARON, JOSEPH COTTEN, BARBARA STANWYCK. ■ Thévénet, vecchio ufficiale napoleonico, nel 1848 abbandona la Francia repubblicana diseredando per contrasti politici il nipote Paolo. Si rifugia a New York e qui è vittima delle macchinazioni dei suoi servitori, Lorna e Martin, che hanno messo gli occhi sulla ricca eredità. I due loschi figuri vengono scornati dall'intervento di Madeleine, fidanzata di Paolo, che conquista Thévénet per la sua dolcezza, e soprattutto di un misterioso poeta squattrinato, un certo Dupin, che si rivelerà poi per Edgar Allan Poe. ■ DRAMMATICO; B/N; 81′; USA, 1951.

CASA DEL DESTINO, LA *(Fools of Fortune)* ★★
Regia di PAT O'CONNOR. Con JULIE CHRISTIE, IAIN GLEN, MARY ELIZABETH MASTRANTONIO. ■ Tratto dall'omonimo libro di William Trevor, il film affronta un tema drammatico: la guerra civile in Irlanda. In una terra dove la violenza e l'odio sono giustificati dalla religione, anche l'esistenza dei pacifici Quinton, una famiglia protestante, non viene risparmiata. Per colpa di un sergente cattolico che usa il fuoco per sfogare la sua rabbia, un tragico destino si abbatte sulla loro casa. ■ DRAMMATICO; COL.; 112′; GRAN BRETAGNA, 1990.

CASA DEL DIAVOLO, LA *(The Devil's Rejects)* ★★
Regia di ROB ZOMBIE. Con PRISCILLA BARNES, LESLIE EASTERBROOK, KEN FOREE, WILLIAM FORSYTHE, SID HAIG, GEOFFREY LEWIS, MATTHEW MCGRORY, SHERI MOON, BILL MOSELEY, KATE NORBY, DAVE SHERIDAN, LEW TEMPLE. ■ Avevamo lasciato i membri dell'allegra famiglia Firefly al loro focolare – "La casa dei 1000 corpi" – e a dedicarsi indisturbati all'attività di maniaci assassini tra massacri, mutilazioni e sevizie. Lo sceriffo John Wydell ha però intenzione di mettere fine alle loro attività e di vendicare così anche suo fratello. Un'irruzione nella casa gli vale la cattura di Mama e l'uccisione di uno dei fratelli. Otis e Baby invece scappano e si danno appuntamento col papà, Captain Spaulding, nel bordello di Charlie, suo fratello di sangue. Ma Wydell non ha intenzione di fermarsi e assolda "The Unholy Two", un duo di spietati sicari, per rintracciare i Firefly che lungo il tragitto lasciano cadaveri senza lesinare. ■ HORROR; COL.; 101′; GERMANIA, USA, 2005.

CASA DELLA 56ª STRADA, LA ★★
(The House on 56th Street)
Regia di ROBERT FLOREY. Con KAY FRANCIS, MARGARET LINDSAY, GENE RAYMOND. ■ Uscita di carcere dopo aver scontato una pena di 25 anni per l'ingiusta accusa di omicidio del marito,

una donna ritrova la figlia che non aveva più visto in tutto quel periodo: ora è una incallita giocatrice d'azzardo. Quando la giovane, avendo perduto una forte somma, spara sul direttore della bisca, la madre si accusa del delitto. ■ DRAMMATICO; B/N; 90′; USA, 1932.

CASA DELLA GIOIA, LA *(The House of Mirth)* ★★★
Regia di TERENCE DAVIES. Con GILLIAN ANDERSON, DAN AYKROYD, TERRY KINNEY, LAURA LINNEY, ELIZABETH MCGOVERN, ERIC STOLTZ. ■ Tratto dal romanzo *The House of Mirth* di Edith Wharton, racconta la storia di Lily Bart, giovane donna che viene portata alle stelle nell'alta società newyorkese e scopre che il suo fascino suscita gelosie e invidie. Allevata nel lusso dalla zia, Lily capisce che se non vuole abbassare il proprio tenore di vita deve fare un matrimonio di interesse. Diseredata dalla zia in seguito a un diverbio, sta per sposare un buon partito, ma il progetto crolla quando viene accusata ingiustamente di avere una relazione con un uomo sposato e viene respinta da tutti. Terence Davies ha il coraggio, che pochi registi hanno avuto, di abbandonare i quartieri popolari che gli hanno dato fama nel passato (*Voci lontane sempre presenti*, *Il lungo giorno finisce*) e, come Scorsese con *L'età dell'innocenza*, affronta un romanzo di Edith Wharton. ■ DRAMMATICO; COL.; 135′; GRAN BRETAGNA, 2000.

CASA DELLA MORTE, LA *(Lady in the Death House)* ★★
Regia di STEVE SEKELY. Con LIONEL ATWILL, JEAN PARKER. ■ Investigatore privato, convinto dell'innocenza di una giovane condannata alla sedia elettrica per omicidio, indaga: appena in tempo salva la ragazza dimostrando chi è il vero colpevole. ■ POLIZIESCO; B/N; 95′; USA, 1944.

CASA DELL'ANGELO, LA *(Der Engel mit der Posaune)* ★★
Regia di KARL HARTL. Con ATTILA HÖRBIGER, MARIA SCHELL, PAULA WESSELY. ■ Film-saga sulla famiglia austriaca degli Alt, fabbricanti di pianoforti. Francesco si sposa con una giovane ebrea. Con l'avvento di Hitler e delle persecuzioni antisemite, inizia un periodo tragico per l'Austria e la signora Alt finisce per suicidarsi. Sulle macerie della vecchia casa distrutta dai bombardamenti della seconda guerra mondiale, il maggiore dei tre figli, Hans Alt, ricostruisce un nuovo saldo nucleo familiare. ■ DRAMMATICO; B/N; 88′; AUSTRIA, 1948.

CASA DELLA 92° STRADA, LA ★★★
(The House on 92nd St.)
Regia di HENRY HATHAWAY. Con WILLIAM EYTHE, SIGNE HASSO. ■ Con impeccabile e asciutto stile documentaristico, il prolifico regista hollywoodiano Henry Hathaway racconta una vittoriosa azione del controspionaggio, che grazie a un agente infiltrato fra spie naziste scardina l'intera rete negli Stati Uniti. ■ SPIONAGGIO; B/N; 88′; USA, 1945. ■ OSCAR 1 PR, 1 NOM.

CASA DELLE BAMBOLE CRUDELI, LA ★
(La maison des filles perdues)
Regia di PIERRE CHEVALIER. Con SANDRA JULIEN, OLIVER MATHOT, SILVIA SOLAR, JACK TAYLOR. ■ Una ragazza, coinvolta suo malgrado nella tratta delle bianche e finita in una casa di tolleranza del Nordafrica, riesce a fuggire grazie all'aiuto di un cliente. Le loro segnalazioni permettono alla polizia di individuare fra la Francia, l'Italia e la Spagna i capi del traffico di prostitute. ■ POLIZIESCO; COL.; 95′; FRANCIA, 1974.

CASA DELLE BRAVE DONNE, LA *(Rebro Adama)* ★★★
Regia di VIACESLAV KRISTOFOVIC. Con ELENA BOGDANOVA, INNA GIURIKOVA. ■ Siamo a Mosca, in una casa abitata esclusivamente da donne: due sorelle, la prima ha una relazione con il proprio capufficio che ha deciso di chiudere il rapporto, la seconda è un'operaia adolescente che va a letto con un ragazzo immaturo e finisce incinta; una madre, che non dimostra la sua età ma che ha molte preoccupazioni; una donna che non ha l'uso degli arti e della voce. Una tragedia, ma loro sanno come tirare avanti, vuoi coi bicchieri di vodka e vuoi con la forza d'animo. Un buon saggio realistico. ■ DRAMMATICO; COL.; 78′; URSS, 1992.

CASA DELLE DEMI-VIERGES, LA ★★
(Donnerwetter Donnerwetter – Bonifatius Kiesewetter)
Regia di HELMUT WEISS. Con ROBERT CHRISTIAN, PAUL DAMLKE, MONICA PARDO. ■ Bonifazio, giovane figlio di un avvocato di provincia ancora inesperto della vita, va a studiare medicina a Bonn, accompagnato dalle raccomandazioni della sua madrina di comportarsi da bravo ragazzo. Invece finisce a lavorare nel postribolo della signora Matilde, da lui scambiato per un pensionato femminile. La nipote di Matilde, però, gli apre gli occhi all'amore e Bonifazio perde la sua ingenuità. ■ COMMEDIA; COL.; 90′; GERMANIA, 1968.

CASA DELLE DONNE, LA ★★
Regia di MIMMO MONGELLI. Con IVANA PANTALEO, CATERINA SYLOS LABINI. ■ Bari, 1919. Un signorotto del luogo è dedito alla poligamia e mantiene tre concubine e i loro rispettivi figli. Venti anni più tardi, la maggiore delle figlie si sposa e si trasferisce in città, presto raggiunta da tutta la tribù. Film "pugliese" doc, tutto costruito sui flashback e sulle scene di passione spesso recitate in dialetto. ■ COMMEDIA; COL.; 98′; ITALIA, 2002.

CASA DELLE FANCIULLE, LA ★★★
(The Housekeeper's Daughter)
Regia di HAL ROACH. Con JOAN BENNETT, JOHN HUBBARD, VICTOR MATURE, DONALD MEEK, ADOLPHE MENJOU. ■ Un gangster cocco di mamma torna dalla genitrice e si innamora della figlia del padrone di casa. ■ COMMEDIA; B/N; 71′; USA, 1939.

CASA DELLE MELE MATURE, LA ★★
Regia di PINO TOSINI. Con ERIKA BLANC, GÉRARD LANDRY, MARCELLA MICHELANGELI. ■ In un manicomio dai metodi violenti e disumani storie parallele di due donne, Judy e Marisa. Marisa ha l'appoggio sicuro del marito, che la ama e la assiste, e riesce a guarire. Judy invece è completamente ignorata dai suoi ricchi parenti, che preferiscono tenere nascosta la sua pazzia per non creare scandali: la donna non resiste più e si uccide. ■ DRAMMATICO; COL.; 90′; ITALIA, 1971.

CASA DELLE MILLE CANDELE, LA ★★
(The House of a Thousand Candles)
Regia di ARTHUR LUBIN. Con MAE CLARKE, PHILLIPS HOLMES. ■ Il proprietario del locale notturno 1000 Candele e la sua ballerina usano gli spettacoli di varietà per nascondere le fila di un'organizzazione spionistica. Fino a che non interviene il solito agente del controspionaggio, che con la fidanzata scopre tutto e arresta i due. ■ SPIONAGGIO; B/N; 95′; USA, 1936.

CASA DELLE OMBRE LUNGHE, LA ★★
(House of the Long Shadows)
Regia di PETER WALKER. Con DESI ARNAZ JR, CHRISTOPHER LEE, VINCENT PRICE. ■ Uno scrittore, ritiratosi in un castello abbandonato per scrivere un romanzo, scopre che è abitato dai familiari di un folle, che anni prima ha violentato e ucciso una ragazza e che ora è fuggito dalla stanza in cui era segregato. Nel castello si susseguono una serie di morti drammatiche, finché si scopre che era tutta una messinscena dell'editore per creare l'atmosfera necessaria al romanzo. ■ HORROR; COL.; 99′; GRAN BRETAGNA, 1983.

CASA DELLE OMBRE MALEDETTE, LA ★
(Night of Dark Shadows)
Regia di DAN CURTIS. Con GRAYSON HALL, JOHN KARLEN, LARA PARKER, DAVID SELBY. ■ Quentin e Tracy, marito e moglie, prendono una vacanza in un castello solitario e mal gliene incoglie. Lì, infatti, due secoli prima, visse un nobile impazzito di dolore quando la sua amante fu fatta impiccare come adultera per le accuse di sua moglie. Ora il suo spirito si impossessa di Quentin, che naturalmente riversa ogni violenza addosso a Tracy. ■ HORROR; COL.; 97′; USA, 1971.

CASA DELL'ESORCISMO, LA ★★
Regia di MARIO BAVA. Con SYLVA KOSCINA, ALESSIO ORANO, TELLY SAVALAS, ELKE SOMMER, ALIDA VALLI. ■ Una turista americana in visita a Toledo diviene preda del demonio e padre Michael riesce ad esorcizzarla, dopo aver saputo da Satana stesso che la ragazza è in queste condizioni per avere assistito a orge e messe nere durante la festa notturna di una ricca contessa. ■ HORROR; COL.; 93′; ITALIA, 1975.

CASA DELLE TRE RAGAZZE, LA ★★★
(Das Dreimäderlhaus)
Regia di ERNST MARISCHKA. Con KARLHEINZ BÖHM, JOHANNA MATZ, MAGDA SCHNEIDER. ■ A Vienna il musicista Franz Schu-

bert, non ancora divenuto famoso, si innamora della ragazza a cui dà lezioni di pianoforte e scrive per lei una romanza. Ma ne affida l'interpretazione ad un amico, pure lui sensibile al fascino della bella allieva, e tra i due nasce l'amore. Schubert assiste con rassegnazione al matrimonio e si allontana poi da solo. ■ COMMEDIA; COL.; 90′; AUSTRIA, 1958.

CASA DELLE VERGINI DORMIENTI, LA ★★★
(Nemereru Bijio)
Regia di KOZABURO YOSHIMURA. Con YOSHIKO KAYAMA, TAKAHIRO TAMURA. ■ Eguchi è un anziano scrittore con una figlia in età da marito che è incerta tra due pretendenti. Alcuni suoi amici lo convincono a visitare una misteriosa casa di piacere, dove è possibile trascorrere la notte abbracciati a bellissime giovani addormentate con un sonnifero. La casa delle vergini dormienti rammenta a Eguchi l'egoismo con cui in gioventù ha vissuto i rapporti amorosi, arrivando a causare il suicidio di una donna sedotta con la violenza. Una simile esperienza deve subirla ora sua figlia, ad opera di uno dei suoi corteggiatori. Intanto muoiono i vecchi amici di Eguchi e l'uomo resta solo, con ricordi amari, con dolorosi rimorsi. ■ DRAMMATICO; B/N; 85′; GIAPPONE, 1966.

CASA DEL MALTESE, LA *(La maison du Maltais)* ★★★
Regia di PIERRE CHENAL. Con LOUIS JOUVET, PIERRE RENOIR, VIVIANE ROMANCE. ■ In Tunisia, una prostituta marsigliese e un poeta vagabondo si innamorano e lei rimane incinta. L'assenza dell'uomo, impegnato attraverso il contrabbando a trovare i soldi per mantenere il figlio, angoscia la donna che, credendosi abbandonata, accetta l'offerta di matrimonio di un ricco scienziato e lo segue a Parigi. Anni dopo i due antichi amanti si ritrovano: lui capisce di non poter fare più parte della vita della donna che ama, per cui si uccide. ■ DRAMMATICO; B/N; 90′; FRANCIA, 1938.

CASA DEL PECCATO, LA ★★★
Regia di MAX NEUFELD. Con AMEDEO NAZZARI, ASSIA NORIS. ■ Prevedibili schermaglie tra moglie e marito: lei si sente trascurata e organizza un convegno clandestino con un amico per ingelosire il marito; lui intuisce il gioco e la ripaga presentandosi al medesimo convegno con una bella ragazza. Equivoci, liti e riconciliazione finale. ■ COMMEDIA; B/N; 95′; ITALIA, 1938.

CASA DEL PECCATO, LA *(Les menteurs)* ★★
Regia di EDMOND T. GRÉVILLE. Con DAWN ADDAMS, FRANCIS BLANCHE, CLAUDE BRASSEUR, JEAN SERVAIS. ■ Un uomo molto ricco, Paul, mette un annuncio sul giornale per trovare moglie e sposa Norma, che si installa in casa sua insieme al figlio Dominique. In realtà, Norma è una giovane attrice sapientemente invecchiata dal trucco e Dominique è il suo amante. Hanno organizzato tutta la messinscena per uccidere Paul ed ereditarne le ricchezze. Dominique muore nel tentativo criminale, mentre Norma finisce per innamorarsi sinceramente del marito. ■ DRAMMATICO; B/N; 90′; FRANCIA, 1961.

CASA DEL SÌ, LA *(The House of Yes)* ★★
Regia di MARK WATERS. Con GENEVIÈVE BUJOLD, JOSH HAMILTON, PARKER POSEY. ■ A Washington una famiglia della buona borghesia ha il vezzo di rappresentare, in casa propria, l'assassinio di John Kennedy. La madre mette il tailleur rosa che aveva Jacqueline, il padre si dispone sul divano nella posizione del presidente quando fu colpito. È un modo per ricordare e per esorcizzare, una interessante istantanea dell'angoscia che quell'avvenimento del novembre del 1963 rappresentò per gli americani, dal quale sostanzialmente non si sono mai ripresi. Questa è almeno la tesi di questo Waters, regista indipendente della nuova generazione dell'epoca. ■ COMMEDIA; COL.; 90′; USA, 1997.

CASA DEL SORRISO, LA ★★★🏆
Regia di MARCO FERRERI. Con ENZO CANNAVALE, DADO RUSPOLI, INGRID THULIN. ■ Orso d'Oro al Festival di Berlino. Un film uscito nelle sale in sordina, senza il classico clamore riservato alle opere di Ferreri (cosa poi avvenuta per il successivo *La carne*). Si potrebbe definire un film naïf, anche perché gli accorgimenti, doppiaggio compreso, sono ruvidi e quasi tirati via, come fosse l'opera di un esordiente. E forse è questa l'ottica con cui guardarlo, per poterne trarre la strana poesia e la ruvida scorza senza sentimentalismi. Non dimentichiamoci che uno dei primi film in lingua spagnola del regista era *El cochecito*, dove protagonista era un pensionato. Anche in questo caso di anziani si tratta: abitano la casa del Sorriso, che altro non è che un ospizio. Tra di loro c'è Miss Sorriso, che è ultraviva anche sotto l'aspetto sessuale, argomento che divide con il vecchio Andrea, altro ospite. All'interno in maniera scanzonata si intravvedono tutti i problemi e i tabù degli enti ospedalieri. ■ COMMEDIA; COL.; 100′; ITALIA, 1990. ■ BERLINO 🏆 1 PR.

CASA DEL SORTILEGIO, LA *(The Nesting)* ★★
Regia di ARMAND WESTON. Con JOHN CARRADINE, GLORIA GRAHAME, ROBIN GROVES. ■ Una scrittrice di romanzi del terrore decide di mettere alla prova se stessa, lasciando la sua casa di città per andare a vivere in una lugubre dimora di campagna come quella da lei descritta nei libri. Infelice idea. La casa è popolata da spettri. E assassini per giunta. ■ HORROR; COL.; 92′; USA, 1981.

CASA DEL TAPPETO GIALLO, LA ★★
Regia di CARLO LIZZANI. Con ERLAND JOSEPHSON, VITTORIO MEZZOGIORNO, BEATRICE ROMAND. ■ Intrigo a scatola cinese. Una giovane signora ha gli incubi. Vuol vendere un tappeto, ma un possibile acquirente che le si presenta, in realtà, sembra accentuare le sue fantasie, tanto che la donna, dopo esser stata sadicamente inquisita dallo sconosciuto, lo uccide. O crede di ucciderlo. In realtà, l'uomo (e una donna che si presenta poco dopo a cercarlo) sono due psichiatri ingaggiati dal marito per curarla dagli incubi. Ma le sorprese non sono ancora finite... ■ THRILLER; COL.; 89′; ITALIA, 1983.

CASA DEL TERRORE, LA *(A Taste of Fear)* ★★★
Regia di SETH HOLT. Con CHRISTOPHER LEE, RONALD LEWIS, SUSAN STRASBERG, ANN TODD. ■ Una giovane paralitica, Penny, torna a casa e non trova il padre; la matrigna Jane e l'autista Bob continuano a ripeterle che è momentaneamente assente, ma Penny è perseguitata da inquietanti visioni che le fanno dubitare di queste affermazioni. Infatti scopre il cadavere di suo padre, ucciso da Jane e Bob ansiosi di impadronirsi delle sue ricchezze. Ora Penny è una testimone troppo pericolosa e va eliminata, ma riuscirà a salvarsi con un colpo di scena finale. ■ GIALLO; B/N; 82′; GRAN BRETAGNA, 1961

CASA DI BAMBOLA *(A Doll's House)* ★★★
Regia di JOSEPH LOSEY. Con JANE FONDA, EDWARD FOX, TREVOR HOWARD, DELPHINE SEYRIG, DAVID WARNER. ■ Nora, moglie dell'integerrimo avvocato Torvald Helmer, per potere curare da una grave malattia il marito, falsifica un documento e con questo ottiene un prestito da Krogstad. Ma qualche tempo dopo Krogstad, minacciato di licenziamento da Helmer, ricatta Nora. Helmer viene a conoscenza di tutto e non capisce assolutamente le ragioni della moglie, che ha sempre trattato come un essere completamente dipendente e subalterno: ciò che davvero lo preoccupa è lo scandalo che può sorgere e offuscare la sua reputazione. Krogstad desiste infine dal suo ricatto e Helmer si dichiara pronto a "perdonare" Nora: ma la donna è disgustata dalla sua insensibile ipocrisia e decide di abbandonare marito e figli. La grande tragedia di Henrik Ibsen precorritrice del moderno dibattito sulla liberazione femminile; un'attrice come Jane Fonda, tra l'altro in prima fila nella battaglia per la ridefinizione del ruolo della donna nel cinema e militante nel movimento femminista; un regista indiscutibile come Joseph Losey: poteva essere un film memorabile. Qualcosa invece non ha funzionato. ■ DRAMMATICO; COL.; 106′; GRAN BRETAGNA, 1973.

CASA DI BAMBOLA *(A Doll's House)* ★★
Regia di PATRICK GARLAND. Con CLAIRE BLOOM, DENHOLM ELLIOTT, ANTHONY HOPKINS, RALPH RICHARDSON. ■ Sotto l'apparente rispettabilità di una famiglia borghese nella Norvegia di fine Ottocento, cova un inquietante segreto. L'equilibrio si spezza, infatti, alla rivelazione che la moglie ha ottenuto denaro da uno strozzino per salvare l'impresa del marito. Costui, che si era sempre mostrato innamorato della consorte e l'aveva vezzeggiata come una bambola senza cervello, ora l'aggredisce, non le dà fiducia. La donna si risveglia dalla felicità dorata in cui era vissuta e abbandona la casa per cercare una nuova strada, per chiarirsi la propria identità. Dal dramma omonimo della maturità di Henrik

Ibsen, il fondatore del teatro nazionale norvegese. ■ DRAMMATICO; COL.; 95′; GRAN BRETAGNA, 1988.

CASA DI BAMBÙ, LA *(House of Bamboo)* ★★★
Regia di SAMUEL FULLER. Con SESSUE HAYAKAWA, ROBERT RYAN, ROBERT STACK, SHIRLEY YAMAGUCHI. ■ A Tokyo, a causa della smobilitazione postbellica dell'esercito americano, molti ex soldati finiscono nella malavita. Per porre argine alla spaventosa delinquenza della città un agente segreto, Hemmer, viene introdotto sotto le spoglie di un famoso gangster nella banda di Sandy Dawson. Hemmer carpisce preziose informazioni, ma alla fine il suo doppio gioco viene scoperto: la polizia però lo salva in tempo dalla vendetta della banda. ■ POLIZIESCO; COL.; 102′; USA, 1955.

CASA DI BERNARDA ALBA, LA ★★
(La Casa de Bernarda Alba)
Regia di MARIO CAMUS. Con ANA BELEN, FLORINDA CHICO, IRENE GUTIERREZ. ■ Il matrimonio combinato, il culto della famiglia, il lutto, le tradizioni della Spagna e, soprattutto, il forte temperamento della donna iberica, in un film tratto da García Lorca. ■ DRAMMATICO; COL.; 99′; SPAGNA, 1987.

CASA DI CAMPAGNA, LA *(La maison de campagne)* ★★
Regia di JEAN GIRAULT. Con DANIELLE DARRIEUX, ANDRÉ LUGUET, JEAN RICHARD. ■ Un brav'uomo accontenta la vivace moglie che da anni gli chiede una casa in campagna. Ma i lavori di riparazione sono più costosi del previsto... Intanto la moglie rimpiange la città. ■ COMMEDIA; COL.; 105′; FRANCIA, 1969.

CASA DI CRISTINA, LA *(Christina's House)* ★
Regia di GAVIN WILDING. Con BRENDAN FEHR, ALLISON LANGE, BRAD ROWE. ■ Cristina è una ragazza di diciassette anni che, da quando sua madre è stata ricoverata in un ospedale psichiatrico, abita insieme al suo fratellino rompiscatole e al suo gelosissimo padre in una villa. Proprio intorno a questa villa cominciano ad accadere fatti strani e terribili, che sconvolgono la vita della nostra giovane protagonista. Questo film, che di horror ha ben poco, non regala neanche agli spettatori quella dose di suspense che ci si aspetterebbe, visto che del colpevole si sa tutto fin dall'inizio. ■ HORROR; B/N; 96′; CANADA, 1999.

CASA DI HELEN, LA *(House II: The Second Story)* ★★
Regia di ETHAN WILEY. Con ROYAL DANO, ARYE GROSS, GREGORY WALCOTT. ■ In una casa maledetta un quarto di secolo prima, un bimbo si è salvato a stento da malefiche presenze. Divenuto adulto, torna sul posto e cerca di venire a capo dell'orribile mistero. Ci riesce grazie all'aiuto di un bisnonno, famoso pistolero del West, richiamato in vita per l'occasione. ■ FANTASTICO; COL.; 88′; USA, 1987.

CASA DI MADAME KORÀ, LA *(Méfiez-vous fillettes!)* ★★★
Regia di YVES ALLÉGRET. Con ROBERT HOSSEIN, ANTONELLA LUALDI. ■ Per caso una giovane donna, Dany, assiste all'omicidio di Mendetta da parte del pregiudicato Raven. Per Dany incominciano i guai: la banda legata a Mendetta infatti la rapisce per ricattare Raven, mentre Dany deve subire la violenza di uno dei malviventi. Raven riesce però a liberarla e si innamora di lei, ma vanamente. Il regolamento dei conti è spietato: la banda di Mendetta è sterminata e Raven, piuttosto di cadere in mano alla polizia, si fa uccidere da un amico. ■ DRAMMATICO; B/N; 87′; FRANCIA, 1957.

CASA DI MARINAIO *(Way of a Sailor)* ★★
Regia di SAM WOOD. Con WALLACE BEERY, JOHN GILBERT, POLLY MORAN. ■ Uno dei tentativi della MGM di salvare la carriera di John Gilbert, un suo divo del muto che la voce poco fonogenica stava rovinando. Impersona un intrepido capitano che con il suo veliero corre mille avventure. Gilbert morì, dimenticato, sei anni dopo. ■ AVVENTURA; B/N; 90′; USA, 1930.

CASA DI MARY, LA *(The Witch Superstition)* ★★
Regia di JAMES ROBERTSON. Con LYNN CARLIN, JAMES HOUGHTON, ALBERT SALMI. ■ Guai a chi si avvicina alla casa di Mary, che altri non è se non una bionda bambina sotto le cui spoglie si manifesta la forza del male. Nessuno ne esce vivo. Tipico film dell'orrore con tanti effettacci. ■ HORROR; COL.; 96′; USA, 1981.

CASA DI SABBIA E NEBBIA, LA ★★
(House of Sand and Fog)
Regia di VADIM PERELMAN. Con SHOHREH AGHDASHLOO, JENNIFER CONNELLY, KIM DICKENS, RON ELDARD, FRANCES FISHER, BEN KINGSLEY. ■ Katy è una tossicodipendente, abbandonata dal marito, che si rifugia nel bungalow sulla spiaggia lasciatole in eredità dal padre. Quell'unica cosa rimastale, le viene però requisita dalla contea per un disguido e messa all'asta. La casa viene acquistata dall'ex colonnello dell'aeronautica iraniana Behrani, che investe così i suoi ultimi averi e vi si trasferisce con la famiglia. Ha inizio tra i due uno scontro legale e personale a viso aperto. ■ DRAMMATICO; COL.; 126′; USA, 2003. ■ GOLDEN GLOBES 1 NOM; OSCAR 3 NOM.

CASA DI VETRO, LA *(Wer im Glashaus liebt)* ★★
Regia di MICHAEL VERHOEVEN. Con HARMUT BECKER, SENTA BERGER, MARIANNE BLOMQUIST. ■ Tornando a casa, Hanna trova il marito Igor e la sua migliore amica Cristina a letto insieme; prima, in un impeto d'ira, li costringe impugnando la pistola a ripetere il loro amplesso sotto i suoi occhi. Poi tutti e tre decidono infine una convivenza comune, quale sfida alle convenzioni. Festeggiano l'idea sfasciando la loro casa di vetro e poi Igor scende in strada completamente nudo per scandalizzare i passanti. Viene arrestato. ■ COMMEDIA; COL.; 98′; GERMANIA, 1971.

CASA, DOLCE CASA? *(The Money Pit)* ★★
Regia di RICHARD BENJAMIN. Con ALEXANDER GODUNOV, TOM HANKS, SHELLEY LONG. ■ Una giovane coppia acquista la casa dei suoi sogni, salvo poi accorgersi che si tratta di un incubo: le riparazioni necessarie a renderla abitabile non finiscono mai (al contrario dei soldi) grazie al disastroso impegno di una squadra di operai ficcanaso e pasticcioni. Filmettino fatto di gag, a tratti divertente e facilmente digeribile. Ma le vecchie comiche "catastrofiche" di Laurel e Hardy erano ben altra cosa. ■ COMICO; COL.; 91′; USA, 1986.

CASA DOVE ABITO, LA *(Dom kotorom ja zivu)* ★★★
Regia di LEW KULIDZANOV, JAKOW SEGEL. Con VALENTINA TELEGHINA, VLADIMIR ZAMLIANOVA. ■ Tenendo d'occhio il neorealismo italiano, i due registi raccontano le storie incrociate di tre famiglie che abitano nel medesimo palazzo della Mosca degli ultimi anni Trenta e poi del conflitto mondiale. La fine della guerra porterà di nuovo felicità nella casa. ■ DRAMMATICO; B/N; 95′; URSS, 1958.

CASA 2, LA *(Evil Dead 2)* ★★
Regia di SAM RAIMI. Con SARAH BERRY, BRUCE CAMPBELL, DAN HICKS. ■ Un professore ha cercato di decifrare il famigerato libro dei morti, il *Necronomicon*, ma se n'è amaramente pentito. Schifosi ectoplasmi hanno invaso il suo chalet, facendo a pezzi il prof., sua moglie e i seguenti visitatori. Arriva anche la figlia del prof. e per poco non fa la stessa fine. Alla fine sconfigge i mostri ma viene spedita in un'altra dimensione temporale. ■ HORROR; COL.; 84′; USA, 1987.

CASA E IL MONDO, LA *(Ghare baire)* ★★★
Regia di SATYAJIT RAY. Con GOPA AICH, VICTOR BANERJEE, SOUMITRA CHATTERJEE. ■ Siamo nei primi anni del Novecento e l'Inghilterra vuole separare gli indù dai musulmani. Una donna, sposata con un indiano di cultura europea, si fa plagiare da un sovversivo. Un altro significativo film del maestro del cinema indiano. ■ DRAMMATICO; COL.; 140′; INDIA, 1984.

CASA HOWARD *(Howards End)* ★★★
Regia di JAMES IVORY. Con HELENA BONHAM CARTER, ANTHONY HOPKINS, VANESSA REDGRAVE, EMMA THOMPSON. ■ Con *Mr. & Mrs. Bridge* è il migliore film di Ivory e lo è in assoluto per quanto riguarda le trasposizioni da Forster (vedi *Maurice* e *Camera con vista*). Supportato da due grandi interpretazioni di Hopkins e della Redgrave. Si tratta di un melodramma con omicidio, ma diretto con grande stile. C'è di mezzo l'eredità di una stupenda dimora, che viene lasciata dalla proprietaria a una donna d'animo gentile. Ma i parenti distruggono il testamento e in seguito si cerca di supplire con un matrimonio riparatore. ■ DRAMMATICO; COL.; 145′; GRAN BRETAGNA, 1992. ■ CANNES 1 PR; DAVID DI DONATELLO 1 PR, 1 NOM; GOLDEN GLOBES 1 PR, 4 NOM; OSCAR 3 PR, 9 NOM.

CASA IN BILICO, UNA ★★
Regia di ANTONIETTA DE LILLO, GIORGIO MAGLIULO. Con RICCARDO CUCCIOLLA, LUIGI PISTILLI, MARINA VLADY. ■ Tre per-

sone anziane, due uomini e una donna, decidono di vivere insieme. Dopo qualche difficoltà, dovuta ai diversi caratteri, la convivenza diventa accettabile. Poco dopo, però, uno dei tre muore. La donna e l'uomo rimasto, dopo qualche perplessità, decidono di continuare a stare insieme. Benintenzionato film sui problemi della terza età. La bravura non è però pari alle intenzioni. ■ COMMEDIA; COL.; 80'; ITALIA, 1986.

CASA IN HELL STREET, LA *(Scream for Help)* ★★
Regia di MICHAEL WINNER. Con DAVID BROOKS, RACHEL KELLY, MARIE MASTERS. ■ Quindicenne intuitiva, Christie sospetta che il patrigno voglia ucciderle la madre. Ma il giallo è soltanto un pretesto per una serie di morti truculente. Il meccanismo, per gli amanti del genere, funziona. ■ THRILLER; COL.; 87'; USA, 1984.

CASA IN PARADISO, UNA *(Tomi, a Megfagyott Gyermek)* ★
Regia di BÉLA BALOGH. Con PÉCSI GIZI, ADAM KLARI. ■ Lacrimevole storia di un bambino orfano, secondo il trito modello di *Senza famiglia*. Regia e interpretazione sono di livello modesto. ■ DRAMMATICO; B/N; 91'; UNGHERIA, 1936.

CASA LONTANA ★★
Regia di JOHANNES MEYER. Con BENIAMINO GIGLI, HILDE HOREBER. ■ Un famoso tenore sposa una ballerina, ma il loro matrimonio è contrastato in vari modi. Marito e moglie si ritrovano in America dopo qualche tempo, ma un uomo ricatta la signora per il suo passato e il tenore è costretto ad ucciderlo per legittima difesa. Il processo lo assolve. ■ DRAMMATICO; B/N; 92'; ITALIA, 1940.

CASA MATERNA *(Das lockende Ziel)* ★★
Regia di MAX REICHMANN. Con MARIA SOLVEG, RICHARD TAUBER. ■ Film pretesto per fornire a Tauber, uno fra i più grandi interpreti dell'operetta viennese, l'opportunità di esibirsi in brani musicali. ■ DRAMMATICO; B/N; 89'; GERMANIA, 1930.

CASA MIA *(Hills of Home)* ★★★
Regia di FRED MCLEOD WILCOX. Con DONALD CRISP, TOM DRAKE, EDMUND GWENN, JANET LEIGH. ■ Il medico condotto McClure vive il suo lavoro come una missione e cerca un giovane che possa degnamente sostituirlo, data la sua età ormai avanzata. Lo trova in Tommaso, figlio di un pastore il quale però non vuole assolutamente farlo studiare. McClure iscrive Tommaso all'università a sue spese. ■ DRAMMATICO; COL.; 97'; USA, 1948.

CASA MIA CASA MIA... ★★
Regia di NERI PARENTI. Con ATHINA CENCI, PAOLA ONOFRI, RENATO POZZETTO. ■ Un commesso di gioielleria di Milano si trasferisce a Roma e va ad abitare nell'appartamento di un'aristocratica, che però cerca di sfrattarlo subito dopo. Messo su una strada, il pacioso milanese dovrà improvvisarsi aggressivo piantagrane per riuscire a far valere i suoi diritti. ■ COMMEDIA; COL.; 86'; ITALIA, 1988.

CASA NEL VENTO DEI MORTI, LA ★★
Regia di FRANCESCO CAMPANINI. Con SARA ALZETTA, FRANCESCO BARILLI, MARCO IANNITELLO, LUCA MAGRI, NINA TORRESI. ■ Attilio è un attore che ha aderito alla Repubblica di Salò ed ora, nel dopoguerra, non ha più nessuna scrittura. Insieme ad altri tre disadattati tenta una rapina in banca che riesce, ma un componente della banda muore. I sopravvissuti tentano la fuga nell'Appennino parmense approdando a una cascina isolata nella campagna in cui vivono quattro donne che accettano di ospitarli dietro compenso. Ciò che li attende va molto al di là delle loro aspettative. ■ HORROR; COL.; 90'; ITALIA, 2011.

CASA NERA, LA *(People Under the Stairs)* ★★★
Regia di WES CRAVEN. Con BRANDON ADAMS, EVERETT MCGILL, WENDY ROVIE. ■ Il regista di *Nightmare* ritorna in gran forma per questo piccolo capolavoro del cinema fantastico. Semplice, efficace e premonitivo rispetto alla rivolta dei cittadini di colore a Los Angeles. Ironico e volutamente sopra le righe per quanto riguarda tutti i personaggi malvagi, il film prende le mosse da una famiglia di colore composta da fratello, sorella e madre. Quest'ultima è molto malata e non ha i soldi per evitare lo sfratto. L'unica famiglia bianca del quartiere possiede la maggior parte delle case e il piccolo protagonista si fa convincere a derubarli. ■ FANTASTICO; COL.; 102'; USA, 1991.

CASANOVA ★★
Regia di LASSE HALLSTRÖM. Con STEPHEN GREIF, JEREMY IRONS, HEATH LEDGER, SIENNA MILLER, LENA OLIN. ■ Venezia, 1700: la storia del grande seduttore e di Francesca Bruni, la scrittrice più virtuosa dei suoi tempi. L'incontro tra i due metterà a dura prova le capacità seduttrici di Casanova, attratto dall'unica donna che resta insensibile al suo fascino. Presentato fuori concorso alla Mostra di Venezia 2005. ■ COMMEDIA; COL.; 108'; USA, 2005.

CASANOVA & COMPANY ★★
Regia di FRANÇOIS LEGRAND. Con MARISA BERENSON, TONY CURTIS, BRITT EKLAND, HUGH GRIFFITH, SYLVA KOSCINA, MARISA MELL. ■ Scherzosa trasposizione moderna della fuga di Giacomo Casanova dalla prigione veneziana dei Piombi. Come in tutti i film di coproduzione, grande parata di attori internazionali, ma scarsi risultati artistici e spettacolari. ■ COMMEDIA; COL.; 88'; AUSTRIA, FRANCIA, GERMANIA, ITALIA, 1979.

CASANOVA DI FEDERICO FELLINI, IL ★★★
Regia di FEDERICO FELLINI. Con TINA AUMONT, OLIMPIA CARLISI, DANIEL EMILFORK, DONALD SUTHERLAND. ■ È appunto la vita di Casanova secondo Fellini. La fuga dal carcere dei Piombi, i suoi tentativi arrivistici, le sue storie di sesso, le amicizie importanti (e deludenti per lui), la decadenza squallida. Un film che ha fatto molto discutere. ■ BIOGRAFICO; COL.; 165'; ITALIA, 1976. ■ DAVID DI DONATELLO 1 PR, 1 NOM; OSCAR 1 PR, 2 NOM.

CASANOVA FAREBBE COSÌ! ★★★
Regia di CARLO LUDOVICO BRAGAGLIA. Con EDUARDO DE FILIPPO, PEPPINO DE FILIPPO, GIORGIO DE REGE, CLELIA MATANIA. ■ Don Agostino scommette con gli amici che riuscirà a trascorrere una notte con la virtuosa moglie di Don Ferdinando, Maria Grazia. Effettivamente, approfittando dell'assenza di quest'ultimo, riesce a introdursi in casa di Maria Grazia, pregandola di nasconderlo dai carabinieri. Torna però Don Ferdinando, mette alle strette l'impostore e lo costringe a restituirgli delle vecchie cambiali per pagare il suo silenzio. ■ COMMEDIA; B/N; 92'; ITALIA, 1942.

CASANOVA '70 ★★★
Regia di MARIO MONICELLI. Con MARGARET LEE, VIRNA LISI, BEBA LONCAR, MARCELLO MASTROIANNI, MARISA MELL, LIANA ORFEI, MOIRA ORFEI, ENRICO MARIA SALERNO. ■ Andrea, ufficiale della NATO, parte per una vacanza di riposo in montagna consigliatagli dallo psicanalista, che gli ha rimproverato l'eccessiva frenesia amorosa. Ma anche in vacanza Andrea non perde il vizio di correre dietro alle donne. ■ COMMEDIA; COL.; 102'; ITALIA, 1965. ■ OSCAR 1 NOM.

CASA PATERNA *(Heimat)* ★★
Regia di CARL FROELICH. Con HEINRICH GEORGE, ZARAH LEANDER. ■ Fuggita dalla casa paterna quando aspettava un bambino, una giovane donna, divenuta nel frattempo famosa cantante, ritrova l'uomo che in gioventù l'aveva amata e che non aveva riconosciuto la sua paternità. Ora l'uomo è in rovina economica e cerca di sposarla. Al suo rifiuto, il suo vecchio innamorato si suicida per debiti e lei sposa invece un devoto e sincero amico. ■ DRAMMATICO; B/N; 90'; GERMANIA, 1938. ■ VENEZIA 1 PR.

CASA PER I WILLIS, UNA *(Promise to Keep)* ★
Regia di ROD HOLCOMB. Con ALAN ARKIN, DANA DELANY, WILLIAM RUSS. ■ Tragedia senza speranze per una donna che scopre di essere portatrice di tumore. Perde il marito in un incidente ferroviario, ma la cognata e il fratello sapranno esserle vicini. ■ DRAMMATICO; COL.; 92'; USA, 1990.

CASA PER OLIVER, UNA *(Hollow Reed)* ★★
Regia di ANGELA POPE. Con SAM BOULD, MARTIN DONOVAN, IAN HART. ■ Oliver è un bambino picchiato da una madre violenta che cerca soccorso nel padre divorziato perché si è scoperto gay. Il genitore cercherà di farsi affidare il figlio, scoprendo che la legge è ancora fortemente sessista. Il film naviga nelle secche del tv movie d'impegno cercando di uscirne grazie alle prestazioni degli attori. ■ DRAMMATICO; COL.; 104'; USA, 1996.

CASA PER SEMPRE *(Home to Stay)* ★★
Regia di DELBERT MANN. Con HENRY FONDA, FRANCES HYLAND, MICHAEL MCGUIRE, DAVID STAMBAUGH. ■ Un proprie-

tario terriero americano fa il suo lavoro con passione e competenza. Un solo pensiero turba la sua tranquillità: lo spettro della vecchiaia che avanza inesorabilmente. L'uomo teme di dover trascorrere i suoi ultimi anni in un ospizio, ma la nipote Sara farà in modo di salvarlo da questa angosciosa prospettiva. ■ SENTIMENTALE; COL.; 74'; USA, 1977.

CASA 4, LA *(Witchcraft)* ★★
Regia di MARTIN LEWLIN. Con LINDA BLAIR, DAVID HASSELHOFF, HILDEGARDE KNEFF. ■ Un'ex attrice tedesca è diventata una sorta di strega, che invoca terribili punizioni sui visitatori di un'isola al largo della costa del Massachusetts. Ogni supplizio riproduce la punizione fissata per ognuno dei sette peccati capitali. ■ HORROR; COL.; 94'; ITALIA, USA, 1989.

CASA RICORDI ★★★
Regia di CARMINE GALLONE. Con ANDREA CHECCHI, GABRIELE FERZETTI, NADIA GRAY, PAOLO STOPPA. ■ La storia della famosa famiglia Ricordi, i grandi stampatori musicali milanesi, si accompagna alla storia della lirica italiana nel suo momento di massimo fulgore. ■ BIOGRAFICO; COL.; 110'; ITALIA, 1954.

CASA ROSA, LA ★★
Regia di VANNA PAOLI. Con GIULIA BOSCHI, RADOVAN LUKAVSKY, JIM VAN DER WOUDE. ■ Elena si reca a Cheb, nella Repubblica Ceca, per cercare le proprie radici. Deve ereditare la "Casa Rosa". Ma non trova solo l'edificio. Incontra persone nuove e, forse, un nuovo amore. Tutto però rimane vincolato a una sorta di preoccupazione per il futuro, con pretese di simbolizzazione non del tutto concretizzate. ■ DRAMMATICO; COL.; 95'; ITALIA, 1995.

CASA ROSSA, LA *(The Red House)* ★★★
Regia di DELMER DAVES. Con JUDITH ANDERSON, LON MCCALLISTER, EDWARD G. ROBINSON. ■ Cupo dramma di amore e di morte nella misteriosa casa rossa in mezzo alla boscaglia: Morgan (Edward G. Robinson), roso dai rimorsi per un terribile delitto commesso anni prima (ha ucciso l'amante e il marito di costei), finirà molto male, e con lui altri due loschi figuri. ■ DRAMMATICO; B/N; 100'; USA, 1947.

CASA RUSSIA, LA *(The Russia House)* ★★★
Regia di FRED SCHEPISI. Con KLAUS MARIA BRANDAUER, SEAN CONNERY, JAMES FOX, MICHELLE PFEIFFER, ROY SCHEIDER. ■ Il regista Schepisi ha voluto misurarsi con un best-seller scritto da John Le Carré. Il risultato è buono e adeguata l'interpretazione di Sean Connery e Michelle Pfeiffer. In una piccola parte fa capolino anche il regista Ken Russell. La fotografia, poi, permette di vedere Mosca come al cinema non si era mai vista. Tutto parte da un manoscritto spedito a un editore inglese da un fisico sovietico (Klaus Maria Brandauer in un'ottima interpretazione). Da quel momento Connery viene coinvolto in pieno, "professionalmente" ed emotivamente. Alla fine, con uno stratagemma complicato e pericoloso, dà scacco matto alle spie (dell'Est e dell'Ovest) e si prende la ragazza. ■ SPIONAGGIO; COL.; 118'; USA, 1990. ■ GOLDEN GLOBES 1 NOM.

CASA SENZA AMORE, LA *(The Girl of the Limber Lost)* ★★
Regia di WILLIAM CHRISTY CABANNE. Con LOUISE DRESSER, RALPH MORGAN. ■ Una donna odia la figlia perché mentre la aspettava, a causa del suo stato di gravidanza, non poté salvare il marito dall'annegamento. Le due donne si riconciliano quando si scopre che l'uomo, quando morì, era ubriaco dopo una notte di avventure extraconiugali. ■ DRAMMATICO; B/N; 85'; USA, 1934.

CASA SENZA TEMPO, LA ★★
Regia di A. DELLA SABBIA. Con ROSSANO BRAZZI, VIVI GIOI. ■ Durante la guerra un aviatore, che deve progettare un nuovo tipo di apparecchio, viene distratto nel suo lavoro dalle apparizioni di una misteriosa sconosciuta, a causa di un piano nemico volto a danneggiare il laboratorio e l'aereo. L'aviatore però ritrova la sua lucidità e riesce a fare arrestare i sabotatori militari. ■ SPIONAGGIO; B/N; 90'; ITALIA, 1943.

CASA 7, LA *(The Horror Show)* ★
Regia di JAMES ISAAC. Con ARON EISENBERG, LANCE HENRIKSEN, BRION JAMES, DEDEE PFEIFFER, RITA TAGGART. ■ Ancora uno psicopatico omicida che insegue il poliziotto che lo ha fatto condannare alla sedia elettrica. Infatti il "cattivo" non è morto, ma ha ricevuto dalla scossa ulteriore energia. La famiglia del poliziotto verrà perseguitata, molti non gli crederanno e solaio e cantina saranno teatri di bassa macelleria. Il film era stato iniziato dal regista australiano David Blyth, che lo ha abbandonato a metà. Non sappiamo perché, ma ha fatto bene. ■ HORROR; COL.; 95'; USA, 1989.

CASA SOTTO LE ROCCE, LA *(Haz a sziklak alatt)* ★★
Regia di KAROLY MAKK. Con MARGIT BARA, IREN PSOTA. ■ Finita la guerra, Ferenc e Jonas ritornano a casa e cercano di ricominciare tutto da capo: Jonas ci riesce, Ferenc invece, rifiutando duramente l'amore della cognata Tera, bruttina e pazza di lui, se ne attira l'ostilità. Quando Tera ostacola il suo matrimonio con la bella Zsusa, Ferenc non si controlla più e la uccide. Zsusa inorridita lo abbandona e Ferenc viene arrestato. ■ DRAMMATICO; B/N; 85'; UNGHERIA, 1958.

CASA SPERDUTA NEL PARCO, LA ★★
Regia di RUGGERO DEODATO. Con ANNIE BELLE, CHRISTIAN BORROMEO, DAVID A. HESS. ■ Un ragazzo dalla natura ribelle e violenta trova sempre il modo di dare libero sfogo ai suoi impulsi distruttivi. Una notte, nel corso di una festicciola in una casa sperduta, trova pane per i suoi denti. ■ DRAMMATICO; COL.; 88'; ITALIA, 1980.

CASA STREGATA, LA ★★
Regia di BRUNO CORBUCCI. Con GLORIA GUIDA, RENATO POZZETTO, LIA ZOPPELLI. ■ Un impiegato di banca, alla vigilia del matrimonio, trova una magnifica villa sulla collina romana a un prezzo stracciato. Perché? Perché la casa è abitata dai fantasmi, gli spettri di due innamorati che saranno liberati da una maledizione secolare solo se sotto quel tetto due sposini consumeranno le nozze in una notte di luna piena. L'impiegato e la sua promessa sembrano gli inviati del destino. Ma come farli stare lontano l'uno dall'altra prima della fatidica notte? I fantasmi ci riescono spaventando i due fino a quella data. ■ COMMEDIA; COL.; 95'; ITALIA, 1982.

CASA SUL DANUBIO, LA *(A Szerelem nem Szégyem)* ★★
Regia di AKOS RATHONYI. Con PÀL JÀVOR, KLARI TOLNAY. ■ In una grande barca abbandonata sul fiume Danubio vivono due vagabondi e una donna, da loro salvata mentre tentava di affogarsi. Nasce l'amore tra la donna e uno dei due uomini: la loro casa diventerà proprio il barcone, nonostante le minacce di sfratto. ■ COMMEDIA; B/N; 90'; UNGHERIA, 1941.

CASA SUL FIUME, LA *(Guinguette)* ★★
Regia di JEAN DELANNOY. Con CRISTINA GAIONI, ZIZI JEANMAIRE, PAUL MEURISSE. ■ Renata decide di cambiar vita e apre un albergo, dove lavorano anche la sua amica Giulia e la figlia di questa, la giovane ed egoista Marisa. Per ostacolare la storia d'amore che nasce fra Renata e Marco, un ladro di automobili ospitato nell'albergo, Marisa ricorre al ricatto. La madre allora ha una violenta discussione con lei, nel corso della quale Marisa rimane vittima della sua stessa ira e annega nel fiume. Marco e Renata vivranno insieme una nuova vita più onesta. ■ DRAMMATICO; B/N; 104'; FRANCIA, 1958.

CASA SULLA COLLINA DI PAGLIA, LA ★★
(The House on Straw Hill)
Regia di JAMES KENELM CLARKE. Con LINDA HAYDEN, UDO KIER, FIONA RICHMOND. ■ Simon si è suicidato dopo che l'amico Paul ha ottenuto un grosso successo letterario sfruttando una sua storia. La di lui vedova, Linda, si fa assumere come segretaria da Paul per ucciderlo. Ma, dopo avere tolto di mezzo due amanti dello scrittore, riesce solo a ferire Paul, che invece la colpisce a morte. ■ DRAMMATICO; COL.; 80'; USA, 1976.

CASA SUL LAGO DEL TEMPO, LA *(The Lake House)* ★★
Regia di ALEJANDRO AGRESTI. Con SHOHREH AGHDASHLOO, MIKE BACARELLA, SANDRA BULLOCK, LYNN COLLINS, CHRISTOPHER PLUMMER, KEANU REEVES, DYLAN WALSH. ■ Kate (Bullock) e Alex (Reeves) vivono nella stessa casa ma non si sono mai visti. L'unica via che hanno per comunicare è la cassetta della lettere, che permette la loro relazione epistolare. Tutto ciò sarebbe impossibile se non vivessero in spazi temporali differenti.

Kate nel 2006, Alex nel 2004. Ispirato a un film coreano del 1998 (*Il mare*), l'opera di Alejandro Agresti è una commedia sentimentale al limite del metafisico. ■ DRAMMATICO; COL.; 105'; USA, 2005.

CASA SULLA SCOGLIERA, LA *(The Uninvited)* ★★★
Regia di LEWIS ALLEN. Con RAY MILLAND, GAIL RUSSELL. ■ Su Villa Ventosa, in Cornovaglia, incombe una maledizione: ogni notte angosciosi gemiti rivelano la presenza di un fantasma. I due giovani proprietari, fratello e sorella, scoprono che si tratta della moglie del pittore che abitò lì un tempo ed ebbe una figlia dalla propria amante. Ora il fantasma vuole vendicarsi di questa giovane, ma i due proprietari riescono a metterlo in fuga. ■ DRAMMATICO; B/N; 98'; USA, 1943. ■ OSCAR 1 NOM.

CASA SULLE COLLINE, LA *(A House in the Hills)* ★★
Regia di KEN WIEDERHORN. Con JAMES LAURENSON, MICHAEL MADSEN, HELEN SLATER, JEFFREY TAMBOR. ■ Alex spera di ottenere una parte in una soap opera. Deve però fare un provino e nel frattempo si adatta a fare la domestica. Mentre i proprietari sono assenti, Alex deve proteggersi da un intruso. ■ THRILLER; COL.; 91'; USA, 1993.

CASA SULLE NUVOLE, LA ★★
Regia di CLAUDIO GIOVANNESI. Con EMILIO BONUCCI, EMANUELE BOSI, ADRIANO GIANNINI, FATEN BEN HAJ HASSEN, PAOLO SASSANELLI. ■ Michele e Lorenzo sono fratelli e vivono in una grande villa alle porte di Roma. Michele, ruvido e introverso, alleva Labrador e conduce una vita ritirata, Lorenzo, solare ed estroverso, suona il jazz e sogna New York. Figli irrequieti di un padre fuggito all'estero dodici anni prima, scoprono che il genitore vive in Marocco e ha appena venduto la loro casa. Disorientati e sorpresi dall'inaspettata ricomparsa, intraprendono un lungo viaggio alla ricerca del genitore e della loro identità. Lontano da casa e lungo le strade polverose che lambiscono il deserto, si ritroveranno, imparando a costruire il presente e a lasciare andare il passato e il risentimento. ■ DRAMMATICO; COL.; ITALIA, 2008.

CASA 3 – GHOSTHOUSE, LA ★
Regia di UMBERTO LENZI. Con RON HOUCK, LARA WENDEL. ■ Una tragedia scoppia in una casa solitaria quando una bambina uccide un gatto. La famiglia viene massacrata non si sa da chi. Una ventina d'anni più tardi, un radioamatore capita da quelle parti e, trafficando con le sue microonde, risveglia i fantasmi dell'antico fattaccio. Con le immaginabili conseguenze. ■ HORROR; COL.; 90'; ITALIA, 1988.

CASA TUTTA PER NOI, UNA *(A Home of Our Own)* ★★
Regia di TONY BILL. Con KATHY BATES, TONY CAMPISI, EDWARD FURLONG, CLARISSA LASSIG, OH SOON-TECK. ■ Los Angeles, 1962. Frances ha sei figli, è vedova e ha perso il lavoro. Parte quindi con tutta la sua "tribù" per cercare la casa che ha sempre desiderato. La trova in Idaho ma è un rudere. La risistema ma questa si incendia. Tutto sembra finito e invece non è così. Lo sceneggiatore Patrick Duncan racconta di se stesso e il regista è abile nel presentare questa storia di ordinaria povertà evitando con cura la retorica. Uno dei figli è T. J. Lowther, il bambino protagonista di *Un mondo perfetto*. ■ DRAMMATICO; COL.; 102'; USA, 1993.

CASA VUOTA DOPO IL FUNERALE, LA *(Vamping)* ★★
Regia di FREDERICK KING KELLER. Con ROD ARRANTS, PATRICK DUFFY, CATHERINE HYLAND. ■ Un suonatore di sassofono, per difficoltà economiche, ha dovuto impegnare il suo strumento. Per riscattarlo, ruba in una casa, temporaneamente vuota per il funerale del proprietario. Ma mentre sta per andarsene, il giovane ha modo di vedere la vedova e di innamorarsene a distanza. Riesce a mettersi in contatto con lei e a farla innamorare (almeno così crede lui). In realtà la donna lo sta tirando in un intrigo infernale, ordito da lei e dall'avvocato del marito (suo amante). ■ GIALLO; COL.; 90'; USA, 1983.

CASBAH ★★
Regia di JOHN BERRY. Con YVONNE DE CARLO, PETER LORRE, TONY MARTIN. ■ Nella *casbah* algerina, il famoso bandito Pépé Le Moko si innamora di una bella turista e per seguirla si arrischia ad uscire dalla cittadella, dove è padrone incontrastato; rimane così ucciso dalla polizia che lo ricercava da tempo, mentre l'aereo della donna che ama si allontana nel cielo. ■ AVVENTURA; B/N; 94'; USA, 1948. ■ OSCAR 1 NOM.

CASBAH DI HONOLULU, LA *(Hell's Half Acre)* ★★
Regia di JOHN H. AUER. Con WENDELL COREY, EVELYN KEYES, ELSA LANCHESTER. ■ Ascoltando una canzone polinesiana Mona, vedova di guerra, ha l'inaspettata sensazione di riconoscervi lo stile del marito musicista e decide di partire per Honolulu per cercarlo. L'uomo è infatti vivo e si è arricchito gestendo un losco locale notturno della *casbah*. Mona fa in tempo a ritrovarlo, ma l'uomo, coinvolto in una torbida storia di ricatti, viene ucciso. Mona torna allora in America per cominciare una nuova vita. ■ DRAMMATICO; B/N; 85'; USA, 1954.

CASBAH DI MARSIGLIA, LA *(Seven Thundress)* ★★
Regia di HUGO FREGONESE. Con STEPHEN BOYD, EUGENE DECKERS, ANNA GAYLOR, MARCELLO PAGLIERO, JAMES ROBERTSON JUSTICE, TONY WRIGHT. ■ Seconda guerra mondiale: due militari inglesi sfuggono ai nemici e si nascondono in un quartiere periferico di Marsiglia. Il comando tedesco, che non riesce a sorvegliare la zona come vorrebbe, intima ai suoi abitanti di fuggire entro un paio di giorni perché la raderanno al suolo. I fuggitivi e una ragazza, della quale uno di essi è innamorato, sfuggono ad un pericoloso tranello. ■ AVVENTURA; B/N; 99'; GRAN BRETAGNA, 1957.

CASCATA TUTTA D'ORO, UNA *(Le ruffian)* ★★
Regia di JOSÉ GIOVANNI. Con CLAUDIA CARDINALE, LINO VENTURA, BERNARD GIRAUDEAU. ■ Uno degli ultimi ruoli d'azione per Lino Ventura, qui cercatore d'oro in Canada. Non lo fa per avidità, ma per aiutare un suo vecchio amico corridore automobilista rimasto paralizzato in un incidente. Ventura trova l'oro ma è costretto a difenderlo con ogni mezzo dai banditi e poi dai suoi stessi compagni. Il vecchio tema dell'amicizia caro a José Giovanni (qui sceneggiatore e soggettista oltreché regista), ma riproposto con una certa stanchezza. ■ AVVENTURA; COL.; 107'; FRANCIA, 1983.

CASCO D'ORO *(Casque d'or)* ★★★★
Regia di JACQUES BECKER. Con JEAN-CLAUDE DAUPHIN, SERGE REGGIANI, SIMONE SIGNORET, RAYMOND BUSSIÈRES. ■ È uno dei più bei film di Becker. Ambientato nella Parigi di fine Ottocento fra lotte di bande rivali e balli popolari, *Casco d'oro* è la storia di due amanti senza speranza. Il falegname Manda si innamora di Maria, "Casco d'oro" già legata a uno scassinatore, Rolando "il Bello", ed insidiata dal capobanda Leca. Manda prima uccide in un duello Rolando, poi si fa arrestare per difendere un amico ingiustamente accusato da Leca. Quando però scopre che Leca approfitta del suo imprigionamento per ottenere Maria, fugge dal carcere e lo uccide. È condannato a morte e Maria assiste straziata alla sua esecuzione. ■ DRAMMATICO; B/N; 96'; FRANCIA, 1952.

CASERMA A DUE PIAZZE *(Carry on England)* ★★
Regia di GERALD THOMAS. Con KENNETH CONNOR, JUDY GEESON, PATRICK MOWER. ■ Nel 1940 l'esercito inglese, a corto di soldati, li prende dove può. Per formare un reparto di batteria antiaerea, un ufficiale mette insieme donne, uomini anziani, cretini ai limiti dell'handicap. Con le prevedibili conseguenze. ■ COMICO; COL.; 98'; GRAN BRETAGNA, 1976.

CASETTA DEGLI ORRORI, LA *(Doom Asylum)* ★
Regia di RICHARD FRIEDMAN. Con RUTH COLLINS, PATTY MULLEN. ■ In un istituto di ricovero per psicopatici assassini si stanno svolgendo le riprese di un film dell'orrore. Ne sono protagoniste due splendide top model. ■ HORROR; COL.; 77'; USA, 1988.

CASETTA SULLA SPIAGGIA, LA *(Merely Mary Ann)* ★★★
Regia di HENRY KING. Con CHARLES FARRELL, JANET GAYNOR. ■ È una storiella fragile che narra l'amore contrastato di due giovani. ■ DRAMMATICO; B/N; 75'; USA, 1931.

CASH ★★
Regia di ERIC BESNARD. Con FRANÇOIS BERLÉAND, JEAN DUJARDIN, VALERIA GOLINO, JEAN RENO, ALICE TAGLIONI. ■ Nel corso di una truffa ai danni di un istituto di credito, viene assassinato un uomo, Solal. Qualche mese dopo suo fratello, soprannominato Cash, decide di trovare il colpevole mettendo in scena un'intrica-

tissima truffa che, a partire da uno smercio di banconote fasulle per arrivare al furto di una valigetta piena di diamanti, coinvolge un gran numero di persone in un gioco di ribaltamento continuo fra complici e avversari all'interno del quale chi conduce meno intrighi è destinato ad essere il "piccione". «Non c'è truffa senza un piccione» dice la frase di apertura del film. ■ AZIONE; COL.; 100'; FRANCIA, 2008.

CASHBACK ★★★
Regia di SEAN ELLIS. Con SEAN BIGGERSTAFF, SHAUN EVANS, EMILIA FOX, STUART GOODWIN, MICHELLE RYAN. ■ Ben studia storia dell'arte all'università e sogna di esporre i suoi disegni in una galleria, cercando allo stesso tempo di capire i motivi che hanno portato alla rottura della sua lunga storia con Susan. La fine del loro amore coincide per Ben con l'inizio di una fastidiosa insonnia, così che, paradossalmente, proprio quando avrebbe bisogno di distogliere i suoi pensieri dalla donna che ama, si ritrova ad avere otto ore in più al giorno da impegnare in qualche modo. Decide così di farsi assumere in un piccolo supermarket dove, ogni notte, trascorre il suo tempo imponendo una rigida scappatoia alla sua solitudine. A fargli compagnia un gruppetto di strani colleghi: un patito di arti marziali, uno stuntman, una splendida fanciulla che sogna di volare in Sudamerica, tutti col loro sogno in vetrina, tutti col loro stratagemma per ingannare il tempo e ritornare a vivere. Il primo lungometraggio di Sean Ellis (sviluppo dell'omonimo cortometraggio candidato all'Oscar nel 2004) mostra già una dotazione più che promettente. ■ COMMEDIA; COL.; 100'; GRAN BRETAGNA, 2005.

CASH – CASH *(Cash!! Cash!!)* ★★
Regia di PAUL COLLET. Con UTA KLEIN, BRIGITTE KOWALTCHUK. ■ Brigitte capeggia una banda di giovani delinquenti che rapiscono la figlia di un industriale, Karin, e la costringono a posare per foto pornografiche in modo da poter ricattare suo padre. Ma George, che in passato ha fatto parte della banda, ruba le foto e si allea con Karin: lui incasserà il denaro del ricatto, lei lo asseconderà con piacere, visto che è la prima a nutrire rancori verso il padre. ■ DRAMMATICO; COL.; 85'; BELGIO, 1969.

CASH McCALL ★★
Regia di JOSEPH PEVNEY. Con JAMES GARNER, DEAN JAGGER, NATALIE WOOD. ■ Dal romanzo di Cameron Hawley. Protagonista è un giovane pescecane di Wall Street, famoso per comprare e vendere società ricavandone sempre grandi profitti. Un po' come il "cattivo" di *Wall Street*. Qui però si redime per amore di una bella ragazza. E si mette a fare l'industriale serio. ■ COMMEDIA; COL.; 102'; USA, 1959.

CASINISTA, IL ★★
Regia di PIER FRANCESCO PINGITORE. Con BOMBOLO, PIPPO FRANCO, RENZO MONTAGNANI. ■ Pippo, sceneggiatore in cerca di ispirazione, trova pane per i suoi denti: prima finisce sul ring, poi in ospedale, poi in carcere, poi con i terroristi. Cambierà mestiere. ■ COMMEDIA; COL.; 87'; ITALIA, 1980.

♥ **CASINÒ** *(Casino)* ★★★
Regia di MARTIN SCORSESE. Con ROBERT DE NIRO, JOE PESCI, KEVIN POLLAK, SHARON STONE, JAMES WOODS. ■ I personaggi principali sono Sam (De Niro), gran giocatore e direttore del più grande casinò di Las Vegas, Niki (Pesci), gangster incredibilmente violento, e Ginger (Stone), una delle figure più odiose del cinema, che sposa Sam, lo tradisce e diventa alcolizzata e drogata. Il film comincia con Sam che esplode nella sua macchina e racconta da morto, come Holden in *Viale del tramonto*. Denaro, intrighi, fosse nel deserto, violenza. La mafia tiene d'occhio Sam, ma lui fa soldi per tutti. Niki esagera, ruba e ammazza. Alla fine i destini si compiono. Niki viene sepolto vivo, Ginger muore drogata e Sam...si è salvato: Scorsese non ce l'ha proprio fatta a far morire il suo De Niro. La "famiglia" è quella di *Quei bravi ragazzi*, con Pesci e De Niro del tutto simili a quei personaggi. Speriamo che Scorsese si sia stancato della mafia così come Stone ha finalmente rinunciato al Vietnam. Film di rara tensione e violenza, sopportabile perché stemperata dall'ironia. Per il resto Scorsese è sempre uno dei massimi autori del nostro tempo, regista di macchina e di attori, davvero esclusivo e travolgente, fin troppo, visto che non è facile abituarsi al doppio ritmo dell'azione e della voce fuori campo, incalzante senza pietà, con la parola e l'immagine su due diverse situazioni temporali. Un'ultima nota: De Niro ha cambiato voce, acquistando quella di Gigi Proietti dopo la defezione di Ferruccio Amendola. ■ DRAMMATICO; COL.; 180'; USA, 1996. ■ GOLDEN GLOBES 1 PR, 2 NOM; OSCAR 1 NOM.

CASINÒ DE PARIS *(Casino de Paris)* ★★
Regia di ANDRÉ HUNEBELLE. Con GILBERT BÉCAUD, VITTORIO DE SICA, CATERINA VALENTE. ■ Catherine è una famosa attrice di varietà a cui il commediografo Alexandre Gordy vuole fare interpretare la sua prossima rivista. La invita così nella sua villa sulla Costa Azzurra, dove Catherine conosce il segretario di Gordy, Jacques, vero autore di tutti i successi del commediografo, e se ne innamora. Jacques la ricambia e scrive per lei una commedia musicale che sarà un vero trionfo al Casino de Paris, suggellando l'amore dei due. ■ COMMEDIA; COL.; 95'; FRANCIA, 1957.

CASINO ROYALE ★★★
Regia di MARTIN CAMPBELL. Con DANIEL CRAIG, JUDI DENCH, GIANCARLO GIANNINI, EVA GREEN, MADS MIKKELSEN, IVANA MILICEVIC, CATERINA MURINO, RICHARD SAMMEL, CLAUDIO SANTAMARIA, JEFFREY WRIGHT. ■ Dopo essersi guadagnato due zeri e la licenza di uccidere James Bond, alle origini della sua carriera, è sulle tracce di Le Chiffre, uno spregiudicato banchiere che finanzia organizzazioni terroristiche. L'intervento di Bond manda all'aria i suoi piani, sventando un attentato ai danni di una compagnia aerea. Le Chiffre si ritrova così in debito e in imbarazzo con un misterioso signore della guerra africano, e per saldare il conto organizza un'esclusiva partita a poker al Casino Royale nel Montenegro. Finanziato dal governo e controllato dall'affascinante contabile Vesper Lynd, Bond è tra i dieci partecipanti che gareggiano per il piatto milionario. Sopravvissuto a una lunga notte di bluff, strategie, inseguimenti, avvelenamenti e torture, sarà l'amore a piegare l'agente britannico e a condizionarne il destino sentimentale. Dopo aver diretto *Goldeneye* e il James Bond inconsistente di Pierce Brosnan, Martin Campbell scommette su Daniel Craig e vince senza bluffare al tavolo verde del Casino Royale. Il suo nuovo episodio di 007 mostra la genesi di James Bond e colma il suo passato, informandoci sugli antefatti. Il ruvido agente di Daniel Craig mantiene i riferimenti strutturali col Bond "seriale", confrontandosi con i tratti distintivi del suo personaggio e indagandone nuove possibilità espressive, senza mai negarlo. ■ AZIONE; COL.; 145'; USA, 2006.

CASO CAREY, IL *(The Carey Treatment)* ★★★
Regia di BLAKE EDWARDS. Con JAMES COBURN, PAT HINGLE, JENNIFER O'NEILL. ■ È il film meno sentito e più impersonale del regista di *Hollywood Party* e *La pantera rosa*, meritatamente scoperto come autore dalla critica francese. L'ambiente è quello ipocrita e perbenista dei medici-baroni di Boston. Si raccontano le peripezie del chirurgo Carey, che vuole dimostrare l'innocenza di un suo amico nel caso di una ragazza morta per procurato aborto. I veri responsabili sono infatti il fidanzato della ragazza e una dottoressa dell'ospedale di Carey. ■ DRAMMATICO; COL.; 101'; USA, 1972.

CASO D'AMORE, UN ★
Regia di RICCARDO SESANI. Con MARINA GIULIA CAVALLI, MARCO DI STEFANO, STÉPHANE FERRARA, MARIA LUISA TADEO. ■ Rimini. Il nuovo procuratore si insedia e si trova alle prese con un caso di omicidio. Il cadavere di una ragazza appartenente a una famiglia della buona borghesia viene ritrovato in un canale. Rimini d'inverno non è una cittadina addormentata. ■ POLIZIESCO; COL.; 104'; ITALIA, 1996.

CASO DEL CAVALLO SENZA TESTA, IL ★★★
(The Horse Without a Head)
Regia di DON CHAFFEY. Con JEAN-PIERRE AUMONT, PAMELA FRANKLIN, HERBERT LOM. ■ La rapina a un treno viene intralciata da un gruppo di ragazzi che giocano con un grande cavallo di cartapesta senza testa. I ragazzi, aiutati da una schiera di cani, riescono ad avere ragione della banda di ladri e a restituire la refurtiva alla polizia. Tipico film per ragazzi, di stampo Disney. ■ AVVENTURA; COL.; 89'; GRAN BRETAGNA, 1963.

CASO DEL DOTTOR GAILLAND, IL ★★★
(Docteur Françoise Gailland)
Regia di JEAN-LOUIS BERTUCELLI. Con JEAN-PIERRE CASSEL, ANNIE GIRARDOT, FRANÇOIS PÉRIER. ■ La dottoressa Gailland è una donna libera e spregiudicata che nulla, apparentemente, può scalfire. Ma un giorno scopre di avere un cancro al polmone. La malattia e la prospettiva della morte la inducono a mettere un po' d'ordine nella sua vita, a riaccostarsi alla famiglia. Rincuorata dall'affetto dei suo cari, affronterà con fiducia l'operazione, che avrà successo. ■ DRAMMATICO; COL.; 100'; FRANCIA, 1975.

CASO DEL GIURATO MORESTAN, IL *(Gribouille)* ★★★★
Regia di MARC ALLÉGRET. Con GILBERT GIL, MICHÈLE MORGAN, RAIMU. ■ Il giudice Morestan offre ospitalità a una giovane donna che ha difeso in tribunale dall'accusa di omicidio. La ragazza è innocente, ma quando il figlio di Morestan si innamora di lei e deruba il padre per poterla sposare, Morestan reagisce violentemente e sfoga la sua ira sulla sua ospite. Crede di averla uccisa e si va a costituire, ma la ragazza è solo ferita e vivrà. ■ DRAMMATICO; B/N; 95'; FRANCIA, 1937.

CASO DELLA SIGNORA DICKSON – BIMBA RAPITA, IL *(Man of Courage)* ★★
Regia di ALEXIS THURN TAXIS. Con BARTON MACLANE, CHARLOTTE WINTERS. ■ Il giudice Wallace ottiene la carica di governatore federale dimostrando che la signora Dickson ha ucciso il marito infedele. Wallace scopre in seguito che la signora è innocente e abbandona la sua carica fino a che non riesce a fare riabilitare la donna, ritrovando il signor Dickson, che aveva simulato la sua morte. Wallace e la signora Dickson scoprono anche di amarsi. ■ DRAMMATICO; B/N; 96'; USA, 1943.

CASO DELL'AVVOCATO DURANT, IL *(Penthouse)* ★★★
Regia di WOODBRIGE STRONG VAN DYKE. Con WARNER BAXTER, MYRNA LOY. ■ Myrna Loy interpreta il ruolo di un'artista di varietà dall'animo onesto, che aiuta l'avvocato Durant in un'inchiesta. Durant deve difendere il fidanzato della sua ex ragazza da un'ingiusta accusa di assassinio: ci riesce bene e al suo vecchio amore decide di preferire la nuova e coraggiosa amica. ■ COMMEDIA; B/N; 100'; USA, 1933.

CASO DELL'INFEDELE KLARA, IL ★★
Regia di ROBERTO FAENZA. Con PAULINA BAKAROVA, LAURA CHIATTI, IAIN GLEN, CLAUDIO SANTAMARIA, KIERSTON WAREING. ■ Luca è un musicista ed insegnante di musica che vive a Praga da 5 anni e ha una relazione con Klara studentessa vicina alla laurea. Il giovane è decisamente geloso del tutor della ragazza, Pavel, e decide di rivolgersi a un'agenzia investigativa. Denis, il titolare, si mette al lavoro con l'aiuto dell'assistente Nina. Non scopre nulla a favore della tesi del tradimento e occulta quei dettagli che potrebbero involontariamente favorire l'ossessione di Luca. Il ragazzo però non riesce più a credere a ciò che Klara gli dice e rischia di rompere definitivamente il rapporto con lei. Roberto Faenza nutre da sempre un rapporto intenso con la letteratura. In questa occasione si ispira a un romanzo di Michal Viewegh. ■ COMMEDIA; COL.; ITALIA, 2009.

CASO DEL TESTAMENTO MANCANTE, IL ★★
(The Case of the Missing Will)
Regia di JOHN BRUCE. Con EDWARD ATTERTON, SCOTT CLEVERDON, ROWENA COOPER, RICHARD DURDEN, HUGH FRASER, BETH GODDARD, GILLIAN HANNA, TERRENCE HARDIMAN, PHILIP JACKSON, MARK KINGSTON, JAN LAURIMORE, PAULINE MORAN, NELL STUKE, DAVID SUCHET, SUSAN TRACY. ■ Andrew Marsh, anziano e cardiopatico, riceve una telefonata nel cuore della notte poco dopo aver confidato al suo amico Poirot l'intenzione di modificare a favore della sua pupilla Violet il testamento redatto dieci anni prima. Il giorno dopo, viene trovato cadavere in un padiglione del parco. Per il medico curante si tratta di infarto, ma Poirot non ne è affatto convinto. La situazione si complica ulteriormente quando l'avvocato di Andrew Marsh scopre che il suo testamento è scomparso. ■ POLIZIESCO; COL.; 60'; GRAN BRETAGNA, 1992.

CASO DI COSCIENZA, UN ★★★
Regia di GIANNI GRIMALDI. Con LANDO BUZZANCA, TURI FERRO, FRANÇOISE PRÉVOST, SARO URZÌ. ■ Una lettera anonima, indirizzata alla rubrica tenuta da un sacerdote su un settimanale femminile, provoca lo scompiglio in un paese siciliano: la sconosciuta lettrice confessa il suo adulterio e tutti i bravi mariti temono di essere il tradito in questione. Entra in crisi anche l'avvocato Vaccagnino, che finora non ha mai dubitato di sua moglie e non si è mai sentito in colpa per avere lui stesso un'amante. Dopo varie indagini la moglie infedele sarà scoperta. ■ COMMEDIA; COL.; 113'; ITALIA, 1970.

CASO DI COSCIENZA PER IL DOTTOR GILLESPIE ★★
(Dr. Gillespie's Criminal Case)
Regia di WILLIS GOLDBECK. Con LIONEL BARRYMORE, VAN JOHNSON, DONNA REED. ■ Non è solo un caso che deve risolvere il primario del Blair Hospital prof. Gillespie. Nella stessa giornata viene a capo di tre faccende intricate: un maniaco omicida, un mutilato che non vuole farsi operare e (più frivolo degli altri) il problema di una ragazza incerta nella scelta del compagno della sua vita. ■ DRAMMATICO B/N; 89'; USA, 1943.

CASO D'INCOSCIENZA, UN ★★★
Regia di EMIDIO GRECO. Con BRIGITTE FOSSEY, ERLAND JOSEPHSON, RADA RASSIMOV, JOHN STEINER, RUDIGER VOGLER. ■ Film molto calligrafico ambientato negli anni Trenta. Rudiger Vogler, uno degli attori preferiti di Wenders, è un giornalista che deve ritrovare un misterioso miliardario svedese scomparso. ■ DRAMMATICO; COL.; 97'; ITALIA, 1984.

CASO DIFFICILE DEL COMMISSARIO MAIGRET, IL *(Maigret und sein grässter Fall)* ★★★
Regia di ALFRED WEIDENMANN. Con FRANÇOISE PRÉVOST, HEINZ RÜHMANN. ■ In una galleria d'arte parigina viene rubato un prezioso Van Gogh e assassinato il custode. Maigret si mette sulle piste di un collezionista di quadri che vive in Svizzera, presto tolto di mezzo. Il commissario riesce a scoprire il colpevole, affiancato nelle ricerche dalla polizia di Losanna. ■ POLIZIESCO; COL.; 93'; GERMANIA, 1967.

CASO DISPERATO, UN *(Ein hoffnungsloser Fall)* ★★
Regia di ERICH ENGEL. Con JENNY JUGO, ALBERT MATTERSTOCK. ■ Una capricciosa ragazza borghese riceve una severa lezione in ospedale dal chirurgo che si occupa di lei in seguito a un incidente d'auto: il medico le rinfaccia l'ozio fatuo della sua vita e la giovane reagisce dedicandosi con caparbietà agli studi di medicina. Riesce a diventare assistente di un giovane dottore di cui si innamora e lo segue in una clinica in Brasile. ■ DRAMMATICO; B/N; 90'; GERMANIA, 1940.

CASO DRABBLE, IL *(The Black Windmill)* ★★
Regia di DON SIEGEL. Con MICHAEL CAINE, DONALD PLEASENCE, DELPHINE SEYRIG. ■ Un agente del servizio segreto britannico deve riuscire a liberare il figlio, rapito da un'organizzazione indipendentista dell'Irlanda del Nord. Ci riesce, dimostrando ai superiori di non essere un traditore doppiogiochista come invece sospettavano. ■ GIALLO; COL.; 105'; GRAN BRETAGNA, 1974.

CASO FAMOSO, UN *(Carrefour)* ★★
Regia di CURTIS BERNHARDT. Con SUZY PRIM, CHARLES VANEL. ■ Un pregiudicato perde la memoria durante la guerra e riesce a diventare con gli anni un ricco industriale. Ma trova un uomo che lo ricatta rivelandogli la sua vera identità. Il ricattatore rimane però ucciso da una donna e le sue losche manovre non vanno a segno. ■ DRAMMATICO; B/N; 84'; FRANCIA, 1938.

CASO FORTUNATO, UN *(Mister Boggs Steps out)* ★★
Regia di GORDON WILES. Con HELEN CHANDLER, STUART ERWIN. ■ Con l'aiuto di una abile segretaria innamorata di lui, un piccolo impiegato, stanco della vita di città, riesce a fondare una sua florida azienda in provincia. Il successo professionale si accompagna alla felice intesa sentimentale. ■ COMMEDIA; B/N; 85'; USA, 1943.

CASO FOSTER, IL *(Just Before Dawn)* ★★
Regia di WILLIAM CASTLE. Con MONA BARRIE, WARNER BAXTER, MARVIN MILLER. ■ Il dottor Ordway somministra a un giovane malato di diabete una fiala di insulina che il paziente ha con sé e scopre, in ritardo, che è in realtà un veleno mortale. Decide allora di indagare e viene coinvolto in numerosi attentati, che lo rendono temporaneamente cieco. Fingendo però di essere ancora

privo della vista, Ordway riesce a scoprire il mandante del delitto. ■ POLIZIESCO; B/N; 65'; USA, 1946.

CASO HALLER, IL ★★★
Regia di ALESSANDRO BLASETTI. Con MARTA ABBA, MEMO BENASSI, ISA MIRANDA, EGISTO OLIVIERI. ■ Il dottor Haller è una sorta di dottor Jekyll con tanto di trasformazioni. Anche in lui c'è un tragico rovello fra bene e male. Ma, contrariamente a Jekyll, il dottor Haller riesce a far prevalere il bene e a sopravvivere. ■ DRAMMATICO; B/N; 76'; ITALIA, 1933.

CASO HARMS, IL *(Harms Case)* ★★
Regia di SLOBODAN PESCIC. Con FRANO LASIC, DAMIANA LUTAR. ■ Ambientato nella Jugoslavia di regime. Uno scrittore ribelle subisce ingiuste accuse e un altrettanto ingiusto arresto. Implacabili, le autorità gli fanno espiare duramente la colpa presunta. ■ DRAMMATICO; COL.; 94'; JUGOSLAVIA, 1990.

CASO JUSTIN, IL *(Justin Case)* ★★
Regia di BLAKE EDWARDS. Con GEORGE CARLIN, MOLLY HAGAN, TIMOTHY STACK. ■ Blake Edwards, uno dei massimi registi della commedia hollywoodiana, ha prodotto e diretto per la Walt Disney questo film televisivo, nel quale cita con la sua solita *verve* il cinema nero alla Bogart, anticipando di pochissimo la tendenza che avrebbe portato a film come *Ghost* e *Un fantasma per amico*. Jennifer, una simpatica ragazza, sviene a un'audizione. Va allora a un colloquio per un posto come segretaria e scopre un cadavere e contemporaneamente il suo fantasma. Questi la convince ad aiutarlo a scoprire il colpevole. ■ GIALLO; COL.; 96'; USA, 1988.

CASO KATHARINA BLUM, IL ★★★
(Die verlorene Ehre der Katharina Blum)
Regia di VOLKER SCHLÖNDORFF. Con MARIO ADORF, DIETER LASER, ANGELA WINKLER. ■ Katharina è una donna di servizio che diviene oggetto di una vera caccia alla strega da parte della stampa scandalistica tedesca per avere ospitato una notte Ludwig, un giovane disertore ricercato dalla polizia per motivi politici. Umiliata dalla faziosa esposizione in pubblico della sua vita privata, Katharina reagisce sparando al giornalista che con più accanimento l'aveva presa di mira. ■ DRAMMATICO; COL.; 115'; GERMANIA, 1975.

CASO KERENES, IL *(Pozitia Copilului)* ★★☋
Regia di CALIN NETZER. Con BOGDAN DUMITRACHE, LUMINITA GHEORGHIU, ILINCA GOIA, NATASA RAAB, FLORIN ZAMFIRESCU. ■ Cornelia ha sessant'anni, un marito di cui ha scarsa stima e un figlio, Barbu, di trentaquattro anni che convive con una donna divorziata. Il figlio la evita più che può, ma un giorno investe ed uccide con la sua auto un bambino. Cornelia decide di prendere in mano la situazione per evitare al figlio la galera. Le madri che non lasciano autonomia ai figli sono tema da cinema. Qui Netzer lo sviluppa rivolgendolo alla società, focalizzando il rapporto malato che Cornelia instaura con chiunque la circondi. ■ DRAMMATICO; COL.; 112'; ROMANIA, 2013.

CASO LANGE – OPERAZIONE MONACO, IL ★★
(Assignment – Munich)
Regia di DAVID LOWELL RICH. Con RICHARD BASEHART, WERNER KLEMPERER, ROY SCHEIDER, LESLEY-ANN WARREN. ■ Harry Lange viene ucciso il giorno stesso in cui esce dal carcere. Un gran peccato, perché era il solo a conoscere il nascondiglio del tesoro rastrellato prima della caduta di Hitler. Tuttavia, seguendo alcuni indizi, Caldwell e Webster giungono a Monaco, dove gli amici del defunto stanno morendo come le mosche. ■ POLIZIESCO; COL.; 96'; USA, 1972.

CASOMAI ★★
Regia di ALESSANDRO D'ALATRI. Con SARA D'AMARIA, STEFANIA NUNZIANTE, STEFANIA ROCCA, FABIO VOLO. ■ Tommaso conosce Stefania. Si piacciono, si innamorano, si sposano. Nasce anche un bambino. Tutto è cominciato benissimo, si è evoluto bene, poi discretamente, piano piano fino alla crisi. Sembrava impossibile, eppure l'amore, che sembrava davvero solido, forse si è sfaldato, addirittura trasformandosi in livore. Chissà se si è ancora in tempo a provvedere. Volo, ex jena, cerca di fare l'attore vero. Necessita di una prova d'appello. ■ COMMEDIA; COL.; 90'; ITALIA, 2002.

CASO MARTELLO, IL ★★
Regia di GIULIO CHIESA. Con FELICE ANDREASI, LUIGI DIBERTI, ALBERTO GIMIGNANI, ROBERTA LENA. ■ Un assicuratore desideroso di fare carriera viene spedito in una zona non molto distante da dove risiede. Deve affrontare gravi problemi di inserimento. Il regista ha collaborato prima di questo esordio con Jim Jarmusch e Michael Cimino. ■ DRAMMATICO; COL.; 95'; ITALIA, 1991.

CASO MATTEI, IL ★★★★
Regia di FRANCESCO ROSI. Con PETER BALDWIN, RENATO ROMANO, LUIGI SQUARZINA, GIAN MARIA VOLONTÉ. ■ Enrico Mattei, capo dell'Agip nel dopoguerra, risolleva le sorti dell'ente petrolifero sfruttando l'energia a basso costo del metano. Mattei diventa così un uomo potente, ma nel 1962 perde la vita in un tragico quanto sospetto incidente aereo. ■ DRAMMATICO; COL.; 118'; ITALIA, 1972. ■ CANNES 1 PR.

CASO MAURIZIUS, IL *(L'affaire Mauritius)* ★★★
Regia di JULIEN DUVIVIER. Con DANIEL GÉLIN, MADELEINE ROBINSON, ELEONORA ROSSI DRAGO, CHARLES VANEL, ANTON WALBROOK. ■ Etzel scopre dopo parecchio tempo che il padre, il procuratore generale Andergast, aveva fatto condannare all'ergastolo un certo Maurizius, accusandolo di aver ucciso la moglie. Dopo aver condotto numerose ricerche, Etzel si crea una sua visione dei fatti. Intanto Maurizius esce dal carcere e scopre che ad uccidere la moglie è stata la sorella Anna, della quale egli si era innamorato. ■ DRAMMATICO; B/N; 110'; FRANCIA, 1954.

CASO MORO, IL ★★★
Regia di GIUSEPPE FERRARA. Con MARGARITA LOZANO, MATTIA SBRAGIA, GIAN MARIA VOLONTÉ. ■ Il rapimento e l'assassinio di Aldo Moro da parte delle Brigate Rosse nel 1978, nonché l'atmosfera cupa e tesa di quegli anni, sono rappresentati nel film con rigore formale e senza alcun compiacimento. Ne esce un robusto film-cronaca, costruito con lucidità e fermezza, degno di attenzione e di riflessione. Nel ruolo principale Volonté è encomiabile per misura e aderenza al personaggio dello statista. ■ DRAMMATICO; COL.; 110'; ITALIA, 1986. ■ BERLINO 1 PR.

CASO MYRA BRECKINRIDGE, IL ★★★
(Myra Breckinridge)
Regia di MICHAEL SARNE. Con JOHN HUSTON, RAQUEL WELCH, MAE WEST. ■ Myron Breckinridge, uno studente fortemente attratto dal mito divistico femminile, chirurgicamente si trasforma in una stupenda donna, Myra, e parte per Hollywood. Fingendosi vedova di Myron, vorrebbe ereditare la fortuna dello zio Buck Laner, ma questi non le crede. Alla fine Myra vince la partita con lo zio Buck ma viene investita da un'auto. All'ospedale viene di nuovo sottoposta ad operazione e torna uomo. Dal romanzo di Gore Vidal. ■ COMMEDIA; COL.; 90'; USA, 1970.

CASO PARADINE, IL *(The Paradine Case)* ★★★
Regia di ALFRED HITCHCOCK. Con ETHEL BARRYMORE, CHARLES LAUGHTON, GREGORY PECK, ANN TODD, ALIDA VALLI. ■ Un avvocato si trova a difendere un'avvenente vedova accusata dell'omicidio del marito, un ricco ufficiale cieco, e se ne innamora. Durante le ricerche l'avvocato comincia a sospettare del loro cameriere, il quale mostra ostilità verso la padrona. Al processo lo accusa apertamente, nonostante le suppliche dell'imputata. Quando il cameriere si toglie la vita tutto si chiarisce: la vedova, innamorata del domestico, aveva assassinato il marito per unirsi legalmente allo sfortunato amante. ■ DRAMMATICO; B/N; 125'; USA, 1948. ■ OSCAR 1 NOM.

CASO PISCIOTTA, IL ★★★
Regia di ERIPRANDO VISCONTI. Con DUILIO DEL PRETE, CARLA GRAVINA, MARCELLA MICHELANGELI, TONY MUSANTE. ■ Il magistrato Scauri indaga sulla morte, avvenuta in carcere per avvelenamento, di Gaspare Pisciotta, l'assassino di Salvatore Giuliano. Egli si trova ben presto a combattere con il muro dell'omertà, che viene per un attimo scalfito dalla testimonianza del giovane Lojacono. Scauri si trova così ad avere le prove per incriminare due potenti mafiosi. Ma l'organizzazione è fortissima: il giovane accusatore ritira la sua deposizione e il magistrato sparisce in circostanze misteriose. ■ DRAMMATICO; COL.; 100'; ITALIA, 1972.

CASO RAOUL, IL ★
Regia di MAURIZIO PONZI. Con DELIA BOCCARDO, STANKO MOLNAR, ALIDA VALLI, MILENA VUKOTIC. ■ Raoul, dopo aver vissuto una travagliata giovinezza tra fratelli strani e genitori adottivi, si sposa con Delia, una ragazza dolce e tenera. Sembra aver acquistato la serenità, ma dopo poco tempo scopre che colui che credeva il fratello maggiore è in realtà suo padre. Questa rivelazione matura in lui la pazzia: uccide la moglie Delia e viene rinchiuso in un manicomio criminale. ■ DRAMMATICO; COL.; 100′; ITALIA, 1975.

CASO SENSAZIONALE, UN *(Sensationsprozess Casilla)* ★★
Regia di EDUARD VON BORSODY. Con JUTTA FREYBE, HEINRICH GEORGE, ALBERT HEHN. ■ Il film racconta la storia di un fotografo tedesco che nasconde una giovanissima stella del cinema per sottrarla alla crudeltà dei genitori. Costoro la sfruttano e vogliono sottoporla ad un procedimento per mantenerla giovane e creare così una perenne bambina prodigio. Il fotografo, accusato di aver ucciso la giovane, durante il processo riesce a provare la propria innocenza. ■ DRAMMATICO; B/N; 89′; GERMANIA, 1939.

CASO THOMAS CRAWFORD, IL *(Fracture)* ★★★
Regia di GREGORY HOBLIT. Con BILLY BURKE, CLIFF CURTIS, EMBETH DAVIDTZ, RYAN GOSLING, BOB GUNTON, ANTHONY HOPKINS, ROSAMUND PIKE, DAVID STRATHAIRN. ■ Thomas Crawford, magnate dell'aeronautica, scopre che la moglie ha una tresca con un detective della polizia e decide di architettare un piano per eliminarla. Curiosamente si autoaccusa dell'omicidio e decide di difendersi da solo in tribunale. Il caso, apparentemente chiuso, è gestito dal giovane e brillante procuratore Willy Beachum. Per lui, però, le cose saranno molto meno semplici di quanto fosse lecito credere... Thriller di eccellente fattura, *Il caso Thomas Crawford*, fa tornare in grande spolvero il genere "giallo vecchio stile", senza puntare su una messa in scena particolarmente originale, ma concentrando le proprie attenzioni sulla costruzione della storia e sui colpi di scena. ■ THRILLER; COL.; 113′; USA, 2007.

CASO THOMAS CROWN, IL ★★★
(The Thomas Crown Affair)
Regia di NORMAN JEWISON. Con FAYE DUNAWAY, YAPHET KOTTO, STEVE MCQUEEN, JACK WESTON. ■ Lo spregiudicato banchiere Thomas Crown, che ha fatto un grosso colpo nella sua stessa banca, viene scoperto da una bella e intelligente detective, con la quale instaura una relazione. La donna vuole però denunciarlo e quando lui, lanciandole una sfida, la informa del luogo dove ha progettato un nuovo colpo, lei avverte la polizia. Ma al posto della refurtiva viene trovato un biglietto con cui Crown invita la sua investigatrice a raggiungerlo in Brasile, dove lui la aspetta per godersi insieme i soldi del furto. ■ POLIZIESCO; COL.; 102′; USA, 1968. ■ OSCAR 1 PR, 2 NOM.

CASO TRAFFORD, IL *(Quest for Love)* ★★
Regia di RALPH THOMAS. Con TOM BELL, JOAN COLLINS, DENHOLM ELLIOTT, LAURENCE NAISMITH. ■ Un famoso scienziato, in seguito ad un incidente sul lavoro, scopre di avere una doppia personalità. La moglie e gli amici lo trattano infatti come se fosse uno scrittore di chiara fama e di allegri costumi. Alla morte della moglie, malata di cuore, pensa che debba esistere un doppio della personalità di lei e subito se ne mette alla ricerca. Il doppio è una hostess, malata, che immediatamente egli fa curare. ■ COMMEDIA; COL.; 90′; GRAN BRETAGNA, 1971.

CASOTTO ★★
Regia di SERGIO CITTI. Con JODIE FOSTER, MARIANGELA MELATO, MICHELE PLACIDO, LUIGI PROIETTI, PAOLO STOPPA, UGO TOGNAZZI. ■ Il casotto è la cabina pubblica di una spiaggia libera di Ostia, che funge da scena fissa. Va e viene un campionario di umanità non proprio edificante: due nonni che cercano di trovare un merlo che sposi la loro nipotina incinta; due ragazze che cercano di circuire un ridicolo funzionario; una coppia che non riesce a fare all'amore. Alla fine del pomeriggio un acquazzone costringe tutti a sbaraccare e il casotto rimane deserto. ■ COMMEDIA; COL.; 100′; ITALIA, 1977.

CASO "VENERE PRIVATA", IL *(Cran d'arrêt)* ★★
Regia di YVES BOISSET. Con RAFFAELLA CARRÀ, MARIANNE COMTELL, BRUNO CREMER, RENAUD VERLEY. ■ Tratto dal romanzo di Giorgio Scerbanenco, il film narra le vicende di Duca Lamberti, medico detective, che si mette alla ricerca di un fotografo maniaco sospettato di aver ucciso la fotomodella Alberta. All'inseguimento dell'omicida si lancia il ricco Davide, amico della vittima, e in uno scontro a fuoco riesce ad avere la meglio. ■ DRAMMATICO; COL.; 91′; FRANCIA, 1969.

CASO WINSLOW, IL *(The Winslow boy)* ★★★
Regia di DAVID MAMET. Con NIGEL HAWTHORNE, GEMMA JONES, JEREMY NORTHAM, REBECCA PIDGEON. ■ Inghilterra 1911. Il quattordicenne Ronnie Winslow, appartenente a solida famiglia vittoriana, viene espulso dall'accademia navale per aver rubato cinque scellini. Il padre crede alla sua innocenza e affida il caso a Sir Robert Morton, un pari d'Inghilterra. Il processo diventa un caso nazionale, la famiglia ne risente profondamente, economicamente e moralmente. Catherine, sorella di Ronnie, viene abbandonata dal fidanzato militare la vigilia delle nozze. I Winslow vincono la causa. Film importante, presentato a Cannes nella sezione Certain Regard, ma certamente avrebbe meritato un premio importante. Mamet è rigoroso come sempre, con tutti i pesi giusti e con attori straordinari. Grazie anche alla solida base fornitagli da Terence Rattigan, autore della pièce. Mezzo punto in più rispetto al giudizio in stellette. ■ DRAMMATICO; COL.; 104′; USA, 2000.

CASPER ★★
Regia di FRED SILBERLING. Con ERIC IDLE, CATHY MORIARTY, BILL PULLMAN, CHRISTINA RICCI. ■ In un castello abitato dai fantasmi giunge il dottor Harvey, accompagnato dalla figlia adolescente Kat. Il suo compito è quello di cacciare gli indesiderati ospiti su incarico della perfida donna che ha ereditato il maniero. Il buon fantasmino Casper si innamora di Kat: i due soffrono di solitudine e potrebbero trovare reciproco conforto, ma la loro essenza è troppo diversa. Kat, poi, ha perso la madre di recente e vorrebbe rivederla. Nel momento decisivo in cui Casper avrebbe l'opportunità di reincarnarsi, grazie a una macchina inventata da suo padre, ci rinuncia per ridare la vita al dottor Harvey che è rimasto vittima di un incidente. Sarà la madre di Kat, che è uno spirito sereno, a consentirgli di ballare per una notte con la figlia sotto sembianze umane. Spielberg sovrintende a un'operazione che sarebbe stata interessante se non soffrisse di ipertrofia. C'è troppo di tutto. Effetti speciali distribuiti a iosa, citazioni cinefile (imperdibili Dan Aykroyd e Clint Eastwood), rimandi disneyani. In tutto questo sovrapporsi di gioco e, talvolta, di farsa, il tema della crescita e della solitudine adolescenziale rischia di perdersi o, quanto meno, di risolversi in una piccola dose di commozione a buon mercato. Forse, come Casper, bisognava sapere scegliere. ■ FANTASTICO; COL.; 100′; USA, 1995.

♥ **CASSANDRA CROSSING** *(The Cassandra Crossing)* ★★★
Regia di GEORGE PAN COSMATOS. Con AVA GARDNER, RICHARD HARRIS, BURT LANCASTER, SOPHIA LOREN, MARTIN SHEEN, O. J. SIMPSON, INGRID THULIN. ■ A Ginevra due terroristi entrano in un laboratorio dove si sperimentano armi batteriologiche e contraggono un terribile virus. Uno dei due riesce a fuggire e a salire sul treno per Stoccolma, contagiando una parte dei passeggeri. Un colonnello americano prende in pugno la situazione, dirottando il convoglio verso la Polonia. Suo scopo è far precipitare il treno su un ponte pericolante, il Cassandra Crossing, in modo che tutti i passeggeri muoiano e si perda anche il terribile segreto. Ma due coniugi che viaggiavano sul treno, una scrittrice e il marito dottore, sventeranno sia pure parzialmente, il suo piano. ■ DRAMMATICO; COL.; 137′; GRAN BRETAGNA, 1977.

CASSA SBAGLIATA, LA *(The Wrong Box)* ★★
Regia di BRYAN FORBES. Con MICHAEL CAINE, PETER COOK, JOHN MILLS, RALPH RICHARDSON. ■ Il film, giocato sui canoni dell'umorismo inglese, illustra le lotte tra due fratelli: Masterman e Joseph Finbury. Essi si contendono il denaro di una lotteria inglese che viene assegnato all'ultimo dei sopravvissuti tra i venti partecipanti. Rimasti i soli superstiti cercano in varie maniere di eliminarsi a vicenda. La presunta morte di entrambi genera una serie di divertenti equivoci. Da un racconto di Stevenson. ■ COMMEDIA; COL.; 105′; GRAN BRETAGNA, 1966.

CASSIERE HA PRESO IL VOLO, IL ★★
(Der brave Sünder)
Regia di FRITZ KORTNER. Con MAX PALLENBERG, HEINZ RÜHMANN. ■ Uno dei pochi film di Fritz Kortner, che affiancò per qualche tempo l'attività di regista a quella di attore cinematografico e teatrale. ■ COMMEDIA; B/N; 90'; GERMANIA, 1932.

CASSIODORO IL PIÙ DURO DEL PRETORIO ★
Regia di ORESTE COLTELLACCI. Con GIGI BALLISTA, MARIO CAROTENUTO, ORESTE LIONELLO, ALDINA MARTANO, RENZO MONTAGNANI. ■ Film che non rispetta gli eventi storici della Roma di Nerone, ma che ricorre all fantasia per parodiare le imprese dell'etrusco Cassiodoro. ■ COMMEDIA; COL.; 92'; ITALIA, 1975.

CASTA DIVA ★★★
Regia di CARMINE GALLONE. Con MARTHA EGGERTH, SANDRO PALMIERI. ■ Al centro della vicenda è il celebre musicista Bellini, amato dalla giovane Fumaroli che non può sposarlo per l'ostilità del padre e per il disinteresse del musicista stesso. Ma sarà la giovane a risollevare le sorti della sua opera *Norma*, quando questa riceverà a Milano una clamorosa ostilità. Infatti la Fumaroli porterà al maestro una canzone, *Casta diva*, che le era stata dedicata da Bellini nella giovinezza. Con la nuova romanza l'opera trionferà, ma la donna, come in tutte le storie di quel tempo, morirà subito dopo. ■ BIOGRAFICO; B/N; 97'; ITALIA, 1935. ■ VENEZIA 1 PR.

CASTA DIVA ★★★
Regia di CARMINE GALLONE. Con NADIA GRAY, ANTONELLA LUALDI, RENZO RICCI, MAURICE RONET. ■ Trama quasi uguale a quella del film del 1935, ma il racconto è più chiaro e lineare. ■ BIOGRAFICO; COL.; 99'; ITALIA, 1954.

CASTA E PURA ★★
Regia di SALVATORE SAMPERI. Con LAURA ANTONELLI, MASSIMO RANIERI, FERNANDO REY. ■ Una ragazza ha fatto il voto di rimanere casta e pura finché il padre rimarrà in vita (un voto estorto dalla madre in punto di morte). Quando ha passato i trenta, il voto ne ha fatto una zitella frustrata, dominata dall'avido genitore, turbata dal furbo cugino. Una violenza carnale, subita da alcuni paesani, ne fa inopinatamente una donna forte e sicura. Si toglie di torno i parassiti e parte per godersi la vita. ■ COMMEDIA; COL.; 95'; ITALIA, 1981.

CASTAGNE SONO BUONE, LE ★★★
Regia di PIETRO GERMI. Con STEFANIA CASINI, NICOLETTA MACHIAVELLI, GIANNI MORANDI. ■ Il regista Luigi Vivarelli, uomo galante e amante della libertà, si innamora di Carla, ragazza intelligente e di immacolati sentimenti. Questa lo ricambia, ma prima di concedersi vuole assicurarsi dell'onestà dei sentimenti di Luigi. A questo punto il regista fugge, ma quando si ritrova a contatto con la sorella di Carla, Teresa, che ha tentato di uccidersi per un uomo, egli ritorna immediatamente da lei deciso a cambiar vita. ■ COMMEDIA; COL.; 115'; ITALIA, 1970.

CASTA SUSANNA, LA *(Le chaste Suzanne)* ★★
Regia di ANDRÉ BERTHOMIEU. Con HENRY GARAT, MEG LEMONNIER, S. PLATEU, RAIMU. ■ A Parigi un signore conduce una doppia vita: di giorno è un uomo moralmente ineccepibile, di notte spende il suo tempo nei locali mondani. Un giovanotto, a cui egli aveva negato la mano della figlia per motivi morali, scopre la sua seconda vita. Stabiliscono un patto: il giovanotto sposerà la figlia e il signore continuerà a condurre la sua doppia esistenza. ■ COMMEDIA; B/N; 90'; FRANCIA, 1937.

CAST AWAY ★★★★
Regia di ROBERT ZEMECKIS. Con TOM HANKS, HELEN HUNT, NICK SEARCY. ■ Chuck Noland è un agente di una compagnia di trasporti. Vive a Memphis, ha una ragazza, Kelly. I due sono molto innamorati. Mentre da Memphis vola verso la Tailandia per lavoro, il suo aereo precipita in mare. Si salva miracolosamente e si trova su un'isola deserta. Solo. Si tratta di sopravvivere. Beve il succo delle noci di cocco, succhia la polpa dei granchi, si ferisce coi coralli. Disegna due occhi e un naso su un pallone, lo chiama Wilson, sarà il compagno con cui parlare, per non impazzire. Passano quattro anni. Chuck tenta la carta disperata della fuga dall'isola. Con una zattera supera la barriera corallina. È stremato, quasi morente, quando una nave lo raccoglie. Torna alla vita, ma non normale. Tutti lo credevano morto. Kelly si è sposata e ha un figlio. Si ritrovano, l'amore è rimasto intatto, ma la realtà li deve dividere. Chuck è morto e tornato alla vita, e dovrà dolorosamente ricominciare. Hanks guarda dritto l'obiettivo mentre finisce il film. Chissà quale sarà il destino. Se c'è una metafora è proprio questa: si può ricominciare. E c'è dell'altro: l'isola solitaria non è un paradiso perduto, è un inferno. Valgono di più i rapporti. Meglio se si trasformano in sentimenti forti. Ed è questa la differenza con Robinson Crusoe, che trecento anni prima lasciava la sua isola, dopo ventotto anni, a malincuore. Spaventoso (dunque magnifico) l'incidente aereo. E quell'isola sempre grigia, sempre tempestosa. Hanks, come e più di sempre, straordinario. ■ DRAMMATICO; COL.; 140'; USA, 2000. ■ GOLDEN GLOBES 1 PR, 1 NOM; OSCAR 2 NOM.

CASTAWAY – LA RAGAZZA VENERDÌ *(Castaway)* ★★★
Regia di NICOLAS ROEG. Con AMANDA DONOHOE, GEORGINA HALE, OLIVER REED. ■ Lucy, un'annoiata impiegata dell'ufficio imposte londinese, risponde all'inserzione di un uomo di mezza età che cerca una compagna per trascorrere un anno su un'isola deserta. Superata una "piccola" difficoltà burocratica (le autorità locali esigono il matrimonio), i due raggiungono l'isola e iniziano la convivenza, che, segnata dapprima da un'intensa passione, si degrada in liti, lacrime e rifiuti sessuali. Un violento uragano dà il colpo di grazia all'avventura e i due, delusi, lasciano il finto paradiso. ■ DRAMMATICO; COL.; 117'; GRAN BRETAGNA, 1986.

CASTELLANA BIANCA, LA *(The Woman in White)* ★★
Regia di PETER GODFREY. Con ELEANOR PARKER, ALEXIS SMITH, GIG YOUNG. ■ L'oscura vicenda si svolge nel castello di Limmeridge, dove un losco personaggio, Fosk, vuole impadronirsi dell'immensa fortuna della giovane Laura, annullandone la volontà con l'aiuto del marito di lei, Sir Percival. I due malviventi vengono però tragicamente sconfitti. ■ DRAMMATICO; B/N; 109'; USA, 1947.

CASTELLANA DEL LIBANO, LA ★★
(La châtelaine du Liban)
Regia di JEAN EPSTEIN. Con JEAN MURAT, ANDRÉE SPINELLY. ■ Un ufficiale francese si innamora pericolosamente di una spia inglese. Mentre tenta di vendere documenti segreti all'Inghilterra, si ammala e un ufficiale suo amico, scoperto il gioco, lo trasferisce impedendo così il tradimento e rompendo la dannosa relazione. ■ AVVENTURA; B/N; 95'; FRANCIA, 1933.

CASTELLANA DEL LIBANO, LA ★★
(La châtelaine du Liban)
Regia di RICHARD POTTIER. Con GIANNA MARIA CANALE, GUIDO CELANO, JULIETTE GRÉCO, JEAN-CLAUDE PASCAL. ■ Nel deserto libanese viene trovato un ricco giacimento di uranio. Il terreno appartiene però alla contessa Orlof, la castellana del Libano, donna avvenente e misteriosa. L'amante della Orlof vuole sapere da Mokrir, il tecnico che ha fatto la sensazionale scoperta, dove è situato il giacimento. Dopo aver ottenuto l'informazione uccide Mokrir, ma l'amico di questi, Jean, ne vendica la morte. Jean si invaghisce della contessa, la quale però, vedendosi sottratta la sua fortuna, s'allontana con un ricco armatore. ■ AVVENTURA; COL.; 105'; FRANCIA, 1956.

CASTELLANA DI AQUILA NERA, LA ★★
(A meltó sàgos kisasszony)
Regia di BÉLA BALOGH. Con LAJOS BÀSTI, GYULA CSORTOS, GERÀ NÀLY, ZITA SZELECZKY. ■ Un giovane in disaccordo con il padre scappa di casa e diventa precettore del figlio di un ricchissimo signorotto residente in un favoloso castello. Il giovane si innamora della sorella del suo scolaro che dopo breve tempo gli si concede. Intanto il padre si ammala. I medici non hanno più speranze, ma il figlio con una sua medicina salva la vita al padre. ■ COMMEDIA; B/N; 85'; UNGHERIA, 1936.

CASTELLI DI GHIACCIO *(Ice Castles)* ★★★
Regia di DONALD WRYE. Con ROBBY BENSON, COLLEEN DEWHURST, LYN HOLLY JOHNSON, TOM SKERRITT, JENNIFER WARREN. ■ Un'adolescente del Minnesota, bravissima nel pattinaggio, è invitata a far parte della squadra americana in vista delle Olimpiadi.

Ma la sera della sua prima vittoria, per un grave incidente, rimane quasi cieca. A forza di volontà e con l'aiuto del suo innamorato riesce a tornare al pattinaggio e a nuovi successi. ■ DRAMMATICO; COL.; 109'; USA, 1979. ■ OSCAR 1 NOM.

CASTELLI DI SABBIA *(The Sand Piper)* ★★★
Regia di VINCENTE MINNELLI. Con CHARLES BRONSON, RICHARD BURTON, EVA MARIE SAINT, ELIZABETH TAYLOR. ■ Danny, figlio di una pittrice anticonformista, viene inserito contro la volontà della madre nel collegio diretto dal pastore Hewitt. Il pastore conosce la madre di Danny e se ne innamora, ma essendo sposato e avvertendo i primi rimorsi, abbandona la relazione, lascia il collegio e comincia una nuova vita. Intanto Danny torna a casa e la madre si avvia ad una trasformazione. ■ DRAMMATICO; COL.; 116'; USA, 1965. ■ OSCAR 1 PR, 1 NOM.

CASTELLI IN ARIA ★★
Regia di AUGUSTO GENINA. Con VITTORIO DE SICA, LILIAN HARVEY, CARLA SVEVA. ■ A Vienna un anziano signore trasforma in principe un semplice musicista e gli affida il compito di accompagnare una modesta giovane, vincitrice di un viaggio in Italia. I due si innamorano presto, ma la falsa condizione principesca costringe il musicista a lasciare la ragazza. Il vecchio ristabilisce la situazione e i nostri eroi si possono sposare. ■ COMMEDIA; B/N; 90'; ITALIA, 1939.

CASTELLO, IL *(The Last Castle)* ★★★
Regia di ROD LURIE. Con STEVE BURTON, JAMES GANDOLFINI, ROBERT REDFORD, MARK RUFFALO. ■ Il generale Eugene Irwin, eroe del Vietnam e del Golfo, uomo d'azione e intellettuale, una vera leggenda dell'esercito americano, per motivi di principio (ha disobbedito a un ordine ingiusto) viene internato in una prigione militare. Il comandante è un colonnello metodico e crudele, forse psicopatico, che vive malissimo la superiorità dell'altro. I detenuti eleggono Irwin loro capo morale e non solo. In una spirale di violenze e ingiustizie sempre più intollerabili, esplode la sfida fra il generale e il comandante, che ricorda quasi quella tra i due colonnelli de*Il Ponte sul fiume Kwai*. Alla fine Irwin, coi suoi uomini, prende possesso della prigione, con un'azione strepitosa. Naturalmente, come per tutti gli eroi, il prezzo da pagare è la vita. È magnifico rivedere Redford, davvero l'ultimo eroe del cinema, di nuovo forte e vitale (malgrado l'età). La storia è perfetta durante tutta la schermaglia morale e la violenza implosa. Alla fine. quando invece la violenza deve esplodere (bisogna pur vendere i biglietti), il film diventa una specie di *Rambo*, con bombe, elicotteri e stuntmen. Tuttavia Redford, che ripassa il suo famoso *Brubaker*, riesce a neutralizzare quasi del tutto anche i fuochi d'artificio finali. ■ DRAMMATICO; COL.; 130'; USA, 2001.

CASTELLO DALLE PORTE DI FUOCO, IL ★★
Regia di JOSÉ LUIS MERINO. Con AGOSTINA BELLI, CHRISTIN GALLONI, CHARLES QUINEY, ERNA SCHURER. ■ Nel misterioso castello del barone Janos Dalmar avvengono strane cose: numerose donne vengono barbaramente assassinate. Ivana, dottore in chimica, è l'ultima donna a recarsi nel castello ed è fermamente convinta che l'assassino sia Janos, spinto dalla licantropia. Il barone viene quindi curato da Ivana, che diventa sua sposa. La notte stessa del matrimonio appare il vero assassino: è Igor, fratello di Janos. Ivana è sul punto di essere uccisa, ma il marito la salva. ■ HORROR; COL.; 96'; ITALIA, 1971.

CASTELLO DEI MORTI VIVI, IL ★★
Regia di HERBERT WISE. Con GAIA GERMANI, CHRISTOPHER LEE, PHILIPPE LEROY, MIRKO VALENTIN. ■ Una compagnia di attori viene decimata da una strana morte nel castello del conte Drago. È lo stesso conte il misterioso assassino: con un farmaco pietrifica immediatamente le sue vittime. Improvvisamente, nel tentativo di far fuori i due superstiti, si ferisce e muore. ■ HORROR; B/N; 90'; ITALIA, 1964.

CASTELLO DEL CAPPELLAIO, IL *(Hatter's Castle)* ★★
Regia di LANCE COMFORT. Con DEBORAH KERR, JAMES MASON, ROBERT NEWTON. ■ Inghilterra 1800. Un cappellaio malvagio diventa molto ricco, costruisce un castello e si abbandona a una vita oziosa. Temuto da tutti, maltratta moglie e figli, trova un'amante e il di lei fratellastro semina disgrazia nel castello. La morte imperversa; l'ultimo a morire è il cappellaio nel suo castello in fiamme. La figlia è la sola superstite; si sposerà con un giovane medico. Il film è tratto dall'omonimo romanzo di A. J. Cronin. ■ DRAMMATICO; B/N; 102'; GRAN BRETAGNA, 1942.

CASTELLO DELLA PAURA, IL ★
(Frankenstein's Castle of Freaks)
Regia di ROBERT OLIVER. Con ROSSANO BRAZZI, MICHAEL DUNN, EDMUND PURDOM. ■ Film dell'orrore, ma tutto da ridere (però involontariamente, purtroppo). Rossano Brazzi fa il barone Frankenstein e giostra un vero assortimento di mostri nel suo castello (c'è un nano, una donna-lupo, un uomo di Neanderthal). ■ HORROR; COL.; 89'; ITALIA, USA, 1973.

CASTELLO DELLE DONNE MALEDETTE, IL ★★
(The Ghost in the Invisible Bikini)
Regia di DON WEIS. Con SUSAN HART, ARON KINCAID, TOMMY KIRK, NANCY SINATRA, DEBORAH WALLEY. ■ Questo film vorrebbe tentare una allegra parodia del genere horror. Weis si serve di effetti ed elementi ricavati da generi assai differenti: il poliziesco, lo psicologico, il musical ecc. ■ GIALLO ROSA; COL.; 82'; USA, 1966.

CASTELLO DELL'ORRORE, IL ★★
(Der Fälscher von London)
Regia di HARALD REINL. Con KARIN DOR, HELMUT LANGE, SIEGFRIED LOWITZ, MADY RAHL. ■ In un castello, dove Jane e Peter trascorrono la luna di miele, viene scoperto il corpo di un antico amore di Jane. Peter, subito accusato, è poi scagionato con l'aiuto della moglie e di un ispettore di polizia. I colpevoli sono scoperti e i due sposi si avviano felicemente verso un nuovo viaggio di nozze. ■ DRAMMATICO; B/N; 89'; GERMANIA, 1961.

CASTELLO DEL MALE, IL *(Castle of Evil)* ★★
Regia di FRANCIS D. LYON. Con SCOTT BRADY, DAVIS BRIAN, VIRGINIA MAYO. ■ Adesso anche i robot si mettono a impugnare i testamenti. La "creatura" elettronica di uno scienziato miliardario va in tilt alla lettura del testamento del suo defunto padrone e si mette a uccidere tutti i coeredi. ■ HORROR; COL.; 93'; USA, 1966.

CASTELLO DEL MISTERO, IL *(Ourselves Alone)* ★★
Regia di BRIAN DESMOND HURST. Con ANTOINETTE CELLIER, JOHN LODGE. ■ Nell'Irlanda degli anni Venti un giovane lotta tenacemente per l'indipendenza del suo paese. La polizia lo ricerca ma senza fortuna. Un ispettore inglese è fidanzato con la sorella del ricercato, ma questa ama un ufficiale del servizio segreto. I ribelli infine vengono scoperti, il giovane è ucciso dall'agente, ma la sorella sposa ugualmente l'amato. ■ DRAMMATICO; B/N; 68'; GRAN BRETAGNA, 1936.

CASTELLO DI CARTE, IL *(House of Cards)* ★★
Regia di JOHN GUILLERMIN. Con KEITH MICHELL, GEORGE PEPPARD, INGER STEVENS, ORSON WELLES. ■ La conquista della Francia e delle ex colonie è l'obiettivo che si propone Leschenhaut, un criminale antidemocratico e razzista. Ma il suo cammino è intralciato dall'americano Reno Davis, che dopo molte vicissitudini riuscirà a vincere l'organizzazione criminale, mentre il losco capo morirà. ■ DRAMMATICO; COL.; 105'; USA, 1968.

CASTELLO DI DRAGONWYCK, IL *(Dragonwyck)* ★★★
Regia di JOSEPH LEO MANKIEWICZ. Con WALTER HUSTON, VINCENT PRICE, GENE TIERNEY. ■ Un ricco e dispotico olandese, che vuole continuare gloriosamente la sua stirpe, non riesce ad avere figli dalla prima moglie. Uccisa questa, sposa Miranda, una parente spiantata. Ma il figlio che nasce dall'unione muore subito dopo. Ormai sull'orlo della pazzia, l'olandese vede svanire la speranza di avere un erede per le proprie ricchezze. Vorrebbe avvelenare Miranda, ma un giovane dottore impedisce l'omicidio. Il pazzo muore e Miranda sposa il medico. ■ DRAMMATICO; B/N; 103'; USA, 1946.

CASTELLO DI FIANDRA, IL ★★★
(Das Schloss in Flandern)
Regia di GÉZA VON BOLVÀRY. Con GEORG ALEXANDER, MARTHA EGGERTH, PAUL HARTMANN. ■ Un uomo si assume la colpa di un misfatto per coprire qualcuno. Fugge in Australia, dove non può essere punito, ma a un convegno di ex combattenti in un castello incontra una cantante e vuole sposarla. Per farlo deve però

essere scagionato dal vero colpevole, che è una donna ora felicemente sposata. Sta per rassegnarsi, ma la donna svela il segreto alla cantante e tutto si sistema. I due innamorati si sposeranno. ■ DRAMMATICO; B/N; 86′; GERMANIA, 1936.

CASTELLO DI PENDRAGON, IL ★★
(The Dragon of Pendragon Castle)
Regia di JOHN BAXTER. Con JOAN LESLIE, ROBINS NETSCHER, HILARY RENNIE, JANE WELSH. ■ Primo episodio del film per ragazzi *Il dragone del castello di Pendragon*: tre bambini adottano un draghetto con il fiato fiammeggiante per riscaldare il castello del nonno e farlo diventare così un albergo. Il nonno potrà pagare gli enormi debiti e tenersi il castello che aveva ipotecato. ■ AVVENTURA; B/N; 91′; GRAN BRETAGNA, 1950.

♥ CASTELLO ERRANTE DI HOWL, IL ★★★
(Hauru no ugoku shiro)
Regia di HAYAO MIYAZAKI. ■ Il genio ha colpito ancora. Dopo più di vent'anni di carriera c'è veramente da togliersi il cappello davanti ad uomo, prima ancora che regista, capace come nessuno mai prima nel campo del cinema d'animazione (e non solo) di riuscire a centrare sempre e comunque l'obbiettivo che ogni cineasta dovrebbe avere come scopo unico: emozionare. E di emozioni, quest'opera di Hayao Miyazaki ne offre davvero. *Howl's Moving Castle* è un ulteriore tassello nel mosaico che il regista giapponese sta componendo col passare degli anni, che mescola l'attenzione alle tematiche ambientali, all'utilizzo malsano della tecnologia, che propone esseri umani calati in universi fantastici ed immaginari, dove creature soprannaturali insegnano all'uomo come vivere e quali valori seguire e difendere. ■ ANIMAZIONE; COL.; 119′; GIAPPONE, 2004. ■ OSCAR 1 NOM; VENEZIA 1 PR.

CASTELLO INCANTATO, IL *(Ruslan i Ludmila)* ★★
Regia di ALEKSANDER LUKIC PTUSKO. Con ALEKSE ABRIKOSOV, NATALIA PETROVA. ■ Da un poema di Alessandro Puskin. Una principessa è rapita da una strega e consegnata a un mago, un orribile nano. Ma l'intrepido cavaliere Ruslan, innamorato della fanciulla, riesce a liberarla, dopo aver superato mille insidie e incantesimi. ■ FIABESCO; COL.; 90′; URSS, 1973.

CASTELLO IN SVEZIA, IL *(Un château en Suède)* ★★★
Regia di ROGER VADIM. Con JEAN-CLAUDE BRIALY, CURD JÜRGENS, JEAN-LOUIS TRINTIGNANT, MONICA VITTI. ■ Il film è tratto dall'omonima commedia di Françoise Sagan. In un isolato castello nordico quattro ambigui personaggi passano le loro giornate in lunghe effusioni amorose. Uno di questi, Federico, per paura di essere ucciso dal marito della sua amante, fugge, mentre gli altri continuano nel loro gioco vizioso. ■ DRAMMATICO; COL.; 95′; FRANCIA, 1963.

CASTELLO MALEDETTO, IL *(The Old Dark House)* ★★
Regia di WILLIAM CASTLE. Con ROBERT MORLEY, TOM POSTON, JANETTE SCOTT. ■ Un giovane rappresentante di auto, Tom, trova cadavere Casper, il cliente a cui doveva consegnare una vettura. Nel castello dei Casper altri bizzarri componenti della famiglia vengono uccisi, mentre Tom si divide tra le due cugine del morto, la fatale Morgana e la dolce Cecily. Una delle due si rivelerà l'assassina. ■ GIALLO; COL.; 86′; GRAN BRETAGNA, 1963.

CASTELLO NEL CIELO, IL ★★★★
(Tenku no shiro Rapyuta)
Regia di HAYAO MIYAZAKI. ■ Per sfuggire ai pirati dell'aria la giovane Sheeta cade da un aereo, ma si salva atterrando dolcemente tra le braccia di Pazu, un giovane minatore che decide di prendersi cura di lei. Mentre si susseguono i tentativi di catturare Sheeta e la misteriosa pietra che la ragazza porta al collo, cresce la consapevolezza che lei nasconda dei segreti legati a una misteriosa città nel cielo. ■ ANIMAZIONE; COL.; 124′; GIAPPONE, 1986.

CASTELLO SULL'HUDSON, IL ★★★
(Castle on the Hudson)
Regia di ANATOLE LITVAK. Con JOHN GARFIELD, BURGESS MEREDITH, PAT O'BRIEN, ANN SHERIDAN. ■ Nel penitenziario di Sing Sing nasce un rapporto di umana comprensione tra il direttore e il giovane gangster John, finito nella malavita in seguito a un'infanzia sbandata. Quando la ragazza di John rimane gravemente ferita in un incidente d'auto, il direttore gli accorda un permesso di 24 ore per andare a trovarla. La ragazza è stata insidiata da un amico di John e si è ferita per sfuggirgli: il giovane allora affronta il rivale e nel violento scontro che segue la sua fidanzata spara all'uomo che ha tradito John. Questi si costituisce per non mancare alla parola data al direttore e va sulla sedia elettrica per salvare la ragazza che ama. ■ DRAMMATICO; B/N; 77′; USA, 1940.

CASTIGO *(Min and Bill)* ★★
Regia di GEORGE WILLIAM HILL. Con WALLACE BEERY, MARIE DRESSLER. ■ La coppia Beery-Dressler ebbe nei primi anni Trenta una grossa popolarità. In questo film sono i protagonisti di una patetica storia d'amore che finisce male. ■ DRAMMATICO; B/N; 70′; USA, 1930. ■ OSCAR 1 PR, 1 NOM.

CASUAL SEX? ★★
Regia di GENEVIEVE ROBERT. Con VICTORIA JACKSON, STEPHEN SHELLEN, LEA THOMPSON. ■ L'evoluzione della società ha cambiato anche l'approccio interpersonale, diventato più diretto e spiccio soprattutto in campo sessuale. Due giovani donne, che credono ai sentimenti duraturi, si prendono una vacanza, sperando di poter trovare, sul luogo della villeggiatura, due compagni per un rapporto profondo e duraturo. ■ COMMEDIA; COL.; 84′; USA, 1988.

CATACOMBS – IL MONDO DEI MORTI ★★★
(Catacombs)
Regia di TOMM COKER, DAVID ELLIOT. Con PINK, SHANNYN SOSSAMON, MIHAI STANESCU. ■ Victoria è una ragazza timida e insicura che, per esorcizzare le proprie fobie, decide di prendere coraggio e partire alla volta di Parigi, dietro l'insistenza della decisamente più emancipata e folle sorella Carolyn, studentessa alla Sorbona. Il piatto forte dell'esperienza parigina è una riunione cui le due ragazze partecipano con sentimenti contrapposti, che si svolge nelle tetre catacombe e tunnel che si trovano nel sottosuolo della capitale. Quando la polizia fa irruzione e i ragazzi si disperdono, Victoria si trova a dover vagare abbandonata nei sotterranei di Parigi... ma è davvero sola? Il film, ben diretto e sceneggiato dalla coppia Tomm Coker e David Elliot, riesce a creare un'atmosfera terrorizzante e cupa come i cunicoli attraversati da Victoria alla ricerca della salvezza. ■ HORROR; COL.; 100′; USA, 2007.

CATASTROFE *(Prophecies of Nostradamus)* ★
Regia di TOSHIO MASUDA. Con GEORGE CONNEY, BARBARA HARMANS, ALAN KABERNY, ROBERT ROCHEN, KAORU TOMITA. ■ Film del filone "catastrofico". La pellicola, nonostante la collaborazione statunitense, risulta di chiara marca nipponica. Il lavoro vorrebbe scopiazzare certi prodotti americani a base di mostri e di fenomeni apocalittici. ■ FANTASCIENZA; COL.; 85′; GIAPPONE, USA, 1975.

CAT BALLOU ★★★
Regia di ELLIOT SILVERSTEIN. Con MICHAEL CALLAN, NAT KING COLE, JANE FONDA, LEE MARVIN. ■ Come in una ballata popolare, i cantastorie del West rievocano le avventure di Catherine Ballou, tranquilla ragazza di campagna divenuta agguerrita capobanda disposta a tutto per vendicare il padre, fatto uccidere dagli speculatori di Wolf City. Cat arriva a un passo dall'impiccagione, ma i suoi compagni, fra i quali c'è il suo innamorato, riescono a salvarla e a fuggire con lei. Affettuosa e smitizzante rivisitazione del vecchio West, il film ha i suoi momenti migliori quando è in scena Lee Marvin, che ricevette il premio Oscar. ■ WESTERN; COL.; 96′; USA, 1965. ■ BERLINO 1 PR; OSCAR 1 PR, 5 NOM.

CATCH A FIRE ★★★
Regia di PHILLIP NOYCE. Con ROBERT HOBBS, DEREK LUKE, BONNIE MBULI, TIM ROBBINS. ■ Siamo in Sudafrica in piena apartheid: Patrick Chamusso lavora come operaio in una raffineria di petrolio, è padre di due bambine e vive tranquillo con la propria famiglia. Dopo un attentato agli impianti però, viene però accusato di essere un terrorista e imprigionato. Nonostante sia innocente, si dichiara colpevole allorquando la moglie viene torturata brutalmente. Liberato dal poliziotto Vic Nos, che lo aveva erroneamente fatto incarcerare, Patrick, una volta libero, perde tutto: famiglia, amici, figli, e decide così di entrare attivamente nell'African National Congress... Ispirato a una storia vera, il film

riesce a rappresentare con sobrietà ed efficacia il clima del Sudafrica prima dell'abolizione dell'apartheid. Noyce si mostra abile nel passare dalle grandi produzioni hollywoodiane a film più intimi e sentiti. ■ DRAMMATICO; COL.; 101′; GRAN BRETAGNA, SUDAFRICA, USA, 2006.

CATENA, LA *(Vericata)* ★★
Regia di JIRI SVOBODA. Con JIRI KIEPL, PAVEL NOVY, ZORA ULLA KASLEROVA. ■ Un malvivente muore all'indomani di un colpo grosso. I suoi accoliti vogliono sapere dove ha nascosto il bottino. E per saperlo non trovano di meglio che perseguitare la vedova, del tutto ignara dei maneggi del marito. ■ DRAMMATICO; COL.; 90′; CECOSLOVACCHIA, 1981.

CATENA DELL'ODIO, LA ★★
Regia di PIERO COSTA. Con URSULA ANDRESS, RENATO BALDINI, MARC LAWRENCE, HÉLÈNE REMY, UMBERTO SPADARO. ■ Il coraggioso ing. Ferri e la figlia del padrone di una cava di marmo si uniscono per contrastare le manovre disoneste del direttore Braschi. Riescono a difendere gli interessi degli operai nonostante i pericolosi sabotaggi che Braschi organizza sul lavoro e, dopo un momento di crisi per la ricomparsa di un'ex fidanzata di lui, si sposano. ■ DRAMMATICO; B/N; 91′; ITALIA, 1955.

CATENE *(Smilin' Through)* ★★★
Regia di SIDNEY FRANKLIN. Con LESLIE HOWARD, FREDRIC MARCH, NORMA SHEARER. ■ Nell'Inghilterra vittoriana, una signora viene assassinata il giorno delle nozze da un pretendente respinto. Il vedovo adotterà una bambina che, divenuta grande, si innamorerà proprio del figlio dell'assassino. ■ DRAMMATICO; B/N; 97′; USA, 1932. ■ OSCAR 1 NOM.

CATENE ★★★
Regia di RAFFAELLO MATARAZZO. Con AMEDEO NAZZARI, YVONNE SANSON. ■ Il meccanico Pietro e la moglie Rosa vivono felici con i due figli, ma il loro matrimonio è messo in crisi dalla comparsa dell'ex fidanzato di Rosa, che per riavere la donna minaccia di rivelare i loro passati rapporti a Pietro. In un impeto di gelosia Pietro, che si crede tradito, uccide il vecchio amante della moglie e fugge in America. Ma viene arrestato e al processo si salva da una grave condanna solo perché Rosa si accusa di un adulterio non commesso. Saputa la verità dal suo avvocato, Pietro torna dalla moglie e si riconcilia con lei. ■ DRAMMATICO; B/N; 86′; ITALIA, 1949.

CATENE
Regia di SILVIO AMADIO. Con ROSEMARIE DEXTER, MAURIZIO MERLI. ■ Gli anni Settanta segnano il trionfo del revival nel cinema: i film italiani di serie B rivisitano Carolina Invernizio (*La sepolta viva*) e naturalmente Raffaello Matarazzo. Ecco dunque il rifacimento di *Catene* del 1949. ■ DRAMMATICO; COL.; 96′; ITALIA, 1974.

CATENE D'AMORE *(Manja)* ★★
Regia di JOSEF ROVENSKY. Con MARIA ANDERGAST, PETER PETERSEN. ■ Una ragazza russa non può sposare il giovane tenente che ama a causa della sua povertà e deve ripiegare su un nobile più anziano di lei e molto ricco. Ma il matrimonio è infelice per i sospetti di tradimento che il marito nutre verso la moglie e che lo spingono a suicidarsi. Solo la testimonianza della figlioletta dei due coniugi riesce a dimostrare che la madre non ha nessuna responsabilità nella morte del padre. ■ DRAMMATICO; B/N; 90′; GERMANIA, 1936.

CATENE DELLA COLPA – LA BANDA DEGLI IMPLACABILI, LE *(Out of the Past)* ★★★
Regia di JACQUES TOURNEUR. Con KIRK DOUGLAS, JANE GREER, ROBERT MITCHUM. ■ Jeff Bailey gestisce una stazione di servizio e sogna una vita tranquilla con Ann. Ma al passato non si sfugge. Il suo vero nome è Markham e anni prima lavorava a New York come detective, insieme al socio Jack Fisher. Nick Sterling, uomo dai loschi affari, lo aveva incaricato di ritrovare l'affascinante e pericolosa Kathie Moffat, ma, anziché riportarla da Nick, se ne era innamorato ed era fuggito con lei. La relazione si era conclusa quando Kathie aveva ucciso Fisher, che era riuscito a scovarli. Ma ora Kathie è tornata da Nick, il quale dà a Jeff un nuovo incarico: recuperare carte compromettenti in mano a un avvocato di San Francisco. Jeff intuisce che l'avvocato verrà assassinato e che del delitto sarà accusato egli stesso. Tenta di giocare d'astuzia, ma è troppo tardi. Non ha fatto i conti con l'imprevedibile Kathie, i cui piani non coincidono con quelli di Nick. Adattando il suo romanzo per lo schermo, Geoffrey Homes semplifica la trama ma non fa concessioni all'ottimismo. La colpa di Jeff si ripercuote implacabilmente sul suo destino, vanificando ogni possibilità di redenzione. Il tema del "maledetto" è familiare a Tourneur, che lo applica a una variante di quell'archetipo *hard-boiled* che è *Il falcone maltese*, approfondendone l'aspetto "nero": qui il detective condivide la stessa sorte della *dark lady* che ha ucciso il suo socio. Nel 1984 Taylor Hackford tenterà il remake con *Due vite in gioco* senza competere con il ritmo narrativo e la cupa atmosfera di questo film. ■ DRAMMATICO; B/N; 88′; USA, 1947.

CATENE DEL PASSATO *(Smilin' Through)* ★★★
Regia di FRANK BORZAGE. Con BRIAN AHERNE, JEANETTE MACDONALD. ■ Per superare il dolore causatogli dall'assassinio della moglie il giorno stesso delle nozze, Sir John Carteref adotta un'orfanella, Kathleen, che divenuta adulta, si innamora di Kenneth, il figlio dell'omicida di Lady Carteref. Sir John dapprima si oppone alle nozze, poi quando Kenneth torna invalido dal fronte e Kathleen continua ad amarlo, capisce la profondità di sentimenti che lega i giovani e acconsente al matrimonio. ■ DRAMMATICO; COL.; 100′; USA, 1941.

CATENE DEL PECCATO, LE *(De pecado en pecado)* ★★
Regia di CHANO URUETA. Con ESTHER FERNANDEZ, DAVID SILVA. ■ Abbandonata in fasce dalla madre, Luisa viene allevata da due anziani coniugi e sposa Rodolfo, un avventuriero che si serve di lei per spacciare banconote false. Luisa finisce così in carcere e i suoi genitori adottivi non vogliono più saperne di lei. All'uscita di prigione trova affetto sincero nel cantante di un locale notturno in cui va a lavorare: la proprietaria è sua madre, che per aiutare finalmente la figlia ad avere una vita onesta uccide Rodolfo, tornato a riprendere Luisa, e lascia fuggire insieme i due giovani innamorati. ■ DRAMMATICO; B/N; 89′; MESSICO, 1948.

CATENE INVISIBILI ★★
Regia di MARIO MATTOLI. Con CARLO NINCHI, ALIDA VALLI. ■ Per riparare alla mancanza di affetto verso il genitore morto improvvisamente, una giovane ricca e superficiale si prende cura del figlio illegittimo di suo padre, il quale però la ricatta. Inseguito dalla polizia che ha scoperto i suoi maneggi, il ragazzo muore e la giovane decide di ricominciare da capo accanto all'onesto direttore della fabbrica di suo padre. ■ DRAMMATICO; B/N; 90′; ITALIA, 1942.

CATERINA DA SIENA ★★
Regia di ORESTE PALELLA. Con RINA DE LIGUORO, DIEGO MUNI, UGO SASSO. ■ È la vita di Caterina Benincasa. A sette anni vede Gesù e decide di dedicarsi a lui: inutilmente la famiglia cerca di trovarle marito. Viene accolta poi nell'ordine di S. Domenico e la sua fama comincia a spargersi per il mondo: frequenterà papi e nobili. ■ BIOGRAFICO; B/N; 85′; ITALIA, 1947.

CATERINA DI RUSSIA ★★
Regia di UMBERTO LENZI. Con ANGELA CAVO, SERGIO FANTONI, HILDEGARDE NEFF. ■ Le vicende di Caterina e Pietro di Russia vengono raccontate in chiave romanzesca e spettacolare: lo zar Pietro fa deportare Orlov, capo della guardia cosacca, perché si è rifiutato di aprire il fuoco sul popolo che dimostrava contro il governo imperiale. Quando Caterina scopre che suo marito sta tramando per farla uccidere, fa liberare Orlov, con lui abbatte Pietro e viene proclamata zarina di tutte le Russie. ■ AVVENTURA; COL.; 99′; ITALIA, 1962.

CATERINA SEI GRANDE *(Great Catherine)* ★★★
Regia di GORDON FLEMYNG. Con JACK HAWKINS, JEANNE MOREAU, ZERO MOSTEL, PETER O'TOOLE, AKIM TAMIROFF. ■ Caterina di Russia corteggia in ogni modo il bell'ufficiale britannico Charles Eadsone, che le resiste strenuamente fino a quando la zarina non ricorre alla forza, facendolo rapire. Ma Charles rifiuta ugualmente di restare in Russia e torna in Inghilterra dalla sua fidanzata. ■ COMMEDIA; COL.; 97′; GRAN BRETAGNA, 1967.

CATERINA SFORZA – LA LEONESSA DI ROMAGNA ★★
Regia di GIORGIO W. CHILI. Con SERGIO FANTONI, CARLO GIUFFRÈ, VIRNA LISI. ■ Giovanni Medici, il futuro condottiero delle Bande Nere, prima di un ultimo incontro in convento con la madre Caterina Sforza morente, ascolta la rievocazione della vita di lei: Caterina è passata con coraggio e senso di giustizia attraverso la torbida età delle signorie. Dopo avere visto uccidere in congiure i primi due mariti, ha sposato il nobile de' Medici e ha sostenuto fieramente un contrasto con Cesare Borgia, il temibile Valentino. ■ DRAMMATICO; B/N; 100'; ITALIA, 1959.

CATERINA VA IN CITTÀ ★★★
Regia di PAOLO VIRZÌ. Con CLAUDIO AMENDOLA, MARGHERITA BUY, ANTONIO CARNEVALE, SERGIO CASTELLITTO, PAOLA TIZIANA CRUCIANI, GALATEA RANZI, ALICE TEGHIL. ■ Caterina, tredicenne figlia di un professore di filosofia fallito e di una casalinga repressa, lascia la provincia con la famiglia e si trasferisce a Roma. Qui, si inserisce con disinvoltura nella vita cittadina, divisa fra l'amicizia con la figlia di un sottosegretario fascistoide e quella con la figlia di due "alternativi" sinistroidi. Virzì, dopo i tentennamenti e la mezza delusione di *My name is Tanino*, torna con vigore al suo territorio prediletto, quello della commedia a sfondo sociale e politico. ■ COMM. DRAMMATICA; COL.; 90'; ITALIA, 2003. ■ DAVID DI DONATELLO 1 PR, 1 NOM.

CATHERINE, UN SOLO IMPOSSIBILE AMORE ★★
(Catherine – Il suffit d'un amour)
Regia di BERNARD BORDERIE. Con FRANCINE BERGÉ, CLAUDE BRASSEUR, HORST FRANK, OLGA GEORGES-PICOT, ROGER VAN HOOL. ■ Catherine è una giovane francese la cui avvenenza attira l'attenzione di numerosi uomini nella Parigi armagnacca del Quattrocento. Si invaghisce di lei anche il duca di Borgogna, che assedia la città e fa prigionieri i ribelli di Arnaud. Per salvare Arnaud, che ama, e i suoi compagni, Catherine si concede al duca. ■ AVVENTURA; COL.; 110'; FRANCIA, 1969.

CATHOLIC BOYS *(Heaven Help Us)* ★★
Regia di MICHAEL DINNER. Con MALCOLM DANNARE, KEVIN DILLON, JOHN HEARD, MARY STUART MASTERSON, ANDREW MCCARTHY, DONALD SUTHERLAND. ■ Un severo college gestito da frati ospita, a metà degli anni Sessanta, un ben assortito gruppo di ragazzi: c'è il tranquillo McCarthy, lo scapestrato Dillon, l'introverso Masterson, eccetera. Tra scherzi, amicizie e punizioni, ognuno sembra condurre una battaglia personale contro i frati un po' aguzzini, che cercano invece di formare i ragazzi secondo principi ormai vetusti. Ognuno lottando cerca di affermare la propria personalità. Il finale non è così semplice come sembrerebbe: è vero che il frate verrà cacciato da un comprensivo, e un po' più "alla mano", Donald Sutherland nei panni del rettore, ma è altrettanto vero che una voce fuori campo ci informa del destino dei protagonisti e, con un po' di amaro in bocca, ci fa chiedere da che parte stia davvero la ragione. ■ DRAMMATICO; COL.; 90'; USA, 1986.

CATLOW ★★
Regia di SAM WANAMAKER. Con YUL BRYNNER, RICHARD CRENNA, DALIAH LAVI, LEONARD NIMOY. ■ Lungo e scanzonato inseguimento dello sceriffo Ben Cowan dietro all'amico Catlow, abilissimo ladro di bestiame. Con le intromissioni di soldati messicani, indiani Kiowa sul piede di guerra e di un killer mandato dai padroni dei capi di bestiame per impiccare Catlow, lo sceriffo cattura e si lascia nuovamente sfuggire l'amico un paio di volte. ■ WESTERN; COL.; 103'; USA, 1972.

CAT'S MEOW, THE ★
Regia di PETER BOGDANOVICH. Con KIRSTEN DUNST, CARY ELWES, EDWARD HERRMANN, EDDIE IZZARD, JANNIFER TILLY. ■ L'adattamento cinematografico è affidato a Steven Peros che è anche autore della pièce dalla quale il film è stato tratto. Il soggetto si basa su di un fatto reale che Bogdanovich apprese in passato dallo stesso Orson Welles, che si era già esplicitamente ispirato alla figura di Hearst per lo stranoto *Citizen Kane* (1941). Inoltre, abbiamo già avuto modo di conoscere l'evento da *RKO 281 – La vera storia di Quarto Potere*, dal quale apprendiamo come Hearst, dopo essersi macchiato di un omicidio passionale, abbia abilmente insabbiato il tutto senza il minimo scrupolo. Film poco ispirato e scontato persino nella raffinata narrazione che, pur non tradendo l'inconfondibile stile del maestro, non riesce a dare corpo né ai personaggi né all'intrigo. ■ GIALLO; COL.; 112'; USA, 2001.

CATTEDRA, LA ★★
Regia di MICHELE SORDILLO. Con CLAUDIO BIGAGLI, GIULIO BROGI, SABINA GUZZANTI, MICHELE MIRABELLA, ENRICA MARIA MODUGNO, DAVID RIONDINO. ■ La vita universitaria è percorsa da correnti sotterranee, tutte finalizzate alla conquista della sospirata "cattedra". Abbiamo così gli associati che lottano accanitamente, il docente di storia della filosofia che ha una storia con la migliore allieva ecc. ecc. Si sfiora il bozzettismo, ma non mancano zampate lucide e argute. Che per un esordio non è cosa da poco. ■ COMMEDIA; COL.; 90'; ITALIA, 1991.

CATTIVA ★★
Regia di CARLO LIZZANI. Con GIULIANA DE SIO, ERLAND JOSEPHSON, JULIAN SANDS, MILENA VUKOTIC. ■ Dopo un periodo di silenzio, in cui ha lavorato per il cinema francese, Giuliana De Sio è tornata a recitare in un film italiano. Da questa pausa comunque ha tratto giovamento, perché la donna di *Cattiva* è forse la sua più bella interpretazione. Per quanto riguarda il film, prende le mosse dalla giovinezza di Carl Gustav Jung, famoso psichiatra secondo, e per alcuni primo, solo a Freud. Si descrive, di quel periodo, il caso di una paziente scioccata dalla morte della figlia e la sua guarigione. Poco cinematografico e molto televisivo, vede la buona recitazione di Erland Josephson e quella mediocre di Julian Sands. ■ DRAMMATICO; COL.; 105'; ITALIA, 1990. ■ DAVID DI DONATELLO 1 PR, 1 NOM.

CATTIVA EDUCAZIONE, LA *(La mala educación)* ★
Regia di PEDRO ALMODÓVAR. Con FRAN BOIRA, JAVIER CAMARA, GAEL GARCÍA BERNAL, RAÚL GARCÍA FORNEIRO, DANIEL GIMENEZ CACHO, LLUIS HOMAR, FELE MARTINEZ, PETRA MARTÍNEZ, NACHO PÉREZ. ■ Almodóvar racconta la storia di due compagni di collegio che si ritrovano casualmente dopo diversi anni. Ignacio ed Enrique hanno condiviso i primi turbamenti adolescenziali e la scoperta della (omo)sessualità. Direttore era don Manolo, un sacerdote abbruttito da una passione pedofila per Ignacio; il ragazzo ne rimane profondamente segnato. Con un abile gioco di specchi, la vicenda è proiettata nel presente. Ignacio, attore in cerca di un ruolo, ed Enrique, regista in cerca di una storia, instaurano un ménage omosessuale cui fornisce il pretesto un soggetto cinematografico, intitolato *La visita*, scritto dallo stesso Ignacio e che racconta i loro anni passati in collegio. Nulla a che vedere con la qualità degli ultimi titoli del regista (*Tutto su mia madre*, *Parla con lei*), che qui abbandona tutti i freni diventando una sorta di "zapateriano rancoroso" con la tesi che la Chiesa è la madre di tutto il male del mondo. ■ DRAMMATICO; COL.; 110'; SPAGNA, 2004.

CATTIVE ABITUDINI *(Nasty Habits)* ★★★
Regia di MICHAEL LINDSAY-HOGG. Con SANDY DENNIS, GLENDA JACKSON, MELINA MERCOURI, GERALDINE PAGE, ELI WALLACH. ■ Lotta in un convento della California per il posto di badessa. La candidata più decisa è sorella Alexandra, che non esita a ricorrere ai colpi più bassi per battere le rivali. I suoi maneggi però vengono scoperti e messi in piazza. Alexandra non diventerà badessa, ma accumulerà ricchezze trasferendo in Svizzera i soldi sottratti alla cassa del convento. ■ COMMEDIA; COL.; 96'; USA, 1976.

CATTIVE COMPAGNIE *(Bad Company)* ★★★
Regia di ROBERT BENTON. Con JEFF BRIDGES, BRYAN BROWN, JIM DAVIS, JOHN SAVAGE. ■ Un ottimo film, splendidamente diretto da Benton e sceneggiato dallo stesso in team con David Newman. Andò male commercialmente alla prima uscita per la scarsa notorietà degli attori principali (Bridges era gli inizi). È la storia di un giovanotto sbandato (Brown) durante la guerra di Secessione. Si trova come compagno di strada un coetaneo (Bridges). Ma costui è un ladro e un imbroglione. Lo trascina in una serie di pericolose avventure, l'ultima delle quali finirà tragicamente. ■ WESTERN; COL.; 93'; USA, 1972.

CATTIVE COMPAGNIE *(Bad Influence)* ★★★
Regia di CURTIS HANSON. Con ROB LOWE, JAMES SPADER, LISA

ZANE. ■ Vincitore del Mystfest di Cattolica. Un film che sembra scritto per James Spader e Rob Lowe che formano qui un'accoppiata vincente. Il primo è uno yuppie che viene ricattato dal secondo. Quest'ultimo trascinerà l'altro nell'abisso più nero, facendolo diventare un essere spregevole come lui. Lucifero il primo e Satana il secondo. Il regista de *La finestra della camera da letto* fa progressi e confeziona una pellicola convincente, sia come ritmo che come psicologia. ■ GIALLO; COL.; 99'; USA, 1989.

CATTIVE INCLINAZIONI ★
Regia di PIERFRANCESCO CAMPANELLA. Con FLORINDA BOLKAN, ELISABETTA CAVALLOTTI, FRANCO NERO, EVA ROBIN'S, MIRCA VIOLA. ■ La conduttrice di un programma televisivo con un target nazional-popolare, Laura Melli, per aumentare gli ascolti sfrutta il caso di un serial killer, che uccide solo donne con una squadra di metallo. Tutto già visto. ■ THRILLER; COL.; 91'; ITALIA, 2003.

CATTIVE RAGAZZE
Regia di MARINA RIPA DI MEANA. Con ANITA EKBERG, EVA GRIMALDI, FLORENCE GUERIN, APOLLONIA KOTERO. ■ Alma è una donna in carriera ricercata dalla suocera che la vuole uccidere. Marylin è un'ex detenuta che vuole vendicarsi del suo ex fidanzato. Costui viene mandato come "dono" ad Alma per il suo compleanno. La donna se ne innamora e finisce per ritrovarsi inseguita insieme a lui da Marylin. L'uomo viene ucciso e Alma se ne "compra" un altro. Se si cerca un esempio di come l'articolo 28 (per finanziamento pubblico di opere di valore artistico) sia stato utilizzato per fini tutt'altro che limpidi, questo è il film da vedere. In caso contrario è meglio evitarsi l'esperienza. ■ COMMEDIA; COL.; 99'; ITALIA, 1992.

CATTIVI COLPI, I *(Les mauvais coups)* ★★★
Regia di FRANÇOIS LETERRIER. Con REGINALD KERNAN, SIMONE SIGNORET, ALEXANDRA STEWART. ■ Roberta sente che il marito Milan, ex campione automobilistico, le sta sfuggendo e sta rimpiangendo il perduto mondo delle corse. Pur di legarlo a sé, incoraggia una sua relazione con la giovane maestra del paese di campagna in cui si sono ritirati, ma ottiene l'effetto contrario a quello ricercato: Milan, per dimenticare la ragazza, torna a correre, impedendo alla moglie di seguirlo. Disperata, Roberta trova la morte finendo con l'auto in una palude. ■ DRAMMATICO; B/N; 100'; FRANCIA, 1961.

CATTIVI DORMONO IN PACE, I ★★★
(Warui yatsui hodo yoku nemuru)
Regia di AKIRA KUROSAWA. Con KYÔKO KAGAWA, TAKESHI KATO, TOSHIRO MIFUNE. ■ Il fulcro della vicenda è la vendetta di Nishi, il cui padre è stato licenziato da una società. Nishi si fa assumere senza che nessuno sospetti e dopo essere diventato dirigente sposa la figlia del capo. Ma non riuscirà a portare a termine la vendetta, causa un suicidio. Un buon film dal grande regista giapponese. ■ DRAMMATICO; B/N; 150'; GIAPPONE, 1960.

CATTIVI PENSIERI ★★★
Regia di UGO TOGNAZZI. Con EDWIGE FENECH, LUC MERENDA, ORAZIO ORLANDO, MASSIMO SERATO, UGO TOGNAZZI, VERUSCHKA. ■ Il film narra la vicenda dell'avvocato milanese Marani che, tornando a casa inaspettatamente, intravvede un uomo nascosto nello sgabuzzino: ritiene si tratti di uno dei numerosi amanti della moglie, ma fa finta di nulla. Chiude però a chiave l'uomo nello sgabuzzino e si porta appresso la chiave durante un giro d'affari che compie con la moglie. Una decina di giorni dopo, al ritorno della coppia, si scopre che il rinchiuso è il figlio del portinaio, penetrato in casa all'insaputa della donna per ammirare certi fucili da caccia. Sarà la polizia a liberare il giovane, rimasto miracolosamente in vita. ■ COMMEDIA; COL.; 100'; ITALIA, 1976.

CATTIVISSIMO ME *(Despicable Me)* ★★
Regia di PIERRE COFFIN, CHRIS RENAUD, SERGIO PABLOS. Con STEVE CARELL, MIRANDA COSGROVE, ELSIE FISHER, DANA GAIER, JASON SEGEL. ■ C'è qualcuno che ha rubato i più importanti monumenti del mondo sostituendoli con copie. In un tranquillo quartiere fatto di villette unifamiliari vive Gru, grosso e sgraziato ma con la fissazione di voler compiere il colpo più sensazionale possibile: rubare la Luna. ■ ANIMAZIONE; COL.; 95'; USA, 2010.

CATTIVI VANNO IN PARADISO, I ★★
Regia di DIONISIO HORNE, LORENZA MAZZETTI. Con CLAUDIO LIBERATORE, PIERO LULLI, WALTER MORESI. ■ Due giovani sbandati capitano alla Città dei ragazzi, il pensionato di monsignor Carroll, trovandovi comprensione e ospitalità. Uno dei due subisce fortemente l'influenza dell'altro, che rifiuta di rimanere nella Città e fugge dopo avere scassinato la banca del pensionato. Troverà la morte in un incidente automobilistico, mentre il suo compagno sceglierà di vivere nella Città. ■ DRAMMATICO; COL.; 92'; ITALIA, 1959.

CATTIVO SOGGETTO, UN ★★★
Regia di CARLO LUDOVICO BRAGAGLIA. Con VITTORIO DE SICA, IRINA LUCACEVICH, LAURA NUCCI, GIUDITTA RISSONE. ■ Un giovane brillante e irrequieto perde la testa per una avvenente straniera e per lei rompe il fidanzamento con una nobildonna. Superate gelosie e incomprensioni, riuscirà ad impalmare la bella straniera. ■ COMMEDIA; B/N 90'; ITALIA, 1933.

CATTIVO TENENTE, IL *(Bad Lieutenant)* ★★★
Regia di ABEL FERRARA. Con VICTOR ARGO, HARVEY KEITEL, ZOE LUND, FRANKIE THORN. ■ Questo può essere considerato a ragione il miglior film di questo eclettico, ma anche diseguale regista. Con *King of New York* un certo salto di qualità c'era già stato. Un film duro e violento ma non gratuito. Corrotto e drogato, un tenente di polizia ha sempre ostentato il suo potere con tutti. Spaccia, corrompe, ricatta come se si trattasse di normale amministrazione. Ma nella sua ottica del "tutto è permesso" ha un difetto: è cattolico praticante. Così, mentre è nei guai fino al collo per delle scommesse legate al baseball, si prende a cuore il caso di una suora che è stata violentata. La tragedia lo attende al varco. Servito non sempre bene dal doppiaggio, che fa risultare quasi ridicola la scena molto intensa della visione di Cristo in chiesa, il film ha avuto una inadeguata distribuzione sul nostro territorio. ■ DRAMMATICO; COL.; 96'; USA, 1992.

CATTIVO TENENTE – ULTIMA CHIAMATA NEW ORLEANS, IL ★★
(Bad Lieutenant: Port of Call New Orleans)
Regia di WERNER HERZOG. Con NICOLAS CAGE, VAL KILMER, EVA MENDES, SHEA WHIGHAM, XZIBIT. ■ New Orleans, all'indomani del furioso passaggio dell'uragano Katrina. Il detective Terence McDonagh salva da morte certa un detenuto chiuso in una prigione allagata. Ottiene così la nomina a tenente e una prescrizione vitalizia per il Vicodin, potente antidolorifico per il trauma riportato alla schiena. Si serve anche di cocaina e di crack, in compagnia dell'amata Frankie, una prostituta. Quando una famiglia di afroamericani viene sterminata, si assume il caso, certo di poter incastrare il colpevole, il temuto Big Fate. Sa convincere le persone, non ha paura, scommette su se stesso. La pellicola omonima di Ferrara non c'entra nulla, la logica della sfida con il dio, colpevole di avere abbandonato l'uomo a se stesso, la violenza della parola, la disintegrazione delle relazioni affettive, sono lontane come la notte (scenario prediletto di quel film) dal giorno (di cui non ha alcun timore, invece, questo sedicente remake). ■ DRAMMATICO; COL.; 121'; USA, 2009.

CATTURA, LA ★★
Regia di PAOLO CAVARA. Con LARS BLOCK, GIORGIO DOLFIN, NICOLETTA MACHIAVELLI, DAVID MCCALLUM. ■ Durante la seconda guerra mondiale il sergente tedesco Halman riceve l'ordine di uccidere la partigiana Anya, che è una tiratrice molto pericolosa. Halman la fa prigioniera e rimane isolato con lei alcuni giorni in una baita di montagna: qui i due si innamorano e dimenticano la guerra che fuori infuria. Halman decide di lasciare libera la donna e la saluta, ma subito dopo la separazione vengono abbattuti dai colpi dei rispettivi nemici. ■ DRAMMATICO; COL.; 95'; ITALIA, 1969.

CATTURATO *(Captured!)* ★★★
Regia di ROY DEL RUTH. Con DOUGLAS FAIRBANKS JR, LESLIE HOWARD, MARGARET LINDSAY, PAUL LUKAS. ■ Un ufficiale inglese, fuggito dalla prigione durante la guerra, viene ingiustamente accusato da un suo compagno rivale in amore di avere assassinato una donna: l'ufficiale è condannato a morte dal coman-

do tedesco ed evita l'esecuzione miracolosamente. Intanto il delatore si è pentito ed ha organizzato una fuga collettiva dal campo, durante la quale perderà la vita. ■ AVVENTURA; B/N; 73'; USA, 1933.

CATWOMAN ★

Regia di PITOF. Con HALLE BERRY, ALEX BORSTEIN, BENJAMIN BRATT, FRANCES CONROY, FRANCES MCDORMAND, SHARON STONE, LAMBERT WILSON. ■ Ispirato dal fumetto, *Catwoman* è una sorta di Batman al femminile. Già visitata da Michelle Pfeiffer in un film di Burton del 1991. Avventura, azione, arti marziali, ma anche pronunciamenti seri sul ruolo della donna e sul femminismo. Il tutto, insopportabile. ■ FANTASTICO; COL.; 104'; USA, 2004.

CAUSA DI DIVORZIO ★★★

Regia di MARCELLO FONDATO. Con LINO BANFI, SENTA BERGER, ENRICO MONTESANO, GASTONE MOSCHIN, CATHERINE SPAAK, LINO TOFFOLO. ■ In una cittadina emiliana matrimonio in crisi per Silvestro ed Ernesta: mancano i soldi e lei è costretta a fare lavoro nero al telaio. Lui si sente trascurato e trova comprensione in un'altra moglie in crisi, Enrica. Questa non ha difficoltà ad ottenere l'annullamento di matrimonio, perché si è sposata in chiesa e la Sacra Rota la agevola subito. Silvestro invece si è sposato in municipio e il divorzio in Italia non è ancora ammesso. Malinconica conclusione: in attesa di regolare la loro posizione i due innamorati si ritrovano da capo senza soldi ed Enrica è costretta a comprare il telaio. ■ COMMEDIA; COL.; 99'; ITALIA, 1972.

CAUSA PER DIFFAMAZIONE *(A Case of Libel)* ★★★

Regia di ERIC TILL. Con EDWARD ASNER, DANIEL J. TRAVANTI. ■ Un giornalista, già vincitore del premio Pulitzer, finisce in tribunale con l'accusa di diffamazione. Il dibattito, acceso, appassionato e più duro a causa del subdolo avvocato dell'accusa, pone in luce l'eterno dilemma tra il diritto alla libertà d'informazione e di stampa e il diritto alla vita privata. Ottimo film televisivo. ■ DRAMMATICO; COL.; 92'; USA, 1984.

CAVALCA E SPARA – RINGO CAVALCA E SPARA ★★

(Overland Stage Raiders – Red River Range)

Regia di GEORGE SHERMAN. Con LOUISE BROOKS, RAY CORRIGAN, MAX TERHUNE, JOHN WAYNE. ■ Il cowboy Stony Brooks propone di trasportare con un aereo i carichi d'oro di una ricca regione mineraria che vengono continuamente rubati da una misteriosa banda. Il primo carico aereo viene ugualmente sequestrato, ma poi Stony scopre i colpevoli e li fa arrestare. ■ WESTERN; B/N; 55'; USA, 1938.

CAVALCA E UCCIDI ★★

Regia di JOSÉ LUIS BORAU. Con MARGARETH GRAYSON, ROBERT HUNDAR, ALEX NICOL, RENZO PALMER. ■ A Losatumba la banda di Beau Pritchard semina il panico fra i cittadini e la fa da padrone. Perfino lo sceriffo viene ucciso e il suo posto è inaspettatamente preso da Brandy, un ubriacone di buoni sentimenti, che però sarà l'unico che riuscirà a prendere in mano la situazione, riuscendo finalmente a smuovere dall'egoismo, dall'apatia e dalla paura i concittadini che gli daranno man forte nell'azione che porterà alla definitiva sconfitta del temibile Beau. ■ WESTERN; COL.; 90'; ITALIA, 1963.

CAVALCANDO CON IL DIAVOLO ★★

(Ride with the Devil)

Regia di ANG LEE. Con TOBEY MAGUIRE, SKEET ULRICH, JEFFREY WRIGHT, JEREMY A. AUMAN. ■ Dal 1861, anno in cui si costituisce la confederazione degli Stati del Sud ed esplode la guerra civile, si creano gruppi di guerriglieri confederati chiamati Bushwhackers, i quali agiscono all'interno del territorio occupato dai Nordisti. Ang Lee segue le vicende di uno di questi nuclei che semina morte e distruzione, ma che progressivamente prende coscienza dell'assurdità di una guerra contro la storia. Il regista prosegue imperterrito la sua rilettura della società e ora della Storia del paese che lo ospita. Ha perso completamente il tocco di *Banchetto di nozze* e di *Mangiare Bere Uomo Donna*. Ha conservato l'eleganza del segno, ma ha smarrito anche l'algida geometria di *Tempesta di ghiaccio*. Restano solo dei personaggi in bilico costante tra la retorica del "brutto, sporco e cattivo" e quella della conversione ai grandi ideali. Il cinema americano ha, in passato, "fatto propri" registi che venivano da tutte le parti del mondo. Costoro si inserivano nel sistema degli studios ma, in parte, contribuivano a mutarlo. Con questo Ang Lee non succede: è un raffinato corpo estraneo troppo preso a fare lezione (di storia, di cinema, di fotografia). Dimenticando l'anima. ■ STORICO; COL.; 134'; USA, 1999.

CAVALCARONO INSIEME *(Two Rode Together)* ★★★★

Regia di JOHN FORD. Con LINDA CRISTAL, SHIRLEY JONES, JAMES STEWART, RICHARD WIDMARK. ■ Un colorito e piacevole western dell'ultimo Ford che propone una situazione tipica del genere: come nel *Fiume rosso* di Howard Hawks, sono a confronto un vecchio e un giovane, il maturo sceriffo di Tuscosa, Guthrie McCabe, e l'impetuoso tenente Jim Gary. Insieme devono liberare i prigionieri bianchi della tribù indiana Comanches. Alcuni però si sono adattati alla vita dei pellerossa e preferiscono rimanere. Una donna, Elena, ritorna invece con loro a Tuscosa, dove sposerà McCabe. ■ WESTERN; COL.; 109'; USA, 1961.

CAVALCATA *(Cavalcade)* ★★★★🏆

Regia di FRANK LLOYD. Con CLIVE BROOK, URSULA JEANS, HERBERT MUNDIN, UNA O'CONNOR, DIANA WYNYARD. ■ Basato su una pièce di successo di Noel Coward, il film racconta la saga di due famiglie inglesi, i Marryot e i Bridges, in un arco di trenta anni che va dall'inizio del secolo XX alla vigilia dell'avvento del nazismo in Germania. I Marryot sono una famiglia benestante e altolocata, mentre i Bridges appartengono alle classi popolari. Attraverso gli occhi di Jane e Robert Marryot vediamo gli avvenimenti che hanno contraddistinto questa epoca: la guerra anglo boera, la tragedia del Titanic, la morte della regina Vittoria, la grande guerra, l'età del jazz. Grande e suntuoso affresco di una generazione corredato da un messaggio pacifista e antimilitarista. Malgrado una certa indulgenza al mélo, la regia riesce a confezionare una storia solida e toccante. Il film vinse meritatamente l'Oscar. ■ COMMEDIA; B/N; 110'; USA, 1933. ■ OSCAR 🏆 3 PR, 4 NOM.

CAVALCATA AD OVEST *(They Rode West)* ★★

Regia di PHIL KARLSON. Con ROBERT FRANCIS, DONNA REED, MAY WYNN. ■ Il medico Sward è amico degli indiani che cura pazientemente dalle frequenti epidemie di malaria, ma deve contrastare la politica di feroce ostilità contro i pellerossa che pratica il capitano Black. Tra una schermaglia e l'altra con la bella e vanitosa figlia del colonnello, Lauren, Sward cerca di convincere la tribù Kiowa a non attaccare il forte americano. Salvando la vita, con una difficile operazione chirurgica, al figlio del capo indiano rimasto ferito, Sward riesce a garantire la pace e si conquista inoltre l'amore di Lauren. ■ WESTERN; COL.; 84'; USA, 1954.

CAVALCATA ARDENTE – LA STRAGE DI ALAMO ★★★

(Man of Conquest)

Regia di GEORGE NICHOLLS JR. Con RICHARD DIX, JOAN FONTAINE, GAIL PATRICK. ■ Sam Houston è un soldato rude e impetuoso e il suo carattere, se gli consente di combattere valorosamente contro i messicani per l'indipendenza del Texas, mette in crisi il suo matrimonio con una donna molto diversa da lui. Il divorzio crea scandalo intorno a Sam, che perde così la possibilità di essere eletto governatore; ma la sua vita sta nel combattimento, e infatti riesce a guidare il Texas alla vittoria e all'unione con gli Stati Uniti, e trova in una nuova donna la giusta compagna. ■ AVVENTURA; B/N; 105'; USA, 1939. ■ OSCAR 3 NOM.

CAVALCATA D'AMORE *(Cavalcade d'amour)* ★★★

Regia di RAYMOND BERNARD. Con JEAN-CLAUDE DAUPHIN, CORINNE LUCHAIRE, MICHEL SIMON, SIMONE SIMON. ■ Nello stesso castello, in tre periodi storici diversi, si svolgono tre storie di amore contrastato a causa dell'opposizione delle famiglie e delle differenze economiche fra gli innamorati. Una castellana del Seicento fugge dal fidanzato per seguire il bell'attore girovago che ama, ma è ripresa. Un nobile dell'Ottocento si innamora della povera sartina che prepara il corredo alla sua sposa. La figlia di un industriale americano arricchito, infine, è promessa in moglie al figlio di un nobile decaduto: i due si innamorano veramente. ■ COMMEDIA; B/N; 100'; FRANCIA, 1939.

CAVALCATA DEI DIAVOLI ROSSI, LA ★★
(Flaming Feather)
Regia di RAY ENRIGHT. Con STERLING HAYDEN, BARBARA RUSH, FORREST TUCKER. ■ Tex è l'unico superstite di un assalto indiano guidato dal capo bianco mascherato chiamato "Sterminatore". Giura di vendicare la morte dei suoi compagni coloni e riceve subito un'offerta di aiuto dalla cantante di saloon Caterina, che però gli chiede in cambio di rapire Nora, la figlioccia di un suo debitore, Lucky. Tex rifiuta, protegge Nora, che si innamora ricambiata da lui, e scopre che Lucky è proprio il misterioso "Sterminatore"; lo affronta e lo uccide. ■ WESTERN; COL.; 77'; USA, 1952.

CAVALCATA DEI DODICI, LA ★★★
Regia di FRIZ FRELENG, CHUCK JONES. ■ È un'antologia di disegni animati delle serie televisive *Merrie Melodies* e *Looney Tunes* con alcuni popolari beniamini del pubblico giovane, come Bunny il coniglio. ■ ANIMAZIONE; COL.; 78'; USA, 1962.

CAVALCATA DEI RESUSCITATI CIECHI, LA ★★
(El ataque de los muertos sin ojos)
Regia di ARMANDO DE OSSORIO. Con TONY KENDALL, ESTHER ROY, FERNANDO SANCHO. ■ In una cittadina spagnola si celebra l'anniversario del rogo dei Templari, consumato 500 anni prima per impedire i sacrifici umani che questo ordine cavalleresco celebrava. Ma i Templari escono dalle loro tombe e seminano terrore fra la popolazione, assediando fino all'alba la chiesa con le dieci persone che vi si sono barricate. Solo tre riescono a salvarsi. ■ HORROR; COL.; 92'; SPAGNA, 1972.

CAVALCATA DELLA RISATA ★★★
(The Golden Age of Comedy)
Regia di ROBERT YOUNGSON. Con OLIVER HARDY, HARRY LANGDON, STAN LAUREL, BEN TURPIN. ■ Youngson ha raccolto alcune tra le più divertenti comiche della serie di Mack Sennett e Hal Roach. ■ COMICO; B/N; 78'; USA, 1957.

CAVALCATA DELLA VENDETTA, LA ★★
(Ride out for Revenge)
Regia di BERNARD GIRARD. Con LLOYD BRIDGES, RORY CALHOUN, GLORIA GRAHAME. ■ Gli indiani Cheyenne di Volpe Gialla si rifiutano di abbandonare la riserva del Dakota e il capitano George ricorre a metodi violenti per costringerli. Lo sceriffo Tate invece, che ama una giovane pellerossa, cerca di risolvere pacificamente il contrasto e vi riesce, dopo uno scontro in cui lui stesso rimane ferito e in cui muore il figlio di Volpe Gialla. ■ WESTERN; B/N; 79'; USA, 1957.

CAVALCATA DELLE FOLLIE, LA *(South Riding)* ★★
Regia di VICTOR SAVILLE. Con RALPH BELLAMY, EDNA BEST, RALPH RICHARDSON, ANN TODD. ■ Durante la prima guerra mondiale in una cittadina inglese alcuni corrotti consiglieri comunali, anziché costruire alloggi per le classi più povere, abusano della loro posizione per effettuare speculazioni personali. Vengono scoperti e denunciati da una giovane coraggiosa maestra. ■ COMMEDIA; B/N; 91'; GRAN BRETAGNA, 1938.

CAVALCATA DEL TERRORE, LA ★★★
(The Romance of Rosy Ridge)
Regia di ROY ROWLAND. Con VAN JOHNSON, JANET LEIGH, THOMAS MITCHELL. ■ Mentre ancora fervono gli scontri tra nordisti e sudisti al termine della guerra civile, il giovane Henry chiede di poter lavorare alla fattoria del vecchio MacBean, fervente sudista, e si innamora di sua figlia. Ma quando MacBean scopre che ha alle dipendenze un nordista, lo scaccia sdegnato. Più tardi il vecchio viene a sapere che Henry ha combattuto a fianco di suo figlio con i nordisti: la pace è fatta tra i due e Henry può sposare la ragazza che ama. ■ DRAMMATICO; B/N; 105'; USA, 1947.

CAVALCATA DI EROI ★★★
Regia di MARIO COSTA. Con PAOLA BORBONI, CESARE DANOVA, CARLA DEL POGGIO. ■ Mentre Mazzini e Garibaldi combattono contro i francesi per la difesa della Repubblica romana, nasce una contrastata storia d'amore fra il pittore Massimo Ruffo, patriota antiborbonico in esilio, e la contessina Giulia, già fidanzata con un nobile francese. Cade la Repubblica romana ma i due giovani restano uniti e seguono il generale Garibaldi. ■ STORICO; B/N; 90'; ITALIA, 1951.

CAVALCATA DI MEZZO SECOLO ★★★
Regia di LUCIANO EMMER. ■ Questo documentario storico ripercorre il periodo compreso tra il 1900 e il 1950: dall'assassinio di re Umberto ad opera dell'anarchico Bresci fino alla proclamazione della Repubblica italiana dopo la Liberazione e ai festeggiamenti per l'Anno Santo. ■ DOCUMENTARIO; B/N; 85'; ITALIA, 1950.

CAVALCATA INFERNALE ★★
Con WILLIAM BOYD, JAMES ELLISON. ■ Film di montaggio per una tradizionale storia della "frontiera": due bravi giovani combattono contro le ingiustizie di una banda di prepotenti. ■ FILM DI MONTAGGIO; COL.; 92'; USA, 1947.

CAVALCATA ROMANTICA *(Par ordre du Tsar)* ★★
Regia di ANDRÉ HAGUET. Con JACQUES FRANÇOIS, COLETTE MARCHAND, MICHEL SIMON. ■ È l'infelice storia d'amore fra il grande compositore Liszt e la principessa Carolina. C'è di mezzo però un marito generale gretto e violento che li perseguita. I due innamorati cercano di città in città una sede tranquilla per il loro amore. Arrivano a Roma dove tentano di far annullare il matrimonio, ma il generale ha davvero la mano lunga. Naturalmente la storia è falsata. ■ BIOGRAFICO; COL.; 98'; FRANCIA, GERMANIA, 1953.

CAVALCATA SELVAGGIA ★★
Regia di PIERO PIEROTTI. Con FRANCA BETTOJA, MASSIMO GIROTTI, SARO URZÌ. ■ 1870. Il bandito Lorenzino, una specie di Robin Hood italiano, si innamora di una bellissima nobile, che cerca inutilmente di fargli ottenere la grazia, ma il loro amore è senza speranza. ■ AVVENTURA; COL.; 90'; ITALIA, 1960.

CAVALCA, VAQUERO! *(Ride, Vaquero!)* ★★★
Regia di JOHN FARROW. Con AVA GARDNER, ANTHONY QUINN, ROBERT TAYLOR. ■ Il fratellastro di un bandito non ha proprio il temperamento di un assassino: preferisce lavorare in una fattoria anche perché la padrona è una bellissima donna (Ava Gardner). I due si innamorano ma sono onesti e poi il marito è una così brava persona. Quando il fratello cattivo sta per uccidere il marito, il fratello buono interviene e lo salva. Però Abele e Caino si uccidono a vicenda. ■ WESTERN; COL.; 90'; USA, 1953.

CAVALIERE AZZURRO DELLA CITTÀ DELL'ORO, IL *(The Lone Ranger and the Lost City of Gold)* ★★
Regia di LESLEY SELANDER. Con DOUGLAS KENNEDY, CLAYTON MOORE, JAY SILVERHEELS. ■ C'è un favoloso tesoro che appartiene agli indiani. C'è anche una mappa divisa in cinque pezzi di un amuleto. C'è una banda che cerca di venirne in possesso e c'è infine il cavaliere azzurro che vigila. Dopo molti assassinii e avventure alla ricerca della misteriosa città dell'oro, la storia finisce con gli indiani in buona pace e ancora padroni del loro tesoro. ■ WESTERN; COL.; 80'; USA, 1958.

CAVALIERE DAI CENTO VOLTI, IL ★★
Regia di PINO MERCANTI. Con LEX BARKER, LIVIO LORENZON, LIANA ORFEI. ■ Massimo è un nobile che non ha molti amici. Fra l'altro, è odiato a morte dal duca Ambrogio, il quale a sua volta è detestato dai propri figli, che a loro volta sono amici (la figlia è addirittura innamorata) di Massimo. C'è anche un nobile vile che vorrebbe mettere i bastoni fra le ruote a tutti. Lieto fine. ■ AVVENTURA; COL.; 91'; ITALIA, 1960.

CAVALIERE DEL CASTELLO MALEDETTO, IL ★★
Regia di MARIO COSTA. Con LUISELLA BONI, PIERRE CRESSOY, MASSIMO SERATO, IRÈNE TUNC. ■ Ugone, despota prepotente, vuol togliere il castello al conte Oliviero e sposarne la figlia, Isabella; un cavaliere mascherato (uguale a Zorro in tutti i sensi) protegge vergini e popolo dai soprusi di Ugone; infine un certo Giannetto sta nell'ombra. Il cavaliere mascherato, giocando d'astuzia e di spada, fa trionfare la giustizia e sposa Isabella. ■ AVVENTURA; COL.; 99'; ITALIA, 1958.

CAVALIERE DEL DESERTO, IL *(Man in the Saddle)* ★★
Regia di ANDRÉ DE TOTH. Con JOAN LESLIE, RANDOLPH SCOTT. ■ Owen e Laurie si amano, ma lei sposa un ricco. Il deluso cerca di prenderla bene ma è dura. Il ricco tuttavia teme ancora Owen e lo fa perseguitare. Il braccato si rifugia da una donna sua innamorata segreta. Il ricco si mette nei guai e viene ucciso, Laurie sarebbe libera di riprendere il suo antico amore ma l'amore non c'è più:

adesso Owen è sereno con la sua innamorata non più segreta. ■ WESTERN; COL.; 87′; USA, 1951.

CAVALIERE DEL DESTINO, IL *(Riders of Destiny)* ★★
Regia di ROBERT NORTH BRADBURY. Con CECILIA PARKER, JOHN WAYNE. ■ Un latifondista dell'ovest tiranneggia i coloni. Viene chiesto l'intervento degli agenti federali. Uno sceriffo viene ucciso, ma c'è un giovane che fa delle indagini per conto suo. Il buono insegue il latifondista a cavallo. Giustizia è fatta. Il giovane era un agente federale. ■ WESTERN; B/N; 50′; USA, 1934.

CAVALIERE DELLA CITTÀ FANTASMA, IL ★★
(Lone Rider in Ghost Town)
Regia di SAM NEWFIELD. Con ALAINE BRANDES, GEORGE HOUSTON, AL ST JOHN. ■ Tom e Fuzzy sono due compagni che vagano per il West a far giustizia di soprusi. Arrivano in una città dove c'è un tiranno che opprime e taglieggia tutti. Si mettono al lavoro e fanno piazza pulita. ■ WESTERN; B/N; 92′; USA, 1962.

CAVALIERE DELLA CROCE, IL ★★
Regia di JOSÉ DIAZ MORALES. Con RAFAEL DURAN, MARUCHI FRESNO. ■ Biografia romanzata di Sant'Ignazio di Lojola: da spadaccino a fondatore della Compagnia di Gesù. ■ BIOGRAFICO; B/N; 90′; MESSICO, 1948.

CAVALIERE DELLA LIBERTÀ, IL *(Abraham Lincoln)* ★★★
Regia di DAVID WARK GRIFFITH. Con WALTER HUSTON, LUCILLE LA VERNE. ■ Il film racconta la storia di Lincoln, il presidente degli Stati Uniti che liberò gli schiavi neri. Griffith, regista leggendario dell'epoca del muto, non si trovò completamente a suo agio dopo l'avvento del sonoro. ■ BIOGRAFICO; B/N; 97′; USA, 1930.

CAVALIERE DELLA PRATERIA, IL *(Whistin' Dan)* ★
Regia di PHIL ROSEN. Con JOYNER JOYZELLE, KEN MAYNARD. ■ Un giovane vuol vendicare la morte di un amico. Grazie all'intervento di una donna riesce ad entrare nella banda il cui capo è l'assassino. Il capo sospetta ma alla fine viene ucciso. ■ AVVENTURA; B/N; 80′; USA, 1932.

CAVALIERE DELLA SPADA NERA, IL ★★
Regia di LUIGI CAPUANO, LASZLO KISH. Con STEVE BARCLAY, MARINA BERTI, FULVIA FRANCO, OTELLO TOSO. ■ Laura rimane vedova il giorno delle nozze e decide di trovare l'assassino del suo sposo ad ogni costo. Intanto intorno a lei si accende una vera e propria gara alla sua mano, ma c'è un certo cavaliere che rompe i piani di tutti. E ce n'è un altro (cattivo) che sembra fare progressi con Laura. Gran luccichio finale di spade e resa dei conti fra i due cavalieri. ■ AVVENTURA; COL.; 90′; ITALIA, 1956.

CAVALIERE DELLA STELLA D'ORO, IL ★★★
(Kavaler zolotoj zvezdy)
Regia di JULIJ RAJZMAN. Con SERGEJ BONDARCIUK, BORIS CIRKOV. ■ Il film è tratto da un racconto di Semen Babaesvkij e narra le imprese di un cavaliere che protegge i deboli dai soprusi dell'autorità. ■ AVVENTURA; B/N; 100′; URSS, 1951.

CAVALIERE DELLA TEMPESTA, IL *(The Storm Rider)* ★★
Regia di EDWARD L. BERNDS. Con SCOTT BRADY, MALA POWERS, BILL WILLIAMS. ■ Bart arriva in città. La sua fama di pistolero gli aliena le simpatie di alcuni ma gli fa conquistare quelle di altri. I contadini vorrebbero essere protetti dai grandi allevatori che fanno il bello e il cattivo tempo. Bart accetta di proteggere i deboli e viene affrontato da un pistolero che viene ucciso. Nella storia c'è anche una donna. ■ WESTERN; B/N; 70′; USA, 1957.

CAVALIERE DELLA VALLE D'ORO, IL *(California)* ★★
Regia di HAMIL PETROFF. Con FAITH DOMERGUE, JOCK MAHONEY, SUSAN SEAFORTH HAYES. ■ Nel 1940 la California sta per staccarsi dal Messico. Don Francisco si appoggia ai messicani, mentre Michael vuole l'annessione agli Stati Uniti. Francisco perde su tutta la linea, anche su quella sentimentale. ■ AVVENTURA; B/N; 100′; USA, 1962.

♥ **CAVALIERE DELLA VALLE SOLITARIA, IL** ★★★★★
(Shane)
Regia di GEORGE STEVENS. Con JEAN ARTHUR, BRANDON DE WILDE, VAN HEFLIN, ALAN LADD, JACK PALANCE. ■ Shane scende da una collina in una verde valle del Wyoming. Dopo qualche diffidenza – tutti i coloni vivono nello spavento per la prepotenza dell'allevatore Ryker – viene accolto dagli Starrett: Johnny capofamiglia, Marian e Joey di dieci anni. Shane, che «non si ferma mai in nessun posto», decide di accettare la proposta di Starrett e lavorare nella piccola fattoria. Ben presto è coinvolto nella lotta fra allevatori e coloni. Una volta si lascia insultare per non aggravare la situazione, ma poi dà, insieme a Starrett, una sonora lezione a Ryker e ai suoi. Quest'ultimo manda a chiamare il pistolero Wilson. Shane è diventato amico di tutti e l'idolo del piccolo Joey. Seppure in termini non palesi e correttissimi, anche Marian prova un sentimento per lui. Wilson uccide un contadino. Al funerale tutti gli altri decidono di lasciare la valle. Solo Starrett si oppone, ma non trova le parole per convincere i contadini. Ma le trova Shane, con un discorso sulla sacralità della famiglia e il diritto di progredire. Ryker organizza un agguato a Starrett. Ma Shane gli impedisce di andare all'appuntamento colpendolo alla testa. Shane arriva all'emporio, dove lo aspettano Wilson e i due fratelli Ryker. Joey lo ha rincorso e arriva proprio nel momento del duello. Shane uccide lealmente i tre avversari. Sta per ripartire. Joey gli dice di restare, perché tutti ne sarebbero contenti. Shane gli risponde che non può, perché, «a torto o a ragione», ha ucciso, e ormai ha un marchio che non si cancella più. Joey vorrebbe andare con lui. Ma Shane, accarezzandogli la nuca, lo dissuade. Gli dice di avvertire i genitori che la tranquillità è tornata nella vallata e soprattutto gli dice di essere come loro, e di diventare «forte e leale». Joey saluta Shane che parte, lo chiama sempre più da lontano. E Shane risale, di notte, la collina dalla quale era venuto. Un grande mito del cinema, manifesto dell'eroe purissimo che agisce spinto solo dalla sua passione interna, per giustizia e senza compensi. Proprio come i cavalieri medievali che cercavano il sacro Graal (interpretazione della critica francese). Costruzione di grande realismo – i contadini, i rumori di fondo, i lavori – con una regia che ha ispirato successivamente i grandi western che hanno, per qualche tempo, ridato vita al genere. Tratto da un romanzo, mediocre, di Jack Schaefer e sceneggiato benissimo da A.B. Guthrie, anche il *Cavaliere* si vale di una straordinaria colonna sonora di Victor Young, che ha composto arie ispirandosi alla musica tradizionale americana. Indimenticabile l'interpretazione di Alan Ladd, quarantenne, capace di espressioni sottotono, dolci, pazienti, persino intellettuali, ma anche violentissime, e divenuto il massimo "identificatore" delle giovani generazioni di allora, e massimo eroe del West e probabilmente di tutto il cinema. Dunque, tutti questi valori, combinati con la poesia registica di Stevens e coi suggerimenti morali della storia, fanno de *Il Cavaliere della valle solitaria* la più alta espressione di tutto il cinema. ■ WESTERN; COL.; 118′; USA, 1953. ■ OSCAR 1 PR, 5 NOM.

CAVALIERE DELLA VENDETTA, IL ★★★
(Wild Bill Hickock Rides)
Regia di RAY ENRIGHT. Con CONSTANCE BENNETT, BRUCE CABOT, WILLIAM WARREN. ■ Un gruppo di delinquenti si installa in un paese dell'Arizona e detta legge con la violenza, facendo persino eleggere uno sceriffo fasullo. Il progetto è di impadronirsi di tutto il territorio e di cacciare o uccidere i coloni. Ma c'è da combattere il grande Hickock e si ricorre a una donna che dovrebbe ammansirlo. È invece Hickock che ammansisce lei e anche i banditi. ■ WESTERN; B/N; 95′; USA, 1941.

CAVALIERE DEL MALE, IL ★★
(Tales from the Crypt: Demon Knight)
Regia di ERNEST DICKERSON. Con JADA PINKETT-SMITH, WILLIAM SADLER, BILLY ZANE. ■ È il primo film diretto dal direttore della fotografia di Spike Lee. È tratto dai *Racconti della cripta* e vede un diavoletto in missione in Texas alla ricerca della chiave per il definitivo potere del Male sul pianeta Terra. Gli appassionati non resteranno delusi. ■ HORROR; COL.; 92′; USA, 1995.

CAVALIERE DEL MISTERO, IL *(The Black Knight)* ★★
Regia di TAY GARNETT. Con ALAN LADD, PATRICIA MEDINA, ANDRÉ MORELL. ■ Il "cavaliere" Ladd non è più quello della valle solitaria, ma il campione in armatura e spada che offre il suo braccio a una bella castellana. Nonostante il mutamento di scenario, Ladd è il solito eroe senza macchia del film di Stevens. ■ AVVENTURA; COL.; 85′; USA, 1954.

CAVALIERE DEL SOGNO, IL ★★★
Regia di CAMILLO MASTROCINQUE. Con MARIELLA LOTTI, AMEDEO NAZZARI, DINA SASSOLI. ■ È la travagliata storia d'amore del compositore Donizetti e della principessa Luisa, ambientata in parte in Engadina. Dignitoso il lavoro degli attori. Ma la vita del vero Donizetti è ben diversa da come appare in questo film. ■ BIOGRAFICO; B/N; 85'; ITALIA, 1946.

CAVALIERE DI GERUSALEMME, IL *(Der Cornet)* ★★
Regia di WALTER REISCH. Con ANITA BJÖRK, PETER VAN EYCK, GÖTZ VON LANGHEIM. ■ I turchi sono ormai vicini a Vienna. Per scongiurare il pericolo occorre sacrificare un castello con relativi abitanti. Della missione viene incaricato un giovane, che però si innamora della bellissima castellana. L'amore non è tuttavia un ostacolo al dovere: ci sarà dunque l'eroica morte finale del giovane eroe mentre le truppe cristiane avranno la meglio. ■ STORICO; COL.; 88'; GERMANIA, 1955.

CAVALIERE DI KRUJA, IL ★★
Regia di CARLO CAMPOGALLIANI. Con ANTONIO CENTA, DORIS DURANTI. ■ Un giornalista italiano in Albania cerca di aiutare un avversario del regime e si mette contro il re. Si innamora della sorella del ribelle albanese. Per una certa legge di sangue il sogno d'amore può essere tuttavia coronato: arrivano comunque le truppe italiane e sistemano tutto. ■ AVVENTURA; B/N; 80'; ITALIA, 1941.

CAVALIERE DI LAGARDÈRE, IL *(Lagardère)* ★★★
Regia di JEAN DELANNOY. Con PAUL BERNARD, PIERRE BLANCHAR, YVONNE GAUDEAU. ■ Tratto dal romanzo *Lagardère* di Paul Féval. Lagardère giura a un suo amico morente che vendicherà la sua morte e si prenderà cura della figlioletta. Il cavaliere lascia la Francia, torna dopo anni e trova la piccola cresciuta. Affronta i nemici come da giuramento e ristabilisce l'ordine. ■ AVVENTURA; B/N; 110'; FRANCIA, 1944.

CAVALIERE DI LAGARDÈRE, IL ★★
(Les aventures de Lagardère – Le Petit Parisien)
Regia di JEAN-PIERRE DECOURT. Con NADINE ALARI, JACQUES DUFILHO, MICHEL GRELLIER, JEAN PIAT. ■ È il rifacimento del film di Jean Delannoy, rispetto al quale vengono aggiunti lo schermo panoramico, il colore e un po' di nudo. ■ AVVENTURA; COL.; 107'; FRANCIA, 1967.

CAVALIERE DI LAGARDÈRE, IL *(Le bossu)* ★★
Regia di PHILIPPE DE BROCA. Con DANIEL AUTEUIL, YANN COLLETTE, MARIE GILLAIN, FABRICE LUCHINI, VINCENT PEREZ. ■ Dal romanzo di Paul Féval De Broca trae, come solo i francesi sanno fare, uno di quei film di cappa e spada che non sai se destinati alla sala come grandi feuilleton filmati, oppure se pronti per una serata televisiva neanche di punta. I nomi di richiamo del cinema francese non mancano ma se Luchini tira fuori tutta la sua professionalità per tratteggiare il personaggio del ricco spietato, Auteuil è un po' troppo fuori quota per sobbarcarsi il ruolo del giovane popolano che ancora deve apprendere a tirare di scherma. Comunque niente di nuovo sotto il sole. Anzi. ■ AVVENTURA; COL.; 115'; FRANCIA, 1997.

CAVALIERE DI MAISON ROUGE, IL ★★
Regia di VITTORIO COTTAFAVI. Con ARMANDO FRANCIOLI, FRANCA MARZI, VITTORIO SANIPOLI. ■ Il cavaliere del titolo è una sorta di Primula Rossa che cerca di liberare Luigi XVI e sua moglie Antonietta prima che vengano ghigliottinati. Fa molti tentativi ma un po' perché i sovrani sono maldestri, un po' perché qualcuno tradisce, tutti ci lasceranno la pelle. ■ AVVENTURA; B/N; 95'; ITALIA, 1953.

CAVALIERE DI SAN MARCO, IL ★★
Regia di GENNARO RIGHELLI. Con MARIO FERRARI, DRIA PAOLA. ■ Un carbonaro, mentre sta portando un prezioso documento da Venezia a Roma, incontra una donna che glielo sottrae. Lui indaga e scopre che la donna è addirittura la moglie del governatore di Venezia. Fugge e incontra suo padre morente, che gli confessa di essere il cavaliere di S. Marco, cioè il capo dei carbonari, e gli affida il compito di proseguire la lotta. ■ AVVENTURA; B/N; 90'; ITALIA, 1939.

CAVALIERE ELETTRICO, IL ★★★
(The Electric Horseman)
Regia di SYDNEY POLLACK. Con JANE FONDA, VALERIE PERRINE, ROBERT REDFORD, JOHN SAXON. ■ Un campione di rodeo, dopo aver rischiato per anni il collo, sfrutta la sua notorietà al servizio di un grosso trust alimentare. Ma un giorno dà l'addio alle pagliacciate, alle sponsorizzazioni e alla civiltà dei consumi. Ruba un cavallo famoso e scappa verso le montagne. Lo accompagna una giornalista che vuol montare il "caso". ■ DRAMMATICO; COL.; 120'; USA, 1979. ■ OSCAR 1 NOM.

CAVALIERE IMPLACABILE, IL *(Passion)* ★★★
Regia di ALLAN DWAN. Con YVONNE DE CARLO, CORNEL WILDE. ■ Juan si sposa ma senza entusiasmo. Abbandona subito la moglie, torna dopo un anno e si trova un figlio. La sua casa viene assalita in sua assenza, la moglie scompare e il figlioletto viene creduto morto. Furibondo, Juan si mette alla ricerca. Trova i banditi e li uccide, poi trova la moglie e infine il figlio. ■ WESTERN; COL.; 84'; USA, 1954.

CAVALIERE INESISTENTE, IL ★★★
Regia di PINO ZAC. Con PILAR CASTEL, STEFANO OPPEDISANO, HANA RUZICKOVA. ■ Tratto dal romanzo di Italo Calvino, il film narra la storia di Agilulfo che ha solo la voce e l'armatura, ma non un corpo: potrà conquistare anche il corpo quando dimostrerà di essere stato veramente investito cavaliere. Non vi riuscirà. Opera piena di finezza e di ironia, quasi integralmente a cartoni animati. ■ FANTASTICO; COL.; 97'; ITALIA, 1971.

CAVALIERE IN NERO, IL *(The Laughing Lady)* ★★
Regia di PAUL L. STEIN. Con WEBSTER BOOTH, FRANCIS L. SULLIVAN, ANNE ZIEGLER. ■ Il duca di Lorena deve assolutamente recuperare una collana preziosissima per evitare la rovina di sua madre. La collana ce l'ha il principe di Galles, che la dà a una donna che ama senza essere corrisposto. Il duca conosce la donna e i due si innamorano. Alla fine sarà lo stesso principe a favorire amore e ritrovamento della collana. ■ AVVENTURA; COL.; 93'; GRAN BRETAGNA, 1946.

CAVALIERE MASCHERATO, IL *(Fighting Guardsman)* ★★
Regia di HENRY LEVIN. Con ANITA LOUISE, GEORGE MACREADY, WILLARD PARKER. ■ Dal romanzo *I compagni di Jehu* di Alessandro Dumas. Nella Francia napoleonica, un aristocratico senza paura combatte contro un cattivo signorotto che taglieggia le popolazioni, nostalgiche dei monarchici. ■ AVVENTURA; B/N; 84'; USA, 1945.

CAVALIERE MISTERIOSO, IL ★★★
Regia di RICCARDO FREDA. Con GIANNA MARIA CANALE, VITTORIO GASSMAN, MARIA MERCADER, YVONNE SANSON. ■ Caterina di Russia fa rubare un documento al doge di Venezia. La colpa viene data al fratello di Casanova, che torna segretamente a Venezia dall'esilio, vede il fratello, si informa di tutto e recupera il documento. ■ AVVENTURA; B/N; 93'; ITALIA, 1948.

CAVALIERE MUTO, IL *(Randy Rides Alone)* ★★
Regia di HARRY FRASER. Con ALBERTO VAUGHN, JOHN WAYNE. ■ Un giovane viene accusato di un omicidio che non ha commesso. Riesce a fuggire e cerca la verità per conto suo. Entra nella banda del vero assassino e scopre la verità. ■ WESTERN; B/N; 60'; USA, 1934.

CAVALIERE OSCURO, IL *(The Dark Knight)* ★★★
Regia di CHRISTOPHER NOLAN. Con CHRISTIAN BALE, HEATH LEGDER, AARON ECKHART, MICHAEL CAINE, MAGGIE GYLLENHAAL, GARY OLDMAN. ■ Il Joker si offre alla criminalità di Gotham per eliminare Batman. Il canovaccio è il solito, ma il nuovo film di Batman rappresenta davvero un precedente. Per cominciare la critica. Quasi tutti i titolari dei grandi quotidiani hanno posto il problema morale. Chissà se la "controtendenza" va reperita in qualche emergente corrente di pensiero, nella politica, oppure nel Vaticano, o in qualche segnale della grande utenza. Non c'è dubbio che il film sia da vedere. In America *Il cavaliere* era vietato ai minori, da noi è per tutti. Ma il rilievo sarebbe sterile: i ragazzini al cinema vedono ben altro che la violenza di Batman o la maschera del Joker. E comunque la violenza di Batman è sempre stata indirizzata alla giustizia. Batman è un eroe, combatte il male, e il male è or-

ganizzato, violento e spietato, e per combatterlo occorrono forza e violenza maggiori. Ma la forza&violenza dell'eroe deve ubbidire a delle regole. Ecco, le regole sono il "punto morale". Nell'ultima parte del film assistiamo a un'accelerazione dialettica anomala. Come se il regista intendesse cambiare misura, dare altre indicazioni che non fossero quelle "semplici" della lotta del buono contro il cattivo. Il Joker parla, parla, parla: è più concentrato a vendere la sua filosofia della vendetta che a rubare una montagna (vera, non metaforica) di banconote. Occorreva un'evoluzione, una nuova filosofia, e una nuova categoria. Per cominciare era opportuno non inserire "Batman" nel titolo. E infatti il titolo è *Il cavaliere oscuro*. Ed è un film di metafore, di scontri estetici, di astrazioni, di parabole compresse, di episodi intrecciati uno nell'altro, di accelerazioni e di decibel in eccesso, sempre a indicare quella lotta disperata fra il bene e il male che non avrà soluzione. In questa chiave non è mai stato tanto importante il ruolo del Joker, il criminale assoluto, invincibile perché ama il male per il male e il dolore per il dolore. Suscita nei "buoni" l'istinto peggiore. I due versanti della lotta sono rappresentati dunque dal Joker, da un paio di cattivi aggiunti (mafia) da una parte; e dall'altra da Batman, dal capo della polizia e da un procuratore, Dent, onesto. Tutti saranno "corrotti" dal grande criminale. Quando Joker uccide la donna amata dal procuratore, quest'ultimo (un Aaron Eckhart dal magnifico volto) si trasforma da giustiziere in giustiziere-criminale, alla Joker. Un'esplosione lo sfigura nella parte sinistra del volto. Metafora estetica del bene e del male. Tutti e tre i "buoni" devono vedersela col proprio istinto cattivo. Alla fine ha ragione Joker: le regole sono inutili, ostacoli che non servono, debolezze, scorie che rallentano il progetto, o lo impediscono. La nostra prima essenza non è buona. Persino quella di Batman vacilla, fino a (quasi) crollare. *Il cavaliere oscuro* si fa carico di tutto questo. Temi immani affidati al cinema. Cultura moderna. ■ AZIONE; COL.; 125′; USA, 2008.

CAVALIERE OSCURO. IL RITORNO, IL ★★★
(The Dark Knight Rises)
Regia di CHRISTOPHER NOLAN. Con CHRISTIAN BALE, MICHAEL CAINE, MARION COTILLARD, MORGAN FREEMAN, ANNE HATAWAY, GARY OLDMAN. ■ Otto anni dopo la morte di Harvey Dent, Gotham è una città apparentemente pulita. Bruce Wayne vive emarginato, incapace di trovare un senso dopo la scomparsa di Rachel e il pensionamento di Batman. Una ragione gliela offre Bane, mercenario reso mostruoso da una maschera antidolorifica, che prima riduce la Wayne Enterprises in bancarotta e poi le soffia il segretissimo reattore nucleare, pensato per produrre energia pulita, convertendolo in un inarrestabile ordigno atomico. Mentre Bruce è rinchiuso in prigione, con la schiena spezzata, Bane instaura a Gotham City una tirannia del proletariato che è un vero e proprio regime del terrore e affida il detonatore della bomba alle mani di un cittadino misterioso. I fratelli Nolan decidono di tematizzare il conflitto anziché evitarlo. Gotham è esplicitamente assurta a sineddoche del mondo (quello nord-occidentale) ed è una megalomania che ben si adatta al capitolo finale di una delle saghe più rappresentative dei temi e dei modi del cinema hollywoodiano contemporaneo, per quanto d'autore. Un piano ben congegnato, che nulla toglie, in fondo, allo spettacolo epico-mélo del film, ma può anche suscitare una legittima sensazione di appesantimento. Soccorrerà prontamente Alfred, con un Fernet Branca. ■ AZIONE; COL.; 164′; USA, GRAN BRETAGNA, 2012.

CAVALIERE PALLIDO, IL *(Pale Rider)* ★★
Regia di CLINT EASTWOOD. Con CLINT EASTWOOD, MICHAEL MORIARTY, CARRIE SNODGRESS. ■ Un gruppo di onesti cercatori d'oro dà molto fastidio ad un ricco uomo d'affari senza scrupoli che, con la violenza, spera di cacciarli. Ma arriva un predicatore solitario, che si mette dalla parte dei cercatori e li aiuta, a suon di pallottole e dinamite, a eliminare tutti i cattivi. Tentativo di riesumare un genere, il western, morto da tempo. Per i nostalgici può andar bene, ma solo come premio di consolazione; anche se il film ha avuto successo, specie in Usa. ■ WESTERN; COL.; 113′; USA, 1985.

CAVALIERE SENZA LEGGE, IL *(Mandrin)* ★★
Regia di RENÉ JAYET. Con JACQUELINE CARROLL, MONA GOYA, JOSÉ NOGUERO. ■ Siamo nella Francia di Luigi XV e della sua amante marchesa di Pompadour. La marchesa è un'intrigante che ha mire politiche. Contro i suoi disegni si schiera l'eroe Mandrin, che le tiene testa a lungo ma che poi deve soccombere. ■ AVVENTURA; B/N; 85′; FRANCIA, 1947.

CAVALIERE SENZA NOME, IL ★★
Regia di FERRUCCIO CERIO. Con MARIELLA LOTTI, AMEDEO NAZZARI. ■ È la storia di Bernardino Visconti, focoso e sfortunato innamorato e avventuriero. Si finge ambasciatore per rivedere la propria amata, ma per errore uccide il padre di lei. Per sfogare la sua infelicità Bernardino diventerà un vero e proprio bandito e si farà chiamare "l'Innominato". ■ AVVENTURA; B/N; 91′; ITALIA, 1941.

CAVALIERE SENZA PAURA, IL *(The Fugitive Sheriff)* ★★
Regia di SPENCER GORDON BENNETT. Con BETH MARION, KEN MAYNARD. ■ Un uomo è accusato ingiustamente di assassinio. Si dà alla macchia e comincia per proprio conto la ricerca dei veri colpevoli. Alla fine li trova e con essi anche l'amore di una dolce fanciulla. ■ WESTERN; B/N; 89′; USA, 1936.

CAVALIERE SENZA TERRA, IL ★★
Regia di GIACOMO GENTILOMO. Con WANDISA GUIDA, GÉRARD LANDRY, CONSTANCE SMITH. ■ Un cavaliere di ventura cerca di liberare una donna prigioniera di un conte malvagio. Dopo alcuni tentativi ci riesce, ma deve intervenire il re di Francia in persona. Tutto finisce bene. ■ AVVENTURA; COL.; 95′; ITALIA, 1959.

CAVALIERE SENZA VOLTO, IL *(The Lone Ranger)* ★★
Regia di STUART HEISLER. Con LYLE BETTGER, CLAYTON MOORE, JAY SILVERHEELS. ■ Un grande proprietario terriero non si accontenta di ciò che possiede e vuole anche impadronirsi di una regione che appartiene agli indiani. Col trucco del travestimento fa incolpare i pellerossa di delitti che non hanno commesso. Un agente governativo sospetta qualcosa e comincia le indagini. Il proprietario terriero alla fine viene giustamente punito con sollievo di tutti. ■ WESTERN; COL.; 86′; USA, 1956.

CAVALIERE SOLITARIO, IL *(Buchanan Rides Alone)* ★★★
Regia di BUDD BOETTICHER. Con JENNIFER HOLDEN, RANDOLPH SCOTT. ■ Buchanan aiuta un messicano a battere alcuni prepotenti che spadroneggiano e violentano le donne, sorella del messicano compresa. Ma i prepotenti non demordono e Buchanan avrà il suo da fare per ristabilire l'ordine. ■ WESTERN; COL.; 78′; USA, 1958.

CAVALIERI AZZURRI, I *(Gentlemen from West Point)* ★★★
Regia di HENRY HATHAWAY. Con GEORGE MONTGOMERY, MAUREEN O'HARA, JOHN SUTTON. ■ Siamo ai primi dell'Ottocento. Si decide di tener in vita l'accademia di West Point e il comando viene affidato a un militare tutto d'un pezzo. Gli allievi vengono educati dunque in modo molto rigido. C'è una rivolta indiana e i cadetti devono intervenire; emergono pregi e difetti della preparazione. L'eroe della battaglia abbandona l'accademia senza tanto rimpianto. Gli americani, innamorati delle loro istituzioni, sono legatissimi al mito di West Point. ■ AVVENTURA; B/N; 102′; USA, 1942. ■ OSCAR 1 NOM.

CAVALIERI CHE FECERO L'IMPRESA, I ★★★
Regia di PUPI AVATI. Con RAOUL BOVA, EDWARD FURLONG, THOMAS KRETSCHMANN, MARCO LEONARDI, STANISLAS MERHAR. ■ 1271: Luigi IX re di Francia muore a Tunisi durante la settima crociata. Le sue ossa devono essere riportate in Francia, ma arrivate nell'Italia del Nord vengono bloccate da piccoli potenti autoctoni. Qui la storia si intreccia con quella di quattro cavalieri e uno scudiero, miracolosamente tutti a conoscenza di un segreto leggendario: il luogo in cui alcuni nobili francesi traditori nascondono la sacra Sindone. Ecco che il film diventa un suggestivo *road* medievale con episodi che si incastrano a episodi. I cavalieri arrivano a Tebe, in Grecia, e trovano la Sindone, capovolta: i francesi la usavano per magie blasfeme. Tornati in Francia, gli eroi vengono uccisi perché non si sappia mai nulla di loro. La Sindone verrà mostrata al mondo solo ottant'anni dopo. Davvero entusiasmante l'inizio, con il religioso Carlo Delle Piane davanti ai marmi degli eroi, e la morte di Luigi, con tutta la sua corte che lo saluta all'ultimo momento. Ma poi il film *laborat ex mole sua* e finisce per in-

cartarsi per le troppe piccole vicende. Ed è davvero fastidioso il compitino che Avati si impone nella rappresentazione della violenza. Il regista va apprezzato per la sua duttilità di professionista e per il tentativo di confezionare un'opera internazionale, ma, come sempre, non sa tenere la qualità per un film intero. Una sua storia non è mai perfetta: alterna momenti di grande "rappresentazione internazionale", chiamiamola così, a cadute evitabili, che lo riportano al ruolo di cineasta italiano, coi limiti che questa definizione comporta. ■ AVVENTURA; COL.; 147'; ITALIA, 2001.

CAVALIERI DALLA MASCHERA NERA, I ★★
(I beati Paoli)
Regia di PINO MERCANTI. Con CARLO NINCHI, LEA PADOVANI, MASSIMO SERATO, PAOLO STOPPA, OTELLO TOSO. ■ Sicilia nel Seicento. A un certo Blasco portano via la fidanzata, ma lui è un gran guerriero e la cerca a costo di affrontare un esercito. La trova ma la riperde. Scopre alla fine che c'è di mezzo uno zio assassino che mira a impossessarsi dell'eredità. Alla fine giustizia è fatta. ■ AVVENTURA; B/N; 90'; ITALIA, 1947.

CAVALIERI DALLE LUNGHE OMBRE, I ★★★
(The Long Riders)
Regia di WALTER HILL. Con DAVID CARRADINE, KEITH CARRADINE, ROBERT CARRADINE, CHRISTOPHER GUEST, NICHOLAS GUEST, JAMES KEACH, STACY KEACH, DENNIS QUAID, RANDY QUAID. ■ Nel Missouri del 1866 l'ex guerrigliero sudista Jesse James non accetta la sconfitta subita nella guerra di Secessione e organizza una banda di rapinatori con suo fratello Frank, i tre fratelli Younger e i due fratelli Miller. Dopo molti colpi fortunati, la banda è distrutta a Northfield e lo stesso Jesse è ucciso da due traditori, i fratelli Ford. ■ WESTERN; COL.; 100'; USA, 1980.

CAVALIERI DEL CIELO, I *(I Wanted Wings)* ★★★
Regia di MITCHELL LEISEN. Con BRIAN DONLEVY, WILLIAM HOLDEN, VERONICA LAKE, RAY MILLAND, WAYNE MORRIS. ■ Le disavventure di tre reclute dell'aviazione americana alla vigilia dell'entrata in guerra contro la Germania. Uno dei tre è un caposcarico che trova il modo di farsi buttar fuori dal corpo, ma anche, secondo la buona tradizione del film militare americano, di riabilitarsi prima della fine del film. ■ AVVENTURA; B/N; 131'; USA, 1941. ■ OSCAR 1 PR, 1 NOM.

CAVALIERI DEL DIAVOLO, I ★★
Regia di SIRO MARCELLINI. Con GIANNA MARIA CANALE, EMMA DANIELI, NUNZIO GALLO, FRANK LATIMORE. ■ Film di genere "cappa e spada", ambientato alla corte di Francia intorno al 1550. Intrighi, giochi di potere, duelli, complicazioni sentimentali. ■ AVVENTURA; COL.; 89'; ITALIA, 1959.

CAVALIERI DEL FUTURO, I *(City Limits)* ★★
Regia di AARON LIPSTADT. Con KIM CATTRALL, RAE DAWN CHONG, JAMES EARL JONES. ■ Nella solita città del futuro, dove tutti o quasi gli adulti sono morti a causa di una malattia sconosciuta, rimangono solo alcuni teppistelli motorizzati che si danno battaglia. Vincono i teppistelli meno teppisti. ■ THRILLER; COL.; 90'; USA, 1985.

CAVALIERI DELLA MONTAGNA ★★★
Regia di SEVERINO CASARA. Con SEVERINO CASARA. ■ Questo interessante documentario, realizzato in alta montagna, segue la spedizione di due alpinisti che, per onorare la memoria della nota guida Luigi Comici (perito sulle Dolomiti), scalano una parete di sesto grado su una delle Cime di Lavaredo. ■ DOCUMENTARIO; B/N; 95'; ITALIA, 1949.

CAVALIERI DELLA MONTAGNA, I ★★
Regia di MARIO BONNARD, LUIS TRENKER. Con LEO PEUKERT, MARIA SLOVEG, LUIS TRENKER. ■ Una delle prime opere sonore di Mario Bonnard, attore-regista che fu attivo anche nel muto. La sua duttilità gli consentì di fare il gran salto senza risentirne troppo. ■ AVVENTURA; B/N; 95'; ITALIA, 1929.

CAVALIERI DELLA MORTE, I ★★
(Les cinq gentlemen maudits)
Regia di JULIEN DUVIVIER. Con HARRY BAUR, ROSINE DÉRAN, ROBERT LE VIGAN, GEORGES PÉCLET. ■ Il film narra le avventure di cinque spensierati giovanotti che fanno amicizia nel corso di una vacanza in Marocco. Uno stregone predice loro la morte entro l'anno. Non muoiono, ma si trovano in molti pasticci. ■ AVVENTURA; B/N; 87'; FRANCIA, 1931.

CAVALIERI DELLA REGINA, I ★★
Regia di MAURO BOLOGNINI. Con MARINA BERTI, SEBASTIAN CABOT, PAUL CAMPBELL, TAMARA LEES, DOMENICO MODUGNO, JEFFREY STONE. ■ Seconda opera di Mauro Bolognini, non è che la manipolazione di un paio di puntate della serie *Le avventure dei tre moschettieri*, programmata agli albori della nostra tv. Domenico Modugno è un incredibile Athos chitarrista che avrebbe fatto annichilire il povero Dumas. ■ AVVENTURA; COL.; 90'; ITALIA, 1954.

CAVALIERI DELLA TAVOLA ROTONDA, I ★★★
(Knights of the Round Table)
Regia di RICHARD THORPE. Con STANLEY BAKER, ANNE CRAWFORD, MEL FERRER, AVA GARDNER, ROBERT TAYLOR. ■ Re Artù, con l'aiuto di Lancillotto del Lago, fonda la Tavola Rotonda e porta la pace in Bretagna. Ma i due guerrieri sono divisi dall'amore che Ginevra, la moglie del re, porta (castamente) a Lancillotto. Della cosa approfitta il malvagio Mordred, che istiga i cavalieri alla rivolta. Artù muore. Lancillotto lo vendica. Ginevra si fa suora. ■ AVVENTURA; COL.; 115'; USA, 1954. ■ OSCAR 2 NOM.

CAVALIERI DELLA VENDETTA, I ★★
(Llanto por un bandido)
Regia di CARLOS SAURA. Con PHILIPPE LEROY, LEA MASSARI, FRANCISCO RABAL, LINO VENTURA. ■ Protagonista è Rabal, nei panni di un famoso bandito fuorilegge più per caso che per vera vocazione a delinquere. Dopo molti anni alla macchia, decide di arrendersi alla polizia e di collaborare alla cattura di alcuni *desperados* particolarmente duri. Pessima idea: i suoi antichi compagni lo uccidono. ■ AVVENTURA; COL.; 101'; SPAGNA, 1963.

CAVALIERI DELL'ILLUSIONE – FEMMINA, I ★★
Regia di MARC ALLÉGRET. Con CESARE DANOVA, HEDY LAMARR, TERENCE MORGAN, VALERIA MORICONI, GÉRARD OURY, LUIGI PAVESE. ■ Il film è costituito dalla seconda e dalla terza parte di un trittico interpretato in Italia dalla diva in declino Hedy Lamarr. Solo la prima parte, *L'amante di Paride*, viaggiò da sola. Le altre (su Genoveffa di Brabante e Giuseppina Beauharnais) vennero fuse in un solo film. ■ COMMEDIA; COL.; 90'; ITALIA, 1954.

CAVALIERI DELL'ONORE, I *(Streets of Laredo)* ★★★
Regia di LESLIE FENTON. Con ALFONSO BEDOYA, WILLIAM BENDIX, MACDONALD CAREY, MONA FREEMAN, WILLIAM HOLDEN. ■ Per sfuggire alla polizia, due *desperados* si arruolano fra i Texas Rangers. Diverranno però Rangers sul serio il giorno in cui dovranno affrontare un loro ex amico refrattario a ogni redenzione. Remake de *I cavalieri del Texas*. ■ WESTERN; COL.; 92'; USA, 1949.

CAVALIERI DEL NORD-OVEST, I ★★★★
(She Wore a Yellow Ribbon)
Regia di JOHN FORD. Con JOHN AGAR, JOANNE DRU, VICTOR MCLAGLEN, MILDRED NATWICK, GEORGE O'BRIEN, JOHN WAYNE. ■ Dopo il massacro di Custer, i pellerossa si ribellano in tutto il Nord-Ovest. Un anziano capitano alla vigilia della pensione riduce a miti consigli una tribù, rubando e disperdendo i cavalli con un audace colpo di mano. Western militare di Ford (tratto dal racconto *Sul sentiero di guerra* di James Warner Bellah, autore che ha ispirato al regista tutte le sue opere sulla cavalleria), il film venne maltrattato alla prima uscita dalla critica, che lo considerò troppo sentimentale, troppo inferiore al precedente *Massacro di Fort Apache*. Oggi ci appare come uno splendido racconto d'avventure con un John Wayne quarantenne che fa ottimamente il sessantenne. Anche qui il titolo originale rimanda a un motivo folk: *She wore a yellow ribbon* (Lei indossava un nastro giallo). Lei è Joanne Dru; il sergente texano è Ben Johnson; l'indiano che cita la Bibbia è l'autentico navajo Chief Big Tree. ■ WESTERN; COL.; 103'; USA, 1949. ■ OSCAR 1 PR, 1 NOM.

CAVALIERI DEL TEXAS, I *(Texas Rangers)* ★★★
Regia di KING VIDOR. Con FRED MACMURRAY, LLOYD NOLAN, JACK OAKIE, JEAN PARKER. ■ Tre fuorilegge, dopo una serie di

scorrerie, si separano. Due si arruolano nei Rangers del Texas, il terzo continua la vita del criminale. Saranno proprio gli ex compagni a saldargli il conto. ■ WESTERN; B/N; 95′; USA, 1937. ■ OSCAR 1 NOM.

CAVALIERI DI ALLAH, I *(Desert Song)* ★★★
Regia di BRUCE H. HUMBERSTONE. Con STEVE COCHRAN, KATHRYN GRAYSON, GORDON MACRAE, RAYMOND MASSEY, ALLYN MCLERIE, DICK WESSON. ■ Arabi cattivi combattono contro la Legione Straniera. La lotta sarà decisa da El Khobar, arabo buono e civilizzato, laureato ad Harvard, che batte l'infido emiro e ottiene una pace onorevole dai francesi. ■ AVVENTURA; COL.; 110′; USA, 1953.

CAVALIERI DI VENTURA, I *(Du Guesclin)* ★★★
Regia di BERNARD DE LA TOUR. Con JUNIE ASTOR, FERNAND GRAVEY, GÉRARD OURY, NOËL ROQUEVERT. ■ La vita di Bertrand du Guesclin, un soldataccio rozzo e ignorante, però l'unico, prima di Giovanna d'Arco, a battersi e a vincere contro gli eserciti inglesi che, al comando del Principe Nero, avevano invaso la Francia. La trama è splendida, il film molto meno. ■ AVVENTURA; B/N; 100′; FRANCIA, 1948.

CAVALIERI SELVAGGI *(The Horsemen)* ★★★
Regia di JOHN FRANKENHEIMER. Con PETER JEFFREY, JACK PALANCE, OMAR SHARIF, LEIGH TAYLOR-YOUNG. ■ Ogni anno i migliori cavalieri dell'Afghanistan si cimentano in un selvaggio torneo nella capitale. Il figlio di un famoso campione è il favorito di turno, ma per sfortuna e dabbenaggine perde la gara, i soldi e anche una gamba. Tuttavia saprà riabilitarsi brillantemente. ■ AVVENTURA; COL.; 109′; USA, 1971.

CAVALIERI TEUTONICI, I *(Krzyzacy)* ★★★
Regia di ALEXANDER FORD. Con MIECUSISLAV KALENIK, GRAZYNA STANYZEWSKA. ■ Polonia, all'inizio del Quattrocento. Il Paese è invaso dai terribili cavalieri teutonici. I polacchi, dopo anni di guerriglia e imboscate, possono affrontare gli avversari in campo aperto e sconfiggerli nella battaglia di Grünwald. ■ AVVENTURA; COL.; 90′; POLONIA, 1959.

CAVALLA TUTTA NUDA, UNA ★★
Regia di FRANCO ROSSETTI. Con DON BACKY, BARBARA BOUCHET, VITTORIO CONGIA, RENZO MONTAGNANI, CARLA ROMANELLI. ■ Due abitanti di un povero villaggio devastato dalla siccità vengono inviati, ambasciatori improvvisati, presso il vescovo di Volterra per esporgli la drammatica situazione. Quando giungono dal porporato, avendo dimenticato il foglio delle richieste, si inventano tutto di sana pianta e combinano tali pasticci da venir condannati a morte. Si danno alla fuga e finiscono errabondi sulle colline intorno a Volterra. ■ COMMEDIA; COL.; 92′; ITALIA, 1972.

CAVALLERIA ★★★
Regia di GOFFREDO ALESSANDRINI. Con ELISA CEGANI, MARIO FERRARI, ANNA MAGNANI, AMEDEO NAZZARI, ENRICO VIARISIO. ■ Da un soggetto di Salvator Gotta. Amore all'inizio del secolo fra una nobile damigella e un ufficiale di cavalleria campione dei concorsi ippici. Finisce male: lui deve andare in guerra (1915-'18). Ci rimane (aveva cambiato, per l'occasione, il cavallo con l'aeroplano). ■ COMMEDIA; B/N; 88′; ITALIA, 1936.

CAVALLERIA COMMANDOS *(Cavalry Command)* ★
Regia di EDDIE ROMERO. Con JOHN AGAR, RICHARD ARLEN, EDDIE INFANTE, PANCHO MAGALONA, ALICIA VERGEL. ■ Filippine, 1902. Uno squadrone americano di cavalleria è accolto con ostilità dalla popolazione memore dell'amara esperienza dell'occupazione spagnola. Ma gli americani si danno da fare per il benessere degli abitanti e la situazione migliora: un unico ribelle continua ad opporsi alla permanenza dello squadrone. Alla fine si convincerà anche lui. ■ AVVENTURA; B/N; 85′; USA, 1963.

CAVALLERIA LEGGERA *(Leichte Kavallerie)* ★★
Regia di WERNER HOCHBAUM. Con FRITZ KAMPERS, MARIKA RÖKK, HEINZ VON CLEVE. ■ Una cameriera, per sfuggire alle attenzioni del gestore del locale presso cui lavora, si rifugia da un anziano clown che viene scritturato da un circo. Il direttore del circo affida un ruolo importante alla fanciulla e le chiede anche di sposarlo, ma la ragazza si è nel frattempo innamorata di uno stalliere. Per ripicca, il direttore licenzia lei e il suo amico pagliaccio. Dopo mille peripezie, i due avranno una nuova scrittura e la cameriera sposerà il suo stalliere. ■ COMMEDIA; B/N; 90′; GERMANIA, 1935.

CAVALLERIA RUSTICANA ★★★
Regia di AMLETO PALERMI. Con LEONARDO CORTESE, DORIS DURANTI, CARLO NINCHI, ISA POLA, CARLO ROMANO. ■ Dal dramma di Giovanni Verga. Niente musica. Compare Turiddu torna dalla guerra e trova Lola, sua vecchia fiamma, sposata a compare Alfio. Non importa: divengono amanti. Ma la gelosa Santuzza, innamorata di Turiddu, rivela tutto ad Alfio. Coltellate e morte fuori scena (come nelle tragedie greche) per Turiddu. ■ DRAMMATICO; B/N; 77′; ITALIA, 1939.

CAVALLERIA RUSTICANA ★★
Regia di CARMINE GALLONE. Con KERIMA, MAY BRITT, ETTORE MANNI, ANTHONY QUINN, UMBERTO SPADARO. ■ Il racconto di Verga con inserti celebri di Mascagni. Anthony Quinn (compare Alfio) apre la bocca e Tito Gobbi canta per lui: «Oh che bel mestiere fare il carrettiere». La svedese May Britt (Santuzza) fa la commarella sicula come se fosse un personaggio di Strindberg. Il povero Ettore Manni (compare Turiddu) finisce accoltellato tra i fichi d'India. ■ COMM. MUSICALE; COL.; 80′; ITALIA, 1953.

CAVALLETTA, LA *(The Grasshopper)* ★★
Regia di JERRY PARIS. Con RAMON BIERI, JACQUELINE BISSET, JIM BROWN, JOSEPH COTTEN, ED FLANDERS. ■ Christine fugge di casa per raggiungere il fidanzato a Los Angeles. Durante il viaggio conosce Danny, noto attore televisivo. Dopo una fugace convivenza a Los Angeles con Eddie, Christine allaccia un'altrettanto breve relazione con Danny. Poi si innamora di un ex campione di rugby e lo sposa. Ma l'uomo muore ammazzato e Christine, disperata perché non riesce a trovare lavoro, finisce col darsi alla prostituzione. ■ DRAMMATICO; COL.; 95′; USA, 1970.

CAVALLI ★★
Regia di MICHELE RHO. Con MICHELE ALHAIQUE, DUCCIO CAMERINI, LUIGI FEDELE, VINICIO MARCHIONI, GIULIA MICHELINI. ■ Pietro e Alessandro sono fratelli. Caratteri diversi, un legame indissolubile. L'infanzia trascorsa tra le vallate degli Appennini, con una madre amorevole ed un padre respingente, che alla morte della moglie cerca di compensare il dolore dei figli regalando loro due puledri ancora da domare. E sarà proprio l'amore per i cavalli a tenerli uniti fino all'adolescenza e a riunirli quando le loro vite sembreranno averli allontanati per sempre. Tratto dall'omonimo racconto di Pietro Grossi e in concorso alla 68ª Mostra d'arte cinematografica di Venezia nella sezione Controcampo italiano. ■ DRAMMATICO; COL.; 90′; ITALIA, 2011.

CAVALLI DI RAZZA *(The Lords of Discipline)* ★★★
Regia di FRANC RODDAM. Con DAVID KEITH, ROBERT PROSKY, G. D. SPRADLIN. ■ In una scuola militare della Carolina del Nord, gli allievi più giovani vengono sottoposti a prepotenze e vessazioni oltre la norma dei collegi "duri". Quando un allievo si suicida, un cadetto anziano vuol capire perché e scopre che all'interno della scuola c'è una setta segreta di anziani che infierisce su colleghi giudicati indegni (perché di razza diversa o per altri motivi) di rimanere nella scuola. Quando un nero sta per fare la stessa fine, il cadetto di buoni sentimenti smaschera la setta (nonché l'alto ufficiale che la proteggeva). ■ DRAMMATICO; COL.; 102′; USA, 1983.

CAVALLINA STORNA, LA ★★
Regia di GIULIO MORELLI. Con GINO CERVI, MONICA CLAY, CESARE DANOVA, FRANCA MARZI, CARLO NINCHI. ■ La poesia di Giovanni Pascoli "sceneggiata". Il padre del poeta, Ruggero, viene ucciso in un'imboscata da un disonesto ufficiale. Il film ha anche una "coda", con punizione del cattivo: la cavallina non si limita a denunciarlo con un nitrito, ma l'uccide a zoccolate qualche anno dopo il fattaccio. ■ DRAMMATICO; B/N; 80′; ITALIA, 1953.

CAVALLINO D'ORO, IL *(Diamond Horseshoe)* ★★
Regia di GEORGE SEATON. Con BILL GAXTON, BETTY GRABLE, DICK HAYMES, BEATRICE KAY, PHIL SILVERS. ■ Una biondona ha grande successo come soubrette nei night club, ma un giorno incontra un timido studente in medicina. Per sposarlo, darà l'ad-

dio ai palcoscenici. Film su misura per Betty Grable. ■ COMM. MUSICALE; COL.; 92′; USA, 1945.

CAVALLI SI NASCE ★★
Regia di SERGIO STAINO. Con VINCENT GARDENIA, PAOLO HENDEL, DAVID RIONDINO. ■ Un giovane nobile toscano nel 1832 scende al Sud in un viaggio-pellegrinaggio sugli itinerari italiani del suo idolo Goethe. Ma nelle campagne è in atto ancora la repressione da parte delle truppe borboniche dei rivoltosi giacobini. Il giovane, visti crollare a uno a uno i suoi ideali romantici, se ne andrà in America. Sergio Staino, noto disegnatore politico, al suo esordio nella regia di cinema, tenta la satira in costume sulla traccia del bel successo di *Domani accadrà*, diretto da Luchetti un anno prima. Ma invece del *conte philosophique* alla Voltaire, abbiamo solo un piacevole acquarello. ■ COMICO; COL.; 104′; ITALIA, 1989.

CAVALLO D'ACCIAIO, IL *(The Iron Horse)* ★★★
Regia di JOHN FORD. Con MADGE BELLAMY, CHARLES E. BULL, GEORGE O'BRIEN. ■ Un pezzo di storia fatto da gente comune. La costruzione della prima ferrovia da costa a costa da parte di un gruppo di uomini di grande volontà. Brandon si sposta da Springfield, nell'Illinois, verso ovest per cercare un futuro migliore assieme al figlio. L'uomo viene ucciso da un pellerossa e il figlio rimane solo. Da questo episodio parte tutta la vicenda della storica impresa. La maestria di Ford è già notevole e la sceneggiatura è ben scritta. ■ WESTERN; COL.; 105′; USA, 1924.

CAVALLO IN DOPPIO PETTO, IL ★★★
(The Horse in the Gray Flannel Suit)
Regia di NORMAN TOKAR. Con DIANE BAKER, LLOYD BOCHNER, DEAN JONES. ■ Un agente pubblicitario vedovo, Fred, deve trovare un'idea per reclamizzare un farmaco contro l'acidità di stomaco e deve anche accontentare la figlia Helen che desidera un cavallo da corsa. Per ottenere entrambi gli scopi, convince il cliente ad acquistare un purosangue e a battezzarlo col nome del prodotto. ■ COMMEDIA; COL.; 113′; USA, 1968.

CAVALLONI, I *(Gidget)* ★★
Regia di PAUL WENDKOS. Con JAMES DARREN, SANDRA DEE, CLIFF ROBERTSON. ■ Film con pretese psicologiche: racconta le crisi e i turbamenti di una diciassettenne che prende la prima "cotta". È l'unica commedia realizzata da Wendkos, specializzato in lavori drammatici e di guerra. ■ COMMEDIA; COL.; 95′; USA, 1959.

CAVALLO VOLANTE, IL ★★★
(The Horse with the Flying Tail)
Regia di LARRY LANSBURGH. ■ Il lungometraggio racconta le avventure del cavallo Nautical che, dopo essere passato di padrone in padrone, diventa un campione nel salto agli ostacoli. Bel documentario. ■ DOCUMENTARIO; COL.; 88′; USA, 1960.

CAV. COSTANTE NICOSIA DEMONIACO OVVERO: DRACULA IN BRIANZA, IL ★★
Regia di LUCIO FULCI. Con ROSSANO BRAZZI, LANDO BUZZANCA, VALENTINA CORTESE, SYLVA KOSCINA, MOIRA ORFEI. ■ Costante è un siciliano che ha fatto fortuna in Brianza. Un giorno fa un viaggio in Romania, ospite di un misterioso conte e torna vampiro. Organizza una banca del sangue a uso personale e dei suoi operai: è perfettamente felice; si sposa e nasce un vampirino. ■ COMMEDIA; COL.; 95′; ITALIA, 1975.

CAVERNA DEL DIAVOLO, LA *(Two Gun Man)* ★
Regia di PHIL ROSEN. Con KEN MAYNARD, LUCILLE POWERS. ■ In una cittadina del West arriva un gruppo di proprietari di bestiame che, con la violenza, pretende di far pascolare i propri animali sui terreni altrui. Un poliziotto federale, che si trova sul posto in incognito, interviene a favore dei vecchi titolari dei pascoli. I nuovi arrivati allora, per liberarsi di lui, lo accusano di un omicidio da loro stessi compiuto. Ma il giovanotto riuscirà ugualmente a smascherarli e a consegnarli alla giustizia. ■ WESTERN; B/N; 85′; USA, 1931.

CAVERNICOLO, IL *(Caveman)* ★★
Regia di CARL GOTTLIEB. Con BARBARA BACH, DENNIS QUAID, RINGO STARR. ■ Un milione di anni fa (o giù di lì) un cavernicolo di fisico scarso contende a un gigantesco capotribù l'amore di una bellona. La vittoria andrà al deboluccio (ma furbetto), che però, divenuto capo clan, scarterà la bella per una ragazza di maggiore affidamento. ■ COMMEDIA; COL.; 92′; USA, 1981.

CAVIGLIE D'ORO *(The Golden Calf)* ★★
Regia di MILARD WEBB. Con EL BRENDEL, SUE CAROL. ■ È la vicenda di una giovane ballerina che intraprende la carriera artistica e affronta tutto il bene e tutto il male della situazione. ■ DRAMMATICO; B/N; 80′; USA, 1930.

CAYENNA PALACE *(Cayenne Palace)* ★
Regia di ALAIN MALINE. Con RICHARD BERRY, ANNA KARINA, JEAN YANNE. ■ Dopo aver lavorato con i grandi del cinema francese (ad esempio Truffaut), Maline mette in scena la storia di una donna che spera di trovare l'amore ai tropici. ■ COMMEDIA; COL.; 94′; FRANCIA, 1987.

CB4 ★★
Regia di TAMRA DAVIS. Con CHRIS ELLIOTT, PHIL HARTMAN, ALLEN PAYNE, CHRIS ROCK. ■ La sigla è quella del gruppo rap fondato da tre ragazzi in cerca di successo. Viene da Cell Block 4, il braccio carcerario in cui è finito un criminale arrestato per colpa di uno di loro. Il trio inizia a scalare le classifiche ma, ovviamente, i guai arrivano sul più bello, proprio quando le fan e i giornalisti se li contendono. La colonna sonora è affidata a celebri esponenti del genere: Run DMC, Ice-T, Public Enemy, Fat Boys. ■ COMMEDIA; COL.; 84′; USA, 1992.

CECCHINO, IL *(Le Guetteur)* ★★
Regia di MICHELE PLACIDO. Con LUCA ARGENTERO, DANIEL AUTEUIL, OLIVIER GOURMET, MATHIEU KASSOVITZ, VIOLANTE PLACIDO. ■ Un film che inizia con una serie di rapine, durante le quali un cecchino, interpretato da Mathieu Kassovitz, uccide tutti i poliziotti accorsi sul luogo. Da qui inizia la caccia all'uomo del commissario interpretato da Daniel Auteuil, con un contorno di storie parallele e intrecciate fra loro, e lo sfondo della malavita parigina. ■ THRILLER; COL.; FRANCIA, 2012.

C'È CHI DICE NO ★★
Regia di GIAMBATTISTA AVELLINO. Con LUCA ARGENTERO, CLAUDIO BIGAGLI, MYRIAM CATANIA, PAOLA CORTELLESI, PAOLO RUFFINI. ■ Max è un precario di talento impiegato presso un quotidiano locale dove sogna di essere assunto, ma viene ancora una volta scalzato dal raccomandato di turno. Samuele insegna diritto penale mentre aspira al posto da ricercatore e assiste un barone universitario che gli preferisce da sempre segnalati incapaci. Irma è una dottoressa appassionata in attesa di un contratto. Ex compagni di liceo, ritrovatisi a una cena commemorativa, Max, Samuele e Irma si scambiano difficoltà e dilemmi e decidono di fare fronte comune contro la piaga della raccomandazione. Fondatori di un movimento virtuale, "I pirati del merito", diventeranno le (lunghe) ombre nere della coscienza dei "segnalanti", incalzandoli con molestie e rappresaglie decisamente creative. ■ COMMEDIA; COL.; 95′; ITALIA, 2011.

CECILIA ★★
Regia di ANTONIO MORABITO. Con GIANNI GRIMA, ANNA TERZANO, PAMELA VILLORESI. ■ Stanca dei litigi con un padre-padrone e con una madre succube ed inerme, Cecilia decide di abbandonare la famiglia e fugge dal paesino di provincia dove è nata e cresciuta. La sua scomparsa crea un vuoto nella famiglia, portando alla luce incomprensioni e faide tra parenti. Sarà il padre a prendere in mano la situazione, istituendo un vero e proprio regime tirannico su tutti i conoscenti della ragazza. Ma qualcuno troverà il coraggio di ribellarsi. Lungometraggio d'esordio del regista, che rielabora un suo precedente corto. ■ DRAMMATICO; COL.; 85′; ITALIA, 2001.

CECILIA – STORIA DI UNA COMUNE ANARCHICA ★★
(La Cécilia)
Regia di JEAN-LOUIS COMOLLI. Con MARIA CARTA, MASSIMO FOSCHI, VITTORIO MEZZOGIORNO. ■ L'anarchico Giovanni Rossi, nel 1887, con l'aiuto dell'imperatore del Brasile, fonda in quel Paese una comunità, la Cecilia, basata sul suo credo politico (amore libero, abolizione della proprietà). Ben presto però la discordia regna nel gruppo. Rossi deve rinunciare al suo esperimento. ■ STORICO; COL.; 105′; FRANCIA, ITALIA, 1975.

C'È KIM NOVAK AL TELEFONO ★
Regia di Enrico Roseo. Con Anna Falchi, Erland Josephson, Sylva Koscina, Joanna Pacula, Jacques Perrin. ■ Un produttore vuole realizzare un film con l'attrice che più ama: Kim Novak. Ha bisogno di finanziamenti e si ritrova a Parma, dove è nato e dove vivono la ex moglie e suo figlio. Sarà il momento in cui i ricordi (cinematografici e non) prendono il sopravvento. Roseo è anche produttore quindi sa bene che cosa sta raccontando, anche se lo fa con qualche incertezza. ■ Commedia; col.; 98'; Italia, 1994.

CELEBRE CANAGLIA, UNA *(Swell Guy)* ★★★
Regia di Frank Tuttle. Con Ann Blyth, Thomas Gomez, Millard Mitchell, Sonny Tufts, Ruth Warrick. ■ Un giornalista fallito torna nella sua città e dà a intendere di essere un grand'uomo. La dà a bere a tutti, ma non alla madre. Dopo una serie di imbrogli, smascherato di fronte a tutta la cittadinanza, è costretto ad andarsene. Ma all'ultimo compie un vero atto eroico, che gli costa la vita, ma lo riabilita agli occhi dei suoi. ■ Drammatico; b/n; 86'; USA, 1946.

CELEBRI AMORI DI ENRICO IV, I ★★★
(Vive Henri IV, vive l'amour)
Regia di Claude Autant-Lara. Con Pierre Brasseur, Danielle Darrieux, Vittorio De Sica, Melina Mercouri, Armand Mestral, Simone Renant, Jean Sorel. ■ Amori e intrighi alla corte del re di Francia Enrico IV. Il sovrano, più che cinquantenne, si innamora di una splendida principessa diciottenne. La fa sposare a un suo nipote, che però non si dimostra un marito all'altezza delle aspettative. Scappa con la moglie, sfuggendo ai soldati mandati dal sovrano. Intanto un pazzo, Ravaillac, pugnala a morte Enrico. ■ Storico; col.; 135'; Francia, 1961.

CELEBRITÀ ★
Regia di Nini Grassia. Con Regina Bianchi, Nino D'Angelo, Sonia Viviani. ■ Tutto come la sceneggiata impone: il povero ragazzino ingenuo si fa traviare dalle cattive compagnie e tenta la strada del canto. Finisce in prigione. Ma mammà muore e lui capisce il senso della vita. ■ Sentimentale; col.; 117'; Italia, 1981.

CELEBRITY ★★★
Regia di Woody Allen. Con Kenneth Branagh, Judy Davis, Leonardo DiCaprio, Melanie Griffith, Joe Mantegna. ■ "Help" è la scritta che compare nel cielo alleniano all'inizio del film. Occorre davvero aiuto per districarsi nel mondo delle star hollywoodiane, in cui le nevrosi si sprecano, in cui il sesso (quello orale in testa) dilaga ma l'amore scarseggia. Allen (sempre più "volgare" dicono alcuni, sempre più "realista" affermiamo noi) ci porta a spasso in questo nuovo girone infernale (ricordate *Harry a pezzi*?), assegnandoci come guida il suo nuovo alter ego Kenneth Branagh. Ma non si limita a ragionare delle persone celebri (e quindi anche di se stesso), gioca anche perfidamente con uno dei suoi attori: il romantico DiCaprio di *Titanic* entra in scena sfasciando una camera d'albergo e picchiando una donna. Anche questo è il Woody di fine millennio. Forse meno graffiante ma certamente più vicino, con quella ribadita richiesta di aiuto, a chi ne ammira il cinema. ■ Commedia; col.; 100'; USA, 1998.

CELESTE *(Céleste)* ★★
Regia di Percy Adlon. Con Jurgen Arndt, Eva Mattes, Norbert Wartha. ■ Céleste Albaret è la governante di Marcel Proust dal 1814 al 1822. Dedica l'intera sua vita allo scrittore, fino ad adeguarsi ai suoi orari fuori dal normale. Adlon cerca di restituire gli ultimi anni di vita di Proust e del suo rapporto con la donna a cui si ispirò per costruire il personaggio di Françoise della *Recherche*. Rischia però costantemente il didascalismo. ■ Drammatico; col.; 110'; Germania, 1981.

CELESTINA P. R., LA ★★
Regia di Carlo Lizzani. Con Raffaella Carrà, Beba Loncar, Piero Mazzarella, Franco Nero, Assia Noris, Venantino Venantini. ■ La Celestina public relations è la ditta più stimata di Milano e dintorni in fatto di ruffianerie. Celestina è una matura mezzana che procura le amanti agli industrialotti della Lombardia. Lei però non va mai con nessuno, nemmeno con il suo giovane e innamorato collaboratore. Ogni tanto scoppia qualche scandalo, ma la terribile donna rimane sempre in sella. ■ Commedia; b/n; 105'; Italia, 1964.

CELL, THE ★★
Regia di Tarsem Singh. Con Dylan Baker, Vincent D'Onofrio, Marianne Jean-Baptiste, Jennifer Lopez, Vince Vaughn, Jake Weber. ■ Stati Uniti, fine Novecento. Catherine Deane è una psicologa che sta mettendo a punto una terapia che le consente di vivere le esperienze nell'inconscio altrui. Il suo unico paziente è un bambino in coma, su cui interviene nella speranza di poterlo riportare a una vita cosciente. Nel momento in cui un pericoloso serial killer entra a sua volta in coma, l'Fbi chiede il suo aiuto. Bisogna trovare il luogo in cui è rinchiusa l'ultima sua vittima. Catherine si inserisce nei suoi sogni e scopre un universo che rischia di far vacillare il proprio equilibrio psichico. Film illuminato dalla fisicità della Lopez e dalle ricostruzioni delle situazioni oniriche. ■ Thriller; col.; 95'; USA, 2000. ■ Oscar 1 nom.

CELLA DELLA MORTE *(Why Must I Die?)* ★★★
Regia di Roy Del Ruth. Con Bert Freed, Terry Moore, Debra Paget. ■ Il film illustra il caso di un grave ed irreparabile errore giudiziario perpetrato ai danni di una povera ragazza travolta dalle circostanze e da un perfido ex fidanzato. La fanciulla finirà, innocente, sulla sedia elettrica. ■ Drammatico; b/n; 86'; USA, 1960.

CELLA 211 ★★
Regia di Daniela Monzon. Con Alberto Ammann, Carlos Barden, Marta Etura, Luis Tosar. ■ Per fare buona impressione nel carcere dove ha appena trovato lavoro come secondino, Juan Oliver si presenta con un giorno d'anticipo sul primo turno di guardia. Durante la visita al braccio di massima sicurezza, un frammento di intonaco cade dal soffitto e lo colpisce sulla testa. In attesa di poterlo soccorrere, gli altri guardiani lo distendono temporaneamente nell'unica cella libera, la numero 211. In quello stesso istante, ha però inizio una rivolta organizzata dal carismatico detenuto Malamadre, che costringe il giovane guardiano inesperto a improvvisarsi credibile galeotto per riuscire a sopravvivere alla situazione e riabbracciare la moglie al sesto mese di gravidanza. ■ Azione, col.; 110'; Francia, Spagna, 2009.

CELLA 2455 BRACCIO DELLA MORTE ★★
(Cell 2455 Death Row)
Regia di Fred F. Sears. Con William Campbell, Marian Carr, Vince Edwards. ■ Trasposizione molto fedele, ma priva di slancio, del best-seller scritto in carcere da Caryl Chessman. Chessman, un delinquente di mezza tacca, fu condannato a morte per una serie di rapine e omicidi. Si difese da solo e per dieci e passa anni, invocando difetti di procedura, riuscì a rinviare l'esecuzione. Morì dopo un allucinante alternarsi di speranze e scoramenti (e dopo aver pubblicato altri due libri di grande successo). ■ Drammatico; b/n; 77'; USA, 1955.

CELLA IN DUE, UNA ★
Regia di Nicola Barnaba. Con Maurizio Battista, Serena Bonanno, Simona Borioni, Massimo Ceccherini, Enzo Salvi. ■ Romolo, avvocato coatto, truffaldino, che dice di prendere il Viagra come tranquillante, un giorno viene denunciato dalla moglie che si vendica del suo tradimento con la segretaria/arrampicatrice sociale di turno. In carcere erano finite le singole e gli tocca quindi dividere il "soggiorno" con Angelo, disoccupato con la sindrome di Peter Pan e la passione per Goldrake e Mazinga, stampati anche dietro la sua camicia. ■ Commedia; col.; 90'; Italia, 2011.

CELLA 23 A UN PASSO DALLA MORTE *(Stir)* ★★
Regia di Stephen Wallace. Con Bryan Brown, Max Phipps. ■ È la storia vera di una rivolta avvenuta in un carcere australiano negli anni Settanta. Il protagonista è a metà convinto, ma si lascia coinvolgere. E la pagherà duramente durante la sanguinosa repressione delle forze dell'ordine. ■ Drammatico; col.; 85'; Australia, 1980.

CELLINI – UNA VITA SCELLERATA ★★
Regia di Giacomo Battiato. Con Ennio Fantastichini, Wadeck Stanczak, Pamela Villoresi, Max von Sydow. ■ Dopo una breve avventura nelle sale cinematografiche, il film ha

avuto finalmente il suo pubblico in televisione, nella versione integrale. Diretta con professionismo e servita da una splendida fotografia, la pellicola si lascia vedere nonostante alcune cadute nella recitazione del protagonista. Le avventure piene di lussuria e di sregolatezza tra gioie e dolori dell'artista Benvenuto Cellini sono narrate fino alla nascita del suo capolavoro, il *Perseo con la Medusa*. ■ BIOGRAFICO; COL.; 105'; ITALIA, 1990.

CELLULAR ★★

Regia di DAVID R. ELLIS. Con KIM BASINGER, JESSICA BIEL, RICHARD BURGI, CHRIS EVANS, RICK HOFFMAN, WILLIAM H. MACY, ERIC CHRISTIAN OLSEN, JASON STATHAM, ADAM TAYLOR GORDON. ■ Il film rilancia la stella, mai appannatasi del tutto, di Kim Basinger, donna disperata che chiede aiuto al *deus ex machina* di turno, in quanto non solo rapita ma anche terrorizzata dalla potenziale terribile fine che potrebbe fare la sua famiglia. Patria, figli e batterie scariche sono i fili rossi conduttori della storia che si dipana con velocità e totale mancanza di senso logico. ■ AZIONE; COL.; 94'; USA, 2004.

CELLULOIDE ★★★★

Regia di CARLO LIZZANI. Con ANNA FALCHI, MASSIMO GHINI, GIANCARLO GIANNINI, LINA SASTRI. ■ Roma, 1944. La città è stata liberata, un gruppo di cineasti cerca di fare un film. Il regista Roberto Rossellini (Ghini) e lo sceneggiatore Sergio Amidei (Giannini) hanno in mente una storia che non ha nulla a che fare con quelle di moda, romantiche e rassicuranti. Si tratta di una vicenda di grande realismo e il film si intitolerà *Roma città aperta*. Rossellini e Amidei cercano un produttore, non c'è pellicola e gli attori sono diffidenti. Alla fine Anna Magnani accetta il ruolo della protagonista Pina, dopo il rifiuto di Clara Calamai. Il film è pronto, ma non trova distribuzione, la censura lo accusa di comunismo, disfattismo, di tutto. Ma ci pensa un ufficiale americano a portare la pellicola oltreoceano e a farla proiettare in una manifestazione. Comincia così la leggenda di uno dei titoli che hanno fatto la storia del cinema italiano nel mondo. Chi ha conosciuto Rossellini e Amidei dice che avevano personalità diverse da quelle espresse dagli attori. Nonostante molte critiche (incomprensibilmente) cattive, Lizzani ha lavorato bene. Suggestive, dolci e nostalgiche le situazioni di confezione del film: un coreografo gay che farà il comandante nazista, un giornalista che farà il partigiano. E poi la grande sequenza della morte di Pina. Risulta forse strana la rappresentazione di un Rossellini persino troppo domestico, minimale, senza assolutamente appeal. Se il maestro italiano era davvero così non si riesce a capire come abbia potuto conquistare la divina Ingrid Bergman. ■ DRAMMATICO; COL.; 100'; ITALIA, 1995.

CEMENTO ARMATO ★★

Regia di MARCO MARTANI. Con PAOLO BERNARDINI, DARIO CASSINI, CAROLINA CRESCENTINI, NINETTO DAVOLI, GIORGIO FALETTI, THAMISANQA MOLEPO, MATTEO URZIA, NICOLAS VAPORIDIS. ■ Diego è un ragazzo che vive di espedienti, truffa il prossimo e ama appassionatamente la sua Asia. Bloccato col suo motorino nel traffico cittadino, decide di farsi largo a spese degli specchietti delle auto in coda, ma qualcuno tra gli automobilisti non sembra gradire lo scherzo ed è deciso a fargliela pagare cara. È Franco Zorzi, detto "il primario", feroce boss della malavita romana che controlla quasi tutti i traffici illeciti della Capitale. La bravata di una mattina costerà a Diego più di quanto potesse immaginare. Nel film le regole di genere sono dichiarate ma realizzate in maniera didascalica. Il contesto, il linguaggio, la costruzione della trama e i meccanismi narrativi disegnano un "nero" italiano che non si emancipa dal convenzionale. ■ COMMEDIA; COL.; 93'; ITALIA, 2007.

CENA, LA ★★★

Regia di ETTORE SCOLA. Con FANNY ARDANT, ANTONIO CATANIA, FRANCESCA D'ALOIA, VITTORIO GASSMAN, GIANCARLO GIANNINI, NELLO MASCIA, ADALBERTO MARIA MERLI, EROS PAGNI, DANIELA POGGI, STEFANIA SANDRELLI, FRANCESCO SICILIANO. ■ Al ristorante romano si riunisce per la cena tutto un mondo. Il padre che invita i figli che non vede da tempo e ci litiga continuamente, la famiglia giapponese che fa fotografie, il regista che istruisce l'attore con un fiume di luoghi comuni, il giovane complessato che si fa plagiare da uno pseudomago, il docente perseguitato dalla passione di un'allieva che fa disamorare mostrandosi razzista, la mamma che non accetta la vocazione religiosa della figlia, la siciliana che fa collezione di amanti (lo stereotipo peggiore di tutti, proprio inutile), il gruppo di donne che lavorano, la tavolata degli adolescenti che parlano come degli ufo. Le fila vengono tirate dal professor Gassman, che passa di tavolo in tavolo, e dalla proprietaria Ardant, attenta e bravissima, perfetta, che rinuncia a un amore misterioso e impossibile per il suo locale e per quel che le rimane della famiglia. C'è poi il cuoco, chiacchierone, polemico, misantropo, bilioso, il personaggio migliore interpretato da Eros Pagni, l'attore migliore. Il solito Scola. Film un po' maltrattato ma che ha una sua ragione. ■ COMMEDIA; COL.; 126'; ITALIA, 1998.

CENA A SORPRESA ★

Regia di SAMMO HUNG. Con YUEN BIAO, JACKIE CHAN, LOLA FORNER, SAMO HUNG. ■ Una furba ladruncola si finge prostituta per derubare in tutta tranquillità gli ignari clienti. Un giorno, un sicario cinese tenta di ucciderla: lei non può certo immaginare che sia assoldato da suo zio, al corrente di un favoloso lascito che le è stato destinato e del quale è totalmente ignara. ■ POLIZIESCO; COL.; 107'; HONG KONG, USA, 1988.

CENA DEI CRETINI, LA *(Le dîner de cons)* ★★★

Regia di FRANCIS VEBER. Con FRANCIS HUSTER, THIERRY LHERMITTE, JACQUES VILLERET. ■ Il nuovo vezzo della Parigi bene sta nell'invitare a cena idioti, il più idioti possibile, per ridere alle loro spalle. Il cretino di turno è imprevedibile e anche pericoloso, capace di devastare la vita degli altri. Grande successo in Francia e discreto anche da noi. Quando il cinema francese funziona. Non capita spesso. ■ COMMEDIA; COL.; 80'; FRANCIA, 1998.

CENA DELLE BEFFE, LA ★★★★

Regia di ALESSANDRO BLASETTI. Con MEMO BENASSI, CLARA CALAMAI, AMEDEO NAZZARI, OSVALDO VALENTI, ALFREDO VARELLI. ■ Nella Firenze di Lorenzo il Magnifico due giovani, divisi da una donna e da un'acerrima rivalità, giocano a farsi le beffe più sanguinose. Giannetto, più astuto, riesce a far diffondere la notizia che Neri è impazzito. Neri, catturato e messo in catene, riesce a liberarsi e corre a casa di Giannetto per vendicarsi, ma uccide per errore suo fratello. ■ DRAMMATICO; B/N; 87'; ITALIA, 1941.

CENA PER FARLI CONOSCERE, LA ★★★

Regia di PUPI AVATI. Con DIEGO ABATANTUONO, GIANFRANCO BARRA, FABIO FERRARI, VANESSA INCONTRADA, FRANCESCA NERI, MARICA PELLEGRINELLI. VIOLANTE PLACIDO, BLAS ROCAREY, OSVALDO RUGGERI, INES SASTRE. ■ Sandro Lanza è un attore al crepuscolo, che ha lavorato con Corbucci sognando di recitare per Germi. Volitivo e inconcludente negli affetti, Sandro ha tre figlie da donne diverse, abbandonate per fare il cinema. In seguito a un intervento sbagliato di chirurgia estetica, viene scaricato da una giovane starlette e dalla serie Tv di cui è protagonista. Disperato, tenta il suicidio. Al suo capezzale accorrono le figlie: Ines, giornalista a Parigi, Clara, pediatra spagnola, e Betty, moglie infelice a Roma. Alla vigilia di Natale, viene organizzata una cena a casa di Betty. L'ospite d'onore è Alma Kero, una donna colta e affascinante, cultrice appassionata dell'attore. Al centro della riflessione di Avati, il solito sentimento di nostalgia. L'Avati rievocatore di memorie cinematografiche è armoniosamente legato a quello assorto dei quadri corali, dei conflitti familiari sempre in attesa di una soluzione. ■ COMMEDIA; COL.; 99'; ITALIA, 2006.

CENA QUASI PERFETTA, UNA *(The Last Supper)* ★★

Regia di STACY TITLE. Con CAMERON DIAZ, RON ELDARD, ANNABETH GISH, JONATHAN PENNER. ■ Il solito "invito a cena con delitto" figlio degenere del prototipo di successo. Discreta la parte iniziale "organizzativa", il film cade quando è il momento di tirare le fila. ■ DRAMMATICO; COL.; 114'; USA, 1996.

CENA TRA AMICI *(Le Prénom)* ★★

Regia di ALEXANDRE DE LA PATELLIÈRE, MATTHIEU DELAPORTE. Con GUILLAUME DE TONQUEDEC, VALERIE BENGUIGUI, CHARLES BERLING, PATRICK BRUEL, FRANÇOISE FABIAN. ■ Vincent, agente immobiliare quarantenne, va a cena dalla sorella Elizabeth e dal cognato Pierre (entrambi docenti). È stato invitato anche Claude che è un orchestrale. In attesa della ritardataria moglie Anne, Vincent si trova al centro dell'attenzione in una dialettica accesa: dare un nome a un bambino che sta per nascere. È un nodo che innesca sentimenti più estesi. Di cene più o meno tra amici, magari con delitti previsti nel menu, il cinema ne ha già imbandite tante. *Cena tra amici* si costruisce tutto attorno a un nucleo centrale e, come accadeva a Francis Veber per *La cena dei cretini*, Delaporte e De la Patelliére hanno il controllo assoluto dei tempi comici. ■ COMMEDIA; COL.; 100′; FRANCIA, BELGIO, 2012.

CENCI IN CINA ★★
Regia di MARCO LIMBERTI. Con MASSIMO CECCHERINI, FRANCESCO CIAMPI, ALESSANDRO PACI. ■ Prato, simbolo del made in Italy dell'industria tessile in tutto il mondo. Vittorio Pelagatti e Armando Giachetti sono i proprietari della Gobbotex, un'azienda fondata dai nonni nel dopoguerra che oggi naviga in cattive acque. La situazione si complica quando fa il suo ingresso nell'Unione Industriali di Prato, un'imprenditrice dagli occhi a mandorla, pronta a tutto. La Signora Lì, infatti, acquista aziende in difficoltà per poi ripartirle e rivenderle. Vittorio, playboy spendaccione ed eterno scansafatiche, e Armando, marito fedele e lavoratore instancabile, per preservare il tesoro costruito dai nonni. La soluzione sta proprio nel passato, nei "soldi di cuoio" che i fondatori hanno messo da parte per i momenti di difficoltà. Parte dunque una caccia al tesoro, che passa per vecchi dipendenti, amanti perdute e ricordi misteriosi. ■ COMMEDIA; COL.; 105′; ITALIA, 2009.

CE N'È PER TUTTI ★★
Regia di LUCIANO MELCHIONNA. Con AMBRA ANGIOLINI, LORENZO BALDUCCI, JORDI MOLLÀ, MICAELA RAMAZZOTTI, STEFANIA SANDRELLI. ■ Gianluca, un giovane uomo travolto dal dolore e dalle miserie del mondo, sale in cima al Colosseo con uno zaino pieno di poesie mai pubblicate. Ai piedi del monumento si raccolgono i primi soccorsi e i primi curiosi che provano a interpretare gesti e intenzioni del ragazzo. Eludendo controlli e vigili del fuoco, la nonna di Gianluca raggiunge il nipote in cima al Colosseo, curando il suo malessere esistenziale con la parmigiana e le storie di un passato remoto. Intanto gli amici di Gianluca, informati dell'accaduto, si organizzano per raggiungerlo e per provare a convincerlo a tornare "coi piedi per terra". ■ COMMEDIA; COL.; 90′; ITALIA, 2009.

CENERE ★★
Regia di ARTURO AMBROSIO, FEBO MARI. Con ELEONORA DUSE, FEBO MARI. ■ Storico per la prima e ultima interpretazione di Eleonora Duse al cinema. Un giovane vuole ritrovare la madre naturale. La donna lo aveva lasciato al padre, sposato con un'altra, e ora vive in ristrettezze. Morirà da sola e disperata. Melodrammone. ■ DRAMMATICO; B/N; 30′; ITALIA, 1916.

CENERE E DIAMANTI *(Popiol i diament)* ★★★★
Regia di ANDRZEJ WAJDA. Con ZBIGNIEW CYBULSKI, EWA KZRYSEKA, ADAM PAWLIKOWSKI. ■ In Polonia, all'indomani della guerra, un funzionario comunista è fatto oggetto di una serie di attentati da parte di alcuni giovani partigiani nazionalisti. Uno di loro riesce a ucciderlo, ma cade dopo poco sotto i colpi dei soldati. Con questo film Andrzej Wajda, a solo trentadue anni, si impone come regista di rango internazionale. ■ DRAMMATICO; B/N; 101′; POLONIA, 1958.

CENERENTOLA ★★
Regia di FERNANDO CERCHIO. Con PINA DEL SIGNORE, ENRICO FORMICHI, FIORELLA CAMEN FORTI, AFRO POLI, LORI RANDI. ■ È la ripresa cinematografica dell'opera musicata da Gioacchino Rossini e ispirata alla celebre fiaba di Charles Perrault. ■ COMM. MUSICALE; B/N; 90′; ITALIA, 1949. ■ OSCAR 3 NOM.

CENERENTOLA *(Cinderella)* ★★★★
Regia di WILFRED JACKSON, HAMILTON LUSKE, CLYDE GERONIMI (E WALT DISNEY) ■ Walt Disney realizzò questo film per risollevare le sorti della sua azienda. Cercò un soggetto che riproponesse in qualche modo le atmosfere di *Biancaneve*: una fiaba commovente, una ragazza sfortunata, musiche e cori da sogno, personaggi di contorno degni di competere per simpatia con i nani o con il grillo parlante di *Pinocchio*. Disney scelse la favola di Charles Perrault e ne fece un capolavoro. La gestazione del film seguì una impostazione rigidamente realistica, praticamente furono girati due film: uno con i modelli che "interpretavano" i personaggi, e l'altro con i disegni quasi a ricalco sulle scene prese dal vero. La matrigna è senz'altro ripresa da un modello vero, con effetti di incredibile realismo, e per giunta appare come una donna piacente e si muove con eleganza. Per la caratterizzazione di Anastasia e Genoveffa, invece, si è scelto di accentuarne i tratti in modo esagerato, proprio nello stile del cartone animato, cosa che consente di renderle quasi simpatiche. Dal punto di vista musicale, Cenerentola offre partiture memorabili: la danza col principe, l'incantesimo della fata, il canto di Cenerentola all'inizio della sua giornata, il brano che accompagna i titoli di testa. Tutto meraviglioso. Grazie zio Walt! ■ ANIMAZIONE; COL.; 75′; USA, 1950. ■ BERLINO 1 PR.

CENERENTOLA A PARIGI *(Funny Face)* ★★★
Regia di STANLEY DONEN. Con FRED ASTAIRE, MICHEL AUCLAIR, AUDREY HEPBURN, KAY THOMPSON. ■ Un fotografo di moda scopre in una giovane commessa di libreria insospettate qualità di modella e indossatrice. La porta al successo e all'amore. Ma il romanzo fra i due è messo in pericolo da una visita della ragazza a Parigi, dove fra una sfilata e l'altra conosce un filosofo esistenzialista, che in realtà usa attirare le fanciulle negli antri di St. Germain per scopi più materiali che non le dissertazioni sulla critica della ragion pura. ■ COMM. MUSICALE; COL.; 103′; USA, 1956. ■ OSCAR 4 NOM.

CENERENTOLA 2 – QUANDO I SOGNI DIVENTANO REALTÀ *(Cinderella 2: Dreams come True)* ★★★
Regia di JOHN KAFKA. ■ Sequel del celeberrimo lavoro di Walt Disney del 1950. La vita di Cenerentola, successiva alle nozze, è narrata attraverso storie che si intrecciano. Il nuovo film si apre con la fata Smemorina che racconta ai simpatici topolini le avventure di Cenerentola, e insieme scoprono quello che è capitato alla loro amica al ritorno dal viaggio di nozze. Nella prima storia Cenerentola, tornata dalla luna di miele, si trova a fare i conti con l'etichetta e le consuetudini proprie di una corte reale, per comprendere che solo essendo se stessa potrà essere una buona regina. Nella seconda si narra la storia del topolino Jaq che desidera diventare umano. Nella terza storia Cenerentola addestra la sorellastra Anastasia al sorriso, nella speranza di aiutarla a trovare il suo vero e grande amore. Nel racconto entrano nuovi personaggi tra cui Prudence, altezzosa e non troppo simpatica dama di corte del palazzo reale, che deve insegnare alla giovane principessa le regole dell'etichetta di corte. E ci sono un giovane e simpatico fornaio innamorato di Anastasia, una delle sorellastre di Cenerentola, e la gatta Pom Pom. ■ ANIMAZIONE; COL.; 90′; USA, 2002.

CENERENTOLA E GLI 007 NANI ★★★
(Happily n'Ever After)
Regia di PAUL J. BOLGER, YVETTE KAPLAN. ■ Rovesciare il senso delle fiabe non è più una novità. L'espressione «per sempre felici e contenti» nell'ambito dell'animazione è qualcosa di superato. Ora la sfida sembra essere un'altra. Sul fronte dei contenuti, il film assembla alcune delle favole più conosciute al grande pubblico (*Pollicino*, *Raperonzolo*, *Biancaneve*, *La Bella Addormentata*) spostando continuamente la bilancia tra il Bene e il Male. ■ ANIMAZIONE; COL.; 87′; GERMANIA, USA, 2007.

CENERENTOLA E IL SIGNOR BONAVENTURA ★★
Regia di SERGIO TOFANO. Con GUGLIELMO BARNABÒ, SILVANA JACHINO, PAOLO STOPPA, SERGIO TOFANO, ROBERTO VILLA. ■ Le arcigne sorellastre di Cenerentola, che ne invidiano la felicità accanto al principe azzurro, riescono a farla allontanare dal palazzo. Il signor Bonaventura e il bellissimo Cecè ricondurranno Cenerentola al suo amato consorte. ■ COMMEDIA; B/N; 85′; ITALIA, 1941.

CENERENTOLA '80 ★★
Regia di ROBERTO MALENOTTI. Con BONNIE BIANCO, VITTORIO CAPRIOLI, PIERRE COSSO, SYLVA KOSCINA, SANDRA MILO. ■ Una celebre favola ambientata ai giorni nostri: Cinderella è una figlia adulterina, mal accettata dalla matrigna e dalle sorellastre. Il "principe azzurro", rampollo di una nobile e ricchissima famiglia,

si traveste da pezzente e fa il cantante. Musica a profusione e ingenue banalità a non finire, fino all'happy-end di rito. ■ COMMEDIA; COL.; 140'; ITALIA, 1983.

CENERENTOLO, IL *(Cinderfella)* ★★
Regia di FRANK TASHLIN. Con ANNA MARIA ALBERGHETTI, JUDITH ANDERSON, JERRY LEWIS, HENRY SILVA, ED WYNN. ■ La fiaba di Cenerentola adattata alle esigenze di Jerry Lewis. Jerry è un mite giovanotto tenuto come il parente povero dalla matrigna e dai fratellastri. L'intervento del suo padrino, un buffo illusionista, gli permetterà una notte da leone con la bellissima principessa. ■ COMMEDIA; COL.; 91'; USA, 1960.

CENERE SOTTO IL SOLE – ATTACCO IN NORMANDIA *(Kings Go Forth)* ★★
Regia di DELMER DAVES. Con TONY CURTIS, LEORA DANA, FRANK SINATRA, KARL SWENSON, NATALIE WOOD. ■ Da un romanzo di David Brown. Due soldati americani in Francia corteggiano la stessa ragazza. La conquista il più giovane e intraprendente. La seduce e l'abbandona. L'altro giura di ucciderlo, ma i tedeschi fanno prima di lui. ■ GUERRA; B/N; 109'; USA, 1958.

CENERI DI ANGELA, LE *(Angela's Ashes)* ★★★
Regia di ALAN PARKER. Con ROBERT CARLYLE, PAULINE MCLYNN, CIARAN OWENS, EMILY WATSON. ■ Tratto dal romanzo autobiografico di Frank McCourt e interpretato in maniera straordinaria da Robert Carlyle e Emily Watson, *Le ceneri di Angela* è la storia dolorosa e angosciata di una famiglia, è un film sulla fuga e sul sogno americano visto come unica possibilità di evadere verso una vita degna di questo nome. Nel 1935, in seguito alla morte della loro bambina di appena sette settimane, Angela (Emily Watson) e il marito disoccupato, l'alcolizzato Malachy senior (Robert Carlyle), partono dal porto di New York alla volta di Cork insieme ai loro quattro figli, Frank, Malachy e i gemelli Oliver e Eugene. A Limerick, la città più piovosa e povera d'Irlanda, essi ricevono una fredda accoglienza dalla famiglia cattolica di Angela, che non ha mai accettato il suo matrimonio con un protestante di Belfast. La permanenza nel posto si rivela difficile: Malachy non fa che sperperare al pub il suo stipendio (quando ne ha uno), Oliver muore a causa della malnutrizione, Angela cerca di lottare come può per i figli, tra grandi stenti. Frank, tuttavia, riesce a finire la scuola, inizia a consegnare la posta e proprio da questo momento comincia il suo riscatto.. ■ DRAMMATICO; COL.; 145'; USA, GRAN BRETAGNA, 1999. ■ GOLDEN GLOBES 1 NOM.

CENTAURI, I *(Les motards)* ★★
Regia di JEAN LAVIRON. Con COLETTE DEREAL, JACQUELINE MAILLAN, ROGER PIERRE, ALEXANDRA STEWART, JEAN-MARC THIBAULT. ■ Film di modeste pretese, un po' lento ma spesso divertente. Narra le avventure di un brigadiere motociclista della polizia alle prese con uno strano futuro cognato, con un diplomatico e con una banda di spie che sottrae preziosi documenti al suddetto diplomatico. Finale rosa. ■ COMMEDIA; B/N; 88'; FRANCIA, 1959.

CENTO RAGAZZE *(100 GIRLS)* ★★
Regia di MICHAEL DAVIS. Con EMMANUELLE CHRIQUI, LARISA OLEYNIK, MARISSA RIBISI, JONATHAN TUCKER. ■ Matthew incontra la ragazza dei suoi sogni nel buio di un ascensore di un college durante un black out. I due fanno sesso, ma non riescono a vedersi in faccia. Il giorno dopo, il ragazzo, perdutamente innamorato, comincia a cercare la ragazza misteriosa che però sembra sparita nel nulla. Le ragazze che vivono nel college sono ben 100. Ad aiutare Matthew sarà il suo compagno di camera Rod: insieme escogiteranno uno speciale stratagemma per individuare la ragazza "del mistero". Scritto e diretto da Michael Davis, il film, interpretato da attori molto giovani, affronta il tema del sesso presentandoci, talvolta, situazioni imbarazzanti e ai limiti della decenza. ■ COMMEDIA; B/N; 95'; USA, 1999.

CENTO ANNI D'AMORE ★★★
Regia di LIONELLO DE FELICE. Con CARLO CAMPANINI, MAURICE CHEVALIER, EDUARDO DE FILIPPO, TITINA DE FILIPPO, VITTORIO DE SICA, ALDO FABRIZI, NADIA GRAY, JACQUES SERNAS. ■ Seguendo una moda lanciata un anno prima da *Altri tempi* di Blasetti, il film è una cavalcata attraverso la vita e il costume italiano negli ultimi cento anni. Gli episodi sono in tutto sei, alcuni romantici, altri comici. ■ COMMEDIA; B/N; 90'; ITALIA, 1954.

CENTO CAVALIERI, I ★★★
Regia di VITTORIO COTTAFAVI. Con MARK DAMON, MARIO FELICIANI, ARNOLDO FOÀ, ANTONELLA LUALDI, GASTONE MOSCHIN, WOLFGANG PREISS. ■ Nella Spagna dominata dai mori, un gruppo di cavalieri cristiani intraprende azioni di guerriglia. Alla fine massacro quasi generale. I superstiti delle due parti vivranno in pace. ■ AVVENTURA; COL.; 125 ; ITALIA, SPAGNA, 1964.

CENTO CHILOMETRI, LA ★★
Regia di GIULIO PETRONI. Con MARIO CAROTENUTO, RICCARDO GARRONE, MASSIMO GIROTTI, MARISA MERLINI. ■ A una gara podistica lunga cento chilometri partecipano Cesare (che spera di vincere il premio per saldare il conto del falegname che minaccia di pignorargli anche il letto), l'avvocato Corsetti, Toccaceli (un ex campione della specialità), il giovane podista Stefano, la studentessa di musica Elena. Dopo tragicomiche situazioni, tutto si concluderà per il meglio. ■ COMMEDIA; B/N; 91'; ITALIA, 1959.

CENTOCHIODI ★★★
Regia di ERMANNO OLMI. Con FRANCO ANDREANI, LUNA BENDANDI, RAZ DEGAN, DAMIANO SCAINI, AMINA SYED, MICHELE ZATTARA. ■ Un giovane e attraente professore universitario di filosofia si rende improvvisamente irreperibile. È infatti ricercato per un reato del tutto insolito ha letteralmente inchiodato al pavimento e ai tavoli di una biblioteca ricca di antichi manoscritti quegli stessi volumi preziosi che avevano nutrito la sua formazione. Mentre i carabinieri lo cercano, il professore trova rifugio sulle rive del Po, a Bagnolo San Vito, dove una piccola comunità gli offre riparo e accoglienza. Ermanno Olmi, classe 1931, ha deciso, da spirito libero quale è sempre stato: *Centochiodi* è il suo ultimo film di fiction. D'ora in avanti tornerà al primo amore o, meglio, al mezzo espressivo che per primo ha incontrato sulla sua strada artistica: il documentario. Ecco allora che questa "storia" diventa una sorta di testamento d'autore. Cosa preme di più all'autore (che ha realizzato il film a settantasei anni)? Gli preme, ancora una volta, guardare alla Fede attraverso l'uomo. Un uomo liberato dal vincolo del rigore della Legge che, per interessi del tutto umani, si pretende essere metro di tutte le cose. La parola, la parola scritta, codificata nei libri non vale un caffè con un amico. Olmi è contro la lettura quindi? Assolutamente no. Olmi è contro l'agitare i Libri (di qualsiasi fede e religione) per nascondere dietro quelle pagine, di cui ci si proclama unici e indefettibili interpreti, progetti di egemonia culturale o politica. Il Sacro per il regista è troppo importante per essere chiuso entro limiti. «Ma pur necessari, i libri non parlano da soli», afferma l'epigrafe che apre il film. ■ COMMEDIA; COL.; 92'; ITALIA, 2007.

CENTO COLPI DI PISTOLA *(A Lust to Kill)* ★
Regia di OLIVER DRAKE. Con JIM DAVIS, SANDRA GILES, ALLISON HAYES, DON MEGOWAN, GERALD MILTON. ■ Cheney vuole vendicare il fratello ammazzato dal vicesceriffo. Il protagonista ce l'ha anche con il bandito Isaac e la cosa complica ulteriormente la vicenda. Finirà male per tutti, tranne che per gli uomini della legge. ■ WESTERN; B/N; 90'; USA, 1957.

110 E FRODE *(Stealing Harvard)* ★
Regia di BRUCE MCCULLOCH. Con DENNIS FARINA, TOM GREEN, JASON LEE, CHRIS PENN. ■ Duff è un fannullone che vive alla giornata. Il suo migliore amico, John, vive invece una vita regolare e sta per sposarsi con la sua fidanzata: ha messo da parte ben 30.000 dollari, per acquistare la casa, ma a causa di un imprevisto deve trovarne altrettanti. Sarà Duff ad aiutare l'amico a risolvere la soluzione, anche se con metodi poco ortodossi. ■ COMMEDIA; COL.; 82'; USA, 2003.

110 E LODE *(With Honors)* ★★
Regia di ALEK KESHISHIAN. Con BRENDAN FRASER, MOIRA KELLY, JOE PESCI, GORE VIDAL ■ Diretto dallo stesso regista di *A letto con Madonna*. Un ragazzo in procinto di laurearsi, ma pieno di dubbi per il suo futuro, studia all'università di Harvard, dove giunge un simpatico barbone. I due si conoscono e il ragazzo avrà una lezione di vita. ■ COMMEDIA; COL.; 96'; USA, 1994. ■ GOLDEN GLOBES 1 NOM.

CENTO DI QUESTI GIORNI ★★
Regia di MARIO CAMERINI. Con FRANCESCO AMODIO, MINO DORO, GIANFRANCO GIACHETTI, DIOMIRA JACOBINI, CESARE ZOPPETTI. ■ Film imperniato su un finto matrimonio che diventa causa di una paternità usurpata: due innamorati ritrovano il loro amore per opera di un bambino che non conoscono. ■ COMMEDIA; B/N; 91′; ITALIA, 1933.

CENTO GIORNI A PALERMO ★★★
Regia di GIUSEPPE FERRARA. Con GIULIANA DE SIO, STEFANO SATTA FLORES, LINO VENTURA. ■ La ricostruzione dei cento giorni del generale Dalla Chiesa come prefetto di Palermo. Vincitore sul terrorismo, viene inviato in Sicilia per sconfiggere la mafia. S'impegna con la consueta energia, ma il governo lo lascia solo, i pieni poteri richiesti non arrivano, gli ostacoli si moltiplicano. Con imprudenza il generale rifiuta la scorta e si fa accompagnare dalla moglie in auto, finché il 3 settembre '82 scatta l'agguato e Dalla Chiesa e la moglie vengono trucidati. Inquietante spaccato di una società, non solo siciliana, inquinata dalle connivenze con la mafia. Una vigorosa interpretazione di Lino Ventura. ■ DRAMMATICO; COL.; 107′; ITALIA, 1983.

CENTO LETTERE D'AMORE ★★
Regia di MAX NEUFELD. Con ENZO BILIOTTI, GEMMA D'ALBA, ARMANDO FALCONI, VIVI GIOI, GIUSEPPE PORELLI. ■ Un maturo dongiovanni deve restituire ad una signora, moglie del suo concorrente in affari, alcune lettere compromettenti che la donna tempo addietro gli aveva indirizzato. A causa di un equivoco, le lettere cadono però nelle mani del segretario del marito. Tra mille colpi di scena, le lettere passano di persona in persona, ma poi tutto si risolverà senza scandali. ■ COMMEDIA; B/N; 90′; ITALIA, 1940.

100 METRI DAL PARADISO ★★
Regia di RAFFAELE VERZILLO. Con GIULIA BEVILACQUA, GIORGIO COLANGELI, DOMENICO FORTUNATO, JORDI MOLLÀ, RALPH PALKA. ■ Monsignor Angelo Paolini lavora all'interno del Pontificio Consiglio delle comunicazioni sociali del Vaticano, ogni giorno inventandosi e promuovendo idee per svecchiare l'immagine della Chiesa. Quando il caro amico d'infanzia Mario Guarrazzi, famoso ex-campione della corsa con il cruccio di non essersi mai qualificato per le Olimpiadi, gli rivela disperato che il figlio Tommaso, giovane atleta promettente, ha deciso di rinunciare alla carriera da centometrista per farsi prete, Angelo concepisce un'idea folle ma capace di mettere d'accordo le aspirazioni di tutti: formare una squadra di sacerdoti-sportivi che possa concorrere alle prossime Olimpiadi sotto la bandiera del Vaticano. Nel nome dell'epica sportiva si è abituati a imprese impossibili di ogni tipo, qui raccontate tra incroci di varie storie e numerosi personaggi e che non fa mancare momenti divertenti, ma che dimostra anche molte fragilità. ■ COMEMDIA; COL.; 95′; ITALIA, 2012.

CENTOMILA DOLLARI ★★
Regia di MARIO CAMERINI. Con EMILIO CIGOLI, MAURIZIO D'ANCORA, LAURO GAZZOLO, AMEDEO NAZZARI, ASSIA NORIS. ■ Arrivato in Europa per affari, un giovane miliardario americano si incapriccia della centralinista dell'albergo presso il quale alloggia. Offre allora al fidanzato della fanciulla e alla famiglia centomila dollari se la giovane acconsentirà a cenare con lui. Così avviene: i due si innamorano veramente e finiranno per sposarsi. ■ COMMEDIA; B/N; 85′; ITALIA, 1940.

100.000 DOLLARI AL SOLE *(100.000 Dollars au soleil)* ★★
Regia di HENRI VERNEUIL. Con JEAN-PAUL BELMONDO, BERNARD BLIER, GERT FRÖBE, REGINALD KERNAN, LINO VENTURA. ■ Il conducente di una ditta di trasporti nel Nord Africa s'invola un giorno con un camion e un sostanzioso malloppo. Il padrone lo fa inseguire dall'asso della compagnia che è anche vecchio amico del fuggiasco. Gara di astuzie e di cavalli-vapore fra i due, che si conclude con la vittoria della lepre sul cacciatore. ■ AVVENTURA; B/N; 125′; FRANCIA, 1965.

CENTOMILA DOLLARI PER LASSITER ★★
Regia di JOAQUÍN LUIS ROMERO MARCHENT. Con JOSÉ BODALO, ROBERT HUNDAR, LUIGI PISTILLI, ALDO SAMBRELL, PAMELA TUDOR. ■ Mediocre western italo-spagnolo imperniato sulle imprese di due banditi, Martin e Frank, e dell'infallibile pistolero Lassiter. ■ WESTERN; COL.; 90′; ITALIA, SPAGNA, 1965.

CENTOMILA DOLLARI PER RINGO ★★
Regia di ALBERTO DE MARTINO. Con JOHN BARRACUDA, ELEONORA BIANCHI, RICHARD HARRISON, FERNANDO SANCHO, GÉRARD TICHY. ■ Il pistolero Ringo arriva a Rainbow Valley, dove spadroneggia la banda di Tom Challey. Dopo esser scampato a mille pericoli, Ringo eliminerà la banda e otterrà la riconoscenza degli indiani. ■ WESTERN; COL.; 92′; ITALIA, 1966.

CENTOMILA LEGHE NELLO SPAZIO ★★★
Regia di MARCELLO BALDI, WALT DISNEY, HAL ROACH. ■ Si tratta di una pellicola composta da vari cortometraggi di origine diversa: *Centomila leghe nello spazio* è un film d'animazione italiano, diretto da Marcello Baldi nel '61: spiega, in maniera troppo complessa per i ragazzi, i principi dell'astronomia e dell'aeronautica; *Paperino sul piede di guerra* comprende tre avventure di Paperino. ■ ANIMAZIONE; COL.; 91′; ITALIA, 1961.

CENTO MILIONI PER MORIRE ★★
Regia di FRANCIS RIGAUD. Con MICHEL CONSTANTIN, ANNY DUPEREY, UGO PAGLIAI, JEAN-FRANÇOIS PORON, PIERRE RICHARD. ■ Gli amici Gregorio e Vincenzo vincono cento milioni di franchi alle corse e decidono di cambiar vita. Ma Gregorio fugge con la somma vinta, arriva ad Istanbul e qui viene rapinato. Giunge in Turchia anche Vincenzo e insieme cercano di recuperare i quattrini. Alla fine riavranno i loro franchi. ■ AVVENTURA; COL.; 91′; ITALIA, 1968.

CENTO PASSI, I ★★★
Regia di MARCO TULLIO GIORDANA. Con LUIGI MARIA BURRUANO, LUIGI LO CASCIO, LUCIA SARDO, TONY SPERANDEO. ■ Alla fine degli anni Sessanta a Cinisi, un piccolo paese siciliano, la mafia domina e controlla la vita quotidiana oltre agli appalti per l'aeroporto di Punta Raisi e il traffico della droga. Il giovane Peppino Impastato entra nel vortice della contestazione piegandola, con originalità, alle esigenze locali. Apre una piccola radio dalla quale fustiga con l'arma dell'ironia i potenti locali fra i quali Zio Tano (Badalamenti). Peppino verrà massacrato facendo passare la sua morte per un suicidio. Se lo si guarda con gli occhiali dell'ideologia *I cento passi* (che si ispira a fatti realmente accaduti), con la chiusura sulle bandiere rosse e i pugni chiusi del funerale di Impastato, potrebbe sembrare un film di propaganda. In realtà è un film di impegno civile (che non si vergogna di citare il Rosi di *Le mani sulla città*) che si assume il compito di ricordarci che la lotta a quel complesso fenomeno che passa sotto il nome di Mafia non appartiene a una "parte". ■ DRAMMATICO; COL.; 114′; ITALIA, 2000. ■ DAVID DI DONATELLO 🏆 4 PR, 4 NOM; GOLDEN GLOBES 🏆 1 NOM; VENEZIA 🏆 1 PR.

CENTO PICCOLE MAMME ★★
Regia di GIULIO MORELLI. Con LIA AMANDA, CHECCO DURANTE, WILLIAM TUBBS. ■ Un maturo professore trova un giorno nel proprio studio un neonato abbandonato. Vorrebbe disfarsene, ma poi decide di tenerlo con sé e di adottarlo. L'insegnante porta il piccino nel collegio femminile presso cui lavora. Dapprima la presenza del bimbo passa inosservata, ma poi le allieve scoprono il segreto e cominciano ad occuparsi con entusiasmo del bambino. La direttrice licenzia il professore e le ragazze insorgono. Arriva però (pentita) la madre del neonato. ■ COMMEDIA; B/N; 92′; ITALIA, 1951.

CENTO RAGAZZE E UN MARINAIO ★★
(Girls, Girls, Girls)
Regia di NORMAN TAUROG. Con LAUREL GOODWIN, ELVIS PRESLEY, JEREMY SLATE, STELLA STEVENS. ■ Il giovane marinaio Ross, per riuscire a comprarsi una barca e diventare un piccolo armatore, accetta di cantare la sera in un locale, dopo il suo normale orario di lavoro. La sua fidanzata gli procura qualche guaio, se pure involontariamente, ma alla fine Ross avrà fidanzata e barca. ■ COMM. MUSICALE; COL.; 106′; USA, 1962.

100 RAGAZZE PER UN PLAYBOY ★★
Regia di MICHAEL PFLEGHAR. Con PETER ALEXANDER, LINDA CHRISTIAN, SCILLA GABEL, ANTONELLA LUALDI, RENATO SALVATORI. ■ Un settimanale scandalistico, con l'aiuto di un cervel-

lo elettronico, sceglie ogni anno il playboy-tipo. A causa di un clamoroso errore della macchina, playboy dell'anno viene eletto il contabile Peter Knoll che non è certo un uomo mondano. Peter sarà costretto a girare il mondo per dar adito a inesistenti sue conquiste. Alla fine, diventerà davvero un dongiovanni. ■ COMMEDIA; COL.; 93'; ITALIA, 1968.

CENTO SERENATE ★★
Regia di ANTON GIULIO MAJANO. Con MARIA FIORE, GÉRARD LANDRY, GIACOMO RONDINELLA. ■ Majano, diventato in seguito regista televisivo piuttosto apprezzato (romanzi sceneggiati, soprattutto di genere storico), ci presenta qui un insulso filmetto sentimental-musicale cucito su misura per il cantante napoletano Rondinella. ■ COMM. MUSICALE; B/N; 90'; ITALIA, 1954.

CENTO UN MODI PER SOPRAVVIVERE AL DIVORZIO E VIVERE FELICI *(Who Gets the Friends?)* ★★
Regia di LILA GARRETT. Con LUCIE ARNAZ, JILL CLAYBURGH, JAMES FARENTINO. ■ Il titolo italiano ricorda quei manuali fai-da-te dove metodicamente vengono analizzati i problemi e i sistemi per risolverli. In effetti il film è confezionato in maniera piuttosto metodica, seppur con ironia. C'è, ad esempio, il problema degli amici in comune: sono veramente amici o fanno il doppio gioco? Nelle varie situazioni vengono sezionati i luoghi comuni che precedono e seguono il divorzio. ■ COMMEDIA; COL.; 100'; USA, 1988.

CENTO UOMINI E UNA RAGAZZA ★★★
(One Hundred Men and a Girl)
Regia di HENRY KOSTER. Con MISCHA AUER, ALICE BRADY, DEANNA DURBIN, ADOLPHE MENJOU, EUGENE PALLETTE, LEOPOLD STOKOWSKI. ■ Tempi duri per un'orchestra di cento professori rimasti improvvisamente senza lavoro: per fortuna c'è una fanciulla canterina che conosce Leopold Stokowski e lo persuade a mollare il Metropolitan per capeggiare l'orchestra dei suoi cento amici e accompagnarla in un trionfale giro di concerti. ■ COMM. MUSICALE; B/N; 84'; USA, 1937. ■ OSCAR 1 PR, 5 NOM.

127 ORE *(127 Hours)* ★★★
Regia di DANNY BOYLE. Con KATE BURTON, JAMES FRANCO, KATE MARA, CLEMENCE POESY, AMBER TAMBLYN. ■ Aron Ralston, 26 anni, entusiasta dello sport e della libertà, si concede una giornata di biking e trekking nel Blue John Canyon dello Utah. Sole, musica, paesaggi mozzafiato e un fortuito incontro con due belle escursioniste che si prestano a tuffi e risate: cosa chiedere di più? Tornato solo, però, scendendo un crepaccio, Aron smuove inavvertitamente un masso vecchio di milioni di anni e si ritrova immobilizzato, con un braccio bloccato tra questo e la roccia, praticamente senza cibo né acqua. Sopravvivrà 5 giorni in condizioni fisiche e psicologiche gravissime, arrivando, per liberarsi, a segarsi il braccio con un coltellino. Da sempre Danny Boyle intende il cinema come uno sport estremo. Nel bene e nel male, piaccia o faccia storcere il naso, questo è il suo credo, la sua marcia. ■ AVVENTURA; COL.; 92';USA, GRAN BRETAGNA, 2010.

CENTRAL DO BRASIL ★★★
Regia di WALTER SALLES. Con VINICIUS DE OLIVEIRA, SOIA LIRA, FERNANDA MONTENEGRO, MARILIA PERA. ■ Dora è un'insegnante in pensione di Rio, che per arrotondare scrive lettere per gli analfabeti. È una donna senza fascino e delusa, certamente cinica. Quando un bambino rimane solo per la morte della mamma, Dora lo raccoglie soltanto per venderlo a chi fa commercio di organi. Si pente, recupera il bambino ma deve fuggire. Così, attraversa il Brasile per accompagnare il piccolo da un fantomatico padre, che non viene mai trovato. In compenso il bambino si ricongiunge con due fratelli sconosciuti, mentre Dora ha tratto qualcosa dall'esperienza. Saprà star sola, meno disperata. *Road* intenso e discretamente sapiente, che rivela un Brasile allegramente disperato che se la cava sempre aggrappandosi ora a quell'espediente, ora a quel santo. Il film ha vinto due Orsi a Berlino (uno alla Montenegro) e la sceneggiatura è stata premiata al Sundance. La critica americana lo ha "menzionato" come il miglior film straniero del 1998. Si sa, spesso il cinema del terzo mondo ha la franchigia della freschezza, anche se propone situazioni e sentimenti conosciuti. Ma in questo caso c'è anche sostanza vera. ■ DRAMMATICO; COL.; 115'; BRASILE, 1998. ■ BERLINO 2 PR; GOLDEN GLOBES 1 PR, 2 NOM; OSCAR 2 NOM.

CENTRO DELLA TERRA: CONTINENTE SCONOSCIUTO *(At the Earth's Core)* ★★
Regia di KEVIN CONNOR. Con PETER CUSHING, SEAN LYNCH, DOUG MCCLURE, CAROLINE MUNRO. ■ Due scienziati costruiscono un'astronave che, invece di esplorare i cieli, serve a inoltrarsi nel sottosuolo. Qui scoprono un popolo di umani asserviti a bestie orribili e li aiutano a ribellarsi. ■ FANTASCIENZA; COL.; 88'; GRAN BRETAGNA, 1976.

CENTRO DEL MONDO, IL *(The center of the world)* ★
Regia di WAYNE WANG. Con SHANE EDELMAN, MOLLY PARKER, PETER SARSGAARD. ■ Richard Longman è un giovane ingegnere informatico che è diventato molto ricco grazie alla "New Economy". La sua vita trascorre davanti al computer senza rapporti sociali. Un giorno incontra Florence, una spogliarellista per cui il sesso non ha segreti. Ne viene affascinato e le chiede, dietro pagamento, di fare sesso per tre giorni con lui a Las Vegas. La ragazza accetta ma alle sue condizioni. Wayne Wang sembra a disagio con questa tematica. Un'occasione persa. ■ DRAMMATICO; COL.; 87'; USA, 2001.

CENTRO STORICO ★★
Regia di ROBERTO GIANNARELLI. Con GIULIANA DE SIO, SERENA GRANDI, AMANDA SANDRELLI, BLAS ROCA-REY. ■ Problemi di convivenza tra due donne. Abitano in un appartamento di Roma nel centro storico e pagano un affitto molto caro. Sandra ha passato i trenta e vuole sfondare come regista mentre Graziella vuole diventare giornalista. Arriva poi anche Carola, che complica ancor di più i problemi di spazio. Il colpo di grazia lo dà il giovane Fabrizio, che diventa catalizzatore dei loro pensieri. I colpi di scena non sono però finiti. ■ COMMEDIA; COL.; 104'; ITALIA, 1992.

CENTS ET UNE NUITS – LE CENTO E UNA NOTTE, LES *(Les cents et une nuits)* ★★
Regia di AGNÈS VARDA. Con MARCELLO MASTROIANNI, MICHEL PICCOLI, JULIE SAYET. ■ Girato dalla regista Varda durante il centenario del cinema, il film delude non poco. Una ragazza appassionata di cinema deve tenere desta l'attenzione di Monsieur Cinema mentre viene realizzato un film indipendente. Tra i numerosi camei troviamo: De Niro, Depardieu, Belmondo, Delon, Jeanne Moreau e Anouk Aimée. ■ COMMEDIA; COL.; 100'; FRANCIA, GRAN BRETAGNA, 1995.

C'È POST@ PER TE *(You ve got Mail)* ★★★
Regia di NORA EPHRON. Con TOM HANKS, PARKER POSEY, MEG RYAN. ■ Kathleen possiede una libreria per bambini, piccola ma di qualità. Joe è un imprenditore che apre un megastore di libri a due passi dal negozio di Kathleen che è costretta a chiudere. I due si incrociano e naturalmente si detestano. In realtà si conoscono (senza saperlo) già da tempo, e vanno d'accordissimo, perché si scambiano una corrispondenza via Internet. L'equivoco dura finché deve durare poi tutto finisce bene. Storia straconosciuta ma furbesca e funzionale. Infatti ha incassato moltissimo. Ormai Meg Ryan è l'amorosa per eccellenza e Hanks è il solito tuttofare. ■ COMMEDIA; COL.; 110'; USA, 1998. ■ GOLDEN GLOBES 1 NOM.

C'È POSTO PER TUTTI *(Room for One More)* ★★
Regia di NORMAN TAUROG. Con BETSY DRAKE, CARY GRANT, LURENE TUTTLE. ■ Grant e la Drake (che fu una delle sue quattro mogli) interpretano questo divertente film, che vuole anche far propaganda all'istituto dell'adozione di bimbi abbandonati o handicappati. La vicenda è quella di una famigliola composta da genitori e tre figlioletti che adotta una ragazzina dal carattere difficile e un bambino paraplegico Coi due nuovi arrivati, si aggrava la già difficile situazione economica. ■ COMMEDIA; B/N; 98'; USA, 1952.

C'È POSTO PER TUTTI ★
Regia di GIANCARLO PLANTA. Con FRANCESCO DE ROSA, CARLO DI MAIO, ELVIRA GIANNINI, LUIGI LAEZZA, VINCENZO SALEMME. ■ A dispetto del titolo, non sembra esserci posto (di lavoro) proprio per nessuno. In questo film – che ha come filo conduttore la storia di Mario, ragioniere in cerca d'occupazione, e di Anna, giovane sposa incinta – si accavallano le tragiche esperienze di alcu-

ni personaggi confusamente sballottati da un ufficio di collocamento a un altro. Vicino a Mario troviamo allora giovani laureati senza alcuna possibilità futura di lavoro, extracomunitari alla ricerca disperata di un posto; inoltre, quasi in antitesi, girano invece personaggi più o meno loschi, pronti ad offrire ai vulnerabili protagonisti lavori facili, ma poco puliti. L'ultima cornice che racchiude il tutto è quella di Napoli, in tutta la sua inefficienza e corruzione. Planta dirige con mano sicura questo film, nel quale troviamo anche il tempo di ridere; il quadro è molto veritiero, una fetta d'Italia si muove effettivamente con questi ritmi. Il film vuole lanciare un'accusa contro la burocrazia, la corruzione, l'inefficienza e una sorta di massoneria che sembra tirare i fili negli uffici di collocamento. ■ DRAMMATICO; COL.; 90'; ITALIA, 1991.

C'È QUALCOSA DI STRANO IN FAMIGLIA ★★
(Where is Parsifal?)
Regia di HENRY HELMAN. Con TONY CURTIS, ERIK ESTRADA, ORSON WELLES. ■ In famiglia mancano tutti di qualche venerdì. Il più partito è il figlio del protagonista che sta sempre chiuso in una stanza. Il *pater familias* passa per quello meno strano, ma anche lui ha le sue brave fissazioni. L'ultima è quella di una macchina avveniristica per scrivere in cielo. ■ COMMEDIA; COL.; 91'; GRAN BRETAGNA, 1984.

CE QUE MES YEUX ONT VU ★★
Regia di LAURENT DE BARTILLAT. Con JEAN-PIERRE MARIELLE, SYLVIE TESTUD, JAMES THIERREE. ■ Una giovane laureanda in storia dell'arte decide di basare la sua tesi sulla misteriosa donna ritratta di spalle nei dipinti di Antoine Watteau, sicura che si tratti dell'attrice Charlotte Desmares che il pittore aveva amato profondamente. Quando il relatore si accorge dell'ossessione della ragazza, pur avendola inizialmente incoraggiata, cerca di persuaderla ad abbandonare le ricerche. Utilizzando la storia (dell'arte) come spunto per analizzare il significato più profondo del sacrificio e della perdita, il regista si misura con il cinema autorale e introspettivo puntando a un pubblico adulto. ■ DRAMMATICO; COL.; 79'; FRANCIA, 2007.

CERASELLA ★
Regia di RAFFAELLO MATARAZZO. Con MARIO CAROTENUTO, LUIGI DE FILIPPO, MARIO GIROTTI, CLAUDIA MORI, ALESSANDRA PANARO. ■ Modesta pellicola ispirata all'omonima canzone di successo. È un film pieno di banalità e di situazioni scontate, privo di qualsiasi comicità. ■ COMMEDIA; B/N; 91'; ITALIA, 1959.

C'ERA UNA VOLTA ★★★
Regia di FRANCESCO ROSI. Con DOLORES DEL RIO, LESLIE FRENCH, SOPHIA LOREN, OMAR SHARIF, GEORGES WILSON. ■ A Napoli, durante la dominazione spagnola, si rinnova la fiaba di Cenerentola. Una fanciulla del popolo, bellissima ma poverissima, fa innamorare il principe Ramon, nipote del viceré. Lui la sposa preferendola alla principessa della corte (oltre a essere bella è anche ottima cuoca e gode della protezione di fra' Giuseppe da Copertino, il santo che volava). ■ FANTASTICO; COL.; 115'; ITALIA, 1967.

C'ERA UNA VOLTA... ★★
(Like Father and Son – Marvin and Tige)
Regia di ERIC WESTON. Con GIBRAN BROWN, JOHN CASSAVETES, DENISE NICHOLAS HILL, BILLY DEE WILLIAMS. ■ Un vecchio balordo, che sbarca il lunario raccattando e rivendendo bottiglie, salva un ragazzino nero che voleva suicidarsi. Tra i due si instaura un rapporto affettuoso, che darà senso alle loro vite un po' sbandate. ■ COMMEDIA; COL.; 104'; USA, 1983.

C'ERA UNA VOLTA ANGELO MUSCO ★★
Regia di GIORGIO W. CHILI. Con ROSSANO BRAZZI. ■ È un film di montaggio composto con spezzoni di repertorio. Narra la storia di Angelo Musco, catanese di modesta estrazione, che iniziò la sua carriera nel mondo dello spettacolo come aiutante in un teatro dei pupi siciliani. Poi divenne attore e costituì una compagnia in proprio: anche Pirandello scrisse commedie per lui. ■ BIOGRAFICO; B/N; 90'; ITALIA, 1953.

C'ERA UNA VOLTA HOLLYWOOD ★★★
(That's Entertainment!)
Regia di JACK HALEY JR. Con FRED ASTAIRE, BING CROSBY, GENE KELLY, PETER LAWFORD, LIZA MINNELLI, DEBBIE REYNOLDS, MICKEY ROONEY, FRANK SINATRA, JAMES STEWART, ELIZABETH TAYLOR. ■ Jack Haley firma anche il soggetto e la sceneggiatura di questa pellicola, che vuole essere una specie di commemorazione ai cinquant'anni di vita della Metro Goldwyn Mayer, famosa per la realizzazione di numerosissimi film musicali di gran livello. I brani presentati sono legati dalle apparizioni dal vivo e dai commenti di grandi interpreti del cinema musicale mondiale. Possiamo rivederci spezzoni da *Cantando sotto la pioggia*, *Un giorno a New York*, *Due marinai e una ragazza*, *Un americano a Parigi*, *Gigi*, *Show Boat*, *Sette spose per sette fratelli*; vengono inoltre presentati brani di filmetti interessanti in quanto rappresentano il debutto artistico di attori ora celeberrimi. ■ MUSICAL; COL.; 132'; USA, 1974.

C'ERA UNA VOLTA IL WEST ★★★
Regia di SERGIO LEONE. Con CHARLES BRONSON, CLAUDIA CARDINALE, JACK ELAM, GABRIELE FERZETTI, HENRY FONDA, JASON ROBARDS, WOODY STRODE. ■ Avanza la ferrovia che unirà le due coste degli Stati Uniti. Nel campionario umano composto da fuorilegge, avventurieri e ambiziosi uomini d'affari, emergono le figure di un meticcio, che insegue l'uomo che gli ha ucciso il padre, e di una giovane vedova, che rappresenterà il futuro di una società che cancella per sempre i suoi eroi. Questa la succinta trama di un film che ne ha più di una. Sergio Leone, dotato di una certa muscolarità espressiva, ha i suoi limiti nel manierismo che accompagna ogni suo film. Cinismo, violenza e autocompiacimento sono conditi dalla musica ingombrante del suo omologo in campo musicale, Ennio Morricone. Ogni soluzione è affidata al sensazionalismo. Il montaggio è solo un espediente per le anime semplici. Quello che si può ottimisticamente definire neo-espressionismo è mutuato dal cinema russo e, perché no?, da Orson Welles. Ma è solo un metodo applicato a una causa sbagliata. E tutti questi supposti valori si sciolgono come neve al sole di fronte a un B-movie western, realizzato però negli States. Certi temi, vedi il western, sono congeniti e appartengono alla memoria storica di una nazione. Nel caso di *C'era una volta il West*, fino ad allora l'opera più ambiziosa di Leone, il mix di tutti gli ingredienti della sua cucina risultano indigesti a causa dell'insopportabile sentimentalismo che inonda la pellicola, con la complicità della troppo lodata Claudia Cardinale. Non basta andare in America e relegare Henry Fonda nel ruolo del cattivo. E con Dario Argento tra gli sceneggiatori non si va lontano. Paolo Stoppa è il più incredibile *trapper* della storia del west cinematografico. È come fare l'*Amleto* con John Goodman. Sequenze famose come quella finale, presa pari pari da *Duello al sole* di Vidor, sembrano un furto più che un omaggio. *C'era una volta il West* ha i titoli più lunghi della storia del cinema. Diciassette minuti di narcisismo registico, con notevoli caratteristi americani a fare da manichini per i giochini grafici della fotografia di Delli Colli. Una gamba in primissimo piano e l'antagonista sul fondo, nello spazio amatoriale concesso dal cinemascope. L'epica scriteriata del film ha l'anima intinta nei sobborghi romani. Un *cult movie* per ragionieri in vena di poesia. ■ WESTERN; COL.; 175'; ITALIA, 1969. ■ DAVID DI DONATELLO 1 PR, 1 NOM.

♥ C'ERA UNA VOLTA IN AMERICA ★★★★
(Once upon a Time in America)
Regia di SERGIO LEONE. Con ROBERT DE NIRO, ELIZABETH MCGOVERN, JAMES WOODS. ■ La storia di Max (Woods) e Noodles (De Niro) comincia negli anni Venti quando i due, ancora ragazzini, iniziano la loro carriera nella malavita del quartiere ebraico di New York. Dopo alterne vicende e drammatici eventi all'interno della criminalità organizzata, Max finirà come corrotto politico e bancarottiere, Noodles come vecchio solitario e deluso dagli eventi della vita. Leone dipinge un grandioso, emozionante affresco che rende un sincero omaggio alla crudele ma appassionante epopea dei gangster. Il film, un'autentica lezione di cinema, va preferito nella sua versione integrale di quasi quattro ore e non in quella ridotta a poco più di due. ■ DRAMMATICO; COL.; 227'; USA, 1984. ■ GOLDEN GLOBES 2 NOM.

C'ERA UNA VOLTA IN ANATOLIA ★★★
(Bir zamanlar Anadolu'da)
Regia di NURI BILGE CEYLAN. Con TANER BIRSEL, YILMAZ ER-

DOGAN, AHMET MÜMTAZ TAYLAN, FIRAT TANIS, MUHAMMET UZUNER. ■ Tre auto viaggiano nella notte nella provincia dell'Anatolia, cercando qualcosa nell'oscurità: ogni collina, ogni albero potrebbero essere il luogo giusto. Un commissario con i suoi poliziotti, un procuratore e un medico, che conducono il sospettato di un crimine alla ricerca del luogo dove avrebbe sepolto il cadavere. Vagano senza risultati, si fermano a mangiare dal sindaco di un paesino, poi riprendono la ricerca. All'alba trovano il corpo, lo caricano in auto e lo trasportano nella cittadina per farlo riconoscere dalla moglie ed eseguire l'autopsia. È un poliziesco molto anomalo il quarto film che il regista turco Nuri Bilge Ceylan, dai tempi dilatati e attenzione per i dettagli, porta in concorso a Cannes, dove è stato già premiato per *Uzak – Lontano* e *Le tre scimmie*. ■ DRAMMATICO; COL.; 150′; TURCHIA, 2011.

C'ERA UNA VOLTA IN INGHILTERRA ★★
(Once Upon a Time in the Midlands)
Regia di SHANE MEADOWS. Con FINN ATKINS, KATHY BURKE, ROBERT CARLYLE, SHIRLEY HENDERSON, RHYS IFANS, RICKY TOMLINSON. ■ Shirley vive insieme al goffo Dek e alla piccola Marlene, una ragazzina che la donna ha avuto dodici anni prima, dalla relazione con il delinquente Jimmy. Un giorno Dek partecipa a un popolare programma televisivo per coppie e, in diretta tv, propone a Shirley di sposarlo. Alla trasmissione, però, assiste anche Jimmy che torna in città deciso a riconquistare la donna e la figlia. ■ COMMEDIA; COL.; 104′; GERMANIA, GRAN BRETAGNA, OLANDA, 2002.

C'ERA UNA VOLTA IN MESSICO ★★
(Once upon a time in Mexico)
Regia di ROBERT RODRIGUEZ. Con ANTONIO BANDERAS, WILLEM DAFOE, JOHNNY DEPP, SALMA HAYEK, ENRIQUE IGLESIAS, MICKEY ROURKE. ■ Terzo episodio della serie *El Mariachi*. L'epico eroe messicano è sconfitto e si è ritirato in isolamento, ma ecco che è richiamato in azione da Sands, un agente della Cia corrotto che tenta di sventare un piano criminale ai danni del presidente del Messico. Sparatorie, inseguimenti e tutto ciò che già conosciamo. ■ AZIONE; COL.; 97′; USA, 2003.

C'ERA UNA VOLTA NELLA FORESTA ★★
(Once upon a Forest)
Regia di CHARLES GROSVENOR, DAVID MICHENER. ■ Un cartone animato ecologico prodotto da Hanna e Barbera. Una foresta viene inondata da una nube tossica. Tra gli abitanti ci sono una talpa, un riccio e un topo. Una piccola creatura, Michelle, rimane intossicata e gli amici vanno alla ricerca di alcune erbe medicinali. ■ ANIMAZIONE; COL.; 67′; USA, 1993.

C'ERA UNA VOLTA POLLICINO *(Le petit Poucet)* ★★
Regia di MICHEL BOISROND. Con JEAN-LUC BIDEAU, MARIE LAFORÊT, JEAN-PIERRE MARIELLE, MARIANNE RIDORET, TITOYO RIDORET. ■ La nota favola di Charles Perrault rivisitata dal regista Boisrond, già direttore di Brigitte Bardot, e, in epoca passata, considerato (a torto) uno dei promotori della Nouvelle Vague. Questo *Pollicino* è ben confezionato, ma il contenuto non conferma ciò che l'involucro promette. ■ FANTASTICO; COL.; 77′; FRANCIA, 1972.

C'ERA UNA VOLTA QUESTO PAZZO PAZZO WEST ★
Regia di ENZO MATASSI. Con DENNIS COLT, DADA GALLOTTI, MALISA LONGO, GORDON MITCHELL, VINCENT SCOTT. ■ La storia è quella di due rissosi fratelli assoggettati ad una madre manesca e autoritaria che ha reso demente il marito a suon di botte e che finirà col fare altrettanto con il terzo dei figli. ■ WESTERN; COL.; 89′; ITALIA, 1973.

C'ERA UNA VOLTA UNA BIMBA *(Zila-Byla Devocka)* ★★
Regia di VIKTOR EISYMONT. Con PASCAL BENEZECH. ■ Durante l'assedio di Leningrado due bimbe, mentre giocano, sono colpite dalle bombe e ferite. Dopo la guarigione, tra gioie e dolori, la vita riprenderà come prima. ■ DRAMMATICO; B/N; 92′; URSS, 1942.

C'ERA UNA VOLTA UN AMORE ★
(And Once upon a Time – Fantasies)
Regia di JOHN DEREK. Con ANNA ALEXIADIS, BO DEREK, PETER HOOTEN. ■ Due giovani greci vivono fin da piccoli come fratello e sorella. Ma arriva il giorno che la ragazza sente, anche per le attenzioni altrui, di essere diventata una splendida donna. Se ne accorgerà anche il ragazzo, che la sposerà. ■ SENTIMENTALE; COL.; 82′; USA, 1973.

C'ERA UNA VOLTA UN COMMISSARIO ★★★
(Il était une fois un flic)
Regia di GEORGES LAUTNER. Con MICHEL CONSTANTIN, MICHAEL LONSDALE, VENANTINO VENANTINI. ■ Un losco individuo, il "Nizzardo", capeggia una banda di spacciatori di droga. Sulle sue tracce è un intrepido commissario, che per entrare nella gang assume la personalità di un trafficante perito poco prima in un regolamento di conti. ■ GIALLO; COL.; 95′; FRANCIA, 1971.

C'ERA UNA VOLTA UN GANGSTER ★
Regia di MARCO MASI. Con ATTILIO DOTTESIO, RICHARD HARRISON, ANNA MARIA PANARO, INGRID SCHOELLER, VITTORIA SOLINAS. ■ Gli hanno ammazzato il padre (commissario di polizia) e lui, per reazione, diventa delinquente. Comincia col mettere a segno un colpo, poi fa fuori i due complici. Il bottino gli verrà però sottratto da banditi concorrenti e, nel tentativo di recuperarlo, il giovanotto ucciderà una marea di persone. Ma alla fine finirà male anche lui. ■ POLIZIESCO; COL.; 90′; ITALIA, 1969.

C'ERA UNA VOLTA UN MERLO CANTERINO ★★★
(Zhyl pevcy drozd)
Regia di OTAR IOSELIANI. Con IRINA GIANDERI, GELA KANDELAKI. ■ Protagonista è un orchestrale incapace di intrattenere un rapporto serio con il lavoro e le persone. Compagnone, distratto, acchiappanuvole, dà gli appuntamenti alle ragazze e poi se ne dimentica. Giunge regolarmente in ritardo ai concerti. Forse potrebbe maturare col tempo, ma non ne ha: un camion lo mette sotto perché, manco a dirlo, attraversa la strada senza guardare. ■ DRAMMATICO; B/N; 85′; URSS, 1973.

C'ERA UNA VOLTA UN PICCOLO NAVIGLIO ★★★
(Saps at Sea)
Regia di GORDON DOUGLAS. Con OLIVER HARDY, STAN LAUREL, BEN TURPIN. ■ Sul ritmo della popolare canzoncina, Stanlio e Ollio vivono esilaranti avventure marinaro-poliziesche. ■ COMICO; B/N; 57′; USA, 1940.

C'ERA UNA VOLTA UN PICCOLO NAVIGLIO ★★★
(Don't Give up the Ship)
Regia di NORMAN TAUROG. Con JERRY LEWIS, DINA MERRILL, ROBERT MIDDLETON, DIANA SPENCER. ■ Jerry Lewis alle prese con il mistero di un cacciatorpediniere Usa scomparso dopo la fine della seconda guerra mondiale. È un film tutto imperniato sulla mimica e sulle doti umoristiche del protagonista: è abbastanza divertente e anche la trama offre qualche interesse. ■ COMICO; B/N; 89′; USA, 1959.

C'ERA UN CASTELLO CON QUARANTA CANI ★★
Regia di DUCCIO TESSARI. Con MERCEDES ALONSO, ROBERTO ALPI, SALVATORE CASCIO, DELPHINE FORREST, GINA ROVERE, PETER USTINOV. ■ Favola moderna un po' ecologista, un po' umanitaria. Si racconta dell'eredità avuta da un milanese, un castello in Toscana, con ettari di terreno e molti cani. Il nuovo proprietario, la compagna e il bambino di lei si innamorano del posto, ma incombe sempre un'eccessiva tassa di successione. Con l'aiuto dell'anziano veterinario del paese, si riesce a far dichiarare il castello monumento nazionale. Tutto si sistema. Abbandonato dalla donna che preferisce la vita cittadina, il proprietario rimane in campagna con il bambino e con la sua nuova fiamma, la maestrina del paese. E, soprattutto, con tanti cani che hanno trovato un padrone affettuoso. ■ COMMEDIA; COL.; 98′; FRANCIA, ITALIA, SPAGNA, 1990.

C'ERA UN CINESE IN COMA ★★
Regia di CARLO VERDONE. Con BEPPE FIORELLO, NARIT NISSEN, ANNA SAFRONCIK, CARLO VERDONE. ■ Ercole Preziosi è un agente che gestisce poveracci. Casualmente incappa in un autista, Nicola, che ha un suo esclusivo talentaccio spettacolare, a mezza strada fra lo spogliarello e il cabaret. Incredibilmente il ragazzo ha successo. Da qui la parabola è già vista (*Iris Blond*) e prevedibile: il ragazzo si monta la testa, viene contattato da gruppi importanti (c'è anche un'istantanea berlusconiana) e il povero Preziosi

viene scartato come una scarpa vecchia. C'è anche l'implicazione sentimental-privata, perché il "sex bomb" non trascura di sedurre la figlia dell'agente. Amiamo molto Verdone, ma qui, di buono, troviamo solo il suo (sempre più) grande talento di attore. È il momento di ragionare e di cambiare. ■ COMMEDIA; COL.; 109'; ITALIA, 2000.

C'ERAVAMO TANTO AMATI ★★★
Regia di ETTORE SCOLA. Con ALDO FABRIZI, VITTORIO GASSMAN, NINO MANFREDI, GIOVANNA RALLI, STEFANIA SANDRELLI, STEFANO SATTA FLORES. ■ Nella storia di tre amici, trent'anni di storia italiana. Si conoscono in montagna facendo i partigiani e affrontano il dopoguerra pieni di energia e di idee, ma l'infermiere rimane infermiere e il professore meridionale passa da una delusione all'altra. Solo il più smagato dei tre, l'avvocato Gianni, diventa ricco e potente. Quando si incontrano dopo molto tempo, non avrà il coraggio di confessare agli amici il proprio successo, ottenuto grazie a imbrogli, ad affari avventurosi, a un ricco matrimonio. *C'eravamo tanto amati* non è forse quella "storia italiana" che si ripromettevano gli autori (l'abilissimo regista Scola e gli sceneggiatori Age e Scarpelli), ma nelle due ore di spettacolo riesce a coinvolgere lo spettatore, che si identifica alternativamente con l'uno o l'altro dei protagonisti. Da segnalare una trovata tecnica: metà film è in bianco e nero (tutta l'Italia era fotografata in bianco e nero fino a metà degli anni Cinquanta) e metà a colori (per gli anni del boom, della congiuntura, della contestazione e del terrorismo). ■ COMMEDIA; COL.; 125'; ITALIA, 1974.

C'ERAVAMO TANTO ODIATI *(Hostile Hostages)* ★★
Regia di TED DEMME. Con JUDY DAVIS, DENIS LEARY, KEVIN SPACEY. ■ Un ladro si introduce in una casa per rubare dei preziosi gioielli. Siamo vicini a Natale e l'uomo si ritrova in una famiglia con marito e moglie che si odiano, una suocera pedante e un figlio sulla cattiva strada. Il ladro cercherà di risolvere i loro problemi. Qualche risata. ■ COMMEDIA; COL.; 97'; USA, 1994.

CERCA DI CAPIRMI ★
Regia di MARIANO LAURENTI. Con ANDREA CHECCHI, PHILIPPE HERSENT, BEBA LONCAR, DIDI PEREGO, MASSIMO RANIERI. ■ Il binomio Maurizio Costanzo-Alessandro Continenza firma soggetto e sceneggiatura di questa insulsa pellicola che tratta il banale tema dell'amore tra un ragazzo romano e una bella straniera. Finirà male perché lui non se la sentirà d'iniziare una nuova vita in America. ■ COMMEDIA; COL.; 88'; ITALIA, 1970.

CERCA E DISTRUGGI *(Search and Destroy)* ★★
Regia di DAVID SALLE. Con ROSANNA ARQUETTE, ILLEANA DOUGLAS, GRIFFIN DUNNE, DENNIS HOPPER, JOHN TURTURRO, CHRISTOPHER WALKEN. ■ Dal romanzo di Howard Korder. Prodotto da Martin Scorsese che si è anche ritagliato un cameo. Il protagonista è un velleitario e sedicente produttore, sognatore ma pronto a tutto, che vuole produrre un film tratto da un libro scritto da un santone. Pur di procurarsi i soldi tenta di vendere droga e carte di credito, trovandosi così invischiato con dei pazzi veri. Ci scappano anche un paio di morti. Di tanto in tanto il regista ci propone un flash surreale sul personaggio protagonista del libro. Film, ahimè, in odore di *pulp*. Speriamo che la moda non duri in eterno. Comunque emerge qualche buon esercizio di creatività e intelligenza. ■ DRAMMATICO; COL.; 105'; USA, 1996.

CERCANDO ANNA *(In Search of Anna)* ★★
Regia di ESBEN STORM. Con BILL HUNTER, RICHARD MOIR, JUDY MORRIS. ■ Uno dei migliori film australiani degli anni Settanta. È la storia di un rapinatore che esce di galera dopo sei anni. Perseguitato dai suoi antichi complici, li fa fuori a uno a uno. Poi va alla ricerca della sua antica fidanzata Anna. Non la trova, in compenso s'innamora per strada di una nevrotica modella. ■ DRAMMATICO; COL.; 89'; AUSTRALIA, 1973.

CERCANDO CHRISTINA ★★
(The Disappearance of Christina)
Regia di KAREN ARTHUR. Con ROBERT CARRADINE, KIM DELANEY, JOHN STAMOS. ■ Joseph è un abile uomo d'affari, giovane, attraente e sposato con una donna deliziosa. La sua vita, insomma, sembra proprio avviata a un tranquillo futuro di successo. Finché un giorno, inspiegabilmente, la moglie Christina scompare e Joseph, per di più, deve difendersi dall'accusa di omicidio. L'uomo si mette a indagare, scoprendo i misteri e gli inganni del suo matrimonio. ■ THRILLER; COL.; 89'; USA, 1993.

CERCANDO LA GARBO *(Garbo Talks)* ★★
Regia di SIDNEY LUMET. Con ANNE BANCROFT, CARRIE FISHER, RON SILVER. ■ Una buona occasione per Anne Bancroft, che ha la parte di un'anziana donna, simpaticissima piantagrane, che affascina e travolge chiunque con la sua ciclonica petulanza. Ma un giorno le scoprono una malattia che non perdona. Il figlio decide di esaudire il suo ultimo desiderio. Farla parlare con Greta Garbo. Non è facile per lui ritrovare la diva più elusiva di tutti i tempi. Ma ci riesce. La mamma morirà felice. ■ COMMEDIA; COL.; 103'; USA, 1984. ■ GOLDEN GLOBES 1 NOM.

CERCASI AMANTE *(Un coup de téléphone)* ★★
Regia di GEORGES LACOMBE. Con JEANNE BOITEL, COLETTE FARFEUIL, JEAN WEBER. ■ Un giovanotto sorprende per caso la telefonata di una donna tradita che vuole vendicarsi. Sempre per caso al giovanotto capiterà di far l'amore sia con la moglie tradita che con la bella amante del marito della donna. ■ COMMEDIA; B/N; 90'; FRANCIA, 1931.

CERCASI AMORE PER LA FINE DEL MONDO ★★
(Seeking a Friend for the End of the World)
Regia di LORENE SCAFARIA. Con ADAM BRODY, STEVE CARELL, KEIRA KNIGHTLEY, MELANIE LYNSKEY, T.J. MILLER. ■ L'asteroide Matilda in tre settimane distruggerà la Terra. Dodge, un assicuratore abbandonato dalla moglie, ha un unico desiderio: rivedere Olivia, il suo amore di gioventù. Mentre l'umanità va verso la catastrofe con tumulti e saccheggi, incontra Penny, giovane vicina di casa disperata perché non potrà più raggiungere i familiari in Gran Bretagna. I due si mettono in viaggio con una reciproca promessa: lei lo accompagnerà da Olivia e lui la porterà a cercare un aereo privato. Un uomo e una donna sono seduti in un'auto e sentono dalla radio l'annuncio che lo shuttle che doveva deviare il percorso dell'asteroide della fine del mondo si è incendiato. La donna (la moglie di Dodge, interpretata dalla consorte di Carell) esce dalla macchina e se ne va. Un inizio del genere potrebbe far pensare di essere di fronte a una nuova versione di *Armageddon* o a *Melancholia* di Lars Von Trier. Invece è un esperimento della prima regia di Lorene Scafaria di mescolare i generi: on the road che si fonde con una romantic comedy sulla quale però incombe la catastrofe finale. ■ DRAMMATICO; COL.; 101'; USA, SINGAPORE, MALESIA, INDONESIA, 2012.

CERCASI AVVENTURA *(Bulldog Drummond)* ★★
Regia di RICHARD JONES. Con CLAUDE ALLISTER, JOAN BENNETT, RONALD COLMAN, MONTAGU LOVE. ■ Un ex eroe di guerra inglese, amante dell'avventura, aderisce entusiasticamente alla supplica di una bella ragazza che gli chiede aiuto per il padre tenuto prigioniero in un manicomio. È il primo di una serie di film tratti dai romanzi di Sapper (H. C. McNeile), tutti imperniati sul poliziotto Hugh "Bulldog" Drummond. ■ GIALLO; B/N; 90'; USA, 1929. ■ OSCAR 2 NOM.

CERCASI BIONDA BELLA PRESENZA ★
Regia di PINA RENZI. Con LUIGI ALMIRANTE, ANTONIO CENTA, PINA RENZI, FAUSTO TOMMEI, LISELOTTE VON GREY. ■ Una modesta ballerina acconsente a farsi credere una nobildonna ricchissima per lanciare i modelli di una nota sartoria. Una casa di moda concorrente, ignara dell'inghippo e invidiosa di quell'eccezionale indossatrice, spaccia un suo stilista per principe russo e lo invia alla conquista della donna. I due, ovviamente, si innamorano, ma poi il trucco viene scoperto. La falsa gentildonna e il falso principe torneranno alla loro vita di sempre, separandosi. ■ COMMEDIA; B/N; 91'; ITALIA, 1942.

CERCASI CASA A MANHATTAN ★★
Regia di GIAN LUIGI POLIDORO. Con BRENT SPINER, ELIZABETH STACK. ■ Il regista italiano, conosciuto per *Una moglie americana*, in trasferta statunitense. Simpatica storiella, anche se non proprio riuscita, sulle vicissitudini di una coppia che cerca di prendere in affitto un appartamento nella "grande mela". ■ COMMEDIA; COL.; 90'; USA, 1989.

CERCASI FOTOMODELLA DISPERATAMENTE ★★
(Nights in White Satin)
Regia di MICHAEL BARNARD. Con KENNETH GILMAN, PRISCILLA HARRIS, CONNIE SAWYER. ■ Un fotografo professionista, che esercita nel campo dell'alta moda, e una fotomodella, la cui esistenza è stata tragicamente sconvolta dalla morte del futuro marito, si incontrano e si innamorano. Il loro amore comunque dovrà superare diversi ostacoli. ■ DRAMMATICO; COL.; 100'; USA, 1987.

CERCASI GESÙ ★★
Regia di LUIGI COMENCINI. Con BEPPE GRILLO, FERNANDO REY, MARIA SCHNEIDER. ■ Una casa editrice, in procinto di pubblicare una vita di Gesù a puntate, cerca un uomo che sappia dare un volto al Cristo. La scelta cade su un barbuto autostoppista, ingenuo e innocente, che, dopo varie avventure, finirà con il miracolare un ragazzino paralitico, ma verrà ricoverato in una casa di cura. ■ FANTASTICO; COL.; 106'; FRANCIA, ITALIA, 1982. ■ DAVID DI DONATELLO 1 PR, 1 NOM.

CERCASI L'UOMO GIUSTO *(Making Mr. Right)* ★★
Regia di SUSAN SEIDELMAN. Con POLLY BERGEN, HART BOCHNER, JOHN MALKOVICH. ■ Un inventore un po' bislacco ha creato un androide a sua immagine e somiglianza. Affida poi a una bella pubblicitaria l'incarico di lanciare la sua invenzione in grande stile. Incredibilmente tra l'androide e la bella donna nasce una love story. ■ COMMEDIA; COL.; 94'; USA, 1987.

CERCASI MODELLA ★★
Regia di E. W. EMO. Con NINO BESOZZI, UGO CESERI, OLLY GEGAUER, GIANFRANCO GIACHETTI, ELSA MERLINI. ■ Un giovane pittore cerca una modella e la trova nell'affascinante figlia di un industriale. Tra i due nasce un idillio ma, per un susseguirsi di malintesi, gli innamorati sono indotti a pensare che il loro sogno si sia infranto. Nel finale, tutto si sistemerà. ■ COMMEDIA; B/N; 87'; ITALIA, 1932.

CERCASI MOGLIE *(Divorcio en Montevideo)* ★★
Regia di MANUEL ROMERO. Con NINÌ MARSHALL, MARCELLO RUGGERO, ENRIQUE SERRANO. ■ Istigato da un amico parassita, un ricco argentino decide di rompere il proprio fidanzamento con la frivola fidanzata. Però, rinunciando al matrimonio, egli non può entrare in possesso di una sostanziosa eredità. L'amico allora gli suggerisce di celebrare un matrimonio solo formale con una manicure conosciuta casualmente, in seguito divorzierà e tornerà libero e più ricco. Dietro lauto compenso, la ragazza accetta. Succede però che i due si innamorano veramente. ■ COMMEDIA; B/N; 90'; ARGENTINA, 1939.

CERCASI MOGLIE DISPERATAMENTE *(Say Yes)* ★★
Regia di LARRY YUST. Con ART HINDLE, LISSA LAYNG, JONATHAN WINTERS. ■ Un giovanotto di famiglia facoltosa viene messo alle strette: o si procura in fretta una moglie o verrà tagliato fuori dall'eredità. Ma non è facile trovare una moglie al caso suo. Oltre che bella e simpatica, dovrà anche essere onesta e non metterlo nei guai con l'eredità. ■ COMMEDIA; COL.; 95'; USA, 1986.

CERCASI PADRONE *(Parade en sept nuits)* ★★
Regia di MARC ALLÉGRET. Con JULES BERRY, JANINE DARCEY, ELVIRE POPESCO, MICHELINE PRESLE. ■ Pippo, un cane barbone rinchiuso al canile, racconta ai suoi compagni di prigionia le molteplici avventure che lo hanno portato fin lì dopo aver cambiato ben quattro padroni. Il film si conclude con una fuga collettiva. ■ COMMEDIA; B/N; 100'; FRANCIA, 1941.

CERCASI SEGRETARIA *(More than a Secretary)* ★★
Regia di ALFRED E. GREEN. Con JEAN ARTHUR, GEORGE BRENT, LIONEL STANDER. ■ Un'efficiente segretaria riesce a far rinsavire il proprio principale, maniaco igienista. Poi, delusa perché una collega fa la civetta col guarito direttore, abbandona l'impiego. Il principale la rintraccerà e la sposerà. ■ COMMEDIA; B/N; 77'; USA, 1936.

CERCASI SUSAN DISPERATAMENTE ★★
(Desperately Seeking Susan)
Regia di SUSAN SEIDELMAN. Con ROSANNA ARQUETTE, ROBERT JOY, MADONNA. ■ Jim è innamorato di Susan, una strampalata ragazza che ama vivere in modo libero e indipendente. Non sapendo come rintracciarla, Jim la cerca attraverso un annuncio su un quotidiano. L'inserzione viene notata da Roberta, una romantica borghese che si è stancata del marito, grossista di vasche da bagno, e sogna nuove avventure. Inizia così una sgangherata serie di equivoci, divertenti per quanto scontati, che servono da contorno per l'interpretazione recitativa (inesistente) e canora (notevole) di una delle rockstar più famose del mondo. Molto gradevole Rosanna Arquette, comprimaria bruttina e simpaticissima, nei panni della signora che sceglie di fare una nuova vita. ■ COMMEDIA; COL.; 104'; USA, 1985. ■ GOLDEN GLOBES 1 NOM.

CERCASI UN COLPEVOLE DISPERATAMENTE ★★
(Off and Running)
Regia di EDWARD BIANCHI. Con DAVID KEITH, CYNDI LAUPER. ■ Il richiamo del titolo italiano va, non a caso, a quel *Cercasi Susan disperatamante* interpretato da un'altra *pop-singer*, Madonna. Qui la "rivale" Cyndi Lauper è impegnata, si fa per dire, nella parte dell'irrequieta Cyd Morse. Accanto a lei, in un viaggio tutt'altro che tranquillo attraverso la East Coast, un giovanotto e una piccola peste. ■ THRILLER; COL.; 90'; USA, 1992.

CERCATE QUELL'UOMO *(Key Witness)* ★
Regia di DAVID ROSS LEDERMAN. Con JOHN BEAL, JIMMY LLOYD, TRUDY MARSHALL. ■ Miltain accetta l'ospitalità della giovane Sally. Arriva il marito che, accecato dalla gelosia, ammazza la donna. Miltain, per paura di venir accusato dell'omicidio, fugge e si dà al vagabondaggio. Scambia poi i propri documenti con quelli di un poveretto trovato morto e sfigurato. Da ciò nasceranno innumerevoli avventure per il giovanotto. ■ GIALLO ROSA; B/N; 67'; USA, 1947.

CERCATORI D'ORO, I *(Road to Utopia)* ★★★
Regia di HAL WALKER. Con HILLARY BROOKE, BING CROSBY, BOB HOPE, DOROTHY LAMOUR. ■ Quarta pellicola della serie *Avventura a...*, interpretata dal trio Crosby-Hope-Lamour. Siamo in Alaska durante la corsa all'oro. Una ragazza viene derubata dei documenti che provano la sua proprietà di una miniera. Intervengono due comici di varietà che, aiutati dalle circostanze, metteranno a posto i ladri. Si spartiranno la miniera e la ragazza. ■ COMICO; B/N; 90'; USA, 1945. ■ OSCAR 1 NOM.

CERCHIO, IL *(Dayereh)* ★★★★
Regia di JAFAR PANAHI. Con NARGESS MAMIZADEH, MARYIAM PARVIN ALMANI, ELHAM SAEOKTAKIN, FERESHTEH SADR ORAFAI. ■ Dopo aver affrontato ne *Il palloncino bianco* e *Lo specchio* le tematiche infantili, con *Il cerchio*, l'iraniano Jafar Panahi, rivolge il proprio sguardo all'universo femminile. Otto ritratti di donne, otto storie di quotidiana sopravvivenza raccontate con la semplicità di un linguaggio che non cerca di emozionare lo spettatore, ma al contrario di accompagnarlo, mantenendo il più possibile un punto di vista distaccato. Il cerchio rimanda, in qualche modo, alla circolarità e alla frammentazione della narrazione, che descrive uno dopo l'altro ciascun personaggio. Le vicende si succedono apparentemente in modo del tutto casuale. Il cerchio si ricompone, chiudendosi, soltanto nel finale. Sorprende la bravura di Panahi, nell'essere riuscito a descrivere, con grande sensibilità ed efficacia – per lo più attraverso i gesti – personaggi così autentici, come quelli di queste donne costrette a vivere ai margini di una società estremamente rigida e codificata. ■ DRAMMATICO; COL.; 91'; IRAN, 2000.

CERCHIO DELLA VENDETTA, IL ★★
(Shoot-out at Medicine Bend)
Regia di RICHARD L. BARE. Con JAMES CRAIG, DANI CRAYNE, ANGIE DICKINSON, JAMES GARNER, RANDOLPH SCOTT. ■ Tre reduci della guerra di Secessione capitano a Medicine Bend e subito vengono ai ferri corti con Clark, il tiranno locale. Il capo del terzetto decide di aggirare l'ostacolo. Di giorno si presenta come un innocuo predicatore, di notte come "cavaliere nero" (una sottospecie di Zorro) e fa vedere i sorci verdi a Clark e accoliti. ■ WESTERN; B/N; 89'; USA, 1957.

CERCHIO DELLA VIOLENZA, IL *(Key Witness)* ★★★
Regia di PHIL KARLSON. Con PAT CROWLEY, SUSAN HARRISON, DENNIS HOPPER, JEFFREY HUNTER, FRANK SILVERA. ■ Un padre di famiglia assiste all'omicidio di un portoricano. Si offre come testimone alla polizia, ma la gang (quattro ragazzi e una fanciul-

la, tutti minorenni e ferocissimi) gli è addosso. L'uomo, intimorito, ritira le accuse, ma i cinque cercano di saldare egualmente il conto. ■ GIALLO; B/N; 82'; USA, 1960.

CERCHIO DI FUOCO, IL *(Appointment with Danger)* ★★★
Regia di LEWIS ALLEN. Con PHYLLIS CALVERT, ALAN LADD, JAN STERLING, PAUL STEWART, JACK WEBB. ■ Ammazzano un ufficiale postale. Una suora si rivela il testimone chiave per l'identificazione degli assassini. Un detective s'infiltra nella banda, salvando, per un pelo, se stesso e la reverenda madre. ■ POLIZIESCO; B/N; 89'; USA, 1949.

CERCHIO DI SANGUE, IL *(Berserk)* ★★
Regia di JAMES O'CONNOLLY. Con JOAN CRAWFORD, DIANA DORS, JUDY GEESON, TY HARDIN, ROBERT HARDY. ■ Catena di omicidi in un circo equestre inglese. I sospetti del commissario convergono su Monica, la proprietaria (quasi tutti i defunti le erano cordialmente antipatici). Monica è innocente, ma il colpevole non è troppo distante. ■ POLIZIESCO; COL.; 96'; GRAN BRETAGNA, 1968.

CERCHIO ROSSO, IL *(The Crimson Circle)* ★★★
Regia di REGINALD DENHAM. Con NOAH BEERY, JUNE DUPREZ. ■ Una banda, che si distingue per un cerchio rosso che gli appartenenti hanno adottato quale segno di riconoscimento, mette in seria difficoltà la polizia. Il capo della gang, la cui identità è ignorata anche dagli stessi membri dell'organizzazione criminale, è inafferrabile. Un ispettore e un poliziotto privato si danno da fare. L'ispettore smaschererà l'insospettabile capobanda. ■ POLIZIESCO; B/N; 76'; GRAN BRETAGNA, 1936.

CERCHIO ROSSO, IL *(Der rote Kreis)* ★★★
Regia di JÜRGEN ROLAND. Con THOMAS ALDER, RENATE EWERT, KARL SAEFISCH, KLAUSJÜRGEN WUSSOW. ■ Tolone. Il fatto che la condanna a morte di Henry Lightman sia stata commutata in ergastolo per ubriachezza del boia costerà la pelle a ben venticinque persone. Infatti il misterioso individuo, che si firma "Cerchio rosso" e che commette assassinii a ripetizione, altri non è che Lightman, fuggito di galera e trasferitosi ad "esercitare" a Londra. Un ispettore di Scotland Yard riuscirà a smascherarlo. ■ POLIZIESCO; B/N; 90'; GERMANIA, 1960.

CERCHIO ROSSO DEL DELITTO, IL ★★
(The Crimson Circle)
Regia di GERALD THOMAS. Con DEREK FARR, NOELLE MIDDLETON, JOHN MILLS. ■ Medico londinese si trova alle prese col cadavere di una donna assassinata. Il corpo viene scoperto nel suo studio e questi si dichiara innocente, ma la polizia sospetta di lui e lo mette sotto torchio. Un secondo omicidio aggrava la posizione del dottore, che si dà alla latitanza e intanto indaga per conto proprio, giungendo a smascherare i colpevoli e a dimostrare la propria innocenza. ■ POLIZIESCO; B/N; 84'; GRAN BRETAGNA, 1957.

CERCHIO SI CHIUDE, IL *(Framed)* ★★★
Regia di RICHARD WALLACE. Con EDGAR BUCHANAN, JANIS CARTER, GLENN FORD, KAREN MARLEY, BARRY SULLIVAN. ■ Un vagabondo capita in un villaggio minerario e subito viene conquistato da una bella bionda. Non sa che la donna vuole coinvolgerlo in un delitto (con annesso imbroglio alla banca locale); quando lo sa reagisce. ■ GIALLO; B/N; 82'; USA, 1947.

CERCO, EL ★★
Regia di MIGUEL IGLESIAS. Con ISABEL DE CASTRO, JOSÉ GUARDIOLA. ■ Una banda composta da cinque criminali decisi a tutto per portare a termine una rapina non esita a fare strage degli operai che lavorano nell'officina derubata. Ma il destino li punirà. ■ DRAMMATICO; B/N; 95'; SPAGNA, 1955.

CERCO IL MIO AMORE *(The Gay Divorce)* ★★★
Regia di MARK SANDRICH. Con FRED ASTAIRE, GINGER ROGERS. ■ Vecchio film che ebbe il merito di collaudare la coppia di attori ballerini più celebre del mondo del cinema. È la storia di un noto ballerino che si trova a Londra in vacanza e si innamora di una ragazza, americana come lui. Ma la fanciulla è già fidanzata con un uomo prepotente che lei vorrebbe abbandonare. Dopo una serie di equivoci, la donna si libera dell'odioso fidanzato e si lega al ballerino suo compatriota. ■ COMM. MUSICALE; B/N; 107'; USA, 1934. ■ OSCAR 1 PR, 5 NOM.

CERIMONIA, LA *(Gishiski)* ★★★
Regia di NAGISA OSHIMA. Con KENZO KAWARAZAKHI, ATSUO NAKAMURA. ■ Muore il patriarca di un clan giapponese e un giovane nipote è costretto, suo malgrado, ad assumere il comando della famiglia. Poco dopo un cugino si uccide e il giovane si deve recare all'isola dove il suicida si era da qualche tempo volontariamente confinato. Durante il viaggio ha modo di rievocare i trascorsi della famiglia. Venticinque anni della vita del clan funestati da una serie di lutti e dalla decadenza di una classe aristocratica, che non ha retto al cambiamento dei tempi. È il primo film di Oshima giunto sui nostri schermi. Qui il regista riprende il motivo della decadenza di una grande famiglia, dandone una versione ancor più allucinata e suggestiva. Il tema del suicidio, tradizionale della cultura nipponica, caratterizza tutto il film. ■ DRAMMATICO; COL.; 122'; GIAPPONE, 1973.

CERIMONIA DEI SENSI, LA ★
Regia di ANTONIO D'AGOSTINO. Con CAMILLO BESENZON, LUCA EMILIANI, ORNELLA GRASSI, FRANCO PUGI. ■ Ferito gravemente, un cascatore sogna di essere Gesù e rivive in chiave moderna alcuni episodi del Vangelo. Solo che i peccati di Maria Maddalena sono descritti nei minimi particolari. ■ DRAMMATICO; COL.; 90'; ITALIA, 1979.

CERIMONIA INFERNALE *(The Ceremony)* ★★
Regia di LAURENCE HARVEY. Con LAURENCE HARVEY, SARAH MILES, ROBERT WALKER JR. ■ Un assaltatore di banche attende di essere giustiziato in una prigione spagnola. Ma il fratello ha già pronto un piano di fuga: travestito da prete penetra nella fortezza. ■ DRAMMATICO; B/N; 105'; USA, 1963.

CERIMONIA PER UN DELITTO *(Eye of the Devil)* ★★
Regia di JACK LEE THOMPSON. Con DAVID HEMMINGS, DEBORAH KERR, EDWARD MULHARE, DAVID NIVEN, DONALD PLEASENCE, FLORA ROBSON, SHARON TATE, EMLYN WILLIAMS. ■ Il ricco proprietario di un enorme vigneto nel Nord della Francia è, fin da bambino, seguace di una setta di fanatici che usa propiziarsi i raccolti con sacrifici umani. Quando vede che le sue proprietà stanno per essere distrutte, si offre ai fanatici per essere sacrificato. Torna la prosperità. La vedova cercherà invano di tenere il figlio maschio fuori da quelle faccende. ■ DRAMMATICO; B/N; 92'; GRAN BRETAGNA, 1967.

CERIMONIA SEGRETA *(Secret Ceremony)* ★★★
Regia di JOSEPH LOSEY. Con PEGGY ASHCROFT, PAMELA BROWN, MIA FARROW, ROBERT MITCHUM, ELIZABETH TAYLOR. ■ Una prostituta accetta di far da madre a una ragazzina con oscuro passato. S'affeziona, la protegge dalle brame del patrigno losco e sporcaccione. Quando la ragazza muore avvelenata dai barbiturici, la prostituta uccide l'uomo. ■ DRAMMATICO; COL.; 109'; GRAN BRETAGNA, 1969.

CERTAMENTE, FORSE *(Definitely, Maybe)* ★★★
Regia di ADAM BROOKS. Con ELIZABETH BANKS, ABIGAIL BRESLIN, ISLA FISHER, DEREK LUKE, RYAN REYNOLDS, RACHEL WEISZ. ■ Era il 1992 quando Will lasciò il Wisconsin per New York e per un sogno di gloria: lavorare alla campagna presidenziale di Bill Clinton. Qualche anno dopo si sposò e dal suo matrimonio nacque Maya, una bambina vivace e intraprendente che ora vuole sapere tutto, ma proprio tutto, dell'amore di mamma e papà, iniziato chissà dove e finito con un divorzio a Manhattan. Spetterà a Will raccontare quella fiaba nel tempo di una notte. Una lunga veglia densa di ricordi e affollata di donne: Emily, April, Summer. Quale sarà la mamma di Maya nell'America di Bush? Il film non dà una definizione dell'amore ma filma l'amore, argomento immenso di discussione e di analisi. ■ COMMEDIA; COL.; 112'; FRANCIA, GRAN BRETAGNA, USA, 2008.

CERTI BAMBINI ★★★
Regia di ANDREA FRAZZI, ANTONIO FRAZZI. Con MIRIAM CANDURRO, GIANLUCA DI GENNARO, NUCCIA FUMO, ARTURO PAGLIA, ROLANDO RAVELLO, CARMINE RECANO. ■ Rosario ha undici anni. Abita in un condominio di periferia di una Napoli devastata dalla camorra. Vive con la nonna ammalata e drogata di televisione. È la punta di diamante di un piccolo branco che passa le sue giornate trascinandosi tra sale giochi, brutte paninoteche,

piccoli reati e roulette russe improvvisate sulla tangenziale. Ma c'è anche un sacerdote che cerca di tenere insieme i pezzi di una società che non si può più definire tale. Resta il pallone: unica speranza a cui aggrapparsi per non annegare. ■ DRAMMATICO; COL.; 94'; ITALIA, 2004. ■ DAVID DI DONATELLO 2 PR, 2 NOM.

CERTI PICCOLISSIMI PECCATI ★★★
(Un éléphant, ça trompe énormément)
Regia di YVES ROBERT. Con GUY BEDOS, CLAUDE BRASSEUR, DANIÈLE DELORME, ANNY DUPEREY, VICTOR LANOUX, JEAN ROCHEFORT. ■ Quattro quarantenni amici dall'infanzia. I problemi dell'uno sono da sempre condivisi dagli altri. C'è il dongiovanni Bouly che va in crisi quando la moglie lo pianta; il medico Simon afflitto da una madre attaccaticcia; Etienne, invece, è un integerrimo padre di famiglia che sente per la prima volta tentazioni adulterine. Riuscirà a portarsi a letto la donna sognata, solo per essere immediatamente scoperto dalla consorte. Rifatto negli Usa col titolo *La signora in rosso*. ■ COMMEDIA; COL.; 103'; FRANCIA, 1976. ■ GOLDEN GLOBES 1 NOM.

CERTO CERTISSIMO ANZI PROBABILE ★★★
Regia di MARCELLO FONDATO. Con CLAUDIA CARDINALE, NINO CASTELNUOVO, ROBERT HOFFMAN, JOHN PHILIP LAW, ALBERTO LIONELLO, ANTONIO SABÀTO, CATHERINE SPAAK. ■ Protagoniste sono due amiche, una bonacciona e sentimentale, l'altra calcolatrice e furbetta. La seconda spesso e volentieri ruba gli uomini alla prima. Un giorno la sentimentale si sposa con un giovane e gentile arredatore. Che non le sarà rubato, stavolta, dalla compagna, ma da un barbuto vichingo, per il quale il giovane gentile nutre da tempo una morbosa passione. ■ COMMEDIA; COL.; 120'; ITALIA, 1969.

CERTO GIORNO, UN ★★★★
Regia di ERMANNO OLMI. Con BRUNETTO DEL VITA, LIDIA FUORTES, RAFFAELE MODUGNO. ■ Il direttore tecnico di un'agenzia pubblicitaria, in assenza del consigliere delegato, prende in mano le redini dell'azienda e inizia una ardita campagna per il lancio di un nuovo prodotto. Ma un giorno gli capita di investire un pedone: il fatto scatena una crisi professionale e sentimentale. Riuscirà a ritrovare un po' di equilibrio solo in seno alla famiglia. ■ DRAMMATICO; COL.; 95'; ITALIA, 1968.

CERTOSA DI PARMA, LA *(La Chartreuse de Parme)* ★★★
Regia di CHRISTIAN-JAQUE. Con TULLIO CARMINATI, MARIA CASARÉS, LUCIEN COÉDEL, ATTILIO DOTTESIO, RENÉE FAURE, GÉRARD PHILIPE, LOUIS SALOU, ALDO SILVANI. ■ Dal romanzo di Stendhal. La versione italiana è divisa in due episodi: *Ombra del patibolo* e *Amanti senza speranza*. Protagonista è il giovane Fabrizio del Dongo che, dopo aver combattuto nelle armate napoleoniche, va ad abitare a Parma presso la giovane zia, la duchessa di Sanseverina. La zia è corteggiata da molto tempo senza fortuna dal malefico tiranno del ducato, ma si offrirà a lui il giorno in cui Fabrizio, cacciatosi nei guai, sta per essere messo a morte. Non ci sarà bisogno del sacrificio della zietta: il tiranno viene ucciso da un brigante di strada. ■ DRAMMATICO; B/N; 170'; FRANCIA, ITALIA, 1947.

CERTO SIGNOR GRANT, UN ★★
(Ein gewisser Herr Grant)
Regia di GERHARD LAMPRECHT. Con HANS HALBERT, OLGA TSCHECHOWA. ■ Il capitano Gordon, sotto il falso nome di Grant, deve recuperare per conto del governo del suo Paese importanti documenti rubati da spie nemiche. Gordon Grant, dopo lunghe ricerche, riesce ad identificare il possessore dei preziosi incartamenti e a sottrarglieli al secondo tentativo. Sarà un'impresa drammatica, resa ancor più difficoltosa da un incendio e dall'intervento della polizia. ■ SPIONAGGIO; B/N; 91'; GERMANIA, 1933.

CERTO SORRISO, UN *(A Certain Smile)* ★★
Regia di JEAN NEGULESCO. Con ROSSANO BRAZZI, CHRISTINE CARÈRE, BRADFORD DILLMAN, JOAN FONTAINE. ■ Una studentessa francese s'innamora pazzamente di un maturo latin lover, lo zio del suo boyfriend. Si deluderanno a vicenda: lei tornerà a scuola, lui dalla comprensiva moglie. ■ COMMEDIA; COL.; 106'; URSS, 1958. ■ OSCAR 3 NOM.

CERVELLINI FRITTI IMPANATI ★★
Regia di MARIO ZACCARO. Con ROBERTO CITRAN, ANNA GALIENA, ALESSANDRO HABER. ■ Antonio, vittima di una lesione al cervello durante un incidente, subisce il cosiddetto *acting out*, una sindrome regressiva che gli fa vedere la vita in un'ottica "infantile". Ci vanno di mezzo suo fratello e la di lui fidanzata. Dalla pièce *Testa matta* portata in teatro da Nanni Loy. Ambizioso senza qualità. Attori che "esagerano". ■ DRAMMATICO; COL.; 131'; ITALIA, 1996.

CERVELLO, IL *(Le cerveau)* ★★★
Regia di GÉRARD OURY. Con JEAN-PAUL BELMONDO, ANDRÉ BOURVIL, SILVIA MONTI, DAVID NIVEN, ELI WALLACH. ■ Il cervello appartiene a un genialissimo colonnello inglese. Il colonnello progetta un colpo grosso ai danni della NATO: ci riesce, ma insorgono presto i guai, per colpa dei suoi imbranatissimi complici francesi e di un capo mafia che ha deciso di papparsi tutto. ■ GIALLO ROSA; COL.; 115'; FRANCIA, 1969.

CERVELLO CHE NON VOLEVA MORIRE, IL ★★
(The Brain that Wouldn't Die)
Regia di JOSEPH GREEN. Con LESLIE DANIELS, JASON EVERS, VIRGINIA LEITH. ■ Un attore minore, Jason Evers, recita, produce, dirige, sceneggia (le ultime tre cose sotto pseudonimo) questo horror che tratta in modo triviale un'idea discreta. Protagonista è un chirurgo che cerca di tenere in vita la testa della sua fidanzata decapitata in un incidente. Cercherà un corpo su cui collocarla. ■ HORROR; B/N; 81'; USA, 1962.

CERVELLO DA UN MILIARDO DI DOLLARI, IL ★★★
(Billion Dollar Brain)
Regia di KEN RUSSELL. Con ED BEGLEY JR, MICHAEL CAINE, FRANÇOISE DORLÉAC, OSCAR HOMOLKA, KARL MALDEN. ■ Terza avventura cinematografica di Harry Palmer, l'"agente senza nome" creato da Len Deighton. Anche stavolta Palmer, partito dall'Inghilterra per battersi contro gli agenti russi, finisce quasi per fare fronte comune con questi ultimi. Il nemico principale è infatti un miliardario texano che, con l'aiuto di un fantascientifico cervellone, sta progettando una terza guerra mondiale. ■ SPIONAGGIO; COL.; 103'; GRAN BRETAGNA, 1967.

CERVELLO DEI MORTI VIVENTI, IL ★★
(Nothing but the Night)
Regia di PETER SASDY. Con GEORGIA BROWN, PETER CUSHING, DIANA DORS, CHRISTOPHER LEE. ■ È una vicenda a metà strada tra il macabro e il paranormale: alcuni defunti si sono impossessati del cervello di un gruppo di bambini e fanno commettere loro ogni sorta di delitti e malvagità. ■ HORROR; COL.; 90'; GRAN BRETAGNA, 1972.

CERVELLO DI FRANKENSTEIN, IL ★★
(Abbott and Costello Meet Frankenstein)
Regia di CHARLES BARTON. Con BUD ABBOTT, LON CHANEY JR, LOU COSTELLO, BELA LUGOSI, GLENN STRANGE. ■ Gianni e Pinotto sono alle prese contemporaneamente con Dracula, Frankenstein e un licantropo. ■ COMMEDIA; B/N; 92'; USA, 1948.

CERVELLO DI MR. SOAMES, IL ★★
(The Mind of Mr. Soames)
Regia di ALAN COOKE. Con NIGEL DAVENPORT, DONALD DONNELLY, TERENCE STAMP, ROBERT VAUGHN. ■ Dopo una delicata operazione al cervello, un uomo vissuto fino a quel momento in stato vegetativo inizia lentamente ad essere autonomo. Solo in seguito alla sua fuga dalla clinica il personale medico comprende che più che di cure ha bisogno d'amore. ■ DRAMMATICO; COL.; 98'; GRAN BRETAGNA, 1970.

CESAR *(César)* ★★★
Regia di MARCEL PAGNOL. Con FERNAND CHARPIN, PIERRE FRESNAY, RAIMU. ■ È la continuazione di *Fanny*, il film diretto da Marc Allegret. Dopo la morte di Panisse, il bottegaio, Césariot scopre dalla madre Fanny che Marius è suo padre. I due anziani amanti convoleranno a giuste nozze. È il terzo atto della trilogia di Pagnol iniziata con *Marius* del 1931. ■ COMMEDIA; B/N; 135'; FRANCIA, 1936.

CESARE DEVE MORIRE ★★★
Regia di PAOLO TAVIANI, VITTORIO TAVIANI. ■ Nel teatro del carcere romano di Rebibbia si conclude la rappresentazione del

Giulio Cesare di Shakespeare. I detenuti-attori fanno rientro nelle loro celle. Sei mesi prima: il direttore del carcere espone il progetto teatrale dell'anno ai detenuti che intendono partecipare. Seguono i provini e poi l'assegnazione dei ruoli. Progressivamente il *Giulio Cesare* shakesperiano prende corpo. I fratelli Taviani erano certamente consapevoli delle numerose testimonianze, in gran parte documentaristiche, di come anche in Italia il teatro rappresenti uno strumento per il percorso di reinserimento del detenuto. I registi scelgono la strada del *work in progress* utilizzando coraggiosamente il bianco e nero. La loro ricerca sta nella cifra quasi pirandelliana con la quale cercano la verità nella finzione. Questi uomini si ritrovano nelle parole del bardo, più vicine grazie all'uso dell'espressione dialettale. Frasi scritte centinaia di anni fa incidono sul presente, ma non era necessario. Shakespeare aveva già splendidamente ottenuto il risultato. Vincitore del festival di Berlino. ■ DOCUFICTION; COL.; 100′; ITALIA, 2012.

CESARE E CLEOPATRA *(Caesar and Cleopatra)* ★★★
Regia di GABRIEL PASCAL. Con STEWART GRANGER, VIVIEN LEIGH, CLAUDE RAINS, FLORA ROBSON, FRANCIS L. SULLIVAN. ■ Cleopatra e il fratello si disputano il trono egiziano. Cesare cerca inutilmente di farli scendere ad un compromesso, quindi si allea con Cleopatra e lotta fino a quando riesce a farla proclamare regina. Vivien Leigh è, in ordine di importanza, la terza Cleopatra dello schermo, dopo la Taylor e la Colbert. ■ COMMEDIA; COL.; 134′; GRAN BRETAGNA, 1946. ■ OSCAR 1 NOM.

CESARE E LUCREZIA BORGIA *(Lucrèce Borgia)* ★★
Regia di ABEL GANCE. Con MAURICE ESCANDE, EDWIGE FEUILLÈRE, GABRIEL GABRIO, ROGER KARL. ■ È la storia romanzata della famiglia Borgia. Cesare, il più ambizioso e crudele, pur di raggiungere i suoi scopi politici fa assassinare prima il cognato, poi il fratello. Alla morte del padre, il papa Alessandro VI, i suoi sogni di grandezza crollano miseramente. ■ STORICO; B/N; 95′; FRANCIA, 1935.

C'È SARTANA... VENDI LA PISTOLA E COMPRATI LA BARA! ★
Regia di GIULIANO CARNIMEO. Con ERIKA BLANC, GEORGE HILTON, PIERO LULLI, CHARLES SOUTHWOOD. ■ Un pistolero scopre che i falsi furti di alcuni banditi ad altrettanto falsi carichi d'oro arricchiscono l'insospettabile mandante. Sfuggito a un tranello e unitosi a un "collega", fa giustizia dei disonesti e recupera il maltolto. ■ WESTERN; COL.; 85′; ITALIA, 1970.

C'È SEMPRE UN DOMANI *(The Pride of the Marines)* ★★★
Regia di DELMER DAVES. Con DANE CLARK, JOHN GARFIELD, ELEANOR PARKER. ■ In un incidente di guerra un giovane rimane cieco; non volendo essere di peso alla fidanzata decide di lasciarla. Lei, però, gli dimostra la forza del suo sentimento e lo aiuta a ritrovare la serenità. ■ DRAMMATICO; B/N; 119′; USA, 1945. ■ OSCAR 1 NOM.

C'È SEMPRE UN MA! ★★
Regia di LUIGI ZAMPA. Con ADRIANA BENETTI, RUBI D'ALMA, CARLA DEL POGGIO, AROLDO TIERI. ■ Una ragazza non può fidanzarsi col suo amato perché i genitori di lui giudicano il comportamento di sua madre, vedova, un po' troppo spregiudicato. La donna finirà col rendersene conto e, moderati i costumi, permetterà alla figlia di realizzare il suo sogno d'amore. ■ COMMEDIA; B/N; 90′; ITALIA, 1942.

C'È SOTTO UNA DONNA *(There's Always a Woman)* ★★★
Regia di ALEXANDER HALL. Con JOAN BLONDELL, MELVIN DOUGLAS. ■ L'esuberante moglie di un poliziotto vuole aprire un'agenzia privata. Un caso di omicidio, sul quale comincia arbitrariamente a indagare, provoca dissidi, discussioni e contrasto col marito, ma alla fine, grazie anche al suo intuito, il mistero è risolto. ■ COMMEDIA; B/N; 82′; USA, 1938.

CESSATE IL FUOCO! *(Cease Fire)* ★★
Regia di OWEN CRUMP. ■ Da un soggetto del regista stesso, il film racconta l'ultimo giorno della guerra di Corea, sfruttando riprese girate *in loco* e protagonisti scelti tra i veri combattenti. ■ GUERRA; B/N; 73′; USA, 1954.

C'È UNA SPIA NEL MIO LETTO ★★
Regia di LUIGI PETRINI. Con MARTINE BROCHARD, ENZO CERUSICO, GABRIELLA FARINON, PHILIPPE HERSENT, GIUSEPPE MAFFIOLI, SUSAN SCOTT, VENANTINO VENANTINI. ■ La vicenda, sconclusionata e poco interessante, tenta di risollevarsi con un colpo di scena sul finale. In una villa si incrociano spie internazionali e falsi criminali manovrati da un altrettanto falso diplomatico che in realtà – è questa la sorpresa! – è un regista impegnato nelle riprese di un lungometraggio. ■ COMMEDIA; COL.; 92′; ITALIA, 1976.

C'È UN CADAVERE IN BIBLIOTECA ★★
(The Body in the Library)
Regia di SILVIO NARIZZANO. Con DEBBIE ARNOLD, JESS CONRAD, VALENTINE DYALL, KARIN FOLEY, RAYMOND FRANCIS, JOAN HICKSON, COLIN HIGGINS, DAVID HOROVITCH, FREDERICK JAEGER, ANNE RUTTER, ANTHONY SMEE, GWEN WATFORD, MORAY WATSON, SARAH WHITLOCK. ■ Un cadavere in biblioteca! Che cosa disdicevole! Proprio sul tappeto persiano, poi! Potrebbe sembrare l'apertura del primo atto di una commedia di Feydeau, se non fosse tutto... tragicamente reale. Questa volta il rompicapo sembra particolarmente difficile. Ma Miss Marple non può deludere... ■ POLIZIESCO; COL.; 90′; GRAN BRETAGNA, 1985.

C'È UN FANTASMA NEL CASTELLO ★★
Regia di GIORGIO SIMONELLI. Con SILVANA JACHINO, VIRGILIO RIENTO. ■ Un improvvisato poliziotto scopre che il fantasma di un assassinato, che vaga tutte le notti nelle stanze di un castello, è "manovrato", per coprire la loro losca attività, da alcuni malviventi stabilitisi nelle cantine del maniero. Li farà rinchiudere in prigione. ■ COMMEDIA; B/N; 89′; ITALIA, 1941.

C'È UN FANTASMA NEL MIO LETTO ★★
Regia di CLAUDIO DE MOLINIS. Con LILLI CARATI, VINCENZO CROCITTI, RENZO MONTAGNANI. ■ Un fantasma dal passato libertino approfitta nel suo castello nella campagna inglese di due sposini italiani finiti lì per la nebbia, sostituendosi al marito la prima notte di nozze. ■ COMMEDIA; COL.; 94′; ITALIA, 1980.

C'È... UN FANTASMA TRA NOI DUE ★★
(Kiss Me Goodbye)
Regia di ROBERT MULLIGAN. Con JEFF BRIDGES, JAMES CAAN, SALLY FIELD. ■ Lei è vedova, ma è anche giovane e carina e si sta per risposare. Peccato che il fantasma del marito non sia tanto d'accordo: le compare dovunque per ricordarle che lei, in verità, lo ama ancora. Quando però un'amica le apre gli occhi dicendole che in realtà il "poveretto" non era proprio uno stinco di santo, lei riuscirà a sposarsi liberandosi per sempre del fantasma del marito. È il rifacimento di *Donna Flor e i suoi due mariti*. ■ COMMEDIA; COL.; 101′; USA, 1982. ■ GOLDEN GLOBES 1 NOM.

C'È UN SENTIERO NEL CIELO ★★
Regia di MARINO GIROLAMI. Con CARLO CAMPANINI, WANDISA GUIDA, IVANA KISLINGER, DANTE MAGGIO, CLAUDIO VILLA. ■ Uno zio avido vuol far sposare la nipote, futura ereditiera, al figlio. La ragazza allora scappa e sposa il suo innamorato, cantante lirico. Difficoltà e tribolazioni aumentano con la nascita di un figlio, ma lo zio, alla fine, dovrà comunque rassegnarsi. ■ COMMEDIA; B/N; 90′; ITALIA, 1957.

C'È UN UOMO NEL LETTO DI MAMMA ★★
(With Six You Get Eggroll)
Regia di HOWARD MORRIS. Con GEORGE CARLIN, PAT CARROLL, DORIS DAY, JOHN FINDLATER, ALICE GHOSTLEY, BARBARA HERSHEY, BRIAN KEITH. ■ Una bella vedova e un vedovo mettono al corrente i figli del loro matrimonio – al quale costoro sono contrari – solo quando è stato celebrato. La vita in famiglia è burrascosa e finisce per separare i due sposi. Ci vorrà un incidente per metterli d'accordo. ■ COMMEDIA; COL.; 95′; USA, 1968.

CHACAL DE NAHUALTORO, EL ★★★
Regia di MIGUEL LITTIN. Con LUIS MELO, SHENDA ROMÈ, MARCELO ROMO, NELSON VILLAGRA. ■ Questo film prende spunto da un fatto di cronaca realmente accaduto in Cile nel 1960 e riguardante José Carmen Valenzuela Torres, detto lo "sciacallo di Nahualtoro". José ha ucciso per banali motivi di interesse la propria amante (una vedova) e i cinque bambini di questa: è un disperato, un disadattato sociale che in vita sua ha visto soltanto degradazione e miseria. Solo mentre è in attesa di essere giustiziato,

José prende coscienza di sé, ma è troppo tardi: lo fucileranno. ■ DRAMMATICO; B/N; 92′; CILE, 1969.

CHA CHA CHA ★

Regia di MARCO RISI. Con CLAUDIO AMENDOLA, LUCA ARGENTERO, PIPPO DELBONO, EVA HERZIGOVA, PIETRO RAGUSA. ■ L'investigatore privato Corso, bello e tenebroso, tormentato e di poche parole, deve seguire gli spostamenti di un giovane rampollo della Roma bene, figlio di un'attrice una volta bella, sua amica e forse qualcosa di più. Una sera il sedicenne, uscendo da una festa in maschera, viene investito. Corso lo soccorre, ma dalle lamiere della macchina recupera il corpo morente del suo protetto. Nello stesso arco di tempo la polizia scopre un cadavere di un uomo alle porte di Fiumicino. Cosa collega queste due morti, l'una apparentemente accidentale e l'altra no? ■ THRILLER; COL.; 90′; ITALIA, 2013.

CHALLENGER – LO SHUTTLE DELLA MORTE ★★

(Challenger)

Regia di GLENN JORDAN. Con KAREN ALLEN, PETER BOYLE, JOE MORTON. ■ Narra la tragedia, avvenuta nello spazio, che impressionò tutto il mondo. ■ DRAMMATICO; COL.; 139′; USA, 1989.

CHAMADE, LA ★★

Regia di ALAIN CAVALIER. Con AMIDOU, CATHERINE DENEUVE, PHILIPPE PASCAL, MICHEL PICCOLI, LOUISE RIOTON, ROGER VAN HOOL. ■ Françoise Sagan ha trentaquattro anni (ne sono passati quindici dall'"esplosione" di *Bonjour tristesse*) quando esce quest'opera a metà fra sentimento e opportunismo. La bella protagonista lascia il proprio amante, magnate dell'industria, per un ragazzo squattrinato. L'entusiasmo dei primi tempi svanisce tuttavia molto rapidamente; un figlio in arrivo, inoltre, peggiora l'angoscia della viziata fanciulla. L'industriale, tollerante, le dà i soldi per abortire e l'accoglie, pentita e sconfitta, tra le braccia protettrici. ■ COMMEDIA; COL.; 99′; FRANCIA, 1968.

CHAMBRE DES MAGICIENNES, LA ★★★

Regia di CLAUDE MILLER. Con EDOUARD BAER, ANNE BROCHET, YVES JACQUES, ANNIE NOEL, MATHILDE SEIGNER. ■ Claire è una studentessa di antropologia sofferente di emicrania. Decisa a farsi ricoverare in ospedale per il dolore insopportabile, si trova a condividere la stanza con una giovane donna, Odette, che per un blocco psicologico non riesce più a muovere le gambe, e con Eléonore, una signora ai confini della demenza, dotata di strani poteri. Cadenzato con ritmo sostenuto, *La chambre des magiciennes* è tratto dal terzo capitolo di un romanzo di Siri Hustvedt e fu commissionato da Arté per la serie televisiva *Petites caméras*. Girato in video, il film esplora un linguaggio che alla bellezza estetica dell'immagine preferisce l'efficacia di un racconto. ■ DRAMMATICO; COL.; 70′; FRANCIA, 1999.

CHAMBRE DES OFFICIERS, LA ★★

Regia di FRANÇOIS DUPEYRON. Con SABINE AZÉMA, ERIC CARAYACA, GRÉGORI DÉRANGÈRE, ANDRÉ DUSSOLLIER, DENIS PODALYDES. ■ Primi giorni d'agosto. La prima guerra mondiale è al suo inizio. Adrien è un giovane ufficiale piuttosto attraente. Parte in ricognizione a cavallo. Viene ferito e la "sua" guerra si svolgerà nella stanza degli ufficiali, in cui l'unico modo per sopravvivere è specchiarsi negli altri. Per comprendere il senso di cinque lunghi anni di vita tra parentesi. Per stringere forti legami di amicizia. Per prepararsi alla vita che verrà. Adattamento di un romanzo di Marc Dugain, questo film di Dupeyron si inserisce in un filone a cui il cinema francese si è sempre dimostrato affezionato: ci riferiamo a quello dell'affresco d'epoca arricchito da una storia sentimentale e con attori più che validi a gestire il tutto. La vicenda verte attorno a tre uomini e a una donna. Se i tre uomini rappresentano di fatto tre aspetti di un unico personaggio (Adrien), la protagonista femminile (Marguerite) ne costituisce il versante femminile. Nulla da eccepire ma anche nulla per cui dichiararsi estasiati. ■ STORICO; COL.; 135′; FRANCIA, 2001.

CHAMBRE EN VILLE – UNA STANZA IN CITTÀ, UNE ★★ *(Une chambre en ville)*

Regia di JACQUES DEMY. Con RICHARD BERRY, DANIELLE DARRIEUX, MICHEL PICCOLI, DOMINIQUE SANDA. ■ Un musical nello stile di Demy, regista di *Les Parapluies de Cherbourg*. Siamo a Nantes dove la moglie di un uomo impotente seduce un operaio. Non appena il consorte sa del tradimento si sgozza di fronte a lei. Quest'ultima dal canto suo porrà fine ai suoi giorni sul corpo morto dell'amante. Di sfondo alla vicenda le lotte degli operai negli anni Cinquanta. ■ COMM. MUSICALE; COL.; 93′; FRANCIA, 1982.

CHAMPAGNE IN PARADISO ★

Regia di ALDO GRIMALDI. Con GEGIA, AL BANO, FRANCESCA ROMANA COLUZZI, ROMINA POWER. ■ Due arzilli nonnini raccontano ai nipoti la storia del loro amore contrastato. Storiella zuccherosa e banale, dedicata esclusivamente ai fans dei coniugi Carrisi. ■ COMMEDIA; COL.; 96′; ITALIA, 1983.

CHAMPAGNE PER DUE DOPO IL FUNERALE ★★

(Endless Night)

Regia di SIDNEY GILLIAT. Con HYWELL BENNETT, BRITT EKLAND, LOIS MAXWELL, HAYLEY MILLS, PER OSCARSSON, GEORGE SANDERS. ■ Una ricca americana sposa un semplice autista. Qualche tempo dopo sparisce e viene ritrovata morta, apparentemente per cause naturali. Si tratta, invece, di un delitto messo in atto dal marito e dall'amante di questi per denaro, che l'uomo godrà per poco. Da Agatha Christie. ■ GIALLO; COL.; 99′; GRAN BRETAGNA, 1971.

CHAMPIONS ★★

Regia di JOHN IRVIN. Con JAN FRANCIS, JOHN HURT, BEN JOHNSON, EDWARD WOODWARD. ■ Ispirato a una storia vera, il film narra la drammatica lotta di Bob Champion, famoso fantino, contro un tumore ai polmoni. Contemporaneamente, anche il suo cavallo preferito, Aldaniti, rimane azzoppato e rischia di essere abbattuto. Aiutati dall'amore di una simpatica ragazza, Jo, e dall'affetto di un coraggioso allevatore, sia il fantino sia il cavallo si rimetteranno, correndo insieme verso nuove vittorie. ■ DRAMMATICO; COL.; 115′; GRAN BRETAGNA, 1983.

CHANCE: TERRORE A LOS ANGELES *(Chance)* ★

Regia di CHARLES T. KANGANIS. Con PAMELA DIXON, DAN HAGGERTY, LAWRENCE HILTON-JACOBS, ADDISON RADALL, ROGER RODD. ■ Zack, ex poliziotto ora sospeso dal servizio, vive rubando auto su commissione. Ruberà un'auto che non avrebbe dovuto toccare e solo l'amico Chance (anch'egli poliziotto sospeso) lo aiuterà a togliersi dai guai. ■ POLIZIESCO; COL.; 82′; USA, 1990.

CHANDLER ★★

Regia di PAUL MAGWOOD. Con LESLIE CARON, GLORIA GRAHAME, WARREN OATES. ■ Un poliziotto privato vuol servirsi dell'ex amante di un boss della mala per incastrare quest'ultimo. Ma si innamora della donna. Un buon cast e una discreta storia rovinata da un regista esordiente (e incapace). ■ POLIZIESCO; COL.; 88′; USA, 1971.

CHANEL SOLITAIRE ★★

Regia di GEORGE KACZENDER. Con TIMOTHY DALTON, RUTGER HAUER, MARIE-FRANCE PISIER. ■ La vita (o almeno trentotto anni della vita) di Coco Chanel, leggendaria regina della moda nella prima metà del secolo. Fortunata nel lavoro (da ricamatrice a superstar della *fashion* parigina) fu terribilmente sfortunata in amore (i suoi amici finirono tutti male). Così morì *solitaire*. ■ BIOGRAFICO; COL.; 92′; CANADA, USA, 1981.

CHANGELING *(The Changeling)* ★★

Regia di PETER MEDAK. Con MELVIN DOUGLAS, GEORGE C. SCOTT, TRISH VAN DEVERE. ■ Un professore di musica si trasferisce in una casa misteriosa dopo la morte violenta della moglie e del figlio. Nella nuova abitazione scopre le tracce di un antico delitto. Un padre uccise il figlio minorato e lo sostituì con un trovatello sano. Dopo settant'anni, l'anima del bambino assassinato reclama giustizia. ■ GIALLO; COL.; 109′; CANADA, 1980.

CHANGELING ★★★

Regia di CLINT EASTWOOD. Con JASON BUTLER HARNER, JEFFREY DONOVAN, COLM FEORE, ANGELINA JOLIE, JOHN MALKOVICH. ■ Los Angeles, marzo 1928. Tratto da una storia vera. In una mattinata di sabato Christine Collins, una giovane donna che lavora in un centralino, lascia a casa da solo il giudizioso figlio Walter avuto da un uomo che li ha abbandonati. Al ritorno fa una terribile scoperta: il bambino non c'è più e di lui si è persa ogni traccia. Finché, 5 mesi dopo, la polizia locale, che non gode di buona reputazione, sembra aver risolto il caso. Consegna infatti a Christine un bambino che dice di esser Walter e che un po' gli assomiglia. La madre è però certa che non si tratti di suo figlio. Le autorità di polizia, sostenute da un'opinione pubblica desiderosa di un rassicurante lieto fine, insistono nella loro versione fino a decidere di internare Christine attribuendole disturbi mentali. Christine però non si arrende e, sostenuta dal reverendo Guestav Briegleb, continua a lottare perché le ricerche di Walter proseguano. Così la storia della lavoratrice Christine Collins in lotta contro l'arroganza di una polizia corrotta e incapace può inscriversi come nuovo ritratto nella lunga serie di figure alla ricerca di giustizia che il cinema americano ha portato sullo schermo. Il nobile cavaliere Clint Eastwood non poteva non interessarsi a una simile vicenda. ■ DRAMMATICO; COL.; 140'; USA, 2008.

CHANGO *(Shady Lady)* ★★
Regia di GEORGE WAGGNER. Con CHARLES COBURN, GINNY SIMMS. ■ È la storia di un ex ufficiale baro che esce di prigione e si mette a vivere con una sua nipote. La giovane è abbastanza intraprendente e affezionata da pensare per tutti e due: canta in un locale e riesce a tenere il nonno lontano dal tavolo da gioco. Però l'abilità del baro si rivelerà molto utile quando si tratterà di sottrarre una preziosa fotografia per smascherare un truffatore. La nipote troverà anche l'amore. ■ COMMEDIA; B/N; 94'; USA, 1945.

CHANSONS D'AMOUR, LES ★★
Regia di CHRISTOPHE HONORÉ. Con ALICE BUTAUD, LOUIS GARREL, CLOTILDE HESME, CHIARA MASTROIANNI, YANNICK RENIER, BRIGITTE ROÜAN, LUDIVINE SAGNIER, JEAN-MARIE WINLING. ■ Ismael è un giovane parigino amato da Julie, la quale è disposta a condividerlo (anche in rapporti sessuali a 3) con l'amica Alice. Ismael sta troppo bene in questa condizione per decidersi a fare le scelte che Julie vorrebbe (coppia, figli...). Un giorno la ragazza muore all'improvviso e Ismael, che è benvoluto dalla famiglia di lei, comincia a perderne l'appoggio perché sembra elaborare molto rapidamente il lutto. Non sarà così e diverranno necessarie scelte ancora più radicali. Trama non da musical, anche se nel corso del film i personaggi cantano ben 13 canzoni. ■ MUSICALE; COL.; 95'; FRANCIA, 2007.

CHAOS ★★
Regia di COLINE SERREAU. Con RACHIDA BRAKNI, CATHERINE FROT, VINCENT LINDON, LINE RENAUD. ■ Paul e Helene Vidal sono la classica coppia della medio-alta borghesia: assorbiti unicamente dal lavoro, non hanno (e non vogliono avere) tempo per nient'altro. L'incontro fortuito con Malika, giovane prostituta algerina che viene picchiata fino a finire in coma proprio di fronte alle loro auto, spinge Helene a rivedere le proprie priorità. Tanto da assisterla in ospedale fingendosi una parente, e aiutarla a rendere innocui i suoi massacratori. Alla fine a trionfare sarà la sorellanza, mentre intorno il mondo maschile non capisce e non riesce ad adeguarsi. Noioso e pretenzioso. ■ DRAMMATICO; COL.; 109'; FRANCIA, 2003.

CHAOS ★★
Regia di XAWERY ZULAWSKI. Con GRZEGORZ BOREK, MARCIN BRZOZOWSKI, SLAWOJ JEDRZEJEWSKI, MARIA STRZELECKA. ■ *Chaos* rappresenta senza dubbio uno dei debutti più interessanti alla XXXI edizione del Festival del Cinema polacco di Gdynia, che rivede la luce dopo cinque anni di traversie. Slawek, coinvolto in un pericoloso complotto guidato dalla moglie del direttore della sua azienda, riceve nel giorno delle sue nozze una misteriosa videocassetta compromettente che manda a monte il suo matrimonio, mentre Bolec viene ricattato dalla gang che controlla il mercato dove lavora e costretto a compiere un omicidio. Mania, che lavora in un supermercato, viene circuita dal suo datore di lavoro e decide di fuggire con Niki. I due si rifugiano in una casa abbandonata, ma la loro fuga finirà in modo tragico con un banale incidente stradale nel quale Mania perde la vita. Il film vive nella costante ricerca dell'eccesso, nell'ansia di colpire a tutti i costi lo spettatore con scene non sempre necessarie. ■ DRAMMATICO; COL.; 124'; POLONIA, 2006.

CHAOS, LE *(Heya Fawda)* ★
Regia di YOUSSEF CHAHINE, KHALED YOUSSEF. Con YOUSSEF EL CHERIF, KHALED SALEH, HALA SEDKY, MENA SHALABY. ■ A Choubra, un cosmopolita quartiere del Cairo, regna Hatem. Poliziotto corrotto, detta legge in maniera brutale e assoluta. Fino a quando non entra in azione il giovane procuratore Cherif, di cui è innamorata (inizialmente non ricambiata) la giovane e timida Nour. La ragazza è oggetto delle voglie di Hatem, il quale farà di tutto per poterla sedurre anche se nel frattempo non dimentica di torturare in celle segrete quanti osano ribellarsi al suo potere. Dimenticabile. ■ DRAMMATICO; COL.; 122'; EGITTO, 2007.

CHAOTIC ANA *(Caótica Ana)* ★★
Regia di JULIO MEDEM. Con NICOLAS CAZALE, ASIER NEWMAN, CHARLOTTE RAMPLING, BEBE REBOLLEDO, MANUELA VELLES. ■ Ana è una giovane donna cresciuta dal padre in una grotta davanti al mare delle Baleari. In un mercato d'arte di Ibiza, dove espone coloratissimi quadri naïf, le sue opere attirano l'attenzione di Justine, una mecenate di Madrid. La donna le offre l'opportunità di entrare in una "comune" di giovanissimi artisti per coltivare il suo talento. Lontana dal padre e dalla grotta che la isolava dal mondo, Ana pratica il sonno ipnotico, scoprendo di essere stata una madre berbera, una scalatrice femminista, una dea della fertilità indiana e tante altre donne uccise per mano dell'uomo. Nel Nuovo Mondo troverà una risposta e la coscienza di sé. ■ COMMEDIA; COL.; 118'; SPAGNA, 2007.

CHAPPAQUA ★★★
Regia di CONRAD ROOKS. Con JEAN-LOUIS BARRAULT, WILLIAM S. BURROUGHS, ORNETTE COLEMAN, ALLEN GINSBERG, PAULA PRICHETT, JACQUES SEILER, RAVI SHANKAR. ■ Assuefatto all'uso degli stupefacenti, un ragazzo si reca da New York in Francia per farsi disintossicare. Incubi e visioni paurose sono più forti della sua volontà ed egli scappa dall'ospedale per trovare un po' di droga. *Chappaqua* ha ottenuto il Leone d'Argento alla Mostra di Venezia del 1966. ■ DRAMMATICO; COL.; 92'; USA, 1967. ■ VENEZIA 1 PR.

CHARACTER – BASTARDO ECCELLENTE ★★
(Karakter)
Regia di MIKE VAN DIEM. Con JAN DECLEIR, VICTOR LÖW, BETTY SCHUURMAN, TAMAR VAN DEN POP, FEDJA VAN HUET. ■ Oscar come miglior film straniero, il film di Van Diem rappresenta un tentativo di ripresa di tematiche bergmaniane senza però la pretesa di imitare il Maestro. Anzi. Siamo in Olanda negli anni Venti. L'ufficiale giudiziario Dreverhaven viene accusato di parricidio. Il ragazzo ha trascorso la giovinezza a combattere a distanza con il padre, uno dei più spietati persecutori della classe operaia di Rotterdam, sempre pronto a intervenire senza alcuna misericordia in occasione degli sfratti esecutivi. A premessa di questo rapporto padre/figlio c'è quello tra Dreverhaven e Joba, la madre del ragazzo, nato da un unico rapporto avuto dai due. Il destino del giovane non potrà essere che incerto. ■ DRAMMATICO; COL.; 122'; OLANDA, 1997.

CHARLES MORT OU VIF *(Petit fresque historique)* ★★★
Regia di ALAIN TANNER. Con MARIE-CLAIRE DUFOUR, MARCEL ROBERT, FRANÇOIS SIMON, MAYA SIMON. ■ Un onesto industriale è incompreso sia dai figli che dagli operai, insensibili a qualsiasi tentativo di comunicazione. Scivolato in una crisi profonda, l'uomo fugge con due hippy e conduce vita errabonda; il figlio, che l'ha ritrovato grazie ad un detective, lo fa internare in una casa di cura per malati di mente. ■ DRAMMATICO; B/N; 90'; SVIZZERA, 1967.

CHARLESTON ★★★
Regia di MARCELLO FONDATO. Con JAMES COCO, HERBERT LOM, BUD SPENCER. ■ Charleston, un truffatore italo-americano, decide di gabbare un miliardario legato alla mafia che vuol affondare una sua nave per riscuotere il premio dell'assicurazione. Lo persuade a vendergliela e poi a ricomprarla a prezzo maggiorato, facendogli credere, mediante una trasmissione tv a circuito chiuso, che è scoppiata una nuova guerra fra arabi e israeliani. Nel filone della "stangata", Marcello Fondato dirige una pellicola su misura per Bud Spencer. ■ COMMEDIA; COL.; 96'; ITALIA, 1977.

CHARLEY *(Charley One Eye)* ★★
Regia di DON CHAFFEY. Con NIGEL DAVENPORT, RICHARD ROUNDTREE, ROY THINNES. ■ Un nero, disertore dell'esercito americano, e un indiano fuorilegge scappano per il deserto del Nuovo Messico inseguiti da un feroce cacciatore di taglie, che alla fine li raggiunge e uccide uno di loro. ■ WESTERN; COL.; 90'; GRAN BRETAGNA, 1973.

CHARLIE, ANCHE I CANI VANNO IN PARADISO ★★★
(All Dogs Go to Heaven)
Regia di DON BLUTH. ■ Charlie è il simpatico cane protagonista di questo cartone, che, ingannato dal suo socio, il bulldog Carface, si ritrova in paradiso. Per Charlie è anche troppo presto per andarsene, così, rubato l'orologio del tempo, ritorna sulla terra, a New Orleans nel 1939. Qui, con l'aiuto di un simpatico bassotto, scopre il segreto della ricchezza di un boss: è una dolce bambina che, parlando con gli animali, permette al bieco personaggio di assicurarsi favolose vincite alle corse dei cavalli. Charlie farà amicizia con la bambina, la strapperà alle grinfie del "cattivo" e fuggirà con lei. Finale commovente nel quale i due protagonisti andranno incontro al loro destino. Don Bluth ha già dimostrato in altre occasioni di saperci fare con i cartoni: il ritmo delle scene è serrato, le esilaranti invenzioni ci regalano dolci e divertenti sequenze. ■ ANIMAZIONE; COL.; 80'; USA, 1989.

CHARLIE BARTLETT ★★
Regia di JON POLL. Con HOPE DAVIS, KAT DENNINGS, ROBERT DOWNEY JR., JAKE EPSTEIN, TYLER HILTON, JONATHAN MALEN, DEREK MCGRATH, MEGAN PARK, MARK RENDALL, DYLAN TAYLOR, ANTON YELCHIN, STEPHEN YOUNG. ■ Charlie Bartlett è uno studente brillante e quietamente indisciplinato. In seguito all'ennesimo provvedimento disciplinare viene espulso da una prestigiosa scuola privata e iscritto in una pubblica. Superati la timidezza iniziale e l'occhio nero procuratogli dal bullo di turno, Charlie trova modo e tempo, quello della ricreazione, per farsi accettare e per ascoltare nei bagni dei maschietti i problemi esistenziali della sua generazione. Dispensando pillole e pareri pseudo-professionali, si innamorerà della bella figlia del preside, dedito all'alcool e ai ricordi. Nonostante metta in circolo un immaginario innocuo e privo di una vera temperie morale, dietro la sua apparente semplicità formale, dietro la trama lineare e quasi ovvia nel suo svolgimento, il film impone ragionamenti non banali, profondi e necessari. ■ COMMEDIA; COL.; 98'; USA, 2007.

CHARLIE BRAVO ★★
Regia di CLAUDE BERNARD AUBERT. Con JEAN-FRANÇOIS PORON, BRUNO PRADAL. ■ Un importante uomo politico è preso prigioniero dai Vietcong. Il comando americano invia una pattuglia di dodici paracadusti perché con un colpo di mano riescano a liberarlo. Ma non riusciranno. Anzi dovranno compiere una carneficina per potersi salvare. ■ GUERRA; COL.; 105'; FRANCIA, 1980.

CHARLIE CHAN A CHINATOWN ★★
(Shadows over Chinatown)
Regia di TERRY MORSE. Con BRUCE KELLOGG, MANTAN MORELAND, SIDNEY TOLER. ■ Charlie Chan indaga su una serie di omicidi e scopre che sono collegati a una truffa ai danni dell'assicurazione. L'ambientazione a Chinatown è sfruttata solo per qualche effetto comico (spaventose macchine, maschere cinesi che mettono paura al figlio di Chan e al buffo autista-maggiordomo nero). ■ GIALLO; B/N; 61'; USA, 1946.

CHARLIE CHAN ALLE OLIMPIADI ★★
(Charlie Chan at the Olimpics)
Regia di BRUCE H. HUMBERSTONE. Con KATHERINE DE MILLE, WARNER OLAND, SIDNEY TOLER. ■ Charlie Chan, celebre detective, ha il compito di recuperare un prezioso dispositivo rubato qualche tempo prima. Le indagini lo portano a Berlino, sede delle Olimpiadi, dove scopre dopo mirabolanti imprese il mandante del furto. ■ GIALLO; B/N; 71'; USA, 1937.

CHARLIE CHAN AL MUSEO DELLE CERE ★★
(Charlie Chan at the Wax Museum)
Regia di LYNN SHORES. Con C. HENRY GORDON, MARC LAWRENCE, SIDNEY TOLER. ■ Un pazzo criminale s'è nascosto dentro un museo delle cere, ma Charlie Chan gli dà la caccia anche lì. Impresa non facile: il criminale è anche un luminare della chirurgia plastica e se ne serve per mutare sembianze. ■ GIALLO; B/N; 63'; USA, 1940.

CHARLIE CHAN A PANAMA ★★
(Charlie Chan in Panama)
Regia di NORMAN FOSTER. Con LIONEL ATWILL, JACK LARUE, SIDNEY TOLER. ■ Stavolta Charlie Chan è al servizio del governo degli Usa (siamo alla vigilia della guerra). Sventa un complotto di spie per sabotare il canale di Panama e bloccare la flotta americana che sta transitando. ■ GIALLO; B/N; 67'; USA, 1940.

CHARLIE CHAN A RENO *(Charlie Chan in Reno)* ★★
Regia di NORMAN FOSTER. Con PHYLLIS BROOKS, RICARDO CORTEZ, SIDNEY TOLER. ■ Charlie Chan arriva nella città del Nevada e trova il modo di scagionare una divorziata accusata a torto di omicidio. La storia è tratta non da un racconto di Derr Biggers (il creatore di Chan) ma da un romanzo di Philip Wylie. ■ GIALLO; B/N; 70'; USA, 1939.

CHARLIE CHAN A RIO *(Charlie Chan in Rio)* ★★
Regia di HARRY LACHMAN. Con MARY BETH HUGHES, VICTOR JORY, SIDNEY TOLER. ■ Charlie Chan, stavolta in Brasile, indaga con il concorso della polizia locale (qui meno ottusa del solito) su due omicidi. Viene a sapere che il secondo assassinio fu commesso per vendicare il primo. ■ GIALLO; B/N; 61'; USA, 1941.

CHARLIE CHAN DELITTO A NEW YORK ★★
(Murder over New York)
Regia di HARRY LACHMAN. Con RICARDO CORTEZ, SIDNEY TOLER, MARJORIE WEAVER. ■ Alla vigilia della guerra, una serie di sabotaggi ai danni dell'industria aeronautica vengono commessi da una rete di agenti stranieri. Charlie Chan di passaggio a New York scopre chi c'è dietro gli attentati. ■ GIALLO; B/N; 65'; USA, 1940.

CHARLIE CHAN E IL CASTELLO NEL DESERTO ★★
(Castle in the Desert)
Regia di HARRY LACHMAN. Con HENRY DANIELL, SIDNEY TOLER, ARLEEN WHELAN. ■ Charlie Chan è invitato da un milionario nel suo castello nel deserto. La presenza del poliziotto giallo viene utile. Gli altri ospiti del castello cominciano a morire in circostanze misteriose. ■ GIALLO; B/N; 62'; USA, 1942.

CHARLIE CHAN E IL DENARO CHE SCOTTA ★★
(Dangerous Money)
Regia di TERRY MORSE. Con VICTOR SEN YUNG, SIDNEY TOLER, GLORIA WARREN. ■ Un agente federale è ucciso sulla nave che fa rotta da Samoa verso Pago Pago. Charlie Chan scopre gli assassini, una banda che vuole saccheggiare le coste delle Filippine. ■ GIALLO; B/N; 64'; USA, 1946.

CHARLIE CHAN E IL DRAGO ROSSO *(Red Dragon)* ★★
Regia di PHIL ROSEN. Con WILLIE BEST, BENSON FONG, SIDNEY TOLER. ■ Charlie Chan giunge in Messico dove un gruppo di loschi individui cerca di mettere le mani sulla formula della bomba atomica. Charlie li mette in condizioni di non nuocere. ■ GIALLO; B/N; 64'; USA, 1946.

CHARLIE CHAN E I MORTI CHE PARLANO ★★
(Dead Men Tell)
Regia di HARRY LACHMAN. Con GEORGE REEVES, SHEILA RYAN, SIDNEY TOLER. ■ Charlie Chan indaga sulla morte di una vecchia signora uccisa mentre stava andando alla ricerca di un tesoro di famiglia, nascosto dall'antenato, un famoso pirata. Scopre che fu spaventata a morte da un individuo travestito da spettro del pirata. ■ GIALLO; B/N; 60'; USA, 1941.

CHARLIE CHAN E LA CITTÀ AL BUIO ★★
(Charlie Chan in the City in Darkness)
Regia di HERBERT I. LEEDS. Con LYNN BARI, LON CHANEY JR, SIDNEY TOLER. ■ Charlie Chan, a Parigi per un raduno di commilitoni della prima guerra mondiale, smaschera un industriale di pochi scrupoli che vuol vendere le armi da lui fabbricate a una potenza straniera. ■ GIALLO; B/N; 75'; USA, 1939.

CHARLIE CHAN E LA CROCIERA DEL TERRORE ★★
(Charlie Chan's Murder Cruise)
Regia di EUGENE FORDE. Con LIONEL ATWILL, SIDNEY TOLER, MARJORIE WEAVER. ■ Un poliziotto amico di Chan è ucciso

mentre sta per rivelargli il suo piano per catturare un assassino durante una crociera. Charlie prende parte allora al viaggio per scoprire l'uccisore. ■ GIALLO; B/N; 75'; USA, 1940.

CHARLIE CHAN E L'ALIBI OSCURO *(Dark Alibi)* ★★
Regia di PHIL KARLSON. Con TEALA LORING, MANTAN MORELAND, SIDNEY TOLER. ■ Stavolta il nemico di Chan è un furbo che riesce a riprodurre impronte digitali altrui. Il che gli serve per commettere delitti e fare accusare queste persone del tutto innocenti. È il trentottesimo film della serie Chan. ■ GIALLO; B/N; 61'; USA, 1946.

CHARLIE CHAN E LA MALEDIZIONE DELLA REGINA DRAGO ★★
(Charlie Chan and the Curse of the Dragon Queen)
Regia di CLIVE DONNER. Con ANGIE DICKINSON, BRIAN KEITH, PETER USTINOV. ■ Charlie Chan, ormai un bonario vecchio cinese in pensione, è chiamato a risolvere una serie di delitti commessi in vicinanza della villa del nipote. Dapprima Charlie crede che dietro le uccisioni ci sia una sua antica nemica, la regina Drago (che difatti è ricomparsa recentemente in circolazione). Ma s'inganna. L'assassino è molto più vicino. E abbastanza insospettabile. ■ GIALLO ROSA; COL.; 97'; USA, 1980.

CHARLIE CHAN IN TRAPPOLA *(The Trap)* ★★
Regia di HOWARD BRETHERTON. Con KIRK ALYN, MANTAN MORELAND, SIDNEY TOLER. ■ Chan corre in aiuto di un'attrice terrorizzata dal massacro sistematico di alcuni suoi colleghi. Chan scova l'assassino a Malibu Beach. L'ultimo film di Toler nel ruolo di Charlie (morì in quello stesso anno). ■ GIALLO; B/N; 68'; USA, 1947.

CHARLIE CHAN NELL'ISOLA DEL TESORO ★★
(Charlie Chan at Tresaure Island)
Regia di NORMAN FOSTER. Con DOUGLAS FOWLEY, CESAR ROMERO, SIDNEY TOLER. ■ Charlie Chan non crede al suicidio della moglie di un amico. Indaga e scopre una rete di ricatti manovrata da un illusionista. Ispirato al personaggio di Earl Derr Biggers. ■ GIALLO; B/N; 75'; USA, 1939.

CHARLIE E L'ANGELO *(Charley and the Angel)* ★★
Regia di VINCENT MCEVEETY. Con CLORIS LEACHMAN, FRED MACMURRAY, HENRY MORGAN. ■ La vita può essere meravigliosa: è la morale di questa commediola Disney. Anche se purtroppo è breve. Almeno quella del maturo Charlie, che non è proprio l'uomo più simpatico del mondo. Ma un giorno uno strano angelo (un ometto malizioso e petulante) gli comunica che ha solo poco tempo da vivere. È il caso che tesaurizzi quanto gli rimane. Soprattutto ritrovando l'affetto dei familiari che aveva non di rado maltrattato. ■ COMMEDIA; COL.; 95'; USA, 1973. ■ GOLDEN GLOBES 1 NOM.

CHARLIE IL NEGRO *(Soul of Nigger Charley)* ★★
Regia di LARRY SPANGLER. Con D'URVILLE MARTIN, DENISE NICHOLAS, FRED WILLIAMSON. ■ Seguito di *Libero di crepare* di Martin Goldman. Charlie è un ex schiavo nero, abile tiratore di pistola, che si è sbarazzato con la forza delle catene della schiavitù. Ma molti altri della sua razza non hanno avuto identica opportunità. Charlie allora corre a liberare una colonia di neri tenuti prigionieri da un ex ufficiale sudista al confine del Messico. ■ WESTERN; COL.; 90'; USA, 1973.

CHARLIE'S ANGELS ★★
Regia di JOSEPH MCGINTY NICHOL. Con DREW BARRYMORE, TIM CURRY, CAMERON DIAZ, LUCY LIU, BILL MURRAY. ■ Natalie (Diaz), Dylan (Barrymore) e Alex (Liu), le Charlie's Angels, devono indagare sul rapimento del multimiliardario Eric Knox, proprietario della Knox Tecnologies. Come prima cosa devono intercettare Roger Corwin, sospettato numero uno, visto che è il rivale di Knox. Come conseguenza delle loro indagini ci rimettono una base e il loro capo Charlie è in pericolo. Il film è tratto dalla celebre serie degli anni Settanta, ma, come in altri casi di remake hollywoodiani tratti da vecchie serie, non è importante che lo spettatore le abbia viste. ■ AVVENTURA; COL.; 98'; USA, 2000.

CHARLIE'S ANGELS – PIU' CHE MAI ★★
(Charlie's Angels 2 – Full throttle)
Regia di JOSEPH MCGINTY NICHOL. Con DREW BARRYMORE, CAMERON DIAZ, LUCY LIU, BERNIE MAC, DEMI MOORE, LUKE WILSON. ■ La scomparsa di due anelli getta nel panico l'Fbi. I gioielli contengono informazioni criptate sull'identità delle persone incluse nel programma di protezione testimoni, che rischiano la vita, e agli "angeli di Charlie" viene affidato il compito di ritrovare i gioielli scomparsi. Il colpevole è Madison (Demi Moore), ex angelo passato dalla parte del crimine. Un remake inutile. Le "televisive" avevano molto più appeal, e molta più credibilità. ■ AZIONE; COL.; 111'; USA, 2003.

CHARLOT *(Chaplin)* ★★★
Regia di RICHARD ATTENBOROUGH. Con DAN AYKROYD, GERALDINE CHAPLIN, ROBERT DOWNEY JR., ANTHONY HOPKINS, KEVIN KLINE, JAMES WOODS. ■ Il fantomatico editore (è solo fantasia) Anthony Hopkins discute il passato di Chaplin con lo stesso artista, che nel 1963 ha quasi ultimato la sua autobiografia. Ecco dunque la Londra del 1894 che vede Charlie cinquenne trarre dai guai la mamma cantando una canzone davanti a un pubblico volgare e crudele. Il resto è mitologia dei film e della vita del più grande uomo di cinema di ogni tempo. Il teatro leggero, la chiamata a Hollywood da parte del produttore regista Mack Sennett, le prime comiche e poi i film. Alle mogli bambine e alle amanti è dedicato il giusto spazio. Il film procede a capitoli secondo appunto le donne e le grandi opere, che vengono motivate: *Il monello*, *La febbre dell'oro*, *Luci della città*, *Tempi moderni*, *Il grande dittatore*, *Luci della ribalta*. Dopo averlo maltrattato e addirittura espulso nell'ambito delle famose "attività antiamericane" e della paura del comunismo, nel 1972 l'America rimediò in parte attribuendo a Chaplin un Oscar alla carriera. Nel finale il grande vecchio è sulla sedia a rotelle, nel buio, mentre vengono proiettate sequenze dei suoi capolavori. L'ultimo spezzone è quello di Charlot che abbraccia e bacia il "monello". Chaplin piange nel buio mentre la platea applaude commossa. Come al solito Attenborough è piatto e sufficiente. Quando si hanno a disposizione alcune decine di miliardi e una storia come quella di Chaplin è davvero difficile fare un brutto film. Ma il profilo è sempre uniforme e mai alto. Tutto è a puntino, la scenografia va bene, tutto va benino ma... avremmo voluto un Alan Parker. C'è una situazione che dimostra questo concetto quasi matematicamente. Siamo nel momento in cui Charlie "incontra" la sua bombetta e il bastoncino che sono addirittura animati (buona l'idea). Chaplin diventa Charlot. Sennett sta girando uno dei due filmetti: un gruppo di persone posa per una foto ricordo di un matrimonio. Improvvisamente Charlot irrompe, spinge lo sposo, evita un calcio, ne dà un altro, gira intorno, fa due capriole, travolge e stravolge tutto. Sennett lascia correre la scena; ha capito chi si trova davanti. Ecco, in quel momento, quando il film prende i ritmi di Chaplin si capisce la differenza fra il genio e il ricco mestierante. Le regole di Charlot hanno letteralmente escluso quelle di Attenborough. Quando finisce la scena finisce anche la magia, torna tutto sufficiente. Altre due considerazioni: Robert Downey è un buon acrobata ma deve ancora molto recitare. Infine il vecchio Chaplin. Viene mostrato mentre accoglie tutte le obiezioni dell'editore e pazientemente si giustifica. Davvero non crediamo che il grande, viziato vegliardo fosse così morbido e disponibile con chi voleva discutere le sue idee. ■ BIOGRAFICO; COL.; 140'; GRAN BRETAGNA, 1993. ■ GOLDEN GLOBES 3 NOM; OSCAR 3 NOM.

CHARLOTTE FOREVER ★★
Regia di SERGE GAINSBOURG. Con ROLAND BERTIN, CHARLOTTE GAINSBOURG, SERGE GAINSBOURG. ■ Charlotte, quindicenne, vive col padre, vedovo e alcolizzato. Tra i due c'è una passione morbosa e violenta. Charlotte rimprovera continuamente al padre di aver causato in un incidente la morte della madre. Ma in realtà il complesso di colpa (che cerca di instillare nel padre) è solo un modo per tenerlo legato stretto a sé. ■ DRAMMATICO; COL.; 94'; FRANCIA, 1987.

CHAT, L'IMPLACABILE UOMO DI SAINT GÉRMAIN, LE *(Le chat)* ★★★
Regia di PIERRE GRANIER-DEFERRE. Con YVES BARSACQ, ISABEL DEL RIO, JEAN GABIN, HARRY MAX, JACQUES RISPAL, ANDRÉ ROUYER, SIMONE SIGNORET, JEAN CLAUDE VAN DAMME. ■ Due

vecchi coniugi abitano nella stessa casa, benché si parlino pochissimo e mangino addirittura a tavoli separati. Lui porta a casa un randagio e lei, gelosa, lo sopprime. È la goccia che fa traboccare il vaso: l'uomo va a vivere in una pensione; la donna si ammala e muore. Il marito preferisce uccidersi piuttosto che rimanere solo. ■ DRAMMATICO; COL.; 86'; FRANCIA, 1971. ■ BERLINO 2 PR.

CHATO *(Chato's Land)* ★★
Regia di MICHAEL WINNER. Con CHARLES BRONSON, VICTOR FRENCH, RICHARD JORDAN, SIMON OAKLAND, JACK PALANCE, SONIA RANGAN, RALPH WAITE, JAMES WHITMORE. ■ Un indiano, per difendersi, ammazza uno sceriffo. Tallonato da bianchi sanguinari e senza scrupoli, si accontenta di metterli in difficoltà su terreni accidentati, ruba la loro acqua e fa fuggire alcuni dei loro cavalli. Poi gli violentano la moglie, e allora si scatena. ■ WESTERN; COL.; 110'; USA, 1971.

CHAVEZ – L'ULTIMO COMANDANTE ★★
(South of the Border)
Regia di OLIVER STONE. Con TARIQ ALI, RAÚL CASTRO, HUGO CHÁVEZ, RAFAEL CORREA, CRISTINA KIRCHNER. ■ Partendo dalla vicenda politica di Hugo Chavez, Oliver Stone traccia il complesso quadro dei mutamenti politici che hanno contrassegnato la vita di molti paesi dell'America Latina. Dall'Ecuador, al Brasile all'Argentina. Proprio durante l'aggressiva amministrazione Bush i governi di quegli Stati sono passati da amministrazioni di destra ad amministrazioni di sinistra. Stone non sceglie come interlocutore i popoli ma direttamente i capi. Sono quindi Chavez, Lula, Lady Kirchner a raccontare gli obiettivi che vengono perseguiti dai reciproci governi. ■ DOCUMENTARIO; COL.; 78'; USA, 2009.

CHE! *(Che)* ★★
Regia di RICHARD FLEISCHER. Con CESARE DANOVA, ROBERT LOGGIA, BARBARA LUNA, LINDA MARSH, JACK PALANCE, ALBERT PAULSEN, OMAR SHARIF, FRANK SILVERA, WOODY STRODE. ■ Vita e morte del famoso guerrigliero. Coraggioso e intelligente, vittorioso al seguito di Fidel Castro a Cuba, lascia il condottiero per organizzare la rivolta di tutta l'America Latina. In Bolivia, però, la sorte gli è avversa e il Che muore per mano dell'esercito. ■ AVVENTURA; COL.; 96'; USA, 1969.

CHE? *(What?)* ★★★
Regia di ROMAN POLANSKI. Con GUIDO ALBERTI, CARLO DELLE PIANE, HUGH GRIFFITH, MARCELLO MASTROIANNI, GIANFRANCO PIACENTINI, ROMAN POLANSKI, SYDNE ROME, ROMOLO VALLI. ■ Il titolo stravagante si addice alla trama molto curiosa, che è forse la più piccante ed estroversa di Roman Polanski. Sulla costiera amalfitana, una autostoppista un po' sprovveduta sfugge a tre aggressori e si nasconde in una villa abitata da personaggi incredibili e divertenti, che lei descrive minutamente nel suo diario. Le hanno rubato tutto, così la si vede spesso nuda, ma non maliziosa se non agli occhi di chi la guarda (specie il proprietario della casa). La poverina, che ne passa di tutti i colori, fugge su un furgone che trasporta maiali. ■ COMMEDIA; COL.; 112'; ITALIA, 1972.

CHE ARIA TIRA LASSÙ *(The Air up There)* ★★
Regia di PAUL MICHAEL GLASER. Con KEVIN BACON, CHARLES GITONGA MAINA, SEAN MCCANN, YOLANDA VAZQUEZ. ■ Kevin Bacon (*Footloose*) è aiuto allenatore, in un college, di una squadra di pallacanestro. Il suo sogno è di prendere un giorno il posto dell'allenatore capo. Perciò va in Africa a cercare un ottimo giocatore. Non sarà facile. Il regista è il famoso attore della serie *Starsky e Hutch* e ha all'attivo, dietro la macchina da presa, *L'implacabile* con Schwarzenegger. ■ COMMEDIA; COL.; 95'; USA, 1993.

CHE BELLA GIORNATA ★★★
Regia di GENNARO NUNZIANTE. Con NABIHA AKKARI, ANNARITA DEL PIANO, ROCCO PAPALEO, TULLIO SOLENGHI, CHECCO ZALONE. ■ Checco, security di una discoteca della Brianza, sogna di fare il carabiniere ma viene respinto al colloquio. Grazie alla raccomandazione di uno zio presso il vescovo di Milano, si ritrova a lavorare come addetto alla sicurezza del Duomo. Qui conosce Farah, una ragazza araba che si finge studentessa di architettura per avvicinare la Madonnina, ai piedi della quale medita in realtà di depositare una bomba per vendicare l'uccisione della sua famiglia. Checco abbocca immediatamente all'amo di Farah – lui pugliese di madre tarantina e lei "francese di madre bina" – ma quel che la ragazza non può immaginare è che la maggior minaccia per il prossimo e per il patrimonio artistico italiano è rappresentata da Checco stesso: un esplosivo connubio di ignoranza e beata, razzista ingenuità. Alla seconda prova cinematografica, Checco Zalone, il personaggio creato da Luca Medici per portare a galla il peggio del "buon uomo" italiano, conferma di possedere una scintilla di genialità, che gli permette di conquistare critica e pubblico, distraendoli persino dalle enormi debolezze di fattura dei suoi film. Più idiota di Clouseau, più ingenuo di Mr Bean, maschera poco italiana dell'italiano medio in soluzione concentrata, Zalone non conosce pudore né timore, nemmeno in fase di scrittura, e dunque si scaglia contro le missioni di pace così come contro Chiesa e clero (gli angeli e i demoni di "don Brown", insomma), come pochi altri oserebbero fare al di là di una battuta, così in grande stile. *Che bella giornata* non prosegue *Cado dalle nubi*, il setting è stato azzerato e ripensato in toto, ma estingue per sempre il dubbio che il comico avesse un unico colpo in canna, fatto della somma delle sue sparate televisive, e ci permette di salutare davvero l'avvento di un talento così intelligente da prendere il proprio pubblico come target nel senso letterale di bersaglio (sviando minimamente le indagini quando seleziona l'Islam a pretesto, per impugnarlo in realtà come uno specchio impietoso). Mezza stella in più. ■ COMICO; COL.; 97'; ITALIA, 2010.

CHE BELLA VITA *(Easy Living)* ★★★
Regia di MITCHELL LEISEN. Con EDWARD ARNOLD, JEAN ARTHUR, RAY MILLAND. ■ Una deliziosa commedia anni Trenta scritta da Preston Sturges. Un milionario, per ingelosire la moglie, regala la pelliccia della consorte a un'impiegata. Presto si sparge la voce che i due sono amanti. La ragazza però è innamorata di un cameriere, che si scoprirà essere il figlio (in incognito) del milionario. ■ COMMEDIA; B/N; 86'; USA, 1937.

CHE BEL REGALO *(It's a Gift)* ★★★
Regia di NORMAN Z. MCLEOD. Con W. C. FIELDS, BABY LE ROY, MORGAN WALLACE. ■ Uno dei migliori film di W. C. Fields, a sua volta remake di un suo classico del muto. Fields ha la parte di un droghiere che acquista (senza averla vista) una fattoria dove coltivare aranci, in California. Prende la sua famiglia e vi si trasferisce, con conseguenze naturalmente disastrose per tutti (e specialmente per il povero uomo afflitto dalla più bisbetica delle mogli). ■ COMMEDIA; B/N; 85'; USA, 1934.

CHE BOTTE, RAGAZZI! ★
Regia di BITTO ALBERTINI. Con KARIN FIELD, KLAUS KINSKI, TOMMY POLGART. ■ Gran pasticcio all'italiana che mescola allegramente elementi del western con elementi del filone kung-fu. Shanghai Joe e il suo compare, coppia alla Bud Spencer-Terence Hill, riescono a smascherare e a sconfiggere il Super-Cattivo di turno. ■ COMMEDIA; B/N; 90'; ITALIA, 1974.

CHE BOTTE SE INCONTRI GLI ORSI ★★
(The Bad News Bears)
Regia di MICHAEL RITCHIE. Con WALTER MATTHAU, VIC MORROW, TATUM O'NEAL. ■ Un ex giocatore di baseball riceve l'incarico di allenare gli Orsi, una squadretta giovanile regolarmente battuta in tutti i tornei. I ragazzi sono proprio dei bidoncini, ma il buon *trainer* riesce a metterli in condizione di ben figurare in campionato. Vincerebbero anche, se la fortuna li assistesse. Non importa: faranno scintille nella stagione successiva. ■ COMMEDIA; COL.; 102'; USA, 1977.

CHE CARAMBOLE... RAGAZZI *(üç kagitçilar)* ★
Regia di HERB AL BAUER. Con GEORGE ARKIN, FRANCA GONELLA, JIM GORDON, ROBERT WIDMARK. ■ Scopiazzata italo-tedesca del filone *Trinità*, con la consueta accoppiata del mingherlino e del grassone. Un terzetto di furbacchioni ne combina di tutti i colori pur di riuscire ad impadronirsi di una grossa somma. C'è di mezzo anche la mafia, e alla fine verranno spediti tutti quanti in gattabuia. ■ AVVENTURA; COL.; 95'; GERMANIA, ITALIA, 1975.

CHE CARRIERA SI FA CON L'AIUTO DI MAMMÀ!... *(Le distrait)* ★★
Regia di PIERRE RICHARD. Con MARIE-CHRISTINE BARRAULT,

BERNARD BLIER, ROBERT DALBAN, MICHELINE LUCCIONI, MARIA PACÔME, PAUL PRÉBOIST, PIERRE RICHARD, CATHERINE SAMIE. ■ Una donna costringe l'amante ad assumere il figlio nell'agenzia di sua proprietà. Il ragazzo si ribella alla routine del lavoro e poco ci manca che mandi l'azienda in fallimento. Sta per essere licenziato ma, grazie alla mamma, conserva il posto. ■ COMMEDIA; COL.; 85'; FRANCIA, 1970.

CHE CASINO RAGAZZI! *(Béru et ces dames)* ★★★
Regia di GUY LEFRANC. Con GÉRARD BARRAY, ROGER CARREL, ANNA GAËL, MARIA MAUBAN, JEAN RICHARD. ■ Alcuni gangster rubano una coltura di bacilli credendo che si tratti di cocaina. Il commissario incaricato del recupero propone il cambio; qualcuno, però, sostituisce la droga con zucchero. ■ COMMEDIA; COL.; 87'; FRANCIA, 1970.

CHE CAVOLO MI COMBINI PAPÀ?! ★★
(Tout feu tout flamme)
Regia di JEAN-PAUL RAPPENEAU. Con ISABELLE ADJANI, LAUREN HUTTON, YVES MONTAND. ■ Pauline, spigliata e intelligentissima ragazza, manda avanti la famiglia (vecchia nonna e due giovani sorelle), dopo la morte della madre e la partenza del padre, strambo personaggio, inaffidabile, ma simpatico. Un bel giorno, il truffaldino genitore si rifà vivo e, con lui, ricominciano i guai. ■ COMMEDIA; COL.; 108'; FRANCIA, 1981.

CHE C'ENTRIAMO NOI CON LA RIVOLUZIONE? ★★★
Regia di SERGIO CORBUCCI. Con LEO ANCHORIZ, JOSÉ CANALEJAS, EDUARDO FAJARDO, RICCARDO GARRONE, VITTORIO GASSMAN, PAOLO VILLAGGIO. ■ Un capocomico in tournée in Messico e un prete vengono casualmente trascinati nell'ennesima rivoluzione e rischiano varie volte di essere giustiziati sia dai ribelli che dall'esercito. Quelle esperienze li maturano e li spingono a far causa comune con il popolo; l'attore verrà ucciso dai militari. ■ COMMEDIA; COL.; 103'; ITALIA, 1972.

CHE CI FA UN PRETE FRA LE THAILANDESI? ★
(Mon curé chez les Thaïlandaises)
Regia di ROBERT THOMAS. Con JACQUES BALUTIN, DARRY COWL, MARION GAME. ■ Un curato di campagna eredita da un parente un albergo in Thailandia. In realtà è una specie di bordello, ma il prete parte con l'intenzione di farne un collegio religioso. Il viaggio però si rivela pieno di sorprese. L'aereo è dirottato, il curato è costretto a paracadutarsi nel deserto, e così via. ■ COMMEDIA; COL.; 95'; FRANCIA, 1983.

CHE COLPO DI FORTUNA! *(Nickel & Dime)* ★
Regia di BEN MOSES. Con LISE CUTTER, C. THOMAS HOWELL, WALLACE SHAWN. ■ Jack scova i pretendenti per le eredità che non vengono richieste. In effetti gli eredi non sempre sono quelli legittimi, ma in tribunale il giovanotto riesce comunque a vincere le contestazioni. Anche perché l'avvocato di Stato è la sua ex ragazza. I guadagni però sono modesti e ormai l'unico modo per saldare gli agenti delle tasse è trovare, nel giro di poche ore, l'erede di una sontuosa tenuta. ■ COMMEDIA; COL.; 90'; USA, 1993.

CHE COPPIA QUEI DUE! ★★
(Element of Risk – That's me over There)
Regia di GERALD MAYER, LESLIE NORMAN. Con TONY CURTIS, ROGER MOORE. ■ Sono due episodi della serie *Attenti a quei due* (ben nota al pubblico televisivo) riuniti secondo una formula che ormai è giunta alla quinta puntata. Nel primo, Danny Wilde (Tony Curtis) è sequestrato da un gruppo di gangster che l'hanno preso per un complice in incognito. Sarà Brett Sinclair (Moore) a salvarlo. Nel secondo è Sinclair a venire rapito e Wilde a correre in suo soccorso. ■ POLIZIESCO; COL.; 89'; GRAN BRETAGNA, 1977.

CHE COSA ASPETTARSI QUANDO SI ASPETTA? *(What to Expect When You're Expecting)* ★★
Regia di KIRK JONES. Con ELISABETH BANKS, CHACE CRAWFORD, BROOKLYN DECKER, CAMERON DIAZ, JENNIFER LOPEZ. ■ Avere ingredienti potenzialmente gustosi non significa riuscire a cucinare un piatto prelibato: il nuovo film di Kirk Jones – i suoi precedenti lavori sono *Svegliati Ned*, *Nanny McPhee* e il remake americano di *Stanno tutti bene* con Robert De Niro – nonostante un cast di "all star" non riesce ad interessare lo spettatore. Personaggi e situazioni sulla gravidanza e sulla vita di coppia (con esempi indicativi sempre diversi) sono raccontati superficialmente in un film a episodi, con scene di retorica buonista, come nell'episodio riguardante il problema dell'adozione che vede protagonisti gli imbambolati Jennifer Lopez e Rodrigo Santoro. ■ COMMEDIA; COL.; 110'; USA, 2012.

CHE COSA È SUCCESSO TRA MIO PADRE E TUA MADRE? *(Avanti!)* ★★★
Regia di BILLY WILDER. Con FRANCO ACAMPORA, EDWARD ANDREWS, GIANFRANCO BARRA, PIPPO FRANCO, JACK LEMMON, JULIET MILLS, CLIVE REVILL. ■ Il film narra di un americano che giunge a Ischia per disporre il trasferimento negli Usa del corpo del padre defunto. Ha modo così di scoprire che l'uomo aveva da parecchi anni una insospettata relazione con una turista, perita con l'amante nell'incidente d'auto. La figlia della donna sbarca sull'isola per le stesse ragioni dell'americano; ovvio, dunque, che anch'essi, come i genitori, finiscano l'uno nelle braccia dell'altra. ■ COMMEDIA; COL.; 144'; USA, 1972. ■ GOLDEN GLOBES 1 PR, 5 NOM.

CHE COSA HAI FATTO QUANDO SIAMO RIMASTI AL BUIO? *(Where Were you When the Lights Went out?)* ★★
Regia di HY AVERBACK. Con LOLA ALBRIGHT, STEVE ALLEN, JIM BACKUS, DORIS DAY, ROBERT MORSE, PATRICK O'NEAL, TERRY THOMAS. ■ Un'attrice, offesa dal tentato tradimento del marito, si trasferisce in campagna, dove arriva un uomo che ha appena commesso un furto. Il marito, giunto subito dopo, crede che costui sia l'amante della moglie. Mentre è casualmente in possesso della valigetta contenente la refurtiva, il padrone di casa viene fermato dalla polizia che lo crede il ladro; questi, con uno stratagemma, salva l'innocente e se stesso. I due sposi fanno pace. ■ COMMEDIA; COL.; 94'; USA, 1968.

CHECOSAMANCA ★★
Regia di CHIARA BELLOSI, MARCO BERRINI, ENRICO CERASUOLO, FRANCESCO CRESSATI, ANDREA D'AMBROSIO, SERGIO FERGNACHINO, MARTINA PARENTI, ALICE ROHRWACHER, ANDREA SEGRE, NICOLA ZUCCHI. ■ Da una fiumara calabra a una notte catanese in cui i cani randagi girovagano senza meta per la città: tra questi due estremi "pieni di vuoto" si costruisce *Checosamanca*, opera collettiva, nata con l'intenzione di parlare del presente, preferendo l'azione al facile lamento sull'assenza dello stato e della politica. Chiamati inizialmente alle armi 50-60 giovani registi, sono arrivate infine sullo schermo cinque storie che, riunite senza soluzione di continuità dalla montatrice Esmeralda Calabria, formano un vero e proprio documentario sullo stato del nostro paese. ■ DOCUMENTARIO; COL.; 98'; ITALIA, 2006.

CHE DISTINTA FAMIGLIA! ★★
Regia di MARIO BONNARD. Con GINO CERVI, RINA MORELLI, ASSIA NORIS, PAOLO STOPPA, AROLDO TIERI. ■ Un titolato vuole sposare un'attrice, ma la famiglia di lui nega il beneplacito perché la ragazza non è nobile. L'uomo dispone allora di darla in moglie ad un altro titolato dal quale divorzierà, ormai blasonata, subito dopo. Un cameriere che ama la ragazza la sposa fingendosi duca. Lei scopre la verità, ma ha imparato ad amarlo. ■ COMMEDIA; B/N; 90'; ITALIA, 1943.

CHE DONNA! *(What a Woman)* ★★★
Regia di IRVING CUMMINGS. Con BRIAN AHERNE, WILLIAM PARKER, ROSALIND RUSSEL. ■ La direttrice di una casa cinematografica convince uno scrittore a sostenere il ruolo principale nella trasposizione di un suo lavoro. L'uomo accetta, si innamora della ragazza e fa di tutto per essere ricambiato. Lei, invece, diventa moglie di un giornalista. ■ COMMEDIA; B/N; 94'; USA, 1943.

CHE DRITTO... CON TRE DONNE A LETTO ★★
(Up in the Cellar)
Regia di THEODORE J. FLICKER. Con JOAN COLLINS, LARRY HAGMAN, WES STERN. ■ Giovanotto di New York si dà molto da fare con le donne e riesce a gestirne tre contemporaneamente: una bionda, una bruna (Joan Collins) e una di colore. ■ COMMEDIA; COL.; 91'; USA, 1970.

CHEF *(Comme un chef)* ★★
Regia di DANIEL COHEN. Con RAPHAËLLE AGOGUÈ, JULIEN BOISSELIER, JEAN RENO, SALOMÈ STEVENIN, MICHAËL YOUN. ■

Jacky è un cuoco dai gusti raffinati, costretto a misurarsi con taverne e bistrot parigini dove i clienti consumano solo cibo veloce. Licenziato dall'ennesimo ristorante, trova un impiego come imbianchino in una casa di riposo per riuscire a sostenere le esigenze della compagna incinta. La sua attitudine per la nouvelle cuisine lo porta tuttavia a intromettersi continuamente nella cucina e nelle ricette per gli anziani, tanto da attirare l'attenzione di Alexandre Lagarde, famosissimo chef in crisi di ispirazione. Oppresso da un giovane imprenditore che minaccia di portargli via il suo ristorante, Lagarde offre a Jacky l'opportunità di lavorare al suo fianco per continuare a far brillare le stelle del suo gourmet. ■ COMMEDIA; COL.; 84′; FRANCIA, SPAGNA, 2012.

CHE FAI, RUBI? *(What's up, Tiger Lily?)* ★★
Regia di WOODY ALLEN, SENKICHI TANIGUCHI. Con MIE HANA, TITIA NACAMARU, TATSUYA NIHASHI. ■ Si tratta originariamente di una pellicola giapponese di spionaggio. Ad essa, Woody Allen ha aggiunto alcuni spezzoni comici un po' pazzi, pieni di fughe e scambi di persona. In seguito ne ha supervisionato anche il doppiaggio. ■ COMMEDIA; COL.; 80′; GIAPPONE, USA, 1966.

CHE FANNO I NOSTRI SUPERMEN TRA LE VERGINI DELLA JUNGLA? ★★
Regia di BITTO ALBERTINI. Con FEMI BENUSSI, SAL BORGESE, BRAD HARRIS, GEORGE MARTIN, PASQUALE SIMEONI, PILAR ZORRILLA. ■ Un agente dell'Fbi viene inviato in Africa perché raggiunga una miniera di uranio prima dei russi. Il viaggio è irto di difficoltà e di imprevisti: fra l'altro, la regina di un popolo di donne lo imprigiona per farsi sposare. ■ AVVENTURA; COL.; 92′; ITALIA, 1970.

CHE FATICA ESSERE LUPI *(Full Moon High)* ★★
Regia di LARRY COHEN. Con ADAM ARKIN, ELIZABETH HARTMAN, KENNETH MARS. ■ Parodia del film del terrore. Protagonista è un giovanottello, campione di football al suo college, ma ancora condizionato dal padre, un residuato di autoritarismi pressessantottini. Il genitore ha la bella idea di portare il figlio in vacanza in Transilvania, nei paesi un tempo dominanti da Dracula il vampiro. Un tempo? La minaccia dei succhiatori di sangue non è affatto scomparsa. ■ COMMEDIA; COL.; 94′; USA, 1981.

CHE FEMMINA... E CHE DOLLARI! ★★
Regia di GIORGIO SIMONELLI. Con MARIO CAROTENUTO, DALIDA, JACQUES SERNAS. ■ Due detective si ostacolano nel ricercare un'ereditiera. Uno di essi convince una zingara a distrarre il collega: non sa che proprio lei è la ragazza introvabile. ■ COMMEDIA; COL.; 90′; ITALIA, 1961.

CHE FINE HA FATTO BABY JANE? ★★★
(What ever Happened to Baby Jane?)
Regia di ROBERT ALDRICH. Con MARJORIE BENNET, VICTOR BUONO, JOAN CRAWFORD, BETTE DAVIS, ANNA LEE, MAIDIE NORMAN. ■ Jane, ex bambina prodigio, si è fatta superare nel successo cinematografico dalla sorella. Quest'ultima rimane immobile a causa di un incidente; vive con Jane che gradualmente ne fa una prigioniera e che, dopo avere ucciso una cameriera, lascia che la sorella muoia lentamente. ■ DRAMMATICO; B/N; 132′; USA, 1962. ■ OSCAR 1 PR, 5 NOM.

CHE FINE HA FATTO OSAMA BIN LADEN? ★★
(Where in the World Is Osama Bin Laden?)
Regia di MORGAN SPURLOCK. Con GEORGE BUSH, DICK CHENEY, DARYL ISAACS, ALEXANDRA JEMIESON, MORGAN SPURLOCK. ■ Morgan Spurlock realizza documentari, è un cittadino americano e sta per diventare padre. Così, come gran parte dei suoi compatrioti, inizia a preoccuparsi della sicurezza della sua famiglia. Siccome Spurlock è un artista e un personaggio geniale, la sua ansia di sicurezza si spinge oltre il quartiere o la scuola giusta per dargli un'istruzione. Morgan Spurlock vuole che suo figlio cresca in un mondo sicuro e decide di partire alla caccia del nemico pubblico numero uno degli Stati Uniti e del mondo civilizzato: Osama Bin Laden. Dopo un corso di sopravvivenza e una massiccia dose di vaccini, Spurlock inizia il suo viaggio in Medio Oriente, dove si confronterà con il mondo musulmano. La domanda "dove si nasconde Osama Bin Laden" – che dà il titolo al documentario frutto di questo viaggio – diventerà la chiave per scoprire e capire i suoi interlocutori e alcuni dei problemi più spinosi del XXI secolo. ■ DOCUMENTARIO; COL.; 90′; FRANCIA, USA, 2008.

CHE FINE HA FATTO TOTÒ BABY? ★★★
Regia di OTTAVIO ALESSI. Con MISCHA AUER, EDY BIAGETTI, ALICIA BRANDET, PIETRO DE VICO, IVY HOLZER, TOTÒ. ■ Due fratelli campano alla giornata. In una valigia rubata trovano un cadavere; tentano di sbarazzarsene ma sono costretti a "seguirlo" dentro una casa. Qui Totò si droga fino ad impazzire: commetterà alcuni delitti e verrà chiuso in manicomio. ■ COMMEDIA; B/N; 110′; ITALIA, 1964.

CHE FINE HANNO FATTO I MORGAN? ★★
(Did You Hear About the Morgans?)
Regia di MARC LAWRENCE. Con SAM ELLIOTT, HUGH GRANT, ELISABETH MOSS, SARAH JESSICA PARKER, MARY STEENBURGEN. ■ Meryl e Paul Morgan sono separati. La loro vita perfetta, spesa nel cuore di Manhattan, ha avuto una battuta di arresto. Paul, avvocato di successo, ha tradito Meryl a Chicago con una collega avvenente e adesso vorrebbe cancellare l'accaduto, farsi perdonare e rientrare nel letto e nelle grazie della consorte. Meryl, ferita e ostinata a resistere alla strategia di riconquista, declina suo malgrado inviti, doni, dichiarazioni e (buone) intenzioni. Sarà il destino a decidere il loro futuro, cacciandoli in una situazione decisamente pericolosa. Testimoni di un omicidio vengono presi in consegna dall'FBI, inseriti nel programma protezione testimoni e precipitati a Ray nel Wyoming, lontano dai comfort di New York e sotto la tutela di una coppia di ruvidi federali. La convivenza forzata e la natura selvaggia li costringeranno a ripensare al loro matrimonio e a rimontare in sella. ■ COMMEDIA; COL.; 103′; USA, 2009.

CHE FORTUNA AVERE UNA CUGINA NEL BRONX ★★
(Quackser Fortune has a Cousin in the Bronx)
Regia di WARIS HUSSEIN. Con SEAMUS FORD, MARGOT KIDDER, GENE WILDER. ■ Un giovanotto irlandese rifiuta di lavorare otto ore al giorno e di timbrare il cartellino. Per un po' riesce a campare raccogliendo per strada lo sterco di cavallo e rivendendolo come concime. L'improvvisa eredità di una cugina del Bronx gli permetterà di tirare avanti dedicandosi a occupazioni meno disdicevoli. ■ COMMEDIA; COL. 90′; IRLANDA, 1970.

CHE GIOIA VIVERE ★★★
Regia di RENÉ CLÉMENT. Con GINO CERVI, ALAIN DELON, BARBARA LASS, RINA MORELLI, PAOLO STOPPA, AROLDO TIERI, UGO TOGNAZZI. ■ Alla fine del servizio militare un giovane si impiega in una tipografia, dove lavorano dei simpatizzanti anarchici che egli, apolitico, non denuncia. Per una serie di circostanze partecipa ad un attentato antifascista attirando l'attenzione dei gerarchi. Sballottato tra i due gruppi, nonostante la sua volontà finisce in prigione. ■ COMMEDIA; B/N; 123′; ITALIA, 1961.

CHE – GUERRILLA *(Che: Part Two)* ★★★
Regia di STEVEN SODERBERGH. Con DEMIÀN BICHIR, BENICIO DEL TORO, CATALINA SANDINO, RODRIGO SANTORO. ■ All'apice della gloria, Ernesto "Che" Guevara lascia Cuba a Fidel Castro e sparisce. Ricompare segretamente in Bolivia, dove riunisce un gruppo di compagni cubani e di reclute del posto per dare l'avvio all'addestramento dei ribelli che un giorno porteranno, nelle intenzioni, la rivoluzione in tutta l'America Latina, dal Perù al Cile, all'Argentina, al Brasile. Ma il sostegno locale è scarso, il territorio inospitale, la sua presenza viene scoperta e gli scontri hanno inizio anzitempo. *Che – Guerrilla* è un'iliade: il racconto di un assedio e di una caduta. Bloccati dall'indifferenza della popolazione e dalla risoluzione dei potenti, che non sono disposti a permettere un'altra Cuba, il Che e i compagni non avanzano ma girano intorno, impaludati, con l'acqua fredda ormai all'altezza delle spalle e i fucili puntati addosso. Non c'è mistero sulla morte del Che, ma Soderbergh sposta all'ultimo la macchina da presa e osa una straziante, disturbante soggettiva. ■ BIOGRAFICO; COL.; 131′; SPAGNA, FRANCIA, USA, 2008.

"CHE" GUEVARA, EL ★★
Regia di PAOLO HEUSCH. Con ANDREA CHECCHI, JOHN IRELAND, SUSANNA MARTINKOVA, FRANCISCO RABAL, JACK STUART. ■ Il 9 ottobre 1967 Ernesto "Che" Guevara, combattente contro le

dittature sudamericane, venne ucciso in Bolivia ed entrò definitivamente nel mito. Vennero anche realizzati diversi film; primo tra tutti questo di Huesch, girato in Italia. La storia punta solo sul lato avventuroso degli ultimi mesi di vita del guerrigliero argentino. ■ DRAMMATICO; COL.; 88′; ITALIA, 1968.

CHE GUEVARA – IL CORPO E IL MITO ★★★
Regia di RAFFAELE BRUNETTI, STEFANO MISSIO. ■ A pochi giorni dalla morte, dopo essere stato esposto a Vallegrande allo sguardo di pubblico, militari e giornalisti, il corpo di Ernesto Rafael Guevara De la Serna scompare misteriosamente. Trent'anni più tardi un gruppo di antropologi forensi argentini e un'equipe cubana vengono mandati in missione in Bolivia per ritrovarne i resti e portarli a Cuba. Nel tentativo di fare luce sul mistero che per tre decenni ha avvolto il corpo del rivoluzionario argentino, Raffaele Brunetti e Stefano Missio tracciano le dinamiche politiche dell'epoca e, attraverso interviste mirate, immagini degli scavi, del ritrovamento e dell'esame delle spoglie, fanno un'analisi su come l'uccisione del Che lo abbia innalzato a mito per le generazioni a venire. ■ DOCUMENTARIO; COL.; 60′; ITALIA, 2007.

CHE HO FATTO IO PER MERITARE QUESTO? ★★★★
(Que he hecho yo para mercer esto?)
Regia di PEDRO ALMODÓVAR. Con ÁNGEL DE ANDRÉS LÓPEZ, VERÓNICA FORQUÉ, CARMEN MAURA. ■ Il nucleo centrale del quarto lungometraggio del regista spagnolo Almodóvar è rappresentato da Gloria, casalinga tutta casa e cucina. Vive col marito tassista un'esistenza miseranda e ha accumulato una grande frustrazione. È la sfortuna in persona. Non è però un film drammatico secondo la follia del suo autore, è una parodia che non manca di evidenziare aspetti emblematici di quotidianità, e il dramma esiste. ■ COMMEDIA; COL.; 102′; SPAGNA, 1985.

CHE LA FESTA COMINCI *(Que la fête commence...)* ★★★★
Regia di BERTRAND TAVERNIER. Con JEAN-PIERRE MARIELLE, PHILIPPE NOIRET, JEAN ROCHEFORT, MARINA VLADY. ■ Dopo la morte di Luigi XIV, in Francia comanda suo fratello Filippo d'Orléans. Filippo sarebbe anche d'idee avanzate, ma è troppo condizionato dal perfido abate Dubois che fa il gioco del governo inglese. L'unico ad opporsi a Dubois è il guascone Pontcallec, che però viene catturato e mandato al patibolo. Intanto nel paese cominciano a serpeggiare i primi fermenti della rivoluzione, che però si farà aspettare settant'anni. ■ STORICO; COL.; 120′; FRANCIA, 1974.

CHE – L'ARGENTINO *(Che – Part one)* ★★★
Regia di STEVEN SODERBERGH. Con DEMIÀN BICHIR, SANTIAGO CABRERA, BENICIO DEL TORO. ■ 26 novembre del 1956 il medico argentino Ernesto Guevara salpa alla volta dell'isola di Cuba con un giovane avvocato di nome Fidel Castro e altri 80 ribelli determinati a rovesciare la dittatura di Fulgencio Batista con una rivoluzione. Medico, stratega e instancabile guerrigliero, il "Che", alla guida di una colonna di uomini, dopo un lungo faticosissimo periodo sulla Sierra Maestra, conquista la città di Santa Clara e si riunisce ai compagni per marciare su L'Avana. Scardinando le convenzioni della continuità, con stacchi avanti e indietro nel tempo e spostamenti nello spazio che la dicono lunga sulla versatilità del protagonista, Soderbergh parla anche di se stesso, del suo cinema, che rimbalza tra esplorazione e diplomazia, tra le immagini ultravivide dell'avventura e quelle declinate nel bianco e nero. ■ BIOGRAFICO; COL.; 126′; USA, FRANCIA, SPAGNA, 2008.

CHE MATTI... RAGAZZI! ★★
(Dschungelmâdchen für zwei Halunken)
Regia di ERNST HOFBAUER. Con RAQUEL ERCOLE, BOB GOLDAN, ELENA VERONESE, ROBERT WIDMARK. ■ Per far contento il vivace figlio in viaggio nel Sudamerica, un industriale ingaggia a sua insaputa alcune attrici che devono fingersi amazzoni. Ne succedono di cotte e di crude finché la situazione viene chiarita. Il ragazzo progetta già una nuova avventura. ■ AVVENTURA; COL.; 91′; GERMANIA, 1974.

CHE MI DICI DI WILLY? *(Longtime Companion)* ★★★
Regia di NORMAN RENÉ. Con BRUCE DAVISON, MARK LAMOS, CAMPBELL SCOTT. ■ Presentato alla rassegna Certain Regard del Festival di Cannes e vincitore dell'United States Film Festival. Sia il regista che Craig Lucas, sceneggiatore, provengono dal teatro. Nell'arco di nove anni si narrano le vicende di otto amici omosessuali che compongono quattro coppie. Il problema dell'Aids visto in maniera originale tra il dramma e l'ironia. Il punto forte sta nel costruire una storia gay non dissimile dalle storie di vita e d'amore di coppie eterosessuali. Ottima regia e bravi gli attori. ■ COMMEDIA; COL.; 96′; USA, 1990. ■ GOLDEN GLOBES 1 PR, 1 NOM; OSCAR 1 NOM.

CHEN... E CONTINUÒ A MASSACRARE A COLPI DI KUNG-FU ★
Regia di RAM CHUEN FUNG, TSOI ZI CHEONG. Con TZE LAN, SHA CHUAN LUNG. ■ Solita monotona serie di brutali pestaggi. In un povero villaggio cinese, il losco Si Chan ingaggia minatori che poi vengono trattati come bestie. Un fortissimo combattente di kung-fu ristabilirà la giustizia. ■ AVVENTURA; COL.; 80′; HONG KONG, 1972.

CHE NE SARÀ DI NOI ★★★
Regia di GIOVANNI VERONESI. Con MYRIAM CATANIA, ELIO GERMANO, SILVIO MUCCINO, VIOLANTE PLACIDO, GIUSEPPE SANFELICE, KATY LOUISE SAUNDERS, ENRICO SILVESTRIN, VALERIA SOLARINO. ■ Dopo la maturità, tre ragazzi si regalano un viaggio in Grecia dove si accorgono di non sapere nulla della vita. Scopriranno soluzioni diverse per i loro destini rispetto a quelle che i loro genitori avevano progettato, più incoscienti ma più autentiche. Veronesi è interessato al mondo dei più giovani sin dai tempi delle sue prime regie. Questa volta ha il contributo essenziale di Silvio Muccino che ha esordito come co-sceneggiatore e attore nell'interessante film del fratello *Come te nessuno mai*, e nel frattempo è cresciuto professionalmente restando anagraficamente giovane. Il film riesce così ad inserirsi nel filone "i giorni della svolta esistenziale" offrendoci un ritratto piacevole e non superficiale degli adolescenti posti dinanzi "all'ultima vacanza". ■ COMMEDIA; COL.; 100′; ITALIA, 2003. ■ DAVID DI DONATELLO 4 NOM.

CHE NESSUNO SCRIVA IL MIO EPITAFFIO ★★
(Let no Man Write my Epitaph)
Regia di PHILIP LEACOCK. Con JAMES DARREN, SHELLEY WINTERS. ■ Nella periferia povera di Chicago, un ragazzo amato e protetto dai diseredati finisce in galera per una rissa alla quale è estraneo. Un gangster lo fa uscire perché ha delle mire sulla madre; il ragazzo vuole ammazzarlo, ma sarà qualcun altro a farlo. ■ DRAMMATICO; B/N; 106′; USA, 1959.

CHEN, FURORE ROSSO *(Cantonnese)* ★
Regia di YANG CHIN CHEN. Con LUNG CHUN-ERH, SHIH CHUNG TIENG, WEI SHIH, WEI TZU YUN. ■ Una grossa quantità d'oro deve essere consegnata ai rivoluzionari da un ragazzo che la custodisce. Il comandante dell'esercito ne entra in possesso ricattandolo; l'altro però, se lo riprende a colpi di karatè. ■ AVVENTURA; COL.; 82′; HONG KONG, 1972.

CHEN, IL FLAGELLO DEL KUNG-FU ★
(The Infernal Street)
Regia di SHEN JIANG. Con CHIANG FUNG, CO JIAN, SZE SHIN, WONG YEN PIANG, YIU ZIN LUNG. ■ Ennesimo film imperniato sulle esibizioni di atleti esperti in arti marziali. Anche questa, come la precedente, è una pellicola brutale e violenta. ■ AVVENTURA; COL.; 86′; HONG KONG, 1976.

CHEN IL GIGANTE DEL KUNG-FU *(The Deadly Chase)* ★
Regia di HENRY JUNG. Con CHIN HSIANG-LIN, NAN-KUNG HSUN, FRANCIS LEONG. ■ Pellicola del filone kung-fu. La vicenda è quella di Chen, nemico del potere e dei malviventi. Li farà fuori tutti, ma finirà male anche lui. ■ AVVENTURA; COL.; 83′; HONG KONG, 1973.

CHEN IL PUGNO CHE UCCIDE ★
Regia di IVAN HALL. Con CHARLOTTE MICHELLE, JAMES RYAN. ■ Un ex ufficiale nazista allena campioni di karatè per battere un giapponese a capo di una organizzazione simile alla sua. Perde, perché il suo atleta migliore, stanco dei suoi metodi duri, lo pianta per passare in campo nemico. ■ AVVENTURA; COL.; 80′; SUDAFRICA, 1977.

CHEN LA FURIA SCATENATA ★
Regia di CHAI YANG MIN. Con MENG FEI, PA HUNG, SHOJI KA-

RADA, MAGGIE LEE, SUMA WAH LUNG. ■ Durante una lite, un ragazzo uccide il campione di una palestra avversaria. Scatta la molla della vendetta. La spedizione punitiva non ha però ragione del protagonista che anzi, dopo tre anni di massacrante allenamento, ha definitivamente la meglio sui nemici. ■ AVVENTURA; B/N; 85′; HONG KONG, 1973.

CHE NOTTE QUELLA NOTTE ★★
Regia di GHIGO DE CHIARA. Con ADOLFO CELI, TURI FERRO, VALERIA MORICONI, ENRICO MARIA SALERNO, ERNA SCHURER. ■ La vicenda è quella di un uomo di mezza età, socialmente arrivato, ma deluso sul piano umano. Perde la testa quando, per caso, prende coscienza dei compromessi cui si è piegato, delle rinunce effettuate per viltà, del tradimento delle aspirazioni giovanili. La sua pazzia dura una notte poi, il giorno successivo, torna ad essere il servile professionista che tutti conoscono e apprezzano. ■ COMMEDIA; COL.; 89′; ITALIA, 1977.

CHE NOTTE RAGAZZI ★★
Regia di GIORGIO CAPITANI. Con PEPE CALVO, FRANCO FABRIZI, PHILIPPE LEROY, ALBERTO LIONELLO, MARISA MELL, NIEVES NAVARRO, CORRADO SAN MARTIN. ■ Un ricco uomo d'affari muore. Un avvocato deve portare alla sua vedova l'assegno dell'assicurazione ma, per sbaglio, ne consegna un altro, di soli venti dollari. Si scatena allora una serie di delitti (muore anche la vedova) provocati dal defunto che in realtà è vivo e vegeto. ■ COMMEDIA; COL.; 103′; ITALIA, 1968.

CHE OGNI COSA SIA A POSTO *(Leave All Fair)* ★★
Regia di JOHN REID. Con FÉODOR ATKINE, JANE BIRKIN, JOHN GIELGUD. ■ L'editore John Middleton Murry e la moglie Katherine Mansfield: il loro matrimonio e il loro rapporto di lavoro. Uno dei pochi film neozelandesi giunti in Italia. Si tratta in questo caso di una co-produzione con un cast europeo. ■ DRAMMATICO; COL.; 88′; NUOVA ZELANDA, 1985.

CHE ORA È ★★★
Regia di ETTORE SCOLA. Con MARCELLO MASTROIANNI, ANNE PARILLAUD, MASSIMO TROISI. ■ Un avvocato sessantenne, giovanile e rubizzo, va a trovare il figlio che fa il militare a Livorno. La visita è l'occasione per parlare dell'avvenire del giovane e anche un po' per parlarsi dopo molto tempo. Ma non hanno molto da dirsi. Il figlio è molto diverso dal padre e non vuole pianificare troppo l'avvenire. Finisce che litigano. Ma poi concludono che ci si vuole bene anche senza capirsi. ■ COMMEDIA; COL.; 102′; ITALIA, 1989. ■ VENEZIA 3 PR.

CHE ORA È LAGGIÙ *(Ni neibian jidian)* ★★★
Regia di MING-LIANG TSAI. Con LEE KANG-SHENG, JEAN-PIERRE LÉAUD, CHEN SHIANG-CHYI, MIAO TIEN, LU YI-CHING, CECILIA YIP. ■ L'Oriente vede l'Europa come un mito, non necessariamente da emulare, ma col quale confrontarsi. Al punto che un giovane venditore di orologi di Taipei, dopo averne venduto uno che segna due diversi tipi di ora ad una ragazza che sta partendo per Parigi, comincia piano piano a sincronizzare tutti i suoi "quadranti", e quelli dell'intera città, sull'ora francese. Mentre sua madre lotta "religiosamente" con il desiderio di avere ancora con sé il marito appena scomparso, e la ragazza scopre una Parigi non proprio "romantica". Il regista taiwanese Tsai Ming-Liang conferma le venature ironiche di *The Hole*, come spruzzate di zucchero a velo sul suo stile drammatico fatto di silenzi, pause, inquadrature fisse, volti immobili (splendido, al proposito, il suo *Vive l'amour* del '94). Taipei e Parigi dialogano a distanza, ed infatti narrativamente le storie dei due protagonisti si incroceranno più di una volta: ma la cultura (quotidiana) orientale ha un'attenzione al tempo (della vita) che non ha il vecchio continente, sempre di corsa ed "urlante". ■ DRAMMATICO; COLORE; 116′; FRANCIA, 2001.

CHERCHEZ HORTENSE ★★★
Regia di PASCAL BONITZER. Con ISABELLE CARRÉ, JEANNE-PIERRE BACRI, CLAUDE RICH, KRISTIN SCOTT THOMAS. ■ Damien Hauer è un professore di sinologia, stanco e svogliato, sposato con una regista teatrale molto impegnata fuori casa, e padre di Noé, che sta lasciando l'infanzia per un'età più difficile. Per impedire che l'amica di un'amica, una certa Zorica, venga espulsa dalla Francia in quanto clandestina, la moglie gli domanda il favore che gli costa di più al mondo, chiedere aiuto al padre, membro del Consiglio di Stato. Durante uno di questi umilianti tentativi per avere l'attenzione del vecchio genitore, Damien conosce meglio Aurore, una giovane cameriera che sembra interessata al suo corso di cultura cinese. O magari proprio a lui. Pascal Bonitzer si è accostato alla regia relativamente tardi, ma la sua lunga attività di eminente critico cinematografico e l'esperienza da sceneggiatore rende il suo lavoro completo. ■ DRAMMATICO; COL.; 100′; FRANCIA, 2012.

CHE PASTICCIO, BRIDGET JONES! ★
(Bridget Jones: The Edge of Reason)
Regia di BEEBAN KIDRON. Con JACINDA BARRETT, MORNE BOTES, JIM BROADBENT, JAMES CALLIS, COLIN FIRTH, WILLIAM GAUNT, HUGH GRANT, SHIRLEY HENDERSON, ANDREW HOUGHTON, GEMMA JONES, LUCY JOYCE, SALLY PHILLIPS, CATHERINE RUSSELL, RENÉE ZELLWEGER. ■ La vita di Bridget Jones, giornalista televisiva da sbarco, che riesce a rendere ridicolo il più semplice dei servizi, sembra avere raggiunto l'equilibrio. Ha un uomo affascinante con una pazienza zen, ha un lavoro che l'appaga, diverse amiche confidenti. Bridget non ha però fatto i conti con la gelosia. L'assistente del fidanzato, è infatti una bella, brillante, gentile ragazza, dalle gambe lunghissime. Le giornate della protagonista si riempiono, così, di dubbi, pensieri che la ricondurranno al pensiero dell'originaria e impenitente vita da single. Bridget Jones risulta poco credibile in ogni sequenza e fa sorridere di rado, a denti stretti. Non va sottovalutato che, il secondo libro, da cui è tratta la sceneggiatura, è molto meno scorrevole e piacevole del primo. ■ COMMEDIA; COL.; 108′; GRAN BRETAGNA, 2004. ■ GOLDEN GLOBES 1 NOM.

CHERCHEZ LA FEMME *(Find the Lady)* ★★
Regia di JOHN TRENT. Con LAWRENCE DANE, DICK EMERY, MICKEY ROONEY. ■ Due maldestri poliziotti ricevono l'incarico di ritrovare una donna. Ma è una parola. I due sono proprio imbranati. L'unica speranza è che sia la donna a ritrovare loro. ■ GIALLO ROSA; COL.; 79′; CANADA, GRAN BRETAGNA, 1980.

CHÉRI ★★★
Regia di STEPHEN FREARS. Con KATHY BATES, RUPERT FRIEND, IBEN HJEJLE, FELICITY JONES, MICHELLE PFEIFFER. ■ Parigi. Inizio del ventesimo secolo. Protagoniste della vita sociale delle classi più alte sono le cortigiane, prostitute di alto livello, e tra di loro ha un ruolo particolare Léa che, ancora molto attraente, si è ritirata a vita privata senza alcun rimpianto. Un giorno Madame Peloux, un tempo seducente collega e ora donna priva di fascino, le presenta il figlio "Cherie". Il giovane è inesperto e Léa dovrebbe, per così dire, svezzarlo. Ma lo svezzamento si trasforma in una relazione che dura sei anni. Frears rilegge Colette, utilizzando la coppia Pfeiffer/Bates che rappresentano, sia sul piano fisico che su quello dei ruoli, degli opposti assolutamente complementari. ■ DRAMMATICO; COL.; 100′; GRAN BRETAGNA, 2009.

CHERI BIBI *(Il forzato della Guyana)* ★★
Regia di MARCELLO PAGLIERO. Con ARNOLDO FOÀ, LEA PADOVANI, JEAN RICHARD. ■ Dopo aver spinto i compagni all'ammutinamento, Cheri Bibi uccide un marchese suo nemico, raccolto come naufrago, e con l'aiuto di un medico ne assume le sembianze. Eliminati gli ex forzati che vogliono ricattarlo e compiute le sue vendette, il bandito, il cui viso sta riprendendo le fattezze originali, torna nell'ombra. ■ AVVENTURA; COL.; 90′; ITALIA, 1954.

CHERI BIBI L'EVASO *(Cheri Bibi)* ★★
Regia di LÉON MATHOT. Con COLETTE DARFEUIL, PIERRE FRESNAY. ■ Cheri Bibi, riportato alla Guyana dopo una breve fuga, stringe amicizia con un innocente. I due cercano di evadere assieme ad altri forzati, la fucilata di un sorvegliante giunge a segno e costringe il protagonista a rinunciare alla libertà. ■ AVVENTURA; B/N; 120′; FRANCIA, 1938.

CHERNOBYL DIARIES – LA MUTAZIONE ★
(Chernobyl Diaries)
Regia di BRAD PARKER. Con OLIVIA DUDLEY, DEVIN KELLEY, JESSE MCCARTNEY, NATHAN PHILLIPS, JONATHAN SADOWSKI. ■ Un gruppo di giovani turisti amanti del pericolo decide di rega-

larsi una vacanza a Pripjat, la città ucraina divenuta fantasma dopo l'esplosione del reattore della centrale atomica di Chernobyl che nel 1986 terrorizzò il mondo. Accompagnati su un vecchio autobus da un agente del posto, Uri, iniziano ad esplorare gli edifici abbandonati minacciati dalla presenza di strani e inquietanti animali. ■ HORROR; COL.; 90'; USA, 2012.

CHERRY, HARRY E RAQUEL ★★
(Cherry, Harry and Raquel)
Regia di RUSS MEYER. Con LINDA ASHTON, LARISSA ELY, CHARLES NAPIER. ■ Lo spaccio di marijuana è il pretesto di partenza. Tre soci in affari, tra i quali un poliziotto disonesto, vogliono fermare Geronimo, loro concorrente. ■ DRAMMATICO; COL.; 71'; USA, 1969.

CHE SCALOGNA *(Plus ça va moin ça va)* ★★
Regia di MICHEL VIANEY. Con JEAN CARMET, LOUIS JOURDAN, JEAN-PIERRE MARIELLE. ■ Due poliziotti di scarso acume indagano su un delitto commesso sulla Costa Azzurra. Imprevedibilmente riescono a scovare il colpevole. ■ GIALLO ROSA; COL.; 100'; FRANCIA, 1977.

CHE STANGATA... RAGAZZI! ★★
(Zwei Teufelskerle auf dem Weg ins Kloster)
Regia di ERNST HOFBAUER. Con MATILDE ESTELLA CALLE, WOLF GOLDAN, FERDINANDO POGGI, RINALDO TALAMONTI, ROBERT WIDMARK. ■ La vendita della preziosa statua di una santa servirà alle suore per edificare un ospedale. Un bandito vuole impossessarsene, ma due sfaccendati fronteggiano lui e i suoi uomini mettendoli in fuga dopo le consuete peripezie. ■ COMMEDIA; COL.; 90'; GERMANIA, 1975.

CHESTNUT – UN EROE A QUATTRO ZAMPE ★★
(Chestnut: Hero of Central Park)
Regia di ROBERT VINCE. Con BARRY BOSTWICK, ABIGAIL BRESLIN, CHRISTINE TUCCI, MAURICE GODIN, IRENE OLGA LOPEZ, JUSTIN LOUIS, ETHAN PHILIPPS, MAKENZIE VEGA. ■ Sal e Ray sono due bambine ospiti di un orfanotrofio femminile Il sogno più grande di Sal è quello di avere un cane tutto per sé, mentre Ray preferirebbe avere una famiglia e un luogo da chiamare "casa". Un giorno, mentre giocano, le due piccole vedono un camion pieno di mobili: sono stati rubati da Wesley e Kosh, soprannominati "i ladri di Central Park", i quali – dopo il furto – decidono di abbandonare un cagnolino che li aveva inseguiti e che si chiama Chestnut. Sal e Ray si prendono cura del cucciolo e, di lì a breve, avranno anche la notizia che saranno adottate: tutti i loro sogni sembrano finalmente avverarsi! Ma nell'appartamento lussuoso di New York della loro nuova famiglia non sono ammessi i cani, così le due bambine decidono di nascondere il grosso cucciolo di alano nella loro cameretta. I "ladri di Central Park" sono però di nuovo in azione e vogliono rapinare proprio il quartiere in cui vivono Sal e Ray con i nuovi genitori. A questo punto, Chestnut mostrerà tutto il suo valore! Film per famiglie. ■ COMMEDIA; COL.; 87'; USA, 2006.

CHE STRANO CHIAMARSI FEDERICO – SCOLA SCOLA RACCONTA FELLINI ★★
Regia di ETTORE SCOLA. Con ERNESTO D'ARGENIO, MAURIZIO DE SANTIS, GIULIO FORGES DAVANZATI, TOMMASO LANZOTTI. ■ Il film è un ricordo/ritratto di Federico Fellini, raccontato da Ettore Scola in occasione del ventennale della morte del grande regista. Un devoto ammiratore dell'ineguagliabile maestro rievoca il privilegio di averlo frequentato ed essere stato testimone della sua ironia e delle sue riflessioni su "la vita che è una festa". È il racconto della loro conoscenza al giornale *Marc'Aurelio* nei primi anni 50, dei loro incontri, degli amici comuni (Maccari, Sordi, Mastroianni), delle visite di piacere sui set dei rispettivi film; di Cinecittà, del Teatro 5 e di altre vicinanze che hanno cementato e fatto durare nel tempo la loro amicizia. Dal suo debutto nel 1939 come giovane disegnatore, al suo quinto Oscar nel 1993, anno del suo settantesimo e ultimo compleanno, Federico viene ricordato da Ettore come un grande Pinocchio che per fortuna non è mai diventato "un bambino perbene". Un film fatto di ricordi, frammenti, momenti e impressioni sparse, ricostruiti e girati a Cinecittà, e alternati a materiali di repertorio d'epoca, scelti dagli archivi delle Teche Rai e dell'Istituto Luce. ■ BIOGRAFICO; COL.; 90'; ITALIA, 2013.

CHE SUCCEDE A SAN FRANCISCO ★★
(The Lady and the Mob)
Regia di BENJAMIN STOLOFF. Con FAY BAINTER, IDA LUPINO. ■ Decisa a proteggere i negozianti della sua città da banditi prepotenti, una donna assume alcuni "difensori" anch'essi piuttosto loschi. I banditi sono protetti in alto loco e lei finisce in galera; ciò nonostante non si arrende e, quando ha le prove che il capo dei malviventi è addirittura il sindaco, lo fa imprigionare. ■ COMMEDIA; B/N; 66'; USA, 1939.

CHE TEMPI! ★★★
Regia di GIORGIO BIANCHI. Con GILBERTO GOVI, LEA PADOVANI, PAOLO STOPPA. ■ Una ragazza si innamora di un marinaio col quale ha scambiato solo poche parole. Alcuni anni dopo, disillusa dell'attesa, si decide a sposare l'uomo che il padre le ha destinato. Il marinaio, tornato dal Sudamerica dove si è arricchito, manda all'aria il matrimonio. ■ COMMEDIA; B/N; 85'; ITALIA, 1947.

CHE TIPO DI VEDOVA *(What a Widow!)* ★★★
Regia di ALLAN DWAN. Con OWEN MOORE, GLORIA SWANSON. ■ Davvero una coppia formidabile, quella formata da Dwan e dalla Swanson: lui è probabilmente l'uomo che è stato per più anni dietro alla macchina da presa, lei è stata una delle dive più longeve. Questo film narra la storia di una donna che affronta con molta allegria la sua condizione di vedova; non è destinata, comunque, a rimanerlo a lungo. ■ COMMEDIA; B/N; 90'; USA, 1930.

CHE VITA CON UN COWBOY! ★★★
(Never a Dull Moment)
Regia di GEORGE MARSHALL. Con WILLIAM DEMAREST, ANDY DEVINE, IRENE DUNNE, FRED MACMURRAY, GIGI PERRAU. ■ Una musicista si innamora di un cowboy, vedovo con prole, e lo sposa. La vita alla fattoria, alla quale non è abituata, l'ambiente così diverso dal suo e l'ostilità delle bambine la inducono ad andarsene. I suoi cari la riporteranno a casa presto. ■ COMMEDIA; B/N; 89'; USA, 1950.

CHE VITA DA CANI *(Life Stinks)* ★★★
Regia di MEL BROOKS. Con MEL BROOKS, JEFFREY TAMBOR, LESLEY-ANN WARREN. ■ Il regista comico Mel Brooks torna alla grande. Dopo le precedenti prove deludenti, tranne *Essere o non essere*, ecco che riesce a trovare una misura ad alcune esagerazioni e a ritrovare lo spirito dei suoi primi film. Ricco di citazioni: da Dickens a Charlie Chaplin, dal musical a John Landis. La storia è presto detta: un grande imprenditore edile vuole distruggere un intero quartiere, popolato da mendicanti e straccioni, per costruirci un immenso complesso. Buoni sentimenti di stampo antico, Frank Capra per intenderci, ma con ironia. Non ci sono risate altisonanti ma parecchi sorrisi. ■ COMMEDIA; COL.; 97'; USA, 1991.

CHEWINGUM ★
Regia di BIAGIO PROIETTI. Con MASSIMO CIAVARRO, MAURO DI FRANCESCO, ISABELLA FERRARI. ■ Storie di ordinaria goliardia in una terza liceo romana, tra professoresse procaci e scommesse dementi. Alla fine, per fortuna, arrivano gli esami di maturità, che concludono un'ora e mezzo di assoluta idiozia. ■ COMMEDIA; COL.; 96'; ITALIA, 1984.

CHEYENNE *(Winter Hawk)* ★★★
Regia di CHARLES B. PIERCE. Con MICHAEL DANTE, LEIF ERICKSON, ARTHUR HUNNICUTT, DENVER PYLE, WOODY STRODE. ■ Un fiero capo cheyenne, Falco d'Inverno, per vendicarsi dei bianchi che gli hanno ucciso a tradimento alcuni uomini, rapisce una ragazza e il suo fratellino. Sulle sue tracce si mette un vecchio cacciatore, che per strada incontra i responsabili della strage e salda loro il conto personalmente. A questo punto Falco d'Inverno si decide a rilasciare i prigionieri, ma la fanciulla non vuole. Si è innamorata del capo: farà la cheyenne tutta la vita. ■ WESTERN; COL.; 98'; USA, 1975.

CHEYENNE, IL FIGLIO DEL SERPENTE ★
(Die Sähne der grossen Bärin)
Regia di JOSEF MACH. Con HANS HARDT-HARDTLOFF, COJKO MITIC, ROLF RÀMER, JIRI URFTALA. ■ Un terreno ricco d'oro viene preso di mira da alcuni bianchi benché appartenga agli indiani. Il

loro capo muore ammazzato; suo figlio conduce la tribù nel Missouri dopo drammatiche traversie. ■ WESTERN; COL.; 89′; GERMANIA, 1972.

CHIAMAMI AQUILA *(Continental Divide)* ★★
Regia di MICHAEL APTED. Con JOHN BELUSHI, BLAIR BROWN. ■ Un reporter piantagrane, per punizione, viene mandato dal direttore del suo giornale in servizio sulle Montagne Rocciose, a intervistare un'ornitologa che vive in solitudine studiando una rara specie di aquile. L'irruente giornalista scompiglierà la quiete degli alti picchi e il cuore della studiosa. Seguiranno matrimonio e tanti aquilotti. Belushi, al suo massimo splendore, si muove come un bulldozer su un copione intriso di aggraziata ironia, merito della penna di Lawrence Kasdan, più tardi regista de *Il grande freddo*. ■ COMMEDIA; COL.; 103′; USA, 1982. ■ GOLDEN GLOBES 1 NOM.

CHIAMAMI BUANA *(Call me Bwana)* ★★★
Regia di GORDON DOUGLAS. Con EDIE ADAMS, ANITA EKBERG, BOB HOPE, LIONEL JEFFRIES. ■ Gli Stati Uniti incaricano un celebre esploratore di recarsi in un'inospitale regione africana per ritrovare una navicella spaziale. Una nazione avversaria manda una bella ragazza con lo stesso incarico. L'esploratore fatica, ma assolve il suo compito e fa innamorare la bella nemica. ■ COMMEDIA; COL.; 103′; GRAN BRETAGNA, 1963.

CHIAMAMI DI NOTTE *(Call Me)* ★★★
Regia di SOLLACE MITCHELL. Con PATRICIA CHARBONNEAU, PATTI D'ARBANVILLE, STEPHEN MCHATTIE. ■ Una giornalista è perseguitata da un maniaco telefonico e da un gruppo di gangster, che credono si sia impossessata del denaro per la corruzione di un poliziotto. Una sera va a letto con un giovane simpatico che poi si rivelerà essere il maniaco, ma che la salverà dai gangster. ■ DRAMMATICO; COL.; 95′; USA, 1988.

CHIAMAMI SALOMÈ ★★
Regia di CLAUDIO SESTIERI. Con CAROLINA FELLINE, ELIO GERMANO, GILBERTO IDONEA, GENTI KAME, ERNESTO MAHIEUX, CATERINA VERTOVA. ■ Dal decadentismo ottocentesco alla decadenza civile contemporanea, la Salomè di Oscar Wilde vede la sua tragedia riconsumarsi dall'antica Galilea al deposito-discoteca The Last Emperor. Erode è il piccolo boss camorrista che gestisce il locale; Erodiade la di lui viziosa e manipolatrice compagna; Salomè è l'immaturo oggetto del desiderio di molti sguardi, a cominciare da quello del patrigno Erode; Giovanni ha l'aspetto da giovane contestatore e, rapito dal clan di Erode, trascorre lunghi anni in prigionia leggendo i testi sacri fino a perdere il senno e guadagnare l'appellativo de "il Profeta". Aggiornare i classici del teatro al contesto e ai costumi dell'età contemporanea è pratica ormai da tempo più che diffusa in un cinema che con sempre maggiore difficoltà pare riuscire a ragionare sui propri intrecci in termini di originalità. ■ DRAMMATICO; COL.; 95′; ITALIA, 2005.

CHIAMATA DA UNO SCONOSCIUTO ★★
(When a Stranger Calls)
Regia di SIMON WEST. Con CAMILLA BELLE, TOMMY FLANAGAN, BRIAN GERAGHTY, CLARK GREGG, TESSA THOMPSON. ■ Una giovane babysitter è sola in una villa lussuosissima, a custodire due fratellini. Tutto tace finché il telefono non inizia a squillare e dall'altra parte della linea un uomo comincia a porre domande inquietanti sui bambini. Costruito per buona parte intorno a quelle telefonate, il film riesce a coinvolgere, anche grazie alla colonna sonora (di James Michael Dooley) sempre presente, a creare continua tensione. ■ HORROR; COL.; 87′; USA, 2006.

CHIAMATA PER IL MORTO *(The Deadly Affair)* ★★★
Regia di SIDNEY LUMET. Con HARRIET ANDERSSON, HARRY ANDREWS, KENNETH HAIGH, ROY KINNEAR, JAMES MASON, MAXIMILIAN SCHELL, SIMONE SIGNORET. ■ Abbiamo già conosciuto l'agente George Smiley in *La spia che venne dal freddo*; qui si chiama Charles Dobbs, e differisce dall'originale non solo per il nome, ma anche per una più marcata crudezza, per l'incapacità di separare le questioni personali dall'indagine in corso. Si tratta infatti di scoprire se un agente del controspionaggio britannico trovato morto si sia effettivamente suicidato o sia stato ucciso. Quest'ultima ipotesi è quella esatta. Dal romanzo di John Le Carré. ■ GIALLO; COL.; 107′; GRAN BRETAGNA, 1966.

CHIAMATA URGENTE PER IL DOTTOR GILLESPIE ★★
(Call dr. Gillespie)
Regia di HAROLD S. BUCQUET. Con LIONEL BARRYMORE, PHILIP DORN, DONNA REED. ■ Quando Lew Ayres, l'interprete del dottor Kildare, passò i suoi guai con la giustizia americana (s'era dichiarato obiettore di coscienza all'inizio della guerra), la MGM lo escluse dalla serie e la proseguì concentrando tutta l'azione sul suo mentore, l'irascibile primario dottor Gillespie (Lionel Barrymore). Qui Gillespie cerca di mettere un maniaco omicida in condizione di non nuocere. ■ DRAMMATICO; B/N; 84′; USA, 1942.

CHIAMATEMI MADAME *(Call me Madam)* ★★★
Regia di WALTER LANG. Con ETHEL MERMAN, GEORGE SANDERS, VERA-ELLEN. ■ Un'ambasciatrice Usa all'estero si trova alle prese con un problema finanziario e sentimentale. Riuscirà a coronare il sogno d'amore della principessa di quello Stato e suo personale. ■ COMMEDIA; B/N; 90′; USA, 1953. ■ OSCAR 1 PR, 2 NOM.

CHIAMATE NORD 777 *(Call Northside 777)* ★★★★
Regia di HENRY HATHAWAY. Con LEE J. COBB, RICHARD CONTE, JAMES STEWART, HELEN WALKER. ■ Una madre, convinta dell'innocenza del figlio messo in prigione, raccoglie, a prezzo di grandi sacrifici, la somma che servirà a premiare chi scoprirà il vero assassino di un poliziotto. Un giornalista ci prova e ci riesce. Grande successo all'epoca e grande interpretazione di Stewart, che si apprestava a fare il gran salto da giovane ingenuo "alla Capra" a uomo del West. Gli ultimi dieci minuti del film sono entusiasmanti. ■ DRAMMATICO; B/N; 111′; USA, 1948.

CHIAMATE SCOTLAND YARD 00.75 ★★
(Das Ungemeur von London City)
Regia di EDWIN ZBONEK. Con HANSJÖRG FELMY, MARIANNE KOCH, HANS NIELSEN, PEER SCHMIDT, DIETMAR SCHÖNHERR. ■ Mentre in un teatro londinese si rappresenta un dramma poliziesco, uno sconosciuto criminale usa la tecnica del protagonista per sopprimere alcune prostitute. Scotland Yard sospetta che l'attore stesso sia l'assassino; il colpevole invece è un altro. ■ GIALLO; B/N; 86′; AUSTRIA, 1964.

CHIAMATE 22-22 TENENTE SHERIDAN ★
Regia di GIORGIO BIANCHI. Con TILDE DAMIANI, NADINE DUCA, UBALDO LAY, UMBERTO ORSINI. ■ Il tenente Sheridan ha quarantotto ore di tempo per scagionare una donna, condannata a morte, dall'accusa di assassinio. Il marito di costei viene trovato morto, e accanto al suo cadavere c'è una lettera di autoaccusa; Sheridan scoprirà che il suicidio è simulato e assicurerà il colpevole alla giustizia pochi istanti prima della esecuzione. ■ POLIZIESCO; B/N; 95′; ITALIA, 1960

CHIAMATE WEST 11: RISPONDE UN ASSASSINO ★★
(West II)
Regia di MICHAEL WINNER. Con KATHLEEN BRECK, DIANA DORS, ALFRED LYNCH, ERIC PORTMAN. ■ Perso il lavoro, la moglie e la casa, un uomo accetta di compiere un assassinio per denaro. Al momento buono, gli manca tuttavia il coraggio di uccidere la propria vittima, che muore accidentalmente. La polizia lo arresta: la moglie lo aspetterà. ■ GIALLO, B/N; 99′; GRAN BRETAGNA, 1963.

CHI AMERÀ I MIEI BAMBINI? ★★
(Who Will Love my Children?)
Regia di JOHN ERMAN. Con CHERYL ANDERSON, STEPHEN KEEP, ANN MARGRET. ■ Ispirato ad una vicenda realmente accaduta, narra la storia di Lucille Fray, una madre di dieci figli condannata dal cancro. Avendo un marito invalido e ubriacone, decide di collocare i figli presso genitori adottivi. Ci riesce per tutti, tranne che per uno malato di epilessia, ma quando lei muore anche lui trova l'affetto di una famiglia. ■ DRAMMATICO; COL.; 100′; USA, 1983.

CHIARI DI LUNA ★★
Regia di LELLO ARENA. Con FRANCO ANGRISANO, LELLO ARENA, ROSALIA MAGGIO. ■ Esordio nella regia del tracagnotto comico napoletano, che racconta praticamente la storia della sua vita, della sua calata a Napoli dalla provincia, dei primi timidissimi approcci con il mondo dello spettacolo. S'innamorò, pare, anche di una giapponese. Almeno così dice il film, gradevole ma tanto leggerino. ■ COMMEDIA; COL.; 128′; ITALIA, 1988.

CHIARO DI DONNA *(Clair de femme)* ★★★
Regia di CONSTANTIN COSTA GAVRAS. Con ROBERTO BENIGNI, LILA KEDROVA, YVES MONTAND, ROMY SCHNEIDER, ROMOLO VALLI. ■ Un uomo, che ha la moglie moribonda, esce di casa per non assistere all'agonia e vaga per la notte in cerca di pace e, inconsciamente, di un'altra donna. La trova in una bella sconosciuta che ha lasciato da poco il marito, ammalato senza speranza. Amandosi, litigando, consolandosi a vicenda, i due tirano l'alba. L'uomo torna a casa e trova la consorte morta. Ora è pronto a ricominciare, ma è la donna a chiedergli di starsene lontano per un po' di tempo. Tra qualche mese, forse, se i loro sentimenti non saranno cambiati. ■ COMMEDIA; COL.; 103'; FRANCIA, 1979.

CHIARO DI LUNA *(Servants' Entrance)* ★★
Regia di FRANK LLOYD. Con LEW AYRES, JANET GAYNOR. ■ La figlia di un milionario, convinta che il padre stia fallendo, si impiega come cameriera e si innamora di un autista che prima la snobba, poi la sposa. Il padre ricco investe buona parte dei suoi soldi nei brevetti del genero, aspirante inventore. ■ COMMEDIA; B/N; 92'; USA, 1934.

CHIARO SCURO *(Shades of Gray)* ★★
Regia di KEVIN JAMES DOBSON. Con VALERIE BERTINELLI, PETER DOBSON, GEORGE DZUNDZA. ■ Molly è un'avvocatessa in erba che vuole far condannare da un tribunale un boss mafioso. Indagando scopre una terribile verità. Suo padre, agente di polizia, è corrotto. ■ POLIZIESCO; COL.; 92'; USA, 1992.

CHIAVE, LA *(The Key)* ★★★
Regia di CAROL REED. Con WILLIAM HOLDEN, TREVOR HOWARD, SOPHIA LOREN. ■ La chiave di un appartamento costituisce una specie di simbolo: se la sono passata gli amanti della proprietaria, tutti morti in mare (siamo in pieno secondo conflitto mondiale). L'ultimo in ordine di tempo, salvatosi miracolosamente da un'impresa quasi disperata, viene abbandonato dalla donna in seguito ad un equivoco. Torneranno insieme. ■ DRAMMATICO; B/N; 127'; GRAN BRETAGNA, 1958.

CHIAVE, LA ★★
Regia di TINTO BRASS. Con FRANCO BRANCIAROLI, FRANK FINLAY, STEFANIA SANDRELLI. ■ Il gran successo scandalistico della stagione 1983/1984. Tinto Brass prende furbescamente lo spunto da un romanzo del giapponese Tanizaki molto più serio e valido del film. A Venezia alla vigilia della seconda guerra mondiale, due maturi coniugi confessano nei rispettivi diari i sentimenti che ognuno prova nei confronti dell'altro. Un giorno entrambi decidono di lasciar consultare le rispettive confessioni. E lo fanno lasciando in evidenza la chiave che apre i cassetti dei diari. ■ EROTICO; COL.; 108'; ITALIA, 1983.

CHIAVE DELLA CITTÀ, LA *(Key to the City)* ★★★★
Regia di GEORGE SIDNEY. Con CLARK GABLE, JAMES GLEASON, FRANK MORGAN, LORETTA YOUNG. ■ Un sindaco e un collega in gonnella, a causa di un malinteso, finiscono al commissariato per due sere consecutive. È lo scandalo: l'uomo faticherà molto a riacquistare il suo prestigio. ■ COMMEDIA; B/N; 99'; USA, 1950.

CHIAVE DI SARA, LA *(Elle s'appelait Sarah)* ★★★
Regia di GILLES PAQUET-BRENNER. Con NIELS ARESTRUP, MICHEL DUCHAUSSOY, MELUSINE MAYANCE, FREDERIC PIERROT, KRISTIN SCOTT THOMAS. ■ Julia Jarmond è una giornalista americana, moglie di un architetto francese e madre di una figlia adolescente. Da vent'anni vive a Parigi e scrive articoli impegnati e saggi partecipi. Indagando su uno degli episodi più ignobili della storia francese, il rastrellamento di tredicimila ebrei da parte della polizia francese nel Vélodrome d'Hiver nel luglio del 1942, "incrocia" Sara e apprende la sua storia, quella di una bambina di pochi anni e ostinata resistenza, che sopravviverà alla sua famiglia e agli orrori della guerra. Con pazienza e determinazione Julia ricostruirà la sua odissea. ■ DRAMMATICO; COL.; 111'; FRANCIA, 2010.

CHIAVE DI VETRO, LA *(The Glass Key)* ★★★★
Regia di STUART HEISLER. Con BRIAN DONLEVY, WILLIAM BENDIX, ALAN LADD, VERONICA LAKE. ■ Ed Beaumont (Ladd) è amico e factotum del potente affarista Paul Madvig (Donlevy), che corrompe il procuratore distrettuale Farr e influenza buona parte dell'opinione pubblica. Per ripulire la propria immagine in vista delle elezioni, alle quali intende appoggiare Ralph Henry come governatore, Madvig liquida lo scomodo legame col gangster Nick Varna, per interessarsi dell'attraente Janet, figlia del candidato. Ma il giornale «The Observer», controllato da Varna, accusa Paul di un delitto e il procuratore Farr si mostra pronto a cambiare bandiera. Ed, avvicinato da Varna, rifiuta di fornire prove a carico dell'amico e per questo viene brutalmente pestato dai picchiatori Jeff e Rusty. Uscito dall'ospedale, Ed riuscirà a scagionare l'amico. La giustizia può trionfare anche in un mondo corrotto, così come l'amore tra Ed e Janet. Solo Dashiell Hammett, autore del romanzo e padre del poliziesco *hard-boiled*, poteva descrivere senza mezzi termini il mondo in putrefazione del potere. Solo lui poteva concepire un eroe che si mantenesse così leale al valore dell'amicizia di fronte alle tentazioni del denaro e del successo. Beaumont è più simile al Sam Spade de *Il falcone maltese*, avvezzo alla falsità ma fedele al proprio codice etico, che all'ironico Nick Charles de *L'uomo ombra*, entrato col matrimonio in una classe sociale superiore. Qui, senza perdere il gusto della narrazione, il giallo diventa specchio di quella società che Hammett aveva esplorato nel suo lavoro di investigatore. E, come i suoi personaggi, durante il maccartismo Hammett si manterrà fedele ai suoi princìpi, pagando con il carcere il diritto di denunciare ipocrisia e corruzione. Pochi come il romanziere Jonathan Latimer, abile nel portare opere altrui sullo schermo, potevano scrivere una simile sceneggiatura senza tradire il soggetto. Anche il pestaggio di Ed viene presentato con una durezza che soltanto Sergio Leone nel suo primo western (costruito sulla trama di *Piombo e sangue* di Hammett) oserà rappresentare al cinema. L'unico spazio al sentimento è aperto dalla collaudata coppia Ladd-Lake, cui è affidato il compito di chiudere con un lieto fine. ■ POLIZIESCO; B/N; 85'; USA, 1942.

CHIAVE MAGICA, LA *(The Indian in the Cupboard)* ★★★
Regia di FRANK OZ. Con LINDSAY CROUSE, RICHARD JENKINS, HAL SCARDINO LITEFOOT. ■ Omri ha un piccolo armadio la cui chiave consente di trasformare i suoi giocattoli in esseri animati. Dai racconti di L. R. Banks, Oz trae un film che spezza una lancia in favore della comprensione tra diversi non dimenticando di fare riferimento al ciclo della vita, con l'ineluttabile fine portata dalla morte. Si parla anche di televisione senza fare prediche. ■ FIABESCO; COL.; 96'; USA, 1995.

CHIAVE MISTERIOSA, LA ★★★
Regia di LLOYD CORRIGAN. Con WARREN HULL, BORIS KARLOFF, JEAN ROGERS. ■ È la storia di uno scienziato che è riuscito a mettere a punto uno straordinario sistema d'allarme. Una banda di malviventi vorrebbe carpirne i segreti e ricatta l'inventore. Questi tuttavia è duro e coraggioso, e anche astuto, e riesce a giocare i malviventi. Curioso, e anche notevole, Boris Karloff che fa il buono ■ GIALLO; B/N; 67'; USA, 1937.

CHIAVI DELLA LIBERTÀ, LE *(Keys of Freedom)* ★
Regia di STEVE FEKE. Con DENHOLM ELLIOTT, JANE SEYMOUR, OMAR SHARIF, DAVID WARNER. ■ Due amici si recano a Hong Kong. Uno dei due ha con sé un dischetto per computer, su cui sono state copiate informazioni scottanti sull'emigrazione clandestina. Lo attendono brutte sorprese. ■ AVVENTURA; COL.; 98'; MALAYSIA, USA, 1989.

CHIAVI DEL PARADISO, LE ★★★
(The Keys of the Kingdom)
Regia di JOHN M. STAHL. Con THOMAS MITCHELL, GREGORY PECK, VINCENT PRICE, ROSE STRADNER. ■ Il soggetto è tratto dal famoso romanzo di A. J. Cronin *Le chiavi del regno*. Un seminarista prende i voti alla morte della ragazza che ama; stabilitosi in Oriente deve lottare per fare accettare se stesso e la sua fede dalla popolazione locale. La guerra spazza via tutto ciò che egli ha faticosamente costruito. Il missionario ricomincia da capo, prodigandosi fino al ritorno in patria, salutato dal commosso affetto della popolazione. ■ COMMEDIA; B/N; 137'; USA, 1944. ■ OSCAR 4 NOM.

CHIAVI DI CASA, LE ★★★
Regia di GIANNI AMELIO. Con ALLA FAEROVICH, PIERFRANCESCO FAVINO, CHARLOTTE RAMPLING, ANDREA ROSSI, KIM ROSSI STUART. ■ Dal libro di Pontiggia. Negato a Berlino che lo cor-

teggiava da mesi, rifiutato da Cannes che proponeva in cambio l'apertura della sezione Un Certain Regard, *Le chiavi di casa* sbarca finalmente in concorso alla Mostra di Venezia. Gianni (Kim Rossi Stuart) ha perso la giovane moglie in sala parto mentre dava alla luce un figlio portatore di handicap. Da allora ha rifiutato di vederlo. Ora però fa ritorno per accompagnarlo in Germania per una visita specialistica. Il viaggio e la permanenza in terra tedesca costituiscono per i due l'occasione per conoscersi e comprendersi. Detto così *Le chiavi di casa* può sembrare o il solito film "on the road all'italiana" o l'ennesimo clone para-hollywoodiano sull'handicap. Ma Amelio e gli sceneggiatori Rulli e Petraglia ottengono un risultato diverso. Gianni si rende conto che la sensibilità del figlio Paolo (Andrea Rossi) è elevatissima. Ma così come lo è sul piano dell'espansività affettiva lo è anche su quello delle reazioni di chiusura, degli automatismi ripetitivi che servono a darsi sicurezza, dei ritorni indietro rispetto ad atteggiamenti che si ritenevano ormai acquisiti. «Perché fai così?», è la domanda di Gianni di fronte a una reazione inattesa di Paolo. Ma alla domanda non ci può essere risposta. Ma il messaggio più forte è affidato alle parole di Charlotte Rampling rivolte a Gianni: «Mi sembrava che lei si vergognasse di suo figlio». Non bisogna vergognarsi di amare chi non ci offre certezze. È forse in questo l'essenza dell'amore più vero. ■ DRAMMATICO; COL.; 105′; FRANCIA, GERMANIA, ITALIA, 2004. ■ DAVID DI DONATELLO 1 PR, 1 NOM.

CHIAVI IN MANO ★★

Regia di MARIANO LAURENTI. Con ANGELA CAVAGNA, MARTUFELLO, CINZIA ROCCAFORTE, SERGIO VASTANO. ■ Il regista Laurenti, uno dei principi di quei filmetti, figli degeneri del *Decamerone* di Pasolini, già autore di *Quel gran pezzo della Ubalda*..., una ventina di anni dopo ne fa il remake. Il soldato torna dalla Crociata e ha smarrito la chiave della cintura di castità della moglie. Altri l'avevano comunque già violata. Mancava, nel nostro panorama, un robusto alleato dei Vanzina. Ecco che Laurenti arriva a soccorrerci. DeMille faceva due volte *I dieci comandamenti*, il nostro fa due volte l'*Ubalda*. ■ COMMEDIA; COL.; 100′; ITALIA, 1996.

CHI BACIA MADDALENA? *(Wer küsst Madeleine?)* ★

Regia di VIKTOR JANSON. Con HERTI KIRCHNER, ALBERT MATTERSTOCK, MAGDA SCHNEIDER, ERNST WALDOW. ■ È una storia di equivoci: un pilota giunge a casa mentre la moglie si reca da lui; non sapendo che due giovani sposi sono loro ospiti prende l'uomo per l'amante della moglie. Naturalmente tutto si risolve per il meglio. ■ COMMEDIA; B/N; 90′; GERMANIA, 1939.

CHI BUSSA ALLA PORTA? *(Who Knocks at my Door?)* ★★

Regia di FRANCK VON ZERNECH. Con SAMUEL BOTTOMS, PATRICIA MCCORMACK. ■ Che cosa succede se uno sconosciuto interrompe il ben oliato meccanismo della vita di tutti i giorni? Ce lo spiega il film in tre episodi: *La gita*, *La costituente* e *L'occhiolino*. ■ COMMEDIA; COL.; 120′; USA, 1988.

♥ CHICAGO ★★★★🏆

Regia di ROB MARSHALL. Con RICHARD GERE, QUEEN LATIFAH, LUCY LIU, JOHN C. REILLY, RENÉE ZELLWEGER, CATHERINE ZETA-JONES. ■ Dopo il "musical postmoderno" *Moulin Rouge*, ecco un film di metallo robusto, di forte espressione e forte sostanza. Dopo l'età dell'oro del genere (infatti occorre tornare molto indietro per l'Oscar) non è mai facile inventare qualcosa su quei piani, ma qui Rob Marshall, regista e coreografo, ha preso il toro per le corna. Ha trovato musiche e testi importanti, ha inventato balletti originali e irresistibili (quello dei burattini!), soprattutto ha scoperto due attrici straordinarie, anzi, di più. Zellweger e Zeta-Jones portano quel valore aggiunto con talento strepitoso. Velma (Zeta Jones) e Roxie, sconosciute ma talentose, riescono a far parlare di sé uccidendo i mariti e grazie a un avvocato fantasioso e spregiudicato (Gere). La prigione, il processo, i tradimenti, le confessioni, i numeri e il successo. Ironia generale, musica che sempre attraversa travolgente. Tutti registri perfetti. ■ MUSICAL; COL.; 116′; CANADA, USA, 2002. ■ GOLDEN GLOBES 🏆 3 PR, 7 NOM; OSCAR 🏆 2 PR, 6 NOM.

CHICAGO ANNI '30 – VIA COL PIOMBO! ★★
(The Four Deuces)

Regia di WILLIAM H. BUSHNELL. Con WARREN BERLINGER, CAROL LYNLEY, JACK PALANCE, ADAM ROARKE, GIANNI RUSSO. ■ Due bande di gangster si contendono la supremazia a Chicago: a ogni azione criminale dell'una fa seguito l'immediata risposta dell'altra. La lotta diventa sempre più crudele e sanguinaria: uno dei capi muore, l'altro viene abbandonato dai suoi uomini. ■ DRAMMATICO; COL.; 87′; USA, 1974.

CHICAGO, BOLGIA INFERNALE *(Undertown)* ★★

Regia di WILLIAM CASTLE. Con SCOTT BRADY, DOROTHY HART, JOHN RUSSELL. ■ Un reduce dal passato non troppo limpido vuole mantenersi onesto. Qualcuno complotta alle sue spalle per incolparlo di un omicidio che non ha commesso; fortunatamente l'uomo, con l'aiuto di un poliziotto, trova il vero assassino. ■ DRAMMATICO; B/N; 71′; USA, 1949.

CHICAGO CHICAGO *(Gaily Gaily)* ★★

Regia di NORMAN JEWISON. Con BEAU BRIDGES, BRIAN KEITH, MARGOT KIDDER, MELINA MERCOURI. ■ La vita di Ben Hecht, uno dei più validi sceneggiatori della *sophisticated comedy* degli anni Trenta, ai tempi delle sue prime esperienze nel giornalismo. Nel film il govane corrispondente si chiama Ben Harvey (Bridges) e riesce a gettare un bel po' di scompiglio tra i frequentatori di una rinomata casa d'appuntamenti ottenendo, con la complicità della padrona, la fatidica lista dei clienti. ■ BIOGRAFICO; COL.; 107′; USA, 1969.

CHICAGO 10 ★★★

Regia di BRETT MORGEN. ■ Alla Convention Democratica di Chicago del 1968 si presentarono numerosi manifestanti intenzionati a dimostrare, tra l'altro, contro l'escalation nella guerra del Vietnam. Le autorità cittadine decisero di vietare qualsiasi assembramento e mandarono la polizia a fronteggiare i possibili contestatori. Durante la settimana in cui si tenne la Convention si ebbero numerosi scontri, dei quali la giustizia americana ritenne responsabili otto dei principali portavoce della protesta; il più famoso di essi era Bobby Seale (vicepresidente delle Pantere Nere), intenzionato a ricusare gli avvocati d'ufficio e a difendersi da solo. Il film (presentato fuori concorso al 60° Festival del film di Locarno) ricostruisce le tumultuose vicende di quei giorni utilizzando una tecnica mista. Da un lato scova documenti inediti e utilizza le testimonianze odierne degli accusati e dall'altro utilizza un'animazione (piuttosto rudimentale) per ricostruire le fasi del processo di cui non resta materiale visivo d'epoca. ■ DOCUMENTARIO/ANIMAZIONE; COL. 103′; USA, 2007.

CHICAGO JOE *(Chicago Joe and the Showgirl)* ★★

Regia di BERNARD ROSE. Con PATSY KENSIT, EMILY LLOYD, KIEFER SUTHERLAND. ■ Poco riuscito, questo film, tratto da un fatto di cronaca reale, è una sorta di *Bonnie & Clyde*. Siamo alla metà degli anni Quaranta a Londra. Un uomo e una donna – lui un soldato degli Stati Uniti, lei una showgirl di locali notturni – si mettono insieme e compiono una serie di scorribande che arrivano al delitto. Chi la fa l'aspetti. ■ DRAMMATICO; COL.; 103′; GRAN BRETAGNA, 1991.

CHICAGO STORY ★★★

Regia di JERRY LONDON. Con VINCENT BAGGETTA, CRAIG T. NELSON, GAIL YOUNGS. ■ È il film tratto dalla nota serie televisiva. Scritto e diretto con molto impegno, l'episodio concerne gli sforzi dell'avvocato di origine italiana per scagionare un innocente, accusato di aver accoltellato ai giardini pubblici una bambina di dieci anni. ■ DRAMMATICO; COL.; 90′; USA, 1981.

CHI C'È C'È ★★

Regia di PIERO NATOLI. Con LUISA MANERI, PIERO NATOLI, NICOLA PISTOIA. ■ Storia di due coppie in crisi, per la stessa ragione: le smanie di carriera di uno dei coniugi. Uno è il dirigente di una casa editrice, che sogna di diventare scrittore e per realizzare il sogno se ne va di casa. Lo stesso accade a una doppiatrice cinematografica con velleità di grande attrice. ■ COMMEDIA; COL.; 98′; ITALIA, 1987.

CHI C'È IN FONDO A QUELLA SCALA *(Pin)* ★★

Regia di SANDOR STERN. Con DAVID HEWLETT, TERRY O'QUINN, CINDY PRESTON. ■ Un orribile pupazzo anatomico, dall'ambulatorio in cui si trova, condiziona le vite di una famiglia intera. I genitori muoiono, i figli cercano disperatamente di liberarsi del demonietto. ■ HORROR; COL.; 92′; CANADA, 1988.

CHICKEN LITTLE – AMICI PER LE PENNE ★★
(Chicken Little)
Regia di Mark Dindal. ■ Innocue: ecco l'aggettivo più idoneo a descrivere le gesta del piccolo ed occhialuto pollo e della sua allegra combriccola di amici animali. Poche cattiverie sono proposte dallo *script* e poche risulterebbero credibili in un'atmosfera la cui tensione è costantemente smorzata da canzoni dimenticabili, gag di riuscita altalenante e qualche discreta idea di regia. Stavolta Disney ha mirato basso. Qualche parola in più invece va spesa sulla versione italiana, per certi versi incredibile: il doppiaggio è passabile ma ciò che lascia perplessi è la scelta di tradurre le canzoni originali. Cosa ne penserà Elton John della sua *Don't go breaking my heart* nel nostro idioma? ■ Animazione; col.; 77′; USA, 2005.

CHICKEN PARK ★
Regia di Jerry Calà. Con Jerry Calà, Rossy de Palma, Demetra Hampton, Alessia Marcuzzi. ■ Prima regia per l'attore comico veronese. Siamo a Santo Domingo. Vladimiro viene derubato del suo gallo da combattimento e scopre che qualcuno ha intenzione di attirare turisti con un parco di polli giganti. Parodia sgangherata di *Jurassic Park*. È stato trasmesso direttamente in televisione, senza passare nelle sale. ■ Comico; col.; 92′; Italia, 1994.

CHI DICE DONNA... *(The Feminine Touch)* ★★★
Regia di W. S. Van Dyke II. Con Don Ameche, Kay Francis, Van Heflin, Rosalind Russell. ■ Un professore scrive un saggio contro la gelosia. Sua moglie, che non ne è immune, decide di concedersi a un accanito corteggiatore per punire il marito di tradimenti in realtà mai avvenuti. I due uomini vengono alle mani, ma alla fine tutto si accomoda. ■ Commedia; b/n; 97′; USA, 1941.

CHI DICE DONNA DICE DONNA ★★★
Regia di Tonino Cervi. Con Janet Agren, Stéphane Audran, José Louis de Villalonga, Françoise Fabian, Jacques François, Lea Massari, Luigi Proietti, Giovanna Ralli. ■ Sono cinque storielle: due mogli trascurate ripiegano sulla prostituzione e avranno i coniugi tra i più fedeli clienti; una donna colpita da amnesia crede di far parte della buona società; una ragazza, dopo aver letto un libro sul sesso, ne segue i suggerimenti ma resta delusa; dopo la nascita di un figlio due coniugi ricominciano il lavoro di travestiti; una donna-sacerdote unisce in matrimonio se stessa e un emigrato. ■ Film a episodi; col.; 120′; Italia, 1976.

CHIEDI ALLA POLVERE – ASK THE DUST ★★★
(Ask the Dust)
Regia di Robert Towne. Con Eileen Atkins, Colin Farrell, Salma Hayek, Justin Kirk, Idina Menzel, Donald Sutherland. ■ Nella Los Angeles polverosa della Grande Depressione si incontrano lo scrittore italo-americano Arturo Bandini e la cameriera messicana Camilla Lopez. Lui sogna di scrivere il romanzo della vita, di vestire come William Holden e di amare bionde platinate, lei, più modestamente, di sposare un WASP (White Anglo-Saxon Protestant), di sostituire le *huarachas* (sandali) coi tacchi e di "correggere" il cognome Lopez in Parker o in Smith. Diversi per estrazione etnica e culturale, davanti alle discriminazione della città californiana finiranno per avvicinarsi e innamorarsi. Bandini, ispirato dalla sua musa, scriverà il romanzo che lo consacrerà al successo. Da trent'anni il regista Robert Towne sognava di trasporre per lo schermo il romanzo di John Fante. Un progetto nato dall'amore per la sua città, Los Angeles, e per il suo cantore abruzzese, Fante, vissuto in Colorado e cresciuto come artista nella polvere dell'Est e del Middle West. Ma se l'amore di Bandini per Camilla fu capace di trasformarsi in uno dei romanzi più intensi della letteratura americana del Novecento, quello del regista per Fante e la sua arte non riesce ad andare oltre a un melodramma ben fatto e ben recitato, in cui a mancare è soprattutto Los Angeles, il terzo "personaggio" che Fante pensò, per le sue barriere ideologiche, come tragico ostacolo alla passione di Arturo e Camilla. La Los Angeles di Towne, ricostruita in Sudafrica e privata di tutte le interferenze della sua storia economica e politica, finisce per vivere nella mente del pubblico come una leggenda favolosa perdendo la sua dimensione reale. Lontana, troppo lontana, dalla città percorsa dalle pagine polverose di Fante ed ereditata da quelle alcoliche di Bukowski, è una Los Angeles incessantemente baciata dal sole in cui si diffonde e si disperde il sogno americano di Arturo e Camilla. ■ Drammatico; col.; 77′; USA, 2006.

CHIEDI LA LUNA ★★★
Regia di Giuseppe Piccioni. Con Margherita Buy, Roberto Citran, Sergio Rubini, Giulio Scarpati. ■ Un'altra bella interpretazione di Margherita Buy e salto di qualità del regista Piccioni dopo un primo modesto tentativo ne *Il grande Blek*. Due persone si incontrano e fanno un viaggio insieme. L'uomo sta cercando di ritrovare il proprio fratello, che è scomparso senza lasciare tracce, e lei è la ragazza di quest'ultimo. C'è di mezzo anche un problema economico. L'uomo e la donna durante il viaggio hanno modo di incontrare altri personaggi e tra loro nascerà un idillio. ■ Commedia; col.; 80′; Italia, 1991.

CHIEDIMI SE SONO FELICE ★★★
Regia di Aldo Baglio, Giacomo Poretti, Giovanni Storti, Massimo Venier. Con Aldo Baglio, Antonio Catania, Silvana Fallisi, Marina Massironi, Giacomo Poretti, Giovanni Storti. ■ Tre amici (uno doppiatore di colpi di tosse, l'altro comparsa alla Scala e il terzo statua vivente nei grandi magazzini) cercano, senza successo, di mettere in scena il *Cyrano*. Ma Giovanni, innamoratosi di Marina, una hostess, se la vede soffiare quasi involontariamente da Giacomo. A distanza di tre anni, Giacomo va a cercare Giovanni, che nutre ancora rancore. Giacomo e Marina vivono insieme e vogliono convincere Giovanni a incontrarsi ancora una volta con Aldo, col quale aveva rotto coinvolgendolo nella vicenda. Un viaggio in Sicilia potrebbe portare alla rappacificazione. Il pubblico e la critica questa volta, se non felici, possono sicuramente dichiararsi almeno contenti della terza prova cinematografica del gruppo. Lo stile di una comicità, concreta e surreale al contempo resta intatto, ma viene inserito in una storia ben congegnata che sfrutta tutte le possibili gamme del contrasto amoroso riuscendo a non essere mai né volgare né ripetitiva. ■ Commedia; col.; 100′; Italia, 2000.

CHIEDI PERDONO A DIO, NON A ME ★
Regia di Vincenzo Musolino. Con Giorgio Ardisson, Anthony Ghidra, Cristina Josani, Lilly Lembo, Dante Maggio, Luigi Pavese, Pedro Maria Sanchez. ■ Per calmare un vendicativo messicano, uno sconosciuto gli narra il fatto più drammatico della sua vita: l'assassinio dei suoi cari, commissionato per questioni di interesse dal padre della ragazza che amava. ■ Western; col.; 91′; Italia, 1968.

CHIEDO ASILO ★★★
Regia di Marco Ferreri. Con Roberto Benigni, Dominique Laffin. ■ Con la riforma della scuola materna, anche gli uomini possono insegnare negli asili. Uno dei primi è Roberto, che diventa ben presto l'idolo dei piccoli a lui affidati. Finché un giorno non diventa padre: scoprirà che è più arduo pensare a un figlio proprio che a cinquanta marmocchi degli altri. ■ Commedia; col.; 109′; Italia, 1980. ■ Berlino 1 pr.

CHI È ENTRATO NELLA MIA CASA? ★
(Slaughterhouse Rock)
Regia di Dimitri Logothetis. Con Toni Basil, Hope Marie Carlton, Nicholas Celozzi, Donna Denton, Tom Reilly. ■ Ancora Alcatraz al centro di una vicenda cinematografica che però, questa volta, ci parla di demoni e cannibalismo. Gli attori sono inesistenti e gli effetti speciali di bassa lega. Si tratta, in definitiva, di una casa da evitare con attenzione. ■ Horror; col.; 85′; USA, 1988.

CHI È HARRY CRUMB? *(Who's Harry Crumb?)* ★★
Regia di Paul Flaherty. Con John Candy, Jeffrey Jones, Annie Potts. ■ Ciccione cretino all'ennesima potenza vuole a ogni costo fare il detective nonostante la sua aggressiva idiozia. Un giorno gli affidano inaspettatamente un caso, un rapimento. La ragione è che il rapitore è proprio il capo del grasso Henry, che ha affidato a lui le indagini per aver la certezza matematica di non essere mai scoperto. ■ Comico; col.; 98′; USA, 1989.

CHI È HARRY KELLERMAN E PERCHÉ PARLA MALE DI ME? *(Who is Harry Kellerman and Why is He Saying Those Terrible Things about Me?)* ★★★
Regia di ULU GROSBARD. Con DAVID BURNS, GABRIEL DELL, ROSE GREGORIO, BARBARA HARRIS, DUSTIN HOFFMAN, BETTY WALKER, JACK WARDEN. ■ Un cantante di grande successo ha fallito nella vita privata, preferendo la carriera all'amore. Ormai in preda alla nevrosi, fa delle telefonate anonime agli amici, parlando male di se stesso. ■ DRAMMATICO; COL.; 108'; USA, 1971. ■ OSCAR 1 NOM.

CHI È JULIA? *(Who is Julia?)* ★★
Regia di WALTER E. GRAUMAN. Con JAMESON PARKER, MARE WINNINGHAM. ■ Uno di quei casi in cui la chirurgia assume dei poteri impensabili. Un grave incidente letteralmente distrugge due donne. Una è un'indossatrice molto celebre e l'altra è una classica casalinga tutta casa e famiglia. Sta di fatto che la prima ha subito lo spappolamento quasi totale del corpo, salvando il cervello, mentre per l'altra è successo il contrario. Quindi si prende la decisione di unire il salvabile. ■ DRAMMATICO; COL.; 97'; USA, 1986.

CHI È L'ALTRO? *(The Other)* ★★
Regia di ROBERT MULLIGAN. Con NORMA CONNOLLY, LOU FRIZZEL, UTA HAGEN, DIANA MULDAUR, CHRIS UDVARKOKI, MARTIN UDVARKOKI. ■ Un bambino ha imparato dalla nonna medium a governare la mente. Alcuni gravi incidenti di cui è responsabile (la caduta dalle scale della madre, la morte di una vicina e di un cugino) convincono la nonna a sopprimere il terribile fanciullo; sarà lui, invece, a bruciarla viva. ■ HORROR; B/N; 100'; USA, 1972.

♥ CHIEN ANDALOU, UN ★★★
Regia di LUIS BUÑUEL. Con PIERRE BATCHEFF, SIMONE MAREUIL. ■ Ideato a quattro mani con Salvador Dalì, è l'opera d'esordio del grande Buñuel. Avvenimenti legati da una sorta di relazione onirica, senza un apparente nesso. Diventato celebre per alcune sequenze chiave. L'occhio tagliato da un rasoio, la mano piena di formiche e le mani del protagonista che carezzano i seni e le natiche della donna. Viene anche trascinato un pianoforte con due asini morti e due preti legati a delle funi. Uno dei due è Dalì. ■ CORTOMETRAGGIO; B/N; 23'; FRANCIA, 1929.

CHI È PIÙ FELICE DI ME? ★★
Regia di GUIDO BRIGNONE. Con CATERINA BORATTO, TITO SCHIPA. ■ È la solita storia della ragazza onesta che si fa mettere incinta dal bel conquistatore. Lui viene a sapere del fattaccio solo al ritorno da un lungo viaggio e si dichiara pronto ad assumersi tutte le responsabilità. ■ COMMEDIA; B/N; 89'; ITALIA, 1938.

CHI È PIÙ MATTO HA RAGIONE *(La raison du plus fou)* ★★
Regia di FRANÇOIS REICHENBACH. Con RAYMOND DEVOS, ROGER HANIN, MARTHE KELLER, PAULA MOORE, PATRICK PENN, PAUL PRÉBOIST, YVES ROBERT, LINO VENTURA. ■ Un medico stravagante fa evadere una coppia di malati dall'ospedale psichiatrico per una vacanza al mare, indispensabile secondo lui alla guarigione. Un drappello di persone si mette al loro inseguimento, raggiungendoli solo a Nizza. ■ COMMEDIA; COL.; 90'; FRANCIA, 1973.

CHI ERA QUELLA SIGNORA? *(Who Was That Lady?)* ★★★
Regia di GEORGE SIDNEY. Con TONY CURTIS, JANET LEIGH, DEAN MARTIN. ■ Per farsi perdonare un piccolo tradimento, un uomo dice alla moglie di essere un agente segreto. La donna, nell'intento di aiutarlo, combina un sacco di guai. La farsa diventa drammatica quando un autentico membro dell'Fbi e alcune spie straniere si interessano all'uomo. Dopo molte avventure l'equivoco è chiarito. ■ COMMEDIA; B/N; 115'; USA, 1959.

CHIESA, LA ★★
Regia di MICHELE SOAVI. Con FEODOR CHALIAPIN JR, BARBARA CUPISTI, MICAELA PIGNATELLI. ■ In una cattedrale gotica nella Germania dei nostri giorni accadono fatti misteriosi. I sotterranei, aperti incautamente da un bibliotecario troppo curioso, fanno uscire un'orda di creature maligne che possiedono e contaminano tutti i visitatori. La porta della chiesa si chiude misteriosamente. Tutti gli occupanti sono uccisi o invasati. L'unico che resiste è un prete di colore che, a prezzo della vita, fa crollare la cattedrale seppellendo nuovamente tutti i suoi terribili segreti. Michele Soavi, allievo di Dario Argento (che ha anche prodotto e scritto il film), si conferma buon evocatore d'atmosfere, ma confuso e farraginoso narratore. ■ HORROR; COL.; 100'; ITALIA, 1989.

CHI È SENZA PECCATO... ★★
Regia di RAFFAELLO MATARAZZO. Con AMEDEO NAZZARI, YVONNE SANSON. ■ Ex bandito si redime, va a lavorare in Canada e sposa per procura la sua innamorata. Lei passa una serie di guai a causa della sorella, sedotta e abbandonata, che muore lasciandole il figlio. ■ DRAMMATICO; B/N; 118'; ITALIA, 1952.

CHI È SEPOLTO IN QUELLA CASA? *(House)* ★★
Regia di STEVE MINER. Con WILLIAM KATT, KAY LENZ, RICHARD MOLL. ■ Uno scrittore reduce dal Vietnam è sconvolto dalle esperienze di guerra e dalla morte del figlio piccolo. Va a stabilirsi in una vecchia casa, dove crede di venire in contatto col bambino. Infatti il piccolo è stato rapito da un malefico zombi (ex commilitone dello scrittore) che l'ha trasportato in una dimensione extratemporale. Il padre ingaggia una terribile battaglia con lo zombi, lo elimina e recupera il suo bambino. ■ HORROR; COL.; 93'; USA, 1985.

CHI È SUSAN? *(As Good as Dead)* ★
Regia di LARRY COHEN. Con CRYSTAL BERNARD, GEORGE DICKERSON, TRACI LORDS. ■ Una ragazza si fa operare in un ospedale sotto il nome di un'amica perché non in regola con la tassa sulla salute. Lei muore e in compenso l'amica viene perseguitata. ■ HORROR; COL.; 85'; USA, 1995.

CHI GIACE NELLA CULLA DELLA ZIA RUTH? *(Who Slew Auntie Roo?)* ★★★
Regia di CURTIS HARRINGTON. Con JUDY CORNWELL, MICHAEL GOTHARD, HUGH GRIFFITH, LIONEL JEFFRIES, MARK LESTER, RALPH RICHARDSON, SHELLEY WINTERS. ■ Una vedova è rimasta traumatizzata dalla scomparsa prematura della sua bambina. Durante una festa per i piccoli ospiti di un orfanotrofio, rapisce una bimba che è la copia della figlia. Il fratellino la libera, deruba la vedova e ne incendia la casa. È un evidente rifacimento della fiaba di Hânsel e Gretel. ■ HORROR; COL.; 89'; USA, 1971.

CHI GIACE NELLA MIA BARA? *(Who is Buried in My Grave? – Dead Image)* ★★
Regia di PAUL HENREID. Con PHILIP CAREY, BETTE DAVIS, JEAN HAGEN, PETER LAWFORD, GEORGE MACREADY, KARL MALDEN. ■ Edith uccide la ricca e odiata gemella Margaret e ne prende il posto. Inganna tutti, tranne l'amante della defunta che comincia a ricattarla. La polizia intanto scopre che Margaret ha avvelenato il marito: Edith accetta la sua sorte. ■ DRAMMATICO; B/N; 115'; USA, 1964.

CHI HA DETTO CHE C'È UN LIMITE A TUTTO? *(Monsieur le président directeur général)* ★★
Regia di JEAN GIRAULT. Con MICHEL GALABRU, MARIA MACHADO, JACQUELINE MAILLAN, CHRISTIAN MARIN, PIERRE MONDY, CLAUDE RICH. ■ Quattro colleghi si contendono l'avanzamento. Il datore di lavoro e i concorrenti si riuniscono a casa di uno di essi, dove saranno protagonisti di un'avventura a lieto fine. Il padrone di casa ottiene infine la sospirata promozione. ■ COMMEDIA; COL.; 87'; FRANCIA, 1966.

CHI HA IL DIRITTO DI UCCIDERE? *(Les intrus)* ★★
Regia di SERGIO GOBBI. Con CHARLES AZNAVOUR, KATIA AZNAVOUR, MARIE-CHRISTINE BARRAULT, ALBERT MINSKY, RAYMOND PELLEGRIN, LEON ZITRONE. ■ Un noto professionista è disposto a pagare a due banditi un'ingente somma per riavere la figlia. Uno dei ricattatori abusa della moglie e lui per vendetta li sopprime entrambi. In tribunale viene assolto per legittima difesa; non tutti però sono concordi sul verdetto. ■ DRAMMATICO; COL.; 88'; FRANCIA, 1971.

CHI HA INCASTRATO ROGER RABBIT *(Who Framed Roger Rabbit)* ★★★
Regia di ROBERT ZEMECKIS. Con JOANNA CASSIDY, BOB HOSKINS, CHRISTOPHER LLOYD. ■ Negli anni Quaranta un detective scalcinato cerca di scagionare il suo cliente dall'accusa di aver ucciso un corteggiatore della moglie. Qui però il cliente è un personaggio dei cartoni animati (che somiglia a Bugs Bunny) e le in-

dagini si svolgono a Cartoonia dove vivono cartoni buoni e cattivi. La *factory* di Steven Spielberg e la Walt Disney uniscono le loro forze per un best-seller che è nel contempo un grande *exploit* tecnico (la perfetta fusione fra cartone e fotogramma recitato) e poi un superdivertimento dalle mille trovate (per la precisione 93 nei 93 minuti di proiezione). ■ FANTASTICO; COL.; 93′; USA, 1988. ■ GOLDEN GLOBES 2 NOM; OSCAR 4 PR, 7 NOM.

CHI HA PAURA DELLE STREGHE? *(The Witches)* ★★
Regia di NICOLAS ROEG. Con ROWAN ATKINSON, BRENDA BLETHYN, ANJELICA HUSTON, BILL PATTERSON, CHARLIE POTTER, MAI ZETTERLING. ■ Dai fiordi della Norvegia all'Inghilterra, all'America, le streghe si riuniscono e mostrano le loro vere terrificanti fattezze celate sotto l'aspetto di tranquille signore borghesi. Anjelica Huston ha la testa di un rapace. I bambini vengono trasformati in topolini, ciò che accade anche al piccolo Luke, protagonista di sogni inquietanti d'infanzia e di un'indimenticabile avventura. Come sempre, il bene vince sul male e le streghe avranno la peggio. ■ FANTASTICO; COL.; 91′; GRAN BRETAGNA, 1989.

CHI HA PAURA DI VIRGINIA WOOLF? ★★★
(Who's Afraid of Virginia Woolf?)
Regia di MIKE NICHOLS. Con RICHARD BURTON, SANDY DENNIS, GEORGE SEGAL, ELIZABETH TAYLOR. ■ Due coniugi continuano a vivere insieme senza entusiasmi. Le frustrazioni derivanti da quella condizione esplodono improvvisamente ed essi danno libero sfogo, verbalmente, al loro rancore. ■ DRAMMATICO; B/N; 129′; USA, 1966. ■ OSCAR 5 PR, 13 NOM.

CHI HA RUBATO IL PRESIDENTE? ★★
(Le grand restaurant)
Regia di JACQUES BERNARD. Con BERNARD BLIER, ROGER CACCIA, LOUIS DE FUNÈS, FOLCO LULLI, JEAN OZENNE, NOEL REQUEVERT, MARIA ROSA RODRIGUEZ, VENANTINO VENANTINI. ■ Il presidente di una nazione sudamericana sparisce durante un pranzo in un famosissimo locale parigino. Il proprietario viene preso contemporaneamente di mira dalla polizia, dai nemici e dai sostenitori dell'uomo politico il quale, nascosto, si è concesso qualche tranquillo giorno di riposo. ■ COMMEDIA; COL.; 90′; FRANCIA, 1966.

CHI HA UCCISO? *(Es geht um mein Leben)* ★★
Regia di RICHARD WICHBERG. Con KARL LUDWIG DIEHL, KITTY FRANTZEN, THEO LINGEN. ■ Una donna viene accusata dell'assassinio dell'ex amante, rinvenuto cadavere davanti alla sua abitazione. Suo marito scopre il responsabile del delitto attraverso una lunga indagine piena di sorprese e di pericoli. ■ GIALLO; B/N; 90′; GERMANIA, 1937.

CHI HA UCCISO BELLA SHERMAN? ★★
(La mort de Belle)
Regia di EDOUARD MOLINARO. Con MARC CASSOT, JEAN DESAILLY, YVETTE ETIEVANT, GABRIEL GOBIN, JACQUES MONOD, YVES ROBERT, ALEXANDRA STEWART. ■ Una ragazza, ospite di una coppia, viene assassinata: viene sospettato l'uomo. Questi, allontanato da tutti, finisce per impazzire e commette davvero un omicidio. Viene linciato dalla folla proprio mentre la polizia scopre l'assassino della giovane. Il film è tratto dal romanzo *La mort de Belle* di Georges Simenon. ■ GIALLO; B/N; 100′; FRANCIA, 1961.

CHI HA UCCISO GAIL PRESTON? ★★
(Who Killed Gail Preston?)
Regia di LEON BARSHA. Con WYN CAHOON, RITA HAYWORTH, ROBERT PAIGE, DON TERRY. ■ Una ballerina viene uccisa durante il suo numero. Molti frequentatori del locale avrebbero potuto avere un movente; la polizia non trascura alcuna traccia e finalmente arresta il colpevole. ■ GIALLO; B/N; 60′; USA, 1938.

CHI HA UCCISO JENNY? ★★★
(They Only Kill their Masters)
Regia di JAMES GOLDSTONE. Con JUNE ALLYSON, JAMES GARNER, HARRY GUARDINO, HAL HOLBROOK, EDMOND O'BRIEN, ARTHUR O'CONNELL, KATHARINE ROSS. ■ Una donna viene uccisa; dapprima si fa ricadere la responsabilità del delitto sul feroce dobermann dell'uccisa, poi si scopre che questa è stata affogata. Gli indiziati sembrano insospettabili, ma alla fine, il colpevole verrà assicurato alla giustizia. ■ GIALLO; B/N; 97′; USA, 1972.

CHI HA UCCISO LA SIGNORA DEARLY? ★★
(Drowning Mona)
Regia di NICK GOMEZ. Con CASEY AFFLECK, NEVE CAMPBELL, DANNY DEVITO, PETER DOBSON, WILLIAM FICHTNER, JAMIE LEE CURTIS, BETTE MIDLER, TRACEY WALTER. ■ Allegra e tragicomica commedia tenuta in piedi solo da un ispirato Danny DeVito nei panni di un poliziotto impiccione. Mona Dearly è una madre e una donna insopportabile, che muore alla prima inquadratura in un incidente di macchina. Se non fosse per il capo della polizia Wyatt Rash, la faccenda sarebbe presto dimenticata. Ma Wyatt sospetta un omicidio e così tutto il paese si trova sotto inchiesta: tutti avevano un buon motivo per ucciderla, soprattutto nella sua famiglia. ■ COMMEDIA; COL.; 95′; USA, 2000.

CHI LA DURA LA VINCE *(The Passionate Plumber)* ★★★
Regia di EDWARD SEDGWICK. Con JIMMY DURANTE, BUSTER KEATON, POLLY MORAN, IRENE PURCELL, GILBERT ROLAND. ■ Scritto su misura per Keaton e per la sua spalla di lusso Jimmy Durante, il film è discretamente riuscito, ma non è certo tra i migliori del grande comico americano. ■ COMMEDIA; B/N; 73′; USA, 1932.

CHI LAVORA È PERDUTO – IN CAPO AL MONDO ★★★
Regia di TINTO BRASS. Con FRANCO ARCALLI, PASCALE AUDRET, TINO BUAZZELLI, SADY REBBOT, PIERO VIDA. ■ Il titolo originale viene censurato per ragioni sconosciute. È il primo di Tinto Brass, vagamente autobiografico; il protagonista è un ragazzo sfaccendato, un po' anarchico, ribelle al sistema nel quale prima o poi dovrà pur inserirsi. Intanto passeggia per l'assolata Venezia e torna col pensiero al passato. ■ DRAMMATICO; B/N; 90′; ITALIA, 1963.

CHILD OF GOD ★★
Regia di JAMES FRANCO. Con JEREMY AMBLER, TIM BLAKE, JAMES FRANCO, SCOTT HAZE, JIM PARRACK. ■ Tennessee. Un vagabondo abbandonato e reietto viene sempre più denigrato, fino a trasformarsi in quel che i compaesani da sempre avevano temuto. James Franco ci ha preso gusto: dopo la trasposizione da Faulkner, tocca a Cormac McCarthy passare sotto la lente magnificatrice dell'inarrestabile regista-attore, che procede con ritmi produttivi giapponesi di due film all'anno. L'approccio è fedele al romanzo per struttura e trama, mantenendo la divisione in atti, mentre una voce narrante, onnipresente e pedante nelle scene iniziali, ripropone brani tratti dal testo originario. Ma l'intento di Franco risulta chiaro sin da quando Scott Haze viene ripreso mentre sta defecando, in maniera cruda ed esplicita. Da qui il regista accompagna il percorso di involuzione da uomo a animale del suo protagonista, perseguendo uno stile verista e senza rinunciare a uno humour che stempera alcune delle scene più forti. ■ DRAMMATICO; COL.; 104′; USA, 2013.

CHILDREN – RAGAZZI *(Children)* ★★
Regia di TONY PALMER. Con GERALDINE CHAPLIN, BEN KINGSLEY, KIM NOVAK. ■ Tratto dal romanzo di Edith Wharton, il film accoglie il ritorno non entusiasmante di Kim Novak e affronta il tema della difficoltà dei rapporti affettivi. Ci sono alcuni ragazzi "dimenticati" dai genitori e un ingegnere cinquantenne. Quest'ultimo li prende sotto la propria tutela. Le cose si complicano quando l'uomo si infatua di Judith, una ragazza troppo giovane. ■ DRAMMATICO; COL.; 115′; GRAN BRETAGNA, 1991.

CHI L'HA VISTA MORIRE? ★★
Regia di ALDO LADO. Con DOMINIQUE BOSCHERO, ADOLFO CELI, PETER CHATEL, ALESSANDRO HABER, GEORGE LAZENBY, JOSÉ QUAGLIO, ANITA STRINDBERG, PIERO VIDA. ■ Due bambine, a distanza di quattro anni l'una dall'altra, vengono uccise nel medesimo luogo. Il padre dell'ultima vittima riesce a scoprire l'assassino dopo che molti degli indiziati sono periti di morte violenta. ■ GIALLO; COL.; 90′; ITALIA, 1972.

CHI L'HA VISTO? ★★
Regia di GOFFREDO ALESSANDRINI. Con CARLO CAMPANINI, VALENTINA CORTESE, ADA DONDINI, VIRGILIO RIENTO, TINO SCOTTI, ALBERTO SORDI, AROLDO TIERI. ■ Accolto da una famiglia che lo scambia per un proprio congiunto sparito da tempo, un attore la libera dalle prepotenze di una parente che li comanda a

bacchetta, poi riprende la sua strada. ■ COMMEDIA; B/N; 93'; ITALIA, 1943.

CHILL FACTOR ★

Regia di HUGH JOHNSON. Con PETER FIRTH, CUBA GOODING JR., DAVID PAYMER, SKEET ULRICH. ■ La storia gira attorno a una sostanza chimica, di nome Elvis, approntata dai militari, che se supera gli zero gradi diventa più pericolosa di un ordigno nucleare. E poi l'impianto è il solito: due persone normali, un cameriere (Ulrich) e un gelataio (Gooding), si trovano involontariamente coinvolti nel trasporto della sostanza, inseguiti dal solito militare pazzo ed emarginato che vuole vendicarsi uccidendo il mondo. Esplosioni, corse, rincorse e fracasso. Tutto prevedibile e già tollerato in qualche migliaio di film precedenti. ■ AZIONE; B/N; 101'; USA, 1999.

CHI LO SA? *(Va savoir!)* ★★★★

Regia di JACQUES RIVETTE. Con JEANNE BALIBAR, MARIANNE BASLER, JACQUES BONAFFÈ, SERGIO CASTELLITTO. ■ Inizia come certi film di Rivette, un po' noiosetto e troppo precisino, nel racconto. Ma dura solo mezz'ora: poi il film si discosta – poeticamente – dalle vicende raccontate, trova altri punti di vista. Intelligenti, leggeri (nel senso più alto del termine), divertenti. Insomma, nelle due ore successive il film decolla con una progressione centellinata ma inesorabile. Senza rinunciare (anzi) a raccontare le difficoltà dello stare insieme, fra i sessi. Con il regista che si "appropria" della capacità rohmeriana di voler bene ai propri personaggi, e dell'ironia di Resnais... È attraverso queste modalità che l'ex critico cinematografico Jacques Rivette racconta la storia dell'attrice Camille. Che sta insieme al regista teatrale Ugo, recita con lui in *Come tu mi vuoi* di Pirandello a Parigi, il suo compagno di vita tre anni prima. Anche Ugo è del resto "insidiato" da una bella laureanda che lo sta aiutando a trovare un'opera di Goldoni mai rappresentata... La storia si conclude come una specie di *vaudeville*, sul palcoscenico del teatro: ci sono tutti i personaggi della storia, ogni cosa trova una sua (convincente, perché "recitata") conclusione, con la canzone italiana *Senza fine* che sparge affetto e ironia a piene mani su storia e spettatori, a rimarcare questo gioco (di coppia, di vita) appunto senza fine... ■ COMMEDIA; COL.; 154'; FRANCIA, ITALIA, GERMANIA, 2000.

CHIMERA ★★

Regia di ETTORE M. FIZZAROTTI. Con GINO BRAMIERI, LAURA EFRIKIAN, PIPPO FRANCO, CLELIA MATANIA, KATIA MOGUY, GIANNI MORANDI, CARLO TARANTO, NINO TARANTO, LINO TOFFOLO. ■ Finito il servizio militare un cantante parte per una tournée in Sudamerica, lasciando a casa la moglie incinta. Prende una cotta per la bella figlia del finanziatore degli spettacoli, ma non esita a partire quando apprende che la consorte sta male. Il lieto fine è scontato. ■ COMMEDIA; COL.; 98'; ITALIA, 1968.

CHIMERA ★★

Regia di PAPPI CORSICATO. Con TOMAS ARANA, IAIA FORTE, GERMANA MELODIA, FRANCO NERO, MARIT NISSEN, TOMMASO RAGNO. ■ Torna Pappi Corsicato, il metaforico poeta napoletano de *I Buchi neri*, e sono passati alcuni anni. Sempre fidandosi della sua coperta-di-Linus Iaia Forte, racconta una storia di passione finita. La tesi è questa: dato per scontato che dopo qualche tempo (un anno, due?) in una storia d'amore l'amore (appunto) finisce lasciando soltanto affetto, dolcezza eccetera, qual è la cosa migliore? Rinunciare o cercare di salvare il salvabile? E nel secondo caso: in che modo? La riposta la dà Tomas, che racconta alla moglie Desirée la vicenda di Emma e Sal, che dopo tanti anni di convivenza hanno rivitalizzato il rapporto grazie alla fantasia. In realtà l'intervento di Tomas non è solo quello di "narratore", altrimenti che razza di illusionista sarebbe? Corsicato ha la sua indubbia personalità e quel pizzico di morbosità che dovrebbe aiutare la storia. Ma il discorso, e il lamento, è sempre lo stesso: ma perché il cinema (più o meno) giovane italiano deve sempre giocare in un giardino così piccolo e sempre con qualche limitativo gergo? Notato un Franco Nero un po' invecchiato. ■ COMMEDIA; COL.; 88'; ITALIA, 2001.

CHIMERE *(Chimère)* ★★

Regia di CLAIRE DEVERS. Con JULIE BATAILLE, BÉATRICE DALLE, WADEK STANZACK. ■ Alice e Teo si amano. Convivono felici da oltre un anno. Ma ad Alice manca qualcosa: un figlio. Tutta contenta comunica la sua intenzione di farne uno a Teo. Ma Teo non fa i salti di gioia che Alice si aspettava. Anzi. Questa smania di maternità da parte di lei finirà per rovinare il rapporto. ■ SENTIMENTALE; COL.; 94'; FRANCIA, 1989.

CHIMERE – LA STORIA DI RICK MARTIN ★★★

(Young Man with a Horn)

Regia di MICHAEL CURTIZ. Con LAUREN BACALL, HOAGY CARMICHAEL, DORIS DAY, KIRK DOUGLAS. ■ Storia romanzata e poco attendibile di un pregevole suonatore jazz di cornetta, Bix Beiderbecke (il musicista bianco del dixieland), morto nel 1931 all'età di ventotto anni. Il film narra la sua ascesa, la crisi sentimentale che gli fa trascurare la professione, la lenta risalita. Molto belle le musiche. ■ BIOGRAFICO; B/N; 112'; USA, 1950.

CHI MI AIUTA? ★★

Regia di VALERIO ZECCA. Con LUCA BARBARESCHI, GEPPI GLEIJESES, MARILÙ PRATI. ■ L'amicizia di Paolo e Carlo entra in crisi quando Paolo s'innamora di Lili e la porta a casa. Carlo infatti la seduce e ne diventa l'amante. Paolo tenterà il suicidio e Lili se ne andrà per la sua strada. ■ DRAMMATICO; COL.; 99'; ITALIA, 1985.

CHINA BLUE *(Crimes of Passion)* ★★

Regia di KEN RUSSELL. Con JOHN LAUGHLIN, ANTHONY PERKINS, KATHLEEN TURNER. ■ China Blue e Joanna sono la stessa donna, solo che la prima è una professionista della marchetta, la seconda un'affermata stilista. Due uomini scoprono la sua doppia vita: un prete diabolico, che vorrebbe redimerla con tanto di pugnale a forma di vibratore, e un elettrotecnico, che si è messo a fare la spia industriale per migliorare il bilancio familiare. Al di là dell'innegabile maestria tecnica di Ken Russell, il film è difficilmente sopportabile per le troppe cadute di gusto. ■ DRAMMATICO; COL.; 101'; USA, 1984.

CHINA GIRL ★★

Regia di ABEL FERRARA. Con JUDITH MALINA, RICHARD PANEBIANCO, JAMES RUSSO. ■ Lotta in una zona di confine fra i quartieri di Little Italy e Chinatown fra due bande di teppisti cinesi e italo-americani. Ma c'è pure lo spazio per una storia alla Giulietta e Romeo: un *teddy boy* italiano s'innamora di una cinesina, figlia di un capo gang. Finisce male: in una sparatoria, che fa fuori una bella fetta dei contendenti, ci lasciano la pelle anche i due innamorati. ■ DRAMMATICO; COL.; 88'; USA, 1987.

CHINA MOON – LINEA MORTALE *(China Moon)* ★★

Regia di JOHN BAILEY. Con BENICIO DEL TORO, ED HARRIS, MADELEINE STOWE. ■ Un poliziotto finisce nei guai prendendo una cotta per la moglie di un banchiere. Infatti quest'ultima uccide il coniuge e il piedipiatti diventa suo complice. ■ POLIZIESCO; COL.; 100'; USA, 1991.

CHINA ROSE ★★

Regia di ROBERT DAY. Con MICHAEL BIEHN, ALI MCGRAW, GEORGE C. SCOTT. ■ Un giovane americano in viaggio in Cina sparisce durante i tumulti delle Guardie Rosse negli anni Sessanta. Qualche anno dopo il padre, con l'aiuto di una funzionaria del consolato, va a cercare la sua tomba, ma non la trova. Per forza. Il giovane non è affatto morto. Il genitore scopre che è coinvolto nel traffico della droga. ■ DRAMMATICO; COL.; 91'; USA, 1983.

CHI NASCE TONDO... ★★

Regia di ALESSANDRO VALORI. Con CORRADO FORTUNA, ANNA LONGHI, VALERIO MASTANDREA, SANDRA MILO, TIBERIO MURGIA, GLAUCO ONORATO, REGINA ORIOLI, RAFFAELE VANNOLI. ■ Chi nasce tondo... non muore quadrato. È così per nonna Italia che, dopo una vita di furtarelli e gite in carcere, "evade" anche dall'ospizio per anziani, non senza aver ripulito la cassaforte della direzione. Il nipote Mario deve ritrovarla al più presto, ne va del suo imminente matrimonio con Flaminia e del suo posto di lavoro nella ditta di antifurti del futuro suocero; ma da solo non può farcela, ha bisogno dell'aiuto del cugino Righetto, cialtrone nullafacente che affitta a peso d'oro appartamenti occupati e fatiscenti. Insieme, i due seguiranno le tracce della nonna in un percorso a ritroso nella loro infanzia e in una Roma dal sapore antico. Nato da un progetto mirato a coinvolgere nella realizzazione di un film gli studenti dei licei romani, ha raggiunto uno statuto assolutamente autonomo e può vantare alcuni pregi dell'indipendenza. ■ COMMEDIA; COL.; 90'; ITALIA, 2008.

♥ CHINATOWN ★★★★🏆

Regia di ROMAN POLANSKI. Con FAYE DUNAWAY, BRUCE GLOVER, JOHN HILLERMAN, JOHN HUSTON, ROY JENSON, PERRY LOPEZ, JOE MANTELL, JACK NICHOLSON, BURT YOUNG. ■ A Chinatown, il quartiere cinese di San Francisco, un detective ex poliziotto minaccia involontariamente gli interessi di personalità influenti che cercano di toglierlo di mezzo. Nicholson è credibile; la Dunaway ha una parte che ricorda da vicino quella affidata a Mary Astor nel *Mistero del falco*. ■ GIALLO; COL.; 131'; USA, 1974. ■ GOLDEN GLOBES 🏆 4 PR, 7 NOM; OSCAR 🏆 1 PR, 11 NOM.

CHINESE BOX ★★★

Regia di WAYNE WANG. Con RUBEN BLADES, MICHAEL HUI, JEREMY IRONS, GONG LI. ■ Hong Kong 31 dicembre 1996. Si festeggia, si fa per dire, l'ultimo anno prima dell'arrivo dei cinesi. Il 30 giugno gli inglesi dovranno andarsene. Tutta la comunità occidentale è frastornata, c'è anche chi spera che niente cambierà in virtù del fatto che la città è da decenni un business del mondo. Irons è un giornalista che si occupa di economia e altre (troppe) cose. È innamorato di una cinese, mantenuta da un importante personaggio locale, e gira con una piccola telecamera a riprendere la vita di Hong Kong. Un giorno si sente male, fa le analisi, i risultati gli lasciano forse sei mesi di vita: leucemia. Cerca comunque di condurre a termine la sua ricerca, soprattutto riesce a conquistare la cinese. In sostanza muore bene. Film ricco, forse un po' arruffato, ma con una sua ragione di essere (e non è davvero poco). Il regista ha certamente forza esuberante ma la mostra troppo. Nel suo precedente *Smoke*, che è uno dei più bei film degli anni Novanta, era stato costretto alla disciplina dal grande Paul Auster, che aveva scritto la storia. Qui invece cede alla tentazione di mostrare tutto il suo talento e aggiunge continuamente, invece di togliere. È la solita pratica di molti autori non occidentali, che non hanno metabolizzato la nostra cultura, l'hanno solo studiata. Questo eccesso di espressione da molti è ritenuto un valore aggiunto, un sapore diverso. Altri, come noi, lo ritengono un limite, una mancanza di essenza. Comunque, al di là del piccolo, ipotetico limite, per il cinema sarebbe una bella fortuna se tanti Wang sostituissero tutti i Tarantino. ■ DRAMMATICO; COL.; 115'; CINA, 1997. ■ VENEZIA 1 PR.

CHINESE ODISSEY *(Tian xia wu shuang)* ★★

Regia di JEFFREY LAU. Con CHANG CHEN, ROY CHEUNG, ATHENA CHU, JAN LAMB, TONY LEUNG, REBECCA PAN, VICKY ZHAO WEI, FAYE WONG. ■ Siamo in Cina al tempo della dinastia Ming e al palazzo reale l'imperatore Zheng De e la principessa sua sorella Wushuang si annoiano e desiderano vedere il mondo fuori. Wushuang cede alla tentazione e, travestita da uomo, scappa da palazzo. Giunge in un villaggio dove conosce Li Yilong e sua sorella Phoenix: quest'ultima si innamora della principessa, o meglio della sua versione al maschile, e la situazione si complica. Seguono intrecci simili che riguardano l'imperatore che si è messo sulle tracce della sorella. ■ AVVENTURA; COL.; 97'; HONG KONG, 2002.

CHIN HSIANG L'URAGANO GIALLO ★

Regia di WANG HUNG LIN. Con CHIN HSIANG-LIN, WANG PING. ■ Pellicola estremamente violenta, paradossale per sadismo e per idiozia. Arti marziali, sangue e improbabili avventure. ■ AVVENTURA; COL.; 80'; HONG KONG, 1976.

CHI NON CERCA TROVA *(Free and Easy)* ★★★

Regia di EDWARD SEDGWICK. Con BUSTER KEATON, ROBERT MONTGOMERY, ANITA PAGE. ■ Solita comica con scarso soggetto ma notevole interpretazione di Buster Keaton. ■ COMICO; B/N; 75'; USA, 1930.

CHI NON SALTA BIANCO È *(White Men Can't Jump)* ★★

Regia di RON SHELTON. Con TYRA FERRELL, WOODY HARRELSON, ROSIE PEREZ, WESLEY SNIPES. ■ Lei è portoricana ed è bravissima nei quiz con domande a raffica, lui è il tipico americano che cerca di arrangiarsi giocando a basket. È una coppia bene assortita nei guai. L'uomo conosce un ottimo giocatore di basket di colore e con lui si lancia in scommesse. Tra un tira e molla e l'altro la ragazza andrà a un quiz in televisione. Oltre a Snipes e alla Perez, entrambi attori di Spike Lee, si fa notare Harrelson (*Assassini nati* di Oliver Stone). Un buon film senza pretese. Grande successo negli States e indifferenza in Italia. ■ COMMEDIA; COL.; 114'; USA, 1992.

CHIODO NEL CERVELLO, IL ★★★

(No es bueno que un hombre esté solo)

Regia di PEDRO OLEA. Con EDUARDO FAJARDO, HELGA LINÉ, JOSÉ LUIS LOPEZ VAZQUÉZ, CARMEN SEVILLA. ■ Un ingegnere navale, disperato per la morte della moglie, si porta in casa una bambola *grandeur nature*; le parla, l'accudisce, ci va a letto, la chiama col nome della consorte defunta. Della sua mania s'avvede una prostituta che lo ricatta. L'ingegnere è costretto a far passare la donna per sua moglie, ma la situazione è insostenibile. La vicenda finisce con due omicidi. ■ DRAMMATICO; COL.; 90'; SPAGNA, 1974.

CHI OSA VINCE *(Who Dares Wins)* ★★

Regia di IAN SHARP. Con LEWIS COLLINS, JUDY DAVIS, RICHARD WIDMARK. ■ Il controspionaggio britannico sospetta che dietro la facciata di un movimento antinucleare si celi un'organizzazione terroristica. S'infiltra il capitano Skelton, che però viene scoperto e costretto ugualmente a partecipare ad un'azione terroristica. Ma sarà proprio Skelton ad annientare i terroristi coordinando dall'interno le truppe del SAS. ■ DRAMMATICO; COL.; 125'; USA, 1981.

CHI PIÙ SPENDE... PIÙ GUADAGNA! ★★

(Brewster's Millions)

Regia di WALTER HILL. Con JOHN CANDY, LONETTE MCKEE, RICHARD PRYOR. ■ Un giocatore di baseball di colore erediterà 300 milioni di dollari se, in un solo mese, ne spenderà 30 in beni non durevoli. Lui ce la mette tutta e spende a più non posso fino all'ultimo centesimo. Quando si presenta per incassare, un tizio gli mostra una ricevuta di 20.000 dollari dimenticata. Tutto è perduto? Niente affatto, ci penserà la bella segretaria che gli è stata dietro tutto il tempo a risolvere la situazione. Diverte e nulla più. ■ COMMEDIA; COL.; 97'; USA, 1985.

CHI PROTEGGE IL TESTIMONE ★★★

(Someone to Watch over Me)

Regia di RIDLEY SCOTT. Con TOM BERENGER, JERRY ORBACH, MIMI ROGERS. ■ Una ragazza dell'alta società è testimone di un delitto. Temendo la vendetta dell'assassino, la polizia la tiene sotto sorveglianza. Ma il poliziotto incaricato di vegliare sulla bella testimone si innamora di lei. Con molte complicazioni per la sorveglianza e anche per la vita familiare del piedipiatti. Un serrato poliziesco che il regista rischia (ma non riesce) a rovinare per eccesso di bravura. ■ GIALLO; COL.; 106'; USA, 1987.

CHIROMANTE, IL ★★

Regia di ORESTE BIANCOLI. Con LUISELLA BEGHI, ENZO FIERMONTE, GIOVANNI GRASSO, ERMINIO MACARIO, CARLO RIZZO. ■ Travestito da chiromante per evitare le ire di un uomo, il protagonista si innamora della ragazza alla quale ha predetto il futuro e la salva dalle losche mire di un bandito. ■ COMMEDIA; B/N; 91'; ITALIA, 1941.

CHIRURGO OPERA, IL ★★

Regia di FRANCESCO PASINETTI. ■ La cinepresa entra al Fatebenefratelli, un ospedale di Milano, per seguire sette operazioni chirurgiche. Il commento a ciascuna di esse, tuttavia, non è abbastanza chiaro per chi è completamente digiuno della materia. ■ DOCUMENTARIO; B/N; 88'; ITALIA, 1964.

CHI SALVERÀ CAROL ANN? ★★

Regia di TONY WHARMBY. Con DEBORAH RAFFIN, BURT REYNOLDS. ■ Un'amica di vecchissima data di Stryker sposa un emiro. Quando questi viene ucciso – probabilmente a causa del suo lavoro di trafficante in armi – la vedova si rivolge proprio a Stryker, detective di professione, per essere protetta dagli assassini che attentano anche alla sua vita. ■ DRAMMATICO; COL.; 90'; USA, 1989.

CHI SEI? ★★

Regia di OVIDIO G. ASSONITIS, RICHARD BARRETT. Con BARBARA FIORINI, RICHARD JOHNSON, GABRIELE LAVIA, CARLA MANCINI, JULIET MILLS, NINO SEGURINI. ■ Una donna rimane incinta, nonostante la pillola, perché posseduta dal demonio. Secondo le promesse di Satana, uno sconosciuto, che ha preso le sembianze del primo fidanzato della donna, dovrebbe reincarnarsi nel nascituro. L'uomo invece scompare, il bimbo non nasce e tutto torna alla normalità. ■ DRAMMATICO; COL.; 93′; ITALIA, 1974.

CHI SEI TU? ★★
Regia di GINO VALORI. Con ANTONIO CENTA, MARIA DENIS. ■ Una ragazza, alla quale i nonni in viaggio hanno dato in custodia la casa, la trasforma per divertirsi in un albergo. Giungono numerosi ospiti, tra i quali un famoso attore cinematografico che si innamora di lei e la sposa. ■ COMMEDIA; B/N; 89′; ITALIA, 1938.

CHI SI FERMA È PERDUTO ★★
Regia di SERGIO CORBUCCI. Con PEPPINO DE FILIPPO, ALBERTO LIONELLO, AROLDO TIERI, TOTÒ. ■ Due colleghi non riescono ad ottenere l'avanzamento a causa di un superiore che li ostacola. L'uomo muore ed essi fanno di tutto per entrare nelle grazie del sostituto: invano. ■ COMMEDIA; B/N; 103′; ITALIA, 1961.

CHISSÀ PERCHÉ CAPITANO TUTTE A ME ★★
Regia di MICHELE LUPO. Con FERRUCCIO AMENDOLA, CARY GUFFEY, BUD SPENCER. ■ Un massiccio sceriffo del West ha adottato un piccolo extraterrestre. Insieme i due debellano un gruppo di alieni cattivi, scesi sulla Terra per dominarla, e anche un nugolo di poliziotti, che si erano asserviti agli invasori. Seconda puntata di *Uno sceriffo extraterrestre*. ■ AVVENTURA; COL.; 102′; ITALIA, 1980.

CHISSÀ SE LO FAREI ANCORA *(Si c'était à refaire)* ★★★
Regia di CLAUDE LELOUCH. Con ANOUK AIMÉE, COLETTE BAUDOT, CATHERINE DENEUVE, CHARLES DENNER, FRANCIS HUSTER. ■ Preso dall'ira, Henri ammazza l'uomo che gli ha violentato la fidanzata Catherine. Lei è ritenuta complice e condannata a quindici anni. Nel frattempo, Henri si suicida e lei decide di dare uno scopo alla sua vita generando un figlio: si fa mettere incinta da un inserviente del carcere e nasce Simon, subito affidato ad un collegio. Terminata la detenzione, la donna esce (trentacinquenne) e va a vivere con la madre dell'ex fidanzato. Ma la vita non sarà rosea. Si riprende Simon, però deve cercarsi un buon lavoro e soprattutto deve riuscire a farsi accettare dal figlio. Risolverà, con intelligenza e sensibilità, ogni problema e troverà anche un nuovo amore. ■ COMMEDIA; COL.; 100′; FRANCIA, 1976.

CHI STA BUSSANDO ALLA MIA PORTA? ★★
(Who's That Knocking at my Door?)
Regia di MARTIN SCORSESE. Con ZINA BETHUNE, HARVEY KEITEL, LENNARD KURAS. ■ Charlie, un ragazzo della Little Italy di New York, conosce Katy, che sembra la ragazza dei suoi sogni. Lei sarebbe disposta a concedersi, ma lui, cattolico convinto, rifiuta. Quando poi Katy gli confessa di essere stata violentata, Charlie la lascia per sempre. Opera prima di Martin Scorsese. ■ DRAMMATICO; B/N; 89′; USA, 1969.

CHISUM ★★★
Regia di ANDREW V. MCLAGLEN. Con CHRISTOPHER GEORGE, BEN JOHNSON, FORREST TUCKER, JOHN WAYNE. ■ Chisum possiede un grande ranch ai confini del Nuovo Messico. Arriva un prepotente che vuol diventare l'incontrastato padrone della zona. Si determina la solita situazione di contrasto fra buoni e cattivi. Da una parte Chisum (con l'aiuto del famoso fuorilegge Billy Kid) cerca di far tornare le cose nell'ordine della "frontiera", dall'altra l'avventuriero, scaltro e senza scrupoli, cerca di sopraffarlo. Chiaro che Wayne, come al solito, è dalla parte della ragione. ■ WESTERN; COL.; 111′; USA, 1970.

CHITARRE D'AMORE *(Gitarren der Liebe)* ★★
Regia di WERNER JACOBS. Con ELMA KARLOWA, MANTOVANI, VICO TORRIANI. ■ Nel piccolo paese di Venticase, Roberto viene abbandonato dalla fidanzata che sposa il sindaco. Disperato, si aggrega a un gruppo di saltimbanchi e si guadagna da vivere cantando. Comunque non sono rose e fiori nemmeno per la sposina. I travagli sono molti, ma alla fine i due innamorati si ritrovano. ■ COMM. MUSICALE; COL.; 85′; GERMANIA, 1954.

CHI TE L'HA FATTO FARE? *(For Pete's Sake)* ★★★
Regia di PETER YATES. Con WILLIAM REDFIELD, MICHAEL SARRAZIN, BARBRA STREISAND. ■ Due sposini che vivono a New York vogliono migliorare il loro tenore di vita. Ma come di norma avviene in questi casi, non fanno altro che indebitarsi fino al collo e passare attraverso le situazioni più stravaganti, fino a quando la fortuna si decide a dar loro una mano. ■ COMMEDIA; COL.; 90′; USA, 1974.

CHI TOCCA IL GIALLO MUORE *(The Big Brawl)* ★★
Regia di ROBERT CLOUSE. Con JACKIE CHAN, KRISTINE DE BELL, JOSÉ FERRER. ■ Un giovane cinese campione di maratona, Jerry Kwan, accetta di correre per il boss mafioso Dominici, a patto che il quartiere venga esentato dalle tangenti. Il boss accetta, ma non ha fatto i conti con un rivale, che cerca di ricattare Jerry, dopo avergli rapito la fidanzata. Ma il giovane la spunta. ■ AVVENTURA; COL.; 95′; USA, 1980.

CHI TROVA UN AMICO TROVA UN TESORO ★★
Regia di SERGIO CORBUCCI. Con SAL BORGESE, TERENCE HILL, BUD SPENCER. ■ L'inossidabile coppia Spencer-Hill conferma una volta di più la validità della formula che l'ha portata al successo: tra mastodontiche, divertenti, coloratissime risse i nostri eroi sistemeranno per le feste vari manipoli di cattivacci, nella fattispecie cacciatori di un fantomatico tesoro nascosto in un'isola di sogno. ■ AVVENTURA; COL.; 114′; ITALIA, 1981.

CHI UCCIDERÀ CHARLEY VARRICK? ★★★
(Charley Varrick)
Regia di DON SIEGEL. Con JOE DON BAKER, FELICIA FARR, NORMAN FELL, WALTER MATTHAU. ■ Charley Varrick, un ex acrobata d'aereo, decide di cambiare vita e dedicarsi alle rapine in banca. Ma a Tres Cruces, nel New Mexico, rapina una banca, che in realtà è un deposito in cui una banda di gangster tiene il denaro da riciclare. Ciò scatena una furibonda caccia all'uomo, ma alla fine Charley Varrick riuscirà a farla franca. ■ DRAMMATICO; COL.; 111′; USA, 1974.

CHI VIVE IN QUELLA CASA? *(They Come Back)* ★★
Regia di PETER WALKER. Con JACK JONES, SHEILA KEITH, BILL OWEN, HOLLY PALANCE, PAMELA STEPHENSON. ■ Un cantante pop in declino si rifugia in una casa isolata per preparare il suo ritorno allo spettacolo, ma si trova coinvolto in un'atmosfera da incubo. ■ HORROR; COL.; 92′; GRAN BRETAGNA, 1977.

CHI VUOL DORMIRE NEL MIO LETTO? ★★
(Méfiez-vous, mesdames!)
Regia di ANDRÉ HUNEBELLE. Con PAUL MEURISSE, SANDRA MILO, MICHÈLE MORGAN. ■ Commedia francese, divertente e vivace, interpretata dalla nostra Alessandra Marini, in arte Sandra Milo. È la storia di un playboy che, stanco della sua vita dissennata, vuol mettere testa a partito. Ma la scelta non è così facile, e il protagonista Charles Rouvier rischia anche di finir male. ■ COMMEDIA; COL.; 81′; FRANCIA, 1963.

CHI VUOLE UCCIDERE MISS DOUGLAS? ★★
(The Seduction)
Regia di DAVID SCHMOELLER. Con VINCE EDWARDS, MORGAN FAIRCHILD, MICHAEL SARRAZIN. ■ Un'affascinante giornalista televisiva viene perseguitata da un misterioso maniaco. Quando il fidanzato viene ucciso da questi, la ragazza attira in casa lo psicopatico sperando di ridurlo all'impotenza. Ma sta per soccombere quando il folle viene ucciso dalla sua segretaria. ■ POLIZIESCO; COL.; 104′; USA, 1981.

CHI VUOLE UN MILIONE? *(I'll Give a Million)* ★★★
Regia di WALTER LANG. Con WARNER BAXTER, JOHN CARRADINE, JEAN HERSHOLT, PETER LORRE, MARJORIE WEAVER. ■ Un milionario, disgustato dall'opportunismo e dall'avidità delle persone che lo circondano, decide di sparire travestito da vagabondo e di destinare la somma di un milione a chi sarà capace di compiere un vero atto di bontà. Il premio toccherà alla dolce e ignara acrobata di un circo, che conquisterà anche il cuore del milionario. ■ COMMEDIA; B/N; 72′; USA, 1938.

CHLOE ★
Regia di GO RIJU. Con MASATOSHI NAGASE, RIE TOMOSAKA, SHINYA TSUKAMOTO. ■ Kotaro, giovane astronomo, e la bella Kuroe si incontrano casualmente ad un *vernissage*; un vero e proprio colpo di fulmine. Di lì a poco i due si sposano, e tutto sembra procedere per il meglio, come nelle favole più belle, fino a quando un giorno, improvvisamente, la giovane moglie perde i sensi.

Viene ricoverata all'ospedale: un bulbo di un fiore si trova nel polmone sinistro e le sta ostruendo le vie respiratorie, non resta che asportarlo. Nonostante l'esito positivo dell'operazione, Kuroe si sente nuovamente male. Questa volta, il bulbo sta crescendo nell'altro polmone e le possibilità di sopravvivenza sono davvero minime. Liberamente tratto da un racconto di Boris Vian, *Chloe*, se nella prima parte racconta in modo molto convincente una vicenda ai confini del credibile, nella seconda, invece, per l'esigenza eccessiva di poesia, finisce col rendere il racconto un po' naïf e squilibrato. ■ FANTASTICO; COL.; 128'; GIAPPONE, 2000.

CHLOE – TRA SEDUZIONE E INGANNO *(Chloe)* ★★
Regia di ATOM EGOYAN. Con JULIANNE MOORE, LIAM NEESON, AMANDA SEYFRIED, MAX THIERIOT. ■ Catherine è inquieta. Ginecologa di successo, madre di un adolescente e moglie di un professore, è convinta che l'aereo perso dal marito dissimuli un tradimento. David da parte sua incrementa la gelosia della moglie, incoraggiando con sguardi e ammiccamenti studentesse, cameriere, assistenti. Ossessionata e sospettosa Catherine assolda e retribuisce una giovane escort per sedurre il marito e avere i dettagli di un suo potenziale adulterio. Chloe, spregiudicata nei gesti e abile con le parole, avvia il gioco, approcciando David in un caffè e riferendo a Catherine particolari erotici della consumata infedeltà. Tra incertezze e rivalità, desideri e attrazioni niente è come appare e niente andrà come previsto. ■ DRAMMATICO, COL.; 96'; USA, CANADA, FRANCIA, 2009.

CHOCOLAT ★★★
Regia di CLAIRE DENIS. Con GIULIA BOSCHI, FRANÇOIS CLUZET, ISAACH DE BANKOLÉ. ■ Una giovane francese ricorda gli anni Cinquanta, quando, bambinetta, fu testimone (sempre più consapevole) del difficile rapporto fra bianchi e neri nel Camerun (e delle *avances* della mamma col *boy* di casa, che la respinse). Apologo sul colonialismo, non sempre convincente, ma sorretto da immagini splendide. ■ DRAMMATICO; COL.; 105'; FRANCIA, 1988.

CHOCOLAT ★★★
Regia di LASSE HALLSTRÖM. Con JULIETTE BINOCHE, LESLIE CARON, JUDI DENCH, JOHNNY DEPP, ALFRED MOLINA, CARRIE ANN MOSS, LENA OLIN, PETER STORMARE. ■ Francia, 1959. In una notte ventosa la misteriosa Vianne e sua figlioletta Anouk giungono nel paesino di Lansquenet-sous-Tannes. Vianne affitta un negozio dalla vedova Armande e pochi giorni dopo apre un raffinato negozio di cioccolata. Il negozio si trova proprio di fronte alla chiesa e desta subito l'attenzione della piccola comunità. Il sindaco, conte di Reynaud, giudice della morale pubblica non vede di buon occhio la novità. Per di più Vianne ha una sorta di sesto senso per intuire le debolezze di ognuno e per consigliare la pralina giusta per ogni desiderio. In poco tempo il suo negozio diventa il più frequentato. Ognuno può trovare momentaneo rimedio alle proprie difficoltà. Reynaud non può sopportarlo e chiama a raccolta la popolazione benpensante per boicottare il negozio. Finché un giorno giunge in paese Roux, uno zingaro musicista che decide di stare dalla parte di Vianne. Qualcuno ha scritto che si tratta di un «*Footloose* al cioccolato» e forse è vero. Certo è che Hallström, dopo *Le regole della casa del sidro*, torna ad indagare sulle dinamiche dello scandalo. Questa volta lo fa con i toni della commedia, avvalendosi di un cast di grande livello e non dimenticando la famiglia (Lena Olin è sua moglie). Anche se il vero protagonista non ha avuto bisogno di scritture. ■ COMMEDIA; COL.; 121'; USA, 2000. ■ GOLDEN GLOBES 4 NOM; OSCAR 5 NOM.

CHOICES ★★
Regia di DAVID LOWELL RICH. Con JACQUELINE BISSET, MELISSA GILBERT, GEORGE C. SCOTT. ■ George C. Scott è un avvocato a cui capita di trovarsi con la moglie e la figlia contemporaneamente incinte. L'avvocato è messo di fronte a un problema, quello dell'aborto, che finora aveva trattato in maniera molto distaccata come un fatto altrui. Diverso è dover fare una scelta in casa propria. ■ COMMEDIA; COL.; 90'; USA, 1988.

C.H.O.M.P.S. SUPERCANE ROBOT *(C.H.O.M.P.S.)* ★★
Regia di DON CHAFFEY. Con HERMIONE BADDELEY, VALERIE BERTINELLI, RED BUTTONS, WESLEY EURE. ■ C.H.O.M.P.S. sta per Canine Home Protection System, ovvero i cani per la protezione della casa. Ma il giovane protagonista, un inventore, fornisce un cane meccanico, un robot, che però quando si guasta sono guai. ■ COMMEDIA; COL.; 92'; USA, 1979.

CHOOSE ME – PRENDIMI *(Choose Me)* ★★★
Regia di ALAN RUDOLPH. Con GENEVIÈVE BUJOLD, KEITH CARRADINE, LESLEY-ANNE DOWN. ■ Intorno al microcosmo dell'Eve's Bar ruotano e si intrecciano le vicende di alcuni complessi personaggi, tutti variamente insoddisfatti e soli: il misterioso Mickey (Carradine), l'inquieta Eve (Down), la sessuologa Nancy (Bujold). Solida e affascinante commedia psicologica, perfettamente costruita e meglio recitata. ■ COMMEDIA; COL.; 106'; USA, 1984.

CHOPIN AMORE MIO *(Impromptu)* ★★
Regia di JAMES LAPINE. Con JUDY DAVIS, HUGH GRANT, MANDY PATINKIN, BERNADETTE PETERS, JULIAN SANDS. ■ George Sand e Fryderyk Chopin a confronto, in un film il cui titolo originale depone a favore dello stile scelto dal regista per raccontarci di questo grande amore. *L'impromptu* è infatti una libera improvvisazione a partire da un motivo iniziale. In questo film, in cui transitano Liszt, Delacroix, De Musset, le variazioni sono continue tra uno Chopin timido e impacciato e una Sand che con piglio vitale tiene a distanza i suoi ex amanti e riesce a raggiungere l'obiettivo desiderato. Il regista proviene dal teatro ma è a suo agio anche con la macchina da presa. ■ STORICO; COL.; 107'; GRAN BRETAGNA, 1990.

CHORISTES – I RAGAZZI DEL CORO, LES ★★
(Les Choristes)
Regia di CHRISTOPHE BARRATIER. Con FRANÇOIS BERLÉAND, JEAN-PAUL BONNAIRE, MARIE BUNEL, PAUL CHARIÉRAS, GÉRARD JUGNOT, JEAN-BAPTISTE MAUNIER, KAD MERAD. ■ Francia, 1949. Un compositore fallito, interpretato da Gerard Jugnot con la sensibilità misurata di un grande e dignitoso perdente, viene assunto come sorvegliante in un istituto di rieducazione per minori ma, alla severità del cinico direttore, contrappone la dolcezza delle sue lezioni di musica. L'opera prima di Christophe Barratier – nipote di Jacques Perrin, qui attore e produttore – è stata un vero e proprio fenomeno in patria: campione di incassi sia la pellicola, sia il CD della colonna sonora, è stata la scelta della Francia per concorrere all'Oscar. ■ DRAMMATICO; COL.; 95'; FRANCIA, GERMANIA, SVIZZERA, 2004. ■ GOLDEN GLOBES 1 NOM; OSCAR 1 NOM.

CHORUS LINE *(A Chorus Line)* ★★★
Regia di RICHARD ATTENBOROUGH. Con YAMIL BORGES, MICHAEL DOUGLAS, TERENCE MANN, ALISON REED. ■ Seminascosto nel buio della platea, un regista sottopone un gruppo di aspiranti ballerini a una selezione durissima e impietosa: non soltanto dovranno dimostrare, durante il provino, di saper ballare, ma dovranno anche rispondere a domande sulla loro vita, scandagliando nel profondo dell'anima alla ricerca delle giuste motivazioni professionali. Tra i tartassati c'è anche una danzatrice, ex fidanzata del regista, che aveva abbandonato per cercare fortuna a Hollywood: sarà tra gli otto selezionati e lo spettacolo, dopo tante fatiche, andrà in scena. ■ COMM. MUSICALE; COL.; 113'; USA, 1985. ■ GOLDEN GLOBES 2 NOM; OSCAR 3 NOM.

CHOSEN, THE ★★★
Regia di JEREMY PAUL KAGAN. Con ROBBY BENSON, MAXIMILIAN SCHELL, ROD STEIGER. ■ Una buona versione (benissimo interpretata) del romanzo di Chaim Potok. È la storia dell'amicizia fra due ragazzi ebrei in America nel 1940. Paradossalmente saranno divisi quando la lotta per la costituzione dello Stato di Israele dividerà i rispettivi padri (uno dei due è sionista). ■ DRAMMATICO; COL.; 108'; USA, 1981.

CHOUANS! ★★
Regia di PHILIPPE DE BROCA. Con SOPHIE MARCEAU, PHILIPPE NOIRET, LAMBERT WILSON. ■ Nonostante il buon cast il film è prolisso e inutile. Ambientato durante la Rivoluzione francese, vede come protagonista il conte De Kerfadec, da principio non molto immerso nella situazione. Ma alla fine non potrà fare a meno di esserne coinvolto. ■ STORICO; COL.; 142'; FRANCIA, 1989.

CHRISTIAN ★★
Regia di GABRIEL AXEL. Con JENS ABENTZEN, NADINE ALARI,

NATHALIE BRUSSE, NIKOLAJ CHRISTENSEN, PREBEN LERPORF-FRYE. ■ Da Copenaghen al riformatorio nel Nord della Danimarca, alle strade d'Europa, l'avventura di un giovane inquieto armato della sua chitarra e di una vaga voglia di libertà. Giunto in Spagna, passa poi in Marocco dove conosce la cultura berbera e soprattutto una ragazza del posto. Ma il console di Danimarca lo riacciuffa e lo rispedisce a scontare la pena al riformatorio da dove è fuggito. Avrà la possibilità di ritornare in Nordafrica, dove ha forse trovato il modo di vivere che gli è congeniale. ■ AVVENTURA; COL.; 105'; DANIMARCA, 1989.

♥ CHRISTIANE F. – NOI I RAGAZZI DELLO ZOO DI BERLINO *(Christiane F. – Wir Kinder vom Bahnhof Zoo)* ★★★
Regia di ULRICH EDEL. Con THOMAS AUPSTEIN, NADJA BRUNCKHORST, JENS KUPHAL. ■ La quattordicenne berlinese Christiane scivola lentamente nell'abisso dell'eroina, giungendo a prostituirsi per la dose quotidiana e a ridursi a una nullità. Ma, mentre gli amici che la circondano cadono irrimediabilmente nella spirale della droga, per Christiane sembra accendersi una luce di speranza. Lavoro dai toni fortemente drammatici, di taglio televisivo, quasi cronachistico, privo di fronzoli, realistico e crudo ma al tempo stesso freddo e distante nella pura e semplice descrizione della tragedia. Il film nasce dalla storia vera di Christiane, raccolta in un'intervista e diventata un best-seller in Germania. ■ DRAMMATICO; COL.; 138'; GERMANIA, 1981.

CHRISTINE CRISTINA ★★
Regia di STEFANIA SANDRELLI. Con ALESSIO BONI, PAOLA TIZIANA CRUCIANI, ALESSANDRO HABER, AMANDA SANDRELLI. ■ La vita di Christine de Pizan, italiana cresciuta alla corte di Carlo V di Francia fra stimoli culturali di ogni sorta e poi abbandonata al suo destino assieme ai figli Marie e Jean dopo la morte del Re Saggio. Quando si vede rifiutata ospitalità dalle corti nobiliari più vicine, Christine si addentra negli umili quartieri parigini, dove trova la caritatevole ospitalità della lavandaia Thérèse e del menestrello Charleton. Quest'ultimo, un cantore ubriacone che suona il liuto e decanta versi licenziosi nelle taverne, si accorge della naturale propensione di Christine per la rima baciata e comincia a farsi comporre da lei dei versi per le sue esibizioni. Esordire come regista portandosi appresso l'aura di attrice simbolo del cinema italiano e il pesante fardello di quasi mezzo secolo della sua storia, è impresa ardua. E lo è ancor più cercare di riportare sul grande schermo un genere e un periodo storico poco in sintonia con i gusti del pubblico italiano e con i budget concessi al suo cinema. ■ DRAMMATICO, COL.; 92'; ITALIA, 2009.

CHRISTINE KEELER *(The Christine Keeler Story)* ★
Regia di ROBERT SPAFFORD. Con YVONNE BUCKINGAM, MELL WELLES. ■ Il soggetto si occupa dello scandalo Profumo, che riempì i giornali di tutto il mondo e che provocò fra l'altro il suicidio di un famoso medico inglese. Christine Keeler era una squillo. ■ DRAMMATICO; B/N; 80'; DANIMARCA, 1963.

CHRISTINE LA MACCHINA INFERNALE *(Christine)* ★★
Regia di JOHN CARPENTER. Con KEITH GORDON, ALEXANDRA PAUL, JOHN STOCKWELL. ■ Un diciassettenne s'"innamora" di una vecchia auto ridotta a rottame e la compra per rimetterla a nuovo. Ma la macchina, che ha una misteriosa e diabolica anima, lo circonda di un amore possessivo, isolandolo completamente dal suo ambiente e uccidendo quanti si frappongono tra loro. Sarà distrutta alla fine in un duello con una gigantesca ruspa. ■ FANTASCIENZA; COL.; 111'; USA, 1983.

CHRISTMAS CAROL, A ★★★
Regia di ROBERT ZEMECKIS. Con JIM CARREY, CARY ELWES, COLIN FIRTH, GARY OLDMAN, ROBIN WRIGHT PENN. ■ Il vecchio e avaro strozzino Ebenezer Scrooge non vuole condividere le gioie del Natale. Né con il nipote Fred né con il suo dipendente Bob, che riceve uno stipendio da fame e ha una famiglia numerosa, né tanto meno con chi gli chiede sottoscrizioni in favore dei diseredati. La notte della vigilia di Natale compare il fantasma del suo socio in affari Marley, morto sette anni prima. Marley annuncia a Ebenezer l'arrivo di tre spiriti. Uno gli mostrerà i suoi Natali passati, uno quello presente e l'ultimo quello futuro in cui lui sarà morto e nessuno avrà un buon ricordo della sua esistenza. Una nota di merito a Jim Carrey, talento sempre più affinato e "natalizio". ■ FANTASTICO; COL.; 90'; USA, 2009.

CHRISTMAS IN LOVE ★★
Regia di NERI PARENTI. Con ANNA MARIA BARBERA, CESARE BOCCI, MASSIMO BOLDI, CRISTIANA CAPOTONDI, TOSCA D'AQUINO, CHRISTIAN DE SICA, DANNY DEVITO, SABRINA FERILLI, RONN MOSS, ALENA SEREDOVA. ■ Un campione automobilistico va in vacanza a Gstaad con la giovane amante che ha l'età di sua figlia. La quale gli esibisce un innamorato che invece ha l'età di papà o giù di lì. Nello stesso albergo si trovano anche un chirurgo plastico con la moglie da cui si è separato e un'operaia che ha vinto una vacanza con Ron Moss, il divo di *Beautiful*. Il resto è conosciuto, incassi compresi. ■ COMICO; COL.; 100'; ITALIA, 2004. ■ DAVID DI DONATELLO 1 PR, 1 NOM; GOLDEN GLOBES 1 NOM.

CHRISTMAS ORATORIO – ORATORIO DI NATALE *(Juloratoriet)* ★★
Regia di KJELL-ÅKE ANDERSSON. Con LENA ENDRE, PETER HABER, JOHAN WIDERBERG. ■ Dal romanzo di Goran Tunstrom. Victor, musicista – prepara appunto il *Christmas Oratorio* di Bach – riceve la notizia della morte della madre. Trova delle lettere, scopre nella madre un personaggio inaspettato. Compitino appena sufficiente. ■ DRAMMATICO; COL.; 124'; SVEZIA, 1997.

CHRISTMAS STORY – UNA STORIA DI NATALE, A *(A Christman Story)* ★★
Regia di BOB CLARK. Con PETER BILLINGSLEY, MELINDA DILLON, DARREN MCGAVIN. ■ È Natale e Ralphie, un ragazzino americano di nove anni, desidera come regalo un fucile Red Ryder automatico con duecento colpi, ma né la famiglia, né la scuola glielo vogliono regalare, giudicandolo troppo pericoloso. Quando infine il padre glielo regala, Ralphie si ferisce e rompe gli occhiali. Per evitare botte, inventa una bugia. Un film noiosetto. ■ COMMEDIA; COL.; 98'; USA, 1983.

CHROMA ANGEL CHIAMA MANDRAKE *(Handle with Care)* ★★
Regia di JONATHAN DEMME. Con CANDY CLARK, PAUL LE MAT, ANN WEDGEWORTH. ■ Un film *on the road* con protagonisti due camionisti radioamatori (negli anni Sessanta, i conduttori di "bestioni" amavano alla follia comunicare fra di loro nei viaggi da un capo all'altro degli States). Uno dei camionisti ha un incidente e viene curato da un'infermiera sua amante. Ma intanto hanno avvisato la famiglia (anzi le famiglie, perché l'uomo risulta essere bigamo). ■ COMMEDIA; COL.; 98'; USA, 1977.

CHRONICLE ★★★
Regia di JOSH TRANK. Con DANE DEHAAN, ASHLEY HINSHAW, MICHAEL B. JORDAN, MICHAEL KELLY, ALEX RUSSELL. ■ Andrew, Matt e Steve, dopo un'esposizione a delle radiazioni provenienti da un blocco di cristallo trovato in un buco nel terreno, scoprono di aver acquistato poteri telecinetici. Possono muovere piccoli oggetti, creare campi di forza intorno a loro che li proteggono e anche volare. Dei tre però, quello che sembra essere il più potente e anche il più instabile, ovvero Andrew, che a differenza dei due compagni di telecinesi, è continuamente vessato dalla vita e pronto al delirio d'onnipotenza. L'esperienza che aveva avvicinato i tre comincia quindi a dividerli. ■ FANTASCIENZA; COL.; 84'; GRAN BRETAGNA, USA, 2012.

CHRONICLES OF RIDDICK, THE ★
Regia di DAVID TWOHY. Con ALEXA DAVALOS, KEITH DAVID, JUDI DENCH, VIN DIESEL, COLM FEORE, THANDIE NEWTON, LINUS ROACHE, KARL URBAN. ■ I tre protagonisti sono gli stessi di *Pitch Black* il film precedente del regista, che era semplice e funzionale. Qui Vin Diesel si limita a menare, correre e mettersi e togliersi gli occhiali, gesto/tic, che se poteva essere caratteristico e curioso un lustro fa, qui risulta insopportabilmente ripetitivo. Il resto del cast è anche peggio. ■ FANTASCIENZA; COL.; 119'; USA, 2004.

CHU CHIN CHOW ★★
Regia di WALTER FORDE. Con FRITZ KORTNER, ANNA MAY WONG. ■ È la storia di Alì Babà e i quaranta ladroni, con pochissime varianti. Un giovane povero e fantasioso scopre un tesoro e lo ruba ai briganti che tentano di ucciderlo. Una bella ragazza, innamorata di

lui, lo salva e lo sposa. ■ COMMEDIA; B/N; 103′; GRAN BRETAGNA, 1933.

CHUCK BERRY – HAIL! HAIL! ROCK'N'ROLL ★★★ *(Chuck Berry: Hail! Hail! Rock'n'roll!)*
Regia di TAYLOR HACKFORD. Con ERIC CLAPTON, ROBERT CRAY, ETTA JAMES, JULIAN LENNON. ■ Film biografico su colui che viene universalmente considerato il capostipite del rock: Chuck Berry. I filmati di repertorio di alcuni suoi concerti si alternano alle interviste con i più importanti rappresentanti di questo genere musicale. Il film si chiude con lo spettacolo tenuto a St. Louis insieme con altri grandi del rock. ■ COMM. MUSICALE; COL.; 90′; USA, 1987.

CHUD ★★
Regia di DOUGLAS CHEEK. Con KIM GREIST, JOHN HEARD, DANIEL STERN. ■ I *chuds* sono una banda di straccioni che vivono nelle fogne della città ed escono solo di notte aggredendo i passanti e sbranandoli. Un fotografo di moda, la sua ragazza, una top model e un ufficiale di polizia decidono di porre fine alle loro imprese. ■ HORROR; COL.; 90′; USA, 1984.

CIA CONTRO KGB *(Équipe de nuit)* ★★
Regia di CLAUDE D'ANNA. Con JOSEPH COTTEN, GABRIELE FERZETTI, DENNIS HOPPER. ■ L'Africa occidentale è la posta in gioco e le due più grandi potenze del mondo, l'America e la Russia, vi inviano i loro migliori agenti segreti per assicurarsene il controllo e determinare ancora una volta gli equilibri negli spietati ingranaggi della guerra fredda. ■ SPIONAGGIO; COL.; 100′; FRANCIA, 1988.

C.I.A. – CRIMINAL INTERNATIONAL AGENCY SEZIONE STERMINIO *(Permission to Kill)* ★★
Regia di CYRIL FRANKEL. Con DIRK BOGARDE, TIMOTHY DALTON, BEKIM FEHMIU, AVA GARDNER. ■ Un raffinato gentiluomo inglese dirige un'anonima assassini legata a filo doppio con le grandi potenze del pianeta. L'anonima riceve l'incarico di far fuori un leader comunista in esilio, il cui ritorno oltre cortina potrebbe dar fastidio al governo del suo Paese. Nonostante una donna innamorata e un giovane americano facciano di tutto per salvarlo, il leader ci rimetterà le penne al momento di imbarcarsi per l'Oriente. ■ SPIONAGGIO; COL.; 97′; GRAN BRETAGNA, 1975.

CIAKMULL – L'UOMO DELLA VENDETTA ★★
Regia di E. B. CLUCHER. Con LEONARD MANN, PETER MARTELL, WOODY STRODE. ■ Uno smemorato arriva in una cittadina seguendo vaghi e nebulosi ricordi. Alcuni degli abitanti, approfittando della sua amnesia, tentano di servirsi di lui per personali vendette. Il giovane, dopo un violento scontro con il proprio fratello, ricorda tutto il passato e riparte per sempre. ■ WESTERN; COL.; 91′; ITALIA, 1970.

CIAK SI MUORE ★★
Regia di MARIO MORONI. Con GIORGIO ARDISSON, CARLO ENRICO, ANNABELLA INCONTRERA, ANTONIO PIERFEDERICI, IVANO STACCIOLI. ■ La storia è quella di una troupe cinematografica sconvolta dall'assassinio di tre attrici impegnate nelle riprese. Dell'omicida resta soltanto una labile ombra fissata da alcuni fotogrammi. Il colpevole non è, ovviamente, il super-sospettato Richard. ■ GIALLO; COL.; 90′; ITALIA, 1974.

CIANG IL DURO DEL KUNG-FU *(The Tough Guy)* ★
Regia di CHIANG HUNG. Con CHARLY CHIANG, LINDA LINGH, HENRY YUE YOUNG, CHEN ZING. ■ Ingenuo e dilettantistico film, in cui il protagonista può compiere le sue imprese grazie ad un sorprendente cappello blindato che lo rende invincibile contro avversari che usano stritolare a destra e a sinistra. C'è di mezzo anche il traffico di droga. ■ AVVENTURA; COL.; 85′; HONG KONG, 1971.

CIAO AMERICA *(Greetings)* ★★★
Regia di BRIAN DE PALMA. Con ROBERT DE NIRO, GERRIT GRAHAM, JONATHAN WARDEN. ■ Negli anni Sessanta, durante la guerra nel Vietnam, tre giovani americani vivono le rispettive nevrosi. Uno muore anche, come Lloyd, che si è messo in testa di scoprire l'assassino di Kennedy e viene ammazzato come gli altri testimoni. John invece ha la mania di fotografare le ragazze che si spogliano nella casa di fronte. Paul infine tenta in tutti i modi di evitare l'arruolamento. ■ COMMEDIA; COL.; 88′; USA, 1969.

CIAO AMERICA *(Auf Wiedersehen Amerika)* ★★★
Regia di JAN SCHUTTE. Con JAKOV BODO, ZOFIA MERLE, OTTO TAUSIG. ■ Un polacco e due tedeschi, costretti a vivere in America, si ritrovano con molta tristezza e ci regalano un'immagine dell'America vista dal basso in cui non c'è oro a rilucere. Al suo terzo film il regista mescola sapientemente idiomi e immagini per raccontare una storia di europei-americani. ■ DRAMMATICO; COL.; 85′; GERMANIA, 1994.

CIAO AMICI! *(Great Guns)* ★★★
Regia di MONTY BANKS. Con OLIVER HARDY, STAN LAUREL, MAE MARSH, DICK NELSON, SHEILA RYAN. ■ Stanlio e Ollio, domestici presso un signorino che vive con le anziane zie, seguono il loro giovane padrone chiamato alle armi. Vita di caserma e tanti pasticci per i due simpatici compari. Alla fine, loro malgrado, diventeranno degli eroi e si conquisteranno i galloni. ■ COMICO; B/N; 74′; USA, 1941.

CIAO, AMICO *(Tchao Pantin)* ★★★
Regia di CLAUDE BERRI. Con RICHARD ANCONINA, MICHEL COLUCHE, AGNES SORAL. ■ Protagonista è un benzinaio sulla quarantina, solitario e alcolista. La sua vita diviene meno deprimente quando stringe amicizia con un simpatico giovanotto (che però spaccia la droga). Il benzinaio prende ad amarlo come un figlio, ma presto il giovanotto viene ucciso. L'uomo non pensa che a vendicarsi e per intrappolare gli assassini si serve di una giovane emarginata. ■ DRAMMATICO; COL.; 100′; FRANCIA, 1983.

CIAO BELLEZZA *(Hello, Beautiful – The Powers Girl)* ★★
Regia di NORMAN Z. MCLEOD. Con DENNIS DAY, CAROLE LANDIS, ALAN MOWBRAY, GEORGE MURPHY, ANNE SHIRLEY. ■ Due ragazze arrivano a New York con l'intento di diventare modelle nella "casa" di John Powers. Una ci riesce, ma è una spocchiosa e una ingrata. Meglio la sorella: così conclude anche il fotoreporter che aveva lanciato la spocchiosa. Musical molto esile con attori non del tutto simpatici. Murphy è diventato in seguito senatore degli Stati Uniti. ■ COMMEDIA; B/N; 93′; USA, 1942.

CIAO CHARLIE *(Goodbye Charlie)* ★★★
Regia di VINCENTE MINNELLI. Con PAT BOONE, TONY CURTIS, LAURA DEVON, WALTER MATTHAU, DEBBIE REYNOLDS. ■ Un marito geloso uccide un playboy. Costui si reincarna subito, sotto le spoglie di una bella ragazza. Grave imbarazzo suo e del suo migliore amico che non sa come comportarsi (si può o non si può amare "Charlie"?). Da una commedia di George Axelbrod. ■ COMMEDIA; COL.; 117′; USA, 1964.

CIAO, CIALTRONI ★★
Regia di DANILO MASSI ROSSINI. Con VINCENZO CROCITTI, MARCO GELARDINI, RENA NIEHAUS, FRANCISCO RABAL, PAOLO TURCO. ■ Su una riviera adriatica autunnale e nebbiosa, quattro amici stanno per lasciarsi alla fine di un'estate intensamente vissuta. Ma non è solo un addio alla stagione: è un saluto alla gioventù. Arriverà la stagione della maturità e la consapevolezza. Il distacco, che doveva essere sereno, diventa pieno di amarezze e di rancori. Da questa crisi i quattro usciranno diversi, più uomini. ■ COMMEDIA; COL.; 90′; ITALIA, 1980.

CIAO, CIAO, BAMBINA ★★
Regia di SERGIO GRIECO. Con ANTONIO CIFARIELLO, LORELLA DE LUCA, RICCARDO GARRONE, ELSA MARTINELLI. ■ Sulle note della popolarissima canzone di Domenico Modugno, si dipana la vicenda di due facoltosi fratelli assai diversi tra loro. Uno dei due sposerà la promessa moglie dell'altro, mentre il secondo si fidanzerà con la segretaria del mancato suocero. Vivranno entrambi felici e contenti, dopo le molteplici peripezie attraversate. ■ COMMEDIA; B/N; 95′; ITALIA, 1959.

CIAO CIAO BIRDIE *(Bye, Bye, Birdie)* ★★★
Regia di GEORGE SIDNEY. Con JANET LEIGH, ANN MARGRET, BOBBY RYDELL, MAUREEN STAPLETON, DICK VAN DYKE. ■ Un idolo del rock viene chiamato sotto le armi e dà il suo ultimo concerto in una cittadina di provincia. Apriti cielo: le ragazzine del posto impazziscono, ponendo seri problemi di ordine pubblico. ■ COMM. MUSICALE; COL.; 112′; USA, 1963. ■ OSCAR 2 NOM.

CIAO GULLIVER ★★★
Regia di CARLO TUZII. Con LUCIA BOSÈ, ANTONELLO CAMPODI-

FIORI, SYDNE ROME. ■ Un giovane regista televisivo vuole servirsi del suo lavoro per combattere i mali della società. Ma un funzionario distorce il suo filmato, ne fa un prodotto di consumo, con risultati opposti a quelli che pensava l'autore. Questi si uccide. Lo sostituiscono subito, da un giorno all'altro. Discorso contro la società dei consumi che tutto strumentalizza. ■ COMMEDIA; COL.; 110′; ITALIA, 1970.

CIAO ITALIA ★★
Regia di BARBARA BERNARDI, FAUSTO CAVIGLIA. ■ Una giovane famiglia napoletana, un architetto fiorentino, un ortopedico di Bologna e un tedesco lucido e nostalgico che ama l'Italia, ma da lontano. Questo è il cast di un documentario che da Berlino guarda all'Italia e a quegli italiani che hanno deciso di andarsene. Non emigranti né fuggiaschi, ma veri e propri esuli che cercano un'isola felice per ritrovare la vita che volevano e che il proprio paese ha negato loro. *Ciao Italia* è uno spaccato di vita sull'inadeguatezza del nostro paese attraverso gli occhi di chi ha deciso di cercare felicità e realizzazione altrove. Bernardi e Caviglia incorniciano queste storie mostrando panorami e palazzi berlinesi con un sonoro accattivante, e una direzione narrativa ben precisa. ■ DOCUMENTARIO; COL.; 52′; ITALIA, GERMANIA, 2012.

CIAO JULIA SONO KEVIN *(Speechless)* ★
Regia di RON UNDERWOOD. Con BONNIE BEDELIA, GEENA DAVIS, MICHAEL KEATON, CHRISTOPHER REEVE. ■ Lei scrive discorsi per un uomo politico. Lui anche. Si amano ma quando scoprono di lavorare per leader di opposte tendenze prendono a odiarsi. Ma l'amore prevale in una commedia che non sfrutta a dovere le capacità della versatile Geena Davis. ■ COMMEDIA; COL.; 99′; USA, 1994. ■ GOLDEN GLOBES 1 NOM.

CIAO MA' ★★
Regia di GIANDOMENICO CURI. Con VALERIA ANDREI, CLAUDIA GERINI, MARCO LEONARDI. ■ A Roma, durante un concerto di Vasco Rossi, s'intrecciano le vicende di sette ragazzi romani, un rockettaro, due fanatici del culturismo, due commesse e due figli di ricca borghesia. ■ COMMEDIA; COL.; 96′; ITALIA, 1988.

CIAO MARZIANO ★★
Regia di PIER FRANCESCO PINGITORE. Con ISABELLA BIAGINI, SILVIA DIONISIO, PIPPO FRANCO, LAURA TROSCHEL. ■ Un marziano arriva sulla Terra e avverte le autorità che la fine del mondo è vicina. Ma nessuno a Roma lo prende sul serio, nemmeno quelli che pure lo trattano con amicizia. Finirà, volente o nolente, per rimanere sulla Terra. ■ COMMEDIA; COL.; 92′; ITALIA, 1980.

CIAO MASCHIO ★★★★
Regia di MARCO FERRERI. Con JAMES COCO, GÉRARD DEPARDIEU, GERALDINE FITZGERALD, MARCELLO MASTROIANNI. ■ New York: un giovanotto che desidera la paternità, ma non vuole assumersi la responsabilità di avere un figlio in questo mondo impazzito, adotta una scimmietta, ma questa viene sbranata dai topi. Il protagonista si dà allora la morte. Sopravviverà però una ragazza, un'attricetta, con cui aveva fatto l'amore, che ha scoperto di essere incinta. ■ COMMEDIA; COL.; 113′; ITALIA, 1978. ■ CANNES 1 PR.

CIAO NEMICO ★★
Regia di E. B. CLUCHER. Con JOHNNY DORELLI, VINCENT GARDENIA, GIULIANO GEMMA. ■ Durante lo sbarco alleato in Sicilia si trovano di fronte il tenente americano Kirby (Gemma) e l'italiano Tocci (Dorelli), inviati dai rispettivi comandi a far saltare un antico ponte romano. Ma entrambi sono alla testa di soldati svitati e pasticcioni che fraternizzano invece di combattere. Gradevole. ■ COMMEDIA; COL.; 115′; ITALIA, 1981.

CIAO NI' ★★
Regia di PAOLO POETI. Con RITA DI LERNIA, NERINA MONTAGNANI, ENZO RINALDI, RENATO ZERO, VICTORIA ZINNY. ■ Zero, durante la sua tournée, riceve un minaccioso messaggio firmato "Ciao Ni'" che dice: «Ti ucciderò alle prime luci della ribalta». Nel corso degli intervalli degli spettacoli, Renato cerca di scoprire l'autore del biglietto e indaga tra i suoi collaboratori. Alla fine, però, capisce che "Ciao Ni'" è la sua "normalità", che vuole punirlo per essersi trasformato in un "perverso": rompendo lo specchio che gli sta dinanzi, annienta "Ciao Ni'" e difende la sua ambiguità. Film veramente insopportabile per chi non sopporta Renato Zero. ■ COMM. MUSICALE; COL.; 92′; ITALIA, 1979.

CIAO NORMA JEAN *(Good Bye Norma Jean)* ★★
Regia di LARRY BUCHANAN. Con PRESTON HANSON, TERENCE LOCKE, ANDRÉ PHILIPPE, MISTY ROWE, MARTY ZAGON. ■ Ancora una biografia di Marilyn Monroe, il cui vero nome era Norma Jean. Descrive il periodo duro e oscuro degli inizi della carriera dell'attrice, mostra i compromessi e le umiliazioni che la nascente star ha accettato e subìto. ■ BIOGRAFICO; COL.; 95′; USA, 1976.

CIAO PAIS! ★★
Regia di OSVALDO LANGINI. Con FRANCO BALDUCCI, MIRKO ELLIS, LEDA GLORIA, CARLO NINCHI, LYLA ROCCO, ELEONORA RUFFO. ■ 1940. Un gruppo di richiamati viene aggregato ad un reggimento di Alpini di stanza in Piemonte. I nuovi arrivati appartengono ad ambienti socio-economici assai dissimili ed amalgamarli è impresa difficoltosa. Ci riuscirà un anziano sergente. Tutto il battaglione verrà inviato sul fronte greco, dove darà prova di coraggio. Non torneranno indietro tutti. ■ GUERRA; B/N; 90′; ITALIA, 1956.

CIAO PUSSYCAT *(What's New Pussycat?)* ★★★
Regia di CLIVE DONNER. Con WOODY ALLEN, URSULA ANDRESS, CAPUCINE, PETER O'TOOLE, PAULA PRENTISS, ROMY SCHNEIDER, PETER SELLERS. ■ Un fotografo inglese a Parigi desta la gelosia della fidanzata con le sue continue infedeltà. La donna lo convince a mettersi in cura da uno psicanalista, che però risulta più infedele di lui. Il film finisce con una sarabanda di equivoci in un alberghetto compiacente: il fotografo sposerà la sua ragazza, ma non perderà certo con il matrimonio la voglia di folleggiare. Una piacevole satira sul sesso, che deve molta della sua vivacità alla sceneggiatura dell'allora quasi sconosciuto Woody Allen. ■ COMMEDIA; COL.; 108′; GRAN BRETAGNA, 1965. ■ OSCAR 1 NOM.

CIAPAIEV *(Chapaev)* ★★★★
Regia di SERGHEI GHEORGHY VASSILIEV. Con BORIS BABOCKIN, LEONID KMITH, LARION PEVTSVOV. ■ Dal romanzo di Dimitri Furmanov. È la storia del leggendario comandante dell'Armata Rossa, che durante la guerra fra Rossi e Bianchi combatte da eroe fino a meritarsi anche il rispetto dei nemici. Ciapaiev muore, colpito mentre attraversa un fiume. ■ GUERRA; B/N; 94′; URSS, 1934.

CIARLATANO, IL *(The Big Mouth)* ★★
Regia di JERRY LEWIS. Con SUSAN BAY, JERRY LEWIS, HAROLD J. STONE. ■ Un semplice impiegato assomiglia terribilmente ad un gangster ricercato dalla polizia e dal mondo della malavita per aver rubato e nascosto dei diamanti. Una serie di pericolosi equivoci perseguitano il povero giovane, che si salva grazie all'aiuto di una bella ragazza. ■ COMMEDIA; COL.; 107′; USA, 1967.

CIBO DEGLI DEI, IL *(The Food of the Gods)* ★★
Regia di BERT I. GORDON. Con PAMELA FRANKLIN, MARJOE GORTNER, IDA LUPINO, RALPH MEEKER. ■ Un agricoltore fanatico, che vive da anni con la moglie in un'isoletta in mezzo al lago, coltiva una sostanza, il "cibo degli dei", che, se assimilata dagli animali, li rende feroci e giganteschi. Ne fanno le spese quattro newyorkesi in gita, che si trovano a dover combattere contro autentiche belve. Assediati da topi grossi come maiali, devono rifugiarsi nella baracca dell'agricoltore e verrebbero divorati dal primo all'ultimo se il più deciso e intraprendente non facesse saltare una diga. ■ HORROR; COL.; 88′; USA, 1976.

CICALA, LA *(Porpigunja)* ★★★
Regia di SAMSON SAMSONOV. Con SERGEJ BONDARCIUK, VLADIMIR DRUHZNIKOV, LUDMILA TSELIKOWSKAJA. ■ Da una novella di Cechov. Protagonista è la bella Olga, moglie di un medico di provincia, brav'uomo che la ama e che da lei è ricambiato solo con distratto affetto. In compenso nel suo salotto si danno convegno tutti gli snob e i playboy della città, tra i quali un pittore, Riabowski, che è l'amante pressoché ufficiale della "cicala". Un giorno il marito muore per un contagio contratto mentre curava la gente. ■ COMMEDIA; COL.; 100′; URSS, 1955. ■ VENEZIA 1 PR.

CICALA, LA ★★★
Regia di ALBERTO LATTUADA. Con MICHAEL COBY, BARBARA

De Rossi, Anthony Franciosa, Clio Goldsmith, Virna Lisi, Renato Salvatori. ■ Una bella donna sui quaranta, ex cantante e prostituta, ha sposato un brav'uomo, titolare di una stazione di servizio. Convinta di essere ormai sistemata, prende con sé la figlia adolescente, ma costei nell'ambiente si guasta. Rivaleggia in amore con la madre, fino a rubarle il marito. Suicidio dell'ex cantante, morte in un incidente della figlia. Testimone della vicenda è la "cicala", selvatica e bellissima fantesca. ■ Drammatico; col.; 100'; Italia, 1980. ■ David di Donatello 1 pr, 1 nom.

CICCIABOMBA ★★
Regia di Umberto Lenzi. Con Paola Borboni, Anita Ekberg, Donatella Rettore. ■ Miris è chiamata "Cicciabomba" per le sue dimensioni sotto le quali batte un cuore d'oro e sensibile. Dopo un tentato suicidio a causa di un brutto scherzo del fidanzato della sorella, Miris vince un viaggio premio a New York. La usano per lanciare un prodotto dimagrante che fa il suo effetto. Miris torna a casa trasformata in una splendida ragazza, aggiusta la vita amorosa della sorella e anche la sua. Una divertente e brava Donatella Rettore improvvisata attrice. ■ Commedia; col.; 92'; Italia, 1982.

CICCIO PERDONA... IO NO! ★★★
Regia di Marcello Ciorciolini. Con Franco Franchi, Ciccio Ingrassia, Adriano Micantoni, Enzo Monteduro, Fernando Sancho. ■ Franco e Ciccio ladri di cavalli. I due maldestri compari rubano anche un carro interamente d'oro, opera del terribile bandito El Diablo. Dopo mille peripezie, i due si aggiudicheranno la taglia posta sul capo del malvivente e restituiranno il carro al reggimento al quale era stato rubato l'oro. ■ Commedia; col.; 100'; Italia, 1968.

CICLONE *(Untamed Breed)* ★★★
Regia di Charles Lamont. Con Barbara Britton, Sonny Tufts. ■ Discreto western del regista di Gianni e Pinotto. La vicenda si svolge nel Texas, dove un bellissimo toro di razza, Ciclone, viene fatto fuggire per rivalità personali dall'allevamento in cui è tenuto. Tornato allo stato selvaggio, la bestia diventa un pericolo. La gente vorrebbe ucciderlo, ma il giovane che lo ha allevato riuscirà, con l'aiuto di un portentoso cavallo ammaestrato, a ritrovarlo e a salvarlo. ■ Western; col.; 79'; USA, 1948.

CICLONE, IL ★★★
Regia di Leonardo Pieraccioni. Con Massimo Ceccherini, Natalia Estrada, Lorena Forteza, Paolo Hendel, Leonardo Pieraccioni. ■ Un gruppo di ballerine spagnole di flamenco, rimaste a piedi, trova ospitalità presso la famiglia Quarini, in una bella casa della campagna toscana. La normale vita di provincia naturalmente viene sconvolta dalla verve di queste ragazze vivaci e disponibili. Il film è diventato un vero fenomeno di incassi, record italiano assoluto, ma non solo. Ha confermato la prevalenza dell'idioma toscano nel nostro cinema (i Cecchi Gori c'entreranno pure qualcosa) e riconfermato il precedente *Laureati* di Pieraccioni. Questo successo abnorme ha comunque delle spiegazioni. Una è il naturale "volano" del film (che ha tenuto le sale per un anno), che a un certo punto "deve" essere visto da tutti perché fa moda. Poi naturalmente c'è la grana della regia e della storia. Si può parlare di film medio che manca al nostro cinema, di sapori di commedia all'italiana eccetera, ma in questo caso c'è una ragione "tattile", immediata, che capiscono tutti subito: è un film pulito, fuori dai contesti grigi, tristi, omologati, spesso malamente sociali del cinema nostrano. Presenta qualcosa che non si vedeva dai tempi di *Poveri ma belli*: la felicità di vivere. Una felicità, che non sarà aderente al nostro momento storico, ma è una bella fortuna che qualcuno ce la descriva almeno nella finzione. Certo, come rovescio della medaglia abbiamo dovuto affrontare il potente riflusso-marketing con la Estrada che ci ha assediato dalle tv, dai manifesti e dalle passerelle di moda, ma tant'è, certe vie sono obbligate. ■ Commedia; col.; 95'; Italia, 1996.

CICLONE CONDANNATO A MORTE ★★
(The Silver Trail)
Regia di Bernard B. Ray. Con Rex Lease, Tom London, Mary Russell. ■ Un'impiegata di una compagnia d'assicurazioni scopre che il titolare trama un piano a danno degli assistiti. La ragazza ruba i documenti criminosi preparati dal capo e li affida ad uno zio che vive nei boschi. Il principale raggiunge lo zio della fanciulla e lo uccide, pur di tornare in possesso delle sue carte; poi accusa di furto la ragazza e la fa arrestare. Testimone del delitto è stato però il cane Ciclone, che aiuterà le guardie ad inchiodare il colpevole. ■ Avventura; b/n; 91'; USA, 1934.

CICLONE CONTRO ZORRO IL BANDITO ★★
(Skull and Crown)
Regia di Elmer Clifton. Con Molly O'Day, Regis Toomey. ■ Una giovane guardia forestale, Joe, si ritrova la sorella ammazzata per vendetta da un bandito. Dà le dimissioni e si butta con tutte le sue forze alla ricerca dell'omicida: si traveste da barbone e cerca d'introdursi nella banda capeggiata dall'assassino della sorella. È con lui il suo fedele e straordinario cane Ciclone. Grazie al suo compagno a quattro zampe, riuscirà a far arrestare tutta la combriccola di malviventi. ■ Avventura; b/n; 89'; USA, 1935.

CICLONE DEI CARAIBI, IL *(Long John Silver)* ★★
Regia di Byron Haskin. Con Connie Gilchrist, Robert Newton, Kit Taylor, Rod Taylor. ■ Ritornano i personaggi dell'*Isola del tesoro*: il pirata Silver, il sanguinario Israel Hands, il piccolo Jim Hawkins. Il tesoro del pirata Flint continua a far gola: una banda di pirati vorrebbe strapparne il segreto a Jim. Silver, pirata buono, difende il ragazzo. Batte i cattivi, ma viene a sua volta intrappolato da una cicciona che lo trascina all'altare. ■ Avventura; col.; 109'; Australia, USA, 1955.

CICLONE DEL WEST *(Western Cyclone)* ★★
Regia di Sam Newfield. Con Buster Crabbe, Marjorie Manners, Al St. John. ■ L'affascinante e muscoloso cowboy Billy è una specie di "difensore civico" che protegge i buoni e i deboli dalle ingiustizie perpetrate dai malvagi. Lo aiuta un ridicolo compagno, che però riesce a farsi valere in più d'una occasione. Billy sposa la causa di un onesto governatore: trionferà ottenendo anche la mano della bella figlia del politico. ■ Western; b/n; 88'; USA, 1942.

CICLONE IN CASA, UN *(Bringing down the House)* ★★
Regia di Adam Shankman. Con Kimberly J. Brown, Queen Latifah, Steve Martin, Jean Smart, Angus T. Jones. ■ Peter Sanderson è un avvocato tutto d'un pezzo che è stato appena lasciato dalla moglie. Per combattere la solitudine, Peter inizia a chattare su Internet dove incontra Lawyer Girl, una giovane avvocatessa bionda e raffinata. Peter decide di incontrare la donna e scopre che dietro alla sua "fidanzata virtuale" si nasconde Charlene Morton: che è nera, la raffinatezza non sa dove stia di casa e oltretutto è appena uscita di prigione. Due risate, faticosamente, si fanno. ■ Commedia; col.; 105'; USA, 2003.

CICLONE SULLA GIAMAICA ★★★
(A High Wind in Jamaica)
Regia di Alexander MacKendrick. Con James Coburn, Nigel Davenport, Gert Fràbe, Lila Kedrova, Anthony Quinn. ■ Dopo un furioso ciclone che devasta la Giamaica, i figli di un funzionario inglese vengono rispediti per prudenza in Inghilterra. Durante il viaggio vengono catturati dai pirati; il capo corsaro però è un bonaccione. Si affeziona alla ragazzina più grande fino ad accollarsi un delitto da lei commesso (durante un combattimento la fanciullina, presa dal panico, ha accoltellato un capitano olandese). Il buon predone viene impiccato. La piccola dimenticherà presto. ■ Avventura; col.; 104'; Gran Bretagna, USA, 1965.

CICOGNA ★★
Regia di William Wiard. Con Bert Convy, Gil Gerard, Suzanne Pleshette. ■ Laura dirige un giornale a larga diffusione e non è avvezza agli insuccessi. Quando scopre che il suo futuro marito non può generare figli, escogita un piano strambo: sposare uno dei suoi dipendenti, farsi mettere incinta, divorziare e quindi unirsi in matrimonio al fidanzato. ■ Commedia; col.; 90'; USA, 1982.

CICOGNA MECCANICA, LA ★
Regia di Samuel Imberman. Con Edith Astruc, Yuda Barkan, Lean Koening, Misha Natan. ■ In seguito ad un incidente aereo, un giovane pilota civile perde la facoltà di poter generare figli.

Tuttavia si sposa, ma ben presto avverte il desiderio di essere padre. Si mette allora alla ricerca di una donna che era stata fecondata artificialmente. Si scoprirà però che il bambino partorito dalla donna non è del pilota. ■ DRAMMATICO; COL.; 89′; ISRAELE, 1975.

CICO PEPE E L'ALLEGRA BRIGATA ★★
Regia di JAN KARPAS, MILOS MAKOVEC, JIRI TRNKA ■ Il film è composto da quattro cortometraggi italiani e da tre cechi. ■ ANIMAZIONE; B/N; 76′; CECOSLOVACCHIA, ITALIA, 1959.

CID, EL ★★★
Regia di ANTHONY MANN. Con CHARLTON HESTON, SOPHIA LOREN, RAF VALLONE. ■ La leggenda del Cid Campeador, tratta da un antichissimo poema spagnolo, narra le imprese del valoroso combattente e della sua bellissima moglie, Jimena. Durante l'assedio di Valencia, l'eroe rimane ucciso e Jimena ordina che il cadavere, armato di tutto punto, venga legato al suo cavallo. Al suo apparire i saraceni fuggono terrorizzati e la città è salva. ■ AVVENTURA; COL.; 184′; ITALIA, SPAGNA, 1961. ■ OSCAR 3 NOM.

CI DIVERTIAMO DA MATTI *(Smashing Time)* ★★★
Regia di DESMOND DAVIS. Con IAN CARMICHAEL, ANNA QUAYLE, LYNN REDGRAVE, RITA TUSHINGHAM, MICHAEL YORK. ■ Due ragazze di provincia arrivano a Londra e subito vanno a Carnaby Street; combinano un sacco di guai con fotografi di moda, artisti di mezza tacca, musicisti. ■ COMMEDIA; COL.; 96′; GRAN BRETAGNA, 1967.

CID – LA LEGGENDA, EL *(El Cid – La leyenda)* ★★
Regia di JOSE POZO. ■ Vincitore del Premio quale miglior film di animazione spagnolo, il film rivisita la leggenda del Cid Campeador già portata sullo schermo. Questa volta i destinatari dovrebbero essere i più giovani ai quali si offre l'occasione di riflettere su ideali di eroismo e dignità. Ogni volta che un film di animazione non americano giunge sul grande schermo il fatto è da considerarsi un avvenimento. ■ ANIMAZIONE; COL.; 90′; SPAGNA, 2003.

CIECA DI SORRENTO, LA ★★
Regia di NUNZIO MALASOMMA. Con MIRANDA BONANSEA, ANNA MAGNANI, DRIA PAOLA, CORRADO RACCA. ■ La figlia di un possidente di Sorrento è cieca da molti anni per lo choc riportato assistendo, bambina, all'assassinio della madre. Guarisce per le cure di un buon dottore innamorato. Altro choc: il suo fidanzato è l'antico assassino. Stavolta, però, la vista non la perde: l'assassino sarà punito, la ciechina sposerà il dottore. Dal romanzo di Francesco Mastriani. ■ DRAMMATICO; B/N; 90′; ITALIA, 1935.

CIECA DI SORRENTO, LA ★★
Regia di GIACOMO GENTILOMO. Con ENZO BILIOTTI, PAUL CAMPBELL, ANTONELLA LUALDI, PAUL MÜLLER. ■ A Sorrento, durante la dominazione borbonica, un uomo è accusato di furto e di omicidio in una casa nobiliare. Il colpevole però è un'altra persona, una persona che vent'anni dopo cerca di mettere le mani sul casato sposandone la giovane erede cieca. Ma arriva un misterioso dottore, che in realtà è il figlio dell'uomo condannato. Scopre la verità, mette a posto il malvagio, restituisce la vista alla cieca e la sposa. ■ DRAMMATICO; B/N; 91′; ITALIA, 1952.

CIECA DI SORRENTO, LA ★★
(La vendetta del Cavaliere Nero)
Regia di NICK NOSTRO. Con ALBERT FARLEY, DIANA MARTIN, LEONTINE MAY, ANTHONY STEFFEN. ■ Ancora un'edizione cinematografica della nota vicenda tratta dal famoso romanzo. La trama è identica a quella delle precedenti trasposizioni, ma qui è un po' più accomodata a genere "cappa e spada". ■ DRAMMATICO; COL.; 92′; ITALIA, 1963.

CIELI AZZURRI *(Blue Skies)* ★★★
Regia di STUART HEISLER. Con FRED ASTAIRE, JOAN CAULFIELD, BING CROSBY, BILLY DE WOLFE. ■ Il proprietario di un night club e un famoso ballerino rivaleggiano per anni a causa di una bella ragazza che li tiene entrambi sulla corda. Finirà per sposare il proprietario. Il ballerino fa buon viso a cattivo gioco: diventerà il migliore amico della coppia. ■ COMM. MUSICALE; COL.; 104′; USA, 1946. ■ OSCAR 2 NOM.

CIELI PULITI *(Chistoye nebo)* ★★★
Regia di GRIGORI CHUKHRAJ. Con NINA DROBISCEVA, EVGENEYI URBANSKI. ■ Una ragazza russa conosce durante la guerra un ufficiale dell'aviazione. Si vogliono bene, si sposano. Il dopoguerra è difficile. L'uomo è tornato sfigurato e le autorità gli rendono la vita difficile, indagando sul suo comportamento in battaglia (lo sospettano di collaborazionismo). Per fortuna, lo stalinismo finisce e con esso l'atmosfera inquisitoria legata alla figura del vecchio dittatore. Arriva il disgelo: marito e moglie potranno essere felici. ■ DRAMMATICO; COL.; 105′; URSS, 1961.

CIELO BRUCIA, IL ★★
Regia di GIUSEPPE MASINI. Con FRANCO INTERLENGHI, ANTONELLA LUALDI, FOLCO LULLI, AMEDEO NAZZARI, FAUSTO TOZZI. ■ Africa settentrionale, 1940. Il capitano Casati comanda una squadriglia di bombardieri. Un giorno, per un guasto, è costretto ad atterrare in una zona occupata dagli Alleati. Sfugge però al nemico e riesce, con l'aiuto di alcuni coloni italiani, ad aggiustare il suo aereo e a rientrare nelle linee italiane. È con lui anche la ragazza della quale s'è innamorato. Finita la guerra, Casati si renderà ancora prezioso trasportando sul suo mezzo una bimba in pericolo di vita. ■ GUERRA; B/N; 90′; ITALIA, SPAGNA, 1957.

CIELO CADE, IL ★★
Regia di ANDREA FRAZZI. Con BARBARA ENRICHI, ANTONIO FRAZZI, GIANNA GIACHETTI, JEROEN KRABBE, ISABELLA ROSSELLINI, LUCIANO VIRGILIO. ■ Due sorelline, Penny e Baby, perdono i genitori e vengono adottate dagli zii. I quali appartengono al ramo insediatosi in Italia della famiglia Einstein. Le bambine scoprono le bizzarrie degli intellettuali che frequentano la casa dello zio e la vita dei contadini. Finché il precipitare della situazione dell'Italia in guerra porterà la tragedia anche in questa enclave. Le intenzioni sono più che buone, ma lo stile è televisivo così come la conclusione festosa dopo la tragedia. ■ DRAMMATICO; COL.; 94′; ITALIA, 2000.

CIELO CHIUDE UN OCCHIO, IL ★★
(Un drôle de paroissien)
Regia di JEAN-PIERRE MOCKY. Con JEAN ANNTZ, FRANCIS BLANCHE, ANDRÉ BOURVIL, JEAN POIRET, JEAN TISSIER. ■ Per tradizione familiare, i Lanchenaye non lavorano. L'ultimo discendente, Georges, è sull'orlo della rovina e per sopravvivere deruba le cassette per le elemosine. L'attività rende talmente bene che Georges assume collaboratori. Ma la polizia scopre il trucchetto. Georges, tuttavia, sfuggirà all'arresto e tornerà ad essere una persona onesta. ■ COMMEDIA; B/N; 82′; FRANCIA, 1963.

CIELO DELLA LUNA, IL ★
Regia di MASSIMO FAGIOLI. Con ELDA ALVIGINI, TINA CARBONE, SIMONA FACCHINI, MASSIMO FAGIOLI, ANDREA MASINI. ■ Se ci togliamo il gusto di andare a leggere i *credit* completi del film scopriamo che Fagioli si è occupato anche di: soggetto, sceneggiatura, fotografia, musiche e montaggio. Un po' troppo per un uomo solo, anche se convinto di essere un guru della psicoanalisi collettiva con un ego grande così. Avendo smesso di procurare danni di immagine a Marco Bellocchio dal 1986, praticamente imponendogli sceneggiature dalle quali il regista è riuscito a liberarsi con *La balia*, che lo ha riportato a un meritato successo di critica e di pubblico, ora Fagioli fa del male solo a se stesso. O, meglio, a se stesso e ai suoi pazienti, che hanno liberamente scelto di affidarsi alle sue cure e lo seguono come pellegrini all'inseguimento del Verbo. Perché per il resto si tratta di un film involuto nel senso basso del termine. Non bastano una donna vestita di giallo che si allontana, dei passi silenziosi, un bacio ritrovato ecc... per fare un film o, meglio, potrebbero essere un buon inizio per qualcuno che si chiamasse Ingmar o Luis, non certo per un Massimo che, a torto, si ritiene tale. ■ DRAMMATICO; COL.; 90′; ITALIA, 1998.

CIELO DI FUOCO *(Twelve O'Clock High)* ★★★
Regia di HENRY KING. Con DEAN JAGGER, HUGH MARLOWE, GARY MERRILL, GREGORY PECK. ■ Tempi duri per gli aviatori americani in Europa durante la guerra mondiale. Un nuovo, severissimo comandante è mandato a sostituire un collega ormai stanco e giù di morale. Il nuovo arrivato non risparmia nessuno; vuole e ottiene dai suoi uomini una disciplina di ferro. I risultati gli danno presto ragione, finché non ha un crollo psicofisico (ma or-

mai i suoi sottoposti sono in grado di fare da soli). ■ GUERRA; B/N; 132′; USA, 1949. ■ OSCAR 2 PR, 4 NOM.

CIELO DI PIOMBO ISPETTORE CALLAGHAN ★★★
(The Enforcer)
Regia di JAMES FARGO. Con TYNE DALY, BRADFORD DILLMAN, CLINT EASTWOOD, HARRY GUARDINO. ■ Terza avventura dell'ispettore Callaghan, detto "Dirty Harry" (Harry la carogna). Stavolta ha a che fare con una banda (chiamata nella traduzione italiana, si badi bene, Nuclei armati proletari) che, al comando di un reduce del Vietnam, ruba, uccide e rapisce. Partner di Callaghan nell'impresa è una donna poliziotto, giovane e volonterosa, mal tollerata dall'ispido Harry. La donna nello scontro finale troverà il modo di salvargli la vita, ma a prezzo della sua. Firmato da James Fargo, è certo il capitolo più debole della serie. ■ POLIZIESCO; COL.; 96′; USA, 1976.

CIELO D'OTTOBRE *(October Sky)* ★★★
Regia di JOE JOHNSTON. Con CHRIS COOPER, LAURA DERN, JAKE GYLLENHAAL, WILLIAM LEE SCOTT. ■ Buono fino al buonismo (ma ogni tanto ci vuole), il film racconta la vocazione all'ingegneria missilistica di un ragazzino di un villaggio minerario. Ricostruzione accurata dell'era di Von Braun. Basato su una storia vera. Educativo. ■ COMMEDIA; COL.; 105′; USA, 1999.

CIELO È AFFOLLATO, IL *(The Crowded Sky)* ★★
Regia di JOSEPH PEVNEY. Con DANA ANDREWS, RHONDA FLEMING, ANNE FRANCIS, JOHN KERR, EFREM ZIMBALIST JR. ■ All'insaputa dei piloti, due aerei stanno viaggiando su una rotta di collisione. L'incidente avverrà puntualmente alla fine del film, prima però c'è spazio per una serie di flash-back con i ricordi dei vari passeggeri. ■ DRAMMATICO; COL.; 105′; USA, 1960.

CIELO È ROSSO, IL ★★★
Regia di CLAUDIO GORA. Con MISCHA AUER, MARINA BERTI, ANNA MARIA FERRERO, JACQUES SERNAS. ■ Un ragazzo, rimasto solo al mondo dopo un bombardamento che ha distrutto la sua famiglia, si unisce a un gruppo di giovani che vivono alla giornata: il capobanda Tullio ruba, una delle ragazze fa la "segnorina" per i militari americani. Il ladro viene ucciso durante le sue imprese, una delle fanciulle, gravemente malata, muore. Il ragazzo se ne va per la sua strada. Tratto da un romanzo di Giuseppe Berto. ■ DRAMMATICO; B/N; 91′; ITALIA, 1950.

CIELO È SEMPRE PIÙ BLU, IL ★★
Regia di ANTONELLO GRIMALDI. Con ASIA ARGENTO, ROBERTO CITRAN, IAIA FORTE, ALESSANDRO HABER, ENRICO LO VERSO, IVANO MARESCOTTI. ■ Del cast fanno parte molti altri attori e registi. Da una terrazza di Roma, verso sera, un uomo guarda la città. La macchina da presa attraversa l'umanità cittadina, cose piccole o piccolissime, le case povere, le piazze, una festa, i problemi di un tassista, quelli di due vigili. Un uomo ha un attacco cardiaco, un dentista fa il suo lavoro, così come due muratori. Un collage che ricorda gli ultimi film di Altman, che il regista Grimaldi deve aver guardato con molta attenzione. ■ COMMEDIA; COL.; 110′; ITALIA, 1996.

CIELO E TERRA ★★
Regia di LUCA MAZZIERI. Con GIUSEPPE CEDERNA, KONRAD HOCHGRUBER, LUCA MAGRI, PAOLO ROSSINI, FABRIZIA SACCHI, GIANMARCO TOGNAZZI, HERMANN WEISSKOPF. ■ Nel 1944, per sfuggire alle persecuzioni nazi-fasciste, Samuele e sua sorella Anna, ebrei, si rifugiano presso una comunità di contadini emiliani. Una volta catturati tenteranno di salvare le proprie vite e quelle di chi li ha protetti. ■ DRAMMATICO; COL.; 90′; ITALIA, 2004.

CIELO È VOSTRO, IL *(Le ciel est à vous)* ★★★
Regia di JEAN GRÉMILLON. Con JEAN DEBUCOURT, MADELEINE RENAUD, CHARLES VANEL. ■ Una delle più grandi interpretazioni di Charles Vanel e uno dei film più importanti del cinema francese. È la vera storia di Andrée Dupeyron, che superò il record femminile di volo in linea retta. ■ COMMEDIA; B/N; 105′; FRANCIA, 1944.

CIELO GIALLO *(Yellow Sky)* ★★★
Regia di WILLIAM A. WELLMAN. Con ROBERT ARTHUR, JAMES BARTON, ANNE BAXTER, GREGORY PECK, JOHN RUSSELL, RICHARD WIDMARK. ■ Sette banditi rapinano una banca e scappano attraverso il deserto. Arrivano a un villaggio abbandonato, dove trovano una ragazza e un vecchio che cerca l'oro. I più buoni però scampano e restituiscono il denaro alla banca. Un classico del western, robusto e asciutto. ■ WESTERN; B/N; 98′; USA, 1949.

CIELO IN UNA STANZA, IL ★★
Regia di CARLO VANZINA. Con ALESSANDRO CIANFLONE, ELIO GERMANO, GABRIELE MAINETTI, RICKY TOGNAZZI, FRANCESCO VENDITTI. ■ Paolo ha un figlio, Marco, con il quale ha frequenti diverbi. Un giorno decide di dimostrargli di essere stato anche lui un ragazzo e di aver avuto problemi analoghi ai suoi. Si passa così, con uno stacco netto, al 1965, in cui padre e figlio si ritrovano coetanei e alle prese con situazioni tipiche di quegli anni: dal cercare i biglietti per il Piper all'innamorarsi della svedese di turno. Vanzina un po' meno vuoti del solito. ■ COMMEDIA; COL.; 103′; ITALIA, 1999.

CIELO PIANGE, IL ★
Regia di ENZO DELLA SANTA. Con ANTONIO MENNA, CESARE RUMOR, DELIA SANTI, MARIA PIA ZOMBELLI. ■ Cine-fotoromanzo interpretato e realizzato in maniera approssimativa ed insufficiente. La vicenda è quella di un ragazzo, figlio di un ladro morto in galera, che espatria con la fidanzata incinta per sfuggire dai ricordi e dai pettegolezzi. I complici del padre però lo cercano per farsi dire il nascondiglio della refurtiva dell'ultimo colpo effettuato dall'uomo. Dramma finale. ■ DRAMMATICO; B/N; 90′; ITALIA, 1962.

CIELO PUÒ ATTENDERE, IL *(Heaven Can Wait)* ★★★★
Regia di ERNST LUBITSCH. Con DON AMECHE, CHARLES COBURN, SIGNE HASSO, MARJORIE MAIN, GENE TIERNEY. ■ Dalla commedia *Buon compleanno* di Laszlo Bus-Fekete, i vari anniversari, dai sei ai sessantasei anni, di Van Cleve, un playboy che nella vita ha badato solo a spassarsela (però amando molto la moglie e le amanti). Van Cleve muore e va all'inferno, dove pensa di dover scontare tutti i suoi peccati. Ma il diavolo, dopo aver sentito la storia della sua vita, lo manda, magnanimo, in paradiso. Dopotutto, che cosa mai ha fatto Van Cleve se non godersi la vita? ■ COMMEDIA; COL.; 112′; USA, 1943. ■ OSCAR 3 NOM.

CIELO ROSSO ALL'ALBA *(Red Sky at Morning)* ★★
Regia di JAMES GOLDSTONE. Con CLAIRE BLOOM, CATHERINE BURNS, RICHARD CRENNA, HARRY GUARDINO, RICHARD THOMAS. ■ Un padre di famiglia parte per la guerra mondiale e lascia nella fattoria del New Mexico la moglie e il figlio adolescente. Papà non tornerà più. Il figlio sarà costretto a conquistarsi da solo la propria maturità. ■ DRAMMATICO; COL.; 112′; USA, 1971.

CIELO SENZA STELLE *(Himmel ohne Sterne)* ★★★
Regia di HELMUT KAUTNER. Con HORST BUCHHOLZ, EVA KOTTHAUS, ERIK SCHUMANN. ■ Buon film che tratta il delicato problema dell'unificazione delle due Germanie. La storia è quella di una giovane vedova che vive nella zona orientale, mentre il suo bambino è rimasto nella zona occidentale presso i nonni paterni. La donna cercherà con ogni sforzo di penetrare nella parte ovest per riprendersi il bimbo. Ma non c'è pietà per chi tenta di fuggire dalla Germania Orientale. ■ DRAMMATICO; B/N; 90′; GERMANIA, 1955.

♥ CIELO SOPRA BERLINO, IL ★★★★
(Der Himmel über Berlin)
Regia di WIM WENDERS. Con SOLVEIG DOMMARTIN, PETER FALK, BRUNO GANZ, OTTO SANDER. ■ È la storia di un angelo che vola sopra Berlino all'indomani della seconda guerra mondiale. Si prende cura di una bella ragazza, artista di circo, e per lei rinuncia all'immortalità, diventa uomo (la trasformazione avviene vicino al fatidico muro). A persuaderlo è stato un ex angelo (impersonato con allegra bonomia da Peter Falk). Una delle cose migliori di Wenders, una specie di sinfonia della città di Berlino, sfiorata da immagini delicatissime nelle sue ore più buie (quelle della fame, del freddo, della sconfitta). ■ FANTASTICO; COL.; 130′; GERMANIA, 1987. ■ CANNES 1 PR.

CIELO SULLA PALUDE ★★★
Regia di AUGUSTO GENINA. Con RUBI D'ALMA, MAURO MATTEUCCI, INES ORSINI. ■ Il film narra la storia di Santa Maria Goretti, la fanciulla dell'Agro pontino che venne uccisa da un bruto.

La Chiesa cattolica l'ha elevata agli altari. Il suo assassino era il figlio maggiore di una famiglia del luogo e cercò di abusare di lei approfittando dell'assenza della madre. Maria morì all'ospedale perdonando il suo assassino. ■ DRAMMATICO; B/N; 114'; ITALIA, 1949. ■ VENEZIA 2 PR.

CIELO TEMPESTOSO *(The Clouded Yellow)* ★★★
Regia di RALPH THOMAS. Con TREVOR HOWARD, BARRY JONES, MAXWELL REED, JEAN SIMMONS. ■ Un agente del servizio segreto britannico, collocato a riposo, se ne va in campagna e si mette a collezionare farfalle. Ma intanto, davanti ai suoi occhi, si svolgono strani fatti: una bella ragazza è accusata d'omicidio. I veri colpevoli però sono altri. L'agente li smaschera e sposa la bella. ■ GIALLO; B/N; 96'; GRAN BRETAGNA, 1950.

CIÉNAGA, LA ★
Regia di LUCRECIA MARTEL. Con MARTIN ADJEMIAN, GRACIELA BORGES, MERCEDES MORÀN. ■ Nord Ovest dell'Argentina. Febbraio. Le piogge tropicali si alternano al caldo soffocante. Un gruppo familiare trascorre lì una specie di vacanza semipnotica. Mecha, la madre ha cinquant'anni e quattro figli. Suo marito beve e si tinge i capelli. Un figlio, Joaquim, ha perso un occhio e va a caccia nel bosco. Una figlia ha una passione per la giovane cameriera mentre il figlio maschio, che convive con una donna poco più giovane di sua madre, raggiunge la casa dopo che Mecha si è ferita con dei vetri cadendo al bordo della piscina. Un'altra famiglia li raggiunge per poco tempo e si ipotizza un viaggio in Bolivia delle due madri. Intanto in tv si parla di un'apparizione della Madonna. La cameriera se ne va e il bambino della seconda famiglia muore cadendo da una scala. La sintesi della trama dà la misura di un film che fa avvertire i primi danni causati dalla rivoluzione digitale. Iscritto d'ufficio al "Dogma Terza Generazione" e vincitore di un premio al Sundance per la migliore sceneggiatura (?!), dimostra che oggi tutti (o quasi) possono fare cinema. Anche quando hanno poco o nulla da dire. ■ DRAMMATICO; COL.; 103'; ARGENTINA, SPAGNA, 2001.

CIENT'ANNE ★
Regia di NINI GRASSIA. Con GIGI D'ALESSIO, GEORGE HILTON, GIORGIO MASTROTA, MARIO MEROLA, CRISTINA PAROVEL. ■ Gigi è un cantante di piano-bar. Sogna di incidere un cd e intanto soffre per il ricordo della morte della fidanzata. Avrà anche modo di scoprire chi sia il suo vero padre e di rivaleggiare con il fratello, che tenterà di ucciderlo per contendergli un amore. Alla fine il padre putativo verrà colpito da infarto e spirerà tra le sue braccia cantando, con l'ultimo fiato che gli resta, la canzone del titolo. Sarà Gigi a perpetuare la tradizione partenopea. Tutto è approssimativo, a partire dalla sceneggiatura. ■ DRAMMATICO; COL.; 110'; ITALIA, 1999.

CIFRATO SPECIALE ★
Regia di HERBERT J. SHERMAN. Con JOSÉ GRECI, LANG JEFFRIES, HELGA LINÉ, GEORGES RIGAUD, ANDREW SCOTT. ■ Istanbul, subito dopo l'armistizio del 1945. Tutto ruota attorno a due misteriose casse blindate sganciate da un aereo che poi si schianta contro una montagna. Che cosa conterranno le casse? Un segreto nazista? Lo si saprà vent'anni più tardi, dopo una lunga serie di morti ammazzati e dopo l'intervento di agenti segreti di mezzo mondo. ■ SPIONAGGIO; COL.; 91'; ITALIA, 1967.

CIGNO, IL *(The Swan)* ★★★
Regia di CHARLES VIDOR. Con ALEC GUINNESS, LOUIS JOURDAN, GRACE KELLY, JESSIE ROYCE LANDIS. ■ Una principessa mitteleuropea deve sposare per ragioni di Stato il principe ereditario del regno, suo cugino. Ma durante un ballo la ragazza s'innamora del giovane istitutore dei suoi fratellini. Il romanzo tra i due è presto troncato dalla corte: il giovanotto se ne va, la principessa diverrà regina. Dalla commedia di Ferenc Molnar. ■ COMMEDIA; COL.; 112'; USA, 1956.

CIGNO DAGLI ARTIGLI DI FUOCO, IL *(Perrak)* ★★
Regia di ALFRED VOHRER. Con WERNER PETERS, WALTER RICHTER, HUBERT SUSCHKA, HORST TAPPERT. ■ Un mendicante scopre, in una discarica di rifiuti alla periferia di Amburgo, il cadavere di un giovane travestito. La polizia ritiene che il ragazzo sia stato eliminato perché stava ricattando qualcuno. Ma chi? L'ispettore Perrak arriverà alla squallida verità. ■ GIALLO; COL.; 90'; GERMANIA, 1972.

CIGNO NERO, IL *(The Black Swan)* ★★★★
Regia di HENRY KING. Con LAIRD CREGAR, THOMAS MITCHELL, MAUREEN O'HARA, TYRONE POWER, ANTHONY QUINN, GEORGE SANDERS. ■ Morgan il pirata è diventato governatore della Giamaica; il re d'Inghilterra l'ha fatto baronetto. Ma ora deve perseguire i pirati che non si vogliono redimere, tra i quali il terribile Tom Leech. Morgan allora gli manda contro il giovane Jimmy Warren, che si finge corsaro, penetra nel covo di Leech e salda il conto (salvando nel contempo Priscilla, bella fanciulla rapita da Leech). ■ AVVENTURA; COL.; 85'; USA, 1942. ■ OSCAR 1 PR, 3 NOM.

CIGNO NERO, IL *(Black Swan)* ★★
Regia di DARREN ARONOFSKY. Con VINCENT CASSEL, BARBARA HERSHEY, MILA KUNIS, NATALIE PORTMAN, WINONA RYDER. ■ Nina è una ballerina del New York City Ballet che sogna il ruolo della vita e un amore che spezzi l'incantesimo di un'adolescenza mai finita. Incalzata da una madre frustrata, si sottopone a un allenamento estenuante sotto lo sguardo esigente di Thomas Leroy. Coreografo appassionato e deciso a farne una fulgida stella, Leroy le assegna la parte della protagonista nella sua versione rinnovata del *Lago dei cigni*. Sul palcoscenico Nina sarà Odette, principessa trasformata in cigno dal sortilegio del mago Rothbard, da cui potrà scioglierla soltanto il giuramento di un eterno amore. Eterea e piena di grazia Nina incarna alla perfezione il candore del cigno bianco e con difficoltà il suo doppio nero e tenebroso, che in una superba variazione ingannerà il suo principe e la voterà al suicidio. La ricerca ossessiva del suo lato oscuro e della consapevolezza della propria sessualità la condurranno verso una tempesta emozionale e all'incontro con Lily, insidiosa rivale in nero. Dietro le quinte Nina si strugge e si predispone a 'doppiare' il suo cigno bianco. ■ THRILLER; COL.; 110'; USA, 2010.

CI HAI ROTTO PAPÀ ★
Regia di FRANCO CASTELLANO, PIPOLO. Con ELIO GERMANO, LUCA VIRGULTI, PAOLO VIVIO. ■ Quartiere Prati a Roma. Un gruppo di ragazzini mette sottosopra il condominio in cui vivono e un cinema chiuso in attesa di una diversa destinazione. Castellano e Pipolo, ormai con poche frecce al loro arco, cercano di raccontare una storia con/per/sui bambini. Senza riuscirci. ■ COMMEDIA; COL.; 99'; ITALIA, 1993.

CILIEGINE ★★
Regia di LAURA MORANTE. Con ISABELLE CARRÉ, SAMIR GUESMI, PASCAL ELBÉ, LAURA MORANTE, PATRICE THIBAUD. ■ Amanda ha una relazione complicata con Bertrand e il genere maschile, troppo distratto, egoista e svagato per una donna come lei, generosa, impegnata e irragionevole Delusa una volta di troppo, pianta il fidanzato alla vigilia di Natale. Florence, amica indulgente e moglie di uno psicanalista, raccoglie le confidenze di Bertrand e accorre in aiuto di Amanda che, nel giorno di San Silvestro, incontra Antoine, sensibile e garbato, lasciato dalla moglie a un passo dall'anno che verrà. Convintasi in poche ore, troppo vino e tante chiacchiere dell'omosessualità di Antoine, ne diventa amica e confidente, smettendo fissazioni, fanatismi e pregiudizi. ■ DRAMMATICO; COL.; 90'; FRANCIA, 2012.

CIMARRON ★★★
Regia di ANTHONY MANN. Con ANNE BAXTER, GLENN FORD, ARTHUR O'CONNELL, MARIA SCHELL. ■ Dal romanzo di Edna Ferber (già filmato con grande successo, interprete Irene Dunne, agli albori del sonoro). È la storia di Yance Cravat e di sua moglie Sabra. Lei viene da una famiglia altolocata, lui è un avvocato giornalista con lo spirito del pioniere. Partecipano alla corsa alle terre libere dell'Oklahoma, alle lotte con i fuorilegge, fanno fortuna con i pozzi di petrolio. Ma lo spirito avventuroso dell'uomo lo spinge a lasciare ogni tanto la moglie e i figli in cerca di nuove avventure. Morirà in Europa durante la prima guerra mondiale. ■ WESTERN; COL.; 147'; USA, 1960. ■ OSCAR 2 NOM.

CIME TEMPESTOSE *(Abismos de pasion)* ★★★
Regia di LUIS BUÑUEL. Con ERNESTO ALONSO, IRASEMA DILIAN, JORGE MISTRAL, LILIA PRADO. ■ Il grande regista spagnolo alle

prese con il famoso romanzo, trasposto più volte al cinema. La crudeltà di certi momenti e la beffa finale, in cui il protagonista apre le braccia al suo assassino convinto che sia la sua defunta amata, sono delle piccole gemme in un film apparentemente transitorio nella carriera del regista. ■ DRAMMATICO; COL.; 92'; SPAGNA, 1953.

CIME TEMPESTOSE *(Wuthering Heights)* ★★★
Regia di ROBERT FUEST. Con HARRY ANDREWS, ANNA CALDER-MARSHALL, TIMOTHY DALTON. ■ Cathy sposa un ricco pretendente benché ami, ricambiata, uno zingaro accolto da suo padre anni prima. Questi parte e torna solo dopo essersi arricchito, sognando la vendetta. I due si sentono ancora profondamente legati, tuttavia l'uomo sposa un'altra e Cathy muore dando alla luce una bambina. Il film è tratto dal libro di Emily Brontë. ■ DRAMMATICO; COL.; 105'; USA, 1971.

CIMITERO DEL SOLE, IL *(Taiyo no hakaba)* ★★★
Regia di NAGISA OSHIMA. Con KAYODO HONOO, YUSUKE KAWAZU, MASAHIKO TSUGAWA. ■ Siamo nei bassifondi, dove troviamo gente emarginata di ogni tipo: barboni, drogati e senza lavoro. I giovani che vivono in questa realtà periferica sono costretti a donare sangue, coinvolti in un losco traffico. ■ DRAMMATICO; COL.; 90'; GIAPPONE, 1960.

CIMITERO SENZA CROCI *(Une corde, un Colt)* ★★
Regia di ROBERT HOSSEIN. Con LEE BURTON, ROBERT HOSSEIN, MICHÈLLE MERCIER, DANIELE VARGAS. ■ La vedova dell'uomo ucciso da un fattore vuole vendicarsi. Ingaggia un pistolero e gli fa sequestrare la figlia dell'avversario. In cambio della sua restituzione la donna chiede un funerale in gran pompa. Il fattore acconsente, però ammazza due parenti della vedova e, più tardi, anche lei. Il pistolero lo ferisce a morte ma viene eliminato a sua volta dalla fanciulla rapita. ■ WESTERN; COL.; 90'; FRANCIA, 1968.

CIMITERO VIVENTE *(Pet Sematary)* ★★
Regia di MARY LAMBERT. Con DENISE CROSBY, FRED GWYNNE, DALE MIDKIFF. ■ Da un romanzo di Stephen King. La famigliola di un dottore si stabilisce in un villaggio del Maine. Poco dopo l'arrivo, il gatto di casa è ucciso da un camion. L'animale è sepolto nel locale cimitero che tutti ritengono stregato. La notte seguente infatti, il gatto ritorna, trasformato in malevola creatura. ■ HORROR; COL.; 103'; USA, 1989.

CIMITERO VIVENTE 2 *(Pet Sematary Two)* ★
Regia di MARY LAMBERT. Con CLANCY BROWN, ANTHONY EDWARDS, EDWARD FURLONG, JARED RUSHTON. ■ Il primo "episodio" era tratto da un libro di King. Questo si ispira vagamente a quella storia. Un agente della polizia, sepolto nel misterioso cimitero, torna dall'aldilà per terrorizzare il protagonista. ■ HORROR; COL.; 100'; USA, 1992.

CINA *(China)* ★★★
Regia di JOHN FARROW. Con WILLIAM BENDIX, ALAN LADD, LORETTA YOUNG. ■ Storia di due coniugi americani in Cina durante la guerra. Ciascuno combatte a modo suo: lei custodendo e poi mettendo in salvo le sue allieve, lui tentando di bloccare l'avanzata degli aggressori. ■ AVVENTURA; B/N; 79'; USA, 1943.

CINA È VICINA, LA ★★★
Regia di MARCO BELLOCCHIO. Con PAOLO GRAZIOSI, GLAUCO MAURI, DANIELA SURINA, ELDA TATTOLI. ■ Fatti e fattacci dei componenti di una famiglia benestante. Un professore tenta la scalata politica aiutato da un ragioniere, che gli mette incinta la sorella. La sua segretaria, fidanzata del ragioniere, per ripicca diventa sua amante. La storia si conclude con un doppio matrimonio, dopo una serie di vicende assai spiacevoli che per comodità tutti fingono di ignorare. Dopo *I pugni in tasca*, Bellocchio esplode con questa pellicola diretta a condannare la società contemporanea in chiave politica. ■ COMMEDIA; B/N; 95'; ITALIA, 1967. ■ VENEZIA 1 PR.

CINA VIOLENZA E FURORE ★
(Boxer of Loyalty and Righteousness)
Regia di LUNG CHIEN. Con CHIANG PIN, YEH TINEN, YU WANG. ■ Diventato adulto e preparato nel combattimento, un giovane è pronto a vendicare il padre ammazzato a tradimento. Ferito dagli sgherri del "cattivo" viene medicato da due giovani con i quali affronta di nuovo l'odiato nemico, riuscendo a eliminarlo. ■ AVVENTURA; B/N; 86'; HONG KONG, 1971.

CIN CIN *(Stowaway)* ★★★
Regia di WILLIAM A. SEITER. Con SHIRLEY TEMPLE, ROBERT YOUNG. ■ Un milionario sposa una quasi sconosciuta per poter adottare, come stabiliscono le leggi vigenti in Cina, un'orfanella raccolta in quel paese. La bimba farà in modo che il matrimonio fasullo diventi un matrimonio d'amore. ■ COMMEDIA; B/N; 86'; USA, 1936.

CIN CIN ★★
Regia di GENE SAKS. Con JULIE ANDREWS, JONATHAN CECIL, IAN FITZGIBBON, MARCELLO MASTROIANNI. ■ Un uomo e una donna vivono a Parigi una inconsueta e intensa storia d'amore, inconsueta perché adultera, ma potremmo dire, legittimamente adultera, visto che entrambi sono a loro volta traditi dai rispettivi coniugi. Lui è un italiano un po' rozzo, lei un'elegante donna inglese, diversi nel carattere, ma simili per destino; conducono quasi timidamente la loro storia d'amore, si seducono, ma non portano a termine il gioco: avranno modo di riprovarci. Mastroianni e la Andrews sono bravi, teneri e simpatici, mentre zoppica un po' la regia di Gene Saks, che non riesce ad illuminare a dovere la scena. ■ COMMEDIA; COL.; 96'; FRANCIA, ITALIA, 1991.

CIN... CIN... CIANURO ★★
Regia di ERNESTO GASTALDI. Con BRAD HARRIS, MARA MARYL, GORDON MITCHELL. ■ Una ragazza campa sui "premi" incassati dopo la denuncia dei colpi ai quali finge di cooperare. Un giorno però si allea ad un ladro per rubare dei gioielli di grande valore. Il colpo riesce, ma si ritrovano fra le mani solo delle copie. Individuato il possessore, lo inseguono destreggiandosi tra polizia e gangster rivali, fino a quando i loro sforzi sono coronati dal successo. ■ COMMEDIA; COL.; 90'; ITALIA, 1968.

CINCINNATI KID *(The Cincinnati Kid)* ★★★
Regia di NORMAN JEWISON. Con KARL MALDEN, ANN MARGRET, STEVE MCQUEEN, EDWARD G. ROBINSON. ■ Cincinnati Kid è un furbo e abilissimo giocatore d'azzardo, imbattuto nella sua città. Un giorno arriva l'uomo che è considerato dappertutto il re del poker: la sfida è caldeggiata dai cittadini e accettata dagli avversari. Si fanno scommesse di varia portata. Kid, più inesperto dell'altro e ancora incapace di dimenticare la vita privata durante le fasi del gioco, finisce per perdere. ■ DRAMMATICO; COL.; 113'; USA, 1965.

♥ CINDERELLA MAN ★★★
Regia di RON HOWARD. Con BOYD BANKS, CRAIG BIERKO, PADDY CONSIDINE, RUSSELL CROWE, PAUL GIAMATTI, DAVID HUBAND, BRUCE MCGILL, CONNOR PRICE, RENÉE ZELLWEGER. ■ *Cinderella Man* è ispirato alla storia vera di James Braddock, un pugile dalla carriera alterna. Dopo una serie di importanti vittorie finì nell'ombra per riemergerne nei giorni della Grande Depressione fino a giungere a combattere per il titolo di Campione del Mondo dei pesi massimi contro il temibile (aveva già due morti a suo carico sul ring) Max Baer. Il cinema sulla boxe corre il rischio del "già visto" più di altri. Ron Howard decide semplicemente di non avventurarsi in invenzioni narrative astruse, ritrova il sentimento e anche il mito. Finisce per non essere convenzionale decidendo di esserlo. Da non beatificare, ma da vedere. Qualcosa di buono e positivo. ■ DRAMMATICO; COL.; 144'; USA, 2005. ■ GOLDEN GLOBES 2 NOM; OSCAR 3 NOM.

♥ CINDERELLA STORY, A ★★
Regia di MARK ROSMAN. Con ANDREA AVERY, DAN BYRD, JENNIFER COOLIDGE, HILARY DUFF, MARY PAT GLEASON, JULIE GONZALO, SIMON HELBERG, ERICA HUBBARD, WHIP HUBLEY. ■ Rilettura in chiave odierna della celebre favola dei fratelli Grimm. Romantica e delicata commedia per tutta la famiglia. Nei panni della Cenerentola moderna troviamo la bionda e frizzante Hilary Duff; giovanissima (non ancora diciottenne all'epoca delle riprese) star della tv americana, la cui carriera cinematografica sembra tutta in ascesa. Chad Michael Murray, ex star della serie tv *Dawson's Creek*, interpreta invece, il bel "principe azzurro". Mark Rosman, noto per aver diretto alcune serie tv di successo, dirige

con garbo e stile questa deliziosa fiaba. ■ COMMEDIA ROSA; COL.; 97′; CANADA, USA, 2004.

CINECITTÀ CINECITTÀ ★★
Regia di VINCENZO BADOLISANI. Con CORSO SALANI, AMANDA SANDRELLI, SAVERIO VALLONE, MASSIMO WERTMÜLLER. ■ Una serie di microstorie raccontate grazie ad Antonio, che si aggira nel mondo di Cinecittà in cerca di un produttore, che dovrebbe aver letto la sceneggiatura che gli ha consegnato. Memorie e speranze di un mondo del cinema italiano in crisi. ■ COMMEDIA; COL.; 88′; ITALIA, 1991.

CINEMA ★★★
Regia di LIANA ELIAVA. Con KETINO KABULIJA, AVTO KESERELIDZE, GURAM PIRICHALLAVA. ■ Un giovane mandato a studiare a Parigi torna con una macchina comprata dai fratelli Lumière. Si mette a filmare tutti gli abitanti del suo paese, ma provoca anche un incendio e deve battersela per non essere messo in prigione. Cinque anni dopo il materiale girato verrà presentato nei cinema europei. ■ COMMEDIA; B/N; 91′; GEORGIA, URSS, 1978.

CINEMA!!! ★★★
Regia di PUPI AVATI. Con LINO CAPOLICCHIO, GIANNI CAVINA, ROBERTA PALADINI. ■ Si tratta del lungo film televisivo che narra la vicenda autobiografica dello stesso regista, Pupi Avati. Dopo gli inizi come musicista jazz, in *Jazz band*, vengono narrate le vicende per diventare autore cinematografico. Così ritroviamo gli amici del precedente lavoro che cercano di creare una troupe accarezzando sogni di gloria e toccando con mano problemi e difficoltà. Dopo un tentativo di far accettare una sceneggiatura alle case di produzione ecco che la possibilità di girare il film giunge per merito di un ricco bolognese. ■ COMMEDIA; COL.; 250′; ITALIA, 1979.

CINEMA D'ALTRI TEMPI ★★★
Regia di STEFANO VANZINA. Con WALTER CHIARI, LEA PADOVANI, JEAN RICHARD, MAURICE TEYNAC. ■ Una contadina, entrata casualmente nell'ambiente cinematografico, diventa una famosa diva e sposa il regista che l'ha lanciata. L'attore Za l'Amour, che l'ha resa fine ed elegante, muore in un ospedale senza più un soldo. Il racconto, che comincia col Giro d'Italia del 1908, narra la storia del cinema italiano. ■ COMMEDIA; B/N; 98′; ITALIA, 1953.

CINEMA DANS LES YEUX, LE ★★★
Regia di MICHELE DAVID. Con GÉRARD DEPARDIEU, BURT LANCASTER, ROBERT REDFORD, MARTIN SHEEN, ORSON WELLES. ■ È un film di montaggio celebrativo del Festival di Cannes. Proposto in prima serata su Raiuno nel 1987 e mai più trasmesso. Si susseguono sequenze tratte da molti capolavori presentati a Cannes, con le voci originali e i sottotitoli. Da *Falstaff* ad *Apocalypse Now*, da *Notorious a Otto e mezzo*, da *Novecento* a *Manhattan*. Il giudizio non può che essere positivo. ■ DOCUMENTARIO; COL.; 100′; FRANCIA, 1987.

CINEOCCHIO *(Kinoglaz – Zizn' Vrasploch)* ★★★
Regia di DZIGA VERTOV. ■ Il grande regista russo ci mostra attraverso una serie di immagini minimaliste come si svolgono le ventiquattr'ore nelle grandi città sovietiche. ■ DOCUMENTARIO; COL.; 60′; URSS, 1924.

CINERAMA HOLIDAY – VACANZE IN CINERAMA ★★
Regia di LOUIS DE ROCHEMONT. ■ Film di promozione per la tecnica del cinerama. Una coppia americana e una svizzera partono per una visita l'una nel paese dell'altra. Una trama vera e propria non c'è. ■ DOCUMENTARIO; COL.; 85′; USA, 1956.

CINESE, LA *(La Chinoise)* ★★★★
Regia di JEAN-LUC GODARD. Con LEX DE BRUIJN, JEAN-PIERRE LÉAUD, MICHEL SAMENISKO, ANNE WIAZEMSKY. ■ Ciò che Godard fece dire e scrivere ai personaggi di questo film fu detto e scritto dai ragazzi europei poco tempo dopo, il che dimostra, se non altro, la capacità di cogliere il clima storico. Un gruppo di giovani, durante le ferie dei genitori, si sforza di applicare concretamente la dottrina maoista. Veronique progetta l'uccisione di un ministro russo di passaggio nella capitale francese: la porterà a termine nonostante la defezione di un compagno pacifista e la consapevolezza di un ritorno alla vita normale, terminata la pausa estiva. ■ DRAMMATICO; COL.; 90′; FRANCIA, 1967. ■ VENEZIA 1 PR.

CINESE DAL BRACCIO DI FERRO, IL ★
(Superior Youngster)
Regia di KIANG HUNG. Con ANNA HO, CHANG LIK, NAM KUNG FEN. ■ Un ragazzo, soprannominato "Braccio di ferro" per la sua forza, vuole ricondurre il fratello – pecora nera della famiglia – sulla retta via. Quando questi si convince ad imboccarla, ci lascia la pelle. Sarà vendicato, dopo un'innumerevole sequela di duelli con ogni tipo di arma. ■ AVVENTURA; COL.; 86′; HONG KONG, 1973.

CINESI A PARIGI, I *(Les Chinois à Paris)* ★★★
Regia di JEAN YANNE. Con BERNARD BLIER, NICOLE CALFAN, MACHA MÉRIL, KYOZO NAGATSUKA, MICHEL SERRAULT, GEORGES WILSON. ■ Dopo essersi impadroniti della Francia, i cinesi si mettono all'opera per ristrutturarla sia moralmente che materialmente. Un parigino, il solo forse a sfruttare favorevolmente gli eventi, convince il comandante nemico ad abbandonare il Paese – nel quale nessuno vive contento – affinché tutte le nazioni possano additare la Francia a esempio di immoralità. ■ FANTASTICO; COL.; 95′; FRANCIA, 1974.

CIN FU L'UOMO D'ACCIAIO *(Iron Man)* ★
Regia di KUO NAN-HONG. Con KU PING, WEN CHIANG-LONG, YUEN YEE. ■ Da una rissa apparentemente banale nasce la necessità di un confronto tra i campioni di arti marziali cinesi e quelli giapponesi. ■ AVVENTURA; COL.; 85′; HONG KONG, 1973.

CINGHIALI DI PORTICI, I ★★★
Regia di DIEGO OLIVARES. Con ALESSANDRA BORGIA, CARMINE BORRINO, NINNI BRUSCHETTA, CARLO CARACCIOLO, VINCENZO GAMBARDELLA, MICHELE GENTE, ANTONIA TRUPPO. ■ I migliori anni della "loro" vita passati in un centro di recupero per tossicodipendenti e ragazzi "a rischio". Diego Olivares, qui alla sua prima regia per il grande schermo, già fa parlare bene di sé: in precedenza è stato autore di un paio di riusciti cortometraggi (*Mimmo X* e *Les Jeux sont faits*) e di un documentario sulla dismissione di un ospedale psichiatrico napoletano. Un gruppo di giovani si scopre unito dalla comune passione per la palla ovale, tutti pronti ad affrontare insieme al mentore/allenatore il loro primo campionato di rugby. Fra il desiderio di evadere e di costruirsi un futuro, con un pallone dai rimbalzi irregolari come la vita, si alternano sul campo da gioco le vite "sospese" dei protagonisti. ■ DRAMMATICO; COL.; 85′; AUSTRALIA, ITALIA, 2003.

CINICO, L'INFAME, IL VIOLENTO, IL ★★
Regia di UMBERTO LENZI. Con ROBERT HUNDAR, MAURIZIO MERLI, TOMAS MILIAN, RENZO PALMER, JOHN SAXON. ■ Un commissario di Milano aggredito dai killer del Cinese decide di passare al contrattacco. Si reca a Roma, semina la discordia tra la gang del Cinese e quella dell'americano Di Maggio, facendo in modo che s'ammazzino fra di loro. Ai superstiti provvederà lui. ■ POLIZIESCO; COL.; 98′; ITALIA, 1977.

50 ANNI DI EMOZIONI ★★
Regia di IGNAZIO FERRONETTI. ■ Sarebbe stato più esatto intitolare il film *50 anni di emozioni sportive* perché ad esse è dedicata la maggior parte della pellicola. Sfilano sullo schermo le imprese realizzate nei primi cinque decenni del Novecento. ■ DOCUMENTARIO; B/N; 80′; ITALIA, 1953.

50 VOLTE IL PRIMO BACIO *(50 first dates)* ★
Regia di PETER SEGAL. Con SEAN ASTIN, DAN AYKROYD, DREW BARRYMORE, ALLEN COVERT, AMY HILL, ADAM SANDLER, ROB SCHNEIDER, LUISA STRUS. ■ Henry è un biologo marino alle Hawaii, dove affianca alla passione per i pesci quella per le belle ragazze. Quando incontra Lucy sembra amore autentico. Solo che la ragazza ha qualcosa che non funziona nella memoria: durante la notte dimentica quanto accaduto di giorno. Per Henry ha inizio una sfida estenuante, riconquistare Lucy tutti i giorni, ripartendo da zero. ■ COMMEDIA; COL.; 99′; USA, 2004.

55 GIORNI A PECHINO *(55 Days at Peking)* ★★★★
Regia di NICHOLAS RAY. Con HARRY ANDREWS, AVA GARDNER, CHARLTON HESTON, DAVID NIVEN, FLORA ROBSON. ■ A Pechino scoppia la ribellione dei Boxer: tutti gli stranieri sono impegnati nella comune difesa, che diventa ogni giorno più ardua. Il comandante dei marines si innamora di una bella e generosa nobildonna, che muore durante una sparatoria. Ripartirà per l'Ame-

rica, dopo il vittorioso intervento dei sospirati rinforzi, con la figlia di un compagno perito nei cinquantacinque giorni di lotta. ■ AVVENTURA; COL.; 150'; USA, 1963. ■ OSCAR 2 NOM.

52 GIOCA O MUORI *(52 Pick-up)* ★★★
Regia di JOHN FRANKENHEIMER. Con ANN MARGRET, ROY SCHEIDER, VANITY. ■ Harry Mitchell, industriale di Los Angeles, viene ricattato da tre delinquenti. Lo hanno ripreso in un motel con una fotomodella, complice, e poi lo fanno assistere alla spietata uccisione della ragazza, che viene ammazzata con la sua pistola. Tutto ciò, mentre la moglie Barbara ha deciso di darsi alla politica. Ma lui le confessa tutto e inizia ad indagare sui tre criminali. Lo aiuta Doreen, bella ragazza sfruttata da uno dei tre. Mitchell riesce ad aizzarli l'uno contro l'altro (nel frattempo gli hanno rapito e violentato la moglie) e quello che sopravvive, il perverso Alan, cade alla fine in trappola, fuggendo con un bel malloppo, ma su un'auto carica di esplosivo. ■ DRAMMATICO; COL.; 114'; USA, 1986.

CINQUANTADUE MIGLIA DI TERRORE ★★
(Hot Roads to Hell)
Regia di JOHN BRAHM. Con DANA ANDREWS, JEANNE CRAIN, MIMSY FARMER. ■ Un *pater familias*, malato di cuore, lascia il lavoro e acquista un motel in un qualunque posto di provincia. Ma il posto non è affatto tranquillo. Il motel e le strade intorno sono infestate da delinquenti motorizzati che rendono la vita dura alla famigliola. Dopo molte traversie, il padre riesce però a mettere a posto i teppisti. ■ DRAMMATICO; COL.; 90'; USA, 1967.

50 E 50 *(50/50)* ★★★
Regia di JONATHAN LEVINE. Con JOSEPH GORDON-LEVITT, BRYCE DALLAS HOWARD, ANJELICA HUSTON, ANNA KENDRICK, SETH ROGEN. ■ Adam vive tranquillo, ma la brutta notizia arriva: è malato di cancro. Da quel momento il ragazzo accetta passivamente la malattia da cui nessuno sembra scuoterlo: non la sua ragazza che lo tradisce, non il suo migliore amico mattacchione, non la sua inesperta e volenterosa terapista. Con la chemioterapia e le altre fasi della cura il ragazzo comprenderà alla fine ciò che vuole più di tutto e quali siano le persone che davvero gli vogliono bene. Levine costruisce situazioni comuni e anche divertenti sulla scoperta del male, l'accettazione dello stato, il tentativo di non farsi abbattere. ■ COMMEDIA; COL.; 100'; USA, 2011.

50.000 STERLINE PER TRADIRE *(Masquerade)* ★★
Regia di BASIL DEARDEN. Con JACK HAWKINS, MARISA MELL, MICHEL PICCOLI, CLIFF ROBERTSON. ■ L'erede al trono di una nazione araba è amico degli inglesi, ai quali permette di sfruttare i suoi giacimenti di greggio. C'è chi ne è irritato e trama per assassinarlo. Il controspionaggio britannico, previdente, invia due agenti affinché veglino sull'incolumità del futuro sovrano. Uno di essi tradisce, ma nonostante le inevitabili complicazioni l'avventura termina bene. ■ AVVENTURA; COL.; 101'; GRAN BRETAGNA, 1964.

58 MINUTI PER MORIRE *(Die Harder)* ★★
Regia di RENNY HARLIN. Con WILLIAM ATHERTON, BONNIE BEDELIA, BRUCE WILLIS. ■ Secondo lungometraggio con il tenente di polizia John McClane dopo *Trappola di cristallo*. Nella parte del cattivo troviamo Franco Nero, a capo di un commando di terroristi che blocca l'atterraggio di diciotto aerei e mette fuori uso un aeroporto. McClane ha la moglie su uno degli aerei per cui, trovandosi tra persone poco decise, deve fare tutto lui. Se nel primo film con McClane c'era molta autoironia e anche una parodia (comunque piena di azione e di drammi) di *Rambo*, qui invece si fa troppo sul serio. E si cade nel manierismo, con chiari riferimenti ad *Airport 70* e a *007*, meno l'ironia, appunto. Il regista è comunque specializzato in minestre riscaldate, aveva girato un episodio di *Nightmare*. Enorme successo negli Stati Uniti. ■ AVVENTURA; COL.; 124'; USA, 1990.

5 APPUNTAMENTI PER FARLA INNAMORARE ★★
(I Hate Valentine's Day)
Regia di NIA VARDALOS. Con AMIR ARISON, JOHN CORBETT, JUDAH FRIEDLANDER, STEPHEN GUARINO, NIA VARDALOS. ■ Genevieve è una fioraia con un piccolo negozio a Manhattan che gestisce con la collaborazione di due amici gay. Tutto sembra procedere per il meglio per lei anche perché nei rapporti con l'altro sesso si è data una regola precisa che suggerisce anche alle amiche. In una relazione non bisogna mai superare i 5 appuntamenti (ciascuno dei quali con una caratteristica precisa). Subito dopo bisogna trasformare il tutto in una buona amicizia. Peccato però che a farle nascere più di un dubbio su questa scelta di vita ci pensi Greg che ha appena aperto un Tapas Bar lì vicino. Greg è single, piacevole e fa fatica a capire le donne. ■ COMMEDIA; COL.; 98'; USA, 2009.

CINQUE A ZERO ★★
Regia di MARIO BONNARD. Con MILLY, MAURIZIO D'ANCORA, ANGELO MUSCO, OSVALDO VALENTI. ■ Il presidente di una squadra di calcio deve tenere a bada una moglie, che detesta lo sport, e uno dei suoi atleti, distratto dagli impegni agonistici da una bella cantante di varietà. Tutto però finisce per il meglio: l'amore trionfa e la moglie diventa una accanita tifosa. ■ COMMEDIA; B/N; 90'; ITALIA, 1932.

CINQUE BAMBOLE PER LA LUNA D'AGOSTO ★★
Regia di MARIO BAVA. Con WILLIAM BERGER, EDWIGE FENECH, IRA FÜRSTENBERG, HOWARD ROSS. ■ L'inventore di un nuovo prodotto viene invitato nella villa di un facoltoso possibile acquirente che ospita due coppie di amici. Il prodotto però non è in vendita a nessun prezzo e dato che tutti i presenti vorrebbero impossessarsene, si scatena una lunga serie di omicidi. Muoiono tutti, tuttavia qualcuno gode i soldi ricavati dalla vendita della preziosa formula. ■ DRAMMATICO; COL.; 85'; ITALIA, 1970.

500! ★★
Regia di GIOVANNI ROBBIANO, LORENZO VIGNOLO, MATTEO ZINGIRIAN. Con ANDREA BRUSCHI, LELLA COSTA, VERONIKA LOGAN, MARINA MASSIRONI, MASSIMO OLCESE. ■ La vicenda ha luogo a Genova. Carlo Maggi è un uomo assolutamente e squallidamente normale. La sua vita è scandita da due donne: la madre oppressiva e padrona del figlio, e una fidanzata, Cristiana, del tutto piatta, sottomessa alla futura suocera ma a sua volta padrona del futuro marito. Tutto convergerebbe dunque verso un matrimonio dal destino segnato. Solo che accade, davvero, l'imprevedibile. Un paio di giorni prima delle nozze Carlo riceve una misteriosa telefonata in cui viene avvertito che dipende da lui che il papa, in visita a La Spezia per un importante concilio, non venga assassinato. Prima incredulo, poi stordito, Carlo comincia a muoversi. Molti personaggi "normali" di Hitchcock erano coinvolti in fatti abnormi. Ma il "maestro" trattava la storia con stile diverso. ■ COMMEDIA; B/N; 92'; ITALIA, 2001.

(500) GIORNI INSIEME *((500) Days of Summer)* ★★
Regia di MARC WEBB. Con ZOOEY DESCHANEL, JOSEPH GORDON-LEVITT, MATTHEW GRAY GUBLER, CLARK GREGG, MINKA KELLY. ■ Tom, con una laurea da architetto, lavora presso un editore di biglietti augurali per il quale deve inventare formule che vadano bene dal compleanno a un lutto. L'azienda assume una segretaria, Summer, bella e irrequieta. Tom se ne innamora timidamente e lei lo contraccambia. Il film racconta, in un continuo andirivieni, i 500 giorni della loro storia a due. ■ COMMEDIA; COL.; 100'; USA, 2009.

CINQUE CHIAVI DEL TERRORE, LE ★★★
(Doctor Terror's House of Horrors)
Regia di FREDDIE FRANCIS. Con ANNIE BELLE, ROY CASTLE, PETER CUSHING, CHRISTOPHER LEE, NEIL MCCALLUM, DONALD SUTHERLAND. ■ Sul vagone di un treno si trovano riuniti sei uomini. Uno di essi (Peter Cushing) predice agli altri il futuro: il primo si imbatte in un lupo mannaro; il secondo in un vegetale strangolatore; il terzo è preso di mira da crudeli dèi esotici; il quarto è perseguitato da una mano mozzata; l'ultimo da due vampiri. I cinque in realtà sono periti nel deragliamento del treno e l'indovino è la Morte. ■ HORROR; COL.; 98'; GRAN BRETAGNA, 1964.

5 (CINQUE) ★★
Regia di FRANCESCO DOMINEDÒ. Con MATTEO BRANCIAMORE, CHRISTIAN MARAZZITI, STEFANO SAMMARCO, ALESSANDRO TERSIGNI. ■ Manolo è, da sempre, uno sbruffone. Da bambino, insieme ai quattro coinquilini di cella del riformatorio, crea un gruppo di piccoli criminali. Con un patto di sangue suggella un'amicizia che resiste a matrimoni e figli, a droga e vizi. Una volta cresciuti, decidono di metter a punto una rapina 'facile facile', la por-

tano a termine e scoprono di avere, tra le mani, qualcosa che va oltre le più alte aspettative. Un "qualcosa" che però fa gola anche alla mafia russa. ■ DRAMMATICO; COL.; 90'; ITALIA, 2011.

CINQUE COLPI DI PISTOLA *(Five Guns West)* ★★
Regia di ROGER CORMAN. Con JOHN LUND, DOROTHY MALONE. ■ America, guerra civile. I confederati, per catturare una spia ed entrare in possesso del denaro che porta con sé sulla diligenza, arruolano alcuni banditi. Ognuno di loro si propone di uccidere i compagni e poi fuggire con i soldi, ma di questi, sulla diligenza, non c'è alcuna traccia. Scoppia una lite furiosa: il capo dei fuorilegge, che in realtà è un ufficiale dell'esercito, li elimina e consegna la spia ai superiori. ■ WESTERN; COL.; 78'; USA, 1955.

CINQUE CONTRO IL CASINÒ *(5 Against the House)* ★★★
Regia di PHIL KARLSON. Con GUY MADISON, KIM NOVAK. ■ Uno studente convince alcuni amici a derubare un casinò, benché sia consapevole della difficoltà dell'impresa. Il colpo ha buon esito, ma uno dei ragazzi, squilibrato, alla vista dei soldi perde la testa e cerca di fuggire brandendo una pistola; lo convinceranno ad arrendersi. ■ DRAMMATICO; B/N; 84'; USA, 1955.

CINQUE CORPI SENZA TESTA *(Strait-Jacket)* ★★
Regia di WILLIAM CASTLE. Con DIANE BAKER, JOAN CRAWFORD. ■ Una pluriomicida viene scarcerata e rimandata a casa. La donna, nonostante l'amore della figlia, è continuamente afflitta da incubi paurosi. La sua posizione diventa estremamente difficile dopo tre delitti sadici, ma le indagini dimostrano la sua innocenza. ■ GIALLO; B/N; 89'; USA, 1963.

CINQUE DEL BUNKER, I *(Nasser Asphalt)* ★★
Regia di FRANK WISBAR. Con HORST BUCHHOLZ, GERT FRÖBE, MARTIN HELD. ■ Pare che alcuni militari tedeschi in Polonia, seppelliti per anni dal crollo di un bunker fornitissimo di provviste, siano riusciti a scavare una breccia e a ricomparire alla superficie. La notizia provoca un'agitazione incredibile tra i familiari dei soldati dati per dispersi: il governo polacco, però, rifiuta il permesso di qualsiasi sopralluogo. La notizia dei "redivivi" si rivelerà poi senza fondamento. ■ DRAMMATICO; B/N; 90'; GERMANIA, 1958.

CINQUE DELL'ADAMELLO, I ★★
Regia di PINO MERCANTI. Con FRANCO BALDUCCI, NADIA GRAY, TEDDY RENO, FAUSTO TOZZI. ■ Cinque soldati di ritorno da una missione sono travolti, sull'Adamello, da una valanga. Tempo dopo i loro corpi, perfettamente conservati, vengono ritrovati da una spedizione. Prima che ricevano un'adeguata sepoltura una improvvisa tormenta li riseppellisce. ■ DRAMMATICO; B/N; 90'; ITALIA, 1954.

CINQUE DELLA SQUADRA D'ASSALTO, I ★★
(Band of the Hand)
Regia di PAUL MICHAEL GLASER. Con MICHAEL CARMINE, LAUREN HOLLY, STEPHEN LANG. ■ In una Miami sconvolta dalla violenza, cinque ex delinquenti convertiti dichiarano guerra alla malavita organizzata, compiendo più di uno sterminio. La trama è ovvia, ma sveltamente girata. Promettente esordio registico di Paul Michael Glaser (ex Starsky). ■ AVVENTURA; COL.; 103'; USA, 1986.

CINQUE DELLA VENDETTA, I ★
Regia di ALDO FLORIO. Con VASSILI KARIS, GUY MADISON, MONICA RANDALL. ■ Nordista reduce dalla guerra civile è malvisto da alcuni signorotti per le sue idee progressiste e viene ucciso. La vedova, oltraggiata e privata del figlio, si unisce a cinque amici del defunto marito per vendicarlo. Ci riescono ammazzando gli assassini e i loro uomini. ■ WESTERN; COL.; 89'; ITALIA, 1966.

CINQUE DIAVOLI, I *(Fem raske piger)* ★★
Regia di ANDER WILHELM W. SANDBERG. Con KARINA BELL, FREDERIK JENSEN, MARGUERITE VIBY. ■ Il ricco zio europeo di cinque vivaci ragazze americane decide di ospitarle e si camuffa da giardiniere per osservare tranquillamente la loro autentica indole. Alcuni parenti invidiosi cercano di compromettere le fanciulle, accusando senza motivo una di esse, addirittura, di furto. Invano. Lo zio non si lascia ingannare facilmente. ■ COMMEDIA; B/N; 91'; DANIMARCA, 1933.

CINQUE DISERTORI, I *(Yellowneck)* ★★★
Regia di R. JOHN HUGH. Con STEPHEN COURTLEIGH, HAROLD GORDON, BERRY KROEGER, BILL MASON, LIN MCCARTHY. ■ Cinque uomini disertano per motivi diversi: c'è chi ha orrore della guerra, chi ha derubato l'esercito e vuole godersi il bottino, chi spera di rubarlo a quest'ultimo. Il viaggio verso la costa, dove i cinque cercheranno di imbarcarsi, è tragico: solo uno si salva. Gli altri sono uccisi dall'ambiente sconosciuto e nemico. ■ AVVENTURA; COL.; 80'; USA, 1955.

CINQUE DISPERATI DURI A MORIRE ★★
(The Last Grenade)
Regia di GORDON FLEMYNG. Con RICHARD ATTENBOROUGH, STANLEY BAKER, HONOR BLACKMAN, ALEX CORD. ■ L'azione si svolge in Cina. Un ufficiale inglese, benché gravemente ammalato, prende volontariamente il comando di un gruppetto di uomini destinati a sopprimere un compagno che ha tradito. Dopo un paio di fallimenti è costretto ad entrare in ospedale. Quando però l'avversario gli ammazza la donna che ama, lo affronta e lo abbatte. ■ AVVENTURA; COL.; 93'; GRAN BRETAGNA, 1969.

CINQUE DITA DI MORTE ★★
Regia di YU WANG. Con LO LIEH, WANG PIENG, YU WANG. ■ Ancora un prodotto del filone kung-fu che narra di una ballerina, un agente segreto di una setta di rivoluzionari che difendono il popolo dalle ingiustizie dei ricchi e dei potenti. Dopo molte peripezie, i difensori civici avranno la meglio. ■ AVVENTURA; COL.; 89'; HONG KONG, 1973.

CINQUE DITA DI VIOLENZA *(Invincible Boxer)* ★★★
Regia di CHENG CHANG HO. Con LO LIEH, WANG PING. ■ Un giovane si allena per la gara nazionale di arti marziali. Divenuto ben presto fortissimo – al punto che il suo maestro gli confida un colpo segreto e micidiale – attira le cattive intenzioni del padre di un rivale, che, per assicurare il successo al figlio, fa massacrare le mani al protagonista. Il ragazzo però guarisce, vince e si vendica. Il film è considerato un piccolo classico nel suo genere. ■ AVVENTURA; COL.; 102'; HONG KONG, 1973.

CINQUE DITA E UNA PISTOLA ★
Regia di PAUL CHANG CHUNG. Con PAUL CHANG CHUNG, TENG KUANG. ■ Il protagonista vuole vendicare la morte dei genitori, uccisi da tre militari, durante l'invasione giapponese in Cina. Ne ammazza due senza eccessive difficoltà, il terzo lo colpisce a morte ma egli, con un ultimo sforzo, lo trafigge gettandoglisi addosso col coltello che gli ha trapassato il petto. ■ AVVENTURA; B/N; 92'; HONG KONG, 1973.

CINQUE DOLLARI PER RINGO ★
Regia di IGNACIO F. IQUINO. Con ALBERT FARLEY, VICKY LAGOS, JULIO P. TABERNERO. ■ Uno sceriffo si propone di liberare la zona di sua competenza dalle prepotenze dei fuorilegge. Alla testa dei fuorilegge sembra esserci il sindaco, ma l'unico testimone in suo sfavore viene ucciso e poco dopo anche il primo cittadino subisce la stessa sorte. Lo sceriffo faticherà non poco a scoprire e a rendere inoffensivo il vero "cervello" criminale. ■ WESTERN; COL.; 100'; ITALIA, 1966.

CINQUE DONNE PER L'ASSASSINO ★★
Regia di STELVIO MASSI. Con GIORGIO ALBERTAZZI, FRANCIS MATTHEWS, PASCALE RIVAULT, HOWARD ROSS. ■ La moglie di un giornalista muore di parto in un ospedale. Tre donne incinte sono brutalmente assassinate; una quarta, amante del giornalista, è aggredita e salvata appena in tempo. Gli assassini sono due e vengono smascherati. Il regista Massi, in futuro, farà di meglio. ■ GIALLO; COL.; 95'; ITALIA, 1974.

CINQUE DRAGHI D'ORO, I *(Five Gold Dragons)* ★★
Regia di JEREMY SUMMERS. Con ROBERT CUMMINGS, RUPERT DAVIES, DAN DURYEA, KLAUS KINSKI, CHRISTOPHER LEE, MARGARET LEE, GEORGE RAFT, SIEGHARDT RUPP. ■ Un assassino mette la polizia giapponese sulle tracce di un turista che cela in realtà la sua attività di agente speciale. Egli indaga su un'organizzazione che gestisce il commercio mondiale degli stupefacenti e i cui componenti si sono riuniti per vendere ad altri malviventi il lucroso traffico. Non vi riusciranno, anzi, saranno arrestati. ■ AVVENTURA; COL.; 92'; GRAN BRETAGNA, 1967.

CINQUE FACCE DELLA VIOLENZA, LE ★★
(Five Savage Men)
Regia di RON JOY. Con MICHELE CAREY, HENRY SILVA, KEENAN

WYNN. ■ Un gruppo di fuorilegge assalta una diligenza, uccide gli occupanti maschi e violenta l'unica donna. Lei, che nel frattempo diventa l'amante di un indiano, è la prima a ritrovarli e a farne piazza pulita. Alcuni uomini, che come lei erano sulle tracce dei banditi, ammazzano il pellerossa credendo, per una serie di circostanze, che abbia abusato di lei. Non sanno di essere accerchiati dalla tribù al completo. Una volta tanto il "giustiziere" è femmina. ■ WESTERN; COL.; 88'; USA, 1971.

CINQUE FIGLI DI CANE ★★
Regia di ALFIO CALTABIANO. Con TANO CIMAROSA, GEORGE EASTMAN, GRAZIELLA GRANATA, WAYDE PRESTON. ■ Stati Uniti, anni del Proibizionismo. Quattro detenuti vengono fatti evadere da uno sconosciuto che li ingaggia per sabotare una distilleria. I cinque, traditi e individuati, riescono ugualmente a portare a termine il compito. Tre di essi però ci lasciano la pelle; al quarto, che senza saperlo ha dato una mano alla giustizia (lo sconosciuto è un poliziotto), viene ridata la libertà. ■ AVVENTURA; COL.; 96'; ITALIA, 1969.

CINQUE GIORNATE, LE ★★★
Regia di DARIO ARGENTO. Con ADRIANO CELENTANO, ENZO CERUSICO, LUISA DE SANTIS, GLAUCO ONORATO, CARLA TATÒ, MARILÙ TOLO. ■ Avventure semiserie di due amici nella Milano in rivolta. Uno dei due morirà fucilato. Non si capisce bene se Dario Argento abbia voluto fare un film "popolare", facendo affidamento sulla disinformazione di buona parte degli spettatori, o se intendesse proporre un'opera "intellettuale" falsamente "plebea". ■ COMMEDIA; COL.; 122'; ITALIA, 1973.

CINQUE GIORNI A GIUGNO *(Cinq jours en juin)* ★★
Regia di MICHEL LEGRAND. Con SABINE AZÉMA, ANNIE GIRARDOT, MATTHIEU ROZI. ■ Poco prima dello sbarco in Normandia, Michel si appresta a sostenere un importante saggio di pianoforte. La guerra gli rovina i piani. Fugge allora in bicicletta, con la madre e un'altra donna. ■ DRAMMATICO; COL.; 100'; FRANCIA, 1988.

CINQUE GIORNI ANCORA *(Five Days to Home)* ★★
Regia di GEORGE PEPPARD. Con NEVILLE BRAND, GEORGE PEPPARD, SAVANNAH SMITH. ■ È più interessante la storia della lavorazione che quella raccontata nel film. Peppard per completarlo si coprì di debiti. L'insuccesso della pellicola lo convertì all'alcool per qualche anno. La vicenda è quella di un forzato, che evade da una prigione della Louisiana e cerca di raggiungere Los Angeles per assistere il figlio ricoverato in ospedale. ■ DRAMMATICO; COL.; 100'; USA, 1978.

CINQUE GIORNI DI TEMPESTA ★★
Regia di FRANCESCO CALOGERO. Con ANGIOLA BAGGI, CHIARA CASELLI, ROBERTO DE FRANCESCO, UMBERTO ORSINI, MASSIMO REALE, AMANDA SANDRELLI. ■ Giovanni deve fare il servizio militare e rinuncia ad un lavoro in Australia. Mancano cinque giorni all'entrata in caserma e lui si trova già a Bolzano. Decide di prendere una nave diretta a Sydney. ■ COMMEDIA; COL.; 95'; ITALIA, 1997.

CINQUE GIORNI, UN'ESTATE ★★★
(Five Days One Summer)
Regia di FRED ZINNEMANN. Con BETSY BRANTLEY, SEAN CONNERY, LAMBERT WILSON. ■ Nell'estate del 1952 Douglas, cinquantenne medico scozzese, e Kate, la giovane nipote, trascorrono le vacanze in montagna in Svizzera. I due sono amanti, ma la furtiva relazione li rende infelici. Kate fa amicizia con una giovane guida alpina che, innamoratosi di lei, cerca di convincere Douglas a troncare. Ma è inutile. Sulla via del ritorno il ragazzo muore incidentalmente e Kate decide di lasciare Douglas. Ottima la fotografia di Rotunno. ■ DRAMMATICO; COL.; 108'; USA, 1982.

CINQUE LADRI D'ORO, I *(Go to Blazes)* ★★
Regia di MICHAEL TRUMAN. Con DAVE KING, ROBERT MORLEY, DENNIS PRICE, MAGGIE SMITH. ■ Fallito un colpo per inesperienza, tre ladri, dopo la scarcerazione, ne tentano un altro, servendosi di un abile travestimento. Non hanno migliore fortuna e perfezionano ulteriormente i loro piani. Assunti due complici, prendono di mira una banca: stavolta il furto riesce, ma i ladri sacrificano il bottino per compiere una buona azione. ■ COMMEDIA; COL.; 82'; GRAN BRETAGNA, 1961.

CINQUE LEGGENDE, LE *(Rise of the Guardians)* ★★
Regia di PETER RAMSEY. Con ALEC BALDWIN, ISLA FISCHER, HUGH JACKMAN, JUDE LAW, CHRIS PINE. ■ Babbo Natale, la Fatina dei denti, il Coniglio di Pasqua e Sandman proteggono i bambini di tutto il mondo e sono stati scelti tempo fa dall'Uomo nella Luna, saggio osservatore delle vicende terrestri. Ma ora l'Uomo Nero (Pitch, da *pitch black*, "buio pesto") è deciso a scalzarli, seminando paura nelle menti dei bambini e trasformando i loro sogni d'oro in incubi neri. Per fermarlo, l'Uomo nella Luna indica alle quattro leggende l'aiuto di un quinto "guardiano": lo scanzonato e dispettoso Jack Frost. ■ ANIMAZIONE; COL.; 90'; USA, 2012.

CINQUE LEONI UN SOLDO ★★
Regia di AGLAUCO CASADIO. ■ È un film per ragazzi o per adulti di bocca buona. Si parla della vita quotidiana di un gruppo di acrobati vagabondi. ■ AVVENTURA; COL.; 90'; ITALIA, 1961.

CINQUE MAMME ED UNA CULLA – PASSAPORTO PER L'ORIENTE ★★
Regia di ROMOLO MARCELLINI, MONTGOMERY TULLY. Con EVA BARTÒK, GINA LOLLOBRIGIDA, MARCELLO MASTROIANNI, ANNE VERNON. ■ Cinque banconote con cinque nomi di donna e di città europee: sono i soli indizi dai quali un pilota inglese, che ha perduto la memoria, deve partire per ritrovare il proprio passato. Con l'aiuto di una giornalista americana riuscirà a ritrovare la famiglia e se stesso. ■ COMMEDIA; B/N; 92'; ITALIA, 1951.

CINQUE MANIERE DI AMARE *(Ladies Courageous)* ★★★
Regia di JOHN RAWLINS. Con EVELYN ANKERS, DIANA BARRYMORE, GERALDINE FITZGERALD, ANNE GWYNNE, LORETTA YOUNG. ■ Durante la guerra, un gruppo di ragazze svolge pericolose missioni di collegamento tra le basi aeronautiche americane, trasportando documenti coperti da segreto militare. ■ GUERRA; B/N; 88'; USA, 1944.

CINQUE MARINES PER CENTO RAGAZZE ★★
Regia di MARIO MATTOLI. Con VITTORIO CONGIA, VIRNA LISI, UGO TOGNAZZI, LITTLE TONY, BICE VALORI. ■ Alcuni militari, durante una simulazione di combattimento, finiscono in un collegio femminile e decidono di restarci in incognito. Le ragazze però li scoprono e per non rivelare la loro presenza li obbligano a prendere parte ad una recita. ■ COMMEDIA; COL.; 96'; ITALIA, 1962.

CINQUE MARINES PER SINGAPORE ★★
(Cinq gars pour Singapour)
Regia di BERNARD T. MICHEL. Con DENIS BERRY, TERRY DOWNES, SEAN FLYNN, MARIKA GREEN, MARC MICHEL. ■ Cinque marines, inviati a Singapore per individuare i motivi della scomparsa di alcuni compagni, scoprono che essi sono stati ibernati da un medico squilibrato al fine di chiedere il loro riscatto. I marines superano alcune peripezie e salvano i prigionieri. Il medico, durante la lotta conclusiva, rimane ucciso. Ignobile adattamento di un buon romanzo di Jean Bruce. ■ SPIONAGGIO; COL.; 89'; FRANCIA, 1967.

CINQUE MATTE AL SERVIZIO MILITARE ★★
(Les filles du régiment)
Regia di CLAUDE BERNARD AUBERT. Con DORA DOLL, LAURENCE MERCIER, JEAN OBÉ, JEAN-FRANÇOIS PORON. ■ Una donna autoritaria forma un reggimento femminile e ottiene di farlo partecipare alle manovre per dimostrare che può sconfiggere i soldati maschi. ■ COMICO; COL.; 95'; FRANCIA, 1978.

CINQUE MATTI ALLA CORRIDA ★★
(Les Charlots font l'Espagne)
Regia di JEAN GIRAULT. Con YVES BARSACQ, LES CHARLOTS, GÉRARD CROCE, JACQUES LEGRAS. ■ Les Charlots partono per la Spagna dove passeranno le ferie. Ci arrivano dopo aver combinato un mucchio di pasticci e, sfortunati come al solito, si trovano senza alloggio. Per mantenersi si adattano a molti mestieri e finiscono casualmente in un'arena. Si salvano dal toro infuriato e tornano a casa. ■ COMICO; COL.; 90'; FRANCIA, 1972.

CINQUE MATTI ALLA RISCOSSA ★★★
(A nous quatre, cardinal – Les quatre Charlots mousquetaires)
Regia di ANDRÉ HUNEBELLE. Con DANIEL CECCALDI, JOSÉPHINE CHAPLIN, LES CHARLOTS, CATHARINA JOURDAN. ■ Parodia de *I tre moschettieri* di Dumas con Les Charlots che interpretano i servitori degli spadaccini. ■ COMMEDIA; COL.; FRANCIA, 1973.

CINQUE MATTI ALLO STADIO *(Les fous du stade)* ★★
Regia di CLAUDE ZIDI. Con LES CHARLOTS, MARTINE KELLY, PAUL PRÉBOIST. ■ Les Charlots si fermano in un paese in fermento per gli imminenti festeggiamenti. Il capogruppo si innamora di una strana ragazza, che preferisce la forza alla poesia e che sembra ricambiarlo quando lui diventa un campione. Il giorno delle nozze però lo abbandona. ■ COMICO; COL.; 85′; FRANCIA, 1972.

CINQUE MATTI AL SERVIZIO DI LEVA ★★
(Les bidasses en folie)
Regia di CLAUDE ZIDI. Con LES CHARLOTS, JACQUES DUFILHO, MARION GAME. ■ Per partecipare ad un concorso musicale e assicurarsi i soldi necessari all'iscrizione cinque amici si mettono a lavorare. Il risultato è disastroso, ma fortunatamente una ragazza fornisce loro gli strumenti. Prima della finale vengono chiamati in servizio di leva: trovano ugualmente il modo di vincere il concorso. ■ COMICO; COL.; 85′; FRANCIA, 1971.

♥ **CINQUE MATTI AL SUPERMERCATO** ★★★
(Le grand bazar)
Regia di CLAUDE ZIDI. Con LES CHARLOTS, MICHEL GALABRU, MICHEL SERRAULT. ■ Quattro ragazzi danno una mano ad un negoziante che teme il fallimento a causa dell'apertura di un supermercato vicino alla sua bottega. La buona volontà (e i furtarelli al concorrente) non bastano; il negoziante parte per impiantare altrove la sua attività, i quattro installano un'autofficina. ■ COMICO; COL.; 86′; FRANCIA, 1973.

CINQUE MATTI IN MEZZO AI GUAI
(La grande Java) ★★
Regia di PHILIPPE CLAIR. Con FRANCIS BLANCHE, LES CHARLOTS, CORINNE LE POULAIN. ■ Il candidato alle elezioni di un paese, mezzo truffatore e mezzo no, ha molte probabilità di essere eletto perché ha garantito ai cittadini che vinceranno il campionato di rugby. Cinque dei giocatori insistono per farsi pagare le loro prestazioni; avranno i soldi dopo la partita decisiva, il candidato otterrà la carica e darà sua figlia in sposa al capogruppo. ■ COMICO; COL.; 90′; FRANCIA, 1969.

CINQUE MATTI VANNO IN GUERRA ★★
(Les bidasses s'en vont en guerre)
Regia di CLAUDE ZIDI. Con LES CHARLOTS, MARISA MERLINI, JACQUES SEIBER, PAOLO STOPPA. ■ Les Charlots sono in servizio di leva. L'avrebbero già terminato se non ne combinassero di tutti i colori a un antipatico sergente che li punisce in continuazione. Un giorno scappano e si rifugiano in una casa, piantata in mezzo ad un terreno di manovra, dalla quale respingono l'assalto dei commilitoni. ■ COMICO; COL.; 90′; FRANCIA, 1974.

CINQUEMILA DITA DEL DOTTOR T, LE ★★
(The 5000 Fingers of Dr. T)
Regia di ROY ROWLAND. Con HANS CONRIED, PETER LIND HAYS, MARY HEALY. ■ Un film fantasy tutt'altro che disprezzabile, appesantito però da numeri musicali nient'affatto necessari. Un bambino fa un sogno (o meglio un incubo) nel quale è trasportato in un luogo misterioso pieno di bambini rapiti da un crudele insegnante di pianoforte, che li obbliga a suonare ininterrottamente. ■ FANTASTICO; COL.; 89′; USA, 1953. ■ OSCAR 1 NOM.

CINQUEMILA DOLLARI PER EL GRINGO *(Waco)* ★★
Regia di LEWIS D. COLLINS. Con PAMELA BLAKE, BILL ELLIOTT, PAUL FIERRO, STANFORD JOLLEY. ■ Ringo spara a un baro per legittima difesa. Ricercato e inseguito, si unisce ad un altro fuorilegge, vittima, come lui, delle circostanze. Dopo qualche tempo gli abitanti della cittadina in cui Ringo ha ucciso riconoscono il loro errore e gli assegnano la carica di sceriffo. Il pistolero conquista definitivamente il rispetto della popolazione dopo l'eliminazione di un crudele bandito. ■ WESTERN; B/N; 90′; USA, 1952.

CINQUEMILA DOLLARI SULL'ASSO ★★
(El ranch de los implacables – Für 1000 Dollar pro Tag)
Regia di ALFONSO BALCAZAR GRANDA. Con BARBARA FREY, ROBERT WOOD. ■ Un giocatore vince al poker metà di un ranch, ma i comproprietari, fratello e sorella, non sono d'accordo nel considerare legittima la vincita e si rivolgono a un avvocato di dubbia reputazione. Quest'ultimo, invece di difendere gli interessi dei due giovani, tenta di impadronirsi a sua volta della proprietà. Il giocatore smaschera gli intrighi del losco avvocato. ■ WESTERN; COL.; 91′; ITALIA, SPAGNA, 1964.

CINQUE MILIONI IN CERCA D'EREDE ★★
(Fünf Millionen suchen einen Erben)
Regia di CARL BOESE. Con LENI MARENBACH, HEINZ RUBHMANN, VERA VON LANGEN. ■ Un ragazzo erediterà una grossa somma di denaro soltanto se proverà che il suo matrimonio è riuscito. In caso contrario i soldi andranno ad un cugino, che si impegnerà a non prendere mai moglie. Vari intoppi complicano la vicenda, ma l'esecutore testamentario avrà la prova desiderata. ■ COMMEDIA; B/N; 91′; GERMANIA, 1938.

CINQUE MOGLI DELLO SCAPOLO, LE ★★★
(Who's Been Sleeping in my Bed?)
Regia di DANIEL MANN. Con MARTIN BALSAM, RICHARD CONTE, DEAN MARTIN, ELIZABETH MONTGOMERY. ■ Un divo della tv ha l'abitudine di ritrovarsi ogni settimana con quattro amici per un poker. Se ne va sempre prima degli altri perché immancabilmente riceve una telefonata da una donna, ma i compagni di gioco non sospettano che a telefonare siano proprio le loro mogli con le quali il divo ha una relazione. Gli intrighi finiscono quando il divo si sposa. ■ COMMEDIA; COL.; 103′; USA, 1963.

CINQUE ORE D'INFERNO *(Hell's Five Hours)* ★★
Regia di JACK L. COPELAND. Con COLEEN GRAY, STEPHEN MCNALLY. ■ Per vendicarsi del direttore di uno stabilimento che lo aveva licenziato, un esaltato compie un omicidio e rapisce la moglie e il figlio del suo ex superiore. La polizia non interviene per non mettere a repentaglio la vita dei due ostaggi, ma è proprio il direttore ad affrontare il delinquente e a liberare i suoi cari. ■ DRAMMATICO; B/N; 84′; USA, 1958.

CINQUE ORE IN CONTANTI *(Five Golden Hours)* ★★
Regia di MARIO ZAMPI. Con VITTORIO CAPRIOLI, CYD CHARISSE, ARNOLDO FOÀ, ERNIE KOVACS, FRANCESCO MULÉ, GEORGE SANDERS. ■ Per entrare in possesso di una eredità, il giovane Aldo, impiegato in una agenzia di pompe funebri, medita di uccidere tre persone. Si pente e per evitare conseguenze si finge pazzo, ma la notizia di un'altra eredità (naturale, non provocata) lo fa rinsavire di colpo. Finalmente ricco, sposa la bella vedova per la quale aveva escogitato i suoi piani criminosi. La bella, dopo poco tempo, diventa vedova per la seconda volta. ■ COMMEDIA; B/N; 89′; GRAN BRETAGNA, ITALIA 1961.

CINQUE ORE VIOLENTE A SOHO ★★
(The Small World of Sammy Lee)
Regia di KEN HUGHES. Con WILFRID BRAMBELL, JULIA FOSTER, ANTHONY NEWLEY, ROBERT STEPHENS. ■ Un giocatore ha un debito con un allibratore clandestino che non esita ad eliminare quelli che non pagano. Il giovane tenta in ogni modo di procurarsi il denaro, senza riuscirci: gli scagnozzi dell'allibratore eseguono il loro incarico. ■ DRAMMATICO; B/N; 107′; GRAN BRETAGNA, 1962.

CINQUE PENNY, I *(The Five Pennies)* ★★★
Regia di MELVILLE SHAVELSON. Con LOUIS ARMSTRONG, BARBARA BEL GEDDES, DANNY KAYE. ■ Una coppia di musicisti (lui è suonatore di cornetta e lei cantante) è costretta a mettere in collegio la figlioletta per non trascinarla da una città all'altra durante le loro tournée. Una grave malattia colpisce la bambina che resterà paralizzata alle gambe. Il padre, oppresso da un ingiustificato senso di colpa, lascia il mondo della musica e, pur di restare sempre vicino alla figlia, accetta un posto di muratore. Soltanto dopo anni, quando la figlia guarisce completamente, l'uomo torna alla sua cornetta e riprende con successo a suonare. È la storia romanzata del grande jazzista Red Nichols. ■ COMMEDIA; COL.; 117′; USA, 1959. ■ OSCAR 4 NOM.

CINQUEPERDUE *(5×2 – Cinq fois deux)* ★★
Regia di FRANÇOIS OZON. Con JEAN-POL BRISSARD, VALERIA BRUNI TEDESCHI, ANTOINE CHAPPEY, FRANÇOISE FABIAN, STÉPHANE FREISS, MICHAEL LONSDALE, GÉRALDINE PAILHAS, MARC RUCHMAN, JASON TAVASSOLI. ■ Tutto inizia e tutto ha una fine per François Ozon, già autore di *Otto donne e un mistero* e *Swimming pool* che, in quest'opera presentata alla Mostra d'Arte Cinematografica di Venezia, racconta una storia d'amore *ordinaire*, descrivendo i momenti chiave della vita a due, in cinque

quadri a ritroso nel tempo: il divorzio, il tradimento, la nascita del figlio, il matrimonio e il primo incontro. Marion e Gilles si avvicinano, si amano, si allontanano e si odiano, senza stupire, e, come spesso accade in molte coppie, si svelano piccole perversioni e ironie (che il regista francese ama particolarmente) semplicemente nascoste nei meandri della normalità. ■ DRAMMATICO; COL.; 90′; FRANCIA, 2003.

CINQUE PER LA GLORIA *(The Secret Invasion)* ★★★
Regia di ROGER CORMAN. Con STEWART GRANGER, MICKEY ROONEY, RAF VALLONE. ■ A cinque ergastolani viene offerta la possibilità di riguadagnare la libertà, accettando di partecipare ad una difficile missione durante la seconda guerra mondiale. Si tratta di liberare un alto ufficiale italiano prigioniero dei tedeschi in una fortezza sulla costa jugoslava. I cinque tentano il tutto per tutto ma soltanto uno di loro tornerà vivo alla base. ■ GUERRA; COL.; 95′; USA, 1964.

CINQUE PER L'INFERNO ★★★
Regia di GIANFRANCO PAROLINI. Con GIANNI GARKO, KLAUS KINSKI, MARGARET LEE. ■ Durante l'ultimo conflitto mondiale, i tedeschi custodiscono, in una villa nel Sud dell'Italia, un progetto militare che, una volta attuato, potrebbe annientare intere formazioni alleate. Un ufficiale americano, con l'aiuto di un ladro, un acrobata, un dinamitardo e una ragazza, riesce a introdursi nella villa e ad impadronirsi del progetto. L'impresa costa la vita a quasi tutti i partecipanti: soltanto l'ufficiale americano e l'italiano esperto in esplosivi porteranno a termine la missione. ■ GUERRA; COL.; 90′; ITALIA, 1968.

CINQUE PEZZI FACILI *(Five Easy Pieces)* ★★★★
Regia di BOB RAFELSON. Con SUSAN ANSPACH, KAREN BLACK, JACK NICHOLSON, LOIS SMITH. ■ In seguito ad una crisi esistenziale, un giovane musicista abbandona una sicura carriera e la casa paterna per girare senza meta né programma da un paese all'altro. La malattia del padre è il pretesto per rientrare nel suo vecchio mondo e tentare di riadattarsi, ma neppure l'amore di una ragazza servirà a trattenerlo. Il giovane riparte, definitivamente votato al vagabondaggio. ■ DRAMMATICO; COL.; 96′; USA, 1970. ■ OSCAR 4 NOM.

CINQUE PISTOLE *(Five Guns to Tombstone)* ★★
Regia di EDWARD L. CAHN. Con JAMES BROWN, ROBERT KARNES. ■ Billy, ex bandito ravveduto, viene ricattato da un gruppo di fuorilegge capeggiati dal suo stesso fratello, che vorrebbe costringerlo a compiere altre imprese delittuose. Dopo un primo scontro, che provoca la morte del fratello, Billy finge di accettare ma, d'accordo con lo sceriffo, tende una trappola che permette di arrestare tutti i fuorilegge. ■ WESTERN; B/N; 73′; USA, 1961.

CINQUE POVERI IN AUTOMOBILE ★★
Regia di MARIO MATTOLI. Con WALTER CHIARI, EDUARDO DE FILIPPO, TITINA DE FILIPPO, ALDO FABRIZI. ■ Una scintillante fuoriserie è il premio vinto da quattro poveracci che hanno diviso la spesa d'acquisto del biglietto di una lotteria. Prima di essere venduta, l'automobile viene usata a turno dagli improvvisati soci per risolvere alcune situazioni, sentimentali e pratiche, che ognuno di loro aveva in sospeso. Le vicende non si svolgono esattamente come i quattro avevano sperato, ma il lieto fine è assicurato dal ricavato della vendita dell'automobile. ■ COMMEDIA; B/N; 101′; ITALIA, 1952.

CINQUE RAGAZZE E UNA CORDA ★★
(Wuge nuzi he yigen shengzi)
Regia di YEH HUNG-WEI. Con YANG CHIEH-MEI, LU YUAN CHI, CHANG SHIN, NANG YUE-WEN. ■ Con questa pellicola il regista Yeh Hung-Wei ha raccolto premi e consensi ai Festival di Nantes, Torino, Tokyo, Bruges, Rotterdam e Valencia. Sono cinque storie esemplari a illustrazione della condizione femminile nella Cina rurale dell'Ottocento. Cinque drammi che vedono protagoniste altrettante ragazze, vittime di un sistema sociale arretrato e violento, radicato in tradizioni antichissime ormai inaccettabili. ■ DRAMMATICO; COL.; 123′; TAIWAN, 1991.

CINQUE SCHIAVE, LE *(Marked Woman)* ★★★
Regia di LLOYD BACON. Con HUMPHREY BOGART, BETTE DAVIS. ■ Mary è entreneuse in uno dei locali equivoci controllati da un gangster, Johnny Vanning. La sorella minore di Mary, estranea a quel losco ambiente, viene uccisa da uno dei sicari di Johnny. Mary decide allora di ribellarsi e chiede aiuto alle altre ragazze del locale, che però rifiutano terrorizzate. Soltanto dopo che Mary viene picchiata a sangue e sfregiata le ragazze trovano il coraggio di testimoniare al processo contro Johnny e a farlo condannare. ■ DRAMMATICO; B/N; 96′; USA, 1937. ■ VENEZIA 1 PR.

CINQUE SEGRETI DEL DESERTO, I ★★★
(Five Graves to Cairo)
Regia di BILLY WILDER. Con ANNE BAXTER, ERIC VON STROHEIM. ■ Durante l'ultimo conflitto mondiale, in Africa, un sottufficiale inglese si sostituisce a una spia al servizio dei tedeschi. Scopre così dove si trovano i depositi di carburante che i tedeschi avevano predisposto addirittura prima della guerra per rifornire i propri carri armati. Questa scoperta permette all'esercito inglese di neutralizzare la minaccia tedesca e di vincere una battaglia decisiva per le sorti del conflitto. Tratto dal dramma *Hotel Imperial* di Lajos Biro, già ispiratore del film omonimo. ■ GUERRA; B/N; 96′; USA, 1943. ■ OSCAR 3 NOM.

CINQUE SENSI, I *(The Five Sense)* ★★★
Regia di JEREMY PODESWA. Con PASCALE BUSSIERES, DANIEL MACIVOR, MARY LOUISE PARKER, GABRIELLE ROSE. ■ La storia narrata dal film si svolge in tre giorni, durante i quali cinque personaggi lottano contro la progressiva perdita di uno dei cinque sensi. A fare da sfondo a tali crisi esistenziali è un fatto di cronaca: la scomparsa di una bambina, proprio nel parco di fronte al quale vivono o lavorano queste cinque persone. Cinque diverse storie, che si intrecciano l'una con l'altra, e che si risolveranno parallelamente al mistero della scomparsa della bambina. Diretto da Jeremy Podeswa, il film è un inno all'amore e alla vita che insegna come, nelle difficoltà, la cosa migliore sia quella di affidarsi ai propri sensi. ■ DRAMMATICO; B/N; 95′; CANADA, 1999.

CINQUE SERATE *(Piats Vecerov)* ★★★
Regia di NIKITA MIKHALKOV. Con LUDMILLA GURCENKO, STANISLAV LYUBSHIN, IGOR NEFEDOV. ■ Dalla commedia di Alessandro Volodin. Un uomo di mezza età torna nella città che lo ha visto ragazzo ed è subito sopraffatto dai ricordi. Ricorda soprattutto la donna che amò appassionatamente per cinque giorni e dopo non ha più rivisto. Ora si ritrovano, diciassette anni dopo. Entrambi feriti dalla vita, lui più di lei. ■ COMMEDIA; B/N; 102′; URSS, 1978.

CINQUE SETTIMANE ALL'ALTRO MONDO ★★★
(Hurrah, wir leben!)
Regia di WILHELM THIELE. Con GUSTAV FRÖHLICH, NIKOLAS KOLIN. ■ È un interessante film di un regista viennese sconosciuto al grande pubblico, che, diplomato al conservatorio, colto e di gusti raffinati, iniziò la carriera come regista di operette. D'origine israelita, ebbe una ragione in più per lasciare la Germania quando arrivò il nazismo. *Cinque settimane all'altro mondo* è un gradevole lavoro che presenta appunto tutte le caratteristiche della ricerca di Thiele in quegli anni. ■ COMMEDIA; B/N; 91′; GERMANIA, 1929.

CINQUE SETTIMANE IN PALLONE ★★
(Five Weeks in a Balloon)
Regia di IRWIN ALLEN. Con RED BUTTONS, BARBARA EDEN, FRANÇOISE FABIAN. ■ Siamo nella metà dell'Ottocento: un gruppo di inglesi, tra i quali uno scienziato, il suo assistente, un giornalista e una ragazza, decide di raggiungere l'Africa e il fiume Volta viaggiando in pallone. Dopo una serie di peripezie, durante una sosta nel deserto cadono prigionieri dei Tuareg. Riescono a liberarsi con una rocambolesca fuga e a raggiungere l'ultima meta del viaggio. ■ AVVENTURA; COL.; 101′; USA, 1962.

CINQUE STAGIONI, LE ★★★
Regia di GIANNI AMICO. Con TINO CARRARO, ELSA MERLINI, GIANNI SANTUCCIO. ■ Girato per la televisione. Alcuni anziani ricoverati in una casa di riposo, le loro psicologie, i loro ricordi. Diretto con semplicità e interpretato da grandi attori del teatro italiano. ■ DRAMMATICO; COL.; 90′; ITALIA, 1977.

CINQUE SUPERMEN CONTRO I NANI VENUTI DALLO SPAZIO *(Los campeones 5 supermen)* ★★
Regia di FREDERICH CURIEL. Con ELSA CARDENAS, DAVID SILVA. ■ In questa avventura spaziale, cinque uomini dotati di superpo-

teri, buoni e difensori della giustizia, combattono contro una banda di malvagi, della quale fanno parte alcuni nani dotati di eccezionale forza fisica. I cinque supereroi sono traditi anche da una ragazza che si dichiarava loro amica, ma riusciranno egualmente a sbaragliare i loro nemici. ■ AVVENTURA; COL.; 89′; MESSICO, 1973.

CINQUE TOMBE PER UN MEDIUM ★
Regia di MASSIMO PUPILLO. Con WALTER BRANDI, BARBARA STEELE. ■ Un potente medium viene ucciso dalla moglie e dall'amante di lei ma, anche dopo morto, riesce a vendicarsi dei suoi assassini sterminandoli. Soltanto la giovane e innocente figlia del medium scamperà alla strage. ■ HORROR; B/N; 90′; ITALIA, 1966.

CINQUE VARIAZIONI, LE *(De fem benspænd)* ★★
Regia di JØRGEN LETH, LARS VON TRIER. Con JACQUELINE ARENAL, PATRICK BAUCHAU, DANIEL HERNANDEZ RODRIGUEZ, JØRGEN LETH, ALEXANDRA VANDERNOOT, LARS VON TRIER. ■ Lars von Trier ha avuto un'altra idea delle sue: disciplinare il vecchio amico e noto (non in Italia) cineasta danese Jørgen Leth. Leth deve fare un remake del suo primo film – *Det perfekte menneske*, *Il perfetto essere umano*, del 1967 – attenendosi a cinque "ostacoli" che von Trier porrà via via nella produzione. Si parte con «il film deve essere girato con non più di dodici fotogrammi al secondo», passando per «deve essere un cartone animato», finendo con «lo scrivo io e lo gira la tua assistente ma sarai tu ad essere accreditato come autore». Scorrono gli incontri tra i due autori e i cinque piccoli film che Leth realizza, "dietro le quinte" annessi. Esercizio virtuoso ma sterile del più sopravvalutato autore contemporaneo. ■ DOCUMENTARIO; COL.; 90′; BELGIO, DANIMARCA, FRANCIA, SVIZZERA, 2003.

CINQUE VIE PER L'INFERNO *(Five Gates to Hell)* ★★
Regia di JAMES CLAVELL. Con NEVILLE BRAND, PATRICIA OWENS. ■ Durante la guerra d'Indocina, un gruppo di medici e di infermiere della Croce Rossa Internazionale viene fatto prigioniero da un ufficiale vietnamita. L'ufficiale obbliga i medici a curare un suo superiore e le infermiere a subire le violenze dei suoi uomini. Una delle ragazze riuscirà ad uccidere l'ufficiale e a liberare i compagni. Il vietnamita, che si è innamorato di lei, rinuncia a sparare alla giovane. ■ GUERRA; COL.; 98′; USA, 1958.

CINQUE VITE DI HECTOR, LE *(Being Human)* ★
Regia di BILL FORSYTH. Con LORRAINE BRACCO, VINCENT D'ONOFRIO, HECTOR ELIZONDO, ANNA GALIENA, JOHN TURTURRO, ROBIN WILLIAMS. ■ Nonostante il cast e il regista (*Local Hero*) il film è veramente una delusione. Ambiziosa saga di cinque personaggi appartenenti a diverse epoche. Così passiamo dalle caverne all'antica Roma, dal medioevo al sedicesimo secolo fino ai giorni nostri. Il cavernicolo, lo schiavo, il cavaliere, il nobile e l'uomo d'affari hanno in comune solo l'attore: Robin Williams. ■ COMMEDIA; COL.; 120′; USA, 1994.

CINQUE VITTIME DELL'ASSASSINO, LE ★★
(Der Hexer)
Regia di ALFRED VOHRER. Con HEINZ DRACHE, JOACHIM FUCHSBERGER. ■ La sorella di un gangster, rifugiatosi in Australia per sfuggire all'arresto, viene uccisa da una banda coinvolta nella tratta delle bianche. La polizia viene a sapere che il gangster è tornato per vendicare la sorella, ma non sa in che vesti si sia presentato. Lo scoprirà, ma non potrà impedire una serie di omicidi. ■ GIALLO; B/N; 91′; GERMANIA, 1964.

CINQUE VOLTI DELL'ASSASSINO, I ★★★★
(The List of Adrian Messenger)
Regia di JOHN HUSTON. Con KIRK DOUGLAS, GEORGE C. SCOTT, DANA WYNTER. ■ La conquista di un ingente patrimonio è l'obiettivo che si prefigge un delinquente senza scrupoli. Per impadronirsene, non esita a compiere una serie di delitti che spingono l'amico di una delle vittime ad improvvisarsi detective per compiere indagini. Interviene anche Scotland Yard. Da un romanzo di Philip McDonald. ■ GIALLO; B/N; 98′; USA, 1963.

CINQUE VOLTI DI DONNA ★★★
(Cinco rostros de una mujer)
Regia di GILBERTO MARTINEZ SOLARES. Con ANNA MARIA CAMPOY, ARTURO DE CORDOVA. ■ Un uomo, giunto alle soglie della vecchiaia, ricorda tutti i suoi amori giovanili: un matrimonio sbagliato e la relazione drammatica con una giovane pianista, che rappresenta per lui l'unico vero amore e che gli ha dato una figlia. La figlia è l'unica donna che gli è rimasta vicino. ■ DRAMMATICO; B/N; 92′; MESSICO, 1948.

CINTURA DI CASTITÀ, LA ★★
Regia di CAMILLO MASTROCINQUE. Con ALBA ARNOVA, TINA DE MOLA, NINO TARANTO. ■ Nel tesoro di famiglia del duca Guiscardo c'è una cintura di castità d'oro tempestata di pietre preziose. Il gioiello viene rubato da un ex maggiordomo, ma alcuni attori ospiti nel castello del duca si improvvisano detective e recuperano il prezioso oggetto. Il duca dimostra la sua gratitudine dando in sposa la propria nipote al capocomico. ■ COMMEDIA; B/N; 92′; ITALIA, 1950.

CINTURA DI CASTITÀ, LA ★★★
Regia di PASQUALE FESTA CAMPANILE. Con NINO CASTELNUOVO, TONY CURTIS, MONICA VITTI. ■ Prima di partire per le Crociate il nobile Guerrando fa indossare una cintura di castità alla giovane moglie, ma questa, invece di rassegnarsi ad aspettare pazientemente il ritorno dello sposo, lo segue in Terrasanta. Dopo mille avventure la donna si ricongiunge al marito che le toglie finalmente l'odiata cintura. ■ AVVENTURA COL.; 108′; ITALIA, 1967.

CIOCCOLATA CALDA – AMORE AL CIOCCOLATO ★★
(Hot Chocolate)
Regia di JOSEE DAYAN. Con BO DEREK, ROBERT HAYS, FRANÇOIS MARTHOURET, PATRICIA MILLARDET. ■ B. J. Cassidy è la bellissima miliardaria texana, interessata a rilevare la fabbrica di cioccolatini del conte Hubert de La Cannelle. La donna si reca in Francia per concludere l'affare, ma lo *chauffeur* dell'industriale comincia a piacerle più del cioccolato. ■ COMMEDIA; COL.; 93′; FRANCIA, GRAN BRETAGNA, 1993.

CIOCCOLATO BOLLENTE *(Consuming Passions)* ★★★
Regia di GILES FOSTER. Con JONATHAN PRYCE, VANESSA REDGRAVE. ■ Da un copione dei Monty Python. Una fabbrica di cioccolato sta andando in rovina. Un nuovo tipo di prodotto, che si annuncia rivoluzionario, in realtà è una poltiglia insapore. Fino al giorno in cui tre operai non cadono accidentalmente nella vasca. Il pasticcio con i poveri cadaveri ridotti in poltiglia viene posto ugualmente in vendita. Con grande successo. Urge a questo punto trovare recenti defunti perché la qualità e il ciclo produttivo non scendano. ■ COMMEDIA; COL.; 98′; GRAN BRETAGNA, 1988.

CIÒ CHE L'OCCHIO NON VEDE *(Visions of Eight)* ★★★
Regia di JIM CLARK, MILOS FORMAN, KON ICHIKAWA, CLAUDE LELOUCH, YURI N. OZEROV, ARTHUR PENN, MICHAEL PFLEGHAR, JOHN SCHLESINGER, MAI ZETTERLING. ■ *Ciò che l'occhio non vede* è una sorta di documentazione d'autore firmata da otto registi durante le Olimpiadi di Monaco del 1972. Il critico Tullio Kezich scrive a proposito di questo documento: «*Ciò che l'occhio non vede* lo vede l'obiettivo della macchina da presa. Questa tesi, che si direbbe di ispirazione antonioniana, mosse quattro anni fa l'iniziativa del produttore americano David L. Wolper, che in occasione dei giochi di Monaco ha invitato alcuni autori cinematografici a illustrare ciascuno un aspetto della manifestazione. Il russo Yuri Ozerov (*L'inizio*) ha studiato l'attimo che precede la gara. La svedese Mai Zetterling ha seguito *I più forti*, cioè i sollevatori di pesi. L'americano Arthur Penn, sfocando le immagini e usando il rallentato, ha composto un elegante poemetto sui saltatori con l'asta: *I più in alto*. Il tedesco dell'est Michael Pfleghar ha osservato *Le donne*. Con 35 macchine da presa il giapponese Kon Ichikawa, in un brano che si distacca dalla mediocrità degli altri per vigore e incisività, ha analizzato la corsa dei 100 metri in *I più veloci*. Il cecoslovacco Milos Forman ha svogliatamente mescolato il folklore bavarese e la IX Sinfonia diretta da Sawallisch con *Il decathlon*. Il francese Claude Lelouch ha registrato qualche pungente osservazione su *Gli sconfitti*. E infine l'inglese John Schlesinger ha seguito un suo sfortunato compatriota alle prese con *La marcia piu lunga*». ■ DOCUMENTARIO; COL.; 110′; SVEZIA, USA, 1973.

CIÒ CHE SI CHIAMA AMORE ★★★
(This Thing Called Love)
Regia di ALEXANDER HALL. Con MELVIN DOUGLAS, ROSALIND RUSSELL. ■ Una ragazza, spaventata dal numero crescente di

divorzi in America, propone al fidanzato un periodo di apprendistato matrimoniale. Sin dall'inizio il giovane non è d'accordo e la prova si rivela disastrosa, tanto che i due stanno per lasciarsi. Dopo un esame di coscienza, però, tornano insieme e la ragazza si convince al grande passo. ■ COMMEDIA; B/N; 98'; USA, 1941.

CIOCIARA, LA ★★★★

Regia di VITTORIO DE SICA. Con JEAN-PAUL BELMONDO, ELEONORA BROWN, SOPHIA LOREN, RAF VALLONE. ■ Tratto dal romanzo di Moravia. Durante l'ultima guerra Cesira, giovane vedova coraggiosa e battagliera, si rifugia con la figlia adolescente nel paese natale. Di lei si innamora Michele, un giovane intellettuale tormentato. Cesira decide di tornare a Roma: sulla strada del ritorno madre e figlia vengono violentate da alcuni soldati marocchini. La ragazza esce dalla terribile avventura totalmente sconvolta e la madre tenta invano di riavvicinarsi alla figlia: soltanto un nuovo dolore, la notizia della morte di Michele, scioglierà l'incomprensione tra le due donne. La cosa migliore è l'interpretazione della Loren, che per questo film vinse l'Oscar. ■ DRAMMATICO; B/N; 110'; ITALIA, 1960. ■ CANNES 1 PR; DAVID DI DONATELLO 1 PR, 1 NOM; OSCAR 1 PR, 1 NOM.

CI PENSA BEAVER *(Leave It to Beaver)* ★★

Regia di ANDY CADIFF. Con CAMERON FINLEY, CHRISTOPHER MCDONALD, JANINE TURNER. ■ La serie *Leave It to Beaver*, uno dei successi televisivi storici americani (partita addirittura nel 1957) portata sul grande schermo. Storia di una famiglia perfetta, padre, madre e due figli, che vive a Mayfield nell'Ohio. Si ride e si sorride. Molti film dell'era recente pare si siano ispirati a quel serial: *Mamma ho perso l'aereo*, *Piccola peste* eccetera. Ma la tivù è la tivù e il cinema è il cinema, un'altra cosa, appunto. ■ COMMEDIA; COL.; 100'; USA, 1997.

CI PENSEREMO DOMANI *(See you in the Morning)* ★★

Regia di ALAN J. PAKULA. Con JEFF BRIDGES, FARRAH FAWCETT, ALICE KRIGE. ■ Un film da vedere, se non altro per rispetto a Pakula che pare avesse scritto la sceneggiatura in dieci anni. Bridges è uno psichiatra newyorkese che ha alle spalle un matrimonio sbagliato con la Fawcett e ritenta con Alice Krige. I problemi però non sono finiti. Credibile e sfaccettato il personaggio interpretato da Bridges. ■ COMMEDIA; COL.; 118'; USA, 1988.

CIPOLLA COLT ★★

Regia di ENZO GIROLAMI CASTELLARI. Con MARTIN BALSAM, STERLING HAYDEN, FRANCO NERO. ■ Una piccola area coltivabile, circondata da immensi territori petroliferi, è oggetto di contesa tra un giovane agricoltore e il capo della compagnia petrolifera. Il petroliere è disposto a tutto e tenta di eliminare fisicamente l'agricoltore che però gli rende pan per focaccia. ■ WESTERN; COL.; 100'; ITALIA, 1975.

CIRANO DI BERGERAC ★★★

Regia di AUGUSTO GENINA. Con ALEX BERNARD, ANGELO FERRARI, PIERRE MAGNIER, LINDA MOGLIA. ■ Prima versione del celebre romanzo di Rostand. Premiato a Torino nel 1923, uscì al cinema due anni più tardi. Girato con la solita maestria da Genina, è stato diretto per poche sequenze anche da Mario Camerini. ■ COMMEDIA; B/N; 102'; ITALIA, 1923.

CIRANO DI BERGERAC *(Cyrano di Bergerac)* ★★★

Regia di FERNAND RIVERS. Con ELLEN BERNSEN, JEAN-CLAUDE DAUPHIN. ■ Riduzione del famoso lavoro di Rostand. Cirano è innamorato di Rossana, ma non osa confessarle questo suo sentimento e la ragazza, ignara, si fidanza con Cristiano. Anche Cristiano ama moltissimo Rossana, ma non sa esprimere degnamente questo amore e chiede a Cirano, sensibile poeta, di essere la sua voce e di scrivere al suo posto ardenti lettere d'amore. La finzione continua anche quando i due eroi partono per la guerra, durante la quale Cristiano troverà la morte. Rossana si ritira in convento e molti anni dopo, quando Cirano sta per morire, viene a sapere quanto il nobile cavaliere l'avesse amata. ■ COMMEDIA; B/N; 100'; FRANCIA, 1946.

CIRANO DI BERGERAC *(Cyrano de Bergerac)* ★★★

Regia di MICHAEL GORDON. Con JOSÉ FERRER, WILLIAM PRINCE. ■ Altra versione cinematografica del *Cirano*, questa volta all'americana. Comunque fra i due "Cirani" si tende a ricordare quello interpretato da Ferrer. ■ COMMEDIA; B/N; 112'; USA, 1950. ■ OSCAR 1 PR, 1 NOM.

CIRCO, IL *(The Circus)* ★★★★

Regia di CHARLIE CHAPLIN. Con CHARLIE CHAPLIN, ALLAN GARCIA, MERNA KENNEDY. ■ Una delle opere minori del grande Chaplin ma comunque un grande esercizio nel melodramma. Charlot viene assunto per fare il clown in un circo dove è capitato per caso, fuggendo, innocente, dopo che è stato commesso un furto. L'amore per una cavallerizza lo porta a gareggiare con lo spasimante della ragazza ma alla fine rimarrà solo. ■ DRAMMATICO; B/N; 76'; USA, 1928. ■ OSCAR 1 PR, 3 NOM.

CIRCO, IL *(The Circus)* ★★★

Regia di RICHARD BOLESLAWSKI. Con WALLACE BEERY, JACKIE COOPER. ■ Abbandonato dalla moglie, che ha portato con sé il figlio, un domatore di belve feroci perde un braccio e decide di abbandonare il circo per mettersi alla ricerca del figlio del quale non ha più notizie. Lo ritrova dopo anni, torna al suo lavoro di domatore e riconquista l'affetto del ragazzo. ■ DRAMMATICO; B/N; 87'; USA, 1935.

CIRCO A TRE PISTE, IL *(Three Ring Circus)* ★★★

Regia di JOSEPH PEVNEY. Con JERRY LEWIS, DEAN MARTIN. ■ Due amici, che hanno cominciato a lavorare in un circo quasi per gioco, fanno carriera e uno di loro, Pete, diventa direttore. Pete, che subisce l'influenza di una donna affascinante e crudele, diventa prepotente ed egoista, si scontra con l'amico e con tutti i lavoratori del circo. Liberatosi della perfida donna si rende conto dei propri errori e, insieme all'amicizia, ritrova l'amore vero. ■ COMICO; COL.; 103'; USA, 1954.

CIRCO DEGLI ORRORI, IL *(Circus of Horrors)* ★★

Regia di SIDNEY HAYERS. Con ANTON DIFFRING, ERIKA REMBERG. ■ Un ex chirurgo con un torbido passato dirige un circo, nel quale si esibiscono ex delinquenti ricercati dalla polizia ai quali egli ha cambiato i lineamenti con operazioni di plastica facciale. Il medico-direttore ricatta i suoi pazienti-artisti e quelli che si ribellano spariscono in misteriose circostanze. La serie di incidenti attira l'attenzione della polizia, che scopre la colpevolezza e la vera identità del medico-impresario. ■ HORROR; COL.; 91'; GRAN BRETAGNA, 1960.

CIRCO DELLE MERAVIGLIE, IL *(Ring of Fear)* ★★★

Regia di JAMES EDWARD GRANT. Con CLYDE BEATTY, PAT O'-BRIEN, MICKEY SPILLANE. ■ In un circo si verificano mortali incidenti e il direttore incarica uno scrittore di romanzi gialli di compiere indagini. I sospetti dello scrittore si accentrano su un ex reduce di guerra, che è rimasto lontano dal circo per alcuni anni. In realtà, in quel periodo l'uomo era stato ricoverato in manicomio e ne era uscito senza essere guarito. La sua mente malata gli faceva credere di doversi vendicare dei suoi ex compagni. Viene fermato prima di poter compiere una strage. ■ DRAMMATICO; COL.; 93'; USA, 1954.

CIRCO DI TATI, IL *(Parade)* ★★★

Regia di JACQUES TATI. Con LES SIPOLO, JACQUES TATI. ■ Ai numeri classici del circo e alle più famose *gag* di Tati, si alternano le riprese "dietro le quinte". ■ COMMEDIA; COL.; 83'; FRANCIA, 1974.

CIRCO E LA SUA GRANDE AVVENTURA, IL ★★★
(Circus World)

Regia di HENRY HATHAWAY. Con CLAUDIA CARDINALE, RICHARD CONTE, RITA HAYWORTH, JOHN WAYNE. ■ Il proprietario di un grande circo americano parte per una tournée in Europa, portando con sé anche Toni, una ragazza che ha allevato e che è figlia di Lili, una donna che l'uomo ha amato in passato e che egli spera di rintracciare anche se da anni non sa più nulla di lei. In Spagna Lili ricompare e chiede di poter lavorare come trapezista al fianco di Toni senza farle sapere che è sua madre. Soltanto durante un furioso incendio la donna si rivelerà alla figlia. ■ AVVENTURA; COL.; 135'; USA, 1964.

CIRCO EQUESTRE ZA-BUM ★★

Regia di MARIO MATTOLI. Con ALDO FABRIZI, ROLDANO LUPI, ALIDA VALLI. ■ Sono cinque episodi che vedono protagonisti un seduttore al quale va a monte una conquista per una telefonata sbagliata, un ladro alle prese con un marito geloso, un tranviere filosofo, un marito abbandonato dalla moglie e un postino poeta. ■ COMMEDIA; B/N; 90′; ITALIA, 1945.

CIRCO IN FIAMME *(Salto mortale)* ★★
Regia di VICTOR TOURJANSKY. Con MARGOT HIELSCHER, PAUL KEMP. ■ Una giovane donna che dirige un circo è costretta a chiedere un grosso prestito ad una banca. Il funzionario con il quale tratta l'operazione suscita in lei una forte antipatia, che si trasforma tuttavia in amore quando l'uomo le salva la vita dall'attacco delle belve del circo. ■ DRAMMATICO; B/N; 92′; GERMANIA, 1955.

CIRCO INSANGUINATO, IL ★★★
(The Wagons Roll at Night)
Regia di RAY ENRIGHT. Con EDDIE ALBERT, HUMPHREY BOGART, JOAN LESLIE, SYLVIA SIDNEY. ■ Un giovane domatore viene accusato della morte, del tutto accidentale, del suo predecessore che era stato cacciato dal circo perché alcolizzato. Per sfuggire alla polizia, il giovane si rifugia in una villa di campagna e qui si innamora di Mary, sorella minore del proprietario del circo. Questi, che ha sempre tenuto la ragazza al di fuori dell'ambiente, si oppone alla relazione e tenta di eliminare il giovane mandandolo nella gabbia di alcuni leoni inferociti. Commosso dal pianto disperato di Mary, il proprietario salva all'ultimo momento l'innamorato della sorella, sacrificando la propria vita. ■ DRAMMATICO; B/N. 84′; USA, 1941.

CIRCOLO DELLA FORTUNA E DELLA FELICITÀ, IL *(The Joy Luck Club)* ★★
Regia di WAYNE WANG. Con TSAI CHIN, KIEU CHINH, LISA LU. ■ È il passaggio a Hollywood di un regista orientale. Prodotto in parte da Oliver Stone e tratto da un romanzo di Amy Tan, il film è un concentrato di vite femminili. Alla morte della madre June entra a far parte di un circolo tenuto dalle amiche della genitrice. Girato con bravura ma lontano dall'introspezione di altri maestri orientali. ■ DRAMMATICO; COL.; 138′; USA, 1993.

CIRCOLO VIZIOSO *(Crossplot)* ★★★
Regia di ALVIN RAKOFF. Con MARTHA HYER, ROGER MOORE. ■ Un gruppo di terroristi mette a punto un piano per uccidere il presidente di uno Stato africano durante una sua visita in Inghilterra. Una giovane fotomodella assiste casualmente a una conversazione tra i delinquenti: da quel momento la sua vita è in pericolo. Un giovane pubblicitario, improvvisatosi detective, scopre il complotto e libera la ragazza dai guai. ■ GIALLO; COL.; 97′; GRAN BRETAGNA, 1969.

CIRCOSTANZA, LA ★★★
Regia di ERMANNO OLMI. Con GAETANO PORRO, ADA SAVELLI. ■ I componenti di una famiglia vivono ormai da anni l'uno separato spiritualmente dagli altri. Ma una serie di avvenimenti negativi mette in crisi ciascuno dei personaggi che ritroveranno la solidarietà in occasione della nascita di un bambino, ultimo arrivato nella famiglia. ■ COMMEDIA; B/N; 92′; ITALIA, 1974.

CIRCOSTANZE ATTENUANTI ★★★
(Circostances attenuantes)
Regia di JEAN BOYER. Con ARLETTY, MICHEL SIMON. ■ Un giudice in pensione si trasforma in ladro per redimere un gruppo di lestofanti ma, appena guadagnata la completa fiducia dei "soci", li convince ad abbandonare la via della delinquenza. ■ DRAMMATICO; B/N; 87′; FRANCIA, 1939.

CIRCUIT ★
Regia di BERRY LANDEN. ■ Il film illustra il mondo che gravita intorno ai circuiti automobilistici: dalle piste all'organizzazione delle corse, dalla vita dei piloti al lavoro dei meccanici, dalla preparazione dello staff agli imprevisti di una professione esaltante ma rischiosa. ■ DOCUMENTARIO; COL.; 90′; USA, 1987.

CIRCUITO CHIUSO ★★★
Regia di GIULIANO MONTALDO. Con FLAVIO BUCCI, AURORE CLÉMENT, ETTORE MANNI. ■ Un film per la televisione molto inquietante che avrebbe meritato il cinema. È infatti in una sala cinematografica che la storia si compie: un film western è proiettato sullo schermo e mentre l'eroe della pellicola spara verso il cattivo si ode un urlo e viene trovato un uomo morto in platea che ha una ferita da arma da fuoco. La polizia giunge sul posto e non fa uscire nessuno, poi viene riproposto il film e la tragedia si compie ancora. E poi ancora. La parte più interessante del film è nella sua originalità e nel panico che riesce a comunicare. ■ DRAMMATICO; COL.; 88′; ITALIA, 1978.

CIRCUITO DELLA PAURA, IL *(Greased Lightning)* ★★
Regia di MICHAEL SCHULTZ. Con BEAU BRIDGES, PAM GRIER, RICHARD PRYOR. ■ È la biografia del primo grande campione automobilistico di pelle nera, Wendell Scott (impersonato da un Pryor che dimostra tutta la sua bravura). La storia copre un periodo di venticinque anni, dalla fine della guerra al 1971 e si conclude con il trionfo di Scott nell'autodromo e sui pregiudizi razziali. ■ AVVENTURA; COL.; 93′; USA, 1977.

CIRCUS ★
Regia di ROB WALKER. Con IAN BURFIELD, AMANDA DONOHOE, JOHN HANNAH, EDDIE IZZARD, FAMKE JANSSEN, PETER STORMARE, FRED WARD. ■ Leo è un giocatore d'azzardo che, per realizzare il sogno di lasciare la campagna e andare a vivere in città insieme alla sua bellissima moglie Lily, accetta di "lavorare" per Bruno, uno spietato gangster, che gli chiede di uccidere Gloria, moglie di un boss di nome Julius. Ma un'amara sorpresa lo attende: ad operazione compiuta Leo scopre di essere stato ingannato. La donna uccisa era in realtà una prostituta assoldata da Julius e l'intera scena del delitto è stata videoregistrata dal boss che ora chiede a Leo cinquecentomila dollari di riscatto. Opera d'esordio del regista Rob Walker il film risulta molto prevedibile nell'intreccio e nella trama. Di tendenza la colonna sonora, firmata Simon Boswell. ■ COMMEDIA NERA; COL.; 95′; GRAN BRETAGNA, USA, 2000.

CIRCUS STORY *(Parad-Alle)* ★★
Regia di ILYA GUTMAN. ■ È un documentario girato in Russia che mostra tutti i numeri più classici del repertorio dai trapezisti ai clown, ai giochi con gli animali. Il film è completato da una breve storia del circo. ■ DOCUMENTARIO; COL.; 89′; URSS, 1974.

CI RISIAMO, VERO PROVVIDENZA? ★★
Regia di ALBERTO DE MARTINO. Con CAROLE ANDRÉ, TOMAS MILIAN. ■ Un cacciatore di taglie tenta in ogni modo di procurarsi mezzo milione di dollari che gli permetteranno di sposare la fanciulla amata. Ma quando ci riesce scopre che la fanciulla è sposata da anni con un altro bandito, vivo e vegeto. ■ WESTERN; COL.; 95′; ITALIA, 1973.

CI RIVEDREMO ALL'INFERNO *(Shout at the Devil)* ★★★
Regia di PETER HUNT. Con LEE MARVIN, ROGER MOORE. ■ In Africa, un americano e un inglese contrabbandano avorio eludendo la sorveglianza di un poliziotto tedesco dai metodi poco ortodossi. Quest'ultimo, dando la caccia ai due avventurieri, uccide accidentalmente la figlioletta di uno di loro. Dopo lo scoppio della prima guerra mondiale l'americano e l'inglese si ritrovano di fronte il tedesco e vendicano la morte della bambina. ■ AVVENTURA; COL.; 142′; GRAN BRETAGNA, 1976.

CIRKUS COLUMBIA ★★
Regia di DANIS TANOVIC. Con MIRA FURLAN, BORIS LER, MIKI MANOJLOVIC, MILAN STRLJIC, JELENA STUPLJANIN. ■ Jugoslavia, 1991. Divko Buntic è un farabutto. Torna nel paese d'origine dopo aver trascorso molti anni in Germania, seguito da un'attraente compagna e da un gatto nero di nome Bonny. Ma la guerra serbo-bosniaca-croata è alle porte e i rapporti tra compaesani stanno per cambiare. Così come Divko sta per dare una svolta alla sua vita. Danis Tanovic torna a parlare dei conflitti in terra balcanica. Questa volta, sulla base del libro di Ivica Djikic, sceglie di approfondire il periodo storico che precede la guerra, concentrandosi sulle dinamiche umane di un piccolo paese bosniaco. ■ DRAMMATICO; COL.; 113′; BOSNIA-HERZEGOVINA, FRANCIA, GRAN BRETAGNA, GERMANIA, SLOVENIA, BELGIO, SERBIA, 2010.

CIRQUE DU SOLEIL 3D – MONDI LONTANI ★★
(Cirque Du Soleil: Worlds Away)
Regia di ANDREW ADAMSON. Con DALLAS BARNETT, JASON BERRENT, MATT GILLANDERS, LUTZ HALBHUBNER, ERICA LINZ. ■ Girando in una fiera di paese una ragazza viene avvicinata da un clown che le porge il volantino pubblicitario dello spettacolo di

un trapezista. Entrata nel tendone, durante lo show scambia con lui uno sguardo di intesa che lo distrae facendolo cadere. La caduta provoca un passaggio dimensionale e i due si trovano coinvolti in diverse rappresentazioni spettacolari. Periodicamente il Cirque du Soleil passa sul grande schermo con versioni riprese in grande stile degli spettacoli che hanno già avuto successo in tutto il mondo. ■ FANTASTICO; COL.; 91′; USA, 2012.

CI SARÀ LA NEVE A NATALE? ★★★
(Il y aura t'il de la neige a Noël?)
Regia di SANDRINE VEYSSET. Con JEREMIE CHAIIX, FLAVIE CHIMÈMES, DANIEL DUVAL, DOMINIQUE REYMOND. ■ Una madre, sette figli e un padre che lo è a metà. Che è marito e padre in un'altra famiglia e continua a fare il seduttore con la donna a cui ha dato una prole così numerosa. La donna è il punto solido a cui i figli si appoggiano. Natale si avvicina ma verrà trascorso ancora con il padre lontano. Ma la speranza tiene. Cinema minimalista "alla francese". ■ DRAMMATICO; COL.; 90′; FRANCIA, 1996.

CISCO, EL ★
Regia di SERGIO BERGONZELLI. Con WILLIAM BERGER, ANTONELLA MURGIA, GEORGE WANG. ■ Accusato ingiustamente di un furto, El Cisco vuole riabilitarsi scoprendo i veri colpevoli. Per agire liberamente si finge morto. La taglia posta sulla sua testa fa però gola ad un gruppo di sbandati che vanno a cercare la sua salma al cimitero. Naturalmente El Cisco riesce a compiere la sua vendetta. ■ WESTERN; COL.; 90′; ITALIA, 1966.

CISKE MUSO DI TOPO *(Ciske de rat)* ★★★
Regia di WOLFGANG STAUDTE. Con KEES BRUSSE, DICK VAN DER VELDE. ■ Un ragazzo disadattato uccide la madre che lo aveva esasperato con i suoi continui maltrattamenti. Rinchiuso in riformatorio, trova un prezioso aiuto nel sacerdote e nella seconda moglie del padre che gli dimostrano affetto e comprensione. ■ DRAMMATICO; B/N; 90′; PAESI BASSI, 1955. ■ VENEZIA 1 PR.

CISKE STORIA DI UN BAMBINO *(Ciske de Rat)* ★★★
Regia di GUIDO PIETERS. Con DANNY DE MUNN, PETER FABER, WILLEKE VON AMMELROY. ■ Ciske è un bambino olandese trascurato dal padre, marinaio sempre in viaggio, e dalla madre, una donna leggera. Durante un alterco con la madre, la uccide involontariamente. Finisce al riformatorio. Ma, uscito, troverà una vera famiglia col padre (tornato per restare) e la nuova compagna di costui. Da un famoso racconto di Piet Bakker. ■ DRAMMATICO; COL.; 100′; PAESI BASSI, 1984.

CI SON DENTRO FINO AL COLLO... ★★★
(La moutarde me monte au nez)
Regia di CLAUDE ZIDI. Con JANE BIRKIN, VITTORIO CAPRIOLI, PIERRE RICHARD. ■ Un giovane e svagato professore di matematica scrive sotto pseudonimo un articolo scandalistico su una avvenente attrice. In seguito ad uno scherzo preparatogli da tre turbolente allieve, il professore finisce nella villa dell'attrice dove si svolge a ritmo incessante un'allegra commedia degli equivoci. ■ COMMEDIA; COL.; 103′; FRANCIA, 1974.

CI SONO DEI GIORNI... E DELLE LUNE ★★★★
(Il y a des jours... et des lunes)
Regia di CLAUDE LELOUCH. Con PATRICK CHESNAIS, ANNIE GIRARDOT, GÉRARD LANVIN, SERGE REGGIANI. ■ Probabilmente il più bel film in assoluto di Claude Lelouch. Per la prima volta la quasi totalità della critica, soprattutto quella francese, che lo ha sempre perseguitato, ha osannato un lavoro del regista francese. Sembra iniziare come le pellicole di Rohmer ma poi si riconoscono i pregi di Lelouch. Personaggi e storie si intersecano e si alternano a partire dall'ora legale. Inoltre c'è la luna piena e gli umori ne sono suggestionati. Tra i personaggi si ricordano il prete, un camionista cornuto, una ragazza appena sposata e già infelice. Ingorgo e litigio sanguinoso nel finale. Scorrevole e ottimamente recitato, merita stima e rispetto. ■ COMMEDIA; COL.; 117′; FRANCIA, 1990.

CI SPOSEREMO A CAPRI ★★
Regia di SIRO MARCELLINI. Con TINA PICA, ENZO TURCO. ■ Il gestore di una ricevitoria del lotto e il gestore di una ricevitoria di totocalcio sono acerrimi nemici. Ma la figlia dell'uno e il nipote dell'altro si amano e di nascosto preparano il matrimonio. La scoperta di questa storia d'amore fa rappacificare i due antichi rivali. ■ COMMEDIA; B/N; 85′; ITALIA, 1956.

CI STA UN FRANCESE, UN INGLESE E UN NAPOLETANO ★★
Regia di EDUARDO TARTAGLIA. Con REGINA BIANCHI, TERESA DEL VECCHIO, BIAGIO IZZO, GENTI KAME, ELIAN KHAN, VERONICA MAZZA, MARIO PORFITO, EDDIE ROBERTS, EDUARDO TARTAGLIA. ■ Nel buio della notte, in un campo profughi di un paese mediorientale, tre militari – un inglese, un francese e un napoletano – si apprestano a sorteggiare chi di loro si dovrà impegnare in una delicata missione di salvataggio. La sorte sceglie il napoletano Salvatore e lo trasforma nell'eroe che, per salvare la vita ad una ragazza incinta abbandonata da un tenente inglese disperso o fuggito, dovrà portarla prima all'altare e poi in Italia, a casa propria. Un gesto umanitario, un matrimonio pro-forma, certo, ma anche una convivenza forzata che getta su tutte le furie la decennale fidanzata di Salvatore, Nunzia, detta Noemi. Il film si avvia come l'incipit di una barzelletta ma solleva, strada facendo, un polverone di equivoci e girotondi comici, sullo sfondo della tragedia delle tragedie: la guerra. ■ COMMEDIA; COL.; 95′; ITALIA, 2007.

CITIZEN TOXIE: THE TOXIC AVENGER IV ★★
Regia di LLOYD KAUFMAN. Con MICHAEL BUDINGER, JOE FLEISHAKER, PAUL KYRMSE, DAVID MATTEY, HEIDI SJURSEN, LISA TEREZAKIS. ■ Quarto capitolo della saga più malata, irriverente, sconclusionata del cinema indipendente americano. La Mafia del Pannolino prende in ostaggio una classe di Ragazzi Speciali (ritardati) di Tromaville: il Vendicatore Tossico e il suo *pard* Lardass sventano il rapimento, ma a costo della vita di quasi tutti gli ostaggi. La Troma Film continua il suo cammino, realizzando un prodotto che barcolla meno dei precedenti anche se non avrebbe alcun senso giudicare questa assurda miscela di *splatter*, *bondage* e *sci-fi* con i canoni del cinema classico. *TA IV* è una satira ferocissima che non risparmia nessuno, scandita da straripanti schizzi di sangue (e non solo). ■ HORROR; COL.; 108′; USA, 2000.

CI TROVIAMO IN GALLERIA ★★★
Regia di MAURO BOLOGNINI. Con CARLO DAPPORTO, SOPHIA LOREN, NILLA PIZZI, ALBERTO SORDI. ■ Un attore di varietà che ha tentato di tutto per sfondare, senza riuscirci, incontra una ragazza di paese e ne fa una grande cantante. I due si sposano, ma mentre lei passa di successo in successo lui continua a restare nell'ombra. Per dare all'uomo la possibilità di emergere, la moglie finanzia uno spettacolo senza fargli sapere che è lei a pagare. ■ COMMEDIA; COL.; 94′; ITALIA, 1953.

CITTÀ ACCUSA, LA *(La pocharde)* ★★
Regia di GEORGES COMBRET. Con PIERRE BRASSEUR, SOPHIE LECLAIR. ■ Una donna sposata e con due figlie accusa strani disturbi e il marito le suggerisce di affidare le figlie alla nonna per curarsi adeguatamente. Dopo qualche giorno il marito viene trovato morto e la moglie viene accusata di averlo avvelenato. La donna ha tutti contro, ma si viene a sapere che nell'appartamento accanto al suo venivano eseguiti esperimenti con un gas che aveva provocato i suoi disturbi e la morte dell'uomo. ■ GIALLO; B/N; 92′; FRANCIA, 1952.

CITTÀ AMARA *(Fat City)* ★★★
Regia di JOHN HUSTON. Con JEFF BRIDGES, STACY KEACH. ■ Due pugili, uno vecchio e sconfitto, l'altro giovane e ancor pieno di speranze, tentano invano di uscire dalla miseria della città nella quale vivono. Non vi riusciranno e resteranno prigionieri del ghetto abitato da gente miserabile e rassegnata. ■ DRAMMATICO; COL.; 100′; USA, 1972. ■ OSCAR 1 NOM.

CITTÀ ASSEDIATA, LA *(The Big Lift)* ★★★
Regia di GEORGE SEATON. Con MONTGOMERY CLIFT, PAUL DOUGLAS. ■ Alla fine della seconda guerra mondiale gli americani organizzano un ponte aereo per rifornire la parte di Berlino isolata in mezzo al territorio occupato dai russi. Un giovane pilota incontra una ragazza tedesca, se ne innamora e vuole sposarla per portarla con sé in America. Un suo amico scopre che la ragazza è la moglie di un criminale nazista fuggito in Sudamerica e che avrebbe sposato il pilota soltanto per poter raggiungere il continente americano. ■ DRAMMATICO; B/N; 120′; USA, 1950.

CITTÀ ATOMICA, LA *(The Atomic City)* ★★
Regia di JERRY HOPPER. Con GENE BARRY, LYDIA CLARKE. ■ Uno scienziato atomico americano viene ricattato dai rappresentanti di una potenza straniera: hanno preso come ostaggio il figlio e lo uccideranno se non consegnerà un incartamento segretissimo. D'accordo con l'Fbi lo scienziato consegna documenti falsificati, ma le spie si accorgono del tranello e danno l'ordine di uccidere l'ostaggio. Gli agenti Fbi scoprono il luogo dove il ragazzo è tenuto prigioniero e lo salvano. ■ POLIZIESCO; B/N; 85'; USA, 1952. ■ OSCAR 1 NOM.

CITTÀ CANORA, LA *(The City of Song)* ★★★
Regia di CARMINE GALLONE. Con BRIGITTE HELM, JAN KIEPURA. ■ È uno dei film realizzati all'estero dal famoso regista Carmine Gallone: non riuscendo a lavorare secondo i suoi desideri in Italia, se ne andò per qualche tempo in Germania e in Inghilterra. *La città canora* fu girato in parte a Londra e in parte a Napoli. ■ COMM. MUSICALE; B/N; 90'; GRAN BRETAGNA, 1931.

CITTÀ CANORA, LA ★★
Regia di MARIO COSTA. Con MARIA FIORE, NADIA GRAY, GIACOMO RONDINELLA. ■ Un ricco armatore napoletano promette in moglie la propria figlia Maria a Renato, figlio di un suo ex socio. Maria è però innamorata di un pescatore, Giacomo: il padre riesce con l'inganno a dividere i due. Rassegnata, la ragazza accetta di sposare Renato, ma questi si rivela un delinquente. Maria ritroverà Giacomo e lo sposerà. ■ COMMEDIA; B/N; 87'; ITALIA, 1952.

CITTÀ CHE AVEVA PAURA – IL TERRORE ARRIVA AL TRAMONTO, LA *(The Town that Dreaded Sundown)* ★★
Regia di CHARLES B. PIERCE. Con BEN JOHNSON, CHARLES PIERCE, ANDREW PRINE. ■ La vera storia di un fattaccio di cronaca nera avvenuto nel Texas negli anni Quaranta. Alla fine della guerra un assassino mascherato terrorizzò la cittadina di Texarcana con una serie di delitti apparentemente immotivati. ■ DRAMMATICO; COL.; 95'; USA, 1977.

CITTÀ CHE NON DORME, LA ★★★
(City that Never Sleeps)
Regia di JOHN H. AUER. Con MALA POWERS, GIG YOUNG. ■ Un poliziotto si innamora di una ballerina e intende abbandonare la moglie per unirsi alla ragazza. Ben presto scopre che la ballerina è invischiata in un giro di gente losca; lui stesso viene coinvolto nella ricerca di un documento che causerà la morte di diverse persone, compresa quella di suo padre. La tragedia fa tornare il giovane sulle sue decisioni. Abbandonata la ballerina, torna dalla moglie. ■ POLIZIESCO; B/N; 90'; USA, 1953.

CITTÀ CHE SCOTTA, LA *(F.B.I. Girl)* ★★★
Regia di WILLIAM BERKE. Con GEORGE BRENT, RAYMOND BURR, CESAR ROMERO. ■ Un ex assassino è riuscito a costruirsi una nuova personalità, a fare carriera in politica e a diventare senatore. Ma negli uffici dell'Fbi c'è una scheda pericolosa che in qualsiasi momento potrebbe far risalire alla sua vera identità. Il senatore dà a un delinquente l'incarico di rubare la scheda ma questi, dopo aver ucciso due persone, viene arrestato e anche il senatore finisce in galera. ■ POLIZIESCO; B/N; 74'; USA, 1951.

CITTÀ CHIAMATA BASTARDA, UNA ★★
(A Town Called Bastard)
Regia di ROBERT PARRISH. Con MARTIN LANDAU, FERNANDO REY, TELLY SAVALAS. ■ Un ufficiale dell'esercito messicano deve scoprire chi si cela sotto il nome di Aguila, leggendario comandante dei rivoltosi di una cittadina. Arrivato sul luogo ritrova un vecchio amico con il quale aveva combattuto dieci anni prima: tutto fa pensare che il misterioso capo dei rivoluzionari sia proprio lui. Durante un agguato l'amico viene gravemente ferito, ma prima di morire spiega all'ufficiale che Aguila non è un uomo realmente esistente, ma il simbolo stesso della rivoluzione. ■ AVVENTURA; COL.; 97'; GRAN BRETAGNA, 1971.

CITTÀ CINESE *(Mr. Wong in Chinatown)* ★★★
Regia di WILLIAM NIGH. Con BORIS KARLOFF, GRANT WITHERS. ■ Nella casa di un famoso investigatore viene uccisa una principessa cinese. La donna era stata incaricata dal fratello, un generale dell'esercito, di acquistare un ingente quantitativo di armi. L'investigatore, dopo essere sfuggito a numerosi attentati, riesce a scoprire il colpevole. ■ GIALLO; B/N; 70'; USA, 1939.

CITTÀ CORROTTA, LA *(Inside Detroit)* ★★
Regia di FRED F. SEARS. Con PAT O'BRIEN, DENNIS O'KEEFE. ■ Un sindacalista corrotto non esita a compiere un omicidio pur di mantenere il proprio potere. Un suo avversario, un giovane coraggioso e onesto, cerca di combatterlo e per far questo trova un insperato aiuto nei due figli e nell'amante del suo nemico. Riesce a smascherare tutti i suoi imbrogli e a farlo arrestare. ■ DRAMMATICO; B/N; 82'; USA, 1955.

CITTÀ DALLE MILLE LUCI, LA ★★
(It Happened in Hollywood)
Regia di HARRY LACHMAN. Con RICHARD DIX, FAY WRAY. ■ Un attore del cinema muto, caduto in disgrazia con l'avvento del sonoro, viene coinvolto casualmente nelle malefatte di una banda di gangster. Ricordandosi delle circostanze molto simili in cui veniva a trovarsi recitando nei film, il giovanotto sbaraglia i delinquenti. ■ COMMEDIA; B/N; 90'; USA, 1937.

CITTÀ DEGLI ACQUANAUTI, LA ★★
(City Beneath the Sea)
Regia di IRWIN ALLEN. Con RICHARD BASEHART, JOSEPH COTTEN, SUGAR RAY ROBINSON, ROBERT WAGNER. ■ Le riserve aurifere e atomiche degli Stati Uniti stanno per essere trasferite da Fort Knox in una città sottomarina. Mentre l'operazione è in corso, il comandante incaricato viene informato che un meteorite sta per cadere proprio sulla città subacquea. Un suo collaboratore, approfittando dello stato di emergenza, tenta di impadronirsi dell'oro e del materiale atomico, ma viene sconfitto dal comandante. ■ FANTASCIENZA; COL.; 98'; USA, 1970.

CITTÀ DEI DIAMANTI, LA *(Diamond City)* ★★
Regia di DAVID MACDONALD. Con HONOR BLACKMAN, DIANA DORS, DAVID FARRAR. ■ In un terreno minerario del Sud Africa sorge una nuova città il cui capo riconosciuto è Parker. Siamo nel periodo immediatamente precedente alle guerre coloniali e Parker ha ottenuto la concessione per sfruttare una miniera di diamanti da un re africano. Quest'ultimo, sobillato da un avventuriero senza scrupoli, gli si rivolta contro e Parker è costretto a combattere. Riesce ad avere la meglio. ■ AVVENTURA; B/N; 90'; GRAN BRETAGNA, 1949.

CITTÀ DEI FUORILEGGE, LA *(City of Bad Men)* ★★
Regia di HARMON JONES. Con RICHARD BOONE, JEANNE CRAIN, DALE ROBERTSON. ■ Per evitare che durante un attesissimo incontro di boxe scoppino incidenti, uno sceriffo nomina suoi vice proprio i tre capi delle bande più turbolente della città. I tre accettano, ognuno meditando di svaligiare per proprio conto la cassa, ma alla fine uno di loro si ravvede, finisce per collaborare davvero con la polizia e fa arrestare gli altri due. ■ AVVENTURA; COL.; 82'; USA, 1953.

CITTÀ DEI MORTI, LA *(City of Dead)* ★★★
Regia di JOHN LLEWELLYN MOXEY. Con VALENTINE DYALL, PATRICIA JESSEL, CHRISTOPHER LEE, BETTA ST. JOHN. ■ Nel Massachusetts bruciano una donna come strega. Lo è veramente: non solo sopravvive, ma la ritrovano duecentocinquanta anni dopo direttrice di un albergo nello stesso posto delle sue antiche malefatte. Quando viene la sera, la locandiera inizia gli stranieri di passaggio alle messe nere e ai riti sacrificali. ■ HORROR; B/N; 78'; GRAN BRETAGNA, 1960.

CITTÀ DEI MOSTRI, LA *(The Haunted Palace)* ★★★
Regia di ROGER CORMAN. Con LON CHANEY JR, ELISHA COOK, LEO GORDON, DEBRA PAGET, VINCENT PRICE. ■ New England, 1975: un gentiluomo viene a prendere possesso del palazzo di un suo avo. Ma è male accolto dai popolani del paese vicino che ancora si ricordano la serie di disgrazie causate dagli antichi padroni. Il nuovo proprietario dapprima non se ne cura, ma a poco a poco si sente invasato dallo spirito del suo antico antenato. I cittadini assaltano il castello e lo liberano dall'incantesimo. O forse no? ■ HORROR; B/N; 85'; USA, 1963.

CITTÀ DEI RAGAZZI, LA *(Boys Town)* ★★★★
Regia di NORMAN TAUROG. Con HENRY HULL, GENE REYNOLDS, MICKEY ROONEY, SPENCER TRACY. ■ È la storia di padre Flana-

gan, che fondò una comunità per il recupero dei giovani traviati. Il più riottoso dei piccoli tutelati è un bricconcello, fratello di un feroce gangster. Ma dopo la cura Flanagan, anche lui si ravvede: si metterà anzi contro il fratello quando questi cercherà di riprenderlo sotto la sua influenza. ■ DRAMMATICO; B/N; 96'; USA, 1938. ■ OSCAR 2 PR, 4 NOM.

CITTÀ DEL JAZZ, LA *(New Orleans)* ★★★
Regia di ARTHUR LUBIN. Con LOUIS ARMSTRONG, ARTURO DE CORDOVA, WOODY HERMAN, BILLIE HOLIDAY, LENA HORNE, DOROTHY PATRICK. ■ La nascita del jazz a New Orleans. Musica esclusivamente nera viene presentata per la prima volta ufficialmente durante un concerto di bianchi per l'interessamento di una signorina di buona famiglia. ■ COMM. MUSICALE; B/N; 80'; USA, 1947.

CITTADELLA, LA *(The Citadel)* ★★★
Regia di KING VIDOR. Con ROBERT DONAT, REX HARRISON, RALPH RICHARDSON, ROSALIND RUSSEL. ■ Storia della vita e della carriera del dottor Andrew Manson; il suo apprendistato nei villaggi dei minatori, la carriera facile (e presto abbandonata) nelle cliniche di lusso, il matrimonio con la dolce Cristina, sino alla morte di quest'ultima. Il best-seller di Archibald Cronin portato in cinema da King Vidor. ■ DRAMMATICO; B/N; 110'; GRAN BRETAGNA, 1938. ■ OSCAR 3 NOM.

CITTADELLA DEGLI EROI, LA *(Kolberg)* ★★★
Regia di VEIT HARLAN. Con HEINRICH GEORGE, KRISTINA SÖDERBAUM, PAUL WEGENER. ■ La leggendaria resistenza della città di Kolberg, un piccolo porto sul Baltico, assediata dalle truppe di Napoleone nel 1806. È un kolossal nazista che impegnò la troupe in una lavorazione di ben due anni e fu presentato solo negli ultimi mesi di guerra (ebbe un breve ritorno a conflitto ultimato). ■ STORICO; COL.; 89'; GERMANIA, 1945.

CITTADELLA DEL SILENZIO, LA ★★
(La citadelle du silence)
Regia di MARCEL L'HERBIER. Con ANNABELLA, BERNARD LANCRET, ROBERT LE VIGAN, PIERRE RENOIR. ■ In Polonia durante la dominazione russa, una fanciulla (il cui padre è stato ammazzato dagli occupanti) scaglia una bomba contro il governatore. Riesce a scappare ma il suo fidanzato (pure lui coinvolto nell'attentato) viene condannato a trent'anni di segregazione nella Cittadella del silenzio, una terribile prigione. A Parigi la ragazza conosce il direttore di quel carcere e lo sposa, allo scopo di far liberare il suo uomo. Ma il suo intervento non sarà necessario. ■ DRAMMATICO; B/N; 98'; FRANCIA, 1937.

CITTÀ DELLA GIOIA, LA *(City of Joy)* ★★
Regia di ROLAND JOFFÉ. Con PAULINE COLLINS, OM PURI, PATRICK SWAYZE. ■ Un medico americano in crisi esistenziale si ritrova nella bidonville di Calcutta ad aiutare poveri ed ammalati. Trasposizione piatta e superficiale del fortunato romanzo di Dominique Lapierre che non riesce mai a scavare nelle ragioni e nei sentimenti di un popolo che lotta quotidianamente per sopravvivere. Il meglio del film ci viene dai comprimari di Swayze che sanno dipingere figure credibili e di grande umanità. ■ DRAMMATICO; COL.; 135'; FRANCIA, GRAN BRETAGNA, 1992.

CITTÀ DELL'AMORE, LA ★★
Regia di MARIO FRANCHINI, GIACOMO GENTILOMO. Con MARCELLA ALBANI, MARIO FERRARI, LAMBERTO PICASSO. ■ Una trama piuttosto esile per mostrare le bellezze di Venezia. ■ COMMEDIA; B/N; 89'; ITALIA, 1934.

CITTÀ DELLA PAURA, LA *(Station West)* ★★
Regia di SIDNEY LANFIELD. Con RAYMOND BURR, JANE GREER, AGNES MOOREHEAD, GORDON OLIVER, DICK POWELL. ■ Rubano un carico d'oro dell'esercito: un agente segreto è mandato a investigare in una cittadina. Scopre che i ladri appartengono a una banda capeggiata da un biscazziere e dalla padrona di un saloon. Fingendosi un fuorilegge carpisce la loro fiducia e li mette in trappola. ■ WESTERN; B/N; 92'; USA, 1948.

CITTÀ DELLE DONNE, LA ★★★★
Regia di FEDERICO FELLINI. Con ETTORE MANNI, MARCELLO MASTROIANNI, ANNA PRUCNAL. ■ Un cinquantenne donnaiolo, Snaporaz, abborda in treno una bella sconosciuta e la segue. Capita a un congresso femminista dove viene aggredito e dileggiato. Fugge e arriva in casa di un campione di maschilisti fallocrati, Katzone, che ha amato un'infinità di donne, ma ora è anche lui sulla difensiva. Snaporaz rivive come in un incubo i suoi rapporti con l'altro sesso, dai primi turbamenti dell'infanzia alle esperienze sessuali, a un matrimonio ormai stanco. L'avventura è sempre più allucinante. Alla fine si sveglia: è stato tutto un sogno. Sul tema fisso della donna, Fellini improvvisa una variopinta cavalcata di immagini. C'è tanta carne al fuoco e non sempre di prima scelta, in compenso lo spettacolo è sempre all'altezza dei tempi belli. Un grande autore che nonostante tutto sa trattare a meraviglia la sua materia. ■ COMMEDIA; COL.; 134'; ITALIA, 1980.

CITTÀ DELLE DONNE RAPITE, LA ★★
(City of the Missing Girls)
Regia di ELMER CLIFTON. Con JOHN ARCHER, GALE STORM, HENRY BYRON WARNER. ■ Una ragazza è rapita da una gang che fa la tratta delle bianche. Un giornalista indaga sulle sparizioni e scopre, purtroppo, che il cervello della banda è proprio suo padre, un agente teatrale al di sopra di ogni sospetto. ■ DRAMMATICO; B/N; 90'; USA, 1944.

CITTÀ DELL'ORO, LA *(The Girl of the Golden West)* ★★★
Regia di ROBERT Z. LEONARD. Con LEO CARRILLO, BUDDY EBSEN, NELSON EDDY, JEANETTE MACDONALD, WALTER PIDGEON. ■ Nella California della febbre dell'oro, Minnie, proprietaria di un saloon, s'innamora di uno straniero che poi risulta essere il capo di una banda di *desperados*. Non importa: il giovanotto è suscettibile di redenzione. Minnie lo difenderà con le unghie e con i denti (nonché con la pistola) dallo spietato sceriffo del luogo. Il canovaccio lo dà il dramma di Davis Belasco da cui Puccini trasse *La fanciulla del West*. ■ COMM. MUSICALE; B/N; 120'; USA, 1938.

CITTÀ DELL'ULTIMA PAURA, LA ★★
Regia di CARLO AUSINO. Con EMANUEL CANNARSA, MARISA DI MAURO, MARISA SOLINAS, PAUL TEITCHEID, MARIO VALDEMARIN. ■ Aldo, ragazzo introverso e dedito solo alla fotografia e alla speleologia, si reca in una caverna per scattare foto scientifiche. Qui subisce gli effetti di un terremoto causato dallo scoppio di una bomba atomica: quando risale in superficie, scopre che le radiazioni hanno distrutto ogni forma di vita umana. Finirà anche lui contaminato, ultimo uomo sulla Terra. ■ FANTASCIENZA; COL.; 94'; ITALIA, 1975.

CITTÀ DEL PECCATO, LA *(City for Conquest)* ★★★
Regia di ANATOLE LITVAK. Con JAMES CAGNEY, DONALD CRISP, ELIA KAZAN, ARTHUR KENNEDY, ANTHONY QUINN, ANN SHERIDAN. ■ Un camionista di New York fa carriera come pugilatore, ma in un combattimento perde la vista. Suo fratello intanto diventa un celebre compositore. ■ DRAMMATICO; B/N; 106'; USA, 1940.

CITTÀ DEL PECCATO, LA *(Die Funkstreife Gottes)* ★★
Regia di HUBERT FRANK. Con LEON ASKIN, TANIA BERYLL, GUSTAF ELGER, GUNTHER NEUTZE, CHRISTOF WACKERNAGEL, MONIKA ZINNENBERG. ■ Un vecchio ladro, soprannominato "il Maggiore", deposita in una cassetta di sicurezza una valigia contenente dieci milioni di marchi, frutto di una rapina in banca messa a segno a Francoforte. Poi parte per Vienna. L'aereo su cui viaggia s'incendia e "il Maggiore" muore: ha però confidato il suo segreto a don Paolo, un sacerdote. Questi viene sequestrato da due individui che vogliono farsi rivelare il nascondiglio dei quattrini. Dopo un'interminabile serie di omicidi, il prete tornerà libero e la banda verrà sgominata. Ma i soldi ha fatto in tempo a beccarseli il capo. ■ POLIZIESCO; COL.; 106'; GERMANIA, 1968.

CITTÀ DEL PIACERE, LA *(Las Vegas Story)* ★★★
Regia di ROBERT STEVENSON. Con HOAGY CARMICHAEL, BRAD DEXTER, VICTOR MATURE, VINCENT PRICE, JANE RUSSELL. ■ A Las Vegas, capitale del gioco d'azzardo, arrivano una bellona ex cantante di night club e il marito, speculatore in borsa. Ma l'uomo pensa solo a giocare e lei riprende il flirt con un suo ex, ufficiale di polizia. Il marito è implicato in un omicidio (l'assassinio di un biscazziere). Il poliziotto lo scagiona e per ringraziamento si ripiglia definitivamente la bellona. ■ GIALLO; B/N; 88'; USA, 1952.

CITTÀ DEL RICATTO, LA *(Portland Expose)* ★★
Regia di HAROLD SCHUSTER. Con EDWARD BINNS, RUSS CONWAY, CAROLYN CRAIG, VIRGINIA CREGG. ■ Discreto e vivace film poliziesco ambientato a Portland, nell'Oregon. George, proprietario di un bar-ristorante che va a gonfie vele, è minacciato da un gruppo di malviventi che vorrebbero servirsi del locale per usi poco leciti. George si unisce allora ad altri cittadini altrettanto decisi a metter fine alle prepotenze dei banditi. Viene però fatto prigioniero dalla banda, insieme con la figlia Ruth. Ma la polizia interverrà e farà piazza pulita dei gangster. ■ DRAMMATICO; B/N; 74'; USA, 1957.

CITTÀ DEL SOLE, LA ★★
Regia di GIANNI AMELIO. Con GIULIO BROGI, DANIEL SHERRIL, UMBERTO SPADARO. ■ Si tratta del secondo film di Amelio, girato per la televisione in sedici millimetri. È la storia di Tommaso Campanella, il monaco del diciassettesimo secolo accusato di eresia e condannato all'ergastolo. ■ STORICO; COL.; 85'; ITALIA, 1973.

CITTÀ DEL TERRORE, LA *(The Frightened City)* ★★
Regia di EARL MCEVOY. Con WILLIAM BISHOP, EVELYN KEYES, CHARLES KORVIN, DOROTHY MALONE. ■ Una donna cerca nella città il marito, un mascalzone che l'ha sedotta e abbandonata. Nella ricerca viene contagiata da un marinaio appestato. Lei gira, gira, e la piaga si diffonde. Quando trova il marito è allo stremo, ma fa in tempo a saldargli il conto. Intanto la città è per metà all'ospedale. ■ DRAMMATICO; B/N; 79'; USA, 1950.

CITTÀ DEL VIZIO, LA *(The Phoenix City Story)* ★★★
Regia di PHIL KARLSON. Con EDWARD ANDREWS, JAMES EDWARDS, RICHARD KILEY, JOHN LARCH, JOHN MCINTIRE. ■ A Phoenix una gang ha preso il controllo del gioco d'azzardo. Un gruppo di cittadini nomina sindaco un onesto avvocato che annuncia un *repulisti*, ma costui viene ucciso. Il figlio però prende in pugno la situazione: fa chiamare le truppe governative che liberano la città, eliminando bische e biscazzieri. Il film è ispirato a fatti veri che meravigliarono l'America intera quando vennero divulgati. ■ POLIZIESCO; B/N; 93'; USA, 1955.

CITTÀ DI AVVENTURIERI *(Wide Open Town)* ★★
Regia di LESLEY SELANDER. Con WILLIAM BOYD, EVELYN BRENT. ■ Tre coraggiosi cowboy giungono in una cittadina vessata da una banda capeggiata da Belle, titolare di un locale notturno. All'arrivo dei tre, la combriccola se la dà a gambe e il capo dei cowboy viene nominato sceriffo. Le cose si complicano quando Belle si innamora dell'aitante sceriffo. ■ WESTERN; B/N; 79'; USA, 1941.

CITTADINO DANNATO *(Damn Citizen)* ★★
Regia di ROBERT GORDON. Con KEITH ANDES, LYNN BARI, GENE EVANS, MAGGIE HAYES. ■ Ex colonnello che commercia in automobili diventa capo della polizia della Louisiana, Stato altamente corrotto e difficilmente governabile. Chi controlla il gioco d'azzardo, la prostituzione e i loschi traffici cerca di mettergli il bastone tra le ruote, affinché rinunci all'incarico. Ma lui tiene duro e si getta a capofitto nella missione: riuscirà a far pulizia. ■ POLIZIESCO; B/N; 88'; USA, 1957.

CITTADINO DELLO SPAZIO *(This Island Earth)* ★★★
Regia di JOSEPH M. NEWMAN. Con FAITH DOMERGUE, RUSSELL JOHNSON, JEFF MORROW, REX REASON. ■ Alcuni scienziati chiusi in una misteriosa stazione di ricerche nucleari sono in realtà esseri extraplanetari. Avvicinano un gruppo di colleghi terrestri (tra cui una donna) e li portano sul loro pianeta nella speranza di riceverne un aiuto. Ma è troppo tardi: terribili mostri assalgono il *trust* dei cervelli intergalattici. L'unico superstite riesce a riportare a casa i terrestri. ■ FANTASCIENZA; COL.; 87'; USA, 1955.

CITTADINO SI RIBELLA, IL ★★
Regia di ENZO GIROLAMI CASTELLARI. Con BARBARA BACH, FRANCO NERO, RENZO PALMER, GIANCARLO PRETE. ■ Aggredito da una banda di gangster, un professionista si trasforma in un "giustiziere della notte". Sulle prime i malviventi hanno di nuovo la meglio; poi il cittadino, con l'aiuto di un balordo lesto di mano e di cervello, riuscirà a distruggerli. ■ POLIZIESCO; B/N; 105'; ITALIA, 1974.

CITTÀ DI NOTTE ★★★
Regia di LEOPOLDO TRIESTE. Con PATRIZIA BINI, ANTONIO DE TEFFÉ, RICCARDO FELLINI, RINA MORELLI, CORRADO PANI. ■ L'attore Leopoldo Trieste passa dietro la macchina da presa per dirigere questo film di cui è anche soggettista. Tra gli interpreti figura Riccardo Fellini, fratello di Federico. Il tema è quello delle incomprensioni tra genitori e figli, della gioventù che si affranca dalle convenzioni. Questi stati d'animo sono descritti attraverso la storia di un gruppo di ragazzi con velleità teatrali che incappa in una serie di guai. ■ DRAMMATICO; B/N; 110'; ITALIA, 1956.

CITTADINO X *(Citizen X)* ★★★
Regia di CHRIS GEROLMO. Con JOSS ACKLAND, STEPHEN REA, DONALD SUTHERLAND, MAX VON SYDOW. ■ Andrei Chikatilo, meglio noto come "il mostro di Rostov", dagli inizi degli anni Ottanta fino al novembre 1990 uccise cinquantadue persone (trentacinque erano sotto i diciassette anni). Gerolmo fa di questo serial killer, impunito per un decennio, l'esempio di quanto la burocrazia ottusa possa fare per impedire ai propri funzionari più intelligenti di operare. Il patologo incaricato di risolvere il caso si trova infatti davanti a più di un ostacolo e il responsabile della propaganda di regime viene gratificato del cognome del regista più allineato: Bondarchuk. ■ DRAMMATICO; COL.; 103'; USA, 1995.

CITTÀ DOLENTE *(Beiqing chengshi)* ★★★★
Regia di HOU HSIAO-HSIEN. Con KAO JAI, TONY LEUNG, SHU-FEN HSIN, CHEN SOWN-YUNG. ■ Un vero capolavoro. Sottovalutato in parte dai critici italiani e salutato dalla critica internazionale come uno dei migliori film degli anni Ottanta. Vinse il Leone d'Oro accompagnato da ingiuste polemiche. Hsiao-Hsien, il regista, ha avuto anche il merito di procurre *Lanterne rosse*. Con uno stile complesso e in sottrazione, si narrano le vicende dei taiwanesi alla fine della seconda guerra mondiale. Il Giappone cedeva alla Cina l'isola di Taiwan e la situazione diventava drammatica. Pieno di personaggi e di momenti lirici e poetici. ■ STORICO; COL.; 158'; TAIWAN, 1989. ■ VENEZIA 2 PR.

CITTÀ DOLENTE, LA ★★
Regia di MARIO BONNARD. Con CONSTANCE DOWLING, LUIGI TOSI. ■ Berto, cittadino italiano di Pola, commette l'errore di optare per la Jugoslavia dopo il trattato di Parigi che toglie all'Italia la sovranità sulla cittadina. Si pente presto e riesce a far rientrare in patria moglie e figlio, ma per lui l'esilio finirà tragicamente. ■ DRAMMATICO; B/N; 92'; ITALIA, 1949.

CITTÀ D'ORO, LA *(Die goldene Stadt)* ★★★
Regia di VEIT HARLAN. Con PAUL KLINGER, EUGENE KLOPFER, KURT MEISEL, ANNIE ROSAR, LISELOTTE SCHREIDER, KRISTINA SÖDERBAUM. ■ La storia è quella di una bella e ricca ragazza di campagna attratta dalla splendida Praga, la "città d'oro": vi si reca, di nascosto dal padre, e qui incontra un cugino che la circuisce e la mette incinta. Sedotta e abbandonata la fanciulla torna all'ovile domestico, ma il genitore non è disposto a perdonarla. Si ucciderà gettandosi in una putrida palude che anni addietro aveva inghiottito anche sua madre. ■ DRAMMATICO; COL.; 89'; GERMANIA, 1942. ■ VENEZIA 1 PR.

CITTÀ È SALVA, LA *(The Enforcer)* ★★★★
Regia di BRETAIGNE WINDUST. Con HUMPHREY BOGART, TED DE CORSIA, ZERO MOSTEL, EVERETT SLOANE. ■ Un procuratore distrettuale è deciso a mandare sulla sedia elettrica il capo dell'Anonima assassini, ma il suo testimone chiave muore. Il procuratore sta per rilasciare il gangster quando viene a sapere che è stata trovata una ragazza che ha assistito a un delitto commesso personalmente dal temuto boss. Gara di velocità con sicari dell'anonima che hanno individuato anche loro la fanciulla. Sparatoria finale con la testimone salva e il boss che paga il fio delle sue colpe. Un capolavoro del genere noir attribuito al regista Raoul Walsh. ■ GIALLO; B/N; 87'; USA, 1950.

CITTÀ GIOCA D'AZZARDO, LA ★★
Regia di SERGIO MARTINO. Con LUC MERENDA, CORRADO PANI, ENRICO MARIA SALERNO. ■ Un giocatore di professione contende la bella Maria Luisa al figlio del proprietario del locale notturno in cui lavora. Gli intrighi amorosi si alternano a loschi affari; alla fine il giocatore si trova solo e pentito a meditare sulla morte dei cattivi che lo avevano perseguitato e della bella che lo aveva amato. ■ DRAMMATICO; COL.; 98'; ITALIA, 1974.

CITTÀ IDEALE, LA ★★
Regia di LUIGI LO CASCIO. Con LUIGI MARIA BURRUANO, MASSIMO FOSCHI, LUIGI LO CASCIO, CATRINEL MARLON, ALFONSO SANTAGATA. ■ Michele Grassadonia è un ecologista sensibile e integralista. Architetto palermitano, ha lasciato la Sicilia per la Toscana, dove abita quella che lui considera la città ideale, Siena. Inviso ai colleghi, vive solo in un appartamento spartano, dove sperimenta energie alternative. Una sera di pioggia tampona un'ombra e finisce contro un'automobile parcheggiata. Qualche chilometro dopo rinviene il corpo di un uomo riverso sull'asfalto. Chiamati i soccorsi, viene interrogato dalla polizia stradale sull'accaduto. La macchina ammaccata e alcune sfortunate circostanze, convincono gli agenti della colpevolezza del Grassadonia, che da soccorritore diventa indagato. È l'inizio di un'avventura paradossale e di una ricerca angosciata della verità. Si respira l'aria di impegno civile del cinema di Francesco Rosi e l'indignazione e la tensione morale di Leonardo Sciascia nell'opera prima di Luigi Lo Cascio, attore autore che sogna di cambiare il mondo e di renderlo meno ingiusto e più pulito. Con uno stile secco e asciutto, Lo Cascio svolge un tema robusto, e con singolare forza simbolica, mette in schermo il trauma di chi si sente e si vuole "diverso" rispetto alla cultura diffusa e condivisa da tutti. ■ DRAMMATICO; COL.; 105'; ITALIA, 2012.

CITTÀ IN AGGUATO *(Pool of London)* ★★★
Regia di BASIL DEARDEN. Con RENÉE ASHERSON, EARL CAMERON, BONAR COLLEANO, SUSAN SHAW. ■ Storia di contrabbando ambientata al porto di Londra. Un marinaio s'incarica di portare a Rotterdam un pacchetto contenente preziosissimi gioielli, frutto di una colossale rapina (con morto). Ma le cose si complicano quando il ragazzo affida il pacchetto ad un suo amico e quando la dogana fa rinviare la partenza della nave. Il marinaio, in fondo, è un buono: recupera i gioielli dati all'amico allo scopo di non metterlo nei guai e poi va a costituirsi. ■ DRAMMATICO; B/N; 85'; GRAN BRETAGNA, 1951.

♥ CITTÀ INCANTATA – SPIRITED AWAY, LA ★★★★
(Sen to Chihiro no kamikakushi)
Regia di HAYAO MIYAZAKI. ■ Vincitore dell'Orso d'oro a Berlino 2002 (*ex aequo* con *Bloody Sunday*), uno dei film più interessanti della cinematografia nipponica recente ha dovuto attendere la conquista dell'Oscar per il miglior film d'animazione per poter accedere ai nostri schermi. La decenne Chihiro cambia casa con la famiglia. Dopo aver attraversato un tunnel si trova in un mondo inaccessibile normalmente agli umani. È abitato da dei minori e da strani esseri. La bambina può rimanere solo se ubbidirà alla strega Yubaba e rinuncerà al proprio nome. Nel frattempo i suoi genitori sono stati trasformati in maiali e lei dovrà darsi da fare per salvarli. Hayao Miyazaki è uno dei maestri dell'animazione. Akira Kurosawa diceva di lui: «Talvolta lo paragonano a me. Mi dispiace per lui perché lo abbassano di livello». ■ ANIMAZIONE; COL.; 125'; GIAPPONE, 2001.

CITTÀ IN FIAMME *(City on Fire)* ★★★
Regia di ALVIN RAKOFF. Con NIELSEN BELSEN, SUSAN CLARK, HENRY FONDA, JAMES FRANCISCUS, AVA GARDNER, BARRY NEWMAN. ■ In una prospera cittadina canadese le raffinerie, per accontentare gli speculatori edilizi, sono state costruite troppo vicine all'abitato. Basta la vendetta di un dipendente licenziato perché un fiume di gasolio si rovesci in città riducendola in breve a un immane bracere. Prove d'abnegazione di quasi tutti, anche del corrotto sindaco. Ennesimo prodotto del filone catastrofico. ■ AVVENTURA; COL.; 101'; CANADA, 1978.

CITTÀ INVISIBILE, LA ★★
Regia di GIUSEPPE TANDOI. Con ALAN CAPPELLI, GABRIELE CIRILLI, NICOLA NOCELLA, BARBARA RONCHI, ROBERTA SCARDOLA. ■ Lucilla e Luca frequentavano Medicina all'università dell'Aquila ma non si conoscevano. Valeria si guardava dai rumeni, come le ha sempre intimato il padre, Sorin si sentiva ghettizzato dagli italiani. I quattro non si sarebbero mai incontrati se non fosse stato per il terremoto del 6 aprile 2009, che ha distrutto la loro città e le loro famiglie e li ha messi l'uno accanto all'altro, nella tendopoli degli sfollati. Tutti al piano terra, dunque, costretti a ricominciare dal basso la ricostruzione delle loro vite. Dopo i documentari e le inchieste, a sangue caldo e a sangue freddo, il pugliese Giuseppe Tandoi, aquilano d'adozione, cerca per primo il sentiero della commedia, sopra le macerie. ■ COMMEDIA; COL.; 90'; ITALIA, 2010.

CITTÀ MAGICA, LA *(Magic Town)* ★★★
Regia di WILLIAM A. WELLMAN. Con DONALD MEEK, KENT SMITH, JAMES STEWART, REGIS TOOMEY, JANE WYMAN. ■ Un giornalista a caccia di notizie clamorose scopre che una città di provincia è il prototipo perfetto del piccolo centro americano come lo hanno sempre propagandato i racconti rosa, le storie di Walt Disney e i film di Frank Capra. Monta il caso sul suo giornale, attirando l'attenzione dell'intera America sul villaggio. I bravi cittadini si montano la testa: diventano rissosi, meschini, pettegoli. Meglio lasciar perdere, conclude il giornalista, e riportare il luogo alla sua simpatica e felice anonimità. ■ COMMEDIA; B/N; 103'; USA, 1947.

CITTÀ MINATA, LA *(The Big Caper)* ★★
Regia di ROBERT STEVENS. Con RORY CALHOUN, MARY COSTA. ■ Due gangster organizzano nei minimi particolari una rapina alla banca cittadina, ma durante il periodo di preparazione uno dei due si innamora, ricambiato, della ragazza dell'altro. I due amanti tentano di boicottare l'impresa che finisce in una carneficina. Il delinquente pentito si costituisce alla polizia. ■ DRAMMATICO; B/N; 84'; USA, 1957.

CITTÀ NELLA PAURA, LA *(City of Fear)* ★★★
Regia di IRVING LERNER. Con JOHN ARCHER, PATRICIA BLAIR, VINCE EDWARDS, STEVEN RITCH. ■ Ryker evade dal carcere di St. Quentin dopo aver ucciso e ferito numerosi guardiani. Si porta appresso nella fuga un tubo d'acciaio rubato nell'infermeria del penitenziario: ritiene che in esso sia conservata una grossa quantità d'eroina. Nel cilindro, in realtà, c'è un micidiale composto a base di cobalto. La polizia inizia allora la caccia, soprattutto per recuperare il pericolosissimo tubo. Finirà male per Ryker. ■ DRAMMATICO; B/N; 81'; USA, 1959.

CITTÀ NERA, LA *(Dark City)* ★★
Regia di WILLIAM DIETERLE. Con DON DE FORE, CHARLTON HESTON, VIVECA LINDFORS, LIZABETH SCOTT. ■ Un provinciale, imbrogliato da un gruppo di biscazzieri, perde una grossa somma al gioco. Disperato si suicida. Il fratello, uno psicopatico, lo vendica: uccide ad uno ad uno tutti i responsabili, tranne l'ultimo che salva per un pelo la pelle. Primo film di Charlton Heston. ■ POLIZIESCO; B/N; 88'; USA, 1951.

CITTÀ NUDA, LA *(Naked City)* ★★★★
Regia di JULES DASSIN. Con TED DE CORSIA, HOWARD DUFF, BARRY FITZGERALD, DOROTHY HART, DON TAYLOR. ■ New York. Una giovane donna viene trovata uccisa. Un commissario di polizia, Barry Fitzgerald, inizia le indagini. Così la vita della ragazza, figlia di due profughi cecoslovacchi, viene messa a nudo, con grande dolore dei genitori che vengono a sapere che la loro figlia faceva parte di una banda di ladri e che uno della banda l'ha uccisa. L'uomo verrà abbattuto dalla polizia mentre cerca di fuggire tra i tralicci di un ponte. ■ POLIZIESCO; B/N; 96'; USA, 1948. ■ OSCAR 2 PR, 3 NOM.

CITTÀ PERDUTA, LA *(The Lost City)* ★★
Regia di HARRY REVIER. Con CLAUDIA BELL, WILLIAM BOYD, KANE RICHMOND. ■ Una spedizione capeggiata da un giovane scienziato si reca in una zona sconosciuta dell'Africa: qui si producono delle strane scariche elettriche che si propagano dannosamente in tutto il mondo. Le scariche provengono dalla "città perduta", una metropoli sotterranea dominata da un malvagio medico che tiene prigioniero uno scienziato, inventore di una nuova tecnica elettrica. La spedizione ingaggerà una lotta contro il terribile dottore e libererà il prigioniero. La "città perduta" salterà in aria. ■ FANTASCIENZA; B/N; 89'; USA, 1935.

CITTÀ PERDUTA, LA *(La cité des enfants perdus)* ★★
Regia di JEAN-PIERRE JEUNET. Con JEAN-CLAUDE DREYFUS, DANIEL EMILFORK, RON PERLMAN, DOMINIQUE PINON, JUDITH VITTET. ■ La Banda dei Ciclopi (criminali ciechi) rapisce bambini in un porto fatiscente e li consegna ai Krank che pagano con occhi

artificiali. I Krank prelevano dal cervello dei bambini i sogni che loro non sanno più fare. Il gigante One si è visto portare via il fratellino adottivo Denrée e Miette, una bambina di nove anni, lo aiuterà a ritrovarlo. Film allucinato e raffinato proposto come opera d'apertura a Cannes nel 1995 e giunto nelle nostre sale solo nella stagione 1998/99. Il suo difetto sta forse nell'estrema ricercatezza collegata a un impianto fiabesco. Si tratta di una miscela che allontana due pubblici in un colpo solo: quello dei bambini e quello degli adulti. ■ FANTASTICO; COL.; 112′; FRANCIA, GERMANIA, SPAGNA, 1995.

CITTÀ PRIGIONIERA, LA *(The Captive City)* ★★★
Regia di ROBERT WISE. Con JOAN CAMDEN, MARJORIE CROSSLAND, JOHN FORSYTHE, HAROLD J. KENNEDY. ■ L'investigatore privato Nelson è incaricato dalla signora Sirak di indagare sul patrimonio del marito, dal quale intende divorziare. Nelson scopre che lo stimatissimo signor Sirak è implicato in un'organizzazione clandestina che controlla il gioco d'azzardo nella città. Il detective confida quanto ha saputo ad un amico giornalista il quale non gli crede, ma la morte dell'investigatore induce il reporter a ripensarci su. La signora Sirak sta per fornirgli le prove decisive della colpevolezza del marito, ma viene eliminata. La polizia è corrotta e non dà una mano al giornalista, che continuerà da solo e smascherera Sirak e gli altri. ■ DRAMMATICO; B/N; 90′; USA, 1952.

CITTÀ PRIGIONIERA, LA ★★
Regia di JOSEPH ANTHONY. Con BEN GAZZARA, LEA MASSARI, DAVID NIVEN. ■ Dopo l'evacuazione dei tedeschi da Atene, un ufficiale inglese rimane alle prese con le bande partigiane rivali tra loro. Assediato in un albergo, riesce a mettere in salvo se stesso e un gruppo di persone che erano rimaste con lui, prima che l'edificio salti in aria. ■ GUERRA; B/N; 98′; ITALIA, 1962.

CITTÀ PROIBITA, LA *(Curse of the Golden Flower)* ★★★
Regia di ZHANG YIMOU. Con JAY CHOU, NI DAHONG, CHEN JIN, QIN JUNJIE, GONG LI, LI MAN, LIU YE, CHOW YUN-FAT. ■ C'era una volta, nella Cina del decimo secolo, la grande dinastia dei Tang. Nella città imperiale lo sfarzo e la ricchezza si respirano in ogni dove. L'imperatore, l'imperatrice e i loro figli sono serviti e riveriti da uno stuolo di servitori adoranti. Ogni minima azione quotidiana avviene nel rigore e nel rispetto di rituali millenari, nella magnificenza quasi surreale di un mondo estetizzato e dorato. Ma, come in ogni famiglia e favola che si rispettino, il male e l'intrigo sono dietro l'angolo. La famiglia imperiale nasconde segreti inconfessabili fino al giorno in cui, durante il Chong Yang, la festa dei crisantemi legata alla famiglia e alla sua solidità, ogni minimo intreccio verrà svelato. Un'epica battaglia metterà fine a tutti i misteri. Zhang Yimou conclude così la sua trilogia dedicata ai wuxiapan, ovvero il genere cinematografico "cappa e spada" alla cinese. ■ DRAMMATICO; COL.; 111′; CINA, 2006.

CITTÀ PROIBITA – LA BELLA DI SAN FRANCISCO, LA *(Frisco Sal)* ★★
Regia di GEORGE WAGGNER. Con TURHAN BEY, ALAN CURTIS, SUSANNA FOSTER. ■ Nell'immensa San Francisco una giovane donna tenta di rintracciare il fratello scomparso, con l'unico indizio di un piatto particolare che la farà risalire al ristorante dove si serve la pietanza. Il proprietario del ristorante si innamora di lei e le chiede di sposarlo, la ragazza accetta ma il matrimonio viene contestato da un misterioso tipo che alla fine si rivela il fratello introvabile. ■ AVVENTURA; B/N; 94′; USA, 1945.

CITTÀ PROIBITE, LE ★★
Regia di GIUSEPPE MARIA SCOTESE. ■ Da Amburgo a Londra, da Chicago, a Tokyo, da Parigi a Rio De Janeiro, carrellata sui quartieri "proibiti" della vita notturna e dei locali malfamati. Scotese inizia negli anni Quaranta la sua carriera di regista dirigendo alcune pellicole drammatiche, poi passa al genere avventuroso; infine scopre il filone d'oro dei documentari sexy. ■ DOCUMENTARIO; COL.; 90′; ITALIA, 1964.

CITTÀ RUBATA, LA *(The Kansas)* ★★
Regia di GEORGE ARCHAINBAUD. Con ALBERT DEKKER, RICHARD DIX, VICTOR JORY, EUGENE PALLETTE, JANE WYATT. ■ Uno speculatore vuol mettere le mani su tutte le attività di una città del Kansas, ma trova un onesto sceriffo che gli si oppone. Nella lotta rimane coinvolto anche il fratello dello speculatore che darà la vita per salvare la città. ■ WESTERN; B/N; 79′; USA, 1943. ■ OSCAR 1 NOM.

CITTÀ SCONVOLTA: CACCIA SPIETATA AI RAPITORI, LA ★★
Regia di FERNANDO DI LEO. Con VITTORIO CAPRIOLI, VALENTINA CORTESE, IRINA MALEEVA, JAMES MASON, LUC MERENDA. ■ Viene rapito il piccolo Antonio Filippini, figlio di un ricco ingegnere edile. Insieme con lui è sequestrato anche l'amichetto Fabrizio, intervenuto in sua difesa. I rapitori chiedono dieci miliardi di riscatto: l'ingegnere cerca di ottenere un ribasso e tira le trattative per le lunghe. Per costringerlo a pagare (e in fretta), i malviventi ammazzano il povero Fabrizio. Il modesto padre del piccolo assassinato farà tutto da solo e sgominerà la banda. ■ DRAMMATICO; COL.; 92′; ITALIA, 1975.

CITTÀ SEGRETA *(Hidden City)* ★★★
Regia di STEPHEN POLIAKOFF. Con CHARLES DANCE, RICHARD E. GRANT, CASSIE STUART. ■ Un uomo d'affari vicino ai quaranta, apparentemente forte e sicuro per i successi in ogni campo, si innamora pazzamente di una ragazza conosciuta per caso e da lei viene coinvolto in vagabondaggi notturni che mettono in gioco tutte le sue certezze. Ottimo film inglese, dove ancora una volta registi e sceneggiatori britannici rivelano i piedi d'argilla dei *big* della classe dirigente della Thatcher. ■ DRAMMATICO; COL.; 107′; GRAN BRETAGNA, 1987.

CITTÀ SENZA FUTURO *(Dead End City)* ★★
Regia di PETER YUVAL. Con DENNIS COLE, GREG CUMMINS, CHRISTINE LUNDE, ROBERT Z'DAR. ■ In una città del futuro non esiste più l'ordine e le regole vengono continuamente infrante. Le notti sono dominate dai relitti umani che escono dalle sotterranee per compiere i loro misfatti e la polizia è impotente. Jack Murphy, un ex ufficiale esiliato ai margini della società, capisce che è il momento di intervenire e riconquistare la stima di se stesso. ■ FANTASTICO; COL.; 90′; USA, 1988.

CITTÀ SENZA LEGGE, LA *(Town Tamer)* ★★★
Regia di LESLEY SELANDER. Con DANA ANDREWS, RICHARD ARLEN, BRUCE CABOT, LON CHANEY JR, TERRY MOORE, PAT O'BRIEN, SONNY TUFTS. ■ Il soggetto è tratto dal romanzo *Town Tamer* di Frank Gruber, che qui è sceneggiatore. L'ex sceriffo Rosser viene incaricato da un grosso proprietario terriero (che gli promette come ricompensa un buon fondo di terra) di liberare la cittadina da un gruppo di malviventi che spadroneggiano. Se pure tra mille pericoli e difficoltà, Rosser porterà a termine il compito affidatogli. ■ WESTERN; COL.; 89′; USA, 1963.

CITTÀ SENZA UOMINI *(City Without Men)* ★★★
Regia di SIDNEY SALKOW. Con EDGAR BUCHANAN, LINDA DARNELL, GLENDA FARRELL. ■ Durante un volo col suo idrovolante, un giovane pilota americano nota una nave giapponese fare strane manovre: scende e si accosta ad una scialuppa della nave. Ma i giapponesi, armi alla mano, lo invitano ad andarsene. Rientra alla base e racconta quanto ha visto, ma non gli danno retta. Anzi, viene ritenuto complice dei giapponesi e condannato a cinque anni di galera. Lo mandano al carcere di Blackport: è questa la "città senza uomini"; vi abitano solo donne, le mogli e le sorelle dei reclusi che stanno lì per essere più vicine ai loro uomini. Dopo pochi mesi inizia la guerra del Giappone contro gli Usa, e al giovane pilota viene riconosciuto di aver detto la verità. Ma è troppo tardi. ■ DRAMMATICO; B/N; 94′; USA, 1943.

CITTÀ SI DIFENDE, LA ★★★
Regia di PIETRO GERMI. Con RENATO BALDINI, GINA LOLLOBRIGIDA. ■ Quattro uomini disperati e perseguitati dalla sorte rapinano l'incasso di uno stadio. Ma la sfortuna continua a perseguitarli fino alla fine: due di loro sono uccisi, gli altri arrestati. È uno dei primi film di Pietro Germi da regista. ■ DRAMMATICO; B/N; 90′; ITALIA, 1951. ■ VENEZIA 1 PR.

CITTÀ SOMMERSA, LA *(City Beneath the Sea)* ★★
Regia di BUDD BOETTICHER. Con SUZAN BALL, MALA POWERS, ANTHONY QUINN, ROBERT RYAN, WOODY STRODE. ■ Caccia al tesoro sommerso nel mar dei Caraibi. Due audaci sommozzatori sfidano gli abissi. Ma mentre sono sott'acqua una banda di mal-

viventi assalta la loro barca per ucciderli e impadronirsi del bottino. ■ AVVENTURA; COL.; 87′; USA, 1953.

CITTÀ SOTTO INCHIESTA *(Town on Trial)* ★★★
Regia di JOHN GUILLERMIN. Con BARBARA BATES, CHARLES COBURN, DEREK FARR, JOHN MILLS. ■ A Weybridge, città di provincia, uccidono una ragazza che flirtava con esponenti della società bene. Un ispettore tartassa i ricconi, ma l'assassino non è tra di loro. ■ GIALLO; B/N; 96′; GRAN BRETAGNA, 1956.

CITTÀ SPENTA, LA *(Crime Wave)* ★★★
Regia di ANDRÉ DE TOTH. Con TED DE CORSIA, STERLING HAYDEN, PHYLLIS KIRK, GENE NELSON. ■ Una banda di gangster fa un colpo a un distributore e poi ripara presso una famiglia (padre, madre e figlia). Il padre è un ex pregiudicato. Non avverte la polizia perché un tempo è stato amico di uno dei rapinatori e soprattutto per paura che la gang faccia del male ai suoi cari. Ma un duro sergente di polizia gli è addosso: lo tallona finché non scopre il rifugio dei gangster. La banda è distrutta, la famiglia può riunirsi. ■ POLIZIESCO; B/N; 74′; USA, 1954.

CITTÀ SPIETATA, LA *(Town Without Pity)* ★★★
Regia di GOTTFRIED REINHARDT. Con ROBERT BLAKE, KIRK DOUGLAS, RICHARD JAECKEL, CHRISTINE KAUFMANN, E. G. MARSHALL, BARBARA RÜTTING. ■ Quattro militari americani in Germania violentano una ragazza tedesca. Una corte marziale è riunita mentre l'opinione pubblica reclama la condanna a morte. Il loro avvocato, però, riesce a salvare loro la pelle, convincendo i giudici che da parte della fanciulla vi fu una certa provocazione. ■ DRAMMATICO; B/N; 105′; GERMANIA, USA, 1961. ■ OSCAR 1 NOM.

CITTÀ VERRÀ DISTRUTTA ALL'ALBA, LA ★★
(The Crazies)
Regia di GEORGE A. ROMERO. Con LANE CARROLL, RICHARD FRANCE, LLOYD HOLLAR, HAROLD WAYNE JONES, RICHARD LIBERTINI, LYNN LOWRY. ■ Mentre sta precipitando, un aereo diffonde materiale batteriologico che provoca una forma di pazzia incurabile e violenta. Tutta la zona ne viene colpita e i fatti di sangue si moltiplicano. Dramma e panico si allargano a macchia d'olio. ■ DRAMMATICO; COL.; 103′; USA, 1973.

CITTÀ VIETATA, LA *(Inshalla, Razzia am Bosporus)* ★★
Regia di CARL MOHNER. Con SANDRI ALISIK, BIANCA BERN, CARL MÖHNER, EVA PALMER. ■ La storia è quella di un agente dell'Interpol, Carl, inviato ad Istanbul con l'incarico di troncare il traffico di droga operato da una banda. Individuato il covo, Carl si finge interessato all'acquisto di stupefacenti e s'infiltra nell'organizzazione. Viene smascherato, ma fa in tempo ad avvertire la polizia che sgominerà i malviventi. ■ POLIZIESCO; B/N; 100′; GERMANIA, 1962.

CITTÀ VIOLENTA ★★★
Regia di SERGIO SOLLIMA. Con CHARLES BRONSON, MICHEL CONSTANTIN, TELLY SAVALAS. ■ Un assassino di professione esce di prigione e scopre che la sua ex amante ha sposato il capo del racket cittadino. La donna gli propone di uccidere il marito e prendere il suo posto nel mondo della malavita; in realtà intende servirsi di lui per poi eliminarlo. L'assassino si accorge dell'inganno, uccide la donna e il nuovo amante di lei, ma cade a sua volta in uno scontro con la polizia. ■ GIALLO; COL.; 107′; ITALIA, 1970.

CITTY CITTY, BANG BANG ★★★
(Chitty Chitty, Bang Bang)
Regia di KEN HUGHES. Con GERT FRÖBE, SALLY ANN HOWES, LIONEL JEFFRIES, ANNA QUAYLE, DICK VAN DYKE. ■ Il soggetto è ricavato da alcuni raccontini per ragazzi scritti da Ian Fleming, l'inventore di 007. Il geniale ma squattrinato inventore Potts (con due figlioletti e vecchio padre a carico) compra i resti di una gloriosa auto da corsa. La rimette in sesto e la inaugura con una gita al mare alla quale partecipa anche Stella, l'avvenente figlia di un fabbricante di dolciumi a cui Potts invano ha cercato di vendere la caramella che fischia da lui ideata. Per lo strano rumore che produce quando è in moto, la nuova auto viene battezzata "Citty Citty, Bang Bang". Sulle ali della fantasia, Citty Citty porta gli allegri giganti attraverso avventure incredibili, in terra e in cielo. ■ FANTASTICO; COL.; 145′; GRAN BRETAGNA, 1968. ■ OSCAR 1 NOM.

CITY, THE ★★
Regia di HARVEY HART. Con ROBERT FORSTER, MARK HAMILL, DON JOHNSON. ■ Un cantante country e la sua famiglia sono nel mirino di un killer psicopatico. Ma perché ce l'ha tanto con loro? La risposta è nel passato del cantante. Giallo piuttosto teso con, in parti secondarie, due attori (Johnson e Hamill) destinati a grandi cose. ■ THRILLER; COL.; 95′; USA, 1977.

CITY HALL ★★★
Regia di HAROLD BECKER. Con DANNY AIELLO, JOHN CUSACK, BRIDGET FONDA, ANTHONY FRANCIOSA, MARTIN LANDAU, AL PACINO. ■ Teatro a New York. I personaggi sono: un sindaco illuminato (Pacino), il suo assistente (Cusack), il capo dei democratici di New York (Aiello), un giudice molto noto (Landau), un capo mafioso (Franciosa) e un'avvocatessa d'assalto (Fonda). In una sparatoria muoiono un poliziotto e il figlio del boss mafioso, che avrebbe dovuto essere in prigione ed era in libertà vigilata. L'assistente del sindaco, cocciuto e pieno di principi, vuole andare in fondo. Chi ha firmato la scarcerazione? L'intrigo è grande, arriva ai massimi livelli. Arriva al giudice, e anche al sindaco, che era sì onesto di suo, ma con la coscienza logorata dai troppi compromessi. Cusack, pulito fino in fondo, piangendo, non perdona il suo capo. Thriller politico metropolitano di buon mestiere. Con la giustizia che trionfa. Quasi non ci siamo più abituati. ■ GIALLO; COL.; 114′; USA, 1996.

CITY ISLAND ★★★
Regia di RAYMOND DE FELITTA. Con ANDY GARCIA, JULIANNA MARGULIES, EZRA MILLER, EMILY MORTIMER, STEVEN STRAIT. ■ Vince Rizzo è una guardia carceraria che nutre il segreto desiderio di recitare. Segreto che non ha rivelato neppure a sua moglie Joyce la quale sospetta che quando lui dice di andare a giocare a poker (mentre va a un corso di recitazione) in realtà incontri un'amante. In famiglia anche gli altri membri custodiscono segreti: il figlio adolescente Vince Jr. ha una passione per le donne obese mentre la figlia, che è lontana casa per studiare grazie a una borsa di studio, fa lo striptease. Le cose si complicano quando Vince fa uscire dal carcere sotto la sua tutela un ragazzo che ha scoperto essere suo figlio. Irrompe anche Molly, compagna di recitazione. Che custodisce a sua volta un segreto, l'ennesimo, difficile da confessare. ■ COMMEDIA; COL.; 100′; USA, 2009.

CITY OF ANGELS – LA CITTÀ DEGLI ANGELI ★★
(City of Angels)
Regia di BRAD SILBERLING. Con NICOLAS CAGE, COLM FEORE, MEG RYAN. ■ Nicolas Cage è un angelo che deve proteggere Meg, chirurgo in crisi. Non è tanto contento di essere solo un'entità di spirito e vorrebbe riciclarsi in carne e ossa. C'è chi ha parlato de *Il Cielo sopra Berlino*. L'unica cosa in comune è l'idea dell'angelo, perché Silberling non è Wenders. ■ FANTASTICO; COL.; 114′; USA, 1998. ■ GOLDEN GLOBES 1 NOM.

CITY OF GHOSTS ★
Regia di MATT DILLON. Con JAMES CAAN, MATT DILLON, NATASCHA MCELHONE. ■ Jimmy, giovane truffatore americano, si rifugia in Cambogia per sfuggire alla polizia e per ritrovare il suo complice e maestro, Marvin, che è sparito col bottino. Lo trova e i due cercano di organizzare una truffa anche da quelle parti. Ma c'è una complicazione: Jimmy, nel frattempo si è innamorato di un'archeologa. Vorrebbe dunque ricominciare una nuova vita. ■ DRAMMATICO; COL.; 116′; USA, 2002.

CITY OF GOD – LA CITTÀ DI DIO *(Cidade de Deus)* ★★
Regia di FERNANDO MEIRELLES. Con LEANDRO FIRMINO DA HORA, SEU JORGE, MATHEUS NACHTERGAELE, ALEXANDRE RODRIGUES. ■ Rio de Janeiro, dagli anni Sessanta agli Ottanta. La favela di Cidade de Deus diventa il palcoscenico delle storie parallele di Buscapé e Dadinho. Entrambi tredicenni, sono però mossi da ambizioni diversissime: il primo vorrebbe diventare fotografo, il secondo il più temuto criminale della città. Se Buscapé trova molti ostacoli nella realizzazione dei propri sogni, Dadinho diventa rapidamente padrone del quartiere e del narcotraffico con lo pseudonimo di Zè Pequeno. La morte del suo braccio destro Bené e la violenza perpetrata ai danni della fidanzata del mite Galinha innescheranno una guerra tra bande dall'esito tragico. Tratto dal-

l'omonimo romanzo di Paulo Lins, *City of God* è un esempio da manuale di film furbo. Con l'aria di volere essere un documento-realtà, Meirelles confeziona un *crime-movie* efficace quanto rozzo, la cui violenza sensazionalistica si sposa a un qualunquismo di discreta protervia. Azzeccati gli interpreti, non professionisti. ■ DRAMMATICO; COL.; 130′; BRASILE, FRANCIA, USA, 2003. ■ OSCAR 4 NOM.

CITY OF HOPE – LA CITTÀ DELLA SPERANZA ★★
(City of Hope)
Regia di JOHN SAYLES. Con TONY LO BIANCO, STEPHEN MENDILLO, JOE MORTON, VINCENT SPANO. ■ Hudson City è una metropoli del New Jersey con poliziotti corrotti e politici disonesti, intolleranza razziale e criminalità imperante. Ma anche in una città come questa c'è chi lotta per cambiare le cose. Sono persone normali, operai, decisi a intervenire sul corso degli eventi anche soltanto con piccole scelte, con gesti quotidiani. ■ DRAMMATICO; COL.; 130′; USA, 1991.

CITY OF VIOLENCE, THE *(Jjakpae)* ★★
Regia di SEUNG-WAN RYOO. Con JAE-MO AHN, SEOK-YONG JEONG, DOO-HONG JUNG, KIL-KANG AHN, BEOM-SOO LEE. ■ La morte violenta di un ex malavitoso spinge un amico d'infanzia (ora poliziotto a Seoul) a tornare nella città di provincia dove è nato. Sono passati dieci anni e il poliziotto trova i compagni di un tempo. Ma tutto è cambiato, c'è chi vive la frustrazione di avere un fratello non del tutto a posto psichicamente e chi invece si è fatto strada nel mondo della criminalità organizzata. Il poliziotto decide di indagare sulla morte dell'amico e scopre un mondo di violenza in realtà già presente negli anni della loro adolescenza ed ora esasperato. Potrebbe sembrare una storia già vista mille volte, ma l'astuzia sta nell'averla trasformata in un omaggio orientale a Tarantino, il quale aveva omaggiato, con *Kill Bill*, proprio l'Oriente. ■ AZIONE; COL.; 92′; COREA DEL SUD, 2006.

CI VEDIAMO A CASA ★
Regia di MAURIZIO PONZI. Con AMBRA ANGIOLINI, MYRIAM CATANIA, ANTONELLO FASSARI, GIULIO FORGES DAVANZATI, EDOARDO LEO. ■ Franco, ex detenuto, e Vilma, bibliotecaria comunale, sognano una casa dove costruire insieme il loro futuro. Li aiuterà Giulio, un tranviere in pensione colpito da infarto, che ha bisogno di essere assistito. Ospiti di una casa piena di ricordi, a contatto con altra gente e altri problemi, Franco e Vilma impareranno a fidarsi l'uno dell'altra. ■ COMMEDIA; COL.; 108′; ITALIA, 2011.

CI VEDIAMO DOMANI ★★
Regia di ANDREA ZACCARIELLO. Con ENRICO BRIGNANO, FRANCESCA INAUDI, LILIANA ORICCHIO VALLASCIANI, RICKY TOGNAZZI, BURT YOUNG. ■ Marcello Santilli è uno spiantato con un'ex moglie, una figlia che lo odia e una nonna che l'ha cresciuto. È in cerca dell'occasione per "svoltare" e, quando scopre che un paesino della Puglia abitato da ultranovantenni non ha un'agenzia di pompe funebri, decide di aprirne una. Ma i vecchietti non hanno alcuna intenzione di andarsene. ■ COMMEDIA; COL.; 103′; ITALIA, 2013.

CIVICO 0 ★★
Regia di FRANCESCO MASELLI. Con ORNELLA MUTI, MASSIMO RANIERI, LETIZIA SEDRICK. ■ Senza tetto né legge, se non quella della povertà cui ci si rassegna giorno dopo giorno. *Civico 0* è il ritorno di Citto Maselli all'essenziale, in un percorso di vita che non ha mai abbandonato, attento ai dettagli del sociale, alle vite vissute ai margini. E proprio al partire dal titolo, un numero civico senza fissa dimora, racconta le storie di tre "personaggi" reali, frutto di centinaia di testimonianze raccolte per Roma, che ospita più di diecimila senza casa. Stella, giovane etiope, ha attraversato a piedi il deserto per giungere in Italia, nella speranza di un lavoro. Nina, arrivata in Italia senza sapere una parola della nuova lingua, è costretta a vivere in terribile solitudine, senza mai uscire di casa a causa del mancato permesso di soggiorno. Infine Giuliano, che per tutta la vita si è alzato alle tre del mattino per mandare avanti il suo banco della frutta a Campo de' Fiori. Dopo l'improvvisa morte della madre, cui era legato in maniera indissolubile, perde la ragione e inizia a vagare per la capitale senza una meta. ■ DRAMMATICO; COL.; 80′; ITALIA, 2007.

CIVIL ACTION, A ★★★
Regia di STEVEN ZAILIAN. Con ROBERT DUVALL, JOHN LITHGOW, WILLIAM H. MACY, SIDNEY POLLACK, KATHLEEN QUINLAN, TONY SHALHOUB, JOHN TRAVOLTA. ■ L'avvocato rampante Jan Schlichtmann intenta una causa a due grandi industrie del Massachusetts, la Beatrice Foods e la W.R. Grace & Co, per aver inquinato le acque di un fiume provocando la leucemia in otto ragazzi. La causa è di quelle già perse in partenza ma il regista lavora sugli attori e, in particolare, sulla prestazione di un Duvall cinico quanto basta nel ruolo dell'avvocato degli inquinatori. ■ THRILLER; COL.; 112′; USA, 2000. ■ GOLDEN GLOBES 1 NOM; OSCAR 2 NOM.

CIVILTÀ ROMANA ★★
Regia di NINO ZUCCHELLI. ■ Documentario didascalico per ragazzi, troppo simile ad un libro di scuola. Dopo una breve panoramica sui monumenti di Roma antica, illustra la nascita dell'Urbe, il sorgere e lo svilupparsi della sua civiltà e della sua potenza. ■ DOCUMENTARIO; B/N; 87′; ITALIA, 1960.

CI VUOLE UN GRAN FISICO ★
Regia di SOPHIE CHIARELLO. Con RAUL CREMONA, ELIO, JURIJ FERRINI, ANGELA FINOCCHIARO, GIOVANNI STORTI. ■ Una donna sta per compiere cinquant anni e si sente sempre più a pezzi. Esteticamente e moralmente. Famiglia e lavoro: tutto frana dentro e attorno a lei. Ma è determinata e proverà a reagire. *Ci vuole un gran fisico* poteva essere, con queste premesse, una bella commedia al femminile, magari graffiante e originale. Ma la verità è che il film d'esordio di Sophie Chiarello non decolla mai, strozzato dai luoghi comuni sulle donne e da sketch stanchi che si protraggono e ripetono senza guizzi. ■ COMMEDIA; COL.; 90′; ITALIA, 2012.

CJAMANGO ★★
Regia di EDWARD G. MULLER. Con HÉLÈNE CHANEL, MICKEY HARGITAY, LIVIO LORENZON, PIERO LULLI, PEDRO MARIA SANCHEZ, SEAN TODD. ■ El Tigre e Don Pablo, a capo delle rispettive bande, aggrediscono Cjamango e gli rubano l'oro che aveva vinto a poker. Cjamango si mette allora sulle tracce dei banditi per recuperare l'ingente somma (finita, nel frattempo, a El Tigre). Dopo varie peripezie il protagonista recupera il suo oro, ma El Tigre glielo sottrae di nuovo. Anche Don Pablo rivuole l'oro. Andrà a finire che non l'avrà nessuno dei tre. ■ WESTERN; COL.; 97′; ITALIA, 1967.

CJORRO, EL *(Pampa Selvaje)* ★★
Regia di HUGO FREGONESE. Con MARC LAWRENCE, RON RANDELL, ROBERT TAYLOR. ■ Soldati regolari, disertori, ladri, banditi e sgualdrine si ritrovano in un forte ai confini della Pampas argentina, assediato da fuorilegge. Il pericolo unisce questa accozzaglia di gente e, piano piano, emergono i sentimenti migliori. ■ AVVENTURA; COL.; 112′; ARGENTINA, 1965.

CLAN, THE ★★
Regia di CHRISTIAN DE SICA. Con LINDA BATISTA, PAOLO CONTICINI, CHRISTIAN DE SICA, ANNA LONGHI, ANDREA OSVART, SEBASTIEN TORKIA, MAX TORTORA. ■ Franco e Dino, due meccanici di Roma partono per Las Vegas per partecipare al raduno mondiale delle Harley-Davidson. Contano di vincere la ricompensa messa a disposizione per i partecipanti. Ma il loro vero grande sogno è diverso. È la musica. I due infatti cantano e ballano pezzi di Frank Sinatra e Dean Martin senza pensare che quella possa diventare una professione. ■ COMMEDIA; COL.; 95′; ITALIA, 2005.

CLAN DEGLI IMBROGLIONI, IL ★★★
(La gueule de l'emploi)
Regia di JACQUES ROULAND. Con EVELYNE BUYLE, JEAN CARMET, DARRY COWL, JACQUES DYNORM, GEORGES GÉRET, JACQUES LEGRAS. ■ Jean-Claude, Jorques e Anne si improvvisano attori-imbroglioni e, utilizzando vari travestimenti, si fingono giornalisti, posteggiatori, traslocatori, spacciatori di denaro falso. Faranno quattrini a palate prima che la polizia riesca ad intrappolarli. E anche quando li avrà identificati e smascherati sarà costretta a trattarli con i guanti bianchi a causa dei personaggi altolocati coinvolti nella faccenda. ■ COMICO; COL.; 95′; FRANCIA, 1974.

CLAN DEGLI UOMINI VIOLENTI, IL *(La horse)* ★★
Regia di PIERRE GRANIER-DEFERRE. Con DANIELE AJORET, JEAN

GABIN, MARC POREL. ■ Un vecchio e ricco contadino fa sparire un grosso quantitativo di stupefacenti che suo nipote avrebbe dovuto smerciare. Ne consegue una guerra tra la famiglia del contadino e i gangster, che finiscono per avere la peggio. Anche al nipote passa la voglia di dedicarsi al pericoloso commercio. ■ DRAMMATICO; COL.; 100′; FRANCIA, 1969.

CLAN DEI BARKER, IL *(Bloody Mama)* ★★
Regia di ROGER CORMAN. Con ROBERT DE NIRO, PAT HINGLE, SHELLEY WINTERS. ■ Una banda di delinquenti a gestione familiare (quattro fratelli con a capo la madre) decide di chiudere la carriera in bellezza con un sequestro di persona e poi ritirarsi a vita privata. Finiscono tutti in galera. La storia dei Barker è stata portata al cinema decine di volte. ■ DRAMMATICO; COL.; 90′; USA, 1970.

CLAN DEI DUE BORSALINI, IL ★★
Regia di GIUSEPPE ORLANDINI. Con ISABELLA BIAGINI, FRANCO FRANCHI, GABRIELLA GIORGELLI, ADRIANA GIUFFRÈ, CICCIO INGRASSIA. ■ Ciccio e Franco alle prese con un colpo ai danni di una gioielleria. I due maldestri ladri verranno acciuffati e finiranno in prigione. Il film è una delle solite parodia, questa volta dei francesi *Borsalino* e *Il clan dei siciliani*. ■ COMICO; COL.; 90′; ITALIA, 1971.

CLAN DEI FRANCESI, IL *(Les caïds)* ★★★
Regia di ROBERT ENRICO. Con JULIET BERTO, PATRICK BOUCHITEY, JEAN BOUISE, MICHEL CONSTANTIN, SERGE REGGIANI. ■ In un momento di collera, il diciannovenne Jock ammazza l'amante e l'uomo che è con lei. André, casuale testimone del delitto, nasconde l'omicida nella roulotte dell'amico Murelli, il quale poi spedisce il giovane assassino presso una propria cugina in provincia. André e Murelli intanto si preparano ad effettuare un grosso colpo: Jock incautamente interviene e finisce in galera. Riuscirà a fuggire, ma la libertà durerà poco. ■ POLIZIESCO; COL.; 103′; FRANCIA, 1972.

CLAN DEI MARSIGLIESI – LO SCOMUNICATO, IL ★★★
(L'excommunié)
Regia di JOSÉ GIOVANNI. Con JEAN-PAUL BELMONDO, CLAUDIA CARDINALE, MICHEL CONSTANTIN. ■ Dopo aver raggiunto una solida sistemazione nel mondo della malavita, Robert finisce in prigione per aver ucciso diverse persone durante uno scontro a fuoco. In prigione ritrova un vecchio amico con il quale tenta, inutilmente, di evadere. Escono egualmente prima del tempo accettando un rischioso lavoro: individuare e far saltare gli esplosivi rimasti nelle acque costiere dopo la fine della guerra. Riprendono la vecchia attività fuorilegge ma gli antichi avversari uccidono l'amico e Robert rimane solo. ■ DRAMMATICO; COL.; 110′; FRANCIA, 1972.

CLAN DEI SICILIANI, IL *(Le clan des siciliens)* ★★★
Regia di HENRI VERNEUIL. Con ALAIN DELON, JEAN GABIN, AMEDEO NAZZARI, LINO VENTURA. ■ Un audacissimo e rischiosissimo colpo viene messo a punto da un'organizzazione della quale fanno parte un delinquente francese, un gangster americano e un'intera famiglia di siciliani che nasconde dietro una innocente facciata un'attività criminosa. Il colpo riesce e la polizia, pur avendo qualche sospetto, non ha prove per arrestare nessuno. La scoperta di una relazione sentimentale tra Roger, il francese, e la moglie di uno dei figli del capo siciliano, provoca l'ira di quest'ultimo che, per vendicarsi, offre ai poliziotti il pretesto per arrestarlo e risalire all'intera impresa. ■ DRAMMATICO; COL.; 120′; FRANCIA, 1969.

CLAN DEI VIOLENTI, IL ★
Regia di PAUL PHILIP. Con ANDREW CLAMN, LARRY DANIELS, DINO ELIO. ■ Il gangster Secreti imbarca in Oriente un grosso quantitativo di droga su una nave di proprietà dell'armatore greco Robins. Poi rapisce la figlia di costui e ricatta Robins affinché collabori allo scarico delle casse di stupefacenti. Nella banda di Secreti s'infiltra un agente della polizia greca: viene scoperto, ma fa in tempo a far intervenire i suoi. Finirà in un massacro generale. ■ POLIZIESCO; COL.; 89′; GRECIA, 1974.

CLAN DEL GATTO NERO, IL *(Yakuza deka)* ★
Regia di NORIAKI YUASA. Con RICHARD BURNS, CARL DOUGLAS, DAN FRAZER, JANE MOORE. ■ Harris, agente speciale della polizia giapponese, finge di essere stato radiato dal corpo per smascherare una potente organizzazione criminale. Naturalmente ci riuscirà. ■ SPIONAGGIO; COL.; 93′; GIAPPONE, 1971.

CLAN DEL QUARTIERE LATINO, IL ★★★
(Sans sommation)
Regia di BRUNO GANTILLON. Con MARIO ADORF, BRUNO CREMER, MARINA MALFATTI, RENATO ROMANO, MAURICE RONET. ■ Un commissario di polizia, messo a riposo perché troppo zelante, viene legalmente incaricato di eliminare Cabras, capo di una banda composta come lui da reduci delle guerre coloniali francesi. Ma tra bandito e poliziotto si instaura un rapporto amichevole e le cose si complicano. ■ DRAMMATICO; COL.; 100′; FRANCIA, 1972.

CLAN DEL TERRORE, IL *(The Comedy of Terror)* ★★★
Regia di JACQUES TOURNEUR. Con JOYCE JAMESON, BORIS KARLOFF, PETER LORRE, VINCENT PRICE, BASIL RATHBONE. ■ Un proprietario di pompe funebri decide di procurarsi i clienti causando egli stesso la loro morte. Il cinico piano funzionerà, ma non per molto. ■ HORROR; COL.; 84′; USA, 1964.

CLANDESTINA A TAHITI *(Le passager clandestin)* ★★★
Regia di RALPH HABIB. Con ARLETTY, KARLHEINZ BÖHM, MARTINE CAROL, SERGE REGGIANI. ■ René, un giovane introverso e misantropo, va a vivere in un'isola deserta. Quando il padre muore lasciandogli una grossa eredità, il notaio si mette in viaggio per rintracciarlo. Ma altre persone lo cercano: due gangster e una donna da lui amata un tempo. Sarà un viaggio avventuroso durante il quale avverranno molti omicidi. ■ DRAMMATICO; COL.; 98′; FRANCIA, 1958.

CLANDESTINI DELLA FRONTIERA, I *(The Vintage)* ★★
Regia di JEFFREY HAYDEN. Con MEL FERRER, JOHN KERR, MICHÈLE MORGAN, ANNA MARIA PIERANGELI. ■ Ernesto, giovane italiano, ha ammazzato un tale che insidiava una ragazza. Fugge in Francia col proprio fratello ed entrambi si fermano in una fattoria offrendosi come lavoratori stagionali per la vendemmia. Trovano anche l'amore, ma Ernesto non verrà ricambiato poiché la donna della quale si è innamorato è l'onesta moglie del fattore. Ernesto morirà durante la fuga. ■ DRAMMATICO; COL.; 92′; USA, 1957.

CLANDESTINI DELL'ARCA, I ★★
(In der Arche ist der Wurm drin)
Regia di WOLFGANG URCHS. ■ L'Arca viene costruita da Noè e tutti gli animali vi prendono posto. I problemi non sono pochi ma vengono tutti superati. Alla fine tutti scendono. Solo la famiglia dei tarli decide di rimanere a bordo. Ecco spiegato perché dell'imbarcazione non è rimasta traccia. Il pubblico infantile è accontentato. ■ ANIMAZIONE; COL.; 76′; GERMANIA, 1987.

CLANDESTINI DELLE TENEBRE, I *(Underground)* ★★
Regia di ARTHUR H. NADEL. Con LAWRENCE DOBKIN, DANIÈLE GAUBERT, ROBERT GOULET. ■ Durante la seconda guerra mondiale, il rapimento del generale Streiker è considerato indispensabile dagli Alleati. Viene quindi paracadutato in Francia l'agente americano Joe che porterà a compimento l'incarico, sebbene intralciato da collaboratori ai quali si è reso inviso. ■ GUERRA; COL.; 88′; USA, 1970.

CLANDESTINO A BORDO! *(Polizón a bordo!)* ★
Regia di FLORIAN REY. Con TONY D'ALGY, ISMAEL MERLO, LINA YEGROS. ■ Un giovane si imbarca come clandestino su un piroscafo per l'Avana. Durante il viaggio conosce una ricca signora che lo protegge e che – una volta a terra – lo aiuta ad aprire un locale di successo. Egli torna al paese e si finge ancora povero, ma poi si accorge che la fidanzata lo ama veramente. ■ COMMEDIA; B/N; 96′; SPAGNA, 1941.

CLANDESTINO A TRIESTE ★★
Regia di GUIDO SALVINI. Con EDDA ALBERTINI, DORIS DURANTI, MASSIMO GIROTTI, JACQUES SERNAS. ■ Una nave-ospedale viene affondata. Ne è accusato ingiustamente Giulio, giovane ufficiale dell'aviazione italiana. Sarà una donna che lo aiuterà ad uscire dall'angosciosa situazione. ■ DRAMMATICO; B/N; 93′; ITALIA, 1951.

CLAN DI HONG KONG, IL ★
(Die jungen Tiger von Hong Kong)
Regia di ERNST HOFBAUER. Con WERNER POCHAT, SOLVI STU-

BING, VÉRONIQUE VENDELL, ROBERT WOODS. ■ L'investigatore Michael ricerca la moglie misteriosamente scomparsa. Le indagini lo portano a contatto della malavita locale e alla scoperta di una tratta delle bianche. ■ AVVENTURA; COL.; 85'; GERMANIA, 1970.

CLARETTA ★★
Regia di PASQUALE SQUITIERI. Con CATERINA BORATTO, NANCY BRILLI, CLAUDIA CARDINALE, PHILIPPE LEMAIRE, CATHERINE SPAAK. ■ Una giornalista vuol girare un film sulla vita e la morte di Claretta Petacci, l'amante di Benito Mussolini, e, per documentarsi, si rivolge alla sorella di lei, Miriam (interpretata dalla vera signora Petacci). Pasquale Squitieri ha girato un film "fascistese", dove i Petacci sono visti in luce quasi totalmente positiva. Una vera efficacia *Claretta* la raggiunge solo nelle scene agghiaccianti di piazzale Loreto, collocate, astutamente, a tre quarti di film. ■ DRAMMATICO; COL.; 127'; ITALIA, 1984. ■ VENEZIA 1 PR.

CLASS ★★
Regia di LEWIS JOHN CARLINO. Con JACQUELINE BISSET, ROB LOWE, CLIFF ROBERTSON. ■ Un giovane liceale compie la prima esperienza amorosa con una bella sconosciuta incontrata in un night di Chicago. Scopre più tardi che la donna è la madre del suo migliore amico. ■ COMM. DRAMMATICA; COL.; 98'; USA, 1983.

CLASS AXT ★
Regia di RANDALL MILLER. Con KARIN PARSONS, CHRISTOPHER REID, MESHACH TAYLOR. ■ È la classica commedia degli equivoci intorno a uno scambio di identità. Protagonisti due ragazzi: uno intelligente e pieno di zelo, l'altro invece pigro e svogliato. ■ COMMEDIA; COL.; 100'; USA, 1992.

CLASSE DI FERRO ★
Regia di TURI VASILE. Con ROSARIO BORELLI, MADELEINE FISCHER, VICENTE PARRA, RENATO SALVATORI. ■ Una serie di situazioni che tentano invano di far ridere il pubblico ruotano intorno a Gianni, giovane recluta e aspirante scrittore, e a Isabella, che si finge istitutrice nella ricca famiglia dei suoi genitori; alla fine i due ragazzi si sposeranno. ■ COMMEDIA; B/N; 92'; ITALIA, 1957.

CLASSE DIRIGENTE, LA *(The Ruling Class)* ★★★
Regia di PETER MEDAK. Con CORAL BROWNE, PETER O'TOOLE, CAROLYN SEYMOUR, ALASTAIR SIM. ■ Il rampollo di una nobile famiglia inglese alla morte del padre si convince di essere il Redentore. Erede del titolo e di un'immensa fortuna, è corteggiato da avidi parenti. Ma a un certo punto, guarito dall'idea fissa di essere Gesù Cristo, farà fuori i familiari. ■ COMMEDIA; COL.; 155'; GRAN BRETAGNA, 1971. ■ OSCAR 1 NOM.

CLASSE. ENTRE LES MURS, LA *(Entre les murs)* ★★★
Regia di LAURENT CANTET. Con NASSIM AMRABT, LAURA BAQUELA, FRANÇOIS BÉGAUDEAU, JULIETTE DEMAILLE, CHERIF BOUNAÏDJA RACHEDI. ■ François Bégaudeau è insegnante di francese in una scuola media superiore parigina. Facciamo la sua conoscenza mentre si incontra con i colleghi (vecchi e nuovi arrivati) ad inizio anno scolastico. Il suo metodo mira ad offrire la migliore educazione possibile in una realtà in cui i giovani non hanno un comportamento sempre inappuntabile e possono spingere anche il migliore dei docenti ad adagiarsi in una sorta di quieto vivere. Bégaudeau si troverà dinanzi a un caso che lo metterà in una posizione difficile. Dopo un complesso training con i giovani attori presi questa volta non "dalla strada" ma "dalla scuola" e scegliendosi come protagonista il Bégaudeau reale, Cantet affronta con piglio da documentarista una realtà che studenti e docenti vivono in modo analogo non solo a Parigi o in Francia. ■ DRAMMATICO; COL.; 128'; FRANCIA, 2008.

CLASSE 1999 *(Class of 1999)* ★★
Regia di MARK L. LESTER. Con BRADLEY GREGG, STACY KEACH, MALCOLM MCDOWELL. ■ A otto anni da *Classe 1984*, Mark Lester ci riprova ma a differenza del precedente film dov'era dalla parte del professore che uccideva gli studenti ora fa vedere come è pericoloso usare mezzi drastici nei loro confronti. Il nome della scuola è cambiato da Lincoln a Kennedy, riferimento politico? Fatto sta che il preside, interpretato da McDowell, per aver disciplina chiede aiuto a un costruttore di robot e ne verrà fuori una carneficina. Una via di mezzo tra *Arancia meccanica* e *Terminator*, ma senza avere le qualità dei due modelli. ■ FANTASTICO; COL.; 92'; USA, 1990.

CLASSE 1984 *(Class of 1984)* ★★
Regia di MARK L. LESTER. Con PERRY KING, MERRIE LYNN ROSS, RODDY MCDOWALL, TIMOTHY VAN PATTEN. ■ Cinque minorenni sono responsabili di ferimenti, spaccio di droga, incitamento alla prostituzione nei pressi della Lincoln School. Ma sarà il professor Norris, al quale hanno violentato la moglie, ad ucciderli ad uno ad uno. Rifacimento, volutamente infedele, de *Il seme della violenza* diretto da Richard Brooks nel 1955. Negli anni Cinquanta, il prof. riusciva a tirare dalla sua la parte migliore della scuola. Ventisei anni dopo, non c'è posto per gli idealismi. I teppistelli s'ammazzano e basta, almeno così dice Lester. ■ DRAMMATICO; COL.; 93'; USA, 1982.

CLASSE MISTA 3 A ★
Regia di FEDERICO MOCCIA. Con PAOLO BONOLIS, NINO CELESTE, ELEONORA D'URSO, ALESSIO FEDERICI, FEDERICO LANDINI, LEONARDO RUTA. ■ Storia di tre ragazzi che preparano la maturità. Pensano a tutto fuorché a studiare. E tutto è "mitico". Scimmiottamento dei film americani sui teenager. Il niente. ■ COMMEDIA; COL.; 95'; ITALIA, 1996.

CLASSE NON È ACQUA, LA ★★
Regia di CECILIA CALVI. Con ANTONIO CATANIA, ROBERTO CITRAN, BARBARA LIVI, VALERIO MASTANDREA. ■ Un professore che fa ritorno dall'estero si trova con la cattedra scippata dal raccomandato di turno. Si lega così davanti al Ministero della pubblica istruzione per protesta. Grazie alle prestazioni di Mastandrea e Catania il film riesce a sfuggire dagli stereotipi classici della commedia all'italiana. ■ COMMEDIA; COL.; 104'; ITALIA, 1996.

CLASSE OPERAIA VA IN PARADISO, LA ★★★★
Regia di ELIO PETRI. Con FLAVIO BUCCI, LUIGI DIBERTI, MARIANGELA MELATO, SALVO RANDONE, GIAN MARIA VOLONTÉ. ■ Lulù è un metalmeccanico così veloce nel lavoro che il padrone esige dagli altri lo stesso ritmo. Quando però una macchina gli trancia un dito, passa dalla parte dei compagni in sciopero. Licenziato, viene riassunto per opera dei sindacalisti, ma – divenuto un po' folle – farnetica d'un paradiso che oltre un muro attende la classe operaia. ■ DRAMMATICO; COL.; 125'; ITALIA, 1971. ■ CANNES 1 PR; DAVID DI DONATELLO 1 PR, 1 NOM.

CLAUDIA ★★★
Regia di EDMUND GOULDING. Con INA CLAIRE, REGINALD GARDINER, DOROTHY MCGUIRE, ROBERT YOUNG. ■ Una giovane sposa sprovveduta si trova a dover affrontare i problemi connessi al ménage coniugale. L'affetto e la pazienza del marito l'aiuteranno a maturare. ■ COMMEDIA; B/N; 91'; USA, 1943.

CLAUDIA ★★
Regia di ANWAR KAWADRI. Con NICHOLAS BALL, JOHN MOULDER BROWN, DEBORAH RAFFIN. ■ Claudia è una casalinga apparentemente quieta (anche se il marito le fa le corna). Ma un giorno ha un'impennata. Scappa con il suo parrucchiere. Il marito non la prende bene. Giura vendetta. È una vendetta alla siciliana, con molto sangue e niente carta bollata. ■ DRAMMATICO; COL.; 96'; USA, 1986.

CLAWS ★★
Regia di RICHARD BANSBACH, FRANK PIERSON. Con LEON AMES, ANTHONY CARUSO, JASON EVERS. ■ Una serie di orribili assassini si verificano nelle distese ghiacciate dell'Alaska. Le vittime sono orribilmente dilaniate come se l'aggressore fosse un orso. Ma non è un orso. E forse non è nemmeno un essere di questa terra. ■ AVVENTURA; COL.; 93'; USA, 1977.

CLEAN ★★★
Regia di OLIVIER ASSAYAS. Con JEANNE BALIBAR, MAGGIE CHEUNG, BÉATRICE DALLE, JAMES DENNIS, MARTHA HENRY, JAMES JOHNSTON, DON MCKELLAR, NICK NOLTE, LAETITIA SPIGARELLI. ■ Olivier Assayas è un regista discontinuo che alterna opere riuscite a tentativi sempre intelligenti ma a volte fuori dalle sue corde più intime. Questa volta offre una storia in cui una protagonista dalla vita non proprio lineare sente il bisogno di ritrovare una propria pulizia interiore per potersi ripresentare a un figlio troppo a lungo trascurato. Il rischio della retorica è in agguato ad

ogni passo ma Assayas riesce ad evitarlo grazie alle prestazioni di Maggie Cheung e di un Nick Nolte che sa "fare" il nonno in maniera assolutamente credibile. ■ DRAMMATICO; COL.; 110′; CANADA, FRANCIA, 2004. ■ CANNES 1 PR.

CLEANER ★
Regia di RENNY HARLIN. Con CHRISTA CAMPBELL, LUIS GUZMÁN, ED HARRIS, SAMUEL L. JACKSON, EVA MENDES. ■ Un ex poliziotto si guadagna da vivere facendo le pulizie sui luoghi in cui sono stati commessi reati. Un giorno, dopo aver ripulito la scena di un crimine, si accorge che l'omicidio non è mai stato denunciato alla polizia: dunque inconsapevolmente lui si è reso complice dell'assassino. ■ THRILLER; COL.; 88′; USA, 2007.

CLEAR CUT ★★
Regia di RICHARD BUGAJSKI. Con RED CROW WESTERMAN, GRAHAM GREENE, REBECCA JENKINS, RON LEA. ■ Graham Greene torna a fare l'indiano, dopo il successo di *Balla coi lupi*, in una pellicola ambientata ai giorni nostri. Un avvocato di Toronto (Ron Lea) perde una causa contro le cartiere che vogliono disboscare i terreni in cui vive una comunità di indiani. Uno di questi, Arthur, scende allora in guerra sequestrando il proprietario di una delle cartiere e convince anche il pacifico avvocato a passare dalla sua parte. ■ DRAMMATICO; COL.; 102′; CANADA, 1991.

CLEMENT ★
Regia di EMMANUELLE BERCOT. Con EMMANUELLE BERCOT, OLIVIER GUERITEE, RÉMI MARTIN. ■ Ballerina e attrice per registi come Bertrand Tavernier e Claude Miller, la Bercot passa per la prima volta dietro la macchina da presa. Per essere precisi passa dietro una videocamera, visto che il film è realizzato in video digitale. Una donna di trent'anni torna dai suoi genitori in occasione del compleanno del figlioccio. Conosce così Clement, un ragazzino, e i due sono attratti sensualmente. Girato come se fosse un *home movie* (un video casalingo) risente dell'esasperata lunghezza dovuta al prolungamento di scene e all'inserimento di dettagli, in tutti e due i casi senza utilità. ■ COMMEDIA; COL.; 140′; FILIPPINE, 2001.

CLÉMENTINE CHÉRIE ★★
Regia di PIERRE CHEVALIER. Con FRANCE ANGLADE, PHILIPPE NOIRET, RITA PAVONE, JEAN RICHARD. ■ Clementina, figlia del vicedirettore di una fabbrica di tessuti, deve presentare a una sfilata di costumi da bagno un nuovo tessuto molto elastico che consente alla pelle di assorbire i raggi del sole. Il tessuto, però, si dimostrerà anche trasparente in fotografia. Breve disorientamento, ma il successo è in agguato. ■ COMMEDIA; B/N; 108′; FRANCIA, 1963.

CLÉO DALLE 5 ALLE 7 *(Cléo de cinq à sept)* ★★★
Regia di AGNÈS VARDA. Con JEAN-CLAUDE BRIALY, EDDIE CONSTANTINE, DANIÈLE DELORME, SERGE KORBER, CORINNE MARCHAND. ■ Una giovane cantante teme d'essere minacciata da un male incurabile. In attesa della diagnosi, per due ore, considererà in modo diverso i suoi rapporti con le persone e con la vita. ■ DRAMMATICO; B/N; 85′; FRANCIA, 1962.

CLEOPATRA ★★★
Regia di CECIL B. DE MILLE. Con CLAUDETTE COLBERT, HENRY WILCOXON, WARREN WILLIAM. ■ Cesare vuole Cleopatra come trofeo quando rientra a Roma dopo la vittoria in Egitto. Ma, quando questi è ucciso dai congiurati, Cleopatra fugge ad Alessandria. Inseguita da Antonio, lo seduce. Antonio viene poi sconfitto da Ottaviano e ucciso in battaglia. Cleopatra si suicida. ■ STORICO; B/N; 100′; USA, 1934. ■ OSCAR 1 PR, 5 NOM.

CLEOPATRA ★★★
Regia di JOSEPH LEO MANKIEWICZ. Con PAMELA BROWN, RICHARD BURTON, GEORGE COLE, HUME CRONYN, REX HARRISON, ELIZABETH TAYLOR. ■ Giulio Cesare, giunto in Egitto, sposa Cleopatra e mette al mondo un figlio, Cesarione. Al suo ritorno a Roma porta con sé la regina. Viene ucciso e Cleopatra fugge con Marcantonio, che nella battaglia di Azio viene sconfitto da Ottaviano e si suicida; Cleopatra lo seguirà anche nella morte. Film tra i più dispendiosi nella storia del cinema. ■ STORICO; COL.; 243′; USA, 1963. ■ OSCAR 4 PR, 9 NOM.

CLEÓPATRA ★★★
Regia di JÚLIO BRESSANE. Con MIGUEL FALABELLA, BRUNO GARCIA, ALESSANDRA NEGRINI. ■ Cleopatra, ultima sovrana dell'antico Egitto e ultima discendente della dinastia tolemaica, incanta e innamora i signori di Roma che dopo la morte per decapitazione di Pompeo, si succedono in Egitto e nel suo talamo: Giulio Cesare, condottiero e uomo politico che apre la fase imperiale dell'Urbe, e Marco Antonio, sostenitore di Cesare e «ultimo principe dell'Oriente greco». Julio Bressane, che ha ispirato e praticato il cinema sperimentale brasiliano, continua con *Cleòpatra* la sua opera di ricerca e di adattamento di testi letterari. ■ DRAMMATICO; COL.; 116′; BRASILE, 2006.

CLEOPATRA JONES: LICENZA DI UCCIDERE ★
(Cleopatra Jones)
Regia di JACK STARRETT. Con BERNIE CASEY, TAMARA DOBSON, BRENDA SYKES, SHELLEY WINTERS. ■ Cleopatra Jones, bellissima mulatta, combatte a colpi di karate e di pistola spacciatori di droga, poliziotti disonesti e Mamie, cinico capo di una gang. ■ AVVENTURA; COL.; 89′; USA, 1973.

CLEOPAZZA ★★
Regia di CARLO MOSCOVINI. Con MISCHA AUER, DON BACKY, ALBERTO BONUCCI, AVE NINCHI, ANNA VETTORI. ■ Gabriella, convinta dalla madre ad accettare il ruolo di Cleopatra in un film, sviluppa una strana allergia verso il suo partner. Questi, sperando di far guarire la ragazza, simula un innamoramento ma Teddy, il fidanzato, non tollera la situazione. Verrà trovata una sostituta. ■ COMMEDIA; COL.; 85′; ITALIA, 1964.

CLÉO – ROBES ET MANTEAUX ★★
Regia di NUNZIO MALASOMMA. Con CARMEN BONI, FRANCO COOP, ARMANDO FALCONI. ■ Da un romanzo di Guido da Verona. Dopo una notte d'amore, una donna che ha voluto conservare l'incognito lascia all'innamorato, come unica traccia di sé, un biglietto su cui sono scritte le parole che danno il titolo al film. L'uomo la cercherà dappertutto, fra mille peripezie, e alla fine la vicenda troverà la sua lieta conclusione. ■ COMMEDIA; B/N; 65′; ITALIA, 1935.

CLERKS – COMMESSI *(Clerks)* ★★★
Regia di KEVIN SMITH. Con JEFF ANDERSON, MARILYN GHIGLIOTTI, BRIAN O'HALLORAN, LISA SPOONAUER. ■ Un giovane regista esordiente, ventiquattro anni, e un film realizzato con appena trentamila dollari. La storia è semplicissima: ci sono due amici, commessi in due negozi adiacenti. Uno vende videocassette e quando si annoia chiude il negozio e va a trovare l'amico. L'altro vende un po' di tutto, in una sorta di mini market. Durante la giornata entrano ed escono clienti molto stravaganti e i due trovano anche il tempo per giocare sul tetto. Vincitore di un premio a Cannes (Settimana della Critica) e di uno al Sundance Film Festival (che ha fatto scoprire molti talenti, Tarantino in testa). Originale e divertente, con qualche rimando a Jarmusch e a Hartley. Ormai la maggior parte dei migliori film americani provengono dal cinema indipendente. ■ COMMEDIA; COL.; 90′; USA, 1994.

CLERKS II ★★
Regia di KEVIN SMITH. Con JEFF ANDERSON, ROSARIO DAWSON, TREVOR FEHRMAN, JASON LEE, JASON MEWES, BRIAN O'HALLORAN, JENNIFER SCHWALBACH, KEVIN SMITH, WANDA SYKES. ■ Anche per Dante e Randall è venuto il momento di crescere: dopo aver lavorato per anni come commessi in un drugstore, che deve chiudere a causa di un incendio, il duo si trasferisce in un fast food, gestito dall'affascinante Becky. Dante è in procinto di accasarsi con una bella bionda ex-compagna di classe, mettere su famiglia e trasferirsi in Florida per occuparsi dell'autolavaggio di proprietà del padre della futura sposa: per lui inizia quindi l'ultimo giorno di lavoro insieme a Randall, ma le cose andranno molto diversamente da come aveva previsto. Il film è divertente e "correttamente" volgare. Sfrutta internet, il cinema, le differenze razziali, il sesso, come volani per creare gag e situazioni comiche. Ma si sa, i codici, oggi sono questi. ■ COMMEDIA; COL.; 97′; USA, 2006.

CLIENTE, IL *(The Client)* ★
Regia di JOEL SCHUMACHER. Con ANTHONY LA PAGLIA, TOMMY LEE JONES, SUSAN SARANDON, J. T. WALSH. ■ Un ragazzo di undici anni assiste al suicidio di un avvocato della mafia e poco pri-

ma che l'uomo si uccida parla con lui. L'Fbi, così come la mafia, viene a sapere del ragazzo. Un'avvocatessa difenderà il giovane dall'invadenza della polizia federale e dalla mafia, che farà di tutto per eliminare un pericoloso testimone. La spunterà la donna, che otterrà per il ragazzo e per la sua famiglia il cambio di identità e un futuro più sereno. L'ennesimo romanzo di Grisham diventa l'ennesimo film del fortunato e sopravvalutato autore di *legal-thriller*. Si tratta di una pellicola risibile per le incongruenze comportamentali dei protagonisti, ognuno dei quali compie le proprie azioni in disprezzo del buonsenso e della logica. La sceneggiatura bara vergognosamente permettendo a un ragazzino, tra i più odiosi mai visti sullo schermo, di comportarsi come James Bond e Rambo non potrebbero fare meglio. È una poco nobile gara per chi sia il personaggio più detestabile della vicenda. Inoltre il film denota una insistita ostilità verso le forze dell'ordine, e una ruffiana complicità indirizzata agli spettatori giovanissimi, che potranno gioire nel vedere che la legge è una cosa stupida amministrata da stupidi e che vale come unica regola di sopravvivenza l'individualismo. Sono i frutti della cinematografia americana degli anni Novanta. Un vuoto morale al posto del quale esiste solo il gesto fine a se stesso e un sentimentalismo che culmina con l'ormai indigeribile "ti voglio bene", che sembra voler dire tutto e non dice nulla se non che gli avvenimenti non hanno alcun significato e qualunque cosa accada lo spettatore rimarrà sempre a mani vuote. ■ THRILLER; COL.; 121'; USA, 1994. ■ OSCAR 1 NOM.

CLIENTI DI MIA MOGLIE, I *(Emergency Wedding)* ★★
Regia di EDWARD BUZZELL. Con BARBARA HALE, WILLARD PARKER, LARRY PARKS. ■ Peter non sopporta che la moglie, Helen, eserciti la professione di medico. Dopo continui litigi decidono di divorziare. Ma poi riconquisterà l'amore della moglie usando tutto il suo patrimonio per la costruzione di un ospedale. ■ COMMEDIA; B/N; 78'; USA, 1951.

CLIFFHANGER ★★★
Regia di RENNY HARLIN. Con JOHN LIGHTGOW, MICHAEL ROOKER, SYLVESTER STALLONE, JANINE TURNER. ■ Colorado, Montagne Rocciose. Cabe torna nei suoi luoghi. È ancora in una profonda crisi: otto mesi prima non è riuscito a salvare una donna che si era avventurata sulle pareti. Non vorrebbe più saperne di rocce, ma è costretto ad andare in aiuto del suo grande amico preso in ostaggio da un ex agente dell'Fbi, assassino e psicopatico, che sta tentando di recuperare tre valigie con cento milioni di dollari, finite sulle montagne per l'esplosione di un aereo. Con l'aiuto della sua ragazza, Cabe salva l'amico e uccide tutti i cattivi. Film in perenne, esasperata tensione. Elicotteri che sfiorano ghiacciai, Stallone nudo sotto la neve, funi che trasportano gente fra i picchi, violenza inaudita di tutto, natura compresa. Ma è un buon prodotto di evasione a patto di non soffrire di vertigini. Il film è girato sulle Dolomiti, ritenute dalla produzione più fotogeniche delle vere Montagne Rocciose. ■ AVVENTURA; COL.; 105'; USA, 1993. ■ OSCAR 3 NOM.

CLINT IL SOLITARIO ★
(Una tumba para Johnny Ringo – Clint el solitario)
Regia di ALFONSO BALCAZAR GRANDA. Con RENATO BALDINI, PAOLO GOZLINO, MARIANNE KOCH, GEORGE MARTIN. ■ Clint, un abile pistolero, torna a Creck Town deciso a condurre una vita pacifica e onesta. Ma sarà costretto suo malgrado a sfruttare nuovamente la sua abilità di tiratore per liberare il paese da una banda capitanata dalla prepotente e feroce famiglia Shannon. ■ WESTERN; COL.; 87'; SPAGNA, 1968.

CLOCKERS ★★★
Regia di SPIKE LEE. Con HARVEY KEITEL, MEKHI PHIFER, JOHN TURTURRO, ISAIAH WASHINGTON. ■ New York, quartiere di Brooklyn: assassinio tra i *clockers*, spacciatori di colore, specializzati nella distribuzione di crack e controllati dal giovane Strike. Sul caso indaga il detective Rocco Klein, che non si lascia convincere dalla confessione di Victor, fratello di Strike. Insolito *whodunit* in un contesto violento e realistico, scritto da Spike Lee (cui il progetto è stato affidato da Martin Scorsese) e da Richard Price, sulla base di un romanzo di quest'ultimo. Sempre bravo Harvey Keitel. ■ DRAMMATICO; COL.; 139'; USA, 1995.

CLOCKSTOPPERS ★★
Regia di JONATHAN FRAKES. Con MICHAEL BIEHN, JESSE BRADFORD, PAULA GARCÉS, FRENCH STEWART, ROBIN THOMAS. ■ Zak è un adolescente come tanti e la sua vita ruota attorno a due priorità: riuscire a trovare i soldi per comprarsi una macchina e conquistare la bella Francesca, sua compagna di scuola. La sua vita cambia quando, insieme a Francesca, scopre tra gli oggetti del padre (un inventore) un orologio in grado di fermare il tempo. Dopo l'iniziale divertimento, Zak scoprirà di non essere il solo a volere l'orologio e si troverà a scappare dal cattivo di turno, che vuole impossessarsi dell'oggetto per dominare il mondo. ■ AZIONE; COL.; 84'; USA, 2002.

CLOCKWISE ★★
Regia di CHRISTOPHER MORAHAN. Con JOHN CLEESE, ALISON STEADMAN, PENELOPE WILTON. ■ John Cleese dei Monty Python interpreta il ruolo di un preside in una scuola tecnica. Divertente ma non più di tanto. Maniaco dell'orologio viene eletto presidente del congresso che l'unione dei presidi tiene ogni anno. Per la prima volta avrà difficoltà ad arrivare in orario. ■ COMMEDIA; COL.; 96'; GRAN BRETAGNA, 1985.

CLÒ CLÒ *(Die ganze Welt Dreht sich um Liebe)* ★★
Regia di VICTOR TOURJANSKY. Con MARTHA EGGERTH, LEO SLEZAK. ■ Un giovane conte si innamora di una famosa cantante. Ma il padre tenta di impedire il matrimonio perché crede che la ragazza sia una sua figlia illegittima. ■ COMMEDIA; B/N; 86'; AUSTRIA, 1936.

CLONAZIONE *(The Darker Side of Terror)* ★★
Regia di GUS TRIKONIS. Con ADRIENNE BARBEAU, ROBERT FORSTER, RAY MILLAND. ■ Uno studioso di biologia molecolare ha trovato il sistema di duplicare le persone col processo di clonazione. Il suo pazzesco esperimento ottiene risultati spaventosi. ■ FANTASCIENZA; COL.; 92'; USA, 1979.

CLOSER ★★
Regia di MIKE NICHOLS. Con NICK HOBBS, JUDE LAW, CLIVE OWEN, NATALIE PORTMAN, JULIA ROBERTS, COLIN STINTON. ■ Tratta da una commedia di Patrick Marber, è la storia, ambientata a Londra, di due uomini e due donne, le cui vite si scontrano generando, volontariamente o casualmente, una sequenza a catena di relazioni, flirt, bugie, tradimenti, gelosie, sesso, che mette in luce la vacuità dei legami, e la debolezza (in particolare maschile) nel saperli gestire. Romanticismo, materialismo ed egoismo sono sinonimi di piacere e dolore. Il film di Nichols poteva essere una delle sorprese della stagione, sostenuto da un cast di star di tutto rispetto. E invece parte e finisce bene, ma tutto il resto è routine. Efficace la *Blower's daughter* di Damien Rice che fa da colonna sonora. ■ COMMEDIA; COL.; 100'; USA, 2004. ■ GOLDEN GLOBES 2 PR, 5 NOM; OSCAR 2 NOM.

CLOSE UP *(Nama-ye nazdik)* ★★★
Regia di ABBAS KIAROSTAMI. Con ABOLFAZI AHANKHAH, HASSAN FRAZMAND, ALI SABZIAN. ■ Un disoccupato di Teheran finge di essere un famoso regista e quasi riesce a ottenere un finanziamento da una famiglia facoltosa. Viene trascinato dinanzi ai giudici, si pente e ottiene l'assoluzione. Kiarostami fa "recitare" i protagonisti della storia ottenendo, proprio grazie all'estrema povertà di mezzi che contraddistingue la sua produzione, risultati elevati. Questo non è "cinema sul cinema" ma sulla voglia di sognare. ■ DRAMMATICO; COL.; 100'; IRAN, 1990.

CLOUD ATLAS ★★
Regia di TOM TYKWER, ANDY WACHOWSKI, LANA WACHOWSKI. Con HALLE BERRY, JIM BROADBENT, TOM HANKS, JIM STURGESS, HUGO WEAVING. ■ Sei storie ambientate in sei epoche diverse si svolgono in parallelo: a metà Ottocento un avvocato americano si adopera contro la schiavitù; negli anni '30 un giovane compositore bisessuale viene incastrato da un grandissimo autore presso il quale lavora; a San Francisco negli anni '70 una giornalista cerca di svelare un complotto per la realizzazione di un reattore nucleare; ai giorni nostri in Inghilterra un anziano editore viene incastrato e internato in una casa di cura da cui cercherà di fuggire; nella Seul del 2144 un clone si unisce ai ribelli e infine nel 2321 in una Terra ridotta all'età della pietra da una sorta di apocalisse,

un uomo si ribella alla tribù dominante. Il gigantesco progetto di Tom Tykwer, a cui si sono uniti in corsa (sia per la scrittura che per la regia) i fratelli Wachowsky, è il film indipendente più costoso della storia della Germania. Attraverso sei storie legate da un filo immaginario sui temi della reincarnazione, del transfer spirituale e dell'azione rivoluzionaria, *Cloud Atlas* adatta il romanzo omonimo di David Mitchell. ■ FANTASCIENZA; COL.; 172'; USA, GERMANIA, SINGAPORE, HONG KONG, 2012.

CLOUZOT E C. CONTRO BORSALINO E C. ★

Regia di MARIO PINZAUTI. Con RICHARD HARRISON, ROBERT HILL, ALICIA LEONI, SIMONETTA MARINI, NELLO PAZZAFINI. ■ Giallo picaresco che si impernia sullo scontro tra due improvvisati e maldestri investigatori e il raffinato bandito Borsalino. ■ POLIZIESCO; COL.; 90'; ITALIA, 1978.

CLOVERFIELD ★★

Regia di MATT REEVES. Con LIZZY CAPLAN, JESSICA LUCAS, T.J. MILLER, MICHAEL STAHL-DAVID, MIKE VOGEL, ODETTE YUSTMAN. ■ New York, una sera come tante altre. Un gruppo di amici organizza una festa a sorpresa, tutto sembra tranquillo, finché un boato fa tremare le pareti della casa in cui si svolge il party ed il cielo si illumina per le forti esplosioni. Non è un terremoto, né un attentato ma qualcosa di molto meno prevedibile... È un "disaster-movie", certo, ovvero appartiene ad un genere vecchio come il cinema, ma nei suoi 85 minuti di durata offre sufficienti sorprese e idee per garantirsi un piccolo spazio nella storia della settima arte. L'idea di girare l'intero film con la camera a mano, che segue i protagonisti minuto per minuto alla scoperta della catastrofe che avviene sotto i loro occhi ma di cui essi stessi si rendono conto poco per volta, funziona bene. Una scelta così radicale è rischiosa, ma il senso di immedesimazione ottenuto è totale. ■ AZIONE; COL.; 85'; USA, 2008.

CLOWNS, I ★★★

Regia di FEDERICO FELLINI. Con RICCARDO BILLI, ANITA EKBERG, PIERRE ETAIX, FANFULLA, ANNIE FRATELLINI, GUSTAV FRATELLINI, LIANA ORFEI, TINO SCOTTI. ■ Girato per la televisione, il film costituì quasi una vacanza per Fellini. La prima parte, che descrive l'arrivo del circo in un paesetto della Romagna, rappresenta una vera e propria "prova generale" del successivo *Amarcord*; segue un'inchiesta sui più celebri clown del passato condotta dal regista in persona. ■ COMMEDIA; COL.; 93'; ITALIA, 1970. ■ DAVID DI DONATELLO 1 PR, 1 NOM.

CLUB, IL *(The Club)* ★★

Regia di BRUCE BERESFORD. Con GRAHAM KENNEDY, JACK THOMPSON, FRANK WILSON. ■ Protagonista è un ex asso del calcio, ora allenatore di alterna fortuna. Le sue frustrazioni crescono quando si accorge che la società, di cui da tanti anni è una colonna, sta cadendo nelle mani di affaristi e di dirigenti corrotti. Dal dramma di David Williamson. ■ DRAMMATICO; COL.; 99'; AUSTRALIA, 1980.

CLUB DEGLI ASSASSINI, IL ★
(Der Murderclub von Brooklyn)

Regia di WERNER JACOBS. Con HELGA ANDERS, PHIL DECKER, DAGMAR LASSANDER, GEORGE NADER. ■ Il poliziotto Jeff Gordon indaga su una banda che si dedica al sequestro dei rampolli di famiglie facoltose e che ha già provocato più di un omicidio: riuscirà a sgominarla. ■ POLIZIESCO; COL.; 100'; GERMANIA, 1967.

CLUB DEGLI IMPERATORI, IL *(The Emperor's Club)* ★★

Regia di MICHAEL HOFFMAN. Con STEVEN CULP, EMBETH DAVIDTZ, PATRICK DEMPSEY, JOEL GRETSCH, EDWARD HERMANN, EMILE HIRSCH, KEVIN KLINE, ROB MORROW, HARRIS YULIN. ■ Un professore insegna storia in un celebre college americano, forgiando in maniera irreprensibile la futura classe dirigente. Tutto procede secondo gli schemi fin quando arriva in classe il figlio viziato di un senatore che della scuola se ne frega. Dopo numerosi scontri il professore riesce a coinvolgerlo negli studi, fino a portarlo alla finale di una celebre gara di storia. Il fanciullo prova ad imbrogliare, perdendo. Dopo molti anni, però, diventato importante uomo d'affari, il "rampollo" condizionerà l'elargizione di una donazione per il college al fatto che quella gara di storia venga rifatta. Nonostante un inizio stile *Attimo fuggente*, il film applica metafore interessanti. ■ COMMEDIA; COL.; 110'; USA, 2003.

CLUB DEGLI INTRIGHI, IL *(Banning)* ★★

Regia di RON WINSTON. Con ANJANETTE COMER, GENE HACKMAN, JILL ST. JOHN, ROBERT WAGNER. ■ Un giovane campione di golf radiato ingiustamente dall'albo riesce, vincendo una difficilissima partita, ad essere riabilitato, a guadagnare la cifra necessaria per pagare certi pesanti debiti e a conquistare l'amore di una donna. ■ COMMEDIA; COL.; 102'; USA, 1967. ■ OSCAR 1 NOM.

CLUB DEI CUORI INFRANTI, IL ★★
(The Broken Hearts Club: A Romantic Comedy)

Regia di GREG BERLANTI. Con ZACH BRAFF, DEAN CAIN, ANDREW KEEGAN, TIMOTHY OLYPHANT. ■ L'amicizia è una cosa seria. Anche nei momenti più "leggeri", forse soprattutto: ad esempio durante la festa di compleanno di Danis, un promettente fotografo che sta per condividere con gli amici i suoi "neo" ventotto anni. Gli amici sono Benji (appassionato di ginnastica), Howie (che studia psicologia), Cole (un attore carismatico), Patrick (che gioca il ruolo del cinico), Taylor (bravissima a recitare) e il ristoratore Jack (il vero patriarca del gruppo). Si diceva, l'amicizia è una cosa seria: perché quando meno te l'aspetti il dramma è alle porte, ed allora disponibilità e sentimenti veri (o no?) vengono messi alla prova. Una commedia gay ambientata a Los Angeles e presentata con discreto successo al Sundance Festival: discretamente realizzata anche se un po' di moda, in termini di ambientazione e sviluppo narrativo. ■ DRAMMATICO; COL.; 94'; USA, 2001.

CLUB DEI LIBERTINI, IL *(The Best House in London)* ★★★

Regia di PHILIP SAVILLE. Con DAVID HEMMINGS, MARTITA HUNT, JOANNA PETTET, DANY ROBIN, GEORGE SANDERS. ■ Siamo a Londra agli inizi del Novecento. Un gruppo di negozianti decide di aprire una casa di piacere per rinchiudervi le ragazze che passeggiano davanti ai loro negozi. Ma il nobile Sir Francis, che è stato incaricato di aprire la casa, deve andare in India, dove verrà ucciso. Lascia in eredità a una nipote una piantagione d'oppio, che scatena le brame di un cinese. Alla fine, dopo molte peripezie, la casa di piacere, per sfuggire alla polizia, verrà impiantata su un dirigibile. ■ COMMEDIA; COL.; 94'; GRAN BRETAGNA, 1969.

CLUB DEI MOSTRI, IL *(The Monster Club)* ★★

Regia di ROY WARD BAKER. Con JOHN CARRADINE, VINCENT PRICE, STUART WHITMAN. ■ Tre storie dell'orrore raccontate a uno scrittore in visita a una strana discoteca. Nella prima un cacciatore di vampiri viene trasformato a sua volta in un vampiro. Nella seconda un produttore di film horror dà il ruolo principale a suo padre, vampiro autentico. Nella terza un regista cerca un villaggio per un film del terrore, ma capita in un paese fin troppo adatto. ■ HORROR; COL.; 97'; GRAN BRETAGNA, USA, 1980.

CLUB DEI SUICIDI, IL *(The Suicide Club)* ★★

Regia di JAMES BRUCE. Con MARIEL HEMINGWAY, ROBERT JOY, MADELEINE POTTER. ■ Basato alla lontana su un celebre racconto di Robert Louis Stevenson. A un party di ricchi annoiati, per ridare *verve* alla serata si offre come posta di una partita a carte un bicchiere pieno di veleno. Naturalmente tutti (o quasi) cercano di non vincere. Ma qualcuno vince. E muore. E i superstiti come invasati continuano a giocare. ■ THRILLER; COL.; 97'; USA, 1987.

CLUB DEL DIAVOLO, IL *(A Man Betrayed)* ★★

Regia di JOHN H. AUER. Con FRANCES DEE, EDWARD ELLIS, JOHN WAYNE. ■ Un giovane avvocato giunto in città dalla provincia conosce la figlia del governatore e se ne innamora. La ragazza gli chiede di partecipare alla campagna elettorale in favore del padre. Ma il giorno delle elezioni egli denunzierà tutte le malefatte dell'uomo politico che uscirà sconfitto dalla dura prova. ■ AVVENTURA; B/N; 83'; USA, 1941.

CLUB DELLE BABY-SITTER, IL *(The Baby-sitter Club)* ★

Regia di MELANIE MAYRON. Con BRE BLAIR, BRUCE DAVISON, SCHUYLER FISK, RACHAEL LEIGH COOK. ■ Un gruppetto di giovanissime decide di organizzare un asilo all'aperto. Tra palloncini colorati, giochi infantili e un po' di confusione adolescenziale si inserisce anche una piccola crisi di una delle protagoniste a causa della separazione dei genitori. A "chiedere asilo" sono soprattutto gli spettatori. ■ COMMEDIA; COL.; 94'; USA, 1995.

CLUB DELLE PRIME MOGLI, IL ★★★
(The First Wives Club)
Regia di HUGH WILSON. Con GOLDIE HAWN, DIANE KEATON, BETTE MIDLER. ■ Tre vecchie amiche del college si ritrovano trent'anni dopo e scoprono di avere tutte problemi con i rispettivi mariti, troppo presi a inseguire ragazze giovani. Decise a vendicarsi, le tre donne mettono in atto un piano diabolico per mettere nei guai i consorti infedeli. Da un best-seller di Olivia Goldsmith, una commedia spumeggiante di grandissimo successo. ■ COMMEDIA; COL.; 102'; USA, 1996. ■ OSCAR 1 NOM.

CLUB DELLE PROMESSE, IL ★★
(Au secours, j'ai trente ans!)
Regia di MARIE-ANNE CHAZEL. Con NATHALIE CORRÉ, FRANCK DUBOSC, ARNAUD GIOVANINETTI, GIOVANNA MEZZOGIORNO, FRANÇOIS MOREL, PIERRE PALMADE, MICHEL SCOTTO DI CARLO, MARTHE VILLALONGA. ■ Tre amici per la pelle, Yann, Kathy e Tara, al termine di un'infanzia vissuta insieme, si ritrovano a Parigi dopo i trent'anni. Yann, omosessuale dichiarato, prende la vita con filosofia e cinismo lavorando come stilista; Tara, bruttina e ben in carne, imperversa scegliendosi dei partner boriosi; Kathy, bella e scorbutica, si perde nell'amministrazione di un'agenzia di pubblicità, rifiutando ogni rapporto con l'altro sesso. Un'improvvisa malattia di Yann metterà tutto in discussione. Tutto tranne l'amicizia. Per sorridere senza impegno, e riflettere sull'amicizia. ■ COMMEDIA; COL.; 93'; FRANCIA, 2004.

CLUB DELLE VEDOVE, IL *(The Cemetery Club)* ★★
Regia di BILL DUKE. Con ELLEN BURSTYN, OLYMPIA DUKAKIS, DIANE LADD. ■ Tre amiche si ritrovano vedove all'improvviso. Hanno ormai superato la mezza età e rifarsi una vita non è poi così semplice. Una di loro però trova in Ben, un affascinante vedovo, il possibile nuovo partner. ■ COMMEDIA; COL.; 106'; USA, 1993.

CLUB DI GANGSTERS *(No Road Back)* ★★
Regia di MONTGOMERY TULLY. Con PAUL CARPENTER, PATRICIA DAINTON, SKIP HOMEIER, NORMAN WOOLAND. ■ John, dopo molti anni di assenza, torna a Londra e scopre che sua madre, cieca e sorda, dirige una banda di gangster non potendo sottrarsi ai loro ricatti. La via per liberare la povera donna dalla soggezione sarà lunga e drammatica. ■ DRAMMATICO; B/N; 83'; GRAN BRETAGNA, 1956.

CLUB DI JANE AUSTEN, IL ★★
(The Jane Austen Book Club)
Regia di ROBIN SWICORD. Con KATHY BAKER, MARIA BELLO, MARC BLUCAS, EMILY BLUNT, AMY BRENNEMAN, HUGH DANCY, MAGGIE GRACE, LYNN REDGRAVE, JIMMY SMITS, GWENDOLINE YEO, KEVIN ZEGERS. ■ Cinque donne e un uomo decidono d'incontrarsi per dar vita a un club dedicato alla lettura di Jane Austen. Si tratta di una professoressa di francese, precisina e in crisi col marito, una donna bella e sola, una giovane lesbica dedita a esperienze sportive estreme, una signora colta e attiva, una donna appena divorziata e un appassionato di romanzi di fantascienza. Vite sentimentali e destini s'intrecciano tra amicizie, amori e delusioni, per scoprire, parallelamente, come le relazioni ricalchino quelle descritte nelle opere di Jane Asuten. Tratto dal romanzo omonimo di Karen Joy Fowler. ■ DRAMMATICO; COL.; 106'; USA, 2007.

CLUB DI RAGAZZE *(Club de femmes)* ★★
Regia di RALPH HABIB. Con DANY CARREL, NICOLE COURCEL, IVAN DESNY, JEAN-LOUIS TRINTIGNANT. ■ Venticinque studentesse decidono di sistemarsi in una villa vuota. In seguito la villa sarà acquistata da una ditta che intende utilizzarla per la lavorazione dei suoi prodotti. Come far sloggiare le ragazze? La cosa si presenta subito difficile. Alla fine le ragazze rimangono, da padrone. ■ COMMEDIA; B/N; 81'; FRANCIA, 1956.

CLUB PARADISE ★★
Regia di HAROLD RAMIS. Con RICK MORANIS, PETER O'TOOLE, ROBIN WILLIAMS. ■ Jack, un ex vigile del fuoco di Chicago, investe i suoi risparmi in una villa sull'isola di St. Nicholas, nei Caraibi. Ma si scontra con un gruppo di finanzieri arabi e svizzeri che vogliono fare dell'isoletta una bolgia turistica. Con l'aiuto di un cantante di colore, Jack provoca la sollevazione dei nativi, e i faccendieri vengono cacciati. ■ COMMEDIA; COL.; 104'; USA, 1986.

COACH CARTER ★★
Regia di THOMAS CARTER. Con ASHANTI, ROB BROWN, NANA GBEWONYO, RICK GONZALEZ, SAMUEL L. JACKSON, DEBBIE MORGAN, ROBERT RICHARD, ANTWON TURNER. ■ Tratto da una fantomatica "storia vera", il mondo del basket scolastico americano visto attraverso le gesta di un coach dai saldi principi. Si tratta dunque dell'ennesimo titolo che vede come tema principale il binomio sport/educazione, ripercorrendo tutti i must del genere in modo non esageratamente banale. Carter viene ingaggiato come allenatore dal liceo di Richmond, al fine di risollevare le sorti della squadra di basket dell'istituto. Al coach spetterà il duro compito di farsi rispettare dai membri della squadra e portare il team alla vittoria. ■ SPORTIVO; COL.; 136'; USA, 2005.

COBB ★★★
Regia di RON SHELTON. Con LOLITA DAVIDOVICH, TOMMY LEE JONES, LOU MYERS, ROBERT WUHL. ■ Al Stump è un cronista a cui è affidato l'ingrato compito di scrivere la biografia di un leggendario campione di baseball, Ty Cobb. Costui è un nichilista, misogino e razzista. Un personaggio scostante che Tommy Lee Jones tratteggia con grande abilità sotto la regia di Ron Shelton, impegnato a raccontare il mondo dello sport con uno stile assolutamente diverso da quello usato per *Bull Durham*. ■ DRAMMATICO; COL.; 128'; USA, 1994.

COBRA ★★
Regia di GEORGE PAN COSMATOS. Con BRIGITTE NIELSEN, RENI SANTONI, SYLVESTER STALLONE. ■ Smessi (temporaneamente) i panni di Rambo, Stallone indossa quelli quasi uguali di Marion Cobretti, detto "Cobra", poliziotto dalle maniere alquanto spicciative che, per proteggere una testimone-chiave (la Nielsen, allora moglie di Stallone), si sbizzarrisce in svariati massacri. Film di mestiere, spettacolare e violento quanto basta (e avanza). ■ POLIZIESCO; COL.; 87'; USA, 1986.

COBRA, IL *(Cobra Woman)* ★★★
Regia di ROBERT SIODMAK. Con LON CHANEY JR, JON HALL, MARIA MONTEZ, SABÙ. ■ Su un'isola misteriosa, di cui è regina una vecchia, imperversa una perfida sacerdotessa, che ha un'angelica gemella. La vecchia regina, a prezzo della sua vita, riesce a far sostituire la sacerdotessa cattiva dalla gemella buona. Ma questa se ne andrà dall'isola con uno straniero di cui si è innamorata. ■ FANTASTICO; COL.; 70'; USA, 1948.

COBRA, IL ★★
Regia di MARIO SEQUI. Con DANA ANDREWS, ANITA EKBERG, PETER MARTELL, ELISA MONTES. ■ Rand e Keely, agenti speciali del servizio segreto, si recano a Beirut per scoprire in che modo Cobra, capo di una gang di spacciatori di stupefacenti, riesca a far pervenire la droga negli Stati Uniti. I due scoprono che la tecnica del Cobra è ingegnosa. Costui infatti si serve del paracadute per fare le consegne. I due agenti hanno partita vinta. ■ SPIONAGGIO; COL.; 100'; ITALIA, 1967.

COBRA CONTRO NINJA ★
Regia di LENNY FANG. Con ALAN FRISS, RICHARD HARRISON, STUART SMITH. ■ Un esperto insegnante di arti marziali è riuscito a costituire un gruppo di allievi particolarmente capaci. Saranno proprio questi ragazzi a toglierlo dai guai quando si troverà di fronte Cobra. ■ AVVENTURA; COL.; 90'; USA, 1987.

COBRA FORCE ★
Regia di JOE TORNATORE. Con ANTHONY CARUSO, MIKE LANE, RICHARD X. SLATTERY. ■ Il diffondersi della droga corrompe ragazzi e ragazze di ogni età. Per tentare di debellare il fenomeno, alcuni reduci del Vietnam si schierano contro la mafia. Ma gli interessi in gioco sono alti e la morte non fa distinzione tra buoni e cattivi. ■ DRAMMATICO; COL.; 100'; USA, 1987.

COBRA MISSION ★★
Regia di LARRY LUDMAN. Con CHRISTOPHER CONNELLY, MANFRED LEHMAN, OLIVER TOBIAS, JOHN STEINER. ■ Tre ex combattenti in Vietnam, spinti dal loro ex colonnello, tornano parecchi anni dopo nello stesso inferno per liberare i prigionieri americani che ancora non hanno fatto ritorno. Nell'impresa coinvolgono un quarto amico comune che ha dei conti da regolare laggiù. Affrontando rischi e scontri sanguinosi, i quattro campioni recuperano i

prigionieri e li riportano in patria. Praticamente un *Rambo 2* più casereccio. ■ AVVENTURA; COL.; 100'; ITALIA, 1985.

COBRA VERDE ★★★
Regia di WERNER HERZOG. Con SALVATORE BASILE, PETER BERLING, KLAUS KINSKI. ■ Dopo *Aguirre* e *Fitzcarraldo* Werner Herzog e Klaus Kinski si lanciano in un'altra storia di straordinaria follia ai tropici. Anche Cobra Verde è realmente esistito. Si chiamava Francisco Manoel da Silva, un trafficante di schiavi che da bandito in Brasile divenne il viceré di una regione della costa occidentale dell'Africa. Fulminea come era stata la sua conquista del potere, avvenne la sua caduta (preso in mezzo in una faida tribale). ■ AVVENTURA; COL.; 111'; GERMANIA, 1987.

COCA COLA KID *(The Coca Cola Kid)* ★★★
Regia di DUSAN MAKAVEJEV. Con BILL KERR, ERIC ROBERTS, GRETA SCACCHI. ■ Un ex marine viene mandato in Australia per incrementare le vendite di una fabbrica di Coca-Cola. Non riesce a far andare le cose come vorrebbe perché è osteggiato da tutti e circuito da un'avvenente segretaria, la quale alla fine riesce a legarlo a sé e a ridargli fiducia in se stesso. Divertente satira della vera guerra tra Coca e Pepsi diretta dal regista jugoslavo Makavejev operante in Australia. Anche Eric Roberts e Greta Scacchi non sono niente male. ■ COMMEDIA; COL.; 94'; AUSTRALIA, 1985.

COCAINA *(Johnny Stool Pigeon)* ★★
Regia di WILLIAM CASTLE. Con HOWARD DUFF, DAN DURYEA, SHELLEY WINTERS. ■ Un ex gangster e un agente di polizia danno la caccia ai trafficanti di narcotici. Terry, amica di un contrabbandiere, finge di invaghirsi di entrambi per scoprire il loro gioco, ma poi si innamorerà davvero di uno di essi. ■ POLIZIESCO; B/N; 75'; USA, 1949.

COCAINA *(Cocaine: One Man's Seduction)* ★★
Regia di PAUL WENDKOS. Con PAMELA BELLWOOD, KAREN GRASSLE, JAMES SPADER, DENNIS WEAVER. ■ Un agente immobiliare si vede continuamente umiliato sul lavoro. Troverà conforto nella cocaina. Superficiale e recitato manieristicamente il film ha come unica curiosità l'interpretazione, nel ruolo del figlio, di un giovane James Spader, quello di *Sesso, bugie & videotape*. ■ DRAMMATICO; COL.; 104'; USA, 1980.

COCAINA *(The Boost)* ★★
Regia di HAROLD BECKER. Con STEVEN HILL, JAMES WOODS, SEAN YOUNG. ■ Giovane faccendiere, per dimenticare le traversie professionali, si dà alla cocaina. E quel che è peggio trascina nel vizio anche la bella consorte. Lui non ne uscirà più, lei forse. ■ DRAMMATICO; COL.; 76'; USA, 1988.

COCAINA CONNECTION *(Crackdown)* ★
Regia di LOUIS MORNEAU. Con ROBERT BELTRAN, CLIFF DE YOUNG, JAMIE ROSE. ■ Solito rimasticamento del genere poliziesco con squadre anti-droga. La novità sta in un commissario originario del Perù. Deve essere catturato un importante e pericoloso narco-trafficante. ■ POLIZIESCO; COL.; 83'; USA, 1992.

COCCO DI MAMMA, IL ★★
Regia di MAURO MORASSI. Con MAURIZIO ARENA, GERONIMO MEYNIER, FRANCA RAME, INGEBOR SCHOENER. ■ Aldo, boxeur perditempo e vanitoso, si innamora di Laura che non vuol saperne di lui. Allora, per dimostrarle la sua serietà, accetta un pericoloso combattimento e riesce a vincerlo rifuggendo dalla sua abituale prudenza. Supererà così lo scetticismo di Laura. ■ COMMEDIA; B/N.; 92'; ITALIA, 1957.

COCCO MIO *(Gros câlin)* ★★★
Regia di JEAN PIERRE RAWSON. Con JEAN CARMET, NINO MANFREDI, ENRICO MARIA SALERNO, MARTHE VILLALONGA. ■ Un impiegatuccio vive *more uxorio* (o quasi) con un pitone. Ma un giorno arriva una bella prostituta di colore. Il ménage a tre è impossibile: la donna decide di andarsene. Troppo tardi: il travet innamorato aveva già venduto il pitone a un circo. ■ COMMEDIA; COL.; 95'; FRANCIA, ITALIA, 1979.

COCCO DI NONNA *(Grandma's Boy)* ★
Regia di NICHOLAUS GOOSSEN. Con LINDA CARDELLINI, ALLEN COVERT, PETER DANTE. ■ Durante il giorno Alex testa videogame, di notte si dedica allo sviluppo di un nuovo gioco di sua invenzione. Le cose iniziano a complicarsi quando è costretto a vivere con la nonna Lilly e le sue amiche Grace e Bea. Ai colleghi racconta delle sue nuove inquiline belle e sexy, ma un giorno la nonna e le sue amiche si presentano sul posto di lavoro dove Alex ha già numerosi problemi con J.P., inventore di videogiochi che sembra uscito da una parodia di *Matrix*, e con Samantha, la manager incaricata di seguire l'ultima fase dello sviluppo de *Lo sterminatore 3*, il gioco che dovrà conquistare il mercato. ■ COMMEDIA; COL.; 94'; USA, 2006.

COCHECITO, EL ★★★
Regia di MARCO FERRERI. Con JOSÉ ISBERT, JOSÉ LUIS LOPEZ VAZQUÉZ, PEDRO PORCEL. ■ Terzo lungometraggio per Marco Ferreri e ultimo prima di approdare in Italia. Tratto da un racconto di Rafael Azcona il film narra la storia di un uomo anziano che viene messo da parte dalla sua famiglia di estrazione piccolo-borghese e che quindi cerca conforto nell'amicizia con un paralitico. ■ GROTTESCO; B/N; 88'; SPAGNA, 1960.

COCKTAIL ★★
Regia di ROGER DONALDSON. Con BRYAN BROWN, TOM CRUISE, RON DEAN, GINA GERSHON, JUSTIN LOUIS, LAURENCE LUCKINBILL, KELLY LYNCH, ELISABETH SHUE. ■ Dopo aver lasciato l'esercito Brian Flanagan, giovane ambizioso, cerca un lavoro a New York, ma senza una specializzazione trova soltanto un impiego part-time come barman. Il boss Douglas Koglan inizia a introdurlo nei segreti del mestiere e ben presto il duo diviene la più famosa coppia di baristi di Manhattan. Spinto dall'inatteso successo Brian, raccolti i fondi necessari, si trasferisce in Giamaica, dove si innamora della bella Jordan. Ci saranno complicazioni, ma vivranno felici e contenti. ■ COMMEDIA; COL.; 104'; USA, 1988.

COCKTAIL DEL DIAVOLO, IL ★★
(If he Hollers, Let him Go!)
Regia di CHARLES M. MARTIN. Con KEVIN MCCARTHY, ANN PRENTISS, RAIMOND ST JACQUES, DANA WYNTER. ■ Un giovane nero, accusato d'aver violentato e ucciso una ragazza bianca, riesce a fuggire dalla prigione e a scoprire il vero colpevole con l'aiuto d'una donna. ■ GIALLO; COL.; 106'; USA, 1968.

COCOANUTS – NOCI DI COCCO *(The Cocoanuts)* ★★★
Regia di ROBERT FLOREY. Con MARY EATON, CHICO MARX, GROUCHO MARX, HARPO MARX, ZEPPO MARX, OSCAR SHAW. ■ Tratto dalla commedia omonima portata a teatro dai celebri fratelli Marx, è il loro film d'esordio. Un cacciatore di dote cerca di rubare una collana di diamanti. ■ COMM. MUSICALE; B/N; 95'; USA, 1929.

COCO AVANT CHANEL – L'AMORE PRIMA DEL MITO *(Coco avant Chanel)* ★★
Regia di ANNE FONTAINE. Con EMMANUELLE DEVOS, MARIE GILLAIN, ALESSANDRO NIVOLA, BENOÎT POELVOORDE, AUDREY TAUTOU. ■ Dopo il successo del film biografico su Edith Piaf, Audrey Tautou interpreta Coco Chanel. Il film era nato in origine solo per gli schermi televisivi, ma la Warner Bors ha insistito per farne un'opera da grande schermo. La storia si concentra sugli anni di Gabrielle "Coco" Chanel precedenti la trasformazione dell'omonima casa di moda in icona estetica mondiale; nel film si cerca di ripercorrere le esperienze e gli incontri che hanno formato il gusto e lo stile di Chanel. Alessandro Nivola interpreta Arthur "Boy" Capel, uno dei grandi amori di Coco, che ha finanziato il suo lavoro agli inizi e che morì in un incidente automobilistico. ■ BIOGRAFICO; COL.; 105'; FRANCIA, 2008.

COCOON – IL RITORNO *(Cocoon: the Return)* ★★
Regia di DANIEL PETRIE JR. Con DON AMECHE, STEVE GUTTENBERG, JESSICA TANDY. ■ I vecchietti del primo *Cocoon*, dopo esser saliti sull'astronave aliena ed essersi assicurati praticamente l'immortalità, vengono presi dalla nostalgia della Terra. Chiedono e ottengono un "permesso" per rivedere la loro vecchia cittadina americana. Ma la rimpatriata non è priva di complicazioni. ■ COMMEDIA; COL.; 116'; USA, 1988.

COCOON – L'ENERGIA DELL'UNIVERSO *(Cocoon)* ★★★
Regia di RON HOWARD. Con DON AMECHE, WILFORD BRIMLEY, HUME CRONYN. ■ Tre vecchietti diventano improvvisamente arzilli a forza di immergersi nella piscina di una casa di riposo per anziani. Scoprono che questa energia vitale è sprigionata da stra-

ni massi depositati sul fondo della piscina che in realtà contengono i resti di extraterrestri di cento secoli fa pescati in mare e depositati in piscina per poi trasportarli nel loro pianeta. In poco tempo tutti i vecchietti dell'ospizio ritrovano l'energia dei vent'anni e, quando un alieno propone loro di partire verso il pianeta dell'eterna giovinezza, accettano. Ron Howard, ex *Happy Days* diventato regista di successo, ha confezionato uno dei suoi migliori film che ha valso un Oscar al bravo Don Ameche. ■ FANTASTICO; COL.; 117'; USA, 1985. ■ GOLDEN GLOBES 1 NOM; OSCAR 2 PR, 2 NOM.

CODA DEL DIAVOLO, LA *(Pengar)* ★★
Regia di LARS-ERIC KJELLGREN. Con SIGGE FURST, INGA LANDGRÉ, NILS POPE. ■ Un inesperto giovanotto trova lavoro presso duri boscaioli. Costoro, venendo a sapere casualmente che egli è l'erede di una grossa fortuna, cercano – blandendolo – di ottenere da lui un testamento. L'uomo scopre tutto e corre a ritirare l'eredità; l'ora stabilita, però, è scaduta da un minuto. A questo punto, tutte le sostanze dovrebbero essere assegnate ad un inesistente ente zoofilo. Ma per lo spettatore c'è una sorpresa. ■ COMICO; B/N; 89'; SVEZIA, 1945.

CODA DEL DIAVOLO, LA ★★★
Regia di GIORGIO TREVES. Con PIERA DEGLI ESPOSTI, ISABELLE PASCO, ROBIN RENUCCI. ■ Robert Briand, un giovane medico volonteroso, nel XV secolo, e la sua amante Teresa, curano dei sifilitici in un campo per lebbrosi. Robert presto s'innamora di una di loro, Marie Blanche, che pare però negativa ai sintomi della sifilide. Tra loro c'è Laurent, che difende la ragazza dai lebbrosi, ed Eleonora, fatta rinchiudere per vendetta dal marito tradito. Robert cerca di far fuggire l'innamorata lasciando aperta la porta del lebbrosario, ma sarà Laurent a fuggire e, inseguito, verrà ucciso. Minacciato da un'inchiesta dovrà partire anche Robert, non prima d'aver lasciato nelle mani di un amico Marie Blanche. ■ DRAMMATICO; COL.; 90'; ITALIA, 1987. ■ DAVID DI DONATELLO 1 PR, 1 NOM.

CODA DELLO SCORPIONE, LA ★★
Regia di SERGIO MARTINO. Con GEORGE HILTON, LUIGI PISTILLI, EVELYN STEWART, ANITA STRINDBERG. ■ La signora Baumer si reca ad Atene per ritirare un milione di dollari che l'assicurazione deve pagare per la morte di suo marito in un incidente aereo. Ma dopo aver riscosso la somma la vedova viene assassinata. Sarà una giovane reporter parigina a far luce. ■ GIALLO; COL.; 92'; ITALIA, 1971.

CODARDO, IL *(Brazer Bell)* ★★
Regia di JAMES SHELDON. Con GARY CLARKE, LEE J. COBB, DOUG MCCLURE, GEORGE C. SCOTT. ■ In un villaggio del West due evasi si rifugiano in una scuola prendendo in ostaggio i ragazzi e il maestro. Costui, con l'aiuto della moglie, che in paese era stata giudicata altera e odiosa, riesce a risolvere la situazione. ■ WESTERN; B/N; 80'; USA, 1963.

CODE NAME DANCER – NOME IN CODICE: BALLERINO *(Code name: Dancer)* ★★
Regia di BUZZ KULIK. Con KATE CAPSHAW. ■ Anche nel mondo della danza classica può correre un brivido e la musica può ispirare strane passioni. ■ THRILLER; COL.; 93'; USA, 1987.

CODE NAME EMERALD ★
Regia di JONATHAN SANGER. Con HORST BUCHHOLZ, ED HARRIS, MAX VON SYDOW. ■ Alla vigilia dello sbarco in Normandia (giugno del 1944) un giovane ufficiale americano è catturato dai tedeschi. Per evitare che il prigioniero riveli importanti segreti militari, i comandanti alleati spediscono sulle sue tracce un altro americano perché lo neutralizzi. ■ GUERRA; COL.; 93'; GRAN BRETAGNA, USA, 1985.

CODE NAME: GERONIMO ★★
(Seal Team 6: The Raid on Osama Bin Laden)
Regia di JOHN STOCKWELL. Con CAM GIGANDET, ROBERT KNEPPER, ANSON MOUNT, KATHLEEN ROBERTSON, XZIBIT. ■ I fatti, i protagonisti e le azioni che hanno portato alla storica cattura di Osama Bin Laden da parte dell'esercito statunitense nel 2011. Dopo aver ricevuto una soffiata su alcuni possibili nascondigli del terrorista, la Cia ordina a una squadra di Navy Seals di iniziare ad addestrarsi mentre vengono raccolte più informazioni e accertata la presenza del numero uno di Al Qaeda nei posti indicati. Durante l'addestramento emergono contrasti e difficoltà nel team che dovranno essere superate nel momento in cui viene dato il via libera all'operazione Geronimo. ■ AZIONE; COL.; 90'; USA, 2012.

CODICE DA VINCI, IL *(The Da Vinci Code)* ★★
Regia di RON HOWARD. Con PAUL BETTANY, FRANCESCO CARNELUTTI, TOM HANKS, IAN MCKELLEN, ALFRED MOLINA, JÜRGEN PROCHNOW, JEAN RENO, AUDREY TAUTOU. ■ Il cadavere del curatore del Louvre viene trovato ricoperto di strani segni e nella posizione dell'uomo di Vitruvio di Leonardo da Vinci. Delle scritte sul suo corpo coinvolgono Robert Langdon, un esperto di simbologia che insieme alla nipote del morto inizierà una ricerca che potrebbe portare a uno sconvolgimento della fede cristiana. De *Il Codice da Vinci* si è detto e scritto a dismisura, tanto da costruire un'attesa per il film decisamente al di là delle sue qualità. Ron Howard avrebbe potuto lavorare su quello che il romanzo offriva di interessante, come ad esempio la tensione verso un ruolo maggiore della donna nella Chiesa, invece si limita a seguire il plot di base. Le falsificazioni storiche di Dan Brown vengono collocate in flashback virati e tremolanti che sanno molto di posticcio, mentre i due protagonisti procedono di casella in casella come nel gioco dell'oca. I credenti avevano motivo di temere questo film, perché nel romanzo la tensione narrativa è sostenuta con una scrittura da autore di best seller consumato; e se è vero come è vero che il cinema raggiunge masse che non hanno mai letto un libro in vita loro, le ansie sono giustificate. Ma, come è scritto a premessa del libro, la storia è opera di fantasia: personaggi e luoghi citati sono invenzioni dell'autore e hanno lo scopo di conferire veridicità alla narrazione e sullo schermo tutto ciò diventa assolutamente evidente. Tra il caveau di una banca e la cripta di una chiesa antica, si dipana un thriller di discreta fattura con influssi di road movie. Ma davvero nulla di più. ■ DRAMMATICO; COL.; 148'; USA, 2006.

CODICE DELLA PISTOLA, IL ★★
(The Man from Galveston)
Regia di WILLIAM CONRAD. Con JAMES COBURN, PRESTON FOSTER, JEFFREY HUNTER, JOANNA MOORE. ■ Un giovane avvocato difende una donna accusata di omicidio. Durante l'istruttoria avviene un secondo omicidio e stavolta è accusato il marito dell'imputata, ma il giovane avvocato saprà far luce su entrambi i delitti. ■ WESTERN; B/N; 57'; USA, 1964.

CODICE DEL SILENZIO, IL *(Code of Silence)* ★★
Regia di ANDREW DAVIS. Con CHUCK NORRIS, BERT REMSEN, HENRY SILVA. ■ Poliziotto senza macchia e senza paura, il sergente Cusack sta per incastrare una pericolosa banda di trafficanti di droga, ma gli uomini di una banda rivale arrivano prima di lui, fanno una strage e fuggono con il denaro e la merce. Caduto in disgrazia presso i colleghi e i superiori, Cusack dovrà cavarsela da solo, ma risolverà egualmente la situazione. ■ POLIZIESCO; COL.; 101'; USA, 1985.

CODICE D'ONORE *(Beyond Glory)* ★★★
Regia di JOHN FARROW. Con ALAN LADD, GEORGE MACREADY, DONNA REED, GEORGE COULOURIS. ■ Un giovane tenente deve compiere un'azione bellica in concomitanza con un capitano, ma per un'esplosione perde i sensi e quando entra in azione è troppo tardi: il capitano ci rimette la vita. Il tenente ne è sconvolto, cambia carattere, diviene tanto severo con gli allievi dell'accademia militare da venir denunciato. ■ GUERRA; B/N; 82'; USA, 1948.

CODICE D'ONORE *(Le choix des armes)* ★★
Regia di ALAIN CORNEAU. Con CATHERINE DENEUVE, GÉRARD DEPARDIEU, YVES MONTAND. ■ Ex capo della malavita, Noël ha cambiato vita e vive in campagna con la moglie che adora, allevando cavalli da corsa. La tranquillità viene sconvolta dall'arrivo di due evasi, dei quali uno, vecchio amico di Noël, morirà poco dopo. Il bilancio dell'avventura sarà molto amaro: la moglie di Noël verrà uccisa dalla polizia insieme con il secondo evaso. ■ DRAMMATICO; COL.; 135'; FRANCIA, 1981.

CODICE D'ONORE *(A Few Good Men)* ★★★★
Regia di ROB REINER. Con TOM CRUISE, DEMI MOORE, JACK NICHOLSON, KIEFER SUTHERLAND. ■ Base americana di Guanta-

namo a Cuba. Un militare meno coriaceo degli altri viene punito secondo il "codice d'onore" dei marines. Solo che il ragazzo muore. Scatta l'inchiesta. Da una parte il durissimo (ed esaltato) colonnello Nicholson, dall'altra l'ironico (e strafottente) avvocato Cruise. È in gioco il principio. Chi difende la patria («Chi sta sul muro», dice il colonnello) non deve avere debolezze. Il ragazzo era un debole, la sua morte rientra quasi nelle regole del gioco. Ma Cruise considera l'"incidente" un vero e proprio assassinio. I due marines "punitori" avevano obbedito a un ordine e sono "parzialmente" responsabili, ma il comandante è semplicemente un assassino. Stravince l'avvocato. È il solito vecchio tema del dovere e della coscienza. Ognuno è responsabile di quello che fa, al di là degli ordini ricevuti. Una storia vecchia maniera, si potrebbe dire, ma vecchia maniera, per fortuna, è la chiarezza dei sentimenti. Nicholson è sempre grande e Cruise non è da meno. E c'è anche, cosa sempre rara, della buona adrenalina nelle scene fondamentali. Per il resto è presente il senso che hanno gli americani dell'onore, dell'onestà e del dovere, rilanciato dall'ambiente militare dove "se uno sbaglia qualcuno muore". Ma la coscienza individuale deve prevalere. Lo avrebbe detto Kennedy, lo dirà Clinton. E questo è forse il primo film della sua era. ■ DRAMMATICO; COL.; 124'; USA, 1992. ■ GOLDEN GLOBES 5 NOM; OSCAR 4 NOM.

CODICE 215: VALPARAISO NON RISPONDE ★★★
(Il pleut sur Santiago)
Regia di HELVIO SOTO. Con BIBI ANDERSSON, RICCARDO CUCCIOLLA, BERNARD FRISSON, ANNIE GIRARDOT, NAICHO PETROV, LAURENT TERZIEFF, JEAN-LOUIS TRINTIGNANT. ■ Interessante ricostruzione del colpo di Stato cileno che rovesciò il presidente Allende nel 1973, girato con un buon cast da un esule. ■ DRAMMATICO; COL.; 110'; BULGARIA, FRANCIA, 1975.

CODICE GENESI *(The Book of Eli)* ★★★
Regia di ALBERT HUGES, ALLEN HUGES. Con JENNIFER BEALS, MILA KUNIS, GARY OLDMAN, RAY STEVENSON, DENZEL WASHINGTON. ■ In un futuro non troppo lontano, circa 30 anni dopo l'ultima guerra, Eli attraversa in solitudine la terra desolata che un tempo era l'America. Intorno a lui città abbandonate, autostrade interrotte, campi inariditi. Non c'è civiltà, né legge. Le strade sono in mano a bande che ucciderebbero un uomo pur di togliergli le scarpe, o per un po' d'acqua... ma anche senza motivo. Ma non possono far nulla contro questo viaggiatore. Guerriero non per scelta ma per necessità, Eli cerca solo la pace, ma se viene sfidato elimina gli avversari prima ancora che si accorgano dell'errore fatale che hanno commesso. Solo un altro uomo in quel mondo in rovina comprende quel potere. Vorrebbe impadronirsene ma Eli, il buono, ha la meglio. ■ THRILLER, COL.; 117'; USA, 2010.

CODICE HOMER – A DIFFERENT LOYALTY ★★
(A Different Loyalty)
Regia di MAREK KANIEVSKA. Con MICHAEL COCHRANE, RUPERT EVERETT, ANN LAMBTON, RICHARD MCMILLAN, JIM PIDDOCK, SHARON STONE, JULIAN WADHAM. ■ Una storia d'amore tormentata, ispirata a fatti realmente accaduti, si sviluppa tra intrighi internazionali e spionaggio sullo sfondo della guerra fredda. Leo, felicemente sposato con Sally, è costretto improvvisamente a fuggire da Beirut a causa del suo lavoro di spia. Sally, fino a questo punto all'oscuro della reale attività del marito, viene informata che Leo è un agente segreto del Kgb e per questo è ricercato dai servizi segreti americani. L'amore tra i due verrà messo alla prova da un fitto intreccio di menzogne e interessi internazionali. ■ SPIONAGGIO; COL.; 96'; CANADA, GRAN BRETAGNA, USA, 2004.

CODICE MAGNUM *(Raw Deal)* ★★
Regia di JOHN IRVIN. Con KATHRYN HARROLD, DARREN MCGAVIN, ARNOLD SCHWARZENEGGER. ■ Mark Kaminski, sceriffo tutto muscoli radiato dall'Fbi per i suoi metodi poco ortodossi, aiuta l'amico Harry Shannon, a cui la famiglia mafiosa Petrovita ha ucciso il figlio, a trovare gli assassini. Prima simula la sua morte, poi s'infiltra nella famiglia di trafficanti di droga come "gorilla". Attraverso Monique, ragazza di Max, braccio destro di Petrovita, Mark crea grossi guai alla gang concorrente. Ma Max, messo in ombra dal nuovo venuto, comincia a sospettarlo e fa in modo di metterlo a confronto con Shannon, ordinandogli di ucciderlo. Ma siamo alla resa dei conti, Max resta ucciso, Kaminski si scatena contro Petrovita e sicari. Sarà riassunto dai federali. ■ AVVENTURA; COL.; 97'; USA, 1986.

CODICE MARZIALE 2 *(Martial Law 2)* ★
Regia di KURT ANDERSON. Con CYNTHIA ROTHROCK, JEFF WINCOTT. ■ È la continuazione del film omonimo girato l'anno precedente. Le bande criminali di Los Angeles si esibiscono nelle arti marziali, scontrandosi in feroci corpo a corpo e facendosi giustizia da sé. ■ DRAMMATICO; COL.; 90'; USA, 1992.

CODICE MARZIALE 3 – IL RINNEGATO ★
(Martial Outlaw)
Regia di KURT ANDERSON. Con CYNTHIA ROTHROCK, JEFF WINCOTT. ■ La nuova puntata del tormentone marzial-poliziesco mantiene invariati gli ingredienti: stavolta i corpi speciali della polizia di Los Angeles devono arrestare un collega, passato dall'altra parte della barricata. Azione, ritmo e spettacolari colpi per il duo Wincott-Rothrock, a loro agio sul set come sul ring. La ripetitività, però, stronca anche i fan più agguerriti. ■ AZIONE; COL.; 85'; USA, 1993.

CODICE MARZIALE 1 *(Martial Law 1)* ★
Regia di STEVE COHEN. Con DAVID CARRADINE, ANDY MCCUTCHEON, CHAD MCQUEEN, CYNTHIA ROTHROCK. ■ Una coppia di poliziotti molto determinati cerca di arrestare uno spacciatore che, tra l'altro, ha coinvolto il fratello minore di uno dei due poliziotti. Chad McQueen esordisce ma è lontano dalle *performance* di papà Steve. ■ POLIZIESCO; COL.; 88'; USA, 1990.

CODICE MERCURY *(Mercury Rising)* ★★
Regia di HAROLD BECKER. Con ALEC BALDWIN, BRUCE WILLIS. ■ Un bambino malato di autismo giocando decodifica un numero segreto del Ministero della difesa. Naturalmente nessuno crede al caso e per cominciare vengono uccisi i genitori del piccolo, del quale poi si prende cura Bruce Willis, che fa il Bruce Willis. Sparatorie, inseguimenti in macchina, e il cattivo (Baldwin) sconfitto alla fine. ■ THRILLER; COL.; 110'; USA, 1997.

CODICE OMICIDIO 187 *(187)* ★★
Regia di KEVIN REYNOLDS. Con JOHN HEARD, SAMUEL L. JACKSON, SIDNEY POITIER. ■ Storia vera di Trevor Garfield, professore di scienze che dopo una disastrosa esperienza in un istituto superiore di Brooklyn, dove rischia letteralmente la vita per la violenza degli studenti, passa a una nuova esperienza, quasi identica, in una scuola di Los Angeles. Come a dire che non si tratta di un caso, è proprio il sistema che è marcio e irrecuperabile. Dopo il grande, grottesco proclama futuribile di *Waterworld*, per fortuna naufragato, Reynolds resta coi piedi per terra: il proclama è più concreto anche se già sentito. ■ DRAMMATICO; COL.; 98'; USA, 1998.

CODICE PENALE *(The Criminal Code)* ★★★
Regia di HOWARD HAWKS. Con CONSTANCE CUMMINGS, MARY DORAN, WALTER HUSTON, BORIS KARLOFF. ■ Brady è un procuratore distrettuale non sempre corretto nelle proprie sentenze. Infatti, quando viene nominato sovrintendente d'un penitenziario vi trova vari detenuti da lui fatti condannare per la sua corruttibilità. Quando uno di questi viene ucciso, un altro si rifiuta di testimoniare contro l'assassino appellandosi al codice criminale. ■ DRAMMATICO; B/N; 97'; USA, 1931. ■ OSCAR 1 NOM.

CODICE PRIVATO ★★
Regia di FRANCESCO MASELLI. Con ORNELLA MUTI. ■ Una donna (forse) abbandonata dall'amante, passa la domenica a domandare il perché, telefonando agli amici e consultando il personal computer dell'uomo. *Tour de force* di Ornella Muti, in una libera rielaborazione del fatidico monologo *La voce umana* di Cocteau (in passato banco di bravura per mattatrici come la Magnani e la Bergman). Ornella non sfigura, abbastanza inaspettatamente. ■ DRAMMATICO; COL.; 90'; ITALIA, 1988. ■ VENEZIA 1 PR.

CODICE 46 *(Code 46)* ★★★★
Regia di MICHAEL WINTERBOTTOM. Con JEANNE BALIBAR, SAMANTHA MORTON, OM PURI, TIM ROBBINS. ■ Il futuro secondo Winterbottom: si è autorizzati a procreare solo se i due partner hanno la giusta compatibilità genetica; si è autorizzati a passare le frontiere solo con il permesso giusto; si è autorizzati ad entrare nelle città solo se dotati di adeguata copertura assicurativa. Chi non è

autorizzato, è *fuera*. Al regista, sensibile verso il dramma dell'umanità come pochissimi altri, deve esserci voluto poco perché i sogni si trasformassero in incubi e generassero questo delicato affresco di un'apocalisse minore. Nessuna meteora dall'iperspazio, niente maremoti né bombe atomiche: quando non saremo più liberi di amare chi vogliamo e come vogliamo, sarà l'Inferno sulla Terra. E, anche peggio, saremo tanto malati da non rendercene conto. ■ FANTASCIENZA; COL.; 92'; USA, 2003.

CODICE REBECCA *(The Key to Rebecca)* ★★
Regia di DAVID HEMMINGS. Con CLIFF ROBERTSON, DAVID SOUL. ■ Film per la televisione. Un pizzico di suspense e di sentimento in questo adattamento di uno dei romanzi di maggior successo di Ken Follett. La vicenda si svolge nel corso del secondo conflitto mondiale. ■ DRAMMATICO; COL.; 190'; GRAN BRETAGNA, 1985.

CODICE SEGRETO ★★★
Regia di WILLIAM K. HOWARD. Con WILLIAM POWELL, ROSALIND RUSSELL. ■ Un giovane che si è arruolato per combattere viene invece assegnato alla sezione codici del servizio segreto, per una raccomandazione fatta, a sua insaputa, dalla nipote del sottosegretario alla guerra, innamorata di lui. Egli la sposa e contemporaneamente ottiene di partire per il fronte, ma neanche questa volta riuscirà nel suo intento. ■ COMMEDIA; B/N; 91'; USA, 1935.

CODICE SEGRETO ★★
Regia di EDOUARD MOLINARO. Con PASCALE AUDRET, CLAUDE BRASSEUR, DANY CARREL, ROGER HANIN, CHARLES MILLOT. ■ Russi, francesi e americani indagano per scoprire i responsabili del trafugamento di documenti dall'ambasciata sovietica. Nasce anche una storia d'amore tra un impiegato russo, Andrej, e la francesina Lilior che frequenta una banda di gangster. ■ SPIONAGGIO; B/N; 90'; FRANCIA, 1962.

CODICE SEGRETO D'AZIONE: GUNPOWER ★★
(Gunpower)
Regia di NORMAN J. WARREN. Con DAVID GILLIAM, GORDON JACKSON, MARTIN POTTER. ■ Il diabolico dottor Wacher ha ordito un complotto che minaccia la pace nel mondo. Tre agenti speciali (due giovani e una bella ragazza) riescono però a metterlo in condizioni di non nuocere. ■ AVVENTURA; COL.; 92'; GRAN BRETAGNA, 1989.

CODICE: SWORDFISH *(Swordfish)* ★★
Regia di DOMINIC SENA. Con HALLE BERRY, CRAIG BRAUN, DON CHEADLE, DREA DE MATTEO, ZACH GRENIER, CAMRYN GRIMES, HUGH JACKMAN, VINNIE JONES, NICK LOREN, WILLIAM MAPOTHER, RUDOLF MARTIN, TIMOTHY OMUNDSON, SAM SHEPARD, JOHN TRAVOLTA, ASTRID VEILLON. ■ Travolta è Gabriel, un terrorista colto e affascinante, ricchissimo, che intende rubare alcuni miliardi di dollari da un fondo governativo, che gli serviranno, dice lui, a combattere il terrorismo del mondo, sempre più aggressivo. Dice «posso comprare tutte le testate atomiche che voglio a quaranta milioni di dollari». Per il grande furto informatico ha bisogno del più bravo hacker del mondo, uno che viola un codice in sessanta secondi quando gli altri ci mettono sessanta minuti. Per ricattarlo gli fa balenare la possibilità di riprendersi la figlia, affidata alla pessima madre. Poi c'è l'Fbi, il megasequestro su autobus portato via da un elicottero e il finale ultraprevisto: Gabriel forse si riciclerà. Se non fosse per l'imprevedibile e inquietante previsione sul terrorismo il film sarebbe il solito prodotto conosciuto. Da segnalare un Travolta ormai sempre più "carattere cattivo". Era meglio prima. ■ AZIONE; COL.; 99'; USA, 2001.

CODICE 3: EMERGENZA ASSOLUTA ★★
(Mother, Jugs & Speed)
Regia di PETER YATES. Con BILL COSBY, LARRY HAGMAN, RAQUEL WELCH. ■ Satira sulla spietata concorrenza tra ditte di ambulanze private e sul conseguente "commercio" di feriti e moribondi. A tratti divertente, ma non privo di cadute di tono. ■ COMMEDIA; COL.; 98'; USA, 1976.

CODICE Z X 3, CONTROSPIONAGGIO ★★★
(Im Namen des Teufels – The Devil's Agent)
Regia di JOHN PADDY CARSTAIRS. Con MACDONALD CAREY, MARIANNE KECK, CHRISTOPHER LEE, PETER VAN EYCK. ■ Un ex agente dei servizi segreti tedeschi nel corso di una missione si trova a dover far fronte a due organizzazioni rivali e quindi è costretto a giocare sull'inganno. Tradito da un amico, viene smascherato. ■ SPIONAGGIO; B/N; 96'; GERMANIA, 1962.

COFFEE AND CIGARETTES ★★★
Regia di JIM JARMUSCH. Con ROBERTO BENIGNI, CATE BLANCHETT, STEVE BUSCEMI, STEEVE COOGAN, ALFRED MOLINA, BILL MURRAY, IGGY POP, TOM WAITS, STEVEN WRIGHT. ■ Dodici episodi con ambientazione fissa compongono un progetto iniziato nel 1986 e che attraverso gli anni giunge infine a compimento. Tanti grossi nomi prestano il loro volto all'amico Jarmusch, in un carosello di personaggi che hanno in comune tre cose: fumano, bevono caffè e parlano di cose assolutamente prive di senso. La palma d'oro per il dialogo più improbabile a Tom Waits e Iggy Pop, due tra gli individui più "storti" e indispensabili del nostro tempo. Per quanti condividono e vivono l'idea che caffè+sigarette sia il matrimonio più riuscito di sempre, potrebbe diventare un vero manifesto. ■ SPERIMENTALE; B/N; 96'; USA, 2003.

COFFY ★★
Regia di JACK HILL. Con BROOKER BRADSHOW, ROBERT DOQUI, BILL ELLIOTT, PAM GRIER. ■ Coffy, infermiera in una clinica, scopre che la giovanissima sorella è una drogata ormai irrecuperabile. Decide di vendicarla. Riesce a introdursi nel mondo degli spacciatori e a ucciderne i vari componenti, tra i quali il suo ex fidanzato. Ma si rende conto che la piaga non è estirpabile. ■ DRAMMATICO; COL.; 91'; USA, 1973.

COGAN – KILLING THEM SOFTLY ★★
(Killing Them Softly)
Regia di ANDREW DOMINIK. Con VINCENT CURATOLA, JAMES GANDOLFINI, RICHARD JENKINS, RAY LIOTTA, BRAD PITT. ■ Franky e il suo socio, due piccoli delinquenti, accettano il colpo che viene loro proposto e svaligiano una bisca clandestina. La colpa dovrebbe ricadere sul gestore, per via di un suo vecchio errore. Ma le cose si complicano. La mafia fa allora appello a Jackie Cogan, perché regoli i conti e restauri i rapporti di potere. ■ COMMEDIA; COL.; 100'; USA, 2012.

COGNATINA, LA ★
Regia di SERGIO BERGONZELLI. Con PUPO DE LUCA, CARLO MICOLANO, GRETA VAILLANT, KARIN WELL, ROBERT WOOD. ■ Monica arriva dal collegio e seduce tutti i maschi del paese, compreso il proprio cognato, finché la sorella convince un calciatore a sposarla. ■ COMMEDIA; COL.; 93'; ITALIA, 1975.

COGNOME E NOME: LACOMBE LUCIEN ★★★★
(Lacombe Lucien)
Regia di LOUIS MALLE. Con PIERRE BLAISE, AURORE CLÉMENT, THÉRÈSE GIEHSE, HOLGER LAWENADLER, AVE NINCHI. ■ Lucien è un ragazzotto di campagna che, rifiutato dalla Resistenza, entra a far parte dei collaborazionisti della Gestapo. Ma quando questi vogliono arrestare la ragazza ebrea della quale s'è innamorato, uccide il tedesco mandato a prelevarla e fugge con lei e la nonna verso i Pirenei. Sarà ripreso e fucilato. ■ DRAMMATICO; COL.; 135'; FRANCIA, 1973. ■ GOLDEN GLOBES 1 NOM; OSCAR 1 NOM.

COHEN E KELLY IN AFRICA ★★
(Cohens and Kellys in Africa)
Regia di VIN MOORE. Con CHARLIE MURRAY, GEORGE SIDNEY, KATE PRICE, VERA GORDON. ■ Un interessante film del sottobosco cinematografico americano. La storia è esigua: narra le vicende di due amici in Africa e le loro esilaranti imprese. ■ COMMEDIA; B/N; 90'; USA, 1930.

♥ **COLAZIONE DA TIFFANY** *(Breakfast at Tiffany's)* ★★★★★
Regia di BLAKE EDWARDS. Con MARTIN BALSAM, JOSÉ LOUIS DE VILLALONGA, AUDREY HEPBURN, PATRICIA NEAL, GEORGE PEPPARD, MICKEY ROONEY. ■ Holly è una provinciale – ma molto sofisticata – che vive a New York. Ha frequentazioni di gente di ogni tipo: artisti, ricchi, malviventi. Paul è un giovane scrittore protetto da un'amante più anziana di lui. Holly e Paul abitano nello stesso palazzo. Si conoscono, diventano amici. La ragazza, che mira a sposare un miliardario, passa da una festa all'altra, rincorre il tempo, è fragile, passa da depressioni profonde a esaltazioni sfrenate. Ma non manca mai, la mattina, rientrando da una festa, di far colazione davanti alle vetrine di Tiffany, la leggendaria

gioielleria. Emergono, nel passato di Holly, scheletri e fantasmi, ma sono solo frutto della sua ingenuità. E comunque, sposare un ricchissimo messicano cancellerà tutto. Ma il magnate si tira indietro. A Holly rimane Paul, che l'ama davvero, e forse anche lei contraccambia. Alla fine i due si abbracciano nella pioggia scrosciante. Un classico della commedia americana, ma con tanti valori aggiunti, a cominciare da Truman Capote, autore del romanzo. Il film, nei decenni, è diventato un sempreverde. Anche se molti episodi e caratteri sono di maniera e scontati, qualche magia continua ad essere dispensata. A cominciare da Audrey Hepburn, nevrotica e insicura, da proteggere e scusare. Un personaggio certo datato, ma trasferibile decennio dopo decennio anche ai caratteri contemporanei, dove vale più che mai lo smarrimento e la ricerca di un'identità. C'è poi la canzone *Moon River* di Henry Mancini, diventata uno dei grandi temi abituali del cinema, sempreverde, appunto, e frequentatissimo. E poi Tiffany: impari, per esempio, che lì puoi comprare anche spendendo solo dieci dollari. Nessuna agenzia pubblicitaria, e nessun budget avrebbero potuto valere la testimonial Hepburn, davvero una delle attrici e dei personaggi più significativi del cinema e del secolo, capace, come forse nessuna, di dettare mode e comportamenti, e sogni. Il titolo continua ad essere nelle classifiche dei noleggi, e non è davvero frequente per un film di quel periodo. Anche questo è un segnale. ■ COMMEDIA; COL.; 115'; USA, 1961. ■ DAVID DI DONATELLO 1 PR, 1 NOM; OSCAR 2 PR, 5 NOM.

COLAZIONE DEI CAMPIONI, LA ★★
(Breakfast of Champions)
Regia di ALAN RUDOLPH. Con ALBERT FINNEY, GLENNE HEADLY, BARBARA HERSHEY, NICK NOLTE, BRUCE WILLIS. ■ Dwayne Hoover vende auto a Midland City con grande successo. Ma questo non gli basta e sta scivolando verso la pazzia. Tutti quelli che lo circondano in ambito familiare e professionale non sono perfettamente "a posto". Un giorno giunge in città lo scrittore di fantascienza Kilgore Trout il quale si ritiene depositario di una lettera di Dio che rivela che i viventi sono robot (l'uomo è l'unico però capace di mettere tutto in discussione). Il tentativo di portare sullo schermo il libro di Vonnegut (1973) risente di un'incapacità di rilettura e dell'epoca e della struttura grottesca di quelle pagine. Resta solo un Nick Nolte in mutande di chiffon rosse a distruggere il mito del macho roccioso. ■ GROTTESCO; COL.; 110'; USA, 1999.

COL CUORE IN GOLA ★★
Regia di TINTO BRASS. Con EWA AULIN, ROBERTO BISACCO, VIRA SILENTI, JEAN-LOUIS TRINTIGNANT. ■ Per scagionare una ragazza da una probabile accusa di omicidio, Bernard si mette in un mare di guai. Alla fine scopre che il suo donchisciottismo era sprecato, ma non ha la possibilità di dirlo a nessuno. ■ COMMEDIA; COL.; 107'; ITALIA, 1967.

COLD COMFORT FARM ★★
Regia di JOHN SCHLESINGER. Con EILEN ATKINS, KATE BECKINSALE, SHEILA BURRELL, STEPHEN FRY. ■ Inghilterra anni Trenta. Flora, rimasta senza genitori, va a vivere coi parenti contadini. Il suo modo di vedere la vita è letteralmente opposto a quello dei suoi ospiti, ma la ragazza ha dentro qualcosa di particolare. La sua vocazione a scrivere la fa diventare una buona interprete di caratteri. Alla fine, dove passa, le cose cambiano. Film "povero", in odore di *free*, un po' lontano dalle precedenti opere di Schlesinger, ma non privo di qualche buona intuizione. ■ COMMEDIA; COL.; 95'; GRAN BRETAGNA, 1996.

COLD FEET – PIEDI FREDDI *(Cold Feet)* ★★
Regia di ROBERT DORNHELM. Con KEITH CARRADINE, SALLY KIRKLAND, TOM WAITS. ■ Un terzetto svitato, smeraldi e un cavallo sono gli elementi del film che Dornhelm ha girato dopo l'altrettanto stralunato *Echo Park*. I tre vogliono trafugare i preziosi oltre il confine e così li fanno cucire da un veterinario nello stomaco del cavallo. Alcune trovate sono carine ma la storia è sfilacciata e un po' tirata via. Nella parte di Kenny c'è Tom Waits, grande cantautore americano. ■ GROTTESCO; COL.; 96'; USA, 1989.

COLD RIVER ★★
Regia di FRED SULLIVAN. Con AUGUSTA DABNEY, RICHARD JAECKEL, SUZANNE WEBER. ■ Un ragazzino e una ragazzina rischiano di perdersi nella zona degli Adirondak, la regione più fredda e montuosa dello Stato di New York. Trovano aiuto da parte dei generosi abitanti del luogo e prendono le loro parti, quando la zona è minacciata dagli speculatori che vogliono distruggerne la selvaggia bellezza. ■ AVVENTURA; COL.; 98'; USA, 1982.

COLE, IL FUORILEGGE *(Cole Younger Gunfighter)* ★★
Regia di ROBERT G. SPRINGSTEEN. Con JAMES BEST, ABBY DALTON, FRANK LOVEJOY, JAN MERLIN. ■ Un fuorilegge si presenta al processo avviato contro un suo amico accusato di aver ucciso un capitano. La sua deposizione scagiona il giovanotto e incastra un furbastro che avrebbe voluto, anche, soffiargli la fidanzata. ■ WESTERN; COL.; 78'; USA, 1958.

COL FERRO E COL FUOCO ★★★
Regia di SERGIO BERGONZELLI, FERNANDO CERCHIO. Con PIERRE BRICE, JEANNE CRAIN, RAOUL GRASSILLI, AKIM TAMIROFF, ELENA ZARESCHI. ■ Ispirato all'omonimo romanzo di H. Sienkiewicz, il film racconta le complesse vicende di una ribellione degli ucraini contro i polacchi. Agli episodi guerreschi si intreccia la storia d'amore di un colonnello polacco e di una bella principessa. ■ STORICO; COL.; 94'; ITALIA, 1962.

COLINOT L'ALZASOTTANE *(Colinot troussechemise)* ★★
Regia di NINA COMPANEEZ. Con BRIGITTE BARDOT, NATHALIE DELON, JEAN-CLAUDE DRUOT, BERNADETTE LAFONT, OTTAVIA PICCOLO. ■ Colinot, impenitente dongiovanni, va a cercare la fidanzata che gli è stata rapita. Mentre ne segue le tracce, non perde occasione per tenere alta la sua fama di conquistatore. Alla fine trova la ragazza, ma già maritata. Senza perdersi d'animo se ne riparte: tanto dietro l'angolo troverà altre pulzelle. ■ COMMEDIA; COL.; 105'; FRANCIA, 1973.

COLLAGE *(Le diable au coeur)* ★★
Regia di BERNARD QUEYSANNE. Con JANE BIRKIN, PHILIPPE LEMAIRE, EMMANUELLE RIVA, JACQUES SPIESSER. ■ Eric, figlio di un politicante dongiovanni e senza scrupoli, è un ragazzo introverso e sessualmente complessato. Il matrimonio dei suoi genitori è un fallimento e la prova è che il giovane un giorno trova la ragazza alla pari, della quale è segretamente innamorato, nel letto del padre. Sconvolto, ammazza il padre. Poi trascina la fanciulla in una casa isolata e la tiene segregata violentandola più volte. ■ DRAMMATICO; B/N; 105'; FRANCIA, 1976.

COLLANA DELLA PRINCIPESSA, LA ★★
(Prinzessin Sissy)
Regia di FRITZ THIERY. Con PAUL HÖRBIGER, GERDA MAURUS, TRAUDI STARCK. ■ La favoletta racconta la storia della piccola Sissy, figlia del duca di Baviera, che per aiutare dei poveri artisti di circo dà in pegno una preziosa collana regalatale dalla regina. La faccenda viene scoperta e scoppia il putiferio a corte. Ma Sissy, tenera e gentile, riesce a commuovere anche il cuore del re. ■ COMMEDIA; B/N; 80'; GERMANIA, 1938.

COLLANA DELLA REGINA, LA ★★
(L'affaire du collier de la reine – Le collier de la reine)
Regia di TONY LEKAIN, GASTON RAVEL. Con MARCELLE CHANTAL, FÉRNAND FABRE, DIANE KARENNE, GEORGES LANNES, JEAN WEBER. ■ Un'avventuriera riesce a convincere un cardinale a trattare per conto della regina di Francia l'acquisto di una collana di diamanti. Poi se ne impossessa e rivende le pietre preziose. Ma lo scandalo scoppia: il cardinale viene scagionato e l'unica colpevole paga. La storia è quella raccontata da Dumas padre. ■ AVVENTURA; B/N; 87'; FRANCIA, 1929.

COLLANA DELLA REGINA, LA ★★
(L'affaire du collier de la reine)
Regia di MARCEL L'HERBIER. Con MARION DORIAN, MAURICE ESCANDE, VIVIANE ROMANCE. ■ Per la seconda volta l'opera di Dumas padre viene portata sugli schermi. Il bis è decisamente mediocre. ■ AVVENTURA; B/N; 118'; FRANCIA, 1946.

COLLANA DELLA SFINGE NERA, LA ★★
(Geständnis unter vier Augen)
Regia di ANDRÉ MICHEL. Con IVAN DESNY, WERNER HINZ, HILDEGARDE KNEFF, CARL RADDATZ. ■ Un poco di buono cerca di rifarsi una vita lavorando onestamente. Ma il passato ritorna: la figlia di una sua vittima riconosce una collana che apparteneva al pa-

dre. La ragazza, senza sapere che l'uomo era stato il ladro, se ne innamora ed è ricambiata. La verità, però, viene a galla e il colpevole trova il coraggio di costituirsi. ■ GIALLO; B/N; 92'; GERMANIA, 1954.

COLLANA DI PERLE, LA *(Romanze in Moll)* ★★
Regia di HELMUT KAUTNER. Con SIEGFRIED BREUER, PAUL DAHLKE, MARIANNE HOPPE, FERDINAND MARIAN. ■ Ispirato ad un racconto di Guy de Maupassant, il film narra la storia di una donna, trascinata all'adulterio, che non riesce a convivere con l'ambiguità. ■ DRAMMATICO; B/N; 90'; GERMANIA, 1943.

COLLANA INSANGUINATA, LA *(Mystery in Mexico)* ★★★
Regia di ROBERT WISE. Con RICARDO CORTEZ, WILLIAM LUNDIGAN, JACQUELINE WHITE. ■ Dopo il furto di una collana, un detective della compagnia di assicurazioni segue fino in Messico la sorella di un suo collega che gli pare implicata nel furto. La collana fa gola a troppi e il detective deve darsi da fare prima di riuscire a compiere la sua missione e a impalmare la ragazza. ■ POLIZIESCO; B/N; 93'; USA, 1948.

COLLARE DI FERRO, IL *(Showdown)* ★★
Regia di ROBERT G. SPRINGSTEEN. Con KATHLEEN CROWLEY, CHARLES DRAKE, AUDIE MURPHY. ■ Due giovanotti, Bert e Chris, si prendono una sbornia e si ritrovano agli arresti insieme con una banda di criminali. Questi riescono a scappare e li conducono con loro. Bert cerca di fare il furbo, ma ci lascia le penne. Chris se la cava ed eredita la bella dell'amico. ■ WESTERN; B/N; 79'; USA, 1962.

COLLATERAL ★★★
Regia di MICHAEL MANN. Con PETER BERG, TOM CRUISE, BODHI ELFMAN, JAMIE FOXX, IRMA P. HALL, RICHARD T. JONES, BRUCE MCGILL, EMILIO RIVERA, MARK RUFFALO, KLEA SCOTT, BARRY SHABAKA HENLEY, JADA PINKETT SMITH. ■ Los Angeles, atmosfera sincopata. Max, tassista modello, compie una corsa con un procuratore donna che avrebbe dovuto discutere un caso in tribunale la mattina successiva. Immediatamente dopo, un nuovo cliente, Vincent, gli fa una proposta allettante, accompagnarlo per l'intera notte in cambio di settecento dollari. Max si fa convincere, senza sapere che da quel momento avrebbe iniziato un viaggio allucinante. Vincent è infatti un killer di professione che deve regolare i conti con cinque persone, una delle quali, a sua insaputa, sta a cuore al conducente di taxi. Difficile dichiarare se l'elemento più coinvolgente di questo riuscito *action movie* sia quello visivo o quello della sceneggiatura. Un mix, comunque, convincente. ■ AZIONE; COL.; 119'; USA, 2004. ■ GOLDEN GLOBES 1 NOM; OSCAR 1 NOM.

COLLEGE ★★★
Regia di JAMES W. HORNE. Con FLORA BRAMLEY, ANN CORNWALL, BUSTER KEATON. ■ California. Un giovane decide di continuare gli studi e di andare all'università. Si innamora della ragazza più popolare del college. Per poterla conquistare gareggia alle gare atletiche con molto slancio ma poca fortuna. ■ COMMEDIA; B/N; 65'; USA, 1927.

COLLEGE ★★
Regia di FRANCO CASTELLANO, PIPOLO. Con NICOLA FARRON, FEDERICA MORO, CHRISTIAN VADIM. ■ Storia d'amore a lieto fine fra una studentessa di un college d'alta classe e un cadetto della vicina accademia navale. Molta musica e protagonisti di bell'aspetto per un film disimpegnato e piuttosto banale che ha dato origine a una miniserie tv. ■ COMMEDIA; COL.; 96'; ITALIA, 1984.

COLLEGIO FEMMINILE *(Girls Dormitory)* ★★
Regia di IRVING CUMMINGS. Con HERBERT MARSHALL, SIMONE SIMON. ■ Una collegiale si innamora del suo professore. Costui la ricambia, ma il regolamento dell'istituto pone non pochi ostacoli al loro rapporto. La fanciulla fugge, ma il professore la ritrova e presenta regolare domanda di matrimonio. ■ COMMEDIA; B/N; 66'; USA, 1936.

COLLEGIO PIÙ PAZZO DEL MONDO, IL ★★
(The Belles of St. Trinian's)
Regia di FRANK LAUNDER. Con GEORGE COLE, JOYCE GRENFELL, ALASTAIR SIM. ■ Dalle strisce di Ronald Searle. Una farsa inglese di grande successo che ha avuto ben tre "seguiti". Il collegio è una scuola per fanciulle dove chi comanda veramente è il losco fratello della direttrice, di professione (disonesto) allibratore di corse ippiche. ■ COMMEDIA B/N; 94'; GRAN BRETAGNA, 1954.

COLLEGIO SI DIVERTE, IL ★★
(She's Working her Way Through College)
Regia di BRUCE H. HUMBERSTONE. Con VIRGINIA MAYO, GENE NELSON, RONALD REAGAN. ■ Un'attrice, spinta da ambizioni letterarie, frequenta in incognito un corso universitario per scrittori. La bella spopola. Per il saggio di fine anno propone e ottiene che sia messa in scena una commedia musicale. Intanto c'è chi scopre la sua vera identità e incominciano le grane. Ma una bella donna, attrice di successo, sa sempre come cavarsela. ■ COMMEDIA; COL.; 101'; USA, 1952.

COLLERA DEL VENTO, LA *(La colera del viento)* ★★
Regia di MARIO CAMUS. Con MARIA GRAZIA BUCCELLA, CARLO ALBERTO CORTINA, TERENCE HILL, ANGEL LOMBARTE, MARIO PORDO. ■ I proprietari terrieri andalusi vogliono reprimere la rivolta dei braccianti che chiedono condizioni più umane. Assoldano perciò due killer. Uno, dopo aver cominciato il lavoro, si schiera a fianco dei braccianti. L'altro deve uccidere l'unico latifondista comprensivo e disponibile alla trattativa. Buoni e cattivi muoiono tutti. ■ DRAMMATICO; COL.; 93'; SPAGNA, 1970.

COLLERA DI DIO, LA *(The Wrath of God)* ★★★
Regia di RALPH NELSON. Con VICTOR BUONO, JOHN COLICOS, RITA HAYWORTH, FRANK LANGELLA, ROBERT MITCHUM. ■ Per cavarsi dai guai, un irlandese, una ragazza e un sacerdote accettano l'incarico di far fuori Tomas De la Plata. Giunti nel villaggio di minatori dove costui vive, riescono a farsi benvolere dalla povera gente. Per compiere la loro missione seguono una via un po' complicata, ma ci riescono. ■ AVVENTURA; COL.; 111'; USA, 1952.

COLLEZIONE INVISIBILE, LA ★★
Regia di GIANFRANCO ISERNIA. Con FELICE ANDREASI, FRANCESCO COLELLA, ANA VALERIA DINI, EDOARDO LEO, MARISA MANTOVANI. ■ Stranamente, e finalmente, un giallo italiano. Un film di genere, che il nostro cinema ha completamente bandito. Teatro, il Testaccio a Roma. Ottavio Proietti è un vecchio strozzino, padrone del palazzo. Nessuno lo ama. È molto ricco e fra i suoi pezzi forti c'è una collezione di preziosissimi disegni. Fra gli inquilini, tutti in vari modi legati (per soldi) al padrone di casa, c'è qualcuno che sa della collezione e progetta il colpo. I personaggi del mistero sono: un poliziotto in disarmo, un cameriere spendaccione, tre vecchine tipo *Arsenico e vecchi merletti*, un vecchio sgradevole pieno di soldi. Meglio il "cinema" del plot. Un tentativo. ■ DRAMMATICO; COL.; 110'; ITALIA, 2001.

COLLEZIONISTA, IL *(The Collector)* ★★★
Regia di WILLIAM WYLER. Con MAURICE DALLIMORE, SAMANTHA EGGAR, TERENCE STAMP, MONA WASHBOURNE. ■ Freddie, introverso e timido, acquista una fattoria isolata e rapisce Miranda, di cui era da tempo innamorato. La tiene prigioniera nella fattoria e, dopo un primo periodo tempestoso, stringe con lei un patto di non belligeranza. Quando le profferte amorose di Freddie si fanno troppo violente, Miranda lo colpisce con una vanga. Per farsi curare la ferita l'uomo si allontana da casa e la ragazza, imprigionata, si ammala e muore. ■ DRAMMATICO; COL.; 119'; USA, 1965. ■ CANNES 2 PR; OSCAR 3 NOM.

COLLEZIONISTA, IL *(Kiss the Girls)* ★★★
Regia di GARY FLEDER. Con CARY ELWES, MORGAN FREEMAN, TONY GOLDWYN, ASHLEY JUDD. ■ Questa volta il serial killer non uccide (sempre), ma colleziona. Le vittime hanno un comune denominatore, sono talentose, oltre che belle. C'è la violinista, il chirurgo, eccetera, tutte tenute prigioniere in un ambiente che sembra un girone dell'inferno. Fra le vittime c'è la nipote di Freeman, criminologo di fama. Fra i boschi degli Usa orientali e il sole della California, Freeman arriva a tutto. Il "serial" non è uno solo, è doppio, con sorpresa finale. Odori e sapori di *Seven* senza Brad e senza i colpi fortunati di quel *cult*. Il resto è tutto corretto. Buona evasione prevedibile. ■ THRILLER; COL.; 115'; USA, 1998.

COLLEZIONISTA DI OCCHI, IL *(See no evil)* ★★
Regia di GREGORY DARK. Con KANE, SAMANTHA NOBLE, MICHAEL J. PAGAN, LUKE PEGLER, CHRISTINA VIDAL, STEVEN VIDLER. ■ Un gruppo eterogeneo di giovani teppisti viene mandato

per punizione a sistemare un vecchio albergo in disarmo, il Blackwall Hotel. La fatiscente struttura però riserva loro una tragica sorpresa: è infatti il nascondiglio di un feroce serial killer, Jacob Goodnight, che inizia a ucciderli sistematicamente e in modo efferato. Chi riuscirà a scamparla? Il tema dei "ragazzi innocenti che vengono torturati e uccisi dal maniaco" è stato declinato con insistita frequenza negli ultimi anni, dando origine a un vero e proprio filone, quello dei teen-horror che, a dire la verità, ha regalato alla storia del cinema scarsissima qualità. ■ HORROR; COL.; 85′; USA, 2006.

COLLEZIONISTA DI OSSA, IL *(The Bone Collector)* ★★
Regia di PHILLIP NOYCE. Con ANGELINA JOLIE, QUEEN LATIFAH, MICHAEL ROOKER, DENZEL WASHINGTON. ■ L'impianto è quello de *La Finestra sul cortile* di Hitchcock. Washington sostituisce Stewart, guardone alla finestra, e la Jolie è nel ruolo di Grace Kelly. C'è il solito serial killer di New York. Registicamente c'è un altro riferimento, nelle atmosfere inquietanti e violente: sarebbe l'ormai irrinunciabile *Seven*. Appunto, sono più citazioni che sostanza. ■ THRILLER; COL.; 118′; USA, 1999.

COLLEZIONISTA – UNA STORIA IMMORALE, LA ★★★
(La collectionneuse)
Regia di ERIC ROHMER. Con PATRICK BAUCHAU, HAYDÉE POLITOFF, DANIEL POMMEREULLE. ■ Una donna abituata a cambiare uomo con la massima disinvoltura si imbatte in un dongiovanni. Il tipo le piace e glielo dimostra, ma lui non si scompone. Dopo un po', invece, gli scoppia la cotta. ■ COMMEDIA; COL.; 90′; FRANCIA, 1967. ■ BERLINO 1 PR.

COLLI DI CUOIO ★
Regia di PAUL D. ROBINSON. Con RICHARD HATCH, ANTONIO MARSINA. ■ I Colli di cuoio sono una speciale unità militare destinata a un villaggio vietnamita per insegnare agli abitanti a difendersi dal nemico. L'impatto tra le due diverse culture, le rispettive abitudini, tradizioni e filosofia del vivere è piuttosto duro e genera comprensione e solidarietà ma anche violenza e prevaricazione. Il tutto sotto la minaccia continua di un attacco vietcong. ■ GUERRA; COL.; 87′; ITALIA, 1989.

COLLINA DEGLI STIVALI, LA ★★
Regia di GIUSEPPE COLIZZI. Con TERENCE HILL, GLAUCO ONORATO, BUD SPENCER, WOODY STRODE. ■ Un pistolero ferito viene ospitato, curato e adottato dagli artisti di un circo. Con il loro aiuto fa fuori una banda di fuorilegge che volevano impossessarsi della sua concessione per una miniera d'oro. ■ WESTERN; COL.; 90′; ITALIA, 1969.

COLLINA DEI CILIEGI, LA *(Kokuriko-Zaka Kara)* ★★★
Regia di GORO MIYAZAKI. Con RUMI HIIRAGI, YURIKO ISHIDA, MASAMI NAGASAWA, JUNICHI OKADA, KEIKO TAKESHITA. ■ Yokohama, 1963. Umi è una liceale che si occupa a tempo pieno della casa e della famiglia. Sua madre è una professoressa universitaria, emancipata e assente, mentre il padre si è perduto in mare e in suo onore Umi non manca mai un giorno di alzare le bandierine al vento, dalla casa sul porto, senza sapere che il rimorchiatore del padre di Shun risponde regolarmente al saluto. Umi (che significa "mare") e Shun si incontrano durante la lotta intrapresa da un collettivo di studenti per contrastare lo smantellamento del Quartier Latin, un edificio storico che fa parte del complesso scolastico. ■ ANIMAZIONE; COL.; 91′; GIAPPONE, 2011.

COLLINA DEI CONIGLI, LA *(Watership Down)* ★★★★
Regia di MARTIN ROSEN. ■ Il soggetto è ricavato dal best-seller omonimo di Richard Adams. Il coniglietto Quintilio ha una sorta di catastrofica premonizione che lo induce a convincere i propri simili ad abbandonare la società dei conigli, del tutto somigliante alla società umana, e a partire alla ricerca di una dimora più sicura (la collina, appunto). Momenti drammatici e attimi di disperazione non fiaccheranno la volontà degli eroici animaletti che si salveranno infine dalla minaccia dell'urbanizzazione e dell'inquinamento raggiungendo la collina della nuova vita. ■ ANIMAZIONE; COL.; 92′; USA, 1978.

COLLINA DEL DEMONIO, LA *(The Dark Wind)* ★★★
Regia di ERROL MORRIS. Con LANCE BAKER, LOU DIAMOND PHILLIPS, GARY FARMER, FRED WARD. ■ Robert Redford produce questa pellicola ambientata tra i paesaggi affascinanti e selvaggi delle riserve Navajo. Il protagonista Lou Phillips (*La bamba*) è Jim Chee, un poliziotto indiano che è rimasto legato alle sue origini e ai costumi del suo popolo. Anche lui crede al "Vento Oscuro" che si impossessa dell'uomo e lo spinge al male. ■ AVVENTURA; COL.; 110′; USA, 1992.

COLLINA DEL DISONORE, LA *(The Hill)* ★★★
Regia di SIDNEY LUMET. Con HARRY ANDREWS, IAN BANNEN, SEAN CONNERY, ALFRED LYNCH, MICHAEL REDGRAVE. ■ Il film denuncia coraggiosamente le torture e i maltrattamenti inflitti ai militari condannati nei campi di disciplina dell'esercito inglese. In particolare, si raccontano le drammatiche vicende di cinque uomini deportati in un campo in mezzo al deserto. La debolezza degli ufficiali favorisce il sadismo dei guardiani: il più debole dei cinque muore, agli altri resta la disperazione. ■ DRAMMATICO; B/N; 122′; GRAN BRETAGNA, 1965. ■ CANNES 1 PR.

COLLINA DELLA FELICITÀ, LA ★★
(I'd Climb the Highest Mountain)
Regia di HENRY KING. Con RORY CALHOUN, SUSAN HAYWARD, GENE LOCKHART, WILLIAM LUNDIGAN. ■ William Thompson, giovane pastore protestante, raggiunge con la moglie Mary la piccola comunità montana che gli è stata affidata. I due si prodigano nel corso di un'epidemia e risolvono i piccoli e grandi problemi di molti paesani. Quando partono per una nuova destinazione, il villaggio ne sente la mancanza. ■ COMMEDIA; B/N; 88′; USA, 1951.

COLLINA DELLA VENDETTA, LA *(Wishbone Cutter)* ★★
Regia di EARL SMITH. Con JOE DON BAKER, SONDRA LOCKE, TED NEELY. ■ Alla fine della guerra di Secessione un gruppo di reduci sudisti s'avventura sulle montagne alla caccia di un mitico tesoro indiano. Troveranno tutti la morte per mano di un misterioso assassino. Una storia non malvagia (dove il western sconfina nell'horror classico) che avrebbe dato lo spunto a un gran bel film d'avventura, se solo fosse stata affidata a un buon regista (magari con qualche dollaro in più nel budget). ■ WESTERN; COL.; 90′; USA, 1977.

COLLINA 24 NON RISPONDE *(Hill 24 doesn't Answer)* ★★
Regia di THOROLD DICKINSON. Con HAYA HARAREET, ARIE LAVI, EDWARD MULHARE, MICHAEL WAGER. ■ Un drappello di giovani ebrei di varia provenienza, soldati dell'esercito israeliano, devono conquistare una collina. La collina viene conquistata, ma costa a tutti la vita. ■ GUERRA; B/N; 91′; ISRAELE, 1954.

COLLINE BLU, LE *(Ride the Whirlwind)* ★★★
Regia di MONTE HELLMAN. Con RUPERT CROSSE, CAMERON MITCHELL, JACK NICHOLSON, MILLIE PERKINS. ■ Tre cowboy si trovano, per un caso disgraziato, a far la stessa strada con un gruppo di rapinatori di banche. Quando il gruppo viene raggiunto dagli uomini dello sceriffo, i tre si vedono sparare addosso senza poter dare spiegazioni. Uno di loro muore. I due superstiti scappano, ma gli uomini della legge li tallonano. Alla fine, il più anziano si sacrificherà per permettere al compagno di salvarsi sulle "colline blu". ■ WESTERN; COL.; 83′; USA, 1966.

COLLINE BRUCIANO, LE *(The Burning Hills)* ★★
Regia di STUART HEISLER. Con EDUARD FRANZ, SKIP HOMEIER, TAB HUNTER, NATALIE WOOD. ■ Trace Jordan ritiene che Joe Sutton sia responsabile dell'uccisione di suo fratello. Va a dirgli che lo denuncerà, ma, minacciato, lo uccide. Allora fugge e trova aiuto da una ragazza meticcia. Tra una sparatoria e l'altra Trace e Maria riescono a raggiungere il fiume e a liberarsi degli ultimi uomini di Sutton. ■ WESTERN; COL.; 94′; USA, 1956.

COLLINE CAMMINANO, LE *(The Walking Hills)* ★★
Regia di JOHN STURGES. Con ELLA RAINES, RANDOLPH SCOTT. ■ Una carovana formata da allevatori, da avventurieri e da una donna si spinge nel deserto del Nuovo Messico, alla ricerca di un tesoro sepolto dalla sabbia. I contrasti tra i partecipanti alla spedizione si aggiungono alle difficoltà della ricerca. Alla fine si scopre che non valeva la pena di darsi tanto da fare. ■ AVVENTURA; B/N; 78′; USA, 1949.

COLLINE DELL'ODIO, LE *(The Angry Hills)* ★★★
Regia di ROBERT ALDRICH. Con STANLEY BAKER, ROBERT MITCHUM, ELISABETH MÜLLER, GIA SCALA, DONALD WOLFIT. ■

Con un elenco di nomi di partigiani tra le mani, Mike Morrison, un giornalista americano, resta bloccato in un villaggio vicino ad Atene dall'arrivo dei tedeschi. Una ragazza greca lo protegge in diverse situazioni assai rischiose. Poi si presenta un'altra donna, il cui nome non figura nell'elenco, che promette di farlo rimpatriare. In realtà vuole fare uno scambio con i nazisti che tengono in ostaggio i suoi due figli. Ma i partigiani agiscono, la donna non tradisce e Mike torna a casa. ■ DRAMMATICO; B/N; 105'; GRAN BRETAGNA, 1959.

COLLINE HANNO GLI OCCHI, LE ★★
(The Hills have Eyes)
Regia di WES CRAVEN. Con SUSAN LANIER, MARTIN SPEER, VIRGINIA VINCENT. ■ Un capofamiglia, poliziotto in pensione, durante una gita con la famiglia in roulotte decide di abbandonare l'autostrada per avventurarsi verso le colline dove si possono trovare le miniere d'argento degli antichi Apache. Ma i gitanti vengono assaliti da una famiglia di selvaggi famelici e sanguinari. Intrappolati dai bestiali abitatori delle colline, i poveri cittadini devono difendersi disperatamente. Riusciranno ad avere la meglio, ma a prezzo di morti e feriti. ■ HORROR; COL.; 89'; USA, 1978.

COLLINE HANNO GLI OCCHI, LE ★★
(The Hills Have Eyes)
Regia di ALEXANDRE AJA. Con DESMOND ASKEW, TOM BOWER, EZRA BUZZINGTON, DAN BYRD, EMILIE DE RAVIN, BILLY DRAGO, ROBERT JOY, TED LEVINE, KATHLEEN QUINLAN, VINESSA SHAW, AARON STANFORD. ■ Una famiglia americana parte per una lunga gita attraverso il deserto del Nevada in direzione di San Diego. Durante il viaggio vengono assaliti da un gruppo di ex minatori, diventati cannibali in seguito a una serie di esperimenti nucleari avvenuti durante gli anni Cinquanta. Nello scontro, la lotta per la sopravvivenza finirà per trasformare la famiglia "buona", annullando le differenze con i cannibali. Con questa operazione Alexandre Aja recupera le tematiche care agli horror di fine anni Settanta, con i suoi mostri, le sue paure inconsce che tornano a riemergere in una società americana che, anche nel nuovo millennio continua ad avere terrore del diverso, compresi quei figli deformi che ha contribuito a creare per poi dimenticarli, preferendo relegarli in una dimensione d'oblio. Il remake dell'omonimo film di Wes Craven (prodotto dallo stesso Craven) è sostanzialmente politico, fondato proprio sulla volontà di fuga della società americana dalla sua cattiva coscienza. ■ HORROR; COL.; 107'; USA, 2006.

COLLINE HANNO GLI OCCHI 2, LE ★
(The Hills Have Eyes Part II)
Regia di WES CRAVEN. Con MICHAEL BERRYMAN, KEVIN BLAIR, JOHN BLOOM, PENNY JOHNSON, COLLEEN RILEY, TAMARA STAFFORD. ■ Mentre sta attraversando il deserto, un gruppo di ragazzi si imbatte in una famiglia di mutanti cannibali. Lo scontro è inevitabile e in pochi riusciranno a sopravvivere. Realizzato con lunghe sequenze in flasback tratte dal primo episodio, è evidente la scarsità di idee di questo sequel che non ha nulla da aggiungere a quanto già detto sette anni prima. ■ HORROR; COL.; 86'; GRAN BRETAGNA, USA, 1985.

COLLINE HANNO GLI OCCHI 2, LE ★
(The Hills Have Eyes II)
Regia di MARTIN WEISZ. Con DANIELLA ALONSO, MICHAEL MCMILLIAN, JESSICA STROUP, JACOB VARGAS. ■ Un gruppo di soldati della Guardia Nazionale è incaricato di portare dei macchinari e dei rifornimenti a un gruppo di scienziati che operano nel famigerato Settore 16, già teatro, anni prima, di una carneficina ai danni di una famiglia che passava di lì per caso: una volta sul campo, i soldati si rendono conto che degli scienziati non è rimasta traccia. A quanto pare le colline che circondano la zona sono tutto fuorché disabitate... ■ HORROR; COL.; 89'; USA, 2007.

COLLINE NUDE *(Naked Hills)* ★★
Regia di JOSEPH SHAFTEL. Con JAMES BARTON, MARCIA HENDERSON, DAVID WAYNE, KEENAN WYNN. ■ La febbre dell'oro contagia due amici, Bert e Tracy, ma accorgendosi di quanto sia dura la strada del cercatore, il primo si ritira dall'impresa. Tracy continua a cercare prima con dei loschi individui, poi da solo. Neppure l'amore della moglie e il senso di responsabilità per il figlioletto riescono a guarirlo. Devono passare molti anni e molte delusioni, prima che si decida a rimanere a casa sua. ■ AVVENTURA; B/N; 73'; USA, 1956.

COLLO D'ACCIAIO *(Hooper)* ★★★
Regia di HAL NEEDHAM. Con SALLY FIELD, BRIAN KEITH, BURT REYNOLDS, JEAN-MICHAEL VINCENT. ■ A quarant'anni, Hooper è ancora il miglior cascatore di Hollywood, ma troppe fratture hanno ormai debilitato il suo fisico. In più sta diventando famoso un giovanotto, con vent'anni di meno e tutte le ossa a posto. Il ragazzo però esita davanti a una scena particolarmente pericolosa in un film catastrofico. Sarà Hooper a costringerlo a farla al suo fianco, ma il vecchio quasi ci rimetterà la pelle. ■ AVVENTURA; COL.; 100'; USA, 1978. ■ OSCAR 1 NOM.

COLOMBA BIANCA, LA *(Bila holubice)* ★★★
Regia di FRANTISEK VLACIL. Con KATERINA IRMANOVOVA, HANS REINICKE, KAREL SMYCZEK. ■ Una colomba bianca viene ferita da un bimbo paralitico mentre vola verso le regioni del Baltico. Aiutato da un pittore, il bambino cura l'uccello e impara ad amare la vita. La colomba potrà volare via libera e il suo piccolo feritore-guaritore tornerà a giocare. ■ FANTASTICO; B/N; 92'; CECOSLOVACCHIA, 1960.

COLOMBA NON DEVE VOLARE, LA ★★★
Regia di SERGIO GARRONE. Con WILLIAM BERGER, HORST BUCHHOLZ, RICCARDO GARRONE, SYLVA KOSCINA. ■ Dopo lo sbarco degli americani in Sicilia, le truppe italiane e tedesche sono in gravissima difficoltà: occorre bloccare i rifornimenti petroliferi del nemico. Il capitano Ridolfi, pilota esperto e coraggioso, riesce a eludere l'inseguimento di un maggiore americano e a concludere felicemente la pericolosa missione. ■ GUERRA; COL.; 94'; ITALIA, 1970.

COLOMBIA CONNECTION: IL MASSACRO ★
(Delta Force 2)
Regia di AARON NORRIS. Con BILLY DRAGO, CHUCK NORRIS, PAUL PERRI, BERGONIA PLAZA, JOHN P. RYAN. ■ Ramon Cota è un boss della droga dai tratti demoniaci. Il colonnello McCoy si mette sulle sue tracce e riesce ad eliminarlo dopo mille peripezie. Chuck Norris è ancora in azione in una vicenda che rimanda alla cronaca. Cota ricorda tanto Escobar, il narcotrafficante colombiano, anche se poi agisce come un "cattivo" della serie 007. Norris ripropone il suo personaggio a cui non manca un pizzico di autoironia. L'azione, che non manca, è però spesso priva di "nervi" e ripetitiva. ■ AVVENTURA; COL.; 110'; USA, 1990.

COLONNA DI TRAIANO, LA *(Le colonne di Trajan)* ★★
Regia di MIRCEA DRAGAN. Con FRANCO INTERLENGHI, RICHARD JOHNSON, ANTONELLA LUALDI, AMEDEO NAZZARI. ■ Tiberio conquista la Dacia, ma un gruppo di ribelli continua a battersi contro l'esercito romano. Il generale sposa una principessa locale e ne ha un erede, Traiano, che consoliderà la conquista della Dacia. ■ STORICO; COL.; 95'; ROMANIA, 1968.

COLONNA INFAME, LA ★★★
Regia di NELO RISI. Con PIERLUIGI APRÀ, HELMUT BERGER, VITTORIO CAPRIOLI, FRANCISCO RABAL, SERGIO TOFANO. ■ Da un'opera minore di Alessandro Manzoni, Nelo Risi, regista letterato, ha tratto questo film interessante, ma non pienamente riuscito. La storia è quella di Guglielmo Piazza e Giangiacomo Mora, accusati di aver sparso il contagio della peste durante la famosa epidemia scoppiata a Milano nel 1630. I due, pur innocenti, vengono torturati e confessano. ■ DRAMMATICO; COL.; 105'; ITALIA, 1973.

COLONNELLO BUTTIGLIONE DIVENTA GENERALE, IL ★★
Regia di MINO GUERRINI. Con VINCENZO CROCITTI, JACQUES DUFILHO, ALDO MACCIONE, MARIO MARENCO. ■ Sgangherata farsa di ambientazione militare: luoghi comuni e spiritosaggini di bassa lega si sprecano in una comice *trash*. ■ COMICO; COL.; 92'; ITALIA, 1974.

COLONNELLO CHABERT, IL *(Le colonel Chabert)* ★★
Regia di RENÉ LE HÉNAFF. Con MARIE BELL, AIMÉ CLORIOND, RAIMU. ■ Basato su un racconto di Honoré de Balzac, il film de-

scrive i disperati tentativi che un eroico colonnello dell'esercito napoleonico, Chabert, compie per essere riconosciuto e accettato dai suoi quando finalmente, malconcio, riesce a tornare in patria. Ma per tutti è meglio continuare a crederlo morto valorosamente in battaglia. ■ COMMEDIA; B/N; 102'; FRANCIA, 1953.

COLONNELLO CHABERT, IL *(Le Colonel Chabert)* ★★★
Regia di YVES ANGELO. Con FANNY ARDANT, GÉRARD DEPARDIEU, ANDRÉ DUSSOLLIER, FABRICE LUCHINI. ■ Il colonnello Chabert dell'esercito napoleonico partecipa alla campagna di Russia, durante la quale scompare in battaglia. Dieci anni più tardi, un uomo che dichiara di essere Chabert arriva a Parigi con l'intenzione di riappropriarsi di ciò che gli spetta: il suo patrimonio e la moglie, che nel frattempo ha sposato un altro uomo. Arricchito da una accurata ricostruzione d'epoca e dalle grandiose scene di battaglia, il film è la trasposizione dell'omonimo romanzo breve di Balzac. ■ DRAMMATICO; COL.; 110'; FRANCIA, 1993.

COLONNELLO DURAND, IL *(Le colonel Durand)* ★★
Regia di RENÉ CHANAS. Con LILIANE BERT, PAUL MEURISSE. ■ Il giovanissimo colonnello Durand, durante una licenza premio a Parigi, fa da intermediario tra un amico timido e una donna sposata. Ci riesce fin troppo bene e la donna viene cacciata dal marito. Poi lui si innamora sul serio di una ragazza che invece lo snobba. Complicazioni militar-sentimentali non gli impediscono di diventare generale e di convincere la bella. ■ AVVENTURA; B/N; 110'; FRANCIA, 1948.

COLONNELLO HOLLISTER, IL *(Dallas)* ★★★
Regia di STUART HEISLER. Con STEVE COCHRAN, GARY COOPER, RUTH ROMAN. ■ Subito dopo la guerra di Secessione, il colonnello Hollister, sudista, vuole vendicarsi di tre fratelli che gli hanno bruciato la casa. Va a Dallas e, sotto mentite spoglie, dà inizio alla caccia. Conosce una ragazza e se ne innamora, però non abbandona le sue ricerche. Alla fine può convolare a giuste nozze. ■ WESTERN; COL.; 94'; USA, 1950.

COLONNELLO REDL, IL *(Redl ezredes)* ★★★
Regia di ISTVÁN SZABÓ. Con KLAUS MARIA BRANDAUER, GUDRUN LANDGREBE, ARMIN MUELLER-STAHL. ■ Ascesa e fulminea caduta nell'esercito austroungarico di Alfred Redl, perfetto ufficiale di un esercito e di una nazione che stanno disfacendosi (la prima guerra mondiale è alle porte). Diventato un capo dei servizi segreti, viene tradito dalla propria omosessualità. Ricattato, è fatto passare per spia. Verrà costretto a suicidarsi. Dopo *Mephisto* un altro film notevole costruito da Szabó sulla misura del suo attore feticcio Brandauer. ■ DRAMMATICO; COL.; 140'; GERMANIA, UNGHERIA, 1984. ■ CANNES 1 PR; OSCAR 1 NOM.

COLONNELLO VON RYAN, IL *(Von Ryan's Express)* ★★★
Regia di MARK ROBSON. Con RAFFAELLA CARRÀ, ADOLFO CELI, SERGIO FANTONI, TREVOR HOWARD, FRANK SINATRA. ■ Durante la seconda guerra mondiale Ryan, colonnello dell'aviazione americana, viene abbattuto e rinchiuso in un campo di concentramento italiano insieme con pochi altri connazionali e molti inglesi. Tutti i prigionieri cadono poi nelle mani dei nazisti che li caricano su un treno per deportarli in Germania. ■ GUERRA; COL.; 117'; USA, 1965. ■ OSCAR 1 NOM.

COLORADO CHARLIE ★★★
Regia di ROBERT JOHNSON. Con JACQUES BERTHIER, LOUIS CHAVARRO, BARBARA HUDSON, ANDREW RAY. ■ La pistola più veloce del West, quella di Bill Carson, viene riposta insieme con la stella di sceriffo in occasione delle nozze del suo proprietario. Ma quando Colorado Charlie, un terribile bandito, compare nel villaggio, Bill è costretto a ritirar fuori stella e pistola per far giustizia. ■ WESTERN; COL.; 93'; ITALIA, 1965.

COLORADO JESS *(The Broken Sabre)* ★★
Regia di BERNARD MCEVEETY. Con PETER BRECK, JOHN CARRADINE, CHUCK CONNORS, KAMALA DEVI. ■ Ingiustamente degradato, l'ex capitano Jason McCord accetta di infiltrarsi in una banda che decima le guarnigioni poste a controllo della frontiera con il Messico. Riesce a far acchiappare alcuni delinquenti, ma il comandante del forte che era stato assaltato lo ritiene un poco di buono e lo condanna a morte. Ma la sua buona stella lo salva. ■ WESTERN; COL.; 90'; USA, 1966.

COLORADOS, I ★★
(Joaquin Murieta – Tiburcio Vasquez – Apache Kid)
Regia di WILLIAM N. WITNEY. Con KENNETH ALTON, ANTHONY CARUSO, JIM DAVIS, RICK JASON. ■ Si tratta di un film composto da tre diversi episodi, imperniati sulla figura di un coraggioso sceriffo federale che riesce a catturare tre fuorilegge pericolosi. ■ WESTERN; B/N; 91'; USA, 1959.

COLORE DEI SOLDI, IL *(The Color of the Money)* ★★★
Regia di MARTIN SCORSESE. Con TOM CRUISE, MARY ELIZABETH MASTRANTONIO, PAUL NEWMAN. ■ Dopo venticinque anni ritroviamo il campione di biliardo Eddie Felson (*Lo spaccone* di Robert Rossen), nemmeno tanto vecchio, che ha abbandonato completamente la stecca. Ma una sera scopre in una sala da gioco un giovane che gli ricorda tanto quand'era giovane. Il ragazzo, Vincent, gira l'America con la sua ragazza, Carmen. Eddie fa un accordo. Gli insegnerà tutti i trucchi del mestiere e si occuperà anche dell'organizzazione degli incontri, guadagnando il 60% degli introiti. Gli insegna anche a perdere pur di attirare gli allocchi. Ne fa un campione, ma Vincent ormai, spinto anche da Carmen, insegue mete ambiziose. Eddie ritorna alla sua vita, ma ormai ha ritrovato se stesso. ■ COMMEDIA; COL.; 117'; USA, 1986. ■ GOLDEN GLOBES 2 NOM; OSCAR 1 PR, 4 NOM.

COLORE DEI SUOI OCCHI, IL ★★
Regia di ANTONIO TIBALDI. Con JUDY DAVIS, MATTHEW FERGUSON, DAVID MCILWRAITH. ■ Simon frequenta un college americano e, per le vacanze, deve incontrare i genitori che vivono separati. L'appuntamento è a Toronto. Qui trova solo il padre che gli rivela che la madre è gravemente affetta da turbe psichiche. Simon cerca di comprenderla ma il tempo per la ripresa di un rapporto gli viene sottratto dall'improvvisa morte di lei. In un sogno la donna gli appare e lo invita a continuare la propria vita senza restare ancorato al dolore per la sua perdita. Judy Davis riesce a fornire un'ottima interpretazione dell'ennesimo personaggio "disturbato" offertoci dal cinema. Anche i comprimari sanno però essere all'altezza del compito in questa storia di un difficile e articolato rapporto madre-figlio. ■ DRAMMATICO; COL.; 99'; AUSTRALIA, CANADA, ITALIA, 1992.

COLORE DEL CRIMINE, IL *(Freedomland)* ★★
Regia di JOE ROTH. Con PHILIP BOSCO, RON ELDARD, AUNJANUE ELLIS, EDIE FALCO, WILLIAM FORSYTHE, PETER FRIEDMAN, SAMUEL L. JACKSON, DOMENICK LOMBARDOZZI, ANTHONY MACKIE, AASIF MANDVI, JULIANNE MOORE, CLARKE PETERS. ■ Il detective Lorenzo Council è chiamato a investigare sul rapimento del figlio di Brenda Martin. La donna è single e bianca. Il poliziotto è un uomo di colore. Brenda si era presentata in ospedale insanguinata e in stato di shock, sostenendo che un uomo le aveva rubato l'auto, sul cui sedile posteriore c'era il suo bambino di quattro anni. Sullo sfondo di una silenziosa protesta da parte di alcune madri che prima di Brenda hanno sofferto la scomparsa dei propri figli, il detective Council porta avanti l'indagine iniziando a non credere del tutto alla versione della donna. Nella cittadina di Dempsy i neri sono in maggioranza, e il fatto che dell'accaduto venga accusato proprio un afroamericano complica la situazione e la ricerca della verità nasconderà molti misteri. La cinematografia, soprattutto quella americana, è satura di film che affrontano il tema della questione razziale. Si tratta di una ferita ancora aperta. Il thriller di Joe Roth non aggiunge molto a ciò che è già risaputo. ■ DRAMMATICO, COL.; 112'; USA, 2006.

COLORE DEL FUOCO, IL *(The Substance of Fire)* ★★★
Regia di DANIEL SULLIVAN. Con TONY GOLDWYN, RONNY GRAHAM, TIMOTHY HUTTON, SARAH JESSICA PARKER, RON RIFKIN. ■ Isaac Geldhart è un editore ebreo sopravvissuto all'Olocausto che vuole onorare l'amico Louis che ha lavorato per trentaquattro anni scrivendo cinquemila pagine sulle sperimentazioni aberranti realizzate dai nazisti nel campo della medicina. Intende quindi pubblicare l'opera in quattro volumi e in edizione lusso. La casa editrice è però in difficoltà e i tre figli del dispotico Isaac gli si ribellano, mutano politica editoriale e lo portano ineluttabilmente alla pazzia. Il film è un'opera prima che fa riferimento a un testo teatrale presentato Off Broadway nel 1991e utilizza lo stesso

valido attore (Rifkin) come protagonista. Film passato sotto silenzio e da rivalutare. ■ DRAMMATICO; COL.; 101′; USA, 1996.

COLORE DELLA LIBERTÀ – GOODBYE BAFANA, IL *(Goodbye Bafana)* ★★★
Regia di BILLE AUGUST. Con JOSEPH FIENNES, DENNIS HAYSBERT, SHILOH HENDERSON, DIANE KRUGER, FAITH NDUKWANA, TERRY PHETO, MEGAN SMITH. ■ Sudafrica 1968. James Gregory arriva come guardia addetta alla censura (conosce lo Xhosa, la lingua dei neri) nel carcere speciale di Robben Island. Le convinzioni sue e di sua moglie Gloria sono decisamente a favore dell'apartheid. A Robben Island avrà modo di conoscere Nelson Mandela che progressivamente gli farà mutare atteggiamento nei confronti dei neri, tanto che verrà allontanato dal suo servizio nella prigione. Opera inattaccabile dal punto di vista del contenuto e del messaggio di pacificazione e comprensione tra realtà avverse che intende proporre. ■ DRAMMATICO; COL.; 117′; BELGIO, FRANCIA, GERMANIA, ITALIA, SUDAFRICA, 2007.

COLORE DELLA MENZOGNA, IL *(Au coeur du mensonge)* ★★★
Regia di CLAUDE CHABROL. Con SANDRINE BONNAIRE, VALERIA BRUNI TEDESCHI, ANTOINE DE CAUNES, JACQUES GAMBLIN, BULLE OGIER. ■ Bretagna. In un villaggio di pescatori alcuni bambini scoprono il cadavere di una loro coetanea. Il sospetto cade sul suo insegnante privato di disegno, René, sposato con l'infermiera Viviane attratta da uno scrittore famoso che ha una villa nella zona e che ogni tanto vi torna per periodi di riposo. Se Valeria Bruni Tedeschi rifà se stessa, Chabrol è capace di riproporre un groviglio di vipere provinciale ricco di sfaccettature lavorando soprattutto sui nascondimenti e (come vuole il titolo italiano) sui colori. ■ DRAMMATICO; COL.; 113′; FRANCIA, 1998.

COLORE DELL'AMORE, IL *(A Fight for Jenny)* ★★
Regia di GILBERT MOSES. Con WILLIAM ATHERTON, PHILIP MICHAEL THOMAS, LESLEY-ANN WARREN. ■ Nel profondo Sud degli Stati Uniti, una donna bianca divorziata sposa un nero. L'ex marito della donna fa causa per avere la custodia della bambina avuta dal primo matrimonio. E con una giuria razzista ha qualche speranza di averla vinta. ■ DRAMMATICO; COL.; 90′; USA, 1986.

COLORE DELLA NOTTE, IL *(Color of Night)* ★
Regia di RICHARD RUSH. Con RUBEN BLADES, JANE MARCH, BRUCE WILLIS. ■ Un giovane psicanalista, in visita a un collega, assiste ad alcune sedute di gruppo. Ma il collega viene ucciso e l'uomo prende il suo posto proseguendo la terapia. Tutti i pazienti mostrano delle sindromi allarmanti e lo psicanalista sospetta uno di loro. Una donna misteriosa e affascinante entra nella sua vita. Infine l'assassino verrà scoperto e uno dei pazienti si rivelerà essere non il colpevole, ma una presenza sorprendente, che muterà comunque il futuro dello psicanalista. Una trama gialla abbastanza classica e uno svolgimento sottotono. Inverosimiglianze e una certa confusione sono gli elementi negativi del film. Bruce Willis è improbabile nel ruolo di psicanalista. Jane March è un epigono della Bardot. Il regista Richard Rush è atipico nel panorama hollywoodiano. Qui ha sostituito un collega e questo attenua le sue colpe. ■ THRILLER; COL.; 100′; USA, 1994. ■ GOLDEN GLOBES 1 NOM.

COLORE DELLA PELLE, IL *(J'irai chacher sur vos tombes)* ★★
Regia di MICHEL GAST. Con PAUL GUERS, FERNAND LEDOUX, ANTONELLA LUALDI, CHRISTIAN MARQUAND. ■ Un nero cerca di dimenticare le sue origini, ma i casi della vita non glielo consentono: un bianco si accorge che la sua fidanzata ha un debole per lui e gli scatena contro un'intera cittadina. ■ DRAMMATICO; B/N; 107′; FRANCIA, 1959.

COLORE DELL'ODIO, IL ★★
Regia di PASQUALE SQUITIERI. Con VICTOR CAVALLO, SALVATORE MARINO, CAROLINA ROSI. ■ L'amore tra una ragazza della piccola borghesia e un ragazzo arabo. Lui ha un passato illegale ma ora sta cercando di rifarsi un'esistenza più tranquilla. Viene però ingiustamente dichiarato colpevole di un omicidio politico per una vaga rassomiglianza col colpevole. Fugge e la ragazza cerca in tutti i modi di ritrovarlo. Insieme faranno della loro vita, anche dopo la provata innocenza, una fuga continua. ■ DRAMMATICO; COL.; 90′; ITALIA, 1989.

COLORE DEL MELOGRANO, IL *(Sayat Nova)* ★★
Regia di SERGEI PARAJANOV, SERGEI YUTKEVICH. Con SOFJA CIAURELI. ■ È l'opera seconda del regista ucraino Parajanov, uno degli artisti del dissenso più bersagliati dal regime di Breznev (è tornato poi allo schermo con *La leggenda della fortezza di Suram*). *Il colore del melograno* è la biografia del poeta armeno settecentesco Sayat Nova e ci arriva attraverso grosse manipolazioni (fu tolto di mano al regista e terminato in qualche modo da Yutkevich). ■ BIOGRAFICO; B/N; 82′; URSS, 1969.

♥ **COLORE VIOLA, IL** *(The Color Purple)* ★★★
Regia di STEVEN SPIELBERG. Con MARGARET AVERY, RAE DAWN CHONG, DANNY GLOVER, WHOOPI GOLDBERG, OPRAH WINFREY. ■ Dal best-seller di Alice Walker. Tempi duri, nel Sud degli Stati Uniti all'inizio del Novecento, per la nera Celie, costretta a una miserevole esistenza da un marito crudele e manesco che la umilia in ogni modo. Ma la serenità, la pazienza e la speranza di Celie la porteranno sana e salva al lieto fine. Film con soli interpreti di colore, lontano dagli abituali cliché di Spielberg a tratti troppo manierato e facile agli scadimenti nel lacrimevole eppure capace di coinvolgere per la "classicità" della storia e la credibilità degli interpreti. A questo proposito eccezionale Whoopi Goldberg nel ruolo della protagonista. ■ DRAMMATICO; COL.; 152′; USA, 1985. ■ GOLDEN GLOBES 1 PR, 5 NOM; OSCAR 10 NOM.

COLORI DEL DIAVOLO, I *(Les couleurs du diable)* ★
Regia di ALAIN JESSUA. Con ANDRÉA FERRÉOL, ISABELLE PASCO, RUGGERO RAIMONDI, WADECK STANCZAK. ■ Il pittore Nicolas Morgan, che vive a Roma, incontra il signor Bellisle che lo trascinerà in un vortice di uccisioni. A ogni morte corrisponderà un quadro di successo. Tutto questo fino a quando il pittore stesso dovrà partecipare all'ultima macabra scena. Le buone intenzioni della regia si scontrano con le esigenze di una coproduzione di routine. ■ DRAMMATICO; COL.; 90′; FRANCIA, ITALIA, 1997.

COLORI DELL'ANIMA – MODIGLIANI, I *(Modigliani)* ★★
Regia di MICK DAVIS. Con SUSIE AMY, PETER CAPALDI, BEATRICE CHIRIAC, OMID DJALILI, CIPRIAN DUMITRASCU, ANDY GARCIA, HIPPOLYTE GIRARDOT, LANCE HENRIKSEN, EVA HERZIGOVA, UDO KIER, MIRIAM MARGOLYES, ELSA ZYLBERSTEIN. ■ Eravamo rimasti a *Montparnasse 19* di Jacques Becker con Gerard Philipe, un "Modì", inedito in Italia, ed ora questa pellicola che crea disagio, tra luci ed ombre, premesse promettenti e cadute rovinose nell'agiografia e nella convenzione. Imperdonabile la chiave narrativa, imperniata sulla rivalità tra Modì e Picasso, qui un grassone sudaticcio, mentre Modigliani sfodera il fascino latino di Andy Garcia, assai poco italiano, ma aderente alla sceneggiatura, che lo dipinge come un affascinante e folle genio di tutto. L'amore ossessivo di Jeanne (Elsa Zylberstein), l'alcolismo, la tubercolosi, l'autodistruzione, tutti gli elementi di un perfetto melodramma sono condensati nel film. Un film sbagliato, ma almeno rispettabile e in qualche modo sfrontato. ■ BIOGRAFICO; COL.; 128′; USA, 2004.

COLORI DELLA PASSIONE, I *(The Mill and the Cross)* ★★★★
Regia di LECH MAJEWSKI. Con RUTGER HAUER, OSKAR HULICZKA, JOANNA LITWIN, CHARLOTTE RAMPLING, MICHEAL YORK. ■ Lech Majewski è un nome che legittimamente si pone nella storia del cinema. Non è un innovatore, un legislatore, ma col suo *I colori della passione* ha composto un'opera che traduce l'arte in cinema. Accetta la sacrale prevalenza dell'arte nobile, si pone al suo servizio, e firma un unicum, anzi, lo perfeziona. Bruegel aveva vissuto a Bruxelles, che era allora una città profondamente attaccata dalla controriforma nel nome del cattolicissimo Filippo II re di Spagna, dove i neoprotestanti venivano perseguiti, torturati e condannati a morte. Il contesto era dunque pericoloso e violento, ma, paradossalmente, congeniale a una fase dell'opera del grande artista. Majewski è nato a Katowice in Polonia, formatosi all'Accademia di Belle Arti di Varsavia, e nel 1981, ventottenne, si trasferì in America. Quell''81 non è casuale, è proprio in quell'anno che in

Polonia venne proclamato lo stato di guerra civile, per far fronte a quell'evoluzione storica, inevitabile, che era Solidarność. Una situazione intollerabile per artisti, per definizione spiriti liberi. Ma, come detto sopra, situazione "paradossalmente congeniale". Majewski è autore dalle molte dotazioni. È musicista e poeta, ed è pittore naturalmente. Il regista polacco ha dunque lavorato su *La salita al calvario* (1564), l'opera di maggiori dimensioni di Bruegel. La composizione rappresenta più di centocinquanta personaggi inseriti in un paesaggio squisitamente fiammingo. Nel centro del dipinto prevale Gesù che cade sotto il peso della croce, lo accompagnano Giovanni, Maria e le pie donne. Il loro abbigliamento è ideale, atemporale, il gruppo si isola dal resto di quel mondo intorno. Comanda, in alto, un mulino, sullo sfondo si staglia, nebulosa, Gerusalemme. Importante, altamente simbolica, è la ruota della tortura sulla quale è issato il malcapitato eretico divorato dai corvi. E sotto la ruota vigila un personaggio, forse lo stesso artista. E poi contadini, soldati, saltimbanchi e tutte le altre creature del pittore. Ciascuna con una sua identità studiata. Il regista accompagna Bruegel nell'arte e nel privato. L'artista prepara i disegni preliminari, spiega la composizione al signorotto locale, all'altezza di capire estetica, filosofia, struttura. Moglie e bambini di Bruegel, così come i contadini e i soldati spagnoli, sono un esercizio di autentica accademia di costumi. I colori del dipinto sono trasferiti alla perfezione nel fotogramma. Insomma, una simbiosi assoluta fra le due discipline. Rutger Hauer è Bruegel. L'attore è di quelle parti, è olandese, avrebbe l'età (sessantotto) per essere il padre di Bruegel, trentacinquenne all'epoca del dipinto, ma è coinvolto ed efficace da giustificare quella licenza. Quando il pittore termina la composizione, lo schermo diventa tela, l'obiettivo parte dal particolare per allargarsi su tutto l'insieme. Quella *Salita al calvario*, scelta da Majewski è dunque uno degli incanti del mondo. Se, come detto, il regista non è proprio un inventore, lo fu invece Pieter Bruegel il vecchio, che a metà Cinquecento, dopo aver toccato il nostro Rinascimento, evolveva i modelli verso una libertà stilistica che superava il puro figurativo e rivelava un embrione di surrealismo. Il regista non ha inventato, ma la sua gestione è stata all'altezza dell'originale. Arte figurativa e cinema: l'unicum gli appartiene. ■ DRAMMATICO; COL.; 97′; SVEZIA, POLONIA, 2011.

COLORI DELLA VITTORIA, I *(Primary colors)* ★★★★
Regia di MIKE NICHOLS. Con KATHY BATES, LARRY HAGMAN, EMMA THOMPSON, JOHN TRAVOLTA. ■ Jack Stanton (Travolta) si batte in campagna elettorale contro il suo avversario democratico per la presidenza degli Stati Uniti. L'uomo è un grande politico, amato da tutti, in pubblico e in privato. Ma ecco che cominciano a emergere le sue scappatelle. Donne che annunciano di esser state sedotte, padri che dichiarano di avere la figlia adolescente incinta. Un gruppo di specialisti ha il compito di sventare questi attacchi e di portarne di simili ai suoi avversari. In questo senso ne farà le spese il povero Larry Hagman (il vecchio J. R. di *Dallas*), chiamato a sostituire il precedente candidato che è morto. Nel frattempo Jack deve vedersela con la moglie, sorridente in pubblico e in tivù, ma furibonda fra le mura di casa. Nichols non fa proprio niente per prendere le distanze dal Sexgate: Travolta sembra la fotocopia di Clinton, parla persino come lui. Nonostante questo limite iniziale il film funziona, grazie soprattutto a una sceneggiatura aggressiva, creativa, e intelligente, firmata da Elaine May. La regia è perfetta e misurata nelle invenzioni, come del resto è costume di Nichols. Ma la parte migliore è la dialettica etico-cinico-divertente che riguarda il principio generale: un uomo può essere inaffidabile per certi versi del suo privato, ma se è un grande politico "chi se ne frega". ■ COMMEDIA; COL.; 143′; USA, 1998. ■ GOLDEN GLOBES 2 NOM; OSCAR 2 NOM.

COLORS – COLORI DI GUERRA *(Colors)* ★★★
Regia di DENNIS HOPPER. Con MARIA CONCHITA ALONSO, ROBERT DUVALL, SEAN PENN. ■ È la storia di due poliziotti della CRASH (Community Resources Against the Street Hoodlums) di Los Angeles. Uno giovane, irruente e un po' fascista. L'altro più anziano e saggio. Si troveranno presi nel mezzo della guerra fra due bande di piccoli spacciatori di droga. L'anziano non ne uscirà vivo. Il giovane sì, e avrà imparato la lezione. Serrato film d'azione, ben diretto da Hopper che dimostra che, quando vuole, sa fare anche del buon cinema tradizionale. ■ POLIZIESCO; COL.; 120′; USA, 1988.

COLOSSO D'ARGILLA, IL *(The Harder They Fall)* ★★★★
Regia di MARK ROBSON. Con HUMPHREY BOGART, ROD STEIGER, JAN STERLING. ■ È una delle più belle storie cinematografiche ambientate nel mondo della boxe. Un gruppo di disonesti decide di far quattrini sfruttando un giovanotto grande, grosso e ingenuo. Con l'aiuto di un giornalista disoccupato gli fanno una gran pubblicità e, grazie a incontri truccati, gli fanno anche fare una rapida carriera. Ma quando un avversario muore sul ring, il giovanotto è preso dai rimorsi. Il giornalista gli apre gli occhi e, dopo un ultimo match, lo rispedisce a casa e incomincia a scrivere quello che sa. Ultimo film di Bogart. ■ DRAMMATICO; B/N; 109′; USA, 1956. ■ OSCAR 1 NOM.

COLOSSO DI BAGDAD, IL *(Sabu and the Magic Ring)* ★★
Regia di GEORGE BLAIR. Con JOHN DOUCETTE, WILLIAM MARSHALL, DARIA MASSEY, SABÙ. ■ È la favola di Sinbad, povero stalliere, che trova un anello fatato in cui abita un genio di grande forza. Con il suo aiuto salva il trono del califfo e conquista la bella Zamira. ■ AVVENTURA; COL.; 91′; USA, 1958.

COLOSSO DI FUOCO, IL *(Fire!)* ★★
Regia di EARL BELLAMY. Con ERNEST BORGNINE, ALEX CORD, PATTY DUKE, VERA MILES. ■ I detenuti del carcere di Pinetree lavorano nelle foreste dell'Oregon sotto la sorveglianza di Fleming. Costui, incautamente, non soffoca del tutto un focolaio d'incendio appiccato dal prigioniero Larry per agevolare un'evasione. Il fuoco ben presto divampa e raggiunge il vicino villaggio. La catastrofe finirà col mettere in luce le qualità migliori di ciascuno, Larry compreso. Girato per la tv. ■ DRAMMATICO; COL.; 100′; USA, 1977.

COLOSSO DI NEW YORK, IL ★★
(The Colossus of New York)
Regia di EUGÈNE LOURIÉ. Con JOHN BARAGREY, ROBERT HUTTON, OTTO KRUGER, MALA POWERS. ■ Un chirurgo riesce a trapiantare in un robot il cervello di suo nipote Jeremy, illustre scienziato, morto in un incidente. Dopo un primo periodo di proficuo lavoro, il cervello concepisce un grande odio per l'intera umanità. Il figlio di Jeremy riesce a fermare il robot e a uccidere il cervello di suo padre. ■ FANTASCIENZA; B/N; 70′; USA, 1958.

COLOSSO DI RODI, IL ★★
Regia di SERGIO LEONE. Con RORY CALHOUN, GEORGES MARCHAL, LEA MASSARI. ■ Il film ripropone la storia dell'enorme statua fatta costruire da Serse all'imbocco del porto di Rodi per bloccare i movimenti delle navi greche. La popolazione si ribella con l'aiuto di un valoroso ateniese, ma quando la vittoria sembra a portata di mano, il terremoto distrugge il colosso e l'intera città. ■ STORICO; COL.; 127′; ITALIA, 1961.

COLOSSO DI ROMA – MUZIO SCEVOLA, IL ★★
Regia di GIORGIO FERRONI. Con ROLDANO LUPI, GABRIELLA PALLOTTA, GORDON SCOTT, MASSIMO SERATO. ■ Muzio Scevola è il famoso eroe romano che, durante la guerra contro gli Etruschi, dopo aver fallito un attentato a Porsenna arse su un braciere la propria mano destra. Il film ne ripropone la storia e la segue fino a quando, in battaglia, Muzio si batte con il re nemico e lo uccide, impugnando la spada con la sinistra. ■ STORICO; COL.; 95′; ITALIA, 1964.

COLOUR FROM THE DARK ★★
Regia di IVAN ZUCCON. Con MARYSIA KAY, ELEANOR JAMES, DEBBIE ROCHON, MICHAEL SEGAL, GERRY SHANAHAN. ■ 1940: due famiglie contadine delle campagne ferraresi, strette fra gli echi lontani della seconda guerra mondiale e gli spettri del nazismo, diventano burattini di una forza demoniaca proveniente da un pozzo. A farne le spese sono due giovani sposi, Pietro e Lucia, che abitano con la sorella autistica di Lucia in una fattoria: ciò che dimora nel pozzo, spiandoli e soggiogandoli, prende possesso del corpo di Lucia. L'horror italiano non è defunto, ma vive nel circuito underground. ■ HORROR; COL.; 92′; ITALIA, 2012.

COLPACCIO – BIG POT, IL ★★
Regia di BRUNO PAOLINELLI. Con CAROLE ANDRÉ, WILLIAM

BERGER, AL CLIVER, GABRIELE TINTI, FAUSTO TOZZI. ■ Un assicuratore organizza la fuga di un ladro per riavere i diamanti che l'uomo ha rubato e inserisce la figlia nella banda che lo aiuta nell'evasione. Tutto finirebbe secondo i suoi piani se non intervenisse a complicare le cose un imprevisto: l'amore. ■ GIALLO; COL.; 95'; ITALIA, 1976.

COLPA CHE UCCIDE *(La casa del ogro)* ★
Regia di FERNANDO DE FUENTES. Con ARTURO DE CORDOVA, GLORIA MARIN, EMMA ROLDAN, FERNANDO SOLER. ■ In una pensione c'è una donna che tradisce il coniuge, mentre costui se la spassa con un'altra ragazza. Le figlie del padrone scappano con i fidanzati. Il marito tradito si accorge delle corna e lava l'onta con il sangue. Dopo la carneficina le figlie fuggiasche tornano maritate. ■ DRAMMATICO; B/N; 89'; MESSICO, 1938.

COLPA DELLA SIGNORA HUNT, LA ★★
(Song of Surrender)
Regia di MITCHELL LEISEN. Con MACDONALD CAREY, WANDA HENDRIX, ANDREA KING, CLAUDE RAINS. ■ Un professore, pastore protestante, ha una moglie troppo giovane che si innamora di un uomo politico della sua età. Il marito la accusa dal pulpito e la donna se ne va per unirsi all'amato bene. Quando rivede il marito per discutere la causa di divorzio, scopre che l'uomo è impazzito per il dispiacere. ■ DRAMMATICO; B/N; 93'; USA, 1949.

COLPA DEL MARINAIO, LA *(Hunted)* ★★★
Regia di CHARLES CRICHTON. Con DIRK BOGARDE, ELIZABETH SELLARS, KAY WALSH, JOHN WHITELEY. ■ Un marinaio ammazza l'amante, ma un orfanello casualmente lo vede. Dopo il delitto il marinaio scappa portando con sé il bambino. La sua fuga è ardua: finalmente riesce a trovare un battello e a prendere il mare. Ma il piccolo, stremato, si ammala. Per curarlo il marinaio rinuncia alla sua libertà. ■ DRAMMATICO; B/N; 84'; GRAN BRETAGNA, 1952.

COLPA DI JANET AMES, LA ★★★
(The Guilt of Janet Ames)
Regia di HENRY LEVIN. Con MELVIN DOUGLAS, ROSALIND RUSSELL. ■ Una donna, che ha perso il marito in guerra, viene trasportata in ospedale dopo un incidente automobilistico. Le conseguenze fisiche dell'incidente non sono gravi, ma la donna non cammina più. Un giornalista di sua conoscenza riesce ad individuare le ragioni psicologiche della paralisi e a guarirla. Toccherà poi alla donna aiutare l'amico a superare i problemi. ■ DRAMMATICO; B/N; 83'; USA, 1947.

COLPA DI RITA ADAMS, LA *(Paper Bullets)* ★★★
Regia di PHIL ROSEN. Con ALAN LADD, JACK LARUE, LINDA WARE, JOAN WOODBURY. ■ Rita Adams, per amore, si accusa di una colpa non commessa. Dopo qualche anno passato in carcere, si accorge che non ne valeva la pena e diventa sul serio una delinquente. Viene arrestata proprio quando un nuovo amore la stava riportando sulla retta via. ■ DRAMMATICO; B/N; 72'; USA, 1941.

COLPA DI UNA MADRE, LA ★★
Regia di CARLO DUSE. Con MARINA BERTI, LAURO GAZZOLO, FOLCO LULLI, RINA MORELLI, AVE NINCHI, ROSSANA PODESTÀ. ■ Alma ha lasciato l'isola del Giglio dopo aver abbandonato in un convento la sua bambina, frutto della violenza di un pescatore. Dopo molti anni torna con il ricco ma losco marito americano all'isola natia. L'antico seduttore è complice del marito nel traffico di droga e in casa sua c'è una ragazza. Alma si comporta malissimo con lei, ma, quando scopre che è sua figlia, la salva dal mare, rimettendoci la vita. ■ DRAMMATICO; B/N; 93'; ITALIA, 1952.

COLPEVOLE, IL *(Le coupable)* ★★
Regia di RAYMOND BERNARD. Con PIERRE BLANCHAR, MARGUERITE MORENO, MADELEINE OZERAY, GABRIEL SIGNORET. ■ Un magistrato dovrebbe svolgere il compito di pubblico accusatore al processo di un giovane omicida. Scopre però che il ragazzo è suo figlio, nato da una fugace avventura giovanile. Durante il processo rivela questo precedente e poi, indagando, riesce a dissipare l'accusa. ■ DRAMMATICO; B/N; 107'; FRANCIA, 1937.

COLPEVOLE D'INNOCENZA *(Double Jeopardy)* ★★
Regia di BRUCE BERESFORD. Con ANNABETH GISH, BRUCE GREENWOOD, ASHLEY JUDD, TOMMY LEE JONES, BENJAMIN WEIR. ■ Non si può essere processati due volte per lo stesso reato. Un marito adultero finge di essere stato ucciso. La moglie viene accusata e condannata, scopre però l'inganno e, in libertà vigilata, cerca di vendicarsi e riavere il proprio figlio. Ha però alle costole un poliziotto che non la molla. ■ DRAMMATICO; COL.; 105'; GERMANIA, USA, 1999.

COLPEVOLE D'OMICIDIO *(City By the Sea)* ★★
Regia di MICHAEL CATON-JONES. Con ROBERT DE NIRO, ELIZA DUSHKU, WILLIAM FORSYTHE, JAMES FRANCO, FRANCES MCDORMAND. ■ Vincent Lamarca, detective della polizia di New York, ha una macchia nel suo passato: un padre giustiziato per il rapimento e la morte di un bambino. Indagando sulla morte di uno spacciatore, viene a scoprire che l'assassino è suo figlio Joseph, con cui non ha mai avuto un rapporto facile e che da tempo è alle prese con la tossicodipendenza. Quando la stampa si impossessa della notizia e un suo collega viene brutalmente ucciso, Vincent viene sospeso dal servizio. E deve ancora decidere cosa fare con Joey. ■ THRILLER; COL.; 91'; USA, 2003.

COLPEVOLE DI TRADIMENTO – IL CARDINALE MINDSZENTY *(Guilty of Treason)* ★★
Regia di FELIX E. FEIST. Con CHARLES BICKFORD, RICHARD DERR, BONITA GRANVILLE, PAUL KELLY. ■ Un giornalista americano va da Mosca a Budapest, occupata dai russi, per raccogliere materiale per i suoi articoli. Qui riesce a conoscere il cardinale Mindszenty, che guida gli oppositori del regime sovietico. Conosce anche una ragazza. Il cardinale viene arrestato, il giornalista subisce un attentato. La ragazza lo salva poi viene arrestata e uccisa. Il giornalista, dopo il suo rientro in patria, avrà molto da scrivere. ■ DRAMMATICO; B/N; 86'; USA, 1950.

COLPEVOLE È TRA NOI, IL *(Shield for Murder)* ★★
Regia di EDMOND O'BRIEN, ISMAEL RODRIGUEZ. Con JOHN AGAR, MARTHA ENGLISH, EMILE MEYER, EDMOND O'BRIEN. ■ Un agente di polizia uccide e deruba un allibratore e dà del fatto una versione che lo scagiona. Ma un sordomuto lo ha visto e glielo fa capire. L'agente lo elimina. I suoi superiori e i suoi colleghi si insospettiscono e aprono delle indagini. ■ DRAMMATICO; B/N; 80'; USA, 1954.

COLPEVOLE INNOCENTE *(The Young Stranger)* ★★★
Regia di JOHN FRANKENHEIMER. Con JAMES DALY, JAMES GREGORY, KIM HUNTER, JAMES MCARTHUR. ■ Un uomo d'affari vuole bene a suo figlio, ma non si cura di approfondire seriamente il rapporto con lui. Il ragazzo va al cinema e, per una serie di circostanze, si accapiglia con il direttore del locale: provocato, gli tira un pugno. Portato alla stazione di polizia, non riesce a convincere né gli agenti né il padre di aver agito per legittima difesa. Viene tuttavia liberato e, per scagionarsi, torna dal direttore chiedendogli di dire la verità. Invece ci scappa un'altra scazzottatura: ma stavolta il ragazzo viene creduto e compreso. ■ DRAMMATICO; B/N; 84'; USA, 1957.

COLPEVOLE SENZA VOLTO, UN ★★★
(Conduct Unbecoming)
Regia di MICHAEL ANDERSON. Con TREVOR HOWARD, CHRISTOPHER PLUMMER, MICHAEL YORK, SUSANNAH YORK. ■ Due militari inglesi vengono destinati a un reggimento di cavalleria in India. Uno dei due, scontento del trasferimento, cerca di farsi rispedire in patria comportandosi in modo poco ortodosso. Così, quando la vedova di un eroe viene assalita, tutti gli danno addosso. Ma è innocente e il suo amico, nominato difensore in un processo non ufficiale, riesce a scagionarlo. ■ DRAMMATICO; COL.; 105'; GRAN BRETAGNA, 1975.

COLPEVOLI, I ★★
Regia di TURI VASILE. Con VITTORIO DE SICA, ISA MIRANDA, CARLO NINCHI, SANDRO NINCHI. ■ Un magistrato e sua moglie sono in disaccordo sull'educazione del figlio. L'uno vorrebbe seguire la strada della severità, l'altra è pronta a concedere. Ma quando il ragazzo si mette nei guai, il padre lo induce a costituirsi e a pagare il suo debito con la giustizia. ■ DRAMMATICO; B/N; 90'; ITALIA, 1955.

COLPI DI DADI, COLPI DI PISTOLA ★★★
(Arizona Bushwackers)
Regia di LESLEY SELANDER. Con SCOTT BRADY, YVONNE DE

CARLO, BRIAN DONLEVY, JOHN IRELAND, HOWARD KEEL, MARILYN MAXWELL. ■ Lee Travis, un avventuriero imprigionato dai nordisti, viene graziato da Lincoln purché accetti l'incarico di sceriffo in un paesetto dell'Arizona. In realtà egli ha un solo scopo: consegnare ai sudisti un quantitativo di armi appartenenti ai nordisti. Quando, scoperto, sta per essere arrestato, la guerra finisce. ■ WESTERN; COL.; 86'; USA, 1969.

COLPI DI FULMINE ★★

Regia di NERI PARENTI. Con SIMONE BARBATO, CHRISTIAN DE SICA, CLUDIO GREGORI, ROSALBA PIPPA, LUISA RANIERI. ■ Alberto Belli è un celebre psichiatra finito nei guai col fisco. In attesa che il fratello avvocato ne dimostri l'integrità, Alberto si fa prete in un paese del Trentino. Integrato nella comunità, che ne apprezza lo stile disinvolto e svagato, Alberto si innamora di Angela, avvenente maresciallo dei carabinieri e promessa sposa del sindaco. A Roma invece Ermete Maria Grilli, ambasciatore italiano presso il Vaticano, resta folgorato dalla bellezza e dal carattere impetuoso di Adele, pescivendola e popolana verace. In aiuto di Ermete interviene Nando, autista colto e romano da sette generazioni, che ne smonta stile, educazione e forma, iniziandolo alla maniera e alle espressioni del coatto. Ermete impara in fretta, facendo capitolare il cuore di Adele. ■ COMMEDIA; COL.; 104'; ITALIA, 2012.

COLPI DI LUCE ★★

Regia di ENZO GIROLAMI CASTELLARI. Con ERIK ESTRADA, ENNIO GIROLAMI, MICHEL PRITCHARD. ■ Il classico scienziato pazzo mette a punto un'arma micidiale e ricatta l'intera città di San Francisco: se non gli verrà consegnata una somma esorbitante, farà una strage con il suo potentissimo raggio laser, già sperimentato su vittime innocenti. Ma il suo folle progetto criminale viene mandato all'aria da un invincibile ispettore di polizia. ■ POLIZIESCO; COL.; 92'; ITALIA, 1985.

COLPI DI TIMONE ★★★

Regia di GENNARO RIGHELLI. Con ELENA ALTIERI, GILBERTO GOVI, DINA SASSOLI, ELIO STEINER, MARISA VERNATI. ■ Esordio cinematografico dell'attore teatrale Gilberto Govi nei panni d'un rude marinaio al quale per errore è stato diagnosticato un male incurabile e che, deciso a vivere con sincerità i suoi ultimi giorni, si troverà incompreso dalle persone che lo circondano. ■ COMMEDIA; B/N; 96'; ITALIA, 1942.

COLPI PROIBITI *(Death Warrant)* ★★

Regia di DERAN SARAFIAN. Con CYNTHIA GIBB, ROBERT GUILLAUME, JEAN CLAUDE VAN DAMME. ■ Il campione di arti marziali, successore di Bruce Lee, deve indagare questa volta su alcuni omicidi. È un poliziotto che finge di essere un recluso, all'interno di un carcere, per scoprire l'assassino. ■ AVVENTURA; COL.; 89'; USA, 1990.

COLPIRE AL CUORE ★★★

Regia di GIANNI AMELIO. Con LAURA MORANTE, FAUSTO ROSSI, JEAN-LOUIS TRINTIGNANT. ■ Emilio, un ragazzo di quindici anni, assiste ad un attentato e riconosce nel terrorista rimasto ucciso un allievo di suo padre che era recentemente venuto a far visita a casa sua con un'amica. Decide allora di raccontarlo alla polizia, ma il padre lo rimprovera. Qualche tempo dopo incontra anche la ragazza e ne parla al padre insistendo affinché lei si costituisca. Il padre non gli dà retta ed Emilio scoprirà il perché: li trova insieme e insieme li farà arrestare. ■ DRAMMATICO; COL.; 105'; ITALIA, 1982. ■ DAVID DI DONATELLO 1 PR, 1 NOM.

COLPISCI ANCORA, JOE *(Mr. Ricco)* ★★

Regia di PAUL BOGART. Con DEAN MARTIN, THALMUS RASULALA, EUGENE ROCHE, CINDY WILLIAMS. ■ Frankie, nero che combatte contro i pregiudizi razziali, viene accusato di aver ucciso una ragazza bianca. Assolto per la difesa dell'avvocato Ricco, viene nuovamente accusato di omicidio, questa volta di due poliziotti. Mr. Ricco, rischiando la vita, compie indagini e riesce a scoprire il vero assassino. ■ GIALLO; COL.; 98'; USA, 1974.

COLPISCONO SENZA PIETÀ *(Pulp)* ★★★

Regia di MIKE HODGES. Con MICHAEL CAINE, NADIA CASSINI, AL LETTIERI, MICKEY ROONEY, LIZABETH SCOTT, LEOPOLDO TRIESTE. ■ Uno scrittore inglese, specializzato in romanzi gialli scandalistici, riceve l'incarico di scrivere la biografia di un boss mafioso e si trova immischiato in un pericoloso intrigo. ■ POLIZIESCO; COL.; 95'; GRAN BRETAGNA, 1972.

COLPITA DA IMPROVVISO BENESSERE ★★★

Regia di FRANCO GIRALDI. Con MARIO CAROTENUTO, FRANCO CITTI, GIOVANNA RALLI, STEFANO SATTA FLORES. ■ Betty è una pescivendola che ricorre a tutti i mezzi leciti e illeciti per far soldi e vincere la concorrenza. Nonostante sia diventata amante di un ispettore sanitario, viene da lui denunciata e perde il suo banco ai mercati generali. ■ COMMEDIA; COL.; 100'; ITALIA, 1976.

COLPO, IL *(Heist)* ★★★

Regia di DAVID MAMET. Con DANNY DEVITO, GENE HACKMAN, DELROY LINDO, REBECCA PIDGEON. ■ Nessuno sa ideare e portare a termine un colpo con la perizia di Joe Moore (Gene Hackman): aria distaccata e sorniona, modi freddi ma gentili, è un rapinatore che riesce ad essere razionale anche sotto pressione. Nell'ultimo, geniale furto ad una gioielleria, però, il suo volto viene ripreso dalle telecamere: il colpo riesce comunque, ma Joe ritiene sia arrivato il momento di ritirarsi. Non la pensa così il ricettatore Mickey Bergman (Danny De Vito), che lo costringe a progettare un furto di lingotti d'oro caricati nella stiva di un aereo svizzero. E per essere ben sicuro che Joe non cambi idea, gli mette alle costole l'ambizioso Jimmy Silk, che non nasconde il proprio interesse per la giovane e bella moglie di Joe, Fran (Rebecca Pidgeon, per la cronaca l'attuale moglie di Mamet). Affiancato dai suoi compagni di sempre, Bobby e Pincus, Joe mette a punto un piano, o meglio, più piani di riserva, poiché qualcuno – o forse tutti – sembrano fare il doppio gioco... Presentato con successo al Festival del Cinema di Venezia, *Heist* è un incastro di scatole cinesi, dove ogni tranello ne nasconde un altro. David Mamet, regista e sceneggiatore ironico e tagliente, è bravo a costruire una storia complessa, dove la lealtà, dichiarata, scontata, sottintesa o tradita, è la chiave di volta per capire l'andamento della storia. È nell'evoluzione dei rapporti tra i membri della banda che si nasconde il vero giallo. ■ DRAMMATICO; COL.; 109'; USA, 2001.

COLPO ALLA NUCA *(Marche ou crève)* ★★

Regia di GEORGES LAUTNER. Con BERNARD BLIER, JULIETTE MAYNIEL, JACQUES RIBEROLLES. ■ Cessato il conflitto, le strade di quattro ex spie, Milos, Stefan, Laurent, Edith, si incrociano di nuovo. Milos, che lavora ancora nei servizi segreti, obbliga Stefan, che ora fa il minatore, a condurre trattative con Edith e Laurent per ottenere informazioni segrete. Ne seguono avventure e omicidi a non finire. ■ SPIONAGGIO; B/N; 102'; FRANCIA, 1960.

COLPO ALL'ITALIANA, UN *(The Italian Job)* ★★

Regia di PETER COLLINSON. Con MAGGIE BLYE, ROSSANO BRAZZI, MICHAEL CAINE, NOEL COWARD, ROBERT POWELL, RAF VALLONE. ■ Tra la Fiat e la Cina viene stipulato un accordo di quattro milioni di dollari in oro per l'installazione di una fabbrica a Pechino. A Charlie, fresco di galera, l'incarico di impossessarsene. Il colpo riuscirà, ma Charlie dovrà scegliere: precipitare in un burrone con l'oro o salvarsi rinunziandovi. ■ AVVENTURA; COL.; 100'; GRAN BRETAGNA, 1969.

COLPO DA 500 MILIONI ALLA NATIONAL BANK ★★
(Perfect Friday)

Regia di PETER HALL. Con URSULA ANDRESS, STANLEY BAKER, T. P. MCKENNA, DAVID WARNER. ■ Un funzionario della National Bank di Londra decide di effettuare un grosso colpo ai danni della banca con l'aiuto degli amici Nick e Britt. In realtà egli vuole estromettere Nick e fuggire con Britt. Ma anche Nick ha avuto un'idea analoga. Ne vedremo delle belle. ■ COMMEDIA; COL.; 95'; GRAN BRETAGNA, 1970.

COLPO DA DILETTANTI, UN *(Bottle Rocket)* ★

Regia di WES ANDERSON. Con JAMES CAAN, ROBERT MUSGRAVE, ANDREW WILSON, LUKE WILSON, OWEN C. WILSON. ■ James Caan torna periodicamente a farsi vivo. In questa occasione partecipa a una commediola distante anni luce dal ben più incisivo *Palookaville*. La vicenda è simile. Tre malviventi in sedicesimo partecipano a imprese di scarso successo. Aspettano il colpo grosso che sembra arrivare grazie all'esperto Mr. Henry. ■ COMMEDIA; COL.; 95'; USA, 1996.

COLPO DA DUE MILIARDI, UN *(Sait-on jamais)* ★★★
Regia di ROGER VADIM. Con FRANÇOISE ARNOUL, OTTO EDUARD HASSE, ROBERT HOSSEIN, CHRISTIAN MARQUAND. ■ Venezia. Il barone Eric, il suo segretario Sforzi e l'amante di costui, Sophie, sono in trattative per vendere a uno Stato straniero la matrice con la quale hanno fabbricato durante la guerra un bel po' di moneta falsa. Ma la ragazza si innamora di un fotoreporter e manda all'aria tutti i piani. ■ DRAMMATICO; COL.; 96'; FRANCIA, 1957.

COLPO DA MILLE MILIARDI, UN ★★
Regia di PAOLO HEUSCH. Con EDUARDO FAJARDO, PHILIPPE HERSENT, MARILÙ TOLO, RIK VAN NUTTER. ■ Un potente armatore vuol far saltare un reattore nucleare imbarcato su di una nave per provocare la distruzione del canale di Suez e salvarsi dal fallimento. A questo punto interviene la Cia. Un agente che si rivela furbo e abile riesce a far fronte a tutte le iniziative dell'armatore e alla fine risolve tutto. ■ AVVENTURA; B/N; 90'; ITALIA, 1966.

COLPO DA OTTO, UN *(The League of Gentleman)* ★★
Regia di BASIL DEARDEN. Con RICHARD ATTENBOROUGH, JACK HAWKINS, NIGEL PATRICK. ■ Sdegnato per essere stato messo in pensione dopo venticinque anni di servizio dal Ministero della guerra, il colonnello Hyde costituisce una banda con sette ex militari per organizzare un grosso colpo contro una banca. Il colpo va a buon fine, ma poi un piccolissimo contrattempo finisce per compromettere tutto. ■ GIALLO; B/N; 112'; GRAN BRETAGNA, 1960.

COLPO DA UN MILIARDO DI DOLLARI *(Diamonds)* ★★
Regia di MENAHEM GOLAN. Con SHAI K. OPHIR, RICHARD ROUNDTREE, ROBERT SHAW, SHELLEY WINTERS. ■ Il gioielliere Charles Olson vuol fare un colpo al Centro dei diamanti di Tel Aviv, protetto da un sofisticato congegno costruito dal fratello gemello di Charles. Riuscirà a compiere il furto? In realtà non è esattamente questo il suo obiettivo. Fingerà di compiere il furto solo per far fare brutta figura al fratello. ■ COMMEDIA; COL.; 101'; USA, 1976.

COLPO DELLA METROPOLITANA – UN OSTAGGIO AL MINUTO, IL ★★★
(The Taking of Pelham 1-2-3)
Regia di JOSEPH SARGENT. Con MARTIN BALSAM, HECTOR ELIZONDO, WALTER MATTHAU, ROBERT SHAW. ■ Quattro malviventi si impadroniscono di un vagone della metropolitana di New York con alcuni passeggeri e il controllore, chiedendo in cambio degli ostaggi un milione di dollari. Se entro un'ora non li avranno, uccideranno i sequestrati. L'ispettore della metropolitana prende delle iniziative che si rivelano quasi tutte giuste. Alla fine sarà un piccolo dettaglio (uno starnuto) a fargli trovare il colpevole. ■ DRAMMATICO; COL.; 104'; USA, 1974.

COLPO DI FIONDA *(The Slingshot)* ★★
Regia di AKE SANDGREN. Con BASIA FRYDMAN, JESPER SALEN, STELLAN SKARSGARD. ■ Il film è ambientato a Stoccolma nel secondo decennio del Novecento. Il protagonista è un ragazzo che deve affrontare molto presto la vita e costruirsi una morale, visto che i suoi genitori non gli hanno dato alcun esempio. La madre vende sottobanco i preservativi mentre il padre pensa alla politica e alla morfina. Il ragazzo trova problemi anche a scuola e non ha nemmeno il conforto del fratello che vuole darsi alla boxe. ■ DRAMMATICO; COL.; 96'; USA, 1994.

COLPO DI FORTUNA, UN *(Easy Living)* ★★★
Regia di MITCHELL LEISEN. Con EDWARD ARNOLD, JEAN ARTHUR. ■ Da una finestra cade una pelliccia. L'ha buttata un milionario americano, in lite con la moglie. Una ragazza la raccoglie e la riporta al "mittente". Questi però la prega di indossarla e di completare l'abbigliamento con un cappellino che lui stesso l'accompagna a comprare: da qui nasce una serie di equivoci, poiché la ragazza, creduta l'amante del milionario, diviene l'oggetto di parecchie allettanti offerte. ■ COMMEDIA; B/N; 66'; USA, 1937.

COLPO DI FORTUNA, UN *(Christmas in July)* ★★★
Regia di PRESTON STURGES. Con ELLEN DREW, DICK POWELL, RAYMOND WALBURN. ■ A causa di uno scherzo, un giovanotto crede di aver vinto un grosso premio ad un concorso pubblicitario. Si comporta di conseguenza, ma la fortuna è proprio dalla sua e la giuria sceglie veramente lo slogan da lui ideato. ■ COMMEDIA; B/N; 70'; USA, 1940.

COLPO DI FULMINE *(Ball of Fire)* ★★★
Regia di HOWARD HAWKS. Con GARY COOPER, BARBARA STANWYCK, HENRY TRAVERS. ■ Un filologo americano frequenta un'attricetta per apprendere lo slang che gli serve per redigere un dizionario della lingua Nasce un amore insolito, contrappuntato da curiosità linguistiche e spigolature. ■ COMMEDIA; B/N; 111'; USA, 1941. ■ OSCAR 4 NOM.

COLPO DI FULMINE ★★
Regia di MARCO RISI. Con JERRY CALÀ, VALERIA D'OBICI, ELISABETTA GIOVANNINI. ■ Il colpo di fulmine a sorpresa scatta tra Carlo, trentenne fallito nel lavoro e nell'amore, e Giulia, undici anni, la figlia dell'amico che lo ha ospitato a Venezia per fargli dimenticare i guai. Un amore puerile che si conclude ancor più puerilmente. ■ COMMEDIA; COL.; 97'; ITALIA, 1985.

COLPO DI FULMINE, UN *(Kicked in the Head)* ★
Regia di MATTHEW HARRISON. Con KEVIN CORRIGAN, LINDA FIORENTINO, MICHAEL RAPAPORT, LILI TAYLOR, JAMES WOODS, BURT YOUNG. ■ Un ragazzo a la ricerca della verità, da raggiungersi grazie a una serie di riflessioni che raccoglie in un libro, è fatto oggetto di numerose pressioni. Uno zio lo invita al crimine, dei delinquenti gli danno la caccia mentre un'ex fidanzata gli sta alle costole. La donna che ama gli rifila continue docce scozzesi sul piano dei sentimenti. Una commedia ipertrofica sul piano della sceneggiatura con un solo pregio: la brevità. ■ COMMEDIA; COL.; 86'; USA, 1997.

COLPO DI FULMINE. IL MAGO DELLA TRUFFA ★★
(I Love You Phillip Morris)
Regia di GLENN FICARRA, JOHN REQUA. Con JIM CARREY, DAVID JENSEN, LESLIE MANN, EWAN MCGREGOR, RODRIGO SANTORO. ■ Steven Russell è un poliziotto texano alla ricerca della madre biologica. L'esito della ricerca non è dei più felici ma consente a Steven di scoprire la sua vera natura: è gay. Lasciata la moglie e trasferitosi a Miami dove trova subito un compagno, capisce che il tenore di vita richiesto va al di là delle sue possibilità. La truffa è la soluzione più a portata di mano. Ma la truffa può portare al carcere dove non necessariamente è tutto negativo. Perché è qui che Steven incontra Phillip Morris che pende dalle sue labbra e del quale non può più fare a meno. Jim Carrey ed Ewan McGregor: anche per loro l'"esperimento" gay. ■ COMMEDIA, COL.; 102'; USA, Francia, 2009.

COLPO DI GRAZIA *(It Takes All Kinds)* ★
Regia di EDDIE DAVIS. Con CHRIS CHRISTENSEN, ROBERT LANSING, VERA MILES, BARRY SULLIVAN. ■ Un marinaio, Anthony, viene indotto da una ragazza ad aiutarla a rubare una scultura nel museo di Sydney. Non è però questo che interessa alla complice: infatti, dopo il colpo, scomparirà misteriosamente trascurando la statuetta. Finale abbastanza a sorpresa. ■ DRAMMATICO; COL.; 98'; AUSTRALIA, 1969.

COLPO DI GRAZIA *(Der Fangschuss)* ★★★
Regia di VOLKER SCHLÖNDORFF. Con MATHIEU CARRIÈRE, MATTHIAS HABICH, MARGARETHE VON TROTTA. ■ Uno dei migliori film di Schlöndorff (ottima interprete Margarethe von Trotta, allora solo attrice). La von Trotta è una castellana del Baltico che nel 1919 si innamora di un ufficiale prussiano che combatte contro i bolscevichi. L'uomo la respinge (è omosessuale). La donna allora si unisce ai partigiani. Catturata dal prussiano chiederà all'uomo amato di essere uccisa (il colpo di grazia del titolo) proprio da lui. ■ DRAMMATICO; B/N; 93'; GERMANIA, 1976.

COLPO DI LUNA ★★
Regia di ALBERTO SIMONE. Con TCHÉKY KARYO, NINO MANFREDI, ISABELLE PASCO. ■ Un uomo torna nei luoghi in cui ha vissuto, un vecchio cura il proprio figlio affetto da disturbi psichici. Il tutto si svolge in Sicilia in un rifugio per malati di mente. Opera prima che riesce a superare i rischi della retorica sulla follia. ■ DRAMMATICO; COL.; 86'; FRANCIA, ITALIA, PAESI BASSI, 1995. ■ BERLINO 1 PR.

COLPO DI MANO A CRETA *(I'll Met by Moonlight)* ★★
Regia di MICHAEL POWELL, EMERIC PRESSBURGER. Con DIRK BOGARDE, MARIUS GORING, DAVID OXLEY. ■ Un comandante partigiano cattura un generale tedesco. Questi, però, durante la tra-

sferta, riesce a segnalare ingegnosamente il suo tragitto. I suoi connazionali precederanno così il drappello, ma il generale, grazie all'aiuto degli abitanti dell'isola, verrà ugualmente consegnato agli inglesi. ■ GUERRA; B/N; 104′; GRAN BRETAGNA, 1957.

COLPO DI PISTOLA, UN ★★★
Regia di RENATO CASTELLANI. Con ANTONIO CENTA, RENATO CIALENTE, FOSCO GIACHETTI, ASSIA NORIS. ■ L'argomento è tratto da una novella di Puskin: due ufficiali zaristi innamorati della stessa donna si sfidano a duello. Uno di essi, più esperto nell'uso delle armi, rinuncia a uccidere il rivale, indifferente alla morte, rinviando lo scontro a quando questi sentirà un più profondo attaccamento alla vita. ■ DRAMMATICO; B/N; 94′; ITALIA, 1941.

COLPO DI SCENA *(From the Hip)* ★★
Regia di BOB CLARK. Con JOHN HURT, JUDD NELSON, ELIZABETH PERKINS. ■ Accusato di aver ucciso, un professore si mette nelle mani di un giovane avvocato rampante. Questi riesce quasi a farlo scagionare, finché non si scopre che è proprio lui ad aver compiuto l'omicidio. ■ DRAMMATICO; COL.; 108′; USA, 1987.

COLPO DI SCENA A CACTUS CREEK ★★★
(Curtain Call at Cactus Creek)
Regia di CHARLES LAMONT. Con DONALD O'CONNOR, GALE STORM. ■ Rimsak, capo di una banda, fa amicizia con un comico, Edward. Lo segue nel suo giro artistico, ma – stranamente – le banche dei paesi visitati dalla compagnia vengono depredate. La polizia si accorge della coincidenza e imprigiona Edward. Ma Rimsak vuole bene all'amico e si lascia catturare al suo posto, sapendo però già come fuggire. ■ COMMEDIA; COL.; 86′; USA, 1949.

COLPO DI SOLE ★★
Regia di MINO GUERRINI. Con PIERLUIGI APRÀ, GIGI BALLISTA, SOLVEIG D'ASSUNTA, TIBERIO MURGIA, ANTONELLA STENI. ■ Serie di sketch ambientati su di una spiaggia nei pressi di Roma: un professore è oggetto di un pesante scherzo da parte di una studentessa, dei ragazzini sono presi in giro da alcune turiste straniere, un emigrante siciliano crede la moglie infedele... ■ COMMEDIA; COL.; 92′; ITALIA, 1968.

COLPO DI SPUGNA *(Le coup de torchon)* ★★★
Regia di BERTRAND TAVERNIER. Con STÉPHANE AUDRAN, ISABELLE HUPPERT, JEAN-PIERRE MARIELLE, PHILIPPE NOIRET. ■ Alla vigilia della seconda guerra mondiale, in un villaggio coloniale dell'Africa orientale, il poliziotto Cordier si trascina in un'esistenza abulica e priva di senso. Abbruttito, privo di dignità e di coraggio, non soltanto non si cura dell'ordine pubblico, ma si lascia tradire dalla moglie e beffare dai guappi locali. L'arrivo in paese di Anne, maestrina tutta candore, scatena in lui qualche insospettabile alchimia, spingendolo a dare un "colpo di spugna" nel nome di un'allucinata giustizia che lo porta a far fuori tutti i suoi nemici (o supposti tali). Da un romanzo di Jim Thompson. ■ DRAMMATICO; COL.; 128′; FRANCIA, 1982. ■ OSCAR 1 NOM.

COLPO DI STATO ★★
Regia di LUCIANO SALCE. Con LIZ BARRETT, ORCHIDEA DE SANTIS, DIMITRI TAMAROV, STEFFEN ZACHARIAS. ■ Film di fantapolitica: elezioni del 1972. Un computer dà la vittoria ai comunisti, ma sono proprio questi a non volere il potere. ■ COMMEDIA; B/N; 91′; ITALIA, 1969.

COLPO DI STATO *(Dragon Rapide)* ★★★
Regia di JAIME CAMINO. Con MANUEL DE BLAS, JUAN DIEGO, VICTORIA PEÑA. ■ È la storia raccontata con puntiglio cronistico del colpo di stato di Francisco Franco contro il governo repubblicano spagnolo nel 1936. La vicenda è concentrata in due giorni. Dal momento della partenza dell'aeroplano *DragonRapide* da Londra al Marocco dove Franco aspettava alla testa dei suoi legionari l'investitura per la rivolta (i suoi finanziatori erano i grandi capitalisti spagnoli dell'epoca). ■ STORICO; COL.; 90′; SPAGNA, 1986.

COLPO DI STATO ★★
Regia di LARRY LUDMAN. Con JOHN PHILIP LAW, LEWIS VAN BERGEN, ROGER WILSON. ■ Due giornalisti americani capitano in un paese dell'America Centrale dove un generale fascista sta preparando un golpe assieme a un ex agente della Cia. I due vogliono solo fare un colpo giornalistico, ma vengono scambiati per esponenti della fazione opposta, torturati e uccisi. Fanno in tempo però a mandare all'aria il golpe. ■ AVVENTURA; COL.; 97′; ITALIA, 1987.

COLPO DI VENTO *(Coup de vent)* ★★★
Regia di CHARLES-FELIX TAVANO. Con DRIA PAOLA, ERMETE ZACCONI. ■ Un vecchio signore subisce un'accusa infamante per aver avvicinato una bambina in circostanze sospette. Condannato, in attesa del processo, salva una ragazza gettandosi nell'Arno. Il gesto convincerà il giudice della sua innocenza. ■ DRAMMATICO; B/N; 85′; FRANCIA, 1936.

COLPO DI VENTO, UN *(Breaking the Ice)* ★★
Regia di EDWARD F. CLINE. Con BOBBY BREEN, DOLORES COSTELLO, CHARLES RUGGLES. ■ Tommy, che svolge umili lavori, riesce a raggiungere Filadelfia dove, esibendosi come cantante in un locale, guadagna il denaro sufficiente per ritornare nel Kansas con la madre vedova, liberandosi di un vecchio zio dispotico. ■ COMMEDIA; B/N; 90′; USA, 1938. ■ OSCAR 1 NOM.

COLPO D'OCCHIO ★★
Regia di SERGIO RUBINI. Con GIORGIO COLANGELI, PAOLA BARALE, FLAVIO PARENTI, ALEXANDRA PRUSA, VITTORIA PUCCINI, GIANCARLO RATTI, SERGIO RUBINI, EMANUELE SALCE, RICHARD SAMMEL, RICCARDO SCAMARCIO. ■ Adrian Scala è un giovane scultore che, fin dalla sua prima esposizione a Roma, viene notato da Gloria, studiosa d'arte e amante dell'importante critico Pietro Lulli, che ben presto Gloria lascia per Adrian. Lulli però sembra non volergliene e decide di aiutare la carriera del ragazzo. Ma non tutto è come appare e il gioco delle rivalità sotterranee ben presto comincerà a farsi complesso. Rubini, che lo voglia o no, è intervenuto consapevolmente su un tema che il cinema italiano ha trascurato o trattato come punto di partenza per altri percorsi. Il rapporto tra il critico d'arte e l'artista è inevitabilmente un gioco in cui ognuno inizialmente "finge". Il secondo simula di poter essere autonomo, il primo di elargire la propria benevolenza pigmalionica. È su questa duplice finzione che Rubini lavora. ■ GIALLO; COL.; 110′; ITALIA, 2008.

COLPO DOPO COLPO *(Hit!)* ★★
Regia di SIDNEY J. FURIE. Con PAUL HAMPTON, RICHARD PRYOR, BILLY DEE WILLIAMS. ■ Un poliziotto americano, sconvolto per la morte per droga della figlia, decide di vendicarsi, dando la caccia ai capi del traffico, che dirigono le operazioni da Marsiglia. Visto che i suoi capi dell'Fbi non gli danno aiuto, il poliziotto organizza una sua banda di killer e muove una sistematica guerriglia ai trafficanti nei loro covi. ■ POLIZIESCO; COL.; 96′; USA, 1973.

COLPO DOPPIO *(Timebomb)* ★★
Regia di AVI NESHER. Con MICHAEL BIEHN, PATSY KENSIT, TRACY SCOGGINS. ■ Ennesima storia spionistica sulle macchinazioni e gli intrecci della Cia condita con ingredienti digeriti mille volte. L'ex cantante Patsy Kensit usa il suo fascino e gli altri un professionismo stiracchiato. ■ SPIONAGGIO; COL.; 94′; USA, 1991.

COLPO DOPPIO DEL CAMALEONTE D'ORO ★
Regia di GIORGIO STEGANI CASORATI. Con MARK DAMON, MAGDA KONOPKA. ■ Un giovane assiste alla morte di un noto ladro detto "Il camaleonte d'oro". Nella valigia di questi trova un piano che realizzerà in sua vece. Ma arriva la polizia. ■ AVVENTURA; B/N; 90′; ITALIA, 1967.

COLPO ERA PERFETTO, MA..., IL *(The Midas Run)* ★★
Regia di ALF KJELLIN. Con FRED ASTAIRE, ADOLFO CELI, RICHARD CRENNA, ANNE HEYWOOD, CESAR ROMERO. ■ A John, agente segreto inglese, viene affidato il compito di trasferire un ingente quantitativo di lingotti d'oro dall'Inghilterra all'Africa. Decide di appropriarsene con l'aiuto di due amici. Ma sarà poi lui ad essere incaricato delle indagini. ■ COMMEDIA; COL.; 106′; USA, 1969.

COLPO FATALE *(Sjätte skottet)* ★★
Regia di HASSE EKMAN. Con EDVIN ADOLPHSON, KARIN EKELUND, GUN WALLGREN. ■ George esegue un numero di tiro al bersaglio in coppia con Margherita, che però non può sposare perché lei non ha ancora divorziato. Per un equivoco, litiga con l'amante e la sostituisce con una ballerinetta. Quando questa muore per un colpo di pistola, viene accusato George che però risulterà

estraneo all'omicidio e potrà riunirsi a Margherita. ■ POLIZIESCO; B/N; 89'; SVEZIA, 1943.

COLPO GOBBO ALL'ITALIANA ★★
Regia di LUCIO FULCI. Con MARIO CAROTENUTO, HÉLÈNE CHANEL, ANDREA CHECCHI, MARISA MERLINI, GINA ROVERE, AROLDO TIERI. ■ Orazio, metronotte, chiede a Nando, ladro incallito e rispettato nel quartiere, di aiutarlo a trovare gli autori di un furto compiuto nella banca da lui sorvegliata. Tutta la malavita si unisce a Nando in aiuto di Orazio. ■ COMICO; B/N; 93'; ITALIA, 1962.

COLPO GROSSO *(Ocean's Eleven)* ★★★
Regia di LEWIS MILESTONE. Con RICHARD CONTE, SAMMY DAVIS JR, ANGIE DICKINSON, PETER LAWFORD, DEAN MARTIN, CESAR ROMERO, FRANK SINATRA. ■ Undici vecchi commilitoni si associano per svaligiare cinque casinò di Las Vegas, facendo saltare la centrale elettrica della città. Il furto viene portato a termine, ma né i ladri né la polizia riusciranno ad appropriarsi del malloppo che andrà in fumo. ■ COMMEDIA; COL.; 127'; USA, 1960.

COLPO GROSSO *(The Big Slice)* ★★
Regia di JOHN BRADSHAW. Con NICHOLAS CAMPBELL, LESLIE HOPE, HEATHER LOCKLEAR, JUSTINE LOUIS, CASEY SIEMASZKO. ■ Come vivere una vita avventurosa e scriverci un romanzo. Giocare con la legge può essere pericoloso ma anche eccitante. ■ AVVENTURA; COL.; 98'; USA, 1990.

COLPO GROSSO A GALATA BRIDGE ★★
Regia di ANTONIO ISASI ISASMENDI. Con MARIO ADORF, HORST BUCHHOLZ, SYLVA KOSCINA, UMBERTO RAHO. ■ Kelly è un'avvenente ragazza che fa l'agente segreto. Induce Tony, su cui è stata incaricata di compiere un'indagine, ad aiutarla a ritrovare uno scienziato rapito. I due ne passano di tutti i colori, rischiano ripetutamente la vita e alla fine della "missione" scoprono di essere innamorati. ■ SPIONAGGIO; COL.; 95'; ITALIA, 1965.

COLPO GROSSO AL CASINÒ *(Mélodie en sous-sol)* ★★★
Regia di HENRI VERNEUIL. Con ALAIN DELON, JEAN GABIN, VIVIANE ROMANCE, GEORGES WILSON. ■ Un colpo al Casinò di Cannes è organizzato da un anziano malvivente e da una "recluta". L'organizzazione è complicatissima ma tutti i tasselli vanno al loro posto e con grande freddezza i due rapinatori riescono a fare il colpo. Solo che poi arriva l'imprevisto. ■ GIALLO; B/N; 117'; FRANCIA, 1963.

COLPO GROSSO ALLA NAPOLETANA ★★
(The Biggest Bundle of them All)
Regia di KEN ANNAKIN. Con PAOLA BORBONI, VITTORIO DE SICA, EDWARD G. ROBINSON, YVONNE SANSON, ROBERT WAGNER, RAQUEL WELCH. ■ Una banda di cinque persone guidata da un ex gangster italo-americano estradato in Italia deve rapinare un treno che trasporta un quantitativo di platino. Naturalmente il colpo riesce, ma il bottino non sarà goduto da nessuno. ■ COMMEDIA; COL.; 110'; USA, 1967.

COLPO GROSSO A MANILA ★
(Ironfinger – Hyappatsu hyakuchu)
Regia di JUN FUKUDA. Con ICHIRO ARISHIMA, MIE HAMA, AKIRA TAKARADA, JUN TATARA. ■ Ironfinger è un temuto fabbricante d'armi. Due bande si contendono l'esclusiva dei suoi prodotti. Un intelligente e dinamico avventuriero, con l'aiuto della polizia di Tokyo e di una ragazza, riuscirà a uccidere Ironfinger. ■ SPIONAGGIO; COL.; 92'; GIAPPONE, 1965.

COLPO GROSSO A PARIGI *(Cent briques et des tuiles)* ★★
Regia di PIERRE GRIMBLAT. Con JEAN-CLAUDE BRIALY, PIERRE CLÉMENTI, MARIE LAFORÊT, MICHEL SERRAULT. ■ Marcel, Etienne e altri due ladruncoli decidono di rapinare le Gallerie Lafayette, i celebri grandi magazzini parigini. La refurtiva è costituita da biglietti di banca incollati fra loro; quindi i ladri si rifugiano in una villa disabitata per lavarli. Casualmente sopraggiunge la polizia. ■ COMMEDIA; B/N; 90'; FRANCIA, 1965.

COLPO GROSSO A TRENTA METRI SOTT'ACQUA ★★
(Ein toter Taucher nimmt kein Geld)
Regia di HARALD REINL. Con HANS HASSE, HORST JANSON, MONIKA LUNDI. ■ Tre giovani tedeschi si uniscono a due francesi, un uomo e una donna, per recuperare un galeone spagnolo carico d'oro. Naturalmente litigano perché ognuno vuol tenersi il tesoro e, mentre qualcuno ci rimette la vita, gli altri sono costretti a cedere tutto alla polizia, arrivata all'ultimo momento su richiesta di un partecipante alle ricerche. ■ AVVENTURA; COL.; 89'; GERMANIA, 1974.

COLPO GROSSO DEL MARSIGLIESE, IL ★★
(Quand la ville s'eveille)
Regia di PIERRE GRASSET. Con MARC CASSOT, PIERRE GRASSET, RAYMOND PELLEGRIN, MARC POREL, JACQUES RICHARD, LOUIS VELLE. ■ Julien è un bandito che trascorre i suoi giorni di pensionato in Spagna. Qui è avvicinato dal "collega" Morandi, che lo convince a rientrare in Francia per mettere a segno un grosso colpo. Julien accetta e raccoglie altri malviventi per l'impresa. Durante il colpo sopraggiungono fortuitamente un giornalista e un fotografo. Costui scatterà delle foto. ■ POLIZIESCO; COL.; 90'; FRANCIA, 1975.

COLPO GROSSO... GROSSISSIMO... ANZI PROBABILE ★★
Regia di TONINO RICCI. Con NINO CASTELNUOVO, UMBERTO D'ORSI, LUCIANA PALUZZI, TERRY THOMAS. ■ Il colpo ai grandi magazzini di tre ladri inesperti e di uno scassinatore francese riesce perché il futuro presidente della società, innamoratosi dell'amante del francese, li guiderà personalmente. Non troveranno denaro nella cassaforte, ma una buona sistemazione ai banchi di vendita. ■ COMMEDIA; COL.; 100'; ITALIA, 1972.

COLPO GROSSO, MA NON TROPPO *(Le corniaud)* ★★★
Regia di GÉRARD OURY. Con ANDRÉ BOURVIL, LANDO BUZZANCA, LOUIS DE FUNÈS, BEBA LONCAR, VENANTINO VENANTINI. ■ Marechal, piazzista un po' sempliciotto, riceve da un uomo d'affari l'incarico di portare una Cadillac da Napoli in Francia. Marechal naturalmente non conosce l'effettivo contenuto della vettura. ■ COMMEDIA; COL.; 110'; FRANCIA, 1965.

COLPO IN CANNA ★★
Regia di FERNANDO DI LEO. Con URSULA ANDRESS, MAURIZIO ARENA, ALDO GIUFFRÈ, MARC POREL, WOODY STRODE. ■ Napoli. L'hostess Nora consegna al capobanda Silvera una lettera contenente un'anonima minaccia di morte. La ragazza viene picchiata dagli uomini di Silvera e pedinata sia dalla banda rivale che dalla polizia a cui ha denunziato Silvera. Sorpresa finale. ■ DRAMMATICO; COL.; 100'; ITALIA, 1974.

COLPO LETALE ★★
Regia di BERT DELING. Con TIM MACKENZIE, BURGESS MEREDITH, ROSEMARY PAUL. ■ Nella grande città farsi strada o sperare in un futuro dignitoso è tutt'altro che facile; ci provano tre giovani, poco più che adolescenti: il tenace George, un agente che viene dalla campagna e non si è ancora adattato alle feroci leggi della metropoli e l'affascinante Alexa, un'ambiziosa prostituta. ■ DRAMMATICO; COL.; 71'; USA, 1986.

COLPO MAESTRO AL SERVIZIO DI SUA MAESTÀ BRITANNICA ★★
Regia di MICHELE LUPO. Con ENNIO BALDO, ANDREA BOSIC, ADOLFO CELI, RICHARD HARRISON, MARGARET LEE. ■ Un attore accetta di assumere il ruolo di un tale Mr. Owen, ispettore al prelievo dei diamanti presso la General Diamond di Londra. In tal modo i suoi mandanti riescono a mettere le mani su di uno stock di preziosi. Ma a tutto questo non è estraneo il capo del servizio segreto britannico. ■ COMMEDIA; COL.; 99'; ITALIA, 1967.

COLPO MAESTRO DI BRUCE LEE, IL ★
Regia di JOE LAW. Con JACK CON, CHING HSING, FRANK SHUN. ■ Due mutilati, uno privo delle gambe, l'altro delle braccia, si mettono insieme per eliminare il maestro di karate che li ha ridotti in quel modo. Ci riescono. ■ AVVENTURA; COL.; 80'; HONG KONG, 1980.

COLPO PER COLPO ★
Regia di JIMMY PASCUAL. Con PETER LEUNG, CHONG SOON, WEI YU, YUE YOUNG. ■ Genko Chang, divenuto poliziotto, ricerca il delinquente che ha fatto mettere in prigione – dove è morto suo padre – e che si è impadronito dei suoi averi. ■ AVVENTURA; COL.; 86'; HONG KONG, 1974.

COLPO PROIBITO *(The Irish in U.S.)* ★★★
Regia di LLOYD BACON. Con JAMES CAGNEY, OLIVIA DE HAVIL-

LAND, PAT O'BRIEN. ■ Storia di tre fratelli irlandesi che vanno in America a cercar fortuna. Uno la troverà a New York con la boxe. Un film secondario tra quelli di Cagney. ■ DRAMMATICO; B/N; 84'; USA, 1935.

COLPO PROIBITO *(The Come-on)* ★★
Regia di RUSSELL BIRDWELL. Con ANNE BAXTER, STERLING HAYDEN, JOHN HOYT. ■ Una coppia di falsi coniugi, usando l'attraente personalità di lei, si specializza nei ricatti. L'intrigo funziona sino al giorno in cui la donna s'innamora sul serio e vuole troncare con il complice, disposta anche a ucciderlo pur di salvarsi. ■ DRAMMATICO; B/N; 83'; USA, 1956.

COLPO ROVENTE ★★
Regia di PIERO ZUFFI. Con CARMELO BENE, BARBARA BOUCHET, EDUARDO CIANNELLI, ISA MIRANDA, MICHAEL REARDON. ■ Il capitano Berin del Narcotic Bureau ha l'incarico di indagare sull'assassinio del ricco industriale Mac Brown. La scoperta dell'assassino costituirà naturalmente una sorpresa. ■ GIALLO; COL.; 104'; ITALIA, 1970.

COLPO SECCO *(Slap Shot)* ★★★
Regia di GEORGE ROY HILL. Con LINDSAY CROUSE, STROTHER MARTIN, PAUL NEWMAN, JENNIFER WARREN. ■ Una squadra di hockey su ghiaccio si trova ultima in classifica e sul punto di essere liquidata. Ma il suo allenatore e giocatore Reggie si fa in quattro per salvarla. Monta colpi giornalistici con i cronisti, solleva l'interesse di grossi industriali, sul campo chiede (e ottiene) dalla compagine un'aggressività verbale e fisica senza limiti. La squadra risale posizioni e vince il campionato. Ma sarà liquidata lo stesso. ■ COMMEDIA; COL.; 122'; USA, 1977.

COLPO SEGRETO *(L'âge ingrat)* ★★★
Regia di GILLES GRANGIER. Con MARIE DUBOIS, FERNANDEL, FRANK FERNANDEL, JEAN GABIN. ■ Due giovani innamorati sono ostacolati dalle loro famiglie. Si trovano insieme in villeggiatura e riescono a frequentarsi. Un giorno litigano e i rispettivi genitori si mettono in mezzo, ingigantendo il problema che diventa dei genitori stessi mentre i due ragazzi fanno la pace. Ma alla fine i nodi si sciolgono. ■ COMMEDIA; B/N; 90'; FRANCIA, 1964.

COLPO SEGRETO DEL KENDO, IL *(Shokin kasegi)* ★
Regia di SHIGEHIRO OZAWA. Con SHIGERU AMACHI, TAKESHI KATO, MAKI KAWAMURA, SAYOKO, TOMISABURO WAKAYAMA. ■ Al dottor Ikibei viene promesso un premio cospicuo, che gli servirà per costruire un ospedale, se tornerà in possesso di un quantitativo d'oro rapinato dai banditi. Occorre aggiungere che Ikibei è campione di kendo. ■ AVVENTURA; B/N; 82'; GIAPPONE, 1969.

COLPO SEGRETO DEL NINJA, IL ★
(Nine Deaths of the Ninja)
Regia di EMMET ALSTON. Con BRENT HUFF, SHO KOSUGI, EMILIA LESNIAK. ■ Durante un viaggio in Estremo Oriente una comitiva di turisti americani che annovera tra i suoi componenti un importante uomo politico viene rapita dai terroristi. In cambio della loro liberazione, essi chiedono il rilascio di un temibile assassino e il rientro di tutti gli agenti della sezione narcotici. ■ DRAMMATICO; COL.; 95'; USA, 1985.

COLPO SEGRETO DI BRUCE LEE, IL ★
(Bruce's Fingers)
Regia di JOSEPH KONG. Con STEPHEN HAN, BRUCE LEE, LO LIEH, NORA MIAO, CIAN WAI MAN. ■ Reduce dagli Usa, il campione di kung-fu Bruce Wong torna ad Hong Kong per recuperare un manoscritto dello scomparso Bruce Lee, nel quale dovrebbe essere illustrata la tecnica segreta del micidiale "kung-fu delle dita". Anche un potente trafficante di droga è interessato al ritrovamento degli appunti del defunto Lee. Dopo varie peripezie, Wong avrà il manoscritto. ■ AVVENTURA; COL.; 90'; HONG KONG, 1977.

COLPO SEGRETO DI D'ARTAGNAN, IL ★
Regia di SIRO MARCELLINI. Con GEORGES MARCHAL, GEORGE NADER, MAGALI NOËL, ALESSANDRA PANARO, MARIO PETRI, MASSIMO SERATO. ■ D'Artagnan e Porthos scoprono i capi di una congiura contro il sovrano e li marchiano sulla fronte con un colpo di spada perché possano essere individuati dal cardinale Richelieu. ■ AVVENTURA; COL.; 90'; ITALIA, 1962.

COLPO SENSAZIONALE *(Offbeat)* ★★
Regia di CLIFF OWEN. Con WILLIAM SILVESTER. ■ L'agente Steve compie un ardito furto nei locali di una banca. In tal modo riesce a entrare nell'ambiente della delinquenza londinese, sulla quale deve compiere delle indagini. Quando, però, i suoi "complici" vengono arrestati, egli prova vergogna e rimorso nei riguardi d'una vedova della quale s'era innamorato e alla quale non aveva svelato la propria vera identità. ■ POLIZIESCO; B/N; 72'; GRAN BRETAGNA, 1960.

COLPO SENSAZIONALE AL SERVIZIO DEL SIFAR ★
Regia di JOSÉ LUIS MERINO. Con STAN COOPER, HELGA LINÉ, LIVIO LORENZON, UMBERTO RAHO. ■ Un grande scienziato viene rapito insieme alla figlia, che sarà torturata per costringere il padre a dare informazioni su una recente scoperta. Fortunatamente, arriva un indomito sergente che riesce a liberarli e a sgominare la banda. ■ SPIONAGGIO; B/N; 91'; ITALIA, 1968.

COLPO SU COLPO *(The Naked Runner)* ★★
Regia di SIDNEY J. FURIE. Con EDWARD FOX, NADIA GRAY, FRANK SINATRA, PETER VAUGHAN. ■ Laker, ex agente dei servizi di sicurezza inglesi divenuto architetto, si reca alla Fiera di Lipsia col figlio. Il capo dei servizi segreti lo incarica di consegnare un pacchetto a un amico. In realtà vuole indurre Laker, che è ormai insospettabile, ad avvicinare e uccidere una spia evasa dalle prigioni inglesi. ■ SPIONAGGIO; COL.; 104'; USA, 1967.

COLPO – VENDETTA, IL *(The Hit)* ★★
Regia di STEPHEN FREARS. Con LAURA DEL SOL, JOHN HURT, FERNANDO REY, TIM ROTH, TERENCE STAMP. ■ Il secondo film di Frears è un noir psicologico compatto ed emozionante. Terence Stamp, in piena forma, interpreta un criminale gentiluomo che viene scortato dalla Spagna a Parigi da due killer. L'uomo aveva fatto la spia. Ma sulla strada le sorprese non si contano. ■ POLIZIESCO; COL.; 100'; GRAN BRETAGNA, 1984.

COLPO VINCENTE *(Hoosiers)* ★★
Regia di DAVID ANSPAUGH. Con GENE HACKMAN, BARBARA HERSHEY, DENNIS HOPPER. ■ Un ex allenatore di pallacanestro, un po' stazzonato dalla vita, accetta di diventare *trainer* di una squadra di un college. Dapprima circondato da diffidenza e ostilità, riesce poi a conquistare la fiducia di giocatori e professori e a vincere il campionato regionale. ■ COMMEDIA; COL.; 113'; USA, 1986. ■ GOLDEN GLOBES 1 PR, 1 NOM; OSCAR 2 NOM.

COLT CANTARONO LA MORTE E FU TEMPO DI MASSACRO, LE ★★
Regia di LUCIO FULCI. Con NINO CASTELNUOVO, GEORGE HILTON, FRANCO NERO, LYNN SHAYNE. ■ Tom torna al paese dopo molti anni di assenza. Ha la triste sorpresa di constatare che il fratello è alcolizzato. Una banda spietata domina la comunità, ma il fratello uscirà dalla sua passività e con Tom farà piazza pulita. ■ WESTERN; COL.; 98'; ITALIA, 1966.

COLT, CINQUE DOLLARI, UNA CAROGNA, UNA ★★
Regia di RICHARD CHARDON. Con WILLIAM CLIFF, STAN COOPER, PAMELA ERICSON, PATRICIA NEAL. ■ Nel Texas, il giovane Ringo è un fiero paladino dei messicani, perseguitati per motivi razziali. I suoi nemici gli uccidono moglie e fratello. Si batterà fino all'ultimo in condizioni d'inferiorità e infine perirà. ■ WESTERN; COL.; 97'; ITALIA, 1967.

COLT È LA MIA LEGGE, LA ★
Regia di ALFONSO BRESCIA. Con MIGUEL DE LA RIVA, ANGEL DEL POZO, LUCIANA GILLI, PETER WHITE. ■ A S. Felipe, il notabile della zona ha una nipote fidanzata con un imbelle ballerino. Ma la zona è infestata da banditi che assaltano le diligenze per rapire l'oro delle banche. Un cavaliere mascherato si oppone. Il film si ispira, evidentemente, al celebre personaggio di Zorro. ■ WESTERN; COL.; 100'; ITALIA, 1965.

COLTELLI DEL VENDICATORE, I ★★
Regia di MARIO BAVA. Con CAMERON MITCHELL, GIACOMO ROSSI STUART, FAUSTO TOZZI. ■ Arald, capo vichingo, è in battaglia. Aghen, feroce guerriero, ne approfitta per cercare di rapirgli moglie e figlio. Ma arriva un ignoto straniero, Rusik, il quale sta ricercando Arald, per vendicarsi di un creduto oltraggio. Il colpevole è invece Aghen. ■ AVVENTURA; COL.; 95'; ITALIA, 1966.

COLTELLO DI GHIACCIO, IL ★★
Regia di UMBERTO LENZI. Con CARROLL BAKER, SILVIA MONELLI, ALAN SCOTT, EVELYN STEWART. ■ Jenny, diva della canzone, va a trovare in Spagna una sfortunata cugina, Marta, muta a causa di un incidente ferroviario. Al ritorno dalla stazione, le ragazze trovano nella casa di Marta due assassinati. Seguono scene terrorizzanti. ■ GIALLO; COL.; 100'; ITALIA, 1972.

COLTELLO IN TESTA, IL *(Messer im Kopf)* ★★★
Regia di REINHARD HAUFF. Con HANS CHRISTIAN BLECH, BRUNO GANZ, ANGELA WINKLER. ■ Uno scienziato, separato dalla moglie, va a raggiungerla nella casa dove abita con l'amante. Ma la casa è presa d'assalto dalla polizia che cerca una banda di terroristi. Lo scienziato è ferito alla testa e perde, per molto tempo, la memoria e l'uso della parola. La polizia crede che simuli e sia un pericoloso terrorista. Ma l'uomo riesce alla fine, con tenacia disperata, a trovare la verità. Uno dei migliori film tedeschi degli anni Settanta, la rappresentazione drammatica della "Germania in autunno", del paese disorientato dopo la misteriosa morte in prigione dei terroristi della Bader-Meinhof. ■ DRAMMATICO; COL.; 108'; GERMANIA, 1978.

COLTELLO NELL'ACQUA, IL *(Noz w wodzie)* ★★★
Regia di ROMAN POLANSKI. Con ZYGMUNT MALANOWICZ, LEON NIEMCZYK, JOLANTA UMECKA. ■ Una coppia, durante una weekend, dà un passaggio ad un giovane che viene invitato sulla loro barca. Divergenze e scontro finale fra i due uomini. Il marito crede di avere ucciso l'ospite che, viceversa, risorgerà dalle acque e farà l'amore con la donna. Ma la confessione di lei non sarà creduta. ■ DRAMMATICO; B/N; 94'; POLONIA, 1962. ■ OSCAR 1 NOM.

COLTELLO NELLA PIAGA, IL ★★★
Regia di ANATOLE LITVAK. Con JEAN-PIERRE AUMONT, SOPHIA LOREN, ANTHONY PERKINS. ■ Lina è costretta dal marito, che è scomparso simulando la morte per incidente aereo, a fingersi vedova per incassare la cospicua assicurazione. In attesa del denaro, conducendo la sua solita vita, si innamora di un giovanotto. Quando il marito vuole costringerla ad espatriare clandestinamente con lui, lo uccide. ■ DRAMMATICO; B/N; 100'; ITALIA, 1962.

COLTELLO SOTTO LA GOLA, IL ★★
(Le couteau sous la gorge)
Regia di JACQUES SÉVERAC. Con MADELEINE ROBINSON, JEAN SERVAIS. ■ Il bimbo di un famoso chirurgo viene rapito. Il padre per ritrovarlo si rivolge a Pacos, un bandito a cui una volta aveva salvato la vita operandolo segretamente. Costui si dedica all'impresa con tale dedizione da essere ferito. Ma sarà nuovamente operato e salvato dal chirurgo dopo che gli avrà riportato il figlio. ■ DRAMMATICO; COL.; 90'; FRANCIA, 1955.

COLT ERA IL SUO DIO, LA ★★
Regia di PAOLO SOLVAY. Con ESMERALDA BARROS, JEFF CAMERON, ATTILIO DOTTESIO, KRISTA NELL. ■ Jackson, nativo di Landford City, vi ritorna sotto mentite spoglie per combattere una banda che vi spadroneggia e che per ricattarlo gli rapisce la ragazza. ■ WESTERN; COL.; 101'; ITALIA, 1972.

COLT IN MANO AL DIAVOLO, UNA ★
Regia di GIANFRANCO BALDANELLO. Con WILLIAM BERGER, ATTILIO DOTTESIO, FIORELLA MANNOIA, ROBERT WOOD. ■ Geremy, condannato ingiustamente alla galera, muore durante la detenzione. Un suo amico vuole ristabilire la verità e punire i colpevoli. ■ WESTERN; COL.; 92'; ITALIA, 1972.

COLT IN PUGNO AL DIAVOLO, UNA ★
Regia di SERGIO BERGONZELLI. Con BOB HENRY, LUCRETIA LOVE, MARISA SOLINAS, GEORGE WANG. ■ Pat Scotty viene incaricato di debellare una banda di messicani guidati dal "Capataz". Scotty con uno stratagemma ne conquista la fiducia e può quindi portare a compimento la missione. ■ WESTERN; COL.; 93'; ITALIA, 1967.

COLTO SUL FATTO – SPARVIERI DELLA CITTÀ ★★
(Caught in the Act)
Regia di JEAN YARBROUGH. Con HENRY ARMETTA, ROBERT BALDWIN, IRIS MEREDITH. ■ Un brav'uomo italiano, Riportella, carpentiere in un'azienda di costruzioni, viene coinvolto nelle avventure di una gang di ricattatori che aveva preso di mira il suo padrone. Rischia la prigione e le rappresaglie della moglie, convinta che il marito la tradisca con una delle componenti della banda. Il lieto fine è assicurato. ■ POLIZIESCO; B/N; 91'; USA, 1940.

COLT 45 ★★
Regia di EDWIN L. MARIN. Con RUTH ROMAN, RANDOLPH SCOTT, ZACHARY SCOTT. ■ Un malvivente, in combutta con lo sceriffo, tende a più riprese micidiali trabocchetti alla protagonista, ma ogni volta saranno gli indiani a trarlo d'impaccio. ■ AVVENTURA; COL.; 74'; USA, 1950.

COLUI CHE DEVE MORIRE *(Celui qui doit mourir)* ★★★★
Regia di JULES DASSIN. Con MELINA MERCOURI, JEAN SERVAIS, PIERRE VANECK. ■ 1922 in Asia Minore. Un villaggio greco viene aggredito dai turchi. I profughi, guidati dal pope Fotis, si rifugiano in un altro villaggio dove vengono osteggiati dal pope Grigoris e dai notabili e quindi costretti a ritirarsi in montagna. Ne seguono violenti contrasti: ne farà le spese Manolis, povero pastore, che nella rappresentazione della Passione aveva interpretato la parte di Cristo e nella realtà si era prodigato per convincere i paesani ad accogliere con generosità i profughi. ■ DRAMMATICO; B/N; 126'; FRANCIA, 1957.

COLUMBIA CONNECTION *(The Columbia Connection)*
Regia di LEN KOWALEWICH. Con JACKSON DAVIES, BRITT EKLAND, WINSTON RECKERT. ■ Un'agente in gonnella è incaricata di stroncare un traffico di droga proveniente dal Sudamerica. Ma la missione ha complicazioni sentimentali. La donna infatti si innamora di uno dei trafficanti. ■ AVVENTURA; COL.; 95'; USA, 1987.

COMANCEROS, I *(The Comancheros)* ★★★★
Regia di MICHAEL CURTIZ. Con INA BALIN, BRUCE CABOT, LEE MARVIN, JOHN WAYNE, STUART WHITMAN. ■ Louisiana 1843, Paul Regret (Whitman), bellimbusto francese, uccide in un duello "galante" il figlio di un giudice, che gli fa dare una caccia spietata. Tocca a J. Cutter (Wayne), ranger del Texas, trovarlo su un battello del Mississippi. Cutter sta anche indagando su una misteriosa banda di indiani, i Comanceros. Regret riesce a fuggire, ma il ranger lo ritrova e lo porta alla base. Regret fugge durante un attacco indiano, ma torna coi rinforzi, guadagnandosi un meritato condono. I due, ormai amici, rintracciano il covo dei Comanceros e riescono a disperdere la banda. Per Regret c'è anche l'amore finale, e forse anche per Cutter. È l'ultimo film di un grandissimo regista (*Casablanca*, *Robin Hood*) e un western in cui il personaggio Wayne è più Wayne. Molti gli episodi suggestivi. Quando Whitman cerca di corromperlo, Wayne gli risponde: «Io ho quella che tu forse consideri una debolezza, sono onesto». Quando lo stesso Whitman, dopo aver salvato tutti, gli chiede di lasciarlo andare l'uomo, della legge gli risponde: «Lo farei, ma ho fatto un giuramento ed è una cosa importante». Quando un'amica gli ricorda la moglie morta e gli chiede: «Sono quasi due anni vero?», Wayne le risponde. Il duro uomo del West sapeva dunque essere umano e romantico. Un grande western, arrivato nella stagione del tramonto del genere con un John Wayne cinquantaquattrenne, un po' bolso ma straordinariamente maturo e con quell'ironia che gli era mancata nei film giovanili. Il film si vale di una della più efficaci colonne sonore western, composta da Elmer Bernstein. Lo spunto della storia era di Vincent Sherman, un altro maestro di western. Un piccolo, tardo gioiello da rivalutare. ■ WESTERN; COL.; 107'; USA, 1961.

COMANDAMENTI PER UN GANGSTER ★★
Regia di ALFIO CALTABIANO. Con RADE MARKON, DAN MAY, AL NORTON, LEE TADIC. ■ Un ex gangster vuole vendicare l'assassinio della sorella e fare luce sulla scomparsa del marito di lei, avvenuta durante il trasporto per mare di un grosso carico d'oro. Dopo essersi scontrato con una potente organizzazione mafiosa interessata al recupero del malloppo, troverà l'omicida e compirà la sua vendetta. ■ DRAMMATICO; COL.; 90'; ITALIA, 1968.

COMANDANTE ★★★
Regia di OLIVER STONE. Con FIDEL CASTRO. ■ Stone sfida ancora una volta i benpensanti americani e propone loro il ritratto di uno di quei "principi del male" che ai loro media piace tanto creare. Lo fa con trenta ore di riprese di cui monta novanta minuti. Ne

emerge l'uomo Castro con tutta la sua passione e con tutta la sua astuzia. Il rapporto tra i due è aperto e alla pari. Dinanzi a uno Stone che conferma di avere ricevuto un'onorificenza per il suo comportamento in Vietnam, Castro non ha nulla da eccepire così come il regista non forza la mano sulla polemica per non far chiudere in difesa il suo protagonista. Montato come solo Stone riesce a farsi montare le proprie opere e girato con quattro telecamere, questo è uno di quei documentari che, indipendentemente da come la si pensi politicamente, non fanno rimpiangere la fiction. Presentato alla Berlinale 2003 con messaggio del comandante che si scusava per non essere potuto intervenire per motivi di opportunità politica. ■ DOCUMENTARIO; COL.; 90'; SPAGNA, USA, 2003.

COMANDANTE, IL ★★★
Regia di PAOLO HEUSCH. Con ISA CRESCENZI, BRITT EKLAND, FRANCO FABRIZI, LUCIANO MARIN, ANDREINA PAGNANI, LINDA SINI, TOTÒ. ■ Il colonnello Cavalli va in pensione e si annoia. La moglie, molto ricca, gli procura un impiego pagando lei stessa sottobanco lo stipendio. Ma l'uomo, tanto probo quanto ingenuo, si fa coinvolgere in affari illeciti; verrà salvato ancora una volta dal denaro della moglie e trascorrerà le sue giornate ai giardinetti, ormai in preda a una regressione infantile. ■ COMMEDIA; B/N; 109'; ITALIA, 1963.

COMANDANTE DEL "FLYING MOON", IL ★★
(Back to God's Country)
Regia di JOSEPH PEVNEY. Con STEVE COCHRAN, MARCIA HENDERSON, ROCK HUDSON, HUGH O'BRIAN. ■ Il commerciante Blake ricorre a mille astuzie per appropriarsi della moglie di Keith, comandante del *Flying Moon*: non si ferma neppure davanti al delitto. I due sposi dovranno avventurarsi su di una slitta in una traversata piena di imprevisti e di insidie per sfuggire alla sua persecuzione. ■ AVVENTURA; COL.; 78'; USA, 1953.

COMANDANTE E LA CICOGNA, IL ★★★
Regia di SILVIO SOLDINI. Con GIUSEPPE BATTISTON, CLAUDIA GERINI, VALERIO MASTANDREA, ALBA ROHRWACHER, LUCA ZINGARETTI. ■ Leo Buonvento è padre premuroso di due adolescenti e vedovo di una consorte in bikini con cui si intrattiene in dialoghi immaginari. Idraulico efficiente, come le caldaie dei suoi clienti la sua vita fa acqua (fredda) da tutte le parti. Diana è una giovane donna insicura col talento dell'arte e la mancanza di "talenti". Incalzata da un singolare padrone di casa, cerca i soldi per l'affitto, un committente illuminato e le parole per reclamare i suoi diritti. Amanzio, sensibilizzatore urbano col vizio dell'esproprio proletario e della merce scaduta, ha lasciato dieci anni prima il lavoro e adesso vive di espedienti, aforismi e affitto, quello sofferto di Diana. Elia, figlio di Leo, è un adolescente introverso, perso dietro domande esistenziali e una cicogna capricciosa in volo su Torino. E a Torino si incroceranno vite e affanni dei protagonisti, commentati dall'alto dal rammarico di Garibaldi, dalla riprovazione di Leonardo, dalle note di Verdi e dalle rime di Leopardi. Se l'Italia di Marco Bellocchio è profondamente "addormentata" e in attesa di un risveglio, quella di Silvio Soldini è liricamente "perduta" come nel libretto di Solera e nella musica di Verdi. Inseguendo il grottesco romantico di *Pane e tulipani*, Soldini converte ancora una volta il caso in occasione e lascia interagire spazi urbani e corpi attoriali in carne e bronzo. ■ COMMEDIA; COL.; 108'; ITALIA, SVIZZERA, FRANCIA, 2012.

COMANDANTE JOHNNY, IL ★★★
(You're in the Navy Now)
Regia di HENRY HATHAWAY. Con GARY COOPER, JANE GREER, MILLARD MITCHELL. ■ All'ingegnere John Harkness, richiamato in servizio, viene affidato il comando di una torpediniera alla quale sono stati sostituiti i motori Diesel con motori a vapore per aumentarne la velocità. All'imperizia del comandante si aggiunge quella di tutto l'equipaggio. Ma la buona volontà prevale e alla fine ci sarà persino un encomio. ■ COMMEDIA; B/N; 93'; USA, 1951.

COMANDANTE ROBIN CRUSOÉ, IL ★★★
(Lt. Robin Crusoe, USN)
Regia di BYRON PAUL. Con NANCY KWAN, ARTHUR MALET, AKIM TAMIROFF, DICK VAN DYKE. ■ Il tenente pilota Robin Crusoé, costretto a gettarsi dall'aereo in fiamme, va a finire su un'isoletta che sembra disabitata. Vi troverà invece non solo una deliziosa piccola selvaggia, che lui chiamerà Martedì, ma anche tutte le sue amiche. ■ AVVENTURA; COL.; 110'; USA, 1966.

COMANDO SEGRETO *(Secret Command)* ★★
Regia di EDWARD SUTHERLAND. Con CAROLE LANDIS, PAT O'BRIEN. ■ Un agente del controspionaggio riesce ad introdursi, con l'aiuto del fratello, in un cantiere navale. La sua ex fidanzata e il fratello lo credono un sabotatore, ma quando l'agente riesce a sventare un complotto ai danni di una portaerei e uccide i terroristi comprendono il loro grossolano errore. ■ DRAMMATICO; B/N; 82'; USA, 1941. ■ OSCAR 1 NOM.

COMA PROFONDO *(Coma)* ★★★
Regia di MICHAEL CRICHTON. Con GENEVIÈVE BUJOLD, MICHAEL DOUGLAS, RIP TORN, RICHARD WIDMARK. ■ Una donna giovane, bella e in salute va in coma durante un procurato aborto in un famoso ospedale di Boston. Una sua amica, dottoressa nella stessa clinica, non ci vede chiaro. Indaga e scopre che il numero dei comatosi negli ultimi tempi è stato decisamente oltre la norma. Infatti molti disgraziati sono stati ridotti appositamente in quello stato per rifornire una banca di organi umani. Chi tira le fila dell'indegno traffico, vistosi in pericolo, cerca di sistemare la stessa dottoressa durante una operazione d'appendicite. La ragazza sarà salvata *in extremis* dal suo fidanzato. ■ GIALLO; COL.; 113'; USA, 1978.

COMBAT DANCE – A COLPI DI MUSICA *(Roof Tops)* ★★
Regia di ROBERT WISE. Con TROY BEYER, TISHA CAMPBELL, JASON GEDRICK, EDDIE VELEZ. ■ È un film che, con il pretesto di raccontarci una storia, ci offre il solito quadro della vita di alcuni ragazzi dei bassifondi newyorkesi e una sorta di propaganda al ballo del momento. La trama è quasi sempre la stessa: un protagonista, il buono; un amore che sembra impossibile; una banda guidata dal perfido di turno. Peccato che il regista Robert Wise, che ricordiamo per aver montato grandi pellicole tra cui *Quarto potere*, non abbia dato qui il meglio di sé. ■ DRAMMATICO; COL.; 94'; USA, 1989.

COMBATTENTI DELLA NOTTE ★★★
(Cast a Giant Shadow)
Regia di MELVILLE SHAVELSON. Con LUTHER ADLER, SENTA BERGER, YUL BRYNNER, ANGIE DICKINSON, JAMES DONALD, KIRK DOUGLAS, FRANK SINATRA, TOPOL, JOHN WAYNE. ■ David Marcus, avvocato ed ex colonnello degli Stati Uniti, va in Palestina per aiutare i suoi correligionari nelle lotte contro gli arabi che vogliono impedire la costituzione dello Stato di Israele. Il suo apporto sarà determinante, ma pagherà con la vita l'abnegazione verso il suo popolo. ■ DRAMMATICO; COL.; 142'; USA, 1966.

COMBATTERONO PER LA PATRIA ★★★
(Oni stazalis na rodinu)
Regia di SERGEI FYODOROVICH BONDARCHUK. Con SERGEI BONDARCHUK, VASILI SUKSIN, VJACESLAV TICHONOV. ■ Il film è tratto dal romanzo di Sciolokov. È la storia, nei toni della propaganda russa, di alcuni eroismi in guerra. Bondarchuk è il più popolare attore russo. ■ GUERRA; COL.; 103'; URSS, 1974.

COMBATTIMENTO AI POZZI APACHE ★★
(Duel at Apache Wells)
Regia di JOSEPH KANE. Con ANNA MARIA ALBERGHETTI, BEN COOPER, JIM DAVIS. ■ Johnny Shane, al suo ritorno in paese, trova il padre messo in difficoltà da un ex dipendente, Cannery, che ha acquistato tutti i pozzi lungo il tragitto del bestiame verso i mercanti. A Johnny non resta che ricorrere alle armi. ■ WESTERN; B/N; 70'; USA, 1957.

COME AMARE TRE DONNE, RENDERLE FELICI E USCIRNE VIVI *(Tant qu'il y aura des femmes)* ★★★
Regia di DIDIER KAMINKA. Con FANNY COTTENCON, FIONA GÉLIN, ROLAND GIRAUD. ■ Uno sceneggiatore di successo è divorziato, ma è rimasto in buoni rapporti con la moglie. Da anni s'è messo con una attrice di cinema, ma ora sente una forte attrazione per una dottoressa. Riuscirà a tenerle a bada tutt'e tre (pur facendosi aiutare dagli attuali compagni delle prime due). ■ COMMEDIA; COL.; 83'; FRANCIA, 1987.

COME AMMAZZARE IL CAPO E VIVERE FELICI *(Horrible Bosses)* ★★
Regia di SETH GORDON. Con JENNIFER ANISTON, JASON BATEMAN, CHARLIE DAY, COLIN FARREL, JASON SUDEIKIS. ■ Nick, Dale e Kurt sono tre amici trentenni legati da una comune avversione per i loro rispettivi capi. Nick lavora in una compagnia finanziaria accumulando straordinari e continue umiliazioni per ottenere una promozione che il suo perfido amministratore finisce per riservare a se stesso. Dale è l'assistente di una dentista erotomane, ossessionata dall'idea di molestare sessualmente il suo sottoposto mentre i pazienti sono sedati. Kurt è invece il contabile di un'azienda chimica in adorazione del suo vecchio capo, finché un giorno questi muore lasciando la presidenza al viscido figlio cocainomane che detesta Kurt. Una sera, durante una chiacchierata in un pub, fomentata da qualche bicchiere di troppo salta fuori un'idea: perché non uccidere i propri capi? ■ COMMEDIA; COL.; 98'; USA, 2011.

COME AMMAZZARE UN MILIARDARIO E MORIRE DAL RIDERE ★★
(Disorderlies)
Regia di MICHAEL SCHULTZ. Con RALPH BELLAMY. ■ Tre amici riportano in vita un miliardario di Palm Beach. La storia è quella che si ritroverà nel popolare *Week-end con il morto* e nel suo sequel; gli attori sono un gruppo di musicisti rap e Ralph Bellamy è più celebre per essere stato interprete di film come *La signora del venerdì* o *Rosemary's Baby*. ■ COMMEDIA; COL.; 87'; USA, 1987.

COME BACK AFRICA ★★★
Regia di LIONEL ROGOSIN. ■ Film verità che affronta i problemi sociali e razziali in Sud Africa. ■ DOCUMENTARIO; B/N; 89'; USA, 1958.

COM'È BELLO FAR L'AMORE ★★
Regia di FAUSTO BRIZZI. Con FABIO DE LUIGI, CLAUDIA GERINI, VIRGINIA RAFFAELE, FILIPPO TIMI, GIORGIA WURTH. ■ Andrea e Giulia hanno quarant'anni, un figlio adorato, una tata smaniosa, tanta serenità e poca voglia di fare sesso. Voglia perduta negli anni nel quotidiano. La visita improvvisa di Max, porno divo residente a Hollywood, sollecita la loro indolenza, costringendoli a fare i conti con le troppe notti in bianco. Amico di vecchia data di Giulia e amatore per professione, Max non lesinerà in suggerimenti e consigli per l'uso, allontanando le inibizioni ed eccitando la fantasia. ■ COMMEDIA; COL.; 97'; ITALIA, 2012.

COME CAMBIAR MOGLIE ★★
Regia di JEAN-PIERRE MOCKY. Con PAOLA PITAGORA, CLAUDE RICH, MICHEL SERRAULT. ■ Un impiegato comunale scopre casualmente di essere bravissimo a imitare la calligrafia altrui; approfittando della posizione che occupa, risolve i problemi matrimoniali di chi gli chiede consiglio cancellando e riscrivendo i nomi sui documenti ufficiali. ■ COMICO; B/N; 80'; ITALIA, 1970.

COME CANI ARRABBIATI ★
Regia di MARIO IMPEROLI. Con PAOLO CARLINI, ANNA RITA GRAPPUTO, GLORIA PIEDIMONTE, JEAN-PIERRE SABAGH, PAOLA SENATORE. ■ Tony, figlio di un losco riccone romano, contesta la società e la famiglia compiendo rapine e massacrando le prostitute amiche del padre. Un commissario e la sua donna (anch'ella poliziotta) si mettono sulle tracce del ragazzo che finirà poi linciato. ■ DRAMMATICO; COL.; 100'; ITALIA, 1976.

COME CANI E GATTI *(Cats & Dogs)* ★★★
Regia di LAWRENCE GUTERMAN. Con MAR ANDERSONS, ALEC BALDWIN, GILLIAN BARBER, MARY BOGUE, DORIS CHILLCOTT, MICHAEL CLARKE DUNCAN, JEFF GOLDBLUM, RANDI KAPLAN, TOBEY MAGUIRE, MIRIAM MARGOLYES, JOE PANTOLIANO, ELIZABETH PERKINS, ALVIN SANDERS, SUSAN SARANDON, MARK SCHOOLEY, CAROL ANN SUSI. ■ Un cane e un gatto antagonisti. E fin qui davvero niente di nuovo. A scombinare l'equilibrio dell'eterno rapporto arriva uno scienziato (Goldblum) che inventa un prodotto che toglierà l'allergia a tutti coloro che non possono avvicinare un cane. Il gatto ci rimane malissimo e chiama in aiuto i colleghi felini. Ciascuno di loro ha una specialità secondo la razza: per esempio i siamesi sono esperti di arti marziali. Ma anche i cani non scherzano. Bella trovata. Divertimento ingenuo e un po' vecchia maniera. Il tutto premiato in America da un vastissimo pubblico. ■ FANTASTICO; COL.; 87'; USA, 2001.

COME CENERENTOLA *(The Counterfeit Contessa)* ★★
Regia di RON LAGOMARSINO. Con DAVID BEECROFT, SAM COPPOLA, TÉA LEONI, D.W. MOFFETT, MOLLY PRICE, SUSAN WALTERS. ■ *Come Cenerentola* è la storia di Gina Nardino, italoamericana di Brooklyn e giovane commessa e cassiera di un negozio di alimentari di un centro commerciale, che si trova catapultata nell'alta società di New York. Scambiata per una contessa italiana, perde la testa per un affascinante uomo d'affari di buona famiglia: Sinclair. Decisa a trasformare i suoi sogni in realtà, persevera nell'impersonare la nobildonna e, aiutata dal fratello di Sinclair, si affina in eleganza e fascino. Ma nella realtà, le apparenze ingannano. Vale per lei e vale anche per chi le sta intorno. Al rintocco della mezzanotte, infatti, oltre che perdere le scarpette, qualcuno perderà anche la maschera. ■ COMMEDIA ROSA; COL.; 91'; USA, 1994.

COMEDIAN HARMONISTS ★★★★
Regia di JOSEPH VILSMAIER. Con BEN BECKER, ENO FERCH, ULRICH NOEHEN, KATJA RIEMANN, HEINRICH SHAFMEISTER, MAX TOOF, KAI WESINGER. ■ Berlino 1927. Il musicista-soprattutto-arrangiatore Frommermann si arrabatta per sopravvivere, ma la situazione, si sa, è difficilissima. Ispirandosi al complesso americano dei Revelles (che imitano gli strumenti con la voce) decide di fondare un gruppo omologo, più tecnico. Raccoglie gente disperata come lui, ma molto preparata: il primo tenore, il tenore, un generico, un basso e un pianista. Grazie ad arrangiamenti complessi ma efficaci il gruppo, che si è dato il nome di Comedian Harmonists comincia ad aver successo. Poi conquista l'Europa e il mondo. Tre dei componenti sono ebrei e con l'avvento di Hitler il complesso deve sciogliersi: gli ebrei ripareranno in America, dove, come raccontano i titoli finali, fonderanno un altro gruppo. Ma non sarà più come una volta, naturalmente. Nel loro ultimo concerto a Berlino, cantando *Auf wiedersen, my dear*, danno l'addio al loro pubblico e al loro paese. E tutti si alzano in piedi commossi, nazisti compresi. Il film è ingenuo e didascalico, con tutte le normali, conosciute, liturgie del successo, con gli amori e tutto il resto. Ma il quadro della Germania prenazista è sentito e corretto. Le canzoni, che sono splendide, danno al film una qualità importante. I dialoghi italiani sono stati curati da Moni Ovadia. ■ COMM. MUSICALE; COL.; 107'; GERMANIA, 2000.

COMÉDIE DU POUVOIR, LA *(L'ivresse du pouvoir)* ★★★
Regia di CLAUDE CHABROL. Con FRANCOIS BERLÉAND, PATRICK BRUEL, ISABELLE HUPPERT. ■ Uno Chabrol apparentemente anomalo: fuori dalla periferia francese, senza adulteri, senza morti, con Isabelle Huppert in un ruolo sorprendentemente moralista. Il magistrato Jeanne Charmant-Killman sta indagando su un caso di appropriazione indebita di fondi pubblici da parte di un importante conglomerato di industrie francesi. Nomi, cognomi, capi di imputazione e dossier vengono a galla facendo cadere alcune alte cariche dell'organizzazione. In realtà il tema di fondo è sempre lo stesso: lo studio dell'umanità attraverso i suoi comportamenti e i suoi abiti mentali. ■ DRAMMATICO; COL.; 110'; FRANCIA, 2006.

COME D'INCANTO *(Enchanted)* ★★★
Regia di KEVIN LIMA. Con AMY ADAMS, RACHEL COVEY, PATRICK DEMPSEY, JAMES MARSDEN, IDINA MENZEL, SUSAN SARANDON, TIMOTHY SPALL. ■ C'era una volta in un bosco "animato" una principessa in attesa del suo principe, un principe impaziente di baciare una principessa, una matrigna determinata a impedire il loro incontro. Il destino decide altrimenti e i due giovani si trovano e si innamorano. Deciso a sposarla, Edward conduce Giselle al castello ma la regina malvagia, con un inganno, la spinge in un pozzo profondo verso un mondo senza lieto fine. Scaraventata nella realtà e spaventata dal traffico di New York, Giselle trova rifugio nel castello di un cartellone pubblicitario. In suo aiuto accorre Robert, un avvocato divorzista che non crede alle favole ma che finirà per vivere "felice e contento". Che cosa potrebbe mai accadere se in Times Square, all'incrocio tra la Broadway e la Seventh Avenue, si materializzasse "come d'incanto" una principessa in abito nuziale? Può succedere che il cinema d'animazione si

ripensi, incarnandosi e trasformandosi in una "favolosa" commedia sentimentale. ■ COMMEDIA; COL.; 107'; USA, 2007.

COME DIFENDERSI DALLA MAMMA! ★★
(Ed and his Dead Mother)
Regia di JONATHAN WACKS. Con NED BEATTY, STEVE BUSCEMI, JOHN GLOVER, MIRIAM MARGOLYES. ■ La madre muore e Ed non trova più interesse nella vita. In seguito gli si presenta l'opportunità di fare resuscitare la cara genitrice e tutto sembra risolversi. Ma non è più la mamma di una volta... Il figlio, allora, cerca di sopprimerla: il problema è che lei continua a tornare. ■ COMMEDIA; COL.; 90'; USA, 1992.

COME DIO COMANDA ★★
Regia di GABRIELE SALVATORES. Con FABIO DE LUIGI, ELIO GERMANO, ANGELICA LEO, VASCO MIRANDOLA, FILIPPO TIMI. ■ In una landa desolata del Nord-Est Italia, tra cave di pietra, case sparse e anonimi centri commerciali, vivono un padre e un figlio. Rino Zena, disoccupato e ostinato, educa Cristiano, un adolescente timido e irrequieto che i compagni schivano e le ragazzine umiliano. Soli contro il mondo e contro tutti, hanno un solo amico: Quattro Formaggi, un disgraziato offeso da un incidente con i fili dell'alta tensione e ossessionato da Dio, dal presepio e da una biondissima pornodiva. Uniti da un amore viscerale, Rino e Cristiano tirano avanti un'esistenza orgogliosa che reagisce alla prepotenza del prossimo e all'ingerenza dei servizi sociali. Dentro una notte di pioggia e fango una ragazzina cambierà per sempre i loro destini. Gabriele Salvatores raccoglie per la seconda volta la sfida di Niccolò Ammaniti. Eppure non si tratta veramente di una sfida, piuttosto di un completamento, di uno sviluppo, di una naturale trasposizione dalle parole alle immagini. Il regista milanese si mantiene infatti sostanzialmente fedele al dettato del romanzo omonimo, con qualche minima variante e alcuni interventi chirurgici. ■ DRAMMATICO; COL.; 103'; ITALIA, 2008.

COME DIRE... ★★
Regia di GIANLUCA FUMAGALLI. Con CLAUDIO BISIO, ALESSANDRA COMERIO, FRANCESCO GUZZETTI, MARIELLA VALENTINI. ■ Esordio del regista girato in sedici millimetri. Si tratta della storia d'amore di Carlina e Nanni, ideata da una cantante che sta preparando il suo primo *long playing*. La colonna sonora è del jazzista Gaetano Liguori. ■ COMMEDIA; COL.; 79'; ITALIA, 1983.

COME DIVENNI PADRE *(Sorrowful Jones)* ★★★
Regia di SIDNEY LANFIELD. Con LUCILLE BALL, BOB HOPE. ■ Un tale lascia la sua figlioletta nell'ufficio di James Jones detto "Angustia", book-maker clandestino, per andare presso i soci di lui a lamentarsi d'essere stato truffato. Viene ucciso. Angustia è costretto a occuparsi della piccola e le si affezionerà. ■ COMMEDIA; B/N; 88'; USA, 1949.

COME DIVERTIRSI CON PAPERINO & COMPANY ★★★
PRODUZIONE DISNEY. ■ Episodi a disegni animati tra cui: *Paperino e l'ecologia*, *Paperino pompiere*, *Topolino, Pluto e Paperino a caccia della balena*. ■ ANIMAZIONE; B/N; 80'; USA, 1973.

COME DON CHISCIOTTE *(Timothy's Quest)* ★★
Regia di CHARLES BARTON. Con DICKIE MOORE, ELEONORE WHITNEY. ■ Una zitella protegge due orfani che si sono rifugiati nella sua villa per sfuggire ad alcuni biechi individui. ■ COMMEDIA; B/N; 87'; USA, 1936.

COME DUE COCCODRILLI ★★★
Regia di GIACOMO CAMPIOTTI. Con ANGELA BARALDI, FABRIZIO BENTIVOGLIO, SANDRINE DUMAS, GIANCARLO GIANNINI, VALERIA GOLINO. ■ Gabriele ha vissuto un'infanzia e un'adolescenza difficili. Figlio di una relazione extraconiugale, al momento della morte della madre si trasferisce con il neonato fratello Martino nella casa del padre. Costui, proprietario di una vetreria, impone la loro presenza agli altri due figli. Le tensioni non mancheranno e sfoceranno nella fuga di Gabriele. Ora, divenuto responsabile di una casa d'aste parigina, potrebbe vendicarsi dei fratellastri. All'ultimo momento rinuncerà. Giacomo Campiotti, alla sua seconda prova, realizza uno dei film più interessanti del cinema italiano della prima metà degli anni Novanta. Riesce a fondere sapientemente il racconto popolare con la raffinatezza di stile e la ricerca del dettaglio. La sua attenzione ai problemi della crescita trova in attori non professionisti dei validi collaboratori che sanno tener testa alla grande professionalità di Giannini e a un Fabrizio Bentivoglio che si conferma come uno degli attori più versatili del panorama italiano. ■ DRAMMATICO; COL.; 96'; FRANCIA, ITALIA, 1994. ■ GOLDEN GLOBES 1 NOM.

COM'È DURA L'AVVENTURA ★★
Regia di FLAVIO MOGHERINI. Con LINO BANFI, GASTONE MOSCHIN, PAOLO VILLAGGIO. ■ Un industriale di pochi scrupoli vuol far naufragare una vecchia nave per riscuotere il premio dell'assicurazione. Spedisce quindi in Africa per recuperarla (e guidarla nell'ultimo, fatale viaggio) il suo goffo cognato e un capitano di lungo corso insabbiato da parecchi anni (rispettivamente Villaggio e Banfi). ■ COMICO; COL.; 97'; ITALIA, 1988.

COME È CAMBIATA LA NOSTRA VITA ★★★
(F... comme Fairbanks)
Regia di MAURICE DUGOWSON. Con JOHN BERRY, PATRICK DEWAERE, JEAN-MICHEL FOLON, DIANE KURYS, MIOU-MIOU, MICHEL PICCOLI. ■ Un ragazzo anacronisticamente romantico e desideroso di emulare i divi del cinema americano degli anni Venti (Douglas Fairbanks e Mary Pickford sono i suoi punti di riferimento), si trova a disagio in un mondo ben diverso da quello in cui vivevano i suoi eroi. La Parigi degli anni Settanta è piena di gente cinica e materialista, di avventurieri, di persone che non lasciano spazio a un giovane come lui che insegue ideali e valori sorpassati. Finirà in manicomio. ■ DRAMMATICO; COL.; 110'; FRANCIA, 1976.

COME È DIFFICILE FARSI AMMAZZARE ★★
(Short Time)
Regia di GREGG CHAMPION. Con DABNEY COLEMAN, MATT FREWER, TERI GARR. ■ Per merito degli interpreti, primo fra tutti Coleman, e grazie a una certa briosità e simpatia si riesce perfino a digerire una storia trita e ritrita. Per uno scambio di provette un poliziotto quasi in pensione crede di avere poco da vivere. Così comincia a comportarsi in modo strano e decide di farsi uccidere in servizio per lasciare un grosso gruzzolo alla famiglia. Il tutto in chiave comica. Il nostro eroe non riuscirà nell'intento e l'equivoco verrà chiarito. ■ COMMEDIA; COL.; 95'; USA, 1990.

COME ERAVAMO *(The Way We Were)* ★★★★★
Regia di SYDNEY POLLACK. Con LOIS CHILES, BRADFORD DILLMAN, VIVECA LINDFORS, ROBERT REDFORD, BARBRA STREISAND. ■ Il film vale per sue qualità, per i divi Redford e Streisand e per il regista Pollack. 1939: in un college di New York ci sono studenti e studenti: Hubbel è bello, ricco, talentoso, qualunquista. Helen è ebrea, impegnata e comunista. Lei vorrebbe scrivere ma è lui quello bravo, che pubblica un racconto. L'America entra in guerra e Hubbel va in marina. Durante una licenza ritrova Helen che lo ospita a casa sua. Nasce la relazione. Certo, sono diversissimi, lui completamete borghese, lei sempre in cerca di una buona causa cui dedicarsi anima e corpo. Si sposano. Lui vende un suo libro al cinema. Vanno a Hollywood. Sono passati gli anni, siamo nella stagione della caccia alle streghe. Lei naturalmente è in prima linea, lui non vorrebbe. Nasce una bambina, ma i due sono sempre più diversi e lontani. Si separano. Si ritrovano casualmente a New York, entrambi risposati. Lui lavora per la televisione, lei manifesta contro la bomba H. Prima di separarsi, per un momento, tenerissimamente si abbracciano. Un film dalle misure perfette: contenuti importanti come la politica, le prese di posizione sociali e l'ideologia della vita detti spettacolarmente, con divi, budget, sentimento e suggestione, con una magnifica colonna sonora e un'indimenticabile canzone (*Hamlisch*, premio Oscar). Dunque tutti i giusti ingredienti per il "culto". Viene rappresentata efficacemente la più bella generazione americana, come dice la stessa Streisand, quella che ha vinto la guerra e in sostanza ha cambiato il mondo. Certo, una rappresentazione secondo Hollywood, ma secondo un ottimo cinema. Molte le sequenze da ricordare: la lettura del racconto di Hubbel da parte del docente, la tristezza di tutti per la morte di Roosevelt, l'ambiente di Hollywood reso quasi detestabile, e poi il saluto dei due, forse il più tenero e commosso abbraccio del cinema. Era il momento d'oro dei protagonisti, regista compreso. Redford aveva girato in poco più di un anno anche *La*

stangata e il *Grande Gatsby*, e poco prima, sempre con Pollack, quel capolavoro del western decadente che è *Corvo rosso non avrai il mio scalpo*. In *Come eravamo* Redford era ancora più bello che bravo e la Streisand voleva dimostrare di essere tanto brava da sembrar bella, dunque esagerava. Ma i due funzionano benissimo e si pongono come una della coppie più gradevoli del cinema moderno, all'altezza di quelle dell'età dell'oro. ■ COMMEDIA; COL.; 118′; USA, 1973. ■ DAVID DI DONATELLO 1 PR, 1 NOM; GOLDEN GLOBES 1 PR, 2 NOM; OSCAR 2 PR, 6 NOM.

COME ESSERE DONNA SENZA LASCIARCI LA PELLE *(Come ser una mujer y non morir en el intento)* ★★
Regia di ANA BELEN. Con CARMEN CONESA, CARMEN MAURA, ANTONIO RESINES. ■ Ormai i film sulla falsariga dello stile di Almodóvar cominciano ad abbondare. Dopo *Boom Boom* di Rosa Verges, comunque dignitoso, ecco il film di Ana Belen che ha scelto come attrice principale una delle preferite di Pedro, Carmen Maura. Una giornalista abbonata ai matrimoni si trova in crisi col terzo marito che lavora nell'industria discografica. I due litigano spesso e lei fa di tutto per salvare il salvabile. Dopo la rinuncia a lottare si invaghisce subito di un altro uomo. Divertente solo a tratti. ■ COMMEDIA; COL.; 90′; SPAGNA, 1991.

COME EVA... PIÙ DI EVA *(The Adventures of Sadie)* ★★★
Regia di NOEL LANGLEY. Con GEORGE COLE, JOAN COLLINS, ROBERTSON HARE, KENNETH MORE. ■ Su un isolotto capitano quattro naufraghi, tre uomini e una ragazza. Due di loro, un giornalista e un professore, sono in continuo diverbio perché corteggiano la donna. Ma lei preferisce il terzo che se ne sta tranquillo in disparte. Finalmente arriva un'imbarcazione. Vi sarà un nuovo naufragio. ■ COMMEDIA; COL.; 87′; GRAN BRETAGNA, 1955.

COME FAR CARRIERA MOLTO DISONESTAMENTE *(A Shock to the System)* ★★
Regia di JAN EGLESON. Con MICHAEL CAINE, ELIZABETH MCGOVERN, PETER RIEGERT, JOHN MCMARTIN. ■ Una commedia nera nel puro stile britannico. Il protagonista della storia è Graham Marshall, un pubblicitario benestante. Vuoi per le richieste asfissianti della moglie e vuoi per la sete di maggior potere, l'uomo cerca in tutti i modi di migliorare. ■ COMMEDIA; COL.; 91′; USA, 1990.

COME FAR CARRIERA SENZA LAVORARE ★★
(How to Succeed in Business Without Really Trying)
Regia di DAVID SWIFT. Con MICHAEL LEE, ROBERT MORSE, ANTHONY TEAGUE, RUDY VALLEE. ■ Pierpont Finch, addetto alla pulizia dei vetri di un grande edificio, compra un vademecum e seguendone le istruzioni, dopo essersi introdotto dalla finestra nell'ufficio di una società, ne diviene in breve il consigliere delegato. ■ COMMEDIA; COL.; 121′; USA, 1967.

COME FARSI LASCIARE IN 10 GIORNI ★★
(How to Lose a Guy in 10 days)
Regia di DONALD PETRIE. Con ADAM GOLDBERG, KATE HUDSON, MATTHEW MCCONAUGHEY. ■ Una giovane giornalista in carriera deve scrivere un articolo intitolato *Come farsi lasciare in dieci giorni*; senza farsi troppi scrupoli decide così di prendere come cavia per il suo articolo/esperimento un malcapitato pescato in un locale. Lo stesso malcapitato ha però appena scommesso con il suo capo di riuscire a far innamorare una ragazza, anche lui in dieci giorni. Tra equivoci e situazioni imbarazzanti si arriverà all'epilogo come da copione. ■ COMMEDIA; COL.; 116′; USA, 2003.

COME FAR VOLARE IL TEMPO *(Tell Me a Riddle)* ★★★
Regia di LEE GRANT. Con BROOKE ADAMS, MELVYN DOUGLAS, LILA KEDROVA. ■ La prima prova registica di Lee Grant, ottima attrice (premio Oscar per *Shampoo*). Un'anziana donna, condannata da un male incurabile (ma lei non lo sa), prova un sordo rancore verso il marito (che non ha mai veramente amato in quaranta anni di matrimonio). Un viaggio a San Francisco le chiarisce le idee. Prima di morire, si riconcilierà con l'uomo. ■ DRAMMATICO; COL.; 95′; USA, 1980.

COME FREGARE UN POLIZIOTTO E UN MAFIOSO *(Hotwire)* ★★
Regia di FRANK DOBBS. Con GEORGE KENNEDY, STROTHER MARTIN, JOHN TERRY. ■ Un capo mafia ha messo nel suo mirino due poveracci che inavvertitamente gli hanno pestato i piedi: un ubriacone e un informatore ormai "bruciato" (sia per gli sbirri che per la mala). Ma i due balordi con una fortuna indiavolata riusciranno a scampare. ■ AVVENTURA; COL.; 100′; USA, 1980.

COME HARRY DIVENNE UN ALBERO ★★★
(How Harry Became a Tree)
Regia di GORAN PASKALJEVIC. Con KERRY CONDON, ADRIAN DUNBAR, PATRICIA LAFFAN, COLM MEANEY, CILLIAN MURPHY. ■ 1924. Irlanda. Nel corso della guerra civile Harry vede morire il figlio Patrick e, poco dopo, anche la moglie. La vita continua a fianco di Gus, figlio meno amato. Ma tutto sembra spento e privo di interesse. Finché un giorno l'uomo ha un'idea: per sentirsi vivo ha bisogno di un nemico. L'odio è l'unica medicina possibile. Sceglie così di distruggere George, l'uomo più facoltoso del paese. Goran Paskaljevic, dopo la straziata e straziante riflessione sulla Serbia de *La polveriera*, torna a riflettere sulla violenza. Utilizza però un racconto cinese e sposta l'azione nella non meno turbolenta Irlanda. La Natura dell'ecosistema e quella umana si confrontano. C'è bisogno di radici, ma in quale terreno esse devono affondare? Sostenuto dalla recitazione di un protagonista che meritava senza ombra di dubbio il premio alla Mostra di Venezia del 2001, Paskaljevic riesce ancora una volta a scavare nelle profondità dell'animo umano. Con i toni da fiaba triste che spesso hanno attraversato il suo cinema. ■ DRAMMATICO; COL.; 100′; FRANCIA, GRAN BRETAGNA, IRLANDA, ITALIA, 2001.

COME HO VINTO LA GUERRA *(How I Won the War)* ★★★
Regia di RICHARD LESTER. Con MICHAEL CRAWFORD, ROY KINNEAR, JOHN LENNON, LEE MONTAGUE. ■ Il tenente Goodbody alla fine della guerra riceve una medaglia per avere eseguito pedissequamente gli ordini impartitigli. In tal modo, però, il suo plotone è stato falcidiato. A una riunione di reduci incontra l'unico sopravvissuto, proprio colui che si era comportato da codardo. Negli occhi di Goodbody brilla una luce di demenza. ■ DRAMMATICO; COL.; 110′; GRAN BRETAGNA, 1967.

COME IL PIRATA NERO – MI SPOSO E TORNO ★★
(Reaching for the Moon)
Regia di EDMUND GOULDING. Con BING CROSBY, BEBE DANIELS, DOUGLAS FAIRBANKS. ■ Day, prestigioso manager, diserta i suoi affari per seguire in Europa Vivien, ricca ereditiera della quale si è innamorato. Durante la traversata, mentre sta per manifestare il suo amore, apprende via radio che la sua impresa è fallita. Rinuncia alla dichiarazione, ma Vivien non rinuncia a lui. ■ COMMEDIA; B/N; 90′; USA, 1931.

COME IMPARAI AD AMARE LE DONNE ★★
Regia di LUCIANO SALCE. Con ANITA EKBERG, ROBERT HOFFMAN, ZARAH LEANDER, ELSA MARTINELLI, MICHÈLLE MERCIER, SANDRA MILO, ROMINA POWER, GIANRICO TEDESCHI, NADIA TILLER. ■ Roberto, ex collegiale, entra nel mondo dei motori, di cui è appassionato, e in quello delle donne, che non conosce. Sarà conteso da molte rappresentanti del gentil sesso. ■ COMMEDIA; COL.; 110′; ITALIA, 1967.

COME INGANNARE MIO MARITO ★★★
Who's Got the Action?)
Regia di DANIEL MANN. Con EDDIE ALBERT, DEAN MARTIN, WALTER MATTHAU, LANA TURNER. ■ I coniugi Flood sono in crisi perché il marito è un inveterato scommettitore alle corse dei cavalli. La moglie allora prende il posto del bookmaker per vedere di arginare le perdite, ma scatena le ire di un gangster. ■ COMMEDIA; COL.; 93′; USA, 1963.

COME INGUAIAMMO IL CINEMA ITALIANO ★
Regia di DANIELE CIPRÌ, FRANCO MARESCO. Con TONY BRUNO, LANDO BUZZANCA, PINO CARUSO, GIUSEPPE CIPRÌ, FRANCO FRANCHI, CICCIO INGRASSIA, GREGORIO NAPOLI, TATTI SANGUINETI, ANTONIETTA SCALISI BONETTI. ■ Trattasi di un documentario in piena regola sulla carriera di Francesco Benenato e Francesco Ingrassia, meglio noti come Franco e Ciccio, dagli esordi in un teatro di periferia alla triste scomparsa di entrambi. Scopriamo tra l'altro che i numerosi fratelli e sorelle di Franco Franchi sono tutti un po' svitati come lo era lui. ■ DOCU-FICTION; B/N; 100′; ITALIA, 2004.

COME INGUAIAMMO L'ESERCITO ★★
Regia di Lucio Fulci. Con Alicia Brandt, Franco Franchi, Remo Germani, Ciccio Ingrassia, Gina Rovere. ■ Il cantante Nick, in servizio militare, per timore che la moglie porti in America il loro bambino lo nasconde in caserma. Da qui i soliti, prevedibili equivoci. ■ Comico; b/n; 89'; Italia, 1965.

COME IN UNO SPECCHIO *(Sasom i en spegel)* ★★★★
Regia di Ingmar Bergman. Con Harriet Andersson, Gunnar Björnstrand, Lars Passgard, Max von Sydow. ■ Primo film della trilogia di Bergman sul "silenzio di Dio" (seguiranno nel '62 *Luci d'inverno* – il risultato più alto – e nel '63 *Il silenzio*). Su di un'isola deserta, quattro personaggi: David, il padre, uno scrittore ambizioso ed egoista; Karin, la figlia, una schizofrenica che crede d'aver rapporti con Dio; Minus, il figlio, sedotto dalla sorella; Martin, il marito della figlia, medico. Karin, dopo l'incesto, verrà ricoverata e Minus, sconvolto, resterà ancora più solo. Figlio d'un pastore protestante ed erede d'una tradizione nordica che vive la problematica religiosa della ricerca di Dio in termini di angoscia esistenziale, Bergman crea come al solito degli splendidi personaggi, interpretati con estremo rigore: ma in seguito il suo discorso s'intorbida e rimane un puro e semplice gioco letterario, anche se affascinante. ■ Drammatico; b/n; 89'; Svezia, 1961. ■ Oscar 1 pr, 2 nom.

COME L'ACQUA PER GLI ELEFANTI ★★
(Water for Elephants)
Regia di Francis Lawrence. Con Jim Norton, Robert Pattinson, Paul Schneider, Christoph Waltz, Reese Witherspoon. ■ Nell'America della Grande Depressione, Jacob Jankowski è a un esame dalla laurea e sta per consumare una notte d'amore con la più bella ragazza del corso di medicina veterinaria. Un tragico incidente, in cui muoiono i genitori, sconvolge la sua vita e i suoi piani di studente, conducendolo su un binario alternativo e imprevisto. Lasciata la propria casa per coprire i debiti accumulati dal padre e abbandonata l'università, Jacob sale su un treno in corsa e spera nella buona sorte che avrà il volto dolce di Marlena, stella equestre del Benzini Bros Circus e moglie dell'instabile August, impresario e domatore crudele di artisti e animali. Rivelate presto le sue evidenti doti di veterinario, Jacob viene accolto con entusiasmo da August e promosso al ruolo di addestratore dell'elefantessa Rosie, ingombrante "primadonna" col vizio del whisky. ■ Drammatico; col.; 121'; USA, 2011.

COME L'ACQUA PER IL CIOCCOLATO ★★★
(Como agua para chocolate)
Regia di Alfonso Arau. Con Yareli Arizmendi, Lumi Cavazos, Marco Leonardi, Regina Torne. ■ Un film dal Messico, nazione dove si producono moltissime telenovelas, che ha ottenuto successo in tutto il mondo e anche negli Stati Uniti dove ha incassato oltre trenta miliardi di lire. La storia è melodrammatica ma la confezione è dignitosa. Siamo nel periodo in cui impazza Pancho Villa e la giovane Tita ha la sventura di essere la più giovane tra le figlie della signora Elena. Per un'ingiusta usanza la ragazza non ha il diritto di sposarsi perché deve accudire la madre fino alla morte. Pedro, il suo amore, si sposa con la sorella per poter vivere vicino a lei. A Tita non resta che cucinare. ■ Drammatico; col.; 110'; Messico, 1992. ■ Golden Globes 1 nom.

COME L'AMORE ★★★
Regia di Enzo Muzii. Con Valentino Esposito, Paul Theodore Flynn, Annamaria Guarnieri, Alfred Lynch. ■ Anna Maria e Alfred dopo un incontro d'amore si sono separati perché Alfred, geloso, si è comportato male durante un ricevimento. Si ritrovano due anni dopo e si rendono conto di amarsi ancora. ■ Drammatico; b/n; 87'; Italia, 1968. ■ Berlino 1 pr.

COME LE FOGLIE ★★★
Regia di Mario Camerini. Con Mimì Aylmer, Nino Besozzi, Cesare Bettarini, Isa Miranda. ■ Quando un fallimento fa cadere in miseria la famiglia Rosani, la moglie e il figlio si dimostrano disponibili a ogni compromesso pur di continuare la loro vita agiata. Invece il padre e la figlia Nennele reagiscono con realismo. Decisivo per la ragazza, che in un momento di sconforto aveva tentato il suicidio, è l'appoggio morale di un cugino di solidi principi. ■ Drammatico; b/n; 80'; Italia, 1934.

COME LE FOGLIE AL VENTO *(Written on the Wind)* ★★★
Regia di Douglas Sirk. Con Lauren Bacall, Rock Hudson, Dorothy Malone, Robert Stack. ■ Mitch è innamorato di Lucy, che invece sposa Kyle. Ma Kyle, già alcolizzato, quando il medico gli dice che non può avere figli ricade nel vizio. Contrariamente al responso del medico, Lucy rimane incinta. Kyle, credendosi tradito, la picchia e la fa abortire. Mitch per difenderla lo uccide. ■ Drammatico; col.; 99'; USA, 1957. ■ Oscar 1 pr, 3 nom.

COME LE FORMICHE – WINE AND KISSES ★
Regia di Ilaria Borrelli. Con F. Murray Abraham, Enrico Lo Verso, Patrizia Pellegrino, Galatea Ranzi. ■ Sveva e Desideria sono due sorelle che vivono sotto lo stesso tetto in un magnifico relais umbro, nei pressi di Todi. Mentre Sveva coltiva il sogno di produrre e immettere sul mercato il Rubro, il vino ottenuto dall'antico vitigno riscoperto dalla madre morta, Desy si lascia convincere dal cognato che l'unica soluzione per non finire sul lastrico è vendere l'azienda di famiglia a una ricca contessa americana. Divise da personalità diverse, le due sorelle sono accomunate dall'indifferenza del padre Ruggero, unico proprietario della tenuta, che ha congelato i sentimenti dopo la morte della moglie, ma – complici un banchiere con la passione delle scommesse e un cavallo sottovalutato – riusciranno infine ad allearsi per salvare ciò che le lega da sempre. ■ Commedia; col.; 85'; Italia, 2007.

COME L'OMBRA ★★★
Regia di Marina Spada. Con Anita Kravos, Paolo Pierobon, Karolina Dafne Porcari. ■ Claudia vive sola a Milano, dove attende un'occasione. Di giorno lavora in un'agenzia di viaggi e la sera studia russo. Attratta dal suo nuovo insegnante ucraino lo invita a cena e tenta un approccio. Boris, scostante e misterioso, si sottrae al suo bacio maldestro, rendendosi poi irreperibile. Alla vigilia della partenza estiva per la Grecia, l'uomo si affaccia nuovamente nella sua vita per chiederle di ospitare qualche giorno la cugina Olga. Le loro solitudini si trasformeranno in un'amicizia profonda. Un fatto tragico e inaspettato spingerà Claudia finalmente ad agire. Presentato alle Giornate degli Autori della 63ª Mostra di Venezia e successivamente approdato nei festival internazionali di Toronto, Londra e Montpellier, il film di Marina Spada racconta una storia di solitudine a Milano, costringendoci a interrogarci su noi stessi e sul significato della nostra presenza fra le cose e le persone. ■ Drammatico; col.; 87'; Italia, 2006.

COME LO SAI *(How Do You Know)* ★★
Regia di James L. Brooks. Con Kathryn Hahn, Jack Nicholson, Paul Rudd, Owen Wilson, Reese Witherspoon. ■ Lisa è vincente da quando aveva otto anni, i codini biondi e una palla di cuoio da lanciare più lontano di qualsiasi maschietto. Giocatrice carismatica e blasonata di una squadra di softball, Lisa viene estromessa dalla squadra da un allenatore ottuso che considera "troppi" i suoi soli trentacinque anni. Scoraggiata e confusa trova base e rifugio nell'appartamento esagerato di Matty, un vanesio lanciatore di baseball col vizio delle donne e dell'ego. Folgorato dall'estroversa complessità di Lisa, Matty decide di cambiare la sua condotta e di farne il suo unico grande amore. ■ Commedia; col.; 113'; USA, 2010.

COME MARGHERITA GAUTIER ★★
(Margarita, Armando y su padre)
Regia di Francisco Eduardo Mugica. Con Mecha Ortiz, Florencio Parravicini. ■ Alfredo, ricco giovanotto, si innamora di Margherita, cortigiana di lusso. Ma la storia non ha la tragica fine del celebre dramma di Dumas. Infatti il padre favorisce anche col denaro la relazione; le sue ciniche previsioni si avverano: dopo breve tempo i due innamorati si lasciano. ■ Drammatico; b/n; 92'; Argentina, 1938.

COME MI VUOI ★
Regia di Carmine Amoroso. Con Monica Bellucci, Vincent Cassel, Enrico Lo Verso. ■ Storia quasi gay che cerca di essere grottesca, comica, divertente, stilisticamente preziosa. Ri-

sulta invece un'accozzaglia di luoghi comuni volgari, sostenuta da un dialogo di bassissimo profilo. Terrificante il travestito Lo Verso. ■ COMMEDIA; COL.; 100′; ITALIA, 1996.

COME NACQUE IL NOSTRO AMORE ★★★
(Mother Wore Tights)
Regia di WALTER LANG. Con DAN DAILEY, MONA FREEMAN, BETTY GRABLE. ■ Mirtle, entrata in una compagnia di rivista, sposa il primo ballerino. Hanno due figlie che vengono affidate alla nonna. Ma quando più tardi la maggiore si fidanza con un giovanotto di elevate condizioni sociali, si vergogna delle sue origini. In seguito, sposata, la storia si ripeterà: la ragazza calcherà le scene e la madre alleverà i suoi figli. ■ COMM. MUSICALE; COL.; 107′; USA, 1947. ■ OSCAR 1 PR, 3 NOM.

COME NASCE L'AMORE *(The Big Party)* ★★
Regia di JOHN BLYSTONE. Con FRANK ALBERTSON, SUE CAROL, DIXIE LEE. ■ John Blystone era uno sceneggiatore che divenne regista. Amava il western, ma il meglio di sé lo diede nel genere leggero. *Come nasce l'amore* è una storiella fatta di nulla che vive nell'ambito di una festa. Succede tutto, lui e lei si conoscono, si piacciono, si innamorano. ■ COMMEDIA; B/N; 95′; USA, 1930.

COME NON DETTO ★★
Regia di IVAN SILVESTRINI. Con NINNI BRUSCHETTA, VALENTINA CORREANI, MONICA GUERRITORE, FRANCESCO MONTANARI, JOSAFAT VAGNI. ■ Mattia ha un biglietto per Madrid e un fidanzato con cui cominciare una nuova vita lontano dall'Italia e da un segreto che proprio non vuole confessare. Mattia è gay e la sua famiglia non lo sa. Lo ignorano il padre, allenatore di rugby col vizio delle donne, la madre, casalinga dimessa e "dismessa" dal marito, lo ignora la sorella, tamarra convinta con marito meccanico e prole sempre in arrivo. A conoscere la verità su Mattia sono soltanto Stefania, amica di sempre, Giacomo, drag queen di notte e "lavandiere" di giorno, ed Eduard, madrileno romantico e ostinato. Eduard vuole conoscere la famiglia di Mattia, non sapendo che il suo amato non ha mai dichiarato la propria omosessualità. Alla vigilia della partenza però Mattia sarà costretto a fare i conti con se stesso e la propria identità. Piace l'esordio pop di Ivan Silvestrini, che dirige una commedia "orgogliosa" di esplorare il terreno dell'identità sessuale. Costruito alla maniera di un racconto di formazione corale, racchiuso nell'arco di una giornata. ■ COMMEDIA; COL.; 90′; ITALIA, 2012.

COME PERDERE UNA MOGLIE E TROVARE UN'AMANTE ★★★
Regia di PASQUALE FESTA CAMPANILE. Con BARBARA BOUCHET, STEFANIA CASINI, JOHNNY DORELLI, ELSA VAZZOLER. ■ Abbattuto per il tradimento della moglie, un pubblicitario romano va dallo psichiatra che gli prescrive un periodo di riposo in montagna. Ma il medico ha dato lo stesso consiglio a un'altra sua cliente che ha già avuto occasione di litigare con il pubblicitario. I due quindi si ritrovano nello stesso posto (anzi, nell'identico rifugio). Dapprima riprendono a litigare, poi fanno pace e infine s'innamorano. La cura è stata proprio efficace. ■ COMMEDIA; COL.; 104′; ITALIA, 1978.

COME PERSI LA GUERRA ★★
Regia di CARLO BORGHESIO. Con VERA CARMI, ERMINIO MACARIO, CARLO NINCHI. ■ Leo è costretto a indossare per tutta la vita la divisa militare: in Etiopia, Spagna, Russia. Finita la guerra la sostituirà con la divisa da pompiere. ■ COMICO; B/N; 89′; ITALIA, 1947.

COME PIETRA PAZIENTE *(Syngué Sabour)* ★★★
Regia di ATIQ RAHIMI. Con HASSINA BURGAN, HAMID DJAVADAN, GOLSHIFTEH FARAHANI, MASSI MROWAT. ■ Afghanistan. Una donna con due figlie in tenera età assiste il marito mujaeddhin, in coma in seguito a uno scontro con un compagno d'armi. La donna deve combattere con la mancanza di denaro e per questo allontana da casa le bambine affidandole a una zia che gestisce una casa di piacere. Da quel momento si sente ancora più libera di confidare al coniuge segreti inconfessabili in precedenza. Quando una novità irrompe nella sua vita finirà con il trovare tutto il coraggio. La "syngué sabour" nella tradizione popolare afghana è la "pietra paziente", cioè una pietra magica alla quale è possibile raccontare tutti i segreti, le sofferenze, le difficoltà. ■ DRAMMATICO; COL.; 103′; FRANCIA, GERMANIA, AFGHANISTAN, 2012.

COME PRIMA *(For the First Time)* ★★
Regia di RUDOLPH MATÉ. Con ZSA ZSA GABOR, MARIO LANZA, JOHANNA VON KOCZIAN, KURT KASZNAR. ■ Un tenore americano in incognito a Capri, riconosciuto, accetta di cantare. Vedendo una ragazza che, indifferente, continua a leggere, non può fare a meno di indispettirsi. Ma la poveretta in realtà è sorda. Il cantante impietosito la fa curare e la sposa. ■ MUSICAL; COL.; 95′; USA, 1959.

COME PRIMA, MEGLIO DI PRIMA ★★★
(Never Say Goodbye)
Regia di JERRY HOPPER. Con CORNELL BORCHERS, ROCK HUDSON. ■ Liberamente tratto dal dramma omonimo di Luigi Pirandello. Vienna, 1945. Mike, ufficiale medico americano, sollecitato a visitare Lisa, pianista in un night, sente per lei un'attrazione che sboccia in vero amore: i due si sposano. Nasce una bimba, Suzy. In seguito Mike, per un equivoco, si crede tradito e si allontana con la figlia. Si ritroverà con la moglie soltanto alcuni anni dopo. ■ COMMEDIA; COL.; 96′; USA, 1957.

COME, QUANDO, PERCHÉ ★★★
Regia di ANTONIO PIETRANGELI. Con ELSA ALBANI, HORST BUCHHOLZ, DANIÈLE GAUBERT, LILLY LEMBO, PHILIPPE LEROY, LIANA ORFEI. ■ Paola accetta la corte di Alberto quando ancora una volta il marito, anziché raggiungerla, si fa attendere inutilmente. Non avrà il coraggio di seguire Alberto: però avrà imparato a legare a sé il marito usando con lui lo stesso sistema adottato con l'amante. Fu durante le riprese di questo film che Pietrangeli, a soli quarantanove anni, annegò nelle acque di Ponza. Il materiale fu completato e montato da Valerio Zurlini. ■ DRAMMATICO; COL.; 102′; ITALIA, 1969.

COM'ERA VERDE LA MIA VALLE ★★★★★🏆
(How Green Was my Valley)
Regia di JOHN FORD. Con SARA ALLGOOD, DONALD CRISP, BARRY FITZGERALD, ANNA LEE, JOHN LODER, RODDY MCDOWALL, MAUREEN O'HARA, WALTER PIDGEON. ■ Huw Morgan, ormai anziano, raccoglie le sue poche cose per lasciare il Galles e le miniere che ormai sono chiuse. Ora la valle è triste e vuota, ma un tempo non era così e l'uomo si vede ragazzo, quando tutta la sua famiglia lavorava in miniera. Rivede la bellissima sorella Angharad, l'anziana mamma e il padre patriarca, che organizzava la famiglia secondo tradizione e timore di Dio. La sorella, innamorata del pastore, sposerà il ricco del paese, il padre morirà in un incidente di lavoro e i fratelli lasceranno la miniera per migliorare, e lui, il piccolo Huw, dopo aver avuto molte, belle e dolorose lezioni di vita vedrà poco a poco finire quel mondo. Tratto da un romanzo di Richard Llewellyn e indubbiamente migliorato da Ford, il film rappresenta, insieme a *Furore* e a *Un uomo tranquillo*, il momento più alto della storia (non-western) del regista. Con tutte le tematiche rese nobili dalla felicità del racconto. Vi sono istantanee di grande efficacia poetica, come quando la famiglia scende a casa dalle miniere cantando e la madre raccoglie in un grembiule il guadagno della giornata, o la lezione di boxe data al cattivo insegnante del ragazzo, o la purissima storia d'amore del pastore protestante con Maureen O'Hara. La famiglia, la disciplina, il senso religioso, e poi l'inevitabile evoluzione che tutto trasforma e tutto conduce a termine. Una parabola sulla fatica, il dolore e la rinuncia. Il mondo degli adulti osservato dal ragazzo nel suo angolo, con l'ingenuità nella quale Ford si è sempre riconosciuto e che, nel tempo, gli è stata persino rimproverata da una certa critica. Ford faceva discorsi semplici, ma colti ed efficaci. Il vecchio patriarca Morgan non sopporta le astruse dottrine socialiste che hanno fatto presa sui figli, e li lascia partire. Ford venne subito accusato di fascismo, ma il regista ci rideva sopra. In quel contesto era buon senso, così com'era buon senso il populismo in *Furore*. Nella versione italiana la *voice-off* è di Emilio Cigoli. Il film ottenne una messe di Oscar, fra cui quello assoluto e al regista. ■ DRAMMATICO; B/N; 118′; USA, 1941. ■ OSCAR 🏆 5 PR, 10 NOM.

COME ROBINSON CRUSOE *(Swiss Family Robinson)* ★★
Regia di EDWARD LUDWIG. Con FREDDIE BARTHOLOMEW, EDNA

BEST, THOMAS MITCHELL. ■ La nave su cui viaggia con la famiglia William Robinson, abitudinario cittadino elvetico che in patria ripara orologi, naufraga ed essi, unici superstiti, sbarcano su un'isola deserta. Si sistemeranno così confortevolmente che quando arriverà un piroscafo partiranno solo i due ragazzi più grandi. ■ COMMEDIA; B/N; 93'; USA, 1940. ■ OSCAR 1 NOM.

COME RUBAI MIA MOGLIE *(The Girl Said No)* ★★★
Regia di SAM WOOD. Con MARIE DRESSLER, WILLIAM HAINES, LEILA HYMAS. ■ Dopo aver concluso brillantemente gli studi, un giovane torna dal collegio e sconvolge l'esistenza della sua famiglia con i suoi originali progetti per il futuro. ■ COMMEDIA; B/N; 89'; USA, 1930.

COME RUBAMMO LA BOMBA ATOMICA ★★
Regia di LUCIO FULCI. Con FRANCO FRANCHI, CICCIO INGRASSIA, JULIE MENARD, YOUSSEF WAHLY. ■ Franco è col nonno su un peschereccio siciliano quando vede inabissarsi un aereo recante a bordo una bomba atomica. Il nonno muore. Franco, naufragato sulla costa africana, viene ricercato da alcuni agenti internazionali perché creduto in possesso della bomba. ■ COMICO; COL.; 87'; ITALIA, 1967.

COME RUBARE LA CORONA D'INGHILTERRA ★★
Regia di SERGIO GRIECO. Con DOMINIQUE BOSCHERO, ANDREA BOSIC, ROGER BROWNE, NADIA MARLOWA. ■ Jezabell, una donna misteriosissima che si fa chiamare "Regina del mondo", rimanda all'ispettore di polizia incaricato delle indagini la corona di S. Edoardo che è stata rubata. In cambio vuole un enorme diamante che capta e invia i raggi solari. Sir Reginald, noto esperto di criminologia, interpellato dall'ispettore, riesce a distruggere gli esseri paraumani a cui Jezabell ha dato vita. ■ COMICO; COL.; 92'; ITALIA, 1967.

COME RUBARE UN MILIONE DI DOLLARI E VIVERE FELICI *(How to Steal a Million)* ★★★
Regia di WILLIAM WYLER. Con MARCEL DALIO, FERNAND GRAVEY, HUGH GRIFFITH, AUDREY HEPBURN, PETER O'TOOLE, ELI WALLACH. ■ Nicole, figlia di Bonnet, noto mecenate, vuole rubare da un museo di Parigi una statuetta del Cellini prestata dal padre. In realtà, la ragazza sa che la statuetta è falsa. Trova aiuto in un giovanotto che si innamora di lei ed escogita un astutissimo piano per portare a termine il furto. Però il giovane non è un ladro, come lei crede, ma un detective esperto nello scoprire falsi. ■ COMMEDIA; COL.; 127'; USA, 1966.

COME RUBARE UN QUINTALE DI DIAMANTI IN RUSSIA ★★
Regia di GUIDO MALATESTA. Con GIUSTINO DURANO, FERNANDO SANCHO, INGRID SCHOELLER. ■ Fingendosi turisti, alcuni malfattori riescono ad impadronirsi di uno straordinario stock di diamanti messi in vendita a Mosca. Sono smascherati da Tamara che li ricatta costringendoli a portarla con loro lontano dalla Russia. ■ COMMEDIA; COL.; 90'; ITALIA, 1967.

COME SALVARE UN MATRIMONIO E... ROVINARE LA PROPRIA VITA ★★
(How to Save a Marriage and Ruin Your Life)
Regia di FIELDER COOK. Con BETTY FIELD, DEAN MARTIN, STELLA STEVENS, ELI WALLACH. ■ David, per proteggere il matrimonio di Henry, corteggia Carol credendola amante dell'amico. Quando si accorge di aver sbagliato donna, l'abbandona per dedicarsi a quella giusta. Ma Henry lo informa che la moglie è già a Reno per il divorzio. Così David può tornare da Carol e sposarla. ■ COMMEDIA; COL.; 108'; USA, 1968.

COME SCOPERSI L'AMERICA ★★
Regia di CARLO BORGHESIO. Con FOLCO LULLI, ERMINIO MACARIO, CARLO NINCHI, DELIA SCALA. ■ Due disoccupati si incontrano e decidono di andare insieme in America. Uno, più disinvolto, fa innamorare una ricca signora; l'altro, assai sempliciotto, si aggrega a una troupe di avanspettacolo. Entrambi torneranno in Italia. ■ COMMEDIA; B/N; 87'; ITALIA, 1949.

COME SE FOSSE AMORE ★
Regia di ROBERTO BURCHIELLI. Con FILIPPO LAMBERTI, CHIARA MUTI, CLAUDIO NOCERA, MICHELANGELO PULCI. ■ Aurelio inventa una macchina per influenzare il comportamento delle persone, agendo mentre queste dormono. L'appetito vien mangiando e cerca così di sedurre la donna dei suoi sogni. Senza riuscirci. Così come non riesce a convincere gli spettatori. ■ COMMEDIA; B/N; 95'; ITALIA, 2002.

COME SI DISTRUGGE LA REPUTAZIONE DEL PIÙ GRANDE AGENTE SEGRETO DEL MONDO ★★★
(Comment détruire la réputation du plus célèbre agent du monde)
Regia di PHILIPPE DE BROCA. Con JEAN-PAUL BELMONDO, JACQUELINE BISSET, VITTORIO CAPRIOLI, FABRIZIO MORESCO. ■ François è autore di romanzi di spionaggio. Descrive se stesso nel suo personaggio, il famoso agente segreto Bob Saint-Clair, e dà al suo nemico la fisionomia del suo editore, mentre la bella protagonista Samantha è Christine, una vicina di casa. Christine butta a mare tanto il suo eroe quanto la sua eroina. ■ COMMEDIA; COL.; 90'; FRANCIA, 1973.

COME SI FA UN MARTINI ★★
Regia di KIKO STELLA. Con NICOLA ALCOZER, SONIA BERGAMASCO, FLAVIO BONACCI, GIULIO BROGI, ANTONIO CATANIA, ENNIO FANTASTICHINI, IVANO MARESCOTTI, ELENA SOFIA RICCI, MICHEL ROCHER, MONICA SCATTINI, MAURIZIO TROMBINI. ■ Una sera d'inizio estate, un ristorante milanese alla moda, una divertita discussione su come si prepari un Martini. Questo il pretesto per raccontare sogni e frustrazioni di un gruppo di persone post new economy: ci sono Bruno e Francesca, coppia ormai in crisi; Rita, innamorata in maniera infantile di Giulio; Carla e Dario, troppo timidi e goffi per confessarsi il loro amore... Lo spunto per raccontare il vuoto degli anni Duemila poteva essere buono, ma le storie sono poco graffianti, i personaggi troppo prevedibili, il finale inconsistente. Comunque la stoffa del regista Kiko Stella, proveniente dai cortometraggi, si vede, così come pure la bravura di alcuni degli attori, da Flavio Bucci a Ennio Fantastichini. ■ COMMEDIA; COL.; 98'; ITALIA, 2001.

COME SI SVEGLIANO LE PRINCIPESSE ★★
(Jak se budi princezny)
Regia di VACLAV VORLICEK. Con MARIE HORAKOVA, JAN HRUSÍNSK, JAN KRAXS. ■ È il racconto cinematografico della fiaba dei fratelli Grimm *La bella addormentata nel bosco*. Per una maledizione la principessa Proserpina si punge e cade vittima di un sonno eterno insieme a tutto il regno. Ma quando un principe la bacia l'incantesimo finisce. E tutti vissero felici e contenti. ■ FIABESCO; COL.; 91'; CECOSLOVACCHIA, 1977.

COME SONO BUONI I BIANCHI ★★★
Regia di MARCO FERRERI. Con MARUSCHKA DETMERS, MICHEL PICCOLI, MICHELE PLACIDO. ■ Cinque torpedoni con a bordo una comitiva mandata da una società di aiuti al Terzo Mondo si inoltrano nel deserto africano. La carovana prende una via più pericolosa di quella prevista dall'itinerario, incappando in tribù di indigeni sempre più ostili. I viaggiatori vengono quasi tutti uccisi. I superstiti sono mangiati. Apologo sul razzismo e sull'antirazzismo di un Ferreri non sempre al meglio dell'ispirazione. ■ DRAMMATICO; COL.; 92'; FRANCIA, ITALIA, 1988.

COME SPOSARE LA COMPAGNA DI BANCO E FARLA IN BARBA ALLA MAESTRA *(Melody)* ★★
Regia di WARIS HUSSEIN. Con TRACY HYDE, ROY KINNEAR, MARK LESTER, JACK WILD. ■ Daniel e Melody, dodicenni scolari inglesi, si innamorano e, aiutati dai compagni di scuola, "si sposano" e fuggono lontano dal mondo degli adulti. ■ COMMEDIA; COL.; 107'; GRAN BRETAGNA, 1971.

COME SPOSARE UNA FIGLIA ★★★
(The Reluctant Debutante)
Regia di VINCENTE MINNELLI. Con SANDRA DEE, REX HARRISON, KAY KENDALL, ANGELA LANSBURY, JOHN SAXON. ■ Lady Sheyla desidera che la propria figliastra Jane, giunta a Londra dal collegio, faccia un ricco matrimonio. Ma Jane s'è innamorata di un batterista americano. Tutto si accomoderà quando il batterista erediterà da un prozio un grosso patrimonio e un titolo nobiliare. ■ COMMEDIA; COL.; 94'; USA, 1958.

COME SPOSARE UN MILIONARIO ★★★
(How to Marry a Millionaire)
Regia di JEAN NEGULESCO. Con LAUREN BACALL, RORY CAL-

HOUN, BETTY GRABLE, CAMERON MITCHELL, MARILYN MONROE, WILLIAM POWELL, DAVID WAYNE. ■ Tre fascinose indossatrici programmano il matrimonio con altrettanti ricconi, ma finiscono per sposarsi tutte per amore. Solo uno dei tre mariti si rivelerà dopo le nozze un milionario in incognito. ■ COMMEDIA; COL.; 95′; USA, 1953. ■ OSCAR 1 NOM.

COME SPOSARE UN PRIMO MINISTRO ★★
(Comment épouser un premier ministre)
Regia di MICHEL BOISROND. Con JEAN-CLAUDE BRIALY, JACQUES CHARON, MAURICE ESCANDE, CLAUDE GENSAC, PASCALE PETIT. ■ Philippe, giovane funzionario di un ministero, smarrisce una lettera compromettente speditagli dalla moglie di un noto personaggio politico. La ritrova Marion, maschera presso un teatro, che se ne serve per ricattare ingenuamente il giovanotto: la ragazza chiede in cambio a Philippe che si adoperi affinché nel suo quartiere sorga un parco per i giovani. Marion otterrà quanto desidera e anche l'amore di Philippe. ■ COMMEDIA; COL.; 80′; FRANCIA, 1964.

COME SVALIGIAMMO LA BANCA D'ITALIA ★★
Regia di LUCIO FULCI. Con FRANCO FRANCHI, CICCIO INGRASSIA, MARIO PISU, LUISA RISPOLI, LENA VON MARTENS. ■ Film comico-parodistico che narra le imprese di Franco e Ciccio, ladri impegnati in un colossale colpo alla cassaforte della Banca d'Italia. I due combinano i soliti innumerevoli pasticci, suscitando anche qualche risata schietta. ■ COMICO; COL.; 90′; ITALIA, 1966.

COME SVALIGIARE UNA BANCA ★★
(A Nice Little Bank that Should be Robbed)
Regia di HENRY LEVIN. Con TOM EWELL, DINA MERRILL, MICKEY ROONEY. ■ Due balordi vogliono fare fortuna con le corse di cavalli. Ma la fortuna tarda e i due decidono di aiutarla, acquistando con i quattrini rubati a una banca un puledro velocissimo. Il colpo riesce, ma i sogni di gloria non s'avverano. ■ COMMEDIA; B/N; 87′; USA, 1958.

COME TE MOVI TE FULMINO ★★
Regia di MARIO MATTOLI. Con MARIO CAROTENUTO, GIOVANNA RALLI, RENATO RASCEL, XENIA VALDERI. ■ Dalla commedia *Un paio d'ali* di Garinei e Giovannini. Un timido professore maltrattato da tutti vien preso in simpatia da un oste romano e dalla sua vivace figlia. Per amore della ragazza l'ometto si fa sempre più ardito e passa di successo in successo nel lavoro e nella vita privata. ■ COMMEDIA; COL.; 92′; ITALIA, 1957.

COME TE NESSUNO MAI ★★★
Regia di GABRIELE MUCCINO. Con ANNA GALIENA, SILVIO MUCCINO, GIUSEPPE SANFELICE DI MONTEFORTE. ■ Film in famiglia per Muccino, che decide di raccontare le "okkupazioni" attuali messe a confronto con la mitologia sessantottina, ora appannaggio di una generazione di genitori incerti. Tenerezze casalinghe senza troppa nostalgia, con sicura guida della credibile Galiena. I ragazzi di questo film lavorano con abilità consumata, ridando puntualmente la battuta ai "grandi". Un piccolo film che è risultato giustamente gradito a quanti (e non sono, purtroppo, molti) sono riusciti a vederlo. ■ COMMEDIA; COL.; 88′; ITALIA, 1999.

COME TI AMMAZZO L'EX *(ExTerminators)* ★★
Regia di JOHN INWOOD. Con JOEY LAUREN ADAMS, JENNIFER COOLIDGE, HEATHER GRAHAM, AMBER HEARD, MATTHEW SETTLE. ■ Alex Case, licenziata dal lavoro e tradita dal marito, viene condannata a un anno di terapia contro la rabbia mal controllata in seguito a una sua reazione nei confronti di un maschio prevaricatore in un negozio. Nel gruppo sottoposto a terapia fa la conoscenza di Stella, Nikki e Kim. Quando quest'ultima viene per l'ennesima volta maltrattata dal marito, le tre decidono di vendicarla. ■ COMMEDIA; COL.; 90′; USA, 2009.

COME TI AMMAZZO UN KILLER *(The Survivors)* ★★★
Regia di MICHAEL RITCHIE. Con WALTER MATTHAU, JERRY REED, ROBIN WILLIAMS. ■ Due disoccupati sventano una rapina messa in atto da un killer professionista senza clienti, ma da quel momento per loro comincia un incubo, perché il killer vuole eliminarli per farli tacere. Si rifugiano sulle montagne, unendosi ad un gruppo di fanatici dei corsi di sopravvivenza; ma vengono rintracciati dal killer, con il quale ingaggiano un farsesco duello. ■ COMMEDIA; COL.; 102′; USA, 1983.

COME TI DIROTTO IL JET *(Don't Drink the Water)* ★★
Regia di HOWARD MORRIS. Con TED BESSEL, JEAN DELANEY, JACKIE GLEASON, ESTELLE PARSONS. ■ Il soggetto è tratto da una commedia di Woody Allen. Un industriale americano, di ritorno con la famiglia da un viaggio in Europa, si vede dirottare l'aereo in Bulgaria. Qui viene subito scambiato per una spia, mentre sta riprendendo con la cinepresa la moglie e la figlia: riesce a sottrarsi all'arresto rifugiandosi presso l'ambasciata statunitense. Le cose si complicano grottescamente e per i tre americani il rientro in patria sembrerebbe precluso, ma poi tutto si aggiusta. ■ COMICO; COL.; 100′; USA, 1969.

COME TI RAPISCO IL PUPO ★★
Regia di LUCIO DE CARO. Con FELICE ANDREASI, MASSIMO BOLDI, STEFANIA CASINI, RENATO CESTIÉ, WALTER CHIARI, UMBERTO SMAILA, TEO TEOCOLI, FRANCA VALERI. ■ Cinque sgangherati delinquenti rapiscono un ragazzo e finiscono per affezionarglisi seriamente. La simpatia è ricambiata e, quando i maldestri finiscono tra le mani della polizia, il sequestrato finge di non riconoscerli. Da un romanzo di Donald Westlake. ■ COMMEDIA; COL.; 95′; ITALIA, 1976.

COME TROVARE NEL MODO GIUSTO L'UOMO SBAGLIATO ★★
Regia di SALVATORE ALLOCCA, DANIELA CURSI MASELLA. Con GIULIA BEVILACQUA, FRANCESCA INAUDI, MEHDI NEBBOU, ENRICO SILVESTRIN, GIORGIA SURINA. ■ Sofia è una ragazza di trent'anni affascinata dal mondo dei cavalli quanto delusa e sconcertata dalla media della popolazione maschile. Dopo aver collezionato una serie di terribili appuntamenti con uomini insulsi, fedifraghi o terribilmente pedanti decide di farne l'argomento di un manuale sentimentale in cui associa il comportamento degli uomini alla psicologia equina. ■ COMMEDIA; COL.; 90′; ITALIA, 2011.

COME TU MI VUOI *(As You Desire Me)* ★★★
Regia di GEORGE FITZMAURICE. Con MELVIN DOUGLAS, GRETA GARBO, ERIC VON STROHEIM. ■ Una delle migliori interpretazioni della Garbo, che comparve, per l'occasione, in una insolita versione bionda. ■ COMMEDIA; B/N; 71′; USA, 1932.

COME TU MI VUOI ★★
Regia di VOLFANGO DE BIASI. Con CRISTIANA CAPOTONDI, PAOLA CARLEO, ELISA DI EUSANIO, MARCO FOSCHI, PAOLA ROBERTI, NICCOLÒ SENNI, GIULIA STEIGERWALT, NICOLAS VAPORIDIS. ■ Giada è una studentessa universitaria intelligente e compassata. Riccardo uno studente svogliato e sfacciato. Lei lavora per mantenersi gli studi, lui è mantenuto agli studi. Lei ha un curriculum da lode, lui raggiunge il "venti" a stento. Lei è sostanza, lui apparenza. Giada è occupata part-time in una trattoria e impartisce ripetizioni ai colleghi meno brillanti. Riccardo sperpera i soldi di papà, il quale è deluso dalle sue bugie e dai suoi fallimenti accademici. Per garantirsi la vacanza a Ibiza risponde all'annuncio di Giada. Le ore passate sui libri li avvicinano fino ad farli innamorare. Ma perché l'amore si realizzi sarà necessario "rivedere" la propria immagine e maturare un'identità morale. ■ COMMEDIA; COL.; 107′; ITALIA, 2007.

COME UCCIDERE UN'EREDITIERA ★★
(She'll Have to Go)
Regia di ROBERT ASHER. Con HATTIE JACQUES, ANNA KARINA, ALFRED MARKS, BOB MONKHOUSE. ■ Due fratelli squattrinati progettano di uccidere la bella cuginetta francese per mettere le mani sui suoi quattrini. Ma sono due pasticcioni. Finiranno per rimetterci la pelle loro, mentre la ragazza sposerà il maggiordomo. ■ GIALLO ROSA; B/N; 90′; GRAN BRETAGNA, 1961.

COME UCCIDERE UNO ZIO RICCO ★★
(How to Murder a Rich Uncle)
Regia di NIGEL PATRICK. Con CHARLES COBURN, WENDY HILLER, KATIE JOHNSON, NIGEL PATRICK. ■ Un baronetto scozzese finanziariamente in rovina invita al castello uno zio americano, miliardario, con l'intenzione di ucciderlo e di ereditarne il patrimonio. Il robusto vecchietto però sopravvive a tutti gli attentati,

mentre in circostanze più o meno casuali muoiono tutti gli altri membri del casato. ■ GIALLO ROSA; B/N; 79'; GRAN BRETAGNA, 1957.

COME UCCIDERE VOSTRA MOGLIE ★★★
(How to Murder your Wife)
Regia di RICHARD QUINE. Con JACK LEMMON, VIRNA LISI, EDDIE MAYEHOFF, TERRY THOMAS, CLAIRE TREVOR. ■ Uno scrittore di fumetti incontra una ragazza a una festa per soli uomini; se ne innamora e la sposa. Ma il matrimonio sconvolge la sua vita e l'uomo comincia a rimpiangere il periodo del celibato. Pensa allora di eliminare la moglie e racconta i malriusciti tentativi di omicidio nei suoi *comics*. Cosicché, quando la moglie sparisce, viene spontaneo a tutti di pensare che il marito l'abbia ammazzata. ■ COMMEDIA; COL.; 118'; USA, 1964.

COME UNA DONNA ★
Regia di CHRISTIAN DURA. Con PHILIPPE AUSSANT, JUDI BODIAK, PATRICK GUILLERMIN. ■ Genitori di cinque femmine hanno finalmente un maschio, che si rivela gay al momento buono. ■ DRAMMATICO; COL.; 115'; CANADA, 1981.

COME UNA DONNA *(Just like a Woman)* ★★
Regia di CHRISTOPHER MONGER. Con PAUL FREEMAN, ADRIAN PASDAR, JULIE WALTERS. ■ Gerald è costretto a lasciare il tetto coniugale perché la moglie scopre della biancheria intima femminile non di sua proprietà in camera. In realtà l'uomo ama travestirsi da donna e, grazie a questo vizietto e al suo amore con una nuova compagna, riesce a scoprire gli inganni del suo capo in ufficio. ■ COMMEDIA; COL.; 101'; USA, 1992.

COME UNA ROSA AL NASO ★★
Regia di FRANCO ROSSI. Con LOU CASTEL, VITTORIO GASSMAN, ORNELLA MUTI. ■ Un maturo siciliano che abita e lavora a Londra da molti anni (fa il ristoratore, s'è persino anglicizzato il cognome) riceve la visita di una deliziosa cuginetta adolescente proveniente dal paese natio. Dovrà proteggerla, dirozzarla, soprattutto rispettarla. Ma non ci riesce, e se la porta a letto. Dovrà allora sposarla e acconsentire a che i "cugini" estendano il loro potere mafioso anche sui ristoranti londinesi, a cominciare dal suo. ■ COMMEDIA; COL.; 110'; ITALIA, 1976.

COME UN TUONO *(The Place Beyond the Pines)* ★★★
Regia di DEREK CIANFRANCE. Con EMORY COHEN, BRADLEY COOPER, DANE DEHAAN, RYAN GOSLING, EVA MENDES. ■ Luke è un pilota di motociclette impiegato in uno spettacolo ambulante. Deve partire al seguito del carrozzone per una nuova meta, ma scopre di avere un figlio, Jason, nato da una breve relazione con Romina, una ragazza del posto. Dunque rimane per provvedere alla nuova famiglia, evitando che suo figlio cresca senza un padre, come è accaduto a lui. Le rapine in banche e le fughe in moto sono un buon metodo per procurarsi tanti soldi in fretta, ma "chi corre come un fulmine, si schianta come un tuono", ed è così che la folle corsa di Luke si arresta davanti alla recluta di polizia Avery Cross, anch'egli padre da poco. Quindici anni dopo, Jason e il figlio di Avery stringono amicizia al liceo, ma il passato che li lega riaffiora e la vecchia violenza chiama nuova violenza. Il talento di Derek Cianfrance, al terzo film, è evidente, tanto nell'uso della macchina da presa quanto, e soprattutto, nell'abilità narrativa. ■ THRILLER; COL.; 140'; USA, 2012.

COME UN URAGANO *(Nights in Rodanthe)* ★★
Regia di GEORGE C. WOLFE. Con BECKY ANN BAKER, VIOLA DAVIS, RICHARD GERE, DIANE LANE, CHRISTOPHER MELONI. ■ Adrienne Willis vive con i due figli in un'agiata condizione economica. Ciò che la turba è il comportamento del marito il quale, dopo averla lasciata, ora implora di poter ritornare. La donna decide allora di allontanarsi per un weekend per tenere in attività il bed & breakfast di un'amica sulle spiagge del Rodanthe. Ci sarà un unico ospite, il medico Paul Flanner. Mentre a casa il coniuge cerca di convincere i figli della "cattiveria" della madre che rifiuta di perdonarlo, Adrienne si trova di fronte a un altro problema. Flanner, chirurgo estetico fagocitato dal suo lavoro, ha visto morire sul tavolo operatorio una paziente e ora vuole poter parlare con il marito e con il figlio. Adrienne e Paul avranno modo di conoscersi e di scoprire che c'è sempre una seconda possibilità nella vita. Diane Lane e Richard Gere si ritrovano per la terza volta sullo schermo. ■ DRAMMATICO; COL.; 97'; USA, 2008.

COME UTILIZZARE LA GARÇONNIÈRE ★★
(The Pad and How to Use it)
Regia di BRIAN G. HUTTON. Con BRIAN BEDFORD, JAMES FARENTINO, JULIE SOMMARS, EDY WILLIAMS. ■ Un timido giovanotto fanatico della musica è frustrato perché a trent'anni non ha mai avuto una ragazza. Ne conosce una che sembra quella giusta, ma, per rompere il ghiaccio al primo appuntamento, invita a cena anche un collega d'ufficio, dongiovanni gioherellone. Va a finire che la ragazza simpatizza con il collega. Il giovanotto, scocciato, lo caccia, ma non riuscirà egualmente a combinare niente nel successivo incontro. ■ COMMEDIA; COL.; 86'; USA, 1966.

COMICHE, LE ★★★
Regia di NERI PARENTI. Con TIZIANA PINI, RENATO POZZETTO, FABIO TRAVERSA, PAOLO VILLAGGIO. ■ Due personaggi delle comiche stanno fuggendo da un treno in arrivo e non trovando via di scampo oltrepassano la pellicola finendo tra il pubblico della sala cinematografica. A partire da qui i due passano da un'avventura all'altra senza esserne minimamente scalfiti, come fanno i cartoni animati. La coppia Villaggio-Pozzetto funziona, però la sceneggiatura oltre ad avere dei cali di ritmo, soprattutto nella seconda parte, con la scusa delle citazioni, non brilla per originalità. Da Keaton a Chaplin, da Stanlio e Ollio a Harry Langdon, vengono tutti saccheggiati. Enorme successo di pubblico. ■ COMICO; COL.; 90'; ITALIA, 1990.

COMICHE DELL'ALTRO MONDO ★★
(Slapstick of Another Kind)
Regia di STEVEN PAUL. Con MARTY FELDMAN, MADELINE KAHN, JERRY LEWIS. ■ I coniugi Swain, genitori del futuro, hanno due figli gemelli che si sviluppano in maniera assai singolare: mentre infatti di giorno si comportano come poppanti, anche quando diventano adolescenti, di notte dimostrano di possedere un ingegno a dir poco strabiliante. ■ COMMEDIA; COL.; 82'; USA, 1984.

COMICHE 2, LE ★★★
Regia di NERI PARENTI. Con RENATO POZZETTO, PAOLO VILLAGGIO. ■ Escono da un cartellone pubblicitario questa volta i due personaggi che nell'episodio precedente provenivano da un film muto. Diventano poi infermieri alle prese con una barella e un'autoambulanza, bigliettaio e guida per una ditta di aerotaxi, militi ignoti nella Legione Straniera (come un vecchio film di Stanlio e Ollio) e Babbi Natale. Tre stelle per il successo natalizio. ■ COMICO; COL.; 91'; ITALIA, 1991.

COMINCIÒ CON UN BACIO *(It Started with a Kiss)* ★★★
Regia di GEORGE MARSHALL. Con GLENN FORD, EVA GABOR, DEBBIE REYNOLDS, GUSTAVO ROJO. ■ Rossa piccante si sposa con un sergente, ma presto lui deve imbarcarsi per una base NATO in Europa. Lei lo segue. Grave imbarazzo del marito, specie quando se la trova corteggiata da un torero latin lover. ■ COMMEDIA; COL.; 104'; USA, 1959.

COMINCIÒ PER GIOCO... *(The Happening)* ★★
Regia di ELLIOT SILVERSTEIN. Con FAYE DUNAWAY, MARTHA HYER, MICHAEL PARKS, ANTHONY QUINN. ■ Quattro giovani hippy rapiscono per gioco un riccone legato alla mafia. Ma l'organizzazione non paga il riscatto e la moglie nemmeno. Che fare? È a questo punto che il sequestrato prende in pugno la situazione. Con l'aiuto degli hippy farà vedere i sorci verdi a tutti. ■ COMMEDIA; COL.; 101'; USA, 1968.

COMINCIÒ TUTTO PER CASO ★★
Regia di UMBERTO MARINO. Con MARGHERITA BUY, MASSIMO GHINI, BARBARA JANE RICASA. ■ Giunto dal teatro e da alcune sceneggiature, Marino esordisce al cinema. Luca e Stefania sono sposati, con una figlia. Lui è un cronista mentre lei è doppiatrice di soap e telenovelas. In passato hanno avuto ideali e sogni, ora sono in crisi. Al film manca nerbo, ci sono troppe citazioni gratuite (stucchevole quella di *Tempi moderni*) e abbonda di dialoghi. Al contrario del teatro il cinema ha anche bisogno di silenzi. Professionali gli interpreti, ma nulla più. ■ COMMEDIA; COL.; 100'; ITALIA, 1993.

COMING SOON ★★
Regia di SOPON SUKDAPISIT. Con CHANTAVIT DHANASEVI, VORAKAN ROJCHANAWAT. ■ I proiezionisti Shane e Yod usano la sala cinematografica anche per produrre copie pirata dei film. Quando riprendono la proiezione del film *Evil Spirit*, sul linciaggio di una pazza rea di aver accecato le bambine del villaggio, gli eventi narrati e la realtà cominciano a confondersi in maniera inquietante. La riflessione metacinematografica di Sopon Sukdapisit sulla pirateria e il furto delle immagini, oltre che sulla crudeltà del mondo del cinema, tocca temi già ampiamente trattati, ma la sincerità e la dedizione alla causa sono un valore aggiunto. ■ HORROR; COL.; 95′; THAILANDIA, 2008.

COMIZI D'AMORE ★★
Regia di PIER PAOLO PASOLINI. ■ Usi e costumi sessuali degli italiani, raccolti da Pasolini tramite alcune interviste e commentati dallo psicoanalista Cesare Musatti e da Alberto Moravia. Più che di un film sull'amore, si tratta di un'inchiesta sui tabù sessuali nell'Italia della metà degli anni Sessanta. ■ DOCUMENTARIO; B/N; 90′; ITALIA, 1965.

COMMAND 5 ★★
Regia di E. W. SWACKHAMER. Con WINGS HAUSER, STEPHEN PARR, GREGORY SIERRA. ■ Un *Magnifici sette* ambientato al giorno d'oggi: i magnifici mercenari sono cinque, ma il compito è lo stesso: liberare un villaggio dell'Arizona da una banda di teppisti motorizzati. ■ AVVENTURA; COL.; 93′; USA, 1985.

COMMAND IN HELL ★★
Regia di GEORG STANFORD BROWN. Con DANNY AIELLO, FRANK CONVERSE, SUZANNE PLESHETTE. ■ Suzanne Pleshette nella parte di un'intrepida poliziotta incaricata di far luce su una serie di delitti (fra gli altri una prostituta e un sergente di polizia). Ma l'agente in gonnella cozza contro un muro di omertà. ■ POLIZIESCO; COL.; 90′; USA, 1986.

COMMANDMENTS ★★
Regia di DANIEL TAPLITZ. Con COURTNEY COX, PAMELA GRAY, ANTHONY LA PAGLIA, AIDAN QUINN, LOUIS ZORICH. ■ Gli muore la moglie in mare. Giura vendetta a Dio garantendo che infrangerà tutti i Comandamenti. Quando arriva a «Non uccidere» gli si pone qualche problema di troppo. Intanto si è innamorato della cognata. Negli Usa è andato al di là delle aspettative mentre da noi non ha funzionato. Da un lato c'era la pochezza del film e dall'altro la scarsa conoscenza dei comandamenti. ■ COMMEDIA; COL.; 86′; USA, 1997.

COMMANDO ★★★
Regia di MARCK L. LESTER. Con RAE DAWN CHONG, DAN HEDAYA, JAMES OLSON, ARNOLD SCHWARZENEGGER. ■ Ritiratosi dal servizio attivo, l'ex colonnello Matrix si è trasformato in un tranquillo ragazzo-padre e pensa soltanto alla sua figlioletta. Ma un feroce dittatore centroamericano rapisce la bambina per ottenere l'aiuto di Matrix nella sua sanguinosa scalata al potere. Aiutato da una bella hostess di colore, da armi supersofisticate, da muscoli d'acciaio e da una notevole dose di senso dell'umorismo, Matrix salverà la bimba e sconfiggerà il cattivo. ■ AVVENTURA; COL.; 88′; USA, 1985.

COMMANDO BLACK TIGERS *(Good Guys Wear Black)* ★★
Regia di TED POST. Con DANA ANDREWS, ANNE ARCHER, CHUCK NORRIS. ■ Chuck Norris impersona un reduce del Vietnam che si è distinto al comando di un corpo speciale. Ma nella Cia c'è qualcuno che lo vuole incastrare, attribuendogli delitti di guerra mai commessi. A forza di cazzottoni, Norris viene a capo della macchinazione. Il film ha avuto un seguito: *La polvere degli angeli*. ■ AVVENTURA; COL.; 89′; USA, 1979.

COMMANDO D'ASSALTO ★★
(La Legion saute sur Kolwezi)
Regia di RAOUL COUTARD. Con BRUNO CREMER, GIULIANO GEMMA, JACQUES PERRIN. ■ Rievocazione di un fatto bellico avvenuto realmente nello Zaire nel 1978. La città di Kolwezi venne attaccata da un esercito di guerriglieri katanghesi che massacrarono molti bianchi e anche neri sospettati di aver collaborato. La situazione venne salvata dall'intervento di un reggimento di paracadutisti francesi che intervennero appena in tempo per salvare una parte dei tremila bianchi del posto. ■ GUERRA; COL.; 105′; FRANCIA, 1979.

COMMANDO DI DISPERATI ★
Regia di WILLIAM YOUNG. Con MILAN PUZIC, NICOLA SIMICS. ■ Film dedicato alla lotta partigiana jugoslava sul monte Zelengora, narra di un gruppo di uomini bloccati e braccati nella zona montuosa, in mezzo a mille insidie e in continuo pericolo di morte. ■ GUERRA; B/N; 91′; JUGOSLAVIA, 1966.

COMMANDO DI SPIE ★
Regia di JOSÉ LUIS MERINO. Con CRAIG HILL, ANNABELLA INCONTRERA, PIERO LULLI, ALDO SANBRELL, MANUEL ZARZO. ■ Film bellico-sentimentale colmo di ingenuità e di incongruenze. Narra di un commando britannico al quale, durante la seconda guerra mondiale, viene affidato l'incarico di rapire il generale Rommel. Il commando cade però nelle grinfie dei tedeschi di Himmler. Costui vuol far credere agli inglesi che la missione sia riuscita e consegna perciò un finto Rommel il cui scopo sarà poi quello di uccidere Eisenhower. Nell'avventura si inserisce anche la *pasionaria* Marta che alla fine troverà l'amore. ■ GUERRA; COL.; 92′; ITALIA, 1970.

COMMANDO FEMMINILE *(Hell Squad)* ★
Regia di KENNETH HARTFORD. Con GLEN HARTFORD, BAINBRIDGE SCOFF. ■ Le avventure di alcune show-girl di Las Vegas che entrano a far parte della Cia. ■ AZIONE; COL.; 88′; USA, 1991.

COMMANDO INVASION ★★
Regia di JOHN GALE. Con MICHAEL JAMES, GORDON MITCHELL. ■ Un capitano riesce a catturare un generale nemico. Questi riesce però a fuggire. Incolpato della sua fuga è proprio il capitano, che per dimostrare la propria innocenza è costretto a correre dietro al fuggiasco. ■ GUERRA; COL.; 93′; USA, 1986.

COMMANDO LEOPARD ★★
Regia di ANTHONY DAWSON. Con LEWIS COLLINS, CRISTINA DONADIO, KLAUS KINSKI. ■ In un paese dell'America latina, un gruppo di guerriglieri si oppone a un feroce dittatore. La lotta è guidata da un capo carismatico amato dalla popolazione. Per screditarlo agli occhi della gente, il capo dei mercenari al soldo del dittatore compie alcune stragi e ne attribuisce la responsabilità al condottiero dei ribelli. ■ AVVENTURA; COL.; 94′; ITALIA, 1986.

COMMANDOS *(Darby's Rangers)* ★★★
Regia di WILLIAM A. WELLMAN. Con PETER BROWN, EDD BYRNES, ETCHIKA CHOUREAU, JAMES GARNER, STUART WHITMAN. ■ Amore e guerra per le giovani reclute del reggimento del colonnello Darby. Tanti combattimenti e non poche love story in Sicilia, in Francia e in Inghilterra, dovunque i Rangers vengono chiamati a combattere. C'è il cinico che seduce la ragazza e poi la molla, il finto cinico, che invece, dopo aver provato a filarsela, ritorna e se la sposa; il ragazzo che diventa padre mentre combatte e lo spocchioso tenentino addolcito dall'amore. ■ GUERRA; B/N; 121′; USA, 1958.

COMMANDOS ★★
Regia di ARMANDO CRISPINO. Con GIAMPIERO ALBERTINI, JACK KELLY, MARILÙ TOLO, LEE VAN CLEEF. ■ Un commando americano composto in gran parte da oriundi italiani è addestrato in Africa per una missione oltre le linee tedesche. La missione comincia bene, il gruppo riesce a infiltrarsi negli accantonamenti tedeschi, ma presto i nazisti li scoprono (senza contare che un sordo dissidio mette l'uno contro l'altro il maggiore americano e il suo sergente). Finisce con un massacro. Sopravvivono in due, un americano e un tedesco, che buttano il fucile. ■ GUERRA; COL.; 90′; ITALIA, 1968.

COMMANDOS DEI MARI DEL SUD, I ★★
(Operation Bikini)
Regia di ANTHONY CARRAS. Con FRANKIE AVALON, SCOTT BRADY, GARY CROSBY, TAB HUNTER, EVA SIX. ■ La vicenda si svolge durante il secondo conflitto mondiale, sul Pacifico. Un sommergibile Usa ospita una squadra di uomini-rana che hanno l'incarico di rintracciare un sottomarino americano affondato con a bordo strumenti di grandissima importanza. L'impresa riesce, anche per merito di alcuni partigiani e del sacrificio di una ragazza. ■ GUERRA; B/N; 85′; USA, 1959.

COMMANDOS DELL'EST, I *(Kojuh planinom)* ★★★
Regia di FADIL HADZIC. Con DUSKO BULAJIC, HUSEIN COKIC, BORIS DVOIN, PAUL UNIS, PAVLE VUJISIC. ■ Film discreto riguardante la lotta partigiana croata, presentata in maniera quasi documentaristica. Molto bella la fotografia e buona l'interpretazione. ■ GUERRA; B/N; 92'; JUGOSLAVIA, 1966.

COMMANDOS IN AZIONE *(Trunk to Cairo)* ★★
Regia di MENAHEM GOLAN. Con GILA ALMAGOR, MARIANNE KOCH, AUDIE MURPHY, GEORGE SANDERS, HANS VON BORSODY. ■ Modesto ed ingenuo film che si svolge in Egitto e racconta di avventurose vicende spionistiche intorno ad un missile a testata nucleare, fabbricato da un tedesco, che dovrebbe essere usato contro Israele. Ci si mette di mezzo anche la Cia. ■ SPIONAGGIO; COL.; 91'; ISRAELE, 1965.

COMMANDOS IN VIETNAM *(A Yank in Vietnam)* ★
Regia di MARSHALL THOMPSON. Con KIEU CHINH, ENRIQUE MAGALONA, MARSHALL THOMPSON. ■ È uno dei primi film americani sul Vietnam. Un maggiore della marina Usa, in ricognizione con un gruppo di militari, viene fatto prigioniero dai guerriglieri vietcong. Frattanto anche un ospedale è attaccato e un medico vietnamita viene catturato. Ci saranno altri combattimenti. ■ GUERRA; B/N; 80'; USA, 1964.

COMMANDO SUICIDA ★★
Regia di CAMILLO BAZZONI. Con TANO CIMAROSA, LUIS DAVILA, UGO FANGAREGGI, ALDO RAY, MANUEL ZARZO. ■ Un sergente molto severo riceve l'incarico di condurre un pugno di soldati campioni d'indisciplina verso una rischiosa missione oltre le linee tedesche. Si tratta di far saltare un ponte, alla vigilia dello sbarco in Normandia. Nel tentativo il gruppo si assottiglia, ma almeno metà del commando si salva. Intanto lo sbarco è stato compiuto. ■ GUERRA; COL.; 95'; ITALIA, SPAGNA, 1968.

COMMANDO ZEBRA ★★
Regia di SAMUEL FULLER. Con MIKE LANE, RICHARD X. SLATTERY. ■ La guerra in Vietnam ha indurito e quasi disumanizzato un gruppo di reduci da poco tornati in patria. Questi uomini decidono di mettere a punto una colossale rapina che li renderà tutti ricchi: per agire, si serviranno dei metodi e delle astuzie imparate in guerra. ■ DRAMMATICO; COL.; 120'; USA, 1988.

COMMARE SECCA, LA ★★★
Regia di BERNARDO BERTOLUCCI. Con GIANCARLO DE ROSA, ALLEN MIDGET, MARISA SOLINAS. ■ Una mondana è uccisa sul Tevere. La polizia comincia a tartassare le persone (ruffiani, ladri, ragazzi di vita) viste sul luogo nelle ore dell'omicidio. Accusati da un vagabondo, due minorenni sono presi dal panico e scappano. Nella fuga uno muore. Il vero colpevole verrà scoperto solo alla fine. Esordio di Bertolucci, sotto l'ala di Pasolini. ■ DRAMMATICO; B/N; 100'; ITALIA, 1962.

COMMA 22 *(Catch 22)* ★★★★
Regia di MIKE NICHOLS. Con ALAN ARKIN, MARTIN BALSAM, RICHARD BENJAMIN, ART GARFUNKEL, ANTHONY PERKINS, PAULA PRENTISS, JON VOIGHT, ORSON WELLES. ■ Durante la seconda guerra mondiale, gli ufficiali di una base aerea americana su una spiaggia italiana trovano la morte a uno ad uno in circostanze misteriose. Solo uno si salva, l'americano di origine armena Jossarian che riesce fortunosamente a riparare in Svezia. ■ COMMEDIA; COL.; 121'; USA, 1970.

COMMEDIA DEL POTERE, LA *(L'ivresse du pouvoir)* ★★★
Regia di CLAUDE CHABROL. Con FRANÇOIS BERLÉAND, PATRICK BRUEL, MARILYNE CANTO, THOMAS CHABROL, ISABELLE HUPPERT, ROBIN RENUCCI. ■ Uno Chabrol apparentemente anomalo: fuori dalla periferia francese, senza adulteri, senza morti, con Isabelle Huppert in un ruolo sorprendentemente moralista. Il magistrato Jeanne Charmant-Killman ("affascinante omicida" nel divertente gioco di parole poliglotta che ben si addice all'attrice francese) sta indagando su un caso di appropriazione indebita di fondi pubblici da parte di un importante cartello di industrie francesi. Nomi, cognomi, capi di imputazione e dossier vengono a galla facendo cadere alcune alte cariche dell'organizzazione. In realtà il tema di fondo è sempre lo stesso: lo studio dell'umanità attraverso i suoi comportamenti e i suoi abiti mentali. Il titolo originale è *L'ivresse du pouvoir*, letteralmente l'ebbrezza del potere, ed è quella che contagia Jeanne via via che scopre la sua capacità di agire sulla realtà. Il lavoro la porta in un vortice talmente profondo da farle totalmente trascurare la sua vita familiare. Per questo la Charmant-Killman-Piranha diventa la causa indiretta del tentato suicidio del marito. Solo alla fine si accorgerà che «c'è ancora un sacco di sporco sia a destra che a sinistra» e, forse, finirà la sua lotta donchisciottesca. ■ DRAMMATICO; COL.; 110'; FRANCIA, 2006.

COMMEDIA D'ESTATE *(Comédie d'été)* ★★
Regia di DANIEL VIGNE. Con JEAN-CLAUDE BRIALY, MARUSCHKA DETMERS, RÉMI MARTIN, JEAN-FRANÇOIS PERRIER. ■ Alla vigilia della guerra del 1915-'18, un giovane militare di carriera rientra a casa per una breve licenza. Qui ritrova la famiglia dell'antica nobiltà francese, con tutti i suoi personaggi pieni di difetti e debolezze. Alla villa c'è anche una giovane donna il cui fascino stravolge la quiete domestica degli uomini di casa. Durante l'estate si intrecciano corteggiamenti e seduzione, e sarà il giovane soldato a conquistare la donna. ■ DRAMMATICO; COL.; 100'; FRANCIA, 1989.

COMMEDIA DI DIO, LA *(A comedia de Deus)* ★★★
Regia di JOÃO CÉSAR MONTEIRO. Con MANUELA DE FREITAS, JOÃO CÉSAR MONTEIRO, CLAUDIA TEIXEIRA. ■ Joao di Dio, interpretato dallo stesso regista, è un anziano gelataio erotomane. Passa la vita a corteggiare e a sedurre soprattutto le ragazzine. Quando cerca di vendere i suoi gelati ai francesi e gli viene detto che il suo prodotto è «une merde» non si deprime assolutamente anzi, perfeziona ulteriormente le sue pratiche seduttive. Il film è stato un caso alla Mostra di Venezia, che gli ha attribuito un Gran Premio Speciale della Giuria. Regia sofisticata, assolutamente lontana dalle regole dei tempi del cinema contemporaneo. Monteiro si preoccupa solo di fare il suo discorso, senza compromessi, sottile per intelligenza e ironia. ■ COMMEDIA; COL.; 180'; PORTOGALLO, 1996. ■ VENEZIA 1 PR.

COMMEDIA È FINITA, LA *(Because of Him)* ★★
Regia di RICHARD WALLACE. Con HELEN BRODERICK, DEANNA DURBIN, CHARLES LAUGHTON, DONALD MEEK, FRANCHOT TONE. ■ Una bella camerierina infastidisce un impresario di Broadway e un celebre attore per aver la parte principale nel loro show di imminente produzione. Ci riuscirà e sposerà anche l'aitante partner. ■ COMMEDIA; B/N; 88'; USA, 1946.

COMMEDIANTE, IL *(The Great Flirtation)* ★★
Regia di RALPH MURPHY. Con ELISSA LANDI, ADOLPHE MENJOU. ■ Un attore francese emigra in America e ottiene un grande successo non soltanto per la sua bravura, quanto per l'interessamento della bella moglie, che lui "manda avanti" a trattare con gli impresari. Alla fine l'uomo ottiene quel che voleva, ma perde la consorte delusa della sua assenza di scrupoli. ■ COMMEDIA; B/N; 86'; USA, 1934.

COMMEDIANTE, IL ★★★
Regia di PETER CHELSOM. Con LEE EVANS, RICHARD GRIFFITH, JERRY LEWIS, OLIVER PLATT, OLIVER REED. ■ Tommy, figlio di un comico molto celebre, aspira a percorrere le vie paterne. Torna nei luoghi in cui è nato e scopre di avere un fratellastro molto più divertente di lui. Se il pubblico (e la critica) fossero anche solo un po' diversi da quello che sono, questo film sarebbe entrato tra i primi cinquanta della stagione in cui è uscito. Invece nessuno si è accorto di questa opera molto "seria" sull'arte di far ridere. ■ COMMEDIA; COL.; 126'; USA, 1995.

COMMEDIANTI, I *(Komàdianten)* ★★★
Regia di GEORG WILHELM PABST. Con GUSTAV DIESSL, KATHE DORSCH, HILDE KRAHL, HENNY PORTEN. ■ Il film narra la vita dell'attrice Karoline Neuber, che nel secolo diciassettesimo si batté per la creazione di un teatro tedesco libero da improvvisazioni: ne racconta le scorribande avventurose, gli amori, l'amicizia con una gran dama che la presenta a corte, infine la morte sulla strada, accanto al marito. Fu l'ultimo lavoro di Pabst supervisionato da Goebbels, il ministro della propaganda nazista. ■ BIOGRAFICO; B/N; 85'; GERMANIA, 1941. ■ VENEZIA 1 PR.

COMMEDIANTI, I *(The Comedians)* ★★★
Regia di PETER GLENVILLE. Con RICHARD BURTON, LILLIAN GISH, ALEC GUINNESS, ELIZABETH TAYLOR, PETER USTINOV. ■ Ad

Haiti, sotto la dittatura di Duvalier, s'incrociano i destini di quattro personaggi, ciascuno dei quali si affanna a dimostrare di essere diverso da quello che è. Il protagonista, dopo aver a lungo esitato, diventa "commediante" anche lui. Assume la personalità di un maggiore inglese morto qualche tempo prima e capeggia la rivolta degli indigeni contro gli sgherri di Duvalier. ■ DRAMMATICO; COL.; 107'; USA, 1967.

COMMEDIANTI, I *(Who am I This Time?)* ★★
Regia di JONATHAN DEMME. Con ROBERT RIDGELY, SUSAN SARANDON, CHRISTOPHER WALKEN. ■ La Sarandon è un'attrice che incontra l'amore sulla scena, interpretando il ruolo di una donna fragile e indifesa, preda dell'irruenza maschile. Il suo compagno (Walken), bisbetico e solitario, diventa una persona affascinante e vitale solo quando recita la parte del seduttore. ■ COMMEDIA; COL.; 70'; USA, 1982.

COMMEDIASEXI ★★
Regia di ALESSANDRO D'ALATRI. Con PAOLO BONOLIS, MARGHERITA BUY, FABIO DE LUIGI, ROCCO PAPALEO, MICHELE PLACIDO, STEFANIA ROCCA, SERGIO RUBINI, ELENA SANTARELLI. ■ L'onorevole Massimo Bonfili, attualmente impegnato nell'elaborare una riforma del diritto di famiglia, ha moglie, due figlie e un'abitazione altoborghese. Ha però anche un'amante, Martina, una splendida attricetta che lui ha molto aiutato per garantirle un suo spazio nel mondo dello spettacolo. C'è però il rischio di essere scoperto e Bonfili non se lo può permettere, non tanto sul piano della conservazione degli affetti familiari quanto piuttosto su quello della politica. La soluzione è a portata di mano: basta chiedere all'autista Mariano di fingere di essere l'amante della ragazza. Alessandro D'Alatri ha deciso di sfidare i cinepanettoni di Parenti e Vanzina con un, come lo ha chiamato lui, «cinepandoro». ■ COMMEDIA; COL.; 102'; ITALIA, 2006.

COMMEDIA SEXY ★★
Regia di CLAUDIO BIGAGLI. Con ALESSANDRO BENVENUTI, GIUPPY IZZO, MICAELA RAMAZZOTTI, ELENA SOFIA RICCI, RICKY TOGNAZZI. ■ I figli partono per la gita scolastica e papà e mamma (finalmente soli) abbordano una piacevole ragazza che si scopre essere l'amante del loro migliore amico. Che è poi il marito della loro migliore amica. C'era in programma una serata "trasgressiva"... Lo sarà veramente, coinvolgendo un travestito in preda a crisi sentimentali e un taxista decisamente pesce fuor d'acqua. Una notte di equivoci, finzioni, in cui la noia viene vinta, ma a che prezzo? Bigagli, rubando un pezzo di titolo a un prezioso gioiellino qual era il film di Woody Allen, fa un film con i nomi "giusti", con l'ammiccamento "giusto", con il trailer "giusto". "Giusti" per cosa e per chi? Per quel cinema italiano che vuole ostinatamente ancorarsi a se stesso con l'aggiunta di quel pizzico di "malinconicità" che dovrebbe riscattarlo dalla farsa. Ma poi sempre lì siamo: a chiedersi cosa succede quando la passione è logorata e il desiderio è pronto a ripartire, ma per nuovi orizzonti. C'era un certo signor Feydeau che con questi temi ci andava a nozze e riusciva anche a divertire raccontando la società borghese del suo tempo. C'era. Appunto... una volta. ■ COMMEDIA; COL.; 90'; ITALIA, 2001.

COMMEDIA SEXY IN UNA NOTTE DI MEZZA ESTATE, UNA *(A Midsummer Night's Sex Comedy)* ★★★
Regia di WOODY ALLEN. Con WOODY ALLEN, MIA FARROW, TONY ROBERTS. ■ Nella casa di campagna di un inventore un po' bizzarro e di sua moglie arrivano due coppie a trascorrere un fine settimana ai primi del Novecento. Fra i sei comincia un gioco di scambi di partner, di appuntamenti dati e ricevuti, fino alla buffa morte del più anziano degli ospiti, che non ha resistito all'ultimo appuntamento amoroso della sua vita. Musiche di Mendelssohn accompagnano la splendida fotografia di un film minore di Allen. ■ COMMEDIA; COL.; 98'; USA, 1982.

COMMEDIA UMANA, LA *(The Human Comedy)* ★★
Regia di CLARENCE BROWN. Con FAY BAINTER, JAMES CRAIG, MARSHA A. HUNT, VAN JOHNSON, ROBERT MITCHUM, FRANK MORGAN, DONNA REED, MICKEY ROONEY. ■ In una piccola città americana durante la guerra, una famiglia vive i drammi di chi ha i parenti al fronte. Il figlio maggiore muore in Europa. Verrà sostituito, nel cuore di mamma e fratelli, dal commilitone invalido che porta la cattiva notizia. ■ DRAMMATICO; B/N; 118'; USA, 1943. ■ OSCAR 1 PR, 5 NOM.

COMMISSADRO, IL *(Le ripoux)* ★★★
Regia di CLAUDE ZIDI. Con THIERRY LHERMITTE, PHILIPPE NOIRET, REGINE. ■ Il "commissadro" Noiret, simpaticamente disonesto, vive di bustarelle e traffici nel coloratissimo mondo della piccola delinquenza parigina. Gli viene affibbiato in coppia un agente novellino dalla più che rigida moralità e sembra quasi che la bella vita debba finire, ma superate le difficoltà iniziali l'allievo supererà il maestro. ■ COMMEDIA; COL.; 107'; FRANCIA, 1986.

COMMISSARIA, LA *(Kommissar)* ★★★
Regia di ALEKSANDER ASKOLDOV. Con ROLAN BYKOV, NONNA MORDJUKOVA. ■ Film rimasto vent'anni in censura prima di essere scongelato da Gorbaciov. Durante la guerra civile in Russia (nel 1922) una dura commissaria bolscevica viene messa incinta (non sa bene da chi). L'unico che le offre aiuto e protezione è un artigiano ebreo che nutre scarse simpatie verso il marxismo leninismo. ■ DRAMMATICO; COL.; 93'; URSS, 1967.

COMMISSARIATO DI NOTTURNA ★★
Regia di GUIDO LEONI. Con EMMA DANIELI, CARLO GIUFFRÈ, GISELA HAHN, GASTONE MOSCHIN, LUCIANO SALCE, ROSANNA SCHIAFFINO. ■ Questura di Roma. Un nuovo commissario, promosso dalla squadra politica alla "notturna", si trova appena preso servizio a dover trattare il caso di una ragazza ferita gravemente a Villa Borghese. Per il commissario, da una parte ci sono i problemi familiari e dall'altra le indagini. Ci sono di mezzo anche onorevoli democristiani e un monsignore. È dura la "prima notte" del nuovo commissario. ■ GROTTESCO; COL.; 95'; ITALIA, 1973.

COMMISSARIO, IL ★★★
Regia di LUIGI COMENCINI. Con ALESSANDRO CUTOLO, MINO DORO, FRANCO SCANDURRA, ALBERTO SORDI, FRANCA TAMANTINI. ■ Un giovane e zelante commissario prende in mano le indagini relative all'omicidio di un noto personaggio politico. Ma tutti gli mettono i bastoni fra le ruote, a cominciare dalla famiglia del defunto, perché si dovrebbe svelare che l'uomo politico passò la sua ultima notte con una prostituta. Per non far condannare un innocente, il commissario, in giudizio, asserisce d'aver estorto una confessione con la forza. Si mette la coscienza a posto, ma si gioca la carriera. ■ COMMEDIA; B/N; 102'; ITALIA, 1962.

COMMISSARIO ACCUSA, UN *(Un comisar acuza)* ★★
Regia di SERGIU NICOLAESCU. Con ION BESOIU, GHEORGHE DINICA, SERGIU NICOLAESCU, AMZA PELLEA. ■ Alle soglie della seconda guerra mondiale i fascisti dettano legge in Romania e sterminano con estrema durezza gli oppositori. Il commissario Moldovan, incaricato di effettuare indagini riguardo ad un massacro di detenuti politici avvenuto nel carcere della Viraga, nonostante i tentativi di corruzione e le pressioni riuscirà a concludere l'inchiesta con un esito inequivocabilmente sfavorevole ai fascisti. Questi allora ammazzeranno sua madre, tenteranno di rapirgli il figlio e gliene faranno di tutti i colori, ma lui renderà pan per focaccia. Alla fine, però, uccideranno anche lui. ■ DRAMMATICO; COL.; 91'; ROMANIA, 1974.

COMMISSARIO AL DI SOTTO DI OGNI SOSPETTO, UN *(Inspecteur La Bavure)* ★★
Regia di CLAUDE ZIDI. Con MICHEL COLUCHE, GÉRARD DEPARDIEU, DOMINIQUE LAVANANT. ■ Assunto nella polizia soltanto per il fatto di essere figlio di un eroico agente ucciso anni prima da un criminale, il commissario Clement è un gran pasticcione, frequenta compagnie poco raccomandabili e crea situazioni a dir poco pericolose. Ma saranno proprio i suoi strani amici a tirarlo fuori dai guai. ■ GIALLO ROSA; COL.; 100'; FRANCIA, 1980.

COMMISSARIO DI FERRO, IL ★★
Regia di STELVIO MASSI. Con JANET AGREN, CHRIS AVRAM, MARIANGELA GIORDANO, ETTORE MANNI, MAURIZIO MERLI. ■ Il commissario Mariani (noto per l'abitudine ad agire di testa propria) viene trasferito dalla squadra mobile ad un oscuro commissariato di quartiere. Quando uno scalmanato gli sequestra il figlioletto per certi rancori personali, Mariani si mette nuovamente contro i regolamenti di polizia; rimarrà anche ferito ma riuscirà a salvare il suo bambino. ■ POLIZIESCO; COL.; 100'; ITALIA, 1978.

COMMISSARIO LE GUEN E IL CASO GASSOT, IL ★★★
(Le tueur)
Regia di Denys de La Patellière. Con Bernard Blier, Jean Gabin, Felix Marten, Fabio Testi. ■ Gassot, rapinatore e assassino, scappa di prigione. Il commissario Le Guen sguinzaglia gli agenti alla sua ricerca; dopo una serie di appostamenti lo trova per merito di una "soffiata". Gassot muore, ma con lui perdono la vita anche molti poliziotti. ■ Giallo; col.; 110'; Francia, 1972.

COMMISSARIO LO GATTO, IL ★★
Regia di Dino Risi. Con Lino Banfi, Maurizio Ferrini, Maurizio Micheli. ■ Vicende e avventure di Lo Gatto, commissario scomodo, che viene più volte trasferito. La prima volta a Favignana, quando indaga su un assassinio di un sacerdote, interrogando per primo Sua Santità. La seconda volta a Milano, dopo aver indagato sulla sparizione di una certa Wilma, bellona che si scopre essere andata in giro col presidente del consiglio. E la terza quando il "neo-promosso" sospetta un attentato in occasione di un vertice CEE e lancia l'allarme con il risultato che le massime personalità si gettano in piscina. ■ Commedia; col.; 94'; Italia, 1986.

COMMISSARIO MAIGRET, IL ★★★
(Maigret tende une piège)
Regia di Jean Delannoy. Con Jean Desailly, Jean Gabin, Annie Girardot. ■ Nella Parigi soffocata dall'afa un maniaco va in giro ammazzando donne. Maigret si dà da fare e volge i suoi sospetti su un giovanotto di buona famiglia. Lo arresta, ma la sera stessa un'altra donna è uccisa nelle stesse circostanze. Il sospetto viene dunque scagionato, ma nel finale ci sarà un'altra sorpresa. ■ Giallo; b/n; 116'; Francia, 1958.

COMMISSARIO MONTALBANO – IL LADRO DI MERENDINE, IL ★★★
Regia di Alberto Sironi. Con Cesare Bocci, Katharina Böhm, Luca Zingaretti. ■ Tratto dal terzo romanzo di Camilleri che ha Salvo Montalbano come protagonista, *Il ladro di merendine* ha tutta la forza della collana romanzesca e della serie televisiva omonima. Tale forza deriva da una sapiente miscela di narrazione poliziesca e di affresco di costume, di intriganti storie investigative e affascinanti ambientazioni siciliane. Il merito di un connubio così riuscito è da attribuire al padre di Montalbano: Andrea Camilleri, siciliano doc, un uomo che vanta poi un passato di 40 anni come regista teatrale, quindi un perfetto *metteur en scene* del teatro della Sicilia di oggi. Sia nella pagina scritta che sul piccolo schermo, le serie di Montalbano sono così intrise di accenti e colori locali da diventare *affiche* pubblicitarie, neanche troppo involontarie, dalla propria terra. Nel caso specifico de *Il ladro di merendine*, la trama è condita di morti, amanti, lettere anonime, piccola malavita, ma anche di progetti di nozze e antipasti di mare. È inoltre interessante notare come un semplice delitto di provincia si trasformi in un delicato caso internazionale che coinvolge, senza prendersi troppo sul serio, terrorismo islamico e mafia siciliana. ■ Thriller; col.;120'; Italia, 1999.

COMMISSARIO NON PERDONA, IL ★★
(Save temps pour les mouches)
Regia di Guy Lefranc. Con Gérard Barray, Nicole Maurey, Hélène Remy, Jean Richard, Patricia Viterbo. ■ Un giovane ispettore di polizia parigino deve indagare sulla scomparsa misteriosa di due scienziati. Riesce ad infiltrarsi in una banda che egli ritiene implicata nella faccenda, ma poi viene smascherato e si salva per il rotto della cuffia. Continuerà comunque le sue ricerche ed arriverà a rintracciare i due studiosi, proprio nel momento in cui costoro stanno per essere consegnati ad emissari di una potenza straniera. ■ Poliziesco; col.; 94'; Francia, 1966.

COMMISSARIO PELISSIER, IL ★★★
(Max et les ferailleurs)
Regia di Claude Sautet. Con Bernard Fresson, François Périer, Michel Piccoli, Romy Schneider, Georges Wilson. ■ Pelissier è un commissario sulle tracce di una banda di rapinatori. Per incastrarli circuisce l'amica del capo, una prostituta di origine tedesca. La donna s'innamora e senza volerlo dà modo a Pelissier di prendere in trappola i malviventi. Ma anche il commissario s'è preso la cotta. Cosicché, quando la ragazza è arrestata, si mette in urto con un collega e lo uccide. ■ Giallo; col.; 125'; Francia, 1971.

COMMISSARIO PEPE, IL ★★★
Regia di Ettore Scola. Con Marianne Comtell, Silvia Dionisio, Giuseppe Maffioli, Ugo Tognazzi. ■ In una cittadina di provincia il magistrato decide che è ora di moralizzare l'ambiente e affida un'inchiesta al commissario Pepe. Costui scopre i peccati di metà città-bene e anche, occasionalmente, quelli della sua compagna che fa la modella per pornofilm. Presenta comunque il dossier al magistrato. Questi d'improvviso s'impaurisce all'idea di toccare troppa gente importante. Non se ne farà nulla. Pepe chiederà (e otterrà) il trasferimento in un'altra città. ■ Commedia; col.; 107'; Italia, 1969.

COMMISSARIO TORRENTE – IL BRACCIO IDIOTA DELLA LEGGE *(Torrente 4: Crisis Letal)* ★
Regia di Santiago Segura. Con Barragan, Cañita Brava, Xavier Deltell, Kiko Rivera, Santiago Segura. ■ Ex commissario rozzo e sboccato, Torrente accetta un lavoro da sicario, ma viene incastrato dalle stesse persone che lo hanno ingaggiato. Finito in galera, cerca il modo di evadere. Riuscirà a raggiungere il suo obiettivo nella maniera più rocambolesca. ■ Commedia; col.; 93'; Spagna, 2011.

COMMISSARIO VERRAZZANO, IL ★★
Regia di Franco Prosperi. Con Janet Agren, Luc Merenda, Luciana Paluzzi, Gloria Piedimonte. ■ Il commissario Verrazzano riceve da una bella donna l'incarico di risolvere il mistero della morte del fratello di lei. Verrazzano indaga nell'ambiente degli scommettitori, dove il defunto godeva di una cattiva fama. Ma la soluzione del mistero è da ricercarsi tra i parenti prossimi della vittima. ■ Giallo; col.; 95'; Italia, 1978.

COMMISSIONE D'ESAME *(How I Got into College)* ★★
Regia di Savage Steve Holland. Con Anthony Edwards, Corey Parker. ■ Per poter essere ammesso al college uno studente di nome Marlone Browne deve risultare idoneo ad alcuni test che lo terrorizzano e affrontare una coppia di professori con i quali è impossibile scendere a compromessi. Una prova davvero dura. ■ Commedia; col.; 89'; USA, 1989.

COMMITMENTS, THE ★★★
Regia di Alan Parker. Con Michael Aherne, Robert Arkins, Angeline Ball. ■ Questo di Alan Parker può essere considerato il più naïf dei suoi film. Di opere musicali ne ha già fatte tre (*Piccoli gangster*, *Saranno famosi* e il più riuscito e inquietante *The Wall*) ma l'approccio di *The Commitments* è diverso. Si comincia con uno squarcio dei sobborghi di Dublino dove il gruppo in questione comincia a formarsi e poi ecco sfilare i problemi, le tensioni, le attrazioni sessuali. Il gruppo è formato da tre coriste, i musicisti e il cantante. Riescono a fare il loro primo concerto importante al quale assistono giornalisti di testate musicali famose. Alla serata aspettano invano l'arrivo di Wilson Pickett e dopo aver litigato si sciolgono. È la classica parabola del successo e del protagonismo ma visto, e qui c'è la novità, attraverso una band che muove i primi passi. ■ Comm. musicale; col.; 108'; USA, 1991. ■ Golden Globes 1 nom; Oscar 1 nom.

COMODO POSTO IN BANCA, UN *(The Bank Dick)* ★★
Regia di Edward F. Cline. Con W. C. Fields, Una Markel, Franklin Pangborn. ■ Uno degli ultimi veicoli per l'ineffabile comico W. C. Fields (la cui comicità, prevalentemente verbale, non ha mai attecchito presso il nostro pubblico). Qui è un vagabondo che sventa casualmente una rapina ed è assunto come guardia armata da una banca. ■ Commedia; b/n; 85'; USA, 1940.

COMOEDIA, THE ★★
Regia di Bruno Pischiutta. Con Richard Coleman, Gianni Franco Moiaro, Liliana Tari. ■ Molto liberamente ispirato alle opere di Dante Alighieri, il film narra le avventure di Dante, un sedicenne orfano, disperato e drogato. Deciso a farla finita, si uccide con un'overdose e si risveglia in un mondo surreale, dove Virgilio e Beatrice gli fanno da guide. ■ Commedia; col.; 92'; Italia, 1980.

COMPAGNA DI BANCO, LA ★
Regia di Mariano Laurenti. Con Lino Banfi, Lilli Carati,

FRANCESCA ROMANA COLUZZI, GIANFRANCO D'ANGELO, ALVARO VITALI. ■ Una bella liceale di Trani strapazza un compagno di classe, ma poi finirà per innamorarsene davvero. ■ COMMEDIA; COL.; 96'; ITALIA, 1977.

COMPAGNA DI VIAGGIO ★★★
Regia di PETER DEL MONTE. Con ASIA ARGENTO, LINO CAPOLICCHIO, SILVIA COHEN, MICHEL PICCOLI. ■ Ritorno di Del Monte dopo alcuni anni di assenza. Un film molto particolare, intimista e con due interpreti all'altezza. Asia Argento ha vinto il David di Donatello per questa interpretazione. Cora, per sbancare il lunario, ha accettato un lavoro particolare. Deve seguire a distanza un anziano professore di filosofia per conto della figlia. Quando l'uomo prende un treno la ragazza è costretta a viaggiare con lui e piano piano finiscono col conoscersi. Un incontro tra due generazioni distanti che arricchirà entrambi. ■ COMMEDIA; COL.; 108'; ITALIA, 1996.

COMPAGNA DI VIAGGIO, LA ★
Regia di FERDINANDO BALDI. Con GIORGIO BRACARDI, GASTONE MOSCHIN, ANNA MARIA RIZZOLI. ■ Barone aiutato da aspirante attrice organizza un furto sul treno Roma-Parigi. Grazie soprattutto alle grazie della ragazza, il colpo riesce, ma i soldi verranno mal investiti. Ma si rimetteranno all'opera. ■ COMMEDIA; COL.; 94'; ITALIA, 1980.

COMPAGNE DELLA NOTTE, LE ★★
(Les compagnes de la nuit)
Regia di RALPH HABIB. Con FRANÇOISE ARNOUL, PIERRE CRESSOY, RAYMOND PELLEGRIN. ■ Grama vita di alcune prostitute parigine. Una è ben decisa a uscire dal giro, ma il protettore non vuole. Con l'aiuto di un fedele e risoluto innamorato la ragazza riuscirà alla fine a togliersi dal marciapiede e a farla pagare alla pattuglia dei magnaccia. ■ DRAMMATICO; B/N; 90'; FRANCIA, 1953.

COMPAGNI, I ★★★
Regia di MARIO MONICELLI. Con BERNARD BLIER, ANNIE GIRARDOT, FOLCO LULLI, MARCELLO MASTROIANNI, FRANÇOIS PÉRIER, RENATO SALVATORI. ■ A Torino all'inizio del secolo gli operai di una fabbrica sono in urto con i padroni. Ci vuole uno sciopero ad oltranza, e per organizzarlo arriva da Roma il socialista professor Sinigaglia. Lo sciopero è spento nel sangue. Ma intanto i lavoratori hanno imparato a battersi per i loro diritti. La nascita del sindacalismo è raccontata da Monicelli nei modi che gli sono propri, quelli della commedia all'italiana. ■ DRAMMATICO; B/N; 128'; ITALIA, 1963. ■ OSCAR 1 NOM.

COMPAGNIA D'ALLEGRIA *(The Old-Fashioned Way)* ★★★
Regia di WILLIAM BEAUDINE. Con JUDITH ALLEN, W. C. FIELDS, BABY LE ROY. ■ Una troupe di comici, assillata da problemi economici, gira di città in città alla ricerca di qualche espediente per sbarcare il lunario. Un buon matrimonio provocherà lo scioglimento della compagnia; il capocomico finirà venditore ambulante all'ovest per non ostacolare le nozze altolocate della figlia. ■ COMMEDIA; B/N; 66'; USA, 1934.

COMPAGNIA D'ASSALTO *(Marianne)* ★★
Regia di ROBERT Z. LEONARD. Con MARION DAVIES, CLIFF EDWARDS, LAWRENCE GRAY. ■ Uno dei primi musicali sonori. Marion Davies (la protetta del magnate della stampa Randolph Hearst) canta con accento francese non proprio ortodosso ben sei canzoni. È una ragazza contesa da due soldati (un connazionale e un americano) durante la prima guerra mondiale. ■ MUSICAL; B/N; 88'; USA, 1929.

COMPAGNIA DELLA TEPPA, LA ★★
Regia di CORRADO D'ERRICO. Con MARIA DENIS, CLELIA MATANIA, CORRADO RACCA, ADRIANO RIMOLDI, ERMINIO SPALLA. ■ A Milano, all'epoca del dominio napoleonico, alcuni giovani di nobile famiglia formano una specie di setta che compie burle e azioni di sabotaggio ai danni dei francesi. Il capo della compagnia e una giovane cantante partecipano ad un'impresa molto ardita. Stanno per cadere nelle mani della polizia, quando il gonfaloniere della città (che appoggia nascostamente la banda ed è segretamente innamorato della cantante) salva la coppia di cospiratori e ne agevola l'unione. La storia e la fantasia si mescolano in questa vicenda che s'ispira ai moti dell'aristocrazia e del popolo di Milano contro l arrogante sovranità dei francesi del primo Ottocento. ■ AVVENTURA; B/N; 88'; ITALIA, 1941.

COMPAGNIA DI CODARDI? *(Company of Cowards?)* ★★★
Regia di GEORGE MARSHALL. Con JIM BACKUS, JOAN BLONDELL, MELVIN DOUGLAS, GLENN FORD, STELLA STEVENS. ■ Durante la guerra civile, una compagnia di nordisti dalla fama piuttosto dubbia è mandata nel West, alla frontiera indiana, in una postazione tranquilla perché non faccia danno. Nonostante le cattive aspettative, i soldati si comportano bene, sventano un complotto sudista e salvano un carico d'oro. ■ WESTERN; B/N; 90'; USA, 1964.

COMPAGNI D'AVVENTURA *(Big Red)* ★★
Regia di NORMAN TOKAR. Con JANETTE BERTRAND, EMILE GENEST, WALTER PIDGEON. ■ Piacevole filmetto disneyano ambientato in Canada. Un ragazzino va a lavorare presso un ricco signore, che ha una passione per i cani da caccia. Il ragazzino si affeziona in particolar modo a uno di essi, un setter irlandese. Diventeranno compagni inseparabili. ■ AVVENTURA; COL.; 100'; USA, 1962.

COMPAGNI DI SCUOLA ★★★
Regia di CARLO VERDONE. Con ATHINA CENCI, ELEONORA GIORGI, CARLO VERDONE. ■ Una bella bionda, mantenuta di lusso, invita nella sua villa sull'Appia antica i suoi compagni di scuola (quindici anni dopo la licenza liceale). Un pomeriggio e una sera per arrivare alla conclusione che quasi nessuno è riuscito a realizzarsi. Ma il più imbranato del gruppo trarrà, dall'incontro, la forza di ribellarsi al tran tran che lo stava annichilendo. Carlo Verdone cerca di fare un *Grande freddo* all'italiana, ma non ha l'amarezza di fondo del collega americano Lawrence Kasdan. Però un bel commedione, che si segue con piacere dall'inizio alla fine, riesce a imbastirlo. ■ COMMEDIA; COL.; 118'; ITALIA, 1988. ■ DAVID DI DONATELLO 1 PR, 1 NOM.

COMPAGNI DI VIAGGIO *(Loose Connections)* ★★
Regia di RICHARD EYRE. Con LINDSAY DUNCAN, STEPHEN REA. ■ Una coppia male assortita (lei è un'arrabbiata femminista, lui un provincialotto piuttosto reazionario) sono costretti a viaggiare insieme attraverso l'Europa. Una trama un po' vecchio stile, però diretta con humour e sensibilità e interpretata da due attori poco noti, ma perfetti nei ruoli. ■ COMMEDIA; COL.; 102'; GRAN BRETAGNA, 1984.

COMPAGNIE PERICOLOSE *(Knockaround Guys)* ★★
Regia di BRIAN KOPPELMAN, DAVID LEVIEN. Con VIN DIESEL, DENNIS HOPPER, JOHN MALKOVICH, BARRY PEPPER. ■ "Chains" Demaret, boss che gode di grande prestigio, un vero numero uno, ha un figlio, Matty, tipo "normale" e tranquillo, che non avrebbe nessuna intenzione di seguire le orme paterne. Ha tentato vari lavori, manager, agente sportivo, ma non è approdato a nulla. Decide, suo malgrado, di sfruttare il nome che porta e chiede allo zio (Malkovich), altro stinco di santo, di fargli fare qualcosa. Il primo incarico consiste nel portare una valigetta piena di dollari dalla California a New York. Nell'impresa Matty si fa aiutare da alcuni amici, tutti "figli d'arte", e naturalmente si accorge che "quella" è una carriera pericolosa, molto. ■ AVVENTURA; COL.; 88'; USA, 2001.

COMPAGNI MIEI ATTO I *(Twist Again at Moscou)* ★★
Regia di JEAN-MARIE POIRÉ. Con CHRISTIAN CLAVIER, PHILIPPE NOIRET, MARINA VLADY. ■ In un vecchio hotel russo, il direttore Igor si arrangia, complice o tollerante, tra gli intrallazzi del mercato nero. Ma la sua vita si complica quando nell'albergo giunge un gruppo d'ebrei che vuol emigrare, braccato da agenti del Kgb. Igor si barcamena tra equivoci e gag, al suono della sgangherata orchestrina. Finirà per emigrare anche lui. Divertente, anche se non precisamente inedito nelle trovate. ■ COMMEDIA; COL.; 105'; FRANCIA, 1986.

COMPAGNO AMERICANO, IL ★★
Regia di BARBARA BARNI. Con GIULIO BASE, FRANCO DIOGENE, HUGH O'CONNOR, AUGUSTO ZUCCHI. ■ 1940. L'Italia fascista sta per entrare nel conflitto mondiale. Nel frattempo, Cinecittà distoglie l'attenzione dell'opinione pubblica sfornando uno dietro l'altro film romantici. Il regista Camillo Mainardi vuole realizzare il primo film a colori e fa arrivare dall'America pellicole e macchinari insieme ad un esperto, Mr. Hogan. Si trova così invo-

lontariamente coinvolto in un'azione dell'opposizione al fascismo. Film dalle troppe pretese realizzato con attori fuori parte. ■ COMMEDIA; COL.; 104'; ITALIA, 2002.

COMPAGNO B, IL *(Pack Up Your Troubles)* ★★★

Regia di GEORGE MARSHALL. Con MARY CARR, DONALD DILLAWAY, OLIVER HARDY, STAN LAUREL, CHARLES MIDDLETON. ■ Stanlio e Ollio partono per la prima guerra mondiale, dalla quale, dopo una serie di peripezie, tornano sani e salvi. Al loro rientro, si mettono a cercare la nonna della figlia di un loro commilitone disperso. Ma l'impresa si rivela ardua. ■ COMICO; B/N; 68'; USA, 1932.

COMPAGNO DON CAMILLO, IL ★★★

Regia di LUIGI COMENCINI. Con GINO CERVI, FERNANDEL, GIANNI GARKO, GRAZIELLA GRANATA, MARCO TULLI. ■ Quinta puntata delle avventure di Don Camillo e Peppone. Il film comincia con il viaggio-premio in Russia di un gruppo di comunisti di "sicura fede" di Brescello e dintorni. Don Camillo ricatta Peppone e lo costringe a includerlo nella comitiva, sotto falso nome. Nel viaggio avrà modo di mettere in crisi ideologica la maggior parte dei compagni, e anche, *en passant*, di far da galeotto alla storia d'amore tra un giornalista italiano e una bella interprete russa. ■ COMMEDIA; B/N; 109'; ITALIA, 1965.

COMPAGNO "P", IL *(Ona Zasciscjajet Rodinu)* ★★★

Regia di FRIEDRICH ERMLER. Con PIOTR ALEJNIKOV, NIKOLAJ BOGOLJUBOV, VERA MARETSKAJA. ■ Una giovane donna, nel corso dell'avanzata tedesca in Russia, deve lasciare la propria casa. Le viene orrendamente massacrato il figlioletto sotto gli occhi. Poi le muore il marito. Dopo un periodo di disperazione, decide di farsi giustizia; diventa partigiana attivissima e col suo gruppo riuscirà a scacciare i tedeschi dalla zona. ■ DRAMMATICO; B/N; 92'; URSS, 1943.

COMPANY, THE ★★

Regia di ROBERT ALTMAN. Con NEVE CAMPBELL, SUSIE CUSACK, WILLIAM DICK, JAMES FRANCO, MALCOLM MCDOWELL, BARBARA ROBERTSON. ■ La storia è semplice, quasi banale, e allora non la si racconta piuttosto la si danza come ha fatto il regista limitandosi e limitandola a brevi sequenze di raccordo, tra una coreografia e un'altra, decisamente anonime. Alberto Antonelli, un impacciato ed esageratamente virtuoso (della recitazione) Malcom McDowell, dirige tra mille difficoltà, non ultime quelle economiche, il Joffrey Ballett di cui Ry, Neve Campbell, è la stella più promettente. Nonostante le aspettative dello spettatore si stringano presto intorno alla giovane protagonista, Altman ancora una volta confeziona un film corale, dove gli egoismi e gli eccessi di individualismo vengono piegati fin dal titolo a favore del gruppo. Anche se l'energia non è più quella di una volta. ■ DRAMMATICO; COL.; 112'; USA, 2003.

COMPANY MEN, THE ★★★

Regia di JOHN WELLS. Con BEN AFFLECK, MARIA BELLO, CHRIS COOPER, KEVIN COSTNER, TOMMY LEE JONES. ■ Bobby Walker è uno dei manager addetti alle vendite della GTX, un'azienda che ha diversificato nel corso degli anni le attività. Bobby ha una moglie, due figli e una vita agiata che gli permette di giocare a golf e di guidare una Porsche. Un giorno però, da un momento all'altro, tutto questo inizia a cambiare. Perché la GTX ha deciso di chiudere alcune sue attività e migliaia di dipendenti vengono licenziati. La stessa sorte toccherà di lì a poco a Phil Woodward, uno dei manager che hanno visto nascere l'azienda un tempo impegnata nella cantieristica navale. Anche Gene McClary, co-fondatore, viene messo in una posizione di minoranza che gli crea non pochi ripensamenti. Ci sono film che da noi non raggiungono le sale forse perché, visto lo scarso successo al box office in patria, sembrano non avere chance. Ci sono però opere che sanno descrivere con chirurgica precisione dei percorsi esistenziali determinati dal sacrificio al tribale "Dio Mercato" che invece meriterebbero una visione. *The Company Men* è una di queste. I motivi sono essenzialmente due. Innanzitutto il cast che offre ai diversi personaggi delle caratterizzazioni puntuali ed estremamente realistiche ma soprattutto il punto di vista assunto dalla sceneggiatura. La crisi che ha colpito gli Usa nel passato recente e che si è estesa a tutto il mondo viene vissuta sulla pelle di chi si riteneva intoccabile. Wells (che ha scritto il film oltre a dirigerlo) non si fa travolgere dal rischio della retorica. Non ci racconta dell'impiegato o dell'operaio che si ritrovano sul lastrico. Ci mostra invece con dovizia di particolari la discesa da un Olimpo che produce progressivi slittamenti nella vita di chi è costretto ad affrontarla. ■ DRAMMATICO; COL.; 109'; USA, 2010.

COMPANY YOU KEEP ★★★

Regia di ROBERT REDFORD. Con SHIA LABEOUF, BRIT MARLING, NICK NOLTE, ROBERT REDFORD, STANLEY TUCCI. ■ Jim Grant è un avvocato vedovo che vive ad Albany con la figlia. In seguito all'arresto di una componente di un gruppo pacifista degli anni del Vietnam rimasta in clandestinità per decenni, un giovane giornalista, Ben Shephard, avvia una serie di indagini. La prima scoperta è legata proprio a Grant: l'avvocato ha un falso nome e ha fatto parte del gruppo. Su di lui pende un'accusa di omicidio nel corso di una rapina in banca. Grant è costretto ad affidare la figlia al fratello e a fuggire. L'FBI e Shepard, separatamente e con motivazioni diverse, si mettono sulle sue tracce. Sono passati 32 anni dall'esordio alla regia di Redford con *Gente comune,* ma la ricerca della verità (che aveva contraddistinto i personaggi portati sullo schermo come attore) ha preso il via allora e non si è ancora fermata. Adattando un romanzo di Neil e decidendo di interpretare il ruolo principale, omaggia anche il cinema dell'amico regista Sidney Pollack scomparso nel 2008 e, insieme a lui, il Pakula di *Tutti gli uomini del Presidente*. Perché in *The Company You Keep* si ritrovano temi e tensioni di quello che fu il cinema democratico americano di cui Pollack fu uno degli autori di punta e Redford il suo interprete ideale. ■ THRILLER; COL.; 100'; USA, 2012.

♥ **COMPARI, I** *(McCabe and Mrs. Miller)* ★★★★

Regia di ROBERT ALTMAN. Con WARREN BEATTY, JULIE CHRISTIE, WILLIAM DEVANE, SHELLEY DUVALL. ■ Sulle montagne della California durante la febbre dell'oro, un giocatore e una maîtresse organizzano un bordello per minatori. Gli affari vanno benino, ma la concorrenza cerca di sfrattarli e, non riuscendoci, manda i killer. McCabe li affronta e ci rimette la pelle. La sua donna si distrugge in una fumeria d'oppio. ■ WESTERN; COL.; 121'; USA, 1971. ■ OSCAR 1 NOM.

COMPÈRES – NOI SIAMO TUO PADRE, LES ★★
(Les compères)

Regia di FRANCIS VEBER. Con GÉRARD DEPARDIEU, ANNY DUPEREY, PIERRE RICHARD. ■ Altro veicolo predisposto da Francis Veber per la coppia Pierre Richard-Gérard Depardieu collaudata in *La capra*. I due sono accomunati dall'essere stati, molti anni prima, amanti, a pochi mesi di distanza, della stessa ragazza. Ora costei si fa viva. Il figlio è scomparso e lei mette in moto gli ex amici, dando a intendere a ognuno di essi di essere il padre del ragazzo. Prevedibile girandola di equivoci, con l'immancabile lieto fine. ■ COMMEDIA; COL.; 92'; FRANCIA, 1983.

COMPETITION ★★★

Regia di JOEL OLIANSKY. Con RICHARD DREYFUSS, AMY IRVING, LEE REMICK. ■ Storie d'amore e di trucchetti agonistici sullo sfondo di un concorso per pianisti: riuscirà lo sconfitto a vivere accanto alla bella vincitrice? Film molto ben scritto con personaggi e situazioni non banali. ■ COMMEDIA; COL.; 129'; USA, 1981. ■ GOLDEN GLOBES 1 NOM; OSCAR 2 NOM.

COMPITO IN CLASSE: UN DELITTO PERFETTO ★★
(Murder 101)

Regia di BILL CONDON. Con PIERCE BROSNAN, RAPHAEL SBARGE, DEY YOUNG. ■ Uno scrittore di polizieschi professore universitario, che tra l'altro non va più molto d'accordo con la moglie, dice ai propri studenti di scrivere un romanzo giallo con un delitto perfetto. Viene uccisa una delle sue alunne e lui è il primo sospettato. I risultati non sono malvagi. La storia ricorda curiosamente l'inizio di *Getta la mamma dal treno* in cui Billy Crystal era lo scrittore-maestro e Danny DeVito lo studente. ■ POLIZIESCO; COL.; 95'; USA, 1991.

COMPLEANNO, IL ★

Regia di MARCO FILIBERTI. Con MICHELA CESCON, MARIA DE MEDEIROS, ALESSANDRO GASSMAN, CHRISTO JIVKOV, MASSIMO

POGGIO. ■ Matteo, psicanalista di successo, è marito premuroso di Francesca e padre affettuoso di una bimba di pochi anni. Invitato a trascorrere l'estate e a condividere la casa da una coppia di amici di vecchia data, Matteo scoprirà all'improvviso la sua vera natura. Non sarà facile gestirla. ■ COMMEDIA; COL.; 106; ITALIA, 2009.

COMPLEANNO DI SANGUE *(Happy Birthday to Me)* ★★
Regia di JACK LEE THOMPSON. Con MELISSA SUE ANDERSON, LAWRENCE DANE, GLENN FORD. ■ In un collegio canadese un gruppo di studenti dei due sessi si gode la vita fino al giorno in cui una delle ragazze scompare misteriosamente. È la prima di una serie di sparizioni che la polizia classifica come omicidi. L'indiziata maggiore è una ragazzina reduce da un'arrischiata operazione al cervello... ■ THRILLER; COL.; 108'; CANADA, USA, 1980.

COMPLEANNO IN CASA FARROW *(Bloody Birthday)* ★★
Regia di EDWARD HUNT. Con JULIE BROWN, MELINDA CORDELL, LORI LETHIN. ■ Tre bambini terribili, nati durante un'eclissi lunare, si divertono ad ammazzare in modi fantasiosi quanto cruenti. Pasticciaccio sanguinolento per amanti del genere. ■ HORROR; COL.; 88'; USA, 1980.

COMPLESSI, I ★★★
Regia di LUIGI FILIPPO D'AMICO, DINO RISI, FRANCO ROSSI. Con PAOLA BORBONI, NINO MANFREDI, ILARIA OCCHINI, ALBERTO SORDI, UGO TOGNAZZI, ROMOLO VALLI. ■ Film a episodi realizzato nel periodo di maggior voga del genere: la metà degli anni Sessanta. Da vedere se non altro per lo straordinario sketch di Sordi (diretto da D'Amico) *Guglielmo il dentone*, storia di un aspirante "mezzo busto" di stupefacente professionalità: nonostante la bocca cavallina vincerà il concorso Rai battendo colleghi molto più prestanti. ■ FILM A EPISODI; B/N; 101'; ITALIA, 1965.

COMPLESSO DEL SESSO, IL ★★★
(I'll Never Forget What's his Name)
Regia di MICHAEL WINNER. Con HARRY ANDREWS, WENDY CRAIG, MARIANNE FAITHFULL, OLIVER REED, ORSON WELLES, CAROL WHITE. ■ Un regista televisivo, in crisi con il lavoro e con i sentimenti, molla tutto e ricomincia da capo dirigendo una rivistina culturale, ma presto il "sistema" ha il sopravvento su di lui. Il regista torna sotto le ali di un rozzo magnate. Si vendica, è vero, con un "carosello" di grande successo dove prende in giro il pubblico e i datori di lavoro, ma la sua ribellione si ferma lì. Ormai deve rassegnarsi a fare l'integrato. ■ COMMEDIA; COL.; 97'; GRAN BRETAGNA, 1967.

COMPLESSO DEL TRAPIANTO, IL *(Percy)* ★★
Regia di RALPH THOMAS. Con HYWELL BENNETT, BRITT EKLAND, DENHOLM ELLIOTT, JULIA FOSTER, CYD HAYMAN, ELKE SOMMER. ■ Uno studioso londinese si dichiara pronto a effettuare trapianti di organi genitali e per questo cerca pazienti che desiderino sottoporsi all'intervento. Il primo trapianto avviene sul giovane Eddie e l'operazione riesce a meraviglia. Ma il giovanotto vuole saperne di più riguardo al defunto che gli ha donato l'organo e così comincia a svolgere personali indagini che si riveleranno assai sorprendenti. ■ COMICO; COL.; 103'; GRAN BRETAGNA, 1971.

COMPLESSO DI COLPA *(Obsession)* ★★★
Regia di BRIAN DE PALMA. Con GENEVIÈVE BUJOLD, JOHN LIGHTGOW, CLIFF ROBERTSON. ■ Un ricco industriale di New Orleans viene ricattato da una gang che gli ha rapito la moglie e la figlioletta. Lui avverte la polizia e, nello scontro a fuoco, le due perdono la vita. L'uomo, torturato dai rimorsi, non si dà pace per anni. Ma quattro lustri dopo incontra a Firenze una ragazza che è il ritratto della defunta moglie. In realtà è la figlia, scampata alla tragedia, che vuol vendicarsi del padre. Chi manovra tutto è il socio di questi che mira a impadronirsi della società, ma gli andrà male. ■ GIALLO; COL.; 98'; USA, 1975. ■ OSCAR 1 NOM.

COMPLICATO INTRIGO DI DONNE, VICOLI E DELITTI, UN ★★★
Regia di LINA WERTMÜLLER. Con PAOLO BONACELLI, ISA DANIELI, HARVEY KEITEL, ANGELA MOLINA, ELVIO PORTA. ■ Un'ex prostituta, che gestisce un'equivoca pensioncina in un basso di Napoli, rimane ferita in un agguato nel quale muore un malavitoso. La donna non ha visto nulla, ma, quando anche il figlio, un ragazzino di appena dieci anni, viene coinvolto nel giro dei piccoli spacciatori e consumatori di droga, la donna decide di scoprire la verità: i mandanti della lunga catena di delitti non sono boss della camorra, ma un gruppo di madri-coraggio, decise a salvare i propri figli dal flagello della droga. ■ DRAMMATICO; COL.; 105'; ITALIA, 1985. ■ DAVID DI DONATELLO 3 PR, 3 NOM.

COMPLICAZIONI NELLA NOTTE ★★
Regia di SANDRO CECCA. Con STEFANO ABBATI, PATRICK BAUCHAU, MARINA GIULIA CAVALLI, ALESSIO ORANO. ■ Valerio sopravvive a un incidente in cui perde la vita la moglie. In realtà aveva architettato tutto per poter fuggire con la figliastra. Scoperto, elimina l'accusatore e fugge con la ragazza. Finiranno entrambi male in un nuovo incidente stradale. Il regista è un appassionato del genere ma questo non è una garanzia per la qualità del prodotto. ■ GIALLO; COL.; 90'; ITALIA, 1992.

COMPLICE LA NOTTE *(One Night Stand)* ★★★
Regia di MIKE FIGGIS. Con ROBERT DOWNEY JR., NASTASSJA KINSKI, KYLE MACLACHLAN, JULIAN SANDS, WESLEY SNIPES. ■ Max, direttore commerciale, è sposato con due bambini. Un giorno incontra Karen e i due hanno un rapporto. Quando Max va a trovare Charlie, un suo amico omosessuale in ospedale per l'Aids, scopre che Karen è la moglie di suo fratello. Un buon film di Figgis che cura la colonna sonora come suo solito. Wesley Snipes ha vinto la Coppa Volpi a Venezia. ■ COMM. DRAMMATICA; COL.; 103'; USA, 1997. ■ VENEZIA 1 PR.

COMPLICE SEGRETO, IL *(Lone Hand)* ★★★
Regia di GEORGE SHERMAN. Con JAMES ARNESS, CHARLES DRAKE, BARBARA HALE, JOEL MCCREA, ALEX NICOL. ■ Una banda di fuorilegge impazza in una valle dell'Ovest. Un ragazzino, figlio di un fattore, ha il sospetto che il padre sia implicato con i malviventi. In realtà l'uomo è un agente federale, che sta manovrando in modo da cogliere in trappola non solo i rapinatori, ma anche il cervello della banda, un cittadino al di sopra di ogni sospetto. ■ WESTERN; COL.; 80 ; USA, 1953.

COMPLICE SEGRETO, IL *(The Secret Partner)* ★★
Regia di BASIL DEARDEN. Con STEWART GRANGER, HAYA HARAREET, BERNARD LEE, CONRAD PHILLIPS, MELISSA STRIBLING. ■ Un dentista è stato compagno di prigione di un noto uomo d'affari e lo ricatta. Un giorno, dietro suggerimento di un uomo mascherato, riesce a narcotizzarlo e a rubargli le chiavi della cassaforte della società di cui è agente a Londra. La cassa viene vuotata, e l'uomo d'affari è il primo sospettato. Questi però riesce a dimostrare la sua estraneità, e a scoprire gli uomini che complottano contro di lui. Colpo di scena finale. ■ GIALLO; B/N; 91'; GRAN BRETAGNA, 1961.

COMPLICI DEL SILENZIO ★★
Regia di STEFANO INCERTI. Con GIUSEPPE BATTISTON, ALESSIO BONI. ■ Argentina, 1978. Maurizio Gallo, giornalista sportivo italiano, viene inviato a Buenos Aires per seguire i Campionati mondiali di calcio. Accompagnato dal collega fotoreporter, Maurizio farà visita ai parenti argentini, integrati e "collusi" con uno dei bracci del regime di Videla, Pablo Pere, marito altero della cugina. Partito dall'Italia col cuore infranto e deciso a dimenticare il perduto amore tra una punizione e un calcio di rigore, il giornalista finisce per innamorarsi di Ana, ex moglie di un amico e membro clandestino di una formazione guerrigliera, che si oppone al regime militare. Sospettato suo malgrado di propaganda rivoluzionaria, rimane vittima della dittatura, patendo detenzione e tortura e condividendo il destino della donna amata. Incerti sacrifica il rigore cinematografico a vantaggio della "godibilità" con l'intento evidente di rivolgersi a un pubblico giovane che del regime videlista conosce poco o nulla. ■ DRAMMATICO; COL.; 110'; ITALIA, 2008.

COMPLICITÀ E SOSPETTI *(Breaking and Entering)* ★★
Regia di ANTHONY MINGHELLA. Con JULIETTE BINOCHE, VERA FARMIGA, MARTIN FREEMAN, RAFI GAVRON, JUDE LAW, POPPY ROGERS, RAY WINSTONE, ROBIN WRIGHT PENN. ■ Will (Law) e Sandy (Freeman), amici e architetti, trasferiscono il loro studio nella zona di King's Cross a Londra. Proprio nei primi giorni, su-

biscono ripetuti furti a opera di una coppia di giovani ladruncoli. La piccola criminalità sarà il pretesto per un viaggio nella realtà multietnica della città, e dell'influenza che ha sulle relazioni sociali, sulla famiglia, sull'amore. C'è qualcosa di stucchevole nel cinema di Anthony Minghella. Difficile dire se sia uno stile sul filo del pubblicitario, l'attrazione per il bello (siano essi luoghi o persone), o i sentimentalismi old style. In questa Londra, che è anche la città in cui vive, di certo la sua forma stilistica si trova perfettamente a proprio agio. Le case popolari, infatti, non si allontanano molto dalle perfezioni geometriche dei loft, cambia solo l'interpretazione degli interni, caotici o minimalisti, sempre comunque fotografati con perfezione estetica. In un mondo siffatto, i personaggi sono estremamente caratterizzati. Jude Law è dandy e trasandato, insicuro ricercatore delle emozioni perdute; Robin Wright Penn ha origini nordiche che si sciolgono solo di fronte alla figlia tredicenne; Juliette Binoche è una donna slava, espressione di un passato di sofferenza e guerra. ■ DRAMMATICO; COL.; 120'; GRAN BRETAGNA, USA, 2006.

COMPLOTTO, IL *(Le complot)* ★★
Regia di RENÉ GAINVILLE. Con MICHEL BOUQUET, MICHEL DUCHAUSSOY, RAYMOND PELLEGRIN. ■ Parigi, 1962; la destra politica prepara un golpe, ma i servizi segreti vigilano. Il colpo di Stato fallisce, ma non senza spargimento di sangue. ■ DRAMMATICO; COL.; 100'; FRANCIA, ITALIA, SPAGNA, 1972.

COMPLOTTO A BERLINO *(The Berlin Conspiracy)* ★
Regia di TERENCE H. WINKLESS. Con MARY CROSBY, STEPHEN DAVIES, MARC SINGER. ■ Una donna misteriosa mette a confronto, nel periodo "dopo caduta del muro di Berlino", un esponente della Cia e un agente tedesco. ■ SPIONAGGIO; COL.; 80'; USA, 1991.

COMPLOTTO A SAN FRANCISCO ★★
(The Treasure of Montecristo)
Regia di WILLIAM BERKE. Con STEVE BRODIE, ADELE JERSON, GLENN LANGAN. ■ La trama del *Conte di Montecristo*, leggermente mutata, viene ambientata a San Francisco in epoca moderna. ■ GIALLO; B/N; 75'; USA, 1948.

COMPLOTTO DI FAMIGLIA *(Family Plot)* ★★★
Regia di ALFRED HITCHCOCK. Con KAREN BLACK, BRUCE DERN, WILLIAM DEVANE, BARBARA HARRIS. ■ Una giovane medium riceve l'incarico da una anziana signora di ritrovare un suo nipote: la vecchia sta morendo e vuol lasciargli ogni avere. La ragazza riesce a trovare l'uomo, ma scopre fortuitamente che costui è un fior di delinquente specializzato in sequestri di persona e assassini. La medium che ha scoperto troppo sta per aggiungersi al numero delle vittime, ma arriva il suo fidanzato a salvarla. È l'ultimo film di Hitchcock. ■ GIALLO; COL.; 120'; USA, 1976. ■ GOLDEN GLOBES 1 NOM.

COMPLOTTO IN CIELO *(Steal the Sky)* ★★
Regia di JOHN HANCOCK. Con BEN CROSS, MARIEL HEMINGWAY. ■ Una signora americana che vive da anni in Medio Oriente tradisce il marito con un militare iracheno. In realtà la donna non lo fa solo per proprio piacere personale. Vorrebbe che l'amante disertasse (lo vuole come donna, ma soprattutto come agente del servizio segreto israeliano). ■ AVVENTURA; COL.; 93'; USA, 1988.

COMPLOTTO PER UCCIDERE HITLER, IL ★★
(The Plot to Kill Hitler)
Regia di LAWRENCE SCHILLER. Con BRAD DAVIS, IAN RICHARDSON. ■ Nell'estate del '41, il colonnello Von Stauffenberg dell'esercito tedesco guida alcuni suoi colleghi nel tentativo di bloccare il progetto genocida del Fürher. ■ DRAMMATICO; COL.; 96'; USA, 1990.

COMPRARSI LA VITA ★★
Regia di DOMENICO CAMPANA. Con MARIANNE BASLER, RICHARD BERRY, ALESSANDRO GASSMAN, PHILIPPE LEROY. ■ Angela ha un bambino ottenuto con il metodo della provetta, consenziente il marito. Col tempo però la donna vuole conoscere l'identità del donatore del seme e dopo averlo trovato ha una relazione con lui. ■ COMMEDIA; COL.; 100'; ITALIA, 1990.

COMPROMESSO, IL *(The Arrangement)* ★★★
Regia di ELIA KAZAN. Con RICHARD BOONE, HUME CRONYN, KIRK DOUGLAS, FAYE DUNAWAY, DEBORAH KERR. ■ Un pubblicitario di successo (bella famiglia, bella amante, bel conto in banca) all'apice della fortuna va in crisi. Ripensa alla sua vita e alla sua carriera e conclude che ha sbagliato tutto. Abbandona il letto coniugale, gli affari, tenta persino il suicidio. Alla fine la vicinanza della sua amante (nonostante tutto l'unica in grado di comprenderlo) gli ridarà una parvenza di equilibrio e l'energia per ricominciare da capo. ■ DRAMMATICO; COL.; 120'; USA, 1969.

COMPUTER CON LE SCARPE DA TENNIS, IL ★★
(The Computer Wore Tennis Shoes)
Regia di ROBERT BUTLER. Con JOE FLYNN, ALAN HEWITT, CESAR ROMERO, KURT RUSSELL, WILLIAM SCHALLERT. ■ Il giovane Dexter, colpito dalle scariche di un elaboratore elettronico che sta riparando, acquista le doti proprie di un cervello elettronico. Diventa una specie di fenomeno e viene dunque mandato a rappresentare la sua scuola a un concorso, ma viene sequestrato da un losco individuo che vorrebbe servirsene per altri oscuri affari. Dexter riesce però a liberarsi in tempo per partecipare alla gara. ■ COMMEDIA; COL.; 91'; USA, 1969.

COMPUTERIZED SEX CRAVINGS ★★
Regia di KOVI. Con SILVIA BELLA, ANITA BLACK, GENEVIEVE, HOLLY, KATJA LOVE, MONICA ROSS, JULIA TAYLOR. ■ Se avete visto *Thomas in Love*, il film belga che racconta di un trentenne che ha paura ad uscire di casa e vive tutto attraverso lo schermo del computer (sesso compreso), qui vi troverete davanti a una trama molto meno intellettuale ma decisamente più hard. Mick e Alberto sono compagni di stanza e condividono l'acceso interesse per l'altro sesso. Progressivamente uno dei due sembra perdere questa passione, tutto preso com'è dal proprio computer. L'amico, approfittando di una sua assenza, apre il processore e si trova proiettato in una stanza virtuale in cui l'attendono due belle ragazze disposte a tutto. Si svela così il mistero e hanno inizio sei scene in cui il confine tra ciò che è reale e ciò che non lo è si rivela estremamente labile. ■ HARD; COL.; 120'; USA, 2000.

COMPUTER PER UN OMICIDIO *(The Amateur)* ★★
Regia di CHARLES JARROTT. Con MARTHE KELLER, CHRISTOPHER PLUMMER, JOHN SAVAGE. ■ Tre terroristi assaltano il consolato americano a Monaco, uccidendo una donna e catturando alcuni ostaggi, che vengono trasferiti in Cecoslovacchia. Il fidanzato dell'uccisa, esperto d'informatica e agente della Cia, decide di vendicare la morte dell'amata, ma scopre un intricato complotto internazionale. ■ SPIONAGGIO; COL.; 111'; CANADA, 1982.

COMRADES – UOMINI LIBERI *(Comrades)* ★★★
Regia di BILL DOUGLAS. Con MICHAEL HORDERN, FREDDIE JONES, VANESSA REDGRAVE. ■ La vera storia dei "martiri di Tolpuddle", sei contadini del Dorset che nel 1830 cercarono di costituire un embrione di sindacato. Pagarono il tentativo (il magistrato locale era anche il loro datore di lavoro) con la condanna alla deportazione in Australia. ■ DRAMMATICO; COL.; 94'; GRAN BRETAGNA, 1986.

COMUNE SENSO DEL PUDORE, IL ★★★
Regia di ALBERTO SORDI. Con FLORINDA BOLKAN, CLAUDIA CARDINALE, PHILIPPE NOIRET, COCHI PONZONI, ALBERTO SORDI. ■ Quattro episodi sul tema centrale della pornografia. Un operaio porta sua moglie al cinema dopo quattro anni e rimane scandalizzato dal dilagare dei film sexy. Il direttore di una rivista "per soli uomini" va in galera, nella convinzione di essere un martire della lotta contro l'oscurantismo. Una diva del cinema si rifiuta di girare una scena ardita, poi ci ripensa; la moglie di un magistrato (che è impegnato nella crociata contro la pornografia) s'appassiona alla lettura delle riviste sequestrate dal marito. ■ COMMEDIA; COL.; 130'; ITALIA, 1976.

COMUNIDAD – INTRIGO ALL'ULTIMO PIANO, LA *(La comunidad)* ★★★
Regia di ÁLEX DE LA IGLESIA. Con EDUARDO ANTUÑA, JESÚS BONILLA, PACA GABALDÓN, CARMEN MAURA. ■ Julia è un'agente immobiliare, uno degli appartamenti che deve vendere è particolarmente lussuoso e fornito di invitanti comfort: idromassaggio, letto ad acqua. Julia decide di insediarsi a sbafo nella comoda casa, finché il tetto della camera da letto non crolla per un'infiltra-

zione d'acqua; è così che Julia scopre il cadavere decomposto del vicino del piano di sopra e con esso la mappa per recuperare un vero e proprio tesoro: sei miliardi vinti al totocalcio. Tutto il condominio è però a conoscenza del tesoro nascosto. Comincia così un'inquietante accerchiamento che costringe Julia a barricarsi nell'appartamento. Horror condominiale dall'ironico gusto nero. Non guarderete più il vostro vicino di casa con lo stesso sguardo. Una vera e propria comunità di mostri, paradossi ricreati attraverso una visione grottesca del quotidiano a noi più vicino; molti riconosceranno i volti, trasformati dalla commedia, dei propri condomini: il single fascinoso, l'uomo di mezza età aggressivo e quello cordiale, il giovane ritardato un po' pervertito, l'anziana signora irascibile e le vecchie orrende zitelle. ■ COMMEDIA NERA; COL.; 105'; SPAGNA, 2000.

COMUNIONE CON DELITTI *(Communion)* ★★
Regia di ALFRED SOLE. Con LOUISA HORTON, LINDA MILLER, PAULA E. SHEPPARD, BROOKE SHIELDS. ■ Una bambina viene uccisa in chiesa durante la comunione. Sospettata è la sorella Alice, ma i delitti non si fermano: muore la zia delle ragazzine e poi il padre. La colpevole non è la principale sospettata. ■ GIALLO; COL.; 90'; USA, 1977.

COMUNQUE MIA ★
Regia di SABRINA PARAVICINI. Con JONIS BASCIR, CESARE BOCCI, GIULIA DI GIANPASQUALE, FRANCESCO MARTINO, SABRINA PARAVICINI, SERENA SPAZIANI. ■ Sandra si sta per sposare con Marco, medico ortopedico, preciso e razionale, ma a una partita di basket conosce Alex, il fratello minore di Marco, giovanissimo, di grande appeal, leader della squadra della loro cittadina: è un colpo di fulmine tra i due. La stessa sera, mentre Marco festeggia con gli amici il futuro matrimonio, Alex accompagna Sandra a casa, la tensione tra loro è altissima, ci si aspetta qualcosa di ben diverso da un incidente stradale, nel quale incorrono. Alex subisce un'amputazione al di sotto del ginocchio, Sandra è miracolosamente illesa. Il matrimonio è rimandato. Il tutto assolutamente convenzionale e piatto. ■ DRAMMATICO; COL.; 90'; ITALIA, 2004.

CON AIR ★★
Regia di SIMON WEST. Con STEVE BUSCEMI, NICOLAS CAGE, JOHN CUSACK, JOHN MALKOVICH, COLM MEANEY. ■ Debutto del regista di video e spot Simon West con la responsabilità di un budget da settantacinque milioni di dollari. Un viaggio in aereo per un recluso in licenza che vuole rivedere la moglie e conoscere la propria figlia. Sul velivolo, pieno di condannati pericolosi, ci sarà un tentativo di dirottamento. Azione al fulmicotone e cast professionalmente corretto. ■ AZIONE; COL.; 113'; USA, 1997. ■ OSCAR 2 NOM.

CONAN IL BARBARO *(Conan the Barbarian)* ★★★
Regia di JOHN MILIUS. Con SANDAHL BERGMAN, JAMES EARL JONES, ARNOLD SCHWARZENEGGER, MAX VON SYDOW. ■ La tribù di Conan conosce il segreto dell'acciaio e forgia spade invincibili, ma il perfido Tulsa Doom e i suoi uomini radono al suolo il villaggio. Si salvano soltanto alcuni bambini, tra cui Conan, che vengono catturati e fatti schiavi. Conan cresce grande, forte e deciso a vendicare la morte della sua gente. Film affidato alla sapiente regia di Milius e ai muscoli di Schwarzenegger. Alla sceneggiatura fanta-storica ha lavorato, oltre allo stesso Milius, anche Oliver Stone. ■ AVVENTURA; COL.; 129'; USA, 1981.

CONAN IL DISTRUTTORE *(Conan the Destroyer)* ★★
Regia di RICHARD FLEISCHER. Con JEFF COREY, GRACE JONES, ARNOLD SCHWARZENEGGER. ■ Una giovane fanciulla deve recuperare un corno magico custodito da un mago: la regina cattiva le affianca un muscoloso cavaliere per scortarla durante il viaggio, ma in realtà ha già programmato il sacrificio della ragazza. I buoni, però, riusciranno a mandare a monte i suoi crudeli progetti. ■ AVVENTURA; COL.; 103'; USA, 1983.

CONAN THE BARBARIAN ★★
Regia di MARCUS NISPEL. Con JASON MOMOA, RACHEL NICHOLS, STEPHEN LANG, ROSE MCGOWAN, SAID TAGHMAOUI. ■ Conan ha visto la luce nel sangue della battaglia. Orfano di madre, è stato allevato dal padre che lo inizia al segreto della spada e dell'acciaio. Unico sopravvissuto al saccheggio del suo villaggio e testimone impotente della morte del padre, Conan è determinato a vendicarsi. Diverse imprese e anni dopo, il ragazzo è diventato uomo ed è finalmente sulle tracce di Khalar Zym, il volgare assassino del suo genitore che ha ricomposto la maschera di Acheron per ottenere potere e immortalità. Lo asseconda diabolicamente la figlia Marique, strega letale che pratica la magia nera e cerca una giovane donna dal sangue puro da sacrificare sull'altare del delirio paterno. Spetterà all'audace barbaro salvare la candida sacerdotessa e sprofondare nell'abisso il malvagio Khalar Zym. A colpi di spada ritorna sugli schermi il celebre barbaro nato dalla penna di Robert Ervin Howard negli anni della Grande Depressione. ■ AZIONE; COL.; 105'; USA, 2011.

CONCERTO ★★
Regia di LUISA ZAPPA BRANDUARDI. Con ANGELO BRANDUARDI, MAURIZIO FABRIZIO, HUGO HEREDIA. ■ La cronaca del concerto tenuto da Angelo Branduardi al teatro Tendastrisce il 21 settembre 1979. Un successo travolgente di pubblico soprattutto giovanile oltre che per la musica anche per la gestualità del bravo cantautore. ■ COMM. MUSICALE; COL.; 100'; ITALIA, 1980.

♥ **CONCERTO, IL** *(Le concert)* ★★★★
Regia di RADU MIHAILEANU. Con FRANÇOIS BERLEAND, ALEKSEI GUSKOV, MELANIE LAURENT, MIOU-MIOU, DMITRI NAZAROV. ■ Andreï Filipov è un direttore d'orchestra deposto dalla politica di Brežnev e derubato della musica e della bacchetta. Rifiutatosi di licenziare la sua orchestra, composta principalmente da musicisti ebrei, è costretto da trent'anni a spolverare e a lucidare la scrivania del nuovo e ottuso direttore del Bolshoi. Un fax indirizzato alla direzione del teatro è destinato a cambiare il corso della sua esistenza. Il Théâtre du Châtelet ha invitato l'orchestra del Bolshoi a suonare a Parigi. Impossessatosi illecitamente dell'invito concepisce il suo riscatto di artista, riunendo i componenti della sua vecchia orchestra e conducendoli sul palcoscenico francese sotto mentite spoglie. Scordati e ammaccati dal tempo e dalla rinuncia coatta alla musica, i musicisti accoglieranno la chiamata agli strumenti, stringendosi intorno al loro direttore e al primo violino. La loro vita e il loro concerto riprenderà da dove il regime li aveva interrotti, accordando finalmente presente e passato. Si può ancora fare cinema, magari politico, ma col sorriso. Un'opera efficace e pulita. Una delle migliori dell'anno. ■ COMMEDIA; COL.; 120'; FRANCIA, ITALIA, ROMANIA, BELGIO, 2009.

CONCERTO A RICHIESTA *(Wunschkonzert)* ★★
Regia di EDUARD VON BORSODY. Con JOACHIM BRENNECKE, CARL RADDATZ, ILSE WERNER. ■ Una cantante e un aviatore germanico si amano durante le Olimpiadi di Berlino del 1936, ma sono subito separati dagli avvenimenti politici. Arriva la guerra e la coppia continua a sospirare. Sarà un concerto per le truppe tenuto dalla fanciulla a dare agli innamorati la tanto agognata occasione per riunirsi. ■ DRAMMATICO; B/N; 92'; GERMANIA, 1940.

CONCERTO CON DELITTO *(Etude in Black)* ★★★
Regia di NICHOLAS COLASANTO. Con JOHN CASSAVETES, BLYTHE DANNER, PETER FALK, MYRNA LOY, JAMES OLSON. ■ Un celebre direttore d'orchestra (che, in parte, vive alle spalle della propria moglie) uccide l'amante nella pausa di un concerto. Il suo alibi convince tutti tranne il tenente Colombo che, con astute manovre, riuscirà a far cadere in trappola il musicista. ■ GIALLO; COL.; 96'; USA, 1975.

CONCERTO PER IL BANGLADESH ★★★
(The Concert for Bangladesh)
Regia di SAUL SWIMMER. ■ È l'ottima ripresa cinematografica di un grande concerto di beneficenza a favore del Bangladesh che si tenne al Madison Square Garden di New York nel 1972. Il film è prodotto dall'ex Beatles George Harrison. ■ COMM. MUSICALE; COL.; 100'; USA, 1972.

CONCERTO PER PISTOLA SOLISTA ★★
Regia di MICHELE LUPO. Con PETER BALDWIN, ANNA MOFFO, GASTONE MOSCHIN, EVELYN STEWART. ■ Muoiono come mosche nell'aristocratico castello inglese, dove una famiglia male assortita s'è ritrovata per questioni d'eredità. Il segugio di Scotland Yard si dà molto tono, ma non cava un ragno da un buco. Sarà il

poliziotto locale, apparentemente tonto, a risolvere l'intricata vicenda. ■ GIALLO ROSA; COL.; 98'; ITALIA, 1970.

CONCERTO PER UN ASSASSINO *(La mort d'un tuer)* ★★
Regia di ROBERT HOSSEIN. Con SIMÓN ANDREU, ROGER DUTOIT, ROBERT HOSSEIN, MARIE-FRANCE PISIER. ■ Un gangster vuole vendicarsi di un giovanotto che ritiene responsabile della propria condanna. Lo trova e scopre anche che quello s'è messo con sua sorella. Finisce con un "giudizio di Dio" in un anfiteatro davanti agli esponenti della malavita locale. Nel duello alla pistola ci lascia le penne il giovanotto. ■ GIALLO; B/N; 79'; FRANCIA, 1964.

CONCHITA *(La femme et le pantin)* ★★
Regia di JACQUES DE BARONCELLI. Con JEAN DALBE, RAYMOND DESTAC, CONCHITA MONTENEGRO. ■ Un nobile spagnolo s'innamora di una ballerina, ma la ragazza lo prende in giro, lo lusinga e poi lo umilia senza mai concedersi. Il poverino perde quasi la ragione. Tutto inutile. È la prima (e la meno illustre) delle versioni del romanzo *La donna e il burattino* di Pierre Louys. ■ DRAMMATICO; B/N; 90'; FRANCIA, 1929.

CONCIATI PER LE FESTE *(Deck the Halls)* ★★
Regia di JOHN WHITESELL. Con SABRINA ALDRIDGE, DYLAN BLUE, MATTHEW BRODERICK, KRISTIN CHENOWETH, KRISTIN DAVIS, DANNY DEVITO, LOCHLYN MUNRO. ■ Steve Finch e Buddy Hall sono vicini di casa e non potrebbero essere più diversi tra di loro: tranquillo, sobrio e pacato il primo, folle, ipercinetico e disordinato il secondo. Buddy ha un piano per il Natale che si avvicina: addobbare la propria casa a tal punto da renderla visibile dallo spazio. A mettergli però i bastoni tra le ruote sarà proprio Steve, geloso dell'iniziativa e desideroso di non perdere il titolo di "Re del Natale" del quartiere nel quale abita... Ironizzare sul Natale? È sempre difficile e *Conciati per le feste* lo conferma in pieno. ■ COMMEDIA; COL.; 95'; USA, 2006.

CONCILIO ECUMENICO VATICANO II ★★★
Regia di ANTONIO PETRUCCI. Con SALVATORE GAROFALO. ■ Il lungometraggio presenta le riprese del solenne giorno d'apertura del Concilio: dalla processione dei vescovi dei cinque continenti ai canti, dall'omelia di papa Giovanni XXIII alla professione di fede cattolica dei padri. ■ DOCUMENTARIO; COL.; 89'; ITALIA, 1962.

CONCORDE AFFAIRE '79 ★★★
Regia di RUGGERO DEODATO. Con JOSEPH COTTEN, MIMSY FARMER, JAMES FRANCISCUS, VAN JOHNSON, EDMUND PURDOM, VENANTINO VENANTINI. ■ Nel corso di un volo di collaudo da Londra a Caracas un *Concorde* precipita in mare presso le Antille. Un giornalista sospetta si tratti di sabotaggio. Rintraccia l'unica superstite e raccoglie altri elementi. Si scoprirà che una multinazionale è interessata a screditare il nuovo modello di jet. ■ AVVENTURA; COL.; 100'; ITALIA, 1979.

CONCORRENZA SLEALE ★★
Regia di ETTORE SCOLA. Con DIEGO ABATANTUONO, ANTONELLA ATTILI, CLAUDIO BIGAGLI, SERGIO CASTELLITTO, SANDRA COLLODEL, GÉRARD DEPARDIEU. ■ Umberto Melchiorri è un sarto milanese che ha da anni aperto un negozio a Roma. Proprio di fianco a lui ha aperto un negozio di abiti confezionati Leone, un sarto ebreo. La concorrenza tra i due è accesa anche se i figli più piccoli sono amici (sono loro i narratori della storia) e il figlio maggiore di Umberto e la figlia maggiore di Leone sono innamorati. La vita scorre tra riflessioni sul fascismo fatte dal combattivo fratello di Umberto, Angelo, professore di liceo, e ripicche tra i due commercianti. Fino a quando le leggi sulla razza non modificano la situazione costringendo il sarto ebreo prima a subire la confisca della radio e poi, di lì a poco, la prima sassata nella vetrina. Dovrà chiudere e andarsene dal quartiere. Ma prima avrà avuto la solidarietà del collega che arriverà perfino a schiaffeggiare la moglie per difenderlo. Scola afferma: «Vivere nella stessa città, nella stessa strada. Fare lo stesso lavoro, appartenere alla stessa classe sociale, avere la stessa composizione familiare (una moglie, due figli, zii e nonni) eppure non essere uguali, non avere gli stessi diritti, non poter frequentare le stesse scuole, non poter esercitare il proprio lavoro né tenere aperto il proprio negozio, conoscere l'intolleranza e l'esclusione. Scoprire di essere considerati "diversi", per nascita e per razza. È accaduto in passato a ebrei e neri, accade oggi a immigrati ed extracomunitari». Tutto vero. Con una piccola (ma non trascurabile) differenza: gli ebrei facevano parte integrante del tessuto sociale italiano e le leggi sulla razza furono un cieco scimmiottamento dell'alleato/padrone germanico. La realtà odierna è molto più complessa e parte da presupposti decisamente diversi. Dispiace che Scola, che forse avrebbe ancora qualcosa da dire sul presente e sulle più sottili e pericolose forme di discriminazione attuali (si pensi a *Romanzo di un giovane povero*), si rifugi nel passato proponendo il ritrattino di un microcosmo che nella prima parte sembra in stand-by aspettando che la "molla" delle leggi razziali faccia lievitare la sceneggiatura. ■ COMMEDIA; COL.; 100'; ITALIA, 2000. ■ DAVID DI DONATELLO 1 PR, 1 NOM.

CONCORSO DI COLPA ★
Regia di CLAUDIO FRAGASSO. Con LORENZO BALDUCCI, ALESSANDRO BENVENUTI, MASSIMO BONETTI, LUIGI MARIA BURRUANO, GABRIELE FERZETTI, LUCA LIONELLO, FRANCESCO NUTI, ANTONELLA PONZIANI. ■ Il commissario Francesco De Bernardi (Nuti) è un uomo stanco. Ha un figlio che lo contesta, non crede più nel suo lavoro. Finché un'indagine su un omicidio di tanti anni prima non lo riporta a riconsiderare il proprio passato. Emergerà che i colpevoli sono un gruppo di compagni "ex rivoluzionari", poi perfettamente integrati nel sistema. Compreso lui, Francesco. Velleitario e banale, dialogo antico e demagogico. Davvero superfluo. ■ POLIZIESCO; COL.; 95'; ITALIA, 2004.

CONDANNA *(Never Forget)* ★★
Regia di JOSEPH SARGENT. Con BLYTHE DANNER, LEONARD NIMOY. ■ Un gruppo di nostalgici del periodo nazista sostiene che la Shoah, ossia lo sterminio degli ebrei, non ha mai avuto luogo. Ma c'è qualcuno che vuole costringerli a ricordare e che si batte per farlo. ■ DRAMMATICO; COL.; 91'; USA, 1991.

CONDANNA, LA ★★★
Regia di MARCO BELLOCCHIO. Con VITTORIO MEZZOGIORNO, CLAIRE NEBOUT, ANDRZEJ SEWERYN. ■ Il tema dello stupro che negli ultimi anni ha fatto discutere non poco viene preso in considerazione da uno dei nostri registi più provocatori e impegnati. Bellocchio per costruire questo film si è fatto aiutare dal famoso psicanalista Massimo Fagioli. Sandra ha un rapporto con un architetto in un museo deserto. Il tribunale deve decidere se i due sono rimasti chiusi nell'edificio per un'intesa; se l'uomo era in possesso delle chiavi per uscire e l'ha tenuto nascosto a Sandra; se è stata lei a provocarlo o se è stata sedotta e stuprata. Il giudice sta dalla parte del sesso debole ma l'architetto si difende a spada tratta. Il film ha vinto l'Orso d'argento a Berlino. ■ DRAMMATICO; COL.; 90'; ITALIA, 1990. ■ BERLINO 1 PR.

CONDANNA DEL WEST, LA *(A Knife for the Ladies)* ★★
Regia di LARRY SPANGLER. Con JACK ELAM, GENE EVANS, RUTH ROMAN. ■ Jack Elam, il caratterista dalla faccia patibolare e dall'occhio storto, è una specie di Jack lo squartatore del West. Ma i cowboy sono meno tolleranti degli inglesi. Dopo qualche sgozzamento, saldano il conto all'assassino. ■ WESTERN; COL.; 94'; USA, 1974.

CONDANNATA *(Wicked)* ★★
Regia di ALLAN DWAN. Con ELISSA LANDI, VICTOR MCLAGLEN, UNA MERKEL, IRENE RICH. ■ Un uomo sposato, la cui moglie aspetta un bambino, partecipa ad una rapina e viene ucciso. Nel corso del processo nei confronti dei complici, anche la sposa è coinvolta. Viene condannata a una dura pena nonostante le sue condizioni. ■ DRAMMATICO; B/N; 91'; USA, 1931.

CONDANNATA *(The Condemned Women)* ★
Regia di LEW LANDERS. Con LOUIS HAYWARD, ANNE SHIRLEY. ■ Una reclusa si innamora del medico del carcere; i due vorrebbero sposarsi, ma il direttore si oppone. Allora la ragazza organizza un'evasione: la fuga riesce, ma dopo poco tempo viene riacciuffata. Accetta con rassegnazione di tornare in prigione e di scontare un ulteriore anno inflittole a seguito dell'evasione. ■ COMMEDIA; B/N; 90'; USA, 1938.

CONDANNATA A MORTE ★★★
(Das Bekenntnis der Ina Kahr)
Regia di GEORG WILHELM PABST. Con CURD JÜRGENS, ALBERT LIEVEN, VERA MOLNAR, ELISABETH MÜLLER. ■ Una bella si-

gnora è condannata a morte per l'uccisione del marito. Durante il processo ha rifiutato di difendersi, ma dopo la sentenza ha una crisi e confessa tutto al padre e all'avvocato. Parte da lontano, dal matrimonio e dagli anni, non facili, trascorsi con un uomo donnaiolo e poco scrupoloso negli affari. Lei decide di avvelenarlo ed avvelenarsi, poi ci ripensa. ■ DRAMMATICO; B/N; 93'; GERMANIA, 1954.

CONDANNATA SENZA COLPA – MARIA ZEF ★
Regia di LUIGI DE MARCHI. Con PIERO LULLI, DINA SASSOLI, EVA VANICEK. ■ Alla morte della mamma, venditrice ambulante, Maria e la sorella Rosetta vengono accolte in un convento di suore. Poi Rosetta finisce in ospedale e Maria va a vivere con uno zio, in montagna. Una sera lo zio prepotente e ubriacone la violenta. Qualche giorno dopo la ragazza lo ammazza a colpi di scure e, fuggendo disperata, cade in un burrone e muore. Rosetta verrà pietosamente ospitata dalla famiglia di un ragazzo che si era innamorato di Maria. ■ DRAMMATICO; B/N; 92'; ITALIA, 1953.

CONDANNATELO ★
Regia di LUIGI CAPUANO. Con PAOLA BORBONI, AVE NINCHI, VIRGILIO RIENTO, MILLY VITALE. ■ Ammazzano un vecchio contadino che ha da poco ereditato un'ingente fortuna. L'assassino dà la colpa a un oste bonaccione, amico di vecchia data del defunto, ma la giovane figlia del locandiere, muta dall'età di tre anni in seguito a uno choc, riacquista provvidenzialmente la parola e denuncia l'omicida. ■ DRAMMATICO; B/N; 94'; ITALIA, 1953.

CONDANNATEMI! *(Non coupable)* ★★★
Regia di HENRI DECOIN. Con JEAN DEBUCOURT, JANY HOLT, MICHEL SIMON, JEAN WALL. ■ Per l'apertura di una nuova clinica-modello, l'anziano medico di una cittadina francese perde tutta la propria clientela. Una sera, ubriaco, investe un motociclista e l'uccide, ma riesce a far sparire le tracce del reato commesso. Poi scopre che la sua donna lo tradisce e ammazza anche il rivale, occultando alla perfezione anche questo secondo omicidio. In seguito fa fuori anche il direttore della clinica. Prosegue uccidendo anche la propria amante, la quale stava per denunciarlo. Solo e disperato, va a costituirsi ma nessuno gli crede. Va a casa e si suicida. ■ DRAMMATICO; B/N; 90'; FRANCIA, 1947.

CONDANNATEMI SE VI RIESCE *(Roxie Hart)* ★★★
Regia di WILLIAM A. WELLMAN. Con NIGEL BRUCE, ADOLPHE MENJOU, GEORGE MONTGOMERY, GINGER ROGERS. ■ Ammazzano un tale nella casa di una ballerina. L'assassino è il marito di costei, ma la donna, per farsi pubblicità, si autoaccusa. Racconta un sacco di frottole (persino d'essere incinta): il suo "caso", abilmente montato dai giornali, diventa il fatto del giorno. Ma presto le cose prendono una brutta piega per la ragazza che rischia di essere condannata sul serio. La salva il suo avvocato, costringendo il marito a confessare. ■ COMMEDIA; B/N; 75'; USA, 1942.

CONDANNATO *(Convicted)* ★★★
Regia di HENRY LEVIN. Con BRODERICK CRAWFORD, GLENN FORD, DOROTHY MALONE, MILLARD MITCHELL. ■ Un giovane di buona indole, ma vittima delle circostanze, è condannato a una lunga pena detentiva. In carcere entra nelle simpatie del duro ma onesto direttore. Ma la simpatia è messa alla prova, quando uno dei detenuti uccide un informatore. Il giovanotto sa chi è stato, ma non lo dice. Con la reticenza rischia grosso, ma la fortuna stavolta lo assiste. ■ DRAMMATICO; B/N; 91'; USA, 1950.

CONDANNATO A MORTE *(Doomed to Die)* ★★
Regia di WILLIAM NIGH. Con BORIS KARLOFF, MARJORIE REYNOLDS, GRANT WITHERS. ■ Un armatore viene trovato assassinato nel suo ufficio: poco prima aveva avuto un alterco col futuro genero che era andato a chiedergli la mano della figlia. Il ragazzo viene arrestato e processato. Ma una giovane giornalista si rivolge ad un celebre poliziotto cinese il quale riuscirà a dimostrare l'innocenza del giovanotto. Le nozze tra il ragazzo e l'ereditiera possono così essere celebrate. ■ POLIZIESCO; B/N; 68'; USA, 1940.

CONDANNATO A MORTE È FUGGITO, UN ★★★★
(Un condamné à mort s'est échappé)
Regia di ROBERT BRESSON. Con CHARLES LELACLANCHE, FRANÇOIS LETERRIER. ■ È la storia vera (il tenente André Devigny la pubblicò nel 1954 sul «Figaro Litéraire») della fuga di un partigiano dalle prigioni naziste. Devigny scappa una prima volta, lo riprendono e lo rinchiudono nel forte di Montluc. Qui apprende la sua condanna a morte. Con pazienza certosina prepara una nuova evasione che stavolta gli farà guadagnare la libertà. Una trama avventurosa diviene per Robert Bresson (nel suo momento più creativo) meditazione sulla vita, i rapporti umani, le aspirazioni dell'uomo. Nella descrizione minuta dei preparativi di fuga (una spilla serve come grimaldello per aprire le manette, il materasso intrecciato con il fil di ferro diventa una fune) c'è più tensione che in un giallo di Hitchcock (oltretutto ottenuta con un linguaggio che più spoglio, meno melodrammatico e spettacolare non potrebbe essere). È uno degli indiscussi capolavori di tutto il cinema. ■ DRAMMATICO; B/N; 95'; FRANCIA, 1956. ■ CANNES 1 PR.

CONDANNATO A MORTE PER MANCANZA DI INDIZI *(The Star Chamber)* ★★★
Regia di PETER HYAMS. Con MICHAEL DOUGLAS, SHARON GLESS, HAL HOLBROOK. ■ Steve, un giovane magistrato esasperato dal fatto che feroci delinquenti riescono ad evitare la condanna a causa dei cavilli di una legislazione eccessivamente garantista, si unisce a una sorta di tribunale segreto, formato da magistrati disgustati come lui, che elimina, attraverso killer professionisti, criminali sfuggiti alle maglie della legge. Ma dopo la "condanna a morte" di due imputati, scopre che sono innocenti e si precipita ad avvisarli. ■ DRAMMATICO; COL.; 109'; USA, 1983.

CONDANNATO A NOZZE ★★
Regia di GIUSEPPE PICCIONI. Con ASIA ARGENTO, VALERIA BRUNI TEDESCHI, MARGHERITA BUY, SERGIO RUBINI. ■ Presentato alla Mostra di Venezia. Un film non riuscito, una regia presuntuosa, Rubini in un doppio ruolo che regge per poco, Buy annoiata. Brave invece Asia Argento e Valeria Bruni Tedeschi. Il protagonista, Roberto, è ossessionato dal dilemma fedeltà e tradimento. Per comodità decide di sdoppiarsi. Il primo *ego* sposa la sua donna, Sandra. L'*alter ego* invece si dà alla pazza gioia e ama tutte le altre. È ovvio che alla fine nascono dei problemi. ■ COMMEDIA; COL.; 110'; ITALIA, 1993.

CONDOMINIO ★★★
Regia di FELICE FARINA. Con CARLO DELLE PIANE, CICCIO INGRASSIA, OTTAVIA PICCOLO. ■ Terza pellicola per il regista Felice Farina. Il tema è quello scottante dell'amministrazione dei condomini. In chiave commedia all'italiana vecchio stampo, girato con garbo, il film narra le gesta, si fa per dire, di un amministratore modello. Oltre a essere diligente, onesto e attento riesce anche a sanare tutti i problemi e le manovre illegali messe in atto dai precedenti amministratori. ■ COMMEDIA; COL.; 100'; ITALIA, 1990. ■ DAVID DI DONATELLO 1 PR, 1 NOM.

CONDOR, EL ★★★
Regia di JOHN GUILLERMIN. Con JIM BROWN, MARIANNA HILL, PATRICK O'NEAL, LEE VAN CLEEF. ■ Siamo in Messico, in piena rivoluzione: con un evaso nero El Condor tenta di rubare il tesoro dell'imperatore Massimiliano da una fortezza. Quando i due arrivano alla cassa tanto desiderata scoprono che i lingotti d'oro sono già stati rubati e sostituiti col piombo. El Condor accusa il nero di averlo imbrogliato e si batte con lui, ma è ucciso dal giovane che, convinto dalla causa rivoluzionaria, si unisce ai guerriglieri. ■ AVVENTURA; COL.; 102'; USA, 1970.

CONDORMAN ★★
Regia di CHARLES JARROTT. Con BARBARA CARRERA, MICHAEL CRAWFORD, OLIVER REED. ■ Un disegnatore di fumetti ha creato un eroe, Condorman, una specie di giustiziere alato, ma lui stesso ha la mania di compiere le imprese del personaggio. Tanto che un giorno si troverà coinvolto, senza volere, in avventure molto pericolose che riguardano anche la Cia e il Kgb. S'innamorerà anche di una bella spia, che lo ricambierà e per lui "sceglierà la libertà". ■ AVVENTURA; COL.; 90'; USA, 1981.

CONDOTTIERI – GIOVANNI DALLE BANDE NERE ★★★
Regia di LUIS TRENKER. Con MARIO FERRARI, LORIS GIZZI, AUGUSTO MARCACCI, LAURA NUCCI, LUIS TRENKER. ■ È la storia di Giovanni dalle Bande Nere, il figlio di Caterina Sforza, la Leonessa di Romagna. Soldato di ventura, crea delle compagnie di

ventura, le Bande Nere, e si batte al servizio di papa Leone X, suo cugino. Affronta i francesi sul Po e li sconfigge ma, per un tradimento, le Bande cadono in un'imboscata. Giovanni, ferito, muore divorato dalla cancrena. ■ STORICO; B/N; 97'; ITALIA, 1937.

CONFESSI DOTT. KORDA! *(Gestehen Sie, Dr. Korda!)* ★★★
Regia di JOSEF VON BAKY. Con HARDY KRÜGER, LUCIE MANNHEIM, ELISABETH MILLER. ■ Un giovane anestesista, il dr. Korda, ha una relazione extraconiugale con Gabriella, un'infermiera. Una sera, mentre aspetta il suo uomo, la ragazza viene ammazzata. Impronte digitali e altri elementi fanno ritenere colpevole Korda. Solo la moglie del dottore crede alla sua innocenza e si rivolge a un grande avvocato e a un investigatore privato. I due concludono ben poco e solo per caso l'estraneità di Korda verrà dimostrata. ■ DRAMMATICO; B/N; 100'; GERMANIA, 1958.

CONFESSION, THE ★★★★
Regia di DAVID JONES. Con ALEC BALDWIN, KEVIN CONWAY, AMY IRVING, BEN KINGSLEY, JAY O. SANDERS. ■ Tratto dal romanzo *Fertig* di Sol Yuric. Siamo a New York. Fertig (Kingley) è un ebreo praticante al quale muore il figlioletto perché al pronto soccorso, per le solite situazioni burocratiche, non si sono occupati in tempo di lui. Così uccide un medico, un'infermiera e un impiegato. Poi si costituisce. Il suo principale, gran boss delle costruzioni, gli paga un avvocato senza scrupoli per farlo dichiarare momentaneamente pazzo e salvarlo da una lunga pena. Bleakie, l'avvocato (Baldwin) indaga e scopre che, al di là della buona fede dell'imputato, che vuole essere condannato perché è giusto e sarebbe un modo per onorare suo figlio, c'è dietro un'abnorme truffa di miliardi di dollari connessa alla situazione idrica di New York. Con l'infermità mentale Fertig, che sa molte cose, non potrebbe più testimoniare. Bleakie rifiuta molti soldi e al processo fa giustizia. Con la canonica grande battuta finale dei grandi processuali «non potevo passarci sopra». Sceneggiatura perfetta, un po' alla Grisham, con tutti gli ingredienti – tensioni, anche amori – al loro posto. Quando un film è così funzionale e alla fine così liberatorio, noi diciamo "vecchia maniera", purtroppo. Baldwin, attore di ottimo appeal – anche lui vecchia maniera dunque – è stato maltrattato dai critici, in realtà è intenso e concentrato, bravissimo. Come Kingsley e la Irving. Ben vengano questi film di impianto forte e tradizionale. ■ DRAMMATICO; COL.; 115'; USA, 1998.

CONFESSIONALE, IL ★★★
Regia di ROBERT LEPAGE. Con LOTHAIRE BLUTEAU, PATRICK GOYETTE, JEAN-LOUIS MILLETTE. ■ Québéc, 1989. Pierre torna dalla Cina per il funerale del padre ma non trova alle esequie il fratello adottivo. Lo troverà in un albergo mentre si prostituisce. Il ragazzo, di nome Marc, vuole sapere chi era il suo vero padre. Un flashback ci porta al 1952, anno in cui la madre era rimasta incinta e si sospettava che il padre fosse un sacerdote. Alfred Hitchcock in quei giorni stava girando nella chiesa locale *Io confesso*. La verità sulla paternità verrà alla luce grazie a una sceneggiatura un po' troppo curata e quindi "fredda" ma anche e soprattutto per merito di scelte formali che operano sui due piani temporali con grande maestria. La molteplicità dei riferimenti non ostacola l'esito complessivo. ■ DRAMMATICO; COL.; 100'; CANADA, FRANCIA, GRAN BRETAGNA, 1995.

CONFESSIONE ★★
Regia di FLAVIO CALZAVARA. Con PAOLA BARBARA, FRIEDRICH BENFER, NICO PEPE, GIOVANNA SCOTTO, ALDO SILVANI. ■ Un lanciatore di coltelli viene accusato di aver ucciso con una revolverata l'amante di una donna per difenderla dalla brutalità dell'individuo. Si scoprirà che il colpevole non è lui. ■ DRAMMATICO; B/N; 87'; ITALIA, 1941.

CONFESSIONE, LA *(L'aveu)* ★★★
Regia di CONSTANTIN COSTA GAVRAS. Con GABRIELE FERZETTI, YVES MONTAND, SIMONE SIGNORET, MICHEL VITOLD. ■ È la storia di Arthur London, uomo politico cecoslovacco che, dopo la guerra, si prepara a occupare un'importante carica nel governo del suo paese. Incappa però nelle persecuzioni staliniste e finisce in prigione dove rimane per lunghi anni. Intanto anche la moglie è persuasa da alcuni esponenti del partito a testimoniare contro di lui. London, sfibrato, finisce per "confessare" accusandosi di atti mai commessi. Dopo qualche tempo viene liberato e si riunisce alla moglie, pentita. Il film è tratto dall'autobiografia di London e signora e si conclude con un atto di fede: il protagonista dichiara di sentirsi sempre comunista nonostante i torti subiti dai compagni del suo stesso paese. Costa Gavras trasferendo la storia in immagini ci ha dato forse la sua opera più asciutta ed efficace. Ma il film, in genere, è stato amato od odiato per ragioni non estetiche: amato a destra per la sua condanna di un Paese comunista, odiato a sinistra perché si rimproverò a Costa Gavras la preoccupazione, da un film all'altro, di dare un colpo al cerchio e uno alla botte. ■ DRAMMATICO; COL.; 140'; FRANCIA, 1970.

CONFESSIONE DELLA SIGNORA DOYLE, LA ★★★
(Clash by Night)
Regia di FRITZ LANG. Con PAUL DOUGLAS, MARILYN MONROE, J. CARROL NAISH, ROBERT RYAN, BARBARA STANWYCK. ■ Una donna che s'avvia alla maturità, dopo essere stata lontana per molto tempo, ritorna al villaggio natio e acconsente a sposare, scopo sistemazione, un antico corteggiatore. Poco dopo però lo tradisce con il suo migliore amico, un tipo cinico e senza scrupoli che fa l'operatore di cabina nel cinematografo locale. La reazione del marito è violentissima, ma la donna lo lascia egualmente per fuggire con l'amante. Tornerà sui suoi passi (quando il marito non ci sperava più) per amore della figlioletta. Dalla commedia *Scontro di notte* di Clifford Odets. ■ DRAMMATICO; B/N; 105'; USA, 1952.

CONFESSIONE DI UNA CONCUBINA ★★
(Confessions of a Concubine)
Regia di YANG CHUN. Con TANNY CHU, YANG CHUNG, YUM YUM SHAW. ■ Il film racconta la triste storia di una concubina innamoratasi di un giovane che l'abbandona per recarsi a Pechino a studiare. La donna gli manda i soldi per mantenersi ma naturalmente in incognito. Così quando lui, diventato giudice, la assolve in processo e le chiede un appuntamento, lei non si ritiene degna e si uccide. ■ DRAMMATICO; COL.; 90'; HONG KONG, 1978.

CONFESSIONE DI UNA RAGAZZA ★★
(One Girl's Confession)
Regia di HUGO HAAS. Con HUGO HAAS, GLENN LANGAN, CLEO MOORE. ■ Approfittando di un'occasione propizia, la giovane impiegata Mary ruba venticinquemila dollari (frutto di losche speculazioni) al suo disonesto principale. Scoperta, confessa ma si rifiuta di rendere la somma: viene condannata a cinque anni di carcere. Quando esce di prigione trova posto come cassiera, ma a causa di una serie d'equivoci viene licenziata: affronta allora il principale, lo colpisce con una bottiglia e crede d'averlo ammazzato. Sposerà un marinaio che le vuole bene. ■ COMMEDIA; B/N; 74'; USA, 1953.

CONFESSIONE DI UN COMMISSARIO DI POLIZIA AL PROCURATORE DELLA REPUBBLICA ★★★
Regia di DAMIANO DAMIANI. Con MARTIN BALSAM, ARTURO DOMINICI, CLAUDIO GORA, FRANCO NERO, MARILÙ TOLO. ■ Un commissario siciliano vuole a tutti i costi metter le mani su un noto mafioso che in passato ha ucciso un suo amico sindacalista. Ma lo zelo del funzionario trova ostacolo nell'atteggiamento di un giovane e sospettoso magistrato. Un giorno, esasperato, il poliziotto uccide il mafioso. Viene arrestato, portato al penitenziario dove è ucciso da due sicari: il procuratore lo vendicherà. ■ POLIZIESCO; COL.; 106'; ITALIA, 1971.

CONFESSIONE FINALE *(Mother of Night)* ★★
Regia di KEITH GORDON. Con ALAN ARKIN, BERNARD BEHERENS, KIRSTEN DUNST, ARYE GROSS, SHERYL LEE, NICK NOLTE. ■ Howard W. Campbell Jr. è americano ma fin dalla sua infanzia ha vissuto in Germania. Per questa ragione viene reclutato dagli Stati Uniti come spia durante la seconda guerra mondiale. Per non creare sospetti Howard è costretto a tenere un programma radiofonico antisemita. Tornato in America cerca di crearsi una nuova esistenza ma nel 1961 è catturato dagli israeliani e ad Haifa, in attesa del processo, scrive la propria storia. Bravi Nolte e Arkin. Giunto con un certo ritardo sui nostri schermi è tratto dal romanzo di Kurt Vonnegut Jr. ■ DRAMMATICO; COL.; 114'; USA, 1996.

CONFESSIONE MORTALE *(Mortal Sins)* ★
Regia di BRADFORD MAY. Con ROXANNE BIGGS, FRANCIS GUI-

NAN, CHRISTOPHER REEVE. ■ Reeve abbandona lo sgargiante costume di Superman e indossa quello più castigato di padre Cusak. È infatti il prete di una parrocchia tenuta sotto la minaccia di un killer che elimina solo le donne. Padre Cusak si mette a indagare, ritiene che il colpevole sia un altro sacerdote ma nessuno gli crede. ■ THRILLER; COL.; 90′; USA, 1992.

CONFESSIONI DEL FILIBUSTIERE FELIX KRULL, LE *(Bekenntnisse des Hochstaplers Felix Krull)* ★★★
Regia di KURT HOFFMANN. Con INGRID ANDRÉE, HORST BUCHHOLZ, LISELOTTE PULVER. ■ La carriera del «capitano d'industria Felix Krull» (come lo definisce il titolo del libro di Thomas Mann) da ragazzo dell'ascensore ad amante di belle dame; da azionista in grosse imprese (grazie alle sue amicizie altolocate) a bancarottiere fraudolento. Cambia nome, fortuna, conoscenze, finché finisce in Sudamerica, ricco e rispettato. ■ COMMEDIA; B/N; 97′; GERMANIA, 1957.

CONFESSIONI DI UNA MENTE PERICOLOSA ★★★
(Confessions of a Dangerous Mind)
Regia di GEORGE CLOONEY. Con DREW BARRYMORE, GEORGE CLOONEY, MAGGIE GYLLENHAAL, RUTGER HAUER, ROBERT JOHN BURKE, JULIA ROBERTS, SAM ROCKWELL. ■ Chuck Barris è uno dei più noti creatori di programmi e conduttori che la televisione americana ricordi. Negli anni Sessanta era al vertice degli ascolti. In una sua recente biografia ha dichiarato di esser stato anche una spia della Cia e di avere ucciso trentatré persone. È da questa doppia personalità che George Clooney prende il soggetto per il suo primo film da regista. Mescolando i generi e le memorie, il regista compone una storia non convenzionale, e non era facile. ■ DRAMMATICO; COL.; 113′; USA, 2003. ■ BERLINO 1 PR.

CONFESSIONI DI UNA RAGAZZINA ★★
(Avortement Clandestin – Abortus in Het Geheim)
Regia di PIERRE CHEVALIER. Con ALICE ARNO, DYLIE DARGENT, MONIQUE GÉRARD. ■ Sophie accetta un passaggio e viene violentata da tre individui. Resta incinta e, d'accordo con la madre, decide d'abortire clandestinamente. Ma il fatto trapela e la ragazza viene processata. Le femministe si fanno sentire e il giudice sarà clemente verso la fanciulla. ■ DRAMMATICO; COL.; 72′; BELGIO, FRANCIA, 1973.

CONFESSIONI DI UNA SEDICENNE, LE ★
(Bekenntnis Sechzehnjaerigen Eine)
Regia di GEORG TRESSLER. Con BARBARA FREY, MICHAEL HINZ, WOLFGANG PREISS, NINA SANDT. ■ La vicenda narra il caso-limite di un'adolescente in crisi a causa della propria situazione familiare. La ragazzina arriverà ad uccidere l'amante della madre, ma poi si costituirà alla polizia. I genitori, sconvolti dal gesto, rifletteranno sui loro errori e decideranno di riunirsi. ■ DRAMMATICO; B/N; 87′; AUSTRIA, 1962.

CONFESSIONI DI UN FUMATORE D'OPPIO ★★
(Confession of an Opium Eater)
Regia di ALBERT ZUGSMITH. Con PHILIP AHN, LINDA HO, RICHARD LOO, VINCENT PRICE. ■ A S. Francisco un marinaio s'avventura a Chinatown e rimane coinvolto nella guerra dei Tongs. È catturato dagli scherani della terribile Ruby-Lo, si libera, è ancora ripreso e drogato. Il film finisce con una grande battaglia nei bassifondi della città, con l'eroe e la sua nemica che precipitano in un abbraccio (forse) mortale nella fogna. ■ AVVENTURA; B/N; 85′; USA, 1962.

CONFESSIONI INTIME DI TRE GIOVANI SPOSE ★★
(Das Wunder der Liebe)
Regia di FRANZ JOSEF GOTTLIEB. Con BIGGI FREYER, MATHIAS GRIMM, ORTRUD GROSS. ■ Tre giovani spose raccontano come e quando i loro matrimoni andarono in crisi. Il primo per la scarsa pazienza del marito, il secondo per la cessazione dei rapporti sessuali, il terzo perché la donna era frigida. Tutte e tre le situazioni comunque furono rabberciate. ■ DOCUMENTARIO; COL.; 83′; GERMANIA, 1968.

CONFESSIONS *(Kokuhaku)* ★★
Regia di TETSUYA NAKASHIMA. Con KAORU FUJIWARA, YOSHINO KIMURA, TAKAKO MATSU, YUKITO NISHII, MASAKI OKADA. ■ Conscia dell'inutilità di procedere per vie legali, l'insegnante Moriguchi medita un proprio personale piano per vendicare la morte della figlia, uccisa dalla violenza insensata di due suoi alunni. Tetsuya Nakashima è un autore ambizioso, uno a cui è bastata la chiassosa genialata di *Kamikaze Girls* per autoconvincersi di poter riscrivere le regole del cinema così come lo intendiamo. *Confessions* ritorna su quel malessere esistenziale del cinema nipponico – con conseguente sfogo violento – di una gioventù lacerata tra mancanza di moralità e di freni inibitori, con le conseguenze immaginabili del caso. Nomination all'Oscar come miglior film in lingua straniera. ■ DRAMMATICO; COL.; 106′; GIAPPONE, 2010.

CONFETTI ★★
Regia di DEBBIE ISITT. Con JIMMY CARR, OLIVIA COLMAN, VINCENT FRANKLIN, MARTIN FREEMAN, MEREDITH MACNEILL, STEPHEN MANGAN, FELICITY MONTAGU, ALISON STEADMAN, JESSICA STEVENSON, JASON WATKINS, ROB WEBB. ■ Il magazine «Confetti» decide di indire un concorso per premiare il matrimonio più insolito. Le coppie scelte sono tre. Ci sono Michael e Joanna, nudisti, Josef e Isabelle, appassionati di tennis, e Matt e Sam, che vogliono sposarsi come in un musical di Busby Berkeley. In un countdown che conduce al momento del fatidico "sì", sotto gli occhi delle telecamere, gioie e drammi si consumano. Questo ironico *mockumentary* (un finto documentario) britannico riproduce un reality show per futuri sposi. Il pretesto è come sempre la caccia all'audience, costruita sulla voglia di fama a cui aspirano i partecipanti, che credono in ciò che sono, ma ancora di più se ne convincono per aspirare alla vittoria finale. ■ COMMEDIA; COL.; 100′; GRAN BRETAGNA, 2006.

CONFETTI AL PEPE *(Dragées au poivre)* ★★★
Regia di JACQUES BARATIER. Con GUY BEDOS, JEAN-PAUL BELMONDO, CLAUDE BRASSEUR, SOPHIE DAUMIER, ROMOLO VALLI, MONICA VITTI, MARINA VLADY. ■ Scopo del film è quello di ironizzare sui fanatici del *cinema-vérité* e dei cineasti avanguardisti. Vengono allora presentati diversi episodi umoristici e gustose trovate spesso vagamente surrealiste. Tutto è proposto in chiave parodistica e satirica nei confronti del cinema contemporaneo. ■ COMICO; B/N; 94′; FRANCIA, 1963.

CONFIDENTIAL – ANONIMA SCANDALI ★★
(Scandal Incorporated)
Regia di EDWARD MANN. Con ROBERT HUTTON, CLAIRE KELLY, PAUL RICHARDS, PATRICIA WRIGHT. ■ Modesto film a carattere vagamente sociale che narra la storia di un divo del cinema americano preso di mira da una rivista scandalistica. I pettegolezzi sul suo conto fanno in modo che la sua fama venga offuscata e che la casa di produzione non gli rinnovi il contratto. Anche la moglie e gli amici lo abbandonano. Alla fine tutto si aggiusterà. ■ COMMEDIA; B/N; 96′; USA, 1956.

CONFIDENZE A UNO SCONOSCIUTO ★★
(Confidences à un inconnu)
Regia di GEORGES BARDAWIL. Con SANDRINE BONNAIRE, WILLIAM HURT, JERZY RADZIWILOWICZ. ■ La vicenda è ambientata in Russia nel periodo che va dal 1905 al 1917. Un dentista viene assassinato in modo misterioso mentre sua moglie ama un giovane rivoluzionario, un artista famoso e un uomo misterioso. L'elemento più curioso del film non è dato dalla *detection* ma, piuttosto, dall'incontro tra due attori così diversi come Bonnaire e Hurt. L'esito non è negativo. ■ DRAMMATICO; COL.; 92′; FRANCIA, ITALIA, 1995.

CONFIDENZE TROPPO INTIME ★★★
(Confidences Trop Intimes)
Regia di PATRICE LECONTE. Con SANDRINE BONNAIRE, MICHEL DUCHAUSSOY, FABRICE LUCHINI. ■ Un consulente fiscale si trova un giorno dinanzi una cliente inattesa che gli racconta dei propri problemi di coppia. La donna lo ha scambiato per uno psicoanalista che ha lo studio accanto. L'uomo è affascinato da questa situazione e non rivela la verità. La donna la scoprirà da sola ma continuerà a confidarsi con lui. Questo è il plot di base del film di Leconte che, dopo *L'uomo del treno* torna a dirigere una coppia di attori ad altissimo livello per una storia che tratta, ancora una volta in modo originale, le attese, i sogni e le necessità di uomini e donne. ■ DRAMMATICO; COL.; 104′; FRANCIA, 2004.

CONFINE DELLA PAURA, IL *(The New Frontier)* ★
Regia di George Sherman. Con Ray Corrigan, Jennifer Jones, John Wayne. ■ Un giovanissimo John Wayne (nello stesso anno avrebbe però sfondato con *Ombre rosse*) è l'eroe di questo western minore, dove assieme a due compari prende le parti di un gruppo di agricoltori rovinati da una cricca di speculatori terrieri. ■ Western; b/n; 59'; USA, 1939.

CONFINE DI SANGUE *(Rutherford County Line)* ★★
Regia di Thom McIntyre. Con Marilyn Carter, Terry Loughlin, Earl Owensby. ■ Le vicende di un autentico giustiziere dei nostri giorni, lo sceriffo Damon Huskey, portatore della legge e dell'ordine in una turbolenta contea del North Carolina. ■ Avventura; col.; 91'; USA, 1987.

CONFINI DEL PROIBITO, I *(The Kidnappers)* ★★★
Regia di Philip Leacock. Con Theodore Bikel, Duncan McRae, John Whiteley, Vincent Winter. ■ All'inizio del secolo, nella Nuova Scozia, un vecchio paesano arido e misantropo si prende in casa i nipoti, ma li tratta come garzoni di stalla raggelandoli con la sua severità. Un giorno i due ragazzi si prendono una vendetta infantile: rapiscono un neonato e si rifugiano tra i boschi. Trovati dai paesani, al ritorno a casa avranno la gradita sorpresa di un nonno meno burbero e spigoloso. ■ Drammatico; b/n; 93'; Gran Bretagna, 1953. ■ Oscar 1 pr, 1 nom.

CONFINI SELVAGGI *(The Country Beyond)* ★★
Regia di Eugene Forde. Con Rochelle Hudson, Paul Kelly, Robert Kent. ■ Un sergente e un caporale della polizia canadese a cavallo sono sulle tracce di un assassino. Il malvivente dopo l'omicidio aveva rubato alcune pelli che vengono ritrovate in casa della fidanzata del caporale: i due poliziotti devono allora per forza arrestare il padre della ragazza, ma questi fugge per andare a cercare chi gli aveva venduto le pelli e poter dimostrare la propria estraneità. ■ Avventura; b/n; 73'; USA, 1936.

CONFLITTI DEL CUORE *(The Evening Star)* ★★
Regia di Robert Harling. Con Juliette Lewis, Shirley MacLaine, Jack Nicholson, Bill Paxton, Miranda Richardson. ■ Tredici anni dopo *Voglia di tenerezza* arriva sugli schermi il suo seguito. I tre figli di Emma, morta di tumore nella prima parte, sono stati cresciuti dalla nonna. Non è stato tutto rose e fiori perché l'anziana signora ha una vaga tendenza all'essere oppressiva ed è eternamente a caccia di un'anima gemella. Compare anche, in un ruolo cameo dell'ultimo minuto, Jack Nicholson. Gli spettatori si chiedono perché si sia lasciato coinvolgere. ■ Drammatico; col.; 122'; USA, 1996. ■ Golden Globes 1 nom.

CONFLITTI DI FAMIGLIA *(The War at Home)* ★★
Regia di Emilio Estevez. Con Kathy Bates, Emilio Estevez, Martin Sheen, Kimberly Williams. ■ Siamo nel Texas. Anno 1972. Un reduce dal Vietnam tenta il reinserimento ma trova numerosi ostacoli, soprattutto in famiglia. Risolverà tutto a modo suo nel giorno del Ringraziamento. Estevez chiama ad aiutarlo papà Sheen ma ciò che più conta è la presenza di Kathy Bates nel ruolo della madre straripante. ■ Drammatico; col.; 119'; USA, 1996.

CONFLITTO *(Conflit)* ★★
Regia di Léonide Moguy. Con Roger Duchesne, Corinne Luchaire. ■ Una ragazza viene sedotta e abbandonata da un poco di buono. È incinta e, disperata, chiede aiuto alla sorella. Costei, senza figli, accetta di far passare per suo il piccolo che deve nascere. Ma dopo qualche anno ritorna il mascalzone e minaccia di rovinare tutto. La vera madre decide di riprendersi il pargolo, la sorella non vuole darglielo. Ci scappa un colpo di pistola. Poi tutto s'aggiusta. ■ Drammatico; b/n; 90'; Francia, 1938.

CONFLITTO, IL *(Catholics)* ★★★
Regia di Jack Gold. Con Trevor Howard, Andrew Keir, Martin Sheen. ■ Dal romanzo di Brian Moore. Un giovane prete cattolico esponente dei cambiamenti in atto nella Chiesa è mandato in ispezione in un antico monastero, dove la vita procede come ai tempi di S. Benedetto. Ma appena arrivato, l'inviato del Vaticano entra in conflitto con il vecchio priore del convento, contrario a ogni trasformazione. Fittamente dialogato, un tantino schematico, è comunque un film notevole e di grande intensità drammatica. ■ Drammatico; col.; 96'; Gran Bretagna, 1973.

CONFLITTO DI CLASSE *(Class Action)* ★★★
Regia di Michael Apted. Con Gene Hackman, Mary Elizabeth Mastrantonio. ■ Il regista di *Gorky Park* e *Gorilla nella nebbia*, di origine inglese, ritorna con questo solido prodotto americano. Il conflitto a cui si fa riferimento nel titolo è tra padre e figlia, ma non si tratta di problemi familiari bensì di lavoro. Infatti sono ambedue avvocati e si trovano a scontrarsi in un processo. Lui difende la vittima mentre lei fa gli interessi di una casa automobilistica. Mentre lui persegue il suo senso di giustizia lei segue la propria ambizione, ma tutto alla fine si appianerà nel migliore dei modi. ■ Drammatico; col.; 109'; USA, 1991.

CONFLITTO DI INTERESSI *(The Gingerbread Man)* ★★★
Regia di Robert Altman. Con Tom Berenger, Kenneth Branagh, Embeth Davidtz, Robert Downey Jr., Robert Duvall, Daryl Hannah. ■ Il soggetto, solo quello, è di John Grisham, e si vede. La storia non ha l'abituale profondità del grande scrittore "processuale". E Altman, abituato da sempre a puzzle, episodi e affreschi, dovendo "semplicemente" raccontare ci mette troppo di suo, con troppo "cinema" che rallenta la storia, già di suo non straordinaria. Branagh è un avvocato di successo e cinico che aiuta una febbrile mora (Davidtz) perseguitata dal padre (Duvall). Compare un ex marito, ci sono di mezzo anche i bambini dell'avvocato a un certo punto rapiti, e una notte da tragedia nell'uragano dove si fanno i conti. Branagh, costretto per difendersi a uccidere il padre della donna, era stato incastrato in un progetto (abbastanza) diabolico: c'entravano ettari di alberi preziosi. Sostanzialmente un Altman deludente. Buona valutazione per stima pregressa. ■ Giallo; col.; 115'; USA, 1998.

CONFLITTO FINALE *(The Final Conflict)* ★★
Regia di Graham Baker. Con Rossano Brazzi, Lisa Harrow, Sam Neill. ■ Terzo capitolo delle avventure di Damien, l'anticristo de *Il Presagio* e de *La Maledizione di Damien*. Ora è un uomo fatto, un capitano d'industria, un pezzo grosso della politica. Un gruppo di frati italiani cerca di ucciderlo. ■ Horror; col.; 108'; Gran Bretagna, USA, 1981.

CONFLITTO TRAGICO *(Der Weg zu Isabell)* ★★
Regia di Erich Engel. Con Ewald Balser, Anne Marie Holtz, Hilde Krahl. ■ Un uomo di oltre quarant'anni conosce una canzonettista ventenne. S'innamora, vorrebbe sposarla, anche se come età potrebbe essere sua figlia. Infatti lo è. Almeno così gli mormorano le solite malelingue. L'uomo va in crisi. Poi la faccenda si chiarisce: nessun amore proibito. Tutto per bene, nonostante i quattro lustri di differenza. ■ Drammatico; b/n; 93'; Germania, 1939.

CONFORMISTA, IL ★★★★
Regia di Bernardo Bertolucci. Con Gastone Moschin, Dominique Sanda, Stefania Sandrelli, Enzo Tarascio, Jean-Louis Trintignant. ■ Il film è tratto dall'omonimo romanzo di Moravia. Un giovane, che crede di aver compiuto un omicidio, per rientrare nella "normalità" aderisce al regime, diventandone addirittura uno fra i sicari più crudeli: durante il viaggio di nozze, a Parigi, si fa affidare una pericolosa missione e uccide un professore antifascista. Il 25 luglio 1943, tuttavia, durante le manifestazioni per la caduta di Mussolini, incontra per caso l'uomo che credeva di avere ammazzato tanti anni prima: la sua tragica corsa al conformismo è stata generata da un equivoco. ■ Drammatico; col.; 116'; Italia, 1970. ■ David di Donatello 1 pr, 1 nom; Golden Globes 1 nom; Oscar 1 nom.

CONFORTORIO ★★★
Regia di Paolo Benvenuti. Con Emanuele Carucci Viterbi, Fabio Pistoni, Emidio Simini, Lucia Bartalini. ■ Un film che, nonostante una recitazione eccessivamente teatrale, riesce a creare un'atmosfera sufficientemente intrigante. Siamo nel 1736. Due uomini hanno commesso un furto e devono essere giustiziati. Padri confortatori tenteranno con fatica di condurli, nella loro ottica, al cristianesimo. La parte migliore del film è la fotografia e la costruzione delle inquadrature. ■ Drammatico; col.; 85'; Italia, 1992.

CONFRONTO FINALE *(The Rage)* ★
Regia di Sidney J. Furie. Con Gary Busey, David Carradine,

KRISTEN CLOKE, LORENZO LAMAS, ROY SCHEIDER. ■ Questa volta il serial killer non è un individuo isolato. Siamo infatti dinanzi a un'intera banda di serial killer guidati da un comandante neo-nazi. Per cercare di catturarlo si muove Lorenzo Lamas che ha il *phisique du rôle* ma non le doti recitative. Restano solo alcune scene di azione degne di nota. ■ AVVENTURA; COL.; 95'; CANADA, USA, 1996.

CON... FUSIONE ★★
Regia di PIERO NATOLI. Con LUISA MANERI, PIERO NATOLI. ■ Un regista, separato e in crisi professionale, scopre che la figlia piccola ha bisogno di molto affetto e comprensione. Nessuno se ne vuole occupare. Allora l'uomo la prende con sé e la porta in giro, in un viaggio senza meta, dove però trova il modo di comunicare con la ragazzina. Ma non dura. ■ DRAMMATICO; COL.; 100'; ITALIA, 1980.

CONGIUNTURA, LA ★★
Regia di ETTORE SCOLA. Con JACQUES BERGERAC, PAOLO BONACELLI, JOAN COLLINS, VITTORIO GASSMAN. ■ Un principe romano s'innamora di una bella e misteriosa bruna e parte con lei per la Svizzera. Non sa che il viaggio serve alla donna per contrabbandare una grossa quantità di denaro. Quando il principe si accorge dello scopo del viaggio, sventa il colpo e si guadagna l'affetto (questa volta autentico) della ragazza. Un tema familiare alla metà degli anni Sessanta serve da tenue motivo per il mattatore Gassman. Ettore Scola cerca di fare una cosa dignitosa, ispirandosi ai film con Cary Grant. ■ COMMEDIA; COL.; 110'; ITALIA, 1964. ■ DAVID DI DONATELLO 1 PR, 1 NOM.

CONGIURA AL CASTELLO ★★
(Francis in the Haunted House)
Regia di CHARLES LAMONT. Con MICKEY ROONEY, VIRGINIA WELLES. ■ In un tetro maniero, riportato pietra su pietra dalla Scozia in Usa, compaiono fantasmi e si ritrovano cadaveri. Francis, un mulo parlante, assiste ad un omicidio camuffato da incidente stradale e decide di rivolgersi all'amico Prescott per svolgere le indagini. Prescott è uno stupidotto che fa in modo di diventare, per la polizia, il maggior indiziato. Le cose si complicano ancor più, ma alla fine il mulo Francis arriverà alla verità. ■ COMICO; B/N; 80'; USA, 1956.

♥ CONGIURA DEGLI INNOCENTI, LA ★★★★
(The Trouble with Harry)
Regia di ALFRED HITCHCOCK. Con JOHN FORSYTHE, EDMUND GWENN, SHIRLEY MACLAINE, MILDRED NATWICK. ■ In un prato viene scoperto il cadavere di un tale, marito poco amato di una bella signora. Forse l'ha ucciso accidentalmente un vecchietto, forse una zitella pudibonda, magari la consorte. I tre, assieme a un pittore (innamorato della fresca vedova), cercano di occultare il (presunto) delitto, seppellendo e disseppellendo la cara salma. Ma chi sarà stato ad ucciderlo per davvero? ■ GIALLO; COL.; 99'; USA, 1955.

CONGIURA DEI BORGIA, LA ★★
Regia di ANTONIO RACIOPPI. Con ALBERTO FARNESE, GISELLE GALLOIS, FRANK LATIMORE, CONSTANCE SMITH. ■ Lucrezia Borgia e il fratello Cesare vogliono impadronirsi di un documento che proverebbe il tradimento di alcuni nobili a danno del Valentino. Affidano a Guido di Belmonte l'incarico di recuperare il documento: Guido, in quanto amico di chi custodisce la preziosa prova, non vorrebbe accettare. Minacciato, è costretto a sottomettersi alla volontà dei Borgia. Alla fine nessuno entrerà in possesso del documento, i Borgia resteranno con un palmo di naso e le storie d'amore nate nel frattempo arriveranno a lieto fine. ■ AVVENTURA; COL.; 96'; ITALIA, 1968.

CONGIURA DEI DIECI, LA ★★
Regia di BACCIO BANDINI, ETIENNE PÉRIER. Con STEWART GRANGER, CHRISTINE KAUFMANN, SYLVA KOSCINA, ALBERTO LUPO. ■ Un avventuriero inglese (siamo nel XVI secolo) capita a Siena alla vigilia della corsa del Palio. La città è in mano a un bieco signorotto che mira a sposare la dama amata dall'avventuriero. Questi, un po' per amore di libertà e molto per antipatia verso i signorotti, si mette a capo di una congiura che rovescia la tirannia. Già che c'è l'inglese trova il modo di vincere il Palio. ■ AVVENTURA; COL.; 100'; ITALIA, 1962.

CONGIURA DEI POTENTI, LA *(Le miracle des loups)* ★★
Regia di ANDRÉ HUNEBELLE. Con JEAN-LOUIS BARRAULT, ROGER HANIN, JEAN MARAIS, ROSANNA SCHIAFFINO. ■ Il film è basato sul *Miracolo dei lupi* di Henri Dupuy Mazuel (che non veniva tradotto in cinema dall'epoca del muto). Marais è un cavaliere senza macchia e senza paura coinvolto nella lunga guerra tra il volpino re Luigi XI di Francia (impersonato dal grande Barrault) e il duca di Borgogna Carlo il Temerario (Roger Hanin). Ancora più coinvolta è una bella dama che viene data in pasto ai lupi. Si salva ma viene accusata di stregoneria. Il cavaliere senza macchia però s'appella al "giudizio di Dio". Dopo un difficile duello ricco di suspense vince, abbattendolo, il campione del Temerario. La dama è salva, stavolta per sempre. ■ AVVENTURA; COL.; 130'; FRANCIA, 1962.

CONGIURA DEI RINNEGATI, LA ★★
(The Return of the Frontiersman)
Regia di RICHARD L. BARE. Con RORY CALHOUN, JACK HOLT, JULIE LONDON, GORDON MACRAE. ■ Un giovanotto, figlio di un integerrimo sceriffo, è accusato di un delitto che non ha commesso. Un giornalista lo libera, ma è per incastrarlo maggiormente. Un discreto western, che però non adopera le persone coinvolte in compiti a loro familiari. ■ WESTERN; COL.; 74'; USA, 1950.

CONGIURA DELLA PIETRA NERA, LA ★
(Jianyu Jianghu)
Regia di CHAO-BIN SU, JOHN WOO. Con BARBIE HSU, WOO-SUNG JUNG, MICHELLE YEOH, SHAWN YUE, XUEQI WANG. ■ La setta di assassini della Pietra Oscura cerca incessantemente i resti del principe indiano Bodhi, spazzando via chiunque si frapponga tra loro e la reliquia. Durante una missione la killer Drizzle trova l'ultimo frammento di Bodhi e lo porta con sé; per sfuggire alla vendetta della setta la killer si sottopone a un intervento estetico che ne muti irreversibilmente i connotati. ■ AZIONE; COL.; 90'; CINA, 2010.

CONGIURA DELLE BEFFE, LA *(Bright Eyes)* ★★
Regia di AUGUSTO GENINA, GÉZA VON BOLVÀRY. Con BETTY BALFOUR, GLEN BYAM SHAW, IVOR NOVELLO. ■ Un'ardente popolana suscita passioni in un gruppo di aristocratici. Gara d'astuzia per assicurarsi i suoi favori. Ma lei sceglie un altro. ■ DRAMMATICO; B/N; 90'; GRAN BRETAGNA, 1929.

CONGIURA DI BAROVIA, LA *(Where There is Life)* ★★★
Regia di SIDNEY LANFIELD. Con WILLIAM BENDIX, GEORGE COLOURIS, SIGNE HASSO, BOB HOPE. ■ Il re di Barovia è rimasto vittima di un attentato, ma il ministro della Difesa, una fascinosa e dura generalessa, gli scova in America un erede, un figlio naturale nato durante una scappatella del sovrano. Si tratta di un zuzzurellone, annunciatore della radio, sempre nei guai per le sue avventure galanti. A quelli soliti si aggiungono ora gli attentati dei membri dell'opposizone di Barovia, che cercano in tutti i modi di impedire che riveda il padre. ■ COMMEDIA; B/N; 75'; USA, 1947.

CONGIURA DI MONTECRISTO, LA *(Sword of Venus)* ★★
Regia di HAROLD DANIELS. Con ROBERT CLARKE, CATHERINE MCLEOD, DAN O'HERLIHY. ■ Seguito (realizzato molto in economia) de *Il Conte di Montecristo*. Dei quattro nemici del vendicativo conte (Caderousse, Fernando, Villefort, Danglars) solo quest'ultimo era riuscito a salvare la pelle. È stato un errore: Danglars, appena rimessosi in carreggiata, fa uccidere il figlio del conte. Stavolta per lui non ci sarà scampo. Montecristo lo manderà a raggiungere i suoi vecchi complici. ■ AVVENTURA; B/N; 75'; USA, 1953.

CONGIURA DI SPIE *(Peau d'espion)* ★★★
Regia di EDOUARD MOLINARO. Con SENTA BERGER, BERNARD BLIER, LOUIS JOURDAN, EDMOND O'BRIEN. ■ Uno scrittore francese, che ha combattuto con i parà in Indocina, viene persuaso dal suo antico comandante a dargli una mano in un'intricata faccenda di spionaggio. Si tratta di impedire la partenza per la Cina di uno scienziato francese che simpatizza con i comunisti. Lo scrittore sarebbe anche disposto a lasciarlo andare, ma la morte del suo compagno lo costringe a prendere in pugno l'intera faccenda. Lo scienziato rimarrà in Occidente. ■ SPIONAGGIO; COL.; 90'; FRANCIA, 1966.

CONGIURE PARALLELE *(Backfire)* ★★
Regia di GILBERT CATES. Con KAREN ALLEN, KEITH CARRADINE, BERNIE CASEY. ■ Una bella donna ammazza il marito. Nessuno sospetta. Dopo un poco però capita a casa sua un misterioso giovane che sembra sapere molte cose. Lei cerca di tenerlo a bada portandoselo a letto. In effetti il giovane fa il doppio gioco, ma non quello che credeva l'assassina. ■ THRILLER; COL.; 92'; USA, 1986.

CON GLI OCCHI CHIUSI ★★
Regia di FRANCESCA ARCHIBUGI. Con LAURA BETTI, DEBORA CAPRIOGLIO, SERGIO CASTELLITTO, MARCO MESSERI, FABIO MODESTI, ANGELA MOLINA, STEFANIA SANDRELLI. ■ Da un romanzo di Federigo Tozzi, l'Archibugi trae un film che lascia perplessi. La storia è quella di un padre contadino arricchito con la trattoria che ha aperto a Siena e di un figlio totalmente incompreso dal genitore. L'uomo, volgare e violento, tiranneggia la moglie e i dipendenti. Il figlio Pietro sembra innamorarsi di una contadinella, Ghisola, tanto da cercarla anche quando sarà diventato ventenne. La trova che si prostituisce e continua a non capire nulla di lei, come nel passato. La regista costruisce un film che, al di là delle spesso sterili polemiche sulla "fedeltà" al testo, sembra incerto sulle vie da percorrere. Un po' storia d'amore, un po' bozzetto vernacolare, un po' descrizione di un mondo in via di trasformazione. La Caprioglio cerca di scrollarsi di dosso l'etichetta di *Paprika* e ci riesce, soprattutto quando non parla. Efficace l'idea dell'animazione sonora dell'affresco del *Buon Governo* del Lorenzetti nei titoli di testa. ■ DRAMMATICO; COL.; 113'; FRANCIA, ITALIA, SPAGNA, 1994.

CON GLI OCCHI DEL RICORDO ★★
(Aux yeux du souvenir)
Regia di JEAN DELANNOY. Con JEAN CHEVRIER, JEAN MARAIS, MICHÈLE MORGAN. ■ Durante la guerra, una ragazza viene lasciata dal suo amante, un aviatore scavezzacollo. Si ritrovano a conflitto terminato, lei hostess lui pilota civile. Lei non dimentica l'umiliazione e si mette con un altro. Ma in un pericoloso viaggio i due ex amanti salvano l'aereo con grandi prove di coraggio e d'abnegazione, e poi si riconciliano. ■ COMMEDIA; B/N; 105'; FRANCIA, 1948.

CON GLI OCCHI DELL'ASSASSINO ★★
(Los ojos de Julia)
Regia di GUILLEM MORALES. Con JOAN DALMAU, PABLO DERQUI, LLUIS HOMAR, FRANCESC ORELLA, BELEN RUEDA. ■ Affermata professionista, Julia percepisce improvvisamente che qualcosa di grave è accaduto alla sorella gemella Sara e, anche se non la vede da mesi, si precipita con il marito Isaac nella casa dove la sorella vive da sola: la trova impiccata. La polizia ritiene che si tratti di suicidio: Sara soffriva di una perdita progressiva della vista e l'ispettore incaricato delle indagini ritiene quella la ragione del gesto. Julia nega: Sara sperava di guarire e aspettava solo un donatore per un'operazione risolutiva. Ma anche Julia soffre della stessa patologia, pur se a uno stadio meno avanzato della sorella. Julia, dunque, intende scoprire la verità. ■ HORROR; COL.; 112'; SPAGNA, 2010.

CONGO *(Congo Crossing)* ★★
Regia di JOSEPH PEVNEY. Con PETER LORRE, VIRGINIA MAYO, GEORGE NADER, MICHAEL PATE. ■ Personaggi male assortiti (e quasi tutti poco rispettabili) in uno sperduto villaggio del Congo belga. Una banda di contrabbandieri, un killer mandato a uccidere una bella bionda, un colonnello che sta a guardare e aizza i personaggi per poi metter le mani sui superstiti. Ma la bionda trova il paladino che la salva e la sposa. Il killer verrà ucciso dal capo della gang e costui dal colonnello che s'è stufato di stare a guardare. ■ AVVENTURA; COL.; 89'; USA, 1956.

CONGO ★★
Regia di FRANK MARSHALL. Con TIM CURRY, ERNIE HUDSON, LAURA LINNEY, DYLAN WALSH. ■ Una spedizione composta da due scienziati, un mercenario e un avventuriero (e un gorilla), si inoltra nella giungla del Congo sulle tracce di un giacimento di diamanti in una città perduta. Malgrado i costosi effetti speciali, il film non raggiunge la tensione di altre pellicole tratte da romanzi di Michael Chrichton e i gorilla risultano meno espressivi dei dinosauri di *Jurassic Park*. ■ AVVENTURA; COL.; 100'; USA, 1995.

CONGO EXPRESS *(Kongo-Express)* ★★
Regia di EDUARD VON BORSODY. Con WILLY BIRGEL, RENÉ DELTGEN, MARIANNE HOPPE. ■ La vicenda è quella di una ragazza che si reca in Congo per raggiungere il fidanzato (pilota d'aviazione) che è stato licenziato dalla società presso la quale lavorava perché dedito all'alcol. La fanciulla cercherà di fargli perdere il vizio di bere, ma invano. Il giovane poi morirà nel tentativo di salvarle la vita in occasione di un incidente ferroviario. ■ DRAMMATICO; B/N; 90'; GERMANIA, 1939.

CONGO VIVO ★★
Regia di GIUSEPPE BENNATI. Con FERRUCCIO DE CERESA, GABRIELE FERZETTI, JEAN SEBERG. ■ È ambientato in Africa nel 1961, durante i primi travagliati mesi dell'indipendenza dello Stato (già colonia belga). Una coppia bianca e una nera vivono giorni drammatici. Un giornalista italiano simpatizza con i congolesi, ma ha un brutto colpo quando viene a sapere che la donna da lui amata è stata violentata da un nero. Nessuna complicazione invece fra un graduato di colore e la sua ragazza. Ma quelli sono giorni terribili. Si ammazza come niente la gente per le strade. Il sergente nero soccombe in una mischia e spira fra le braccia del giornalista. ■ DRAMMATICO; B/N; 95'; ITALIA, 1961.

CONGRESSO SI DIVERTE, IL *(Der Kongress tanzt)* ★★★
Regia di ERIK CHARELL. Con WILLY FRITSCH, HENRY GARAT, LILIAN HARVEY, ADELE SANDROCK, CONRAD VEIDT. ■ Il Congresso è quello di Vienna. Dopo la sconfitta di Napoleone i grandi d'Europa si sono riuniti per spartirsi il continente. Ma nelle pause dei lavori ne approfittano per spassarsela con le belle viennesi. Ce n'è per tutti: per Metternich, per Pitt, persino per l'ex vescovo Taillerand. Ma il più fortunato è lo zar Alessandro che, celando la sua identità, ha una piacevolissima storia con una bella fioraia. ■ COMMEDIA; B/N; 90'; GERMANIA, 1931.

CONGRESSO SI DIVERTE, IL *(Der Kongress tanzt)* ★★★
Regia di FRANZ ANTEL. Con JOHANNA MATZ, RUDOLF PRACK. ■ Remake dell'omonimo film del 1931, diretto da Erik Charell, il regista di origine tedesca. Questa volta c'è il volto del famoso attore austriaco Hans Moser. Protagonista è sempre lo zar che si traveste da impiegato per poter variare la sua vita ormai resa noiosa dalla routine. Si innamora di una ragazza semplice ma dovrà superare alcuni problemi politici per la fuga di Napoleone dall'isola d'Elba. ■ COMMEDIA; COL.; 95'; AUSTRIA, 1955.

CON I CLOWN VENNERO LE LACRIME ★★
Regia di REINHARD HAUFF. Con FLAVIO BUCCI, IDA DI BENEDETTO, SUNNYI MELIES. ■ Film televisivo del regista de *Il coltello in testa*. Una giornalista, per incontrare il professore Gellhorn esperto di genetica, va al circo col figlio. Ci sarà un attentato dove oltre al professore moriranno altre persone tra le quali il bambino della giornalista. La donna cercherà di scoprire cosa c'è dietro la strage. ■ DRAMMATICO; COL.; 250'; FRANCIA, GERMANIA, ITALIA, 1990.

CONIGLIETTA DI CASA, LA *(The house bunny)* ★★
Regia di FRED WOLF. Con ANNA FARIS, COLIN HANKS, EMMA STONE. ■ Shelley si ritrova espulsa dalla Mansion House di Playboy con lettera sottoscritta dallo stesso Hugh Hefner. Tutti i suoi sogni di playmate sembrano essersi così definitivamente infranti. Le si presenta però subito un'opportunità per mettere a frutto quanto appreso nel mondo delle coniglietta. Anna Faris (qui nel ruolo di Shelley) viene dalla scuola di *Scary Movie*. Tutto è prevedibile. ■ COMMEDIA; COL.; 97'; USA, 2008.

CONIGLIO, NON SCAPPARE *(Rabbit, Run)* ★★
Regia di JACK SMIGHT. Con JACK ALBERTSON, JAMES CAAN, CARRIE SNODGRESS. ■ Un campione sportivo del liceo trova (a sue spese) che la vita di tutti i giorni è molto più dura delle sue partite ai tempi di scuola. Sposa una donna avviata all'alcolismo. Il loro figlio muore per colpa della madre (ma tutti danno la colpa al padre). Dal romanzo di John Updike. ■ DRAMMATICO; COL.; 94'; USA, 1970.

CONIGLIO O LEONE? *(Strike Me Pink)* ★★★
Regia di NORMAN TAUROG. Con EDDIE CANTOR, ETHEL MERMAN. ■ Un supertimido decide di vincere questo suo difetto e si mette a seguire le istruzioni di un apposito manuale. È segreta-

mente innamorato di una soubrette e vuole conquistarla. Grazie a circostanze favorevoli, riesce a diventare direttore di un grande luna-park e a intimorire una banda di taglieggiatori. Avvicina anche la sua attricetta, ma scopre che è una della banda. Accetterà allora il sincero amore di una segretaria. ■ COMMEDIA; B/N; 100'; USA, 1936.

CON IL FIATO SOSPESO ★★
Regia di COSTANZA QUATRIGLIO. Con GAETANO ARONICA, ANNA BALESTRIERI, MICHELE RIONDINO, ALBA ROHRWACHER. ■ Stella studia Farmacia all'università. Quando è l'ora della tesi viene inserita in un gruppo di ricerca. Pian piano si rende conto che nei laboratori di chimica qualcosa non va. L'ambiente è insalubre, qualcuno comincia a star male, i professori parlano di coincidenze. L'amica Anna, che ha lasciato gli studi per suonare in un gruppo indie-punk, vorrebbe che Stella smettesse di passare intere giornate in laboratorio; Stella, al contrario, non vuole rinunciare al suo sogno. La sua storia si intreccia con il diario di un giovane dottorando che ha già percorso la strada in cui Stella si imbatterà. Ispirato a una storia vera. ■ DRAMMATICO; COL.; 35'; ITALIA, 2013.

CON LA BAVA ALLA BOCCA *(Slavers)* ★★
Regia di JÜRGEN GOSLAR. Con JAMES FAULKNER, TREVOR HOWARD, CHRISTOPHER LEE. ■ In una certa zona dell'Africa meridionale, bianchi e neri vanno incredibilmente d'accordo. C'è però un nero albino, fanatico e violento, che con la scusa "politica" terrorizza la zona. Un giorno il pazzo brutalizza e uccide una ragazza bianca. Il suo fidanzato disperato vuole vendicarla a tutti i costi, ma si trova a dover combattere anche l'incredulità dei militari. L'albino viene ferito a morte, ma il fidanzato viene ucciso da un soldato. ■ AVVENTURA; COL.; 90'; GERMANIA, GRAN BRETAGNA, 1977.

CON L'AIUTO DELLA LUNA *(When's your Birthday?)* ★★
Regia di HARRY BEAUMONT. Con JOE E. BROWN, MARIAN MARSH. ■ Un giovane boxeur viene licenziato dopo una sconfitta, ma trova subito lavoro presso un'altra società sportiva. È un appassionato di astrologia e interrogando le stelle riesce a prevedere avvenimenti e risultati sportivi. Indovina in anticipo anche la sua conquista del titolo mondiale. ■ COMMEDIA; B/N; 77'; USA, 1937.

CON L'AMORE NON SI SCHERZA *(Sailing Along)* ★★
Regia di SONNIE HALE. Con JESSIE MATTHEWS, ROLAND YOUNG. ■ Un ricco industriale, che per hobby fa il *talent scout*, scopre una cantante-ballerina dilettante che vive su un barcone sul Tamigi. L'industriale se ne occupa e la fa debuttare. Diventerà famosa e sposerà un collega. ■ COMMEDIA; B/N; 90'; GRAN BRETAGNA, 1938.

CON LA MORTE ALLE SPALLE ★★
(Con la muerte a la espalda)
Regia di ALFONSO BALCAZAR. Con VIVI BACH, GEORGE MARTIN, ROSALBA NERI, DANIELE VARGAS. ■ Una misteriosa formula, che risveglia nell'uomo terribili istinti aggressivi, è concupita dalle spie di mezzo mondo e dagli emissari della fantomatica organizzazione Electra. Vince un ladro di gioielli, più pensieroso sui destini dell'umanità della maggior parte della concorrenza. ■ SPIONAGGIO; COL.; 92'; SPAGNA, 1968.

CON LA MORTE NON SI SCHERZA ★
(Penn & Teller Get Killed)
Regia di ARTHUR PENN. Con JILLETTE PENN, TELLER. ■ Dall'autore di *Bonnie and Clyde* e de *Il piccolo grande uomo*, la storia di una sfida lanciata via cavo da due noti personaggi televisivi d'America. Penn & Teller chiedono a un loro ammiratore di provare a ucciderli. ■ COMMEDIA; COL.; 90'; USA, 1989.

CON LA RABBIA AGLI OCCHI ★★
Regia di ANTHONY DAWSON. Con MARTIN BALSAM, BARBARA BOUCHET, YUL BRYNNER, MASSIMO RANIERI. ■ Peter, killer di professione ai servizi della mafia, va a Napoli per uccidere uno che ha tradito. C'è di mezzo anche un fatto personale. Fortuna che Peter conosce Angelo, che lo sostiene nella sua missione. Nasce una vera amicizia, e quando il killer (dopo aver svolto il suo compito) viene ucciso, sarà proprio Angelo a prendere il suo posto. ■ DRAMMATICO; COL.; 98'; ITALIA, 1976.

CON LA TESTA TRA LE STELLE *(The Closer you Get)* ★★
Regia di AILEEN RITCHIE. Con CATHLEEN BRADLEY, NIAMH CUSACK, IAN HART, RUTH MCCABE, SEAN MCGINLEY, PAT SHORTT, EWAN STEWART. ■ Il matrimonio, questo conosciuto. Appunto per questo gli abitanti maschi di Donogal, un villaggio sulla costa irlandese, si sposano sempre meno. Colpa delle donne poco attraenti, o colpa degli uomini poco "concreti"? Fatto stà che (quantomeno) il bisogno sessuale incombe, ed ecco che fra una birra e l'altra, ed un pub e l'altro, al vivace Kieran O'Donnagh viene una (brillante?) idea: far venire alcune reginette di bellezza d'oltreoceano in occasione della festa del paese. «L'attesa fa l'uomo assatanato»: vediamo allora le persone più irreprensibili curare all'improvviso il proprio corpo e il proprio look, mentre altre cominciano a frequentare corsi che insegnano come fare sesso nelle più disparate posizioni. Il paesino rinasce, ma il piano per condurre le fanciulle *in loco* si fa sempre più complicato. Ci penseranno le donne del paese a vivacizzare questi poveri uomini: con un misterioso annuncio di offerta di fidanzamento ecciteranno tutti gli animi maschili. Il film concede qualche sorriso di genere (cinematografico) ed alcuni sbadigli. Siamo negli schemi della commedia brillante inglese: chi la ama in maniera incondizionata, si accomodi. ■ COMMEDIA; COL.; 90'; GRAN BRETAGNA, 2000.

CON LE DONNE NON SI SCHERZA ★★★
Regia di GIORGIO SIMONELLI. Con CARLO CAMPANINI, LAURO GAZZOLO, GRETA GONDA, UMBERTO MELNATI, ASSIA NORIS. ■ Respinta come nuora del futuro suocero in quanto figlia di una donna nubile, una ragazza si sistema in casa di un anziano scapolo comprensivo in modo da "procurarsi" un padre. Succede che l'uomo si innamora della fanciulla e avanza richiesta di matrimonio, conoscendo così anche la madre della giovane.Viene a scoprire che la futura suocera è una sua antica "fiamma": ella gli rivela che la ragazza è figlia loro Inevitabili le nozze sia tra i due ex amanti, sia tra la fanciulla e il suo giovane fidanzato. ■ COMMEDIA; B/N; 94'; ITALIA, 1941.

CON LE MIGLIORI INTENZIONI ★★★★♉
(Den goda Viljan)
Regia di BILLE AUGUST. Con SAMUEL FROLER, PEMILLA OSTEGREN, MAX VON SYDOW, PERNILLA AUGUST. ■ Già vincitore, in una delle passate edizioni, della Palma d'oro a Cannes con il discutibile *Pelle il conquistatore*, August fa il bis con quello che invece è senz'altro un capolavoro. Senza dubbio gran parte del merito va attribuito alle interpretazioni (Pemilla Ostegren ha vinto quale miglior attrice) e alla sceneggiatura di ferro (scritta dal grande regista svedese Ingmar Bergman) ma anche alla regia essenziale e controllata. Nel lungo film vengono narrati i rapporti tra i genitori di Bergman. Lui è un pastore protestante e lei una borghese snob che vuole la vita facile ma che cerca altresì di ribellarsi alle ostilità della madre. Un bel drammone con sotterfugi, litigi e "minimalismo". ■ COMMEDIA; COL.; 185'; SVEZIA, 1992. ■ CANNES ♉ 2 PR.

CON LE SPALLE AL MURO *(Sol Madrid)* ★★★
Regia di BRIAN G. HUTTON. Con DAVID MCCALLUM, RICARDO MONTALBAN, TELLY SAVALAS, STELLA STEVENS, RIP TORN. ■ Un agente speciale americano è inviato in Sudamerica per incastrare un boss del traffico della droga. Ma non c'è solo lui in caccia. Anche un esponente di Cosa nostra vuole la pelle del ricercato. Finisce con un massacro nella villa di un ex nazista. L'unico superstite è un agente dell'Fbi ■ GIALLO; COL.; 90'; USA, 1968.

CON LUI CAVALCA LA MORTE ★★
Regia di GIUSEPPE VARI. Con CAROLE ANDRÉ, HÉLÈNE CHANEL, ROBERT HUNDAR, MIKE MARSHALL. ■ Un cavaliere del Pony Express ha nella borsa della posta un dossier con le prove delle malefatte di un certo Talbot, candidato al seggio di senatore. Talbot spedisce i suoi sicari alla caccia del cavaliere. A nessun costo deve arrivare a destinazione. Ma il corriere ci arriva e, a missione terminata, fa fuori anche Talbot e i suoi uomini. ■ WESTERN; COL.; 94'; ITALIA, 1967.

CON MIA MOGLIE È TUTTA UN'ALTRA COSA ★★
(Dis moi que tu m'aimes)
Regia di MICHEL BOISROND. Con DANIEL CECCALDI, MIREILLE

DARC, MARIE JOSÉ NAT. ■ Due amici e colleghi benché sposati a donne di diversa indole (una è una ragazza tutto pepe, l'altra è dolce e mite) subiscono la stessa sorte. Dopo (rispettivi) litigi domestici, vengono cacciati di casa dalle loro signore e costretti a installarsi in ufficio. Dapprima la vita non è affatto comoda. Poi tutti s'arrangiano (mogli a casa e mariti fuori). Finché un giorno il caso rimette insieme le due coppie. ■ COMMEDIA; COL.; 115'; FRANCIA, 1978.

CON MIA MOGLIE È UN'ALTRA COSA ★★
(Affectionately Yours)
Regia di LLOYD BACON. Con RITA HAYWORTH, DENNIS MORGAN, MERLE OBERON, GEORGE TOBIAS. ■ Un corrispondente di guerra si destreggia fra servizi sensazionali (anche se rischiosi) e amoretti con le ausiliarie. Quasi dimentica che a casa ha una bella e calorosa moglie. Gli torna alla mente quando gli dicono che la sua signora sta per divorziare. Torna dunque a casa e riconquista la moglie. ■ COMMEDIA; B/N; 90'; USA, 1941.

CONNIE E CARLA *(Connie and Carla)* ★
Regia di MICHAEL LEMBECK. Con TONI COLLETTE, DAVID DUCHOVNY, NIA VARDALOS. ■ Le protagoniste sono due ragazze di provincia, Connie e Carla, aspiranti stelle del varietà. Testimoni involontarie di un omicidio, decidono di sparire, vanno a Los Angeles e, per nascondersi, fingono di essere uomini che si fingono donne. Vardalos è ormai abbonata al riciclo delle idee (proprie o altrui). *Il mio grosso grasso*... era la trasposizione di una sua opera teatrale che è diventata in seguito una serie televisiva, qui invece siamo dalle parti più del plagio che dell'omaggio a *A qualcuno piace caldo*. ■ COMMEDIA; COL.; 98'; USA, 2004.

CON ODIO E CON AMORE *(Los Tarantos)* ★★★
Regia di FRANCISCO ROVIRA-BELETA. Con CARMEN AMAYA, SARA LEZANA, DANIEL MARTIN, ANTONIO PRIETO, CARLOS VILLAFRANCA. ■ Barcellona. I Tarantos e gli Zorongos, due famiglie gitane, si odiano a causa di una vecchia rivalità d'amore. Succede come a Romeo e Giulietta: i rampolli delle due famiglie si innamorano, ma condurre in porto il loro amore è cosa ardua. Dopo morti e feriti, i due innamorati stanno per fuggire insieme, ma il più accanito oppositore al loro legame li farà fuori entrambi: di fronte a tanta assurda violenza, le due famiglie si riconcilieranno. ■ DRAMMATICO; COL.; 95'; SPAGNA, 1964. ■ OSCAR 1 NOM.

CONOSCENZA CARNALE *(Carnal Knowledge)* ★★★
Regia di MIKE NICHOLS. Con CANDICE BERGEN, ART GARFUNKEL, ANN MARGRET, RITA MORENO, JACK NICHOLSON. ■ La vita sessuale di due amici, dai venti ai quarant'anni. Amano la stessa ragazza, ma è il più mite e maldestro dei due a sposarla. L'altro passa da una donna all'altra, ma senza imbarcarsi in un'unione stabile (anche il suo legame con una cantante dura poco). A quarant'anni si ritrovano: uno ha lasciato la famiglia e vive come un hippy, l'altro è diventato quasi impotente. ■ DRAMMATICO; COL.; 100'; USA, 1971. ■ GOLDEN GLOBES 1 PR, 3 NOM; OSCAR 1 NOM.

CON QUALE AMORE, CON QUANTO AMORE ★★★
Regia di PASQUALE FESTA CAMPANILE. Con ERIKA BLANC, LOU CASTEL, CLAUDE RICH, CATHERINE SPAAK. ■ Dopo qualche anno di matrimonio, una bella signora romana e suo marito, un professionista, vanno in crisi. Lei si mette con un amico del consorte, più affettuoso, meno sofisticato. Lo comunica al marito e la coppia si separa. Dopo un po' però i due sentono nostalgia dei primi tempi della loro unione. Si rivedono clandestinamente. ■ COMMEDIA; COL.; 107'; ITALIA, 1969.

CONQUEST ★★
Regia di LUCIO FULCI. Con ANDREA OCCHIPINTI, JORGE RIVERO, SABRINA SIANI. ■ In una plaga desolata domina su tribù primitive uno strano essere con il volto coperto da una maschera e il corpo di donna, dedito a crudeli sacrifici umani in onore di uno stregone a cui deve il suo potere. Due amici, Ilias e Mace, giunti da terre lontane, lo combattono. Ilias, attirato in un tranello, muore, ma Mace lo vendicherà. Horror di consumo. ■ FANTASTICO; COL.; 92'; ITALIA, 1983.

CONQUISTA DELLA CALIFORNIA, LA ★★★
(California Conquest)
Regia di LEW LANDERS. Con ALFONSO BEDOYA, JOHN DEHNER, CORNEL WILDE, TERESA WRIGHT. ■ Nel 1845 la California è ancora sotto la dominazione messicana, ma gli Usa vogliono prendersela e anche i russi ci fanno un pensierino. Vincono gli yankee, con l'aiuto di un gruppo filoamericano, condotto dal prode don Arturo, spadaccino e pistolero. ■ WESTERN; COL.; 79'; USA, 1952.

CONQUISTA DELL'AMERICA, LA *(The Big Pond)* ★★★
Regia di HOBART HENLEY. Con MAURICE CHEVALIER, CLAUDETTE COLBERT. ■ Il rampollo di una altolocata famiglia francese fa la guida per turisti a Venezia. Incontra la bella americana, l'affascina portandola in gondola e solo quando è sicuro che è cotta, le rivela la sua identità. ■ COMMEDIA; B/N; 75'; USA, 1930. ■ OSCAR 1 NOM.

CONQUISTA DELL'ARIA, LA ★★
Regia di ROMOLO MARCELLINI. Con MEMO BENASSI, ANDREA CHECCHI, GIOVANNI GRASSO, ELIO STEINER. ■ Una cavalcata sul volo umano, dai primi tentativi (Leonardo) ai pionieri dell'inizio del secolo, fino alle trasvolate di Lindberg e Balbo. ■ AVVENTURA; B/N; 97'; ITALIA, 1940.

CONQUISTA DELLO SPAZIO, LA *(Conquest of Space)* ★★
Regia di BYRON HASKIN. Con WALTER BROOKE, ERIC FLEMING, WILLIAM HOPPER, MICKEY SHAUGHNESSY. ■ L'azione è situata nel 1980. La luna non è ancora stata raggiunta (la realtà evidentemente va più veloce del cinema), ma una stazione nello spazio è stata costruita per far decollare un'astronave da lanciare verso il satellite. Viene però sbagliata la mira. La spedizione arriva su Marte ■ FANTASCIENZA; COL.; 80'; USA, 1955.

CONQUISTA DEL PARADISO, LA *(Heaven on Earth)* ★
Regia di ALLEN KROEKER. Con JAN AUSTIN, R. H. THOMSON. ■ Robin, Megan, Sophie, Len e Gareth sono cinque delle migliaia di piccoli orfani inglesi che negli anni tra il 1867 e il 1914 furono inviati in Canada, novella terra promessa e fonte, nei loro sogni, di prosperità. Solo quando giungono a destinazione essi si rendono conto di quanto sia difficile sopravvivere in quei luoghi. ■ DRAMMATICO; COL.; 100'; GRAN BRETAGNA, 1987.

CONQUISTA DEL WEST, LA *(The Plainsman)* ★★★
Regia di CECIL B. DE MILLE. Con JEAN ARTHUR, CHARLES BICKFORD, GARY COOPER, JAMES ELLISON. ■ La storia di Wild Bill Hickock, di Calamity Jane, di Buffalo Bill sullo sfondo della turbolenta città di Deadwood e della guerra indiana (il massacro di Custer). Wild Bill è deciso a dare una lezione ai trafficanti d'armi. Li scova e uccide il loro capo. Ma un vigliacco gli spara alle spalle. I detrattori di Cecil B. De Mille hanno sempre sostenuto che trattava la storia (*Sansone e Dalila*, *I dieci comandamenti*) come un western. Omettevano però di aggiungere che il western lo sapeva fare benissimo. Almeno due suoi lavori sulla frontiera (questo e *La via dei giganti*) sono classici. *La conquista del west* è ancor oggi la rievocazione più appassionante della saga della città di Deadwood, con un Gary Cooper entusiasmante (anche se il suo Bill Hickock ha ben poco in comune con il personaggio così come è stato tramandato dagli studi storici più seri). ■ WESTERN; B/N; 113'; USA, 1936.

♥ CONQUISTA DEL WEST, LA ★★★★
(How the West Was Won)
Regia di JOHN FORD, HENRY HATHAWAY, GEORGE MARSHALL. Con CARROLL BAKER, HENRY FONDA, GREGORY PECK, GEORGE PEPPARD, DEBBIE REYNOLDS, JAMES STEWART, JOHN WAYNE, RICHARD WIDMARK. ■ Un western prodotto per lanciare il cinerama fuori dal genere documentario. L'espediente narrativo è quello, non nuovo, della storia di una famiglia attraverso quarant'anni di vita alla frontiera. All'epoca dei cacciatori di pellicce, due sorelle incontrano gli uomini delle loro vite. La maggiore sposa un cacciatore che per lei si trasformerà in agricoltore. La più giovane si mette con un giocatore. Il figlio del cacciatore combatte nella guerra di Secessione, partecipa alla costruzione della ferrovia, diventa sceriffo e uccide un noto fuorilegge. Poi, chiusa l'epoca eroica (sua e del paese), si ritira in campagna chiamando presso di sé la zia, ormai vedova e vecchiarella. Zeppo di divi (nessuno però impiegato al meglio), il film è dichiaratamente la raccolta di ogni luogo comune sull'argomento. Non punta sulla novità ma sulle grandiosità delle scene (la carica di bufali, la battaglia di Shiloh, le ra-

pide, l'assalto al treno). L'impatto (specie di quest'ultima sequenza che costò una mutilazione alla controfigura Robert Morgan) è notevole, ma il cinerama è ancora allo stadio primitivo (il sistema è a tre schermi, e non di rado si vedono le giunture fra un "piano" e l'altro). A livello di spettacolo, è un film che non si dimentica. ■ WESTERN; COL.; 155'; USA, 1962. ■ OSCAR 3 PR, 8 NOM.

CONQUISTATORE, IL *(The Conqueror)* ★★
Regia di DICK POWELL. Con PEDRO ARMENDARIZ, SUSAN HAYWARD, AGNES MOOREHEAD, JOHN WAYNE. ■ Temugin è un capo mongolo ribelle alla volontà dei più potenti Khan. In spregio ad uno di essi, ne cattura la figlia Bortai e ne fa la sua amante. Bortai passerà con una certa disinvoltura dall'odio all'amore. Al punto da non prendersela eccessivamente quando Temugin, nella battaglia decisiva, le farà fuori il genitore. Temugin diventa il capo di tutte le tribù mongole, mutando il suo nome in quello, presto famoso, di Gengis Khan. ■ AVVENTURA; COL.; 112'; USA, 1956.

CONQUISTATORE D'ANIME ★★
Regia di RENZO CHIOSSO. ■ Gli interpreti di questo film apologetico sono autentici missionari e abitanti delle zone dove si svolge l'azione. Narra delle lotte dei missionari in Cina e nel Mato Grosso. In particolare viene raccontata l'eroica morte di due missionari, monsignor Versiglia e don Caravario. ■ DOCUMENTARIO; B/N; 90'; ITALIA, 1936.

CONQUISTATORE DEI MONGOLI, IL *(Ilia Muromez)* ★★
Regia di ALEKANDER LUKUVIC PTUSKO. Con BORIS ANDREIEV, V. SALAVIAV. ■ I mongoli di Kalin mettono a ferro e fuoco la Russia. Ma li ferma un eroe leggendario, Ilia Muromez, annunciato da una profezia, che benché privo dell'uso delle mani e dei piedi era il solo degno di maneggiare la magica spada di Sviatagor. Tradimenti, intrighi dei Boiardi, battaglie, rapimenti, in questo calderone teso alla celebrazione della Grande Russia. ■ AVVENTURA; COL.; 92'; URSS, 1958.

CONQUISTATORE DELL'INDIA, IL *(Clive of India)* ★★★
Regia di RICHARD BOLESLAWSKI. Con RONALD COLMAN, MONTAGU LOVE, C. AUBREY SMITH, LORETTA YOUNG. ■ Nel diciottesimo secolo l'Inghilterra dà il via alla sua politica imperialistica in Oriente. Lo strumento è la Compagnia delle Indie, che da impresa commerciale (con esclusiva su quegli immensi territori) diventa *longa manus* del potere politico della corona britannica. Robert Clive è l'uomo che trasforma (con la diplomazia ma anche con la maniera forte) il mercato in *dominion* investito, dice lui, da una missione di civiltà. ■ STORICO; B/N; 90'; USA, 1935.

CONQUISTATORE DEL MESSICO, IL *(Juarez)* ★★★★
Regia di WILLIAM DIETERLE. Con BRIAN AHERNE, DONALD CRISP, BETTE DAVIS, PAUL MUNI, CLAUDE RAINS. ■ Storia di Benito Juarez, eletto dal popolo presidente del Messico. Ma il Paese è soggetto alle mire espansionistiche delle potenze europee. Massimiliano d'Asburgo, fratello dell'imperatore d'Austria, si proclama re del Messico appoggiato da un corpo di spedizione francese. Scoppia la rivolta. Massimiliano regge finché ha le truppe a sostenerlo, ma queste vengono richiamate in Europa. Il "re" è catturato e fucilato. Sua moglie impazzisce. ■ STORICO; B/N; 132'; USA, 1939. ■ OSCAR 1 NOM.

CONQUISTATORE DEL MONDO, IL ★★
(It Conquered the World)
Regia di ROGER CORMAN. Con SALLY FRASER, PETER GRAVES, LEE VAN CLEEF. ■ Uno scienziato si fida di un alieno venuto da Venere che in realtà vuole prendere possesso della Terra. Uno dei primi film di Corman. ■ FANTASCIENZA; B/N; 70'; USA, 1956.

CONQUISTATORE DEL WEST, IL *(Wagons West)* ★★★
Regia di FORD BEEBE. Con NOAH BEERY JR, ROD CAMERON, PEGGIE CASTLE. ■ Lo scout Jeff Curtis viene ingaggiato come guida per condurre una carovana di pionieri con i loro *conestoga* (i caratteristici carri coperti) attraverso le praterie del West, in territorio indiano. La carovana è capeggiata da un vigoroso cowboy, Cook, il cui irruente nipote, Clay, ha voglia di menar le mani, e provoca continui incidenti con gli indiani Cheyenne, di cui la carovana sta attraversando il territorio. Intanto Jeff intreccia un flirt con Anna, ragazza corteggiata anche da Clay. Un giorno segnali di fumo e rulli di tamburi annunciano che gli indiani sono sul piede di guerra: macello finale, da cui si salvano, com'è ovvio, Jeff e Anna che riprendono insieme la marcia. ■ WESTERN; B/N; 90'; USA, 1965.

CONQUISTATORE DI ATLANTIDE, IL ★★
Regia di ALFONSO BRESCIA. Con HÉLÈNE CHANEL, LUCIANA GILLI, PIERO LULLI, KIRK MORRIS. ■ Naufragato sulle coste dell'Africa, il forzuto Ercole viene soccorso dalla principessa Virna e accolto con amicizia dal padre di lei, lo sceicco Assur, e dal principe Karr. Le due teste coronate tuttavia non vanno d'accordo perché si accusano a vicenda delle scorrerie che le loro tribù subiscono da qualche tempo. In realtà gli assalitori sono dei misteriosi esseri, che un giorno rapiscono la stessa Virna. Ercole li segue e giunge in quel che resta della mitica Atlantide liberando Virna. ■ AVVENTURA; B/N; 90'; ITALIA, 1965.

CONQUISTATORE DI CORINTO, IL ★★
Regia di MARIO COSTA. Con JOHN DREW BARRYMORE, GIANNA MARIA CANALE, GENEVIÈVE GRAD, JACQUES SERNAS. ■ Roma contro Corinto. La città greca non dà ascolto alle offerte di pace del nemico e, anzi, i suoi cittadini quasi linciano l'ambasciatore inviato dall'Italia. Morale: il Senato romano decide l'uso della forza. Corinto viene assalita. I fautori del partito guerrafondaio muoiono. Il console romano sposa una biondina che preferiva da sempre l'amore alla guerra. ■ STORICO; COL.; 95'; ITALIA, 1961.

CONQUISTATORE DI MARACAIBO, IL ★★
Regia di JEAN MARTIN. Con JANY CLAIR, BRIGITTE COREY, HELGA LINÉ, HANS VON BORSODY. ■ Il pirata Alan Drake, tradito da un compagno, è accusato del furto di un bottino. Per non farsi ammazzare fugge allora dalla Tortuga e s'imbarca verso l'America. Nuovamente tradito, Drake viene arrestato e condannato a morte. Si salverà grazie all'attacco di Maracaibo operato da altri pirati. Per amore, smetterà anche di fare il pirata. ■ AVVENTURA; COL.; 90'; ITALIA, 1961.

CONQUISTATORE D'ORIENTE, IL ★★
Regia di TANIO BOCCIA. Con RIK BATTAGLIA, GIANNA MARIA CANALE, FOSCO GIACHETTI, IRÈNE TUNC. ■ Nell'Oriente di Aladino, l'usurpatore Dakar siede sul trono di un non meglio identificato regno. Un giorno a palazzo vengono portate alcune ragazze rapite dai soldati, tra cui la bellissima Fatima, che Dakar decide di fare regina del suo harem. Ma la schiava Katicia s'impietosisce e la fa fuggire, lungo il fiume. Fatima sta per essere travolta dalle rapide, ma viene salvata dal legittimo erede al trono Nadir. Dopo altre disavventure, questi riesce a riconquistare il regno, dove vivrà cent'anni felice e contento con Fatima. ■ AVVENTURA; COL.; 95'; ITALIA, 1960.

CONQUISTATORI, I *(The Conquerors)* ★★
Regia di WILLIAM A. WELLMAN. Con DONALD COOK, RICHARD DIX, ANN HARDING, GUY KIBBEE, EDNA MAY OLIVER. ■ Sette generazioni di una famiglia di banchieri, dalla fine della guerra di Secessione alla grande depressione del 1929. Come fecero i soldi, come li moltiplicarono, come li persero. In mezzo, tante liti e riappacificazioni coniugali. ■ STORICO; B/N; 93'; USA, 1932.

CONQUISTATORI, I *(Canyon Passage)* ★★★
Regia di JACQUES TOURNEUR. Con DANA ANDREWS, BRIAN DONLEVY, SUSAN HAYWARD, PATRICIA ROC. ■ La vita in una città del West nel 1850. Gli indiani sono ancora pacifici, ma diventano minacciosi quando un bandito bianco violenta una squaw. Urge darlo in pasto agli indiani per salvare il paese. Nel trambusto, c'è modo di mettere a posto altre situazioni, come dividere le coppie male assortite e sistemare i componenti più convenientemente. ■ WESTERN; COL.; 90'; USA, 1946. ■ OSCAR 1 NOM.

CONQUISTATORI DEGLI ABISSI, I ★★
Around the World under the Sea)
Regia di ANDREW MARTON. Con LLOYD BRIDGES, SHIRLEY EATON, BRIAN KELLY, DAVID MCCALLUM, KEENAN WYNN. ■ Un batiscafo avventuriero fa il giro dei sette mari con il compito di segnalare le manifestazioni vulcaniche negli abissi. L'equipaggio è formato da cinque uomini e una donna. Alla fine del viaggio (ma solo alla fine) la bionda fa la sua scelta. ■ AVVENTURA; COL.; 117'; USA, 1966.

CONQUISTATORI DEI SETTE MARI, I ★★
(The Figthting Seabees)
Regia di EDWARD LUDWIG. Con PAUL FIX, SUSAN HAYWARD, DENNIS O'KEEFE, JOHN WAYNE. ■ Una speciale unità combattente viene formata negli Stati Uniti all'inizio dell'ultima guerra e inviata nel Pacifico. Ne fanno parte ufficiali del genio addestrati però come marines. Il loro capo è una testa calda: pensa più a combattere che a costruire; il suo campo viene attaccato da un'orda di giapponesi calata con il favore della nebbia. Il comandante sacrifica la vita per salvare la sua unità. ■ GUERRA; B/N; 100'; USA, 1944. ■ OSCAR 1 NOM.

CONQUISTATORI DELLA LUNA, I ★
(Radar Men from The Moon)
Regia di FRED C. BRANNON. Con ROY BANCROFT, ALINE TOWNE, GEORGE WALLACE. ■ Ipotetici abitanti della luna provocano misteriosi sabotaggi negli Usa. Parte allora un'astronave verso il nostro satellite con lo scopo di chiarire i rapporti fra terrestri e "lunatici". Questi ultimi posseggono un'arma micidiale della quale intendono servirsi per conquistare la Terra. Ma la spedizione americana riuscirà a distruggere gli aspiranti invasori. ■ FANTASCIENZA; B/N; 100'; USA, 1952.

CONQUISTATORI DELLA SIRTE, I *(Tripoli)* ★★
Regia di WILL PRICE. Con HOWARD DA SILVA, LOWELL GILMORE, MAUREEN O'HARA, JOHN PAYNE. ■ All'inizio del XIX secolo le scorrerie dei pirati barbareschi rendono difficile la navigazione nel Mediterraneo. Gli americani decidono d'intervenire: mandano un reparto di fucilieri al comando di un tenente che deve fiancheggiare l'azione di un signorotto arabo disposto a dare man forte alle truppe straniere. Il signorotto fa il doppio gioco, ma il tenente lo neutralizza, dando anche una botta mortale ai pirati. ■ AVVENTURA; COL.; 95'; USA, 1950.

CONQUISTATORI DELLA VIRGINIA, I ★★
(Captain John Smith and Pocahontas)
Regia di LEW LANDERS. Con ROBERT CLARKE, ANTHONY DEXTER, ALAN HALE JR, JODY LAWRENCE. ■ Nel diciassettesimo secolo, il capitano John Smith va nella Virginia a trovare l'oro per conto del re d'Inghilterra. L'oro non lo trova: in compenso fa innamorare di sé Pocahontas, la bella figlia del capo degli indiani Potomacks, che gli permette d'insediare la colonia senza eccessivi inconvenienti. Dopo qualche scaramuccia con gli indigeni più ribelli, Smith colonizza uno dei territori più prosperi dei futuri Stati Uniti. Non sposerà però Pocahontas, dirottandola su Rolfe, il suo luogotenente. ■ WESTERN; B/N; 75'; USA, 1953.

CONQUISTATORI DELL'OREGON, I ★★
(The Oregon Trail)
Regia di GENE FOWLER JR. Con WILLIAM BISHOP, JOHN CARRADINE, FRED MACMURRAY, NINA SHIPMAN. ■ Negli anni precedenti la guerra di Secessione, una carovana viaggia verso l'Oregon. La vecchia guida è uccisa all'arrivo nella terra promessa. Un rinnegato spinge gli indiani contro i pionieri. Un giornalista aggregato alla spedizione lo mette a posto. Ma non sposa la "bella" della carovana (che va a un militare). Lui dovrà accontentarsi di un'indiana. ■ WESTERN; COL.; 86'; USA, 1959.

CONQUISTATORI DELL'URANIO, I *(Uranium Boom)* ★★
Regia di WILLIAM CASTLE. Con PATRICIA MEDINA, DENNIS MORGAN, WILLIAM TALMAN. ■ Due esperti di mineralogia divengono soci e, con l'aiuto di un indigeno, scoprono rocce ricche di uranio. Ci si mettono però di mezzo tre loschi individui che vogliono assicurarsi per primi la concessione dell'estrazione del metallo. I due terzetti si sabotano e danneggiano a vicenda. ■ DRAMMATICO; B/N; 92'; USA, 1956.

CONQUISTATORI DEL WEST, I *(Buckskin Frontier)* ★★
Regia di LESLEY SELANDER. Con MAX BAER, ALBERT DEKKER, RICHARD DIX, JANE WYATT. ■ Un pioniere modernista, Bent, sta costruendo nel Missouri una delle leggendarie ferrovie che renderanno prospera l'America. Ma non tutti, si sa, ne sono coscienti, e un proprietario terriero si oppone alla costruzione della strada. Bent cerca di conquistare la figlia per arrivare a lui, ma viene attaccato da una banda di esaltati. La fanciulla corre in suo aiuto, e il padre in aiuto della fanciulla. Trionfo finale del ferroviere. ■ WESTERN; B/N; 90'; USA, 1943.

CONQUISTATRICE, LA ★★★
(I Can't Get it for You Wholesale)
Regia di MICHAEL GORDON. Con DAN DAILEY, SUSAN HAYWARD, SAM JAFFE, GEORGE SANDERS. ■ Una disegnatrice di moda, energica e arrivista, mette su una piccola casa di confezioni con il fidanzato e un amico. Ma l'ambizione la spinge a gesti azzardati. Si accorda infatti con un proprietario di grandi magazzini che rischia di mandare in malora la piccola società. All'ultimo però la donna ci ripensa. Molla il magnate e ritorna al fidanzato e alle sue quattro stanzette. ■ COMMEDIA; B/N; 90'; USA, 1951.

CONQUISTATRICE DELL'ALHAMBRA, LA ★
(Cuentos de la Alhambra)
Regia di FLORIAN REY. Con RAUL CANCIO, CARMEN SEVILLA. ■ Meriquita è fidanzata con Luca, soldato della guarnigione dell'Alhambra. Per un contrattempo, il ragazzo viene arrestato perché ritenuto disertore. Servendosi della propria bellezza, Meriquita ottiene un salvacondotto per far fuggire Luca. Vengono però nuovamente acciuffati e il ragazzo, trovato in possesso di certi gioielli rubati, è condannato alla forca. Rancori politici e altre vicende complicheranno ancor più la faccenda, ma poi tutto si concluderà per il meglio. ■ AVVENTURA; B/N; 90'; SPAGNA, 1954.

CON RABBIA E CON AMORE ★
Regia di ALFREDO ANGELI. Con MASSIMO DAPPORTO, GIULIANA DE SIO, GABRIELE FERZETTI, ANGELA FINOCCHIARO. ■ Un ragazzo e una ragazza si sono appena conosciuti e già un proiettile vagante colpisce la giovane, che entra in coma profondo. Il ragazzo decide di dedicarsi al tentativo di recuperarla. Angeli torna dietro la macchina da presa dopo vent'anni di assenza. ■ DRAMMATICO; COL.; 92'; ITALIA, 1997.

CONRACK ★★★
Regia di MARTIN RITT. Con HUME CRONYN, MADGE SINCLAIR, JON VOIGHT, PAUL WINFIELD. ■ Un giovane insegnante bianco è mandato in una scuola per neri della Carolina del Sud. Il primo impatto è difficoltoso (ragazzi e genitori rifiutano il giovanotto arrivato con la mentalità da "padrone buono dello zio Tom"), poi si arriva alla collaborazione e infine all'amicizia. La via dell'integrazione razziale non è poi troppo lontana. ■ COMMEDIA; COL.; 107'; USA, 1974.

CON RISPETTO PARLANDO ★★
Regia di MARCELLO CIORCIOLINI. Con SCILLA GABEL, CARLO GIUFFRÈ, RENZO PALMER, GIUSI RASPANI DANDOLO, AROLDO TIERI. ■ Attricetta di fotoromanzi torna al paesello per intervenire al funerale del sindaco, suo parente. La ragazza può così osservare come tutti i presenti manifestino un falso dolore, intenti come sono a cercare di sfruttare il lutto a proprio uso e consumo (è periodo d'elezioni). La mesta occasione si trasforma in *battage* elettorale con botte e insulti. Non manca, per la ragazza, una sorpresa finale. ■ COMMEDIA; B/N; 97'; ITALIA, 1965.

CONSEGUENZE, LE ★★
Regia di SERGIO CAPOGNA. Con MARINA BERTI, CLAUDIO GORA, MARISA SOLINAS, MARIO VALDEMARIN, VENANTINO VENANTINI. ■ Per liberarsi dei propri pregiudizi borghesi, Marisa si mette alla ricerca di esperienze amorose. Comincia con l'andare a letto con un pittore, poi passa ad un uomo sposato. Abortisce anche e, gradatamente, si avvia verso lo squallore esistenziale più profondo. ■ DRAMMATICO; B/N; 91'; ITALIA, 1964.

CONSEGUENZE DI UNA NOTTE *(The Night Prowler)* ★★★
Regia di JIM SHARMAN. Con RUTH CRACKNELL, JOHN FRAWLEY, KERRY WALKER. ■ La vita di una tranquilla famiglia di Sydney è sconvolta da un fattaccio notturno. I vicini sentono urlare la figlia. Il padre e la madre raccontano, il giorno dopo, che la ragazza è stata aggredita e violentata da un bruto durante la notte. La prima conseguenza è la rottura del fidanzamento della giovane con un diplomatico. E poi il distacco di lei dai genitori. ■ DRAMMATICO; COL.; 95'; AUSTRALIA, 1978.

CONSEGUENZE DI UN BACIO, LE ★★★
(His Butler's Sister)
Regia di FRANK BORZAGE. Con EVELYN ANKERS, DEANNA DUR-

BIN, PAT O'BRIEN, FRANCHOT TONE. ■ Una ragazza di campagna va a New York a trovare il suo fratellastro che fa il maggiordomo per un ricco imprenditore. Non solo si fa sposare dal magnate, ma fa carriera come diva della canzone. Film centrato su Deanna Durbin, nel periodo di maggior slancio divistico. ■ COMMEDIA; B/N; 94'; USA, 1943. ■ OSCAR 1 NOM.

CONSEGUENZE DELL'AMORE, LE ★★

Regia di PAOLO SORRENTINO. Con ADRIANO GIANNINI, ANGELA GOODWIN, OLIVIA MAGNANI, RAFFAELE PISU, TONI SERVILLO. ■ Titta Di Girolamo ha cinquant'anni, vive da otto anni in un albergo di una cittadina del Canton Ticino lontano dalla famiglia, apparentemente facoltoso ma senza alcuna esibizione di ricchezza. È un uomo che nasconde un segreto che emergerà a poco a poco anche grazie al progressivo innamoramento per la ragazza del bar dell'hotel. Il secondo film di Sorrentino merita tutte le attenuanti che vanno concesse all'opera seconda ma non convince. Se in *L'uomo in più* scorreva la vita, anche se quella circoscritta dell'ambiente calcistico, qui ci troviamo di fronte a un film così "recitato" da suonare falso. ■ DRAMMATICO; COL.; 100'; ITALIA, 2004. ■ DAVID DI DONATELLO 5 PR, 5 NOM.

CONSEGUENZE PERICOLOSE *(The Last Word)* ★★

Regia di TONY SPIRIDAKIS. Con RICHARD DREYFUSS, TIMOTHY HUTTON, CHAZZ PALMINTERI, JOE PANTOLIANO. ■ Un reporter di cronaca nera riceve l'incarico di scrivere una sceneggiatura dalle sue inchieste per un film-verità. Prende una cotta per una ragazza che fa strip-tease e ha molto da raccontare. ■ DRAMMATICO; COL.; 95'; USA, 1994.

♥ CONSIGLIO D'EGITTO, IL ★★★

Regia di EMIDIO GRECO. Con RENATO CARPENTIERI, ANTONIO CATANIA, MARINE DELTERME, SILVIO ORLANDO, TOMMASO RAGNO. ■ Tratto dal libro di Leonardo Sciascia, la vicenda è ambientata nel 1782 quando un certo abate Vella (Silvio Orlando) a Palermo riesce a farsi accettare nel seguito di un importante e ricchissimo musulmano, tale Abdallah Ben Olman. L'abate intenderebbe semplicemente vivere alla grande e per farsi accreditare meglio spaccia un libretto per un testo rivoluzionario. Il lestofante inganna tutti per tredici mesi. Un film in costume dalle tematiche complesse forse difficilmente comprensibili per lo spettatore che non abbia già letto il libro. È la seconda opera di Sciascia che Greco porta sullo schermo. La prima era stata *Una storia semplice*, una delle ultime magistrali interpretazioni di Gianmaria Volonté. ■ DRAMMATICO; B/N; 135'; ITALIA, 2001.

CONSIGLIO DI FAMIGLIA *(Conseil de famille)* ★★★

Regia di CONSTANTIN COSTA GAVRAS. Con FANNY ARDANT, JOHN HALLYDAY, GUY MARCHAND. ■ Un grande scassinatore spera che il figlio, una volta adulto, segua le sue orme. Ma il ragazzo, dopo aver aiutato per qualche tempo il padre dichiara che non seguirà le sue orme. Il padre ci rimane male e punisce il figlio chiudendolo in camera sua. Ma il ragazzo si libera facilmente e lo denuncia. Commedia diretta con insospettabile umorismo da Costa-Gavras e interpretata con insospettabile bravura da Hallyday. ■ COMMEDIA; COL.; 127'; FRANCIA, 1985.

CONSIGLIORI, IL ★★

Regia di ALBERTO DE MARTINO. Con JOHN ANDERSON, MARTIN BALSAM, TOMAS MILIAN, FRANCISCO RABAL. ■ Un giovane avvocato, figlioccio e *consigliori* di un importante padrino di Los Angeles, decide di sposarsi e di dare un taglio alle proprie disoneste attività. Del fatto approfitta un mafioso ambizioso, Garofalo, che semina la discordia e contesta il potere al padrino. L'avvocato sarà costretto a ributtarsi nella mischia per soccorrere il suo protettore. Massacro generale. Il padrino rimane vincitore, ma il *consigliori* ci rimette la pelle. ■ GIALLO; COL.; 90'; ITALIA, 1974.

CONSIGLI PER GLI ACQUISTI ★★

Regia di SANDRO BALDONI. Con SILVIA COHEN, CARLO CROCCOLO, MAURIZIO CROZZA, ENNIO FANTASTICHINI, IVANO MARESCOTTI, MARIELLA VALENTINI. ■ Un industriale produce alimenti sia per i cani che per gli esseri umani. Gli va a male una partita di carne e decide di lanciarla sul mercato come se i vermi che la abitano arricchissero il contenuto proteico del cibo per animali. L'agenzia di pubblicità del Nord incaricata di lanciare il prodotto dovrà scontrarsi con le poche ma chiare idee del produttore. Satira al vetriolo contro il consumismo appesantita da un finale troppo didascalico. ■ COMMEDIA; COL.; 89'; ITALIA, 1997.

CONSOLE ITALIANO, IL ★★

Regia di ANTONIO FALDUTO. Con GIULIANA DE SIO, ANNA GALIENA, LIRA KOHL, LUCA LIONELLO, FRANCO TREVISI. ■ La sabbia bianca delle spiagge sudafricane e un gruppo di giovani donne di colore che corrono in fuga, con la disperazione sul volto mista alla speranza. Poi, due occhi neri e profondi, femminili, africani, in primo piano. E si torna indietro nel tempo. Di pochi giorni. Per capire cosa stia succedendo. Perché tra quelle donne c'è anche Giovanna, console italiano a Cape Town. Elegante e sicura di sé, ostinatamente sola e indipendente. Almeno fino all'incontro con la giovane modella sudafricana Palesa che, catapultandola nella realtà di soprusi e dolore in cui vivono migliaia di donne rese schiave dal commercio della prostituzione con l'Europa, costringerà il console a fare i conti con se stessa e con il proprio passato. ■ DRAMMATICO; COL.; 90'; ITALIA, SUDAFRICA, 2011.

CONSOLE ONORARIO, IL ★

(The Honorary Consul – Beyond the Limit)

Regia di JOHN MACKENZIE. Con MICHAEL CAINE, ELPIDIA CARRILLO, RICHARD GERE, BOB HOSKINS. ■ Eduardo Plarr, medico argentino costretto dagli eventi politici a lavorare sempre in prima linea, è alla ricerca del padre *desaparecido*. In una cittadina di frontiera conosce Charlie Forethnum, console onorario dell'Inghilterra, un povero alcolizzato innamorato di una prostituta. Le vite dei due uomini si uniscono, nonostante le grandi differenze di carattere, ma alla fine si salverà soltanto il console. Da Graham Greene. ■ DRAMMATICO; COL.; 103'; GRAN BRETAGNA, 1984.

CONSPIRATOR, THE ★★★

Regia di ROBERT REDFORD. Con KEVIN KLINE, JUSTIN LONG, JAMES MCAVOY, ROBIN WRIGHT PENN, EVAN RACHEL WOOD. ■ Washington, aprile 1865. Frederick Aiken è un ufficiale dell'esercito nordista, sopravvissuto alla Guerra Civile e deciso a vivere e innamorarsi in una nazione finalmente unita. Avvocato in tempo di pace, è chiamato a difendere davanti a un tribunale militare Mary Surratt, accusata di complicità nell'assassinio di Abramo Lincoln. Proprietaria di una pensione, supposto luogo della cospirazione, e madre di John Surratt, amico e frequentatore di uno dei sette uomini coinvolti nello scellerato delitto, Mary si dichiara innocente e chiede per sé un processo imparziale. Frederick, riottoso ad accettare la nomina di avvocato difensore e fermamente convinto della colpevolezza di Mary, nondimeno avvia la sua indagine e prepara difesa e arringa. Resistendo alla requisitoria e ai metodi poco ortodossi del pubblico ministero, il giovane avvocato si appassiona alla causa e a quella sua cliente, innocente fino a prova contraria. La ricerca della verità nel rispetto della Costituzione, gli alienerà gli amici e gli indicherà i nemici dentro un paese sull'orlo del collasso e dell'isterismo. Redford, liberal a oltranza, naturalmente omologa quell'America a questa: grande paese, ma comunque imperfetto. ■ DRAMMATICO; COL.; 122'; USA, 2010.

CONSTANS ★★★

Regia di KRZYSZTOF ZANUSSI. Con TADEUSZ BRADECKI, ZOFIA MROZOWSKA, MALGORZATA ZAJACZOWSKA. ■ La storia di Witold, polacco onesto e incorruttibile, che sogna di scalare l'Himalaya, sebbene suo padre, alpinista, sia morto in montagna. Dopo diverse traversie sembra che il suo sogno s'avveri, ma il destino è crudele, e Witold si dovrà accontentare di rimanere sospeso nel vuoto per pulire i vetri dei palazzi. Non solo: facendo cadere un intonaco provocherà erroneamente la morte di un bambino. Un altro ritratto amaro del regista polacco sull'uomo e la crudeltà della vita. ■ DRAMMATICO; COL.; 90'; POLONIA, 1982. ■ CANNES 1 PR.

CONSTANT GARDENER, THE ★★

Regia di FERNANDO MEIRELLES. Con RALPH FIENNES, DANIELE HARFORD, DANNY HUSTON, PETE POSTLETHWAITE, ANNEKE KIM SARNAU, DONALD SUMPTER, RACHEL WEISZ. ■ In Kenya, Tessa Quayle, attivista che indaga su alcune aziende farmaceutiche, viene uccisa in misteriose circostanze. La notizia della morte colpisce drammaticamente il diplomatico inglese e marito della donna, Justin Quayle, al punto che tutte le certezze nella sua vita sembrano scomparire. Ora, l'unico scopo di Justin è trovare gli assassini e portare avanti il lavoro della moglie deceduta.Tratto da un romanzo di le Carré, dunque con un'ottima base di partenza, il film soffre di una struttura non completamente risolta. I temi dell'impegno sociale e dell'amore si intrecciano e si amalgamano, ma non totalmente, esprimendo due linee narrative parallele che non si toccano mai. Molto suggestiva l'ambientazione. ■ THRILLER; COL.; 129′; GRAN BRETAGNA, USA, 2005. ■ GOLDEN GLOBES 1 PR, 3 NOM; OSCAR 1 PR, 4 NOM.

CONSTANTINE ★★★
Regia di FRANCIS LAWRENCE. Con MAX BAKER, DJIMON HOUNSOU, SHIA LABEOUF, GAVIN MCGREGOR ROSSDALE, KEANU REEVES, TILDA SWINTON, PRUITT TAYLOR VINCE, RACHEL WEISZ. ■ John Constantine nasce col potere che gli consente di distinguere gli angeli e demoni che si occultano tra gli umani. Spaventato dal suo potere si suicida, ma verrà riportato in vita e costretto a guadagnare il perdono divino, che a un suicida di norma non è concesso, spedendo nel loro mondo i demoni che infestano la terra. È un fumatore accanito, cui hanno diagnosticato pochi mesi di vita e pertanto deve fare presto. Le visioni dell'oltretomba cadono talvolta nella convenzione visiva, con la tecnica digitale che inizia a mostrare i suoi limiti. ■ AZIONE; COL.; 121′; USA, 2005.

CONTACT ★★★
Regia di ROBERT ZEMECKIS. Con ANGELA BASSETT, JODIE FOSTER, MATTHEW MCCONAUGHEY, TOM SKERRITT, JAMES WOODS. ■ Ellie Harroway, scienziata, risponde a segnali che provengono da Vega e decide di recarsi nello spazio per entrare in contatto diretto con gli extraterrestri. Il suo problema sarà quello di conciliare la propria razionalità con le attese messianiche di massa. Zemeckis torna su temi a lui congeniali utilizzando tecnologie sempre più avanzate (nel film compare anche un Clinton digitalizzato). Il problema è però quello di una sceneggiatura fragile e un po' troppo "americana" che si fa sostenere da un'interprete in stato di grazia. La Foster sa ormai conciliare alla perfezione il proprio interesse per la regia con una capacità di recitazione sempre più "raffinata". ■ FANTASTICO; COL.; 150′; USA, 1997. ■ GOLDEN GLOBES 1 NOM; OSCAR 1 NOM.

CONTA FINO A CINQUE E MUORI ★★★
(Count Five and Die)
Regia di VICTOR VICAS. Con ANNEMARIE DÜRINGER, JEFFREY HUNTER, DAVID KOSSOFF, NIGEL PATRICK. ■ A Londra, durante la seconda guerra mondiale, un piccolo gruppo dell'Intelligence Service è incaricato di fornire ai tedeschi false informazioni. Ma un giorno una bionda spia nazi si introduce nel gruppo. Gli uomini dell'Intelligence se ne accorgono e fanno in modo di strumentalizzarla. La donna verrà uccisa dai suoi stessi datori di lavoro. ■ SPIONAGGIO; B/N; 92′; GRAN BRETAGNA, 1957.

CONTA FINO A TRE E PREGA *(Count Three and Pray)* ★★
Regia di GEORGE SHERMAN. Con RAYMOND BURR, PHILIP CAREY, ALLISON HAYES, VAN HEFLIN, JOANNE WOODWARD. ■ Un giocatore dongiovanni dopo la guerra civile torna al paese natio deciso a cambiar vita. Anzi, diventa addirittura il pastore del luogo, raddrizza i torti, converte i suoi antichi compagni di bagordi, infine si sposa con una biondina che lo amava dall'infanzia. ■ WESTERN; COL.; 102′; USA, 1955.

CONTAGIATI, I *(The Missing are Deadly)* ★★★
Regia di DON MCDOUGALL. Con GARY MORGAN, ED NELSON, LEONARD NIMOY, GEORGE O'HANLON JR. ■ Un ragazzino stravagante, con qualche problema psicologico minore, ruba dal laboratorio in cui lavora il padre un virus capace di uccidere cento milioni di persone in tre settimane... Un *Wargames ante litteram* che scorre via bene con, in più, un occhio particolare alla suspense. ■ GIALLO; COL.; 90′; USA, 1975.

CONTAGION ★
Regia di KARL ZWICKY. Con NICOLA BARTLETT, JOHN DOYLE. ■ Mentre si sta recando in automobile dalla sua ragazza, un giovane e brillante professionista perde il controllo del mezzo e viene proiettato al di fuori della carreggiata. Soccorso da due affascinanti ragazze, viene da queste portato nella loro casa. ■ HORROR; COL.; 90′; AUSTRALIA, 1987.

CONTAGION ★★★
Regia di STEVEN SODERBERGH. CON MARION COTILLARD, MATT DAMON, JUDE LAW, GWYNETH PALTROW, KATE WINSLET. ■ Una malattia per molti versi simile all'influenza suina ma capace di svilupparsi anche per contatto con estrema rapidità sta colpendo il mondo. La comunità medica mondiale si trova in breve tempo a dover affrontare la ricerca di una cura e il controllo del panico che si diffonde progressivamente ovunque. Le persone reagiscono in modo diverso e a seconda della responsabilità che è stata loro attribuita o che si sono autonomamente conferita. Steven Soderbergh continua a sperimentare sia sul piano della sceneggiatura che su quello linguistico cinematografico. Che si tratti della reazione dell'uomo che perde moglie e figlio o del responsabile del Consiglio mondiale della sanità oppure che si evidenzino le ragioni (ma anche la paranoia) del fustigatore mediatico di qualsiasi complotto (vero o presunto) gli elementi dei primordi (sesso, bugie e videotape) non sono estranei a un film che prende l'avvio dal giorno numero 2. Da lì si dipanano vicende private e pubbliche scandite con la cronometrica precisione dell'orologio della Morte. Il principio della fine verrà reso noto solo in conclusione. Dove si mostrerà che le piaghe che tormentano l'uomo d'oggi non hanno la dimensione epica di quelle bibliche. Possono avere cause molto ma molto più banali. ■ THRILLER; COL.; 105′; USA, 2011.

CONTAMINATION ★★
Regia di LUIGI COZZI. Con GISELA HAHN, MARINO MASÉ, IAN MCCULLOCH. ■ Due astronauti tornano da un viaggio nello spazio. Uno scompare in mare. L'altro viene recuperato, ma nessuno crede ai suoi racconti. Nessuno tranne un colonnello in gonnella, che lo porta con sé in un'indagine in Colombia. Là i due ritrovano l'altro astronauta che assieme a un mostruoso *alien* comanda una colonia di schiavi che coltiva terribili uova capaci di far esplodere chiunque le tocchi. La colonnella sta per fare una brutta fine, ma l'esercito locale interviene e la salva. ■ HORROR; COL.; 95′; ITALIA, 1980.

CON TANTI CARI... CADAVERI, DETECTIVE STONE *(Black Eye)* ★★★
Regia di JACK ARNOLD. Con RICHARD X. ANDERSON, ROSEMARY FORSYTHE, RICHARD X. SLATTERY, FRED WILLIAMSON. ■ Il padre di una ragazza scomparsa incarica delle ricerche un poliziotto privato nero. Costui sembra aver successo, ma il finale si dimostrerà imprevedibile. Il detective Stone è il gemello color cioccolato dei tanti lupi solitari della narrativa gialla, da Chandler a Hammett. ■ GIALLO; COL.; 98′; USA, 1973.

CONTA SOLO L'AVVENIRE *(Tomorrow is Forever)* ★★★
Regia di IRVING PICHEL. Con GEORGE BRENT, CLAUDETTE COLBERT, RICHARD LONG, ORSON WELLES. ■ Un uomo viene dato per morto durante la prima guerra mondiale. La moglie per un po' si dispera, poi si risposa con un generoso spasimante. Vent'anni dopo, il primo marito torna (ridotto a un rottame) e va a lavorare proprio nell'azienda del suo successore. Rivede la moglie, ma non le rivela la verità (lei è felice con la sua nuova famiglia). Il poveraccio, per la troppa commozione, muore. ■ DRAMMATICO; B/N; 105′; USA, 1946.

CONTA SU DI ME *(Lean on Me)* ★★
Regia di JOHN G. AVILDSEN. Con MORGAN FREEMAN, ROBERT GUILLAUME, BEVERLY TODD. ■ Film di ambiente scolastico con un preside "estremista". Il duro comportamento è giustificato dall'atmosfera criminale che aleggia in una scuola superiore del New Jersey. Diretto da Avildsen non sempre al meglio, si avvale della bravura di Morgan Freeman. ■ DRAMMATICO; COL.; 110′; USA, 1989.

CONTA SU DI ME *(You Can Count on Me)* ★★★
Regia di KENNETH LONERGAN. Con MICHAEL COUNTRYMAN, RORY CULKIN, PETER KERWIN, LAURA LINNEY, MARK RUFFALO, AMY RYAN. ■ Sammy Prescott, giovane madre divorziatasi poco dopo il matrimonio, vive con il figlio Rudy di otto anni a Scottville, cittadina dello stato di New York. Quando il fratello Terry, impulsivo e inaffidabile ma anche buono e sensibile, ritorna da

una lunga assenza, Sammy è ben felice di rivederlo e di accoglierlo in casa. Terry, con un modo di fare diretto e comunicativo, conquista presto la simpatia e l'affetto di Rudy, bisognoso di una figura paterna. Alcuni suoi comportamenti irresponsabili preoccupano però Sammy, che nel frattempo oscilla sentimentalmente tra il capo ufficio Brian e l'amico Bob, inducendola ad allontanare da casa il fratello. Si separeranno a malincuore ma con la consapevolezza di fare la cosa più giusta per entrambi. Commedia dolce amara sui rapporti affettivi di vario genere e sui loro risvolti psicologici, non dice molto di nuovo ma lo dice bene. ■ COMMEDIA; COL.; 109′; USA, 1999. ■ GOLDEN GLOBES 2 NOM; OSCAR 2 NOM.

CONTE AQUILA, IL ★★
Regia di GUIDO SALVINI. Con ROSSANO BRAZZI, LEONARDO CORTESE, VALENTINA CORTESE, PAOLO STOPPA. ■ Il conte Federico Confalonieri cospira per liberare la Lombardia dagli austriaci. Lo arrestano e lo condannano a morte. Ma la moglie riesce, con le sue suppliche, a convincere l'imperatore a commutare la pena nel carcere a vita allo Spielberg. La donna continua a battersi, ma la sua salute vacilla. Morrà senza aver rivisto il marito. ■ STORICO; COL.; 92′; ITALIA, 1954.

CONTE DE NOËL, UN ★★
Regia di ARNAUD DESPLECHIN. Con MATHIEU AMALRIC, ANNE CONSIGNY, CATHERINE DENEUVE, EMMANUELLE DEVOS, HIPPOLYTE GIRARDOT, CHIARA MASTROIANNI, MELVIL POUPAUD. ■ Abel e Junon Vuillard hanno due figli: Joseph ed Elizabeth. Joseph si ammala e si rende necessario un trapianto di midollo osseo. Né i genitori né Elizabeth sono compatibili. Abel e Junon decidono allora di mettere al mondo un altro figlio sperando nella possibilità di una donazione. Ma neppure il piccolo Henri è compatibile e Joseph morrà a 7 anni. Con la nascita del quarto figlio, Ivan, progressivamente il lutto per la perdita di Joseph sembra essere rielaborato. Anni dopo Elizabeth, scrittrice teatrale di successo aiuta il fratello Henri, sull'orlo della bancarotta, ma a un patto: non dovrà mai più presentarsi davanti a lei. Sono trascorsi altri anni e si avvicina il Natale, Junon apprende di essere stata colpita dallo stesso male di Joseph. Va cercato un donatore in famiglia: uno potrebbe essere Paul, il tormentato figlio adolescente di Elizabeth e l'altro proprio Henri che ha fatto la sua ricomparsa. La lettura della trama iniziale del film può già da sola far comprendere la complessità di una sceneggiatura che, come accaduto in altre occasioni nel cinema più recente, offrirebbe materia per un'intera serie televisiva. ■ DRAMMATICO; COL.; 150′; FRANCIA, 2008.

CONTE DI BRÉCHARD, IL ★★
Regia di MARIO BONNARD. Con ROMANO CALÒ, LUISA FERIDA, TINA LATTANZI, AMEDEO NAZZARI, CAMILLO PILOTTO. ■ Il soggetto è tratto dalla commedia omonima di Gioacchino Forzano, curatore anche dell'adattamento. Vicissitudini di un nobile all'epoca della Rivoluzione francese e del Terrore: quando sta per essere giustiziato, l'arresto di Robespierre gli salva la vita. Sposerà poi la buona figlia del suo peggior nemico. ■ DRAMMATICO; B/N; 90′; ITALIA, 1938.

CONTE DI ESSEX, IL ★★★
(The Private Lives of Elizabeth and Essex)
Regia di MICHAEL CURTIZ. Con DONALD CRISP, BETTE DAVIS, OLIVIA DE HAVILLAND, ERROL FLYNN, VINCENT PRICE. ■ Il conte di Essex è da anni il favorito di Elisabetta d'Inghilterra. Ma la posizione di quasi principe consorte non gli basta: si mette a capo d'una congiura assieme a illustri contemporanei come Francis Bacon e William Shakespeare. Il complotto fallisce. Elisabetta, forzando i suoi sentimenti, manda Essex al patibolo. Ponderoso dramma storico allestito con grandi mezzi, ma con minimi risultati artistici. I due personaggi principali non sono (per diverse ragioni) granché simpatici e nemmeno i due divi girano al meglio: forse perché litigarono ferocemente fra una scena e l'altra (il dongiovanni Flynn non considerava la Davis donna appetibile e lo dava a vedere fin troppo chiaramente). ■ STORICO; COL.; 106′; USA, 1939. ■ OSCAR 5 NOM.

CONTE DI MATERA, IL ★★
Regia di LUIGI CAPUANO. Con WANDISA GUIDA, VIRNA LISI, PAUL MÜLLER, ERMINIO SPALLA, OTELLO TOSO. ■ Solito film di genere "cappa e spada" ambientato in un Medio Evo fasullo. Amori, duelli, vendette, agguati, cunicoli segreti sono i soli ingredienti della pellicola. ■ DRAMMATICO; B/N; 94′; ITALIA, 1957.

CONTE DI MONTECRISTO, IL ★★★
(The Count of Montecristo)
Regia di ROWLAND V. LEE. Con SIDNEY BLACKMER, LOUIS CALHERN, ROBERT DONAT, ELISSA LANDI. ■ È questa la prima versione cinematografica del romanzo di Alessandro Dumas. Edmond Dantès è un capitano marittimo che viene denunciato da tre loschi individui (il suo secondo, un innamorato della sua fidanzata, un magistrato corrotto) come pericoloso cospiratore. Viene rinchiuso in una prigione dove rimane dieci anni. Evade, prendendo il posto di un altro detenuto morto, l'abate Faria, che prima di morire gli consegna la mappa di un favoloso tesoro. Divenuto ricchissimo, Edmond Dantès, sotto il nome di conte di Montecristo, compirà una terribile vendetta. ■ AVVENTURA; B/N; 119′; USA, 1935.

CONTE DI MONTECRISTO, IL ★★
(Le comte de Montecristo)
Regia di ROBERT VERNAY. Con MICHELLE ALFA, AIMÉ CLARIOND, PIERRE-RICHARD WILM, ERMETE ZACCONI. ■ Prima versione francese sonora dell'omonimo romanzo di Dumas, molto fedele alla fonte ma non del tutto riuscita. ■ AVVENTURA; B/N; 94′; FRANCIA, ITALIA, 1943.

CONTE DI MONTECRISTO, IL ★★★
(Le comte de Montecristo)
Regia di CLAUDE AUTANT-LARA. Con YVONNE FURNEAUX, LOUIS JOURDAN, ROLDANO LUPI, PIERRE MONDY. ■ Dopo il film di Lee, la migliore trasposizione del libro di Dumas. Autant-Lara non ci mette l'anima, ma è sempre un ottimo professionista. ■ AVVENTURA; COL.; 180′; FRANCIA, 1962.

CONTE DI MONTECRISTO, IL *(Count of Montecristo)* ★★
Regia di DAVID GREENE. Con RICHARD CHAMBERLAIN, TONY CURTIS, TREVOR HOWARD, TARYN POWER. ■ Ulteriore rivisitazione della storia di Dumas padre. Girata per la tv inglese, ha circolato anche in sala pubblica. ■ AVVENTURA; COL.; 100′; GRAN BRETAGNA, 1975.

CONTE DI S. ELMO, IL ★★
Regia di GUIDO BRIGNONE. Con TINO BUAZZELLI, NELLY CORRADI, ANNA MARIA FERRERO, MASSIMO SERATO. ■ Una specie di Zorro italiano durante gli ultimi tempi della dominazione borbonica. Il conte di S. Elmo di giorno è un affettato gentiluomo che passa il tempo a correr dietro alle ballerine napoletane, di notte è il cavaliere mascherato che capeggia la carboneria locale. Per colpa di una donna gelosa viene smascherato e portato in prigione. Ma i suoi seguaci lo liberano. ■ AVVENTURA; B/N; 90′; ITALIA, 1950.

CONTE DRACULA, IL ★★
Regia di JESÚS FRANCO. Con KLAUS KINSKI, CHRISTOPHER LEE, HERBERT LOM, MARIA ROHM. ■ Ancora la storia di Dracula, il vampiro della Transilvania che ha ispirato molti film. La storia è arcinota. Un visitatore arriva al castello del conte ed è vampirizzato. Dracula però non è soddisfatto: scende nella città di provenienza della sua ultima vittima e morde a destra e a manca. Sarà il professor Van Elsing, il killer di vampiri più rinomato, a saldargli (forse definitivamente) il conto. ■ HORROR; COL.; 97′; ITALIA, SPAGNA, 1971.

CONTE MAX, IL ★★★
Regia di GIORGIO BIANCHI. Con JUAN CALVO, SUSANNA CANALES, VITTORIO DE SICA, TINA PICA, ALBERTO SORDI, ANNE VERNON. ■ La trama narra le vicende di Alberto, un romano nipote di un tranviere, che ha un'edicola in via Veneto. Attratto dallo sfavillante mondo che si vede passare ogni giorno davanti, Alberto decide di darvi la scalata. Lo aiuta in ciò il conte Max, un nobiluomo squattrinato, il quale subito lo spedisce a Cortina per "sgrezzarsi". Qui conosce una baronessa che lo invita in Spagna. In terra iberica il romano lascerà un debito ad un fiorista e verrà rimpatriato a Roma: capirà ben presto che quel vacuo ambiente non fa per lui. ■ COMMEDIA; B/N; 120′; ITALIA, 1957.

CONTE MAX, IL ★★
Regia di Christian De Sica. Con Galeazzo Benti, Christian De Sica, Maria Mercader, Ornella Muti. ■ Ispirato alle due omonime pellicole del 1938 e del 1957, dirette da Mario Camerini e Giorgio Bianchi, si tratta del secondo film come regista per Christian De Sica dopo *Faccione*. Un conte decaduto fa da pigmalione a un modesto meccanico che si è innamorato di un'indossatrice. Per lei fingerà di essere il conte Max e sarà disposto, per conquistarla, anche a seguirla in capo al mondo. ■ Commedia; col.; 90'; Italia, 1991.

CONTENDER, THE ★★
Regia di Rod Lurie. Con Joan Allen, Philip Baker Hall, Jeff Bridges, Sam Elliott, Gary Oldman, William L. Petersen, Saul Rubinek, Christian Slater. ■ Il senatore Laine Hanson (Joan Allen) è la prima donna a ricoprire il ruolo di vicepresidente. Dopo la morte del vicepresidente in carica, la scelta è caduta su di lei, donna forte e proprio per questo temuta dai membri di entrambi i partiti che faranno di tutto per contrastarla. Ma sarà uno, in particolare, il nemico più agguerrito di Laine: si tratta di un avversario politico (interpretato da Gary Oldman), che cercherà di gettare discredito sulla donna, sulla sua professione e sulla sua vita privata. Ottima la prova di Joan Allen che si è meritata, con questo film, una nomination agli Oscar come miglior attrice protagonista. ■ Drammatico; col.; 126'; Francia, USA, 2000. ■ Golden Globes 2 nom; Oscar 2 nom.

CONTENDERS – SERIE 7 *(Series 7: the contenders)* ★★★
Regia di Daniel Minahan. Con Marylouise Burke, Glenn Fitzgerald, Michael Kaycheck, Brooke Smith, Richard Venture. ■ *The contenders* è un seguitissimo programma di *real tv*. Le regole sono semplici: in estrazione pubblica vengono sorteggiati cinque cittadini americani. Vengono loro consegnati pistola e munizioni e date poche ore per prepararsi. Un cameraman da quel momento li seguirà costantemente. Il vincitore della puntata precedente è già sulle loro tracce: per ucciderli o essere ucciso. Nessuno può sottrarsi al fascino perverso del gioco: né come attore né come spettatore. Dawn è la campionessa in carica, all'ultimo mese di gravidanza. I suoi avversari sono: Connie, un'infermiera molto religiosa; Franklin, un anziano teorico della cospirazione; Lindsay, una comune diciottenne; Tony, un operaio la cui famiglia sta andando a pezzi; Jeff, un artista pacifista che sta morendo per un tumore ai testicoli e che è stato il ragazzo di Dawn ai tempi del liceo. La caccia è spietata e, progressivamente, i concorrenti si eliminano tra loro. Restano Dawn (che ha partorito in circostanze più che "a rischio") e Jeff, con tutto il carico dei ricordi come valore aggiunto. Il film si colloca nel genere di una *science fiction* che è ormai quasi realtà. Girato come se fosse vera televisione il film è un'arma a doppio taglio, come lo stesso regista riconosce. Ammette infatti di essersi quasi vergognato quando ha visto il pubblico, durante un *preview*, applaudire al massacro della studentessa. ■ Commedia nera; col.; 88'; USA, 2001.

CONTE NERO, IL *(Le cavalier noir)* ★★
Regia di Gilles Grangier. Con Georges Guétary, Mila Parély, Jean Tissier. ■ Il "conte Nero" è un nobiluomo spagnolo, capo di una banda di contrabbandieri che lavorano al confine tra Francia e Spagna. Giunto al castello del marchese di Saint-Brissac, il "conte" lo rapisce e lo porta nel covo della banda. Arriva anche Solange, figlia del sequestrato. Il "conte" le racconta la propria storia: è diventato contrabbandiere per vendicarsi del re di Francia che aveva espropriato i suoi beni paterni. ■ Avventura; b/n; 81'; Francia, 1944.

CONTESA FATALE *(Torn between Two Lovers)* ★★
Regia di Delbert Mann. Con Joseph Bologna, George Peppard, Lee Remick. ■ A causa del maltempo, i voli all'aeroporto di New York vengono momentaneamente sospesi. Mentre attende di poter partire come decine di altri passeggeri, la giovane Diana fa conoscenza con un architetto: è il colpo di fulmine per entrambi. Diane però è già sposata e deve lottare con i suoi sentimenti contrastanti. ■ Sentimentale; col.; 97'; USA, 1979.

CONTESO DI BROOKLYN, IL *(The Contender)* ★★
Regia di Sam Newfield. Con Buster Crabbe, Arline Judge, Donald Mayo. ■ Per poter iscrivere il figlioletto al collegio militare, il vedovo Gary Foster decide di diventare pugile professionista. Il successo e gli alti guadagni lo avviano però verso una brutta strada. Ci si mette di mezzo anche una donna avida: popolarità e forma fisica declinano rapidamente. L'allenatore litiga con lui, la retta del collegio si fa insostenibile, la donna, infelice, infine lo abbandona. Ma gli amici e una giovane giornalista, che non hanno smesso di volergli bene, sapranno fargli ritrovare la necessaria fiducia. ■ Commedia; b/n; 95'; USA, 1947.

CONTESSA ALESSANDRA, LA ★★★
(Knight without Armour)
Regia di Jacques Feyder. Con John Clements, Marlene Dietrich, Robert Donat, David Tree, Austin Trevor. ■ Nel 1917, durante la Rivoluzione d'ottobre, una contessa vedova cerca di sfuggire ai bolscevichi per non fare la fine del parentado. L'incontro con un contrabbandiere inglese sarà la sua salvezza: l'uomo l'aiuta ad espatriare. Fine dei patemi e anche (si presume) delle gramaglie della nobildonna. ■ Avventura; b/n; 108'; Gran Bretagna, 1937.

CONTESSA AZZURRA, LA ★★
Regia di Claudio Gora. Con Zsa Zsa Gabor, Franca Marzi, Amedeo Nazzari, Paolo Stoppa, Irène Tunc. ■ Siamo all'epoca del muto. Un regista è costretto a sospendere le riprese per un litigio nato tra lui e il produttore, quest'ultimo spalleggiato dalla primattrice. Il regista riprende a girare il film sostituendo la diva ribelle con una ragazza sconosciuta. Sarà un successo. Tra i due fiorirà anche l'amore, ma la prima guerra mondiale spegnerà ogni sogno. ■ Commedia; col.; 90'; Italia, 1960.

CONTESSA BIANCA, LA *(White Countess)* ★★
Regia di James Ivory. Con Madeleine Cooper, Allan Corduner, Ralph Fiennes, Madeleine Potter, Lynn Redgrave, Vanessa Redgrave, Natasha Richardson, Kyle Rothstein, Hiroyuki Sanada, Luoyong Wang, John Wood. ■ Shangai, anni Trenta, appena prima dell'invasione nipponica. Sofia è una contessa russa fuggita insieme alla famiglia dalla rivoluzione sovietica, e costretta a prostituirsi per sopravvivere. Todd Jackson è un ex diplomatico americano ora non vedente che ha un unico sogno: aprire un nightclub. Sia Sofia che Todd sono stati segnati dal passato, e il loro incontro farà scontrare due modi di essere, tanto gelidi da diventare idealmente caldissimi. Ivory si dimostra Ivory. Il freddo si è trasformato in gelo. ■ Drammatico; col.; 138'; Cina, Germania, Gran Bretagna, USA, 2005.

CONTESSA CASTIGLIONE, LA ★★
Regia di Flavio Calzavara. Con Enzo Biliotti, Andrea Checchi, Renato Cialente, Doris Duranti. ■ Storia di Virginia Oldoini contessa di Castiglione, asso nella manica della diplomazia piemontese durante il Risorgimento. Napoleone III esita a fare la guerra all'Austria, ma Cavour gli manda a Parigi Virginia, detta "Nicchia", che lo conquista definitivamente alla causa italiana. La guerra scoppierà ma "Nicchia" ha dovuto rinunciare al suo vero amore. ■ Storico; b/n; 95'; Italia, 1942.

CONTESSA DI CASTIGLIONE, LA ★★
Regia di Georges Combret. Con Rossano Brazzi, Yvonne De Carlo, Tamara Lees, Georges Marchal, Paul Meurisse, Lea Padovani. ■ La bellissima contessa di Castiglione s'innamora di un giovane carbonaro, ma poi i due si perdono di vista. Si ritrovano a Parigi dove lei è stata inviata dal conte di Cavour per convincere, con le sue arti femminili, Napoleone III a far la guerra a fianco del Piemonte. Il carbonaro intanto predispone un attentato contro l'imperatore dei francesi, ma ci lascia le penne. La Castiglione piange il perduto amore, ma l'alleanza si farà lo stesso. ■ Storico; col.; 89'; Francia, Italia, 1954.

CONTESSA DI HONG KONG, LA ★★
(The Countess from Hong Kong)
Regia di Charlie Chaplin. Con Marlon Brando, Sidney Chaplin, Tippi Hedren, Sophia Loren. ■ Su una nave per miliardari un ricco diplomatico americano conosce un'esiliata russa fascinosa e disinibita. La donna lo mette in crisi ideologica e sentimentale. Lui per un po' vorrebbe tenersi lei e la carriera, ma poi finisce per dare addio alla vita pubblica e a involarsi con la splen-

dida contessa. L'ultimo film di Chaplin e anche probabilmente il suo peggiore. ■ COMMEDIA; COL.; 120'; USA, 1966.

CONTESSA DI MONTECRISTO, LA ★★
(Die Grafin von Montecristo)
Regia di KARL HARTL. Con GUSTAF GRÜNDGENS, BRIGITTE HELM, MATHIAS WIEMAN. ■ Una comparsa cinematografica viene creduta un'aristocratica dagli abitanti di un paese in cui capita. E lei sta al gioco con molta abilità. ■ COMMEDIA; B/N; 80'; AUSTRIA, 1932.

CONTESSA DI MONTECRISTO, LA ★★
(The Countess of Montecristo)
Regia di EDGARD GEORGE ULMER. Con LEONORE AUBERT, MARTIN KOSLECK, JOHN LODER. ■ Il conte di Montecristo credeva d'aver sistemato per sempre Villefort (impazzito in uno dei capitoli finali del romanzo di Dumas) e invece il suo nemico è più vispo e carogna che mai. Predispone un agguato e il conte rimane ferito. Deve nascondersi in attesa della riscossa. Intanto la sua signora rimane sola ad affrontare il bieco. Niente paura, anche la contessa ha grinta da vendere: Villefort riceverà da lei la giusta punizione. ■ AVVENTURA; B/N; 85'; USA, 1946.

CONTESSA DI PARMA, LA ★★★
Regia di ALESSANDRO BLASETTI. Con ELISA CEGANI, ANTONIO CENTA, UGO CESERI, MARIA DENIS, PINA GALLINI, UMBERTO MELNATI, OSVALDO VALENTI. ■ Un atelier "lancia" una sua indossatrice con il nome di "Contessa di Parma". Un calciatore della Nazionale si innamora di lei e la crede davvero blasonata. Quando però la ragazza passa alle dipendenze di una zia dell'atleta, viene a galla la verità e tra i due innamorati finisce tutto. Una sfilata, poi, propizierà la loro riconciliazione. ■ COMMEDIA; B/N; 90'; ITALIA, 1937.

CONTESSA E IL GUARDIACACCIA, LA ★★
(Leidenschaft)
Regia di WALTER JANSSEN. Con HANS STÜWE, OLGA TSCHECHOWA. ■ Una giovane contessa, scontenta dell'anziano consorte e del cupo ambiente in cui vive, si innamora del guardiacaccia e viene ricambiata. Durante una battuta di caccia il conte rimane ucciso. Una cameriera gelosa rivela la relazione della nobildonna e questa è perciò accusata dell'omicidio del marito. *In extremis* il vero colpevole confesserà e la donna potrà sposare il suo innamorato. ■ DRAMMATICO; B/N; 95'; AUSTRIA, 1940.

CONTESSA SCALZA, LA *(The Barefoot Contessa)* ★★★
Regia di JOSEPH LEO MANKIEWICZ. Con HUMPHREY BOGART, ROSSANO BRAZZI, VALENTINA CORTESE, AVA GARDNER, EDMOND O'BRIEN. ■ Un regista cinematografico americano conosce una ballerina spagnola e ne fa un'attrice famosa. Ma all'apice del successo la donna abbandona lo schermo per sposare un conte italiano. Il marito è impotente. Per dargli un figlio la contessa va a letto con un servitore. Il conte, nient'affatto grato, la uccide. ■ DRAMMATICO; COL.; 128'; USA, 1954. ■ OSCAR 1 PR, 2 NOM.

CONTESSA X, LA *(Countess of Montecristo)* ★★
Regia di KARL FREUND. Con PATSY KELLY, PAUL LUKAS, FAY WRAY. ■ Un'attricetta, a corto di esperienza drammatica ma non d'ambizioni, si fa passare per contessa. I compagni di lavoro le credono, tranne uno. Poco male: la ragazza lo convincerà di altre cose. Primo, che può essere brava attrice; secondo, che sarà certamente una bravissima moglie. ■ COMMEDIA; B/N; 74'; USA, 1934.

CONTESSINA SI DIVERTE, LA *(Baby)* ★★
Regia di PIERRE BILLON. Con ANNY ONDRA, PIERRE RICHARD WILLM. ■ Lavoro interessante per le vicende che riguardano i suoi personaggi. Anny Ondra era un'attrice polacca e attiva nel cinema cecoslovacco (una delle massime interpreti del muto) e in quello tedesco, Billon fece tutta la giusta gavetta per approdare alla commedia sofisticata. *La contessina* è una gaia storiella con tutti gli ingredienti del genere: ammiccamenti, corteggiamenti, piccoli inganni e lieto fine. ■ COMMEDIA; B/N; 98'; FRANCIA, 1932.

CONTESTAZIONE DEL TUBO, LA *(La grande lessive)* ★★
Regia di JEAN-PIERRE MOCKY. Con FRANCIS BLANCHE, ANDRÉ BOURVIL, ROLAND DUBILLARD, MICHAEL LONSDALE, JEAN POIRET, JEAN TISSIER. ■ Gli studenti seguono troppo le trasmissioni televisive, a scapito del profitto scolastico: un insegnante e altri "complici" neutralizzano le antenne. Tecnici e polizia si affannano per capire i motivi di questo improvviso "oscuramento" televisivo. I sabotatori sono costretti a darsela a gambe, ma finirà tutto allegramente. ■ COMMEDIA; COL.; 95'; FRANCIA, 1968.

CONTESTAZIONE GENERALE ★★★
Regia di LUIGI ZAMPA. Con VITTORIO GASSMAN, NINO MANFREDI, ENRICO MARIA SALERNO, MICHEL SIMON, ALBERTO SORDI, MARINA VLADY. ■ Tre episodi sul tema della contestazione sessantottina. Nel primo (il più debole) Vittorio Gassman, esagitato regista hippy, cerca di filmare un documentario a sensazione sulla rivolta studentesca. Sordi invece è un prete di campagna che si crede corteggiato da una bella cassiera. In realtà la ragazza ama un altro sacerdote. Nel terzo sketch Manfredi è un dirigente industriale afflitto dall'atteggiamento ribelle del figliolo. Capirà il suo rampollo quando anche lui, in un viaggio d'affari in America, si ribellerà al suo tirannico e cafone datore di lavoro. ■ COMMEDIA; COL.; 131'; ITALIA, 1970.

CONTE TACCHIA, IL ★★
Regia di SERGIO CORBUCCI. Con VITTORIO GASSMAN, ENRICO MONTESANO, PAOLO PANELLI, GIUSEPPE PAMBIERI. ■ Checco, figlio di un falegname, si fa passare per il conte Tacchia e corteggia una duchessina. Ma ha per rivale un marchese con il quale, una volta creato realmente conte Tacchia da Vittorio Emanuele III, si scontra a duello. Nessuno muore, ma la duchessina finisce per accettare di sposare Tacchia per riavere i soldi che lui ha vinto al gioco al padre. Ma Checco rifiuta e torna da Fernanda, la popolana che l'ha sempre amato. ■ COMMEDIA; COL.; 118'; ITALIA, 1982.

CONTE UGOLINO, IL ★★
Regia di RICCARDO FREDA. Con GIANNA MARIA CANALE, CARLO NINCHI, PETER TRENT. ■ Il conte Ugolino è un valoroso, anche se spietato, uomo d'armi. Grande stratega, riceve l'incarico di condurre in guerra l'esercito della sua signoria toscana. Ma l'arcivescovo Ruggieri, che lui crede amico, gli sta tramando contro. Per il suo tradimento, Ugolino viene sconfitto. È processato e condannato a morire di fame assieme ai suoi figli. La figlia dimostra la sua innocenza, ma è troppo tardi. Il condottiero è morto, ma prima, impazzito per la fame, ha divorato i cadaveri dei figli. ■ AVVENTURA; B/N; 90'; ITALIA, 1949.

CONTINENTE DI GHIACCIO, IL ★★★
Regia di LUIGI TUROLLA. ■ Soggetto e sceneggiatura di questo lungometraggio didattico, basato su interessantissimo materiale d'epoca, sono firmati dallo stesso Turolla. Il film inizia con la commemorazione dell'impresa dell'esploratore britannico Scott che raggiunse il Polo Sud nel 1912 e morì poi nel viaggio di ritorno per la fame e il freddo. (Prima di lui, però, c'era giunto il norvegese Amundsen.) Il documentario descrive poi il "Continente di ghiaccio", cioè l'Antartide, gli animali che lo abitano, la flora, i misteriosi fondali, i ghiacci smisurati, i fossili ritrovati ecc. ■ DOCUMENTARIO; COL.; 90'; ITALIA, 1975.

CONTINENTE NERO *(Savage Splendour)* ★★★
Regia di LEWIS COTLOW, ARMAND DENIS. ■ Lo studioso ed esploratore Armand Denis ha filmato la sua spedizione di caccia nelle zone dell'Africa orientale britannica e del Congo belga. ■ DOCUMENTARIO; COL.; 95'; USA, 1948.

CONTINENTE PERDUTO ★★★
Regia di LEONARDO BONZI, MARIO CRAVERI, ENRICO GRAS, FRANCESCO LAVAGNINO, GIORGIO MOSER. ■ Documentario realizzato nel corso di una spedizione in Cina e in Indonesia. Illustra luoghi, usi, costumi, riti, credenze delle popolazioni incontrate. ■ DOCUMENTARIO; COL.; 92'; ITALIA, 1955. ■ CANNES 1 PR.

CONTINENTE SCOMPARSO, IL *(Lost Continent)* ★★★
Regia di SAM NEWFIELD. Con HILLARY BROOKE, CHICK CHANDLER, CESAR ROMERO. ■ Nel corso di un esperimento, un razzo nucleare scompare dai controlli radar. Un aereo con a bordo militari e scienziati è inviato in ricognizione sulla zona in cui si ritiene che il missile sia precipitato. Ma il velivolo, a causa di un fenomeno di magnetismo, si guasta ed è costretto ad atterrare su un'isoletta. Giunti sulla montagna, gli scienziati si rendono conto che la fauna e la flora di quel luogo appartengono all'epoca preistorica e inoltre che lì si trova una grande massa di uranio. Mostri

antidiluviani e disgrazie varie decimeranno la spedizione. ■ FANTASCIENZA; B/N; 86′; USA, 1951.

CONTINENTI IN FIAMME ★★
Regia di WILLIAM YOUNG. ■ Si tratta di un'opera (forse collettiva) della quale non è mai stata individuata la regia. Il documentario propone spezzoni noti, ma anche materiale raro o inedito. ■ DOCUMENTARIO; B/N; 90′; GRAN BRETAGNA, 1955.

CONTINUANO A VIVERE FELICI E CONTENTI ★★
(Europas Paradiese)
Regia di EUGEN SCHUHMACHER. ■ Il titolo vorrebbe indurre lo spettatore a riallacciarsi al più illustre *E vivono felici e contenti*, realizzato da altri autori. Il materiale di questo documentario è in gran parte già edito e privo di particolare interesse e di pregi tecnici. Il tema è quello ecologico, con particolare riferimento al mondo animale, allo sterminio e all'estinzione di certe razze. ■ DOCUMENTARIO; COL.; 95′; GERMANIA, 1974.

CONTINUAVANO A CHIAMARLI... ER PIÙ ER MENO ★★
Regia di GIUSEPPE ORLANDINI. Con FRANCO FRANCHI, CICCIO INGRASSIA, ENRICO LUZI, DIDI PEREGO. ■ Parodia di *Er più*, il film di Celentano ambientato fra i bulli trasteverini all'inizio del secolo. Franco e Ciccio bulli non sono, ma a un certo punto decidono di presentarsi come tali. Per un po' la commedia riesce, poi i due vengono puniti. ■ COMICO; COL.; 97′; ITALIA, 1972.

CONTINUAVANO A CHIAMARLI I DUE PILOTI PIÙ MATTI DEL MONDO ★★
Regia di MARIANO LAURENTI. Con LINO BANFI, FRANCO FRANCHI, CICCIO INGRASSIA, SERGIO LEONARDI, MARISA MERLINI, DIDI PEREGO. ■ Franco e Ciccio, piloti dell'aviazione civile, sono costretti a dirottare un aereo due volte in nazioni straniere, obbligati dai figli di un miliardario che vogliono dare una lezione al padre che li maltratta. I due maldestri amici-piloti, dopo altre avventure tragicomiche, se ne voleranno alle Bahamas insieme con due hostess di cui sono innamorati. ■ COMICO; COL.; 86′; ITALIA, 1972.

CONTINUAVANO A CHIAMARLO IL GATTO CON GLI STIVALI *(Nagagutsu o haita neko)* ★★
Regia di ISAFA TAKAHASHI. ■ Avventure del gatto Pero, della piccola Annie e del giovane Jimmy alle prese con i malviventi della cittadina di Go Go Town. Pero, aiutato da un piccolo esercito di topi, sgominerà la banda. ■ ANIMAZIONE; COL.; 95′; GIAPPONE, 1968.

...CONTINUAVANO A CHIAMARLO TRINITÀ ★★★
Regia di E. B. CLUCHER. Con HARRY CAREY JR, TERENCE HILL, YANTI SOMER, BUD SPENCER. ■ Nuova avventura di Trinità e Bambino, i due fratellastri maestri nei pugni, nell'uso della Colt e nell'imbroglio dei *desperados*. Hanno promesso al padre moribondo di smettere di aiutare il prossimo e di fare d'ora in avanti i bravi banditi. Ma non c'è niente da fare: la loro indole è buona. Quando giungono a Tascosa e s'imbattono in un certo José, in apparenza gran gentiluomo, in realtà capo di una banda di contrabbandieri, non resistono alla tentazione di raddrizzare i suoi molti torti, guadagnandosi così la gratitudine dei cittadini e di una banda di attori ambulanti cui hanno più volte salvato la pelle. ■ WESTERN; COL.; 128′; ITALIA, 1971.

CONTO ALLA ROVESCIA *(Countdown)* ★★★
Regia di ROBERT ALTMAN. Con JAMES CAAN, ROBERT DUVALL, STEVE IHNAT, JOANNA MOORE. ■ Americani e russi sono in corsa per la conquista della luna. Vincono ovviamente gli americani, ma dopo sorde lotte intestine. L'astronauta prescelto parte, alluna, ma per un pelo non ci rimette la pelle. Quando sta per perdere la speranza avvista la base. ■ FANTASCIENZA; COL.; 90′; USA, 1968.

CONTO ALLA ROVESCIA *(Comptes à retours)* ★★
Regia di ROGER PIGAUT. Con MICHEL BOUQUET, MARCEL BOZZUFFI, JEAN DESAILLY, JEANNE MOREAU, SERGE REGGIANI, SIMONE SIGNORET, CHARLES VANEL. ■ Un maturo gangster è deciso a vendicarsi degli uomini che causarono la sua rovina. Individua un gruppo di sospetti e li accusa. Questi reagiscono violentemente: il protagonista, a poco a poco, finisce per ucciderli tutti. Solo dopo questo singolare processo di eliminazione verrà a conoscere il nome del vero colpevole. ■ POLIZIESCO; COL.; 103′; FRANCIA, 1971.

CONTO ALLA ROVESCIA *(Countdown)* ★
Regia di KEONI WAXMAN. Con JAMES LEGROS, JASON LONDON, LORI PETTY. ■ Due poliziotte, una giapponese e un'americana, devono arrestare un criminale che intende far esplodere una bomba durante le festività natalizie. ■ POLIZIESCO; COL.; 85′; GIAPPONE, USA, 1996.

CONTO È CHIUSO, IL ★★
Regia di STELVIO MASSI. Con GIAMPIERO ALBERTINI, MARIANGELA GIORDANO, LUC MERENDA, CARLOS MONZON. ■ Un tipo molto gagliardo vuol vendicare la morte di madre e sorella e si mette, da solo, contro tutta una banda. Si fa assumere dal nemico e gli combina un sacco di guai. Alla fine, con l'aiuto di un amico riesce a chiudere la partita. ■ DRAMMATICO; COL.; 95′; ITALIA, 1976.

CONTO FINALE *(L'addition)* ★★★
Regia di DENIS AMAR. Con VICTORIA ABRIL, RICHARD BERRY, RICHARD BOHRINGER. ■ Un giovane prende le difese di una bella ragazza cleptomane e colpisce il sorvegliante di un supermarket. Messo in galera, è coinvolto contro la sua volontà in un tentativo di evasione. Accusato a torto da un detenuto, un paranoico molto temuto all'interno del carcere, il giovane si ritrova a poco a poco in balia dello psicopatico che lo costringe a commettere un altro delitto. ■ DRAMMATICO; COL.; 85′; FRANCIA, 1984.

CONTRABAND ★★
Regia di BALTASAR KORMAKUR. Con KATE BECKINSALE, BEN FOSTER, LUKAS HAAS, GIOVANNI RIBISI, MARK WAHLBERG. ■ Chris è un marinaio discretamente compromesso che è riuscito ad uscire dal "giro". Si è fatto una famiglia e ha messo la testa a posto. Ma ecco che il passato si riaffaccia. L'uomo viene suo malgrado coinvolto in un contrabbando. Un gioco al quale deve sottostare per proteggere i suoi. Lo scenario è la zona portuale di New Orleans. Una storia come tante. Non peggiore. ■ THRILLER; COL.; 110′; USA, 2012.

CONTRABBANDIERE, IL *(Thunder Road)* ★★
Regia di ARTHUR RIPLEY. Con JACQUES AUBUCHON, GENE BARRY, JIM MITCHUM, ROBERT MITCHUM. ■ Un contrabbandiere del profondo Sud con la sua auto truccata si fa beffe per anni della polizia dello Stato. Un giorno però si mette contro un potente gangster di Chicago. Stretto fra gli sbirri e i sicari del boss il contrabbandiere finirà per rimetterci le penne. ■ AVVENTURA; B/N; 92′; USA, 1958.

CONTRABBANDIERI, I *(The Man Within)* ★★
Regia di BERNARD KNOWLES. Con RICHARD ATTENBOROUGH, JOAN GREENWOOD, JEAN KENT, MICHAEL REDGRAVE. ■ In Cornovaglia, nel secolo diciottesimo, un ragazzo rimasto orfano viene adottato da un misterioso signorotto. Scopre che il suo protettore è il capo di una banda di contrabbandieri che affondano le navi: denuncia allora lui e i suoi complici, persuaso dalle parole di una donna. Il romanzo da cui è tratto il film non è tra i migliori di Graham Greene. ■ AVVENTURA; COL.; 90′; GRAN BRETAGNA, 1947.

CONTRABBANDIERI A MACAO – AGENTE SEGRETO EDDIE DARROW *(Forbidden)* ★★
Regia di RUDOLPH MATÉ. Con TONY CURTIS, JOANNE DRU, MARVIN MILLER. ■ Un giovane americano ritrova a Macao la sua vecchia fiamma che ora fa la cantante in un night. Per riprendersela, non trova di meglio che entrare nella gang del proprietario del locale che organizza molti loschi affari nella colonia portoghese. Al momento buono però il giovanotto si ribella, mette a posto i gangster, li consegna alla polizia e s'imbarca per gli Stati Uniti con la sua bella. ■ AVVENTURA; B/N; 85′; USA, 1952.

CONTRABBANDIERI DEGLI ANNI RUGGENTI, I ★★
(The Moonshine War)
Regia di RICHARD QUINE. Con ALAN ALDA, WILL GEER, PATRICK MCGOOHAN, RICHARD WIDMARK. ■ In America, durante il Proibizionismo, un losco agente governativo vorrebbe incastrare un suo ex compagno d'armi che contrabbanda il *moonshine* (chiaro di luna, un whisky ad alta gradazione alcolica). Non riuscendoci con i mezzi legali, chiede l'aiuto di un gangster, un feroce ex dentista, che arriva con la sua banda e mette a ferro e fuoco la con-

trada. La sua repressione è così sanguinosa che anche l'agente che l'ha chiamato finisce per metterglisi contro. Il malvagio sarà punito, il contrabbando riprenderà a prosperare. ■ AVVENTURA; COL.; 100′; USA, 1970.

CONTRABBANDIERI DEL CIELO, I ★★
(The Hell with Heroes)
Regia di JOSEPH SARGENT. Con CLAUDIA CARDINALE, PETER DUEL, HARRY GUARDINO, ROD TAYLOR. ■ Un veterano di guerra specialista nei trasporti aerei incontra un vecchio commilitone che lo convince a dargli una mano nel contrabbando di sigarette tra Francia e America. Il veterano accetta anche perché innamorato della donna dell'altro. Ma la polizia americana è sulle loro tracce. A questo punto il protagonista vorrebbe lasciar perdere tutto, ma l'altro non indietreggia nemmeno davanti all'omicidio. Il veterano lo affronta, lo neutralizza e si prende la ragazza. ■ AVVENTURA; COL.; 95′; USA, 1968.

CONTRABBANDIERI DEL KENIA, I ★★
(The Royal African Rifles)
Regia di LESLEY SELANDER. Con LOUIS HAYWARD, VERONICA HURST, MICHAEL PATE. ■ Alla vigilia della prima guerra mondiale, un carico d'armi destinato ad un reggimento coloniale britannico del Kenya viene rubato da una nave da guerra che naviga a sud-est dell'Africa. Il comandante della nave, James, ottiene il permesso di mettersi alla caccia dei ladri. Vivrà molteplici pericolose avventure ma alla fine sconfiggerà i contrabbandieri d'armi e troverà una fanciulla che lo ama. ■ AVVENTURA; COL.; 75′; USA, 1953.

CONTRABBANDIERI DELLA MORTE, I ★★
(Kràl sumavy)
Regia di KAREL KACHYNA. Con RADOVAN LUKAVSKY, JIRI VALA. ■ Un sottufficiale del controspionaggio, Karel Zeman, è incaricato di recarsi in una località di frontiera allo scopo di eliminare l'attività di contrabbando. Ma l'interesse per una donna lo distrae dal dovere. Si scuoterà tutto a un tratto dall'indolenza e, indirettamente, causerà la morte della ragazza di cui è innamorato. Riuscirà però a debellare le illegali attività. ■ DRAMMATICO; B/N; 90′; CECOSLOVACCHIA, 1959.

CONTRABBANDIERI DEL MARE, I ★
Regia di ROBERTO BIANCHI MONTERO. Con ROSSANO BRAZZI, CLAUDIO GORA, CARLO NINCHI, PIERO PALERMINI, ELENA ZARESCHI. ■ I pescatori di un paesino della costiera partenopea esercitano abitualmente anche il contrabbando. La Finanza ha dei sospetti, ma non riesce mai a cogliere i pescatori in flagrante. Un giorno un finanziere che è venuto in possesso di utili informazioni viene ammazzato. I rapporti tra pescatori e tutori dell'ordine divengono difficili, anche se i pescatori sono certi che nessuno di loro ha commesso l'omicidio. Si danno da fare per dimostrare la loro innocenza e scopriranno il vero responsabile. ■ DRAMMATICO; B/N; 95′; ITALIA, 1948.

CONTRABBANDIERI DI NEW YORK, I *(Dark Streets)* ★★
Regia di FRANK LLOYD. Con LILA LEE, LUCIEN LITTLEFIELD, JACK MULHALL. ■ Due fratelli gemelli: uno gangster e l'altro poliziotto. Sono innamorati della stessa donna, il che aumenta i loro motivi di dissidio. Il gangster rapisce il poliziotto e, indossando la sua uniforme, compie una delle sue malefatte. Poi si redime sacrificandosi per salvare l'altro. ■ GIALLO; COL.; 92′; USA, 1929.

CONTRABBANDIERI DI SANTA LUCIA, I ★★
Regia di ALFONSO BRESCIA. Con NUNZIO GALLO, GIANNI GARKO, MARIO MEROLA, EDMUND PURDOM, ANTONIO SABATO. ■ La mafia newyorkese acquista in Iran un grosso quantitativo di droga; il carico, proveniente da Istanbul, dovrebbe far tappa al porto di Napoli. Un agente dell'Fbi giunge nella città partenopea per intercettare la partita di droga. Una serie di episodi fa capire all'amico che la droga è già in viaggio per gli Usa. L'agente vi si reca insieme con un gruppo napoletano: arriverà in tempo per smascherare i responsabili e recuperare la merce. ■ POLIZIESCO; COL.; 92′; ITALIA, 1979.

CONTRABBANDO A MARSIGLIA ★★
(Deuxième bureau contre inconnu)
Regia di JEAN STELLI. Con BARBARA LAAGE, FRANK VILLARD. ■ Il capitano Thierry del controspionaggio francese viene inviato a Marsiglia per stroncare un grosso traffico d'armi. Riuscirà nel suo intento, ma rischierà più volte la pelle: lo salverà fra l'altro l'intervento di una bella ragazza, Olivia. ■ AVVENTURA; COL.; 85′; FRANCIA, 1957.

CONTRABBANDO A SHANGHAI *(Intrigue)* ★★
Regia di EDWIN L. MARIN. Con JUNE HAVOC, MARVIN MILLER, GEORGE RAFT. ■ Un veterano di guerra, espulso con disonore per una falsa accusa, si stabilisce a Shanghai dove fa fortuna con la borsa nera. Ma la morte di un amico, un coraggioso giornalista che s'è messo in urto con la mala locale, lo fa ravvedere. L'uomo distribuisce i suoi guadagni ai poveri, fa incastrare i capi della borsa nera e ottiene la riabilitazione dalla vecchia imputazione. ■ GIALLO; B/N; 90′; USA, 1947.

CONTRABBANDO A TANGERI *(Flight to Tangeri)* ★★
Regia di CHARLES MARQUIS WARREN. Con CORINNE CALVET, ROBERT DOUGLAS, JOAN FONTAINE, JACK PALANCE. ■ Caccia a un malloppo da tre milioni di dollari nella più malfamata città africana. Lo cercano un'agente in gonnella dell'Fbi, un avventuroso, iracondo pilota, una rossa procace, la polizia locale, una mezza dozzina di lestofanti gli uni contro gli altri armati. Vince naturalmente la donna del Federal Bureau con l'aiuto del pilota. ■ AVVENTURA; COL.; 90′; USA, 1953.

CONTRABBANDO PER L'ORIENTE *(Cripple Creek)* ★★
Regia di RAY NAZARRO. Con KARIN BOOTH, JEROME COURTLAND, GEORGE MONTGOMERY. ■ Un gruppo di fuorilegge contrabbanda l'oro dal Nuovo Messico agli stati dell'Est. Tre agenti governativi riescono ad entrare nelle loro file. Uno di loro è ucciso, ma gli altri prendono in trappola i banditi, che vengono tutti uccisi o catturati. ■ WESTERN; COL.; 78′; USA, 1954.

CONTRABBANDO SUL MEDITERRANEO ★★
(Tip on a Dead Jockey)
Regia di RICHARD THORPE. Con JACK LORD, DOROTHY MALONE, GIA SCALA, ROBERT TAYLOR. ■ Un pilota d'aerei ha un crollo nervoso. Entra in crisi privata e professionale, lascia la moglie e l'impiego e si trasferisce in Spagna, dove si dedica al contrabbando. Ma la moglie lo raggiunge: per amor suo l'uomo si rimette in carreggiata. ■ AVVENTURA; B/N; 99′; USA, 1957.

CONTRAS *(Latino)* ★★★
Regia di HASKELL WEXLER. Con ROBERT BELTRAN, ANNETTE CARDONA, TONY PLANA. ■ Un ex Berretto Verde nel Vietnam viene mandato come ufficiale nell'Honduras a istruire i Contras, truppe mercenarie che combattono contro il regime di sinistra. Quando la sua amante, una bella nicaraguense, lo lascia, il protagonista rivede le sue posizioni e comincia a dubitare della bontà della causa da lui sostenuta. ■ DRAMMATICO; COL.; 105′; USA, 1985.

CONTRATTACCO *(Counter-Attack)* ★★★
Regia di ZOLTAN KORDA. Con MARGUERITE CHAPMAN, PAUL MUNI, LARRY PARKS. ■ Si combatte sul fronte russo. L'avanzata tedesca è stata fermata: i sovietici si preparano alla controffensiva. Un pugno di volontari è paracadutato oltre le linee per raccogliere informazioni. L'impresa riesce, ma il gruppo rimane prigioniero nei sotterranei di una casa bombardata. I superstiti saranno salvati dall'arrivo dei commilitoni. La controffensiva è iniziata. ■ GUERRA; B/N; 90′; USA, 1945.

CONTRATTO CARNALE – CONTACT ★★
Regia di GIORGIO BONTEMPI. Con FRANCO GIORNELLI, GEORGE HILTON, CALVIN LOCKHART, ENRICO MARIA SALERNO, ANITA STRINDBERG. ■ Una troupe di affaristi di pochi scrupoli sbarca in Africa. Li ha inviati il finanziere Franco Donati per strappare un vantaggioso contratto a un industriale locale, certo Kofi. Del gruppo fanno parte l'ingegner James McDougal, sua moglie Eva, lo strisciante Antonio da Borgoparuta e la giovane amante di questi, Silvia: i quattro debbono battere la forte concorrenza di un uomo d'affari inglese. Kofi, irritato perché Donati non è venuto di persona, si finge un semplice funzionario della società, inducendo tutti gli altri a scoprire il proprio gioco. ■ DRAMMATICO; COL.; 90′; ITALIA, 1973.

CONTRATTO DI MATRIMONIO *(Kontrakt)* ★★
Regia di KRZYSZTOF ZANUSSI. Con LESLIE CARON, MAJA KO-

NOROWSKA, TADEUSZ LOMNICKI. ■ Due esponenti del Partito comunista polacco si sposano in municipio: lui è cinico, ipocrita e semi-alcolizzato, lei è religiosa e insicura. Al momento di convalidare il matrimonio in chiesa, la sposa ci ripensa e se ne va... Girato un anno dopo l'"estate di Danzica", il film è un ritratto impietoso di una società piena di contraddizioni politiche e umane. ■ DRAMMATICO; COL.; 97'; POLONIA, 1980.

CONTRATTO DI MORTE *(Adieu Blaireau)* ★★

Regia di BOB DECOUT. Con ANNIE GIRARDOT, PHILIPPE LÉOTARD, CHRISTIAN MARQUAND. ■ Un attore è in un mare di debiti a causa della sua passione per il gioco. Per saldare i creditori e anche per darsi importanza agli occhi dell'amante che sta per lasciarlo, l'uomo accetta un incarico di assassino a pagamento. Però la mala non lo vuole nelle sue file. Decide di sopprimerlo. L'amante cerca invano di salvarlo. ■ DRAMMATICO; COL.; 94'; FRANCIA, 1985.

CONTRATTO MARSIGLIESE *(The Destructors)* ★★★

Regia di ROBERT PARRISH. Con MARCEL BOZZUFFI, MICHAEL CAINE, JAMES MASON, ANTHONY QUINN, MAURICE RONET. ■ Un ufficiale del Narcotic Bureau cerca inutilmente di incastrare un magnate che dirige da Marsiglia il traffico della droga. Non riuscendoci assolda un killer per uccidere il suo nemico. Ma il killer viene ammazzato. Il funzionario dovrà farsi giustizia da solo. ■ GIALLO; COL.; 89'; GRAN BRETAGNA, 1974.

CONTRATTO PER UCCIDERE *(The Killers)* ★★★★

Regia di DON SIEGEL. Con JOHN CASSAVETES, ANGIE DICKINSON, LEE MARVIN, RONALD REAGAN. ■ Il film è ispirato a un racconto di Hemingway che già fornì lo spunto a *I gangsters* con Burt Lancaster. La novella raccontava solo di un omicidio: due assassini a pagamento, dopo lunghi ed estenuanti pedinamenti, piombavano sulla vittima designata che, stanca di fuggire, si faceva accoppare senza reagire. Il film di Siegel ricostruisce l'antefatto attraverso l'inchiesta che fanno in seguito gli uccisori. Perché il morto era ormai incapace di lottare? Si viene a sapere che l'ammazzato era un ex campione automobilista, rovinato da una fatalona e spinto da lei a partecipare a una rapina. L'uomo, su istigazione della donna, si porta via tutto il bottino. ■ POLIZIESCO; COL.; 95'; USA, 1964.

CONTROFIGURA, LA ★★

Regia di ROMOLO GUERRIERI. Con EWA AULIN, LUCIA BOSÉ, ANTONIO PIERFEDERICI, JEAN SOREL, SILVANO TRANQUILLI. ■ Un giovanotto ricco e ozioso sposa una capricciosa ventenne, ma poi s'innamora della bellissima madre di lei. Quando scopre il cadavere di un corteggiatore della suocera, pensa sia stata lei a uccidere, e nasconde la salma. ■ DRAMMATICO; COL.; 90'; ITALIA, 1971.

CONTROFIGURA PER UN DELITTO ★★★

(One More Time)

Regia di JERRY LEWIS. Con SAMMY DAVIS JR, PERCY HERBERT, PETER LAWFORD, JOHN WOOD, MAGGIE WRIGHT. ■ Sale e Pepe, proprietari di un locale notturno a Londra, devono pagare una salatissima multa in seguito ad un omicidio commesso nel loro night. Ma i due sono a corto di quattrini e chiedono aiuto al ricco fratello di Pepe, che rifiuta. Poco dopo viene misteriosamente ammazzato anche questi. Pepe sfrutta l'occasione per sostituirsi al defunto (che è suo fratello gemello) e trarne vantaggi. Ma la nuova identità gli porterà un sacco di guai, fino a quando Sale non lo tirerà fuori dai pasticci. ■ GIALLO ROSA; COL.; 93'; GRAN BRETAGNA, 1970.

CONTRO IL DESTINO *(Paris s'éveille)* ★★★

Regia di OLIVER ASSAYAS. Con JUDITH GODRÈCHE, MARTIN LAMOTTE, THOMAS LANGMANN, JEAN-PIERRE LÉAUD. ■ Il diciannovenne Adrien ritrova il padre dopo quattro anni. Costui vive con Louise, una giovane donna che al figlio inizialmente non piace. Louise, che è disposta a tutto pur di arrivare al successo, si innamora di Adrien ma accetta anche le *avance* di un produttore televisivo. Annuncerà le previsioni del tempo ma perderà il ragazzo. Assayas gioca continuamente con lo spiazzamento del pubblico elaborando un testo algido dall'impianto narrativo ricercato. ■ DRAMMATICO; COL.; 95'; FRANCIA, ITALIA, 1991.

CONTROL ★★★

Regia di ANTON CORBIJN. Con ALEXANDRA MARIA LARA, SAMANTHA MORTON, SAM RILEY. ■ Inghilterra, nella metà anni Settanta, i giovani cercavano la propria identità ascoltando i vinili dei loro miti (Buzzcocks, Sex Pistols, David Bowie). Si vestivano come loro, ne emulavano le movenze e si truccavano davanti allo specchio delle loro camerette tappezzate di poster sognando le luci del palcoscenico. Qualcuno ce la fece. A Macclesfield, a pochi chilometri da Manchester, un Ian Curtis appena ventenne si unì ad altri tre *ragazzacci* – Peter Hook, Bernard Sumner, Stephen Morris – per formare i Joy Division, band di culto che segnò l'inizio della scena post-punk. Il fotografo e videomaker Anton Corbijn fa il suo esordio in lungo raccontando la storia di Ian Curtis, morto suicida a soli 23 anni. Il titolo fa riferimento alla canzone dedicata alla vita spezzata di una conoscente del leader dei Joy Division ("She's Lost Control") ma sembra anche descrivere quell'impossibilità di controllare il proprio corpo scosso dalle crisi epilettiche che fecero cadere il musicista in depressione. O, ancora, la mancanza di controllo nella vita affettiva, divisa tra la moglie sposata troppo giovane e l'amante conosciuta nel backstage. Liberamente tratto dal romanzo autobiografico di Deborah Curtis, *Touching From a Distance*. ■ BIOGRAFICO; B/N; 122'; USA, 2007.

CONTRO LA LEGGE ★★★

Regia di FLAVIO CALZAVARA. Con TINO BUAZZELLI, MANLIO BUSONI, FULVIA MAMMI, MARCELLO MASTROIANNI. ■ Marcello, giovane di buona famiglia, all'insaputa dei suoi fa il trafficante di valuta. Un giorno gli accade di fare da mediatore tra un tizio che vuol vendere dollari e un acquirente che paga con lire false. Il venditore se ne accorge, scoppia una lite durante la quale il truffatore uccide l'altro e fugge. Marcello, che è rimasto per soccorrere il ferito, viene arrestato e accusato dell'omicidio. Ma il commissario, che non è convinto della sua colpevolezza, lo aiuta ad evadere e lo fa pedinare. Il vero assassino viene scoperto e ucciso dopo un drammatico inseguimento. ■ POLIZIESCO; B/N; 95'; ITALIA, 1950.

CONTROLLORE DEI VAGONI LETTO, IL ★★

(Le contrôleur des wagon-lits)

Regia di RICHARD EICHBERG. Con LUCIEN BAROUX, DANIELLE DARRIEUX, ALBERT PRÉJEAN. ■ Siamo all'inizio del Novecento. Un giovane controllore dei vagoni-letto ha inventato un nuovo tipo di carburante per auto. Un industriale dell'automobile, che per caso si chiama come il controllore, si interessa a questa nuova scoperta. L'omonimia dei due provoca una valanga di equivoci, ma alla fine tutto si conclude bene per l'inventore. ■ COMMEDIA; B/N; 90'; FRANCIA, 1935.

CONTRONATURA ★★

Regia di ALESSANDRO TOFANELLI. Con CESARE BOCCI, VALERIA CAVALLI, ANDREA DI STEFANO, MAYA SANSA, FEDERICO SCRIBANI ROSSI. ■ Giacomo è l'uomo della macchia, un elemento naturale e nello stesso tempo elemento della natura, è un'entità senza controllo che si muove in un mondo senza tempo. I suoi elementi sono il bosco, la macchia, la selva, la palude, il fiume, il mare e così all'infinito... Francesca è attratta da Giacomo e da quello che rappresenta. Consapevole del rischio che corre, è comunque disposta a giocare le sue carte fino in fondo. Francesca è un personaggio in crescendo, nel quale si avverte una vera mutazione fisica durante il divenire della vicenda. Nonostante l'estraneità a quell'ambiente riesce comunque, con un interesse sincero, a entrare in perfetto contatto con Giacomo e con ciò che lui rappresenta. ■ THRILLER; COL.; 110'; ITALIA, 2005.

CONTROPARTITA, LA *(Blood Money)* ★★

Regia di JERRY SCHATZBERG. Con ELLEN BARKIN, MORGAN FREEMAN, ANDY GARCIA, ALAN NORTH, BRAD SULLIVAN. ■ Il fratello di Clinton (Garcia) viene ucciso da alcuni trafficanti di armi e droga che sfruttano la guerra dei *contras* nicaraguensi per i loro traffici. Nadine (Barkin) lo aiuterà a trovare la soluzione. ■ AZIONE; COL.; 92'; USA, 1988.

CONTROPELO *(A Close Shave)* ★★★

Regia di LLOYD FRENCH, CHARLES ROGERS. Con OLIVER HARDY, STAN LAUREL. ■ Stanlio e Ollio aprono un negozio di barbiere.

Ma, insieme agli affari, pensano all'amore. Hanno risposto entrambi allo stesso annuncio matrimoniale comparso sui giornali ed ora sognano un roseo futuro. A sognare è soprattutto Ollio, che si addormenta mentre Stanlio lo rade. Il sonno del grassone è un pretesto per farci assistere alle più spassose disavventure, senza alcun legame con la realtà. ■ COMICO; B/N; 95'; USA, 1935.

CONTRO QUATTRO BANDIERE ★★
Regia di UMBERTO LENZI. Con HORST BUCHHOLZ, JEAN-PIERRE CASSEL, ANNY DUPEREY, GEORGE HAMILTON, GEORGE PEPPARD. ■ L'americano Brett, il francese Maurice, l'inglese Dick e il tedesco Jürgen sono amici di vecchia data e tutti innamorati di Fabienne. La guerra li separa. Jürgen e Dick muoiono durante i combattimenti; Brett, Maurice e Fabienne si ritrovano dopo cinque anni di traversie nello stesso posto e alla stessa ora dell'ultimo incontro. ■ GUERRA; COL.; 90'; ITALIA, 1979.

CONTRORAPINA ★★★
Regia di ANTHONY DAWSON. Con EDWARD ALBERT, KAREN BLACK, LIONEL STANDER, LEE VAN CLEEF. ■ Un famoso scassinatore, ritiratosi a vita privata, viene persuaso dal figlio di un vecchio amico a tornare in attività: si tratta, con un abile furto, di dare il contentino a una pericolosa gang che tiene in pugno il giovanotto. Lo scassinatore fa il colpo, ma viene ferito. Trova rifugio presso una ballerina, che è d'accordo con il subdolo giovanotto per soffiargli il malloppo. Ma il big delle casseforti avrà la meglio su tutti. ■ GIALLO; COL.; 92'; ITALIA, 1975.

CONTROSESSO ★★★
Regia di RENATO CASTELLANI, MARCO FERRERI, FRANCO ROSSI. Con ANNA MARIA FERRERO, NINO MANFREDI, UGO TOGNAZZI. ■ Tre episodi imperniati sul tema comune dell'inibizione sessuale. Il più riuscito è senz'altro quello di Ferreri, con un Tognazzi truccato in modo da sembrare il gemello dell'onorevole Andreotti. ■ COMMEDIA; B/N; 112'; ITALIA, 1964.

CONTROSPIONAGGIO *(Betrayed)* ★★★
Regia di GOTTFRIED REINHARDT. Con CLARK GABLE, WILFRID HYDE-WHITE, VICTOR MATURE, LANA TURNER. ■ Una bella spia addestrata in Inghilterra viene paracadutata nell'Olanda occupata, dove si unisce a un gruppo di resistenti comandati dallo "Sciarpa". Ma quest'ultimo tradisce, il giorno in cui sua madre viene umiliata dai paesani. Del suo tradimento viene incolpata la spia. Ma un colonnello, innamorato della donna, smaschera lo "Sciarpa" e lo uccide. ■ SPIONAGGIO; COL.; 108'; USA, 1954.

CONTROSPIONAGGIO CHIAMA SCOTLAND YARD ★★
(Night Crossing – The White Cliffs Mystery – Wing of Death)
Regia di ALLAN DAVIS, MONTGOMERY TULLY. Con HARRY H. CORBETT, SIMON LACK, RUSSELL NAPIER, JULIAN STRANGE. ■ Tre delitti vengono compiuti nello stesso giorno e nella stessa zona del Sud dell'Inghilterra: un ingegnere missilistico viene gettato dal treno; una ragazza, Alice Brent, viene trovata cadavere su di una spiaggia e un pilota privato, James Wilton, precipita a bordo del suo aereo. Due ispettori di Scotland Yard sospettano che i tre episodi siano legati tra di loro e, dopo lunghe indagini attraverso mezza Europa, scoprono i colpevoli. Ma solo il primo delitto è legato allo spionaggio. ■ SPIONAGGIO; COL.; 90'; GRAN BRETAGNA, 1966.

CONTRO TUTTE LE BANDIERE *(Against All Flags)* ★★★
Regia di GEORGE SHERMAN. Con ERROL FLYNN, MILDRED NATWICK, MAUREEN O'HARA, ANTHONY QUINN. ■ Nel diciottesimo secolo, un ufficiale della Marina inglese si finge pirata per poter penetrare nel covo dei temuti "fratelli della costa", nel Madagascar. Viene scoperto e catturato, ma con l'aiuto di una bella piratessa innamorata di lui riesce a liberarsi e ad avvisare la flotta britannica al largo, che espugnerà l'isola. ■ AVVENTURA; COL.; 83'; USA, 1952.

CONTROVENTO ★★
Regia di PETER DEL MONTE. Con MARGHERITA BUY, ENNIO FANTASTICHINI, VALERIA GOLINO, MARIA MONTI. ■ Sono due sorelle, Nina (Golino) e Clara (Buy). La prima è pessima madre, cattiva attrice, negativa, incostante e disperata, forse. Appare Leo, infermiere e vagabondo alcolizzato. Ha avuto una storia con Nina e contatta Clara, che ne rimane sciaguratamente affascinata. Da quel momento i rapporti diventano imprevedibili e contorti. Leo rimane sempre legato a Nina mentre Clara non riesce a farsene una ragione. Alla fine il destino si compie. Le due sorelle hanno forse ciò che meritano. Film dalle atmosfere stranianti, che riesce persino a sopportare la presenza di Fantastichini nudo che fa sesso. Chiunque altro, magari altrettanto antipatico ma con un minimo di appeal, sarebbe andato meglio. Fortuna che c'è la Buy. Brava e bella. ■ DRAMMATICO; COL.; 100'; ITALIA, 2000.

CON UNA MANO TI ROMPO, CON DUE PIEDI TI SPEZZO *(One Armed Boxer)* ★
Regia di YU WANG. Con LO LIEH, YU WANG. ■ Un commerciante di oppio vuole impossessarsi di una fabbrica di mattoni per organizzarvi lo smistamento della droga. I buoni del caso sono due fratelli esperti di arti marziali. ■ AVVENTURA; COL.; 80'; HONG KONG, 1974.

CON UN PO' D'ANIMA *(A Little Bit of Soul)* ★
Regia di PETER DUNCAN. Con JOHN GADEN, HEATHER MITCHELL, FRANCES O'CONNOR, GEOFFREY RUSH, DAVID WENHAM. ■ Due ricercatori stanno tentando di trovare un antidoto all'invecchiamento precoce dei bambini. Si trovano però coinvolti nelle attività di una ricca coppia di coniugi. Gli Usher (dice niente il cognome?) sono dediti all'occulto e ad altro. L'unico motivo per la distribuzione del film è dato da Geoffrey Rush (*Shine*) nei panni del signor Usher che si chiama come lui. ■ COMMEDIA; COL.; 83'; AUSTRALIA, 1997.

CONVEGNO D'AMORE *(One Sunday Afternoon)* ★★★
Regia di STEPHEN ROBERTS. Con GARY COOPER, FRANCES FULLER, NEIL HAMILTON, FAY WRAY. ■ Brooklyn, primi del Novecento: un dentista, respinto dall'amata, sposa un'altra ragazza. Col tempo capirà di aver fatto la scelta giusta. ■ COMMEDIA; B/N; 93'; USA, 1933.

CONVEGNO DEI BANDITI, IL ★★
(Billy the Kid's Round Up)
Regia di SHERMAN SCOTT. Con JOAN BARLAY, BUSTER CRABBE, AL ST. JOHN. ■ Una cittadina del Far West è in mano ad amministratori corrotti. Uno sceriffo coraggioso paga con la vita il tentativo di far pulizia, come un giornalista onesto che aveva tentato di denunciare gli intrallazzi. I furfanti tentano di far eleggere come sceriffo un loro uomo di paglia, ma il partito degli onesti si oppone a tale proposito. ■ WESTERN; B/N; 92'; USA, 1947.

CONVEGNO DEI CINQUE, IL *(The Devil's Party)* ★★
Regia di RAY MCCAREY. Con WILLIAM GARGAN, VICTOR MCLAGLEN, PAUL KELLY. ■ Quattro ragazzi e una bambina fondano una specie di associazione per far birbonate. Passano gli anni e si ritrovano adulti: due di essi sono diventati poliziotti, la ragazza fa la cantante, uno è sacerdote e un altro proprietario di un locale malfamato. Vengono tutti coinvolti in una serie di avvenimenti. Uno degli agenti muore: la colpa è del tenutario del locale. La donna e il sacerdote impediscono la vendetta del fratello. ■ DRAMMATICO; B/N; 65'; USA 1938.

CONVENTO, IL *(O convento)* ★★
Regia di MANOEL DE OLIVEIRA. Con LUÍS MIGUEL CINTRA, CATHERINE DENEUVE, JOHN MALKOVICH. ■ Uno studioso, in compagnia della moglie, va in un convento per trovare la prova finale all'ipotesi che Shakespeare fosse un ebreo di origine spagnola. Ma il guardiano e l'addetto all'archivio cospirano per sedurre sua moglie. Il maestro portoghese, alle prese con due divi come Malkovich e la Deneuve, gira un film interessante ma minore rispetto alle aspettative. ■ COMMEDIA; COL.; 90'; FRANCIA, 1995.

CONVERSA DI BELFORT, LA *(Les anges du péché)* ★★★
Regia di ROBERT BRESSON. Con RENÉE FAURE, JANY HOLT, SYLVIE. ■ Una ragazza aristocratica entra come novizia in un collegio di suore che si dedicano alla cura delle carcerate. Una di queste, Teresa, sembra particolarmente ribelle, ma la novizia vuole convertirla ad ogni costo; non sa che la ragazza si sta servendo di lei (ha ucciso il proprio amante ed è tornata al convento per crearsi un alibi). La novizia viene in seguito allontanata ingiustamente dal convento. Vi tornerà soltanto per morirvi e, durante l'agonia, redimerà Teresa. Nel suo primo film, Bresson accosta subito

quei temi del peccato e della grazia che saranno i suoi favoriti, ma il modo in cui lo fa non è ancora del tutto maturo. Otterrà il suo primo risultato importante con *Il diario di un curato di campagna*. ■ DRAMMATICO; B/N; 73'; FRANCIA, 1943.

CONVERSAZIONE, LA *(The Conversation)* ★★★
Regia di FRANCIS FORD COPPOLA. Con JOHN CAZALE, ROBERT DUVALL, FREDERIC FORREST, GENE HACKMAN. ■ Harry Caul è una "spia telefonica" maestro nel captare, con le sue avveniristiche apparecchiature, le conversazioni di uomini politici, industriali, divi famosi. È talmente immerso nel suo mondo di microfoni e di nastri registrati da non vedere, da non capire. Un giorno intercetta i colloqui di due giovani amanti e si convince che il marito di lei, un industriale, voglia ucciderli. Mentre si chiede se non è meglio avvertire la coppia, chi viene fatto fuori è il marito, dai due infernali giovanetti, che hanno anche scoperto Harry e lo tengono sotto l'incubo di una rappresaglia. Un documento feroce contro le assurdità del progresso tecnico, che annichilisce la personalità dell'uomo, senza per questo garantirgli una maggiore efficienza. Quando il film uscì, in America era appena scoppiato il pasticciaccio del Watergate. ■ DRAMMATICO; COL.; 117'; USA, 1974. ■ CANNES 1 PR; GOLDEN GLOBES 4 NOM; OSCAR 3 NOM.

CONVERSAZIONE CON L'UOMO NELL'ARMADIO ★★
(Rozmowa z Czlowiekiem z safi)
Regia di MARIUSZ GRZEGORZEK. Con BOZENA ADAMEK, KAROL CIESLAR, RAFAL OLBRYCHSKI, MACIEJ WILK. ■ Un regista polacco alle prese con un racconto dello scozzese Ian McEwan (*The innocent* e *Cortesie per gli ospiti*). I risultati sono buoni. Karol, profondamente turbato, ha deciso di vivere in un armadio e da quel piccolissimo luogo ricorda la sua esistenza: il rapporto con la madre vedova, esageratamente possessiva, l'aiuto del professor Kowalski, psicologo, infine la vendetta contro il padrone. ■ DRAMMATICO; COL.; 94'; POLONIA, 1992.

CONVERSAZIONI PRIVATE *(Enskilda Samtal)* ★★
Regia di LIV ULLMAN. Con PERNILLA AUGUST, SAMUEL FROLER, MAX VON SYDOW. ■ Nel 1925 una madre di famiglia svedese ha una relazione con un giovane e racconta la sua storia allo zio prete. Si sente colpevole ma fino a un certo punto. Il gruppo Bergman in azione. La produttrice è la protagonista, moglie di Bille August, regista-amico-protetto-biografo del grande Ingmar. La regista è la grande Liv, che ha fatto tanti film col maestro e di cui è stata moglie. Non è finita: la storia è stata scritta dal mostro sacro. Dunque, la Ullman aveva davvero poche possibilità di sottrarsi alla grande influenza. Infatti sembra di essere nel film di un Bergman svogliato. C'è proprio tutto: l'essenza, i dialoghi stilizzati, le inquadrature. Fa tenerezza sentire il prete von Sydow che dice: «tutti credono che Lutero abbia abolito la confessione, non è vero, l'ha solo sostituita con le conversazioni private». Ecco dunque emergere anche la chiave della paura mistica del vecchio regista – a sua volta figlio di religioso –, tema immancabile di quasi tutti suoi film. Forse è un promemoria utile ai giovani: come studiare e apprendere Bergman sul Bignami. ■ DRAMMATICO; COL.; 110'; SVEZIA, 1996.

CONVIENE FAR BENE L'AMORE ★★★
Regia di PASQUALE FESTA CAMPANILE. Con FRANCO AGOSTINI, ADRIANA ASTI, AGOSTINA BELLI, CHRISTIAN DE SICA, ELEONORA GIORGI, QUINTO PARMEGGIANI, MARIO PISU, LUIGI PROIETTI. ■ Secondo l'autore del film (girato nel 1975) nell'anno di grazia 1980 tutte le scorte energetiche, dal petrolio al carbone, si saranno esaurite. Lo scienziato italiano prof. Enrico Nobili si rammenta allora dello psicoanalista Wilhelm Reich e della sua teoria orgonica, secondo cui l'attività sessuale produrrebbe energia elettrica. Si fa un esperimento con due soggetti particolarmente dotati. Il risultato è ottimo e Nobili sfrutta industrialmente la sua scoperta, col consenso della Chiesa e dei politici. Unica condizione: che dai rapporti "energetici" siano bandite le complicazioni del sentimento. ■ COMMEDIA; COL.; 106'; ITALIA, 1975.

CONVOGLIO VERSO L'IGNOTO ★★
(Action in North Atlantic)
Regia di LLOYD BACON. Con HUMPHREY BOGART, ALAN HALE, RAYMOND MASSEY. ■ Durante la seconda guerra mondiale, una nave americana deve scortare una flotta carica di rifornimento per la Russia. La traversata dell'Atlantico è difficoltosissima per il maltempo, la nebbia e gli attacchi dei sottomarini tedeschi. Durante i combattimenti, il comandante viene ferito, ma c'è il suo secondo (Humphrey Bogart) che prende in pugno la situazione e conduce in porto la flottiglia. ■ GUERRA; B/N; 127'; USA, 1942. ■ OSCAR 1 NOM.

CONVOYEURS ATTENDENT, LES ★★
Regia di BENOÎT MARIAGE. Con BOULI LANNERS, BENOIT POELVOORDE, MORGANE SIMON. ■ Roger è un giornalista che se la cava appena. Stufo del suo tran tran intende dare una svolta alla vita vincendo una macchina messa in palio dall'Unione commercianti. Dovrà costringere il figlio quattordicenne a un esercizio da Guinness dei primati. ■ COMMEDIA; COL.; 94'; BELGIO, FRANCIA, 1999.

CONVOY – TRINCEA D'ASFALTO *(Convoy)* ★★★
Regia di SAM PECKINPAH. Con ERNEST BORGNINE, KRIS KRISTOFFERSON, ALI MACGRAW, BURT YOUNG. ■ Tre camionisti texani vengono a diverbio con uno sceriffo loro vecchio amico e lo stendono assieme ai suoi aiutanti. Devono poi fuggire dallo Stato per evitare rappresaglie. Durante la corsa verso il Nuovo Messico, al terzetto si uniscono molti amici e colleghi, in una carovana che getta lo scompiglio nell'intera contrada. Il gruppo passa il confine, ma il capo decide di tornare indietro per liberare uno dei suoi compari che lo sceriffo è riuscito ad agguantare. Ci riesce e rivarca il confine giocando un'ennesima beffa agli inseguitori. ■ AVVENTURA; COL.; 110'; USA, 1978.

COOK AND PEARY – LA CORSA AL POLO ★
(Cook and Peary)
Regia di ROBERT DAY. Con RICHARD CHAMBERLAIN, ROD STEIGER. ■ Siamo agli albori del ventesimo secolo e assistiamo alla rivalità tra due famosi esploratori. Entrambi dicono di avere scoperto il Polo Nord. Prodotto di stampo televisivo. ■ AVVENTURA; COL.; 120'; USA, 1983.

COOKIE ★★
Regia di SUSAN SEIDELMAN. Con PETER FALK, BRENDA VACCARO, DIANNE WEIST. ■ Un mafioso esce di carcere dopo una dozzina d'anni. Riprende i rapporti con la moglie, con l'amante e anche con la figlia dell'amante che è ora una ragazza fatta e che non dimostra affatto di stimare il babbo. Però gli sarà d'aiuto quando entrerà in conflitto con un vecchio compagno di cosca (che gli fece la forca dodici anni prima). ■ COMMEDIA; COL.; 93'; USA, 1989.

COOL AS ICE ★
Regia di DAVID KELLOGG. Con VANILLA ICE, KRISTIN MINTER. ■ Interpretato da un famoso cantante rap, che negli Stati Uniti ha avuto uno strepitoso successo di vendite con il suo album d'esordio, il film è piuttosto scialbo. Un giovane viene creduto un tipo violento a causa dei suoi modi, della sua moto e del look. In realtà è un pezzo di pane, e una bella ragazza lo aiuterà a dispetto di alcuni poliziotti disonesti. ■ COMMEDIA; COL.; 87'; USA, 1991.

COOL RUNNINGS – QUATTRO SOTTO ZERO ★★
(Cool Runnings)
Regia di JON TURTLETAUB. Con JOHN CANDY, DOUG. E. DOUG, LOLES LEÓN, RAWLE D. LEWIS, MALIK YOBA. ■ Un film prodotto dalla Walt Disney ispirato alle gesta degli atleti di bob, battenti bandiera giamaicana, durante le Olimpiadi del 1988. Tra gli interpreti c'è John Candy nel ruolo di un ex campione. Si tratta di una delle ultime apparizioni sullo schermo prima della scomparsa. Tra virtuosismi nelle riprese e paesaggi rilassanti i protagonisti cercano di vincere. ■ AVVENTURA; COL.; 97'; USA, 1993.

COPACABANA ★★
Regia di ALFRED E. GREEN. Con STEVE COCHRAN, GLORIA JEAN, GROUCHO MARX, CARMEN MIRANDA. ■ Lui è un comico, lei una cantante e ballerina. Insieme non riescono a trovare scritture. Allora lui ha l'idea di improvvisarsi agente e di proporre la ragazza come ballerina. La ragazza ha successo e il proprietario chiede al comico di procurargli anche una cantante. Lui trucca la sua amica da *chanteuse* francese e la ripropone senza che nessuno s'accorga di nulla. Ma presto i doppi turni di lavoro si rivelano pesanti per la poverina. ■ COMM. MUSICALE; B/N; 91'; USA, 1947.

COPACABANA PALACE ★★
Regia di STENO. Con WALTER CHIARI, MYLÈNE DEMONGEOT, PAOLO FERRARI, SYLVA KOSCINA. ■ Dei ladri internazionali si lasciano soffiare da altri lestofanti il malloppo faticosamente conquistato. Tre hostess vogliono godersi la grande festa, ma non riescono a trovare la necessaria compagnia maschile. Un principe, separato dalla moglie, spera di coglierla in flagrante adulterio per diseredarla, ma l'accompagnatore della donna è un omosessuale. ■ COMICO; COL.; 100'; ITALIA, 1963.

COPGAME ★★
Regia di BRUNO MATTEI. Con BRENT HUFF, MAX LAUREL, ALEX MCBRIDE. ■ A Saigon negli ultimi mesi di guerra, un ufficiale americano viene assassinato. Due poliziotti si occupano del caso. Pare che la vittima sapesse troppo su una strage compiuta in un villaggio vietnamita. Uno dei poliziotti è ucciso quando è ad un passo dalla verità. L'altro lo vendica. ■ AVVENTURA; COL.; 95'; ITALIA, 1988.

COPIA CONFORME *(Copie conforme)* ★★★
Regia di ABBAS KIAROSTAMI. Con JULIETTE BINOCHE, JEAN-CLAUDE CARRIERE, AGATHE NATANSON, WILLIAM SHIMELL. ■ James Miller, un noto saggista, presenta a Firenze il suo ultimo libro intitolato *Copia conforme* nel quale sostiene che le copie abbiano un valore intrinseco superiore all'originale. Una mercante d'arte, assiste con il figlio alla presentazione e poi fa in modo di conoscere l'autore per fargli firmare alcune copie. I due organizzano una gita a Lucignano e nasce un rapporto. A settant'anni è nato un nuovo Kiarostami. Il regista non ha affatto smesso di interrogarsi sulla natura umana e non ha neppure rinunciato a una ricerca stilistica. Ha però scelto una modalità diversa di approccio. Ha deciso cioè di compiere ancora, come spesso è accaduto nel suo cinema, un viaggio che comportasse non solo uno spostamento fisico nello spazio ma un percorso, talvolta doloroso, nelle psicologie dei personaggi. ■ DRAMMATICO; COL.; 106'; ITALIA, IRAN, FRANCIA, 2010. ■ CANNES 1 PR.

COPKILLER *(Police Story)* ★
Regia di LARRY SHAW. Con KEN OLIN. ■ La crisi di coscienza di un poliziotto che è indirettamente responsabile dell'uccisione di un suo collega al quale era legato da amicizia. Film per la tv, per chi si accontenta di poco. ■ DRAMMATICO; COL.; 96'; USA, 1989.

COPKILLER – L'ASSASSINO DEI POLIZIOTTI ★★
Regia di ROBERTO FAENZA. Con NICOLE GARCIA, HARVEY KEITEL, LEONARD MANN. ■ A New York due poliziotti corrotti, Fred e Bob, fanno prigioniero uno psicopatico responsabile della morte di sei poliziotti. Quando però Bob cerca di liberarlo viene ucciso casualmente da Fred che poi, dopo aver tentato invano di riscattarsi, si uccide. Il *copkiller* rimane impunito. Dal romanzo *Order of Death* di Hugh Fleetwood. ■ THRILLER; COL.; 110'; ITALIA, 1982.

COPKILLERS ★★
Regia di WALTER CICNY. Con DIANE KELLER, BILL OSLO, JASON WILLIAMS. ■ Due giovani sbandati accettano di trasportare oltre il confine dello Stato un'ingente partita di stupefacenti. Individuati dalla polizia, danno inizio a una fuga disperata, uccidendo chiunque si intrometta nel loro cammino, attratti irresistibilmente dal miraggio della cospicua ricompensa che li attende al sicuro nel deserto. Ma il miraggio diventa sempre più fievole. ■ DRAMMATICO; COL.; 90'; USA, 1987.

COP LAND ★★★
Regia di JAMES MANGOLD. Con ROBERT DE NIRO, HARVEY KEITEL, RAY LIOTTA, ROBERT PATRICK, ANNABELLA SCIORRA, SYLVESTER STALLONE. ■ Garrison è la cittadina nel New Jersey appena oltre il ponte sull'Hudson. Un gruppo di poliziotti vi si è stabilito, dunque l'ordine regnerebbe sovrano. In realtà quei poliziotti sono proprio i più corrotti. Sono pronti a tutto, al traffico di droga, all'omicidio. Sceriffo di quella contea è Stallone, lento e imbolsito, che sa ma fa finta di non sapere. De Niro è l'ispettore mandato a indagare. Dopo qualche morto di troppo Stallone prende, come si dice, coscienza e dice basta. Così diventa un vero giustiziere. I cattivi vengono ammazzati. Una regia particolare, senza esagerazione, con la sola "esagerazione" del cast che comunque già in partenza risolve quasi tutti i problemi. Stallone voleva dimostrare di essere bravo attore oltre che bravo atleta. Siamo finalmente dispensati dagli inseguimenti in macchina, dagli effetti speciali e dalle esplosioni. Gli 'effetti" arrivano da De Niro, Keitel e compagnia. Appunto. ■ POLIZIESCO; COL.; 110'; USA, 1997.

COPPA, LA *(Phörpa)* ★★
Regia di KHYENTSE NORBU. Con NETEEN CHOCKLING, JAMYANG LODRO, ORGYEN TOBGYAL. ■ La storia di due apprendisti monaci fuggiti dal Tibet perché invaso dai cinesi. Ci sono però i mondiali di calcio che rischiano di far perdere la serietà necessaria ad adempiere fino in fondo al loro progetto di fede. Il regista è un Lama tibetano e il film si lascia vedere. ■ COMM. A EPISODI; COL.; 93'; AUSTRALIA, 1999.

COPPIA ALLA DERIVA, UNA *(Overboard)* ★★
Regia di GARRY MARSHALL. Con GOLDIE HAWN, KURT RUSSELL. ■ Titolo italiano variato dalla Rai. Cadendo dallo yacht, Joanna batte la testa e perde completamente la memoria. Non ricordando più di essere sposata, anche se ormai è una moglie annoiata, intreccia una relazione sentimentale con un espansivo falegname. Prodotto zuccheroso diretto dal fratello di Penny Marshall (*Risvegli*) e futuro regista di *Pretty Woman*. ■ COMMEDIA; COL.; 108'; USA, 1987.

COPPIA D'ASSI *(Pair of Aces)* ★
Regia di AARON LIPSTADT. Con KRIS KRISTOFFERSON, WILLIE NELSON, HELEN SHAVER, RIP TORN. ■ Per catturare un fuorilegge, uno sceriffo si serve dell'aiuto di un cowboy. La trama è quella di tanti altri film che hanno fatto epoca; i cliché, tuttavia, non sono rispettati. ■ WESTERN; COL.; 100'; USA, 1990.

COPPIA D'AZIONE *(Undercover Blues)* ★★
Regia di HERBERT ROSS. Con OBBA BABA TUNDE, DENNIS QUAID, KATHLEEN TURNER. ■ Siamo in una New Orleans poco realistica. Qui vivono Jane e Jeff Blue, agenti del controspionaggio. Sono momentaneamente a riposo ma non stanno fermi. Poche risate, Turner e Quaid distratti e regista in disarmo. ■ COMMEDIA; COL.; 89'; USA, 1993.

COPPIA DI JACK *(Draw)* ★★
Regia di STEVEN HILLIARD STERN. Con JAMES COBURN, KIRK DOUGLAS. ■ Due nomi del cinema classico americano danno prestigio a questa pellicola, in cui il protagonista ha a che fare con un presunto rapinatore. Ma costui non ha commesso il fatto. Insieme, i due si metteranno sulle tracce della verità. ■ GIALLO; COL.; 97'; USA, 1984.

COPPIA OMICIDA ★
Regia di CLAUDIO FRAGASSO. Con RAOUL BOVA, RAZ DEGAN, LAURA MORANTE, FRANCESCA SCHIAVO. ■ Raz assolda coppie inquiete per farne dei killer. Ci prova con Bova-Schiavo che però alla fine lo tradiscono. Tutto per mettere insieme i due superbelli del cinema (?) italiano di fine anni Novanta. Solo il personaggio di Bova è più intollerabile della sceneggiatura. Nel precedente *Palermo Milano solo andata* qualcosina c'era. Qui proprio no. ■ THRILLER; COL.; 88'; ITALIA, 1998.

COPPIA PERFETTA, UNA *(A Perfect Couple)* ★★★
Regia di ROBERT ALTMAN. Con PAUL DOOLEY, HENRY GIBSON, MARTHA HEFLIN, BELITA MORENO, TITOS VANDIS. ■ Travagliata storia d'amore fra il figlio di un antiquario greco dai costumi molto rigidi e la componente di un gruppo musicale pop, conosciutisi attraverso un'agenzia matrimoniale. Due mondi opposti si scontrano, con tutti gli equivoci del caso, ma non manca il finale pacificatore. ■ COMMEDIA; COL.; 110'; USA, 1979.

COPPIA QUASI PERFETTA, UNA *(Almost You)* ★★
Regia di ADAM BROOKS. Con BROOKE ADAMS, GRIFFIN DUNNE, KAREN YOUNG. ■ Marito e moglie di New York dopo qualche anno di matrimonio s'annoiano insieme. Lei cerca di dare un po' di colore alla sua vita andando in vacanza. Lui durante la sua assenza si mette con una bella infermiera. La cosa va talmente bene che lui vorrebbe continuarla anche dopo il ritorno della moglie. ■ COMMEDIA; COL.; 96'; USA, 1984.

COPPIA SPOSATA, UNA *(A Married Couple)* ★★
Regia di ALAN KING. ■ La cinepresa insegue una giovane cop-

pia sposata da due anni ma insieme da sei. Ci sono i soliti alti e bassi; c'è una crisi grave che poi viene superata. ■ DOCUMENTARIO; COL.; 92'; CANADA, 1970.

COPPIA SPOSATA CERCA COPPIA SPOSATA ★
(Das Lieben zu zweit – Ehepaar sucht Gleichgesinntes)
Regia di FRANZ JOSEF GOTTLIEB. Con INGRID BACK, KARL BAUER, DARIA DAMAR. ■ Film a episodi. Un giovane bancario sposa una certa Gisèle, insidiata da un altro. Un professore, corteggiato da una sua bella allieva, risolve la cosa invitandola a casa sua e presentandola alla comprensiva moglie. Un fratello, in ansia per la sorella, sorpresa in atteggiamenti lesbici con un'amica, la conduce tra i suoi amici per iniziarla alle gioie dell'amore eterosessuale. Infine una moglie quasi tradita, Gerda, riconquista l'amore del marito non dando peso a una sua scappatella. ■ FILM A EPISODI; COL.; 90'; GERMANIA, 1974.

COPPIE, LE ★★★
Regia di VITTORIO DE SICA, MARIO MONICELLI, ALBERTO SORDI. Con ROSSANA DI LORENZO, ENZO JANNACCI, ALBERTO SORDI, MONICA VITTI. ■ Tre episodi di diverso carattere e divertimento. Il più azzeccato è quello diretto da Sordi, in un saporosissimo duetto con Rossana Di Lorenzo. L'attore impersona un operaio romano in vacanza con la moglie in Sardegna. Ancora Sordi e Monica Vitti sono una coppia di amanti clandestini nello sketch *Il leone*. Stanno per uscire dalla garçonnière quando un leone sbarra loro la strada. Nell'episodio di Monicelli, infine, la Vitti e Jannacci, due sardi nella metropoli continentale, sperimentano le gioie e i dolori della società dei consumi: la donna si prostituisce per pagare le rate del frigorifero. ■ COMMEDIA; B/N; 111'; ITALIA, 1970.

COPPIE AMANTI *(Weekend)* ★★★
Regia di KJAERULFF SCYHMIDT. Con BRIGITTE BRUEL, JESPER JENSEN, WILLY RATHNOV, LOTTE TARP. ■ Una giovane coppia di sposi, Bet e Knud, decide di riunire per il week-end nella loro casetta al mare cinque vecchi amici dei tempi dell'università. Li spinge il desiderio di compagnia, ma anche la curiosità di sapere cosa ne è stato di loro. Quattro si sono sposati, mentre unico scapolo è rimasto Lars. Ma nessuna delle tre coppie, a una impietosa analisi, si rivela felice. In tutti c'è rimpianto per la libertà e malinconia per le meschinità quotidiane. Per una sera decidono dunque di far finta di non essere sposati e di comportarsi come ai bei tempi di gioventù. Si ubriacano e intrecciano flirt. Ma l'alba li trova più tristi che mai. ■ COMMEDIA; B/N; 90'; SVEZIA, 1968.

COPPIE INFEDELI *(L'escapade)* ★
Regia di MICHEL SOUTTER. Con PHILIPPE CLEVENOT, MARIE DUBOIS, ANTOINETTE MOYA. ■ Paul è marito di Anne, conosce Virginie e ha un flirt con lei. Virginie presenta Ferdinand ad Anne, i due hanno un flirt. Alla fine Virginie e Anne tornano dai mariti. ■ DRAMMATICO; COL.; 100'; FRANCIA, SVIZZERA, 1973.

COPYCAT – OMICIDI IN SERIE *(Copycat)* ★★★
Regia di JON AMIEL. Con HOLLY HUNTER, WILLIAM MCNAMARA, DERMOT MULRONEY, SIGOURNEY WEAVER. ■ Helen (Weaver) è un'affascinante criminologa, specialista in serial killer. Mary Joe (Hunter) è un'ispettrice della polizia di San Francisco. Helen ha un'esperienza terribile con uno degli assassini, poi catturato. Quando un altro killer comincia a uccidere imitando lo stile di tutti i suoi storici predecessori, le due decidono di collaborare e alla fine, pur fra grandi sofferenze, fermano il "serial". Presenti le due eterne e indispensabili costanti dei thriller anni Novanta: il "serial" appunto, e Internet. Brave le attrici, si sa. Per il resto niente di nuovo. ■ GIALLO; COL.; 125'; USA, 1996.

CORAGGIO, IL ★★★
Regia di DOMENICO PAOLELLA. Con GIANNA MARIA CANALE, GINO CERVI, TOTÒ. ■ Un ricco industriale salva dall'annegamento un poveraccio. Ma se ne pente. Costui gli si sistema in casa assieme alla numerosa famiglia e pretende il mantenimento, dato che non ha chiesto lui di farsi salvare. Tuttavia l'ospite indesiderato è meno ignobile di quanto sembra. Sarà lui a liberare il magnate dalle manovre losche di quelli del suo *entourage*. ■ COMMEDIA; B/N; 95'; ITALIA, 1955.

CORAGGIO D'AMARE, IL *(Le courage d'aimer)* ★★★
Regia di CLAUDE LELOUCH. Con ARIELLE DOMBASLE, MAÏWENN LE BESCO, MICHEL LEEB, MASSIMO RANIERI, LINE RENAUD, MATHILDE SEIGNER, YANNICK SOULIER. ■ Questo film doveva far parte di una trilogia, insieme anche a *Les parisiens*. È il trionfo degli autoritari, di coloro che non sarebbero mai dovuti arrivare. Il film alterna momenti belli e altri meno piacevoli. Il tutto mescolato attraverso le vicende di un cantante di strada, una cameriera in un bar, una domestica tuttofare e un ambulante carismatico. ■ COMMEDIA; COL.; 106'; FRANCIA, 2005.

CORAGGIO DELLA PAURA, IL *(Sky Devils)* ★★
Regia di EDWARD SUTHERLAND. Con WILLIAM BOYD, ANN DVORAK, SPENCER TRACY. ■ Una delle prime parti da protagonista per Spencer Tracy che, a un anno di distanza, avrebbe ottenuto la prima grande affermazione con *Potenza e gloria* di William Howard. ■ DRAMMATICO; B/N; 90'; USA, 1932.

CORAGGIO DELLA VERITÀ, IL ★★
(Courage under Fire)
Regia di EDWARD ZWICK. Con LOU DIAMOND PHILLIPS, MEG RYAN, DENZEL WASHINGTON. ■ Dal romanzo di Patrick Sheane Duncan. Durante la guerra del golfo del 1991 un ufficiale americano spara per sbaglio sui suoi soldati. Il Pentagono comunque lo sostiene e per riabilitarlo gli affida il giudizio su una donna pilota che dovrebbe essere decorata. Il giudizio non è semplice. ■ DRAMMATICO; COL.; 116'; USA, 1996.

CORAGGIO DI CAMBIARE, IL *(Duane Hopwood)* ★★
Regia di MATT MULHERN. Con DICK CAVETT, JUDAH FRIEDLANDER, JANEANE GAROFALO, SUSAN LYNCH, DAVID SCHWIMMER. ■ David Schwimmer (il Ross della serie *Friends*) veste i panni di Duane Hopwood, tipico americano della middle class perso nel vano tentativo di rimettere insieme i cocci di un matrimonio fallito. Addetto alla sicurezza di un noto casinò di Atlantic City, lavora spesso di notte e non riuscendo più a godersi la vita coniugale e le due adorate bambine, crolla affogando nell'alcolismo. La perdita del lavoro e il rifiuto dell'affidamento delle figlie imposto dal tribunale, piegheranno definitivamente la sua fragile indole. ■ SENTIMENTALE; COL.; 84'; USA, 2005.

CORAGGIO DI LASSIE, IL *(Courage of Lassie)* ★★★
Regia di FRED MCLEOD WILCOX. Con TOM DRAKE, FRANK MORGAN, ELIZABETH TAYLOR. ■ La celebre Lassie è proprio una meraviglia di cane. Non solo torna sempre a casa, in qualunque posto la mandino (anche oltre Manica), ma trova il modo di salvare la pelle a un giovane aviatore americano braccato dai tedeschi durante la seconda guerra mondiale. ■ GUERRA; COL.; 92'; USA, 1946.

CORAGGIO DI MARGARETH, IL ★★
(Margaret Bourke-White)
Regia di LAWRENCE SCHILLER. Con FARRAH FAWCETT, FREDERIC FORREST. ■ La celebre fotografa di «Life», Margareth Bourke-White, al centro di questa vicenda tratta dal libro di Vicky Goldberg. Il suo rapporto sentimentale con lo scrittore Erskine Caldwell e le fasi della sua vita professionale. ■ BIOGRAFICO; COL.; 105'; USA, 1989.

CORAGGIO DI PARLARE, IL ★★
Regia di LEANDRO CASTELLANI. Con LELLO ARENA, RICCARDO CUCCIOLLA, GIAN LUCA SCHIAVONE. ■ Vincenzino, quattordicenne calabrese, viene coinvolto suo malgrado in un giro di droga. La 'ndrangheta, nella persona di Don Carmelo, gli fa credere di consegnare innocenti medicinali. Dopo esser stato involontario testimone di un sequestro, il ragazzo si rifugia a Milano, dove però viene braccato dai criminali. Il coraggioso Vincenzino riuscirà con l'aiuto della polizia a far arrestare i delinquenti, smuovendo anche l'omertà dei suoi concittadini. ■ DRAMMATICO; COL.; 99'; ITALIA, 1987.

CORAGGIO E LA SFIDA, IL *(The Singer not the Song)* ★★
Regia di ROY WARD BAKER. Con DIRK BOGARDE, MYLÈNE DEMONGEOT, JOHN MILLS, LAURENCE NAISMITH. ■ Una banda di *pistoleros*, protetta da un latifondista, taglieggia un villaggio messicano. Solo un prete coraggioso vi si oppone; la sua forza d'animo suscita l'amore della figlia del latifondista e l'ammirazione del miscredente capo dei *desperados*. Il prete spera persino di convertirlo. Tutto inutile: in uno scontro a fuoco con la polizia il bandito

muore, rifiutando di pentirsi. ■ AVVENTURA; COL.; 132′; GRAN BRETAGNA, 1961.

CORAGGIO... FATTI AMMAZZARE *(Sudden Impact)* ★★
Regia di CLINT EASTWOOD. Con BRADFORD DILLMAN, CLINT EASTWOOD, SONDRA LOCKE. ■ Elizabeth, una ragazza che anni prima è stata stuprata insieme alla sorella, rimasta minorata per lo choc, si vendica uccidendo uno ad uno i violentatori. L'ispettore Callaghan viene incaricato delle indagini. L'ultimo stupratore riesce a catturare con un tranello la ragazza e sta per ucciderla, ma è Callaghan ad eliminare lui, attribuendogli poi la responsabilità di tutti i delitti. ■ POLIZIESCO; COL.; 117′; USA, 1983.

CORAGGIO SCAPPIAMO *(Courage fuyons)* ★★★
Regia di YVES ROBERT. Con CATHERINE DENEUVE, PHILIPPE LEROY, JEAN ROCHEFORT. ■ Pacifista e vigliacco per vocazione e per presunte tare ereditarie, il farmacista Martin decide di andarsene di casa e si ritrova in Belgio, amante di un'affascinante cantante francese che ha un fidanzato violento. Martin torna a casa, accetta la convivenza con la moglie ormai legata a un altro uomo, ma finisce per ritrovare la sua bella cantante. ■ COMMEDIA; COL.; 100′; FRANCIA, 1979.

CORAGGIOSO, IL *(The Brave)* ★
Regia di JOHNNY DEPP. Con MARLON BRANDO, ELPIDIA CARRILLO, JOHNNY DEPP. ■ Depp nella parte di un indiano che accetta di partecipare a uno *snuff-movie* (torture e assassinii veri) per cinquantamila dollari. Dunque è quasi certo di morire, ma nel frattempo farà felice la sua famiglia. Far felici i bambini significa spendere quasi tutti i soldi per mettere insieme una sorta di luna park privato. Il sorriso dei piccoli sarà valso il sacrificio. La prima a infuriarsi dello spreco è la moglie, ma Depp la rabbonisce facendo l'amore con lei al tramonto. Uno dei più strani, pretestuosi, supponenti, inverosimili film di fine Novecento. Tutto sbagliato. Rispetto ai molti suoi colleghi attori passati dietro la macchina da presa l'esordio di Depp è stato di gran lunga il peggiore. Il neoregista non riesce a ottenere niente di ciò che vorrebbe (ma cosa avrà voluto?). Rimangono un paio di istantanee: Depp che cammina, cammina e Brando, il cattivissimo, su sedia a rotelle, che sembra quasi un effetto speciale. ■ DRAMMATICO; COL.; 120′; USA, 1997.

CORAGGIOSO, LO SPIETATO, IL TRADITORE, IL ★★
Regia di JUAN XIOL MARCHAL, EDOARDO MULARGIA. Con ALBERT ALVAREZ, ROBERTO ANTHONELLI, HÉLÈNE CHANEL, IERE VELASQUEZ. ■ Juan Vargas, un ufficiale venezuelano in carcere per tradimento, viene fatto evadere dalle autorità per essere infiltrato in un'organizzazione rivoluzionaria che semina il terrore nel paese. Con i suoi precedenti, Vargas riesce ad entrare nell'organizzazione, ma, scoperto, viene picchiato a sangue. Riesce tuttavia a fuggire. ■ SPIONAGGIO; COL.; 92′; ITALIA, SPAGNA, 1968.

CORALINE E LA PORTA MAGICA *(Coraline)* ★★
Un film di HENRY SELICK. Con DAKOTA FANNING, TERI HATCHER, IAN MCSHANE, JENNIFER SAUNDERS. ■ Coraline ha undici anni e si è da poco trasferita con la sua famiglia in una nuova casa. Tutto è ancora da esplorare, ma i suoi genitori sono troppo occupati con il lavoro per dedicarsi a lei. La spediscono a giocare in giardino, le preparano al volo la cena quando è ora, la invitano a cavarsela da sola. È così che Coraline scopre una porticina che dà su un tunnel polveroso che porta ad un altro appartamento, in tutto simile al suo, dove vivono un'altra mamma e un altro papà, che altro non fanno che occuparsi di lei. Tutto è spettacolare e desiderabile, dall'altra parte del tunnel, se non fosse che le persone hanno strani bottoni cuciti al posto degli occhi. È nata da un errore di battitura, Coraline. Neil Gaiman, il suo creatore, voleva scrivere Caroline, ma gli è scivolato il dito sulla tastiera e le lettere si sono scambiate di posto. Così Coraline è unica e a lei toccherà un'esperienza unica, nella quale i doppi e i ribaltamenti (non) si sprecano. ■ ANIMAZIONE; COL.; 100′; USA, 2008.

CORAZONES DE MUJER ★★
Regia di PABLO BENEDETTI, DAVIDE SORDELLA. ■ Con AZIZ AMEHRI, MOHAMMED WAJID, GHIZLANE WALDI. ■ Zina ha perso la verginità per amore e deve sposarsi senza amore. Nessuno conosce il suo segreto, soltanto lo specchio e Shakira, il sarto incaricato di confezionarle gli abiti delle nozze. Costretta suo malgrado a sposare un uomo mai visto, Zina è disperata perché nel mondo arabo non è permesso alla donna una vita sessuale prima e fuori dal matrimonio. In suo soccorso interviene Shakira, che le propone un viaggio a Casablanca per "ricostruire" la sua verginità e garantirle il matrimonio e il rispetto della famiglia. ■ COMMEDIA; COL.; 85′; ITALIA, 2007.

CORAZZATA CONGRESS, LA *(Annapolis Farewell)* ★★
Regia di ALEXANDER HALL. Con TOM BROWN, ROSALIND KEITH, GUY STANDING. ■ Un ammiraglio a riposo vede con sorpresa attraccare al porto della scuola navale di Annapolis la corazzata, ora in disarmo, che un tempo comandava e viene a sapere che servirà da bersaglio nelle esercitazioni. La nostalgia e l'amarezza di tale notizia lo portano alla follia. Sale di nascosto sulla nave e, rivivendo i giorni di battaglia, cola a picco con essa. ■ DRAMMATICO; B/N; 90′; USA, 1935.

CORAZZATA DEVE SALTARE, LA ★★
(Nazo no senkan mutsu)
Regia di KIYOSHI KOMORI. Con SHIGERU AMACHI, NORIKO KITAZAWA, KINUKA OBATA. ■ L'azione si svolge nel Pacifico, quasi alla fine del secondo conflitto mondiale. L'equipaggio della corazzata *Mutsu*, che è stata confinata in una base segreta, è convinto che la guerra sia ormai persa. Un gruppo di spie straniere approfitta della tensione e del malcontento a bordo per far saltare in aria la nave. Si tratta di un episodio realmente accaduto. ■ GUERRA; B/N; 95′; GIAPPONE, 1962.

CORAZZATA POTEMKIN, LA ★★★★★
(Bronenosec Potëmkin)
Regia di SERGEJ M. EISENSTEIN. Con GRIGORI ALEXANDROV, ALEXANDER ANTONOV, VLADIMIR BARSKIJ, MICHAIL GOMAROV. ■ Odessa 1905: a bordo dell'incrociatore *Potemkin* vi è un grave malessere. I marinai mal sopportano i soprusi del comandante. La situazione degenera quando il marinaio Vakulinchuk dà l'esempio ai suoi compagni rifiutandosi di mangiare la carne avariata. Scatta la repressione. Viene ordinata la fucilazione di una parte dell'equipaggio, ma i soldati si rifiutano di sparare. La rivolta si propaga quando Vakulinchuk viene ucciso da un ufficiale. Tutta Odessa scende in piazza, l'esercito spara su tutti, donne, vecchi e bambini. Si viene a sapere che una flotta sta puntando su Odessa. Il *Potemkin* esce in mare per la battaglia. Ma, ancora una volta, dalla flotta non parte nemmeno una cannonata contro i "compagni". Questo titolo è stato considerato per lungo tempo il più importante dell'intera storia del cinema, nel quadro del suo tempo assume un valore enorme e su molti piani. Il film venne sponsorizzato nientemeno che dallo Stato sovietico per celebrare ancora una volta la rivoluzione. Una "chiave" importante era il *plot*, una filosofia rivoluzionaria attribuiva a qualsiasi intreccio, alla *fiction* in sostanza, una funzione inutile e deteriore. Quindi bisognava attenersi alla ricostruzione esatta dei fatti. La seconda chiave è quella prettamente cinematografica: citiamo, per esempio, il famoso montaggio alla Eisenstein, che consisteva nel mostrare situazioni opposte che si articolavano fino alla loro soluzione (la folla che fugge, i cosacchi che attaccano, sequenze brevissime, fino alla folla decimata, eccetera). Film leggendario, quindi, e oggetto di preciso culto da parte della critica "schierata". Ma non solo. Billy Wilder dichiarava che il *Potemkin* era uno dei titoli più importanti della sua giovinezza: «Uscito dal cinema ero un rivoluzionario...». Nel tempo il film ha perduto molti colpi, nelle classifiche è scivolato di parecchie posizioni. Rimane un grande esercizio e manifesto, ma è caduto... il comunismo. Soprattutto rimane l'equivoco generale che vuole attribuire al cinema la funzione di fare le rivoluzioni o di sedarle. Il cinema non ha il corpo per un simile esercizio. Il suo suggerimento, per quanto efficace, geniale e illuminato, è costretto a bruciare velocemente, e la sua grandezza sta in questo stesso limite, in questa sdrammatizzazione. Inoltre il cinema è storia-plot-fiction in assoluto, con la giusta misura fra l'invenzione e il reale. E la misura è esatta, per il cinema, come per la scrittura o per la musica. Ogni "grande" invenzione, o ricerca o impennata, può valere strumentalmente nel suo tempo, a grande scapito di vedibilità postuma. La forza iper-

repressionista del *Potemkin* è diventata, proporzionalmente, il suo limite. La memoria del cinema, paradossale, ricorda le pellicole contemporanee di Laurel e Hardy, per nulla serie, ma costruite con la misura del cinema. "Adesso" fanno ancora ridere, mentre "adesso" nessuno è più rivoluzionario. ■ DRAMMATICO; B/N; 50′; RUSSIA, 1925.

CORAZZIERE, IL ★★★
Regia di CAMILLO MASTROCINQUE. Con TINO BUAZZELLI, RENATO RASCEL. ■ Urbano Marangoni ha nella vita un solo scopo: quello d'indossare la rutilante divisa di corazziere, come il padre. Ma glielo impedisce la statura da tappetto. Per lo stesso motivo, un gerarca (siamo nel 1935) gli rifiuta la mano della figlia. L'aspirante corazziere fa invano tutte le guerre nel tentativo di indossare la sospirata divisa. Vi riuscirà solo vent'anni dopo, nella pubblicità di una marca di formaggi. ■ COMMEDIA; B/N; 100′; ITALIA, 1961.

CORBARI ★★★
Regia di VALENTINO ORSINI. Con TINA AUMONT, GIULIANO GEMMA, ANTONIO PIOVANELLI, FRANK WOLFF. ■ In Romagna dopo l'8 settembre un giovanotto di grande coraggio, Corbari, uccide un fascista e si dà alla macchia costituendo una banda partigiana. Feroce ed individualista, rifiutando ogni collegamento con gli altri gruppi della Resistenza, si conquista un piccolo regno personale da dove parte per giustiziare repubblicani e fascisti e riparare ai torti degli agrari. Ma ben presto è sopraffatto dal numero e muore impiccato con gli ultimi superstiti della sua banda. ■ GUERRA; COL.; 107′; ITALIA, 1970.

CORDA D'ACCIAIO, LA ★★
Regia di CARLO BORGHESIO. Con BRIGITTE FOSSEY, FAUSTO TOZZI, XENIA VALDERI. ■ La giovane figlia di un'acrobata del circo, rimasta vedova, tenta anche lei la vita del trapezio, ma per un lieve incidente perde il coraggio di salire sulla pedana e viene messa in collegio, dove per un altro incidente perde anche l'uso delle gambe. La madre, che è stata intanto abbandonata dall'innamorato Filippo per una donna più giovane, tenta un esercizio rischiosissimo per trovare i soldi per farla operare. Ma sta per cadere dal trapezio e morirebbe se non arrivasse "volando" Filippo, che la salva. ■ DRAMMATICO; B/N; 93′; ITALIA, 1954.

CORDA DI SABBIA, LA *(Rope of Sand)* ★★
Regia di WILLIAM DIETERLE. Con CORINNE CALVET, PAUL HENREID, SAM JAFFE, BURT LANCASTER, CLAUDE RAINS. ■ Caccia ai diamanti in una sperduta zona del Sud Africa. Una guida sa dove sono, ma non parla nemmeno quando il sadico comandante militare della zona lo tortura. Allora ci prova una fatalona e altri loschi tipi. Nella caccia affannosa muoiono tutti, tranne la guida e la fatalona, redenta per l'occasione. ■ AVVENTURA; B/N; 104′; USA, 1949.

CORDA PER IL PISTOLERO, UNA ★★
(Noose for a Gunman)
Regia di EDWARD L. CAHN. Con HARRY CAREY JR, JIM DAVIS, BARTON MACLANE, LYN THOMAS. ■ Il cowboy Case, costretto ad abbandonare cinque anni prima la cittadina di Rock Valley per aver ucciso gli assassini del fratello, vi ritorna per informare lo sceriffo che il bandito Contrell vuole attaccare la diligenza con i risparmi dei cittadini. Ma in città c'è il complice segreto del bandito, Carl Avery, padre degli uomini uccisi da Case, che tenta di far fuori costui e di bloccare lo sceriffo. Inutile dire che la giustizia la spunta. ■ WESTERN; B/N.; 69′; USA, 1962.

CORDA TESA *(Tightrope)* ★★★
Regia di RICHARD TUGGLE. Con GENEVIÈVE BUJOLD, CLINT EASTWOOD, DAN HEDAYA. ■ Smessi per l'occasione i panni dell'ispettore Callaghan, Eastwood veste quelli del poliziotto incaricato di indagare su alcuni efferati delitti commessi nello squallido mondo della prostituzione di New Orleans. Il temporaneo cambiamento fa bene a Eastwood, che non lesina qualche tocco di autobiografia (anche lui, all'epoca era divorziato da poco). La suspense è superiore alla media dei gialli di Clint. ■ POLIZIESCO; COL.; 115′; USA, 1984.

CORDA TESA, LA *(La corde raide)* ★★
Regia di JEAN-CHARLES DUDRUMET. Con GERARD BUHR, GEORGES DESCRIÈRES, ANNIE GIRARDOT, FRANÇOIS PÉRIER. ■ Cora, moglie di Daniel, dirigente d'una società d'esportazione, tradisce il marito con il gestore di un garage, il quale le suggerisce di uccidere il coniuge, per intascarne l'eredità: basterà mettergli del sonnifero nel caffè alla vigilia d'un viaggio in auto. Invece di Daniel, muore il socio Simon, che ne ha preso il posto: non per il caffè drogato, ma per un sabotaggio ai freni, fatto dal meccanico, che evidentemente non si fidava dell'amante. Il sopravvissuto Daniel perdona tuttavia la vivace mogliettina, che riprende allora a tradirlo allegramente. ■ GIALLO; B/N; 82′; FRANCIA, 1962.

CORDELIA GRAY *(An Unsuitable Job for a Woman)* ★
Regia di CHRISTOPHER PETIT. Con PAUL FREEMAN, BILLIE WHITELAW. ■ Morto il detective per cui lavorava, Cordelia Gray decide di cimentarsi in prima persona con l'indagine privata. Inaspettatamente, scopre di avere una particolare propensione per il mestiere e vi si butta a capofitto. ■ GIALLO; COL.; 100′; GRAN BRETAGNA, 1981.

CORD IL BANDITO *(Cattle Empire)* ★★
Regia di CHARLES MARQUIS WARREN. Con PHYLLIS COATES, DAN HAGGERTY, JOEL MCCREA, GLORIA TALBOTT. ■ Un allevatore cieco deve condurre la sua mandria ai mercanti del Kansas. Cerca aiuto da un ex galeotto, Cord, che in passato fu suo acerrimo nemico. Cord accetta. Non solo compie la missione, ma alla fine del viaggio verrà riabilitato dall'allevatore. ■ WESTERN; COL.; 83′; USA, 1958.

CORDURA *(They Came to Cordura)* ★★★
Regia di ROBERT ROSSEN. Con RICHARD CONTE, GARY COOPER, RITA HAYWORTH, VAN HEFLIN, TAB HUNTER. ■ Durante la guerra fra Stati Uniti e Messico, nel 1916, un maggiore americano deve condurre un gruppo di persone (cinque soldati e una donna) fino all'accampamento di Cordura. I soldati sono tutti decorati di guerra, il maggiore invece ha dato prova di codardia e la donna è sospettata di fare il doppio gioco con i messicani. Tuttavia gli ultimi due dimostreranno, durante il viaggio, di valere molto più dei loro compagni. ■ AVVENTURA; COL.; 121′; USA, 1959.

CORE, THE ★★
Regia di JON AMIEL. Con AARON ECKHART, DELROY LINDO, HILARY SWANK, STANLEY TUCCI. ■ Il pianeta Terra è minacciato da tempeste magnetiche che provocano terribili catastrofi ambientali. La causa del fenomeno è misteriosa e il Dipartimento della Difesa degli Stati Uniti sospetta che all'origine del fenomeno ci possa essere un'arma micidiale, ancora sconosciuta. Il generale Purcell (Richard Jenkins) convoca a Washington un pool di scienziati. Josh Keyes (Aaron Eckhart), esperto di geofisica, scopre che dietro il mistero delle tempeste magnetiche si cela una minaccia ben più inquietante: il nucleo della Terra ha smesso di ruotare. La causa: il surriscaldamento dell'atmosfera terrestre. La soluzione può venire da un viaggio al centro della Terra. ■ FANTASCIENZA; COL.; 96′; USA, 2003.

COREA IN FIAMME *(The Steel Helmet)* ★★★
Regia di SAMUEL FULLER. Con STEVE BRODIE, GENE EVANS, ROBERT HUTTON, RICHARD LOO, SID MELTON. ■ Durante la guerra in Corea, una pattuglia americana percorre la terra di nessuno fra le imboscate nemiche. La comandano un tenente alle prime armi e un rude sergente veterano di guerra. Nella battaglia finale, però, il veterano crolla e il tenente organizza la resistenza con grande coraggio, rimettendoci la pelle. Scampano il sergente e altri tre soldati. ■ GUERRA; B/N; 84′; USA, 1951.

CORE MIO ★★
Regia di STEFANO CALANCHI. Con ISA DANIELI, CONSUELO FERRARA, MARZIO ONORATO. ■ Un tassista va in galera per aver rapinato un cliente che non voleva pagargli il conto. Quando esce trova che sua moglie s'è fatta l'amante. Riesce a trovare un lavoro ma lo perde. È ridotto alla disperazione. Ma l'incontro con la donna giusta lo salva. ■ DRAMMATICO; COL.; 90′; ITALIA, 1982.

CORE 'NGRATO ★★
Regia di GUIDO BRIGNONE. Con CARLA DEL POGGIO, GABRIELE FERZETTI, FRANK LATIMORE. ■ È la vicenda di Elena, donna sola che lavora come segretaria di un'anziana signora. Scompare un gioiello: Elena viene accusata, ma non ci sono prove. L'avvo-

cato che l'ha difesa si innamora di lei, mentre si fa vivo il vero ladro che la perseguita. Nasce un bambino, naturalmente dell'avvocato, ma la madre di questi è contraria al matrimonio. Un giorno, la ragazza, per difendersi dall'antico ladro, lo uccide. L'avvocato-papà stavolta è accusatore, ma l'amore non si è mai spento. ■ DRAMMATICO; B/N; 110′; ITALIA, 1951.

COREOGRAFIA DI UN DELITTO *(Dancing Machine)* ★★
Regia di GILLES BÉHAT. Con CLAUDE BRASSEUR, ALAIN DELON, PATRICK DUPOND. ■ Un giallo francese diretto da un regista che conosce a memoria i film di Dario Argento, senza però averne la visionarietà necessaria. Un ispettore di polizia indaga in una scuola di ballo sulla morte di alcuni allievi. Tutto farebbe pensare a una serie di delitti con un unico comun denominatore. A capo della scuola c'è un direttore piuttosto inquietante. Quest'ultimo è interpretato da Alain Delon. ■ GIALLO; COL.; 106′; FRANCIA, 1990.

CORIANDOLI *(Konfetti)* ★
Regia di HUBERT MARISCHKA. Con FRIEDL CZEPA, HANS MOSER. ■ Una ragazza che lavora in un negozio d'alta moda va alla festa di carnevale con un prezioso modello preso a prestito di nascosto. Caso vuole che anche il suo titolare si trovi lì. Lei si nasconde in un palco fingendo di essere ricchissima: da qui nascono i soliti equivoci. ■ COMMEDIA; B/N; 90′; AUSTRIA, 1936.

CORIOLANO EROE SENZA PATRIA ★★
Regia di GIORGIO FERRONI. Con LILLA BRIGNONE, ALDO BUFI LANDI, ALBERTO LUPO, GORDON SCOTT. ■ Coriolano è un famoso condottiero romano. Batte i Volsci di Tullo Aufidio ma, invece di portarlo in trionfo, i suoi concittadini lo emarginano e lo accusano di tradimento. Coriolano, offeso, se ne va da Roma e si unisce ai Volsci. Ritorna e sta per fare un massacro, ma la madre lo scongiura di salvare la patria. ■ STORICO; COL.; 90′; ITALIA, 1964.

CORKY ROMANO – AGENTE DI SECONDA MANO *(Corky Romano)* ★★★
Regia di ROB PRITTS. Con PETER FALK, CHRIS KATTAN, CHRIS PENN, RICHARD ROUNDTREE, FRED WARD. ■ Peter Falk nei panni di un padrino mafioso nei guai. L'Fbi ha in mano prove forti, che lo inchioderebbero. Occorre dunque provvedere. Fra i figli del boss c'è Corky, che avrebbe progetti molto diversi, e che, toccato sul sangue, accetta di "truccarsi" da agente e di infiltrarsi per poter sottrarre le famose prove. Un esercizio abbastanza gradevole. La chiave è grottesca, si sorride, anche grazie alle brevi apparizioni di personaggi come Dan Aykroyd, Eddie Murphy e Steve Martin. ■ COMMEDIA; COL.; 86′; USA, 2002.

CORLEONE ★★★
Regia di PASQUALE SQUITIERI. Con CLAUDIA CARDINALE, GIULIANO GEMMA, FRANCISCO RABAL, STEFANO SATTA FLORES. ■ Corleone, un giovane ambizioso e senza scrupoli, si mette al servizio dei mafiosi locali. Un "pezzo da novanta" gli ordina di uccidere il suo migliore amico, un sindacalista, e il giovane lo fa, ma solo per acquistare maggior potere e prendere il posto dei vecchi capomafia. Ci riesce e in capo a una ventina d'anni diventa il boss più temuto dell'isola. Ma la giustizia (meglio tardi che mai) gli è addosso. Il protagonista riesce a giocarla per un po', ma intanto è divenuto personaggio scomodo anche per i suoi seguaci: lo ammazzano davanti alla moglie e ai figli. ■ DRAMMATICO; COL.; 120′; ITALIA, 1978.

CORNETTI ALLA CREMA ★
Regia di SERGIO MARTINO. Con LINO BANFI, GIANNI CAVINA, EDWIGE FENECH. ■ Il maldestro Lino Banfi, sarto clericale, si impegna nella sua prima esperienza extraconiugale con la spumeggiante Fenech ma rimedia solo una serie di equivoci, figuracce e fratture multiple. Commediola di nessuna originalità. ■ COMMEDIA; COL.; 109′; ITALIA, 1981.

CORNUTO SCONTENTO, IL *(Le mâle du siècle)* ★★★
Regia di CLAUDE BERRI. Con CLAUDE BERRI, JULIET BERTO, HUBERT DESCHAMPS, DENISE PROVENCE. ■ Claude, meglio noto come il "re del pantalone" in quel di Lione, ha due vizi: l'interesse economico e la gelosia per la bella moglie Isabella. Numerose sono le liti tra i due per questo motivo, finché un giorno Claude apprende dalla televisione che la moglie è stata presa in ostaggio da un bandito che ha tentato una rapina nel negozio. Assai più che per la vita della moglie, Claude è preoccupato per la sua fedeltà, specie davanti agli occhi di milioni di persone, e gli sta a cuore solo che non ceda al bandito. La moglie ha così modo di scoprire tutta la meschinità del marito. ■ COMMEDIA; COL.; 90′; FRANCIA, 1976.

CORONA DI FERRO, LA ★★★
Regia di ALESSANDRO BLASETTI. Con ELISA CEGANI, GINO CERVI, LUISA FERIDA, MASSIMO GIROTTI, OSVALDO VALENTI. ■ A Kindaor, un paese mitico, col fratricidio Sedemondo spodesta il legittimo sovrano e s'impadronisce del reame. Scampa solo Arminio, il figlioletto dello spodestato, che viene portato nella foresta e cresce come Tarzan. Passano gli anni. Il ragazzo, divenuto un uomo, si unisce ai popolani che combattono la guerrigia contro re Sedemondo. Partecipa a un torneo e batte i più famosi cavalieri della terra, ottenendo la mano della buona figlia dell'usurpatore. Ma questa muore. Sul paese ormai pacificato regneranno il giovane e la principessa Tundra, figlia del sovrano di un regno confinante con Kindaor. Alessandro Blasetti quarantenne, nel pieno della vigoria creativa, realizza il suo sogno di un kolossal all'americana. Ci mette tutto: la guerra e l'invettiva contro la guerra; l'avventura alla Tarzan e quella alla De Mille, il torneo cavalleresco e gli amori pastorali alla Dafne e Cloe. E il bello è che con questo materiale tanto eterogeneo riesce a darci uno spettacolo sempre suggestivo e trascinante. ■ AVVENTURA; B/N; 83′; ITALIA, 1940. ■ VENEZIA 1 PR.

CORONA DI FUOCO – UMBERTO BIANCAMANO, LA ★★
Regia di LOUIS MAÑE. Con WALLY SALIO, JOHN TURNER. ■ Oddone di Blois vuole impadronirsi del regno di Borgogna: comincia col tentare di togliere di mezzo il conte Biancamano, fedele vassallo del re. L'attentato fallisce, ma certi preziosi documenti arrivano nelle mani di Oddone, il quale se ne serve poi per far spodestare Biancamano dai feudi sui quali governa. Al termine di un terribile duello, il conte Biancamano ucciderà il perfido Oddone. ■ STORICO; B/N; 95 ; ITALIA, 1961.

CORONA NERA, LA *(La corona negra)* ★
Regia di LUIS SASLAVSKY. Con ROSSANO BRAZZI, MARIA FELIX, VITTORIO GASSMAN. ■ Un uomo rivede, dopo molto tempo, la donna del cuore. Lei, che soffre di una parziale amnesia, non rammenta di aver ammazzato il ricco marito assecondata da un suo dipendente. Questi vuole la sua parte di gioielli, che la protagonista ha nascosto: accusato di omicidio, la pedina e uccide il malcapitato spasimante. ■ DRAMMATICO; B/N; 92′; ARGENTINA, 1952.

CORPI IMPAZIENTI *(Les corps impatients)* ★★
Regia di XAVIER GIANNOLI. Con MAURICE ANTONI, JULIEN BOUVARD, NICOLAS DUVAUCHELLE, CATHERINE SALVIAT, LAURA SMET. ■ Charlotte e Paul sono fidanzati e si amano molto. Ma c'è un'ombra che grava sul loro amore, la più maledetta, la più definitiva: la morte. Charlotte è malata di cancro. Affrontare una realtà ineluttabile e drammatica come la malattia non si rivela una cosa facile per i due, che si trasferiscono dalla placida provincia alla grande città per le cure cliniche. Nella stessa città vive Ninon, cugina di Charlotte, bella e vitale. Ninon e la sua esplosione di energia finiscono per sedurre Paul ■ DRAMMATICO; COL.; 94′; FRANCIA, 2003.

CORPI PRESENTANO TRACCE DI VIOLENZA CARNALE, I ★★
Regia di SERGIO MARTINO. Con TINA AUMONT, SUZY KENDALL, LUC MERENDA, JOHN RICHARDSON. ■ Un misterioso maniaco sessuale semina il panico tra le studentesse dell'università di Perugia: Daniela, Katia, Ursula e Jane, preoccupate, lasciano la città e si rifugiano in una villa di campagna, ma non è certo una grande idea, visto che l'assassino le raggiunge ed incomincia la sua strage. Una sola riesce a salvarsi. ■ GIALLO; COL.; 90′; ITALIA, 1973.

CORPO, IL *(Ratai)* ★★
Regia di MASASHIGE NARUSAWA. Con YUSUKE KAWAZU, HIROYUKI NAGATO, MICHIKO SAGA. ■ Una giovane e bella ragazza diventa l'amante del suo datore di lavoro. Buttata fuori casa dai genitori, si stabilisce nell'appartamento presole in affitto dal compagno; dopo un po', questi viene messo in prigione e a lei non rima-

ne che guadagnarsi da vivere in infimi locali notturni. ■ DRAMMATICO; COL.; 95'; GIAPPONE, 1963.

CORPO, IL ★★
Regia di LUIGI SCATTINI. Con ZEUDI ARAYA, CARROLL BAKER, LEONARD MANN, ENRICO MARIA SALERNO. ■ Princesse, bellissima mulatta, suscita violente passioni in due uomini, il maturo Antoine e il giovane Alain. Per entrambi Princesse sarà causa di morte. ■ DRAMMATICO; COL.; 92'; ITALIA, 1974.

CORPO A CORPO *(L'arme à gauche)* ★★
Regia di CLAUDE SAUTET. Con ALBERTO DE MENDOZA, LEO GORDON, SYLVA KOSCINA, LINO VENTURA. ■ Una bella vedova americana e un coraggioso capitano di mare cercano lo yacht che la donna ha ereditato dal marito morto e che ora viene usato da un gruppo di contrabbandieri. Insieme hanno la meglio sui trafficanti. Da un romanzo di Charles Williams. ■ AVVENTURA; COL.; 103'; FRANCIA, 1964.

CORPO A CUORE *(Corps à coeur)* ★★★
Regia di PAUL VECCHIALI. Con MADELEINE ROBINSON, NICOLAS SILBERG, HÉLÈNE SURGERE. ■ Pierre, un meccanico di trent'anni, s'innamora perdutamente di una farmacista di cinquant'anni che accetta la sua corte, ma gli nega l'amore. Dopo averlo coperto di ridicolo, la donna lo invita a trascorrere con lei in una villa gli ultimi tre mesi di vita che le rimangono. Quando Pierre torna a Parigi in occasione della morte della matrigna, lo raggiunge la notizia che la farmacista si è suicidata. ■ DRAMMATICO; COL.; 126'; FRANCIA, 1979.

CORPO CALDO PER L'INFERNO, UN ★★
Regia di FRANCESCO MONTEMURRO. Con KRISTA NELL, GEORGE PATTON, JEAN VALMONT. ■ Un ricettatore rinviene il cadavere dell'uomo che avrebbe dovuto vendergli il ricavato di una grossa rapina. I complici dell'ucciso, convinti della sua colpevolezza, lo cercano per riavere i gioielli. Invano: moriranno tutti in diversi frangenti e solo con un abile stratagemma il commissario di polizia farà confessare al ricettatore la sua colpevolezza. ■ POLIZIESCO; COL.; 90'; ITALIA, 1968.

CORPO CELESTE ★★★★
Regia di ALICE ROHRWACHER. Con SALVATORE CANTALUPO, ANITA CAPRIOLI, RENATO CARPENTIERI, PASQUALINA SCUNCIA, YLE VIANELLO. ■ Marta ha 13 anni ed è tornata a vivere alla periferia di Reggio Calabria (dove è nata) dopo aver trascorso dieci anni in Svizzera. Con lei ci sono la madre e la sorella maggiore che la sopporta a fatica. La ragazzina ha l'età giusta per accedere al sacramento della cresima e inizia a frequentare il catechismo. Si ritrova così in una realtà ecclesiale contaminata dai modelli consumistici, attraversata da un'ignoranza pervasiva e guidata da un parroco più interessato alla politica e a fare carriera che alla fede. Alice Rohrwacher debutta alla regia di un lungometraggio con una prova che testimonia la sua abilità nel dirigere attori e non attori, garantendo quella naturalezza che per un film come *Corpo celeste* è una qualità indispensabile. ■ DRAMMATICO; COL.; 98'; ITALIA, 2011.

CORPO DA AMARE, UN *(Dama sphathi)* ★★
Regia di GEORGES SKALENAKIS. Con SPIROS FOCAS, HELENA NATHANAEL. ■ Una bella donna, indossatrice di classe, Elena, sposata ad un capitano di marina, è sconvolta dalla passione per un uomo, Alex, proprietario dell'albergo ove si trova in vacanza con il marito. Cerca invano appoggio nel marito. Cede comunque alla tentazione e, convinta che il consorte non l'ami più, chiede la separazione. L'uomo gliela nega solo per concedersi una crudele vendetta: finge infatti di averla perdonata e, dopo essere ben sicuro che Elena lo ama perdutamente, più di prima, le confessa di non amarla più e l'abbandona. ■ DRAMMATICO; B/N; 95'; GRECIA, 1968.

CORPO DA GESTIRE, UN *(Mistress)* ★★
Regia di MICHAEL TUCHNER. Con DON MURRAY, VICTORIA PRINCIPAL. ■ Una splendida ragazza, piena di soldi e perfettamente felice, perde improvvisamente il compagno al quale era legata da diversi anni. L'imprevedibile lutto la getta nella più nera costernazione, anche perché si trova senza un soldo. ■ SENTIMENTALE; COL.; 120'; USA, 1987.

CORPO D'AMORE ★★★
Regia di FABIO CARPI. Con LINO CAPOLICCHIO, MIMSY FARMER, GIOVANNI ROSSELLI, FRANÇOIS SIMON. ■ Vacanza fuori stagione per un anziano padre e per suo figlio ancora ragazzo: dietro i fiumi di parole che consumano, i due uomini non si sanno più né parlare né capire veramente. L'occasione per rendersi conto di questa loro alienazione è fornita da una giovane donna straniera che trovano svenuta sulla spiaggia e di cui entrambi si innamorano appassionatamente. Ma la donna non parla la loro lingua. Poi arriva un uomo sconosciuto che sa la lingua della donna e la seduce: padre e figlio, pazzi di gelosia, di comune accordo lo uccidono. ■ DRAMMATICO; COL.; 105'; ITALIA, 1971.

CORPO DA POSSEDERE, UN *(Hellé)* ★★
Regia di ROGER VADIM. Con JEAN-CLAUDE BOUILLON, DIDIER HAUDEPIN, ROBERT HOSSEIN, MARIA MAUBAN, MARIA SCHNEIDER. ■ Gruppo di famiglia poco edificante in un paese di montagna dell'Alta Savoia: la madre ha sostituito il marito morto con un giovane insegnante che la sfrutta economicamente; Julien, il figlio maggiore, è tornato pazzo dalla guerra del Vietnam e ora si preoccupa solo di ostacolare l'affetto che nasce tra suo fratello minore, Fabrice, e una giovane minorata, finora oggetto di violenze sessuali. La relazione tra Fabrice e la ragazza comunque non durerà. ■ DRAMMATICO; COL.; 90'; FRANCIA, 1973.

CORPO DA REATO, UN *(One night at McColl's)* ★★
Regia di HARALD ZWART. Con MATT DILLON, MICHAEL DOUGLAS, JOHN GOODMAN, PAUL REISER, LIV TYLER. ■ Tre uomini raccontano il loro incontro con la donna che ha sconvolto (e anche qualcosa di più) le loro vite. Randy, l'uomo che ha vissuto con lei, ne parla con un killer di provincia a cui chiede di ucciderla mentre sta giocando al Bingo. Suo cugino, l'avvocato Carl, racconta di come ha sfogato con lei le proprie pulsioni masochiste a un'analista che passa dall'indifferenza alla finta partecipazione. Il detective Dehling si trova invece a indagare su di lei e a trovarsene perdutamente innamorato sentendosi in dovere di confessare tutto a un sacerdote amico e curioso. Lei è Jewel, una dark lady di provincia con aspirazioni da casalinga frustrata. Il finale ipertruculento mescola i fratelli Farrelly (quelli di *Tutti pazzi per Mary*) a citazioni musicali (Village People) a "omaggi" cinefilo-douglasiani (*Un giorno di ordinaria follia*). Michael Douglas si ritaglia una caratterizzazione azzeccata. Il trio di attori Jewel-dipendenti regge bene il ritmo delle tre narrazioni. Ma chi, dopo film in cui appariva imbolsita e un po' spenta, è tornata in piena forma fisica e recitativa è Liv Tyler. La ragazzina che cerca di capire il mondo è scomparsa. C'è un attrice che può reggere il confronto con la Kidman di *Da morire*. ■ COMMEDIA; COL.; 93'; USA, 2001.

CORPO DA SPIARE, UN *(Mata Hari)* ★★
Regia di CURTIS HARRINGTON. Con CHRISTOPHER CAZENOVE, SYLVIA KRISTEL, OLIVER TOBIAS. ■ È la vita della mitica Mata Hari, bella danzatrice di Giava che durante la Grande Guerra fu al centro di intrigate storie di spionaggio. La Mata Hari interpretata da Sylvia Kristel è però un po' troppo svestita. ■ SPIONAGGIO; COL.; 92'; USA, 1984.

CORPO DELL'ANIMA, IL ★★★
Regia di SALVATORE PISCICELLI. Con ENNIO FANTASTICHINI, ROBERTO HERLITZKA, GIANLUIGI PIZZETTI, RAFFAELLA PONZO, SABINA VANNUCCHI. ■ Ernesto è un anziano scrittore che vive in solitudine a Roma la propria vedovanza. Sta scrivendo una sceneggiatura su Santa Teresa d'Avila. Ha bisogno di una colf e assume solo per qualche ora la giovane Luana, una borgatara vistosa e sensuale che, però, non ha secondi fini. Non vivranno insieme ma il legame resterà forte. «Ciò che non si può tradurre in termini di misticismo mai merita di essere vissuto». La frase di Cioran apre il film e vuole marcare un'operazione non priva di una sua dignità estetica e formale. ■ EROTICO; COL.; 105'; ITALIA, 1999.

CORPO DELLA RAGASSA, IL ★★★
Regia di PASQUALE FESTA CAMPANILE. Con MARISA BELLI, LILLI CARATI, RENZO MONTAGNANI, ENRICO MARIA SALERNO, ELSA VAZZOLER. ■ Tirisin è una bella popolana padana che, notata da un maturo e spregiudicato professionista, il professor Quario, viene da questi trasformata da rozza, ignorante contadinotta in una

raffinata creatura, amata e invidiata dalla società bene. Ma Tirisin mira a farsi sposare dal suo protettore e ci riesce. Il poverino, però, muore improvvisamente. Tirisin eredita e investe subito i quattrini in una catena di bordelli. Dal romanzo di Gianni Brera. ■ COMMEDIA; COL.; 104′; ITALIA, 1979.

CORPO DEL REATO, IL *(Physical Evidence)* ★★
Regia di MICHAEL CRICHTON. Con NED BEATTY, BURT REYNOLDS, THERESA RUSSELL. ■ Nonostante la presenza di Reynolds e di Theresa Russell il film è un prodotto riscaldato. Il regista che pure in passato ci aveva dato film come *Il mondo dei robot* e *Coma profondo* non aiuta con il ritmo una sceneggiatura banale. Un informatore è stato assassinato in quel di Boston e viene sospettato Joe Paris, un ex poliziotto. In tribunale la sua difesa è sostenuta dalla bella Jenny che gli salverà la vita. La musica è di Henry Mancini. ■ GIALLO; COL.; 98′; USA, 1990.

CORPO DI DIANA, IL *(Le corps de Diane)* ★★
Regia di JEAN-LOUIS RICHARD. Con CHARLES DENNER, JEANNE MOREAU, ELISABETH WIENER. ■ L'architetto Julien conosce in Cecoslovacchia un'affascinante scenografa, Diana, che sta lavorando al balletto *Pentesilea*, tratto dal dramma dello scrittore tedesco Heinrich von Kleist. Julien si innamora follemente di Diana e la sposa, ma anche quando la donna interrompe il suo rapporto omosessuale con una compagna di lavoro, il marito dubita della sua fedeltà ed è sconvolto dai suoi modi liberi e anticonformisti. Decide pertanto di inscenare un duplice suicidio, alla memoria di von Kleist appunto, che volle morire insieme alla sua amante. Per un puro caso muore solo Julien e Diana riesce a salvarsi. ■ DRAMMATICO; COL.; 96′; FRANCIA, 1970.

CORPORATION, THE ★★★
Regia di JENNIFER ABBOTT, MARC ACHBAR, JOEL BAKAN. ■ Fra i progetti più interessanti del nuovo millennio, c'è il libro-documentario di Mark Achbar e Joel Bakan, che, attraverso una serie di interviste ai più importanti esponenti del business mondiale, offre una visione *super partes* sulle multinazionali e sulle loro strategie di prodotto, di comunicazione e, soprattutto, di *ethic management*. Il documentario, strutturato in una prima parte storica e una seconda di testimonianze, e diviso in capitoli che affrontano teorie e argomenti diversi, analizza il comportamento delle multinazionali alla stregua di un essere umano, evidenziandone le psicosi. ■ DOCUMENTARIO; COL.; 145′; CANADA, 2003.

CORREGIDOR – AMORE E MORTE A CORREGIDOR *(Corregidor)* ★★
Regia di WILLIAM NIGH. Con FRANK JENKS, OTTO KRUGER, ELISSA LANDI, DONALD WOODS. ■ Una storia d'amore nasce e si sviluppa nelle Filippine, durante il secondo conflitto mondiale. Due medici si sposano e si impegnano senza risparmio di energia per salvare il maggior numero possibile di vite umane. Dopo qualche tempo anche lui si ammala gravemente: la moglie, benché desideri rimanergli accanto, è costretta a partire, come le è stato ordinato, per un altro fronte. ■ GUERRA; B/N; 73′; USA, 1943.

CORRENDO CON LE FORBICI IN MANO *(Running with Scissors)* ★★★
Regia di RYAN MURPHY. Con ALEC BALDWIN, ANNETTE BENING, JILL CLAYBURGH, BRIAN COX, JOSEPH CROSS, JOSEPH FIENNES, GWYNETH PALTROW, EVAN RACHEL WOOD. ■ Augusten Burroughs ha un padre assente e alcolizzato e una madre, Deirdre, ossessionata dalla scrittura e dal proprio subconscio creativo. Dopo la loro drammatica separazione, Augusten viene dimenticato e parcheggiato nella casa del dottor Finch, l'originale quanto folle psichiatra della madre. L'uomo, che pratica la scienza della psichiatria come fosse un'alchimia, esercita sui propri pazienti un forte ascendente. Derubata dei beni e della salute, Deirdre Burroughs lascia che il dottor Finch adotti Augusten. Abbandonato in una casa vittoriana tinta di rosa, Augusten si rassegna presto a convivere con la sua nuova famiglia. Deciso a sopravvivere all'abbandono dei suoi e alle paranoie quotidiane dei Finch, Augusten attraverserà tutto d'un fiato gli anni Settanta, approdando a New York e a una vita finalmente normale. Dopo i televisivi Troy e McNamara, i chirurghi "taglia e cuci" del serial tv *Nip/Tuck*, Ryan Murphy debutta sul grande schermo traducendo in immagini le pagine dello scrittore Augusten Burroughs. ■ COMMEDIA; COL.; 116′; USA, 2006.

CORRERE PER VINCERE *(That Championship Season)* ★★
Regia di JASON MILLER. Con STACY KEACH, ROBERT MITCHUM, MARTIN SHEEN. ■ Dalla commedia premio Pulitzer di Jason Miller (il prete de *L'esorcista*). Si festeggia il ventiquattresimo anno di vita di una squadra di basket. Un gruppo di vecchie glorie dell'équipe si dà convegno (c'è anche l'autoritario allenatore dei tempi d'oro). Ma la rimpatriata scade nella malinconia, in un furioso rimpianto della forza e delle illusioni perdute. ■ COMMEDIA; COL.; 90′; USA, 1983.

...CORREVA L'ANNO DI GRAZIA 1870 ★★★
Regia di ALFREDO GIANNETTI. Con MARIO CAROTENUTO, ANNA MAGNANI, MARCELLO MASTROIANNI, OSVALDO RUGGERI. ■ È uno dei film televisivi scritti e diretti da Giannetti appositamente per Anna Magnani. Il suo personaggio è ancora una volta quello di una appassionata e coraggiosa popolana, Teresa, il cui marito, Augusto, giace malato nelle prigioni dello Stato pontificio, perché patriota oppositore del potere temporale della Chiesa. Con la breccia di Porta Pia, Roma torna italiana e i prigionieri politici vengono liberati: Augusto è però già in fin di vita e muore tra le braccia di Teresa che gli descrive commossa l'arrivo dei piemontesi in città. ■ DRAMMATICO; COL.; 110′; ITALIA, 1971.

CORRI, ANGEL, CORRI! *(Run, Angel, Run)* ★★
Regia di JACK STARRETT. Con DANIEL KEMP, WILL SMITH, VALERIE STARRETT. ■ Figlio degenere di *Easy Rider*, il film racconta le bravate e le violenze di una banda di motociclisti che vengono un giorno denunciati alla stampa da uno dei loro stessi componenti, Angel. Il giovane ha agito inconscientemente e capisce che i compagni cercheranno di vendicarsi: fugge perciò nella campagna californiana insieme alla sua ragazza e inizia una nuova vita nella casa tranquilla del fattore Dan. Quando i vecchi amici di Angel lo scovano e cercano di ucciderlo, è proprio Dan a salvarlo. ■ DRAMMATICO; COL.; 95′; USA, 1970.

CORRI, CAVALLO, CORRI *(Phar Lap)* ★★
Regia di SIMON WINCER. Con TOM BURLINSON, RON LEIBMAN, JUDY MORRIS. ■ La leggenda del cavallo da corsa australiano Phar Lap che vinse tutti i derby del mondo e morì in circostanze misteriose negli Stati Uniti nel 1932. ■ AVVENTURA; COL.; 90′; AUSTRALIA, 1983.

CORRI COME IL VENTO, KIKO ★
Regia di SERGIO BERGONZELLI. Con RICHARD HARRISON, SILVIA MONACO, LORENZO VITI. ■ Una ragazzina, rimasta paralizzata in seguito a una caduta da cavallo, guarisce quando il padre organizza un Palio di Siena tutto per lei nel quale fa vincere il suo puledro preferito. Poteva essere un film poetico, invece è un pasticcio sentimentaloide. ■ COMMEDIA; COL.; 95′; ITALIA, 1982.

CORRIDA DEI MARITI, LA *(Le printemps, l'automme et l'amour)* ★★★
Regia di GILLES GRANGIER. Con NICOLE BERGER, FERNANDEL, CLAUDE NOLLIER, GASTON REY. ■ Il proprietario di un'azienda bene avviata salva una ragazza dal suicidio e la tiene con sé. La gente del paese, a poco a poco, comincia a insinuare cose spiacevoli finché l'uomo, stanco, sposa la ragazza. La cognata, che vede in lei un ostacolo alla sua avidità, fa in modo che la giovane prenda una cotta per un coetaneo. I due scappano insieme, ma l'idillio dura poco: la giovane mogliettina, consapevole dell'errore commesso, torna dal consorte che provvede a sistemare la malvagia cognata. ■ COMMEDIA; B/N; 97′; FRANCIA, 1955.

CORRIDA DELLA MORTE, LA *(Currito de la Cruz)* ★
Regia di LUIS LUCIA MINGARRO. Con MARTIN VASQUEZ DE SEVILLA, MANUEL LUNA, JORGE MISTRAL, PEPÌN. ■ Mingarro è un regista "provinciale" che a volte, comunque, è riuscito a fare dei lavori dignitosi. *La corrida della morte* è il suo primo lavoro, pieno di situazioni emotive, di sentimento traboccante e con un finale drammatico. ■ DRAMMATICO; B/N; 92′; SPAGNA, 1948.

CORRIDA MESSICANA *(Mexican Hayride)* ★★★
Regia di CHARLES BARTON. Con BUD ABBOTT, LOU COSTELLO, VIRGINIA GREY. ■ Farsesco gioco di equivoci intorno alla coppia di simpatici "idioti" Gianni e Pinotto: Pinotto (Costello) è pre-

sentato da Gianni (Abbott) come donna-torero in un'arena messicana. Poi viene scambiato per un console americano e come tale festeggiato dai messicani, fino a che non si scopre la verità e interviene la polizia. Doppia fuga finale per i due compari, con Pinotto che capita di nuovo nell'arena ed è costretto ad affrontare un temibile toro. ■ COMMEDIA; B/N; 77'; USA, 1948.

CORRIDOI DEL POTERE, I *(True Colors)* ★★★
Regia di HERBERT ROSS. Con JOHN CUSACK, JAMES SPADER. ■ Herbert Ross sembra essere, anche se non completamente, sulla buona strada. Da mestierante e poco più che era, in questo film ha ritirato fuori una certa grinta. Due amici e due esistenze a confronto: Tim e Peter. Il primo già dall'università accarezzava il sogno di diventare un grande avvocato, scrupoloso e col senso della giustizia. Il secondo invece, prevaricatore e disposto a tutto per arrivare in cima, ha scelto la strada della politica. Ecco allora che la loro antica amicizia viene compromessa. ■ DRAMMATICO; COL.; 105'; USA, 1991.

CORRIDOIO DELLA PAURA, IL *(Shock Corridor)* ★★
Regia di SAMUEL FULLER. Con JAMES BEST, PETER BRECK, GENE EVANS, CONSTANCE TOWERS. ■ John Barrett, ambizioso giornalista in cerca di scoop, si finge malato per indagare su un omicidio compiuto in un manicomio. L'incontro con i diversi ricoverati è però traumatico e quando riesce a risolvere il caso, meritandosi la nomina al premio giornalistico Pulitzer per avere scoperto l'assassino della clinica psichiatrica, la sua mente è ormai offuscata dalla follia. ■ DRAMMATICO; B/N; 101'; USA, 1964.

CORRIDOIO SEGRETO *(Der Favorit der Kaiserin)* ★★
Regia di WERNER HOCHBAUM. Con WILLY EICHBERGER, OLGA TSCHECHOWA. ■ Un ufficiale si trova per un caso fortuito nelle stanze di Elisabetta, imperatrice di Russia; subito viene creduto l'amante della zarina. Così quando si ordisce una congiura di palazzo, i fedeli dell'imperatrice ritengono giusto avvertire l'ufficiale. E fanno bene, perché il giovane con grande eroismo sventa il complotto, ottiene una cospicua promozione e può sposare la sua amata. ■ STORICO; B/N; 92'; GERMANIA, 1936.

CORRIDORE DI MARATONA, IL ★★
(Der Läufer von Marathon)
Regia di EWALD ANDRÉ DUPONT. Con PAUL HARTMANN, BRIGITTE HELM. ■ Uno dei film minori di Brigitte Helm, la cui fama rimase indissolubilmente legata a *Metropolis* e ad *Atlantide*. ■ DRAMMATICO; B/N; 95'; GERMANIA, 1933.

CORRIERA DELL'OVEST, LA *(Overland Stagecoach)* ★★
Regia di SAM NEWFIELD. Con ROBERT LIVINGSTONE, DENNIS MOORE, AL ST. JOHN. ■ Primi tempi nel West: il cavallo d'acciaio è assai molto malvisto dai proprietari delle diligenze, che cercano in ogni modo di sabotarlo. ■ AVVENTURA; B/N; 94'; USA, 1949.

CORRIERA DEL WEST, LA *(The Cowboy Millionaire)* ★★
Regia di EDWARD F. CLINE. Con EVELYN BOSTOCK, GEORGE O'BRIEN. ■ Una ricca ragazza inglese attraversa l'America con l'ambiguo fidanzato; un bravo cowboy possiede una miniera, senza sapere che è aurifera. Lo scopre invece il fidanzato e tenta la truffa. Ma il cowboy, che non è disposto a fare la parte del fesso, insegue la coppia fino in Inghilterra e si prende miniera e ragazza. ■ WESTERN; B/N; 90'; USA, 1935.

CORRIERA FANTASMA, LA *(The Phantom Stagecoach)* ★
Regia di RAY NAZARRO. Con WILLIAM BISHOP, KATHLEEN CROWLEY. ■ Marroon, un losco individuo, vuole sostituire Patterson nella gestione del servizio diligenze: per raggiungere i suoi scopi e per mettere il rivale in cattiva luce non esita a ricorrere a mezzi illegali. Uno zelante ispettore riuscirà a sventare i piani del malvivente. ■ WESTERN; B/N; 69'; USA, 1957.

CORRIERE DELLO ZAR, IL *(Der Kurier des Zaren)* ★★
Regia di RICHARD EICHBERG. Con COLETTE DARFEUIL, CHARLES VANEL, ADOLF WOHLBRÜCK. ■ La storia è quella solita tratta dal *Michele Strogoff* di Giulio Verne: l'ufficiale deve portare un prezioso messaggio che servirà a sventare una ribellione tartara. Inseguito per buona parte della Russia, Michele ne passa di tutti i colori prima di riuscire a compiere la missione. Verrà per premio fatto colonnello e potrà sposare la donna che lo ha aiutato e della quale si è innamorato. ■ AVVENTURA; B/N; 100'; FRANCIA, GERMANIA, 1936.

CORRIERE DEL RE, IL ★★
Regia di GENNARO RIGHELLI. Con ROSSANO BRAZZI, VALENTINA CORTESE, IRASEMA DILIAN, CARLO NINCHI, MASSIMO SERATO. ■ Tratto dal romanzo *Il rosso e il nero* di Stendhal. Un giovane contadino, che ha ricevuto una buona istruzione, si impiega presso il sindaco del paese e diventa l'amante di sua moglie. Per evitare lo scandalo, viene mandato a Parigi dove si innamora della figlia di un nobile. Sta per sposarla, ma l'ex amante (ora vedova) manda all'aria il matrimonio. Lui allora va a trovarla e la uccide. Prima di salire sul patibolo sposerà la sua giovane fidanzata. ■ DRAMMATICO; B/N; 92'; ITALIA, 1947.

CORRIERE DI FERRO, IL ★
Regia di FRANCESCO ZAVATTA. Con SILVANA JACHINO, CARLO NINCHI, OTELLO TOSO. ■ Fumetto sulla Resistenza: il "corriere di ferro" è un partigiano bolognese che un giorno salva la vita a un aviatore americano che si è buttato col paracadute. Il giovane straniero si innamora di Elda, la ragazza che lo nasconde ai tedeschi, ma è costretto ad abbandonarla quando scopre che la madre di lei è anche la sua. Prevedibile colpo di scena nel finale. Elda è solo la figliastra della madre dell'aviatore e così i due giovani possono amarsi. ■ DRAMMATICO; B/N; 90'; ITALIA, 1948.

CORRIERE DIPLOMATICO *(Diplomatic courier)* ★★★
Regia di HENRY HATHAWAY. Con HILDEGARDE NEFF, STEPHEN MCNALLY, PATRICIA NEAL, TYRONE POWER. ■ 1950: il dipartimento di Stato americano incarica il corriere diplomatico Mike Kells, appena atterrato a Parigi, di ripartire per Salisburgo. Sull'aereo, Mike fa amicizia con Joan Ross, attraente vedova di un console statunitense. In Austria, Mike sale su un treno dove il collega e amico Sam Carew deve passargli un importantissimo documento riguardante i piani di Stalin per invadere l'Europa. Ma Carew, in viaggio con la bionda Janine, viene gettato sui binari prima che possa parlare con Mike. Con l'aiuto del servizio segreto dell'esercito americano, Mike segue le tracce di Janine fino a Trieste, dove incontra nuovamente anche Joan. Entrambe le donne gli riserveranno molte sorprese. Alla fine, Mike riesce a entrare in possesso del documento, sotto forma di microfilm, ma non può permettere che la donna che lo ha aiutato si sacrifichi e, disobbedendo agli ordini dei superiori, riesce a strapparla dalle mani dei sovietici. Il film si ispira al romanzo *Sinister Errand* di Peter Cheyney (edito in Italia coi titoli *Missione pericolosa* e *A colpi di mitra*). L'autore anglo-irlandese che negli anni Trenta aveva ideato, con l'agente Fbi Lemmy Caution, la parodia del poliziesco all'americana, negli anni Quaranta aveva saputo affrontare il tema dello spionaggio bellico e postbellico, scrivendo le sue pagine migliori. Qui l'agente inglese Kells viene americanizzato e la trama ritoccata, ma senza gli stravolgimenti che il cinema francese imporrà a Lemmy Caution. Donne fatali e ironici agenti più interessati al gentil sesso che alla patria sarebbero diventati molto comuni negli anni Sessanta, ma in questo film, tra i primi a descrivere le fasi calde della guerra fredda, gli stereotipi erano ancora in incubazione. Come città di spie, Trieste dimostra di non avere nulla da invidiare alle più celebrate Vienna e Berlino. Sorprendono i cinefili un Karl Malden come simpatica spalla del protagonista, un Lee Marvin come gelido MP e un Charles Bronson come killer rumeno (a metà fra il gangster e il contadino). Hildegarde Neff è enigmatica quanto basta e Patricia Neal dimostra una dose notevole di humour, mentre Tyrone Power è un credibile eroe involontario. ■ SPIONAGGIO; B/N; 97'; USA, 1952.

CORRIERI DELLA LUNA, I *(Moonrunners)*
Regia di GY WALDRON. Con JOAN BLACKMAN, ARTHUR HUNNICUTT, JAMES MITCHUM. ■ Da questo film prese l'ispirazione una serie tv molto seguita, *Hazzard*. Protagonisti sono i componenti di una famiglia di distillatori clandestini del Tennessee. Fabbricano il whisky "chiaro di luna" e poi lo contrabbandano oltre i confini dello Stato. Abili guidatori d'auto (oltreché distillatori) la fanno sempre in barba alla polizia e alla concorrenza. ■ AVVENTURA; COL.; 90'; USA, 1974.

CORRI LIBERO E SELVAGGIO *(Run Wild, Run Free)* ★★
Regia di RICHARD C. SARAFIAN. Con FIONA FULLERTON, MARK LESTER, BERNARD MILES, JOHN MILLS, SYLVIA SYMS. ■ Il piccolo Philip, divenuto improvvisamente muto con angosciato stupore dei genitori, si affeziona a un bellissimo cavallo selvaggio e, aiutato da un anziano colonnello suo vicino di casa, impara a cavalcarlo. Durante una passeggiata nella brughiera, Philip e il cavallo si imbattono nelle sabbie mobili e per richiamare l'amato animale da una morte orribile, il ragazzo riacquista la parola. ■ AVVENTURA; COL.; 101′; GRAN BRETAGNA, 1970.

CORRIMI DIETRO CHE T'ACCHIAPPO ★★★
(Cours après moi que je t'attrape)
Regia di NICOLE DE BURON, ROBERT POURET. Con ANNIE GIRARDOT, JEAN-PIERRE MARIELLE, MARILÙ TOLO. ■ Paul e Jacqueline, entrambi di mezz'età, si sono conosciuti grazie a un'inserzione nella rubrica dei "Cuori Solitari". Si frequentano, ma lui è maldestro: una sera la porta per sbaglio a vedere un film pornografico e su questo la donna è disposta a essere indulgente, ma non intende perdonare il fatto che lui abbia avuto una amante senza confessarglielo. L'amante, inoltre, è tutt'altro che rassegnata a farsi abbandonare. Comunque anche su questo punto i due maturi fidanzati troveranno un accordo. Si amano veramente. ■ COMMEDIA; COL.; 92′; FRANCIA, 1976. ■ DAVID DI DONATELLO 1 PR, 1 NOM.

CORRI PER LA TUA VITA *(Tennessee Stallion)* ★★
Regia di JIM HULETTE. Con JOSÉ FERRER, ADAM ROARKE, JIMMY VAN PATTEN. ■ È la storia di un cavallo del Tennessee, velocissimo, trionfatore di ogni corsa a ostacoli. Ma il film racconta soprattutto dell'amicizia con un ragazzo che lo allena e lo conduce nei derby. ■ AVVENTURA; COL.; 90′; USA, 1980.

CORRISPONDENTE X *(Comrade x)* ★★★
Regia di KING VIDOR. Con CLARK GABLE, OSCAR HOMOLKA, HEDY LAMARR. ■ Thompson, audace inviato speciale al Cremlino, è il misterioso giornalista che riesce a inviare segretamente negli Stati Uniti notizie riservatissime. Un giorno viene a sapere da un inserviente d'albergo il nome dell'organizzatore di un attentato al commissario sovietico per la stampa: l'inserviente glielo rivela a condizione che Thompson sposi sua figlia e la porti fuori dalla Russia. Dopo avventurosi scambi di persona tra commissario e attentatore, Thompson impedisce l'attentato e lascia il paese con la fresca sposina. ■ COMMEDIA; B/N; 90′; USA, 1940. ■ OSCAR 1 NOM.

CORRI, UOMO, CORRI ★★★
Regia di SERGIO SOLLIMA. Con MARCO GUGLIELMI, TOMAS MILIAN, DONALD O'BRIEN, LINDA VERAS. ■ Divertente ritratto di un peone messicano, Cuchillo, malandrino ma generoso, finito in prigione nella stessa cella di un oppositore della dittatura di Porfirio Diaz. Cuchillo riceve la mappa di un prezioso tesoro che dovrebbe servire a sostenere la lotta rivoluzionaria. Inseguito da banditi e sceriffi, l'uomo, gran corridore, semina tutti e intanto permette ai rivoluzionari messicani di impossessarsi dell'oro nascosto. ■ AVVENTURA; COL.; 113′; ITALIA, 1968.

CORRUPTOR – INDAGINE A CHINATOWN, THE ★★
(The Corruptor)
Regia di JAMES FOLEY. Con PAUL BEN-VICTOR, LEE JONKIT, RIC YOUNG, MARK WAHLBERG, YUN-FAT CHOW. ■ Film coprodotto dal collaboratore principe di John Woo. Narra di un poliziotto di fresca nomina affiancato a uno scafato e corrotto collega più anziano. Il dilemma è sempre quello: verrà contaminato o serve da esca? Interessante per una scena di inseguimento in auto e per le note autoriali che, però, non si amalgamano con il resto del film. ■ AZIONE; COL.; 110′; USA, 1999.

CORRUZIONE *(The Bribe)* ★★★
Regia di ROBERT Z. LEONARD. Con AVA GARDNER, CHARLES LAUGHTON, VINCENT PRICE, ROBERT TAYLOR. ■ Un agente della polizia deve debellare un'organizzazione di contrabbando, guidata da un avido affarista e da un vecchio aviatore americano alcolizzato. Innamoratosi della moglie di quest'ultimo, viene fatto oggetto di tentativi di corruzione da parte dei contrabbandieri, ai quali però resiste, riuscendo a portare a termine vittoriosamente la sua missione. Intanto l'ex aviatore è rimasto ucciso dal capobanda: vedova e poliziotto possono così andarsene insieme. ■ POLIZIESCO; B/N; 98′; USA, 1950.

CORRUZIONE, LA ★★★
Regia di MAURO BOLOGNINI. Con ALAIN CUNY, ISA MIRANDA, JACQUES PERRIN, ROSANNA SCHIAFFINO. ■ Stefano, figlio di un affermato editore, teme il mondo fatuo e mondano in cui suo padre vorrebbe farlo crescere e pensa di seguire la vocazione religiosa. Il padre allora, durante una vacanza, gli organizza un'avventura con una bella ragazza, pensando che questo basterà a correggere il suo eccessivo idealismo. Ma la prima esperienza sentimentale non elimina i problemi del giovane, il quale rinuncia sì a farsi prete e inizia a lavorare con il padre, ma conserva un amaro disgusto per il mondo corrotto che lo circonda. ■ DRAMMATICO; B/N; 98′; ITALIA, 1964.

CORRUZIONE A JAMESTOWN ★★★
(Never Take Sweets from a Stranger)
Regia di CYRIL FRANKEL. Con PATRICK ALLEN, FELIX AYLMER, GWEN WATFORD. ■ Peter Carter, il preside in una piccola città della provincia canadese, denuncia le pericolose libertà che si prende con le bambine un anziano industriale, Oldberry. Inizialmente il caso viene messo a tacere perché Oldberry è potente, e chi anzi ne fa le spese è Peter, che deve dare le dimissioni. Poi una nuova violenza da parte del vecchio dimostra inoppugnabilmente la sua colpevolezza. ■ COMMEDIA; B/N; 81′; GRAN BRETAGNA, 1961.

CORRUZIONE AL PALAZZO DI GIUSTIZIA ★★
Regia di MARCELLO ALIPRANDI. Con MARTIN BALSAM, FRANCO NERO, UMBERTO ORSINI, FERNANDO REY. ■ Il film è tratto dal testo teatrale di Ugo Betti e racconta dell'affossamento di un processo contro un potente industriale da parte di un alto magistrato e di un giovane giudice ambizioso. ■ DRAMMATICO; COL.; 110′; ITALIA, 1974.

CORRUZIONE IMPERVERSA: SQUADRA SPECIALE RICHIAMA L'ISPETTORE BRANDON, LA ★
(La última jugada)
Regia di ALFRED S. BRELL. Con CANDICE KAY, ALDO SAMBRELL, FERNANDO SANCHO. ■ Solito agente spaccatutto in azione, incaricato di recuperare dei preziosi dipinti trafugati da un museo, durante la missione trova anche il tempo e le forze per sventare un colpo di Stato. ■ POLIZIESCO. COL.; 90′; SPAGNA, 1973.

CORRUZIONE IN UNA FAMIGLIA SVEDESE – UNA MANCIATA D'AMORE ★★★
Regia di VILGOT SJÖMAN. Con GÖSTA BREDEFELDT, ANITA EKSTRÖM, ERNST-HUGO JÅREGÅRD, INGRID THULIN. ■ Siamo nella capitale svedese agli inizi del Novecento: una ragazza, per evitare di essere coinvolta nella repressione dei disordini socialisti, entra in servizio presso una famiglia benestante. Si fa mettere incinta dal datore di lavoro, respinge un matrimonio "riparatore" e va a vivere con un giornalista. ■ DRAMMATICO; COL.; 95′; SVEZIA, 1974.

CORRUZIONE NELLA CITTÀ *(The Big Operator)* ★★
Regia di CHARLES HAAS. Con STEVE COCHRAN, MICKEY ROONEY, MAMIE VAN DOREN. ■ Tre operai assistono a un incontro tra il loro organizzatore sindacale Joe Braun e un mafioso. È la prova dei legami esistenti tra sindacato e delinquenza, ma naturalmente per i tre la vita diventa pericolosa, sono testimoni scomodi. Uno rimane ucciso, uno ferito gravemente, il terzo, Bill, viene ricattato con il rapimento del figlio. Bill però ritrova il bambino e può così fare arrestare tutta la banda. ■ POLIZIESCO; B/N; 91′; USA, 1960.

CORSA AL MASSACRO *(Thrashin')* ★★
Regia di DAVID WINTERS. Con JOSH BROLIN, BRETT MARX, ROBERT RUSLER. ■ Due bande di teppistelli in skateboard si affrontano tutti i giorni in un sobborgo metropolitano. Poi, come in *Romeo e Giulietta*, sorge l'amore tra un ragazzo e una ragazza delle opposte gang. ■ DRAMMATICO; COL.; 90′; USA, 1986.

CORSA DELLA LEPRE ATTRAVERSO I CAMPI, LA ★★★
(La course du lièvre à travers les champs)
Regia di RENÉ CLÉMENT. Con TISA FARROW, LEA MASSARI, AL-

DO RAY, ROBERT RYAN, JEAN-LOUIS TRINTIGNANT. ■ Tony, il protagonista, fugge per tutto il film: prima braccato da un gruppo di zingari, poi inseguito da alcuni assassini che lo vogliono far fuori perché ha assistito a una delle loro imprese. Quando sembra averla fatta franca, ricompaiono gli zingari: alla fine sarà la polizia, che lo ricerca per una rapina, a fermare la sua corsa. ■ DRAMMATICO; COL.; 140'; FRANCIA, 1972.

CORSA DELLA MORTE, LA *(Salty O'Rourke)* ★★
Regia di RAOUL WALSH. Con BRUCE CABOT, STANLEY CLEMENTS, ALAN LADD, GAIL RUSSELL. ■ Indebitato con un pericoloso gangster, un uomo spera di poter saldare il conto vincendo una corsa di cavalli. A tale scopo compra un puledro selvaggio, lo fa addestrare da un'insegnante in gamba (della quale si innamora) e ingaggia un fantino. Costui, che si è preso una bella cotta per la donna, vuole vendicarsi sul rivale alleandosi col gangster. Poi ci ripensa e ci rimette la vita. ■ DRAMMATICO; B/N; 97'; USA, 1945. ■ OSCAR 1 NOM.

CORSA DELL'INNOCENTE, LA ★★
Regia di CARLO CARLEI. Con MANUEL COLAO, FRANCESCA NERI, FEDERICO PACIFICI, JACQUES PERRIN. ■ Un bambino di appena nove anni, Vito, sopravvive alla strage della sua famiglia, implicata negli affari dell'Anonima Sequestri. Sebbene incalzante come sceneggiatura e sostenuto dalla fotografia il film soffre di una recitazione non sempre all'altezza e di ingenuità di regia. ■ DRAMMATICO; COL.; 100'; ITALIA, 1992. ■ GOLDEN GLOBES 1 NOM.

CORSA DEL SECOLO, LA *(Les cracks)* ★★
Regia di ALEX JOFFÉ. Con GIANNI BONAGURA, ANDRÉ BOURVIL, ROBERT HIRSCH, MONIQUE TARBES. ■ Parigi, 1901: è l'epoca delle prime gloriose gare di bicicletta, delle corse Parigi-Sanremo. Inseguito da ufficiali giudiziari e creditori, Jules Duroc, appassionato di ciclismo, riesce a vincere sorprendentemente la gara. ■ COMMEDIA; COL.; 110'; FRANCIA, 1968.

CORSA DI PRIMAVERA ★★★
Regia di GIACOMO CAMPIOTTI. Con FEDERICO CAMPIOTTI, GIUSY CATALDO, ROBERTO CITRAN. ■ Un ragazzino di nove anni, figlio di genitori divorziati, va a vivere con la mamma in un paesino vicino a Varese. Lì ha qualche difficoltà d'ambientazione, ma presto trova degli amici con cui passa qualche mese tra studi, giochi, birichinate. Alla fine dell'anno scolastico avrà una bella notizia: babbo e mamma ritornano insieme. ■ COMMEDIA; COL.; 100'; ITALIA, 1989.

CORSA IN DISCESA ★★
Regia di CORRADO FRANCO. Con DEBORAH JONES, GIANNANDREA PECORELLI, BRUNO STORI, FRANCESCO VENTURA, RUDIGER VOGLER. ■ Una bambina viene salvata dall'annegamento da uno sconosciuto. Questi si rivelerà essere un delinquente ricercato dalla polizia per una rapina in cui hanno perso la vita due persone. Il padre della bimba viene ricattato dall'uomo che, in cambio del salvataggio, pretende protezione, complicità e un nascondiglio in casa del malcapitato. ■ DRAMMATICO; COL.; 117'; ITALIA, 1989.

CORSA INFERNALE *(Roar of the Crowd)* ★★
Regia di WILLIAM BEAUDINE. Con HOWARD DUFF, HELEN STANLEY, DAVE WILLOCK. ■ Un giovane automobilista ha la passione delle corse: sa di avere grandi mezzi ma non la macchina adatta. La sua ragazza ha paura e si fa promettere che smetterà quando avrà messo insieme un piccolo gruzzolo. In una gara il pilota si ferisce; cambia lavoro ma è troppo infelice. Per buona pace di tutti ritorna in pista e fa una grande 500 Miglia. ■ AVVENTURA; COL.; 71'; USA, 1953.

CORSA NEL TEMPO *(Future Cop)* ★★
Regia di CHARLES BAND. Con HELEN HUNT, MICHAEL STEFANI, TIM THOMERSON. ■ Uno dei filmetti d'azione americani girati a Roma dalla Empire Productions. Protagonista è un poliziotto nella Los Angeles dell'anno 2247. Un giorno, per toglierselo dai piedi i suoi capi lo spediscono con una macchina del tempo nel passato. Precisamente nel 1985 dove dovrà neutralizzare un aspirante dittatore del Duemila. ■ FANTASCIENZA; COL.; 92'; USA, 1985.

CORSA PAZZA DI SORELLA SPRINT – LA SUORA DEGLI ANGELI, LA *(Suor Citroën)* ★★
Regia di PEDRO LAZAGA. Con LOUIS LATHER, JOHN F. MANN, GRACITA MORALES. ■ Ritratto edificante e vivace di suor Tommasa, una religiosa piena di brio e di coraggio e per niente bigotta. Anticonformista e sempre pronta a battersi contro le ingiustizie, la vediamo prima alle prese con varie bocciature all'esame di guida, poi darsi da fare per curare una piccola orfana e per riunirla al fratellino. L'impegno generoso di suor Tommasa desta però apprensioni nella madre superiora, che per prudenza la trasferisce in un altro convento. ■ COMMEDIA; COL.; 90'; SPAGNA, 1970.

CORSA PIÙ PAZZA D'AMERICA, LA ★★
(Cannonball Run)
Regia di HAL NEEDHAM. Con FARRAH FAWCETT, ROGER MOORE, BURT REYNOLDS. ■ La corsa più pazza è l'annuale Cannonball Run, da New York a Los Angeles senza limiti di velocità, senza regole, con i concorrenti reclutati fra i personaggi più stravaganti del mondo. Il favorito è un famoso contrabbandiere detto "il bandito" che però perde all'ultimo la contesa per la dabbenaggine del suo secondo. ■ AVVENTURA; COL.; 95'; USA, 1981.

CORSA PIÙ PAZZA D'AMERICA N. 2, LA ★★
(Cannonball Run II)
Regia di HAL NEEDHAM. Con SHIRLEY MACLAINE, DEAN MARTIN, BURT REYNOLDS. ■ La seconda edizione della folle gara automobilistica da una costa all'altra degli Stati Uniti è ancora una volta il pretesto per tutta una serie di gag più o meno azzeccate. Nonostante un cast di tutto rispetto (fra gli altri Frank Sinatra, Sammy Davis jr., Telly Savalas, Ricardo Montalban, Henry Silva) il risultato è un film slegato e fracassone, meno riuscito e divertente del precedente capitolo. ■ COMICO; COL.; 108'; USA, 1984.

CORSA PIÙ PAZZA DEL MONDO, LA ★★
(The Gumball Rally)
Regia di CHARLES BAIL. Con NORMAN BURTON, STEVEN KEATS, TIM MCINTIRE, MICHAEL SARRAZIN. ■ Un gruppo di spericolati piloti d'auto ogni anno si dà appuntamento per il Gumball Rally, una corsa senza regole né limiti di velocità da New York a Los Angeles. La carovana giunge a destinazione nonostante i mille blocchi stradali predisposti da Roscow, un poliziotto che ha parecchi conti da saldare con gli spericolati. Il rally è vinto da Bannon. ■ AVVENTURA; COL.; 107'; USA, 1976.

CORSA PIÙ PAZZA DEL MONDO 2, LA ★★
(Speed Zone 2)
Regia di JIM DRAKE. Con MELODY ANDERSON, SHARI BELAFONTE, PETER BOYLE, JOHN CANDY, DONNA DIXON, BROOKE SHIELDS. ■ Il titolo di questo film è ingannevole: in realtà questa è la quarta volta che viene fatto un film sulla corsa più pazza del mondo, la Cannonball. La trama è sempre la stessa per tutti e quattro gli episodi, cambiano solo i protagonisti. Per chi non lo sapesse, la Cannonball viene disputata lungo gli Stati Uniti, con automobili più o meno elaborate, a dispetto dei vari limiti di velocità imposti dalla legge. Si può capire quanto un tema del genere sia adatto per un *road-movie*. Questa volta tra i protagonisti troviamo una donna che deve andare ad Hollywood per partecipare a un programma televisivo, donne bellissime amanti della velocità e altri personaggi ben assortiti. Il film, pur ricalcando i temi degli altri episodi, riesce a non cadere troppo in basso, regalando momenti di allegria e alcune brillanti idee. ■ COMMEDIA; COL.; 93'; USA, 1989.

CORSARA, LA *(Buccaneer's Girl)* ★★
Regia di FREDERICK DE CORDOVA. Con YVONNE DE CARLO, ROBERT DOUGLAS, PHILIP FRIEND. ■ Catturata dai corsari di capitan Battista, l'avventuriera Debbie McCloy riesce a non farsi abbandonare come prigioniera su un'isola e a raggiungere New Orleans, dove può lavorare come ballerina di varietà. Qui Debbie ritrova Battista e scopre che non è un vero corsaro, ma un generoso capitano che depreda le navi non per sete di ricchezza, ma per aiutare i marinai più poveri. I due si innamorano e la ragazza lo salva dalla condanna. ■ AVVENTURA; COL.; 77'; USA, 1950.

CORSARI *(Cutthroat Island)* ★
Regia di RENNY HARLIN. Con GEENA DAVIS, FRANK LANGELLA, MATTHEW MODINE. ■ Morgan (Davis) e la sua famiglia possiedono pezzi di una mappa che unita porterà a un tesoro. Trionfano i meno cattivi. Tutto è urlato, tutto previsto anche nel quadro dell'ironia. L'avventura postmoderna è proprio inodore e insapore.

Pronipotino idiota di Spielberg, completamente sbagliato, del tutto inutile. ■ AVVENTURA; COL.; 123′; USA, 1996.

CORSARI DEL GRANDE FIUME, I ★★
(The Rawhide Years)
Regia di RUDOLPH MATÉ. Con TONY CURTIS, ARTHUR KENNEDY, COLLEEN MILLER. ■ Un ex giocatore di professione accetta un impiego da uno sconosciuto, ma quando questi viene ucciso da alcuni banditi, temendo di essere sospettato per i suoi trascorsi, si dà alla fuga. Qualche tempo dopo, però, torna sul luogo del fattaccio per individuare i responsabili. L'iniziativa lo mette in serio pericolo; tuttavia va in fondo, superando difficoltà di ogni genere. Riconquisterà perfino l'amore della fidanzata. ■ AVVENTURA; COL.; 85′; USA, 1956.

CORSARI DELLA STRADA, I *(Thieves' Highway)* ★★★
Regia di JULES DASSIN. Con LEE J. COBB, RICHARD CONTE, VALENTINA CORTESE. ■ Tornato a casa dopo la guerra, Nick trova il suo paese in balia delle speculazioni di Mike, un grossista di frutta, responsabile tra l'altro dell'incidente che ha ridotto all'invalidità il padre di Nick. Il giovane affronta coraggiosamente il disonesto commerciante e, con l'aiuto di una ragazza, ne sconfigge l'intera banda. ■ DRAMMATICO; B/N; 94′; USA, 1949.

CORSARI DELLA TERRA, I *(Wild Harvest)* ★★
Regia di TAY GARNETT. Con ALAN LADD, DOROTHY LAMOUR, LLOYD NOLAN, ROBERT PRESTON. ■ I rapporti di lavoro di un gruppo di trebbiatori, capeggiati dai due amici Joe Madigan e Jim Davis, con i proprietari terrieri sono molto difficili. In più l'amicizia salda e provata dei due è messa in crisi dal comportamento della moglie di Jim, Fay, che per vendicarsi di essere stata respinta da Joe lo provoca continuamente. Alla fine comunque la reciproca lealtà virile si rivela più forte della capricciosa seduzione femminile. ■ DRAMMATICO; B/N; 92′; USA, 1948.

CORSARI DELL'ISOLA DEGLI SQUALI, I ★★
Regia di JOSÉ LUIS MERINO. Con MARIA PIA CONTE, STAN COOPER, CHARLES QUINEY, ISARCO RAVAIOLI. ■ Nell'isola di Horn si affrontano l'ex corsaro irlandese Martin McDonald, le cui pene giudiziarie sono state condonate dalla regina di Inghilterra a patto che colonizzi pacificamente con i suoi compagni questa nuova terra, e il capitano inglese Mallory, rivale amoroso di McDonald, che cerca di sfruttare economicamente e disonestamente l'isola. McDonald rivela al governatore inglese le mire illegali di Mallory e l'ambizioso ufficiale viene ucciso da un colono. ■ AVVENTURA; COL.; 92′; ITALIA, 1973.

CORSARO, IL *(Captain Pirate)* ★★
Regia di RALPH MURPHY. Con LOUIS HAYWARD, PATRICIA MEDINA, JOHN SUTTON. ■ Capitan Blood, audace e avventuroso corsaro, ha abbandonato la vita sul mare per esercitare la professione di medico continuando anche così a dare una mano a chi ne ha bisogno. Quando uno sconosciuto pirata si serve della sua identità per un'azione criminosa egli, fuggendo dal carcere nel quale è stato rinchiuso, richiama i compagni di tante imprese, arma un brigantino e con un abile stratagemma smaschera il colpevole e ridà contemporaneamente onorabilità alla sua fama. ■ AVVENTURA; COL.; 85′; USA, 1952.

CORSARO, IL ★
Regia di TONY MULLIGAN. Con TANIA ALVARADO, CHRIS HUERTA, ROBERT WOODS. ■ Niente di nuovo sul fronte della pirateria: il corsaro inglese Jeffrey Brook, catturato dai francesi, riesce a liberarsi e a espugnare un ricco forte portoghese. Ma non è l'oro che lo interessa, bensì l'avventura e la libertà: Brook salpa nuovamente con i suoi pirati. ■ AVVENTURA; COL.; 82′; ITALIA, 1970.

CORSARO DELLA GIAMAICA, IL *(Swashbuckler)* ★★
Regia di JAMES GOLDSTONE. Con PETER BOYLE, GENEVIÈVE BUJOLD, JAMES EARL JONES, ROBERT SHAW. ■ Un intrepido pirata irlandese contro un corrotto governatore giamaicano. Agguati, fughe, duelli e infine ribellione finale del popolo che si vendica dei numerosi soprusi appoggiando l'attacco dei pirati alla fortezza. Il pirata uccide il governatore e sposa la figlia di un gentiluomo locale. ■ AVVENTURA; COL.; 101′; USA, 1976.

CORSARO DELLA MEZZALUNA, IL ★★
Regia di GIUSEPPE MARIA SCOTESE. Con GIANNA MARIA CANALE, JOHN DEREK, ALBERTO FARNESE, INGEBOR SCHOENER. ■ Nel castello di un nobile si introduce un giovane che tenta di sopprimere il capo dei soldati. Questi infatti è un avventuriero che ha ucciso per avidità tutti i suoi cari. Il malvagio farà una brutta fine; tra duelli di spada e assalti di pirati, si intreccia una storia d'amore a lieto fine. ■ AVVENTURA; COL.; 90′; ITALIA, 1957.

CORSARO DELL'ISOLA VERDE, IL ★★★★★
(The Crimson Pirate)
Regia di ROBERT SIODMAK. Con EVA BARTÒK, NICK CRAVAT, BURT LANCASTER, CHRISTOPHER LEE, TORIN THATCHER. ■ Nel capitolo "avventura" non poteva mancare un grande film sul mare. Forse il primo titolo richiamato dalla memoria immediata e naturale del cinema è *Capitan Blood*, ma Errol Flynn è già presente con Robin Hood. Dunque ho voluto dare spazio a un altro grande eroe dell'avventura, acrobata autentico e attore completo, Burt Lancaster. Un altro grande titolo è *Hornblower*, ma il protagonista Gregory Peck era un comandante accidentale. Passò velocemente sui galeoni, i suoi connotati erano altri. *Il corsaro dell'isola verde* è un film assolutamente meritevole, un classico della pirateria, con tutti gli ingredienti conosciuti e con un "quanto" di ironia in più. Nei primi anni Cinquanta, con Errol Flynn che aveva quarant'anni e sembrava già vecchio, ed era ormai incapace di ruoli che lo impegnassero atleticamente, Lancaster viveva la sua più bella stagione interpretando due strepitosi classici dell'avventura: *La leggenda dell'arciere di fuoco* e *Il corsaro dell'isola verde*, appunto. Due alternative ai superclassici degli anni Trenta. Dunque se l'arciere per antonomasia è Flynn, il pirata è Lancaster. L'eroe è capitan Vallo, estroverso e affascinante, capace di volteggiare sui pennoni come un acrobata autentico. Prima dei titoli il corsaro piomba su un pennone volando con una cima. Guarda lo spettatore dritto negli occhi e dice: «Credete solo a ciò che vedrete... anzi, a metà di ciò che vedrete». Naturalmente fa innamorare la figlia del governatore e poi si schiera vicino a un capo ribelle per combattere il dittatore. Fatto prigioniero, fugge camminando in fondo al mare respirando sotto una barca capovolta. È con lui l'antico compagno di acrobazie, il piccolo, sordomuto Cravat. Fugge inseguito dai soldati camminando sulle corde e facendo salti mortali sulle piazze ricostruite dalla Warner. Alla fine riconquista, dopo una splendida nuotata subacquea, il galeone che aveva perduto. Si tratta naturalmente di un film di pura avventura e di evasione senza implicazioni. Ma non per questo meno prezioso o meno degno di essere inserito fra titoli ritenuti nobili. Film come questo dispensavano felicità grande e vengono ricordati col sorriso. Proponevano a volte situazioni scontate, ma nel segno della grande qualità e fantasia. Il miglior Spielberg "avventuroso" viene anche dall'isola verde. ■ AVVENTURA; COL.; 104′; USA, 1952.

CORSARO NERO, IL ★★
Regia di AMLETO PALERMI. Con CESCO BASEGGIO, ADA BIAGINI, CHECCO DURANTE, SILVANA JACHINO, CIRO VERRATTI. ■ È tratto dal famoso romanzo di Salgari, con tutti i luoghi comuni del cinema corsaro-marino. C'è il corsaro Rosso, quello Nero, c'è un governatore tiranno e la sua bella figlia. Il Rosso muore, il Nero lo vendica, la fanciulla viene conquistata. Naturalmente il tutto accade a Maracaibo. ■ AVVENTURA; B/N; 92′; ITALIA, 1936.

CORSARO NERO, IL *(El Corsaro Negro)* ★★
Regia di CHANO URUETA. Con PEDRO ARMENDARIZ, ANTONIO DIAZ, JUNE MARLOWE, MARIA LUISA ZEA. ■ Il corsaro Nero odia la potente famiglia che ha giustiziato suo fratello, il corsaro Rosso. Si innamora di una fanciulla senza sapere che è la figlia del rivale e, quando lei glielo confessa, decide di abbandonarla in mare al suo destino. Nuovi fatti, però, provano che l'identità della ragazza è un'altra. I due possono ricominciare ad amarsi. ■ AVVENTURA; B/N; 103′; MESSICO, 1944.

CORSARO NERO, IL ★
Regia di LORENZO GICCA PALLI. Con TERENCE HILL, DIANA LORYS, GEORGE MARTIN, SILVIA MONTI. ■ Capitan Blackie fa prigioniera la moglie del viceré spagnolo ai Caraibi, Isabella, e ne ricava un grosso riscatto. La donna si innamora dell'audace corsaro e, dopo che Blackie le ha ucciso in duello il marito, gli propone

di sposarla, ma Blackie torna sul suo galeone con i suoi pirati in cerca di nuove imprese. ■ AVVENTURA; COL.; 113'; ITALIA, 1971.

CORSARO NERO, IL ★★
Regia di SERGIO SOLLIMA. Con CAROLE ANDRÉ, KABIR BEDI, MEL FERRER, ANGELO INFANTI, TONY RENIS. ■ Il corsaro Nero (nobile di Ventimiglia) assieme ai fratelli (colorati di rosso e di verde) s'è dato alla pirateria per vendicare l'assassinio di un altro familiare, ucciso dall'avventuriero Van Guld, al servizio degli spagnoli. Van Guld uccide però anche i due fratelli e si rifugia nella fortezza di Maracaibo. Il Nero, con l'aiuto dell'intera flotta dei Fratelli della Costa, dà l'assalto alla città e salda tutti i conti. Ha dovuto sacrificare però la donna amata, rivelatasi figlia di Van Guld. *In extremis* la ritrova. Per lei smetterà di pirateggiare. ■ AVVENTURA; COL.; 125'; ITALIA, 1976.

CORSA SUL PRATO, UNA *(International Velvet)* ★★★
Regia di BRYAN FORBES. Con ANTHONY HOPKINS, NANETTE NEWMAN, TATUM O'NEAL, CHRISTOPHER PLUMMER. ■ È il seguito di *Gran Premio*, il film sulle corse di cavalli di trentacinque anni prima con Elizabeth Taylor e Mickey Rooney. Nel nuovo film,Velvet ha quarant'anni (l'attrice è Nanette Newman, moglie del regista) e s'è adattata a far la casalinga. Però s'è presa in casa la nipote americana, ancor più fanatica di lei per i quadrupedi. La sedicenne Sarah predilige le corse ad ostacoli ed è abilissima. Entra a far parte della squadra inglese alle Olimpiadi, vince la medaglia d'oro, si sposa con il capitano della squadra americana. ■ COMMEDIA; COL.; 127'; GRAN BRETAGNA, 1978.

CORSE A PERDICUORE ★★
Regia di MARIO GARRIBA. Con MIRELLA D'ANGELO, PINO LUONGO, ANDY LUOTTO, CRISTINA MANNI, CLAUDIO SPADARO. ■ A Trieste, un giovanotto timido trova finalmente una ragazza che fa per lui. ■ COMMEDIA; COL.; 95'; ITALIA, 1980.

CORTA NOTTE DELLE BAMBOLE DI VETRO, LA ★★
Regia di ALDO LADO. Con MARIO ADORF, BARBARA BACH, JEAN SOREL, INGRID THULIN. ■ Apologo thriller sui mezzi usati dal potere per controllare la sovversione sociale: il giornalista americano Moore scopre che in un locale notturno di Praga un medico, il dottor Carting, pratica riti neri volti a distrarre e addormentare attraverso orge di ogni tipo le coscienze giovanili. Moore viene però catturato da Carting, che prima lo manda in sonno catalettico, poi se ne sbarazza definitivamente. ■ HORROR; COL.; 90'; ITALIA, 1972.

CORTE D'ASSISE ★★
Regia di GUIDO BRIGNONE. Con MARCELLA ALBANI, LUIGI CARINI, CARLO NINCHI, RENZO RICCI. ■ La polizia deve risolvere un misterioso caso di omicidio e arresta la persona maggiormente sospetta nonostante le sue proteste di innocenza. Tra la vittima e quest'ultimo correva cattivo sangue a causa di una donna, cognata del sospettato, che per difenderlo si autoaccusa. Il finale è a sorpresa. ■ DRAMMATICO; B/N; 92'; ITALIA, 1930.

CORTE DEI MIRACOLI, LA *(François Villon)* ★★
Regia di ANDRÉ ZWOBADA. Con RENÉE FAURE, SERGE REGGIANI. ■ Rievocazione dell'avventurosa vita di François Villon, un poeta maledetto *ante litteram* vissuto nella Francia del Quattrocento e delle guerre di religione. Dagli studi universitari svolti con grande facilità alla connivenza con i delinquenti dei bassifondi di Parigi, Villon conduce una vita intensa e rischiosa. Un giorno, fuori di sé, si lascia sfuggire i nomi dei suoi vecchi compagni di Parigi di fronte al procuratore di Orléans. La vendetta di questi ultimi lo colpisce poco dopo. ■ DRAMMATICO; B/N; 95'; FRANCIA, 1948.

CORTE DI RE ARTÙ – ALLA CORTE DI RE ARTÙ, LA *(A Connecticut Yankee in King Arthur's Court)* ★★
Regia di TAY GARNETT. Con WILLIAM BENDIX, BING CROSBY, RHONDA FLEMING, SIR CEDRIC HARDWICKE. ■ Il film è una specie di sogno avventuroso. Il protagonista visita un castello che ha già conosciuto durante un viaggio nella fantasia. Sbalzato nel tempo e nei luoghi di re Artù, viene da questi imprigionato e morirebbe se alcuni oggetti della sua epoca non lo facessero credere una specie di mago. Dopo altre avventure il protagonista scorge, nella figlia del proprietario del castello, la stessa fanciulla baciata in sogno. ■ FANTASTICO; COL.; 107'; USA, 1949.

CORTEGGIAMENTO DI ANDY HARDY, IL ★★
(The Courtship of Andy Hardy)
Regia di GEORGE BRACKETT SEITZ. Con DONNA REED, MICKEY ROONEY, LEWIS STONE. ■ Il padre di Andy Hardy spinge il figliolo a corteggiare una ragazza perché il legame potrebbe riappacificare le rispettive famiglie. Andy sulle prime obbedisce, poi torna dalla sua girl-friend. ■ COMMEDIA; B/N; 93'; USA, 1942.

CORTE MARZIALE ★★★
(The Court Martial of Billy Mitchell)
Regia di OTTO PREMINGER. Con RALPH BELLAMY, CHARLES BICKFORD, GARY COOPER, ELIZABETH MONTGOMERY, ROD STEIGER. ■ Gran sostenitore dell'uso dell'aviazione in caso di guerra, un generale viene deferito alla corte marziale per aver denunciato pubblicamente la negligenza di alcuni alti ufficiali, responsabili di una sciagura aerea. Perderà il grado, ma non la faccia. ■ DRAMMATICO; COL.; 100'; USA, 1955. ■ OSCAR 1 NOM.

CORTE MARZIALE PER IL GENERALE CUSTER ★★
(The Trial of George Armstrong Custer)
Regia di GLENN JORDAN. Con STEPHEN ELLIOTT, KEN HOWARD, BRIAN KEITH. ■ Trasposizione nell'aula di una corte marziale del dissidio fra il generale Grant, esempio del militare politicizzato, e il generale Custer, impulsivo uomo d'azione. ■ DRAMMATICO; COL.; 114'; USA, 1985.

CORTESIE PER GLI OSPITI *(The Comfort of Strangers)* ★
Regia di PAUL SCHRADER. Con RUPERT EVERETT, HELEN MIRREN, CHRISTOPHER WALKEN. ■ Un film troppo sofisticato per la grande platea che ha nella sceneggiatura di Harold Pinter, tratta dal romanzo omonimo di Ian McEwan, il suo punto forte. La regia di Paul Schrader (*Mishima* e *American gigolo*) regge molto bene nella prima parte per il sapiente uso dell'attesa, poi si perde un po' troppo in stucchevoli sofismi elitari. Un fotografo segue insistentemente una coppia inglese formata da Colin e Mary, in viaggio d'amore a Venezia. Subito l'atmosfera si fa morbosa e i tre si riuniscono in un palazzo sfarzoso dove Colin si comporta in maniera molto strana e violenta giocando un po' come il gatto col topo. Uno solo dei tre rimarrà vivo. ■ DRAMMATICO; COL.; 104'; ITALIA, 1990.

CORTIGIANA *(Susan Lenox: Her Fall and Rise)* ★★★
Regia di ROBERT Z. LEONARD. Con CLARK GABLE, GRETA GARBO, JEAN HERSHOLT. ■ Il film è tratto dal romanzo *Susan Lenox* di David Graham Phillips. È la vicenda di una donna ingenua che, irretita da alcuni loschi individui, entra nel giro della prostituzione. Raggiunge il massimo dell'abiezione in un bordello a Panama. Qui viene salvata da un ingegnere che crede in lei e l'ama sinceramente. ■ DRAMMATICO; B/N; 76'; USA, 1931.

CORTIGIANA DI BABILONIA, LA ★★
Regia di CARLO LUDOVICO BRAGAGLIA. Con RHONDA FLEMING, TAMARA LEES, ROLDANO LUPI, RICARDO MONTALBAN, CARLO NINCHI. ■ Amal è un giovane fuggiasco perseguitato da Assur, re dei Caldei. Incontra Semiramide e se ne innamora. La felicità dei due non dura molto, la ragazza viene rapita e portata a corte. La sua bellezza le crea molte complicazioni, non ultima le voglie dello stesso Assur. Il re comunque viene avvelenato da una sua nemica. Amal e Semiramide riescono a ritrovarsi e a vivere felici. ■ STORICO; COL.; 90'; ITALIA, 1955.

CORTIGIANA DI SIVIGLIA, LA *(Andalusische Nâchte)* ★★
Regia di HERBERT MAISCH. Con HELI FINKENZELLER, WILLY FORST, PAUL HÖRBIGER. ■ Il film prende spunto dalla solita *Carmen* di Mérimée. Sedotto da una bellissima e capricciosa zingara, amante di un torero, un sottufficiale combina ogni tipo di guaio, dedicandosi anche al contrabbando. Quando la zingara lo lascia per tornare dal torero, l'uomo cerca di riparare, ma finisce ucciso. ■ DRAMMATICO; B/N; 95'; GERMANIA, 1939.

CORTIGIANE DEL RE SOLE, LE ★★★
(Liselotte von der Pfalz)
Regia di CARL FROELICH. Con RENATE MÜLLER, HANS STÜWE. ■ È la storia della principessa Carlotta, moglie di Filippo D'Orléans, fratello del Re Sole. La donna non ha vita facile a corte perché le dame la ritengono una rivale. In effetti il re la corteggia e il marito è geloso, ma lei, Carlotta, è onestissima. Alla fine

il re le diventerà "casto" amico e il marito si convincerà dell'onestà della moglie. ■ DRAMMATICO; B/N; 92′; GERMANIA, 1935.

CORTILE ★★★
Regia di ANTONIO PETRUCCI. Con NANDO BRUNO, EDUARDO DE FILIPPO, PEPPINO DE FILIPPO, ANITA DURANTE, MARISA MERLINI, GEORGES POUJOULY. ■ Un fanciullo scappa dal riformatorio dove è stato chiuso per furto. Non volendo tornare a casa per timore di essere riportato nell'istituto, erra per la città mentre la polizia lo ricerca dappertutto. Aiuta un suonatore ambulante nel suo lavoro e si ripromette di tornare sulla retta via. Accusato di un furto che non ha commesso, dimostra la sua onestà: finalmente anche sua madre è pronta ad avere fiducia in lui. ■ COMMEDIA; B/N; 90′; ITALIA, 1955.

CORTINA DEL SILENZIO, LA *(Circle of Danger)* ★★
Regia di JACQUES TOURNEUR. Con RAY MILLAND, PATRICIA ROC. ■ Un uomo, dopo molti anni, torna in Europa dall'America per scoprire le cause che, durante la seconda guerra mondiale, hanno provocato la strana scomparsa di suo fratello. Le prime indagini non danno alcun risultato soddisfacente, tuttavia il comportamento delle persone che interroga acuiscono la sua curiosità. La verità si rivelerà molto spiacevole. ■ DRAMMATICO; B/N; 86′; USA, 1951.

CORTINA DI BAMBÙ, LA *(The Bamboo Saucer)* ★★
Regia di FRANK TELFORD. Con VINCENT BECK, DAN DURYEA, JOHN ERICSON, BERNARD FOX, BOB HASTINGS, LOIS NETTLETON. ■ In una sperduta zona montana della Cina, alcuni contadini trovano un disco volante, i cui piloti sono morti a causa dei batteri contenuti nell'atmosfera terrestre. I servizi di sicurezza americani paracadutano sul posto il comandante Philips, che si imbatte in una spedizione sovietica, di cui fa parte la bella scienziata Anna, che ha lo stesso scopo di impadronirsi del disco volante. Fra le due équipe nascono inevitabili attriti, ma insieme si ritrovano alleati contro i cinesi, mentre tra Philips e Anna sboccia naturalmente l'amore. ■ FANTASCIENZA; B/N; 100′; USA, 1967.

CORTINA DI CRISTALLO – TI AMERÒ SEMPRE ★★
Regia di CESARE BARLACCHI, CÉSAR ENRIQUE RUIZ. Con JOLANDA CARDENAS, TONY MIRAND, CELSA PIERI. ■ Un ricco possidente terriero vuole combinare un matrimonio tra suo figlio e la figlia di una vicina danarosa. Il ragazzo, però, sposa un'altra nonostante il veto paterno. L'esistenza a due si dimostra subito irta di difficoltà a causa delle scarsissime possibilità finanziarie, dell'arrivo di una figlia e dell'ostruzionismo del possidente. Ci vorrà un serio incidente "automobilistico" per risolvere la situazione. ■ DRAMMATICO; COL.; 90′; ITALIA, 1958.

CORTINA DI SPIE *(Five Steps to Danger)* ★★
Regia di HENRY S. KESLER. Con STERLING HAYDEN, WERNER KLEMPERER, RUTH ROMAN. ■ Fermato da un guasto all'auto, un uomo chiede un passaggio a una donna che (lo scoprirà più tardi) è ricercata dai poliziotti per un assassinio. Sulle sue tracce è anche l'Fbi, a causa di un microfilm che lei deve consegnare ad uno scienziato. Dopo numerose avventure, la donna porterà felicemente a termine la sua missione e sposerà l'autostoppista. ■ SPIONAGGIO; B/N; 90′; USA, 1957.

CORTOCIRCUITO ★★★
Regia di GIACOMO GENTILOMO. Con LAURO GAZZOLO, VIVI GIOI, UMBERTO MELNATI. ■ Due medici vengono uccisi in maniera simile. La polizia chiede la consulenza di uno scrittore di libri gialli: uno dei delitti è descritto in un suo libro in maniera singolarmente vicina alla realtà, e per questo viene sospettato. Ci pensa la moglie a dipanare la matassa. ■ GIALLO ROSA; B/N; 92′; ITALIA, 1942.

CORTO CIRCUITO *(Short Circuit)* ★★★
Regia di JOHN BADHAM. Con STEVE GUTTENBERG, ALLY SHEEDY, FISHER STEVENS. ■ Un fulmine cade sulla Nova Robotics, che ha creato uno straordinario robot, il numero 5. La scarica gli provoca un mutamento comportamentale, per cui il robot fugge. Crosby, l'inventore, lo insegue, come pure l'esercito. Lui si nasconde in casa di una ragazza ecologa, e, sofisticato com'è, impara tutto. Una volta gustata la gioia di vivere, non vuole essere distrutto. Quando Crosby lo ritrova, il robot, scampato anche all'esercito, va a vivere nel Montana con il suo inventore e la di lui ragazza. ■ FANTASTICO; COL.; 98′; USA, 1986.

CORTO CIRCUITO 2 *(Short Circuit II)* ★★
Regia di KENNETH JOHNSON. Con MICHAEL MCKEAN, FISHER STEVENS, JACK WESTERN. ■ Capitolo secondo (molto meno felice del precedente) delle avventure di Johnny Five, il super robot dalla memoria e dall'intelligenza galattiche. Ha trovato pare il giusto impiego in un laboratorio che costruisce giocattoli ad alto livello tecnologico. Ma un losco individuo cerca di rapire Johnny Five per usarlo per i suoi scopi. ■ COMMEDIA; COL.; 110′; USA, 1988.

CORVETTA K-225 *(Corvette K-225)* ★★★
Regia di RICHARD ROSSEN. Con JAMES BROWN, BARRY FITZGERALD, ROBERT MITCHUM, ELLA RAINES, RANDOLPH SCOTT. ■ Una corvetta canadese resiste agli attacchi di sottomarini e bombardieri. ■ GUERRA; B/N; 97′ USA, 1943.

CORVI TI SCAVERANNO LA FOSSA, I ★★
Regia di JOHN WOOD. Con DOMINIQUE BOSCHERO, MARIA PIA CONTE, CRAIG HILL, FERNANDO SANCHO. ■ La storia è ambientata al termine della guerra di Secessione: Jack Sullivan, pistolero assoldato per proteggere dagli assassini e dai banditi le diligenze dell'agenzia Fargo, cerca l'assassino di sua moglie, Kovacks. Riesce a rintracciarlo e a ucciderlo, e nello scontro muore anche un altro pistolero che inseguiva Kovacks. ■ WESTERN; COL.; 95′; ITALIA, 1972.

CORVO, IL *(Le corbeau)* ★★★★
Regia di HENRI-GEORGES CLOUZOT. Con PIERRE FRESNAY, PIERRE LARQUEY, GINETTE LECLERC. ■ Ritratto impietoso della provincia francese, apparentemente assonnata ma in realtà carica di torbidi segreti. A diversi cittadini incominciano ad arrivare lettere anonime firmate "il Corvo". Il più colpito è un giovane ginecologo, amante della moglie del dottor Vorzet. La cittadina passa giorni di panico e sospetto. Un capolavoro del cinema francese. ■ DRAMMATICO; B/N; 93′; FRANCIA, 1943.

CORVO, IL *(The Crow)* ★★
Regia di ALEX PROYAS. Con ROCHELLE DAVIS, ERNIE HUDSON, BRANDON LEE, MICHAEL WINCOTT. ■ L'ultimo film di Brandon Lee, figlio di Bruce, morto sul set per un colpo di pistola. Alcune scene sono state lavorate col computer per permettere di far "resuscitare" l'attore. Tratto dal fumetto omonimo. Grande videoclip, con ottima musica (Cure, Stone Temple Pilots). Tecnicamente ineccepibile ma freddo e un po' manieristico. Un cantante rock è stato assassinato con la propria ragazza. Torna in vita per vendicare l'amata. Trova i responsabili e li uccide. Ad aiutarlo ci sono un agente della polizia e la sorella dell'amata. Nonostante il personaggio non sia "morale", è prodigo di consigli didascalici su droga e fumo. Grande successo di pubblico. ■ FANTASTICO; COL.; 102′; USA, 1994.

CORVO 2, IL *(The Crow: City on Los Angeles)* ★★
Regia di TIM POPE. Con RICHARD BROOKS, VINCENT PEREZ, IGGY POP. ■ Il corvo torna sulla terra a vendicare la propria morte e quella del figlio. Effetti speciali e velocità da mal di testa. Il meglio era stato bruciato nel primo *Corvo*. ■ FANTASTICO; COL.; 100′; USA, 1996.

CORVO ROSSO NON AVRAI IL MIO SCALPO ★★★★
(Jeremiah Johnson)
Regia di SYDNEY POLLACK. Con WILL GEER, STEFAN GIERASCH, ROBERT REDFORD. ■ È la storia di Jeremiah Johnson, un uomo stanco della gente che si isola sui monti del Colorado in compagnia di un fucile. Vive di caccia e pesca, incontra i tipi più strani, da un cacciatore pazzo a un capo indiano del quale sposa la figlia. Per accompagnare una spedizione di soccorso a un gruppo di soldati rimasti isolati, Jeremiah viola il sacro cimitero degli indiani Corvi, che gli uccidono la moglie. Impazzito di dolore il cacciatore comincia a far strage di indiani: diventa così un mito. ■ WESTERN; COL.; 107′; USA, 1972.

CORVO 3 – SALVATION, IL *(The crow: salvation)* ★★
Regia di BHARAT NALLURI. Con WILLIAM ATHERTON, KIRSTEN DUNST, ERIC MABIUS, JODI LYN O'KEEFE, FRED WARD. ■ Meno effetti, meno invenzioni, un minimo di realtà, e testimoni più

aderenti al target, cioè giovanissimi. Il tutto per far sì che, implacabile, la saga horror-nero-gotica possa continuare. L'innocente Alex, giustiziato per l'assassinio della sua ragazza, torna in vita. Ad aiutarlo sono il suo spirito guida ed Erin, sorella dell'uccisa. Il tempo a disposizione non è molto ma il cerchio, come si dice, si stringe intorno all'assassino. Altre parole sarebbero superflue. Strettamente per adepti. ■ HORROR; COL.; 102'; USA, 2000.

COSA, LA *(The Thing)* ★
Regia di MATTHIJS VAN HEIJNINGEN JR. Con ADEWALE AKINNUOYE-AGBAJE, JOEL EDGERTON, JONATHAN WALKER, MARY ELIZABETH WINSTEAD. ■ La paleontologa Kate Lloyd raggiunge un team di scienziati norvegesi che hanno trovato, nascosta tra i ghiacci, una base sotterranea di origine sconosciuta e, poco distante, il corpo di un alieno conservato dal gelo. Una volta trasportato alla base il corpo si rianima e gli umani scoprono ben presto che la terrificante creatura è in grado di prendere possesso dei corpi dei terrestri mantenendone le sembianze e infiltrandosi quindi nel gruppo. ■ HORROR; COL.; 103'; USA, CANADA, 2011.

COSA, LA ★★
Regia di NANNI MORETTI. ■ Trasmesso dalla terza rete Rai, il documentario è la testimonianza diretta dei dubbi e dei pensieri dei simpatizzanti e tesserati del Partito comunista italiano alla vigilia della trasformazione in Pds. Visto che non era ancora stato deciso il nuovo nome nel film si parla della "Cosa". Si struttura in sette piccoli capitoli ambientati a Francavilla di Sicilia, Genova, Napoli, Torino, Milano, San Casciano Val di Pesa e Roma. L'ordine è volutamente a ritroso con la prima "assemblea" datata 19 dicembre per finire con l'ultima del 22 novembre. Manca volutamente una "regia" per dare l'aspetto di "cinema verità", o se preferite, "dal vero". ■ DOCUMENTARIO; COL.; 60'; ITALIA, 1990.

COSA AVETE FATTO A SOLANGE? ★★
Regia di MASSIMO DALLAMANO. Con KARIN BAAL, CHRISTINE GALBO, FABIO TESTI. ■ In un collegio femminile inglese, un maniaco sessuale uccide ripetutamente: il professor Rosseni indaga e viene a sapere che ognuna delle ragazze morte conosceva una misteriosa Solange. Questa pista lo conduce alla scoperta del colpevole, naturalmente insospettabile. ■ GIALLO; COL.; 92'; ITALIA, 1972.

COSA BUFFA, LA ★★
Regia di ALDO LADO. Con DOMINIQUE DAREL, FABIO GARRIBA, ANGELA GOODWIN, GIANNI MORANDI, OTTAVIA PICCOLO, GIUSI RASPANI DANDOLO. ■ Tratto dal romanzo di Giuseppe Berto, il film descrive il difficile rapporto sentimentale tra un ragazzo di provincia che insegna in una scuola elementare e la ricca figlia di un industriale veneziano. I genitori di lei ostacolano in ogni modo la storia, resa ancora più difficile dall'incapacità del giovane di avere rapporti sessuali completi. I due ragazzi si lasciano. ■ COMMEDIA; COL.; 108'; FRANCIA, ITALIA, 1973.

COSACCHI, I ★★
Regia di GIORGIO RIVALTA, VICTOR TOURJANSKY. Con JOHN DREW BARRYMORE, MASSIMO GIROTTI, GEORGIA MOLL, EDMUND PURDOM, ELENA ZARESCHI. ■ Jamel è figlio di Chamil, capo circasso nemico dello zar. Jamel frequenta l'accademia di Pietroburgo e diventa un valoroso ufficiale fedele alla monarchia. Il giovane tenta invano di ricondurre suo padre alla ragione, ma il vecchio insiste cocciutamente nella sua lotta. Il difficile rapporto fra padre e figlio si concluderà con una tragedia. ■ AVVENTURA; COL.; 92'; ITALIA, 1959.

COSACCHI DEL KUBAN, I *(Kubanskiie Kosaki)* ★★
Regia di IVAN PYRIEV. Con BORIS ANDREIEV, VLADIMIR DAVIDOV, SERGHEI LUKIANOV, MARINA MADININA. ■ Il film descrive il lavoro e le fatiche dei contadini russi attraverso le vicende amorose di due coppie, una delle quali (la più matura) è in crisi. Non manca, comunque, il lieto fine. ■ COMMEDIA; COL.; 90'; URSS, 1949.

COSACCHI DEL VOLGA, I *(Stjenka Rasin)* ★
Regia di ALEXANDER WOLKOFF. Con VERA ENGELS, HEINRICH GEORGE, HANN ADALBERT SCHLETTOW. ■ Il film si ispira a un personaggio storico del Seicento, il cosacco Stjenka Rasin, che, ottenuto l'affrancamento del suo popolo dallo zar di Russia, si suicida coi suoi uomini piuttosto che arrendersi ai nemici. ■ DRAMMATICO; B/N; 93'; GERMANIA, 1936.

"COSA" DA UN ALTRO MONDO, LA ★★★
(The Thing from Another World)
Regia di CHRISTIAN NYBY. Con JAMES ARNESS, ROBERT CORNTHWAITE, MARGARET SHERIDAN, KENNETH TOBEY. ■ Al Polo Nord, nei pressi di una base americana, precipita un disco volante dal quale viene estratto un essere orrendo rinchiuso in un blocco di ghiaccio. A causa di una fatale distrazione il blocco si scioglie: la creatura extraterrestre, che ha ripreso vita, si nutre del sangue delle sue vittime. Verrà distrutta al termine di drammatiche vicende. ■ FANTASCIENZA; B/N; 90'; USA, 1951.

COSA FARE A DENVER QUANDO SEI MORTO? ★★
(Things to Do in Denver When You're Dead?)
Regia di GARY FLEDER. Con ANDY GARCIA, CHRISTOPHER LLOYD, CHRISTOPHER WALKEN. ■ Jimmy the Saint, un gangster che cerca di reinserirsi nella vita lavorando onestamente, è costretto ad accettare un ultimo colpo, commissionatogli da uno dei capi della malavita di Denver. Jimmy ingaggia alcuni amici del suo passato criminale, ma purtroppo le cose non andranno nel verso giusto. Interessante commedia nera interpretata dal nuovo divo dell'epoca Andy Garcia. ■ THRILLER; COL.; 93'; USA, 1995.

COSA GIUSTA, LA ★★
Regia di MARCO CAMPOGIANI. Con SAMYA ABBARY, PAOLO BRIGUGLIA, ENNIO FANTASTICHINI, CAMILLA FILIPPI, AHMED HAFIENE. ■ Due poliziotti devono proteggere un terrorista. Nasce un rapporto. Diventano tutti amiconi, anche i poliziotti che si detestavano. Il taglio con cui Campogiani sceglie di raccontare la vicenda è quello della commedia agro-dolce, marchio di fabbrica dell'amato e parimenti odiato cinema italico. Ad accenni, timidi e poco credibili, di riflessione sociale si alternano momenti in cui il legame italo-tunisino e il rapporto con il sospettato si fa più stretto; il che significa, come da consunto *topos*, spaghettata e partita al calcetto Balilla. Ossia le ganasce che incatenano inesorabilmente il cinema italiano (e forse la cultura nazionale in senso lato): finché non si uscirà da percorsi consunti, il nostro cinema non potrà che esporsi alle medesime critiche, spesso mal digerite e peggio metabolizzate. ■ POLIZIESCO; COL.; 93'; ITALIA, 2009.

COSA PIOVE DAL CIELO? *(Un Cuento Chino)* ★★
Regia di SEBASTIÁN BORENSZTEIN. Con RICARDO DARÍN, ENRIC RODRIGUEZ, IVAN ROMANELLI, MURIEL SANTA ANA, HUANG SHENG HUANG. ■ Roberto, burbero proprietario di un negozio di ferramenta a Buenos Aires, vive una noiosa routine, creandosi una rude corazza per restare isolato dal mondo esterno e dalle assurde richieste della clientela. Il suo unico capriccio: la ricerca di notizie bizzarre sui quotidiani mondiali e le visite di Mari, un'amica di campagna da sempre innamorata di lui. Un giorno, proprio di fronte al suo negozio, viene scaraventato da un taxi un giovane cinese che non parla spagnolo, ma ha scritto sul braccio l'indirizzo di un negozio un tempo gestito da suo zio. Per dipanare il mistero Roberto chiede aiuto all'ambasciata cinese. Borensztein lascia tutto in balia di qualche esilarante paradosso e nel volto di Ricardo Darín. ■ COMMEDIA; COL.; 93'; ARGENTINA, SPAGNA, 2011.

COSA VOGLIO DI PIÙ ★★★
Regia di SILVIO SOLDINI. Con GIUSEPPE BATTISTON, PIERFRANCESCO FAVINO, MONICA NAPPO, ALBA ROHRWACHER, TERESA SAPONANGELO. ■ Anna ha una vita come tante altre. Ha un buon lavoro in cui è apprezzata e ha un compagno da qualche anno, Alessio, che l'ama e con cui conduce un ménage tranquillo al punto di poter accarezzare l'idea di smettere di prendere la pillola e avere un figlio. Un giorno però a una festa incontra un cameriere, Domenico. Lo rivede perché è venuto a recuperare un coltello dimenticato e da quel momento per entrambi il desiderio non è più contenibile. Domenico è sposato e ha due figli piccoli. Non c'è un posto in cui i due possano incontrarsi liberamente e allora la scelta obbligata diventa il motel. Per due ore, la sera del mercoledì quando lui dovrebbe essere in piscina per un corso da subacqueo. Fare equilibrio tra passione e vita di tutti i giorni non è però un'impresa facile. Silvio Soldini torna ad affrontare il tema delle relazioni uomo-donna con coerenza anche se apparentemente ribaltando la

prospettiva rispetto al precedente *Giorni e nuvole*. In quel caso il contesto economico-sociale era evidenziato sin dall'inizio con la perdita del lavoro mentre qui emerge pian piano. L'amore al calor bianco che travolge Anna e Domenico (e con loro, anche se in maniere diverse, anche i reciproci contesti familiari) diventa un contesto per ragionare sulle certezze di un tempo, messe profondamente in crisi. ■ COMMEDIA; COL., 126'; ITALIA, SVIZZERA, 2010.

COSE CAMBIANO, LE *(Things Change)* ★★★
Regia di DAVID MAMET. Con DON AMECHE, JOE MANTEGNA, ROBERT PROSKY. ■ Un vecchio lustrascarpe accetta, dietro compenso, di addossarsi la responsabilità di un delitto commesso da un boss mafioso di Chicago. Nei giorni che precedono l'arresto il vecchio si gode la vita sotto la sorveglianza di un giovane gangster. I due finiranno per solidarizzare contro il boss. Deliziosa commedia di Mamet che offre un'eccellente occasione interpretativa per Don Ameche (coronata dal premio per l'interpretazione a Venezia). ■ COMMEDIA; COL.; 101'; USA, 1988. ■ VENEZIA 2 PR.

COSE CATTIVE ★
Regia di SIMONE GANDOLFO. Con MARTA GASTINI, SARA LAZZARO, GIUSEPPE LO CONSOLE, JENNIFER MISCHIATI, PIETRO RAGUSA. ■ Vincitori di "Evil Things", concorso virtuale in cui hanno la meglio i video più cattivi, quattro ragazzi si ritrovano in uno sperduto paesino di montagna a ritirare il premio promesso dal misterioso master del blog. Le brevi indicazioni ricevute per mail portano ad una lugubre casa dove ognuno di loro dovrà affrontare la sua paura più atroce, mentre delle telecamere mostrano il tutto agli occhi prima partecipi e poi allibiti dei visitatori del sito. ■ HORROR; COL.; 94'; ITALIA, 2013.

COSE CHE NON TI HO MAI DETTO, LE ★★
(Things I Never Told You)
Regia di ISABEL COIXET. Con ALEXIS ARQUETTE, SEYMOUR CASSEL, DEBI MAZAR, ANDREW MCCARTHY, LILI TAYLOR. ■ «L'amore è la prova che Dio ha senso dell'umorismo». Questa frase, intravista su un cartello stradale, diventa l'ironico commento a una vicenda che vede protagonista una donna che, abbandonata dal proprio compagno, tenta il suicidio e si ritrova a contatto telefonico con un volontario del Telefono Amico che l'aiuterà a superare le proprie difficoltà. La regista è catalana. ■ DRAMMATICO; COL.; 93'; SPAGNA, USA, 1996.

COSE CHE SO DI LEI, LE ★★
Regia di RODRIGO GARCIA. Con GLENN CLOSE, CAMERON DIAZ, CALISTA FLOCKHART, VALERIA GOLINO, HOLLY HUNTER. ■ Film a episodi. Glenn Close è un ginecologo che ha sessualmente, paradossalmente abdicato, ma la vita le riserva una sorpresa. Cameron Diaz è la sorella cieca di una detective. Holly Hunter lavora in banca e ha grossi problemi con un uomo sposato. Calista Flockhart vive con grandissimo dolore la malattia della sua compagna Valeria Golino. Un cast del genere è già una bella garanzia. La Close è più intensa della Diaz. La "nostra" Golino, come sempre nelle produzioni americane, c'entra poco. Una curiosità importante: Garcia, il regista, è figlio dell'immenso Gabriel Garcia Marquez, autore di *Cento anni di solitudine*, premio Nobel. ■ DRAMMATICO; COL.; 106'; USA, 2000.

COSE DA FARE PRIMA DEI 30 ★★
(Things to do before you're 30)
Regia di SIMON SHORE. Con DONNA ALEXANDER, SCOTT BUNCE, ROSIE CAVALIERO, DARREN CHEEK, SCOTT CHISHOLM, BEVERLEY DENIM. ■ Lo spogliatoio dell'Atletico Greenwich è in subbuglio: la cinquecentesima partita si profila come l'ultima per il gruppo superstite di ex ragazzi fondatori del club, risucchiati ciascuno dal proprio futuro. Chi reclamato dai doveri di marito, chi ossessionato da curiose frustrazioni sessuali, chi attanagliato da incombenti responsabilità, i membri storici del football club arrivano disorientati alla fine di un'epoca. La proposta scherzosa, da parte di uno degli amici, di compilare un elenco delle "cose da fare prima dei trenta anni" darà improvvisamente una dimensione tangibile al tempo trascorso ed alla necessità di affrontare i propri fantasmi quotidiani. ■ COMMEDIA; COL.; 101'; GRAN BRETAGNA, 2004.

COSE DA PAZZI ★★
Regia di GEORG WILHELM PABST. Con CARLA DEL POGGIO, ALDO FABRIZI, ENRICO LUZI, FRANCO VIARISIO. ■ La giovane protagonista viene scambiata per una pazza che abita nel suo stesso caseggiato e portata in manicomio. Qui succedono cose da pazzi, appunto: la ragazza viene esaminata da un falso medico, che in realtà è un ricoverato, e lo psichiatra autentico si persuade che sia squilibrata. Dopo una sommossa dei pazienti e il tempestivo intervento della polizia, la ragazza può finalmente tornare a casa. ■ COMICO; B/N; 90'; ITALIA, 1953.

COSE DA PAZZI ★★
Regia di VINCENZO SALEMME. Con DOMENICO ARIA, MAURIZIO CASAGRANDE, CARLO CROCCOLO, TERESA DEL VECCHIO, BIAGIO IZZO, VINCENZO SALEMME, FEDERICA SBRENNA, LIDIA VITALE. ■ Giuseppe Cocuzza è un funzionario statale. Tornato dalle ferie, riceve misteriosi pacchetti contenenti denaro ed è incoraggiato dall'ambiziosa moglie Francesca e dalla figlia Giulietta a tenerli e a spenderli al più presto. Interviene anche la sorella di Giuseppe, la petulante Livia, sedotta e abbandonata da un trapezista di origini ungheresi, Fedor, che l'ha lasciata senza soldi e con un figlio un po' ritardato, Renatino. Fedor, con cui Livia ha tenuto un saltuario contatto, appena sentita la novità del misterioso pacchetto, torna da Livia e si unisce al già variopinto ménage familiare. ■ COMMEDIA; COL.; 90'; ITALIA, 2005.

COSE DELL'ALTRO MONDO ★★
Regia di NUNZIO MALASOMMA. Con AMELIA CHELLINI, ANTONIO GANDUSIO, AMEDEO NAZZARI, LUIGI PAVESE, SANDRO RUFFINI. ■ Un magnanimo direttore di prigione decide di liberare per prova un uomo e due donne. Viene però a scoprire che si tratta di delinquenti pericolosi. Durante un'ispezione è costretto a sostituire gli assenti con la moglie, la figlia e un altro detenuto. Ma i fuggiaschi non sono affatto pericolosi: si tratta di un ispettore e dei suoi familiari. ■ COMMEDIA; B/N; 90'; ITALIA, 1939.

COSE DELL'ALTRO MONDO *(Suburban Commando)* ★★
Regia di BURT KENNEDY. Con SHELLEY DUVALL, HULK HOGAN, CHRISTOPHER LLOYD. ■ Un film destinato ai ragazzi fino ai quindici anni, che si divertiranno alle imprese spaziali piene di esseri alieni sul nostro pianeta. Troviamo tra gli interpreti Hulk Hogan, famoso campione di wrestling, il *catch* spettacolare, e la Duvall che ricordiamo nei film di Altman e in *Shining* di Kubrick. ■ FANTASTICO; COL.; 95'; USA, 1992.

COSE DELL'ALTRO MONDO ★★
Regia di FRANCESCO PATIERNO. Con DIEGO ABATANTUONO, SANDRA COLLODEL, VALENTINA LODOVINI, VALERIO MASTANDREA, RENATO NUVOLETTI. ■ Una città del Nordest d'Italia. L'immigrazione incide sul tessuto sociale. L'industriale Golfetto non la sopporta nella maniera più assoluta e scarica tutta la sua xenofobia in uno spazio a lui riservato nella TV locale che finanzia. Intanto fa ritorno a casa Ariele, un poliziotto con una madre affetta da Alzheimer e un tempo compagno della maestra Laura che ora attende un figlio da un africano. Una mattina, però, dopo un fenomeno temporalesco anomalo, tutti gli extracomunitari e gli stranieri in genere scompaiono dal territorio. Bisogna arrangiarsi da soli. Il debito con *Un giorno senza messicani* viene correttamente pagato sin dai titoli di testa. Perché l'idea di base è la stessa: là la California, qui il Nordest, identica la sparizione. Le similitudini si fermano però a questo punto perché lo sguardo e il punto di vista divergono e non solo per ovvie diversità di latitudini, usi e costumi. ■ COMMEDIA; COL.; 90'; ITALIA, 2011.

COSE DI COSA NOSTRA ★★
Regia di STENO. Con JEAN-CLAUDE BRIALY, VITTORIO DE SICA, ALDO FABRIZI, MARIO FELICIANI, CARLO GIUFFRÈ, ANGELA LUCE, SALVO RANDONE, AGNÈS SPAAK. ■ Un siciliano emigrato negli Stati Uniti deve tornare al paese natale per fare giustizia di una presunta spia. L'incarico non gli piace per niente, ma deve ugualmente portarlo a termine per evitare la vendetta mafiosa sulla sua famiglia. Inutilmente cerca qualcuno che possa sostituirlo; quando si è rassegnato ad uccidere viene a sapere che i mandanti d'oltreoceano sono morti ammazzati. ■ COMMEDIA; COL.; 95'; ITALIA, 1971.

COSE DI QUESTO MONDO *(In This World)* ★★★
Regia di MICHAEL WINTERBOTTOM. Con ENAYATULLAH, JAMAL

UDIN TORABI. ■ L'odissea di due ragazzi profughi dall'Afghanistan post-talebani che cercano di raggiungere Londra. Uno dei due ce la farà ma a prezzo di un calvario inumano. Winterbottom non è nuovo all'intervento diretto sulla realtà (basti pensare a *Welcome to Sarajevo*). Questa volta però costruisce una narrazione volutamente "sporca" con camera a mano e sgranature per sottolineare anche linguisticamente un viaggio che non ha più bisogno della cronaca televisiva anche perché non sembra interessare più a nessuno. L'Afghanistan è stato "liberato" e questo deve bastare. Il mondo ha da pensare ad altri fronti. ■ DRAMMATICO; COL.; 90′; GRAN BRETAGNA, 2002. ■ BERLINO 8 1 PR.

COSE IN TE NASCOSTE, LE ★★
Regia di VITO VINCI. Con LUIGI IACUZIO, LEA MORNAR, FRANCO TREVISI. ■ Fabrizio ha un lavoro precario e una moglie in attesa di un figlio indesiderato. Durante un temporale, in una farmacia incontra Chiara, una giovane donna delusa. Chiara ha due lauree e un'inquietudine profonda che la spinge tra le braccia di amanti occasionali. Insieme a Fabrizio e a un terzo complice progetteranno di rapinare la banca di un centro commerciale, nella speranza di ricominciare e di trasformare in straordinario la loro ordinaria normalità. ■ DRAMMATICO; COL.; 80′; ITALIA, 2008.

COSE MOLTO CATTIVE *(Very Bad Things)* ★★★
Regia di PETER BERG. Con CAMERON DIAZ, JON FAVREAU, CHRISTIAN SLATER, DANIEL STERN, JEANNE TRIPPLEHORN. ■ Kyle, insieme a un gruppo di amici, si reca a Las Vegas per la sua festa di addio al celibato. La mescolanza di cocaina e alcol trasforma la festa in tragedia con il decesso di una prostituta. Il fatto dà il via a una spirale di morte che vede particolarmente attiva la fidanzata di Kyle, che non vuole abbandonare le sue speranze matrimoniali. Berg è stato attore e sa come dirigere gli ex colleghi in questa commedia nera che traccia, sempre in bilico tra ironia e dramma, il ritratto del volto oscuro dei figli del benessere. Sgradevole e acido al punto giusto. ■ DRAMMATICO; COL.; 100′; USA, 1998.

COSE PREZIOSE *(Needful Things)* ★
Regia di FRASER C. HESTON. Con BONNIE BEDELIA, ED HARRIS, AMANDA PLUMMER, MAX VON SYDOW, J. T. WALSH. ■ Leland Gaunt apre a Castle Rock nel Maine un negozio in cui si vendono oggetti di tutti i generi. Presto Cose preziose, così si chiama la bottega, viene frequentato da tutti gli abitanti che trovano sul suo bancone oggetti che hanno desiderato sin dall'infanzia. Solo lo sceriffo Pangborn resiste alla tentazione. Ha capito che gli oggetti scatenano odi e rivalità sopite ma non scomparse. Resisterà al Maligno riuscendo a farlo allontanare dalla cittadina. Ventesima versione cinematografica di un romanzo di Stephen King, priva però di appeal. Il protagonista è bravo come sempre ma il regista (figlio di Charlton) non sa cogliere le correnti sotterranee che percorrono i testi del maestro dell'horror contemporaneo. ■ HORROR; COL.; 120′; USA, 1993.

COSETTA *(It)* ★★★
Regia di CLARENCE BADGER. Con WILLIAM AUSTIN, PRISCILLA BONNER, CLARA BOW, GARY COOPER, JACQUELINE GADSDEN, ANTONIO MORENO. ■ Betty Lou, fascinosa ed esuberante commessa in un grande magazzino soprannominata "It" (Cosetta), si innamora di Cyrus Waltham, il prestante figlio del proprietario del negozio in cui lavora. Frizzante e gradevole commedia sentimentale, che lanciò Clara Bow come sex-symbol degli anni Venti, con la sua chioma rossa fiammante e il suo fare così sbarazzino e intrigante. ■ COMMEDIA; B/N; 72′; USA, 1927.

COSÌ BELLA COSÌ DOLCE *(Une femme douce)* ★★★★
Regia di ROBERT BRESSON. Con GUY FRANGIN, JANE LOBRE, DOMINIQUE SANDA. ■ Di fronte al cadavere della giovane moglie appena suicidatasi, il marito si interroga sulle ragioni di questo gesto. Non ci sono nomi, solo Lei e Lui, negli scarni, asciutti ricordi: i due si conobbero quando Lei era ancora una ragazzina e Lui cominciava a lavorare al banco dei pegni. Il matrimonio fu una prigione per Lei, non le venne data mai possibilità di esprimersi autenticamente. Il suo suicidio non è dunque un atto di negazione ma di dolorosa affermazione: questa vita meschina e dominata dal profitto, lontana dal vero amore, deve lasciare spazio all'altra vita, che inizia appunto con la morte. ■ DRAMMATICO; B/N; 105′; FRANCIA, 1969.

COSÌ BELLA, COSÌ SOLA, COSÌ MORTA ★★
(Girl in the Headlines)
Regia di MICHAEL TRUMAN. Con RONALD FRASER, IAN HENDRY, MARGARET JOHNSTON. ■ Una fotomodella viene uccisa. I potenziali assassini sono almeno tre: un innamorato respinto, un ricattatore e un ammiratore senza speranza. Il vero colpevole di omicidio è però una quarta persona apparentemente insospettabile. ■ GIALLO; COL.; 93′; GRAN BRETAGNA, 1963.

COSÌ BELLO, COSÌ CORROTTO, COSÌ CONTESO! ★★
(Les voraces)
Regia di SERGIO GOBBI. Con HELMUT BERGER, FRANÇOISE FABIAN, MASSIMO GIROTTI, PAUL MEURISSE. ■ Un croupier, tentato dal denaro che può solo limitarsi a passare ai giocatori del casinò, decide di rubare la vincita di uno di essi. L'amante del derubato, però, sa tutto e tace perché, attratta dal croupier, ne è diventata l'amica. La donna ingarbuglia persino le indagini di un ispettore, ma gli fa trovare il malloppo quando il truffatore tronca la relazione e ritorna dalla fidanzata. ■ COMMEDIA; COL.; 95′; FRANCIA, 1972.

COSÌ COME SEI ★★★
Regia di ALBERTO LATTUADA. Con GIULIANA CALANDRA, NASTASSJA KINSKI, MARCELLO MASTROIANNI, FRANCISCO RABAL. ■ Un maturo architetto romano, di ritorno a Firenze dopo molti anni, conosce una splendida adolescente, Francesca, e ci va a letto. Ma, poco dopo, un vecchio amico gli fa nascere il sospetto che la ragazza possa essere sua figlia: l'architetto è stato infatti, in passato, l'amante della madre. L'uomo si tormenta nel dubbio, ma non sa resistere al richiamo della ragazza. I due si amano senza pensare né alla possibilità d'incesto, né alle convenzioni sociali. Sarà la fanciulla, consapevole che la cosa non può durare, ad avere la forza di metter fine alla relazione. ■ COMMEDIA; COL.; 109′; ITALIA, 1978.

COSÌ COMINCIA L'AMORE *(Head over Heels)* ★★★
Regia di SONNIE HALE. Con LOUIS BORELL, ROBERT FLEMYNG, JESSIE MATTHEWS. ■ Timido inventore conosce una cantante che gli piace, ma un suo amico svelto gliela seduce. L'amico lascia la ragazza per un'altra avventura e il timido riprende l'abbandonata. Quando l'amico si rifà vivo, il timido finalmente si arrabbia. ■ COMMEDIA; B/N; 81′; GRAN BRETAGNA, 1937.

COSÌ DOLCE... COSÌ PERVERSA ★★
Regia di UMBERTO LENZI. Con CARROLL BAKER, ERIKA BLANC, HORST FRANK, JEAN-LOUIS TRINTIGNANT. ■ Un giovane industriale chimico, Jean, corteggia l'inquilina del piano di sopra, Nicole, sotto gli occhi della moglie Danielle. Nicole a sua volta non è libera: è ossessionata da un sinistro individuo che la perseguita, Klaus, il quale un giorno uccide Jean e ne fa sparire il corpo simulando un incidente d'auto. Il finale del film è a sorpresa. ■ DRAMMATICO; COL.; 90′; ITALIA, 1969.

COSÌ È LA VITA *(That's Life)* ★★★
Regia di BLAKE EDWARDS. Con JULIE ANDREWS, JENNIFER EDWARDS, JACK LEMMON. ■ Blake Edwards ha diretto il film in famiglia (Julie Andrews e Jennifer Edwards sono moglie e figlia) per dipingere forse una vita autobiografica; Harvey Fairchild è sposato a Gillian ed è ossessionato dalla paura d'invecchiare proprio mentre sta arrivando il suo sessantesimo compleanno; eppure vive una vita felice con moglie e nipoti e nessuna vera preoccupazione. Arriva il compleanno e tra le bizze infantili di Harvey e i veri problemi di Gillian (ha tenuto nascosto al marito un esame istologico rivelatosi fortunatamente negativo), marito e moglie sono consci che il loro amore è il porto sicuro di tutta la famiglia. ■ COMMEDIA; COL.; 102′; USA, 1986. ■ OSCAR 1 NOM.

COSÌ È LA VITA ★★★
Regia di ALDO BAGLIO, GIOVANNI STORTI, GIACOMO PORETTI, MASSIMO VENIER. Con ALDO BAGLIO, ANTONIO CATANIA, MARINA MASSIRONI, GIACOMO PORETTI, GIOVANNI STORTI, CARLINA TORTA. ■ Dopo lo straordinario successo di *Tre uomini e una gamba* i tre comici milanesi erano attesi al varco. Hanno superato la prova anche se, appena sicuri di sé, hanno mostrato il loro lato

malinconico. Ancora un prologo parodistico/citazionista (questa volta ad essere preso di mira è il filone penitenziario/evasione) e poi tre personaggi che vengono descritti nel loro ambiente d'origine (un detenuto esperto in furti, un progettista di giocattoli, un poliziotto) e si ritrovano insieme coinvolti in un sequestro non premeditato e in una vicenda *on the road* che ha come capolinea l'aldilà. I tre sono bravi nel reggere una vicenda che li ha visti affiancati, in fase di sceneggiatura, da Gino e Michele, Giorgio Gherarducci e Graziano Ferrari. Rispetto al film precedente si ride meno fragorosamente ma alcune gag sono davvero doc. ■ COMICO; COL.; 105'; ITALIA, 1998.

COSÌ FAN TUTTE ★★★

Regia di TINTO BRASS. Con FRANCO BRANCIAROLI, CLAUDIA KOLL, PAOLO LANZA. ■ Nonostante le frecciate della critica e di gruppi neomoralisti italiani, Tinto Brass prosegue imperterrito sulla sua strada all'insegna del sesso e del libertinaggio. Al contrario degli ultimi "capitoli" (con eccezione per il poliziesco fumettistico *Snack Bar Budapest*) della sua personale enciclopedia, non ci troviamo nel passato ma nel presente. Un'affascinante ma fedele moglie viene introdotta al tradimento coniugale dai consigli di una commessa sua collega. Prima che il marito decida di accettare tutto, pur di non perderla, la donna farà le sue esperienze. Leggera citazione mozartiana nella colonna sonora. La pellicola, sotto la patina allegra, nasconde la denuncia dell'aridità nei rapporti coniugali. Successo di pubblico. ■ COMMEDIA; COL.; 100'; ITALIA, 1991.

COSÌ FAN TUTTI *(Comme une image)* ★★★

Regia di AGNÈS JAOUI. Con JEAN-PIERRE BACRI, MARILOU BERRY, VIRGINIE DESARNAUTS, LAURENT GREVIL, AGNÈS JAOUI. ■ Uno scrittore ed editore famoso, Etienne Cassard, si è risposato con una ragazza che ha un'età di poco superiore a quella di sua figlia Lolita, maldestra e insignificante, che segue un corso di canto. L'insegnante della ragazza è la moglie di uno scrittore disilluso che scopre all'improvviso il successo. È attorno a questi personaggi che si muove il film di Agnès Jaoui ancora una volta regista e attrice. Si potrebbe rimproverarle di descrivere un ambiente altoborghese troppo distante dal vivere comune. Invece proprio qui sta il merito suo e del suo compagno (sullo schermo e nella vita) Jean-Pierre Bacri: parlano di ciò che conoscono bene e lo sanno fare con sapienza di scrittura e di regia. ■ DRAMMATICO; COL.; 110'; FRANCIA, 2004. ■ CANNES 1 PR.

COSÌ FINISCE LA NOSTRA NOTTE ★★★
(So Ends Our Night)

Regia di JOHN CROMWELL. Con FRANCES DEE, GLENN FORD, FREDRIC MARCH, MARGARET SULLIVAN, ERIC VON STROHEIM. ■ La storia è tratta da un'opera di Erich Maria Remarque. Vita grama per due ebrei e un capitano tedesco antinazista negli ultimi anni Trenta in Germania. Quando la situazione diventa insostenibile, i tre riparano a Parigi, ma il capitano ha la moglie morente in patria e ripassa il confine, in tempo per raccogliere l'ultimo respiro dell'amata ed essere ucciso dai nazisti. ■ DRAMMATICO; B/N; 117'; USA, 1941. ■ OSCAR 1 NOM.

COSÌ FINISCE UN AMORE ★★

Regia di KARL HARTL. Con WILLY FORST, PAULA WESSELY. ■ Napoleone ripudia Giuseppina. Gli serve una moglie regale e chiede una sposa asburgica: Metternich sceglie Maria Luisa. Vi sono complicazioni, ma il matrimonio si farà. ■ STORICO; B/N; 93'; AUSTRIA, 1934.

COSÌ LONTANO COSÌ VICINO *(In weiter ferne, so nah!)* ★★★

Regia di WIM WENDERS. Con HORST BUCHHOLZ, WILLEM DAFOE, SOLVEIG DOMMARTIN, PETER FALK, BRUNO GANZ, NASTASSJA KINSKI, LOU REED, OTTO SANDER. ■ A Berlino ci sono due angeli, Cassel e Raffaela (Sander e Kinski), pieni di buone intenzioni nei confronti degli umani. Vorrebbero aiutarli, alleviare le loro sofferenze. Gli altri personaggi sono: un pizzaiolo che canta *Funiculì Funiculà* (Ganz), il vecchio autista di un gerarca nazista, un gangster americano che vende armi e pornografia (Buchholz), due bambine molto sensibili, un gruppo di acrobati, un investigatore privato troppo contorto (Vogler), un altro angelo "nero" e cinico che forse rappresenta il destino (Dafoe), Peter Falk e Lou Reed che fanno se stessi. Cassel compie un'azione anomala e si trova a essere un umano, e da quel momento comincia a non capirsi. Gli piace bere, gli piacciono i soldi, insomma va alla deriva. Certo, gli uomini sono strani e hanno smarrito il senso di tutto, del bene e del male. Il senso generale della vita. Alla fine, grazie a un ultimo eroismo, Cassel ritorna angelo e ha molti elementi in più per fare il custode. È un film ingiudicabile. Se si ama Wenders l'unica scelta è un atto di fede. Per chi è indifferente ai temi del regista valgono certi episodi di straordinaria creatività, emozione e intelligenza. Intelligenza tutta tedesca. Wenders afferma continuamente la sua radice artistica che, non dimentichiamolo, è forse la più profonda, incidente e imponente del Novecento. Non può dunque mancare un richiamo al nazismo, all'espressionismo (suggestiva la citazione dell'*Urlo* di Munch) e alla comunicazione diretta di una certa letteratura (e inoltre arte figurativa, teatro e cinema) che affrontava i temi per rappresentarli, ma soprattutto per risolverli. Con quell'inconfondibile chiave dolorosa e romantica. È una sorta di antropologico ritorno ingenuo. L'angelo dice: «Non siamo il messaggio, siamo i messaggeri». La morale finale è che occorre essere buoni. Una dichiarazione di sentimento e di semplicità allarmante detta da Wenders, uno che pensa, soffre, e conosce, persino troppo. Una volta accettato il postulato si può anche pensare che sia buona la sua tesi: abbiamo dimenticato tutto, ricominciamo dal primo, naturale comandamento: non fare del male ai nostri simili. ■ FANTASTICO; COL.; 145'; GERMANIA, 1993. ■ CANNES 1 PR; GOLDEN GLOBES 1 NOM.

COSÌ MI PIACE *(I Like It Like That)* ★★

Regia di DARNELL MARTIN. Con GRIFFIN DUNNE, TOMAS MELLY, JON SEDA, LAUREN VELEZ. ■ Chico è molto noto nel quartiere ispano-americano in cui abita. Quando finisce in galera, moglie e figli hanno qualche difficoltà a sopravvivere nelle strade violente della metropoli multietnica. La donna però si darà da fare. La regista realizza un film tutto "iper" che sembra ispirarsi, senza però riuscire a farlo proprio, al cinema di Spike Lee. ■ COMMEDIA; COL.; 105'; USA, 1996.

COSIMO E NICOLE ★★

Regia di FRANCESCO AMATO. Con ANDREA BRUSCHI, CLARA PONSOT, GIORGIA SALARI, PAOLO SASSANELLI, RICCARDO SCAMARCIO. ■ Durante il G8 di Genova, un ragazzo italiano soccorre una ragazza francese colpita alla testa da un poliziotto: è amore a prima vista. Anticonvenzionali e vagabondi per natura, tempo dopo, Cosimo e Nicole tornano nel capoluogo ligure, dove trovano impiego presso il service musicale di Paolo, un organizzatore di concerti conosciuto nel sanguinoso luglio del 2001. Quando un immigrato clandestino, lavorando all'assemblaggio di un palco, rimarrà vittima di un incidente, i due faranno una scelta che cambierà le loro vite. Parte in trincea il film di Francesco Amato, con una sequenza-prologo in cui si mostra la follia dei fatti di Genova per lasciare subito spazio ad un incontro che ha la forma della predestinazione. A queste due singolarità – che sono già una cosa sola – fa da collante Paolo, personaggio dalla doppia faccia, alla guida del furgone col quale fuggiranno dai blocchi dei poliziotti. Sebbene voglia essere un film sull'amore totalizzante di una coppia e sulle dinamiche ad essa interne, quest'opera seconda, solida e interessante, investe parallelamente una buona varietà di spunti. ■ DRAMMATICO; COL.; 101'; ITALIA, 2012.

COSÌ NANO, COSÌ PERVERSO *(Trop petit, mon ami)* ★★

Regia di EDDY MATALON. Con JANE BIRKIN, CLAUDE BRASSEUR, MICHAEL DUNN, BERNARD FRESSON. ■ Un diabolico nano, Tiky Edriss, architetta un piano ai danni del facoltoso banchiere Robert Devone: ne uccide la figlia Patrizia, che Devone non vede da anni, e la sostituisce con la giovane Cristina, sua persona di fiducia, incaricata di rivelargli le combinazioni segrete delle casseforti. Ma Cristina si affeziona veramente a questo finto padre, che del resto stravede per lei, e manda così in fumo i piani di Tiky. Dal romanzo di James Hadley Chase. ■ GIALLO; COL.; 85'; FRANCIA, 1971.

COSÌ PARLA IL CUORE *(Deep in My Heart)* ★★★

Regia di STANLEY DONEN. Con DOE AVEDON, CYD CHARISSE, JOSÉ FERRER, GENE KELLY, MERLE OBERON, WALTER PIDGEON, JANE POWELL, HELEN TRAUBEL. ■ Un autore di operette di grande fama sposa la ragazza del cuore. Gli anni passano e il suo stile, ormai superato, non piace ai nuovi critici. Nel corso di un'importante esibizione, egli dichiara pubblicamente l'amore per la consorte e la gratitudine per l'artista che l'ha maggiormente seguito in tanti anni di lavoro. ■ COMM. MUSICALE; COL.; 132'; USA, 1954.

COSÌ PARLÒ BELLAVISTA ★★
Regia di LUCIANO DE CRESCENZO. Con ISA DANIELI, LUCIANO DE CRESCENZO, RENATO SCARPA, MARISA CONFALONE. ■ Tratto dall'omonimo libro di De Crescenzo, il film racconta la storia di due uomini, il napoletano Bellavista e il milanese Cazzaniga, inizialmente nemici per pregiudizi "razziali" e poi grandi amici e reciproci consiglieri. ■ COMMEDIA; COL.; 102'; ITALIA, 1984. ■ DAVID DI DONATELLO 2 PR, 2 NOM.

COSÌ PER CASO – DOGMA 95 ★
Regia di CRISTIANO CERIELLO. Con FABIO BRESCIA, GIGLIOLA DE FEO, ANDREA FIORILLO, LUIGI MOLLO. ■ Un ragazzo autistico scappa dall'istituto dove suo fratello lo lascia regolarmente, e si mette a vagare per le strade, finché non incontra Flaviana, una ragazza in un momento difficile. I due diventano amici. Un'opera prima quasi invisibile e difficile da valutare. ■ DRAMMATICO; COL.; 90'; ITALIA, 2003.

COSÌ RIDEVANO ★★★♉
Regia di GIANNI AMELIO. Con FABRIZIO GIFUNI, FRANCESCO GIUFFRIDA, ENRICO LO VERSO. ■ Primi anni Sessanta, Torino. Giovanni arriva dal Sud ed è felice perché incontrerà suo fratello minore Pietro, che si sta facendo onore a scuola. In realtà Pietro a scuola non ci va nemmeno, è un teppistello che tira a campare. Giovanni impara presto a difendersi, affitta le topaie, poi frequenta cattive compagnie, cerca di emanciparsi secondo un suo codice. Ma il suo codice non funziona e tutto si deve pagare. Vincitore del Leone d'oro al Festival di Venezia. Film di grande pittura. Realista senza compiacimento (si parla in dialetto stretto, tanto che le copie distribuite al Nord hanno i sottotitoli) vuole solo essere un racconto e una memoria, senza morali e senza giudizi. La realtà era quella, occorreva capirla, qualcuno ci riusciva, quasi tutti no. Efficace e un po' compiaciuto, ma un'opera senza dubbio con una sua ragione. ■ DRAMMATICO; COL.; 124'; ITALIA, 1998. ■ VENEZIA ♉ 1 PR.

COSÌ SCURA È LA NOTTE *(So Dark the Night)* ★★★
Regia di JOSEPH H. LEWIS. Con EUGENE BORDEN, MICHELINE CHEIREL, STEVEN GERAY. ■ In una cittadina della provincia francese arriva un affascinante investigatore privato, Henry Caggent. Di lui si invaghisce la giovane Nanette, che da tempo sogna di evadere da Saint-Margot e che per Henry è pronta a lasciare il suo fidanzato Leon. Dopo una lite drammatica, Leon e Nanette scompaiono e vengono ritrovati morti qualche giorno dopo. È Henry a indagare e a scoprire la terribile verità. ■ DRAMMATICO; B/N; 71'; USA, 1946.

COSÌ SIA ★
Regia di ALFIO CALTABIANO. Con RENATO CESTIÉ, TANO CIMAROSA, LUC MERENDA, ALF THUNDER. ■ Sgangherate avventure di un gruppo di cowboy da strapazzo, il pistolero Così Sia, l'ex bandito Smith, ora allegro reverendo, un artista vagabondo, un piccolo borseggiatore. Tutti insieme, alla maniera dei western farseschi di Trinità, svaligiano una banca, ma vengono derubati subito dopo da una giovane maestra. ■ WESTERN; COL.; 97'; ITALIA, 1972.

COSÌ SONO LE DONNE *(A Date with Judy)* ★★★
Regia di RICHARD THORPE. Con WALLACE BEERY, CARMEN MIRANDA, JANE POWELL, ELIZABETH TAYLOR. ■ La figlia dei coniugi Forster, Judy, e il figlio del ricco vedovo Pringle, Carol, si frequentano e provano reciproca simpatia senza però trovare il coraggio di dichiararsi. Dopo equivoci e ripicche i due giovani si fidanzeranno e papà Pringle, sempre dedito ai suoi affari, capirà dal sereno esempio della famiglia Forster che i figli hanno bisogno più di affetto e di vicinanza che di benessere economico. ■ COMMEDIA; COL.; 113'; USA, 1949.

COSÌ VINSI LA GUERRA *(Up in Arms)* ★★★
Regia di ELLIOTT NUGENT. Con DANA ANDREWS, CONSTANCE DOWLING, MARGARET DUMONT, DANNY KAYE, DINAH SHORE. ■ È il film d'esordio del comico Danny Kaye. Durante la guerra un giovane, ossessionato da malattie immaginarie e che per questo non sa stare lontano dai dottori, è chiamato suo malgrado sotto le armi. Ma non è un arruolamento serio: Danny imbarca clandestinamente sulla nave diretta in Giappone l'infermiera di cui è innamorato, si fa mettere in cella di punizione in mezzo alla foresta e alla fine riesce del tutto involontariamente a fare prigioniero un intero drappello di soldati giapponesi. ■ COMMEDIA; COL.; 106'; USA, 1944. ■ OSCAR 2 NOM.

COSÌ VIVE UN UOMO *(Zhivet takoj paren)* ★★★
Regia di VASILLI UKPIN. Con LIDIA ALEKSANDROVA, LEONID KLURAVLEV, NINA SAZONOVA. ■ Il protagonista del film, personaggio ben lontano dalla classica iconografia di regime, è un avventuriero donnaiolo e amante della vita che semina la sua strada di gesti simpaticamente folli. Film poetico, splendidamente recitato e popolato di divertenti caratterizzazioni. ■ COMMEDIA; B/N; 95'; URSS, 1969.

COSMO 2000 – BATTAGLIE NEGLI SPAZI STELLARI ★
Regia di ALFONSO BRESCIA. Con GAETANO BALLESTRIERI, JOHN RICHARDSON, YANTI SOMER. ■ I Goniani invadono la Terra per poter sopravvivere. Alcuni terrestri, condizionati psicologicamente dagli alieni, finiranno per diventarne complici; in seguito verranno scoperti e questo sarà un decisivo passo avanti verso la salvezza. ■ FANTASCIENZA; COL.; 95'; ITALIA, 1978.

COSMONAUTA ★★
Regia di SUSANNA NICCHIARELLI. Con MICHELANGELO CIMINALE, PIETRO DEL GIUDICE, CLAUDIA PANDOLFI, MIRIANA RASCHILLÀ, SERGIO RUBINI. ■ 1957. Roma. Luciana ha nove anni e abbandona la chiesa durante la cerimonia della prima comunione. Motivazione: è comunista. Perché il padre lo era e perché il fratello, che soffre di epilessia, è un appassionato cultore delle imprese spaziali sovietiche. La cagnetta Laika è stata inviata in orbita sopra la Terra e Gagarin, primo cosmonauta della storia, la seguirà battendo sul tempo gli odiati americani. Intanto Luciana è cresciuta (siamo nel 1963) e deve vedersela con un patrigno detestato, con un fratello il cui handicap si fa sempre più ingombrante e con i "compagni". Nel Partito vigono regole che la ragazza sente strette così come quelle di casa. Cercherà, a modo suo, di trovare una sua orbita in quello spazio profondo che è l'adolescenza. In un'epoca come la nostra in cui le ideologie si sono dissolte la regista ci racconta di una ragazzina che a una di quelle ideologie si aggrappa per cercare di trovare un senso al proprio esistere. ■ COMMEDIA; COL.; 85'; ITALIA, 2008.

COSMOPOLIS ★★★
Regia di DAVID CRONENBERG. Con MATHIEU AMALRIC, JAY BARUCHEL, JULIETTE BINOCHE, SARAH GADON, ROBERT PATTINSON. ■ Erick Packer è un brillante giovane che controlla gli oscuri meccanismi dell'alta finanza riuscendo a vederli qualche secondo prima. Tutto è a sua disposizione, a partire da una limousine bianca con tanto di autista e guardia del corpo. È una giornata difficile per Manhattan. C'è il presidente degli Stati Uniti in visita e la viabilità è stata rivoluzionata. Ma Erick ha un obiettivo preciso: vuole raggiungere il suo parrucchiere di fiducia che sta all'altro capo della città. Per fare ciò è disposto ad affrontare le sommosse contro la situazione economica che stanno mettendo a ferro e fuoco New York. È pronto anche a trovarsi dinanzi colui che, secondo più di un segnale attendibile, vuole ucciderlo. A David Cronenberg va riconosciuto il merito di non aver mai smesso di sperimentare pur conservando intatte le proprie tematiche di fondo. In questo caso molto attuali. ■ DRAMMATICO; COL.; 105'; CANADA, FRANCIA, 2012.

COSMOS ★★
Regia di JENNIFER ALLEYN, MANON BRIAND, MARIE JULIE DALLAIRE, ARTO PARAGAMIAN, ANDRÉ TURPIN, DENIS VILLNEUVE. ■ Sei episodi di diversi registi canadesi. Cosmos è l'universo di Montreal e anche il nome del tassista che fa da *trait d'union*. Una coppia si rivede dopo alcuni anni ed è quasi tutto cambiato. Due amici devono affrontare la sieropositività. Un tale ha una visione tutta particolare della vita. Un altro è condizionato dal paranormale. Troppi artifici e invenzioni inutili. I soliti peccati di gioventù. ■ COMMEDIA; B/N; 99'; CANADA, 1997.

COSMO SUL COMO', IL ★★
Regia di MARCELLO CESENA. Con ALDO BAGLIO, SARA D'AMARIO, SILVANA FALLISI, GIACOMO PORETTI, GIOVANNI STORTI. ■ All'ombra di un ginko biloba Pin e Puk interrogano il maestro Tsu Nam sulla saggezza. "Colpiti" dai suoi insegnamenti e dal suo bastone di bambù, i discepoli sognano di raggiungere il nirvana e di suonare il gong che produce armonia, valanghe ed eruzioni. A Milano, intanto, è tempo di vacanze e Aldo, Giovanni e Giacomo hanno pianificato la partenza intelligente, diretti una volta di troppo alla stessa spiaggia e allo stesso mare. Un calcio ad un pallone e l'ammutinamento familiare sconvolgeranno il loro programma. Nel mondo dei babbani Aldo e Giovanni giocano a calcetto e generano prole, soltanto Giacomo manca la porta e la rete. Tra medicina ayurvedica e calcolo della temperatura basale, cercherà di concepire il suo goal più bello. Dopo la dimensione picaresca dell'attraversamento peninsulare, rigorosamente unidirezionale (*Tre uomini e una gamba*, *Così è la vita* e *Tu la conosci Claudia?*), Aldo, Giovanni e Giacomo circoscrivono il loro peregrinare a Milano, al suo Naviglio, al suo hinterland, al suo stadio. ■ COMMEDIA; COL.; 100'; ITALIA, 2008.

COSPIRATORI, I *(The Conspirators)* ★★★
Regia di JEAN NEGULESCO. Con VICTOR FRANCEN, SIDNEY GREENSTREET, PAUL HENREID, HEDY LAMARR, PETER LORRE. ■ Seconda guerra mondiale. Un evaso da una prigione tedesca entra nel controspionaggio alleato. Nel corso di una missione viene arrestato, innocente, per l'omicidio di un agente. Di nuovo scappato dalla galera, dimostra agli insospettiti compagni di lotta la sua buona fede e uccide il vero assassino. ■ SPIONAGGIO; B/N; 101'; USA, 1944.

COSPIRATORI, I *(Night Fighters)* ★★
Regia di TAY GARNETT. Con ANNE HEYWOOD, ROBERT MITCHUM. ■ Il film narra dei sabotaggi e degli attentati compiuti dai patrioti irlandesi durante la seconda guerra mondiale ai danni dell'Inghilterra: il capo degli indipendentisti a Duncrana è McGinnis, che cerca l'aiuto del giovane Dermott O'Neill. Ma Dermott, dopo avere constatato la violenza dei metodi di McGinnis, denuncia all'autorità inglese l'organizzazione repubblicana e, sfuggendo alle minacce subite per la sua delazione, lascia l'Irlanda insieme alla sua donna alla volta dell'Inghilterra. ■ DRAMMATICO; B/N; 85'; GRAN BRETAGNA, 1960.

COSPIRATORI, I *(The Molly Maguires)* ★★★
Regia di MARTIN RITT. Con SEAN CONNERY, SAMANTHA EGGAR, FRANK FINLAY, RICHARD HARRIS. ■ L'ambiente è quello delle miniere della Pennsylvania verso la fine del diciannovesimo secolo. Alcuni minatori scontenti per le inumane condizioni di lavoro organizzano dei sabotaggi e delle "punizioni". Viene chiamato un detective a indagare. Costui non ci mette molto a individuare i cospiratori e si fa prendere in forza al gruppo. Diventa amico del capo e cerca anche di dissuaderlo dal continuare una lotta inutile. Ma non viene ascoltato. Al momento cruciale il detective, per dovere e ambizione, non esiterà a consegnare l'amico alla polizia. ■ DRAMMATICO; COL.; 123'; USA, 1968. ■ OSCAR 1 NOM.

COSPIRATORI DI WISMAR, I *(Kungajakt)* ★★
Regia di ALF SJÖBERG. Con LAURITZ FALK, JUGA TOBLAD. ■ I russi preparano un attentato contro re Gustavo III di Svezia. Falliscono e allora tentano di organizzare una rivolta. Navi piene di soldati russi fanno rotta verso la Svezia, ma l'eroismo di un timoniere e il valore di un tenente pongono le basi della vittoria svedese. ■ STORICO; B/N; 90'; SVEZIA, 1944.

COSTA AZZURRA ★★
Regia di VITTORIO SALA. Con FRANCO FABRIZI, ELSA MARTINELLI, GIOVANNA RALLI, ALBERTO SORDI. ■ Nel primo episodio, una celebre diva americana intreccia una relazione con un uomo sposato. Nel secondo, un giornalista che deve scrivere un articolo su un magnate dell'industria s'innamora della protetta di costui. Ancora: due sposini siciliani in viaggio di nozze vengono guidati da un amico incontrato per caso nei night della Costa. Nell'ultimo episodio, un commerciante romano di frutta e verdura accompagna la moglie a un provino cinematografico; ma è lui invece a restare irretito dalle lusinghe del cinema, finché la moglie lo riconduce alla realtà e alla bancarella ortofrutticola. ■ COMMEDIA; COL.; 84'; ITALIA, 1959.

COSTA DEI BARBARI, LA *(Barbary Coast)* ★★★
Regia di HOWARD HAWKS. Con WALTER BRENNAN, MIRIAM HOPKINS, JOEL MCCREA, EDWARD G. ROBINSON. ■ La vicenda si svolge a S. Francisco. Una donna diventa l'amica del padrone di un locale da gioco, poi si innamora di un bravo minatore, che viene irretito nel gioco e perde tutti i suoi averi. Lei però lo aiuta e fuggirà con lui. Il padrone del locale verrà ucciso durante un tumulto. ■ AVVENTURA; B/N; 97'; USA, 1935. ■ OSCAR 1 NOM.

COSTA DEI BARBARI, LA *(Coast of Skeletons)* ★★
Regia di ROBERT LYNN. Con ELGA ANDERSEN, HEINZ DRACHE, MARIANNE KOCH, DALE ROBERTSON, RICHARD TODD. ■ Una compagnia di assicurazioni assume un investigatore per scoprire se l'inabissamento di un battello sia stato o meno provocato. L'uomo scopre non solo che i sospetti della compagnia sono fondati, ma anche che il proprietario del mezzo e i suoi uomini tentano di ritrovare alcuni lingotti d'oro affondati in quei paraggi durante la guerra. Il prezioso carico verrà infatti individuato, ma esploderà sopprimendo gli avidi marinai. ■ AVVENTURA; COL.; 90'; GRAN BRETAGNA, 1964.

COSTA DEL SOLE, LA *(Sunshine State)* ★★
Regia di JOHN SAYLES. Con JANE ALEXANDER, EDIE FALCO, RALPH WAITE. ■ Plantation Island, nella Florida del Sud, è conosciuta anche come "la costa del sole" verso la quale, ogni estate, si dirigono frotte di turisti. Il turismo di massa, però, sta rapidamente cambiando il volto della cittadina e Mary Temple sta per cedere alla tentazione di vendere il suo albergo proprio quando la figlia decide di fare ritorno sull'isola. John Sayles è un autore che sta sempre in bilico tra la narrazione pura e la voglia di fare didattica. In questa occasione ci troviamo nel secondo caso ed è difficile appassionarsi ad una storia i cui protagonisti sono messi lì per dimostrare una tesi. ■ DRAMMATICO; COL.; 141'; USA, 2002.

COSTANTINO IL GRANDE ★★
Regia di LIONELLO DE FELICE. Con BELINDA LEE, MASSIMO SERATO, FAUSTO TOZZI, CORNEL WILDE. ■ Versione romanzata della vita dell'imperatore romano Costantino: vi si racconta della lotta contro gli altri aspiranti imperatori, della celebre battaglia di Ponte Milvio durante la quale Costantino ebbe la visione della croce di Cristo, della sua conversione alla fede cristiana e infine dell'incontro finale con la madre Elena, santificata dalla Chiesa. ■ STORICO; COL.; 92'; ITALIA, 1961.

COSTANZA DELLA RAGIONE, LA ★★
Regia di PASQUALE FESTA CAMPANILE. Con NORMA BENGELL, ANDREA CHECCHI, CATHERINE DENEUVE, BARBARA FREY, VALERIA MORICONI, ENRICO MARIA SALERNO. ■ Dal romanzo omonimo di Vasco Pratolini, narra la storia di Bruno, i cui ideali politici e sociali si scontrano con la realtà professionale. Anche la vita amorosa gli riserberà delle cocenti delusioni. Imparerà infine ad accettare qualche compromesso, abbandonando la logica del sentimento per quella della ragione. ■ DRAMMATICO; B/N; 120'; ITALIA, 1965.

COSTO DELLA VITA, IL *(Le cout de la vie)* ★★
Regia di PHILIPPE LE GUAY. Con LORANT DEUTSCH, CAMILLE JAPY, ISILD LE BESCO, VINCENT LINDON, FABRICE LUCHINI, GERALDINE PAILHAS, CLAUDE RICH. ■ Un manager con un ricco stipendio, un gestore di un ristorante con le mani bucate, una giovane fanciulla che fa la cameriera per ripudiare il passato, un dirigente in pensione hanno qualcosa in comune: il rapporto che hanno con il denaro vincola la loro esistenza. Commedia francese dominata dal caso, che intreccia le vite dei personaggi guidate dal colore dei soldi, *Il costo della vita* è una fotografia tinta di humour nero della società di oggi. ■ COMMEDIA; COL.; 100'; FRANCIA, 2002.

COSTOLA DI ADAMO, LA *(Adam's Rib)* ★★★★★
Regia di GEORGE CUKOR. Con TOM EWELL, KATHARINE HEPBURN, JUDY HOLLIDAY, SPENCER TRACY, DAVID WAYNE. ■ Spencer Tracy e Katharine Hepburn sono la più grande coppia del cinema. Tutti sappiamo che la loro "ditta" si estendeva anche alla vita privata, ma ciò che conta è che i nove film che li hanno vi-

sti protagonisti erano tutti di alta qualità. Rappresentavano gli americani nei loro pregi e difetti. *La costola di Adamo* è un film di contenuto nobile, importante e battagliero. È la somma dei film precedenti, con una storia che riesce a far brillare tutte le loro possibilità. Lui è procuratore, lei è avvocato. Lui si trova a sostenere l'accusa verso una donna che ha tentato di uccidere il marito che la maltrattava. La Hepburn ne assume la difesa, così, marito e moglie si trovano avversari in tribunale. Dapprima i due si fronteggiano in punta di spillo, poi, a poco a poco, tutto si fa serio, poi pesante, poi drammatico. Cominciano a non risparmiarsi nessun colpo basso, poi a trasferire aggressività e cattiverie nel privato. Lei lo ridicolizza in tribunale facendolo sollevare da una donna acrobata, lui finge di suicidarsi puntandosi alla bocca una pistola di liquirizia. Nel frattempo la causa va avanti. La Hepburn si batte come una leonessa, esattamente come una femminista, e riesce a ribaltare la situazione facendo apparire la sua cliente non solo vittima, ma addirittura eroina. Nel 1949, la Hepburn, dal pulpito hollywoodiano, che non era il più adatto per certi pronunciamenti, incarnava con grande classe ed efficacia la donna di oggi. Non è dunque casuale che l'attrice sia titolare di ben quattro Oscar (record assoluto). Spencer Tracy (due Oscar) era spesso, come era giusto che fosse, vittima della sua partner. Ma il suo non era un ruolo passivo, alla fine ne smussava le punte, ne addolciva gli slanci. E il compromesso che raggiungevano era quello del buon senso, della equilibrata convivenza. Un compromesso paradossalmente trasferito anche nella vita, se è vero che quando nel '67 Tracy morì al suo capezzale, a tenergli la mano, c'era da una parte sua moglie, dall'altra Katharine. Le proposte televisive continue e l'ottima audience ottenuta testimoniano ulteriormente della grandezza di questi due personaggi. ■ COMMEDIA; B/N; 101'; USA, 1949. ■ OSCAR 1 NOM.

COSTRETTI A UCCIDERE *(The Replacement Killers)* ★★
Regia di ANTOINE FUQUA. Con JÜRGEN PROCHNOW, MICHAEL ROOKER, MIRA SORVINO, CHOW YUN-FAT. ■ Un killer non rispetta il contratto e il committente, potente boss cinese, gliela giura e comincia con l'ammazzargli gli amici. Il killer fugge in compagnia della bellissima falsaria Sorvino. Tutto già abbondantemente visto. ■ THRILLER; COL.; 88'; USA, 1998.

COSTRETTO AD UCCIDERE *(Will Penny)* ★★★
Regia di TOM GRIES. Con BRUCE DERN, JOAN HACKETT, CHARLTON HESTON, CLIFTON JAMES, BEN JOHNSON, LEE MAJORS, DONALD PLEASENCE. ■ Durante il viaggio verso il Montana, dove sperano di trovare lavoro prima dell'inverno, tre amici si scontrano con alcuni avventurieri che feriscono uno di loro e si accaniscono su di un altro, insidiandogli la donna. Fortunatamente, i suoi compagni lo aiutano ad uscire dalla spiacevole situazione. ■ WESTERN; COL.; 108'; USA, 1968.

COTTA IMPORTANTE, UNA *(No Small Affair)* ★★
Regia di JERRY SCHATZBERG. Con JON CRYER, DEMI MOORE, GEORGE WENDT. ■ Charles, sedici anni, fotografando Laura, cantante rock, più grande di lui di sette anni, se ne innamora perdutamente e la frequenta. La ragazza non dà molto peso alla cosa, anche perché ha perso il lavoro ed è alla ricerca di uno nuovo. Il ragazzo allora brucia i suoi risparmi e fa inalberare la foto di Laura sui taxi della città: vuole che un produttore la noti e la scritturi. Così accade e Laura parte verso la fama, dopo averlo ringraziato con una notte d'amore. ■ COMMEDIA; COL.; 102'; USA, 1984.

COTTON CLUB *(The Cotton Club)* ★★★
Regia di FRANCIS FORD COPPOLA. Con RICHARD GERE, GREGORY HINES, DIANE LANE. ■ Nel mitico Cotton Club, locale jazz degli anni Trenta frequentato nella realtà da artisti del calibro di Duke Ellington, Coppola ambienta questa storia di musica, amore e gangster: protagonista il cornettista Gere, unico bianco a cui viene concesso di esibirsi sul palco tra musicisti rigorosamente neri. Il film è un omaggio all'età del jazz: accuratissimo nella ricostruzione di luoghi e costumi, soffre di scarsa profondità di trama e personaggi. ■ DRAMMATICO; COL.; 127'; USA, 1984. ■ GOLDEN GLOBES 2 NOM; OSCAR 2 NOM.

COTTON MARY ★★
Regia di ISMAIL MERCHANT. Con SARAH BADEL, RIJU BAJAJ, MADHUR JAFFREY, GRETA SCACCHI, JAMES WILBY. ■ Il produttore di Ivory torna per la quarta volta sullo schermo con la storia di due sorelle anglo-indiane che cercano, senza riuscirvi, di integrarsi nella società inglese nell'India degli anni Cinquanta. Perfezionismo sterile e una Greta Scacchi ormai *old fashion*. ■ DRAMMATICO; COL.; 123'; GRAN BRETAGNA, 1999.

COUNTDOWN DIMENSIONE ZERO ★★
(The Final Countdown)
Regia di DON TAYLOR. Con KIRK DOUGLAS, KATHARINE ROSS, MARTIN SHEEN. ■ Il 7 dicembre 1980 una portaerei americana, in seguito ad una tempesta magnetica, si trova catapultata nel tempo, alla vigilia dell'attacco a Pearl Harbor. Il comandante deve decidere se mutare o meno il corso della storia. Decide per la seconda ipotesi e dopo un'altra tempesta, tornano negli anni Ottanta. ■ FANTASCIENZA; COL.; 104'; USA, 1980.

COUNTERFORCE ★
Regia di JUAN ANTONIO DE LA LOMA. Con KEVIN BERNHARDT, ISAAC HAYES, GEORGE KENNEDY, JORGE RIVERO. ■ Il titolo del film si riferisce al nome di un gruppo di uomini scelti, allenati ad affrontare qualunque tipo di guerriglia e specialisti in infiltrazione. Essi vengono destinati alla protezione di un politico dalle vedute liberali che è stato minacciato di morte dal suo avversario, un crudele dittatore. ■ AVVENTURA; COL.; 95'; USA, 1987.

COUNTRY ★★
Regia di RICHARD PEARCE. Con JESSICA LANGE, SAM SHEPARD. ■ La futura interprete di *A spasso con Daisy* è protagonista di un film in cui gli interessi dei proprietari terrieri si scontrano con la politica liberista degli anni Ottanta. A rappresentare la classe dei coltivatori vi è la famiglia Ivy, che vanta le migliori terre coltivate dello Iowa. ■ DRAMMATICO; COL.; 105'; USA, 1984. ■ GOLDEN GLOBES 1 NOM; OSCAR 1 NOM.

COUPÉ DE VILLE ★★★
Regia di JOE ROTH. Con PATRICK DEMPSEY, ARYE GROSS, DANIEL STERN. ■ Tre fratelli, diversi per carattere e tra di loro litigiosi, vengono incaricati di portare dal Michigan una Cadillac Coupé de Ville, come dono di compleanno per la madre. Nonostante i battibecchi e gli incidenti riusciranno nell'intento, riportando finalmente la pace in famiglia. Ambientato nel 1963. ■ COMMEDIA; COL.; 100'; USA, 1990.

COURIER *(The Courier)* ★★
Regia di FRANK DEASY, JOE LEE. Con IAN BANNEN, GABRIEL BYRNE, CAIT O'RIORDAN. ■ Un ex tossicodipendente ha messo la testa a partito e ora pensa solo a dirigere la sua piccola compagnia di pony express con sede a Dublino. Ma un giorno scopre che molti dei suoi corrieri sono usati dal più grande trafficante di droga della città. Allora decide di collaborare con un ispettore di polizia che da tempo cerca di incastrare il boss della droga. Tanto più che nel frattempo ha scoperto che il boss è responsabile della morte del fratello della sua ragazza. ■ POLIZIESCO; COL.; 85'; GRAN BRETAGNA, 1988.

COUS COUS *(La Graine et le Mulet)* ★★★
Regia di ABDEL KECHICHE. Con ABDELHAMID AKTOUCHE, FARIDAH BENKHETACHE, HABIB BOUFARES, HAFSIA HERZI, ALICE HOURI, BOURAOUÏA MARZOUK. ■ Beiji, 60 anni, lavora alla riparazione delle imbarcazioni nel porto di Sète, vicino a Marsiglia. Poco disposto alla flessibilità che la nuova organizzazione impone, viene licenziato. Beiji è divorziato e ha una nuova compagna, ma non ha perso i contatti con la famiglia. Ora l'uomo vuole realizzare un sogno: ristrutturare una vecchia imbarcazione e trasformarla in un ristorante in cui proporre come piatto forte il cuscus al pesce. Nonostante le difficoltà economiche, Beiji trova l'aiuto di tutti i familiari e l'impresa pare destinata al successo. Abdel Kechiche torna a parlare del mondo che conosce meglio e cioè di quello degli arabo-francesi integrati da decenni nella società dell'area marsigliese ma comunque, in qualche misura, visti sempre come "diversi". Non c'è però alcun pietismo nel suo cinema. C'è piuttosto, in particolare in questo film, la voglia di raccontare le dinamiche familiari in un ambito in cui gli uomini pongono problemi ma non li risolvono. Sono le donne, pur con le loro invidie reciproche e le frustrazioni più o meno espresse, a pren-

dere in mano le situazioni anche nei momenti di maggiore crisi, cercando una via d'uscita, talvolta traumatica e talaltra propositiva. ■ DRAMMATICO; COL.; 151'; FRANCIA, 2007.

COUS COUS ★

Regia di UMBERTO SPINAZZOLA. Con EDOARDO DI MAURO, ELVIE GARRAT, CHARMAINE SINCLAIR. ■ Il complesso dei Cous Cous è rigorosamente interraziale e altrettanto rigorosamente solidale. Il mondo che lo circonda è invece costituito da una Torino ormai al di là di qualsiasi valutazione. Sopravvivono solo alcune frange di alternativi. Ma è troppo poco, anche per fare un film. ■ COMMEDIA; COL.; 87'; ITALIA, 1996.

COUSIN, LE *(Le cousin)* ★★★

Regia di ALAIN CORNEAU. Con ALAIN CHABAT, SAMUEL LE BIHAN, MEHDI, CAROLINE PROUST, PATRICK TIMSIT, MARIE TRINTIGNANT. ■ Lo spacciatore Nonours fa da informatore della polizia al punto da sentirsi quasi un poliziotto. Il suo principale referente, Gérard, è però controllato da un giudice che lo vuole fare arrestare per favoreggiamento. Corneau gestisce al meglio un cast di validi attori realizzando un prodotto medio di qualità. ■ THRILLER; COL. 112'; FRANCIA, 1997.

COVENANT, THE ★★

Regia di RENNY HARLIN. Con CHACE CRAWFORD, TOBY HEMINGWAY, TAYLOR KITSCH, JESSICA LUCAS, LAURA RAMSEY, SEBASTIAN STAN, STEVEN STRAIT. ■ Alla fine del 1700, in una colonia del Massachusetts, cinque famiglie, i cui componenti sono dotati di poteri soprannaturali, decidono di firmare un'alleanza: uno dei gruppi però tradisce e viene allontanato. I discendenti di quelle famiglie frequentano un college ai giorni nostri, ignorando i poteri sopiti di cui sono dotati; ma quando si fa vivo il lontano erede della famiglia esiliata le cose cambiano. ■ HORROR; COL.; 97'; USA, 2006.

COVER BOY – L'ULTIMA RIVOLUZIONE ★

Regia di CARMINE AMOROSO. Con CHIARA CASELLI, FRANCESCO DOMINEDÒ, EDUARD GABIA, LUCA LIONELLO, LUCIANA LITTIZZETTO, GABRIEL SPAHIU. ■ Ioan, 23 anni, lascia la Romania per cercare fortuna in Italia in compagnia di un amico. Arriva però da solo a Roma e viene aiutato da Michele, che lavora alla stazione. L'uomo lo ospita e se ne innamora, anche se il ragazzo sembra non accorgersene. La loro vita non è semplice: i lavori di Michele sono precari e Ioan è immigrato irregolarmente. Ma una donna entra nella loro vita, provocando un inatteso cambiamento. ■ DRAMMATICO; COL.; 97'; ITALIA, 2006.

COVER GIRLS – RAGAZZE DI TUTTI *(Cover Girls)* ★★

Regia di JOSÉ BÉNAZÉRAF. Con MARIA GRAZIA BUCCELLA, CLAUDIO GORA, GEORGIA MOLL, FRED WILLIAMS. ■ È la storia di quattro "ragazze copertina" raccontata dal fotografo che le ha lanciate: una di esse diventa tale per evadere da un matrimonio disastroso; la seconda dopo essere stata sulle prime pagine dei giornali a causa di uno scandalo; la terza è balzata alla celebrità per un errore di persona; l'ultima segue la carriera per qualche tempo, poi passa al mondo della canzone. ■ COMMEDIA; COL.; 87'; FRANCIA, 1964.

COVER UP – SULLE TRACCE DELL'ASSASSINO ★★
(Frame up II: The cover up)

Regia di PAUL LEDER. Con FRANCES FISHER, WINGS HAUSER, MARGAUX HEMINGWAY, JOHN SAXON. ■ Nasconde la sua vera natura di maniaco omicida facendo il banchiere, ma per la brama di soldi e potere non si fa scrupolo di rapinare la propria banca o drogare la moglie. Scoperto da un abile sceriffo che indaga su alcuni delitti, l'uomo ha la malaugurata idea di rapirgli la donna e la figlia. ■ POLIZIESCO; COL.; 90'; USA, 1991.

COVO DEI CONTRABBANDIERI, IL *(Moonfleet)* ★★★

Regia di FRITZ LANG. Con STEWART GRANGER, JOAN GREENWOOD, GEORGE SANDERS, JOHN WHITELEY. ■ Siamo in Inghilterra nel 1757. Un ragazzo di undici anni, appena rimasto orfano, ha con sé una lettera che la madre morente gli ha affidato. Dovrà portarla a un certo Geremia, un famoso contrabbandiere. I due si incontrano e nasce un'amicizia. Una donna ambigua e gelosa fa una delazione alla polizia: chi ci rimette è comunque lei. Geremia e il ragazzo si salvano. La lettera permette di ritrovare una pietra preziosa. Geremia, sempre braccato dalle guardie, mette in salvo il ragazzo (con la pietra) e poi fugge in mare. Forse un giorno i due si ritroveranno. ■ AVVENTURA; COL.; 89'; USA, 1955.

COVO DEI GANGSTERS, IL ★★
(I'll Get You for This – Lucky Nick Cain)

Regia di JOSEPH M. NEWMAN. Con CHARLES GOLDNER, COLEEN GRAY, GEORGE RAFT. ■ Un giocatore d'azzardo si trova coinvolto, a San Paolo, in una strana macchinazione ordita da alcuni falsari. Quando se ne accorge, dopo la morte di un poliziotto e il rapimento di una bella ragazza, diventa un prezioso alleato della polizia. Alla fine si scopre che il capo della polizia locale è coinvolto nella vicenda. Fra la bella ragazza e il giocatore nasce una simpatia. ■ POLIZIESCO; B/N; 87'; GRAN BRETAGNA, 1951.

COWBOY ★★★

Regia di DELMER DAVES. Con GLENN FORD, ANNA KASHFI, JACK LEMMON. ■ Un duro cowboy arriva a Chicago con la sua mandria, perde denaro al gioco e accetta un prestito da un portiere d'albergo. In cambio il portiere intende unirsi al protagonista per raggiungere il Messico. Durante il viaggio i due hanno modo di conoscersi profondamente. Quando torneranno a Chicago, molte cose saranno cambiate, diffidenza iniziale compresa. ■ WESTERN; COL.; 92'; USA, 1958. ■ OSCAR 1 NOM.

COWBOY BEBOP *(Tengoku no tobira)* ★★

Regia di SHINICHIRO WATANABE. ■ Anno 2017. Su Marte è la vigilia di Halloween. L'evento è funestato da un incidente automobilistico che provoca una strage. In realtà, dietro l'incidente si nasconde un attentato bioterroristico. Il governo istituisce una taglia sulla testa degli autori dell'attentato. Ottima occasione, per i componenti dell'equipaggio della scassata astronave *Bebop*, per far quadrare il bilancio, ma le cose si riveleranno più complicate e pericolose del previsto. Versione cinematografica del popolare *cartoon* giapponese diventato cult su MTV. ■ ANIMAZIONE; COL.; 122'; GIAPPONE, 2003.

COWBOY CON IL VELO DA SPOSA, IL ★★★
(The Parent Trap)

Regia di DAVID SWIFT. Con BRIAN KEITH, HAYLEY MILLS, MAUREEN O'HARA. ■ Due gemelle straordinariamente somiglianti non si sono mai viste e nemmeno conoscono uno dei due genitori (una ha sempre vissuto col padre, l'altra con la madre). Le ragazze un giorno si incontrano per caso, simpatizzano e decidono di riunire la famiglia. Scambiano dunque i ruoli e affrontano il genitore sconosciuto. Il trucco funziona. Il padre, che tra l'altro stava per sposarsi, scopre di esser sempre stato innamorato della moglie, e viceversa. ■ COMMEDIA; COL.; 124'; USA, 1961. ■ OSCAR 2 NOM.

COWBOY DILETTANTE *(Out West with the Hardys)* ★★★

Regia di GEORGE BRACKETT SEITZ. Con FRANK MORGAN, MICKEY ROONEY, LEWIS STONE. ■ Un giudice dell'Est e la sua famiglia vengono invitati da un allevatore in una fattoria dell'Ovest. Il giudice ha un figlio antipatico che si dà un sacco di arie; ma trova pane per i suoi denti quando incontra la giovanissima figlia di un cowboy che gli dà una lezione di vita. Naturalmente, il ragazzo finirà per diventare simpatico e sposerà la ragazza. ■ WESTERN; B/N; 90'; USA, 1938.

COWBOY E LA BALLERINA, IL ★★
(The Cowboy and the Ballerina)

Regia di JERRY JAMESON. Con JAMES BOOTH, ANJELICA HUSTON, LEE MAJORS, LESLIE WINGS. ■ Natalia, una ballerina sovietica in tournée negli Stati Uniti, elude la sorveglianza dei suoi "angeli custodi" per recarsi a New York, dove vive sua madre. Clay, un giovane cowboy, si allena per vincere il campionato mondiale di rodeo. Due personalità completamente estranee che si incontreranno e troveranno il modo di comprendersi con l'amore. ■ SENTIMENTALE; COL.; 100'; USA, 1987.

COWBOY IN AFRICA *(Africa Texas Style)* ★★

Regia di ANDREW MARTON. Con ADRIENNE CORRI, NIGEL GREEN, JOHN MILLS, HUGH O'BRIAN. ■ Il protagonista è un americano di nome Sinclair, che giunge in Africa per catturare animali da vendere agli zoo. Oltre a ciò, punirà un malvagio cacciatore e conquisterà il cuore di una bella infermiera. ■ AVVENTURA; COL.; 106′; USA, 1967.

COWBOYS, I *(The Cowboys)* ★★

Regia di MARK RYDELL. Con BRUCE DERN, COLLEEN DEWHURST, ROSCOE LEE BROWNE, JOHN WAYNE. ■ Un vecchio allevatore deve portare una mandria in una città lontana. Non trova uomini disposti ad aiutarlo e allora mette insieme un gruppo di ragazzi volonterosi. Il viaggio è pieno di difficoltà, ma i giovanissimi se la cavano bene. Quando un delinquente con la sua banda uccide il capo, che è diventato per loro un vero padre, i ragazzi lo vendicano (persino troppo crudelmente), poi portano la mandria a destinazione. Curioso film crepuscolare per un Wayne molto maturo. L'età non gli permetteva di impersonare il solito eroe vittorioso: qui è un vecchio capace di tener testa a un assassino che ha trent'anni di meno; poi deve soccombere. È uno dei pochissimi film in cui il massimo eroe dell'Ovest muore. Lavoro davvero riuscito di Rydell che tre anni prima aveva fatto un altro western non tradizionale: *Boon il saccheggiatore*. ■ WESTERN; COL.; 128′; USA, 1972.

COWBOYS AND ALIENS ★

Regia di JON FAVREAU. Con ADAM BEACH, DANIEL CRAIG, HARRISON FORD, SAM ROCKWELL, OLIVIA WILDE. ■ New Mexico, 1875. Uno straniero privo di memoria arriva nella cittadina di Absolution. È ferito e ha fissato a un polso uno strano bracciale metallico. Capisce subito di non essere gradito. Tutti gli abitanti vivono sotto il dominio del colonnello Dolarhyde subendo le angherie del suo rampollo. Una rilettura e fusione di due generi consolidati. Ma la fusione non funziona. Come mettere il sale nel caffè. ■ AZIONE; COL.; 118′; USA, 2011.

COWBOYS DEL DESERTO, I *(Go West)* ★★★

Regia di EDWARD BUZZELL. Con JOHN CARROLL, DIANA LEWIS, CHICO MARX, GROUCHO MARX, HARPO MARX. ■ Due fratelli comprano un terreno che non ha apparentemente alcun valore. In realtà ci passerà una ferrovia che lo renderà prezioso. Un avventuriero è al corrente del progetto e sottrae il documento di proprietà. Ma i due fratelli lo recuperano per la felicità di una ragazza e del suo fidanzato. ■ COMICO; B/N; 81′; USA, 1942.

COWGIRLS: IL NUOVO SESSO ★★
(Even Cowgirls get the Blues)

Regia di GUS VAN SANT. Con JOHN HURT, RAIN PHOENIX, UMA THURMAN. ■ Il film vede protagonista Sissy Hankshaw, *cowgirl* dai pollici mutanti che attraversa l'America facendo, inevitabilmente, l'autostop. Il suo percorso è segnato da esperienze di ogni genere, sessuali e allucinogene. Il film soffre di una genesi tormentata: stroncato dalla critica alla sua prima proiezione al Festival di Venezia, ha subito tagli e rielaborazioni prima di essere distribuito nelle sale, senza però raggiungere il successo del romanzo di Tim Robbins cui si ispirava. ■ COMMEDIA; COL.; 106′; USA, 1993.

COYOTE, IL *(El coyote)* ★★

Regia di JOAQUÃN LUIS ROMERO MARCHENT. Con GLORIA MARIN, MANUEL MONROY, ABEL SALAZAR. ■ Un giovane torna in California e trova la sua città in mano a un vero e proprio tiranno. Siamo al tempo dell'annessione di quello stato agli Stati Uniti. Il giovane decide di punire i prepotenti, si mette una maschera nera e, fra un duello e una seduta amorosa (sempre con maschera), fa giustizia. ■ AVVENTURA; B/N; 90′; SPAGNA, 1954.

CQ ★

Regia di ROMAN COPPOLA. Con ELODIE BOUCHEZ, JEREMY DAVIES, GÉRARD DEPARDIEU, MASSIMO GHINI, GIANCARLO GIANNINI, ANGELA LINDVALL. ■ 1969, Parigi. Un giovane aspirante regista trova l'occasione della sua vita: dirigere un film di fantascienza che si ispira a *Barbarella* del 1968. Ma dentro ha un fuoco sacro, ama Godard e Truffaut, vorrebbe fare qualcosa di più: girare il giornale quotidiano della sua vita, in ossequio al "*cinéma vérité*". Inizia allora queste sue riprese del tutto "intime", in attesa che un giorno diventino film. Roman Coppola è figlio del grande Francis Ford, è naturale che il cinema ce l'abbia negli occhi, insieme alla voglia di trovare una propria strada, che in qualche modo riprenda – qualitativamente – le tracce del padre. Ma la settima arte non sta nei cromosomi, nemmeno si apprende respirando la stessa aria di un grande cineasta. ■ DRAMMATICO; COL.; 95′; USA, 2001.

CRACK ★★

Regia di GIULIO BASE. Con FRANCO BERTINI, PIETRO GENUARDI, GIANMARCO TOGNAZZI. ■ Vincitore di un premio al Festival di San Sebastiano, il film è una riduzione per lo schermo di una commedia teatrale scritta da Bertini che oltre ad essere tra gli interpreti ha lavorato alla sceneggiatura. Si tratta di storie di borgata vissute da giovani pugili che lottano sul ring come nella vita. ■ DRAMMATICO; COL.; 85′; ITALIA, 1991.

CRADLE WILL ROCK ★★★

Regia di TIM ROBBINS. Con JOHN CUSACK, BILL MURRAY, VANESSA REDGRAVE, SUSAN SARADON, JOHN TURTURRO, EMILY WATSON. ■ Terza regia per l'attore Tim Robbins, allievo di Robert Altman, a quattro anni da *Dead Man Walking*. Come il suo maestro, cerca di intrecciare le vicende di molti personaggi in una girandola ben orchestrata ma con un che di troppo di maniera. Siamo a New York nel 1936 e i grandi industriali americani sostengono i regimi fascisti europei. La libertà di espressione per gli artisti è solo utopia. In questo contesto Orson Welles, regista ventenne, dirige *Cradle Will Rock*, una commedia musicale sulla repressione in una città siderurgica. La sovvenzione governativa per la commedia viene però sospesa e la censura vieta la rappresentazione. La compagnia teatrale dovrà trovare un espediente per poter andare in scena. Grande parco d'attori e finale magistrale. Presentato in concorso al Festival di Cannes. ■ DRAMMATICO; COL.; 117′; USA, 1999.

CRANIO E IL CORVO, IL *(The Mind Benders)* ★★★

Regia di BASIL DEARDEN. Con DIRK BOGARDE, MICHAEL BRYANT, JOHN CLEMENTS, MARY URE. ■ Accusato di essere una spia, uno scienziato si uccide. La sua assistente vuol però dimostrare la sua innocenza. In realtà l'uomo era diventato un vero e proprio automa, in conseguenza di un esperimento molto pericoloso. ■ DRAMMATICO; B/N; 90′; GRAN BRETAGNA, 1963.

CRANK ★★

Regia di MARK NEVELDINE, BRIAN TAYLOR. Con JOSE PABLO CANTILLO, KEONE YOUNG, EFREN RAMIREZ, CARLOS SANZ, AMY SMART, JASON STATHAM, JAY XCALA, DWIGHT YOAKAM. ■ Chev Chelios è un killer che ha smesso di uccidere per amore della bella Eve. Ma il boss dei duri malavitosi della West Coast non ci sta e lo condanna a una morte singolare. Durante il sonno, il drogato Ricky Verona inietta a Chev un veleno che arresta il cuore. Per sopravvivere il suo corpo dovrà costantemente rilasciare adrenalina. Far reagire il cuore, creando situazioni di stress, sarà la missione del killer pentito. ■ AZIONE; COL.; 84′; USA, 2006.

CRASH ★★★

Regia di DAVID CRONENBERG. Con ROSANNA ARQUETTE, HOLLY HUNTER, ELIAS KOTEAS, JAMES SPADER, DEBORAH UNGER. ■ Cronenberg continua la sua esplorazione di un universo allucinato e "perverso". Questa volta prende le mosse da un romanzo di J. G. Ballard in cui un incidente automobilistico dalle conseguenze disastrose sviluppa nei sopravvissuti una pulsione sadomasochistica che li porta a cercare di instaurare un connubio sempre più stretto tra sesso e rischio di morte. L'automobile diviene così escrescenza del corpo umano in cui cercare una soddisfazione "metallica" ai propri desideri. La sceneggiatura prosegue per accumuli che la regia condivide. Si ottiene così un film "disturbante" che non "si" e non "ci" risparmia niente a rischio anche di un (non si sa quanto) involontario avvitamento su se stesso. A Cannes il biglietto d'invito era corredato di un bollino rosso con la dicitura: «Questo film contiene scene che potrebbero turbare la vostra sensibilità». ■ DRAMMATICO; COL.; 98′; USA, 1996. ■ CANNES 1 PR.

CRASH! CHE BOTTE – STRIPPO STRAPPO STROPPO ★★

Regia di BITTO ALBERTINI. Con SAL BORGESE, ANTONIO CANTAFORA, ROBERT MALCOM. ■ Traffico di droga a Hong Kong. Parte agente statunitense, incontra un esperto di lotte orientali e un'avvenente spia che ama il denaro. Il tono del film è sul comico. ■ AVVENTURA; COL.; 92′; ITALIA, 1973.

CRASH – CONTATTO FISICO *(Crash)* ★★★🏆
Regia di PAUL HAGGIS. Con SANDRA BULLOCK, DON CHEADLE, TONY DANZA, KEITH DAVID, LORETTA DEVINE, MATT DILLON, JENNIFER ESPOSITO, WILLIAM FICHTNER, BRENDAN FRASER, TERRENCE HOWARD, THANDIE NEWTON, RYAN PHILLIPPE, LARENZ TATE, SHAUN TOUB. ■ A prendere da Altman il testimone del genere "pellicola corale impregnata di pessimismo diffuso", ci pensa lo sceneggiatore di *Million Dollar Baby*, qui anche nelle vesti di regista, che racconta le vite di numerosi personaggi in cerca d'autore, alle prese con i problemi di tutti i giorni, dovuti all'ignoranza, al razzismo, alla ostentata misantropia che uno dei protagonisti ritiene causa principale del dissesto di una Los Angeles cupa e oscura, spettro di un paese, l'America, il cui sogno pare essere svanito nel nulla. Il film mostra in maniera evidente il grande paradosso del mondo contemporaneo: abbiamo tantissimi strumenti per comunicare, ma non ne utilizziamo nessuno. ■ DRAMMATICO; COL.; 113′; GERMANIA, USA, 2004. ■ DAVID DI DONATELLO 🏆 1 PR, 1 NOM; GOLDEN GLOBES 🏆 2 NOM; OSCAR 🏆 3 PR, 6 NOM.

CRASH L'IDOLO DEL MALE *(Crash)* ★
Regia di CHARLES BAND. Con JOHN CARRADINE, JOHN ERICSON, JOSÉ FERRER, SUE LYON, LESLIE PARRISH. ■ Un marito paralizzato e gelosissimo fa aggredire la moglie da un feroce cagnaccio durante una corsa in auto. La donna rimane gravemente ferita. Il marito cerca di eliminarla anche all'ospedale, ma lei, con l'aiuto di un misterioso amuleto, compirà una tremenda vendetta. ■ HORROR; COL.; 85′; USA, 1977.

CRAWLSPACE ★★
Regia di DAVID SCHMOELLER. Con SALLY BROWN, KLAUS KINSKI, TALIA SHIRE. ■ Klaus Kinski è il proprietario di un certo numero di appartamenti che affitta di preferenza a donne giovani e belle, che poi lui spia attraverso osservatori segreti quando le fanciulle sono nella loro intimità. Ma non si limita a fare il guardone. Dopo averle spiate le uccide con sadici rituali. Si scopre che Kinski è vittima di una maledizione che risale al padre criminale di guerra nazista. ■ THRILLER; COL.; 95′; USA, 1986.

C.R.A.Z.Y. ★★
Regia di JEAN-MARC VALLÉE. Con PIERRE-LUC BRILLANT, MICHEL CÔTÉ, MARC-ANDRÉ GRONDIN, ALI LARTER, DANIELLE PROULX, ÉMILE VALLÉE. ■ Quattro fratelli maschi, un padre ossessionato da machismo e virilità, una madre profondamente religiosa: in simili condizioni Zachary compie un viaggio (pre)adolescenziale carico di frustrazione e senso di colpa. Si seguirà la crescita del ragazzo, scandita da Natali in famiglia e pulsioni contrastanti, verso il raggiungimento di un faticoso equilibrio. ■ DRAMMATICO; COL.; 125′; CANADA, 2006.

CRAZY/BEAUTIFUL ★★
Regia di JOHN STOCKWELL. Con ANA ARGUETA, MIGUEL CASTRO, BRUCE DAVISON, TOMMY DE LA CRUZ, KIRSTEN DUNST, JAY HERNANDEZ, LUCINDA JENNEY, MIKE JONES. ■ La domanda a cui il film risponde è un classico: Può un ragazzo che proviene da un ambiente sociale sfavorevole innamorarsi, ricambiato, di una fanciulla che non ha problemi economici? La risposta è... scopritelo vedendo il film in cui Nicole Oakley, che ha vent'anni, ricorda i suoi diciassette. Con un padre preso dal lavoro e una matrigna non particolarmente ben disposta, la ragazza trascorre le sue giornate con coetanei ricchi e annoiati. Ma un giorno incontra Carlos Nunez (con madre che si sacrifica per lui, che studia con buoni risultati, è un buon calciatore e sogna di diventare pilota della Marina). Una "fiaba" con tutti gli elementi al posto giusto che non pretende di fornire niente di più di quel che offre: novanta minuti di intrattenimento per un pubblico adolescenziale. ■ DRAMMATICO; COL.; 95′; USA, 2001.

CRAZY DANCE *(Sandy)* ★
Regia di MICHEL NERVAL. Con ROBERT CASTEL, MICHEL GALABRU, LOUIS REGO, SANDY STEVENSON, HENRI GUYBET. ■ Tre giovani goliardi abbandonano gli studi per rincorrere un facile successo nel mondo dello spettacolo e della musica. A loro si unisce anche una simpatica e dolce ragazza, segretamente innamorata del coreografo del gruppo. ■ COMMEDIA; COL.; 83′; FRANCIA, 1982.

CRAZY FOR YOU – PAZZO PER TE *(Vision Quest)* ★★
Regia di HAROLD BECKER. Con LINDA FIORENTINO, MATTHEW MODINE, MICHAEL SCHOEFFLING. ■ Per aspirare al titolo di campione di lotta libera e battere l'antipatico rivale, il diciottenne Louden dovrà riuscire a perdere dieci chili e a seguire un allenamento rigoroso e una disciplina ascetica. Impresa ardua, viste le tentazioni alle quali lo sottopone una bella disegnatrice. ■ COMMEDIA; COL.; 105′; USA, 1985.

CRAZY HEART ★★★
Regia di SCOTT COOPER. Con RYAN BINGHAM, JEFF BRIDGES, RICK DIAL, ROBERT DUVALL MAGGIE GYLLENHAAL. ■ Ne ha viste di cose nella sua vita Bad Blake, cantante country dal passato illustre e il presente affumicato da sigarette e annegato negli alcolici scadenti dei locali di provincia dove si esibisce per pochi spiccioli. Ha visto 4 matrimoni, un pupillo che suonava nella sua band e ora è ricco e famoso ma al quale non intende aprire i concerti, infiniti paesaggi delle praterie texane e un numero impressionante di motel. A 56 anni suonatissimi la sua vita potrebbe finire da un momento all'altro, se non lo stronca prima la salute saranno i debiti, e a lui del resto non sembra importare molto. Almeno finché non incontra Jean e Buddy. Il country è una musica fatta da pochi accordi che si ripetono, nella quale non conta molto l'originalità dell'armonia quanto le parole e l'interpretazione. Come per i bluesman, un buon cantante country ha vissuto e quella vita finisce nelle canzoni. Non siamo quindi lontani da un certo modo di fare cinema ad Hollywood, dove su schemi e dinamiche che si ripetono uguali a se stessi di film in film spesso si innestano interpretazioni o variazioni in grado di fare la differenza. Così è anche per *Crazy heart*, modellato sul tipico racconto di caduta e ascesa in accordo al mito della seconda occasione, che pur non variando molto da quello che ci si aspetta sa incastrare il racconto di un uomo votato all autodistruzione in un discorso più grande sulla cultura popolare americana vista attraverso la sua musica. E lo fa attraverso l'impegno e la dedizione al lavoro di un Jeff Bridges bravissimo, come sempre è, ma stavolta più in evidenza del solito. Con tanto di Oscar vinto. ■ DRAMMATICO; COL.; 112′; USA, 2009. ■ OSCAR 1 PR.

CRAZY HORSE *(Crazy Horse de Paris)* ★★
Regia di ALAIN BERNARDIN. ■ Un film sul più famoso locale notturno parigino. Intervista col padrone Alain Bernardin e riprese dei numeri di striptease e delle molte trovate comiche. ■ DOCUMENTARIO; B/N; 90′; FRANCIA, 1978.

CRAZY JOE ★★
Regia di CARLO LIZZANI. Con PETER BOYLE, CHARLES CIOFFI, FAUSTO TOZZI, FRED WILLIAMSON. ■ Un pesce piccolo della mafia non è soddisfatto della sua posizione. Vuole arrivare in alto e tenta un colpo pericoloso. Gli va male e finisce in prigione. Il suo avversario, più affermato, tenta a sua volta di scalare qualche posizione ed ha più fortuna. I due si ritrovano per la resa dei conti. Il pesce piccolo è destinato a perdere. ■ DRAMMATICO; COL.; 100′; ITALIA, 1973.

CRAZY MOON ★★
Regia di ALLAN EASTMAN. Con KIEFER SUTHERLAND, VANESSA VAUGHAN. ■ Un giovane ricco e stravagante si innamora, ricambiato, di una fanciulla molto indipendente che ha perso l'uso dell'udito. Una fortuna, in un certo senso. ■ COMMEDIA; COL.; 89′; CANADA, USA, 1986.

CRAZY RUNNERS – QUEI PAZZI PAZZI SULLE AUTOSTRADE *(Crazy Runners)* ★★
Regia di JOHN SCHLESINGER. Con BEAU BRIDGES, HUME CRONYN, BEVERLY D'ANGELO. ■ Gli abitanti di una cittadina della Florida, Ticlaw, fanno di tutto per attirare i turisti che viaggiano sulla vicina autostrada diretta a Miami: arrivano a dipingere la città di rosa, organizzano un safari, lo sci acquatico con un elefante, ma tutto invano. Alla fine fanno saltare un viadotto, in modo da dirottare gli automobilisti a Ticlaw, dove sono accolti festosamente e ricevono tutto gratis. ■ COMMEDIA; COL.; 107′; USA, 1981.

CRAZY, STUPID, LOVE ★★
Regia di JOHN REQUA, GLENN FICARRA. Con STEVE CARELL, JOHN CARROLL LYNCH, JULIANNE MOORE, EMMA STONE, MARI-

SA TOMEI. ■ Cal Weaver e signora sono sposati da venticinque anni, hanno due figli e pochi problemi, fino a quando lei non confessa di averlo tradito con un collega e di volere il divorzio. Improvvisamente single, Cal finisce ad ubriacarsi ogni sera in un bar dove non era mai stato, dove incontra la babysitter di suo figlio, una diciassettenne che ha una cotta per lui. L'autocommiserazione ostentata di Cal, al bancone del bar, infastidisce Jacob Palmer, giovane seduttore seriale, che si ripromette di aiutarlo a dimenticare la moglie e a tornare in pista. ■ COMMEDIA; COL.; 118′; USA, 2011.

CREATURA, LA *(The Unnamable)* ★★
Regia di JEAN PAUL OUELLETTE. Con ALEXANDRA DURRELL, EBEN HAMP, CHARLES KING. ■ Da un racconto di H. P. Lovecraft. Un'orribile creatura abita da due secoli in una casa stregata. Un gruppo di studenti va a abitare nell'inquietante bicocca. Ma il mostro li aggredisce e li fa fuori quasi tutti. Film non sufficientemente elaborato nella storia e nei personaggi. Ancora una volta il cinema si dimostra incapace di tradurre convenientemente Lovecraft. ■ HORROR; COL.; 90′; USA, 1988.

CREATURA DEGLI ABISSI *(Deepstar Six)* ★★
Regia di SEAN S. CUNNIGHAM. Con GREG EVIGAN, MIGUEL FERRER, CINDY PICKETT. ■ Un laboratorio per l'installazione di missili sottomarini è attaccato da un mostro liberato dalla distruzione della caverna dove era rinchiuso da anni. Si salvano solo due degli scienziati. ■ HORROR; COL.; 100′; USA, 1989.

CREATURA DEL CIMITERO, LA *(Graveyard Shift)* ★
Regia di RALPH S. SINGLETON. Con DAVID ANDREWS, BRAD DOURIF, KELLY WOLF. ■ Quando si vuole fare un film horror e non si hanno idee basta pescare dallo zio Stephen. Parliamo ovviamente di King che ha avuto la cattiva idea di scrivere il racconto e ha fatto venir voglia, purtroppo, a Singleton di dirigerlo. In una fabbrica urge una disinfestazione, pare per via dei topi, così si corre ai ripari. In realtà i topi non sono il vero problema. Cos'altro dire? ■ HORROR; COL.; 85′; USA, 1990.

CREATURA DEL DIAVOLO *(The Witches)* ★★
Regia di CYRIL FRANKEL. Con JOAN FONTAINE, ALEC MCCOWEN, KAY WALSH. ■ Una maestra torna dall'Africa in Scozia. Al paese trova cose molto misteriose: gente sconvolta da incredibili maledizioni, omicidi, eccettera. La maestra in Africa ha avuto modo di acquisire (a sue spese) nozioni di magia nera. Così alla fine scopre che una donna è nientemeno che la sacerdotessa di una terribile setta. ■ DRAMMATICO; COL.; 90′; GRAN BRETAGNA, 1966.

CREATURA DI FRANKENSTEIN, LA ★★
(Frankenstein and the Monster from Hell)
Regia di TERENCE FISHER. Con SHANE BRIANT, PETER CUSHING, DAVE PROWSE. ■ Per evitare l'impiccagione a causa dei suoi esperimenti troppo azzardati, Frankenstein s'è rifugiato sotto falso nome in un manicomio. Ma nemmeno lì smette la sua ossessiva ricerca per la creazione di un uomo artificiale. Fallisce ancora nonostante l'aiuto di un giovane entusiasta (e in buona fede). ■ HORROR; COL.; 99′; GRAN BRETAGNA, 1974.

CREATURE ★
Regia di WILLIAM MALONE. Con STAN IVAR, KLAUS KINSKI, WENDY SCAAL. ■ Partiti per una missione negli spazi stellari, alcuni scienziati si trovano a dover combattere contro mostruosi extraterrestri decisi a eliminarli. ■ HORROR; COL.; 100′; USA, 1988.

CREATURE DEL CIELO *(Heavenly Creatures)* ★★★
Regia di PETER JACKSON. Con DIANA KENT, MELANIE LINSKEY, CLIVE MORRISON, SARAH PEIRSE, KATE WINSLET. ■ Due ragazzine neozelandesi si costruiscono un universo di fantasia nel quale vivono un'amicizia ai limiti del morboso. Quando si profila la minaccia della separazione, le due amiche decidono di eliminare l'ostacolo principale: la madre di una di loro. Questa storia di "delitti innocenti" è la visionaria ricostruzione di un agghiacciante fatto di cronaca realmente avvenuto quarant'anni prima a Christchurch, in Nuova Zelanda. La pellicola, vincitrice del Leone d'argento a Venezia, ha riacceso l'interesse per la vicenda, portando accidentalmente alla luce la nuova identità assunta dall'amica-complice della matricida: Anne Perry, ora nota in tutto il mondo come scrittrice di romanzi gialli. ■ DRAMMATICO; COL.; 99′; NUOVA ZELANDA, 1994. ■ OSCAR 1 NOM; VENEZIA 1 PR.

CREATURE DELLA NOTTE ★★
Regia di AMLETO PALERMI. Con PIERO CARNABUCI, DINO DE LUCA, MARIA DENIS, FOSCO GIACHETTI, ISA MIRANDA, TATIANA PAVLOVA, ISA POLA, OSVALDO VALENTI. ■ Una storia intrisa di sentimento e di mistero della quale Palermi è anche autore del soggetto e della sceneggiatura, interpretata da un eccezionale gruppo di attori. ■ DRAMMATICO; B/N; 90′; ITALIA, 1933.

CREATURE DEL MALE *(L'homme et l'enfant)* ★★
Regia di RAOUL ANDRÉ. Con EDDIE CONSTANTINE, JULIETTE GRÉCO, FOLCO LULLI. ■ Una fabbrica di profumi è un vero e proprio centro di smistamento di droga. Fred, il direttore, un giorno scopre la faccenda e decide di indagare per proprio conto. Da quel momento ogni cosa precipita. Viene rapita anche la figlia adottiva di Fred, che comunque verrà salvata all'ultimo momento, mentre sta per essere uccisa dal capo dell'organizzazione, coinvolto anche nella tratta delle bianche. ■ DRAMMATICO; COL.; 93′; FRANCIA, ITALIA, 1956.

CREATURE SELVAGGE *(Fierce Creatures)* ★★
Regia di FRED SCHEPISI, ROBERT YOUNG. Con JOHN CLEESE, KEVIN KLINE, JAMIE LEE CURTIS, MICHAEL PALIN. ■ Anni dopo il successo di *Un pesce di nome Wanda* l'Universal ritenta il colpo con questa storia che vede il direttore di uno zoo alla ricerca di consensi. Se la proprietà vuole il successo, diamoglielo. Basta tenere nello zoo solo animali feroci. Se si aggiungono costanti riferimenti a sesso e desiderio la cosa sembra fatta. Peccato che però il modello non venga eguagliato. ■ COMMEDIA; COL.; 93′; USA, 1997.

CREATURES – LE CREATURE, LES *(Les créatures)* ★★★
Regia di AGNÈS VARDA. Con EVA DAHLBECK, CATHERINE DENEUVE, MARIE FRANCE MIGNAL, MICHEL PICCOLI. ■ Uno scrittore di gialli va a cercare l'ispirazone in un'isola popolata da pochi pescatori. La sua fantasia galoppa: vede in ciascun abitante un personaggio dotato di caratteristiche fantastiche. Conosce una donna divenuta muta per un incidente automobilistico e il proprietario di un castello che morrà precipitando da una torre. La confusione tra fantasia e realtà potrebbe anche diventare pericolosa se non avvenisse un fatto molto concreto: la nascita di un figlio e il recupero della voce da parte della donna. ■ DRAMMATICO; B/N; 90′; FRANCIA, 1966.

CREDERE PER VIVERE ★★
(Will There Really Be a Morning?)
Regia di FIELDER COOK. Con SUSAN BLAKELY, LEE GRANT, JOHN HEARD. ■ La vera storia di Frances Farmer (già portata in cinema da Jessica Lange). Frances fu una diva degli anni Trenta. Le pronosticavano un grande avvenire, ma la sua nevrotica personalità, nonché l'influenza negativa della madre e degli amici, la portano alla rovina professionale, all'alcolismo e al manicomio. ■ DRAMMATICO; COL.; 93′; USA, 1983.

CREDIMI *(Please Believe Me)* ★★★
Regia di NORMAN TAUROG. Con DEBORAH KERR, MICKEY ROONEY, MARK STEVENS, ROBERT WALKER. ■ Un'inglesina va in America a prender possesso di un'eredità. Conosce tre giovani (un ricco, un avvocato e un perdigiorno) che la corteggiano. Quando si scoprirà che l'eredità è praticamente una truffa, i veri sentimenti verranno a galla: a conquistare la ragazza sarà l'avvocato. ■ COMMEDIA; B/N; 87′; USA, 1950.

CREDO DELLA VIOLENZA, IL *(The Wild Rebels)* ★★
Regia di WILLIAM GREFE. Con STEVE ALAIMO, BOBBIE BYRES, WILLIE PASTRANO, JOHN VELLA. ■ Uno sfortunato pilota da corsa viene avvicinato da una banda che intende usarlo per i suoi colpi. Il pilota è onesto e avverte la polizia, che lo induce a partecipare a una rapina per cogliere la banda con le mani nel sacco. Il gioco riuscirà, non senza pericoli, naturalmente. ■ DRAMMATICO; COL.; 89′; USA, 1967.

CREDO IN DIO *(Creo en Dios)* ★★
Regia di FERNANDO DE FUENTES. Con ISABELA CARONA, MIGUEL INCLAN, FERNANDO SOLER. ■ In un paesino messicano, uno strozzino viene ucciso da un uomo vestito da prete. La colpa viene data al parroco vero, il quale non può difendersi perché il segreto della confessione gli impedisce di produrre il suo alibi. Il

prete sarebbe destinato a morire sul patibolo se il vero assassino non impazzisse improvvisamente e scagionasse l'innocente. ■ DRAMMATICO; B/N; 90'; MESSICO, 1941.

CREEP – IL CHIRURGO *(Creep)* ★
Regia di CHRISTOPHER SMITH. Con JOE ANDERSON, VAS BLACKWOOD, KEN CAMPBELL, SEAN DE VRIND, KATHRYN GILFEATHER, SEAN HARRIS, GRANT IBBS, FRANKA POTENTE, PAUL RATTRAY, KELLY SCOTT, JEREMY SHEFFIELD. ■ Un massacro granguignolesco. A Londra, Kate deve prendere l'ultimo metrò per lanciarsi in una notte glamour. Perso un treno, dopo essersi addormentata, ne prende un altro al volo, senza rendersi conto della direzione. Il treno si ferma, le luci si spengono, e l'oscurità prende il sopravvento. L'incubo inizia. ■ HORROR; COL.; 85'; GERMANIA, GRAN BRETAGNA, 2004.

CREEPOZOIDS ★
Regia di DAVE DE COTEAU. Con MICHAEL ARANDA, LINNEA QUIGLEY. ■ La Terra è stata quasi totalmente distrutta dalle guerre nucleari. Un gruppetto di persone che sono riuscite a sopravvivere al terribile olocausto attraversa il deserto bruciato dal sole e trova l'imboccatura di un labirinto sotterraneo. Questo è abitato da un essere misterioso, animato da propositi tutt'altro che amichevoli. ■ HORROR; COL.; 90'; USA, 1987.

CREEPSHOW ★★★
Regia di GEORGE A. ROMERO. Con ADRIENNE BARBEAU, HAL HOLBROOK, VIVECA LINDFORS. ■ Quattro storie horror raccontate con ironia e macabro senso dell'humour, oltre a molti effetti speciali. Nella prima un vecchio ucciso dalla figlia esce dalla tomba per vendicarsi; nella seconda, altra vendetta, questa volta di un marito tradito verso la moglie e l'amante, che condanna a lento affogamento; nella terza un mostro famelico viene usato da uno scienziato per liberarsi della moglie; nella quarta un maniaco dell'igiene viene divorato da un esercito di insetti. L'edizione homevideo del film contiene anche il quinto episodio: *La malinconica morte di Jordy*. ■ HORROR; COL.; 120'; USA, 1983.

CREEPSHOW 2 ★★
Regia di MICHAEL GORNICK. Con LOIS CHILES, GEORGE KENNEDY, DOROTHY LAMOUR. ■ Un altro horror a episodi, ispirati a un noto giornale a fumetti e alle storie di Stephen King. Nel primo una statua indiana in legno esposta in un emporio si anima per vendicare la morte dei proprietari. Nel secondo un gruppo di giovani campeggiatori è ingoiato da una strana macchia vischiosa in mezzo a un lago. Nel terzo un'automobilista mette sotto un passante, ma è perseguitata dal suo fantasma. ■ HORROR; COL.; 92'; USA, 1987.

CREMA, CIOCCOLATA E PA... PRIKA ★
Regia di MICHELE MASSIMO TARANTINI. Con BARBARA BOUCHET, SILVIA DIONISIO, RENZO MONTAGNANI. ■ La clinica del professor Montagnani, popolata di strani personaggi tra i quali gli immarcescibili Franchi e Ingrassia, è in realtà un paravento per attività meno che lecite. Il film, inquadrato nella peggiore tradizione della commedia porcellona, si trascina stancamente tra tante situazioni scontate. ■ COMMEDIA; COL.; 91'; ITALIA, 1981.

CREPA PADRONE: TUTTO VA BENE *(Tout va bien)* ★★★
Regia di JEAN-LUC GODARD, JEAN PIERRE GORIN. Con VITTORIO CAPRIOLI, JANE FONDA, YVES MONTAND, CYRILLE SPIGA, CHRIS TULLIO. ■ Una giornalista americana e un regista d'avanguardia vengono accidentalmente sequestrati da un gruppo di operai francesi durante uno "sciopero selvaggio". Tutti insieme passano cinque giorni di fittissimo dibattito politico. Godard ripete un'altra volta se stesso. ■ DRAMMATICO; COL.; 95'; FRANCIA, 1972.

CREPI L'ASTROLOGO *(The Heavenly Body)* ★★★
Regia di ALEXANDER HALL. Con JAMES CRAIG, HEDY LAMARR, WILLIAM POWELL. ■ Un astronomo, per lavoro, trascura la moglie. Lei è insofferente e si consulta con un'amica chiromante che le predice un prossimo incontro. Ma all'appuntamento con l'uomo del destino si presenta anche il marito. ■ COMMEDIA; B/N; 95'; USA, 1944.

CREPUSCOLO ★★
Regia di ALEX PAOLUCCI. Con DISO NOBILE, ALEX PAOLUCCI, REDA RALSTON. ■ Il film racconta la tragica storia d'amore fra un'italiana e un ufficiale tedesco durante la seconda guerra mondiale. Alla donna, rimasta sola, resterà la compagnia di un orfanello che le viene affidato. ■ DRAMMATICO; B/N; 92'; ITALIA, 1961.

CREPUSCOLO DEGLI EROI, IL *(Desant na Drvar)* ★★
Regia di FADIL HADZIC. Con MANS FURJAN, MATA MILOSEVIC, PAVLE VUJISIC. ■ Il cinema jugoslavo vive quasi esclusivamente di storie di guerra e di resistenza. In gran parte queste vicende sono vere, come questo film che racconta di un piano di Hitler per catturare Tito e il suo Stato Maggiore. Il pericolo viene sventato all'ultimo momento grazie all'eroismo dei partigiani. ■ GUERRA; B/N; 90'; JUGOSLAVIA, 1963.

CREPUSCOLO DI FUOCO ★★
Regia di AMERIGO ANTON. Con RENATO DE CARMINE, GIANNI DEI, KATHERINE KENDALL, ROBERTO MALDERA. ■ È la storia di due soldati italiani che combattono in Grecia. I poveretti cercano di rientrare nelle loro linee. Uno viene ferito e l'altro chiede aiuto a una giovane greca che, impietosita, gli procura delle medicine. La cosa viene ritenuta un tradimento dai suoi compatrioti e la giovane viene uccisa. Anche per i due protagonisti finirà male. ■ GUERRA; COL.; 92'; ITALIA, 1970.

CREPUSCOLO DI GLORIA *(The Last Command)* ★★★★
Regia di JOSEF VON STERNBERG. Con EVELYN BRENT, EMIL JANNINGS, WILLIAM POWELL. ■ Uno dei capolavori assoluti del cinema. Emil Jannings vinse l'Oscar come migliore attore protagonista durante la prima assegnazione del premio. Tra gli autori del soggetto il grande Ernst Lubitsch; Josef von Sternberg realizza il suo film migliore, pari solo a *L'angelo azzurro*. Un generale, parente dello zar, riesce a salvarsi per mezzo di una rivoluzionaria che lo ama. Arrivato a Hollywood farà la comparsa, morendo sul set. ■ GUERRA; B/N; 90'; GERMANIA, 1928. ■ OSCAR 1 PR, 3 NOM.

CREPUSCOLO DI GLORIA *(Rembrandt)* ★★
Regia di HANS STEINHOFF. Con EWALD BALSER, HERTA FEILER, GISELA UHLEN. ■ Il grande Rembrandt è perfettamente felice. È innamorato del suo lavoro, è ricco e famoso, è amato e ama appassionatamente. Quando gli muore la moglie sprofonda nella crisi più nera. Si risposa, cerca di lavorare, ma la sua vita è inesorabilmente spezzata: finirà addirittura mendicante. ■ BIOGRAFICO; B/N; 95'; GERMANIA, 1942.

CRESCENDO... CON TERRORE *(Crescendo)* ★★
Regia di ALAN GIBSON. Con JOSS ACKLAND, JANE LAPOTAIRE, JAMES OLSON, STEFANIE POWERS, MARGARET SCOTT. ■ Cupa storia di omicidi ambientata in una tenebrosa dimora inglese: al centro della vicenda, la famiglia di un musicista scomparso e una ragazza che deve fare una tesi di laurea su di lui. ■ HORROR; COL.; 95'; GRAN BRETAGNA, 1969.

CRESCERANNO I CARCIOFI A MIMONGO ★★
Regia di FULVIO OTTAVIANO. Con DANIELE LIOTTI, VALERIO MASTANDREA, ROCCO PAPALEO, FRANCESCA SCHIAVO. ■ Sergio, laureato in agraria, pieno di buona volontà, predisposto a una carriera e a un inserimento "regolari", al primo vero colloquio di lavoro getta la maschera e manda tutto all'aria. Opera prima interessante, discretamente liberatoria non priva di suggestioni e coraggio, e forse anche di presunzione. ■ COMMEDIA; B/N; 80'; ITALIA, 1996.

CRESCETE E MOLTIPLICATEVI ★★
Regia di GIULIO PETRONI. Con FRANCESCA ROMANA COLUZZI, HUGH GRIFFITH, RAYMOND PELLEGRIN, LIONEL STANDER. ■ Placido ha moglie, figlia, cameriera e una cognata suora. Tutte e quattro le donne vengono messe incinte (chi da un perdigiorno, chi dal proprio amante ufficiale, chi dallo stesso Placido e chi dal vecchio e arzillo suocero). ■ COMMEDIA; COL.; 90'; ITALIA, 1973.

CRESUS ★★★
Regia di JEAN GIONO. Con FERNANDEL, RENÉ GENIN, PAUL PRÉBOIST, RELLYS. ■ Siamo in Provenza. Un pastore trova un sacco di soldi vicino a casa sua. Buono e sempliciotto com'è, intende far godere di questa sua fortuna tutti quanti, anche i nemici perdonati per l'occasione. Quando durante una gran festa comincia a distribuire il denaro a ciascuno dei presenti, nasce una tal diffidenza che il poveretto a stento viene salvato dall'intervento dei gen-

darmi. Si scopre poi che i soldi erano falsi. ■ COMMEDIA; B/N; 100′; FRANCIA, 1960.

CREW 2 CREW – A UN PASSO DAL SOGNO ★★
(Crew 2 Crew)
Regia di MARK BACCI. Con JORDAN BRIDGES, JEANNINE KASPAR, LOUISE LINTON, KATE NAUTA, BROOKLYN SUDANO. ■ Luca, carabiniere in un paesino della Calabria, ha un sogno nel cassetto: diventare un ballerino di break-dance. All'improvviso lascia il lavoro, la famiglia e la fidanzata per volare a Los Angeles e tentare l'impresa. Il suo sogno si avvererà, ma Luca si renderà conto che la notorietà non è il meglio che possa accadere. ■ DRAMMATICO; COL.; 95′; ITALIA, USA, 2012.

CRIA CUERVOS ★★★
Regia di CARLOS SAURA. Con GERALDINE CHAPLIN, CONCHITA PEREZ, MONICA RANDALL. ■ Anna, una donna sulla trentina, rievoca l'infanzia funestata da morti, incubi e nevrosi. A dieci anni, dopo la morte dell'amatissima madre, aveva tentato di uccidere il padre, non riuscendovi. Costui era poi morto d'infarto, e di Anna si era occupata una zia. Solo con la fine dell'adolescenza si era poi liberata delle sue angosce. ■ DRAMMATICO; COL.; 112′; SPAGNA, 1975. ■ CANNES 1 PR; GOLDEN GLOBES 1 NOM.

CRIMEN ★★★
Regia di MARIO CAMERINI. Con VITTORIO GASSMAN, DORIAN GRAY, NINO MANFREDI, SILVANA MANGANO, ALBERTO SORDI, FRANCA VALERI. ■ Tre uomini e due donne fanno conoscenza su un treno per Nizza. Una volta a destinazione, vengono coinvolti in un delitto che non hanno commesso. Il caso e la dabbenaggine fanno sì che venga messo insieme un vero castello di prove che li inchioderebbe, se non fosse per l'intelligenza dell'ispettore che riesce piano piano a venire a capo di tutto. Ma non è finita: al ritorno a Roma i cinque si mettono ancora nei guai. ■ COMMEDIA; B/N; 124′; FRANCIA, ITALIA, 1960.

CRIMEN PERFECTO ★★
Regia di ÁLEX DE LA IGLESIA. Con MÓNICA CERVERA, JAVIER GUTIÉRREZ, FERNANDO TEJERO, GUILLERMO TOLEDO, LUIS VARELA, ENRIQUE VILLÉN. ■ Lottare per il proprio lavoro, primeggiare, essere il venditore più bravo, e magari uccidere un collega rompiscatole che viene promosso al posto tuo, il tutto con un tocco di follia, di fascino *grotesque* e tanto humour nero. Questo è l'ultimo film di Alex de la Iglesia, che ha per protagonista Rafael, un commesso donnaiolo, distinto e fascinoso di quello che una volta avremmo chiamato un "grande magazzino" di abbigliamento. La competizione per vendere più abiti possibili è serrata, e l'obiettivo è acquisire la posizione di capo reparto. Come sempre però le cose non vanno per il verso giusto, e in un camerino Rafael compie un delitto imprevisto, tutt'altro che perfetto. L'unico aiuto proviene da una donna bruttina, tanto sorprendente quanto lontana dai canoni di bellezza classici. Il film è immerso in una intelligente leggerezza espressa dalla recitazione dei due protagonisti. ■ COMMEDIA; COL.; 105′; SPAGNA, 2004.

CRIME SPREE ★★
Regia di BRAD MIRMAN. Con GÉRARD DEPARDIEU, STÉPHANE FREISS, JOHNNY HALLYDAY, HARVEY KEITEL, RENAUD, SAÏD TAGHMAOUI. ■ Bastaldi spedisce la sua banda di rapinatori squinternati da Parigi a Chicago per rubare i gioielli di una ricca famiglia. Le cose si mettono subito male per Daniel e i suoi: rubano la macchina al capo di una pericolosa gang latina, sbagliano casa e si ritrovano a rapinare per errore Frankie Zammeti, il numero due della mafia di Chicago. Gli portano via pochi soldi e delle audiocassette che contengono delle conversazioni molto compromettenti per Zammeti che sta progettando di uccidere Angelo, il numero uno. Mezza città si mette sulle loro tracce: l'Fbi, la gang ispanica, gli scagnozzi di Zammeti. E Bastaldi, cosa c'entra con il grosso equivoco? Mirman fa il grande salto dalla sceneggiatura alla regia, ma atterra male. ■ HARD BOILED; COL.; 98′; CANADA, GRAN BRETAGNA, 2003.

CRIME STORY – LE STRADE DELLA VIOLENZA ★★
(Crime Story)
Regia di ABEL FERRARA. Con BILL CAMPBELL, ANTHON JOHN DENISON, DENNIS FARINA, DARLANNE FLUEGEL. ■ Non è difficile riconoscere l'impronta di Ferrara, confermata anche dal posteriore *Il cattivo tenente*, in questo film del 1986, in cui al crimine mafioso si oppone una stanca e indolente giustizia. ■ POLIZIESCO; COL.; 96′; USA, 1986.

CRIME TIME – DENTRO IL DELITTO *(Crimetime)* ★
Regia di GEORGE SLUIZER. Con STEPHEN BALDWIN, KAREN BLACK, GERALDINE CHAPLIN, SADIE FROST. ■ La televisione britannica manda in onda un programma in cui si ricostruiscono dei crimini efferati. L'autore di uno di essi ha fatto ottenere alla trasmissione una grande audience. Cercherà di plagiare l'attore che ha interpretato il suo ruolo nell'ennesimo scambio (al cinema) tra finzione e realtà. ■ GIALLO; COL.; 93′; USA, 1996.

CRIMINAL ★★★
Regia di GREGORY JACOBS. Con NICK ANAVIO, MAGGIE GYLLENHAAL, BRANDON KEENER, DIEGO LUNA, PETER MULLAN, JOHN C. REILLY, SOLEDAD ST. HILAIRE. ■ Una "stangata" deve essere attuata nell'arco di ventiquattr'ore, ed il film segue quella fase temporale, infilando strade impreviste, con una serie di scatole cinesi, spiazzanti pur nella scioltezza dell'*understatement* che caratterizza la pellicola, prodotta da George Clooney e Steven Soderbergh. Due truffatori di diversa estrazione, Richard (John C. Reilly), arcigno e professionale ed il suo provvisorio compare, il giovane messicano Rodrigo (Diego Luna), si trovano tra le mani la copia perfetta di un rarissimo Monroe Silver Certificate del 1878, un documento storico ambito dai collezionisti: una sfida per gli enigmisti grazie ad una sceneggiatura perfettamente a punto. Gli interpreti non sono di cartello, ma decisamente efficaci. ■ DRAMMATICO; COL.; 87′; USA, 2004.

CRIMINALE, IL ★★★
Regia di MARCELLO BALDI. Con ANDREA CHECCHI, FRANCO FABRIZI, YVONNE FURNEAUX, JACK PALANCE, SALVO RANDONE. ■ Un criminale nazista che viaggia in treno viene riconosciuto da un uomo. Il criminale prima nega poi attacca. Riesce a superare questa prima difficoltà, ma ormai la voce comincia a correre. Si butta dal treno, ferito riesce a riprendersi, conosce una donna che si innamora di lui, ma alla fine il cerchio si chiude. Patetico finale con la vecchissima madre del criminale che attende invano il figlio a Milano. ■ DRAMMATICO; B/N; 92′; ITALIA, 1962.

CRIMINALE DI TURNO *(Pushover)* ★★★
Regia di RICHARD QUINE. Con PHILIP CAREY, FRED MACMURRAY, KIM NOVAK. ■ Un poliziotto è incaricato di pedinare la stupenda Lone, amante di un gangster sospettato di omicidio. Lone seduce il pedinatore e gli promette di fuggire con lui se riuscirà a recuperare la refurtiva che il gangster ha nascosto. Il poliziotto esegue (arrivando anche a uccidere il gangster). Una volta nelle spire di quel gioco, il malcapitato non può più tirarsi indietro ed è costretto persino a eliminare un suo vecchio amico. Naturalmente la bellissima voleva solo strumentalizzarlo. Alla fine viene ferito e catturato. ■ POLIZIESCO; B/N; 88′; USA, 1954.

CRIMINAL FACE – STORIA DI UN CRIMINALE ★★★
(Ho!)
Regia di ROBERT ENRICO. Con JEAN-PAUL BELMONDO, RAYMOND BUSSIÈRES, JOANNA SHIMKUS. ■ François vive correndo in auto. Un giorno ha un incidente che provoca la morte di un suo amico. Gli viene tolto il permessso di correre e cede alle proposte di una banda di rapinatori che lo ingaggia come autista. Una volta su quella strada, François si mette in proprio. Ma gli altri lo perseguitano. Comincia una lotta senza esclusione di colpi. La compagna di François viene uccisa ed egli stesso ferito gravemente (comunque fa in tempo a sterminare i suoi nemici). ■ DRAMMATICO; COL.; 107′; FRANCIA, 1969.

CRIMINALI *(Criminals Within)* ★★
Regia di JOSEPH H. LEWIS. Con BEN ALEXANDER, DONALD CURTIS, ERIC LINDEN. ■ Un chimico lavora per l'esercito. Spie nemiche lo uccidono e la colpa cade sul fratello. Costui indaga per proprio conto, con l'aiuto di una donna e di un sergente che si rivela il capo delle spie. Arriva un ufficiale che smaschera il traditore. ■ SPIONAGGIO; B/N; 90′; USA, 1941.

CRIMINALI CONTRO IL MONDO *(Mad at the World)* ★★★
Regia di HARRY ESSEX. Con KEEFE BRASSELLE, FRANK LO-

VEJOY, CATHY O'DONNELL. ■ Un bambino viene ferito gravemente da una banda di teppisti. La polizia brancola nel buio e il padre del bimbo decide di far tutto da solo. Risale pian piano ai teppisti, si scontra con loro e sta per ucciderne uno quando viene fermato da un poliziotto. ■ DRAMMATICO; B/N; 72'; USA, 1955.

CRIMINALI DA STRAPAZZO *(Small Time Crooks)* ★★★
Regia di WOODY ALLEN. Con WOODY ALLEN, HUGH GRANT, ELAINE MAY, MICHAEL RAPAPORT, TRACEY ULLMAN. ■ «Volevo fare un film su una storia di successo americana e sui valori culturali americani, ma volevo che fosse spassoso e non pedante». Woody ha fatto centro. La dichiarazione di intenti è stata seguita dai fatti. Questa volta, si diverte e ci diverte con la storia di Ray (ex detenuto) e di sua moglie May. Ray vuole fare il colpo della sua vita. Affitta un negozio in cui May preparerà biscotti, attività questa che servirà da copertura al tentativo di scavare un tunnel sotterraneo fino al caveau della vicina banca. Fin qui, se si vuole, siamo nel già visto, anche se la raffica di battute incalza come non accadeva da tempo. La variante è però di quelle alleniane doc: il colpo non riesce ma i biscotti si vendono alla grande. Tanto da fare ricchi i due che diventano proprietari di una catena alimentare. La loro ignoranza è però abissale, tanto da far sentire a May l'esigenza di fare dei progressi. Si trova così un esperto che dovrebbe iniziarla ai pregi dell'arte e del sapere. Peccato che, in realtà, miri al suo patrimonio. Allen sa perfettamente come gestire tutti i meccanismi della commedia. Lo spirito torna corrosivo ma il tono è quello di chi è fondamentalmente indulgente con i propri personaggi. Woody sembra nuovamente pacificato con se stesso e con il suo cinema. Il pubblico non può che trarne vantaggio. ■ COMICO; COL.; 94'; USA, 1999. ■ GOLDEN GLOBES 1 NOM.

CRIMINALI DELLA BANDA DILLINGER, I ★
(Die Rechnung-eiskalt serviert)
Regia di HELMUT ASHLEY. Con YVONNE MONLAUR, GEORGE NADER, HORST TAPPERT. ■ Complicata storia di gangster e di poliziotti corrotti, ambientata in America ma girata in Germania. Trionfo del poliziotto buono. ■ POLIZIESCO; B/N; 95'; GERMANIA, 1966.

CRIMINALI DELLA GALASSIA, I ★
Regia di ANTHONY DAWSON. Con LISA GASTONI, CARLO GIUSTINI, TONY RUSSELL, MASSIMO SERATO. ■ Siamo nel futuro. Scompaiono misteriosamente delle persone. Mike viene incaricato di indagare. Secondo lui il responsabile è uno scienziato. Le autorità non gli credono e Mike fa per conto suo. Scopre che lo scienziato rapisce la gente e la trasforma in esseri piccolissimi. Mike riesce a far saltare il laboratorio. Puerile. ■ FANTASCIENZA; COL.; 92'; ITALIA, 1966.

CRIMINALI IN AGGUATO *(City of the Silent Men)* ★★
Regia di WILLIAM NIGH. Con FRANK ALBERTSON, JUNE LANG, JANE WILLEY. ■ Due ex detenuti trovano lavoro, con altri reduci dai penitenziari di Stato, riaprendo la fabbrica di una cittadina. La popolazione vede di malocchio questi criminali pentiti, ma alla fine si convince che sono proprio diventati buoni. ■ DRAMMATICO; B/N; 64'; USA, 1942.

CRIMINALI IN PANTOFOLE *(Homebodies)* ★★
Regia di LARRY YUST. Con PETER BROCCO, FRANCES FULLER, WILLIAM HANSEN, RUTH MCDEVITT. ■ Sei vecchi, che devono essere sfrattati da un gruppo di case in demolizione, diventano cattivi e violenti. Si difendono in tutti i modi dai loro persecutori, fino a ucciderli. ■ DRAMMATICO; COL.; 96'; USA, 1974.

CRIMINALI NELLA NOTTE *(Le bar du téléphone)* ★★
Regia di CLAUDE BARROIS. Con DANIEL DUVAL, JULIEN GUIOMAR, CHRISTOPHER LAMBERT, RAYMOND PELLEGRIN, FRANÇOIS PÉRIER, GEORGES WILSON. ■ Regia decisa e rigorosa per un film del 1980 e ripescato dai nostri distributori sulla base della presenza, in un ruolo secondario, di Christopher Lambert. L'azione, che segue le tracce di un classico poliziesco alla francese, è sostenuta da interpreti di grande esperienza che rivitalizzano un copione molto semplice. ■ POLIZIESCO; COL.; 92'; FRANCIA, 1980.

CRIMINALI SULL'ASFALTO *(Checkpoint)* ★★
Regia di RALPH THOMAS. Con ANTHONY STEEL, ODILE VERSOIS. ■ Durante una corsa automobilistica, un pilota viene obbligato a far fuggire all'estero un delinquente (nessuno sospetterà di un'auto che passa il confine italo-svizzero in corsa), ma il pilota non sta al gioco e, grazie alla sua bravura, provocherà la morte del criminale. ■ DRAMMATICO; COL.; 83'; GRAN BRETAGNA, 1956.

CRIMINALS, THE *(Persons Unknown)* ★★
Regia di GEORGE HICKENLOOPER. Con KELLY LYNCH, JOE MANTEGNA, J. T. WALSH. ■ Due sorelle, una tossicodipendente e l'altra con una grave paralisi, sbarcano il lunario spacciando. Quando un ex poliziotto ruba loro del denaro ricavato dalla vendita della droga le due donne sono nei guai. L'uomo allora si pente. Un buon film diretto e interpretato con stile. ■ POLIZIESCO; COL.; 95'; USA, 1996.

CRIMINAL SEXY *(Jungle Street)* ★★
Regia di CHARLES SAUNDERS. Con KENNETH COPE, JILL IRELAND, DAVID MCCALLUM. ■ Biografia di un criminale da strapazzo, Terry Collins, che dopo aver ucciso un vecchio, scassina la cassaforte di un night dove balla Sue, una ragazza di cui è innamorato. Finirà sulla forca. ■ DRAMMATICO; B/N; 90'; GRAN BRETAGNA, 1961.

CRIMINAL STORY *(La route de Corinthe)* ★★★
Regia di CLAUDE CHABROL. Con CHRISTIAN MARQUAND, MAURICE RONET, JEAN SEBERG, SARO URZÌ. ■ Un agente americano deve trovare una centrale elettronica che disturba le comunicazioni alleate nel Mediterraneo. Viene ucciso e ne viene incolpata la moglie Shanny. La testimonianza chiave l'ha fornita un tale respinto un tempo dalla donna. Uscita di prigione la donna cerca di risalire alla verità. Trova anche la centrale, ma i meriti spetteranno al "traditore". ■ SPIONAGGIO; COL.; 100'; FRANCIA, 1968.

CRIMINE A DUE ★
Regia di ROMANO FERRARA. Con JOHN DREW BARRYMORE, UMBERTO D'ORSI, LISA GASTONI, LUISA RIVELLI. ■ Marito, moglie, segretario e parente muto e cieco vivono in una villa. C'è anche un'infermiera addetta al muto. Muore il capofamiglia e poco dopo l'infermiera. La polizia sospetta la moglie e il segretario. Ma sbaglia. ■ GIALLO; B/N; 90'; ITALIA, 1965.

CRIMINE DEI KRUPPAK, IL *(Sein bester Freud)* ★
Regia di HARRY PIEL. Con EDNA GREYFF, HARRY PIEL. ■ In questo film il detective che svolge le indagini è un cane dotato di fiuto straordinario. Faciliterà la riabilitazione del padrone, delinquente pentito. ■ GIALLO; B/N; 92'; GERMANIA, 1937.

CRIMINE DI CATERINA MAGUET, IL ★★
(La grande Maguet)
Regia di ROGER RICHEBÉ. Con JEAN DAVY, MADELEINE ROBINSON. ■ Tragica storia di Caterina. Trovatella e serva di due vecchie signore, finisce nella casa di tale Clara che le mostra simpatia. Ma costei è sposata infelicemente, il marito ne sperpera le sostanze e la tradisce impunemente. Alla fine arriva ad avvelenarla. Caterina è decisa e violenta: aspetta che il perfido si risposi e poi gli uccide la nuova moglie. ■ DRAMMATICO; B/N; 95'; FRANCIA, 1947.

CRIMINE DI PADRE AMARO, IL ★★
(El Crimen de Padre Amaro)
Regia di CARLOS CARRERA. Con SANCHO GARCIA, GAEL GARCÍA BERNAL, ANA CLAUDIA TALANCÓN. ■ Dall'omonimo romanzo di José Maria Eca de Queiroz. È la storia di un giovane sacerdote, Amaro, che si reca in una piccola cittadina del Messico per essere istruito dal più anziano padre Benito, in vista di un viaggio di studio in Vaticano. Qui si innamora di una giovane e bellissima catechista, Anita e con lei intreccia una relazione. Sullo sfondo di questo "crimine", i ben peggiori crimini del corrotto clero messicano, ai danni dei più poveri. Il film mescola la storia d'amore e la denuncia sociale, senza tuttavia approfondire a sufficienza nessuno dei due. ■ DRAMMATICO; COL.; 118'; ARGENTINA, FRANCIA, MESSICO, SPAGNA, 2003.

CRIMINE DISORGANIZZATO *(Disorganized Crime)* ★★
Regia di JIM KOUF. Con HOYT AXTON, RUBEN BLADES, LOU DIAMOND PHILLIPS. ■ Questa commedia poliziesca senza pretese narra delle disavventure di alcuni compari che vogliono svaligiare una banca in una città del Montana. Dopo il colpo che compiono anche senza il capo, arrestato, ci saranno degli imprevisti. Prodotto dal regista John Badham il film non ha un buon equili-

brio tra dramma, azione e commedia. ■ COMMEDIA; COL.; 97'; USA, 1989.

CRIMINE SILENZIOSO *(The Line up)* ★★★
Regia di DON SIEGEL. Con WARNER ANDERSON, ROBERT KEITH, ELI WALLACH. ■ Un'organizzazione contrabbanda la droga in modo semplice ed efficace. La nasconde in piccoli oggetti di persone del tutto ignare. Una volta a destinazione c'è chi recupera la "roba". L'addetto a questa operazione è un assassino fin troppo crudele: uccide sistematicamente gli inconsapevoli corrieri e arriva persino ad ammazzare durante una lite il gran capo in persona. La polizia però è sulle sue tracce. Inseguimento in macchina per le vie di New York, sparatoria e punizione finale. ■ POLIZIESCO; B/N; 86'; USA, 1958.

CRIMINI DEL CUORE *(Crimes of the Heart)* ★★★
Regia di BRUCE BERESFORD. Con TESS HARPER, DIANE KEATON, JESSICA LANGE, SISSY SPACEK, SAM SHEPARD. ■ Nella vecchia casa dove Lenny, zitella petulante, vive ancora col padre, nel Mississippi, arrivano, prima una poi l'altra, le due sorelle, ognuna con il suo dramma. Meg rimpiange i successi che in teatro non ha mai avuto; Babe è drammaticamente fuggita dal suo matrimonio, sparando al marito senatore che aveva scoperto la sua tresca con un nero. Le tre donne cercano di ricreare l'antica atmosfera di famiglia attraverso terribili ricordi (la madre si era impiccata), rancori e nuove tragedie. Meg alla fine ritrova una sua dimensione, Babe viene salvata dal suicidio e Lenny trova la serenità, complice una sua vecchia fiamma. ■ COMMEDIA; COL.; 106'; USA, 1986. ■ GOLDEN GLOBES 1 PR, 2 NOM; OSCAR 3 NOM.

CRIMINI DEL FUTURO *(Crimes of the Future)* ★★
Regia di DAVID CRONENBERG. Con JON LIDOLT, RONALD MLODZIK, TANIA ZOLTY. ■ Adrian Tripod dirige *La casa della pelle*, ispirato dal dermatologo pazzo Antoine Rouge. Prima era una casa di cura per ricchi pazienti, ora è in completo declino. Si tratta di un film completamente "malato" dell'allora giovane regista Cronenberg, che non possedeva ancora la misura per tenere le redini della propria fantasia. ■ SPERIMENTALE; COL.; 64'; CANADA, 1970.

CRIMINI E MISFATTI *(Crimes and Misdemeanors)* ★★★★
Regia di WOODY ALLEN. Con ALAN ALDA, WOODY ALLEN, MIA FARROW, ANJELICA HUSTON, MARTIN LANDAU, CLAIRE BLOOM. ■ Il delitto paga, questo è l'imperativo della società in cui viviamo ed è anche quello che sostiene Woody Allen con questo film. Con l'inizio da commedia si prosegue col dramma e infine col giallo impunito. Il più bel film di Woody Allen di fine anni Ottanta. Un regista di documentari ama una regista che gli preferisce un produttore televisivo. Lui sta montando un film su uno psicologo che si uccide. Un borghese sposato ha un'amante che avanza pretese e lui lascia che un sicario la uccida. Privo di rimorsi riprenderà il suo posto. I buoni perdono e i cattivi vincono, come nella vita, fortunatamente "quasi sempre". ■ COMMEDIA; COL.; 107'; USA, 1989. ■ GOLDEN GLOBES 1 NOM; OSCAR 3 NOM.

CRIMINI IMMAGINARI *(Imaginary Crimes)* ★★
Regia di ANTHONY DRAZAN. Con FAIRUZA BALK, VINCENT D'ONOFRIO, HARVEY KEITEL, KELLY LYNCH. ■ Ray Wyler si ritrova vedovo con due figli. Cerca di realizzare del denaro con imprese sempre destinate al fallimento fino ad arrivare alla truffa, al carcere e al rischio della distruzione completa del nucleo familiare. Keitel non è al meglio della forma. ■ DRAMMATICO; COL.; 105'; USA, 1994.

CRIMINI INVISIBILI *(The End of Violence)* ★★★
Regia di WIM WENDERS. Con GABRIEL BYRNE, LOREN DEAN, TRACI LIND, ANDIE MACDOWELL, BILL PULLMAN. ■ I personaggi: un produttore odiato da tutti (Pullman), sua moglie che lo odia a sua volta (MacDowell), un ricercatore informatico (Byrne), e altri minori. Il produttore viene rapito ma riesce a salvarsi. Soccorso da alcuni poveracci messicani si integra con loro e scopre che fare il giardiniere è meglio che avere il potere. Il ricercatore ha messo a punto un sistema di telecamere che tiene sotto controllo tutta Los Angeles prevenendo o scoprendo all'istante i crimini. Alla fine il produttore (che era stato informato dall'altro dunque ne era complice), rinuncia alla vecchia identità e con essa alla ricchezza e a tutto il resto, e se la cava. "Byrne" viene ammazzato. Decisive sono alcune frasi del protagonista, dette fuori campo: «i tuoi nemici arrivano per ucciderti, invece ti salvano». Significa che tutto non è prevedibile. La svolta arriva, ed è misteriosa, tu non puoi nulla. E poi c'è il solito pronunciamento di fede di Wenders, sempre terribilmente "serio", detto da una bambina: «lassù qualcuno ci guarda». Il regista fa dire al suo *alter ego* regista nel film «ma perché sono venuto a fare un film in America, devo essere impazzito». Accolto a Venezia senza le fanfare, in effetti questo film non le merita. Registriamo un passo indietro, rispetto al capolavoro *Lisbon Story*. Wenders si perde nelle spirali troppo complicate della sua ricerca umana e simbolica, nella chiave, immagine-film, che tutto filtra e decide. Involuzione pericolosa, astrazioni inutili e fastidiose. Peccato, perché noi riteniamo questo autore il maggiore del cinema mondiale, insieme a Scorsese. E in virtù di questa stima preconcetta gli attribuiamo una buona valutazione. ■ DRAMMATICO; COL.; 120'; FRANCIA, GERMANIA, 1997.

CRIMSON ★
Regia di JEAN FORTUNY. Con OLIVER MATTHEWS, PAUL NASH, EVELYN PALMER, SILVIA SOLAR. ■ Jack Surnett, un pericoloso capobanda, viene ferito al capo durante uno scontro a fuoco con le forze dell'ordine: solo il trapianto del cervello potrà salvargli la vita. I suoi uomini, allora, uccidono un malvivente che possiede le caratteristiche genetiche più somiglianti a quelle di Surnett. Ma gli esiti non saranno quelli previsti. ■ HORROR; COL.; 90'; GRAN BRETAGNA, 1978.

CRINIERA SELVAGGIA *(Black Beauty)* ★★★
Regia di JAMES HILL. Con URSULA GLAS, PETER LEE LAWRENCE, MARK LESTER, WALTER SLEZAK. ■ Tratto dal romanzo omonimo di Anna Sewell, il film, molto sentimentale, narra le vicende di un cavallo; dal suo primo proprietario, il piccolo Joe, agli altri (un nobile, uno zingaro, un ricco e sua figlia, un soldato, un contadino) fino al ritorno al primo padrone, Joe appunto, che è diventato un giovanotto e può curare amorevolmente l'animale ormai vecchio. ■ COMMEDIA; COL.; 106'; GRAN BRETAGNA, 1971.

CRINIERE AL VENTO *(King of Wild Horses)* ★★★
Regia di GEORGE ARCHAINBAUD. Con PRESTON FOSTER, GAIL PATRICK, BILL SHEFFIELD. ■ Un ragazzo è quello che si dice uno spirito libero, come lo era stato il padre, che è morto. Nel ranch dove vive non viene apprezzato né viene capito l'affetto che il piccolo nutre per il cavallo King, capobranco selvaggio. Un giorno King, a forza di zampate, scopre una fonte e salva il ranch dalla siccità. Ragazzo e cavallo saranno da quel momento amati da tutti. ■ AVVENTURA; B/N; 79'; USA, 1947.

CRINIERE E MANTELLI AL VENTO ★★
Regia di JOSEPH LERNER. Con PAUL CAMPBELL, DOMENICO MODUGNO, JEFFREY STONE. ■ È uno dei moltissimi rifacimenti de *I tre moschettieri*. Questa volta però ci sono nomi diversi; non c'è Richelieu ma un certo padre Groubilard, rapito dai cospiratori. Tra un'avventura e l'altra i moschettieri cercano anche di essere divertenti. ■ AVVENTURA; B/N; 90'; ITALIA, 1966.

CRIPTA E L'INCUBO, LA ★★
Regia di CAMILLO MASTROCINQUE. Con CARLA CALÒ, JOSÉ CAMPOS, CHRISTOPHER LEE. ■ In un castello vivono un conte e la sua disgraziata figlia in preda a frequenti incubi. I sogni della ragazza sembrano essere collegati a degli omicidi. Il conte chiama uno specialista a indagare. Costui è sulla buona strada, ma viene interrotto proprio sul più bello. A questo punto succede il finimondo: morti in tutti gli angoli. Il colpevole è naturalmente una creatura del tutto insospettabile. ■ HORROR; B/N; 95'; ITALIA, 1964.

CRIPTONITE NELLA BORSA, LA ★★
Regia di IVAN COTRONEO. Con CRISTIANA CAPOTONDI, LUIGI CATANI, LIBERO DE RIENZO, VALERIA GOLINO, LUCA ZINGARETTI. ■ Napoli, 1973. Peppino è il più giovane della famiglia Sansone. Neanche dieci anni, una forte miopia giovanile e un'ammirazione per lo strambo cugino che crede di essere Superman. In seguito alla sua morte, il piccolo Peppino comincia a immaginarne la presenza di questo supereroe fantasma e, quando la madre Rosaria entra in depressione per aver scoperto che il marito la tra-

disce, sarà infatti lui ad aiutarla. Cotroneo si dimostra buon narratore di ragioni e sentimenti della famiglia italiana. ■ DRAMMATICO; COL.; 98′; ITALIA, 2011.

CRISANTEMI PER UN DELITTO ★★★
(The Joy House – Les félins)
Regia di RENÉ CLÉMENT. Con LOLA ALBRIGHT, ALAIN DELON, JANE FONDA, ANDRÉ OUMANSKY, SORRELL BOOKE. ■ Costa Azzurra: Marc è un avventuriero affascinante che per sfuggire a un gangster americano si rifugia in una lussuosa villa. Qui trova due donne, Barbara, matura e bella, e Melinda, giovanissima e deliziosa. Barbara si innamora del nuovo venuto e progetta una fuga con lui. Ma nella villa c'è un altro ospite, l'amante della stessa Barbara, che si nasconde perché ricercato dalla polizia. La situazione precipita: l'uomo nascosto uccide Barbara che sta per lasciarlo e viene ucciso da Melinda, la quale fa in modo che la colpa ricada su Marc. Al poveretto non rimarrà altra alternativa che vivere nascosto nella villa. ■ DRAMMATICO; B/N; 109′; FRANCIA, 1964.

CRISI!, LA *(La Crise!)* ★★★
Regia di COLINE SERREAU. Con VINCENT LINDON, PATRICK TIMSIT, ZABOU. ■ È un'analisi della crisi dei personaggi ma anche un quadro non fazioso della situazione francese dell'epoca che potremmo anche trasferire in Italia. La situazione è solo apparentemente paradossale. Victor si alza un mattino e non trova la moglie. Poco dopo lei gli telefona e gli parla della sua decisione di lasciarlo. Accompagna alla stazione i figli per le vacanze e poi corre in ufficio. Pensando di sfogarsi raccontando tutto alla segretaria scopre che è stato licenziato. Va allora da un amico per parlargli ma lui lo sommerge coi suoi problemi. Incontra un tipo strano che gli si incolla addosso. Dopo una serie di incontri va a casa di sua madre e trova la moglie. Voleva metterlo alla prova. Dopo i successi di *Tre uomini e una culla* e *Romuald e Juliette* la Serrau mantiene un ottimo livello. ■ COMMEDIA; COL.; 95′; FRANCIA, 1992.

CRISPINO E LA COMARE ★★
Regia di VINCENZO SORELLI. Con UGO CESERI, SILVANA JACHINO. ■ Un calzolaio ha un nemico, un medico che lo perseguita. La grande ambizione del calzolaio sarebbe quella di combatterlo con le stesse armi. Ed ecco che una buona fata lo trasforma in infallibile dottore. Con questi nuovi poteri vince le proprie battaglie e trova il tempo di far sposare un suo amico con una giovane di nobili origini. ■ FANTASTICO; B/N; 90′; ITALIA, 1938.

CRISS CROSS ★★
Regia di CHRIS MENGES. Con STEVE BUSCEMI, KEITH CARRADINE, GOLDIE HAWN, ARLISS HOWARD. ■ Mantenersi costa e, per farlo, Tracy non trova altro modo che quello di spogliarsi e prostituirsi. La sua famiglia si sfascia; suo figlio, però, non si dimenticherà di lei. ■ DRAMMATICO; COL.; 100′; USA, 1991.

CRISTO DI BRONZO, IL *(Seido no kirisuto)* ★★
Regia di MINORU SHIBUYO. Con EIJI OKADA, KAZUKO OKADA, OSAMU TAKIZAWA. ■ Siamo nel diciottesimo secolo, in Giappone. I cristiani sono perseguitati; scoprirli non è facile e un governatore pieno di inventiva fa costruire da uno scultore un crocefisso di bronzo. I sospetti dovranno calpestarlo. I cristiani si rifiutano e si fanno così riconoscere. Ma anche lo scultore ha i suoi guai: ha eseguito un Cristo troppo bello, rivelando così la sua fede. ■ DRAMMATICO; B/N; 95′; GIAPPONE, 1955.

CRISTO È PASSATO SULL'AIA ★
Regia di ORESTE PALELLA. Con FRANCO FABRIZI, GIANNA SEGALE, JUDITH TUTAEF. ■ Una leggenda racconta che il povero che compare su un'aia durante la raccolta del grano è Gesù Cristo, e dunque va rispettato. Vengono narrate le disgrazie che capitano a Giovanni, irrispettoso della tradizione: finirà ucciso a fucilate, dopo aver perso la donna amata. ■ DRAMMATICO; B/N; 92′; ITALIA, 1953.

CRISTOFORO COLOMBO *(Christopher Columbus)* ★★★
Regia di DAVID MACDONALD. Con FLORENCE ELDRIDGE, FREDRIC MARCH, LINDEN TRAVERS. ■ Il film racconta, con la dovuta dose di fantasia, la vita di Colombo prima e dopo la scoperta dell'America. Bella prova di Fredric March, ultracinquantenne ma capacissimo di sostenere un ruolo d'azione. ■ BIOGRAFICO; COL.; 104′; GRAN BRETAGNA, 1948.

CRISTOFORO COLOMBO DI PROFESSIONE SCOPRITORE *(Christobal Colon, de oficio descubridor)* ★★
Regia di MARIANO OZORES. Con RAFAELA APARICIO, ALFREDO MAYO, ANDRES PAJARES. ■ Farodia della vicenda della scoperta dell'America. Colombo ci fa la figura del cacciaballe, furfante ed evasore di tasse. ■ COMMEDIA; COL.; 90′; SPAGNA, 1982.

CRISTOFORO COLOMBO: LA SCOPERTA ★
(Christopher Columbus – The Discovery)
Regia di JOHN GLEN. Con MARLON BRANDO, GEORGE CORRAFACE, TOM SELLECK, RACHEL WARD. ■ Per il cinquecentenario della scoperta dell'America la Spagna ha pensato bene di finanziare questo film, che è una raccolta di errori storici e cinematografici. Brando fa Torquemada e va a salutare Colombo a Palos (mai successo), il navigatore fa il filo alla regina Isabella, rivendicando ai genovesi particolari doti amatorie. ■ AVVENTURA; COL.; 95′; GRAN BRETAGNA, 1992.

CRISTO FRA I MURATORI *(Give us This Day)* ★★★
Regia di EDWARD DMYTRYK. Con LEA PADOVANI, KATHLEEN RYAN, SAM WANAMAKER. ■ Un italiano in America fa venire Annunziata dal paesello e la sposa. La vita è dura, le condizioni molto difficili, soprattutto dopo la nascita di quattro figli. La donna sogna da sempre una casetta sua. Per questo il marito lavora, accetta tutti i rischi e un giorno ci lascia la pelle. Annunziata riceve mille dollari di indennizzo e compra la benedetta casa, ma suo marito non c'è più. ■ DRAMMATICO; B/N; 120′; GRAN BRETAGNA, 1949.

CRISTO IN INDIA ★★
Regia di RINALDO DAL FABBRO. ■ Papa Paolo VI in India nel 1964, in occasione del XXXVIII Congresso eucaristico internazionale. ■ DOCUMENTARIO; B/N; 90′; ITALIA, 1965.

CRISTO PROIBITO, IL ★★★
Regia di CURZIO MALAPARTE. Con ANNA MARIA FERRERO, RINA MORELLI, RAF VALLONE, ELENA VARZI. ■ Un reduce dalla Russia torna al paese per cercare il delatore del fratello, fucilato dai tedeschi. Si trova di fronte a un muro di omertà. Sarà la madre del protagonista a lasciarsi sfuggire il nome del colpevole che alla fine, tuttavia, verrà perdonato. È l'unico film dello scrittore e saggista Curzio Malaparte (1898-1957). ■ DRAMMATICO; B/N; 95′; ITALIA, 1950.

CRISTO SI È FERMATO A EBOLI ★★★
Regia di FRANCESCO ROSI. Con PAOLO BONACELLI, ALAIN CUNY, LEA MASSARI, IRENE PAPAS, GIAN MARIA VOLONTÉ. ■ Dal romanzo di Carlo Levi. Un medico pittore, condannato al confino dalla dittatura fascista, arriva in un paese sperduto della Campania. All'inizio gli sembra di essere sepolto vivo, poi lentamente, quasi insensibilmente, comincia a interessarsi al posto e ad amare la gente: il goffo podestà, la sua fantesca-maga, il prete, il barone. Presterà anche la sua opera di medico. Alla fine gli viene permesso di tornare a casa: porterà in sé il ricordo di Eboli come esperienza indimenticabile. ■ DRAMMATICO; COL.; 150′; ITALIA, 1979. ■ DAVID DI DONATELLO 2 PR, 2 NOM.

CRISTÓVÃO COLOMBO – O ENIGMA ★★★
Regia di MANOEL DE OLIVEIRA. Con LEONOR BALDAQUE, MANOEL DE OLIVEIRA, RICARDO TREPA. ■ L'ultima opera di Manoel de Oliveira rivendica le radici portoghesi del grande navigatore genovese. Se il dibattito intorno alle origini di Colombo divide da secoli gli accademici, i ricercatori "messi in scena" da de Oliveira non hanno dubbi nell'individuare il luogo di nascita dell'esploratore a Cuba, un piccolo villaggio nel sud del Portogallo che ha dato il nome alla più grande delle isole caraibiche. L'azione del film si svolge intorno alla vita di due studiosi, legati dal matrimonio e dalla comune passione per la ricerca. Lasciato il Portogallo nel 1946 alla volta dell'America, quarant'anni dopo i due coniugi attraversano di nuovo l'oceano per visitare la casa che vide i natali di Cristovão. Ispirato liberamente al libro *Cristovão Colon (Colombo) era Português* dei ricercatori portoghesi Manuel Luciano da Silva e sua moglie Sílvia Jorge da Silva, il film ripropone una teoria dimenticata, non certo nuova, esponendo le incongruenze intorno alla nascita, alla vita e (soprattutto) alla genovesità dell'esploratore. ■ STORICO COL.; 100′; FRANCIA, PORTOGALLO, 2007.

CRITTERS 2 *(Critters 2: The Main Course)* ★
Regia di MICK GARRIS. Con CYNTHIA GARRIS, SCOTT GRIMES, TERRENCE MANN, DON OPPER, AL STEVENSON. ■ Gli extraroditori invadono ancora una volta la cittadina di Grover's Band e si trovano dinanzi gli stessi avversari del numero 1. L'impressione complessiva è che chi ha girato il film, mascherandosi dietro la demenzialità, voglia prendere in giro gli spettatori. È senz'altro così. ■ FANTASTICO; COL.; 87'; USA, 1988.

CRITTERS – GLI EXTRARODITORI *(Critters)* ★★
Regia di STEPHEN HEREK. Con BILLY GREEN BUSH, DEE WALLACE STONE, M. EMMER WALSH. ■ Un gruppo di mostriciattoli pelosi evasi dalla prigione di un altro pianeta piomba in un tranquillo paesino del Kansas, installandosi nel giardino di una villetta e assediando i proprietari, che saranno liberati da una coppia di poliziotti spaziali inviati a caccia degli evasi. ■ FANTASCIENZA; COL.; 86'; USA, 1986.

CRITTERS 3 ★
Regia di KRISTINE PETERSON. Con ANNIE BROOKS, JOHN CALVIN, LEONARDO DICAPRIO. ■ Tornano per la terza volta gli alieni tondi, veloci e velenosi. Il loro compito è quello di difendere dai "cattivi" il luogo ameno in cui sono finiti. Peccato che ironia e grottesco siano ormai consunti. ■ FANTASTICO; COL.; 84'; USA, 1991.

CROCE DEL SUD, LA *(When Strangers Marry)* ★★
Regia di CLARENCE BADGER. Con LILIAN BOND, JACK HOLT. ■ Una sposina newyorkese si trova di fronte a circostanze tali da indurla a sospettare che il marito possa essere un assassino. ■ GIALLO; B/N; 90'; USA, 1933.

CROCE DI DIAMANTI, LA *(Mara Maru)* ★★
Regia di GORDON DOUGLAS. Con ERROL FLYNN, RUTH ROMAN, RICHARD WESS. ■ C'è un tesoro da ritrovare nei mari delle Filippine: si tratta di una croce di diamanti che apparteneva a una chiesa di Manila. Le dà la caccia un comandante informato dell'affare da un suo ex socio che poi viene trovato ucciso. All'uomo si uniscono la vedova dell'ucciso, un ragazzo e due avventurieri. La croce sarà ritrovata, tutti tenteranno di sottrarsela l'un con l'altro ma alla fine il ragazzo la restituirà al legittimo proprietario: la chiesa. ■ AVVENTURA; B/N; 98'; USA, 1952.

CROCE DI FERRO, LA *(Cross of Iron)* ★★★
Regia di SAM PECKINPAH. Con JAMES COBURN, JAMES MASON, MAXIMILIAN SCHELL, DAVID WARNER. ■ La Wehrmacht, al quarto anno di guerra, sta per soccombere sotto l'offensiva dei russi. Il sergente Steiner e i suoi uomini compiono disperati atti di eroismo; ma Steiner è odiato dal suo comandante perché s'è rifiutato di aiutarlo ad ottenere una ricompensa al valore. Il bieco maggiore cerca di tagliarlo fuori dalle linee e, non riuscendoci, lo fa mitragliare sulla via del ritorno. Ma Steiner è indistruttibile. ■ GUERRA; COL.; 119'; GERMANIA, GRAN BRETAGNA, 1977.

CROCE DI FUOCO, LA *(The Fugitive)* ★★★
Regia di JOHN FORD. Con PEDRO ARMENDARIZ, WARD BOND, DOLORES DEL RIO, HENRY FONDA. ■ In un ipotetico paese dell'America latina, il potere è in mano a un partito che perseguita i religiosi. L'unico prete a tener duro è un individuo mitissimo ma molto orgoglioso, che decide di rimanere a qualsiasi costo. Si traveste ma al momento buono cede e cerca di fuggire. Il caso gli fa incontrare una donna morente che ha bisogno dei sacramenti, dunque affronta di nuovo il pericolo. Poi ripara all'estero, ma, ingannato, ritorna nel suo paese, stavolta per morirci. ■ DRAMMATICO; B/N; 104'; USA, 1947. ■ VENEZIA 1 PR.

CROCE DI LORENA, LA *(The Cross of Lorraine)* ★★★
Regia di TAY GARNETT. Con JEAN-PIERRE AUMONT, SIR CEDRIC HARDWICKE, GENE KELLY. ■ La storia si svolge in un campo di concentramento tedesco in cui sono rinchiusi alcuni prigionieri francesi. C'è quello che tradisce, quello che tenta di fuggire e viene ucciso, quello che sembra un vigliacco e diventa poi l'eroe che convince gli altri a ribellarsi. ■ GUERRA; B/N; 90'; USA, 1943.

CROCE E DELIZIA ★★
Regia di LUCIANO DE CRESCENZO. Con MARINA CONFALONE, LUCIANO DE CRESCENZO, ISABELLA ROSSELLINI, TEO TEOCOLI. ■ Una sarta di scena si convince di essere la reincarnazione di Violetta Valery. Morirà non di mal sottile ma di una più prosaica caduta sul set del film dove si sta girando proprio *La Traviata*. De Crescenzo, che è un abile scrittore, sembra sempre più a disagio nel gestire sceneggiature (qui è coadiuvato dall'ormai spento Pazzaglia) che si sfilacciano man mano che la storia prosegue. Il giochino del "cinema sul cinema" ha bisogno di una maggiore vivacità. ■ COMMEDIA; COL.; 99'; ITALIA, 1995.

CROCE SENZA NOME, UNA ★★
Regia di TULLIO COVAZ. Con CARLO NINCHI, GIANNI RIZZO, FRANCA TAMANTINI. ■ Jannina è una bimba tedesca che arriva a Roma in cerca della tomba del padre. La ospita il vecchio Teofilo, venditore di libri usati, che l'aiuta nelle ricerche avvalendosi di un gruppo di ragazzi. Quando il gruppo sospende provvisoriamente le ricerche, la piccola insiste da sola, ma cade e si ferisce gravemente. Con un piccolo trucco, i ragazzi le fanno credere di aver ritrovato la tomba del padre e la ragazzina, tranquillizzata, guarisce. ■ DRAMMATICO; B/N; 95'; ITALIA, 1952.

CROCEVIA DELLA MORTE *(Miller's Crossing)* ★★★★
Regia di JOEL COEN. Con GABRIEL BYRNE, ALBERT FINNEY, JOHN TURTURRO. ■ Terzo lungometraggio per i due fratelli Coen, Joel alla regia e Ethan alla produzione, dopo *Blood Simple* e *Arizona Junior*. Il loro talento visionario viene qui messo al servizio di una *gangster story*. Siamo nel 1929, nel periodo del Proibizionismo e degli scontri a fuoco tra bande rivali. Tom è agli ordini di un potente boss, Leo, e i due, oltre ad avere molta stima uno dell'altro, sono amici. Ora, la donna fatale della situazione, Verna, provvederà a mettere uno contro l'altro i due uomini. Ad aiutarla c'è il fratello, un poco di buono. Questo film può essere accostato a *Quei bravi ragazzi* anche se maggiore è la dose di grottesco nel lavoro dei fratelli Coen. Il migliore degli attori è il grande Albert Finney e nella parte del fratello di Verna troviamo John Turturro destinato al ruolo di protagonista nel film successivo dei Coen, *Barton Fink*. ■ POLIZIESCO; COL.; 110'; USA, 1990.

CROCEVIA PER L'INFERNO *(Norman Life)* ★★★
Regia di JOHN MCNAUGHTON. Con ASHLEY JUDD, LUKE PERRY, BRUKE YOUNG. ■ Chris è poliziotto in una cittadina di provincia. Incontra Pam (Judd) e la sposa. Si accorge dopo che lei è molto strana, quasi pazza, con tanto di mania suicida. Per amore diventa rapinatore, prima da solo, poi con la moglie. Non possono che morire entrambi in un'ultima rapina. La storia è ripresa da un fatto vero. Il regista aveva già firmato un piccolo cult dei giovani: *Henry-pioggia di sangue*. Ottime new (quasi) entry i due protagonisti: lei appare in questo film la più promettente "dark" del cinema americano, e lui, piccolo eroe televisivo reduce da *Beverly Hills 90210*, qui quasi irriconoscibile, recita con buon rigore. ■ DRAMMATICO; COL.; 98'; USA, 1996.

CROCIATE, LE *(Kingdom of Heaven)* ★★
Regia di RIDLEY SCOTT. Con JOUKO AHOLA, SHANE ATTWOOLL, TIM BARLOW, ORLANDO BLOOM, CHRISTIAN BOEVING, MARTON CSOKAS, SAMIRA DRAA, ERIQ EBOUANEY, JON FINCH, MICHAEL FITZGERALD, BRENDAN GLEESON, EVA GREEN, JEREMY IRONS, GHASSAN MASSOUD, KEVIN MCKIDD, NASSER MEMARZIA, KHALED EL NABAOUI, LIAM NEESON, EDWARD NORTON, MICHAEL SHAEFFER, MICHAEL SHEEN, ALEXANDER SIDDIG, DAVID THEWLIS, ULRICH THOMSEN, VELIBOR TOPIC. ■ La vicenda è collocata fra la seconda e la terza crociata. Ridley Scott, mette mano in quel crogiolo storico che ha caratterizzato le crociate e che ancora in qualche modo influenza dopo mille anni i nostri rapporti con l'estremo oriente. Il giovane fabbro Balian incontra un cavaliere che scopre essere suo padre (Liam Neeson), in partenza per le crociate. Lo segue prima riluttante e poi del tutto impegnato nella ricerca della propria natura guerriera e della propria identità familiare. Incontra principesse, guerrieri musulmani, re illuminati e diventa un leader, una circostanza inspiegabile, addirittura diventa il punto di riferimento di ogni guerriero crociato, tranne i pochi che tramano contro di lui. E battaglie viste mille volte. Film "faticoso", davvero sbagliato. Da rilevare, ancora, il più sopravvalutato "fenomeno" del cinema contemporaneo, Orlando Bloom. ■ DRAMMATICO; COL.; 145'; GRAN BRETAGNA, SPAGNA, USA, 2005.

CROCIATI, I *(The Crusades)* ★★★
Regia di CECIL B. DE MILLE. Con IAN KEITH, HENRY WILCOXON,

LORETTA YOUNG. ■ Secondo De Mille le imprese del famoso Riccardo Cuor di Leone in Terra Santa, durante la terza crociata, sono solo frutto dell'amore per la bella Ermengarda figlia del re di Navarra. La principessa, sposata da Riccardo, per evitare complicazioni politiche si toglie di mezzo e viene fatta prigioniera dal Saladino. Riccardo l'insegue per la Terra Santa e di battaglia in battaglia arriva a Gerusalemme, dove fa la pace con gli infedeli. ■ STORICO; B/N; 123'; USA, 1936. ■ OSCAR 1 NOM.

CROCIERA D'AMORE *(Trade Winds)* ★★★
Regia di TAY GARNETT. Con JOAN BENNETT, FREDRIC MARCH. ■ Una donna che crede di essere un'assassina fugge di Stato in Stato. L'insegue un investigatore che la raggiunge, se ne innamora e la sposa. Ma un poliziotto non demorde, trova i due e fa arrestare la donna. Il marito si mette allora in cerca del vero colpevole e lo trova. ■ POLIZIESCO; B/N; 90'; USA, 1938.

CROCIERA DA SBALLO, UNA ★★
(Anchors Aweigh – Lemon Pop Sicle IV)
Regia di DAN WOLMAN. Con ZACHI NOY, JOSEPH SHILVAH. ■ Tre amici si recano insieme in crociera. A bordo della nave accadranno i fatti più disparati ed essi saranno protagonisti di momenti d'amore, di timore, di divertimento e persino di paura. Ad aggiungere un po' di sale alla situazione si intromette anche una coppia di ladri. ■ COMMEDIA; COL.; 100'; USA, 1986.

CROCIERA DEL FOLLE, LA *(The Ship from Shanghai)* ★★
Regia di CHARLES BRABIN. Con KAY JOHNSON, CONRAD NAGEL, SAM WATERSTON. ■ Su una nave proveniente da Shanghai lo steward, preso da improvvisa follia, semina il panico fra i passeggeri. ■ DRAMMATICO; B/N; 90'; USA, 1929.

CROCIERA DELLE RAGAZZE, LA *(Melody Cruise)* ★★★
Regia di MARK SANDRICH. Con PHILIP HARRIS, CHARLES RUGGLES. ■ Due amici in crociera, uno sposato e l'altro no, fanno una scommessa: se lo scapolo si sposerà l'altro dovrà confessare alla propria moglie tutti i suoi tradimenti. Per tutto il tempo della navigazione lo sposato cerca di impedire all'altro di innamorarsi (ed è un'impresa perché ci sono in giro donne bellissime). Alla fine lo scapolo deve cedere: il disastro, tuttavia, è evitato da un imprevisto. ■ COMMEDIA; B/N; 95'; USA, 1933.

CROCIERA DELLE TIGRI, LA *(La traversée rayée)* ★★
Regia di VLADIMIR FETIN. Con IVAN DIMITRIEV, ALEXEI GRIBOV, MARGARITA NAZAROVA. ■ Su una nave da trasporto, una bella cameriera vuole vendicarsi del comandante che non la degna di uno sguardo. Non trova di meglio che liberare alcune tigri dalle gabbie nelle quali erano rinchiuse per il trasporto ad uno zoo di Odessa. Naturalmente la nave cade in preda allo scompiglio dando il via a situazioni di comicità. ■ COMMEDIA; COL.; 92'; URSS, 1961.

CROCIERA DEL TERRORE, LA *(The Last Voyage)* ★★★
Regia di ANDREW L. STONE. Con DOROTHY MALONE, EDMOND O'BRIEN, GEORGE SANDERS, ROBERT STACK. ■ Un grosso transatlantico, il *Claridon*, è alla sua ultima traversata, dopodiché verrà demolito. I passeggeri della crociera non lo devono sapere perché devono viaggiare tranquilli, divertendosi senza problemi. Ma il destino vuole che scoppi un incendio a bordo. Invano i marinai tentano di spegnerlo. In breve tempo, accade la catastrofe. Fortunatamente una nave soccorre i naufraghi, ma il comandante perirà tentando di raddrizzare la situazione. ■ DRAMMATICO; COL.; 149'; USA, 1960. ■ OSCAR 1 NOM.

CROCIERA DI LUSSO *(Luxury Liner)* ★★★
Regia di RICHARD WHORF. Con GEORGE BRENT, FRANCES GIFFORD, JANE POWELL. ■ Polly è una terribile ragazzina, figlia di un comandante di transatlantico. Per conoscere da vicino un tenore lirico, si imbarca clandestinamente sulla nave del padre e a bordo ne combina di tutti i colori. Riesce persino a far sì che suo padre si innamori di una giovane donna che le aveva dimostrato simpatia e che Polly aveva scelto come sua seconda madre. ■ COMM. MUSICALE; COL.; 98'; USA, 1948.

CROCIERA DI LUSSO PER UN MATTO ★★★
(Brillantovaya ruka)
Regia di LEONID GAJDAJ. Con NINA GRIBUSCOVA, ANDREI MIRONOV, EVGHERIJ MORGUNOV, JURIJ NIKULIN. ■ Ispirandosi ad un'inchiesta sul contrabbando condotta in Urss, il film narra le vicende di un mite ragioniere che riesce a tener testa ad un gruppo di contrabbandieri con un coraggio e una abilità insospettabili. ■ COMMEDIA; B/N; 90'; URSS, 1969.

CROCIERA DI PIACERE *(Pleasure Cruise)* ★★
Regia di FRANK TUTTLE. Con GENEVIÈVE TOBIN, ROLAND YOUNG. ■ Un uomo e una donna si conoscono a bordo di una nave. Dopo alcune diffidenze iniziali si innamorano e alla fine vivranno felici nonostante alcuni prevedibili ostacoli superati in bellezza. ■ COMMEDIA; B/N; 72'; USA, 1933.

CROCIERA FUORI PROGRAMMA *(Cabin Boy)* ★
Regia di ADAM RESNICK. Con RITCH BRINKLEY, BRIAN DOYLE-MURRAY, CHRIS ELLIOTT. ■ Ricorda vagamente *Capitani coraggiosi* questo filmetto piuttosto inutile, ma potrebbe intitolarsi anche *Mamma ho perso la nave*. Nathaniel deve fare una crociera di lusso ma finisce su un peschereccio dove deve seguire la dura vita dei lupi di mare. Ci guadagna. ■ COMMEDIA; COL.; 77'; USA, 1994.

CROCIERA IMPREVISTA *(The Truth about Spring)* ★★
Regia di RICHARD THORPE. Con LIONEL JEFFRIES, JAMES MACARTHUR, HAYLEY MILLS, JOHN MILLS. ■ Tyler possiede la mappa di un tesoro ma non ha i mezzi per cercarlo. Sua figlia non si perde d'animo e propone il viaggio al rampollo di un miliardario, proprietario di un favoloso yacht. Oltre al tesoro i due giovani trovano l'amore. ■ COMMEDIA; COL.; 102'; GRAN BRETAGNA, 1965.

CROCODILE *(Giant Crocodile)* ★
Regia di SAM SANDS. Con BOB HARRISON, KIRK WARREN, ANGELA WELLS. ■ Divenuto enorme e ferocissimo, a causa di un'esplosione nucleare, un coccodrillo gigante semina morte e terrore e fa a brandelli la moglie di uno scienziato. Il vedovo riuscirà a vendicarsi. ■ FANTASCIENZA; COL.; 90'; CINA, 1981.

CROCODILE DUNDEE 3 ★★
(Crocodile Dundee in Los Angeles)
Regia di SIMON WINCER. Con JONATHAN BANKS, JARE BURNS, PAUL HOGAN, LINDA KOZLOWSKI. ■ A distanza di tredici anni dal secondo episodio del celebre personaggio, ecco una nuova avventura di Mick Dundee. Dopo aver lottato con un coccodrillo, che gli impediva di affilare il proprio coltello, torna a casa e scopre di essere diventato un'attrazione per turisti. ■ AVVENTURA; COL.; 92'; USA, 2000.

CROLLO DI ROMA, IL ★★
Regia di ANTHONY DAWSON. Con MARIA GRAZIA BUCCELLA, GIANCARLO SBRAGIA. ■ Per sfuggire alle persecuzioni contro i cristiani, i fratelli Marco e Lucia fuggono da Roma alla ricerca di un console loro amico che potrebbe aiutarli. Lungo la strada vengono separati e Marco rientra nella capitale in compagnia di una bellissima fanciulla barbara. Un terremoto distrugge la città e Marco, ferito a morte, riesce a convertire la bella pagana. ■ STORICO; COL.; 95'; ITALIA, 1963

CRO-MAGNON ODISSEA NELLA PREISTORIA ★
(The Clan of the Cave Bear)
Regia di MICHAEL CHAPMAN. Con JOHN DOOLITTLE, DARYL HANNAH, PAMELA REED, JAMES REMAR. ■ Siamo alla preistoria del genere umano, un'era in cui ci si unisce in tribù se si vuole una speranza di sopravvivenza. Ma c'è una ragazza, diversa da tutti gli altri, che proprio per la sua diversità, per il fatto che è in possesso di doti psichiche particolari, fa paura. Allora viene cacciata da tutti e deve duramente battersi per non essere sopraffatta. ■ FANTASTICO; COL.; 99'; USA, 1985. ■ OSCAR 1 NOM.

CROMWELL ★★★
Regia di KEN HUGHES. Con ALEC GUINNESS, RICHARD HARRIS, ROBERT MORLEY, DOROTHY TUTIN. ■ Siamo alla metà del secolo diciassettesimo, durante la guerra civile inglese. A capo delle truppe del Parlamento c'è Oliver Cromwell, che sconfigge re Carlo I, si mostra generoso con lui, ne viene tradito e lo sconfigge nuovamente. Il re muore sul patibolo, ma la situazione del paese non migliora. Cromwell allora prende in mano la situazione, risolvendola. ■ STORICO; COL.; 141'; GRAN BRETAGNA, 1970. ■ OSCAR 1 PR, 2 NOM.

CRONACA DEGLI SCANDALI, LA *(Blessed Event)* ★★★
Regia di ROY DEL RUTH. Con MARY BRIAN, DICK POWELL, NED

SPARKS, LEE TRACY. ■ Il film racconta in maniera molto briosa e divertente le peripezie di un cronista in cerca di guai. ■ COMMEDIA; B/N; 83'; USA, 1932.

CRONACA DI ANNA MAGDALENA BACH ★★★
(Chronik der Anna Magdalena Bach)
Regia di JEAN-MARIE STRAUB. Con PAOLO CARLINI, CHRISTIANA LANG, GUSTAV LEONHARDT. ■ È una cronaca immaginaria della vita del famoso musicista raccontata attraverso gli occhi della moglie. Inizia con la sua morte avvenuta in Germania nel 1750. Con Bach finì secondo il regista la civiltà cristiana occidentale. Film geniale, nobilissimo, notevolmente noioso nonostante duri meno di novanta minuti. ■ STORICO; B/N; 84'; GERMANIA, ITALIA, 1967.

CRONACA DI HELLSTROM *(Hellstrom Chronicle)* ★★★
Regia di WALLON GREEN. ■ È un documentario sulla vita degli animali che cerca anche di stabilire un paragone fra le abitudini degli uomini e quelle degli altri esseri viventi. ■ DOCUMENTARIO; COL.; 95'; USA, 1971.

CRONACA DI UNA FUGA – BUENOS AIRES 1977 ★★★
(Cronica de una fuga)
Regia di ISRAEL ADRIAN CAETANO. Con NAZARENO CASERO, RODRIGO DE LA SERNA, LAUTARO DELGADO, PABLO ECHARRI, MATÌAS MORMORATO. ■ Buenos Aires, 1977, Claudio Tamburrini è un giovane portiere professionista. Un giorno di dicembre viene prelevato da una squadra di militari in borghese e rinchiuso in un centro di detenzione clandestino. Sospettato di appartenere a un'organizzazione che si oppone alla dittatura militare, viene sottoposto a feroci torture. Dopo 120 giorni di detenzione illegale nella Mansiòn Seré, la casa degli orrori alla periferia di Moron, decide di fuggire con altri tre compagni. Nudi e ammanettati, riusciranno nell'impresa il 24 marzo 1978. Il film si ispira al romanzo *Pase Libre – La fuga de la Mansiòn Seré*, dello stesso Tamburrini. ■ THRILLER; COL.; 103'; ARGENTINA, 2006.

CRONACA DI UN AMORE ★★★
Regia di MICHELANGELO ANTONIONI. Con LUCIA BOSÉ, MASSIMO GIROTTI, MASSIMO ROSSI. ■ La bellissima e povera Paola ha sposato un ricco industriale. Dopo molti anni ricompare Giulio, suo grande amore. La fiamma non è sopita e la relazione riprende. I due amanti decidono di liberarsi del marito. I drammatici preparativi si rivelano inutili, perché l'uomo muore in un incidente. Proprio quando non ci sarebbero più ostacoli, Giulio è preso dal rimorso e se ne va. ■ DRAMMATICO; B/N; 110'; ITALIA, 1950.

CRONACA DI UNA MORTE ANNUNCIATA ★★★
Regia di FRANCESCO ROSI. Con ANTHONY DELON, RUPERT EVERETT, ORNELLA MUTI, GIAN MARIA VOLONTÉ. ■ La vicenda ruota intorno ad un delitto che tutto il paese passivamente si aspetta senza poterlo sventare o senza volere. Cristo Bedoya ritorna, ormai vecchio, nel villaggio in Colombia, che l'aveva visto giovane medico. I ricordi si affollano dolorosamente: il giovane amico Santiago Nasar fu accoltellato dai fratelli Vicario che volevano vendicare l'onore della sorella Angela, poi ripudiata dal marito, Bayardo San Roman. Bedoya, nella sua tardiva ricostruzione, non trova nessuna prova che dimostri la colpevolezza di Angela e Santiago. Angela, ormai vecchia, vittima inerme dell'accaduto, ha passato la sua vita scrivendo lettere al marito, fin quando un giorno egli ritorna pentito. ■ DRAMMATICO; COL.; 110'; ITALIA, 1987.

CRONACA DI UN ASSASSINIO *(Blast of Silence)* ★★
Regia di ALLEN BARON. Con ALLEN BARON, MOLLY MCCARTHY, LARRY TUCKER. ■ Un killer ha l'incarico di uccidere un capo gangster. Ha molte difficoltà perché l'altro è protettissimo. L'occasione gli viene offerta da una donna. A casa di questa il killer compie la sua missione. Quando si tratta di riscuotere però, trova altri colleghi pagati per uccidere lui. ■ POLIZIESCO; B/N; 80'; USA, 1961.

CRONACA DI UN ASSURDO NORMALE ★
Regia di STEFANO CALVAGNA. Con STEFANO CALVAGNA, EMANUELE CERMAN, CLAUDIO DEL FALCO, CHIARA RICCI, BRUNO PAVONCELLO. ■ Il regista Stefano Calvagna mette in scena e interpreta la sua storia: dopo aver subito un tentato omicidio a colpi di pistola il 17 febbraio 2009, viene arrestato dalla polizia e rinchiuso nel carcere di Regina Coeli con diverse accuse, inclusa quella di aver inscenato il tentato omicidio. Nel mezzo troviamo inconsapevoli rapporti con esponenti della malavita, minacce, estorsioni, difficoltà produttive per la realizzazione del nuovo film, arresti domiciliari, emarginazioni professionali. ■ DRAMMATICO; COL.; 89'; ITALIA, 2011.

CRONACA DI UN DELITTO ★★
Regia di MARIO SEQUI. Con GIANNI SANTUCCIO, LINDA SINI, SARO URZÌ. ■ Sergio si è fatto due anni di carcere per un assassinio non commesso. Una volta fuori (il carcere era preventivo, prove vere non ce n'erano) il poveretto è sospettato e maltrattato da tutti. Bisogna comunque che il colpevole salti fuori, e infatti un operaio che aveva testimoniato il falso si pente e confessa a suo padre la verità. L'operaio viene poi ucciso, ma stavolta il padre riferisce la confessione alle persone giuste e la polizia arresta finalmente il colpevole. ■ DRAMMATICO; B/N; 92'; ITALIA, 1952.

CRONACA FAMILIARE ★★★★
Regia di VALERIO ZURLINI. Con MARCELLO MASTROIANNI, JACQUES PERRIN, SALVO RANDONE. ■ Dal romanzo di Vasco Pratolini. È la storia di due fratelli, dai primissimi anni dell'infanzia fino alla morte di Lorenzo, il minore, fra i due il più esposto, gracile e sfortunato. Enrico, il maggiore, giornalista faticosamente realizzatosi, rievoca gli sforzi per sostenere il fratello durante l'infanzia e l'adolescenza, la malattia di Lorenzo, l'ultimo penosissimo viaggio a Firenze, dove il poveretto va a morire. ■ DRAMMATICO; COL.; 88'; ITALIA, 1962. ■ VENEZIA 1 PR.

CRONACA NERA ★★
Regia di GIORGIO BIANCHI. Con LUIGI ALMIRANTE, GINO CERVI, ANDREA CHECCHI, MARIA DENIS, GIUSEPPE PORELLI. ■ Un ladro inseguito dalla polizia riesce a trovare asilo presso una famiglia per bene. Però non desiste dalla sua attività, mette insieme una banda e fa alcuni colpi. Si innamora di una brava ragazza e vuole cambiar vita. Ma è troppo tardi. ■ DRAMMATICO; B/N; 90'; ITALIA, 1946.

CRONACHE DEL TERZO MILLENNIO ★★
Regia di FRANCESCO MASELLI. Con SARA ALTIERI, MARY ASIRIDE, LUCIANO BARTOLI, GIORGIO GOBBI, GIUSEPPE MORETTI. ■ Maselli mette in scena uno spazio teatrale, quello di un palazzone degradato in cui il sottoproletariato prossimo venturo si asserraglia portando alla luce tutte le proprie contraddizioni ma anche il bisogno di riscatto. Film di "impegno" che fonde l'onirismo surreale con la retorica veteromarxista senza riuscire a entusiasmare neppure i comunisti più ortodossi. ■ DRAMMATICO; COL.; 85'; ITALIA, 1996.

CRONACHE DEL '22 ★★
Regia di FRANCESCO CINIERI, GUIDARINO GUIDI, GIUSEPPE ORLANDINI, MORALDO ROSSI, STEFANO UBEZIO. ■ Cinque episodi. *Giorno di paga* (Guidi): due teppisti che hanno partecipato alla marcia su Roma cercano di approfittare della situazione, ma uno ci rimette la pelle. *Spedizione punitiva* (Rossi): un ragazzo fascista e una ragazza figlia di un socialista potrebbero anche volersi bene, ma c'è di mezzo la politica. *Lo squadrista* (Orlandini): bravate di uno squadrista durante un ballo all'aperto. *La nuova legge* (Cinieri): un carabiniere denuncia un camorrista ed è costretto a dimettersi dal servizio. *Incontro sul mare* (Ubezio): un ragazzo, durante la marcia su Roma, fa in tempo ad avere un flirt dalle parti di Civitavecchia. ■ DRAMMATICO; B/N; 95'; ITALIA, 1962.

CRONACHE DI NARNIA: IL LEONE, LA STREGA E L'ARMADIO, LE ★★
(The Chronicles of Narnia: The Lion, the Witch and the Wardrobe)
Regia di ANDREW ADAMSON. Con JIM BROADBENT, JAMES COSMO, RUPERT EVERETT, GEORGIE HENLEY, SKANDAR KEYNES, TILDA SWINTON. ■ J. R. Tolkien and C. S. Lewis si sono incontrati per la prima volta nel 1926 all'università di Oxford, hanno condiviso i loro pensieri con l'obiettivo per entrambi di trasferire miti e leggende nel mondo contemporaneo comunicandone anche i valori religiosi. In Inghilterra, durante la seconda guerra mondiale, quattro fratelli scoprono nella casa di un vecchio professore, un armadio. Il mobile è la porta verso un mondo incredibile, il regno di Narnia. In questo universo fantasmagorico in cui gli ani-

mali parlano, la malefica strega Bianca, Jadis (Tilda Swinton) ha lanciato un incantesimo che ha messo sotto il gelo l'intero reame. I fanciulli, sotto la coltre di neve, prendono in mano la situazione e insieme al leone Aslan (con la voce di Omar Sharif) guidano Narnia contro l'esercito del male. Un film in cui gli effetti speciali sono presenti ma non prevaricano lasciando ai giovani spettatori anche il tempo per pensare. ■ ANIMAZIONE; COL.; 140′; USA, 2005. ■ GOLDEN GLOBES 2 NOM; OSCAR 1 PR, 3 NOM.

CRONACHE DI NARNIA: IL PRINCIPE CASPIAN ★★
(The Chronicles of Narnia: Prince Caspian)
Regia di ANDREW ADAMSON. Con BEN BARNES, GEORGIE HENLEY, SKANDAR KEYNES, WILLIAM MOSELEY, ANNA POPPLEWELL. ■ Peter, Edmund, Susan e Lucy a un anno di distanza dagli avvenimenti che li videro divenire regnanti di Narnia frequentano la scuola nella Gran Bretagna impegnata nella seconda guerra mondiale. Un giorno il richiamo del corno li proietta nuovamente nel mondo magico che ben conoscono o, meglio, che credono di conoscere. Perché un anno dei nostri equivale a milletrecento anni in quelle terre in cui, nel frattempo, tutti gli abitanti di Narnia sono stati uccisi o costretti a nascondersi a causa dell'invasione del popolo dei Telmarini. La seconda parte della saga di Narnia vede ancora alla regia Andrew Adamson che ha rivisto pregi e difetti del primo film e ha lavorato sulla pagina letteraria cercando di sfruttarne al massimo l'impatto cinematografico. ■ FANTASTICO; COL.; 140′; USA, GRAN BRETAGNA, 2008.

CRONACHE DI NARNIA. IL VIAGGIO DEL VELIERO, LE ★★★
(The Chronicles of Narnia: The Voyage of the Dawn Treader)
Regia di MICHAEL APTED. Con BEN BARNES, LAURA BRENT, GEORGIE HANLEY, SKANDAR KEYNES, WILL POULTER. ■ Lucy ed Edmund si trovano a Cambridge quando si spalancano nuovamente le porte del regno di Narnia attraverso il quadro di un veliero che inonda la stanza trasferendo tutti (compreso il cugino Eustace) nel mare in tempesta. Insieme al principe Caspian dovranno seguire una stella blu e ritrovare sette lord scomparsi per poter sconfiggere le tenebre. L'incombere delle difficoltà e l'incalzare delle tentazioni renderanno ancora una volta necessario l'intervento del gran leone Aslan. ■ FANTASTICO; COL.; 115′; GRAN BRETAGNA, 2010.

CRONACHE DI POVERI AMANTI ★★★
Regia di CARLO LIZZANI. Con ANNA MARIA FERRERO, ANTONELLA LUALDI, MARCELLO MASTROIANNI. ■ Tratto da un romanzo di Vasco Pratolini. Siamo a Firenze nei primi anni del fascismo: Mario è fidanzato con Bianca e conosce alcuni antifascisti. Uno di questi, Campolmi, viene picchiato dalle squadracce. Mario, facendogli visita, ha modo di conoscere sua moglie e se ne innamora. Campolmi muore; Mario, che ha rotto con la fidanzata, avrebbe via libera ma per rispetto al morto rinuncia. Intanto si è compromesso politicamente e un giorno i fascisti lo portano via. ■ DRAMMATICO; B/N; 109′; ITALIA, 1954. ■ CANNES 1 PR.

CRONACHE DI UN CONVENTO *(The Reluctant Saint)* ★★
Regia di EDWARD DMYTRYK. Con GIULIO BOSETTI, ELISA CEGANI, CARLO CROCCOLO, ARNOLDO FOÀ, RICARDO MONTALBAN, LEA PADOVANI, MAXIMILIAN SCHELL, AKIM TAMIROFF. ■ Un fraticello, osteggiato dai confratelli del convento, subisce fenomeni di levitazione nei momenti più impensati, tanto che è costretto a farsi esorcizzare. Ma anche dopo continuerà a fare miracoli. ■ DRAMMATICO; B/N; 94′; ITALIA, USA, 1962.

CRONISTA IN GAMBA, UN *(This Man is News)* ★★
Regia di DAVID MACDONALD. Con BARRY K. BARNES, VALERIE HOBSON. ■ Un giornalista un po' maniaco crede che nella sua redazione ci sarà presto un omicidio. Nessuno comunque gli dà retta, a cominciare dal direttore. Invece l'omicidio avviene. Il cronista si trova coinvolto in un gioco pericolosissimo, ma riesce a tirarsi fuori dai guai. ■ POLIZIESCO; B/N; 78′; GRAN BRETAGNA, 1938.

CRONISTA LAMPO, IL *(The Speed Reporter)* ★★
Regia di BERNARD B. RAY. Con LUANA WALTERS. ■ In un piccolo centro della provincia americana, una banda di gangster estende la sua influenza anche sulle istituzioni civiche. Un giornalista onesto e cocciuto decide di por fine alla cosa. ■ DRAMMATICO; B/N; 90′; USA, 1936.

CRONISTI D'ASSALTO *(The Paper)* ★★
Regia di RON HOWARD. Con GLENN CLOSE, ROBERT DUVALL, MICHAEL KEATON, RANDY QUAID, JASON ROBARDS, MARISA TOMEI. ■ Il «New York Sun» ha dei seri problemi e il concorrente «The Sentinel» vuole dargli il colpo di grazia. Ma i redattori del quotidiano in disgrazia, che seguiamo per un'intera giornata, cercano di impedirlo. Alla gravità della situazione del giornale si sommano i problemi quotidiani dei redattori. Troppo costruito e troppo recitato. La sceneggiatura per certi versi è ottima ma la credibilità dei suoi interpreti lo è meno. ■ DRAMMATICO; COL.; 112′; USA, 1994. ■ OSCAR 1 NOM.

CRONOS ★★
Regia di GUILLERMO DEL TORO. Con CLAUDIO BROOK, FEDERICO LUPPI, RON PERLMAN. ■ Film dell'orrore misto a umorismo nero. L'invenzione di un alchimista del Cinquecento fa trasformare un antiquario in un vampiro col dono dell'immortalità. ■ HORROR; COL.; 92′; MESSICO, 1992.

CROODS, I *(The Croods)* ★★★
Regia di KIRK DE MICCO, CHRIS SANDERS. Con NICOLAS CAGE, CATHERINE KEENER, CLORIS LEACHMAN, RYAN REYNOLDS, EMMA STONE. ■ C'era una volta l'età della pietra, quando gli uomini stavano nelle caverne e trovare di cosa cibarsi significava rischiare la vita. Tutto era molto diverso, allora, tranne... l'adolescenza. Eep è la figlia maggiore dei Croods e non ce la fa più ad accontentarsi della mera sopravvivenza; vuole uscire, curiosare, in una parola: vivere. ■ ANIMAZIONE; COL.; 98′; USA, 2013.

CROOKLIN ★★★
Regia di SPIKE LEE. Con ZELDA HARRIS, SPIKE LEE, DELROY LINDO, ALFRE WOODARD. ■ In casa Carmichael sono in otto e la vita non è tranquilla. Vivono a Brooklyn e i sei figli sono scatenati. Quando la madre scopre di avere un cancro la situazione sembra precipitare ma i Carmichael sapranno superare la crisi. Ambientato negli anni Settanta il film tratta in modo ironico questa storia autobiografica. In Italia è uscito direttamente per il noleggio. ■ COMMEDIA; COL.; 115′; USA, 1994.

CROSSBONE TERRITORY ★
Regia di DANNY CABREIRA. Con MIKE COHEN, DON GORDON, MICHAEL JAMES, PAUL VANCE. ■ Durante la guerra in Vietnam, un distaccamento di forze speciali americane ha il compito di distruggere una postazione radar situata al confine tra il Nord e il Sud del paese. L'azione, al cui comando è il capitano John Gabriel, ha pieno successo, ma durante la ritirata l'ufficiale è costretto a lasciare indietro uno dei suoi uomini, che viene preso prigioniero dal nemico. ■ GUERRA; COL.; 100′; USA, 1988.

CROSS COUNTRY ★★
Regia di PAUL LYNCH. Con NINA AXELROD, RICHARD BEYMER. ■ Richard Bley è appena stato abbandonato dalla sua ragazza e ne prova una cocente delusione. Per tentare di non pensarci più decide di trascorrere un fine settimana in solitudine e tranquillità, ma lo attende un'avventura penosa che inizia con un assassinio. ■ GIALLO; COL.; 95′; USA, 1983.

CROSSING, THE ★
Regia di GEORGE OGILVIE. Con RUSSELL CROWE, ROBERT MAMMONE, DANIELLE SPENCER. ■ Una pellicola giovanilistica collocata tra i paesaggi australiani, supportata da musica rock e impreziosita da qualche scena d'azione. Sam, il protagonista, torna nella sua città e cerca la compagna di un tempo, ma per questo si scontra con il nuovo fidanzato della ragazza, che è anche un vecchio amico di Sam. Ogilvie ha diretto, insieme a Miller, il terzo capitolo della saga di *Mad Max*. ■ DRAMMATICO; COL.; 89′; USA, 1991.

CROSSING OVER ★★★
Regia di WAYNE KRAMER. Con ALICE BRAGA, CLIFF CURTIS, HARRISON FORD, ASHLEY JUDD, RAY LIOTTA. ■ Max Brogan è un agente dell'Ice (Immigration and Customs Enforcement) e ha il compito di ostacolare con tutti i mezzi legali l'immigrazione clandestina negli Stati Uniti. Opera nell'area del confine con il Messico ed è incapace di trattare le persone come fossero puri e

semplici pacchi da accettare o rinviare al mittente. Incontra così la giovane operaia messicana Mireya Sanchez che, prima di essere arrestata dai suoi colleghi, lo supplica di aiutare il suo bambino. Nel frattempo Denise Frankel, avvocato, si occupa di difendere i più deboli mentre suo marito Cole, approfittando del potere che ha sulla consegna o meno della Green Card, costringe una ragazza australiana a concedergli prestazioni sessuali. ■ DRAMMATICO; COL.; 113′; USA, 2009.

CROSS LA GRANDE CACCIA *(A Great Ride)* ★
Regia di DONALD HULETTE. Con PERRY LANG, MICHAEL MACRAE, MICHAEL SULLIVAN. ■ Brutta avventura per due ragazzi campioni di motocross, che si mettono in viaggio dal Messico al Canada a scopo pubblicitario. Sono involontariamente responsabili della morte di un ragazzo che li sfida ad una corsa, e il padre di questi li vuole ammazzare; ma al confine del Canada sarà lui a finire in un burrone. ■ AVVENTURA; COL.; 90′; USA, 1978.

CROSS MISSION ★★
Regia di ALFONSO BRESCIA. Con DEBORAH KEITH, WERNER POCHAT, RICHARD RANDALL, ALEX VITALE. ■ In una regione selvaggia del Sudamerica, un misterioso personaggio è riuscito a costruirsi un piccolo impero personale (a lui fanno capo il traffico della droga e degli schiavi). Un pugno di ardimentosi cerca di por fine al suo potere malefico. ■ AVVENTURA; COL.; 92′; ITALIA, 1988.

CROSSROADS ★★
Regia di TAMRA DAVIS. Con TARYN MANNING, ANSON MOUNT, ZOE SALDANA, BRITNEY SPEARS. ■ Il fenomeno Britney Spears dal canto al cinema. Trattasi di pratica che dovrebbe essere funzionale, con un illustre precedente: la supersexy Mariah Carey (*Glitter*). Diciamo dunque funzionale commercialmente, molto meno artisticamente. In entrambi i casi. Quattro ragazzine fanno un patto di sangue: si ritroveranno più grandi, terminati gli studi. La promessa viene mantenuta. Partono a bordo di un macchinone, una spyder Buick del 1966, che fa tanto Presley, e puntano sulla California. Intendono relizzare i propri sogni. Sono accompagnate dal taciturno e misterioso Ben, opportunamente tenuto in disparte. Solo che speranze e sogni si infrangono nel *road*. La vita reale non è mai come si sperava. Tutti i luoghi comuni del film che deve privilegiare un personaggio "avulso", la cantante appunto. Le sceneggiatura prevede, come "deterrente", che Britney esprima concetti molto profondi. Invece dovrebbe solo cantare. Le riesce meglio. ■ DRAMMATICO; COL.; 97′; USA, 2002.

CROSSWORLDS – DIMENSIONI INCROCIATE ★
(Crossworlds)
Regia di KRISHNA RAO. Con JOSH CHARLES, RUTGER HAUER, ANDREA ROTH, STUART WILSON. ■ Un ragazzo di Los Angeles si trova impegnato a salvare il mondo combattendo contro i Signori della guerra. Dovrà incontrarli a Crossworlds, luogo in cui tutte le dimensioni convergono. Dovrà armarsi dello scettro di Dairachun e di un cristallo d'ambra. Il regista all'esordio si sopravvaluta e impiega un sempre più alieno (a se stesso) Rutger Hauer. ■ FANTASTICO; COL.; 89′; USA, 1996.

CRUDELI, I ★★
Regia di SERGIO CORBUCCI. Con NORMA BENGELL, JOSEPH COTTEN, ENNIO GIROLAMI, CLAUDIO GORA, JULIAN MATEOS. ■ Il colonnello Jonas e i suoi figli hanno escogitato un sistema per derubare chiunque incontrino e per trasportare impunemente il bottino: fingono di portare la salma di un ufficiale caduto in battaglia. Ma una giovane donna, alla quale occasionalmente il colonnello ha chiesto di fare la parte della vedova, sventa i loro piani e fa in modo che tutta la famiglia Jonas venga sterminata. ■ WESTERN; COL.; 92′; ITALIA, 1967.

♥ CRUEL INTENTIONS ★★★★
Regia di ROGER KUMBLE. Con SELMA BLAIR, LOUISE FLECHER, SARAH MICHELLE GELLAR, RYAN PHILLIPPE, REESE WITHERSPOON. ■ Bizzarra idea trasferire le *Liaison Dangereuses* di De Laclos, che hanno già avuto più versioni in costume, nella Manhattan contemporanea, nell'Upper East Side, tra adolescenti destinati a diventare Bobos. Un cast convinto e convincente, facce giuste, mano sicura nella direzione per un successo di nicchia. Lo spirito felice del Settecento, cinico e appassionato, si trasferisce perfettamente alla New York contemporanea. ■ COMMEDIA; COL.; 95′; USA, 1999.

CRUISING ★★★
Regia di WILLIAM FRIEDKIN. Con KAREN ALLEN, AL PACINO, PAUL SORVINO. ■ Un investigatore viene incaricato di indagare su una serie di delitti commessi da un maniaco nel mondo degli omosessuali. L'agente si traveste come loro, frequenta i loro bar e ritrovi e alla fine riesce a catturare l'assassino. Ma intanto la frequentazione con i "diversi" forse lo ha mutato in uno di loro. Un film che ha fatto scandalo (ma anche cassetta) negli Usa. ■ DRAMMATICO; COL.; 106′; USA, 1980.

CRUNA DELL'AGO, LA *(Eye of the Needle)* ★★★
Regia di RICHARD MARQUAND. Con IAN BANNEN, KATE NELLIGAN, DONALD SUTHERLAND. ■ Un'abilissima spia tedesca riesce a eludere la caccia della polizia britannica e a imbarcarsi verso il continente qualche giorno prima che gli Alleati sbarchino in Normandia. Durante la fuga s'innamora di una donna sposata con prole, che una volta a conoscenza della sua identità, lo uccide senza rimpianti. ■ AVVENTURA; COL.; 112′; GRAN BRETAGNA, 1981.

CRUSH – INFATUAZIONE *(Crush)* ★★
Regia di ALISON MACLEAN. Con CAITLIN BOSSLEY, MARCIA GAY HARDEN, DONOGH REES. ■ Lei e lei (probabilmente amanti) stanno recandosi a intervistare uno scrittore. Restano vittime di un incidente. Una finisce in coma e l'altra intervista lo scrittore diventandone amante (non senza avergli prima svezzato la figlia). L'amica si riprende dal coma e non intende passare sopra la situazione. Clima dark per questo film neozelandese che lavora sui dettagli per costruire una situazione meno banale di quello che la trama potrebbe far pensare. ■ DRAMMATICO; COL.; 97′; NUOVA ZELANDA, 1992.

CRY BABY ★★★
Regia di JOHN WATERS. Con JOHNNY DEPP, AMY LOCANE, SUSAN TYRRELL. ■ Waters, da regista *underground* a regista "contenuto" ma ugualmente dissacratorio. Da *Pink Flamingos* a *Polyester* ha saputo dare degli incisivi ritratti volutamente disgustosi dell'America contemporanea. Ora prende in giro gli anni Cinquanta e film come *West Side Story*, *I ragazzi della 56ª strada*, ma soprattutto i film di Elvis "the Pelvis" Presley. In questo *dementialmusical* si narrano le lotte tra i ragazzi perbene e i *teddyboy*. I primi sono gli "square" e i secondi sono i "drape". Nasce l'amore tra Cry Baby, ragazzo della seconda categoria e dalla lacrima facile, e una dolce ragazza degli "square". L'amore ovviamente trionferà. Come ospiti speciali troviamo il cantante rock Iggy Pop nella parte di Mr. Belvedere e Joe Dallesandro che impersona il reverendo Hackett. Convincente Johnny Depp, l'attore di *Edward mani di forbice*, allora esordiente. Il film è stato presentato a Cannes fuori concorso. ■ COMM. MUSICALE; COL.; 81′; USA, 1990.

CRYING FREEMAN ★★
Regia di CHRISTOPHE GANS. Con JULIE CONDRA, MARK DACASCOS, TCHÉKY KARYO, MASAYA KATO. ■ C'è un assassino che terrorizza tutti, soprattutto i cattivi della *yakuza*, la mafia giapponese. È crudelissimo ma si commuove di fronte alla bellissima che dovrebbe uccidere. Anche i killer hanno dunque un cuore. E alla fine l'amore trionfa su tutto. Divertente produzione ripresa da un fumetto manga del periodico francese fantasy «Starfix». Ci sono tutte le citazioni possibili, da John Woo, a Bruce Lee, e altri. ■ AVVENTURA; COL.; 107′; USA, 1995.

CRYSTAL HEART – VOGLIA D'AMORE ★★
(Crystal heart)
Regia di GIL BETTMAN. Con LEE CURRERI, MAY HEATHERLY, TAWNY KITAEN. ■ Travolgente storia d'amore fra una cantante rock e un ragazzo costretto dalla mancanza di anticorpi a vivere confinato in una gabbia di cristallo perfettamente sterile. Ma lei vuole fare carriera e lui non può uscire dal suo forzato isolamento. Molta musica e un lacrimevole finale. ■ DRAMMATICO; COL.; 95′; USA, 1987.

CUANDO CALIENTA EL SOL... VAMOS ALLA PLAYA ★★
Regia di MINO GUERRINI. Con MARIO CAROTENUTO, PEPPINO DI

CAPRI, CARMEN RUSSO. ■ Un giovane meccanico convince due amici, un idraulico e un panettiere, a seguirlo al mare per rintracciare una ragazza altolocata di cui è innamorato. Difficile l'inserimento nel bel mondo, ma alla fine riesce a conquistare la bella. ■ COMMEDIA; COL.; 90'; ITALIA, 1983.

CUANDO LA VERDAD DESPIERTA – LA SOTTILE LINEA DELLA VERITÀ ★★
Regia di ANGELO RIZZO. Con ENRIQUE ALMIRANTE, MICHEL ALTIERI, CARLOS PADRÓN, ROBERTO PERDOMO. ■ L'Avana, Cuba, 1997. Il giovane italiano Fabio Di Celmo raggiunge l'isola per lavorare con il padre. In quei giorni L'Avana è oggetto di una serie di attentati che colpiscono i luoghi maggiormente frequentati dai turisti, La Bodeguita del Medio, l'Hotel Triton, l'Hotel Chateou, l'Hotel Copacabana. Proprio in uno di questi attentati il giovane italiano perderà la vita. Un ex agente Cia e acceso anticastrista, Luis Posada Carrilles, si attribuisce l'organizzazione degli atti terroristici. Ma gli ordini arrivano da Washington. Questa è almeno la tesi di Rizzo, che ha passato quasi due anni a raccogliere documentazione prima di realizzare il film, che cerca di capire chi stesse effettivamente dietro all'ondata terroristica tesa a minare alla base la principale "industria" cubana: il turismo. ■ DRAMMATICO; COL.; 90'; CUBA, ITALIA, SPAGNA, 2006.

CUBA ★★★
Regia di RICHARD LESTER. Con BROOKE ADAMS, MARTIN BALSAM, SEAN CONNERY, HECTOR ELIZONDO, JACK WESTON. ■ Nel 1959 un ufficiale inglese, esperto nella lotta antiguerriglia, viene assoldato dal governo cubano del presidente Batista per combattere contro i castristi. L'uomo reincontra una sua antica fiamma, ora moglie di un proprietario di piantagioni, e s'accorge che i governativi sono inefficienti e crudeli. Finirà per combattere coi ribelli insieme a un piccolo industriale americano venuto a Cuba per affari. Dopo il trionfo di Castro, l'ufficiale partirà, ma la sua bella non vorrà andare con lui nonostante il marito sia stato ucciso dal fratello di una sua operaia da lui sedotta. ■ AVVENTURA; COL.; 121'; GRAN BRETAGNA, USA, 1979.

CUBA FELIZ ★★★
Regia di KARIM DRIDI. Con ANÍBAL ÀVILA, MIGUEL DEL MORALES, MIRTA GONZÀLES, ARMANDITO MACHADO, MARIO SANCHEZ MARTINEZ, GILBERTO MENDEZ, ALBERTO PABLO, PEPÍN VAILLANT. ■ Il cantante/musicista Miguel Del Morales, detto "il Gallo", vive il sogno di un viaggio musicale attraverso le strade, i campi e le città della sua amata Cuba. L'uomo parte da La Habana con la sua chitarra ed assapora i ritmi della salsa, del rap o della musica tradizionale di ogni paese. Conosce uomini e donne che si esprimono attraverso il canto, personaggi comuni che vibrano con le corde del loro contrabbasso, contadini e artigiani che si rivelano tra le note della loro tromba. ■ DOC. MUSICALE; COL.; 90'; FRANCIA, 2000.

CUBA LIBRE – LA NOTTE DEL GIUDIZIO ★★
(Judgement Night)
Regia di STEPHEN HOPKINS. Con STEPHEN DORFF, EMILIO ESTEVEZ, CUBA GOODING JR. ■ Soprattutto i giovani possono apprezzare questo film d'azione. Ricco di ritmo e musica scelta ad arte, manca però di approfondimento. Alcuni giovani cercano di difendersi da una banda minacciosa e assassina. Classica storia sulla violenza metropolitana: sembra ispirarsi un po' a *Colors* e un po' a *I guerrieri della notte*. ■ POLIZIESCO; COL.; 109'; USA, 1993.

CUBA LIBRE – VELOCIPEDI AI TROPICI ★★
Regia di DAVID RIONDINO. Con ANTONIO CATANIA, SABINA GUZZANTI, DAVID RIONDINO. ■ Un film senza pretese sorretto da una piccola idea. Un regista che vuole girare un rifacimento di *Ladri di Biciclette* a Cuba e assiste a un vero furto. Ironizzando sui turisti e sull'inutile iniziativa di carpire il segreto della felicità di queste popolazioni. ■ COMMEDIA; COL.; 90'; ITALIA, 1996.

CUBAN CALYPSO – ONDA DI CALORE ★
(Calipso Heat Wave)
Regia di FRED F. SEARS. Con MERRY ANDERS, JOHNNY DESMOND, PAUL LANGTON, MEG MYLES. ■ Un avventuriero vorrebbe mettere le mani su una piccola ma avviata casa discografica, ma non ci riuscirà. ■ DRAMMATICO; B/N; 90'; USA, 1957.

CUBE – IL CUBO *(Cube)* ★★★
Regia di VINCENZO NATALI. Con MAURICE DEAN WINT, NICOLE DE BOER, NICKY GUADAGNI, DAVID HEWLETT, WAYNE ROBSON. ■ Un gruppo di uomini e donne si ritrova intrappolato in un enorme cubo formato da stanze (anch'esse di forma cubica) ognuna delle quali ha sei possibili aperture che conducono ad altre stanze. Ognuna di esse può costituire un passo in avanti verso la salvezza (cioè verso la superficie esterna) oppure un pericolo mortale. Chi si trova all'interno non sa come ci sia finito e se si tratti o meno di una punizione. Il film canadese costato solo 350.000 dollari, messi a disposizione nella quasi totalità da Norman Jewison, ha ottenuto buoni risultati al box office grazie a una dimensione narrativa di impronta kafkiana che non rinuncia a qualche momento da *grand guignol* e a qualche caratterizzazione un po' sopra le righe. ■ THRILLER; COL.; 90'; CANADA, 1997.

CUCARACHA, LA ★★
Regia di ISMAEL RODRIGUEZ. Con PEDRO ARMENDARIZ, DOLORES DEL RIO, MARIA FELIX, EMILIO FERNANDEZ. ■ Il colonnello Zeta combatte per la Rivoluzione messicana e per Pancho Villa. Gli è a fianco la bella Refugio detta "Cucaracha" per il temperamento caldo e focoso, ma il loro amore è messo a repentaglio da un'altra donna di cui si invaghisce il colonnello. Nel frattempo "Cucaracha" mette al mondo un figlio e aspetta a casa il ritorno del suo amante, sicura che questo nuovo legame lo indurrà a stare con lei per sempre. Ma il colonnello muore in battaglia e le due donne diventeranno presto amiche. ■ AVVENTURA; B/N; 92'; MESSICO, 1960.

CUCCAGNA, LA ★★★
Regia di LUCIANO SALCE. Con UMBERTO D'ORSI, LUIGI TENCO, UGO TOGNAZZI, DONATELLA TURRI. ■ Una ragazza si allontana dalla famiglia che l'opprime. Gli impieghi che trova non fanno che peggiorare la sua situazione; ben che vada il suo titolare vuol portarsela a letto. La conoscenza di un ragazzo tetro e insoddisfatto le crea altri problemi. I due predispongono addirittura un suicidio, che poi non realizzano perché tutto sommato è meglio restar vivi e volersi bene. ■ COMMEDIA; B/N; 95'; ITALIA, 1962.

CUCCATA PER IL WEEK-END *(The Big Steal)* ★★
Regia di NADIA TASS. Con STEVE BISLEY, CLAUDIA KARVAN, BEN MENDELSOHN. ■ Un giovanotto è un grande appassionato delle auto Jaguar. È altresì interessato a Johanna, una collega di scuola. Quando i sogni si avverano è passato attraverso ogni tipo di guai. Deludente esperienza della regista australiana di *Malcolm*. ■ COMMEDIA; COL.; 91'; AUSTRALIA, 1990.

CUCCIOLI. IL CODICE DI MARCO POLO ★★
Regia di SERGIO MANFIO. Con LAURA LENGHI, PAOLO LOMBARDI, EDOARDO NEVOLA, GIGI ROSA, MONICA WARD. ■ Maga Cornacchia vuole prosciugare Venezia, la città che l'ha vista umiliarsi pubblicamente da giovane e venire bandita dall'ordine dei maghi. Ora che ha preso dimora nel palazzo della magia sull'Himalaya possiede le conoscenze per farlo, le basta solo ritrovare il Codice di Marco Polo, l'unico strumento in grado di fermarla. A meno che i Cuccioli non arrivino prima di lei. Richiamati da ogni dove dal cane Portatile, infatti, la gatta Olly, il coniglio Cilindro, la papera Diva, la rana Pio e il pulcino Senzanome si riuniscono sulla laguna per fermare la maga Cornacchia e i suoi scagnozzi e salvare la città di Marco Polo. ■ ANIMAZIONE; COL.; ITALIA, 2010.

CUCCIOLO ★
Regia di NERI PARENTI. Con MASSIMO BOLDI, BRUNO GAMBAROTTA, CLAUDIA KOLL. ■ Boldi è un adulto che rifiuta di crescere. C'è anche qualcosa di positivo: aver suscitato l'istinto materno nella Koll. Scritto da Enrico Vanzina per il "milanese" Boldi (mamma mia!). C'è anche la faccenda della metafora del non voler crescere. Mamma mia! ■ COMMEDIA; COL.; 98'; ITALIA, 1998.

CUCCIOLO, IL *(The Yearling)* ★★★
Regia di CLARENCE BROWN. Con CLAUDE JARMAN JR, GREGORY PECK, JANE WYMAN. ■ Florida, negli ultimi anni dell'Ottocento. Una famigliola di contadini (padre, madre e ragazzo) a costo di durissimi sacrifici riesce a vivere in un piccolo podere. I tre sono isolatissimi e soffrono la solitudine (la madre poi, che ha visto mori-

re tre figli su quattro, è del tutto inaridita). Il ragazzo trova una ragione di vita quando ha la possibilità di allevare un cucciolo di cervo. Ma il cucciolo cresce e diventa una vera calamità per il podere. Va dunque eliminato e dovrà essere il ragazzo a farlo, imparando così a sue spese una durissima legge di natura. ■ DRAMMATICO; COL.; 134'; USA, 1946. ■ OSCAR 2 PR, 7 NOM.

CUCINA AL BURRO *(La cuisine au beurre)* ★★
Regia di GILLES GRANGIER. Con ANDRÉ BOURVIL, FERNANDEL, MICHEL GALABRU, CLAIRE MAURIER, HENRY VILBERT. ■ La proprietaria di un ristorante, convinta che il marito sia morto in guerra, si risposa. Ma quando il defunto compare, si instaura un complicato rapporto a tre. Soltanto la comparsa di una donna che si innamora del primo marito risolve la situazione. ■ COMICO; B/N; 82'; FRANCIA, 1964.

CUGINA BETTE, LA *(Cousin Bette)* ★★
Regia di DES MCANUFF. Con GERALDINE CHAPLIN, BOB HOSKINS, JESSICA LANGE, HUGH LAURIE, KELLY MACDONALD, ELISABETH SHUE. ■ Bette ha vissuto per anni all'ombra di una cugina odiata e temuta che le ha portato via la famiglia, l'amore e il patrimonio. Quando si giunge all'ennesima sconfitta Bette decide di vendicarsi, uno per uno, di tutti quelli che, a partire dalla cugina, le hanno fatto del male. Balzac fa da fonte di ispirazione per un film in cui la scrittura cinematografica traduce la cupa vendetta di un animo esacerbato in un ritratto scialbo a cui neppure Jessica Lange riesce a offrire una via d'uscita. ■ DRAMMATICO; COL.; 102'; USA, 1998.

CUGINA DI VARSAVIA, LA ★★
(Meine Cousine aus Warschau)
Regia di CARL BOESE. Con TALA BIRELL, LIANE HAID, FRITZ SCHULZ. ■ Regista di buon mestiere, Boese fu attivo soprattutto negli anni Trenta. Ebbe modo di lavorare anche in Italia quando girò la versione italiana di *Paprika* con Elsa Merlini e Renato Cialente. ■ COMMEDIA; B/N; 90'; GERMANIA, 1931.

CUGINA FANNY, LA *(Fanny Hill)* ★★
Regia di RUSS MEYER. Con ALEXANDER D'ARCY, WALTER GILLER, MIRIAM HOPKINS. ■ Siamo negli anni intorno al 1750. Fanny è sola al mondo e va a Londra per sopravvivere. Incontra una "signora" che la colloca in una casa di tolleranza (naturalmente non glielo ha detto esplicitamente). Fanny è talmente ingenua che non si accorge neppure di ciò che le succede intorno. Un giorno incontra l'amore, ma la "signora" non vuol mollare la ragazza e così fa di tutto per impedire che i due si frequentino. Fanny sta per cadere in una truffa colossale, ma il giovanotto arriva in tempo a salvarla. ■ COMMEDIA; B/N; 105'; GRAN BRETAGNA, 1965.

CUGINI *(Cousins)* ★★★
Regia di JOEL SCHUMACHER. Con TED DANSON, ISABELLA ROSSELLINI, SEAN YOUNG. ■ Simpatico rifacimento di *Cugino cugina*, azzeccata commedia francese del 1974. Lui e lei si conoscono al matrimonio dello zio di lui con la madre di lei. Simpatizzano. È evidente che sono fatti l'uno per l'altro. Ma tergiversano (sono entrambi sposati). Ma è solo questione di tempo. I rispettivi coniugi troveranno altre strade. I parenti d'acquisto si sposeranno. ■ COMMEDIA; COL.; 113'; USA, 1989.

CUGINI, I *(Les cousins)* ★★★8
Regia di CLAUDE CHABROL. Con GÉRARD BLAIN, JEAN-CLAUDE BRIALY, JULIETTE MAYNIEL. ■ Charles e Paul sono cugini, ma di indole diversissima. Quanto il primo è serio tanto l'altro è frivolo. Costretti a vivere insieme e a frequentare la stessa gente, le diversità del loro carattere si manifestano ancor più chiaramente. Tra l'altro Paul, estroverso e simpatico, passa di conquista in conquista, mentre il cugino timido e maldestro è continuamente frustrato. Nell'ambito degli studi dovrebbe essere Charles ad avere la meglio e invece viene bocciato mentre il cugino terribile, giocando sulla sua sicurezza, è promosso. Charles allora, in preda alla disperazione, cerca di uccidere il rivale, ma naturalmente è lui ad avere la peggio. ■ DRAMMATICO; B/N; 110'; FRANCIA, 1958. ■ BERLINO 8 1 PR.

CUGINO AMERICANO, IL ★★
Regia di GIACOMO BATTIATO. Con BRAD DAVIS, BARBARA DE ROSSI, TONY LO BIANCO, VINCENT SPANO, RICKY TOGNAZZI. ■ Film per la tv con attori americani e italiani, diretto con professionalità da Battiato. Due cugini, uno americano e uno italiano, si trovano al centro di questa vicenda ambientata in Sicilia. Il primo è un professionista che dovrà condurre dei criminali sulle tracce del secondo, un giudice che sta indagando sul traffico di droga. ■ DRAMMATICO; COL.; 130'; ITALIA, 1989.

CUGINO CUGINA *(Cousin cousine)* ★★★
Regia di JEAN-CHARLES TACCHELLA. Con MARIE-CHRISTINE BARRAULT, VICTOR LANOUX, GUY MARCHAND, MARIE-FRANCE PISIER. ■ Durante una riunione di parenti (si festeggia un matrimonio) una bella donna, sposata con un farfallone, conosce un lontano cugino, a sua volta afflitto da un matrimonio molto agitato. Dalla conoscenza i due passano all'amicizia e infine all'amore. Sulle prime tengono la cosa segreta, per non farlo sapere ai rispettivi coniugi che stanno tentando un riavvicinamento. Poi decidono di fuggire insieme, incuranti dei commenti non certo benevoli del parentado. ■ COMMEDIA; COL.; 92'; FRANCIA, 1974. ■ GOLDEN GLOBES 1 NOM; OSCAR 3 NOM.

CUJO ★★
Regia di LEWIS TEAGUE. Con DANIEL HUGH KELLY, DANNY PINTAURO, DEE WALLACE. ■ Un grosso cane San Bernardo viene morso da un pipistrello e contrae la rabbia. Dopo aver ucciso due uomini, aggredisce una donna e un bambino che riescono a rifugiarsi in un'auto. Dopo quarantotto ore di assedio, la donna, stremata e con il figlio morente, esce dall'auto e uccide il cane, dopo una drammatica lotta con lui. Efficace suspense dal romanzo di Stephen King. ■ HORROR; COL.; 91'; USA, 1983.

CULASTRISCE NOBILE VENEZIANO ★★
Regia di FLAVIO MOGHERINI. Con FLORA CARABELLA, MARCELLO MASTROIANNI, ANNA MISEROCCHI, CLAUDIA MORI, LINO TOFFOLO. ■ Una tranquilla follia fa credere al nobile Luca che la moglie, sparita durante un fortunale, sia ancora accanto a lui. Quando alcuni parenti tentano di approfittare della situazione, un amico di Luca gli procura una fanciulla che prenderà il posto della moglie immaginaria. Superato il pericolo dei parenti, rimane l'incomodo della ragazza, che è diventata sempre più invadente. I due amici si procurano un gigantesco pallone e la spediscono tra le nuvole. ■ COMMEDIA; COL.; 110'; ITALIA, 1976.

CUL DE SAC ★★★8
Regia di ROMAN POLANSKI. Con FRANÇOISE DORLÉAC, DONALD PLEASENCE, LIONEL STANDER. ■ Giorgio divorzia e vuole cambiare vita. Vende la sua ditta, acquista un castello e va a viverci con la nuova giovane moglie. La vita è noiosa e lei si svaga andando a letto con quelli che le capitano a tiro. Un giorno arrivano due criminali inseguiti dalla polizia. Uno muore e l'altro si installa nel castello. Giorgio diventa vittima di questo prepotente mentre sua moglie invece cerca di sedurlo, inutilmente. Lei induce il marito a uccidere l'ospite. Il marito esegue e la donna per tutta risposta se ne va con un altro. ■ DRAMMATICO; B/N; 111'; GRAN BRETAGNA, 1966. ■ BERLINO 8 1 PR.

CULO E CAMICIA ★★
Regia di PASQUALE FESTA CAMPANILE. Con ENRICO MONTESANO, DANIELA POGGI, RENATO POZZETTO. ■ Nel primo dei due episodi che compongono il film (*Il televeggente*) troviamo Montesano nei panni di un aspirante cronista sportivo frustrato dalla balbuzie ma aiutato da un genio benevolo. Nel secondo (*Un uomo, un uomo e... evviva, una donna!*) il tranquillo ménage "particolare" tra Pozzetto e Leopoldo Mastelloni viene infranto, ma solo temporaneamente, dall'apparire di una donna (Maria Rosaria Omaggio) della quale Pozzetto si innamora. ■ COMMEDIA; COL.; 131'; ITALIA, 1981.

CULTO DEL COBRA, IL *(The Cult of the Cobra)* ★
Regia di FRANCIS D. LYON. Con FAITH DOMERGUE, RICHARD LENG, MARSHALL THOMPSON. ■ Una giovane donna che ha la facoltà di trasformarsi in serpente compie una strage: tutti i componenti di una spedizione in India che involontariamente avevano compiuto un sacrilegio cadono sotto la sua maledizione. Un uomo si innamora di lei ma, ignorando le sue trasformazioni, la uccide quando gli si presenta in veste animale. ■ FANTASCIENZA; B/N; 81'; USA, 1955.

CUOCA DEL PRESIDENTE, LA ★★★
(Les Saveurs du Palais)
Regia di CHRISTIAN VINCENT. Con JEAN D'ORMESSON, ARTHUR DUPONT, CATHERINE FROT, HIPPOLYTE GIRARDOT, JEAN MARC ROULOT. ■ Hortense Laborie cucina per operai impegnati in una missione in Antartico. Ruvida e riservata, Hortense è una cuoca sopraffina che ha lasciato anni prima la sua fattoria nel Périgord per un ruolo prestigioso all'Eliseo, prendendosi cura della dieta del presidente. Hortense non ama parlare di quegli anni: i ricordi riemergono insieme alle gelosie di chef che non hanno mai riconosciuto il suo talento e la preziosità dei suoi menù, costringendola alle dimissioni. Ma adesso che è lontana Hortense recupera il sapore dell'amicizia che l'ha legata al presidente della Repubblica francese. Liberamente ispirato alla storia di Danièle Delpeuch, cuoca della regione del Périgord, arruolata nel 1986 all'Eliseo per soddisfare appetito e gusto di François Mitterrand, *La cuoca del Presidente* ci introduce nell'alta cucina dimostrandoci che è un sistema chiuso dotato di rituali e regole che vanno rispettate. ■ BIOGRAFICO; COL.; 95'; FRANCIA, 2012.

CUOCO, IL LADRO, LA MOGLIE E L'AMANTE, IL ★★★
(The Cook, the Thief, his Wife and her Lover)
Regia di PETER GREENAWAY. Con RICHARD BOHRINGER, MICHAEL GAMBON, HELEN MIRREN. ■ Il luogo della vicenda è un ristorante frequentato da clienti molto diversi: un signorotto volgare e violento accompagnato dalla moglie indifesa e dai suoi scagnozzi, ma anche un signore bene educato che legge spesso e volentieri. L'educato e l'indifesa avranno una focosa passione mentre il marito medita una crudele vendetta. Proveniente dalla pittura, Greenaway anche in questo film versa il suo talento visionario al limite dell'eccesso: tra *Salò o le 120 giornate di Sodoma* e *La grande abbuffata*. Dissacratorio, è da amare o da odiare. ■ DRAMMATICO; COL.; 120'; GRAN BRETAGNA, PAESI BASSI, 1989.

CUOR DI LEONE *(Lionheart)* ★★
Regia di FRANKLIN J. SCHAFFNER. Con DEBORAH BARRYMORE, GABRIEL BYRNE, ERIC STOLTZ. ■ Le crociate non furono propriamente momenti di eroismo e cristianità, ma soprattutto imprese intrise di raccapriccio. Il Medioevo appare in tutta la sua tetra atmosfera. ■ STORICO; COL.; 105'; USA, 1987.

CUOR DI MARINAIO *(Navy Blues)* ★★
Regia di CLARENCE BROWN. Con KARL DANE, WILLIAM HAINES, ANITA PAGE. ■ Uno dei primi film sonori della Metro Goldwyn Mayer. Racconta la love story di un marinaio in licenza con una ballerina. La sceneggiatura, laboriosissima, è firmata da ben sei scrittori, fra cui il futuro regista Elliot Nugent. ■ SENTIMENTALE; B/N; 90'; USA, 1929.

CUOR DI REGINA *(Das Herz der Königin)* ★★
Regia di CARL FROELICH. Con WILLY BIRGEL, MARIA KOPPENHÖFER, ZARAH LEANDER. ■ Elisabetta regina d'Inghilterra e Maria Stuarda regina di Scozia si odiano. Elisabetta è la più forte e a poco a poco prende il sopravvento. Tanto farà che Maria sarà condannata e giustiziata. ■ STORICO; B/N; 95'; GERMANIA, 1940.

CUOR DI VAGABONDO ★★
Regia di JEAN EPSTEIN. Con VALENTINO BRUCHI, FOSCO GIACHETTI, SILVANA JACHINO, MADELEINE RENAUD, ERMETE ZACCONI. ■ Una donna incinta lascia il suo seduttore e viene raccolta da un capocomico col cuore d'oro. Nasce il bimbo e il tempo passa. Alla fine il caso fa incontrare di nuovo i due genitori: lui è buono, c'erano solo stati degli equivoci. Lieto fine. ■ DRAMMATICO; B/N; 92'; ITALIA, 1936.

CUORE ★★
Regia di DUILIO COLETTI. Con GIORGIO DE LULLO, VITTORIO DE SICA, MARIA MERCADER. ■ La vita italiana dalla fine dell'Ottocento agli inizi del Novecento raccontata attraverso i ricordi della maestrina dalla penna rossa. ■ DRAMMATICO; B/N; 95'; ITALIA, 1947.

CUORE ★★
Regia di ROMANO SCAVOLINI. Con GUERRINO CASAMONICA, RENATO CESTIÉ, DUILIO CRUCIANI, DAVIDE MASTROGIOVANNI, DOMENICO SANTORO. ■ Quattro racconti famosissimi del libro *Cuore* di Edmondo De Amicis: *Sangue romagnolo*, *Il tamburino sardo*, *La piccola vedetta lombarda*, *L'infermiera di Tata*. ■ DRAMMATICO; COL.; 90'; ITALIA, 1973.

CUORE ALTROVE, IL ★★★
Regia di PUPI AVATI. Con NINO D'ANGELO, GIANCARLO GIANNINI, VANESSA INCONTRADA, NERI MARCORÈ, SANDRA MILO. ■ Bologna, anni Venti. Il giovane Nello, figlio di un vitale e burbero sarto il cui cliente abituale è il Vaticano (che gli ha commissionato abiti per ben quattro pontefici), è completamente impreparato alle difficoltà della vita; timido e impacciato com'è, si comporta goffamente in ogni situazione, e a maggior ragione nei riguardi dell'amore. Per giunta, cercando di sistemarsi sentimentalmente per assecondare i desideri del padre, si imbatte in una bellissima ragazza cieca, ricca e viziata, di cui si innamora alla follia. L'amore arriverà, ma non la normalizzazione nella sua vita. Tornato alla regia dopo i flop commerciali di alcuni film precedenti, Avati pesca a piene mani nel suo classico repertorio di memorie piccolo borghesi, confezionando una vicenda che possiede molto delle sue migliori commedie. ■ COMMEDIA; COL.; 103'; ITALIA, 2002. ■ DAVID DI DONATELLO 1 PR, 1 NOM.

CUORE CATTIVO ★★
Regia di UMBERTO MARINO. Con CECILIA GENOVESI, MASSIMO GHINI, KIM ROSSI STUART, MASSIMO WERTMÜLLER. ■ Dalla vita quotidiana di un gruppo di ventenni di periferia alla rapina improvvisata che conduce il nevrotico protagonista, strafatto di coca, ad asserragliarsi in casa di una giovane paralitica e ad affidarsi a un malefico giornalista televisivo. ■ DRAMMATICO; COL.; 120'; ITALIA, 1995.

CUORE COME UNA RUOTA, IL *(Heart Like a Wheel)* ★★
Regia di JONATHAN KAPLAN. Con BONNIE BEDELIA, BEAU BRIDGES, BILL MCKINNEY. ■ La storia di Shirley Muldowney, una delle prime campionesse d'automobilismo. La sua carriera non fu facile. L'ostacolarono il maschilismo degli altri piloti e il marito che la voleva solo dedita alla famiglia. Una parte del film è dedicata alla chiacchierata relazione fra Shirley e il corridore Conny Kalitta. ■ BIOGRAFICO; COL.; 113'; USA, 1983. ■ GOLDEN GLOBES 1 NOM; OSCAR 1 NOM.

CUORE CRIMINALE DELLE DONNE, IL ★★
Regia di ALUÌSIO ABRANCHES. Con JULIA LAMMERTZ, LUÍZA MARIANI, MARIA LUIZA MENDONÇA, MARIETA SEVERO. ■ Un Brasile selvaggio e ventoso fa da sfondo ad una truculenta storia di sangue e vendetta: Firmino Santos Guerra, ricco vedovo latifondista, vorrebbe riconquistare la donna amata trent'anni prima. Rifiutato, ordina ai propri figli la strage dei maschi di casa Capodocio. Ma le donne sopravvissute cercheranno vendetta più e meglio degli uomini. Sangue a litri ma niente lacrime, forse perché identificate con una sensibilità femminile che nel film manca del tutto. Come a dire che le donne hanno copiato solo il peggio dell'universo maschile. Eccessivo e violento. Il risultato è barbaramente noioso. ■ DRAMMATICO; COL.; 90'; BRASILE, ITALIA, 2002.

CUORE D'ACCIAIO *(Heart of Steel)* ★
Regia di DONALD WRYE. Con PAMELA REED, PETER STRAUSS. ■ Un operaio viene licenziato dalla fabbrica in cui lavora con ovvie e negative ripercussioni su tutta la sua vita di relazione. ■ DRAMMATICO; COL.; 120'; USA, 1983.

CUORE D'AMANTI *(Lady and Gent)* ★★★
Regia di STEPHEN ROBERTS. Con GEORGE BANCROFT, WYNNE GIBSON, CHARLES STARRETT, MORGAN WALLACE, JOHN WAYNE. ■ Slag (George Brancroft) ha un passato da pugile mentre la sua fidanzata Puff (Wynne Gibson) gestisce un locale notturno. Raccolgono un orfanello Buzz (John Wayne), lo tirano su affettuosamente e poi lo inviano al collegio. Ma Buzz ha un chiodo fisso: diventare un pugile professionista seguendo così le orme del patrigno. Slag e Puff cercano di dissuaderlo senza successo. Quando il giovane pugile sarà suonato, allora comprenderà che la strada non è quella giusta. ■ DRAMMATICO; B/N; 80'; USA, 1932. ■ OSCAR 1 NOM.

CUORE DEGLI UOMINI, IL *(Le coeur des hommes)* ★★★
Regia di MARC ESPOSITO. Con BERNARD CAMPAN, GERARD DARMON, JEAN-PIERRE DARROUSSIN, MARC LAVOINE. ■ Quattro amici quarantenni volano sulle proprie relazioni sentimentali

senza preoccuparsene granché. Intuire quanto è importante l'amore li aiuterà a capire meglio le rispettive partner e a maturare. Espressa in sintesi sembra la trama del "solito" film francese. In effetti è il "solito" film francese ma sarebbe bello averne tanti di film così. Con otto attori tutti nella parte. Con una sceneggiatura che sfiora la retorica ma non ci affonda mai (happy end compreso). Un film capace di parlare con leggerezza delle difficoltà del vivere ma anche della necessità che gli esseri umani hanno di continuare a sperare. ■ COMMEDIA; COL.; 107'; FRANCIA, 2003.

CUORE DI BANDITO *(Cyclone Ranger)* ★★
Regia di JOHN P. MCCARTHY. Con AL FERGUSSON, LOUISE LORRAINE, BOB STEELE. ■ Per non deludere una vecchia madre cieca e morente, un bandito le lascia credere di essere il suo figliolo tornato dopo anni di lontananza. Vivendo nella casa della donna, l'uomo riprende il gusto della vita onesta, e quando i suoi antichi compagni si ripresentano per ricattarlo, non esita a denunciarli. ■ AVVENTURA; B/N; 61'; USA, 1935.

CUORE DI CAMPIONE *(The Terry Fox Story)* ★★
Regia di RALPH THOMAS. Con DOUG ALWARD, ROBERT DUVALL, ERIC FRYERS, CHRIS MAKEPEACE. ■ Un giovane campione si vede amputata una gamba. Lungi dal perdersi d'animo, e dopo che gli è stata applicata una protesi, egli decide di attraversare il continente da un oceano all'altro correndo e raccogliendo fondi per la lotta contro il cancro. ■ DRAMMATICO; COL.; 97'; USA, 1983.

CUORE DI CANE ★★★
Regia di ALBERTO LATTUADA. Con MARIO ADORF, ELEONORA GIORGI, COCHI PONZONI, MAX VON SYDOW. ■ Da un racconto di Michail Bulgakov. Due scienziati trapiantano alcuni organi appartenenti a un funzionario di partito a un cane randagio. Ne esce un essere che ha i sensi di un cane e le idee di un rivoluzionario. Nascono un sacco di guai, tanto che i due scienziati decidono di far marcia indietro. ■ COMMEDIA; COL.; 113'; ITALIA, 1976.

CUORE DI DIXIE *(Heart of Dixie)* ★★★
Regia di MARTIN DAVIDSON. Con PHOEBE CATES, VIRGINIA MADSEN, ALLY SHEEDY, TREAT WILLIAMS. ■ Tre studentesse frequentano un'università nel Sud degli Stati Uniti. Siamo nel periodo in cui si scatenano le ingiustizie razziste. Una di loro, Maggie, si ribellerà a suo modo: lasciando il fidanzato ricco e razzista e scrivendo sul giornale dell'università un articolo tutto fuoco. Un film ben diretto e interpretato. ■ DRAMMATICO; COL.; 110'; USA, 1989.

CUORE DI MAMMA ★
Regia di LUIGI CAPUANO. Con TOTI DAL MONTE, GIACOMO RONDINELLA. ■ Un nipote indegno, con l'aiuto di una ragazza che seduce il giovane guardiano, deruba la zia dei gioielli di famiglia. Riesce anche a far ricadere la colpa del furto sul guardiano, fidanzato con una giovane che in realtà è figlia naturale della riccona. Il ladro tenta anche di ricattare la zia minacciando di rivelare, dopo tanti anni, la verità, ma un commissario riesce a dimostrare l'innocenza del sospettato e la colpevolezza del nipote. ■ DRAMMATICO; B/N; 89'; ITALIA, 1954.

CUORE DI MAMMA ★★
Regia di SALVATORE SAMPERI. Con CARLA GRAVINA, PHILIPPE LEROY, BEBA LONCAR, YORGO VOYAGIS. ■ Un'apatica figura femminile è al centro della scena, poiché di vicenda vera e propria non si può parlare. La donna subisce qualsiasi cosa, compresa la crudeltà del figlio maggiore che elimina i fratelli e una domestica, tentando di attribuire a lei la colpa. Soltanto dopo aver incontrato un gruppo di rivoluzionari, la protagonista comincia a reagire facendo saltare in aria prima il figlio, poi la fabbrica del marito. ■ DRAMMATICO; COL.; 91'; ITALIA, 1969.

CUORE DI PULCINELLA, IL ★★
Regia di LARISSA ALEKSEYCHUK, LEONID ALEKSEYCHUK. ■ L'importanza del film è solo aneddotica, essendo un raro esempio di remake di un film fantasma. I registi avevano realizzato un'opera su Yakobson, ma questa fu tagliata (letteralmente) dalla censura Urss. Dopo l'avvento della *perestroika* il progetto è stato nuovamente realizzato grazie anche alla collaborazione della Rai. ■ BIOGRAFICO; COL.; 60'; ITALIA, RUSSIA, 1991.

CUORE DI SPIA ★
Regia di RENATO BORRACCETTI. Con VIRGINIA BELMONT, GRAZIELLA MARENGHI. ■ Un pescatore si lascia sedurre da una giovane spia che per ingraziarselo ha aiutato il fratello di costui, cieco dalla nascita, a ottenere un posto di cantante alla radio. Ma il giovane non è soddisfatto di quel rapporto e rimpiange la fidanzata che aveva. Una grande emozione restituisce la vista al fratello e il pescatore, commosso e pentito, torna al suo antico amore. ■ DRAMMATICO; B/N; 86'; ITALIA, 1953.

CUORE DI TENEBRA *(Heart of Darkness)* ★★
Regia di NICOLAS ROEG. Con JAMES FOX, IMAN, JOHN MALKOVICH, TIM ROTH. ■ Più fedele al romanzo di Conrad rispetto ad *Apocalypse now* di Coppola ma qualitativamente non va oltre la sufficienza. Il viaggio di Marlow in Congo per rintracciare Kurtz è pieno di insidie e il capitano, che narra, non può nascondere di essere rimasto affascinato da quel personaggio inquietante. ■ DRAMMATICO; COL.; 120'; USA, 1993.

CUORE DI TUONO *(Thunderheart)* ★★★
Regia di MICHAEL APTED. Con GRAHAM GREENE, VAL KILMER, SAM SHEPARD. ■ Un buon thriller che tratta anche il problema politico degli indiani d'America. Sceneggiato da John Fusco, adottato dai Sioux, narra una storia vera. Si ispira a John Trudell, un attivista che ha visto la propria famiglia morire nel rogo della sua casa. Il regista Apted ha realizzato tra l'altro un documentario su un prigioniero politico pellerossa, *Incident at Oglala*. Tutto si snoda durante le indagini, riguardanti alcuni delitti e svolta da un poliziotto di origine pellerossa. Prenderà coscienza dei problemi della sua gente. La scoperta che dietro c'è la Cia e l'incontro con lo sciamano Ted Thin Elk saranno gli artefici del profondo cambiamento. ■ DRAMMATICO; COL.; 118'; USA, 1992.

CUORE DI VETRO *(Herz aus Glas)* ★★★
Regia di WERNER HERZOG. Con JOSEPH BIERBICHLER, STEFAN GUTTLER, CLEMENS SCHEITZ. ■ Il maestro vetraio di un villaggio della Baviera preindustriale porta con sé nella tomba il segreto della fabbricazione del vetro-rubino, trasparente e mirabile cristallo color rosso sangue. Il giovane padrone tenta inutilmente di scoprire l'alchimia, arrivando persino a sacrificare una vergine, mentre un vecchio mandriano prevede il futuro con inquietante precisione. Scacciato dai compaesani, atterriti dalla sua chiaroveggenza, l'indovino fugge dall'umana follia rifugiandosi su un monte e guardando dall'alto lo scorrere del "suo" tempo. Saga nordica di grande suggestione, intessuta di simboli e di magia. ■ DRAMMATICO; COL.; 89'; GERMANIA, 1976.

CUORE FORESTIERO ★
Regia di ARMANDO FIZZAROTTI. Con PIERO LULLI, MARIA MAZZAI. ■ Polpettone strappalacrime, narra la storia di un ladro di buon cuore che vuole redimersi e della sua ragazza che, dopo molte peripezie, si fa suora e muore redenta. ■ DRAMMATICO; B/N; 79'; ITALIA, 1953.

CUORE GRANDE DELLE RAGAZZE, IL ★★
Regia di PUPI AVATI. Con ERIKA BLANC, GIANNI CAVINA, CESARE CREMONINI, MICAELA RAMAZZOTTI, ANDREA RONCATO. ■ Carlino Vigetti è un giovane intraprendente che fa innamorare le donne con sospiri di sambuco. Inaffidabile e analfabeta è il giovanotto a cui nessun padre concederebbe in sposa la propria figlia, a meno che non difetti di bellezza e ingegno. Sisto Osti, ricco e avido proprietario terriero della zona, decide suo malgrado di ricorrere a Carlino per maritare almeno una delle sue due figlie. Comprato con la promessa di una moto Guzzi, il ragazzo si reca ogni sera a casa Osti per corteggiarle e decidere tra le due. Ma il ritorno da Roma della bella Francesca, figlia adottiva di Sisto, butta all'aria i piani del genitore. Pupi Avati sposta il suo sguardo nella campagna italiana degli anni Trenta. ■ DRAMMATICO; COL.; 85'; ITALIA, 2011.

CUORE IN GOLA, IL *(Impasse des vertus)* ★★
Regia di PIERRE MÉRÉ. Con CHRISTIAN MARQUAND, SIMONE PARIS, ISABELLE PIA. ■ In seguito al ritrovamento di un cadavere, la polizia scopre un certo Eugène e la sua banda che hanno appena commesso un furto di gioielli. Eugène scappa con il bottino e la sua giovane amica, ma ben presto il resto della banda lo rintraccia e rivuole la refurtiva. Ma dove il giovane l'aveva nascosta non c'è più nulla; Eugène viene ucciso. La polizia arresterà i suoi

complici e la ragazza, rimasta sola, si metterà con un medico. ■ POLIZIESCO; COL.; 98′; FRANCIA, 1960.

CUORE IN INVERNO, UN *(Un coeur en hiver)* ★★★★
Regia di CLAUDE SAUTET. Con DANIEL AUTEUIL, EMMANUELLE BÉART, ANDRÉ DUSSOLLIER. ■ Per molti una sorpresa. Non per chi ama e segue il cinema francese, escluso dalla grande programmazione ma capace di suscitare rare emozioni, solo che lo voglia. Claude Sautet ricamava cinema da una ventina d'anni e sulla soglia dei 70 aveva trovato la tardiva affermazione. Per meglio comprendere l'ingiustizia patita sarà opportuno non lasciarsi sfuggire il suo film precedente, *Qualche giorno con me*. Sarà più facile comprendere il successo di *Un Cuore in inverno*, che narra le vicende di Maxime e Stéphane. Legati da vincoli professionali, sono liutai apprezzati dalla raffinata clientela, hanno caratteri diversi. Maxime è l'amministratore, Stéphane un artista dalle mani d'oro che sanno costruire strumenti musicali e automi dai complicati meccanismi. Maxime ha una storia importante con Camille, una giovane e affascinante violinista. Stéphane, con il suo carattere schivo, sembra ignorare una vicenda che non gli appartiene. Ma è proprio la sua sobrietà che attira l'attenzione di Camille. La donna non nasconde la sua attrazione. Stéphane sembra ricambiare. Infine ed inspiegabilmente si ritrae. Lascia che tutto finisca, compresa l'amicizia con Maxime. Tutto qui. Eppure il triangolo Maxime, Camille e Stéphane è una delle geometrie più fragili e resistenti del cinema d'ogni tempo. Se Maxime è una figura necessaria al racconto, Camille è inesorabilmente donna. Appassionata, capace di compiere salite e discese che denotano il prodigarsi della sua anima. Infine Stéphane, che lo straordinario Daniel Auteuil ci rende caro per la sua reticenza. Così chiaro il suo disegno, che ognuno di noi ha vissuto o desiderato di attuare. La reticenza di fronte alla possibilità di amare non è un atto di vigliaccheria, ma la sublimazione di un sentimento ibernato, affinché si conservi per sempre. Questo progetto di non amore è narrato da Sautet con un ingrediente rivoluzionario e temerario: il sussurro dei sentimenti. E tutto nei terribili anni Novanta. Leone d'argento alla 49ª Mostra di Venezia. ■ SENTIMENTALE; COL.; 92′; FRANCIA, 1992. ■ DAVID DI DONATELLO 2 PR, 2 NOM; VENEZIA 3 PR.

CUORE MATTO... MATTO DA LEGARE ★
Regia di MARIO AMENDOLA. Con FERRUCCIO AMENDOLA, ELEONORA BROWN, MARIA PIA CASILIO, LUCIO FLAUTO, LITTLE TONY. ■ Un giovane cantante che tenta disperatamente di arrivare al successo deve combattere contro mille ostacoli; i genitori che vogliono fargli sposare una ragazza brutta ma ricca, i discografici che lo ignorano e la ragazza della quale è innamorato che lo respinge perché l'ha scoperto mentre baciava un'altra. Quando tutto sembra andare a rotoli, succede qualcosa che riporterà il buonumore nella vita del giovanotto. ■ COMM. MUSICALE; COL.; 91′; ITALIA, 1967.

CUORE NAPOLETANO ★★★
Regia di PAOLO SANTONI. Con RITA BERTI, JOHN GENTILE, JIMMY ROSELLI. ■ Un documentario per andare alla ricerca delle radici della musica napoletana classica con l'intento di visitare non solo il passato e i suoi esponenti vivi e morti ma anche quello di riflettere sul presente e il futuro del bel canto partenopeo. Senza annoiare. ■ DOCUMENTARIO; COL.; 95′; ITALIA, 2003.

CUORE NERO DI PARIS TROUT, IL *(Paris Trout)* ★★★
Regia di STEPHEN GYLLENHAAL. Con ED HARRIS, BARBARA HERSHEY, DENNIS HOPPER. ■ Premiato come migliore film al Noir in festival di Viareggio nel 1991. Il regista, che ha diretto episodi della serie televisiva *Twin Peaks*, dimostra un buon talento sia visivo che strutturale. Inoltre dirige molto bene gli attori e Hopper e la Hershey danno un'ottima interpretazione. Paris Trout uccide una ragazza di colore. Visto che la giuria del tribunale sarà composta da bianchi lui pensa di poterla fare franca. Ma si sbaglia. ■ DRAMMATICO; COL.; 94′; USA, 1990.

CUORE 900, UN *(Herz modern möbliert)* ★★
Regia di THEO LINGEN. Con GUSTAV FRÖHLICH, GUSTI HUBER, HILDE KRAHL. ■ Un'avvenente fanciulla, che è riuscita a farsi regalare un appartamento da un ricco uomo d'affari, chiama un'arredatrice per farselo sistemare. L'arredatrice si innamora di un giovanotto convinta che si tratti del riccone che mantiene l'aspirante attrice e sua datrice di lavoro, e il giovanotto glielo lascia credere. Il malinteso crea alcune divertenti situazioni fino al chiarimento finale, coronato da promesse d'amore per l'arredatrice e per l'aspirante attrice che torna al suo antico e squattrinato amore. ■ COMMEDIA; B/N; 80′; GERMANIA, 1940.

CUORE PER CAROL – A CUORE APERTO, UN ★★
(Threshold)
Regia di RICHARD PEARCE. Con JEFF GOLDBLUM, JOHN MARLEY, DONALD SUTHERLAND. ■ Sutherland è un famoso cardiochirurgo (è ispirato al vero dottor Christian Barnard). Il prof., in tandem con un giovane sperimentatore, decide di provare un nuovo tipo di cuore artificiale su una ragazza. I colleghi (e la pubblica opinione) sono scettici (per non dire ostili). Ma l'esperimento ha successo. ■ DRAMMATICO; COL.; 96′; CANADA, 1981.

CUORE PRIGIONIERO *(The Captive Heart)* ★★★
Regia di BASIL DEARDEN. Con RACHEL KEMPSON, BASIL RADFORD, MICHAEL REDGRAVE, JACK WARNER. ■ Per non incorrere in feroci maltrattamenti, un cecoslovacco finito in un campo di concentramento nazista assume l'identità di un ufficiale inglese morto. L'uomo risponde alle lettere che la moglie dell'inglese continua a scrivere e arriva anche il momento del loro incontro. Saputa la verità, la donna si accorge di essersi innamorata dell'autore delle lettere per quel che c'era scritto e non perché convinta che l'autore fosse il marito. ■ DRAMMATICO; B/N; 98′; GRAN BRETAGNA, 1946.

CUORE SACRO ★★
Regia di FERZAN OZPETEK. Con BARBORA BOBULOVA, ANDREA DI STEFANO, LISA GASTONI. ■ Irene è diventata imprenditrice, giovane e pragmatica, tira dritta per la propria strada. Le accade di riuscire a dissequestrare la casa di famiglia, rimasta tale e quale. Ritrova la stanza della mamma e da quel momento ritrova altri sentimenti sopiti. L'incontro con la bambina Benny, particolare e intelligente, è un'occasione in più per ripercorre la propria vita. Una riflessione sulla spiritualità non priva di provocazioni. Con tanto di colpo di scena finale "mistico". ■ DRAMMATICO; COL.; 117′; ITALIA, 2004. ■ DAVID DI DONATELLO 2 PR, 2 NOM.

CUORE SCATENATO ★
Regia di GIANLUCA SODARO. Con GIGIO ALBERTI, LUIGI MARIA BURRUANO, ADOLFO MARGIOTTA, FRANCESCO SFRAMELI. ■ Come indica il sottotitolo *Cuore scatenato* è un «western siciliano»: nel profondo Sud della penisola pistoleri dai nomi improbabili si affrontano per una questione di corna, non immaginarie ma fin troppo reali, spuntate sulla fronte del leggendario pistolero Boe Tamburo. Sodaro era un valido autore di corti. In questo lungometraggio cerca di gestire la difficile composizione del grottesco senza riuscirci. ■ COMMEDIA; COL.; 80′; ITALIA, 2003.

CUORE SELVAGGIO *(Wild at Heart)* ★★★★♉
Regia di DAVID LYNCH. Con NICOLAS CAGE, WILLEM DAFOE, LAURA DERN, DIANE LADD, ISABELLA ROSSELLINI. ■ Satira sarcastica, iperrealismo, dramma grottesco. Comunque lo si voglia definire questo di Lynch è senz'altro uno dei film più innovativi degli anni Ottanta. Premiato a Cannes con la Palma d'oro, il lungometraggio si ispira in parte a certa letteratura giovanile americana e in parte a certa fumettistica moderna. Volutamente oltre le righe, l'interpretazione degli attori rende più ironica questa sorta di rivisitazione delle soap-opera. La storia, tratta dal romanzo di Barry Gifford, vede Sailor e Lula in fuga dopo che lui ha ucciso un sicario pagato dalla madre di lei. Seguiti da un detective privato, che viene ucciso da un gangster, i ragazzi conosceranno un certo Bobby Perù che coinvolgerà Sailor in una rapina. Dopo la galera troverà un figlio e una moglie. La musica va dal metal a Elvis Presley, dal suono anni Sessanta a quello esotico. Nicolas Cage e Laura Dern sono deformati al punto giusto; Willem Dafoe è trucido in maniera esemplare; Jack Nance e John Lurie fanno due fugaci apparizioni mentre Isabella Rossellini si è lasciata imbruttire. Inoltre il film porta a compimento l'esperimento di distruzione dei generi e lo scorticamento della società americana, iniziato in maniera irrisolta con *Velluto blu*. ■ DRAMMATICO; COL.; 127′; USA, 1989. ■ CANNES ♉ 1 PR; GOLDEN GLOBES ♉ 1 NOM; OSCAR ♉ 1 NOM.

CUORE SEMPLICE, UN ★★★
Regia di GIORGIO FERRARA. Con ADRIANA ASTI, TINA AUMONT, JOE DALLESANDRO, ALIDA VALLI, ALBERTO ASTI. ■ Dalla novella di Gustave Flaubert. Siamo all'inizio dell'Ottocento. Felicita è una contadina che fa la domestica presso possidenti di campagna. Passa da una famiglia all'altra affezionandosi a tutti e ricavandone sempre cocenti delusioni. I giovani abbandonano presto la casa per sposarsi, andare alla guerra, viaggiare. Solo i vecchi rimangono e Felicita li vede spegnersi uno ad uno. L'ultimo padrone vende la casa. Felicita, divenuta una vecchietta, muore il giorno della festa del Corpus Domini. ■ DRAMMATICO; COL.; 105'; ITALIA, 1977. ■ DAVID DI DONATELLO 1 PR, 1 NOM.

CUORE SENZA CASA *(Herz Ohne Heimat)* ★★
Regia di OTTO LINNEKOGEL. Con GUSTAV DIESSL, ALBRECHT SCHOENHALS, ANNELISE UHLIG. ■ Dopo aver sedotto e resa madre una ragazza, un giovanotto parte per l'estero. Il fratello di lui, più tenero di cuore, offre il suo aiuto alla donna e finisce per innamorarsene, ricambiato. Il rientro inaspettato del legittimo padre del bimbo che sta per nascere crea qualche complicazione, ma alla fine l'amore supera ogni ostacolo e il seduttore si ritira. ■ DRAMMATICO; B/N; 90'; GERMANIA, 1940.

CUORE SOLITARIO *(The Hasty Heart)* ★★
Regia di VINCENT SHERMAN. Con PATRICIA NEAL, ANTHONY NICHOLLS, RONALD REAGAN, RICHARD TODD. ■ In seguito ad una ferita di guerra, al caporale Charlie è stato asportato un rene ma l'uomo non sa che l'operazione non è servita a salvargli la vita e che gli restano pochi mesi. Trascorrerà serenamente gli ultimi giorni. ■ DRAMMATICO; B/N; 99'; USA, 1950. ■ OSCAR 1 NOM.

CUORI *(Coeurs)* ★★★
Regia di ALAIN RESNAIS. Con PIERRE ARDITI, SABINE AZÉMA, ISABELLE CARRÉ, ANDRÉ DUSSOLLIER, LAURA MORANTE, CLAUDE RICH, LAMBERT WILSON. ■ Nicole sta cercando un appartamento per un futuro matrimonio con Dan, il quale è stato di recente radiato dall'esercito ed è senza lavoro. L'agente immobiliare è l'anziano Thierry, segretamente innamorato della religiosissima collega Charlotte, la quale gli presta cassette di programmi cattolici al cui termine compaiono lunghe riprese di lei che si spoglia. Ancora una volta il Maestro Resnais affronta con il tocco che gli è proprio un nuovo (per lui) modo di fare cinema. Si tratta di teatro di un grande autore come Alan Ayckbourn, che gli dà un copione da grande rappresentazione londinese su cui Resnais interviene da par suo. «Le relazioni tra i protagonisti mi fanno pensare alla tela di un ragno drappeggiata tra due cespugli di ginestra spinosa e ricoperta dalla rugiada della notte...», afferma il regista. Resnais riesce nel miracolo di intervenire su un testo altrui conservandone intatto il fil rouge narrativo, ma innervandolo al contempo di tutte le tematiche che da sempre percorrono il suo cinema. ■ DRAMMATICO; COL.; 125'; FRANCIA, ITALIA, 2006.

CUORI AL VERDE ★★
Regia di GIUSEPPE PICCIONI. Con MARGHERITA BUY, ANTONIO CATANIA, GENE GNOCCHI, CORSO SALANI, GIULIO SCARPATI. ■ Una coppia sfortunata, lui disoccupato e lei rimasta senza soldi, si incontra. Ciò dopo il tentativo di togliersi la vita da parte di lui e l'approccio alla prostituzione da parte di lei. Anche un idraulico si mette sulla loro strada. ■ COMMEDIA; COL.; 95'; ITALIA, 1996.

CUORI CHE CANTANO *(Wiener Schrammeln)* ★★
Regia di GÉZA VON BOLVÀRY. Con MARTE HARELL, PAUL HÖRBIGER, HANS MOSER. ■ Un intreccio di storie d'amore che fanno capo a una bellissima donna indecisa. ■ COMMEDIA; B/N; 92'; GERMANIA, 1944.

CUORI DEL MONDO *(Hearts of the World)* ★★
Regia di DAVID WARK GRIFFITH. Con DOROTHY GISH, LILLIAN GISH, ROBERT HARRON, ADOLPHE LESTINA. ■ Uno scrittore francese parte per la prima guerra mondiale. La sua ragazza nel giorno del matrimonio rischia di essere violentata da un tedesco ma il futuro marito la salva. Un film minore del grande Griffith. ■ DRAMMATICO; B/N; 108'; USA, 1918.

CUORI ESTRANEI *(Between Strangers)* ★★
Regia di EDOARDO PONTI. Con KLAUS MARIA BRANDAUER, GÉRARD DEPARDIEU, SOPHIA LOREN, MALCOLM MCDOWELL, MIRA SORVINO, DEBORAH UNGER. ■ Mira Sorvino si scontra con il padre perché, come fotografa di guerra, si chiede se sia prioritaria la salvezza di un bambino angolano o lo scatto fotografico. Sophia Loren è un'artista che ha un pessimo rapporto col padre anziano e ritrova la figlia abbandonata da giovane. Deborah Kara Unger suona il violoncello ma aspetta con intenzioni tutt'altro che benevole l'uscita dal carcere del padre che ha fatto morire la madre. Figlio d'arte, Edoardo Ponti si avvale di attrici abili nell'assecondare la sua propensione al melodramma "alla Kieslowski". ■ DRAMMATICO; COL.; 92'; CANADA, ITALIA, 2002.

♥ **CUORI IN ATLANTIDE** *(Hearts in Atlantis)* ★★★★
Regia di SCOTT HICKS. Con MIKA BOOREM, HOPE DAVIS, ERIC EGGEN, ANTHONY HOPKINS, ADAM LEFEVRE, DAVID MORSE, WILL ROTHHAAR, ALAN TUDYK. ■ Un vecchio guantone da baseball ricevuto improvvisamente per posta costringe Bobby Garfield, affermato fotografo di mezz'età, a ritornare indietro nel tempo e nel luogo, a quella lontana estate del 1960, quando straordinari eventi segnarono la fine della sua infanzia. È la mattina del suo undicesimo compleanno quando, nella casa dove Bobby (Anton Yelchin) abita con la madre, arriva Ted Brautigan (Anthony Hopkins). L'uomo è tormentato da un passato misterioso, e da strane *trance* precognitive che lo angosciano, eppure è in grado di instaurare col ragazzino un profondo rapporto di amicizia, prestandogli quelle attenzioni che la madre vedova (Hope Davis), troppo amareggiata e disillusa, non è in grado di dare al figlio. È così che Bobby scopre i valori dell'amicizia e del coraggio, ed è così che si innamora per la prima volta della sua compagna di giochi, Carol. Ma gli eventi precipitano, Carol è picchiata a sangue da un ragazzetto crudele, la madre di Bobby scopre a proprie tragiche spese la verità sul suo datore di lavoro, e Ted è costretto a rimettersi in fuga: gli uomini grigi che da tempo lo stanno braccando sono ormai vicini. Solo Bobby è in grado di capire il perché e di aiutarlo. Scott Hicks, già regista del pluripremiato *Shine*, ci regala una convincente prova d'autore, sorretta dal racconto di Stephen King e dalla grande interpretazione di Anthony Hopkins, il cui sguardo malinconico disegna un personaggio sofferto, eppure capace di trasmettere amore e speranza. ■ DRAMMATICO; COL.; 100'; USA, 2001.

CUORI IN BURRASCA *(Tugboat Annie)* ★★★
Regia di MERVYN LE ROY. Con WALLACE BEERY, MARIE DRESSLER, MAUREEN O'SULLIVAN, ROBERT YOUNG. ■ Annie, vivace navigatrice di mezz'età, favorisce con le sue trovate gli amori di una giovane coppia. ■ COMMEDIA; B/N; 95'; USA, 1933.

CUORI IN BURRASCA *(Menschen von Varieté)* ★
Regia di JOSEF VON BAKY. Con KARIN HAROT, LA JANA. ■ Un tiratore di pistola si esibisce con una partner in un night. Accade l'imprevisto: le pallottole, vere e non a salve, colpiscono la donna e l'uomo viene arrestato. La donna, che non è morta, racconta la verità: aveva capito che lui intendeva lasciarla e la disperazione l'ha convinta a preferire la morte per mano dell'uomo amato. Scagionato, l'uomo torna libero per unirsi al suo vero amore e la sua partner, uscita dall'ospedale, trova ad attenderla il marito. ■ DRAMMATICO; B/N; 87'; GERMANIA, 1939.

CUORI INCATENATI *(Way Down East)* ★★
Regia di HENRY KING. Con HENRY FONDA, ROCHELLE HUDSON, SLIM SUMMERVILLE. ■ Una ragazza ingannata da un mascalzone che le aveva fatto un sacco di promesse finisce nella casa di un giudice, dove viene trattata bene. Il figlio del giudice si innamora di lei, ma ecco che ricompare il mascalzone che sta per imparentarsi col giudice stesso (sposerà una sua nipote). La poveretta disperata abbandona la casa nella tormenta e morirebbe tra i ghiacci se i due giovani (anche il mascalzone, che ci lascerà la pelle) non la soccorressero. Matrimonio finale. ■ DRAMMATICO; B/N; 80'; USA, 1935.

CUORI INCROCIATI *(Crooked Hearts)* ★★
Regia di MICHAEL BORTMAN. Con PETER COYOTE, VINCENT D'ONOFRIO, JENNIFER JASON LEIGH, JULIETTE LEWIS. ■ È la storia di una famiglia in cui l'egoismo dei genitori schiaccia la personalità dei figli. Uno di questi, il primo, si sente costretto a un atto tragico e inaspettato. ■ COMMEDIA; COL.; 112'; USA, 1991.

CUORI IN ESILIO *(Hearts in Exile)* ★★
Regia di MICHAEL CURTIZ. Con DOLORES COSTELLO, GRANT WITHERS. ■ È questo uno dei primi film del grande regista "popolare" Curtiz (*Capitan Blood*, *La carica dei 600*, *Casablanca*, *Bianco Natale*, *Sinuhe l'egiziano*) e uno dei primi film sonori della storia del cinema. ■ DRAMMATICO; B/N; 70'; USA, 1929.

CUORI IN FIAMME *(Frau am Stever)* ★★
Regia di PAUL MARTIN. Con WILLY FRITSCH, LILIAN HARVEY. ■ Siamo ai primi del Novecento, la Russia opprime la Finlandia. Molti sono deportati in Siberia. Ma c'è un ribelle che riesce a fuggire. Si nasconde presso una ballerina amica di un potente. Sfrutta al meglio questa conoscenza (si salva ripetutamente la vita) ma alla fine viene preso durante una sommossa in un teatro. La ballerina lo salva ancora (pena di morte tramutata in esilio) e l'uomo andandosene giura a se stesso che un giorno tornerà a combattere. ■ DRAMMATICO; B/N; 74'; GERMANIA, 1939.

CUORI INFRANTI, I ★★
Regia di VITTORIO CAPRIOLI, GIANNI PUCCINI. Con TINO BUAZZELLI, ALDO GIUFFRÈ, PAOLA QUATTRINI, FRANCA VALERI. ■ Primo episodio: *La manina di Fatma* (Caprioli). Fatma è una donna piena di risorse che impedisce le nozze del suo amante con un'altra. Secondo episodio: *E vissero felici* (Puccini). Una famigliola serena: il bimbo cresce bene, lui sta in casa e lei sul marciapiede. Lei ha le spalle bruciate dal sole, occorre riposare qualche giorno, lui propone di sostituirla sul marciapiede. ■ COMM. A EPISODI; B/N; 86'; ITALIA, 1963.

♥ **CUORI NEL DESERTO** *(Desert Hearts)* ★★★
Regia di DONNA DEITCH. Con PATRICIA CHARBONNEAU, AUDRA LINDLEY, HELEN SHAVER. ■ Una bella donna, a Reno per divorziare dal marito, conosce in un ranch poco distante dalla città una graziosa (anche se piuttosto nevrotica) adolescente, figlia di una sua amica. Il rapporto fra le due diventa molto stretto, anzi morboso. Quando la donna, divorziata, torna a New York la fanciulla va con lei. Si metteranno insieme. ■ DRAMMATICO; COL.; 93'; USA, 1985.

CUORI NELLA TORMENTA ★
Regia di CARLO CAMPOGALLIANI. Con SILVIA MANTO, CAMILLO PILOTTO. ■ Una ragazza-pilota fa un atterraggio di fortuna in un paesino alpino. Porta lo scompiglio. Un giovane si innamora di lei e trascura la fidanzata che tenta il suicidio. Il medico condotto, pieno di buon senso, convince la donna-pilota a lasciar perdere. E lei se ne va. ■ DRAMMATICO; B/N; 92'; ITALIA, 1941.

CUORI NELLA TORMENTA ★★
Regia di ENRICO OLDOINI. Con LELLO ARENA, MARINA SUMA, CARLO VERDONE. ■ Un sottufficiale di Marina (Verdone), un cuoco di bordo (Arena) e un'aspirante attrice (Suma) danno vita al più classico dei triangoli amorosi, creando tutta una serie di equivoci, rancori, scenate, ripetuti addii. Film un po' ripetitivo, mediamente divertente anche se dalla coppia Verdone-Arena era lecito aspettarsi di più. ■ COMMEDIA; COL.; 102'; ITALIA, 1984.

CUORI PERDUTI ★★
Regia di TERESIO SPALLA. Con MANUELA ARCURI, IVANA MONTI, VINCENZO PELUSO, ELODIE TRECCANI. ■ Guido Brenta, ventidue anni, fa ritorno nel suo quartiere natale, ai margini di una grande periferia urbana. L'esperienza della guerra del Golfo, però, lo ha cambiato profondamente e il giovane farà fatica a riappropriarsi della propria identità. Una giovane scrittrice racconta le difficoltà del suo ritorno alla vita civile. ■ DRAMMATICO; COL.; 87'; ITALIA, 2002.

CUORI RIBELLI *(Far and Away)* ★★★
Regia di RON HOWARD. Con TOM CRUISE, THOMAS GIBSON, NICOLE KIDMAN. ■ Una storia d'amore ambientata nel tardo Ottocento. Siamo in Irlanda e ci sono due ragazzi che si vogliono bene, Joseph e Shannon. Avendo problemi economici decidono di cercar fortuna in America, per avere una casa e un terreno da coltivare. A Boston Joseph prova a entrare nel mondo della boxe ma senza fortuna. In Oklahoma riusciranno a realizzare i propri sogni. Buoni sentimenti, ottima fotografia e sceneggiatura poco originale. La coppia Cruise-Kidman si era già incontrata in *Giorni di tuono*. ■ COMMEDIA; COL.; 140'; USA, 1992.

CUORI SENZA FRONTIERE ★★★
Regia di LUIGI ZAMPA. Con CESCO BASEGGIO, GINA LOLLOBRIGIDA, RAF VALLONE. ■ In un paese al confine tra Italia e Jugoslavia, dopo la seconda guerra mondiale, l'apposita commissione traccia la linea che divide in due il paese. Entro poche ore gli abitanti dovranno scegliere se essere italiani o jugoslavi. Nascono molti drammi. Un contadino ha la casa da una parte ma il campo dall'altra. Un giovane ha la sua innamorata nell'altra metà del paese. I bambini sono sparsi dappertutto, non si rassegnano a un cambiamento del genere. È proprio un gruppo di bambini che fa sparire uno dei paletti di demarcazione. Ne nasce un incidente che provoca la morte di un piccolo innocente. Torna, forse provvisoriamente, la calma. ■ DRAMMATICO; B/N; 90'; ITALIA, 1950.

CUORI SOLITARI ★★
Regia di FRANCO GIRALDI. Con SENTA BERGER, EDDA DI BENEDETTO, GIANNA SERRA, UGO TOGNAZZI, SILVANO TRANQUILLI. ■ Stefano e Giovanna, coppia borghese e annoiata, vogliono provare nuove esperienze sessuali. Quando Stefano si accorge che Giovanna sta per innamorarsi dell'uomo con cui stanno provando lo scambio delle mogli, decide di troncare l'esperienza. ■ COMMEDIA; COL.; 121'; ITALIA, 1970.

CUORI SUL MARE ★★
Regia di GIORGIO BIANCHI. Con DORIS DOWLING, MARCELLO MASTROIANNI, JACQUES SERNAS, MILLY VITALE. ■ Paolo e Massimo frequentano l'accademia navale di Livorno. Paolo incontra la bella Doris (attrice) e se ne innamora, a scapito della brava ragazza che dovrebbe sposare. Massimo abbandona i corsi, ha delle traversie familiari e si imbarca come mozzo su una nave spagnola. Paolo intanto fa parte dell'equipaggio della famosa nave-scuola Vespucci. I due si incontrano per caso nel porto di Algeri. Alla fine Massimo viene reintegrato in accademia e Paolo si ricongiunge alla fidanzata. ■ SENTIMENTALE; B/N; 95'; ITALIA, 1949.

CUORI UMANI *(Of Human Hearts)* ★★★
Regia di CLARENCE BROWN. Con BEULAH BONDI, CHARLES COBURN, WALTER HUSTON, JAMES STEWART. ■ Negli Stati Uniti durante la guerra di Secessione. Jason Wilkins ha un padre gretto e una madre molto intelligente e comprensiva, e inoltre ha una gran vocazione per la medicina. La madre lo asseconda e con grandi sacrifici lo fa studiare. Jason diventa medico e durante la guerra civile fa cose eccezionali come chirurgo. Il lavoro lo occupa totalmente, tanto che si dimentica di far avere sue notizie alla povera madre lontana e in pena. Sarà lo stesso presidente Lincoln a dare una tirata d'orecchie al chirurgo e a richiamarlo al suo dovere filiale. ■ DRAMMATICO; B/N; 100'; USA, 1938. ■ OSCAR 1 NOM.

CUPO TRAMONTO *(Make Way for Tomorrow)* ★★★
Regia di LEO MCCAREY. Con BEULAH BONDI, VICTOR MOORE. ■ Un uomo e una donna sono stati sposati tutta una vita felicemente. La povertà li costringe ad accettare la carità dei loro figli. Lui va nel West da una figlia, lei a New York da un figlio. La cosa non funziona (nonostante la buona volontà dei vecchi) e viene decisa un'ultima destinazione. Prima di separarsi di nuovo (lei andrà in un ospizio e lui presso un altro figlio) i due sposi si salutano in un luogo che li vide felici in gioventù. ■ DRAMMATICO; B/N; 92'; USA, 1937.

CURAÇAO ★★
Regia di CARL SCHULTZ. Con JULIE CARMEN, WILLIAM L. PETERSEN, ALEXEJ SAYLE, GEORGE C. SCOTT. ■ Una trama squinternata con George C. Scott, ottimo professionista. Su un'isola nei Caraibi, il capitano Cornelius è ossessionato da una colpa che lo perseguita da anni. Era stato indirettamente artefice della morte di molti uomini. I fantasmi del rimorso tornano e con loro altre morti. Un agente Cia cerca di aiutarlo per toglierlo dai pasticci. ■ POLIZIESCO; COL.; 94'; USA, 1993.

CURA DEL GORILLA, LA ★★
Regia di CARLO A. SIGON. Con CLAUDIO BISIO, ERNEST BORGNINE, FABIO CAMILLI, ANTONIO CATANIA, KLEDI KADIU, STEFANIA ROCCA, GISELLA SOFIO, BEBO STORTI. ■ Opera prima del regista tratta dal romanzo di Dazieri. Sandrone, detto "il Gorilla", soffre fin da piccolo di sdoppiamento della personalità. È Sandrone (buono, ironico, un po' arruffato) e al contempo è Socio (ra-

zionale, freddo violento). Investigatore senza licenza, Sandrone/Socio si ritrova ad investigare sulla misteriosa morte di un albanese. ■ THRILLER; COL.; 104′; ITALIA, 2006.

CURA LA TUA DESTRA... *(Soigne ta droit)* ★★
Regia di JEAN-LUC GODARD. Con JANE BIRKIN, FRANÇOIS PÉRIER, JACQUES VILLERET. ■ Un pugno di personaggi vive storie apparentemente indipendenti l'una dall'altra. In realtà ognuno di essi (c'è anche il regista Godard) aspira a trovare il significato della vita (almeno della propria). ■ COMMEDIA; COL.; 81′; FRANCIA, SVIZZERA, 1987.

CURIOSITÀ FATALE *(Curiosity Kill)* ★★
Regia di COLIN BUCKSEY. Con COURTNEY COX, RAE DAWN CHONG, C. THOMAS HOWELL. ■ Un fotografo molto curioso sospetta che il suo vicino di casa sia un killer. Per accertarsene non trova niente di meglio che entrare di nascosto nel suo appartamento. Troverà qualche sorpresa. ■ DRAMMATICO; COL.; 115′; USA, 1990.

CURIOSO CASO DI BENJAMIN BUTTON, IL ★★★
(The curious case of Benjamin Button)
Regia di DAVID FINCHER. Con CATE BLANCHETT, JASON FLEMYNG, JULIA ORMOND, BRAD PITT, TILDA SWINTON. ■ Da un racconto di Scott Fitzgerald. Benjamin Button nasce il giorno della fine della prima guerra mondiale, è un bimbo in fasce ma ha la salute di un novantenne: artrite, cataratta, sordità. Dovrebbe morire il giorno dopo e invece più passa il tempo più ringiovanisce. La sua è una vita al contrario che attraversa il Novecento americano sempre alla ricerca del primo e unico amore, una donna molto più emancipata, libera e in linea con il suo tempo. L'unico momento in cui si potranno trovare sarà all'incrociarsi delle loro età: «Mi amerai ancora quando sarò vecchia?», chiede lei. «E tu mi amerai ancora quando avrò l'acne?» risponde lui. Fincher sceglie di narrare una storia con un espediente classico: a partire dalla modernità, attraverso le memorie di un diario letto alla protagonista ormai anziana e in punto di morte. Fotografa tutto virando verso il seppia e opta per la calligrafia spinta, cosa che ovatta il racconto con l'indulgenza e il fascino di cui sono dotati i ricordi. Il risultato è un'agiografia del passato che vince sul presente, una prospettiva a ritroso indulgente e favolistica sugli Stati Uniti. ■ DRAMMATICO; COL.; 159′; USA, 2008.

CURIOSO COME GEORGE *(Curious George)* ★★
Regia di MATTHEW O'CALLAGHAN. ■ Un vivace cucciolo di scimpanzé fa amicizia nel proprio habitat con l'imbranato Ted, esploratore novizio dagli improbabili indumenti paglierini. Terminata la spedizione, il curioso scimmiotto seguirà il nuovo amico attraverso il viaggio di ritorno, fino ad introdursi furtivamente nella stiva della nave che riporterà gli uomini in città. La metropoli si rivelerà per George, così ribattezzato da Ted, una vera e propria jungla, nonché teatro di innumerevoli peripezie. ■ ANIMAZIONE; COL.; 86′; USA, 2006.

CURSED – IL MALEFICIO *(Cursed)* ★
Regia di WES CRAVEN. Con KRISTINA ANAPAU, PORTIA DE ROSSI, SHANNON ELIZABETH, JOSHUA JACKSON, DANIEL MORA, MYA, CHRISTINA RICCI, SOLAR, MILO VENTIMIGLIA. ■ Si fa fatica a credere che *Cursed* sia opera di Craven. Due fratelli morsi da un licantropo, diventati licantropi a loro volta, scoprono che l'unico modo di liberarsi dalla maledizione è uccidere il mostro. Non sarà facile però individuare il mannaro in questione, visto che nel mentre molti saranno stati contagiati. Poco *gore*, poco thrilling, poco tutto. ■ HORROR; COL.; 96′; USA, 2004.

CURSE – LA MALEDIZIONE, THE ★
(The Curse of El Charro)
Regia di RICH RAGSDALE. Con HEIDI ANDROL, BRIAN AVERY, PHILIP BOYD, GARY BULLOCK, CALICO COOPER, SHANE DORMAN, LEMMY KILMISTER. ■ Un essere malvagio perseguita Maria, discendente di una donna che molti anni prima lo rifiutò. Tra litri di sangue e qualche simpatica trovata, l'ennesimo *slasher movie* che non aggiunge nulla di nuovo al genere, anzi lo toglie. ■ HORROR; COL.; 90′; USA, 2004.

CURVA DEL DIAVOLO, LA *(The Devil's Hairpin)* ★★
Regia di CORNEL WILDE. Con JEAN WALLACE, CORNEL WILDE. ■ La "curva del diavolo" è il famoso punto di un circuito dove il campione automobilistico Nick Jargin ha fatto uscire di strada il fratello provocandogli una paralisi permanente. Malgrado ciò, Nick continua a voler fare il bullo. Ruba la ragazza ad un amico e allora questi, insieme ad altri, decide di vendicarsi per mezzo di un giovane asso del volante che dovrebbe offuscare Nick. Nel giorno della gara si ripresenta la stessa situazione alla "curva del diavolo", ma Nick questa volta invece di stringere l'avversario e buttarlo fuori, lascia via libera all'altro. Dimostra così di saper perdere e riacquista l'affetto della ragazza che lo aveva lasciato e quello della mamma e di suo fratello. ■ DRAMMATICO; COL.; 82′; USA, 1957.

CURVE PERICOLOSE *(Dangerous Curves)* ★★
Regia di DAVID LEWIS. Con TATE DONOVAN, ROBERT STACK, DANIELLE VON ZERNECK. ■ Due studenti devono consegnare una Porsche nuova a un eccentrico miliardario. Ma percorrendo la strada costiera della California non possono non distrarsi per troppe belle bagnanti, tutte nude (o quasi), tutte apparentemente disponibili. ■ COMMEDIA; COL.; 90′; USA, 1988.

CURVE PERICOLOSE 2 *(Can it Be Love)* ★
Regia di PETER MARIS. Con RICHARD BEAUMONT, JENNIFER LANGDON, MARY ANN MIXON. ■ A Palm Beach due giovanotti in vacanza aiutano una detective privata a trovare un'ignara ereditiera che si sta divertendo con le amiche su quelle spiagge. In linea col film è anche l'indizio che guida il trio nella ricerca: un tatuaggio che la ragazza porta in qualche parte del corpo. ■ COMMEDIA; COL.; 90′; USA, 1993.

CUSTER EROE DEL WEST *(Custer of the West)* ★★★
Regia di ROBERT SIODMAK. Con TY HARDIN, JEFFREY HUNTER, ROBERT RYAN, ROBERT SHAW, LAWRENCE TIERNEY, MARY URE. ■ Finita la guerra, Custer è inattivo e a disagio. Ottiene un comando nell'Ovest. Gli ordinano una punizione esemplare per gli indiani, e lui, anche se non è d'accordo, esegue. Gli indiani inferociti uccidono tutti i passeggeri di un treno. Custer viene processato ma ottiene nuovamente il comando di un'unità. Verrà sorpreso dagli indiani e ucciso con tutti i suoi a Little Big Horn. ■ WESTERN; COL.; 140′; USA, 1968.

CUSTER IL RIBELLE *(The Legend of Custer)* ★★
Regia di NORMAN FOSTER, SAM WANAMAKER. Con MICHAEL DANTE, WAYNE MAUNDER, SLIM PICKENS. ■ Custer, deferito per negligenza, viene degradato da generale a tenente colonnello. Prende il comando del settimo cavalleggeri e va a battersi con gli indiani. In battaglia con Cavallo Pazzo, contro la verità storica, salva la pelle. Si tratta di due telefilm prodotti dalla Fox per il network ABC. ■ WESTERN; COL.; 99′; USA, 1967.

CUSTODE, IL *(The Keeper)* ★★
Regia di TOM DRAKE. Con TOM DRAKE, SALLY GRAY, CHRISTOPHER LEE, IAN TRACEY. ■ Christopher Lee nella parte dell'inquietante direttore di un manicomio. Più che un medico sembra un pazzo sadico, che tormenta i ricoverati con un allucinante marchingegno con l'aiuto di un'altrettanto allucinante coppia di carnefici gemelli. ■ DRAMMATICO; COL.; 95′; CANADA, 1976.

CUSTODE, IL *(Mortuary)* ★★
Regia di TOBE HOOPER. Con ALEXANDRA ADI, DAN BYRD, DENISE CROSBY, STEPHANIE PATTON, COURTNEY PELDON. ■ Se non fosse chiaro dal titolo, che in italiano è stato tradotto in maniera poco efficace (in inglese *Mortuary*, "camera mortuaria"), è evidente sin dalle prime inquadrature che la vita che Leslie Doyle sognava per sé e i suoi due figli, Jonathan e Jamie, non sarà tutta rose e fiori. La casa funeraria che li aspetta a Santa Loraina è mal ridotta e si erge su un cimitero inquietante. I nuovi inquilini sono ignari della storia che si nasconde dietro quelle pareti sporche e tra le lapidi del cortile, ma il figlio maggiore scopre che la vecchia società di pompe funebri era appartenuta a un certo Zeb Fowler e alla moglie, i quali avevano avuto un figlio, Bobby, nato con il volto sfigurato e poi scomparso misteriosamente all'età di otto anni. Bobby sembrerebbe aggirarsi ancora nella proprietà. Ben presto la famiglia Doyle si rende conto che la casa stessa è infestata da presenze minacciose, capaci di nutrirsi dei cadaveri e di impossessarsi dei viventi. ■ HORROR; COL.; 94′; USA, 2005.

CUSTODE DI MIA SORELLA, LA ★★
(My Sister's Keeper)
Regia di NICK CASSAVETES. Con ALEC BALDWIN, CAMERON DIAZ, JASON PATRIC, SOFIA VASSILIEVA, ABIGAIL BRESLIN. ■ Kate Fitzgerald è un'adolescente molto vitale e colpita a pochi anni da una forma aggressiva di leucemia. La sua famiglia, partecipe e protettiva, combatte da sempre la sua battaglia. Sara, la madre, ha abbandonato lavoro e carriera per garantirle cure e sostegno, Brian, il padre, veglia sulla famiglia contenendo il dolore della figlia e l'ostinata determinazione della moglie davanti alla malattia, Jesse, figlio maggiore, è un ragazzo introverso e suo malgrado defilato, e Anna, figlia minore, ha undici anni ed è stata concepita in provetta per "riparare" la patologia progressiva della sorella maggiore. Provata emotivamente e sfinita dal disinteresse della madre, sempre troppo concentrata su Kate, Anna denuncia i genitori e chiede l'emancipazione medica e i diritti sul proprio corpo. Il processo li dividerà fino a riunirli. Nick Cassavetes percorre una strada che conosce bene, quella del sentimento. ■ DRAMMATICO; COL.; 109'; USA, 2009.

CUSTODIO, EL ★★
Regia di RODRIGO MORENO. Con ADRIAN ANDRADE, JULIO CHÁVEZ, OSMAR NÚÑEZ, ELVIRA ONETTO. ■ Rubén è la guardia del corpo di un importante politico, ed è così occupato a difenderlo da perdere la sua stessa identità. I giorni trascorrono in una sorta di sospensione temporale legata ai movimenti del "protetto". La guardia del corpo non ha una vita propria e quando ne trova una (la festa di compleanno in un ristorante cinese o la visita a una prostituta) non è sicuramente di quelle desiderabili. Un film che si potrebbe definire minimalista ma che è qualcosa di più: la descrizione dell'azzeramento di una personalità che ha scelto di essere "scudo" per un'altra. Con la ripetitività e la frustrazione che questo comporta. ■ DRAMMATICO; COL.; 93'; ARGENTINA, FRANCIA, GERMANIA, URUGUAY, 2006.

CUTIE HONEY *(Kyûtî Hanî)* ★★★
Regia di HIDEAKI ANNO. Con MIKAKO ICHIKAWA, JUN MURAKAMI, ERIKO SATO. ■ La dolce Honey Kisaragi viene abitualmente derisa dai colleghi di lavoro. Quello che gli antipatici colleghi non sanno è che Honey può trasformarsi con un semplice gesto in Cutie Honey, la sexy cyborg che combatte il crimine. Honey si trova ad affrontare una pericolosa gang criminale che sta gettando nel panico Tokyo. Alla guida dei malvagi, c'è la sorella cattiva di Honey, Gill. Immediato e divertente, il film di Anno è forse la migliore trasposizione "umana" possibile del fumetto di Go Nagai. ■ FANTASTICO; COL.; 94'; GIAPPONE, 2004.

CUT – IL TAGLIAGOLE *(Cut)* ★
Regia di KIMBLE RENDALL. Con SIMON BOSSELL, SARAH KANTS, JESSICA NAPIER, MOLLY RINGWALD. ■ Una coproduzione tra Australia e Stati Uniti. Nel cast troviamo Molly Ringwald ex eroina di *Breakfast club*, e la cantante pop Kylie Minogue, spesso in vetta alle classifiche. Alcuni studenti cercano di portare a termine un film horror di basso costo interrotto venti anni prima per l'assassinio del regista. Quando cominciano le riprese i cadaveri si moltiplicano. Paura zero, recitazione sotto zero. ■ HORROR; COL.; 82'; AUSTRALIA, USA, 2000.

CYBORG ★
Regia di ALBERT PYUN. Con DAYLE HADDON, VINCENT KLYN, DEBORAH RICHTER, JEAN CLAUDE VAN DAMME. ■ Ambientato in un ventunesimo secolo molto violento e senza più controllo. Il protagonista deve vendicarsi dell'assassino della fidanzata. C'è in gioco anche la vita di una donna cyborg tenuta in ostaggio dall'omicida. Van Damme combatte senza respiro, come suo solito. La storia e la regia sono poco originali. ■ FANTASTICO; COL.; 88'; USA, 1989.

CYBORG, ANNO 2087 – METÀ UOMO, METÀ MACCHINA... PROGRAMMATO PER UCCIDERE ★★★
(Cyborg 2087)
Regia di FRANKLIN ADREON. Con WENDELL COREY, MICHAEL RENNIE, KAREN STEELE. ■ Un agente del pianeta Cyborg ha il compito di tornare indietro nel tempo fino al 1974 (siamo nel 2087 appunto) per impedire a uno scienziato di pubblicare il risultato di alcune sue ricerche sulla telepatia. Oltre alle difficoltà dell'impresa, l'agente deve vedersela anche con alcuni cyborgiani che lo ritengono un traditore. Lotta su due fronti dunque. Alla fine uccide, con l'aiuto di due terrestri, i cyborgiani cattivi e può tornare nel suo pianeta. Le scoperte dello scienziato non verranno rivelate. ■ FANTASCIENZA; COL.; 86'; USA, 1966.

CYBORG 2 *(Cyborg II)* ★
Regia di MICHAEL SCHROEDER. Con BILLY DRAGO, ALLEN GARFIELD, ANGELINA JOLIE, ELIAS KOTEAS, JACK PALANCE, KAREN SHEPERD. ■ Lei è una cyborg. Lui è un umano che lotta per il bene in un futuro in cui i cattivi impazzano. Si innamorano ma, mentre lei resta uguale a se stessa, lui invecchia. Sarà difficile continuare. Jack Palance compare, non si sa perché, in un *B-movie* senza speranze di riscatto. ■ FANTASTICO; COL.; 93'; USA, 1993.

CYBORG – IL GUERRIERO D'ACCIAIO ★★
Regia di GIANNETTO DE ROSSI. Con BRANDON HAMMOND, SHERRIE ROSE, HENRY SILVA, JAMES SUMMERS, FRANK ZAGARINO. ■ Un androide messo a punto dal Ministero della difesa americano fugge durante una traversata in nave prima ancora di essere sperimentato come soldato, privo di sentimenti e di emotività. Bisogna dunque ritrovarlo prima che sia troppo tardi. Ed eccolo in un'isola dei Caraibi in compagnia di un ragazzino e della di lui sorella, cui si era affezionato. La ragione di stato prevale. ■ FANTASCIENZA; COL.; 90'; ITALIA, 1989.

CYCLÒ *(Xich Lo)* ★★★♉
Regia di TRAN ANH HUNG. Con LE VAN LOC, TONY LEUNG-CHIUWAI, TRAN NU VEN KHE. ■ Cyclò è un ragazzo che ha assunto il nome dal proprio mestiere di ciclotaxista nella caotica Ho Chi Minh Ville (ex Saigon). Cyclò si vede sequestrare la bicicletta con carrozzella da uno dei tanti racket mafiosi che dominano la città. Il ragazzo ha una Padrona a cui deve rifondere il danno subito. Finisce allora nelle mani del Poeta, capo di un gruppo di piccoli delinquenti. Cyclò dovrà picchiare, uccidere, prostituire la sorella ed estorcere denaro per saldare il suo debito. Vincitore della 52ª Mostra d'arte cinematografica di Venezia, questo film è un viaggio nei gironi infernali di una città che è uscita dalla guerra per piombare in un girone infernale di corruzione e violenza. La lezione di Scorsese si fonde con la memoria di De Sica per dar luogo a una storia freneticamente allucinata. Tran Anh Hung muta decisamente registro rispetto a *Il profumo della papaya verde*, dimostrando così di non voler riposare sugli allori del precedente successo di critica. ■ DRAMMATICO; COL.; 120'; FRANCIA, HONG KONG, VIETNAM, 1995. ■ VENEZIA ♉ 1 PR.

CYCLONE *(Ciclon)* ★★
Regia di RENÉ CARDONA JR. Con CARROLL BAKER, OLGA KARLATOS, ARTHUR KENNEDY, LIONEL STANDER, HUGO STIGLITZ. ■ Un ciclone s'abbatte sul famigerato triangolo delle Bermude. Ci vanno di mezzo aeroplani, pescherecci, navi, passeggeri, panfili. Un gruppo di naufraghi, placatasi la furia degli elementi, trova temporanea salvezza su uno yacht che sta andando alla deriva. I soccorsi tardano ad arrivare: i superstiti devono combattere contro la fame, la sete, i pescecani. Alla fine arrivano i guardiacoste, ma riescono a salvare solo una dozzina di naufraghi. ■ AVVENTURA; COL.; 97'; MESSICO, 1978.

CYCLONE ARMA MORTALE *(Cyclone)* ★★
Regia di FRED OLEN RAY. Con MARTINE BESWICK, JEFFREY COMBS, HEATHER THOMAS. ■ Il Cyclone è una motocicletta con armamento fantascientifico. Tira raggi laser e pure razzi a lunga gittata. Uno scienziato la vende al governo americano. Ma il mostro a due ruote fa gola anche ai servizi segreti stranieri che si mettono a caccia dello scienziato per rapirlo. ■ FANTASCIENZA; COL.; 90'; USA, 1987.

CYNTHIA ★★
Regia di ROBERT Z. LEONARD. Con MARY ASTOR, JAMES LYDON, GEORGE MURPHY, ELIZABETH TAYLOR. ■ Due compagni di università si sposano e si rendono subito conto che la vita è dura. Hanno una bambina molto gracile, tra l'altro in cura a un medico pessimista. La gracilità di Cynthia condiziona i rapporti della coppia.

La madre vorrebbe per la figlia una vita più normale, il padre invece è del tutto succube del medico. Un giorno però Cynthia, col permesso della madre, va a una festa e rincasando a notte inoltrata si imbatte in un temporale. Arriva fradicia come un pulcino. Si teme il peggio e invece la mattina dopo la ragazzina è vispa come un grillo. Il medico aveva sbagliato tutto. ■ COMMEDIA; B/N; 92'; USA, 1947.

CYPHER ★★★

Regia di VINCENZO NATALI. Con NIGEL BENNETT, DAVID HEWLETT, LUCY LIU, JEREMY NORTHAM, TIMOTHY WEBBER. ■ Morgan, stanco del tran tran quotidiano, si fa assumere dalla Digicorp in veste di spia. Sotto falsa identità, viene inviato alle convention di ditte concorrenti, che registra di nascosto. In una missione conosce Rita, che gli rivela che in realtà egli è solo la pedina di un gioco più grande. Morgan si lascia sottoporre ad un intervento per recuperare la memoria, accetta la proposta della concorrente Sunways e comincia un pericoloso doppio gioco. ■ FANTASCIENZA; COL.; 95'; USA, 2002.

CYRANO DE BERGERAC ★★♉

Regia di JEAN-PAUL RAPPENEAU. Con ANNE BROCHET, GÉRARD DEPARDIEU, JACQUES WEBER. ■ Versione molto tradizionale del classico di Edmond Rostand. Condotto con molto senso del ritmo da parte di Rappeneau (*Gli sposi dell'anno secondo*) ma senza eccessiva originalità. Nonostante ciò è di buon interesse per l'interpretazione di Gérard Depardieu che offre la sua migliore prova d'attore. Soprattutto il finale per merito suo acquista grande spessore. Premio a Cannes come miglior attore e nomination all'Oscar per Depardieu; Oscar per i costumi a Franca Squarciapino e dieci premi francesi César. Consigliabile nella versione originale per la musicalità dei versi. Da ricordare infine la buona prestazione di Jacques Weber, grande attore francese di teatro che ha a sua volta interpretato sul palcoscenico il personaggio di Cyrano. ■ DRAMMATICO; COL.; 135'; FRANCIA, 1990. ■ CANNES 2 PR; DAVID DI DONATELLO 1 PR, 1 NOM; GOLDEN GLOBES ♉ 1 PR, 1 NOM; OSCAR ♉ 1 PR, 5 NOM.

CYRANO DI BERGERAC ★★★

Regia di MICHAEL GORDON. Con JOSÈ FERRER, MALA POWERS, WILLIAM PRINCE. ■ Dal classico di Rostand. Cyrano, spadaccino bizzarro e... brutto, è innamorato di Rossana che invece ama Cristiano, che è scialbo e stupido ma bello. Cyrano si consola dolorosamente suggerendo, stando nascosto, parole d'amore bellissime a Cristiano per Rossana, e riuscendo, in una scena struggente, a trasformarsi in Cristiano, favorito dal buio. La più popolare commedia eroica francese rappresentata da Ferrer, capace di destreggiarsi fra quei versi che non sono davvero facili da tradurre in cinema. ■ COMMEDIA; 110'; FRANCIA; 1950.

CYRANO E D'ARTAGNAN *(D'Artagnan ed Cyrano)* ★★★

Regia di ABEL GANCE. Con JEAN-PIERRE CASSEL, JOSÉ FERRER, SYLVA KOSCINA, DALIAH LAVI, PHILIPPE NOIRET. ■ Una tipica licenza cinematografica fa incontrare i due eroi a Parigi. Uno è moschettiere e l'altro è cadetto. L'uno si innamora della donna dell'altro e viceversa. L'unica cosa in cui sono d'accordo è l'antipatia verso Richelieu. ■ AVVENTURA; COL.; 145'; FRANCIA, 1963.

CYRUS ★★

Regia di JAY DUPLASS, MARK DUPLASS. Con JONAH HILL, CATHERINE KEENER, JOHN C. REILLY, MARISA TOMEI, MATT WALSH. ■ Los Angeles. John, divorziato da sette anni, conduce una vita solitaria. Nel momento in cui gli annuncia che sta per risposarsi è l'ex moglie a spingerlo a cercare una nuova compagna. La trova in una donna che ha un segreto che viene presto svelato: ha un figlio ventunenne, Cyrus, che ha allevato da sola e che le è molto attaccato. Quando Cyrus vede che tra la madre e John la situazione rischia di divenire seria fa di tutto per mantenere l'esclusiva su mammà. ■ COMMEDIA; COL.; 92'; USA, 2010.

D

DA BANGKOK CON ORDINE DI UCCIDERE ★
Regia di JAMES SHAW FUNG. Con LEE SHEUNG, WING PAI. ■ Mister Lo, capo di una losca società, incarica Chang di uccidere alcuni componenti di una banda avversaria. Ma Chang durante la sua missione scopre troppe cose e Mister Lo decide di eliminarlo. Sarà dura perché Chang sa difendersi molto bene, ma alla fine Mister Lo avrà il sopravvento. ■ AVVENTURA; COL.; 95′; HONG KONG, 1973.

DA BERLINO L'APOCALISSE ★
Regia di MARIO MAFFEI. Con PETER CARSTEN, ROGER HANIN, MARGARET LEE, UGO PAGLIAI. ■ Siamo a Berlino: dietro un falso delitto si snoda una vicenda di spionaggio e controspionaggio. Alla fine un abile agente francese sventa un'organizzazione filocinese. ■ SPIONAGGIO; COL.; 92′; ITALIA, 1977.

DACCI OGGI I NOSTRI SOLDI QUOTIDIANI ★★
(Moi, y en a vouloir des sous)
Regia di JEAN YANNE. Con BERNARD BLIER, NICOLE CALFAN, JEAN ROGER CAUSSIMON, FERNAND LEDOUX, MICHEL SERRAULT. ■ Un finanziere che lavora per un ricco imprenditore trasforma praticamente in oro ciò che tocca. Messosi per conto suo, pian piano diventa ricchissimo e si costruisce un vero e proprio impero. Dopo anni di lotte, stanco di far soldi, si ritira in campagna ma anche qui, un giorno, zappando riuscirà a trovare il petrolio. ■ COMMEDIA; COL.; 110′; FRANCIA, 1973.

DA CHE PIANETA VIENI? ★★★
(What Planet Are You from?)
Regia di MIKE NICHOLS. Con ANNETTE BENING, LINDA FIORENTINO, JOHN GOODMAN, JUDY GREER, BEN KINGSLEY, GREG KINNEAR, GARRY SHANDLING. ■ Mike Nichols ha regalato al cinema più di un film pregevole sul piano sociale o dell'analisi dei personaggi. Ma, come molti registi giunti a una certa età, ha deciso di prendersi un *divertissement*. Si è così preso una vacanza fantascientifica immaginando un pianeta (siamo nel 2999) abitato solo da uomini. Urge inviare qualcuno sul lontanissimo pianeta Terra per trovare una donna e fare un figlio. Si invia Harold (il comico televisivo Garry Shandling che ha scritto il soggetto e ha condiviso la stesura della sceneggiatura). Il Nostro parte armato di buona volontà ma, per quanto aiutato da un umano, rischia di non vedere la sua missione coronata dal successo. Perché? Perché le donne appartengono sul serio a un altro pianeta. Commedia intelligente (anche se non canonica) con una Bening sempre più brava. ■ FANTASCIENZA; COL.; 100′; USA, 2000.

DACI, I *(Dacii – Les guerriers)* ★★
Regia di SERGIU NICOLAESCU. Con PIERRE BRICE, GEORGE MARSHALL, MARIE JOSÉ NAT, AMZA PELLEA. ■ I Romani vogliono assoggettare la Dacia durante l'impero di Domiziano. Ma i pareri sono discordi perché il senatore Ezio invece ne vorrebbe l'alleanza. Durante questo conflitto nasce l'amore fra un giovane romano e una giovane dacia. Lui è Severo, comandante di legione, lei è Meda, figlia del re dei Daci. Purtroppo alla fine Severo morirà ucciso proprio dal padre della sua innamorata. ■ STORICO; COL.; 90′; ROMANIA, 1966.

DA CORLEONE A BROOKLYN ★★
Regia di UMBERTO LENZI. Con LAURA BELLI, VAN JOHNSON, MAURIZIO MERLI, MARIO MEROLA, BIAGIO PELLIGRA, VENANTINO VENANTINI. ■ Un commissario romano va a Palermo per indagare su un delitto di stampo mafioso. Le cose si arruffano ancor di più quando si scoprono intensi collegamenti anche con i "padrini" newyorkesi e quando i morti aumentano. ■ DRAMMATICO; COL.; 90′; ITALIA, 1979.

DADDY ★★
Regia di JOHN HERZFELD. Con DANNY AIELLO, PATRICIA ARQUETTE, TESS HARPER, DERMOT MULRONEY. ■ A Bobby, soltanto diciassettenne, si prospetta un grande futuro come musicista rock. La sua fidanzata rimane incinta e il ragazzo è costretto a variare i programmi. ■ COMMEDIA; COL.; 95′; USA, 1987.

DADDY AND THEM ★★★
Regia di BILLY BOB THORNTON. Con BEN AFFLECK, LAURA DERN, DIANE LADD, JAMIE LEE CURTIS, KELLY PRESTON, BILLY BOB THORNTON. ■ Una coppia, sposata da alcuni anni e ancora molto innamorata, si reca a casa della famiglia di lei. Proprio l'impatto con la famiglia della sposa metterà in crisi l'intesa della coppia. Tra spunti divertenti e momenti di riflessione, Billy Bob Thornton scrive, interpreta e dirige una commedia divertente e non banale che parla di sentimenti e relazioni familiari. ■ COMMEDIA; COL.; 101′; USA, 2001.

DADDY NOSTALGIE ★★★★
Regia di BERTRAND TAVERNIER. Con JANE BIRKIN, DIRK BOGARDE, ODETTE LAURE. ■ Uno dei film più belli e poetici di Bertrand Tavernier. Presentato a Cannes e ingiustamente lasciato senza premi, descrive il rapporto tra padre e figlia. Lui è anziano e molto malato, lei è tornata a trovarlo preoccupata. La moglie assiste triste e malinconica al loro rapporto sereno, dopo anni di incomprensioni. Nella versione originale Bogarde parla inglese mentre la Birkin sia inglese che francese; in quella italiana si è supplito lasciando solo l'inglese con i sottotitoli in italiano. ■ DRAMMATICO; COL.; 108′; FRANCIA, 1990.

DADDY SITTER *(Old Dogs)* ★
Regia di WALT BECKER. Con SETH GREEN, KELLY PRESTON, ELLA BLEU TRAVOLTA, JOHN TRAVOLTA, ROBIN WILLIAMS. ■ Dan e Charlie sono amici e colleghi in affari da una trentina d'anni. Ora è arrivato uno dei momenti importanti per la loro collaborazione professionale. Nel giro di due settimane la loro società di pubbliche relazioni deve firmare un importante contratto con una compagnia nipponica. Ma c'è una sorpresa che attende Dan: una donna che aveva sposato in stato di ubriachezza anni prima e dalla quale aveva divorziato il giorno successivo si rifà viva per comunicargli che lui è il padre dei suoi due gemelli e, visto che lei sarà in carcere per due settimane per una protesta politica, dovrà essere lui ad occuparsene. Ora Dan ha bisogno dell'amico Charlie se vuole potersi occupare dei pargoli e, al contempo, chiudere il contratto. ■ COMMEDIA; COL.; 88′; USA, 2009.

DA DO DA ★
Regia di NICO CIRASOLA. Con DONATO CASTELLANETA, GILLA NOVAK, TOTÒ ONNIS. ■ Ogni cento anni gli dèi scendono dall'Olimpo e ripetono sulla terra le loro diatribe. Questa volta tocca alla Puglia fare da scenario alle loro discussioni spesso grottesche al di là della volontà del regista. ■ COMMEDIA; COL.; 82′; ITALIA, 1994.

DADO È TRATTO, IL *(Le rouge est mis)* ★★
Regia di GILLES GRANGIER. Con MARCEL BOZZUFFI, PAUL

FRANKEUR, JEAN GABIN. ■ Una banda formata da quattro componenti agisce a Parigi rapinando e uccidendo. Porrà fine alle tragiche gesta un duello tra due di loro che li vedrà entrambi morire. ■ DRAMMATICO; COL.; 85'; FRANCIA, 1957.

DA DOVE VIENI COW-BOY? *(D'où viens-tu, Johnny?)* ★★
Regia di NOEL HOWARD. Con PIERRE BAROUH, JOHNNY HALLIDAY, SYLVIE VARTAN. ■ Johnny, che canta e suona la chitarra in un night a Parigi, si trova compromesso in un affare di droga. Si nasconde nel suo paese d'origine, ma viene trovato dai malviventi. Con l'aiuto della fidanzata riuscirà a rifarsi una nuova vita. ■ AVVENTURA; COL.; 99'; FRANCIA, 1963.

DAD – PAPÀ *(Dad)* ★★★
Regia di GARY DAVID GOLDBERG. Con KATHY BAKER, TED DANSON, OLYMPIA DUKAKIS, JACK LEMMON, KEVIN STACEY. ■ Un giovane manager lascia momentaneamente New York per andare a visitare gli anziani genitori in California. La madre deve subire un'operazione, ma è soprattutto il padre settantenne a destare preoccupazione. Egli ha perso la gioia di vivere e sembra riacquistarla solo grazie al miglioramento della moglie, alle cure del figlio e alla presenza del nipotino in casa. I medici gli riscontrano, però, un tumore. Negli ultimi mesi di vita, l'anziano ritrova come per incanto la gioia di vivere e rivela alla moglie l'esistenza di un suo mondo immaginario in cui si rifugia per sfuggire alla realtà. Grande e intensa interpretazione di Jack Lemmon nel ruolo dell'anziano padre. ■ DRAMMATICO; COL.; 117'; USA, 1989. ■ GOLDEN GLOBES 1 NOM; OSCAR 1 NOM.

DA GIUNGLA A GIUNGLA *(Jungle 2 Jungle)* ★
Regia di JOHN PASQUIN. Con TIM ALLEN, LOLITA DAVIDOVICH, SAM HUNTINGTON, MARTIN SHORT, JO BETH WILLIAMS. ■ Remake americano di *Un indiano in città*, che impoverisce la già scarsa verve dell'originale. Vorrebbe parlare ai ragazzi che invece sono distanti anni luce da questi modelli narrativi. ■ COMMEDIA; COL.; 105'; USA, 1997.

DAGLI APPENNINI ALLE ANDE ★★
Regia di FLAVIO CALZAVARA. Con CESARINO BARBETTI, MARGHERITA DEL PLATA, LEDA GLORIA, NINO PAVESE. ■ Da uno dei racconti di *Cuore* di Edmondo De Amicis. Marco, cerca la sua mamma che vive in Argentina e della quale ha perso ogni traccia. Dovrà superare mille avversità, ma alla fine la sua costanza ed il suo amore verranno premiati. ■ DRAMMATICO; B/N; 90'; ITALIA, 1943.

DAGLI APPENNINI ALLE ANDE ★★
Regia di FOLCO QUILICI. Con MARCO PAOLETTI, ELEONORA ROSSI DRAGO, FAUSTO TOZZI. ■ Un'altra versione del racconto di Edmondo De Amicis. La differenza fra questo ed il film di Calzavara è che Folco Quilici riesce a evidenziare la sua abilità di documentarista. ■ SENTIMENTALE; COL.; 95'; ITALIA, 1959.

DAGLI ARCHIVI DELLA POLIZIA CRIMINALE ★★
Regia di PAOLO LOMBARDO. Con GIULIO DONNINI, EDMUND PURDOM, ALAN STEEL. ■ Poliziotto traditore ruba all'archivio di Scotland Yard microfilm sulla mafia. Con molta fatica e molti rischi il detective Teddy lo recupera e lo rimette al suo posto. ■ POLIZIESCO; COL.; 90'; ITALIA, 1975.

DAGLI ZAR ALLA BANDIERA ROSSA ★
Regia di PIERO GHIONE, GINO MANGINI. ■ La storia della Russia dal 1904: la famiglia Romanoff, Rasputin, Lenin e Trotzkij, la guerra civile, la vittoria dei bolscevichi, la morte di Lenin, la fuga di Trotzkij, l'avvento di Stalin e la guerra fino alla sconfitta dei tedeschi. Il documentario si conclude con la morte di Stalin e la "destalinizzazione". ■ DOCUMENTARIO; B/N; 95'; ITALIA, 1963.

DAGOBERT ★★
Regia di DINO RISI. Con MICHEL COLUCHE, MICHEL SERRAULT, UGO TOGNAZZI. ■ Nel VII secolo Dagobert, il re dei Franchi, cala a Roma con scorta al seguito per ottenere dal rigoroso pontefice Honorius I l'indulgenza per i suoi peccati. Ma nel frattempo il papa è stato rapito e sostituito con un sosia dissoluto almeno quanto il re. Grottesca metafora della corruzione del potere, satira stilisticamente ben realizzata ma spesso triviale e a tratti irritante, senza dubbio inferiore alle intenzioni dello stesso Risi. ■ GROTTESCO; COL.; 110'; FRANCIA, ITALIA, 1984.

DA GRANDE ★★★
Regia di FRANCO AMURRI. Con GIULIA BOSCHI, OTTAVIA PICCOLO, RENATO POZZETTO. ■ Un bambino di otto anni, tiranneggiato dai genitori e innamorato della maestra, sogna di diventare grande e ci riesce. Assume l'aspetto fisico di un quarantenne, ma resta infantile negli atteggiamenti(forse è per questo che la bella insegnante comincia a ricambiarlo). ■ COMMEDIA; COL.; 98'; ITALIA, 1987.

DA HONG KONG: L'URLO, IL FURORE, LA MORTE *(The Cannibals)* ★★
Regia di KAO PAO SHU. Con CHANG CHEN, CHEN HUNG LIEH, CHANG I, MENG LI. ■ Carovana trasporta importante carico; viene rapinata durante il tragitto e la scorta eliminata. Pao Lin si fa assumere in una officina sospettando che i colpevoli siano là dentro. Qui, invece, incontra l'amore. Il colpevole è il proprietario di una bisca malfamata. Pao Lin, aiutato dalla giovane innamorata, lo scoprirà affrontandolo nel suo covo. ■ AVVENTURA; COL.; 92'; HONG KONG, 1973.

DAI JOHNNY, DAI! *(Go, Johnny, Go!)* ★★
Regia di PAUL LANDRES. Con ADRIANO CELENTANO, JIMMY CLANTON, ALAN FREED, SANDY STEWART. ■ È la storia di una ragazzo che ha sempre vissuto in un orfanotrofio e vuole diventare cantante famoso. A sue spese fa un disco e lo invia ad un famoso discografico che vorrebbe contattarlo, ma per un contrattempo non riesce a comunicare con lui. Il ragazzo deluso sta per perdere la retta via quando il discografico si fa vivo: per il giovane celebrità e amore. ■ COMMEDIA; COL.; 92'; USA, 1969.

DAIMOS – IL FIGLIO DI GOLDRAKE *(My own daimoskasuja intrap)* ★★
Regia di TOSHIO MORI HILDEKI. ■ Nel 2980, il figlio di Goldrake è un terribile robot che lotta contro pericolosi invasori subacquei. Noioso e ripetitivo, ma ai ragazzini, evidentemente, piace così. ■ ANIMAZIONE; COL.; 92'; GIAPPONE, 1980.

DAI... MUOVITI *(Move)* ★★
Regia di STUART ROSENBERG. Con ELLIOTT GOULD, JOHN LARCH, PAULA PRENTISS, JOE SILVER, GENEVIÈVE WAITE. ■ Squallido scrittore di storie di sesso, deluso dal fallimento della propria vita e del proprio matrimonio, decide di cambiare casa, e per guadagnare porta a passeggio i cani dei vicini. Come se non bastasse ha manie di persecuzione; è quasi ai minimi termini quando, entrando nel nuovo appartamento, vi trova la moglie che aspetta un figlio e questo risolve tutte le sue crisi. ■ COMMEDIA; COL.; 90'; USA, 1970.

DAI NEMICI MI GUARDO IO! ★★
Regia di IRVING JACOBS. Con PIETRO CECCARELLI, ALIDA CHELLI, DADA GALLOTTI, JULIAN MATEOS, CHARLES SOUTHWOOD. ■ Sono tre i dollari che aiuteranno Alan Burton ad impadronirsi del tesoro dell'esercito. Il primo lo avrà dalle mani di un maggiore sudista che sta per morire, il secondo sterminando la banda di un pericoloso bandito ed il terzo è di proprietà del suo compagno di viaggio messicano che cerca di ucciderlo con una pugnalata. Una delle tre monete devierà il colpo. La vita è salva, ma ahimè, il pugnale ha distrutto il lato della moneta sulla quale erano incise le indicazioni per arrivare al tesoro. ■ WESTERN; COL.; 90'; ITALIA, 1968.

DAI, PAPÀ... SEI UNA FORZA! *(Superdad)* ★★
Regia di VINCENT MCEVEETY. Con KATHLEEN CODY, BOB CRANE, JOE FLYNN, BARBARA RUSH, KURT RUSSEL. ■ Wendi vive in una cittadina di provincia con mamma, papà ed un nutrito gruppo di amici inseparabili, fra i quali spicca Bart. Ma il papà di Wendi sogna per la figlia un "buon matrimonio" e la manda a studiare in un'altra città. La ragazza a malincuore obbedisce e là si metterà prima col figlio di un senatore, poi, scoperto l'inganno del padre, per ripicca, con un pittore matto. Pentiti, i genitori ritorneranno sui loro passi e Wendi potrà sposare Bart. ■ COMMEDIA; COL.; 96'; USA, 1974.

DAI SBIRRO *(Adieu poulet)* ★★★
Regia di PIERRE GRANIER-DEFERRE. Con PATRICK DEWAERE, VICTOR LANOUX, CLAUDE RICH, LINO VENTURA. ■ Il commissario Vergeat, durante le elezioni a Rouen, assiste all'omicidio di

uno dei due candidati ed al ferimento di un agente. Deciso ad approfondire l'indagine si fa incriminare per corruzione per poter rimanere sul luogo e continuare le indagini. Finale a sorpresa. ■ POLIZIESCO; COL.; 95′; FRANCIA, 1975.

DA ISTANBUL ORDINE DI UCCIDERE ★★
Regia di ALEX BUTLER. Con CHRISTOPHER LOGAN, LUCRETIA LOVE, JURI MCFEE, GERALDINE PEARSALL, SAM TINKHAM. ■ Jean è il sosia di un personaggio importantissimo nell'ambiente della droga, Felix. Un amico di Jean, agente dell'Fbi, lo convince ad uno scambio di persona per scoprire la banda al completo. I due ci riusciranno dopo una lunga serie di vicende. ■ SPIONAGGIO; COL.; 90′; ITALIA, 1966.

DAISY MILLER ★★★
Regia di PETER BOGDANOVICH. Con EILEEN BRENNAN, DUILIO DEL PRETE, CYBILL SHEPHERD. ■ Dal romanzo di Henry James. Daisy Miller è una ragazza americana tutta cuore e simpatia che si stabilisce con il suo ricco *entourage* a Roma alla fine del XIX secolo. Ci mette un po' a capire qual è il suo amore vero (un introverso coetaneo e connazionale). Quando lo capisce muore di una malattia contratta in una taverna sul Tevere. Raffinata ricerca del tempo perduto con una protagonista non sempre all'altezza della parte. ■ DRAMMATICO; COL.; 91′; USA, 1974. ■ OSCAR 1 NOM.

DAKOTA – IL CAVALIERE AUDACE *(Dakota)* ★★★
Regia di JOSEPH KANE. Con WARD BOND, WALTER BRENNAN, VERA RALSTON, JOHN WAYNE. ■ È il periodo in cui i colonizzatori vanno verso il Dakota e la California. John è uno di questi: incontra Sandy, la figlia di un ricco di Chicago, se ne innamora e la rapisce per sposarla. Durante il loro viaggio, incontrano due malviventi che, oltre a bruciare i raccolti, tentano di uccidere John e di rubare il denaro della moglie. L'uomo recupera i soldi e uccide uno dei due. Col gruzzolo recuperato, lui e la moglie acquisteranno una barca per raggiungere l'agognato Dakota. ■ AVVENTURA; B/N; 95′; USA, 1945.

DA LADRO A POLIZIOTTO *(Blue Streak)* ★★
Regia di LES MAYFIELD. Con DAVE CHAPPELLE, WILLIAM FORSYTHE, PETER GREENE, TAMALA JONES, MARTIN LAWRENCE, LUKE WILSON. ■ Miles Logan (Martin Lawrence) è un ladro professionista. Durante una rapina viene però tradito da Deacon (Peter Greene) ed è costretto a fuggire e a nascondere un diamante appena rubato in un condotto d'aria di un edificio in costruzione. Fa appena in tempo a compiere tale operazione e viene arrestato. Scontati i due anni di prigione, Miles è pronto a recuperare la sua refurtiva, ma scopre, con sua amara sorpresa, che l'edificio in costruzione è diventato il 37° distretto di polizia. Non gli resta che intrufolarsi nella caserma nei panni di un poliziotto; Miles diventa subito un beniamino dell'intera squadra di polizia e, per le sue doti investigative, gli viene anche assegnata la divisione furti (ironia della sorte!). ■ COMMEDIA; B/N; 93′; USA, 1999.

DAL BIG BANG AI BUCHI NERI ★★★
(A Brief History of Time)
Regia di ERROL MORRIS. Con STEPHEN HAWKING. ■ È la storia dell'universo, di come si è generato e del suo possibile futuro. Ce la racconta l'inglese Stephen Hawking, professore di fisica a Cambridge, bloccato da una paralisi ma intellettualmente sorprendente. ■ DOCUMENTARIO; COL.; 80′; GRAN BRETAGNA, 1992.

DAL COLLEGE... CON FURORE! *(Fraternity Vacation)* ★★
Regia di JAMES FRAWLEY. Con STEPHEN GEOFFREYS, LEIGH MCCLOSKEY, SHEREE J. WILSON. ■ Come accade in tutti i college americani, gli studenti si dividono in gruppi a seconda delle affinità, dei gusti e dell'estrazione sociale. A volte si provocano e si sfidano, altre ancora trovano il compagno o la compagna ideale. ■ COMMEDIA; COL.; 90′; USA, 1985.

DALEKS – IL FUTURO FRA UN MILIONE DI ANNI ★★
(Daleks – Invasion Earth 2150 A.D.)
Regia di GORDON FLEMYNG. Con RAY BROOKS, BERNARD CRIBBINS, PETER CUSHING, ANDREW KEIR, ROBERTA TOVEY. ■ Con l'aiuto di una straordinaria macchina del tempo, uno scienziato con le sue due nipoti ed un poliziotto loro amico si trasferiscono nell'anno 2150. Da lì assistono all'invasione degli extraterrestri Daleks sulla Terra. Si uniscono quindi ad alcuni uomini sopravvissuti e riescono a sventare l'esplosione del pianeta. Dopo questo spavento, il gruppetto risale sulla macchina del tempo e ritorna di corsa ai giorni nostri. ■ FANTASCIENZA; COL.; 84′; GRAN BRETAGNA, 1966.

DAL GIAPPONE CON FURORE ★★★
Regia di WANG YOTO. Con BRUCE LEE, WANG PING, YU LO. ■ L'agente Aiata è incaricato di scoprire i capi delle due bande rivali che spacciano droga a Tokyo. Aiutato da un componente della banda riuscirà a smascherare i malviventi fra i quali un famoso uomo politico. Attenzione, qui c'è il vero Bruce Lee. ■ AVVENTURA; COL.; 90′; HONG KONG, 1973.

DALIA AZZURRA, LA *(The Blue Dahlia)* ★★★★
Regia di GEORGE MARSHALL. Con WILLIAM BENDIX, ALAN LADD, VERONICA LAKE. ■ Johnny torna dalla guerra insieme a due commilitoni e amici per la pelle. Arrivano a Los Angeles e prendono alloggio in un albergo. Poi Johnny, senza grande entusiasmo, va a cercare la moglie in un residence. La vede mentre bacia un altro. I due litigano, lei gli rivela che il loro figlioletto era morto non di malattia ma a causa della sua ubriachezza, Johnny ha l'impulso di ucciderla, ma non lo fa e se ne va. La donna viene trovata morta. Johnny è il primo sospettato, fugge. Incontra una biondina misteriosa, moglie, guarda caso, dell'amante di sua moglie. Il tutto è complicato dal grande amico di Johnny, che ha delle crisi di amnesia. Alla fine Johnny arriva alla verità. È stato il detective del residence a uccidere. Anche il marito della biondina è morto. Forse c'è un futuro fra lei e Johnny. Uno dei classici del famoso genere noir. Film di ottima atmosfera grazie anche all'intervento di Raymond Chandler, il grande giallista padre del detective Marlowe. Ma soprattutto grazie alla bravura di Alan Ladd, un attore le cui attitudini non sono mai state riconosciute. La sceneggiatura di Chandler dava alla storia svolte imprevedibili e al dialogo un colore particolare. Funzionale era anche la presenza di Veronica Lake, triste e misteriosa come il suo partner. Da ricordare infine la prova di William Bendix, presente in molti noir dell'epoca, un grande caratterista. *La dalia azzurra*, girato senza grande profusione di mezzi, vive di pura storia e di interpretazioni, un piccolo capolavoro costruito con grande intelligenza e piccolo budget. ■ POLIZIESCO; B/N; 96′; USA, 1946. ■ OSCAR 1 NOM.

DALLA CINA CON FURORE *(Fist of Fury)* ★★
Regia di LO WEI. Con HWONG CHUNG, TIEN FENG, BRUCE LEE, NORA MIAO, JAMES TIEN, MARIA YI. ■ A Shanghai ci sono due centri di addestramento per arti marziali. Il capo di uno di questi decide di eliminare la concorrenza uccidendo il capo dell'altro. Ma un giovane discepolo di quest'ultimo non gliela perdona e con le sue mani micidiali fa strage di tutti gli adepti della scuola concorrente. ■ AVVENTURA; COL.; 106′; HONG KONG, 1973.

DALLA CINA FURIA, FIFA E KARATE ★★
Regia di SERGIO CORBUCCI. Con LANDO BUZZANCA, ALIGHIERO NOSCHESE. ■ È la parodia dei soliti film tipo Bruce Lee in cui i due attori comici italiani tentano di sventare una importante riunione dell'Onu avvalendosi di ogni mezzo. ■ COMICO; COL.; 90′; ITALIA, 1977.

DALL'ALTRA PARTE DEL MARE ★★
Regia di JEAN SARTO. Con GALATEA RANZI, VITALIANO TREVISAN, FULVIO FALZARANO, GIORDANA DE SANTIS, VIVIANA DI BERT. ■ Abele, regista teatrale, è chiamato ad allestire a Trieste un'opera dedicata alla Shoah. Convoca l'attrice Clara, che nel corso di un lungo esilio volontario a Parigi aveva avuto modo di filmare una testimonianza della pianista Tosca Marmor, maestra di musica leggera sopravvissuta ai campi di sterminio. Le prove in scena diventano un canale per dissertare su concetti come la memoria e i ricordi rivissuti, e riflettere sulle modalità con cui in passato è stato rappresentato il male più assoluto. ■ DRAMMATICO; COL.; 80′; ITALIA, 2009.

DALL'ALTRA PARTE DEL MONDO ★★
Regia di ARNALDO CATINARI. Con MARINA BERTI, MASSIMO GIROTTI, KALUBI KABONGO, ISSA SECK. ■ Muriel è una giovane prostituta che giunge in Italia dalla Costa d'Avorio. Qui trova un protettore che abbandona per un altro uomo con il quale fugge. Tra

droga e inseguimenti la vicenda giunge al termine con il ritorno di Muriel in Africa. Con la presenza di due vecchie glorie del cinema, il regista ci presenta una storia nobilitata anche dall'uso di un rigoroso bianco e nero. ■ DRAMMATICO; B/N; 86'; ITALIA, 1992.

DALL'ALTRO LATO DELLA STRADA ★★★
(Crossing Delancey)
Regia di JOAN MICKLIN SILVER. Con AMY IRVING, JEROEN KRABBE, PETER RIEGERT. ■ Come è facile innamorarsi a New York. Più difficile è scegliere l'uomo giusto fra due possibili compagni della vita: un commerciante di sottaceti e uno scrittore di libri rosa. Una bella occasione interpretativa per Amy Irving. ■ COMMEDIA; COL.; 97'; USA, 1988. ■ GOLDEN GLOBES 1 NOM.

DALLA NUBE ALLA RESISTENZA ★★
Regia di JEAN-MARIE STRAUB. Con OLIMPIA CARLISI, GINO FELICI, WALTER PARDINI. ■ Il regista, in dichiarato contrasto con il cinema inteso come evasione, confeziona un lavoro sperimentale squisitamente intellettuale, nel quale si sostiene che la storia (esemplificata dalla Resistenza) trova giustificazione solo se affonda le sue radici nel mito (la nube degli dèi). Film volutamente essenziale e ripetitivo, coraggioso nel linguaggio ma presuntuoso e mortalmente noioso per lo spettatore "normale". ■ DRAMMATICO; COL.; 95'; ITALIA, 1981.

DALLA PARTE DEL CUORE *(Where the Heart is)* ★★
Regia di JOHN BOORMAN. Con JOANNA CASSIDY, DABNEY COLEMAN, CHRISTOPHER PLUMMER, UMA THURMAN. ■ Un John Boorman non proprio a suo agio, in questa "favola" in odor di moralismo, anche se l'argomento era già a rischio. Un grande uomo d'affari, che possiede un'importante impresa di demolizioni, mette alla prova i propri figli e non senza cinismo. Mette infatti a loro disposizione una casa non proprio confortevole e li lascia senza un soldo. Questa lezione di vita durerà finché non ci sarà un tracollo finanziario del beneamato genitore. ■ DRAMMATICO; COL.; 94'; USA, 1990.

DALLA TERRA ALLA LUNA ★★★
Regia di BYRON HASKIN. Con JOSEPH COTTEN, DON DUBBINS, DEBRA PAGET, GEORGE SANDERS. ■ Il dottor Barbicane scopre un'energia così forte che può mandare un razzo sulla luna. Difatti Barbicane ci va con tre compagni. Ma è un viaggio senza ritorno. ■ FANTASCIENZA; COL.; 100'; USA, 1958.

DALLA TERRAZZA *(From the Terrace)* ★★★
Regia di MARK ROBSON. Con MYRNA LOY, PAUL NEWMAN, JOANNE WOODWARD. ■ Alfred Eaton, figlio di un ricco industriale, decide di lasciare la famiglia e sposa Mary St. John, strana donna frivola che continua a coltivare una relazione precedente. Alfred è inviato per lavoro altrove, dove incontra la giovane Natalie della quale si innamora contraccambiato. Ritornato a casa, di fronte al perseverante contegno frivolo della moglie, decide di riunirsi a Natalie. ■ DRAMMATICO; COL.; 144'; USA, 1960.

DALLA VITA IN POI ★★
Regia di GIANFRANCESCO LAZOTTI. Con CARLO BUCCIROSSO, CRISTIANA CAPOTONDI, GIANNI CINELLI, FILIPPO NIGRO, NICOLETTA ROMANOFF. ■ Rosalba ama Danilo, che è in carcere per omicidio. Vorrebbe scrivergli una lettera al giorno ma non trova le parole. Si offre allora di farlo per lei l'amica Katia, anch'essa condannata, ma alla sedia a rotelle. Attraverso la scrittura e il racconto di sé, Katia si lega a Danilo al punto che, quando Rosalba lo dimentica, esce senza remore allo scoperto, si presenta al carcere e ottiene di vederlo e di spiegarsi. Con la stessa ostinazione arriva in breve a sposarlo, pur sapendo che le sbarre li divideranno ancora per decenni. Quando il giudice accorda a Danilo il permesso per incontrare la giovane moglie per un giorno fuori dal carcere, però, gli si offre di fatto un'occasione di fuga: a Katia e Danilo la scelta. ■ COMMEDIA; COL.; 85'; ITALIA, 2010.

DALLE ARDENNE ALL'INFERNO ★★
Regia di ALBERTO DE MARTINO. Con DANIELA BIANCHI, ADOLFO CELI, JOHN IRELAND, CURD JÜRGENS, FREDERICK STAFFORD. ■ Due americani riescono a fuggire da un lager e studiano un piano per impossessarsi di documenti e di diamanti che sono custoditi nella sede del comando tedesco. Li aiuta la moglie di un generale, convinta che i due lo facciano per alti ideali. ■ GUERRA; COL.; 92'; ITALIA, 1968.

DALLE NOVE ALLE CINQUE... ORARIO CONTINUATO *(Nine to Five)* ★★
Regia di COLIN HIGGINS. Con DABNEY COLEMAN, JANE FONDA, DOLLY PARTON, LILY TOMLIN. ■ Tre donne lavorano in una grande azienda alle dipendenze di un capufficio tiranno e seduttore. Tra molte risate, riusciranno a fargliela pagare. ■ COMMEDIA; COL.; 110'; USA, 1980. ■ GOLDEN GLOBES 2 NOM; OSCAR 1 NOM.

DALLE 7 ALLE 8 *(Casino Murder Case)* ★★
Regia di EDWIN L. MARIN. Con PAUL LUKAS, ROSALIND RUSSELL. ■ Una donna viene trovata morta ed anche il marito ha dei sintomi di avvelenamento. Il delitto è stato consumato fra le 7 e le 8. Le indagini sono difficoltose perché tutta la famiglia aveva dei validi motivi per uccidere. La suocera della morta si suicida e qui dovrebbero finire le indagini perché tutti ovviamente pensano a una tragica confessione. Si scoprirà invece che l'assassino è un altro. ■ GIALLO; B/N; 85'; USA, 1935.

DALL'OMBRA ALLA LUCE *(Road to Paradise)* ★★
Regia di WILLIAM BEAUDINE. Con RAYMOND HATTON, JACK MULHALL, LORETTA YOUNG. ■ Due uomini e una donna rapinano una casa. La padrona si rivela essere la sosia della ragazza. Per forza, era la sua sorella gemella che non incontrava dai giorni dell'infanzia. La faccenda dà il via a una serie di imprevisti. ■ COMMEDIA; B/N; 92'; USA, 1930.

DAL MALI AL MISSISSIPPI ★★★★
(From Mali to Mississippi)
Regia di MARTIN SCORSESE. ■ Il contributo di Martin Scorsese al grande progetto "il Blues". Un viaggio che parte dal Mississippi e giunge fino al Mali, alla ricerca delle radici di una musica che non è solo di genere, ma rappresenta un importante pezzo di cultura popolare americana e mondiale. Lungo il suo poetico viaggio Scorsese incontra personaggi fondamentali quali Corey Harris, Taj Majal, Othar Turner, Pat Thomas, Sam Carr, Dick Waterman, Ali Farka Tourè, Habib Koitè, Salif Keita, Toumani Diabaté. Né manca il ricordo di chi – da Hooker a Johnson – ha codificato il blues rendendolo la musica che ancor oggi ascoltiamo. L'intento del regista è quello di dimostrare che la musica è pur sempre la forma più immediata di trasmissione culturale, che le culture possono essere sradicate dalla loro terra d'origine ma non possono perdersi. ■ DOC. MUSICALE; COL.; 90'; USA, 2002.

DAL NOSTRO INVIATO A COPENAGHEN ★
Regia di ALBERTO CAVALLONE. Con JANE AVRIL, GEORGE STEVENSON, ANTHONY VERNON. ■ Storia piuttosto confusa di due *marines* reduci dal Vietnam che si rifugiano a Copenaghen. Qui uno diventa attore di porno-fumetti e l'altro impazzisce. ■ DRAMMATICO; COL.; 92'; ITALIA, 1970.

DAL PECCATO ALLA GLORIA *(Fray Escoba)* ★★
Regia di RAMÓN TORRADO. Con JUAN CALVO, RENÉ MUÑOZ, ESTHER ZULEMA. ■ È la storia di Martino de Porres, il santo canonizzato da papa Giovanni XXIII. ■ BIOGRAFICO; B/N; 90'; SPAGNA, 1961.

DAL PENTAGONO AL PACIFICO: UCCIDETE YAMAMOTO! ★★
(Kengo – Kantai Shireichokan Yamamoto Isoruku)
Regia di SEIJI MARUYAMA. Con TOSHIO KUROSAWA, KOSHIRO MATSUMOTO, TOSHIRO MIFUNE, MAKOTO SATO. GUERRA, COL., 87'. ■ Biografia dell'ammiraglio Yamamoto, che nel dicembre del 1941 ordinò ed eseguì con successo l'attacco di Pearl Harbor. Ritentò l'impresa nell'isola di Midway, ma questa volta fallì. Morì su un aereo abbattuto dagli americani. ■ DOCUMENTARIO; COL.; 96'; GIAPPONE, 1968.

DAL SABATO AL LUNEDÌ ★★
Regia di GUIDO GUERRASIO. Con MARIANNE HOLD, GERONIMO MEYNIER, SANDRO PANSERI. ■ Due amici di 18 anni non hanno mai avuto una donna. Ricevuto l'incarico di ritirare alcune scatole di cacao da parte di un parente pasticciere, si recano alla frontiera italo-svizzera e qui incontrano un pullman di turisti olandesi. Uno dei due ragazzi corteggia una ragazza e l'altro la signora anziana che sta con lei. Il primo otterrà finalmente il suo scopo. L'al-

tro si farà ricompensare il carico di cacao andato perso. ■ COMMEDIA; COL.; 95′; ITALIA, 1963.

DAL TRAMONTO ALL'ALBA *(From Dusk Till Down)*
Regia di ROBERTO RODRIGUEZ. Con GEORGE CLOONEY, SALMA HAYEK, HARVEY KEITEL, JULIETTE LEWIS, TOM SAVINI, QUENTIN TARANTINO. ■ Da una sceneggiatura di Tarantino, ispiratore del film. Due fratelli girano l'America rapinando e ammazzando la gente. Uno è proprio pazzo (Tarantino), l'altro (Clooney) ha i suoi problemi a tenerlo buono. Dopo la giusta esibizione di sangue che schizza e cervelli che saltano i due arrivano a una sorta di locanda dove una bella ragazza si trasforma in mostro. Il thriller diventa horror. Il resto dell'intreccio è troppo complicato per essere raccontato. Se si accetta il contesto *trash*,il film è apprezzabile per regia, effetti, montaggio eccetera. Ma sono valori che il cinema americano ha ormai acquisito in automatico, non c'è bisogno di genio registico. La tesi di questo genere di film è che la violenza è come la famiglia, il cervello sul muro è un tramonto, l'orina come il mare, la droga come l'aspirina, il buono come il cattivo, il brutto come il bello. E se tu mostri un assassino violento, morboso, psicotico e sgradevole, devi sempre eccedere. Il successo di pubblico (giovane) deriva da questi eccessi, dalla trasgressione totale, dal ribaltamento di tutto: della realtà, dei valori, dell'etica. Una ragazza che balla e si trasforma, e trasforma il film da un genere a un altro può essere una trovata. Ma qui c'è anche la presunzione, infinita, che la verità abiti in Tarantino, e che qualsiasi cosa venga fatta crei un precedente e sia giusta. Prerogativa che si addice a registi del calibro di Ford e di Hitchcock. Ma stare dalla parte di quei due era come rifarsi una vita migliore. Stare dalla parte di Tarantino è come cadere in un grande water. ■ HORROR; COL.; 95′; USA, 1996.

DAL TRAMONTO ALL'ALBA 3 ★★
(From Dusk Till Dawn 3: The Hangman's Daughter)
Regia di P.J. PESCE. Con ARA CELI, REBECCA GAYHEART, MARCO LEONARDI, TEMUERA MORRISON, MICHAEL PARKS. ■ Prequel di *Dal tramonto all'alba* di Rodriguez. Messico, primi del Novecento: Johnny Madrid, un pericoloso pistolero, sfugge alla forca e rapisce Esmeralda, la bella figlia del boia, con l'aiuto di Reece, una fuorilegge americana. Il terzetto, braccato dallo sceriffo e da un drappello di uomini, fuggendo assalta una diligenza su cui tra gli altri si trova Ambrose Bierce, il noto scrittore horror. Per una serie di coincidenze entrambi i gruppi trovano riparo nello stesso motel, guarda caso gestito da una banda di vampiri spietati. ■ HORROR; COL.; 94′; USA, 2000.

DALTRY CALHOUN, UN GOLFISTA AL VERDE ★★
(Daltry Calhoun)
Regia di KATRINA HOLDEN BRONSON. Con ELIZABETH BANKS, JOHNNY KNOXVILLE, SOPHIE TRAUB. ■ Provincia americana, anni Settanta. Daltry è un ragazzo sui vent'anni, già sposato e con una figlia di pochi mesi. Vive di spaccio e di donne: la suocera, esasperata, lo minaccia con una pistola e lui decide di mollare tutto e di andarsene. Questo è il prologo del film. La voce fuori campo della figlia, June, racconta il resto della storia: dopo quattordici anni, Daltry vende prati da golf in televisione; la ex moglie, malata terminale, lo vede e decide di contattarlo per chiedergli di occuparsi della loro figlia quando... verrà il momento. Sarà l'incontro e la conoscenza con June – più amica che figlia – a farlo, finalmente, maturare. Il tono del film è quello della commedia: ritmo serrato, humour, colonna sonora piacevole. ■ COMMEDIA; COL.; 100′; USA, 2005.

DAMA BIANCA, LA ★★
Regia di MARIO MATTOLI. Con NINO BESOZZI, ELSA MERLINI. ■ Una giovane coppia passa le vacanze in un albergo di montagna. Lei è molto gelosa, lui un po' libertino. Si aggira per le camere dei clienti uomini una strana donna vestita di veli bianchi. Il "lui" della giovane coppia pensa che questa "Dama Bianca" sia la moglie, e la moglie approfitta di questo errato dubbio del marito per riconquistarlo. ■ COMMEDIA; B/N; 82′; ITALIA, 1938.

DAMA BIANCA, LA *(The Girl in White)* ★★★
Regia di JOHN STURGES. Con JUNE ALLYSON, ARTHUR KENNEDY, GARY MERRILL. ■ Siamo alla fine dell'Ottocento: Emilia Dunning, avendo bisogno urgentemente di un dottore, si trova davanti un medico donna. La cosa la sconcerta, ma poi decide di dedicarsi anche lei alla professione iscrivendosi a medicina. Inutile dire quali e quante peripezie dovrà superare per riuscire vittoriosa agli occhi di tutti gli scettici. Troverà anche l'amore in un collega di università. ■ DRAMMATICO; B/N; 93′; USA, 1952.

DAMA DI MALACCA, LA *(La dame de Malacca)* ★★
Regia di MARC ALLÉGRET. Con JACQUES COPEAU, GABRIELLE DORZIAT, EDWIGE FEUILLÈRE, PIERRE RICHARD WILLM. ■ Una inglese che fa la maestra a Le Havre sposa un ufficiale e va a vivere in India. Qui la donna ha modo di constatare quanto sia sbagliata la mentalità dei coloni e si rifugia nell'amicizia di un sultano malese. Ciò provoca uno scandalo. L'ufficiale medico divorzierà dalla moglie che potrà così sposare il suo sultano. ■ AVVENTURA; B/N; 113′; FRANCIA, 1937.

DAMA DI MONTECRISTO, LA ★★
(The Countess of Montecristo)
Regia di FREDERICK DE CORDOVA. Con SONJA HENIE, OLGA JUAN, MICHAEL KIRBY. ■ È l'avventura di due belle ragazze che sono state scelte per una parte in un film. Non essendo all'altezza della situazione decidono di fuggire dal set con le pellicce e la bella auto che avrebbero dovuto usare nel film. Sbarcano in un grande albergo dove si fingono la contessa di Montecristo e la sua cameriera. La pseudocontessa conquista un ricco industriale. Il regista che aveva denunciato le ragazze, colpito da tanta bravura, le perdona e tutto finisce per il meglio. ■ COMMEDIA; B/N; 77′; USA, 1948.

DAMA E IL COWBOY, LA ★★★
(The Cowboy and the Lady)
Regia di HENRY C. POTTER. Con WALTER BRENNAN, GARY COOPER, MERLE OBERON. ■ Per una strana serie di circostanze, un cowboy sposa la figlia di un giudice, candidato alla presidenza. Quando il padre della ragazza si accorge del matrimonio ha paura di uno scandalo a discapito della sua campagna elettorale e cerca di persuadere la coppia a separarsi. È allora che il cowboy viene a conoscenza dell'origine della sposa ed è quasi convinto a rinunciarvi malgrado l'amore, quando il giudice si pente e i due possono continuare a vivere felici. ■ COMMEDIA; B/N; 91′; USA, 1938. ■ OSCAR 1 PR, 3 NOM.

DAMA E L'AVVENTURIERO, LA ★★
(The Lady Who Dared)
Regia di WILLIAM BEAUDINE. Con SIDNEY BLACKMER, BILLIE DOVE. ■ William Beaudine è stato un regista attivo già dai tempi del muto. Le sue migliori cose sono state comunque le commedie leggere come *La dama e l'avventuriero*. ■ COMMEDIA; B/N; 90′; USA, 1931.

DAMA E L'AVVENTURIERO, LA *(Mr. Lucky)* ★★
Regia di HENRY C. POTTER. Con LARAINE DAY, CARY GRANT. ■ Joe, ufficiale di marina e giocatore d'azzardo, mentre si aggira per le strade senza un soldo incontra una ricca ereditiera, Dorothy, che lo invita ad un ballo. In compenso, Joe offre alla ragazza di ravvivare la festa organizzando durante la serata un gioco d'azzardo. Così, con l'aiuto di un gruppo di gangster si impadronisce degli incassi della festa. Però si è innamorato di Dorothy e allora, pentito, riesce a riprendere il denaro e a restituirlo ai legittimi proprietari. Sarà perdonato dalla ragazza che lo ama. ■ COMMEDIA; B/N; 100′; USA, 1943.

DAMA ROSSA UCCIDE SETTE VOLTE, LA ★
Regia di EMILIO P. MIRAGLIA. Con BARBARA BOUCHET, MARIA PIA GIANCARO, MARINA MALFATTI, MARINO MASÉ, UGO PAGLIAI. ■ Un castello maledetto ospita un fantasma che uccide di tanto in tanto sotto le sembianze di una "Dama Rossa". Anche l'ultimo proprietario ne resta vittima. Un carosello di delitti coinvolge le due nipoti del fantasma, una delle quali resta uccisa; l'altra si salva a malapena. ■ GIALLO; COL.; 90′; ITALIA, 1972.

DAMASCO '25 *(Sirocco)* ★★
Regia di CURTIS BERNHARDT. Con HUMPHREY BOGART, LEE J. COBB, MARTA TOREN. ■ Un avventuriero di nome Harry Smith svolge un traffico d'armi a Damasco per rifornire i siriani contro i francesi. Ma il colonnello Feroud gli sequestra un intero carico. Harry si vendica corteggiando la donna di cui il colonnello è paz-

zamente innamorato. Il comando francese incarica il colonnello di trattare con l'emiro del luogo. L'ufficiale approfitta dell'occasione ed offre la libertà ed un passaporto per Il Cairo ad Harry affinché lo guidi dall'emiro. La missione ottiene il successo ma alla fine Harry viene ucciso. ■ AVVENTURA; B/N; 98'; USA, 1951.

DA MAYERLING A SARAJEVO ★★★
(De Mayerling à Sarajevo)
Regia di MAX OPHÜLS. Con AIMÉ CLARIOND, EDWIGE FEUILLÈRE, JOHN LODGE. ■ Le idee democratiche del giovane arciduca Paolo fanno sì che l'imperatore lo allontani sovente da corte affidandogli incarichi in giro per l'impero. In uno di questi suoi viaggi l'arciduca si innamora di una giovane nobile boema. Nuovo dissidio a corte. I due vivrebbero felici lontani da corte se non fossero uccisi prematuramente nell'attentato di Sarajevo. ■ STORICO; B/N; 90'; FRANCIA, 1940.

DAME DE "CHEZ MAXIM" – TIRA VIA NON C'È PAPÀ, LA *(La dame de "chez Maxim")* ★★
Regia di MARCEL ABOULKER. Con SATURNIN FABRE, JACQUES MOREL, ARLETTE POIRIER. ■ Dopo aver trascorso una movimentata notte "Chez Maxim", il dott. Petypon si accorge di essersi portato a casa un'artista del varietà, la bella Crevette. Riceve la visita del vecchio zio generale che crede sia sua moglie. Su questo equivoco si snoda la vicenda piena di imprevisti in cui Crevette ne combinerà di tutti i colori. Alla fine se ne andrà col vecchio generale. ■ COMMEDIA; B/N; 92'; FRANCIA, 1950.

DA MEZZOGIORNO ALLE TRE ★★★
(From Noon till Three)
Regia di FRANK D. GILROY. Con CHARLES BRONSON, DAMON DOUGLAS, DOUGLAS FOWLEY, STAN HAZE, JILL IRELAND. ■ Una vedova vive sola da anni in una grande casa. Un giorno riceve la visita di un bandito. Fra i due nasce subito la passione e, mentre il bandito si intrattiene con lei, la sua banda viene sgominata. Poi l'uomo fugge travestendosi da medico. La donna lo crede morto e racconta la sua avventura dalla quale nasce una leggenda romantica. Lui tenta di dimostrare la sua vera identità, nessuno gli crederà e impazzirà anche lui. ■ DRAMMATICO; COL.; 99'; USA, 1975. ■ GOLDEN GLOBES 1 NOM.

DAMIGELLA DI BARD, LA ★★
Regia di MARIO MATTOLI. Con LUIGI CIMARA, EMMA GRAMATICA. ■ Nell'Ottocento, una donna torinese di nobile casato ha una vita travagliata: dapprima si innamora del diplomatico Nigra ma non può che seguirlo con lettere, poi da vecchia viene raggirata e perde tutti i suoi beni. Allieta la sua tristezza una giovane coppia che però non può sposarsi per problemi familiari. Si risolveranno anche questi nel modo migliore, la dama riavrà i suoi beni e potrà aiutare i due giovani a sposarsi. ■ DRAMMATICO; B/N; 90'; ITALIA, 1936.

DAMIGELLA D'ONORE, LA *(La demoiselle d'honneur)* ★★
Regia di CLAUDE CHABROL. Con AURORE CLÉMENT, SUZANNE FLON, BERNARD LE COQ, BENOÎT MAGIMEL, LAURA SMET. ■ Il venticinquenne Philippe è un ragazzo dolce e bello che vive con la madre e le due sorelle più piccole in una tranquilla zona di periferia. Al matrimonio di una delle sorelle, la bellissima damigella d'onore, Senta, gli trafigge il cuore. È amore a prima vista. Ma Senta non ama come tutti gli altri. La sua passione avviluppa e consuma Philippe: e un giorno arriva ad affermare che l'estrema prova d'amore consiste nell'uccidere uno sconosciuto. Quando si dice "un film di Chabrol" si suggerisce un marchio di garanzia: qualità della storia, casting di alto livello, regia quasi invisibile ma molto attenta e ironia al vetriolo sulla borghesia francese. Questa volta l'ultimo elemento manca. ■ DRAMMATICO; COL.; 110'; FRANCIA, 2004.

D'AMORE E OMBRA ★★
Regia di BETTY KAPLAN. Con ANTONIO BANDERAS, JENNIFER CONNELLY, STEFANIA SANDRELLI. ■ Dopo *La casa degli spiriti*, un altro film tratto da un romanzo di Isabel Allende in cui si guarda più all'*appeal* delle star internazionali e all'atmosfera da dramma sentimentale che ai contenuti del libro. In questo caso Antonio Banderas interpreta il ruolo di un fotografo, oppositore del regime cileno di Pinochet, che trascina nella dura vita dell'impegno politico e civile la donna di cui si è innamorato. ■ DRAMMATICO; COL.; 110'; ARGENTINA, SPAGNA, 1994.

D'AMORE SI MUORE ★★
Regia di CARLO CARUNCHIO. Con MILVA, ADRIANA ASTI, LINO CAPOLICCHIO, STEFANIA CASINI, DUILIO DEL PRETE, PAOLO GRAZIOSI, SILVANA MANGANO, LUC MERENDA. ■ Nella casa di un suicida per amore, soggiornano a lungo alcuni ragazzi sbandati che, rivivendo la tragedia del defunto padrone di casa, parlano amaramente di se stessi. ■ DRAMMATICO; COL.; 90'; ITALIA, 1972.

DA MORIRE *(To Die for)* ★★★
Regia di GUS VAN SANT. Con MATT DILLON, ILLEANA DOUGLAS, NICOLE KIDMAN, JOAQUIN PHOENIX. ■ "In America non sei veramente qualcuno se non compari in tv", ripete continuamente Suzanne Stone, una bella ragazza di provincia che ha sposato l'italo-americano Larry Maretto, un rozzo gestore di un ristorante. Ma quando s'accorge che il marito è un ostacolo alla sua desiderata carriera di *anchor woman*, decide di sbarazzarsene... Intelligente "black comedy" sul potere della televisione diretto dal provocatorio Gus Van Sant (*Belli e dannati*, *Cowgirls: l'altro sesso*) con una strepitosa e bellissima Nicole Kidman. ■ COMMEDIA; COL.; 110'; USA, 1995. ■ GOLDEN GLOBES 1 PR, 1 NOM.

DAMSELS IN DISTRESS. RAGAZZE ALLO SBANDO ★★★
Regia di WHIT STILLMAN. Con ADAM BRODY, MEGALYN ECHIKUNWOKE, GRETA GERWIG, CARRIE MCLEMORE, ANALEIGH TIPTON. ■ Appena giunta nel college di Seven Oaks, Lily viene avvicinata da tre ragazze maniache dell'igiene personale e dei profumi costosi. Attratta dalla gentile determinazione di Violet, Lily si lascia coinvolgere in un'azione di volontariato complicata: prevenire i suicidi e curare la depressione degli studenti. Nel frattempo, la vita del college va avanti, fra tradimenti, corteggiamenti e continui ripensamenti di giovani cuori che si muovono a passo di danza. Nei tredici anni che separano *Damsels in distress* dal precedente film di Whit Stillman, *The Last Days of Disco*, molto è cambiato nel panorama del cinema indipendente americano. Una continua danza di focalizzazioni e di personalità permette al film di configurare un ambiente bizzarro ma vivido e brillante. ■ COMMEDIA; COL.; 100'; USA, 2011.

DANARO E SANGUE *(The Pay-Off)* ★★
Regia di ARTHUR DREIFUSS. Con EVELYN BRENT, TOM BROWN, LEE TRACY. ■ Il proprietario di un giornale ha una doppia vita: è anche capo di una banda di malviventi. Il procuratore che ha scoperto la verità viene eliminato. Alla fine, un reporter riesce a scoprire tutto ed il malfattore verrà ucciso. ■ POLIZIESCO; B/N; 75'; USA, 1942.

DANCE ACADEMY ★★
Regia di TED MATHER. Con TONY FIELDS, STEVE LA CHANCE, JULIE NEWMAR. ■ Una famosa scuola di ballo è sull'orlo del fallimento. Gli studenti alla danza classica preferiscono i balli moderni. Il nuovo proprietario impone il jazz e il rock nei programmi della scuola. Sarà una scelta vincente, facendo convivere danze antiche e attuali, la scuola ritroverà la sua rinomanza. ■ COMM. MUSICALE; COL.; 116'; USA, 1987.

DANCE MUSIC ★★
Regia di VITTORIO DE SISTI. Con CRISTINA MASTRANGELI, LUCIANO MELANDRI, PATRIZIA PELLEGRINO. ■ Cinque giovani uniti dalla passione per il ballo cercano i soldi per partecipare ad un concorso in America, finché una ragazza del gruppo incontra un giovane ricco che finanzia il viaggio. ■ COMMEDIA; COL.; 92'; ITALIA, 1983.

DANCE PARTY *(The in Crowd)* ★★
Regia di MARK ROSENTHAL. Con DONOVAN LEITCH, JOE PANTOLIANO, JENNIFER RUNYON. ■ Musical sulla tv americana degli anni Sessanta vagamente ispirato alla figura di Dick Clark, famoso presentatore tv, manager di cantanti e maneggione in genere (passò i suoi guai anche con la giustizia). Tra un canto e un ballo, c'è spazio per una storia d'amore contrastata (ma destinata a lieto fine). ■ MUSICAL; COL.; 96'; USA, 1988.

DANCER *(Too Young the Hero)* ★
Regia di BUZZ KULIK. Con KATE CAPSHAW. ■ Dancer è un agen-

te americano catturato e tenuto in ostaggio a Cuba da Castro. Anne Goodwin, ex collega della Cia, viene mandata sull'isola per liberarlo. ■ SPIONAGGIO; COL.; 91'; USA, 1987.

DANCER, THE ★★

Regia di FRED GARSON. Con FÉODOR ATKINE, JARROD BUNCH, RODNEY EASTMAN, MIA FRYE, JANE GILCHRIST, CUT KILLER, JOSH LUCAS, JOE PAPARONE, GARLAND WHITT. ■ India è muta sin dalla nascita. Forse per questo ha imparato ad esprimersi danzando. E le sue performances sono effettivamente le uniche scene per cui varrebbe la pena vedere il film. Per il resto la trama (il soggetto è di Luc Besson, e sinceramente ci aspettavamo qualcosa in più) è esile e scontata: una ballerina di talento, nonostante tutte le delusioni e nonostante l'handicap, lotta caparbiamente per arrivare a calcare i palcoscenici di Broadway. Al suo fianco un fratello buono a nulla che le fa da manager, e un inventore che, dopo averla vista ballare in discoteca, costruisce un marchingegno in grado di tramutare i movimenti del suo corpo in musica. ■ DRAMMATICO; COL.; 93'; FRANCIA, 2000.

DANCER IN THE DARK ★★★♉

Regia di LARS VON TRIER. Con BJÖRK, CATHERINE DENEUVE, DAVID MORSE, PETER STARNMARE. ■ *Dancer in the Dark* era una canzone cantata, e ballata, da Fred Astaire in *Spettacolo di varietà*. Ed è la metafora della vita di Selma, operaia arrivata in America dalla Cecoslovacchia, minata da una cecità progressiva che diventerà totale, e che fantastica, appunto, sui musical. Lavora in tutti i turni in fabbrica, si porta a casa altri lavori, non ha svaghi, non ha amori, non ha niente, tranne un figlio che ha la sua stessa malattia, ma che potrà essere operato. Selma risparmia il denaro per l'operazione centesimo dopo centesimo. Quando un poliziotto (Morse) che le sembrava amico le ruba i soldi, tutto precipita, il film diventa un altro film. La donna finisce con l'uccidere il poliziotto (ma glielo chiede lui), viene arrestata, processata, condannata a morte, potrebbe evitare l'esecuzione pagando un avvocato, ma dovrebbe usare i soldi dell'operazione del figlio. Dunque preferisce farsi impiccare, e l'impiccano, con tanto di rumore del collo che si spezza. La persona più buona e generosa subisce le cattiverie e le ingiustizie peggiori della storia del cinema. Il talento di von Trier è ampiamente (esageratamente) riconosciuto. Anarchico, provocatorio, alla ricerca esasperata del non convenzionale (a cominciare dalla macchina a spalla che però abbandona quando serve), è anche il più spietato degli autori contemporanei (Altman è una specie di Capra edulcorato al confronto). Tutte le vicende partono dalla speranza e dalla dolcezza e finiscono nella più profonda e un po' compiaciuta tragedia. L'estremizzazione è una pratica legittima ma l'artificio della musica e delle canzoni servono a von Trier come alibi per un approdo troppo disperato e agghiacciante. È un trucco che non ci piace. Vincitore della Palma d'oro a Cannes (naturalmente). Davvero straordinaria la cantante Björk, a sua volta premiata come migliore attrice. Rivisto il "fantasma grasso" di Catherine Deneuve che il non convenzionale Lars fa diventare un'operaia alla catena di montaggio. ■ DRAMMATICO; COL.; 140'; DANIMARCA, 2000. ■ CANNES ♉ 2 PR; GOLDEN GLOBES ♉ 2 NOM; OSCAR ♉ 1 NOM.

DANCER, TEXAS *(Dancer, Texas Pop.81)* ★★★

Regia di TIM MCCANLIES. Con ETHAN EMBRY, PETER FACINELLI, ASHLEY JOHNSON, BRECKIN MEYER, EDDIE MILLS. ■ Dancer è una cittadina texana con qualche decina di abitanti. In questo microcosmo che da un lato ha delle colline brulle e dall'altro una strada statale che quasi nessuno percorre, si ha solo la prospettiva di lavorare nell'unica azienda che c'è. Un gruppo di neodiplomati è al bivio: mantenere fede alla promessa fatta da bambini di andarsene una volta finiti gli studi o restare lì per sempre? La descrizione quasi documentaristica della vita nella provincia del profondo Sud degli States è di quelle che si ricordano per la loro pacata ma partecipe descrizione del vuoto esistenziale che si maschera da commedia triste. ■ COMMEDIA; COL.; 95'; USA, 1998.

DANCE – VOGLIA DI SUCCESSO *(Fast Forward)* ★★

Regia di SIDNEY POITIER. Con JOHN SCOTT CLOUGH, DON FRANKLIN, TAMARA MARK. ■ Otto ragazzi bianchi e di colore decidono di partire dalla loro cittadina dell'Ohio per cercare successo a New York come ballerini. In realtà sono ottimi danzatori, ma dovranno faticare parecchio prima di diventare famosi. Tanta musica, danze mozzafiato e buoni sentimenti per la regia di Sidney Poitier (*Indovina chi viene a cena*). ■ COMMEDIA; COL.; 110'; USA, 1985.

DANCE WITH ME ★★

Regia di RANDA HAINES. Con CHAYANNE, JANE KRAKOWSKI, KRIS KRISTOFFERSON, JOAN PLOWRIGHT, VANESSA WILLIAMS. ■ Una scuola di danza texana e il campionato nazionale a Las Vegas. Il tutto condito dalla musica di Chayanne esperto in salsa e ritmi latinoamericani. La storia? Un pretesto, come da noi ai tempi di *In ginocchio da te*. Con in più Randa Haines (quella di *Figli di un Dio minore*) e un Kris Kristofferson redivivo come proprietario della scuola. ■ COMM. MUSICALE; COL.; 120'; USA, 1998.

DANCING AT THE BLUE IGUANA ★★

Regia di MICHAEL RADFORD. Con DARYL HANNAH, SHEILA KELLEY, ELIAS KOTEAS. ■ San Fernando Valley, California. Cinque ballerine e spogliarelliste raccontano la loro vita off-stage. Luoghi comuni: le vite delle protagoniste sono difficili, c'è la droga, ci sono reazioni emotive fuori dal controllo e dunque eccessive. Angela (Daryl Hannah) vorrebbe una vita normale, ma non fa nulla per uscire dal giro e ottenerla. ■ DRAMMATICO; COL.; 123'; USA, 2002.

DANCING DREAMS. SUI PASSI DI PINA BAUSH ★★★

(Tanzträume)

Regia di ANNE LINSEL, RAINER HOFFMANN. Con PINA BAUSH, BENEDICTE BILLET, JOSEPHINE ANN ENDICOTT. ■ Una ragazza si spoglia con timidezza di fronte a un altro ragazzo. Prima la maglietta, poi le scarpe e forse il reggiseno. La "zona di contatto" tra i due timorosi innamorati sta lì in mezzo, nel vuoto di un palcoscenico nero che li accoglie, seduti su due sedie fredde a scambiarsi segnali di seducente tenerezza. Nella preparazione dello spettacolo *Kontakthof*, opera celebre di Pina Bausch, ideata alla fine degli anni Settanta, vengono coinvolti ballerini improvvisati e attori agli esordi, semplici persone alla ricerca di un nuovo modo per esprimersi; più che artisti sono debuttanti che lasciano l'adolescenza per approdare alla maturità. Le due insegnanti, Jo-Ann Endicott e Bénédicte Billiet, ex componenti della Wuppertaler Tanztheater, dopo aver selezionato con garbo i ragazzi più bravi dei quaranta partecipanti al laboratorio propedeutico, hanno portato sul palco uno spettacolo di grande impatto scenico. ■ DOCUMENTARIO; COL.; 92'; GERMANIA, 2010.

DANCING NORTH ★★

Regia di PAOLO QUAREGNA. Con FRÉDÉRIC DEBAN, ADAMI INUKPUK, ALICE KOPIAPIK, SABRINA LEURQUIN, ANTONELLA PONZIANI. ■ Franco è un musicista rock in crisi creativa e affettiva. Arriva nel nord del Canada sperando di trovare una nuova linfa creativa nel villaggio Inuit in cui insegnerà musica. Inizia così una delicata schermaglia amorosa con una ragazza locale e un processo di apprendimento con un anziano custode delle tradizioni locali. Il film è ricco di buone intenzioni ma la riflessione sul *metissage* che innerva il film è più "detta" che mostrata cinematograficamente. ■ DRAMMATICO; COL.; 100'; FRANCIA, ITALIA, 1999.

DANCING PARADISE ★★★

Regia di PUPI AVATI. Con GIANNI CAVINA, CARLO DELLE PIANE, CATERINA SYLOS LABINI. ■ Film televisivo, la cui versione cinematografica ridotta ha vinto un premio al Festival di Nizza. Il titolo si riferisce al soprannome di un batterista molto mitizzato in Romagna, per il talento e per la grande fortuna con le donne. Parte alla sua ricerca William, il figlio, che come in una fiaba dovrà baciare le antiche amanti del padre per sapere in che direzione lo troverà. Aiutato da un angelo senza ali William riuscirà nel suo intento. ■ COMMEDIA; COL.; 180'; ITALIA, 1982.

DA NEW YORK: MAFIA UCCIDE! ★★

(Je vous salue, mafia!)

Regia di RAOUL LEVY. Con EDDIE CONSTANTINE, JACK KLUGMAN, ELSA MARTINELLI, MICHELINE PRESLE, HENRY SILVA. ■ Il capo di una potente organizzazione della malavita assolda due sicari per eliminare un americano che vive a Marsiglia ed è un pericoloso testimone contro di lui. Un terzo sicario si aggiunge ma si scoprirà che è amico dell'americano. Dopo una serie di intricate vicende i killer avranno la meglio. ■ GIALLO; B/N; 86'; FRANCIA, 1965.

DANGER DIMENSIONE MORTE ★★
(Train d'enfer – Trampa bajo el sol)
Regia di GILLES GRANGIER. Con JEAN MARAIS, MARISA MELL. ■ L'agente segreto Antonio è incaricato di scoprire gli intenti di un'associazione terroristica nella quale agisce anche uno scienziato. Con l'aiuto dell'amante del capo, che si innamora di lui, Antonio, spalleggiato dalla polizia, riuscirà a sventare il progetto che prevedeva l'uccisione dell'emiro Alì Salim. ■ SPIONAGGIO; COL.; 91'; FRANCIA, 1965.

DANGEROUS LIVES OF ALTAR BOYS, THE ★★
Regia di PETER CARE. Con KIERAN CULKIN, VINCENT D'ONOFRIO, JODIE FOSTER, EMILE HIRSCH, JENA MALONE. ■ Due adolescenti, Francis e Tim, e un college cattolico negli States degli anni Settanta. A contrastare la loro voglia di trasgressione una religiosa: suor Assunta. I due la trasformano nel loro nemico principale fino a farla diventare il vero "mostro" di un fumetto orrorifico. Ad uno dei due il risentimento costerà caro. Il film, prodotto da Jodie Foster che veste i panni della suora, è un'analisi del disagio adolescenziale. ■ DRAMMATICO; COL.; 104'; USA, 2002.

DANGEROUS METHOD, A ★★★
Regia di DAVID CRONENBERG. Con VINCENT CASSEL, MICHAEL FASSBENDER, SARAH GADON, KEIRA KNIGHTLEY, VIGGO MORTENSEN. Zurigo 1904. ■ Carl Gustav Jung ha ventinove anni, è sposato, in attesa di una figlia e affascinato dalle teorie di Sigmund Freud. Nell'ospedale Burgholzli in cui esercita la professione di psichiatra viene portata una giovane paziente, Sabina Spielrein. Jung decide di applicare le teorie freudiane sul caso di questa diciottenne che si scoprirà aver vissuto un'infanzia in cui le violenze subite dal padre hanno condizionato la visione della sessualità. Nel frattempo Freud, che vede in Jung il suo potenziale successore, gli manda come paziente lo psichiatra Otto Gross, tossicodipendente e dichiaratamente amorale. Saranno i suoi provocatori argomenti contro la monogamia a far cadere le ultime barriere e a convincere Jung ad iniziare una relazione intima con Sabina. Non è difficile capire quanto questa storia con protagonisti che hanno rivoluzionato le scienze umane abbiano suscitato l'interesse di David Cronenberg attento, come sempre, a vicende in cui siano centrali la complessità dell'essere umano e il coacervo di sentimenti e pulsioni che ne promuovono l'agire. ■ DRAMAMTICO; COL.; 93'; GRAN BRETAGNA, GERMANIA, CANADA, 2011.

DANGER ZONE *(The Danger Zone)* ★★
Regia di HENRY VERNON. Con ROBERT CANADA, CYNTHIA GRAY, JASON WILLIAMS. ■ Scontata la pena, Reaper esce di prigione deciso a vendicarsi di Wade, che ha spifferato tutto facendolo finire dietro le sbarre. Raccolti i suoi uomini, l'ex detenuto prende in ostaggio la ragazza dell'avversario e la porta nel deserto del Messico. ■ DRAMMATICO; COL.; 95'; USA, 1987.

DANGER ZONE 2 *(Danger Zone Two)* ★★
Regia di GEOFFREY BOWER. Con JANE HIGGINSON, ROBERT RANDOM, JASON WILLIAMS. ■ Un uomo uccide il suo nemico nel deserto messicano. Ma i compari del morto sono decisi a fargliela pagare. Inseguono l'uccisore e lo raggiungono nelle strade di Las Vegas dove ha luogo il regolamento dei conti. ■ AVVENTURA; COL.; 90'; USA, 1988.

DANIEL ★★★
Regia di SIDNEY LUMET. Con TIMOTHY HUTTON, MANDY PATINKIN, AMANDA PLUMMER. ■ La vicenda è ispirata al processo Rosenberg, nel quale due coniugi ebrei americani furono condannati alla sedia elettrica per aver trasmesso dei segreti atomici ai russi. La storia è vista in un *flash-back* quasi continuo attraverso Daniel, il figlio dei due condannati, il quale, dopo il tentativo di suicidio della sorella Susan, va alla ricerca della verità. Più che innocentista il film di Lumet, regista progressista contrario alla pena di morte. ■ DRAMMATICO; COL.; 130'; USA, 1983.

DANIELA, CRIMINAL STRIP-TEASE ★★
(De quoi te mèles tu, Daniela?)
Regia di MAX PÉCAS. Con IVAN DESNY, DANIK PATISSON, HELMUT SCHMIDT, ELKE SOMMER. ■ Daniela, ragazza tedesca, va a lavorare come indossatrice in una casa di moda romana. Ben presto scopre che il proprietario è un agente segreto che lavora per un'organizzazione internazionale ed è in possesso di una pellicola che contiene importanti segreti militari. Una banda avversaria vuole impossessarsene, ma Daniela glielo impedirà. Troverà anche il tempo di sposare un giornalista. ■ COMMEDIA; B/N; 90'; FRANCIA, 1961.

DANIEL BOONE L'UOMO CHE DOMÒ IL FAR WEST *(Daniel Boone Frontier Trail Rider)* ★★
Regia di GEORGE SHERMAN. Con ED AMES, PATRICIA BLAIR, JACQUELINE EVANS, ROY JENSON, FESS PARKER. ■ Daniel Boone guida una carovana di pionieri: ci sono una ragazza innamorata di lui, un indiano ed un giocatore professionista. Durante il tragitto ne succederanno di tutti i colori: la ragazza sarà ferita e il giocatore si innamorerà della ragazza; i viveri pagati prima della consegna a un negoziante truffatore non verranno consegnati a tempo debito e il giocatore tenterà di rubarli per poi rivenderli, ma Daniel lo ucciderà. I tre superstiti raggiungeranno l'accampamento dei pionieri. ■ WESTERN; B/N; 90'; USA, 1966.

DANIELE CORTIS ★★
Regia di MARIO SOLDATI. Con GINO CERVI, SARAH CHURCHILL, VITTORIO GASSMAN. ■ Il film si svolge verso la fine dell'Ottocento. Elena ama da sempre il cugino Daniele Cortis, ma sposa un altro uomo. Tenta invano di togliersi il cugino dal cuore, ma la vita è dispettosa e glielo fa incontrare ovunque il marito si sposti per lavoro. Ma Elena è una donna di sani valori morali e malgrado tutto seguirà il marito nella buona e cattiva sorte. ■ AVVENTURA; B/N; 92'; ITALIA, 1946.

DANIELE E MARIA ★★
Regia di ENNIO DE CONCINI. Con RUGGERO DE DANINOS, PETER FIRTH, ANGELA GOODWIN, JUNIE VETUSTO. ■ È la storia tristissima di un ragazzo subnormale che, malgrado l'aiuto di psichiatri e adulti che fingono di interessarsi a lui, non accenna a migliorare ma si chiude sempre più in sé. Solo la sedicenne Maria, figlia di una cameriera, lo aiuterà con l'amicizia e poi con l'amore. Purtroppo si intrometteranno nuovamente gli adulti a guastare tutto. ■ DRAMMATICO; COL.; 90'; ITALIA, 1973.

DANIELE FRA I PELLIROSSE *(The Dude Goes West)* ★★
Regia di KURT NEUMANN. Con EDDIE ALBERT, JAMES GLEASON, GALE STORM. ■ Daniele è un giovane maldestro e ingenuo che un giorno decide di andare nel West. Il viaggio è davvero una scuola di vita. Al principio gli va tutto male, ma lui ha il merito di non demordere e alla fine scopre un filone d'oro e una donna che lo ama. ■ AVVENTURA; B/N; 87'; USA, 1948.

DANIELE NELLA FOSSA DEI LEONI ★★
(Daniel in the Lion's Den)
Regia di JAMES L. CONWAY. Con DAVID BIRNEY, NEHEMIAH PERSOFF, ROBERT VAUGHN. ■ Il profeta Daniele deve destreggiarsi fra i re persiani Dario e Nabuccodonosor, che hanno schiavizzato il popolo d'Israele. Lo mettono persino in una fossa piena di leoni, senza però ucciderlo. Dalla serie tv *Gli eroi della Bibbia*. ■ STORICO; COL.; 95'; USA, 1978.

DANIELE NELLA GABBIA DELL'ORSO ★★
Regia di EDMOND SÉCHAN. Con FRANCIS BLANCHE, YVETTE ETIEVANT, DANIEL LECOURTOIS, RENATO RASCEL. ■ Daniele fa il guardiano allo zoo di Parigi, ma il suo capo è terribile e gli rende la vita difficile. Il protagonista diventa amico dell'orso al punto che, quando sono insieme nella gabbia, la bestia parla con lui. Con un alleato del genere, Daniele farà in fretta a togliersi dai piedi il pestifero rivale e a prendere il suo posto. ■ COMMEDIA; COL.; 92'; FRANCIA, ITALIA, 1961.

DANIELE PRENDE IL TRENO *(Szerencses Daniel)* ★★★
Regia di PAL SANDOR. Con PETER RUDOLF, SANDOR ZSOTER. ■ Siamo a Budapest all'epoca dell'invasione sovietica (1956). Mentre i russi attaccano, molta gente cerca di fuggire verso la frontiera austriaca. Daniele, un ragazzo minorato, cerca di salire su un treno sovraffollato di profughi. Il film ha ottenuto il premio Fipresci al Festival di Cannes. ■ DRAMMATICO; COL.; 90'; UNGHERIA, 1983.

DAN IL TERRIBILE *(Horizons West)* ★★
Regia di BUDD BOETTICHER. Con JULIE ADAMS, ROCK HUDSON, ROBERT RYAN. ■ Due fratelli, finita la guerra, ritornano alla loro fattoria nel Texas. Uno dei due riprende la vecchia vita mentre l'altro, vedendo che molti arricchiscono con facilità, si mette su una strada sbagliata. Dapprima si dà al gioco, poi si innamora della moglie di un ricco possidente e finirà con l'uccidere l'uomo, in seguito diventa un bandito. Inutili i tentativi del fratello di ricondurlo sulla retta via: finirà ucciso dalle guardie che lo inseguivano da tempo. ■ WESTERN; B/N; 81'; USA, 1952.

DANKO *(Red Heat)* ★★★
Regia di WALTER HILL. Con JAMES BELUSHI, PETER BOYLE, ARNOLD SCHWARZENEGGER. ■ Un capitano della polizia sovietica dà la caccia in America a uno spacciatore di droga russo. Costui, arrestato a Chicago per un reato minore, viene consegnato a Danko (Schwarzenegger) ma fugge con l'aiuto dei suoi complici. Danko deve rimettersi al lavoro, in coppia con un volenteroso agente americano. ■ POLIZIESCO; COL.; 106'; USA, 1988.

DANNATI, I *(Decision before Dawn)* ★★★
Regia di ANATOLE LITVAK. Con RICHARD BASEHART, GARY MERRILL, HILDEGARDE NEFF, OSKAR WERNER. ■ Un paracadutista tedesco antinazista si sostituisce ad un compagno di prigionia per collaborare ad una operazione di spionaggio contro le SS. Altri due uomini partecipano all'impresa. Uno è ucciso subito. In due tentano di attraversare il Reno a nuoto per sfuggire alle guardie tedesche. Il paracadutista si fa catturare per salvare l'altro che così può raggiungere le linee alleate. ■ SPIONAGGIO; B/N; 119'; USA, 1951. ■ OSCAR 2 NOM.

DANNATI DELLA TERRA, I ★★
Regia di VALENTINO ORSINI. Con ROBERTO BISACCO, CALISTO CALISTI, MARINA MALFATTI, MARILÙ TOLO, FRANK WOLFF. ■ Un regista italiano riceve in eredità da un suo giovane discepolo africano l'unico film, non finito, di costui. Il regista si trova davanti ad un'opera interessante ma incompiuta e facendosi aiutare dalla moglie del defunto riesce, dopo un duro confronto con se stesso, a girare un finale soddisfacente. ■ DRAMMATICO; B/N; 100'; ITALIA, 1970.

DANNATI DELL'OCEANO, I *(The Docks of New York)* ★★★
Regia di JOSEF VON STERNBERG. Con OLGA BACLANOVA, GEORGE BANCROFT, BETTY COMPSON. ■ Uno dei più bei film di von Sternberg, tratto da una storia di John Monk Sauders. Dopo aver salvato dall'annegamento una donna, un fuochista la sposa in stato d'ebbrezza. Il nuovo giorno scopre lui deciso a partire e lei disperata, ma tutto si appianerà. ■ DRAMMATICO; B/N; 80'; USA, 1928.

DANNATI DI VARSAVIA, I *(Kanal)* ★★★★
Regia di ANDRZEJ WAJDA. Con WIENCZYLAW GLINSKI, TERESA IZEWKA, STANISLAW MIKULSKI. ■ Varsavia è occupata dai tedeschi. Un ufficiale e un gruppo di uomini cercano di salvarsi attraverso le fogne. Molti uomini muoiono; alla fine sopravvivono l'ufficiale e il suo subalterno, che comunque si rivela un vigliacco, responsabile per salvare se stesso della morte di molti. L'ufficiale lo uccide e torna indietro in cerca di superstiti. ■ GUERRA; B/N; 90'; POLONIA, 1957. ■ CANNES 1 PR.

DANNATI E GLI EROI, I *(Sergeant Rutledge)* ★★★
Regia di JOHN FORD. Con BILLIE BURKE, JEFFREY HUNTER, WOODY STRODE, CONSTANCE TOWERS. ■ 1881: un sergente nero è accusato di duplice omicidio: quello di una ragazza sedicenne e di suo padre. Il difensore è il comandante del suo reparto. Tutte le prove sembrano contro il sergente finché un colpo di scena permette di scoprire il vero responsabile del delitto. Un Ford minore. ■ WESTERN; COL.; 118'; USA, 1960.

DANNATI E L'INFERNO, I ★★
(Embajadores en el infierno)
Regia di JOSÉ MARÍA FORQUÉ. Con LOUIS BERR, MAX COIL, RUBEN ROJO, CARROL STAR, ANTONIO VILAR. ■ Un gruppo di ufficiali e soldati spagnoli viene catturato dai sovietici durante l'ultima guerra. Deportati nei campi di concentramento vengono sottoposti alle più atroci torture, ma restano sempre fedeli al loro paese. Dopo dodici anni di prigionia riescono a tornare in patria. Uno di loro, che aveva tradito, si ucciderà. ■ GUERRA; B/N; 92'; SPAGNA, 1956. ■ BERLINO 1 PR.

DANNATI NON PIANGONO, I ★★★
(The Damned don't Cry)
Regia di VINCENT SHERMAN. Con DAVIS BRIAN, STEVE COCHRAN, JOAN CRAWFORD, KENT SMITH. ■ Una bella donna di modeste condizioni lascia il marito per tentare la conquista del bel mondo. Con l'aiuto di un modesto fiscalista riesce ad introdursi in una grossa banda di malviventi e diventa l'amante del capo. Le cose per lei sembrano andare a gonfie vele, fino a quando non esagera e diventa l'amante di un luogotenente della banda. Il capo la scopre, lei si rifugia presso i genitori, il modesto fiscalista torna in suo aiuto. La donna se la caverà con lievi ferite. Il capo della gang sarà ucciso. ■ DRAMMATICO; B/N; 103'; USA, 1950.

DANNAZIONE *(Liebe, Tod und Teufel)* ★★
Regia di REINHARDT STEINBICKER. Con KATHE VON NAGY. ■ È la favola di un marinaio che trova una sorta di lampada di Aladino: una bottiglia magica che può procurargli ogni sorta di ricchezza a patto che sia venduta a minor prezzo del costo iniziale. Così avviene, ma il marinaio oltre che di ricchezze fa la scorta di guai. Sarà la sua donna che lo libererà della maledetta bottiglia. ■ FANTASTICO; B/N; 95'; GERMANIA, 1934.

DANNI COLLATERALI *(Collateral Damage)* ★★
Regia di ANDREW DAVIS. Con ELIAS KOTEAS, FRANCESCA NERI, ARNOLD SCHWARZENEGGER, JOHN TURTURRO. ■ Un film di impressionante analogia con i tragici fatti dell'11 settembre a New York e a Washington. Arnold Schwarzenegger è un pompiere di New York. Vede moglie e figlio morire in un attentato terroristico al consolato della Colombia. Si affida pazientemente alle indagini che vanno però a rilento e portano a poche soluzioni. Così decide di fare da solo: parte per il Sud America. E si sa, Arnold è sempre Arnold. L'azione non aveva niente di personale, la sua vendatte lo sarà. Un *action movie* da un regista che aveva fatto di meglio (*Il fuggitivo*). Le dinamiche di azione di questo film dovrebbe evolversi, la cifra spettacolare comincia a deteriorarsi, proprio come Schwarzie che non ha più il fisico. Bravissima la nostra Francesca Neri. ■ AZIONE; B/N; 108'; USA, 2001.

DANNO, IL *(Damage Fatale)* ★★★
Regia di LOUIS MALLE. Con JULIETTE BINOCHE, LESLIE CARON, JEREMY IRONS, MIRANDA RICHARDSON. ■ Tratto dal romanzo di Josephine Hart. Un esercizio di stile ben eseguito, un melodramma secco e incisivo che vede Louis Malle tornare al tema di *Les amants, Pretty Baby* e *Soffio al cuore*: il sesso come disperato attaccamento alla vita. Affascinante ritratto di una donna la cui vita è segnata dalla tragedia del suicidio del fratello, innamorato di lei e non corrisposto. Sta per sposare il rampollo di un influente uomo politico inglese, con il quale però inizia una relazione. Ricrea così inconsciamente lo stesso schema di eventi che aveva portato al suicidio del fratello, finché il cerchio si chiude con la morte del promesso sposo. La presa di coscienza finale la riconduce alla vita, placa la tensione metafisica, rendendola così "... una donna come tutte le altre". ■ DRAMMATICO; COL.; 112'; FRANCIA, GRAN BRETAGNA, 1992. ■ GOLDEN GLOBES 1 NOM; OSCAR 1 NOM.

D'ANNUNZIO ★★
Regia di SERGIO NASCA. Con FLORENCE GUERIN, ROBERT POWELL, STEFANIA SANDRELLI. ■ D'Annunzio presentato tra i suoi 25 e 30 anni. Siamo nel 1887 a Roma. Lo troviamo marito e padre annoiato, con un altro figlio in arrivo. Affascina le donne con le sue maniere seducenti e il suo parlar forbito. Megalomane, lussurioso, dai compiaciuti esibizionismi, egli è giornalista, critico d'arte, scrittore di opere trasgressive e scandalistiche, cronista mondano. Qui si narra anche della sua passione per Elvira Fraternati Leoni, una donna che per lui lascia il marito, ma che poi, stanca del rapporto, lo abbandona. E Gabriele resta gabbato nella sua presunzione di irresistibile donnaiolo. ■ BIOGRAFICO; COL.; 110'; ITALIA, 1986.

DANS LA VILLE BLANCHE ★★★
Regia di ALAIN TANNER. Con BRUNO GANZ, TERESA MADRUGA, JULIA VONDERLINN. ■ Paul, macchinista su una nave mercantile, fa scalo a Lisbona e subisce il fascino della capitale portoghe-

se, che definisce "città bianca". Girando per le strade armato di una cinepresa, si invaghisce di una giovane cameriera e decide di fermarsi a Lisbona: alla moglie, che sta in Svizzera, invia dettagliati resoconti scritti e filmati delle sue avventure e delle sue emozioni. ■ DRAMMATICO; COL.; 107′; SVIZZERA, 1982.

DANTE'S PEAK – LA FURIA DELLA MONTAGNA ★★
(Dante's Peak)
Regia di ROGER DONALDSON. Con PIERCE BROSNAN, LINDA HAMILTON, JAMIE RENEE SMITH. ■ Uno studioso scopre che un vulcano sta per eruttare mettendo in pericolo una città. Chiede allora di far allontanare la popolazione ma gli viene impedito di far circolare la notizia. Ha però dalla sua il sindaco e una splendida donna. ■ AVVENTURA; COL.; 112′; USA, 1997.

DANTE 01 ★
Regia di MARC CARO. Con BRUNO LOCHET, SIMONA MAICANESCU, LINH DAN PHAM, DOMINIQUE PINON, LAMBERT WILSON. ■ Nella prigione spaziale Dante 01, in orbita nell'atmosfera, sono rinchiusi sei pericolosi criminali che hanno scongiurato la pena capitale, sottoponendosi a esperimenti genetici. I detenuti, monitorati costantemente da scienziati e secondini, provano a resistere ai soprusi e alla detenzione. Istigati da Cesare, il loro leader aggressivo e paranoico, organizzano in segreto un piano per evadere. ■ FANTASCIENZA; COL.; 88′; FRANCIA, 2008.

DANTON ★★
Regia di HANS BEHRENDT. Con GUSTAF GRÜNDGENS, FRITZ KORTNER, LUCIE MANNHEIM. ■ La vita di Danton viene raccontata da un punto di vista privato più che storico-sociale. ■ STORICO; B/N; 92′; GERMANIA, 1931.

DANTON ★★★
Regia di ANDRZEJ WAJDA. Con GÉRARD DEPARDIEU, WOJCIECH PSZONIAK, ANGELA WINKLER. ■ Caduta di Danton, uno degli artefici della Rivoluzione francese. La sua rivalità con Robespierre lo portò alla ghigliottina. Dopo Danton ci fu il Terrore. Barocca, sontuosa ricostruzione storica di Wajda, che prese il dramma della connazionale S. Przybyszewka per un'appassionata arringa contro la svolta autoritaria del generale Jaruzelski in Polonia. ■ STORICO; COL.; 136′; FRANCIA, 1982.

DANUBIO ROSSO, IL *(Red Danube)* ★★
Regia di GEORGE SIDNEY. Con ETHEL BARRYMORE, WALTER PIDGEON. ■ È un film di propaganda girato al tempo della guerra fredda. A Vienna, durante l'occupazione americana, un colonnello è incaricato del rimpatrio obbligatorio dei profughi russi. Venendo a conoscenza dei drammi personali di molti di costoro, potrà rendersi conto della reale situazione sovietica. ■ DRAMMATICO; B/N; 119′; USA, 1949. ■ OSCAR 1 NOM.

DANZA DEGLI ELEFANTI, LA *(Elephant Boy)* ★★★
Regia di ROBERT J. FLAHERTY, ZOLTAN KORDA. ■ Questa storia per ragazzi è interpretata da un piccolo vero indiano che impersona nel racconto il figlio di un kornak (guidatore d'elefanti). Rimasto orfano durante una battuta di caccia, il piccolo vede l'elefante del padre regalato ad un altro kornak. Affezionatissimi l'uno all'altro, il bambino e l'elefante scappano insieme in mezzo a un branco di altri pachidermi allo stato brado. Vengono ritrovati dai cacciatori. ■ AVVENTURA; B/N; 80′; GRAN BRETAGNA, 1937. ■ VENEZIA 1 PR.

DANZA DEI MILIONI, LA ★★
Regia di CAMILLO MASTROCINQUE. Con NINO BESOZZI, JOLE VALERI. ■ Folgorante carriera di un giovane con titolo di studio e grandi speranze. Riesce ad entrare in una famosa banca ungherese e via via, con espedienti e gran faccia tosta, a diventare marito della figlia del presidente, nonché capo di un'organizzazione finanziata dalla banca e da lui stesso creata. ■ COMMEDIA; B/N; 73′; ITALIA, 1940.

DANZA DEI VAGABONDI, LA ★★★
(Kicking the Moon around)
Regia di WALTER FORDE. Con EVELYN DALL, HARRY RICHMAN. ■ Un giovane mecenate si innamora di una ragazza poverissima ma con una voce meravigliosa. Decide di farne una cantante di successo. Si intromette una rivale invidiosa che riesce a compromettere il debutto. Ma lui non molla; ben presto arriva il successo e anche l'amore corrisposto. ■ COMMEDIA; B/N; 78′; GRAN BRETAGNA, 1938.

DANZA DEL FUOCO, LA ★★
Regia di GIORGIO SIMONELLI. Con PAOLA BARBARA, LUISELLA BEGHI, NELLY CORRADI, GUSTAV DIESSL, ALDO SILVANI. ■ Per permettere alla figlia, ignara della miseria in cui è caduta la famiglia, di studiare in collegio, una nobile decaduta fa la ballerina. La fanciulla diventa grande e si fidanza con un giovane aristocratico. Purtroppo la verità viene a galla ed il fidanzamento è compromesso. Ma sopraggiunge il padre, ex marito della ballerina, che riscatta la moglie assumendosi la responsabilità della disfatta della famiglia e muore in duello per salvare l'onore. ■ COMMEDIA; B/N; 92′; ITALIA, 1942.

DANZA DELLA VITA, LA *(The Dance of Life)* ★★
Regia di JOHN CROMWELL, EDWARD SUTHERLAND. Con NANCY CARROLL, DOROTHY REVIER, HAL SKELLY. ■ Un musicista di talento ma senza carattere per la sua sprovvedutezza s'avvierebbe inesorabilmente verso il declino se non fosse per sua moglie che possiede tutta l'energia che manca al marito e che pian piano riesce a recuperarlo. ■ DRAMMATICO; B/N; 90′; USA, 1929.

DANZA DELLE LANCETTE, LA ★★
Regia di MARIO BAFFICO, ALBERTO LATTUADA. Con LUIGI ALMIRANTE, UGO CESERI, BARBARA MONIS. ■ Il figlio di un nobile di provincia, appassionato di corse automobilistiche, di nascosto dal padre si dedica anima e corpo a questo sport. Vince e diventa famoso. Il padre, che a sua volta aveva corso sotto falso nome, tutto sommato è soddisfatto; e anche una ragazza è contenta (credeva che il giovane fosse un debosciato). Finiti i malintesi, gioia e felicità per tutti. ■ COMMEDIA; B/N; 95′; ITALIA, 1936.

DANZA DELLE LUCI, LA *(Gold Diggers of 1933)* ★★★★
Regia di MERVYN LE ROY. Con JOAN BLONDELL, RUBY KEELER, GUY KIBBEE, ALINE MACMAHON, DICK POWELL, GINGER ROGERS. ■ Un giovane ricchissimo con l'hobby del canto corteggia una graziosa ballerina senza rivelarle, fino alla fine, la sua vera identità. Un'amica della ragazza, invece, "spennerà" un vecchio gaudente. La trama costituisce un semplice pretesto per gli splendidi numeri coreografici ideati da Busby Berkeley, l'iniziatore del moderno musical cinematografico. Il suo stile inconfondibile, basato sull'esasperazione del disegno geometrico nei numeri danzati e su di un uso molto moderno della macchina da presa (riprese dall'alto, carrellate ecc.), fece scuola. Le canzoni più belle sono *We're in the Money, Pettin' in the Park* e *Remember my Forgotten Man*: soprattutto quest'ultima fa esplicito riferimento, nonostante il tono apparentemente fatuo dell'intero spettacolo, alla terribile crisi economica che l'America stava vivendo. La recitazione si avvale di un eccellente gruppo di caratteristi, fra cui Guy Kibbee e l'ancora giovane Ginger Rogers. ■ MUSICAL; B/N; 96′; USA, 1933. ■ OSCAR 1 NOM.

DANZA DI GUERRA PER RINGO ★★
(Der Ölprinz – Winnetou und der Ölprinz)
Regia di HARALD PHILIPP. Con WALTER BARNES, PIERRE BRICE, MARIO GIROTTI, STEWART GRANGER, HARALD LEIPNITZ, MACHA MÉRIL. ■ Un cowboy guida una carovana attraverso l'Arizona. Per essere tranquillo si fa amici gli indiani. Ma un avventuriero, che vuole impadronirsi del territorio ricco di petrolio, uccide il figlio di un capo indiano e fa cadere i sospetti sul cowboy. La carovana non riesce ad evitare l'assalto degli indiani, ma la guida sistema tutto e quando giustizia è fatta ritorna amico degli indiani e prosegue il suo cammino. ■ WESTERN; COL.; 92′; GERMANIA, 1965.

DANZA DI MORTE *(Twisted Nightmare)* ★★
Regia di PAUL HUNT. Con RHONDA GRAY, CLEVE HALL, ROBERT PADILLA. ■ Un tale muore bruciato. E gli amici non riescono a spiegarsi cosa gli abbia dato fuoco (forse un uomo con superpoteri?). Mentre se lo chiedono fanno anche loro (quasi tutti) la stessa fine. ■ HORROR; COL.; 90′; USA, 1987.

DANZA DI SANGUE *(The Dancer Upstairs)* ★
Regia di JOHN MALKOVICH. Con JAVIER BARDEM, JUAN DIEGO BOTTO, ELVIRA MÍNGUEZ, LAURA MORANTE. ■ In un non meglio identificato paese sudamericano che somiglia molto al Perù un'ondata di attentati sta precipitando la capitale nel caos. Il colpevole è

il fantomatico Ezequiel, di cui nessuno sembra sapere nulla. Incaricato delle indagini è il capitano della polizia Rejas, che ha rinunciato a una carriera di avvocato per poter davvero esercitare la giustizia. Tratto dal bel romanzo omonimo di Nicholas Shakespeare. ■ DRAMMATICO; COL.; 124′; SPAGNA, USA, 2002.

DANZA DI VENERE, LA *(Dancing Lady)* ★★★★
Regia di ROBERT Z. LEONARD. Con FRED ASTAIRE, JOAN CRAWFORD, CLARK GABLE, FRANCHOT TONE. ■ Protagonista è una ballerina non affermata che cade vittima di una retata della polizia. C'è un ammiratore che paga il suo rilascio e in cambio si aspetta qualcosa, ma non ottiene niente. Allora tenta di conquistarla in grande stile, organizzando uno spettacolo tutto per lei, ma si pente all'ultimo momento temendo di passare per corruttore. Intanto lo spettacolo ha coinvolto un sacco di gente. La ballerina, piena di iniziative, riesce a non far naufragare il progetto e si sposa col regista. ■ MUSICAL; B/N; 82′; USA, 1933.

DANZA INCOMPIUTA, LA *(The Unfinished Dance)* ★★
Regia di HENRY KOSTER. Con KARIN BOOTH, CYD CHARISSE, MARGARET O'BRIEN. ■ La ballerina Meg ha una vera e propria venerazione per la sua maestra e detesta la diretta antagonista di costei. Una sera, mentre la rivale balla in teatro, la piccola terribile provoca un incidente che causerà la paralisi permanente alla malcapitata. Le compagne minacciano di raccontare la verità e quando la piccola Meg ormai grande è al suo debutto in palcoscenico, la sua vittima viene messa al corrente. Saprà perdonare ed anzi sarà lei a fare di Meg una grande ballerina. ■ DRAMMATICO; B/N; 101′; USA, 1947.

DANZA MACABRA *(Serenata Macabra)* ★★
Regia di JACK HILL, JUAN IBAÑEZ. Con ARTURO FERNANDEZ, ANDRÉS GARCÍA, ANDRÉS GARCÍA, BORIS KARLOFF. ■ Un gruppo di persone si raduna in un vecchio castello per spartirsi un'eredità. Ma viene sterminato da una serie di bambole meccaniche. ■ HORROR; COL.; 92′; MESSICO, 1968.

DANZA MACABRA – TERRORE ★★★
Regia di ANTHONY DAWSON. Con GEORGES RIVIÈRE, BARBARA STEELE, SILVANO TRANQUILLI. ■ Lo scrittore Egdar Allan Poe fa una scommessa con un giovane giornalista piuttosto scettico: costui avrà cento sterline se riuscirà a passare un'intera notte in un certo castello. Il giornalista è coraggioso e preparato, ma nel castello ci sono fantasmi da tutte le parti (con un fantasma donna l'uomo ha anche una breve storia d'amore). Arriva l'alba e pare proprio che lo scettico ce l'abbia fatta, ma per lui finirà male. ■ HORROR; B/N; 90′; ITALIA, 1964.

DANZA PROIBITA, LA *(Little Egypte)* ★★
Regia di FREDERICK DE CORDOVA. Con RHONDA FLEMING, NANCY GUILD, MARK STEVENS. ■ All'esposizione universale di Chicago verrà riprodotta una via del Cairo. Per rendere del tutto verosimile l'iniziativa, un pascià porta con sé in America vari personaggi tipicamente egiziani, fra cui una ballerina. L'organizzatore americano della faccenda si trova in un mucchio di guai. Fra l'altro la ballerina si è innamorata di lui. ■ COMMEDIA; B/N; 82′; USA, 1951.

DANZATRICE DEL MESSICO, LA ★
(Mujeres sacrificadas)
Regia di ALBERTO GOUT. Con ANITA BLANCH, ROBERTO CAÑEDO, VICTOR FRANCO, NINON SEVILLA. ■ La ballerina Graziella e l'ingegnere Ottavio si conoscono, si piacciono e si fidanzano. Ma c'è anche Mario, un poco di buono, che millanta con Ottavio una precedente relazione con la ragazza, che si infuria e uccide involontariamente Mario. I due innamorati si sposano, ma il rimorso è fortissimo. La donna confessa alla polizia, che non le crede: allora si mette il cuore in pace. ■ DRAMMATICO; B/N; 95′; MESSICO, 1952.

DANZATRICE DEL MOGADOR, LA ★★
Regia di WEYLER HILDEBRAND. Con ALLAN BOHLIN, ANNELIESE ERIKSON, HAKEN WESTERGREEN. ■ In una banca viene fatto un colpo ed è accusato il figlio del direttore che anni prima ingiustamente era stato coinvolto in un fatto analogo. Il giovanotto si mette per conto suo a fare le indagini. Scopre i colpevoli e li consegna alla polizia. ■ POLIZIESCO; B/N; 90′; SVEZIA, 1942.

DANZATRICE DI MARRAKESH, LA ★★
(La danseuse de Marrakech)
Regia di LÉON MATHOT. Con AIMÉ CLARIOND, KATIA LOVA, YVES VINCENT. ■ In Marocco, drammatica storia d'amore fra un capitano francese e la ballerina spagnola Kalina, orfana abbandonata a se stessa e poi "protetta" e sfruttata dall'amante Taraore. Dapprima Kalina è convinta che il capitano non la ami sinceramente a causa del suo passato equivoco: quando capisce di sbagliarsi, arriva Taraore, che ingelosito uccide il suo rivale. ■ DRAMMATICO; B/N; 98′; FRANCIA, 1950.

DANZATRICE DI RIO GRANDE, LA ★★
(The Girl of the Rio)
Regia di HERBERT BRENON. Con LEO CARRILLO, DOLORES DEL RIO, NORMAN FOSTER. ■ Un galante messicano si innamora di una bella ballerina di night. Ma lei ama un altro, rinchiuso ingiustamente in prigione. Il messicano accetta di liberarlo. ■ DRAMMATICO; B/N; 90′; USA, 1932.

DANZATRICE DI SINGAPORE, LA ★★★
(Road to Singapore)
Regia di VICTOR SCHERTZINGER. Con CHARLES COBURN, BING CROSBY, BOB HOPE, DOROTHY LAMOUR, ANTHONY QUINN. ■ Due ufficiali di marina in fuga dalle loro fidanzate che mirano al matrimonio si imbarcano per Singapore. Qui hanno una serie di comiche avventure, perché cercano di proteggere una bella danzatrice dai maltrattamenti del suo compagno di lavoro. Si innamorano tutti e due della ragazza. ■ COMMEDIA; B/N; 84′; USA, 1940.

DANZATRICE NUDA, LA *(La danseuse nue)* ★★
Regia di PIERRE LOUIS. Con JEAN DEBUCOURT, CATHERINE ERARD, PIERRE LARQUEY. ■ Da studentessa di belle arti a celebre attrazione di varietà, una giovane con la passione del ballo perde per strada il fidanzato puritano che si scandalizza dell'indecorosità della sua professione e trova affetto sincero in un ricco antiquario più anziano di lei. ■ COMMEDIA; B/N; 105′; FRANCIA, 1952.

DANZERÒ CON TE FRA LE STELLE *(Hannerl)* ★★
Regia di ERNST MARISCHKA. Con ADRIAN HOVEN, HANNERL MATZ, PAUL MÖRBIGER. ■ Hannerl, giovane figlia di un professore, sogna di diventare una ballerina di varietà. Di nascosto dal padre si presenta a un impresario teatrale e si fa assumere inventando di essere una sua figlia illegittima. Come primadonna del varietà, Hannerl si rivela assai brava, nonostante i frequenti battibecchi con il regista Willy, che la considera solo una ragazzina raccomandata e ha con lei un rapporto di odio-amore. Poi il padre scopre tutto e Hannerl passa brutti momenti: la salva il grande successo della commedia di cui è protagonista, che le porta il perdono paterno e il definitivo amore di Willy. ■ COMMEDIA; B/N; 92′; AUSTRIA, 1952.

DANZÓN ★★
Regia di MARIA NOVARO. Con MARGARITA ISABEL, MARIA ROJO, CARMEN SALINAS. ■ Il titolo si riferisce a un ballo messicano. C'è Julia, impiegata ai telefoni che scappa a Veracruz per raggiungere il suo affezionato partner di danzón. prima di trovarlo però fa alcune conoscenze particolari e un incontro d'amore. Maria Novaro dirige questo suo secondo film con uno stile realistico. ■ COMMEDIA; COL.; 120′; MESSICO, 1991.

DA PARTE DEGLI AMICI: FIRMATO MAFIA! ★★★
(Le cobra)
Regia di YVES BOISSET. Con SENTA BERGER, STERLING HAYDEN, GIANCARLO SBRAGIA, JEAN YANNE. ■ Classico poliziesco francese ambientato a Marsiglia: il clan degli Orsini si batte contro l'avventuriero Alvarez e il potente uomo politico Forestier per il monopolio del racket edilizio. Quando tutti i suoi familiari vengono uccisi dai rivali, Louis Orsini inizia una spietata vendetta, ma alla fine cede anche lui, sotto i colpi della polizia, dopo avere drammaticamente scoperto che sua cognata e amante Silvaine è legata alla cosca avversaria. ■ POLIZIESCO; COL.; 99′; FRANCIA, 1971.

DA PEARL HARBOR A HIROSHIMA ★★
(Taihei yo Senki – The Pacific War)
Regia di HIROSHI OKADA. ■ Brani di repertorio (dall'ascesa imperiale del Giappone a partire dall'invasione della Manciuria fino a Hiroshima e Nagasaki per il lancio della bomba atomica) mon-

tati per realizzare un documentario bellico e storico. ■ DOCUMENTARIO; B/N; 93'; GIAPPONE, 1958.

DA QUANDO OTAR È PARTITO ★★★
(Depuis qu'Otar est parti)
Regia di JULIE BERTUCELLI. Con RUSUDAN BOLQVADZE, ESTHER GORINTIN, SASHA SARISHVILI, DUTA SKHIRTLADZE. ■ Vincitore della Semaine de la Critique a Cannes, edizione 2003, è un film da citare come esempio per come un tema triste e duro, quale la perdita di un proprio caro, possa essere trattato in maniera lieve ed originale. Protagonista della vicenda una madre georgiana ultraottantenne (Esther Gorintin) che vive in attesa di sentire il proprio figlio, Otar, emigrato a Parigi. Alla figlia, invece, con cui la donna convive, non resta che sopravvivere in uno scenario postcomunista a cui è veramente difficile abituarsi. Un finale a sorpresa, denso di lirismo, chiude questo piccolo gioiello firmato da una regista che esordisce nel lungometraggio e convince. ■ DRAMMATICO; COL.; 102'; BELGIO, FRANCIA, 2003.

DA QUANDO SEI MIA *(Because You're Mine)* ★★
Regia di ALEXANDER HALL. Con MARIO LANZA, DORETTA MORROW, JAMES WHITMORE. ■ Vita dura per il famoso cantante Rossano Rinaldo da quando presta servizio militare nella caserma del terribile sergente Batterson. L'amore sbocciato tra Rossano e Bridget, la sorella di Batterson, che sogna la carriera musicale, migliora temporaneamente la vita militare del giovane, ma la gelosia di una cantante amica di Rossano insospettisce Bridget. Lieto fine d'obbligo. ■ COMMEDIA; COL.; 90'; USA, 1952. ■ OSCAR 1 NOM.

DA QUANDO TE NE ANDASTI *(Since You Went Away)* ★★★
Regia di JOHN CROMWELL. Con LIONEL BARRYMORE, CLAUDETTE COLBERT, JOSEPH COTTEN, JENNIFER JONES, SHIRLEY TEMPLE, MONTY WOOLLEY. ■ Prolisso film di propaganda bellica ambientato durante la seconda guerra mondiale. Impersonati da ottimi attori hollywoodiani, sfilano sullo schermo soldati pieni di nostalgie per la famiglia, coraggiose vedove di guerra, generose crocerossine e volontarie. La solidarietà umana e familiare è contrapposta alla brutalità della guerra. ■ DRAMMATICO; B/N; 172'; USA, 1944. ■ OSCAR 1 PR, 9 NOM.

DA QUI ALL'EREDITÀ ★★
Regia di RICCARDO FREDA. Con BENIAMINO MAGGIO, TINA PICA, ALBERTO SORDI. ■ I problemi dell'energica zia Tina alle prese con i suoi tre nipoti, Alberto e Beniamino, pigri scansafatiche che campano con piccole truffe, e la bella Marisa, circondata da corteggiatori. Quando Marisa può sposare l'uomo che ama, zia Tina decide di prendere a vivere con sé i due simpatici fannulloni. ■ COMMEDIA; B/N; 92'; ITALIA, 1955.

DA QUI ALL'ETERNITÀ *(From Here to Eternity)* ★★★★★🏆
Regia di FRED ZINNEMANN. Con ERNEST BORGNINE, MONTGOMERY CLIFT, DEBORAH KERR, BURT LANCASTER, DONNA REED, FRANK SINATRA. ■ Pearl Harbor, qualche giorno prima dell'attacco dei giapponesi. In una caserma americana si intrecciano le vicende di un sergente duro ma umano (Lancaster), di un trombettiere angosciato che non vuol tirare di boxe (Clift), della moglie infelice del comandante del campo (Kerr), di un soldato ubriacone (Sinatra) e di una ragazza che lavora in un locale (Reed). Il sergente si innamora della moglie del comandante e il trombettiere della ragazza del locale, l'alcolizzato muore per le botte di un sergente energumeno. Tutto questo sullo sfondo del proditorio attacco nipponico, il 7 dicembre 1941. Dal romanzo di James Jones. Che il film sia stato insignito di ben otto Oscar (al film stesso e al regista, oltre che alla musica e a Sinatra) è sicuramente un segnale significativo. Si tratta infatti di un'efficace operazione di qualità applicata allo spettacolo. Zinnemann, autore rigoroso ed equilibrato, trova tutte le giuste misure. Sicuramente film d'attori, tutti al massimo delle loro possibilità con stili a confronto. Clift, con la tensione interna di matrice Actor's Studio, Sinatra, letteralmente miracolato da questo ruolo che lo rilanciò dopo un brutto periodo, Deborah Kerr, attrice e diva inglese affascinante e morbosa, e soprattutto Lancaster, capace di esprimersi nell'azione esattamente come in tutti gli altri esercizi di attore. Fra le tante sequenze che si ricordano una fa parte della più bella mitologia: la scena fra Lancaster e Kerr che si baciano nella risacca. Il film è un altro esempio importante di produzione hollywoodiana, tra qualità e spettacolo. ■ DRAMMATICO; B/N; 118'; USA, 1953. ■ CANNES 🏆 1 PR; OSCAR 🏆 8 PR, 12 NOM.

DARATT ★★
Regia di MAHAMAT-SALEH HAROUN. Con ALI BARKAI, KHAYAR OUMAR DEFALLAH, YOUSSOUF DJORO, FATIMÉ HADJE, AZIZA HISSEINE, DJIBRIL IBRAHIM. ■ Ciad, 2006. Dopo l'amnistia accordata a tutti criminali di guerra, Atim viene incaricato dal nonno di uccidere l'assassino del padre. Giunto a N'Djamena scopre che l'ex criminale gestisce una panetteria e ha sposato la giovane Nassara che, ignorando le reali intenzioni del ragazzo, lo accoglie come garzone nella panetteria. La relazione tra i due uomini evolverà fino a esplodere in un drammatico confronto finale. Il regista africano Mahamat-Saleh Haroun, sopravvissuto alla guerra civile in Ciad, gira un film pervaso da temi universali, odio e amore, guerra e pace, vendetta e perdono, con l'impegno di chi vuole scuotere e denunciare. ■ DRAMMATICO; COL.; 96'; AUSTRIA, BELGIO, CIAD, FRANCIA, 2006.

DARBY O'GILL E IL RE DEI FOLLETTI ★★
(Darby O'Gill and the Little People)
Regia di ROBERT STEVENSON. Con SEAN CONNERY, JANET MUNRO, ALBERT SHARPE. ■ Graziosa favola disneyana con un imberbe Sean Connery. Protagonista è un vecchio irlandese, di professione custode, famoso per i suoi fantasiosi racconti. Nessuno naturalmente gli crede quando narra di esser diventato l'amico del re dei folletti. ■ FANTASTICO; COL.; 93'; USA, 1959.

DAREDEVIL ★★
Regia di MARK STEVEN JOHNSON. Con BEN AFFLECK, MICHAEL CLARKE DUNCAN, COLIN FARRELL, JON FAVREAU, JENNIFER GARNER. ■ Il giovane orfano Matt Murdock diventa cieco ma si ritrova dotato di una sensorialità così elevata da permettergli di "vedere" molto meglio dei vedenti. Anni dopo, divenuto adulto, si cuce addosso una identità segreta quale "Uomo senza paura" che combatte la criminalità e l'ingiustizia. ■ AZIONE; COL.; 103'; USA, 2003.

DAREDEVIL, IL CORRIERE DELLA MORTE ★★
(The Daredevil)
Regia di ROBERT W. STRINGER. Con GEORGE MONTGOMERY, TERRY MOORE, GAY PERKINS. ■ Paul, in una gara automobilistica, provoca involontariamente la morte di un pilota nero. Carol, la sorella del morto, giura vendetta. Infatti la ragazza e Paul si ritrovano nella medesima organizzazione di spaccio di eroina e Carol riesce a far morire il giovane. ■ DRAMMATICO; B/N; 70'; USA, 1972.

DARIO ARGENTO'S WORLD OF HORROR ★★★
Regia di MICHELE SCAVI. ■ La carriera del maggior regista italiano dell'orrore, con spezzoni particolarmente significativi di alcuni dei suoi film. Inoltre, a beneficio dello spettatore, Argento mostra come vengono realizzati e messi in opera i trucchi usati per le scene più cruente e spettacolari. ■ HORROR; COL.; 92'; ITALIA, 1986.

DARK, THE ★★
Regia di JOHN FAWCETT. Con SEAN BEAN, MARIA BELLO, RICHARD ELFYN, ABIGAIL STONE, SOPHIE STUCKEY. ■ Adele si reca con la figlia Sarah a trovare l'ex marito, che vive sulle scogliere irlandesi. Improvvisamente Sarah scompare e al suo posto riappare Ebrill, una bambina apparentemente morta 60 anni prima in circostanze misteriose. È la recente tendenza del cinema thriller statunitense, per la precisione del thriller metafisico, abitato da fantasmi, misteri del passato e morti apparenti. Purtroppo la qualità di un thriller non si valuta soltanto in base al numero di salti sulla sedia. ■ HORROR; COL.; 93'; GERMANIA, GRAN BRETAGNA, 2005.

DARK BAR ★
Regia di STELIO FIORENZA. Con RICHARD HATCH, MARINA SUMA. ■ In un locale notturno molto in voga si spaccia e si consuma droga. È in questo quadro che avviene l'omicidio della giovane Elisabetta: Anna, sua sorella, non sa rassegnarsi a questa morte assurda e decide di scoprire l'assassino. ■ DRAMMATICO; COL.; 90'; ITALIA, 1989.

DARK BLUE WORLD ★★
Regia di JAN SVERAK. Con CHARLES DANCE, TARA FITZGERALD, KRYSTOF HADEK, ONDREJ VETCHY. ■ Il regista è quello di *Kolya*, premio Oscar come miglior titolo straniero nel 1996. Il film vuole essere una produzione internazionale, così come lo sono i capitali, che sono cospicui e che permettono scene da (quasi) colossal. È la storia di Franta, ex pilota cecoslovacco rinchiuso in prigione perché "nemico del popolo". Siamo nel 1950, dunque in pieno comunismo e piena guerra fredda. In realtà Franta è stato un eroe di guerra. Il flash back lo riporta nel 1939 quando, insieme a un amico, anche lui pilota, si arruola nella Raf e compie missioni straordinarie al fianco dei piloti inglesi. I due amici si innamorano della stessa donna, con relativa sofferenza, ma l'amicizia resisterà. ■ DRAMMATICO; COL.; 114'; DANIMARCA, GERMANIA, INGHILTERRA, ITALIA, REPUBBLICA CECA, 2002.

DARK CITY ★★
Regia di ALEX PROYAS. Con JENNIFER CONNELLY, WILLIAM HURT, RUFUS SEWELL. ■ Ci sono delle intelligenze capaci, a mezzanotte in punto, di alterare fisicamente la fisionomia di una città. Sono esseri scuri, che indossano grandi cappotti e hanno tra le mani il destino degli umani. L'ennesimo figlio degenere del Corvo. ■ HORROR; COL.; 106'; USA, 1998.

DARK CRYSTAL ★★
Regia di JIM HENSON, FRANK OZ. ■ Due gruppi ben distinti: i cattivi e i buoni. L'ultimo superstite dei buoni parte alla ricerca di un frammento di Cristallo Nero dal quale dipende la vita. Fra avventure di ogni genere, farà amicizia con una giovane che lo aiuterà nella ricerca. Essa morirà, ma grazie al Cristallo Nero rivivrà e lo aiuterà a sconfiggere i cattivi. ■ ANIMAZIONE; COL.; 94'; USA, 1983.

DARK HORSE ★★★
Regia di TODD SOLONDZ. Con JUSTIN BARTHA, SELMA BLAIR, ZACHARY BOOTH, MIA FARROW, JORDAN GELBER. ■ Abe è un bambinone trentenne, che colleziona action figures dei fumetti e lavora nell'ufficio del padre, dove la segretaria lo coccola e lo solleva da qualsiasi responsabilità, proprio come fa la madre tra le mura domestiche. In occasione di un matrimonio, Abe conosce per caso Miranda, una bella ragazza ancora sotto il tetto parentale, che dopo solo un paio di incontri accetta clamorosamente di sposarlo. Ma questo è un film di Todd Solondz e i giovani non sono carini e non finiscono felici e contenti come a Hollywood. Scrittore di personaggi però più "sconnessi" che nevrotici e di un grottesco che non nasce tanto dall'assurdo quanto dal terribile, Solondz commuove per la partecipazione con cui entra nei suoi mondi terribili ed empatizza con i suoi personaggi, anche mentre commenta cinicamente la loro sorte con un uso della musica di straordinaria potenza e sarcasmo. ■ DRAMMATICO; COL.; 84'; USA, 2011.

DARKMAN ★★★
Regia di SAM RAIMI. Con LARRY DRAKE, COLIN FRIELS, FRANCES MCDORMAND, LIAM NEESON. ■ Un giovane scienziato sta lavorando a un suo progetto per poter creare un tipo di pelle sintetica. Viene torturato. Rimasto sfigurato si ricrea letteralmente il volto. Quando torna dalla fidanzata che lo crede morto non ha il coraggio di confessare il suo segreto e deve cavarsela fra molti pericoli. Caratteristica fondamentale di questo quarto lungometraggio di Sam Raimi è la contaminazione di generi. Oltre al fantastico e all'horror, troviamo infatti l'avventura, il sentimento, la commedia e il poliziesco. I riferimenti cinematografici si sprecano, come pure le citazioni. Non manca neppure l'ironia de *La casa 2* e *I criminali più pazzi del mondo* (sceneggiato dai fratelli Coen). La bravura tecnica ed espressiva di questo talento della nuova generazione è fuori discussione e il personaggio di Peyton, anche grazie all'interpretazione di Neeson, ha una profondità notevole. ■ FANTASCIENZA; COL.; 90'; USA, 1990.

DARK MISSION ★★
Regia di JESUS FRANCO. Con RICHARD HARRISON, CRISTINA HIGUERAS, HENRI LAMBERT. ■ Un agente della Cia, sotto le vesti di giornalista, va in America Latina per stroncare un traffico di droga. Ce la fa. E trova un impensato aiuto da parte della figlia di un boss del traffico. ■ AVVENTURA; COL.; 90'; FRANCIA, SPAGNA, 1986.

DARKNESS ★★
Regia di JAUME BALAGUERÓ. Con STEPHAN ENQUIST, GIANCARLO GIANNINI, IAIN GLEN, FELE MARTINEZ, LENA OLIN, ANNA PAQUIN. ■ L'adolescente Regina si trasferisce con la famiglia in una villa isolata. L'aspetto della dimora non è dei più tranquillizzanti, e ben presto cominciano a succedere cose insolite. Si intravede qualcosa nell'oscurità, spariscono oggetti, il fratellino minore sembra soggetto a una misteriosa influenza e i genitori – in special modo il padre – si comportano in modo strano. Nella villa c'è qualcosa di maligno che attende da anni, e Anna si ritroverà al centro di una trappola senza vie d'uscita. ■ HORROR; COL.; 102'; SPAGNA, USA, 2002.

DARK SHADOWS ★★★
Regia di TIM BURTON. Con HELENA BONHAM CARTER, JOHNNY DEPP, EVA GREEN, CHLOE MORETZ, MICHELLE PFEIFFER. ■ A metà del XIII secolo, i coniugi Collins e il figlioletto Barnabas salpano dall'Inghilterra per il Maine, dove avviano un impero commerciale e favoriscono la nascita di una cittadina che porta il loro nome: Collinsport. Anni dopo, Barnabas, giovane signore ricco e di bell'aspetto, s'innamora della dolce Josette e infrange così il cuore di Angelique Bouchard, che assetata di vendetta, e ricorrendo a certi poteri che le appartengono, lo tramuta in vampiro e lo fa seppellire vivo. Al suo risveglio, nel 1972, Barnabas scopre che il suo maniero e la sua famiglia sono andati in rovina e che l'intera città vive nel mito dell'intraprendente Angie, imprenditrice di successo e vecchia conoscenza di Barnabas. Basandosi su una sceneggiatura di Seth Grahame-Smith (l'autore di *Orgoglio e Pregiudizio e Zombie*) e sulla serie televisiva di Dan Curtis, Tim Burton realizza con *Dark Shadows* un film visivamente ricchissimo ma anche pieno di "spirito". All'horror e al melodramma kitsch e soap-operistico, Burton aggiunge un ingrediente: un leggero umorismo. ■ DRAMMATICO; COL.; 140'; USA, 2011.

DARK STAR ★★
Regia di JOHN CARPENTER. Con BRIAN NERELLE, DAN O'BANNON, DRE PAHICH. ■ Il primo film di John Carpenter, un'operina di ottanta minuti che a sua volta è una dilatazione di uno short girato all'università dal regista su un soggetto di Dan O'Bannon. È una modesta ma acuta satira dei film tipo *Odissea nello spazio*, con quattro astronauti cretini che credono di ricevere l'ordine di bombardare pianeti usciti dalla rispettive orbite. ■ FANTASCIENZA; COL.; 83'; USA, 1974.

DARK WATER ★★
Regia di WALTER SALLES. Con JENNIFER BAXTER, JENNIFER CONNELLY, SHELLEY DUVALL, LINDA EMOND, ARIEL GADE, PETE POSTLETHWAITE, JOHN C. REILLY, TIM ROTH, DOUGRAY SCOTT. ■ Una giovane madre si trasferisce con la figlioletta in uno squallido palazzo in periferia. Le due saranno perseguitate da strani fenomeni, e la piccola comincerà a comunicare con un'amichetta immaginaria che porta il nome di una bimba misteriosamente scomparsa tempo prima dall'appartamento superiore. Remake dell'omonimo titolo nipponico. ■ HORROR; COL.; 105'; USA, 2005.

DARLING ★★★
Regia di JOHN SCHLESINGER. Con DIRK BOGARDE, JULIE CHRISTIE, LAURENCE HARVEY. ■ Ritratto a tutto tondo di una bella modella londinese, Diane Scott, che cerca l'ascesa sociale attraverso le avventure amorose, dapprima con il giornalista televisivo Robert Gold per il quale lascia il marito, poi con altri amanti occasionali, tra cui un principe italiano che le offre di sposarla. ■ DRAMMATICO; B/N; 122'; GRAN BRETAGNA, 1965. ■ OSCAR 3 PR, 5 NOM.

DARÒ UN MILIONE ★★★★
Regia di MARIO CAMERINI. Con VITTORIO DE SICA, ASSIA NORIS. ■ Un milionario stanco dell'ambiente frivolo e insincero dell'alta società tenta il suicidio, ma viene salvato da un vagabondo di passaggio. Decide allora di travestirsi lui stesso da barbone, promettendo di ricompensare con un milione chi compirà un'azione di bontà nei suoi confronti. Incontra molta carità interessata ma anche l'amore sincero di una dolce impiegata di circo equestre. È lei la persona capace di autentici gesti d'amore e con

lei il milionario ritrova fiducia nella vita. ■ COMMEDIA; B/N; 79'; ITALIA, 1935.

DARSELA A GAMBE *(La poudre d'escampette)* ★★★
Regia di PHILIPPE DE BROCA. Con MARLÈNE JOBERT, DIDI PEREGO, MICHEL PICCOLI, MICHAEL YORK. ■ Tre avventurieri in fuga durante la seconda guerra mondiale: il contadino francese Valentin, ricercato per il contrabbando d'armi che pratica in Tunisia; il soldato inglese Basil, rimasto disperso durante un'azione militare; la moglie del console svedese in Libia, Lorene. Mentre Rommel si batte con gli inglesi e Basil e Lorene si innamorano, tutte le polizie dell'Africa sembrano coalizzarsi contro i tre: si salvano miracolosamente dopo molte avventure, ma Valentin rimane ucciso dai tedeschi per proteggere la fuga dei suoi due amici. ■ AVVENTURA; COL.; 110'; FRANCIA, 1971.

D'ARTAGNAN ★★★
Regia di PETER HYAMS. Con JUSTIN CHAMBERS, CATHERINE DENEUVE, STEPHEN REA, TIM ROTH, MENA SUVARI. ■ È proprio vero, il cinema non può stare troppo tempo senza i moschettieri. Sono 64, dagli albori, i titoli ispirati dal romanzo di Dumas. Stagione dopo stagione D'Artagnan e compagni sono tornati, a intervalli fisiologici. La storia è conosciuta: i moschettieri salvano la regina dagli intrighi di Richelieu. E siccome il cinema di adesso deve tutto estremizzare e da qualche parte occorre rinvenire più violenza e cattiveria, ecco che Richelieu non basta più e gli si inventa vicino un pazzo furioso (Roth, adattissimo) e si vanno a studiare duelli che non sono più di spada ma qualcosa fra Chuck Norris e *La tigre e il dragone*. ■ AVVENTURA; B/N; 105'; GERMANIA, USA, 2001.

D'ARTAGNAN CONTRO I TRE MOSCHETTIERI ★★
Regia di FULVIO TULUI. Con GABRIELE ANTONINI, FERNANDO LAMAS, GLORIA MILLAND, ROBERTO RISSO. ■ Una volta tanto D'Artagnan e i tre moschettieri non sono alleati: l'uno deve fare gli interessi del cardinale Mazzarino contro il re inglese decaduto Carlo II, gli altri invece si rifiutano di consegnare Carlo al dittatore inglese Cromwell e diffidano dei piani di Mazzarino. Alla fine però i quattro amici ritrovano la concordia nella comune fedeltà alla regina di Francia. ■ AVVENTURA; COL.; 97'; ITALIA, 1963.

D'ARTAGNAN E I TRE MOSCHETTIERI ★★★
(The Three Musketters)
Regia di ALLAN DWAN. Con DON AMECHE, LIONEL ATWILL, JOHN CARRADINE, I FRATELLI RITZ, GLORIA STUART. ■ La famosa avventura di Athos, Porthos, Aramis e D'Artagnan alla ricerca dei gioielli della regina raccontata in forma di parodia: D'Artagnan è un vero moschettiere, ma gli altri tre sono servitori travestiti che hanno preso il posto degli autentici spadaccini. Il quartetto è così protagonista di avventure vittoriose ma giocate all'insegna della comicità e dell'ilarità. ■ AVVENTURA; B/N; 73'; USA, 1939.

DARWIN AWARDS – SUICIDI ACCIDENTALI PER MENTI POCO EVOLUTE, THE *(The Darwin Awards)* ★★
Regia di FINN TAYLOR. Con DAVID ARQUETTE, RICHMOND ARQUETTE, TY BURRELL, NORA DUMM, JOSEPH FIENNES, JUDAH FRIEDLANDER, LUKAS HAAS, TOM HOLLANDER, BRAD HUNT, JULIETTE LEWIS, JULIANNA MARGULIES, TIM BLAKE NELSON, ALESSANDRO NIVOLA, CHRIS PENN, MAX PERLICH, WINONA RYDER, WILMER VALDERRAMA. ■ Michael Burrows (Fiennes) è un detective della Omicidi che analizza i casi più complessi ma sviene alla vista del sangue. Quando per un suo errore un serial killer riesce a fuggire, viene licenziato. Decide così di offrire i suoi servizi a una compagnia di assicurazioni per indagare sulle false richieste di indennizzo. Partirà così per un viaggio insieme all'agente assicurativo Siri Tyler (Ryder) alla ricerca degli incidenti mortali più assurdi. Partendo dal presupposto dei "Darwin Awards", premi postumi assegnati alle persone che si sono uccise accidentalmente nei modi più stupidi, questo film indipendente, con la partecipazione di numerose star, come il compianto Chris Penn, è un insieme di quadri singoli, che rappresentano le varie morti, tenuti insieme dalla storia principale. Ma i vari incidenti non generano sempre ilarità (sarebbero state scene da far interpretare a Buster Keaton), e la discontinuità del film è percepibile. ■ AVVENTURA; COL.; 90'; USA, 2006.

D.A.R.Y.L. ★★★
Regia di SIMON WINCER. Con MARY BETH HURT, MICHAEL MCKEAN, BARRET OLIVER. ■ Daryl è un ragazzino dalle sembianze umane ma dal cervello computerizzato che gli conferisce straordinarie capacità. L'esercito l'ha creato in laboratorio per scopi militari, poi decide di distruggerlo. Daryl fugge, inseguito da un manipolo di cattivissimi, incontrando pericoli ed avventure ma anche l'amore e l'affetto di una famiglia vera che non ha mai avuto. ■ DRAMMATICO; COL.; 99'; USA, 1986.

DATTILOGRAFA, LA *(Office Wife)* ★★★
Regia di LLOYD BACON. Con JOAN BLONDELL, DOROTHY MACKAILL, LEWIS STONE. ■ Bacon era uno dei più infaticabili autori di film musicali e commedie sofisticate, come questo. ■ COMMEDIA; B/N; 90'; USA, 1930.

DAUNBAILÒ *(Down by Law)* ★★★
Regia di JIM JARMUSCH. Con ROBERTO BENIGNI, JOHN LURIE, TOM WAITS. ■ Due malviventi americani, Zack e Jack, vengono rinchiusi in prigione. Nella stessa cella viene spedito un italiano, Bob, accusato di un omicidio involontario. Pur nel suo stentato inglese, Bob vivacizza l'atmosfera e li convince ad evadere. Presto i due americani litigano e Bob, rimasto solo, resta nella locanda dove ha incontrato una ragazza italiana che lo aiuta. Un Benigni ottimizzato in un ritratto amaro dell'"american way of life" minore. ■ COMMEDIA; B/N; 104'; USA, 1986.

DA UN MOMENTO ALL'ALTRO *(Moment to Moment)* ★★★
Regia di MERVYN LE ROY. Con HONOR BLACKMAN, ARTHUR HILL, JEAN SEBERG. ■ Durante una vacanza, Kay tradisce il marito psichiatra, assente per lavoro, con l'ufficiale americano Mark. Si è trattato solo di un momento di debolezza, e quando Mark, respinto, la aggredisce, la donna si difende lasciando partire un colpo di pistola, con cui crede di aver ucciso il suo corteggiatore. Mark invece ha solo perso la memoria e gliela farà ritrovare proprio il marito psichiatra di Kay. La donna si trova così in una situazione angosciosa e imbarazzante. Mark, però, una volta guarito, capisce il dramma di Kay e tace su tutto quello che è accaduto. ■ DRAMMATICO; COL.; 108'; USA, 1965.

DA UN PAESE LONTANO ★★
Regia di KRZYSZTOF ZANUSSI. Con CHRISTOPHER CAZENOVE, LISA HARROW, SAM NEILL. ■ La storia di papa Wojtyla, dall'inizio della guerra alla proclamazione a sommo pontefice. Il futuro Giovanni Paolo II è visto solo di scorcio, o solo nominato dai veri protagonisti, suoi amici dal tempo della scuola. Uno di essi si farà prete. Altri due si sposeranno. ■ STORICO; COL.; 125'; ITALIA, 1981.

DA UOMO A UOMO ★★
Regia di GIULIO PETRONI. Con ANTHONY DAWSON, JOHN PHILIP LAW, LUIGI PISTILLI, LEE VAN CLEEF. ■ Cinque uomini assaltano una fattoria violentando e uccidendo tutti gli abitanti, tranne il piccolo Bill, che viene messo in salvo da uno dei banditi. Divenuto adulto, Bill vuole vendicarsi ed è affiancato nel suo proposito da un misterioso pregiudicato, Ryan, anche lui in cerca della banda di assassini. Insieme ne uccidono quattro componenti, il quinto è proprio Ryan, l'uomo che salvò la vita a Bill. ■ WESTERN; COL.; 90'; ITALIA, 1967.

DAURJIA *(Daurja)* ★★
Regia di VICTOR TREGUBOVICH. Con SVETLANA GOLOVINA, VASILI SHUKSHIN, VITALI SOLOMIN. ■ Siamo in un villaggio della Siberia negli anni della guerra mondiale. La rivoluzione scoppia, ma gli abitanti del villaggio sulle prime non se ne accorgono. Un giorno però arrivano i soldati dell'Armata Rossa che si trovano di fronte l'opposizione locale, guidata da un fanatico capo religioso. Ripescaggio in video di un film russo del tempo che fu. Molto datato anche se la vicenda risulta "impegnata" sul piano politico e finanziario. ■ GUERRA; COL.; 92'; URSS, 1975.

DAVANTI AGLI OCCHI *(The life before her eyes)* ★★
Regia di VADIM PERELMAN. Con EVA AMURRI, GABRIELLE BRENNAN, BRETT CULLEN, UMA THURMAN, EVAN RACHEL WOOD. ■ A Briar Hill, nel Connecticut, vivono e sono amiche inseparabili

Diane e Maureen, teenager dal carattere opposto e dalla sensibilità affine. Prese tra compiti e invaghimenti, condividono aula, mensa, piscina, automobile e il bagno del college dove le inchioda la follia omicida di un loro compagno. Michael Patrick ha deciso di sparare e di ucciderne soltanto una. Spetterà alle ragazze la scelta estrema ed esclusiva. Quindici anni dopo Diane, sposata a un professore di filosofia e madre di una graziosa bambina, fa ancora i conti con quella sentenza e quel lutto. Presente e passato si alternano nella sua testa. ■ THRILLER; COL.; 90′; USA, 2007.

DAVANTI A LUI TREMAVA TUTTA ROMA ★★

Regia di CARMINE GALLONE. Con EDDA ALBERTINI, TITO GOBBI, ANNA MAGNANI, GINO SINIMBERGHI. ■ Durante l'occupazione tedesca in Italia, un tenore che sta preparando la rappresentazione di Tosca è ricercato per avere nascosto un soldato inglese. Le due vicende, quella della Resistenza clandestina e quella artistica, si intrecciano fino allo scioglimento finale: il tenore viene salvato dall'intervento astuto dei suoi compagni di lavoro e della sua fidanzata. ■ DRAMMATICO; B/N; 98′; ITALIA, 1946.

DAVE: PRESIDENTE PER UN GIORNO *(Dave)* ★★★

Regia di IVAN REITMAN. Con KEVIN DUNN, CHARLES GRODIN, BEN KINGSLEY, KEVIN KLINE, FRANK LANGELLA, SIGOURNEY WEAVER. ■ Dave, che assomiglia come una goccia d'acqua al presidente degli Stati Uniti, viene usato come controfigura. La situazione si complica terribilmente quando il presidente ha un ictus in pieno amplesso con una sua amante. Dave, manovrato da un losco personaggio dello staff della Casa Bianca, è costretto a incontrare senatori e tecnici e ad affrontare le situazioni. Per sua fortuna la First Lady non aveva nessun rapporto col marito, lo detestava. Mese dopo mese naturalmente Dave prende confidenza col suo ruolo e comincia a non essere d'accordo col burocrate ambizioso e disonesto. Facendosi aiutare da un suo amico che ha buon senso riesce a intervenire nel bilancio e a "girare" alcuni miliardi di dollari da un progetto a un altro decisamente umanitario. Nel frattempo la First Lady si è accorta del trucco, ma in un certo senso si affeziona a Dave e lo sostiene. Ma l'assistente ambizioso, quando capisce di essere estromesso, si ribella. Vien fuori che il presidente, quello vero, era corrotto. Allora Dave in una conferenza ammette le sue colpe e sponsorizza il vicepresidente, persona onesta, così evita di consegnare l'America al cattivo. Poi finge un ictus e viene portato via. Il vero presidente rimasto in coma muore. Dave può tornare alla sua vita. E un giorno riceve la visita dell'ex First Lady. Buon prodotto, divertente dall'inizio alla fine. Con un protagonista, Kline, che migliora film dopo film (assomiglia sempre di più a Errol Flynn e questo... giova sempre). Si può dire tutto, anche che *Dave* ricorda le storie di Capra. ■ COMMEDIA; COL.; 95′; USA, 1993. ■ GOLDEN GLOBES 2 NOM; OSCAR 1 NOM.

DAVID ★★

Regia di JOHN ERMAN. Con JOHN GLOVER, BERNADETTE PETERS. ■ Un uomo detesta il figlioletto al punto di desiderarne la morte. Ma il piccolo riuscirà a sfuggire a un destino tanto crudele e assurdo. ■ DRAMMATICO; COL.; 94′; USA, 1988.

DAVID COPPERFIELD ★★★★

Regia di GEORGE CUKOR. Con LIONEL BARRYMORE, FREDDIE BARTHOLOMEW, W.C. FIELDS, FRANK LAWTON, EDNA MAY OLIVER, MAUREEN O'SULLIVAN, BASIL RATHBONE, ROLAND YOUNG. ■ L'infanzia e la giovinezza di David Copperfield, l'orfano dal cuore generoso e sensibile protagonista del libro di Charles Dickens. Ritroviamo nella fedele versione di Cukor tutti i celebri personaggi del romanzo vittoriano: il patrigno malvagio Murdstone, la burbera e adorabile Zia Betty, la fragile moglie-bambina di David, Dora, che muore dopo un breve periodo di matrimonio, e Agnese, la fedele amica e innamorata del protagonista, che gli è sempre stata vicina in tutte le traversie fino a quando David non diventa un famoso scrittore e capisce che è lei la vera compagna della sua vita. ■ DRAMMATICO; B/N; 133′; USA, 1934. ■ OSCAR 3 NOM.

DAVID COPPERFIELD ★★

Regia di DELBERT MANN. Con EDITH EVANSON, SUSAN HAMPSHIRE, ROBIN PHILIPS. ■ Ennesima versione del romanzo di Dickens. Succede tutto quello che succedeva nelle versioni precedenti (l'infanzia travagliata di David con la madre malaticcia e il patrigno sadico, la giovinezza costellata da successi ma anche da dolori, come la morte della giovanissima moglie). Regia abbastanza mediocre di Mann che non sfrutta a fondo un cast eccezionale (partecipano Laurence Olivier, Ralph Richardson, Richard Attenborough, Michael Redgrave). ■ DRAMMATICO; COL.; 110′; GRAN BRETAGNA, 1970.

DAVIDE E BETSABEA *(David and Bathsheba)* ★★★

Regia di HENRY KING. Con SUSAN HAYWARD, KIERON MOORE, GREGORY PECK. ■ L'episodio dell'Antico Testamento che racconta la passione del re Davide per Betsabea, moglie di un suo luogotenente, raccontato secondo le convenzioni del colosso superspettacolare hollywoodiano. Quando Betsabea aspetta un figlio da Davide, egli, per coprire l'adulterio, fa uccidere il suo ufficiale. Dio si adira con il suo suddito e lo punisce inviando una terribile siccità sulla terra di Israele. L'invocazione di perdono di Davide suscita però la misericordia di Dio, che manda una pioggia provvidenziale. ■ STORICO; COL.; 116′; USA, 1951. ■ OSCAR 5 NOM.

DAVIDE E GOLIA ★★

Regia di FERDINANDO BALDI, RICHARD POTTIER. Con ELEONORA ROSSI DRAGO, MASSIMO SERATO, ORSON WELLES. ■ Protagonista è il giovane pastore Davide, scelto da Dio per mano del profeta Samuele a sostituire Saul sul trono di Israele. Davide conquista l'amore della figlia del re, Micol, e conduce il popolo d'Israele alla vittoria contro i Filistei, sconfiggendo con astuzia il gigantesco avversario Golia. ■ STORICO; COL.; 113′; ITALIA, 1959.

DAVIDE E GOLIA *(David and Goliath)* ★★

Regia di JAMES L. CONWAY. Con TED CASSIDY, JEFF COREY, HUGH O'BRIAN. ■ La vicenda biblica del giovane pastore Davide. Buttato allo sbaraglio dal suo re contro il gigante Golia, riesce a uccidere con un colpo di fionda il colosso. Di lì a poco, spodesterà il re e diventerà il sovrano d'Israele. ■ STORICO; COL.; 92′; USA, 1978.

DAVID E LISA *(David and Lisa)* ★★★

Regia di FRANK PERRY. Con KEIR DULLEA, JANET MARGOLIN. ■ Sensibile e delicata storia d'amore fra due giovani nevrotici ricoverati in una casa di cura. David è ossessionato dall'idea della morte, Lisa perde spesso coscienza della propria identità e parla con cadenze infantili. L'affetto reciproco che li unisce giorno dopo giorno è descritto senza patetismi, fino a che, dopo una lite, David cerca disperatamente Lisa fuggita dalla casa di cura e la ritrova lucida e diversa, libera dalla sua nevrosi. Forse sarà per entrambi l'inizio di una nuova vita. ■ DRAMMATICO; B/N; 94′; USA, 1962. ■ OSCAR 2 NOM; VENEZIA 1 PR.

DAVY CROCKETT E I PIRATI ★★

(Davy Crockett and the River Pirates)

Regia di NORMAN FOSTER. Con BUDDY EBSEN, FESS PARKER, JEFF YORK. ■ Dopo aver vinto un'allegra sfida con il capitano Mike Fink a chi arriva primo via fiume a New Orleans, Davy Crockett, il generoso cacciatore amico dei pellirosse, sconfigge insieme a Mike e all'amico George una banda di malviventi che, travestiti da indiani, predano i battelli sul Mississippi. Il nome del protagonista in Italia venne mutato; da Fess diventò Fier. ■ AVVENTURA; COL.; 81′; USA, 1957.

DAY AFTER – IL GIORNO DOPO, THE ★★★

(The Day After)

Regia di NICHOLAS MEYER. Con STEVE GUTTENBERG, JASON ROBARDS, JO BETH WILLIAMS. ■ Con efficace escalation drammatica, il film mostra dapprima la vita di tutti i giorni di una tranquilla cittadina del Kansas, Lawrence. Poi il panico e la fuga allo scoppio della guerra nucleare, il bagliore accecante in cui gli esseri umani vengono dissolti in cenere. Infine, il ritorno ad un medioevo nucleare di fame e freddo, tra appestati e assassini. Ma tra tanti orrori viene alla luce un bambino. ■ DRAMMATICO; COL.; 120′; USA, 1983.

DAYBREAKERS. L'ULTIMO VAMPIRO ★★

(Daybreakers)

Regia di MICHAEL SPIERIG, PETER SPIERIG. Con VINCE COLOSIMO, WILLEM DAFOE, MICHAEL DORMAN, ETHAN HAWKE, CLAUDIA KARVAN. ■ Nel 2019 quasi tutta la popolazione del pianeta si ciba di sangue e vive civilmente. Le città si sono organizzate per funzionare più che altro di notte e le automobili hanno i vetri oscurati per girare di giorno. I chioschi nella metropolitana vendono sangue e i pochi umani rimasti sono letteralmente coltivati per mungerne la linfa vitale dalla multinazionale numero uno nel campo delle provvigioni sanguigne. Come è facile immaginare però essendo rimasti pochi gli esseri umani anche la materia prima di cui si cibano i vampiri comincia a scarseggiare, il costo del plasma sale e le industrie cercano un surrogato altrettanto efficace per non chiudere bottega. Il loro uomo (o vampiro) in materia è lo scienziato Edward Dalton, il quale tuttavia sembra più tentato dal trovare una cura al vampirismo che un surrogato del sangue. ■ AZIONE; COL.; 98′; USA, AUSTRALIA, 2009.

DAYLIGHT ★★
Regia di ROB COHEN. Con AMY BREBBEMAN, VIGGO MORTENSEN, STAN SHOW, SAGE STALLONE, SYLVESTER STALLONE. ■ Un incidente blocca il tunnel che unisce l'isola di Manhattan a New York. C'è un'esplosione, migliaia di persone sono bloccate. Il mare potrebbe irrompere ed essere strage. Ma Stallone prende in mano la situazione e risolve tutto alla sua maniera. Grandi effetti, i soliti paradossi. C'è chi li ama. ■ AVVENTURA; COL.; 115′; USA, 1996. ■ OSCAR 1 NOM.

DAYS OF BEING WILD *(À-fei zheng chuang)* ★★
Regia di WONG-KAR-WAI. Con LESLIE CHEUNG, ANDY LAU, CARINA LAU. ■ Anni Sessanta. Un ragazzo senza lavoro ciondola da una ragazza all'altra. Poi decide di andare nelle Filippine per trovare una madre a lui sconosciuta. ■ DRAMMATICO; COL.; 95′; HONG KONG, 1991.

DA ZERO A DIECI ★★★
Regia di LUCIANO LIGABUE. Con MASSIMO BELLINZONI, ELISABETTA CAVALLOTTI, PIERFRANCESCO FAVINO, BARBARA LERICI, STEFANO PESCE, STEFANIA RIVI, FABRIZIA SACCHI. ■ Giove, Libero, Biccio e Baygon veleggiano tra i trentacinque e i quaranta e un giorno decidono di concludere un'esperienza iniziata vent'anni prima. Vogliono trascorrere un lungo weekend a Rimini riannodando i fili con le quattro ragazze che avevano conosciuto allora. Una sola non aderisce alla "rimpatriata" ma viene sostituita dalla giovane Betta, amante di Carmen. Sembrerebbe possibile aver fermato il tempo in una città che è il coacervo delle attese più diverse. Ma forse non è così, anche se Giove pretende da tutti un'autovalutazione della loro vita secondo una scala che va da uno a dieci. Libero poi si è impegnato a fondo perché tutti e quattro gli amici avessero il loro momento di gratificazione. Così Giove potrà sentirsi una rockstar, Baygon avrà ben tre donne (pagate) a disposizione e Biccio potrà indossare le vesti sempre sognate di una *drag queen*. Libero lascerà per sé l'impresa più rischiosa. Perché su lui più che sugli altri pesa come un macigno la memoria della morte del quinto amico che quel giorno (2 agosto 1980, strage alla stazione di Bologna) li doveva raggiungere con il treno. ■ DRAMMATICO; COL.; 99′; ITALIA, 2001.

DA 077: CRIMINALI AD HONG KONG ★★
(Weisse Fracht für Hong Kong)
Regia di HELMUT ASHLEY. Con HORST FRANK, BRAD HARRIS, PHILIPPE LEMAIRE, MARIA PERSCHY. ■ Uno spacciatore di droga cerca di sganciarsi dall'organizzazione assoldando due piloti perché collaborino ai suoi traffici. Ma i due sono in realtà agenti segreti del gruppo 077, che insieme a lui indagano sul racket degli stupefacenti. Così tutta la banda di Hong Kong viene sgominata. ■ SPIONAGGIO; COL.; 95′; GERMANIA, 1964.

DA 077: INTRIGO A LISBONA ★★
Regia di TULIO DEMICHELI. Con BRETT HALSEY, FERNANDO REY, MARILÙ TOLO. ■ L'agente 077 e la sua compagna dell'Intelligence Service Terry Brown devono fronteggiare i piani delle potenze dell'Est che hanno scoperto una potente arma radioattiva. Esiste un antidoto la cui formula è in mano ad uno scienziato tedesco. È una formula che naturalmente fa gola a molti, ma i due protagonisti sono quelli che alla lunga la spuntano. ■ SPIONAGGIO; COL.; 92′; ITALIA, 1965.

DEA CANNIBALE, LA ★
Regia di JULIO PEREZ. Con ANOUSCHKA, AL CLIVER, SABRINA SIANI. ■ Un professore ha la bella idea di portare con sé moglie e figlia durante una spedizione in una selvaggia zona dei tropici. I cannibali li assalgono. La moglie viene divorata, ma la bambina si salva. Allevata dai cannibali, viene da loro venerata come una dea. ■ AVVENTURA; COL.; 90′; ITALIA, SPAGNA, 1984.

DEAD BANG *(Dead – Bang)* ★★★
Regia di JOHN FRANKENHEIMER. Con WILLIAM FORSYTHE, DON JOHNSON, PENELOPE ANN MILLER. ■ Un poliziotto di Los Angeles dà la caccia a un killer che ha ucciso nella stessa notte un altro sbirro e un negoziante. La pista lo porta in Oklahoma nel mezzo di una cricca di neonazisti. Svelto poliziesco diretto da Frankenheimer col vigore dei suoi anni giovani. ■ POLIZIESCO; COL.; 109′; USA, 1989.

DEA DELLA CITTÀ PERDUTA, LA *(She)* ★★★
Regia di ROBERT DAY. Con URSULA ANDRESS, PETER CUSHING, CHRISTOPHER LEE, JOHN RICHARDSON. ■ A Kuma, antica città egiziana, regna la regina Ayesha che possiede il dono dell'immortalità. Un giovane inglese in viaggio a Kuma, Leo, si innamora di lei e accetta di divenire lui pure immortale, ma al momento del misterioso rito la bella regina invecchia in un solo istante di tutti gli anni che ha vissuto e si dissolve in polvere. ■ AVVENTURA; COL.; 106′; GRAN BRETAGNA, 1965.

DEA DELL'AMORE, LA *(Mighty Aphrodite)* ★★★
Regia di WOODY ALLEN. Con WOODY ALLEN, HELENA BONHAM CARTER, MIRA SORVINO, JACK WARDEN. ■ Allen torna al grande divertimento con questo film in cui l'autobiografia torna a fare capolino. Si trova nei panni di un uomo che, convinto dalla moglie ad adottare un figlio, non resiste al bisogno di sapere chi sono i genitori naturali. Riesce così a scoprire la madre che fa la pornoattrice e rischia di innamorarsi proprio di lui. A commentare e, in qualche misura, a dirigere gli eventi è un coro greco con tutti i ruoli al posto giusto. La tragedia si muta in commedia ma l'uomo contemporaneo è costretto a confrontarsi con i dilemmi di sempre, sembra dire Allen. Nell'antichità era il teatro il luogo privilegiato della rappresentazione, oggi questo compito è passato al cinema e alla televisione. Woody ama il primo e ce lo dichiara ogni volta che può, anche nel delizioso finale di una delle sue opere più riuscite. ■ COMMEDIA; COL.; 95′; USA, 1995. ■ GOLDEN GLOBES 1 PR, 1 NOM; OSCAR 1 PR, 2 NOM.

DEA DEL PECCATO, LA *(La reina del chantecler)* ★★
Regia di RAFAEL GIL. Con ALBERTO DE MENDOZA, LUIGI GIULIANI, ANA MARISCAL, SARA MONTIEL. ■ A Madrid nel 1916, mentre in Europa infuria la prima guerra mondiale, si incrociano le storie di due donne, la ballerina Charita, che perde l'amore del giovane che la corteggia perché si vergogna di rivelargli la sua frivola professione, e la famosa spia Mata Hari, che viene tradita da un amico e fatta catturare dal servizio segreto di controspionaggio. ■ DRAMMATICO; COL.; 92′; SPAGNA, 1962.

DEA DEL '67, LA *(The Goddess of 1967)* ★★
Regia di CLARA LAW. Con ROSE BYRNE, NICHOLAS HOPE, RIKIYA KUROSAWA, ELISE MCCREDIE. ■ Un ragazzo giapponese, collezionista di serpenti, decide di andare in Australia a comprare, dopo essersene innamorato via Internet, la macchina dei suoi sogni, una Citroen DS (Deesse/Goddess), color rosa, del 1967. Al suo arrivo scopre che il proprietario è stato ucciso barbaramente e al suo posto trova una ragazza cieca di diciassette anni, che promette di portarlo dal vecchio proprietario. I due si avventureranno con la vecchia DS, attraverso il deserto australiano, nelle pieghe desolate di vecchi centri abbandonati. Durante il viaggio, carico di visionarietà, riemergeranno le ferite non ancora guarite del triste passato della ragazza, pieno di dolore e di solitudine, con un padre morboso e una madre ossessionata dal peccato e dal terrore del giudizio universale. Il viaggio alla fine si rivelerà liberatorio per entrambi. ■ COMM. DRAMMATICA; COL.; 118′; AUSTRALIA, 2000.

DEA DEL SUCCESSO, LA *(The Muse)* ★★
Regia di ALBERT BROOKS. Con JEFF BRIDGES, ALBERT BROOKS, ANDIE MACDOWELL, SHARON STONE. ■ Uno sceneggiatore cacciato dagli Studios, ormai in crisi, incontra Sharon, una vera musa ispiratrice. Ha "aiutato" alcuni dei più grandi registi (da Spielberg

a Cameron) nelle loro opere più importanti. Aiuta anche lo sceneggiatore. Storia (e regista-protagonista) inadeguata al cast. ■ COMMEDIA; COL.; 97′; USA, 1999. ■ GOLDEN GLOBES 1 NOM.

DEAD – GENTE DI DUBLINO, THE *(The Dead)* ★★★★

Regia di JOHN HUSTON. Con ANJELICA HUSTON, DONAL MCCANN, DAN O'HERLIHY. ■ Le ragioni per cui è stato inserito questo film – che non viene mai citato nelle classifiche colte ed è pochissimo ricordato dal grande pubblico – sono molte. La prima è, naturalmente, la qualità del film. La seconda è Huston, che lo diresse pochi giorni prima di morire, sapendo di morire e rappresentando, con un coraggio più che umano, il mistero che andava incontrando. La terza ragione è James Joyce, uno dei massimi scrittori del Novecento, che nessuno aveva mai tradotto in film. Joyce è la letteratura. Col suo celeberrimo *Ulisse*, e ancora di più col successivo *Finnegan's Wake*, aveva stravolto i concetti del racconto, non più logico e conseguenza di fatti ma conseguenza di parole, con assonanze, analogie, memorie improvvise e atemporali. In tutto questo c'era davvero poco spazio per le immagini. Ma Joyce nel 1906 aveva scritto i racconti *Gente di Dublino*, diciamo secondo lo stile tradizionale. Un libro straordinario. Il cinema aveva già attaccato monumenti inattaccabili, come Mann, Kafka e Proust, riuscendo faticosamente ad aderire a storie e significati. Autori cinematograficamente difficili, specie gli ultimi due. *Furore* può anche essere condiviso da Steinbeck e Ford, e *Il gattopardo* da Lampedusa e Visconti, ma *Il processo* è di Kafka non di Welles, e *Un amore di Swann* è di Proust, non di Schlondorff. Huston riprese l'ultimo dei racconti di Dublino, dal titolo *I morti*. A Dublino, nel 1904, le sorelle Morkan danno un ballo annuale. È invitata la buona borghesia. Ci va Gabriel, con sua moglie Gretta. Si fa musica, c'è una cena, si parla di tutto: pettegolezzi, arte, il tempo, politica. Prima di lasciare la casa Gretta sente una canzone che letteralmente la sconvolge. La donna ammutolisce, chiude gli occhi, dolorosissimamente. Il marito se ne accorge. Lei gli racconta che quella canzone era cantata da un ragazzo, Michael Furey, morto a diciassette anni di polmonite, perché era rimasto sotto la pioggia per salutare lei che stava per partire. Gabriel è a sua volta sconvolto: non ha mai conosciuto davvero sua moglie, era all'oscuro di una vicenda tanto importante. Di notte, con Gretta che dorme, Gabriel pensa alla morte. Parla a se stesso guardando il buio oltre la finestra. Joyce conclude il racconto così: «Neve cadeva su ogni punto dell'oscura pianura centrale, sulle colline senz'alberi; cadeva lieve sulle paludi di Allen e più a occidente cadeva lieve sulle fosche onde rabbiose dello Shannon. E anche là, su ogni angolo del cimitero deserto in cima alla collina dov'era sepolto Michael Furey. S'ammucchiava alta sulle croci contorte, sulle tombe, sulle punte del cancello e sui roveti spogli. E l'anima gli svanì mentre udiva la neve cadere stancamente su tutto l'universo, stancamente come se scendesse la loro ultima ora, su tutti i vivi e i morti». Ma Huston non se la sente di far morire il protagonista e queste parole le fa dire a lui. Il film dunque interviene sulle straordinarie parole di Joyce con due licenze: un finale diverso e soprattutto le immagini. Huston mostra il buio, la neve sui vetri, un campanile nero, il ghiaccio sul fiume. La morte secondo le immagini del cinema. Grande cinema e grande letteratura: un soccorso reciproco e tempestivo. ■ DRAMMATICO; COL.; 82′; USA, 1987. ■ OSCAR 2 NOM.

DEADLOCK – DUELLO A TRE *(Deadlock)* ★★

Regia di RONALD KLICK. Con MARIO ADORF, ANTHONY DAWSON, BETTY SEGAL. ■ Calcando pesantemente la mano sulle scene di violenza, il regista racconta la lotta senza esclusione di colpi che tre avventurieri del West ingaggiano per impadronirsi di una borsa piena di dollari. Uno solo dei tre sopravvive e ottiene il bottino. ■ DRAMMATICO; COL.; 90′; USA, 1974.

DEADLY HARVEST – RACCOLTO MORTALE ★★
(Deadly Harvest)

Regia di TIMOTHY BOND. Con KIM CATTRALL, NEHEMIAH PERSOFF, CLINT WALKER. ■ In un imprecisato domani, davanti al bisogno di procurarsi il cibo, qualunque valore morale perde il suo significato; la gente ruba e uccide pur di poter mangiare e si coalizza per attaccare i contadini. ■ DRAMMATICO; COL.; 90′; USA, 1987.

DEAD DOLL

Regia di ADAM SHERMAN. Con MATT BOREN, GORAN DUKIC, ERNST GOSSNER, DAVID ALAN GRAF, CHRIS KARMIOL, ROMI KOCH, MIKAL PORTNOI LAZAREV. ■ Riley è un costruttore di bambole che dopo l'ennesimo litigio con la sua ragazza decide di ucciderla e di trasformarla in una delle sue creature. Il suo spirito si rigenera nel nuovo corpo e, iniziando a giocare con le fantasie altrui, seduce chiunque incontri, dando vita ad una lunga catena di morti violente. ■ HORROR; COL.; 91′; USA, 2004.

DEAD MAN ★★★

Regia di JIM JARMUSCH. Con JOHNNY DEPP, GARY FARMER, LANCE HENRIKSEN. ■ William Blake è un giovane che va a cercare lavoro nel West. Uccide accidentalmente un uomo e inizia un percorso che lo porterà alla morte in compagnia di un americano, che ha studiato in Inghilterra, e che pensa di trovarsi al fianco del poeta e illustratore omonimo. Jim Jarmusch ci racconta un West, a tinte forti, rabbuiato e cupo con intense allucinazioni visive in un film molto lontano dalle sue opere precedenti, ma fortemente personale. ■ DRAMMATICO; B/N; 123′; USA, 1995.

DEAD MAN DOWN - IL SAPORE DELLA VENDETTA *(Dead Man Down)* ★★

Regia di NIELS ARDEN OPLEV. Con DOMINIC COOPER, COLIN FARRELL, TERENCE HOWARD, ISABELLE HUPPERT, NOOMI RAPACE. ■ Victor è un membro fidato della gang del boss Alphonse, da qualche tempo tenuta sotto scacco da un killer che sembra volerla far fuori. Ma Victor è anche il vicino di casa di Béatrice, una ragazza francese che vive sola con la madre, incapace di superare il trauma di un incidente stradale che l'ha sfigurata in volto. Béatrice ha visto Victor uccidere un uomo e lo ricatta perché faccia altrettanto con il pirata della strada che l'ha rovinata. Primo film anglofono del danese Niels Arden Oplev, corteggiato all'indomani del successo di *Uomini che odiano le donne*, *Dead Man Down* resta in bilico tra due modi di fare e pensare il cinema, finendo per non prendere posizione e risultare più incidentale che incisivo. ■ THRILLER; COL.; 117′; USA, 2013.

DEAD MAN WALKING – CONDANNATO A MORTE ★★★
(Dead Man Walking)

Regia di TIM ROBBINS. Con RAYMOND J. BERRY, SEAN PENN, ROBERT PROSKY, SUSAN SARANDON, SCOTT WILSON. ■ Matthew Poncelet è nel braccio della morte in attesa dell'esecuzione. Insieme a un complice ha ucciso e violentato un ragazzo e una ragazza. Chiede di essere assistito da una suora, per avere un minimo di conforto, ma soprattutto per un aiuto nelle varie petizioni di grazia. Petizioni che, una dopo l'altra, cadono. Matthew si proclama innocente. La suora, sconvolta ma coraggiosa, aiuta il giovane, parla con la sua famiglia e con le famiglie dei ragazzi uccisi. Alla fine Matthew confessa di essere lui l'assassino. Così potrà morire con dignità, e libero. Anche la suora ha molto sofferto e imparato. La condanna viene eseguita e illustrata in tutti i dettagli, secondo dopo secondo, siringa dopo siringa. Argomento importante, drammatico e coinvolgente per un film che non ha mai impennate, ma che esprime con chiarezza ciò che vuole esprimere. Rispetto alle molte storie proposte su questo tema, il film di Tim Robbins ha il valore aggiunto della verità rispetto al sentimento (il protagonista è proprio cattivo, anche se alla fine si "dispiace"). La tesi è quella, conosciuta, della pena di morte, ingiusta comunque, anche per chi la meriterebbe. Bravi gli attori. Oscar, dopo quattro "nomination", alla Sarandon. ■ DRAMMATICO; COL.; 102′; USA, 1996. ■ BERLINO 1 PR; GOLDEN GLOBES 3 NOM; OSCAR 1 PR, 4 NOM.

DEAD SILENCE ★

Regia di JAMES WAN. Con STEVE ADAMS, MICHAEL FAIRMAN. ■ Sconvolto dal brutale assassinio della moglie, Jamie è convinto che il pupazzo arrivato per posta il giorno stesso ne sia in qualche modo la causa. La ricerca dell'assassino lo porterà nel suo paese natale, sulle tracce di Mary Shaw, ventriloqua linciata molti decenni prima perché accusata della scomparsa di un ragazzino. ■ HORROR; COL.; 91′; USA, 2007.

DEADWOOD '76 ★★

Regia di JAMES LANDIS. Con ARCHIE HALL JR, GOTTIER LA DON-

NA, WILLIAM MATTERS, MELISSA MORGAN. ■ Billy Kid è un soldato sudista votato all'avventura insieme al suo anziano amico Tennessee, venditore di gatti. Quando alcuni bianchi violentano la ragazza indiana che ama, Billy reagisce uccidendoli, e per questo viene condannato a morte. Tentano invano di salvarlo suo padre, che da molto tempo ha scelto di vivere fra gli indiani, e il leggendario Wild Bill Hickok: Billy è impiccato e verrà sepolto fra i pellirosse che ha difeso. ■ WESTERN; COL.; 85'; USA, 1972.

DEA INGINOCCHIATA, LA *(La diosa arrodillada)* ★★
Regia di ROBERTO GAVALDÓN. Con ARTURO DE CORDOVA, MARIA FELIX. ■ Antonio è sposato con una donna dolce e fragile, Elena, ma non sa resistere al fascino sensuale della corrotta Rosalba. Durante la festa di anniversario del suo matrimonio, Antonio cerca di impedire a Rosalba una scenata rivelatrice e progetta di avvelenarla: ma è invece sua moglie a morire di infarto quando sa di essere tradita, e Antonio, arrestato per sospetto uxoricidio, si suicida in prigione. ■ DRAMMATICO; B/N; 92'; MESSICO, 1947.

DEALERS ★
Regia di COLIN BUCKSEY. Con REBECCA DE MORNAY, PAUL MCGANN, DERRICK O'CONNOR. ■ L'alta finanza in lotta. Il più forte e senza scrupoli è sempre il vincitore. Versione inglese di *Wall Street*. ■ DRAMMATICO; COL.; 91'; USA, 1989.

DEAR AMERICA – LETTERE DAL VIETNAM ★★★
(Dear America – Letters Home from Vietnam)
Regia di BILL COUTURIE. ■ Alle immagini angoscianti della "sporca guerra", si sovrappone la voce che legge le lettere dei soldati in Vietnam, tra il 1965 e il '68. Il materiale di repertorio dell'emittente televisiva americana NBC fornisce una testimonianza vera e toccante delle sofferenze, delle inquietudini, delle prove tremende cui furono sottoposti i ragazzi inviati a combattere una guerra che spesso non capivano, con la paura di morire. Colonna sonora con contributi di Bob Dylan, Rolling Stones, Springsteen e classici del rock. ■ DOCUMENTARIO; COL.; 87'; USA, 1987.

DEAR DAKANDA ★★
Regia di KOMGRIT TRIWIMOL. Con MANEERAT KHAM-UAN, SUNNY SUWANMETHANON, SIRAPHAN WATTANAJINDA. ■ Moo, introverso studente dal capello lungo, decide terminati gli studi di fuggire lontano dal proprio inconfessato amore liceale Dakanda, mettendosi in viaggio. Un improbabile incidente lo costringerà alla permanenza in un ospedale costiero, dove avrà occasione di conoscere la dolce infermiera Nui, con la quale instaurerà un profondo legame. La lunga degenza, prolungata per scelta oltre il necessario, darà occasione al ragazzo di mettere ordine nel proprio presente, e trovare così la propria dimensione. Sentito melò tailandese, adolescenziale ma consapevole. ■ DRAMMATICO; COL.; 90'; TAILANDIA, 2005.

DEAR FRANKIE *(Natural History)* ★★
Regia di SHONA AUERBACH. Con SOPHIE MAIN, JACK MCELHONE, EMILY MORTIMER, MARY RIGGANS, SHARON SMALL. ■ Frankie ha nove anni e vive con sua madre Lizzie. La loro esistenza è fatta di continui spostamenti. L'ultima tappa è sulla costa scozzese. Suo padre li ha lasciati da tempo e, per lenire la nostalgia del figlio, Lizzie inventa delle storie che descrivono il padre come un marinaio che gira il mondo a bordo di una barca di nome Accra. Per rendere verosimile il suo racconto, la donna scrive al figlio delle lettere fittizie da parte del padre raccontando di avventure straordinarie in paradisi esotici. Gradevole, minimale: i sentimenti raccontati secondo il cinema inglese contemporaneo. ■ DRAMMATICO; COL.; 105'; GRAN BRETAGNA, 2005.

DEAR JOHN ★★
Regia di LASSE HALLSTRÖM. Con RICHARD JENKINS, SCOTT PORTER, AMANDA SEYFRIED, CHANNING TATUM, HENRY THOMAS. ■ John Tyree è un soldato delle forze speciali in licenza tre settimane sulle spiagge dell'Atlantico. Savannah Curtis è una studentessa idealista in vacanza davanti allo stesso oceano. Stregati dalla luna, John e Savannah vivono tre settimane intense, si giurano amore eterno e si danno appuntamento l'anno successivo. Molti esami, missioni militari e lettere d'amore dopo, gli innamorati si ritroveranno per separarsi per sempre a causa dei drammatici fatti dell'11 settembre. John, fedele alla patria e alla bandiera, rinnova il suo impegno con l'esercito, soffocando devozione e intenzione nella sua amata. Rientrato dall'Afghanistan diversi anni dopo scoprirà però che il fuoco del loro sentimento non si è mai spento. Trasposizione del romanzo di Nicholas Sparks. ■ DRAMMATICO; COL.; 105'; USA, 2010.

DEAR WENDY ★★
Regia di THOMAS VINTERBERG. Con MICHAEL ANGARANO, JAMIE BELL, MARIA CHARLES, TREVOR COOPER, DANSO GORDON, NOVELLA NELSON, CHRIS OWEN, ALISON PILL, BILL PULLMAN, MARK WEBBER. ■ E Dick prese la pistola, in un giorno uguale a tutti i giorni di Estherslope, una piccola provincia mineraria in qualche parte dell'America posticcia di Vinterberg. La Wendy "cara" del titolo è la magnifica ossessione di Dick, un adolescente introverso che vive con una tata di colore e un padre minatore. Alla sua morte in miniera, scampato caparbiamente allo stesso destino, Dick compra una pistola. L'arma diventa la sua ossessione; con altri compagni di gioco fonderà una setta di "poeti estinti": i Dandies pacifisti col vezzo della pistola. ■ DRAMMATICO; COL.; 105'; DANIMARCA, FRANCIA, GERMANIA, GRAN BRETAGNA, 2004.

DEATH OF A PRESIDENT (MORTE DI UN PRESIDENTE) *(Death of a President)* ★★
Regia di GABRIEL RANGE. Con HEND AYOUB, BECKY ANN BAKER, BRIAN BOLAND, ROBERT MANGIARDI, JAY PATTERSON, JAY WHITTAKER. ■ 19 ottobre 2007. Il presidente degli Stati Uniti George W. Bush è in visita a Chicago, dove tiene un discorso all'Hotel Sheraton. In città è in corso un'imponente manifestazione contro la sua politica in Iraq. Non mancano scontri con la polizia. Dopo aver partecipato all'incontro in suo onore, Bush viene ucciso da colpi d'arma da fuoco esplosi da un attentatore, che riesce a fuggire approfittando della confusione. Le indagini, immediatamente avviate, si indirizzano su un cittadino di origine siriana, che viene incriminato forzando la mano sulle prove a suo carico. L'uomo viene condannato ma... Range realizza un *mockumentary*, un finto documentario su un fatto non accaduto, scatenando polemiche a non finire. Si tratta di incitazione all'omicidio di un capo di Stato? In realtà trattasi di innocuo esercizio cinematografico. ■ THRILLER; COL.; 90'; GRAN BRETAGNA, 2006.

DEATH RACE ★★
Regia di PAUL W.S. ANDERSON. Con JOAN ALLEN, TYRESE GIBSON, NATALIE MARTINEZ, IAN MC SHANE, JASON STATHAM. ■ Stati uniti, 2012. Jensen Ames è un ex carcerato che vorrebbe rimanere fuori dal giro con un lavoro onesto, una moglie comprensiva e una bambina nata dalla loro unione. I tempi sono difficili, la crisi finanziaria in cui versa il paese crea tensioni e affama i cittadini che trovano negli sport estremi una via di fuga agli affanni quotidiani. Dopo essere stato licenziato e aver ritirato l'ultimo stipendio, Jensen torna a casa dove viene aggredito e stordito con un narcotico. Al risveglio stringe un coltello al fianco della moglie ferita a morte. Arrestato, ma innocente, viene condotto a Terminal Island, un penitenziario di massima sicurezza in mezzo all'oceano. Ingaggiato dall'algida direttrice Warden Hennessey, è costrtto a correre una gara automobilistica: dovrà vincere la corsa in cambio della libertà. ■ AZIONE; COL.; 105'; USA, 2008.

DEATHSTALKER II ★
Regia di JIM WYNORSKI. Con MONIQUE GABRIELLE, TONY NAPLES, JOHN TERLESKY. ■ Mediocre emulo di Conan. Deathstalker è un famoso guerriero che funge da giustiziere in una terra ridotta a barbarie (l'epoca è imprecisata). Soccorre una bionda principessa cacciata dal trono da una malefica regina nera. ■ AVVENTURA; COL.; 77'; ARGENTINA, USA, 1986.

DEATH VALLEY ★★
Regia di DICK RICHARDS. Con CATHERINE HICKS, PAUL LE MAT. ■ Dal regista di Marlowe il poliziotto privato era lecito aspettarsi di più di un giallo manierato. Un assassino armato di coltello semina vittime a tutto spiano. ■ GIALLO; COL.; 84'; USA, 1981.

DEA VERDE, LA *(The Green Goddess)* ★★
Regia di ALFRED E. GREEN. Con GEORGE ARLISS, ALICE JOYCE, HENRY BYRON WARNER. ■ La storia è ambientata in India: un rajah tiene prigionieri alcuni inglesi. Inevitabile il lieto fine. ■ AVVENTURA; B/N; 90'; USA, 1930. ■ OSCAR 1 NOM.

DEBITO, IL *(The Debt)* ★★
Regia di JOHN MADDEN. Con MARTON CSOKAS, CIARAN HINDS, HELEN MIRREN, TOM WILKINSON, SAM WORTHINGTON. ■ 1966, Berlino Est. Rachel, David e Stephan sono agenti del Mossad, incaricati di catturare il criminale nazista Vogel, noto come "il chirurgo di Birkenau", e portarlo in Israele per il processo che gli spetta. Qualcosa va storto e Rachel, per impedirne la fuga, è costretta ad ucciderlo a Berlino. Giustizia è comunque fatta e per trent'anni i tre vengono celebrati in patria come eroi. Ma hanno mentito. Il nazista è ancora vivo. Tocca alla figlia di Rachel e Stephan rimettersi su un aereo diretto in Ucraina per saldare il debito con la propria coscienza, la propria famiglia e il proprio popolo. Remake di *Ha-Hov*, diretto da Assaf Bernstein nel 2007. ■ DRAMMATICO; COL.; 114'; USA, 2010.

DEBITO CONIUGALE, IL ★
Regia di FRANCO PROSPERI. Con BARBARA BOUCHET, LANDO BUZZANCA, PIPPO FRANCO, ORAZIO ORLANDO. ■ Romolo, indolente maschio italiano stanco di lavorare, abbandona la moglie Ines e si mette a vagabondare con l'ex compagno d'armi Orazio e una bella ragazza, Candida, che procura soldi a tutti e due esibendosi come spogliarellista nelle feste di paese. Poi Orazio finisce per prendere il posto di Romolo a fianco di Ines, mentre Romolo si è ormai affezionato alla vita errabonda e la continuerà insieme a Candida e a un giovane hippy. ■ COMMEDIA; COL.; 85'; ITALIA, 1970.

DEBITO DI SANGUE *(Blood Work)* ★★★
Regia di CLINT EASTWOOD. Con JEFF DANIELS, WANDA DE JESUS, CLINT EASTWOOD, DYLAN WALSH. ■ Il cuore di una donna messicana, assassinata durante una rapina, viene trapiantato nel petto di un anziano agente dell'Fbi ormai in pensione, Terry McCaleb. La sorella della donna uccisa lo ingaggia per trovare l'assassino e il caso vuole che McCaleb riconosca nell'uomo un serial killer che il poliziotto aveva cercato di catturare molti anni prima. McCabel accetta l'ultima sfida per chiudere i conti col passato e si mette sulle tracce dell'assassino. Eastwood, regista e interprete, segue le regole della narrazione hollywoodiana calibrando azione, indagine psicologica e indagine investigativa. È ancora l'eroe che vuole liberare il mondo dal Male, ma è più disincantato e non si vergogna di mostrarsi segnato dall'età (non nasconde il fisico che cede, le rughe, i capelli bianchi). Racconta, anche con una buona dose di ironia, una classica detective-story, attribuendo al proprio personaggio sensibilità (un cuore di donna trapiantato nel corpo di un uomo) e fragilità (l'ipotesi di una morte per malattia e non per eroismi), che appartengono a tutti noi. ■ POLIZIESCO; COL.; 110'; USA, 2002.

DEBITO D'ODIO *(Paid)* ★★★
Regia di SAM WOOD. Con ROBERT ARMSTRONG, JOAN CRAWFORD, KENT DOUGLAS, JOHN MILJAN, MARIE PRÉVOST. ■ Una giovane commessa, licenziata ingiustamente, diventa una criminale per compiere la sua vendetta. Finirà per tornare sulla retta via. ■ DRAMMATICO; B/N; 80'; USA, 1930.

DECALOGO CINQUE, IL *(Dekalog piec)* ★★★
Regia di KRZYSZTOF KIESLOWSKI. Con MIROSLAW BAKA, KRZYSZTOF GLOBISZ, JAN TESARZ. ■ Jacek, un giovane disoccupato, uccide un tassista. Viene arrestato e affidato all'avvocato d'ufficio Piotr che cercherà di non farlo condannare a morte. Nell'interrogarlo il legale scopre che il ragazzo ha appena perso la piccola sorella, investita da un trattore. Il ragazzo viene condannato alla pena di morte. L'avvocato assisterà all'esecuzione nel più grande sconforto nei confronti di una giustizia che si rivela ancora una volta cieca. Senza cadere nel sentimentalismo il regista ci mette davanti a una realtà, quella giudiziaria, troppo incline all'errore. ■ DRAMMATICO; COL.; 60'; POLONIA, 1988.

DECALOGO DIECI, IL *(Dekalog dziesiec)* ★★★
Regia di KRZYSZTOF KIESLOWSKI. Con HENRYK BISTA, JERZY STUHR, ZBIGNIEW ZAMACHOWSKI. ■ Forse l'unico degli episodi del decalogo ad avere un'impronta ironica e se vogliamo grottesca. Due fratelli, che non si sono mai conosciuti, ricevono in eredità dal padre, collezionista di francobolli, una collezione preziosissima. Uno è cantante di musica leggera e l'altro è impiegato: alla collezione manca un francobollo e quando i due cercano di venderla non riescono a trovare nessun compratore. L'unica soluzione è venderla all'estero, ma serve quell'esemplare. Un episodio apparentemente più riposante rispetto agli altri ma in fondo più angosciante. ■ DRAMMATICO; COL.; 60'; POLONIA, 1988.

DECALOGO DUE, IL *(Dekalog dwa)* ★★★
Regia di KRZYSZTOF KIESLOWSKI. Con ALEKSANDER BARDINI, KRYSTYNA JANDA, OLGIERD LUKASZEWICZ. ■ Dorota ha il marito gravemente ammalato all'ospedale. Lei è in attesa di un bimbo da un altro uomo. È indecisa se abortire, e allora si reca dal vicino di casa, primario dell'ospedale, per sapere se il marito ha qualche possibilità di rimanere in vita. Il medico le mente per salvare la vita del nascituro. Grande interpretazione dell'attrice Janda e ancora una volta lucidità di regia. ■ DRAMMATICO; COL.; 59'; POLONIA, 1988.

DECALOGO NOVE, IL *(Dekalog dziewiec)* ★★★
Regia di KRZYSZTOF KIESLOWSKI. Con ARTHUR BARCIS, EWA BLASZCZYK, PIOTR MACHALICA. ■ È la storia di Roman che scopre ormai di essere inguaribilmente impotente. La moglie però non sembra crucciarsene perché attribuisce più importanza all'affetto. In realtà lei è tranquilla perché ha un altro uomo e quando il marito scopre la verità i due litigano. Decidono di separarsi per un breve periodo ma lui non si dà pace e, quando scopre che lei va nella stessa località scelta dall'amante, tenta il suicidio. La donna tornerà e troverà il marito ancora vivo. Bello e straziante. ■ DRAMMATICO; COL.; 60'; POLONIA, 1988.

DECALOGO OTTO, IL *(Dekalog osiem)* ★★★
Regia di KRZYSZTOF KIESLOWSKI. Con MARIA KOSCIALKOWSKA, TERESA MARCZEWASKA. ■ Una ragazza americana di origine polacca è giunta nella città di Varsavia per alcune lezioni di etica. Durante la prima lezione l'insegnante prende una vicenda come esempio per proporre un tipo di problema morale: una giovane ebrea sta per essere adottata da due coniugi cattolici ma questi desistono perché non avrebbero saputo tacere sulla sua provenienza. Dopo la lezione la ragazza dice di essere lei la giovane ebrea e che si era salvata emigrando: la professoressa a sua volta confessa di essere stata lei assieme al marito ad aver deciso di non adottarla per paura di far scoprire altri rifugiati. Originale e pervaso da un sottile realismo, il film è troppo studiato. ■ DRAMMATICO; COL.; 56'; POLONIA, 1988.

DECALOGO QUATTRO, IL *(Dekalog cztery)* ★★★★
Regia di KRZYSZTOF KIESLOWSKI. Con ARTHUR BARCIS, ADRIANNA BIEDRZYNSKA, JANUSZ GAJOS. ■ Michael vive con la figlia Anka nello stesso appartamento. L'amore che c'è tra loro è sempre stato più esuberante e passionale di un normale affetto tra padre e figlia. Lei dice di aver trovato una lettera sigillata della madre morta di parto e che stabilirebbe che la ragazza non è sua figlia. L'uomo, che ha sempre avuto dei dubbi, decide comunque di resistere alla tentazione di un rapporto sessuale che la giovane vorrebbe avere con lui. Alla fine la ragazza dirà di non aver mai aperto la lettera e la brucerà davanti a lui, tutto rimarrà come prima. Senz'altro il più bello degli episodi del decalogo. ■ DRAMMATICO; COL.; 58'; POLONIA, 1988.

DECALOGO SEI, IL *(Dekalog szesc)* ★★★
Regia di KRZYSZTOF KIESLOWSKI. Con STEFANIA IWINSKA, OLAF LUBASZENKO, GRAZYNA SZAPOLOWSKA. ■ Non è altro che la riduzione del precedente film del regista polacco, *Krotki film o milosci* (Breve film sull'amore) arrivato in Italia col titolo *Non desiderare la donna d'altri*, nonostante il comandamento a cui fa riferimento la pellicola sia "non commettere atti impuri". Parla dei turbamenti del diciannovenne Tomek, che lavora alle poste, nei confronti della trentenne inquilina del palazzo di fronte, che lui osserva col binocolo. Dopo aver confessato il suo amore viene preso in giro dalla donna che più avanti, quando cambierà idea, scoprirà che la passione del ragazzo si è esaurita. ■ DRAMMATICO; COL.; 61'; POLONIA, 1988.

DECALOGO SETTE, IL *(Dekalog siedem)* ★★★
Regia di KRZYSZTOF KIESLOWSKI. Con MAJA BARELKOWSKA, ANNA POLONY. ■ Majka è una studentessa che vive coi genitori. Ewa, sua madre, si occupa oltre che di lei anche della figlia di

Majka e fa credere alla piccina di essere la vera madre. Ecco che un giorno Majka fugge con la piccola e le rivela la verità. Insieme vanno dal vero padre della piccola che è un professore. Sebbene sia il più debole tra gli episodi del *Decalogo* è comunque una buona espressione dei sentimenti femminili. ■ DRAMMATICO; COL.; 57'; POLONIA, 1988.

DECALOGO TRE, IL *(Dekalog trzy)* ★★★
Regia di KRZYSZTOF KIESLOWSKI. Con DANIEL OLBRYCHSKI, MARIA PAKULNIS, JOANNA SZCZEKOWSKA. ■ Ewa, ex amante di Janusz, chiede a questi, in una Varsavia fredda e desolante, di raggiungerla durante la notte di Natale perché deve ritrovare il marito che è scomparso. Janusz si fa convincere, trova una scusa con la moglie e i figli e l'aiuta in questa ricerca vagabonda. Solo alla fine scoprirà che la donna ha mentito per passare la notte con qualcuno, per paura della solitudine. Provocatoria trasposizione del terzo comandamento "Ricordati di santificare le feste". È uno dei migliori episodi del decalogo con l'attore Olbrychski che ricordiamo nel *Bolero* di Lelouch. ■ DRAMMATICO; COL.; 58'; POLONIA, 1988.

DECALOGO UNO, IL *(Dekalog jeden)* ★★★
Regia di KRZYSZTOF KIESLOWSKI. Con HERNY BARANOWSKI, WOJCIECH KLATA, MAJA KOMOROWSKA. ■ È il primo di una serie che comprende 10 mediometraggi realizzati per la televisione e acclamati ai Festival di Cannes e Venezia. Al cinema sono usciti a coppie mentre singoli in home video. Nel primo di questi "comandamenti senza morale", definizione del regista polacco Kieslowski, un docente universitario vive col figlio dopo essersi separato dalla moglie. Fa loro visita zia Irene che, essendo cattolica, contrasta col professore che invece non crede all'esistenza di Dio. Il padre ha trasmesso al figlio la propria razionalità e gli ha insegnato a usare il computer. La tragedia avviene quando il piccolo diserta l'ora di catechismo per andare a pattinare con gli amici sul ghiaccio di un laghetto, dopo aver calcolato al computer la consistenza del ghiaccio stesso. Dopo la morte del bambino il padre corre in una chiesa in costruzione e nella disperazione abbatte l'altare. Il freddo invernale si sposa con la fredda spiritualità dell'uomo. ■ DRAMMATICO; COL.; 55'; POLONIA, 1988.

DECAMERON, IL ★★★★
Regia di PIER PAOLO PASOLINI. Con FRANCO CITTI, NINETTO DAVOLI, ANGELA LUCE, SILVANA MANGANO, PIER PAOLO PASOLINI. ■ Dalla famosa raccolta di novelle di Giovanni Boccaccio: Pasolini ne sceglie nove (due verranno tagliate in sede di montaggio) e le trasporta dal mondo borghese della Firenze del Trecento a quello plebeo di Napoli. Il tema centrale è naturalmente l'amore, visto nei suoi aspetti più carnali e beffardi (Peronella convince lo sciocco marito a nascondersi in una giara e poi riceve tranquillamente il suo amante; Masetto si finge sordomuto e così riesce a sedurre un intero convento di suore), ma anche in quelli più sentimentali (Lisabetta nasconde sotto una pianta di basilico la testa del suo innamorato, mozzata dai fratelli, in modo da poterla tenere sempre vicino a sé). Come dice Tingoccio a Meuccio, riapparendogli dall'aldilà, fare l'amore non è comunque mai peccato. Ci sono anche due novelle di cornice: quella dell'usuraio Cepparello che con un ben organizzato inganno diventa il santo Ciappelletto, venerato sugli altari, e quella del pittore che affresca la chiesa (lo impersona lo stesso Pasolini) e osserva la variopinta e vivace folla partenopea. Pasolini usa Boccaccio per cantare liricamente la vitalità istintiva di questi sottoproletari del passato, la loro sana e libera sensualità di buoni selvaggi. Farà lo stesso nei due successivi film della trilogia: *I racconti di Canterbury* e *Il fiore delle mille e una notte*. Sulla sua scia, con risultati deteriori e intenzioni di pura cassetta, nascerà un ricchissimo filone boccaccesco prima, canterburiano e orientale poi. ■ COMMEDIA; COL.; 111'; ITALIA, 1971. ■ BERLINO 1 PR.

DECAMERONE ORIENTALE, IL *(Chin p'ing mei!)* ★★
Regia di KOJI WAKAMATSU. Con TOMOKO MAYAMA, RIKYOKIJ TAKASCHIMA. ■ Nella Cina del dodicesimo secolo scossa dalle lotte sociali e da profonde ingiustizie di classe, Chin, donna del popolo, avvelena il marito per legarsi al cognato Wu-Sung, che però, pur amandola, la respinge. Chin allora sposa il ricco e lussurioso Hsi-Men, mentre Wu si unisce a una banda di ribelli che lottano contro lo strapotere dei signori. Ritrovandosi faccia a faccia con Chin nella reggia dove lei è divenuta potente padrona, Wu, che la ama sempre, è costretto ad ucciderla in nome degli ideali per cui si batte. ■ DRAMMATICO; COL.; 87'; GIAPPONE, 1970.

DECAMERONE PROIBITO – LE ALTRE NOVELLE ★
Regia di CARLO INFASCELLI. Con DADO CROSTAROSA, CARLO DE CARVALHO, ORCHIDEA DE SANTIS, GABRIELLA GIORGELLI. ■ Mentre a Firenze c'è la peste, monna Fiorenza si invaghisce del novizio fra Pipino e cerca di sedurlo. Alla fine Pipino cede, ma viene scoperto dal marito di Fiorenza e fatto condannare a morte. Arrivano però in tempo a salvarlo due suoi baldi ed esperti amici pittori. ■ COMMEDIA; COL.; 90'; ITALIA, 1972.

DECIMA VITTIMA, LA ★★★
Regia di ELIO PETRI. Con URSULA ANDRESS, ELSA MARTINELLI, MARCELLO MASTROIANNI, SALVO RANDONE, MASSIMO SERATO. ■ A Roma in un futuro prossimo tutte le guerre sono state abolite e l'aggressività umana viene sfogata in un grande gioco di società: la caccia all'uomo. Si affrontano Caroline, americana efficientista nata da una fecondazione artificiale, che ha già ucciso 9 cacciatori, e Marcello, pigro romano, preoccupato per i suoi guai familiari (non va d'accordo con la moglie né con l'amante, e deve tenere nascosti in casa gli anziani genitori, in quanto cittadini inservibili). Fra un duello e l'altro, il marketing pubblicitario sponsorizza la caccia e la riprende in diretta. ■ FANTASCIENZA; COL.; 90'; ITALIA, 1965.

DECIMO CLANDESTINO, IL ★★★
Regia di LINA WERTMÜLLER. Con HARMUT BECKER, PIERA DEGLI ESPOSTI, DOMINIQUE SANDA. ■ Un piacevole film per la televisione, presentato al Festival di Cannes, tratto da un racconto di Giovanni Guareschi. Una contadina vedova e con nove figli decide di trasferirsi in città. Nessuno però vuole affittare un appartamento alla famiglia numerosa e la donna dovrà usare un sotterfugio. I guai cominciano quando la padrona di casa sospetta qualcosa. ■ COMMEDIA; COL.; 85'; ITALIA, 1989.

DECIMO UOMO, IL *(The Tenth Man)* ★★★
Regia di JACK GOLD. Con ANTHONY HOPKINS, DEREK JACOBI, KRISTIN SCOTT THOMAS. ■ Un ricco avvocato, fatto prigioniero dai nazisti durante la guerra, sta per essere passato per le armi. Ma all'ultimo riesce a barattare la sua vita con quella di un altro prigioniero in cambio delle sue ricchezze. Alla fine della guerra deve mantenere la parola. ■ DRAMMATICO; COL.; 100'; USA, 1988.

DECISIONE AL TRAMONTO *(Decision at Sundown)* ★★★
Regia di BUDD BOETTICHER. Con NOAH BEERY JR, JOHN CARROLL, VALERIE FRENCH, RANDOLPH SCOTT. ■ Bart ha giurato vendetta a Tate, un bandito che ha spinto sua moglie ad abbandonarlo e poi l'ha lasciata morire: quando arriva a Sundown, la città dove Tate fa da padrone, Bart deve dapprima affrontare il rivale da solo, perché i cittadini lo temono troppo, ma poi riesce a dimostrare quanto Tate sia corrotto e a farlo cacciare da Sundown. Un classico del genere. ■ WESTERN; B/N; 95'; USA, 1957.

DECISIONE A MEZZANOTTE *(Decision at Midnight)* ★★
Regia di LEWIS ALLEN. Con WALTER FITZGERALD, MARTIN LANDAU. ■ In un paese oppresso da una dittatura militare scoppia una sommossa e il capo dei ribelli, Nils, cerca il sostegno dei governi occidentali, che però non comprendono le ragioni della rivoluzione e non gli prestano ascolto. Dopo un momento di crisi, Nils torna nel suo paese e decide di perorare le cause popolari direttamente presso il dittatore, che nel frattempo ha represso la rivolta. Ogni riferimento all'insurrezione ungherese del 1956 contro il governo sovietico non è puramente casuale. ■ DRAMMATICO; COL.; 95'; USA, 1963.

DECISIONE CRITICA *(Critical Decision)* ★★★
Regia di STUART BAIRD. Con JERRY GOLDSMITH, JOHN LEGUIZAMO, KURT RUSSELL, STEVEN SEAGAL. ■ C'è un importante terrorista palestinese, un aereo dirottato che trasporta passeggeri e gas nervino. C'è uno scienziato in ottima forma fisica e infine Steven Seagal che fa se stesso, cioè capo di un supercommando. Alla fine tutto va a posto. Il canovaccio è straconosciuto, però il film è quello che vuole essere e funziona come intende funzionare. Perfetto prodotto di evasione. ■ AVVENTURA; COL.; 125'; USA, 1996.

DECISIONE DIFFICILE, UNA *(A Fighting Choice)* ★★
Regia di FERDINAND FAIRFAX. Con BEAU BRIDGES, KAREN VALENTINE. ■ Un giovane soffre di epilessia. Per potersi operare al cervello – con un intervento molto difficoltoso e ancora poco praticato ma indispensabile per potergli dare la certezza della guarigione – non esita a citare i genitori in giudizio. ■ DRAMMATICO; COL.; 92′; USA, 1987.

DECISIONE DI UCCIDERE *(Intent to Kill)* ★★
Regia di JACK CARDIFF. Con BETSY DRAKE, HERBERT LOM, RICHARD TODD. ■ In una clinica di Montreal alcuni terroristi sudamericani cercano di assassinare il dittatore Menda travestendosi da medici, ma vengono individuati dal dottor McLanin. È il dottore stesso che salva Menda dall'ultimo attentato, rimanendo però gravemente ferito. Lo opera felicemente una giovane dottoressa e l'intervento chirurgico sarà galeotto per i due. ■ DRAMMATICO; B/N; 89′; GRAN BRETAGNA, 1958.

DECISIONE RAPIDA *(The Quickie)* ★★
Regia di SERGEJ BODROV. Con JENNIFER JASON LEIGH, VLADIMIR MASHKOV, DEAN STOCKWELL, HENRY THOMAS, LESLEY-ANN WARREN. ■ Una storia di russi in America. Hanno fatto fortuna (dopo la caduta del comunismo naturalmente) grazie al denaro proveniente da amici rimasti nella madrepatria. Gli americani acquisiti sono tutti contenti, stanno festeggiando il successo, hanno organizzato il clamoroso atterraggio di una statua della Madonna portata da un elicottero. In piena festa arriva la notizia che i soci di Mosca rivogliono il loro denaro, non poco: 50 milioni di dollari. Dovrebbe prevalere il grottesco, ci si dovrebbe divertire, invece tutto è esasperato e inverosimile. ■ DRAMMATICO; COL.; 99′; FRANCIA, GERMANIA, GRAN BRETAGNA, 2002.

DECISIONISTA, IL ★★
Regia di MAURO CAPPELLONI. Con CINZIA CARREA, MARIA GRAZIA CUCINOTTA, LUCA LIONELLO, ADRIANA RUSSO, GIANMARCO TOGNAZZI. ■ Irresistibile ascesa, con conseguente caduta, di un arrampicatore sociale nell'Italia dei primi anni Novanta. Ha una madre che lo sollecita ad "arrivare", una serie di donne a disposizione e frequenta i salotti giusti. Peccato che ci sia Tangentopoli dietro l'angolo. ■ DRAMMATICO; COL.; 87′; ITALIA, 1997.

DECLINO, IL *(Dowhhill)* ★★★
Regia di ALFRED HITCHCOCK. Con ANNETTE BENSON, LILIAN BRAITHWAITE, VIOLET FAREBROTHER, ALF GODDARD, BARBARA GOTT, IAN HUNTER, ROBIN IRVINE, ISABEL JEANS, HANNAH JONES, NORMAN MCKINNEL, J. NELSON, IVOR NOVELLO, SYBIL RHODA, JERROLD ROBERTSHAW, BEN WEBSTER. ■ Lo studente Roddy Berwick viene espulso da scuola quando si prende la colpa per un furto in realtà commesso da un suo amico. La sua vita si articolerà in una serie di disavventure. ■ DRAMMATICO; COL.; 74′; GRAN BRETAGNA, 1927.

DECLINO DELL'IMPERO AMERICANO, IL ★★★
(Le déclin de l'empire américain)
Regia di DENIS ARCAND. Con DOROTHÉE BERRYMAN, DOMINIQUE MICHEL, LOUISE PORTAL. ■ La storia ruota intorno a quattro coppie medio-borghesi che trascorrono il week-end nella casa sul lago di uno di essi. Sia per le donne che per gli uomini, il tema ossessivo è il sesso. Riuniti a cena, gli otto si ritrovano a chiacchierare senza troppo interesse, quando Mario si alza, seguito poi da Louise, e se ne va "perché non si fanno orge", dice. La notte, amare riflessioni assalgono tutti, ma "l'esasperata caccia alla felicità personale, non sarà l'inizio del declino dell'impero americano?". Dopo vari intrecci amorosi notturni, le quattro coppie ripartono il mattino dopo, riprendendo forse anche la via dell'ipocrisia. ■ COMMEDIA; COL.; 103′; CANADA, 1987. ■ OSCAR 1 NOM.

DECOYS ★★
Regia di MATTHEW HASTINGS. Con RICHARD BURGI, KARL CLAUDE, CARRIE COLAK, ENIS ESMER, LEAH GRAHAM, MEGHANNE KESSELS, MIKE LOBEL, ALEXIS MAITLAND, KRISTA MORIN, DORINA PAGLIARO, LUIGI SARACINO, COREY SEVIER, JARED SIDE, DEBORAH SMITH, KARINE TOUSIGNANT, MARC TROTTIER. ■ St. John's College. Apparentemente un college come tanti altri, in realtà sede di un evento eccezionale: due giovani studenti, che hanno come unica priorità la birra e le ragazze, si imbattono una sera in alcune giovani e molto attraenti fanciulle bionde che sembrano sbucate fuori dal nulla. Quello che scopriranno sul loro conto, metterà in serio pericolo la vita dei liceali... e del mondo intero. ■ HORROR; COL.; 95′; CANADA, 2004.

DÉDÉE D'ANVERS ★★★
Regia di YVES ALLÉGRET. Con BERNARD BLIER, MARCEL DALIO, SIMONE SIGNORET. ■ Film francese tardo-verista (nel dopoguerra i "porti delle nebbie" e le "albe tragiche" erano ormai passati di moda). Contiene comunque la più bella Simone Signoret che si sia mai vista. È la prostituta Dedée, che si innamora (veramente) di un marinaio. Ma l'uomo è ucciso dal macrò di Dedée. Lo vendicheranno gli amici del bar. ■ DRAMMATICO; B/N; 100′; FRANCIA, 1947.

DEDICATO A MIA FIGLIA *(To My Daughter)* ★
Regia di LARRY SHAW. Con SAMANTHA MATHIS, RUE MCCLANAHAN. ■ Una mamma scrittrice scrive una storia straziante: quella dell'agonia di sua figlia morta di tumore. ■ DRAMMATICO; COL.; 96′; USA, 1990.

DEDICATO A UNA STELLA ★★
Regia di LUIGI COZZI. Con MARIA A. BELUZZI, LEONARDO DELLA GIOVANNA, RICHARD JOHNSON, PAMELA VILLORESI. ■ Stella è malata di leucemia ed è in ospedale per degli esami medici. Qui incontra un musicista molto più vecchio di lei che si trova lì per una medicazione. Da tempo il musicista, pur avendo talento, suona in locali notturni senza più alcuna ambizione. Ma l'amore per la sventurata ragazza lo sprona a comporre un concerto appunto "dedicato a una stella". Il concerto ha un grande successo: la sera della prima Stella morirà ascoltandone le note. ■ DRAMMATICO; COL.; 92′; ITALIA, 1976.

DEDIZIONE *(The Big Street)* ★★★
Regia di IRVING REIS. Con LUCILLE BALL, HENRY FONDA, AGNES MOOREHEAD, EUGENE PALLETTE. ■ Little Pinks è un giovane cameriere che vive in muta adorazione di Gloria, la bella cantante di varietà del locale notturno di Ables. Ables e Gloria sono amanti, ma lui la maltratta e un giorno, in un impeto d'ira, la spinge giù da una scalinata, causandole un'invalidità permanente. A questo punto Gloria rimane sola, senza più soldi, senza più lavoro: l'unico che devotamente la assiste è Pinks, il quale arriva a rubare pur di garantire a Gloria gli agi e i divertimenti a cui era abituata. Ma le condizioni della donna peggiorano: prima di morire tuttavia Gloria si rende conto dell'amore che Pinks le ha saputo sempre disinteressatamente dimostrare. ■ DRAMMATICO; B/N; 88′; USA, 1942.

DEE DELL'AMORE, LE *(The Love Goddesses)* ★★
Regia di SAUL TURELL. ■ È un'antologia dei pezzi più classici del cinema americano sexy prima degli anni Sessanta, con le più seducenti dive di Hollywood, ma il valore del documentario nell'insieme è scarso e il collage è composto con fiacchezza. ■ DOCUMENTARIO; B/N; 90′; USA, 1965.

DEEP BLOOD – SANGUE NEGLI ABISSI ★
Regia di RAF DONATO (pseud. di JOE D'AMATO). Con FRANK BARONI, ALLEN CORT, KEITH KELSCH. ■ Una compagnia di ragazzi, secondo il rito dei pellirossa, fa giuramento col sangue. Passano gli anni e un giorno, mentre stanno pescando, vengono assaliti da uno squalo che ne uccide uno. Gli altri si vendicheranno. ■ AVVENTURA; COL.; 101′; ITALIA, 1988.

DEEP IMPACT ★★
Regia di MIMI LEDER. Con ROBERT DUVALL, MORGAN FREEMAN, TÉA LEONI. ■ Due meteoriti immense stanno per precipitare nell'oceano Atlantico. L'immane onda arriva a sommergere le coste alla velocità del suono. Mezza America (e Europa) viene distrutta. Il presidente si salva e promette la ricostruzione. Assolutamente niente di nuovo in un genere che ormai mostra, da tempo, la corda. ■ FANTASTICO; COL.; 100′; USA, 1998.

DEEP RISING ★
Regia di STEPHEN SOMMERS. Con FAMKE JANSSEN, KEVIN O'CONNOR, TREAT WILLIAMS. ■ Il mare tira, come insegna il Titanic. Un gruppo di terroristi cerca di catturare una nave di turisti. Ma devono vedersela con le ottoie, enormi vermi che vivono alle grandi profondità. Noia-noia-noia. ■ HORROR; COL.; 106′; USA, 1998.

DEF-CON 4 ★★
Regia di PAUL DONOVAN. Con TIM CHOATE, PAUL LYNCH, LENORE ZANN. ■ Fanta-film di produzione canadese crudo e violento. Tre astronauti tornano sulla Terra e hanno la brutta sorpresa di trovarla sconvolta da una guerra nucleare. Chi comanda ora è un gruppo di sanguinari punks. ■ FANTASCIENZA; COL.; 92′; CANADA, 1984.

DEFIANCE – I GIORNI DEL CORAGGIO ★★★
(Defiance)
Regia di EDWARD ZWICK. Con JAMIE BELL, DANIEL CRAIG, LIEV SCHREIBER. ■ 1941, i nazisti rastrellano l'Europa Orientale a caccia di ebrei da sterminare. I fratelli Bielski, agricoltori bielorussi, sopravvivono al massacro dei genitori e trovano riparo nei boschi dell'entroterra, dove giocavano da bambini. Qui incontrano altri fuggiaschi, ai quali Tuvia, il fratello maggiore, offre spontaneamente protezione. La notizia della loro resistenza e del furore con cui cercano vendetta, richiama nella foresta molti altri ebrei. Grazie agli sconosciuti fratelli Bielski, più di 1200 ebrei scamparono allo sterminio. *Defiance – I giorni del coraggio* recupera la loro strordinaria vicenda dal passaparola dei sopravvissuti che ispirò il libro omonimo di Nechama Tec. ■ DRAMMATICO; COL.; 129′; USA, 2008.

DE GENERAZIONE ★★
Regia di ANTONIO ANTONELLI, ASIA ARGENTO, GIORGIO BELLOCCHIO, ELEONORA FIORINI, ALEX INFASCELLI, ANTONIO MANETTI, MARCO MANETTI, ANDREA MAULÀ, ANDREA PRANDSTRALLER, ALBERTO TARAGLIO, ALESSANDRO VALORI. Con STEFANO ABBATI, ASIA ARGENTO, CESARE BOCCI, SIMONA CAVALLARI, CORRADO GUZZANTI, ALESSANDRO HABER, ANTONIO MANETTI, MARCO MANETTI, ALBERTO ROSSI, GLORIA STRABELLA, GIORGIO TIRABASSI, MARIELLA VALENTINI. ■ Dieci episodi affidati ad altrettanti registi che girano in stile "Avanzi" (la trasmissione televisiva) e raccontano in modo iperreale la cronaca del loro tempo. Non mancano le citazioni che forse hanno stimolato il pubblico che ha premiato il film al Myfest 1994. ■ FANTASTICO; COL.; 97′; ITALIA, 1994.

DEGUEJO ★★
Regia di JOSEPH WARREN. Con GHIA ARLEN, JACK STUART, DAN VADIS, ROSY ZICHELL. ■ Per vendicare la morte di suo padre, Norman insegue il pericoloso fuorilegge Ramon fino a Danger City, dove il bandito ha fatto strage fra gli abitanti e ha costretto gli uomini del paese ad aiutarlo nella ricerca di un tesoro nascosto. Con la collaborazione delle donne di Danger City e dell'ex amante di Ramon, Norman affronta l'assassino di suo padre e lo uccide compiendo la vendetta. ■ WESTERN; B/N; 92′; ITALIA, 1966.

DÉJÀ VU – AMORE E MORTE *(Déjà vu)* ★★
Regia di ANTHONY RICHMOND. Con JACLYN SMITH, NIGEL TERRY, SHELLEY WINTERS. ■ Richmond, fotografo e marito di Jaclyn Smith, ha messo insieme per la bella consorte una storia (non molto originale) di reincarnazione. Uno scrittore scopre di essere la reincarnazione di un coreografo morto 50 anni prima, e che la moglie è a sua volta la nuova edizione di una ballerina che ebbe con il coreografo una tragica storia d'amore. ■ FANTASTICO; COL.; 95′; USA, 1985.

DÉJÀ VU – CORSA CONTRO IL TEMPO *(Déjà Vu)* ★★
Regia di TONY SCOTT. Con JIM CAVIEZEL, ADAM GOLDBERG, BRUCE GREENWOOD, VAL KILMER, PAULA PATTON, DENZEL WASHINGTON. ■ Doug Carlin è l'agente dell'ATF, sezione alcolici, tabacchi e armi da fuoco, incaricato di indagare sull'attentato terroristico che ha fatto esplodere e affondare un traghetto fluviale uccidendo centinaia di passeggeri. Lo stesso giorno, sulle rive del fiume viene rinvenuto il corpo senza vita di Claire Kuchever, una giovane donna che Doug aveva già conosciuto. Scoprirà presto che l'omicidio è collegato all'esplosione. Avvicinato da Pryzwarra, agente dell'Fbi, Doug è reclutato per la durata dell'indagine da un'unità segreta altamente tecnologica che gestisce informazioni satellitari, registrazioni digitali che ricostruiscono e osservano gli avvenimenti passati. Investigare sul passato gli permetterà di scovare l'attentatore. Il dèjà vu è un mero pretesto per raggiungere l'happy end sentimentale. ■ AZIONE; COL.; 128′; USA, 2006.

DELATORE, IL *(The Squeaker)* ★★★
Regia di WILLIAM K. HOWARD. Con EDMUND LOWE, SEBASTIAN SHAW, ANN TODD. ■ A Londra, un potente ricettatore ricatta e denuncia alla polizia i malviventi che non sono stati ai patti. Sulle sue tracce si mettono un ispettore di Scotland Yard travestito da vagabondo e un ladro in cerca di vendetta. Quest'ultimo farà una brutta fine: ma il misterioso delatore verrà smascherato e assicurato alla giustizia. ■ POLIZIESCO; B/N; 77′; GRAN BRETAGNA, 1937.

DELEGAZIONE, LA ★★
Regia di ALEXANDR GALIN. Con LUCA BARBARESCHI, INNA CURIKOVA, EKATERINA GRABBE, ELENA MAIOROVA. ■ Prodotto e interpretato da Barbareschi, oltre che da una famosa attrice russa, il film ha echi felliniani. Purtroppo qualcosa non funziona. Una traduttrice russa accompagna una delegazione a Venezia. Sognatrice e romantica, la donna si fa irretire da un gigolo che le fa passare ore indimenticabili ma poi chiede il conto. ■ COMMEDIA; COL.; 92′; ITALIA, RUSSIA, 1994.

DELFINI, I ★★★
Regia di FRANCESCO MASELLI. Con GÉRARD BLAIN, BETSY BLAIR, CLAUDIA CARDINALE, ANTONELLA LUALDI, TOMAS MILIAN. ■ In una città di provincia dell'Italia centrale la giovane e povera Fedora entra nell'ambiente mondano ed elegante di un gruppo di giovani borghesi. Riesce a farsi sposare da uno di questi, ma quando la sua condizione sociale viene a galla, umiliata dagli amici "delfini", fugge abbandonando la città. ■ DRAMMATICO; B/N; 110′; ITALIA, 1960.

DELFINO VERDE, IL *(Green Dolphin Street)* ★★★
Regia di VICTOR SAVILLE. Con RICHARD HART, VAN HEFLIN, FRANK MORGAN, LANA TURNER. ■ Il protagonista è un certo Guglielmo che, dopo un'infinità di avventure nei mari della Cina, si stabilisce in Nuova Zelanda e chiede in sposa (per posta) a un suo benefattore una delle due figlie. Un disguido fa sì che il nome scritto non sia quello voluto ma quello della sorella della ragazza, che puntualmente arriva, entusiasta, per sposarsi. Lui non se la sente di mandar tutto all'aria, si sposa e ha famiglia. Quando dopo molti anni si scoprirà la verità tutto sarà ormai superato e la coppia continuerà a vivere serena. ■ AVVENTURA; B/N; 141′; USA, 1947. ■ OSCAR 1 PR, 4 NOM.

♥ DELICATESSEN ★★★
Regia di MARC CARO, JEAN-PIERRE JEUNET. Con PASCAL BENEZECH, MARIE-LAURE DOUGNAC, JEAN-CLAUDE DREYFUS, DOMINIQUE PINON. ■ Provengono dall'arte del fumetto i due autori esordienti. Eccessivi e grotteschi, i due registi hanno confezionato una sorta di girone infernale in veste comica. Il risultato è più che buono. Ci troviamo in un condominio che va a pezzi. Giunge nello stabile un tale di nome Luison che farà fatica ad ambientarsi. Storie nelle storie e qualche risata. ■ COMMEDIA; COL.; 97′; FRANCIA, 1991.

DELINQUENT ★★
Regia di ANGELINO FONS. Con FRANCO CITTI, BRUNO CORAZZARI, GLEN LEE, LOLA SORDO. ■ Un uomo cinico e bramoso del denaro della moglie costruisce un piano per spingere la donna a tradirlo con un suo scagnozzo. Tutto fallisce perché la donna scopre l'intrigo e uccide il falso corteggiatore. Il marito arriva sul luogo dell'omicidio e si vede costretto a salvare la moglie imponendole la tesi della legittima difesa per coprire la sua losca trama. ■ DRAMMATICO; COL.; 90′; ITALIA, 1974.

DELINQUENT, THE ★
Regia di CHANG CHEN. Con WANG CHUNG, LILY LI, TI PEI. ■ Appartenente al filone del kung-fu, il film è basato sulle vicende eroiche di Ciang-Li, un asso delle arti marziali, che deve vendicarsi della banda dello Zoppo. Compie la strage dei nemici ma viene ucciso. ■ AVVENTURA; COL.; 92′; HONG KONG, 1974.

DELINQUENTE DELICATO, IL ★★★
(The Delicate Delinquent)
Regia di DON MCGUIRE. Con MARTHA HYER, JERRY LEWIS, DARREN MCGAVIN. ■ Un delinquente, Sidney, vuole redimersi con l'aiuto degli amici Damon, un poliziotto, e Martha, un'assistente sociale. Entra nel corpo di polizia, ma dopo divertenti equi-

voci dovrebbe esserne espulso. Tutto si chiarisce e la storia finisce in bellezza con Martha che sposa Damon e Sidney che diventa onesto poliziotto. ■ COMMEDIA; COL.; 100′; USA, 1957.

DELINQUENTE DEL ROCK'N'ROLL, IL ★★
(Jailhouse Rock)
Regia di RICHARD THORPE. Con ELVIS PRESLEY, MICKEY SHAUGHNESSY, JUDY TYLER. ■ Elvis Presley, mito non dimenticato degli anni Cinquanta, è un cantante che, uscito di prigione, diventa famoso grazie alla bella Peggy. Il successo rapido e il denaro lo inebriano a tal punto che dimentica Peggy e il vecchio amico di prigione Dick. In un diverbio tra i due amici, il famoso cantante rimane ferito alla gola. Sembra la fine, ma Peggy e Dick lo aiutano a ristabilirsi e a cambiar vita. ■ MUSICAL; COL.; 96′; USA, 1957.

DELINQUENTI, I *(The Delinquents)* ★★
Regia di CHRIS THOMPSON. Con KYLIE MINOGUE, CHARLIE SCHLATTER. ■ La storia è ambientata nell'Australia degli anni Cinquanta. Qui, due giovani innamorati si separano dopo che lei è rimasta incinta; ma il destino li vorrà di nuovo insieme appassionatamente. ■ DRAMMATICO; COL.; 101′; AUSTRALIA, 1989.

DELIRIA ★★
Regia di MICHELE SOAVI. Con DAVID BRANDON, BARBARA CUPISTI, GIOVANNI LOMBARDO RADICE. ■ Un maniaco omicida evade dall'ospedale psichiatrico e si rifugia in un teatro dove stanno provando una commedia musicale ispirata alle sue gesta criminose. Il pazzo si chiude dentro con gli attori e fa una carneficina. ■ HORROR; COL.; 89′; ITALIA, 1987.

DELIRIO *(Orage)* ★★★
Regia di MARC ALLÉGRET. Con JEAN-LOUIS BARRAULT, CHARLES BOYER, LISETTE LANVIN, MICHÈLE MORGAN. ■ Un serio professionista sposato si innamora a Parigi di una ragazza che lo spinge alla perversione e alla vita disordinata. La moglie soffre terribilmente per l'adulterio del marito e si ammala. In un colloquio tra le due donne tutto si risolve. I due coniugi possono riabbracciarsi. ■ DRAMMATICO; B/N; 98′; FRANCIA, 1938.

DELIRIO ★★
Regia di PIERRE BILLON, GIORGIO CAPITANI. Con GIORGIO ALBERTAZZI, FRANÇOISE ARNOUL, AVE NINCHI, RAF VALLONE, ELENA VARZI. ■ Un ingegnere lotta tra la moglie e l'amante e la sua vita diventa un inferno. La riconciliazione con la moglie e la fuga dell'amante gli ridanno serenità. Non servono alcuni ottimi attori a sollevare le sorti di questa storia. ■ DRAMMATICO; B/N; 97′; ITALIA, 1953.

DELIRIO CALDO ★★
Regia di RALPH BROWN. Con RITA CALDERONI, TANO CIMAROSA, MICKEY HARGITAY. ■ Complessa vicenda di omicidi e colpi di scena: il dottor Lewtak, maniaco ed impotente, è accusato di una serie di efferati assassinii. Quando la polizia lo arresta, due nuovi omicidi eseguiti con la medesima tecnica lo scagionano. L'intricato caso verrà alla fine risolto. ■ GIALLO; COL.; 90′; ITALIA, 1972.

DELIRIO D'AMORE *(La symphonie fantastique)* ★★
Regia di CHRISTIAN-JAQUE. Con LISE DELAMARE, RENÉE SAINT-CYR. ■ Il giovane Berlioz, il futuro compositore, dovrebbe studiare medicina ma è, al contrario, entusiasmato dalla musica. I circoli artistici romantici lo esaltano, ma il suo ambiente familiare lo deprime. Ha una moglie ma non è felice, ha talento ma il pubblico non ne capisce il genio. Quando la moglie muore tutto cambia: trova una nuova adorata compagna, Maria, e comincia ad avere fortuna. ■ BIOGRAFICO; B/N; 92′; FRANCIA, 1942.

DELIRIO D'AMORE ★★
Regia di TONINO RICCI. Con MARIA JOSÉ CANTUDO, MACHA MÉRIL, KARIN WELL. ■ Una ricca manager madrilena vorrebbe che la figlia sposasse un partito adeguato. La ragazza però si innamora di un normale ingegnere e lo sposa. Il giovane si rivela tra l'altro anche un vero uomo d'affari e arriva a dirigere la fabbrica insieme al fratello della suocera. Quest'ultima, però, complice il figlio invidioso, trova alcune foto compromettenti dello sposo. La donna ricatta il genero, ma inutilmente. La crisi sarà presto superata e la coppia potrà vivere ricca e serena. ■ DRAMMATICO; B/N; 95′; ITALIA, SPAGNA, 1977.

DELIRIO DI SANGUE ★
Regia di PETER HUDSON. Con BRIGITTE CHRISTENSEN, JOHN PHILIP LAW, GORDON MITCHELL. ■ In un quadro che fa bella mostra di sé nella galleria del famoso Saint Simon la giovane Sibille, una musicista, scopre il proprio ritratto. Interrogato in merito, l'artista dichiara che la modella sulla tela è sua moglie Christine, morta da poco. La somiglianza tra le due donne è sconcertante. ■ HORROR; COL.; 95′; USA, 1988.

DELIRIOUS – IL BARATRO DELLA FOLLIA ★★★
(Tales that Witness Madness)
Regia di FREDDIE FRANCIS. Con JOAN COLLINS, JACK HAWKINS, SUZY KENDALL, PETER MCENERY, KIM NOVAK, DONALD PLEASENCE. ■ Un famoso psichiatra in visita a una clinica per malattie mentali si fa illustrare quattro casi clinici dal primario. Un ragazzo dice ai genitori che gioca con una tigre; quelli non gli credono ma vengono sbranati. Una milionaria accusa un principe orientale di aver ucciso e mangiato sua figlia. Un uomo viene spedito attraverso una macchina del tempo nell'Ottocento. Un marito uccide la moglie perché la donna gli ha distrutto una pianta di cui era innamorato. Dilemma: si tratta di fantasie di pazzi oppure i fatti sono accaduti veramente? ■ HORROR; COL.; 90′; GRAN BRETAGNA, 1973.

DELIRIUM *(Necronomicon – Geträumte Sünden)* ★
Regia di JESUS FRANCO. Con JEANINE REYNAUD, JACK TAYLOR, HOWARD VERNON. ■ Una mediocre attrice, a causa della forte venerazione che ha per se stessa, viene visitata da uno psicanalista che le consiglia un marito assolutamente fedele. Trovato il marito, lo uccide come aveva fatto con i suoi compagni di lavoro e poi si suicida buttandosi da una rupe. ■ DRAMMATICO; COL.; 87′; GERMANIA, SPAGNA, 1967.

DELIRIUM HOUSE – LA CASA DEL DELIRIO ★★
(Terror)
Regia di NORMAN J. WARREN. Con JAMES AUBREY, CAROLYN COURAGE, JOHN NOLAN. ■ In una villa viene proiettato un film su eventi misteriosi e tragici di tre secoli fa. Da quel momento tutti i presenti sono vittime di agguati, morti violente, atrocità. Tutti muoiono ed alla fine della truce vicenda si viene a capire che era stata opera della vendetta di una giovane donna bruciata sul rogo trecento anni prima. ■ HORROR; COL.; 87′; GRAN BRETAGNA, 1978.

DELITTI ★★
Regia di GIOVANNA LENZI. Con LINDA CHRISTIAN, MICHELA MITI, SAVERIO VALLONE. ■ Sette uomini vengono uccisi da una vipera. Non è un caso disgraziato. Un misterioso individuo ha portato il rettile a portata di denti delle vittime. Un giovane e alquanto ingenuo poliziotto è mandato a investigare sui delitti. ■ GIALLO; COL.; 92′; ITALIA, 1987.

DELITTI A LUCI ROSSE ★
Regia di EMANUELE GLISENTI. Con GABRIELLA BARBUTI, SARA COSMI, JIMMY GHIONE, VASSILI KARIS, RONALD RUSSO. ■ Paolo vuole eliminare Claudia per andare a vivere con Valeria. Fa quindi spaventare la moglie da un individuo pagato allo scopo per poi metterle al fianco un guardaspalle che altri non è se non il killer che dovrebbe ucciderla. Non riesce nell'impresa perché l'uomo si innamora di Claudia e la mette in guardia. ■ GIALLO; COL.; 92′; ITALIA, 1996.

DELITTI, AMORE E GELOSIA ★★
Regia di MAX BUNKER. Con FIORENZA MARCHEGIANI, SAVERIO MARCONI, COCHI PONZONI. ■ Laureatosi con il minimo dei voti, Fabio torna nel suo paesello lombardo come commissario di polizia e cerca di scoprire il mistero di una serie di telefonate anonime e di lettere minatorie, coinvolgendo anche la fidanzata femminista e l'amico Luca. ■ POLIZIESCO; COL.; 110′; ITALIA, 1982.

DELITTI D'AUTORE *(Frogs for Snakes)* ★★
Regia di AMOS POE. Con ROBBIE COLTRANE, HARRY HAMLIN, IAN HART, BARBARA HERSHEY, JOHN LEGUIZAMO, DEBI MAZAR, RON PERLMAN, JUSTIN THEROUX. ■ Un gruppo di attori teatrali senza lavoro vuole allestire "American Buffalo" di David Mamet. Tra loro c'è Eva, sposata con un mafioso russo. Il cocktail si rivelerà a dir poco esplosivo. La storia è poca cosa, tutta al servizio del-

la regia di Amos Poe, emulo di Quentin Tarantino. Una *black comedy* con qualche momento riuscito ma dispiace vedervi implicata la brava Barbara Hershey. ■ COMMEDIA; COL.; 91′; USA, 1998.

DELITTI DEL GATTO NERO, I ★★
(Tales from the Darkside: The Movie)
Regia di JOHN HARRISON. Con DEBORAH HARRY, DAVID JOHANSEN, CHRISTIAN SLATER. ■ Ispirato a una fortunata serie televisiva statunitense questo film è composto di tre episodi, uno dei quali riuscito. Procedendo per ordine, il primo è tratto da un racconto di Arthur Conan Doyle, il secondo da Stephen King e il terzo da Michael McDowell, il più interessante. L'unica cosa che li accomuna è che vengono narrati da un ragazzo, prigioniero di Betty la strega, che vuole arrostirlo. Ci sono una mummia che cammina, un gatto con poteri paranormali e uno strano "giuramento". ■ HORROR; COL.; 90′; USA, 1990.

DELITTI DELLA LUNA PIENA, I *(Romasanta)* ★
Regia di PACO PLAZA. Con DAVID GANT, ELSA PATAKI, GARY PIQUER, JULIAN SANDS, JOHN SHARIAN, MARU VALDIVIELSO. ■ I licantropi hanno vissuto in Spagna? Sembra di sì. Si racconta una storia (presumibilmente) vera, ambientata nella penisola iberica a metà del 1800, in cui i lupi sono protagonisti. ■ HORROR; COL.; 90′; SPAGNA, 2004.

DELITTI DELLA MASCHERA NÔ, I ★★★
(Noh Mask Murders)
Regia di KON ICHIKAWA. Con TAKAAKI ENOKI, KEIKO KISHI, NAOMI ZAIZEN. ■ Un uomo muore avvelenato a Tokyo e un altro viene ucciso in un villaggio distante centinaia di chilometri. A prima vista i due omicidi non hanno niente in comune, ma un amuleto li collega misteriosamente a una scuola di danza Nô. Mentre dietro le quinte si manovra per la successione, in scena un attore trova la morte recitando il Nô. Ichikawa è l'autore de *L'arpa birmana*. ■ THRILLER; COL.; 115′; GIAPPONE, 1991.

DELITTI DELLA PALUDE, I *(Sister Sister)* ★★
Regia di BILL CONDON. Con JUDITH IVEY, JENNIFER JASON LEIGH, ERIC STOLTZ. ■ Due sorelle abitano in una grande casa nelle paludi della Louisiana, che hanno adibito negli ultimi tempi a pensionato. Una delle sorelle ha disturbi mentali che risalgono a un tentativo di violenza di alcuni anni prima. Ma che accadde veramente? Durante la maledetta estate il mistero viene svelato, con tragici risultati. ■ HORROR; COL.; 91′; USA, 1987.

DELITTI DELLA VIA MORGUE, I ★★
(Murders in Rue Morgue)
Regia di JEANNOT SZWARC. Con REBECCA DE MORNAY, IAN MCSHANE, GEORGE C. SCOTT. ■ Dal racconto di Edgar Allan Poe. A Parigi, alla metà del secolo scorso, una donna e sua figlia vengono bestialmente uccise. Dell'assassino nessuna traccia. La polizia brancola nel buio. Ma l'ex poliziotto Auguste Dupin, mandato anzitempo in pensione, ritorna nella mischia e fa luce sul caso (l'omicida è uno scimmione scappato dalla sua gabbia). ■ GIALLO; COL.; 100′; USA, 1986.

DELITTI DEL ROSARIO, I *(The Rosary Murders)* ★★
Regia di FRED WALTON. Con BELINDA BAUER, CHARLES DURNING, DONALD SUTHERLAND. ■ Un prete cattolico è coinvolto in una serie di omicidi che hanno come vittime sacerdoti e suore cattoliche. Il prete viene avvicinato dall'omicida che gli svela in confessione che ucciderà ancora. A poco a poco la verità salta fuori: l'assassino è il padre di una ragazza morta suicida, che ritiene i religiosi responsabili di quella morte (in realtà la giovane si uccise per sottrarsi alla passione incestuosa del genitore). ■ THRILLER; COL.; 100′; USA, 1987.

DELITTI E PROFUMI ★★
Regia di VITTORIO DE SISTI. Con SILVIA ANNICHIARICO, JERRY CALÀ, UMBERTO SMAILA. ■ Un profumo sembra uccidere orribilmente tutte le donne che se lo mettono. Uno scalcinato detective di supermarket e un borioso vice commissario indagano facendosi i dispetti. Ma al colpevole arriva prima il detective. ■ COMMEDIA; COL.; 90′; ITALIA, 1988.

DELITTI E SEGRETI *(Kafka)* ★★
Regia di STEVEN SODERBERGH. Con JOEL GREY, ALEC GUINNESS, IAN HOLM, JEREMY IRONS, ARMIN MUELLER-STAHL, THERESA RUSSELL. ■ Dopo il successo di *Sesso, bugie e videotape* Soderbergh ci riprova con un film troppo ambizioso. Costato 12 milioni di dollari e montato col metodo *edit-droid,*il film si ispira liberamente a Kafka e ai suoi libri. La sceneggiatura è infarcita di generi molto diversi tra loro e il cocktail non è riuscito. Si tratta di un thriller, con lampi horror, tutto giocato in chiave grottesca. Una sorta di *Brazil* (l'ottimo film di Gilliam) in versione più sobria e kafkiana. L'impiegato Franz Kafka vuole indagare sul misterioso assassinio di un amico. Conosce dei rivoluzionari che vogliono rovesciare il "sistema" e una donna molto attraente. Dietro a tutto c'è un losco figuro, che sembra uscito da uno "007", che opera al cervello le sue vittime per diventarne il "padrone". Kafka, pur sconfiggendolo, tornerà alla grigia esistenza impiegatizia e dovrà accettare la morte della donna, considerata "suicida" dalla polizia. Ottima la fotografia e le scenografie. Irons è a disagio mentre la Russell appare poco. Joel Grey e Ian Holm sono i migliori. Piccolo cameo per Alec Guinness. ■ THRILLER; COL.; 103′; USA, 1992.

DELITTI IN FORMA DI STELLA *(Night Visions)* ★
Regia di WES CRAVEN. Con LORYN LOCKLIN, MITCH PILEGGI, JAMES REMAR. ■ Un poliziotto e una psicologa devono trovare un serial killer. Ma il carattere instabile e la fragilità psicologica della donna sono un ostacolo. Un film debole da parte di uno dei maestri dell'orrore. ■ GIALLO; COL.; 100′; USA, 1990.

DELITTI INQUIETANTI *(The Glimmer Man)* ★★
Regia di JOHN GRAY. Con BOB GUNTON, STEVEN SEAGAL, KEENAN IVORY WAYANS. ■ Un serial killer ammazza la gente crocifiggendola. Entra in azione Steven e scopre che il "serial" è solo la copertura di un complotto internazionale di matrice serba. Vicino al bianco non può mancare il poliziotto nero. Tutto già visto. ■ AVVENTURA; COL.; 105′; USA, 1996.

DELITTI INUTILI *(The First Deadly Sin)* ★★
Regia di BRIAN G. HUTTON. Con DAVID DUKES, FAYE DUNAWAY, FRANK SINATRA. ■ Un sergente di polizia prossimo alla pensione ha due pensieri che non gli danno pace. La moglie, all'ospedale, mal curata da un medico inetto, rischia di morire. Inoltre deve venire a capo di una serie di omicidi con eguali modalità, ma privi di un nesso fra loro. Il sergente scopre l'assassino (un pazzo che appunto perché pazzo non ha bisogno di un movente per uccidere) ma non ha prove per incastrarlo. Inoltre la moglie muore. ■ GIALLO; COL.; 112′; USA, 1980.

DELITTI SENZA CASTIGO *(King's Row)* ★★★
Regia di SAM WOOD. Con ROBERT CUMMINGS, BETTY FIELD, CLAUDE RAINS, RONALD REAGAN, ANN SHERIDAN. ■ Il giovane Parris perde la fidanzata, avvelenata dal padre perché affetta da pazzia ereditaria, e si dedica alla cura di un amico al quale sono state amputate le gambe in seguito ad un incidente. La moglie sospetta che l'amputazione sia stata però causata non dalla gravità dell'incidente, ma dalla sete di vendetta del dottor Gordon. I suoi sospetti sono fondati. Dopo aver fatto giustizia, Parris e la moglie consolano il povero disgraziato. ■ DRAMMATICO; B/N; 127′; USA, 1942. ■ OSCAR 3 NOM.

DELITTI SENZA SANGUE *(Danger Signal)* ★★
Regia di ROBERT FLOREY. Con FAYE EMERSON, ZACHARY SCOTT. ■ Il cinico Mason, dopo aver ucciso l'amante, cerca di impossessarsi del denaro di un'altra ragazza, Anna, fingendo di innamorarsi di lei. La sorella di Anna scopre la vera natura dell'amore di Mason e cerca di avvertirla. Mason, credendosi a torto avvelenato, fugge ed è ucciso dal marito dell'ex amante. ■ DRAMMATICO; B/N; 78′; USA, 1945.

DELITTO A BORDO, UN *(Einer zuviel an Bord)* ★★
Regia di GERHARD LAMPRECHT. Con THOMY BOURDELLE, ANNIE DUCAUX. ■ Il comandante di una nave è gettato in mare dal capo macchinista che lo ritiene colpevole del suicidio della nipote. La polizia scopre il presunto assassino, ma egli si suicida. Un colpo di scena illumina il finale. ■ DRAMMATICO; B/N; 92′; GERMANIA, 1935.

DELITTO AL BLUE GAY ★
Regia di BRUNO CORBUCCI. Con BOMBOLO, VINICIO DIAMANTI, TOMAS MILIAN. ■ Il commissario Nico Girardi (Milian), fedelmente accompagnato dall'informatore Venticello (Bombolo), si

trova ad indagare su un omicidio commesso in un locale gay di Roma. Tra scazzottate, omosessuali, parolacce e improbabili spie russe, il commissario borgataro risolverà anche questo caso. ■ POLIZIESCO; COL.; 98′; ITALIA, 1984.

DELITTO AL CENTRAL HOSPITAL *(Visiting Hours)* ★★
Regia di JEAN-CLAUDE LORD. Con LEE GRANT, MICHAEL IRONSIDE, WILLIAM SHATNER. ■ Un'intraprendente giornalista, impegnata in un'inchiesta sulle donne maltrattate dai mariti, viene aggredita da uno schizofrenico che continua a perseguitarla anche dopo il ricovero in ospedale. ■ THRILLER; COL.; 103′; CANADA, 1982.

DELITTO AL CIRCOLO DEL TENNIS ★★
Regia di FRANCO ROSSETTI. Con ROBERTO BISACCO, ANNA GAËL, ANGELA MCDONALD. ■ Tratto dal racconto omonimo di Alberto Moravia, il film narra la storia di tre giovani contestatori che vorrebbero mettere in crisi l'equilibrio morale del ricco padre di una di loro. Riescono nell'intento, costringendo l'uomo a vergognosi sotterfugi. Quando costui scopre che il motivo delle sue disavventure è l'odio impietoso della figlia si suicida. ■ DRAMMATICO; COL.; 92′; ITALIA, 1969.

DELITTO ALLA MODA *(Le couteau sous le gorge)* ★★
Regia di CLAUDE MULOT. Con FLORENCE GUERIN, BRIGITTE LAHAIE, ALEXANDRE STERLING. ■ Una top model è aggredita, una notte, nel suo appartamento, da uno sconosciuto. Scampata per un pelo alla morte, va a denunciare il fatto alla polizia. Ma nessuno le crede. L'assassino torna alla carica. E la poverina per affrontarlo può contare solo su se stessa. ■ GIALLO; COL.; 90′; FRANCIA, 1987.

DELITTO ALLA TELEVISIONE *(The Glass Web)* ★★
Regia di JACK ARNOLD. Con JOHN FORSYTHE, MARCIA HENDERSON, KATHLEEN HUGHES, EDWARD G. ROBINSON. ■ Una bellissima donna viene trovata uccisa nel suo appartamento dal vecchio amante Newell. L'assassino, che lavora in televisione con Newell, tenta di far cadere abilmente i sospetti su di lui "manipolando" un programma poliziesco. Quando Newell ne scopre l'identità, costui tenta di ucciderlo, ma un agente di polizia interviene. ■ DRAMMATICO; B/N; 81′; USA, 1954.

DELITTO ALLO SPECCHIO – SEXY PARTY ★
Regia di JEAN JOSIPOVICI, AMBROGIO MOLTENI, AMBROGIO MOLTENI. Con MICHEL LEMOINE, ANTONELLA LUALDI, LUISA RIVELLI, MARIO VALDEMARIN. ■ Un gruppo di amici si trova riunito in un castello misterioso. Anthony, dotato di poteri extrasensoriali, annuncia un omicidio e quindi fugge. Una ragazza viene infatti strangolata. I giovani si sospettano vicendevolmente finché l'assassino non è smascherato. ■ DRAMMATICO; COL.; 90′; ITALIA, 1964.

DELITTO AL LUNA PARK ★
Regia di RENATO POLSELLI. Con RENATO BALDINI, OLGA GORGONI, FRANCA MARZI. ■ La cantante Silvia è inconsapevolmente coinvolta in furti e omicidi che la conducono in galera. Roberto la crede innocente e riesce a farla liberare dopo aver scoperto e denunciato i loschi traffici nei quali era caduta. Uscita di galera, Silvia sposerà Roberto. ■ DRAMMATICO; B/N; 95′; ITALIA, 1952.

DELITTO ALL'UNDICESIMO PARALLELO ★★
(East of Elephant Rock)
Regia di DON BOYD. Con JUDY BOWKER, JOHN HURT, JEREMY KEMP. ■ In Malesia, all'indomani della guerra, un funzionario inglese è ucciso dalla sua amante, la moglie di un piantatore locale. Vagamente ispirato alla *Lettera* di Somerset Maugham che già servì da spunto per un film con Bette Davis. ■ DRAMMATICO; COL.; 92′; GRAN BRETAGNA, 1977.

DELITTO AL MICROSCOPIO *(Kid Glove Killer)* ★★★
Regia di FRED ZINNEMANN. Con LEE BOWMAN, AVA GARDNER, VAN HEFLIN, MARSHA A. HUNT. ■ In una cittadina degli Stati Uniti Daniels viene eletto sindaco con l'aiuto di Ladimor, che spera di ottenere così notevoli poteri. Ma Daniels non è disposto a concederglieli e per questo Ladimor, con una bomba, se ne sbarazza. Gli indizi cadono su un altro uomo, ma la polizia scientifica, dopo lunghe indagini, arriva al vero colpevole. ■ DRAMMATICO; B/N; 73′; USA, 1942.

DELITTO AL NIGHT CLUB ★★
(L'inspecteur connaît la musique)
Regia di JEAN JOSIPOVICI. Con SIDNEY BECHET, JEAN BRETONNIÈRE, CLAUDE LUTER, VIVIANE ROMANCE. ■ Il jazzista Harry Louis uccide casualmente un famoso collega e ne nasconde la salma. Una compagnia di assicurazioni è preoccupata per la scomparsa del musicista e invia un ispettore ad indagare. Questi conosce Muriel, fidanzata dell'assassino, mentre conduce una serie di ricerche nei confronti di Louis, il quale fugge disperatamente e perde la vita precipitando da una rupe. L'ispettore e Muriel nel frattempo si innamorano. Il noto jazzista Sidney Bechet impersona se stesso. ■ DRAMMATICO; B/N; 88′; FRANCIA, 1955.

DELITTO AL RISTORANTE CINESE ★★
Regia di BRUNO CORBUCCI. Con BOMBOLO, ENZO CANNAVALE, TOMAS MILIAN. ■ Il commissario borgataro Nico Girardi (Milian), per quanto intralciato da una gamba vistosamente ingessata e dagli imbranatissimi Bombolo e Cannavale, smaschera brillantemente il colpevole di un misterioso omicidio avvenuto in un ristorante cinese. Volgarotto poliziesco all'italiana dai toni farseschi. ■ POLIZIESCO; COL.; 95′; ITALIA, 1981.

DELITTO AL VELODROMO *(Drame au Vel. d'Hiv.)* ★★
Regia di MAURICE CAM. Con CLAUDE FARELL, ANDRÉ LE GALL. ■ In un velodromo, nel corso di una gara, viene svaligiata la cassaforte e ucciso un impiegato. Giorgio, ispettore di polizia, finge di essere un ladro per istigare il responsabile ad un altro colpo simile e quindi smascherarlo. Vi riesce, ma una ragazza, innamorata del colpevole, muore nel tentativo di difenderlo. ■ DRAMMATICO; B/N; 90′; FRANCIA, 1949.

DELITTO A PORTA ROMANA ★★
Regia di BRUNO CORBUCCI. Con BOMBOLO, OLIMPIA DI NARDO, TOMAS MILIAN, NERINA MONTAGNANI, LINO PATRUNO, ALDO RALLI, TONY SCARF. ■ Un ladro di nome Venticello viene ingiustamente accusato di omicidio. Da San Vittore, per interessamento del maresciallo Nico, suo amico, viene trasferito in ospedale dove si sospetta si celi l'assassino. Il colpevole, una volta scoperto, fugge a bordo di un camper sequestrando la moglie di Nico, la nonna e il capo infermiere dell'ospedale. Nico parte all'inseguimento del camper e riuscirà a scagionare l'amico assicurando il colpevole alla giustizia. ■ POLIZIESCO; COL.; 92′; ITALIA, 1980.

DELITTO A POSILLIPO – LONDRA CHIAMA NAPOLI ★★
Regia di RENATO PARRAVICINI. Con DINA DE SANTIS, GIANCARLO DEL DUCA, PUPETTA MARESCA, FRANCO RESSEL. ■ Due giovani sposi, Pupetta e Roberto, lavorano entrambi ma non guadagnano abbastanza. Roberto quindi accetta un secondo lavoro come amministratore di un locale notturno la cui padrona viene assassinata da Peter, un ex socio. La colpa però ricade su Pupetta. Roberto riesce a farla liberare e i due tornano ad essere felici. ■ DRAMMATICO; COL.; 90′; ITALIA, 1967.

DELITTO A TEATRO *(No Place to Hide)* ★★
Regia di RICHARD DANUS. Con DREW BARRYMORE, KRIS KRISTOFFERSON, MARTIN LANDAU. ■ Una ballerina è vittima di un omicidio in palcoscenico. Sua sorella potrebbe fare la stessa fine, se non fosse per un poliziotto che trova il responsabile dietro le scene. ■ GIALLO; B/N; 98′; USA, 1990.

DELITTO BLU *(Escapade)* ★★
Regia di RALPH HABIB. Con DANY CARREL, LISE DELAMARE, ROGER HANIN, LOUIS JOURDAN. ■ La bella Yvette si trova casualmente al centro della lotta tra due bande rivali di gangster. Sottoposta a minacce, deve attirare in trappola un membro della banda nemica. La trappola ha successo e la ragazza, dopo aver corso molti rischi, riesce a salvarsi. ■ DRAMMATICO; B/N; 75′; FRANCIA, 1957.

DELITTO CARNALE ★
Regia di CESARE CANEVARI. Con SONIA OTERO, MARC POREL, FULVIO RICCIARDI. ■ Il proprietario di un albergo sull'Adriatico muore in circostanze misteriose. Nella notte prima del funerale muoiono anche due nipoti del defunto. Si scoprirà che l'assassino è il fidanzato della figlia dell'albergatore che mirava all'eredità. ■ GIALLO; COL.; 92′; ITALIA, 1982.

DELITTO + CASTIGO A SUBURBIA ★
(Crime and punishment in Suburbia)
Regia di ROB SCHMIDT. Con ELLEN BARKIN, MICHAEL IRONSIDE, VINCENT KARTHEISER, MONICA KEENA. ■ Rosanne è una ragazza carina, intelligente ed è fidanzata con il ragazzo più desiderato della scuola. Sembra non mancarle nulla, ma in realtà è in famiglia che la ragazza vive una condizione critica: sua madre decide infatti di lasciare suo marito Fred, patrigno di Rosanne, per un giovane amante e Fred, ubriaco e depresso per la vicenda che lo ha colpito comincia ad abusare sessualmente di Rosanne. La ragazza decide di reagire uccidendo il patrigno in modo violento. Dopo il delitto, del quale viene accusata sua madre, Rosanne entra in crisi e sarà Vincent, un ragazzo segretamente innamorato di lei che da anni la segue e la spia a darle il coraggio di confessare trasmettendole tutto l'amore di cui egli è capace. Rivisitazione deludente di *Delitto e castigo* di Dostoevskij, il film non riesce ad appassionare lo spettatore: la colpa è un po' del regista che ha deciso di imitare troppi stili, un po' degli attori. ■ DRAMMATICO; COL.; 100'; USA, 2000.

DELITTO D'AMORE *(Abajo espera la muerte)* ★★
Regia di JUAN DE ORDUÑA. Con VALERIA FABRIZI, AMEDEO NAZZARI, ESPARTACO SANTONI, TERESA VELASQUEZ. ■ La vicenda è ambientata in un circo madrileno. Johnny e Lucia si amano. Quando tra loro nasce un contrasto Lucia fugge a Roma col padre diventando abilissima trapezista. Johnny la raggiunge, si riabbracciano e tornano felici a Madrid. Un antico rivale di Johnny, Giorgio, colpito da improvvisa gelosia rovina la loro felicità provocando la morte della ragazza. ■ DRAMMATICO; COL.; 95'; SPAGNA, 1964.

DELITTO D'AMORE ★★★
Regia di LUIGI COMENCINI. Con GIULIANO GEMMA, BRIZIO MONTINARO, STEFANIA SANDRELLI, RENATO SCARPA. ■ Luigi Comencini è qui alle prese con un dramma sociale. Un conflitto di mentalità opposte esplode tra due innamorati, il lombardo Nullo e la meridionale Carmela; l'uno libero e di mentalità aperta, l'altra oppressa da un modo di pensare bigotto e retrivo. Lavorano entrambi in condizioni disumane in una fabbrica milanese ed il loro rapporto si conclude drammaticamente con la morte di lei, causata dalla esalazione dei gas di fabbrica, appena dopo il loro matrimonio civile. ■ DRAMMATICO; COL.; 100'; ITALIA, 1974.

DELITTO D'AUTORE ★★
Regia di ANTHONY GREEN. Con PIER PAOLO CAPPONI, SYLVA KOSCINA, KRISTA NELL, LUIGI PISTILLI. ■ Marco Giraldi, per impadronirsi della fortuna di una nobildonna, la uccide dopo averne sposato la nipote, erede universale. Ma le cose non vanno lisce e, nonostante alcuni omicidi che dovrebbero scagionare l'assassino, la verità finalmente verrà a galla. ■ DRAMMATICO; COL.; 90'; ITALIA, 1974.

DELITTO DEL DIAVOLO – LE REGINE, IL ★★
Regia di TONINO CERVI. Con RAY LOVELOCK, SILVIA MONTI, HAYDÉE POLITOFF, EVELYN STEWART. ■ David, amante della libertà, viaggia per il mondo con la moto. Incontra il diavolo sotto vesti umane che con abilità lo indirizza in casa di tre streghe trasformate in stupende fanciulle. Queste lo sottomettono. Quando vorrebbe andarsene, rivendicando la sua libertà, viene ucciso. ■ DRAMMATICO; COL.; 92'; ITALIA, 1971.

DELITTO DEL DOTTOR CRIPPEN, IL ★★
(Dr. Crippen an Bord)
Regia di ERICH ENGELS. Con RENÉ DELTGEN, ANJA ELKOFF, RUDOLF FERNAU, GERTRUD MAYEN. ■ Il dottor Crippen è in lotta con il commissario che lo sospetta di aver ucciso la moglie. Fugge vestito da prete ma viene ripreso e, durante il processo, nonostante la sua abilità, è condannato. ■ DRAMMATICO; B/N; 90'; GERMANIA, 1942.

DELITTO DEL FARO, IL *(Tormented)* ★★
Regia di BERT I. GORDON. Con RICHARD CARLSON, SUSAN GORDON, JULI REDING. ■ Tom si innamora di Meg nonostante l'opposizione di Vi, l'ex amante. Vi, mentre discute con Tom, cade dalla cima di un faro e muore. Tom e Meg si sposano, ma dopo poco tempo l'uomo uccide un ricattatore. La sorella di Meg assiste all'assassinio. Tom vorrebbe eliminarla, ma il fantasma di Vi lo sconvolge e lo conduce alla morte. ■ DRAMMATICO; B/N; 75'; USA, 1960.

DELITTO DEL GIUDICE, IL *(An Act of Murder)* ★★★
Regia di MICHAEL GORDON. Con GERALDINE BROOKS, FLORENCE ELDRIDGE, FREDRIC MARCH, EDMOND O'BRIEN. ■ Un giudice, rigidissimo e inesorabile, pensa seriamente di abbreviare il dolore della moglie gravemente malata e destinata a morire nel giro di pochi mesi. Con l'automobile si getta in un burrone sperando di morire con lei. Si salva miracolosamente e si costituisce. Ma la moglie, prima dell'incidente, si era già avvelenata. Viene assolto e cambia vita decidendo di giudicare più umanamente. ■ DRAMMATICO; B/N; 91'; USA, 1948.

DELITTO DELLA SIGNORA ALLERSON, IL ★★
(I Thank a Fool)
Regia di ROBERT STEVENS. Con DIANE CILENTO, CYRIL CUSACK, PETER FINCH, SUSAN HAYWARD. ■ Christine Allerson, già processata per eutanasia, viene accolta in casa dell'avvocato che l'ha difesa. Il suo compito sarà quello di assistere Liane, che soffre di disturbi mentali, causati, pare, dalla morte del padre. Ma un giorno il padre dà ancora notizie di sé e Liane rimane sconvolta dalla miseria in cui il genitore vive. Fugge, precipita in un burrone e rimane ferita gravemente. Ecco che Christine si trova ancora una volta nella condizione di praticare l'eutanasia. Colpo di scena finale. ■ GIALLO; B/N; 100'; GRAN BRETAGNA, 1962.

DELITTO DELLA SIGNORA REYNOLDS, IL ★
(Presagio)
Regia di MIGUEL IGLESIAS. Con ANTONIO DURAN, MARTA PADOVAN, MARIA SILVA, GIL VIDAL. ■ Berta, dotata di un potere straordinario che le consente di vedere il passato, scopre che la morte di Renata non è avvenuta per attacco cardiaco ma per mano del marito. Vedendosi minacciata, uccide l'assassino. ■ GIALLO; COL.; 97'; SPAGNA, 1972.

DELITTO DELLA VILLA, IL *(La tête d'un homme)* ★★
Regia di JULIEN DUVIVIER. Con HARRY BAUR, VALERIJ INKINOFF, GINA MANÉS, LINE NORO. ■ La vicenda ruota attorno al ritrovamento della testa di un uomo. Maigret risale fino a scoprire i più intimi segreti del morto, e naturalmente l'assassino. ■ GIALLO; B/N; 100'; FRANCIA, 1933.

DELITTO DEL SECOLO, IL *(Walk East on Beacon)* ★★
Regia di ALFRED L. WERKER. Con FINLAY CURRIE, VIRGINIA GILMORE, GEORGE MURPHY. ■ Fbi contro i servizi segreti comunisti. Scoperti i piani nemici, gli americani forniscono false formule ai sovietici che si vendicano e rapiscono uno scienziato. Ma l'Fbi è più forte e il trionfo è completo. ■ POLIZIESCO; B/N; 98'; USA, 1952.

DELITTO DEL SIGNOR LANGE, IL ★★★
(Le crime de Monsieur Lange)
Regia di JEAN RENOIR. Con JULES BERRY, ODETTE FLORELLE. ■ Piccolo classico degli anni Trenta, firmato da Renoir e Jacques Prévert nel pieno dell'euforia populista. Lange è un industriale odiato a morte (e giustamente) dai suoi dipendenti. Quando sparisce è creduto morto, e gli operai prendono in mano l'azienda gestendola come una cooperativa. Ma non è morto. Un giorno riappare. Lo uccidono. Bravi, sembrano dire Renoir e Prévert. ■ DRAMMATICO; B/N; 85'; FRANCIA, 1935.

DELITTO DI ANNA SANDOVAL, IL ★★
(El diablo tambien – Lora)
Regia di JOSÉ ANTONIO NIEVES CONDE. Con ALBERTO CLOSAS, FRANCISCO RABAL, FERNANDO REY, ELEONORA ROSSI DRAGO. ■ Il dottor Quiroga, fingendosi geloso, vorrebbe uccidere la moglie quando la trova in compagnia di Tommaso. Ma è la moglie a compiere il delitto. Al processo viene assolta, ma si scopre anche una segreta relazione tra lei e il fratello del defunto marito. ■ GIALLO; COL.; 92'; SPAGNA, 1963.

DELITTO DI CLARA DEANE, IL ★★
(The Strange Case of Clara Deane)
Regia di LOUIS GASNIER. Con FRANCES DEE, WYNNE GIBSON, PAT O'BRIEN. ■ Clara Deane è una giovane sarta che ha la disgrazia di innamorarsi di un gangster. Il giorno delle nozze ven-

gono arrestati per una serie di delitti commessi da lui all'insaputa di Clara. Ma è ritenuta colpevole anche lei e messa in galera per molti anni. Durante la detenzione, partorisce una bambina ed è costretta a darla in adozione. Ma appena fuori si mette alla sua ricerca e la riprende. ■ DRAMMATICO; B/N; 90'; USA, 1932.

DELITTO DI COSCIENZA *(Life for Ruth)* ★★
Regia di BASIL DEARDEN. Con MICHAEL CRAIG, PATRICK MCGOOHAN, JANET MUNRO, LYNN TAYLOR. ■ Il bigotto Harris non concede il suo beneplacito per la trasfusione di sangue alla figlia. Questa muore e il padre è processato e assolto. A questo punto Harris è sconvolto da una crisi di coscienza. ■ DRAMMATICO; B/N; 91'; GRAN BRETAGNA, 1962.

DELITTO DI FEDE *(Leap of Faith)* ★★
Regia di STEPHEN GYLLENHAAL. Con ROSANNA ARQUETTE, JUDGE REINHOLD. ■ I genitori di un bambino sofferente per una grave forma di diabete lo hanno curato per anni con le medicine senza ottenere risultati degni di nota. Stanchi e delusi, decidono di affidare la sua salvezza alle mani di Dio. Ma la loro profonda fede religiosa non impedirà che il piccolo muoia. ■ DRAMMATICO; COL.; 90'; USA, 1988.

DELITTO DI GIOVANNI EPISCOPO, IL ★★★
Regia di ALBERTO LATTUADA. Con ALDO FABRIZI, ROLDANO LUPI, YVONNE SANSON. ■ Lattuada alle prime armi prende spunto dal romanzo di Gabriele D'Annunzio per narrare le vicende di Giovanni Episcopo che, travolto dagli avvenimenti, sposa per caso Ginevra e si rovina la vita. Il responsabile delle sue disgrazie è Giulio che, tornato dall'estero, vorrebbe portargli via la pur malvagia moglie; ma Giovanni lo uccide. ■ DRAMMATICO; B/N; 94'; ITALIA, 1947. ■ VENEZIA 1 PR.

DELITTO DI THERESE DESQUEYROUX, IL ★★
(Thérèse Desqueyroux)
Regia di GEORGES FRANJU. Con BARBARA FREY, PHILIPPE NOIRET, EMMANUELLE RIVA, EDITH SCOB. ■ Franju, ottimo documentarista, nei suoi film non dimentica mai la realtà, sostenendo che tutto il cinema, anche quello più poetico, è documentario. In questa occasione fornisce un'eccellente prova del suo stile adattando per lo schermo il romanzo omonimo di François Mauriac. La povera Thérèse è circondata da falsi affetti e odiose imposizioni; alla fine riuscirà a liberarsi dalle sue catene. ■ DRAMMATICO; B/N; 109'; FRANCIA, 1962. ■ VENEZIA 1 PR.

DELITTO DI VIA MONTI PARIOLI, IL ★★
Regia di ANTONIO BONIFACIO. Con LUCA LIONELLO, VERONIKA LOGAN, SALVATORE MARINO, KATARINA VASILLISSA. ■ Un investigatore privato deve pedinare una donna su incarico del marito, finisce con l'amarla e sembra essere stato scoperto. Quando si reca all'appuntamento chiarificatore con il cliente, lo trova morto. Ma forse non si trattava della stessa persona. Un giallo italiano ben costruito e senza false presunzioni. ■ POLIZIESCO; COL.; 97'; ITALIA, 1998.

DELITTO DUPRÉ, IL *(Les bonnes causes)* ★★
Regia di CHRISTIAN-JAQUE. Con ANDRÉ BOURVIL, PIERRE BRASSEUR, VIRNA LISI, UMBERTO ORSINI, MARINA VLADY. ■ Caterina Dupré, assassinato il marito, cerca di far sospettare l'infermiera Gina, ex amante dell'ucciso. Questa è condannata grazie all'intervento dell'avvocato Cassidi, amante di Caterina. Il giudice Goudet non è convinto e quando Caterina abbandona Cassidi può sperare nella scarcerazione di Gina. ■ GIALLO; COL.; 115'; FRANCIA, 1963.

DELITTO E CASTIGO *(Crime et châtiment)* ★★★
Regia di PIERRE CHENAL. Con PIERRE BLANCHAR, MADELEINE OZERAY. ■ Il film, tratto dall'omonimo romanzo di Dostoevskij, a suo tempo fu esaltato dalla critica francese. Lo studente Raskolnikov, costretto dalla miseria, uccide due sorelle. Fugge impaurito e viene consolato da Sonia, una prostituta, che lo convince a costituirsi. La donna gli sarà accanto anche durante la deportazione in Siberia. ■ DRAMMATICO; B/N; 97'; FRANCIA, 1935. ■ VENEZIA 1 PR.

DELITTO E CASTIGO *(Crimen y castigo)* ★★
Regia di FERNANDO DE FUENTES. Con ROBERTO CAÑEDO, CARLOS LOPEZ MOCTEZUMA, LILIA PRADO. ■ Anche questo film è tratto dal romanzo di Dostoevskij, ma è meno riuscito della pellicola precedente. ■ DRAMMATICO; B/N; 92'; MESSICO, 1950.

DELITTO FRA LE RIGHE *(Tiré à part)* ★
Regia di BERNARD RAPP. Con MARIA DE MEDEIROS, TERENCE STAMP. ■ Un editore vissuto molti anni a Tunisi si era legato a una ragazza poi morta suicida. Una volta a Londra gli viene recapitato un manoscritto che svela le ragioni del suicidio. L'editore organizza la sua vendetta. ■ GIALLO; COL.; 85'; FRANCIA, 1997.

DELITTO IMPLACABILE *(Colère froide)* ★★
Regia di ANDRÉ HAGUET. Con ESTELLA BLAIN, HAROLD KAY, PIERRE-JEAN VAILLARD. ■ Catherine passa buona parte della notte con un altro uomo. A suo marito racconta di essersi intrattenuta con degli amici in un locale notturno. Il caso vuole che proprio quella sera nel locale ci sia stata una sparatoria. Presa in trappola, Catherine reagisce infuriandosi. Quando Alex viene a sapere che c'è scappato anche il morto, teme che la colpevole sia sua moglie e l'induce a scappare. Ma poi l'assassino viene scoperto e la pace torna in famiglia. ■ DRAMMATICO; B/N; 100'; FRANCIA, 1961.

DELITTO IMPOSSIBILE, UN ★★
Regia di ANTONELLO GRIMALDI. Con LINO CAPOLICCHIO, CARLO CECCHI, IVANO MARESCOTTI, ANGELA MOLINA. ■ Tratto dal romanzo *Procedura* di Salvatore Mannuzzu, già vincitore del premio Viareggio. Sassari: il procuratore Garau (Capolicchio) muore per aver ingerito una pillola di cianuro. È chiaro che non lo ha fatto intenzionalmente, trattasi dunque di un delitto. Per le indagini viene chiamato un altro procuratore, da un'altra città, interpretato da Carlo Cecchi. Ed ecco che ben presto il magistrato si trova nel mezzo di intrighi autoctoni, con le canoniche pressioni dei potentini locali. E poi le solite storie di letti, di ricatti e di passioni nascoste. L'indagine sembra arrivare a un punto morto, per la tranquillità di tutti, ma ecco che il caso ci mette del suo aprendo un nuovo sipario. Tutto è (soltanto) corretto. ■ GIALLO; COL.; 93'; ITALIA, 2000.

DELITTO IN BIANCO *(Green for Danger)* ★★★★
Regia di SIDNEY GILLIAT. Con LEO GENN, SALLY GRAY, TREVOR HOWARD, ROSAMUND JOHN, ALASTAIR SIM. ■ Un postino resta ferito sotto un bombardamento. Viene ricoverato e operato. Sembra riprendersi, ma, quando ormai è considerato fuori pericolo, muore improvvisamente. Un'infermiera avanza l'ipotesi di un delitto e il giorno dopo anche lei viene trovata uccisa. Un ispettore risolverà il mistero. ■ GIALLO; B/N; 91'; GRAN BRETAGNA, 1946.

DELITTO IN FORMULA UNO ★★
Regia di BRUNO CORBUCCI. Con PINO COLIZZI, OLIMPIA DI NARDO, DAGMAR LASSANDER, TOMAS MILIAN. ■ Milian, poliziotto sgangherato, è questa volta alle prese con un incidente automobilistico di natura dolosa e con un cognato perdigiorno e furfante. Trama inverosimile e neanche tanto divertente. ■ POLIZIESCO; COL.; 90'; ITALIA, 1983.

DELITTO IN PRIMA PAGINA *(The Underworld Story)* ★★
Regia di CYRIL ENDFIELD. Con HOWARD DA SILVA, DAN DURYEA, HERBERT MARSHALL, GALE STORM. ■ Un giornalista, compromesso con i gangster, riacquista credibilità favorendo una campagna pubblicitaria in difesa di una mulatta, accusata di aver ucciso il ricco Stanton. Il vero assassino ordina il pestaggio del giornalista. Fatta luce sul delitto, il giornalista esce vittorioso ma malconcio. ■ DRAMMATICO; B/N; 90'; USA, 1950.

DELITTO IN QUARTA DIMENSIONE *(4-D Man)* ★
Regia di IRVIN S. YEAWORTH JR. Con JAMES CONGDON, ROBERT LANSING, LEE MERIWETHER, ROBERT STRAUSS. ■ Scott, uno scienziato illustre, scopre una formula per annullare la materia. Quindi rapina banche passando attraverso i muri. Ma il suo corpo rapidamente invecchia. Trova un rimedio uccidendo alcuni giovanotti e prendendo da loro forza vitale. Ora è invincibile, ma accade un imprevisto: la sua fidanzata ha iniziato a odiarlo e un bel giorno lo uccide. ■ FANTASCIENZA; COL.; 85'; USA, 1959.

DELITTO IN SILENZIO *(The Spiral Staircase)* ★★★
Regia di PETER COLLINSON. Con JACQUELINE BISSET, MILDRED DUNNOCK, CHRISTOPHER PLUMMER, SAM WANAMAKER. ■ Cambia il titolo, ma il film è un rifacimento di *La scala a chiocciola* di Robert Siodmak. Un misterioso assassino uccide solo

donne con difetti fisici. Helen, rimasta muta dopo un grave trauma, è in pericolo, ma si salverà e il colpevole verrà punito. ■ DRAMMATICO; COL.; 89'; GRAN BRETAGNA, 1957.

DELITTO IN TUTA NERA *(The Snorkel)* ★★
Regia di GUY GREEN. Con GRÉGOIRE ASLAN, MANDY MILLER, BETTA ST JOHN, PETER VAN EYCK. ■ Un uomo sposa una vedova (con figlia) e poi la uccide, simulandone il suicidio. Tutti sono convinti della versione ufficiale, tranne la figlia che scopre l'identità dell'assassino. Costui cerca naturalmente di toglierla di mezzo, ma alla fine viene smascherato. ■ DRAMMATICO; B/N; 95'; GRAN BRETAGNA, 1958.

DELITTO MATTEOTTI, IL ★★★
Regia di FLORESTANO VANCINI. Con MARIO ADORF, RICCARDO CUCCIOLLA, DAMIANO DAMIANI, VITTORIO DE SICA, FRANCO NERO. ■ È la cronaca minuziosa del delitto di Giacomo Matteotti e delle ricerche che non condurranno mai ai veri colpevoli. ■ DRAMMATICO; COL.; 122'; ITALIA, 1973.

DELITTO NELLA NOTTE, UN *(Wanted for Murder)* ★★
Regia di LAWRENCE HUNTINGTON. Con ROLAND CULVER, DEREK FARR, DULCIE GRAY, ERIC PORTMAN. ■ Un giovane discendente di un criminale si mette sulle orme dell'antenato e uccide sette donne. Un fazzoletto lo tradisce, ma l'uomo non può essere catturato per mancanza di prove. Quando sta per uccidere Anna, che egli ama, viene fermato da Gianni, fidanzato di Anna. Farà una brutta fine. ■ DRAMMATICO; B/N; 103'; GRAN BRETAGNA, 1946.

DELITTO NELLA STRADA *(Crime in the Streets)* ★★★
Regia di DON SIEGEL. Con JOHN CASSAVETES, SAL MINEO, MARK RYDELL, JAMES WHITMORE. ■ Un minorenne, rinchiuso in un riformatorio, decide di uccidere McAllister. Si prepara scrupolosamente all'omicidio ma nel momento cruciale il fratello più piccolo, con una frase affettuosa, lo induce ad abbandonare il tragico proposito. ■ DRAMMATICO; B/N; 91'; USA, 1956.

DELITTO NELLA TEMPESTA ★
(Der Polizei – Funkt meldet...)
Regia di RUDOLF VAN DER NOSS. Con LOLA MÜTHEL, JASPAR VON OARZEN. ■ Una donna è uccisa durante una tempesta. Non si conosce l'assassino e nemmeno l'identità della vittima. La polizia tedesca scopre tutto. ■ DRAMMATICO; B/N; 90'; GERMANIA, 1939.

DELITTO NON PAGA, IL *(Le crime ne paie pas)* ★★★
Regia di GÉRARD OURY. Con DANIELLE DARRIEUX, EDWIGE FEUILLÈRE, ANNIE GIRARDOT, MICHÈLE MORGAN. ■ Il film è composto da quattro episodi ambientati in epoche e luoghi diversi. Quattro assassini che credevano di averla fatta franca vengono puniti in vario modo. ■ DRAMMATICO; COL.; 130'; FRANCIA, 1962.

DELITTO PASSIONALE ★
Regia di FLAVIO MOGHERINI. Con FLORINDA BOLKAN, VESSELA DIMITROVA, SERENA GRANDI, PAUL MARTIGNETTI, FABIO TESTI. ■ Un film di cui si apprezza la brevità. Il riferimento iniziale a una storia accaduta vent'anni fa in un paese dell'Est non è sufficiente a tener desta l'attenzione per una storia che vede morire delle donne che ruotano attorno a un attore di teatro. Il vice ispettore ci mette due tempi per capire ciò che gli spettatori avevano già compreso alla fine del primo. ■ POLIZIESCO; COL.; 95'; ITALIA, 1994.

DELITTO PER DELITTO *(Accidental Meeting)* ★
Regia di MICHAEL ZINBERG. Con LINDA GRAY, LEIGH MCCLOSKEY, LINDA PURL. ■ Con Sue Ellen di *Dallas* e l'attore di *Inferno*. Un giallo che si basa su *L'altro uomo* di Hitchcock, però con due protagoniste donne. Jennifer vuole uccidere il marito mentre Maryanne vuole morto il proprio boss. Le cose non sono facili. La figlia di una delle due rischia grosso. ■ GIALLO; COL.; 87'; USA, 1993.

DELITTO PERFETTO *(A Perfect Murder)* ★★
Regia di ANDREW DAVIS. Con MICHAEL DOUGLAS, VIGGO MORTENSEN, GWYNETH PALTROW. ■ Il triangolo: il raffinato marito, la raffinata moglie che lo tradisce con il finto artista seduttore. Il marito sa tutto, e coinvolge l'altro (ex detenuto): gli darà un sacco di soldi se ucciderà la donna. E qui tutto si complica, la donna non muore, anzi uccide l'assalitore, un estraneo. Il marito uccide l'amante. Alla fine la donna uccide il marito. Anche qui blasfemo (come nel caso di *Washington Square*) il paragone col precedente hitchcockiano. I rapporti sono tutti inverosimili. Rimangono gli ambienti patinati, e qualche scena vigorosa. Del resto il regista non è uno sprovveduto, ma la sceneggiatura è un disastro. ■ THRILLER; COL.; 107'; USA, 1998.

DELITTO PERFETTO, IL *(Dial "M" for Murder)* ★★★
Regia di ALFRED HITCHCOCK. Con ROBERT CUMMINGS, ANTHONY DAWSON, GRACE KELLY, RAY MILLAND, JOHN WILLIAMS. ■ Per liberarsi della moglie Margot ed ereditarne i quattrini, Tony (Ray Milland) decide di farla assassinare da un amico. È invece la donna ad uccidere il sicario con un colpo di forbice. Allora Tony, con diabolica astuzia, riesce, manipolando alcuni oggetti e la chiave di casa, a far credere che la moglie abbia ucciso volontariamente il sicario. La tesi è accettata dalla polizia e il tribunale condanna a morte la donna. Ma un ispettore di polizia e il giovane scrittore di gialli Mark, che amava Margot, non credono alla colpevolezza della donna. Con un finale alla Hitchcock, basato su uno scambio di chiavi, riescono a intrappolare il perfido marito. ■ GIALLO; COL.; 105'; USA, 1954.

DELITTO PER PASSIONE *(Black Ice)* ★
Regia di NEIL FEARNLEY. Con MICHAEL NOURI, JOANNA PACULA. ■ Film televisivo di nessun respiro. Tutto già visto, già sentito e dimenticato. Misteriosa avventuriera causa incidentalmente la morte del suo amante. È inseguita da un poliziotto assassino e salvata da un tassista tenero di cuore. Fra Detroit, Minneapolis e Seattle i due ballano, sfuggono alle pallottole e fanno l'amore. Si scopre che lei è della Cia. Fra un morto e l'altro lei si rivela una vera Nikita e lui cerca di fare il Gibson di *Arma letale*. Non bastano due attori che hanno avuto momenti fortunati (Nouri in *Flashdance* e Pacula in *Gorky Park*) per fare un prodotto decente. È il classico filmetto da seconda serata tv. ■ GIALLO; COL.; 91'; USA, 1991.

DELITTO PER PROCURA *(Murder by Proxy)* ★★
Regia di TERENCE FISHER. Con DANE CLARK, HAROLD LANG, BELINDA LEE, ELEANOR SUMMERFIELD. ■ Morrow si trova al centro di una misteriosa vicenda: contrae uno strano matrimonio con una donna che per questo lo paga lautamente. Uno strano omicidio lo coinvolge e lo pone sotto accusa. Fugge per indagare e scopre l'assassino. ■ DRAMMATICO; B/N; 87'; GRAN BRETAGNA, 1955.

DELITTO POCO COMUNE, UN ★★
Regia di RUGGERO DEODATO. Con EDWIGE FENECH, DONALD PLEASENCE, MICHAEL YORK. ■ Un celebre pianista trentacinquenne scopre di essere affetto da un male incurabile (una disgregazione delle cellule) che porta alla vecchiaia (e alla morte) in pochi mesi. Allora uccide molte persone che conoscono il suo segreto. ■ HORROR; COL.; 90'; ITALIA, 1988.

DELITTO QUASI PERFETTO ★★★
Regia di MARIO CAMERINI. Con ALAN COLLINS, GIULIO DONNINI, GRAZIELLA GRANATA, PHILIPPE LEROY, FERNANDO SANCHO, MASSIMO SERATO, PAMELA TIFFIN. ■ Un giornalista si interessa, dapprima involontariamente poi con intenzione, alle vicende di una futura ereditiera che l'ha affascinato. Scopre così delitti e macchinazioni tendenti ad assicurare ad altri l'enorme somma in gioco. Rischiando addirittura la propria vita riesce a scoprire l'insospettabile mandante. ■ GIALLO; COL.; 96'; ITALIA, 1966.

DELITTO SENZA PASSIONE *(Crime without Passion)* ★★★
Regia di BEN HECHT, CHARLES MACARTHUR. Con WHITNEY BOURNE, MARGO, CLAUDE RAINS. ■ Un avvocato cinico e spregiudicato tanto nella vita pubblica che in quella privata crede di aver ammazzato l'ultima conquista. Con l'abilità che lo contraddistingue, cancella ogni traccia della sua presenza sul luogo del presunto assassinio e si crea un alibi di ferro. Trascinato dagli eventi è però costretto a commettere davvero un omicidio che lo condannerà a morte. ■ DRAMMATICO; B/N; 72'; USA, 1934.

DELITTO SENZA PECCATO *(The Accused)* ★★
Regia di WILLIAM DIETERLE. Con WENDELL COREY, ROBERT CUMMINGS, LORETTA YOUNG. ■ Uno studente corteggia in modo ossessivo una professoressa fino a quando lei, per opporsi al suo tentativo di violentarla, lo uccide incidentalmente. Sembra un

suicidio, ma la donna finisce col confessare la verità. Al processo, tuttavia, il suo avvocato (patrigno del morto, innamoratosi della cliente) riesce ad evitarle la galera. ■ DRAMMATICO; B/N; 101′; USA, 1949.

DELITTO SENZA SCAMPO *(Crime of Passion)* ★★★
Regia di GERD OSWALD. Con RAYMOND BURR, VIRGINIA GREY, STERLING HAYDEN, BARBARA STANWYCK, FAY WRAY. ■ La brillante moglie di un poliziotto diventa amante di un superiore del marito per assicurare a quest'ultimo una carriera più rapida. Al momento buono però l'uomo, pentito della tresca, affida a un altro un'importante carica. La donna, esasperata e delusa, lo uccide. Sarà proprio il marito, ignaro di tutto e al quale è stato affidato il caso, a scoprire la verità. ■ DRAMMATICO; B/N; 84′; USA, 1957.

DELITTO SOTTO IL SOLE *(Evil under the Sun)* ★★
Regia di GUY HAMILTON. Con JANE BIRKIN, JAMES MASON, PETER USTINOV. ■ Dal romanzo *Corpi al sole* di Agatha Christie. Hercule Poirot (ancora una volta impersonato da Ustinov) è in vacanza in un'isola del Mediterraneo dove deve occuparsi dell'assassinio di una bagnante, un'attrice bella, egoista e infedele. Chi l'ha uccisa? Il marito tradito? O uno spasimante respinto? O una rivale? ■ GIALLO; COL.; 102′; GRAN BRETAGNA, 1981.

DELITTO SULLA COSTA AZZURRA ★★★
(Le retour de manivelle)
Regia di DENYS DE LA PATELLIÈRE. Con DANIEL GÉLIN, MICHÈLE MORGAN, PETER VAN EYCK. ■ Un ragazzo accetta il posto di lavoro da un uomo al quale ha salvato la vita. Dopo il suicidio del principale, inscena un delitto con la complicità della vedova affinché lei possa incassare la rilevante assicurazione. Per togliere qualsiasi possibile dubbio alla polizia i due si invischiano sempre più. ■ DRAMMATICO; B/N; 118′; FRANCIA, 1957.

DELITTO SULLA SPIAGGIA *(Female on the Beach)* ★★
Regia di JOSEPH PEVNEY. Con JEFF CHANDLER, JOAN CRAWFORD, JAN STERLING. ■ La proprietaria della villa nella quale è morta misteriosamente l'affittuaria si innamora di uno dei vicini e lo sposa. Alcuni indizi inquietanti le fanno sospettare che il marito abbia ucciso la sua ex inquilina e voglia far subire anche a lei la stessa sorte. Scoprirà, invece, che l'assassino è un altro. ■ DRAMMATICO; B/N; 97′; USA, 1955.

DELITTO SULL'AUTOSTRADA *(Mordsache Holm)* ★★
Regia di ERICH ENGELS. Con WALTER STEINBECK, ELIZABETH WENDT. ■ Il corteggiatore di una ballerina viene accusato di averla uccisa. Solo dopo la scoperta di un'eredità che avrebbe dovuto essere divisa tra la defunta, sua sorella e un parente la polizia orienta diversamente le indagini e giunge al prevedibile successo. ■ DRAMMATICO; B/N; 90′; GERMANIA, 1938.

DELITTO SULL'AUTOSTRADA ★★
Regia di BRUNO CORBUCCI. Con BOMBOLO, TOMAS MILIAN, VIOLA VALENTINO. ■ Nico Girardi, commissario di polizia, si finge camionista per smascherare una banda di teppisti dell'autostrada. Ci scappa anche una avventura con una bella ragazza, ma poi Nico torna dalla sua famiglia. ■ POLIZIESCO; COL.; 91′; ITALIA, 1982.

DELIVERY ★★
Regia di NIKOS PANAYOTOPOULOS. Con FOTINI BAXEVANI, ALEXIA ICATSIKI, DIMITRIS IMELOS, ERRIKOS LITSIS, THANOS SAMARAS, SPYROS STAVRANIDIS. ■ Il lamento di un uomo, le parole di un ubriaco, una donna che sputa e un'altra che chiede carità. Un caffè ghiacciato. Sbarcato da un autobus ad Atene, un ragazzo è in cerca di fortuna e di un lavoro. All'interno di una città in preda al disagio, farà il portapizze, il lavavetri. Solo una donna sembra condurlo verso la vita, ma è solo per un istante. Poi il baratro. L'opera di Nikos Panayotopoulos, presentata in concorso a Venezia, si ispira a Bresson per affrontare, come dichiara il regista, la realizzazione di un film come se fosse un documentario, senza esserlo realmente. ■ DRAMMATICO; COL.; 100′; GRECIA, 2004.

DELIZIA ★★
Regia di DARIO DONATI (pseud. di JOE D'AMATO). Con TINÌ CANSINO, LUCA GIORDANA, GIORGIO PIETRANGELI. ■ Una fotomodella newyorkese viene in Italia per vendere una villa ricevuta in eredità. Qui intreccia un breve flirt con un cugino, poi se ne torna negli Usa con il fidanzato venuto a prenderla. ■ COMMEDIA; COL.; 84′; USA, 1987.

DELIZIOSAMENTE PERICOLOSA ★★
(Delightfully Dangerous)
Regia di ARTHUR LUBIN. Con RALPH BELLAMY, CONSTANCE MOORE, JANE POWELL. ■ Due sorelle, una giovanissima e perbenino, e l'altra donna fatta e molto spregiudicata, si contendono l'amore di uno scapolo quarantenne. ■ SENTIMENTALE; B/N; 92′; USA, 1945.

DELLAMORTE DELLAMORE ★★★
Regia di MICHELE SOAVI. Con RUPERT EVERETT, ANNA FALCHI, FRANÇOISE HADJI LAZARO. ■ Giunto a piena maturità, Soavi ora sa come costruire film dagli spunti orrorifici ma con chiari riferimenti alla realtà di tutti i giorni. L'allievo di Dario Argento ha trovato una sua originalità. Nell'ironia, non estremizzata come in Sam Raimi. Nella bravura di ripresa che serve a creare l'atmosfera e non ad appesantirla. Siamo in un cimitero dove il suo guardiano ha il compito di uccidere definitivamente i morti che decidono di uscire dalle tombe. Ha come compagno un grasso amico, Gnaghi, che si esprime solo a grugniti. L'uomo finisce per uccidere l'unica donna mai amata, apparsa sotto i panni di tre personaggi femminili apparentemente diversi. Quando riuscirà a fuggire da quel luogo scoprirà che l'autostrada si interrompe in un baratro. Tratto dal romanzo omonimo di Tiziano Sclavi, sceneggiatore del famoso fumetto Dylan Dog. ■ HORROR; COL.; 105′; FRANCIA, 1994. ■ DAVID DI DONATELLO 1 PR, 1 NOM.

DELOS ADVENTURE, THE ★★
Regia di JOSEPH PURCELL. Con ROGER KERN, JENNY NEUMANN, KURTWOOD SMITH. ■ Il servizio segreto Usa organizza un gruppo di geologi che installano una base nelle caverne sottomarine al largo delle coste sudamericane da cui potranno sorvegliare il traffico dei sommergibili sovietici. Ma la missione si risolve in un disastro. I geologi muoiono quasi tutti. E i superstiti hanno il loro daffare a salvare la pelle. ■ FANTASTICO; COL.; 92′; USA, 1987.

DE-LOVELY *(De Lovely)* ★★★
Regia di IRWIN WINKLER. Con KEITH ALLEN, ANGIE HILL, ASHLEY JUDD, KEVIN KLINE, JONATHAN PRYCE. ■ Un grande compositore, Cole Porter, e una colonna sonora che fa avanzare il film grazie ai numerosi interpreti molto noti che si sono prestati per l'operazione. Il film sta quasi tutto qui. Non si può non reagire con un sorriso a *Let's Misbeheave*, con una nota di sentimentalismo misto a malinconia a *Night and Day*. Solo che, oltre a questo, nel film resta ben poco. A parte i riferimenti precisi e ripetuti alla bisessualità del musicista e, nella parte finale, alla caduta da cavallo che lo costrinse all'amputazione di una gamba. Questo perché la sceneggiatura lo ingabbia in modo rigido in un percorso biografico "in forma di musical". L'ascolto se ne avvantaggia. La visione, nonostante gli abiti firmati Armani, un po' meno. ■ MUSICALE; COL.; 125′; GRAN BRETAGNA, USA, 2004. ■ GOLDEN GLOBES 2 NOM.

DEL PERDUTO AMORE ★★★
Regia di MICHELE PLACIDO. Con FABRIZIO BENTIVOGLIO, ENRICO LO VERSO, GIOVANNA MEZZOGIORNO, ROCCO PAPALEO, MICHELE PLACIDO, SERGIO RUBINI. ■ 1958. Liliana è una giovane comunista che si dedica totalmente all'emancipazione delle donne in un paesino lucano. Il suo impegno entra in collisione non solo con la mentalità dei conservatori ma anche con quella dei suoi stessi compagni di partito. Apre anche una scuola popolare che è esempio quotidiano del suo bisogno di "fare" senza calcoli utilitaristici e proprio alla scuola della "comunista" verrà educato colui che diverrà nel futuro un sacerdote e ricorderà l'intera vicenda. Placido asseconda la sua vena impegnata e sanguigna evitando cadute nel bozzettismo anche se qualche momento oleografico non manca. Sa però dirigere (e lo aveva già dimostrato in *Un eroe borghese*) e realizza un film "utile" per la memoria un po' troppo spesso labile dei suoi connazionali. ■ DRAMMATICO; COL.; 99′; ITALIA, 1998.

DELTA DI VENERE, IL *(Delta of Venus)* ★★
Regia di ZALMAN KING. Con RORY CAMPBELL, AUDIE ENGLAND, COSTAS MANDYLOR, BERNARD ZETTE. ■ Una giovane americana, aspirante scrittrice, approda a Parigi alla fine degli anni Tren-

ta. Frequenta personaggi di nazionalità assortite, ha una relazione intensa e disastrosa con un romanziere di successo e finisce per scrivere su commissione per un ricco appassionato di letteratura erotica. Noto fabbricante di erotismo soft, stavolta Zalman King saccheggia l'omonimo libro di racconti di Anaïs Nin. ■ EROTICO; COL.; 102'; USA, 1995.

DELTA FORCE *(The Delta Force)* ★★
Regia di MENAHEM GOLAN. Con LEE MARVIN, CHUCK NORRIS, HANNA SCHYGULLA. ■ La Delta Force è una squadra militare americana di pronto intervento. Dopo una cocente sconfitta a Teheran, la Delta ha la sua riabilitazione durante un colpo di mano per liberare i passeggeri di un aereo presi in ostaggio da terroristi mediorientali. ■ AVVENTURA; COL.; 129'; USA, 1986.

DELTA FORCE COMMANDO ★★
Regia di FRANK VALENTI. Con BRETT CLARK, BO SVENSON. ■ Due agenti speciali vengono inviati in Nicaragua per recuperare un ordigno nucleare trafugato e portato colà da alcuni terroristi. Impresa non facile. Gli agenti debbono anche affrontare i guerriglieri locali. ■ AVVENTURA; COL.; 95'; USA, 1987.

DELTA FOX ★★
Regia di BEVERLY SEBASTIAN, FERD SEBASTIAN. Con JOHN IRELAND, RICHARD LYNCH, STUART WHITMAN. ■ Un contrabbandiere porta un carico che scotta dalla Florida alla California. Ma tanti gli danno la caccia: polizia e concorrenza. Un ovvio film *on the road* nobilitato in parte da un manipolo di noti caratteristi. ■ AVVENTURA; COL.; 97'; USA, 1977.

DEMOLITION MAN ★★
Regia di MARCO BRAMBILLA. Con SANDRA BULLOCK, WESLEY SNIPES, SYLVESTER STALLONE. ■ Grande successo di pubblico per il primo film di un regista milanese, che si è fatto le ossa nella pubblicità. La cosa particolare è che ha lavorato sempre negli Stati Uniti e il film è una produzione hollywoodiana. Siamo nel 2032 in California, dove assistiamo alla lotta tra due nemici congelati per molti anni. Uno è un poliziotto, Stallone, e l'altro è un delinquente senza scrupoli, Snipes. Ovviamente il poliziotto farà ritornare l'ordine e la tranquillità. Per i giovani che amano il genere. ■ FANTASTICO; COL.; 114'; USA, 1993.

DEMONE, LE *(Les dé mons)* ★★
Regia di JESUS FRANCO. Con LOUIS BARBOO, ALBERTO DALBÉS, KARIN FIELD, JOHN FOSTER, ANNE LIBERT, BRITT NICHOLS, DORIS THOMAS, HOWARD VERNON. ■ Le due figlie di una strega bruciata sul rogo, monache in un convento centro di riti satanici, vengono imprigionate dall'Inquisizione, seviziate e violentate. Liberate, si fanno travolgere dalla rivoluzione e ne vedono ancora di tutti i colori. Una di esse, poi, ci lascia la pelle. ■ HORROR; COL.; 92'; FRANCIA, 1972.

DEMONE BIANCO *(Bewitched)* ★★
Regia di ARCH OBOLER. Con EDMUND GWENN, ADDISON RICHARD, PHYLLIS THAXTER. ■ Una ragazza, posseduta da un demone che la obbliga ad azioni incompatibili con la sua personalità e il suo carattere, un giorno ammazza il suo futuro marito. Al processo il suo avvocato, che l'ama, le fa prescrivere una cura particolare. La ragazza guarisce e viene rimessa in libertà. ■ DRAMMATICO; B/N; 65'; USA, 1945.

DEMONE DEL GIOCO, IL *(La dame de pique)* ★★
Regia di FEDOR OZEP. Con PIERRE BLANCHAR, MADELEINE OZERAY. ■ Il film è ispirato alla *Dama di picche* di Puskin. Un militare russo ossessionato dalla passione per il gioco vuol farsi rivelare da una anziana e ricchissima nobildonna un trucco infallibile insegnatole da Rasputin. Nonostante sia venuto in possesso del segreto, tuttavia, continua a perdere e impazzirebbe se non fosse per una graziosa salvatrice. ■ DRAMMATICO; B/N; 87'; FRANCIA, 1937.

DEMONE DELLA CARNE, IL *(Vertigo)* ★★
Regia di ANTONIO MOMPLET. Con MARIA FELIX, LILIA MICHEL, EMILIO TUERO. ■ Una donna, sposatasi per rimpinguare il patrimonio della famiglia, rimane ben presto orfana, poi vedova. Invaghitasi del futuro genero ne diventa l'amante, ma se ne pente. L'uomo invece, per restare con lei, provoca la morte della fidanzata. Anni dopo verrà ammazzato dall'ex amante che ha scoperto tutto. ■ DRAMMATICO; B/N; 95'; MESSICO, 1945.

DEMONE DELLA GELOSIA, IL *(Celos)* ★
Regia di MARIO SOFFICI. Con PEDRO LOPEZ LAGAR, ZULLY MORENO. ■ Gelosissimo della consorte, che non lo ama, il protagonista l'accusa ingiustamente di aver intrecciato una relazione con un amico. Si accorge dell'errore e parte per riflettere sulla situazione. Al suo ritorno improvviso trova l'amico in casa: perde la testa, ammazza la moglie e si toglie la vita. ■ DRAMMATICO; B/N; 90'; ARGENTINA, 1946.

DEMONE DELLA MONTAGNA, IL ★★
(Thunder Mountain)
Regia di DAVID HOWARD. Con BARBARA FRITCHIE, FRANCES GRANT, GEORGE O'BRIEN, MORGAN WALLACE. ■ Lotta a tre per il possesso e lo sfruttamento di un filone d'oro. Uno dei cercatori corteggia una ragazza che ci sta nella speranza della futura ricchezza, ma lo abbandona al primo ostacolo. L'uomo, dopo la morte di un compagno, ha la meglio sull'altro e sposa una timida ma tenace innamorata. ■ DRAMMATICO; B/N; 68'; USA, 1935.

DEMONE DELLE GALASSIE, IL *(The Dungeonmaster)* ★
Regia di DAVID ALLEN, CHARLES BAND, JOHN CARL BUECHLER, STEVE FORD, PETER MANOOGIAN, TED NICOLAOU, ROSEMARIE TURKO. Con JEFFREY BYRON. ■ Probabilmente non è facile che sette registi si mettano d'accordo per girare un unico film. Certamente, per una pellicola horror come questa non ne valeva la pena. ■ HORROR; COL.; 80'; USA, 1985.

DEMONE DELL'ISOLA, IL *(Hell's Island)* ★★
Regia di PHIL KARLSON. Con MARY MURPHY, JOHN PAYNE, FRANCIS L. SULLIVAN. ■ La vicenda ruota attorno ad un rubino. Il protagonista accetta di tentare il recupero poiché nell'isola dei Caraibi in cui si trova la pietra abita l'ex fidanzata. Donna senza scrupoli, lei si serve di tutti e non esita ad uccidere pur di entrare in possesso del prezioso, ma i suoi intrighi la porteranno in galera. ■ DRAMMATICO; COL.; 84'; USA, 1954.

DEMONE NERO, IL *(Dracula)* ★★
Regia di DAN CURTIS. Con MURRAY BROWN, PAMELA BROWN, NIGEL DAVENPORT, PENELOPE HORNER, FIONA LEWIS, JACK PALANCE, SIMON WARD. ■ Dracula si trasferisce in Inghilterra e miete le prime vittime. A poco a poco i sospetti si accentrano su di lui ed egli torna precipitosamente in Ungheria, inseguito da due uomini che tenteranno di ucciderlo. ■ HORROR; COL.; 100'; GRAN BRETAGNA, 1974.

DEMONE SOTTO LA PELLE, IL ★★★
(They Came from Within – The Parasite Murders)
Regia di DAVID CRONENBERG. Con PAUL HAMPTON, JOE SILVER, BARBARA STEELE. ■ Un medico ha scoperto un parassita che potenzia le capacità sessuali. Ma gli effetti collaterali sono tremendi: i pazienti perdono ogni controllo. Il medico, dopo aver visto le prime conseguenze su una ragazza volontariamente offertasi per gli esperimenti, la uccide e si suicida. Ma intanto il parassita si è diffuso fra gli altri inquilini del palazzo e, come la peste, sta contaminando la città. ■ HORROR; COL.; 87'; CANADA, 1974.

DEMONI ★★
Regia di LAMBERTO BAVA. Con FIORE ARGENTO, URBANO BARBERINI, NICOLETTA ELMI, NATASHA HOVEY. ■ Invitate al cinema da un uomo misterioso, con la faccia per metà coperta da una maschera, Sharon e una sua amica precipitano nel terrore che, dallo schermo, dilaga in platea. Mutazioni mostruose, porte murate, mostri e sbudellamenti, nel nome della maledizione di Nostradamus. Sharon e un ragazzo conosciuto in sala riescono a fuggire, ma lei è ormai contagiata dalla demoniaca profezia. Bava, già ottimo discepolo di quel Dario Argento che firma anche la sceneggiatura, qui è maestro del genere. ■ HORROR; COL.; 104'; ITALIA, 1985.

DEMONI, I *(Les possédés)* ★★★
Regia di ANDRZEJ WAJDA. Con ISABELLE HUPPERT, OMAR SHARIF, LAMBERT WILSON. ■ Il romanzo di Dostoevskij portato sullo schermo da un Andrzej Wajda non al massimo dell'ispirazione. In una città russa nell'Ottocento, una serie di attentati mette la cittadinanza in un clima di psicosi e di sospetto reciproco. Alla base di tutto c'è una congiura di un gruppo di anarchici che sperano nell'imminente rivoluzione. Ma tutti (rivoluzionari e repressori) sono strumentalizzati da un diabolico individuo che si serve dei

tumulti per perseguire le sue vendette personali. ■ DRAMMATICO; COL.; 124′; FRANCIA, 1988.

DEMONI, I *(The Dirt Gang)* ★★
Regia di JERRY JAMESON. Con PAUL CARR, LEE DE BROUX, MICHAEL FOREST, MICHAEL PATE. ■ Una banda di motociclisti giunge su un set cinematografico. Il capo della gang, ubriaco e violento, sfida a duello un attore, suo ex rivale ravvedutosi, che alla fine avrà la meglio su di lui. ■ DRAMMATICO; COL.; 89′; USA, 1971.

DEMONIACA *(Dust Devil)* ★★
Regia di RICHARD STANLEY. Con ROBERT BURKE, CHELSEA FIELD, JOHN MATSIKIZA, ZAKES MOKAE. ■ Un demone percorre le zone desertiche della Namibia a caccia di vittime. Anche una giovane donna rischia di essere squartata da lui, ma finirà con il prendere il suo posto dopo averlo eliminato. Il regista gioca con le contaminazioni che vanno da Leone a *Mad Max* in un *road movie horror* di cui circolano ben tre versioni, di cui quella dell'autore dura ben 32 minuti di più di quella vista in Italia. ■ HORROR; COL.; 93′; GRAN BRETAGNA, 1992.

DEMONIACI, I *(Les Louves)* ★★
Regia di LUIS SASLAVSKY. Con JEANNE MOREAU, FRANÇOIS PÉRIER, MICHELINE PRESLE. ■ Evaso dal campo di concentramento con un compagno, che morirà, il protagonista prende il suo posto e sposa la sua fidanzata. La sua salute peggiora rapidamente: solo per caso scopre che la moglie lo avvelena metodicamente per accaparrarsi l'eredità che gli è destinata. Prima di morire riesce a murare viva la spietata consorte. ■ DRAMMATICO; B/N; 101′; FRANCIA, 1957.

DEMONI DELLA MENTE, I *(Demons of the Mind)* ★★
Regia di ARMAND MASTROIANNI. Con SCOTT CURTIS, MEL HARRIS, COTTER SMITH. ■ Un uomo è trovato decapitato nella stanza dei giochi del figlio piccolo. Chi è stato a ucciderlo? Forse il suo stesso marmocchio, per ordine di qualche malvagia creatura? Un poliziotto e una psichiatra cercano di far luce sul mistero. ■ HORROR; COL.; 92′; USA, 1987.

DEMONI DELL'ARIA, I *(Hell Divers)* ★★★
Regia di GEORGE ROY HILL. Con WALLACE BEERY, CLARK GABLE, DOROTHY JORDAN, CONRAD NAGEL, MARJORIE RAMBEAU. ■ Filmetto militar-leggero tipico della Metro negli anni ruggenti, quando Gable non aveva ancora i baffi e Beery era il più grande caratterista di Hollywood. I due protagonisti sono piloti della flotta aerea che agisce con la marina. ■ COMMEDIA; B/N; 113′; USA, 1931.

DEMONI DEL MARE, I *(Sea Devils)* ★★
Regia di BENJAMIN STOLOFF. Con IDA LUPINO, VICTOR MCLAGLEN. ■ Marinaio irrequieto e ribelle viene strapazzato dal padre della fidanzata, ufficiale della nave sulla quale il protagonista è imbarcato, che è contrario alla loro unione. Il ragazzo sopporta e dà prova di coraggio in un pericoloso frangente durante il quale il futuro suocero muore. I due innamorati si sposeranno. ■ COMMEDIA; B/N; 90′; USA, 1937.

DEMONI DI FUOCO *(The Night of the Big Heat)* ★★
Regia di TERENCE FISHER. Con PATRICK ALLEN, PETER CUSHING, SARAH LAWSON, CHRISTOPHER LEE, JANE MERROW. ■ Alcuni extraterrestri preparano l'invasione alla Terra e provocano inspiegabili fenomeni tra i quali un caldo insopportabile, condizione necessaria alla loro sopravvivenza. Periranno tutti vittime della pioggia, involontariamente causata da loro stessi. ■ FANTASCIENZA; COL.; 94′; GRAN BRETAGNA, 1967.

DEMONI DI SAN PIETROBURGO, I ★★
Regia di GIULIANO MONTALDO. Con ANITA CAPRIOLI, SANDRA CECCARELLI, CAROLINA CRESCENTINI, ROBERTO HERLITZKA, MIKI MANOJLOVIC, GIOVANNI MARTORANA, PATRIZIA SACCHI, FILIPPO TIMI. ■ In un giorno di nebbia del 1860, Fjodor Mikhajlovic Dostojevskij varca la soglia dell'ospedale psichiatrico di San Pietroburgo per incontrare un presunto folle, Gusiev, che lo ha contattato per lettera. Al suo amato scrittore, il giovane confessa, pentito, di aver fatto parte del gruppo terroristico che ha da poco assassinato il principe e che sta preparando l'omicidio del granduca. Il progetto prevede l'annientamento dell'intera famiglia imperiale e il solo modo per sventarlo è fermare il capo dei rivoltosi, una donna di nome Aleksandra. Sconvolto da questa notizia, pressato dall'editore a cui deve consegnare un romanzo entro cinque giorni, Dostojevskij ingaggia una lotta con i suoi demoni: la colpa, il dubbio, il passato, la malattia. Giuliano Montaldo torna al cinema, perseguitato a sua volta dal demone di un progetto che, presente da lungo tempo nella sua mente, scalpitava per venire alla luce. Ideato da Andrei Konchalovsky, *I demoni di San Pietroburgo* è insieme la storia di un uomo, la lettura di un artista e l'affresco di una Storia, che non smette di ripetersi. Mescolando biografia e bibliografia, Montaldo si serve della più grande voce della letteratura russa per affrontare un discorso politico che, in ultima istanza, raccomanda di cercare l'Uomo e di fuggire dall'adesione cieca agli ideali astratti, scorciatoia fatale verso il delirio d'onnipotenza e la violenza. ■ DRAMMATICO; COL.; 118′; ITALIA, 2007.

DEMONI 2... L'INCUBO RITORNA ★★
Regia di LAMBERTO BAVA. Con NANCY BRILLI, CAROLINA CATALDI TASSONI, DAVID KNIGHT. ■ Potere demoniaco della televisione. In camera di Sally, ragazza sedicenne, si materializzano dei demoni che saltano fuori da un programma televisivo, mentre lei sta dando una festicciola. La giovane si tramuta in un mostro il cui sangue, corrodendo il pavimento, provoca un black-out che terrorizza gli inquilini. Demoni ed esseri umani si scontrano in feroci allucinanti battaglie fin quando un giovane capisce che l'orrore viene dai video e distrugge tutti quelli in circolazione. ■ HORROR; COL.; 88′; ITALIA, 1986.

DEMONI E DEI *(Gods and Monsters)* ★★★
Regia di BILL CONDON. Con LOLITA DAVIDOVICH, DAVID DUKES, BRENDAN FRASER, IAN MCKELLEN, LYNN REDGRAVE. ■ Tratto dal romanzo *Father of Frankenstein* di Christopher Bram, il film racconta gli ultimi giorni di James Whale, il regista inglese suicidatosi nel 1957 e autore del primo Frankenstein cinematografico. Ci vengono mostrati i suoi incubi e le sue gioie (i demoni e gli dèi). Grazie alle prestazioni degli interpreti il film sfugge alle tentazioni della biografia filmata. Anche perché realtà e finzione sono abilmente mescolate e l'impianto un po' teatrale non infastidisce più di tanto. ■ BIOGRAFICO; COL.; 105′; GRAN BRETAGNA, USA, 1998. ■ GOLDEN GLOBES 1 PR, 3 NOM; OSCAR 1 PR, 3 NOM.

DEMONIO, IL ★★8
Regia di BRUNELLO RONDI. Con DALIAH LAVI, FRANK WOLFF. ■ Una ragazza è ritenuta preda del demonio e causa delle disgrazie che colpiscono il paese in cui vive. Dopo un inefficace esorcismo la donna si concede all'uomo che ama il quale, persuaso come gli altri di doverle attribuire i suoi guai, la elimina. ■ DRAMMATICO; B/N; 90′; ITALIA, 1963. ■ BERLINO 8 1 PR.

DEMONIO AMORE MIO *(My Demon Lover)* ★
Regia di CHARLIE LOVENTHAL. Con ALAN FUDGE, MICHELE LITTLE, SCOTT VALENTINE. ■ Un'impiegata accetta la corte di un giovane collega. Tutto procede tranquillo, finché i due non vengono al sodo. Durante l'amplesso lui si trasforma in un orribile diavolo (la colpa è di una maledizione che gli han tirato da piccolo). La ragazza, con quel partner, rischia più volte la pelle. Ma intanto s'è innamorata sul serio, e sarà l'amore a liberare il giovane dalla maledizione. ■ FANTASTICO; COL.; 89′; USA, 1987.

DEMONIO DALLA FACCIA D'ANGELO *(Full Circle)* ★★
Regia di RICHARD LONCRAINE. Con TOM CONTI, KEIR DULLEA, MIA FARROW, ROBIN GAMMELL. ■ Dramma a sfondo parapsicologico: una giovane madre, tentando di salvare la figlioletta da un incidente, la uccide; così iniziano le sue peripezie. Lasciato il marito, si stabilisce in un appartamento londinese abitato dal fantasma di un altro bambino. Le sgradevoli sorprese non mancheranno. ■ DRAMMATICO; COL.; 92′; CANADA, 1977.

DEMONIO NEL CERVELLO, IL ★
Regia di MARCO MASI. Con CRISTIANA BORGHI, PIETRO FABIANI, LUIGIA GIURI, ANTONIO MAIMONE, ROBERT MARROW. ■ In Messico, presso la frontiera col Texas, un rude meccanico vive con la ragazza che ha salvato da certi stupratori: da allora la ragazza è diventata la sua amante e la sua serva. Strani ed eterogenei clienti giungono all'officina dell'uomo, ciascuno covando segreti propositi o manifestando improbabili comportamenti. Ri-

partiti i clienti, tutto torna come prima. ■ COMMEDIA; COL.; 92′; ITALIA, 1975.

DEMONLOVER ★★
Regia di OLIVIER ASSAYES. Con CHARLES BERLING, GINA GERSHON, CONNIE NIELSEN, CHLOE SEVIGNY. ■ Una potente e ricchissima società francese intende acquistare in esclusiva la produzione di una certa Casa giapponese, che produce programmi di cartoni che hanno un'audience vastissima in tutto il mondo. I cartoni vorrebbero essere definiti erotici, in realtà riescono ad essere furbescamente porno. Il giro di denaro è vertiginoso. Tanto che intorno all'operazione agiscono dei veri agenti segreti specialisti in spionaggio industriale. Naturalmente c'è un concorrente che intende far naufragare il progetto della società francese. ■ DRAMMATICO; COL.; 129′; FRANCIA, 2002.

DENARO, IL *(L'argent)* ★★★
Regia di MARCEL L'HERBIER. Con ALFRED ABEL, PIERRE ALCOVER, BRIGITTE HELM. ■ Tratto dal romanzo di Émile Zola. Saccard è direttore della Banca Universale. Viene messo sul lastrico da Gunderman, acerrimo nemico, e da una baronessa ex amante di Saccard. Riesce a riscattarsi con l'aiuto di un ingegnere con la passione per il volo, Hamelin. ■ DRAMMATICO; B/N; 100′; FRANCIA, 1929.

DENNIS LA MINACCIA *(Dennis the Menace)* ★★
Regia di NICK CASTLE. Con MASON GAMBLE, WALTER MATTHAU, JOAN PLOWRIGHT. ■ Dennis, nato sulle pagine dedicate ai fumetti, è il classico bambino scatenaguai. Suo bersaglio più o meno dichiarato è il vicino di casa, che si ritrova a fargli da nonnomaterasso. Se non ci fosse Matthau il film non esisterebbe. ■ COMMEDIA; COL.; 98′; USA, 1993.

DENTE PER DENTE ★★
Regia di MARCO ELTER. Con LOREDANA, CESCO BASEGGIO, CATERINA BORATTO, AMELIA CHELLINI, NELLY CORRADI, CARLO TAMBERLANI. ■ Ispirato a *Misura per misura* di William Shakespeare. Un duca in procinto di partire dal suo feudo ne affida la direzione temporanea ad un parente. Questi si comporta disonestamente (è ammaliato da una fanciulla) e sconterà la sua colpa. ■ DRAMMATICO; B/N; 90′; ITALIA, 1942.

DENTI ★
Regia di GABRIELE SALVATORES. Con FABRIZIO BENTIVOGLIO, ANITA CAPRIOLI, TOM NOVEMBRE, SERGIO RUBINI, PAOLO VILLAGGIO. ■ Antonio, sin da piccolo, ha avuto grossi problemi con due incisivi sovradimensionati che gli hanno sfigurato il sorriso. Ora che è adulto, divorziato con figlia e con una nuova compagna di cui è molto geloso, se li vede frantumare. Inizia così una peregrinazione da un dentista all'altro per cercare di porre un rimedio definitivo al problema. In pratica però riemergono numerosi ricordi e frustrazioni dell'infanzia e dell'età più matura con un riferimento insistente alla figura materna. C'era una volta Gabriele Salvatores che raccontava, con una rivisitazione originale della commedia all'italiana, i quarantenni postsessantottini. A un certo punto, essendosi sentito dire da più parti che il ciclo era da considerarsi esaurito prese a riflettere sulla società (*Sud*) e sulla precarietà del cyberspazio (*Nirvana*). Ora è giunto ai Massimi Sistemi (leggi il Senso della Vita etc...). Ma Salvatores non è Greenaway. ■ GROTTESCO; COL.; 98′; ITALIA, 2000.

DENTI ASSASSINI *(Food of the Gods II – Gnaw)* ★
Regia di DAMIAN LEE. Con PAUL COUFOS, COLIN FOX, FRANK MOORE, LISA SCHRAGE. ■ Mentre gli studenti di un campus americano manifestano contro la vivisezione, in un laboratorio si sta sperimentando sui topi una cura contro il nanismo, ma gli animali impazziranno seminando il terrore. ■ HORROR; COL.; 91′; CANADA, 1988.

DENTI LUNGHI, I *(Les dents longues)* ★★
Regia di DANIEL GÉLIN. Con JEAN DEBUCOURT, DANIÈLE DELORME, DANIEL GÉLIN, LOUIS SEIGNER. ■ È il racconto dell'ascesa in campo giornalistico di un ragazzo dal talento straordinario. Deve subire molte umiliazioni – come la pubblicazione di suoi articoli firmati da altri –, tuttavia la sua costanza gli consente di diventare direttore del giornale nel quale lavora. ■ DRAMMATICO; B/N; 95′; FRANCIA, 1953.

DENTIST, THE ★★
Regia di BRIAN YUZNA. Con CORBIN BERNSEN, MOLLY HAGAN, LINDA HOFFMAN. ■ Un delirante viaggio nel terrore, agghiacciante per chi ha paura di visitare il proprio dentista. Un dentista di lusso, appunto, scopre che la moglie lo tradisce e dopo averla sfigurata comincia a prendere di mira i poveri ed innocenti pazienti. Yuzna, grande visionario, viene aiutato nella sceneggiatura dall'amico regista Stuart Gordon. ■ HORROR; COL.; 85′; USA, 1996.

DENTRO LA CASA DELLA VECCHIA SIGNORA ★★
Regia di GIACOMO BATTIATO. Con ADRIANA ALBEN, FELICE ANDREASI, ELSA BONI. ■ Da un racconto di Robert Louis Stevenson. Una vecchia munifica signora concede l'uso del suo albergo a un pittore squattrinato. Costui subaffitta qualche stanza a un vecchio stravagante e alla sua governante. Ma costoro lo attirano in giochi pericolosi fino a fare, dell'artista sognatore, un terrorista. ■ DRAMMATICO; B/N; 76′; ITALIA, 1972.

DENTRO LA CITTÀ ★★
Regia di ANDREA COSTANTINI. Con ELISABETTA CAVALLOTTI, GIORGIO COLANGELI, SIMONE COLOMBARI, EDOARDO LEO, ROLANDO RAVELLO, ANDREA RIVERA, LUCA WARD. ■ Un piccolo distretto di polizia ricavato in un garage della protezione civile, nella periferia di Roma. Dovrebbe essere un dipartimento tranquillo, adibito al rilascio di passaporti e a qualche operazione di routine. Ma qui si incontrano il giovane vicecommissario con la faccia da bravo ragazzo e appena uscito dall'Accademia, qualche testa calda abituata ai metodi spicci, agenti in punizione, etc. Tutti luoghi comuni, ma ben gestiti. Notato Luca Ward, cattivo di Rivombrosa: non ha solo una bella voce. ■ POLIZIESCO; COL.; 105′; ITALIA, 2004.

DENTRO LA GRANDE MELA *(Five Corners)* ★★★
Regia di TONY BILL. Con JODIE FOSTER, TIM ROBBINS, JOHN TURTURRO. ■ La "grande mela" è la città tentacolare di New York. E la storia si svolge nel punto più verminoso della mela, il Bronx. Lì ritorna un giovane psicopatico chiuso per qualche tempo in carcere per tentato stupro. Ovviamente appena fuori si mette alla ricerca della ragazza che aveva cercato di violentare. ■ DRAMMATICO; COL.; 92′; USA, 1988.

DENTRO LA NOTIZIA *(Broadcast News)* ★★★
Regia di JAMES L. BROOKS. Con ALBERT BROOKS, HOLLY HUNTER, WILLIAM HURT. ■ È la storia di tre mezzibusti in una stazione televisiva di Washington; un ottimo giornalista poco telegenico ama una dinamica produttrice che però gli preferisce un *anchor man* telegenico, anche se professionalmente meno qualificato del rivale. La rivalità professionale e amorosa sarà troncata da una serie di provvedimenti dei capi del network (il "bello" sarà promosso ma trasferito, il "brutto" più o meno costretto a dimettersi). ■ COMMEDIA; COL.; 120′; USA, 1987. ■ BERLINO 1 PR; GOLDEN GLOBES 5 NOM; OSCAR 7 NOM.

DEPARTED – IL BENE E IL MALE, THE ★★★★
(The Departed)
Regia di MARTIN SCORSESE. Con ANTHONY ANDERSON, ALEC BALDWIN, MATT DAMON, LEONARDO DICAPRIO, VERA FARMIGA, JACK NICHOLSON, MARTIN SHEEN, MARK WAHLBERG, RAY WINSTONE. ■ Vite, professione, pericoli e destini paralleli di Matt Damon e Leonardo DiCaprio. Il primo dà corpo e volto a Colin Sullivan, il secondo a Billy Costigan, poliziotti. Billy-Leo proviene da padre (quasi) mafioso e da madre di famiglia bene. Un contrasto che ne fa un tormentato triste e aggressivo. L'altro viene "tirato su" fin da piccolo dal boss Costello (Nicholson), che se lo ritroverà agente primo della classe, inseritissimo nella polizia di Boston. Colin sarà dunque l'infiltrato di Costello nella polizia, Billy l'infiltrato (supersegreto) della polizia nella banda di Costello. Parte la costruzione di un'architettura complessa che fa leva sugli incarichi speculari dei due poliziotti: scoprire le talpe, cioè se stessi. Alla fine tutto si ricompone al meglio, che però forse non è il "meglio" che si attende lo spettatore. In questo quadro agiscono: agenti dell'Fbi, doppi e tripli (altri) infiltrati, psicologa sexy che divide il letto ora col poliziotto ora col (presunto) criminale, sergente antipatico ma efficiente, prostituta filosofa che si inginocchia a comando davanti al boss. Il tutto su di un tappeto di violenza tollerabile e di

ironia come deterrente a lunghi discorsi sulla vita e sulla morte del grande Costello, meglio, del grande Nicholson, anche lui filosofo e gran conoscitore dell'animo – criminale – umano. In questo senso non si può non citare lo sceneggiatore William Monahan che ha ripreso lo spunto di un thriller del 2002, *Infernal Affairs*, ambientato a Hong Kong. Monahan riesce a inserire la voce fuori campo, tanto cara al regista, con le giuste misure, come azione viva e non frenante. E poi gli attori: con una citazione in parti di contorno ma decisive per Alec Baldwin e Martin Sheen, i migliori se stessi, dunque efficaci. Rilevato un DiCaprio di straordinaria febbrile intensità e palestrato, con torace praticamente doppio di quando faceva *Poeti dall'inferno*. È il miglior film dell'era recente di Scorsese. Occorre tornare, come riferimento di altrettanta qualità, all'*Età dell'innocenza*. Quando raccontava di Dalai Lama o di gangs d'altri tempi, o di paramedici mistici, o di citizen aviatori-igienisti, faceva prodotti di ottimo mestiere, ma l'anima del figlio del Queens e di Brooklyn, era rimasta là, con De Niro, coi bravi ragazzi eccetera. Qui Scorsese ritorna a casa. Cambia solo nomi (irlandesi, non più italiani) e grattacieli (Boston, non più New York). Sì, Martin è tornato. Oscar, fra gli altri, al film e al regista. ■ HARD BOILED; COL.; 149′; USA, 2006. ■ OSCAR 4 PR 🏆.

DEPORTATE DELLA SEZIONE SPECIALE SS, LE ★
Regia di RINO DI SILVESTRO. Con RIK BATTAGLIA, GUIDO LEONTINI, LINA POLITO, ERNA SCHURER, SARA SPERATI, JOHN STEINER. ■ Le SS smistano le donne ebree nei vari lager. Fra queste c'è Tania ed il comandante se ne innamora. ■ GUERRA; COL.; 95′; ITALIA, 1976.

DEPORTATI, I *(Escape from Devil's Island)* ★★
Regia di ALBERT S. ROGELL. Con VICTOR JORY, FLORENCE RICE. ■ Spia colta in flagrante è destinata ai lavori forzati. Il suo futuro genero tenta di farlo evadere ma l'uomo muore; il compagno di fuga, salvatosi, frequenta sua figlia, se ne innamora e la sposa. ■ DRAMMATICO; B/N; 90′; USA, 1935.

DEPORTATI DI BOTANY BAY, I *(Botany Bay)* ★★★
Regia di JOHN FARROW. Con ALAN LADD, JAMES MASON, PATRICIA MEDINA. ■ Siamo alla fine del diciottesimo secolo: destinato alla deportazione in Australia per un errore giudiziario, un forzato tenta inutilmente la fuga e si salva dalla spietata punizione per l'intervento di una donna che lo ama. Un secondo tentativo di evasione (stavolta in terraferma) ha esito felice, ma egli torna alla nave pronto ad aiutare i compagni colpiti dalla peste. Ottiene per questo la libertà. ■ AVVENTURA; COL.; 94′; USA, 1952.

DEPORTATO, IL *(Deported)* ★★
Regia di ROBERT SIODMAK. Con MARINA BERTI, JEFF CHANDLER, MARTA TOREN. ■ Espulso dagli Usa dopo alcuni anni di prigione per furto, un uomo torna al paese natio dove trova subito l'occasione di organizzare un colpo fruttuoso. Non lo porta a termine perché si innamora della donna che intendeva derubare. ■ DRAMMATICO; B/N; 80′; USA, 1950.

DEPUTATO DEL BALTICO, IL *(Deputat Baltiki)* ★★★
Regia di ALEKSANDR ZARKHY. Con NICOLAJ CERKASOV, MARTA DOMASEVA, BORIS LIVANOV. ■ Timiriazev, eminente studioso russo malvisto per le sue idee politiche, riesce con la collaborazione dei navigatori del Baltico a far stampare un suo trattato sulla botanica boicottato dagli avversari e a divenire deputato in rappresentanza di quella regione. ■ BIOGRAFICO; B/N; 95′; URSS, 1936.

DERAILED – ATTRAZIONE LETALE *(Derailed)* ★★
Regia di MIKAEL HAFSTRÖM. Con JENNIFER ANISTON, RACHEL BLAKE, VINCENT CASSEL, TOM CONTI, GIANCARLO ESPOSITO, MELISSA GEORGE, DAVID MORRISSEY, CLIVE OWEN, ADDISON TIMLIN. ■ Marito, padre, affermato pubblicitario: una vita apparentemente perfetta, quella di Charles. Ma l'essere umano è debole, e l'insoddisfazione latente fa deragliare l'uomo dal proprio binario prefissato di fronte all'incontro fortuito con Lucinda, sul treno delle 8. Tra i due, entrambi sposati, scocca la fatidica scintilla, che li conduce inesorabilmente in una stanza di motel. Gli amanti vengono però interrotti da un malvivente, che rapina Charles e stupra la donna. Tra senso di colpa e impossibilità di denunciare l'accaduto alla polizia per evitare lo scandalo, i due subiscono la persecuzione del criminale. Charles si troverà così messo alle corde dal ricatto, fino alla scoperta di un'incongruenza che lo porterà a intuire verità insospettabili. ■ THRILLER; COL.; 107′; USA, 2005.

DE REDITU – IL RITORNO ★★
Regia di CLAUDIO BONDÌ. Con RODOLFO CORSATO, ROBERTO HERLITZKA, ROMUALD KLOS, ELIA SCHILTON. ■ Quinto secolo a.C. L'Impero romano è minacciato dai Goti e il prefetto Claudio Rutilio Damaziano sta tornando alla propria casa (a Tolosa in Gallia) per verificare i danni prodotti dagli invasori nella loro marcia verso Roma. Ma la sua vera missione consiste nel convincere l'imperatore, ritiratosi a Ravenna, a tentare di riconquistare l'impero. ■ STORICO; COL.; 102′; ITALIA, 2003.

DERELITTE, LE *(Les deux gamines)* ★★
Regia di MAURICE DE CANONGE. Con MARIE-FRANCE, JOSETTE ARNO, LÉE MARJANE, SUZY PRIM, RENÉ SERVIL. ■ Le figlie di una cantante in tournée, separata da un uomo che gode di pessima reputazione, vengono per questo respinte dal collegio dove la madre le ha condotte e date in custodia al nonno. Tormentate da un'acida domestica, scappano, si perdono e vengono addirittura implicate in un furto. Dopo tante peripezie tornano tra le braccia della madre. ■ DRAMMATICO; B/N; 93′; FRANCIA, 1951.

DERNIER COMBAT, LE ★★★
Regia di LUC BESSON. Con JEAN BOUISE, PIERRE JOLIVET, CHRISTIANE KRUGER. ■ In un mondo ridotto a un cumulo di macerie e avvelenato da nubi tossiche, un giovane cerca disperatamente di sopravvivere. Stringe amicizia con un vecchio dottore che però muore in un incidente. Si innamora di una ragazza appena intravista, che però viene uccisa da un pazzo. Riuscirà a vincere la lotta della sopravvivenza aggredendo un gruppo di disperati e diventandone il capo. ■ FANTASCIENZA; B/N; 90′; FRANCIA, 1982.

DERNIER HOMME, LE ★★
Regia di GHASSAN SALHAB. Con CARLOS CHAHINE. ■ La quotidianità del dottor Khalil si tinge del colore del sangue. Ogni giorno all'ospedale di Beirut giungono corpi esanimi di uomini e donne, marchiati e dissanguati con una ferita al collo che progressivamente assume sempre più nettamente le fattezze di un morso vampiresco. Khalil osserva, tocca con mano e resta turbato. Il rosso si affaccia, da quel momento in poi, a intervalli regolari e incalzanti nel terzo lungometraggio di Ghassan Salhab. Prima nella vernice fresca di una barca, vicino al punto in cui Khalil si immerge per le consuete sessioni subacquee, segnali di una solitudine ricercata ma anche di una presa di distanza dal mondo, poi è il sangue nell'occhio dello stesso Khalil, che comincia a mal sopportare la luce e finirà per lasciare il posto di lavoro e uscire in strada esclusivamente di notte. Il male di vivere lo trasforma in un elegante Nosferatu, sancendo un legame tra la sua persona e il serial-killer cui tutti danno la caccia. ■ DRAMMATICO; COL.; 101′; FRANCIA, LIBANO, 2006.

DEROBADE, LA *(La dérobade)* ★★★
Regia di DANIEL DUVAL. Con BRIGITTE ARIEL, DANIEL DUVAL, MIOU-MIOU, MARIA SCHNEIDER. ■ Marie è una commessa di diciannove anni che viene avviata dal suo amante Gérard sulla strada della prostituzione. Batte il marciapiede, frequenta gli alberghi e i locali malfamati. Cerca a più riprese di sottrarsi al "giro" ma Gérard la riacciuffa sempre. Alla fine riesce a riscattarsi (verserà una grossa somma al magnaccia in cambio della libertà). La polizia la toglie dagli schedari. Marie ridiventa, e per sempre, una donna onesta. ■ DRAMMATICO; COL.; 115′; FRANCIA, 1979.

DERSU UZALA IL PICCOLO UOMO DELLE GRANDI PIANURE *(Dersu Uzala)* ★★★★
Regia di AKIRA KUROSAWA. Con MAKSIM MUNZUK, JURI SOLOMIN. ■ Un capitano russo ricorda il vecchio Dersu, un cacciatore mongolo che gli fece da guida durante le sue esplorazione nella tundra. Durante una tormenta il piccolo uomo salva la vita all'ufficiale. Passano gli anni: Dersu diventa vecchio e quasi cieco. Il capitano lo prende con sé, ma Dersu non può invecchiare come un qualunque pensionato: prega il capitano di rimandarlo nella taiga dove verrà ucciso da un comune ladrone. Dersu Uzala segna il ritorno al cinema in grande stile del regista giapponese più presti-

gioso: Akira Kurosawa. Il successo non aveva impedito all'autore di entrare in una grossa crisi professionale all'inizio degli anni Sessanta, culminata con la messa al bando da parte dei produttori e il tentato suicidio nel 1971. Questa coproduzione con la Russia che gli ha fatto vincere vari premi (tra cui l'Oscar per il miglior film straniero nel 1976) è uno splendido poema epico sulla sintonia dell'uomo con la natura. Una scena in particolare (quella della tormenta) fa ormai testo. ■ AVVENTURA; COL.; 130′; GIAPPONE, URSS, 1975. ■ DAVID DI DONATELLO 1 PR, 1 NOM; OSCAR 1 PR, 1 NOM.

DERVISCIO, IL *(Dervis)* ★★
Regia di ALBERTO RONDALLI. Con SONER AGIN, YUKSEL ARICI, CEZMI BASKIN, HALDUN BOYSAN, ANTONIO BUIL PUEJO. ■ Siamo intorno al 1900, in una provincia dell'Impero ottomano. Ahmed Nurettin è il capo della comunità civile e religiosa dei Mevlevi. Il mondo di Ahmed è un mondo di certezze assolute e verità incontestabili e legittimate dal Corano. Vive lontano dal quotidiano e da tutte quelle persone che peraltro pretende di guidare; tutto fino a quando suo fratello non viene arrestato senza alcun motivo. Le certezze cominciano a vacillare... Ottimo esercizio di stile, realistico e meticoloso nella ricostruzione storica, affascinante e raffinato nella fotografia che, per toni e contrasti, riesce a concretizzare, nell'evanescente sostanza della luce, la tragedia che conduce il mite derviscio al suo ineluttabile destino. Si tratta di un film sicuramente bello e sicuramente perfetto, ma noioso... noiosissimo. ■ STORICO; COL.; 133′; ITALIA, TURCHIA; 2001.

DESCENT – DISCESA NELLE TENEBRE, THE ★★
(The Descent)
Regia di NEIL MARSHALL. Con MYANNA BURING, CRAIG CONWAY, NATALIE JACKSON MENDOZA, MOLLY KAYLL, STEPHEN LAMB, SHAUNA MACDONALD, OLIVER MILBURN. ■ Un gruppo di amiche innamorate dell'avventura. Di ritorno da una discesa di rafting, un incidente d'auto strappa a Sarah la piccola figlia Jessie e il marito Paul. La vita non ha più senso. Un anno dopo la spregiudicata Juno riunisce il gruppo per una discesa nelle cave di Boreham, sugli Appalachi, ma una volta sotto niente sembra combaciare con la descrizione del libro guida. Nel buio assoluto, ad attendere Sarah, Juno e le altre speleologhe, c'è un incubo di morte e la soluzione delle loro amicizie irrisolte. ■ HORROR; COL.; 99′; GRAN BRETAGNA, 2005.

DESERT DREAM *(Hyazgar)* ★★
Regia di ZHANG LU. Con BAT-ULZII, BAYASGALAN, SHIN DONGO, ENKHTUUL, SEO JUNG, MUNKHJIIN, NOMIN. ■ In una località desertica della Mongolia, Hangai, insieme con la moglie e la figlia affetta da un grave disturbo all'udito, cerca come può di arrestare l'avanzata del deserto. Pianta alberelli. La moglie si trasferisce in città per seguire le cure della bambina ma di lì a poco giungono presso la tenda di Hangai una giovane donna coreana, Choi Soon-hee, e il figlio decenne. Sono profughi dalla Corea del Nord, dove il padre del ragazzo è stato ucciso. Pian piano i due si adattano alla vita solitaria del luogo, tanto che il bambino non vuole più ripartire. Non tutto però resterà pacifico. Sono gli spazi immensi e aridi a dettare i tempi di questo film in cui il progressivo avvicinarsi delle persone è fatto di piccoli gesti pudichi che potranno poi anche sfociare nella sensualità, ma solo dopo una lunga attesa. ■ DRAMMATICO; COL.; 123′; COREA DEL SUD, FRANCIA, 2007.

DESERT MOON ★★
Regia di AOYAMA SHINJI. Con KUMIKO AKIYOSHI, MIKAMI HIROSCI, NATSUYAGI ISAO, HAGIWARA KENICHI, TOYOTA MAHO, KASHIWABARA SHUJI, IKARI YUKIKO. ■ *Eureka* raccontava un dramma umano frutto della disumana modernità, *Desert moon* fa lo stesso. Ma se *Eureka* aveva evidenziato uno stile molto personale (rarefatto, che ritraeva persone perdute e senza un destino all'interno di un paesaggio lunare e senza tempo: tant'è che qualcuno aveva gridato ad un nuovo Antonioni con gli occhi a mandorla), *Desert moon* conserva appena qualcuna di quelle atmosfere magicamente inquietanti. La forma s'affloscia, ed allora si fa più attenzione al soggetto. Anche in *Eureka* la sceneggiatura non brillava per originalità, ma c'erano gli altri elementi di linguaggio a far decollare il film (fotografia, montaggio, suoni, interpretazioni); in *Desert moon* solo qualche brano musicale e qualche scelta cromatica conferiscono al film delle atmosfere cinematograficamente distintive: per il resto *Desert moon* risulta piatto ed ingenuo, talvolta anche retorico. ■ DRAMMATICO; COL.; 131′; GIAPPONE, 2001.

DESERTO CHE VIVE *(The Living Desert)* ★★★
Regia di JAMES ALGAR. ■ Il deserto è il grande protagonista di questo interessante e vivace lungometraggio che ci descrive le cascate della Sierra Nevada: le dune e le paludi nella loro maestosità e gli animali nella loro vita quotidiana e nella lotta per la sopravvivenza. ■ DOCUMENTARIO; COL.; 73′; USA, 1953. ■ CANNES 1 PR.

DESERTO DEI TARTARI, IL ★★★
Regia di VALERIO ZURLINI. Con VITTORIO GASSMAN, GIULIANO GEMMA, HELMUT GRIEM, PHILIPPE NOIRET, JACQUES PERRIN, FRANCISCO RABAL, FERNANDO REY, JEAN-LOUIS TRINTIGNANT, MAX VON SYDOW. ■ Un giovane ufficiale viene mandato per servizio in una zona ai confini col deserto. Qui attende ansiosamente insieme ai compagni di potersi misurare con i nemici, i tartari. I giorni però trascorrono interminabili e tutti uguali: egli si ammala e muore senza aver potuto combattere. Tratto dal romanzo di Dino Buzzati. ■ DRAMMATICO; COL.; 150′; ITALIA, 1976. ■ DAVID DI DONATELLO 3 PR, 3 NOM.

DESERTO DELLA PAURA, IL *(High Desert Kill)* ★
Regia di HARRY FALK. Con CHUCK CONNORS, ANTHONY GEARY, MARC SINGER. ■ Un pericoloso scienziato conduce i suoi dubbi esperimenti tra le antiche costruzioni pueblos, nel Nuovo Messico. Caso vuole che proprio in quel luogo giungano quattro ignari cacciatori per la tradizionale battuta. ■ AVVENTURA; COL.; 88′; USA, 1989.

DESERTO DI FUOCO ★★
Regia di RENZO MERUSI. Con GIUSEPPE ADDOBBATI, FATMA BENTALI, ZOHRA FAIZA, EDWIGE FENECH, CARLA MANCINI, ETTORE MARCELLO, PETER MARTELL, GEORGE WANG. ■ Un capo beduino compie una grossa rapina, ma il bottino gli viene soffiato da un trafficante d'armi. Per vendicarsi gli fa saltare in aria un grosso carico, ma viene ammazzato in un duello dal rivale. ■ AVVENTURA; COL.; 90′; ITALIA, 1970.

DESERTO ROSSO *(Legions d'honneur)* ★★
Regia di MAURICE GLEIZE. Con MARIE BELL, PIERRE RENOIR, CHARLES VANEL. ■ Durante la licenza per una ferita riportata in guerra, un soldato si innamora della moglie di un compagno d'armi. I due tentano inutilmente di soffocare il loro sentimento: l'uomo, ferito dal compagno stesso che l'ha visto nei pressi della sua casa e non riconoscendolo gli ha sparato, viene espulso dai ranghi. Rientrato nell'esercito come volontario, muore in combattimento. ■ DRAMMATICO; B/N; 96′; FRANCIA, 1937.

DESERTO ROSSO ★★★
Regia di MICHELANGELO ANTONIONI. Con CARLO DE PRÈ, ALDO GROTTI, RICHARD HARRIS, RITA RENOIR, XENIA VALDERI, MONICA VITTI. ■ Una donna, traumatizzata da un grave incidente d'auto, non riesce più a ritrovare se stessa, né nella vita matrimoniale né al di fuori di essa. In questo film di Antonioni, come negli altri, più che la trama vera e propria contano i personaggi e le situazioni; ancora una volta esaminati con la lucidità tipica del regista. ■ DRAMMATICO; COL.; 120′; ITALIA, 1964. ■ VENEZIA 1 PR.

DESERT VAMPIRES, THE *(The Forsaken)* ★★
Regia di J. S. CARDONE. Con BRENDAN FEHR, SIMON REX, JONATHON SCHAECH, KERR SMITH. ■ Sean riceve l'incarico di condurre una Mercedes sportiva da Los Angeles a Miami. Durante il percorso incontra il cinico Nick e la bella ma sconvolta Megan. La ricetta è la solita del film estivo. Un po' di terrore a buon mercato, qualche bella ragazza e un po' di autoironia. Il tutto legato da una efficace colonna sonora. ■ HORROR; COL.; 90′; USA, 2001.

DESIDERAMI *(Desire Me)* ★★★
Regia di GEORGE CUKOR. Con GREER GARSON, RICHARD HART, ROBERT MITCHUM. ■ Durante la seconda guerra mondiale, una giovane donna riceve la notizia che il marito, dopo un periodo di prigionia, è morto; nonostante l'ulteriore conferma di un compa-

gno, fuggito dallo stesso campo di concentramento e giunto fino a lei, non vuole rassegnarsi. L'uomo in effetti ha mentito: si è innamorato della sconosciuta attraverso le parole di suo marito e vuole sposarla. Sarà ucciso, per legittima difesa, proprio dal "redivivo". ■ DRAMMATICO; B/N; 91'; USA, 1947.

DESIDERANDO GIULIA ★★
Regia di ANDREA BARZINI. Con VALERIA D'OBICI, SERENA GRANDI, SERGIO RUBINI. ■ Un letterato in crisi d'ispirazione s'innamora disperatamente di una bella donna, che lo tradisce vergognosamente. Ma neanche alla sorella dello scrittore le cose sentimentalmente vanno tanto bene. Innamorata di un giovane collega del fratello, quando questi la lascia, si uccide. Lo scrittore invece continuerà a tormentarsi invano per la bellona. ■ DRAMMATICO; COL.; 85'; ITALIA, 1986.

DESIDERATA *(Mater dolorosa)* ★★
Regia di ABEL GANCE. Con ANTONIN ARTAUD, JEAN GALLAND, LINE NORO. ■ Una donna confessa il proprio amore al cognato. Ma costui la respinge. Intanto il marito scopre una lettera e arriva a pensare che la figlia avuta dal matrimonio non sia sua. Solo molto più tardi l'innocenza (negli atti, se non nei pensieri) della donna risulterà chiara. ■ DRAMMATICO; B/N; 115'; FRANCIA, 1932.

DESIDERATA *(Ungekust Soll)* ★★
Regia di E.W. EMO. Con SUSI LAUNER, HANS MOSER. ■ I produttori di un film ne sorvegliano la protagonista affinché non si innamori di un accanito corteggiatore. Non sanno che questi, all'insaputa di tutti, l'ha già sposata. Non manca il lieto fine. ■ COMMEDIA; B/N; 92'; GERMANIA, 1936.

DESIDERI ★
Regia di MICHAEL GARDOSO. Con COURTNEY ALLEN, JOSIE BISSET, PETER MARC. ■ Jessica viene squalificata a un concorso musicale tenuto a Venezia. La giovane pianista è arrivata dagli Stati Uniti e quindi si può comprendere la sua delusione. Viene però salvata *in extremis* dal professor Contarini che avrà con lei un rapporto. Le cose però si complicano quando Jessica si invaghisce dello studente Luca. ■ COMMEDIA; COL.; 88'; ITALIA, 1989.

DESIDERIA – LA VITA INTERIORE ★★
Regia di GIANNI BARCELLONI. Con LORY DEL SANTO, KLAUS LÖWITSCH, VITTORIO MEZZOGIORNO, STEFANIA SANDRELLI, LARA WENDEL. ■ La figlia di una prostituta allevata da una ricca borghese si ribella alla madre adottiva entrando in un gruppo terroristico, ma si renderà conto d'aver sbagliato. ■ DRAMMATICO; COL.; 104'; ITALIA, 1980.

DESIDERI D'ESTATE ★★
Regia di SILVIO AMADIO. Con SANDRO CINI, ROSEMARIE DEXTER, GABRIELE FERZETTI, JODINE REDMOND. ■ Siamo su una spiaggia affollata: un gruppo di amici incarica una delle ragazze di circuire un ricco villeggiante per poter usare il suo motoscafo. Lei spinge il suo zelo fino ad innamorarsi dell'uomo, ma poiché si rende conto di non essere ricambiata fa marcia indietro. Gli amici si rassegnano a ottenere con altri mezzi l'imbarcazione. ■ COMMEDIA; B/N; 95'; ITALIA, 1964.

DESIDERI NEL SOLE *(Adieu Philippine)* ★★★
Regia di JACQUES ROZIER. Con VITTORIO CAPRIOLI, YVELINE CERY, JEAN CLAUDE JAIMINI, STEFANIA SABATINI, ANDRÉ TARROUX, DAVIDE TONELLI. ■ Le avventure sentimentali di un ragazzo, conteso tra due donne innamorate durante le sue ultime e movimentate vacanze prima dell'imbarco per l'Algeria dove perirà in guerra. ■ COMMEDIA; B/N; 116'; FRANCIA, 1962.

DESIDERIO ★★★
Regia di MARCELLO PAGLIERO. Con MASSIMO GIROTTI, CARLO NINCHI, ELLI PARVO, ROSWITA SMITH. ■ La trama è semplice, ma svolta con efficacia: una fanciulla che è scappata dalla sua casa dopo essere stata sedotta fa ritorno al paese per diventare moglie dell'uomo di cui è innamorata. I suoi guai non sono finiti: il cognato la insidia e lei, piuttosto di cedergli, si uccide. ■ DRAMMATICO; B/N; 85'; ITALIA, 1946.

DESIDERIO ★★
Regia di ANNA MARIA TATÒ. Con FANNY ARDANT, FRANCESCA DE SAPIO, LEONARDO TREVIGLIO. ■ Una giornalista di origine pugliese trapiantata in Francia si ritrova per caso nella sua terra, dopo aver perso un traghetto. L'occasione di rivisitare i luoghi della sua infanzia e di rivedere sua madre e sua nonna viene turbata dall'aggressione di uno sconosciuto. ■ DRAMMATICO; COL.; 95'; ITALIA, 1983.

DESIDERIO *(Sehnsucht)* ★★
Regia di VALESKA GRISEBACH. Con ANNETT DORNBUSCH, ANDREAS MÜLLER, ILKA WELZ. ■ Lui e Lei. Sposati, sulla trentina. Vivono in un paese dell'area berlinese. Si conoscono fin da quando erano bambini e Lei vive in adorazione di Lui desiderandolo come il primo giorno. In occasione di una trasferta di aggiornamento della brigata di pompieri di cui fa parte, Lui, dopo una solenne sbronza, si risveglia nel letto di una cameriera. Ha inizio così una storia parallela che non diminuisce l'amore per la moglie, ma che comunque non lo fa sentire a posto. Scritto e diretto dall'esordiente Valeska Grisenbach. ■ DRAMMATICO; COL.; 90'; GERMANIA, 2006.

DESIDERIO – CANAGLIE DI LUSSO *(Desire)* ★★★★
Regia di FRANK BORZAGE. Con GARY COOPER, ERNEST COSSART, MARLENE DIETRICH, WILLIAM FRAWLEY, JOHN HALLIDAY, AKIM TAMIROFF. ■ In Spagna, un'abile ladra americana si impossessa di un gioiello. Per passare la dogana senza rischi, lo nasconde nella tasca di un compagno di viaggio, intenzionata a recuperarlo al momento buono. Invece si innamora di lui: prima di diventarne la moglie, confessa le sue malefatte e restituisce il bottino. ■ COMMEDIA; B/N; 89'; USA, 1936.

DESIDERIO COLPOSO *(Sexual Intent)* ★
Regia di KURT MACCARLEY. Con MICHELE BRIN, SARAH HILL, GARY HUDSON. ■ Un dongiovanni seduce e truffa molte donne. Una però, dopo essere stata piantata appena prima della cerimonia del matrimonio e aver perso la casa, decide di andare fino in fondo. La polizia conosce Randall Miller ma ha bisogno di prove. Deprecabile. ■ THRILLER; COL.; 90'; USA, 1992.

DESIDERIO D'AMORE *(So gefällst du mir)* ★★
Regia di HANS THIMIG. Con GUSTI HUBER, WOLF ALBACH RETTY. ■ Un uomo si innamora di un'artista e vorrebbe che la donna abbandonasse la carriera per sposarlo. Poiché lei rifiuta, le combina uno scherzo che rovina irrimediabilmente il suo spettacolo. Poi continua a corteggiarla, da lontano, sotto falso nome: al termine delle inevitabili, comiche avventure la conduce finalmente all'altare. ■ COMMEDIA; B/N; 92'; GERMANIA, 1941.

DESIDERIO DEL CUORE *(Michael)* ★★★
Regia di CARL THEODOR DREYER. Con BENJAMIN CHRISTENSEN, NORA GREGOR, WALTER SLEZAK. ■ Tratto dal romanzo di Herman Bang è fotografato da due futuri registi, Karl Freund e Rudolph Matè. Un pittore si affeziona a un suo allievo e lo aiuta come fosse un figlio. Quando sta per morire il giovane lo abbandona senza rimorsi. Il grande Dreyer, nonostante l'assunto molto teatrale, conferma il suo genio. ■ DRAMMATICO; B/N; 90'; GERMANIA, 1924.

DESIDERIO DI DONNA *(All I Desire)* ★★★
Regia di DOUGLAS SIRK. Con RICHARD CARLSON, BARBARA STANWYCK. ■ Un'attrice che ha lasciato la famiglia per una vita indipendente torna a casa in occasione del diploma della figlia, per sostenere la parte di protagonista in uno spettacolino casalingo. La donna sente rinascere l'antico affetto di un ex innamorato che rischia di compromettere tutto. ■ DRAMMATICO; B/N; 70'; USA, 1953.

DESIDERIO DI ESSERE DONNA, IL ★★
(Whose Child Am I?)
Regia di GERRY O'HARA. Con EDWARD JUDD, KATE O'HARA, BOB SHERMAN. ■ Una donna non riesce ad avere figli e, d'accordo con il marito, ricorre alla inseminazione artificiale. Non ottenendo alcun risultato, cerca un donatore e finalmente nasce una bambina. Il donatore rivendica i suoi diritti di genitore, ma il giudice lo condanna perché era già stato pagato per la propria prestazione. ■ DRAMMATICO; COL.; 93'; GRAN BRETAGNA, 1974.

DESIDERIO DI RE *(The King Steps out)* ★★★
Regia di JOSEF VON STERNBERG. Con GRACE MOORE, FRANCHOT TONE. ■ Storia romanzata e messa in musica del matrimo-

nio di Francesco Giuseppe con la principessa Eugenia. La sorella di questa è destinata a sposare l'imperatore, ma ama un altro. Eugenia decide di aiutarla: avvicinato il promesso sposo con uno stratagemma finisce per innamorarsene ed essere ricambiata. ■ COMM. MUSICALE; B/N; 85'; USA, 1936.

DESIDERIO E AMORE *(Le désir et l'amour)* ★★
Regia di HENRI DECOIN. Con FRANÇOISE ARNOUL, MARTINE CAROL, ALBERT PRÉJEAN, CARMEN SEVILLA, ANTONIO VILAR. ■ Un ragazzo, ingaggiato come controfigura in un film, sostiene così bene il suo ruolo da prendere il posto del protagonista. Perde la testa per la bella partner e provoca le scenate della fidanzata. La troupe cambia set e lo licenzia; il ragazzo rimette la testa a posto. ■ COMMEDIA; B/N; 90'; FRANCIA, 1951.

DESIDERIO E LA CORRUZIONE, IL ★★
(Rive droite, rive gauche)
Regia di PHILIPPE LABRO. Con NATHALIE BAYE, CAROLE BOUQUET, GÉRARD DEPARDIEU. ■ L'avvocato difensore di un grosso affarista entra in crisi di coscienza grazie all'amore della bella Nathalie Baye e decide di smascherare il suo disonesto datore di lavoro. Depardieu è poco convinto nel ruolo dell'avvocato tra tante banalità molto ben impacchettate. ■ DRAMMATICO; COL.; 105'; FRANCIA, 1984.

DESIDERIO E PASSIONE ★★
Regia di HOWARD CUMMINGS. Con MATTHEW BRODERICK, HALLIE FOOTE, AMANDA PLUMMER, WILLIAM C. ROBERTS. ■ La protagonista deve far coesistere un desiderio e una passione che trovano sul loro cammino numerosi ostacoli dettati anche dai condizionamenti della società. ■ DRAMMATICO; COL.; 91'; USA, 1990.

DESIDERIO 'E SOLE ★★
Regia di GIORGIO PASTINA. Con VIRNA LISI, GIACOMO RONDINELLA, OTELLO TOSO. ■ Due fidanzati si lasciano dopo una sfortunata serie di coincidenze. Lei sposa un titolato che, dopo aver sperperato quasi tutti i suoi averi, tenta di convincerla a vendersi ad un ammiratore benestante e uccide una parente per lucro. Sta per far fuori anche lei, ma fortunatamente l'antico amore la salva *in extremis*. ■ DRAMMATICO; B/N; 90'; ITALIA, 1954.

DESIDERIO NELLA POLVERE *(Desire in the Dust)* ★★★
Regia di WILLIAM F. CLAXTON. Con JOAN BENNETT, RAYMOND BURR, BRETT HALSEY, MARTHA HYER, KEN SCOTT. ■ Sud degli Stati Uniti: la figlia di un ricco proprietario terriero investe e uccide il proprio fratello minore. Lonnie Wilson, che lavora per il signorotto e che è l'amante della ragazza, si assume la colpa del delitto e sconta una lunga condanna ai lavori forzati. Uscito di galera, scopre che la donna si è sposata con un altro e, per vendicarsi, spiffera tutto al marito. Lei, a sua volta, lo accusa ingiustamente di averla violentata. Il marito della donna difende Lonnie, lo aiuta a scagionarsi e divorzia dalla perfida moglie. ■ DRAMMATICO; B/N; 102'; USA, 1960.

DESIDERIO NEL SOLE *(The Sins of Rachel Cade)* ★★★
Regia di GORDON DOUGLAS. Con ANGIE DICKINSON, PETER FINCH, ROGER MOORE. ■ Seconda guerra mondiale. Una dottoressa svolge il suo lavoro in un villaggio africano. Si innamora di un ufficiale il cui aereo si è schiantato nelle vicinanze e lo lascia ripartire senza rivelargli di essere incinta. Lui sarebbe pronto a sposarla a patto che lo segua in America, ma la ragazza, cosciente dell'importanza della sua missione, rifiuta e sposa un altro. ■ DRAMMATICO; COL.; 124'; USA, 1961.

DESIDERIO PROIBITO *(Dupont – Barbès)* ★★
Regia di HENRI LEPAGE. Con YVES DURET, MADELEINE LEBEAU, PIERRE LOUIS, HENRY VILBERT. ■ Per farsi congedare proficuamente dagli amanti danarosi una ragazza fa credere ad ognuno di essi di essere incinta. Uno di questi uomini, che l'ama, è pronto a sposarla. La ragazza, per toglierselo di torno, gli confessa tutto ma poi, profondamente mutata dalla sincerità di quel sentimento, diventa sua moglie. ■ COMMEDIA; B/N; 112'; FRANCIA, 1951.

DESIDERIO SOTTO GLI OLMI ★★★
(Desire under the Elms)
Regia di DELBERT MANN. Con BURL IVES, SOPHIA LOREN, FRANK OVERTON, ANTHONY PERKINS. ■ Il figlio minore di un ricco agricoltore aspira all'ingente patrimonio paterno, ma è tenacemente osteggiato dalla matrigna, una giovane e bella donna, che cova il medesimo proposito. Pur di riuscire nell'intento dà al marito, che lo desidera, un figlio; poi però, innamoratasi del figliastro, uccide il piccolo per dimostrare al marito di non essere interessata ai soldi. Finiranno tutti e due dietro le sbarre. ■ DRAMMATICO; B/N; 114'; USA, 1958. ■ OSCAR 1 NOM.

DESIDERI PROIBITI *(Les grandes personnes)* ★★
Regia di JEAN VALÈRE. Con NANDO BRUNO, ANNIBALE NINCHI, MICHELINE PRESLE, FRANÇOISE PRÉVOST, MAURICE RONET, JEAN SEBERG. ■ La vicenda si snoda attorno a quattro personaggi: un uomo e tre donne. Una di queste ha tentato di uccidersi per lui e viene assistita nella convalescenza da una ragazza della quale l'uomo (che nel frattempo vive con un'altra) si innamora. Poi lei parte e le altre due sperano nell'aiuto e nell'amore del partner tanto disputato. ■ DRAMMATICO; B/N; 90'; FRANCIA, 1960.

DESIDERI SMARRITI *(Bodies, Rest and Motion)* ★★★
Regia di MICHAEL STEINBERG. Con PHOEBE CATES, BRIDGET FONDA, TIM ROTH, ERIC STOLTZ. ■ Forse il migliore dell'ondata di film minimalisti del cinema indipendente Usa (con *Singles* in testa) dei primi anni Novanta. Ottima sceneggiatura e buona regia. I protagonisti sono tutti in un momento di stallo ma pronti a rimettersi in carreggiata. Una coppia si scioglie quando lui rimane senza lavoro. Lei conosce un imbianchino e lui un'altra ragazza. Tim Roth si conferma grande attore e così Stoltz, anche produttore. Bridget Fonda è brava e finalmente Phoebe Cates è riuscita a scrollarsi di dosso il marchio di *Paradise*. ■ COMMEDIA; COL.; 87'; USA, 1993.

DESIDERI, VOGLIE PAZZE DI TRE INSAZIABILI RAGAZZE *(Alle Kätzchen naschen gern)* ★★
Regia di JOSEF ZACHAR. Con EDWIGE FENECH, SIEGHARDT RUPP, ERNST STANKOVSKI. ■ Due uomini si disputano il possesso di un castello. Due sorelle li vogliono sposare per essere certe che il patrimonio non vada ad altri che ai loro parenti; non è facile, perché nuovi personaggi altrettanto decisi sono pronti a tutto per impedirlo. Sul finale un banalissimo colpo di scena rivela che l'erede del maniero è l'anziano maggiordomo. ■ COMMEDIA; COL.; 92'; GERMANIA, 1972.

DESINTEGRATION, LA ★★
Regia di PHILIPPE FAUCON. Con YASSINE AZZOUZ, RACHID DEBBOUZE, KAMEL LAADAILI. ■ Aï è un ragazzo musulmano molto poco praticante che viene da una famiglia apparentemente integrata nella società francese. I suoi ripetuti tentativi di trovare lavoro sembrano fallire metodicamente, nonostante la mole di curriculum inviati e l'aiuto di una scuola che dovrebbe aiutare anche nella ricerca di una professione. È educato e non vuole fare lavori manuali. La sfiducia nel sistema unita alla convinzione che tutto è dovuto al suo nome e alle sue origini lentamente lo rendono preda degli elementi più estremi della comunità islamica. La parte più interessante del film di Philip Faucon, presentato fuori concorso alla Mostra di Venezia, sembra essere il presupposto teorico esplicitato nel titolo, ovvero il fatto che a seguito dell'integrazione razziale possa esistere un processo uguale e contrario (la deintegrazione che per lui fa rima con disintegrazione) che contrapponga etnie o religioni differenti all'interno di una medesima comunità. I riferimenti come si conviene sono chiari fin da subito: le comunità nordafricane musulmane nella Francia delle seconde generazioni, i figli di quegli immigrati che faticavano a trovare un lavoro e che alla fine fanno solo quel che i francesi non vogliono fare. ■ DRAMMATICO; COL.; 80'; BELGIO, 2011.

DÉSIRÉE ★★★
Regia di HENRY KOSTER. Con MARLON BRANDO, MERLE OBERON, MICHAEL RENNIE, JEAN SIMMONS. ■ È la storia della prima cotta di Napoleone per Désirée, futura regina di Svezia, e contemporaneamente della sua rapidissima ascesa politica. ■ COMMEDIA; B/N; 110'; USA, 1954.

DESORDRE – DISORDINE *(Desordre)* ★★
Regia di OLIVER ASSAYS. Con LUCAS BELVAUX, ANN-GISEL GLASS, WADECK STANCZAK. ■ Due ragazzi e una ragazza vivono nelle follie e nelle azioni gratuite la loro difficile giovinezza. Un furto intrapreso per gioco ha tragiche conseguenze. Ci scappa il

morto. I tre perdono la testa. Uno ci rimette la pelle. L'altro (quasi) il ben dell'intelletto. Sarà la donna a venirne fuori al meglio. ■ DRAMMATICO; COL.; 95'; FRANCIA, 1986. ■ VENEZIA 1 PR.

DESPAIR *(Despair – Eine Reise ins Licht)* ★★
Regia di RAINER WERNER FASSBINDER. Con DIRK BOGARDE, ANDRÉAS FERRÉOL, KLAUS LÖWITSCH. ■ Hermann è un emigrato russo di mezza età nella Germania del 1930. La sua vita gli appare inutile e angosciante, ma quando trova un uomo che sembra il suo sosia lo uccide per farsi passare per morto. Ma la sua nuova vita dura poco, perché la polizia lo arresta. Ottima prova per Dirk Bogarde. ■ DRAMMATICO; COL.; 119'; GERMANIA, 1978.

DESPERADO *(The Desperado)* ★
Regia di THOMAS CARR. Con JAMES LYDON, WAYNE MORRIS. ■ Due amici si mettono in combutta con un fuorilegge. Uno di essi ammazza un paio di agenti e scarica la responsabilità dei delitti sull'altro perché è innamorato della sua ragazza. A salvare l'accusato dalla galera è la testimonianza del fuorilegge. ■ WESTERN; B/N; 80'; USA, 1954.

DESPERADO ★★
Regia di VERGIL W. VOGEL. Con ALEX MACARTHUR, SYDNEY WALSH, DAVID WARNER. ■ Un giovane evade per dimostrare la propria innocenza. Conosce una ragazza di cui si innamora e oltre a curare la propria mandria cercherà di aiutare la famiglia di lei. Ispirato alla canzone *Desperado* del gruppo californiano degli Eagles, il film è stato trasmesso in tv e distribuito in homevideo. ■ WESTERN; COL.; 104'; USA, 1987.

DESPERADO ★★
Regia di ROBERTO RODRIGUEZ. Con ANTONIO BANDERAS, STEVE BUSCEMI, SALMA HAYEK. ■ Banderas era un chitarrista ma gli hanno sparato alla mano e ucciso la ragazza. Lui medita vendetta, cercando il colpevole fa strage di spacciatori messicani. Alla fine trova il responsabile: è suo fratello. Il solito Banderas cowboy cattivo metropolitano, acrobata e invulnerabile. ■ AVVENTURA; COL.; 106'; SPAGNA, 1996.

DESPERADO, EL ★
Regia di FRANCO ROSSETTI. Con ROSEMARIE DEXTER, ANDREA GIORDANA, FRANCO GIORNELLI. ■ El Desperado deve portare a termine una missione per conto di un compagno ucciso: acquistare un ranch. Si unisce a dei banditi e poi li elimina. ■ WESTERN; COL.; 92'; ITALIA, 1967.

DESPERADOS DELLA FRONTIERA, I ★★
(Four Guns to the Border)
Regia di RICHARD CARLSON. Con RORY CALHOUN, COLLEEN MILLER, GEORGE NADER. ■ Un uomo e sua figlia si imbattono in alcuni banditi il cui capo corteggia la ragazza. L'uomo è in realtà un cuor d'oro perché salva i due dagli indiani che li hanno catturati. La ragazza nasconde il fuorilegge ricercato ma lo sceriffo, che ha scoperto il nascondiglio, lo arresta. C'è però la promessa della ragazza di aspettarlo. ■ WESTERN; COL.; 82'; USA, 1954.

DESPERADOS DELLA JUNGLA VERDE, I ★★
(Las aguas bajan turbias)
Regia di HUGO DEL CARRIL. Con ADRIANA BENETTI, HUGO DEL CARRIL. ■ I raccoglitori di maté sono sottoposti a condizioni di lavoro disumane, assai vicine alla schiavitù. Tra i volontari che ogni anno convergono alle piantagioni ce ne sono due che, mal sopportando la situazione, si ribellano, scatenando la scintilla della rivolta e tutta una serie di tragedie. ■ DRAMMATICO; B/N; 95'; ARGENTINA, 1953.

DESPERADOS – LA SFIDA DEI DESPERADOS ★★★
(The Desperados)
Regia di CHARLES VIDOR. Con GLENN FORD, EVELYN KEYES, RANDOLPH SCOTT, CLAIRE TREVOR. ■ Due amici, onesti, godono però di una cattiva reputazione. Così quando la banca viene assalita la colpa cade su di loro. Lo sceriffo che li conosce bene cerca di aiutarli ma è arrestato per complicità. Uno dei due sistemerà tutto. ■ AVVENTURA; COL.; 85'; USA, 1943.

DESPERADO TRAIL *(Winneton III)* ★★★
Regia di HARALD REINL. Con LEX BARKER, RIK BATTAGLIA, PIERRE BRICE. ■ Il tema è l'eterno conflitto tra bianchi e pellirosse. Il capo di questi ultimi è favorevole alla pace e si adopera per calmare gli ardori di una tribù abilmente manovrata da alcuni banditi per i loro loschi interessi. I fuorilegge infatti vogliono scatenare una nuova guerra e il capo indiano, che è venuto a conoscenza del piano, decide di affrontarli con i suoi uomini. Lo scontro si risolve a favore dei pellirosse, ma il capo ci lascia la pelle. ■ WESTERN; COL.; 90'; GERMANIA, 1965.

DESPERATE MISSION – DOPPIO RAPIMENTO ★
(Desperate Rescue)
Regia di RICHARD GOLLA. Con MARIEL HEMINGWAY, JEFF KOBER, JAMES RUSSO. ■ Una giovane americana si è separata dal marito giordano ma l'uomo, risposatosi, si porta la figlia in patria. La legge non può far nulla per aiutarla, allora la donna si accorda con dei terroristi per riprendere la ragazza. ■ DRAMMATICO; COL.; 90'; USA, 1992.

DESTINAZIONE, LA ★★★
Regia di PIERO SANNA. Con ELISABETTA BALIA, ROBERTO MAGNANI, SALVATORE MELE. ■ Emilio è un giovane romagnolo che decide di arruolarsi nell'Arma dei Carabinieri per mancanza di un lavoro stabile. Durante il periodo di formazione a Roma stringe amicizia con un ragazzo taciturno e severo di origine sarda. Per uno scherzo del destino, al termine del corso, Emilio viene assegnato ad un comando in Sardegna, in un paese della Barbagia. Carabiniere che ha collaborato anche con il generale Dalla Chiesa, Sanna sa ben descrivere gli uomini dell'Arma e la terra sarda, coadiuvato nella sceneggiatura da Ezio Alberione, un critico che ha amato profondamente il cinema. ■ DRAMMATICO; COL.; 124'; ITALIA, 2002. ■ DAVID DI DONATELLO 1 NOM.

DESTINAZIONE BUDAPEST *(Assignment Paris)* ★★
Regia di ROBERT PARRISH. Con DANA ANDREWS, GEORGE SANDERS, MARTA TOREN. ■ Un giornalista americano si reca in Ungheria per trattare la liberazione di due colleghi. Rinchiuso in prigione per aver fornito alcune dichiarazioni al suo giornale viene liberato in cambio della restituzione di documenti compromettenti. ■ DRAMMATICO; B/N; 85'; USA, 1952.

DESTINAZIONE FINALE: MADRID *(Independence)* ★★
Regia di JOHN PATTERSON. Con LEIGH LAWSON, BRYAN THAYER. ■ Un fotoreporter e una giornalista si recano a Madrid per indagare sui motivi che legano un affarista americano a un importante capo africano intoccabile a causa dell'immunità diplomatica. Per riprendere le immagini di un loro appuntamento il fotoreporter dimentica la prudenza e viene scoperto. ■ DRAMMATICO; COL.; 91'; USA, 1987.

DESTINAZIONE MARCIAPIEDE *(Le voyage du père)* ★★★
Regia di DENYS DE LA PATELLIÈRE. Con MICHEL AUCLAIR, FERNANDEL, PHILIPPE NOIRET, LILLI PALMER, MADELEINE ROBINSON, LAURENT TERZIEFF, ROSY VARTE. ■ Un contadino, approfittando del compleanno della figlia minore, affronta il viaggio fino a Lione con l'innamorato della maggiore, per invitare quest'ultima alla festicciola. La ragazza però non si trova da nessuna parte e ad appesantire il dispiacere del padre ci sono le prove che lei fa la prostituta. Torna a casa e tace la verità alla moglie che anche per la figlia piccola sogna lo stesso avvenire della grande. ■ DRAMMATICO; COL.; 90'; FRANCIA, 1966.

DESTINAZIONE MONGOLIA *(Destination Gobi)* ★★
Regia di ROBERT WISE. Con DON TAYLOR, RICHARD WIDMARK. ■ Seconda guerra mondiale. Un reparto militare americano di stanza nel deserto dei Gobi deve compiere alcuni rilievi. I giapponesi fanno saltare in aria la postazione; i superstiti si dirigono a piedi verso il mare accompagnati da una tribù di mongoli che salva in varie occasioni la loro vita. ■ AVVENTURA; COL.; 89'; USA, 1965.

DESTINAZIONE PARIGI *(The Happy Road)* ★★★
Regia di GENE KELLY. Con BOBBY CLARK, BRIGITTE FOSSEY, GENE KELLY, BARBARA LAAGE, MICHAEL REDGRAVE. ■ Due piccoli ospiti di un collegio svizzero fuggono per raggiungere i rispettivi padre e madre a Parigi. Con una serie di stratagemmi (ottengono persino un passaggio durante una corsa di biciclette) raggiungono la capitale. Si ritrovano tutti e quattro nell'appartamento del padre che, invaghitosi della madre, decide di sposarla e tenere a casa i vivaci pargoli. ■ COMMEDIA; B/N; 98'; USA, 1957.

DESTINAZIONE PIOVAROLO ★★
Regia di DOMENICO PAOLELLA. Con NINO BESOZZI, MARISA MERLINI, TINA PICA, PAOLO STOPPA, TOTÒ. ■ Disavventure di un capostazione che, arrivato ultimo a un concorso, viene destinato in un piccolo paese dove passa un solo treno al giorno. L'uomo è ambizioso e spera in un prossimo trasferimento, ma poiché è anche privo di iniziativa non riesce a meritarselo. In più moglie e figlia gli rimproverano continuamente di averle costrette a vivere in un posto simile. ■ COMMEDIA; B/N; 90'; ITALIA, 1955.

DESTINAZIONE SAN REMO ★
Regia di DOMENICO PAOLELLA. Con BETTY CURTIS, YVONNE MONLAUR, TINO SCOTTI, GABRIELE TINTI. ■ Una valanga costringe alla sosta forzata un treno sul quale viaggiano molti appassionati di musica leggera che si recano a San Remo in occasione del Festival. Mentre lo seguono alla televisione, intrecciano relazioni sentimentali. Tutte le canzoni di quella nona edizione. ■ COMM. MUSICALE; B/N; 91'; ITALIA, 1959.

DESTINAZIONE TERRA *(It Came from Outer Space)* ★★★
Regia di JACK ARNOLD. Con RICHARD CARLSON, BARBARA RUSH. ■ Navicella extraterreste è costretta ad atterrare sul nostro pianeta a causa di un'avaria. I suoi occupanti vogliono solo ripararla in pace e ripartire, ma la reazione dei terrestri è tale da indurli a difendersi spargendo la paura. Solo un giovane astronomo capisce la situazione e riesce a evitare un conflitto generale. Gli extraterrestri riescono felicemente a partire. Da un racconto di Ray Bradbury. ■ FANTASCIENZA; B/N; 81'; USA, 1953.

DESTINAZIONE TOKYO *(Destination Tokyo)* ★★★
Regia di DELMER DAVES. Con WARNER ANDERSON, DANE CLARK, JOHN GARFIELD, CARY GRANT, ALAN HALE, TOM TULLY. ■ Un sommergibile americano si dirige verso Tokyo per alcuni rilevamenti necessari all'imminente incursione aerea sulla città. La missione ha buon esito e tutti i componenti della spedizione, tranne uno, tornano sani e salvi alla base. ■ GUERRA; B/N; 135'; USA, 1943. ■ OSCAR 1 NOM.

DESTINAZIONE TUNISI *(Steel Bayonet)* ★★
Regia di MICHAEL CARRERAS. Con LEO GENN, MICHAEL MEDWIN, KIERON MOORE. ■ Eroica impresa di un gruppo di militari inglesi nell'Africa del Nord. Essi rinunciano al meritato riposo per conquistare e soprattutto mantenere fino all'arrivo dei compagni un'importante base di osservazione. Sono ben pochi quelli che ne escono vivi. ■ GUERRA; B/N; 85'; GRAN BRETAGNA, 1957.

DESTINI DI DONNE *(Destinée)* ★★
Regia di CHRISTIAN-JAQUE, JEAN DELANNOY, MARCELLO PAGLIERO. Con MARTINE CAROL, ANDRÉE CLÉMENT, CLAUDETTE COLBERT, MIRKO ELLIS, MICHÈLE MORGAN, MICHEL PICCOLI, ELEONORA ROSSI DRAGO, PAOLO STOPPA, RAF VALLONE. ■ Il soggetto è impegnativo: la donna e la guerra. Nel primo dei tre episodi, la vedova di un soldato americano lascia all'amante italiana del marito il figlio nato dai loro rapporti; nel secondo Giovanna d'Arco (Michèle Morgan) vince gli inglesi e muore martire; nell'ultimo Lisistrata e le altre donne ateniesi si rifiutano al proprio consorte fino a quando lo Stato non concluderà la lunghissima guerra contro Sparta. ■ DRAMMATICO; B/N; 94'; FRANCIA, 1953.

DESTINI INCROCIATI *(Random Hearts)* ★★
Regia di SYDNEY POLLACK. Con CHARLES DUTTON, HARRISON FORD, BONNIE HUNT, KRISTIN SCOTT THOMAS. ■ Lui è un poliziotto, lei una brillante professionista. I rispettivi coniugi hanno una relazione. I due fedifraghi muoiono in un incidente aereo mentre sono diretti, per il week-end, in un'isola. Ford intuisce la situazione e contatta l'altra donna, per cercare la verità. Dopo il doveroso trauma iniziale, i due traditi prendono coscienza, indagano insieme, alla fine, naturalmente, finiscono per piacersi. In questa sede Pollack viene considerato uno dei più bravi narratori del cinema americano. Basta ricordare titoli come *Come eravamo* e *La mia Africa*. Questa è la sua seconda caduta, dopo il quasi intollerabile *Sabrina*. Così come per Scorsese, non riusciamo proprio ad attribuirgli l'insufficienza. Da allora, fino alla morte (26 maggio 2008), Pollack si dedica principalmente alla produzione. ■ COMMEDIA; COL.; 131'; USA, 1999.

DESTINO *(Der müde Tod)* ★★★
Regia di FRITZ LANG. Con LIL DAGOVER, BERNHARD GOETZKE, WALTER JANSSEN. ■ Una ragazza desidera che il suo fidanzato torni in vita e fa un patto con la morte. Deve cercare di salvare la vita a un altro essere umano. Verrà inviata in tre diversi periodi storici e in tre luoghi: la Cina, Bagdad e Venezia. Gli effetti si sprecano e la visionarietà di Lang è effervescente. ■ FANTASTICO; B/N; 100'; GERMANIA, 1921.

DESTINO *(Schicksal)* ★★★
Regia di GÉZA VON BOLVÀRY. Con HEINRICH GEORGE, WERNER HINZ, WILL QUADFLIEG, GISELA UHLEN. ■ I due figli di un nobile bulgaro ucciso da alcuni ribelli vengono allevati da un servitore che li tiene all'oscuro della verità. La ragazza si innamora dell'assassino di suo padre. Questi non intende rinunciare a lei. Il servitore, che l'ha riconosciuto e minacciato, per adempiere la promessa fatta al padrone defunto lo ammazza. ■ DRAMMATICO; B/N; 81'; GERMANIA, 1942.

DESTINO *(Tales of Manhattan)* ★★★
Regia di JULIEN DUVIVIER. Con CHARLES BOYER, HENRY FONDA, RITA HAYWORTH, CHARLES LAUGHTON, THOMAS MITCHELL, EUGENE PALLETTE, EDWARD G. ROBINSON, GINGER ROGERS, CARLOS ROMERO. ■ È la storia di uno smoking: il primo proprietario, un attore, lo indossa quando viene assassinato per gelosia; l'abito finisce allora nel negozio di un rivenditore e viene acquistato da un direttore d'orchestra povero in canna. Subito dopo passa ad una donna anziana, poi ad un avvocato pieno di debiti e infine sulla paglia di uno spaventapasseri. ■ COMMEDIA; B/N; 118'; USA, 1942.

DESTINO ★
Regia di ENZO DI GIANNI. Con EVA NOVA, TINA PICA, AGOSTINO SALVIETTI, RENATO VALENTE, MILLY VITALE. ■ Dalla relazione di un marinaio e di una ragazza di buona famiglia nasce una bimba. Il padre della giovane, contrario alle nozze, la convince a lasciarlo. Anni dopo il marinaio ritrova la donna, ma viene ucciso da un'innamorata gelosa che accusa la rivale dell'assassinio. Lei sopporta la galera e quando ne esce dona i suoi occhi alla figlia, divenuta cieca. ■ DRAMMATICO; B/N; 85'; ITALIA, 1951.

DESTINO, IL *(Le destin)* ★★★
Regia di YOUSSEF CHAHINE. Con NOUR EL-CHÉRIF, LAILA ELOUI, MAHMOUD HÉMEIDA. ■ Chahine è considerato uno dei maestri del cinema africano, forse il più "avanzato" dell'intera cultura araba. Ha dovuto superare i settanta per avere un suo film distribuito in Italia. La storia è importante: nell'Andalusia del dodicesimo secolo, in mano agli arabi, a Cordoba, si scontrano i poteri dello sceriffo, degli integralisti e dei vari signorotti. Personaggio decisivo è il filosofo Averroè, che vive sul filo del rasoio e potrebbe finire sul rogo. I suoi allievi copieranno i suoi scritti e li metteranno in salvo. Opera davvero particolare, profonda, universale. «Tutte le volte che taglio una gola so di avvicinarmi al paradiso», dice un fanatico. Chiara affermazione di Chahine contro la tremenda e incomprensibile tragedia dell'integralismo. Ma la sua attenzione è ancora più larga, umana, corale e individuale. Alla fine la sua soluzione è squisitamente islamica: sta appunto nel destino. ■ DRAMMATICO; COL.; 135'; EGITTO, FRANCIA, 1997.

DESTINO A TRE VOLTI *(Charade)* ★
Regia di ROY KELLINO. Con PAMELA KELLINO, JAMES MASON. ■ Prodotto da James Mason, questo film a episodi (due su tre sono stati scritti dall'attore stesso) non ha alcun merito particolare. Solo il terzo presenta qualche interesse. ■ DRAMMATICO; B/N; 78'; GRAN BRETAGNA, 1955.

DESTINO CIECO *(Przypadek)* ★★★
Regia di KRZYSZTOF KIESLOWSKI. Con BOGUSLAW LINDA, TADEUSZ LOMNICKI, BOGUSLAWA PAWELEC, MARZENA TRYBALA, ZBIEGNIEW ZAPASIEWICZ. ■ Witek si scontra, correndo in una stazione, con un ubriaco. A seconda che dopo questo incidente l'uomo non riesca a prendere il treno, urti o eviti un ferroviere e si accorga o meno di una ragazza, la sua vita prenderà strade differenti. Kieslowski in questo film, il cui titolo originale significa Il caso, scrive e dirige una sorta di opera manifesto che analizza, con esiti interessanti, il peso che la casualità assume nella vita di

un uomo. E se fossimo ancora una volta noi a determinare il caso? Film fortunatamente ripescato dopo il successo del *Decalogo*. ■ DRAMMATICO; COL.; 120′; POLONIA, 1982.

DESTINO DI SANGUE *(Tudor Rose)* ★★
Regia di ROBERT STEVENSON. Con FELIX AYLMER, SIR CEDRIC HARDWICKE. ■ Edoardo IV, alla morte del padre, sale su un trono già insanguinato. Il Lord Protettore, prevedendo guai peggiori per le sorti della reggenza, fa sposare suo figlio con la cugina del sovrano. Questi, di salute cagionevole, muore ben presto. La fanciulla diventa regina; Maria Stuarda le contesta vittoriosamente quel titolo e la condanna a morte. ■ STORICO; B/N; 79′; GRAN BRETAGNA, 1936. ■ VENEZIA 1 PR.

DESTINO DI UNA IMPERATRICE ★★
(Sissi – Schicksalsjahre eine Kaiserin)
Regia di ERNST MARISCHKA. Con KARLHEINZ BÖHM, GUSTAV KNUTH, JOSEF MEINRAD, MAGDA SCHNEIDER, ROMY SCHNEIDER. ■ Elisabetta d'Austria (Sissi) possiede un fascino magnetico che si rivela molto utile nella delicata situazione politica del suo paese. Dopo una lunga indisposizione che la costringe ad allontanarsi ritorna alla vita pubblica e, sebbene in pieno fermento rivoluzionario, la sua personalità incute rispetto e stima. ■ COMMEDIA; COL.; 81′; AUSTRIA, 1957.

DESTINO DI UN CAVALIERE, IL *(A Knight's Tale)* ★★
Regia di BRIAN HELGELAND. Con MARK ADDY, PAUL BETTANY, LAURA FRASER, HEATH LEDGER, RUFUS SEWELL, SHANNYN SOSSAMON, ALAN TUDYK. ■ William Tatcher è un palafreniere molto abile negli scontri cavallereschi. Spacciandosi per cavaliere partecipa a un torneo e da lì inzia la sua ascesa che lo porta ad essere il primo con il nome di Ulrich von Lichtenstein di Gelderland. Due motivi lo animano: uscire dalla condizione di povero londinese e conquistare la bella e un po' sprezzante Jocelyn, già promessa al conte Adhemar. Non è difficile immaginare il finale. E fin qui tutto sarebbe più che già visto... se non fosse che la produzione ha deciso di inserire una compilation di canzoni anni Settanta-Ottanta. ■ AVVENTURA; COL.; 132′; USA, 2001.

DESTINO DI UN GUERRIERO, IL *(Alatriste)* ★★
Regia di AGUSTÍN DÍAZ YANES. Con ELENA ANAYA, JAVIER CÁMARA, JESÚS CASTEJÓN, ANTONIO DECHENT, VIGGO MORTENSEN, EDUARDO NORIEGA. ■ Corre il XVII secolo e l'impero spagnolo manda i suoi uomini a difendere le frontiere conquistate col sangue. Diego Alatriste è un soldato coraggioso e fedele; persino quando sa che un'impresa è un suicidio la compie comunque, perché l'unica cosa che possiede è la sua reputazione di valente spadaccino e, per il resto, al mondo non ha niente e nessuno da perdere. Almeno fino a quando il compagno di battaglie Balboa non finisce vittima di un'imboscata nelle gelide Fiandre e non gli raccomanda suo figlio Iñigo, perché lo cresca e gli eviti di divenire un soldato. Al ritorno a Madrid, però, Alatriste incontra un impero in rapido declino: la corruzione è legge e gli intrighi di corte trovano un saldo alleato nella Santa Inquisizione. Il dispiegamento di mezzi è notevole, crude ed efficaci le ricostruzioni delle imprese belliche. Una menzione speciale va anche alla fotografia di Paco Feménia, decadente come il potere che ritrae. ■ AZIONE; COL.; 145′; FRANCIA, SPAGNA, USA, 2006.

DESTINO DI UN UOMO, IL *(Sudba cheloveca)* ★★
Regia di SERGEI FYODOROVICH BONDARCIUK. Con SERGEJ BONDARCIUK, PAVLIK BORISIKIN, ZINAIDA KIRICENKO. ■ Soldato russo fugge dal campo di concentramento e torna a casa, ma la trova distrutta. Anche i suoi cari sono morti. L'incontro con un orfanello durante un viaggio di lavoro ridà uno scopo alla sua esistenza. ■ GUERRA; B/N; 90′; URSS, 1959.

DESTINO IN AGGUATO *(Fate is the Hunter)* ★★
Regia di RALPH NELSON. Con GLENN FORD, NANCY KWAN, SUZANNE PLESHETTE, JANE RUSSELL, ROD TAYLOR. ■ Un'hostess è la sola superstite di un disastro aereo. Poiché non si comprendono le cause tecniche della disgrazia, si suppone che questa sia dovuta all'incapacità del pilota. Un amico di questi svolge un'inchiesta personale e si rende conto, rifacendo lo stesso percorso, che la tragedia è stata causata da un insignificante incidente. ■ DRAMMATICO; B/N; 106′; USA, 1964. ■ OSCAR 1 NOM.

DESTINO IN TASCA, IL ★★
Regia di GENNARO RIGHELLI. Con ROMOLO COSTA, DIANA LANTE, VANNA VANNI, ENRICO VIARISIO. ■ Un uomo trascorre la notte con alcuni conoscenti e lascia la casa ad un amico. La moglie ritorna senza preavviso e si corica, ignara, accanto all'estraneo. Quando il fatto si viene a sapere, un ammiratore della donna pretende le stesse supposte prestazioni, ma viene messo a posto dall'involontario provocatore di tanta confusione. ■ COMMEDIA; B/N; 74′; ITALIA, 1938.

DESTINO NEL NOME – THE NAMESAKE, IL ★★
(The Namesake)
Regia di MIRA NAIR. Con JACINDA BARRETT, TABASSUM HASMI, IRRFAN KHAN, KAL PENN, ZULEIKHA ROBINSON. ■ Dopo essere sopravvissuto a un incidente ferroviario, Ashoke cambia la sua personale visione della vita; inizia a viaggiare – prima in Inghilterra e poi in America – e torna in India solo per sposare secondo la tradizione bengalese una giovane donna scelta dai genitori. Ashima decide che è l'uomo per lei ancor prima di conoscerlo, nel momento in cui prova le sue eleganti scarpe europee lasciate nell'atrio, e con qualche timore, ma piena di speranze, lascia la patria e il calore della famiglia per seguire il marito a New York. Nonostante i contrasti climatici e culturali, Ashima trova conforto nel compagno che imparerà ad amare e rispettare. Quando nascerà il primogenito, i due giovani sposi lo chiameranno Gogol, in onore dello scrittore russo al quale Ashoke attribuisce la sua salvezza (*Il cappotto* di Nikolaj Gogol è il pretesto per creare il legame tra padre e figlio sul quale si basa il film, tratto dal romanzo omonimo di Jhumpa Lahiri). L'India, appena accennata nel film, è tuttavia una presenza costante e necessaria ai fini della narrazione. ■ COMMEDIA; COL.; 122′; INDIA, USA, 2006.

DESTINO SI DIVERTE, IL *(Les petits rien)* ★★★
Regia di YVES MIRANDE. Con JULES BERRY, JANINE DARCEY, FERNANDEL, YVES MIRANDE, RAIMU. ■ In una riunione tra amici, i quattro maturi protagonisti del film narrano un racconto ciascuno ad un presuntuoso giovane per fargli capire che il destino ha molta importanza nelle vicende della vita. ■ COMMEDIA; B/N; 88′; FRANCIA, 1941.

DESTINO SULL'ASFALTO *(The Racers)* ★★
Regia di HENRY HATHAWAY. Con BELLA DARVI, KIRK DOUGLAS, GILBERT ROLAND, CESAR ROMERO. ■ Corridore automobilistico abile e ambizioso raggiunge un posto di primo piano nell'ambiente sportivo. Esaltato dalle vittorie e dal successo, cambia il suo atteggiamento in gara fino a crearsi una cattiva fama. La sua donna lo abbandona e solo allora, conscio dei suoi errori, cambia. ■ DRAMMATICO; B/N; 112′; USA, 1955.

DESTINO TRASVERSALE *(The Dark Backward)* ★
Regia di ADAM RIFKIN. Con JAMES CAAN, LARA FLYNN BOYLE, ROB LOWE, JUDD NELSON, WAYNE NEWTON, BILL PAXTON. ■ La storia stravagante di un aspirante attore di cabaret. Ma è alle prime armi e non conosce i trucchi del mestiere. ■ COMMEDIA; COL.; 104′; USA, 1991.

DESTRUCTORS *(Battle Truck)* ★★
Regia di HARLEY COKLISS. Con MICHAEL BECK, ANNIE MCENROE, JAMES WAINWRIGHT. ■ Del genere catastrofico. Scoppiata la guerra nucleare, il pianeta è percorso da gruppi di sopravvissuti tornati alla barbarie. Uno di questi, capeggiato da un ex colonnello a bordo di un mostruoso camion blindato, si scontra con un gruppo di giovani motociclisti che vogliono riportare la pace. ■ FANTASCIENZA; COL.; 91′; USA, 1982.

DETACHMENT – IL DISTACCO *(Detachment)* ★★★
Regia di TONY KAYE. CON ADRIEN BRODY, JAMES CAAN, BRYAN CRANSTON, CHRISTINA HENDRICKS, LUCY LIU. ■ Henry Barthes, uomo solitario e introverso, insegna letteratura alle scuole superiori. Quando un nuovo incarico lo conduce in un degradato istituto pubblico della periferia americana, il supplente deve fare i conti con una realtà opprimente: giovani senza ambizioni e speranze per il futuro, genitori disinteressati e assenti, professori disillusi e demotivati. La diversità di Henry è evidente sin dal primo impatto con questo universo allo sbando. Il distacco e l'assenza di coinvolgimento emotivo gli consentono di conquistare il rispetto

e la partecipazione di ragazzi difficili, che ben presto sconvolgeranno il mondo apparentemente controllato del docente. È un'autentica missione quella che vede impegnati gli insegnanti, ancora di più lo è se il contesto sociale è caratterizzato dal degrado e dalla mancanza di prospettive. Intriso di profondo pessimismo e malinconica poesia, questo film è diretto dall'eclettico artista britannico Tony Kaye. ■ DRAMMATICO; COL.; 97'; USA, 2011.

DETECTIVE *(Nestor Burma, détective de choc)* ★★
Regia di JEAN-LUC MIESCH. Con JANE BIRKIN, MICHEL SERRAULT. ■ Un'insolita indagine, che ha per protagonisti due innamorati un po' particolari e persino un gatto, tiene occupato il commissario Faroux. Ancora una volta, egli si trova a scavare in un mondo di delinquenti, drogati, ladri, prostitute. ■ POLIZIESCO; COL.; 90'; FRANCIA, 1982.

DETECTIVE ★★
Regia di JEAN-LUC GODARD. Con NATHALIE BAYE, CLAUDE BRASSEUR, JOHNNY HALLIDAY. ■ Diversi e originali personaggi e le loro intricate vicende sfilano in un grande albergo di Parigi. Zio e nipote investigatori cercano di far luce su un vecchio delitto, una coppia in crisi deciderà di separarsi, un vecchio mafioso sceglierà di ritirarsi, un impresario di boxe lascerà libero il suo pugile suonato. Ma una morte violenta e casuale arriva, inaspettatamente per alcuni. Opera minore di Godard con la rockstar francese Halliday. ■ DRAMMATICO; COL.; 95'; FRANCIA, 1985.

DETECTIVE, UN ★★★
Regia di ROMOLO GUERRIERI. Con ROBERTO BISACCO, DELIA BOCCARDO, FLORINDA BOLKAN, MAURIZIO BONUGLIA, ADOLFO CELI, SUSANNA MARTINKOVA, FRANCO NERO, RENZO PALMER. ■ Un poliziotto, incaricato da un ricco avvocato di indagare su un discografico, ne ritrova il corpo. La foto di una donna nuda lo spinge a orientare le indagini sulle conoscenze femminili del defunto: una *mannequin*, una cantante e la moglie. Dopo altri due delitti il poliziotto può consegnare la colpevole alla giustizia. ■ DRAMMATICO; COL.; 95'; ITALIA, 1969.

DETECTIVE A 2 RUOTE *(Underclassman)* ★★
Regia di MARCOS SIEGA. Con SHAWN ASHMORE, RYAN BEIL, ART BONILLA, HUGH BONNEVILLE, PETER BRYANT, CHEECH MARIN, BART MCCARTHY, ROSELYN SANCHEZ, ANGELO SPIZZIRRI, ADRIAN YOUNG. ■ Tracy "Tre" Stokes è un giovane poliziotto che svolge il suo servizio su una bicicletta, ma che spera di diventare un detective. L'omicidio di uno studente in una scuola superiore gliene offre l'occasione. Stokes viene inviato "sotto copertura" in un esclusivo liceo privato frequentato da ragazzi dell'alta società. Tracy Stokes è scaltro, perché è abituato a combattere il crimine sulle strade di Los Angeles. Con la lingua veloce e la faccia d'angelo, si infiltra come alunno e – con l'umorismo e la determinazione – seguirà le indagini fino a quando riuscirà a smascherare il pericoloso ricettacolo di criminali e a far arrestare il killer del ragazzo. ■ AZIONE; COL.; 95'; USA, 2005.

DETECTIVE COI TACCHI A SPILLO ★★
(V.I. Warshawski)
Regia di JEFF KANEW. Con CHARLES DURNING, JAY O. SANDERS, KATHLEEN TURNER. ■ Una donna con la pistola. Ma rispetto a film più drammatici (*Nikita, Thelma & Louise* e *Blue Steel*) qui siamo nei toni della commedia. La robusta e affascinante Kathleen Turner è una investigatrice privata che deve far luce su un intrigo familiare e su alcuni omicidi. La regia di Jeff Kanew, autore de *La rivincita dei Nerds*, non ha nulla di originale. Sprecato il talento della protagonista. ■ COMMEDIA; COL.; 89'; USA, 1991.

DETECTIVE CON LA FACCIA DI BOGART, IL ★★★
(The Man with the Bogart's Face)
Regia di ROBERT DAY. Con VICTOR BUONO, FRANCO NERO, MICHELLE PHILLIPS, ROBERT SACCHI. ■ Un poliziotto privato, fanatico di Humphrey Bogart, si ostina a vivere come i personaggi incarnati dal famoso divo dei film degli anni Quaranta. Per una serie di circostanze si trova a passare le stesse avventure: caccia a un favoloso tesoro inseguito da una pattuglia di malviventi internazionali (un armatore, un ricco arabo, un ex nazista), incontri con donne bellissime e fatalissime, agguati, pestaggi che l'ometto affronta con disinvoltura (forse perché sa già cosa l'aspetta, ha visto tutto in precedenza nei film del suo idolo). ■ GIALLO ROSA; COL.; 100'; USA, 1979.

DETECTIVE DEE E IL MISTERO DELLA FIAMMA FANTASMA *(Di renjie)* ★★
Regia di TSUI HARK. Con CHAO DENG, TONY LEUNG KA FAI, ANDY LAU, CRINA LAU, BINGBING LI. ■ Cina, 690 d.C. La reggente Wu si appresta ad essere incoronata imperatrice (prima donna nella storia cinese), ma i molti nemici e cospiratori giocano le loro ultime carte per impedirlo. Nel frattempo la costruzione di un gigantesco Buddha in onore della reggente viene rallentata da alcune morti misteriose per autocombustione; sul caso viene chiamato a indagare il detective ribelle Dee, già esiliato dalla stessa reggente. C'era un tempo (gli anni '80-'90) in cui al nome di Tsui Hark era stata giustapposta l'etichetta – semplicistica ma indicativa – di "Steven Spielberg di Hong Kong". Dopo un decennio trascorso seguendo progetti eterogenei ma spesso deludenti, è come se il regista si fosse ricordato di quella che è la sua specificità, nonché il suo maggior talento. ■ AZIONE; COL.; 122'; CINA, HONG KONG, 2010.

DETECTIVE FRA LE PIUME ★★
(The Manchu Eagle Caper Mystery)
Regia di DEAN HARGROVE. Con GABRIEL DELL, WILL GEER, BARBARA HARRIS. ■ Protagonista è un investigatore privato che cerca di risolvere il mistero dell'omicidio del suo lattaio, un tipo stravagante. ■ GIALLO; COL.; 90'; USA, 1975.

DETECTIVE G. *(Trouble Man)* ★★
Regia di IVAN DIXON. Con ROBERT HOOKS, PAULA KELLY, WILLIAM SMITHERS, RALPH WAITE, PAUL WINFIELD. ■ Un detective sempre pronto ad aiutare chi ha bisogno è incaricato di scoprire l'identità dei ladri che rubano metodicamente il ricavato di un locale notturno. Quelli che lo hanno assoldato in realtà si propongono di rovinarlo e tentano di addossargli un'accusa di omicidio. Lui invece se la cava e li uccide. ■ POLIZIESCO; COL.; 99'; USA, 1972.

DETECTIVE G. SEZIONE CRIMINALE ★★
(Double Leopardy)
Regia di ROBERT G. SPRINGSTEEN. Con ROD CAMERON, JACK KELLY, GALE ROBBINS. ■ Un uomo chiede al suo ex socio, che già ricatta, una forte somma. L'uomo rifiuta, e poiché il ricattatore è trovato morto viene imputato di omicidio. Il suo avvocato fa precipitare gli eventi e arrestare il vero assassino. ■ POLIZIESCO; B/N; 60'; USA, 1956.

DETECTIVE HARPER: ACQUA ALLA GOLA ★★★
(The Drowning Pool)
Regia di STUART ROSENBERG. Con ANTHONY FRANCIOSA, MURRAY HAMILTON, PAUL NEWMAN, GAIL STRICKLAND, JOANNE WOODWARD. ■ Il film fa seguito a *Detective's Story* di nove anni prima. Al centro della vicenda, c'è sempre il poliziotto privato Lew Harper, interpretato da Paul Newman. Il protagonista, in trasferta a New Orléans, deve scoprire l'autore di alcune lettere anonime che denunciano l'infedeltà della sua ricca cliente. Sembra un intrigo ad alti livelli, ma la faccenda si risolverà in maniera imprevista. ■ POLIZIESCO; COL.; 108'; USA, 1975.

DETECTIVE PARTICOLARE, UN *(The January Man)* ★★
Regia di PAT O'CONNOR. Con KEVIN KLINE, MARY ELIZABETH MASTRANTONIO, SUSAN SARANDON. ■ Un maniaco assassino ammazza una ragazza al mese in quel di New York. Un poliziotto, apparentemente svagato ma in realtà dotato di un intuito eccezionale, riesce a mettergli le mani addosso prima che strangoli la vittima designata di gennaio. ■ POLIZIESCO; COL.; 97'; USA, 1989.

DETECTIVE PRIVATO... ANCHE TROPPO ★★★
(The Public Eye)
Regia di CAROL REED. Con ANNETTE CROSBIE, MIA FARROW, DUDLEY FOSTER, MICHAEL JAYSTON, MARGARET RAWLINGS, TOPOR. ■ Un maturo professionista sposa una ragazza molto più giovane di lui. Dopo il matrimonio, però, i loro rapporti si incrinano e lui, gelosissimo, ingaggia un investigatore privato per far seguire sua moglie. Questa è del tutto innocente, e quando scoprirà la manovra del marito, profondamente delusa gli darà una memorabile lezione. ■ COMMEDIA; COL.; 95'; GRAN BRETAGNA, 1972.

DETECTIVE'S STORY *(Harper)* ★★★★★
Regia di JACK SMIGHT. Con LAUREN BACALL, HAROLD GOULD, JULIE HARRIS, ARTHUR HILL, JANET LEIGH, PAUL NEWMAN, PAMELA TIFFIN, ROBERT WAGNER, SHELLEY WINTERS. ■ Viene rapito un miliardario di Los Angeles. La famiglia non vuol dare pubblicità e il caso viene affidato all'agente Lew Harper (Newman). I personaggi sono: la moglie del miliardario (Bacall), la figlia (Tiffin), l'avvocato (Hill) e il pilota personale (Wagner). A tutti non importa assolutamente nulla del rapito, uomo malvagio e insopportabile. Harper indaga nell'ambiente della droga, della magia nera, dell'importazione di manodopera clandestina. Deve difendersi dagli attacchi dell'irrequieta Tiffin e litigare con la polizia. Alla fine trova il rapito, ma morto. Chi ha rapito l'uomo non è lo stesso che poi lo ha ucciso. Tratto dal romanzo di Ross MacDolald, scrittore che si ispira in modo assolutamente trasparente a Raymond Chandler. Newman è dunque un Marlowe trent'anni dopo. Newman, che è stato probabilmente, insieme a Gary Cooper, l'attore più importante del cinema americano (altri erano forse più "bravi", ma per coerenza ed efficacia di ruoli nessuno vale i due citati), ha modo di raccontarsi perfettamente in questo giallo. È trasandato, sarcastico perché disilluso, sul punto di divorziare, prende un sacco di botte, ha una vita privata disastrosa e una professionale faticosa. Ma alla fine non accetta nessun compromesso, morirebbe per l'idea. Scopre che l'assassino è l'avvocato, il suo migliore amico. I due sono in macchina, l'altro dice: «Guarda che meritava di morire, era la persona peggiore che esistesse». Newman gli risponde: «Quando ti ho conosciuto tu eri candidato per diventare governatore della California, adesso uccidi un uomo. È una cosa normale per un aspirante governatore? C'è da riflettere...». C'è tutto Newman in questo film e in questa dichiarazione: un uomo complicato, infelice, ma consapevole e onesto. Un "eroe comune", diremmo. E pur avendo la pistola puntata alla schiena Harper se ne va a denunciare l'amico. ■ GIALLO; COL.; 121′; USA, 1966.

DETECTIVE STONE *(Split Second)* ★★
Regia di GARY SCOTT THOMPSON. Con KIM CATTRALL, NEIL DUNCAN, RUTGER HAUER. ■ Siamo in una Londra, oltre il 2000, completamente inquinata. Un agente della polizia, un po' orso, vuole mettere le mani su un assassino che negli ultimi anni ha fatto strage delle sue persone care. Costui è per giunta una cannibale mandato direttamente dagli inferi. Il poliziotto riuscirà nell'intento con l'aiuto di un maldestro collega fresco di studi. ■ FANTASTICO; COL.; 85′; USA, 1991.

DETECTOR *(Chain Reaction)* ★★★
Regia di IAN BARRY. Con RALPH COTTERILL, HUGH KEAYS BYRNE, LORNA LESLEY. ■ Uno scienziato scopre che una perdita di materiale radioattivo sta inquinando tutti i corsi d'acqua della regione minacciando di uccidere tutti gli abitanti. Una multinazionale, responsabile del disastro, cerca di metterlo a tacere, eliminando anche tutti coloro che hanno sospetti sulla faccenda. Fortunatamente l'autorità centrale viene informata e riesce a fermare una buona volta i killer della multinazionale. ■ DRAMMATICO; COL.; 90′; AUSTRALIA, 1980.

DETENUTE VIOLENTE ★
Regia di SERGIO GARRONE. Con LINDA JONES, RITA SILVA, AJITA WILSON. ■ Per scoprire la verità sull'assassinio della sorella, una dottoressa si fa mettere in prigione. Ne passa di tutti i colori ma riesce a incastrare il colpevole, un capo della mala. ■ HORROR; COL.; 95′; ITALIA, 1985.

DETENUTO IN ATTESA DI GIUDIZIO ★★★
Regia di NANNI LOY. Con GIUSEPPE ANATRELLI, ELGA ANDERSEN, ANDREA AURELI, LINO BANFI, GIANNI BONAGURA, ANTONIO CASAGRANDE, ALBERTO SORDI. ■ Durante il passaggio della frontiera italiana per trascorrere le vacanze al paese natale, un emigrato viene fermato e imprigionato senza che gli venga fornita alcuna spiegazione. Di disavventura in disavventura, finisce in un manicomio criminale dal quale uscirà finalmente discolpato, ma purtroppo traumatizzato. ■ DRAMMATICO; COL.; 99′; ITALIA, 1972. ■ BERLINO 1 PR; DAVID DI DONATELLO 1 PR, 1 NOM.

DETOUR ★★★
Regia di EDGARD GEORGE ULMER. Con CLAUDIA DRAKE, TOM NEAL, ANN SAVAGE. ■ Un piccolo classico del film noir. Pressoché ignorato alla sua prima uscita (e non importato in Italia) è divenuto in seguito un cult-movie, paragonato persino a *Il postino suona sempre due volte*. Un vagabondo assume la personalità di un occasionale compagno di viaggio, apparentemente ricco e rispettabile. L'uomo è morto senza colpa del vagabondo, ma questo non gli impedisce di essere ricattato da una ragazza di pochi scrupoli. ■ DRAMMATICO; B/N; 69′; USA, 1945.

DETROIT ROCK CITY ★★
Regia di ADAM RIFKIN. Con GIUSEPPE ANDREWS, JAMES DE BELLO, EDWARD FURLONG, SAM HUNTINGTON, LIN SHAYE. ■ Cleveland, Ohio, 1978. Quattro ragazzi (Edward Furlong, Giuseppe Andrews, Sam Huntington, James De Bello) che compongono il gruppo musicale dei Mystery, sognano di diventare il gruppo spalla dei Kiss, band satanica per eccellenza. In occasione del concerto dei loro idoli, essi si procurano quattro biglietti ma la madre di Jam (Sam Huntington), cattolica praticante, si infuria e li brucia. Da questo momento in poi comincia una spasmodica caccia al biglietto che vede impegnati i quattro ragazzi per un'intera nottata. Non mancano disavventure, crisi di coscienza e ostacoli di vario genere che movimentano la trama del film. Oltre ai già citati protagonisti, il cast della commedia annovera i componenti della band dei Kiss che interpretano se stessi (Gene Simmons, Peter Criss, Ace Frehley, Paul Stanley). ■ COMMEDIA; B/N; 95′; USA, 1999.

DÉTRUIRE DIT-ELLE ★★
Regia di MARGUERITE DURAS. Con HENRI GARCIN, DANIEL GÉLIN, NICOLE HISS, MICHAEL LONSDALE, CATHERINE SELLERS. ■ Tutta la vicenda si svolge in un albergo con pochi pensionati, che fanno lentamente amicizia tra di loro, si raccontano le vicende personali e instaurano rapporti di vario tipo. C'è un professore che aspetta la sua giovane consorte, due ebrei, una donna ancora sconvolta dalla morte del figlio e dal torto fatto al marito. È un film cerebrale che tuttavia ha una certa attrattiva. ■ DRAMMATICO; COL.; 90′; FRANCIA, 1970.

DEUCE BIGALOW: PUTTANO IN SALDO
(Deuce Bigalow: European Gigolo)
Regia di MIKE BIGELOW. Con EDWIN ALOFS, ELISABETTA CANALIS, FEDERICO DORDEI, EDDIE GRIFFIN, JEROEN KRABBE, VINCENT MARTELLA, MIRANDA RAISON, ROB SCHNEIDER. ■ Deuce Bigalow, aspirante seduttore ancora inesperto, arriva in Inghilterra per frequentare una scuola per gigolò. Scopre una società segreta di gigolò sospettata di alcune misteriose morti avvenute all'interno della scuola. Nel frattempo cominciano ad arrivare le prime clienti tra cui spicca la figura di Latrina... Alla larga. ■ COMMEDIA; COL.; 90′; USA, 2005.

DEUXIÈME SOUFFLE, LE ★★★
Regia di ALAIN CORNEAU. Con DANIEL AUTEUIL, MONICA BELLUCCI, MICHEL BLANC, ERIC CANTONA, JACQUES DUTRONC, DANIEL DUVAL, NICOLAS DUVAUCHELLE, GILBERT MELKI, PHILIPPE NAHON. ■ Gu(stave) Minda è un gangster incallito e un uomo d'onore. Dopo dieci anni di severa detenzione evade di prigione. A Parigi intanto, durante un regolamento di conti, viene ucciso Jacques, amante della conturbante Manouche. Bionda (tinta) e appassionata, la donna ha avuto in passato una relazione sentimentale con Gu. Le indagini sono affidate al commissario Blot, che sospetta il meschino contrabbandiere e protettore Jo Ricci ma segue contemporaneamente la pista dell'evasione di Gu. Gu, braccato dalla polizia, è costretto a nascondersi e a ripiegare su Marsiglia, dove accetta l'offerta di Venture Ricci, fratello maggiore di Jo: uccidere un poliziotto e rapinare un furgone carico di lingotti. Sarebbe riduttivo considerare *Le Deuxième souffle* soltanto il remake del film di Jean Pierre Melville. Più corretto sarebbe definirlo un nuovo adattamento del romanzo omonimo di José Giovanni. Alain Corneau accetta la sfida di trattare il tema gangsteristico come una tragedia classica. ■ DRAMMATICO; COL.; 155′; FRANCIA, 2007.

DEVI ESSERE FELICE *(You Gotta Stay Happy)* ★★★
Regia di HENRY C. POTTER. Con EDDIE ALBERT, JOAN FONTAINE, WILLARD PARKER, JAMES STEWART, ROLAND YOUNG. ■ Una giovane miliardaria sposa un pretendente, benché non ne abbia

molta voglia. La prima notte di nozze, già pentita, abbandona il marito e persuade un pilota a condurla con sé. Il viaggio è alquanto burrascoso e tra un'avventura e l'altra i due si innamorano. ■ COMMEDIA; B/N; 100'; USA, 1948.

DEVIL ★★
Regia di JOHN ERICK DOWDLE, DREW DOWDLE. Con GEOFFREY AREND, CHRIS MESSINA, LOGAN MARSHALL-GREEN, BOJANA NOVAKOVIC, JENNY O'HARA. ■ Una persona si suicida gettandosi da un grattacielo e finendo sul tetto di un camion. Nelle sue mani, un rosario. Il detective Bowden – la cui vita è stata devastata dalla morte della moglie e del figlio a opera di un pirata della strada – è chiamato a investigare. Nel grattacielo in questione, cinque persone salgono su uno degli ascensori. Si tratta di un eterogeneo gruppo: l'addetto alla sicurezza Ben, un'anziana cleptomane, il venditore di materassi Vince, l'ereditiera attaccata ai soldi Sarah e l'ex militare in cerca di lavoro Tony. L'ascensore si blocca. Sembra solo un inconveniente tecnico, ma, dato che la situazione non si risolve nonostante i colloqui con l'assistenza, ben presto l'inquietudine comincia a serpeggiare e nasce tra le persone intrappolate l'incredibile sospetto che tra loro ci sia qualcuno che non è quello che dice di essere. ■ HORROR; COL.; 80'; USA, 2010.

DEVIL KISS, THE ★
Regia di GEORGE LEG. Con OLIVER MATHEWS, EVELYNE SCOTT. ■ Claire, una ragazza di modeste origini, e Philip, un blasonato, si sposano nonostante le opposizioni della famiglia di lui. Le continue dicerie sul conto della moglie spingono il nobile a uccidersi e lei, sconvolta dal gesto estremo del marito, decide di vendicarsi di tutti i responsabili. ■ HORROR; COL.; 90'; GRAN BRETAGNA, 1986.

DEVILMAN STORY ★★
Regia di PAOLO BIANCHINI. Con LIZ BARRETT, ALAN COLLINS, GUY MADISON, BILL VANDERS. ■ Devilman vuole mettere al posto del suo cervello un apparecchio artificiale capace di renderlo onnisciente. A tale scopo ha rapito uno scienziato; la figlia di questi e un amico, partiti alla sua ricerca, vengono fatti prigionieri dal criminale che intende usarli come cavie. Il piano, però, fallisce e Devilman muore. ■ FANTASCIENZA; B/N; 91'; ITALIA, 1967.

DEVONSVILLE TERROR ★★
Regia di ULLI LOMMEL. Con SUZANNA LOVE, DONALD PLEASENCE, ROBERT WALKER JR. ■ Una bella ragazza va a insegnare in una scuola a Devonsville, Massachusetts. Ignora la poverina che la città è sotto l'incubo di una maledizione, lanciata da una strega arsa viva in quel posto trecento anni prima. ■ HORROR; COL.; 90'; USA, 1983.

DIABOLICA INVENZIONE, LA *(Wynález Zkázy)* ★★
Regia di KAREL ZEMAN. Con MILOSLAV HOLUB, ARNOST NAVRATIL, LUBOR TAKOS. ■ La storia del mite inventore di un terribile esplosivo in grado di distruggere il mondo e dei tentativi fatti dalle grandi potenze per impossessarsene viene narrata con una tecnica cinematografica mista, che si avvale anche dell'uso dei cartoni animati. ■ FANTASTICO; B/N; 85'; CECOSLOVACCHIA, 1957.

DIABOLICAMENTE TUA *(Diaboliquement vôtre)* ★★
Regia di JULIEN DUVIVIER. Con SENTA BERGER, ALAIN DELON, SERGIO FANTONI, PETER MOSCHBAKER. ■ Un uomo perde la memoria; gli fanno credere di chiamarsi George Campo e di essere sposato a Christiane. Il giovane a poco a poco capisce di essere raggirato dalla donna e dal medico che finge di curarlo; scopre inoltre che la sua presenza deve proteggere i due complici assassini del vero George. Finale a sorpresa. ■ DRAMMATICO; COL.; 95'; FRANCIA, 1967.

DIABOLICA SPIA, LA *(City of Fear)* ★★
Regia di PETER BEZENCENET. Con PINKAS BRAUN, ALBERT LIEVEN, PAUL MAXWELL, MARISA MELL, TERRY MOORE, ZSU ZSU BANKI. ■ Un giornalista americano acconsente ad aiutare uno sconosciuto e porta con sé, in Ungheria, un contenitore che dovrebbe custodire una medicina per un bambino malato. Non c'è la medicina, ma ci sono passaporti falsi che serviranno a far passare la frontiera a uno scienziato. Ancora una volta il giornalista viene coinvolto nella vicenda e riesce a condurre il fuggitivo in salvo. ■ SPIONAGGIO; B/N; 90'; GRAN BRETAGNA, 1966.

DIABOLICI, I *(Les diaboliques)* ★★★★
Regia di HENRI-GEORGES CLOUZOT. Con VERA CLOUZOT, PAUL MEURISSE, SIMONE SIGNORET, CHARLES VANEL. ■ In un collegio francese, la moglie e l'amante del dispotico e terribile direttore si accordano per ucciderlo e, a questo scopo, preparano un piano che sembra infallibile. Ma il cadavere dell'uomo, abbandonato in una piscina per simulare il suicidio, scompare e si manifestano inquietanti segni che paiono confermare la sopravvivenza della presunta vittima. Non raccontiamo oltre la trama per non rovinare la sorpresa. ■ DRAMMATICO; B/N; 110'; FRANCIA, 1954.

DIABOLICI CONVEGNI, I *(Les amantes del diablo)* ★
Regia di JOSÉ MARIA ELORRIETA. Con CARLA CONTI, TERESA GIMPERA, THOMAS MOORE, KRISTA NELL, JULIO PENA, SPARTACO SANTONI, LUIS VILLA. ■ Una ragazza viene trovata torturata e in stato di alterazione mentale. Sua sorella si improvvisa detective e ricostruisce i suoi spostamenti; perde la testa per un playboy e lo segue nella sua abitazione. Qui lui le rivela di aver provocato tutto quanto è successo alla sorella e le fa subire la stessa sorte. In compenso il maniaco muore per mano della polizia. ■ HORROR; COL.; 92'; ITALIA, 1971.

DIABOLICO AVVENTURIERO, IL ★★★
(Death of a Scoundrel)
Regia di CHARLES M. MARTIN. Con YVONNE DE CARLO, ZSA ZSA GABOR, GEORGE SANDERS. ■ Un cecoslovacco scappato a New York viene derubato dal fratello che gli porta via anche la fidanzata. Sconvolto e inaridito nell'animo, dà inizio ad una serie di speculazioni che lo rendono ricco e cinico al punto che l'ex fidanzata si suicida facendo in modo che venga incolpato. Moralmente distrutto e stanco, muore per mano dell'avido socio d'affari. ■ DRAMMATICO; B/N; 119'; USA, 1956.

DIABOLICO COMPLOTTO DEL DR. FU MANCHU, IL *(The Fiendish Plot of Dr. Fu Manchu)* ★★
Regia di PIERS HAGGARD. Con SID CAESAR, HELEN MIRREN, PETER SELLERS. ■ Il diabolico dr. Fu Manchu (personaggio della letteratura che ha visto tante trasposizioni cinematografiche), ha bisogno dell'elisir di lunga vita, ma per completare gli ingredienti è necessario un diamante custodito con i gioielli della corona d'Inghilterra. Gli sforzi di Scotland Yard si rivelano inutili, Fu Manchu ruba i diamanti e, ritrovando la gioventù, decide di conquistare il mondo con la musica rock. ■ AVVENTURA; COL.; 108'; USA, 1980.

DIABOLICO DOTT. MABUSE, IL ★★★
(Die tausenden Augen des Dr. Mabuse)
Regia di FRITZ LANG. Con DAWN ADDAMS, ANDREA CHECCHI, GERT FRÖBE, WERNER PETERS, WOLFGANG PREISS, PETER VAN EYCK. ■ Il dottor Mabuse è sparito dalla circolazione, eppure molti gli attribuiscono la responsabilità di alcuni delitti e di un tentato suicidio. Le indagini della polizia convergono su un hotel. Altri omicidi avvengono prima della scoperta del colpevole. ■ DRAMMATICO; B/N; 104'; GERMANIA, 1960.

DIABOLICO DOTT. SATANA, IL *(Gritos en la noche)* ★
Regia di JESUS FRANCO. Con PERLA CRISTAL, DIANA LORYS, CONRADO SANMARTIN, MARIA SILVA, RICARDO VALLE, HOWARD VERNON. ■ Un eminente studioso vuole ridare la bellezza alla figlia sfigurata da uno scoppio nel suo laboratorio. Il suo servitore è obbligato a portargli i corpi delle fanciulle che uccide, ma ad un certo punto si ribella. Finisce male per tutti e due. ■ HORROR; B/N; 94'; SPAGNA, 1961.

DIABOLICO IMBROGLIO *(Dirty Tricks)* ★★
Regia di ALVIN RAKOFF. Con ELLIOTT GOULD, ARTHUR HILL, KATE JACKSON. ■ Un professore di storia scopre che un suo allievo è in possesso di una lettera di George Washington, nella quale lo statista confessa di essersi venduto agli inglesi. L'allievo in questione viene ucciso da misteriosi sicari e i sospetti cadono proprio sul professore. ■ COMMEDIA; COL.; 91'; CANADA, 1981.

DIABOLICO INTRIGO *(Un tiro per la Espalda)* ★★
Regia di ANTHONY ROMAN. Con MANUEL ARBO, YVONNE BASTIEN, JUANITA BENITEZ, ALBA JULIA CABA, PERLA CRISTAL, AL-

BERTO DE MENDOZA. ■ Una donna, resa diffidente da alcuni indizi, non crede alla morte del marito avvenuta in un paese straniero, vi si reca e persuade un collaboratore dello scomparso a svolgere alcune ricerche. Il corpo dell'uomo non è nella bara e il dottore che ha sottoscritto il certificato di morte è stato ucciso; decisa ad andare fino in fondo, l'intraprendente mogliettina scopre la verità. ■ DRAMMATICO; COL.; 90′; SPAGNA, 1968.

DIABOLIK ★★★
Regia di MARIO BAVA. Con CATERINA BORATTO, ADOLFO CELI, CARLO CROCCOLO, CLAUDIO GORA, JOHN PHILIP LAW, MARISA MELL, LUCIA MODUGNO, RENZO PALMER, MICHEL PICCOLI. ■ Diabolik compie un furto dopo l'altro e l'ispettore Ginko non riesce a catturarlo. Durante un ennesimo colossale colpo ai danni dello Stato il criminale per poco non ci rimette la pelle, ma si salva ancora una volta. ■ FANTASTICO; COL.; 105′; ITALIA, 1967.

DIABOLIQUE ★★★
Regia di JEREMIAH S. CHECHIK. Con ISABELLE ADJANI, KATHY BATES, CHAZZ PALMINTERI, SHARON STONE. ■ Remake del celebre *I diabolici*, di Clouzot con Simone Signoret (sostituita da Stone), Véra Clouzot (Adjani) e Paul Merisse (Palminteri). I due amanti diabolici progettano la morte della moglie, malata di cuore. Quest'ultima assiste all'assassinio del marito. Dopo alcuni giorni l'uomo riappare e la donna muore di infarto. Nel classico francese la vicenda si fermava lì, ma Chechik ci mette del suo. La moglie si riprende e insieme all'altra uccide davvero il marito. C'è anche un poliziotto donna (Bates) che ha scoperto tutto ma non tradisce le giustiziere. Lui meritava proprio di morire. Buon successo di pubblico nonostante la clamorosa contaminazione. Il mito rimane a Clouzot. ■ GIALLO; COL.; 107′; USA, 1996.

DIA DE LA BESTIA, EL ★★
Regia di ÁLEX DE LA IGLESIA. Con ALEX ANGULO, MARIA GRAZIA CUCINOTTA, ARMANDO DE RAZZA, TERELE PAVEZ, SANTIAGO SEGURA. ■ Un prete convinto di essere l'unico umano capace di fermare l'anticristo (l'ispirazione gli viene da certi testi sacri ritrovati), per entrare in contatto col diavolo decide di praticare il male, dunque di diventare un delinquente. La cosa funziona e il prete si trova in mano la chiave per rileggere i testi. Quasi dimenticabile. ■ COMMEDIA; COL.; 97′; ITALIA, SPAGNA, 1995.

DIAFANOIDI VENGONO DA MARTE, I ★★
Regia di ANTONIO MARGHERITI. Con ENZO FIERMONTE, LISA GASTONI, CARLO GIUSTINI, MICHEL LEMOINE, FRANCO NERO, TONY RUSSELL, LINDA SINI. ■ Creature misteriose e immateriali provenienti da Marte attaccano astronavi e postazioni spaziali del nostro pianeta, con il preciso scopo d'impadronirsi dei corpi dei loro occupanti. Finalmente vengono completamente debellate da una spedizione terrestre. ■ FANTASCIENZA; COL.; 90′; ITALIA, 1965.

DIAGNOSI MORTE *(Po stopach creve)* ★★
Regia di PETER SCHULHOF. Con DRAHOMIATA HOFMANOVA, RUDOLF HRUSINSKY. ■ Una serie di misteriosi delitti. Un commissario è alle prese con un rompicapo. Quasi tutte le persone coinvolte potrebbero essere gli assassini. Invece il killer è un altro, che non era entrato in un primo tempo nella rosa dei sospetti. ■ GIALLO; B/N; 92′; CECOSLOVACCHIA, 1970.

DIAGNOSI MORTE *(Diagnosis Murder)* ★★
Regia di SIDNEY HAYERS. Con JON FINCH, JUDY GEESON, CHRISTOPHER LEE. ■ Uno psichiatra non ama alla follia la moglie. E il fatto è notorio. Quando la donna scompare, tutti pensano che sia stato il marito a ucciderla. Discreto suspense che, se non fosse per il colore, sembrerebbe girato negli anni Quaranta. Jon Finch ripete il suo ruolo di *Frenzy* di Hitchcock. ■ GIALLO; COL.; 90′; GRAN BRETAGNA, 1974.

DIALOGHI DELLE CARMELITANE, I ★★★
(Les dialogues des Carmélites)
Regia di PHILIPPE AGOSTINI. Con JEAN-LOUIS BARRAULT, PIERRE BERTIN, PIERRE BRASSEUR, ANNE DOAT, JEANNE MOREAU, MADELEINE RENAUD, ALIDA VALLI, GEORGES WILSON. ■ Una giovane di nobile famiglia si fa suora per temprare il carattere debole e pavido. Alla prima occasione pericolosa infatti (lo scoppio della rivoluzione) fugge e torna dai genitori. Tuttavia, quando apprende che le altre sorelle sono state condannate a morte, trova finalmente il coraggio di affrontare il patibolo assieme a loro. ■ DRAMMATICO; B/N; 112′; FRANCIA, 1960.

DIAMANTE BIANCO, IL *(The White Diamond)* ★★★
Regia di WERNER HERZOG. ■ C'è un vascello bianco che vola più leggero dell'aria su una foresta pluviale, c'è un ingegnere aeronautico, Graham Dorrington, a governarlo nel cielo e c'è un regista, Werner Herzog, a trasformarlo in cinema. La magnifica ossessione del volo, la natura e il cinema sono gli ingredienti di questo documentario girato nel cuore della Guyana, che anticipa dello stesso autore il naturalistico *Grizzly Man* e il fantascientifico *L'ignoto spazio profondo*. Il diamante bianco del titolo è un dirigibile gonfiato ad elio che sorvola le imponenti cascate del Kaieteur, dietro le quali, proprio come dietro a un sipario, nidificano i rondoni e si annidano miti e leggende indigene. ■ DOCUMENTARIO; COL.; 90′; GERMANIA, GRAN BRETAGNA, 2005.

DIAMANTE DELLO CZAR – L'ORLOFF, IL ★★
(Der Diamant des Zaren – Der Orlow)
Regia di MAX NEUFELD. Con VIKTOR DE KOWA, VIVIAN GIBSON, LIANE HAID, IVAN PETROVICH. ■ Intorno alla preziosa gemma di proprietà dello zar si intrecciano avventure di ogni tipo. ■ COMMEDIA; B/N; 92′; GERMANIA, 1932.

DIAMANTE DEL RE, IL *(The Diamond Queen)* ★★
Regia di JOHN BRAHM. Con ARLENE DAHL, FERNANDO LAMAS, GILBERT ROLAND. ■ Per restituire a Luigi XIV un prezioso diamante distrutto senza volerlo dal padre, un ragazzo si dirige alla volta dell'India. Qui viene coinvolto in numerose e rischiose avventure, ma alla fine trova sia la pietra che l'amore. ■ AVVENTURA; COL.; 80′; USA, 1953.

DIAMANTE FATALE, IL *(Bulldog Drummond's Peril)* ★★
Regia di JAMES HOGAN. Con JOHN BARRYMORE, LOUISE CAMPBELL, JOHN HOWARD. ■ Un detective sta investigando sulla sparizione dell'inventore dei diamanti artificiali. Anche la polizia svolge indagini senza giungere però ad alcun risultato. Il detective invece arriva alla verità e consegna i criminali alla giustizia. ■ COMMEDIA; B/N; 66′; USA, 1938.

DIAMANTE LOBO *(God's Gun)* ★★
Regia di FRANK KRAMER. Con RICHARD BOONE, LEIF GARRETT, JACK PALANCE, LEE VAN CLEEF. ■ Una banda spadroneggia in un villaggio del West. Solo un prete resiste ai banditi, ma lo ammazzano. Arriva però a vendicarlo il fratello gemello, che non parla e non prega: usa la colt. Girato in Israele da un regista italiano (Frank Kramer sta per Gianfranco Parolini). ■ WESTERN; COL.; 95′; ISRAELE, 1977.

DIAMANTE NERO, IL *(Le diamant noir)* ★★
Regia di JEAN DELANNOY. Con LOUISE CARLETTI, GABY MORLAY, CHARLES VANEL. ■ Professionista benestante è convinto che la moglie, ormai defunta, lo abbia tradito, e che di conseguenza la figlia non sia sua L'amarezza lo spinge a comportamenti libertini che abbandona non appena ha la prova di essersi sbagliato. ■ DRAMMATICO; B/N; 98′; FRANCIA, 1940.

DIAMANTI ★★
Regia di CORRADO D'ERRICO. Con DORIS DURANTI, ENRICO GLORI, LAURA NUCCI, LAMBERTO PICASSO. ■ Un commerciante in preziosi di pochi scrupoli coinvolge in un imbroglio una giovane parente. La vittima designata è un principe orientale che non si lascia ingannare e comprende anche che la ragazza ignora i loschi maneggi del commerciante: rinuncia perciò a vendicarsi e la lascia libera di tornare nella sua città. Il film è tratto dal romanzo *A bocca nuda* di Salvator Gotta. ■ COMMEDIA; B/N; 92′; ITALIA, 1939.

DIAMANTI A COLAZIONE *(Diamonds for Breakfast)* ★★★
Regia di CHRISTOPHER MORAHAN. Con MARCELLO MASTROIANNI, WARREN MITCHELL, ELAINE TAYLOR, RITA TUSHINGHAM. ■ Un nobile russo, Niki, rifugiatosi a Parigi dopo la rivoluzione, vuole impadronirsi dei gioielli appartenuti alla sua famiglia che sono divenuti proprietà dello Stato sovietico. Ci riesce con l'aiuto di una banda composta esclusivamente da elementi femminili, ma verrà a sua volta derubato dalle sue vecchie e nostalgiche ziette. ■ COMMEDIA; COL.; 102′; USA, 1968.

DIAMANTI A SORPRESA ★★
Regia di TONY WHARMBY. Con OSSIE DAVIS, BURT REYNOLDS. ■ Il poliziotto Stryker riceve in regalo da una zia un anello di immenso valore. Incuriosito, comincia a svolgere qualche discreta indagine sulla parente e su una gang di individui loschi che lei sembra conoscere bene. ■ POLIZIESCO; COL.; 90′; USA, 1989.

DIAMANTI CHE NESSUNO VOLEVA RUBARE, I ★★
Regia di GINO MANGINI. Con JOHN ELLIOT, ALDO GIUFFRÉ, SALVO RANDONE, JEANNE VALÉRIE. ■ Un vecchio paralitico ha studiato un grosso colpo, ma per realizzarlo ha bisogno di cinque soci. Li trova e il colpo riesce perfettamente, ma i cinque uccidono il vecchio per non dividere con lui il bottino. L'assassinio scatena una serie di uccisioni per vendetta e soltanto uno dei banditi scampa alla strage. ■ GIALLO; COL.; 90′; ITALIA, 1968.

DIAMANTI DELL'ISPETTORE KLUTE, I *(Lady Ice)* ★★★
Regia di TOM GRIES. Con ROBERT DUVALL, PATRICK MAGEE, JENNIFER O'NEIL, DONALD SUTHERLAND. ■ L'ispettore Klute indaga sulla sparizione di un grosso quantitativo di gioielli per conto della società che li ha assicurati. Con l'aiuto della figlia del gangster autore del furto, e malgrado la polizia gli metta i bastoni fra le ruote, Klute recupera il bottino. ■ GIALLO; COL.; 93′; USA, 1973.

DIAMANTI SONO PERICOLOSI, I *(Cool Breeze)* ★★
Regia di BARRY POLLACK. Con JUDY PACE, THALMUS RASULALA, JIM WATKINS. ■ Quattro gangster compiono un grosso furto nella sede di una compagnia diamantifera, ma durante la ritirata uccidono un poliziotto. L'assassinio scatena la polizia e tre dei quattro banditi muoiono. L'ultimo viene sorpreso in fuga col bottino. ■ POLIZIESCO; COL.; 102′; USA, 1972.

DIAMANTI SPORCHI DI SANGUE ★★
Regia di FERNANDO DI LEO. Con MARTIN BALSAM, BARBARA BOUCHET, VITTORIO CAPRIOLI, CLAUDIO CASSINELLI. ■ Un gangster imprigionato in seguito a una "soffiata" si fa cinque anni di galera. Crede che sia stato il suo boss a tradirlo e, appena fuori, fa le sue vendette. Si inserisce in una rapina di diamanti e s'appropria del bottino. Poi uccide i killer mandati dal boss all'inseguimento. Solo a massacro ultimato viene a sapere che non era stato il boss a denunciarlo, ma il suo figliastro. Allora si consegna al boss, pronto a farsi accoppare. Ma il benevolo capobanda lo risparmia. ■ GIALLO; COL.; 97′; ITALIA, 1978.

DIAMOND 13 *(Diamant 13)* ★★
Regia di GILLES BEHAT. Con ASIA ARGENTO, ANNE COESENS, GERARD DEPARDIEU, AÏSSA MAÏGA, OLIVIER MARCHAL. ■ Mat è poliziotto alla divisione criminale. Personaggio solitario e tormentato, riceve la chiamata di un vecchio amico, Franck, che gli propone un piano per deviare dei soldi sporchi. Potrebbe essere la svolta della sua vita o l'inizio di un calvario. ■ AZIONE; COL.; 98′; FRANCIA, BELGIO, LUSSEMBURGO.

DIANA ★★
Regia di ORFEO LOCATELLI. ■ Con il pretesto di una visita da parte di un gruppo di ragazzi e ragazze ad una località di grande interesse archeologico, il documentario compie una interessante carrellata sulla caccia come soggetto ed ispirazione nell'arte di tutti i tempi. ■ DOCUMENTARIO; COL.; 92′; ITALIA, 1961.

DIANA LA CORTIGIANA *(Diane)* ★★
Regia di DAVID MILLER. Con PEDRO ARMENDARIZ, MARISA PAVAN, LANA TURNER. ■ Intrighi e assassinii alla corte di Francia: Enrico è sposato alla terribile Caterina de' Medici ma ama la bella contessa Diana, sposata a sua volta con un nobile traditore del regno. Enrico diventa re, ma muore subito dopo e Caterina diventa sovrana incontrastata del paese dopo aver fatto strage di nemici ed ex amici. Soltanto la bella Diana si salva e va a rifugiarsi in un castello per vivere di ricordi. ■ AVVENTURA; COL.; 110′; USA, 1955.

DIANA VREELAND – L'IMPERATRICE DELLA MODA *(Diana Vreeland: The Eye Has to Travel)* ★★★
Regia di LISA IMMORDINO VREELAND. Con DIANA VREELAND. ■ Un'icona di stile del XX secolo non è stata una modella né una stella di Hollywood, bensì una giornalista. Diana Vreeland conquistò sul campo il titolo di imperatrice della moda, dettando regole di gusto ed eleganza a un'intera generazione di celebrità. Il documentario diretto da Lisa Immordino Vreeland, nipote della giornalista scomparsa nel 1989, racconta la vita e soprattutto la carriera di questo genio creativo e anticonformista. ■ DOCUMENTARIO; COL.; 86′; USA, 2011.

DIANA VUOLE LA LIBERTÀ *(Adventure in Baltimore)* ★★
Regia di RICHARD WALLACE. Con JOHN AGAR, SHIRLEY TEMPLE, ROBERT YOUNG. ■ Una giovane pittrice, figlia di un sacerdote protestante, ha un sacco di guai per via del carattere troppo realistico dei suoi quadri. Gli abitanti della cittadina in cui vive, piuttosto bigotti, non apprezzano la bellezza fisica dei modelli ritratti. Il padre reverendo l'aiuta ad essere capita con una vigorosa predica dal pulpito della sua chiesa. ■ COMMEDIA; B/N; 89′; USA, 1949.

DIAPASON ★★
Regia di ANTONIO DOMENICI. Con DAVID D'INGEO, ANGELO INFANTI, MICHEL LEROI, ALEX VAN DAMME. ■ Roma di notte. Due storie in parallelo e due mondi lontani. Marcello, direttore di produzione sessantenne, gira per la capitale a bordo di una Triumph, passando anche per via Veneto, mentre cerca di convincere la giovane attrice Claire a lavorare in un suo film. È un vortice di ricordi (da Fellini a Mastroianni) quello che le rovescia addosso per avere la sua adesione. A poca distanza un gruppo di immigrati passa attraverso la notte commettendo furti, assumendo droga, cercando di sopravvivere. Domenici (1958) è al suo primo lungometraggio e può fregiarsi, primo in Italia, del certificato firmato da von Trier e compagni che garantisce il rispetto del "voto di castità" stabilito dal *Dogma*. Quindi niente set, niente luci addizionali, niente effetti ecc. ■ DRAMMATICO; COL.; 90′; ITALIA, 2000.

DIARI ★★
Regia di ATTILIO AZZOLA. Con MANUEL FERREIRA, ROISIN GRECO, MATILDE PEZZOTTA, AMINE SLIMANE, ANTONIO SOMMELLA, MARIA TERUZZI. ■ *Diari* è un film corale che racconta le vicende sentimentali e di crescita di un gruppo di adolescenti. Leonora, detta Leo, ha 16 anni ed è convinta di vivere in un mondo quasi perfetto, ma il ritorno imprevisto di suo padre dopo dieci anni di assenza fa improvvisamente crollare le sue fragili convinzioni. Alì Trabelsi ha un grande talento per il disegno e un'inguaribile passione per le missioni impossibili: sedurre la fanciulla più carina della scuola. Michele Mancia è un distinto professore in pensione che sogna di ritrovare un suo antico amore. Tre personaggi molto diversi che scopriranno di avere bisogno l'uno dell'altro. Tre vite che mescolandosi cambieranno il proprio sguardo sul mondo. ■ COMMEDIA; COL.; 90′; ITALIA, 2008.

DIARI DELLA MOTOCICLETTA, I ★★★
(The Motorcycle Diaries)
Regia di WALTER SALLES. Con RODRIGO DE LA SERNA, GAEL GARCÍA BERNAL, MARINA GLEZER, SUSANA LANTERI, MIA MAESTRO, MERCEDES MORÁN, JEAN PIERRE NOHER, LUCAS ORO, GUSTAVO PASTORINI. ■ 1952. Due giovani studenti universitari, Alberto Granado ed Ernesto Guevara partono per un viaggio in moto che li deve portare ad attraversare diversi paesi del continente latinoamericano. Quella che doveva essere un'avventura giovanile si trasforma progressivamente nella presa di coscienza della condizione di indigenza in cui versa gran parte della popolazione. Quel viaggio cambierà nel profondo i due uomini. Uno di loro diventerà il mitico "Che" mentre l'altro, ancora vivente, è medico a Cuba. Uno degli applausi più lunghi alla proiezione stampa di Cannes 2004. Un film che propone la gioventù come "luogo" in cui scoprire dei valori personali e decidere di impegnarsi per degli ideali. ■ AVVENTURA; COL.; 126′; ARGENTINA, BRASILE, CILE, PERÙ, USA, 2004. ■ GOLDEN GLOBES 1 NOM; OSCAR 1 PR, 1 NOM.

DIARIO DI ANNA FRANK, IL ★★★
(The Diary of Anne Frank)
Regia di GEORGE STEVENS. Con RICHARD BEYMER, MILLIE PERKINS, JOSEPH SCHILDKRAUT, SHELLEY WINTERS, ED WYNN. ■ Durante la seconda guerra mondiale, due famiglie ebree rimangono nascoste in una soffitta, ad Amsterdam, per due anni. Anna, figlia adolescente di Otto Frank – che sarà l'unico a sopravvivere alla guerra – scrive ogni giorno la cronaca di quella

prigionia arricchendola con pagine di poesia. ■ DRAMMATICO; B/N; 156′; USA, 1959. ■ OSCAR 3 PR, 8 NOM.

DIARIO DI BRIDGET JONES, IL ★★
(Bridget Jones' Diary)
Regia di SHARON MAGUIRE. Con HONOR BLACKMAN, JIM BROADBENT, JAMES CALLIS, COLIN FIRTH, HUGH GRANT, GEMMA JONES, SALLY PHILLIPS, RENÉE ZELLWEGER. ■ Il diario di Bridget Jones è l'adattamento cinematografico dell'omonimo *bestseller* che l'autrice, Helen Fielding, affida all'amica Sharon Maguire sulla quale modella anche il personaggio di Shazzer (amica e confidente femminista di Bridget). Il film narra le vicende di una trentenne londinese che affida alle pagine di un diario le proprie disavventure di single coatta, nevrotica e frustrata, dilaniata dal rapporto compulsivo con sigarette, alcool e cibo. Impossibile non riconoscersi in Bridget, ritratto dolce amaro dell'attuale generazione di trentenni instabili e insoddisfatte. Divertente, per certi versi superficiale ed eccessivamente incline alla banalizzazione, ma forse la forza del film, come del romanzo, è racchiusa proprio in questo sorriso leggero e disimpegnato su una delle tante ragazze *over twenty*. ■ COMMEDIA; COL.; 97′; USA, 2001. ■ GOLDEN GLOBES 1 NOM; OSCAR 1 NOM.

DIARIO DI EDITH, IL *(Edith Tagebuch)* ★★★
Regia di HANS W. GEISSENDÖRFER. Con VADIM GLOWNA, LEOPOLDO VON VERSCHUER, ANGELA WINKLER. ■ Edith è apparentemente una donna tranquilla: vive in una bella casa con il marito e il figlio diciassettenne, dirige un giornale di quartiere e frequenta intellettuali. In realtà, è preoccupata per il figlio, un ragazzo scontroso e svogliato, che il padre sospetta di omosessualità, e deve accudire anche un vecchio zio moribondo e tirannico. Per sfuggire ai problemi, Edith si rifugia tra le pagine del suo diario, al quale confida non la realtà, ma i sogni. La realtà l'aggredirà nella maniera più brutale. ■ DRAMMATICO; COL.; 105′; GERMANIA, 1983. ■ VENEZIA 1 PR.

DIARIO DI JACK, IL *(Man about town)* ★★
Regia di MIKE BINDER. Con BEN AFFLECK, SAMUEL BALL, MIKE BINDER, JOHN CLEESE, REBECCA ROMIJN. ■ Jack Giamorro è un agente di sceneggiatori di successo. Ha un buon lavoro, una bella casa e un'altrettanto bella moglie, Nina. Sente però che qualcosa non va: nel passato era un bambino grasso che non sapeva scrivere, mentre ora rappresenta chi lo fa professionalmente ad alto livello. Nel presente perché sospetta (e ne ha motivo) che Nina abbia una relazione proprio con uno dei suoi clienti. Si iscrive a un corso che insegna a scaricare le tensioni in un diario personale. Questo gli sarà solo parzialmente d'aiuto perché il suddetto diario gli verrà rubato da una giornalista pronta a tutto. Alcune pagine erano davvero molto private e, una volta messe in piazza, potrebbero provocare qualche problema. ■ COMMEDIA; COL.; 95′; USA, 2006.

DIARIO DI UNA CAMERIERA, IL ★★★
(Diary of a Chambermaid)
Regia di JEAN RENOIR. Con PAULETTE GODDARD, HURD HATFIELD, FRANCIS LEDERER, BURGESS MEREDITH. ■ Attorno a Celestine, giovane cameriera di una casa borghese, si scatenano le violente passioni dei componenti della famiglia. La madre autoritaria e dispotica teme che il figlio George abbandoni la casa per sposare Celestine; il giovane non sopporta la madre e ama sinceramente la ragazza; un cameriere, preso da passione violenta per Celestine, arriva ad uccidere un vecchio gentiluomo colpevole di averla corteggiata. Ma l'amore sincero e pulito tra Celestine e George ha ragione di ogni meschino rancore e i due giovani partono insieme. ■ DRAMMATICO; B/N; 86′; USA, 1946.

DIARIO DI UNA CAMERIERA, IL ★★★
(Le journal d'une femme de chambre)
Regia di LUIS BUÑUEL. Con GEORGES GÉRET, JEANNE MOREAU, MICHEL PICCOLI. ■ Una giovane è assunta come cameriera da una famiglia borghese composta da strani e maniaci personaggi. Una bambina viene trovata morta e la giovane cameriera sospetta del giardiniere di casa, esaltato estremista di destra. Poiché non esistono prove, pur di farlo arrestare la ragazza ne costruisce di false e riesce nel suo intento. Ma poco tempo dopo il giardiniere viene liberato e riprende la sua attività di propaganda fascista. ■ DRAMMATICO; B/N; 98′; FRANCIA, ITALIA, 1963.

DIARIO DI UNA CASALINGA INQUIETA ★★
(Diary of a Mad Housewife)
Regia di FRANK PERRY. Con RICHARD BENJAMIN, LORRAINE CULLEN, FRANK LANGELLA, CARRIE SNODGRESS. ■ Sposata ad un brillante avvocato per il quale la carriera è la cosa più importante nella vita, una giovane donna cerca comprensione nel rapporto con uno scrittore. Anche l'intellettuale si rivela arido ed egoista e lei lo abbandona. Senza aver risolto la propria crisi, la donna si ritrova a dover consolare il marito, reduce da un disastroso rovescio finanziario. ■ COMMEDIA; COL.; 94′; USA, 1970. ■ OSCAR 1 NOM.

DIARIO DI UNA DONNA AMATA, IL ★★
(Tagebuch der Geliebten – Maria Baschkirtseff)
Regia di HERMANN KOSTERLITZ. Con HANS JARAY, ISA MIRANDA. ■ È la storia dell'incontro tra lo scrittore Guy de Maupassant e una pittrice russa. Lei sa di avere pochi mesi di vita e per non far soffrire l'uomo amato lo abbandona fingendo di preferire la carriera ai sentimenti. Ma al momento fatale lui accorre al suo capezzale per raccogliere l'ultima confessione d'amore. ■ DRAMMATICO; B/N; 93′; GERMANIA, 1936.

DIARIO DI UNA DONNA PERDUTA ★★★
(Das Tagebuch einer Verlorenen)
Regia di GEORG WILHELM PABST. Con LOUISE BROOKS, FRITZ RASP. ■ Una giovane, figlia di un farmacista, viene sedotta da un commesso del padre. Come se non bastasse finisce in un correzionale da cui riesce a fuggire. È costretta poi a lavorare in un postribolo ma un vecchio conte la salva sposandola. Un film anticonformista per l'epoca e, probabilmente, la seconda parte della storia ha ispirato *Paprika* di Tinto Brass. ■ DRAMMATICO; B/N; 92′; GERMANIA, 1929.

DIARIO DI UNA MOGLIE AMERICANA ★★
(The Secret Life of an American Wife)
Regia di GEORGE AXELROD. Con ANNE JACKSON, WALTER MATTHAU, PATRICK O'NEAL. ■ Walter Matthau nel personaggio (ispirato a Frank Sinatra) di un divo del cinema famoso (a torto) come donnaiolo. Nella sua camera d'albergo capita una casalinga inquieta, la moglie del suo agente. Ma il divo non approfitta della situazione. Consola fraternamente la frustrata donna. Questo non gli impedirà di essere menato dal marito della signora. ■ COMMEDIA; COL.; 92′; USA, 1968.

DIARIO DI UNA SCHIZOFRENICA ★★★
Regia di NELO RISI. Con GHISLAINE D'ORSAY, MARGARITA LOZANO, MARIJA TOCINOWSKI. ■ Una psichiatra cura e guarisce una giovane schizofrenica seguendo metodi d'avanguardia e instaurando con lei un profondo rapporto affettivo. ■ DRAMMATICO; COL.; 109′; ITALIA, 1968

DIARIO DI UNA SCHIAPPA ★★★
(Diary of a Wimpy Kid)
Regia di THOR FREUDENTHAL. Con DEVON BOSTICK, ROBERT CAPRON, ZACHARY GORDON, RACHEL HARRIS, STEVE ZAHN. ■ Greg Heffley è un ragazzino magro e non molto alto che sta per entrare alla scuola media dove troverà un mondo nuovo e non facile da affrontare. Greg vive con i genitori, con un fratello maggiore che lo perseguita e con uno molto piccolo che lo ammira. La nuova scuola viene affrontata da Greg in compagnia di Rowley con cui ha frequentato le elementari. Rowley non solo è sovrappeso ma è anche decisamente infantile. I due vengono immediatamente collocati nella parte bassa della graduatoria che automaticamente si viene a creare. Non è facile raccontare la scuola media. Molti ci hanno provato e pochi ci sono riusciti. Thor Freudenthal, basandosi sui libri di Jeff Kinney, centra il bersaglio. Narrate sotto forma di diario di bordo, le vicissitudini di Greg e di Rowley si tengono alla larga dagli stereotipi scolastici cinematografici e quando ne affrontano uno (il bullismo ad esempio) sanno come trattarlo. ■ COMMEDIA; COL.; 94′; USA, 2010.

DIARIO DI UNA SCHIAPPA 2 ★★
(Diary of a Wimpy Kid: Rodrick Rules)
Regia di DAVID BOWERS. Con DEVON BOSTICK, ZACHARY GOR-

DON, RACHAEL HARRIS, PEYTON R. LIST, STEVE ZAHN. ■ L'ora di tornare a scuola dopo le vacanze estive per Greg e Rowley. Ora non sono più i nuovi arrivati, anche se Patty continua a comandare. C'è una nuova ragazza nella scuola: la bionda e bella Holly Hills di cui Greg si innamora all'istante. Intanto i rapporti con il fratello maggiore Rodrick sono sempre molto tesi, anche se i genitori (la madre in particolare) fanno di tutto perché i due collaborino. Li lasceranno anche soli a casa per un weekend e Greg finirà chiuso in cantina. Ma non è che l'inizio. Cambio della guardia alla regia e uscita di scena dello sceneggiatore principale per questo secondo episodio delle vicende di Greg Heffley. La differenza si sente e non tutta in positivo. ■ COMMEDIA; COL.; 99'; USA, 2011.

DIARIO DI UNA SCHIAPPA 3: VITA DA CANI ★★
(Diary of a Wimpy Kid: Dog Days)
Regia di DAVID BOWERS. CON KARAN BRAR, ROBERT CAPRON, ELISE GATIEN, ZACHARY GORDON, LAINE MCNEIL. ■ Terza puntata delle avventure del giovane Greg Heffley, creatura nata dalla penna di Jeff Kinney. Questa volta il ragazzo si trova ad affrontare le peripezie di un'estate carica di aspettative ma anche di rischi: deve affrontare i pericoli di un padre desideroso di approfondire il rapporto con il proprio figlio di un fratello maggiore che lo costringe a tutto pur di conquistare la ragazza per cui ha una cotta, ma soprattutto il timore di esporsi di fronte alla bella Holly. Tra brutte figure, genitori poco comprensivi, peripezie di ogni tipo, Greg dovrà affrontare i tre mesi più lunghi e imbarazzanti della sua vita. ■ COMMEDIA; COL.; 94'; CANADA, 2012.

DIARIO DI UN ASSASSINO *(Where Sleeping Dogs Lie)* ★
Regia di CHARLES FINCH. Con DYLAN MCDERMOTT, TOM SIZEMORE, SHARON STONE. ■ Lancio con richiamo a Sharon Stone (che in realtà compare pochissimo) per un film che racconta la storia di uno scrittore in crisi ideativa che affitta una casa in cui ha operato un serial killer, sperando che le idee gli arrivino. Arriva anche il serial killer. ■ GIALLO; COL.; 90'; USA, 1991.

DIARIO DI UNA TATA, IL *(The Nanny Diaries)* ★★
Regia di ROBERT PULCINI, SHARI SPRINGER BERMAN. Con SCARLETT JOHANSSON, NATHAN CORDDRY, CHRIS EVANS, PAUL GIAMATTI, ALICIA KEYS, LAURA LINNEY, NICHOLASREESE ART. ■ Annie Braddock (Johansson) è una ragazza appena laureata in cerca di lavoro. Alcuni colloqui fallimentari presso importanti società newyorkesi le fanno perdere la fiducia in se stessa, ma un incontro imprevisto con un bambino dell'Upper East Side le cambia la vita. Il rischio che il film si trasformi in una narrazione del rapporto fra una tata e le marachelle di una piccola peste, sono concrete. La divertente e realistica interpretazione della Johansson, nella figura di tata e soprattutto di osservatrice-antropologa delle abitudini malsane della borghesia della Grande Mela, mantengono però il tono intelligente della commedia. ■ COMMEDIA; COL.; 105'; USA, 2007.

DIARIO DI UN CONDANNATO – SOTTO IL SOLE ROVENTE, IL *(Lawless Breed)* ★★★
Regia di RAOUL WALSH. Con JULIE ADAMS, ROCK HUDSON. ■ Un pistolero accusato di omicidio fugge attraverso gli Stati Uniti per sottrarsi alla cattura. Quando si sente finalmente al sicuro, sposa la cantante di saloon che lo ha seguito nella fuga, compra un ranch nel Texas e mette radici. Ma la giustizia arriva inesorabile e l'uomo finisce in prigione per 15 anni. Quando torna a casa, ritrova il figlio intenzionato a imitare le antiche gesta paterne, ma riesce a suon di cazzotti a fargli cambiare idea e a farne un uomo onesto. ■ AVVENTURA; COL.; 83'; USA, 1953.

DIARIO DI UN CURATO DI CAMPAGNA, IL ★★★★★
(Journal d'un curé de campagne)
Regia di ROBERT BRESSON. Con JEAN DANET, ANDRÉ GUIBERT, CLAUDE LAYDU, JEAN RIVIÈRE. ■ Tratto dal celebre romanzo di Georges Bernanos, il film racconta le esperienze di un giovane prete al suo primo incarico nella parrocchia di un piccolo paese. Malgrado il suo impegno pastorale sia totale, non riesce a scalfire la diffidenza dei paesani. Nemmeno la conversione *in extremis* di una nobildonna vissuta sempre in preda all'odio e al rancore serve ad attirargli le simpatie dei parrocchiani. Stanco e gravemente malato, il sacerdote muore solo, ma in pace con se stesso. Grande rigore, e una particolare attenzione al testo originale di Bernanos. Un atto di modestia da parte del regista che gli ha certamente giovato. È uno dei rari casi in cui il film non sfigura rispetto al romanzo. ■ DRAMMATICO; B/N; 110'; FRANCIA, 1950. ■ VENEZIA 2 PR.

DIAMANTI A SORPRESA *(Phantom of the Mall)* ★
Regia di RICHARD FRIEDMAN. Con DEREK RYDALL, KARL WHITMAN. ■ Due giovani si sono innamorati da bambini e il loro sentimento non è mai mutato. Una notte, mentre sono soli in una casa, divampa un violento incendio nel quale rimangono entrambi uccisi. Tempo dopo, quando la loro storia sembra sepolta nei ricordi, avvengono fatti inspiegabili. ■ HORROR; COL.; 91'; USA, 1988.

DIARIO DI UN ITALIANO ★★
Regia di SERGIO CAPOGNA. Con DONATELLO, SILVANO TRANQUILLI, ALIDA VALLI. ■ Valerio è un ragazzo di diciannove anni che vive a Firenze negli anni immediatamente precedenti la guerra mondiale. Benché figlio di un socialista morto in carcere, non ha particolari idee politiche. Cosicché la sua ragazza, Wanda, non gli rivela di essere ebrea e figlia di un perseguitato politico. Quando lo sa, vorrebbe spiegare alla ragazza che non gli importa. Ma intanto la guerra è scoppiata e i cittadini di origine semita vengono inviati nei campi di concentramento. ■ DRAMMATICO; COL.; 93'; ITALIA, 1973.

DIARIO DI UN KILLER *(Diary of a Hitman)* ★★
Regia di ROY LONDON. Con JAMES BELUSHI, SHERILYN FENN, SHARON STONE, FOREST WHITAKER. ■ Dal dramma teatrale di Kenneth Pressman. Storia del killer di professione Dekker, che non ha il minimo problema morale, fa quel lavoro perché gli riesce bene, semplicemente. Ha anche dei tranquilli progetti per il futuro. Dopo l'ultimo incarico andrà in pensione. Ma l'ultimo incarico è complicato. Un marito vorrebbe uccidere sua moglie, ma il killer si accorge all'ultimo momento che sta sbagliando bersaglio. Due emergenti dei primi anni Novanta (Stone e Belushi) in un film un po' presuntuoso. ■ DRAMMATICO; COL.; 91'; USA, 1992.

DIARIO DI UN LADRO – PICKPOCKET ★★★★
(Pickpocket)
Regia di ROBERT BRESSON. Con MARIKA GREEN, MARTIN LASALLE, PIERRE LEYMARIE. ■ Quinto film di Bresson (in 15 anni), salutato dai critici con grandi elogi e considerato la sua opera più compatta e raffinata sul piano formale. Il regista Louis Malle dopo averlo visto dichiarò: «*Pickpocket* è da considerarsi il primo film di Bresson. I suoi precedenti lavori appaiono a confronto semplici abbozzi». Narra la storia di un giovane studente che, prima per necessità poi per vocazione, pratica l'arte del borsaiolo fin quando Jeanne cambia la sua vita e gli indica la via del travagliato riscatto. Bresson tratta con un forte distacco la figura del giovane protagonista, anche se compie atti molto discutibili. Lo stesso regista definisce la sua opera un film di «mani, oggetti e sguardi». Questo distacco quasi documentaristico, accompagnato dalla sospensione di ogni giudizio morale, accentua l'evidenziazione dei temi ossessivi di Bresson. I suoi personaggi vivono ai margini della vita entro un magma di inquietudine, angoscia e solitudine. Il travaglio interiore del borsaiolo Michel è scandito da una voce fuori campo che legge il diario del giovane, una soluzione che accentua il lirismo dell'insieme. Il montaggio attraverso tagli brevi e brevissimi dà il ritmo alla vicenda. A differenza degli altri personaggi bressoniani, Michel si riappacifica con se stesso, acquista fiducia nel futuro e trova la sua pace spirituale grazie allo splendido personaggio femminile di Marika Green. ■ DRAMMATICO; B/N; 75'; FRANCIA, 1959.

DIARIO DI UN MAESTRO ★★★
Regia di VITTORIO DE SETA. Con MASSIMO BONINI, BRUNO CIRINO, LUCIANO DEL CROCE. ■ È la trasposizione cinematografica di una autentica esperienza che Albino Bernardini ha raccontato nel libro *Un anno a Pietralata*. Un insegnante cerca di recuperare i ragazzi di un quartiere romano povero, ma è osteggiato dai colleghi, che considerano antididattici i suoi sistemi, e dal direttore che alla fine dell'anno riesce a trovare il modo di allontanare il maestro scomodo. L'entusiasmo e l'affetto dei ragazzi di-

mostra all'insegnante che la ragione sta dalla sua parte. ■ DRAMMATICO; COL.; 135'; ITALIA, 1972.

DIARIO DI UNO SCANDALO *(Notes on a Scandal)* ★★★
Regia di RICHARD EYRE. Con ALICE BIRD, CATE BLANCHETT, JUDI DENCH, MAX LEWIS, BILL NIGHY, ANDREW SIMPSON, JUNO TEMPLE. ■ Barbara è un'insegnante londinese ormai vicina alla pensione e poco amata dai colleghi. La sua vita solitaria trova consolazione nella gatta Porzia e nella regolare cura di un diario. Un giorno arriva nella scuola una giovane e attraente insegnante, Sheba, sposata con un uomo più maturo di lei e con due figli adolescenti, di cui uno affetto dalla sindrome di Down. Barbara scopre la sua relazione sessuale con un allievo quindicenne. Si tratta di due scuole di recitazione che si confrontano attraverso due star. La Dench con un'espressività contenuta che gioca tutta sui piccoli ma percettibili movimenti del volto e sulla parola. La Blanchett che invece dà al suo personaggio una vitalità serena e tormentata al contempo. ■ DRAMMATICO; COL.; 92'; GRAN BRETAGNA, 2006.

DIARIO DI UN VIZIO ★★
Regia di MARCO FERRERI. Con JERRY CALÀ, SABRINA FERILLI, VALENTINO MACCHI, LETIZIA RANERI. ■ Benito è un quarantenne fallito. Vende detersivi con risultati mediocri e passa le sue giornate scrivendo un diario. Vagabonda per la città in cerca di stimoli e finisce con lo scomparire lasciando di sé solo il diario. La sceneggiatura è poco accurata e al film occorreva un protagonista più convinto. Ferreri ha sempre giocato coi suoi attori a una "destrutturazione recitativa" e non ha mai avuto bisogno di "dirigerli". Ma Calà per superare la prova aveva bisogno di essere seguito maggiormente. Brava Sabrina Ferilli. ■ DRAMMATICO; COL.; 89'; ITALIA, 1993.

DIARIO PER I MIEI FIGLI *(Napló gyermekeimnek)* ★★★
Regia di MÁRTA MÉSZÁROS. Con ZSUZSA CZINKÓCZI, JAN NOWICKI, ANNA POLONY. ■ Prima parte di una trilogia che ha impegnato l'autrice dal 1982 al 1990. Si racconta la storia dell'Ungheria dal secondo dopoguerra al 1958 attraverso la vita di Juli, una ragazzina che (in questo "diario") passa dalla dimensione familiare a quella collettiva. Si tratta della sezione più toccante in cui l'autrice amalgama abilmente memoria e ideologia attraverso personaggi credibili. ■ DRAMMATICO; COL.; 106'; UNGHERIA, 1982. ■ CANNES 1 PR.

DIARIO PROIBITO DI UN COLLEGIO FEMMINILE ★★
(Horror Hospital)
Regia di ANTHONY BALCH. Con ROBIN ASKWITH, MICHAEL GONGH, VANESSA SHAW. ■ In una clinica per malattie nervose, si eseguono esperimenti che tendono ad annullare la volontà degli ignari pazienti. Due di essi, un ragazzo e una ragazza, se ne accorgono e tentano inutilmente di fuggire. L'intervento casuale di un terzo personaggio permette di sventare l'opera dei criminali. ■ HORROR; COL.; 90'; GRAN BRETAGNA, 1973.

DIARIO SEGRETO DA UN CARCERE FEMMINILE ★★
Regia di RINO DI SILVESTRO. Con JANE AVRIL, VALERIA FABRIZI, BEDY MORATTI, MASSIMO SERATO, JENNY TAMBURI. ■ Una ragazza finisce volutamente in carcere per ottenere da una detenuta le informazioni che le servono per scagionare il padre da una falsa accusa. La ragazza non sa che il padre è già stato ucciso dalla banda di trafficanti di droga. Anche lei farà una brutta fine. ■ DRAMMATICO; COL.; 92'; ITALIA, 1974.

DIARIO SEGRETO DI UNA MINORENNE – È NATA UNA DONNA, IL ★
Regia di OSCAR BRAZZI. Con MIMMA BISCARDI, ROSSANO BRAZZI, DONATELLA FOSSI. ■ La solita ragazzina trascurata dai genitori si butta tra le braccia di un maturo seduttore, mentre un suo coetaneo geloso, convinto che il denaro sia un'attrattiva irresistibile, per procurarselo compie una rapina. Nello scontro a fuoco con la polizia il ragazzo rimane ucciso. ■ DRAMMATICO; B/N; 90'; ITALIA, 1968.

DIARY OF THE DEAD – LE CRONACHE DEI MORTI VIVENTI ★★
Regia di GEORGE A. ROMERO. Con AMY CIUPAK LALONDE, JOSHUA CLOSE, JOE DINICOL, MICHELLE MORGAN, SHAWN ROBERTS. ■ Con l'aiuto della fidanzata Debra (Michelle Morgan) e di altri amici, Jason Creed (Joshua Close) sta girando in un bosco gli esterni per un film horror universitario sotto la supervisione del suo professore, Andrew Maxwell. Lì, il gruppo è raggiunto dalla notizia che i morti hanno ripreso a vivere e danno la caccia ai vivi, per divorarli. Senza una chiara visione delle cose, in un mondo che si è fatto improvvisamente caotico e ostile, i ragazzi e il professore saltano su un camper e si dirigono alle case delle proprie famiglie, cercando di recuperare una normalità ormai perduta per sempre. ■ HORROR; COL.; 95'; USA, 2007.

DIAVOLERIE DI TILL, LE ★★
(Till l'éspiègle – Till Eulenspiegel)
Regia di GÉRARD PHILIPE. Con FERNAND LEDOUX, GÉRARD PHILIPE, JEAN VILAR. ■ Viene riproposto il celebre personaggio di Till Eulenspiegel; nel secolo diciassettesimo, per reagire alla tirannia degli spagnoli che hanno sottomesso le Fiandre, un giovane di paese si introduce alla corte del nemico per prevenirne le azioni e minarne il potere dall interno. Tra fughe e travestimenti riesce a rendere davvero difficile la vita agli spagnoli, tanto che vengono definitivamente cacciati dalla regione. ■ AVVENTURA; COL.; 87'; FRANCIA, 1956.

DIAVOLESSE, LE ★★
(Les sortilèges de Morgane – Morgane et ses nymphes)
Regia di BRUNO GANTILLON. Con ALFRED BAILLON, DOMINIQUE DELPIERRE, REGINE MOTTE, MIREILLE SOUNIN. ■ È la storia di un sogno che una ragazza, durante una sosta del viaggio intrapreso con una amica, vive come una strana avventura. Per convincere la ragazza a diventare sua schiava, la fata Morgana le rapisce la compagna di viaggio e la nasconde nel suo castello. Mentre tenta di liberare l'amica, alla ragazza capita di imbattersi in nani terrificanti e creature mostruose. ■ HORROR; COL.; 92'; FRANCIA, 1970.

DIAVOLI, I *(The Devils)* ★★★
Regia di KEN RUSSELL. Con MAX ADRIAN, GEMMA JONES, VANESSA REDGRAVE, OLIVER REED, DUDLEY SUTTON. ■ La fama di Grandier, frate corrotto e libertino nella cittadina di Loudun, eccita la curiosità della superiora delle suore che gli propone di stabilirsi nel suo convento come padre spirituale. Il rifiuto di Grandier scatena la rabbia feroce della badessa che si abbandona alle più frenetiche follie, imitata dalle consorelle. Alcuni avversari del frate strumentalizzano l'isteria collettiva delle suore e si liberano di lui accusandolo d'essere il responsabile del satanico avvenimento. Grandier finisce sul rogo. ■ DRAMMATICO; COL.; 113'; GRAN BRETAGNA, 1971.

DIAVOLI ALATI, I *(Flying Leathernecks)* ★★★
Regia di NICHOLAS RAY. Con ROBERT RYAN, DON TAYLOR, JOHN WAYNE. ■ L'arrivo del nuovo comandante in una base aerea non è accolto molto bene dai militari e dai piloti che hanno sentito parlare della severità dell'ufficiale. In effetti il maggiore Kirby è inflessibile e spedisce subito alla corte marziale un giovane pilota che per eccessivo zelo ha disobbedito ai suoi ordini. Ma durante un successivo combattimento l'ufficiale dimostra ai suoi uomini di avere una profonda comprensione umana. ■ GUERRA; COL.; 102'; USA, 1951.

DIAVOLI DEI MARI DEL SUD, I *(Air Devils)* ★★
Regia di JOHN RAWLINS. Con DICK PURCELL, MINERVA URECAL. ■ In una base americana ai Tropici, due sottufficiali dimenticano una accanita rivalità per sventare un complotto che gli indigeni stanno architettando ai danni dell'esercito americano. Una decorazione al valore suggella il loro eroismo e l'accordo finalmente raggiunto. ■ GUERRA; B/N; 58'; USA, 1938.

DIAVOLI DEL GRAND PRIX, I *(The Young Racers)* ★★★
Regia di ROGER CORMAN. Con LUANA ANDERS, WILLIAM CAMPBELL, PATRICK MAGEE. ■ Un giornalista ex corridore automobilistico torna sulle piste per tenere d'occhio un rivale e poterlo poi distruggere con i suoi articoli. I due finiscono invece per diventare amici, ma quando l'ex vittima viene a sapere degli antichi propositi del giornalista-pilota gli dimostra aperta ostilità. Durante una corsa avviene un incidente ed è l'occasione, per entrambi, di lasciar perdere i rancori. ■ COMMEDIA; COL.; 87'; USA, 1963.

DIAVOLI DELLA GUERRA, I ★★
Regia di ADALBERTO ALBERTINI. Con ENRIQUE AVILA, GUY MA-

DISON, PASCALE PETIT, VENANTINO VENANTINI. ■ Dopo una battaglia nel deserto, un gruppo di soldati tedeschi e i loro prigionieri americani si trovano ad affrontare le sabbie infuocate. Durante la difficile marcia ogni rivalità è dimenticata, tanto che l'ufficiale tedesco, alla fine, lascia liberi i prigionieri. Mesi dopo, in altro luogo l'ufficiale tedesco si trova nuovamente di fronte l'avversario americano: non ha il coraggio di spararagli, ma la sua generosità gli è fatale. ■ GUERRA; COL.; 92'; ITALIA, SPAGNA, 1969.

DIAVOLI DEL MARE, I *(Hell Boats)* ★★
Regia di PAUL WENDKOS. Con RONALD ALLEN, JAMES FRANCISCUS, MAGDA KONOPKA, ELIZABETH SHEPHERD. ■ Durante l'ultimo conflitto, un ufficiale inglese ha il compito di eliminare un deposito di bombe allestito dai tedeschi in Sicilia. L'ufficiale prepara minuziosamente il suo piano e, partendo dalla base navale di Malta, raggiunge il suo obiettivo passando sotto il naso dei tedeschi con una nave precedentemente rubata al nemico. ■ GUERRA; COL.; 95'; USA, 1969.

DIAVOLI DEL PACIFICO, I ★★★
(Between Heaven and Hell)
Regia di RICHARD FLEISCHER. Con BRODERICK CRAWFORD, TERRY MOORE, ROBERT WAGNER. ■ La guerra favorisce l'amicizia tra Sam, giovane e ricco possidente, e due ragazzi che nella vita civile erano suoi dipendenti. Ma un ufficiale uccide i due per errore: Sam perde la testa e colpisce a sua volta il superiore. Per punizione viene spedito in una compagnia che svolge operazioni pericolosissime. Qui Sam incontra un altro amico e insieme i due si trovano nel bel mezzo di un attacco giapponese. Entrambi sono feriti, ma Sam riesce egualmente ad attraversare la giungla per chiedere rinforzi. ■ GUERRA; COL.; 94'; USA, 1956. ■ OSCAR 1 NOM.

DIAVOLI DI DAYTON, I *(Dayton's Devils)* ★★
Regia di JACK SHEA. Con RORY CALHOUN, LAINIE KAZAN, LESLIE NIELSEN. ■ Per vendicarsi di presunti torti, un ex ufficiale cacciato con disonore dall'aviazione mette insieme un gruppo di ladruncoli e li trasforma in perfetti militari con un durissimo allenamento. Lo scopo è quello di derubare la cassa di una base. Il colpo riesce, ma il proprietario del battello che deve portarli all'estero tenta a sua volta di sottrarre il sudato bottino all'ufficiale e alla sua banda. Il risultato è un furioso incendio. ■ AVVENTURA; COL.; 107'; USA, 1968.

DIAVOLI DI SPARTIVENTO, I ★★
Regia di LEOPOLDO SAVONA. Con JOHN DREW BARRYMORE, SCILLA GABEL, GIACOMO ROSSI STUART. ■ Ai tempi del feudalesimo, un nobile proprietario terriero ignora che un suo consigliere compie violenze di ogni genere sui poveri contadini facendosi scudo del suo nome. Tre fratelli, vagabondi per natura, si mettono a capo della rivolta e riescono a riportare ordine e giustizia. Uno di loro rimane al castello e sposa la bella figlia del feudatario. ■ AVVENTURA; COL.; 90'; ITALIA, 1963.

DIAVOLI IN GIARDINO, I *(Demonios en el jardin)* ★★★
Regia di GUTIERREZ ARAGON. Con IMANOL ARIAS, ANA BELEN, ANGELA MOLINA. ■ Negli anni successivi alla guerra, una festa di nozze è rovinata dalla lite furiosa fra lo sposo e il fratello più giovane (accusato di intendersela con la cognata). Il giovane se ne va, lasciando, oltre alla famiglia, anche una ragazza che aspetta un figlio da lui. Qualche anno dopo, il ragazzo (chiamato come il padre) va a vivere con gli zii nella grande casa borghese, dove regnano sempre il sospetto e l'avidità. ■ DRAMMATICO; COL.; 92'; SPAGNA, 1982.

DIAVOLI IN PARADISO, I *(Devils Dogs of the Air)* ★★★
Regia di LLOYD BACON. Con JAMES CAGNEY, PAT O'BRIEN. ■ Un giovane pilota si rende insopportabile con il suo atteggiamento di superiorità nei confronti di chi gli vive accanto. Ma amici e compagni gli perdonano tutto quando lo vedono volare: con la sua abilità riesce anche a conquistare l'amore di una bella ragazza. ■ COMMEDIA; B/N; 86'; USA, 1935.

DIAVOLI N. 2 – ARISTOCRAZIA IMMORALE, I ★★
(Blue Blood)
Regia di ANDREW SINCLAIR. Con ANNA GAËL, FIONA LEWIS, OLIVER REED. ■ Un maggiordomo è l'incontrastato signore di un castello: il padrone di casa è infatti troppo preso dall'amante (la moglie, che fa la cantante, è sempre all'estero). Durante una breve visita, la padrona di casa scopre che i suoi due figlioletti sono stati seviziati. Il colpevole è il maggiordomo, ma questi riesce a far ricadere la responsabilità sulla governante. L'uomo può dunque continuare a compiere i suoi misfatti. ■ DRAMMATICO; COL.; 86'; GRAN BRETAGNA, 1973.

DIAVOLI ROSSI, I *(Daniel Boone)* ★★★
Regia di DAVID HOWARD. Con HEATHER ANGEL, JOHN CARRADINE, GEORGE O'BRIEN. ■ È la storia romanzata di Daniel Boone, famosa guida il cui nome è rimasto leggendario nella storia del West. A capo di una carovana di pionieri, Boone si innamora di Virginia e, dopo aver superato innumerevoli difficoltà, la sposa. Quando la carovana arriva finalmente alla terra promessa i pionieri, per gratitudine, chiamano Virginia il loro nuovo paese. ■ AVVENTURA; B/N; 95'; USA, 1936.

DIAVOLI VERDI DI MONTECASSINO, I ★★
(Die grünen Teufel von Monte Cassino)
Regia di HARALD REINL. Con JOACHIM FUCHSBERGER, ANTJE GEERK, ELMA KARLOWA. ■ Nel febbraio del '44, l'abbazia di Montecassino viene rasa al suolo da un bombardamento delle forze alleate. Reduce da quella memorabile battaglia, un soldato tedesco torna in Italia a guerra finita e ricorda come moltissime opere d'arte furono salvate dal suo comandante che le trasferì tempestivamente a Roma. ■ GUERRA; B/N; 92'; GERMANIA, 1958.

DIAVOLI VOLANTI *(Flight)* ★★★
Regia di FRANK CAPRA. Con RALPH GRAVES, JACK HOLT. ■ Un tributo del grande regista italo-americano al genere navale-aviatorio. ■ AVVENTURA; B/N; 65'; USA, 1929.

DIAVOLI VOLANTI, I *(The Flying Deuces)* ★★★
Regia di EDWARD SUTHERLAND. Con REGINALD GARDINER, OLIVER HARDY, STAN LAUREL, JEAN PARKER. ■ Gli inseparabili Stanlio e Ollio si arruolano nella Legione Straniera in cerca d'avventura, ma dopo pochi giorni ne hanno abbastanza e decidono di fuggire. Rubano un aeroplano ma, non sapendo come si pilota, riescono soltanto a schiantarsi al suolo. ■ COMICO; B/N; 91'; USA, 1939.

DIAVOLI VOLANTI DEL CIRCO, I ★★
(Venganza en el circo)
Regia di ROBERTO RODRIGUEZ. Con JOAQUIN CORDERO, CARMELITA GONZALES. ■ In un circo nasce l'amore tra una trapezista e un giovane che compie un audace numero su due ruote. Anche la domatrice di leoni è innamorata del bel motociclista e, per sbarazzarsi della rivale, provoca un incidente nel quale l'acrobata si ferisce gravemente. L'attentatrice paga con la vita la sua perfidia. ■ DRAMMATICO; B/N; 81'; MESSICO, 1954.

DIAVOLO, IL ★★
Regia di GIAN MARIA POLIDORO. Con ALBERTO SORDI. ■ Per motivi di lavoro un italiano arriva in Svezia con il fermo proposito di verificare personalmente la famosa libertà sessuale delle bionde nordiche. Ma per una serie di imprevisti contrari rimane a bocca asciutta. ■ COMMEDIA; B/N; 86'; ITALIA, 1963.

DIAVOLO ABITA NEL TEXAS, IL *(Devil in Texas)* ★★
Regia di GARY MARCAUS. Con TOM CAMPITELLI, TAMARA HEXT, RANDY STRICKLAND. ■ Una ragazza vuol scoprire cosa c'è dietro la misteriosa scomparsa di sua sorella. Indagando, capita nel bel mezzo di uno scontro fra gang di malviventi. Per fortuna nelle vicinanze c'è un poliziotto che la tira fuori dai guai. ■ HORROR; COL.; 101'; USA, 1987.

DIAVOLO A CAVALLO, IL *(The Devil on Horseback)* ★★
Regia di CRANE WILBUR. Con LILY DAMITA, FRED KEATING. ■ Un proprietario terriero, che ha dei guai in sospeso con la giustizia, dimentica la prudenza per amore di una bella attrice. Ma la donna è innamorata di un altro e tra i due rivali cominciano le ostilità che finiscono per richiamare l'attenzione della polizia. Il ranchero se la vede brutta, ma è proprio il suo rivale in amore che lo toglie dai pasticci. ■ DRAMMATICO; B/N; 71'; USA, 1936.

DIAVOLO ALLE QUATTRO, IL ★★★
(The Devil at Four o' Clock)
Regia di MERVYN LE ROY. Con JEAN-PIERRE AUMONT, KERWIN MATTHEWS, FRANK SINATRA, SPENCER TRACY. ■ Durante un'e-

ruzione vulcanica in un'isola del Pacifico, tre ergastolani riscattano un passato di nefandezze portando in salvo i bambini di un lebbrosario. Aiutati dal prete dell'ospedale riescono nella loro disperata impresa, ma nessuno dei tre, e nemmeno il sacerdote, riesce ad imbarcarsi prima dell'esplosione finale che cancella l'isola dalla carta geografica. ■ DRAMMATICO; COL.; 126'; USA, 1961.

DIAVOLO A SETTE FACCE, IL ★★
Regia di OSVALDO CIVIRANI. Con CARROLL BAKER, GEORGE HILTON, LUCRETIA LOVE, DANIELE VARGAS. ■ Una ragazza subisce per errore le persecuzioni di una banda di malviventi destinate alla sorella gemella, che ha rubato un diamante a un emiro arabo. La ragazza cerca aiuto, ma sembra proprio che tutti, intorno a lei, siano interessati solo al prezioso gioiello che però si rivela falso. Le sorprese non sono finite. ■ GIALLO; COL.; 91'; ITALIA, 1971.

DIAVOLO BIANCO, IL *(Der weisse Teufel)* ★★
Regia di ALEXANDER VOLKOFF. Con FRITZ ALBERTI, BETTY AMMAN, LIL DAGOVER, IVAN MOSJOUKINE. ■ Un ufficiale dei cosacchi riconosce tra le ballerine del teatro imperiale una ragazza rapita qualche anno prima dal suo paese natale. Riesce a liberarla e riportarla a casa, ma durante un combattimento viene ferito a morte. Il film è tratto da una novella di Tolstoj. ■ AVVENTURA; B/N; 74'; GERMANIA, 1930.

DIAVOLO BIANCO, IL ★★
Regia di NUNZIO MALASOMMA. Con ANNETTE BACH, ROSSANO BRAZZI, ROLDANO LUPI. ■ Sotto i panni di un tranquillo principe caucasico si nasconde il capo dei ribelli in lotta contro il governatore locale. La fama del misterioso condottiero è tale che persino la fidanzata del principe si innamora della leggendaria figura. Soltanto nella battaglia finale il nobile rivela la sua identità. ■ AVVENTURA; B/N; 85'; ITALIA, 1948.

DIAVOLO CON LE ALI, IL *(International Squadron)* ★★
Regia di LEWIS SEILER. Con OLYMPE BRODNA, RONALD REAGAN, JAMES STEPHENSON. ■ Un asso dell'aviazione, a causa della sua insofferenza alle regole militari, provoca la morte di due compagni. Per questo motivo, e per il suo modo di fare, si attira l'antipatia e l'odio di tutti. Il pilota comunque si riscatta sostituendosi ad un altro in una pericolosa missione. ■ DRAMMATICO; B/N; 87'; USA, 1941.

DIAVOLO DEL VOLANTE, IL *(Last American Hero)* ★★
Regia di LAMONT JOHNSON. Con NED BEATTY, JEFF BRIDGES, GERALDINE FITZGERALD, VALERIE PERRINE. ■ In seguito agli incidenti provocati dalla sua voglia di correre, un giovane permette alla polizia di risalire alla distilleria clandestina del padre, che viene arrestato. Il giovane si impegna seriamente al volante e diventa in breve un famosissimo pilota. Quando il padre esce di prigione, lo ritrova ricco. ■ COMMEDIA; COL.; 100'; USA, 1973.

DIAVOLO DI RAGAZZA ★★
Regia di DANIEL M. PETERSON. Con DANA ASHBROOK, ANTHONY BARRILE. ■ Nel bel mezzo di una festa studentesca a Manhattan, Magie sente che una forza misteriosa, malvagia ma stuzzicante, è entrata nel suo corpo. La ragazza, infatti, è stata posseduta addirittura dal demonio, sceso sulla terra dal suo pianeta per scopi sicuramente poco edificanti. ■ COMMEDIA; COL.; 97'; USA, 1988.

DIAVOLO È FEMMINA, IL *(Sylvia Scarlett)* ★★★★
Regia di GEORGE CUKOR. Con CARY GRANT, KATHARINE HEPBURN. ■ Una ragazza che fa parte di una banda di ladri capita nella casa di un celebre pittore per compiere un furto, ma si innamora della sua vittima. Il padre di lei, che è anche il capobanda, muore durante una fuga e la ragazza, pentita, insegue gli ex compagni di rapina insieme al derubato. La caccia non viene portata a termine: il pittore dichiara il suo amore alla ex ladra ed entrambi decidono di lasciar perdere l'inseguimento. ■ COMMEDIA; B/N; 97'; USA, 1935.

DIAVOLO E L'ACQUASANTA, IL ★★
Regia di BRUNO CORBUCCI. Con MARGHERITA FUMERO, PIERO MAZZARELLA, TOMAS MILIAN. ■ Un bonario prete salva dal suicidio un poveraccio, un ex calciatore. Ma quello lo ripaga installandosi presso di lui, vivendo alle sue spalle e approfittando della vicinanza del buon prete per mettere a segno una serie di truffe e furtarelli. Il prete, per fargli mettere la testa a posto, lo nomina allenatore della sua squadretta di calcio. Dove, dopo qualche mattana, il lestofante fa meraviglie. ■ COMMEDIA; COL.; 93'; ITALIA, 1983.

DIAVOLO E MAX, IL *(The Devil and Max Devlin)* ★★
Regia di STEVEN HILLIARD STERN. Con SUSAN ANSPACH, BILL COSBY, ELLIOTT GOULD. ■ Favoletta abbastanza divertente della Disney. Lo sapevate che il diavolo è nero? È Bill Cosby (Robinson) che accorda al defunto Elliott Gould un ulteriore periodo di vita, se, sulla Terra, riuscirà a procurargli almeno tre anime di persone innocenti. ■ FIABESCO; B/N; 96'; USA, 1981.

DIAVOLO IN BLU, IL *(Devil in a Blue Dress)* ★★
Regia di CARL FRANKLIN. Con JENNIFER BEALS, DON CHEADLE, TOM SIZEMORE, DENZEL WASHINGTON. ■ Dal romanzo di Walter Mosley. L'ennesimo, eterno nipote di Marlowe, stavolta nero, indaga fra spacciatori, poliziotti corrotti, donne facili, assassini psicopatici. Per una discreta ricostruzione della stagione eroica del giallo (siamo nel 1948) il resto è una gara, vinta, di luoghi comuni e stravisti. ■ GIALLO; COL ; 102'; USA, 1995.

DIAVOLO IN CALZONCINI ROSA, IL ★★★
(Heller in Pink Tights)
Regia di GEORGE CUKOR. Con SOPHIA LOREN, ANTHONY QUINN. ■ Una compagnia di guitti percorre il selvaggio West seminando debiti ad ogni tappa. Il temperamento di Angela, la prima attrice, procura altri guai perché un pistolero, al quale la ragazza ha rubato i soldi, si unisce ai teatranti. Angela riesce a dirottare i sospetti del pistolero e addirittura a salvargli la vita durante uno scontro con un altro fuorilegge. In questo modo i soldi rimangono alla compagnia che può finalmente comperare un teatro. Angela sposa il capocomico. ■ AVVENTURA; COL.; 100'; USA, 1959.

DIAVOLO IN CASERMA, IL *(Orders is Orders)* ★★
Regia di WALTER FORDE. Con JAMES GLEASON, CHARLOTTE GREENWOOD, CEDRIC HARDWICKE SIR. ■ Una troupe cinematografica chiede (e ottiene) il permesso di girare un film in una caserma inglese. Apriti cielo: i soldati si scordano ogni barlume di disciplina. ■ COMMEDIA; B/N; 90'; GRAN BRETAGNA, 1933.

DIAVOLO IN CONVENTO, IL ★★
Regia di NUNZIO MALASOMMA. Con GILBERTO GOVI, MARIELLA LOTTI, AVE NINCHI, CARLO NINCHI. ■ Un vecchio convento, che ospita un solo frate ma che è diventato rifugio di disperati senza tetto, sta per essere trasformato in lussuoso albergo da un industriale che l'ha regolarmente acquistato. Il frate ricorre ad un falso miracolo per impressionare il pratico uomo d'affari, ma proprio quando l'inganno sta per essere scoperto arriva davvero l'aiuto dal cielo. ■ COMMEDIA; B/N; 93'; ITALIA, 1950.

DIAVOLO IN CORPO ★★
Regia di MARCO BELLOCCHIO. Con MARUSCHKA DETMERS, ANITA LAURENZI, FEDERICO PITZALIS. ■ Giulia (Detmers) ha avuto il padre assassinato dalle Brigate Rosse ed è innamorata di un "pentito". Non paga di questa contorta situazione si lascia travolgere dalla morbosa passione per uno studente, Andrea (Pitzalis). ■ DRAMMATICO; COL.; 110' ITALIA, 1986.

DIAVOLO IN CORPO, IL *(Le diable au corps)* ★★★★
Regia di CLAUDE AUTANT-LARA. Con JEAN DEBUCOURT, DENISE GREY, GÉRARD PHILIPE, MICHELINE PRESLE. ■ Durante la prima guerra mondiale Maria, che ha il marito al fronte, conosce il liceale Francesco. I due si innamorano profondamente. Lei rimane incinta ma è in preda a rimorsi, tanto che i due amanti decidono di lasciarsi. La donna morirà dando alla luce il bambino proprio il giorno della fine della guerra. Francesco se ne va distrutto dal dolore, mentre la gente intorno a lui impazzisce di felicità. Il film è tratto dal famoso libro di Raymond Radiguet, scrittore morto poco più che ventenne. Al suo apparire in Italia, il film fu addirittura sequestrato per immoralità (l'adulterio era proibito), successivamente anche la censura dovette riconoscerne il valore artistico. Gérard Philipe, allora ventiquattrenne, si impose subito come un grande artista. ■ DRAMMATICO; B/N; 110'; FRANCIA, 1947.

DIAVOLO IN CORPO, IL ★★
(Devil in the Flesh Beyond Innocence)
Regia di SCOTT MURRAY. Con KATIA CABALLERO, JOHN MORRIS,

KEVIN SMITH. ■ Versione australiana del celebre romanzo di Radiguet più volte portato sullo schermo. In questa versione l'azione è spostata dalla prima alla seconda guerra mondiale. ■ DRAMMATICO; COL.; 102'; AUSTRALIA, 1985.

DIAVOLO NEL CERVELLO, IL ★★★
Regia di SERGIO SOLLIMA. Con TINO BUAZZELLI, RENATO CESTIÉ, ORCHIDEA DE SANTIS, KEIR DULLEA, MICHELINE PRESLE, STEFANIA SANDRELLI. ■ Dopo aver ucciso il padre a colpi di pistola, un bambino viene rinchiuso in un istituto per minorati mentali. Ma un medico, accertato che il bambino è normalissimo, sospetta che la verità sia un'altra e si improvvisa detective. Scopre il vero colpevole. Il finale del film è a sorpresa. ■ GIALLO; COL.; 106'; ITALIA, 1972.

DIAVOLO NELL'ABISSO, IL *(Devil and the Deep)* ★★★
Regia di MARION GERING. Con TALLULAH BANKHEAD, GARY COOPER, CARY GRANT, CHARLES LAUGHTON. ■ Dramma della gelosia: il comandante di un sottomarino, ossessionato dall'infedeltà della moglie, esce di senno. ■ DRAMMATICO; B/N; 78'; USA, 1932.

DIAVOLO NELLA CARNE, IL *(Surrender)* ★★★
Regia di ALLAN DWAN. Con WALTER BRENNAN, JOHN CARROLL, VERA RALSTON. ■ Una donna dall'aspetto angelico ma dall'animo diabolico getta lo scompiglio in un piccolo paese ai confini tra il Messico e gli Stati Uniti. Diventa l'amante del proprietario di una casa da gioco, ma poi preferisce sposare il più ricco proprietario terriero della zona. Quando si fa vivo un suo precedente consorte, lo uccide facendo ricadere la colpa sul secondo marito. Ma lo sceriffo scopre la verità e la donna chiede aiuto all'ex amante che l'accompagna in una disperata fuga: entrambi cadono sotto i colpi della legge. ■ DRAMMATICO; B/N; 90'; USA, 1950.

DIAVOLO NELLO SPECCHIO, IL *(Libel)* ★★★
Regia di ANTHONY ASQUITH. Con DIRK BOGARDE, OLIVIA DE HAVILLAND, PAUL MASSIE, ROBERT MORLEY. ■ Un uomo viene accusato di aver preso il posto di un nobile inglese, dopo averlo ucciso durante una fuga dal campo di concentramento alla fine della guerra. L'uomo, che soffre di amnesie ricorrenti, non riesce a dimostrare la sua innocenza, finché il confronto con uno dei compagni di prigionia non gli restituisce completamente la memoria permettendogli di chiarire la sua posizione. ■ DRAMMATICO; B/N; 100'; GRAN BRETAGNA, 1959. ■ OSCAR 1 NOM.

DIAVOLO NERO, IL *(The Hairy Ape)* ★★
Regia di ALFRED SANTELL. Con WILLIAM BENDIX, SUSAN HAYWARD. ■ Una ragazza americana molto ricca è costretta a rientrare precipitosamente in patria dall'Europa per lo scoppio della seconda guerra mondiale. Per non annoiarsi troppo a bordo della nave sulla quale si è imbarcata, amoreggia con un ufficiale e litiga con un marinaio. Tornata a casa dimentica ogni cosa e i due sprovveduti, dopo aver inutilmente tentato di dare un seguito agli avvenimenti capitati a bordo, dimenticano la bella capricciosa con una solenne sbronza. ■ DRAMMATICO; B/N; 90'; USA, 1944. ■ OSCAR 1 NOM.

DIAVOLO NERO, IL ★★
Regia di SERGIO GRIECO. Con MAURIZIO ARENA, NADIA GRAY, GÉRARD LANDRY, ELEONORA RUFFO, MILLY VITALE. ■ Il Diavolo Nero è un misterioso giustiziere che dà filo da torcere al duca Lorenzo, alleato degli invasori spagnoli. Il duca ha anche ucciso il fratello, erede legittimo del titolo, e fatto scomparire la figlioletta di questi. Il Diavolo Nero sconfigge l'impostore e, ritrovata la figlia del duca assassinato, la riporta al castello. ■ AVVENTURA; B/N; 90'; ITALIA, 1957.

DIAVOLO PROBABILMENTE, IL ★★★★
(Le diable probablement)
Regia di ROBERT BRESSON. Con LAETITIA CARFANO, TINA IRISSARI, ANTOINE MONNIER. ■ Protagonista è un giovane studente perplesso, angosciato di fronte alla realtà che lo circonda, che gli appare come dominata da una forza oscura e terribile (il diavolo, forse...). Né sono di conforto o danno risposte convincenti la religione, il sesso, la politica: tutte le illusioni della decade precedente sono penosamente cadute. Il giovane comincia a pensare al suicidio, come gli antichi romani che si facevano uccidere da uno schiavo. Lui si fa assassinare in un cimitero da un coetaneo drogato. Anche questo film di Bresson termina con l'olocausto del protagonista, ma il sacrificio del giovane Charles non apre la via a nessuna redenzione. Charles (che in fondo riassume lo stato d'animo del regista) muore senza speranze. ■ DRAMMATICO; COL.; 100'; FRANCIA, 1977. ■ BERLINO 1 PR.

DIAVOLO ROSA, IL *(Le Diable Rose)* ★
Regia di PIERRE B. REINHARD. Con MARIE-CHRISTINE DEMARTES, PIERRE DORIS, BRIGITTE LAHAIE. ■ Il titolo si riferisce a un locale notturno nella Francia di fine seconda guerra mondiale. Era un polo d'attrazione per tutti. Amici e nemici si ritrovavano a vedere donne in bella mostra. Noioso e inutile. ■ COMMEDIA; COL.; 85'; FRANCIA, 1987.

DIAVOLO SCIANCATO, IL *(The Mad Genius)* ★★★
Regia di MICHAEL CURTIZ. Con JOHN BARRYMORE, DONALD COOK, BORIS KARLOFF, MARIAN MARSH. ■ Un burattinaio zoppo, animato da un grande amore per la danza, si prende cura di un ragazzo e riesce a farne un grande ballerino, realizzando di riflesso quelle ambizioni che la sua menomazione fisica aveva frustrato. Ma, raggiunto il successo e ottenuto l'amore di una graziosa collega, il suo beniamino gli riserberà amarezze e ingratitudine. ■ DRAMMATICO; B/N; 81'; USA, 1931.

DIAVOLO SI CONVERTE, IL ★★★
(The Devil and Miss Jones)
Regia di SAM WOOD. Con JEAN ARTHUR, CHARLES COBURN, ROBERT CUMMINGS. ■ Per controllare direttamente il lavoro dei dipendenti, il proprietario di un grande magazzino si fa assumere come commesso. Trova solidarietà tra i colleghi che naturalmente ignorano la sua vera identità, e arriva addirittura ad entusiasmarsi per le lotte sindacali dimenticando che sono rivolte contro di lui. Si innamora di una ragazza e, dopo averle rivelato il suo vero nome, la sposa. ■ COMMEDIA; B/N; 92'; USA, 1941. ■ OSCAR 2 NOM.

DIAVOLO SOTTO LE VESTI, IL ★★★
(À cause d'une femme)
Regia di MICHEL DEVILLE. Con JACQUES CHARRIER, MYLÈNE DEMONGEOT, JILL HAWORTH, MARIE LAFORÊT, JULIETTE MAYNIEL. ■ Un incallito dongiovanni viene accusato d'aver ucciso un rivale in amore. Sono proprio tre ragazze, ex vittime dell'accusato, a scoprire il vero colpevole e a scagionare il rubacuori, ma la lezione non serve: il giovane riprende la sua vita frivola e inconcludente. ■ GIALLO; B/N; 110'; FRANCIA, 1963.

DIAVOLO SULLE COLLINE, IL ★★
Regia di VITTORIO COTTAFAVI. Con URBANO BARBERINI, MATTEO CORVINO, ALESSANDRO FONTANA, DANIELA SILVERIO. ■ Il film, presentato al Festival di Cannes, narra della giovinezza dello scrittore Cesare Pavese. Siamo sul finire degli anni Trenta e Cesare con due suoi amici conosce una coppia di nobili molto disinibiti. Un'opera psicologica garbata ma senza grandi picchi inventivi. ■ DRAMMATICO; COL.; 105'; ITALIA, 1985.

DIAVOLO UCCIDE COSÌ, IL ★★
(Am Tag als der Regen kam – The Day the Rains Came)
Regia di GERD OSWALD. Con MARIO ADORF, GERT FRÖBE, ELKE SOMMER. ■ Per ottenere regolari documenti per la propria ragazza fuggita da Berlino Est, un giovane denuncia al commissario il furto programmato dalla banda di teppisti cui appartiene. Il capo della banda, Werner, per vendicarsi gli fa sparare e il ragazzo muore. Il padre di Werner, che fino a quel momento aveva volutamente ignorato le bravate del figlio, reagisce denunciandolo insieme a tutta la banda. ■ DRAMMATICO; B/N; 90'; GERMANIA, 1959.

DIAVOLO VA IN COLLEGIO, IL ★★
Regia di JEAN BOYER. Con LEONARDO CORTESE, LILIA SILVI. ■ In collegio, una vivace ragazzina si innamora del professore di solfeggio, ma rimane delusissima quando scopre che l'uomo ha una relazione con una ballerina. Fa di tutto per intromettersi e riesce a rendere la soubrette invisa a tutti, facendole perdere addirittura il posto. Alla fine, vince su tutti i fronti. ■ COMMEDIA; B/N; 92'; ITALIA, 1943.

DIAVOLO VESTE PRADA, IL *(The Devil Wears Prada)* ★★
Regia di DAVID FRANKEL. Con SIMON BAKER, EMILY BLUNT,

ADRIAN GRENIER, ANNE HATHAWAY, MERYL STREEP, STANLEY TUCCI. ■ Cantava Marylin: «I diamanti sono i migliori amici delle ragazze». Oggi invece lo sono le scarpe. Soprattutto se ci si trova a New York, nella redazione del «Runway», la più influente rivista americana nel settore della moda, e non si possiede almeno un paio di Manolo Blahnik. È questo il caso della giovane, sveglia ma un po' trasandata Andy Sachs, aspirante giornalista neolaureata, giunta nella Grande Mela col cuore colmo di speranze. L'impiego come assistente della spietata direttrice del «Runway» Miranda Priestley, le potrebbe aprire diverse porte per il futuro. Si tratta solo di stringere i denti per un po', cercando di rimanere immune allo sfavillante e spietato mondo della moda. ■ COMMEDIA; COL.; 109'; USA, 2006.

DIAVOLO ZOPPO, IL *(Le diable boiteux)* ★★
Regia di SACHA GUITRY. Con SACHA GUITRY, LANA MARCONI, GEORGES SPANELLY. ■ La vita romanzata di un vescovo vissuto a cavallo tra il diciassettesimo e il diciottesimo secolo. Fu anche ministro, giacobino e perfino consigliere di Napoleone e di altri imperatori. Il soprannome gli venne per un piede malformato. ■ STORICO; B/N; 120'; FRANCIA, 1948.

DIAZ – NON PULIRE QUESTO SANGUE ★★
Regia di DANIELE VICARI. Con RALPH AMOUSSOU, ELIO GERMANO, DAVIDE IACOPINI, CLAUDIO SANTAMARIA, JENNIFER ULRICH. ■ Luca, giornalista della «Gazzetta di Bologna», giornale di centrodestra, il 20 luglio 2001 decide di andare a vedere di persona cosa sta accadendo a Genova dove, in seguito agli scontri per il G8, un ragazzo, Carlo Guliani, è stato ucciso. Alma è un'anarchica tedesca che ha partecipato agli scontri e ora, insieme a Marco (organizzatore del Social Forum) è alla ricerca dei dispersi. Nick è un manager francese giunto a Genova per seguire il seminario dell'economista Susan George. Anselmo è un anziano militante della Cgil che ha preso parte al corteo pacifico contro il G8. Bea e Ralf sono di passaggio ma cercano un luogo in cui dormire prima di ripartire. Max è vicequestore aggiunto e, nel corso della giornata, ha già preso la decisione di non partecipare a una carica al fine di evitare una strage di pacifici manifestanti. Tutti costoro e molti altri si troveranno la notte del 21 luglio all'interno della scuola Diaz dove la polizia scatenerà l'inferno. Alla fine di quella notte gli arrestati furono novantatré e i feriti ottantasette. ■ DRAMMATICO; COL.; 120'; ITALIA, 2012.

DICE LUI, DICE LEI *(He Said, She Said)* ★★
Regia di KEN KWAPIS, MARISA SILVER. Con KEVIN BACON, ELIZABETH PERKINS. ■ Un caso piuttosto comune di competitività tra due persone. I due protagonisti infatti scrivono per la stessa rubrica di un giornale di Baltimora. I problemi nasceranno quando dovranno lavorare sempre insieme ma in televisione. Si tratta comunque di una pellicola ironica e costruita bene seppur nei limiti del già visto. Nel film appare anche Sharon Stone, l'attrice di *Basic Instinct*. ■ COMMEDIA; COL.; 111'; USA, 1991.

DICEMBRE ★★
Regia di ANTONIO MONDA. Con PINO COLIZZI, ALESSANDRO HABER, MATTIA SBRAGIA, PAMELA VILLORESI. ■ Una giovane donna di origine calabrese rimane vedova nel periodo che precede il Natale. Non mostrando il proprio dolore nel senso classico viene considerata un po' da tutti i parenti un'insensibile e l'unico che sembra comprenderla è il nipotino che fa anche da voce narrante. Assistente dei Taviani al suo debutto, Monda spreca la sua prima carta in una partita di luoghi comuni. Si salvano gli attori protagonisti e una sequenza di circa venti minuti, notturna, dove è di scena un ladro. ■ COMMEDIA; COL.; 90'; ITALIA, 1990.

DICERIA DELL'UNTORE ★★
Regia di BEPPE CINO. Con SALVATORE CASCIO, DALILA DI LAZZARO, REMO GIRONE, LUCREZIA LANTE DELLA ROVERE, FRANCO NERO, VANESSA REDGRAVE, FERNANDO REY. ■ Siamo nel dopoguerra. Angelo è un reduce che si trova in un sanatorio. Ha un problema a uno dei polmoni e viene curato dal primario che viene chiamato il "Grande Magro". Angelo conosce Marta, un'ex ballerina della Scala che è stata l'amante di un SS. Ci sarà un suicidio nel sanatorio e morirà per cirrosi epatica il "Grande Magro". Bravi gli attori, soprattutto Franco Nero. La regia non sempre efficace riesce comunque a farsi apprezzare. Indubbiamente non sono pochi i cambiamenti della sceneggiatura rispetto al libro originario di Gesualdo Bufalino. ■ DRAMMATICO; COL.; 97'; ITALIA, 1990.

DI' CHE MI VUOI *(Say You Want Me)* ★★
Regia di OLIVER HOWES. Con BELINDA GIBLIN, SERGE LAZAREFF. ■ Due coniugi in vacanza nella Nuova Zelanda. Lui vuol far carriera a ogni costo e per ottenere i suoi scopi non esita a mandare allo sbaraglio la bella consorte. Lei ci va. Ma raggiunti gli obiettivi lo abbandona. ■ SENTIMENTALE; COL.; 95'; AUSTRALIA, 1977.

DI CHE SEGNO SEI? ★★★
Regia di SERGIO CORBUCCI. Con ADRIANO CELENTANO, MARIANGELA MELATO, RENATO POZZETTO, GIOVANNA RALLI, LUCIANO SALCE, ALBERTO SORDI, PAOLO VILLAGGIO. ■ Quattro episodi: un pilota d'aereo sta per cambiare sesso; un patito della danza, pur di partecipare ad una gara, tenta di ammazzare la moglie; un muratore vive per un giorno un'avventura sentimentale da miliardario; una guardia del corpo riesce ad esasperare l'uomo che dovrebbe proteggere. ■ COMMEDIA; COL.; 130'; ITALIA, 1975.

DICHIARAZIONI D'AMORE ★★★
Regia di PUPI AVATI. Con DELIA BOCCARDO, CARLO DELLE PIANE, VALERIA FABRIZI, ALESSANDRO MODICA, ARNALDO NINCHI. ■ Ecco un altro regalo, e un altro tassello autobiografico, dal regista più prolifico, eclettico e distante dalle mode del nostro cinema. Pur richiamando, forse, dei temi vicini ad alcuni film del suo passato cinematografico, Avati riesce con la sua continua evoluzione stilistica a darci una visione mai uguale a se stessa. Bologna è teatro di un momento particolare della storia politica italiana. Dopoguerra, elezioni tra Dc e Pci, la piccola borghesia e i suoi piccoli riti. Al centro un ragazzo, Dodo, che scopre i primi turbamenti d'amore. Si innamora di una coetanea che ha baciato durante una penitenza. Ma ogni timido tentativo di avvicinarsi a lei finisce sempre col fallire. Passano gli anni, siamo ai giorni nostri. La ragazzina che ha fatto perdere la testa a Dodo è una bella quarantenne. È alle prese coi fantasmi del passato e l'aspetta un finale tragico. Chi narra la storia è il regista Avati attraverso il personaggio di Dodo ma, avendo modo di "scavalcarlo", dice anche ciò che lui non può raccontare. Grande interpretazione corale, come ormai è una felice consuetudine nei film del regista bolognese. Accurata la fotografia di Bastelli e buona la sceneggiatura con difficili incursioni tra passato e presente. Presentato come Evento Speciale alla Mostra di Venezia. ■ COMMEDIA; COL.; 90'; ITALIA, 1994.

DI CHI È LA MIA VITA? *(Whose Life is it Any Way?)* ★★★
Regia di JOHN BADHAM. Con JOHN CASSAVETES, RICHARD DREYFUSS, CHRISTINE LAHTI ■ Scultore affermato e scenografo di successo, Ken, vittima di un grave incidente, rimane completamente paralizzato, ridotto a un vegetale. Allontanata bruscamente la sua donna, che continua ad amarlo, querela l'ospedale nel quale è ricoverato e si fa dimettere, condannandosi così a una morte sicura. ■ DRAMMATICO; COL.; 118'; USA, 1981.

19 STORMO BOMBARDIERI *(Bombardiers)* ★★★
Regia di RICHARD WALLACE. Con PAT O'BRIEN, RANDOLPH SCOTT. ■ Oliver, un ufficiale pilota, è innamorato di una ragazza che gli preferisce un giovane allievo. Durante un'esercitazione, il giovane rischia di morire per colpa dello stesso Oliver. L'ufficiale abbandona il campo e qualche anno più tardi, dopo una battaglia, viene fatto prigioniero dai giapponesi. Grazie a un suo atto d'eroismo, che gli costa la vita, aerei americani possono distruggere il campo nemico. ■ GUERRA; B/N; 99'; USA, 1943. ■ OSCAR 1 NOM.

17 AGAIN – RITORNO AL LICEO *(17 again)* ★★
Regia di BURR STEERS. Con ZAC EFRON, LESLIE MANN, MATTHEW PERRY, MICHELLE TRACHTENBERG. ■ Mike O'Donnel è un quarantenne deluso e irrequieto. Ex capitano della squadra di basket del liceo, vent'anni dopo è il padre svogliato di due adolescenti e il marito disamorato della più bella ragazza della scuola, decisa ormai a chiedergli il divorzio. Abbandonato il campo di gioco a un canestro dal successo e da una prestigiosa borsa di studio, Mike vive col rimpianto di non aver fatto la scelta giu-

sta. Sarà un angelo guida, nei panni di un umile custode, a procurargli una seconda possibilità per rivivere la sua adolescenza e per aggiustare un destino da perdente. Tornato diciassettenne, Mike capirà finalmente qual è il suo ruolo in campo e nel mondo. ■ COMMEDIA; COL.; 102′; USA, 2009.

DICIASSETTE ANNI *(Guo Nian Hui Jia)* ★★
Regia di YUAN ZHANG. Con LI BINGBING, LIU LIN, YEDING LI. ■ Tao Lan esce di prigione dopo diciassette anni e non riconosce più il suo paese. Tutto è cambiato, rapporti e ambizioni. E certamente il nuovo corso non è migliore. Un'istantanea della Cina che gli occidentali non si aspettano. Buon documento autoctono, nelle caratteristiche del *Cerchio* (la vita e le donne in Iran). Tanto basta per essere premiati a Venezia (alla regia). ■ DRAMMATICO; COL.; 90′; CINA, ITALIA, 1999.

DICIASSETTENNE, UNA *(Eine Siebzehnjährige)* ★★
Regia di ARTHUR MARIA RABENALT. Con ALFRED ABEL, REVA HOLSEY, ALBERT LIEVEN. ■ L'intesa tra padre e figlio viene sconvolta dalla presenza di una ragazza per la quale entrambi prendono una cotta. La ragazza sembra preferire il padre e il ragazzo tenta il suicidio. Il drammatico gesto del figlio fa rinsavire l'uomo e la ragazza, elemento perturbatore, se ne riparte. ■ DRAMMATICO; B/N; 92′; GERMANIA, 1934.

17 RAGAZZE *(17 Filles)* ★★★
Regia di DELPHINE COULIN, MURIEL COULIN. Con JULIETTE DARCHE, ROXANE DURAN, ESTHER GARREL, LOUISE GRINBERG, YARA PILARTZ. ■ In un piccolo centro della Bretagna, la liceale Camille Fourier, rimasta incinta, diventa per le amiche di scuola un esempio e un modello. Intenzionate a fare a meno di chiunque, sia dei partner che dei genitori, diciassette ragazze dello stesso liceo decidono di avere un figlio e di crescerlo aiutandosi fra loro. La gravidanza delle minorenni procede dunque contemporaneamente, lasciando interdetti la comunità e le autorità scolastiche. Le sorelle Delphine e Muriel Coulin portano in scena un fatto vero, accaduto nel 2008 nel Massachusetts, dove le prospettive sociali sono poche. ■ DRAMMATICO; COL.; 90′; FRANCIA, 2011.

DICIOTTANNI. IL MONDO AI MIEI PIEDI ★★
Regia di ELISABETTA ROCCHETTI. Con ALESSIA BARELA, G-MAX, ROSA PIANETA, MARCO RULLI, NINA TORRESI. ■ Ludovico è un diciottenne di cupe speranze, bello, ricco e tenebroso. Ostile a concentrarsi sul futuro, preferisce occupare camere da letto di case lontane e sale da pranzo di amici. Orfano da più di dieci anni, vive ufficialmente con uno zio imbroglione ma è come se non avesse dimora, si trascina da un luogo all'altro senza stabilirsi da nessuna parte. Dopo aver sedotto la madre del suo migliore amico e la bella professoressa di latino, incontra la solitaria Giulia e se ne innamora. Ma la ragazza, al contrario delle altre amanti mature, non è preda facile. L'adolescenza è difficile per tutti. ■ DRAMMATICO; COL.; 85′; ITALIA, 2010.

DICIOTTENNI, LE ★★
Regia di MARIO MATTOLI. Con MARISA ALLASIO, VIRNA LISI. ■ Un giovane professore fa innamorare di sé le allieve di un severo collegio. La più vivace di tutte, Anna, dopo aver visto una compagna abbracciata ad un uomo, denuncia per gelosia il fatto alla direttrice. L'uomo abbracciato nottetempo si rivela essere il padre della ragazza denunciata, venuto a dare l'ultimo saluto alla figlia prima di essere arrestato. Pentita del suo gesto, Anna aiuta la compagna a non essere cacciata dall'istituto. Il film è il rifacimento di *Ore nove lezione di chimica*. ■ COMMEDIA; COL.; 90′; ITALIA, 1955.

DICIOTTENNI AL SOLE ★★
Regia di CAMILLO MASTROCINQUE. Con FABRIZIO CAPUCCI, SPIROS FOCAS, GIANNI GARKO, LISA GASTONI, CATHERINE SPAAK. ■ Per conquistare tre ragazze che trascorrono le vacanze a Ischia, tre fantasiosi giovani inventano le storie più strane. Al rientro, soltanto uno degli amori estivi si rivela sincero e duraturo. ■ COMMEDIA; COL.; 92′; ITALIA, 1962.

DICIOTTESIMA SPIA, LA *(I Deal in Danger)* ★★
Regia di WALTER E. GRAUMAN. Con CHRISTINE CARÈRE, HORST FRANK, ROBERT GOULET, DONALD HARRON. ■ Un'abile spia americana ha il compito di distruggere una base missilistica tedesca. Dopo aver cercato la collaborazione di uno scienziato che egli stesso ha liberato dai nazisti, trova insperato aiuto in una donna che lavora all'interno della base. La missione riesce, ma la donna muore. ■ GUERRA; COL.; 89′; USA, 1966.

18 ANNI DOPO ★★
Regia di EDOARDO LEO. Con MARCO BONINI, EUGENIA COSTANTINI, GABRIELE FERZETTI, SABRINA IMPACCIATORE, EDOARDO LEO. ■ Mirko e Genziano sono fratelli che non si sono mai amati. La morte improvvisa del padre li ricongiunge a Roma, dove Mirko sopravvive ai debiti e al ricordo di una madre perduta in un incidente automobilistico. Costretti dal testamento paterno a condividere un viaggio e una destinazione, Mirko e Genziano partiranno alla volta di Scilla, dove il padre ha disposto di essere sepolto. A bordo di una vecchia Morgan batteranno strada e passato, rielaborando un vecchio trauma e trovando finalmente il modo di (con)vivere insieme. ■ COMMEDIA; COL.; 100′; ITALIA, 2010.

18 ANNI TRA UNA SETTIMANA ★★
Regia di LUIGI PERELLI. Con SIMONA CAVALLARI, ENNIO FANTASTICHINI, ORSO MARIA GUERRINI, KIM ROSSI STUART. ■ È la storia di due giovani, Paolo e Sami, che si muovono nel mondo d'oggi cercando di tenere una certa coerenza di sentimenti. Ricorda in certi momenti l'atmosfera de *La rabbia giovane* di Terrence Malick. Diretto da Perelli che ha lavorato ad alcune "Piovre" televisive. ■ DRAMMATICO; COL.; 98′; ITALIA, 1992.

DICIOTTO CON IL NONNO *(La grande familia)* ★★★
Regia di FERNANDO PALACIOS. Con ALBERTO CLOSAS, JOSÉ ISBERT, AMPARO SOLER LEAL. ■ Scene di vita di una numerosa famiglia: i primi problemi sentimentali dei figli più grandi, i giochi irruenti dei piccini. Durante la sparizione di uno di questi ultimi, la famiglia si ritrova compatta fino al ritrovamento del bimbo. ■ COMMEDIA; B/N; 90′; SPAGNA, 1962.

18.000 GIORNI FA
Regia di GABRIELLA GABRIELLI. Con GIANFRANCO BARRA, PIER PAOLO CAPPONI, SILVIA COHEN, MAURIZIO DONADONI, MASSIMO FOSCHI, FRANCO INTERLENGHI, ALFREDO PEA. ■ 1942. Moshe, ebreo polacco, fugge da Treblinka ma viene catturato in Italia e portato nel carcere di Ferramonti di Tarsia in Calabria. Qui i problemi non mancano anche se il clima è meno teso rispetto alla Germania. Quando Mussolini viene arrestato, Moshe, insieme ai suoi compagni di prigionia, si organizza per preparare la difesa contro i tedeschi. Tratto dal libro di Carlo Spartaco Capogreco, il film della Gabrielli resta in superficie tratteggiando personaggi che hanno scarsa attendibilità. L'impegno è senz'altro lodevole ma sarebbe degno di miglior causa. ■ DRAMMATICO; COL.; 95′; ITALIA, 1993.

DICK CARTER LO SBIRRO *(Koroshi)* ★★
Regia di MICHAEL TRUMAN. Con AMANDA BARRIE, RONALD HOWARD, PATRICK MCGOOHAN, YOKO TANI. ■ Dietro una innocente compagnia teatrale giapponese si nasconde una terribile banda di spie il cui scopo è rendere la vita difficile all'Onu. L'agente Dick Carter fa molte interessanti scoperte sull'organizzazione terroristica, ma riesce a sgominarla soltanto con l'aiuto degli abitanti dell'isola sulla quale i criminali hanno la base. ■ AVVENTURA; COL.; 93′; GRAN BRETAGNA, 1966.

DICK E JANE – OPERAZIONE FURTO ★★★
(Fun with Dick and Jane)
Regia di DEAN PARISOT. Con MICHELLE ARTHUR, ALEC BALDWIN, RICHARD BURGI, LAWRENCE CALVIN, JIM CARREY, LUIS CHÁVEZ, MARK CORREY, TÉA LEONI. ■ Dick (Jim Carrey) e Jane (Tea Leoni) cercano di stare al passo con l'alto tenore di vita dei loro vicini. Quando la società per cui Dick lavora viene coinvolta in uno scandalo e lui rimane senza un soldo, Dick e Jane si trovano a fare i conti con la possibilità di perdere tutto. Ma Dick ha un'idea: se rubare è abbastanza giusto per il suo capo, lo sarà altrettanto per lui. Attraverso le ritrovate conoscenze, decide di prendersi una divertente rivincita e di dare una lezione al mondo del business. Remake di *Non rubare... se non è strettamente necessario*, del 1977, con Jane Fonda e George Segal. ■ COMMEDIA; COL.; 96′; USA, 2005.

DICKIE ROBERTS *(Dickie Roberts: former Child Star)* ★
Regia di SAM WEISMAN. Con CRAIG BIERKO, JENNA BOYD, JON LOVITZ, MARY MCCORMACK, ALYSSA MILANO, ROB RIENER, DAVID SPADE, SCOTT TERRA. ■ Dickie Roberts ha 35 anni e fa il parcheggiatore di auto, ma ha un passato da bambino prodigio, quando teneva incollati al televisore 50 mila spettatori col suo show. Fuori dal giro da molto tempo, arriva per lui l'occasione di tornare in vetta allo star system. L'unico problema è che il ruolo da coprire è quello del "bravo ragazzo", e Dickie Roberts è tutto fuorché un "bravo ragazzo"! ■ COMMEDIA; COL.; 98'; USA, 2003.

DICK SMART 2007 ★★
Regia di FRANCO PROSPERI. Con MARGARET LEE, VALENTINO MACCHI, ROSSANA TAPAJOS, RICHARD WYLER. ■ In una montagna vicino a Rio de Janeiro, un banchiere e una sua complice hanno installato un laboratorio atomico per ottenere smeraldi artificialmente. Dick Smart è incaricato di sgominare la criminale organizzazione e ci riesce soltanto per l'improvviso voltafaccia della complice del banchiere. Il laboratorio atomico viene distrutto. ■ SPIONAGGIO; COL.; 93'; ITALIA, 1967.

DICK TRACY ★★★
Regia di WARREN BEATTY. Con WARREN BEATTY, GLENNE HEADLY, CHARLIE KORSMO, MADONNA, AL PACINO. ■ Il famoso poliziotto nato dalla penna di Chester Gould trasportato dai fumetti al cinema. Già interpretato negli anni Quaranta da Morgan Conway e Ralphy Byrd, questa volta Dick Tracy viene impersonato da Warren Beatty, che è anche regista e produttore. Volutamente girato come un cartone animato il film è un giocattolo molto suggestivo. L'interpretazione del protagonista è quasi piatta al contrario dei comprimari che sono più emotivi, fino ad arrivare alle comparse di lusso che sono sopra le righe. Beatty dà il meglio di sé nella regia, Madonna è sufficientemente efficace, mentre il migliore in campo è il cattivissimo Al Pacino. Altre comparsate le fanno Paul Sorvino, Dustin Hoffman e James Caan ben camuffati, mentre Charles Durning è un simpatico poliziotto. ■ AVVENTURA; COL.; 105'; USA, 1990. ■ GOLDEN GLOBES 3 NOM; OSCAR 3 PR, 7 NOM.

DICK TRACY CONTRO CUEBALL ★★
(Dick Tracy Versus Cueball)
Regia di GORDON M. DOUGLAS. Con MORGAN CONWAY, PAULA CORDAY, ANNE JEFFREYS. ■ Dick Tracy è sulle tracce di un calvo assassino che sta ammazzando sistematicamente gli uomini della sua banda che in passato l'hanno tradito. Il killer alla fine muore schiacciato da un treno. ■ GIALLO; B/N; 70'; USA, 1946.

DICK TRACY DETECTIVE ★★
Regia di WILLIAM BERKE. Con MORGAN CONWAY, ANNE JEFFREYS, MIKE MAZURKI. ■ Primo film di una serie RKO degli anni Quaranta che intendeva rilanciare al cinema il poliziotto mascelluto dei fumetti di Chester Gould. Nel primo episodio Tracy combatte contro Splitface, un killer dalla faccia sfregiata. Prima di essere catturato da Tracy, costui uccide tre persone e rapisce la fidanzata e il figlio adottivo del poliziotto. ■ GIALLO; B/N; 74'; USA, 1945.

DICK TRACY E LA SOCIETÀ DEL CRIMINE ★
(Dick Tracy Versus Crime Inc.)
Regia di JOHN ENGLISH, WILLIAM N. WITNEY. Con RALPH BYRD, KENNETH HARLAN, RALPH MORGAN. ■ Dick Tracy si batte alla morte contro un genio del crimine soprannominato "The Ghost". Costui ha il potere di rendersi invisibile, ma Tracy lo cattura ugualmente servendosi di cani poliziotto. ■ GIALLO; B/N; 72'; USA, 1941.

DICK TRACY INCONTRA GRUESOME ★★
(Dick Tracy Meets Gruesome)
Regia di JOHN RAWLINS. Con RALPH BYRD, ANNE GWYNNE, BORIS KARLOFF. ■ Dick Tracy contro un orribile figuro (Boris Karloff naturalmente) che s'è impossessato di un'arma segreta (un gas sperimentale in grado di congelare la gente sul posto) e se ne serve per commettere una rapina. ■ GIALLO; B/N; 71'; USA, 1947.

DICK TRACY – LA MORTE CORRE NEI CIELI ★★
(Dick Tracy – Death Rides the Sky)
Regia di WILLIAM N. WITNEY. Con RALPH BYRD, CHARLES MIDDLETON, LYNN ROBERTS. ■ Sono quattro episodi della serie di Dick Tracy. È alle prese con la banda dello Zoppo che tiene in ostaggio suo fratello. ■ POLIZIESCO; B/N; 68'; USA, 1937.

DI COPPIA IN COPPIA *(Married to It)* ★★
Regia di ARTHUR HILLER. Con BEAU BRIDGES, STOCKARD CHANNING, MARY STUART MASTERSON, CYBILL SHEPHERD, RON SILVER. ■ Solito giochino sentimentale di ricordi e passioni. A fuoco tre coppie molto diverse tra loro. Un buon cast sprecato per un film di cui non si sentiva la necessità. Il regista di *Love story* continua a mostrare il suo lato sdolcinato. ■ COMMEDIA; COL.; 107'; USA, 1993.

DI CORSA DIETRO UN CUORE ★★★
(Tramp, Tramp, Tramp)
Regia di HENRY EDWARDS. Con JOAN CRAWFORD, EDWARD DAVIS, HARRY LANGDON. ■ Sceneggiato, tra gli altri, da Frank Capra. Il nostro eroe vuole conquistare una ragazza distinguendosi in una gara podistica. Purtroppo ogni sforzo è vano perché la fanciulla è già impegnata. Inedita la coppia Langdon-Crawford. ■ COMICO; B/N; 65'; USA, 1926.

DIDIER ★★
Regia di ALAIN CHABAT. Con LIONEL ABELANSKI, JEAN-PIERRE BACRI, ALAIN CHABAT, DOMINIQUE FARRUGIA, ISABELLE GÉLINAS. ■ A Jean-Pierre, allenatore di una squadra di calcio, le cose vanno male sia sul piano professionale che su quello dei sentimenti. Un giorno un amico gli lascia in custodia il suo intelligentissimo cane labrador. L'animale si trasforma in un uomo capace di giocare bene a calcio anche se conserva atteggiamenti canini. Grande successo in Francia. Da noi passato inosservato abbastanza a ragione. ■ COMMEDIA; COL.; 87'; FRANCIA, 1997.

DIE ANDERE HEIMAT ★★★
Regia di EDGAR REITZ. Con KONSTANTIN BICHHOLZ, MARITA BREUER, WERNER HERZOG JULIA PROCHNOW, MAXIMILIAN SCHEIDT. ■ Schabbach, Hunsrück, 1840, la famiglia Simon, come molte altre della Prussia rurale, fatica a tirare avanti con la bottega da fabbro come unico sostentamento e due figli maschi sotto il tetto (l'unica femmina è stata cacciata per aver sposato un cattolico) di cui uno, Jakob, poco incline al lavoro e molto stimolato dallo studio. Nella mente di Jakob Simon c'è solo il Brasile. A legarlo all'Hunsrück è però la passione per Henriette, giovane contadina, che ammira le sue inclinazioni fuori dal comune. Tuttavia la catena di eventi innescata da un fallito tentativo di ribellione alle angherie del barone che domina la regione, causeranno un improvviso e passionale incontro di Henriette con Gustav, fratello di Jakob, e la prigionia di quest'ultimo. Al suo ritorno Jacob scopre che Henriette è stata costretta a sposare Gustav suo malgrado. È un quarto capitolo in edizione ridotta (rispetto ai suoi standard) quello che Reitz porta alla 70esima Mostra di Venezia a 7 anni dal terzo, un prequel che non molla la famiglia Simon ma nemmeno cerca a tutti i costi il ponte con il resto della storia. Nonostante una trama come sempre costellata dalle ordinarie tragedie del vivere umano (quelle familiari e quelle personali), il regista è capace di infondere ad ogni momento del suo racconto una gioia di vivere e un'onestà emotiva che il cinema contemporaneo ha quasi dimenticato. ■ DRAMMATICO; COL.; 112'; GERMANIA, 2013.

DIECI *(Ten)* ★★★
Regia di BLAKE EDWARDS. Con JULIE ANDREWS, BO DEREK, DUDLEY MOORE, ROBERT WEBBER. ■ Un musicista quarantenne è solito classificare le belle ragazze che incontra con una votazione che va da zero a dieci. Trova la donna dei suoi sogni, quella che appunto merita il punteggio più alto, e la corteggia in modo molto pressante. Per scoprire che tra ideale e realtà c'è un abisso. ■ COMMEDIA; COL.; 118'; USA, 1979. ■ GOLDEN GLOBES 3 NOM.

DIECI ANNI DELLA NOSTRA VITA ★★
Regia di ROMOLO MARCELLINI. ■ Le tappe più importanti della storia del nostro paese presentate attraverso i filmati dei cinegiornali nel decennio dal 1943 al 1953. ■ DOCUMENTARIO; B/N; 82'; ITALIA, 1953.

DIECI BIANCHI UCCISI DA UN PICCOLO INDIANO ★★
Regia di GIANFRANCO BALDANELLO. Con JOSÉ MARTINEZ, ROSALBA NERI, LUISA RIVELLI, FABIO TESTI. ■ Un gruppo di colo-

ni compie una strage di pellirosse per installarsi sulle loro terre. Un sopravvissuto della tribù si vendica uccidendoli ad uno ad uno. ■ WESTERN; COL.; 96′; ITALIA, 1974.

DIECI CANOE *(Ten Canoes)* ★★
Regia di ROLF DE HEER, PETER DJIGIRR. Con JAMIE GULPILIL. ■ Racconto del racconto di un racconto. Un gioco di scatole cinesi che inizia con una carrellata aerea sulla palude australiana, attraversa foreste di alberi altissimi e terra fangosa, passando per specchi d'acqua coperti di ninfee su cui si riflette il cielo al tramonto. La voce narrante è quella di un aborigeno che si dice ormai parte delle infinite gocce d'acqua di quella palude, crogiuolo dei suoi antenati. ■ AVVENTURA; COL.; 90′; AUSTRALIA, 2006.

DIECI CANZONI D'AMORE DA SALVARE ★★
Regia di FLAVIO CALZAVARA. Con BRUNELLA BOVO, JACQUES SERNAS. ■ Un giovane musicista è condannato alla cecità e per questo allontana da sé la giovane Carmela, che lo ama. Isolatosi dal resto del mondo il giovane continua a comporre canzoni che incontrano enorme successo, ma c'è una segretaria infedele che se ne attribuisce tutto il merito. È proprio Carmela a scoprire l'inganno e a convincere il giovane a sottoporsi ad una operazione. ■ COMMEDIA; B/N; 91′; ITALIA, 1953.

DIECI COMANDAMENTI, I ★★★
(The Ten Commandments)
Regia di CECIL B. DE MILLE. Con ROD LA ROCQUE, THEODORE ROBERTS, ESTELLE TAYLOR. ■ Il film di maggior successo diretto da De Mille nel periodo del cinema muto. Contiene addirittura sequenze di Technicolor. Incentrato sulla figura di Mosè e il passaggio del mar Rosso. In origine il regista aveva ideato una parte ambientata all'epoca della sua uscita, per fare un parallelo tra il mondo moderno e il significato dei comandamenti. Poi ha rinunciato. ■ STORICO; COL.; 90′; USA, 1923.

DIECI COMANDAMENTI, I ★★
Regia di GIORGIO W. CHILI. Con ROSSANO BRAZZI, ELISA CEGANI. ■ Si tratta di dieci episodi che illustrano ciascun comandamento traendo la necessaria morale. ■ STORICO; B/N; 102′; ITALIA, 1945.

DIECI COMANDAMENTI, I ★★★★★
(The Ten Commandments)
Regia di CECIL B. DE MILLE. Con ANNE BAXTER, YUL BRYNNER, JOHN CARRADINE, YVONNE DE CARLO, JOHN DEREK, CHARLTON HESTON, DEBRA PAGET, EDWARD G. ROBINSON. ■ Cecil Blount De Mille è un regista che ha firmato opere di grandissima popolarità che, paradossalmente, non sono le sue migliori. Tutti ricordano i suoi "colossi" come *Sansone e Dalila*, ma personalmente ritengo che De Mille abbia dato il meglio nei western, dove aveva una sua misura particolare e grande riconoscibilità. Basta ricordare *La conquista del West*, un western del '36 già perfettamente adulto, tre anni prima di *Ombre rosse*, e poi *La via dei giganti*, *Giubbe rosse* e *Gli invincibili*, quasi tutti con Gary Cooper. Tuttavia dicendo De Mille si dice *Dieci comandamenti*, che è un'opera meritevolissima, beninteso, un titolo che non ha mai trovato posto in nessuna delle classifiche nobili, proprio per le sue caratteristiche di troppa spettacolarità, popolarità, artificio. De Mille voleva soltanto piacere al pubblico, dargli ciò che voleva. John Ford riconosceva questa sua capacità, e in un certo senso gliela invidiava. Nei *Dieci comandamenti* tutto è perfetto: l'aspetto degli attori, i costumi, le armi, la natura, gli edifici, i trucchi, la musica, le inquadrature. È tutto così stilizzato e calligrafico da far invidia al più avanzato dei registi pubblicitari. Ricordiamo che De Mille ha lasciato un retaggio in questo senso: il mar Rosso che si apre, che ha ispirato un noto spot pubblicitario. Mosè, ebreo, viene affidato neonato alle acque del Nilo, in un paniere. Viene raccolto dalla figlia sterile del faraone. Cresce come un principe e si distingue a scapito di Ramesse, figlio del faraone. Quando viene scoperta la sua origine, Mosè non la rinnega, diventa anzi capo del popolo ebraico, ridotto in schiavitù da trecento anni. Porta via il suo popolo dall'Egitto. Sul monte Sinai ottiene da Dio le tavole dei Comandamenti. Vaga quarant'anni nei deserti prima di arrivare alla Terra Promessa. La saga e il racconto sono grandissimi. Si rimprovera al regista una certa prolissità (quasi quattro ore la durata del film), ma ci sono momenti di alto significato, sul piano delle immagini (Mosè che chiede l'aiuto di Dio nella tempesta, l'incisione delle tavole, le scene d'esodo). Ci sono anche tratti di grande forza, quasi da tragedia greca, seppur fortemente hollywoodiani. De Mille era un fervente cattolico e attribuiva ai suoi film un preciso valore in quel senso. Ci fu chi disse che il regista era stato un paladino della fede più del papa. ■ STORICO; COL.; 221′; USA, 1955. ■ OSCAR 1 PR, 7 NOM.

DIECI COMANDAMENTI, I *(The Ten Commandments)* ★
Regia di CHARLES DAVIS. Con DAN FRAZER, JOHN MARLEY, KRISTOFFER TABORI. ■ Il film narra il lungo e doloroso cammino percorso da Mosè e dal suo popolo per giungere alla Terra Promessa. Dopo la fuga dagli egiziani e il passaggio del mar Rosso, la lunga carovana si accampa sulle pendici del Sinai. Mosè si separa dalla sua gente per scalare la montagna e aspettare la parola di Dio, che gli consegnerà le Tavole della Legge. Quando fa ritorno, il patriarca scopre che gli ebrei si sono dati al peccato. ■ STORICO; COL.; 110′; USA, 1982.

♥ **DIECI COSE CHE ODIO DI TE** ★★★
(10 Things I hate about You)
Regia di GIL JUNGER. Con JOSEPH GORDON-LEVITT, HEATH LEDGER, LARISA OLEYNIK, JULIA STILES. ■ Film generazionale costruito sullo stampo della *Bisbetica domata* di Shakespeare. Ma Shakespeare non c'entra proprio per niente, mentre domina la noia. ■ COMICO; COL.; 98′; USA, 1999.

DIECI CUBETTI DI GHIACCIO *(Run Like a Thief)* ★★
Regia di BERNARD GLASSER. Con KIERON MOORE, FERNANDO REY, KEENAN WYNN. ■ Un sacchetto di diamanti è conteso da diverse persone che si eliminano tra di loro per impadronirsene. L'ultimo della serie si ritrova finalmente il sacchetto tra le mani, ma solo per accorgersi che è vuoto. Chi era a conoscenza del vero nascondiglio è ormai morto. ■ DRAMMATICO; COL.; 92′; USA, 1967.

DIECI DELLA LEGIONE, I *(Ten Tall Men)* ★★
Regia di WILLIS GOLDBECK. Con BURT LANCASTER, JODY LAWRENCE, GILBERT ROLAND. ■ Il forte di una divisione di legionari è assediato da due tribù arabe. Un sergente rapisce la figlia di uno dei due capitribù e, poiché la ragazza era promessa sposa del capo dell'altra, riesce a provocare dissidi tra i due gruppi. Quando finalmente arrivano i rinforzi, la bella ragazza araba ha già sposato il sergente legionario. ■ AVVENTURA; COL.; 97′; USA, 1951.

DIECI DEL TEXAS, I ★★
Regia di IGNAZIO FALCONETTI. ■ In questo interessante film-antologia sono riunite tutte le scene classiche tratte dai film che sono ormai considerati capolavori del genere western. ■ FILM A EPISODI; B/N; 92′; ITALIA, 1961.

DIECI DONNE VIOLENTE *(Ten Violent Women)* ★★
Regia di TED V. MIKELS. Con SALLY GAMBLE, DIXIE LAUREN, SHERRY VERNON. ■ Una banda di sole donne, grazie a un piano ingegnoso, ruba gioielli per un valore di oltre un milione di dollari. Per nulla appagate da questa impresa, le dieci ladre si buttano a capofitto in nuove ed emozionanti avventure. ■ AVVENTURA; COL.; 105′; USA, 1982.

DIECI GIORNI CHE SCONVOLSERO IL MONDO, I ★★
(Krasnie Kala Kala 2°)
Regia di SERGEI BONDARCHUK. Con FRANCO NERO, SYDNE ROME, BOGDAN STUPKA. ■ Dal libro del giornalista americano John Reed, una semplicistica ricostruzione degli ultimi dieci giorni della Rivoluzione d'ottobre, vista attraverso gli occhi del reporter e della sua compagna. Il film si anima veramente quando relega in secondo piano Reed e mette la macchina da presa a ridosso di Lenin. I dieci giorni è la seconda parte della monumentale cinebiografia dedicata a Reed da Bondarchuk (la prima: *Messico in fiamme*). ■ STORICO; COL.; 128′; ITALIA, URSS, 1984.

DIECI GLADIATORI, I ★★
Regia di GIANFRANCO PAROLINI. Con ROGER BROWNE, SUSAN PAGET, GIANNI RIZZO, DAN VADIS. ■ Dieci gladiatori, stanchi di subire gli isterismi di Nerone, decidono di sopprimerlo. Un crudelissimo scherano dell'imperatore tenta di ostacolarli in ogni modo, ma alla fine i dieci riusciranno nel loro scopo. ■ AVVENTURA; COL.; 92′; ITALIA, 1963.

DIECI IN AMORE *(Teacher's Pet)* ★★★
Regia di GEORGE SEATON. Con DORIS DAY, CLARK GABLE, GIG YOUNG. ■ Un brillante giornalista, che ha fatto carriera cominciando dalla gavetta, diffida dei giovani colleghi che escono dai corsi universitari, puramente teorici. Ma la verità sta nel mezzo e il giornalista, innamoratosi di una affascinante insegnante universitaria, avrà modo di constatarlo e di imparare qualcosa di molto importante. ■ COMMEDIA; B/N; 120'; USA, 1957. ■ OSCAR 2 NOM.

DIECI INCREDIBILI GIORNI ★★★
(La décade prodigieuse)
Regia di CLAUDE CHABROL. Con GUIDO ALBERTI, MARLÈNE JOBERT, ANTHONY PERKINS, MICHEL PICCOLI, ORSON WELLES. ■ Un uomo molto ricco, di mezza età, sposa una giovane donna che non tarda a tradirlo con il figlio. I due amanti vengono uccisi, ma un amico del giovane riesce a scoprire l'assassino che, per sfuggire alla giustizia, si suicida. ■ GIALLO; COL.; 110'; FRANCIA, 1971.

DIECI INVERNI ★★
Regia di VALERIO MIELI. Con GLEN BLACKALL, ISABELLA RAGONESE, MICHELE RIONDINO, LIUBA ZAIZEVA, SERGEI ZHIGUNOV. ■ Primo inverno. 1999. Camilla lascia il paese d'origine e si trasferisce a Venezia per frequentare l'università. Sul vaporetto incontra Silvestro: il sorriso chiaro, le idee molto meno. Un po' per fato e un po' per intenzione, il ragazzo perde l'ultima corsa della sera e passa la notte insieme a lei. È l'inizio di un amore che chiederà dieci anni per riconoscersi come tale. In mezzo scorrono l'amicizia, la paura, il dubbio, le impennate di orgoglio, l'incredulità. ■ COMMEDIA; COL.; 99'; ITALIA, RUSSIA, 2009.

DIECI ITALIANI PER UN TEDESCO – VIA RASELLA ★★
Regia di FILIPPO WALTER RATTI. Con GINO CERVI, ANDREA CHECCHI, CARLO D'ANGELO, SERGIO FANTONI, CRISTINA GAJONI, IVO GARRANI, NINO PAVESE. ■ Dopo un attentato partigiano, lo spietato colonnello Kappler ordina che per ogni soldato tedesco ucciso vengano giustiziati dieci italiani presi tra la popolazione civile. ■ DRAMMATICO; B/N; 91'; ITALIA, 1952.

DIECI LUNE DI MIELE DI BARBABLÙ, LE ★★
(Blue Beard's Ten Honey – Moons)
Regia di WILLIAM LEE WILDER. Con CORINNE CALVET, JEAN KENT, GEORGE SANDERS. ■ Per risolvere i suoi problemi finanziari, Barbablù escogita un brillante sistema: corteggia ricche vedove, le convince a nominarlo unico erede, poi le uccide. Il gioco riesce fino a che una parente di una delle vittime, insospettita, non avverte la polizia. ■ DRAMMATICO; B/N; 93'; USA, 1960.

DIECI MERAVIGLIE DELL'AMORE, LE ★★
Regia di SERGIO BERGONZELLI. Con BERNHARD DE VRIES, ANGELO INFANTI, BRIGITTE SKAY, MARISA SOLINAS, VITTORIA SOLINAS. ■ Per preparare una tesi di laurea che dimostri la libertà dell'istinto sessuale dell'uomo, sei studenti (tre ragazzi e tre ragazze) si mettono a vivere in comunità. Ma la grammatica si rivela diversa dalla pratica. ■ COMMEDIA; COL.; 90'; ITALIA, 1969.

10000 A.C. *(10,000 BC)* ★★
Regia di ROLAND EMMERICH. Con CAMILLA BELLE, CLIFF CURTIS, STEVEN STRAIT. ■ In un tempo lontano, quando gli uomini erano dominati dalla paura, guidati dagli spiriti e ispirati dalle profezie, viveva una pacifica tribù di cacciatori. Con l'arrivo dei mammuth si apriva per loro la stagione della caccia, della prosperità e dell'amore. Quel sentimento smisurato che unisce il giovane D'-Leh all'orfana Evolet. Una passione interrotta dall'irruzione di "demoni" a cavallo: feroci predatori e mercanti di schiavi a servizio di un dio avido. Rapita la bella Evolet, D'Leh si spingerà fino ai confini del mondo per liberare la sua fanciulla e gli uomini vessati dalle superstizioni di un tiranno inviso e invisibile. Nel corso del viaggio il cacciatore diventerà un guerriero e il guerriero una leggenda. ■ AVVENTURA; COL.; 109'; USA, NUOVA ZELANDA, 2008.

10.000 CAMERE DA LETTO *(Ten Thousand Bedrooms)* ★★
Regia di RICHARD THORPE. Con ANNA MARIA ALBERGHETTI, EVA BARTÒK, DEAN MARTIN. ■ Un miliardario americano, arrivato a Roma per un affare, finisce per lasciarsi coinvolgere dai capricci sentimentali di quattro bellissime sorelle. Dopo una serie di tentativi le fanciulle compiono la scelta definitiva e al miliardario tocca la più bella e in gamba del gruppo. ■ COMMEDIA; COL.; 114'; USA, 1957.

10.000 DOLLARI PER UN MASSACRO ★★
Regia di ROMOLO GUERRIERI. Con ADRIANA AMBESI, CLAUDIO CAMASO, GARY HUDSON, LOREDANA NUSCIAK. ■ Due banditi si vendicano di un ex collega traditore sequestrandogli la figlia. L'uomo incarica Django, cacciatore di taglie, di ritrovargliela. Ci riesce, ma per liberare la ragazza è costretto a compiere una strage. ■ WESTERN; COL.; 91'; ITALIA, 1967.

DIECIMILA DONNE ALLA DERIVA ★★
(Gefährdete Mädchen)
Regia di WOLFGANG GLÜCK. Con WOLF ALBACH-RETTY, HEINZ DRACHE, GERLINDE LOCKER. ■ Una donna poliziotto si fa assumere in un night come guardarobiera per seguire le mosse dei responsabili di una tratta delle bianche. La polizia interviene proprio all'ultimo momento, quando i loschi trafficanti, per sbarazzarsi del compromettente carico, stanno per gettare in mare un gruppo di donne destinate ai mercati dell'Oriente. ■ DRAMMATICO; B/N; 92'; GERMANIA, 1958.

DIECI MINUTI A MEZZANOTTE *(Ten to Midnight)* ★★
Regia di JACK LEE THOMPSON. Con CHARLES BRONSON, LISA EILBACHER, ANDREW STEVENS. ■ Un maniaco uccide le ragazze che l'hanno respinto. Un ufficiale di polizia sospetta di lui, ma è difficile mettere l'omicida alle strette (per ogni delitto s'è predisposto un alibi inattaccabile). Allora il poliziotto per incastrarlo fabbrica prove fasulle. Ma l'inganno è scoperto e l'assassino rilasciato cerca subito di vendicarsi a spese della figlia del piedipiatti. ■ THRILLER; COL.; 100'; USA, 1983.

DIECI PICCOLI INDIANI ★★★★★
(And Then There Were None)
Regia di RENÉ CLAIR. Con MISCHA AUER, BARRY FITZGERALD, LOUIS HAYWARD, WALTER HUSTON, QUEENIE LEONARD. ■ Una decina di persone viene invitata a trascorrere un fine-settimana in una villa sull'isola di Little Indians, di proprietà del misterioso signor U. N. Owen (che in inglese suona come *unknown*, sconosciuto). Convocati come ospiti, collaboratori o personale di servizio, nessuno di loro ha mai incontrato il padrone di casa. Eppure Owen li conosce molto bene. Sa che ognuno di loro è colpevole, impunito, di omicidio e, attraverso un disco messo sul grammofono dall'ignaro maggiordomo, legge agli "imputati" i rispettivi capi d'accusa. Poco dopo uno degli ospiti muore avvelenato e una mano ignota spezza la prima di dieci statuette raffiguranti altrettanti piccoli indiani. A uno a uno, tanto gli ospiti quanto le statuette vengono eliminati. A nulla valgono gli sforzi dei superstiti per scoprire dove si nasconda il diabolico anfitrione. Sull'isola non c'è nessun altro, quindi Owen dev'essere uno di loro. Tutti cominciano a guardarsi con sospetto e a scambiarsi reciproche accuse, pronti a coalizzarsi gli uni contro gli altri. Il piano di Owen prevede di seguire alla lettera la macabra filastrocca dei Dieci piccoli indiani fino all'ultima strofa, "e poi non rimase nessuno", ma non tutti sono ciò che sembrano e qualcuno, innocente dei delitti di cui è accusato, riesce a risolvere il mistero prima che sia troppo tardi. Deliziosa trasposizione in chiave di *black comedy* di uno dei più geniali intrighi di Agatha Christie, la versione diretta da Clair è la prima a istituire quella variante nella trama costituita dal lieto fine: nel romanzo infatti nessuno si salvava e il mistero veniva svelato da una confessione scritta dell'assassino. Per il resto il meccanismo funziona con la stessa perfezione con cui era stato concepito, lubrificato da un ottimo ritmo narrativo in cui si equilibrano suspense e umorismo. Alla scelta di non impiegare attori di richiamo come protagonisti (il pubblico capirebbe subito che il personaggio interpretato da una star hollywoodiana è destinato a salvarsi) fa da contrappeso la presenza di uno stuolo di straordinari caratteristi diretti con finissima ironia dal regista francese, alla sua quinta e ultima esperienza di regia in America. ■ POLIZIESCO; B/N; 98'; USA, 1945.

DIECI PICCOLI INDIANI *(Ten Little Indians)* ★★★
Regia di GEORGE POLLOCK. Con MARIO ADORF, SHIRLEY EATON,

DALIAH LAVI, HUGH O'BRIAN. ■ Anche questa versione inglese, più recente, è il rifacimento del racconto di Agatha Christie, con qualche leggera differenza: le persone convocate dal misterioso giustiziere sono rinchiuse in un castello raggiungibile soltanto con una funivia che malauguratamente si rompe dopo che l'ultima vittima è entrata nel castello. ■ GIALLO; B/N; 98'; GRAN BRETAGNA, 1966.

DIECI PICCOLI INDIANI *(Ten Little Indians)* ★★
Regia di ALAN BIRKINSHAW. Con DONALD PLEASENCE, FRANK STALLONE, BRENDA VACCARO. ■ Il classico intrigo giallo di Agatha Christie, noto anche come...*E non ne rimase nessuno*, rappresentato per l'ennesima volta. C'è solo il luogo che cambia, ci troviamo infatti in Africa. Per chi non avesse mai visto le altre versioni può risultare tuttavia gradevole. ■ GIALLO; COL.; 100'; USA, 1990.

DIECI REGOLE PER FARE INNAMORARE ★★
Regia di CRISTIANO BORTONE. Con GIULIO BERRUTI, PIETRO MASOTTI, ENRICA PINTORE, GUGLIELMO SCILLA, FATIMA TROTTA. ■ Marco, vent'anni, abbandona gli studi di astrofisica per le sue passioni: scrivere e insegnare ai bambini. Un giorno, nell'asilo dove lavora, incontra Stefania, bella studentessa di poesia francese, e si innamora fino a cadere in depressione. A salvarlo dal baratro ci pensano i tre coinquilini più l'inaspettato arrivo del padre Renato, un chirurgo plastico esperto donnaiolo. Sarà lui in particolare a insegnargli che l'amore è una scienza e ha le sue leggi: un decalogo di strategie per avvicinarla, conoscerla e farla innamorare. Le "10 regole" sono proposte da Guglielmo Scilla, giovane fenomeno del web, grazie a una serie di video demenziali autoprodotti, e riscritti per lui da Cristiano Bortone e Fausto Brizzi. ■ COMMEDIA; COL.; 96'; ITALIA, 2012.

DIECI SECONDI COL DIAVOLO ★★★
(Ten Seconds to Hell)
Regia di ROBERT ALDRICH. Con MARTINE CAROL, JEFF CHANDLER, JACK PALANCE. ■ Sei ex soldati tedeschi accettano una missione pericolosissima: disinnescare le mine rimaste inesplose dopo la fine della seconda guerra mondiale. I soldi che guadagnano costituiscono un fondo che rimarrà a quello che tra loro riuscirà a sopravvivere. Uno dopo l'altro saltano insieme all'esplosivo; rimangono soltanto in due e uno tenta di uccidere l'altro. Il cattivo resta vittima del suo stesso raggiro, e il buono è il solo ed unico erede del gruppo. ■ DRAMMATICO; B/N; 93'; GRAN BRETAGNA, 1959.

DIECI SECONDI PER FUGGIRE *(Breakout)* ★★★
Regia di TOM GRIES. Con CHARLES BRONSON, ROBERT DUVALL, JOHN HUSTON, JILL IRELAND. ■ Nick, avventuriero disposto a qualsiasi impresa, riceve da una ricchissima americana l'incarico di far uscire di prigione il marito ingiustamente detenuto in Messico. Malgrado abbia contro molte persone che hanno interesse a far restare l'uomo in galera, Nick lo libera e lo riporta negli Stati Uniti. ■ DRAMMATICO; COL.; 96'; USA, 1974.

DIECI SOLDI A DANZA *(Ten Cents a Dance)* ★★★
Regia di LIONEL BARRYMORE. Con RICARDO CORTEZ, MONROE OWSLEY, BARBARA STANWYCK. ■ Tra il 1917 e il 1931 Lionel Barrymore affiancò all'attività di attore cinematografico e teatrale anche quella di regista. Dei film da lui diretti, generalmente di medio livello, questo è uno degli ultimi. ■ COMMEDIA; B/N; 92'; USA, 1931.

DIE FRAU DES POLIZISTEN ★★★
Regia di PHILIP GRÖNING. Con ALEXANDRA FINDER, DAVID ZIMMERSKIED. ■ Uwe è un poliziotto metodico e un marito violento. Christine è una madre premurosa e una moglie pestata. Clara è una bambina curiosa e una figlia contesa. Educata tra amore e violenza, Clara passa le sue giornate sotto lo sguardo amorevole di Christine, che la inizia alla bellezza del mondo e la protegge dai suoi pericoli. Geloso e irrazionale, Uwe sembra soffrire la relazione d'amore che lega Christine a Clara, boicottandola con botte e male parole. Christine prova a resistere, sopportando i lividi e trattenendo il livore, odiando e amando insieme il padre della sua bambina. I giorni passano lenti e dolenti esercitando con crudeltà la loro violenza. C'è un *grande silenzio* nell'ultimo film di Philip Gröning, che porta sullo schermo la quotidianità di una giovane famiglia tedesca e la violenza odiosa sulle donne, quella che distrugge la parola come condizione fondamentale del rapporto tra i sessi. Diviso in cinquantanove capitoli, che aprono e chiudono immagini di smisurata bellezza e profondo orrore, *Die Frau Des Polizisten* è un'esperienza che richiede una disciplina emozionale congiunta a una resistenza fisica. Perché Gröning impone allo spettatore uno sforzo fisico prolungato e sviluppato lungo tre interminabili ore, che valicano lentamente il limite, dissipando una famiglia e annientando vittima e carnefice. Premio speciale della giuria alla Mostra di Venezia 2013. ■ DRAMMATICO; COL.; 175'; GERMANIA, 2013.

DIE HARD – DURI A MORIRE ★★★
(Die Hard with a Vengeance)
Regia di JOHN MCTIERNAN. Con COLLEEN CAMP, JEREMY IRONS, SAMUEL L. JACKSON, BRUCE WILLIS. ■ Un terrorista di nome Simon (Irons) minaccia di far esplodere bombe in tutta New York, a meno che il poliziotto McClane (cui si affianca ben presto l'ex taxista Zeus) non segua le sue istruzioni. In realtà Simon realizza un clamoroso furto a Wall Street e solo i due indistruttibili eroi riescono a scoprirlo e a sconfiggerlo, dopo oltre due ore di corsa ininterrotta. Terzo film della serie *Die Hard*, dopo *Trappola di cristallo* (da un romanzo di Roderick Thorp) e *58 minuti per morire* (da un romanzo di Walter Wager). Stavolta la storia nasce da una sceneggiatura originale, ricollegata al primo episodio e adattata su misura per gli ironici Willis e Jackson, entrambi reduci da *Pulp Fiction*. ■ AVVENTURA; COL.; 130'; USA, 1995.

DIE HARD – UN BUON GIORNO PER MORIRE ★★
(A Good Day To Die Hard)
Regia di JOHN MOORE. Con RASHA BUKOVIC, JAI COURTNEY, COLE HAUSER, SEBASTIAN KOCH, BRUCE WILLIS. ■ Il Muro di Berlino è caduto, il comunismo è crollato ma per John McClane i nemici sono sempre i russi. E li ripropone rispolverando una tragedia di ventisette anni fa, ma soprattutto "disegnandoli" come ai tempi della guerra fredda. Il poliziotto che ama sgominare qualsiasi pericolo solo contro tutti, questa volta ha un compagno, si tratta del figlio John jr, detto Jack (Jai Courtney, inespressivo come pochi). I rischi sono, come sempre, da terza guerra mondiale. ■ AZIONE; COL.; 97'; USA, 2013.

DIE HARD – VIVERE O MORIRE ★★★
(Live Free or Die Hard)
Regia di LEN WISEMAN. Con BRUCE WILLIS, CLIFF CURTIS, JUSTIN LONG, TIMOTHY OLYPHANT, MAGGIE Q, CYRIL RAFFAELLI, MARY ELIZABETH WINSTEAD. ■ Quando un gruppo di cyber-terroristi stacca la spina degli Usa, gettando l'intero paese nel panico, le autorità federali e l'esercito brancolano letteralmente nel buio. Il veterano John McClane, ancora una volta nel posto sbagliato al momento sbagliato, si troverà così a dover affrontare una minaccia globale da parte dei propri storici nemici giurati: terroristi e tecnologia. L'agente di polizia più coriaceo in circolazione, avvalendosi in questa occasione dell'aiuto di un giovane pirata informatico, può aver perso il pelo ma non il vizio di prendere di petto le situazioni, e conosce sempre e solo un modo di raddrizzare le cose: di prepotenza. ■ AZIONE; COL.; 130'; GRAN BRETAGNA, USA, 2007.

DIEN BIEN PHU ★★★
Regia di PIERRE SCHOENDOERFFER. Con JEAN-FRANÇOIS BALMER, PATRICK CATALIFO, LUDMILA MIKAEL, DONALD PLEASENCE. ■ Un kolossal che affronta una pagina drammatica della guerra d'Indocina. È il 1954 e il Vietnam combatte già da nove anni contro il colonialismo della Francia. Dien Ben Phu, l'ultimo baluardo di questa dominazione, sta per trasformarsi in un inferno. Dal 13 marzo al 7 maggio i soldati francesi si misurano con un attacco sanguinoso: la maggior parte di loro non fa ritorno, qualcun altro è catturato. ■ GUERRA; COL.; 115'; FRANCIA, 1991.

DIES IRAE *(Vredens Dag)* ★★★★★
Regia di CARL THEODOR DREYER. Con LISBETH MOVIN, SIGRID NEIIENDAM, THORKILD ROOSE, ANNA SVIERKIER. ■ La giovane moglie di un pastore protestante s'innamora del figliastro. Il marito, saputa la verità, muore d'infarto e la madre di lui accusa la

nuora di stregoneria. Quando anche il giovane amante, intimorito dalle minacce della nonna, si schiera contro la matrigna, la donna si lascia giudicare e condannare al rogo senza difendersi. Uno dei capolavori assoluti del cinema di tutti i tempi. Il rigore nella ricerca delle immagini (ispirata alla grande pittura fiamminga), la fotografia del paesaggio, la forza e l'intelligenza delle idee espresse dall'autore fanno di *Dies Irae* un film memorabile. ■ DRAMMATICO; B/N; 105′; DANIMARCA, 1943.

DIETA MEDITERRANEA *(Dieta mediterránea)* ★★
Regia di JOAQUIN ORISTRELL. Con ROBERTO ALVAREZ, CARMEN BALANGUE', JESUS CASTEGON, OLIVIA MOLINA. ■ Sofia è nata prematuramente nel negozio di un barbiere e per quindici anni è cresciuta tra la cucina e i tavoli del ristorante dei suoi genitori. Ambiziosa, imprevedibile e gran lavoratrice, Sofia si innamora di due uomini: Tony, il figlio che ogni madre vorrebbe avere, e Frank, l'agente a cui ogni artista vorrebbe affidarsi. Insieme il trio raggiunge un accordo professionale e amoroso che rivoluzionerà l'universo culinario e personale di Sofia. ■ COMMEDIA; COL.; 100′; SPAGNA, 2009.

DIETRO IL BUIO ★★
Regia di GIORGIO PRESSBURGER. Con GABRIELE GERI, SARAH MAESTRI. ■ Il film, tratto dall'opera teatrale di Claudio Magris *Lei dunque capirà*, racconta il viaggio di una giovane donna attraverso una labirintica casa di riposo dalla quale il marito intende farla uscire per riportarla alla vita normale. Il viaggio della donna, attraverso sotterranei, uffici, sterrati, anditi, pantani, campi, è accompagnato dal presidente della casa di riposo, il quale viene visto solo come un'ombra. Si scoprirà invece, a poco a poco, che si tratta di un viaggio nell'aldilà. Un pronunciamento, certo ambizioso, sul segreto della morte e della vita. ■ DRAMMATICO; COL.; 70′; ITALIA, 2011.

DIETRO IL SIPARIO *(Der Vorhang fällt)* ★★
Regia di GEORG JACOBY. Con GUSTAV KNUTH, ANNELISE UHLIG. ■ Un'attrice viene uccisa durante una recita e l'ispettore incaricato delle indagini scopre che molte persone avevano buoni motivi per odiare la donna. La colpevole, che desta quasi compassione nell'ispettore, non appena smascherata si suicida. ■ GIALLO; B/N; 93′; GERMANIA, 1939.

DIETRO LA FACCIATA *(Derrière la façade)* ★★★
Regia di GEORGES LACOMBE, YVES MIRANDE. Con LUCIEN BAROUX, JULES BERRY, GABY MORLAY, ERIC VON STROHEIM. ■ Indagando sull'assassinio di una donna uccisa in un appartamento, un commissario scopre che molti altri inquilini dello stabile hanno qualcosa da nascondere. Alla fine salta fuori anche il colpevole del delitto. ■ GIALLO; B/N; 90′; FRANCIA, 1939.

DIETRO LA MASCHERA *(Black Bart)* ★★
Regia di GEORGE SHERMAN. Con YVONNE DE CARLO, DAN DURYEA. ■ Dietro una facciata di rispettabilità due gentiluomini del Texas nascondono un passato di brigantaggio e intenzioni ancora piuttosto losche. A causa di una donna, uno dei due tenta di ravvedersi, ma l'altro lo trascina in un'ultima azione criminosa, fatale per entrambi. ■ AVVENTURA; COL.; 80′; USA, 1949.

DIETRO LA MASCHERA *(Mask)* ★★★
Regia di PETER BOGDANOVICH. Con CHER, SAM ELLIOTT, ERIC STOLTZ. ■ Il film si ispira ad una storia vera, quella di Rocky, un ragazzo americano affetto da leontiasi, una rarissima malattia che deforma il cranio e il viso. Rocky affronta la sua vita da "diverso" con coraggio, aiutato dallo splendido rapporto che ha con sua madre anche se, quest'ultima, soffoca nella droga il suo dolore. Prima di morire, a soli sedici anni, Rocky conosce anche l'amore che gli offre una ragazza cieca. Cher, nel ruolo della madre, ha vinto la Palma d'oro a Cannes. ■ DRAMMATICO; COL.; 120′; USA, 1984. ■ CANNES 1 PR; GOLDEN GLOBES 2 NOM; OSCAR 1 PR, 1 NOM.

DIETRO L'ANGOLO *(Around the Bend)* ★★
Regia di JORDAN ROBERTS. Con JONAH BOBO, MICHAEL CAINE, DAVID EIGENBERG, GLENNE HEADLY, JOSH LUCAS, CHRISTOPHER WALKEN. ■ Piccolo film, piccolo budget, grandi ambizioni. Quattro generazioni in una vicenda circolare che le riconduce al punto di partenza. Henry (Michael Caine), vecchio archeologo, è ormai prossimo alla fine. Vive con il nipote Jason (Josh Lucas) ed il figlio di questi, il piccolo Zach (Jonah Bobo). Giunge inaspettato Turner (Christopher Walken), figlio di Henry e padre di Jason. È scontro, ma solo ideologico, tra rassegnazione, incomprensioni e rimpianti. Tre stati emotivi che hanno una sola matrice, il senso di colpa che i tre adulti, per motivi diversi, si portano dietro come un fardello. Morto Henry, si dovranno rispettare le sue ultime volontà, che comportano un lungo viaggio e la dispersione delle sue ceneri. ■ DRAMMATICO; COL.; 95′; USA, 2004.

DIETRO LA PIANURA ★
Regia di GERARDO FONTANA, PAOLO GIRELLI. Con CLAUDIO BISIO, REMO GIRONE, VANESSA GRAVINA. ■ Fratello e sorella fanno i musicisti e arrivano in una piccola cittadina padana. Qui ci sono strani delitti e scomparse. Il primo a sparire è proprio il fratello della protagonista. Il commissario cercherà, con molta fatica, di arrivare al nodo della vicenda. Livello molto basso. ■ DRAMMATICO; COL.; 90′; ITALIA, 1994.

DIETRO LA PORTA CHIUSA ★★★
(Secret Beyond the Door)
Regia di FRITZ LANG. Con JOAN BENNETT, MICHAEL REDGRAVE. ■ Un uomo, soggetto a crisi nervose, è convinto di aver ucciso la sua prima moglie e teme di fare la stessa cosa con la seconda. Ma la donna, che lo ama veramente, gli resta accanto e lo costringe ad affrontare i suoi ricordi per stabilire se egli è o no un assassino. Un incendio finale, che distrugge la casa, libera per sempre la mente dell'uomo dall'incubo. ■ DRAMMATICO; B/N; 98′; USA, 1948.

DIETRO LE PERSIANE *(No Greater Sin)* ★
Regia di WILLIAM NIGH. Con LEON AMES, LUANA WALTERS. ■ Un forte incremento industriale ha contribuito allo sviluppo di una città, con tutti i pro e i contro, tanto che si sono moltiplicati i locali equivoci e i bordelli. C'è una vera e propria epidemia di malattie veneree e c'è un medico impostore che si fa dare dei soldi in cambio di cure inefficaci. Farà una brutta fine. ■ DRAMMATICO; B/N; 90′; USA, 1941.

DIETRO LE QUINTE *(Actors and Sin)* ★★
Regia di BEN HECHT. Con EDDIE ALBERT, MARSHA A. HUNT, EDWARD G. ROBINSON. ■ Due storie ambientate a Broadway. Nella prima un vecchio attore arriva a sacrificare la propria vita pur di favorire la carriera della figlia. Nella seconda un agente letterario scopre con sorpresa (e ribrezzo) che l'autore di un best-seller è una bambina di nove anni. ■ DRAMMATICO; B/N; 95′; USA, 1952.

DIETRO LE QUINTE DI UNA LEGGENDA ★★★★
(The Making of: Gone with the Wind)
Regia di DAVID HINTON. ■ Un documento di estremo interesse per gli appassionati di cinema e per chi ama *Via col vento*. Per festeggiare i cinquant'anni del film la Metro Goldwyn Mayer ha prodotto questo documentario di oltre due ore ricucendo interviste del passato con quelle odierne e soprattutto una serie di sequenze inedite e provini per quello che è considerato il più grande kolossal di tutti i tempi. Un lavoro certosino. ■ DOCUMENTARIO; COL.; 125′; USA, 1988.

DIETRO LO SPECCHIO *(Bigger than Life)* ★★★
Regia di NICHOLAS RAY. Con JAMES MASON, BARBARA RUSH. ■ Dopo una cura medica un uomo mostra chiari segni di instabilità mentale, fino al punto di provocare l'odio del proprio figlio. Superata una grave crisi con l'aiuto della moglie, l'uomo guarisce e ritrova la serenità familiare. Il film è anche un messaggio contro l'abuso del cortisone. ■ DRAMMATICO; B/N; 95′; USA, 1956. ■ VENEZIA 1 PR.

DIETRO QUELLE MURA *(Tapage nocturne)* ★★
Regia di MARC-GILBERT SAUVAJON. Con SIMONE RENANT, YVES VINCENT. ■ L'ambiente è quello della buona borghesia di Limoges. Varescot, non più giovane ma energico, tenta di approfittare della sua segretaria. Questa si difende e il vecchio, cadendo, batte il capo e muore. I Varescot cercano in tutti i modi di soffocare lo scandalo. Un parente, la pecora nera, viene indotto col denaro ad assumersi la colpa. Il commissario non solo scopre tutto, ma si fa anche giudice di problemi sentimentali. ■ DRAMMATICO; B/N; 86′; FRANCIA, 1951.

DIFENDERE LA CITTÀ *(The Sellout)* ★★★
Regia di GERALD MAYER. Con JOHN HODIAK, WALTER PIDGEON,

AUDREY TOTTER. ■ Il direttore del giornale di una cittadina di provincia inizia una campagna di denunce contro funzionari e cittadini coinvolti in faccende poco pulite. Arriva anche un funzionario dalla capitale, ma improvvisamente i testimoni diventano reticenti e il giornalista coraggioso sparisce dalla circolazione. Quando ricompare, è un altro uomo e non ha più voglia di denunciare nessuno. Il funzionario non si scoraggia e prosegue da solo nelle indagini. ■ POLIZIESCO; B/N; 83′; USA, 1951.

DIFENDO IL MIO AMORE *(Private Number)* ★★★
Regia di ROY DEL RUTH. Con BASIL RATHBONE, ROBERT TAYLOR, LORETTA YOUNG. ■ Una cameriera e il giovane rampollo di una ricca famiglia si sposano di nascosto. Quando la famiglia del giovane viene a sapere del matrimonio, tenta in tutti i modi di separarli, ma l'amore dei due giovani trionfa. ■ COMMEDIA; B/N; 80′; USA, 1936.

DIFENDO IL MIO AMORE ★★
Regia di GIULIO MACCHI. Con MARTINE CAROL, GABRIELE FERZETTI, VITTORIO GASSMAN. ■ In seguito alle insinuazioni di un giornalista a caccia di scandali, l'armonia familiare di Pietro ed Elena si incrina fortemente. Soltanto al capezzale della figlia, ferita gravemente, i due coniugi ritroveranno l'antica armonia. ■ DRAMMATICO; B/N; 90′; ITALIA, 1956.

DIFENDO LA CITTÀ *(The Boss of the Big Town)* ★★
Regia di ARTHUR DREIFUSS. Con JOHN LITEL, FLORENCE RICE, HENRY BYRON WARNER. ■ Un sindaco si erge contro le manovre di un gruppo di politicanti corrotti, che avevano formato un racket per il controllo dei supermarket. ■ DRAMMATICO; B/N; 95′; USA, 1942.

DIFENDO MIA FIGLIA *(Secrets of a Co-Ed)* ★★
Regia di JOSEPH H. LEWIS. Con OTTO KRUGER, TINA THAYAR, RICK VALLIN. ■ Un avvocato di successo è anche il misterioso capo di una famigerata gang. La crisi di coscienza arriva quando l'uomo si avvede che la sua giovanissima figliola s'è innamorata di uno della banda. Quando poi la ragazza è accusata di un delitto non commesso, l'avvocato per salvarla è costretto a rivelare la sua losca attività. ■ DRAMMATICO; COL.; 92′; USA, 1942.

DIFENSORE DI MANILA, IL *(Salute to the Marines)* ★★★
Regia di SYLVAN SIMON. Con FAY BAINTER, WALLACE BEERY. ■ In una base delle Filippine, un sergente americano in pensione allena i giovani alla boxe per ingannare il tempo. Quanbor il sergente e i suoi ragazzi difendono una postazione di vitale importanza con eroismo, fino al sacrificio del sottufficiale. È la figlia che ritira, a guerra finita, la medaglia d'oro alla memoria del valoroso padre. ■ GUERRA; COL.; 101′; USA, 1943.

DIFENSORE MISTERIOSO, IL ★★
(The Return of Bulldog Drummond)
Regia di WALTER G. SUMMERS. Con RALPH RICHARDSON, ANN TODD. ■ Per combattere la malavita che terrorizza la città un gruppo di giovani affianca la polizia e spesso la supera. I malviventi dichiarano guerra ai misteriosi giustizieri, ma il bene trionfa e la città viene ripulita. ■ DRAMMATICO; B/N; 71′; GRAN BRETAGNA, 1934.

DIFENSORI DELLA LEGGE, I *(Homicide Squad)* ★★
Regia di EDWARD L. CAHN. Con NOAH BEERY, LEO CARRILLO. ■ Fra i primi film completamente riusciti agli inizi del sonoro spiccarono le storie di gangster: basti pensare a *Piccolo Cesare* e a *Nemico pubblico*, girati nei primissimi anni Trenta. *I difensori* appartiene a questo filone. È la storia di una squadra di poliziotti addestrata per la lotta contro gangster particolarmente violenti. Uno di loro riesce a introdursi in una banda e, dopo mille pericoli, la sgomina. ■ GIALLO; B/N; 90′; USA, 1931.

DIFENSORI DELLA LEGGE, I *(Under Westerns Skies)* ★★
Regia di JEAN YARBROUGH. Con NOAH BEERY JR, LEO CARRILLO, MARTHA O'DRISCOLL. ■ Un gruppo di saltimbanchi gira per l'Arizona guadagnandosi faticosamente da vivere. Un giorno, i guitti vengono coinvolti nelle imprese di un "bandito" che si maschera dietro nobili sentimenti. ■ AVVENTURA; B/N; 83′; USA, 1945.

DIFESA AD OLTRANZA *(Last Dance)* ★★
Regia di BRUCE BERESFORD. Con PETER GALLAGHER, ROB MORROW, RANDY QUAID, SHARON STONE. ■ La bella Sharon, assassina condannata a morte, si vede difendere suo malgrado da un avvocato troppo buono e zelante. Dopo una lunga diffidenza la donna comincia a credere che forse otterrà la grazia. Viene portata sul lettino per l'iniezione letale, sospesa all'ultimo momento. Ma la speranza dura un paio d'ore. Viene giustiziata. Davvero robusto il filone dei condannati e Beresford porta il suo obolo con buona volontà. Sempre più brava Sharon. ■ DRAMMATICO; COL.; 105′; USA, 1996.

DIFETTO DI ESSERE MOGLIE, IL ★★
(Pas si méchant que ça)
Regia di CLAUDE GORETTA. Con GÉRARD DEPARDIEU, MARLÈNE JOBERT, DOMINIQUE LABOURIER, PHILIPPE LÉOTARD. ■ Un giovane industriale in crisi economica per risolvere i suoi guai finanziari non trova di meglio che mettersi a fare il rapinatore. La moglie naturalmente ignora le imprese del marito, che durante un "colpo" conosce una fanciulla e ne fa la sua complice. La donna scoprirà tutta la faccenda (amante compresa) quando arrestano il marito. ■ DRAMMATICO; COL.; 110′; FRANCIA, SVIZZERA, 1974.

DIFFAMATORI, I *(Slander)* ★★★
Regia di ROY ROWLAND. Con ANN BLYTH, STEVE COCHRAN, VAN JOHNSON. ■ Un burattinaio che ha finalmente trovato la celebrità per mezzo della televisione viene ricattato da un giornalista alla ricerca di scandali. Il passato burrascoso dell'uomo provoca la perdita della sua popolarità e una delle conseguenze è la morte del figlioletto, investito da un'auto mentre fugge di fronte ai compagni che lo deridono. L'uomo denuncia allora pubblicamente l'odioso ricatto subito e il giornalista senza scrupoli paga con la vita il suo cinismo. ■ DRAMMATICO; B/N; 81′; USA, 1956.

DIFFICILE CASO PER IL TENENTE LONG, UN ★★
(Killpoint)
Regia di FRANK HARRIS. Con LEO FONG, CAMERON MITCHELL, RICHARD ROUNDTREE. ■ Piedipiatti giallo, con l'aiuto di collega nero, mette il sale sulla coda a una banda di contrabbandieri. ■ POLIZIESCO; COL.; 90′; USA, 1984.

DIFFICILE MORIRE ★★★
Regia di UMBERTO SILVA. Con MARIO ADORF, GERARDO AMATO, DOMINIQUE DAREL, MARC POREL. ■ Nel 1941 un giovane anarchico compie un attentato a Roma per protesta contro la guerra di Libia. Si rifugia in casa di un diplomatico austriaco e diventa l'amante della moglie di questi. Il diplomatico s'è impossessato di piani militari italiani e il prefetto, che intende recuperarli, si serve dell'anarchico. Il diplomatico muore. L'anarchico diventa un gerarca fascista e in questa veste lo vediamo sconfitto e umiliato negli ultimi giorni della Repubblica di Salò. Incontra un ufficiale tedesco, nipote del diplomatico, e lo uccide. Poi si suicida. ■ DRAMMATICO; COL.; 97′; ITALIA, 1977.

DIFFICILE PROVA DEL DOTT. KILDARE, LA ★★
(Calling dr. Kildare)
Regia di HAROLD S. BUCQUET. Con LEW AYRES, LARAINE DAY, LANA TURNER. ■ Il dottor Kildare prende una cotta per una bionda fatalona (Lana Turner diciannovenne) che lo coinvolge in un caso di omicidio. Kildare rischia la carriera, ma il prof. Gillespie lo salva. ■ COMMEDIA; B/N; 86′; USA, 1939.

DIFFIDENTI, I *(Shy People)* ★★
Regia di ANDREJ KONCHALOVSKY. Con JILL CLAYBURGH, BARBARA HERSHEY, MARTHA PLIMPTON. ■ Diretto dal regista russo ormai naturalizzato americano Konchalowski; sceneggiato da quest'ultimo con il francese Gérard Brach, collaboratore assiduo del polacco Polanski. Questa mistura di nazionalità ed etnie è anche fortemente presente in questo film giunto in Italia con un ritardo di ben cinque anni. C'è infatti una sorta di parallelo capovolto tra una mentalità intellettuale come quella degli abitanti della East Coast e quella più selvatica della Louisiana. Se Barbara Hershey è all'altezza come suo solito, è sorprendente ritrovare un'attrice caduta nel dimenticatoio come Jill Clayburgh. ■ DRAMMATICO; COL.; 118′; USA, 1987. ■ CANNES 1 PR.

DI FRONTE ALL'URAGANO *(I Want You)* ★★★
Regia di MARK ROBSON. Con DANA ANDREWS, DOROTHY MCGUIRE. ■ Un giovanotto di famiglia borghese dimostra scarso entusiasmo per il lavoro e preferisce corteggiare le ragazze. Il fra-

tello maggiore, eroe di guerra, soffre per questa situazione e quando il ragazzo viene richiamato per essere spedito in Corea ritiene che l'esperienza possa giovargli. Il giovanotto parte pieno di rancore perché nessuno l'ha aiutato ad evitare quella prova, ma dopo pochi mesi passati a combattere nella giungla diventa finalmente uomo. ■ DRAMMATICO; B/N; 102′; USA, 1951. ■ OSCAR 1 NOM.

DIGA DELLA MORTE, LA *(Carnival Boat)* ★★
Regia di ALBERT S. ROGELL. Con WILLIAM BOYD, MARIE PRÉVOST, GINGER ROGERS. ■ È la storia di due giovani (lei povera, lui ricco) che si amano ma devono superare l'ostilità del padre di lui. ■ COMMEDIA; B/N; 90′; USA, 1932.

DIGA SUL PACIFICO, LA ★★★
(Barrage contre le Pacifique)
Regia di RENÉ CLÉMENT. Con RICHARD CONTE, SILVANA MANGANO, ANTHONY PERKINS, JO VAN FLEET. ■ Indocina: una donna è in continua lotta con il fiume che le invade la campagna e con i figli che vogliono vendere la terra e andare a vivere in città. Il ragazzo e la ragazza abbandonano la madre, ma quando la donna, stanca e rassegnata, muore tornano per terminare la costruzione della diga che lei sognava di realizzare. ■ DRAMMATICO; COL.; 102′; ITALIA, 1958.

DIGIMON: IL FILM *(Digimon: The Movie)* ★★
Regia di MAMORU HOSODA, MINORU HOSODA, SHIGEYASU YAMAUCHI. ■ Sulla scia del fenomeno Pokemon, ecco arrivare i Digimon, mostri digitali, appunto, che fuoriescono dai computer di alcuni bambini diventando i loro simpatici pupazzi viventi. Capaci di "digievolversi" in mostri da combattimento, ingaggiano immancabili e ripetute battaglie con i Digimon diventati cattivi perché contaminati da virus informatici. Una colonna sonora molto ritmata scandisce i tempi serrati del montaggio. L'animazione è discreta e vengono resi bene certi aspetti del rapporto che i giovanissimi hanno con il computer e con Internet, ma la storia, che risente di una trama sconclusionata, non appassiona e diverte poco. ■ ANIMAZIONE; COL.; 82′; GIAPPONE, USA, 2000.

DI GIORNO E DI NOTTE *(Pédale douce)* ★★★
Regia di GABRIEL AGHION. Con FANNY ARDANT, RICHARD BERRY, PATRICK TIMSIT. ■ Eva gestisce un locale meta di gay e travestiti. Il suo migliore amico è proprio un omosessuale. Alexandre, che è sposato con Maria da cui vorrebbe divorziare, si innamora di Eva, mentre la moglie pensa che sia diventato omosessuale. Fanny Ardant torna a riempire lo schermo con una gioia di vivere che non ci regalava da tempo. ■ COMMEDIA; COL.; 99′; FRANCIA, 1996.

DI LÀ DALLA GLORIA ★★
Regia di NINO ZUCCHELLI. ■ La storia romana illustrata da un giovane insegnante che guida i propri allievi alla visita di un museo. ■ DOCUMENTARIO; B/N; 90′; ITALIA, 1961.

DILEMMA, IL *(The Dilemma)* ★★
Regia di RON HOWARD. Con JENNIFER CONNELLY, KEVIN JAMES, QUEEN LATIFAH, WINONA RYDER, VINCE VAUGHN. ■ Amici sul lavoro, amici nella vita. Ronny e Nick sono un team: la mente e il braccio, il genio dei motori e quello del marketing, uno inventa l'altro promuove e insieme stanno mettendo a punto un motore dall'anima ecologica e il suono rombante che forse frutterà un contratto con la Dodge. Tutti sono sotto stress e non aiuta il fatto che Ronny scopra la moglie di Nick baciarsi con uno sconosciuto. Da qui il dilemma: dirlo all'amico e rischiare di rovinare il lavoro o mentirgli per il suo bene? Nel tentativo di non scegliere nessuna opzione e rimettere a posto la situazione Ronny si intrometterà nelle relazioni di amici e parenti creando una turbativa nell'equilibrio di tutti. ■ COMMEDIA; COL.; 111′; USA, 2011.

DILEMMA DEL DOTTORE, IL ★★★
(The Doctor's Dilemma)
Regia di ANTHONY ASQUITH. Con DIRK BOGARDE, LESLIE CARON, ROBERT MORLEY, JOHN ROBINSON, ALASTAIR SIM. ■ Salvare la vita al medico condotto serio, onesto, che ha dedicato anni alla propria missione, o al corrotto e gaudente artista che ha sempre sfruttato il prossimo? Questa la scelta che si presenta ad un famoso medico inglese, che finisce per salvare il collega abbandonando l'artista al suo destino. ■ COMMEDIA; COL.; 99′; GRAN BRETAGNA, 1959.

DILEMMA DI DICK TRACY, IL ★★
(Dick Tracy's Dilemma)
Regia di JOHN RAWLINS. Con RALPH BYRD, IAN KEITH, JACK LAMBERT. ■ Il poliziotto Dick Tracy dalla mascella quadrata combatte ora con "The Claw", il capo di una banda di rapinatori. Il cattivo ha un uncino al posto della mano e se lo troverà impigliato nei fili ad alta tensione durante la lotta finale. ■ GIALLO; B/N; 60′; USA, 1947.

DILETTANTI *(I Went Down)* ★★★
Regia di PADDY BREATHNACH. Con PETER CAFFREY, BRENDAN GLEESON, PETER MCDONALD. ■ Due giovani teppisti hanno l'incarico di condurre un criminale che ha sgarrato nel luogo dove verrà ucciso. Dunque girano in macchina da un posto all'altro, fra mille intoppi. In realtà sono maldestri, sono, appunto, dilettanti. Incapaci di gestire la propria vita, figuriamoci una situazione di mala. Opera prima del regista, che si è visto premiato al festival di San Sebastian. In effetti qualcosa c'è, a cominciare dalla capacità di far sorridere, e non è poco. ■ THRILLER; COL.; 107′; GRAN BRETAGNA, IRLANDA, 1997.

DILIGENZA DI SILVERADO, LA ★
(Adventures in Silverado)
Regia di PHIL KARLSON. Con WILLIAM BISHOP, GLORIA HENRY. ■ Un piccolo paese del West è ossessionato da un ladro che assalta la diligenza travestito da frate. Bill, un giovane sospettato di complicità con il misterioso bandito, per scagionarsi scopre che il colpevole è una persona al di sopra di ogni sospetto, che rubava a fin di bene. Tenta di salvarlo, ma la pistola dello sceriffo è implacabile. ■ AVVENTURA; B/N; 90′; USA, 1948.

DILIGENZA PER L'OVEST, UNA ★★
(Winds of the Wasteland)
Regia di MACK V. WRIGHT. Con LANE CHANDLER, DOUGLAS COSGROVE, JOHN WAYNE. ■ Due cowboy, dopo aver lavorato per il Pony Express, passano alle diligenze. Ma un sinistro collega cerca di mettergli i bastoni tra le ruote. ■ WESTERN; B/N; 53′; USA, 1936.

DILLINGER ★★★
Regia di JOHN MILIUS. Con RICHARD DREYFUSS, BEN JOHNSON, WARREN OATES, MICHELLE PHILLIPS, JOHN P. RYAN. ■ Storia, fra realtà e fantasia, del celebre gangster John Dillinger, che spadroneggiò negli anni Trenta. Le vicende della sua tragica esistenza sono rivissute attraverso il racconto di un ex ufficiale della polizia. ■ POLIZIESCO; COL.; 96′; USA, 1973.

DILLINGER ★★
Regia di RUPERT WAINWRIGHT. Con SHERILYN FENN, MARK HARMON. ■ Si colloca nel genere dei *gangster-movie* quest'ultima pellicola dedicata al famoso bandito americano degli anni Trenta, protagonista di scontri a mitra spianato con bande rivali e polizia nella Chicago del proibizionismo. ■ POLIZIESCO; COL.; 92′; USA, 1990.

DILLINGER È MORTO ★★★★
Regia di MARCO FERRERI. Con ANNIE GIRARDOT, GINO LAVAGETTO, ANITA PALLENBERG, MICHEL PICCOLI. ■ Un uomo, trovata per caso una pistola, diventa un assassino e uccide la moglie. Senza nessun rimorso si fa ingaggiare come mozzo su una imbarcazione privata e parte per le Hawaii. La sua violenza ingiustificata è solo frutto della noia. È il film che ha dato all'opera di Ferreri un'impronta di internazionalità. ■ DRAMMATICO; COL.; 95′; ITALIA, 1969.

DILL L'UCCISORE *(Killer Dill)* ★★
Regia di LEWIS D. COLLINS. Con STUART ERWIN, ANNE GWYNNE. ■ Un omino timidissimo convinto che la prepotenza susciti l'ammirazione femminile, decide di trasformarsi per una sera in un gangster. Inizialmente gli va tutto bene e le donne cominciano davvero a guardarlo, ma poi arrivano i guai e l'uomo si trova coinvolto in un assassinio. Se la cava per un soffio e trova egualmente una ragazza disposta a volergli bene. ■ COMMEDIA; B/N; 92′; USA, 1947.

DILLO CON PAROLE MIE ★★
Regia di DANIELE LUCHETTI. Con ALBERTO CUCCA, MARTINA MERLINO, STEFANIA MONTORSI, GIAMPAOLO MORELLI. ■ Martina detta Meggy, quattordicenne in cerca di avventure, evita la solita vacanza con gli scout e decide di trascorrere qualche giorno con la zia Stefania, trentenne nevrotica, reduce dal fallimento di un'importante storia sentimentale con il belloccio Andrea. Martina convince Stefania ad accompagnarla a Ios, dove è intenzionata a perdere la verginità. Nell'isola c'è però anche Andrea, che cerca di dimenticare Stefania a furia di spinelli e dolci al cioccolato. Dopo alcuni film di buon impegno, Luchetti, con la complicità della moglie Stefania Montorsi, soggettista e co-sceneggiatrice, si rituffa nella pura commedia. ■ COMMEDIA; COL.; 108'; ITALIA, 2003.

DIMAGRIREMO INSIEME *(Nous maigrirons ensemble)* ★★
Regia di MICHEL VOCORET. Con ALFRED ADAM, BERNADETTE LAFONT, PETER USTINOV. ■ Uno scrittore (Ustinov) è ben deciso a ridurre la sua mole con un'energica cura dimagrante. Ma non è facile ritrovare la snellezza della gioventù (se non con una cura drastica che lo spedirebbe all'altro mondo). Tuttavia alla fine riuscirà (per amore di una bella donna) a ridurre un poco la sua stazza. ■ COMMEDIA; COL.; 92'; FRANCIA, 1979.

DI MAMMA NON CE N'È UNA SOLA ★★
Regia di ALFREDO GIANNETTI. Con SENTA BERGER, LINO CAPOLICCHIO, VITTORIO CAPRIOLI, SONIA PETROVA, LIONEL STANDER. ■ Il rampollo di una nobile e ricca famiglia si trova, alla morte della madre alla quale era attaccatissimo, a fronteggiare avvenimenti piuttosto insoliti: un giardiniere si rivela essere marito della defunta, uno zio si scopre essere suo padre, una giovane per consolarlo si mette ad imitare la madre defunta. Dopo un paio di morti non proprio naturali, il giovane si libera del suo complesso d'Edipo e sposa la ragazza. ■ COMMEDIA; COL.; 100'; ITALIA, 1973.

DIMENSIONE GIGANTI ★★
Regia di MIRCEA DRAGAN. Con WILLIAM BERGER, TONY KENDALL, RAY MILLAND, STUART WHITMAN. ■ Interessi petroliferi mettono uno di fronte all'altro due specialisti nello spegnere pozzi in fiamme. Ma il comandante di uno dei gruppi, che intende ottenere il controllo di tutti gli altri, esagera nel provocare incidenti e viene eliminato. ■ AVVENTURA; COL.; 93'; ITALIA, ROMANIA, 1976.

DIMENSIONE INFERNO *(Purple Hearts)* ★★
Regia di SIDNEY J. FURIE. Con CHERYL LADD, STEPHEN LEE, KEN WAHL. ■ Jordan si lascia alle spalle la carriera e la famiglia (in crisi) per andare a fare il medico volontario in Vietnam. Qui si innamora di una giovane infermiera, ma, coinvolto in una missione, viene dato per morto. Quando riesce a tornare, scopre che la sua ragazza è morta e decide di continuare anche dopo la guerra a lavorare in un ospedale per reduci, dove ha la gioia di trovare l'infermiera rediviva. ■ DRAMMATICO; COL.; 115'; USA, 1983.

DIMENSIONE PAURA *(Return from the Ashes)* ★★★
Regia di JACK LEE THOMPSON. Con SAMANTHA EGGAR, HERBERT LOM, MAXIMILIAN SCHELL, PAMELA STIRLING, INGRID THULIN. ■ Durante l'occupazione tedesca di Parigi un giocatore di professione sposa una donna ebrea, che viene subito mandata in campo di concentramento. A guerra finita, la donna ritorna ma il marito non la riconosce e le propone addirittura di aiutarlo ad impossessarsi del patrimonio della sua ex moglie, che egli crede morta. Quando capisce che lei non è una sosia, ma proprio la sua ex consorte, tenta di ucciderla, ma qualcosa interviene all'ultimo momento a rovesciare la situazione. ■ DRAMMATICO; B/N; 105'; GRAN BRETAGNA, 1965.

DIMENSIONE TERRORE *(Night of the Creeps)* ★★
Regia di FRED DEKKER. Con JASON LIVELY, STEVE MARSHALL, JILL WHITLOW. ■ Partoriti dal cadavere ibernato di uno studente ucciso 27 anni prima da esseri alieni, gli zombi invadono un college americano. Saranno sgominati a colpi di lanciafiamme. ■ HORROR; COL.; 89'; USA, 1986.

DIMENSIONI PARALLELE *(The Trouble with Dick)* ★★
Regia di GARY WALKOW. Con SUSAN DAY, TOM VILLARD. ■ Tre ragazze, che abitano in una casa sperduta, accolgono uno scrittore di fantascienza che si accinge a scrivere un nuovo romanzo. Più questo procede, più la realtà assume toni da incubo. ■ FANTASTICO; COL.; 82'; USA, 1986.

DIMENSION 3 ★★
Regia di FRANKLIN ADREON. Con JEFFREY HUNTER, FRANCE NUYEN, HAROLD SAKATA. ■ Un'organizzazione comunista cinese conosciuta come il "Drago" minaccia di gettare una bomba nucleare su Los Angeles. Incaricato di impedire il piano criminoso è un agente segreto provvisto di una portentosa cintura che gli permette di viaggiare nel tempo. ■ FANTASCIENZA; COL.; 90'; USA, 1966.

DIMENTICA IL MIO PASSATO ★★
(Rio Guadalquivir o Consuelo)
Regia di PRIMO ZEGLIO. Con VALENTINA CORTESE, MARIA LUZ GALICIA, MASSIMO GIROTTI, ETTORE MANNI, JESUS TORDESILLAS. ■ Consuelo ha tentato di tutto per realizzare il sogno di una vita diversa da quella che le permetterebbe la sua umile origine: l'amore di un uomo ricco, il ritiro in un convento, la carriera di ballerina. Infine, si innamora di un giovane studente. Il giovane, durante una lite, la ferisce con un colpo di pistola e subito dopo, pentito, si costituisce. Il commissario, dopo aver sentito tutta la storia, invece di arrestarlo lo riporta da Consuelo. ■ DRAMMATICO; COL.; 95'; SPAGNA, 1956.

DIMENTICARE MIO PADRE ★
Regia di GIUSEPPE ANTONIO MIGLIETTA. Con FEDERICO DELLA DUCATA, TULLIO ESTRAFALLACES, CHIARA INGROSSO, MYRIAM MARIANO, PIERO RAPANÀ. ■ Miriam vive una vita apparentemente serena, ha un marito che le vuol bene e la sostiene in pieno e una figlia che le dà tutte le soddisfazioni. E poi c'è il padre di Miriam, rimasto vedovo, che non si è mai fatto una ragione della perdita della moglie. La donna è pesantemente condizionata dalla depressione del genitore. Tutto l'equilibrio familiare ne risente. ■ DRAMMATICO; COL.; 88'; ITALIA, 2005.

DIMENTICARE PALERMO ★★
Regia di FRANCESCO ROSI. Con JOSS ACKLAND, JAMES BELUSHI, MIMI ROGERS. ■ Un politico italo-americano mette in atto una campagna per guadagnare voti: liberalizzare la droga, in modo da bloccarne il commercio mafioso. Fa però l'errore di pubblicizzare il suo viaggio di nozze a Palermo. La tragica fine della vicenda però avverrà negli Stati Uniti. Anche se il film risulta scorrevole il messaggio del regista va a scapito della materia cinematografica che si riduce ad un semplice apporto. Convince abbastanza la recitazione di James Belushi. ■ DRAMMATICO; COL.; 100'; ITALIA, 1989.

DIMENTICARE VENEZIA ★★★
Regia di FRANCO BRUSATI. Con ELEONORA GIORGI, ERLAND JOSEPHSON, MARIANGELA MELATO, HELLA PETRI. ■ In una vecchia casa di campagna, si ritrovano il cinquantenne Nick, la sorella di questi, due giovani parenti (legate da morbosa amicizia), l'amico-socio di Nick. Progettano una gita a Venezia, ma alla vigilia della partenza la sorella muore. Il gruppo entra in crisi, i giovani vanno a Milano, Nick rimane nella casa a cui lo legano tanti ricordi. ■ DRAMMATICO; COL.; 103'; ITALIA, 1979. ■ DAVID DI DONATELLO 1 PR, 1 NOM; OSCAR 1 NOM.

DIMENTICATE MOZART ★
Regia di SLAVO LUTHER. Con ARMIN MUELLER, WOLFGANG PREISS, CATARINA RAACKE, STAHAL TIDOLF. ■ La morte improvvisa di Mozart (5 dicembre 1791) è sempre stata un mistero per gli investigatori di tutti i tempi. A nulla valgono gli interrogatori del capo della polizia segreta alle persone che gli sono state accanto negli ultimi anni della sua esistenza e conoscono i suoi desideri, le passioni segrete, le aspirazioni, i sogni, i dolori. ■ DRAMMATICO; COL.; 87'; GERMANIA, 1986.

DIMENTICATI, I *(Sullivan's Travels)* ★★★
Regia di PRESTON STURGES. Con VERONICA LAKE, JOEL MCCREA. ■ Per realizzare un film sugli emarginati, un famoso regista si traveste da vagabondo e gira gli Stati Uniti. Finisce per essere arrestato e rinchiuso in prigione: a fatica riesce a dimostrare la sua identità e a trarsi d'impaccio. La voglia di girare il film gli è passata. ■ COMMEDIA; B/N; 91'; USA, 1942.

DIMENTICATI, I *(The Forgotten)* ★★
Regia di James Keach. Con Keith Carradine, Stacy Keach, Steve Railsback. ■ Prodotto televisivo di genere thriller con alla regia il fratello di Stacy Keach. Sei superstiti di una missione, in Vietnam, dopo essere stati prigionieri per oltre tre lustri, si ritrovano sottoposti a un duro interrogatorio da parte degli inquirenti. Buon ritmo, il film farà la gioia degli appassionati del genere. ■ Poliziesco; col.; 92′; USA, 1989.

DIMENTICATI DA DIO *(Pueblerina)* ★★
Regia di Emilio Fernandez. Con Roberto Cañedo, Columba Dominguez. ■ Rodriguez, uscito di galera, torna al paese dove aveva avuto un litigio a causa della bella Paloma. Questa lo ama e i due si sposano. La loro vita procederebbe felicemente se non ci fossero le minacce del perfido Gonzales. Continuamente provocato, Rodriguez ammazza il losco individuo e i suoi fratelli. ■ Drammatico; b/n; 90′; Messico, 1948.

DIMMI ADDIO *(Repeat Performance)* ★★
Regia di Alfred L. Werker. Con Louis Hayward, Joan Leslie. ■ Una diva, non più amata dal marito, lo uccide. Esprime poi ad un amico il desiderio di tornare indietro nel tempo. Ciò avviene: la donna si trova di nuovo vicina all'uomo della sua vita. Non riesce però a cambiare gli eventi ed il marito è ucciso nuovamente, ma questa volta non da lei. ■ Drammatico; b/n; 93′; USA, 1947.

DIMMI CHE DESTINO AVRÒ ★★
Regia di Peter Marcias. Con Vesna Bajramovic, Luli Bitri, Salvatore Cantalupo, Andrea Dianetti, Fadil Sulejmanovic. ■ Alina è una ragazza di origini rom che vive da anni a Parigi. Rientrata nel campo dei genitori, nei pressi di Cagliari, incontra il commissario di polizia della città, a cui è stato affidato un caso di rapimento interno al campo. Tra i due nasce un'amicizia dapprima guardinga poi sempre più stretta. In cambio della sua collaborazione alle indagini, Alina chiede al commissario di conoscere la sua comunità dall'interno, allenando un gruppo di piccoli calciatori. ■ Drammatico; col.; 80′; Italia, 2012.

DIMMI CHE FAI TUTTO PER ME ★★
Regia di Pasquale Festa Campanile. Con Johnny Dorelli, Jacques Dufilho, Andréas Ferréol, Pamela Villoresi. ■ Un notabile di provincia, sposato a una donna danarosa con figlio adolescente, è un poco disturbato dall'arrivo dall'America del tirannico suocero, riccastro con amicizie mafiose. Il dottore, per sottrarsi alla nuova situazione di dipendenza, medita il colpo grosso: derubare il vecchio e scappare con la bella amante di lui. Ma l'idea è venuta anche al suo grassoccio figliolo. Sarà lui ad aggiudicarsi il bottino e l'amichetta del nonno. ■ Commedia; col.; 100′; Italia, 1976.

DIMMI CHE MI AMI, JUNIE MOON ★★★
(Tell Me that You Love Me, Junie Moon)
Regia di Otto Preminger. Con Ken Howard, Liza Minnelli, Robert Moore. ■ Storia tragicomica del ménage domestico di tre emarginati, una ragazza sfigurata, un omosessuale e un epilettico. ■ Commedia; col.; 112′; USA, 1969.

DIMMI CHE NON È VERO *(Say It Isn't So)* ★★
Regia di James B. Rogers. Con Sally Field, Heather Graham, Orlando Jones, Chris Klein, John Rothman. ■ La strepitosa Graham, che ricordiamo quasi sempre nuda in *Austin Powers* è Jo, una parrucchiera ingenua e nemmeno tanto brava. Incontra l'aitante Gilly (Klein) e ci scappa il colpo di fulmine. In realtà Gilly è pieno di problemi ed è alla ricerca della madre che lo ha abbandonato. Appare anche un detective, con l'incarico di trovare la donna. Il detective fa una scoperta ben più sconcertante: Jo e Hilly sono parenti stretti, molto stretti. Che fare? Che alla produzione ci siano i fratelli Farrelly, quelli di *Tutti pazzi per Mary*, non attribuisce alla storia un profilo più alto. Caso mai vale la presenza di Sally Fields, la mamma di *Forrest Gump*, che a suo tempo vinse ben due Oscar come attrice protagonista. ■ Commedia; col.; 95′; USA, 2001.

DIMMI DI SÌ! *(Ich liebe dich)* ★★
Regia di Herbert Selpin. Con Viktor De Kowa, Luise Ullrich. ■ Un ricco tedesco, che abita in America, ritorna in Germania e si innamora di una giovane donna. Vorrebbe sposarla, ma questa non ne vuole sapere. Alla fine, dopo lunghe scaramucce, la ragazza acconsentirà al matrimonio. ■ Commedia; b/n; 74′; Germania, 1938.

DIMMI DI SÌ *(Dis moi oui)* ★★
Regia di Alexandre Arcady. Con Jean-Hugues Anglade, Valerie Kaprisky, Julia Maraval. ■ Stephane è medico, ha successo nel lavoro e nella vita (e con le donne). Gli arriva fra capo e collo una ragazzina fuggita di casa perché maltrattata. Stephane si prende cura di lei. Men che ordinaria amministrazione. ■ Commedia; col.; Francia, 1996.

DIMMI, DOVE TI FA MALE? *(Where does it Hurt?)* ★★
Regia di Rod Amateau. Con Rick Lenz, Jo Ann Pflug, Peter Sellers. ■ In una clinica non troppo raccomandabile opera maldestramente il bieco Von Katzen. Questi si arricchisce a scapito dei clienti e degli infermieri imbecilli. Scoperto, viene espulso dalla clinica. Ritorna in veste di paziente per ritessere la sua ragnatela ma viene condannato a morte da un chirurgo pazzo. ■ Commedia; col.; 88′; USA, 1972.

DIMMI LA VERITÀ *(Tammy, Tell Me True)* ★★
Regia di Harry Keller. Con Sandra Dee, Charles Drake, John Gavin, Virginia Grey. ■ Una ricca e anziana signora, per sottrarsi alle interessate attenzioni della nipote Susanna, si rifugia sul barcone di Hamina, una giovane universitaria. Susanna, per caso, trova Hamina che indossa una collana della vecchia zia e la denuncia. Al processo tutto si risolve secondo giustizia. ■ Commedia; col.; 97′; USA, 1961.

DIMMI QUELLO CHE VUOI ★★★
(Just Tell Me what You Want)
Regia di Sidney Lumet. Con Alan King, Myrna Loy, Ali MacGraw, Tony Roberts, Peter Weller, Keenan Wynn. ■ Un ebreo, magnate dell'informazione, ha un brutto colpo quando la sua amante, un'abile giornalista televisiva, passa alla odiata concorrenza. Cercherà di fargliela pagare cara, ma alla fine, sconfitto, dovrà accondiscendere al matrimonio. ■ Commedia; col.; 112′; USA, 1980. ■ David di Donatello 1 pr, 1 nom.

DINAMITARDI, I *(Live Wire)* ★★
Regia di Christian Duguay. Con Pierce Brosnan, Ben Cross, Ron Silver. ■ Due senatori americani rimangono vittime di attentati. Danny O'Neill, esperto in esplosivi, deve indagare sull'accaduto. Alla sua attività professionale si intreccia la dissoluzione del rapporto coniugale dinanzi alla quale non vuole arrendersi. ■ Drammatico; col.; 88′; USA, 1992.

DINAMITE *(Dynamite)* ★★
Regia di Cecil B. De Mille. Con Charles Bickford, Julia Faye, Kay Johnson, Conrad Nagel. ■ Una ragazza della buona società rimasta senza soldi sposa un condannato a morte per ereditarne le sostanze. Ma il suo disegno viene frustrato perché l'uomo ottiene la grazia. ■ Drammatico; b/n; 68′; USA, 1929. ■ Oscar 1 nom.

DINAMITE, AGGUATO, PISTOLA *(Three the Hard Way)* ★
Regia di Gordon Parks. Con Jim Brown, Sheila Frazier, Jim Kelly, Fred Williamson. ■ Dinamite, Agguato e Pistola sono tre neri che a suon di colpi di karatè combattono contro un esercito di razzisti bianchi. Naturalmente hanno la meglio. ■ Avventura; col.; 93′; USA, 1974.

DINAMITE BIONDA *(Keep Your Powder Dry)* ★★★
Regia di Edward Buzzell. Con Laraine Day, Susan Peters, Lana Turner. ■ Tre giovani donne, Ann, Val e Leigh, entrano per motivi diversi nel corpo delle ausiliarie. Leigh impedisce a Val di diventare ufficiale. Nasce così una lite interminabile. Porrà fine alla loro rivalità Ann che, tacendo la morte del marito, darà prova di grande maturità. Riconciliate decidono di rinunciare ai gradi. ■ Commedia; b/n; 93′. USA, 1945.

DINAMITE DOPPIA *(Picture Snatcher)* ★★★
Regia di Lloyd Bacon. Con James Cagney, Patricia Ellis. ■ Un giovane fotografo, ex delinquente, perde il suo prestigio quando compie un servizio su un condannato alla sedia elettrica. Riac-

quista la credibilità e l'amore della fidanzata con un colpo sensazionale attraverso il quale viene arrestato un terribile malfattore. ■ COMMEDIA; B/N; 77'; USA, 1933.

DINAMITE E SIMPATIA *(Drôles de phénomènes)* ★★
Regia di ROBERT VERNAY. Con SOPHIE DESMARETS, MARIA ELENA MARQUÉS. ■ Due giovanissimi si ribellano alla nonna che li vorrebbe buoni ed educati. Questa li sottrae alla campagna, dove vivevano con i genitori, per educarli personalmente. I ragazzi ne combinano di tutti i colori prima di tornare alla loro libera esistenza. ■ COMMEDIA; B/N; 91'; FRANCIA, 1963.

DINAMITE JACK – IL TERRORE DEL TEXAS ★★
(Dynamite Jack)
Regia di JEAN BASTIA. Con ADRIENNE CORRI, FERNANDEL, JESS HAHN, ELEONORA VARGAS. ■ Antonio Sperandio viene scambiato per il terribile bandito Dinamite Jack. I macchinosi equivoci provocano divertenti situazioni: infatti il fuorilegge non può più agire a causa della somiglianza con Sperandio, il quale nel frattempo si innamora di una ragazza avvenente. ■ COMMEDIA; COL.; 100'; FRANCIA, 1960.

DINAMITE JIM ★
Regia di ALFONSO BALCAZAR GRANDA. Con LUIS DAVILA, ROSALBA NERI, FERNANDO SANCHO. ■ Dinamite Jim, casualmente, ruba l'oro dei nordisti destinato agli indiani Kiowa e, col prezioso carico, trova anche l'amore di Margaret. Si crea attorno all'oro un interesse fortissimo, ma Dinamite Jim e Margaret trovano il modo di beffare tutti e di scomparire. ■ WESTERN; COL.; 92'; SPAGNA, 1967.

DINASTIA DELL'ODIO, LA *(Lorna Doone)* ★★
Regia di PHIL KARLSON. Con RICHARD GREENE, BARBARA HALE. ■ In epoca medievale un giovane deve vendicarsi di alcuni crudeli signori che a suo tempo gli avevano ucciso il padre, ma viene fermato dalla bella Lorna, figlia del re, rapita giovanissima dai signorotti. Il piano va in fumo e il giovane ricorre direttamente al sovrano. Vincerà la sua battaglia e si unirà a Lorna. ■ AVVENTURA; COL.; 88'; USA, 1951.

DINASTIA DEL PETROLIO, LA ★★★
(Campbell's Kingdom)
Regia di RALPH THOMAS. Con STANLEY BAKER, DIRK BOGARDE, MICHAEL CRAIG, BARBARA MURRAY. ■ Bruce eredita un vasto terreno in Canada. Credendosi gravemente ammalato, si reca a trascorrere nei suoi possedimenti quelli che ritiene essere gli ultimi giorni di vita. Arrivato sul posto, conosce Jean e se ne innamora: gli viene inoltre rivelato che nel suo terreno esiste un giacimento di petrolio. Un certo Morgan, che da tempo cerca di impadronirsi di quella fortuna, viene a scontrarsi con Bruce, ma resta sconfitto e ucciso. Il male del protagonista si rivela frattanto lieve: lietissimo fine. ■ AVVENTURA; COL.; 100'; USA, 1957.

DINASTIA INDOMABILE, LA *(Unsterbliche Geliebte)* ★★
Regia di VEIT HARLAN. Con OTTO GEBÜHR, ALEXANDER GOLLING, HANS HOLT, KRISTINA SÖDERBAUM. ■ La giovane contessa Angelica scopre di assomigliare moltissimo ad una donna dipinta in un quadro del Settecento. Spinta dalla curiosità, intende risolvere il mistero. Scopre da un quaderno le vicende della contessa Caterina, che fu cacciata di casa perché amava il pittore che la raffigurò. Anni dopo i due si trovarono per caso su un isolotto e vissero insieme. ■ DRAMMATICO; B/N; 90'; GERMANIA, 1951.

DINASTY L'URLO DELLA TIGRE DEI MING ★
(Dynasty)
Regia di MEI CHUNG CHANG. Con LIN TA SHING, BOBBY MING, PAL YING. ■ Tao Soa, esperto di karatè, deve vendicare la morte del suo principe, indotto al suicidio da un malvagio governatore. Per quanto forte e coraggioso, non ci riuscirebbe se l'imperatore non gli mandasse aiuto. ■ AVVENTURA; COL.; 92'; HONG KONG, 1977.

DINGUS: QUELLO SPORCO INDIVIDUO ★★★
(Dirty Dingus McGee)
Regia di BURT KENNEDY. Con ANNE JACKSON, GEORGE KENNEDY, LOIS NETLETON, FRANK SINATRA. ■ Dingus, astuto ladrone, ruba allo sceriffo una congrua somma di denaro. Quest'ultimo lo cattura, ma Dingus con l'aiuto di una pellerossa fugge. Dopo innumerevoli fughe ed inseguimenti, diventa sceriffo e la situazione si inverte. ■ WESTERN; COL.; 90'; USA, 1970.

DINNANZI A NOI IL CIELO ★★
Regia di ROBERTO SAVARESE. Con LORELLA DE LUCA, ENZO DORIA, MARISA MERLINI, SARO URZÌ. ■ Tom, dopo molte esitazioni, si iscrive per incoraggiamento del padre, già eroe dell'aria, alla scuola aeronautica. Diventa buon pilota, ma durante un'esercitazione un incidente lo mette in serio pericolo. Viene salvato dal padre che nel giorno della premiazione assegna orgogliosamente a Tom un prestigioso simbolo dell'aeronautica. ■ AVVENTURA; B/N; 93'; ITALIA, 1957.

DINNE UNA PER ME *(Say One for Me)* ★★★
Regia di FRANK TASHLIN. Con BING CROSBY, DEBBIE REYNOLDS, ROBERT WAGNER. ■ Un prete di Broadway, Conroy, si oppone al matrimonio fra Holly, bella ragazza che per curare il padre lavora in un night, e Tony, padrone del locale notturno. Quando padre Conroy organizza uno spettacolo per finanziare un'opera buona, chiama a parteciparvi Tony, il quale si rivela un bravo ragazzo. Conroy cambia idea e favorisce la loro unione. ■ COMM. MUSICALE; COL.; 119'; USA, 1959. ■ OSCAR 1 NOM.

DINO ★★★
Regia di THOMAS CARR. Con FRANK FAYLEN, BRIAN KEITH, SUSAN KOHNER, SAL MINEO. ■ Dino, appena uscito dal carcere minorile, accetta per ribellione di compiere una rapina progettata dal fratello maggiore Tony. Sheridan, che ha l'incarico di vigilare sul comportamento del protagonista, non ha nessun potere sul piccolo delinquente. L'apparizione di Shirley risolve la situazione: il ragazzo se ne innamora e si redime, conducendo anche il fratello sulla buona strada. ■ DRAMMATICO; B/N; 94'; USA, 1957.

DINO E LA MACCHINA DEL TEMPO ★★
(Dino Time)
Regia di YOON-SUK CHOI, JOHN KAFKA. Con PAMELA ADOLON, STEPHEN BALDWIN, MEALNIE GRIFFITH, JANE LYNCH. ■ Il piccolo Dino, giocando nel garage del Dottor Santiago, inventore da strapazzo e padre del suo miglior amico Max, aziona inavvertitamente una macchina del tempo e si catapulta, insieme a Max e alla sorellina Julia, 65 milioni di anni indietro, all'epoca dei dinosauri. ■ ANIMAZIONE; COL.; 85'; USA, COREA DEL SUD, 2012.

DINOSAURI *(Dinosaurs)* ★
Regia di BRETT R. THOMPSON. Con SHAWN HOFFMAN, OMRI KATZ, TIFFANIE POSTON. ■ I figli di due scienziati, che stanno facendo ricerche sul trasporto spazio-temporale, mettono in moto i macchinari dei genitori e si trovano proiettati nel mondo dei dinosauri. Qui vivranno numerose avventure scoprendo anche di amarsi. ■ FANTASTICO; COL.; 90'; USA, 1991.

DINOSAURI *(Dinosaurs)* ★★
Regia di ERIC LEIGHTON, RALPH ZONDAG. ■ Ci risiamo. Gli animali preistorici tornano ad invadere gli schermi di tutto il mondo. La storia è già vista nel senso pieno del termine. L'accoglienza del nascituro Aladar da parte dei lemuri che cos'è se non Tarzan rivisitato? Ma soprattutto, per chi ha buona memoria, la struttura di base della sceneggiatura è una copiatura con varianti di *Alla ricerca della valle incantata*. In quel film di Don Bluth il tenero Piedino (erbivoro anche lui) conduceva un gruppo variamente assortito alla ricerca del luogo in cui poter riprendere a vivere. Idem come sopra. Solo che qui non si tratta di disegni ma di personaggi tridimensionali. Manca però tutta una serie di riferimenti "sentimentali" che costituiscono da sempre parte integrante del narrare disneyano. ■ ANIMAZIONE; COL.; 75'; USA, 2000.

DINOSAURI A COLAZIONE *(Movers & Shakers)* ★★
Regia di WILLIAM ASHER. Con VINCENT GARDENIA, CHARLES GRODIN, WALTER MATTHAU. ■ Un produttore, per mantenere la promessa fatta a un amico in punto di morte, si ostina a produrre un film tratto da un best-seller. Ma nessuno tra i suoi scrittori riesce a mettere insieme qualcosa che somigli a una sceneggiatura. Le difficoltà sono tali che anche il produttore finisce per perderci la salute. ■ COMMEDIA; COL.; 79'; USA, 1985.

DINOSAURUS *(Dinosaurus!)* ★
Regia di IRVIN S. YEAWORTH JR. Con KRISTINA HANSON, PAUL LUKATHER, WARD RAMSEY, ALAN ROBERTS. ■ Riappaiono in

una terra lontana due dinosauri sorprendentemente conservati dal ghiaccio. Sembrano inanimati ma si risvegliano presto. Sconvolgono la vita degli isolani sino a quando uno scienziato li costringe a precipitare in mare. ■ FANTASCIENZA; COL.; 85′; USA, 1960.

DI NOTTE A PARIGI *(Un soir de rafle)* ★★
Regia di CARMINE GALLONE. Con ANNABELLA, LUCIEN BAROUX, ALBERT PRÉJEAN. ■ Un campione di boxe ama troppo la bella vita, s'allena poco e finisce col perdere il titolo. Ma una brava ragazza l'aiuterà a ricominciare. ■ DRAMMATICO; B/N; 109′; FRANCIA, 1931.

DI NOTTE SULLE STRADE *(Nachts auf den Strassen)* ★★
Regia di RUDOLF JUGERT. Con HANS ALBERS, HILDEGARDE KNEFF, LUCIE MANNHEIM. ■ Un camionista sposato cade casualmente nella rete del contrabbando attraverso una donna di cui si innamora. La situazione in fin dei conti non gli piace e quindi trova il modo di far arrestare la banda dei contrabbandieri. Alla fine ritorna tra le braccia della moglie. ■ DRAMMATICO; B/N; 90′; GERMANIA, 1952.

DI NUOVO IN GIOCO *(Trouble With the Curve)* ★★★
Regia di ROBERT LORENZ. Con AMY ADAMS, CLINT EASTWOOD, ED LAUTER, CHELCIE ROSS, RAYMOND ANTHONY THOMAS. ■ Gus è uno dei migliori scout nel mondo del baseball, da decenni. Con l'avanzare dell'età, però, sta perdendo la vista e facilitando il compito di chi, sul lavoro, vorrebbe fargli le scarpe. Sua figlia Mickey, convinta da un amico di famiglia, si offre di accompagnarlo nel Nord Carolina, per aiutarlo a decidere se un giovane battitore è davvero la promessa che sembra. Da parte sua, però, Gus non ha mai fatto altrettanto per stare vicino alla figlia e la trasferta si rivela per la ragazza l'occasione di mettere il padre alle strette ed esigere una spiegazione. Circa un anno fa è uscito un bel film sul baseball intitolato *Moneyball*, e ora eccone un altro sullo stesso sport, ma si fatica ad esprimere lo stesso entusiasmo. C'è ora un Clint Eastwood che fa tristemente il verso a se stesso in *Gran Torino*, impegnato in un rapporto biologico padre-figlia che compie però esattamente il percorso inverso. ■ DRAMMATICO; COL.; 111′; USA, 2012.

DIO C'È ★
Regia di ALFREDO ARCIERO. Con ROBERTO BENVENUTI, CHIARA NOSCHESE, RICCARDO ROSSI. ■ Emilio, romano, disoccupato, vorrebbe (forse) trovare un lavoro, un abito adeguato, un'identità. Abita con le future moglie e suocera. Nel frattempo chiacchiera: anche di Dio, perché adesso è di moda. Lui è Riccardo Rossi, attore molto noto per uno spot televisivo, dal quale non riesce a emanciparsi. Se quell'immagine gli impedirà di fare altri film (da protagonista!) per tutti noi sarà una discreta fortuna. Fino a qualche tempo fa il cinema italiano lamentava mancanza di fiducia, di denaro e di idee. Adesso c'è il denaro (politico) e anneghiamo nel nuovo brutto cinema italiano. Quanti film come questo dovremo sopportare per un "Benigni" o un "Tornatore"? ■ COMMEDIA; COL.; 91′; ITALIA, 1998.

DIO CHIAMATO DORIAN, IL ★★
Regia di MASSIMO DALLAMANO. Con HELMUT BERGER, BERYL CUNNINGHAM, MARGARET LEE, HERBERT LOM. ■ Tratto dal celebre romanzo di Oscar Wilde con un pizzico di erotismo. Dorian possiede un quadro che lo ritrae giovane e bello. Stipula col quadro uno strano patto: dovrà invecchiare il ritratto e non la persona umana. Dorian rimane sempre stupendamente giovane sino a quando la sua coscienza non gli consiglia il suicidio. ■ DRAMMATICO; COL.; 92′; ITALIA, 1970.

DIO, COME TI AMO! ★
Regia di MIGUEL IGLESIAS. Con MICAELA CENDALI, GIGLIOLA CINQUETTI, MARK DAMON. ■ Gigliola è creduta una principessa da un'amica e dal fidanzato di questa solo perché abita in una lussuosa villa. In effetti non è altro che la figlia del custode. L'equivoco alla fine è chiarito e tutti possono essere felici. ■ COMMEDIA; COL.; 90′; ITALIA, 1966.

DIO DELLA PESTE, IL *(Gotter der Pest)* ★★★
Regia di RAINER WERNER FASSBINDER. Con HARRY BEAR, INGRID CAVEN, GUNTHER KAUFMANN, HANNA SCHYGULLA, MARGARETHE VON TROTTA. ■ Un melodramma poliziesco del primo Fassbinder. Ci sono quasi tutti i suoi attori preferiti. Franz è stato in carcere. Una volta in libertà decide di riprendere i rapporti con l'assassino di suo fratello. Quest'ultimo aveva tradito e ora Franz ha un piano. ■ DRAMMATICO B/N; 91′; GERMANIA, 1970.

DIO HA BISOGNO DEGLI UOMINI ★★★★
(Dieu a besoin des hommes)
Regia di JEAN DELANNOY. Con PIERRE FRESNAY, DANIEL GÉLIN, MADELEINE ROBINSON, DANIEL YVERNEL. ■ In un'isola della Bretagna dove alcuni pescatori vivono in maniera molto primitiva, il curato fugge lasciando la comunità senza una guida spirituale. Gli abitanti del luogo, ben convinti della necessità della religione, obbligano uno di loro a sostituire il sacerdote. Costui celebrerà un rito funebre appena dopo l'arrivo del nuovo sacerdote, che ristabilirà con la sua presenza la normale vita della comunità. ■ DRAMMATICO; B/N; 100′; FRANCIA, 1950. ■ VENEZIA 1 PR.

DIO IN CIELO... ARIZONA IN TERRA ★★
Regia di IGNACIO F. IQUINO. Con ROBERTO CAMARDIEL, MARIA PIA CONTE, PETER LEE LAWRENCE. ■ L'abilissimo pistolero Arizona si schiera contro il ricco Styles che tiranneggia una cittadina di provincia. Styles ormai non teme nulla, essendo padrone di tutto e di tutti. Arizona ha come solo alleato Duffy, il quale lo aiuterà nella dura lotta che avrà come esito la sconfitta e la morte del farabutto. ■ WESTERN; COL.; 92′; ITALIA, 1972.

DIO LI CREA... IO LI AMMAZZO ★★
Regia di PAOLO BIANCHINI. Con PETER MARTELL, DEAN REED, AGNÈS SPAAK. ■ Slim, un eccellente pistolero, viene chiamato in una città per ripulirla dai ladri e dagli assassini. Nelle losche trame sono invischiati grossi personaggi, tra i quali lo sceriffo. Costoro cercano di incolpare il nuovo arrivato di un omicidio. Liberatosi dalle accuse Slim smaschera e massacra tutti i delinquenti. ■ WESTERN; COL.; 90′; ITALIA, 1968.

DIO LI FA POI LI ACCOPPIA ★★
Regia di STENO. Con LINO BANFI, JOHNNY DORELLI, MARINA SUMA. ■ Don Celeste, prete canterino di un paese dell'Italia centrale, viene violentato da una ragazza travestita da diavolo in occasione del carnevale. Ma lei rimane incinta: per evitare l'aborto, don Celeste diventerà un parroco-papà, mentre lei incontrerà un bravo ragazzo. ■ COMMEDIA; COL.; 100′; ITALIA, 1982.

DIO NERO E IL DIAVOLO BIONDO, IL ★★★
(Deus e o diabo na terra do sol)
Regia di GLAUBER ROCHA. Con OTHON BASTOS, MAURICIO DO VALLE, LYDIO SILVA, GERALDO YONA MAGALHAES. ■ Manuel e Rosa, due miserabili braccianti, fuggono dopo aver ucciso il loro padrone. Dopo un incontro breve e sfortunato con una specie di santone, si uniscono a una banda di cangaceiros guidati da "Diavolo biondo". Anche quest'esperienza finirà dolorosamente, ma dalle sue avventure la coppia trarrà un prezioso insegnamento di vita. ■ DRAMMATICO; B/N; 115′; BRASILE, 1964.

DIO NON PAGA IL SABATO ★★
Regia di AMERIGO ANTON. Con MAX DEAN, VIVI GIOI, ROBERT MARK, LARRY WARD. ■ In un paese fantasma dove è stato nascosto un prezioso carico di denaro rubato si intrecciano sanguinose trame. Il bandito autore della rapina con la sua donna e due dei suoi uomini cercano di difendere il bottino da una vecchietta del luogo e da un ex compagno del fuorilegge in cerca di vendetta. La morte risparmia solo la coppia dei forestieri; il fuoco brucia il malloppo ed il paese. ■ WESTERN; COL.; 92′; ITALIA, 1968.

DIO PERDONA... IO NO! ★★★
Regia di GIUSEPPE COLIZZI. Con TERENCE HILL, BUD SPENCER, FRANK WOLFF. ■ Doc ed Earp sono sulla pista di un pericoloso fuorilegge, autore di una sensazionale rapina. I due però non vanno troppo d'accordo e si danneggiano a vicenda. Doc è il primo ad arrivare al bandito e vorrebbe ucciderlo, Earp lo impedisce e viene ferito, ma prontamente Doc con la pistola lo fulmina. Riconciliati si allontanano con il bottino. ■ WESTERN; COL.; 101′; ITALIA, 1967.

DIO PERDONI LA MIA PISTOLA ★★
Regia di MARIO GARIAZZO, LEOPOLDO SAVONA. Con JOE DE SANTIS, LOREDANA NUSCIAK, WAYDE PRESTON, JOSÉ TORRES. ■ Il ranger Texas indaga sull'ingiusta sorte del vecchio Prescott. Costui era stato condannato per un omicidio che non aveva com-

messo. Texas scopre che ad organizzare l'assassinio fu Martin, che aveva in Prescott un rivale. Gladys, la figlia di Martin, aiuta il ranger a far luce sulla losca vicenda e a consegnare gli assassini alla giustizia. ■ WESTERN; COL.; 92'; ITALIA, 1969.

DI ORIGINE SCONOSCIUTA *(Of Unknown Origin)* ★
Regia di GEORGE PAN COSMATOS. Con JENNIFER DALE, LAWRENCE DANE, PETER WELLER. ■ Un uomo d'affari in rapida ascesa, dal carattere determinato e pieno di ambizioni, scopre che la sua abitazione è stata messa sottosopra da uno sconosciuto. ■ DRAMMATICO; COL.; 86'; USA, 1983.

DIO SALVI LA REGINA *(For Queen and Country)* ★★★
Regia di MARTIN STELLMAN. Con GEORGE BAKER, DORIAN HEALY, BRUCE PAYNE, AMANDA REDMAN, DENZEL WASHINGTON. ■ Un ex teppista di colore che è stato per nove anni nei parà in Inghilterra ritorna al suo quartiere londinese. Trova una situazione di degrado morale e ambientale che lo sconvolge, ma cerca di migliorare la vita per sé e per gli amici che ha intorno. Non riuscirà e finirà coinvolto in una sparatoria dopo un tentativo di farsi una famiglia e di salvare un amico alla deriva. Film coraggioso sull'altra Inghilterra, nella scia di una certa cinematografia britannica che punta l'obiettivo sui mali sociali e sull'emarginazione dei più deboli. ■ DRAMMATICO; COL.; 110'; GRAN BRETAGNA, 1988.

DIO SOTTO LA PELLE, IL ★★★
Regia di CARLO ALBERTO PINELLI, FOLCO QUILICI. ■ Folco Quilici con la macchina da presa si avventura alla ricerca di una più umana esistenza a contatto con la natura. Il famoso documentarista è andato a cercare alcune persone che rifiutano la civiltà per ritirarsi nella pace. ■ DOCUMENTARIO; COL.; 90'; ITALIA, 1974.

DI PADRE IN FIGLIO ★★
Regia di ALESSANDRO GASSMAN, VITTORIO GASSMAN. Con ALESSANDRO GASSMAN, VITTORIO GASSMAN. ■ È la storia, più o meno dettagliata della "famiglia", in questo caso la Gassman, con i rapporti fra padre e figli, le angosce, le paure, le gioie e le rinunce. ■ DRAMMATICO; COL.; 96'; ITALIA, 1982.

DI PARI PASSO CON L'AMORE E LA MORTE ★★
(A Walk with Love and Death)
Regia di JOHN HUSTON. Con ANTHONY CORLAN, ASSAF DAYAN, JOHN HALLAM, ANJELICA HUSTON. ■ Nel Medioevo due giovani innamorati si dibattono fra amore e morte. Sfuggono ai contadini inferociti e alle sette bigotte e giungono finalmente a sposarsi in un luogo dimenticato da tutti. ■ DRAMMATICO; COL.; 90'; USA, 1969.

DIPINGI DI GIALLO IL TUO POLIZIOTTO ★★
Regia di PIER FRANCESCO PINGITORE. ■ Il lavoro di Pingitore è teso ad illustrare i vari atteggiamenti dei giovani durante la contestazione. Ne vengono documentati i momenti nelle varie città. ■ DOCUMENTARIO; B/N; 92'; ITALIA, 1970.

DI PIÙ, ANCORA DI PIÙ... *(More)* ★★
Regia di BARBET SCHROEDER. Con HEINZ ENGELMANN, MIMSY FARMER, KLAUS GRUNBERG. ■ Stefan, un giovane dottore, si innamora a Parigi della statunitense Estelle. Questa lo inizia alla droga della quale Stefan non riuscirà più a fare a meno. Totalmente schiavo degli stupefacenti e privo di Estelle, che lo lascia solo, il giovane muore per una dose eccessiva. ■ DRAMMATICO; COL.; 117'; GRAN BRETAGNA, 1971.

DIPLOMATICO E L'AVVENTURIERA, IL *(Incognito)* ★★
Regia di PATRICE DALLY. Con GABY ANDRÉ, EDDIE CONSTANTINE, DANICK PATTISON. ■ In Sud America circolano dollari falsi provenienti dal vecchio continente. Un infallibile agente dell'Fbi si trasforma in diplomatico e si reca in Europa per smascherare i falsari. Attraverso Hilda giunge ad una traccia. Viene però scoperto e ricattato: infatti i falsari catturano Barbara, la sua segretaria. Con un'abile mossa li sconfigge salvando la giovane. ■ AVVENTURA; COL.; 100'; FRANCIA, 1958.

DI QUA, DI LÀ DEL PIAVE ★★
Regia di GUIDO LEONI. Con ERNO CRISA, CARLO CROCCOLO, DELIA SCALA, MILLY VITALE. ■ Quattro episodi compongono il film. Tutti rievocano le imprese dongiovannesche dei soldati impegnati nella vita di caserma. ■ COMMEDIA; B/N; 92'; ITALIA, 1955.

DI QUESTO NON SI PARLA *(De eso no se habla)* ★★
Regia di MARIA LUISA BEMBERG. Con LUISINA BRANDO, MARCELLO MASTROIANNI, ALEJANDRA PODESTA. ■ In una cittadina dell'Argentina Leonor, una vedova di mezza età, rifiuta di accettare l'handicap della figlia Charlotte che è nana. La ragazza è affascinata dai racconti di un uomo di mondo, Ludovico D'Andrea. Costui si scopre un giorno perdutamente innamorato della ragazza. Charlotte lo sposerà ma, in seguito all'arrivo di un circo in città, scoprirà che esistono altri nani e partirà con loro. La Bemberg si fa cogliere dalla sindrome Fellini e, avendo a disposizione una nana e Mastroianni, non rinuncia al circo. ■ COMMEDIA; COL.; 102'; ARGENTINA, 1992.

...DIRAI "HO UCCISO PER LEGITTIMA DIFESA" ★★
Regia di ANGELINO FONS. Con FRANCO CITTI, BRUNO CORAZZARI, GLEN LEE, LOLA SORDO. ■ Un uomo cinico e bramoso del denaro della moglie costruisce un piano per spingere la donna a tradirlo con un suo scagnozzo. Tutto fallisce perché la donna scopre l'intrigo e uccide il falso corteggiatore. Il marito arriva sul luogo dell'omicidio e si vede costretto a salvare la moglie imponendole la tesi della legittima difesa per coprire la sua losca trama. ■ DRAMMATICO; COL.; 90'; ITALIA, 1974.

DIRECTED BY JOHN FORD ★★★★
Regia di PETER BOGDANOVICH. Con PETER BOGDANOVICH, HENRY FONDA, JOHN FORD, JAMES STEWART, JOHN WAYNE. ■ Senza dubbio un film prezioso per gli amanti del grande regista americano. All'inizio Ford non dice praticamente quasi nulla, nonostante gli sforzi di Bogdanovich, se non parole come: "no", "sì", "stop", e alla domanda: "Nel suo western *I tre furfanti* come ha girato la corsa per l'assegnazione delle terre?", risponde: "Con la macchina da presa". Poi si lascia andare a qualche frase compiuta, ma sono gli attori dei suoi film che narrano tanti aneddoti molto interessanti. Grazie alla versione coi sottotitoli possiamo ascoltare le dichiarazioni di Stewart, Wayne, Fonda, con le loro vere voci. Nell'ultima mezz'ora c'è un montaggio di sequenze tratte dai film del regista. La voce narrante è quella di Orson Welles. Prodotto dall'American Film Institute. ■ DOCUMENTARIO; COL.; 100'; USA, 1971.

DIRETTORE D'ORCHESTRA *(Dyrigent)* ★★★
Regia di ANDRZEJ WAJDA. Con JOHN GIELGUD, KRYSTYNA JANDA, ANDRZEJ SEWERYN. ■ Palma d'oro al Festival di Cannes 1981. Marta, una giovane violinista polacca, forse figlia di un grande direttore d'orchestra, Jan Lasocki, emigrato a New York, sposa un modesto direttore, Adam, il quale riceve l'incarico di dirigere la *Quinta Sinfonia* di Beethoven per festeggiare il ritorno di Lasocki in patria. Ma Adam si innervosisce e combina disastri, abbandonando la direzione. È Lasocki allora a prendere in mano la bacchetta, conducendo gli orchestrali della modesta formazione di provincia ad un'esecuzione memorabile. Dopo la quale il maestro muore, mentre Marta lascia l'imbelle marito. ■ DRAMMATICO; COL.; 100'; POLONIA, 1979. ■ BERLINO 1 PR.

DIREZIONE NORD *(Mr. Denning Drives North)* ★★★
Regia di ANTHONY KIMMINS. Con PHYLLIS CALVERT, JOHN MILLS, EILEEN MOORE. ■ Per salvaguardare la propria reputazione, il ricco Denning uccide casualmente, dopo aver insistito per allontanarlo, un mascalzone fidanzato di sua figlia. Lo nasconde ma il corpo scompare misteriosamente. Alcuni zingari lo hanno sottratto. La verità è sul punto di emergere quando la figlia risolve tutto per il meglio. ■ DRAMMATICO; B/N; 90'; GRAN BRETAGNA, 1951.

DIRIGIBILE *(Dirigible)* ★★
Regia di FRANK CAPRA. Con RALPH GRAVES, JACK HOLT, FAY WRAY. ■ Il film illustra l'impresa di un dirigibile, che compie una missione fra mille difficoltà. ■ AVVENTURA; B/N; 93'; USA, 1931.

DIRITTI ALL'INFERNO *(Straight to Hell)* ★★★
Regia di ALEX COX. Con DENNIS HOPPER, COURTNEY LOVE, SY RICHARDSON, JOE STRUMMER. ■ Il regista di *Sid e Nancy* rende omaggio al western all'italiana con una gang di ladri di frontiera piuttosto imbranati. Parodico e goliardico, si lascia guardare. Tra i camei ci sono il cantante scozzese Elvis Costello, il regista Jim Jarmusch e la cantante Grace Jones. ■ WESTERN; COL.; 86'; USA, 1986.

DIRITTO ALL'AMORE *(Das Recht auf Liebe)* ★
Regia di JOE STÖCKEL. Con MAGDA SCHNEIDER, ANNELISE UHLIG. ■ Un giovane appena laureato e senza soldi si fidanza con una ricchissima fanciulla che non ama, nonostante sia innamorato di una pastorella che aspetta anche un figlio. Poco prima del matrimonio, il protagonista ha un incidente gravissimo; prima di morire, sposa la pastorella che darà alla luce il bambino e susciterà l'affetto di tutti gli abitanti del villaggio. ■ DRAMMATICO; B/N; 93'; GERMANIA, 1939.

DIRITTO D'AMARE, IL *(Le droit d'aimer)* ★★
Regia di ERIC LE HUNG. Con FLORINDA BOLKAN, PIERRE MICHAEL, GILLES SEGAL, OMAR SHARIF. ■ In una fantomatica nazione dominata da una dittatura assistiamo alla penosa e tragica vicenda di una donna che lotta per avere un colloquio con il marito condannato a morte. Nel rivederlo, totalmente sconvolto, crede che l'uomo sia ormai fuori di sé, poi spera che si tratti solo di uno stratagemma per salvarsi la vita. Ma, subito dopo la visita della moglie, la condanna a morte viene eseguita. ■ DRAMMATICO; COL.; 92'; FRANCIA, 1972.

DIRITTO D'AMARE *(The Good Mother)* ★★★
Regia di LEONARD NIMOY. Con DIANE KEATON, LIAM NEESON, JASON ROBARDS. ■ Una donna divorziata si rifà una vita con la figlioletta di sei anni e un amante, un eccentrico scultore irlandese. Ma il marito la cita in tribunale chiedendo l'affidamento della bambina. Il motivo? La troppo spregiudicata educazione sessuale data alla piccola. Il giudice dà ragione al padre. ■ DRAMMATICO; COL.; 103'; USA, 1989.

DIRITTO DEL PIÙ FORTE, IL ★★★
(Faustrecht der Freiheit)
Regia di RAINER WERNER FASSBINDER. Con KARLHEINZ BÖHM, PETER CHATEL, RAINER WERNER FASSBINDER. ■ Un poveraccio vince, per un colpo di fortuna, 500.000 marchi alla lotteria. Un giovane altoborghese approfitta dell'attrazione omosessuale che il povero Fox manifesta subito nei suoi confronti per spillargli molti quattrini. Quando Fox è tornato povero in canna, il suo sfruttatore lo abbandona. Fox si uccide. Uno dei migliori, e più disperati, film di Fassbinder. ■ DRAMMATICO; COL.; 123'; GERMANIA OVEST, 1974.

DIRITTO DI AMARE – UNA DONNA SENZA IMPORTANZA, IL *(Une femme sans importance)* ★★
Regia di JEAN CHOUX. Con PIERRE BLANCHAR, LISETTE LANVIN, LINE NORO. ■ Dopo innumerevoli anni passati in India, un Lord torna in patria e assume un segretario. Dopo poco tempo scopre che l'impiegato è in realtà suo figlio, nato quando lui era già in Oriente. Il nobile inglese infatti, per ordine del padre, aveva lasciato la sua amata per raggiungere l'India. Dopo un litigio fra i due, la famiglia si ricompone. ■ DRAMMATICO; B/N; 90'; FRANCIA, 1937.

DIRITTO DI CRONACA *(Absence of Malice)* ★★★
Regia di SYDNEY POLLACK. Con SALLY FIELD, PAUL NEWMAN, BARRY PRIMUS. ■ La morte di un sindacalista a Miami scatena sia le indagini della polizia sia quelle di una giovane giornalista. Finito in un vicolo cieco, l'investigatore Rosen decide di sfruttare l'intraprendenza della reporter per trovare il bandolo dell'intricata matassa, ma riuscirà soltanto a mettere nei guai un onest'uomo imparentato con la mala. Costui (Newman) passa al contrattacco, incastrando sia la giornalista che gli inquirenti. Così imparano. Buon film di grande professionalità che solleva alcuni grossi problemi in modo non banale. ■ DRAMMATICO; COL.; 116'; USA, 1982. ■ GOLDEN GLOBES 2 NOM; OSCAR 3 NOM.

DIRITTO DI UCCIDERE, IL *(The Right of the People)* ★★
Regia di JEFFREY BLOOM. Con MICHAEL ONTKEAN, JOHN RANDOLPH, BILLY DEE WILLIAMS. ■ Un film televisivo sul problema della violenza e dell'autodifesa. Non è particolarmente riuscito, tuttavia qualche momento può considerarsi buono. Siamo in una città di provincia negli Stati Uniti.Viene fatta una rapina e durante lo scontro a fuoco il procuratore distrettuale perde la figlia e la moglie. Per vendetta dà il permesso a chiunque di avere un'arma per l'autodifesa. Non sarà però la risposta giusta al problema. ■ DRAMMATICO; COL.; 95'; USA, 1986.

DIRITTO DI UCCIDERE – PAURA SENZA PERCHÉ, IL *(In a Lonely Place)* ★★★★
Regia di NICHOLAS RAY. Con HUMPHREY BOGART, GLORIA GRAHAME. ■ Dixon è accusato dell'omicidio di Mildred, ma l'accusa non tarda ad essere smentita dai fatti. Nel frattempo, la vicina di casa di Dixon si è innamorata di lui, nonostante il suo carattere violento. Quando viene smascherato l'omicida i due si potrebbero sposare, ma i loro contrasti lo impediscono. ■ DRAMMATICO; B/N; 91'; USA, 1950.

DIRITTO D'OFFESA *(Skokie)* ★★★
Regia di HERBERT WISE. Con BRIAN DENNEHY, GEORGE DZUNDZA, DANNY KAYE, JOHN RUBINSTEIN, ELI WALLACH. ■ Cast di tutto rispetto per questo film che si inserisce nel genere processuale con una sua dignità. Un gruppo di neo-nazisti americani tiene una manifestazione in una comunità ebraica. Vengono denunciati e processati. Il loro avvocato è un ebreo che cerca di farli scagionare riferendosi al primo emendamento, quello che permette l'aggregazione di un gruppo di persone per una causa a scopo pacifico. L'avvocato ha il timore che si crei un precedente che in futuro potrebbe soffocare la libertà di pensiero. Si trova quindi di fronte a un dilemma. Da ricordare l'interpretazione drammatica di Danny Kaye. ■ DRAMMATICO; COL.; 112'; USA, 1981.

DIRKI, UN PICCOLO GRANDE EROE ★★
(Lost in the Desert)
Regia di JAMIE UYS. Con FROLIC DI BELVEDALE, DIRIKE UYS, JAMIE UYS. ■ Il piccolo Dirki si trova per sua sfortuna in una foresta piena di insidie mortali. L'aereo su cui viaggiava è precipitato e solamente lui ed il suo cane sono sopravvissuti all'impatto. Il padre lo cerca disperatamente e lo trova ormai privo di forze dopo aver combattuto instancabilmente contro un mucchio belve feroci. ■ DRAMMATICO; COL.; 90'; GRAN BRETAGNA, 1972.

DIRSI ADDIO *(Every Time We Say Goodbye)* ★
Regia di MOSHÉ MIZRAHI. Con TOM HANKS, CRISTINA MARSILLACH, BENEDICT TAYLOR. ■ Una storia sentimentale ambientata a Gerusalemme durante la seconda guerra mondiale tra un tenente e una ragazza ebrea. Per la prima volta Hanks non recita in un film comico ma l'esperienza non è riuscita. ■ COMMEDIA; COL.; 99'; USA, 1986.

DIRTY DANCING – BALLI PROIBITI *(Dirty Dancing)* ★★
Regia di EMILE ARDOLINO. Con JENNIFER GREY, CYNTHIA RHODES, PATRICK SWAYZE. ■ Negli anni Sessanta una sedicenne illibata va in vacanza con la famiglia nell'East Coast e lì incontra un divetto da balera che la inizia all'amore e alle più scatenate danze sudamericane. ■ MUSICALE; COL.; 100'; USA, 1987. ■ GOLDEN GLOBES 1 PR, 4 NOM; OSCAR 1 PR, 1 NOM.

♥ DIRTY DANCING 2 HAVANA NIGHTS ★★★
Regia di GUY FERLAND. Con MIKA BOOREM, POLLY CUSUMANO, CHRIS ENGEN, ROMOLA GARAI, MYA HARRISON, JONATHAN JACKSON, JANUARY JONES, RENÉ LAVAN, DIEGO LUNA, JOHN SLATTERY, SELA WARD. ■ Garai arriva con la sua famiglia americana a Cuba proprio alla vigilia della rivoluzione di Fidel Castro. Qui incontra Luna, un ragazzo del luogo, che si accorge immediatamente della bravura di Garai nel ballare e la corteggia. Tra i due nasce l'amore, che sarà messo davanti ad un bivio dalle direttive di Castro: Garai deve lasciare Cuba come tutti gli americani, o combattere per quello che vuole davvero. Meno sensuale del film di riferimento ma ricco di musica e di buone coreografie. Patrick Swayze offre un cameo che ci ricorda come il tempo passi per tutti. ■ MUSICALE; COL.; USA 2004.

DIRTY LOVE – TUTTI PAZZI PER JENNY *(Dirty Love)* ★
Regia di JOHN MALLORY ASHER. Con CARMEN ELECTRA, JENNY MCCARTHY, LOCHLYN MUNRO, EDDIE KAYE THOMAS, VICTOR WEBSTER. ■ Rebecca è giovane, bella e innamoratissima. Un giorno rientrando a casa trova però Richard, suo fidanzato nonché modello di successo, tra le gambe di un'altra. Rebecca è sconvolta, Richard un po' meno. Disperata, trova rifugio e conforto tra le braccia delle sue amiche Mandy e Michelle, che cercheranno in ogni modo di aiutarla, di trovare una giusta punizione per il traditore e ovviamente di trovarle un nuovo amore. ■ COMMEDIA; COL.; 91'; USA, 2005.

DIRTY WEEKEND – UNO SPORCO WEEKEND ★
(Dirty Weekend)
Regia di MICHAEL WINNER. Con MICHAEL CULE, RUFUS SEWELL, LIA WILLIAMS. ■ Tratto dal romanzo di Helen Zahavi, che collabora alla sceneggiatura, questo film sembra però disperdere le potenzialità del testo scritto. La storia di Bella che, inizialmente timida e passiva, si ribella uccidendo maschi arrapati diventa un horror di quelli senza troppe sfumature. Il grottesco che rendeva il libro interessante scompare quasi del tutto. ■ DRAMMATICO; COL.; 103′; GRAN BRETAGNA, 1993.

DIRTY WORK ★
Regia di BOB SAGET. Con CHEVY CHASE, JOHN GOODMAN, ARTIE LANGE, NORM MCDONALD, ADAM SANDLER, JACK WARDEN. ■ A partire dagli anni Settanta attori come John Belushi e Dan Aykroyd sono diventati star del cinema comico. Il comune denominatore era la celebre trasmissione televisiva americana *Saturday Night Live*. Norm McDonald esce dalla stessa "scuola" e gli è stato cucito addosso questo film senza pretese ma anche di poche risate. Due amici, Mitch e Sam, decidono di mettersi in affari e aprono un'attività, la "vendetta a noleggio". In piccoli ruoli troviamo celebri attori della comicità made in Usa. ■ COMMEDIA; COL.; USA, 1998.

DI SABATO, MAI! *(Pas de question le samedi)* ★
Regia di ALEX JOFFÉ. Con ROBERT HAIM, FRED HIRSCH, FRIDA HIRSCH. ■ Un ricco ebreo libertino, pentito delle sue malefatte, vuole indirizzare i suoi discendenti verso una vita più morigerata. Lascia perciò la sua eredità ai cinque figli, purché si sposino tutti entro una certa data. Ciò non avviene per un contrattempo: ma le buone intenzioni salvano padre e figli dalla punizione divina. ■ COMMEDIA; COL.; 110′; FRANCIA, 1964.

DISAMISTADE – INIMICIZIA ★★
Regia di GIANFRANCO CABIDDU. Con MASSIMO DAPPORTO, JOAQUIN DE ALMEIDA, LAURA DEL SOL. ■ In Sardegna negli anni Cinquanta, un giovane che ha studiato "in continente" e ormai è psicologicamente distante da tante tradizioni secolari dell'isola, viene coinvolto suo malgrado in una lotta tra famiglie rivali. Esordio non privo d'interesse di un giovane regista cagliaritano. ■ DRAMMATICO; COL.; 91′; ITALIA, 1988.

DISASTER MOVIE ★
Regia di JASON FRIEDBERG, AARON SELTZER. Con CARMEN ELECTRA, MATT LANTER, VANESSA MINNILLO. ■ Will riceve in sogno l'annuncio della fine del mondo. Al risveglio lascia la fidanzata Amy, alla quale non riesce a comunicare il proprio amore, quindi decide, a venticinque anni, di dare un party per i sedici che non ha mai festeggiato, ma la serata viene sconvolta da una serie di eventi catastrofici che gettano nel panico la città. Un meteorite uccide Hannah Montana, mentre Batman fugge, trolley alla mano. Una principessa ninfomane esce "come d'incanto" da un tombino e si unisce al gruppetto di amici di Will, che si muove verso il museo di storia naturale dove Amy è bloccata, trafitta da una statua egizia. Ma il tragitto è disseminato di altri guai. I due registi prendono in giro pellicole recenti – da *Juno* a *Una notte al museo*, da *Kung-fu Panda* a *Sex and the City* – ma dove sia la parodia non si sa. ■ COMMEDIA; COL.; 90′; USA, 2008.

DISASTRO A HOLLYWOOD *(What Just Happened?)* ★★
Regia di BARRY LEVINSON. Con ROBERT DE NIRO, CATHERINE KEENER, SEAN PENN, JOHN TURTURRO, ROBIN WRIGHT PENN. ■ Due settimane nella vita di Ben, un produttore hollywoodiano, che, oltre a doversi confrontare con un secondo divorzio mai accettato, ha davanti a sé due progetti decisamente complessi. Nel primo caso si tratta di un film già montato da un regista particolarmente irritabile. Il protagonista Sean Penn nel finale deve morire ma, prima di lui, è il suo fedele cane a fare una brutta fine. Il pubblico delle prewiew non gradisce e ancor meno apprezza Lou, a capo dello studio che dovrebbe distribuire il film. Riuscirà Ben a convincere il regista a togliere la scena incriminata? Il secondo problema che il produttore deve affrontare riguarda Bruce Willis, che si è fatto crescere una fluente barba che lo rende irriconoscibile, non ha intenzione di tagliarsela per il film di cui è protagonista. Penn e Willis interpretano, con grande autoironia, il ruolo di se stessi. ■ COMMEDIA; COL.; 107′; USA, 2008.

DISASTRO AL SILO 7 *(Disaster at Silo 7)* ★★
Regia di LARRY ELIKANN. Con RAY BAKER, PETER BOYLE. ■ Texas, estate 1982. L'assolata porzione di deserto americano potrebbe diventare la base di un olocausto nucleare: uno dei tecnici addetti alla manutenzione della postazione missilistica installata sottoterra, infatti, ha involontariamente causato la rottura di un serbatoio di carburante situato sotto il Titan, un razzo a testata atomica di enorme potenzialità. A Mike Fitzgerald, capo della sicurezza del luogo, tocca il compito di scongiurare il disastro. ■ DRAMMATICO; COL.; 93′; USA, 1988.

DISAVVENTURE DI MARGARET, LE ★
(The Misadventures of Margaret)
Regia di BRIAN SKEET. Con CRAIG CHESTER, STÉPHANE FREISS, JEREMY NORTHAM, PARKER POSEY, BROOKE SHIELDS. ■ La studiosa americana Margaret Nathan è sposata da sette anni con il professore universitario di inglese Edward. Margaret sta lavorando all'adattamento di un diario francese del Settecento scritto da un sedicente Filosofo. Il diario descrive la progressiva seduzione di una ragazza giunta dall'Inghilterra a cui insegna le regole sulla vita e sull'eros. Margaret si reca nel luogo in cui sorge quello che allora era un castello e ora è divenuto un convento per suore con il voto del silenzio. Qui conosce un tecnico del suono che la turba profondamente. Ma la fedeltà nei confronti del marito sembra prevalere. Anche se qualche dubbio sull'irreprensibilità del consorte comincia a sorgerle dato che c'è una studentessa che lo tallona da vicino. Ispirato al romanzo omonimo di una scrittrice dotata di una leggerezza di tocco come Cathleen Schine il film non riesce a tradurne lo stile. ■ COMMEDIA; COL.; 89′; FRANCIA, GRAN BRETAGNA, 2000.

DISAVVENTURE DI UN COMMISSARIO DI POLIZIA *(Tendre poulet)* ★★★
Regia di PHILIPPE DE BROCA. Con ANNIE GIRARDOT, GUY MARCHAND, PHILIPPE NOIRET, GEORGES WILSON. ■ Madame Lise, della squadra omicidi, incontra un suo vecchio compagno di scuola professore di greco. I due si innamorano, ma Lise non osa dire all'uomo di essere un commissario di polizia, per timore che lui la lasci. Ma l'uomo, quando viene a sapere la verità, prende bene la cosa, anzi aiuta la donna a risolvere un caso e quasi ci rimette la pelle. ■ GIALLO ROSA; COL.; 105′; FRANCIA, 1977.

DISAVVENTURE DI UN GUARDONE, LE ★★
(The Decline and Fall of a Bird Watcher)
Regia di JOHN KRISH. Con FELIX AYLMER, COLIN BLAKELY, ROBERT HARRIS, GRIFFITH JONES. ■ Un presunto guardone, di professione insegnante, cade nella rete di una bella donna, che ad insaputa di lui dirige una rete di prostitute. Gli amici premurosi, con una mossa astuta, lo aiutano nella fuga. L'uomo, però, dovrà passare attraverso varie e divertenti disavventure. ■ COMMEDIA; COL.; 113′; GRAN BRETAGNA, 1968.

DISCEPOLO DEL DIAVOLO, IL *(The Devil's Disciple)* ★★★
Regia di GUY HAMILTON. Con KIRK DOUGLAS, BURT LANCASTER, LAURENCE OLIVIER. ■ Nella guerra d'indipendenza americana, Richard diventa un eroe salvando dalla morte certa un pastore ribelle. La sua azione diventa simbolica e il popolo americano può battere l'Inghilterra e conquistare la sospirata indipendenza. ■ COMMEDIA; B/N; 82′; GRAN BRETAGNA, 1959.

DISCESA ALL'INFERNO *(Descente aux enfers)* ★★
Regia di FRANCIS GIROD. Con CLAUDE BRASSEUR, MARIE DUBOIS, SOPHIE MARCEAU. ■ Uno scrittore, in crisi privata e professionale, arriva ai Caraibi con la giovane moglie. Tradito dalla consorte con un cliente dell'albergo, l'uomo si ubriaca e durante una rissa uccide l'avversario. Del delitto viene incolpato un boy dell'albergo. Ricattato da un magnaccia locale, lo scrittore prima subisce, poi si ribella e va ad autoaccusarsi alla polizia. Il magnaccia gli taglia la gola. ■ DRAMMATICO; COL.; 90′; FRANCIA, 1986.

DISCESA DI ACLÀ A FLORISTELLA, LA ★★
Regia di AURELIO GRIMALDI. Con LUIGI MARIA BURRUANO, FRANCESCO CUSIMANO, TONY SPERANDEO. ■ Dopo un inizio duro ma coinvolgente, anche dal punto di vista figurativo che ri-

corda Caravaggio, il film si perde nell'insistita violenza e con la scena finale per nulla originale. Aclà viene venduto dal padre a un picconiere e deve sopportare ogni tipo di fatica lavorando in miniera. La povertà della famiglia è come un'altra prigione e così, dopo un tentativo andato male di fuga, può solo sognare di raggiungere il mare. ■ DRAMMATICO; COL.; 86'; ITALIA, 1992. ■ VENEZIA 1 PR.

DISCO DELIRIO – DISCO MUSIC FEVER ★★
Regia di OSCAR ROY. Con DALIDA BAGLIONI, DARIO BRAMANTE, AMBRA DAVY, MAURIZIO MICHELETTI. ■ Due coppie di ballerini si affrontano sulle piste di balere meneghine tra drammi privati e storielle sentimentali. Il filo conduttore della trama ruota intorno al problema di Tino, uno dei ballerini che, comprata a credito una maxi-moto, non trova i soldi per pagarla. Duello all'ultimo tacco. ■ COMM. MUSICALE; COL.; 92'; ITALIA, 1979.

DISCONNECT ★★
Regia di HENRY ALEX RUBIN. Con JASON BATEMAN, MICHAEL NYQVIST, ANDREA RISEBOROUGH, ALEXANDER SKARSGÅRD. ■ Un poliziotto vedovo si converte a detective privato per avere più tempo per il figlio, un bulletto che, tramite un falso profilo Facebook, gioca con i sentimenti di un coetaneo più introverso. Un avvocato di grido non può staccare occhi e orecchie dal telefono, nemmeno a cena, e non vede quel che accade in casa sua, ai suoi figli. Una produttrice televisiva intravede lo strumento per confezionare un reportage di successo in un ragazzo che si vende sulle videochat hard insieme ad altri minorenni. Un'altra donna, reduce da un lutto profondo, cerca conforto presso uno sconosciuto on line, mentre il marito accumula debiti. Immerse nel virtuale, sconnesse l'una rispetto all'altra, le vite di queste persone vengono brutalmente sconvolte dalla realtà e intrecciate tra loro dal destino. L'ex documentarista Rubin sceglie senza esitazione una struttura multilineare e un cast inattaccabile. Il modello è *Crash* di Paul Haggis, citato anche nel tema di fondo, ovvero la solitudine reale del singolo nel mondo della comunicazione virtuale totale, ma il risultato è decisamente meno sontuoso, perfino televisivo. ■ DRAMMATICO; COL.; 115'; USA, 2012.

DISCO 413, IL *(Disque 413)* ★★
Regia di RICHARD POTTIER. Con JEAN GALLAND, GITTA OLPAR. ■ Una celebre cantante è sposata con un uomo al servizio di una potenza straniera, ma ignora l'attività spionistica del marito. Questi si serve dei dischi incisi dalla moglie per far arrivare all'estero preziose informazioni. Un giorno la donna viene arrestata. Riesce a dimostrare la sua innocenza mentre il marito, in uno scontro a fuoco con la polizia, perde la vita. ■ SPIONAGGIO; B/N; 82'; FRANCIA, 1936.

DISCORSO DEL RE, IL *(The King's Speech)* ★★★🏆
Regia di TOM HOOPER. Con HELENA BONHAM CARTER, JENNIFER EHLE, COLIN FIRTH, GUY PEARCE, GEOFFREY RUSH. ■ Duca di York e secondogenito di re Giorgio V, Bertie è afflitto dall'infanzia da una grave forma di balbuzie che gli aliena la considerazione del padre, il favore della corte e l'affetto del popolo inglese. Figlio di un padre anaffettivo e padre affettuoso di Elisabetta (futura Elisabetta II) e Margaret, Bertie è costretto suo malgrado a parlare in pubblico e dentro i microfoni della radio, medium di successo degli anni Trenta. Sostituito il corpo con la viva voce, il Duca di York deve rieducare la balbuzie, buttare fuori le parole e trovare una voce. Lo soccorrono la devozione di Lady Lyon, sua premurosa consorte, e le tecniche poco convenzionali di Lionel Logue, logopedista di origine australiana. Tra spasmi, rilassamenti muscolari, tempi di uscita e articolazioni più o meno perfette, Bertie scalzerà il fratello "regneggiante", salirà al trono col nome di Giorgio VI e troverà la corretta fonazione nel suo discorso più bello: quello che ispirerà la sua nazione guidandola contro la Germania nazista. Premio Oscar come miglior film. ■ STORICO; COL.; 111'; GRAN BRETAGNA, AUSTRALIA, 2010.

DISCOTECA, LA ★★
Regia di MARIANO LAURENTI. Con CINZIA BONFANTINI, NINO D'ANGELO, ROBERTA OLIVIERI. ■ Pizzaiolo napoletano va a lavorare in un albergo di montagna. La lontananza e gli intrighi di un rivale provocano una rottura con la sua ragazza, ma un'amica li fa ravvicinare. Ennesimo film del filone sceneggiata napoletana. ■ SENTIMENTALE; COL.; 9[illegible]'; ITALIA, 1983.

DISCO VOLANTE, IL ★★★
Regia di TINTO BRASS. Con SILVANA MANGANO, ELEONORA ROSSI DRAGO, ALBERTO SORDI, MONICA VITTI. ■ Una povera contadina del Veneto riesce a catturare un marziano sceso sul nostro pianeta con un disco volante. La donna trasforma l'avvenimento in un affare vendendo l'extraterrestre ad un omosessuale che non intende certo servirsene per scopi scientifici. Il povero marziano viene eliminato dalla madre dell'omosessuale il quale, insieme a tutte le persone che sostenevano d'aver visto il disco volante, finisce in manicomio. ■ COMMEDIA; B/N; 94'; ITALIA, 1964.

DISENGAGEMENT ★★
Regia di AMOS GITAI. Con HIAM ABBASS, JULIETTE BINOCHE, BARBARA HENDRICKS, DANA IVGY, ISRAEL KATORZA, URI KLAUZNER, LIRON LEVO, JEANNE MOREAU, TOMER RUSSO. ■ La scena di apertura unisce un israeliano e una palestinese in un bacio appassionato. La scelta di ambientare questo incontro passionale e intenso su un treno non è casuale. Il tema della frontiera, reale o metaforica, torna in questo film mettendo in relazione i due protagonisti, Ana e Uli, che si riconciliano alla morte del padre. Tra di loro non esiste un rapporto di piena consanguineità, essendo nati da madri diverse. Questo elemento conferma la volontà da parte del cineasta di sottolineare uno stato di provvisorietà e fuggevolezza che, in qualche modo, appartiene all'intera umanità. Non solo alle persone che vivono con dolore e ansia un conflitto bellico. ■ DRAMMATICO; COL.; 121'; FRANCIA, GERMANIA, ISRAELE, ITALIA, 2007.

DISERTORE, IL ★★★
Regia di GIULIANA BERLINGUER. Con OMERO ANTONUTTI, IRENE PAPAS, MATTIA SBRAGIA. ■ Siamo nel 1922. Mariangela domestica del parroco di un paesino sardo, decide di donare tutti i suoi sudati risparmi, 830 lire, per la costruzione di un monumento ai caduti. Uno dei suoi figli, infatti, era morto durante la Grande Guerra, mentre l'altro, disertore e assassino, era stato ucciso meno gloriosamente dalla malaria e seppellito in montagna. Ma, per la povera donna, entrambi sono martiri, vittime di una guerra comunque ingiusta ■ DRAMMATICO; COL.; 92'; ITALIA, 1983.

DISERTORE, IL *(Lucky Jordan)* ★★★
Regia di FRANK TUTTLE. Con ALAN LADD, HELEN WALKER. ■ Un gangster è costretto ad andare in guerra malgrado abbia tentato in ogni modo di farsi esonerare. La sua disonestà è causa di continui scontri con gli ufficiali e compagni e l'uomo si mette nei guai ripetutamente. Il caso vuole che si impadronisca di importanti segreti militari che decide di vendere al nemico ma, all'ultimo momento, un guizzo d'amor di patria gli fa restituire i documenti ■ SPIONAGGIO; B/N; 84'; USA, 1949.

DISERTORE E I NOMADI, IL ★★★
(Deserter and the Nomads)
Regia di JURAJ JAKUBISKO. Con HELENA GRODOVA, AUGUST KUBAN, MIKULAS LADIZINSKY, JANA STENHOVA. ■ La morte è la protagonista dei tre episodi che compongono il film e che tendono a dimostrare l'assoluta e crudele inutilità della guerra. Dal primo conflitto mondiale in poi, la morte miete vittime spesso senza alcuna giustificazione, finché, dopo un'immaginaria guerra atomica che ha reso la terra un immenso deserto, non sarà a sua volta eliminata da una delle ultime macchine costruite dall'uomo. ■ DRAMMATICO; COL.; 103'; CECOSLOVACCHIA, 1969.

DISERTORI DI FORT UTAH, I ★★
Regia di LESLEY SELANDER. Con SCOTT BRADY, JOHN IRELAND, VIRGINIA MAYO, JOHN RUSSELL, ROBERT STRAUSS. ■ Una banda di fuorilegge stermina un intero villaggio indiano, compresi donne e bambini. I guerrieri superstiti attaccano una carovana di coloni che attraversa il loro territorio. I pionieri riescono a catturare i banditi responsabili del feroce massacro, li consegnano agli indiani e ottengono così il permesso di raggiungere la loro meta in tutta tranquillità. ■ WESTERN; COL.; 83'; USA, 1967.

DISFATTA DELLE AMAZZONI, LA ★★
(Warrior's Husband)
Regia di WALTER LANG. Con ELISSA LANDI, DAVID MANNERS.

■ Le fiere guerriere amazzoni catturano gli uomini e li usano solo per la procreazione. Ma un giorno un aitante guerriero fa riscoprire alla bella virago gioie che credeva accantonate. ■ FANTASTICO; B/N; 92′; USA, 1933.

DISH, THE ★★★

Regia di ROB SITCH. Con ROSALIND HAMMOND, KEVIN HARRINGTON, BILLY MITCHELL, SAM NEILL. ■ Una divertente commedia ambientata in una città rurale dell'Australia che si prepara a diventare il centro del mondo anche se solo per qualche giorno. Siamo infatti nel 1969, alla vigilia dello sbarco sulla luna, e la piccola cittadina ospita l'unica postazione satellitare in grado di far comunicare la Nasa con gli astronauti della missione lunare. Una storiellina con situazioni già viste capace però di far sorridere senza annoiare. ■ COMMEDIA; COL.; 101′; AUSTRALIA, 2002.

DISONESTO, IL *(The Private Affairs of Bel Ami)* ★★★

Regia di ALBERT LEWIN. Con JOHN CARRADINE, ANN DVORAK, ANGELA LANSBURY, GEORGE SANDERS. ■ Tratto dal celebre romanzo *Bel Ami* di Maupassant, il film racconta la scalata sociale del giovane seduttore Duroy che non esita a servirsi del proprio fascino per arrivare ai vertici della società parigina. Improvvisamente la fortuna gli volta le spalle e il giovanotto muore in un duello. ■ DRAMMATICO; B/N; 112′; USA, 1947.

DISONORATA *(Dishonored)* ★★★

Regia di JOSEF VON STERNBERG. Con LEW CODY, MARLENE DIETRICH, VICTOR MCLAGLEN. ■ Un'affascinante prostituta fa la spia per gli austriaci, ma si innamora di un bel soldato russo e lo fa fuggire: l'aspetta il plotone d'esecuzione, che la donna saprà fronteggiare con imperturbabile dignità. È uno dei numerosi film girati insieme da Josef von Sternberg e da Marlene Dietrich. ■ DRAMMATICO; B/N; 91′; USA, 1931.

DISONORATA *(Dishonored Lady)* ★★★

Regia di ROBERT STEVENSON. Con HEDY LAMARR, JOHN LODER, DENNIS O'KEEFE. ■ Grazie alle cure di uno psichiatra una ragazza con un passato burrascoso rinuncia al proposito del suicidio. Incontrato casualmente un uomo conosciuto nel periodo buio della sua esistenza, viene da questi trascinata in una lite che finisce con un omicidio. Ancora una volta interviene lo psichiatra il quale, convinto della sua innocenza, spiega al giovane la situazione e lo convince ad aiutarla. La ragazza trova così la forza di reagire e dimostrare la propria estraneità al delitto. ■ DRAMMATICO; B/N; 85′; USA, 1947.

DISONORATA SENZA COLPA ★★

Regia di GIORGIO W. CHILI. Con ALBERTO FARNESE, GIACOMO RONDINELLA, MILLY VITALE. ■ Un giovane ufficiale della marina italiana parte per la guerra ignorando che la sua fidanzata, che aspetta un bambino, è stata messa in carcere sotto l'accusa di spionaggio. Alla fine del conflitto la donna viene liberata ma, convinta che il bimbo che ha dato alla luce sia morto e che il fidanzato sia caduto in combattimento, entra in convento. L'innamorato rientra dall'America, dove si era rifugiato, giusto in tempo per rintracciare lei e il figlioletto. ■ DRAMMATICO; B/N; 90′; ITALIA, 1953.

DISORDINE, IL ★★★

Regia di FRANCO BRUSATI. Con BARBARA FREY, LOUIS JOURDAN, CURD JÜRGENS, ANTONELLA LUALDI, TOMAS MILIAN, RENATO SALVATORI, JEAN SOREL, SUSAN STRASBERG, ALIDA VALLI, GEORGES WILSON. ■ Ritratti di personaggi appartenenti alla borghesia milanese che un giovane arrampicatore sociale incontra nella sua scalata al successo. Egoisti, frustrati, inconcludenti, questi individui coinvolgono nel loro disordine mentale il giovane che riesce a sottrarsi alla loro negativa influenza del tutto casualmente. ■ DRAMMATICO; B/N; 95′; ITALIA, 1962.

DISPERATAMENTE L'ESTATE SCORSA ★★

Regia di SILVIO AMADIO. Con LORIS BAZZOCCHI, LEA NANNI, PAOLA PITAGORA, NINO SEGURINI, FLAVIO SORRENTINO. ■ Un agente fuggito dalla Germania dell'Est e ricercato dalla polizia segreta di quel Paese capita in Sardegna e si innamora, ricambiato, di una giovane donna. L'uomo si rende conto che la sua esistenza è appesa ad un filo e decide di separarsi dalla ragazza per non coinvolgerla in continue fughe. In un incidente stradale provocato dai suoi inseguitori la sua automobile si incendia e tutti lo credono morto. Anche la sua donna, e l'uomo se ne va lasciandola in quella convinzione. ■ DRAMMATICO; COL.; 92′; ITALIA, 1970.

DISPERATA NOTTE, LA *(The Long Night)* ★★★

Regia di ANATOLE LITVAK. Con BARBARA BEL GEDDES, HENRY FONDA, VINCENT PRICE. ■ Due uomini si contendono l'amore di una ragazza: un giovane operaio e un maturo prestigiatore, che arriva persino a far credere d'essere il padre della fanciulla pur di liberarsi del rivale. Il giovane non si arrende e, durante un violento diverbio con il prestigiatore, arriva ad ucciderlo. Dopo il delitto si rinchiude in una stanza minacciando di sparare su chiunque si avvicini, ma la ragazza riesce a convincerlo ad arrendersi alla polizia. ■ DRAMMATICO; B/N; 101′; USA, 1947.

DISPERATA RICERCA *(Desperate Search)* ★★

Regia di JOSEPH H. LEWIS. Con JANE GREER, HOWARD KEEL, PATRICIA MEDINA. ■ Tornando da un periodo di vacanze trascorso con il padre che vive separato dalla moglie, due ragazzi precipitano con l'aereo sul quale viaggiano e sono i soli passeggeri a salvarsi. Il padre, abile pilota, parte alla loro ricerca con un piccolo idrovolante e arriva in tempo a salvarli dall'attacco di una belva e li riporta a casa, sfiniti ma incolumi. ■ DRAMMATICO; B/N; 73′; USA, 1952.

DISPERATI, I *(Desperate Moment)* ★★★

Regia di COMPTON BENNETT. Con DIRK BOGARDE, MAI ZETTERLING. ■ Simon, aggregato ad un gruppo di partigiani inglesi, è convinto che la sua fidanzata sia morta e ha perduto ogni interesse per la vita. Quando un compagno gli fa credere d'aver ucciso un soldato involontariamente e per salvare la vita ad altre persone, se ne assume la colpa. Ma la fidanzata non è morta e arriva per comunicargli che il soldato è stato ucciso dai suoi ex compagni per rapina. Simon cerca di dimostrare la sua innocenza e ci riesce. ■ AVVENTURA; B/N; 88′; GRAN BRETAGNA, 1953.

DISPERATI DELLA GLORIA, I ★★
(Les parias de la gloire)

Regia di HENRI DECOIN. Con GERMAN COBOS, CURD JÜRGENS, FOLCO LULLI, MAURICE RONET. ■ André, che si trova in un campo francese in Indocina, odia i tedeschi che gli hanno ucciso il fratello. Quando al campo arriva un pilota, riconosce in lui proprio l'ufficiale che sparò al fratello. Il primo impulso è quello di ucciderlo, ma i ribelli attaccano e l'interesse comune costringe i due a dimenticare i rancori. ■ GUERRA; B/N; 98′; FRANCIA, 1964.

DISPERATI DI CUBA, I ★★★
(Quatre hommes aux poings nus)

Regia di ROBERT TOPART. Con ANTONELLA DOGAN, JEAN GRAS, CHRISTIAN KERVILLE, LUISA RIVELLI. ■ Quattro poveri pescatori rubano sin troppo facilmente un battello apparentemente abbandonato ma con le reti piene di pesce appena pescato. Quando si accorgono che a bordo si trova un esplosivo abbandonano il pericoloso bottino, ma vengono egualmente arrestati. Per scagionarsi raccontano d'aver tentato di disinnescare la bomba, ma per essere creduti devono recuperare battello ed esplosivo. Durante l'impresa uno di loro ci lascia la vita e gli altri tre, liberi ma più disperati di prima, continuano la loro misera esistenza. ■ AVVENTURA; COL.; 90′; FRANCIA, 1969.

DISPERATI DI SANDOR, I *(Szegènylegènyek)* ★★★

Regia di MIKLÓS JANCSÓ. Con KARAK ANDRAS, AGARDY GABOR, GORBE JANOS, MOLNAR TIBOR, LATINOVITS ZOLTAN. ■ Nell'Ungheria del 1860, Sandor è un ribelle che gode di largo seguito tra i contadini pronti a tutto pur di non tradirlo. Tuttavia i poliziotti riescono, con un abile stratagemma, a scoprire numerosi appartenenti alla sua banda. ■ DRAMMATICO; B/N; 94′; UNGHERIA, 1966.

DISPERATO ADDIO ★★

Regia di LIONELLO DE FELICE. Con LISE BOURDIN, ANDREA CHECCHI, MASSIMO GIROTTI. ■ Dopo un bisticcio con il marito famoso medico, Luisa esce di casa e non sapendo dove andare si rifugia da Maurizio, suo ex corteggiatore. Questi se ne va in albergo per non imbarazzarla, ma il marito non crede all'innocenza di quell'incontro e abbandona Luisa. La donna si rimette a lavorare, mette al mondo un figlio e dopo molti guai si accorge d'essere ammalata gravemente. Disperata, tenta il suicidio, ma viene salvata con un'operazione proprio dal suo ex marito. ■ DRAMMATICO; B/N; 92'; ITALIA, 1955.

DISPERATO AMORE *(Deep Valley)* ★★★
Regia di JEAN NEGULESCO. Con DANE CLARK, IDA LUPINO. ■ Due giovani (lei balbuziente, lui evaso da un carcere) si innamorano e fuggono insieme. Durante la fuga il ragazzo uccide un poliziotto e viene a sua volta mortalmente ferito. La ragazza viene riportata in famiglia dove trova comprensione e affetto nei genitori. ■ DRAMMATICO; B/N; 104'; USA, 1947.

DISPERATO APRILE *(Abril Despedaçado)* ★
Regia di WALTER SALLES. Con RITA ASSEMANY, JOSÉ DUMONT, RAVI LACERDA, RODRIGO SANTORO. ■ Dal romanzo *Aprile spezzato* di Ismail Kadaré. Il teatro non è quello del libro, cioè l'Albania dei giorni nostri, ma il Brasile di inizio Novecento. La storia ruota intorno a Tonho, un giovane che deve vendicare, in nome della famiglia, l'uccisione del fratello. Non è del tutto convinto, ma la maledetta tradizione preme. Intorno ci sono situazioni strampalate buttate qua e là: artisti di strada, il lavoro della canna da zucchero, la veglia dei morti. Presentato a Venezia 2002, naturalmente. ■ DRAMMATICO; COL.; 106'; BRASILE, 2002.

DISPERAZIONE *(Schatten der Nacht)* ★★
Regia di EUGEN YORK. Con WILLY FRITSCH, HILDE KRAHL, CARL RADDATZ, JOSEF SIEBER. ■ Una donna che ha sposato un uomo molto ricco viene ricattata dall'antico amante, appena uscito di prigione. Per non rivelare al marito il suo equivoco passato la donna fugge: la sua vita diventa un inferno, finisce in una casa d'appuntamenti ed è proprio lì che il marito, che la crede morta, la ritrova, ma non la riconosce. L'uomo, che avverte tuttavia una strana somiglianza con la moglie, le dimostra interesse. Lei gli racconta tutta la storia, ma lui non le crede: non le resta allora che il suicidio. ■ DRAMMATICO; B/N; 90'; GERMANIA, 1950.

DISPOSTA A TUTTO ★★
Regia di GIORGIO STEGANI CASORATI. Con BEKIM FEHMIU, ELEONORA GIORGI, BARBARA MAGNOLFI. ■ Una ragazza ventenne s'è innamorata di un fascinoso ingegnere e per lui è disposta a tutto. Infatti, quando rimane incinta, abortisce come vuole lui. Ma l'esperienza è così traumatica che la ragazza comprende di dover uscire da questa situazone di plagio il più presto possibile. E infatti riesce a liberarsi, nonostante lui sembri ora pentito e disposto a intraprendere un rapporto alla pari. ■ DRAMMATICO; COL.; 92'; ITALIA, 1977.

DISPREZZO, IL *(Le mépris)* ★★★
Regia di JEAN-LUC GODARD. Con BRIGITTE BARDOT, FRITZ LANG, JACK PALANCE, MICHEL PICCOLI. ■ La moglie di uno scrittore italiano, chiamato da un produttore cinematografico per una sceneggiatura, abbandona il marito per unirsi al ricco uomo di cinema. Poco tempo dopo, durante un incidente automobilistico, la donna muore. Il film è tratto dall'omonimo romanzo di Alberto Moravia. ■ DRAMMATICO; COL.; 103'; FRANCIA, 1963.

DISTANCE ★★
Regia di HIROZAKU KOREEDA. Con ARATA, TERAJIMA SUSUMU, ASANO TADANOBU, NATSUKAWA YUI, ISEYA YUSUKE. ■ Una storia che trae linfa da un fatto realmente accaduto: nel 1995, in Giappone, l'Aum Sect commise un omicidio di massa. Morirono un centinaio di persone, compresi gli esecutori di quella che non possiamo non definire una strage, giustiziati da alcuni discepoli. In *Distance* la setta si chiama l'Arca della Verità, il terribile fatto viene invece raccontato attraverso gli occhi (e la memoria) di un gruppo di quattro amici che si reca sul luogo del disastro – un lago in mezzo al nulla, materiale e spirituale – per commemorare, ricordare. La "spedizione", però, si trasforma in qualcos'altro: i quattro sono costretti a passare una lunga notte insieme, in più sul luogo incontrano una persona che visse la strage. ■ DRAMMATICO; COL.; 132'; GIAPPONE, 2001.

DISTANZA ZERO *(Le point de mire)* ★★
Regia di JEAN-CLAUDE TRAMONT. Con JEAN-CLAUDE BRIALY, JACQUES DUTRONC, ANNIE GIRARDOT, MATTHIAS HABICH. ■ Ammazzano un fotografo francese in Belgio. La moglie vuole vederci chiaro. Scopre che il marito era a conoscenza di un complotto per uccidere un diplomatico americano, ma commette l'errore di confidare i suoi sospetti a un amico di famiglia che del complotto è quello che tira le fila. Questi ha tutto il tempo non solo di far ammazzare l'americano, ma anche di rifilare la colpa alla povera donna, che ci rimette le penne ad opera dello stesso sicario. Stavolta il buono, il solitario in lotta contro le forze oscure e terribili, soccombe. ■ DRAMMATICO; COL.; 95'; FRANCIA, 1977.

DISTINTIVO DI VETRO, IL *(The Glass Shield)* ★★
Regia di CHARLES BURNETT. Con MICHAEL BOATMAN, ICE CUBE, MICHAEL IRONSIDE, LORI PETTY, M. EMMER WALSH. ■ Un giovane poliziotto di colore è appena arrivato in un reparto dove i neri non sono molto amati. Dopo aver arrestato coi colleghi un presunto assassino di colore, scopre la sua innocenza e cerca di aiutarlo. ■ POLIZIESCO; COL.; 110'; USA, 1995.

DISTINTO GENTILUOMO, IL ★★
(The Distinguished Gentleman)
Regia di JONATHAN LYNN. Con JOE DON BAKER, EDDIE MURPHY, SHERYL LEE RALPH, LANE SMITH. ■ Evidenti i richiami a certi film di Capra. Thomas Jefferson Johnson abita in Florida e ha la passione per le truffe. Viene a sapere che lo stipendio di un senatore è stimato in oltre mezzo milione di dollari l'anno. Detto fatto, approfitta del suo cognome, identico a quello di un senatore del suo Stato che è passato a miglior vita. Una volta in Campidoglio si fa aiutare da un'affascinante attivista. L'uomo cambierà moralmente, sventerà i piani truffaldini di alcuni industriali e troverà l'amore. Scritto da Marty Kaplan, già ispiratore del politico americano Mondale, il copione contiene involontariamente dei riferimenti alla nostra Tangentopoli ■ COMMEDIA; COL.; 113'; USA, 1992.

DISTRAZIONI, LE *(Les distractions)* ★★★
Regia di JACQUES DUPONT. Con JEAN-PAUL BELMONDO, CLAUDE BRASSEUR, SYLVA KOSCINA, ALEXANDRA STEWART. ■ Un giovane fotoreporter, che ha sempre preso la vita con allegria e scarso impegno, si trova coinvolto in drammatiche situazioni: un ex compagno d'armi, accusato di assassinio, gli chiede aiuto e lui lo nasconde in casa propria. Ma il ricercato, convinto dopo qualche giorno che il fotoreporter non abbia più intenzione di aiutarlo, si suicida. Il tragico evento fa meditare il giovane e lo fa maturare. ■ DRAMMATICO; B/N; 101'; FRANCIA, 1960.

DISTRETTO 13 LE BRIGATE DELLA MORTE ★★★
(Assault on Precinct 13)
Regia di JOHN CARPENTER. Con DARWIN JOSTON, AUSTIN STOKER, MARTIN WEST, LAURIE ZIMMER. ■ La violenza delle bande che si scatenano a Los Angeles è tale che la polizia decide di chiudere uno dei suoi uffici periferici. Mentre un tenente, due donne poliziotto ed un agente che scorta tre condannati a morte stanno per andarsene dagli uffici ormai vuoti, arrivano i guerriglieri che li assediano. L'emergenza crea un clima di fratellanza tra i poliziotti e i condannati a morte che riescono, dopo molte ore, ad avere la meglio sugli assalitori. ■ DRAMMATICO; COL.; 90'; USA, 1976.

DISTRIBUTORE PIÙ SEXY DEL MONDO, IL ★★
(Gas Pump Girls)
Regia di JOEL BENDER. Con STEVE BOND, HUNTZ HALL, SANDY JOHNSON. ■ Un benzinaro è costretto a chiudere la sua stazione di servizio. Ma la nipote la riapre, facendo affari d'oro. Come? Mettendosi alla pompa di benzina, assieme a un gruppo di amiche una più bella e curvilinea dell'altra. ■ COMMEDIA; COL.; 92'; USA, 1979.

DISTRICT 9 ★★★
Regia di NEIL BLOMKAMP. Con JASON COPE, SHARLTO COPLEY, VANESSA HAYWOOD, MARIAN HOOMAN, DAVID JAMES. ■ Negli anni Ottanta sono arrivati gli alieni. Stavolta però non sono atterrati a Manhattan o in qualche sperduto paesino di campagna degli Stati Uniti ma si sono fermati con un'astronave gigante sopra Johannesburg senza muoversi più. Una spedizione di terrestri scopre che quella nave apparentemente immobile è piena di alieni denutriti, sporchi e in condizioni pessime. Da quel momento per 20 anni i visitatori saranno stipati in una baraccopoli di Johannesburg creata per l'occasione: il distretto 9. ■ FANTASCIENZA; COL.; 112'; USA, 2009.

DISTRUGGETE DC 59 – DA BASE SPAZIALE A HONG KONG *(Kyû ketsuki Gokemidoro)* ★
Regia di HAJIME SATO. Con NICK AKON, CATHY HOLAN, HIDEO KO. ■ Un aereo giapponese, dirottato da un pazzo, precipita in una regione deserta e i superstiti cominciano a litigare tra di loro. Come se non bastasse, ci si mettono di mezzo anche gli invasori spaziali che riescono facilmente nei loro intenti malgrado l'opposizione dei due soli terrestri buoni e giusti. Il resto dell'umanità, reprobo e corrotto, merita di essere sopraffatto. ■ FANTASCIENZA; COL.; 90'; GIAPPONE, 1968.

DISTRUGGETE FRANKENSTEIN! *(Frankenstein Must be Destroyed)* ★★
Regia di TERENCE FISHER. Con VERONICA CARLSON, PETER CUSHING, FREDDIE JONES, THORLEY WALTERS, SIMON WARD. ■ Un ladruncolo capita per caso nel laboratorio del dottor Frankenstein, trova un cadavere e denuncia il fatto alla polizia. Il malefico barone era riuscito a organizzare una specie di clinica dove aveva effettuato esperimenti trapiantando cervelli da un corpo all'altro. Una delle operazioni gli era riuscita solo in parte, perché la sua creatura gli si era ribellata. Quando arrivano gli agenti, avvertiti dal ladro, scoppia un incendio e il dottor Frankenstein vi perisce. ■ HORROR; COL.; 101'; GRAN BRETAGNA, 1969.

DISTRUGGETE KONG – LA TERRA È IN PERICOLO! *(Terror of Mechagodzilla)* ★★
Regia di ISHIRÔ HONDA. Con TOMOKO AL, ALAN BAKER, HARRIS BARTLEY, TADAO NAKAMARU, KATSUHIKO SASAKI. ■ Gli abitanti del Terzo Pianeta decidono di conquistare la Terra sulla quale hanno installato delle basi. Dispongono anche di due spaventosi mostri: Titano Kong e Mega Godzilla. Ma in aiuto dei terrestri arriverà il vero Godzilla che sistemerà tutti quanti. ■ FANTASCIENZA; COL.; 90'; GIAPPONE, 1976.

DISTRUTTORI, I *(Air Hawks)* ★★
Regia di ALBERT S. ROGELL. Con RALPH BELLAMY, TALA BIRELL. ■ Il presidente di una grande compagnia aerea ordina di sabotare i voli di una piccola concorrente che sta avendo un crescente successo. La stampa opportunamente guidata gli dà man forte, ma una ragazza, che si innamora di uno dei piloti della piccola compagnia, svela le sue manovre e l'uomo si uccide. ■ DRAMMATICO; B/N; 92'; USA, 1935.

DISTRUTTORI, I *(The Destructors)* ★★
Regia di FRANCIS D. LYON. Con DAVIS BRIAN, PATRICIA OWENS. ■ Un agente federale dà la caccia a una gang di ladri internazionali che hanno rubato preziose apparecchiature laser. Ovvio poliziesco che spreca il mestiere di un cast di un certo rispetto. ■ GIALLO; COL.; 92'; USA, 1968.

DISTRUZIONE *(Looking for Trouble)* ★★★
Regia di WILLIAM A. WELLMAN. Con CONSTANCE CUMMINGS, SPENCER TRACY. ■ Un impiegato dei telefoni, per scagionare la propria fidanzata ingiustamente accusata di omicidio, riesce a compiere accurate indagini sul delitto senza muoversi da una stanza, servendosi esclusivamente del telefono. Ed è con questo mezzo che riesce a rintracciare la vera colpevole, morente, e a trasmettere la sua confessione alla polizia. La fidanzata viene così liberata. ■ POLIZIESCO; B/N; 93'; USA, 1934.

DISTURBIA ★★
Regia di D.J. CARUSO. Con SHIA LABEOUF, DAVID MORSE, CARRIE-ANN MOSS, SARAH ROEMER. ■ Perso il padre in un incidente stradale a causa sua, Kale vive nell'incubo della colpa. Svogliato negli studi ed estremamente irascibile, quando viene provocato da un insegnante lo colpisce al volto e viene condannato a tre mesi di arresti domiciliari. A casa, però, non c'è molto da fare, se non osservare il mondo esterno dalla finestra della sua camera. Là fuori tutto si muove, tutto accade, e le persone, nel loro quotidiano, sembrano fare cose interessanti mai notate fino a ora. C'è la bella Ashley, appena trasferitasi dalla città con la famiglia, ma anche l'inquietante vicino, il signor Turner, che sembra nascondere dei segreti. Come la sparizione di una donna. Gli ingredienti di questo thriller sono semplici ed efficaci: il voyeurismo, fondamento di vita e di cinema, e l'immancabile presenza di un serial killer, che è l'attuale marchio di fabbrica del genere. ■ THRILLER; COL.; 104'; USA, 2007.

DISUBBIDIENZA, LA ★★
Regia di ALDO LADO. Con MARIO ADORF, STEFANIA SANDRELLI, THERESE ANN SAVOY. ■ Dal romanzo di Alberto Moravia, trasposto dall'inizio del Novecento al dopoguerra veneziano. Protagonista è un adolescente in polemica con i genitori. Si ammala gravemente e ci lascerebbe la pelle, se un'infermiera tutta cuore (la Sandrelli) non lo salvasse, facendogli anche scoprire l'amore. ■ DRAMMATICO; COL.; 95'; ITALIA, 1981.

DITO NELLA PIAGA, IL ★★
Regia di TONINO RICCI. Con BETSY BELL, GEORGE HILTON, KLAUS KINSKI, RAY SAUNDERS. ■ Due militari americani condannati a morte e l'ufficiale che comandava il plotone d'esecuzione sono gli unici superstiti dopo un attacco tedesco. Rifugiatisi in un paese nel sud dell'Italia, i due condannati sacrificano la loro vita per difendere gli abitanti dai soprusi dei nazisti. L'ufficiale, che alla fine della guerra torna in patria, fa in modo che i due vengano ricordati con una medaglia. ■ GUERRA; COL.; 93'; ITALIA, 1969.

DITO PIÙ VELOCE DEL WEST, IL *(Support Your Local Sheriff)* ★★
Regia di BURT KENNEDY. Con WALTER BRENNAN, JACK ELAM, JAMES GARNER, JOAN HACKETT, HENRY JONES, HARRY MORGAN. ■ Un giovane sceriffo, un vice piuttosto pasticcione e una ragazza si trovano a subire l'assalto di una intera banda di fuorilegge in un paesino del West. Alla disparità numerica i tre sopperiscono con l'astuzia e i banditi hanno la peggio. Soltanto allora gli abitanti escono dalle loro tane per acclamare gli eroi. ■ WESTERN; COL.; 93'; USA, 1968.

DI TRESSETTE CE N'È UNO, TUTTI GLI ALTRI SON NESSUNO ★
Regia di GIULIANO CARNIMEO. Con RICCARDO GARRONE, GEORGE HILTON, CHRIS HUERTA. ■ Tressette è alla ricerca della chiave di una cassetta di sicurezza dove sono depositati centomila dollari rubati. Seguendo le tracce, l'avventuriero arriva in un manicomio dove ne passa di tutti i colori. Alla fine, però, i centomila sono suoi. ■ WESTERN; COL.; 95'; ITALIA, 1974.

DITTATORE, IL *(The Dictator)* ★★
Regia di LARRY CHARLES. Con SACHA BARONB COHEN, ANNA FARIS, MEGAN FOX, BEN KINGSLEY, JASON MANTZOUKAS. ■ Haffaz Aladeen è il dittatore di Wadiya, paese immaginario del Nord Africa. Capriccioso e volubile, il generale e supremo leader vince alle sue olimpiadi, recita nei suoi film, comanda un esercito di donne, le colleziona nel suo letto e dentro una polaroid, detesta le bombe spuntate e adora le armi chimiche, ha il vizio delle pene capitali, dei cartoni animati e della Wii. Antidemocratico e orgogliosamente idiota, Haffaz Aladeen è "invitato" dalle Nazioni Unite a dimettersi. Risentito e ostinato a mantenere le redini del proprio paese, partirà alla volta degli Stati Uniti per rispondere davanti al mondo delle proprie azioni. Ma una congiura di palazzo cambia il corso degli eventi. Sopravvissuto e sostituito da un sosia più scemo di lui, Haffaz Aladeen vagherà per Manhattan, scoprendo i piaceri della democrazia. Al riparo di e attraverso un nuovo personaggio, Sacha Baron Cohen può fare e dire tutto, scaricando sul suo alter ego la responsabilità delle sue azioni. Sbarcato ancora una volta come un alieno sul suolo americano, Baron Cohen, dietro la barba e sotto il costume, è socialmente inappropriato e dotato di una libertà incondizionata di atto e di parola, con cui travolge e annichilisce gli interlocutori di turno. Dopo il reporter kazako Borat e il corrispondente di moda Brüno, spetta al supremo leader Haffaz Aladeen, refrattario alla democrazia e sovvertitore di convenzioni e convinzioni religiose e istituzionali, la demolizione dei valori americani, della tolleranza, del politicamente corretto. ■ COMMEDIA; COL.; 90'; USA, 2012.

DITTATORE DELLO STATO LIBERO DI BANANAS, IL *(Bananas)* ★★★
Regia di WOODY ALLEN. Con NATIVIDAD ABASCAL, WOODY ALLEN, LOUISE LASSER, CARLOS MONTALBAN, JACOBO MORALES, DAVID ORTIZ. ■ Nella mini-repubblica di Bananas, i dittatori si susseguono a velocità impressionante mentre le casse dello Stato

si svuotano. Per ottenere finanziamenti dagli americani, i cittadini nominano presidente un oscuro omino arrivato dagli Stati Uniti in seguito ad una delusione amorosa. Tornato nel suo paese, costui viene arrestato, ma in compenso riconquista l'amore della sua ex fidanzata, che lo considera un eroe. È il secondo film di Allen. ■ COMMEDIA; COL.; 82′; USA, 1971.

DITTATORE DEL PARADOR IN ARTE JACK, IL ★★
(Moon over Parador)
Regia di PAUL MAZURSKY. Con SONIA BRAGA, RICHARD DREYFUSS, RAUL JULIA. ■ Un attore di scarso valore viene ingaggiato per impersonare il dittatore di un piccolo Stato sudamericano (il dittatore vero, che gli somiglia, è morto da un pezzo). L'impostore ci prende gusto. Ma qualcosa non va troppo bene al corrottissimo primo ministro. ■ COMMEDIA; COL.; 104′; USA, 1988. ■ GOLDEN GLOBES 2 NOM.

DITTATORE FOLLE, IL ★★
(Mein Kampf – Den blodiga tiden)
Regia di ERWIN LEISER. ■ La vita di Adolf Hitler e l'ascesa al potere del nazismo sono ricostruite in questo documentario utilizzando in parte cinegiornali d'epoca, in parte documenti filmati ritrovati negli archivi segreti del Terzo Reich. ■ DOCUMENTARIO; B/N; 91′; SVEZIA, 1950.

♥ DITTATORE – IL GRANDE DITTATORE, IL ★★★★
(The Great Dictator)
Regia di CHARLIE CHAPLIN. Con CHARLIE CHAPLIN, HENRY DANIELL, PAULETTE GODDARD, JACK OAKIE. ■ Un piccolo barbiere ebreo di una cittadina tedesca somiglia moltissimo al dittatore che ha dato il via ad una campagna razzista. Al pover'uomo ne capitano di tutti i colori, ma sfruttando la somiglianza si toglie anche qualche soddisfazione. Film scopertamente politico ed estremamente discusso. Chaplin volle strafare e il messaggio che dettò risultò magniloquente e retorico. Naturalmente il film funziona, ma soprattutto come storia comica. Chaplin parlava per la prima volta in un film, e usò questa possibilità al meglio (imitò perfettamente la voce di Hitler, per esempio). Per molti versi il film rimane legato ai concetti arcaici del muto (un certo uso della musica, molte gag tradizionali) che solo la grande personalità di Chaplin rende attendibili. Con tutto ciò, si tratta indubbiamente di uno dei grandi film della storia del cinema. Jack Oakie fa una divertente caricatura di Mussolini. ■ COMMEDIA; B/N; 126′; USA, 1940. ■ OSCAR 5 NOM.

DITTATORI, I *(Diktatoren)* ★★
Regia di FELIX PODMANICZKY. ■ Il film traccia alcuni profili di grandi dittatori (Stalin, Mussolini, Hitler, Franco) utilizzando filmati di repertorio d'epoca e parecchio materiale inedito, soprattutto per quanto riguarda il Terzo Reich. ■ DOCUMENTARIO; B/N; 91′; GERMANIA, 1961.

DIVA ★★
Regia di JEAN-JACQUES BEINEIX. Con FRÉDÉRIC ANDREÏ, ROLAND BERTIN, RICHARD BOHRINGER. ■ Un postino di Parigi innamorato perso di una cantante lirica ha registrato la voce della sua diva. Una ragazza, prima di venire assassinata, ha registrato una denuncia in cui un'alta personalità della polizia è accusata di sfruttamento della prostituzione. Tutto il film è giocato sulla folle corsa del postino che è in possesso di entrambe le registrazioni: nonostante la caccia dei cattivi, ne uscirà vivo. Il film è piaciuto poco alla critica, ma molto al pubblico (anche americano). ■ THRILLER; COL.; 115′; FRANCIA, 1981.

DIVA, LA *(The Star)* ★★★
Regia di STUART HEISLER. Con BETTE DAVIS, STERLING HAYDEN. ■ La grande attrice Margaret Elliott è invecchiata: i registi la evitano perché i suoi capricci la rendono insopportabile. L'ex diva non si rende conto che la sua stella è tramontata e continua a vivere come se gli ormai dimenticati successi fossero episodi recenti. Quando un giovane sceneggiatore le fa leggere un soggetto che si ispira proprio al suo personaggio, la donna comprende molte cose. ■ DRAMMATICO; B/N; 89′; USA, 1953. ■ OSCAR 1 NOM.

DIVA DEL JAZZ, LA *(Close Harmony)* ★★
Regia di JOHN CROMWELL. Con NANCY CARROLL, JACK OAKIE, CHARLES BUDDY ROGERS. ■ Love story fra un direttore d'orchestra e una volubile cantante. Musical dei primordi del sonoro che tenta con un discreto successo di rilanciare due divi del muto: Rogers e la Carroll ■ MUSICAL; B/N; 91′; USA, 1929.

DIVA IN VACANZA, LA *(Woman Hater)* ★★
Regia di TERENCE YOUNG. Con JEANNE DE CASALIS, EDWIGE FEUILLÈRE, STEWART GRANGER, RONALD SQUIRE. ■ Un giovane Lord inglese invita nella sua villa di campagna una bella e celebre attrice con l'intento di conquistarla. Per studiare la personalità della donna senza destare sospetti, finge di essere un inserviente della tenuta, ma per caso l'attrice scopre la verità e decide di rendergli pan per focaccia. Il gioco riesce perfettamente, perché entrambi si innamorano l'uno dell'altra. ■ COMMEDIA; B/N; 105′; GRAN BRETAGNA, 1948.

DIVA JULIA, LA *(Being Julia)* ★★★
Regia di ISTVÁN SZABÓ. Con ANNETTE BENING, SHAUN EVANS, BRUCE GREENWOOD, JEREMY IRONS, MARI KISS, LEIGH LAWSON. ■ Adattamento dell'omonimo romanzo di Somerset W. Maugham, *Being Julia* è una piece di recitazione dai toni briosi ma malinconici, ambientata nel mondo del teatro d'epoca inglese. Julia Lambert è prima attrice nella Londra dei tardi anni Trenta. Cedendo alle attenzioni di un giovanissimo pretendente americano, Julia ritroverà l'entusiasmo perduto e si abbandonerà senza riserve ad un amore a doppio taglio. Tra vendette e gelosie, vita reale e teatro si fonderanno per l'attrice in un inscindibile amalgama. Uno spettacolo di spessore, degno sicuramente di visione per gli amanti del classico, in cui nemmeno un finale frettoloso intacca l'atmosfera "da manuale". ■ DRAMMATICO; COL.; 104′; CANADA, GRAN BRETAGNA, UNGHERIA, USA, 2004. ■ GOLDEN GLOBES 1 PR, 1 NOM; OSCAR 1 NOM.

DIVANO A NEW YORK, UN *(Un divan à New York)* ★
Regia di CHANTAL AKERMAN. Con JULIETTE BINOCHE, WILLIAM HURT. ■ Memorizzate per favore il nome Chantal Akerman per evitare, accuratamente, di inciampare in qualche altro suo film. Lui ha casa a New York, lei a Parigi, se le scambiano per corrispondenza. Attraverso le segreterie telefoniche invertite hanno modo di conoscersi. Una buona idea di partenza assassinata da una regia che vuole essere originale: mai diretta, né precisa, né chiara. Questa Chantal, belga, ipervelleitaria, contorta, già artista sperimentale, cade nella trappola di certi francesismi che possono essere o sublimi (ma non in questi anni) o terrificanti. Film più che irritante, davvero imbarazzante. ■ COMMEDIA; COL.; 105′; USA, 1996.

DIVERSO DA CHI? ★★
Regia di UMBERTO CARTENI. Con LUCA ARGENTERO, CLAUDIA GERINI, FILIPPO NIGRO. ■ Piero è fidanzato da quattordici anni con Remo, col quale convive in una città del nord-est. Impegnato in politica e attivista gay, per un errore di calcolo dei suoi compagni di partito e un intervento della sorte, si ritrova candidato sindaco per il centrosinistra. Per la campagna elettorale, gli viene affiancata Adele, ultramoderata antidivorzista, incapace di parlare senza inserire la parola "famiglia" in ogni singola frase. Che ne sarà ora della sua immagine di simbolo gay? ■ COMMEDIA; COL.; 102′; ITALIA, 2008.

DIVERTIAMOCI STANOTTE *(On the Riviera)* ★★★
Regia di WALTER LANG. Con DANNY KAYE, GENE TIERNEY. ■ Un aviatore proprietario di una piccola compagnia aerea scopre un suo perfetto sosia in un ballerino di varietà. Per nascondere un suo viaggio d'affari, dalla segretezza del quale dipende tutto il futuro della sua compagnia, il pilota chiede l'aiuto del ballerino, che interviene ad una festa mondana al suo posto. Il pilota rientra dal viaggio prima del previsto e raggiunge il sosia e la moglie alla festa: da quel momento in poi si susseguono mille equivoci. ■ COMMEDIA; COL.; 90′; USA, 1951 ■ OSCAR 2 NOM.

DIVERTIMENTI DELLA VITA PRIVATA, I ★★
Regia di CRISTINA COMENCINI. Con DELPHINE FORREST, VITTORIO GASSMAN, GIANCARLO GIANNINI, CHRISTOPHE MALAVOY. ■ Secondo film per Cristina Comencini dopo *Zoo*. In questa co-produzione con la Francia si fa riferimento lontano a *Le nozze di Figaro* di Beaumarchais per la storia e a *Le relazioni pericolose* per l'atmosfera. C'è di mezzo anche la Rivoluzione francese ma è un fuoco lontano. Siamo a Parigi alle soglie del 1800, esattamente in

una cella della Bastiglia, e un nobile fa una scommessa con il proprio servitore. Nonostante l'età farà un'altra conquista femminile per dimostrare una sua inclinazione libertina. Da qui una serie di scambi di ruoli, furtive avventure, passioni e un comun denominatore: due donne con un solo volto, Mathilde Seurat e Julie Renard. Abbastanza piacevole ma troppo etereo per convincere del tutto. Per gli appassionati del cinema in costume. ■ COMMEDIA; COL.; 105'; ITALIA, 1990.

DIVIDED WE FALL *(Musíme si pomáhat)* ★★★
Regia di JAN HREBEJK. Con JAROSLAV DUSEK, MARTIN HUBA, CSONGOR KASSAI, JIRÍ PECHA, BOLEK POLÍVKA, ANNA SISKOVÁ. ■ Negli ultimi anni del secondo conflitto mondiale, in una piccolo paesino della Cecoslovacchia, anche le gravi vicende di guerra devono scendere a patti con la voglia e la necessità di mandare avanti l'esistenza. Così la voglia di ridere, di sognare e il piacere trovano paradossalmente la via per convivere con l'oppressione, la mancanza di libertà e di spensieratezza. I coniugi Cizek sono rassegnati a una vita che si prospetta passiva, senza la gioia di un figlio. Ma a riempire le giornate della coppia arrivano l'ebreo da nascondere, una spia insidiosa e vendicativa, le peripezie per sfuggire alla minaccia di dover condividere la casa con un nazista... Insieme alla gioia per la fine della guerra sopraggiunge, per la famiglia Cizek, quella mezz'amara per l'arrivo di un bambino. Un finale che si impone per rimettere ordine alle vicissitudini di eroi, traditori e gente per bene, dare una direzione alla storia e ancora una volta, per esorcizzare il male. Triste e allegro, superficiale e intenso. *Divided we fall*, con un brillante Boleslav Poliva, nel ruolo di protagonista, è una commedia nera che sintetizza in modo interessante il cinismo tragicomico dei cechi verso l'esistenza. Più che una vicenda filmata è una filosofia di vita. ■ COMM. DRAMMATICA; COL.; 120'; REPUBBLICA CECA, 2000.

DIVIETO D'AMORE *(Happy Anniversary)* ★★★
Regia di DAVID MILLER. Con MITZI GAYNOR, DAVID NIVEN, CARL REINER, LORING SMITH. ■ Dopo molti anni di armonia coniugale, cominciano i dissidi tra Alice e Chris. La prima causa la offrono i suoceri, e Chris prende a calci il televisore, dono di mamma e papà. Un altro apparecchio televisivo, regalo di un vicino, finisce a pezzi in seguito ad un nuovo scoppio d'ira causato questa volta dalla figlia. Le occasioni di litigio diventano sempre più frequenti, ma la notizia dell'imminente nascita di un nuovo bambino riporta la serenità. ■ COMMEDIA; B/N; 81'; USA, 1959.

DIVIETO DI SOSTA ★★
Regia di MARCELLO ALBANI. Con NINO CRISMAN, RUBI D'ALMA, MARIO FERRARI, PAOLO STOPPA, PAOLA VENERONI, ROBERTO VILLA. ■ Una donna non più giovanissima ma molto ricca perde la testa per un giovanotto di dubbia moralità. La giovane figlia della donna, per farle comprendere in che guaio si sia cacciata, fa innamorare di sé il giovanotto e gli fa credere d'essere disposta a fuggire con lui dopo aver alleggerito la madre di una discreta somma. Quando la ragazza rivela pubblicamente il suo raggiro, la donna comprende finalmente la propria follia e caccia di casa il giovane avventuriero. ■ COMMEDIA; B/N; 90'; ITALIA, 1943.

DIVINA, LA *(The Goddess)* ★★★
Regia di JOHN CROMWELL. Con LLOYD BRIDGES, KIM STANLEY. ■ Una ragazza cresciuta nei bassifondi e abbandonata a se stessa dalla madre vuole diventare attrice cinematografica per sottrarsi alla miseria del proprio ambiente. Per riuscire nel suo intento non esita davanti a nulla e alla fine riesce a diventare una stella famosa e acclamata. Ma il successo le è costato molto: l'unico uomo che l'abbia veramente amata si è allontanato da lei e le ha portato via la figlia. Molti anni dopo, preso da un senso di pietà, l'uomo ritorna, ma è troppo tardi: la donna è ormai un'alcolizzata malata di nervi che rifiuta ogni affetto. Non è difficile riconoscere nel personaggio tormentato e inquieto della protagonista Marilyn Monroe. ■ DRAMMATICO; B/N; 105'; USA, 1958. ■ OSCAR 1 NOM.

DIVINA COMMEDIA, LA *(A Divina Comedia)* ★★
Regia di MANOEL DE OLIVEIRA. Con LUÍS MIGUEL CINTRA, MARIA DE MEDEIROS, MIGUEL GUILHERME. ■ Un bizzarro film ambientato in una clinica per malati di mente. Tutti gli ospiti credono di essere personaggi celebri o storici. Si va da Adamo ed Eva a Lazzaro il lebbroso; da Raskolnikov di *Delitto e castigo* a un profeta. Da amare o odiare come tutti i film del regista portoghese. ■ COMMEDIA; COL.; 140'; FRANCIA, PORTOGALLO, 1991. ■ VENEZIA 1 PR.

DIVINA CREATURA ★★★
Regia di GIUSEPPE PATRONI GRIFFI. Con LAURA ANTONELLI, MARINA BERTI, DUILIO DEL PRETE, PIERO DI IORIO, ETTORE MANNI, MARCELLO MASTROIANNI, MICHELE PLACIDO, TERENCE STAMP. ■ Un duca si innamora di una bellissima popolana e pensa persino al matrimonio, quando scopre che la ragazza pratica disinvoltamente il mestiere più antico del mondo. A portarla sulla strada del vizio è stato un altro rampollo di nobile casato, parente del duca. Questi instaura un torbido rapporto a tre ma la ragazza, disgustata, abbandona entrambi e l'uomo si suicida. Il film è tratto da un romanzo di Luciano Zuccoli. ■ DRAMMATICO; COL.; 115'; ITALIA, 1975.

DIVINO MAESTRO, IL *(L'Eucarestia)* ★★
Regia di DONATO DE RUFFO. Con FELICE LEONI, LIA MURANO. ■ Attraverso la vita e l'opera di un missionario il film illustra la storia della religione cattolica. ■ DOCUMENTARIO; B/N; 93'; ITALIA, 1951.

DIVISA PIACE ALLE SIGNORE, LA ★★★
(Newer Wave at a WAC)
Regia di NORMAN Z. MCLEOD. Con PAUL DOUGLAS, ROSALIND RUSSELL, ARLEEN WHELAN, MARIE WILSON. ■ Una divorziata prende una cotta per un ufficiale e, pur di seguirlo, si arruola nelle ausiliarie. La vita militare, di per sé già poco piacevole, risulta ingrata alla donna poiché il suo ex marito fa di tutto per renderle le cose difficili. Ma non tutto il male vien per nuocere: quando l'ex marito parte per la guerra di Corea, la donna, resasi conto di amarlo ancora, lo segue senza esitare. ■ COMMEDIA; B/N; 87'; USA, 1952.

DIVISIONE FOLGORE ★★★
Regia di DUILIO COLETTI. Con ETTORE MANNI, LEA PADOVANI, FAUSTO TOZZI. ■ In pieno deserto si svolge la durissima battaglia di El Alamein, nella quale i soldati italiani meriteranno l'onore delle armi da parte degli inglesi. Il film racconta la storia di un gruppo di questi eroici paracadutisti dal momento della partenza dall'Italia alla sconfitta che costa la vita alla maggior parte di loro. ■ GUERRA; B/N; 90'; ITALIA, 1954.

DIVISIONE LEBENSBORN *(Lebensborn)* ★★
Regia di WERNER KLINGLER. Con JOACHIM HANSEN, HARRY MEYEN, MARIA PERSCHY. ■ Un ufficiale tedesco si ribella al nazismo ed è costretto a fuggire. Riesce a rifugiarsi, sotto falsa identità, in un castello dove un medico pazzo applica le teorie della razza eletta. Intanto la Germania perde la guerra e il castello viene abbandonato. L'ufficiale ribelle viene ucciso e la ragazza che amava perde il figlio. ■ DRAMMATICO; B/N; 92'; GERMANIA, 1961.

DIVO, IL ★★★
Regia di PAOLO SORRENTINO. Con ANNA BONAIUTO, GIULIO BOSETTI, FLAVIO BUCCI, CARLO BUCCIROSSO, TONI SERVILLO. ■ Giulio Andreotti è un uomo che soffre di terribili emicranie e arriva anche a contornarsi il volto con l'agopuntura pur di lenire il dolore. Siamo negli anni Ottanta, e quest'uomo freddo e distaccato è a capo di una potente corrente della Dc, pronto per l'ennesima presidenza del Consiglio. L'uccisione di Aldo Moro pesa però su di lui come un macigno. Passerà attraverso morti misteriose (Pecorelli, Calvi, Sindona, Ambrosoli) in cui lo si riterrà a vario titolo coinvolto, supererà senza esserne scalfito Tangentopoli per finire sotto processo, dal quale verrà assolto, per collusione con la mafia. Il "Divo" Giulio si presta a divenire simbolo di una riflessione sui mali del nostro Paese, e Sorrentino riesce brillantemente nell'operazione con una cifra di grottesco che diventa la sua lettura del personaggio e di coloro che lo hanno circondato e sostenuto. ■ DRAMMATICO; COL.; 110'; ITALIA, 2008.

DIVORATORI DELLA GIUNGLA, I *(Cannibal Attack)* ★★
Regia di LEE SHOLEM. Con DAVID BRUCE, JUDY WALSH, JOHNNY WEISSMULLER. ■ Il film propone un'ingenua storia di avventura africana col solito Weissmuller che fa la guida a un gruppo di

bianchi, minacciati da ferocissimi cannibali. ■ COMMEDIA; COL.; 69′; USA, 1954.

DIVORCE, LE ★

Regia di JAMES IVORY. Con LESLIE CARON, STOCKARD CHANNING, GLENN CLOSE, KATE HUDSON, BEBE NEUWIRTH, SAM WATERSTON, NAOMI WATTS. ■ Isabel Walker, vivace "girl" californiana, si reca a Parigi in visita alla sorella, Roxanne, incinta e quasi abbandonata dal marito francese. Ma presto anche Isabel si vedrà costretta a cedere al fascino europeo, sedotta dal "diplomatico" e "obsoleto" cognato della sorella. James Ivory, in tempi di relazioni non troppo felici e distese tra America e Francia, costruisce, a partire dall'omonimo romanzo della scrittrice americana, di adozione francese, Diane Johnson la psicopatologia quotidiana di due famiglie e di due culture a confronto. ■ COMMEDIA; COL.; 118′; FRANCIA, USA, 2003.

♥ DIVORCING JACK ★★★

Regia di DAVID COFFREY. Con RICHARD E. GRANT, RACHEL GRIFFITHS, JASON ISAACS, ROBERT LINDSAY, DAVID THEWLIS. ■ Belfast fine anni Novanta. Dan Sturkey è un giornalista senza peli sulla lingua che riesce così ad attirarsi le antipatie sia dei protestanti che dei cattolici. Se poi si considera che finisce nel letto di una donna che poi verrà uccisa, che un killer lo insegue e una suora lo aiuta, si può capire come la tragicommedia imperi. Finalmente una Belfast salvata da una mescolanza intelligente di generi e di stili che vogliono, soprattutto, sfuggire ai cliché. ■ COMMEDIA; COL.; 110′; FRANCIA, GRAN BRETAGNA, 1998.

DIVORZIA LUI, DIVORZIA LEI ★★

(Divorce His, Divorce Hers)

Regia di WARIS HUSSEIN. Con RICHARD BURTON, GABRIELE FERZETTI, CARRIE NYE, ELIZABETH TAYLOR. ■ Un uomo che vive lontano dalla famiglia approfitta di un viaggio d'affari che lo porta nella città dove vivono moglie e figli per tentare di ricongiungersi a loro. Quasi ci riesce, malgrado l'ostilità di una delle figlie, ma quando ci si mette di mezzo un'ex amante le cose vanno a rotoli irrimediabilmente. ■ COMMEDIA; COL.; 80′; GRAN BRETAGNA, 1973.

DIVORZIATA, LA *(The Divorcee)* ★★★

Regia di ROBERT Z. LEONARD. Con ROBERT MONTGOMERY, CHESTER MORRIS, CONRAD NAGEL, NORMA SHEARER. ■ Una giovane coppia si sfalda, nonostante tutte le buone intenzioni, perché lui non è disposto a comportarsi nei confronti dei tradimenti della moglie con la stessa tolleranza che lei gli ha dimostrato. La donna saprà costruirsi, pur soffrendo, una sua indipendenza. ■ DRAMMATICO; B/N; 83′; USA, 1930. ■ OSCAR 1 PR, 4 NOM.

DIVORZIATA, LA *(Les feux de la chandeleur)* ★★★

Regia di SERGE KORBER. Con BERNARD FRESSON, ANNIE GIRARDOT, CLAUDE JADE, BERNARD LE COQ, ILARIA OCCHINI, JEAN ROCHEFORT. ■ Per mettere in pratica le proprie idee politiche e continuare ad essere attivista di partito, una donna è costretta ad abbandonare marito e figli. Passano molti anni e i figli sono ormai adulti. La donna spera di riunirsi alla famiglia, ma per una tragica fatalità muore di infarto proprio quando il marito sta per proporle di tornare a casa. ■ DRAMMATICO; COL.; 104′; FRANCIA, 1972.

DIVORZIO, IL ★★

Regia di ROMOLO GUERRIERI. Con NINO CASTELNUOVO, ANITA EKBERG, RICCARDO GARRONE, VITTORIO GASSMAN, ANNA MOFFO, MASSIMO SERATO. ■ Arrivato alle soglie della mezza età, Leonardo divorzia per gettarsi in avventure sentimentali di ogni genere. Si stanca ben presto e torna con umiltà dalla sua ex moglie, ma scopre con disappunto che la donna lo ha già sostituito con un uomo più tranquillo e romantico di lui. ■ COMMEDIA; COL.; 100′; ITALIA, 1970.

DIVORZIO ALL'AMERICANA ★★

(Divorce American Style)

Regia di BUD YORKIN. Con TOM BOSLEY, VAN JOHNSON, DEBBIE REYNOLDS, JASON ROBARDS, JEAN SIMMONS, DICK VAN DYKE. ■ Per poter smettere di pagare gli alimenti alla propria ex moglie, Richard medita di trovarle un marito. Nelson, un amico nelle sue stesse condizioni, gli dà una mano presentando alla donna un brillante giovanotto. L'"affare" sta quasi per concludersi quando Richard si accorge d'essere ancora innamorato della sua ex e risolve tutti i problemi risposandola. ■ COMMEDIA; COL.; 109′; USA, 1967. ■ OSCAR 1 NOM.

DIVORZIO ALLA SICILIANA ★★

Regia di ENZO DI GIANNI. Con PAOLO CARLINI, MOIRA ORFEI, GINA ROVERE. ■ Un signorotto siculo, dopo aver ucciso per gelosia le due donne che aveva sposato, trova, durante un viaggio nella capitale, un nuova moglie. Nell'isola però la bella signora, ex danzatrice in un locale notturno, suscita una lotta che causa la morte di diversi uomini. Il più potente mafioso dell'isola riuscirà ad averla, ma per poco: infatti l'affascinante dama lo farà uccidere. ■ COMMEDIA; B/N; 90′; ITALIA, 1963.

DIVORZIO ALL'ITALIANA ★★★★

Regia di PIETRO GERMI. Con MARCELLO MASTROIANNI, DANIELA ROCCA, STEFANIA SANDRELLI, LEOPOLDO TRIESTE. ■ Sicilia. Il barone Ferdinando, sposato a Rosaria, femmina orrenda e odiosissima, ama Angela, splendida giovinetta, e vorrebbe liberarsi della moglie. In un primo momento ciò sembra impossibile, ma quando riappare una precedente fiamma di Rosaria, Ferdinando favorisce la tresca della moglie per poterla sorprendere in atteggiamento compromettente e ucciderla. Al processo viene condannato a una pena leggera e, quando esce dal carcere, sposa la giovane Angela. ■ COMMEDIA; B/N; 120′; ITALIA, 1962. ■ CANNES 1 PR; OSCAR 1 PR, 3 NOM.

DIVORZIO D'AMORE ★★

(Ich Hab mich so an dich Gewöhnt)

Regia di EDUARD VON BORSODY. Con INGE EGGER, OTTO WILHELM FISCHER, ROBERT LINDNER. ■ Due gemelle perfettamente identiche nel fisico non lo sono però nello spirito. Amalie è spigliata e senza problemi, Lisa più tenera e di costumi più rigorosi. Purtroppo Lisa è costretta a sposare un avvocato che non ama, mentre Amalie va a Lugano per lavorare presso un maestro di musica. Quando Lisa, delusa del suo matrimonio, chiama in aiuto la sorella questa le si sostituisce a fianco del marito e Lisa parte per Lugano al posto di Amalie. Il caso vuole che si formino così due coppie di veri innamorati. ■ DRAMMATICO; B/N; 95′; AUSTRIA, 1953.

DIVORZIO È FATTO PER AMARE, IL ★★★

(The Marriage of a Young Stockbroker)

Regia di LAURENCE TURMAN. Con ELIZABETH ASHLEY, RICHARD BENJAMIN, JOANNA SHIMKUS, ADAM WEST. ■ Dopo pochi mesi di matrimonio, una coppia entra in crisi. La colpa è del marito, William, giovane agente di cambio, uomo superficiale e privo di ambizioni. Durante una vacanza al mare, la moglie Lisa fugge e si rifugia presso la sorella, donna ferrea e dispotica. Il marito intanto comprende i propri torti e si vuole riavvicinare a Lisa: entrambi si accorgono di amarsi ancora. Nonostante il parere contrario della diabolica sorella, Lisa ritorna a vivere con William in perfetta armonia. ■ COMMEDIA; COL.; 95′; USA, 1971.

DIVORZIO STILE NEW YORK *(One Trick Pony)* ★★

Regia di ROBERT MALCOLM YOUNG. Con BLAIR BROWN, PAUL SIMON, RIP TORN. ■ Quasi una biografia del cantante pop Paul Simon (del duo Simon & Garfunkel). Dopo una decina d'anni di successi, Paul (che qui è anche sceneggiatore e autore della colonna sonora) va in crisi, entra in una decadenza forse irreversibile. Anche il suo matrimonio è naufragato negli anni del successo. Per fortuna di Paul, c'è gente che gli vuole bene (la moglie che, nonostante tutto, gli è rimasta attaccata, il suo discografico). Pungolandolo perché alla fine maturi (come uomo e come artista) riusciranno nello scopo. ■ COMMEDIA; COL.; 101′; USA, 1980.

DIXIE DINAMITE & PATSY TRITOLO ★★★

(Dixie Dynamite)

Regia di LEE FROST. Con CHRISTOPHER GEORGE, JANE ANNE JOHNSTONE, WARREN OATES. ■ Stato della Georgia. Il losco e facoltoso Dade vuole mettere le mani su certi terreni ricchi di giacimenti di metano. Per questo denuncia alla polizia le numerose piccole distillerie clandestine che rappresentano l'unica fonte di lavoro per gli abitanti della zona. Lo sceriffo Phil è così costretto ad arrestare compaesani amici. Le due giovani Dixie e Patsy si improvvisano vendicatrici dei soprusi perpetrati da Dade. Lo ridurranno a malpartito. ■ COMMEDIA; COL.; 92′; USA, 1976.

DJANGO ★★★

Regia di SERGIO CORBUCCI. Con ANGEL ALVAREZ, JOSÉ BADALO, FRANCO NERO, LOREDANA NUSCIAK. ■ Django, per vendicare la moglie uccisa durante la guerra civile dal maggiore Winchester Jack, raggiunge con la sua nuova donna, Norma, il confine messicano dove la banda del maggiore compie numerose razzie. Dopo molte avventure ucciderà il "cattivo". ■ WESTERN; COL.; 97′; ITALIA, 1966.

DJANGO, CACCIATORE DI TAGLIE ★★

Regia di LEON KLIMOVSKY. Con PERLA CRISTAL, TOM GRIFFITH, JAMES PHILBROOK, NURIA ZORRAY. ■ Django, cacciatore di taglie, insegue Sonora e la sua banda, e anche il fratello della sua donna, Jimmy, per riportarlo sulla buona strada. Scoperto il covo e convinto Jimmy, Django acciuffa i ricercati. I pellirosse e la ragazza di Jimmy, però, liberano i banditi. Ma Jimmy interviene: viene ucciso mentre Django compie giustizia. ■ WESTERN; COL.; 97′; ITALIA, 1967.

DJANGO 2 IL GRANDE RITORNO ★★★

Regia di TED ARCHER (pseud. di NELLO ROSSATI). Con CHRISTOPHER CONNELLY, FRANCO NERO, DONALD PLEASENCE. ■ Django, famoso pistolero, esce dal convento dove s'è ritirato da molti anni, per salvare la figlia adolescente, rapita da un principe austriaco, un trafficante di schiavi che terrorizza tutte le popolazioni dei villaggi sulle rive del Rio Grande. Dopo una serie di avventure, Django riesce a sterminare il principe e la sua banda e a liberare la figliola. ■ WESTERN; COL.; 99′; ITALIA, 1987.

DJANGO IL BASTARDO ★★

Regia di SERGIO GARRONE. Con PAOLO GOZLINO, LU KAMANTE, ANTHONY STEFFEN. ■ Durante la guerra civile i nordisti, grazie alle rivelazioni di tre uomini dell'esercito sudista, tendono un'imboscata e annientano una divisione nemica. L'unico sopravvissuto, Django, si propone come scopo di vita la completa vendetta. Dopo qualche tempo scova i traditori e ne toglie di mezzo due. Rimane solo Murdock, che si riorganizza. La lotta di Django si preannuncia difficile, ma alla fine, eliminati i suoi scagnozzi, si trova faccia a faccia con Murdock e lo uccide. ■ WESTERN; COL.; 102′; ITALIA, 1969.

DJANGO KILLER PER ONORE ★★

(El poscrito del Rio Colorado)

Regia di MAURY DEXTER. Con ELISA MONTES, GEORGE MONTGOMERY, JOSÉ NIETO. ■ Django è fedele consigliere ed amministratore del generale Camargo, sulla cui figlia ha messo gli occhi il losco Alfonso Riano. Mentre il generale non è presente, il terribile Espada cattura Django con il proposito di usarlo come esca per uccidere il suo principale. Il nostro eroe fugge, ma un altro pericolo si abbatte sulla casa del suo capo: Alfonso Riano è stato assassinato. Django scopre che Alfonso è stato colpito a morte dallo zio. Catturato il colpevole uccide Espada e sposa Francesca Riano, ex promessa sposa di Camargo. ■ AVVENTURA; COL.; 90′; SPAGNA, 1965.

DJANGO NON PERDONA *(Mestizo)* ★★

Regia di JULIO BUCHS. Con HUGO BLANCO, JOHN CLARK, EVELIN THERENS. ■ Django scopre il responsabile della morte dei suoi familiari: è un certo Loster, trafficante di armi con gli indiani. Loster abilmente costruisce una fantomatica accusa di tradimento nei confronti di Django, momentaneamente introvabile. La scomparsa del pistolero sembra essere definitiva, ma quando gli indiani attaccano il forte egli ritorna, combatte strenuamente e denuncia poi Loster. ■ WESTERN; COL.; 92′; SPAGNA, 1967.

DJANGO SFIDA SARTANA ★★

Regia di PASQUALE SQUITIERI. Con GIORGIO ARDISSON, TONY KENDALL, JOSÉ TORRES. ■ Django arriva nel paese dove vive il fratello Steve. Lo trova morto, linciato dalla folla perché ritenuto responsabile della rapina alla banca Singer e del rapimento della figlia del banchiere. Subito Django sfida a duello Sartana credendolo colpevole dei reati attribuiti al fratello. Provvidenzialmente, durante la sfida, interviene il servo di Django che svela come si sono svolti i fatti: il banchiere Singer ha compiuto tutta la macchinazione e ne ha fatto poi ricadere la colpa su Steve. Alleati, Django e Sartana compiono una sanguinosa vendetta. ■ WESTERN; COL.; 98′; ITALIA, 1970.

DJANGO SPARA PER PRIMO ★★

Regia di ALBERTO DE MARTINO. Con NANDO GAZZOLO, FERNANDO SANCHO, GLENN SAXSON, EVELYN STEWART. ■ Questa volta Django cerca di svelare gli intrighi di Kluster, un banchiere losco e farabutto, un tempo socio del suo defunto padre. Il banchiere non si rassegna a veder crollare la sua fortuna ed organizza quindi una rapina con annesso omicidio, facendo ricadere tutte le responsabilità su Django. Con due amici, il pistolero manda in galera Kluster e vede riabilitata la figura del padre. ■ WESTERN; COL.; 97′; ITALIA, 1967.

DJANGO UNCHAINED ★★★

Regia di QUENTIN TARANTINO. Con LEONARDO DI CAPRIO, JAMIE FOXX, SAMUEL L. JACKSON, FRANCO NERO, CHRISTOPH WALTZ, KERRY WASHINGTON. ■ Stati Uniti del Sud, alla vigilia della guerra civile. Il dottor King Schultz, cacciatore di taglie di origine tedesca, su un carretto da dentista, è alla ricerca dei fratelli Brittle, per consegnarli alle autorità e incassare la ricompensa. Per scovarli, libera dalle catene lo schiavo Django, promettendogli la libertà a missione completata. Tra i due uomini nasce così un sodalizio umano e professionale che li conduce attraverso l'America delle piantagioni e degli orrori razzisti alla ricerca dei criminali in fuga e della moglie di Django, Broomhilda, venduta come schiava a un possidente negriero. Tarantino ha in mano una storia di genere che è anche un pezzo di storia americana: il western appare dunque la scelta ideale, ma è ovviamente un western non tradizionale, ma vissuto dentro un teatro (Candyland), in piena continuità stilistica con il precedente immediato, *Bastardi senza Gloria*. Il grande cinema/spettacolo è ovunque: nella recitazione espansiva dei protagonisti, con le punte di diamante di Samuel L. Jackson e Di Caprio; nella potenza del dialogo (perché Tarantino sceneggiatore non è mai da meno di Tarantino regista); nell'uso della musica e degli sguardi, che ha riesumato dal cinema italiano degli spaghetti western e portato a nuovo splendore; nel gioco e nella citazione omaggiante o dissacrante. Omaggiato anche Franco Nero, il vero Django, considerato da Tarantino "il più grande attore italiano". ■ WESTERN; COL.; 165′; USA, 2013.

DJOMEH ★★

Regia di HASSAN YEKTAPANAH. Con RASHID AKBARI, MAHMOUD BEHRAZNIA, VALIOLLAH BETA, MAHBOBEH KHALILI, JALIL NAZARI. ■ Djomeh è un giovane afgano emigrato in Iran in un piccolo villaggio agricolo. Fuggito dalla patria per l'opposizione della famiglia al suo matrimonio con una donna più anziana, ora "vuole" essere iraniano. Non sogna ritorni come il suo compagno e tutore più vecchio. Il suo lavoro è ripetitivo (le mucche, la mungitura, il trasporto del latte) ma dentro vuole che qualcosa cambi. Si innamora della figlia del negoziante a cui porta il latte e chiede aiuto al padrone della fattoria e non al compagno più anziano. Un film iraniano. Quindi, di per sé, un film amabile da chi accetta un linguaggio cinematografico "altro", lento. ■ DRAMMATICO; COL.; 90′; FRANCIA, IRAN, 2001.

DJURADO ★★

Regia di GIOVANNI NARZISI. Con MONTGOMERY CLARK, SCILLA GABEL, LUIS INDUNI, MARY JORDAN. ■ Djurado si schiera contro Tucan, nuovo tiranno di una cittadina messicana. Quest'ultimo, per affermare il proprio potere, schiaccia gli ultimi oppositori (la famiglia dell'affascinante Barbara) mettendo a fuoco la loro fattoria. Una trappola viene poi fatta scattare dal delinquente ai danni di Djurado che viene imprigionato. A salvarlo ci pensa la sua ex fidanzata, Mitzy. Tucan non ha via di scampo. Djurado lo sconfigge e lo uccide, ma per lui è giunta l'ora della morte. Barbara infatti lo uccide. ■ WESTERN; COL.; 90′; ITALIA, 1967.

D.N.A. FORMULA LETALE ★

Regia di GEORGE EASTMAN. Con JASON ARNOLD, CATHERINE BARANOV, STEPHEN BROWN, HARRY CASON, GENE LE BROCK, DAVID WICKER. ■ Il successo del giovane professore di genetica di un'università americana ingelosisce un anziano collega; il giovane, intanto, si è iniettato una fiala di un micidiale preparato in fase di studio ed è diventato violento, mentre il suo corpo si trasforma man mano in quello di una mummia. La prima vittima della sua furia omicida sarà l'anziano invidioso. Le metamorfosi dello scienziato non sono finite: diventerà un mostruoso lucertolone. ■ HORROR; COL.; 92′; ITALIA, 1989.

DNA – UNA STORIA CHE NON DEVE ACCADERE ★
(DNA)
Regia di WILLIAM MESA. Con MARK DACASCOS, ROBIN MCKEE, JÜRGEN PROCHNOW, CLAIRE SOMMERS. ■ William Mesa costruisce un film che rivela nel proprio DNA i cromosomi di *Predator*. Solo che la vicenda è più che mai confusa tra spie doppiogiochiste, alieni che compiono stragi e scienziati pazzi. Vorrebbe spezzare una lancia a favore del cinema del Terzo Mondo ma è lontano dal raggiungere il risultato. ■ HORROR; COL.; 93′; USA, 1997.

D.O.A. – CADAVERE IN ARRIVO *(D.O.A.)* ★★★
Regia di ANNABEL JANKEL, ROCKY MORTON. Con DENNIS QUAID, CHARLOTTE RAMPLING, MEG RYAN. ■ Un professore assiste alla morte di uno studente amante della sua ex moglie. Poco dopo muore anche costei. Il prof. è accusato di entrambi i delitti. Come se non bastasse, il disgraziato si ritrova anche in corpo una dose di veleno che lo può uccidere in 24 ore. Remake, raccontato piuttosto bene (ma con troppi virtuosismi), di un soggetto già portato in cinema due volte (nel 1949 e nel 1969). ■ THRILLER; COL.; 98′; USA, 1988.

DOA: DEAD OR ALIVE ★★
Regia di COREY YUEN. Con SARAH CARTER, DEVON AOKI, NATASSIA MALTHE, JAIME PRESSLY, HOLLY VALANCE. ■ Cinque ragazze belle e molto sexy, un'isola deserta, un torneo da vincere, macchinazioni, colpi di scena e una serie infinita di combattimenti: *Dead or Alive* passa dai pixel dei monitor e televisori, al grande schermo. Altro gioco, altro film: il numero di pellicole tratte, ispirate e derivanti da videogiochi sta salendo vertiginosamente. Purtroppo spesso, per non dire sempre, la qualità delle pellicole cinematografiche è inversamente proporzionale a quella dei videogames. ■ AVVENTURA; COL.; 87′; GERMANIA, GRAN BRETAGNA, 2006.

DOBERMANN
Regia di JAN KOUNEN. Con MONICA BELLUCCI, VINCENT CASSEL, TCHÉKY KARYO. ■ Il regista Kounen, matrice pubblicitaria, quando il prestigioso foglio *Cahier du cinéma* ha scritto male (anzi malissimo) di lui, si è fatto fotografare mentre, con quello stesso foglio, si puliva il sedere. L'azione non deve stupire, anzi chi ha visto questo film la considererà senz'altro naturale, aderente alla personalità di questo "autore". Kounen ha detto di detestare la violenza, per questo il film è violento, ma con ironia. Questa storia dell'ironia è davvero un bell'alibi per questi autori figli degeneri (ed è davvero tutto dire) di Quentin Tarantino. In sostanza l'ironia dovrebbe tutto giustificare. Trash, droga, cervelli sulla faccia del killer, sangue: che importa, c'è l'ironia. Il buon gusto, i giovani, un minimo di etica? Che importa, c'è l'ironia. «È molto più etico mostrare queste cose che non mostrarle, è liberatorio»: ecco la tesi di questi autori, psichicamente disturbati, che hanno invaso il cinema come brutte metastasi. Kounen ha fatto un suo calcolo: «Tarantino è trash, violento eccetera, ebbene io lo sarò più di lui. I miei cattivi saranno più cattivi, i miei cervelli schizzati saranno più schifosi, il mio mondo puzzerà più del suo. E poi io ti mostro anche un bimbo nella culla torturato e questa è un'esclusiva, nemmeno Quentin era arrivato a tanto». Dobermann è un rapinatore. Si accompagna alla Bellucci muta, a un paio di teppisti e a un travestito, tutti squisitamente (ripetiamo) tarantiniani. Vengono tallonati dal poliziotto (Karyo), che è peggiore di loro (è lui che tortura il bambino, per far parlare i genitori). Dopo tutto il trash possibile il gruppetto la fa franca e si allontana festosamente in macchina. La Bellucci: carina, ma forse si capisce perché deve emigrare per lavorare. Ecco un altro titolo che entra nel club dei "nessuna stella", come *Bambola, Crash, Dal tramonto all'alba* e compagnia. ■ DRAMMATICO; COL.; 105′; FRANCIA, 1997.

DOC ★★★
Regia di FRANK PERRY. Con FAYE DUNAWAY, STACY KEACH, MICHAEL WITNEY, HARRIS YULIN. ■ I fratelli Earp vogliono instaurare il loro dominio a Tombstone favorendo la nomina a sceriffo del più spietato di loro, Wyatt. Per farlo devono liberarsi dei Clanton, una violenta famiglia di allevatori: a sostegno della loro causa chiamano Doc Holliday, un mitico pistolero. Arrivato in paese, Doc si innamora di una prostituta e diviene maestro di tiro di Kid, il più giovane dei Clanton. I due gruppi si avviano allo scontro; la sanguinosa battaglia conclusiva pone fine alla loro contesa. I Clanton, Kid compreso, cadono sull'arena, Doc sente una repulsione, prima ignota, verso la violenza ed abbandona il paese. ■ WESTERN; COL.; 96′; USA, 1971.

DOCCIA, LA *(Shower)* ★★
Regia di ZHANG YANG. Con JIANG WU, PU CUN XIN, ZHU XU, HE ZHENG. ■ Un uomo d'affari va a trovare il padre e il fratello ritardato che gestiscono una sauna pubblica. L'uomo d'affari decide di prendersi cura di loro e della sauna. Retorica a profusione in un film "troppo" calcolato. ■ DRAMMATICO; COL.; 92′; CINA, 2003.

DOC HOLLYWOOD – DOTTORE IN CARRIERA ★★★
(Doc Hollywood)
Regia di MICHAEL CATON-JONES. Con BRIDGET FONDA, MICHAEL J. FOX, BARNARD HUGHES, JULIE WARNER. ■ Ecco cosa può succedere a un dottorino in chirurgia plastica, con un roseo futuro, che avviandosi in quel di Beverly Hills si trova davanti a due mucche. Per non investirle infatti fa a pezzi lo steccato di un giudice che dimora in un paesino della Carolina del Sud. Per riparare all'incidente eccolo dunque prestar servizio nell'ospedale della cittadina. A contatto con una nuova realtà si ricrederà su molte cose e incontrerà l'amore. Quando sarà il momento di andare a Los Angeles ci andrà, ma tornerà presto sui suoi passi. Piacevole commediola con qualche rimando al buon cinema di Frank Capra. ■ COMMEDIA; COL.; 110′; USA, 1991.

DOCKS DI NEW ORLEANS, I *(Docks of New Orleans)* ★★
Regia di DERWIN ABRAHAMS. Con MANTAN MORELAND, VICTOR SEN YUNG, ROLAND WINTERS. ■ Ultime avventure di Charlie Chan. Il detective cinese dà la caccia a un pluriomicida che s'è nascosto in una nave attraccata nel porto di New Orleans. Ulteriore complicazione: il bastimento è carico di pericolosi prodotti chimici. ■ GIALLO; B/N; 64′; USA, 1948.

DOC SAVAGE, L'UOMO DI BRONZO ★★★
(Doc Savage: The Man of Bronze)
Regia di MICHAEL ANDERSON Con RON ELY, PAUL GLEASON, MICHAEL MILLER. ■ 1936: ritornato a New York dal Polo Nord, Doc Savage ritrova i suoi vecchi compagni, tutti grandi scienziati. Da suo padre, morto da poco, ha avuto alcune carte che misteriosamente vengono bruciate. Con gli amici, Doc Savage si dirige in un paese di selvaggi dominato da un certo Vita. Scopre così che al padre era stato donato un pezzo di terra ricco di un enorme quantitativo di oro. Libera dalla tirannia i selvaggi, ristabilisce un clima di giustizia e di libertà e riparte verso la sua terra. ■ AVVENTURA; COL.; 100′; USA, 1974.

DOCTOR DETROIT ★★
Regia di MICHAEL PRESSMAN. Con DAN AYKROYD, GEORGE FURTH, HOWARD HESSEMAN. ■ Un tranquillo giovanotto che insegna letteratura cavalleresca nel college retto dal padre si trova costretto dalle circostanze a trasformarsi nel crudele Doctor Detroit. Diventa il boss della malavita della città. Quando però arrivano i guai anche nella sua famiglia la sua vera identità (quella buona) viene fuori e tutto si sistema per il meglio. ■ COMMEDIA; COL.; 89′; USA, 1983.

DOCTOR GLAS ★★★
Regia di MAI ZETTERLING. Con BENTE DESSAU, LONE HERTZ, PER OSCARSSON, ULF PALME. ■ Siamo a Stoccolma. Helga, l'avvenente consorte del pastore Gregorius, chiede al dottor Glas, uomo ormai assillato solo dal pensiero della morte, di convincere il marito ad abbandonarla. La sua richiesta è dovuta alla relazione segreta che ha con un altro uomo. Il medico, che odia il pastore, finisce per avvelenarlo, liberando così Helga dalla sua pena. Il povero Glas non viene arrestato perché nessuno lo sospetta, ma vive tormentato dal rimorso. ■ DRAMMATICO; B/N; 89′; DANIMARCA, 1967.

DOCTOR JEKYLL AND MISTER HYDE ★★★
Regia di John Stuart Robertson. Con John Barrymore, Martha Mansfield, Nita Naldi. ■ Una delle prime apparizioni del mitico personaggio creato da Stevenson. Senz'altro si tratta della prima versione degna di nota, col grande John Barrymore. ■ Fantastico; col.; 63′; USA, 1921.

DOCTOR M. ★★
Regia di Claude Chabrol. Con Alan Bates, Jennifer Beals. ■ Si tratta del rifacimento aggiornato con le nuove tecnologie della storia del dottor Mabuse. Invece che con l'ipnosi diretta il male viene perpetrato tramite gli apparecchi televisivi. Suicidi a catena. Ancora una prova deludente di Chabrol. ■ Poliziesco; col.; 90′; Francia, Italia, 1991.

DOCUMENTO, IL ★★
Regia di Mario Camerini. Con Maria Denis, Armando Falconi. ■ Un conte ormai in rovina, con l'aiuto di tre intriganti, sfrutta una sorgente di acqua minerale e ne ricava dei nuovi guadagni. Dopo aver verificato il felice avvio dell'impresa, i tre vorrebbero spennare il nobiluomo e carpirgli tutto, anche la figlia. Interviene il maggiordomo che, con un documento importante, ricatta e obbliga i ladroni a rigar diritto. ■ Commedia; b/n; 92′; Italia, 1939.

DOCUMENTO FATALE *(Méfiez-vous des blondes)* ★★
Regia di André Hunebelle. Con Martine Carol, Claude Farell, Raymond Rouleau. ■ Un documento misterioso costituisce una scottante prova contro Bellamy, potente uomo della malavita. La donna che lo aveva è stata uccisa. Ora è nelle mani di George, amico della defunta. Costui viene accusato dell'assassinio ma, grazie a Olga, è subito scagionato. Bellamy non molla, vuole assolutamente il documento, attenta alla vita di George, ma non c'è nulla da fare. Finale a sorpresa. ■ Drammatico; b/n; 107′; Francia, 1950.

DOCUMENTO Z 3 ★★
Regia di Alfredo Guarini. Con Claudio Gora, Isa Miranda. ■ Durante l'ultima guerra, in Jugoslavia, una donna, agente segreto italiano, è arrestata dalla polizia che però non possiede prove a suo carico. Si cerca di farla parlare con dei trucchi; alla fine viene affiancata da un agente segreto jugoslavo che si rivelerà poi essere amico degli italiani. Insieme recuperano un documento segretissimo e approdano sani e salvi in Italia. ■ Avventura; b/n; 92′; Italia, 1942.

DODES' KA-DEN *(Dodès' ka-dén)* ★★★★
Regia di Akira Kurosawa. Con Kin Sugal, Kyoko Tange, Yoshitaka Zuschi. ■ Il film narra alcune storie ambientate in una bidonville alla periferia di Tokyo. Un barbone lascia morire il figlio, rifiutando l'aiuto dei vicini. Due operai passano il tempo a sbronzarsi e a scambiarsi le donne. Un uomo tradito dalla moglie si prende cura di tutti i figli avuti dalla donna con altri uomini. Un vecchio vende saggezza. Una fanciulla viene violentata dallo zio. Un impiegato ha una moglie arpia che gli rende la vita un inferno. Tra un episodio e l'altro, appare un ragazzo ritardato che imita continuamente lo sferragliare del tram: "Dodes' ka-den, dodes' ka-den". È il film più angoscioso di Kurosawa. ■ Drammatico; col.; 140′; Giappone, 1970. ■ Oscar 1 nom.

12ª NOTTE, LA *(Twelfth Night)* ★★★
Regia di Trevor Nunn. Con Helena Bonham Carter, Richard E. Grant, Nigel Hawthorne, Ben Kingsley. ■ Viola e Sebastiano sono fratello e sorella. Fanno naufragio e al risveglio ognuno crede l'altro morto. Lei si traveste da uomo per farsi assumere al servizio del duca Orsino. I problemi però nascono quando la donna amata dal duca si innamora del "ragazzo". Quando poi sopraggiunge Sebastiano la situazione si fa ancor più intricata. L'ennesimo Shakespeare al cinema che però non imita i predecessori e trae dal testo tutti i succhi di erotismo solare che esso contiene. ■ Commedia; col.; 133′; Gran Bretagna, USA, 1996.

12 ★★★
Regia di Nikita Mikhalkov. Con Sergei Garmash, Sergei Makovetsky, Nikita Mikhalkov. ■ Un testo teatrale diventa un riuscito remake de *La parola ai giurati,* film che nel 1957 segnò l'esordio alla regia di Sidney Lumet. Ambientato interamente all'interno di una palestra, dodici giurati si ritrovano a dover decidere all'unanimità della sorte – ormai segnata – di un giovane ceceno accusato di parricidio. Ma nel meccanismo qualcosa si inceppa, e la certezza della pena viene messa in dubbio da un giurato che, poco a poco, costringe ognuno a rivedere le proprie posizioni, rendendo la sentenza più difficile del previsto. Un thriller psicologico che rappresenta il ritorno alla regia di un maestro del cinema mondiale con una sceneggiatura attualizzata ed efficace sulla giustizia e sul libero arbitrio. ■ Drammatico; col.; 153′; Russia, 2007.

DODICI DONNE *(Elles étaient douze femmes)* ★★
Regia di Georges Lacombe, Yves Mirande. Con Gaby Morlay, Françoise Rosay. ■ Alcune nobili signore, insieme all'illustre Bernier, chiedono aiuto all'odiata Marion per fondare un'opera di bene. Questa prima nega il suo appoggio poi, spinta dalla figlia, che ama il giovane Bernier, accetta di contribuire alla fondazione. Le amiche accusano Marion di losche trame, poiché pensano ad un matrimonio di interesse tra i due giovani. Le malelingue e le diffidenze reciproche lasciano il posto ad una pacifica riconciliazione e tutto si sistema per il meglio. ■ Commedia; b/n; 80′; Francia, 1941.

DODICI DONNE D'ORO ★★
Regia di Gianfranco Parolini. Con Brad Harris, Tony Kendall, Christa Linder, Maria Perschy. ■ Un ingegnoso criminale organizza un piano per conquistare la Terra. Con dodici belle donne, divenute robot grazie ad un ritrovato chimico, tenta di corrompere gli uomini potenti del mondo. Intervengono però l'investigatore Walker ed il capitano Rolley. ■ Avventura; col.; 90′; Italia, 1966.

DODICI LO CHIAMANO PAPÀ ★★★
(Cheaper by the Dozen)
Regia di Walter Lang. Con Jeanne Crain, Myrna Loy, Clifton Webb. ■ Frank e Lillian hanno dodici figli; la loro vita familiare deve dunque essere organizzata in maniera ferrea. Si susseguono episodi vivaci e divertenti. Il finale è commovente e moraleggiante: alla morte improvvisa di Frank, Lillian esorta i figli ad onorarne la memoria mantenendo quelle abitudini a cui il padre teneva tanto. ■ Commedia; col.; 85′; USA, 1950.

DODICI METRI D'AMORE *(The Long Long Trailer)* ★★★
Regia di Vincente Minnelli. Con Desi Arnaz, Lucille Ball, Marjorie Main. ■ Il divertente filmetto è basato sulle disavventure esilaranti di una coppia che trascorre la luna di miele su un'ingombrantissima roulotte. ■ Commedia; col.; 103′; USA, 1954.

DODICI MINUTI DOPO MEZZANOTTE ★★
(12 Minuten nach 12)
Regia di Johannes Guter. Con René Daltgen, Geraldine Katt. ■ Un giovane detective conosce casualmente un collega, anche lui alla ricerca di una banda specializzata in furti di gioielli. Per una serie di equivoci, verranno scambiati dalla polizia proprio per i ladri, ma tutto alla fine si accomoderà e i malviventi verranno catturati. ■ Giallo; b/n; 90′; Germania, 1958.

DODICI PISTOLE DEL WEST, LE ★★★
(Plunderers of Painted Flats)
Regia di Albert C. Gannaway. Con Corinne Calvet, John Carroll, Skip Homeier, George MacReady. ■ Un prepotente proprietario terriero ostacola l'inserimento di nuovi coloni sulle terre confinanti con le sue. Perciò assume pericolosi pistoleri per far rispettare la legge del più forte. Con il tempo i nuovi proprietari si rafforzano e cominciano ad opporsi alle ingiustizie. Quando arriva il momento decisivo i piccoli coloni mettono al sicuro le loro famiglie ma sono scoperti dalla banda del prepotente. Un pistolero però si ribella al capo e porta la salvezza e la giustizia nelle comunità dei coloni. Verrà disgraziatamente ucciso da un bambino. ■ Western; b/n; 77′; USA, 1958.

12 ROUND *(12 Rounds)* ★★
Regia di Renny Harlin. Con John Cena, Aidan Gillen, Steve Harris, Ashley Scott, Brian J. White. ■ New Orleans. Il detective Danny Fisher si trova casualmente a tagliare la strada al pluriricercato irlandese Miles Jackson, che sta tentando la fuga con una valigetta piena di diamanti in compagnia della fidanzata

Erica. Fisher inseguendoli provoca un incidente che costa la vita a Erica. Un anno dopo Jackson fugge dal carcere, rapisce la compagna di Danny, Molly, e organizza dodici ostacoli che il detective dovrà riuscire a superare se vorrà rivedere Molly viva. Il quadro generale è quello di un *divertissement* in cui il wrestler John Cena, dopo aver distrutto innumerevoli veicoli alla guida di un camion dei pompieri, decide di pronunciare un "Sorry", espiatorio. ■ AZIONE; COL.; 108′; USA, 2009.

DODICI UOMINI DA UCCIDERE *(Inside the Mafia)* ★★
Regia di EDWARD L. CAHN. Con ELAINE EDWARDS, CAMERON MITCHELL, ROBERT STRAUSS. ■ Ledo, un mafioso al servizio di Martello, dopo la morte improvvisa del capo decide di chiedere al boss supremo della malavita, Lucero, il comando della zona del defunto gangster. Il boss acconsente, ma prima di insediare il nuovo capozona sottopone la proposta a tutti i grossi capi del racket. Nella riunione al vertice scoppia una violenta discussione, Lucero apre il fuoco, gli altri seguono il suo esempio. ■ AVVENTURA; B/N; 72′; USA, 1959.

DOGFIGHT – UNA STORIA D'AMORE *(Dogfight)* ★★
Regia di NANCY SAVOCA. Con RIVER PHOENIX, LILI TAYLOR. ■ Il titolo si riferisce al gioco-scommessa messo in atto da alcuni marinai in procinto di andare in Vietnam. 50 dollari sono la posta e la prova consiste nel conquistare la ragazza più insignificante dei dintorni. Però Eddie, il protagonista, finirà con l'innamorarsi di lei. ■ COMMEDIA; COL.; 96′; USA, 1991.

DOGMA ★
Regia di KEVIN SMITH. Con BEN AFFLECK, MATT DAMON, LINDA FIORENTINO, ALAN RICHMAN, KEVIN SMITH. ■ Bethany ascolta la voce di Dio che le chiede di fermare due angeli rinnegati. Durante la strada incontra tra gli altri due profeti e un uomo che dice di essere il tredicesimo apostolo. Alla fine appare Dio sotto le sembianze della cantante rock Alanis Morissette. Dopo l'esordio promettente di *Clerks*, Kevin Smith si è rivelato un regista mediocre nei due successivi lavori e con questo primo film a budget elevato si mostra velleitario, inconcludente e confuso. Inoltre l'idea della lotta tra angeli cattivi e buoni apparteneva a *L'ultima profezia* di George Widen, con Cristopher Walken. Fuori concorso a Cannes. ■ COMMEDIA; COL.; 128′; USA, 1999.

DOGORA ★★★
Regia di PATRICE LECONTE. ■ Patrice Leconte mostra un altro aspetto del suo bisogno di fare cinema senza cadere nella routine: le immagini del film sono scene documentarie di vita quotidiana in Cambogia, mentre l'audio è la suite sinfonica *Dogora* che Etienne Perruchon ha suonato in pubblico nel 2002. Alla ricerca di un linguaggio cinematografico nuovo, il regista ci offre uno sguardo libero da tutte le costrizioni tranne che da una: quella della partitura musicale che, caso più unico che raro, non si "adatta" alle immagini ma preesiste loro. ■ DOCUMENTARIO; COL.; 80′; FRANCIA, 2004.

DOGORA, IL MOSTRO DELLA GRANDE PALUDE ★
(Uchu Dajkaju Dogora)
Regia di ISHIRÔ HONDA. Con NAOMI FLEUR, YOKO FUSIJAMA, YUNO TANZAN, DAN YUMA. ■ Scompaiono misteriosamente, in quantità enormi, diamanti e carbone. L'ispettore Komai, Mark Jackson e il professor Manukata giungono alla conclusione che un mostro, Dogora, sia all'origine dei furti. Il professore trova il rimedio. ■ FANTASCIENZA; B/N; 92′; GIAPPONE, 1964.

DOGS ★★
Regia di BURT BRINCKERHOFF. Con SANDRA MCCABE, DAVID MCCALLUM, GEORGE WYNER. ■ In un campus universitario americano è stato installato un nuovo modello di acceleratore nucleare, dal quale gli scienziati s'aspettano chissà quali meraviglie. Ma, intanto, arrivano i primi inconvenienti, dalla luce che va e viene fino a strani effetti sui cani della zona. Inferociti dalle emanazioni (innocue per l'uomo), gli animali si riuniscono in branchi; iniziano con il massacrare gli armenti, poi passano all'uomo. Solo pochi abitanti del campus si salvano per il rotto della cuffia. ■ DRAMMATICO; COL.; 90′; USA, 1976.

DOGS IN SPACE ★★
Regia di RICHARD LOWENSTEIN. Con DEANNA BOND, CHRIS HAYWOOD, SAKIA POST. ■ Il mondo dei punk australiani negli anni Settanta. La tragicommedia di una generazione che si sentiva come i cani-cavia lanciati dai russi nello spazio. ■ COMMEDIA; COL.; 93′; AUSTRALIA, 1986.

DOGS MAN L'UOMO DEI CANI *(Les chiens)* ★★
Regia di ALAIN JESSUA. Con NICOLE CALFAN, GÉRARD DEPARDIEU, VICTOR LANOUX. ■ Un medico va a esercitare in una cittadina francese e scopre che molte proprietà sono custodite da branchi di feroci cani. Tutto perché qualche tempo prima il posto era infestato da gruppi di teppisti di colore. Ora però la situazione s'è normalizzata e sono le persone per bene a venire assalite non di rado dai cagnacci. Qualcuno vorrebbe levarli di torno, ma gli uomini di potere della città si oppongono (uno di essi s'è arricchito allevando feroci cani da guardia). Il problema si risolve con la morte di quest'ultimo, sbranato dai suoi stessi animali. ■ DRAMMATICO; COL.; 99′; FRANCIA, 1979.

DOG SOLDIERS ★★
Regia di NEIL MARSHALL. Con LIAM CUNNINGHAM, EMMA CLEASBY, KEVIN MCKIDD, SEAN PERTWEE, THOMAS LOCKYER. ■ Durante un'esercitazione sulle Highlands scozzesi, un gruppo di soldati con armi caricate a salve, viene attaccato da un branco di lupi mannari. Aiutati da una ragazza si rifugiano in una casa, pronti a trascorrere una lunga notte sotto assedio. I soldati e i lupi si fronteggiano con analoghe strategie militari e, tra umorismo inglese ed effetti gore, ecco un vero e proprio film di guerra/horror. ■ AZIONE; COL.; 105′; GRAN BRETAGNA, LUSSEMBURGO, 2002.

DOGTAGS IL COLLARE DELLA VERGOGNA ★★
(Dogtags)
Regia di ROMANO SCAVOLINI. Con MICHAEL MONTY, BAIRD STAFFORD, CLIVE WOOD. ■ Uno scrittore indaga sulla sorte di tre soldati americani dispersi in Vietnam. Scopre che assieme ad altri commilitoni erano stati mandati nella giungla a recuperare una cassa contenente documenti top secret. In realtà la cassa conteneva ben altro (e il comandante del gruppo lo sapeva). ■ GUERRA; COL.; 92′; ITALIA, USA, 1987.

♥ DOGVILLE ★★★
Regia di LARS VON TRIER. Con LAUREN BACALL, PHILIP BAKER HALL, PAUL BETTANY, BLAIR BROWN, JAMES CAAN, PATRICIA CLARKSON, JEREMY DAVIES, SIOBHAN FALLON, NICOLE KIDMAN, CHLOË SEVIGNY, STELLAN SKARSGÅRD. ■ Sfuggita all'inseguimento di due killer, la bella Grace arriva nella sperduta cittadina di Dogville. Grazie all'aiuto di Tom, portavoce della comunità, Grace riesce ad ottenere protezione a patto che sia disposta a lavorare per la comunità. Ma quando si viene a sapere che la donna è una ricercata, gli abitanti di Dogville avanzano nei confronti di Grace sempre maggiori pretese. Ma Grace nasconde un segreto che farà pentire tutta Dogville di aver mostrato i denti contro di lei. Lars von Trier ha ripulito il proprio cinema da quel sospetto di manierismo autoreferenziale che lo rendeva inviso a molti. Il Dogma è alle spalle. Resta solo un "Dog" nel titolo del film, ma il regista danese con l'avvio di questa trilogia rompe col passato confermando paradossalmente la continuità. Niente più camera a mano o sfocature estemporanee ma un'assenza quasi totale di scenografia in favore della parola e dei gesti. Con un sapore però, quasi fastidioso, di esercizio muscolare ed estetico. ■ DRAMMATICO; COL.; 165′; DANIMARCA, FRANCIA, NORVEGIA, SVEZIA, 2003.

DOLCE ADDIO, UN *(A Mother's Prayer)* ★★
Regia di LARRY ELIKANN. Con BRUCE DERN, LINDA HAMILTON. ■ Rosemary è vedova e ha un figlio di sei anni. Un giorno scopre di avere l'Aids. Da quel momento si darà da fare per trovare al bambino una famiglia che si occupi di lui dopo che lei sarà morta. Troverà davanti a sé una barriera di pregiudizi. ■ DRAMMATICO; COL.; 90′; USA, 1995.

DOLCE ALA DELLA GIOVINEZZA, LA ★★★
(Sweet Bird of Youth)
Regia di RICHARD BROOKS. Con ED BEGLEY JR, SHIRLEY KNIGHT, PAUL NEWMAN, GERALDINE PAGE. ■ Chance, per giungere al successo, vive con una diva ormai dimenticata, Alexandra. Con lei torna al suo paese dove vive la sua vecchia fiamma, Heavenly, che egli ama ancora. Il padre di lei non vuole che il legame

si rinnovi e insiste perché Chance se ne vada. Quando Alexandra ritorna ai vertici, lasciandolo, il fratello di Heavenly lo sfregia e gli proibisce di vedere la sorella. Rimasto completamente in solitudine, Chance capisce che la sua corsa al successo non è servita a nulla. Tratto dall'omonimo dramma di Tennessee Williams. ■ DRAMMATICO; COL.; 120'; USA, 1961. ■ DAVID DI DONATELLO 1 PR, 1 NOM; OSCAR 1 PR, 3 NOM.

DOLCE ALA DELLA GIOVINEZZA, LA ★★
(Sweet Bird of Youth)
Regia di NICOLAS ROEG. Con MARK HARMON, VALERIE PERRINE, ELIZABETH TAYLOR. ■ È una trasposizione aggiornata della famosa commedia scritta da Tennessee Williams. La storia è abbastanza conosciuta: una vecchia diva di Hollywood si invaghisce di un giovane ambizioso che oltre a non aver mai raccolto allori è tormentato da un vecchio amore. Vanno in giro insieme per città e alberghi fino a che non ritornano al paese di lui dove il padre del suo antico amore lo farà castrare proprio mentre è stato lasciato dalla diva che sta conoscendo di nuovo il successo. Classico melodramma, in questa versione un po' maltrattato visto che la Taylor è solo raramente in parte e il partner pure. ■ DRAMMATICO; COL.; 110'; USA, 1989.

DOLCE ASSENZA ★★
Regia di CLAUDIO SESTIERI. Con FABIENNE BASE, SERGIO CASTELLITTO, JO CHAMPA. ■ Due ragazze dividono lo stesso appartamento a Milano. Una è svelta e spregiudicata, l'altra timida e fragile. Una sera la timida non torna a casa. L'amica la ricerca in tutta Milano e conosce molte persone che compongono un ritratto inedito ed emozionante della ragazza (apparentemente priva di una vita privata). Ma la fanciulla non verrà più ritrovata. ■ DRAMMATICO; COL.; 92'; ITALIA, 1986.

DOLCE COME SEI ★★
Regia di ANGELA POPE. Con LIAM NEESON, ALEX PAKENHAM, MIRANDA RICHARDSON. ■ Il tema dell'Aids trattato in modo televisivo ma comunque apprezzabile grazie anche al notevole apporto dei due attori protagonisti, Miranda Richardson (*Ballando con uno sconosciuto*) e Liam Neeson (*Darkman*). Un professore trentenne ha a suo tempo tradito la moglie con un'allieva e ora è sieropositivo. È necessario far fare le dovute analisi anche alla moglie e per poter far questo deve dirle la verità. ■ DRAMMATICO; COL.; 93'; USA, 1988.

DOLCE CORPO DI DEBORAH, IL ★★
Regia di ROMOLO GUERRIERI. Con CARROLL BAKER, LUIGI PISTILLI, JEAN SOREL, EVELYN STEWART. ■ Due giovani coniugi cercano di farsi fuori a vicenda per intascare i soldi dell'assicurazione. Marcel prepara il piano per uccidere la moglie con l'aiuto di due vecchi amici, Philip e Susan (quest'ultima creduta morta). Egli conduce la sposa sulla via della pazzia e tenta di farla poi uccidere dai complici. Ma la donna, più furba, con l'aiuto di un pittore ucciderà il marito. ■ DRAMMATICO; COL.; 90'; ITALIA, 1968.

DOLCE, DOLCE RACHEL *(Sweet, Sweet Rachel)* ★★
Regia di SUTTON ROLEY. Con ALEX DREYER, PAT HINGLE, LOUISE LATHAM, STEFANIE POWER. ■ Breve film televisivo. Rachel è la giovane vedova sconvolta per il suicidio del ricco marito, tanto che deve ricorrere all'analista. Comincia anche a sospettare che la zia Lilian, una veggente, c'entri con la morte dell'uomo. ■ THRILLER; COL.; 74'; USA, 1971.

DOLCE DOMANI, IL *(The Sweet Hereafter)* ★★★
Regia di ATOM EGOYAN. Con CAERTHAN BANCK, IAN HOLM, TOM MCCAMUS. ■ Il film è tratto dal libro di Russel Banks e si ispira a un fatto vero avvenuto nel 1980 in Texas. La vicenda si sposta a Sam Dent, paese del Canada. Un autobus pieno di bambini affonda nel ghiaccio. Ne muoiono quattordici. Sopravvivono la conducente e una bambina che rimane paralizzata. Un avvocato intende sostenere gli abitanti e ottenere i danni. Ma si scontra con un mondo piccolo e ipocrita. Anche la grande tragedia viene "digerita" e strumentalizzata. Splendida natura canadese a far parte integrante del racconto. Grande prova di Holm e buona regia di Egoyan che si è visto assegnare il Gran Premio della Giuria a Cannes. ■ DRAMMATICO; COL.; 110'; CANADA, 1997. ■ CANNES 1 PR; OSCAR 2 NOM.

DOLCE E L'AMARO, IL ★★
Regia di ANDREA PORPORATI. Con VINCENZO AMATO, GAETANO BRUNO, GIOACCHINO CAPPELLI, RENATO CARPENTIERI, FABRIZIO GIFUNI, LUIGI LO CASCIO. ■ Primi anni Ottanta. Sicilia. Saro Scordia viene preso sotto tutela da don Gaetano Butera (mafioso di spicco) dopo la morte in carcere del padre. Comincia così la sua carriera all'interno di Cosa Nostra con le prime rapine e i primi incarichi di scarsa rilevanza. Finché un giorno si presenteranno prove di fiducia molto più dure: uccidere qualcuno per ordine del padrino. «Nella vita c'è il dolce e c'è l'amaro» è quanto apprende in fretta il piccolo aspirante mafioso Saro. Il cinema sulla mafia sembra averci detto già tutto e forse è davvero così. Dolce, amaro... e superfluo. ■ DRAMMATICO; COL.; 98'; ITALIA, 2007.

DOLCE È LA VITA *(Life is Sweet)* ★★★
Regia di MIKE LEIGH. Con JANE HORROCKS, CLAIRE SKINNER, ALISON STEADMAN. ■ Una famiglia: lei lavora come commessa in un negozio di abbigliamento; lui insegue facili guadagni vendendo birre e panini; le due figlie gemelle: una idraulica e l'altra anoressica e contestatrice. La loro storia agrodolce. ■ COMMEDIA; COL.; 102'; GRAN BRETAGNA, 1990.

DOLCE EMMA, CARA BÖBE ★★★
(Edes Emma, droge Böbe)
Regia di ISTVÁN SZABÓ. Con PETER ANDORAI, ENIKO BÖRCSÖK, EVA KEREES, JOHANNA TER STEEGE. ■ Il regista di *Mephisto* ha perso le caratteristiche barocche di quei film ed è approdato a una semplicità più efficace. Attraverso la storia di due donne, Emma e Böbe, si esprime il disagio dei cambiamenti nei paesi dell'Est. Maestre di russo, per stare al passo coi tempi sono costrette a imparare l'inglese. ■ DRAMMATICO; COL.; 95'; UNGHERIA, 1992. ■ BERLINO 1 PR.

DOLCE E SELVAGGIO ★★
Regia di ANTONIO CLIMATI, MARIO MORRA. ■ Momenti di vita e di morte, di dolcezza e di crudeltà all'interno della natura. Buona la fotografia, ma troppo insistite e spettacolarizzate le scene di violenza, mentre talora il commento troppo retorico forza le immagini, che potrebbero più efficacemente parlare da sole. ■ DOCUMENTARIO; COL.; 94'; ITALIA, 1983.

DOLCE ETÀ, LA *(Le bel âge)* ★★
Regia di PIERRE KAST. Con BARBARA ASTEKMAN, JEAN-CLAUDE BRIALY, FRANÇOISE BRION, FRANÇOISE PRÉVOST. ■ Tratto da un racconto di Alberto Moravia, il film narra di due amici e di due amiche che parlano delle loro vicende sentimentali. Entrambe le coppie giungono a questa conclusione: l'amore vero è una cosa fittizia, quello che conta veramente è il rapporto sessuale. ■ COMMEDIA; B/N; 100'; FRANCIA, 1960.

DOLCE FAR NIENTE ★★
Regia di NAE CARANFIL. Con MARGHERITA BUY, FRANÇOIS CLUZET, ISABELLA FERRARI, GIANCARLO GIANNINI, TERESA SAPONANGELO. ■ 1816. Stendhal ha trentatré anni e viene ospitato da un conte in esilio a Terracina. Qui tenta di intrecciare relazioni amorose con scarso successo e si confronta con un altro genio che risponde al nome di Gioacchino Rossini. Attori in costume per una coproduzione che lascia il tempo che trova. ■ COMMEDIA; COL.; 109'; FRANCIA, ITALIA, 1999.

DOLCE INDIPENDENZA, LA *(Sweet Liberty)* ★★
Regia di ALAN ALDA. Con ALAN ALDA, MICHAEL CAINE, MICHELLE PFEIFFER. ■ Un professore scrive un romanzo storico che viene tradotto in un film. Il prof. passerà vicende tragicomiche alle prese con la troupe cinematografica (Michael Caine è il primo attore, Bob Hoskins lo sceneggiatore analfabeta). ■ COMMEDIA; COL.; 91'; USA, 1986.

DOLCE INGANNO *(Quality Street)* ★★★
Regia di GEORGE STEVENS. Con FAY BAINTER, KATHARINE HEPBURN, FRANCHOT TONE. ■ Siamo in Europa, in epoca napoleonica. Una giovinetta, delusa da un medico dal quale si aspettava una dichiarazione d'amore, dopo la partenza di lui per la guerra fonda una scuola per bambini. Quando, dopo molti anni, l'uomo ritorna, la ragazza si finge la nipote di quella che egli aveva conosciuto. Il medico confessa l'amore che provava per la "zia" e la

donna si fa riconoscere. ■ COMMEDIA; B/N; 84′; USA, 1937. ■ OSCAR 1 NOM.

DOLCE NOVEMBRE *(Sweet November)* ★★★

Regia di ROBERT ELLIS MILLER. Con THEODORE BIXEL, BURR DE BENNING, SANDY DENNIS, ANTHONY NEWLEY. ■ Sara Dover, condannata a morire giovane, decide di cambiare un uomo al mese per lasciare un ricordo piacevole al maggior numero possibile di persone. A novembre intreccia una relazione con Charles. Quando verrà a sapere tutto, l'uomo sarà distrutto dal dolore. ■ DRAMMATICO; COL.; 114′; USA, 1968.

DOLCE PELLE DI YVONNE, LA *(Les pas perdus)* ★★

Regia di JACQUES ROBIN. Con JEAN CARMET, MICHÈLE MORGAN, JEAN-LOUIS TRINTIGNANT, MICHEL VITOLD. ■ Yvonne, pur essendo sposata con figli, diventa l'amante del giovane artista Georges. Questi si confida con Mazurka, anche lei invaghita in segreto di lui, che lo ascolta con dolore. Yvonne ritorna poi pentita dal marito e Georges rimane solo. Cerca allora l'amore di Mazurka, ma la donna è irreperibile. ■ DRAMMATICO; COL.; 98′; FRANCIA, 1964.

DOLCE RUMORE DELLA VITA, IL ★

Regia di GIUSEPPE BERTOLUCCI. Con ROSALINDA CELENTANO, FRANCESCA NERI, RADE SERBEDZIJA. ■ Giuseppe Bertolucci, fratello del più noto Bernardo e figlio del grande poeta Attilio, è stato una firma importante dell'*underground* teatrale romano. Col cinema ha sempre avuto minor fortuna. Qui prova a riprendersi ambientando proprio nel mondo del teatro la sua vicenda. Ma fallisce. Neri è innamorata di un gay. Diventa mamma per caso. Su uno sfondo estetizzante. Sterile. ■ COMMEDIA; COL.; 92′; ITALIA, 1999.

DOLCE VELENO *(Pretty Poison)* ★★★

Regia di NOEL BLACK. Con BEVERLY GARLAND, ANTHONY PERKINS, JOHN RANDOLPH, TUESDAY WELD, DICK O'NEILL, CLARICE BLACKBURN, JOSEPH BOVA, KEN KERCHEVAL. ■ Dennis, un giovane psicotico uscito da poco dal riformatorio, crede di far parte dei servizi segreti. Quando conosce Sue Ann sabotano insieme una fabbrica e lei ammazza una guardia: Sue Ann infatti è in realtà più pazza di lui. Uccide la madre, che la reprimeva, incolpa del delitto il povero malato e si mette insieme ad un amico progettando altri omicidi. ■ COMMEDIA; COL.; 89′; USA, 1968.

DOLCE VIAGGIO, UN *(Voyage en douce)* ★★

Regia di MICHEL DEVILLE. Con GERALDINE CHAPLIN, DOMINIQUE SANDA, JACQUES ZABOR. ■ Dopo una lite con il marito, Lucie corre a sfogarsi dalla sua migliore amica, Helene. Questa, con la scusa di comperare una casa in campagna, le propone un viaggetto per sole donne, all'insegna del buonumore e della nostalgia. Al ritorno, anche Helene finirà in una crisi coniugale. ■ COMMEDIA; COL.; 98′; FRANCIA, 1980.

DOLCE VIOLENZA ★★

Regia di MAX PÉCAS. Con PIERRE BRICE, CHRISTIAN PEZEY, VITTORIA PRADO, ELKE SOMMER. ■ Il giovane Olivier entra a far parte della banda di Maitre e conosce Elke, la ragazza del capo. Nasce un'amicizia tra i due, ma Maitre non vede di buon occhio questa innocente relazione. Sfida così Olivier a uno strano duello sui montacarichi di un palazzo in costruzione. Olivier perde la partita e rischia la morte. A trarlo in salvo è proprio Maitre. Il giovane comprende il significato della lezione e torna da un vecchio amore. ■ DRAMMATICO; COL.; 90′; FRANCIA, 1961.

♥ DOLCE VITA, LA ★★★★★♉

Regia di FEDERICO FELLINI. Con ANOUK AIMÉE, ALAIN CUNY, ANITA EKBERG, NADIA GRAY, MARCELLO MASTROIANNI, MAGALI NOËL. ■ Il giornalista Marcello è su un elicottero che trasporta una grande statua di Gesù. In un night cerca di avere notizie sulla vita mondana. Incontra una ricca annoiata e passa la notte con lei, a casa di una prostituta. Riesce a conoscere Sylvia (Ekberg), la scarrozza per Roma di notte, lei fa il bagno nella fontana di Trevi. Nel frattempo Marcello litiga furiosamente con la sua compagna, possessiva e gelosa. Frequenta Steiner, uomo colto e sereno, perfettamente felice. In compagnia del "paparazzo" cerca di fare un servizio su alcuni bambini che hanno visto la Madonna. Marcello riceve la visita di suo padre, vivace ed entusiasta, che però si sente male in quella bolgia, e riparte. Si viene a sapere che Steiner si è suicidato dopo aver ucciso i suoi bambini. Nel frattempo Marcello, giornalista, non scrive mai una riga. C'è una specie di orgia a casa di un nobile a Fregene. Situazione di grande squallore. La mattina Marcello cammina sulla spiaggia e vede da lontano una ragazza, una cameriera che aveva già incontrato. Lei gli parla, ma lui non riesce a sentirla per il rumore del mare. Titolo fondamentale del cinema italiano e del mondo. Dopo una serie di film che possiamo definire di "perfezionamento e ricerca", Fellini rappresenta il dolore con segnali universali. Le sue angosce in prima persona trovano manifestazioni simboliche che si trasferiscono a tutti. Il caos, la vita "arruffata", il tentativo di integrarsi in qualche modo con gli altri, la tensione di fare qualcosa che non è mai chiara ma che va fatta, la pigrizia per la consapevolezza che anche centrando l'obiettivo... l'obiettivo alla fine non c'è. Il mito ha poi rilanciato ogni sequenza del film in tutto il mondo dando del nostro cinema e indirettamente del nostro paese un quadro diverso rispetto a quello della stagione del neorealismo. Roma non era più quella di Antonio Ricci che cerca di rubare una bicicletta o di Umberto D che vive di elemosine, ma quella di via Veneto, coi suoi locali, le sue feste, il suo "far niente". Via Veneto, così come quella Roma, così come i film, erano dunque per Fellini un gioco continuo, la possibilità di ritardare le "cose serie" e l'entrata nel mondo dei grandi. La capacità di rappresentare cose che esistono appena, o che sono addirittura sognate, ha reso Fellini una personalità a misura del cinema, che tutto sommato è nulla più che luce e ombra. Proprio come la Roma della *Dolce vita*, Roma, città del papato, dell'antichità e del cinema: tutte astrazioni, evanescenze, sogni. Materia per film. Marcello assiste a questa e a quella situazione, tutto materiale di lavoro, ma non lavora mai. Esce da una festa per andare a un incontro. Non caverà niente di buono. Ma c'è sempre l'episodio successivo... ■ COMMEDIA; B/N; 173′; ITALIA, 1960. ■ CANNES ♉ 1 PR; DAVID DI DONATELLO ♉ 1 PR, 1 NOM; OSCAR ♉ 1 PR, 4 NOM.

DOLCE VITA DEL SOLDATO JOE, LA *(Joe Boy)* ★★

Regia di FRANK LAUNDER. Con STANLEY BAXTER, HARRY H. CORBETT, BILL FRASER, PEREY HARBERT. ■ Joe ed alcuni commilitoni organizzano al fronte, in prima linea, una sorta di casa da gioco. Un ufficiale, Dibbs, che non li vede di buon occhio, per punizione li manda a combattere allo scoperto. Ma ancora una volta ritornano indenni. Con l'armistizio sono in Italia dove fondano altre case di dubbia onestà. Quando rientrano in patria, dopo l'ennesima bravata, sono rinchiusi in galera. ■ COMMEDIA; COL.; 91′; GRAN BRETAGNA, 1965.

DOLCE VITA... NON PIACE AI MOSTRI, LA ★★

(Monster, Go Home!)

Regia di EARL BELLAMY. Con YVONNE DE CARLO, FRED GWYNNE, BUTCH PATRICK. ■ Una famiglia americana di individui buoni ma dall'aspetto terribile, i De Mostri, ereditano delle proprietà in Inghilterra. Arrivati sul posto, i protagonisti si trovano alle prese con dei parenti belli ma cattivi che vogliono impadronirsi di tutto ed eliminare i concorrenti, anche per salvaguardare i propri loschi traffici (stampano denaro falso nella cripta del castello). La vittoria è dei buoni. ■ COMMEDIA; COL.; 96′; GERMANIA, 1968.

DOLCEZZE DEL PECCATO, LE ★★

(Der Turm der verbotenen Liebe)

Regia di FRANZ ANTEL. Con FRANK OLIVIER, JEAN PIAT, TERRY TORDAY. ■ Tratto da un romanzo di Alessandro Dumas, il film narra di Buridan che, accusato di aver ucciso il padre della regina Margherita, indaga a Parigi sul vero assassino che si rivela essere Saint Lorraine, ministro della sovrana. Il protagonista è catturato ma subito liberato da Margherita che scopre in lui il suo ex amante Lionel. La regina, fuggito Buridan, ucciso il ministro, dà fuoco al castello e, ormai completamente pazza, muore nell'incendio. ■ AVVENTURA; COL.; 90′; GERMANIA, 1968.

DOLCI INGANNI ★★★

Regia di ALBERTO LATTUADA. Con CHRISTIAN MARQUAND, JEAN SOREL, CATHERINE SPAAK. ■ La bella e giovanissima Francesca si infatua di Enrico, un professionista già avanti con gli anni, e gli si offre, spontaneamente. Capirà poi che l'amore è un'altra cosa. ■ COMMEDIA; B/N; 95′; ITALIA, 1960.

DOLCI NOTTI, LE ★★
Regia di VINICIO MARINUCCI. ■ Riprese dal vivo di alcuni numeri di spogliarello. ■ DOCUMENTARIO; COL.; 95′; ITALIA, 1962.

DOLCI PECCATI DI VENERE, I ★★
Regia di ROLF THIELE. Con IRINA DEMICK, HANNES MESSEMER, HEINZ RÜHMANN. ■ Tratto da un'opera di Friedrich Dürrenmatt. Clio, una stupenda ragazza, amante di molti pezzi grossi, sposa l'anziano greco Arnolt. Quando costui scopre la ragione dell'improvviso rispetto che sembra incutere alla gente, infuriato accetta da un gruppo di anarchici l'incarico di uccidere il presidente; ma la storia terminerà in modo lieto. ■ COMMEDIA; COL.; 90′; GERMANIA, 1966.

DOLCI SIGNORE, LE ★★★
Regia di LUIGI ZAMPA. Con URSULA ANDRESS, CLAUDINE AUGER, JEAN-PIERRE CASSEL, VIRNA LISI. ■ Tre donne si trovano afflitte da diversi problemi "sentimentali". La prima, Luisa, è ricattata a causa di una relazione extraconiugale. Paola è costretta dal coniuge a fare la spogliarellista. Anna cerca un rimedio ai suoi incubi erotici: lo trova quando inizia una relazione con il protagonista dei suoi travagliati sogni. ■ COMMEDIA; COL.; 116′; ITALIA, 1967.

DOLCISSIMA DOROTHEA, LA *(Dorotheas Rache)* ★★
Regia di PETER FLEISCHMANN. Con REGIS GENGER, ANNA HENKEL, BARBARA OSSENKOPP, GÜNTHER THIEDICKE. ■ Odissea e vicissitudini di Dorothea, fanciulla tedesca che, avida di esperienze, non si rifiuta a nessuna di esse, per quanto degradante possa essere. ■ GROTTESCO; COL.; 95′; GERMANIA, 1977.

DOLCI VIZI AL FORO ★★★
(A Funny Thing Happened on the Way to the Forum)
Regia di RICHARD LESTER. Con MICHAEL CRAWFORD, BUSTER KEATON, ZERO MOSTEL, PHIL SILVERS. ■ Uno schiavo, Pseudolus, per comprare la sua liberazione, propone ad Hero, figlio del suo padrone, un accordo: in cambio della libertà troverà il modo di portargli Philia, la donna di cui Hero è innamorato. Philia è però merce di Lycus ed inoltre è già stata destinata al Miles Gloriosus. Alla fine tutto il complicato intrigo si risolve. ■ COMMEDIA; COL.; 99′; USA, 1966. ■ OSCAR 1 PR, 1 NOM.

DOLCI DOLLARI CHE SCOTTANO *(Private Hell 36)* ★★★
Regia di DON SIEGEL. Con STEVE COCHRAN, IDA LUPINO. ■ Due sergenti della polizia, Brunner e Farhan, dopo aver fatto lunghe ricerche con l'aiuto di Lilli, ballerina e cantante, recuperano un carico di denaro falso. Brunner vorrebbe fuggire con Lilli. Farhan istintivamente rifiuta, poi non si oppone. Il capitano Michaels, fiutando l'accaduto, si finge loro complice e li mette nel sacco. I due si precipitano sul denaro, Brunner vorrebbe uccidere l'amico ma è preceduto. Farhan, pentito, è riammesso nella polizia. ■ POLIZIESCO; B/N; 81′; USA, 1954.

DOLLARI DAL CIELO *(Guld og grönne skove)* ★★
Regia di GABRIEL AXEL. Con ALEX BANG, JUDY GRINGER, JORN JEPPENSEN, OLE LARSEN. ■ Danimarca. Tre giovani dell'isola di Birko amano tre ragazze dell'isola nemica di Hveno. Il sindaco è il padre delle ragazze e rifiuta di far maritare le figlie sino a quando non si scopre che a Birko esiste il petrolio. Solo allora il sindaco di Hveno si reca a Birko per concedere spontaneamente la mano delle ragazze. Ricevuto un rifiuto se ne torna indignato a casa. Le coppie si formano ugualmente. ■ COMMEDIA; COL.; 90′; DANIMARCA, 1958.

DOLLARI FALSI PER UN ASSASSINO *(Rebel City)* ★★
Regia di THOMAS CARR. Con BILL ELLIOTT, ROBERT KENT, MARJORIE LORD, KEITH RICHARDS. ■ Usa, 1846. Negli Stati del Sud Frank è alla ricerca degli assassini del padre, ucciso a causa di un giro di dollari falsi. Con il colonnello Barnes, Frank, dopo essere stato vittima di numerosi tentativi di omicidio, cattura il capitano Ramsey, collaboratore del colonnello ma capo dei falsari, uccide alla fine il capitano e manda in galera i fuorilegge. ■ WESTERN; B/N; 80′; USA, 1953.

DOLLARI MALEDETTI *(The Bounty Killer)* ★★
Regia di SPENCER GORDON BENNETT. Con RICHARD ARLEN, ROD CAMERON, AUDREY DALTON, DAN DURYEA. ■ Disavventure di Duggan, cacciatore di taglie. Dopo un breve periodo di serenità accanto alla giovane moglie, viene ucciso. ■ WESTERN; COL.; 92′; USA, 1965.

DOLLARI SPORCHI *(Dead Presidents)* ★★
Regia di ALBERT HUGHES. Con KEITH DAVID, ROSE JACKSON, LARENZ TATE. ■ Un reduce dal Vietnam, pieno di problemi psicologici, decide di organizzare una rapina con altri soldati segnati dalla rovinosa guerra. ■ DRAMMATICO; COL.; 115′; USA, 1995.

DOLLARO BUCATO, UN ★★★
Regia di GIORGIO FERRONI. Con PETER CROSS, JOHN MACDOUGLAS, EVELYN STEWART, MONTGOMERY WOOD. ■ Due fratelli si dividono dopo aver vissuto insieme per tanti anni. Gary diventa pistolero e riceve l'ordine di uccidere il fratello Phil per conto di MacCory. Trovatosi di fronte il fratello, non ha il coraggio di farlo fuori. Interviene perciò MacCory. Phil viene ucciso, ma Gary si salva per puro caso. La sua vendetta è spietata e completa. Montgomery Wood è lo pseudonimo di Giuliano Gemma. ■ WESTERN; COL.; 91′; ITALIA, 1955.

DOLLARO DI FIFA, UN ★★
Regia di GIORGIO SIMONELLI. Con DOMINIQUE BOSCHERO, MARIO CAROTENUTO, WALTER CHIARI, UGO TOGNAZZI. ■ Nel West due amici, Alano e Mike, si divertono a truffare la gente con diversi trucchi, solitamente poco riusciti. Inseguiti da un capo indiano a cui era stata sottratta la moglie, si rifugiano in città, dove vengono ritenuti uomini della legge. Alla fine, scoperti come burloni, stanno per essere impiccati ma un espediente li salva. ■ COMICO; COL.; 90′; ITALIA, 1960.

DOLLARO DI FUOCO, UN ★★
Regia di NICK NOSTRO. Con ALBERT FARLEY, DIANA GARSON, INDIO GONZALES, MICHAEL RIVA. ■ Fartown è dominata da fuorilegge che seminano il terrore su ordine del loro fantomatico capo per impedire ai coloni di stabilirsi su quelle terre. Il capo misterioso è un senatore, che ha per amante la moglie dello sceriffo, uomo onesto che però non può agire. Quando giunge un pistolero, il senatore fa rapire la figlia dello sceriffo e uccide l'amante. Il pistolero libera dalla tirannia il paese eliminando il senatore, ma disgraziatamente viene colpito a morte dallo sceriffo. ■ WESTERN; COL.; 94′; ITALIA, 1966.

DOLLARO D'ONORE, UN *(Rio Bravo)* ★★★★
Regia di HOWARD HAWKS. Con WARD BOND, WALTER BRENNAN, ANGIE DICKINSON, DEAN MARTIN, RICKY NELSON, JOHN WAYNE. ■ Lo sceriffo lotta contro Dick, capo di alcuni prepotenti proprietari. Un vicesceriffo, ubriaco perennemente a causa di alcuni dissidi amorosi, e un menomato, lo aiutano nella sua quotidiana battaglia. Il fratello di Dick viene arrestato per omicidio. Per ripicca Dick rapisce il vice e chiede lo scambio. Ciò avviene, ma lo sceriffo astutamente sgomina la banda. Il vice, liberatosi dai banditi e dall'alcool, diventa eroe e uomo nuovo. Il film è un capolavoro del suo genere, un western classico centrato sull'eroe buono e coraggioso. La presenza di John Wayne, simbolo di questo cinema, rende questa bellissima opera di Howard Hawks ancora più significativa. ■ WESTERN; COL.; 141′; USA, 1959.

DOLLARO PER 7 VIGLIACCHI, UN ★★
Regia di GIORGIO GENTILI. Con DUSTIN HOFFMAN, ELSA MARTINELLI, GUSTAVO ROJO, CESAR ROMERO. ■ Un detective americano, Putzu, è inviato in Italia per recuperare una grossa somma di denaro che Tony Madigan, ora morto, aveva portato con sé nella penisola. Sulla sua strada trova il "Barone", mafioso che vuole il denaro a tutti i costi, e la polizia italiana. Trovati i dollari con l'aiuto della polizia, sbaraglia il "Barone" e sposa la sorella del defunto Tony. ■ AVVENTURA; COL.; 90′; ITALIA, 1968.

DOLLARO TRA I DENTI, UN ★
Regia di LUIGI VANZI. Con TONY ANTHONY, RAF BALDASSARRE, ALDO BERTI, JOLANDA MADIO. ■ "Lo straniero" e "Aquila" trovano un tesoro, ma il secondo gioca l'avversario e fugge con l'oro. "Lo straniero", dopo che "Aquila" ha violentato una donna, uccide tutti i suoi avversari, consegna l'oro all'esercito e si fa pagare il dovuto compenso. ■ WESTERN; COL.; 95′; ITALIA, 1967.

DOLLS ★★★
Regia di STUART GORDON. Con STEPHEN LEE, HILARY MASON, GUY ROLFE. ■ Orrore in un'antica casa di campagna e sembra di

trovarsi all'inizio di *Rocky Horror Picture Show*, in cui una famigliola in panne con l'auto finirà ospite e avrà pane per i suoi denti. I due genitori odiosi e antipatici faranno una brutta fine mentre i bambini e un ragazzo infantile si salveranno dalla furia omicida di alcune bambole e soldatini in vena di mini-fucilazioni. Chi sogna merita di vivere. Una bella idea svolta così così, ma è indubbio che questo piccolo capolavoro horror (dura poco più di un'ora) abbia alcune sequenze da antologia. ■ HORROR; COL.; 72′; USA, 1987.

DOLLS ★★★
Regia di TAKESHI KITANO. Con MIHO KANNO, CHIEKO MATSUBARA, IATSUYA MIHASHI, HIDETOCHI NISHIJIMA. ■ Tre storie di desolante malinconia si sfiorano in un Giappone al di fuori dello spazio e del tempo. Matsumoto è un giovane di belle speranze che, pur amando Sawako, è costretto ad abbandonarla da pressioni esterne. Il tentato suicidio della ragazza, che la lascia in uno stato di mutismo e demenza, lo spingerà alla scelta estrema dell'espiazione attraverso un viaggio allucinante in cui ritrovare ciò che entrambi hanno perso o solo dimenticato. Il percorso catartico dei vagabondi legati da una corda, condanna e rifugio, incrocia le vite di altri personaggi che si dibattono, anch'essi marionette, tra le pieghe del destino. Hiro è un boss della Yakuza che, tornato dopo trenta anni nei luoghi della sua giovinezza, scoprirà che la sua amata continua ad aspettarlo. Lei, pur non riconoscendolo, lo sceglierà di nuovo e di nuovo lo perderà. Haruna è una pop star di grande fama, menomata da un incidente automobilistico che l'ha deturpata imponendole il ritiro in un eremo coatto. Solo Nukui, il suo fan più fedele, accecatosi per la disperazione di non vederla più, ha il privilegio di incontrarla per condividere con lei un breve istante di contatto, subito spento dalla tragedia. Le bambole del titolo sono quelle dell'antico teatro giapponese di burattini Bunkaru, cui il regista si ispira per tratteggiare, con l'aiuto della vivida fotografia di Katsumi Yanagijima, una metafora sulla vita, la morte e il destino. E come il Bunraku ispirò il Kabuki, così lo spettacolo delle marionette che introduce la pellicola dà la misura della gestualità minimale dei protagonisti del racconto: molli ed inermi come pupazzi nelle mani di un autore mediato. Tutti si perdono in un percorso senza meta, privati di ogni speranza proprio quando l'oggetto del desiderio appare vicino, condannati alla solitudine di un'anima che sembra già separata dal corpo, resi immortali da un racconto perfetto. ■ DRAMMATICO; COL.; 113′; GIAPPONE, 2002.

DOLLY'S RESTAURANT *(Heavy)* ★★
Regia di JAMES MANGOLD. Con DEBORAH HARRY, LIV TYLER, PRUITT TAYLOR VINCE, SHELLEY WINTERS. ■ Un film indipendente basato sui sentimenti. Un giovane timido e grasso si innamora senza speranza di una cameriera assunta nella pizzeria di sua madre, rimasta vedova. Quando quest'ultima muore, il ragazzo decide di non dirlo a nessuno. Uno dei primi film della bella Liv Tyler e un ritratto di provincia abbastanza efficace. ■ COMMEDIA; COL.; 105′; USA, 1995.

DOMANDA DI GRAZIA *(Obsession)* ★★
Regia di JEAN DELANNOY. Con MARTHE MERCADIER, MICHÈLE MORGAN, RAF VALLONE. ■ Due acrobati, Aldo ed Hélène, lavorano insieme. Un giorno lui le chiede di sposarlo e lei accetta. Aldo ha un incidente e a sostituirlo arriva Alex. Tra i due non corre buon sangue e Aldo teme che il rivale insidi sua moglie. Quando Alex viene misteriosamente ucciso, Hélène si convince a tal punto della colpevolezza del marito che lo denuncia. ■ DRAMMATICO; COL.; 100′; FRANCIA, ITALIA, 1954.

DOMANI ★★
Regia di FRANCESCA ARCHIBUGI. Con MARCO BALIANI, VALERIO MASTRANDREA, ORNELLA MUTI, ILARIA OCCHINI. ■ Nel film si chiama Cacciano, in realtà è Sellano, paese dell'Irpinia devastato dal terremoto del 1997. E si comincia proprio col terremoto, la chiesa e le case che crollano, la gente che fugge. La storia è incentrata sulla famiglia del vicesindaco e sua moglie, sui loro figli, sul salumiere e sua madre. Ciascuno coi suoi drammi. In mezzo alla tragedia i piccoli problemi (per esempio quelli adolescenziali) sono in evidenza. Da una parte la Archibugi, certamente artista di macchina, già riconosciuta. Dall'altra la frammetarietà della storia. Un tocco e via. Ed emerge pochissimo della gente. Emerge invece la gravità della catastrofe. Mai finita. La solita operina italiana da limbo. Ristretta e incompiuta. Con qualche bagliore. Ed è già un risultato nel panorama generale, triste-grigio-autoctono, del nostro cinema. ■ DRAMMATICO; COL.; 100′; ITALIA, 2001.

DOMANI ACCADRÀ ★★★
Regia di DANIELE LUCHETTI. Con ARMANDO BRANCIA, UGO GREGORETTI, PAOLO HENDEL. ■ Due butteri maremmani (in fuga dopo una maledetta rapina) vagabondano per la Toscana (siamo negli anni del Risorgimento) facendo strani incontri. Notevole esordio del giovane Luchetti che realizza un "conte philosophique" alla Voltaire (cioè un discorso serio sotto vesti di favola) ambientato in un'Italia mai esplorata dal cinema. ■ COMMEDIA; COL.; 95′; ITALIA, 1988. ■ DAVID DI DONATELLO 1 PR, 1 NOM.

DOMANI ANDRÀ MEGLIO *(Ça ira mieux demain)* ★★
Regia di JEANNE LABRUNE. Con JEANNE BALIBAR, NATHALIE BAYE, DIDIER BEZACE, ISABELLE CARRÉ, JEAN-PIERRE DARROUSSIN, SOPHIE GUILLEMIN. ■ Sophie è isterica, Xavier è sessuomane, Franck è bulimico, Elisabeth è paranoica, Marie è repressa. Cinque amici si incontrano, si scontrano e si sfuggono in questa commedia di costume che richiama *Il gusto degli altri* e che in Francia ha superato il milione di spettatori. Per sapere tutto, ma proprio tutto, su come conservare mobili di legno in cantina ■ COMMEDIA; B/N; 90′; FRANCIA, 2001.

DOMANI DEL GUERRIERO, IL ★
Regia di MICHAEL PAPAS. Con DIMITRI ANDREAS, ARISTODEMOS FESSAS, CHRISTOS ZANNIDES. ■ Un ragazzino cipriota è molto legato al nonno e ascolta i racconti che questi gli narra sulla travagliata storia della loro isola. Questa viene occupata dai turchi nel 1974 e il ragazzino scappa con i familiari. Torna però al paese natale quando viene a sapere che il nonno vi è rimasto ucciso. ■ GUERRA; COL.; 100′; GRECIA, 1987.

DOMANI È TROPPO TARDI ★★★
Regia di LÉONIDE MOGUY. Con VITTORIO DE SICA, GABRIELLE DORZIAT, LAURO GAZZOLO, AVE NINCHI, ANNA MARIA PIERANGELI. ■ Due adolescenti, Mirella e Franco, sono alle prese con il nascere dei propri sentimenti. Durante una scampagnata i due ragazzi si riparano in un casolare e rientrano tardi, dando adito a critiche maligne. Lei, disperata, tenta il suicidio, ma un saggio professore le salva la vita. ■ DRAMMATICO; B/N; 100′; ITALIA, 1949. ■ VENEZIA 1 PR.

DOMANI È UN ALTRO GIORNO ★★★
Regia di LÉONIDE MOGUY. Con ANNA MARIA FERRERO, ANNA MARIA PIERANGELI. ■ Un medico salva una giovane donna che sta per gettarsi nel fiume e la porta con sé al pronto soccorso dell'ospedale dove presta la sua opera. La donna viene a conoscenza di tre storie tristissime di altrettante aspiranti suicide e ridimensiona immediatamente i propri problemi. Torna così dal marito con il quale aveva litigato ■ DRAMMATICO; B/N; 100′; ITALIA, 1950.

DOMANI MI IMPICCHERANNO ★★
(Good Day for a Hanging)
Regia di NATHAN J. JURAN. Con MAGGIE HAYES, FRED MACMURRAY. ■ Eddie è arrestato perché accusato di aver assassinato lo sceriffo del paese. Il nuovo sceriffo, convinto della colpevolezza del giovane, testimonia contro di lui, facendolo così condannare a morte. Mentre sta per giungere la grazia del governatore, Eddie tenta la fuga con alcuni complici, dopo aver maltrattato Laurie che era venuta a dargli la buona notizia. Lo sceriffo Ben, però, lo raggiunge e, in un drammatico scontro a fuoco nei pressi della forca, lo ammazza. ■ WESTERN; COL.; 85′; USA, 1959.

DOMANI MI SPOSO ★★
Regia di FRANCESCO MASSARO. Con JERRY CALÀ, MILLY CARLUCCI, ISABELLA FERRARI. ■ Al povero Jerry Calà ne capitano di tutti i colori nella giornata che precede il suo matrimonio con Isabella Ferrari. Per arrivare in regola al fatidico sì dovrà vedersela con amici goliardi, ex amanti e fiamme dell'ultimo momento. Da un soggetto di Enrico Vanzina, che è anche co-sceneggiatore del film insieme a Calà stesso. ■ COMICO; COL.; 90′; ITALIA, 1984.

DOMANI NON SIAMO PIÙ QUI ★★
Regia di BRUNELLO RONDI. Con MARIA GRAZIA BUCCELLA, RO-

BERT HOFFMAN, MIRELLA PAMPHILI, GIANNI SANTUCCIO, INGRID THULIN, LUIGI VANNUCCHI. ■ Una giovane donna nevrotica raggiunge in una villa un gruppo di amici che sta trascorrendo un sereno periodo di vacanza. La sua presenza gradatamente corrode l'ambiente: l'allegria e il buonumore lasciano il posto a malumori ed angosce. Uno alla volta, gli ospiti della villa se ne tornano in città. ■ DRAMMATICO; B/N; 92'; ITALIA, 1967.

DOMANI PASSO A SALUTARE LA TUA VEDOVA... PAROLA DI EPIDEMIA ★
Regia di IGNACIO F. IQUINO. Con CRAIG HILL, CHRIS HUERTA, CLAUDIE LANGE, PEDRO MARIA SANCHEZ. ■ Due malviventi rubano un bel mucchio d'oro da una banca, ma sono derubati a loro volta. Seguendo le tracce del bottino, i due si imbattono nei più strani personaggi, si perdono di vista, uno dei due viene ucciso e il suo posto è preso dal figlio. Ma ogni ricerca è vana perché l'oro è finito nelle mani di un'abile ladra. ■ WESTERN; COL.; 90'; ITALIA, 1972.

DOMANI SARANNO UOMINI ★★★
(Fighting Father Dunne)
Regia di TED TETZLAFF. Con DARRYL HICKMAN, PAT O'BRIEN. ■ Un coraggioso sacerdote prende a cuore la sorte di un gruppo di ragazzi di un quartiere popolare di Saint Louis. Tra questi Marco, un elemento particolarmente difficile, finisce per mettersi nei guai con la giustizia. Durante un inseguimento Marco uccide un poliziotto e, malgrado la disperata difesa del sacerdote, viene condannato. Per l'uomo di chiesa è una grossa sconfitta, ma prosegue ugualmente la sua opera assistenziale a favore di altri sfortunati giovani. ■ DRAMMATICO; B/N; 93'; USA, 1948.

DOMANI SARÒ ARRESTATO ★★
(Morgen werde ich Verhaftet)
Regia di KARL HEINZ STROUX. Con KATHE DORSCH, FERDINAND MARIAN. ■ Un uomo, convinto d'aver ucciso una donna (e per questo rifugiatosi all'estero per molti anni), torna in patria per rivedere la moglie e la figlia. Un amico denuncia la sua presenza alla polizia che però, insospettita da nuovi indizi, finisce col provare l'innocenza dell'imputato identificando il vero colpevole. ■ GIALLO; B/N; 93'; GERMANIA, 1940.

DOMANI SARÒ TUA *(The Crystall Ball)* ★★
Regia di ELLIOTT NUGENT. Con WILLIAM BENDIX, VIRGINIA FIELD, PAULETTE GODDARD, RAY MILLAND. ■ Una graziosa ragazza si innamora dell'amico di una bella e ricca vedova. Questa non intende cedere la sua supremazia sentimentale, ma le grazie della ragazza finiscono per avere la meglio. ■ COMMEDIA; B/N; 81'; USA, 1943.

DOMANI SI BALLA ★★
Regia di MAURIZIO NICHETTI. Con MARIANGELA MELATO, MAURIZIO NICHETTI, PAOLO STOPPA. ■ Maurizio e Mariangela, due poveri redattori di un'oscura televisione privata, stanno girando un servizio in una casa di riposo per artisti quando, nel giardino, atterra l'aereo di una potente televisione rivale. L'equipaggio inizia a cantare e ballare, contagiando i vecchietti dell'ospizio e i due giornalisti: ma la musica liberatoria è soltanto un bel sogno. ■ COMMEDIA; COL.; 102'; ITALIA, 1982.

DOMANI SPLENDERÀ IL SOLE ★★★
(A Kid for Two Farthings)
Regia di CAROL REED. Con DIANA DORS, CELIA JOHNSON, DAVID KOSSOFF. ■ I desideri del piccolo Joe sono molto modesti: una stiratrice a vapore per il suo amico Sam, aiutante-sarto, e la vittoria del medesimo in un incontro pugilistico, che potrà permettergli di sposare la sua ragazza. Quando Joe incontra per caso un capretto al quale è cresciuta soltanto una piccola protuberanza sulla testa, è convinto d'aver trovato il favoloso unicorno, mitico animale che realizza ogni desiderio. In effetti Sam vince l'incontro e con i soldi guadagnati può comprare la stiratrice e sposare la bella del cuore, e tutto va per il meglio. Solo il capretto muore, ma Joe non lo saprà mai. ■ COMMEDIA; COL.; 91'; GRAN BRETAGNA, 1955.

DOMANI VINCO ANCH'IO *(One to One)* ★★★
Regia di LAMONT JOHNSON. Con ROBBY BENSON, ANNETTE O'TOOLE, GAIL STRICKLAND. ■ Un ragazzo, bravissimo nel baseball, viene notato dall'allenatore di una squadra universitaria e invitato a entrare in un college con una borsa di studio. Nonostante nell'ambiente si trovi male, il ragazzo è tenace: dimostra di saper giocare validamente, passa gli esami e riesce persino a conquistare la bella segretaria del suo capo. ■ COMMEDIA; COL.; 98'; USA, 1977.

DOMATORE DI DONNE, IL *(She Couldn't Take it)* ★★
Regia di TAY GARNETT. Con JOAN BENNETT, GEORGE RAFT. ■ Per sfuggire almeno temporaneamente ad una asfissiante famiglia, un ricco industriale non trova di meglio che farsi arrestare. In prigione trova la pace sospirata ed anche un'autentica amicizia con un gangster redento. L'industriale ha un infarto, ma prima di morire incarica l'ex gangster di sistemare tutti i suoi affari. L'uomo promette e mantiene. Riesce a domare le intemperanze di tutti e a far innamorare di sé la figlia del suo amico. ■ DRAMMATICO; B/N; 90'; USA, 1935.

DOM DURAKOV – LA CASA DEI PAZZI ★★★
(Dom Durakov-La maison de fous)
Regia di ANDREI KONCHALOVSKY. Con SULTAN ISLAMOV, EUGENJ MIRONOV, JULIA VYSOTSKY. ■ Cecenia 1996: il personale di un ospedale psichiatrico abbandona la struttura poco prima dello scoppio della guerra. I pazienti, tra cui la giovane Jenna, devono ora gestire la propria vita. Jenna sfugge all'orrore della guerra rifugiandosi nel suo mondo interiore, grazie alla musica della sua fisarmonica. La situazione è sempre più dura e l'ospedale diventa il rifugio di alcuni soldati ceceni; Jenna si innamora di uno di loro: solo un breve momento di felicità prima che l'esercito russo, che assedia l'ospedale, faccia irruzione sconvolgendo per sempre il fragile equilibrio della comunità. ■ DRAMMATICO; COL.; 104'; FRANCIA, RUSSIA, 2002. ■ VENEZIA 1 PR.

DOMENICA ★★★
Regia di WILMA LABATE. Con CLAUDIO AMENDOLA, VALERIO BINASCO, ROSALINDA CELENTANO, DOMENICA GIULIANO, ANNABELLA SCIORRA, PEPPE SERVILLO. ■ L'ispettore della polizia Sciarra si vede chiedere dai suoi ex colleghi (ha chiuso con il servizio) un ultimo favore. Nel corso dell'interrogatorio di un individuo fortemente sospettato di avere violentato Domenica, una bambina, costui si è gettato dalla finestra morendo sul colpo. Sciarra, che si era occupato del caso, deve portare la bambina all'obitorio per il riconoscimento. Ha così inizio il "viaggio" nella città di Napoli di una piccola già temprata dal dolore, ma ancora ricca di tutte le ingenuità dell'infanzia e di un uomo che, come si saprà di lì a poco, si è dimesso perché ha poco tempo da vivere. Domenica, che vive in un orfanotrofio e non ha mai conosciuto né padre né madre, inizialmente rifiuta di seguire Sciarra. Cerca più volte di seminarlo ma lui la ritrova utilizzando anche le indicazioni di un'informatrice della polizia. Alla fine di una giornata in cui il carico di dolore portato dai due ha modo di manifestarsi fuso con un'imperiosa esigenza di vita e pulizia, l'obitorio verrà raggiunto. Wilma Labate, dopo *La mia generazione*, ci regala un altro ritratto sofferto di umanità in ricerca. Questa volta non si tratta dei pesi che gravano sulle coscienze di chi, da una parte o dall'altra, visse la stagione del terrorismo. Quello che ci racconta oggi è l'incrociarsi di due sguardi. ■ DRAMMATICO; COL.; 110'; ITALIA, 2001.

DOMENICA A NEW YORK, UNA ★★★
(Sunday in New York)
Regia di PETER TEWKSBURY. Con JANE FONDA, CLIFF ROBERTSON, ROD TAYLOR. ■ Eileen ha idee molto precise sui rapporti prematrimoniali; non devono andare oltre a qualche bacio e qualche carezza. Quando il fidanzato tenta di oltrepassare i limiti, lei fugge scandalizzata e si rifugia in casa del fratello. Qui conosce un affascinante giovanotto e l'arrivo improvviso del fidanzato crea una serie di divertenti equivoci. Eileen è decisa ad abbandonare definitivamente l'idea del matrimonio, ma l'aitante giovanotto vince ogni resistenza. ■ COMMEDIA; COL.; 105'; USA, 1964.

DOMENICA D'AGOSTO, UNA ★★★★
Regia di LUCIANO EMMER. Con ANNA BALDINI, EMILIO CIGOLI, FRANCO INTERLENGHI, AVE NINCHI, MASSIMO SERATO. ■ Il lido di Ostia, in una domenica qualsiasi del mese di agosto. Persone di diverse estrazioni sociali si dirigono verso la spiaggia per sfuggire alla calura cittadina. Nell'arco della giornata si compiono i de-

stini di tutti: un disoccupato diventa rapinatore e viene arrestato; una ragazza e il suo corteggiatore, dopo essersi ingannati vicendevolmente, si scoprono poveracci e non milionari come avevano tentato di darsi ad intendere; una ricca signora scopre che il suo appartamento è andato a fuoco. È il primo film del genere "spiaggia", poi ripreso (anche troppo) negli anni Sessanta. Ma qui c'è molto di più: i toni del neorealismo sono ancora vigorosi e attendibili, i ritmi del racconto straordinariamente equilibrati. Da ricordare l'interpretazione di Emilio Cigoli, il grande doppiatore, nella parte del papà affettuoso. ■ COMMEDIA; B/N; 87'; ITALIA, 1950.

DOMENICA DA POLIZIOTTO, UNA ★★
(Un dimanche de flic)
Regia di MICHEL VIANEY. Con VICTOR LANOUX, JEAN ROCHEFORT, BARBARA SUKOWA. ■ Due sbirri sulla quarantina, amici da sempre, ricevono la soffiata da un confidente. Sta per arrivare in città un enorme quantitativo di droga. Gli sbirri predispongono una trappola per prendere i trafficanti con le mani nel sacco. Ma qualcosa va storto. ■ GIALLO; COL.; 99'; FRANCIA, 1982.

DOMENICA DELLA BUONA GENTE, LA ★★
Regia di ANTON GIULIO MAJANO. Con MARIA FIORE, SOPHIA LOREN, RENATO SALVATORI. ■ Una partita di calcio Napoli-Roma fa da sfondo alle vicende di tre persone: un vecchio pensionato che spera di fare tredici al totocalcio, un giocatore che vorrebbe diventare allenatore, un giovanotto che cerca lavoro. Nessuno dei tre realizza i propri desideri, ma almeno il giovane distoglie una donna, incontrata casualmente, da propositi omicidi. Il gesto gli vale la riconciliazione con la fidanzata. ■ COMMEDIA; B/N; 95'; ITALIA, 1953.

DOMENICA DELLE PALME *(Viragvasan ap)* ★★★
Regia di IMRE GYÖNGYÖSYY. Con GABOR KONCZ, BENEDEK TOTH, FRANTISEK VELECKY. ■ 1919. Siamo in Ungheria. Un sacerdote, Padre Simon, viene considerato pericoloso dalle autorità. Questo perché nelle sue prediche inneggia all'uguaglianza e al diritto alla terra per tutti i lavoratori. Inoltre suo fratello è comunista. Rimarranno entrambi uccisi. Ispirato liberamente a Bela Kun. ■ DRAMMATICO; B/N; 79'; UNGHERIA, 1969.

DOMENICA D'ESTATE, UNA ★★
Regia di GIULIO PETRONI. Con JEAN-PIERRE AUMONT, DOMINIQUE BOSCHERO, FRANÇOISE FABIAN, FRANCO FABRIZI, ANNA MARIA FERRERO, UGO TOGNAZZI, RAIMONDO VIANELLO. ■ Osvaldo ha bisogno della sua lussuosa automobile per far colpo su una ragazza ma scopre che, con lo stesso scopo, il suo autista se ne è servito per una gita al mare. Raggiunge il troppo disinvolto dipendente e gli soffia la fidanzata. Ne consegue uno scontro a suon di pugni, mentre la ragazza si butta in acqua per la disperazione. Durante il trasporto in ospedale, la ragazza e l'autista fanno la pace. Il soggetto è firmato da Alberto Moravia. ■ COMMEDIA; COL.; 96'; ITALIA, 1962.

DOMENICA È SEMPRE DOMENICA ★★
Regia di CAMILLO MASTROCINQUE. Con LORELLA DE LUCA, VITTORIO DE SICA, DORIAN GRAY, MARIO RIVA, ALBERTO SORDI, UGO TOGNAZZI. ■ Un film girato sull'onda dello strepitoso successo che ebbe la trasmissione televisiva *Il Musichiere*. È la storia di tre persone di diversa estrazione sociale che partecipano al gioco televisivo. ■ COMMEDIA; B/N; 92'; ITALIA, 1958.

♥ DOMENICA IN CAMPAGNA, UNA ★★★
(Un dimanche à la campagne)
Regia di BERTRAND TAVERNIER. Con MICHEL AUMONT, SABINE AZÉMA, LOUIS DUCREUX. ■ Anno 1912. Un anziano pittore, Ladmiral, vive in campagna con una governante. Come spesso accade, una domenica, arrivano a fargli visita il figlio maggiore con la moglie e i tre bambini. Nel pomeriggio si fa viva anche la figlia maggiore, che completa, seppur per poco, il tranquillo e delicato quadretto familiare. Un film fatto di poco o nulla, eppure intensamente emozionante e meritatamente premiato a Cannes nel 1984. ■ COMMEDIA; COL.; 94'; FRANCIA, 1984. ■ CANNES 1 PR; GOLDEN GLOBES 1 NOM.

DOMENICA, MALEDETTA DOMENICA ★★★★
(Sunday, Bloody Sunday)
Regia di JOHN SCHLESINGER. Con PETER FINCH, MURRAY HEAD, GLENDA JACKSON. ■ Alex, una giovane donna che ha raggiunto il successo nel lavoro, è innamorata di Bob, un ragazzo di qualche anno più giovane di lei. La donna sa che Bob ha una relazione con un medico cinquantenne, intellettuale tormentato che soffre per la sua anormalità. Per Alex e per il medico il rapporto con Bob è di vitale importanza, non altrettanto per il ragazzo che, con l'inconsapevole crudeltà dei giovani, decide improvvisamente di partire senza pensare alla sofferenza delle due persone che abbandona. ■ DRAMMATICO; COL.; 110'; GRAN BRETAGNA, 1971. ■ DAVID DI DONATELLO 1 PR, 1 NOM; GOLDEN GLOBES 1 NOM; OSCAR 4 NOM.

DOMENICA NON SI SPARA, LA *(La table aux crevés)* ★★★
Regia di HENRI VERNEUIL. Con FERNANDEL, MARIA MAUBAN. ■ Un vedovo (la cui moglie si è tolta la vita) corteggia una ragazza, ma i parenti di entrambe le famiglie contrastano la relazione, arrivando ad insinuare che sia stato l'uomo ad uccidere la moglie. I due amanti fuggono ma sono inseguiti dal fratello di lei, armato di fucile. La tragedia viene evitata per un soffio. ■ COMMEDIA; B/N; 92'; FRANCIA, 195[illegible].

DOMENICA NOTTE, UNA ★★
Regia di GIUSEPPE MARCO ALBANO. Con ANTONIO ANDRISANI, FRANCESCA FAIELLA, ANNA FERRUZZO, ERNESTO MAHIEUX, CLAUDIA ZANELLA. ■ Antonio Colucci (Antonio Andrisani), quarantasei anni, avrebbe voluto essere un grande regista di film horror e all'età di ventisei anni sembrava promettere bene. Dopo il fiasco del primo lungometraggio si sposa e ha un figlio. Il divorzio, la quotidianità e la mancanza di intraprendenza lo bloccano nella sua cittadina di provincia dove il miraggio del cinema lentamente svanisce. Ma non del tutto: riesce infatti a trovare i fondi per girare un film a budget molto basso. Scoprirà in questa ricerca che l'orrore che lo circonda è molto più impressionante del film di terrore che vuole girare. ■ COMMEDIA; COL.; 80'; ITALIA, 2013.

DOMENICA SÌ, UNA ★★
Regia di CESARE BASTELLI. Con NIK NOVECENTO, DARIO PARISINI, ELENNA SOFIA RICCI. ■ Tre reclute in libera uscita da una caserma di Perugia sprecano malamente una promettente domenica. Davide, timido e goffo, ha sempre bisogno degli altri; Dario litiga con la ragazza per colpa di Nick che pretende di avere anche lui compagnia femminile, e questi a sua volta rinuncia a una conquista per coprire il mancato rientro in caserma dell'amico. A tratti gradevole e delicato, ma troppo verboso. ■ COMMEDIA; COL.; 85'; ITALIA, 1986.

DOMENICA SPECIALMENTE, LA ★★
Regia di FRANCESCO BARILLI, GIUSEPPE BERTOLUCCI, MARCO TULLIO GIORDANA, GIUSEPPE TORNATORE. Con CHIARA CASELLI, BRUNO GANZ, ORNELLA MUTI, PHILIPPE NOIRET. ■ Quattro registi, quattro storie. In *La domenica specialmente* di Bertolucci troviamo Ornella Muti e Bruno Ganz coinvolti in un rapporto d'amore problematico; in *La neve sul fuoco* di Giordana, una donna-voyeuse osserva il figlio con la moglie in intimità; *Il cane blu* di Tornatore invece vede Noiret alle prese col proprio cane, da lui ucciso e "resuscitato"; in *Le chiese di legno* di Barilli, un bambino è al mare in Romagna ed è testimone di fatti incresciosi. I migliori episodi sono quelli di Bertolucci e Barilli. ■ FILM A EPISODI; COL.; 107'; BELGIO, FRANCIA, ITALIA, 1991.

DOMESTICO, IL ★★
Regia di LUIGI FILIPPO D'AMICO. Con FEMI BENUSSI, MARTINE BROCHARD, LANDO BUZZANCA, PAOLO CARLINI, ARNOLDO FOÀ, SILVIA MONTI, LUCIANO SALCE. ■ Zazà è un domestico nato: malgrado un famoso regista tenti di fargli cambiare mestiere facendolo recitare in un film, la sua vocazione è quella. L'ultimo padrone gli è fatale perché lo manda in galera. Ma anche in cella Zazà non sa rinunciare al suo lavoro diventando cameriere degli altri carcerati. ■ COMMEDIA; B/N; 90'; ITALIA, 1974.

DOMINATOR *(Exterminator II)* ★★
Regia di MARK BUNTZMAN. Con FRANKIE FAISON, DEBORAH GEFFNER, ROBERT GINTY. ■ New York è dominata dai giovani teppisti che seminano paura e sangue. John e Be-Gee sono i due poliziotti incaricati di infiltrarsi nel clan di "X". Quando questi aggredisce e poi uccide la ragazza di John, la guerra diventa personale e ha il sapore della vendetta. Il duello finale, naturalmente,

porterà giustizia. Film violento con troppi cadaveri. ■ DRAMMATICO; COL.; 88′; USA, 1984.

DOMINATORE, IL *(Love of a Dictator)* ★★
Regia di VICTOR SAVILLE. Con CLIVE BROOK, MADELEINE CARROLL. ■ Danimarca, 1776: un medico senza molti scrupoli fa carriera a corte. La regina madre, che lo odia, riesce a farlo condannare a morte e a denigrarne la figura, cancellando così l'unico gesto generoso dell'uomo – una falsa dichiarazione per salvare l'onore della giovane moglie del re – rimasto sconosciuto. ■ AVVENTURA; B/N; 86′; GRAN BRETAGNA, 1934.

DOMINATORE, IL *(Diamond Head)* ★★
Regia di GUY GREEN. Con GEORGE CHAKIRIS, CHARLTON HESTON, YVETTE MIMIEUX, FRANCE NUYEN. ■ Richard, uomo ricco e prepotente, contrasta la relazione della sorella con un meticcio, ma la ragazza non lo ascolta e si sposa. Richard ha a sua volta una relazione con una donna di colore e quando questa gli annuncia d'essere in attesa di un figlio le ordina di sbarazzarsene. Ne segue un violento scontro con il fratello della donna, durante il quale il cognato meticcio di Richard rimane ucciso. Il bimbo nasce, ma la madre muore. Il tragico avvenimento riesce infine ad intaccare la dura scorza di Richard. ■ DRAMMATICO; COL.; 107′; USA, 1962.

DOMINATORE DEGLI INDIOS, IL ★
(Animas Trujano, el hombre importante)
Regia di ISMAEL RODRIGUEZ. Con COLUMBA DOMINGUEZ, TOSHIRO MIFUNE. ■ Durante una festa religiosa in un villaggio messicano scoppiano violente passioni e odi feroci tra un uomo, la moglie, l'amante di lui. La moglie uccide l'amante e l'uomo, sentendosi colpevole, si attribuisce il delitto. ■ DRAMMATICO; B/N; 91′; MESSICO, 1961. ■ OSCAR 1 NOM.

DOMINATORE DEI 7 MARI, IL ★★
Regia di PRIMO ZEGLIO. Con GIULIO BOSETTI, MARIO GIROTTI, ESMERALDA RUSPOLI, ROD TAYLOR, HEDY VESSEL. ■ Il pirata Francis Drake corre in aiuto della regina Elisabetta che ha il suo daffare per eliminare la cugina Maria Stuarda e i suoi seguaci. ■ AVVENTURA; COL.; 97′; ITALIA, 1962.

DOMINATORE DEL BENGALA, IL *(The Lion's Man)* ★★
Regia di JOHN P. MCCARTHY. Con KATHLEEN BURKE, CHARLES LOCHER. ■ Un ragazzo di razza bianca è allevato nel deserto da un asceta e, divenuto adulto, scopre d'essere figlio di un famoso scienziato ucciso da uno sceicco. Egli vendica il padre e, entrato in possesso dell'eredità, sposa la fanciulla amata. ■ AVVENTURA; B/N; 64′; USA, 1941.

DOMINATORE DEL DESERTO, IL ★★
Regia di AMERIGO ANTON. Con HÉLÈNE CHANEL, KIRK MORRIS, PAUL MÜLLER. ■ Alla bella Fatima ne capitano di tutti i colori: rapita da un gruppo di soldatacci, finisce alla reggia di Yussuf, feroce condottiero arabo, che si innamora di lei. Fatima riesce a fuggire e incontra Nadir, giovane, bello e simpatico. I due si innamorano ma naturalmente Yussuf non è d'accordo. La questione viene risolta con uno scontro tra i due pretendenti: Nadir ha la meglio e può così impalmare la fanciulla. ■ AVVENTURA; COL.; 92′; ITALIA, 1964.

DOMINATORE DEL MARE, IL *(Rules of the Sea)* ★★
Regia di FRANK LLOYD. Con DOUGLAS FAIRBANKS JR, MARGARET LOCKWOOD. ■ Il film racconta la storia della prima traversata atlantica di un battello a vapore. Un vecchio meccanico ed un giovane ufficiale sono i promotori dell'impresa, ma, come spesso succede, la storia li dimenticherà. ■ DRAMMATICO; B/N; 96′; USA, 1939.

DOMINATORE DEL TEXAS, IL *(Gunsmoke)* ★★
Regia di NATHAN J. JURAN. Con SUSAN CABOT, PAUL KELLY, AUDIE MURPHY. ■ Un giovane cowboy ha l'incarico di portare una mandria da un ranch alla città dove si tiene il mercato. La figlia del proprietario del ranch si innamora di lui e lascia il fidanzato che, per vendicarsi, rende difficile la vita al povero mandriano. ■ WESTERN; COL.; 79′; USA, 1953.

DOMINATORE DI CHICAGO, IL *(Party Girl)* ★★★
Regia di NICHOLAS RAY. Con CYD CHARISSE, LEE J. COBB, ROBERT TAYLOR. ■ Un avvocato che per anni ha lavorato come rappresentante legale di un potente gangster, per amore di una ragazza vorrebbe ricominciare una vita onesta. Ma sottrarsi all'ambiente della malavita non è semplice. La sua ragazza è tenuta in ostaggio per impedirgli di tradire ma l'uomo, dopo una totale confessione alla polizia, riesce ad affrontare il gangster, finché non interviene la polizia e per i due comincia una nuova vita. ■ DRAMMATICO; COL.; 99′; USA, 1958.

DOMINATORE DI WALL STREET, IL *(Ruthless)* ★★
Regia di EDGARD GEORGE ULMER. Con LOUIS HAYWARD, DIANA LYNN, ZACHARY SCOTT, MARTHA VICKERS. ■ Un giovane sbandato salva da morte certa un'amica e viene allevato, per riconoscenza, dai ricchi genitori della ragazza. Diventato adulto, si fa strada nel mondo degli affari. Sposa una donna facoltosa dopo averla indotta al divorzio: il marito, che ha continuato ad amarla, affronta il rivale e muore con lui in uno scontro. ■ DRAMMATICO; B/N; 104′; USA, 1948.

DOMINATORI, I *(In Old California)* ★★
Regia di WILLIAM H. MCGANN. Con BINNIE BARNES, JOHN WAYNE. ■ Un medico, Tom, apre una farmacia grazie all'aiuto di Lacey, artista di caffè concerto. La cosa suscita la gelosia del fidanzato, Brit, che mescola del veleno ad una medicina preparata da Tom, causandone l'arresto. Questi viene liberato per arginare un'epidemia ma, aggredito da Brit, lo ferisce a morte. Scagionato da ogni colpa dal rivale, può finalmente iniziare la sua opera di soccorso. ■ AVVENTURA; B/N; 88′; USA, 1942.

DOMINATORI DELLA PRATERIA, I *(The Plainsman)* ★★
Regia di DAVID LOWELL RICH. Con ABBY DALTON, BRADFORD DILLMAN, DON MURRAY, HENRY SILVA, GUY STOCKWELL. ■ Ex soldato unionista viene assalito dagli indiani, ma si salva grazie all'aiuto di uno dei capi. Si rende conto che alcune tribù sono in agitazione e possiedono armi moderne: avvertito il comandante del più vicino forte, viene incaricato di trasportare munizioni di rinforzo ad una guarnigione in pericolo. Durante il percorso la scorta viene aggredita dai pellirosse: il coraggio dell'ex soldato e del capo indiano impediscono una sanguinosa strage. ■ WESTERN; COL.; 92′; USA, 1966.

DOMINATORI DELL'UNIVERSO, I ★★
(Master the Universe)
Regia di GARY GODDARD. Con BILLY BARTY, FRANK LANGELLA, DOLPH LUNDGREN. ■ Il malvagio Skeletor cerca in ogni modo di impadronirsi di tutti i regni delle galassie, ma gli si oppone la maga Benevola. Durante un plenilunio egli riesce a farla sua prigioniera e toccherà ai prodi He Man, Man At Arms e Teela liberarla sconfiggendo il perfido signore di Eternia. ■ FANTASTICO; COL.; 106′; USA, 1987.

DOMINATORI DEL MARE, I *(Seas Beneath)* ★★
Regia di JOHN FORD. Con WARREN HYMER, JOHN LODER, GEORGE O'BRIEN. ■ È la storia della lunga caccia a un sottomarino tedesco. Un ufficiale americano scopre, per fortuna prima dell'incontro decisivo, che una bella donna di cui è innamorato è una spia tedesca. La mette in condizione di non nuocere e manda a fondo la nave nemica. ■ AVVENTURA; B/N; 92′; USA, 1931.

DOMINATRICE, LA *(Annie Oakley)* ★★★
Regia di GEORGE STEVENS. Con PRESTON FOSTER, BARBARA STANWYCK. ■ Un uomo e una donna, entrambi abilissimi tiratori, vengono ingaggiati dal circo di Buffalo Bill. L'istintiva rivalità si trasforma ben presto in amore; un giorno, però, lui la colpisce a una mano. Qualcuno insinua che l'incidente sia stato voluto; i due si separano, ma è per poco: la buona fede dell'uomo è presto dimostrata e fuga ogni dubbio. ■ AVVENTURA; B/N; 88′; USA, 1935.

DOMINATRICE DEL DESTINO, LA ★★
(With a Song in my Heart)
Regia di WALTER LANG. Con RORY CALHOUN, SUSAN HAYWARD, THELMA RITTER, DAVID WAYNE. ■ Una cantante di successo sposa un musicista che, benché l'ami, si sente ferito dall'evidente superiorità artistica della moglie. Durante la guerra la donna, in viaggio per l'Inghilterra per raggiungere i reparti americani, si salva a stento da un incidente aereo insieme al pilota. I due si innamorano, tuttavia la cantante, per onestà, si riunisce al marito. Questi la la-

scerà libera. ■ COMM. MUSICALE; COL.; 117'; USA, 1952. ■ OSCAR 1 PR, 5 NOM.

DOMINIQUE *(The Singing Nun)* ★★
Regia di HENRY KOSTER. Con CHAD EVERETT, GREER GARSON, RICARDO MONTALBAN, AGNES MOOREHEAD, DEBBIE REYNOLDS, KATHARINE ROSS. ■ Una religiosa ha una bella voce e sa suonare la chitarra. Queste sue doti canore sono riconosciute a tal punto che un superiore le fa incidere un disco. Durante la prova la suora ritrova un suo vecchio compagno di conservatorio che la rende famosa in tutta l'America. A questo punto la suora sente vacillare la vocazione, ma ben presto il buon senso ha il sopravvento. ■ BIOGRAFICO; COL.; 98'; USA, 1965. ■ OSCAR 1 NOM.

DOMINIQUE ★★
Regia di MICHAEL ANDERSON. Con JENNY AGUTTER, CLIFF ROBERTSON, JEAN SIMMONS, SIMON WARD. ■ Una ricca e famosa musicista ha il sospetto che il marito voglia spingerla a diventare pazza. Un giorno la donna muore. Ma il marito non è che se la passi molto bene. Un giorno muore anche lui. Solo allora salta fuori il vero artefice della turpe faccenda. ■ THRILLER; COL.; 97'; USA, 1978.

DOMINO ★★
Regia di IVANA MASSETTI. Con STÉPHANE FERRARA, BRIGITTE NIELSEN, DAVID WARBECK. ■ Una regista di videoclip è in crisi esistenziale. Ha con gli uomini solo rapporti di sesso. Ma dopo una serie di incontri notturni, riuscirà a riscoprire i sentimenti. Ivana Massetti, regista appunto di videoclip, racconta se stessa facendosi impersonare da Brigitte Nielsen. Brigitte non è un'attrice. E il film è un videoclip allucinato e stentoreo che non riesce mai a diventare racconto. ■ DRAMMATICO; COL.; 96'; ITALIA, 1988.

DOMINO ★★
Regia di TONY SCOTT. Con RIZWAN ABBASI, STANLEY KAMEL, KEIRA KNIGHTLEY, LUCY LIU, KEL O'NEILL, EDGAR RAMIREZ, MICKEY ROURKE, MENA SUVARI, CHRISTOPHER WALKEN. ■ Con un abissale ritardo sulla sua uscita americana, datata ottobre 2005, arriva anche da noi il più curioso bio-pic (film biografico) degli ultimi anni, nonché prova tangibile che spesso la realtà supera la fantasia. Quella di Domino Harvey, infatti, è una storia vera: figlia di una modella e di un attore (Laurence Harvey), la vera Domino, deceduta pochi mesi prima dell'uscita del film nelle sale, invece di seguire le orme dei genitori, pur avendone la possibilità (e il fisico), ha speso parte della sua breve vita a cacciare criminali come una vera bounty-killer. Il film, prodotto dai fratelli Scott, narra (o piuttosto cerca di narrare) l'incredibile storia di questa ragazza "interrotta". ■ AZIONE; COL.; 125'; FRANCIA, USA, 2005.

DOMINO KID *(The Domino Kid)* ★★
Regia di RAY NAZARRO. Con RORY CALHOUN, KRISTINE MILLER. ■ Domino Kid, di ritorno dalla guerra, decide di vendicarsi dei cinque assassini del padre. Ne elimina quattro; dell'ultimo, però, non conosce l'identità. Un amico gliela svela e l'ex soldato, dopo aver affrontato in duello l'uomo e due compari, raggiunge la fidanzata. ■ WESTERN; B/N; 92'; USA, 1957.

DONA HERLINDA E SUO FIGLIO ★★★
(Dona Herlinda y su hijo)
Regia di JAIME HUMBERTO HERMOSILLO. Con GUADALUPE DEL TORO, GUSTAVO MEZA, MARCO TREVINO. ■ Il primo film giunto in Italia di Hermosillo, regista messicano che si rifà ai grotteschi maligni di Buñuel e Almodóvar. Una signora borghese di Guadalajara vuole sistemare il figlio (omosessuale e mammone). Perché sposi una ricca e bella giovane, la matrona non esita a tirarsi in casa l'amichetto del figlio, permettendogli di continuare il ménage purché non interferisca con la vita "normale" che sta preparando per il mammone. ■ COMMEDIA; COL.; 90'; MESSICO, 1985.

DONALD NEILSON, LA JENA DI LONDRA ★★
(The Black Panther)
Regia di IAN MERRICK. Con DEBBIE FARRINGTON, DONALD SUMPTER, MARJORIE YATES. ■ Una storia reale: un ex sergente dell'esercito inglese compie sanguinose rapine durante le quali uccide diverse persone. Poi tenta il colpo grosso: rapire un'ereditiera. Ma durante le trattative per il riscatto, la ragazza lo vede senza cappuccio e lui la uccide. Alcuni anni dopo cadrà per puro caso nelle mani della polizia. Ora è all'ergastolo. ■ DRAMMATICO; COL.; 98'; GRAN BRETAGNA, 1977.

DONATELLA ★★
Regia di MARIO MONICELLI. Con WALTER CHIARI, ALDO FABRIZI, GABRIELE FERZETTI, ABBE LANE, ELSA MARTINELLI. ■ Una ragazza che custodisce la proprietà di una milionaria americana si infatua di un conoscente della donna. L'uomo la crede un'arrampicatrice sociale, ma ha la prova del contrario quando lei respinge la sua domanda di matrimonio. Dopo qualche piccola disavventura, dovuta ad un fidanzato sospettoso ma non troppo innamorato, i due possono dichiararsi i reciproci sentimenti. ■ COMMEDIA; B/N; 104'; ITALIA, 1956. ■ BERLINO 1 PR.

DON BOSCO ★★
Regia di GOFFREDO ALESSANDRINI. Con FERDINANDO MAYER, ROBERTO PASETTI, GIAN PAOLO ROSMINO, MARIA VINCENZA STIFFI. ■ Il film, forse un po' troppo melenso, racconta gli avvenimenti più importanti della travagliata vita del santo. ■ BIOGRAFICO; B/N; 90'; ITALIA, 1935.

DON BOSCO ★★
Regia di LEANDRO CASTELLANI. Con PIERA DEGLI ESPOSTI, BEN GAZZARA, EDMUND PURDOM. ■ Vita di san Giovanni Bosco, visto come "uomo contro" nella Torino conformista del secolo scorso. Tenteranno anche di assassinarlo, ma il papa dopo molti anni riconoscerà l'ordine dei salesiani da lui fondato. ■ BIOGRAFICO; COL.; 96'; ITALIA, 1983.

DON BUONAPARTE ★★
Regia di FLAVIO CALZAVARA. Con ORETTA FIUME, ERMETE ZACCONI. ■ Ad un zio di Napoleone, parroco in un paesino montano, viene proposta dall'imperatore la carica di cardinale. Non appena la notizia si sparge c'è chi si dà un gran da fare per sfruttarla a proprio vantaggio. Ma il prelato preferirà continuare a vivere tra i suoi fedeli. ■ COMMEDIA; B/N; 91'; ITALIA, 1941. ■ VENEZIA 1 PR.

DON CAMILLO *(Le petit monde de Don Camillo)* ★★★
Regia di JULIEN DUVIVIER. Con GINO CERVI, VERA FALQUI, FERNANDEL, LEDA GLORIA, FRANCO INTERLENGHI, SARO URZÌ. ■ In un piccolo paese della Bassa Padana la vita si svolgerebbe tranquilla se le dispute tra il parroco (Don Camillo) e il sindaco comunista (Peppone) non fossero all'ordine del giorno. I due tentano di ostacolarsi vicendevolmente, benché fondamentalmente si stimino. Don Camillo a causa del suo temperamento, deve subire i frequenti rimproveri del Crocefisso nella sua chiesetta. Peppone si dà anima e corpo alla costruzione di una Casa del Popolo, ma anche Don Camillo non vuole essere da meno e si dà da fare per completare la costruzione del suo oratorio. Tratto dal noto libro di Guareschi. ■ COMMEDIA; B/N; 107'; FRANCIA, ITALIA, 1952.

DON CAMILLO ★★
Regia di TERENCE HILL. Con COLIN BLAKELY, MIMSY FARMER, TERENCE HILL. ■ Dai romanzi di Guareschi. Il parroco e il sindaco di Brescello, Don Camillo e Peppone, inseparabili amici-nemici, si affrontano in mille sfide – in politica, nello sport, nella vita – ma si stimano e si rispettano. Tentativo non ben riuscito d'internazionalizzare l'atmosfera tutta italiana della serie degli anni Cinquanta. ■ COMMEDIA; COL.; 123'; ITALIA, 1983.

DON CAMILLO E I GIOVANI D'OGGI ★★
Regia di MARIO CAMERINI. Con CAROLE ANDRÉ, GASTONE MOSCHIN, LIONEL STANDER. ■ Ritornano Don Camillo e Peppone nelle solite schermaglie che si imperniano, questa volta, sull'amore contrastato fra due giovani. L'assenza dei due grandi interpreti – Cervi e Fernandel – si fa notevolmente sentire. ■ COMMEDIA; COL.; 111'; ITALIA, 1972.

DON CAMILLO E L'ONOREVOLE PEPPONE ★★★
Regia di CARMINE GALLONE. Con GINO CERVI, FERNANDEL, LEDA GLORIA. ■ Peppone, il sindaco comunista di un paesino emiliano, si è iscritto nelle liste elettorali. Una compagna, mandata dalla sede centrale del partito per aiutarlo, fa invaghire l'uomo, ma ci pensa il combattivo Don Camillo a non compromettere la serenità della famiglia di Peppone. Il sindaco, ottenuta la candi-

datura, si prepara a lasciare il paese: l'amore per la sua terra, però, finisce con l'avere il sopravvento sull'ambizione e la carriera politica. ■ COMMEDIA; B/N; 100'; ITALIA, 1955.

DON CAMILLO MONSIGNORE... MA NON TROPPO ★★★
Regia di CARMINE GALLONE. Con GINO CERVI, VALERIA CIANGOTTINI, FERNANDEL, LEDA GLORIA, GINA ROVERE. ■ Don Camillo è diventato monsignore; Peppone ha ottenuto la carica di senatore. A Brescello, loro paese d'origine, si è accesa una feroce disputa tra le opposte fazioni che li sostengono; i due eterni rivali avranno il compito di riportare la pace negli animi esacerbati, obiettivo che raggiungono dopo i numerosi e consueti battibecchi. ■ COMMEDIA; B/N; 100'; ITALIA, 1961.

DON CESARE DI BAZAN – LA LAMA DEL GIUSTIZIERE ★★
Regia di RICCARDO FREDA. Con GINO CERVI, ENRICO GLORI, GIOVANNI GRASSO, PAOLO STOPPA, ANNELISE UHLIG. ■ Don Cesare di Bazan è un nobile, abilissimo spadaccino che, suo malgrado, viene coinvolto in lotte e maneggi di ribelli per l'indipendenza di una regione spagnola. Tra avventure fantastiche e romantici intermezzi riesce a salvare la propria vita e quella del suo sovrano. ■ AVVENTURA; B/N; 78'; ITALIA, 1942.

DON CHISCIOTTE *(Don Quixote)* ★★★
Regia di GEORG WILHELM PABST. Con MIREILLE BALIN, FEODOR CHALIAPIN, JEAN DE LIMOUR, ARLETTE MARCHALL. ■ È la prima trasposizione sonora cinematografica del romanzo omonimo di Miguel de Cervantes ■ AVVENTURA; B/N; 98'; FRANCIA, 1933.

DON CHISCIOTTE *(Don Kichot)* ★★★
Regia di GRIGORI KOSINTZEV. Con NICOLAJ CERKASOV, JU TULOBEEV. ■ Versione politicizzata delle avventure di Don Chisciotte. Girato in Crimea, il film si fa apprezzare per la fotografia. ■ DRAMMATICO; B/N; 99'; URSS, 1957.

DON CHISCIOTTE *(Don Quijote)* ★★★
Regia di ORSON WELLES. Con PATRICIA MCCORMACK, FRANCISCO REIGUERA, AKIM TAMIROFF, ORSON WELLES. ■ Il più celebre dei grandi film incompiuti: il *Don Chisciotte* che Orson Welles non riuscì a completare in 14 anni e che Jess Franco, che con lui collaborò, ha faticosamente ricostruito e montato, regalandoci la possibilità unica di poter ammirare un capolavoro del cinema... incompiuto, appunto. ■ DRAMMATICO; B/N; 170'; USA, 1964.

DON CHISCIOTTE ★★★
Regia di MAURIZIO SCAPARRO. Con PEPPE BARRA, MARINA CONFALONE, PINO MICOL. ■ Scaparro pone in scena un'intelligente ed originale rilettura del classico di Miguel Cervantes. Grazie alla partecipazione del gruppo teatrale catalano dei Comediants e del Teatro dei Pupi siciliani, all'uso accorto e singolare della macchina da presa e alle inquietanti scenografie sorrette dall'eccellente fotografia di Luigi Verga, il film assume forza e dignità sue proprie. Con in più un notevole Pino Micol nel ruolo principale. ■ DRAMMATICO; COL.; 107'; ITALIA, 1984.

DON CHISCIOTTE DELLA MANCIA ★★
(Don Quijote de la Mancha)
Regia di RAFAEL GIL. Con JUAN CALVO, SARA MONTIEL, RAFAEL RIVELLES. ■ Don Chisciotte, affiancato dallo scudiero Sancho Panza, è alla ricerca di imprese gloriose e di onori. Tutte le avventure, però, finiscono male, ed egli deve subire umiliazioni e beffeggi. L'anziano hidalgo, tornato a casa dopo la sconfitta in un duello, subisce le conseguenze della vita erraborda e in poco tempo rende l'anima a Dio. ■ AVVENTURA; B/N; 92'; SPAGNA, 1947.

DON CHISCIOTTE E SANCHO PANZA ★★

DON FRANCO E DON CICCIO NELL'ANNO DELLA CONTESTAZIONE ★★
Regia di MARINO GIROLAMI. Con UMBERTO D'ORSI, EDWIGE FENECH, FRANCO FRANCHI, ENNIO GIROLAMI, CICCIO INGRASSIA. ■ In una cittadina siciliana due parroci assumono due diversi atteggiamenti nei confronti dei "compagni": uno è inesorabile nella loro condanna, l'altro più tollerante. A causa di un malinteso il primo crede che il rivale voglia farlo cacciare dalla sua parrocchia con l'intervento di un'alta autorità religiosa; poi tutto si sistema. ■ COMMEDIA; COL.; 94'; ITALIA, 1970.

DON GIOVANNI ★★
Regia di DINO FALCONI. Con RINA MORELLI, ADRIANO RIMOLDI, DINA SASSOLI, PAOLO STOPPA. ■ Una delle prime versioni cinematografiche della leggenda di don Giovanni Tenorio, lo "sciupafemmine" che divide con Casanova la fama di massimo playboy d'ogni tempo. Don Giovanni passa di donna in donna, compiendo anche qualche azionaccia, fin quando non viene ucciso dal famoso "convitato di pietra". ■ DRAMMATICO; B/N; 91'; ITALIA, 1942.

DON GIOVANNI *(Le farceur)* ★★
Regia di PHILIPPE DE BROCA. Con ANOUK AIMÉE, JEAN-PIERRE CASSEL, GENEVIÈVE CLUNY. ■ Costretto a interrompere un convegno galante fuggendo sui tetti, Edouard finisce nella camera di una sposina trascurata. Non riesce ad approfondire la conoscenza, e nei giorni successivi la cerca finché la trova. Si stabilisce tra i due una relazione che però s'interrompe quando la ragazza si rende conto che non potrà mai contare su un uomo tanto incostante. ■ COMMEDIA; COL.; 88'; FRANCIA, 1962.

DON GIOVANNI ★★
Regia di CARMELO BENE. Con CARMELO BENE, VITTORIO BODINI, LYDIA MANCINELLI, GEA MAROTTA, SALVATORE VENDITTELLI. ■ Don Giovanni riesce ad avere tutte le donne che vuole tranne una ragazza ossessionata dalle immaginette religiose. L'uomo prova a conquistarla assumendo persino l'identità di Cristo: invano. ■ COMMEDIA; COL.; 80'; ITALIA, 1970.

DON GIOVANNI ★★★★
Regia di JOSEPH LOSEY. Con TERESA BERGANZA, RUGGERO RAIMONDI, KIRI TE KANAWA. ■ Questo film è la bellissima versione cinematografica dell'omonima opera mozartiana, indiscutibile capolavoro del teatro lirico, reso qui dalla prestigiosa orchestra dell'Opéra di Parigi, diretta da un superbo Lorin Maazel. La trasposizione ambientale, che da Siviglia si sposta alle eleganti ville venete palladiane, crea un'impostazione scenografica di notevole fascino. Com'è noto, il libretto di Da Ponte usato da Mozart è una delle tante versioni del mito di Don Giovanni, il famoso gentiluomo spagnolo che calpesta ogni legge morale per appagare il suo spirito d'avventura. Finirà infatti trascinato all'inferno dalla statua del Commendatore che lui stesso aveva ucciso in duello mentre questi cercava di difendere l'onore della figlia. Losey, uno fra i registi più legati al teatro e alla letteratura, rende con efficacia i risvolti morali e a volte anche tragici di quella che troppo spesso è stata considerata unicamente come "opera buffa" e che Mozart aveva invece voluto indicare come "dramma giocoso". ■ MUSICALE; COL.; 184'; FRANCIA, GERMANIA, ITALIA, 1979. ■ DAVID DI DONATELLO 1 PR, 1 NOM.

DON GIOVANNI DELLA COSTA AZZURRA, I ★★
Regia di VITTORIO SALA. Con MARTINE CAROL, GABRIELE FERZETTI, DANIELA ROCCA, ANNETTE STROYBERG. ■ Tre siculi *latin lover* partono per la riviera francese in cerca di facili avventure. Ma il primo finisce con un travestito, il secondo con due gemelle, il terzo passa dei guai con una straniera. ■ COMMEDIA; COL.; 92'; ITALIA, 1963.

DON GIOVANNI IN SICILIA ★★★
Regia di ALBERTO LATTUADA. Con LANDO BUZZANCA, STEFANIA CAREDDU, ROSSANA MARTINI, KATIA MOGUY. ■ Protagonista è un vitellone catanese che ha passato la trentina inseguendo le gonnelle e facendosi coccolare dalle donne del parentado. Un giorno si sposa e parte alla conquista del continente. A Milano ha un grande successo negli affari, ma la tumultuosa vita della città lombarda lo allontana dalla moglie e gli procura i primi fallimenti sentimentali. Per ritrovare la pienezza dei sensi Don Giovanni dovrà ritornare in Sicilia. ■ COMMEDIA; B/N; 104'; ITALIA, 1967.

DON GIOVANNI IN TUTA ★★
(Ich will nicht wissen, wer du bist)
Regia di GÉZA VON BOLVÀRY. Con GUSTAV FRÖHLICH, LIANE HAID, SZÖKE SZAKALL. ■ Fröhlich era uno degli attori che andavano per la maggiore negli anni Trenta, interprete di decine di film leggeri e musicali. In *Don Giovanni in tuta* l'attore fa la parte di un farfallone che non si lega mai a nessuna donna. ■ COMMEDIA; B/N; 90'; GERMANIA, 1932.

DON JUAN DE MARCO ★★★
Regia di JEREMY LEVEL. Con MARLON BRANDO, JOHNNY DEPP, FAYE DUNAWAY. ■ Convinto di essere Don Giovanni, il giovane De Marco si appresta al suicidio dal cornicione di un albergo di New York. Interviene lo psichiatra Jack Mickler, che dal colloquio col ragazzo scopre la personalità complessa e tormentata di un seduttore involontario, più simile al Don Juan del poema di Byron che a uno sfrenato donnaiolo e libertino. Abbandonato l'insano proposito, in un finale onirico e quasi sconcertante sarà il giovane a trascinare lo psichiatra nel suo mondo fantasioso, facendogli riscoprire emozioni dimenticate. Un duttile Johnny Depp e una Faye Dunaway, madre di tutti i *lifting*, recitano all'ombra di un Marlon Brando, 160 chili, ma sempre mostro sacro che, tornato sullo schermo in un intervallo tra i suoi drammi familiari, non trova nel cinema dell'ultima stagione della sua vita un film che sappia essere alla sua altezza. ■ COMMEDIA; COL.; 97'; USA, 1995. ■ GOLDEN GLOBES 2 NOM; OSCAR 1 NOM.

DON JUAN – DON GIOVANNI E LUCREZIA BORGIA *(Don Juan)* ★★★
Regia di ALAN CROSLAND. Con MARY ASTOR, JOHN BARRYMORE, WILLARD LOUIS, ESTELLE TAYLOR. ■ Da un lavoro di George Byron. Juan diventa un grande rubacuori per ascoltare i consigli del padre, Don José. Mary Astor e John Barrymore avevano già molto carisma ed erano predestinati a durare nel mondo del cinema, anche dopo l'avvento del sonoro. ■ COMMEDIA; COL.; 125'; USA, 1926.

DON JUAN – LA SPADA DI SIVIGLIA *(Don Juan)* ★★
Regia di JOSÉ LUIS SAENZ DE HEREDIA. Con ANNABELLA, ANTONIO VILAR. ■ Don Giovanni a Siviglia ne combina di cotte e di crude: seduce damigelle e ammazza in duello i parenti e i fidanzati che vengono a protestare. Le sue malefatte gli attirano l'odio dei cortigiani che lo feriscono a morte. Egli spira tra le braccia di una dama inglese. ■ AVVENTURA; B/N; 92'; SPAGNA, 1950.

DON LORENZO ★★
Regia di CARLO LUDOVICO BRAGAGLIA. Con ANDREA CHECCHI, FRANCO INTERLENGHI, LEA PADOVANI, LUCIANO TAJOLI. ■ Don Lorenzo, ex cappellano militare, ha fondato un "villaggio della speranza" per aiutare i diseredati. Un giorno arriva un suo ex compagno d'armi che ha commesso un furto. Don Lorenzo gli dà asilo, restituisce la refurtiva al proprietario e riporta l'amico sulla retta via. ■ COMMEDIA; B/N; 95'; ITALIA, 1952.

DON MILANI ★★
Regia di ALFREDO ANGELI. Con MARINA BERTI, CLAUDIO GORA, RENATO PINCIROLI, EDOARDO TORRICELLA. ■ Nel 1976 uscirono ben due film su Don Milani, il parroco di Barbiana spentosi nel 1967. Questa è la biografia migliore, se non altro perché il regista è tornato sui luoghi dell'azione e ha ripreso le colline toscane con apprezzabile gusto figurativo. ■ BIOGRAFICO; COL.; 90'; ITALIA, 1976.

DONNA ALLA FINESTRA, UNA *(Une femme à sa fenêtre)* ★★★
Regia di PIERRE GRANIER-DEFERRE. Con MARTINE BROCHARD, VICTOR LANOUX, GASTONE MOSCHIN, PHILIPPE NOIRET, UMBERTO ORSINI, ROMY SCHNEIDER. ■ In Grecia nel 1936 la bella moglie di un diplomatico italiano s'innamora di un comunista greco inseguito dalla polizia. Riesce a nasconderlo e a farlo fuggire per poi raggiungerlo in breve tempo. I due amanti moriranno qualche anno dopo, durante la guerra mondiale. La figlia, ormai grande, ritornerà sui luoghi a ricostruire la loro vicenda. ■ DRAMMATICO; COL.; 110'; FRANCIA, 1976.

DONNA ALLA FINESTRA OSCURA, LA *(Die Frau am dunklen Fenster)* ★★
Regia di FRANZ PETER WIRTH. Con HEINZ DRACHE, ROBERT GRAF, MARIANNE KOCH, CRISTIANE NIELSE. ■ Luisa Konradin, annunciatrice televisiva, potrebbe essere felice, se non fosse per il tradimento del marito Thomas con la sua migliore amica, Karin. Una sera Luisa assiste a un dramma: durante una lite Karin uccide per disgrazia Thomas, nel tentativo di strappargli l'arma con cui l'uomo vuole suicidarsi. Karin viene processata per omicidio. Luisa potrebbe salvarla con la sua testimonianza. Piccola sorpresa finale. ■ DRAMMATICO; B/N; 91'; GERMANIA, 1961.

DONNA AL VOLANTE, UNA *(Une femme au volant)* ★★
Regia di KURT GERRON. Con HENRY GARAT, LISETTE LANVIN. ■ Nel tabarin, "Paradiso di voluttà", un giovane playboy anni Trenta dilapida le sostanze paterne, coprendo d'oro le fioraie e giocando al baccarat. Ma neppure il vecchio genitore è da meno e sperpera a piene mani. ■ COMMEDIA; B/N; 90'; FRANCIA, 1935.

DONNA AMATA, LA *(Der Letzte Walzer)* ★★
Regia di GEORG JACOBY. Con CAMILLA HORN, IVAN PETROVICH. ■ Intrighi amorosi alla corte degli zar di Russia. Un granduca s'invaghisce di una giovane contessa, suscitando la gelosia di un ufficiale che giunge a schiaffeggiarlo. L'azione costa al pretendente la deportazione in Siberia, ma la contessa riuscirà a farlo fuggire. ■ DRAMMATICO; B/N; 91'; UNGHERIA, 1936.

DONNA ARDITA, UNA *(Anne Marie)* ★★
Regia di RAYMOND BERNARD. Con ANNABELLA, JEAN MURAT. ■ Una giovane disegnatrice di moda si prefigge di diventare pilota d'aereo. Consegue il brevetto grazie a cinque piloti, che diventano in pratica suoi tutori. Uno di loro s'innamora di lei, ma muore per un incidente di volo. Sarà lei a terminare il suo lavoro. ■ COMMEDIA; B/N; 109'; FRANCIA, 1938.

DONNA A 30 ANNI ★★
Regia di STEVEN HILLIARD STERN. Con GIL GERARD, VICTORIA PRINCIPAL, ROBERT WEBBER. ■ Diana Dawson e Bob Gifford, due brillanti avvocati americani sono avversari in tribunale nel caso di una grossa speculazione edilizia sulle spiagge della California. Ma quando non lavorano, trovano molto difficile resistere al reciproco fascino. ■ COMMEDIA; COL.; 100'; USA, 1987.

DONNA A UNA DIMENSIONE – LA MARCUSIANA, LA ★★
Regia di BRUNO BARATTI. Con MASSIMO FARINELLI, GABRIELLA GRIMALDI, ISA MIRANDA, FRANÇOISE PRÉVOST. ■ La giovane moglie di un cinico industriale per riempire la noia delle sue giornate, si avvicina all'ambiente della contestazione sessantottesca. Per dar prova della propria fede rivoluzionaria, promette di far saltare in aria la fabbrica del marito, e a questo scopo "arruola" i due figli minorenni, che però disertano all'ultimo momento. Derisa e delusa, l'aspirante rivoluzionaria si suicida. ■ DRAMMATICO; COL.; 92'; ITALIA, 1970.

DONNACCIA, LA ★★
Regia di SILVIO SIANO. Con DOMINIQUE BOSCHERO, ALDO BUFI LANDI, LAURA DE MARCHI, GEORGES RIVIÈRE. ■ Mariarosa, fanciulla dai facili costumi, torna al paesello col foglio di via a causa del mestiere che faceva in città. L'avvenimento suscita scalpore tra gli uomini del paese, che diventano suoi assidui clienti. Uno di essi, Oreste, s'innamora della ragazza. Ma la gente si oppone alle nozze. L'esodo in massa degli uomini dal villaggio verso la Svizzera permetterà ai due di sposarsi. ■ DRAMMATICO; B/N; 92'; ITALIA, 1964.

DONNA CHE AMO, LA *(Lady by Choice)* ★★★
Regia di DAVID BURTON. Con WALTER CONNOLLY, CAROLE LOMBARD, ROGER PRYOR, MAY ROBSON. ■ Un'esuberante Carole Lombard fa la parte di una ballerina che cerca disperatamente di farsi pubblicità, prima con uno strip che la fa incorrere nelle ire del magistrato, poi con l'adozione come madre di una vecchia signora ex stella del palcoscenico. Gli espedienti falliscono tutti, la ragazza non fa carriera, in compenso incontra un giovane avvocato che la sposerà. ■ COMMEDIA; B/N; 78'; USA, 1934.

DONNA CHE CANTA, LA *(Incendies)* ★★
Regia di DENIS VILLENEUVE. Con LUBNA AZABAL, MELISSA DESORMEAUX-POULIN, MAXIM GAUDETTE, REMY GIRARD, GUY PEARCE. ■ In seguito alla morte della madre Nawal, due gemelli, Jeanne e Simon, scoprono, alla lettura del testamento, di avere un fratello e un padre ignoti a Beirut. Dei due, solo Jeanne decide di relazionarsi alla scoperta e di partire per Deressa (o Daresh), dove la madre compì i suoi studi universitari. Le ricerche della figlia procedono di pari passo con uno sguardo al tragico percorso giovanile della madre, entrambi diretti verso la verità sui parenti scomparsi. Al quarto lungometraggio, Denis Villeneuve dimostra

di essere un regista con due ossessioni: la matematica e le tragedie contemporanee. ■ DRAMMATICO; COL.; 130′; CANADA, 2010.

DONNA CHE CI SEPARA, LA *(Bras de fer)* ★★
Regia di GERARD VERGEZ. Con BERNARD GIRAUDEAU, CHRISTOPHE MALAVOY, ANGELA MOLINA, MATHIEU CARRIÈRE, EDWARD MEEKS. ■ Durante l'occupazione nazista, un agente del servizio segreto inglese viene paracadutato in Francia per uccidere un altro agente che ha tradito e ricomporre le fila dello spionaggio. Ma alla fine scoprirà che ha dovuto uccidere un innocente per rendere credibile un'operazione. Apprezzabile per il realismo, ma un po' troppo intricato e complicato. ■ SPIONAGGIO; COL.; 105′; FRANCIA, 1985.

DONNA CHE HO PIÙ AMATO, LA ★★★
(La femme que j'ai le plus aimée)
Regia di ROBERT VERNAY. Con ARLETTY, LUCIEN BAROUX, NOËL-NOËL, JENA TISSIER. ■ Film a episodi in cui lo spunto narrativo è dato dal proposito di un giovane di suicidarsi per una delusione amorosa. Gli amici gli raccontano ciascuno un'esperienza simile alla sua, dimostrandogli che non vale la pena uccidersi per una donna. ■ COMMEDIA; B/N; 90′; FRANCIA, 1946.

DONNA CHE HO RUBATO, LA *(The Woman I Stole)* ★★★
Regia di IRVING CUMMINGS. Con NOAH BEERY, DONALD COOK, JACK HOLT, RAQUEL TORRES, FAY WRAY. ■ Una delicata commediola anni Trenta, che narra di un uomo che non si ferma di fronte a nulla pur di avere la donna che ama. ■ COMMEDIA; B/N; 90′; USA, 1932.

DONNA CHE HO SOGNATO, LA ★★
(Die Frau meiner Träume)
Regia di GEORG JACOBY. Con GEORG ALEXANDER, WOLFGANG LUKSCKY, WALTER MÜLLER, MARIKA RÖKK. ■ La celebre vedette Giulia Koster abbandona d'improvviso il palcoscenico di rivista, stanca del teatro. Fugge col primo treno senza bagaglio né biglietto, ma un guasto la lascia sola in mezzo alla campagna. Trova ospitalità in una casa, dove un uomo s'innamora di lei. L'idillio è interrotto dal direttore del teatro che la rintraccia. Ma l'amore trionferà. ■ COMMEDIA; B/N; 95′; GERMANIA, 1944.

DONNA CHE INVENTÒ L'AMORE, LA ★★
Regia di FERRUCCIO CERIO. Con ROSSANO BRAZZI, SILVANA PAMPANINI. ■ Un ufficiale ama troppo le donne e il gioco. Denunciato per debiti, viene espulso dall'esercito. Sposa una bella ragazza, ma per interesse. Dopo poco tempo la tradisce. Ma anche la donna sembra accettare la corte di un ricco spasimante provocando così la decisione del marito di partire volontario per la Libia. Al momento dell'imbarco c'è però un chiarimento. ■ DRAMMATICO; B/N; 102′; ITALIA, 1952.

DONNA CHE INVENTÒ LO STRIP-TEASE, LA ★★★
(Gypsy)
Regia di MERVYN LE ROY. Con KARL MALDEN, ROSALIND RUSSELL, JEAN WILLES, NATALIE WOOD. ■ Dall'autobiografia di Gypsy Rose Lee, regina dello spogliarello americano negli anni Trenta. Gypsy all'inizio è una ragazzina fresca e ingenua che entra nel mondo del vaudeville guardata a vista dalla possessiva genitrice. Diventa famosa e dà il via ai "numeri" più audaci mai visti in America. La madre continua a seguirla e a proteggerla, nonostante una certa gelosia per non esser riuscita ad assaporare i trionfi in prima persona. ■ COMMEDIA; COL.; 149′; USA, 1963. ■ OSCAR 4 NOM.

DONNA CHE NON VOLEVA PERDERE, LA ★★
(The Streets of L. A.)
Regia di JERROLD FREEDMAN. Con AUDREY CHRISTIE, MICHAEL C. GWYNNE, ROBERT WEBBER, JOANNE WOODWARD. ■ Tre giovani teppisti aggrediscono e violentano una donna. Questa chiama immediatamente i poliziotti che acciuffano i delinquenti ma li rilasciano immediatamente. Esacerbata dall'assurdo provvedimento, la donna decide di farsi giustizia da sola. ■ DRAMMATICO; COL.; 94′; USA, 1979.

DONNA CHE VENNE DAL MARE, LA ★★
Regia di FRANCESCO DE ROBERTIS. Con VITTORIO DE SICA, PETER LYNN, SANDRA MILO. ■ Spionaggio a Gibilterra durante la seconda guerra mondiale. Mentre gli agenti dei vari servizi segreti si danno battaglia sulla terraferma, ogni sera sommozzatori italiani e inglesi si cimentano in azioni di sabotaggio. Interviene nella faccenda una bella bionda che si rivelerà la carta vincente nella rete di spie italiane. ■ GUERRA; B/N; 96′; ITALIA, 1956.

DONNA CHE VISSE DUE VOLTE, LA *(Vertigo)* ★★★★★
Regia di ALFRED HITCHCOCK. Con BARBARA BEL GEDDES, TOM HELMORE, HENRY JONES, KIM NOVAK, JAMES STEWART. ■ Sofferente di vertigini dopo un incidente in servizio, John "Scottie" Ferguson lascia la polizia e accetta di lavorare per un amico. Questi gli chiede di sorvegliare la moglie Madeleine, che in ricorrenti stati di incoscienza sembra posseduta dallo spirito di Carlotta Valdes, suicida un secolo prima. Il solitario Ferguson, il cui legame con la disegnatrice di moda Midge non va oltre l'amicizia, resta affascinato dall'infelice Madeleine. E quando è costretto a intervenire per salvarla da un tentativo di suicidio in mare, tra i due ha inizio una storia d'amore. Ma un'altra tragedia sconvolge la fragile psiche dell'ex poliziotto: paralizzato da un attacco di vertigini, Ferguson non riesce a impedire a Madeleine di gettarsi da un campanile. Dopo una lunga cura psichiatrica, Ferguson incontra casualmente Judy, sosia perfetta di Madeleine, e cerca ad ogni costo di trasformarla nella donna che lo ossessiona. Ma così facendo, porta alla luce un intrigo diabolico la cui scoperta lo condurrà a un drammatico finale. *Vertigo* trasferisce il romanzo di Boileau e Narcejac dalla Parigi anni Quaranta alla San Francisco anni Cinquanta senza perderne l'atmosfera amara e malinconica. Ma l'unica sostanziale modifica al percorso narrativo costituisce un grave errore nella costruzione della suspense: nel libro lettore e protagonista scoprono insieme la verità all'ultima pagina, mentre nel film un flashback piuttosto forzato anticipa allo spettatore ogni retroscena. Hitchcock cerca di spostare su Judy l'attenzione del pubblico, scordando che il cardine drammatico è il tentativo disperato di Scottie di far rivivere una morta. Sicché anche la conclusione, opera del caso nel film e del protagonista nel libro, risulta piuttosto innaturale. Ciò non ha impedito al film di diventare oggetto di venerazione e di infinite citazioni. Vi ricorrono temi tipicamente hitchcockiani: la paura dell'altezza, un trauma insanabile, l'ambiguità morale dei protagonisti. Lo straordinario effetto "vertigine" (combinazione di carrello indietro e zoom in avanti), il felice incontro del disegnatore Saul Bass e del musicista Bernard Herrmann nei titoli di testa e nella sequenza dell'incubo, il ritmo lento ("contemplativo", scrive Truffaut) della narrazione rimangono memorabili. Kim Novak, perfetta e sensuale nella sua duplice interpretazione, nonostante il regista per quel ruolo volesse inspiegabilmente Vera Miles. ■ GIALLO; COL.; 128′; USA, 1958. ■ OSCAR 2 NOM.

DONNA CHE VOGLIO, LA *(Mannequin)* ★★
Regia di FRANK BORZAGE. Con JOAN CRAWFORD, ALAN CURTIS, RALPH MORGAN, MARY PHILIPS, SPENCER TRACY. ■ La moglie di un piccolo malvivente dà un taglio alla sua vita precedente e fa carriera come indossatrice. Incontra un simpatico e ricchissimo armatore e se ne innamora. Lui la ricambia e la sposa. Ma subito dopo deve vedersela con il malvivente che lo ricatta. Perderà tutte le sue sostanze, ma scoprirà che il sentimento della moglie per lui è autentico. ■ COMMEDIA; B/N; 95′; USA, 1938. ■ OSCAR 1 NOM.

DONNA CHE VOLEVA L'AMORE, LA *(To katharma)* ★
Regia di KOSTAS ANDRITSOS. Con GEORGES FOUNDAS, MARO KONDOU, STEFANOS STRATIGOS. ■ Magda è una "ragazza del porto" al Pireo, che s'innamora di Manos e lo sposa. Ma questi è un furfante che la sfrutta e la fa "lavorare" per lui. Manos tenta di ripetere il giochetto anche con un'amica di Magda, Suva, ma costei, meno accondiscendente, lo uccide. ■ DRAMMATICO; B/N; 92′; GRECIA, 1965.

DONNA CHE VOLEVANO LINCIARE, LA ★★
(The Woman they almost Lynched)
Regia di ALLAN DWAN. Con BRIAN DONLEVY, JOAN LESLIE, JOHN LUND, AUDREY TOTTER. ■ La banda di guerriglieri capitanata da William Quantrill arriva in un piccolo paese e vi stabilisce il proprio quartier generale. Tutti sono terrorizzati ad eccezione di un cowboy (agente segreto sudista) e di una ragazza sorella di un biscazziere cui Quantrill portò via la donna. Con l'ar-

rivo delle truppe nordiste, i banditi si vedranno costretti a sgombrare. ■ WESTERN; B/N; 90′; USA, 1953.

DONNA CHIAMATA APACHE – APACHE WOMAN, UNA ★★★
Regia di GEORGE MCROOTS. Con RICK BYD, AL CLIVER, YARA KEWA, MARIO MARANZANA, CORRADO OLMI. ■ Un giovane "soldato blu" dell'esercito americano partecipa a una crudele spedizione contro un piccolo gruppo di indiani sconfinati per fame dalla riserva. Gli indiani sono sterminati, tranne una ragazza. Il soldato la chiama "Apache", dal nome della sua gente, e la prende con sé sperando di raggiungere Fort Cobb. Ma la strada è lunga, difficile e seminata di nemici. Tommy protegge "Apache" con tutte le sue forze ma alla fine, quando sono vicini alla salvezza, vengono uccisi entrambi. ■ WESTERN; COL.; 92′; ITALIA, 1977.

♥ DONNA CHIAMATA MOGLIE, UNA ★★★
(Zandy's Bride)
Regia di JAN TROELL. Con GENE HACKMAN, EILEEN HECKART, HARRY DEAN STANTON, LIV ULLMANN. ■ Un agricoltore quarantenne, con idee vecchio stampo sul matrimonio, prende in moglie una ragazza trentenne di origine svedese con il solo intento di avere una serva. La povera moglie è umiliata e offesa. Ma la vita in comune, la ribellione della donna e la nascita di un bambino faranno del ruvido Zandy un marito e un padre esemplare. ■ WESTERN; COL.; 116′; USA, 1974. ■ DAVID DI DONATELLO 1 PR, 1 NOM.

DONNA COME EVA, UNA *(A Woman Like Eve)* ★★
Regia di NOUCHKA VAN BRAKEL. Con PETER FABER, MARIJKE MERCKENS, MARIA SCHNEIDER, MONIQUE VAN DE VEN. ■ Una signora olandese, in vacanza in Francia, s'innamora di una ragazza che vive in una comune e, abbandonati marito e figli, va ad abitare con lei; ma le difficoltà che incontrerà la faranno pentire della sua scelta. ■ DRAMMATICO; COL.; 93′; OLANDA, 1980.

DONNA COME ME, UNA *(Don Juan 73)* ★★
Regia di ROGER VADIM. Con BRIGITTE BARDOT, JANE BIRKIN, ROBERT HOSSEIN. ■ Jeanne, femminista a modo suo, disprezza gli uomini e, per dimostrare la loro inferiorità, non trova miglior modo che sedurli e portarli poi alla disperazione. Ma non la passerà liscia: uno degli uomini da lei calpestati la ucciderà in modo atroce. Ennesima versione, al femminile, dello stereotipo di Don Giovanni. ■ DRAMMATICO; COL.; 90′; FRANCIA, 1973.

DONNA CON TANTO AMORE, UNA ★★★
(La vraie nature de Bernadette)
Regia di GILLES CARLE. Con MAURICE BEAUPRÉ, REYNALD BOUCHARD, ERNEST GUIMOND, MICHELINE LANCTOT, DONALD PILON. ■ Bernadette, una ragazza-madre, giunge dalla città in una fattoria di campagna. Qui si dedica altruisticamente ai poveri e ai vecchi del villaggio, tanto che finisce per essere considerata una santa. Ma l'arrivo di due delinquenti scatena una forte reazione nella donna che, sconvolta, partecipa a un blocco stradale e si mette a sparare sulla folla. ■ DRAMMATICO; COL.; 100′; CANADA, 1971.

DONNA CONTRO IL MONDO, UNA ★★
(Woman Against the World)
Regia di DAVID SELMAN. Con RALPH FORBES, ALICE MOORE. ■ Tristi disavventure sentimentali e giudiziarie di una donna alla disperata ricerca della propria bambina. ■ DRAMMATICO; B/N; 69′; USA, 1939.

DONNA DAI DUE VOLTI, LA *(Le grand jeu)* ★★★
Regia di JACQUES FEYDER. Con MARIE BELL, FRANÇOISE ROSAY, PIERRE-RICHARD WILM. ■ Un giovane parigino per colpa della bella amante si mette nei guai con la giustizia. Si arruola nella Legione Straniera e conosce una ragazza che è la copia identica della sua amica di Parigi. Ma anche con lei fallisce. Quando il giovane riparte per un'ennesima missione nel deserto, una chiromante gli predice che morirà. ■ DRAMMATICO; B/N; 120′; FRANCIA, 1934.

DONNA DAI DUE VOLTI, LA *(Das andere Ich)* ★★
Regia di WOLFGANG LIEBENEINER. Con HILDE KRAHL, MATHIAS WIEMAN. ■ Una ragazza, in seguito a un equivoco, è assunta in una fabbrica come segretaria di giorno e operaia di notte. Lei accetta ambedue i posti per guadagnare di più. Viene notata dal figlio del principale che fa la corte alla segretaria, credendo che l'operaia sia sua sorella. La donna si diverte a presentarglisi sotto entrambe le vesti. L'uomo a lungo andare si accorge del trucco, ma è di buon carattere e così la sposa. ■ DRAMMATICO; B/N; 90′; GERMANIA, 1941.

DONNA DAI TRE VOLTI, LA *(Three Faces of Eve)* ★★★
Regia di NUNNALLY JOHNSON. Con LEE J. COBB, DAVID WAYNE, JOANNE WOODWARD. ■ Una casalinga americana soffre di sdoppiamento di personalità: da scialba massaia si trasforma in sboccata e proterva mondana. Il marito, disperato, la mette in cura da uno psichiatra che le ridà equilibrio. Tratto dal libro di due psichiatri famosi, il film è girato in maniera molto professionale. In America fu un successo. Fece guadagnare un Oscar a Joanne Woodward. ■ DRAMMATICO; B/N; 91′; USA, 1957. ■ OSCAR 1 PR, 1 NOM.

DONNA DALLA MASCHERA DI FERRO, LA ★
(Lady in the Iron Mask)
Regia di RALPH MURPHY. Con ALAN HALE JR, LOUIS HAYWARD, PATRICIA MEDINA, JOHN SUTTON. ■ È la vecchia storia della Maschera di ferro, con la variante del cambio di sesso: non più lo sventurato Filippo (gemello del re di Francia Luigi XVI), ma un'immaginaria principessa Luisa, gemella di Anna di Francia. ■ AVVENTURA; COL.; 78′; USA, 1952.

DONNA DA SCOPRIRE, UNA ★★
Regia di RICCARDO SESANI. Con AGOSTINA BELLI, JEAN-MARIE MARION, MARINA SUMA. ■ Donna, giovane cantante rock, macchina per far soldi dell'amante manager Aldo Vergari, s'innamora di un fotografo, Marco Borghieri, che tenta di strapparla ad Aldo, ma questi non vuole farsi soffiare l'affare. Intanto Michela, amante abbandonata di Marco, decide di fare la cantante. In occasione di un concerto rock, Aldo spara a Donna e la uccide. Marco e Michela si riuniranno. ■ DRAMMATICO; COL.; 95′; ITALIA, 1987.

DONNA DA UCCIDERE, UNA *(Eyewitness)* ★★
Regia di MURIEL BOX. Con MICHAEL CRAIG, BELINDA LEE, MURIEL PAVLOW, DONALD SINDEN, NIGEL STOCK. ■ Una donna è la testimone casuale di una rapina ai danni del proprietario di una sala cinematografica. Si trova ad essere così implacabilmente braccata e minacciata di morte. Ma riuscirà a cavarsela. ■ GIALLO; B/N; 82′; GRAN BRETAGNA, 1956.

DONNA DA UCCIDERE, UNA *(Folle à tuer)* ★★★
Regia di YVES BOISSET. Con MARLÈNE JOBERT, VICTOR LANOUX, MICHAEL LONSDALE, TOMAS MILIAN. ■ L'erede di una grossa fortuna viene rapito assieme alla governante. Mentre la polizia si aspetta la richiesta di riscatto, lo zio, che ha inscenato il rapimento per eliminare il ragazzo, manovra in modo che la colpa ricada sulla governante da poco dimessa da una casa di cura. ■ GIALLO; COL.; 95′; FRANCIA, 1975.

DONNA DEGLI ALTRI È SEMPRE PIÙ BELLA, LA ★★
Regia di MARINO GIROLAMI. Con MARIO CAROTENUTO, WALTER CHIARI, FRANCO FRANCHI, CICCIO INGRASSIA, SANDRA MONDAINI, AROLDO TIERI, UGO TOGNAZZI, RAIMONDO VIANELLO. ■ Cinque episodi legati dal comun denominatore dell'evasione erotica. Un bagnino si finge "diverso" per farsi affidare una giovane moglie; due siculi sbarcano nel continente alla ricerca di una ragazza; un industriale maneggione spaccia la segretaria per moglie; un marito in viaggio di nozze entra in crisi per la profezia d'un tradimento da parte della bella moglie; una coppia in roulotte si ferma per errore nei pressi di un campo nudista. ■ COMMEDIA; B/N; 105′; ITALIA, 1963.

DONNA DEI FARAONI, LA ★★
Regia di VICTOR TOURJANSKY. Con JOHN DREW BARRYMORE, PIERRE BRICE, LINDA CRISTAL, ARMANDO FRANCIOLI. ■ Lotta accanita di due faraoni alla conquista del regno e della bella del cuore. ■ AVVENTURA; B/N; 93′; ITALIA, 1960.

DONNA DEI MIEI SOGNI, LA *(Frau nach Mass)* ★★
Regia di HELMUT KAUTNER. Con DORIT KREYSLER, LENI MARENBACH, HANS SÖHNKER. ■ Storia di una ragazza che vuole far strada ad ogni costo nel mondo dello spettacolo conquistando il cuore di un regista. ■ DRAMMATICO; B/N; 90′; GERMANIA, 1940.

DONNA DEL BANDITO, LA *(They Live by Night)* ★★★
Regia di NICHOLAS RAY. Con HOWARD DA SILVA, JAY C. FLIPPEN, FARLEY GRANGER, CATHY O'DONNELL. ■ Dal romanzo *Thieves Like Us*, che ha fornito lo spunto anche al più recente *Gang* di Robert Altman. Protagonisti sono due giovanissimi malviventi, un giovanotto e una ragazza, membri secondari di una banda di rapinatori. Le circostanze e il *battage* della stampa, però, regalano loro una fama alla Bonnie e Clyde. Braccati dalla polizia, fuggono attraverso l'America, finché, quando credono d'avere ormai fatto perdere le loro tracce, un agguato costa la vita al ragazzo. Primo film della carriera di Nicholas Ray. ■ POLIZIESCO; B/N; 95'; USA, 1949.

DONNA DEL DESTINO, LA *(Designing Woman)* ★★★
Regia di VINCENTE MINNELLI. Con LAUREN BACALL, DOLORES GRAY, GREGORY PECK. ■ Un giornalista sportivo, goffo e trasandato, sposa una raffinata disegnatrice di moda. L'amore tra i due non basta a superare i conflitti di mentalità. Dopo una grande bagarre fra gangster e poliziotti (il giornalista ha pestato i piedi a un "boss" del racket della boxe) intervenuti a difendere la donna da un attacco da parte dei malviventi, ogni cosa si appiana fra i due inguaiati coniugi. ■ COMMEDIA; COL.; 118'; USA, 1957. ■ OSCAR 1 PR, 1 NOM.

DONNA DEL FIUME, LA ★★
Regia di MARIO SOLDATI. Con LISE BOURDIN, SOPHIA LOREN, GÉRARD OURY. ■ Bella mondina si fa concupire da una guardia di finanza e da un giovane contrabbandiere. Il contrabbandiere si mette nei guai e va in prigione, lasciando la ragazza incinta. Mentre lui è in galera, lei mette al mondo un bambino che però muore. Al funerale del piccolo i due genitori si ricongiungeranno. ■ DRAMMATICO; COL.; 104'; ITALIA, 1955.

DONNA DEL GANGSTER, LA *(The Strip)* ★★
Regia di LESLIE KARDOS. Con JAMES CRAIG, SALLY FORREST, MICKEY ROONEY. ■ Piccoletto di buona indole s'innamora di ballerinetta spregiudicata invischiata in storie di gangster. Verrà pestato a sangue dai gorilla del rivale, ma alla fine sarà lui ad avere la meglio. ■ POLIZIESCO; B/N; 85'; USA, 1954. ■ OSCAR 1 NOM.

DONNA DEL GIORNO, LA *(Libeled Lady)* ★★★★
Regia di JACK CONWAY. Con JEAN HARLOW, MYRNA LOY, WILLIAM POWELL, SPENCER TRACY. ■ Un'ereditiera fa causa a un giornale. Il direttore allora decide di contrattaccare facendola circuire da un amico perché la comprometta. Ma costui se ne innamora, e a complicare le cose interviene la fidanzata del direttore che, delusa del comportamento dello stesso, si sta innamorando dell'amico. Girandola di bisticci e di equivoci, finché le coppie non trovano la sistemazione giusta (il direttore con la fidanzata, l'amico con l'ereditiera). ■ COMMEDIA; B/N; 98'; USA, 1936. ■ OSCAR 1 NOM.

DONNA DEL GIORNO, LA *(Woman of the Year)* ★★★★
Regia di GEORGE STEVENS. Con FAY BAINTER, WILLIAM BENDIX, KATHARINE HEPBURN, SPENCER TRACY. ■ Lui e lei fanno i giornalisti. Lei si occupa di cronaca mondana e di satira di costume, lui è corsivista sportivo. Nonostante le divergenze di carattere e d'interessi, finiscono per sposarsi. Ma il loro ménage matrimoniale è sulle prime disastroso. Disperando di poter trasformare la moglie in casalinga perfetta, l'uomo, dopo molte arrabbiature e titubanze, le consentirà di proseguire la carriera. Una commedia deliziosa. Segna lo storico incontro fra Spencer Tracy e Katharine Hepburn (avrebbero girato, in venticinque anni, nove film insieme): nessuna coppia fece sullo schermo più faville. ■ COMMEDIA; B/N; 112'; USA, 1942. ■ OSCAR 1 PR, 2 NOM.

DONNA DEL GIORNO, LA ★★
Regia di FRANCESCO MASELLI. Con ANTONIO CIFARIELLO, VIRNA LISI, SERGE REGGIANI. ■ Protagonista è una bionda indossatrice, disposta a fare carte false pur di arrivare al successo. Si farà coinvolgere a tal punto dalle proprie trame da rimanere tragicamente invischiata. ■ DRAMMATICO; B/N; 95'; ITALIA, 1956.

DONNA DELLA CALDA TERRA, LA ★
Regia di JOSÉ MARÍA FORQUÉ. Con LAURA GEMSER, GABRIELE TINTI, STUART WHITMAN. ■ Una ragazza e un maturo ingegnere americano si trovano entrambi ospiti come autostoppisti di un rimorchio per cavalli e, nell'intimità della ministalla, si raccontano le reciproche esperienze sentimentali. ■ DRAMMATICO; COL.; 92'; ITALIA, 1979.

DONNA DELLA CITTÀ, LA *(The Woman of the Town)* ★★
Regia di GEORGE ARCHAINBAUD. Con ALBERT DEKKER, BARRY SULLIVAN, CLAIRE TREVOR. ■ Sceriffo e cowboy del Texas s'innamorano di una bella sciantosa. Finisce a spari, ma sarà proprio la donna a rimetterci la vita. ■ WESTERN; B/N; 90'; USA, 1943. ■ OSCAR 1 NOM.

DONNA DELLA DOMENICA, LA ★★★
Regia di LUIGI COMENCINI. Con GIGI BALLISTA, JACQUELINE BISSET, PINO CARUSO, CLAUDIO GORA, MARCELLO MASTROIANNI, ALDO REGGIANI, JEAN-LOUIS TRINTIGNANT. ■ A Torino viene misteriosamente ucciso un architetto implicato in faccende poco pulite. Le indagini portano il commissario Santamaria a indirizzare i suoi sospetti su alcuni esponenti dell'alta società, e in particolare su Anna Carla, moglie di un grosso industriale, e sul suo confidente, un dottore omosessuale. Giungerà a scoprire il colpevole e come premio avrà nel suo letto (ma solo per una domenica) la splendida Anna Carla. Il best-seller molto torinese di Fruttero e Lucentini è qui ridotto in belle anche se prevedibili immagini dal sempre efficiente Luigi Comencini. ■ GIALLO; COL.; 105'; ITALIA, 1975.

DONNA DEL LAGO, LA ★★★
Regia di LUIGI BAZZONI, FRANCO ROSSELLINI. Con PETER BALDWIN, VALENTINA CORTESE, VIRNA LISI, SALVO RANDONE. ■ Basandosi sul libro di Comisso e sulle cronache di Sergio Saviane dei fatti di Alleghe, Bazzoni e Rossellini hanno giocato contemporaneamente le carte del thriller d'atmosfera e dell'incubo letterario. È la storia di una serie di efferati delitti commessi da una famiglia di albergatori, smascherati alla fine da un forestiero innamorato un tempo di una delle vittime. ■ GIALLO; B/N; 93'; ITALIA, 1965.

DONNA DEL LAGO MALEDETTO, LA *(La vouivre)* ★★★
Regia di GEORGES WILSON. Con JEAN CARMET, JACQUES DUFILHO, MACHA MÉRIL, LAMBERT WILSON. ■ Wilson proviene dal teatro e riesce a dare con questo film una buona prova cinematografica. Anche la recitazione è adeguata. Siamo in Francia subito dopo la prima guerra mondiale. Un soldato ritorna al suo paese natale dopo un periodo di convalescenza in ospedale per una ferita alla testa. È un ambiente di contadini facili alle credenze e alle fiabe spaventose. Intorno al paese c'è una palude e lì si dice che ci sia una bellissima donna nuda che vive con dei serpenti. Si lascerà "rapire" dalla favola. ■ DRAMMATICO; COL.; 90'; FRANCIA, 1989.

DONNA DELL'ALTRO, LA *(Jons und Erdme)* ★★★
Regia di VICTOR VICAS. Con RICHARD BASEHART, GIULIETTA MASINA, CARL RADDATZ. ■ Jons e Erdme sono una coppia di coniugi che campa stentatamente lavorando in un terreno paludoso concesso loro dal governo. Erdme s'innamora di un vicino di casa e fuggirebbe con lui se l'uomo non fosse arrestato per certi trascorsi e portato in prigione. Passano gli anni. La figlia di Erdme abbandona la casa per darsi alla bella vita in città. Anche la madre, delusa e stanca della sua vita, vorrebbe abbandonare il marito, ma non ci riesce. ■ DRAMMATICO; B/N; 90'; GERMANIA, 1959.

DONNA DELLA LUNA, LA ★★
Regia di VITO ZAGARRIO. Con TIM FINN, LUCA ORLANDINI, GRETA SCACCHI. ■ Una bella ragazza americana, figlia di un siciliano, va nell'isola a trovare la tomba del padre. Durante il viaggio, conosce un ragazzo che, per interessarla, le racconta di essere un "pentito" mafioso in fuga. Non è vero. È un espediente per portarsi a letto la bella donna. L'espediente ha successo, ma il destino aspetta al varco l'impostore. ■ DRAMMATICO; COL.; 92'; ITALIA, 1987.

DONNA DELLA MIA VITA, LA *(La femme de ma vie)* ★★
Regia di RÉGIS WARGNIER. Con JANE BIRKIN, CHRISTOPHE MALAVOY, JEAN-LOUIS TRINTIGNANT. ■ Film d'esordio non particolarmente riuscito. Esistenziale, narra le vicende amorose e minimalistiche di un violinista che beve troppo. La moglie e un amico fanno da contorno. ■ DRAMMATICO; COL.; 97'; FRANCIA, 1986.

DONNA DELLA MIA VITA, LA ★★
Regia di LUCA LUCINI. Con LUCA ARGENTERO, GIORGIO COLANGELI, ALESSANDRO GASSMAN, VALENTINA LODOVINI, STEFANIA SANDRELLI. ■ Mamma Alba ha due figli maschi: Giorgio, il grande, professionista sul lavoro e gran seduttore, con una moglie a Roma e almeno un'amante a Milano, e Leonardino, il secondogenito, quello sensibile, depresso, che per una donna ha persino tentato il suicidio. L'arrivo di Sara rivoluziona la vita di Leonardo, ma anche quella di Giorgio. ■ DRAMMATICO; COL.; 96'; ITALIA, GRAN BRETAGNA, 2010.

DONNA DELLA MONTAGNA, LA ★★
Regia di RENATO CASTELLANI. Con MARINA BERTI, AMEDEO NAZZARI. ■ Un giovane ingegnere perde la propria fidanzata in un incidente alpinistico. Dopo qualche tempo, sposa una bella ragazza di buon carattere, senza tuttavia riuscire a non avere rimpianti per la precedente. Alla fine, tornato sui luoghi che lo videro un tempo felice, ha modo di riflettere sulla propria situazione e decide di ricominciare una nuova vita. ■ DRAMMATICO; B/N; 91'; ITALIA, 1943.

DONNA DELLA PALUDE, LA *(Swamp Woman)* ★
Regia di ELMER CLIFTON. Con ANN CORIO, JAN MCDONALD. ■ Il film descrive la vita di una strana comunità di agricoltori in una palude della Florida. ■ DRAMMATICO; B/N; 90'; USA, 1941.

DONNA DELLA SPIAGGIA, LA ★★★
(The Woman on the Beach)
Regia di JEAN RENOIR. Con JOAN BENNETT, CHARLES BICKFORD, IRENE RYAN, ROBERT RYAN. ■ Un ufficiale di marina conosce una donna misteriosa, moglie di un pittore cieco, e ne diviene l'amante. Divorato dalla passione, cerca di uccidere il rivale. Alla fine desiste, ma convince la donna ad abbandonare il marito. Il pittore, disperato, distrugge tutti i suoi quadri. La moglie allora ritorna da lui. ■ DRAMMATICO; B/N; 71'; USA, 1946.

DONNA DELLE MERAVIGLIE, LA ★★
Regia di ALBERTO BEVILACQUA. Con CLAUDIA CARDINALE, BEN GAZZARA, LINA SASTRI. ■ Dall'omonimo romanzo di Bevilacqua, un film non altrettanto interessante. Alberto è uno scrittore di mezza età in crisi creativa ed esistenziale. Ma c'è una donna misteriosa che riempie le sue giornate e i suoi pensieri: lui la chiama "la donna delle meraviglie" e vorrebbe scoprire chi è. È un viaggio a ritroso del suo "io". ■ PSICOLOGICO; COL.; 111'; ITALIA, 1985.

DONNA DELLO SCANDALO, LA ★
(The Headline Woman)
Regia di WILLIAM NIGH. Con HEATHER ANGEL, ROGER PRYOR. ■ Ammazzano il proprietario di una casa da gioco. L'indiziata numero uno è una spregiudicata ragazza che qualcuno ha visto con la rivoltella in mano. La polizia è sulle sue tracce. Ma un intraprendente giornalista innamorato di lei la sottrae alle ricerche e poi la scagiona, scovando il vero colpevole. ■ DRAMMATICO; B/N; 95'; USA, 1935.

DONNA DEL MIO CUORE, LA *(Liebesleute)* ★★★
Regia di ERICH WASCHNECK. Con GINA FALCKENBERG, GUSTAV FRÖHLICH, WALTER JANSSEN, RENATE MÜLLER. ■ Un gruppo di tedeschi, emigrato in Canada, rientra in Germania a causa di una grave siccità. Trovano ad accoglierli ed aiutarli gli abitanti della zona. Tra questi il figlio di un ricco possidente che, attratto dal fascino di una profuga, le offre lavoro nella fattoria. Se ne innamora e manda in fumo il matrimonio con una ricca ereditiera, suscitando le ire del padre. I due giovani fuggono a Berlino dove coronano il loro sogno. ■ DRAMMATICO; B/N; 91'; GERMANIA, 1935.

DONNA DEL MIO DESTINO, LA *(Victor)* ★★
Regia di CLAUDE HEYMANN. Con BRIGITTE AUBER, FRANÇOISE CHRISTOPHE, JEAN GABIN. ■ Un meccanico e un ricco affarista, conosciutisi durante la guerra, si mettono in società. Accusato di truffa (commessa però dall'amico), il meccanico finisce in carcere e non tenta di discolparsi per non procurare dolore alla moglie del socio che egli ama. Quando torna libero, trova la donna pronta ad abbandonare il marito. Ma certe incomprensioni e questioni di quattrini li separeranno. ■ DRAMMATICO; B/N; 90'; FRANCIA, 1951.

DONNA DEL MIRACOLO, LA *(The Miracle Woman)* ★★★
Regia di FRANK CAPRA. Con DAVID MANNERS, BERYL MERCER, BARBARA STANWYCK. ■ La predicatrice di una piccola setta scopre di essere in grado, con il proprio fluido, di manipolare la volontà altrui. Decide di commercializzare i suoi poteri. Ma gli affari le prendono la mano. Per fortuna se ne accorge in tempo e smette. ■ COMMEDIA; B/N; 87'; USA, 1932.

DONNA DEL MISTERO, LA *(Mystery Woman)* ★★
Regia di EUGENE FORDE. Con MONA BARRIE, JOHN HALLIDAY, GILBERT ROLAND. ■ La moglie di un ufficiale condannato a vita fa di tutto per riabilitare e liberare il marito. Insieme ad un agente dei servizi segreti si mette sulle tracce di un commerciante d'arte da lei sospettato. L'agente rimane ucciso, ma la donna riesce a dimostrare l'innocenza del marito. ■ GIALLO; B/N; 90'; USA, 1934.

DONNA DEL MISTERO, LA ★★
(Die Frau ohne Vergangenheit)
Regia di NUNZIO MALASOMMA. Con SYBILLE SCHMITZ, ALBRECHT SCHOENHALS. ■ Una giovane donna perde la memoria dopo un incidente d'auto. Lo psichiatra al quale viene affidata se ne innamora. Decidono di sposarsi, ma viene a galla che la signora ha già un marito, per di più ricercato per omicidio. Costui si fa vivo per ricattare la donna la quale, disperata, tenta il suicidio. Se la caverà. ■ DRAMMATICO; B/N; 95'; GERMANIA, 1939.

DONNA DEL PECCATO, LA ★★★
Regia di HARRY HASSO. Con ALBERTO CAPOZZI, GUSTAV DIESSL, LEO GARAVAGLIA, VIVECA LINDFORS, OTELLO TOSO. ■ Per amore del marito, una brava ragazza si appresta a rubare ad un ingegnere i progetti di un'importante invenzione, ma tra loro nasce un sentimento che manda all'aria il piano. Disperata e perseguitata dall'avido marito, tenta d'uccidersi, ma viene salvata dall'ingegnere. ■ DRAMMATICO; B/N; 91'; ITALIA, 1942.

DONNA DEL PORTO, LA *(The Raging Tide)* ★★★
Regia di GEORGE SHERMAN. Con CHARLES BICKFORD, RICHARD CONTE, ALEX NICOL, SHELLEY WINTERS. ■ Un malfattore che ha parecchi conti in sospeso con la giustizia si rifugia in un villaggio di pescatori, si guadagna l'amicizia di un vecchio e di suo figlio e l'amore della figlia. Presto però svela la sua vera natura. Ma prima di venire raggiunto dalla polizia, compie un gesto generoso: salva la vita al fratello della ragazza, sacrificando la propria. ■ DRAMMATICO; B/N; 93'; USA, 1952.

DONNA DEL PRETE – IL CIELO E TU, LA ★
Regia di GILBERTO GAZCÓN. Con BRAULO CASTILLO, IRAN EORY, SUSANA SALVAT. ■ Un religioso si dedica con entusiasmo alla rieducazione di giovani traviati. Il padre di uno di essi lo ricompensa con una somma di denaro della quale viene derubato. Il sacerdote, che nella lotta è rimasto colpito alla testa, ha perso la memoria e diventa l'amante di un'hippy che mette incinta. Quando ricorderà tutto, non saprà più riprendere il proprio ruolo. ■ DRAMMATICO; COL.; 91'; MESSICO, 1974.

DONNA DEL RANCHERO, LA *(Valerie)* ★★
Regia di GERD OSWALD. Con ANITA EKBERG, STERLING HAYDEN, ANTHONY STEEL. ■ Un ricco *ranchero* è processato per aver ferito la propria moglie e ucciso i suoceri. L'uomo si giustifica dicendo di aver subito un'aggressione mentre cercava di riportare a casa la consorte, una donna leggera che l'aveva più volte tradito. Tutti gli credono. Ma la donna sostiene che il marito è un sadico che ha ucciso i genitori a sangue freddo. Chi ha ragione? Sarà il fratello del *ranchero* a scoprire la verità. ■ WESTERN; B/N; 84'; USA, 1957.

♥ **DONNA DEL RITRATTO, LA** ★★★
(Woman in the Window)
Regia di FRITZ LANG. Con JOAN BENNETT, DAN DURYEA, EDWARD G. ROBINSON. ■ Un attempato professore, in assenza della moglie, viene coinvolto da una donna nell'omicidio del suo amante. Nasconde il cadavere, ma è preso dal panico e attira i sospetti del magistrato. Disperato sta per togliersi la vita, quando si sveglia: è stato tutto un incubo. ■ GIALLO; B/N; 99'; USA, 1944. ■ OSCAR 1 NOM.

DONNA DEL SOGNO, LA *(Bernardine)* ★★
Regia di HENRY LEVIN. Con PAT BOONE, JANET GAYNOR, TERRY

MOORE. ■ Giovane universitario alle prese con le ragazze. Impacciato e goffo, se le lascia sfuggire. Ma alla fine arriverà anche quella che fa per lui. ■ COMMEDIA; COL.; 92′; USA, 1957.

DONNA DEL TENENTE FRANCESE, LA ★★★★
(The French Lieutenant's Woman)
Regia di KAREL REISZ. Con JEREMY IRONS, LEO MCKERN, MERYL STREEP. ■ Dall'omonimo romanzo di John Fowles. È un "film nel film" nel quale la vicenda dell'infelice Sarah (Streep), messa al bando nell'Inghilterra vittoriana per la sua relazione con un tenente francese, si intreccia con la storia d'amore dell'attrice che sta girando un film. Opera calligrafica, splendidamente ambientata, con una grande, intensa Meryl Streep nel doppio ruolo principale. ■ DRAMMATICO; COL.; 123′; USA, 1981. ■ GOLDEN GLOBES 1 PR, 3 NOM; OSCAR 5 NOM.

DONNA DEL TRADITORE, LA *(To the Victor)* ★★★
Regia di DELMER DAVES. Con VICTOR FRANCEN, VIVECA LINDFORS, DOROTHY MALONE, DENNIS MORGAN. ■ Processo in Francia ai collaborazionisti. Uno di essi ha una moglie al corrente delle sue malefatte che potrebbe testimoniargli contro. I complici cercano di sopprimerla. Non riuscendoci, s'accordano con un avventuriero americano innamorato della donna perché la porti all'estero prima del processo. L'uomo prima accetta, poi ci ripensa. La donna testimonia e se ne va con l'americano. ■ AVVENTURA; B/N; 100′; USA, 1948.

DONNA DEL TRAGHETTO, LA ★★
Regia di AMEDEO FAGO. Con ALESSANDRO HABER, PHILIPPE LEROY, THERESE ANN SAVOY. ■ Storia di un uomo e una donna che si sentono sempre più emarginati. Lui fa il burattinaio e nessuno vuol più vedere i suoi pupazzi. Lei fa la traghettatrice (e chi lo passa ormai un fiume a bordo di una barca tirata con le funi?). Le loro esistenze si incrociano. Ma per poco. ■ DRAMMATICO; COL.; 96′; ITALIA, 1986.

DONNA DEL WEST, LA *(The Ballad of Josie)* ★★
Regia di ANDREW V. MCLAGLEN. Con DORIS DAY, PETER GRAVES, GEORGE KENNEDY. ■ Una coraggiosa vedova, dopo la morte del marito, con l'aiuto di un amico *ranchero* rimette in piedi una malridotta *fazenda*. Non avendo soldi per comprare buoi, acquista pecore. Ma questo le mette contro gli allevatori della vallata. La donna però è una dura: l'avrà vinta su tutti. ■ WESTERN; COL.; 102′; USA, 1968.

DONNA D'ESTATE *(The Stripper)* ★★
Regia di FRANKLIN J. SCHAFFNER. Con RICHARD BEYMER, CLAIRE TREVOR, JOANNE WOODWARD. ■ Una bella donna molto vissuta torna nel Kansas dopo molti anni e affascina il diciannovenne figlio di una sua vecchia amica. In procinto di rovinare il ragazzo, viene richiamata alla sua vita di sempre. ■ DRAMMATICO; B/N; 95′; USA, 1963. ■ OSCAR 1 NOM.

DONNA DI BENJAMIN, LA *(La mujer de Benjamin)* ★★
Regia di CARLOS CARRERA. Con MALENA DORIA, EDUARDO LOPEZ ROJAS, ARCELIA RAMIREZ. ■ Natividad, diciassettenne messicana, vive in un villaggio dagli usi molto tradizionalisti. Sua madre è incerta tra il desiderio nei confronti del giovane parroco e la memoria del marito. La ragazza vorrebbe andare in città per cambiare vita ma un grasso e rozzo cinquantenne pensa di rapirla per poterla poi avere come moglie. Natividad riuscirà ad uscire da questa situazione e abbandonerà il villaggio. Film di impegno con qualche tono caricaturale di troppo che rischia di attenuare gli accenti di ribellione verso un mondo chiuso in se stesso. ■ DRAMMATICO; COL.; 90′; MESSICO, 1991.

DONNA DIETRO LA PORTA, UNA ★★
Regia di PINO TOSINI. Con DALILA DI LAZZARO, CLARITA GATTO, JOHN SAXON. ■ Dal romanzo *Zona d'ombra*. La relazione fra un notaio e una bella donna, erede di una grossa fortuna, riempie di pettegolezzi una città di provincia. Dal pettegolezzo allo scandalo, dallo scandalo a una morte misteriosa. ■ GIALLO; COL.; 90′; ITALIA, 1984.

DONNA DI FUOCO, LA *(Ramrod)* ★★
Regia di ANDRÉ DE TOTH. Con DON DE FORE, PRESTON FOSTER, VERONICA LAKE, JOEL MCCREA. ■ Un'avida e feroce *ranchera*, in conflitto con il padre e il fidanzato, assolda un coraggioso cowboy perché combatta per lei la guerra per il bestiame. L'uomo capisce di esser stato strumentalizzato e la lascia, non prima di aver compiuto la sua vendetta. La *ranchera* diventa la regina incontrastata della vallata, ma perde il cowboy che sposa una dolce fanciulla. ■ WESTERN; B/N; 94′; USA, 1947.

DONNA DI GHIACCIO, LA ★★
Regia di ANTONIO RACIOPPI. Con RENATO BALDINI, CARLO CAMPANINI, BELLA DARVI, ENRICO LUZI. ■ Ogni anno la giovane scrittrice Adriana si rifugia su un'isoletta di cui è proprietaria e scrive un nuovo romanzo: insieme con lei ci sono sempre la cuoca, il maggiordomo e una zia. L'ultima volta che vi si reca, trova sulla sua isola due naufraghi: Tony e Franco. Adriana si innamora di Franco, ma poi crede di capire che i due sono degli evasi. Ma si sbaglia, e tutto finirà in gloria. ■ COMMEDIA; B/N; 92′; ITALIA, 1960.

DONNA DI GILLES, LA *(La femme de Gilles)* ★★★
Regia di FRÉDÉRIC FONTEYNE. Con CLOVIS CORNILLAC, EMMANUELLE DEVOS, LAURA SMET, ALICE VERLINDEN, CHLOÉ VERLINDEN. ■ Una scena d'amore, le api sui fiori, i panni appesi, il vino sulla tavola. Elisa e Gilles sono felicemente sposati, hanno due figlie e una in arrivo. Improvvisamente fra loro qualcosa si rompe. Fra Gilles e Victorine, sorella di Elisa, c'è una relazione, intensa e morbosa, che condurrà Elisa a una scelta difficile. I primi dieci minuti del film sono raccontati con le immagini, il dialogo scompare, e la semplicità di una camera fissa dipinge la scena come un quadro, raccontando l'antefatto. Nella seconda parte, quando il tradimento è ormai conclamato, Fonteyne mette troppa carne al fuoco, rischiando inevitabilmente di rompere la magia costruita fino a quel momento, per arrivare a un finale sublime e drammatico che ha il sapore della libertà. ■ DRAMMATICO; COL.; 108′; BELGIO, 2004.

DONNA DI NESSUNO, LA ★
Regia di VINCENZO MARANO. Con HÉLÈNE DE FOUGEROLLES, THIERRY FRÉMONT, ANNA GALIENA, CANDICE HUGO, LAURENT LUCAS. ■ Una giovane prostituta, testimone chiave al processo contro una *maîtresse* senza scrupoli, muore precipitando dalla finestra di un albergo. Sulla sua morte indagano una giornalista impicciona e il commissario Gallager, fratello scontroso del celebre Martin Delvaux. Delvaux è un giudice ambizioso, sposato a una donna ricca e matura e amante occasionale della bella Sarah, prostituta di lusso che lo ama disinteressatamente. Coinvolti loro malgrado e con responsabilità diverse nel caso di omicidio, la giornalista, il giudice e la prostituta finiranno per incontrarsi e per farsi molto male. ■ DRAMMATICO; COL.; 99′; ITALIA, 2009.

DONNA DIMENTICATA, UNA *(Remember?)* ★★
Regia di NORMAN Z. MCLEOD. Con LEW AYRES, BILLIE BURKE, GREER GARSON, ROBERT TAYLOR. ■ Un bonaccione, Sky Ames, sta per sposare Linda, una bella ragazza, ma commette l'errore di presentarla a Jeff che fin da ragazzo ha approfittato della bontà dell'amico. Senza pensarci due volte, il prestante Jeff gli soffia la ragazza e la sposa. La vita coniugale è densa però di nubi e incompresioni: i due decidono di divorziare. Allora Sky, che nonostante tutto è rimasto amico di Jeff e innamorato della ragazza, tenta di farli riconciliare. Ma di nuovo la coppia sta per separarsi e Sky pensa di farsi finalmente avanti. Jeff, allora, più che altro per orgoglio, gli riprende ancora una volta la donna. ■ COMMEDIA; B/N; 95′; USA, 1939.

DONNA DIMENTICATA, UNA *(The Forgotten Women)* ★★
Regia di HAROLD YOUNG. Con EVE ARDEN, DONALD BRIGGS, SIGRID GURIE. ■ Due giovani coniugi sono obbligati a dare un passaggio in auto a due banditi inseguiti dalla polizia. Ma la macchina, raggiunta dai colpi sparati dagli agenti, si capovolge. Il marito muore, i malviventi se la danno a gambe e la donna viene arrestata quale complice dei due malfattori. È condannata a quattro anni di carcere. All'epoca dell'incidente era incinta: le nasce un bimbo che però viene affidato a un istituto. Uscita di prigione peregrina in cerca di lavoro per poter riottenere il piccolo. Un coraggioso magistrato dimostrerà l'innocenza della donna, adotterà il bambino e rintraccerà la sventurata, con la quale formerà una bella famigliola. ■ DRAMMATICO; B/N; 63′; USA, 1939.

DONNA DI NOTTE, LA ★
Regia di MINO LOY. Con GUIDO CASTALDO, NICO RENZI. ■ Carrellata nei locali notturni di mezzo mondo: balli, spettacoli, numeri vari, spogliarelli. ■ DOCUMENTARIO; COL.; 97'; ITALIA, 1962.

DONNA DI PAGLIA, LA *(Woman of Straw)* ★★
Regia di BASIL DEARDEN. Con SEAN CONNERY, ALEXANDER KNOX, GINA LOLLOBRIGIDA, RALPH RICHARDSON. ■ Il nipote di un Lord miliardario, stufo di vedersi tiranneggiare dallo zio, persuade la propria amante, infermiera del vecchio, a farsi sposare per poi mettere le mani sulle ricchezze. Il piano riesce, ma il Lord viene assassinato poco dopo durante una crociera. Indiziata numero uno è la giovane moglie che viene imprigionata e condannata. L'assassino, naturalmente, è un altro e sarà smascherato. ■ GIALLO; COL.; 117'; GRAN BRETAGNA, 1964.

DONNA DI PARIGI, UNA *(A Woman of Paris)* ★★★
Regia di CHARLIE CHAPLIN. Con ADOLPHE MENJOU, CARL MILLER, EDNA PURVIANCE. ■ Film misconosciuto del regista comico per eccellenza, solamente diretto e non interpretato da lui. Il contrastato amore tra un pittore e una giovane è il tema del film. I due giovani decidono di fuggire perché il padre e la madre di lei non vogliono la loro unione. Per una serie di circostanze infelici alla fine è solo Marie a partire. Dopo essere diventata donna di mondo e amante di un riccone, Marie incontra il suo vecchio amore e la madre di lui a Parigi. Ma ormai è troppo tardi. ■ DRAMMATICO; B/N; 77'; USA, 1923.

DONNA DI PIACERE *(The Last Prostitute)* ★★
Regia di LOU ANTONIO. Con SONIA BRAGA, WIL WHEATON. ■ Film televisivo sufficientemente intrigante. Due giovani amici hanno saputo che in un ranch c'è una bella prostituta che potrebbe "introdurli" adeguatamente al sesso. La notizia era giunta dallo zio di uno dei due ma ora le cose sono cambiate. Ora infatti la donna si diletta di allevamento di cavalli e i ragazzi faranno del loro meglio per aiutarla. ■ COMMEDIA; COL.; 89'; USA, 1991.

DONNA DI PIACERE ★
Regia di PAOLO FONDATO. Con VALENTINA BANCI, ATHINA CENCI, TIZIANA LODATO, ELENA SOFIA RICCI. ■ Inizi del Novecento. In un bordello di provincia si aspetta il martedì grasso per rimpinguare le casse. Intanto le prostitute parlano della loro vita. La neve manderà a monte l'arrivo degli uomini ma ci sarà un'altra soluzione. Lo spettatore, se proprio vuole, farà invece meglio a leggersi il libro omonimo di Barbara Alberti. ■ COMMEDIA; COL.; 80'; ITALIA, 1998.

DONNA DI PICCHE, LA *(The Queen of Spades)* ★★★
Regia di THOROLD DICKINSON. Con EDITH EVANSON, RONALD HOWARD, YVONNE MITCHELL, ANTON WALBROOK. ■ Dal racconto di Puskin, reso celebre anche dall'opera di Ciaikovskij. Un capitano russo che ha la passione del gioco, ma non i quattrini per poterla coltivare, viene a sapere che una vecchia contessa ha il segreto su come vincere infallibilmente al "faraone". Penetra in casa della donna che muore di spavento. Ma il capitano ormai conosce il segreto. Gioca e vince, ma alla terza partita gli cambiano le carte in mano e lui perde tutto. Impazzirà dal dolore. ■ DRAMMATICO; B/N; 95'; GRAN BRETAGNA, 1949.

DONNA DI PLATINO, LA *(Platinum Blonde)* ★★★
Regia di FRANK CAPRA. Con JEAN HARLOW, REGINALD OWEN, ROBERT WILLIAMS, LORETTA YOUNG. ■ Un giornalista si divide simpaticamente tra due donne: una è una dolce fanciulla che fa il suo stesso mestiere, l'altra una procace biondona con molti soldi. A prima vista sembrerebbe che le maggiori chances le abbia la donna platinata; sarà invece la tranquilla rivale a ottenere alla fine il cuore del protagonista. ■ COMMEDIA; B/N; 90'; USA, 1931.

DONNA DI QUELLA NOTTE, LA ★★
(The Imperfect Lady)
Regia di LEWIS ALLEN. Con RAY MILLAND, ANTHONY QUINN, TERESA WRIGHT. ■ Nell'Inghilterra di fine Ottocento, un giovane di belle maniere sposa una ballerinetta, pur essendo un futuro Pari d'Inghilterra. Ma intanto la donna è stata coinvolta in un delitto senza avervi partecipato. C'è stato un omicidio e accusato è un giovane spagnolo. Ma l'imputato al momento del fattaccio era con la ballerinetta (rapporto platonico, s'intende). Dilemma della Lady: se si presta e scagiona il poveraccio, finisce probabilmente la sua *love story* e anche la carriera politica del marito. Alla fine decide per il meglio. ■ COMMEDIA; B/N; 97'; USA, 1947.

DONNA DI SABBIA, LA *(Suna no onna)* ★★★
Regia di HIROSHI TESHIGAHARA. Con HICOKO ITO, KYOKO KISHIDA, KOJI MITSUI, EIJI OKADA. ■ Uno studioso, che si trova nel deserto per le proprie ricerche, chiede ospitalità in un villaggio. Lo portano alla capanna di una donna che sta in una fossa di sabbia alla quale si accede mediante una scala di corda. La mattina seguente lo scienziato si accorge di essere prigioniero poiché la scala è stata levata. Nella solitudine e nella disperazione, nasce l'amore tra la donna sola e il giovane. Lo studioso non se ne andrà più da quel villaggio e avrà un figlio dalla donna. ■ DRAMMATICO; B/N; 127'; GIAPPONE, 1964. ■ CANNES 1 PR; OSCAR 2 NOM.

DONNA DI SAIGON, LA *(Mort en fraude)* ★★
Regia di MARCEL CAMUS. Con DANIEL GÉLIN, ANN MECHARD, DANG VON THAU. ■ Il giovane Paul, impiegato presso una ditta di Saigon, è perseguitato da certi sconosciuti convinti che egli abbia rubato i 40 milioni di dollari che gli erano stati affidati. Il paese è in guerra (siamo nel 1950) e Paul si trova a dover affrontare situazioni pericolosissime. ■ GUERRA; B/N; 105'; FRANCIA, 1957.

DONNA DI SECONDA MANO, UNA ★★★
Regia di PINO TOSINI. Con SENTA BERGER, RENA NIEHAUS, ENRICO MARIA SALERNO, STEFANO SATTA FLORES. ■ Luca, studente orfano allevato dal ricco zio Augusto nella Toscana degli anni Cinquanta, compie la sua difficile educazione sentimentale flirtando con Simona, figlia di Claudia, amante dello zio. Questi, per "svezzare" Luca, lo conduce in una celebre casa chiusa di Firenze e lo affida alle esperte cure di Nerina. Luca se ne innamora perdutamente. Ma un giorno Nerina scompare: si è trasferita a Venezia con un ricco cliente che l'ha sposata. Luca corre a Venezia. Ma ormai Nerina, rispettabile signora borghese, pur amandolo non può concedergli che furtivi ritagli del suo tempo e infine, simulando indifferenza, lo lascia. ■ COMMEDIA; COL.; 91'; ITALIA, 1977.

DONNA DISTRUSSE, UNA ★★
(Smash-up – The Story of a Woman)
Regia di STUART HEISLER. Con EDDIE ALBERT, LEE BOWMAN, CARL ESMOND, SUSAN HAYWARD, MARSHA A. HUNT. ■ Una cantante di successo lascia la carriera per i compiti di madre e di moglie. Ma i trionfi del marito e il sospetto che le sia infedele mettono la donna in un crescente stato di frustrazione cui lei cerca di rimediare dandosi alla bottiglia. Diventa un'alcolizzata cronica e il marito la lascia. Ma poi torna quando la moglie e la figlia rischiano di perdere la vita in un incendio. La donna promette che d'ora in avanti non berrà più. ■ DRAMMATICO; B/N; 90'; USA, 1947. ■ OSCAR 2 NOM.

DONNA DI TANGERI, LA *(The Woman from Tangier)* ★★
Regia di HAROLD DANIELS. Con STEPHEN DUNNE, ADELE JERGENS. ■ Una ballerina americana, che viaggiava su una nave diretta a Tangeri, è coinvolta in un furto compiuto da due loschi figuri che finiscono per litigare tra loro per non dividere il bottino. La ballerina, che si innamora dell'agente della società assicurativa incaricato delle indagini, aiuta l'amato e la polizia ad incastrare i colpevoli. ■ AVVENTURA; B/N; 90'; USA, 1947.

DONNA DI TUTTI, LA *(La mujer de todos)* ★★
Regia di JULIO BRACHO. Con ARMANDO CALVO, MARIA FELIX, ALBERTO GALAN, PATRICIA MORAN. ■ Un giovane colonnello dell'esercito messicano in missione a Madrid, Canedo, prende la classica sbandata per una fatalona di facili costumi e le propone di seguirla in Messico. La donna accetta ben volentieri per sfuggire scandali e creditori. Ma nel paese sudamericano le cose si complicano per la passione che la donna desta anche nel fratello di Canedo. I due fratelli si sfidano a duello, ma fanno in modo di non colpirsi ed è la vamp ad essere allontanata. ■ DRAMMATICO; B/N; 92'; MESSICO, 1946.

DONNA DI UNA NOTTE, LA *(Das Mädchen)* ★★
Regia di PETER PAUL BRAUER. Con WILLY FRITSCH, GUSTI HUBER. ■ Una ragazza americana piuttosto vivace fugge dalla casa

che la ospita durante una visita a Londra e si rifugia in un albergo, nella stanza di un giovane e affascinante diplomatico. La commedia degli equivoci si risolve con il matrimonio tra i due. ■ COMMEDIA; B/N; 95′; GERMANIA, 1938.

DONNA DIVINA, LA *(The Divine Woman)* ★★★
Regia di VICTOR SJÖSTRÖM. Con GRETA GARBO, LARS HANSON, LOWELL SHERMAN. ■ Marianne, una ragazza francese abbandonata dai genitori, attraverso mille avversità realizza il suo sogno, quello di diventare una celebre attrice di teatro. La trama è basata sulla storia, naturalmente romanzata, della "divina" Sarah Bernhardt. ■ BIOGRAFICO; B/N; 91′; USA, 1928.

DONNA DI VITA *(Lola)* ★★
Regia di JACQUES DEMY. Con ANOUK AIMÉE, JACQUES HARDEN, MARC MICHEL. ■ Roland, un giovane vagabondo in cerca d'avventure in procinto di partire per l'Africa del Sud per un traffico di diamanti, ritrova a Nantes un amore di gioventù, la bella Lola, che nel frattempo è diventata una ballerina di cabaret. Tenta in tutti i modi di convincerla a partire con lui, ma la donna attende il ritorno del suo uomo che arriva, pieno di soldi, e la porta via. ■ DRAMMATICO; B/N; 85′; FRANCIA, ITALIA, 1961.

DONNA D'OMBRA ★★
Regia di LUIGI FACCINI. Con LUCIANO BARTOLI, ANNA BONAIUTO, ANTONIO CANTAFORA, FRANCESCO CAPITANO, FRANCESCO CARNELUTTI, CARLA CASSOLA. ■ Davanti alla morte del padre, una coreografa rivive le fasi del rapporto complesso e tormentato con il genitore, che tanto ha segnato la sua vita facendone una donna "d'ombra", geniale nel suo lavoro, piena di talento, ma insicura e priva di certezze. L'uomo che le sta vicino ne ricostruisce il difficile cammino esistenziale. ■ DRAMMATICO; COL.; 90′; ITALIA, 1988.

DONNA DUE PASSIONI, UNA *(Le partie du feu)* ★★★
Regia di ETIENNE PÉRIER. Con CLAUDIA CARDINALE, JACQUES PERRIN, MICHEL PICCOLI. ■ Il facoltoso imprenditore Bob, recatosi a casa del suo giovane collaboratore Jacques, vi scopre la propria moglie Catherine. Niente scenate; anzi, Bob pare quasi voler propiziare gli incontri dei due amanti. Il cinico comportamento del marito conduce Catherine al suicidio. Prima di morire, la donna mette Jacques in condizione di soppiantare Bob nella professione. ■ DRAMMATICO; COL.; 105′; FRANCIA, 1977.

DONNA È BELLO ★★
Regia di SERGIO BAZZINI. Con JOE DALLESANDRO, ANDRÉAS FERRÉOL, MARINO MASÉ. ■ All'inizio degli anni Settanta, Ottavia, una contadina sposata a un comunista e già amante di un aristocratico fascisteggiante, s'innamora di un terrorista, Walter, che sta preparando un attentato. Walter muore, ma intanto a casa di Ottavia ha lasciato alcune pasticche velenose che fanno strage dei familiari della donna. Rimasta sola, Ottavia lascia per sempre il podere. ■ DRAMMATICO; COL.; 92′; ITALIA, 1974.

DONNA È DONNA, LA *(Une femme est une femme)* ★★★
Regia di JEAN-LUC GODARD. Con JEAN-PAUL BELMONDO, JEAN-CLAUDE BRIALY, ANNA KARINA. ■ Una giovane danese spogliarellista in un locale notturno desidera avere un figlio dall'uomo con cui vive, ma questi se ne guarda bene per timore di essere poi costretto al matrimonio. Seccato dalle insistenze della ragazza, l'uomo le propone quasi per gioco di farsi mettere incinta da un altro, un posteggiatore d'auto innamorato di lei. La giovane, esasperata, mette in atto davvero il consiglio, confessandogli poi tutto. Commozione finale. ■ COMMEDIA; COL.; 78′; FRANCIA, 1961. ■ BERLINO 2 PR.

DONNA E IL DIAVOLO, LA *(Love and the Devil)* ★★
Regia di ALEXANDER KORDA. Con MARIA KORDA, MILTON SILLS, BEN BARD. ■ Uno dei primi film sonori del regista inglese. Il lavoro non mostra particolari virtù. ■ DRAMMATICO; B/N; 92′; USA, 1929.

DONNA E IL MOSTRO, LA ★★★
(The Lady and the Monster)
Regia di GEORGE SHERMAN. Con RICHARD ARLEN, SIDNEY BLACKMER, VERA RALSTON, ERIC VON STROHEIM. ■ Uno scienziato pazzo tiene in vita il cervello di un uomo morto in un incidente aereo. Il cervello si impossessa della mente di uno degli assistenti del professore e gli fa fare quello che vuole. La fidanzata del giovane assistente riesce a distruggere il malefico cervello, mentre il professore viene ucciso dalla sua amante. Tratto da un famoso romanzo di Curt Siodmak. ■ FANTASCIENZA; B/N; 86′; USA, 1944.

DONNA E LA FEMMINA, LA *(A Notorius Affair)* ★★
Regia di LLOYD BACON. Con BILLIE DOVE, KAY FRANCIS, BASIL RATHBONE, KENNETH THOMPSON. ■ Il film è tratto dalla commedia di Audrey e Warvely Carter che ebbe all'epoca un buon successo a Broadway. La traduzione cinematografica non è particolarmente apprezzabile. ■ COMMEDIA; B/N; 91′; USA, 1930.

DONNA E LO SPETTRO, LA *(The Ghost Breakers)* ★★★
Regia di GEORGE MARSHALL. Con RICHARD CARLSON, PAULETTE GODDARD, BOB HOPE, PAUL LUKAS, ANTHONY QUINN. ■ Una ragazza eredita un castello che ha la fama di essere abitato dagli spettri. La ragazza vuol vederci chiaro e si reca sul posto accompagnata dal fidanzato, goffo e pusillanime, ma reso coraggioso dall'amore. Dopo qualche notte di paura i due risolvono il mistero. Non ci sono fantasmi: è tutta una messinscena di un tale che vuole mettere le mani su un tesoro nascosto nel castello e che non vuole intrusi. ■ GIALLO ROSA; B/N; 82′; USA, 1940.

DONNA È MERAVIGLIA *(In Praise of Older Women)* ★★
Regia di GEORGE KACZENDER. Con TOM BERENGER, KAREN BLACK, HELEN SHAVER, ALEXANDRA STEWART, SUSAN STRASBERG. ■ Vita e carriera di un seduttore ungherese che, iniziata l'attività per conto terzi a Budapest subito dopo la guerra, fornendo ragazze ai soldati americani, finisce per mettersi in proprio e "consumare" in prima persona. Dopo aver collezionato una serie di donne, l'invasione russa in Ungheria del 1956 lo fa fuggire in Canada. ■ GUERRA; COL.; 90′; CANADA, 1979.

DONNA È MOBILE, LA *(Forsaking All Others)* ★★★
Regia di WOODBRIGE STRONG VAN DYKE. Con CHARLES BUTTERWORTH, JOAN CRAWFORD, CLARK GABLE, ROBERT MONTGOMERY, ROSALIND RUSSELL. ■ Una moglie rompe il proprio legame matrimoniale divenuto ormai troppo scontato, salvo poi ritornare sui propri passi. ■ COMMEDIA; B/N; 84′; USA, 1934.

DONNA È MOBILE, LA ★★
Regia di MARIO MATTOLI. Con ROSINA ANSELMI, DORA BINI, ARTURO BRAGAGLIA, CARLO CAMPANINI, FIORETTA DOLFI, CARLO MICHELUZZI, FERRUCCIO TAGLIAVINI. ■ Un maestro elementare sogna di diventare un grande cantante lirico. Una sera, di nascosto dai compaesani, va con la fidanzata in città per assistere a una rappresentazione del *Lohengrin*. I due si perdono però di vista e non riescono più a rintracciarsi. Per caso, vengono entrambi ospitati nella medesima casa e si ritrovano dopo mille equivoci e peripezie: lui diventerà famoso e finalmente potranno sposarsi. ■ COMMEDIA; B/N; 76′; ITALIA, 1942.

DONNA È SCOMPARSA, UNA ★★★
(The Roar of the Press)
Regia di PHIL ROSEN. Con WALLACE FORD, JEAN PARKER. ■ Il corrispondente di un importante quotidiano è costretto ad interrompere la luna di miele per occuparsi dell'omicidio di un noto banchiere. Sta per smascherare una grossa organizzazione criminale, quando i banditi prendono in ostaggio sua moglie con il preciso intento di ricattarlo e farlo tacere. Ma è la donna stessa che riesce a sventare la manovra e a consegnare i malviventi alla giustizia. ■ POLIZIESCO; B/N; 92′; USA, 1941.

DONNA ESPLOSIVA, LA *(Weird Science)* ★★
Regia di JOHN HUGHES. Con KELLY LEBROCK, ANTHONY MICHAEL, ILAN MITCHELL-SMITH. ■ Due ragazzi timidi e impacciati, che non hanno fortuna con le donne, decidono di elaborare al computer la compagna ideale. Compare così la "donna esplosiva", metà bomba del sesso e metà fatina buona, che rimette a posto tutto. ■ COMMEDIA; COL.; 94′; USA, 1985.

DONNA ETERNA, LA *(She)* ★★★
Regia di LANSING C. HOLDEN, IRVING PICHEL. Con NIGEL BRUCE, HELEN GAHAGAN, RANDOLPH SCOTT. ■ Un professore di Cambridge trova un'antica pergamena che parla di una città eterna nel cuore dell'Artide, dove vive da duemila anni una bellissima regina, Aisha. Viene subito organizzata una spedizione che

parte all'avventurosa ricerca del mitico paese e della misteriosa Aisha. Gli esploratori sarebbero trucidati dai guerrieri della regina se questa non riconoscesse nel più giovane del gruppo un suo antico amore. Ma certi revival non funzionano: la bellissima donna si tramuta in un mucchietto di cenere. ■ AVVENTURA; B/N; 95'; USA, 1935. ■ OSCAR 1 NOM.

DONNA E UNA CANAGLIA, UNA *(La bonne année)* ★★★
Regia di CLAUDE LELOUCH. Con FRANÇOISE FABIAN, CHARLES GÉRARD, SILVANO TRANQUILLI, LINO VENTURA. ■ Due simpatici furfanti, amici d'infanzia, decidono di tentare la rapina ad una gioielleria. Per meglio studiare la situazione uno di loro, Simon (il massiccio Lino Ventura), prende a frequentare la bottega di una antiquaria (contigua alla gioielleria) di cui finisce per innamorarsi, ricambiato. La rapina, messa a segno con scrupolosa pignoleria, riesce, ma per un incidente tecnico che non era stato previsto Simon rimane bloccato nel negozio e finisce in galera, mentre il complice riesce a farla franca e a fuggire con il bottino. Lieto fine dopo sette anni. ■ COMMEDIA; COL.; 115'; FRANCIA, 1973. ■ DAVID DI DONATELLO 2 PR, 2 NOM.

DONNA È UNA COSA MERAVIGLIOSA, LA ★★
Regia di MAURO BOLOGNINI. Con TINTO BRASS, VITTORIO CAPRIOLI, BEBA LONCAR, SANDRA MILO, CARMEN NAVARRO. ■ Nel primo episodio, *La balena bianca*, su soggetto di Goffredo Parise, un nano sposa una donna-cannone, ma poi trova un'amante. Questa lo costringe a eliminare la moglie; lui ci prova in vari modi, ma senza riuscirvi. Seguono due episodi a cartoni animati, *Il mondo è delle donne* e *Ahi amore*. In *Una donna dolce dolce*, infine, la protagonista tratta il marito come il bambino che non può avere. ■ COMMEDIA; B/N; 85'; ITALIA, 1964.

DONNA È UNO SPETTACOLO, LA ★★
(La femme spectacle)
Regia di CLAUDE LELOUCH. ■ Scene ed episodi dedicati alla donna degli anni Sessanta e ai suoi problemi. È questo il secondo film di Lelouch apparso in Italia. ■ DOCUMENTARIO; COL.; 91'; FRANCIA, 1964.

DONNA FANTASMA, LA *(Phantom Lady)* ★★★
Regia di ROBERT SIODMAK. Con ELISHA COOK, ALAN CURTIS, ELLA RAINES, FRANCHOT TONE. ■ Un uomo è accusato di un omicidio che non ha commesso: il suo alibi sarebbe avallato solo da una donna che egli ha incontrato in un bar, naturalmente difficilissima da ritrovare. Una bella ragazza innamorata dell'accusato ci prova. Risolve il delitto e trova il vero colpevole. ■ GIALLO; B/N; 87'; USA, 1944.

DONNA FATALE, LA *(Fatal Lady)* ★★
Regia di EDWARD LUDWIG. Con MARY ELLIS, WALTER PIDGEON. ■ Tutti gli uomini che ruotano attorno ad una famosa cantante pagano con la morte la loro simpatia verso la donna. L'ultimo suo amante vuol vederci chiaro e arriverà a scoprire il responsabile di tutti gli omicidi. ■ GIALLO; B/N; 91'; USA, 1936.

DONNA FRA LE BELVE *(Die grosse Nummer)* ★★
Regia di KARL ANTON. Con PAUL KEMP, LENI MARENBACH, RUDOLF PRACK. ■ Questo film circolò in Italia per un breve periodo durante la fase finale della seconda guerra mondiale. Karl Anton è un regista cecoslovacco attivo dal 1921 agli anni Cinquanta. ■ DRAMMATICO; B/N; 90'; GERMANIA, 1942.

DONNA FRANCESE, UNA *(Une femme française)* ★★
Regia di RÉGIS WARGNIER. Con DANIEL AUTEUIL, EMMANUELLE BÉART, JEAN-CLAUDE BRIALY. ■ Un ufficiale francese passa di guerra in guerra senza soluzione di continuità. Dal secondo conflitto mondiale all'Indocina e all'Algeria la moglie lo segue costantemente e, altrettanto costantemente, lo tradisce con altri uomini essendo assolutamente incapace di essergli fedele. La coppia di *Un cuore in inverno* viene utilizzata dal regista di *Indocina* per un altro melodramma simil-esotico. ■ DRAMMATICO; COL.; 99'; FRANCIA, GERMANIA, GRAN BRETAGNA, 1994.

DONNA GIUSTA, LA *(Miss Right)* ★★
Regia di PAUL WILLIAMS. Con KAREN BLACK, VIRNA LISI, WILLIAM TEPPER. ■ Un giornalista, scapolo impenitente, decide di sposarsi. Lo dice a tutte le donne che gli sono vicine, ma nessuna lo prende sul serio. Cerca allora una nuova donna, ma neppure questa va bene e così continua all'infinito la sua ricerca. ■ COMMEDIA; COL.; 88'; USA, 1982.

DONNA HA TRADITO, UNA *(Patrie)* ★★
Regia di LOUIS DAQUIN. Con PIERRE BLANCHAR, JEAN DESAILLY, MARIA MAUBAN. ■ Siamo nei Paesi Bassi durante la dominazione spagnola, nel sedicesimo secolo. Il duca d'Alba governa con pugno di ferro, ma i nobili olandesi complottano per liberare il paese. La moglie di uno dei capi della rivolta, venuta a conoscenza dei piani di battaglia, fa la spia presso il duca d'Alba. Il suo scopo è quello di salvare l'amante che milita anche lui nelle file dei ribelli. Il piano ha successo. I nobili vengono catturati e uccisi. Muore il marito della donna e l'amante viene lasciato libero. Ma l'uomo, niente affatto grato, strangola la spiona che l'ha salvato. ■ DRAMMATICO; B/N; 85'; FRANCIA, 1945.

DONNA HA UCCISO, UNA ★★
Regia di VITTORIO COTTAFAVI. Con LIANELLA CARREL, FRANK LATIMORE, UMBERTO SPADARO. ■ Siamo a Napoli, dopo la fine dell'ultima guerra. Il capitano Roy, addetto all'amministrazione militare alleata, ha una relazione con una "guagliona" di nome Anna. Per lui è un'avventura, per lei il grande amore. Quando l'ufficiale viene trasferito a Roma lei lo segue, ma lui fa di tutto per sbarazzarsene, finché Anna, tradita e umiliata, lo uccide. ■ DRAMMATICO; B/N; 90'; ITALIA, 1951.

DONNA, IL SESSO, IL SUPERUOMO, LA ★★
Regia di SERGIO SPINA. Con ADOLFO CELI, FABIENNE FABRE, NINO FUSCAGNI, RICHARD HARRISON, JUDI WEST. ■ Finti poliziotti prelevano il giovane Richard e, nei pressi di Ginevra, lo trasformano in un Superman, tipo "F. 17". Il titolare della ditta specializzata nella fabbricazione di tali superuomini tratta per vendere all'estero F. 17. Ma questi, che ha rivisto per caso la fidanzata, rimane sconvolto e i suoi congegni elettronici "saltano". Ritorna un uomo normale e si darà da fare per annientare la mostruosa organizzazione. Scritto da Furio Colombo. ■ FANTASCIENZA; COL.; 95'; ITALIA, 1968.

DONNA IN ATTESA DI DIVORZIO, UNA ★★★
(One is a Lonely Number)
Regia di MEL STUART. Con MELVIN DOUGLAS, JANET LEIGH, MONTE MARKHAM, TRISH VAN DEVERE. ■ Una donna viene lasciata dal marito. La solitudine le pesa: si mette con qualche uomo, ma senza grandi soddisfazioni. Spera che il marito ritorni, poi se ne fa una ragione e cerca di trarre il massimo beneficio finanziario dal divorzio. Quando però arriva la sentenza è una donna maturata: lascia che il marito si tenga i suoi soldi e si gode la sua libertà. ■ COMMEDIA; COL.; 97'; USA, 1972. ■ GOLDEN GLOBES 1 NOM.

DONNA IN CARRIERA, UNA *(Working Girl)* ★★★
Regia di MIKE NICHOLS. Con HARRISON FORD, MELANIE GRIFFITH, SIGOURNEY WEAVER. ■ Una bella ragazza, segretaria frustrata, approfitta di un incidente alla sua principale per soffiarle il posto e l'uomo. Una commedia scintillante interpretata benissimo dalle donne, ma non il grosso film di costume sulle manager rampanti che qualcuno si attendeva. È la vecchia favola di Cenerentola, ambientata fra le *yuppies* di Manhattan. ■ COMMEDIA; COL.; 113'; USA, 1988. ■ GOLDEN GLOBES 4 PR, 6 NOM; OSCAR 1 PR, 5 NOM.

DONNA INCATENATA *(Unfaithful)* ★★
Regia di JOHN CROMWELL. Con RUTH CHATTERTON, DONALD COOK, PAUL LUKAS. ■ Una contessa di nobili sentimenti viene a sapere dell'infedeltà della cognata. Per nascondere lo scandalo al fratello, finisce col rimetterci personalmente la reputazione. ■ DRAMMATICO; B/N; 70'; USA, 1931.

DONNA IN CERCA DI BRIVIDI, UNA ★★
(Undercover Maisie)
Regia di HARRY BEAUMONT. Con MARK DANIELS, BARRY NELSON, ANN SOTHERN. ■ Una giovane donna decide di entrare nel corpo della polizia. Dopo un duro addestramento riesce ad avere la stella e a sconfiggere una banda di gangster. ■ COMICO; B/N; 90'; USA, 1947.

DONNA IN "CRESCENDO", UNA ★★
(Attack of the 50 Ft. Woman)
Regia di CHRISTOPHER GUEST. Con DANIEL BALDWIN, FRANCES

FISHER, DARYL HANNAH. ■ Remake di un film del 1958 di Nathan Juran mai uscito in Italia. Nancy detesta gli uomini: il padre la tratta male e il marito la tradisce. Un Ufo la rende grande quanto King Kong o Godzilla e lei, in nome delle rivendicazioni femminili, semina il panico. Al posto di Allison Hayes troviamo la bella Daryl Hannah, ma il film originale era molto meglio. ■ FANTASCIENZA; COL.; 90′; USA, 1994.

DONNA IN FUGA *(Woman in Hiding)* ★★★
Regia di MICHAEL GORDON. Con PEGGY DOW, HOWARD DUFF, IDA LUPINO, STEPHEN MCNALLY. ■ Una donna viene a sapere che il marito ha ucciso suo padre e ora sta tentando di fare lo stesso con lei. Allora simula un incidente stradale, in modo che lui la creda morta e lei intanto abbia il tempo di raccogliere indisturbata le prove della sua colpevolezza. Commette però l'imprudenza di fidarsi di una ragazza che si rivela poi essere l'amante del marito. La donna, aggredita nuovamente dal terribile coniuge, si salva grazie all'intervento di un giovanotto innamorato di lei. ■ GIALLO; B/N; 92′; USA, 1950.

DONNA IN GABBIA, UNA *(Hitting a New Hight)* ★★
Regia di RAOUL WALSH. Con JACK OAKIE, LILY PONS. ■ Una fanciulla che possiede una splendida voce non vuol cantare nell'ambiente del varietà col proprio fidanzato perché aspira alla lirica. Dopo molti litigi tra i due, alla fine tutto si aggiusterà. ■ COMMEDIA; B/N; 60′; USA, 1937. ■ OSCAR 1 NOM.

DONNA IN PERICOLO, UNA ★★
Regia di ANDERS ENRICKSON. Con KARNI ECKELUND, ANDERS ENRICKSON. ■ La moglie di un celebre avvocato, che si sente trascurata, perde al gioco una grossa somma che il marito le ha affidato. Per riaverla, accetta di posare per un pittore. Il marito scopre la cosa e, convinto del tradimento, tenta di uccidere il pittore e si costituisce. Riconciliazione finale della coppia. ■ DRAMMATICO; B/N; 95′; SVEZIA, 1943.

DONNA INVISIBILE, LA *(The Invisible Woman)* ★★
Regia di EDWARD SUTHERLAND. Con JOHN BARRYMORE, VIRGINIA BRUCE, JOHN HOWARD. ■ Un'indossatrice vorrebbe vendicarsi del suo direttore. Uno scienziato gliene dà l'occasione permettendole di usare una macchina che la rende invisibile. Mette così a soqquadro l'atélier, dando una dura lezione al dispotico direttore. ■ GIALLO; B/N; 72′; USA, 1940. ■ OSCAR 1 NOM.

DONNA INVISIBILE, LA ★★
Regia di PAOLO SPINOLA. Con CARLA GRAVINA, GIOVANNA RALLI, SILVANO TRANQUILLI. ■ Fumosa storia, con finale tragico, di una crisi coniugale nata dal conflitto interiore della protagonista tra come si vede nella realtà e come invece vorrebbe essere. Da un racconto di Moravia, sceneggiatura di Dacia Maraini. ■ DRAMMATICO; COL.; 93′; ITALIA, 1969.

DONNA LIBERA, UNA ★★
Regia di VITTORIO COTTAFAVI. Con GINO CERVI, PIERRE CRESSOY, FRANÇOISE CRISTOPHE. ■ Combattuta tra nozze borghesi e il desiderio di libertà e di realizzazione personale, una giovane donna vive diverse esperienze sentimentali, scegliendo infine la solitudine. ■ DRAMMATICO; B/N; 90′; ITALIA, 1954.

DONNA LUPO, LA ★
Regia di AURELIO GRIMALDI. Con LOREDANA CANNATA, ARTURO PAGLIA, PASCAL PERSIANO. ■ Pellicola cannata da Grimaldi. Giulia (la Cannata, appunto) diventa licantropa e, nottetempo, cerca vittime maschili. Le vere vittime sono gli spettatori. ■ COMMEDIA; COL.; 80′; ITALIA, 1999.

DONNA MANCINA, LA *(Die linkshändige Frau)* ★★★
Regia di PETER HANDKE. Con EDITH CLEVER, BRUNO GANZ, RUDIGER VOGLER. ■ Handke, alla sua prima esperienza registica, pone in scena un suo stesso romanzo. Marianne (Clever) è una donna che per andare alla ricerca di se stessa abbandona il marito e sopporta a stento il figlioletto. Nel suo viaggio interiore avrà modo di capire, o di crederlo soltanto. Film profondo e malinconico. ■ DRAMMATICO; COL.; 95′; GERMANIA, 1977.

DONNA MISTERIOSA *(Criminalkommissar Eyck)* ★
Regia di MILO HARBICH. Con PAUL KLINGER, ANNELISE UHLIG. ■ Commissario di polizia in vacanza, per amore di una bella sconosciuta, amante di uno scrittore di gialli a capo di una banda di ladri, non riesce a scoprire l'autore di un delitto. Un suo collega chiarirà tutto. ■ POLIZIESCO; B/N; 91′; GERMANIA, 1939.

DONNA MISTERIOSA, LA *(Mysterious Lady)* ★★
Regia di FRED NIBLO. Con GRETA GARBO, CONRAD NAGEL, GUSTAV VON SEYFFERTITZ. ■ Spionaggio durante la prima guerra mondiale. Tanya, misterioso agente segreto, fa il doppio gioco tra gli ufficiali russi e quelli nemici. La cosa le riesce fatale. ■ DRAMMATICO; B/N; 91′; USA, 1928.

DONNA MOLTO SPECIALE, UNA *(Unhook the Stars)* ★★
Regia di NICK CASSAVETES. Con GÉRARD DEPARDIEU, JAKE LLOYD, GENA ROWLANDS, MARISA TOMEI. ■ Il figlio del grande John dirige la madre nella sua opera prima. Le affida il ruolo di una vedova la cui vita torna a riempirsi di significato grazie a un'amica e a un camionista che attira la sua attenzione. Per ora siamo lontani dal modello paterno. ■ COMMEDIA; COL.; 103′; USA, 1996.

DONNA NEL FANGO *(The Woman in Question)* ★★
Regia di ANTHONY ASQUITH. Con DIRK BOGARDE, JEAN KENT, SUSAN SHAW. ■ Una maga, Astra, viene assassinata. I possibili omicidi sono quattro loschi figuri: la sorella della maga e il suo uomo, un amante di Astra e un anziano commerciante. Il poliziotto a cui è affidata l'indagine, dopo aver seguito molte piste, scopre il colpevole. ■ DRAMMATICO; B/N; 82′; GRAN BRETAGNA, 1950.

DONNA NEL LAGO, UNA *(A Woman in the Lake)* ★★★
Regia di ROBERT MONTGOMERY. Con ROBERT MONTGOMERY, LLOYD NOLAN, AUDREY TOTTER, TOM TULLY. ■ Tratto da un romanzo di Raymond Chandler, il film racconta la storia del detective Philip Marlowe che deve trovare la moglie scomparsa di un editore. Come al solito il bravo poliziotto risolverà il caso. Il film presenta una curiosità tecnica: la macchina da presa si identifica con gli occhi del protagonista. Per cui il protagonista stesso (Robert Montgomery) si vede solo un attimo, quando si guarda in uno specchio. ■ GIALLO; B/N; 103′; USA, 1946.

DONNA NELLE TENEBRE, LA *(Lizzie)* ★★
Regia di HUGO HAAS. Con JOAN BLONDELL, RICHARD BOONE, ELEANOR PARKER. ■ Elisabeth, per uno choc infantile, si ritrova con una triplice identità. I genitori la conducono da uno psichiatra che l'aiuterà nella ricerca della sua vera personalità. ■ DRAMMATICO; B/N; 90′; USA, 1957.

DONNA NELL'OMBRA, LA *(The Life of Vierge Winters)* ★★
Regia di ALFRED SANTELL. Con JOHN BOLES, ANN HARDING. ■ Un uomo, che non ha potuto sposare la donna amata per l'opposizione del padre, si rassegna a un matrimonio di convenienza. Ma i due amanti, che non riescono a dimenticarsi, riusciranno ugualmente a riallacciare la loro relazione, anche se la donna sarà destinata a restare per sempre nell'ombra. ■ DRAMMATICO; B/N; 82′; USA, 1957.

DONNA NEL MONDO, LA ★★
Regia di GUALTIERO JACOPETTI. ■ È un reportage cinematografico sulla vita della donna nei più diversi paesi del mondo. ■ DOCUMENTARIO; COL.; 92′; ITALIA, 1962.

DONNA NUDA, LA *(La femme nue)* ★★
Regia di JEAN-PAUL PAULIN. Con ODETTE FLORELLE. ■ Il film, tratto dall'omonima commedia di Bataille, narra la vicenda di un giovane pittore che conquista la celebrità grazie a un quadro raffigurante una donna nuda, ispirato alla sua modella, Lolette. ■ DRAMMATICO; B/N; 91′; FRANCIA, 1932.

DONNA OMBRA, LA ★★
Regia di LEWIS R. FOSTER. Con BRIAN DONLEVY, DOROTHY LAMOUR, CLAIRE TREVOR. ■ Film poliziesco di mediocre fattura imperniato sull'aggrovigliata vicenda di una fantomatica donna-ombra, accusata di aver ucciso il proprietario di un locale malfamato. ■ DRAMMATICO; B/N; 99′; USA, 1949.

DONNA PAGANA *(The Godless Girl)* ★★★
Regia di CECIL B. DE MILLE. Con LINA BASQUETTE, NOAH BEERY, GEORGE DURYEA, MARIE PRÉVOST, EDDIE QUILLAN. ■ È questo uno dei primi film sonori del grande De Mille, una feroce denuncia del sistema carcerario americano. ■ DRAMMATICO; B/N; 92′; USA, 1928.

DONNA PER DUE, UNA ★★★
(Attention: une femme peut en cacher une autre!)
Regia di GEORGES LAUTNER. Con ROGER HANIN, MIOU-MIOU, EDDY MITCHELL. ■ Una giovane donna si sposa con Philippe, pilota d'aerei, poi un giorno se ne va lasciando che il marito si occupi del figlio. Va a vivere con Vincent, insegnante, senza parlare del suo matrimonio. Un giorno incontra Philippe e comincia a vivere due vite con i due uomini. Ha anche due lavori: come infermiera e come estetista in una clinica di bellezza. Quando i due uomini scoprono la verità, organizza per un periodo un *ménage à trois*, poi si allontana per qualche tempo. I due uomini assieme ai tre figli avranno modo di conoscersi. Una commedia garbata che in una versione hollywoodiana potrebbe dare notevoli risultati di incasso. ■ COMMEDIA; COL.; 100'; FRANCIA, 1983.

DONNA PERDUTA, LA ★★
Regia di DOMENICO GAMBINO. Con LUISELLA BEGHI, CARLO CAMPANINI, ELLI PARVO. ■ Una canzonettista torna al paesello e fa perdere la testa ad un nobile rampollo. La fidanzata del giovane passa al contrattacco e segue i due in romantica fuga. La sua costanza verrà premiata: il fidanzato torna a lei e la cantante si consola con il suo cameriere. ■ COMMEDIA; COL.; 85'; ITALIA, 1941.

DONNA PERFETTA, LA *(The Stepford Wives)* ★★
Regia di FRANK OZ. Con ROGER BART, MATTHEW BRODERICK, GLENN CLOSE, FAITH HILL, NICOLE KIDMAN, JON LOVITZ, BETTE MIDLER, TOM RIIS FARRELL, CHRISTOPHER WALKEN. ■ Un reality show, nella realtà di una donna di successo della televisione, si trasforma quasi in tragedia. Il vero dramma è che la protagonista perde il suo posto di lavoro, e, per recuperare da una profondo esaurimento nervoso, viene portata dal marito nel Connecticut, a Bedford, dove tutto sembra perfetto. Ispirato alla *Fabbrica delle mogli*, un thriller del 1975, il film di Frank Oz è ambientato nel mondo consumistico attuale in cui i media la fanno da padroni, con un tono da commedia americana, perfida e caustica. ■ COMMEDIA NERA; COL.; 93'; USA, 2004.

DONNA PERICOLOSA, UNA *(La garce)* ★★
Regia di CHRISTINE PASCAL. Con RICHARD BERRY, ISABELLE HUPPERT, VITTORIO MEZZOGIORNO. ■ Un giovane poliziotto approfitta di una minorenne incontrata casualmente di notte. Denunciato, è processato e condannato a sei anni di prigione. Quando esce si mette a cercare la ragazza divenuta ormai donna. Per vendetta, per farsi perdonare, oppure perché ne è innamorato? ■ DRAMMATICO; COL.; 90'; FRANCIA, 1984.

DONNA PERICOLOSA, UNA *(A Dangerous Woman)* ★★
Regia di STEPHEN GYLLENHAAL. Con GABRIEL BYRNE, BARBARA HERSHEY, DAVID STRATHAIM, DEBRA WINGER. ■ Nonostante la bravura di Debra Winger, il film rasenta quasi il ridicolo. Martha, una giovane handicappata, conduce un'esistenza deprimente in compagnia della zia. Nella vita delle due donne giunge un uomo senza scrupoli. La tragedia sarà inevitabile. ■ DRAMMATICO; COL.; 101'; USA, 1993. ■ GOLDEN GLOBES 1 NOM.

DONNA PER JOE, UNA *(The Woman for Joe)* ★★
Regia di GEORGE MORE O'FERRALL. Con GEORGE BAKER, DIANE CILENTO, JIMMY KAROUBI. ■ George è un nano che Joe, direttore di un piccolo circo, ha chiamato per risollevare il tono degli spettacoli. Ha subito successo e gli affari tornano ad andare bene ma l'amore di entrambi gli uomini per Mary, nuova stella del circo, porterà a tragica conclusione la vicenda. ■ DRAMMATICO; COL.; 91'; GRAN BRETAGNA, 1955.

DONNA PER LA VITA, UNA ★
Regia di MAURIZIO CASAGRANDE. Con ANTONIO CASAGRANDE, MAURIZIO CASAGRANDE, SABRINA IMPACCIATORE, MARGARETH MADÉ, NERI MARCORÉ. ■ Portiere d'albergo preciso e regolare, Maurizio ha una compagna instabile e inaffidabile, causa continua dei suoi mali. Dopo un incidente in macchina dove sfiora la morte, la lascia. Ecco che incontra Nadine, una bella chiropratica e, forse, pronta ad amarlo se non fosse per l'assillante presenza della sua ex e i disastri che con lei si accompagnano. ■ COMMEDIA; COL.; 107'; ITALIA, 2011.

DONNA PER RINGO, UNA ★★
Regia di RAFAEL ROMERO MARCHENT. Con RENATO BALDINI, SEAN FLYNN. ■ Due graziose gemelle ereditano dallo zio una fattoria. Vengono subito minacciate da un misterioso individuo. Il pacifico Ringo è invischiato nella vicenda per colpa di un litigio con le due donne. Passerà seri guai ma alla fine convolerà a giuste nozze con una di esse. ■ WESTERN; COL.; 91'; ITALIA, 1966.

DONNA PER TUTTI, UNA ★★★
(Rosa la rose, fille publique)
Regia di PAUL VECCHIALI. Con MARIANNE BASLER, PIERRE COSSO, JEAN SOREL. ■ Rose è una bella prostituta parigina, che spera un giorno di poter fare a meno di battere. L'occasione le arriva dall'amore (ricambiato) di un giovane operaio. Costui vorrebbe sposarla, ma il magnaccia di Rose si oppone. La ragazza, disperata, supplica un suo ammiratore di ucciderla. Viene accontentata. ■ DRAMMATICO; COL.; 92'; FRANCIA, 1985.

DONNA PER UNA NOTTE, LA *(La loi du survivant)* ★★
Regia di JOSÈ GIOVANNI. Con MICHEL CONSTANTIN, EDWIN MOATTI, ALEXANDRA STEWART. ■ Kroll approda in Corsica per una breve vacanza. Spinto dal suo spirito avventuroso, libera una donna segregata in un castello e decide di lasciare l'isola con lei. Ma è raggiunto dai suoi aguzzini che gli svelano una triste storia: il loro capo, ex partigiano, fu catturato e sfigurato atrocemente dai nazisti a causa di una soffiata della misteriosa donna. Kroll, anche se sconvolto dalla rivelazione, decide di portare la donna con sé. ■ DRAMMATICO; COL.; 97'; FRANCIA, 1966.

DONNA PIÙ BELLA DEL MONDO – LINA CAVALIERI, LA ★★
Regia di ROBERT Z. LEONARD. Con VITTORIO GASSMAN, GINA LOLLOBRIGIDA. ■ È la storia, con molte concessioni alla fantasia, di Lina Cavalieri (1874-1944), soprano celebre più per la sua bellezza che per le sue doti canore. In questo film Gina Lollobrigida, che iniziò la sua carriera artistica sognando di diventare una cantante lirica, dà sfoggio delle sue qualità canore. ■ COMMEDIA; COL.; 104'; ITALIA, 1955. ■ DAVID DI DONATELLO 1 PR, 1 NOM.

DONNA PREGA, UNA ★★
Regia di ANTON GIULIO MAJANO. Con LIA AMANDA, ALBA ARNOVA, FRANCA MAJ, OTELLO TOSO. ■ Una coppia di sposi vive felicemente fino a quando non appare Giselle, una francese, che diventa amante di Giulio. L'uomo si allontana dalla famiglia per vivere in compagnia della parigina. Quando decide di far ritorno a casa, Giselle viene uccisa. Sospettato, fugge e finisce all'ospedale. La moglie amorosamente lo riconquista mentre il vero assassino viene smascherato. ■ DRAMMATICO; B/N; 91'; ITALIA, 1953.

DONNA PROIBITA, LA *(Back Street)* ★★★
Regia di JOHN M. STAHL. Con JOHN BOLES, JUNE CLYDE, IRENE DUNNE, GEORGE MEEKER. ■ Un uomo sposato ha una relazione con una donna dolce e comprensiva, che saprà stargli accanto con discrezione per lunghi anni. ■ DRAMMATICO; B/N; 93'; USA, 1932.

DONNA PROIBITA, LA *(La femme défendue)* ★★★
Regia di PHILIPPE HAREL. Con ISABELLE CARRÉ, NATHALIE CONIO, PHILIPPE HAREL, JULIEN NIEDERGANG, SOPHIE NIEDERGANG. ■ Un film interamente in soggettiva in cui si narra della seduzione progressiva di un uomo nei confronti di una donna apparentemente inaccessibile e poi, a contrario, del potere fascinatorio di lei su di lui. Il tutto senza mollare mai la sperimentazione e offrendo spesso allo schermo il solo volto della bella e brava protagonista. ■ DRAMMATICO; COL.; 100'; FRANCIA, 1997.

DONNA QUALUNQUE, UNA ★★★
(And so they Were Married)
Regia di ELLIOTT NUGENT. Con MARY ASTOR, MELVIN DOUGLAS, EDITH FELLOWS. ■ Un triste vedovo con un figlio si innamora, dopo una lunga solitudine, di una vedova con una figlia. I due prendono a frequentarsi con disappunto dei rispettivi figli, che cercano in tutti i modi di separarli e, dopo una strenua lotta, riescono nel loro intento. Gli innamorati si accorgono di non poter vivere separati e sono dunque molto infelici. I rampolli, accorgendosi di ciò, ristabiliscono i contatti e facilitano le sacrosante nozze. ■ COMMEDIA; B/N; 74'; USA, 1936.

DONNA SCARLATTA, LA *(La femme escarlatte)* ★★★
Regia di JEAN VALÈRE. Con ROBERT HOSSEIN, MAURICE RONET, MONICA VITTI. ■ Diana progetta di uccidere Julien, suo ex amante, e di suicidarsi subito dopo. Rivela i suoi tragici piani a François, un uomo incontrato casualmente al ristorante della Tour Eiffel che, innamoratosi di lei, cerca subito di dissuaderla, ma la perde di vista. La drammatica storia, contro ogni aspettativa, avrà una conclusione lieta. ■ COMMEDIA; COL.; 89′; FRANCIA, 1969.

DONNA SCIMMIA, LA ★★★
Regia di MARCO FERRERI. Con ANNIE GIRARDOT, ACHILLE MAJERONI, FILIPPO POMPA MARCELLI, UGO TOGNAZZI. ■ Anna ha il corpo coperto da una fitta peluria e per questa ragione vive isolata in un ospizio-ospedale. Un uomo di pochi scrupoli che vive d'espedienti la convince ad esibirsi come fenomeno in un baraccone. Illusa dall'attenzione che lui le dimostra, Anna accetta e l'uomo arriva anche a sposarla pur di legarla a sé. La donna si accorge di aspettare un bambino, ma durante il parto muore e poco dopo muore anche il piccolo. L'uomo non si dispera e non si arrende: fa imbalsamare i due corpi e continua ad esibirli. ■ COMMEDIA; B/N; 92′; ITALIA, 1964.

DONNA SEMPLICE, UNA *(Une histoire simple)* ★★★
Regia di CLAUDE SAUTET. Con ARLETTE BONNARD, CLAUDE BRASSEUR, BRUNO CREMER, SOPHIE DAUMIER, ROMY SCHNEIDER. ■ Marie, una donna ormai alle soglie della maturità ma ancora affascinante, è stata delusa da entrambi gli uomini della sua vita: il freddo e razionale Georges, dedito solo all'azienda che dirige, e il farfallone e immaturo Serge, con il quale ha intrecciato una relazione dopo la separazione dal primo marito. Per tentare di aiutare un amico sull'orlo del licenziamento, Marie riavvicina il marito, e vive di nuovo con lui una breve storia d'amore. Ma infine, rimasta incinta, decide di vivere da sola, di tenersi il figlio e di dedicargli il resto della vita. Trattato con mano garbata, il film è un'esaltazione della donna: coraggiosa, matura, altruista, vincente nel confronto con i partner maschili. ■ DRAMMATICO; COL.; 107′; FRANCIA, 1978. ■ DAVID DI DONATELLO 1 PR, 1 NOM; OSCAR 1 NOM.

DONNA SENZA AMORE, LA *(The Mating of Millie)* ★★★
Regia di HENRY LEVIN. Con GLENN FORD, EVELYN HEYES. ■ Mildred, ragazza nubile, non può adottare un bambino e per questo decide di sposarsi: con un marito al fianco potrà legittimamente fare da madre a Tommy, il figlio di una sua cara amica morta in un incidente. I pretendenti sono tre, ma il preferito è anche quello meno portato al matrimonio, che cerca ogni scusa per non arrivare all'altare. Mildred e Tommy riescono alla fine a convincerlo. ■ COMMEDIA; B/N; 87′; USA, 1948.

DONNA SENZA TEMPO, LA *(Journey)* ★★
Regia di PAUL ALMOND. Con GENEVIÈVE BUJOLD, JOHN VERNON. ■ Un boscaiolo del Quebec salva una misteriosa ragazza dalle acque del fiume in piena. Poi la porta nel suo villaggio di taglialegna. La ragazza si fa benvolere dagli abitanti del villaggio, ma presto ricorda il suo passato. È già stata lì (in un'altra vita?) e la sua presenza ha sempre portato disgrazia agli abitanti del posto. Perciò, pur innamorata del suo salvatore, gli chiede di ributtarla a fiume. Pretenziosi e oscuri simbolismi del velleitario regista (all'epoca marito della Bujold). ■ DRAMMATICO; COL.; 91′; CANADA, 1972.

DONNA SENZA VOLTO, UNA ★★★
(Woman without a Face)
Regia di DELBERT MANN. Con JAMES GARNER, SUZANNE PLESHETTE, KATHARINE ROSS, JEAN SIMMONS. ■ Svegliandosi dopo un misterioso sonno, un uomo non rammenta più il suo passato. Si trova addosso solo un numero di telefono. Rintraccia così una donna, Gloria, che non risveglia in lui nessun ricordo. Trascorso un periodo di cura, vaga senza meta. Conosce casualmente due donne con cui trascorre la serata. Al tavolo da gioco comincia il suo recupero del passato: a un certo punto della vicenda tutto si chiarisce. ■ DRAMMATICO; B/N; 100′; USA, 1966. ■ OSCAR 2 NOM.

DONNA SI RIBELLA, UNA *(A Woman Rebels)* ★★★
Regia di MARK SANDRICH. Con KATHARINE HEPBURN, HERBERT MARSHALL. ■ Alla fine dell'Ottocento una donna, abbandonata dall'uomo che le ha dato una figlia, diventa scrittrice femminista. Passano gli anni e la figlia si invaghisce del fratellastro, figlio del suo stesso padre, senza sapere di chi si tratti. La madre allora cerca, attraverso un colloquio con l'ex amato, di troncare l'impossibile legame tra i due giovani. Nasce in seguito all'incontro uno scandalo giornalistico, ma un amico della donna e la figlia stessa, conosciuta la verità, la aiutano nel difficile momento. ■ DRAMMATICO; B/N; 88′; USA, 1936.

DONNA SOLA, UNA *(A Woman Alone)* ★★
Regia di EUGENE FRENKE. Con ANNA STEN, HENRY WILCOXON. ■ La fidanzata di un soldato diventa cameriera di un ufficiale che ama in segreto. Nascono alcune voci ambigue sulle presunte relazioni tra l'uomo e la fanciulla ed il soldato colpisce per gelosia il suo superiore finendo in carcere. Potrebbe essere condannato per motivi politici, ma la fidanzata riesce a farlo liberare. Il soldato riassapora la libertà e la ragazza sposa l'ufficiale. ■ DRAMMATICO; B/N; 78′; GRAN BRETAGNA, 1936.

DONNA SPOSATA, UNA *(Une femme mariée)* ★★★
Regia di JEAN-LUC GODARD. Con ROGER LEENHARDT, PHILIPPE LEROY, MACHA MÉRIL, BERNARD NOËL. ■ Charlotte, una giornalista che si divide fra marito e amante, resta incinta e non sa chi sia il padre. E continua a dividersi fra i due, incapace di scegliere. ■ DRAMMATICO; B/N; 98′; FRANCIA, 1964.

DONNA TRA DUE MONDI, UNA ★★
Regia di GOFFREDO ALESSANDRINI. Con GUSTAV DIESSL, ISA MIRANDA, VASA PRIHODA. ■ Una donna che lavora in un'orchestra girovaga viene corteggiata da un ricco orientale. Pur amando un collega cede alle attenzioni dell'opulento contendente. Successivamente lo lascia perché questi ama di lei solo il ricordo di una donna lontana. Scottata dalla sfortunata esperienza la donna ritorna nell'orchestra e riprende l'antico legame. ■ COMMEDIA; B/N; 90′; ITALIA, 1936.

DONNA TUTTA NUDA, UNA ★
(Negresco – Eine tödliche Affair)
Regia di KLAUS LEMKE. Con GÉRARD BLAIN, IRA FÜRSTENBERG, SERGE MARQUAND. ■ Un fotografo, Roger, abbandona il collega Berliner per ricercare una donna che l'amico ha fotografato. Ritorna poi da lui ma lo trova morto. Rintraccia la donna, autrice con il marito del delitto. La foto conteneva infatti alcuni documenti segreti molto compromettenti. Con la complicità della donna, Roger mette nei guai Parrish, il marito di lei, che però ammazza la consorte e si libera del fotografo accusandolo dell'assassinio. Riconquista poi senza problemi i documenti precedentemente sottratti. ■ COMMEDIA; COL.; 93′; GERMANIA, 1968.

DONNA TUTTA PARTICOLARE, UNA ★★
(Housekeeping)
Regia di BILL FORSYTH. Con CHRISTINE LAHTI, SARA WALKER. ■ Divertente storiella di una zia anticonformista che si prende cura di due sorelle, sue nipoti, che sono state abbandonate da padre e mamma. Ora sono nel periodo difficile dell'adolescenza e una zia così sorprendente non può che lasciare il segno. ■ COMMEDIA; COL.; 112′; USA, 1987.

DONNA TUTTA SOLA, UNA *(The Unmarried Woman)* ★★★
Regia di PAUL MAZURSKY. Con ALAN BATES, JILL CLAYBURGH, CLIFF GORMAN, MICHAEL MURPHY. ■ Erika, sposata e con una figlia quindicenne, viene abbandonata dal marito che s'è innamorato di una donna più giovane. Dopo il divorzio ha un momento di sbandamento, ma alla fine trova un uomo che le sembra quello giusto, un pittore inglese. Erika potrebbe risposarsi con lui, ma al dunque capisce che è inutile pensare alla vita sempre in funzione degli uomini. Si terrà il pittore, ma anche la propria libertà. ■ COMMEDIA; COL.; 124′; USA, 1978. ■ CANNES 1 PR; GOLDEN GLOBES 5 NOM; OSCAR 3 NOM.

DONNA... UNA MOGLIE..., UNA *(La femme de Jean)* ★★
Regia di YANNICK BELLON. Con HIPPOLYTE GIRARDOT, FRANCE LAMBIOTTE, TATIANA MONKHINE, CLAUDE RICH. ■ Nadine, lasciata dal marito, rimane sconvolta. L'unico appoggio è ora il figlio Remi, un giovane hippy. Pian piano la donna si rinfranca e conosce David, un dottore, che la spinge a riprendere gli studi. Anche lui poi la abbandona, ma ora è più forte e quando il mari-

to, rivedendola, la vorrebbe ancora con sé, orgogliosamente rifiuta. ■ DRAMMATICO; COL.; 95′; FRANCIA, 1963.

DONNA: UNA STORIA VERA, UNA ★★
(Marie: a True Story)
Regia di ROGER DONALDSON. Con JEFF DANIELS, MORGAN FREEMAN, SISSY SPACEK. ■ Dal romanzo di Peter Maas. Marie (Sissy Spacek), divorziata con figli a carico, intraprende una crociata contro la corruzione nelle alte sfere politiche e giuridiche dello Stato del Tennessee. Tutti le sono contro e la ostacolano con ogni mezzo, ma non hanno fatto i conti con la sua determinazione. ■ DRAMMATICO; COL.; 108′; USA, 1985.

DONNA... UN MALE NECESSARIO, LA ★★★
(I am a Camera)
Regia di HENRY CORNELIUS. Con JULIE HARRIS, LAURENCE HARVEY, RON RANDELL, SHELLEY WINTERS. ■ A Berlino, all'inizio degli anni Trenta, mentre i nazisti stanno preparandosi a prendere il potere, un timido scrittore inglese si innamora di Sally, cantante di night club. La vorrebbe sposare e portare via da quella città che sta diventando una polveriera, ma la ragazza è troppo legata alla sua folle vita notturna. Si rivedranno dopo molti anni: lui famoso e invecchiato, lei rimasta a cantare e a ballare sul palcoscenico. La storia (basata sui racconti di Christopher Isherwood e sulla commedia di John Van Druten) è conosciuta, più che per questo film, per il rifacimento in chiave di musical, il *Cabaret* di Bob Fosse. ■ COMMEDIA; B/N; 99′; GRAN BRETAGNA, 1955.

DONNA VENDUTA, LA *(Hot Blood)* ★★
Regia di NICHOLAS RAY. Con JANE RUSSELL, CORNEL WILDE. ■ Stefano, un giovane zingaro fratello del capo tribù, sposa per finta Anna, convinto che il matrimonio venga subito annullato. Ma questo non succede e, dopo aver litigato con la neo consorte, il giovane abbandona la comunità. Nel frattempo Anna si dà da fare per potersi separare e Stefano viene a sapere che il fratello ha pochi mesi di vita: desiderava vederlo sposato per passare a lui la carica di capo tribù. La drammaticità della situazione fa riflettere Stefano che accetta le decisioni del fratello e rimane con la moglie. ■ DRAMMATICO; COL.; 85′; USA, 1956.

DONNA VENUTA DAL PASSATO, LA ★
(The Vengeance of She)
Regia di CLIFF OWEN. Con OLINKA BAROVA, EDWARD JUDOL, JOHN RICHARDSON. ■ Il film narra di una donna priva di memoria, Carol, che, dopo essersi imbarcata su una nave, sbarca in Africa e si reca da Aden Assiri, un presunto immortale che crede nel ritorno di una regina morta da tempo. La mitica nobildonna dovrebbe rinascere in Carol. Il medico che aveva in cura Carol, Philip, la salva sottraendola al sacerdote maligno. ■ AVVENTURA; COL.; 101′; GRAN BRETAGNA, 1968.

DONNA VIVACE, UNA *(Vivacious Lady)* ★★★
Regia di GEORGE STEVENS. Con GINGER ROGERS, JAMES STEWART. ■ Un giovane insegnante, innamoratosi di una ballerina di un night club, la sposa e fa ritorno nella sua città di origine, ma non dice nulla alla sua famiglia. La giovane moglie per stargli vicino è costretta a vivere nel pensionato per le studentesse e a frequentare i corsi tenuti dal marito professore. Dopo varie peripezie il giovanotto mette al corrente la famiglia del suo matrimonio. L'immancabile lieto fine pone termine alla vicenda. ■ COMMEDIA; B/N; 90′; USA, 1938. ■ OSCAR 2 NOM; VENEZIA 1 PR.

♥ DONNE *(The Women)* ★★★★
Regia di GEORGE CUKOR. Con JOAN CRAWFORD, ROSALIND RUSSEL, NORMA SHEARER. ■ Il film, ambientato nell'alta borghesia americana, narra le vicende di Mary, moglie felice e madre di una bambina. Per la perfidia di due sue amiche pettegole, viene a sapere che il marito la tradisce. La donna ne rimane turbata profondamente e ottiene il divorzio. Ma il secondo matrimonio dell'uomo fallisce sia per l'intervento di Mary, sia per la spregiudicatezza della nuova moglie. Mary e l'ex marito si riconciliano. ■ COMMEDIA; B/N; 132′; USA, 1939.

DONNE ALL'INFERNO *(Blitzmädel an die Front)* ★★
Regia di WERNER KLINGLER. Con HORST FRANK, ANTJE GEERK, EVA INGEBORG SCHOLZ. ■ Mentre la sconfitta della Germania si sta nettamente profilando, anche le donne tedesche sono costrette ad arruolarsi. Alcune sono utilizzate come telefoniste in un aeroporto militare in Francia. Dopo varie vicende piuttosto intricate, vissute nell'incubo dei bombardamenti alleati, le ragazze, dopo la riconquista della Francia da parte delle truppe anglo-americane, vengono rimandate in patria. ■ GUERRA; B/N; 91′; GERMANIA, 1958.

DONNE AMAZZONI SULLA LUNA ★★
(Amazon Women on the Moon)
Regia di JOE DANTE. Con CARL GOTTLIEB, PETER HORTON, JOHN LANDIS, ROBERT K. WEISS. ■ Cinque minuti (di cui due "at the top") per questa parodia esagerata dei generi cinematografici più famosi. Sono venti episodi (alcuni praticamente dei flash) molti dei quali francamente inutili. Il più riuscito è quello che dà il titolo al film, una presa per i fondelli di un fantascientifico di serie "z" degli anni Cinquanta dove una spedizione terrestre incontrava sul satellite un gruppo di misteriose donne dai poteri telepatici. ■ COMMEDIA; COL.; 82′; USA, 1987.

DONNE, AMORI E MATRIMONI ★★
Regia di ROBERTO BIANCHI MONTERO. Con ILEANA LAURO, GIUSEPPE PORELLI. ■ Dopo una negativa esperienza sentimentale, il commendator Morani decide di aprire un'agenzia matrimoniale per aiutare tutti coloro che hanno problemi di solitudine. Così all'agenzia giungono molte persone deluse dalla loro vita amorosa. ■ COMMEDIA; B/N; 90′; ITALIA, 1956.

DONNE... BOTTE E BERSAGLIERI – UN UOMO PIANGE SOLO PER AMORE ★★
Regia di RUGGERO DEODATO. Con FERRUCCIO AMENDOLA, IRA HAGEN, RENZO MONTAGNANI, LITTLE TONY. ■ Quattro giovani che hanno formato un complesso musicale sono richiamati per il servizio militare e, nonostante i tentativi per evitarlo, raggiungono la caserma alla quale sono stati destinati. ■ COMM. MUSICALE; B/N; 92′; ITALIA, 1968.

DONNE CALDE DI NOTTE ★
Regia di SIGMUND LARSEN, GUY PEROL. ■ Il film appartiene al solito filone del "mondo di notte", con una panoramica dei night club. È commentato da Franco Franchi e Ciccio Ingrassia. ■ DOCUMENTARIO; B/N; 90′; ITALIA, 1964.

DONNE CI TENGONO ASSAI, LE ★★
Regia di TONY HEPBURN. Con CARLO CAMPANINI, PIERRE CRESSOY, AURELIO FIERRO, AVE NINCHI. ■ Il nobile Astolfo Marini, indebitato fino al collo, vende il suo castello ad una signora dell'alta borghesia in cerca di titoli nobiliari. Per completare il contratto d'acquisto Orietta, figlia della ricca signora, e Giacomo, nipote del nobile, sono obbligati alle nozze che entrambi rifiutano perché innamorati di altre persone. Ma dopo i soliti equivoci si scoprirà che i due senza saperlo già si amavano precedentemente. ■ COMMEDIA; B/N; 92′; ITALIA, 1959.

DONNE CON LE GONNE ★★
Regia di FRANCESCO NUTI. Con CAROLE BOUQUET, GASTONE MOSCHIN, FRANCESCO NUTI ■ Cominciamo dai film citati volutamente o meno: *Dramma della gelosia* di Scola, *Légami* di Almodóvar, *Il silenzio degli innocenti* di Demme, *La guerra dei Roses* di De Vito, *La condanna* di Bellocchio e *Troppo bella per te* di Blier. Questo solo per dimostrare che se si vogliono cercare somiglianze se ne trovano in qualsiasi film. È in corso un processo contro Renzo che avrebbe trattenuto senza il di lei consenso una ragazza, legandola con una catena (permettete un'ultima citazione? *La cagna* di Ferreri). Lui però non intende stare zitto perché a monte c'è tutta la causale del suo comportamento. Incontrata perché in cerca di passaggio, l'aveva caricata con un'amica. Margherita, il suo nome, poi l'aveva (siamo negli anni Settanta tra droghe e politica armata) portato da alcuni suoi amici "impegnati". Renzo ha dovuto fingersi pazzo per uscire da un manicomio dove era andato a ritirare un passaporto falso per lei. Il solito difetto di presunzione. Nuti cerca di mostrare qualità che non ha. ■ COMMEDIA; COL.; 115′; ITALIA, 1991.

DONNE... DADI... DENARO *(Meet Me in Las Vegas)* ★★
Regia di ROY ROWLAND. Con CYD CHARISSE, DAN DAILEY, LILI DARVAS, AGNES MOOREHEAD. ■ Jack, giocatore accanito, incontra a Las Vegas una ragazza, Maria, che gli porta grande for-

tuna al gioco. La invita nel suo ranch dove episodi inspiegabili lo convincono che Maria è una maga. Però, anche se poi la ragazza non funziona più come portafortuna, Jack scopre di amarla. ■ SENTIMENTALE; COL.; 112′; USA, 1956. ■ OSCAR 1 NOM.

DONNE DA VENDERE ★★
(Mannequins für Rio – Die grosse Starparade)
Regia di KURT NEUMANN. Con RAYMOND BURR, JOHANNA MATZ, CATERINA VALENTE. ■ Alcune ragazze arrivano a Rio de Janeiro convinte di fare le indossatrici, ma in realtà devono prostituirsi con uomini facoltosi. Eva, una delle più intraprendenti, va alla polizia per denunciare la losca attività, ma senza essere creduta. Soltanto un ingegnere la aiuterà. ■ AVVENTURA; B/N; 93′; GERMANIA, 1954.

DONNE DEGLI ALTRI, LE *(Pot – Bouille)* ★★★
Regia di JULIEN DUVIVIER. Con ANOUK AIMÉE, DANY CARREL, DANIELLE DARRIEUX, GÉRARD PHILIPE. ■ Ottavio, un giovane con ambizioni da Casanova, giunge a Parigi: trova lavoro nel negozio della signora Edouard e fa la corte a tutte le donne maritate della casa in cui abita. Invaghitosi di Berta, Ottavio lascia che la ragazza sposi, su pressioni della madre, un capitano d'industria al quale egli chiede lavoro. Diventa così braccio destro dell'industriale e amante di Berta. Ma la signora Edouard (che nel frattempo ha perso il marito) fa scoppiare per gelosia uno scandalo. Ottavio e la bella vedova, dopo varie vicende, si sposeranno. ■ COMMEDIA; B/N; 115′; FRANCIA, 1977.

DONNE DEGLI AMMUTINATI DEL BOUNTY, LE ★★
(Women of Pitcairn Island)
Regia di JEAN YARBROUGH. Con LYNN BARI, JAMES CRAIG, JOHN SMITH, ARLEEN WHELAN. ■ La sperduta isola di Pitcairn è da alcuni anni una pacifica colonia nella quale vivono le vedove e i figli degli ammutinati del Bounty. Un giorno la vita del luogo viene turbata dall'arrivo di un marinaio che, prima di morire ucciso da un cinghiale, sotterra delle perle nere. Arriva anche un gruppo di marinai che cercano l'uomo e il suo prezioso bottino. Nel contendersi le donne, questi finiscono con il sopprimersi reciprocamente. ■ AVVENTURA; COL.; 73′; USA, 1956.

DONNE DEL MONDO DI NOTTE, LE ★★
(The World ten Times over)
Regia di WOLF RILLA. Con EDWARD JUDD, JUNE RITCHIE, SYLVIA SYMS. ■ Il film descrive la triste condizione di vita delle *entraîneuses* che cercano di avere normali rapporti umani e sentimentali. Ginny, innamorata del figlio di un industriale, è costretta ad interrompere il legame per l'ostilità del padre del giovane. Billa, rimasta incinta, tenta il suicidio dopo un violento alterco con il padre. Gli uomini saranno banditi per sempre dalla vita delle due donne. ■ DRAMMATICO; B/N; 93′; GRAN BRETAGNA, 1963.

DONNE DEL PIANETA PREISTORICO, LE ★★
(Women of the Prehistoric Planet)
Regia di ARTHUR C. PIERCE. Con WENDELL COREY, KEITH LARSEN, JOHN MARGOLIN. ■ Due astronavi stanno rientrando, dopo una missione sul pianeta Centauro (di cui hanno a bordo alcuni abitanti), alla loro base sulla Terra. Una di esse, però, cade su un pianeta sconosciuto e solo tre membri dell'equipaggio si salvano. La seconda astronave scende allora sul pianeta per cercare eventuali superstiti. Linda, una ragazza centauriana, smarritasi, incontra un ragazzo figlio di due superstiti della prima astronave. Infatti, a causa della diversa natura dello spazio e del tempo, sul pianeta sono già passati molti anni. Linda rimarrà con il giovane di cui si è innamorata. ■ FANTASCIENZA; COL.; 92′; USA, 1965.

DONNE DEL SESTO PIANO, LE ★★★
(Les Femmes du 6ème ètage)
Regia di PHILIPPE LE GUAY. Con LOLA DUEÑAS, SANDRINE KIBERLAIN, FABRICE LUCHINI, CARMEN MAURA, NATALIA VERBEKE. ■ Parigi, 1960. Jean-Louis Jobert conduce la sua piatta vita di esperto finanziario vivendo con la moglie Suzanne e ricevendo ogni tanto la visita dei due figli mandati a studiare in collegio. Nella soffitta (definirla mansarda costituirebbe un eufemismo) vive un gruppo di donne spagnole spesso maltrattate dalla portinaia. Jean-Louis non si cura di loro fino a quando la vecchia governante non si licenzia per divergenze con Suzanne. Viene assunta la nipote di una delle iberiche, Maria, appena arrivata da Burgos. Jean-Louis comincia ad interessarsi a lei e, per traslato, alla vita delle sue compatriote che decide di aiutare nelle loro difficoltà quotidiane. ■ DRAMMATICA; COL.; 106′; FRANCIA, 2011.

DONNE DENTRO: STORIE DAL CARCERE ★★
(Prison Stories: Women on the Inside)
Regia di DONNA DEITCH, JOAN MICKLIN SILVER, PENELOPE SPHEERIS. Con LOLITA DAVIDOVICH, ANNABELLA SCIORRA, RACHEL TICOTIN. ■ Un'antologia comprendente tre storie prodotte per la televisione via cavo americana. È la vita delle detenute con i loro problemi umani e tutte coi figli a casa. Diretto e interpretato interamente da donne, si lascia guardare. ■ DRAMMATICO; COL.; 94′; USA, 1991.

DONNE DI FRONTIERA *(Roughshod)* ★★
Regia di MARK ROBSON. Con GLORIA GRAHAME, JOHN IRELAND, ROBERT STERLING. ■ Tre evasi vogliono vendicarsi di un uomo di nome Clay che, messo a conoscenza del pericolo dallo sceriffo, decide di fuggire il più lontano possibile in compagnia di suo fratello Steve. I due fuggitivi fanno salire nella loro automobile quattro ballerine. Tre delle ragazze, in seguito, proseguono per loro conto il viaggio. Clay, deciso a sfidare i suoi inseguitori, manda via il fratello e la ragazza rimasta. Poi avviene lo scontro e lui ha la meglio, ma Steve, tornato per dargli una mano, viene ferito. Clay, finalmente salvo, ritrova la ragazza che poi sposerà. ■ AVVENTURA; B/N; 88′; USA, 1949.

DONNE DI LUSSO 1935 *(Golddiggers of 1935)* ★★★
Regia di BUSBY BERKELEY. Con ADOLPHE MENJOU, DICK POWELL, GLORIA STUART. ■ Il film narra le vicende di una milionaria e di sua figlia ospiti di un grande albergo. Quest'ultima ha ricevuto dalla madre il permesso di passare tutta l'estate in libertà, purché sposi un altro milionario collezionista di tabacchiere preziose. La vecchia signora si fa convincere a sovvenzionare una rivista musicale piuttosto costosa. Dopo alterne vicende, la storia si conclude con il matrimonio tra la figlia e l'uomo che ella ama, mentre la madre a sua volta si sposa con il collezionista di tabacchiere. ■ COMMEDIA; B/N; 95′; USA, 1935. ■ OSCAR 1 PR, 2 NOM.

DONNE DI PIACERE *(Dames galantes)* ★★
Regia di JEAN-CHARLES TACCHELLA. Con MARIANNE BASLER, LAURA BETTI, RICHARD BOHRINGER, EVA GRIMALDI, ISABELLA ROSSELLINI. ■ Dopo *Le relazioni pericolose* di Frears, un altro film sui piaceri del libertinaggio. Siamo in Francia durante una guerra, a cavallo tra il Cinquecento e il Seicento. Pierre de Boruddeille, signore di Brantôme ai tempi di Enrico III e di Maria Stuarda, narra le proprie licenziose avventure ai moribondi. Girato in maniera spigliata il film è scorrevole, ma rimane un semplice esercizio di stile. Bravo Richard Bohringer e diligente Isabella Rossellini. Laura Betti, nel ruolo di Caterina de' Medici, dà il suo giusto contributo. ■ COMMEDIA; COL.; 97′; FRANCIA, 1990.

DONNE E ARENA *(Camelia)* ★★
Regia di ROBERTO GAVALDÓN. Con MARIA FELIX, JORGE MISTRAL. ■ Camelia, una bellissima attrice di teatro, si innamora di Rafael, torero di modeste capacità. I due vanno a vivere insieme, ma la donna scopre che il fratello di lui, Enrico, è stato uno degli uomini che lei in passato ha fatto soffrire. Così fugge lasciando credere a Rafael di aver cambiato idea circa il loro matrimonio. Il torero diventa, per orgoglio, celebre e ricco. Un giorno incontra Camelia (che è ammalata di tumore) e le esprime il suo disprezzo, ma, saputa la verità, torna da lei in tempo per vederla morire. ■ DRAMMATICO; COL.; 92′; MESSICO, 1953.

DONNE E AVVENTURIERI *(Old Los Angeles)* ★★★
Regia di JOSEPH KANE. Con JOHN CARROLL, BILL ELLIOTT, CATHERINE MCLEOD, JOSEPH SCHILDKRAUT. ■ Un cercatore d'oro che ha trovato un filone viene ucciso da Johnny Morrel, che, insieme allo sceriffo del luogo, è complice del potente Louis Severing, boss incontrastato della zona. Il fratello dell'ucciso in compagnia dell'amico Sam arriva nella regione. Alla fine riesce a smascherare gli assassini. ■ AVVENTURA; COL.; 88′; USA, 1948.

DONNE E BRIGANTI ★★★
Regia di MARIO SOLDATI. Con JEAN CHEVRIER, MARIA MAUBAN,

AMEDEO NAZZARI. ■ Mentre il regno di Napoli è occupato dall'esercito francese, un bracconiere decide di scomparire nelle campagne per guidare la guerriglia. Comincia così la leggenda di Fra Diavolo. Una notte il brigante è catturato. Benché ferito, riesce a fuggire con l'aiuto di una ragazza. Dopo la guerra, Fra Diavolo può finalmente sposare la sua innamorata che scopre, con grande sorpresa, essere la figlia naturale del re di Napoli. ■ AVVENTURA; B/N; 88'; ITALIA, 1950.

DONNE E CARNEFICI *(Frauen, Henker und Soldaten)* ★★
Regia di JOHANNES MEYER. Con HANS ALBERS, CHARLOTTE SUSA. ■ Durante la prima guerra mondiale, un ufficiale dell'esercito tedesco ritorna in Germania dopo essere fuggito da un campo di prigionia dei russi. In patria si scontra con le truppe bolsceviche condannate da suo cugino, ex seguace dello zar, con il quale divide l'amore di una donna, in realtà una spia. In un finale drammatico tutti vengono uccisi. ■ GUERRA; B/N; 91'; GERMANIA, 1936.

DONNE E DIAMANTI *(The Dolly Sisters)* ★★★
Regia di IRVING CUMMINGS. Con BETTY GRABLE, JUNE HAVER, JOHN PAYNE. ■ Due ragazzine, con l'aiuto di un cantante, imparano a danzare e cantare e formano un duo. Le Dolly Sisters vanno anche in tournée in Europa. Quando scoppia il primo conflitto mondiale il loro maestro, divenuto marito della maggiore, va a combattere. Finita la guerra, i due decidono di divorziare. Dopo molti anni, i due si incontrano e scoprono che l'amore non si è spento. ■ MUSICALE; COL.; 114'; USA, 1945. ■ OSCAR 1 NOM.

DONNE ERANO SOLE, LE *(Unfaithful)* ★★
Regia di VINCENT SHERMAN. Con LEW AYRES, ZACHARY SCOTT, ANN SHERIDAN. ■ Cris Hunter si innamora di uno scultore, ma in seguito al ritorno del marito dalla guerra tronca ogni rapporto con l'amante. Questi non accetta la cosa e la ricatta. Durante un violento litigio, la donna è costretta ad ucciderlo, dichiarando poi alla polizia che l'uomo era un rapinatore. Smascherata dal ricatto della moglie dello scultore, Cris è giudicata in tribunale ed assolta. Il marito saprà perdonare. ■ DRAMMATICO; B/N; 109'; USA, 1947.

DONNE E SOLDATI ★★★
Regia di LUIGI MALERBA, ANTONIO MARCHI. Con MARIO FERRERI, MARCELLA MARIANI, SANDRO SOMARÉ. ■ Durante il Medioevo, una cittadella dell'Emilia è stretta d'assedio. Mentre agli assediati mancano i viveri per sopravvivere, le truppe che circondano la cittadina sono desiderose di compagnia femminile. Uno scambio di cibo contro donne accontenta tutti. ■ AVVENTURA; B/N; 90'; ITALIA, 1955.

DONNE E UOMINI 2 *(Women and Men 2)* ★★★
Regia di WALTER BERNSTEIN, MIKE FIGGIS, KRISTI ZEA. Con JULIETTE BINOCHE, MATT DILLON, SCOTT GLENN, RAY LIOTTA, ANDIE MACDOWELL, KYRA SEDGWICK. ■ Per la tv. I tre episodi sono: *Ritorno a Kansas City* dove un boxeur rischia grosso per accontentare la moglie; *Un dilemma domestico*, in cui una donna ottenebrata dall'alcool si dimentica di marito e figli; *Mara*, che narra di una prostituta parigina "usata" da uno scrittore. Gli autori dai quali sono tratte le storie sono (nell'ordine): Irwin Shaw, Carson McCullers e Henry Miller. ■ EPISODI; COL.; 85'; USA, 1991.

DONNE E UOMINI – STORIE DI SEDUZIONE ★★★
(Women & Men: Stories of Seduction)
Regia di FREDERIC RAPHAEL, TONY RICHARDSON, KEN RUSSELL. Con BEAU BRIDGES, MELANIE GRIFFITH, ELIZABETH MCGOVERN, MOLLY RINGWALD, PETER WELLER, JAMES WOODS. ■ Prodotto dal canale televisivo americano HBO il film è diviso in tre episodi tratti da racconti di Ernest Hemingway, Mary McCarthy, Dorothy Parker. Il migliore è senz'altro quello da Hemingway, con la coppia Woods-Griffith, dove una relazione si complica dopo l'aborto della donna. *Colline come bianchi elefanti* è il titolo. Gli altri due sono *Crepuscolo dopo i fuochi d'artificio* da Parker, con Ringwald-Weller, e *L'uomo con l'abito dei fratelli Brooks* da McCarthy, con McGovern-Bridges. ■ DRAMMATICO; COL.; 88'; USA, 1990.

DONNE E VELENI *(Sleep, My Love!)* ★★★
Regia di DOUGLAS SIRK. Con DON AMECHE, CLAUDETTE COLBERT, ROBERT CUMMINGS. ■ Un uomo cerca di far credere alla giovane moglie Allison di essere sull'orlo di una crisi di follia. Con la complicità dell'amante e la somministrazione di droghe vorrebbe indurla al suicidio, ma con l'aiuto di Dirk, un amico di famiglia, Allison riuscirà a smascherare il diabolico piano. ■ DRAMMATICO; B/N; 97'; USA, 1948.

DONNE FACILI *(Les bonnes femmes)* ★★
Regia di CLAUDE CHABROL. Con STÉPHANE AUDRAN, BERNADETTE LAFONT, LUCILLE SAINT-SIMON, CLOTILDE YOANO. ■ In un negozio di articoli casalinghi lavorano quattro ragazze che, per evadere dalla monotonia quotidiana, finiscono nei pasticci. La più giovane e romantica cade nelle mani di un uomo che aveva scambiato per un innocente ammiratore e che si rivela un bruto. ■ DRAMMATICO; B/N; 95'; FRANCIA, 1960.

DONNE FUORILEGGE *(Outlaw Women)* ★★
Regia di SAM NEWFIELD. Con JACKIE COOGAN, JACQUELINE FONTAINE, RICHARD ROBER, MARIE WINDSOR. ■ Disavventure di un giovane medico in una cittadina del West dominata dalle donne. Queste, dure ma in fondo oneste, sgomineranno la banda di un pericoloso bandito e il protagonista troverà moglie. ■ WESTERN; COL.; 76'; USA, 1952.

DONNE HANNO SEMPRE RAGIONE, LE ★★★
(Oh, Men! Oh, Women!)
Regia di NUNNALLY JOHNSON. Con DAN DAILEY, DAVID NIVEN, GINGER ROGERS, BARBARA RUSH. ■ Battibecchi sentimentali fra due coppie. La trama è solo un pretesto per rivelare la brillante recitazione dei protagonisti. ■ COMMEDIA; COL.; 90'; USA, 1957.

DONNE IN AMORE *(Women in Love)* ★★★★
Regia di KEN RUSSELL. Con ALAN BATES, GLENDA JACKSON, JENNIE LINDEN, OLIVER REED. ■ Al matrimonio di Laura, quattro persone hanno l'occasione di conoscersi. Da quel momento le loro vite si intrecciano in modo vario e inestricabile. Il personaggio fondamentale è Gerald, fratello di Laura, che vede la sorella morire tragicamente e cerca di vivere una forma d'amore anticonvenzionale. Quando si accorge che il suo tentativo è fallito decide di morire. Una personale ed efficace rivisitazione del celebre libro di D.H. Lawrence. ■ DRAMMATICO; COL.; 129'; GRAN BRETAGNA, 1969. ■ OSCAR 1 PR, 4 NOM.

DONNE IN ATTESA *(Kvinnors Väntan)* ★★★
Regia di INGMAR BERGMAN. Con ANITA BJÖRK, EVA DAHLBECK, MAJ BRITT NILSSON. ■ Quattro donne in attesa dei rispettivi coniugi, quattro fratelli, si raccontano le loro esperienze. Annette è delusa di Paul, che non ama più. Rakel confessa di tradire il marito Eghem. Marta tira le somme della sua esistenza accanto a Martin. Karin narra un episodio dell'esperienza coniugale con Fredrik, il più ricco dei fratelli: nell'ascensore bloccato i due si rivelarono i reciproci tradimenti. La giovane Mary, innamorata di Erick, il figlio di Annette, fugge con lui dopo aver ascoltato le deludenti ammissioni delle quattro donne. ■ COMMEDIA; B/N; 107'; SVEZIA, 1952.

DONNE IN BIANCO ★★
Regia di TONINO PULCI. Con FRANCESCA ANTONELLI, BARBARA ENRICHI, CLAIRE KEIM, SUSANA WERNER. ■ Le nostre sono Francesca, Nancy e Sabrina. Vivono in funzione del grande incontro con l'uomo ideale, nel frattempo vanno a letto, provano e riprovano, fra una festa e una discoteca. Non mancano anche incontri domestici, al parco, al supermercato. Ma non va, proprio non va. Il principe azzurro non esiste. Piccola pellicola italiana. Dice tutto. ■ COMMEDIA; COL.; 92'; ITALIA, 1998.

DONNE IN CATENE *(Women in Chains)* ★★
Regia di EDDIE ROMERO. Con PAM GRIER, SID HAIG, MARGARET MARKOV. ■ Durante un episodio di guerriglia i ribelli riescono a far scappare due donne da un riformatorio di Manila. Queste, mentre si recano in un'isola con i ribelli, non riescono ad accordarsi. Quella dalla pelle bianca vorrebbe combattere, mentre l'altra, nera, vorrebbe diventare ricca approfittando del commercio di stupefacenti. Ciascuna seguirà la propria strada. ■ DRAMMATICO; B/N; 90'; USA, 1973.

DONNE IN CERCA D'AMORE *(The Best of Everything)* ★★
Regia di JEAN NEGULESCO. Con STEPHEN BOYD, MARTHA HYER, HOPE LANGE, SUZY PARKER. ■ Tre donne, impiegate presso un editore newyorkese, sono accomunate dalle disavventure amoro-

se. Caroline è abbandonata dall'amato. April, messa incinta e poi ripudiata, incontra un medico e comincia una nuova esistenza. Gregg, aspirante attrice, durante le prove conosce David: lo ama follemente, ma lui la considera un'avventura di poco conto. ■ DRAMMATICO; COL.; 121′; USA, 1959. ■ OSCAR 2 NOM.

DONNE INDIAVOLATE *(Out of this World)* ★★★
Regia di HAL WALKER. Con EDDIE BRACKEN, VERONICA LAKE, DIANA LYNN. ■ Betty Miller e la sua orchestra femminile vengono finalmente scritturate insieme a Herbie, un giovane cantante. Ma Betty, oltre a questo contratto, ne stipula molti altri non accorgendosi di non poter far fronte a tutti gli impegni. Herbie e Betty si innamorano, ma la bancarotta incalza. Tutto si risolve quando i due si rendono conto che Betty, a causa della giovane età, non può stipulare contratti. ■ COMMEDIA; B/N; 96′; USA, 1945.

DONNE INQUIETE *(The Caretakers)* ★★★
Regia di HALL BARTLETT. Con POLLY BERGEN, JOAN CRAWFORD, HERBERT MARSHALL, ROBERT STACK. ■ Un giovane psichiatra che intende applicare ai suoi pazienti metodi di cura basati sulla fiducia e sulla libertà di azione deve combattere con le idee conservatrici della direttrice dell'ospedale. I buoni risultati che ottiene fanno però cambiare idea alla terribile donna. ■ DRAMMATICO; B/N; 97′; USA, 1963. ■ OSCAR 1 NOM.

DONNE IN UN GIORNO DI FESTA ★★
Regia di SALVATORE MAIRA. Con FRANÇOISE FABIAN, SABRINA FERILLI, DANIELA GIORDANO. ■ Suor Faustina ha dedicato la sua vita ai bambini bisognosi di ricostruirsi una vita. Ora che si avvicina il suo settantesimo compleanno sembra che anche la morte sia prossima. Una giovane sorella vuole organizzare comunque una piccola festa e si rifanno vive quattro donne che sono state assistite dall'anziana suora. ■ DRAMMATICO; COL.; 90′; ITALIA, 1993.

DONNE, MITRA E DIAMANTI ★★
(Le gentlemen de Cocody)
Regia di CHRISTIAN-JAQUE. Con MARIA GRAZIA BUCCELLA, NANCY HOLLOWAY, JEAN MARAIS, LISELOTTE PULVER. ■ Jean-Luc, membro del corpo diplomatico francese nella Costa d'Avorio, si innamora di una presunta cacciatrice di farfalle. Questa in realtà è alla ricerca, con la sua banda, di un carico di diamanti che dovrebbe essere in un aereo precipitato nella foresta. Anche una banda rivale vorrebbe le pietre preziose, ma Jean-Luc anticipa tutti e recupera i diamanti. Porta quindi in salvo la donna. ■ AVVENTURA; COL.; 85′; FRANCIA, 1964.

DONNE NELLA NOTTE *(Women in the Night)* ★
Regia di WILLIAM ROWLAND. Con TALA BIRELL, VIRGINIA CHRISTINE, WILLIAM HENRY. ■ I giapponesi hanno scoperto un'arma micidiale, il raggio cosmico, e i loro alleati tedeschi intendono venirne in possesso per sperimentarla in previsione di un altro conflitto mondiale che essi stessi provocherebbero. Alcune ragazze cinesi, con l'aiuto di un agente americano, riescono a far saltare il laboratorio. ■ DRAMMATICO; B/N; 92′; USA, 1948.

DONNE NON SONO TUTTE UGUALI, LE ★★
(Different for Girls)
Regia di RICHARD SPENCE. Con NEIL DADGEON, RUPERT GRAVES, STEVEN MACKINTOSH, MIRIAM MARGOYLES, SASKIA REEVES. ■ Inghilterra, 1978. Due studenti vengono espulsi dalla scuola. Uno è effeminato, l'altro virile e pronto a prendere le sue difese. Si incontrano, nuovamente e per caso, vent'anni dopo. Il primo è diventato transessuale e il secondo ne viene attratto. Ma non sono destinati a sviluppare la loro relazione. Commedia "seria" alla moda inglese degli anni Novanta. ■ COMMEDIA; COL.; 92′; GRAN BRETAGNA, 1996.

DONNE NON VOGLIONO PIÙ, LE ★★
Regia di PINO QUARTULLO. Con ROSALINDA CELENTANO, LUCREZIA LANTE DELLA ROVERE, ANTONELLA PONZIANI, PINO QUARTULLO. ■ Secondo film per Quartullo, dopo *Quando eravamo repressi*. Un bancario vorrebbe avere un figlio dalla propria compagna. Quest'ultima però non ne vuole sapere. Allora Luca va in cerca di un'altra donna. Dopo alcuni fallimenti tenta la strada del figlio in provetta, inutilmente. Torna allora dalla sua compagna. Partendo dalle statistiche, che indicano una crescente denatalità italiana, il film vorrebbe essere un disimpegnato ritratto sociologico. Ma la paradossale sceneggiatura soffre di sbalzi di temperatura. Buona volontà da parte degli attori. Discreto successo di pubblico. ■ COMMEDIA; COL.; 87′; ITALIA, 1993.

DONNE PANTERE *(Prehistoric Women)* ★★
Regia di GREGG G. TALLAS. Con JUDY LANDON, LAURETTE LUEZ, ALLAN MIXON. ■ Un episodio di femminismo ambientato in epoca preistorica: le donne di una tribù, stanche di lavorare per gli uomini, li piantano in asso e si rifugiano in una foresta. Quando un malcapitato maschietto giunge dalle loro parti, lo catturano e ne fanno uno schiavo. Naturalmente arriva il supereroe che riporta la situazione alla normalità. ■ FANTASTICO; COL.; 74′; USA, 1951.

DONNE PERDUTE *(Santa)* ★★
Regia di NORMAN FOSTER. Con ESTHER FERNANDEZ, RICARDO MONTALBAN. ■ Parabola discendente di una semplice ragazza di campagna che finisce sul marciapiede dopo che diversi uomini hanno approfittato di lei. ■ DRAMMATICO; B/N; 90′; MESSICO, 1953.

DONNE PROIBITE ★★★
Regia di GIUSEPPE AMATO. Con VALENTINA CORTESE, CARLO DAPPORTO, LINDA DARNELL, LEA PADOVANI, ANTHONY QUINN. ■ Quattro prostitute, alla chiusura di una casa di tolleranza, devono trovarsi una nuova occupazione. Per il momento vivono da Rosita, una ex che possiede una casa dignitosa. I loro destini si separano presto. ■ DRAMMATICO; B/N; 92′; ITALIA, 1953.

DONNE SENZA NOME – LE INDESIDERABILI ★★
Regia di GÉZA VON RADVANJI. Con GINO CERVI, VALENTINA CORTESE, VIVI GIOI. ■ Priva di documenti e vedova da poco tempo, Anna viene internata in un campo di concentramento in Puglia, durante gli ultimi mesi della seconda guerra mondiale. La donna, che aspetta un bambino, con l'aiuto delle compagne tenta di evadere, ma al momento del parto muore. Un ufficiale italiano rinuncia alla carriera per allevare il bambino. ■ DRAMMATICO; B/N; 90′; ITALIA, 1949.

DONNE SENZA PARADISO – LA STORIA DI SAN MICHELE *(Axel Munthe – Der Artz von San Michele)* ★★
Regia di GIORGIO CAPITANI. Con VALENTINA CORTESE, OTTO WILHELM FISCHER, DOLORES PALUMBO, ROSANNA SCHIAFFINO. ■ Un giovane medico svedese abbandona la propria terra e la fidanzata per cercare di realizzarsi all'estero. In Italia si innamora di una prostituta che lo abbandona quando si ammala di colera. Superata la malattia, il medico diventa famoso e ricco e può finalmente realizzare il sogno della sua vita: costruire una villa a Capri, sulle rovine di una casa patrizia romana. Invecchiando, il medico diventa cieco e scrive le sue memorie. ■ COMMEDIA; B/N; 94′; GERMANIA, 1962.

DONNE SENZA TRUCCO *(Abgeschminkt!)* ★★★
Regia di KATJA VON GARNIER. Con GEDEON BURKHARD, NINA KRONJÄGER, KATJA RIEMANN, MAX TIDOF. ■ Divertente e arguto. Gli uomini, ancora una volta visti dalle donne, non fanno bella figura. In questo breve film tedesco due amiche molto diverse mettono ordine nella loro vita sentimentale. Vanno a una festa e una delle due tenta di sedurre un tipo attraente. Riesce ad attrarre la sua attenzione e ad avere un appuntamento. L'altra amica, disegnatrice del fumetto Ruby, la zanzara, finisce come cicerone per l'amico del bellimbusto. Vincitore dell'Oscar per la migliore opera prima straniera. ■ COMMEDIA; COL.; 65′; GERMANIA, 1993.

DONNE SENZA UOMINI *(Girls Town)* ★★
Regia di CHARLES HAAS. Con PAUL ANKA, RAY ANTHONY, JIM MITCHUM, THE PLATTERS, MEL TORME, MAMMI VAN DOREN. ■ Due sorelle piuttosto turbolente finiscono in un riformatorio femminile. La maggiore è addirittura sospettata d'aver ucciso un uomo. La minore è ricattata da un losco figuro, che la rapisce. L'altra sorella avverte le compagne dell'istituto e insieme liberano la ragazza prigioniera. Dopo questa avventura le due sorelle si mettono tranquille. ■ DRAMMATICO; B/N; 92′; USA, 1960.

DONNE SENZA UOMINI *(Zanan-e Bedun-e Mardan)* ★★★
Regia di SHOJA AZARI, SHIRIN NESHAT. Con NAVID AKHAVAN, PEGAH FERIDONI, ARITA SHAHRZAD, SHABNAM TOLOUI, ORSOLYA TOTH. ■ Teheran, 1953. Durante il conflitto per emancipare la Persia dalle potenze europee e ottenere la nazionalizza-

zione della Anglo-Iranian Oil Company, quattro donne di diversa estrazione sociale cercano di sopravvivere ai loro destini tragici e determinati (da padri e fratelli). Munis ha un'appassionata coscienza politica che resiste all'isolamento impostogli dal fratello, Faezeh sogna di sposare l'uomo che ama, Fakhiri, sposata senza amore, lascia il marito e riaccende la fiamma di un sentimento trascorso, Zarin è una prostituta abusata dagli uomini di cui non distingue più i volti. A un passo dalla democrazia, sfumata con un golpe militare organizzato dalla CIA, Munis, Faezeh, Fakhiri e Zarin lasceranno la città per la terra, uno spazio prodigioso e bucolico dove dimenticare i soprusi, la sopraffazione, la violenza, il suicidio, lo stupro. Ma fuori dalle mura la Storia avanza, assediandone le vite e le speranze. Trasposizione del romanzo omonimo di Shahrnush Parsipur. ■ DRAMMATICO; COL.; 95′; GERMANIA, AUSTRIA, FRANCIA, 2009.

DONNE SENZA VOLTO *(La fille perdue)* ★★
Regia di JEAN GOURGUET. Con ROBERT BERRI, CLAUDINE DUPUIS, GÉRARD LANDRY. ■ Una giovane donna lascia la figlia ad una balia di paese per seguire un uomo che in realtà pensa solo a sfruttarla. Un giovane che l'ama da molto tempo le propone di sposarlo, ma la donna non si sente degna e rifiuta. Il giovanotto non si scoraggia e riesce, dopo molte disavventure, a riunire madre e figlia. ■ DRAMMATICO; B/N; 85′; FRANCIA, 1953.

DONNE SOLE ★★
Regia di VITTORIO SALA. Con LUCIANA ANGIOLILLO, GIANNA MARIA CANALE, ELEONORA ROSSI DRAGO. ■ Per inseguire sogni di ricchezza, tre belle ragazze finiscono per passare di delusione in delusione, mentre la loro bellezza svanisce. Soltanto una quarta ragazza trova un giovane onesto e per amore di lui rinuncia ben volentieri alle illusioni. ■ COMMEDIA; COL.; 90′; ITALIA, 1956.

DONNE SOLE *(Single Women)* ★
Regia di HARRY WINER. Con TONY DANZA, PAUL MICHAEL GLASER, KEITH GORDON. ■ Un venerdì notte in discoteca offre lo scenario per illustrare varie tipologie metropolitane e i relativi caratteri. ■ COMMEDIA; COL.; 95′; USA, 1984.

DONNE SONO DEBOLI, LE *(Faibles femmes)* ★★
Regia di MICHEL BOISROND. Con MYLÈNE DEMONGEOT, PASCALE PETIT, JACQUELINE SASSARD. ■ Tre ragazze sono fidanzate ad uno stesso uomo, naturalmente l'una all'insaputa dell'altra. Per un caso fortuito vengono a conoscenza della situazione e si alleano per uccidere l'amante infedele. Una quarta fanciulla, tenera e romantica, salva il dongiovanni e lo sposa. ■ COMMEDIA; COL.; 78′; FRANCIA, 1969.

DONNE SOPRA, FEMMINE SOTTO ★★
Regia di BORO DRASKOVIC. Con BARBARA BOUCHET, WILLIAM GALE, MARGARET LEE. ■ Per sedurre e poi sposare una ricca ragazza americana, Marco si finge ricco e si caccia nei guai, compromettendosi con gente poco pulita. L'americana se ne accorge e lo abbandona, Marco chiede aiuto ad un'amica che lo consegna invece alla malavita. Il protagonista riceverà una dura lezione. ■ DRAMMATICO; COL.; 92′; ITALIA, 1972.

DONNE SULL'ORLO DI UNA CRISI DI NERVI ★★★
Regia di PEDRO ALMODÓVAR. Con ANTONIO BANDERAS, CARMEN MAURA, JULIETA SERANO. ■ Una donna sta per essere abbandonata dal suo amante, un famoso doppiatore cinematografico. Mentre cerca di rintracciarlo s'imbatte nel figlio dell'amante, in un'amica che crede di essere inseguita dalla polizia e infine nella nuova fiamma del suo ex. Finisce a colpi di pistola. Per fortuna a vuoto. Un film divertentissimo, che ha ottenuto dovunque successo di critica e di pubblico e che ha lanciato definitivamente lo spagnolo Almodóvar. ■ COMMEDIA; COL.; 88′; SPAGNA, 1988. ■ GOLDEN GLOBES 1 NOM; OSCAR 1 NOM; VENEZIA 2 PR.

DONNE SUL TETTO, LE *(The Women on the Roof)* ★★★
Regia di CARL-GUSTAF NYKVIST. Con HELENA BERGSTRÖM, AMANDA OMS, STELLAN SKARSGARD. ■ Alla vigilia della prima guerra mondiale, due vicine di casa, Anna ed Elena, avviano un rapporto particolare. Nel loro passato ci sono zone d'ombra che vengono solo molto lentamente alla luce. Presentato in concorso a Venezia. ■ DRAMMATICO; COL.; 87′; SVEZIA, 1991.

DONNE VERE HANNO LE CURVE, LE ★★
(Real Women have Curves)
Regia di PATRICIA CARDOSO. Con AMERICA FERRERA, SERGIO LOPEZ, INGRID OLIU, LUPE ONTIVEROS. ■ Ana, ragazza messicana che vive a Los Angeles, ha due problemi: il fatto di non essere proprio una silfide e una famiglia decisamente tradizionalista, dominata da una madre che per la figlia vuole solo una dieta efficace e un rapido matrimonio. Tanto da fare di tutto per impedirle di proseguire gli studi nonostante le insistenze del suo professore di lettere e costringerla a lavorare nella sartoria della sfiorita sorella Estrela. Ma Ana, che oltre all'intelligenza ha anche non poco coraggio, riuscirà a conseguire i suoi obiettivi, trovando persino un possibile amore. ■ COMMEDIA; COL.; 90′; USA, 2002.

DONNE VERSO L'IGNOTO *(Westward the Women)* ★★★★
Regia di WILLIAM A. WELLMAN. Con DENISE DARCEL, LENORE LONERGAN, HENRY NAKAMURA, ROBERT TAYLOR. ■ Un cowboy conduce una carovana composta di donne, 150 per la precisione, da Chicago fino alla California, dove sono attese da altrettanti uomini, che pur non conoscendole le sposeranno. Il viaggio è impervio e carico di avvenimenti drammatici, ma le donne, appartenenti ai ceti più svariati, sapranno affrontare le insidie del viaggio con spirito indomito. Alcune non raggiungeranno mai la meta. *Donne verso l'ignoto* è certamente un film colpevolmente trascurato, dalla memoria del cinema e dalla critica in generale. Alla sua uscita, il solito Bosley Crowter lo definì un film inutilmente eccentrico e soprattutto non appartenente a nessun genere. Quest'ultima non è mai una colpa. Quanto all'essere eccentrico, si può discutere all'infinito se sia ragionevole bollare un'opera solo perché "diversa". Una punta di maccartismo fa capolino nella dichiarazione dell'illustre critico americano. In realtà si tratta di uno dei migliori film di William Wellman, regista discontinuo, ma capace di essere il migliore di tutti quando questa evenienza si attua. Fin dall'inizio, quando l'organizzatore della carovana, Roy Whitman, impersonato dal valoroso caratterista John McIntire, sceglie l'uomo che la guiderà, si avverte una partecipazione a quell'impresa, nobile e ispirata. Robert Taylor è l'uomo che guiderà le donne. Buck, il suo personaggio, ha inizialmente un atteggiamento preconcetto e quindi ostile. Tale atteggiamento muterà radicalmente di fronte al valore palesato dalle donne e anche per un suo coinvolgimento sentimentale. Seppure una piccola dose di retorica si insinua tra le pieghe del film, questo è così ricco di emozioni e avvenimenti da suscitare ammirazione e partecipazione. Ed anche una certa convenzionalità nel tratteggio dei caratteri femminili non scalfisce il fascino inconsueto di un western anomalo, ma non per questo meno appassionante dei più accreditati esempi del genere. Il film vanta una energica e sensuale sequenza d'amore, lontana dalla melodrammaticità di un *Duello al sole*, ma inusuale nel panorama western. Un film sulle donne, quindi, ma non per le donne. Un film che non esalta lo spirito femminile con la protervia del messaggio femminista, ma con il pudore di una rivelazione, più utile all'uomo di mille lezioni sulle rivendicazioni dell'altra metà del cielo. E il bravo Robert Taylor, che ha capito la lezione, prima di consegnare le donne agli uomini che attendono impazienti, parla loro con accenti di autentica commozione e rispetto per chi, come le donne, ha saputo vincere la paura dell'ignoto. Ma anche qualcos'altro e più inquietante è presente nel finale del film. Saranno le donne a scegliere gli uomini. Hanno ognuna la fotografia del prescelto e passano in rassegna davanti a quel branco allupato, che esse sanno domare con un semplice gesto. C'è chi ha visto in questa sequenza una metafora sul matriarcato che trionferà negli States negli anni a venire. Ma se anche fosse, nulla può scalfire le qualità di un film ammirevole e a suo modo rigoroso. Un prodotto di alto artigianato e con il viatico della M.G.M. cui non difettava certamente l'onestà professionale. Da rivedere. ■ WESTERN; B/N; 118′; USA, 1951.

DONNE, V'INSEGNO COME SI SEDUCE UN UOMO *(Sex and the Single Girl)* ★★★
Regia di RICHARD QUINE. Con LAUREN BACALL, TONY CURTIS, HENRY FONDA, NATALIE WOOD. ■ Per ottenere un'intervista da una psichiatra che ha scritto un libro di successo sul comporta-

mento sessuale femminile, un giornalista finge di avere grossi problemi in materia. Nella finzione viene coinvolta un'altra coppia, e la commedia degli equivoci prosegue. Alla fine il giornalista, oltre all'intervista, ottiene anche l'amore della bella dottoressa. ■ COMMEDIA; COL.; 114'; USA, 1964.

DONNE – WAITING TO EXHALE *(Waiting to Exhale)* ★★
Regia di FORREST WHITAKER. Con ANGELA BASSETT, LORETTA DEVINE, WHITNEY HOUSTON, LELA ROCHON. ■ Phoenix: quattro donne di colore, amiche ma molto diverse fra loro (una è "in carriera", una è casalinga, l'altra cerca marito e la quarta è mamma a oltranza), si confessano l'una con l'altra. È la fine dell'anno, momento adatto e malinconico per fare bilanci. Ciò che rimane è la voce di Whitney. ■ COMMEDIA; COL.; 123'; USA, 1995.

DONNIE BRASCO ★★
Regia di MIKE NEWELL. Con JOHNNY DEPP, MICHAEL MADSEN, AL PACINO. ■ Depp è un agente dell'Fbi che riesce a entrare in contatto con Lefty (Pacino) mafioso di seconda schiera. Lefty insegna all'infiltrato tutte le regole, si fida di lui, gli si affeziona. Alla fine Depp lo denuncia, e il mafioso dovrà, secondo le regole, finir male. Bravi tutti, ma scarsi ritmo e invenzioni e tutto già visto e conosciuto. ■ DRAMMATICO; COL.; 126'; USA, 1997. ■ OSCAR 1 NOM.

♥ DONNIE DARKO ★★★
Regia di RICHARD KELLY. Con DREW BARRYMORE, JAKE GYLLENHAAL, JENA MALONE, MARY MCDONNELL, PATRICK SWAYZE, NOAH WYLE. ■ Donald Darko, detto Donnie, è un ragazzo con dei disturbi mentali che in passato lo hanno portato a dar fuoco ad una casa abbandonata. Nonostante sia un tipo in gamba, con una famiglia che lo ama e lo appoggia anche nelle scelte più discutibili. Donnie è in cura da una psicoanalista che lo aiuta a combattere la sua schizofrenia; a lei confida del suo nuovo amico immaginario, Frank, un coniglio gigante che lo ha salvato da una morte assurda, ma che in cambio gli chiede di fare cose riprovevoli e sempre più pericolose. Tra l'altro Frank le ha svelato che la fine del mondo arriverà di lì a 24 giorni. *Donnie Darko* è diventato un "culto" della fascia giovanile. Un genere dimenticato dall'edonista cinema contemporaneo. ■ DRAMMATICO; COL.; 108'; USA, 2004.

DONNINE D'AMERICA *(Junior Miss)* ★★
Regia di GEORGE SEATON. Con MICHAEL DUNNE, PEGGY ANN GARNER, ALLYN JOALYN. ■ Una terribile ragazzina sospetta che il padre abbia una relazione amorosa con la bella Elena, e con la fantasia già immagina il divorzio dei genitori. Per evitare che ciò accada davvero, la ragazzina provoca un incontro tra Elena e un giovane parente che gode fama di dongiovanni. La scintilla tra i due scocca davvero. ■ COMMEDIA; B/N; 94'; USA, 1945.

DONO D'AMORE *(The Gift of Love)* ★★★
Regia di JEAN NEGULESCO. Con LAUREN BACALL, ROBERT STACK. ■ Una giovane donna scopre di avere una malattia incurabile. Disperata all'idea di lasciare il marito, Julie cerca di affiancargli una persona che possa riempirgli l'esistenza. La coppia adotta una ragazzina ma, dopo la morte di Julie, l'uomo la rimanda in orfanotrofio. Lei fugge, si addormenta su una spiaggia e rischia di venire travolta dall'alta marea; all'ultimo momento arriva il padre adottivo che se la riporta a casa. ■ COMMEDIA; B/N; 105'; USA, 1958.

DONO DEL DIAVOLO, IL *(The Devil's Gift)* ★
Regia di KENNETH BERTON. Con BOB MENDELSOHN, VICKY SAPUTO. ■ Sotto le sembianze di un inoffensivo pupazzo si nasconde il diavolo in persona. Satana se ne serve per eliminare tutte le famiglie che lo ospitano. ■ HORROR; COL.; 112'; USA, 1984.

DONO DEL MATTINO, IL ★★
Regia di ENRICO GUAZZONI. Con OLGA CAPRI, VASCO CRETI, ARTURO FALCONI, CARLO LOMBARDI, GERMANA PAOLIERI. ■ Una bella orfana si imbruttisce per scoraggiare le intenzioni dei possibili corteggiatori. Un nobile, però, la scopre casualmente con le fattezze originali, se ne innamora e la sposa. ■ COMMEDIA; B/N; 92'; ITALIA, 1932.

DONO DI PRIMAVERA *(Altes Herz wird wieder jung)* ★★★
Regia di ERICH ENGEL. Con VIKTOR DE KOWA, EMIL JANNINGS, MARIA LANDROCK. ■ Un anziano benestante viene a sapere dell'esistenza di una nipote: è la figlia di un suo figlio illegittimo, nato da una relazione giovanile che i genitori, falsamente moralisti, gli avevano fatto immediatamente troncare. Ben felice di tale scoperta, il vecchio assegna alla nipote il posto che le spetta in famiglia. ■ COMMEDIA; B/N; 91'; GERMANIA, 1943.

DONOR – ESPERIMENTI GENETICI *(Donor)* ★★
Regia di LARRY SHAW. Con MELISSA GILBERT. ■ Film televisivo e per di più prevedibile. Una congrega di medici fa esperimenti di genetica per allontanare il più possibile l'invecchiamento. Queste "prove" provocano in un paziente-cavia una reazione violenta e l'uomo uccide la propria dottoressa. Farà luce sul caso una collega della vittima. ■ FANTASCIENZA; COL.; 90'; USA, 1990.

DO NOT DISTURB ★★
Regia di DICK MAAS. Con FRANCESCA BROWN, WILLIAM HURT, JENNIFER TILLY. ■ Marito moglie e bambina, americani, arrivano ad Amsterdam. La bambina ha la ventura di assistere a un omicidio. La famiglia è nei guai, il papà sistema tutto. Un po' di Hitchcock e di *Frantic*. ■ COMMEDIA; COL.; 100'; OLANDA, 1999.

DON PASQUALE ★★
Regia di CAMILLO MASTROCINQUE. Con ARMANDO FALCONI, GRETA GONDA, LAURA SOLARI. ■ È la versione cinematografica dell'omonimo capolavoro di Donizetti. Don Pasquale si impegna a sposarsi per diseredare il nipote. La futura moglie, però, lo distoglie dal proposito perché ama il ragazzo. I giovani riescono nell'intento e possono unirsi in matrimonio. ■ COMMEDIA; B/N; 92'; ITALIA, 1940.

DON PEDRO, IL CRUDELE *(Inés de Castro)* ★★
Regia di JOSÉ LETAO DE BARROS. Con ALICIA PALACIOS, MARIA DOLORES PREDENA, ANTONIO VILAR. ■ Don Pedro, figlio del sovrano portoghese, si sposa per ragioni di Stato e si innamora di un'amica della moglie. Quando quest'ultima muore, i due amanti possono legittimare la loro unione allietata dalla nascita di due bambini. Il re considera quel matrimonio inopportuno e fa uccidere la donna. Don Pedro prende le armi contro il padre, lo detronizza e uccide tutti gli avversari. ■ DRAMMATICO; B/N; 91'; PORTOGALLO, 1945.

DON'T EXPECT TOO MUCH ★★
Regia di SUSAN RAY. CON VICTOR ERICE, TOM FARRELL, JIM JARMUSCH, NICHOLAS RAY. ■ Abbandonato da Hollywood, dopo dieci anni in Europa, Nick Ray torna negli Stati Uniti e accetta per la prima volta di condurre un corso di cinema all'università. Presso l'Harpur College, tra il 1971 e il 1973, realizza con gli studenti un leggendario film sperimentale, in largo anticipo sui tempi e sui mezzi tecnologici a disposizione: *We can't go home again*, il suo ultimo lavoro, prima del terminale *Nick's movie*. Attraverso il materiale di repertorio di quell'esperienza e i ricordi di quelli che allora furono i suoi studenti, la vedova del grande regista, Susan, propone un ritratto profondo e contraddittorio del suo uomo e maestro. Allergico all'autorità, intenzionato a non tenere nemmeno una lezione frontale, Ray decide di far apprendere il cinema ai suoi ragazzi attraverso la pratica. Tutti faranno tutto: dall'attrezzista al direttore della fotografia, dall'attore al regista. Spendendosi senza sosta, dormendo quando andava bene quattro ore per notte, il regista si fa per loro maestro di vita prima che di cinema e personificazione autentica e ambulante di una cultura dell'accoglienza e della condivisione che, dopo i proclami del '68, si avviava in realtà velocemente verso la strada del riflusso. ■ DOCUMENTARIO; COL.; 70'; USA, 2011.

DON'T SAY A WORD ★★★
Regia di GARY FLEDER. Con MICHAEL DOUGLAS, JENNIFER ESPOSITO, FAMKE JANSSEN, BRITTANY MURPHY. ■ 1991, New York. Una banda attacca un caveau e ruba un rubino da dieci milioni di dollari. Uno dei rapinatori fugge con la pietra. Viene ritrovato e ucciso. Al delitto assiste la sua bambina Elizabeth, che memorizza un numero fondamentale per il ritrovamento della pietra. Poi impazzisce. Dieci anni dopo lo psichiatra Nathan Conrad viene chiamato a curare Elizabeth, ora diciottenne e mai guarita. Il capo della banda rapisce Jessie, figlia di Conrad, e ricatta il padre: se non riuscirà a farsi dire il numero dalla ragazza, Jessie morirà. Lo psichiatra comicia a lavorare al caso più difficile della sua vita, tallo-

nato e minacciato minuto per minuto. Il *redde rationem* avviene in un vecchio cimitero. Conrad ce la fa, da vero eroe, e riporta la piccola alla mamma. Niente di nuovo ma accattivante. Notato un Michael Douglas decisamente invecchiato. ■ THRILLER; COL.; 110′; USA, 2002.

DON'T WANT TO SLEEP ALONE, I *(Hei yanquan)* ★★
Regia di TSAI MING-LIANG. Con SHIANG-CHYI CHEN, LEE KANG-SHENG, ATUN NORMAN. ■ Girato a Kuala Lumpur, in Malesia, paese d'origine del regista, il film segue le traiettorie dei suoi personaggi: un senza tetto cinese pestato a sangue, ospitato da un lavoratore del Bangladesh, e una cameriera di un coffee shop. Privati di qualsiasi caratterizzazione psicologica, i protagonisti si muovono in uno spazio urbano indefinito e sospeso, lasciandosi trascinare in un'esistenza anonima e incolore, ribelli donchisciotteschi di una società postmoderna, malsana e contaminata: il loro grido è muto e disperato, almeno quanto lo sono gli spazi nei quali si muovono. ■ DRAMMATICO; COL.; 115′; AUSTRIA, FRANCIA, TAIWAN, 2006.

DON VESUVIO – IL BACIO DEL SOLE ★★
Regia di SIRO MARCELLINI. Con LORELLA DE LUCA, OTTO WILHELM FISCHER, MARISA MERLINI, NINO TARANTO. ■ È appena finita la guerra. A Napoli molti ragazzi rubano per vivere. Un sacerdote, senza rivelare la sua vera condizione, riesce a correggerli, ma quando per necessità si presenta in abiti talari provoca una scissione nel gruppo. ■ COMMEDIA; B/N; 94′; ITALIA, 1958.

DOOM ★★
Regia di ANDRZEJ BARTKOWIAK. Con RAZAAK ADOTI, RICHARD BRAKE, BEN DANIELS, DHOBI OPAREI, ROSAMUND PIKE, THE ROCK, KARL URBAN. ■ Le comunicazioni tra la stazione di ricerca su Marte e la Terra si interrompono misteriosamente. Qualcosa di grave è accaduto e gli unici autorizzati ad intervenire sono gli uomini della Rapid Response Tactical Squad. Quello che non sanno è che i ricercatori hanno inconsapevolmente scatenato un esercito di creature infernali che hanno invaso la stazione e ucciso gli uomini. ■ AZIONE; COL.; 101′; USA, 2005.

DOOM GENERATION, THE ★
Regia di GREGG ARAKI. Con JAMES DUVALL, ROSE MCGROWAN, JONATHAN SCHAECH. ■ Due ragazzi e una ragazza girano l'America rapinando, mangiando ai fast food e facendo l'amore. Un braccio staccato dal corpo, la testa mozzata di un cinese che continua a parlare. Inoltre citazioni della *Nouvelle Vague*. Sarebbe cinema *underground*, con qualche singolare picco espressionista. Araki, esponente ufficiale della cultura omosessuale, cerca di vendere il film come "etero", ma proprio non ce la fa a immaginare qualcosa di normale. ■ COMMEDIA; COL.; 100′; USA, 1996.

DOOMSDAY ★
Regia di NEIL MARSHALL. Con BOB HOSKINS, ADRIAN LESTER, RHONA MITRA, DAVID O'HARA, ALEXANDER SIDDIG. ■ Con un muro, dove sorgeva nell'antichità il vallo di Adriano, la Scozia viene isolata in seguito alla comparsa di un virus inarrestabile. Trent'anni dopo, una fuga che riporta l'epidemia a Londra costringe il governo a inviare una spedizione nella zona contaminata per trovare qualche possibile sopravvissuto, forse grazie alla selezione naturale. *Doomsday* è una sorta di collage di altri film, che mescola i grandi classici della fantascienza post-atomica anni Ottanta e il cinema di zombie contemporaneo. ■ THRILLER; COL.; 105′; GRAN BRETAGNA, USA, SUDAFRICA, 2008.

DOOMWATCH I MOSTRI DEL 2001 *(Doomwatch)* ★★
Regia di PETER SASDY. Con IAN BANNEN, JUDY GEESON, GEORGE SANDERS. ■ Shaw, studioso di problemi ecologici, è inviato dall'Istituto anti-inquinamento inglese (il "Doomwatch") sull'isola britannica di Balfe per esaminarne le acque costiere. Scopre così che molti degli abitanti sono colpiti da un male che conduce alla follia. Riuscirà, con fatica, a convincere gli ammalati a sottoporsi alle cure organizzate dal governo. ■ FANTASCIENZA; COL.; 92′; GRAN BRETAGNA, 1972.

DOOR IN THE FLOOR, THE ★★★
Regia di TOD WILLIAMS. Con KIM BASINGER, JEFF BRIDGES, ELLE FANNING, JON FOSTER, LIBBY LANGDON, HARVEY LOOMIS, BIJOU PHILLIPS, LARRY PINE, MIMI ROGERS, JOHN ROTHMAN, MIKE S. RYAN. ■ Una citazione per Jeff Bridges, davvero un grande attore, per mestiere, appeal e umanità. Ci sono personaggi molto più celebrati che non lo valgono davvero, un nome: il monoespressivo Nicolas Cage, che si è visto attribuire persino un Oscar. Il film è tratto dal romanzo *Vedova per un anno* di John Irving, scrittore dotatissimo e di non facile traduzione in cinema: il suo *Il mondo secondo Garp* aveva avuto una rappresentazione insufficiente (Roy Hill), e *Le regole della casa del sidro* era stato trattato un po' meglio da Lasse Hallstrom. Ted e Marion hanno perso i due maschi adolescenti in un incidente. È rimasta la loro bambina di sei anni che comunque non ha impedito alla madre di morire dentro. Il padre riesce a sopravvivere grazie al lavoro, è scrittore di libri per bambini e si fa distrarre dalle modelle. Arriva il diciottenne Eddie come assistente di Ted. Marion, che trova in lui qualcosa di uno dei figli perduti, lo seduce. Tutto è conosciuto e sottaciuto, ma quando la bambina incappa per caso nella madre in pieno amplesso col ragazzo, Ted reagisce. Il rapporto è costretto a una risoluzione. Marion lascerà tutti, Ted perché ci sono troppi ricordi, Eddie perché era solo un sogno, la figlia perché sarebbe stata una pessima madre. Nel frattempo la storia vive di letteratura, non sempre funzionale al racconto ma comunque un bel valore aggiunto di novità e di incanto. È un film d'autore che non si preoccupa delle regole del pubblico, nei multisala è relegato nella sala minore, tuttavia un grande scrittore americano rappresentato nei film ha diritto alla dovuta attenzione. ■ DRAMMATICO; COL.; 111′; USA, 2004.

DOORS, THE ★★★
Regia di OLIVER STONE. Con VAL KILMER, KYLE MACLACHLAN, MEG RYAN. ■ È sempre difficile fare la biografia cinematografica di un artista, tra l'altro contemporaneo, ed elevarlo a santone come ha fatto Oliver Stone. Lui dice di aver sempre adorato Jim Morrison dei Doors, ma il risultato lo rappresenta come un povero pazzo che credeva di essere un nuovo Messia e che vede sfruttata la sua ingenuità per scopi commerciali. Morrison era ossessionato dall'arte in generale, amava il cinema europeo di Godard e di Antonioni, la poesia di Baudelaire e Rimbaud. Non meritava, pur nelle buone intenzioni del regista, un caleidoscopio virtuosistico ma pieno di maniera, dove personaggi come Nico dei Velvet Underground e Andy Warhol vengono rappresentati come macchiette. Rimane la grande musica dei Doors. Buon successo di pubblico. ■ COMM. MUSICALE; COL.; 140′; USA, 1990.

DOPO ARSENIO LUPIN *(Arsène Lupin Returns)* ★★★
Regia di GEORGE FITZMAURICE. Con VIRGINIA BRUCE, MELVIN DOUGLAS, WARREN WILLIAM. ■ Durante un viaggio in Europa, una ricca famiglia viene derubata di un mobile di enorme valore. Sia la polizia che un detective indagano sul furto, tuttavia sarà la collaborazione del celeberrimo Arsenio Lupin a permettere il ritrovamento della refurtiva e dell'autore del crimine. ■ AVVENTURA; B/N; 91′; USA, 1938.

...DOPO DI CHE, UCCIDE IL MASCHIO E LO DIVORA *(Estado civil: Martha)* ★
Regia di JOSÉ ANTONIO NIEVES CONDE. Con STEPHEN BOYD, MARISA MELL, HOWARD ROSS. ■ Un giovane nobile, che ha trascorso un'infanzia difficile, si innamora di una ragazza che dice di fuggire dalla polizia per aver commesso un omicidio. In realtà è la sorella della sua prima moglie che vuole scoprire quale sia stato il destino della donna. Rischia di essere assassinata dal ragazzo, colpevole di uxoricidio, ma la polizia la salva. ■ DRAMMATICO; COL.; 90′; SPAGNA, 1971.

DOPO DIVORZIEREMO ★★
Regia di NUNZIO MALASOMMA. Con REGINA BIANCHI, VIVI GIOI, AMEDEO NAZZARI, NOËLLE NORMAN, LILIA SILVI. ■ Il protagonista sposa la dipendente di un ritrovo notturno americano dietro richiesta della fidanzata. Le due donne, infatti, abitano nello stesso pensionato ma la seconda, contrariamente alla prima, non può intrattenere uomini in camera. Il problema della lontananza sembra dunque risolto – è previsto un bel divorzio – senonché i due pseudo-coniugi finiscono con l'innamorarsi per davvero. ■ COMMEDIA; B/N; 93′; ITALIA, 1940.

DOPO IL BALLO *(After the Dance)* ★★
Regia di LEO BULGAKOV. Con NANCY CARROLL, GEORGE MUR-

PHY. ■ Un ballerino viene ingiustamente accusato di omicidio e finisce in galera. Dopo la riuscita evasione torna in America e, sotto falso nome, riprende la sua professione. Un ex collega, però, lo riconosce, gli spilla quattrini e poi lo denuncia ugualmente. ■ DRAMMATICO; B/N; 60'; USA, 1935.

DOPO IL MATRIMONIO *(Efter brylluppet)* ★★★
Regia di SUSANNE BIER. Con STINE FISCHER CHRISTENSEN, FREDERIK GULLITS ERNST, SIDSE BABETT KNUDSEN, ROLF LASSGÅRD, MADS MIKKELSEN, CHRISTIAN TAFDRUP. ■ Jacob vive da molti anni in India, dove ha iniziato e abbandonato diversi progetti di volontariato, è stato lasciato dalla donna che amava e ha disperatamente tentato di sfuggire alla sua condizione di alcolizzato. Costretto a tornare in patria per ottenere una cospicua donazione che gli permetta di continuare a occuparsi dell'orfanotrofio dove si è ritagliato il ruolo di buon samaritano, Jacob ritroverà un pezzo del suo passato che inevitabilmente gli cambierà la vita. Dismessi i panni di prete anticonvenzionale alle prese con una parrocchia di pecore smarrite (*Le mele di Adamo*) Mads Mikkelsen torna sul grande schermo con un personaggio più profondo e "tridimensionale" ma anche meno ironico di come ce lo ricordavamo. ■ DRAMMATICO; COL.; 120'; DANIMARCA, SVEZIA, 2006.

DOPO L'AMORE *(Après l'amour)* ★★
Regia di MAURICE TOURNEUR. Con PIERRE BLANCHAR, GISÈLE PASCAL, SIMONE RENANT. ■ Un uomo si consola del tradimento della moglie finendo tra le braccia comprensive di una studentessa. Dopo la nascita di due bambini e un complicato scambio di pargoli, le cose si appianeranno. ■ DRAMMATICO; B/N; 90'; FRANCIA, 1947.

DOPO LA PROVA *(After Repetition)* ★★★
Regia di INGMAR BERGMAN. Con ERLAND JOSEPHSON, LENA OLIN, INGRID THULIN. ■ Un vecchio regista alle prese con una rappresentazione di Strindberg rivede come in sogno Rakel, la donna che aveva amato un tempo, morta in una clinica per alcolisti da ormai cinque anni. In realtà, accanto a lui, sul palcoscenico, c'è Anna, giovane e disinibita figlia di Rakel e, forse, dello stesso regista. Tra ricordi e realtà, fantasia e finzione scenica, il regista immagina la sua vita al fianco di quella giovane e bella donna. Ma sono soltanto sogni. ■ DRAMMATICO; COL.; 70'; SVEZIA, 1983.

DOPO LA VITA *(Legend of Hell House)* ★★
Regia di JOHN HOUGH. Con PAMELA FRANKLIN, RODDY MCDOWALL, CLIVE REVILL. ■ In una casa soprannominata "Villa Inferno" accadono inspiegabili fenomeni che nessuno è riuscito a far cessare. Si impegnano nel compito due scienziati e due medium. Dopo due morti misteriose, si scoprirà la causa degli spaventosi episodi. ■ HORROR; COL.; 95'; USA, 1973.

DOPO L'UOMO OMBRA *(After the Thin Man)* ★★★
Regia di W. S. VAN DYKE II. Con ELISSA LANDI, MYRNA LOY, WILLIAM POWELL, JAMES STEWART. ■ Una facoltosa famiglia incarica il detective privato Nick Charles del ritrovamento di un parente scomparso. Questi ha preparato la fuga con l'amante; qualcuno, però, lo ha ucciso prima. Tutte le persone che erano legate al defunto da interessi di vario genere sono sospettabili: solo affidandosi al suo straordinario intuito e all'aiuto della moglie Nora, Nick scoprirà il responsabile dell'omicidio. ■ GIALLO ROSA; B/N; 110'; USA, 1936.

DOPO L'URLO, UN URAGANO DI VIOLENZA ★
(Blind Boxer)
Regia di CHAN SUM. Con LU CHUN, CHEN LEE, PAI PIAO. ■ Siamo in Cina. Il campione di lotta di una banda di gangster vince immancabilmente le sfide con gli avversari. L'unico che l'ha battuto è stato assassinato. Il migliore amico dell'ucciso, benché sia stato fatto accecare dal crudele rivale, lo batte, poi fa imprigionare il capo dei malviventi. ■ DRAMMATICO; B/N; 92'; HONG KONG, 1974.

DOPO MEZZANOTTE ★
Regia di DAVIDE FERRARIO. Con FRANCESCA INAUDI, GIORGIO PASOTTI, FRANCESCA PICOZZA, FABIO TROIANO. ■ Difficile comprendere il perché degli entusiastici commenti che si elargiscono a profusione per l'ultima fatica di Ferrario, indubbiamente un buon regista, ma qui, onestamente al suo nadir. *Dopo mezzanotte*, al di là di tutto, è un clone povero di *Jules et Jim* in cui tre personaggi bizzarri, sarebbe meglio dire pensati male e realizzati peggio, si inseguono per un'ora e mezza vagando per il film tra dialoghi assurdi e una sceneggiatura improbabile. Le comiche con Pozzetto e Villaggio erano più sincere e divertenti. Il romanticismo? Gli omaggi al cinema del passato lasciamoli fare a chi sa come gestire la materia che maneggia. ■ COMMEDIA; COL.; 93'; ITALIA, 2004. ■ DAVID DI DONATELLO 1 PR, 1 NOM.

DOPO QUELLA NOTTE *(After Tonight)* ★★
Regia di GEORGE ARCHAINBAUD. Con CONSTANCE BENNETT, GILBERT ROLAND. ■ Siamo alle soglie del primo conflitto mondiale. Una bella spia sovietica fa la conoscenza di un agente del controspionaggio americano (del quale ignora il lavoro) e lo lascia senza una spiegazione perché deve portare a termine un difficile compito. L'agente la cattura e la porterebbe in prigione, benché l'ami, se lei non scappasse. Dopo la guerra tutto finisce con un matrimonio. ■ COMMEDIA; B/N; 93'; USA, 1933.

DOPO WATERLOO – IL RITORNO DEL KENTUCKIANO *(The Fighting Kentuckian)* ★★
Regia di GEORGE WAGGNER. Con PHILIP DORN, OLIVER HARDY, JOHN HOWARD, VERA RALSTON, JOHN WAYNE, MARIE WINDSOR. ■ La figlia di un ex ufficiale napoleonico, fuggito con altri commilitoni in America, si innamora di un ragazzo del luogo, John, benché sia fidanzata con un facoltoso e potente proprietario terriero. Questi, con l'inganno, fa lavorare ai profughi un pezzo di terreno incolto con l'intenzione di riprenderselo subito dopo. Ne nasce una disputa violenta che degenera in battaglia: i nativi avrebbero la meglio se non giungesse in aiuto John. Lieto fine anche per la storia d'amore. ■ AVVENTURA; B/N; 100'; USA, 1949.

DOPPIA ANIMA *(Prelude to a Kiss)* ★★
Regia di NORMAN RENÉ. Con KATHY BAKER, ALEC BALDWIN, PATTY DUKE, MEG RYAN. ■ Dopo la drammatica realtà di *Che mi dici di Willy?*, René passa ai fenomeni metapsichici. È la storia di una felice coppia di innamorati che viene minacciata proprio in occasione delle tanto attese nozze. ■ THRILLER; COL.; 101'; USA, 1992.

DOPPIA COPPIA ALL'OTTO DI PICCHE *(Bullseye!)* ★★
Regia di MICHAEL WINNER. Con MICHAEL CAINE, SALLY KIRKLAND, DEBRA LANG, ROGER MOORE. ■ Caine e Moore non valgono molto come criminali, ma il caso vuole che restino implicati in un complotto di enormi dimensioni. Al centro, una guerra fredda al nucleare. ■ SPIONAGGIO; COL.; 89'; GRAN BRETAGNA, USA, 1989.

DOPPIA COPPIA CON REGINA *(Alta tension)* ★★
Regia di JULIO BUCHS. Con GABRIELE FERZETTI, MARISA MELL. ■ Un giovane spagnolo si trasferisce nella capitale intenzionato ad arricchirsi il più presto possibile. L'opportunità gli viene offerta da una miliardaria che gli commissiona l'assassinio del marito. Fallito il tentativo, la donna intende portarlo a termine personalmente. Rimane vittima della sua stessa trappola, ma prima di morire fa in modo che il ragazzo venga incolpato di duplice omicidio. ■ DRAMMATICO; COL.; 90'; SPAGNA, 1972.

DOPPIA IDENTITÀ *(Impulse)* ★★★
Regia di SONDRA LOCKE. Con GEORGE DZUNDZA, JEFF FAHEY, ALAN ROSENBERG, THERESA RUSSELL. ■ Una donna poliziotto attraversa un momento difficile e, dopo essersi finta prostituta per compiere un'indagine, sogna spesso di comportarsi come tale. Una sera, accetta l'invito di uno sconosciuto a salire nel suo appartamento. L'uomo è un gangster e viene ucciso da un killer. La poliziotta ha visto l'assassino e, trovata la chiave di una cassetta di sicurezza in tasca al morto, si fa tentare e la usa. Trova una grossa somma. Ma, scoperta, restituirà il denaro e darà le dimissioni dalla polizia. E c'è un giovane avvocato pronto a riempire il vuoto della sua vita. ■ POLIZIESCO; COL.; 105'; USA, 1989.

DOPPIA IDENTITÀ *(The Lookalike)* ★★
Regia di GARY NELSON. Con MELISSA GILBERT, DIANE LADD. ■ A Gina muore la figlioletta e la donna, faticosamente, cerca di riprendere fiducia nella vita e di sopravvivere al dolore. Ma mentre fa la spesa, scopre una donna che le somiglia come una goccia d'acqua insieme ad una bambina come la sua. Il misterioso incontro prelude a una serie di avvenimenti inquietanti. Film per la

televisione poco riuscito nonostante l'idea di base abbastanza originale. ■ GIALLO; COL.; 90′; USA, 1990.

DOPPIA IMMAGINE NELLO SPAZIO ★★★
(Doppelganger)
Regia di ROBERT PARRISH. Con IAN HENDRY, ROY THINNES, PATRICK WYMARK. ■ Durante l'atterraggio di una navicella spaziale su un pianeta abitabile, uno dei due astronauti resta ucciso. Il superstite, benché sia stato salvato e condotto in un ambiente identico a quello terrestre, dubita di essere sul suolo naturale: tutto, infatti, accade normalmente ma come se fosse riflesso in uno specchio. L'astronauta muore nel tentativo di risolvere il mistero. ■ FANTASCIENZA; COL.; 90′; USA, 1969.

DOPPIA IPOTESI PER UN DELITTO *(Slow Burn)* ★★
Regia di WAYNE BEACH. Con JOLENE BLALOCK, LL COOL J, TAYE DIGGS, CHIWETEL EJIOFOR, RAY LIOTTA, BRUCE MCGILL, MEKHI PHIFER, GUY TORRY. ■ Isaac Duparde, impiegato in un negozio di dischi, è stato ucciso nel letto di Nora Timmer, assistente e fidanzata del procuratore distrettuale Ford Cole. A essere accusata dell'omicidio è proprio Nora, che giura di aver agito per legittima difesa. La stessa notte alla centrale di polizia si presenta Luther Pinks, un amico di Isaac, che fornisce a Cole una versione diversa del delitto. Cole, candidato sindaco, scoprirà presto che dietro a quella morte si nasconde un disegno più grande e un nemico insidioso, Danny Lewton, criminale che gestisce numerose attività illegali e la fratellanza nera. Opera prima di Wayne Beach, trascurabile. ■ THRILLER; COL.; 93′; USA, 2005.

DOPPIA MORTE, LA *(Le cercle vicieux)* ★★
Regia di MAX PÉCAS. Con CLAUDE FARREL, HENIA SUCHAR. ■ Un pittore francese ama una modella, ma si lascia irretire da una donna ricchissima e la sposa. L'unione va ben presto a rotoli e l'uomo scappa su un'auto con l'ex innamorata. Durante il viaggio i due sono coinvolti in un incidente e la ragazza muore. Il pittore torna dalla moglie che ammazza dopo un violento alterco. La polizia scambia il cadavere della modella per quello della moglie; l'assassino comunque, dopo un periodo di tranquillità, verrà imprigionato. ■ DRAMMATICO; B/N; 100′; FRANCIA, 1960.

DOPPIA ORA, LA ★★
Regia di GIUSEPPE CAPOTONDI. Con GAETANO BRUNO, KSENIA RAPPOPORT, FAUSTO RUSSO ALESI, FILIPPO TIMI, ANTONIA TRUPPO. ■ Sonia è di Lubiana ed è cameriera in un hotel. Guido è stato poliziotto e ora è custode in una villa fuori città. Guido frequenta da qualche tempo gli speed date ed è lì che incontra Sonia. Basta quel primo incontro perché i due provino un'attrazione che diventa presto reciproca che spinge Guido ad invitare Sonia nella villa in assenza del padrone. Lì i due vengono aggrediti da una banda di ladri che svuota la casa. Uno di loro sta per violentare la ragazza donna e Guido si getta su di lui per proteggerla. *La doppia ora* è una scommessa con il pubblico al quale si chiede di "entrare" nella storia per dipanare, insieme ai protagonisti, la vicenda. È un film di sceneggiatura (la menzione al Premio Solinas è lì a testimoniarlo) che sulla tenuta delle concatenazioni dei fatti si gioca tutto. O, meglio, non tutto perché parte della posta è affidata ai due protagonisti. Filippo Timi si conferma come uno degli attori emergenti più completi. ■ THRILLER; COL.; 95′; ITALIA, 2009.

DOPPIA PERSONALITÀ *(Positive I. D.)* ★★
Regia di ANDY ANDERSON. Con STEPHANIE RASCOE. ■ Una donna viene stuprata e di colpo la sua vita cambia radicalmente. Ha continue paure e il suo reinserimento nella realtà di tutti i giorni le riesce difficile. È sposata e ha dei figli ma ormai il suo scopo principale è la vendetta e così attende la scarcerazione dello stupratore. Un buon film indipendente americano con un bel ritmo narrativo. Il regista è anche sceneggiatore e produttore del lungometraggio. ■ DRAMMATICO; COL.; 105′; USA, 1987.

DOPPIA PERSONALITÀ *(Raising Cain)* ★★★
Regia di BRIAN DE PALMA. Con STEVEN BAUER, LOLITA DAVIDOVICH, JOHN LIGHTGOW. ■ Carter Nix (il riferimento del nome ai due ex presidenti americani è puramente voluto) è uno psicologo specialista in bambini. Lui stesso però ha delle turbe piuttosto serie e sdoppiamenti d'identità. Rapisce su consiglio del misterioso "fratello" figli di amici per usarli come cavie. La cosa diventa pericolosa. Con un po' di autoironia il regista ha costruito un buon film, al contrario di ciò che ha scritto molta critica. Le citazioni vanno da *L'occhio che uccide* a *Psycho* passando a film dello stesso De Palma, da *Le due sorelle* a *Vestito per uccidere*. ■ THRILLER; COL.; 92′; USA, 1992.

DOPPIA RIVELAZIONE *(Double Exposure)* ★
Regia di CLAUDIA HOOVER. Con IAN BUZHANAN, RON PERLMAN, DEDEE PFEIFFER. ■ Un uomo d'affari molto ricco assolda un detective per controllare la moglie, pensando a un tradimento. Ma il passato dell'investigatore contempla una tragedia nella quale sono morti moglie e figlio. ■ THRILLER; COL.; 90′; USA, 1995.

DOPPIA VERITÀ *(Listen to Me)* ★★
Regia di DOUGLAS DAY STEWART. Con KIRK CAMERON, JAMI GERTZ, ROY SCHEIDER. ■ Medio prodotto americano con le giuste dosi di sentimento, positività e religione. Giuste, per chi ama il pre-confezionamento e cerca al cinema conferme per se stesso. C'è un college universitario americano con la Facoltà di Oratoria. Ci sono un professore e due assistenti che devono istruire gli allievi. Si parla anche di aborto, ma l'argomento è trattato come accessorio. ■ DRAMMATICO; COL.; 105′; USA, 1989.

DOPPIA VITA *(A Double Life)* ★★★★
Regia di GEORGE CUKOR. Con RONALD COLMAN, SIGNE HASSO, PHILIP LOEB, MILLARD MITCHELL, EDMOND O'BRIEN. ■ Cukor viene dal teatro e lo si vede soprattutto in questo film per il quale si è servito, almeno in parte, di un testo shakespeariano. Un attore confonde realtà e finzione teatrale; l'esasperazione e l'alterazione psichica lo inducono infatti a strangolare una donna, come fa Otello con Desdemona. ■ DRAMMATICO; B/N; 104′; USA, 1948. ■ OSCAR 2 PR, 4 NOM.

DOPPIA VITA DI ANDY HARDY, LA ★★
(Andy Hardy's Double Life)
Regia di GEORGE BRACKETT SEITZ. Con MICKEY ROONEY, LEWIS STONE, ESTHER WILLIAMS. ■ Andy Hardy è in grave imbarazzo. Ha chiesto a ben due ragazze di sposarlo (senza molta convinzione) ed entrambe (con molta convinzione) hanno accettato. Come uscire dal pasticcio? ■ COMMEDIA; B/N; 92′; USA, 1942.

DOPPIA VITA DI DAN CRAIG, LA *(Night Must Fall)* ★★
Regia di KAREL REISZ. Con ALBERT FINNEY, SUSAN HAMPSHIRE, MONA WASHBOURNE. ■ A servizio presso una famiglia benestante, un domestico porta a letto la figlia della padrona e un'inserviente. Dopo qualche tempo, in preda ad un *raptus* simile a quello che gli ha fatto commettere un primo omicidio, ammazza crudelmente la sua datrice di lavoro. ■ POLIZIESCO; B/N; 101′; GRAN BRETAGNA, 1964.

DOPPIA VITA DI ELENA GALL, LA ★★
(Schatten der Vergangenheit)
Regia di WERNER HOCHBAUM. Con GUSTAV DIESSL, LUISE ULLRICH. ■ Una ragazza esce di prigione, dove è stata rinchiusa per un assassinio non commesso, e prende il posto della gemella, morta tragicamente in una gita in barca. Per un po' di tempo la finzione regge, poi qualcuno la smaschera e la ricatta. Tutto sembra perduto, ma il lieto fine premia le sue sofferenze. ■ COMMEDIA; B/N; 91′; AUSTRIA, 1966.

DOPPIA VITA DI SYLVIA WEST, LA *(Sylvia)* ★★★
Regia di GORDON DOUGLAS. Con CARROLL BAKER, JOANNE DRU, PETER LAWFORD, VIVECA LINDFORS, GEORGE MAHARIS, EDMOND O'BRIEN. ■ Un magnate americano assume un detective privato perché scopra i trascorsi della bella, giovane e ricca fidanzata. L'investigatore si reca nella città d'origine della ragazza e, parlando con tutti coloro che l'hanno conosciuta, viene a sapere che dopo un'infanzia dolorosa la donna si era data alla prostituzione. L'uomo, incuriosito dalla personalità di Sylvia, fa in modo di conoscerla. Se ne innamora ricambiato. ■ DRAMMATICO; B/N; 115′; USA, 1965.

DOPPIA VITA DI VERONICA, LA ★★★
(La double vie de Veronique)
Regia di KRZYSZTOF KIESLOWSKI. Con IRÈNE JACOB, PHILIPPE VOLTER. ■ La polacca Weronika e la francese Veronique sono ragazze ultrasensibili che vivono per la musica ma ricavandone solo dolori. Identiche, le incontriamo in due momenti diversi e per

la prima il destino è addirittura crudele. Un importante concerto le sarà fatale per un vizio cardiaco. La seconda, che ha avuto una vita simile, trova il solo conforto dalla realtà nel rapporto con uno scrittore che si diletta coi burattini. Dopo un capolavoro assoluto come il lungo e diversificato *Decalogo* era difficile per Kieslowski ripetere l'*exploit*. Irene Jacob ha vinto il premio a Cannes per la migliore interpretazione femminile. ■ DRAMMATICO; COL.; 96'; FRANCIA, POLONIA, 1990. ■ CANNES 2 PR; GOLDEN GLOBES 1 NOM.

DOPPIO AGENTE *(Double Agent)* ★★
Regia di MIKE VEJAR. Con LLOYD BOCHNER, MICHAEL MCKEAN, SUSAN WALDEN. ■ Il film racconta la storia di due fratelli, uno è una specie di James Bond, un agente segreto dalla mira infallibile, irresistibile donnaiolo. Un giorno scompare improvvisamente e i suoi capi, per poter portare a termine un intricatissimo "affare" internazionale, non trovano di meglio che ingaggiare il suo gemello, tranquillo padre di famiglia, (teoricamente) impreparato ad affrontare i pericoli. ■ AVVENTURA; COL.; 92'; USA, 1987.

DOPPIO BERSAGLIO *(The Double Man)* ★★★
Regia di FRANKLIN J. SCHAFFNER. Con YUL BRYNNER, ANTON DIFFRING, BRITT EKLAND, CLIVE REVILL. ■ Con un crudele tranello alcune spie nemiche riescono a imprigionare un agente segreto americano. L'uomo viene rimpiazzato con un sosia perfetto: nemmeno le persone a lui più vicine comprendono l'inganno. L'agente riesce a liberarsi e a raggiungere il rivale; alcune incaute parole di quest'ultimo inducono i compagni a identificare l'autentico collega. ■ DRAMMATICO; COL.; 105'; GRAN BRETAGNA, 1967.

DOPPIO BERSAGLIO *(Double Target)* ★★
Regia di BRUNO MATTEI. Con MILES O'KEEFFE, DONALD PLEASENCE. ■ Un reduce dal Vietnam, non contento dei terribili anni passati nel Sud-Est asiatico, vuol tornare in quell'inferno. La ragione è che laggiù ha lasciato un figlio, nato dalla relazione con una vietnamita. È deciso a ritrovarlo a tutti i costi. I suoi superiori si offrono di aiutarlo, a patto che lui compia per loro una missione pressoché impossibile. ■ AVVENTURA; COL.; 92'; ITALIA, USA, 1987.

DOPPIO COLPO *(Ransom)* ★★
Regia di RICHARD COMPTON. Con JIM MITCHUM, OLIVER REED, STUART WHITMAN. ■ Un misterioso individuo travestito da indiano uccide alcuni maggiorenti di una città californiana e minaccia di far fare la stessa fine agli altri qualora non gli venga consegnata una grossa somma. I ricconi assumono un detective privato. Ma questi ha intravisto la possibilità di un grosso colpo. Rintraccia il falso indiano, ma, al dunque, lascia che questo se la veda con il capo dei ricconi. Entrambi i contendenti muoiono. Il detective ruba i quattrini. ■ GIALLO; COL.; 90'; USA, 1978.

DOPPIO DELITTO ★★
Regia di STENO. Con URSULA ANDRESS, AGOSTINA BELLI, MARCELLO MASTROIANNI, PETER USTINOV. ■ Un commissario di mezza età, ridotto a fare l'archivista, indaga su un doppio delitto in un palazzo nobiliare. Apparentemente il proprietario del palazzo, un vecchio principe romano, è rimasto fulminato da un corto circuito durante un temporale. Ma il commissario non crede alla disgrazia. Ha davanti una serie di persone sospette e le scandaglia senza riguardi. Alla fine scopre l'assassino. Non il meno sospettabile. ■ GIALLO; COL.; 103'; ITALIA, 1977.

DOPPIO DELITTO *(Hide and Go Shriek)* ★
Regia di SKIP SCHOOLNIK. Con DONNA BALTRON, BRITTAIN FRYE, GEORGE THOMAS. ■ Un ex detenuto viene assunto per fare la guardia di notte in un negozio di mobili. È proprio in quel luogo che si verificano sconvolgenti assassinii. Tra le vittime, alcuni studenti che festeggiavano la laurea organizzando un'orgia. ■ GIALLO; COL.; 90'; USA, 1987.

DOPPIO GIOCO *(Criss Cross)* ★★★
Regia di ROBERT SIODMAK. Con YVONNE DE CARLO, BURT LANCASTER. ■ Ancora innamorato dell'ex moglie, un uomo, pur di riconquistarla, entra a far parte della banda di malviventi capeggiata dal nuovo marito della donna. Durante l'esecuzione del primo colpo si impadronisce della refurtiva e, essendo ferito, la affida alla moglie. Fatto sequestrare dal rivale mentre si trova all'ospedale, tenta di corrompere un bandito, ma inutilmente: il gangster elimina sia lui che la donna. ■ DRAMMATICO; B/N; 87'; USA, 1948.

DOPPIO GIOCO *(True Betrayal)* ★★
Regia di ROBERT MALCOLM YOUNG. Con PETER GALLAGHER, M. EMMER WALSH. ■ La vicenda ha luogo nel Texas, dove marito e moglie vengono trucidati. I colpevoli sono due individui mascherati e la polizia se ne disinteressa. I parenti, però, non sono disposti a cedere e ingaggiano un detective. ■ POLIZIESCO; COL.; 103'; USA, 1990.

DOPPIO GIOCO A DEVIL'S BRIDGE ★★
(Avalanche at Devil's Bridge)
Regia di RICHARD COMPTON. Con LISE CUTTER, ALEX MACARTHUR. ■ Duell McCall, noto *desperado*, è catturato da un cacciatore di taglie e messo in galera. Ma ci rimane poco. Un riccone gli chiede di aiutarlo a salvare sua figlia caduta prigioniera di una banda di fuorilegge. In cambio dell'aiuto, Duell riavrà la libertà. ■ WESTERN; COL.; 93'; USA, 1988.

DOPPIO GIOCO A SCOTLAND YARD ★★★
(The Informers)
Regia di KEN ANNAKIN. Con HARRY ANDREWS, COLIN BLAKELY, NIGEL PATRICK, MARGARET WHITING, CATHERINE WOODVILLE. ■ Un informatore di Scotland Yard è assassinato da una banda di malviventi. L'ispettore, che era costantemente in contatto con lui, riesce comunque a conoscere il nome del presunto capo; successive indagini però lo portano ad un altro individuo, che cercherà di toglierlo di mezzo e invece finirà in galera. ■ POLIZIESCO; B/N; 104'; GRAN BRETAGNA, 1963.

DOPPIO GIOCO – LA VERITÀ SI NASCONDE NELL'OMBRA *(Shadow Dancer)* ★★
Regia di JAMES MARSH. Con BRID BRENNAN, AIDAN GILLEN, DOMHNALL GLEESON, ANDREA RISEBOROUGH. ■ Anni '90, Irlanda del Nord. Colette, al centro delle lotte dell'Ira contro il governo, viene presa dalla polizia, che le propone di non finire in galera (e quindi non essere allontanata dal figlio di dieci anni) ma di collaborare diventando una spia. La prima occasione è un attentato che i suoi compagni stanno preparando. Ma se la polizia è pronta a mettere in atto la minaccia al primo tentennamento, il rischio di essere scoperta dall'Ira è altrettanto pericoloso. La filmografia di James Marsh è caratterizzata da una forte voglia di rivedere il passato: è un cinema della ricostruzione di fatti passati, sia quando è documentaristico che quando è di finzione. ■ THRILLER; COL.; 100'; GRAN BRETAGNA, 2012.

DOPPIO GUAIO A LOS ANGELES *(Double Trouble)* ★
Regia di JOHN PARAGON. Con DAVID CARRADINE, TROY DONAHUE, RODDY MCDOWALL, DAVID PAUL, PETER PAUL. ■ È la storia di due fratelli gemelli. La loro somiglianza fisica si scontra con due nature assolutamente contrapposte e divergenti; uno, infatti, è agente di polizia, l'altro, invece, fa il rapinatore. ■ COMMEDIA; COL.; 85'; USA, 1991.

DOPPIO INFERNO *(Chattahoochee)* ★★★
Regia di MICK JACKSON. Con NED BEATTY, DENNIS HOPPER, FRANCES MCDORMAND, GARY OLDMAN, M. EMMER WALSH. ■ Tratto da una storia vera accaduta negli anni Cinquanta. Un soldato di ritorno dalla guerra in Corea finisce in un manicomio criminale e viene lasciato dalla moglie. Reagirà cercando di avere giustizia. Una buona prova di Oldman e un cast coi fiocchi. ■ DRAMMATICO; COL.; 95'; USA, 1990.

DOPPIO INGANNO *(Deceived)* ★★
Regia di DAMIAN HARRIS. Con GOLDIE HAWN, JOHN HEARD, ASHLEY PELDON. ■ Dopo quindici anni di vita in comune una donna si accorge che il marito è molto cambiato. C'è di mezzo un omicidio e una collana di valore proveniente dall'Egitto. ■ GIALLO; COL.; 106'; USA, 1991.

DOPPIO INTRIGO *(The Double McGuffin)* ★★
Regia di JOE CAMP. Con ERNEST BORGNINE, GEORGE KENNEDY, ELKE SOMMER. ■ Poliziesco per ragazzi con un'arguta introduzione di Orson Welles. Un gruppo di *teen-agers* viene a conoscenza di un complotto per assassinare qualcuno. Vanno a raccontarlo, ma nessuno presta loro credito. Da un regista avvezzo

più ai cani (*Quattro cuccioli da salvare*) che agli attori. ■ GIALLO; COL.; 89′; USA, 1979.

DOPPIO LEGAME *(Mörderische zwillinge)* ★★
Regia di DOMINIQUE OTHENIN-GIRARD. Con THOMAS BALOU MARTIN, HENRI-GEORGES MARX, CLAUDIA MICHELSEN. ■ Due gemelle, Theresa e Michelle, hanno tra di loro un legame molto stretto. Si divertono anche a farsi passare una per l'altra prendendosi gioco dei fidanzati. Purtroppo ci scappa il morto e le sorelle devono correre ai ripari. ■ THRILLER; COL.; 92′; GERMANIA, 1995.

DOPPIO MISTO ★
Regia di SERGIO MARTINO. Con TINÌ CANSINO, MOANA POZZI, ANDREA RONCATO, GIGI SAMMARCHI. ■ Il riferimento al tennis è puramente casuale. Un appartamento è luogo di tentati tradimenti da parte di due coppie, una all'insaputa dell'altra. ■ COMMEDIA; COL.; 89′; ITALIA, 1986.

DOPPIO RAPIMENTO *(Desperate Rescue)* ★★
Regia di RICHARD GOLLA. Con MARIEL HEMINGWAY, JEFF KOBER, JAMES RUSSO. ■ Una giovane americana si è separata dal marito giordano ma l'uomo, risposatosi, si porta la figlia in patria. La legge non può far nulla per aiutarla, allora la donna si accorda con dei terroristi per riprendere la ragazza. ■ DRAMMATICO; COL.; 90′; USA, 1992.

DOPPIO RICATTO *(Blackmail)* ★★
Regia di RUBEN PREUSS. Con SUSAN BLAKELY, DALE MIDKIFF. ■ Scott, con la complicità della sua amante, ricatta una donna sposata. Le cose si complicano quando arriva un detective. ■ POLIZIESCO; COL.; 89′; USA, 1991.

DOPPIO RISCHIO *(Double Jeopardy)* ★★
Regia di ULLI LOMMEL. Con SUZANNA LOVE, AMY ROBINSON, ROBERT WALKER JR. ■ Una bella signora non è serena come sembra. La turba ancora il ricordo dell'infanzia (la madre fu uccisa davanti ai suoi occhi). E ha paura di un marito, ricco e potente, ma violento e iracondo. Di notte la donna esce e vaga nei quartieri malfamati di Londra, dove però presto si trova in situazioni di mortale pericolo. ■ GIALLO; COL.; 95′; USA, 1980.

DOPPIO SEGNO DI ZORRO – IL LEGGENDARIO SEGNO DI ZORRO, IL *(Ghost of Zorro)* ★★
Regia di FRED C. BRANNON. Con ROY BARCROFT, PAMELA BLAKE, CLAYTON MOORE. ■ Il nipote del famosissimo Zorro, trasferitosi nel West, decide di emulare il parente per eliminare un gruppo di feroci banditi. A complicare le cose si aggiungono i lavori di potenziamento della linea telegrafica. L'uomo mascherato si adopera affinché il progetto sia realizzato; raggiunto lo scopo sposa la ragazza del cuore. ■ AVVENTURA; B/N; 69′; USA, 1949.

DOPPIO SOSPETTO *(Double Suspicion)* ★★
Regia di PAUL ZILLER. Con GARY BUSEY, DARLANNE FLUEGEL, JEFF GRIGGS. ■ Un serial killer circola indisturbato. Grazie al metodo usato per uccidere le vittime prende il soprannome di "chirurgo". Un poliziotto dapprima desiste dal compito di acciuffarlo, poi ci ripensa. ■ THRILLER; COL.; 90′; USA, 1993.

DOPPIO TAGLIO *(Jagged Edge)* ★★★
Regia di RICHARD MARQUAND. Con JEFF BRIDGES, GLENN CLOSE, PETER COYOTE. ■ Un magnate dell'editoria (Bridges) viene accusato di aver massacrato la moglie. Lo difende in tribunale una battagliera avvocatessa (Close), così convinta della sua innocenza da innamorarsene. Ma il finale ha in serbo un colpo di scena. La tensione, nonostante alcune banalità presenti nella vicenda, si mantiene sufficientemente alta soprattutto nelle sequenze del processo. È l'ultimo film diretto da Marquand prima della sua scomparsa. ■ GIALLO; COL.; 108′; USA, 1986. ■ OSCAR 1 NOM.

DORA, BAMBOLA BIONDA! *(Oh, You Beautiful Doll!)* ★★
Regia di JOHN M. STAHL. Con JUNE HAVER, GALE ROBBINS, MARK STEVENS. ■ Un discografico si innamora della figlia di un compositore classico. Col consenso dell'uomo, modifica secondo il gusto moderno i brani del musicista, che ottengono così un formidabile successo. Dopo una crisi di pentimento il compositore, di fronte al consenso unanime del pubblico, accetta l'evidenza. ■ COMM. MUSICALE; COL.; 93′; USA, 1949.

DORA NELSON ★★
Regia di MARIO SOLDATI. Con CARLO CAMPANINI, LUIGI CIMARA, MASSIMO GIROTTI, MIRETTA MAURI, CARLO NINCHI, ASSIA NORIS. ■ Una nobile e bizzarra russa, moglie di un facoltoso industriale, fa l'attrice. Un giorno sparisce dal set per seguire un falso (lo scoprirà solo più tardi) principe; il regista del film, fortunatamente, può affidare la sua parte ad una sosia. L'industriale ottiene che quest'ultima viva in casa sua – in tal modo eviterà uno scandalo – e se ne innamora. La moglie tornerà da lui ma invano: l'uomo sposa l'ospite. ■ COMMEDIA; B/N; 92′; ITALIA, 1939.

DORIAN GRAY ★★
Regia di OLIVER PARKER. Con BEN BARNES, BEN CHAPLIN, COLIN FIRTH, REBECCA HALL, FIONA SHAW. ■ Nella Londra vittoriana arriva Dorian Gray, giovane di straordinaria bellezza e nobiltà. Sensibile e impressionabile, Dorian viene molto presto coinvolto e trascinato nel vortice della mondanità dal carismatico Lord Wotton, incallito fedifrago sposato a Lady Victoria. Colpito dal suo bel sembiante, il pittore Basil Hallward lo cattura nei colori e sulla tela. Il giorno dell'inaugurazione del ritratto, Dorian pronuncia un giuramento e il desiderio di restare giovane per sempre. Conteso dall'interesse di Lord Wotton e dall'amore di Hallward, Dorian dissipa la sua eterna e giovane vita tra bordelli e teatri, libertinaggio sfrenato e promesse di matrimonio, prostitute consumate e spose ripudiate, senza che il suo volto patisca il segno del vizio. A sfigurarsi e a insozzarsi è la sua anima, incorniciata e fissata sulle pareti di una casa troppo grande. Spaventato dal deperimento del ritratto. L'ennesima riproposta, non priva di dignità, del capolavoro di Wilde. ■ DRAMMATICO; COL.; 112′; GRAN BRETAGNA, 2009.

DORINGO! *(The Glory Guys)* ★★
Regia di ARNOLD LAVEN. Con SENTA BERGER, JAMES CAAN, HARVE PRESNELL, TOM TRYON. ■ Un forte americano è in subbuglio per l'imminente partenza dei soldati: gli indiani Cheyenne, infatti, hanno dissotterrato l'ascia di guerra. Il comandante della spedizione, che odia a morte i pellirosse, assale il loro accampamento sterminandoli. ■ WESTERN; COL.; 112′; USA, 1965.

DORME ★
Regia di CRISTIANO CALLEGARO. Con ANNA BASTONI, FEDERICO CALISTI, ALESSIO MUZI, VINCENZO RIBAUDO. ■ Periferia romana. Ruggero viene lasciato dalla ragazza perché è basso. Lui cerca di riaccendere il suo interesse ma la fanciulla "dorme". Così si aggira tra genitori un po' volgari e amici un po' fuori di testa. Il film è stato girato in video nel 1993 e trasferito in pellicola nel 2000. Se ne poteva fare a meno. ■ COMMEDIA; COL.; 79′; ITALIA, 2000.

DORMIGLIONE, IL *(Sleeper)* ★★★
Regia di WOODY ALLEN. Con WOODY ALLEN, JOHN BECK, MAY GREGORY, DIANE KEATON. ■ Un musicista riprende a vivere dopo duecento anni di ibernazione. Siamo nel 2173; il mondo, totalmente cambiato a causa di una guerra atomica, è disumanizzato e diviso in due blocchi; egli si trova in quello orientale, diretto da un crudele tiranno. Il redivivo è coinvolto in un movimento di rivolta, preso prigioniero e liberato dal capo dei ribelli. Ormai convertitosi alla causa, provocherà la caduta del dittatore. ■ COMMEDIA; COL.; 88′; USA, 1973.

DORMITORIO DELLE ADOLESCENTI, IL ★★★
(Dortoir des grandes)
Regia di HENRI DECOIN. Con FRANÇOISE ARNOUL, DANY CARREL, DENISE GREY, JEAN MARAIS, JEANNE MOREAU, NOËL ROQUEVERT. ■ Un giovane ispettore deve trovare l'assassino di una delle ospiti di un collegio francese. Comprende immediatamente che il colpevole fa parte del collegio stesso; attraverso le informazioni raccolte tra le ragazze scopre la giusta traccia che gli permette di sbrogliare l'intricata matassa. ■ DRAMMATICO; B/N; 98′; FRANCIA, 1963.

DOSSIER 107, MITRA E DIAMANTI *(Samba)* ★★
Regia di RAFAEL GIL. Con CHARLES ALBERTY, FOSCO GIACHETTI, MARC MICHEL, SARA MONTIEL. ■ Un'alta personalità ammazza la moglie che lo tradisce. Il delitto, per i potenti interessi di alcuni malviventi, viene coperto e l'uccisa sostituita da una sosia reclutata con la forza. La finzione non dura molto: la ragazza, benché rischi la vita, avverte la polizia. ■ AVVENTURA; COL.; 92′; SPAGNA, 1964.

DOSSIER 51 ★★★
Regia di MICHEL DEVILLE. Con CLAUDE MARCAULT, FRANÇOIS MARTHOURET, PHILIPPE ROULEAU. ■ La vita di un funzionario francese è spiata da un'imprecisata organizzazione che si avvale dei mezzi più sofisticati per scoprire ogni segreto. Lentamente viene fuori un presente (la moglie lo tradisce e lui non ne fa un dramma) e un passato (bastardo di nascita, stuprato durante la guerra d'Algeria) inquietante: per gli psicanalisti dell'organizzazione l'uomo è un omosessuale represso. Lo provocano per metterlo alla prova, ma l'uomo si ammazza. ■ DRAMMATICO; COL.; 108'; FRANCIA, 1978.

DOSSIER CONFIDENZIALE *(Defence of the Realm)* ★★★
Regia di DAVID DRURY. Con GABRIEL BYRNE, DENHOLM ELLIOTT, GRETA SCACCHI. ■ Un deputato inglese è messo sotto accusa in parlamento e costretto a dimettersi. Tutti lo credono una spia del Kgb, ma un giornalista indaga e scopre che è stato tolto di mezzo perché al corrente di un disastro tipo Chernobyl (avvenuto in una base Nato in Inghilterra). Il giornalista e la segretaria del deputato scoprono le prove del pasticcio, ma anche loro vengono messi a tacere. Solido film civile, recitato molto bene da tutti, soprattutto da Denholm Elliott. ■ DRAMMATICO; COL.; 96'; GRAN BRETAGNA, 1986.

DOSSIER 212: DESTINAZIONE MORTE ★★
(La peau de Torpedo)
Regia di JEAN DELANNOY. Con STÉPHANE AUDRAN, MICHEL CONSTANTIN, KLAUS KINSKI. ■ Due organizzazioni spionistiche si contendono il possesso di alcuni microfilm. L'uomo che li ha rubati viene ammazzato per gelosia dalla moglie, all'oscuro del suo lavoro di agente; la donna, a sua volta, è presa di mira dai compagni del defunto intenzionati a toglierla di mezzo. Si salverà. ■ SPIONAGGIO; COL.; 110'; FRANCIA, 1969.

DOSSIER MAROCCO 7 *(Maroc 7)* ★★
Regia di GERRY O'HARA. Con GENE BARRY, CYD CHARISSE, ELSA MARTINELLI. ■ Un'indossatrice, abile ladra, ha progettato di recarsi in Marocco per rubare un oggetto di inestimabile valore. Uno sconosciuto, perfettamente informato sulla sua criminosa attività, la convince a portarlo con sé e con gli altri due complici, un fotografo e una modella. È quest'ultima, dopo molte vicissitudini, a rimanere unica padrona del piccolo tesoro. ■ AVVENTURA; COL.; 91'; GRAN BRETAGNA, 1967.

DOSSIER ODESSA *(The Odessa File)* ★★★
Regia di RONALD NEAME. Con DEREK JACOBI, PETER JEFFREY, MARIA SCHELL, MAXIMILIAN SCHELL, MARY TAMM, JON VOIGHT. ■ Un giornalista tedesco è alla ricerca dell'ex comandante di un campo di concentramento, nascosto sotto falso nome. Sfuggito a diversi attentati, riesce con la collaborazione del controspionaggio israeliano a farsi passare per un ex SS, e poi ad entrare in possesso di una lista di criminali politici che, coperti dall'"organizzazione Odessa", vivono da cittadini stimati e insospettabili. Il suo uomo è lo stesso che intralcia i piani degli israeliani; servendosi del loro aiuto il giornalista lo elimina. ■ GIALLO; COL.; 128'; GRAN BRETAGNA, 1974.

DOSSIER VIPER *(Viper)* ★★
Regia di PETER MARIS. Con JEFF KOBER, LINDA PURL, JAMES TOLKAN. ■ Il nucleo anti-terrorismo dell'esercito compie un falso attacco. Il piano dovrebbe essere semplice, ma ben presto si rivela complesso e pericoloso. ■ AVVENTURA; COL.; 100'; USA, 1989.

DOTTOR ANTONIO, IL ★★
Regia di ENRICO GUAZZONI. Con ENNIO CERLESI, MARIA GAMBARDELLI, LAMBERTO PICASSO, GIANNINA CHIANTONI. ■ L'Italia del 1848 è sconvolta dai fermenti rivoluzionari. Il dottor Antonio conosce casualmente una ragazza inglese e se ne innamora. A Napoli, dove si è recato, parteggia per i ribelli e finisce in prigione. La sua fidanzata però corrompe una guardia e lo fa fuggire. ■ DRAMMATICO; B/N; 92'; ITALIA, 1937.

DOTTOR CRIPPEN È VIVO, IL *(Doktor Crippen)* ★★
Regia di ERICH ENGELS. Con INGE MEYSEL, ELISABETH MÜLLER, FRITZ TILLMANN, PETER VAN EYCK. ■ Gli inventori di uno straordinario antidoto vengono uccisi da un misterioso medico londinese che vuole derubarli. La formula del farmaco però è stata celata accuratamente e l'uomo, per entrarne in possesso, assume l'identità di un poliziotto. I suoi sforzi risulteranno vani ed egli morirà. ■ AVVENTURA; B/N; 91'; GERMANIA, 1958.

DOTTOR DOLITTLE, IL *(Dr. Dolittle)* ★★
Regia di BETTY THOMAS. Con OSSIE DAVIS, EDDIE MURPHY. ■ Remake de *Il favoloso dr. Dolittle*, anni Sessanta, con Rex Harrison. Diciamo subito che non c'è proprio paragone, quello era migliore. Da bambino Dolittle si vede portar via il suo cane (i genitori credevano matto il bambino perché parlava con l'animale). Da adulto l'uomo diventa medico degli animali. Nel suo studio c'è la fila, dialoga con loro, risolve i loro problemi. Per chi si fa ancora incantare da un Murphy ormai stracotto dagli ultimi ruoli. ■ FANTASTICO; COL.; 85'; USA, 1998.

DOTTOR DOLITTLE 2, IL *(Dr. Dolittle 2)* ★★
Regia di STEVE CARR. Con LIL'ZANE, JAMES AVERY, DENISE Y. DOWSE, MARK GRIFFIN, KEN HUDSON CAMPBELL, JEFFREY JONES, EDDIE MURPHY, KEVIN POLLAK, KYLA PRATT, VICTOR RAIDER-WEXLER, RAVEN-SYMONE, ANDY RICHTER, ANNE STEDMAN, ELAYN TAYLOR, KRISTEN WILSON. ■ Il Dottor Dolittle che sa, come è noto, parlare con gli animali deve questa volta salvare una foresta e il relativo orso che ci vive. Non ci sono però speranze per il plantigrado se non gli si trova una compagna. L'impresa non è facile. C'è chi ama Eddie Murphy e chi lo detesta. La valutazione del secondo film della serie (dopo l'inarrivabile originale) è legata alla maggiore presenza dell'attore anche nella fase della preparazione del film. Quindi "c'è di più". Con tutte le conseguenze del caso. ■ COMICO; COL.; 87'; USA, 2001.

DOTTORE A SPASSO *(Doctor at Large)* ★★
Regia di RALPH THOMAS. Con DIRK BOGARDE, MURIEL PAVLOW, DONALD SINDEN. ■ Un dottore agli inizi della carriera si impiega presso un collega più anziano, ma l'atteggiamento della moglie di costui lo spinge a licenziarsi. Assunto come collaboratore di un medico dell'alta società, realizza buoni guadagni e si concede qualche avventuretta. Durante il tirocinio in ospedale si fa notare da un chirurgo che ne fa il suo assistente: il suo sogno si è dunque avverato. ■ COMMEDIA; COL.; 100'; GRAN BRETAGNA, 1956.

DOTTORE E LA RAGAZZA, IL ★★★
(The Doctor and the Girl)
Regia di CURTIS BERNHARDT. Con CHARLES COBURN, GLORIA DE HAVEN, GLENN FORD, JANET LEIGH. ■ Uno dei figli di un noto chirurgo, medico anch'egli, sposa una fanciulla di modeste condizioni e si dedica alla cura degli ammalati poveri. Il genitore, deluso e irritato, tronca qualsiasi rapporto con la "pecora nera". Una vicenda dolorosa porta alla riconciliazione. ■ DRAMMATICO; B/N; 98'; USA, 1949.

DOTTORE IN ALTO MARE, UN *(Doctor at Sea)* ★★★
Regia di RALPH THOMAS. Con BRIGITTE BARDOT, DIRK BOGARDE, BRENDA DE BANZIE. ■ Non gradendo le attenzioni di una corteggiatrice troppo insistente, un dottore si impiega su una nave come medico di bordo. Ad uno scalo si imbarcano due donne: la meno giovane conquista il comandante; l'altra, una cantante, si innamora ricambiata del dottore. ■ COMMEDIA; COL.; 93'; GRAN BRETAGNA, 1955.

DOTTORE NEI GUAI *(Doctor in Distress)* ★★★
Regia di RALPH THOMAS. Con DIRK BOGARDE, MYLÈNE DEMONGEOT, SAMANTHA EGGAR, JAMES ROBERTSON JUSTICE. ■ Il film è ambientato in un ospedale inglese. Un austero chirurgo senza passato sentimentale si innamora di una bella dottoressa. Il medico suo assistente, invece, flirta con un'aspirante attrice. Il primo deve rassegnarsi alla sconfitta; il secondo, dopo un breve intermezzo con una straniera, torna dalla sua ragazza. ■ COMMEDIA; COL.; 102'; GRAN BRETAGNA, 1963.

DOTTORESSA CI STA COL COLONNELLO, LA ★
Regia di MICHELE MASSIMO TARANTINI. Con LINO BANFI, NADIA CASSINI, ALVARO VITALI. ■ Un ufficiale, poco dotato virilmente, si rivolge a una dottoressa americana specialista in trapianti. L'operazione avviene, ma il risultato non è quello che si aspettava l'ufficiale... ■ COMICO; COL.; 87'; ITALIA, 1980.

DOTTORESSA DEL DISTRETTO MILITARE, LA ★
Regia di NANDO CICERO. Con GIANFRANCO D'ANGELO, CARLO

DELLE PIANE, EDWIGE FENECH, ALFREDO PEA, ALVARO VITALI. ■ La storia si impernia sulla solita Fenech, che qui fa la supplente di un medico militare: ovvio che le reclute cercheranno di darsi da fare. ■ COMMEDIA; COL.; 93′; ITALIA, 1976.

DOTTORESSA PREFERISCE I MARINAI, LA ★
Regia di MICHELE MASSIMO TARANTINI. Con GIANNI CIARDO, PAOLA SENATORE, ALVARO VITALI. ■ Grassa farsaccia nella quale la coppia Vitali-Ciardo, tra marinai scatenati, amanti vogliose ed improbabili spie russe, dà vita a una serie di gag tipiche della peggiore commedia pecoreccia. ■ COMMEDIA; COL.; 88′; ITALIA, 1981.

DOTTORESSA SOTTO IL LENZUOLO, LA ★
Regia di GIANNI MARTUCCI. Con GIGI BALLISTA, ORCHIDEA DE SANTIS, KARIN SCHUBERT. ■ Una dottoressa ben in carne, ma poco propensa ad accettare certe avances, viene bersagliata delle attenzioni di un gruppo di studenti universitari. ■ COMMEDIA; COL.; 92′; ITALIA, 1976.

DOTTOR FAUSTUS, IL *(Dr. Faustus)* ★★★
Regia di RICHARD BURTON, NEVILL COGHILL. Con RICHARD BURTON, ELIZABETH TAYLOR, ANDREAS TEUBER. ■ È la storia fantastica del dottor Faust che ha ispirato anche Goethe. Il dottore è appassionato di magia: un giorno, entrato in contatto col demonio, ottiene da questi, in cambio della sua anima, la giovinezza e la possibilità di soddisfare qualunque desiderio. E quando sta per realizzare il più ambito – il possesso di una bellissima donna – Faust muore. ■ DRAMMATICO; COL.; 93′; GRAN BRETAGNA, 1967.

DOTTOR FAUSTUS, IL *(Doktor Faustus)* ★★
Regia di FRANZ SEITZ. Con MARIE-HÉLÈNE BREILLAT, JON FINCH, EVA INGEBORG SCHOLZ. ■ È la storia del compositore Adrian Leverkhum, che vende l'anima al diavolo perché gli galvanizzi una capacità creativa ormai al lumicino. Versione corretta, ma senza voli (nemmeno per quanto riguarda l'interpretazione) del romanzo di Thomas Mann. ■ DRAMMATICO; COL.; 91′; GERMANIA, 1983.

DOTTOR FISHER DI GINEVRA, IL ★★★
(Dr. Fisher of Geneva)
Regia di MICHAEL LINDSAY HOGG. Con ALAN BATES, JAMES MASON, GRETA SCACCHI. ■ Dal racconto di Graham Greene. Il dottor Fisher è un miliardario svizzero che dà dei ricevimenti durante i quali sistematicamente umilia i suoi ospiti, mettendone a nudo tutta l'avidità e povertà interiore. Ma a un party dove gli invitati rischiano letteralmente la vita in una caccia al tesoro, sarà proprio Fisher a perdere al proprio gioco, per mano di un innamorato della figlia, meno indifeso di quanto sembri. Mason è splendido nella sua ultima interpretazione prima della morte. ■ DRAMMATICO; COL.; 110′; GRAN BRETAGNA, 1983.

DOTTOR JEKYLL, IL *(Doctor Jekyll and Mr.Hyde)* ★★★★
Regia di ROUBEN MAMOULIAN. Con HOLMES HERBERT, ROSE HOBART, MIRIAM HOPKINS, FREDRIC MARCH. ■ Henry Jekyll è un medico che mette il suo operato al servizio della gente più bisognosa, ma la sua bontà viene messa in dubbio da Lord Carew, che è convinto della duplice natura della personalità umana e del prevalere in essa della istintualità brutale. Jekyll allora inizia a cercare il modo per separare il Bene e il Male che coesistono in un individuo. La pozione ottenuta lo trasforma nel diabolico mister Edward Hyde, che è in pratica il suo alter ego in negativo. Jekyll cerca di reprimere questa sua parte cattiva dedicandosi all'amore per Millicent, la figlia di Lord Carew, ma Mr. Hyde torna per cercare la compagnia di prostitute e per continuare i suoi misfatti. Un giorno Jekyll si trasforma in Hyde davanti a Lord Carew e lo uccide. Avendo terminato la pozione che lo fa tornare normale, Jekyll si trasforma proprio mentre sta entrando nella sua casa Millicent, che fugge inorridita. All'arrivo dei soccorsi Hyde è già morto per aver ingerito un veleno. Il cadavere si ritrasforma nel dottor Jekyll e Millicent resta a vegliarlo disperata. È senz'altro la versione cinematografica più elettrizzante e meglio riuscita della famosa storia dell'orrore tratta dal romanzo di Stevenson. La sua importanza è inoltre dovuta al fatto che il regista affronta con spregiudicatezza il tema centrale della repressione e del desiderio sessuale. Impressionanti gli effetti speciali. ■ HORROR; B/N; 90′; USA, 1932. ■ OSCAR 1 PR, 3 NOM; VENEZIA 1 PR.

DOTTOR JEKYLL, IL ★★
(El extraño caso del hombre y la bestia)
Regia di MARIO SOFFICI. Con ANNA MARIA CAMPOY, JOSÉ CIBRIAN, MARIO SOFFICI. ■ L'azione è ambientata ai giorni nostri e in una città non inglese; a Jekyll, per giustificare maggiormente la sua "crisi" di pentimento, vengono affiancati una moglie e un figlio. Hyde, inoltre, è un individuo gigantesco. ■ FANTASTICO; B/N; 90′; ARGENTINA, 1950.

DOTTOR JEKYLL E GENTILE SIGNORA ★★
Regia di STEFANO VANZINA. Con EDWIGE FENECH, GIANRICO TEDESCHI, PAOLO VILLAGGIO. ■ Anche qui il dottor Jekyll beve la pozione che dovrebbe trasformarlo nel perfido Mr. Hyde, ma sbaglia le dosi e diventa un mostro di bontà. ■ COMMEDIA; COL.; 107′; ITALIA, 1979.

DOTTOR JEKYLL E MR. HYDE, IL ★★★★
(Dr. Jekyll and Mr. Hyde)
Regia di VICTOR FLEMING. Con INGRID BERGMAN, DONALD CRISP, IAN HUNTER, SPENCER TRACY, LANA TURNER. ■ Un medico conosciuto e stimato si trasforma, grazie ad un ritrovato di cui è il solo a conoscere il segreto, in un essere crudele e spietato. In queste vesti tiene segregata una ragazza che ha reso schiava della sua tirannia, mentre come dottor Jekyll è promesso ad un'altra. Dopo qualche tempo si rende conto di non poter più controllare la parte malvagia che è in lui; uccide la sua prigioniera e il padre della sua futura sposa e, intrappolato in casa sua, perisce a sua volta per mano di un collega. Con questo film Tracy non ottenne i consensi sperati: la sua interpretazione, infatti, fu considerata un po' troppo esagerata e teatrale, mentre oggi è considerata magistrale. La Bergman, invece, vide aumentare la sua popolarità e, con la sua freschezza, oscurò una Lana Turner insolitamente fredda. ■ FANTASTICO; B/N; 127′; USA, 1941. ■ OSCAR 3 NOM.

DOTTOR KILDARE SI SPOSA, IL ★★
(Dr. Kildare's Wedding Day)
Regia di HAROLD S. BUCQUET. Con LEW AYRES, LIONEL BARRYMORE, LARAINE DAY. ■ Il dottor Kildare si sposa alla fine con l'infermiera che ama da tempo. Ma il giorno stesso delle nozze la ragazza muore in un incidente stradale. Kildare sembra distrutto, ma il suo primario lo rincuora raccontandogli di aver avuto anche lui un'esperienza del genere. ■ DRAMMATICO; B/N; 82′; USA, 1941.

DOTTOR KILDARE SOTTO ACCUSA, IL ★★
(Dr. Kildare's Crisis)
Regia di HAROLD S. BUCQUET. Con LEW AYRES, LARAINE DAY, ROBERT YOUNG. ■ Il dottor Kildare riceve la visita del fratello della fidanzata. Questi si fa visitare e la diagnosi di Kildare è terribile: epilessia. Ma si sbaglia. Il dottor Gillespie scopre che i malesseri sono dovuti a una vecchia ferita alla testa. Kildare non ci fa una bella figura, ma in fondo è meglio così: non sta sposando una donna proveniente da una famiglia con mali ereditari ■ DRAMMATICO; B/N; 75′; USA, 1940.

DOTTOR KILDARE TORNA A CASA, IL ★★
(Dr. Kildare Goes Home)
Regia di HAROLD S. BUCQUET. Con LEW AYRES, LIONEL BARRYMORE, LARAINE DAY. ■ Il dottor Kildare torna alla città natia e aiuta un gruppo di colleghi a metter su un ospedale. Qualche maggiorente del paese si oppone, poi si ammala e chiede aiuto ai dottori. ■ COMMEDIA; B/N; 78′; USA, 1939.

DOTTOR KORCZAK *(Korczak)* ★★★
Regia di ANDRZEJ WAJDA. Con EWA DALKOWSKA, PIOTR KOZLOWSKI, WOJTIECH PSZONIAK. ■ Il dottor Henryk Goldzmit (conosciuto da tutti con lo pseudonimo di Janus Korczak) viene costretto il 6 agosto 1942 a trasferire i duecento orfani ebrei, di cui si occupa, nel ghetto di Varsavia. Si tratta del punto di passaggio prima dello sterminio a Treblinka. Wajda mostra, ancora una volta, le sue doti di narratore lucido e appassionato facendo uso magistrale del bianco e nero. ■ DRAMMATICO; B/N; FRANCIA, GERMANIA, POLONIA, 1990.

DOTTOR KOVACS, IL *(Dr. Kovács István)* ★★
Regia di VIKTOR BÁNKY, ISTVÁN BÁSTHY. Con GYULA BENKÖ, ANTAL PÁGER, JULIA TÓTH. ■ Un insegnante ungherese di estra-

zione contadina si è promesso ad una ragazza dell'alta società che, beffeggiandolo per le sue origini, lo lascia. Dopo qualche mese l'uomo sposa un'umile ragazza del suo paese con la quale vivrà felice. ■ COMMEDIA; B/N; 91'; UNGHERIA, 1943.

DOTTOR MABUSE, IL *(Dr. Mabuse der Spieler)* ★★★★
Regia di FRITZ LANG. Con ALFRED ABEL, LIL DAGOVER, RUDOLPH KLEIN-ROGGE. ■ Diviso in due parti, questo famoso capolavoro della paura rimane ancora inquietante. Il dottor Mabuse è un grande mago dell'ipnosi e del fregolismo criminale. Si traveste e recita mille parti per raggirare le vittime. Non solo, è il capo di un'organizzazione di assassini che sono completamente ai suoi ordini. Il giudice Wenk cerca di arrestarlo. ■ HORROR; B/N; 185'; GERMANIA, 1922.

DOTTOR MAX, IL *(Dr. Max)* ★★
Regia di JAMES GOLDSTONE. Con LEE J. COBB, JANET WARD. ■ Un medico, molto attaccato ai pazienti di un quartiere povero, vive, a causa di questo comportamento umano, conflitti con i propri familiari. ■ SENTIMENTALE; COL.; 78'; USA, 1974.

DOTTOR MIRACOLO, IL ★★★
(Murders in the Rue Morgue)
Regia di ROBERT FLOREY. Con LEON AMES, SIDNEY FOX, BELA LUGOSI. ■ Siamo nella prima metà dell'Ottocento in quel di Parigi. Il dottore del titolo, interpretato da un efficace Bela Lugosi, espone in pubblico un enorme gorilla. Si diletta inoltre di incrociare il sangue della bestia con quello degli esseri umani per rendere noto a tutti che l'uomo proviene dalla scimmia. Un giorno però il gorilla fugge con una bella ragazza. Ispirato ai classici dell'orrore compreso il romanzo di Edgar Allan Poe a cui fa riferimento il titolo originale. ■ HORROR; B/N; 75'; USA, 1932.

DOTTOR SOCRATE, IL *(Doctor Socrate)* ★★★
Regia di WILLIAM DIETERLE. Con ANN DVORAK, BARTON MACLANE, PAUL MUNI. ■ Un bandito ferito è il primo cliente del boicottato e giovane medico di un piccolo paese di provincia. Il secondo è una ragazza amata dal gangster e della quale anche lui si innamora. Riuscirà a liberarla del rivale che l'ha rapita e a farlo arrestare, con uno stratagemma, insieme a tutta la banda. ■ DRAMMATICO; B/N; 70'; USA, 1935.

DOTTOR STRANAMORE, OVVERO COME IMPARAI A NON PREOCCUPARMI E AD AMARE LA BOMBA, IL *(Dr. Strangelove)* ★★★★
Regia di STANLEY KUBRICK. Con STERLING HAYDEN, SLIM PICKENS, GEORGE C. SCOTT, PETER SELLERS, KEENAN WYNN. ■ Protagonisti sono un generale folle, che di sua iniziativa vuole bombardare la Russia con ordigni nucleari, e il presidente Usa che invece tenta di fermarlo a tutti i costi o si metterà automaticamente in moto un marchingegno capace, per mantenere la pace universale, di distruggere completamente la Terra. ■ COMMEDIA; B/N; 93'; GRAN BRETAGNA, 1964. ■ OSCAR 4 NOM.

DOTTOR T E LE DONNE, IL *(Dr. T and the women)* ★★★
Regia di ROBERT ALTMAN. Con LAURA DERN, FARRAH FAWCETT, RICHARD GERE, HELEN HUNT, LIV TYLER. ■ A Dallas, c'è qualcuno che cerca di capire le donne, che le ama realmente, forse troppo. È il dottor T, ginecologo, fedele a una moglie infantile, con figlie da seguire e uno stuolo di pazienti. Molte delle quali interessate a lui per la sua dolcezza e anche per il suo indiscutibile fascino. Ma T., appunto, le ama troppo e forse non le capisce del tutto. Avrà bisogno di ritrovarsi "uomo", che non significa macho. Ecco allora il finale, che Altman ci chiese di non rivelare per lasciare agli spettatori la stessa sorpresa che abbiamo vissuto come pubblico privilegiato (perché vede i film in anticipo). Non è l'Altman migliore, ma la capacità sorniona di graffiare ed andare sotto la superficie del perbenismo americano resta intatta. ■ COMMEDIA; COL.; 118'; USA, 2000.

DOTTOR ZIGANO, IL *(Mon pote le gitan)* ★★
Regia di FRANÇOIS GIR. Con BRIGITTE AUBER, LOUIS DE FUNÈS, ANNE DOAT, JEAN RICHARD. ■ Movimentata vicenda di un gruppo di zingari e della famiglia di un editore. Il figlio di questi imbastisce una storia con una bella zigana e il padre offre un "risarcimento danni" in denaro. I nomadi, feriti nell'orgoglio, vogliono spingere uno dei loro a ripagare in ugual moneta l'editore prendendone di mira la figlia. Il prescelto invece si innamora della ragazza e scrive per lei alcuni versi che lo scaltro industriale si affretta a far pubblicare. Finale rosa. ■ COMMEDIA; B/N; 90'; FRANCIA, 1959.

DOTTOR ZIVAGO, IL *(Doctor Zhivago)* ★★★★
Regia di DAVID LEAN. Con GERALDINE CHAPLIN, JULIE CHRISTIE, TOM COURTENAY, ALEC GUINNESS, RALPH RICHARDSON, OMAR SHARIF, ROD STEIGER. ■ Il torrenziale lungometraggio (3 ore e 20 minuti) è tratto dall'omonimo romanzo di Boris Pasternak, che nel 1958 vinse e rifiutò il Nobel. L'ambientazione è ben caratterizzata, azzeccata la scelta e la direzione degli interpreti, gli episodi secondari sono descritti con cura. Costato parecchi milioni di dollari, il lungometraggio ha ottenuto 5 Oscar: musica (il celeberrimo *Tema di Lara* che ha venduto centinaia di migliaia di copie), fotografia, scene, costumi e sceneggiatura. Lean è rimasto deluso per aver mancato l'Oscar più importante, quello per la regia (come invece aveva ottenuto dopo *Il ponte sul fiume Kwai* e *Lawrence d'Arabia*). Zivago, un medico russo di nobili sentimenti, si innamora di Lara, che le circostanze faranno divenire sua amante. Siamo in piena rivoluzione bolscevica e gli avvenimenti separano i due a più riprese. Zivago muore dopo aver salvato Lara, incinta di lui, dall'imminente persecuzione politica. ■ DRAMMATICO; COL.; 190'; USA, 1965. ■ DAVID DI DONATELLO 2 PR, 2 NOM; OSCAR 5 PR, 10 NOM.

DOUBLE, THE ★★
Regia di MICHAEL BRANDT. Con RICHARD GERE, TOPHER GRACE, TAMER HASSAN, STANA KATIC, STEPHEN MOYER. ■ Paul Shepherdson, un agente Cia in pensione, viene richiamato in servizio per l'uccisione di un senatore in rapporti con la Russia. Le modalità dell'omicidio rimandano a Cassio, un killer sovietico da tempo inattivo. Shepherdson gli aveva dato la caccia per anni. Ben Geary, giovane agente Fbi, non è convinto della morte di Cassio e, per quanto riluttante, Shepherdson gli si deve affiancare in una nuova ricerca di cui è certo di conoscere l'esito. ■ THRILLER; COL.; 98'; USA, 2011.

DOUBLE DRAGON ★
Regia di JIM YUKICH. Con MARK DUCASCOS, JULIA NICKSON. ■ Los Angeles 2007. La città è invasa dalle acque di un maremoto. Naturalmente regna l'anarchia e la violenza. Bande criminali la fanno da padrone. Tre esperti di arti marziali, due uomini e una donna, vegliano. ■ AVVENTURA; COL.; 106'; USA, 1998.

DOUBLE IMPACT – LA VENDETTA FINALE ★★★
(Double Impact)
Regia di SHELDON LETTICH. Con GEOFFREY LEWIS, ALAN SCARFE, JEAN CLAUDE VAN DAMME. ■ Siamo a Hong Kong, città pericolosa per colpa della mafia targata Cina. Da una strage si salvano due bambini: a uno ci pensano le monache, all'altro un tizio che se ne va in America e lo alleva come figlio suo. Da grandi si ritrovano a Hong Kong e si vendicano. Successo di pubblico. ■ DRAMMATICO; COL.; 84'; USA, 1992.

DOUBLE TAKE ★★
Regia di GEORGE GALLO. Con EDDIE GRIFFIN, GARY GRUBBS, ORLANDO JONES. ■ Chase, banchiere di New York, viene accusato di riciclo di denaro sporco, e più sporco non potrebbe essere, trattandosi dei proventi del traffico di droga. Deve guardarsi da tutti, polizia e trafficanti. Non gli resta che cambiare identità e lo fa prendendo quella di un certo Freddy, un teppista in guai ancora peggiori. Il plot è conosciuto e ha due ispiratori, il famoso *Poltrona per due* di Landis, e un racconto di Graham Greene che aveva dato vita al film *Al di là del ponte*. Entrambi i precedenti erano migliori. ■ COMMEDIA; COL.; 88'; USA, 2001.

DOUBLE TEAM ★★
Regia di TSUI HARK. Con VALERIA CAVALLI, DENNIS RODMAN, MICKEY ROURKE, JEAN CLAUDE VAN DAMME. ■ Van Damme è un agente a riposo. Riprende l'attività per raggiungere la moglie incinta. Il nemico è Mickey Rourke. Botte e acrobazie secondo lo stile di Van Damme. C'è anche una ciclopica scaramuccia a piazza Navona. Buono il contributo di Rodman, grande giocatore di basket. Prevedibile ma corretto. È ciò che intende essere. ■ AVVENTURA; COL.; 90'; USA, 1998.

DOUBLE VISION *(Shuang tong)* ★★
Regia di CHEN KUO-FU. Con LEON DAI, TONY LEUNG KA FAI, RENE LIU, DAVID MORSE. ■ Due morti inspiegabili accadono in due punti diversi di Taipei, moderna capitale di Taiwan. Il coroner scopre due inquietanti collegamenti: entrambe le vittime hanno un fungo nel cervello e sono decedute in preda a stati di allucinazione. Li Feng-Bo, detective della omicidi, ha una sola certezza: si tratta di un serial killer. ■ THRILLER; COL.; 110′; HONG KONG, TAIWAN, 2002.

DOUBLE WHAMMY ★★★
Regia di TOM DI CILLO. Con STEVE BUSCEMI, ELIZABETH HURLEY, DENIS LEARY. ■ Ray Pluto poliziotto, per un dolore alla schiena, cade e batte la testa mentre un folle omicida sta sparando all'impazzata in un locale. Un bambino raccatta la sua pistola e uccide l'assassino diventando eroe e facendo finire Ray nei guai. Bersagliato dalla stampa e dal suo superiore, ha anche un dramma alle spalle: la morte di moglie e figlia per un banale incidente. Riuscirà a trovare l'amore con una fisioterapista e a essere riconosciuto eroe dopo aver eliminato gli assassini di un suo vicino di casa latino-americano. Divertente e ben interpretato, il film si lascia vedere senza nessun tipo di problema. ■ COMMEDIA; COL.; 95′; USA, 2001.

DOUG – IL FILM *(Doug's 1st Movie)* ★★
Regia di MAURICE JOYCE. Con THOMAS MCHUGH, FRED NEWMAN, CHRIS PHILLIPS, CONSTANCE SHULMAN. ■ Doug ha dodici anni e mezzo e qualche problema di scelte "esistenziali". Non sa infatti se dare la precedenza al salvataggio di un mostro in un lago inquinato e o se portare al ballo della scuola Patti Mayonnaise, la ragazzina che gli piace. Un adolescente protagonista di un film che ha le caratteristiche negative di un episodio televisivo (origine BBC) allungato per raggiungere la sala. ■ FANTASTICO; COL.; 77′; USA, 1999.

DOVE AL SOLE FA FREDDO *(Unde la soare e frig)* ★★
Regia di BOGDAN DUMITRESCU. Con OANA PELLEA, GHEORGHE VISU. ■ Il guardiano di un faro deve ospitare una donna abbandonata dal suo compagno. Tra i due nasce l'amore che sembra rompere la solitudine dell'uomo. Ma i due sono destinati a lasciarsi. ■ DRAMMATICO; COL.; 91′; ROMANIA, 1991.

DOVE ANDIAMO SIGNORA? ★★★
Regia di GIAN MARIA COMINETTI. Con CLAUDIO GORA, CAROLA HÖHN, HANS MOSER, PAOLO STOPPA. ■ Un nobile in miseria si fa assumere come autista dalla famiglia della fanciulla che ama. I primi tempi sono duri, ma tra un'avventura e l'altra, un equivoco e qualche contrattempo, si giunge al lieto fine della vicenda: il nobile rientra in possesso dei suoi averi e può dichiararsi con successo alla ragazza. ■ COMMEDIA; B/N; 92′; ITALIA, 1942.

DOVE CANTA L'ALLODOLA *(Wo die Lerche singt)* ★★
Regia di KARL LAMAC. Con RUDOLF CARL, MARTHA EGGERTH. ■ In seguito ad un improvviso rovescio finanziario, una nobildonna ungherese inizia un'attività commerciale adattando la sua casa di campagna a locale pubblico, completo di orchestrina tzigana. Nel locale capita un bel giovanotto che scambia la giovane donna per una semplice dipendente. Tra i due nasce l'amore. ■ COMMEDIA; B/N; 93′; AUSTRIA, 1936.

DOVE COMINCIA LA NOTTE ★★★
(Where the Night Begins)
Regia di MAURIZIO ZACCARO. Con TOM GALLOP, DON PEARSON, CARA WILDER. ■ L'allievo di Ermanno Olmi esordisce, dopo molta televisione, alla regia cinematografica con una storia scritta da Pupi Avati. Ambientato a Davenport, dove è stato girato anche *Bix*, vede Irving tornare sui luoghi di uno scandalo familiare. Suo padre, il professore Nat Crosley, aveva avuto una relazione con una sua allieva adolescente, Glenda. La ragazza si era poi suicidata, o almeno così è stato stabilito. La verità è un'altra. ■ GIALLO; COL.; 96′; ITALIA, 1990. ■ DAVID DI DONATELLO 1 PR, 1 NOM.

DOVE È FINITA LA 7ª COMPAGNIA? ★★
(Mais où est donc passée la 7ème compagnie?)
Regia di ROBERT LAMOUREUX. Con JEAN LEFEBVRE, ALDO MACCIONE, PIERRE MONDY. ■ All'inizio della seconda guerra mondiale, una intera compagnia francese viene fatta prigioniera dai tedeschi, tranne un giovane, che si unisce ad un gruppo di militari sfuggiti ai nazisti. Dopo aver saccheggiato un deposito nemico, i fuggiaschi riescono a liberare l'intera 7ª compagnia e si abbandonano all'euforia. Finiscono tutti nei paracadutisti, dove la vita è tutt'altro che tranquilla e rilassante. ■ COMMEDIA; COL.; 90′; FRANCIA, 1973.

DOV'È JACK? *(Where's Jack?)* ★★
Regia di JAMES CLAVELL. Con ALAN BADEL, STANLEY BAKER, TOMMY STEELE. ■ Jack è diventato ladro suo malgrado, costretto da un feroce poliziotto che lo ricattava minacciando di mandare al patibolo il suo innocente fratello. Diventa bravissimo, tanto che persino il re d'Inghilterra lo sfida a compiere un furto apparentemente impossibile: sottrarre al gran cancelliere la collana con il sigillo reale. A Jack l'impresa riesce, ma per evitare a quelli che lo hanno aiutato di finire in galera si lascia arrestare e condannare a morte. Sale sul patibolo, ma anche il boia è d'accordo per una finta esecuzione. ■ AVVENTURA; COL.; 119′; GRAN BRETAGNA, 1969.

DOV'È LA CASA DEL MIO AMICO? ★★★
(Khaneh – ye doost Kojast?)
Regia di ABBAS KIAROSTAMI. Con AHMAD AHMADPOOR, BABAK AHMADPOOR, AYAT ANSARI, KHODABAKHSH DEFAI, IRAN OTARI. ■ Un bambino che vive in un villaggio iraniano cerca di raggiungere un compagno che abita in un altro paesino. Deve consegnargli il quaderno che per errore è rimasto nella sua cartella. Se non potrà fare i compiti, il compagno verrà punito. Kiarostami racconta con tempi sospesi la microdissea del suo protagonista. Sembrano non esserci speranze per l'infanzia iraniana, se non quelle che sorgono dalla forza e dalla generosità interiore. Opera prima della trilogia dedicata alla difficoltà di essere giovani. ■ DRAMMATICO; COL.; 80′. IRAN, 1987.

♥ DOV'È LA LIBERTÀ? ★★★
Regia di ROBERTO ROSSELLINI. Con NYTA DOVER, FRANCA FALDINI, VERA MOLNAR, TOTÒ. ■ Salvatore uccide un uomo che aveva corteggiato sua moglie e per questo trascorre vent'anni in prigione. Quando rientra nel mondo civile, viene accolto dai parenti della consorte ormai defunta e scopre molti spiacevoli retroscena: la moglie lo tradiva davvero e i parenti sono una massa di imbroglioni disposti a tutto pur di far soldi. Salvatore decide che l'ambiente della galera è più sano e pulito, e per poterci tornare aggredisce una guardia: l'arresto è assicurato. ■ COMMEDIA; B/N; 90′; ITALIA, 1953.

DOVE LA TERRA SCOTTA *(Man of the West)* ★★★
Regia di ANTHONY MANN. Con LEE J. COBB, GARY COOPER, JULIE LONDON. ■ Un ex fuorilegge vive tranquillo in un paesino dell'Arizona, amato e benvoluto da tutti. Durante un viaggio in diligenza finisce prigioniero, insieme agli altri viaggiatori, di un gruppo di banditi capeggiati da un suo parente. Questi lo obbliga a collaborare e per salvare gli ostaggi l'uomo finge di accettare. In realtà, uccide quasi tutta la banda. ■ WESTERN; COL.; 100′; USA, 1958.

DOVE L'ERBA SI TINGE DI SANGUE *(Quiet Cool)* ★★
Regia di CLAY BORRIS. Con NICK CASSAVETES, JARED MARTIN, JAMES REMAR. ■ Un gruppo di coltivatori di marijuana si è stabilito sulle montagne della California, dove coltiva e smercia la droga. Gli ignari turisti che capitano nelle vicinanze della piantagione vengono fatti fuori senza complimenti. Ma arriva un "duro" da New York, che col solo aiuto di un ragazzino (superstite di un massacro precedente) dà la paga ai coltivatori diretti. ■ GIALLO; COL.; 92′; USA, 1986.

DOVE NON È PECCATO ★★
Regia di ANTONIO COLANTUONI. ■ Dopo la Svezia, la Finlandia è l'altro paese nordico che esercita sui latini un fascino particolare. Il documentario illustra, oltre alle abitudini sessuali della popolazione, anche alcuni aspetti folkloristici di quella nazione. ■ DOCUMENTARIO; COL.; 91′; ITALIA, 1970.

DOVE OSANO LE AQUILE *(Where Eagles Dare)* ★★★
Regia di BRIAN G. HUTTON. Con RICHARD BURTON, CLINT EASTWOOD, MARY URE, PATRICK WYMARK. ■ In un castello posto sulla cima di una montagna inaccessibile, nella Germania meri-

dionale, è tenuto prigioniero un alto ufficiale americano. Un gruppo di agenti inglesi è incaricato di penetrare nel castello e organizzare la fuga del generale. Con l'aiuto di due ragazze il capo della spedizione, John, riesce nell'impresa, ma scopre con stupore che il prigioniero non è un generale americano, e che lo scopo degli alleati era quello di scoprire l'identità di alcune spie tedesche infiltratesi nell'esercito inglese. ■ DRAMMATICO; COL.; 158'; GRAN BRETAGNA, 1969.

DOVE SEI BAGHIRA? (SONIA E IL SUO CANE) ★★
(Gde ty Babhira?)
Regia di VLADMIR LEVIN. Con ANIA KOLBASSOVA, PAULIS SIKALOV, ANIA WASILEJNA. ■ Sonia, una bambina russa, fa conoscenza con Baghira, un grosso cane San Bernardo che sembra molto cattivo. Con pazienza e generosità (gli dà spesso la sua merenda) Sonia se lo fa amico. Ma un giorno si rifà vivo il padrone, che lo vende a una squadra di ricerca dei dispersi nella neve. Sonia dapprima ne soffre, ma poi è contenta dell'utilità di Baghira. ■ COMMEDIA; COL.; 90'; URSS, 1981.

DOVE SIETE? IO SONO QUI ★★★
Regia di LILIANA CAVANI. Con ANNA BONAIUTO, GAETANO CAROTENUTO, CHIARA CASELLI. ■ Ad alcuni anni da *Francesco*, un film molto bello e incompreso da gran parte della critica, Liliana Cavani torna con un'opera più semplice e diretta. Il problema dei sordomuti è narrato, attraverso la storia di due giovani, con commossa partecipazione. A parte il doppio finale, sul quale si può non essere d'accordo, e qualche simbologia non sempre necessaria, il film è onesto e conta sull'interpretazione riuscita di Chiara Caselli. La tormentata storia d'amore dei due protagonisti viene vissuta in maniera esasperata dalla madre del ragazzo, la brava Anna Bonaiuto, che non ha mai accettato l'handicap del figlio e ha sempre sperato in una fidanzata "normale". Italo Moscati ha scritto la sceneggiatura con la Cavani. Anna Bonaiuto ha ricevuto il premio Osella alla Mostra di Venezia e Chiara Caselli il Nastro d'Argento. ■ DRAMMATICO; COL.; 120'; ITALIA, 1993. ■ VENEZIA 1 PR.

DOVE SI SPARA DI PIÙ ★★
Regia di GIANNI PUCCINI. Con CHRISTINE GALBO, ARTHUR GRANT, ANDRÉS MEJUTO. ■ Due famiglie messicane, nemiche da sempre, passano il tempo a odiarsi e a uccidersi. La figlia dei Campos e il figlio dei Mountos si innamorano; la cosa non può che suscitare altro odio e altre vendette. Questo *Giulietta e Romeo* in chiave western ha un finale rovesciato rispetto all'originale: sono i familiari a morire tutti, uno alla volta. ■ WESTERN; COL.; 91'; ITALIA, 1967.

DOVE SOGNANO LE FORMICHE VERDI ★★★
(Wo die grünen Ameisen traumen)
Regia di WERNER HERZOG. Con RAY BARRETT, NORMAN KAYE, BRUCE SPENCE. ■ Una multinazionale vuole intraprendere ricerche petrolifere in una landa desertica australiana. Gli aborigeni si oppongono al progetto, sia pure in maniera non violenta. Quella terra è da secoli sacra, per loro. I loro sit-in non fermano i cacciatori di petrolio. Ma i difensori dell'ambiente l'avranno egualmente vinta. ■ DRAMMATICO; COL.; 110'; AUSTRALIA, 1984.

DOVE STANNO I RAGAZZI *(Where the Boys Are)* ★★
Regia di HY AVERBACK. Con LISA HARTMAN, WENDY SCHAAL, ALANA STEWART. ■ Su una splendida spiaggia della Florida si intrecciano le vicende di quattro ragazze con la pittoresca, allegra e variopinta fauna giovanile locale. Leggero e disimpegnato capitolo del filone vacanziero. ■ COMMEDIA; COL.; 93'; USA, 1984.

DOVE STA ZAZÀ ★★
Regia di GIORGIO SIMONELLI. Con ISA BARZIZZA, NINO TARANTO. ■ Un ricco americano e uno squattrinato scrittore napoletano si assomigliano come due gocce d'acqua e approfittano del fatto per dividersi le grazie di una soubrette. L'americano si compromette con un gruppo di spie internazionali e naturalmente anche il napoletano ne paga le spese. ■ COMMEDIA; B/N; 95'; ITALIA, 1947.

DOVE VAI IN VACANZA? ★★★
Regia di MAURO BOLOGNINI, LUCIANO SALCE, ALBERTO SORDI. Con STEFANIA SANDRELLI, ALBERTO SORDI, PAOLO VILLAGGIO. ■ Tre episodi legati fra loro dal tema comune delle vacanze. Le ferie di Tognazzi (sketch di Bolognini) partono male: la giovane amante lo pianta, però c'è l'ex moglie che sembra disposta a un, sia pure temporaneo, riavvicinamento. Ma una serie di circostanze impediranno ai due di andare a letto insieme. Nel secondo episodio, l'organizzatore di un safari si lascia coinvolgere da una bellona in un delitto. La terza storia è la più divertente: Sordi, attempato fruttivendolo romano, si lascia convincere, assieme alla sua corpulenta signora, a fare delle "vacanze intelligenti" organizzate dai figli snob. ■ COMMEDIA; COL.; 160'; ITALIA, 1978.

DOVE VAI SE IL VIZIETTO NON CE L'HAI? ★★
Regia di MARINO GIROLAMI. Con MARIO CAROTENUTO, LORY DEL SANTO, RENZO MONTAGNANI, PAOLA SENATORE, ALVARO VITALI. ■ Due detective debbono fingersi omosessuali per compiere un'indagine. ■ COMMEDIA; COL.; 92'; ITALIA, 1979.

DOVE VAI SONO GUAI *(Who's Minding the Store?)* ★★
Regia di FRANK TASHLIN. Con JERRY LEWIS, JILL ST JOHN, RAY WALSTON. ■ Barbara è di famiglia ricchissima, ma ha una madre insopportabile: per questo si mette a vivere per proprio conto e per mantenersi lavora come commessa in un grande magazzino. Qui conosce un simpatico giovanotto e se ne innamora. La madre, scoperto il flirt della figlia, tenta in ogni modo di opporsi. Per fortuna interviene il padre. ■ COMICO; COL.; 90'; USA, 1963.

DOVE VAI TUTTA NUDA? ★★
Regia di PASQUALE FESTA CAMPANILE. Con MARIA GRAZIA BUCCELLA, VITTORIO GASSMAN, TOMAS MILIAN, GASTONE MOSCHIN. ■ Completamente ubriaco, un giovane impiegato di banca sposa una ragazza che ha strane abitudini: gira per casa completamente nuda e dice sempre quello che pensa con grazia e innocenza. La candida moglie rovina la carriera del povero bancario che però non sa rinunciare a lei. ■ COMMEDIA; COL.; 93'; ITALIA, 1969.

DOVEVI ESSERE MORTA *(Deadly Friend)* ★★
Regia di WES CRAVEN. Con MATTHEW LABORTEAUX, MICHAEL SHARRETT, KRISTY SWANSON. ■ Paul, giovane genio dell'elettronica, si è costruito Bee-Bee, robot sofisticatissimo al suo servizio. Ma ha anche un fedele amico, lo scolaretto Tom, che l'ammira molto e lo consola quando una velenosa vicina di casa distrugge il robot. Samantha, graziosa vicina di cui Paul s'innamora, viene uccisa dal padre ubriaco. Paul e Tom rapiscono la salma all'obitorio per inserirle nel cervello il minicircuto di Bee-Bee. La ragazza si rianima... quanto mai! Rinasce una specie di Bee-Bee che semina morte. ■ HORROR; COL.; 88'; USA, 1986.

DOVE VOLANO I CORVI D'ARGENTO ★★
Regia di PIERO LIVI. Con FLAVIO BUCCI, RENZO MONTAGNANI, CORRADO PANI, JENNY TAMBURI. ■ Viene ucciso un pastore sardo, ma il fratello che arriva dal continente, anche quando gli mettono davanti l'assassino, rinuncia a punirlo e si limita a consegnarlo ai carabinieri. Finalmente anche la catena di vendette si spezza: la fidanzata dà ragione al "continentale" e a poco a poco anche tutti i paesani si convincono della sua buonafede. ■ DRAMMATICO; COL.; 91'; ITALIA, 1976.

DOWN IN THE VALLEY ★★
Regia di DAVID JACOBSON. Con TY BURRELL, RORY CULKIN, BRUCE DERN, JOHN DIEHL, DAVID MORSE, EDWARD NORTON, ELIZABETH PEÑA, EVAN RACHEL WOOD. ■ Ambientato nella San Fernando Valley, desolata landa attraversata da immense autostrade brulicanti di macchine in coda, il film racconta la storia di un giovane folle che si innamora di una diciassettenne alla ricerca dell'amore a tutti i costi, in fuga dalla monotona vita di provincia e in continuo litigio con il padre. ■ DRAMMATICO; COL.; 125'; USA, 2005.

DOWN TO EARTH ★★
Regia di CHRIS WEITZ, PAUL WEITZ. Con MARK ADDY, FRANKIE FAISON, GREG GERMANN, REGINA KING, EUGENE LEVY, CHAZZ PALMINTERI, CHRIS ROCK. ■ In *Il paradiso può attendere* (di e con Warren Beatty, 1978) un giocatore di football giunge in paradiso prima del tempo per colpa di un angelo frettoloso. Quando se ne accorgono il suo corpo è già sotto terra, così l'unica possibilità è quella di reincarnarsi in un miliardario. Sembrerebbe un affare, se non fosse che quest'uomo sta per essere ucciso. In *Down to*

earth un comico nero – la cui vita è tutta un pasticcio – si ritrova per errore alle porte del paradiso. Non ci sta, e così ritorna sulla Terra, ma sotto le spoglie di un riccone, per di più bianco. Sembrerebbe un doppio affare, peccato che ci siano moglie ed amante che vogliono uccidere quest'uomo. Un remake? Forse un po' di più, data la quasi totale sovrapponibilità delle due trame. ■ COMMEDIA; COL.; 87′; USA, 2001.

DRACULA ★★★

Regia di TOD BROWNING. Con HELEN CHANDLER, BELA LUGOSI, DAVID MANNERS. ■ Non è proprio il primissimo Dracula dello schermo (c'è il muto *Nosferatu* di Murnau), ma è certo quello che ha reso popolare il conte vampiro dei Carpazi. E lanciato in grande stile l'interprete, il bravissimo (e oppiomane) Bela Lugosi. La storia è quella solita. Dracula morde un bel po' di turisti finché non arriva l'ammazzavampiri Van Helsing a saldargli il conto. ■ HORROR; B/N; 75′; USA, 1931.

DRACULA ★★★

Regia di JOHN BADHAM. Con FRANK LANGELLA, KATE NELLIGAN, LAURENCE OLIVIER, DONALD PLEASENCE. ■ Il conte Dracula, trasferitosi in Inghilterra ai primi del Novecento, fa strage di fanciulle che muoiono dissanguate. Il padre di una di queste, riconosciuti i sintomi del vampirismo, lotta contro il nobile rumeno, ma il solo risultato che ottiene è quello di vederlo volare via trasformato in pipistrello. ■ HORROR; COL.; 109′; GRAN BRETAGNA, 1979.

DRACULA CERCA SANGUE DI VERGINE... E MORÌ DI SETE ★★

Regia di ANTONIO MARGHERITI, PAUL MORRISSEY. Con JOE DALLESSANDRO, VITTORIO DE SICA, ARNO JVERGING, UDO KIER. ■ Il conte Dracula per sopravvivere ha bisogno del sangue di ragazze vergini. Dove trovarle? In Italia, dove impera il cattolicesimo che preserva le donne fino al matrimonio. Questo è quanto lui crede, ma avrà un'amara sorpresa. ■ COMMEDIA; COL.; 93′; ITALIA, 1974.

DRACULA CONTRO FRANKENSTEIN ★★

(Dracula contra el doctor Frankenstein)

Regia di JESUS FRANCO. Con GENEVIÈVE DELOIR, DENNIS PRICE, HOWARD VERNON. ■ La coppia demoniaca Frankenstein-Dracula ne combina di tutti i colori, ma per fortuna ci si mette di mezzo una zingara. I due "criminali" sono sopraffatti dalla donna e la vita del paese torna ad essere tranquilla. ■ DRAMMATICO; COL.; 90′; SPAGNA, 1972.

♥ DRACULA DI BRAM STOKER ★★★★

(Bram Stoker's Dracula)

Regia di FRANCIS FORD COPPOLA. Con ANTHONY HOPKINS, GARY OLDMAN, KEANU REEVES, WINONA RYDER. ■ Il film non è fedele al racconto di Stoker come il titolo lascia supporre. È comunque la storia di un giovane archivista inglese che si reca in Transilvania su richiesta del conte Dracula. Dopo avere fatto conoscenza con l'inquietante personaggio, il giovane è irretito da un gruppo di fanciulle seguaci del conte. Nel frattempo il conte si reca in Inghilterra, dalla promessa sposa del bibliotecario, avendone visto il ritratto, e ravvisa nella fanciulla la reincarnazione della donna da lui amata 400 anni prima, che morendo causò la sua dannazione. L'intervento di un curioso personaggio, un po' stregone e un po' scienziato, da sempre alla caccia del grande vampiro, pone fine al malefico dominio di Dracula e libera la fanciulla, restituendola all'archivista, che nel frattempo era fuggito dal castello del conte. Ispirato figurativamente a Bruegel, detto "degli inferni", a Magritte e all'espressionismo in generale, il film di Coppola è una grandiosa rivisitazione del mito cinematografico del celebre vampiro. Nulla viene risparmiato per stupire ogni tipo di pubblico. È il solo ma non trascurabile limite del film, che pecca per un eccessivo accumulo di stereotipi deformati dal desiderio di stupire. Tuttavia il risultato finale è parente prossimo del capolavoro. Straordinaria l'intuizione di mostrare i due protagonisti mentre vanno al cinema, siamo agli inizi del secolo, come se Dracula, da sempre sfruttato sullo schermo, volesse vendicarsi dello stesso. Se Winona Ryder e Keanu Reeves sono il prezzo pagato alla *young generation* degli spettatori, Gary Oldman e Anthony Hopkins sono i continuatori della infinita stagione dei grandi interpreti del grande cinema. ■ HORROR; COL.; 128′; USA, 1992. ■ OSCAR 3 PR, 4 NOM.

DRACULA II: ASCENSION ★★

Regia di PATRICK LUSSIER. Con CHRIS HUNTER, JENNIFER KROLL, JASON SCOTT LEE, JASON LONDON, DIANE NEAL, KHARY PAYTON, BRANDE RODERICK, CRAIG SHEFFER. ■ Un ricercatore e i suoi studenti si impadroniscono del cadavere carbonizzato di un probabile vampiro per tentare un esperimento: il corpo verrà immerso in una vasca di sangue e, se riprenderà vita, dal sangue rigenerato sarà possibile trarre una cura miracolosa. Sulle tracce dei vampiri si è messo però anche un atletico sacerdote, disposto a non lasciare nulla di intentato per sconfiggere il Male. ■ HORROR; COL.; 85′; USA, 2003.

DRACULA – IL RISVEGLIO *(Dracula Rising)* ★

Regia di FRED GALLO. Con CHRISTOPHER ATKINS, STACEY TRAVIS, DOUG WERT. ■ A New York una studiosa di arte incontra, durante un ricevimento, il misterioso e affascinante Vlad. Senza un indizio per rintracciarlo, la donna cerca comunque delle occasioni che le permettano nuovamente di incontrare l'uomo. Recatasi in un tetro monastero della Transilvania per un restauro, finalmente vi trova Vlad. ■ HORROR; COL.; 79′; USA, 1993.

DRACULA IL VAMPIRO *(Horror of Dracula)* ★★

Regia di TERENCE FISHER. Con PETER CUSHING, MICHAEL GOUGH, MELISSA STRIBLING. ■ Una delle molte versioni della storia del celebre conte Dracula. Il vampiro compie stragi a non finire ed è combattuto da un giovanotto, amico di una delle vittime. Questi scopre che i vampiri non sopportano la luce del giorno e con un inganno attira Dracula in una stanza buia, aprendo all'improvviso tutte le finestre. ■ DRAMMATICO; COL.; 82′; GRAN BRETAGNA, 1958.

DRACULA MORTO E CONTENTO ★★

(Dracula: Dead and Loving It)

Regia di MEL BROOKS. Con ANNE BANCROFT, MEL BROOKS, EZIO GREGGIO, PETER MACNICOL, LESLIE NIELSEN. ■ Dracula si impegna nell'esercizio delle sue funzioni, ma il dottor Brooks ha tutte le contromisure per fermarlo, anche perché Leslie è il più maldestro vampiro di tutte le storie gotiche. Il regista cerca di riappropriarsi dei significati (e dei colpi di genio) del suo *Frankenstein Junior*, ma il passato, ahimè, non ritorna. Rimane qualche buona, scontata citazione. ■ COMICO; COL.; 90′; USA, 1996.

DRACULA PADRE E FIGLIO *(Dracula père et fils)* ★★★

Regia di EDOUARD MOLINARO. Con MARIE-HÉLÈNE BREILLAT, ANNA GAËL, CHRISTOPHER LEE, BERNARD MENEZ. ■ L'avvento del socialismo in Romania pone fine al regno di Dracula. Il conte-vampiro deve emigrare, ma a Parigi trova conveniente sistemazione come attore nei film dell'orrore. Le cose vanno peggio per il figliolo, sprovveduto e poco aggressivo. Tuttavia il giovanotto avrà la meglio sul padre quando entrambi scenderanno in lizza per il cuore di una bella ragazza. Dracula sparisce, il suo rampollo si sposerà e avrà figli maschi. ■ COMMEDIA; COL.; 100′; FRANCIA, 1976.

DRACULA, PRINCIPE DELLE TENEBRE ★★

(Dracula, Prince of Darkness)

Regia di TERENCE FISHER. Con ANDREW KEIR, CHRISTOPHER LEE, BARBARA SHELLEY. ■ Quattro nobili viaggiatori inglesi, due donne e due uomini, sono accolti da un perfetto maggiordomo in un maniero sui Carpazi. È il castello di Dracula, che risorge con l'aiuto del maggiordomo e trasforma in vampiri due dei quattro viaggiatori. Gli altri trovano rifugio in un convento. ■ DRAMMATICO; COL.; 90′; GRAN BRETAGNA, 1965.

DRACULA'S LEGACY – IL FASCINO DEL MALE ★★

(Dracula's Legacy)

Regia di PATRICK LUSSIER. Con GERARD BUTLER, JONNY LEE MILLER, CHRISTOPHER PLUMMER, JUSTINE WADDELL. ■ Un anziano antiquario conserva nelle viscere della sua casa un inquietante segreto: sigillato in una tomba il corpo prigioniero di Dracula; uno sprovveduto gruppo di ladruncoli ha la brillante idea di liberarlo scatenando così il ritorno di "colui che procede aureolato nella notte eterna". Si scatena la caccia e... i legami di sangue la complicano. Ancora vampiri! Con la supervisione alla produzione di un maestro del male come Wes Craven. E quindi: morti spettacolari e fantasiose, sangue sprecato non solo per le fauci di Dracula, ma abbondantemente cosparso in ogni ambientazione. Contrariamente alla tradizione vampiresca che vanta una cinematografia dalle atmosfere ricercate, e dalla paura sottile, quest'edizione si richiama all'horror "classico" anni Ottanta. Brutto perché senza stile, senza ricerca; bello perché spaventa, fa saltare sulla poltrona e costringe spesso a coprirsi gli occhi. ■ HORROR; COL.; 98'; USA, 2000.

DRACULA 3D ★★
Regia di DARIO ARGENTO. Con ASIA ARGENTO, MARTA GASTINI, RUTGER HAUER, THOMAS KRETSCHMANN, UNAX UGALDE. ■ Johnathan Harker trova lavoro nella biblioteca del castello del conte Dracula, e la sua giovane sposa Mina, in viaggio per raggiungerlo, sosta a casa dell'amica Lucy. Qui scopre un paese sconvolto dalla barbara uccisione di una ragazza, attaccata da un lupo, e l'amica Lucy si ammala di una febbre inspiegabile fino a morirne. Dopo aver incontrato il conte, Mina è sempre più sospettosa riguardo agli strani accadimenti del luogo e si affida all'unica persona che sembra sapere cosa fare: Abraham Van Helsing, esperto di vampiri. ■ HORROR; COL.; 90'; ITALIA, FRANCIA, SPAGNA, 2012.

DRAGATORI DI DONNE *(Les dragueurs)* ★★★
Regia di JEAN-PIERRE MOCKY. Con CHARLES AZNAVOUR, JACQUES CHARRIER, BELINDA LEE, DANY ROBIN. ■ Due giovani, in cerca di compagnia femminile, passano la notte girando per la città alla ricerca di avventure insolite. Incontrano due ragazze che li portano in un casa dove si tiene un grande festino. La nottata non soddisfa i due che all'alba si salutano. ■ COMMEDIA; B/N; 78'; FRANCIA, 1959.

DRAGHI DEL WEST, I *(Walk Like a Dragon)* ★★
Regia di JAMES CLAVELL. Con JACK LORD, NOBU MACCARTHY. ■ Un bianco e una giovane cinese si innamorano e si sposano, ma non hanno fatto i conti con i razzisti del paese che li emarginano come fossero appestati. ■ DRAMMATICO; B/N; 95'; AUSTRALIA, 1960.

DRAG ME TO HELL ★★
Regia di SAM RAIMI. Con ALISON LOHMAN, JUSTIN LONG, DAVID PAYMER, DILEEP RAO, LORNA RAVER. ■ Christine Brown è in attesa di un'importante promozione nella banca in cui lavora. Un giorno nega all'anziana signora Ganush la proroga di un prestito che le consentirebbe di conservare la propria abitazione. La donna, che è in contatto con un Lamia, le lancia contro una maledizione che metterà il demone sulle sue tracce. Sam Raimi, dopo l'immersione nei tre *Spiderman*, torna a un suo antico progetto (risale a più di 10 anni fa) sviluppato con il fratello Ivan. ■ HORROR; COL., 99'; USA, 2009.

DRAGO CONTRO DRAGO ★
Regia di LEE DOO YUNG. Con AE GYUNG, HYUN GIL SOO. ■ Un milione di dollari è il bottino ambito da due gang avversarie. Fingendosi un poliziotto privato, Sonny si lascia avvicinare da una ragazza che vuole impossessarsi del denaro: in realtà è un ufficiale di polizia e riuscirà ad avere ragione dei malviventi. ■ AVVENTURA; COL.; 88'; HONG KONG, 1978.

DRAGO D'ACCIAIO *(Rapid Fire)* ★
Regia di DWIGHT H. LITTLE. Con RAYMOND J. BARRY, POWER BOOTHE, BRANDON LEE, NICK MANCUSO. ■ Jake Lo ha perso il padre nel corso del massacro di piazza Tien An Men. Riesce ad andare a Chicago e qui troverà un nuovo modello paterno in un tenente di polizia che combatte il narcotraffico. In un film (seppure di serie B) con ben novantatré stuntmen, il ventottenne figlio di Bruce Lee non poteva che trovarsi a suo agio. ■ AVVENTURA; COL.; 95'; USA, 1992.

DRAGO DEGLI ABISSI, IL ★★
(Behemoth the Sea Monster – The Giant Behemoth)
Regia di EUGÈNE LOURIÉ. Con GENE EVANS, ANDRÉ MORELL. ■ Un mostro preistorico, risvegliato dal suo lungo sonno da esperimenti atomici, semina il panico sulle coste della Cornovaglia. Un biologo americano, recatosi sul luogo per neutralizzare il pericolo, riesce con una carica radiottiva ad eliminarlo proprio quando, lungo il Tamigi, sta per raggiungere Londra. ■ FANTASCIENZA; B/N; 70'; GRAN BRETAGNA, 1959.

DRAGO DEL LAGO DI FUOCO, IL *(Dragonslayer)* ★★★
Regia di MATTHEW ROBBINS. Con CATLIN CLARKE, PETER MACNICOL, RALPH RICHARDSON. ■ Un vecchio mago viene interpellato da una ragazza, che gli chiede di liberare il suo paese dalla minaccia di un terribile drago, al quale vengono offerte in sacrificio fanciulle vergini. ■ FANTASTICO; COL.; 108'; USA, 1982. ■ OSCAR 2 NOM.

DRAGO DI HONG KONG – IL DRAGONE VOLA ALTO, IL *(The Man from Hong Kong)* ★★
Regia di BRIAN TRENCHARD-SMITH. Con GEORGE LAZENBY, JIMMY YU. ■ Un agente cinese viene inviato in Australia per smascherare un corriere della droga. L'agente non indietreggia davanti a nulla e i suoi metodi feroci suscitano avversione persino tra i colleghi della polizia australiana. ■ AVVENTURA; COL.; 92'; AUSTRALIA, 1975.

DRAGON, THE ★★
Regia di TAKASHI NOMURA. Con FRED CLARK, CHRISTOPHER MARTIN, W. OLIVER, W.B. WILLIAMS. ■ Il film è un documentario propagandistico sulle arti marziali, nel quale appaiono campioni di tutti i paesi del mondo. ■ DOCUMENTARIO; COL.; 91'; GIAPPONE, 1979.

DRAGONBALL EVOLUTION *(Dragonball)* ★
Regia di JAMES WONG. Con JUSTIN CHATWIN, EMMY ROSSUM. ■ Goku, addestrato da suo nonno Gohan, è un ragazzo che si sente diverso, e in effetti lo è. È tornato sulla Terra Piccolo, un demone che si credeva imprigionato da millenni, con lo scopo di radunare le sette sfere del drago così da poter vedere realizzato qualsiasi suo desiderio. Una di queste sfere però è, non a caso, in possesso di Goku e suo nonno, che non la lasceranno andare facilmente. E altrettanto saranno disposti a fare altri proprietari "illustri" come Bulma e il maestro Muten. Arriva al cinema il primo (e si spera unico) film su Dragonball, manga scritto, ideato e disegnato da Akira Toriyama da cui è stata poi tratta anche una popolare serie televisiva animata. Purtroppo però dello stampo originale non c'è nulla se non i nomi dei personaggi, la moda e i tagli di capelli. ■ AVVENTURA; COL.; 100'; USA, 2009.

DRAGONE NERO, IL ★
Regia di CHIN SHEN EN. Con HUANG FU LUNG, WANG KUAN HSIUNG, TZE LAN. ■ Un uomo tutto solo, campione di arti marziali col soprannome di Drago Nero, affronta una dura sfida all'ultimo sangue. ■ AVVENTURA; COL.; 87'; HONG KONG, 1990.

DRAGONFIRE ★★
Regia di RICHARD T. HEFFRON. Con ROXANNE HART, DANIEL J. TRAVANTI. ■ Dopo aver combatuto nel Vietnam, un soldato ne assapora gli amari risvolti. Per esempio, scopre che la Cia non gli ha detto tutta la verità sul suo ruolo. ■ SPIONAGGIO; COL.; 85'; USA, 1990.

DRAGON FORCE ★
Regia di MICHAEL KING. Con JAMES BARNETT, BRUCE BARON, MANDY MOORE. ■ Un maestro di arti marziali coinvolto in un traffico di diamanti. Un'esotica principessa bionda rapita da un gruppo di aspiranti imperatori spaziali. Una misteriosa organizzazione, la "Dragon Force", incaricata di rimettere tutto a posto. Ecco gli ingredienti dell'ennesimo fumettone narrato a colpi di karate e di kung-fu. ■ AVVENTURA; COL.; 90'; HONG KONG, 1982.

DRAGONHEART ★★★
Regia di ROB COHEN. Con JULIE CHRISTIE, DINA MEYER, DENNIS QUAID, DAVID THEWLIS. ■ Storia dell'amicizia tra l'eroe di turno e il drago altrettanto di turno. I due si alleano per combattere il cattivo re Einon. Fiaba per bambini capaci ancora di stupirsi in modo positivamente "ingenuo". ■ FANTASTICO; COL.; 103'; USA, 1996. ■ OSCAR 1 NOM.

DRAGONI DELL'ARIA, I *(Dragonfly Squadron)* ★★
Regia di LESLEY SELANDER. Con BRUCE BENNETT, BARBARA BRITTON, JOHN HODIAK. ■ Siamo in Corea: un ufficiale americano viene trasferito per addestrare i più giovani compagni. In

città ritrova la donna che ama, moglie di un amico che entrambi avevano creduto morto e che invece è improvvisamente ricomparso. La vicinanza con i coniugi non è riposante e anche il suo lavoro ne risente. Un giorno, nel corso di una azione di guerra, l'amico muore e l'ufficiale, rimasto incolume, si riunisce per sempre alla vedova. ■ GUERRA; B/N; 82′; USA, 1954.

♥ DRAGON – LA STORIA DI BRUCE LEE *(Dragon)* ★★
Regia di ROB COHEN. Con LAUREN HOLLY, NANCY KWAN, JASON SCOTT LEE, ROBERT WAGNER. ■ Prodotto da Raffaella De Laurentiis, il film narra la vita del grande attore specializzato in arti marziali. Scomparso nel 1973 a trentadue anni, Bruce Lee aveva lasciato lo scettro al figlio Brandon. Purtroppo anche lui è morto nel 1993 dopo aver interpretato *The Crow*. Due curiosità: Jason Scott Lee (*Rapa Nui*) non è parente di Bruce; nel cast c'è Nancy Kwan che qualcuno ricorderà in *Il mondo di Suzie Wong*. ■ AVVENTURA; COL.; 115′; USA, 1993.

DRAGON LORD ★
Regia di JACKIE CHAN. Con JACKIE CHAN, SIDNEY YIM. ■ In una cittadina della Cina giunge improvvisamente una pericolosa banda di assassini. Cowboy e Ho, campioni di kung-fu e grandi amici, decidono di affrontarli. ■ DRAMMATICO; COL.; 90′; HONG KONG, 1982.

DRAGO NON PERDONA, IL ★
Regia di SHIL TIEN. Con TIEN SHIN, SHARLY WANG, YIN SZE IENAH. ■ Un giovane monaco viene espulso dal convento perché non vuole obbedire alle regole del monastero. Inizia così la sua vita avventurosa in compagnia di un mendicante che sarà ammazzato dagli uomini di un potente personaggio. Il protagonista lo vendica facendo strage dei nemici a colpi di kung-fu. ■ AVVENTURA; COL.; 90′; HONG KONG, 1977.

DRAGON TRAINER ★★★
(How to Train your Dragon)
Regia di DEAN DEBLOIS, CHRIS SANDERS. Con JAY BARUCHEL, GERARD BUTLER, CRAIG FERGUSON, AMERICA FERRERA, JONAH HILL. ■ Hiccup è un giovane vichingo che, come spiega lui stesso, vive in un villaggio sperduto nel nulla, in una landa fredda, inospitale, con poco da mangiare e soprattutto infestata dai draghi. Perché la comunità non si sposti è insieme la premessa del racconto e il tratto saliente della dialettica che lo anima: i vichinghi sono cocciuti e invece che spostarsi preferiscono combattere, non a caso sono tutti grandi e grossi. Tutti tranne Hiccup. Figlio del capo del villaggio Hiccup è secco e inadatto al combattimento, ha una spiccata passione per la costruzione di macchinari (con cui tenta di uccidere draghi) e una conseguente inclinazione per la creazione di problemi, fino a quando, all'insaputa di tutti, non riesce a catturare il drago più temuto e sconosciuto solo per scoprire che il diavolo non è cattivo come lo si dipinge. ■ ANIMAZIONE; COL.; 98′; USA, 2010.

DRAGO ROSSO, IL *(The Mysterious Dr. Fu Manchu)* ★★
Regia di ROWLAND V. LEE. Con NEIL HAMILTON, WARNER OLAND. ■ La prima avventura sullo schermo del diabolico Fu Manchu, qui impersonato da Warner Oland (più tardi interprete di Charlie Chan). Assieme alla sua terribile figliola, il genio del crimine cinese rende la vita difficile ai "buoni" (tra cui l'eroe Nayland Smith). ■ HORROR; B/N; 80′; USA, 1929.

DRAGO SI SCATENA, IL ★
Regia di TAYLOR RACKIN. Con CHEN KUAN-TAI, CHING LI, GEORGE MCMURRAY. ■ Un ambizioso ragazzo, approdato a Shanghai in cerca di facili ricchezze, entra al servizio di un losco trafficante di droga. Ottiene come ricompensa delle sue prestazioni un quartiere da controllare autonomamente. Perirà vittima del rivale del suo padrone. ■ DRAMMATICO; B/N; 92′; HONG KONG, 1972.

DRAGO VERDE, IL *(Target Hong Kong)* ★★
Regia di FRED F. SEARS. Con RICHARD DENNING, NANCY GATES, RICHARD LEE, YONG SOO. ■ Il Drago Verde è una casa da gioco di Hong Kong nella quale si nasconde il centro operativo delle forze anticomuniste. Alcuni traditori si sono infiltrati per sconvolgere i piani dei nazionalisti, ma un americano, da loro assoldato, riesce a scoprirli. ■ AVVENTURA; B/N; 68′; USA, 1953.

DRAGO VOLANTE, IL *(The Sky Dragon)* ★★
Regia di LESLEY SELANDER. Con KEYE LUKE, ELENA VERDUGO, ROLAND WINTERS. ■ Charlie Chan indaga sul mistero di un delitto commesso su un aereo passeggeri. Un uomo fu ucciso mentre i suoi compagni di viaggio, drogati, dormivano. Charlie identifica a tempo di record l'unico che non dormiva (e che aveva somministrato la droga agli altri). ■ GIALLO; B/N; 64′; USA, 1948.

DR. AKAGI *(Kanzo Sensei)* ★★★
Regia di SHOHEI IMAMURA. Con KUMIKO ASO, AKIRA EMOTO, JYURO KARA, MASANORI SERA. ■ Estate 1945. Il medico condotto dottor Akagi corre avanti e indietro per curare i propri pazienti. Con una particolarità: molto attratto dallo studio dell'epatite, è naturalmente portato ad attribuire al fegato una buona parte delle patologie che gli vengono sottoposte. Lo scoppio dell'atomica sarà per lui quello di un grande fegato. Imamura sembra abbandonare la sua vena di distacco entomologico per "partecipare" di più alla vita dei personaggi che porta sullo schermo. ■ COMMEDIA; COL.; 129′; FRANCIA, GIAPPONE, 1998.

DRAKE, IL CORSARO *(Drake of England)* ★★
Regia di ARTHUR B. WOODS. Con JANE BAXTER, MATHERON LANG. ■ Con l'appoggio della regina d'Inghilterra, Francis Drake, un temibile corsaro, attacca i vascelli spagnoli nemici del suo paese. Nominato ammiraglio della sovrana e messo a riposo, deve di nuovo partire con il suo equipaggio per sconfiggere una nave nemica. L'ennesima vittoria di Drake segna l'inizio della supremazia inglese sui mari. ■ AVVENTURA; B/N; 111′; USA, 1935.

DRAKUT IL VENDICATORE ★★
Regia di LUIGI CAPUANO. Con WANDISA GUIDA, ALBERTO LUPO, BURT NELSON, MOIRA ORFEI, MARIO PETRI, MARIA SPINA. ■ Uno zingaro salva la vita ad una principessa e se ne innamora. Anche lei lo ama, ma il loro sentimento è contrastato da un nobile, parente della ragazza, che aspira alla sua mano per conquistare il trono. A tale scopo non esita ad assassinare il re e a dichiarare prossime le nozze con la principessa. Lo zingaro, però, giunge con i compagni e in un drammatico scontro finisce il rivale. ■ AVVENTURA; COL.; 90′; ITALIA, 1961.

DRAMMA AL CIRCO, UN *(Manège)* ★★
Regia di CARMINE GALLONE. Con ATTILA HÖRBIGER, ALBERT MATTERSTOCK. ■ In un circo, due fratelli sono uniti dal lavoro ma divisi dai sentimenti: la fidanzata di uno di essi è morta mentre stava scappando con l'altro. Quest'ultimo ha trovato una nuova compagna nell'ambiente di lavoro, ma un incidente fa sì che l'amore fraterno abbia il sopravvento sull'antico rancore. ■ COMMEDIA; B/N; 95′; FRANCIA, 1938.

DRAMMA BORGHESE, UN ★★★
Regia di FLORESTANO VANCINI. Con CARLO BAGNO, DALILA DI LAZZARO, FRANCO NERO, LARA WENDEL. ■ Un torbido sentimento lega padre e figlia, Guido e Mimmina, rimasti separati per molti anni. Un'amica di Mimmina, una donna e non una ragazza, diventa l'amante di Guido che spera di mettere fine alla relazione con la figlia. Mimmina tenta il suicidio, ma non è chiaro se l'esito sarà fatale o se qualcuno la salverà. ■ DRAMMATICO; COL.; 104′; ITALIA, 1979.

DRAMMA DEL BOSCO, IL ★★
Regia di RUDOLF VAN DER NOSS. Con RUTH HELLBERG, VIKTOR STAAL. ■ In un piccolo villaggio tedesco, la polizia non riesce a debellare una banda di bracconieri. Un ragazzo rimane vittima della situazione: viene arrestato due volte, incolpato di caccia abusiva e di reati che non ha commesso. Alla fine il protagonista riuscirà a dimostrare la propria innocenza e a ritrovare l'amore. ■ AVVENTURA; B/N; 90′; GERMANIA, 1939.

DRAMMA DELLA GELOSIA – TUTTI I PARTICOLARI IN CRONACA ★★★
Regia di ETTORE SCOLA. Con CORRADO GAIPA, GIANCARLO GIANNINI, MARCELLO MASTROIANNI, MARISA MERLINI, MONICA VITTI. ■ Una fioraia diventa l'amante di un muratore ammogliato. Tempo dopo incontra un uomo che le piace e, per mettere fine alla situazione oramai insostenibile, si risolve a sposarlo. Il muratore, accecato dalla gelosia, provoca senza intenzione la morte della donna. Uscito di prigione dopo poco tempo – la giuria l'ha

ritenuto insano di mente – l'uomo è irrimediabilmente pazzo. ■ COMMEDIA; COL.; 107'; ITALIA, 1970. ■ CANNES 1 PR.

DRAMMA NELLA CASBAH ★★
Regia di EDOARDO ANTON. Con GIANNA MARIA CANALE, GUIDO CELANO, GEORGE RAFT, MASSIMO SERATO. ■ Un ricco uomo d'affari stabilitosi in Algeria approfitta della sua influenza per rubare una grossa quantità d'oro appartenente al governo francese. Sia la polizia che alcuni avventurieri tentano di recuperarla: sarà un americano, coinvolto per caso nella vicenda, a consegnare il colpevole alla giustizia. ■ POLIZIESCO; B/N; 90'; ITALIA, 1953.

DRAMMA NELL'ARTIDE, UN *(Nordlicht)* ★★
Regia di HERBERT B. FREDERSDORF. Con FERDINAND MARIAN, HILDE SESSAK, OTTO WERNICKE. ■ La fidanzata di un cacciatore di pellicce, durante la sua lunga assenza, ha sposato un altro. I due rivali finiscono casualmente sulla stessa imbarcazione e trascorrono insieme l'inverno cacciando le belve. Una di queste uccide il marito della donna; l'altro verrà scagionato. ■ AVVENTURA; B/N; 92'; GERMANIA, 1938.

DRAMMA NELLO SPECCHIO *(Crack in the Mirror)* ★★★
Regia di RICHARD FLEISCHER. Con BRADFORD DILLMAN, JULIETTE GRÉCO, ORSON WELLES. ■ Eponine uccide il marito per poter vivere con l'amante. La polizia scopre la verità e arresta i due; lui dà tutta la colpa alla donna. Si va al processo. Eponine si vedrebbe assolta con un trucco legale smaccatamente disonesto. Alla fine l'avvocato più anziano, superando le proprie implicazioni personali, fa in modo che la colpevole venga punita. ■ DRAMMATICO; B/N; 97'; USA, 1950.

DRAMMA NEL PORTO – ULTIMO ADDIO ★★
Regia di ROBERTO BIANCHI MONTERO. Con BRUNELLA BOVO, VINCENZO MUSOLINO, ALAN TERRY. ■ Dopo aver ucciso involontariamente un collega, uno scaricatore di porto, temendo la prigione, fugge in America. Qui si arricchisce e si sposa. Molto tempo dopo torna al paese natale e scopre di essere padre di una bambina. Torna in America dopo averle assicurato un futuro. ■ COMM. MUSICALE; B/N; 91'; ITALIA, 1965.

DRAMMA PER TELEVISIONE, UN ★★★
(Murder by Television)
Regia di CLIFFORD SANFORTH. Con JUNE COLLIER, BELA LUGOSI. ■ Durante un programma televisivo sperimentale viene ucciso l'ideatore di alcune futuristiche modifiche agli impianti di trasmissione. I sospetti della polizia cadono immediatamente su una società concorrente. È un collaboratore dell'ucciso a scoprire l'assassino e i mandanti. ■ GIALLO; B/N; 92'; USA, 1935.

DRAMMA SULL'OCEANO, UN *(Crack – up)* ★★
Regia di MALCOLM SAINT CLAIR. Con BRIAN DONLEVY, PETER LORRE. ■ Dopo aver rubato alcuni documenti, una spia fugge su un aereo con la scusa di tentare un volo sperimentale. Insieme a lui ci sono un agente nemico, intenzionato a derubarlo, e un meccanico. Il meccanico scopre per caso la macchinazione e ferisce la spia la quale, a sua volta, uccide il collega avversario. Il meccanico può così tornare a terra e restituire i documenti. ■ GUERRA; B/N; 65'; USA, 1936.

DRAMMA SUL TEVERE ★★
Regia di TANIO BOCCIA. Con RENATO BALDINI, BIANCA DORIA, ALDO FIORELLI, ZINA RACHEWSKI. ■ Una vedova ha due figli: uno cresce onesto e lavoratore, l'altro, invece, preferisce la compagnia dei bulli del quartiere. Diventa l'amante di un'esosa ballerina e per mantenerla tenta una rapina. Fallito il tentativo, decide di cambiar sistema e si limita a rubare i soldi a sua madre. La donna, sconvolta, muore d'infarto; il fratello lo ammazza. ■ DRAMMATICO; B/N; 90'; ITALIA, 1952.

DRANGO ★★
Regia di HALL BARTLETT. Con JEFF CHANDLER, JOANNE DRU, JULIE LONDON. ■ Drango, ufficiale nordista, al termine della guerra civile viene mandato in una città del Sud come paciere. L'impresa, però, è disperata perché la gente non ha dimenticato la guerra ed è aizzata all'odio da un giovane possidente, che agisce non per patriottismo ma per interesse. Questi riesce persino a convincere i concittadini a iniziare di nuovo la lotta contro gli yankees; ammazzerebbe anche Drango, solo contro tutti, se proprio suo padre, sconvolto dalla crudeltà del figlio, non lo fermasse sparandogli. ■ WESTERN; B/N; 92'; USA, 1957.

DRAQUILA. LA TERRA TREMA ★★
Regia di SABINA GUZZANTI. Con SABINA GUZZANTI. ■ Dopo i *Grandi Terremoti* che la sorpresero indifesa nel 1461 e poi nel 1703, l'Aquila è abbattuta nella primavera del 2009 e di nuovo "città rovinata", come ebbe a scrivere tre secoli prima Marco Garofalo, marchese Della Rocca, al vicerè di Napoli. Questa volta a compiere il *miracolo del terremoto* non sarà però il martire cefaloforo Emidio, condannato alla pena capitale e poi canonizzato. Al culto emidiano si sostituisce quello berlusconiano, (auto)celebratosi a partire dal 7 aprile, il giorno successivo alla scossa fatale che ha colpito al cuore l'Abruzzo e piegato le sue anime "forti e gentili". Da qui si avvia il documentario di Sabina Guzzanti, cronaca delle "cose nostre" e della politica dei fattacci che hanno compromesso il futuro dell'Aquila e della sua gente. Persuasa che da quando i politici sono diventati barzellettieri, i comici hanno il dovere morale e l'autorevolezza per parlare di politica o addirittura di fare politica, la Guzzanti indossa letteralmente i panni del premier e parte alla volta dei campi di soccorso, promossi dal governo Berlusconi in attesa di edificare una New Town da inaugurare il giorno del suo compleanno. E già, perché il 6 aprile del 2009 il nostro premier pativa una crisi di popolarità che il terremoto aquilano avrebbe certamente risollevato. Venuto "di cielo in terra a miracol mostrare", il consacrato dal popolo investe la Protezione Civile, nella persona di Guido Bertolaso, di ricostruire la città in barba alla sua storia, alla sua cultura e ai suoi cittadini. Favorito da normative straordinarie e da una sinistra desolante e desolata come la tenda abbandonata del Pd, il "braccio armato" del governo realizza altrove una città altra, che distrugge il valore degli incontri e costringe gli aquilani "più fortunati" in appartamenti asettici e davanti a televisori che predicano il berlusconismo. Guzzanti meno in forma del solito. Forse perché gli argomenti erano conosciuti, mandati e rimandati dai media. Sensazione generale di "superfluo". ■ DOCUMENTARIO; COL.; 93'; ITALIA, 2010.

DRAWING RESTRAINT 9 ★★★
Regia di MATTHEW BARNEY. Con MATTHEW BARNEY, BJÖRK. ■ Ambientato su una baleniera al largo di Nagasaki, il film racconta delle relazioni tra Giappone e Stati Uniti d'America dopo le bombe su Hiroshima e Nagasaki, quando il generale MacArthur, permise ai giapponesi la caccia alla balena quale fonte di sostentamento per il paese in ginocchio. Il progetto è stato commissionato dal governo giapponese. La cantante Björk, compagna del regista, interpreta uno dei personaggi presenti sulla baleniera "Nisshin Maru" ed è anche autrice dei 22 brani (composti con il folkloristico strumento giapponese a diciassette pipe sho), che fanno da tappeto musicale alle due ore e un quarto di silenzio. Il film, infatti, è senza dialoghi. ■ FANTASTICO; COL.; 135'; GIAMAICA, USA, 2005.

DR. CREATOR – SPECIALISTA IN MIRACOLI ★★
(Creator)
Regia di IVAN PASSER. Con MARIEL HEMINGWAY, PETER O'TOOLE, VINCENT SPANO. ■ Stimato scienziato, premio Nobel per la biologia, coltiva in segreto un sogno folle: far rivivere l'adorata moglie morta una trentina di anni prima. A questo scopo ha conservato qualche cellula della defunta, che intende impiantare in un ovulo fecondato. ■ COMMEDIA; COL.; 107'; USA, 1985.

DR. CYCLOPS ★★★★
Regia di ERNEST BEAUMONT SCHOEDSACK. Con THOMAS COLEY, ALBERT DEKKER, JANICE LOGAN. ■ Un gruppo di scienziati raggiunge un collega che sta conducendo alcuni studi in una regione sudamericana. L'uomo, fermo nel proposito di mantenere segrete le sue scoperte, trasforma i nuovi arrivati in esseri piccolissimi e tenta a più riprese di ucciderli. Sarà lui, invece, a rimetterci la pelle. Tra avventure e pericoli nasce una tenera storia d'amore. ■ FANTASCIENZA; COL.; 75'; USA, 1940.

DR. DOLITTLE 3 ★★
Regia di RICH THORNE. Con JOHN AMOS, LUCIANA CARRO, WALKER HOWARD, KYLA PRATT, TOMMY SNIDER, KRISTEN WILSON, CALUM WORTHY. ■ Maya Dolittle viene spedita dalla ma-

dre in vacanza al Ranch Durango. Non è di certo la meta dei suoi sogni, ma almeno può fingere di essere una ragazza come le altre. La vacanza si fa decisamente interessante quando Maya incontra Bo, il figlio del proprietario, e comincia a stringere nuove amicizie. Purtroppo si viene a sapere che per una crisi finanziaria il ranch sta per chiudere e che quindi bisogna tornare a casa. Inizia il malumore, ma non tutto è perduto. Infatti nessuno sa che tra loro c'è una ragazza molto speciale che non se ne starà ferma a guardare. ■ COMMEDIA; COL.; 95'; USA, 2006.

DREAMANIAC – SOGNO MANIACALE *(Lady Avenger)* ★
Regia di DAVE DE COTEAU. Con THOMAS BERN, KIM MCKAMY. ■ Lilly ama gli uomini ma dopo averli avuti li ammazza; Adam è un esperto di magia nera e gli piace metterla in pratica: i due si incontrano e intrecciano un'orrenda storia d'amore costellata di vittime innocenti. ■ HORROR; COL.; 90'; USA, 1986.

DREAMER – LA STRADA PER LA VITTORIA ★★
(Dreamer: Inspired By a True Story)
Regia di JOHN GATINS. Con DAKOTA FANNING, ODED FEHR, LUIS GUZMÁN, KRIS KRISTOFFERSON, DAVID MORSE, FREDDY RODRIGUEZ, KURT RUSSELL, ELISABETH SHUE. ■ Ben Crane è un allevatore di cavalli caduto in disgrazia, ma la sua vita e quella della sua famiglia cambiano radicalmente dopo l'incidente subito da Sonya, la cavalla purosangue che allenava. Invece di abbatterla Ben la tiene con sé e grazie ad essa riesce pian piano a tornare sulla cresta dell'onda. Ispirato a una storia vera. ■ DRAMMATICO; COL.; 102'; USA, 2005.

DREAMERS – I SOGNATORI, THE *(The Dreamers)* ★★
Regia di BERNARDO BERTOLUCCI. Con FLORIAN CADIOU, ANNA CHANCELLOR, LOUIS GARREL, EVA GREEN, MICHAEL PITT, ROBIN RENUCCI. ■ Mentre i genitori sono in vacanza, Isabelle e suo fratello Theo invitano Matthew, un giovane americano appena conosciuto, a casa loro. Durante la convivenza, i tre ragazzi sperimentano un codice di comportamento e esplorano le proprie emozioni e pulsioni erotiche. Bertolucci rivisita il 1968 tornando a raccontare un mondo medio-borghese che ben conosce ma che non è rappresentativo di quella stagione e delle sue rivolte politiche e sessuali. Rimangono solo citazioni cinefile, un "guardonismo" fastidioso e un "politicamente corretto" irritante. Nulla di concreto, nulla di verosimile. Formalmente accettabile (la ragione delle sue stelle). ■ DRAMMATICO; COL.; 130'; FRANCIA, GRAN BRETAGNA, ITALIA, 2003.

DREAMGIRLS ★★★
Regia di BILL CONDON. Con JAMIE FOXX, JENNIFER HUDSON, BEYONCÉ KNOWLES, JOHN KRASINSKI, EDDIE MURPHY, KEITH ROBINSON. ■ Deena Jones, Effie Melody White e Michelle Morris sono tre cantanti che sognano di diventare famose. Con il loro gruppo, The Dreamettes, cercano di farsi notare alla gara annuale per giovani dilettanti di talento. Non vincono, ma grazie a Curtis Taylor Jr. – un venditore di auto con il fiuto per gli affari e uno spiccato senso musicale – si ritrovano a cantare come coriste di James "Thunder" Early, pioniere dell'R&B. Il resto è storia (vera). Perché *Dreamgirls* è la trasposizione cinematografica di un musical di successo ispirato alle Supremes, il gruppo femminile di Detroit capitanato da Diana Ross che negli anni Sessanta divenne il maggiore successo della Motown. ■ COMMEDIA; COL.; 131'; USA, 2006.

DREAM HOUSE ★
Regia di JIM SHERIDAN. Con DANIEL CRAIG, JOE PINGUE, NAOMI WATTS, RACHEL WEISZ, MARK WILSON. Will Atenton è un editor di successo che lascia il proprio lavoro per dedicarsi alla famiglia e scrivere un libro. Lui, la moglie Libby e le loro due bambine sono andati a vivere in una cittadina del New England. Quella che sembra essere l'abitazione sognata si rivela progressivamente come il luogo in cui, in un recente passato, una madre è stata uccisa con le sue due figliolette. All'epoca il padre fu riconosciuto colpevole del delitto. Will si mette in allarme anche perché intorno all'edificio si verificano movimenti sospetti. Unica nota positiva del film: gli attori Craig e Weisz si sono innamorati sul set e successivamente sposati. ■ THRILLER; COL.; 90'; USA, 2011.

DREAMLAND, LA TERRA DEI SOGNI ★
Regia di SEBASTIANO RAVAGNINI. Con DIEGO CALZOLARI, FRANCO COLUMBU, IVANO DE CRISTOFARO, ELENA PRIESTI, TONY SPERANDEO. ■ Dopo che i suoi genitori lo hanno fatto imbarcare da solo su una nave di migranti diretta verso gli Stati Uniti, il piccolo Giacomo diventa l'aitante James lavorando in un'officina della California assieme al padrino. Quanto questi muore, James perde ogni punto di riferimento ed entra a far parte di una gang di giovani teppisti, passando le serate a bere birra, giocare a biliardo ed estorcere denaro ai vari commercianti del piccolo quartiere italiano in cui vive. ■ DRAMMATICO; COL.; 100'; ITALIA, 2010.

DREAM LOVER ★★
Regia di ALAN J. PAKULA. Con GAYLE HUNNICUTT, KRISTY MCNICHOL, PAUL SHENAR. ■ Una bella ragazza va a New York decisa a sfondare nel mondo artistico. Ma le sue notti sono inquiete. Un misterioso nemico sembra volere la sua morte. Ma il nemico esiste veramente o solo nei sogni della ragazza? Uno psichiatra s'incarica di separare le fantasie dalla realtà. ■ GIALLO; COL.; 104'; USA, 1986.

DREAMSCAPE – FUGA NELL'INCUBO ★★
(Dreamscape)
Regia di JOSEPH RUBEN. Con KATE CAPSHAW, DENNIS QUAID, MAX VON SYDOW. ■ I cattivoni della Cia vogliono assassinare il presidente degli Stati Uniti sfruttando le capacità paranormali di un folle. Ma non hanno fatto i conti con Dennis Quaid, paranormale buono, che scopre il piano e si impegna col folle in una furibonda lotta mentale ricca di gradevoli effetti speciali. ■ FANTASTICO; COL.; 99'; USA, 1986.

DREAM TEAM *(Les Seigneurs)* ★★
Regia di OLIVIER DAHAN. Con RAMZY BEDIA, FRANCK DUBOSC, GAD ELMALEH, JOSÉ GARCIA, JEAN-PIERRE MARIELLE. ■ Patrick Orbéra è un ex campione di calcio che, non riuscendo a rifarsi una vita, si ritrova alla soglia dei cinquant'anni alcolizzato, senza casa né lavoro. Per non perdere il diritto di frequentare l'adorata figlia Laura, si trasferisce per tre mesi a Molène, isoletta della Bretagna, per allenare la squadra locale. Se riuscirà a vincere tre incontri, avrà finalmente il denaro di cui ha bisogno. ■ COMMEDIA; COL.; 97'; FRANCIA, 2012.

DREDD – LA LEGGE SONO IO *(Judge Dredd)* ★★
Regia di DANNY CANNON. Con ARMAND ASSANTE, DIANE LANE, SYLVESTER STALLONE, MAX VON SYDOW. ■ Dai fumetti di John Wagner e Carlos Esquerra un film su misura per Sylvester Stallone nel ruolo di Dredd, muscoloso e vendicativo giustiziere che si muove per le strade e nei cieli di una città del futuro. Violenza ed effetti speciali con una certa dose di ironia. ■ FANTASCIENZA; COL.; 100'; USA, 1995.

DR. GIGGLES ★★
Regia di MANNY COTO. Con HOLLY MARIE COMBS, CLIFF DE YOUNG, LARRY DRAKE, GLENN QUINN. ■ Giggles ha avuto un padre pazzo che faceva il medico. L'uomo è stato cacciato dal paese e il figlio, medico a sua volta, torna per vendicarlo. Nella valigetta dei ferri ci sono attrezzi pronti per produrre invece che per lenire il dolore. Film all'insegna dell'esagerazione, ma capace di impressionare anche un pubblico allenato grazie alla rielaborazione in chiave di tortura di oggetti ben noti nella quotidiana pratica medica. Il protagonista Larry Drake si rivela perverso al punto giusto. ■ HORROR; COL.; 86'; USA, 1992.

DR. GOLDFOOT E IL NOSTRO AGENTE 00... E UN QUARTO, IL *(Dr. Goldfoot and the Bikini Machine)* ★★
Regia di NORMAN TAUROG. Con FRANKIE AVALON, DWAYNE HICKMAN, VINCENT PRICE. ■ Per guadagnare molti soldi senza fatica, un bizzarro scienziato costruisce donne-robot che fanno invaghire uomini ricchissimi. Una di queste "ragazze" riesce a sposare un facoltoso playboy. Un poliziotto però si accorge dell'inganno e lei è costretta a fuggire. I due uomini la seguono fino al rifugio dello scienziato dove fanno esplodere tutti i macchinari per la costruzione dei robot. Poi salgono su un aereo pilotato, guarda caso, proprio dal diabolico inventore: i loro guai non sono finiti. ■ FANTASCIENZA; COL.; 90'; USA, 1965.

DRIFT – CAVALCA L'ONDA *(Drift)* ★★★
Regia di BEN NOTT, MORGAN O'NEIL. Con LESLIE-ANN BRANDT, ROBYN MALCOLM, MYLES POLLARD, XAVIER SAMUEL, SAM WORTHINGTON. ■ Sidney, 1960. Una madre con i figli Andy e Jimmy fugge da un marito violento e alcolista e raggiunge le coste della Western Australia. Dodici anni dopo i due fratelli hanno l'idea di realizzare in proprio dei surf. Dovranno superare numerose difficoltà per far sì che la loro passione si trasformi in un'attività remunerativa senza perdere la spinta iniziale. *Drift* sfrutta al massimo la spettacolarità delle riprese in acqua e non si limita ad osservare i surfers, ma entra direttamente con loro nelle onde offrendo allo spettatore prospettive inedite. La storia "vera" non manca. I due fratelli crearono realmente la Kelly Brothers Surf Gear in un'epoca (gli anni Settanta) di sperimentazione, anche sul piano dei sentimenti. ■ DRAMMATICO; COL.; 113'; AUSTRALIA, 2012.

DRILLER KILLER ★★
Regia di ABEL FERRARA. Con JIMMY LANE, CAROLYN MARZ, HARRY SCHULTZ. ■ Si tratta del primo film di Abel Ferrara che recita sotto il nome di Jimmy Lane. Un pittore spiantato e incompreso scopre che la sua fidanzata ha un rapporto con una donna. Nel mezzo di una crisi di nervi, coi vicini di casa rumorosi, comincia a fare strage di straccioni con un trapano elettrico. ■ HORROR; COL.; 95'; USA, 1979.

DRITTE, LE ★★
Regia di MARIO AMENDOLA. Con MEMMO CAROTENUTO, FRANCO FABRIZI, SANDRA MONDAINI, BICE VALORI, MONICA VITTI. ■ Tre ragazze, la proprietaria di una boutique, una infermiera e una casalinga, hanno diverso carattere ma una medesima aspirazione: quella di sposarsi. Dopo lunghe e divertenti vicissitudini riusciranno nel loro intento. ■ COMMEDIA; B/N; 91'; ITALIA, 1958.

DRITTI, I ★★
Regia di MARIO AMENDOLA. Con CHECCO DURANTE, VALERIA MORICONI, PAOLO PANELLI, CORRADO PANI. ■ Il figlio di un pescivendolo è solito fare il furbo ogni volta che ne ha l'opportunità, con la disapprovazione di un amico che ama sua sorella. Il dritto, per un equivoco, finisce tra le sbarre; la lezione serve a fargli mettere la testa a posto. ■ COMMEDIA; B/N; 90'; ITALIA, 1957.

"DRITTO" DI HOLLYWOOD, IL ★★★
(The Right Approach)
Regia di DAVID BUTLER. Con GARY CROSBY, MARTHA HYER, DAVID MCLEAN, JULIET PROWSE, FRANKIE VAUGHAN. ■ Ben deciso a entrare nel bel mondo, un giovane riesce a iscriversi a un club molto esclusivo. Allo stesso scopo, fa sposare la sua amante con un uomo ricchissimo e infastidisce una bella giornalista fino a quando costei non gli pubblica una foto in copertina. Nonostante ogni sforzo, verrà allontanato dai soci del club. ■ COMMEDIA; B/N; 92'; USA, 1960.

DRIVE ★★★
Regia di JEFERY LEVY. Con STEVE AINTIN, DEDEE PFEIFFER, DAVID WARNER. ■ Questo film, esordio per Jefery Levy, narra, attraverso l'uso del flash-back, le storie di due uomini che attraversano in auto, insieme, le periferie di Los Angeles. Buona l'interpretazone di David Warner. ■ DRAMMATICO; COL.; 87'; USA, 1991.

DRIVE ★★
Regia di NICOLAS WINDING REFN. Con ALBERT BROOKS, BRYAN CRANSTON, RYAN GOSLING, CAREY MULLIGAN, RON PERLMAN. ■ Driver è un esperto meccanico in una piccola officina, fa lo stuntmen per riprese automobilistiche e accompagna rapinatori garantendo loro una fuga a tempo di record. Ora Driver avrebbe anche una nuova opportunità: correre in circuiti professionistici. Ma le cose vanno diversamente: conosce e si innamora di Irene, una vicina di casa, e diventa amico di suo figlio Benicio. Irene però è sposata e quando il marito, Standard, esce dal carcere la situazione precipita perché Driver cerca di aiutarlo a risolvere dei debiti, facendogli da autista per il colpo che dovrebbe sistemare la situazione. Le cose però non vanno come previsto. Basato sul romanzo omonimo di James Sallis *Drive*, ma non basta. ■ AZIONE; COL.; 95'; USA, 2011.

DRIVE ANGRY 3D ★
Regia di PATRICK LUSSIER. Con BILLY BURKE, NICOLAS CAGE, WILLIAM FICHTNER, AMBER HEARD, WANETAH WALMSLEY. ■ Fuggito dall'inferno per tornare sulla Terra e salvare il proprio nipote, John Milton è a caccia di satanisti. Sul suo cammino incontra una ex cameriera di tavola calda, che ha appena mollato il marito e che potrà aiutarlo. A dare la caccia a lui invece è "il contabile", un distinto inviato degli inferi, incaricato di riportare all'ordine il fuggitivo d'eccezione. ■ THRILLER; COL.; 104'; USA, 2010. V.M. 14.

DRIVE IN 2000 *(Dead End Drive in)* ★★
Regia di BRIAN TRENCHARD-SMITH. Con NED MANNING, NATALIE MCCURRY, PETER WHITFORD. ■ In un futuro (ancora una volta) reso precario dal dopo-bomba, i superstiti dell'olocausto nucleare cercano, quando possono, di portare avanti le abitudini di un tempo. Troppo tardi una coppia, che è andata in un "drive in" a vedere un vecchio film e a pomiciare, scopre che il cinema all'aperto è un campo di concentramento circondato da filo spinato. ■ FANTASTICO; COL.; 92'; AUSTRALIA, 1986.

DRIVE ME CRAZY ★
Regia di JOHN SCHULTZ. Con ADRIAN GRENIER, MELISSA JOAN-HART, KRIS PARK, SUSAN MAY PRATT, MARK WEBBER. ■ Lei studia, sogna, ma non è fuori dal mondo. Lui ha la fidanzata, ama i videogame e ha amici un po' esagerati. Si innamoreranno alla festa della scuola. Come vuole la più prevedibile delle commedie giovanilistiche. La Joan-Hart è la protagonista della sitcom *Sabrina, vita da strega*. Tanto per restare in tema. ■ COMMEDIA; COL.; 91'; USA, 1999.

DRIVEN ★★
Regia di RENNY HARLIN. Con GINA GERSHON, KIP PARDUE, BURT REYNOLDS, TIL SCHWEIGER, SYLVESTER STALLONE, ESTELLA WARREN. ■ Joe Tanto è stato un corridore della Formula Uno americana. Ha lasciato dopo un grave incidente e ora viene assunto dal proprietario di una scuderia di Formula Cart perché insegni il mestiere a un instabile campioncino, Jimmy Bly. Il ragazzo soffre della pressione psicologica del fratello e della rivalità con un forte avversario. Quando poi si innamora di Sophia, ex del rivale, le cose si fanno più complicate. Sly torna a scrivere la sceneggiatura e, come fece per *Cliffhanger* la affida a Renny Harlin. Il genere "corse in auto" ha i propri appassionati al di là dello spessore della storia, che qui è la solita con Sylvester a fare da padre sportivo al ragazzino irrequieto. Quello che conta però sono le riprese in allenamento e in gara, gli incidenti, le curve pericolose. ■ AZIONE; COL.; 116'; USA, 2001.

DRIVER L'IMPRENDIBILE *(The Driver)* ★★★
Regia di WALTER HILL. Con ISABELLE ADJANI, RONEE BLAKLEY, BRUCE DERN, RYAN O'NEAL. ■ Gioco di inseguimento fra il "Driver", uno spericolato guidatore che si guadagna da vivere facendo l'autista per le rapine, e l'implacabile nevrotico poliziotto che ha giurato di acciuffarlo. Il detective non esita a organizzare una rapina (ricattando alcuni malviventi) all'unico scopo di far uscire il "Driver" allo scoperto, ma il suo piano riesce solo a metà. Lo cattura, ma senza bottino. ■ GIALLO; COL.; 90'; USA, 1978.

DR. JEKYLL E MISS HYDE ★
Regia di DAVID PRICE. Con LISETTE ANTHONY, TOM DALY, SEAN YOUNG. ■ Vicenda del dottor Jackson, discendente del dottor Jekyll, che soffre della sindrome dell'antenato, solo che nella trasformazione cambia sesso. Una discreta idea – non nuova, c'era già stato *Barbara, il mostro di Londra*, del 1971 – realizzata in assoluta piattezza. ■ HORROR; COL.; 90'; USA, 1996.

DR. JEKYLL E MISTER HYDE SULL'ORLO DELLA FOLLIA *(Edge of Sanity)* ★★
Regia di GÉRARD KIKOINE. Con CLYNIS BARBER, NOEL COLEMAN, LISA DAVIS, DAVID LODGE, SARAH MAUR-THORP, ANTHONY PERKINS. ■ Ennesima versione cinematografica del romanzo di Robert Louis Stevenson, del quale, però, non conserva il fascino e il significato. Sotto droga, il rispettabile dottor Jekyll diventa un mostro truculento che uccide le prostitute nella Londra notturna e, alla fine, ammazza pure la moglie che lo ha scoperto. Del delitto incolpa il mostro, noto come Mister Hyde, ma la polizia è ormai

vicina alla soluzione del caso. ■ HORROR; COL.; 88′; GRAN BRETAGNA, 1988.

DROGA MALEDETTA, LA *(The Brain Machine)* ★★
Regia di KEN HUGHES. Con ELIZABETH ALLAN, PATRICK BARR, MAXWELL REED. ■ Un malvivente, ricoverato in una clinica psichiatrica, sotto l'effetto di un medicinale rivela alla dottoressa che lo assiste alcuni segreti pericolosi. Poco dopo, rendendosene conto e temendo la reazione dei complici, la rapisce. Un killer lo ferisce ed egli lascia che la sua prigioniera avverta il marito, medico anche lui, perché li raggiunga e lo curi; nel frattempo arriva la polizia. ■ POLIZIESCO; B/N; 82′; GRAN BRETAGNA, 1955.

DROPOUT ★★
Regia di TINTO BRASS. Con ZOE INCROCCI, FRANCO NERO, LUIGI PROIETTI, CARLO QUARTUCCI, VANESSA REDGRAVE, FRANK WINDSOR. ■ Per assicurarsi la fuga dal manicomio criminale, un uomo prende in ostaggio una giovane donna. Questa, soggiogata dallo sconosciuto, se ne innamora; le vicende travagliate che capitano ai due finiscono per far innamorare anche lui. Decidono di imbarcarsi per l'estero, ma il fuggiasco viene ripreso dalla polizia e la donna ammazzata dal marito. ■ DRAMMATICO; COL.; 109′; ITALIA, 1970.

DR. PLONK ★★★
Regia di ROLF DE HEER. Con PAUL BLACKWELL, NIGEL LUNGHI, MAGDA SZUBANSKI. ■ 1907, scienziato pazzo, conosciuto col nome di Dr. Plonk è giunto, dopo doviziose ricerche, a una inappellabile sentenza: l'apocalisse è vicina, gli esseri umani svaniranno nel nulla cento anni dopo, più precisamente nel 2008. Dopo la reazione scomposta e divertita dei suoi "contemporanei", il Dr. Plonk mette a punto una macchina che lo farà viaggiare nel tempo e nello spazio alla ricerca della prova che stupirà il mondo intero. Rolf De Heer, regista australiano sperimentatore di generi, si diletta stavolta con una perla vicina alla fantasy, certamente singolare. ■ AZIONE; COL.; 83′; AUSTRALIA, 2007.

DRUGSTORE COWBOY ★★★
Regia di GUS VAN SANT. Con MATT DILLON, KELLY LYNCH, JAMES REMAR. ■ Opera seconda di un regista che farà molta strada, soprattutto se riuscirà a mantenere l'ispirazione e le qualità di questo film. Le vicende, ora tragiche ora ironiche, di Bob, narrate da lui stesso dal lettino di un'ambulanza. Bob è a capo di una piccola banda di consumatori di droga che visitano spesso e volentieri i drugstore. Una ragazza muore per overdose e Bob, che è intenzionato a smettere di drogarsi, viene conciato male da un tipetto che aveva con lui un conto in sospeso. Girato con trucchi della fotografia veramente efficaci e con la partecipazione dello scrittore della *beat generation* William Burroughs, il film è una scommessa vinta. Matt Dillon nella sua più grande interpretazione, peccato che non abbia avuto la candidatura all'Oscar. ■ DRAMMATICO; COL.; 105′; USA, 1989.

DRUIDS – LA RIVOLTA *(Druids – Vercingetorige)* ★
Regia di JACQUES DORFMANN. Con KLAUS MARIA BRANDAUER, CHRISTOPHER LAMBERT, INES SASTRE, MAX VON SYDOW. ■ 60 a.C. Minacciati dalle invasioni dei Romani e dei Teutoni, i Druidi pensano che la Gallia avrebbe bisogno di un re e decidono di prendersi cura di Vercingetorige, il figlio del capo degli Averni, trucidato per aver tentato di unire i Galli. Divenuto grande, Vercingetorige vendica suo padre e convince parte del suo popolo ad allearsi con Cesare, per conquistare la Britannia. Ma, tradito da Cesare, Vercingetorige unisce tutte le tribù e respinge l'esercito romano in una clamorosa battaglia. La guerra per la libertà, però, non è ancora conclusa. *Druids* è un film stucchevole e ridondante. ■ AZIONE; COL.; 122′; CANADA, FRANCIA, 2001.

DRUM, L'ULTIMO MANDINGO *(Drum)* ★★
Regia di STEVE CARVER. Con PAM GRIER, KEN NORTON, WARREN OATES, ISELA VEGA. ■ Un ricco mercante di schiavi acquista due neri, uno dei quali è Drum, uno splendido mandingo. La viziosa figlia dell'uomo tenta di sedurli entrambi e, non riuscendovi, si vendica sul primo facendolo punire dal padre che lo mette in catene. Esasperato e pieno d'odio, incita i compagni a far strage dei bianchi. Il padrone stesso prima della sanguinosa repressione della rivolta spinge Drum a fuggire. ■ DRAMMATICO; COL.; 110′; USA, 1976.

DRUMMER, THE ★★
Regia di KENNETH BI. Con JAYCEE CHAN, HEI-YI CHENG, ROY CHEUNG, GLEN CHIN, JOSIE HO, CHIH-CHUN HUANG, ANGELICA LEE, TONY LEUNG KA FAI, RUO-YU LIU, KEN LO, KENNETH TSANG, EUGENIA YUAN. ■ Sid è un giovane di Hong Kong figlio di Kwan, un capo gang. La sua passione sono le percussioni e una giovane ragazza che è "proprietà" di un gangster ben più importante di suo padre. Il giorno in cui l'uomo scopre la relazione, ordina a Kwan che a Sid vengano tagliate le mani. Il padre simula che ciò sia accaduto e spedisce il figlio lontano da casa, sotto lo stretto controllo dello zio. Nella località di montagna in cui è confinato, Sid scopre l'esistenza di un gruppo di percussionisti zen che associano all'arte del suono una rigorosa preparazione fisica. Ne viene immediatamente attratto. ■ DRAMMATICO; COL.; 115′; CINA, GERMANIA, TAIWAN, 2007.

DRUNKEN MASTER *(Jui Kuen)* ★★
Regia di YUEN WOO-PING. Con JACKIE CHAN, HWANG JANG LEE, DEAN SHEK, YUEN SIU TIEN. ■ Un giovanissimo Jackie Chan ai suoi primi ruoli da protagonista. Film principalmente incentrato sulle arti marziali e sull'azione, senza scomodare il genere wuxiapian, con intermezzi comici che si intrecciano alle scene di combattimento. Un indisciplinato giovane studente di kung fu ne combina di tutti i colori, finché il padre esasperato lo manda dal terribile maestro Suashy. Il vecchio, rivelatosi un allegro ubriacone, dopo un durissimo allenamento insegna al ragazzo il suo stile segreto di combattimento, mix di arti marziali e alcolismo. ■ AZIONE; COL.; 107′; HONG KONG, 1978.

D-TOX ★★
Regia di JIM GILLESPIE. Con CHARLES DUTTON, KRIS KRISTOFFERSON, SYLVESTER STALLONE, POLLY WALKER. ■ Stallone-Malloy è un agente dell'Fbi di Chicago, alle prese con l'ennesimo serial killer che per una volta non uccide prostitute ma poliziotti. Fa una sola eccezione, la donna di Malloy, che viene straziata in maniera orrenda. Il killer viene poi trovato impiccato a sua volta. L'agente tenta il suicidio. Salvato, viene "ricoverato" in una clinica per poliziotti psichicamente compromessi, un edificio agghiacciante che sembra un sottomarino, immerso nelle nevi del Wyoming. I "pazienti", tutti stranissimi e insospettabili, cominciano a morire. Malloy, prende in mano la situazione e trova il colpevole. Uno che già... conosceva e che, ma sì, credeva morto. Sono due film diversi, il primo è il thriller metropolitano alla *Seven*, poi diventa qualcosa fra *Shining* e Agatha Christie. Anche se la qualità degli esempi citati è distante anni luce. ■ THRILLER; COL.; 96′; USA, 2001.

DUBBIO, IL *(The Naked Edge)* ★★★
Regia di MICHAEL ANDERSON. Con DIANE CILENTO, GARY COOPER, DEBORAH KERR, ERIC POHLMAN. ■ Radcliffe ha fatto in poco tempo un'enorme fortuna, forse grazie a un delitto avvenuto molti anni prima. Sua moglie sospetta che questa sia appunto la verità (ha ricevuto una lettera anonima) e teme addirittura per la propria vita. Tutti i tentativi del marito di convincerla del contrario non fanno che peggiorare la situazione. Il matrimonio è compromesso, ma Radcliffe non demorde. Indagando e ricordando risale al vero colpevole. ■ GIALLO; B/N; 99′; GRAN BRETAGNA, 1961.

DUBBIO, IL *(Doubt)* ★★★
Regia di JOHN PATRICK SHANLEY. Con AMY ADAMS, PHILIP SEYMOUR HOFFMAN, MERYL STREEP. ■ 1964, Bronx. Il collegio della parrocchia di St. Nicholas ha al suo centro due forti personalità. Padre Flynn, il parroco, è un innovatore che cerca di sostenere gli allievi più in difficoltà e, in particolare, l'unico studente di colore della scuola, Donald Miller. Il ragazzo è stato iscritto dalla madre, contro il volere del marito violento, per sottrarlo ai pericoli della scuola pubblica. L'altro, rigido pilastro della comunità è Sorella Aloysius Beauvier, la superiora dell'ordine le cui consorelle insegnano nell'istituto. Sorella Aloysius è una strenua conservatrice dell'ordine e del rigore e spaventa a morte tutti gli allievi. Un giorno però, in seguito ad alcune osservazioni sul comportamento di Donald riferitele dalla più giovane e candida delle suore Sorella Ja-

mes, comincia a nutrire il dubbio che le attenzioni di Padre Flynn per il ragazzo non siano solo altruistiche. ■ DRAMMATICO; COL.; 104'; USA, 2008.

DUBBIO D'AMORE *(Victim of Love)* ★
Regia di JERRY LONDON. Con PIERCE BROSNAN, VIRGINIA MADSEN, JO BETH WILLIAMS. ■ Una psichiatra che si innamora di un professore vedovo ha una paziente che sostiene di esserne stata l'amante: l'uomo invece nega. Anche sulla morte poco chiara della moglie le loro versioni contrastano. Chi mente? Il bel tenebroso. ■ DRAMMATICO; COL.; 80'; USA, 1991.

DUBBIO DEGLI DEI, IL *(Something Special)* ★★
Regia di PAUL SCHNEIDER. Con PATTY DUKE, JOHN GLOVER, PAMELA SEGALL. ■ Una ragazzina di quattordici anni non è molto contenta di essere una donna in una società maschilista. Sogna di diventare un maschio. Durante un'eclissi il sogno s'avvera. ■ COMMEDIA; COL.; 90'; USA, 1986.

DUBBIO DELL'ANIMA, IL *(Bedevilled)* ★★★
Regia di MITCHELL LEISEN. Con ANNE BAXTER, STEVE FORREST. ■ Gregory, un americano in procinto di diventare sacerdote, viene coinvolto a Parigi in una pericolosa vicenda. Una donna di nome Monica che lavora in un locale notturno gli chiede di aiutarlo. Tra il futuro prete e la ragazza nasce un rapporto di affettuosa simpatia. Resasi conto di turbare la fede del giovane, la donna abbandona il suo nascondiglio e viene così raggiunta dai suoi assassini. Muore tra le braccia di Gregory, ormai avviato al sacerdozio. ■ DRAMMATICO; COL.; 85'; USA, 1955.

DUCA DI FERRO, IL *(The Iron Duke)* ★★
Regia di VICTOR SAVILLE. Con GEORGE ARLISS, GLADYS COOPER. ■ Il film narra le vicende del duca di Wellington, detto il Duca di Ferro per il suo carattere indomito e tenace. Dal Congresso di Vienna alla battaglia di Waterloo, la carriera del condottiero non viene compromessa neppure da uno scandalo montato a regola d'arte: Wellington esce sempre vincitore. ■ BIOGRAFICO; B/N; 88'; GRAN BRETAGNA, 1935.

DUCA E LA BALLERINA, IL *(The Gay Lady)* ★★
Regia di BRIAN DESMOND HURST. Con JAMES DONALD, JEAN KENT, HUGH SINCLAIR. ■ Trottie sospetta di essere tradita dal marito con un'ex collega di ballo. Anche il comportamento del duca, piuttosto freddo, sembra confermare i sospetti, ma dopo varie vicende i due torneranno ad amarsi. ■ COMM. MUSICALE; COL.; 96'; GRAN BRETAGNA, 1949.

DUCA IN VACANZA, IL *(It's a King)* ★★
Regia di JACK RAYMOND. Con SIDNEY HOWARD, JOAN MAUDE. ■ L'impiegato di una compagnia d'assicurazione londinese, durante un viaggio in un piccolo Stato, viene chiamato a sostituire il duca Alberto, a causa della sua rassomiglianza impressionante con quest'ultimo. Così viene invischiato in una serie di losche vicende che lo porteranno a salvare il vero duca da un attentato. ■ DRAMMATICO; B/N; 68'; GRAN BRETAGNA, 1933.

DUCA NERO, IL ★★
Regia di PINO MERCANTI. Con GLORIA MILLAND, CAMERON MITCHELL, MARIA SPINA. ■ Il film narra le avventure di Cesare Borgia, costretto a difendersi da attentati e congiure che l'infido amico Riccardo Brancaleone organizza contro di lui. Dopo aver eliminato tutti i congiurati, Cesare affronta Riccardo e lo uccide. ■ AVVENTURA; COL.; 92'; ITALIA, 1963.

DUCA SI NASCE *(Splitting Heirs)* ★★
Regia di ROBERT YOUNG. Con JOHN CLEESE, BARBARA HERSHEY, ERIC IDLE, RICK MORANIS. ■ Abbastanza divertente e senza pretese. Non mancano le frecciatine ai reali britannici. Un cast d'eccezione: due Monty Python (Ilde e Cleese), un Ghostbuster (Moranis) e un'attrice senza tempo (Hershey). Una serva scambia il propro figlio con Tommy, il futuro duca. Il pargolo finisce così in una famiglia originaria del Pakistan. Quando scopre la verità, ormai ultra-trentenne, decide di ottenere ciò che gli spetta. ■ COMICO; COL.; 84'; USA, 1993.

DUCHESSA, LA (*The Duchess*) ★★★
Regia di SAUL DIBB. Con DOMINIC COOPER, RALPH FIENNES, KEIRA KNIGHTLEY, CHARLOTTE RAMPLING. ■ Lady Georgiana Spencer è una giovane aristocratica in età di matrimonio. A soli diciassette anni viene data in sposa a William Cavendish, duca del Devonshire, e si trasferisce a Londra dove conosce gli sfarzi della nobiltà e la freddezza di una relazione che la obbliga a dare un erede al duca. Dietro consiglio della madre, Georgiana si arma di rassegnazione, trovando una scappatoia nella moda, nel gioco e nell'amicizia di Lady Elizabeth Foster. Invitata a vivere con i Cavendish, Bess attira le attenzioni di William per ricongiungersi con i figli che le sono stati tolti dal marito. Ferita dal *ménage à trois* la duchessa trova conforto tra le braccia dell'amato conte Grey, ma sceglie di rimanere al fianco del duca per non perdere i privilegi di madre. Tratto dalla biografia firmata da Amanda Foreman, *La duchessa* è un film che in parte rivoluziona la figura femminile del Settecento attraverso le gesta dell'"Imperatrice della moda", famosa per la sua bellezza e per il suo coinvolgimento politico quanto per la passione per il gioco e le pene d'amore. ■ DRAMMATICO; COL.; 110'; GRAN BRETAGNA, FRANCIA, ITALIA, 2008.

DUCHESSA DELL'IDAHO, LA *(Duchess of Idaho)* ★★★
Regia di ROBERT Z. LEONARD. Con VAN JOHNSON, JOHN LUND, PAULA RAYMOND, ESTHER WILLIAMS. ■ Ellen, una giovane e bella ragazza, è innamorata del suo principale, Douglas, che la usa come copertura ogni volta che si trova nei guai con le donne. Christine, amica di Ellen, decide di far innamorare Douglas per deridere il suo atteggiamento da dongiovanni. Ma l'arrivo di Dick, un direttore d'orchestra, complica la situazione. Dopo una serie di equivoci, tutto alla fine verrà chiarito. Un classico musical anni Cinquanta. ■ COMM. MUSICALE; COL.; 98'; USA, 1950.

DUCHESSA DI LANGEAIS, LA ★★★
(Ne touchez pas la hache)
Regia di JACQUES RIVETTE. Con JEANNE BALIBAR, ANNE CANTINEAU, GUILLAUME DEPARDIEU, BULLE OGIER, MICHEL PICCOLI. ■ Armand de Montriveau, giovane e attraente generale francese, ritrova nell'isola di Majorca come suora di clausura la duchessa Antoinette de Langeais, di cui si era perdutamente innamorato cinque anni prima. Riviviamo da questo momento le varie fasi di una passione maschile, abilmente contrastata da una donna attratta ma non disposta a cedere. Jacques Rivette si rivolge questa volta a Balzac per continuare l'esplorazione di quei sentimenti contrastanti che sono la passione che acceca e l'attrazione erotica che ha bisogno di tortuosi percorsi per potersi manifestare, ivi compresa la negazione della sessualità esplicita. L'adesione al testo è ancor più radicale che nel passato. ■ STORICO; COL.; 137'; FRANCIA, ITALIA, 2007.

DUCHESSA DI SANTA LUCIA, LA ★★
Regia di ROBERTO BIANCHI MONTERO. Con MAURIZIO ARENA, LORELLA DE LUCA, TINA PICA. ■ Maddalena, ricca proprietaria di un ristorante napoletano, decide di comprare il titolo di duchessa per far sposare sua nipote ad un nobile inglese. Durante un ricevimento al quale partecipa anche la nobiltà napoletana, Maddalena non può fare a meno di rivelare le sue origini poco blasonate. Si scopre però che anche il giovane nobile inglese è un impostore. Alla fine la nipote si sposerà felicemente col figlio di un pasticciere. ■ COMMEDIA; B/N; 93'; ITALIA, 1959.

DUDES: DICIOTTENNI ARRABBIATI *(Dudes)* ★★
Regia di PENELOPE SPHEERIS. Con JON CRYER, CATHERINE MARY STEWART. ■ La lotta senza esclusione di colpi tra due bande di teppisti rivali: una è composta da tre punk che partono da New York alla volta della California, l'altra da sbandati che provocano la morte di uno degli avversari. Gli altri due danno la caccia agli assassini inoltrandosi nel deserto. ■ DRAMMATICO; COL.; 90'; USA, 1987.

DUDINO IL SUPERMAGGIOLINO ★★
Regia di RUDOLF ZEHETGRUBER. Con SAL BORGESE, KATHRIN OGINSKI, RUDOLF ZEHETGRUBER. ■ Ancora una volta la protagonista del film è Dudù, una straordinaria automobile fornita di cervello elettronico che si esibisce in prodezze straordinarie. Benché iscritta ad un rally, contribuisce alla vittoria di due spericolate suore che con la somma messa in palio aiuteranno efficacemente i loro piccoli assistiti. ■ COMMEDIA; COL.; 93'; GERMANIA, 1973.

DUDLEY DO. RIGHT ★
Regia di HUGH WILSON. Con BRENDAN FRASER, ERIC IDLE, AL-

FRED MOLINA, SARAH JESSICA PARKER, ROBERT PROSKY. ■ Trasposizione del fumetto creato negli anni Sessanta da Jay Ward, il film, ambientato nella tranquilla comunità montana di Semi-Happy Valley, narra le vicende di Dudley Do. Right (Brendan Fraser), un poliziotto canadese. Tutto procede bene fino a quando entra in scena il perfido Snidely Wiplash (Alfred Molina) che, per allontanare Dudley dalla comunità, lo manda nei boschi a cercare vampiri. Ben presto Snidely diventa padrone incontrastato della comunità e il suo fascino di uomo potente fa breccia nel cuore di Nell (Sarah Jessica Parker), ex fidanzata di Dudley. Il nostro simpatico poliziotto non si dà però per vinto e torna in azione escogitando un piano per fermare il suo rivale. Commedia banale e non particolarmente brillante. ■ COMMEDIA; B/N; 77′; USA, 1999.

DUDÙ IL MAGGIOLINO A TUTTO GAS ★★★
(Jimmy Bondi und sein Wunderkäfer Dudù)
Regia di RUDOLF ZEHETGRUBER. Con JIMMY BONDI, SAL BORGESE, KATHRIN OGINSKI. ■ Jimmy Bondi, il suo fido amico Aldo Severani e l'incredibile automobile Dudù sono all'inseguimento di Leskovich, l'impresario che è scappato con i soldi guadagnati in uno spettacolo. I due inoltre, durante una sosta in Svizzera, sgominano una banda di gangster che aveva nascosto il bottino di una rapina proprio nell'automobile. Poi, raggiunto Leskovich, recuperano i loro soldi e sposano due ragazze del posto. Film divertente e di buon successo commerciale. ■ AVVENTURA; COL.; 95′; GERMANIA, 1974.

DUDÙ IL MAGGIOLINO SCATENATO ★★
(Ein Käfer gibt Vollgas)
Regia di RUDOLF ZEHETGRUBER. Con JOACHIM FUCHSBERGER, ROBERT MARK, KATHRIN OGINSKI. ■ Dudù, l'automobile straordinaria, è al centro di una serie di avventure in Portogallo: alcuni gangster tentano di rubare dei cliché alla sorella di un falsario morto. Con l'aiuto di Dudù e di Jimmy Bondi, la banda dei falsari è sgominata. ■ COMMEDIA; COL.; 90′; GERMANIA, 1972.

DUE *(Deux)* ★★★
Regia di CLAUDE ZIDI. Con GÉRARD DEPARDIEU, MARUSCHKA DETMERS. ■ Due yuppies, uno scapolo quarantenne e una rampante ventottenne. Amore, anzi sesso a prima vista. Va talmente bene che il pensiero del matrimonio comincia a fare capolino. Ma lui nicchia. Si piantano. Il caso però li rimette insieme. Si sposano e hanno figli. Ma era proprio la cosa migliore da fare? ■ SENTIMENTALE; COL.; 113′; FRANCIA, 1989.

DUE AGENTI MOLTO SPECIALI ★★
(De l'Autre Côté Du Périph)
Regia di DAVID CHARHON. Con LIONEL ABELANSKI, YOUSSEF HAJDI, LAURENT LAFITTE, SABRINA OUAZANI, OMAR SY. ■ La moglie del più importante sindacalista di Francia viene trovata morta tra la spazzatura della periferia parigina, in un momento di forti contrasti sociali. Il caso viene assegnato all'ispettore capo Francois Monge, squadra anticrimine, ma poiché il cadavere è stato individuato da Ousmane Diakité, poliziotto della sezione finanziaria nato e cresciuto nella *banlieue* di Bobigny, due mondi così diversi sono costretti a collaborare per trovare il colpevole. Si forma così l'ennesima strana coppia di sbirri, l'uno parigino DOC, ligio alle regole, ambizioso e vicino ai poteri forti; l'altro, di origine africana e proletaria, pronto ad ignorare il protocollo se serve a portare a casa il risultato. *Due agenti molto speciali* si inserisce nel filone del *buddy movie* all'americana rivisitato in salsa francese. ■ COMMEDIA; COL.; 96′; FRANCIA, 2012.

DUE AMICHE, LE *(Two Friends)* ★★★
Regia di JANE CAMPION. Con CHRIS BIDENKO, EMMA COLES, KRIS MCQUADE. ■ Kelly e Louise sognano di andare nello stesso istituto ma il patrigno di Kelly decide altrimenti. Con la fine della scuola anche la loro amicizia è ormai svanita: Louise è una noiosa ragazza borghese e Kelly una specie di punk che vive lontano da casa. Il film, prodotto per la tv australiana, è composto da cinque *flash-back*, a partire dalla rottura tra le due adolescenti. ■ DRAMMATICO; COL.; 76′; AUSTRALIA, 1986.

DUE AMICI ★★
Regia di SPIRO SCIMONE, FRANCESCO SFRAMELI. Con FELICE ANDREASI, SARA BERTELÀ, SPIRO SCIMONE, FRANCESCO SFRAMELI. ■ Tratto da un lavoro teatrale dello stesso Scimone, il film mette in scena i due personaggi di Pino e Nunzio, siciliani emigrati in una città del Nord: i due, amici ma molto diversi tra loro, condividono lo stesso appartamento e un'esistenza apparentemente squallida. Il film si svolge senza una trama vera e propria in un susseguirsi di dialoghi ispirati al teatro dell'assurdo. ■ DRAMMATICO; COL.; 90′; ITALIA, 2002. ■ VENEZIA 1 PR.

DUE AMORI *(Die schwedische Nachtigall)* ★★
Regia di PETER PAUL BRAUER. Con KARL LUDWIG DIEHL, ILSE WERNER. ■ Una ragazza con grandi doti musicali parte per la città per studiare canto. Per interessamento di un celebre scrittore riesce ad entrare nella scuola del teatro di corte, facendo innamorare di sé il governatore. Divisa sentimentalmente tra lo scrittore e l'uomo politico, la cantante decide di dedicare la sua esistenza all'arte. ■ COMMEDIA; B/N; 90′; GERMANIA, 1941.

DUE AMORI DUE OMICIDI *(Hot Child in the City)* ★★
Regia di JOHN FLOREA. Con LEAH AYRES, RON MOSS, GEOF PRYSIRR, SHARI SHATTUCK. ■ Una giovane donna, impiegata presso una casa discografica a Hollywood, riceve la visita della sorella Rachel e la presenta ad amici fin troppo dediti alle gioie della carne e agli allucinogeni. Tra gli interpreti Ron Moss di *Beautiful*. ■ POLIZIESCO; COL.; 85′; USA, 1987.

DUE ASSI DEL GUANTONE, I ★★
Regia di MARIANO LAURENTI. Con UMBERTO D'ORSI, FRANCO FRANCHI, CICCIO INGRASSIA, GINO MILLI, PAOLA TEDESCO. ■ I due comici siciliani questa volta sono alle prese con il mondo della boxe. Dopo molte disavventure, sposano le ragazze che amano. ■ COMMEDIA; COL.; 97′; ITALIA, 1971.

DUE ASSI NELLA MANICA ★★★
(Not with My Wife You Don't)
Regia di NORMAN PANAMA. Con TONY CURTIS, VIRNA LISI, CARROLL O'CONNOR, GEORGE C. SCOTT. ■ Tom Ferris, ufficiale dell'aviazione americana troppo preso dalla carriera, lascia la moglie Julie con la quale ha rapporti burrascosi per recarsi ad un corso di aggiornamento. Durante l'assenza del marito, Julie trova un ex amore, che segue in un viaggio a Roma presso alcune basi militari americane. Ferris, sospettoso ed ingelosito, la raggiunge e, dopo un colloquio chiarificatore, i due scoprono d'amarsi ancora. ■ COMMEDIA; COL.; 118′; USA, 1966.

DUE AVVENTURIERI, I *(Little Men)* ★★
Regia di NORMAN Z. MCLEOD. Con KAY FRANCIS, JACK OAKIE. ■ Un uomo ricercato dalla polizia è costretto a lasciare il figlio in un collegio. Il bambino, cresciuto senza una vera educazione, si dimostra subito poco incline alla vita in comune. Al ritorno del padre i due conosceranno finalmente un periodo di serenità. ■ COMMEDIA; B/N; 84′; USA, 1940.

DUE BANDIERE ALL'OVEST *(Two Flags West)* ★★★
Regia di ROBERT WISE. Con JEFF CHANDLER, JOSEPH COTTEN, LINDA DARNELL, CORNEL WILDE. ■ Tucker, ufficiale sudista prigioniero dei nordisti, accetta di combattere gli indiani per ottenere la libertà. Dopo un violento combattimento, il maggiore Kemiston che comanda il forte accetta di lasciarsi far prigioniero dagli indiani per salvare tutti gli altri. Dopo la fine delle ostilità, Tucker ed Elena potranno finalmente abbandonare il West. ■ AVVENTURA; B/N; 92′; USA, 1950.

DUE BIANCHI NELL'AFRICA NERA ★★
Regia di BRUNO CORBUCCI. Con FRANCY FAIR, FRANCO FRANCHI, CICCIO INGRASSIA. ■ Nuove avventure per i due spassosi comici, questa volta alle prese con i misteri dell'Africa nera. ■ COMMEDIA; COL.; 92′; ITALIA, 1970.

DUE CANDIDATI PER UNA POLTRONA ★★
(Welcome to Mooseport)
Regia di DONALD PETRIE. Con CHRISTINE BARANSKI, GENE HACKMAN, MARCIA GAY HARDEN, RAY ROMANO, FRED SAVAGE, MAURA TIERNEY, RIP TORN. ■ Monroe Cole, ex presidente degli Stati Uniti, torna nella sua città Mooseport nel Maine. Qui, decide di candidarsi come sindaco, sfidando il giovane Handy Harrison, proprietario di un emporio locale. Il film di Donald Petrie, che ha diretto godibili commedie come *Mystic Pizza* e *Come farsi lasciare in 10 giorni*, incontra il suo grande limite nel voler es-

sere per forza una satira sul sistema elettorale, senza però esserne all'altezza. ■ COMMEDIA; COL.; 110'; USA, 2004.

DUE CAPITANI, I *(The Far Horizons)* ★★★
Regia di RUDOLPH MATÉ. Con CHARLTON HESTON, FRED MACMURRAY, DONNA REED. ■ Nel 1803, due ufficiali vengono mandati dal presidente degli Stati Uniti Jefferson ad esplorare la Louisiana, da poco diventata territorio della nascente confederazione americana. Sono costretti ad affrontare molte avventure a contatto con alcune tribù di pellirosse. La spedizione è resa ancora più difficoltosa dalla rivalità dei due uomini che amano la stessa donna. Una ragazza indiana, innamorata del più giovane dei due, li salverà da un agguato teso loro da un losco trafficante francese. ■ WESTERN; COL.; 108'; USA, 1955.

DUE CARABINIERI, I ★★
Regia di CARLO VERDONE. Con MASSIMO BOLDI, ENRICO MONTESANO, CARLO VERDONE. ■ Marino e Glauco sono due carabinieri che affrontano, da amiconi, le varie imprese: traffici di droga, sequestri ecc. La loro amicizia viene messa in crisi dal comune interesse per Rita, cugina di Marino, ma alla fine sarà Glauco che, col benestare dell'amico, la sposerà. Commedia simpatica, ma di pregi non eccezionali con il merito di non essere la solita barzelletta sull'Arma. ■ COMMEDIA; COL.; 118'; ITALIA, 1984.

DUE CARE CANAGLIE ★★
Regia di GENE LEWITT. Con SALLY KELLERMAN, TONY LO BIANCO. ■ Il rozzo capitano Magee è un innamorato del mare, un uomo del tutto sereno. Poi un giorno fa la conoscenza della bella Veronica, una fanciulla altoborghese piena di vizi che cambia la sua vita. ■ COMMEDIA; COL.; 100'; USA, 1986.

DUE CAVALIERI A LONDRA *(Shangai Knights)* ★★
Regia di DAVID DOBKIN. Con JACKIE CHAN, OWEN WILSON, DONNIE YEN. ■ Ennesimo action/comedy di Jackie Chan e sequel del simpatico *Pallottole cinesi*, il film rispetta lo standard fissato dai suoi predecessori: botte e gag dall'inizio alla fine. Chon e Roy, pistoleri del west come li avevamo lasciati nel precedente episodio, si recano a Londra sulle tracce dell'assassino del padre di Cia. Alle indagini si unisce anche Lin, sorella di Chon: insieme i tre scopriranno una cospirazione internazionale contro i sovrani d'Inghilterra ma saranno sbeffeggiati da Scotland Yard finendo dietro le sbarre. ■ AZIONE; COL.; 114'; USA, 2003.

200 MOTELS ★★
Regia di FRANK ZAPPA. Con THEODORE BIKEL, KEITH MOON, RINGO STARR, FRANK ZAPPA. ■ È una commedia musicale scritta e interpretata dal famoso cantante dell'avanguardia rock americana, morto nel 1993, Frank Zappa, con l'aiuto del suo gruppo "Mothers of Invention". È un'opera bizzarra con molte gag e soluzioni visive tipiche degli anni Settanta. Nel cast anche i due batteristi Ringo Starr e Keith Monn, rispettivamente dei Beatles e degli Who. ■ COMM. MUSICALE; COL.; 98'; USA, 1971.

200 SIGARETTE *(200 Cigarettes)* ★★
Regia di RISA BRAMON GARCIA. Con BEN AFFLECK, CASEY AFFLECK, DAVID CHAPELLE, ELVIS COSTELLO, GUILLERMO DIAZ, JANEANE GAROFALO, COURTNEY LOVE, CHRISTINA RICCI. ■ Commedia ambientata nel 1981. Le 200 sigarette sono fumate dai personaggi alla ricerca dell'anima gemella nella notte di Capodanno. Camei a non finire per l'ex direttrice di casting e regista tv. Ma è proprio di tv che sa questo film. ■ COMMEDIA; COL.; 101'; USA, 1999.

DUE CHE SPEZZARONO IL RACKET, I ★★
Regia di WILLIAM YOUNG. Con NANCY CHIBA, MIKE HAJAKAMA, LILIAN KONDO, SUSY LEE, EVAN SHIOMI, JOHNNY YANG. ■ Johnny, agente segreto della squadra narcotici di Hong Kong ed esperto in arti marziali, col pretesto di un campionato di kung-fu si reca in Giappone per indagare sull'attività del boss Asaki. Viene subito fatto prigioniero e alla sua ricerca si avvia la moglie: sarà la donna a sgominare la banda. ■ POLIZIESCO; COL.; 91'; GIAPPONE, 1976.

DUE CITTÀ, LE *(A Tale of Two Cities)* ★★★
Regia di JACK CONWAY. Con ELIZABETH ALLAN, RONALD COLMAN, BASIL RATHBONE. ■ Dal romanzo di Charles Dickens. Carlo d'Arny, giovane nobile di sentimenti liberali, si innamora di Lucia, figlia del dottor Maret, un esule francese fuggito dalla Bastiglia e inviso al marchese di Richemond, zio di Carlo. Dopo il matrimonio Carlo, in seguito ad una macchinazione dello spietato Richemond, viene imprigionato e accusato di spionaggio. Assolto dall'accusa, il giovane si reca a Parigi, dove nel frattempo è scoppiata la Rivoluzione. Quando sta per essere giustiziato, viene salvato dalla generosità dell'avvocato. ■ DRAMMATICO; B/N; 120'; USA, 1935. ■ OSCAR 2 NOM.

DUE COLONNELLI, I ★★★
Regia di STENO. Con SCILLA GABEL, WALTER PIDGEON, NINO TARANTO, TOTÒ, TONI UCCI. ■ Gli inglesi e gli italiani combattono in Russia, conquistando e perdendo continuamente un paesino. I comandanti sono due colonnelli che diventano amici. ■ COMICO; B/N; 104'; ITALIA, 1962.

DUE COME NOI *(Two of a Kind)* ★★
Regia di JOHN HERZFELD. Con CHARLES DURNING, OLIVIA NEWTON-JOHN, JOHN TRAVOLTA. ■ Prima di punire il mondo con un nuovo diluvio universale, l'Ente Supremo affida ad alcuni angeli custodi il compito di verificare quanta bontà ci sia ancora negli esseri umani. Per la verifica vengono scelti Zack, un giovane inventore spiantato, e Debbie, una cassiera di banca con velleità artistiche. L'amore trionferà. ■ COMMEDIA; COL.; 87'; USA, 1983.

DUE COME NOI, NON DEI MIGLIORI ★★
Regia di STEFANO GROSSI. Con ADEL BAKRI, SIMONA CARAMELLI, STEFANIA ORSOLA GARELLO, MARCELLO SAMBATI. ■ Ispirato ai versi di Montale «Non si nasconde fuori dal mondo chi lo salva e non lo sa. È uno come noi, non dei migliori». Due storie. Yusuf, un tunisino giunto da poco a Roma, viene derubato e successivamente aiutato da Ivana. La quale, nella seconda parte del film, viene seguita nella sua vita solitaria. Opera prima di un regista che prima è stato documentarista. ■ DRAMMATICO; COL.; 109'; ITALIA, 1999.

DUE COMPARI, I ★★
Regia di CARLO BORGHESIO. Con PEPPINO DE FILIPPO, ALDO FABRIZI. ■ Giovanni Bettini, modesto commerciante di penne stilografiche, è padre di Giulietta, una dolce ragazza che viene allevata in un collegio di lusso, convinta di essere la figlia di un uomo facoltoso. Durante la cerimonia di fine anno, Giovanni fa amicizia con un industriale i cui figli sono amici di Giulietta. Ma un giorno la ragazza scopre la verità e rifiuta così l'amore del figlio dell'industriale, per vergogna. Alla fine la ragazza sposerà egualmente il giovane. ■ COMMEDIA; B/N; 92'; ITALIA, 1955.

DUE CONTRO LA CITTÀ ★★★
(Deux hommes dans la ville)
Regia di JOSÉ GIOVANNI. Con ALAIN DELON, MIMSY FARMER, JEAN GABIN, VICTOR LANOUX. ■ Germain, ex poliziotto, e Gino, ex galeotto, sono amici. Un giorno alcuni vecchi compagni di Gino cercano di convincerlo ad unirsi a loro in una rapina, ma senza risultato. L'ispettore Gouatreau non crede alla sua innocenza e lo perseguita, fino al punto di insidiargli la donna amata. Persa la testa, Gino lo uccide e per questo è condannato a morte nonostante i tentativi dell'amico Germain. ■ DRAMMATICO; COL.; 100'; FRANCIA, 1973.

DUE CONTRO TUTTI ★★
Regia di ANTONIO MOMPLET. Con WALTER CHIARI, AROLDO TIERI, RAIMONDO VIANELLO. ■ Due fratelli imbroglioni giungono a Golden City, città terrorizzata dal sindaco Missouri, un violento capobanda che sta comprando tutte le terre dei dintorni a poco prezzo. I due mangiano un cibo miracoloso e diventano invincibili: sgominano così l'intera banda. ■ COMICO; COL.; 89'; ITALIA, 1962.

DUE CONTRO TUTTO – BROTHERS IN ARMS ★★
(Union Sacré)
Regia di ALEXANDRE ARCADY. Con SAID AMADIS, RICHARD BERRY, PATRICK BRUEL, BRUNO CREMER, CORINNE DACIA. ■ Odio razziale, prima, e poi amicizia e complicità tra un poliziotto ebreo e un poliziotto arabo nella Parigi della malavita. La coppia incappa nella rete di una organizzazione di fanatici religiosi musulmani e sarà proprio il poliziotto arabo a incastrare il capo con metodi non proprio legali. ■ POLIZIESCO; COL.; 98'; FRANCIA, 1989.

DUE CRIMINALI PIÙ PAZZI DEL MONDO, I ★★★
(Crimewave)
Regia di SAM RAIMI. Con REED BIRNEY, LOUISE LASSER, PAUL SMITH, SHEREE J. WILSON. ■ Condannato alla sedia elettrica per aver assassinato i suoi datori di lavoro, Alex racconta la sua verità dei fatti dichiarandosi innocente: i veri colpevoli sono due pazzoidi, impiegati in un'impresa di derattizzazione. ■ FANTASTICO; COL.; 83'; USA, 1985.

DUE CROCI A DANGER PASS ★★
Regia di RAFAEL ROMERO MARCHENT. Con NUCCIA CARDINALI, ANTHONY FREEMAN, PETER MARTELL. ■ Lo sceriffo di Danger Pass e un carcerato, che egli ritiene innocente, vengono ammazzati dal ricco e violento Moran che vessa tutta la popolazione. Anche la moglie dello sceriffo viene uccisa sotto gli occhi dei due figli Alex e Judy. Alex, da grande, attuerà la sua inesorabile vendetta, nella quale resterà coinvolta anche Judy. ■ WESTERN; COL.; 90'; ITALIA, 1967.

DUE CROCIATI, I ★★
Regia di GIUSEPPE ORLANDINI. Con JANET AGREN, UMBERTO D'ORSI, FIORENZO FIORENTINI, FRANCO FRANCHI, CICCIO INGRASSIA. ■ Il visconte Ciccio assolda Franco, soldato di ventura, affinché convinca i sudditi a pagare le tasse. Il popolo, però, si ribella e proclama la Repubblica. Franco e Ciccio, senza una lira, si arruolano con Goffredo di Buglione in lotta contro i saraceni. ■ COMICO; COL.; 95'; ITALIA, 1969.

DUE CUORI ★★
Regia di CARLO BORGHESIO. Con CARLO COVACS, NINO CRISMAN, ELISABETTA SIMOR. ■ Un impiegato si appropria di una cifra appartenente alla ditta in cui lavora e la perde effettuando una speculazione sbagliata. La sorella dell'impiegato chiede al fidanzato i quattrini per poter salvare dalla vergogna il fratello. Il fidanzato rifiuta; allora la ragazza decide di affrontare il direttore dell'azienda per spiegargli ogni cosa. Ma prima che ne abbia il tempo, il principale si innamora di lei e la chiede in moglie. ■ COMMEDIA; B/N; 92'; ITALIA, 1943.

DUE CUORI A TEMPO DI WALZER ★★
(Zwei Herzen in 3/4 Takt)
Regia di GÉZA VON BOLVÁRY. Con WILLY FORST, WALTER JANSSEN, GRETEL THEIMER. ■ Tipica trama leggera e sentimentale per un film musicale di Géza Von Bolváry. ■ COMMEDIA; B/N; 91'; GERMANIA, 1930.

DUE CUORI E UNA CUCINA *(Rare Birds)* ★★★
Regia di STURLA GUNNARSSON. Con WILLIAM HURT, ANDY JONES, MOLLY PARKER. ■ Tratto dal romanzo *Rare birds*, di Edward Riche, anche sceneggiatore. Dave gestisce un ristorante in campagna, "The Auk", che sembra destinato al fallimento, senza poter contare sul supporto di sua moglie, che vive in città. Un amico gli suggerisce una truffa "innocente": basta fingere di avere avvistato una rara specie di anatra. Il trucco funziona, il ristorante diventa una sorta di culto. Vengono inseriti batiscafi in miniatura e complicazioni sentimentali. Umorismo tanto sottile da risultare magari illeggibile, ma nell'insieme una proposta malinconica e intelligente che esce dalla norma. ■ COMMEDIA; COL.; 99'; CANADA, 2001.

DUE CUORI E UNA PROVETTA *(The Switch)* ★★
Regia di JOSH GORDON, WILL SPECK. Con JENNIFER ANISTON, JASON BATEMAN, JEFF GOLDBLUM, JULIETTE LEWIS, PATRICK WILSON. ■ Wally e Kassie sono due amici newyorkesi quarantenni. Un giorno Kassie, stanca di attendere la storia giusta che non arriva mai, decide di fare un figlio da sola e crescerlo fuori città. Sceglie quindi come donatore Ronald, tutto fisico, sorrisi e disponibilità, e Wally, che è tutto nevrosi, ipocondria e insofferenze, si scopre improvvisamente gelosissimo. Durante il party per l'inseminazione, ubriaco fradicio, scambia il suo seme con quello di Ronald, poi perde coscienza e dimentica tutto. Quando, però, sette anni dopo, la donna torna a New York con il piccolo nevrotico e ipocondriaco Sebastian, Wally non può che constatare che si trova di fronte a un suo piccolo clone. Comincia così a ricordare. ■ COMMEDIA; COL.; 101'; USA, 2010.

DUE CUORI FELICI ★★
Regia di BALDASSARRE NEGRONI. Con MIMÌ AYLMER, VITTORIO DE SICA, RINA FRANCHETTI, UMBERTO MELNATI, LOLI PILOTTO. ■ Il figlio del padrone di un'industria automobilistica americana, in visita di lavoro a Roma, si innamora di una donna che egli crede essere la moglie del direttore della filiale capitolina, ma che in realtà ne è la segretaria. Se ne torneranno in Usa insieme e felici. ■ COMMEDIA; B/N; 95'; ITALIA, 1932.

DUE CUORI FRA LE BELVE ★★
Regia di GIORGIO SIMONELLI. Con ENZO BILIOTTI, VERA CARMI, EGILDA CECCHINI, ENRICO GLORI, LIA ORLANDINI, TOTÒ. ■ Totò sventa i loschi propositi di un finto esploratore, che in realtà mira ai quattrini di uno studioso scomparso, aggregandosi alla sua spedizione in Africa. Qui, infatti, lo pseudo-esploratore viene smascherato, lo scienziato è ritrovato e la figlia di questi si unisce al coraggioso Totò. ■ COMICO; B/N; 82'; ITALIA, 1943.

DUE CUORI IN CIELO *(Cabin in the Sky)* ★★★
Regia di VINCENTE MINNELLI. Con EDDIE ROCHESTER ANDERSON, LOUIS ARMSTRONG, LENA HORNE, ETHEL WATERS. ■ Nella New Orleans degli anni Cinquanta, Little Joe Jackson viene gravemente ferito in una rissa tra giocatori d'azzardo. Sogna così, tra la vita e la morte, di essere conteso tra il cielo e l'inferno; ottiene un periodo di prova, ma si comporta male, corteggiando una bella cantante, Georgia, per la quale trascura la moglie Petunia. Nel sogno, Joe viene definitivamente ucciso nel locale di Georgia. Quando si sveglia, decide di cambiar vita. ■ COMM. MUSICALE; B/N; 99'; USA, 1943. ■ OSCAR 1 NOM.

DUE CUORI SOTTO SEQUESTRO ★★★
Regia di CARLO LUDOVICO BRAGAGLIA. Con ARMANDO FALCONI, MARIA MERCADER, PINA RENZI, VIRGILIO RIENTO, MASSIMO SERATO. ■ Un ragazzo di nobile famiglia lascia la casa paterna per dedicarsi alla musica. Conosce una fanciulla, se ne innamora e va a vivere con lei. Rimasto senza il becco di un soldo, il giovane accetta quanto il padre gli propone: celebrare un matrimonio di convenienza con la figlia del proprio socio. Una coincidenza fa però conoscere il ricco genitore e la ragazza: l'uomo capirà quanto questa ami il figlio e rinuncerà alle nozze interessate e combinate. ■ COMMEDIA; B/N; 90'; ITALIA, 1941.

DUE CUORI, UNA CAPPELLA ★★
Regia di MAURIZIO LUCIDI. Con AGOSTINA BELLI, ALDO MACCIONE, RENATO POZZETTO, GIUSI RASPANI DANDOLO, LEOPOLDO TRIESTE. ■ Aristide ha ricevuto dalla madre morente il consiglio di fuggire dalle donne come dalla peste. Si lascia però intrappolare dalla bella Claudia, ma un giorno spunta il sedicente marito di questa che lo induce a rapire, a scopo di estorsione, una bimba. Il protagonista passerà un brutto quarto d'ora, ma poi renderà pan per focaccia alla bellona e al losco individuo. ■ COMMEDIA; COL.; 105'; ITALIA, 1975.

DUE DELLA FORMULA UNO ALLA CORSA PIÙ PAZZA DEL MONDO, I ★★
Regia di OSVALDO CIVIRANI. Con MEMMO CAROTENUTO, UMBERTO D'ORSI, FRANCO FRANCHI, CICCIO INGRASSIA, MARISA TRAVERSI. ■ I maldestri Ciccio e Franco salvano un industriale che sta per suicidarsi perché disperato per il rapimento del miglior pilota della propria scuderia automobilistica di Formula Uno. Franco per combinazione è un sosia perfetto del sequestrato. ■ COMICO; COL.; 90'; ITALIA, 1971.

DUE DELLA LEGIONE, I ★★
Regia di LUCIO FULCI. Con FRANCO FRANCHI, CICCIO INGRASSIA, ROSALBA NERI, ALIGHIERO NOSCHESE, MARIA TERESA VIANELLO. ■ Franco e Ciccio, emigrati dalla natia Sicilia a Napoli, vengono qui accusati di aver ammazzato il capo della camorra. Fuggono allora nella legione straniera. ■ COMICO; B/N; 97'; ITALIA, 1962.

DUE DEPUTATI, I ★★
Regia di GIANNI GRIMALDI. Con PAOLO CARLINI, UMBERTO D'ORSI, FRANCO FRANCHI, GABRIELLA GIORGELLI, CICCIO INGRASSIA, DIDI PEREGO. ■ Discreto filmetto, con Franco e Ciccio che diventano deputati, uno della Dc e uno del Pci. Liti a non finire fra i due. ■ COMICO; COL.; 92'; ITALIA, 1969.

DUE DERELITTI, I *(Les deux gosses)* ★★
Regia di FERNAND RIVERS. Con DORVILLE, MAURICE ESCANDE,

GERMAINE RONER. ■ Un marito scopre che la moglie ha delle lettere inviatele da un ufficiale: sospetta di essere stato tradito, ma non è così. Preso dall'ira, ritenendo che il loro figlio sia frutto della presunta relazione adulterina, lo fa rapire da loschi individui. Passano gli anni: infine l'uomo si rende conto di aver ingiustamente accusato la moglie e fa di tutto per recuperare il figlio. Dopo varie peripezie, ci riuscirà. ■ DRAMMATICO; B/N; 94'; FRANCIA, 1936.

DUE DERELITTI, I ★★
Regia di FLAVIO CALZAVARA. Con GUIDO NOTARI, LEA PADOVANI, MASSIMO SERATO. ■ L'industriale Raimondo ha un figlio, che in realtà è il frutto di una relazione adulterina della moglie Colette. Scopre la verità e vuole sbarazzarsi di quel bambino non suo: si accorda con uno zingaro affinché lo rapisca. Per errore, tuttavia, viene portato via il nipotino dell'industriale. La vicenda si concluderà tragicamente. ■ DRAMMATICO; B/N; 115'; ITALIA, 1952.

DUE DI TROPPO *(Worth Winning)* ★★
Regia di WILL MACKENZIE. Con MARK HARMON, MADELEINE STOWE, LESLEY-ANN WARREN. ■ Taylor Worth è un giovane meteorologo, la cui trasmissione televisiva è molto seguita dalle donne. Alcuni suoi amici decidono di accasarlo. I guai per Taylor incominceranno quando scoprirà che le donne scelte dagli amici sono tre. ■ COMMEDIA; COL.; 110'; USA, 1989.

DUE DONNE E UN ASSASSINO *(In The Spirit)* ★★
Regia di SANDRA SEACAT. Con PETER FALK, MELANIE GRIFFITH, ELAINE MAY, OLYMPIA DUKAKIS. ■ Le due donne in questione hanno la sfortuna di essere le vicine di casa della prostituta che è stata ammazzata. Chi ha commesso il delitto, infatti, è alla ricerca di qualcosa che la vittima non aveva e che pensa di trovare in casa loro. Ma a questo punto le due malcapitate passano al contrattacco e si sistemano nella casetta di campagna pronte ad accogliere l'assassino. Nonostante il cast si tratta di un film da dimenticare. ■ THRILLER; COL.; 95'; USA, 1990.

DUE DONNE E UN PUROSANGUE ★★★
(Home in Indiana)
Regia di HENRY HATHAWAY. Con WALTER BRENNAN, JEANNE CRAIN, JUNE HAVER, LON MCCALLISTER. ■ Sparky, ragazzo con una passione per i cavalli, piomba come un fulmine nella tranquilla vita di Thunder Bolt, allevatore a riposo di cavalli. Lo induce ad occuparsi di una puledra nata dall'unione di una vecchia cavalla con il migliore stallone della zona. La puledra vince il Grand Prix, ma subito dopo diventa cieca. ■ COMMEDIA; COL.; 103'; USA, 1944. ■ OSCAR 1 NOM.

DUE DONNE IN GARA *(Personal Best)* ★★
Regia di ROBERT TOWNE. Con PATRICE DONNELLY, SCOTT GLENN, MARIEL HEMINGWAY. ■ Alle Olimpiadi del 1980, due atlete stringono una morbosa amicizia. L'allenatore, ex amante di una delle due, è naturalmente contrario, ma cerca, molto pragmaticamente, di ricavare (in prestazioni sportive) il meglio o il meno peggio dall'eterodossa situazione. Prima prova registica dello sceneggiatore de *Il Padrino* e *Chinatown*. Il copione è acuto e interessante, la regia meno (con i suoi eccessi, o meglio tentativi di bravura). ■ DRAMMATICO; COL.; 124'; USA, 1982.

DUE DONNE INNAMORATE *(Premier bal)* ★★
Regia di CHRISTIAN-JAQUE. Con MARIE DÉA, FRANÇOIS PÉRIER, GABY SYLVIA. ■ Due giovani sorelle di provincia si innamorano di un ricco medico di Parigi capitato dalle loro parti. Entrambe, benché tanto diverse, colpiscono il dottore che sceglierà però in moglie la più ambiziosa delle due. Ma il matrimonio non funziona. Lui sta per divorziare e sposare la cognata quando questa si tira in disparte. ■ DRAMMATICO; B/N; 100'; FRANCIA, 1941.

DUE ESSERI *(Tva Manniskor)* ★★★
Regia di CARL THEODOR DREYER. Con WANDA ROTHGARDT, GEORG RYDERBERG. ■ Uno dei film meno conosciuti del grande regista danese, prodotto da Victor Sjöström. Uno scienziato è stato accusato di plagiare un collega. Quando quest'ultimo muore, il protagonista cade in profonda crisi e crede di essere sospettato della morte. La moglie cerca di consolarlo e alla fine confessa di essere lei l'assassina. Alla coppia non resta che il suicidio. ■ DRAMMATICO; B/N; 75'; SVEZIA, 1944.

DUE ETTARI DI TERRA *(Do bigha Zamin)* ★★
Regia di BIMAL ROY. Con BATAN KUMER, BIMPA RAY, BALRAY SAHARD. ■ Due ettari di terra sono tutta la richezza di Shambu, un povero contadino indiano, che vi abita con la famiglia. Il film narra le numerose peripezie affrontate dal protagonista per conservarli. I suoi sforzi saranno inutili: ne verrà scacciato. ■ DRAMMATICO; B/N; 91'; INDIA, 1955. ■ CANNES 1 PR.

DUE EVASI DI SING SING, I ★★
Regia di LUCIO FULCI. Con ATTILIO DOTTESIO, FRANCO FRANCHI, CICCIO INGRASSIA, GLORIA PAUL. ■ Franco e Ciccio sono a New York e, per caso, salvano la vita ad Attanasia, capo della malavita locale. Per ricompensa, il boss decide di far diventare Franco un grande pugile (e Ciccio il suo "secondo"). Franco vince molti incontri truccati e poi, per sbaglio, anche quello che doveva perdere. Attanasia, che aveva scommesso sulla sconfitta di Franco, viene ucciso da un altro gangster. I nostri due eroi andranno in galera. ■ COMICO; B/N; 99'; ITALIA, 1964.

DUE FACCE DEL DOLLARO, LE ★★
Regia di ROBERTO MONTERO BIANCHI. Con GABRIELLA GIORGELLI, MONTY GREENWOOD, JACQUES HERLIN. ■ Un pugno di singolari delinquenti – un professore di inglese, un pistolero, un ex colonnello radiato dall'esercito e una giovane donna – compiono un clamoroso furto alle riserve d'oro di Fort Henderson. Attaccati da un gruppo di banditi, muoiono quasi tutti, mentre il professore, che aveva cercato di fuggire con il malloppo, viene ucciso dall'ex colonnello. ■ WESTERN; COL.; 92'; ITALIA, 1968.

DUE FACCE DEL MALE, LE *(Brimstone and Triacle)* ★★★
Regia di RICHARD LONCRAINE. Con DENHOLM ELLIOTT, JOAN PLOWRIGHT, STING. ■ Uno strano, spesso sgradevole, ma coinvolgente film inglese che ci dà una delle prime, e più inquietanti, prove cinematografiche di Sting. Scritta dall'ottimo Dennis Potter, è la storia di un giovane che si insinua nella vita di una famiglia piccolo borghese. Padre e madre prendono in simpatia questo ragazzo che sembra comunicare molto bene con la loro figlia, che da anni giace in stato di coma. In realtà il mascalzone approfitta della situazione non solo per farsi mantenere, ma per condurre ignobili pratiche sulla fanciulla, che non può certo smascherarlo. ■ DRAMMATICO; COL.; 85'; GRAN BRETAGNA, 1982.

DUE FAMIGLIE PER LEON *(Leon the Pig Farmer)* ★★
Regia di VADIM JEAN, GARY SINYOR. Con MARK FRANCKEL, BRIAN GLOVER, JANET SUZMAN. ■ Leon è un giovane agente immobiliare ebreo che scopre di essere figlio, in seguito a uno scambio di provette, di un allevatore di maiali dello Yorkshire. Leon andrà a conoscere papà con tutti gli imbarazzi del caso. Film presentato alla Mostra del Cinema di Venezia e comparso in sala con molto ritardo. ■ COMMEDIA; COL.; 103'; GRAN BRETAGNA, 1992.

DUE FIGLI DEI TRINITÀ, I ★★
Regia di RICHARD KEAN. Con ANNA DEGLI UBERTI, FRANCO FRANCHI, FREDDY HUNGAR, CICCIO INGRASSIA, LUCRETIA LOVE. ■ Franco e Ciccio hanno aperto nel West una stazione di servizio per cavalli e cowboy di passaggio. Gli affari vanno a gonfie vele. Dopo molte avventure, Franco e Ciccio avranno la fortuna di ereditare una bella somma. ■ WESTERN; COL.; 90'; ITALIA, 1972.

DUE FIGLI DI... *(Dirty Rotten Scoundrels)* ★★★
Regia di FRANK OZ. Con MICHAEL CAINE, BARBARA HARRIS, STEVE MARTIN. ■ Remake di *I due seduttori* del 1964. Al posto di David Niven e Marlon Brando, Michael Caine e Steve Martin ripropongono le imprese di due amabili imbroglioni che sfruttano le signore danarose in vacanza sulla Costa Azzurra. Dopo aver lavorato in tandem per un po', i due decidono che uno di loro è di troppo. Rimarrà a sfruttare le ingenue riccone chi per primo si annetterà i favori di una turista, conosciuta come la "regina delle saponette". Martin e Caine non hanno il talento dei predecessori, ma un bel po' di divertimento lo assicurano (merito anche dello scenario). ■ COMMEDIA; COL.; 110'; USA, 1988. ■ GOLDEN GLOBES 1 NOM.

DUE FIGLI DI RINGO, I ★★
Regia di GIORGIO SIMONELLI. Con ORCHIDEA DE SANTIS, FRANCO FRANCHI, FULVIA FRANCO, GEORGE HILTON, CICCIO INGRASSIA, GLORIA PAUL, IVANO STACCIOLI. ■ Ciccio e Franco vagabondano per il West fingendosi due abili pistoleri. Poi vengono

costretti a spacciarsi per i figli del defunto Ringo. ■ COMICO; COL.; 105′; ITALIA, 1967.

DUE FORZATI, I *(Under the Gun)* ★★
Regia di TED TETZLAFF. Con RICHARD CONTE, JOHN MCINTIRE, AUDREY TOTTER. ■ Bert Galvin, uno spietato gangster, commette un assassinio e viene arrestato. In carcere prepara un piano di fuga. Si accorge che l'unica possibilità è quella di diventare guardiano e di uccidere un detenuto che tenta la fuga. Vi riesce, ma la sua macchinazione è scoperta e viene ucciso dalla polizia. ■ DRAMMATICO; B/N; 91′; USA, 1950.

DUE FOSCARI, I ★★
Regia di ENRICO FULCHIGNONI. Con MEMO BENASSI, ROSSANO BRAZZI, CARLO NINCHI, ELLI PARVO. ■ Le nobili famiglie veneziane dei Foscari e dei Faredana si odiano, e quando un Foscari viene eletto Doge, il vecchio Faredana ne muore di rabbia e il figlio giura vendetta. Con una falsa testimonianza riesce a mandare nel carcere dei Piombi il figlio del Doge, accusandolo del delitto del giudice. Ma il giovane Foscari riesce a dimostrare la sua innocenza e a smascherare i veri colpevoli. ■ STORICO; B/N; 90′; ITALIA, 1942.

DUE FRATELLI *(Deux frères)* ★★
Regia di JEAN-JACQUES ANNAUD. Con FREDDY HIGHMORE, GUY PEARCE. ■ Il regista francese ha inteso rappresentare la libertà e l'amicizia attraverso la vita di due tigri, Kumal e Sangha, simboli di un vita ancora lontana dalla civiltà, immersa nella giungla. Negli anni Venti, tra le rovine dei templi di Angkhor due tigri, una timida e timorosa, l'altra impavida e coraggiosa, nascono protette dei loro genitori. Un cacciatore, Aidan McRory, rispettoso della natura ma convinto del proprio lavoro, cambierà la loro vita: i *due fratelli* si affronteranno a viso aperto in un'arena gremita di pubblico. ■ AVVENTURA; COL.; 109′; FRANCIA, GRAN BRETAGNA, 2004.

DUE FUGGITIVI E MEZZO ★★
Regia di FRANCIS VEBER. Con JEAN CARMET, GÉRARD DEPARDIEU, PIERRE RICHARD. ■ Un rapinatore appena uscito di prigione è coinvolto nell'assalto a una banca. Come ostaggio però. Ma vallo a spiegare alla polizia. Braccato dagli sbirri, l'uomo finisce per solidarizzare col vero rapinatore, un poveraccio, risoltosi a rubare per necessità, ma buono come il pane. E s'affeziona anche alla figlioletta di lui che l'ha subito eletto a suo secondo papà. ■ COMMEDIA; COL.; 89′; FRANCIA, 1986.

DUE GAMBE... UN MILIONE! *(Bowery to Broadway)* ★★★
Regia di CHARLES LAMONT. Con TURHAN BEY, SUSANNA FOSTER, MARIA MONTEZ, JACK OAKIE. ■ Siamo nel povero quartiere della Bowery, nel primo Novecento. Due impresari teatrali, Ducan e O'Rurke, si fanno concorrenza dagli squallidi palcoscenici dei teatri di periferia. Ma hanno della stoffa, e fanno carriera fino a sbarcare entrambi nella mitica Broadway, dove decidono di smettere di combattere per allearsi. Il sodalizio è tuttavia messo in crisi da una attricetta, Marina. ■ COMM. MUSICALE; B/N; 94′; USA, 1944.

DUE GANGSTERS AD EST DI BORA BORA ★★
(One Way Wahine)
Regia di WILLIAM O. BROWN. Con EDGAR BERGEN, ADELE CLAIRE, ANTHONY EISLEY, LEE KRIEGER, KEN MAYER, DAVID WHORF. ■ Due gangster italo-americani, dopo aver rapinato una banca a Chicago, si rifugiano nell'isola di Bora Bora. Un indigeno, però, si accorge che i due sono ben forniti di quattrini e decide di "ripulirli". Arriverà la polizia. ■ COMMEDIA; COL.; 80′; USA, 1968.

DUE GATTONI A NOVE CODE... E MEZZA AD AMSTERDAM, I ★★
Regia di RICHARD KEAN. Con LUIGI BONOS, ALAN COLLINS, UMBERTO D'ORSI, FRANCO FRANCHI, JOHN HARWICH, CICCIO INGRASSIA. ■ Franco e Ciccio fanno i fotoreporter. Si trovano per caso in una losca questione di diamanti che li conduce ad Amsterdam. ■ COMICO; COL.; 90′; ITALIA, 1972.

DUE GENTILUOMINI ATTRAVERSO IL GIAPPONE *(Escapade in Japan)* ★★★
Regia di ARTHUR LUBIN. Con CAMERON MITCHELL, JOHN PROVOST, TERESA WRIGHT. ■ Due coniugi decidono di trasferirsi a Tokyo per cercare, in un ambiente nuovo, di salvare il loro matrimonio in crisi. Il loro bambino, Tony, diventa amico per la pelle di un coetaneo giapponese e fugge con questi girovagando di città in città. Alla fine i due ragazzini verranno rintracciati. ■ DRAMMATICO; COL.; 92′; USA, 1957.

DUE GIORNI SENZA RESPIRO *(2 Days in the Valley)* ★★★
Regia di JOHN HERZFELD. Con DANNY AIELLO, GREG CRUTTWELL, JEFF DANIELS, TERI HATCHER, MARSHA MASON, PAUL MAZURSKY, ERIC STOLTZ. ■ San Fernando Valley. Un killer che si innamora dell'ostaggio, un regista pronto al suicidio che incontra una fan, un poliziotto della buoncostume che si fa attrarre da chi dovrebbe tenere sotto controllo. Questi e altri personaggi si incrociano in un film che mette in scena omicidi e sesso senza farsi intimorire e, al contempo, mirando a divertire con intelligenza. ■ COMMEDIA; COL.; 107′; USA, 1996.

DUE GLADIATORI, I ★★
Regia di MARIO CAIANO. Con ALBERTO FARNESE, RICHARD HARRISON, MOIRA ORFEI, MIMMO PALMARA. ■ L'imperatore romano Commodo governa il popolo con pugno di ferro. Suo fratello (abbandonato appena nato sulla riva di un fiume) si metterà a capo della rivolta che destituirà il crudele monarca. ■ AVVENTURA; COL.; 90′; ITALIA, 1964.

DUE GOCCE D'ACQUA SALATA ★
Regia di JOHNNY WILDER. Con FABIO MEYER, MARIO PEDONE, SABRINA SIANI. ■ Scampati a una tragedia aerea, Bonnie e Billy finiscono sull'immancabile isola deserta e vivono una vita stile Robinson. Dal nulla comparirà un energumeno, che prima li terrorizzerà e poi li porterà in salvo. ■ AVVENTURA; COL.; 91′; ITALIA, 1982.

DUE INGLESI, LE *(Les deux anglaises et le continent)* ★★★
Regia di FRANÇOIS TRUFFAUT. Con JEAN-PIERRE LÉAUD, KIKA MARKHAM, STACEY TENDETER, IRÈNE TUNC. ■ Il parigino Claude, invitato dall'inglese Anne Brown, amica di famiglia, intreccia un flirt con la sorella di questa, Muriel. Tornato a Parigi, la dimentica. Non solo, diviene anche l'amante della stessa Anne, giunta a Parigi per un corso di scultura. Anne lo lascia per altri uomini e Claude si riavvicina a Muriel che diviene la sua amante, ma si rifiuta di sposarlo. ■ COMMEDIA; COL.; 108′; FRANCIA, 1971.

DUE INGLESI A PARIGI *(To Paris with Love)* ★★★
Regia di ROBERT HAMER. Con VERNON GRAY, ALEC GUINNESS, ODILE VERSOIS. ■ Un maturo lord inglese, sir Edgar Fraser, si reca a Parigi per fornire un'adeguata educazione sentimentale al compassato figlio John, il quale a sua volta spera di far risposare il padre vedovo con una brava donna. Inutile a dirsi, il maturo gentleman si innamora di una ragazzina, mentre il giovane rampollo perde la testa per una donna non più giovanissima. Ma, pian piano, tempo e buon senso riprendono i loro diritti. ■ COMMEDIA; COL.; 78′; GRAN BRETAGNA, 1955.

DUE INVINCIBILI, I *(The Undefeated)* ★★★
Regia di ANDREW V. MCLAGLEN. Con ANTONIO AGUILAR, ROMAN GABRIEL, ROCK HUDSON, JOHN WAYNE. ■ Terminata la guerra di Secessione, un ex colonnello sudista, che non si rassegna alla sconfitta, decide di raggiungere il Messico con un gruppo di commilitoni e le loro famiglie. Durante il viaggio vengono salvati dall'attacco dei banditi da un ex ufficiale nordista, che si sta recando in Messico per vendere all'imperatore Massimiliano d'Austria la sua mandria di tremila cavalli. Ma i sudisti vengono di nuovo catturati da un generale messicano rivoluzionario che per impedire la consegna dei cavalli a Massimiliano li tiene in ostaggio, minacciando di ucciderli se il nordista non gli consegnerà la mandria. ■ WESTERN; COL.; 119′; USA, 1969.

DUE IRRESISTIBILI BRONTOLONI ★★★
(Grumpy Old Men)
Regia di DONALD PETRIE. Con DARYL HANNAH, JACK LEMMON, ANN MARGRET, WALTER MATTHAU. ■ Tocca al figlio di Daniel Petrie, Donald, riproporre una grande coppia comica del grande schermo: Matthau e Lemmon. Era dai tempi di *Buddy Buddy* che non lavoravano insieme. Max e John sono due vecchi vicini di casa non ancora paghi delle discussioni e dei litigi di una vita. Giun-

ge una nuova vicina, Ariel, un'insegnante ultra-quarantenne ancora piacente. Discreto successo in Italia ed enorme negli Stati Uniti, segno che la "strana coppia" ha colpito ancora. ■ COMMEDIA; COL.; 104′; USA, 1993.

DUE KENNEDY, I ★★★
Regia di GIANNI BISIACH. ■ Vita, carriera e morte dei due protagonisti della vita americana degli anni Sessanta, John e Robert Kennedy, dai giorni della loro ascesa alla Casa Bianca, il primo come presidente, il secondo come ministro della giustizia, fino alla morte. ■ DOCUMENTARIO; B/N; 90′; ITALIA, 1969.

♥ DUEL ★★★★
Regia di STEVEN SPIELBERG. Con EDDIE FIRESTONE, LOU FRIZZEL, JACQUELINE SCOTT, DENNIS WEAVER. ■ David Mann, tranquillo commesso viaggiatore, sta compiendo il suo solito giro in macchina quando viene invitato al sorpasso da un grosso camion che lo precede. Subito dopo, l'autocarro lo sorpassa a sua volta: è l'inizio di una allucinante sfida stradale. David si accorge ben presto che il misterioso autista, il cui volto non si riesce mai a scorgere, ha intenzioni omicide nei suoi confronti. Dopo un interminabile duello, il protagonista riesce ad attirare l'avversario in un tranello e a liberarsene definitivamente. È un film di eccezionale suspense dell'ottimo Spielberg, che qui conferma la sua propensione al fantastico. La desolazione delle enormi autostrade, il senso di oscura minaccia, l'angoscia di una presenza demoniaca conferiscono al film un ritmo martellante. ■ FANTASTICO; COL.; 90′; USA, 1972.

DUE LACRIME ★★
Regia di GIUSEPPE VARI. Con ALBERTO FARNESE, IRENE GALTER, BENIAMINO MAGGIO, MARISA MERLINI. ■ La vicenda è quella di un ex cantante condannato per omicidio che ottiene, dopo nove anni di galera, il riconoscimento della propria innocenza. Esce, cieco, e torna alla casa paterna dove lo aspetta anche il figlioletto. Gli fanno credere che la moglie è morta: in realtà se ne è andata con l'amante. Ma quando l'ex detenuto si innamora di una donna e decide di sposarla, viene messo di fronte alla cruda realtà. Poi riacquista miracolosamente la vista e con un colpo di fortuna sposa la beneamata. ■ DRAMMATICO; B/N; 92′; ITALIA, 1954.

DUE LEGGI, LE ★★
Regia di EDOARDO MULARGIA. Con EMMA BARON, WALTER BRANDI, ERNO CRISA, PATRIZIA DEREN. ■ In un desolato paesino della Sardegna, in perenne siccità, gli strozzini si arricchiscono alle spalle dei poveri agricoltori. Per una banale questione Melchiorre ammazza Pedru e poi si dà alla fuga. Il fratello dell'ucciso vuole vendetta e, rintracciato l'omicida, lo ferisce. Melchiorre verrà soccorso dalla madre di Pedru: questa circostanza fa pentire l'uomo di aver ucciso il figlio della donna. Andrà poi a costituirsi. ■ DRAMMATICO; B/N; 94′; ITALIA, 1963.

DUE LETTERE ANONIME ★★★
Regia di MARIO CAMERINI. Con CLARA CALAMAI, ANDREA CHECCHI, CARLO NINCHI, OTELLO TOSO. ■ Siamo nella Roma occupata dai nazisti. Una giovane impiegata di una tipografia apprende da due lettere anonime che l'amante, collaborazionista dei tedeschi, fa la spia contro elementi della Resistenza con cui lei è in contatto e tra cui c'è una sua antica fiamma. Uccide l'uomo e finisce nelle prigioni degli occupanti. Sta per essere deportata quando gli alleati liberano Roma. ■ COMMEDIA; B/N; 90′; ITALIA, 1945.

DUELLANTI, I *(The Duellists)* ★★★
Regia di RIDLEY SCOTT. Con KEITH CARRADINE, EDWARD FOX, HARVEY KEITEL, ROBERT STEPHENS. ■ Da un racconto di Conrad. Duello per futili motivi fra due ufficiali napoleonici. Ma la sconfitta subita dal selvaggio Féraud fa diventare la contesa una guerra privata che dura per quindici anni. Dopo la caduta di Napoleone, i due si ritrovano. D'Hubert ha la meglio. Potrebbe uccidere il rivale, ma gli risparmia la vita. Féraud dovrà rinunciare alle sue vendette e andarsene in esilio a covare i suoi rancori. ■ AVVENTURA; COL.; 101′; GRAN BRETAGNA, 1977. ■ CANNES 1 PR; DAVID DI DONATELLO 1 PR, 1 NOM.

DUELLO *(Panache)* ★
Regia di GARY NELSON. Con RENÉ AUBERJONOIS, CHARLES FRANK, DAVID HEALY. ■ Una variante de *I tre moschettieri*. In Francia, nell'epoca di Richelieu, avventure e duelli di spadaccini con donne trepide e smaniose. ■ AVVENTURA; COL.; 90′; USA, 1976.

DUELLO A BERLINO ★★★
(The Life and Death of Colonel Blimp)
Regia di MICHAEL POWELL, EMERIC PRESSBURGER. Con DEBORAH KERR, ROGER LIVESEY, ANTON WALBROOK. ■ Due ufficiali, l'uno inglese e l'altro tedesco, si battono a duello nella Berlino dei primi del Novecento per motivi d'onore, ma divengono poi fraterni amici, fino ad innamorarsi della stessa donna, che l'inglese cede all'altro, con fair-play anglosassone. I due si separano e si rivedono allo scoppio della prima e poi della seconda guerra mondiale. Infine, ormai vecchi, tornano con nostalgia al tempo passato e agli antichi amori. ■ COMMEDIA; COL.; 103′; GRAN BRETAGNA, 1943.

DUELLO A BITTER RIDGE ★★
(The Man from Bitter Ridge)
Regia di JACK ARNOLD. Con LEX BARKER, MARA CORDAY, STEPHEN MCNALLY. ■ La cittadina di frontiera di Tomahawk è infestata da banditi che rapinano banche e assaltano diligenze. A combatterli viene chiamato un pistolero, Jeff Carr. Questi si allea con Alec, capo della comunità dei pastori della montagna, e scopre che il capobanda è proprio Jackman, che si è candidato sceriffo. Immancabile la battaglia finale con lieto fine. ■ WESTERN; COL.; 80′; USA, 1955.

DUELLO A DURANGO *(Gun Duel at Durango)* ★★
Regia di SIDNEY SALKOW. Con STEVE BRODIE, GEORGE MONTGOMERY, ANN ROBINSON. ■ Will, ex capo di una banda, decide di cambiar vita e di cercarsi un lavoro onesto. Ma il suo sostituto gli intima di riprendere a "collaborare" e gli dà un mese di tempo per tornare all'ovile, pena la morte. Will non cede e si mette a lavorare in una banca di Durango. Andrà anche a snidare i suoi ex compagni e li consegnerà alla giustizia: potrà così sposare la donna che ama. ■ WESTERN; B/N; 73′; USA, 1957.

DUELLO A EL DIABLO *(Duel at El Diablo)* ★★★
Regia di RALPH NELSON. Con BIBI ANDERSSON, JAMES GARNER, SIDNEY POITIER, DENNIS WEAVER. ■ Uno scout salva una donna fuggita da un campo apache, dove è vissuta come schiava, e la riconduce al marito, a Fort Creel. Insieme alla coppia e a uno squadrone di soldati di cui è guida, si dirige poi verso un altro forte, stretto d'assedio dagli indiani. Gli Apaches attaccano la carovana, lo scout si allontana in cerca d'aiuto, ma quando torna i bianchi sono ormai decimati: si sono salvati solo la donna e il figlio da lei avuto dal capo apache, mentre il marito è stato torturato. Jess gli offre la pistola perché metta fine alle proprie sofferenze. ■ WESTERN; COL.; 103′; USA, 1966.

DUELLO A FORTE SMITH ★★
(The Fiend Who Walked the West)
Regia di GORDON DOUGLAS. Con ROBERT EVANS, DOLORES MICHAELS, HUGH O'BRIAN. ■ Uno dei banditi che hanno rapinato una banca, Dan Hardy, viene catturato mentre fugge. In carcere conosce un certo Felix che gli ispira fiducia e al quale racconta tutto. Fiducia mal riposta: Felix, uscito di galera prima di lui, recupera il bottino e poi tenta di sedurre la moglie del protagonista. Con il denaro, l'uomo, uno psicopatico, compie ogni sorta di crimini finché Dan non viene fatto evadere per fermarlo. ■ WESTERN; B/N; 101′; USA, 1958.

DUELLO ALL'ALBA *(Meet Me at Dawn)* ★★
Regia di THORNTON FREELAND. Con WILLIAM EYTHE, MARGARET RUTHERFORD. ■ A Parigi, negli ultimi anni dell'Ottocento, gli avversari politici del senatore Renault, per toglierlo di mezzo, danno incarico a uno spadaccino professionista, Charles Morton, di sfidarlo a duello. Il pretesto del duello è l'insolenza galante rivolta a una damigella, al Luna Park. Ma Morton, ahimè, s'innamora perdutamente della bella fanciulla, Gabrielle, e per suo amore sfida a duello non solo il senatore, ma addirittura mezza Parigi. In premio avrà la mano di Gabrielle. ■ COMMEDIA; B/N; 92′; USA, 1947.

DUELLO ALLA PISTOLA *(The Gunfight at Dodge City)* ★★
Regia di JOSEPH M. NEWMAN. Con JULIE ADAMS, JOEL MCCREA,

JOHN MCINTIRE. ■ A Dodge City il comproprietario del saloon, Barth, si oppone a Regan, individuo di pochi scrupoli che mira a diventare sceriffo. Dopo molte peripezie e dopo l'assassinio di suo fratello, Barth riesce a vincere le elezioni e diviene sceriffo. Ma l'aver aiutato un giovane che sta per essere impiccato senza processo lo rende impopolare: un duello tra lui e Regan deciderà chi, tra i due, dovrà avere la supremazia. ■ WESTERN; B/N; 81'; USA, 1959.

DUELLO AL PASSO INDIO *(Thunder over Arizona)* ★★★
Regia di JOSEPH KANE. Con SKIP HOMEIER, GEORGE MACREADY, KRISTINE MILLER. ■ Un sindaco maneggione e speculatore, messi gli occhi su una ricca miniera, prima elimina il proprietario, poi tenta di costringere i figli di costui a cederla. Questi non accettano e si asserragliano nella miniera. Per stanarli, il sindaco assolda un feroce pistolero, ma durante il viaggio questi viene ucciso da un onesto cowboy, che giunto al villaggio viene scambiato per il pistolero. Compresa la situazione, finge di seguire le istruzioni del sindaco, ma ben presto lo sconfigge e riporta la legalità in paese. ■ WESTERN; COL.; 105'; USA, 1956.

DUELLO AL RIO D'ARGENTO *(Duel at Silver Creek)* ★★★
Regia di DON SIEGEL. Con FAITH DOMERGUE, STEPHEN MCNALLY, AUDIE MURPHY. ■ Lo sceriffo Tirone, in seguito a un incidente, ha perso l'indice della mano destra e non può premere alcun grilletto. Un bandito ne approfitta per sfidarlo e lo sceriffo sarebbe sicuramente ucciso se a salvarlo non intervenisse un giovane pistolero. ■ WESTERN; COL.; 77'; USA, 1952.

DUELLO AL SOLE *(Duel in the Sun)* ★★★★
Regia di KING VIDOR. Con LIONEL BARRYMORE, JOSEPH COTTEN, LILLIAN GISH, JENNIFER JONES, GREGORY PECK. ■ Nel Texas, intorno al 1880, un uomo uccide la moglie sorpresa con l'amante. Condannato a morte, affida la figlia Pearl a una famiglia amica, facendole giurare che non farà mai soffrire un uomo. Ma Pearl, di natura impetuosa e turbata dalla tragedia familiare, diviene ben presto amante di un cowboy, Lew, e altrettanto rapidamente lo tradisce. Furioso, Lew uccide il rivale e anche il suo stesso fratello che tentava di fermarlo, poi fugge nella prateria. Il fratricidio sconvolge Pearl che, decisa a vendicarsi dell'uomo che l'ha portata alla rovina, si mette alla sua ricerca. Lo scova nella boscaglia e inizia con lui un lungo e drammatico duello, nel quale restano entrambi mortalmente feriti. Alla soglia della morte si trascinano l'uno accanto all'altro e la fine li coglie uniti in un ultimo abbraccio. È un film di eccezionale vigore, stupendamente interpretato da Jennifer Jones e Gregory Peck. ■ WESTERN; COL.; 138'; USA, 1948. ■ OSCAR 2 NOM.

DUELLO A RIO BRAVO *(Gunfire at Indian Gap)* ★★
Regia di JOSEPH KANE. Con ANTHONY GEORGE, VERA RALSTON. ■ Una diligenza viene presa di mira da tre banditi. Lo sceriffo arresta un innocente, ma l'ideatore di tutto il piano criminoso è un insospettabile viaggiatore della corriera stessa. Giustizia sarà fatta. ■ WESTERN; B/N; 73'; USA, 1957.

DUELLO A SANTA CRUZ *(El revolver sangriento)* ★★
Regia di MIGUEL M. DELGADO. Con JAMES FIELDS, JORGE RUSSECK. ■ Una pistola con il calcio d'argento è al centro di questo film, che segue i vari passaggi del prezioso oggetto dalle mani di un pistolero a quelle di un altro. ■ WESTERN; B/N; 92'; MESSICO, 1964.

DUELLO A S. ANTONIO *(San Antonio)* ★★★
Regia di DAVID BUTLER. Con ERROL FLYNN, JOHN LITEL, ALEXIS SMITH. ■ Un allevatore di bestiame non si rassegna, come i suoi colleghi, alle razzie di banditi che decimano le sue mandrie e cerca il colpevole. Scopre che questi si trova in Messico e maschera le sue imprese banditesche con l'attività di proprietario di night. L'allevatore si procura le prove, poi si fa nominare per ventiquattro ore sceriffo della città e la ripulisce dai banditi. ■ WESTERN; COL.; 111'; USA, 1945. ■ OSCAR 2 NOM.

DUELLO A THUNDER ROCK *(Stage to Thunder Rock)* ★★
Regia di WILLIAM F. CLAXTON. Con MARILYN MAXWELL, BARRY SULLIVAN, KEENAN WYNN. ■ Uno sceriffo cattura un ladro che aveva rubato 50.000 dollari. Per portarlo in prigione deve aspettare l'arrivo di una diligenza. Durante la sosta d'attesa, ha il suo daffare per difendere il bottino che fa gola a diverse persone presenti alla stazione di posta. ■ WESTERN; COL.; 82'; USA, 1964.

DUELLO CINESE *(The Chinese Bungalow)* ★★
Regia di GEORGE KING. Con JANE BAXTER, ROBERT DOUGLAS, PAUL LUKAS. ■ Innamorato della sua bella moglie inglese, il cinese Sing la tiene in un dorato isolamento, ma la ragazza è stanca della situazione. Sing invita la cognata pensando che la presenza della sorella serva a calmare l'irrequieta consorte. Visto che questo non succede, Sing passa a corteggiare la cognata, ma disgraziatamente la fanciulla è innamorata di un altro. Il problema è risolto da un duello alla maniera orientale: i due rivali scelgono tra due coppe; una contiene del veleno. ■ DRAMMATICO; B/N; 92'; GRAN BRETAGNA, 1940.

DUELLO COL PIRATA NERO – L'ISOLA DEL TESORO PERDUTO *(The Secret of Treasure Island)* ★★
Regia di ELMER CLIFTON. Con GWEN GAZE, DON TERRY. ■ Un ricco e losco americano ha comprato l'isola dove è nascosto il favoloso tesoro del Pirata Nero. Per impossessarsene, deve prima rubare la metà mancante della mappa, ora nelle mani di una ragazza. Tenta in ogni modo di sottrargliela, ma la donna riesce egualmente ad arrivare fino all'isola per fare anche lei le sue ricerche. Il finale è a sorpresa. ■ DRAMMATICO; B/N; 91'; USA, 1938.

DUELLO CON LA MORTE *(Duell mit dem Tod)* ★★
Regia di PAUL MAY. Con ROLF NANCHOFF, ANNELISE REINHOLD. ■ Un ex ufficiale delle SS viene processato in Austria alla fine della guerra. Per discolparsi, l'uomo racconta alla corte la sua storia: si è arruolato per poter meglio aiutare i perseguitati dai nazisti e per facilitare la fuga a molti cittadini ebrei. Naturalmente il protagonista viene assolto. ■ DRAMMATICO; B/N; 93'; GERMANIA, 1949.

DUELLO DI AQUILE *(Chiutaoyosai Bakugekimeirei)* ★
Regia di ALLAN FLOYD. Con YUZO KAYAMA, KARL KRANE, KEN RANDALL, MAKOTO SATO. ■ Durante la prima guerra mondiale, quattro eroici piloti giapponesi inventano la nave portaerei. ■ GUERRA; COL.; 90'; GIAPPONE, 1971.

DUELLO DI SPIE *(The Scarlet Coat)* ★★★
Regia di JOHN STURGES. Con CORNEL WILDE, MICHAEL WILDING. ■ Durante la guerra di Indipendenza americana, un ufficiale si infiltra nell'esercito inglese per scoprire l'identità di una spia molto pericolosa. Aiutato da una bella ragazza, il protagonista riesce nell'impresa. ■ STORICO; COL.; 103'; USA, 1955.

DUELLO IMPLACABILE *(Carmen de Granada)* ★★
Regia di TULIO DEMICHELI. Con SARA MONTIEL, AMEDEO NAZZARI, MAURICE RONET. ■ Una frivola e bellissima andalusa si lascia corteggiare da due uomini: un bandito alla macchia e un ufficiale dell'esercito napoleonico che occupa la regione. Quest'ultimo diventa disertore per amore della donna che alla fine riscatta il suo fatuo comportamento. ■ AVVENTURA; COL.; 95'; SPAGNA, 1960.

DUELLO INFERNALE *(Stampede)* ★★★
Regia di LESLEY SELANDER. Con ROD CAMERON, DON CASTLE, GALE STORM. ■ Una famiglia di pionieri acquista un appezzamento di terreno in Arizona, ma troppo tardi s'accorge che manca l'acqua. C'è un torrente, ma è controllato da una diga costruita dai potenti fratelli McCall. Intorno a questa diga si intrecciano sparatorie, agguati notturni, assassinii. Uno dei fratelli McCall viene ucciso dagli avventurieri che hanno imbrogliato i coloni vendendo loro la terra senz'acqua; l'altro, innamoratosi di una ragazza della famiglia, vendica il fratello, poi ordina di abbattere la diga. ■ WESTERN; B/N; 78'; USA, 1949.

DUELLO MORTALE *(Man Hunt)* ★★★
Regia di FRITZ LANG. Con JOAN BENNETT, JOHN CARRADINE, WALTER PIDGEON, GEORGE SANDERS. ■ La minaccia della seconda guerra mondiale si fa più incombente: un agente inglese si reca in Germania con l'intento di uccidere Hitler. Scoperto, viene arrestato, torturato, abbandonato morente in montagna. L'intrepido agente si salva, rientra in Inghilterra per potersi riorganizzare, torna nuovamente in Germania, ma viene catturato dai nazisti ai quali, se non altro, ha reso la vita difficile per un po' di tempo. ■ DRAMMATICO; B/N; 105'; USA, 1941.

DUELLO NELLA FORESTA *(Red Skies of Montana)* ★★★
Regia di JOSEPH M. NEWMAN. Con JEFFREY HUNTER, CONSTANCE SMITH, RICHARD WIDMARK. ■ Tre paracadutisti del corpo antincendi muoiono mentre tentano di spegnere un gigantesco incendio. Un quarto, Cliff, si salva, ma nell'incidente perde la memoria. Il figlio di uno dei tre accusa Cliff di avere lasciato morire i suoi compagni per vigliaccheria. Dopo qualche tempo scoppia un altro incendio in una foresta e l'uomo, che continua ad accusare Cliff, rimane preso tra le fiamme. È proprio Cliff a salvarlo. ■ DRAMMATICO; COL.; 89′; USA, 1952.

DUELLO NELLA GIUNGLA *(Duel in the Jungle)* ★★★
Regia di GEORGE MARSHALL. Con DANA ANDREWS, JEANNE CRAIN, DAVID FARRAR. ■ Per frodare la società assicurativa, Perry Henderson finge di morire scomparendo da una nave diretta in Sudafrica. La società incarica un agente, Scott, di indagare sull'incidente. Egli si mette a seguire la fidanzata dello scomparso che lo porta dritto al nascondiglio di costui: l'impostore viene arrestato. ■ AVVENTURA; COL.; 102′; USA, 1954.

DUELLO NELLA SILA ★★
Regia di UMBERTO LENZI. Con LISA GASTONI, FERNANDO LAMAS, LIANA ORFEI. ■ Verso la metà dell'Ottocento l'Italia meridionale è infestata dai briganti; per intervistare uno di essi giunge in Lucania una giornalista inglese. Rocco, il capo di una potente banda, ha ucciso una donna e il fratello di quest'ultima si è infiltrato tra i banditi per vendicarsi. La giornalista viene uccisa mentre sta per rivelare al giovane i nomi di coloro che gli assassinarono la sorella, ma nello scontro che ne consegue anche Rocco rimane sul campo. La serie delle morti non finisce qui. ■ AVVENTURA; COL.; 92′; ITALIA, 1962.

DUELLO NELL'ATLANTICO *(The Enemy Below)* ★★★
Regia di DICK POWELL. Con THEODORE BIKEL, AL HEDISON, CURD JÜRGENS, ROBERT MITCHUM. ■ Il capitano di una nave americana e di un sottomarino tedesco si fronteggiano nelle acque dell'Atlantico. Una gara di bravura fra i due protagonisti. ■ GUERRA; COL.; 98′; USA, 1957. ■ OSCAR 1 PR, 1 NOM.

DUELLO NELL'OMBRA ★★★
Regia di GAETANO AMATA. Con RENATO RASCEL, PAOLO STOPPA. ■ Il furbo fattore di un vecchio e nobile proprietario terriero mette la propria figlia alle costole del giovane nipote del padrone per poter un giorno mettere le mani su tutta la proprietà. L'erede non è molto intelligente e sarebbe una facile preda, se non ci si mettesse di mezzo il fantasma del vecchio, morto nel frattempo per collasso cardiaco. Lo spirito fa intervenire una bellissima ballerina, della quale il nipote era innamorato, per vincere le insidie della contadina troppo intraprendente. Le cose vanno esattamente secondo gli intenti del vecchio conte. ■ COMMEDIA; B/N; 91′; ITALIA, 1949.

DUELLO NEL MONDO ★★
Regia di LUIGI SCATTINI. Con BERNARD BLIER, DOMINIQUE BOSCHERO, RICHARD HARRISON, SHERILL MORGAN, JACK STUART. ■ I nuovi assicurati di una grande compagnia muoiono uno dopo l'altro, misteriosamente. La società incarica Fred Lester di scoprire cosa stia succedendo. L'investigatore si mette sulle tracce dei cadaveri e aspiranti tali, inseguendoli per mezzo mondo e avendo il suo daffare per difendersi da una misteriosa organizzazione che vorrebbe eliminarlo. Insieme alla figlia di una delle vittime, Fred scopre una verità inaspettata. ■ DRAMMATICO; COL.; 90′; ITALIA, 1967.

DUELLO NEL PACIFICO *(Hell in the Pacific)* ★★★
Regia di JOHN BOORMAN. Con LEE MARVIN, TOSHIRO MIFUNE. ■ In un'isoletta deserta del Pacifico, due soldati nemici, un americano e un giapponese, conducono la loro piccola guerra privata. Naufraghi e soli, i due combattono più che altro per passare il tempo, e quando raggiungono un'altra isola navigando con una zattera costruita insieme sono diventati quasi amici. ■ DRAMMATICO; COL.; 103′; USA, 1968.

DUELLO NEL TEXAS ★★
Regia di RICARDO BLASCO. Con RICHARD HARRISON, G.R. STUART. ■ Gringo è stato adottato da una famiglia di messicani. Quando una banda di ladri deruba il padre adottivo di tutto l'oro che era riuscito a mettere insieme in anni di fatiche, parte per vendicare il sopruso. Scopre che i capi della banda sono proprio le persone più in vista del paese. Da solo riesce a batterli, liberando così la propria famiglia e la comunità. ■ WESTERN; COL.; 92′; ITALIA, 1964.

DUELLO NEL VENTRE DELLA TERRA *(Dezerter)* ★★
Regia di WITOLD LESIEWICZ. Con M. CIESIELSKA, JOSEF NOWAK. ■ Mentre fugge dall'esercito tedesco nel quale era stato obbligato ad arruolarsi, un giovane polacco arriva in una piccola cittadina mineraria. Una ragazza lo aiuta a nascondersi in una vecchia cava, ma gli uomini della Gestapo lo scovano egualmente. L'aiuto dei minatori toglie il giovane dalla brutta situazione. ■ GUERRA; B/N; 90′; POLONIA, 1959.

DUELLO SENZA FINE *(Un flic)* ★★
Regia di MAURICE DE CANONGE. Con SUZY CARRIER, LUCIEN COÉDEL, MICHEL MARTIN. ■ Dopo aver trascorso nascosto in casa della sorella gli ultimi mesi della guerra, George preferisce all'onesto lavoro che gli propone il cognato il denaro facile che gli offre un amico, proprietario di un locale notturno frequentato dalla malavita parigina. Durante uno scontro tra bande, George rimane ferito mortalmente. ■ DRAMMATICO; B/N; 55′; FRANCIA, 1947.

DUELLO SENZA ONORE ★★
Regia di CAMILLO MASTROCINQUE. Con ANNETTE BACH, CONSTANCE DOWLING, MASSIMO GIROTTI. ■ Storia di due cugine: Bianca ricca e amata, Olga povera e piena di invidia. Olga riesce a insinuare nel fidanzato di Bianca inquietanti sospetti. L'uomo abbandona la povera ragazza che si rifugia in convento. Prima di pronunciare i voti Bianca torna a casa e scopre che la cugina ha sposato il suo ex, ma lo tradisce sfacciatamente. Durante una lite con l'amante Olga rimane uccisa. ■ DRAMMATICO; B/N; 90′; ITALIA, 1949.

DUELLO SUI GHIACCI *(Harpoon)* ★★
Regia di EWING SCOTT. Con JOHN BROMFIELD, JAMES CALDWELL. ■ Mike uccide il padre per errore, ma dopo averlo seppellito si ripromette di mantenere l'impegno nei confronti del vecchio: deve vendicarlo di un certo Dorset, che molti anni prima gli aveva rubato una baleniera. Mike si scontra con Dorset figlio, ma ha la peggio. In un secondo scontro, ucciso Dorset figlio, si riprende la baleniera. ■ AVVENTURA; B/N; 91′; USA, 1948.

DUELLO SULLA SIERRA MADRE *(Second Chance)* ★★★
Regia di RUDOLPH MATÉ. Con LINDA DARNELL, ROBERT MITCHUM, JACK PALANCE. ■ Testimone di primaria importanza ad un processo contro un gangster, Claire si rifugia in una cittadina messicana raggiungibile solo per mezzo di una teleferica. Uno degli uomini assoldati dal gangster incriminato tenta in tutti i modi di impedire alla ragazza di partecipare al processo, ma Claire arriva sana e salva in tribunale. ■ DRAMMATICO; B/N; 82′; USA, 1953.

DUELLO SUL MISSISSIPPI *(Duel on the Mississippi)* ★★
Regia di WILLIAM CASTLE. Con LEX BARKER, PATRICIA MEDINA, WARREN STEVENS. ■ Una bella e orgogliosa figlia del Sud, proprietaria di una bisca organizzata su un battello fluviale, riesce ad avere come schiavo un giovane di nobile famiglia caduta in disgrazia, del quale è oltretutto innamorata. Quando i pirati del fiume assaltano il battello della donna, lo schiavo la difende con tanto ardore da meritare di divenirne il marito. ■ AVVENTURA; COL.; 94′; USA, 1955.

DUELLO TRA I GHIACCI *(North Star / Tashunga)* ★★
Regia di NILS GAUP. Con JAMES CAAN, CHRISTOPHER LAMBERT, CATHERINE MCCORMACK. ■ Il regista di *L'arciere di ghiaccio* torna sulle nevi per mettere alla prova gli stereotipi di una vicenda in cui uno sfruttatore si trova a combattere con l'eroe senza macchia e senza paura pronto a difendere i più deboli. Il risultato è scontato come il film. ■ AVVENTURA; COL.; 88′; FRANCIA, GRAN BRETAGNA, ITALIA, NORVEGIA, 1996.

DUELLO TRA LE ROCCE *(Hell Bent for Leather)* ★★★
Regia di GEORGE SHERMAN. Con FELICIA FARR, AUDIE MURPHY. ■ Un commerciante di cavalli arriva in un paese e viene scambiato per un bandito. Arrestato e messo in prigione, viene a sapere dallo sceriffo che la sua esecuzione è già stata fissata, anche se

l'uomo di legge sa benissimo di non aver a che fare con il bandito ricercato: l'importante è impiccare qualcuno. Il commerciante riesce a fuggire, portando come ostaggio una ragazza che, saputa la storia, lo aiuta. Lo sceriffo li raggiunge con il proposito di uccidere entrambi, ma chi ci lascia le penne è proprio lui. ■ WESTERN; COL.; 82′; USA, 1959.

DUE MADONNE, LE ★★
Regia di ENZO DI GIANNI. Con NINO CRISMAN, EVA NOVA, ERMANNO RANDI, AGOSTINO SALVIETTI. ■ Giacomo possiede un negozio che ha dovuto temporaneamente cedere per debiti. Il suo creditore, che mira ad impadronirsi del tutto degli averi di Giacomo, tenta in ogni modo di complicargli la vita. Durante un litigio con il suo principale, quest'ultimo cade da una impalcatura e muore. Giacomo fugge all'estero. Quando torna il suo creditore lo denuncia, ma l'uomo riesce a dimostrare la sua innocenza. ■ DRAMMATICO; B/N; 95′; ITALIA, 1949.

DUE MADRI *(De mujer a mujer)* ★
Regia di LUIS LUCIA. Con ANA MARISCAL, AMPARO RIVELLES. ■ Isabella è impazzita per la sua bambina morta in un incidente. Viene rinchiusa in una clinica per malattie mentali. Il marito allaccia un'altra relazione ed ha una figlia dalla nuova compagna, ma Isabella guarisce e riprende il suo posto. La rivale è costretta ad andarsene. ■ DRAMMATICO; B/N; 86′; SPAGNA, 1950.

DUE MADRI, LE ★★
Regia di AMLETO PALERMI. Con RENATO CIALENTE, VITTORIO DE SICA, MARIA DENIS. ■ Un giovane di paese dipinge per hobby, ma i suoi lavori sono notati da un uomo ricco e generoso che in breve lo fa diventare celebre. Con la fama trova anche la sua vera madre. Quando il giovanotto si sposa e sta per diventare padre, la futura nonnina ritrova finalmente il gusto degli affetti familiari. ■ COMMEDIA; B/N; 91′; ITALIA, 1938.

DUE MAFIOSI, I ★★
Regia di GIORGIO SIMONELLI. Con MISCHA AUER, FRANCO FRANCHI, CICCIO INGRASSIA, MOIRA ORFEI, AROLDO TIERI. ■ Il duo Franchi-Ingrassia è alle prese con una valigia che dovrebbe contenere dell'oro e che viene scambiata con quella di un prestigiatore. Inizia così la sarabanda da un locale notturno all'altro. ■ COMICO; COL.; 90′; ITALIA, 1963.

DUE MAFIOSI CONTRO AL CAPONE ★★
Regia di GIORGIO SIMONELLI. Con FRANCO FRANCHI, CICCIO INGRASSIA, MOIRA ORFEI, LUIGI PAVESE. ■ Ai tempi del terribile Al Capone, due siciliani emigrati in Usa diventano poliziotti. Sono molto fortunati: riescono per caso a smascherare una banda di distillatori clandestini e ad arrestare Al Capone in persona. ■ COMICO; COL.; 93′; ITALIA, 1966.

DUE MAFIOSI CONTRO GOLDGINGER ★★
Regia di GIORGIO SIMONELLI. Con ANDREA BOSIC, FRANCO FRANCHI, CICCIO INGRASSIA, GLORIA PAUL, FERNANDO REY. ■ Il terribile e misterioso Goldginger progetta di distruggere il mondo, ma il duo Franco-Ciccio, anche se involontariamente, salva la situazione. ■ COMICO; COL.; 89′; ITALIA, 1965.

DUE MAFIOSI NEL FAR WEST ★★
Regia di GIORGIO SIMONELLI. Con HÉLÈNE CHANEL, FRANCO FRANCHI, CICCIO INGRASSIA, AROLDO TIERI. ■ Ciccio e Franco partono dalla natia Sicilia per il lontano West alla ricerca di una miniera d'oro che fu di proprietà dei rispettivi nonni. Arrivati a destinazione, liberano il paese di Puerca Vaca dalla presenza di un prepotente bandito. ■ COMICO; COL.; 94′; ITALIA, 1964.

DUE MAGGIOLINI PIÙ MATTI DEL MONDO, I ★★
Regia di GIUSEPPE ORLANDINI. Con KATIA CRISTINA, FIORENZO FIORENTINI, FRANCO FRANCHI, CICCIO INGRASSIA, GIA SANDRI. ■ Partendo per un tranquillo week-end Franco e Ciccio non immaginano quello che li aspetta: prima un gruppo di belle ragazze si installa nella loro villetta mettendo in sospetto le mogli, poi un gruppo di evasi tiene in ostaggio tutta la famiglia e pretende da Ciccio e Franco l'organizzazione della loro fuga. Per un incredibile colpo di fortuna, i due riescono a catturare i malviventi. ■ COMICO; COL.; 86′; ITALIA, 1970.

DUE MAGHI DEL PALLONE, I ★★
Regia di MARIANO LAURENTI. Con ELIO CROVETTO, FRANCO FRANCHI, CICCIO INGRASSIA, TIBERIO MURGIA, KARIN SCHUBERT, PAOLA TEDESCO. ■ Ciccio si rivolge ad un mago per farsi consigliare sull'acquisto di un centravanti per la squadra locale di calcio. Il centravanti comprato è talmente bravo che una squadra avversaria lo rapisce. ■ COMICO; COL.; 92′; ITALIA, 1970.

DUE MAGNIFICHE CANAGLIE ★★
(Magnificent Roughnecks)
Regia di SHERMAN A. ROSE. Con JACK CARSON, JEFF DONNELL, MICKEY ROONEY. ■ Due attori di solito impegnati in parti comiche fanno per una volta i "duri". Sono "cacciatori di petrolio" nei campi del Sudamerica. La loro vita è ulteriormente complicata dall'arrivo di una bella petroliera. Dopo qualche antagonismo, costei si innamorerà del più prestante dei due. ■ AVVENTURA; B/N; 88′; USA, 1956.

DUE MAGNIFICI FRESCONI, I ★
Regia di MARINO GIROLAMI. Con VALERIA FABRIZI, FRANCO FRANCHI, ENNIO GIROLAMI, CICCIO INGRASSIA, MARIA SPINA. ■ Franco e Ciccio si servono delle mogli per portare a termine gli affari di cui li ha incaricati il suocero, capomafia siciliano. Le due donne prendono gusto alla bella vita e li piantano, il suocero incarica due killer di eliminarli: i due fuggono affrontando mille avventure. ■ COMMEDIA; COL.; 94′; ITALIA, 1969.

DUE MAGNUM 38 PER UNA CITTÀ DI CAROGNE ★★
Regia di MARIO PINZAUTI. Con RICHARD LLOYD, GIANNI MUSY, LUIGI PISTILLI, DINO STRANO. ■ Uno scrittore fallito rintraccia a Roma la propria ex amante e la scopre invischiata nel giro della prostituzione. Si mette ad indagare per risalire ai grossi capi dell'organizzazione, ma viene ferito a morte prima di poterli denunciare. Con le ultime forze fa giustizia da solo. ■ POLIZIESCO; COL.; 90′; ITALIA, 1975.

DUE MARESCIALLI, I ★★★
Regia di SERGIO CORBUCCI. Con GIANNI AGUS, ARTURO BRAGAGLIA, VITTORIO DE SICA, TOTÒ. ■ Otto settembre 1943: nella confusione generale un ladro vestito da prete (Totò) e un maresciallo (De Sica) si scambiano gli abiti e i ruoli. Passano molti anni: il maresciallo è tornato al suo lavoro. Un giorno viene derubato in una piccola stazione: la tecnica del furto e la figura che si allontana sono inconfondibili, evidentemente il ladruncolo si è salvato. ■ COMMEDIA; B/N; 92′; ITALIA, 1961.

DUE MARINES E UN GENERALE ★★
Regia di LUIGI SCATTINI. Con FRANCO FRANCHI, CICCIO INGRASSIA, BUSTER KEATON. ■ Durante l'ultima guerra due marines di origine italiana, Ciccio e Franco, penetrano tra le file tedesche travestiti da operai. Sempre in vena di travestimenti, si fanno passare per Hitler ed un suo ufficiale, seminando lo scompiglio in una intera divisione tedesca e distruggendo una terribile arma. ■ COMICO; COL.; 101′; ITALIA 1965.

DUE MARITI PER UN MATRIMONIO ★★
(Feeling Minnesota)
Regia di STEVEN BAIGELMAN. Con CAMERON DIAZ, VINCENT D'ONOFRIO, KEANU REEVES. ■ Sam (D'Onofrio) sogna di avere una villetta dalle parti di Las Vegas, rubacchia qua e là e si concede come premio Freddie (Diaz), la quale però si innamora del bel fratello di Sam (Keanu, naturalmente). Dopo varie liti i due fratelli si accordano. Ottimo cast che partorisce un topolino. ■ COMMEDIA; COL.; 95′; USA, 1997.

DUE MARITI PER VOLTA *(A Pair of Briefs)* ★★★
Regia di RALPH THOMAS. Con MICHAEL CRAIG, ROLAND CULVER, BRENDA DE BANZIE, MARY PEACH, JAMES ROBERTSON JUSTICE. ■ Lui e lei sono avvocati e fanno pratica nello stesso studio. In tribunale si ritrovano avversari in un processo ed entrambi ce la mettono tutta per vincere. La vittoria finale arriva ma soltanto per quanto riguarda i sentimenti, visto che i due scoprono d'amarsi. ■ COMMEDIA; B/N; 90′; GRAN BRETAGNA, 1962.

DUE MASCHI PER ALEXA ★★
Regia di JUAN LOGAR. Con JUAN LUIS GALLARDO, CURD JÜRGENS, ROSALBA NERI. ■ Per vendicarsi della giovane moglie infedele, un diabolico vecchio organizza il proprio suicidio che sarà fatale anche ai due amanti: costoro rimangono imprigionati in un appartamento senza poter uscire né comunicare con l'esterno. La

forzata coesistenza li porta ad odiarsi e a distruggersi a vicenda. ■ DRAMMATICO; COL.; 95′; ITALIA, 1972.

DUE MATTACCHIONI AL MOULIN ROUGE ★★
Regia di GIUSEPPE VARI. Con FRANCO FRANCHI, RICCARDO GARRONE, CICCIO INGRASSIA. ■ Franco e Ciccio sono alle prese con una ballerina di night assassinata, ma sul più bello sparisce il cadavere. ■ COMICO; B/N; 90′; ITALIA, 1964.

DUE MATTI AL SERVIZIO DELLO STATO ★★★
(Our Miss Fred)
Regia di BOB KELLETT. Con DANNY LA RUE, ALFRED MARKS, LANCE PERCIVAL. ■ Vestito da donna, il soldato inglese Fred passa impunemente sotto il naso dei tedeschi e insieme ad un gruppo di giovani esploratori ruba un aerostato con il quale fugge in patria. I suoi superiori sono talmente soddisfatti di lui che lo rispediscono immediatamente a compiere una pericolosa missione. ■ COMMEDIA; COL.; 96′; GRAN BRETAGNA, 1972.

DUE METRI DI ALLERGIA *(The Tall Guy)* ★★
Regia di MEL SMITH. Con ROWAN ATKINSON, JEFF GOLDBLUM, EMMA THOMPSON. ■ Dexter lavora come spalla di Ron, comico di grido, ma a causa della sua allergia alle piume e della sua sbadataggine perde il posto. Si innamora per caso dell'infermiera che gli pratica le iniezioni antiallergiche. Dopo varie peripezie riesce a sfondare come uomo-elefante in uno spettacolo musicale e a conquistare la ragazza. ■ COMMEDIA; COL.; 92′; GRAN BRETAGNA, 1989.

2019 DOPO LA CADUTA DI NEW YORK ★★
Regia di SERGIO MARTINO. Con EDMUND PURDOM, MICHAEL SOPKIW, JACQUES STANISLAWSKI. ■ Dopo la terza guerra mondiale, il mondo è una desolazione e gli uomini sono sterili. Ma gli scienziati americani rifugiati in Alaska vengono a sapere che a New York c'è ancora una ragazza feconda e inviano colà un giovanotto di fegato per recuperarla. La missione è compiuta. La ragazza e il giovanotto saranno gli iniziatori di un nuovo ciclo dell'umanità. ■ AVVENTURA; COL.; 90′; ITALIA, 1983.

2010 – L'ANNO DEL CONTATTO *(2010)* ★★
Regia di PETER HYAMS. Con JOHN LIGHTGOW, HELEN MIRREN, ROY SCHEIDER. ■ Nove anni dopo il fallimento della missione americana del Discovery (*2001: Odissea nello spazio* di Kubrick) parte per Giove una missione di sovietici e americani a bordo dell'astronave Leonov per ritrovare il Discovery e il misterioso monolite che racchiude i misteri del cosmo. Gli scienziati scoprono che la missione era fallita perché lo stesso computer era andato in tilt quando si era messo in contatto con il monolite. Intanto dalla Terra ricevono l'ordine di separarsi perché sta per scoppiare una terza guerra mondiale, ma prima i russi e gli americani assistono ad un'immane deflagrazione che distrugge Giove e fa nascere un nuovo sole. ■ FANTASCIENZA; COL.; 114′; USA, 1984. ■ OSCAR 5 NOM.

2012 ★★★
Regia di ROLAND EMMERICH. Con JOHN CUSACK, CHIWETEL EJIOFOR, THANDIE NEWTON, AMANDA PEET, OLIVER PLATT. ■ Nel 2009, in un centro di ricerca indiano situato nelle profondità di una miniera di rame, viene rilevata un'improvvisa variazione dell'emissione dei neutrini solari e il conseguente surriscaldamento del nucleo terrestre. La scoperta viene studiata dal giovane scienziato Adrian Helmsley, che stima il pericolo dei primi effetti sulla crosta solo nel lungo periodo e decide perciò, in accordo con gli interessi dei consiglieri del governo americano, di studiare un piano di evacuazione mantenendo il segreto sulla futura minaccia globale. Dopo soli tre anni, invece, il mantello terrestre comincia a fondere e sulla costa californiana appaiono le prime gigantesche crepe. Jackson Curtis, scrittore di romanzi di fantascienza di scarso successo, se ne accorge mentre si trova in campeggio coi due figli presso il parco di Yellowstone. Là, il lago si è completamente prosciugato e un conduttore radiofonico pazzoide, Charlie Frost, diffonde in diretta aggiornamenti sull'imminente fine del mondo... Nell'era in cui anche i blockbuster hanno scoperto di avere un'anima, comparsa, volente o nolente, all'alba dell'11 settembre 2001, Emmerich rivendica il suo diritto alla catastrofe trionfalistica e l'orgoglio di un cinema meramente ludico. Premiato dal pubblico, e non è un dettaglio. ■ DRAMMATICO; COL.; 159′; USA, CANADA, 2009.

2002 LA SECONDA ODISSEA *(Silent Running)* ★★★
Regia di DOUGLAS TRUMBULL. Con BRUCE DERN, CLIFF POTTS, JESSE VINT. ■ Nel 2002 gli abitanti della Terra, in sovrannumero, hanno preso a nutrirsi solo sinteticamente. La poca vegetazione rimasta è stata imbarcata su astronavi destinate a preservarla. Ma ben presto anche queste devono essere adibite al commercio fra i pianeti. Il comandante di una di esse però si ribella. Per salvare le sue piante, entra in conflitto con i suoi compagni e li uccide. ■ FANTASCIENZA; COL.; 89′; USA, 1972.

2000: LA FINE DELL'UOMO *(No Blade of Grass)* ★★
Regia di CORNEL WILDE. Con NIGEL DAVENPORT, ANTONY MAY, JEAN WALLACE. ■ Nel 2000 l'umanità sta per essere annientata da un virus letale. Per accelerare la fine, alcuni governi fanno bombardare quello che rimane delle comunità degli uomini sopravvissuti alla morte. Un gruppo di inglesi marcia in mezzo ad un panorama desolante per raggiungere una fattoria dove è ancora possibile tentare di coltivare dei cereali non contaminati. ■ FANTASCIENZA; COL.; 97′; GRAN BRETAGNA, 1970.

2061 – UN ANNO ECCEZIONALE ★★
Regia di CARLO VANZINA. Con DIEGO ABATANTUONO, SABRINA IMPACCIATORE, EMILIO SOLFRIZZI. ■ Dopo una tremenda crisi energetica dovuta all'esaurimento delle scorte petrolifere, il mondo è piombato in una sorta di cupo Medioevo. In Italia un gruppo di avventurosi patrioti intraprende un viaggio picaresco dalla Sicilia alle Alpi. ■ COMMEDIA; COL.; 100′; ITALIA, 2007.

2013 – LA FORTEZZA *(Fortress)* ★★
Regia di STUART GORDON. Con CHRISTOPHER LAMBERT, LORYN LOCKLIN, KURTWOOD SMITH. ■ America, terzo millennio. Vige un regime dittatoriale che impone una severa regolazione delle nascite. Una coppia viola la legge e concepisce il secondo figlio. Vengono quindi rinchiusi in una fortezza e sottoposti a tortura. La moglie finge di accettare il ricatto del direttore del carcere mentre il marito organizza la fuga. I due riusciranno a riparare in Messico dove il bambino nascerà. Fantascienza e filone carcerario si fondono in un film ricco di citazioni e di effetti speciali. Nulla di nuovo sotto il sole dunque, ma Lambert se la cava meglio che nell'irritante clone di *Highlander II*. ■ FANTASTICO; COL.; 92′; USA, 1992.

♥ 2001: ODISSEA NELLO SPAZIO ★★★★★
(2001: A Space Odyssey)
Regia di STANLEY KUBRICK. Con KEIR DULLEA, GARY LOCKWOOD, DANIEL RICHTER, WILLIAM SYLVESTER. ■ Alle origini dell'uomo, quando le scimmie erano ancora scimmie, un misterioso monolito compare sulla Terra. La sua presenza attiva l'intelligenza dei primati che comprendono l'uso delle ossa degli animali uccisi quali prolungamenti delle loro braccia. 2001. Sulla Luna, in prossimità del cratere Tyco, è stato trovato un monolito la cui esistenza viene tenuta sotto il massimo segreto. Il monolito improvvisamente lancia un segnale indirizzato verso il pianeta Giove. Diciotto mesi dopo l'astronave Discovery si dirige verso il pianeta. A bordo si trovano due astronauti, Frank e David, tre ricercatori ibernati e il computer della nuova generazione, HAL 9000, in grado di controllare il funzionameto di tutta l'astronave, nonché di dialogare con gli astronauti. L'infallibile computer segnala un guasto in uno degli elementi esterni dell'astronave ma il pezzo, sottoposto a numerosi test, risulta essere in ottime condizioni di funzionamento. I due astronauti debbono arrendersi al fatto che HAL ha sbagliato e decidono di disattivarlo. Hal fa allora in modo che il pezzo venga rimesso al suo posto e trancia il tubo dell'ossigeno di Frank. Quando David, uscito per recuperare il cadavere del compagno, tenta di rientrare il computer glielo impedisce. L'astronauta distrugge la memoria del computer, apprende il vero scopo della missione (raggiungere Giove per scoprire il mistero del monolito) e arriva sul pianeta su cui morirà per rinascere a nuova vita. Capolavoro in assoluto, non della storia del cinema di fantascienza ma di quella del cinema tout court, *2001* rappresenta una delle riflessioni più articolate giunte sul grande schermo sul rapporto civiltà/tecnologia nonché sul destino dell'umanità. Ku-

brick, che ha sempre amato poco l'ipertecnicismo (pur avvalendosene sempre e ai massimi livelli sul piano delle sue produzioni), riesce a sviluppare il suo discorso a partire da un romanzo di Arthur C. Clarke. Ciò che nel testo letterario è precisa descrizione, nel film diventa suggestione. A partire dalla scelta di una colonna sonora che ha fatto epoca, con le note del *Danubio blu* ad accompagnare il volo delle astronavi. L'abbiamo ritrovata in mille versioni pubblicitarie o di accompagnamento a servizi televisivi, ma qui aveva una precisa funzione: commentare le immagini di un futuro ipertecnologico mediante la musica composta nel periodo in cui la temperie culturale era permeata dalla convinzione della bontà assoluta della Scienza e delle sorti progressive dell'umanità guidata dalla sua Luce. Il protagonista del film è un non-attore, è HAL 9000 o, meglio, il suo occhio e la sua voce. Gli umani sono a sua disposizione mentre lui sembra al loro servizio. Ma non si tratta della solita macchina "cattiva". L'uomo di Kubrick (come in *Il Dottor Stranamore* e, successivamente, in *Arancia meccanica*) si prepara da solo la propria distruzione. HAL non impazzisce, ma, molto più drammaticamente, va in crisi perché il suo sistema binario SÌ-NO, viene stravolto dalla presenza di un segreto da conservare, di una menzogna da dire. Lo scopo della missione non va rivelato e il computer non può resistere a questa intrusione dell'umana doppiezza nei suoi delicati apparati. Quando David lo disattiva progressivamente, HAL (che ha ucciso quattro uomini) ritorna allo stadio infantile, preludio al percorso che l'astronauta dovrà fare procedendo fino alla propria morte per poi risorgere come feto delle stelle, in gestazione per una nuova umanità. Riascoltare il respiro profondo dell'astronave in contrasto con il silenzio del nero dello spazio, in cui la morte muta, trova una sua ancor più tragica contestualizzazione; riaffrontare quell'occhio che scava (come quello della macchina da presa) all'interno di milioni di anni di storia, consente di comprendere come questo film (come molti altri, ma più di molti altri) fosse un'opera completa in se stessa e non necessitasse di un proseguimento. Che invece c'è stato. Si intitola *2010. L'anno del contatto* e, rispetto al primo, è una vera delusione. ■ FANTASCIENZA; COL.; 139'; USA, 1968. ■ DAVID DI DONATELLO 1 PR, 1 NOM; OSCAR 1 PR, 4 NOM.

2022: I SOPRAVVISSUTI *(Soylent Green)* ★★★
Regia di RICHARD FLEISCHER. Con CHUCK CONNORS, JOSEPH COTTEN, CHARLTON HESTON, EDWARD G. ROBINSON, LEIGH TAYLOR-YOUNG. ■ Le risorse alimentari e lo spazio vitale sono molto scarsi nel 2022. In seguito alle indagini per un omicidio di un dirigente di una industria alimentare, un poliziotto e il suo aiutante vengono a conoscenza di un segreto terribile: la ditta utilizza per i suoi prodotti cadaveri umani. Entrambi moriranno. ■ FANTASCIENZA; COL.; 100'; USA, 1973.

DUE MILIONI PER UN SORRISO ★★
Regia di CARLO BORGHESIO, MARIO SOLDATI. Con ELSA DE GIORGI, ENRICO VIARISIO. ■ Un industriale un po' ingenuo, dopo aver fatto fortuna in America, ritorna in Italia per cercare una donna che aveva amato in gioventù. Viene convinto da alcuni truffatori a produrre un film che rievochi la sua storia d'amore. Accetta ed affida l'incarico di dirigerlo ad un giovanotto che gli assomiglia fisicamente. Il neo-regista, cercando la protagonista del film, si innamora di una graziosa dattilografa. ■ COMMEDIA; B/N; 77'; ITALIA, 1939.

DUE MINUTI PER DECIDERE *(Me faire ça à moi...)* ★★
Regia di PIERRE GRIMBLAT. Con RITA CADILLAC, EDDIE CONSTANTINE, BERNADETTE LAFONT. ■ Un giornalista accetta per conto dell'Fbi di portare a Parigi un microfilm, anche per farsi perdonare alcuni errori commessi in passato. Subito è coinvolto in una girandola di avventure con spie e gangster. Commette lo sbaglio di farsi aiutare da una donna, in realtà sua nemica, che lo fa catturare. Ma il controspionaggio lo salverà in tempo da una brutta fine. ■ POLIZIESCO; B/N; 95'; FRANCIA, 1961.

DUE MISANTROPI ★★★
Regia di AMLETO PALERMI. Con NINO BESOZZI, NELLA MARIA BONORA, MARIA DENIS, CAMILLO PILOTTO, SERGIO TOFANO, ENRICO VIARISIO. ■ Due fratelli vivono nella stesso appartamento, ma le loro esistenze sono ben separate. Entrambi troveranno l'anima gemella che allevierà le loro solitudini. ■ COMMEDIA; B/N; 91'; ITALIA, 1937.

DUE MOGLI D'OLLIO, LE ★★★
Regia di J.W. HORNE, JAMES PARROTT. Con OLIVER HARDY, STAN LAUREL. ■ Si tratta di due brevi film interpretati dai grandi Laurel e Hardy: *Hog Wild* (1930) di James Parrot e *Thicker Than Water* (1935) di J. W. Horne. ■ COMICO; B/N; 95'; USA, 1935.

DUE MOGLI PER OGNI UOMO ★★
(Die Frauen des Herrn S.)
Regia di PAUL MARTIN. Con LONI HEUSER, PAUL HÖRBIGER, SONJA ZIEMANN. ■ Socrate, chiamato a dare pareri sulle ripetute sconfitte di Atene, dichiara che la soluzione sta nel varare una legge che obblighi ogni uomo ad avere due mogli per procreare più figli. La legge viene varata, provocando non pochi guai perfino allo stesso promotore, la cui moglie è molto gelosa dell'ancella Euritride. Anche nella casa di Pericle, capo del governo di Atene, scoppiano contrasti. Dopo una dichiarazione dello stesso Socrate contro la legge, tutto si risolve perché il provvedimento viene abrogato. ■ COMMEDIA; B/N; 90'; GERMANIA, 1951.

DUE MOGLI SONO TROPPE ★★
Regia di MARIO CAMERINI. Con ADA DODINI, KIERON MOORE, LEA PADOVANI. ■ David Fry, un inglese in viaggio con la moglie, capita casualmente nel paese che lo ha acclamato eroe, essendo stato il primo soldato alleato ad entrarvi dopo la fuga dei tedeschi. Ma inaspettatamente viene accusato da una famiglia del luogo di essere il padre del bambino della loro figlia Rosina. Alla fine tutto si aggiusta. ■ COMMEDIA; B/N; 92'; ITALIA, 1950.

DUE MONDI *(Two Worlds – Zwei Welten – Deux Mondes)* ★★
Regia di EWALD ANDRÉ DUPONT. Con MARIA PAUDLER, HERMANN VALLENTIN, PETER VOSS. ■ Un film drammatico di Dupont, regista cosmopolita che non si accontentava di girare una sola versione di una pellicola, ma ne faceva diverse. ■ DRAMMATICO; B/N; 111'; GRAN BRETAGNA, 1930.

DUE MONDI DI CHARLIE, I *(Charlie)* ★★★
Regia di RALPH NELSON. Con CLAIRE BLOOM, LEON JANNEY, CLIFF ROBERTSON, LILIA SKALA, RUTH WHITE. ■ Charlie Gordon è un giovane minorato psichico deriso da tutti. Un giorno, grazie all'interessamento della psicologa Alice, si sottopone ad un delicato intervento chirurgico al cervello, già sperimentato su di un topo, per farlo tornare normale. L'operazione riesce ed egli progredisce fino a diventare, con l'aiuto dell'amore di Alice, un ricercatore nel centro che lo ha curato. Ma in seguito scopre che la sua guarigione è momentanea, e la sua normalità se ne sta andando per sempre. Farà in tempo a lanciare un atto d'accusa alla scienza crudele e per nulla preoccupata dell'uomo. ■ DRAMMATICO; COL.; 103'; USA, 1968. ■ OSCAR 1 PR, 1 NOM.

DUE MONELLE DI PARIGI, LE *(Les deux gamines)* ★★
Regia di RENÉ HERVIL. Con CLAUDE BARGHON, JACQUELINE DAIX, BERNARD LANCRET. ■ Due bimbe, la cui madre è scomparsa durante un naufragio, una notte fuggono dalla casa del nonno non sopportando la crudele governante e si rifugiano in casa di gente ricca, dove scoprono il proprio padre intento a rubare. Ritornate a casa, le bambine vengono rapite per vendetta dalla governante che è stata cacciata via. Il padre, nel tentativo di liberarle, è ferito gravemente. Ma il ritorno della madre, scampata miracolosamente al naufragio, conclude felicemente la vicenda. ■ DRAMMATICO; B/N; 95'; FRANCIA, 1936.

DUE MONELLI, I *(Los dos golfillos)* ★★
Regia di ANTONIO DEL AMO ALGARA. Con JOSELITO JIMENEZ, LUZ MARQUES, MARIA PIAZZAI. ■ Joselito, figlio del direttore di un carcere, rapito per essere scambiato con un detenuto, è tratto in salvo da uno dei suoi rapinatori, ma è in seguito catturato dai contrabbandieri che ne fanno un mendicante. Cercano poi di rimandarlo, dietro compenso, alla sua famiglia, ma sostituendolo all'ultimo momento con un altro ragazzo. Il gioco non riesce. ■ DRAMMATICO; B/N; 92'; SPAGNA, 1961.

DUE NELLA FOLLA *(Two in a Crowd)* ★★★
Regia di ALFRED E. GREEN. Con JOAN BENNETT, JOEL MCCREA. ■ Un ragazzo che ha come unica ricchezza un cavallo da corsa e una ragazza squattrinata si conoscono in circostanze insolite. Tro-

vano una piccola somma di denaro e la usano per far correre il puledro. Dopo la vittoria i due possono pensare serenamente al futuro matrimonio. ■ COMMEDIA; B/N; 80'; USA, 1936.

DUE NELLA TEMPESTA *(Millions Like Us)* ★★★
Regia di SIDNEY GILLIAT, FRANK LAUNDER. Con ANN CRAWFORD, GORDON JACKSON, ERIC PORTMAN, PATRICIA ROC. ■ È la storia di due ragazze che durante il secondo conflitto mondiale lavorano in una fabbrica di aerei. Entrambe innamorate, sono costrette a separarsi dai fidanzati in partenza per il fronte. ■ DRAMMATICO; B/N; 103'; GRAN BRETAGNA, 1943.

DUE NEL MIRINO *(Bird on a Wire)* ★★★
Regia di JOHN BADHAM. Con DAVID CARRADINE, MEL GIBSON, GOLDIE HAWN. ■ Rick ritrova dopo alcuni anni la sua ex fidanzata che lo segue nelle sue disavventure. Infatti, avendo soffiato alla polizia alcuni nomi di trafficanti di droga, molti sono quelli che gli vogliono fare la pelle. Lo Stato federale vigila ma i problemi sono ugualmente molti. Azzeccata la coppia Gibson-Hawn. ■ AVVENTURA; COL.; 111'; USA, 1990.

DUE NEMICI, I *(The Best of Enemies)* ★★★
Regia di GUY HAMILTON. Con AMEDEO NAZZARI, DAVID NIVEN, ALBERTO SORDI, MICHAEL WILDING. ■ Siamo in Africa durante la seconda guerra mondiale. Un ufficiale italiano favorisce la fuga di un prigioniero inglese affinché questi dissuada i compagni, numericamente inferiori, dal proposito di inseguirli. Questi, invece, ignorando il consiglio, riescono a catturare l'intero reparto. Dopo un intermezzo con alcuni indigeni ribelli che italiani e inglesi affrontano uniti, tutti hanno imparato, benché nemici, ad apprezzarsi. La guerra, però, continua. ■ COMMEDIA; COL.; 104'; ITALIA, USA, 1962.

DUE NOTTI CON CLEOPATRA ★★★
Regia di MARIO MATTOLI. Con SOPHIA LOREN, ETTORE MANNI, ALBERTO SORDI. ■ La bellissima Cleopatra fa assassinare tutti i militari che, a turno, passano la notte con lei. Nessuno vuole essere il prescelto tranne un giovane sprovveduto, appena arrivato all'accampamento e ignaro della macabra consuetudine. La notte in cui tocca a lui, però, la regina egiziana raggiunge in incognito Marc'Antonio e mette al suo posto una sosia. I due giovani si innamorano. ■ COMMEDIA; COL.; 78'; ITALIA, 1953.

DUE OCCHI AZZURRI *(Zwei blaue Augen)* ★★
Regia di GUSTAV UCICKY. Con CLAUS HOLM, MARIANNE KOCH, KURT MAISEL, MARIANNE SPIRA. ■ Un uomo, che in passato è stato in galera per un furto dettato dal bisogno, si innamora di una ragazza cieca impiegata nella sua stessa fabbrica. La tutrice della fanciulla, gelosa dei sentimenti che legano i due, lo denuncia, ma inutilmente. ■ COMMEDIA; B/N; 90'; GERMANIA, 1955.

DUE OCCHI DIABOLICI *(Two Evil Eyes)* ★★★
Regia di DARIO ARGENTO, GEORGE A. ROMERO. Con JOHN AMOS, MARTIN BALSAM, ADRIENNE BARBEAU, HARVEY KEITEL, MADELEINE POTTER. ■ I due maestri del genere fantastico si sono divisi in parti uguali un omaggio allo scrittore Edgar Allan Poe. Romero ha trasposto *La verità sul caso di Mr. Valdemar*, nel quale un vecchio sta per morire ma non intende favorire nel testamento la giovane moglie. Lei cerca in tutti i modi di liberarsi di lui, ma senza perdere l'eredità. La scelta di Argento è caduta su *Il gatto nero* opportunamente riadattato: un fotografo specializzato in raffigurazioni sanguinose e criminali vive con una violinista che possiede un gatto nero. L'animale ossessiona il fotografo che decide di sopprimerlo. Due stili diversi attraversano gli episodi: quello di Romero ha un taglio claustrofobico, quasi televisivo, mentre quello di Argento, di gran lunga migliore, crea suggestioni di taglio visionario che lo rendono inquietante. Particolarmente incisiva l'interpretazione di Harvey Keitel. ■ FANTASTICO; COL.; 115'; ITALIA, 1989.

DUE OCCHI DI GHIACCIO *(Blue)* ★★
Regia di SILVIO NARIZZANO. Con ANTHONY COSTELLO, JOE DE SANTIS, KARL MALDEN, JOANNA PETTET, TERENCE STAMP. ■ Una banda di messicani compie incursioni nel Texas per vendicarsi dei gringos che hanno rubato quella terra al loro popolo. Uno degli uomini si innamora di una ragazza che ha salvato dalle brame dei compagni e decide di vivere nella sua casa. Il capo dei banditi vuole indurlo a ritornare e, non riuscendoci, lo aggredisce e rimane ucciso. Anche il protagonista muore. ■ WESTERN; COL.; 113'; GRAN BRETAGNA, 1968.

DUE OCCHI E DODICI MANI *(Do ankhem barah hath)* ★★
Regia di VANAKUDRE SHANTARAM. Con ULLHAS GAJENDRA, SANDHYA, V. SHANTARAM. ■ Un poliziotto si fa affidare sei prigionieri perché spera di riportarli sulla retta via con il lavoro. Gli uomini apparentemente lo seguono, poi un giorno si accordano per eliminarlo. Il tentativo fallisce ed essi, poco alla volta, comprendono i loro errori e se ne pentono sinceramente. ■ DRAMMATICO; B/N; 92'; INDIA, 1958. ■ BERLINO 1 PR.

DUE OCCHI PER NON VEDERE ★★
Regia di GENNARO RIGHELLI. Con RENATO CIALENTE, GIUSEPPE PORELLI, LORETTA VINCI. ■ Una donna teme che il marito la tradisca e, per avere una conferma ai suoi sospetti, finge di essere diventata cieca. Alcuni episodi le fanno credere di aver ragione; l'uomo, che ad un certo punto scopre il tranello, le dà una salutare lezione psicologica e i due si riconciliano. ■ COMMEDIA; B/N; 91'; ITALIA, 1939.

DUE OCCHI PIENI DI SOLE *(Du soleil plein les yeux)* ★★
Regia di MICHEL BOISROND. Con JANET AGREN, FLORENCE LAFUMA, BERNARD LE COQ, MARTINE SARCEY, RENAUD VERLEY. ■ Il figlio di un divorziato non può reprimere il suo astio verso il padre che si è risposato. Durante un viaggio con la fidanzata, il ragazzo finisce tra le braccia di una donna piena di pregiudizi morali; l'avventura provoca la rottura dei rapporti con la futura moglie e la riflessione del protagonista sul comportamento del padre. Ora lo capisce. ■ DRAMMATICO; COL.; 85'; FRANCIA, 1970.

DUE ONCE DI PIOMBO – IL MIO NOME È PECOS ★★
Regia di MAURIZIO LUCIDI. Con NORMAN CLARK, LUCIA MODUGNO, ROBERT WOODS. ■ Un ragazzo messicano scopre che in un barilotto, che dovrebbe contenere rum, è nascosto il denaro di una rapina. Morto l'uomo al quale è affidato, il ragazzo, che è l'unico a conoscenza del segreto, viene picchiato dai rapinatori fino a quando non rivela il nascondiglio. Lasciato libero, precede i banditi sul luogo e riesce ad ucciderli tutti. ■ WESTERN; COL.; 95'; ITALIA, 1967.

DUE ORE ANCORA *(D. O. A.)* ★★★
Regia di RUDOLPH MATÉ. Con LUTHER ADLER, PAMELA BRITTON, EDMOND O'BRIEN. ■ Un professionista oberato dagli impegni prende un periodo di riposo. Poche ore dopo la sua partenza, però, si sente male e scopre di essere stato avvelenato con un prodotto per il quale non esiste antidoto. Nel poco tempo che gli resta, scopre il suo assassino e lo uccide. ■ POLIZIESCO; B/N; 83'; USA, 1949.

DUE ORE IN URSS *(Dve casac v SSSR)* ★★
Regia di ROMAN KARMEN. ■ È un film chiaramente propagandistico, teso a dimostrare la grandezza del regime. ■ DOCUMENTARIO; COL.; 92'; URSS, 1960.

DUE ORE MENO UN QUARTO AVANTI CRISTO ★★
(Deux heures moins le quart avant Jesus Christ)
Regia di JEAN YANNE. Con MICHEL COLUCHE, MICHEL SERRAULT, JEAN YANNE. ■ Farsa molto goliardica sui motivi canonici del film d'ambientazione romana. Assistiamo alle escursioni gay di un Giulio Cesare pieno di vizietti, alle gesta di un Ben Hur grasso e pasticcione, nonché a una nascita di Gesù annunciata in tv nel notiziario regionale. ■ COMICO; COL.; 97'; FRANCIA, 1983.

DUE ORFANELLE, LE *(Orphans of the Storm)* ★★★
Regia di DAVID WARK GRIFFITH. Con DOROTHY GISH, LILLIAN GISH, JOSEPH SCHILDKRAUT. ■ Tratto da una commedia teatrale di Adolphe Philippe d'Ennery ed Eugene Cormon, vede nei ruoli principali le due sorelle (anche nella realtà) Lillian e Dorothy Gish. Le due giovani vengono maltrattate da tutti. La storia è un po' datata ma le scene spettacolari non mancano. Ambientato durante la Rivoluzione francese, è l'ultimo grande kolossal di Griffith. ■ DRAMMATICO; COL.; 125'; USA, 1921.

DUE ORFANELLE, LE *(Les deux orphelines)* ★
Regia di MAURICE TOURNEUR. Con CAMILLE BERT, GABRIEL GABRIO, YVETTE GUILBERT, PIERRE MAGNIER, JEAN MARTINELLI. ■ Tourneur ce la mette tutta, ma dal celebre romanzo di D'En-

nery ricava un film pedante e troppo melodrammatico. ■ DRAMMATICO; B/N; 87′; FRANCIA, 1933.

DUE ORFANELLE, LE ★★★

Regia di CARMINE GALLONE. Con MARIA DENIS, GERMANA PAOLIERI, OTELLO TOSO, OSVALDO VALENTI, ALIDA VALLI. ■ Anche questo film è tratto dall'omonimo romanzo francese. Carmine Gallone evita, grazie all'indubitabile mestiere, il rischio di realizzare un insulso polpettone. È aiutato anche dalla partecipazione di bravi attori. ■ DRAMMATICO; B/N; 85′; ITALIA, 1942.

DUE ORFANELLE, LE ★★

Regia di GIACOMO GENTILOMO. Con MIRIAM BRU, FRANCO INTERLENGHI, MILLY VITALE. ■ Un'altra versione del romanzo strappalacrime. Non è la migliore della serie. ■ DRAMMATICO; COL.; 95′; ITALIA, 1954.

DUE ORFANELLE, LE *(Les deux orphelines)* ★★

Regia di RICCARDO FREDA. Con VALERIA CIANGOTTINI, SOPHIE DARÈS, JEAN DESAILLY, MIKE MARSHALL, SIMONE VALÈRE. ■ Enrichetta porta a Parigi la sorellastra cieca Luisa per farla operare agli occhi. Non riesce nell'intento perché la portano di forza al castello di un uomo innamorato di lei, mentre Luisa viene tiranneggiata da una crudele "salvatrice". La vicenda tuttavia è destinata al lieto fine. ■ DRAMMATICO; COL.; 97′; FRANCIA, 1965.

DUE ORFANELLI, I ★★★

Regia di MARIO MATTOLI. Con ISA BARZIZZA, CARLO CAMPANINI, TOTÒ. ■ Parigi, seconda metà dell'Ottocento. Un orfano scopre di essere figlio di un nobile cacciato dalla sua dimora da un impostore. Aiutato da un amico (un trovatello che apprenderà di essere il rampollo del boia), caccia il malvagio e sfugge alle sue trappole micidiali. Purtroppo, però, si tratta soltanto di un sogno. ■ COMICO; B/N; 85′; ITALIA, 1947.

DUE O TRE COSE CHE SO DI LEI ★★★
(Deux ou trois choses que je sais d'elle)

Regia di JEAN-LUC GODARD. Con ANNY DUPEREY, ROGER MONTSORET, JEAN NARBONI, MARINA VLADY. ■ "Lei" non è un personaggio femminile, ma la città di Parigi, ripresa durante i lavori di frequenti ristrutturazioni volti a renderla sempre più rispondente alle esigenze della società moderna. Tra una scena e l'altra si inserisce la storia di una donna, moglie e madre, che per permettersi i capricci imposti dalla società dei consumi di tanto in tanto si prostituisce. ■ DOCUMENTARIO; COL.; 95′; FRANCIA, 1967.

DUE PADRI DI TROPPO *(Father's Day)* ★★

Regia di IVAN REITMAN. Con BILLY CRYSTAL, CHARLIE HOFMEIER, NASTASSJA KINSKI, ROBIN WILLIAMS. ■ Negli States periodicamente riesplode l'epoca dei remake. È il caso di questo film che resuscita una commedia francese, *Les Compères*, e la affida al trio Reitman-Williams-Crystal che dovrebbe dare buone garanzie. Peccato che la storia di questi due padri (ma chi sarà quello vero?), che cercano a tutti i costi di salvare un figlio fino allora sconosciuto dai pericoli della società malvagia, non decolli mai davvero. ■ COMMEDIA; COL.; 99′; USA, 1997.

DUE PALLE IN BUCA *(Caddyshack II)* ★★

Regia di ALLAN ARKUSH. Con DAN AYKROYD, CHEVY CHASE. ■ Per essere all'altezza della sua posizione economica Jack Hartounian, un "nuovo ricco", vorrebbe essere ammesso in un esclusivissimo club di golf. Ma gli altri soci, snob come possono esserlo solo le persone abituate a maneggiare il denaro da sempre, non vedono di buon occhio la sua candidatura. ■ COMMEDIA; COL.; 93′; USA, 1988.

DUE PANTOFOLE E UNA RAGAZZA ★★★
(Lady on a Train)

Regia di CHARLES DAVID. Con RALPH BELLAMY, DAVID BRUCE, DEANNA DURBIN, DAN DURYEA. ■ Una ragazza è convinta di aver assistito, dal treno su cui viaggiava, a un omicidio. La polizia, però, non le crede. Nel frattempo si viene a sapere che un magnate dell'industria è morto accidentalmente; la protagonista, invece di credere come tutti ad una disgrazia, collega questo fatto all'episodio del quale è stata testimone. Facendosi aiutare da uno scrittore di gialli dimostra di aver ragione. L'assassino finisce in galera e lei sposa il romanziere. ■ DRAMMATICO; B/N; 93′; USA, 1945. ■ OSCAR 1 NOM.

DUE PARÀ, I ★★

Regia di LUCIO FULCI. Con FRANCO FRANCHI, CICCIO INGRASSIA, MARIA SILVA, LINDA SINI ■ Solite avventure del duo siciliano che partecipa a un golpe in Sudamerica. ■ COMICO; COL.; 92′; ITALIA, 1966.

DUE PARTITE ★★

Regia di ENZO MONTELEONE Con MARGHERITA BUY, PAOLA CORTELLESI, CAROLINA CRESCENTINI, ISABELLA FERRARI, MARINA MASSIRONI. ■ Quattro donne si incontrano intorno a un tavolo per confessare a se stesse che l'uomo che avevano sposato non era "fatto apposta" per loro, come diceva la canzone di Mina. Beatrice aspetta un figlio, divora libri e ha sposato un uomo che le scrive invece di parlarle. Claudia è la mamma perfetta di tre figli e la moglie devota di un marito fedifrago. Gabriella è una musicista frustrata che ha lasciato il piano per la maternità e per favorire la carriera del marito, e Sofia è la madre di una figlia indesiderata e la moglie di un marito disprezzato, che tradisce con l'amante nella casa dell'amore. Nella stanza accanto, le loro bambine giocano "alle signore", cullano bambole e ritagliano Grace di Monaco sulle riviste. ■ DRAMMATICO; COL.; 94′; ITALIA, 2008.

DUE PASSI NEL TEMPO *(Time at the Top)* ★★

Regia di JIM KAUFMAN. Con ALFEE KAUFMAN, AMY KING, CHARLES BIDDLE JR, GABRIELLE BONI, TIMOTHY BUSFIELD, CHARLES BIDDLE SR., DENYS CHAPDELAINE, EMILY ROSE, RICHARD GAUTHIER, RYAL COSGROVE, SPENCER EVANS. ■ La situazione di partenza è una di quelle più ricalcate dal cinema fantasy: una giovane ragazza arriva in un condominio e scopre qualcosa di magico. Solo che in questo caso, la quattordicenne Susan rimane sconvolta dall'apprendere che la vera magia è tutta racchiusa in una chiave che, se infilata nel riquadro giusto dell'ascensore, può trasformare il mezzo di trasporto in una macchina del tempo. Così, catapultata nel 1881, incontra Victoria Walker, la giovane figlia di un colonnello, che ha dei problemi familiari ed economici. Riusciranno a cambiare il grigio futuro di Victoria... pardon, passato? Dal romanzo di Edward Ormondroyd *L'ascenseur du temps*. ■ FANTASTICO; COL.; 90′; CANADA, 1999.

DUE PECCATORI, I *(Two Sinners)* ★★

Regia di ARTHUR LUBIN. Con OTTO KRUGER, MARTHA SLEEPER. ■ Una ragazza si innamora di un uomo, ma lo lascia quando questi le confessa di essere appena uscito di prigione per aver ammazzato l'amante della moglie. Qualche tempo dopo anche la ragazza subisce un'ingiusta condanna per furto; il suo innamorato le è vicino per scagionarla. Finalmente possono sposarsi. ■ COMMEDIA; B/N; 90′; USA, 1935.

DUE PERICOLI PUBBLICI, I ★★

Regia di LUCIO FULCI. Con FRANCO FRANCHI, RICCARDO GARRONE, CICCIO INGRASSIA, MARGARET LEE, LINDA SINI. ■ Due ladruncoli al servizio di un finto diplomatico gli fanno involontariamente fallire una truffa ai danni di un ricco industriale. Alla fine muoiono, ma anche in Paradiso continuano a rubare. ■ COMICO; COL.; 90′; ITALIA, 1965.

DUE PER LA STRADA *(Two for the Road)* ★★★

Regia di STANLEY DONEN. Con WILLIAM DANIELS, ALBERT FINNEY, AUDREY HEPBURN. ■ Lui e lei si conoscono facendo l'autostop. Si innamorano e si sposano. Dopo il matrimonio i rapporti cominciano a incrinarsi. Tutto sembra perduto e la coppia prossima al divorzio. Il ricordo della felicità passata, però, spinge i due alla riflessione e al riavvicinamento. ■ COMMEDIA; COL.; 112′; USA, 1967. ■ OSCAR 1 NOM.

DUE PER UN DELITTO *(Mon Petit doigt m'a dit)* ★★★

Regia di PASCAL THOMAS. Con SARAH BIASINI, GENEVIÈVE BUJOLD, ANDRÉ DUSSOLLIER, CATHERINE FROT, VALÉRIE KAPRISKY, ALEXANDRA STEWART, LAURENT TERZIEFF, BERNARD VERLEY. ■ Prudence e Belisaire Beresfords, coppia di anziani arzilli e vivaci, intelligenti e furbi, vivono placidamente in un piccolo e apparentemente sonnacchioso borgo della provincia francese. Un giorno vanno a trovare una vecchia zia nella casa di riposo in cui vive e là conoscono Rose Evangelista, vecchietta svanita di cui si perderà ogni traccia. I due, con solerzia e alacrità, si mettono a investigare per poi arrivare a svelare il mistero. Pascal Thomas, già regista di diverse commedie frizzanti, firma con leggerezza e stile questo film a metà strada tra commedia e giallo, traendolo dal libro di Agatha Christie *Sento i pollici che prudono*. ■ COMMEDIA; COL.; 105'; FRANCIA, 2005.

DUE PEZZI DA 90, I ★★
Regia di OSVALDO CIVIRANI. Con FRANCO FRANCHI, CICCIO INGRASSIA, MARGARET ROSE KEIL, MARCELLO DI PAOLO, MARA KRUPP. ■ Ciccio e Franco alle prese con la mafia. Finiscono in galera. ■ COMICO; COL.; 95'; ITALIA, 1971.

DUE PEZZI DI PANE ★★★
Regia di SERGIO CITTI. Con VITTORIO GASSMAN, ANNA MELATO, PHILIPPE NOIRET, LUIGI PROIETTI. ■ Pippo e Peppe, due maturi suonatori ambulanti romani, sono amici, ma la cosa non impedisce loro di far l'amore (all'insaputa l'uno dell'altro) con la stessa ragazza. La donna muore, ma lascia un pargolo, di incerta paternità. I due, d'accordo, lo allevano insieme amorosamente finché, divenuto grande, il figlio se ne va per sempre. ■ COMMEDIA; COL.; 110'; ITALIA, 1978.

DUE PIEDIPIATTI ACCHIAPPAFANTASMI ★
(Ghost Fever)
Regia di ALAN SMITHEE. Con SHERMAN HEMSLEY, JENNIFER RHODES. ■ Il protagonista è il famoso capofamiglia della sitcom americana *I Jefferson*. Due poliziotti piuttosto sgangherati devono vedersela con un gruppo di spiritelli che dimorano in una vecchia costruzione in Georgia e per l'esattezza a Greendale County. Filmetto sgangherato, come i due poliziotti. ■ COMMEDIA; COL.; 85'; USA, 1986.

DUE PISTOLE PER DUE FRATELLI *(Gun Brothers)* ★★
Regia di SIDNEY SALKOW. Con NEVILLE BRAND, BUSTER CRABBE, ANN ROBINSON. ■ Un ex militare raggiunge il fratello che, contrariamente alle sue aspettative, è diventato un fuorilegge. Disapprovando la sua condotta, l'uomo si allontana senza sapere che una sua azione ha permesso di scoprire il nascondiglio del fratello. Questi lo ritrova, ma rinuncia alla vendetta quando comprende che sarebbe immotivata. Muore poco dopo. ■ WESTERN; B/N; 79'; USA, 1955.

DUE PIÙ CINQUE MISSIONE HYDRA ★
Regia di PIETRO FRANCISCI. Con ANTHONY FREEMAN, ROLAND LESAFFRE, LEONORA RUFFO. ■ Gli alieni rapiscono degli scienziati terrestri per portarli sul loro pianeta. Durante il percorso il gruppo (che ha fatto amicizia) capta i segnali d'allarme di una navicella sovietica. Ritornati sulla Terra, gli scienziati la trovano devastata dalla guerra nucleare. ■ FANTASCIENZA; COL.; ITALIA, 1956.

DUE PIÙ DUE FA SEI *(Two and Two Make Six)* ★★
Regia di FREDDIE FRANCIS. Con GEORGE CHAKIRIS, ALFRED LYNCH, JANETTE SCOTT. ■ Tra un irrequieto pilota americano e un giovane inglese avviene un'erronea sostituzione di fidanzate. Dopo molti equivoci, la situazione si chiarisce: i due uomini trovano la felicità accanto alle nuove compagne. ■ COMMEDIA; B/N; 89'; GRAN BRETAGNA, 1961.

DUE POMPIERI, I ★★
Regia di BRUNO CORBUCCI. Con FRANCO FRANCHI, CICCIO INGRASSIA, MONICA PARDO. ■ Due vigili del fuoco sono innamorati della stessa ragazza. Uno dei due le fa credere che l'altro sia già impegnato e debba addirittura sposarsi. Dopo i consueti equivoci tutto si conclude con un doppio matrimonio. ■ COMICO; COL.; 90'; ITALIA, 1968.

DUE PRESIDENTI, I ★★
(THE SPECIAL RELATIONSHIP)
(The Special Relationship)
Regia di RICHARD LONCRAINE. Con HOPE DAVIS, ADAM GODLEY, HELEN MCCRORY, DENNIS QUAID, MICHAEL SHEEN. ■ 1996. La relazione speciale tra Stati Uniti e Inghilterra, individuata e auspicata da Churchill, vive un momento d'oro con Clinton e Blair, entrambi progressisti e liberal, entrambi mossi da una reale volontà di cambiare le cose e da una visione comune. L'uomo più potente del mondo prende il primo ministro britannico sotto la propria ala, inaugurando un idillio non solo diplomatico ma soprattutto personale e amicale, che scricchiola sotto il peso dello scandalo Lewinsky e tramonta definitivamente, poco dopo, alle prese con la strategia bellica da adottare in Kosovo. ■ DRAMMATICO; COL.; 93'; USA, GRAN BRETAGNA, 2010.

DUE RAGAZZE E UN MARINAIO ★★★
(Two Girls and a Sailor)
Regia di RICHARD THORPE. Con JUNE ALLYSON, XAVIER CUGAT, GLORIA DE HAVEN, JIMMY DURANTE, VAN JOHNSON. ■ Durante la seconda guerra mondiale, due sorelle, entrambe artiste di varietà, si fermano nei vari accampamenti per allietare col loro lavoro la dura vita dei militari. Uno di questi, chiamato a servire in Marina, si innamora ricambiato di una delle due ragazze e anche l'altra trova uno spasimante. La vicenda si conclude con un felice doppio matrimonio. ■ COMMEDIA; B/N; 124'; USA, 1944. ■ OSCAR 1 NOM.

DUE RAGAZZE INNAMORATE ★★
(The Incredibily Adventure of Two Girls in Love)
Regia di MARIA MAGGENTI. Con LAUREL HOLLOMAN, MAGGIE MOORE, NICOLE PARKER. ■ Nell'ambito della nuova frontiera gay del cinema, dopo i moltissimi titoli "maschili", ecco che le donne non vogliono essere da meno. Storia di due ragazze, una nera, benestante e con una buona educazione, e una bianca, dichiaratamente lesbica. Affrontati temi e situazioni relative, senza volgarità. ■ COMMEDIA; COL.; 98'; USA, 1996.

DUE RAGAZZI CHE SI AMANO *(Friends)* ★★
Regia di LEWIS GILBERT. Con ANICÉE ALVINA, SEAN BURY, RONALD LEWIS, SADY REBBOT. ■ Due giovanissimi, Paul e Michèle, fuggono da casa per gravi incomprensioni familiari, si conoscono e si amano. Nasce una bambina, ma la felicità dei due ragazzi è bruscamente interrotta dall'arrivo della polizia, incaricata dal padre di Paul di ritrovare il giovane. ■ COMMEDIA; COL.; 92'; GRAN BRETAGNA, 1971.

DUE RAGAZZI DA MARCIAPIEDE ★★
(Es cosa de hombres)
Regia di RAMON FERNANDEZ. Con IRA FÜRSTENBERG, ANNABELLA INCONTRERA, JEAN SOREL. ■ Un ginecologo spagnolo è troppo bello perché i mariti delle potenziali clienti accettino di affidarle a lui. Al contrario uno stilista, famosissimo per avere gusti "particolari", ha la sartoria sempre gremita di belle donne. I due cominciano a frequentarsi e poiché le stesse malignità che circolavano sullo stilista hanno coinvolto anche il ginecologo, questi vede affluire una numerosa clientela. ■ COMMEDIA; COL.; 90'; SPAGNA, 1971.

DUE RAGAZZI E UN LEONE ★★
(Napoleon and Samantha)
Regia di BERNARD MCEVEETY. Con MICHAEL DOUGLAS, JODIE FOSTER, WILL GEER. ■ È la storia di un leone pacioccone (può avvenire solo in un film Disney). Quando il suo vecchio guardiano muore, dovrebbe essere portato in uno zoo. Un ragazzo e la sua amichetta, che gli sono affezionati, lo rapiscono e si dileguano con lui. ■ AVVENTURA; COL.; 92'; USA, 1972. ■ OSCAR 1 NOM.

DUE RE, I *(Der Alte und der Junge König)* ★★
Regia di HANS STEINHOFF. Con EMIL JANNINGS. ■ L'austero re di Prussia cerca di schiacciare l'esuberante personalità del figlio per distoglierlo dall'influsso rivoluzionario delle nuove idee francesi. Il giovane principe incarica un ufficiale di preparargli la fuga. Scoperto il complotto, il padre lo fa uccidere, scatenando il rancore e l'odio del figlio. Si riconcilieranno solo sul letto di morte del re. ■ STORICO; B/N; 91'; GERMANIA, 1943.

DUE RIVALI, I *(The Cock-Eyed World)* ★★
Regia di RAOUL WALSH. Con LILY DAMITA, EDMUND LOWE, VICTOR MCLAGLEN. ■ Due sergenti, Flagg e Quirt, amici e rivali nello stesso tempo, non resistono alla tentazione di combinarne di tutti i colori. ■ COMMEDIA; B/N; 90'; USA, 1929.

DUE RRRINGOS NEL TEXAS ★★
Regia di MARINO GIROLAMI. Con FRANCO FRANCHI, CICCIO INGRASSIA, GLORIA PAUL. ■ Franco e Ciccio sono questa volta alle prese con una nuova avventura tra nordisti e sudisti. ■ COMICO; COL.; 94'; ITALIA, 1967.

DUE SAMURAI PER 100 GEISHE ★★
Regia di GIORGIO SIMONELLI. Con MARIO CAROTENUTO, FRAN-

co Franchi, Ciccio Ingrassia, Margaret Lee. ■ Due cugini sbarcano in Giappone dove, per ereditare i soldi di uno sconosciuto benefattore, devono diventare samurai. ■ Commedia; col.; 94'; Italia, 1963.

DUE SANCULOTTI, I ★★
Regia di Giorgio Simonelli. Con Barbara Carroll, Franco Franchi, Ciccio Ingrassia. ■ Le peripezie di Franco e Ciccio arruolati come sanculotti nella Francia rivoluzionaria. ■ Commedia; col.; 89'; Italia, 1966.

DUE SCONOSCIUTI, UN DESTINO *(Love Field)* ★★
Regia di Jonathan Kaplan. Con Dennis Haysbert, Brian Kerwin, Stephanie McFadden, Michelle Pfeiffer. ■ Un film con molte pretese ma di risultati non all'altezza. Jonathan Kaplan (*Sotto accusa*) cerca di fare un quadro psicologico di una donna che, alla morte di John Kennedy (siamo nel 1963), si identifica con Jacqueline Onassis. Vive a Dallas e decide di fare un viaggio in autobus fino a Washington per seguire la salma del presidente. Michelle Pfeiffer per questo film ha avuto la candidatura all'Oscar. ■ Commedia; col.; 104'; USA, 1992. ■ Berlino 1 pr; Golden Globes 1 nom; Oscar 1 nom.

DUE SEDUTTORI, I *(Bedtime Story)* ★★★
Regia di Ralph Levy. Con Marlon Brando, Dody Goodman, Shirley Jones, David Niven. ■ È la storia di due dongiovanni. Il primo (Brando) seduce tutte le donne che trova per il solo gusto di lasciarle; il secondo (Niven), oltre a infilarsi nel letto delle sue conquiste, spilla loro un bel po' di quattrini. Ma uno dei due cadrà vittima delle sue stesse trame amorose. ■ Commedia; col.; 99'; USA, 1964.

DUE SELVAGGI A CORTE ★★
Regia di Ferdinando Baldi. Con Carla Calò, Fiorella Mari, Eleonora Ruffo. ■ Un ragazzo partecipa attivamente alla rivolta contro il tiranno della sua città. Arrestato, viene torturato e condannato a morte: i compagni, però, giungono a salvarlo prima dell'esecuzione. ■ Avventura; b/n; 91'; Italia, 1958.

DUE SERGENTI, I ★★
Regia di Carlo Alberto Chiesa. Con Mario Carotenuto, Antonella Lualdi. ■ Due attori ricercati per furto si travestono da sergenti per sfuggire all'arresto. Passano tutta una serie di guai e collaborano involontariamente alla cattura di una banda di falsari. ■ Commedia; b/n; 90'; Italia, 1951.

DUE SERGENTI, I ★★
Regia di Enrico Guazzoni. Con Antonio Centa, Gino Cervi, Evi Maltagliati. ■ Un ufficiale napoleonico, per coprire l'errore di un subalterno, viene condannato al suo posto e decide di fuggire per evitare la morte. Giunge in Italia e si arruola nell'esercito; anche qui è condannato alla fucilazione, ma una serie di eventi farà sì che il verdetto venga correttamente revocato. ■ Avventura; b/n; 95'; Italia, 1936.

DUE SERGENTI DEL GENERALE CUSTER, I ★★
Regia di Giorgio Simonelli. Con Ernesto Calindri, Franco Franchi, Ciccio Ingrassia, Margaret Lee, Moira Orfei, Aroldo Tieri. ■ Ciccio e Franco vengono impiegati dai nordisti in una missione di spionaggio. I soliti equivoci li portano a scontrarsi con i pellirosse che li fanno prigionieri. Se la caveranno con onore. ■ Commedia; col.; 97'; Italia, 1965.

DUE SETTIMANE D'AMORE *(Two Weeks with Love)* ★★★
Regia di Roy Rowland. Con Ann Harding, Ricardo Montalban, Jane Powell. ■ Tragicomiche avventure di una famiglia al mare. La vicenda ruota attorno al bustino che una delle figlie vuole comprare per sembrare più donna. Il padre l'accontenta, ma, per inesperienza, le procura un indumento ortopedico. Interviene la mamma ad aggiustare le cose. ■ Commedia; b/n; 92'; USA, 1950.

DUE SETTIMANE IN UN'ALTRA CITTÀ ★★★
(Two Weeks in Another Town)
Regia di Vincente Minnelli. Con Cyd Charisse, Kirk Douglas, George Hamilton, Edward G. Robinson, Rosanna Schiaffino, Claire Trevor. ■ Il film ricorda per alcuni versi *Viale del tramonto*: si parla di due uomini falliti, un regista e un divo, che tentano di risalire la china. ■ Drammatico; col.; 107'; USA, 1961.

DUE SETTIMANE PER INNAMORARSI ★★
(Two Weeks Notice)
Regia di Marc Lawrence. Con Sandra Bullock, Hugh Grant, David Haigh, Alicia Witt. ■ George, capo di un'importante società immobiliare di New York, è un milionario dongiovanni; in cerca di un legale, assume Lucy, brillante avvocato ambientalista, e la delega a gestire un ingente quantitativo di fondi destinati alla beneficenza. Il rapporto tra i due diventa però ben presto qualcosa di più di una banale relazione di lavoro. Quando Lucy decide di licenziarsi, ed il suo posto viene preso da una giovane disinibita, George si rende conto di quel che realmente prova per lei; e forse, i due sono ancora in tempo per ricominciare. ■ Commedia; col.; 100'; USA, 2003.

2 SINGLE A NOZZE *(Wedding Crashers)* ★★
Regia di David Dobkin. Con Ellen Albertini Dow, Jenny Alden, Summer Altice, Betsy Ames, Camille Anderson, Diora Baird, Shawn Barber, Jed Bernard, Ivana Bozilovic, Rachel McAdams, Vince Vaughn, Owen Wilson. ■ John e Jeremy, amici per la pelle non è più giovanissimi, si imbucano ai matrimoni con lo scopo di ingozzarsi a sbafo e, seguendo precise regole, abbordare giovani donne per portarsele a letto a colpo sicuro. Proprio quando John, avvertendo il peso degli anni, comincia a rendersi che non è più tempo per imprese del genere, Jeremy riesce a convincerlo a seguirlo nell'imbucata del secolo: il matrimonio della figlia del Cancelliere di stato. ■ Commedia; col.; 119'; USA, 2005.

DUE SOLDI DI FELICITÀ ★★
Regia di Roberto Amoroso. Con Maria Pia Casilio, Armando Francioli, Tina Pica. ■ Un giovane squattrinato, ma dotato di una notevole voce, decide di tentare la fortuna col canto. La sorte non gli è purtroppo favorevole, rinuncia così al proposito e dopo qualche tempo sposa la fanciulla che ama. ■ Commedia; b/n; 92'; Italia, 1954.

DUE SOLDI DI GLORIA *(Une gueule comme la mienne)* ★★
Regia di Frédéric Dard. Con Jacques Duby, Paul Guers, Claire Maurier. ■ Francia, seconda guerra mondiale. Un giornalista della Resistenza è sottratto a una retata di tedeschi grazie all'intervento di un collega collaborazionista. Questi viene ucciso, apparentemente per mano partigiana, in realtà dalla propria moglie che tenta di incolpare il giornalista. Ma egli riesce a vendicarsi della donna. ■ Drammatico; b/n; 90'; Francia, 1960.

DUE SOLDI DI SPERANZA ★★★
Regia di Renato Castellani. Con Maria Fiore, Vincenzo Musolino. ■ Siamo in un paesino del Napoletano. Due fidanzati non riescono a sposarsi perché lui non trova lavoro e lei è molto povera. Passato qualche mese, il ragazzo decide di accasarsi ugualmente, rinunciando alla dote della futura moglie e sperando nell'aiuto della Provvidenza, che infatti non tarda a venire: saranno proprio i compaesani commossi ad offrire ai futuri sposi ciò di cui hanno più immediato bisogno. ■ Commedia; b/n; 95'; Italia, 1951. ■ Cannes 1 pr.

DUE SOLITI IDIOTI, I ★
Regia di Enrico Lando. Con Fabrizio Biggio, Silvia Coen, Miriam Giovanelli, Francesco Mandelli, Teo Teocoli. ■ Due "coatti" milanesi entrano in una sala in ritardo e con fare arrogante. Sullo schermo guardano Ruggero e Gianluca De Ceglie su una Jaguar: stanno andando al matrimonio del giovane (Biggio) con Fabiana. L'incipit de *I due soliti idioti*, sequel del *blockbuster* imprevisto della scorsa stagione (dodici milioni di euro di incasso), condito dalle contumelie di De Ceglie sr. è preso di peso da *In viaggio con papà*. In chiesa li aspetta il padre di lei – goffa caricatura di Monti – e da lì parte una serie di disavventure, tra cui l'incidente e la perdita della memoria di Gianluca. ■ Commedia; col.; 90'; Italia, 2012.

DUE SORELLE, LE ★
Regia di Mario Volpe. Con Vera Carmi, Checco Durante, Enzo Fiermonte. ■ Il giovane marchese Alberto, dopo aver sedotto una ragazza, Franca (dalla quale ha avuto un figlio), ci pro-

va anche con la sorella di lei. Ma quest'ultima finisce monaca e al marchese non resta che sposare la prima. ■ DRAMMATICO; B/N; 92'; ITALIA, 1950.

DUE SORELLE, LE *(Sisters)* ★★
Regia di BRIAN DE PALMA. Con CHARLES DURNING, WILLIAM FINLEY, MARGOT KIDDER, JENNIFER SALT. ■ Storia piuttosto insensata di una fotomodella, Danielle, che è stata separata chirurgicamente dalla sorella siamese Dominique, morta durante l'intervento. Danielle ha dei momenti in cui crede di essere Dominique, durante i quali diventa assassina. Una scrittrice, che l'ha vista ammazzare a pugnalate un nero, scopre la verità rischiando la pelle. ■ DRAMMATICO; COL.; 93'; USA, 1972.

DUE SORELLE AMANO ★★
Regia di JACOPO COMIN. Con GABY MORLAY, JONE SOLINAS, CARLO TAMBERLANI, PETER TRENT. ■ Una ragazza italiana e un giovane inglese hanno fatto amicizia per corrispondenza. Dopo la guerra si conoscono personalmente; lei si innamora, ma quando comprende che il giovane ama, ricambiato, sua sorella muore di dolore. ■ DRAMMATICO; B/N; 91'; ITALIA, 1951.

DUE SORELLE A NEW YORK *(So This is New York)* ★★
Regia di RICHARD FLEISCHER. Con VIRGINIA GREY, HUGH HERBERT, RUDY VALLEE. ■ Da un famoso racconto (in tutte le antologie americane) di Ring Lardner. Un giovane provinciale va nella città dalle mille luci a raccogliere un'eredità. Vi trova mille avventure e due belle ragazze. Sceneggiato da Carl Foreman (*Mezzogiorno di fuoco*). ■ COMMEDIA; B/N; 90'; USA, 1948.

DUE SORELLE DI BOSTON *(Two Sisters from Boston)* ★★★
Regia di HENRY KOSTER. Con JUNE ALLYSON, JIMMY DURANTE, KATHRYN GRAYSON, PETER LAWFORD. ■ Una ragazza di Boston si trasferisce nella capitale americana per tentare la fortuna come cantante. I primi tempi sono difficili ma in seguito, sorretta e incoraggiata dalla sorella e dagli ammiratori, passa dai piccoli teatri all'Opera ottenendo il meritato successo artistico. ■ DRAMMATICO; B/N; 112'; USA, 1946.

DUE SOSIA IN ALLEGRIA ★
Regia di IGNAZIO FERRONETTI. Con MEMMO CAROTENUTO, SCILLA GABEL, ROSALINA NERI, TEDDY RENO. ■ Due piccoli sobborghi si fanno una concorrenza spietata, che ad un certo punto trova appiglio nella somiglianza di due ragazze con altrettante celebri attrici. Si scatena un parapiglia del quale approfittano alcuni avventurieri: essi infatti presentano una sosia come la diva autentica e pretendono una certa somma per girare un film. Evitato il tranello all'ultimo momento, gli abitanti dei due paesi si riconciliano. ■ COMMEDIA; B/N; 90'; ITALIA, 1956.

DUE SOTTO IL DIVANO *(Hopscotch)* ★★★
Regia di RONALD NEAME. Con GLENDA JACKSON, HERBERT LOM, WALTER MATTHAU. ■ Walter Matthau, vecchio agente dei servizi segreti, è messo da parte dal suo nuovo capo, un tipo tanto tronfio quanto privo di scrupoli. Matthau si vendica mettendosi a scrivere le sue memorie e mandandone i primi capitoli ai servizi segreti di tutto il mondo. Il suo ex capo è disposto a ucciderlo pur di farlo tacere, ma sarà beffato su tutta la linea: le memorie hanno un grande successo in edizione integrale e la Cia non ci riesce a catturare Matthau. ■ SPIONAGGIO; COL.; 104'; USA, 1980. ■ GOLDEN GLOBES 1 NOM.

DUE SPORCHE CAROGNE – TECNICA DI UNA RAPINA *(Adieu l'ami)* ★★★
Regia di JEAN HERMAN. Con CHARLES BRONSON, ALAIN DELON, BRIGITTE FOSSEY, BERNARD FRESSON, OLGA GEORGES-PICOT. ■ Due compari, reduci da avventure poco pulite in Algeria, si fanno prendere per il naso da due donne, belle e decise, che trovano il modo di farli partecipare a un ingente furto prima e di addossare loro la colpa di un assassinio poi. Doppiamente beffati, i due uomini non si danno per vinti: alla fine le loro complici periranno sotto il fuoco dei poliziotti. ■ AVVENTURA; COL.; 106'; FRANCIA, 1968.

DUE STELLE NELLA POLVERE ★★★
(Rough Night in Jerico)
Regia di ARNOLD LAVEN. Con DON GALLOWAY, DEAN MARTIN, JOHN MCINTIRE, GEORGE PEPPARD, JEAN SIMMONS. ■ L'azione si svolge nel West, in una cittadina dal biblico nome di Jerico. Qui spadroneggia un ex sceriffo, un certo Flood. Tutti hanno finito col sottostare ai suoi voleri, tranne una donna bella e decisa che intende fondare una ditta di trasporti. Le cose si complicano quando lei chiama in aiuto uno sceriffo che instaura con l'ex collega una divertente serie di scontri verbali fino a quello finale, decisivo, con le armi. Il "cattivo" (e nonostante tutto simpatico) Dean Martin ci lascia la pelle; il "buono (Peppard) conquista la stima dei cittadini e la mano della donna. ■ WESTERN; COL.; 104'; USA, 1967.

DUE STRADE, LE *(Manhattan Melodrama)* ★★★
Regia di WOODBRIGE STRONG VAN DYKE. Con CLARK GABLE, MYRNA LOY, WILLIAM POWELL, MICKEY ROONEY. ■ Questo film ebbe un lancio pubblicitario davvero eccezionale, perché fu l'ultimo lungometraggio visto da Dillinger: non appena uscì dal cinema in cui l'avevano proiettato, infatti, il celebre gangster venne ucciso dagli uomini dell'Fbi. Gable vi interpreta la parte di un bandito buono che affronta serenamente la morte: sa che in questo modo salverà l'unione tra la donna di cui è innamorato e un amico d'infanzia divenuto, a prezzo di grandi sacrifici, procuratore distrettuale. Proprio a quest'ultimo, tuttavia, toccherà condannare l'amico. ■ DRAMMATICO; B/N; 93'; USA, 1944.

DUE STRANI PAPÀ ★
Regia di MARIANO LAURENTI. Con PIERA BASSINO, FRANCO CALIFANO, PIPPO FRANCO, VIOLA VALENTINO. ■ Alloggiati in un ex rifugio per l'infanzia, Alberto e Franco sono due amici buontemponi. Il primo si veste da suora per far credere che l'asilo continui a funzionare, il secondo spende tutto per mantenere la sua fuoriserie. La loro vita viene sconvolta dall'arrivo di un bambino nero. ■ COMMEDIA; COL.; 86'; ITALIA, 1983.

DUE SULLA STRADA *(The Van)* ★★★
Regia di STEPHEN FREARS. Con COLM MEANEY, DONALD O'KELLY, GER RYAN. ■ Dublino: la storia centrale è quella di due operai e del loro quotidiano. Bevono, lavorano e litigano. I figli li deludono, le mogli li hanno troppo annoiati. Val bene ubriacarsi nei pub e continuare a sperare. Il film fa parte della "trilogia di Barrytown" dello scrittore irlandese Doyle. Il primo romanzo *The Commitments* era stato "filmato" da Alan Parker, il secondo *The Snapper* "girato" nel '93 ancora da Frears. Letteratura e cinema di qualità. ■ COMMEDIA; COL.; 105'; GRAN BRETAGNA, 1996.

DUE SUL PIANEROTTOLO ★★
Regia di MARIO AMENDOLA. Con ENZO LIBERTI, ERMINIO MACARIO, RITA PAVONE. ■ La storia ruota attorno ai vari personaggi che frequentano una modesta pensione di Roma. ■ COMMEDIA; COL.; 90'; ITALIA, 1976.

DUE SUORE, LE *(Come to the Stable)* ★★★
Regia di HENRY KOSTER. Con CELESTE HOLM, ELSA LANCHESTER, LORETTA YOUNG. ■ È la storia di due religiose francesi trapiantate in uno sperduto paesino della Nuova Inghilterra, dove tentano di fondare un orfanotrofio. Nell'impresa hanno riposto speranze e risparmi, ma la disonestà di un proprietario immobiliare le fa precipitare in un mare di problemi finanziari. Sono sull'orlo della disperazione quando una provvidenziale musicista proporrà agli abitanti una colletta. ■ COMMEDIA; B/N; 94'; USA, 1949. ■ OSCAR 6 NOM.

DUE SUPERCOLT A BROOKLYN *(The Super Cops)* ★★★
Regia di GORDON PARKS. Con PAT HINGLE, RON LEIBMAN, DAVID SELBY. ■ Due poliziotti novellini ma pieni d'iniziativa si danno da fare per eliminare il commercio di droga dal quartiere di Brooklyn. Nonostante la buona volontà, notevoli difficoltà intralciano le indagini. Finalmente un superiore concede loro una certa libertà d'azione che li conduce a risultati positivi e al passaggio di grado. ■ POLIZIESCO; COL.; 94'; USA, 1973.

DUE SUPERDRAGHI, I ★
Regia di KUAN CHANG. Con SHEN LUNGI, WONG SHENG. ■ L'esile trama non è che un pretesto per far esibire i suoi protagonisti in spettacolari duelli a base di arti marziali, che gli appassionati del genere non mancheranno certo di apprezzare. ■ AVVENTURA; COL.; 75'; HONG KONG, 1983.

DUE SUPERMATTI AGENTI... SEGRETISSIMI ★★
(La brigade en folie)
Regia di PHILIPPE CLAIR. Con JACQUES DUFILHO, PASCALE RO-

BERTS, SHEILA SIM, PATRICK TOPALOFF, MARCEL ZANINI. ■ L'avvicinarsi di una crisi politica francese preoccupa i ladri e i poliziotti che temono una fuga di capitali. Al confine accorrono gli uni e gli altri e fanno il possibile per realizzare i propri intenti. Molti soldi cambiano mano ma alla fine si ristabilisce la calma. ■ COMICO; COL.; 88'; FRANCIA, 1974.

♥ DUE SUPERPIEDI QUASI PIATTI, I ★★★
Regia di E.B. CLUCHER. Con LAURA GEMSER, TERENCE HILL, BUD SPENCER. ■ I due simpatici protagonisti sono a Miami e, poiché non riescono a trovar lavoro, decidono di rapinare un supermercato. Sbagliano però i conti e, anziché trovarsi al supermercato, finiscono nei locali in cui la polizia arruola gli aspiranti poliziotti. Per non essere smascherati, si fingono allora aspiranti reclute. Divengono così agenti di polizia. ■ AVVENTURA; COL.; 112'; ITALIA, 1977.

DUE SVEDESI A PARIGI ★★
(Deux grandes filles dans un pyjama)
Regia di JEAN GIRAULT. Con MICHEL GALABRU, JACQUES JOUANNEAU, PAUL MERCEY, PHILIPPE NICAUD, MICHELINE PRESLE. ■ Salutata all'aeroporto di Parigi la moglie che parte per una vacanza, Jerôme nota due belle turiste straniere e dà loro un passaggio. Poi le porta a casa. Ma la convivenza diventa ingombrante. ■ COMMEDIA; COL.; 98'; FRANCIA, 1974.

DUET FOR ONE ★★★
Regia di ANDREJ KONCHALOVSKY. Con JULIE ANDREWS, ALAN BATES, MAX VON SYDOW. ■ Drammatica vicenda realmente vissuta da Stephanie Anderson, celebre violinista (nella realtà era Jacqueline Du Prè) sposata ad un compositore, che scopre d'essere affetta da sclerosi multipla. Il destino si accanisce incredibilmente: il marito la tradisce, muore un anziano pianista amico e l'abbandona l'allievo favorito. Distrutta e ridotta sulla sedia a rotelle, tenta il suicidio. Si riprende solo grazie a Louis Feldman, suo psichiatra, che con la sua amicizia le allevia dolore e solitudine. ■ DRAMMATICO; COL.; 110'; USA, 1986. ■ GOLDEN GLOBES 1 NOM.

DUE TIGRI, LE ★★
Regia di GIORGIO SIMONELLI. Con ALANOVA, MASSIMO GIROTTI, LUIGI PAVESE, SANDRO RUFFINI. ■ Girato a Cinecittà durante il periodo bellico, *Le due tigri* è tratto dal romanzo omonimo di Salgari. Massimo Girotti è qui nei panni di Tremal Naik, coraggioso guerriero e amico di Sandokan, che riesce a liberare una ragazza indù rapita dai Thug. ■ AVVENTURA; B/N; 92'; ITALIA, 1941.

DUE TIGRI E UNA CAROGNA *(High Velocity)* ★★
Regia di REMI KRAMER. Con BRITT EKLAND, BEN GAZZARA, PAUL WINFIELD, KEENAN WYNN. ■ Il direttore di una multinazionale che controlla economicamente l'Oriente viene rapito mentre assiste ad una partita di polo. I sequestratori sono dei guerrieri filippini. Il vicepresidente della multinazionale non si appella alla corrotta polizia di Manila, ma incarica Bummer, ex combattente nel Vietnam, di far luce sull'episodio. Bummer studia un blitz per liberare il prigioniero. ■ AVVENTURA; COL.; 105'; USA, 1976.

DUE TIPI INCORREGGIBILI *(Tough Guys)* ★★
Regia di JEFF KANEW. Con KIRK DOUGLAS, CHARLES DURNING, BURT LANCASTER. ■ Due gangster alquanto stagionati, Archie e Harry, escono di prigione dopo trent'anni a causa di una condanna per una rapina ad un treno. Fuori di galera, il mondo è completamente cambiato e stentano a reinserirsi. Così pensano di assalire di nuovo quello stesso treno che li aveva traditi una volta, anche se non contiene niente, al suo ultimo viaggio. Si associano nella bravata Leon, killer che doveva ucciderli già nella precedente impresa (e che non demorde), e il loro assistente sociale. La polizia sta per catturarli, ma loro lanciano il treno a folle velocità verso il Messico, dove li attende un'altra polizia. ■ COMMEDIA; COL.; 101'; USA, 1986.

DUE TORERI, I ★★
Regia di GIORGIO SIMONELLI. Con ROSSELLA COMO, FRANCO FRANCHI, CICCIO INGRASSIA, CARLO ROMANO, MARIA TERESA VIANELLO, ELISA MONTÉS. ■ Solita storia del duo siciliano. Dopo molti equivoci, dovranno fingersi toreri. ■ COMICO; COL.; 115'; ITALIA, 1964.

DUE TORONI TRA I COWBOYS *(Once upon a Horse)* ★★
Regia di HAL KANTER. Con MARTHA HYER, DICK MARTIN, DON ROWAN. ■ Due giovani cowboy decidono di rubare ad una allevatrice oltre duecento bovini che poi vorrebbero vendere marchiandoli diversamente. A nulla valgono i tentativi dei due avventurieri di liberarsi della mandria: solo il matrimonio dei lestofanti con due giovani ragazze li salva dai guai. ■ WESTERN; B/N; 85'; USA, 1958.

DUETS ★★
Regia di BRUCE PALTROW. Con MARIA BELLO, ANDRE BRAUGHER, ANGIE DICKINSON, PAUL GIAMATTI, HUEY LEWIS, GWYNETH PALTROW, SCOTT SPEEDMAN. ■ Sei personaggi in cerca di karaoke quelli che papà Paltrow mette in scena con la classica scelta di convogliare i destini di ognuno in un luogo deputato. Infelicità e fast food, bar e centri commerciali. Il tutto in viaggio tra Las Vegas e il Nebraska. Il faccino sorridente della Paltrow è sufficiente a sostenere un film che si conclude con un semi-happy end? Al pubblico l'ardua sentenza. ■ COMMEDIA; COL.; 120'; USA, 2000.

DUETTO A TRE *(The Third Wheel)* ★★
Regia di JORDAN BRADY. Con BEN AFFLECK, MATT DAMON, DENISE RICHARDS, LUKE WILSON. ■ Alcuni attori di cassetta (e anche di qualità) come Ben Affleck e Matt Damon (in un fugace cammeo) per una storiella vista mille volte. "Lui" è timido, maldestro, silenziosamente innamorato; "lei" è bellissima, disinvolta, da tutti appetita; l'altro è l'amico svelto e d'esperienza che dà al maldestro i consigli giusti. Il *redde rationem* accade in un'angosciosa serata intorno alla quale un gruppo di amici organizza persino delle scommesse. Riuscirà Luke a sedurre Denise? Ma certo... ■ COMMEDIA; COL.; 100'; USA, 2002.

DUETTO VAGABONDO ★★
Regia di GUGLIELMO GIANNINI. Con NINO BESOZZI, LEDA GLORIA, ENRICO VIARISIO. ■ Due giovani investigatori privati, in gravi difficoltà economiche, ricevono l'incarico di indagare sul fidanzato di una ricca signora. Riescono a scoprire la malafede dell'aspirante marito che in realtà voleva acquistare a poco prezzo i terreni della donna. Poi sposano due ragazze danarose. ■ COMMEDIA; B/N; 90'; ITALIA, 1938.

DUE UOMINI E UNA DOTE *(The Fortune)* ★★★
Regia di MIKE NICHOLS. Con WARREN BEATTY, STOCKARD CHANNING, JACK NICHOLSON. ■ Nick, un giovane in attesa di divorzio, fa sposare la sua ragazza Freddie all'amico Oscar, per poter andare in California e aggirare una legge degli anni Venti che impediva il passaggio da uno Stato all'altro di donne equivoche. I due, giunti a destinazione, si accordano per eliminare la ragazza e spartirsi la dote. I loro tentativi sono goffi, esilaranti e senza risultato, mentre l'ingenua Freddie non si accorge per nulla del loro proposito. ■ COMMEDIA; COL.; 88'; USA, 1974.

DUE UOMINI IN FUGA... PER UN COLPO ★★
(Un souris chez les hommes)
Regia di JACQUES POITRENAUD. Con MAURICE BIRAUD, LOUIS DE FUNÈS, DANY SAVAL. ■ Due ladruncoli sono costretti a far entrare nella loro modesta organizzazione criminale anche una ragazza che li ha scoperti durante un furto. Lucilla, la nuova complice, li trascina in situazioni molto rischiose. Dopo essersi liberati della donna, cadono però sotto l'influenza della moglie di uno dei due, che assume il comando dell'impresa criminale. ■ COMMEDIA; B/N; 94'; FRANCIA, 1964.

DUE VERITÀ, LE ★★
Regia di ANTONIO LEONVIOLA. Con MICHEL AUCLAIR, ANNA MARIA FERRERO, MICHEL SIMON. ■ Un giovane, Lut Loris, è accusato di essere l'assassino di una ragazza di nome Maria. La pubblica accusa presenta alla giuria l'imputato come un individuo spregevole e degenerato e chiede l'ergastolo. Ma poi si fa avanti un ex avvocato espulso dall'ordine che riesce a dimostrare l'assurdità delle accuse. Lut è così riabilitato agli occhi della giuria. Interrogato dal presidente del tribunale l'imputato però non può più rispondere: l'emozione lo ha ucciso. ■ DRAMMATICO; B/N; 94'; ITALIA, 1951.

DUE VIGILI ★★
Regia di GIUSEPPE ORLANDINI. Con UMBERTO D'ORSI, FRANCO

FRANCHI, CICCIO INGRASSIA, LUCIANO SCALISE. ■ Ancora i due comici siciliani che dopo molte avventure arrestano un pericoloso rapinatore. ■ COMMEDIA; COL.; 90′; ITALIA, 1967.

DUE VIOLENTI, I ★★
Regia di PRIMO ZEGLIO. Con SUSY ANDERSEN, MARY BADMAYER, GEORGE MARTIN, ALAN SCOTT, SILVIA SOLAR. ■ Il sergente di polizia Logan cattura Cassidy, un amico fuggito di galera imputato di omicidio, ma i due sono aggrediti da un gruppo di ladri di bestiame. Mentre Logan dà la caccia alla banda capeggiata da una temibile proprietaria di terreni, Cassidy scappa per trovare le prove della sua innocenza, ma poi riesce a salvare l'amico-nemico da sicura morte. Insieme sgominano definitivamente i fuorilegge. ■ WESTERN; COL.; 92′; ITALIA, 1964.

DUE VITE DI MATTIA PASCAL, LE ★★★
Regia di MARIO MONICELLI. Con CARLO BAGNO, CAROLINE BERG, MARCELLO MASTROIANNI. ■ È stato definito un "incidente" nella carriera di Monicelli questo suo film molto liberamente ispirato al romanzo di Pirandello (cambia il titolo, l'epoca e l'età del protagonista, dato che Mastroianni non dimostra certo 30 anni). Mattia Pascal se ne va dal paese: viene creduto morto e ne approfitta diventando Adriano Meis. La felicità e i soldi durano poco e Adriano decide di tornare ad essere Mattia, cioè un povero bibliotecario comunale. ■ COMMEDIA; COL.; 150′; ITALIA, 1985.

DUE VITE IN GIOCO *(Against all Odds)* ★★★
Regia di TAYLOR HACKFORD. Con JEFF BRIDGES, RACHEL WARD, JAMES WOODS. ■ Licenziato dalla sua squadra dopo un incidente a una spalla, un ex giocatore di calcio trova il modo di guadagnare qualche cosa andando a recuperare in Centro America una bella ragazza fuggita con cinquantamila dollari. Una volta rintracciata la fuggitiva, però, se ne innamora... Remake di un classico del noir: *Catene della colpa* di Tourneur con Jane Greer (che qui sostiene il ruolo della madre). ■ GIALLO; COL.; 128′; USA, 1984. ■ GOLDEN GLOBES 1 NOM; OSCAR 1 NOM.

DUE VITE IN PERICOLO *(Jumping at the Boneyard)* ★★
Regia di JEFF STANZIER. Con ALEXIS ARQUETTE, TIM ROTH. ■ Al centro di questa vicenda, i tragici e insolubili problemi del Bronx newyorkese. Protagonisti, due fratelli che vi devono far fronte ma ne restano vittime. ■ DRAMMATICO; COL.; 103′; USA, 1992.

DUE VITE PER CASO ★★
Regia di ALESSANDRO ARONADIO. Con LORENZO BALDUCCI, RICCARDO CICOGNA, SARAH FELBERBAUM, IVAN FRANEK, ISABELLA RAGONESE. ■ Matteo e Sandro guidano velocemente in una piovosa notte romana. Sandro si è ferito al pollice e Matteo lo sta conducendo al pronto soccorso, ma per un difetto dei freni, tamponano l'auto di due poliziotti in borghese che per pronta risposta li fermano, li perquisiscono e li colpiscono violentemente. Una volta rilasciati dalla questura, i due vorrebbero ottenere giustizia in tribunale ma un avvocato consiglia il patteggiamento per evitare ulteriori problemi. Il segno di quell'esperienza resta però dentro Matteo, facendo crescere in lui una rabbiosa frustrazione che si attutisce solo quando incontra la dolce Sonia. ■ DRAMMATICO; COL.; 88′; ITALIA, 2010.

DUE VITE UNA SVOLTA *(The Turning Point)* ★★★🏆
Regia di HERBERT ROSS. Con ANNE BANCROFT, SHIRLEY MACLAINE, TOM SKERRITT, ANTHONY ZERBE, MIKHAIL BARYSHNIKOV. ■ Due vecchie amiche, una famosa ballerina e una collega che dovette rinunciare alla danza per la famiglia, si ritrovano dopo tanto tempo. Sono due donne frustrate. Una ha il rimpianto di aver rinunciato alla carriera per gli affetti, l'altra si ritrova a quarant'anni priva di una soddisfacente vita privata. Dopo molte smancerie litigano furiosamente, rinfacciandosi le rispettive colpe. Poi si calmano. In fondo, ognuna a suo tempo ha fatto la propria scelta, inutile ora piangerci sopra. ■ COMMEDIA; COL.; 119′; USA, 1978. ■ DAVID DI DONATELLO 🏆 1 PR, 1 NOM; GOLDEN GLOBES 🏆 2 PR, 6 NOM; OSCAR 🏆 10 NOM.

DUE VOLTE CINQUANT'ANNI DI CINEMA FRANCESE *(2 x 50 ans de cinema français)* ★★
Regia di JEAN-LUC GODARD, ANNE-MARIE MIEVILLE. Con JEAN-LUC GODARD, MICHEL PICCOLI. ■ Una sorta di funerale del cinema, durante la celebrazione del suo centenario. Jean Luc Godard e Michel Piccoli discutono sulla necessità o meno di festeggiare i cento anni della ricorrenza. Vediamo poi l'attore francese intervistare i passanti sul cinema francese. ■ DOCUMENTARIO; COL.; 50′; GRAN BRETAGNA, 1995.

DUE VOLTE DONNA *(Mon premier amour)* ★★★
Regia di ELIE CHOURAQUI. Con ANOUK AIMÉE, RICHARD BERRY, GABRIELE FERZETTI, JACQUES VILLERET. ■ Un giovane studente di architettura, Richard, pieno di vita e di interessi, viene a sapere che la madre ha i giorni contati per leucemia. Abbandona allora amici e tutto il resto, per restarle sempre accanto. Alla fine è lei stessa che lo prega di ricorrere all'eutanasia. ■ DRAMMATICO; COL.; 95′; FRANCIA, 1979.

DUE VOLTE GIUDA ★★
Regia di NANDO CICERO. Con PEPE CALVO, CHRISTINE GALBO, KLAUS KINSKI, FRANCO LEO, ANTONIO SABATO. ■ Il pistolero Barrett, che ha perso la memoria in seguito a una ferita alla testa, viene inviato a eliminare Dingus, un uomo mai visto, ma, al momento di sparare, uccide invece il mandante. Scoperta poi la verità, si accorge che Dingus aveva fatto del male alla sua famiglia. Raggiuntolo nel suo ranch, Barrett lo uccide nel duello finale. ■ WESTERN; COL.; 90′; ITALIA, 1968.

DUE VOLTE LEI *(Lemming)* ★★
Regia di DOMINIK MOLL. Con JACQUES BONAFFÈ, ANDRÉ DUSSOLLIER, CHARLOTTE GAINSBOURG, LAURENT LUCAS, CHARLOTTE RAMPLING. ■ Alain Getty, giovane e brillante ingegnere, e sua moglie Benedicte ricevono, nella loro nuova casa, il capo di Alain, Richard Pollock, con la consorte. Questo incontro cambierà la vita della giovane coppia andando a sommarsi alla scoperta di un cadavere. Dominik Moll ama il cinema "d'intrusione". Con il suo precedente *Harry: un amico vero* aveva già mostrato questo interesse. Ora lo vuole "di-mostrare" in modo quasi programmatico, seguendo un percorso in cui l'irrazionale entra nella vita di una coppia apparentemente solida. ■ DRAMMATICO, COL.; 129′; FRANCIA, 2005.

DUE VOLTE NELLA VITA *(Twice in a Lifetime)* ★★★
Regia di BUD YORKIN. Con ELLEN BURSTYN, GENE HACKMAN, ANN MARGRET. ■ Un uomo di cinquant'anni, sposato con figli, conosce una bella quarantenne che gli sconvolge l'esistenza. L'uomo decide di lasciare la famiglia per ritrovare gli entusiasmi sentimentali di quando aveva trent'anni in meno. Ma è possibile? Il suo gesto mette in crisi tutti i suoi familiari, soprattutto la figlia maggiore. ■ COMMEDIA; COL.; 111′; USA, 1985. ■ GOLDEN GLOBES 2 NOM; OSCAR 1 NOM.

DUE VOLTE NELLA VITA ★★★
Regia di EMANUELA GIORDANO. Con DODI CONTI, LORENZA INDOVINA, ANTONIO MANZINI, NERI MARCORÈ, PAOLO SERRA. ■ Cinque personaggi sono morti ma inizialmente non lo sanno. Si trovano all'obitorio e la loro voglia di vita è grande. Sono un ladruncolo, una prostituta, un'infermiera, un mago e un intellettuale borioso. I cinque riusciranno a sfuggire alla loro sorte. Film in economia (ma non di idee) tratto da una fortunata pièce teatrale. ■ PSICOLOGICO; COL.; 83′; ITALIA, 1999.

DUE VOLTE NON SI MUORE *(Unruhige Nacht)* ★★
Regia di FALK HARNACK. Con HANSJÖRG FELMY, ULLA JACOBSSON, BERNARD WICKI. ■ L'azione si svolge in un paese russo occupato dai tedeschi durante la seconda guerra mondiale. Un giovane soldato è condannato a morte per aver cercato di fuggire con una ragazza russa della quale si è innamorato. Il sacerdote incaricato di assisterlo nelle ultime ore legge gli incartamenti che lo riguardano e comprende la sua profonda onestà e rettitudine. Purtroppo, però, nessuno può fare più nulla per lui. ■ DRAMMATICO; B/N; 92′; GERMANIA, 1958.

DUE VOLTI DEL GENERALE OMBRA, I ★★★
(The Two Headed Spy)
Regia di ANDRÉ DE TOTH. Con JACK HAWKINS, GIA SCALA. ■ Un ufficiale nato in Inghilterra ma residente in Germania approfitta del grado per fare dello spionaggio a favore del suo paese d'origine. Dopo qualche tempo viene sospettato e il suo intermediario torturato. La sorte della Germania è ormai segnata; Hitler ordina un'azione decisiva che potrebbe ancora mettere in dubbio

la vittoria nemica ma l'ufficiale, mettendo a repentaglio la propria vita, riesce a sfuggire alla Gestapo e ad avvertire gli alleati. ■ AVVENTURA; B/N; 93'; GRAN BRETAGNA, 1959.

DUE VOLTI DELLA PAURA, I ★★
Regia di TULIO DEMICHELI. Con GEORGE HILTON, LUCIANA PALUZZI, FERNANDO REY. ■ La moglie di un professore perde la testa per un assistente del marito e fa di tutto per persuaderlo a non trasferirsi in un'altra città. Un giorno il giovane è trovato morto; le indagini della polizia si occupano del professore, della consorte di costui e della fidanzata dell'ucciso, senza che emerga alcun dato positivo. Un tranello teso dal commissario costringerà l'assassino a scoprirsi. ■ GIALLO; COL.; 93'; ITALIA, 1972.

DUE VOLTI DELLA VENDETTA, I *(One Eyed Jacks)* ★★★
Regia di MARLON BRANDO. Con MARLON BRANDO, KATY JURADO, KARL MALDEN. ■ Dei due complici di una rapina uno si salva, si sposa e accetta la carica di sceriffo, mentre l'altro finisce in galera e non appena ne esce intende vendicarsi. Difatti mette incinta la moglie dell'ex collega e si ritiene soddisfatto: tuttavia una serie di circostanze lo costringeranno ad uccidere il rivale. ■ WESTERN; COL.; 141'; USA, 1961. ■ OSCAR 1 NOM.

DUE VOLTI PER VIVERE... UNO PER MORIRE ★★
(Double Identity)
Regia di FRANZ PETER WIRTH. Con JEAN-CLAUDE BOUILLON, GABRIELLA FARINON, HANSJÖRG FELMY, MARINA MALFATTI. ■ Un ragazzo tedesco trapiantato in America torna in patria per rilevare l'ingente patrimonio del padre appena defunto. Dopo alcuni attentati viene a sapere di avere un gemello, agente segreto, che deve essere salvato ad ogni costo. Riuscirà ad incontrarlo ma non a impedire che venga assassinato. ■ GIALLO; COL.; 95'; GERMANIA, 1974.

DUFFY, IL RE DEL DOPPIO GIOCO *(Duffy)* ★★★
Regia di ROBERT PARRISH. Con JAMES COBURN, JAMES FOX, JAMES MASON, SUSANNAH YORK. ■ I due rampolli di un magnate inglese preparano una rapina ai danni del genitore. Per essere certi del suo esito, contattano un celeberrimo ladro, Duffy, grazie al quale il colpo riesce. Al momento della spartizione accadono degli imprevisti e Duffy, che ha il malloppo, decide di non dividerlo con i complici. ■ AVVENTURA; COL.; 101'; USA, 1968.

DUKES, THE ★★★
Regia di ROBERT DAVI. Con PETER BOGDANOVICH, FRANK D'AMICO, ROBERT DAVI, MIRIAM MARGOLYES, CHAZZ PALMINTERI. ■ Un duo musicale di discreta fama negli anni Sessanta, cerca di rinverdire oggi gli antichi fasti, completando il gruppo con altri due strumentisti dell'epoca. Purtroppo gli anni passano, e trovare lavoro non è così semplice. Perse le speranze di un nuovo successo musicale, i quattro decidono di fare soldi facili organizzando un "colpo grosso". Sullo stile de *I soliti ignoti*, fratello "povero" della banda di Ocean, questo piccolo film è un tributo alle atmosfere della commedia all'italiana anni Cinquanta e Sessanta, che l'italoamericano Robert Davi dichiara di amare. Il gruppo di simpatici anzianotti un po' acciaccati ma speranzosi, ancora legati al sogno della loro gioventù, è il punto di forza del lungometraggio. Insieme a Davi infatti troviamo anche Peter Bogdanovich, tornato nella parte di attore, e un ottimo Chazz Palminteri, che con ironia (talvolta amara), mettono in scena il problema della disoccupazione e della mancata realizzazione personale, nel periodo della mezz'età inoltrata. ■ DRAMMATICO; COL.; 94'; USA, 2007.

DULCINEA, INCANTESIMO D'AMORE *(Dulcinea)* ★★
Regia di VICENTE ESCRIVA. Con FOLCO LULLI, CAMERON MITCHELL, MILLIE PERKINS, VITTORIA PRADA. ■ Una contadina, innamorata di Don Chisciotte, decide di seguirlo nella sua vita avventurosa. Riesce a raggiungerlo quando sta per morire e, poiché il cavaliere errante la prende per Dulcinea, ne assume a tutti gli effetti l'identità. Non svela il suo nome autentico nemmeno quando, accusata di stregoneria, viene condannata al rogo. ■ DRAMMATICO; B/N; 92'; SPAGNA, 1962.

DUMBO. L'ELEFANTE VOLANTE *(Dumbo)* ★★★★
Regia di BEN SHARPSTEEN. ■ Ambientato nel colorato mondo del circo, questo capolavoro parla di un elefantino di nome Dumbo dalle orecchie giganti e dal cuore tenerissimo. Allontanato con disprezzo dal circo, trova nella madre e nel simpatico topolino Timoteo gli unici alleati in grado di confortarlo nei momenti bui e condividere le sue ansie, fin quando riuscirà finalmente a dimostrare il suo enorme valore. Dumbo è tra i più riusciti e toccanti dei classici Disney. È il quarto prodotto dalla Disney, ma il primo senza la presenza di Walt. È il più breve dei lungometraggi d'animazione, ma il più ricco di sentimenti e di pathos. Dopo gli esigui incassi di *Pinocchio* e di *Fantasia*, creati negli anni precedenti, la storia dell'elefantino dalle grandi orecchie riesce ad ottenere un fulmineo e insperato successo. La critica, però, non accolse favorevolmente il film e lo indicò come un prodotto poco innovativo rispetto ai precedenti lungometraggi. È stato il tempo a valorizzare questo gioiello animato incentrato sul tema del diritto alla diversità e dell'amore materno. Dinanzi ad uno stile narrativo lineare e moderno, *Dumbo* è così diventato il simbolo di un cinema commovente, semplice ed emozionante. ■ ANIMAZIONE; COL.; 64'; USA, 1941. ■ CANNES 1 PR; OSCAR 1 PR, 2 NOM.

DUMKA – PENSIERINO *(Dumka)* ★★
Regia di SERGEI PARAJANOV. Con B. ROUDENKA. ■ È un cortometraggio musicale a base di canzoni folkloristiche provenienti dall'Ucraina. ■ CORTOMETRAGGIO; B/N; 30'; RUSSIA, 1957.

DUNE ★★★
Regia di DAVID LYNCH. Con JOSÉ FERRER, KYLE MACLACHLAN, SILVANA MANGANO. ■ Un fortunatissimo romanzo di fantasy diventa, dopo quasi vent'anni, un film diretto dal regista di *Elephant Man*. È la storia di una guerra stellare nell'anno 10191 per il dominio di Dune, un pianeta che produce una sostanza che allunga la vita. I buoni vincono sui cattivi. Un film sofisticato, un kolossal da otto miliardi prodotto da Raffaella De Laurentiis. Partecipazioni straordinarie di divi come Sting e Max von Sydow. Ma noiosetto. ■ FANTASTICO; COL.; 104'; USA, 1984. ■ OSCAR 1 NOM.

DUNGEONS & DRAGONS ★★★
Regia di COURTNEY SOLOMON. Con THORA BIRCH, JEREMY IRONS, BRUCE PAYNE, MARLON WAYANS. ■ L'attesissimo kolossal fantasy tratto dal celebre gioco di ruolo *Dungeons & Dragons*. In un regno fantastico il perfido mago Profion cerca di usurpare il trono dell'imperatrice Savina. La salvezza dell'imperatrice e la pace del suo regno incantato dipendono da un gruppo di coraggiosi avventurieri, il cui compito è trovare un leggendario oggetto magico in grado di contrastare i progetti del perfido mago. ■ FANTASTICO; COL.; 107'; REPUBBLICA CECA, USA, 2000.

DUNJA, LA FIGLIA DELLA STEPPA ★★
Regia di JOSEF VON BACKY. Con EVA BARTÒK, KARLHEINZ BÖHM, IVAN DESNY, WALTER RICHTER. ■ Una bella ragazza di campagna sogna una vita spensierata e senza problemi e segue in città il primo uomo che le promette tutto questo. Viene presto disillusa. Decisa a cambiar esistenza, si impiega come sarta e incontra un giovane che la sposa. Ma il matrimonio va a rotoli. Incapace di sopportare una simile sofferenza la ragazza si suicida. Da un romanzo di Puskin. ■ DRAMMATICO; COL.; 91'; AUSTRIA, 1955.

DUNKERQUE *(Dunkirk)* ★★★
Regia di LESLIE NORMAN. Con RICHARD ATTENBOROUGH, BERNARD LEE, JOHN MILLS. ■ Siamo nel 1940 e i soldati rischiano di essere travolti dall'avanzata tedesca. La famosa Operazione Dinamo, invece, che mette in moto migliaia di imbarcazioni, soprattutto private, permette agli alleati di raggiungere l'Inghilterra. ■ GUERRA; B/N; 113'; GRAN BRETAGNA, 1958.

DUNSTON – LICENZA DI RIDERE ★★
Regia di DANNY CANNON. Con JASON ALEXANDER, FAYE DUNAWAY, RUPERT EVERETT, ERIC LLOYD. ■ Il direttore dell'hotel Majestic (cinque stelle) vive una vita tranquilla in cui tutto è sotto controllo. Un giorno però arriva Dunston, un orango che appartiene a un ladro di preziosi. L'animale troverà un alleato proprio nel figlio del direttore. Premio per il miglior attore al primate; per il resto si tratta di routine. ■ COMMEDIA; COL.; 88'; USA, 1996.

DUPLEX – UN APPARTAMENTO PER TRE *(Duplex)* ★★
Regia di DANNY DEVITO. Con DREW BARRYMORE, EILEEN ESSEL, HARVEY FIERSTEIN, JAMES REMAR, BEN STILLER, JUSTIN THEROUX, ROBERT WISDOM. ■ Alex e Nancy, una giovane cop-

pia di innamorati, va a vivere nella casa dei sogni. Ben presto però devono fare i conti con la diabolica inquilina del piano di sopra, una vecchietta apparentemente dolce e fragile che rende la loro vita un inferno. ■ COMMEDIA; COL.; 97′; USA, 2003.

DUPLICITY ★★
Regia di TONY GILROY. Con PAUL GIAMATTI, CLIVE OWEN, JULIA ROBERTS, TOM WILKINSON. ■ Claire Stenwick è un'avvenente agente della Cia con licenza di sedurre, Ray Koval è un agente dei servizi segreti britannici. I due si trovano a New York, loro malgrado occupati per la stessa multinazionale, che vorrebbe entrare in possesso della formula di un prodotto rivoluzionario in anticipo sull'azienda rivale. Innamorati con riserva, diffidenti per mestiere, i due amanti depongono le armi, bevono champagne, bruciano di passione e pianificano di imbrogliare i magnati delle industrie concorrenti. Il tutto tra Dubai e Miami, tra Cleveland e Roma e salti temporali. THRILLER; COL.; 129′; USA, 2009.

DURA LEGGE – UNO, PATATA, DUE, PATATA..., LA *(One Potato, Two Potato)* ★★★
Regia di LARRY PEERCE. Con BARBARA BARRIE, BERNIE HAMILTON, RICHARD MULLIGAN. ■ Una donna, divisa dal marito, si risposa con un nero dal quale ha un figlio. Il ritorno del primo coniuge porta lo scompiglio: l'uomo, infatti, vuole portare con sé la figlia nata dalla loro unione. La contesa, portata in tribunale, si risolve a favore del padre. ■ DRAMMATICO; B/N; 92′; USA, 1964. ■ CANNES 1 PR; OSCAR 1 NOM.

DURANTE L'ESTATE ★★★
Regia di ERMANNO OLMI. Con MARIO BARILLÀ, ROSANNA CALLEGARI, MARIO CAZZANIGA, RENATO PARACCHI. ■ Un insegnante milanese esegue disegni per una casa editrice e trascorre le ore di libertà inventando titoli nobiliari alla gente umile che, felice, lo ricompensa come può. Per la polizia questa è una truffa e l'uomo finisce in prigione. ■ DRAMMATICO; COL.; 105′; ITALIA, 1971.

DURA VERITÀ, LA *(The Ugly Truth)* ★★
Regia di ROBERT LUKETIC. Con GERARD BUTLER, KEVIN CONNOLLY, GERARD HEIGL, KATHERINE HEIGL, JOHN MICHAEL HIGGINS, NICK SEARCY. ■ Abby Richter è produttrice di successo di un talk show mattutino, ma è molto meno fortunata nel privato, nei rapporti di coppia. Quando il suo programma subisce un calo degli ascolti, è costretta a dare spazio a un nuovo opinionista, lo spudorato e (apparentemente) cinico Mike Chadway, che promette di rivelare senza mezzi termini cosa pensano veramente gli uomini delle donne e come agire, da entrambi i lati, di conseguenza. Gli ascolti del network si impennano e la stessa Abby decide suo malgrado di seguire i consigli del brutale esperto per sedurre il vicino di casa, Colin. ■ COMMEDIA; COL.; 100′; USA, 2009.

DURI A MORIRE ★★
Regia di JOE D'AMATO. Con PERCY HOGAN, LUC MERENDA, DONALD O'BRIAN, LAURENCE STARK, PIERO VIDA. ■ L'agente segreto Martin s'infiltra in un gruppo di mercenari assoldati dal maggiore Hogarty per conto di un paese africano, allo scopo di catturare il mercenario Léon e di assicurarsi la taglia di un milione di dollari che pende sulla sua testa. Nella savana sopravvivono solo il maggiore e Martin. Ma sarà il nero Wabu a intascare il malloppo. ■ DRAMMATICO; COL.; 92′; ITALIA, 1979.

DURI DI HONG KONG, I *(The Dragon and Tiger)* ★
Regia di LAO KUAN JEN. Con CHAN CHIAO, SIT HAN, LIN SHENG TAO, LEI MING, PAN CHUAN LIN, TANG MEI FONG, YAO TIEN LUNG, YIN HSIAO WU. ■ Un ragazzo diventa campione di arti marziali e mette in atto il suo proposito di vendetta contro uno zio che ha fatto assassinare i suoi genitori. ■ AVVENTURA; COL.; 92′; HONG KONG, 1975.

DURI DI OKLAHOMA, I *(Oklahoma Crude)* ★★★
Regia di STANLEY KRAMER. Con FAYE DUNAWAY, HARVEY JASON, JOHN MILLS, JACK PALANCE, GEORGE C. SCOTT. ■ Una donna, persuasa che in una collina di sua proprietà si nasconda il petrolio, rifiuta le proposte di acquisto di un'importante società e comincia a cercare da sola. La sua ostinazione è causa di alcune morti, ma alla fine si scopre che è stato tutto inutile perché il petrolio non c'è. ■ AVVENTURA; COL.; 108′; USA, 1973. ■ GOLDEN GLOBES 1 NOM.

DURO AL SERVIZIO DELLA POLIZIA, UN *(Slaughter II)* ★★
Regia di GORDON DOUGLAS. Con JIM BROWN, GLORIA HENDRY, ED MCMAHON, DON STROUD. ■ Alcuni nemici di un agente privato tentano di eliminarlo, ma al suo posto colpiscono alcuni amici che lui decide di vendicare. Un poliziotto lo mette sulla buona strada e l'agente risale fino ad un importante trafficante di stupefacenti. Questi riesce a catturarlo; il detective però si libera e decide di fare piazza pulita. ■ POLIZIESCO; COL.; 93′; USA, 1973.

DURO BASTARDO, UN *(Toughguy)* ★
Regia di JAMES MERENDINO. Con RUSTAM BRANAMAN, HEATHER GRAHAM, PAUL HERMAN, LISA ZANE. ■ Un pessimo thriller psicologico. Una donna da poco vedova si sente perseguitata da un uomo. Il reale e la fantasia si mescolano. ■ THRILLER; COL.; 90′; USA, 1995.

DURO DA UCCIDERE *(Hard to Kill)* ★★
Regia di BRUCE MALMUTH. Con ANDREW BLOCH, BONNIE BURROUGHS, FREDERICK COFFIN, KELLY LEBROCK, BILL SADLER, STEVEN SEAGAL. ■ Un poliziotto integerrimo smaschera il complotto di un uomo politico corrotto appostandosi con una telecamera nel luogo dove questi si riunisce con i suoi complici. Naturalmente lo fanno fuori. Almeno ufficialmente. In realtà, portato d'urgenza all'ospedale, l'agente è vivo, ma resta in coma sette anni. Assistito dalla bella infermiera che si è innamorata di lui, tornato alla vita avrà ragione dell'inesorabile politico e dei suoi killer. ■ POLIZIESCO; COL.; 104′; USA, 1990.

DURO DEL ROAD HOUSE, IL *(Road House)* ★★
Regia di ROWDY HERRINGTON. Con BEN GAZZARA, KELLY LYNCH, PATRICK SWAYZE. ■ Un laureando in filosofia si diverte a fare il buttafuori in un locale notturno malfamato, il "Double Deuce". A un certo punto però il lavoro diventa sempre più pericoloso per via degli scagnozzi di un boss malavitoso. Alla morte di un suo amico il buttafuori-laureando porrà fine con un sanguinoso scontro alle prodezze del boss. ■ DRAMMATICO; COL.; 108′; USA, 1989.

DURO PER LA LEGGE, UN *(Walking Tall)* ★★
Regia di PHIL KARLSON. Con NOAH BEERY JR, JOE DON BAKER, GENE EVANS, ELIZABETH HARTMAN. ■ Un reduce vince le elezioni al suo paese e diventa sceriffo. È una carica difficile da sostenere. L'ostinazione e la volontà del nuovo sceriffo tuttavia sono più forti delle minacce e delle aggressioni: tutti i cittadini lo appoggiano, animati da desiderio di vendetta. ■ DRAMMATICO; COL.; 125′; USA, 1973.

DURO PIÙ DURO, IL *(Tough Enough)* ★★
Regia di RICHARD FLEISCHER. Con PAM GRIER, WARREN OATES, DENNIS QUAID. ■ Un cantante *country & western* fa fatica ad affermarsi. Per guadagnare qualche soldo a scopo di sopravvivenza s'iscrive a un torneo di boxe. Imprevedibilmente, supera le eliminatorie. È arrivato alla finale quando gli arriva un contratto con una casa discografica. Ora il giovane potrebbe anche smettere di rischiare i connotati sul ring. Ma non se la sente di tirarsi indietro. Si batterà per la vittoria nel torneo, nonostante il suo avversario abbia già ucciso alcuni uomini con i pugni. ■ COMMEDIA; COL.; 98′; USA, 1983.

DUST ★★
Regia di MARION HANSEL. Con JANE BIRKIN, TREVOR HOWARD, JOHN MATHIKIZA. ■ Nell'assolato Sudafrica, in una grande tenuta isolata, vivono Magda e il padre Bass. La giovane donna, che detesta i neri, non ha mai avuto amanti. Suo padre è il solo maschio bianco del luogo e Magda non prova per lui solo un sentimento filiale. ■ DRAMMATICO; COL.; 90′; BELGIO, FRANCIA, 1985. ■ VENEZIA 2 PR.

DUST ★★
Regia di MILCHO MANCHEVSKI. Con ANNE BROCHET, JOSEPH FIENNES, NIKOLINA KUJACA, ADRIAN LESTER, ROSEMARY MURPHY, DAVID WENHAM. ■ All'inizio dell'Ottocento nel West due fratelli, Elijah e Luke, si innamorano della stessa donna, una prostituta di nome Lilith. È il minore, Elijah, ad essere prescelto. Luke lascia il paese e raggiunge la Macedonia in cui si fa assoldare come mercenario dalle bande che si combattono e combattono i Turchi. Qualcosa per lui cambia quando il fratello si mette

sulle sue tracce e, soprattutto, quando Neda, una giovane donna incinta, lo salva dalla morte. Tutto ciò viene raccontato cent'anni dopo a New York da una donna anziana, Angela, a Edge, uno scassinatore che lei ha sorpreso a rubare in casa sua. Gli consegnerà delle monete d'oro di valore solo se ascolterà la sua lunga storia. Dopo *Before the Rain – Prima della pioggia*, torna un regista confuso e pretenzioso che infarcisce una storia debole di pseudo cortocircuiti temporali e di citazioni spesso insignificanti. ■ WESTERN; COL.; 127′; GERMANIA, GRAN BRETAGNA, ITALIA, MACEDONIA, 2001.

DUST FACTORY, THE ★

Regia di ERIC SMALL. Con RYAN KELLEY, ARMIN MUELLER-STAHL, KIM MYERS, HAYDEN PANETTIERE. ■ Testimone a nove anni della violenta morte del padre, il tredicenne Ryan Flynn – che da quel momento non ha più parlato – subisce una nuova perdita con la morte della nonna. Caduto nel lago giocando con l'amico Rocky, Ryan riemerge in un mondo familiare e al tempo stesso misterioso, sospeso tra la terra e il paradiso, in cui accadono eventi straordinari. A guidare Ryan in questa sorta di limbo per le anime di passaggio saranno il saggio nonno Randolph, ripresosi dall'Alzheimer che lo imprigionava nella realtà, e la solare coetanea Melanine, che lo conduce alla "fabbrica di polvere" del titolo: un circo dove è un salto dal trapezio a stabilire se si può tornare alla vita di prima oppure proseguire nella dimensione successiva. ■ DRAMMATICO; COL.; 99′; USA, 2004.

DUSTY ★★

Regia di JOHN RICHARDSON. Con CAROL BURNS, BILL KERR, JOHN STANTON. ■ Un ruolo su misura per Bill Kerr, uno dei migliori caratteristi australiani. Ha la parte di un vecchio contadino che si prende cura di un dingo (un cane selvaggio) appena nato e lo cresce finché non diventa un bestione capace tanto di difendersi nel bosco dagli altri animali quanto di offendere i nemici del suo padrone. ■ AVVENTURA; COL.; 94′; AUSTRALIA, 1983.

DUTCH È MOLTO MEGLIO DI PAPÀ *(Dutch)* ★★

Regia di PETER FAIMAN. Con ED O'NEIL, ETHAN RANDALL, JO BETH WILLIAMS. ■ Il regista di *Crocodrile Dundee* alle prese con una commediola scontata. Dutch Dooley accetta di fare quello che crede un semplice favore La sua ragazza infatti gli chiede di condurre il figlio per le feste di Natale a Chicago dalla nonna. Le cose non saranno semplici perché il ragazzo è scorbutico, sempre imbronciato e incontentabile. ■ COMMEDIA; COL.; 103′; USA, 1991.

DUTY DATING ★★

Regia di CHERRY NORRIS. Con LEE EVERETT, CYNTHIA FORBES, CHUCK FRANKLIN, SCOTT GARNER. ■ Clarice è una donna in carriera, aggressiva e decisamente attraente, ma per avere successo con gli uomini dovrà ricorrere a strani stratagemmi con l'aiuto della sua migliore amica. ■ COMMEDIA; COL.; 94′; USA, 2002.

DYLAN DOG. IL FILM *(Dylan Dog: Dead of Night)* ★★

Regia di KEVIN MUNROE. Con ANITA BRIEM, TAYE DIGGS, SAM HUNTINGTON, DAVID JENSEN, BRANDON ROUTH. ■ Deciso a lasciare mostri e non morti al loro mondo, l'indagatore dell'incubo Dylan Dog viene richiamato suo malgrado in servizio dalla bionda Elizabeth, per far luce sulla misteriosa morte di suo padre. In un primo momento Dylan vorrebbe rifiutare, ma l'assassinio del suo assistente e migliore amico Marcus ad opera dello stesso feroce killer lo costringe ad accettare. ■ THRILLER; COL.; 108′; USA, 2010.

E

E ABITÒ FRA NOI *(The Joyful Mysteries)* ★★
Regia di JOSEPH BREEN JR. Con MARIANO AZNA, DOLORES CANTABELLA, SIMON RAMIREZ. ■ Il lungometraggio narra la vita di Gesù fanciullo, dall'Annunciazione fino al ritrovamento nel Tempio mentre conversa con i sacerdoti. ■ BIOGRAFICO; COL.; 101′; USA, 1968.

È ACCADUTO IN EUROPA *(Valahol Európában)* ★★
Regia di GÉZA VON RADVANJI. Con MIKLOS GABOR, ARTHUR SOMLAY. ■ Ungheria, secondo conflitto mondiale. Un gruppo di ragazzi senza famiglia ruba per sopravvivere. Durante una scorribanda, fanno prigioniero uno sconosciuto dopo avergli saccheggiato le riserve di cibo. Poi tutti finiscono per fraternizzare. Quando i ragazzi vengono catturati dai poliziotti, l'uomo riesce a farli perdonare e li porta a vivere con sé. ■ DRAMMATICO; B/N; 84′; UNGHERIA, 1942.

E ADESSO POVER'UOMO? *(Little Man, what Now?)* ★★★
Regia di FRANK BORZAGE. Con ALAN HALE, MURIEL KIRKLAND, DOUGLAS MONTGOMERY, MARGARET SULLIVAN. ■ Dal romanzo di Hans Fallada. La storia si svolge in Germania durante la grande crisi economica e tocca lo scottante tema della disoccupazione. Un uomo d'affari sceglie tra i dipendenti il giovane che vuol far sposare alla figlia, poi lo licenzia quando scopre che ha già una moglie. La coppia è dunque costretta a lasciare la città; dopo un periodo di stenti, il marito trova un nuovo posto di lavoro. ■ COMMEDIA; B/N; 84′; USA, 1934.

E ADESSO SESSO ★
Regia di CARLO VANZINA. Con REGINA BIANCHI, LUIGI BURRUANO, CIRO ESPOSITO, ANTONELLO FASSARI, VIRGINIE MARSAN, ALESSIO MODICA, ELENA RUSSO. ■ Otto episodi per altrettante storie "vere" della provincia italiana. Come nella commedia all'italiana degli anni Sessanta si prova a fare satira sulla cronaca. Il più esplicito riferimento a fatti che sono stati al centro dell'attenzione dei media si trova nell'episodio intitolato *Fuga d'amore*. Una donna non più giovanissima si innamora di un ragazzo che ha l'età di suo figlio e scappa con lui. La professoressa di Montecastrilli che finì anche a *Porta a porta* non può non essere il modello ispiratore. I Vanzina sono abilissimi nella realizzazione di questi film "usa e getta". ■ COMMEDIA; COL.; 90′; MESSICO, 2000.

EAGLE, THE ★★
Regia di KEVIN MACDONAL. Con JAMIE BELL, TAHAR RAHIM, MARK STRONG, DONALD SUTHERLAND, CHANNING TATUM. ■ Marcus Aquila, giovane comandante, nel 140 d.C. giunge in Britannia con un pesante fardello sulle spalle: suo padre tempo prima era alla guida della Nona Legione composta da cinquemila uomini, tutti scomparsi. Insieme a loro è andato perduto anche il simbolo dell'orgoglio di Roma: il vessillo con l'aquila. Marcus, dopo aver mostrato sul campo il proprio coraggio ed essere tornato ferito a Roma, assiste a un combattimento nell'arena in cui ammira lo sprezzo del pericolo di uno schiavo britannico, Esca. Lo salva da morte certa e lo prende con sé. Insieme torneranno in Britannia alla ricerca dell'aquila. ■ DRAMMATICO; COL.; 114′; USA, 2011.

EAGLE EYE ★★
Regia di D.J. CARUSO. Con ROSARIO DAWSON, ETHAN EMBRY, SHIA LABEOUF, MICHELLE MONAGHAN, BILLY BOB THORNTON. ■ Il Presidente degli Stati Uniti autorizza un attacco a un funerale che si sospetta essere la copertura di un carico di armi in Medio Oriente, ma il Segretario di Stato non è dello stesso avviso. Dopo questa premessa conosciamo Jerry Shaw, giovane squattrinato e con fratello patriottico morto in un incidente misterioso, e Rachel Halloman, divorziata e con un figlio in partenza per Washington dove si esibirà con un gruppo musicale. I due si troveranno uniti in seguito a una telefonata in cui una misteriosa voce femminile li ricatta impartendo loro degli ordini. Sono all'oscuro dello scopo della loro missione e i servizi di sicurezza li tallonano da vicino sotto la guida dell'agente Tom Morgan. ■ THRILLER; COL.; 118′; USA, GERMANIA, 2008.

...E ALLA FINE ARRIVA POLLY *(Along came Polly)* ★★★
Regia di JOHN HAMBURG. Con JENNIFER ANISTON, HANK AZARIA, ALEC BALDWIN, DEBRA MESSING, PHILIP SEYMOUR HOFFMAN, BEN STILLER. ■ Reuben è un assicuratore del tutto razionale, non fa una mossa, non dice una parola, se non dopo una precisa riflessione. Dunque non incorre mai in sorprese, né buone né cattive. Tuttavia una sorpresa gli arriva, pesante. Durante il viaggio di nozze trova sua moglie a letto con un altro. Dopo il giusto trauma non resta che "scacciare il chiodo" che si presenta nei panni di Polly, simpatica e affascinante, ma lontana anni luce dal modo di Reuben di intendere la vita. Ancora una volta la commedia americana centra il bersaglio del botteghino e parzialmente, quello della qualità. ■ COMMEDIA; COL.; 90′; USA, 2004.

...E ALLA FINE LO CHIAMARONO JERUSALEM L'IMPLACABILE – PADELLA CALIBRO 38 ★
Regia di TONI SECCHI. Con DELIA BOCCARDO, SCOTT HOLDEN, PHILIPPE LEROY. ■ Un prezioso carico destinato ai sudisti viene preso di mira dai ladri. I loro tentativi di rubarlo, però, sono sventati dagli attenti custodi. Fatica sprecata, in quanto il viaggio era solo una manovra diversiva: l'oro è già al sicuro. ■ WESTERN; COL.; 96′; ITALIA, 1972.

E ALLORA MAMBO! ★★★
Regia di LUCIO PELLEGRINI. Con LUCA BIZZARRI, PAOLO KESSISOGLU, LUCIANA LITTIZZETTO, MADDALENA MAGGI. ■ Una lieta sorpresa del cinema italiano per una équipe destinata a continuare la sua fortuna con il secondo film, *Tandem*, riuscita satira della nevrosi contemporanea. Questo mambo è ballato intorno a un equivoco elettronico, che attribuisce al conto di uno spiantato un saldo incredibilmente in attivo. Questo lo induce a cambiar esistenza cercando di conservare la vita (e la moglie) precedente. Commedia degli equivoci, realizzata con scarsi mezzi e tante brillanti idee. ■ COMMEDIA; COL.; 93′; ITALIA, 1999.

...E ANNA SCOPRÌ L'AMORE ★★★
(Pleure pas la bouche pleine)
Regia di PASCAL THOMAS. Con CHRISTINE CHAMARAT, ANNIE COLÉ, FRÉDÉRIC DURU, BERNARD MENEZ. ■ Un'inesperta francesina è quasi fidanzata con un giovane timido e prossimo al servizio di leva. Conosciuto un ragazzo che la scarrozza sul suo bolide, gli cede; poi, appagata dall'avventura, torna tra le braccia del soldatino in licenza. ■ COMMEDIA; COL.; 115′; FRANCIA, 1973.

È ARRIVATA LA FELICITÀ ★★★★
(Mr. Deeds Goes to Town)
Regia di FRANK CAPRA. Con JEAN ARTHUR, GARY COOPER. ■ Uno schietto e semplice ragazzo americano si reca nella capitale

per prendere possesso di un'ingente eredità. Una giornalista, fingendosi povera e bisognosa d'aiuto, lo avvicina per descrivere sul giornale, che così va a ruba, il suo comportamento da sempliciotto. Finirà per innamorarsi di lui e lo aiuterà a difendersi dagli avvoltoi che tentano di dimostrare la sua pazzia (si è messo a regalare soldi ai poveri) per strappargli il patrimonio. È probabilmente il più significativo lavoro di Capra e uno degli indiscussi capolavori del cinema americano. Mr. Deeds rappresenta l'americano buono e semplice ma capace di farsi rispettare, colui che da solo combatte contro un sistema palesemente ingiusto, lontano da tutti i valori umani. Memorabile l'interpretazione di Gary Cooper. ■ COMMEDIA; B/N; 115'; USA, 1936. ■ OSCAR 1 PR, 5 NOM; VENEZIA 1 PR.

È ARRIVATA LA FORTUNA *(Moulin Rouge)* ★★
Regia di ANDRÉ HUGON. Con LUCIEN BAROUX, GENEVIÈVE CALLIX, RENÉ DARY. ■ Un ragazzo sogna di fare il cantante ma si accontenta, per il momento, di un impiego in una impresa funeraria. Incapace di lavorare in un simile ambiente, accetta il posto offertogli da un uomo del quale ignora le criminose attività. Dopo qualche tempo riesce a esordire nel canto, ma viene messo in prigione perché confuso col suo principale. Quando tutto si chiarisce, torna con successo all'arte e sposa la donna del cuore. ■ COMMEDIA; B/N; 98'; FRANCIA, 1939.

È ARRIVATA LA PARIGINA ★★
Regia di CAMILLO MASTROCINQUE. Con TITINA DE FILIPPO, JORGE MISTRAL, MAGALI NOËL. ■ Un'ambiziosa francesina si è trasferita in Italia per fare l'attrice. Nonostante i suoi sforzi non riesce a sfondare e, alla fine di uno spettacolo particolarmente insoddisfacente, decide di condurre una vita qualsiasi. Dopo numerose traversie la ragazza troverà lavoro e amore. ■ COMMEDIA; B/N; 88'; ITALIA, 1958.

È ARRIVATA LA SPOSA *(There Goes the Bride)* ★★
Regia di TERENCE MARCEL. Con MARTIN BALSAM, TOM SMOTHERS, TWIGGY. ■ Farsa grossolana, ma qua e là efficace, derivata da una commedia di vasto successo nei teatri del West londinese negli anni Settanta. A una festa di nozze il padre della sposa va in tilt e crede d'incontrare una famosa modella che ha visto solo da ragazzo in fotografia. Il guaio è che la vede solo lui. Papà si riprende giusto per evitare che sia il giorno più brutto della vita della figlia. ■ COMMEDIA; COL.; 107'; USA, 1980.

È ARRIVATA L'INFELICITÀ – TUTTI PAZZI ★★★
(It's the Bag)
Regia di RICHARD WALLACE. Con FRED ALLEN, DON AMECHE, WILLIAM BENDIX, JACK BENNY, BINNIE BORNES. ■ L'erede di un uomo ricchissimo si dà alle pazze spese prima di apprendere l'ammontare del patrimonio acquisito, che scoprirà essere estremamente esiguo. La sua delusione è di breve durata perché su un disco sente inciso come entrare in possesso della rimanente favolosa somma. ■ COMICO; B/N; 87'; USA, 1945.

È ARRIVATO IL CAVALIERE ★★
Regia di MARIO MONICELLI, STENO MONICELLI. Con SILVANA PAMPANINI, TINO SCOTTI, ENRICO VIARISIO. ■ Il "cavaliere" è il capo di una comunità di venditori ambulanti che si sono installati in un terreno abbandonato. Poco dopo il loro arrivo già corrono il rischio di doversene andare perché il proprietario vuole costruire sul terreno la casa per la figlia e il futuro genero. Il "cavaliere" riesce a mandare a monte il matrimonio, ma il posto rimane libero per poco: gli impianti per la metropolitana spazzeranno via le baracche. ■ COMICO; B/N; 92'; ITALIA, 1950.

È ARRIVATO L'ACCORDATORE – ZERO IN AMORE ★★
Regia di DUILIO COLETTI. Con ANTONELLA LUALDI, VIRGILIO RIENTO, ALBERTO SORDI, NINO TARANTO. ■ Un morto di fame, scambiato per un accordatore di pianoforti, è invitato alla mensa di una famiglia benestante. Numerosi incidenti però impediscono ai commensali di iniziare il pranzo; i guai del protagonista si moltiplicano quando alcuni gangster, credendolo un nemico, lo rapiscono. Riuscito a liberarsi e a denunciarli, l'uomo intasca la taglia e si fidanza con la figlia del padrone di casa. ■ COMICO; B/N; 90'; ITALIA, 1952.

È ARRIVATO L'AMORE ★★
Regia di BÉLA GAÀL. Con DELLY FERENC, GÒZON GYULA, ZITA PERCZEL. ■ Un'orfana scandalizza con le sue idee progressiste i parenti che l'hanno adottata. Nonostante questo un cugino si innamora di lei. Ma la fanciulla scopre che è già fidanzato. Offesa e smarrita va a vivere per conto suo, ma alla fine ritorna con l'innamorato (ora libero) che l'ha scovata dopo affannose ricerche. ■ COMMEDIA; B/N; 76'; UNGHERIA, 1939.

È ARRIVATO LO SPOSO – ARRIVA LO SPOSO ★★★
(Here Comes the Groom)
Regia di FRANK CAPRA. Con ANNA MARIA ALBERGHETTI, BING CROSBY, ALEXIS SMITH, FRANCHOT TONE, JANE WYMAN. ■ Dopo la guerra, un giornalista torna dall'Europa con due orfanelli francesi che ha adottato. La sua fidanzata, stanca di aspettarlo, sta per sposare un giovane multimilionario; tuttavia, riconquistata da una serie di stratagemmi, abbandona il futuro marito praticamente sull'altare. ■ COMMEDIA; B/N; 113'; USA, 1950. ■ OSCAR 1 PR, 2 NOM.

È ARRIVATO MIO FRATELLO ★★
Regia di FRANCO CASTELLANO, PIPOLO. Con CARIN MCDONALD, RENATO POZZETTO. ■ La tranquilla vita di Ovidio, grigio professore burlato dagli alunni e vessato dal preside, viene sconvolta dal ritorno di Raf, il fratello gemello (che non vedeva da vent'anni) cantante da due soldi e inguaribile spaccone. ■ COMMEDIA; COL.; 89'; ITALIA, 1985.

È ARRIVATO SLIM CALLAGHAN ★★
(À toi de jouer... Callaghan)
Regia di WILLY ROZIER. Con MARTINE ALEXIS, ROBERT BERRI, ROGER BLIN, YORICK ROYAN. ■ Callaghan, assunto da una compagnia di assicurazioni, ha le prove di un affondamento doloso. Il responsabile tenta di eliminarlo. Dopo una serie di colpi di scena, Callaghan si rende conto che il bandito ha un complice nella stessa compagnia di assicurazioni e lo fa imprigionare. ■ POLIZIESCO; B/N; 88'; FRANCIA, 1954.

EAST, THE ★★★
Regia di ZAL BATMANGLIJ. Con PATRICIA CLARKSON, SHILOH FERNANDEZ, BRIT MARLING, JULIA ORMOND, ELLEN PAGE, ALEXANDER SKARSGÅRD. ■ Sarah Moss è una giovane determinata e brillante. Ex agente dell'Fbi, lavora per un'agenzia privata di spionaggio, la Hiller Brood, che cura gli interessi di multinazionali americane. Sarah dovrà infiltrarsi in un collettivo anarchico chiamato "The East", responsabile di operazioni di disturbo e piccoli raid terroristici alle compagnie accusate di crimini ambientali o pratiche contro la salute dei cittadini, in particolare nell'industria farmaceutica. Sarah conquisterà a poco a poco la loro fiducia, ritrovandosi parte di un mondo molto diverso dal suo e mettendo progressivamente in discussione le proprie certezze. Presentato in anteprima al Sundance Film Festival 2013, *The East* è un thriller spionistico avvincente, scritto a quattro mani dal regista Zal Batmanglij e da Brit Marling. Il film nasce da un'esperienza reale condotta dai due autori, che nel 2009 hanno vissuto per due mesi all'interno di una comunità con uno stile di vita anticonsumistico basato sulla condivisione e sul recupero degli scarti. ■ THRILLER; COL.; 116'; USA, GRAN BRETAGNA, 2013.

EASTERN BOYS ★
Regia di ROBIN CAMPILLO. Con EDÉA DARCQUE, KIRILL EMELYANOV, BEKA MARKOZASHVILI, OLIVIER RABOURDIN. ■ Parigi, Gare du Nord. Una banda di ragazzini dell'Europa dell'Est si muove per l'immensa stazione, sotto lo sguardo della polizia ma anche di Daniel, un cinquantenne discreto, che ha messo gli occhi su uno di loro, Marek, al quale strappa un appuntamento sessuale a pagamento. A casa dell'uomo, però, l'indomani, si presenta la banda al completo, che svaligia allegramente l'appartamento del malcapitato, lasciandolo pressoché vuoto. A Daniel non resta che incassare il colpo. Ma qualche giorno dopo Marek (il cui vero nome è Rouslan) torna da lui, solo, e tra i due ha inizio una relazione molto diversa, fisica, ma lontana dalla violenza della banda, e sempre più necessaria ad entrambi. ■ DRAMMATICO, COL.; 128', FRANCIA, 2013.

EAST IS EAST ★★★★
Regia di DAMIEN O'DONNELL. Con LINDA BASSETT, JIMI MISTRY, ARCHIE PANJABI, OM PURI, JORDAN ROUTLEDGE. ■ Ayub Khan-Din sceneggia una sua commedia di successo sul multietnismo nelle periferie britanniche e O'Donnell dirige un film eccezionale, ironico, trascinante: un vero fenomeno. Om Puri è il padre anglicizzato ma non fino al punto da non pretendere dai suoi figli un matrimonio tradizionale. Basset è la moglie british che si scontra con lui. I figli sono più inglesi di un nativo. Il *melting pot* produce un vero capolavoro cinematografico. ■ COMMEDIA; COL.; 96′; GRAN BRETAGNA, 1999.

EAST SIDE STORY ★
Regia di DANA RANGA. ■ Un collage di un certo cinema musicale minore proveniente dagli ex paesi comunisti. Scopriamo che cercavano di imitare persino i musical americani con Elvis Presley. Operai e contadine che cantano la loro felicità socialista. Sarebbe quasi agghiacciante se non lo si intendesse come curioso reperto. ■ DOCUMENTARIO; COL.; 80′; FRANCIA, GERMANIA, 1996.

EASY GIRL *(Easy A)* ★★
Regia di WILL GLUCK. Con PENN BADGLEY, AMANDA BYNES, THOMAS HADEN CHIRCH, PATRICIA CLARKSON, EMMA STONE. ■ Olive Penderghast, liceale irreprensibile e anche un po' invisibile, dopo essersi abbandonata con un'amica ad una piccola bugia sullo stato della propria verginità, viene travolta dai rapidissimi pettegolezzi della scuola. Incredula e testarda, si cuce addosso una "lettera scarlatta" e decide di lasciar credere ai compagni ciò che vogliono, per vedere fino a che punto possono spingersi il loro pregiudizio e la sua discriminazione. ■ COMMEDIA; COL.; 93′; USA, 2010.

EASY RIDER – LIBERTÀ E PAURA *(Easy Rider)* ★★★★
Regia di DENNIS HOPPER. Con LUANA ANDERS, KAREN BLACK, PETER FONDA, DENNIS HOPPER, JACK NICHOLSON, ROBERT WALKER. ■ Due hippy affrontano in moto il viaggio verso New Orleans. Lungo la strada, incontrano gente che li avversa apertamente e poliziotti che li rinchiudono in prigione. Ne escono con l'aiuto di un avvocato, finito dentro per ubriachezza, e insieme a lui riprendono il cammino. Una notte vengono assaliti e picchiati e l'avvocato muore; anche i due ragazzi, al ritorno, sono brutalmente eliminati da uno sconosciuto che odia tutti quelli come loro. ■ DRAMMATICO; COL.; 94′; USA, 1969. ■ OSCAR 2 NOM.

EAT IT ★★
Regia di FRANCESCO CASARETTI. Con PIERO ALBERTINI, SILVIA DIONISIO, ORSO MARIA GUERRINI, PAOLO VILLAGGIO, FRANK WOLFF. ■ "Eat it" è un nuovo prodotto alimentare: l'industriale che lo produce pensa di reclamizzarlo dandolo in pasto ad una sorta di selvaggio scovato in aperta campagna. La trovata ha un enorme successo e l'industriale, per incrementare le vendite, incarica i suoi chimici di inventare una sostanza capace di aumentare l'appetito del "cavernicolo". Ottenuto l'effetto contrario, decide di sacrificarsi personalmente ma, a forza di mangiare carne, si trasforma in una mucca. ■ COMMEDIA; COL.; 84′; ITALIA, 1969.

♥ EAU FROIDE, L' ★★★
Regia di OLIVER ASSAYAS. Con CYPRIEN FOUQUET, VIRGINIE LEDOYEN, LASZLÓ SZÁBÓ. ■ Si tratta della versione integrale di un telefilm realizzato da Assayas per la tv francese. Siamo nel 1972 e due giovani commettono un furto. La ragazza è arrestata e condotta in un istituto correzionale. Dopo la fuga i due si ritrovano e si nascondono in un luogo abbandonato. Assayas è una delle promesse del nuovo cinema francese dell'epoca. ■ DRAMMATICO; COL.; 90′; FRANCIA, 1994.

EBBREZZA BIANCA *(Der weisse Rausch)* ★★
Regia di ARNOLD FANCK. Con LENI RIEFENSTAHL, HANNES SCHNEIDER. ■ Arnold Fanck è stato soprattutto un ottimo fotografo, specialista in immagini di alta montagna. I suoi film sono stati dei pretesti per riprendere ghiacciai immacolati e vette nevose vestite di nuvole. ■ DOCUMENTARIO; B/N; 92′; GERMANIA, 1931.

EBBREZZA DEL CIELO, L' ★★
Regia di GIORGIO FERRONI. Con MARIO GIANNINI, SILVANA JACHINO. ■ È un film di propaganda bellica. Un gruppo di giovani montanari impiega denaro e fatica per mettere a punto un volo di prova con l'aliante. Durante gli anni seguenti tutti conseguono il brevetto di navigazione aerea e si distinguono per valore nella guerra di Spagna. ■ COMMEDIA; B/N; 91′; ITALIA, 1940.

EBBREZZA DELL'ORO, L' *(Sutter's Gold)* ★★
Regia di JAMES CRUZE. Con EDWARD ARNOLD, BINNIE BARNES. ■ Scappato in America per sottrarsi ad una condanna ingiusta, uno svizzero accumula un ingente patrimonio. Quando nel territorio di sua proprietà viene trovato l'oro, molti cercatori lo invadono. L'uomo muore nel tentativo di impedire quella che considera un'ingiustizia. ■ DRAMMATICO; B/N; 94′; USA, 1936.

EBBRO DI DONNE E DI PITTURA ★★★
(Ivre de femmes et de peinture)
Regia di IM KWON-TAEK. Con SUNG-KI AHN, HO JEONG YOU, YE-JIN SON. ■ Film ispirato alla vita del pittore alcolista Ohwon, un antesignano di Jackson Pollock, che impasta i colori direttamente sulla tela stesa per terra. Ohwon è un artista maledetto in piena regola così come lo sono stati van Gogh e Gaugin. Randagio, anticonformista, passionale, individualista e dotato di un talento naturale, dipinge e beve furiosamente. La sua natura anarchica e ribelle lo porta ad essere coinvolto in un intrigo internazionale di natura politica tra Cina e Corea. Il regista confeziona una serie di cartoline ben riuscite che si susseguono geometricamente sullo schermo a formare un affresco gradevole e ordinato. ■ DRAMMATICO; COL.; 117′; COREA, 2001. ■ CANNES 1 PR.

EBREO ERRANTE, L' ★★
Regia di GOFFREDO ALESSANDRINI. Con VALENTINA CORTESE, ARMANDO FRANCIOLI, VITTORIO GASSMAN, NOËLLE NORMAN, CESARE POLACCO. ■ Un facoltoso ebreo, contemporaneo e nemico di Gesù, è condannato a vivere per sempre senza mai pace. Durante la seconda guerra mondiale finisce in un lager. Riuscito a fuggire, si consegna volontariamente ai carnefici. Il sacrificio lo libera dall'eterna condanna. ■ DRAMMATICO; B/N; 100′; ITALIA, 1948.

È CADUTA UNA DONNA ★★
Regia di ALFREDO GUARINI. Con ROSSANO BRAZZI, ISA MIRANDA. ■ Una ragazza madre, abbandonata dal seduttore, sposa un giovane medico che, dopo un periodo di serenità, sembra non tollerare il passato di lei. La donna allora, seppur controvoglia, lascia il bambino alla suocera. Al momento del distacco, già pentita, cerca di raggiungerlo ma muore investita da un'auto. ■ DRAMMATICO; B/N; 90′; ITALIA, 1941.

ECCE BOMBO ★★★
Regia di NANNI MORETTI. Con PIERO GALLETTI, GLAUCO MAURI, NANNI MORETTI, LUISA ROSSI, LINA SASTRI, FABIO TRAVERSA. ■ A Ostia un robivecchi promuove la sua "raccolta" di cianfrusaglie gridando «Ecce Bombo!». Lo osservano immobili quattro amici, che hanno organizzato una grottesca veglia notturna. La scena è di una comicità amara. Gli amici sono un quartetto di giovani sessantottini ("residuati" come il pacco del robivecchi?) che, nel corso di tutto il film, impersonano ciò che è avvenuto delle speranze di quei giorni: dalla rivoluzione sognata dal movimento studentesco al riflusso in cui nessuno sa più cosa desiderare veramente. Roma, desolata e insolita, è il palcoscenico per la rappresentazione della desolazione giovanile, e per la descrizione di una totale assenza di idee e di alternative che il racconto denuncia. Opera importante anche per la discussione che suscitò quando uscì. ■ COMMEDIA; COL.; 103′; ITALIA, 1978.

ECCE HOMO – I SOPRAVVISSUTI ★★
Regia di BRUNO A. GABURRO. Con PHILIPPE LEROY, IRENE PAPAS, GABRIELE TINTI, FRANK WOLFF. ■ Una famigliola e due uomini sono gli unici sopravvissuti alla catastrofe atomica. Il marito, reso impotente dalla bomba, è geloso della moglie e odia gli estranei, tanto più che essi intendono fecondare la donna per evitare l'estinzione della razza umana. Gli avvenimenti precipitano inesorabilmente: il marito e un rivale si uccidono a vicenda, la moglie si suicida. Solo due uomini rimangono a popolare la Terra. ■ DRAMMATICO; COL.; 90′; ITALIA, 1969.

ECCESSO DI DIFESA *(Jackson County Jail)* ★★★
Regia di MICHAEL MILLER. Con ROBERT CARRADINE, TOMMY LEE JONES, YVETTE MIMIEUX. ■ Tradita dal marito, derubata da due persone nelle quali aveva riposto fiducia, stuprata da una

guardia notturna, rapita da un galeotto, Diana diventa un'assassina suo malgrado e finisce male per colpa della società corrotta e alienante. ■ DRAMMATICO; COL.; 89'; USA, 1976.

ECCEZZZIUNALE... VERAMENTE ★★

Regia di CARLO VANZINA. Con DIEGO ABATANTUONO, MASSIMO BOLDI, STEFANIA SANDRELLI. ■ Beneficiata di Diego Abatantuono che compare in tre episodi dove è rispettivamente un tifoso del Milan, dell'Inter e della Juventus. Nel primo, porta via la fidanzata a un tifoso della "fossa" avversaria. Nel secondo è il bersaglio di una burla (gli fanno credere di aver vinto al totocalcio). Nel terzo è un conducente di Tir che pretende di dare consigli a Gianni Agnelli. ■ COMICO; COL.; 103'; ITALIA, 1982.

ECCEZZZIUNALE VERAMENTE CAPITOLO SECONDO... ME ★★

Regia di CARLO VANZINA. Con DIEGO ABATANTUONO, ANNA MARIA BARBERA, CARLO BUCCIROSSO, UGO CONTI, MAURO DI FRANCESCO, SABRINA FERILLI, NINO FRASSICA, TONY SPERANDEO. ■ Nel 1982 Il primo *Eccezzziunale* era diventato un cult. Vent'anni dopo, a grande richiesta del pubblico giovane di allora ritornano Donato, Tirzan e Franco. Donato, ras del Milan, dopo un esilio volontario in Spagna fa ritorno in Italia e allo stadio, dove scoprirà il terribile contrappasso: avere un figlio interista. Tirzan, camionista bianconero, venduto il suo camion vent'anni prima per una partita di Coppa, lo ripesca e si schianta. In coma per un tempo lungo quindici campionati, un giorno si sveglia "immemore" di moglie e Juventus. Franco, gestisce un bar a Milano e con due amici fannulloni condivide un dolore: l'Inter. Ma durante una trasferta svizzera la fortuna sembra finalmente girare per lui e per i boys nerazzurri. ■ COMICO; COL.; 108'; ITALIA, 2005.

ECCITANTI GUERRE DI ADELINE, LE ★★
(À la guerre comme à la guerre)

Regia di BERNARD BORDERIE. Con MARIANNE COMTELL, SILVIA DIONISIO, IVO GARRANI, CURD JÜRGENS, LEONARD WHITING. ■ Per essere degno di sposare la figlia di un superiore, un ufficialetto russo decide di guadagnare qualche onorificenza. Si prepara a catturare un generale avversario, ma cade tra le generose braccia della sua amante. Alcune importanti informazioni che questa gli ha rivelato gli consentiranno di coronare il suo sogno d'amore. ■ COMMEDIA; COL.; 82'; FRANCIA, 1972.

ECCO FATTO ★★

Regia di GABRIELE MUCCINO. Con BARBORA BOBULOVA, GINEVRA COLONNA, GIORGIO PASOTTI, CLAUDIO SANTAMARIA, ENRICO SILVESTRIN. ■ Matteo e Piterone sono dei ripetenti che sperano prima o poi di farcela all'esame di maturità. Matteo spera di farcela anche con Margherita, di cui si è innamorato. Muccino all'esordio "vuole" essere fresco ma non sempre ci riesce, anche a causa dell'accumulo un po' forzato di caratteri che fanno da "coro" alla narrazione delle vicende dei due amici. ■ COMMEDIA; COL.; 87'; ITALIA, 1998.

ECCO IL FILM DEI MUPPET *(The Muppet Movie)* ★★

Regia di JAMES FRAWLEY. Con ELLIOTT GOULD, MADELINE KAHN, STEVE MARTIN. ■ I pupazzi più famosi della tv approdano sul grande schermo: il ranocchio Kermitt, la porcellina Miss Piggy e tutti gli altri, oltre a un valido cast di attori in carne e ossa. ■ COMMEDIA; COL.; 94'; USA, 1981. ■ OSCAR 2 NOM.

ECCO IL FINIMONDO ★★

Regia di PAOLO NUZZI. ■ La civiltà moderna ha disumanizzato l'uomo: il regista, ispirandosi a episodi storici, tenta di comprendere quale sarà il suo futuro. ■ DOCUMENTARIO; COL.; 90'; ITALIA, 1964.

ECCO IL TEMPO DEGLI ASSASSINI ★★
(Voici le temps des assassins)

Regia di JULIEN DUVIVIER. Con GÉRARD BLAIN, LUCIENNE BOGAERT, DANIÈLE DELORME, GABRIELLA FARINON, JEAN GABIN, HENRY VILBERT. ■ Siamo a Parigi. Il proprietario di un ristorante accoglie la figlia orfana di una sua amante. La fanciulla, solo apparentemente ingenua, vuole impadronirsi dei soldi dell'uomo e per riuscirci non esita a coinvolgere uno spasimante. Finisce male per quest'ultimo, che è ammazzato dalla protagonista, a sua volta dilaniata da un cane feroce. ■ DRAMMATICO; B/N; 113'; FRANCIA, 1956.

ECCO LA FELICITÀ *(La comédie du bonheur)* ★★

Regia di MARCEL L'HERBIER. Con RAMON NOVARRO, MICHELINE PRESLE, MICHEL SIMON. ■ Gli eredi di un uomo facoltoso lo chiudono in manicomio per evitargli di far felici gli altri distribuendo loro l'ingente patrimonio. Riuscito a fuggire, il "matto" deruba la sua banca e, compiuta l'ultima buona azione, si lascia nuovamente internare. ■ COMMEDIA; B/N; 108'; FRANCIA, 1940.

ECCO L'AMORE *(Love Comes Along)* ★★

Regia di RUPERT JULIAN. Con BEBE DANIELS, LLOYD HUGHES. ■ Un film agli albori del sonoro. Parla di una donna che non spera più di essere felice, ma l'amore è dietro l'angolo. ■ COMMEDIA; B/N; 90'; USA, 1929.

ECCO LA RADIO ★★

Regia di GIACOMO GENTILOMO. Con LOREDANA, NUNZIO FILOGAMO, FAUSTO TOMMEI, ROBERTO VILLA. ■ Una passerella dei principali personaggi radiofonici dei quali gli ascoltatori conoscevano solo la voce. ■ COMMEDIA; B/N; 90'; ITALIA, 1940.

ECCO L'IMPERO DEI SENSI *(Ai no corrida)* ★★★

Regia di NAGISA OSHIMA. Con TATSUYA FUJI, EIKO MATSUDA, AOI NAKAJIMA, MEIKA SERI, TAIJI TONOYAMA. ■ La giovane orfana Abé-Sada è assunta come cameriera in una pensioncina. Ben presto diviene l'amante del padrone e i loro amplessi vengono consumati anche alla presenza di occasionali guardoni. I due, stanchi di essere costretti ad amarsi in pubblico, si rifugiano in una casa compiacente, dalla quale ogni tanto la ragazza esce a prostituirsi per racimolare il denaro per sopravvivere. La continua soddisfazione sessuale spinge i due amanti a cercare nuove forme, sadomasochistiche, di piacere. Finirà in tragedia. ■ DRAMMATICO; COL.; 104'; FRANCIA, GIAPPONE, 1976.

ECCO LINGUA D'ARGENTO ★

Regia di MAURO IVALDI. Con NADIA CASSINI, ROBERTO CENCI, CARMEN VILLANI. ■ Sulla costa mediterranea africana si realizza il desiderio di un giovane cotto di una formosa amica. Tutto spezzettato da piccanti episodi secondari. ■ COMMEDIA; COL.; 90'; ITALIA, 1976.

ECCOMI QUA ★

Regia di GIACOMO CIARRAPICO. Con MASSIMO DE LORENZO, CARLO DE RUGGERI, MADDALENA MAGGI, ANDREA SARTORETTI. ■ Matteo, trentenne universitario senza occupazione, vive una relazione mal riuscita con Stefania. Quando quest'ultima gli rivela di essere incinta, la vita di Matteo, già evidentemente precaria, diventa un incubo: convince Stefania ad abortire (ma poi viene lasciato), ed entra in una profonda depressione. Ne uscirà diventando, quasi per caso, un apprezzato cabarettista, e quando rincontrerà Stefania, e scoprirà che lei non ha affatto abortito, potrà forse pensare di iniziare una nuova vita. ■ COMMEDIA; COL.; 85'; ITALIA, 2003.

ECCO NOI PER ESEMPIO... ★★★

Regia di SERGIO CORBUCCI. Con BARBARA BACH, GIULIANA CALANDRA, ANTONIO CASAGRANDE, ADRIANO CELENTANO, RENATO POZZETTO. ■ Uno svitato fotografo e un poeta idealista di provincia si incontrano a Milano e diventano amici. Dalla vita riceveranno solo dolori, ma resteranno due inguaribili ottimisti. ■ COMMEDIA; COL.; 120'; ITALIA, 1977.

ECCO PERCHÉ... LE MOGLI DEGLI AMANTI DI MIA MOGLIE SONO MIE AMANTI... ★★
(All the Loving Couples)

Regia di MACK BING. Con NORMAN ALDEN, BARBARA BLAKE, SCOTT GRAHAM, GLORIA MANON. ■ È diventata un'abitudine, per tre coppie americane, quella di scambiarsi i partner previa estrazione a sorte. Durante una di queste "sedute" intervengono un quarto marito consapevole e l'ignara consorte che, dopo l'iniziale sgomento, accondiscende per aiutarlo a trarre vantaggi di lavoro dalla situazione. Il suo "sacrificio" non serve a nulla. ■ COMMEDIA; COL.; 90'; USA, 1969.

ECHI DI GIOVENTÙ *(Remember the Day)* ★★

Regia di HENRY KING. Con CLAUDETTE COLBERT, JOHN PAYNE,

ANN TODD. ■ Pazzo, deluso e amareggiato da un amore non corrisposto per un'insegnante della sua scuola, si iscrive all'istituto di un paese vicino. Anni dopo, quando la donna rimane vedova di guerra ed egli occupa un'altissima carica politica, per strapparla alla solitudine l'accoglie nella sua famiglia. ■ COMMEDIA; B/N; 85'; USA, 1941.

ECHI DI UNA BREVE ESTATE *(Echoes of a Summer)* ★★★
Regia di DON TAYLOR. Con GERALDINE FITZGERALD, JODIE FOSTER, RICHARD HARRIS, LOIS NETTLETON. ■ I genitori di una bambina gravemente malata non sanno rassegnarsi alla sua inevitabile morte. Solo la piccola sembra accettarla con serenità; durante la festa per il suo dodicesimo compleanno invita il padre e la madre a fare altrettanto. ■ DRAMMATICO; COL.; 98'; USA, 1975.

ECHI MORTALI *(Stir of Echoes)* ★★
Regia di DAVID KOEPP. Con KEVIN BACON, KATHRYN ERBE, DAVID COPE ZACHARY. ■ Dal romanzo di Richard Matheson. Chicago: un gruppo di persone che non ha di meglio da fare tiene sedute spiritiche che finiscono per diventare pericolose. Bacon ha strane visioni che parrebbero venire dall'aldilà. Al centro c'è il suo bambino. Ecco dunque che il pericolo diventa reale. Qualche discreta tensione. ■ THRILLER; COL.; 110'; USA, 1999.

ECHO PARK ★★
Regia di ROBERT DORNHELM. Con MICHAEL BOWEN, SUSAN DEY, TOM HULCE, CHRISTOPHER WALKEN. ■ La vita e le aspirazioni di tre ragazzi poveri: May, che fa la spogliarellista per mantenere il figlio di otto anni, August, culturista e aspirante attore, e Jonathan, garzone di pizzeria e aspirante canzoniere. Delusioni per tutti, ma alla fine, l'amore e l'amicizia trionferanno. ■ COMMEDIA; COL.; 93'; AUSTRIA, 1985.

ECLISSE, L' ★★★★
Regia di MICHELANGELO ANTONIONI. Con LILLA BRIGNONE, ALAIN DELON, FRANCISCO RABAL, LOUIS SEIGNER, MONICA VITTI. ■ Dopo una deludente storia d'amore, una ragazza si lega ad un uomo solo per evadere dalla routine. Un episodio drammatico le farà comprendere il fondamentale cinismo del suo compagno che, come lei, non si recherà al seguente appuntamento. Terzo film (assieme a *L'avventura* e *La notte*) di Antonioni sulla cosiddetta incomunicabilità, resa attraverso interminabili silenzi e significativi studi psicologici dei protagonisti. È l'ultimo film in bianco e nero girato da Antonioni; dopo due anni il regista volterà pagina girando *Deserto rosso*. ■ DRAMMATICO; B/N; 125'; ITALIA, 1962. ■ CANNES 1 PR.

ECLISSE LETALE *(Full Eclipse)* ★
Regia di ANTHONY HICKOX. Con ANTHON JOHN DENISON, PATSY KENSIT, BRUCE PAYNE, MARIO VAN PEEBLES. ■ Quando la luna piena si oscura i lupi mannari non possono essere colpiti dalle pallottole d'argento. Dei poliziotti licantropi approfittano di questa condizione degli astri per mettere fuori gioco i criminali. Citazioni a non finire senza il minimo lampo di vitalità. ■ HORROR; COL.; 97'; USA, 1994.

ECLISSI PARZIALE *(Neuplne Zatmeni)* ★★★
Regia di JAROMIL JIRES. Con BLANKA BOHDANOVA, JANA BREZINOVÁ, LUCIA PALATIKOVA. ■ Un'adolescente, a causa di un gravissimo incidente, diventa cieca. La madre la manda in un istituto per ciechi convincendola però che la sua menomazione sia solo provvisoria. Quando la fanciulla apprende che non è così, aggredisce la madre e pensa al suicidio. Ma uno psicologo la convince, alla fine, ad accettare serenamente la situazione di handicap. ■ DRAMMATICO; COL.; 90'; CECOSLOVACCHIA, 1982.

ECO DELLA GLORIA – SORRIDETE MAESTÀ ★★
Regia di THÉOPHILE PATHÉ. Con JUNIE ASTOR, NUNZIO FILOGAMO, CLAUDE GÉNIA, TITO GOBBI, GERMANA PAOLIERI. ■ Napoli, corte di Gioacchino Murat. Un congiurato si introduce nella dimora reale con un pretesto. Si innamora, ricambiato, della figlia di una nobildonna, alla quale si è presentato sotto le spoglie di un maestro di canto, ma viene smascherato e messo in prigione. Il popolo sta per insorgere, ma il gesto opportunista del re, che libera lui e altri ribelli, ferma la rivolta. ■ STORICO; B/N; 92'; ITALIA, 1947.

E COL BAMBINO FANNO TRE ★★★
(And Baby Makes Three)
Regia di HENRY LEVIN. Con BARBARA HALE, ROBERT YOUNG. ■ A causa di un malinteso due coniugi divorziano. Ciascuno di essi ha un nuovo partner; la moglie, quando sta per risposarsi, sviene e tutti attribuiscono il fatto ad un prossimo, lieto evento. È falso allarme, ma la donna, ancora innamorata del marito benché troppo orgogliosa per fare il primo passo, si guarda bene dal chiarire l'equivoco. Prevedibile finale rosa. ■ COMMEDIA; B/N; 84'; USA, 1949.

E COMINCIÒ IL VIAGGIO NELLA VERTIGINE ★★★
Regia di TONI DE GREGORIO. Con GIAMPIERO ALBERTINI, SERGIO FANTONI, GASTONE MOSCHIN, FRANCA NUTI, JACQUES SERNAS, INGRID THULIN, MILENA VUKOTIC. ■ Il film, tratto dall'omonimo libro della dissidente russa Eugenia Ginzburg, racconta la storia di Tania, dirigente comunista accusata di tradimento durante il periodo delle purghe staliniane e mandata in Siberia. ■ DRAMMATICO; COL.; 100'; ITALIA, 1974.

È COMPLICATO *(It's Complicated)* ★★
Regia di NANCY MEYERS. Con ALEC BALDWIN, LAKE BELL, JOHN KRASINSKI, STEVE MARTIN, MERYL STREEP. ■ Jane e Jake Adler hanno tre figli ormai grandi e sono divorziati da dieci anni. Lei gestisce con successo una caffetteria a Santa Barbara, lui prova a gestire la nuova moglie, di venticinque anni più giovane e il capriccioso figlio di lei. La trasferta a New York per il diploma di uno dei loro figli, riunisce Jane e Jake sotto le lenzuola e dà inizio ad una complicata relazione extraconiugale tra gli ex coniugi, proprio quando Adam, un architetto neodivorziato, si sta teneramente affacciando nella vita da single di Jane. ■ COMMEDIA; COL.; 120'; USA, 2009.

...E CONTINUAVANO A CHIAMARLO FIGLIO DI... ★★
Regia di RAFAEL ROMERO MARCHENT. Con SIMONE BLONDEL, RICCARDO GARRONE, FABIO TESTI. ■ Un ragazzo si trasferisce nella fattoria del padre morto parecchi anni prima per prenderne la gestione. Un vicino, interessato alla proprietà, fa in modo che il giovane sia condannato a morte per rapina. A questo punto interviene Zorro, che libera l'innocente, svela l'intrigo consegnando allo sceriffo le prove indispensabili a incriminare l'uomo e i suoi complici. ■ WESTERN; COL.; 92'; ITALIA, 1972.

...E CONTINUAVANO A FREGARSI IL MILIONE DI DOLLARI ★
Regia di GENE MARTIN. Con GINA LOLLOBRIGIDA, JAMES MASON, LEE VAN CLEEF. ■ Un ladro ritrova in circostanze fortuite la donna che lo ha derubato di un cospicuo bottino. Sua complice in un nuovo colossale furto, lo inganna ancora una volta ma viene fatta prigioniera insieme a lui e ad altri complici dai ribelli messicani. Quando escono di prigione c'è una ricompensa governativa da dividere; la furba donna, però, per l'ennesima volta, si impadronisce di tutto scappando con un nuovo compagno. ■ WESTERN; COL.; 90'; ITALIA, 1971.

...E CONTINUAVANO A METTERE LO DIAVOLO NE LO INFERNO ★★
Regia di BITTO ALBERTINI. Con MIMMO BALDI, ANTONIO CANTAFORA, ROSEMARIE LINDT. ■ Due giovani assetati di avventura trovano pane per i loro denti in un imprevedibile viaggio dalla Germania all'Italia. ■ COMMEDIA; COL.; 88'; ITALIA, 1973.

ECO PLANET – UN PIANETA DA SALVARE ★★
(Echo Planet)
Regia di KOMPIN KEMGUMNIRD. ■ Sam è il figlio viziato e indisponente del presidente di Capital City, luogo teoricamente immaginario, ma simile agli Stati Uniti. Durante una gita con gli scout Sam, che fa troppo affidamento sulla tecnologia, si perde finendo in un villaggio rurale di un Paese esotico dove abitano la riflessiva Nora e il suo fratellino Kim, un bambino che parla con la natura e ascolta i suoi suggerimenti. Quando un disastro ecologico minaccia di distruggere la Terra, i tre piccoli uniscono le forze nel tentativo di salvare il pianeta. ■ ANIMAZIONE; COL.; 81'; THAILANDIA, 2012.

E COSÌ DIVENNERO I TRE SUPERMEN DEL WEST ★★
Regia di ITALO MARTINENGHI. Con SAL BORGESE, FRANK BRANA, GEORGE MARTIN. ■ Tre agenti dell'Fbi indagano sulla macchina

del tempo inventata da uno scienziato romano. Per errore finiscono in piena epopea western e, prima di ritornare ai nostri giorni, vivono mille avventure. ■ WESTERN; COL.; 91′; ITALIA, 1973.

ECSTASY GENERATION *(Nowhere)* ★
Regia di GREGG ARAKI. Con NATHAN BEXTON, JAMES DUVAL, CHIARA MASTROIANNI, DEBI MAZAR, RACHEL TRUE. ■ Araki vorrebbe scandalizzare con la narrazione della giornata di un gruppo di adolescenti californiani. Soprattutto sul piano visivo si sente in dovere di mescolare le fonti più disparate senza preoccuparsi d'altro che di stupire. Peccato che ci sia bisogno anche di una sceneggiatura che qui langue e il cui impatto negativo viene ammortizzato solo dalla breve durata del film. ■ COMMEDIA; COL.; 82′; USA, 1997.

EDDY E LA BANDA DEL SOLE LUMINOSO ★★
(Rock a Doodle)
Regia di DON BLUTH. ■ Chanticleer fa sorgere ogni giorno il sole con il suo chicchirichì. Un giorno però non canta e il sole sorge ugualmente. Viene pertanto deriso da tutti e abbandona la fattoria per andare in città. Diventerà un famoso cantante rock. ■ ANIMAZIONE; COL.; 68′; IRLANDA, 1990.

EDEN ★★★
Regia di AMOS GITAI. Con DANNY HUSTON, THOMAS JANE, SAMANTHA MORTON. ■ Palestina, 1940/1946. Samantha ha sposato in America Dov Ernst. Sono entrambi sionisti, ma lui è un architetto comunista che è animato dal sacro fuoco della costruzione del Paese. Samantha non si sente (e non è per nulla) desiderata e, non appena Dov si arruola nella Brigata Ebraica per combattere il nazismo in Europa, allaccia una relazione con Kalkovsky, un libraio tedesco che vive con Silvia, una terrorista anti-britannica. Intanto Kalman, fratello di Samantha, raggiunge la Palestina con un'idea capitalistico-avventurosa delle sue possibili imprese. Nel momento in cui Dov torna dalla guerra vantando lo stupro di una tedesca, Samantha lo lascia e il libraio, appresa la morte dei propri genitori, compie una scelta estrema. Amos Gitai rappresenta la coscienza vigile del cinema israeliano non accecato dall'odio per il "nemico" palestinese. In questo film, meno riuscito dei suoi ultimi due *Kadosh* e *Kippur*, propone uno sguardo disincantato sulla costruzione dello Stato di Israele. ■ STORICO; COL.; 90′; FRANCIA, ITALIA, 2001.

EDERA, L' ★★
Regia di AUGUSTO GENINA. Con JUAN DE LANDA, COLUMBA DOMINGUEZ, ROLDANO LUPI. ■ Per salvare dalla rovina l'uomo che ama, Annesa uccide, soffocandolo, un vecchio e ricco parente, che lascia tutti i suoi averi in eredità al nipote ignaro. Quest'ultimo viene accusato del delitto e la donna confessa il suo crimine ad un sacerdote. Quando, per un caso fortuito, gli esami di laboratorio compiuti sul cadavere del vecchio scagionano il nipote, Annesa rifiuta il matrimonio che questi le propone e si chiude in convento. ■ DRAMMATICO; B/N; 111′; ITALIA, 1950.

EDGAR WALLACE A SCOTLAND YARD *(Der Zinker)* ★★
Regia di ALFRED VOHRER. Con HEINZ DRACHE, GUNTER PFIZMANN, BARBARA RÜTTING. ■ Le rivelazioni di uno sconosciuto delatore permettono alla polizia di sventare rapine e furti, opera della malavita londinese, che si mette subito sulle sue tracce. Ma tutti coloro che giungono a scoprirne l'identità vengono trovati morti per il morso di un serpente. La polizia troverà la giusta pista. ■ POLIZIESCO; B/N; 90′; GERMANIA, 1963.

EDGAR WALLACE E L'ABATE NERO ★★
(Der schwarze Abt)
Regia di FRANZ JOSEF GOTTLIEB. Con GRITT BÖTTICHER, JOACHIM FUCHSBERGER, CHARLES REIGNER. ■ Tutti gli abitanti di un castello, dal vecchio barone al personale di servizio, sono alla caccia di un favoloso tesoro. Le ricerche sono ostacolate da un misterioso assassino, soprannominato "abate nero", che fa strage degli imprevidenti ricercatori. Il tesoro viene ritrovato: diventerà la tomba del vecchio barone. ■ POLIZIESCO; B/N; 92′; GERMANIA, 1963.

EDGAR WALLACE RACCONTA... ★★
(Edgar Wallace Series n. 5)
Regia di JOHN LLEWELLYN MOXEY. Con DAWN ADDAMS, MICHAEL GOODLIFE. ■ Il film è composto di due episodi: *Due cadaveri per un bacio*, storia di un noto avvocato che cade nella rete di una banda di ricattatori, e *Libertà condizionata*, nel quale la polizia è alle prese con un galeotto fatto fuggire da una banda interessata al bottino che l'uomo aveva nascosto prima di essere arrestato. ■ POLIZIESCO; B/N; 95 ; GRAN BRETAGNA, 1963.

E DIO CREÒ LA DONNA *(And God Created Woman)* ★★
Regia di ROGER VADIM. Con REBECCA DE MORNAY, FRANK LANGELLA, VINCENT SPANO. ■ Una ragazza appena uscita di prigione sposa un ragazzo-padre, ma va a letto anche con l'aspirante governatore della California. Roger Vadim, a trent'anni di distanza, riprende il canovaccio del film che lo rese famoso (*Piace a troppi*) e cerca, senza particolare successo, di farne una "storia americana". Rebecca De Mornay non è bella nemmeno la metà della B. B. del 1958, ma, ben guidata da Vadim, impone egualmente un suo spigoloso personaggio. ■ DRAMMATICO; COL.; 111′; USA, 1988.

E DIO DISSE A CAINO ★★
Regia di ANTONIO MARGHERITI. Con PETER CARSTEN, KLAUS KINSKI, MARCELLA MICHELANGELI. ■ Scontati dieci anni di lavori forzati per una ingiusta accusa, Gary torna al proprio paese per vendicarsi dell'uomo che lo aveva fatto condannare. Riesce a ucciderlo e lascia tutto l'oro che questi aveva accumulato agli abitanti del paese. ■ WESTERN; COL.; 94′; ITALIA, 1970.

EDIPEON ★★
Regia di LORENZO ARTALE. Con HÉLÈNE CHANEL, MAGALI NOËL, MASSIMO SERATO. ■ Afflitto dal complesso di Edipo, Gianni fatica ad avere una normale vita sentimentale e sessuale. Finalmente si innamora e decide di sposarsi, anche se la prescelta lavora in una casa d'appuntamenti. Ma la mogliettina non tarda a riprendere la sua esistenza dissoluta; Gianni, sconvolto, compie una strage, dopodiché si uccide. ■ DRAMMATICO; COL.; 90′; ITALIA, 1970.

♥ EDIPO RE ★★★★
Regia di PIER PAOLO PASOLINI. Con JULIAN BECK, CARMELO BENE, FRANCO CITTI, SILVANA MANGANO, ALIDA VALLI. ■ Edipo è stato allevato dal re di Corinto come un figlio, ma non sa di essere un trovatello. Quando viene a conoscenza di una terribile predizione secondo la quale egli ucciderà il proprio padre e sposerà la propria madre, fugge dalla città e arriva a Tebe. Può essere considerato una trasposizione cinematografica dell'autobiografia ideale dell'autore: l'antica tragedia greca è infatti un mezzo del quale egli si serve per parlare di sé e dei propri problemi. ■ DRAMMATICO; COL.; 104′; ITALIA, 1967.

E DI SHAÙL E DEI SICARI SULLE VIE DA DAMASCO ★★
Regia di GIANNI TOTI. Con ALESSANDRO HABER, BRIZIO MONTINARO, GEORGES WILSON. ■ San Paolo racconta la sua vita ad un gruppo di giovani e dalle sue parole emerge l'immagine contraddittoria e politicamente frazionata della Palestina ai tempi di Gesù Cristo. ■ DRAMMATICO; COL.; 87′; ITALIA, 1973.

EDISON CITY *(Edison)* ★★
Regia di DAVID J. BURKE. Con MORGAN FREEMAN, JUSTIN TIMBERLAKE, DYLAN MCDERMOTT, KEVIN SPACEY. ■ La vita scorre tranquilla per gli abitanti di Edison, ignari del dilagare della corruzione tra i ranghi della polizia e delle più alte cariche pubbliche. Quando un giovane reporter fiuta qualcosa dietro la dubbia condanna di uno spacciatore, una valanga di marciume gli cade addosso, minacciando di seppellirlo. ■ THRILLER; COL.; 97′; USA, 2005.

...E DIVENNE IL PIÙ SPIETATO BANDITO DEL SUD ★★
(El hombre que mato a Billy el Niño)
Regia di JULIO BUCHS. Con PETER LEE LAWRENCE, FAUSTO TOZZI, DIANIK ZURAKOWSKA. ■ Per difendere la madre da un'aggressione, Billy è costretto ad uccidere e diviene in breve famoso come Billy the Kid. L'ingiusta fama di assassino gli pesa, e quando viene concessa una amnistia a tutti i fuorilegge che dichiarino il proposito di abbandonare le armi, Billy si presenta allo sceriffo. Ma viene colpito a tradimento. ■ WESTERN; COL.; 90′; SPAGNA, 1967.

EDIZIONE STRAORDINARIA *(I'll Tell the World)* ★★
Regia di EDWARD SEDGWICK. Con GLORIA STUART, LEE TRACY. ■ Un famoso giornalista capita in un piccolo regno dove una giovane granduchessa sta per salire al trono. L'incoronazione provoca una serie di intrighi di corte, ai quali la giovane donna non riuscirebbe a sottrarsi se il baldo giornalista non le offrisse il suo aiuto e il suo cuore. La storia finisce con la promessa di un principesco matrimonio. ■ AVVENTURA; B/N; 85'; USA, 1934.

EDMOND ★
Regia di STUART GORDON. Con LING BAI, FRANCES BAY, PATRICIA BELCHER, WREN T. BROWN, MARY CASTRO, WILLIAM H. MACY, JOE MANTEGNA, REBECCA PIDGEON, JULIA STILES. ■ È stanco e svagato Edmond, un agente di cambio, quando la sua segretaria gli ricorda i suoi appuntamenti e la sua vita sempre uguale. Allora perché non provare a interrogare, attraverso una sedicente indovina, il proprio destino per qualche dollaro? Quella che vive non è la sua vita, il posto in cui sta non è quello in cui stare, occorre cambiare subito: congedando con poche battute la propria consorte e cercando consolazione tra le braccia di una ragazza ad ore. Da quel momento la caduta di Edmond sarà inarrestabile. Tratto dal testo teatrale di David Mamet. ■ THRILLER; COL.; 82'; USA, 2005.

EDOARDO E CAROLINA *(Edouard et Caroline)* ★★★
Regia di JACQUES BECKER. Con DANIEL GÉLIN, BETTY STOCKFELD, ANNE VERNON. ■ Un pianista molto bravo ma povero sposa una bella ragazza dell'alta società; uno zio della moglie organizza un concerto nella sua villa per dar modo al giovane di farsi conoscere. Proprio la sera del debutto i due sposini litigano furiosamente. Ma l'intervento di un ricco impresario americano, che promette una brillante carriera al giovane concertista, rimette le cose a posto. ■ COMMEDIA; B/N; 100'; FRANCIA, 1950.

EDOARDO MIO FIGLIO *(Edward My Son)* ★★★
Regia di GEORGE CUKOR. Con DEBORAH KERR, SPENCER TRACY. ■ Pur di salvare il figlio da una grave malattia, Arnaldo non esita a ricorrere a qualsiasi mezzo, anche disonesto. Non gli fa mancare nulla ed è sempre pronto a giustificare ogni sua debolezza, al punto da farne uno sbandato. Scoppia la guerra e il ragazzo muore in un incidente. Al padre non resta che fare un amaro bilancio della sua esistenza sbagliata. ■ DRAMMATICO; B/N; 112'; USA, 1949. ■ OSCAR 1 NOM.

EDOARDO II *(Edward II)* ★★★★
Regia di DEREK JARMAN. Con TILDA SWINTON, NIGEL TERRY, ANDREW TIERNAN, STEVEN WADDINGTON. ■ Il regista inglese, autore di *Caravaggio* e *Sebastiane*, firma il suo capolavoro assoluto. Sono passati cinque anni dal suo ultimo film, a parte lo sperimentale *Last of England* e l'episodio del lungometraggio a episodi *Aria*, e il suo stile è ormai riconoscibilissimo. Jarman dà una sua personale rilettura del libro di Christopher Marlowe, scrittore inglese del sedicesimo secolo le cui opere hanno ispirato anche Shakespeare. La storia d'amore di Edoardo II e del suo prediletto Piers Gaveston, osteggiata dalla nobilità e dalla Chiesa, è pretesto per un efficace discorso politico oltre che umano. ■ DRAMMATICO; COL.; 90'; GRAN BRETAGNA, 1991. ■ VENEZIA 2 PR.

...E DOMANI IL MONDO *(Tomorrow the World)* ★★
Regia di LESLIE FENTON. Con BETTY FIELD, FREDRIC MARCH. ■ Un giovane hitleriano finisce, durante la guerra, ospite di parenti americani. La sua filosofia di vita è ormai improntata ai principi del nazismo e le sue malefatte rischiano di farlo chiudere in riformatorio. In quell'occasione i parenti gli dimostrano comprensione e affetto, tanto da vincere la sua cattiva indole. ■ DRAMMATICO; B/N; 86'; USA, 1944.

...E DOPO LE UCCIDO *(Pretty Maids All in a Row)* ★★★
Regia di ROGER VADIM. Con ANGIE DICKINSON, ROCK HUDSON, RODDY MCDOWALL, TELLY SAVALAS. ■ Un affascinante professore di una università americana è ritenuto responsabile dell'uccisione di una giovane allieva. Uno studente, convinto della sua innocenza, si dà da fare per aiutarlo e nemmeno quando lui gli confessa la propria colpa rinuncia a dargli una mano: eludendo la vigilanza della polizia, lo fa fuggire. ■ GIALLO; COL.; 92'; USA, 1971.

ED ORA... RACCOMANDA L'ANIMA A DIO! ★★
Regia di DEMOFILO FIDANI. Con JEFF CAMERON, VIRGINIA DARVAL, ETTORE MANNI, FABIO TESTI, ARMANDO VISCONTI. ■ Steve è alla ricerca dei banditi che gli hanno rubato l'oro, Stanley vuole invece vendicare la morte dei genitori avvenuta per mano di un parente che si è appropriato delle loro terre. I due uomini si ritrovano sulla stessa diligenza che viene assalita dai banditi. Sono salvati da un avventuriero che diventa loro amico e li aiuta a compiere le loro vendette. ■ WESTERN; COL.; 92'; ITALIA, 1968.

ED ORA... SPOSIAMOCI *(Stand in)* ★★★
Regia di TAY GARNETT. Con JOAN BLONDELL, LESLIE HOWARD. ■ Un'importante banca spedisce a Hollywood uno sprovveduto funzionario perché indaghi sui motivi che hanno portato sull'orlo del fallimento una società cinematografica della quale la banca detiene la maggioranza delle azioni. Il giovanotto rischia di perdere la testa, ma gli viene in aiuto una graziosa ragazza, un'attricetta, che lo aiuta a venir fuori dai guai. Finale con marcia nunziale. ■ COMMEDIA; B/N; 91'; USA, 1937.

EDTV ★★★
Regia di RON HOWARD. Con JENNA ELFMAN, WOODY HARRELSON, SALLY KIRKLAND, MATTHEW MCCONAUGHEY. ■ La True Tv decide di superare un periodo di fatiche producendo una trasmissione nella quale, attimo per attimo, si assiste alla vita quotidiana di Ed, un giovane che, allettato dal guadagno, accetta di buon grado di vedere completamente violata la sua privacy. Questo film, presentato fuori concorso a Cannes, è stato penalizzato negli Stati Uniti dalla concomitanza del successo di *The Truman Show* di Peter Weir. Senza pretese, è un'altra corretta prova di Ron Howard. ■ COMMEDIA; COL.; 123'; USA, 1999.

EDUCANDE D'AMERICA *(Finishing School)* ★★
Regia di GEORGE NICHOLLS JR., WANDA TUCHOCK. Con BILLIE BURKE, BRUCE CABOT, FRANCES DEE, GINGER ROGERS. ■ In un prestigioso educandato femminile le ragazze ospiti danno prova di dubbia moralità trascorrendo le ore libere in alberghi piuttosto equivoci. È qui che una ragazza si innamora di un giovanotto, che per arrotondare i suoi guadagni di medico appena laureato fa il cameriere. La love story è contrastata da tutti e la ragazza tenta persino il suicidio. ■ DRAMMATICO; B/N; 92'; USA, 1934.

EDUCANDE DI SAINT – CYR, LE ★★
Regia di GENNARO RIGHELLI. Con MAURIZIO D'ANCORA, SILVANA JACHINO, ELIO STEINER, VANNA VANNI. ■ Due giovani allievi ufficiali di una scuola di cavalleria corteggiano due ragazze di un collegio e, scoperti, sono costretti a sposarle. L'imperatore Napoleone Bonaparte spedisce i due giovani a Napoli e le due neo mogliettine chiedono aiuto all'imperatrice Giuseppina, che riesce a far ricongiungere le due coppie che scopriranno di amarsi sul serio. ■ AVVENTURA; B/N; 93'; ITALIA, 1941.

EDUCATION, AN ★★★
Regia di LONE SCHERFIG. Con DOMINIC COOPER, ALFRED MOLINA, CAREY MULLIGAN, ROSAMUND PIKE, PETER SARSGAARD. ■ 1961, sobborgo di Twickenham, Londra. Jenny ha sedici anni e studia con passione per farsi ammettere a Oxford. Al di là di questa meta, sulla quale suo padre vigila con insistenza, conduce una vita grigia, che cambia dopo l'incontro fortuito col trentenne David, che conquista la fiducia del padre e porta Jenny là dove non avrebbe mai creduto di arrivare: nei jazz club, alle aste di opere d'arte, perfino a Parigi. L'università sembra non essere più così importante; eppure ci sono tante cose che Jenny ancora non sa, soprattutto a proposito di David. Lo scrittore Nick Hornby si sperimenta per la prima volta come sceneggiatore adattando il breve memoriale della giornalista inglese Lynn Barber, apparso sulla rivista «Granta». ■ DRAMMATICO; COL.; 100'; GRAN BRETAGNA, 2009.

EDUCAZIONE DEI SENTIMENTI, L' ★★★
(Selskaja Ucitelnitsa)
Regia di MARK DONSKOY. Con VERA MARETSKAJA, DANIEL SAGAL. ■ Prima della Rivoluzione bolscevica, una giovane maestra di scuola progressista ha un bel daffare per difendersi dai proprietari terrieri che la vedono come una pericolosa guastafeste. Ma poi arriva la rivoluzione e i cattivi borghesi sono sconfitti, mentre

la coraggiosa insegnante diventa direttrice di una bellissima scuola e vede i suoi ex allievi tornare dalla guerra coperti di gloria. ■ DRAMMATICO; B/N; 90′; URSS, 1947.

EDUCAZIONE DI GIULIO, L' ★★★
Regia di CLAUDIO BONDI. Con ROBERTO ACCORNERO, ALESSANDRO PELIZZON, GIORGIA PORCHETTI. ■ Giulio è Giulio Carlo Argan, il notissimo critico d'arte. Nato a Torino nel 1909, dopo aver studiato nel famoso liceo D'Azeglio, si laureò in lettere. Divenne successivamente docente di storia dell'arte all'Università di Palermo, poi a quella di Roma. Numerosi e importanti i suoi scritti sulla pittura, scultura e architettura. Ad Argan si deve la lettura critica delle opere rispetto al loro contesto storico e politico. In questo senso è ritenuto la maggiore autorità italiana in assoluto. Molti e importanti i riconoscimenti accademici che si è visto attribuire. Il film di Bondì, autore anche del soggetto, ripercorre appunto gli anni dell'educazione di Argan e ne ricostruisce particolari interessanti. ■ BIOGRAFICO; COL.; 90′; ITALIA, 2001.

EDUCAZIONE FISICA DELLE FANCIULLE, L' ★
(The Fine Art of Love – Mine Ha-Ha)
Regia di JOHN IRVIN. Con URBANO BARBERINI, JACQUELINE BISSET, PAOLO BONICELLI, SILVIA DE SANTIS, EVA GRIMALDI, TOMAS HANAK, ANYA LAHIRI, ENRICO LO VERSO, ANNA MAGUIRE, MARY NIGHY, EMILY PIMM, GALATEA RANZI, ZUZANA RIHOVA, HANNAH TAYLOR-GORDON, NATALIA TENA, JAN UNGER, MAREK VASUT, LUCIE VONDRACKOVA. ■ Sei ragazze sedicenni vivono sin dall'infanzia all'interno di un collegio dove imparano musica, danza e buone maniere. Nonostante la severità del corpo insegnante, tutto sembra vada alla perfezione, ma dietro l'apparenza si nasconde un orribile segreto custodito dalla direttrice. Una delle ragazze cercherà di scoprire la verità. Dal romanzo di Frank Wedekind. ■ DRAMMATICO; COL.; 107′; GRAN BRETAGNA, ITALIA, REPUBBLICA CECA, 2005.

EDUCAZIONE SENTIMENTALE, L' ★★
(L'éducation sentimentale)
Regia di ALEXANDRE ASTRUC. Con DAWN ADDAMS, MICHEL AUCLAIR, JEAN-CLAUDE BRIALY, CARLA MARLIER, MARIE JOSÉ NAT. ■ Anna, disgustata dai continui tradimenti del marito, accetta la corte di un giovane studente. I due decidono di vivere insieme e Anna intende chiedere il divorzio. Quando arriva il momento di parlarne al marito, questi è talmente afflitto per un improvviso rovescio finanziario che Anna non ha il coraggio di abbandonarlo e rinuncia all'amore di Federico. Tratto dall'omonimo romanzo di Flaubert. ■ COMMEDIA; B/N; 92′; FRANCIA, 1961.

EDUCAZIONE SENTIMENTALE DI EUGENIE, L' ★
Regia di AURELIO GRIMALDI. Con GUIA JELO, SALVATORE LIZZIO, ANTONELLA SALVUCCI, SARA SARTINI, CRISTIAN STELLUTI, VALERIO TAMBONE. ■ Madame de Saint Ange ha finalmente ottenuto l'incarico dal duca di Mistival di occuparsi dell'educazione sentimentale della virginale figlia Eugénie. Madame è assai attratta dalla ragazzina ma, contemporaneamente, ha architettato il modo di sedurre anche il marchese di Dolmancé, dotto e giovane filosofo, famoso per la sua intelligenza e il suo fascino, ma noto omosessuale. Il resto è abbondantemente "già visto". ■ EROTICO; COL.; 90′; ITALIA, 2005.

EDUCAZIONE SIBERIANA ★★
Regia di GABRIELE SALVATORES. Con ARNAS FEDARAVICIUS, JOHN MALKOVICH, VITALHI PORSNEV, PETER STORMAR, ELEANOR TOMLISON, JONAS TRUKANAS, VILIUS TUMALAVICIUS. ■ Oltre il fiume Nistrò vive una comunità singolare che educa i propri figli al crimine. Onesti con i più deboli e feroci con esercito e polizia, i siberiani pregano Dio e impugnano armi, predicando una violenza regolata da prescrizioni. Il crollo del Muro e del regime sovietico altera gli equilibri del loro mondo, corrotto rapidamente dall'aria dell'Ovest. Nel passaggio epocale che confronta e poi scontra la tradizione col cambiamento nascono e crescono Kolima e Gagarin, amici per la pelle e amici nel sangue. Ispirati e armati di picca da nonno Kuzja, vengono iniziati alle rapine e alla condivisione "comunitaria" della refurtiva. Perché i siberiani non rubano per arricchirsi, ma per sostenere la loro piccola società, premurosa con gli anziani e coi "voluti da Dio" come Xenja, giovane donna affetta da demenza. Autore *cult* degli anni '80 e '90, a partire dal 2000 Gabriele Salvatores si lascia alle spalle la "sindrome da Peter Pan", che caratterizzava quasi tutto il suo cinema precedente, per tentare la strada più ardua del film non generazionale ma teso a raccontare l'incontro fra generazioni. ■ DRAMMATICO; COL.; 110′; ITALIA, 2013.

E DUE STRADE *(Raza)* ★★
Regia di JOSÉ LUIS SAENZ DE HEREDIA. Con ALFREDO MAJO, ANA MARISCAL, JOSÉ NIETO. ■ Le strade veramente sono tre e simboleggiano le scelte di vita di tre fratelli durante la guerra civile spagnola. ■ DRAMMATICO B/N; 81′; SPAGNA, 1941.

EDUKATORS, THE *(Die Fetten Jahre sind vorbei)* ★★
Regia di HANS WEINGARTNER. Con DANIEL BRÜHL, STIPE ERCEG, JULIA JENTSCH. ■ Tre ragazzi tedeschi decidono, in pieno clima no-global, di "educare" i ricchi borghesi del loro Paese. Entrano nelle loro ville e non sottraggono nulla. Si limitano a spostare arredi e a lasciare segni del loro passaggio. Finché un giorno si trovano "costretti" a un sequestro di persona. Ma mentre agiscono, Jule si innamora dei due compagni di lotta, rischiando di provocare ulteriori tensioni. A mezza via tra *Jules e Jim* e *The Dreamers*, ma senza la mano d'autore del primo e la provocazione sessuale del secondo. ■ DRAMMATICO; COL.; 126′; AUSTRIA, GERMANIA, 2004.

EDWARD MANI DI FORBICE ★★★
(Edward Scissorshands)
Regia di TIM BURTON. Con JOHNNY DEPP, WINONA RYDER, DIANNE WIEST. ■ Questo di Tim Burton può essere considerato, dopo il "rodaggio" di *Beetlejuice* e *Batman*, un film maturo. Per quanto ci siano ancora nel suo stile degli aspetti convenzionali, la sua originale visionarietà qui si fa strada. Non mancano poi le frecciatine alla borghesia provinciale americana. Il film percorre la scia comune a molti film di inizio anni Novanta: la fiaba (vedi ad esempio *Pretty Woman* e *Ghost*). Fiabe in forma reale, anche se in questo caso le cose irreali abbondano. Un giorno, una rappresentante va a proporre i propri prodotti cosmetici allo strano inquilino di un maniero in stile gotico. Conosce così Edward, creatura di un inventore (Vincent Price) che dopo la morte di quest'ultimo è rimasta in balia della solitudine. Il ragazzo al posto delle mani ha delle enormi forbici. Quando la donna cercherà di farlo entrare in società, in virtù della sua bravura come "parrucchiere", il baratro che divide la gente normale dalla persona "diversa" renderà tutto difficile. Ottima l'interpretazione dell'allora quasi esordiente Johnny Depp. ■ FANTASTICO; COL.; 100′; USA, 1990. ■ GOLDEN GLOBES 1 NOM; OSCAR 1 NOM.

ED WOOD ★★★★
Regia di TIM BURTON. Con PATRICIA ARQUETTE, JOHNNY DEPP, MARTIN LANDAU, SARAH JESSICA PARKER. ■ Ed Wood era un regista che, fra gli anni Quaranta e Cinquanta, fece, come diceva l'ambiente, i peggiori film di tutti i tempi. Produzioni di serie infima, con mezzi ridicoli. Ed faceva tutto, scriveva, produceva e dirigeva. Bussando a destra e a manca riusciva spesso a trovare finanziatori. Il suo colpo di fortuna fu quello di incontrare Bela Lugosi al tramonto e di diventargli amico. Usando il nome di uno dei principi dell'orrore riuscì appunto a trovare un minimo di credito. Grazie a Tim Burton ci si è resi conto che in quei film strani, senza capo né coda, si poteva persino sospettare una certa maldestra genialità. Certi titoli di Wood sono già oggetto di ricerca, persino di culto. Il "cineasta", grazie a questo film, è diventato notissimo: non lo era stato da vivo; ne sarebbe felicissimo. Una menzione per il sempre più apprezzato Depp, davvero duttile (è un credibile Don Giovanni in *Juan De Marco*, accanto a Brando), ma soprattutto per lo straordinario Landau che fa Lugosi con tanta verità che si è visto assegnare l'Oscar quale attore non protagonista. ■ COMMEDIA; B/N; 126′; USA, 1995. ■ GOLDEN GLOBES 1 PR, 3 NOM; OSCAR 2 PR, 2 NOM.

EFFETTI COLLATERALI *(Senseless)* ★★
Regia di PENELOPE SPHEERIS. Con BRAD DOURIF, MATTHEW LILLARD, DAVID SPADE, RIP TORN, TAMARA TYLOR, MARLON WAYANS. ■ Uno scienziato pazzo paga uno studente squattrinato per sperimentare un preparatao che acuisce i cinque sensi. Tut-

to è ok finché la dose non viene sbagliata. Unico motivo d'interesse (la Spheeris è capace di ben altro) la presenza di un fratello Wayans ■ COMMEDIA; COL.; 93'; USA, 1998.

EFFETTI COLLATERALI *(Side Effects)* ★★
Regia di STEVEN SODERBERGH. Con JUDE LAW, ROONEY MARA, VINESSA SHAW, CHANNING TATOU, CATHERINE ZETA-JONES. ■ Emily Taylor è una giovane donna esaurita dalla depressione. Ora che il marito Martin è finalmente fuori di prigione, dovrebbe lasciarsi il buio alle spalle, ma il suo stato emotivo peggiora, fino a spingerla sull'orlo del suicidio. Inizia così il rapporto con il dottor Banks, psichiatra di successo, con le pillole e i loro effetti collaterali, blackout compresi. Un giorno, Martin viene trovato esanime in casa, pugnalato a morte. Le tracce conducono alla moglie ma lei non ricorda nulla. Il film esordisce in maniera molto accattivante per poi non riuscire a mantenere lo stesso livello di interesse e adagiarsi su percorsi a dir poco scontati. ■ THRILLER; COL.; 106'; USA, 2013.

EFFETTI DEI RAGGI GAMMA SUI FIORI DI MATILDE, GLI ★★★
(The Effect of Gamma Rays on Man-in the-Moon Marigolds)
Regia di PAUL NEWMAN. Con DAVID SPIELBERG, RICHARD VENTURE, JOANNE WOODWARD. ■ Dal dramma di Paul Zindel, vincitore del premio Pulitzer. Paul Newman al servizio della moglie Joanne, in cerca di una buona occasione interpretativa. Qui è una madre che cerca di crescere le figlie, ognuna afflitta da non lievi problemi. Il titolo si riferisce alla speranza che continua a fiorire nonostante tutte le amarezze che ci porta la vita. ■ COMMEDIA; COL.; 101'; USA, 1972. ■ CANNES 1 PR; GOLDEN GLOBES 1 NOM.

EFFETTI MOLTO SPECIALI *(Special Effects)* ★★
Regia di JAMES FRAWLEY. Con PETER FALK. ■ Il tenente Colombo è alle prese con un omicidio apparentemente inspiegabile. Si reca sul luogo del delitto, l'elegante spiaggia di Malibù, dove sono stati rinvenuti il corpo di uno sconosciuto e, accanto a lui, un libro. ■ POLIZIESCO; COL.; 91'; USA, 1989.

EFFETTI SPECIALI ★★
Regia di GIANNI AMELIO. Con ANGELA GOODWIN, OLGA KARLATOS, JOSÉ QUAGLIO, ALDO REGGIANI, PAMELA VILLORESI. ■ Girato per la televisione, ha come protagonista un regista di film dell'orrore ormai dimenticato. Costui invita un giovane autore che ha scritto la sceneggiatura di un film, *Effetti speciali*. Pur di essere ricordato il regista è disposto a farsi ammazzare. Da *Bersagli* a *L'occhio che uccide* il film è ricco di citazioni. ■ DRAMMATICO; COL.; 60'; ITALIA, 1978.

EFFETTO ALLUCINANTE *(Rush)* ★★★
Regia di LILI FINI ZANUCK. Con SAM ELLIOTT, JENNIFER JASON LEIGH, JASON PATRIC. ■ Il tema centrale del film è la droga. Due poliziotti, un uomo e una donna, devono infiltrarsi nel regno degli spacciatori. Ci riescono e in principio tutto fila liscio. Per essere completamente credibili i due si drogano davvero e poi non è facile uscirne. Soltanto la donna però riuscirà a sopravvivere. A parte qualche momento d'azione scontato l'opera è diretta e recitata con il giusto tono. La musica è di Eric Clapton. ■ DRAMMATICO; COL.; 105'; USA, 1991. ■ GOLDEN GLOBES 1 NOM.

EFFETTO BLACKOUT *(The Trigger Effect)* ★★
Regia di DAVID KOEPP. Con KYLE MACLACHLAN, DERMOT MULRONEY, ELISABETH SHUE. ■ Un giorno nulla funziona più. Niente luce, niente radio, niente telefono. Ci si può parlare di più ma anche l'aggressività riemerge. Inizio alla *Ai confini della realtà* per un film ben costruito. ■ THRILLER; COL.; 94'; USA, 1996.

EFFETTO NOTTE *(La nuit américaine)* ★★★★
Regia di FRANÇOIS TRUFFAUT. Con JEAN-PIERRE AUMONT, JACQUELINE BISSET, VALENTINA CORTESE, ALEXANDRA STEUART, FRANÇOIS TRUFFAUT. ■ Un film nel film, con Truffaut che interpreta se stesso mentre tenta di condurre a termine una pellicola che sembra nata sotto i peggiori auspici. Ogni genere di difficoltà si abbatte sulla troupe, persino il copione deve subire clamorose modifiche per la morte di uno dei protagonisti. Tante difficoltà finiscono per legare i componenti con sincera amicizia e, quando finalmente anche l'ultima scena viene girata, ognuno riprende la propria strada con nostalgia e rammarico. ■ COMMEDIA; COL.; 115'; FRANCIA, 1972. ■ GOLDEN GLOBES 2 NOM; OSCAR 1 PR, 4 NOM.

EFFI BRIEST ★★★
Regia di RAINER WERNER FASSBINDER. Con WOLFGANG SCHENCK, HANNA SCHYGULLA, HERBERT STEINMETZ. ■ Tratto dall'omonimo romanzo di Theodor Fontane che nel 1895 fece clamore in Germania per l'esplicita denuncia di una certa mentalità tipica delle classi privilegiate. La storia di Effi che, nella Germania di fine Ottocento, viene spinta dai genitori a sposare un barone molto più anziano, ma che le promette un avvenire agiato. Effi intreccia una relazione con un maggiore, ma dopo sei anni il marito li scopre. La allontana da casa, proibendole di vedere la loro bambina, e sfida a duello il rivale uccidendolo. Effi morirà di tubercolosi, ma anche di solitudine e stenti. ■ DRAMMATICO; B/N; 141'; GERMANIA, 1973.

EFFRONTÉE, L' ★★
Regia di CLAUDE MILLER. Con JEAN-CLAUDE BRIALY, CHARLOTTE GAINSBOURG, BERNADETTE LAFONT. ■ Charlotte, tredicenne inquieta e sognatrice, vive con il padre artigiano, il fratello e Léone, una governante amica del padre vedovo. Un giorno un'auto si ferma per chiederle un'indicazione. Dentro, sorridente e radiosa c'è Clara Bauman, una ragazzina prodigio, pianista. Charlotte cade in piena infatuazione; la raggiunge nella sua villa al lago, dove Clara la invita a partire in tournée con lei. Lulù, amichetta fragile e un po' malata, ne è gelosa. Ma sono solo sogni goffi e teneri. Clara parte senza Charlotte. ■ COMMEDIA; COL.; 96'; FRANCIA, 1985.

È FORTE UN CASINO ★★
Regia di ALESSANDRO METZ. Con BOMBOLO, ENZO CANNAVALE, LICINIA LENTINI. ■ Un gruppo di imbroglioni particolarmente maldestri vede nell'annuncio di un'ereditiera americana l'occasione per una colossale truffa. Saranno i maldestri, naturalmente, a venire beffati. ■ COMMEDIA; COL.; 96'; ITALIA, 1982.

È GIÀ IERI ★★
Regia di GIULIO MANFREDONIA. Con ANTONIO ALBANESE, FABIO DE LUIGI, GOYA TOLEDO. ■ Filippo, star del piccolo schermo con la sua trasmissione di divulgazione scientifica, viene spedito a Tenerife per girare una puntata del suo programma insieme ad un timido cameraman. Arrogante e vanesio nella realtà tanto quanto appare accondiscendente ed amorevole in tv, Filippo scopre ben presto che l'isola è legata ad una specie di sortilegio: ogni giorno, infatti, si sveglia e compie i medesimi atti, fino a scoprire che in realtà quella giornata non termina mai, e che sarà costretto a rivivere sempre quel 13 agosto. Occorre fare di necessità virtù. ■ COMMEDIA; COL.; 102'; ITALIA, SPAGNA, 2003.

...E GIUSTIZIA PER TUTTI *(And Justice for All)* ★★★
Regia di NORMAN JEWISON. Con AL PACINO, LEE STRASBERG, JACK WARDEN. ■ Un giovane avvocato idealista è in crisi soprattutto a causa di un giudice sadico, che usa la legge per infierire sugli accusati. Quando il magistrato viene arrestato per violenza carnale, incarica proprio l'avvocato di difenderlo, ma questi, nella sua arringa, lo accusa violentemente giocandosi la carriera. Un film di denuncia non del tutto riuscito, ma con un'ottima interpretazione. ■ DRAMMATICO; COL.; 118'; USA, 1979. ■ GOLDEN GLOBES 1 NOM; OSCAR 2 NOM.

EGLI CAMMINAVA NELLA NOTTE ★★
(He Walked by Night)
Regia di ALFRED L. WERKER. Con RICHARD BASEHART, SCOTT BRADY, ROY ROBERTS. ■ Alcuni agenti sono trovati uccisi. L'autore dei delitti sembra essere al corrente di tutti i movimenti della polizia, tanto da far sospettare che si tratti proprio di un poliziotto. Le indagini si indirizzano in questo senso e ben presto il colpevole viene scoperto: muore dopo una furibonda lotta con le forze dell'ordine. ■ POLIZIESCO; B/N; 79'; USA, 1948.

EGOISTI, GLI *(Muerte de un ciclista)* ★★
Regia di JUAN ANTONIO BARDEM. Con LUCIA BOSÉ, CARLOS CASARAVILLA, ALBERTO CLOSAS, OTELLO TOSO. ■ Tornando in macchina da un incontro clandestino, una donna sposata con un uomo molto ricco e l'amante di lei, professore universitario, investono un uomo. La tragedia sconvolge le loro vite: l'uomo è divo-

rato dai rimorsi, la donna deve affrontare il marito che, grazie ad un ricattatore, ha scoperto tutto. L'ultimo convegno dei due amanti avviene nello stesso luogo dell'incidente e termina in una duplice tragedia. ■ DRAMMATICO; B/N; 88'; SPAGNA, 1955.

E GUARDO IL MONDO DA UN OBLÒ ★★
Regia di STEFANO CALVAGNA. Con SERENA FRAGETTI, GIANLUCA GUNNELLA, TIBERIO MURGIA, LUCA SETA. ■ Mike è convinto che la vita sia come il cestello di una lavatrice che gira, gira e nessuno sa quando finirà. La sua fidanzata lo ha appena lasciato per un ingegnere parigino e lui passa le giornate nella lavanderia a gettoni che gestisce, sognando in bianco e nero, leggendo *Il giovane Holden* e scambiando chiacchiere e opinioni con i clienti di turno. Il suo mondo è racchiuso all'interno di quattro mura coloratissime; fuori c'è la vita, ma lui preferisce rimanere rintanato in quel posto sicuro, cullato dal rumore dei giri delle lavatrici, dalle vibrazioni delle centrifughe e dalla musica di Gianni Togni. Tiberio Murgia aggiunge alla pellicola di Calvagna quel quid in più. ■ COMMEDIA; COL.; 102'; ITALIA, 2006.

EHI AMICO... C'È SABATA, HAI CHIUSO! ★★
Regia di GIANFRANCO PAROLINI. Con WILLIAM BERGER, PEDRO MARIA SANCHEZ, LEE VAN CLEEF. ■ Sabata ha sottratto ad una banda un bottino di centomila dollari e i malviventi cercano in tutti i modi di eliminarlo. Ma l'avventuriero può contare su un paio di ottimi amici, che fingono di accordarsi con i fuorilegge per imbrogliarli. Fintosi morto, Sabata riesce addirittura ad incassare la taglia che la banda aveva messo sulla sua testa. ■ WESTERN; COL.; 105'; ITALIA, 1969.

EHI AMIGO SEI MORTO! ★
Regia di PAOLO BIANCHINI. Con RIK BATTAGLIA, ALDO BERTI, WAYDE PRESTON. ■ In una cittadina del Texas viene compiuta una rapina. Un uomo, aiutato da un povero peone, riesce a rintracciare la banda e a sterminarla, ma del bottino non trova traccia. Avrà una sorpresa. ■ WESTERN; COL.; 90'; ITALIA, 1971.

EHI AMIGO TOCCA A TE MORIRE ★★
Regia di PETER HENKEL. Con BEAU BRUMMEL. ■ La mappa di un tesoro è divisa a metà e ognuna delle due parti appartiene ad un diverso proprietario. Per forza di cose i due possessori devono mettersi d'accordo, ma non hanno vita facile. ■ DRAMMATICO; B/N; 92'; USA, 1970.

EHI CESARE VAI DA CLEOPATRA? HAI CHIUSO... *(Carry on Cleo)* ★★
Regia di GERALD THOMAS. Con KENNETH CONNAR, CHARLES HAWTREY, SIDNEY JAMES, KENNETH WILLIAMS, JOAN SIMS, JIM DALE. ■ Quel che la storia ufficiale non racconta è che i tentativi di uccidere Giulio Cesare furono quattro e che soltanto l'ultimo andò in porto. I precedenti tre furono sventati grazie all'intervento di due schiavi, uno piccolo e brutto ma furbo, l'altro bello e coraggioso ma un po' ingenuo. ■ COMICO; COL.; 91'; GRAN BRETAGNA, 1964.

EHI CI STAI? *(The Pick up Artist)* ★★
Regia di JAMES TOBACK. Con ROBERT DOWNEY JR., DENNIS HOPPER, MOLLY RINGWALD. ■ Un allenatore di baseball s'innamora di una ragazza dalla vita familiare piuttosto disastrata (ha un padre alcolizzato e indebitato con un boss mafioso). Ma l'allenatore sistemerà tutto con il denaro di una grossa vincita al gioco. ■ COMMEDIA; B/N; 81'; USA, 1987.

EHI, DICI A ME? *(You Talkin' to Me?)* ★
Regia di CHARLES WINKLER. Con FAITH FORD, JIM YOUNGS. ■ Un aspirante divo si reca a Hollywood convinto di sfondare. In realtà nessuno lo vuole e dovrà ridimensionare le sue aspirazioni. ■ COMMEDIA; COL.; 97'; USA, 1987.

EHI GRINGO... SCENDI DALLA CROCE ★★
(20.000 dolares por un cadáver)
Regia di PETER HARRISON. Con BARBARA CARSON, LUIS HOOVER, MICHAEL RIVERS. ■ La taglia sulla testa di un pericoloso bandito fa molto gola a Bruce, che si presenta ad uno sceriffo con il cadavere del ricercato, senza curarsi troppo di possibili vendette da parte dei banditi amici dell'ucciso. E le rappresaglie arrivano puntuali, ma Bruce riesce a smuovere i pavidi abitanti del villaggio e a cacciare i cattivi per sempre. ■ WESTERN; COL.; 92'; SPAGNA, 1970.

EHI SATANA! PRENDI LA PISTOLA E SPARA, RITORNA TRINIDAD ★★
Regia di LEE D. BLUCHER. Con PEDRO ARMENDARIZ, CLARENCE HILL, PETER LAURENZ. ■ Trinidad e i suoi compagni vengono giocati da una donna che, dopo averli convinti a compiere una rapina, ha sottratto loro il bottino. Trinidad si mette immediatamente sulle tracce dell'imbrogliona ed ha l'amara sorpresa di scoprire che uno dei suoi fedelissimi era d'accordo con lei: finisce con un massacro. ■ WESTERN; COL.; 93'; SPAGNA, 1974.

EHRENGARD ★★
Regia di EMIDIO GRECO. Con JEAN-PIERRE CASSEL, AUDREY MATSON, LEA PADOVANI. ■ Dal racconto di Karen Blixen. In una corte mitteleuropea all'inizio del secolo scorso, un famoso pittore, conosciuto per le sue imprese di don Giovanni, decide di espugnare una fortezza che resiste a chiunque: la giovanissima dama della regina, Ehrengard, che non ha mai conosciuto l'amore né sembra volerlo conoscere. Il seduttore mette in atto tutte le sue astuzie, che però si riveleranno armi a doppio taglio. ■ DRAMMATICO; COL.; 96'; ITALIA, 1981.

EICHMANN SICARIO DEL DIAVOLO ★★
(Eichmann und das Dritte Reich)
Regia di ERWIN LEISER. ■ Raccogliendo filmati in diverse nazioni, che per disgrazia ebbero a che fare direttamente con il nazismo, il regista ripropone la storia del Terzo Reich. Rievoca anche le persecuzioni contro gli ebrei. ■ DOCUMENTARIO; B/N; 92'; SVIZZERA, 1961.

8 MILE ★★★
Regia di CURTIS HANSON. Con KIM BASINGER, EMINEM, BRITTANY MURPHY, MEKHI PHIFER. ■ Detroit, oggi. Jimmy Smith jr. è un ragazzo bianco col sogno di diventare un rapper famoso. A frustrare i suoi desideri ci sono però difficili condizioni ambientali (la madre è una mattoide che sta con un coetaneo di Jimmy, il lavoro è sempre pesante e precario) e la sua paura del palcoscenico. A cambiare la situazione arriveranno l'incontro con la bella e non così facile Alex, la disillusione nei confronti di supposti amici e un'insperata vincita al bingo da parte della madre. Il giovane vincerà così il suo primo duello rap davanti al pubblico, salvo poi decidere che è tempo di crescere. Per fortuna Hanson è qualcosa di più di un semplice artigiano, e anche in un film chiaramente *marketing oriented* riesce a dire qualcosa, se non di originale, almeno di ben narrato. Prendendosi anche il gusto di demitizzare qualcuno dei "valori" della presunta cultura rap come il machismo e la violenza. Ed Eminem è qualcosa di più dell'ennesima icona musicale prestata al cinema. ■ BIOGRAFICO; COL.; 110'; USA, 2003.

...E IL CIELO RISPOSE *(Historia de la Radio)* ★★
Regia di JOSÉ LUIS SAENZ DE HEREDIA. Con MARGARITA ANDREY, JOSÉ ISBERT, FRANCISCO RABAL. ■ Tre diversi episodi con un unico filo conduttore: i programmi quiz con favolosi premi indetti dalla radio. ■ COMICO; B/N; 86'; SPAGNA, 1955.

...E IL DIAVOLO HA RISO *(Mademoiselle)* ★★
Regia di TONY RICHARDSON. Con ETTORE MANNI, JEANNE MOREAU, UMBERTO ORSINI. ■ In un piccolo centro del Nord della Francia, la maestra, zitella e piena di complessi, prende una terribile cotta per un boscaiolo. Invece di tentare di sedurlo, la donna gli rende la vita impossibile, accusandolo dei turbamenti che la prestanza fisica dell'uomo le procura: il povero boscaiolo finisce linciato. ■ DRAMMATICO; B/N; 103'; GRAN BRETAGNA, 1966.

...E IL LETTO CONTINUA A RACCONTARE ★★
Regia di ALEX VON AMBESSER. Con LEX BARKER, LISELOTTE PULVER, ANN SMYRNER. ■ I protagonisti del film sono una coppia in crisi, lei ancora bella e piena di aspettative, lui ricco e occupatissimo editore. Il matrimonio sembra arrivato alla fine per consunzione quando, per una strana coincidenza, i coniugi si trovano soli a fare un bilancio che risulta ancora positivo. I due rimangono insieme. ■ COMMEDIA; B/N; 101'; GERMANIA, 1963.

E IL VENTO DISPERSE LA NEBBIA *(All Fall down)* ★★★
Regia di JOHN FRANKENHEIMER. Con WARREN BEATTY, BRANDON DE WILDE, ANGELA LANSBURY, KARL MALDEN, EVA MARIE SAINT. ■ Berry Berry è l'idolo del fratello minore: qualsiasi cosa faccia, viene considerata dal ragazzino un'impresa mirabolante.

Ma quando il più piccolo prende una cotta per Sally e quest'ultima viene abbandonata incinta da Berry Berry, il mito cade e il fratellino diventa finalmente uomo. ■ DRAMMATICO; B/N; 110'; USA, 1962.

E INSIEME VIVREMO TUTTE LE STAGIONI ★★
Regia di GIANNI MINELLO. Con LAURA BETTI, FRANCO CITTI, MARIA FIORE, VERA GEMMA, ETTORE NOTARO. ■ Minello ha diretto altri film di impegno. Ma erano gli anni Settanta e Ottanta. In questa fine di millennio sembra invece aver perso il contatto con la realtà, limitandosi a filmare in modo schematico l'ennesima storia di emarginazione giovanile nel quartiere San Basilio di Roma. Marco diventerà un "prostituto" mentre Maria continuerà a sognare la normalità. Due attori culto di Pasolini non bastano a dare mordente alla vicenda. ■ DRAMMATICO; COL.; 102'; ITALIA, 1999.

EINSTEIN JUNIOR ★★
Regia di YAHOO SERIOUS. Con JOHN HOWARD, ODILE LE CLELIO, YAHOO SERIOUS. ■ Oltre alla regia questo nuovo comico firma soggetto, sceneggiatura e produzione. Segno che parte già con qualcosa alle spalle per potersi permettere tanto. La storia, ovviamente inventata di sana pianta, dovrebbe restituirci la giovinezza del grande scienziato Einstein. Vive in Tasmania, in una fattoria, e dopo una serie di esperimenti chimici riesce a "costruire" la schiuma della birra. Viene spedito dal padre a Sidney per mostrare la sua scoperta e trova l'amore di Marie Curie. Dovrà vedersela con persone che vogliono sfruttare la sua formula per strani scopi. ■ COMICO; COL.; 92'; AUSTRALIA, 1988.

E INTORNO A LUI FU MORTE ★★
Regia di LEON KLIMOVSKY. Con WILLIAM BOGART, WAYDE PRESTON, AGNÈS SPAAK. ■ Un proprietario terriero messicano, sfrattato dal suo governo, diventa bandito. L'uomo ha un figlio, che è stato allevato da uno sceriffo e che ignora d'essere figlio di un fuorilegge, ma del fatto è a conoscenza un altro capobanda che rapisce il ragazzo con lo scopo di ricattare il padre naturale. Quest'ultimo riscatta tutta la sua vita sbagliata sacrificando la propria esistenza per liberare il giovane figlio. ■ WESTERN; COL.; 95'; ITALIA, 1968.

E IO MI GIOCO LA BAMBINA *(Little Miss Marker)* ★★★
Regia di WALTER BERNSTEIN. Con JULIE ANDREWS, TONY CURTIS, WALTER MATTHAU. ■ Un giocatore impenitente deve una grossa cifra a un allibratore e gli lascia, in garanzia, la sua bambina di otto anni. Poi il giocatore muore e il bookmaker, scapolaccio incallito, non sa cosa farsene della piccolina. Ma poi s'affeziona. E anzi la piccola contribuirà a togliere il babbo improvvisato dai guai. ■ COMMEDIA; COL.; 104'; USA, 1980.

E IO NON PAGO – L'ITALIA DEI FURBETTI ★★
Regia di ALESSANDRO CAPONE. Con JERRY CALÀ, MAURIZIO CASAGRANDE, VALERIA MARINI, MAURIZIO MATTIOLI, ENZO SALVI. ■ Il maresciallo Remo Signorelli e il brigadiere Riccardo Riva della Guardia di Finanza vengono mandati, in avanscoperta, a preparare "bliz antievasione" a Poltu Quatu, centro turistico sulla costa nord-orientale della Sardegna. Qui Remo ritrova un vecchio amico, Fulvio, che non incontrava da decenni. I due si mettono al lavoro, ovviamente sotto mentite spoglie, e pian piano scoprono un imponente giro di evasioni fiscali. ■ COMMEDIA; COL.; 108'; ITALIA, 2012.

EJFORIJA ★★
Regia di IVAN VYRYPAYEV. Con POLINA AGUREYEVA, MIKHAIL OKUNEV, MAXIM USHAKOV. ■ Pasha decide di mettere Vera di fronte alla verità: le dice che non può più vivere senza guardarla nel modo in cui l'ha guardata per la prima volta poco tempo prima, in occasione di un matrimonio. Vera confessa che anche lei lo ha guardato, senza sapere perché. È accaduto qualcosa di imprevisto, qualcosa che entrambi non avevano mai provato prima... Vyrypaev è alla sua opera prima cinematografica: come commediografo è stato insignito di alcuni dei riconoscimenti più prestigiosi della Russia. ■ DRAMMATICO; COL.; 74'; RUSSIA, 2006.

E JOHNNY PRESE IL FUCILE *(Johnny Got his Gun)* ★★★★
Regia di DALTON TRUMBO. Con TIMOTHY BOTTOMS, KATHY FIELDS, MARSHA A. HUNT, JASON ROBARDS, DONALD SUTHERLAND. ■ Sul fronte francese, durante la guerra 1915-18, un ragazzo americano viene ferito orrendamente: perdute braccia e gambe, è ridotto ad un troncone sul quale i medici di un ospedale osservano i risultati di esperimenti che servono a mantenerlo in vita. Ma Johnny ha un'anima, una coscienza, e chiede che lo lascino morire o che il suo caso venga reso pubblico. Non lo accontentano: Johnny continua a rimanere nascosto, tragica conseguenza dell'assurdità della guerra. L'autore del romanzo dal quale è stato tratto il film consultò Luis Buñuel prima di stendere la sceneggiatura: diverse scene, che raccontano in chiave surrealista i sogni di Johnny, sono state suggerite dal celebre regista. Trumbo è stato uno dei massimi sceneggiatori americani, uomo coraggioso, attento ai problemi più scottanti. Fu uno dei personaggi del cinema più perseguitati nell'era di McCarthy, gli anni della famosa "paura rossa" e della caccia alle streghe. ■ DRAMMATICO; COL.; 111'; USA, 1970. ■ CANNES 1 PR.

EL ★★★
Regia di LUIS BUÑUEL. Con LUIS BERISTAN, ARTURO DE CORDOVA, DELIA GARCES, AURORA WALKER. ■ Il miglior film del periodo messicano di Buñuel. Un uomo estremamente geloso rende impossibile l'esistenza della moglie. Impazzisce dopo aver immaginato crudeli vendette. Uno degli attacchi contro la borghesia e il matrimonio che il regista ha sferrato nella sua lunga carriera. ■ DRAMMATICO; B/N; 89'; MESSICO, 1952.

E LA CHIAMANO ESTATE ★★
Regia di PAOLO FRANCHI. Con LUCA ARGENTERO, JEAN-MARC BARR, ISABELLA FERRARI, FILIPPO NIGRO, EVA RICCOBONO. ■ Dino ha quarant'anni e un amore smisurato per Anna, con la quale però non riesce ad avere rapporti. Anestesista di giorno, amante compulsivo di notte, cerca soddisfazione con prostitute e scambisti. La morte precoce del fratello e l'abbandono della madre lo hanno segnato profondamente e lo conducono alla dipendenza sessuale. ■ DRAMMATICO; COL.; 89'; ITALIA, 2012.

...E LA DONNA CREÒ L'AMORE ★★
(Et la femme crea l'amour)
Regia di FABIEN COLLIN. Con BÉATRICE ALTARIBA, OLIVIER DESPAX, JULIETTE VILLARD. ■ Al giovane Laurent non piace lavorare: preferisce fare l'ospite di compiacenti amiche. In casa di una di queste conosce Claude e, attirato dal suo patrimonio, la sposa. Ma la ragazza non condivide la sua filosofia di vita e si arrabbia per le continue evasioni sentimentali del marito. Questi tenta persino di ucciderla, ma l'intervento di un giovane medico salva la donna. Laurent ritornerà alla vita precaria di prima. ■ COMMEDIA; B/N; 88'; FRANCIA, 1965.

...E LA DONNA CREÒ L'UOMO ★★
Regia di CAMILLO MASTROCINQUE. Con GINO CERVI, THOMAS FRITSCH, ALEXANDRA STEWART. ■ Sbarcato a Roma per le vacanze, un giovane teutonico si trova coinvolto in piccanti avventure con le belle ragazze della capitale. Per un po' si lascia andare, poi si spaventa e fugge precipitosamente verso la Germania, lasciando dietro di sé una scia di cuori infranti. ■ COMMEDIA; B/N; 90'; ITALIA, 1964.

EL ALAMEIN ★★★★
Regia di ENZO MONTELEONE. Con PAOLO BRIGUGLIA, GIUSEPPE CEDERNA, ROBERTO CITRAN, PIERFRANCESCO FAVINO, SILVIO ORLANDO, EMILIO SOLFRIZZI. ■ Nell'ottobre del 1942 l'esercito italiano è bloccato presso El Alamein a un centinaio di chilometri da Alessandria. L'avanzata dell'Asse è stata fermata dalla depressione di El-Qattara, una striscia desertica che si è rivelata insuperabile. La storia segue le vicende di alcuni soldati della divisione Pavia ed è narrata in una sorta di diario, dal soldato Serra, un V.U., volontario universitario, che è partito entusiasta di vedere l'Africa e convinto che la vittoria fosse una formalità. Sappiamo invece che El Alamein fu una disfatta e determinò, con Stalingrado, l'inversione di tendenza della guerra. Seguiamo le vicende quotidiane del tenente Fiore, del sergente Rizzo e di due soldati: il quotidiano, la noia, la mancanza d'acqua e di tutto, la dissenteria, e improvvisamente la battaglia furibonda, i cannoni i carri e gli aerei (degli altri). El Alamein significa sconfitta eroica con gravi perdite inflitte al nemico, con soldati che affrontarono i carri armati con le bottiglie incendiarie. Significa anche divisione Folgore, diventata leggendaria e citata in questo contesto solo casualmente. Al regista

non sta a cuore il mito, ma la povera gente portata via da casa per andare nel deserto. Nel momento dello sbando il gruppo cammina e cammina, non si sa per dove. Poi arrivano gli inglesi, motivati e organizzati. Dopo la battaglia notturna siamo ai giorni nostri, nel cimitero di El Alamein, con migliaia di nomi e di "ignoto" sulle tombe. Per un momento si intravede un uomo di spalle. Probabilmente è Serra, sopravvissuto. Un film italiano buono per il mondo. Era tempo. Monteleone si è informato per anni e poi ha centrato tutte le misure, della vita in trincea, dei discorsi, del dolore. I reduci che hanno visto il film piangevano, dicevano «era proprio così». E questo è l'unico avallo che conta davvero. ■ GUERRA; COL.; 117'; ITALIA, 2002. ■ DAVID DI DONATELLO 3 PR, 3 NOM.

EL ALAMEIN – DESERTO DI GLORIA ★★
Regia di GUIDO MALATESTA. Con PIERRE CRESSOY, ROSSANA RORY, GABRIELE TINTI, FAUSTO TOZZI. ■ La guerra divide due fidanzati, italiano lui e inglese lei: mentre la ragazza ritorna in patria, il giovanotto è spedito in Africa con il grado di tenente. Durante la durissima battaglia di El Alamein, il capitano della compagnia è ucciso e il giovane si trova costretto ad assumere il comando. Si comporta eroicamente e quando, ferito, viene ricoverato in un ospedale inglese, ritrova la fidanzata che era corsa a cercarlo. ■ GUERRA; B/N; 90'; ITALIA, 1957.

E L'ALBA SI MACCHIÒ DI ROSSO ★★
(Operation Day Break)
Regia di LEWIS GILBERT. Con JOSS ACKLAND, TIMOTHY BOTTOMS, MARTIN SHAW. ■ Dopo che tre resistenti cecoslovacchi hanno ucciso un ufficiale tedesco, i nazisti radono al suolo un'intera cittadina e danno inizio ad una spietata caccia all'uomo. Per timore di rappresaglie sulla propria famiglia, uno dei tre denuncia gli altri due, che combattono eroicamente: pur di non essere fatti prigionieri dai tedeschi, si suicidano. ■ GUERRA; COL.; 102'; USA, 1975.

È L'AMOR CHE MI ROVINA ★★
Regia di MARIO SOLDATI. Con LUCIA BOSÉ, WALTER CHIARI, VIRGILIO RIENTO. ■ Un semplice commesso diventa spia industriale per amore: pur di raggiungere la sua bella insegnante di sci, accetta di consegnare ad una misteriosa signora un anello nella cui pietra è nascosto un composto atomico. L'anello è una piccola bomba, ma il giovanotto non lo sa e lo regala alla sua innamorata. Il fatto scatena spie e controspie di diverse nazioni, ma una serie di circostanze fortunate trasformano il semplice commesso in uno 007 vincente. ■ COMICO; B/N; 88'; ITALIA, 1951.

È L'AMORE, SIGNORA! *(L'amour, madame)* ★★★
Regia di GILLES GRANGIER. Con ARLETTY, MARIE DAEMS, FRANÇOIS PÉRIER. ■ Per affascinare una ragazza, un giovanotto timidissimo s'inventa una storia d'amore con una famosa attrice. La ragazza scopre la verità e lo abbandona, indignata. Il giovanotto, qualche anno dopo, scrive una commedia che viene portata al successo proprio dall'attrice del cui nome egli si era servito per ingelosire la fanciulla. Il neoscrittore prende davvero una cotta per la diva, ma questa, che è più anziana di lui, lo dirotta verso una coetanea. ■ COMMEDIA; B/N; 90'; FRANCIA, 1951.

E LA NAVE VA ★★★8
Regia di FEDERICO FELLINI. Con BARBARA JEFFORD, FREDDIE JONES, PHILIP LOCKE. ■ Alla vigilia della prima guerra mondiale, un gruppo di artisti lirici va ad una crociera-commemorazione nel Mediterraneo in estremo omaggio alla memoria di una famosa cantante defunta. Un giorno però la nave viene presa a cannonate dalla flotta austriaca e cola a picco (la grande guerra è nel frattempo cominciata). Non tra gli esiti migliori di Fellini, comunque una metafora spesso geniale, sempre barocca e qua e là coinvolgente sul mondo degli artisti e sul loro distacco dalla realtà. ■ COMMEDIA; COL.; 132'; ITALIA, 1983. ■ DAVID DI DONATELLO 8 4 PR, 4 NOM.

...E LA NOTTE SI TINSE DI SANGUE ★★
(Née pour l'enfer)
Regia di DENIS HÉROUX. Con CHRISTINE BOISSON, MATHIEU CARRIÈRE, ELY GALLEANI, CAROLE LAURE. ■ Un americano reduce dal Vietnam, complessato e pieno di tare psicofisiche, viene sbarcato a Belfast. Per racimolare qualche soldo, decide di derubare certe infermiere che alloggiano in una pensioncina, ma viene colto da *raptus* e, anziché depredare le fanciulle, le sevizia e le uccide. Una gli sfugge: fornirà un elemento utile alla sua cattura. ■ DRAMMATICO; COL.; 92'; CANADA, FRANCIA, GERMANIA, ITALIA, 1976.

...E LA RICERCA DELLA FELICITÀ ★★★
(And the Pursuit of Happiness)
Regia di LOUIS MALLE. ■ Il regista francese riprende alcune storie di immigrati negli Stati Uniti. Tra i personaggi: un attore russo, un astronauta del Costa Rica e un medico vietnamita. Girato in maniera molto lineare senza alcun virtuosismo registico. ■ DOCUMENTARIO; COL.; 84'; USA, 1986.

...E LA TERRA PRESE FUOCO ★★
(The Day the Earth Caught Fire)
Regia di VAL GUEST. Con EDWARD JUDD, LEO MCKERN, JANET MUNRO. ■ Americani e russi compiono pericolosi esperimenti atomici (i primi al Polo Sud e gli altri al Polo Nord) che mettono in pericolo la vita del pianeta. All'affannoso tentativo da parte degli scienziati di evitare la fine del mondo, si affianca la storia d'amore tra un giornalista e un'impiegata dell'ufficio meteorologico. ■ FANTASTICO; B/N; 99'; GRAN BRETAGNA, 1962.

...E LA VITA CONTINUA *(Three Came Home)* ★★★
Regia di JEAN NEGULESCO. Con CLAUDETTE COLBERT, FLORENCE DESMOND, PATRIC KNOWLES. ■ Durante la seconda guerra mondiale, una scrittrice inglese rimane prigioniera in un campo di concentramento giapponese insieme al figlio. Per quanto sia coraggiosa, deve subire angherie di tutti i generi, compreso un tentativo di violenza carnale. Il comandante del lager tenta di convincerla a tacere, ma la donna insiste nella sua pubblica denuncia e deve per questo sopportare altri soprusi. La fine della guerra fa ravvedere il comandante. ■ GUERRA; B/N; 106'; USA, 1950.

E LA VITA CONTINUA *(Zendeg edame darad)* ★★★
Regia di ABBAS KIAROSTAMI. Con FARHAD KHERADMAND, PUYA PAEVAR. ■ Girato con la partecipazione degli abitanti di Rostamabad e Rudbar, il film è un ideale proseguimento di *Dov'è la casa del mio amico?*. Siamo in Iran nel 1990. Il regista percorre in auto col figlio le zone terremotate per cercare gli attori di quel film. Difficile da raccontare, è una storia per chi cerca profonde emozioni, lontano da logiche commerciali. ■ DRAMMATICO; COL.; 91'; IRAN, 1992.

E LA VITA È BELLA *(Zivot je kep)* ★★★
Regia di BORO DRASKOVIC. Con DRAGAN NIKOLIC, SONJA SAVIC, RADE SERBEDZIJA. ■ Un treno si ferma in piena campagna per lo sciopero del macchinista. I viaggiatori trovano temporaneo alloggio in una locanda, dove presto arrivano alcuni mercanti del luogo, prepotenti e smargiassi, che danno fastidio alle donne della compagnia. Mentre alcuni viaggiatori riescono ad andarsene, gli altri rimangono per una festa che si tramuta in orgia e in rissa. Muore il vecchio macchinista. Un giovane, che odia i mercanti da lungo tempo, fa una strage. ■ DRAMMATICO; COL.; 106'; JUGOSLAVIA, 1985.

ELDORADO *(Melody Ranch)* ★★
Regia di JOSEPH SANTLEY. Con GENE AUTRY, ANN MILLER. ■ Un ex cowboy divenuto cantante viene picchiato a sangue da un gruppo di delinquenti che aveva preso in giro durante uno spettacolo. Invece di spaventarsi, il protagonista decide di mettersi in lista per l'elezione di sceriffo: ottiene la carica e riporta la pace in città. ■ AVVENTURA; B/N; 90'; USA, 1941.

ELDORADO *(El Dorado)* ★★★
Regia di HOWARD HAWKS. Con JAMES CAAN, PAUL FIX, CHARLENE HOLT, ARTHUR HUNNICUTT ROBERT MITCHUM, JOHN WAYNE. ■ Il pistolero Cole capita nella città di El Dorado e viene coinvolto nella lotta tra una famiglia di coloni e un ricco proprietario di bestiame che intende sottrarre loro le terre sulle quali vivono. La banda dell'allevatore è ben organizzata, mentre a combatterla ci sono soltanto Cole, che oltre tutto è ferito, due suoi amici, che non sanno sparare, e uno sceriffo alcolizzato. Malgrado tutto, Cole e i suoi riescono ad avere la meglio. È il seguito di *Un dollaro di onore*. ■ WESTERN; COL.; 126'; USA, 1967.

EL DORADO *(El Dorado)* ★★
Regia di CARLOS SAURA. Con OMERO ANTONUTTI, EUSEBIO PON-

CELA, LAMBERT WILSON. ■ Un'altra rievocazione (dopo *Aguirre furore di Dio*) della folle ricerca dell'Eldorado nel Perù del 1562. Aguirre è un avventuriero spagnolo che, attirato dal miraggio dell'oro, fa uccidere il capo della sua spedizione e guida i soldati nel cuore della giungla. Non trovano ovviamente l'oro, ma la morte (per mano degli indigeni e delle belve della foresta). Carlos Saura rievoca l'avventura a sgargianti colori, ma rimane notevolmente al di sotto di Herzog (di cui non ha il furore visionario). ■ AVVENTURA; COL.; 128′; SPAGNA, 1988.

ELDORADO ROAD *(Eldorado)* ★★
Regia di BOULI LANNERS. Con FABRICE ADDE, FRANÇOISE CHICHÉRY, BOULI LANNERS, JEAN-LUC MEEKERS, PHILIPPE NAHON, DIDIER TOUPY. ■ Yvan è un solitario e irascibile commerciante d'auto d'epoca che vive alla periferia di Liegi. Rientrando a casa, un giorno, sorprende un ragazzo che ha appena tentato di derubarlo. Paziente ma inflessibile, Yvan attende per tutta la notte che il ladro esca da sotto il letto, quindi, anziché chiamare la polizia, colto da un impeto d'affetto, si offre di accompagnarlo dai suoi genitori, ai confini con la Francia. Insieme, all'avventura, condividono e annullano le reciproche solitudini, almeno per il tempo del viaggio. ■ DRAMMATICO; COL.; 85′; BELGIO, FRANCIA, 2008.

ELECTION ★★★
Regia di ALEXANDER PAYNE. Con MATTHEW BRODERICK, CHRIS KLEIN, EMILY MARTIN, LOREN NELSON, REESE WITHERSPOON. ■ Le elezioni per la presidenza del Comitato studentesco di una scula superiore di provincia sono al centro di questa commedia satirica tratta da un romanzo di Tom Perrotta. È Jim McAllister (Matthew Broderick), il professore più popolare e rispettato della scuola a guidare i ragazzi. Egli, che ha avuto una vita triste e turbolenta, ha modo, durante le elezioni, di riscattarsi. Gli studenti, stimolati e incoraggiati dal professore, si rivelano ottimi politicanti. Ma, si sa, il mondo della politica è fatto anche di vendette, gelosie e sotterfugi. Nessuno di questi elementi manca in questa commedia pungente, in cui la scuola diventa il microcosmo delle ingiustizie nascoste sotto la patina dorata della vita americana. Meritatissimi i premi della critica che il film ha ricevuto. ■ COMMEDIA; B/N; 103′; USA, 1999. ■ GOLDEN GLOBES 1 NOM.

ELECTRA GLIDE *(Electra Glide in Blue)* ★★★★
Regia di JAMES WILLIAM GUERCIO. Con ROBERT BLAKE, BILLY GREEN BUSH, ELISHA COOK, JEANNINE RILEY. ■ Electra Glide è la motocicletta dei poliziotti americani ed è anche il sogno di John, un piccolo uomo cresciuto nel mito dei grandi eroi hollywoodiani. Ma la realtà è squallida, e alla fine travolge il protagonista, poliziotto sbagliato. Una fucilata di uno spacciatore di droga interrompe l'illusione. ■ DRAMMATICO; COL.; 106′; USA, 1973. ■ GOLDEN GLOBES 1 NOM.

ELECTRIC DREAMS ★★
Regia di STEVE BARRON. Con MAXWELL CAULFIELD, VIRGINIA MADSEN, LENNY VAN DOHLEN. ■ Il computer del timido e impacciato architetto Miles, improvvisamente andato in tilt, assume personalità umana e corteggia abilmente la ragazza della quale è innamorato anche il suo proprietario. Naturalmente questo strano triangolo crea equivoci e situazioni non poco imbarazzanti. ■ COMMEDIA; COL.; 95′; USA, 1984.

ELEFANTE AFRICANO, L' *(The African Elephant)* ★★
Regia di SIMON TREVOR. ■ Il film racconta la vita degli elefanti africani. ■ DOCUMENTARIO; COL.; 92′; USA, 1971.

ELEGANTE GIUSTIZIERE, L' *(The Public Defender)* ★★
Regia di J. WALTER RUBEN. Con RICHARD DIX, SHIRLEY GREY. ■ Il protagonista è un eroico uomo di legge che non dà tregua ai banditi. Non manca nessuno dei luoghi comuni dei film d'azione. ■ GIALLO; B/N; 84′; USA, 1931.

ELEKTRA ★
Regia di ROB BOWMAN. Con JENNIFER GARNER, JASON ISAACS, WILL YUN LEE, TERENCE STAMP, CARY-HIROYUKI TAGAWA, GORAN VISNJIC. ■ Elektra, morta, resuscitata e poi scacciata da Stick, il suo sensei, ha abbracciato la via del male, diventando la più spietata killer a pagamento in circolazione. Finché non gli commissionano l'assassinio di Mark e di sua figlia Abby, una ragazzina che nasconde un segreto. Elektra non uccide i due, anzi li protegge da La Mano, malefica organizzazione alla ricerca di un misterioso tesoro. Il mare degli adattamenti cinematografici di supereroi a fumetti è in piena, ed è inevitabile che accanto a iniziative felici venga a galla anche il ciarpame. ■ AZIONE; COL.; 97′; USA, 2005.

ELEMENTO DEL CRIMINE, L' ★★★
(The Element of the Crime)
Regia di LARS VON TRIER. Con MICHAEL ELPHICK, ESMOND KNIGHT, ME ME LAY. ■ Tornato sconvolto al Cairo dopo un'indagine in Europa, un investigatore racconta a uno psichiatra la sua vicenda, di come venne coinvolto nel caso delle ragazzine della lotteria. Chi le sta uccidendo e perché? ■ GIALLO; COL.; 103′; DANIMARCA, 1984.

...E LE MURA CADDERO ★★
(The Walls Came Tumbling down)
Regia di LOTHAR MENDES. Con LEE BOWMAN, MARGUERITE CHAPMAN. ■ Un'eredità costituita da due antiche Bibbie e da un quadro di Leonardo da Vinci scatena la caccia sfrenata di un gruppo di delinquenti, che non esitano ad uccidere per arrivare ai preziosi oggetti. Un giornalista comincia ad interessarsi della faccenda per dovere professionale, ma l'amore per la bella ereditiera lo trasforma in poliziotto: i colpevoli sono arrestati, quadro e Bibbie recuperati. ■ POLIZIESCO; B/N; 82′; USA, 1946.

ELENA DI TROIA *(Helen of Troy)* ★★★
Regia di ROBERT WISE. Con SIR CEDRIC HARDWICKE, ROSSANA PODESTÀ, JACQUES SERNAS. ■ Troia è una città ricca e fa gola a molti, così, quando la bella Elena fugge con Paride, principe troiano, i re greci hanno il pretesto per dichiararle guerra. Nemmeno quando Elena si dice disposta a tornare a casa si pone fine alle ostilità. Dopo dieci anni, con l'inganno escogitato da Ulisse, i re greci riescono a mettere le mani sulle ricchezze della città e a riportare in patria la fuggitiva per amore. ■ AVVENTURA; COL.; 118′; ITALIA, USA, 1955.

ELENA PAGA IL DEBITO *(The Lady Pays off)* ★★
Regia di DOUGLAS SIRK. Con LINDA DARNELL, STEPHEN MCNALLY, GIGI PERRAU. ■ Per pagare un debito di gioco, la bella Elena è costretta a fare da governante alla figlioletta del proprietario del locale dove ha perduto una grossa somma. Per vendicare la sua dignità di donna Elena fa di tutto per far innamorare il padrone e ci riesce. ■ COMMEDIA; B/N; 80′; USA, 1951.

ELENA STUDENTESSA IN CHIMICA *(Hélène)* ★★
Regia di JEAN BENOIT-LÉVY. Con JEAN-LOUIS BARRAULT, ROBERT LE VIGAN, CONSTANT RÉMY, MADELEINE RENAUD. ■ Uno studente in medicina, disperato perché le circostanze non gli permettono di dedicarsi alla musica come vorrebbe, si suicida e lascia la fidanzata in attesa di un figlio. La ragazza non si perde d'animo. ■ DRAMMATICO; B/N; 101′; FRANCIA, 1936.

ELENI ★★★
Regia di PETER YATES. Con OLIVER COTTON, JOHN MALKOVICH, KATE NELLIGAN. ■ Un giornalista è incaricato di fare un servizio in Grecia e ne approfitta per cercare di risolvere il mistero che lo ha ossessionato tutta la vita: la morte della madre, probabilmente uccisa da funzionari comunisti subito dopo la guerra. La sua ricerca lo porterà davanti all'assassino della donna. ■ DRAMMATICO; COL.; 117′; USA, 1985.

ELEONORA DUSE ★★
Regia di FILIPPO WALTER RATTI. Con ROSSANO BRAZZI, ELISA CEGANI, ANDREA CHECCHI. ■ Dopo un'infanzia povera, Eleonora Duse diventa la grande attrice che tutto il mondo ammira. Vive amori tempestosi con lo scrittore Arrigo Boito, poi con Gabriele D'Annunzio, che la abbandona per raggiungere a Parigi l'altra grande del teatro, Sarah Bernhardt. Professionalmente all'apice del successo ma infelice come donna, la Duse muore in America durante una tournée. ■ BIOGRAFICO; B/N; 90′; ITALIA, 1947.

ELEPHANT ★★★8
Regia di GUS VAN SANT. Con TIMOTHY BOTTOMS, ERIC DEULEN, ALEX FROST, MATT MALLOY, ELIAS MCCONNELL. ■ Dopo Michael Moore anche Van Sant riflette sulla strage compiuta da due studenti nel liceo di Columbine negli Usa. Lo fa con un film di

breve durata in cui, con la macchina da presa, pedina alcuni dei protagonisti che diverranno vittime o assassini. Siamo vicini alla candid camera. Ne esce un quadro di desolante vuoto esistenziale, un tunnel che non ha una luce sul fondo. Non c'è più neppure la tragedia. La morte per strage si tinge di banale quotidianità. ■ DRAMMATICO; COL.; 81'; USA, 2003. ■ CANNES 8 2 PR.

ELEPHANT MAN, THE ★★★
Regia di DAVID LYNCH. Con ANNE BANCROFT, ANTHONY HOPKINS, JOHN HURT. ■ Un povero essere mostruoso, che un malvagio imbonitore esibisce come fenomeno da baraccone, viene liberato da un medico che lo fa ricoverare in un ospedale. Rapito e poi di nuovo libero, riceverà anche l'omaggio dei reali d'Inghilterra. Pago della prima felicità della sua vita, l'uomo elefante (realmente esistito, si chiamava John Merrick) muore dolcemente. ■ DRAMMATICO; B/N; 125'; GRAN BRETAGNA, 1980. ■ GOLDEN GLOBES 4 NOM; OSCAR 8 NOM.

E LE STELLE STANNO A GUARDARE ★★★
(Stars Look down)
Regia di CAROL REED. Con MARGARET LOCKWOOD, MICHAEL REDGRAVE. ■ Tratto dall'omonimo romanzo di Cronin, il film racconta la dura vita dei minatori gallesi, sfruttati ignobilmente dagli industriali che si arricchiscono sulla loro pelle. Una tenera storia d'amore non fa che sottolineare la drammaticità della loro condizione. ■ DRAMMATICO; B/N; 110'; GRAN BRETAGNA, 1939.

ELETTO, L' *(Le concile de pierre)* ★★
Regia di GUILLAUME NICLOUX. Con LORENZO BALDUCCI, MONICA BELLUCCI, MORITZ BLEIBTREU, SAMI BOUAJILA, CATHERINE DENEUVE, NICOLAS JOUHET, NICOLAS THAU, ELSA ZYLBERSTEIN. ■ Laura Siprien è una giovane donna rimasta orfana da piccola che ha adottato un bambino, Liu-San. Ma dal giorno del suo settimo compleanno, Liu-San ha frequenti incubi notturni da cui si sveglia con una strana voglia sul petto. Laura lo consola amorevolmente, ma neanche lei è immune da sogni e visioni inquietanti. Lucas e Sybille sembrano essere i soli amici fidati, fino a quando non rapiscono il piccolo per sacrificarlo sulla "pietra del consiglio", ottenendo così la vita eterna. Per Laura sarà l'inizio di un viaggio misterioso che le rivelerà la natura speciale del figlio, sentinella e guaritore di un'antica tribù mongola. Liberamente tratto dal romanzo omonimo di Jean-Christophe Grangé. ■ THRILLER; COL.; 100'; FRANCIA, 2006.

ELETTRA *(Elektra)* ★★★★
Regia di MICHAEL CACOYANNIS. Con ALEKA CATSELI, YANNIS FERTIS, MANOS KATRAKIS, IRENE PAPAS. ■ Elettra, figlia di Agamennone e Clitennestra, assiste all'assassinio del padre compiuto dalla madre e dal di lei amante. Quando, dopo molti anni, il fratello Oreste torna alla reggia, Elettra lo convince a vendicare il padre uccidendo Clitennestra ed Egisto. La vendetta si compie, ma fratello e sorella sono condannati per l'eternità. ■ DRAMMATICO; B/N; 111'; GRECIA, 1961. ■ OSCAR 1 NOM.

ELETTRA, AMORE MIO *(Szerelmen, Elektra)* ★★★
Regia di MIKLÓS JANCSÓ. Con MARIA BAJCSAY, LAJOS BALÁSZOVITIS, GYÖRGY CSERHALMI, JOZSEF MADARAS, MARI TOROCSIK. ■ Tratto dall'opera teatrale (a sua volta ispirata ad Euripide e a Sofocle) di Laszlo Gyurko. Tragedia classica, cultura e cinema, uniti a certi temi politici: una gran confusione. ■ DRAMMATICO; COL.; 92'; UNGHERIA, 1974.

ELETTROSHOCK *(Shock Treatment)* ★★
Regia di DENIS SANDERS. Con LAUREN BACALL, CAROL LYNLEY, STUART WHITMAN. ■ Un avvocato sospetta che l'uomo che ha ucciso in un *raptus* di follia una sua ricca cliente non sia pazzo, ma simuli per nascondere una grossa somma di denaro. Ha ragione l'avvocato, che scopre l'inganno con la collaborazione di un attore, che si fa ricoverare nello stesso ospedale dov'è rinchiuso l'assassino. Ma la direttrice del manicomio riesce a sapere dove è nascosto il denaro. Da quel momento si scatena una sfrenata caccia ai soldi. Punizione per i cattivi. ■ DRAMMATICO; B/N; 94'; USA, 1964.

ELEZIONE A BALTIMORA *(Amazing Grace)* ★★
Regia di STAN LATHAN. Con ROSALIND CASH, MOSES GUNN, SLAPPY WHITE. ■ Una vecchia nera, un po' stramba e ubriacona, prende sotto la sua protezione un poco di buono con ambizione politica e lo trasforma in un onesto e intemerato candidato alla carica di sindaco di Baltimora. Curiosa commedia che recupera molti interpreti del cinema "per soli neri" degli anni Trenta. ■ COMMEDIA; COL.; 92'; USA, 1974.

ELF ★★
Regia di JON FAVREAU. Con EDWARD ASNER, JAMES CAAN, WILL FERRELL. ■ Buddy è un bambino curioso che vive in un orfanotrofio. La notte di Natale si infila nel sacco di Babbo Natale che se ne accorge solo una volta tornato al Polo Nord. Qui il barbuto Santa Claus diviene una specie di padre adottivo del bambino, che cresce assieme agli altri elfi aiutanti di Babbo Natale. O meglio, lui cresce, mentre gli altri elfi restano elfi. Divenuto chiaro che Buddy non può vivere nel mondo degli elfi, viene rimandato nel mondo in cui è nato, alla ricerca dei suoi veri genitori. Ma ben presto si accorge che la grande città non è fatta di pattinaggio sul ghiaccio e zucchero filato. ■ FANTASTICO; COL.; 90'; USA, 2003.

EL HAKIM ★★
Regia di ROLF THIELE. Con ROBERT GRAF, NADIA TILLER. ■ Diventato medico grazie agli enormi sacrifici del padre, il giovane egiziano Ibrahim diventa famoso e provoca l'invidia dei colleghi. Guarisce una miliardaria inglese che gli propone di recarsi a Londra. In Inghilterra diventa famoso, ma quando si avvicina la sua ultima ora ritorna in Egitto. ■ DRAMMATICO; COL.; 95'; GERMANIA, 1957.

ELIANA E GLI UOMINI *(Eléna et les hommes)* ★★★★
Regia di JEAN RENOIR. Con INGRID BERGMAN, PIERRE BERTIN, MEL FERRER, JULIETTE GRÉCO, JEAN MARAIS, MAGALI NOËL, JEAN RICHARD. ■ Nella Parigi dell'Ottocento la baronessa polacca Eliana Sorokowska sfoga le sue ambizioni appoggiando la carriera politica di un uomo, sostenendolo e suggerendogli ogni mossa per raggiungere la vittoria finale. Quando, proprio grazie all'abilità di Eliana, l'uomo diventa pericoloso, i suoi avversari lo neutralizzano distogliendo da lui l'attenzione dell'amante. Come? Mettendole alle costole un affascinante giovanotto del quale la donna si innamora. ■ COMMEDIA; COL.; 96'; FRANCIA, 1956.

ELIMINATE SMOOCHY *(Death to Smoochy)* ★★
Regia di DANNY DEVITO. Con DANNY DEVITO, CATHERINE KEENER, EDWARD NORTON, ROBIN WILLIAMS. ■ La star di un programma per bambini, Rainbow Randolph, viene coinvolto in uno scandalo e quindi licenziato: sarà sostituito da un altro personaggio, Smoochy. Quando Randolph scopre che proprio Smoochy ha una relazione clandestina, cerca di screditarlo a tutti i costi. ■ COMICO; COL.; 109'; GERMANIA, GRAN BRETAGNA, USA, 2002.

ELIMINATORE, L' *(Eraser)* ★★
Regia di CHUCK RUSSELL. Con JAMES CAAN, JAMES COBURN, ARNOLD SCHWARZENEGGER. ■ Swarzy è qualcosa a mezza strada fra Bond e se stesso ai primi tempi. Un giustiziere un po' ridicolo. Non c'è nemmeno l'ironia, o la bravura, di altri suoi film come *True Lies*. E non vale che alla regia ci sia l'uomo che ha diretto Jim Carrey in *The Mask*. ■ AVVENTURA; COL.; 115'; USA, 1996. ■ OSCAR 1 NOM.

ELIMINATORS ★★
Regia di PETER MANOOGIAN. Con DENISE CROSBY, ROY DOTRICE, ANDREW PRIME. ■ Un industriale vuole dominare il mondo intero. Ma quattro coraggiosi riusciranno a distruggere i suoi sogni di grandezza: un guerriero ninja, una scienziata, un cyborg (che chiama in aiuto alcuni colleghi) e un "cacciatore del futuro". Prevedibile, ma non spiacevole fantavventura. La donna è la nipotina di Bing Crosby. ■ FANTASCIENZA; COL.; 90'; USA, 1986.

...E L'INGHILTERRA SARÀ DISTRUTTA ★★
(...und England wird vernichtet)
Regia di JANOS VEICZI. Con VICTOR BEAUMONT, RENATE BLUME, GEORGES PUBERT. ■ I servizi segreti di tutti i paesi alleati, durante la seconda guerra mondiale, sacrificano i migliori agenti per scoprire dove e come i nazisti preparano le terribili bombe V1 e V2. Ci riescono. ■ GUERRA; B/N; 89'; GERMANIA, 1969.

ELIOTROPIO – VOLTI DIMENTICATI ★★
(Forgotten Faces)
Regia di VICTOR SCHERTZINGER. Con MARY BRIAN, CLIVE BROOK, WILLIAM POWELL. ■ È uno dei primi film sonori di Victor Schert-

zinger, regista e musicista americano. ■ COMMEDIA; B/N; 92'; USA, 1928.

ELISABETTA D'INGHILTERRA *(Fire over England)* ★★★
Regia di WILLIAM K. HOWARD. Con LESLIE BANKS, VIVIEN LEIGH, LAURENCE OLIVIER, FLORA ROBSON. ■ Il film non è, come suggerisce il titolo italiano, la biografia di Elisabetta d'Inghilterra, ma la storia di un suo fedele suddito che sventò un complotto ordito contro di lei dal re di Spagna Filippo II. Sono forse più memorabili i retroscena di questo film: Olivier e Vivien Leigh si innamorano sul set. ■ DRAMMATICO; B/N; 89'; GRAN BRETAGNA, 1937.

ELISABETTA D'UNGHERIA *(Herzsebet Kyraline)* ★★
Regia di FELIX PODMANICZKY. Con PÁL JÁVOR, KATALIN KARADY. ■ L'imperatrice Elisabetta d'Austria prende a cuore la causa di un gruppo di cospiratori ungheresi che lottano per l'indipendenza. Prima evita loro la prigione, poi riesce ad ottenere dall'augusto consorte la sospirata costituzione. ■ DRAMMATICO; B/N; 94'; UNGHERIA, 1941.

ELISA VIDA MIA ★★★
Regia di CARLOS SAURA. Con GERALDINE CHAPLIN, ISABEL MESTRES, FERNANDO REY. ■ Elisa (Chaplin) accorre al capezzale del padre morente (Rey), che ha abbandonato la famiglia da tempo. Tra i due si instaura un rapporto di ambiguità psicologica, complicato e profondo. ■ DRAMMATICO; COL.; 125'; SPAGNA, 1977. ■ CANNES 1 PR.

ELISIR D'AMOR, L' ★★
Regia di AMLETO PALERMI. Con MARGHERITA CAROSIO, ARMANDO FALCONI, CARLO ROMANO, ROBERTO VILLA. ■ È il seguito dell'omonima opera lirica di Gaetano Donizetti: il mago che preparò il famoso filtro che fece innamorare i protagonisti della storia torna molti anni dopo per sapere come è andata la vicenda matrimoniale. Trova che i figli che i due hanno avuto sono alle prese con problemi sentimentali molto simili a quelli dei genitori e risolve anche quelli. ■ COMMEDIA; B/N; 97'; ITALIA, 1941.

ELISIR D'AMORE, L' ★★★
Regia di MARIO COSTA. Con NELLY CORRADI, TITO GOBBI, GINO SINIMBERGHI. ■ Il film è la trasposizione cinematografica dell'opera lirica di Gaetano Donizetti. Un giovane contadino è innamorato di una ragazza più ricca di lui e per conquistarla si rivolge ad un mago che gli consegna un filtro d'amore. Il giovanotto, sicuro che l'elisir funzionerà, cambia atteggiamento e diventa spavaldo e sicuro di sé. Questo, unito ad una improvvisa eredità, fa capitolare davvero la bella e diventare famoso il mago. ■ MUSICALE; B/N; 85'; ITALIA, 1947.

ELIZABETH ★★★
Regia di SHEKHAR KAPUR. Con CATE BLANCHETT, CHRISTOPHER ECCLESTON, GEOFFREY RUSH. ■ Storia di Elisabetta I, figlia di Enrico VIII e di Anna Bolena, che divenne la prima regina d'Inghilterra nel 1558 e regnò fino al 1603. All'inizio Elisabetta dovette affrontare e superare intrighi continui, riuscendo tuttavia a districarsi fino a prendere il potere con sicurezza, gestendo con grande acume i rapporti con tutti, dal Parlamento alla Chiesa. Il film si interessa soprattutto al privato, ai primi amori di Elisabetta, ai tentativi da parte dei suoi tutori di trovarle un marito, sempre sgradevole e sgradito. Grande cura nella ricostruzione, ed esagerato amore per l'esercizio cinematografico. Nell'insieme un'opera comunque efficace. Kapur è un indiano che aveva già fatto parlare di sé al Festival di Cannes del 1995 con l'opera *Bandit Queen*. ■ BIOGRAFICO; COL.; 124'; GRAN BRETAGNA, 1998. ■ GOLDEN GLOBES 1 PR, 3 NOM; OSCAR 1 PR, 7 NOM.

ELIZABETH – THE GOLDEN AGE ★★★
Regia di SHEKHAR KAPUR. Con CATE BLANCHETT, CLIVE OWEN, ABBIE CORNISH, RHYS IFANS, JORDI MOLLÀ, SAMANTHA MORTON, GEOFFREY RUSH. ■ Filippo II, re di Spagna e fervente cattolico, è fermamente deciso a detronizzare l'"eretica" Elisabetta I e a incoronare regina d'Inghilterra la cugina Maria Stuarda. Sostenuto dalla Chiesa di Roma e forte di un poderoso esercito, il sovrano spagnolo ordisce un complotto ai danni di Elisabetta, che da trent'anni governa gli inglesi con forza e saggezza. Mentre il fondamentalismo cattolico di Filippo e dell'Inquisizione minaccia l'Europa protestante, la presenza a corte di Raleigh, un cittadino senza titolo nobiliare con la vocazione per l'esplorazione e per la navigazione su mari perigliosi, indebolisce le salde certezze della regina. Dimenticando il suo ruolo, Elisabetta si scopre vulnerabile e innamorata. Ma la politica la reclama. L'"invincibile" Armada di Filippo, centotrenta galere e trentamila uomini, è salpata per l'Inghilterra. La vita di Elisabetta I è un "testo" largamente frequentato al cinema. Ne esistono oltre venti versioni. Tutti se ne innamorano, soprattutto gli storici e i registi, che non resistono alla tentazione di farne un libro o un film. ■ DRAMMATICO; COL.; 114'; FRANCIA, GRAN BRETAGNA, 2007.

ELIZABETHTOWN ★★★
Regia di CAMERON CROWE. Con ALEC BALDWIN, JESSICA BIEL, ORLANDO BLOOM, KIRSTEN DUNST, JUDY GREER, BRUCE MCGILL, JED REES, EMILY RUTHERFURD, SUSAN SARANDON. ■ Drew (Bloom) ha dovuto affrontare un fallimento professionale e contemporaneamente la morte del padre. Incaricato dalla famiglia di raggiungere i parenti nel Kentucky per recuperare la salma e occuparsi del funerale, incontra in volo Claire (Dunst), una hostess che forse può cambiargli la vita. Una storia come tante altre è stata trasformata dal regista in qualcosa di non banale grazie anche all'interpretazione convincente di Kirsten Dunst. Il taglio che il regista conferisce al film è fondato sugli opposti. Un manager in carriera dalla mente razionale che vive in città, una donna sognatrice con una concretezza tutta sua e una realtà provinciale verace. Alec Baldwin e Susan Sarandon ballano un tip-tap da ricordare, sulla musica di *Moon River*. ■ DRAMMATICO; COL.; 134'; USA, 2005.

ELLES *(Sponsoring)* ★★★
Regia di MALGOSKA SZUMOWSKA. Con JULIETTE BINOCHE, LOUIS-DO DE LENCQUESAING, ANAÏS DEMOUSTIER, KRYSTYNA JANDA, ALI MARHYAR. ■ Anne ha un marito, due figli, una bella casa a Parigi. È una giornalista del magazine "Elle" per il quale ha recentemente condotto un'inchiesta intervistando due studentesse che si prostituiscono. L'incontro con la polacca Alicja e con la francese Lola la turba profondamente. Il rischio di realizzare l'ennesimo film di indagine/denuncia (magari un po' hard) sul fenomeno di giovanissime che vendono il loro corpo mentre continuano a frequentare l'università c'era, ma è stato abilmente bypassato. Perché questo non è un film su di loro ma è un'analisi dell'universo familiare di una donna solo apparentemente realizzata messo a confronto con scelte lontane dal suo sentire ma che, in modo del tutto inaspettato, ne sovvertono le fragili sicurezze. ■ DRAMMATICO; COL.; 96'; FRANCIA, POLONIA, GERMANIA, 2011.

ELLIOT, IL DRAGO INVISIBILE *(Peter's Dragon)* ★★★
Regia di DON CHAFFEY. Con RED BUTTONS, JIM DALE, SEAN MARSHALL, HELEN REDDY, MICKEY ROONEY, SHELLEY WINTERS. ■ La famiglia Gogan sfrutta vergognosamente il povero orfanello Peter, acquistato per pochi soldi come un oggetto. Ma c'è il drago Elliot a vegliare sul ragazzino. Sistemato felicemente il suo protetto, Elliot se ne andrà in un luogo lontano per aiutare un altro bambino bisognoso di soccorso. ■ COMMEDIA; COL.; 134'; USA, 1977. ■ GOLDEN GLOBES 1 NOM; OSCAR 2 NOM.

ELLIPSIS ★★★
Regia di ANDREJ A. ESHPAJ. Con SERGEY DREYDEN, IGOR MIRKURBANOV, EUGENIYA SIMONOVA, EUGENIY TSIGANOV. ■ È la storia di un'artista molto nota che a 45 anni sta lavorando alla scultura gigante di Lenin. Sposata con un pittore famoso molto più vecchio di lei, Kira appare una donna serena e realizzata. Fino al ritorno di Vadim, un vecchio compagno con il quale aveva avuto una relazione 25 anni prima, interrotta dall'arresto di Vadim da parte della polizia sovietica. Presentato a Locarno e giustamente segnalato con una menzione speciale dalla giuria, il film è una buona trasposizione del romanzo di Viktor Nekrassov *Kira Georgevna*, uscito anche in Italia nel 1961. ■ DRAMMATICO; COL.; 104'; RUSSIA, 2006.

ELMETTO PIENO DI FIFA – IL MURO DELL'ATLANTICO, UN *(Le mur de l'Atlantique)* ★★
Regia di MARCEL CAMUS. Con ANDRÉ BOURVIL, SOPHIE DESMARETS, PETER MCENERY. ■ In Normandia, durante il secondo

conflitto mondiale, il proprietario di un bar non ama la guerra e le sue complicazioni: per questo asseconda i desideri degli occupanti tedeschi e nasconde un soldato inglese. Ma quest'ultimo lo trascina in una pericolosa missione facendolo diventare un eroe. ■ COMMEDIA; COL.; 102′; FRANCIA, 1970.

E LO CHIAMARONO SPIRITO SANTO... ★
Regia di ROBERTO MAURI. Con VASSILI KARIS, DICK PALMER, MARGARET ROSE, JACK BETTS. ■ Dopo aver rapinato un treno, ucciso un proprietario terriero che gli aveva commissionato il furto e persa la donna che amava, Spirito Santo viene arrestato da uno sceriffo. Potrebbe far fuori anche questo, ma un attimo di onestà lo fa desistere dal compiere un altro delitto. ■ WESTERN; COL.; 92′; ITALIA, 1971.

E LO CHIAMAVANO CINQUE DITA D'ACCIAIO ★
Regia di WANG HONG CHANG. Con CHAN CHIAO, WANG FU, YANG KUNG-YU. ■ Armao è un lottatore di kung-fu fortissimo che ha giurato di non ricorrere mai alla violenza. Ma quando una banda di criminali compie una strage proprio in casa sua, Armao si scatena. ■ AVVENTURA; COL.; 94′; HONG KONG, 1973.

ELOGE DE L'AMOUR *(Eloge de l'amour)* ★★★
Regia di JEAN-LUC GODARD. Con CECILE CAMP, JEAN DAVY, BRUNO PUTZULU, JEAN-HENRY ROGER. ■ Qualcuno parla di un progetto sull'amore che vuole tenere conto di quattro momenti chiave: l'incontro, la passione fisica, le discussioni e la separazione, la riconciliazione. Quattro momenti visti attraverso tre coppie (giovane, adulta e anziana). Bisogna raccontare una storia e sembra possibile farlo attraverso una giovane donna che, però, muore. Due anni prima un burocrate dell'ambasciata americana si incontra con una coppia che ha combattuto nella Resistenza per comprare i diritti sulla loro love story. Ma si possono trasformare in film le grandi speranze nate al termine della seconda guerra mondiale? Godard è sempre Godard. Sempre sperimentatore, sempre alla ricerca, sempre incapace di offrire dei limiti al proprio ego. Ma anche altrettanto pronto ad offrire lampi di poesia visiva. ■ PSICOLOGICO; B/N; 98′; FRANCIA, SVIZZERA, 2001.

ELOGIO DELLA LOTTA *(Kenka Erejii)* ★★★
Regia di SEIJUN SUZUKI. Con JUNKO ASANO, YUSUKE KAWAZU, HIDEKI TAKAHASHI. ■ Okoyama, 1935. Il timido Kiroku è innamorato della dolce Michiko ma cerca la via dei "veri uomini" entrando in una banda di teppisti. Istantanea di un Giappone che sta perdendo i propri punti di riferimento. ■ DRAMMATICO; B/N; 85′; GIAPPONE, 1966.

ELOGIO DELLA PAZZIA ★
Regia di ROBERTO AGUERRE. Con FERNANDO GRILLO, DONALD HODSON, FRANCO PIACENTINI. ■ Dal celebre trattato di Erasmo da Rotterdam, un film senza capo né coda, ambientato in una splendida villa fiorentina. Tra metafore del potere e un pizzico di "giallo", la noia trionfa, grazie anche a numerosi, tediosissimi balletti. ■ DRAMMATICO; COL.; 92′; ITALIA, 1985.

È L'ORA DEL TWIST *(Twist around the Clock)* ★★
Regia di OSCAR RUDOLPH. Con CHUBBY CHECKER, DION DIMUCCI, THE MARCELS, WICKI SPENCER. ■ Il ballo che furoreggiava negli anni Sessanta, il twist, è il solo protagonista di questo film. La storia d'amore tra i due protagonisti non è che un esile pretesto. ■ COMM. MUSICALE; B/N; 86′; USA, 1961.

EL PASO – LE PISTOLE DEL MESSICANO *(El Paso)* ★★
Regia di LEWIS R. FOSTER. Con STERLING HAYDEN, JOHN PAYNE, GAIL RUSSEL. ■ Nella cittadina di El Paso le autorità derubano sistematicamente tutti i reduci della guerra di Secessione che tornano a casa. Per combattere questi soprusi un giovane avvocato diventa a sua volta fuorilegge, ma quando riesce a catturare i malfattori li consegna alla legge. ■ AVVENTURA; COL.; 92′; USA, 1949.

E LUCEAN LE STELLE ★★
Regia di CARMINE GALLONE. Con MARTHA EGGERTH, PAUL KEMP, JAN KIEPURA. ■ Una compagnia di cantanti lirici ancora sconosciuti si trova sulla strada perché il direttore del teatro che li aveva chiamati all'ultimo momento preferisce scritturare artisti celebri. I giovani allestiscono allora uno spettacolo in piazza e la loro bravura attira il pubblico del teatro. ■ COMMEDIA; B/N; 90′; ITALIA, 1935.

...E L'UOMO CREÒ SATANA *(Inherit the Wind)* ★★★★
Regia di STANLEY KRAMER. Con GENE KELLY, FREDRIC MARCH, SPENCER TRACY, DICK YORK. ■ Il film è la storia di un processo svoltosi a Dayton, nel 1925, a carico di un professore accusato di aver spiegato le teorie naturaliste di Darwin agli allievi di una scuola media. Il fatto, secondo le leggi del Tennessee, costituiva un reato e l'accusa era quella di corruzione di minorenni. ■ COMMEDIA; B/N; 127′; USA, 1960. ■ BERLINO 1 PR; OSCAR 4 NOM.

ELVIRA MADIGAN ★★★★
Regia di BO WIDERBERG. Con THOMMY BERGGREN, CLEO, PIA DAGERMARK, LENNART MALMER. ■ La storia narra un fatto veramente accaduto verso la fine dell'Ottocento. Un giovane nobile diserta per stare accanto alla donna che ama. Continuamente obbligati a scappare e a vivere con mezzi di fortuna, i due non riescono a trovare la serenità. Finiscono così con il suicidarsi. ■ DRAMMATICO; COL.; 84′; SVEZIA, 1967. ■ CANNES 1 PR.

ELVIS IL RE DEL ROCK *(Elvis the Movie)* ★★★
Regia di JOHN CARPENTER. Con SEASON HUBLEY, KURT RUSSELL, SHELLEY WINTERS. ■ Si tratta di un'accettabile biografia musicale dello scomparso re del rock. ■ BIOGRAFICO; COL.; 150′; USA, 1979.

ELVIS PRESLEY SHOW *(That's the Way it is)* ★★
Regia di DENIS SANDERS. ■ Elvis Presley, il re del rock, non è morto nella memoria dei suoi ammiratori che possono riascoltare le sue canzoni in questo concerto ripreso a Las Vegas. ■ DOCUMENTARIO; COL.; 91′; USA, 1970.

ELVJS & MARILIJN ★★
Regia di ARMANDO MANNI. Con GIORGIO FALETTI, GORAN NOVOJEC, EDYTA OLSZOWKA. ■ Lui è bulgaro e assomiglia a Elvis, lei rumena ed è la controfigura di Marilyn. Vincono un concorso di sosia e la possibilità di esibirsi in un locale di Riccione. Il viaggio verso l'Italia è il nodo più difficile: ai poveretti capita di tutto, il contesto è quello della difficile situazione dei paesi ex comunisti. L'esordio del regista poteva anche essere peggiore. ■ COMMEDIA; COL.; 93′; ITALIA, 1998.

ELYSIUM ★★
Regia di NEILL BLOMKAMP. Con ALICE BRAGA, CHARITO COPLEY, MATT DAMON, JODIE FOSTER, DIEGO LUNA. ■ Nella Los Angeles del 2154 l'umanità rimasta sulla Terra è un'unica grande classe operaia, che mescola criminali e lavoratori senza criterio, tutti tenuti a bada e dominati con pugno di ferro attraverso i robot da un'elite che da tempo è andata a vivere su una stazione orbitante intorno al pianeta chiamata Elysium. Su Elysium c'è la tecnologia per guarire da ogni malattia, c'è il verde, il benessere e il disinteresse per ciò che accade più in basso, sulla Terra, dove il resto dell'umanità lavora per mantenere la stazione. Un giorno un operaio con precedenti penali ha un incidente nella catena di montaggio e viene esposto ad una quantità mortale di radiazioni. Gli rimangono più o meno 5 giorni di vita e l'unica tecnologia in grado di curarlo si trova su Elysium. Per arrivarci senza autorizzazione e senza essere abbattuto prima dell'atterraggio occorrerà fare accordi con i criminali. ■ FANTASCIENZA, COL.; 109′; USA, 2013

EMANUELLE E LE PORNONOTTI
Regia di JOE D'AMATO (pseud. di ARISTIDE MASSACCESI). Con LAURA GEMSER. ■ L'interprete dei film di Emanuelle, Laura Gemser, fa da guida in questo documentario attraverso le curiosità erotiche di tutto il mondo, e anche dell'universo. ■ DOCUMENTARIO; COL.; 85′; ITALIA, 1978.

EMBER – IL MISTERO DELLA CITTÀ DI LUCE ★
(City of Ember)
Regia di GIL KENAN. Con MARTIN LANDAU, BILL MURRAY, TIM ROBBINS, SAOIRSE RONAN, HARRY TREADAWAY. ■ La città di Ember non ha mai visto il cielo. Da secoli prospera nel sottosuolo, illuminata da un generatore e concepita dai costruttori come un rifugio con un'autonomia di 200 anni. Ma due secoli sono passati, i blackout si fanno sempre più frequenti, le scorte alimentari si vanno esaurendo e i cittadini cominciano a temere l'oscurità eterna. Oltre Ember, dicono tutti, non c'è nient'altro che Ember, ma due ragazzi non la pensano così: Lina Mayfleet e Doon Harrow sono

entrati in possesso di una misteriosa cassetta con delle istruzioni e sono convinti che li aiuterà a salvare la città, ma per farlo devono prima trovare la via d'uscita. ■ AVVENTURA; COL., 95′; USA, 2008.

EMBLEMA DI VIKTOR, L' *(Too Many Thieves)* ★★
Regia di ABNER BIBERMAN. Con BRITT EKLAND, PETER FALK, NEHEMIAH PERSOFF. ■ È un episodio (dilatato) di una serie interpretata da Peter Falk negli anni Sessanta, *O'Brien*. Falk è un avvocato, O'Brien, un po' pasticcione e dispersivo, alla resa dei conti furbo, svelto e vincente. Qui è incaricato di recuperare il tesoro di Alessandro il Macedone trafugato dal Museo Nazionale. Non è solo O'Brien a dare la caccia al ladro. Altri lestofanti mirano ai gioielli. ■ GIALLO; COL.; 94′; USA, 1966.

EMBRYO ★★
Regia di RALPH NELSON. Con BARBARA CARRERA, ROCK HUDSON, RODDY MCDOWALL. ■ Uno scienziato compie un avventato esperimento cercando di creare un essere d'intelligenza superiore. Dapprima la cosa sembra aver successo (la "creatura" è una bellissima e geniale fanciulla). Poi il prodigio si tramuta in mostro. E lo scienziato è costretto a distruggerlo. ■ FANTASTICO; COL.; 92′; USA, 1976.

EMERALD CITY ★★
Regia di MICHAEL JENKINS. Con JOHN HARGREAVES, NICOLE KIDMAN, ROBYN NEVIN. ■ La fortuna della Kidman è quella di essere brava e bella, non certo quella di avere interpretato questa pellicola del quasi sconosciuto Jenkins (*Rebel*). Siamo in Australia, lui è uno sceneggiatore e lei il suo agente: tentano la sorte a Sydney ma l'uomo è travolto da una torbida passione per un'altra. ■ DRAMMATICO; COL.; 95′; AUSTRALIA, 1991.

È MERAVIGLIOSO ESSERE GIOVANI ★★★
(It's Great to be Young)
Regia di CYRIL FRANKEL. Con DOROTHY BROMILEY, JOHN MILLS, CECILIA PARKER. ■ Un insegnante inglese di storia, appassionato di musica, viene boicottato dal preside in tutte le sue iniziative e perde il posto quando, per pagare alcuni strumenti necessari all'orchestra degli studenti, si mette a suonare in un locale pubblico. I suoi allievi inscenano una protesta che commuoverà il preside. ■ COMMEDIA; COL.; 93′; GRAN BRETAGNA, 1956.

EMERSON, LAKE AND PALMER – PICTURE AT AN EXHIBITION ★★★
Regia di NICHOLAS FERGUSON. ■ Un film che gli amanti della musica pop, e di questo complesso in particolar modo, non possono perdere. ■ DOCUMENTARIO; COL.; 92′; GRAN BRETAGNA, 1972.

È MEZZANOTTE... BUTTA GIÙ IL CADAVERE ★★
Regia di GUIDO ZURLI. Con DAN HARRISON, LUCIA MODUGNO, LUISA RIVELLI. ■ Tre sorelle piene di debiti portano a termine con successo un colossale furto. Da questo momento si verificano avvenimenti inspiegabili che le mettono l'una contro l'altra. Moriranno tutte quante vittime del marito di una di loro, fintosi morto per derubarle. ■ COMMEDIA; COL.; 91′; ITALIA, 1966.

È MEZZANOTTE, DOTTOR SCHWEITZER ★★
Regia di ANDRÉ HAGUET. Con PIERRE FRESNAY, RAYMOND ROULEAU. ■ La vita e le opere umanitarie di Albert Schweitzer, il filantropo tedesco che si è dedicato interamente alla cura dei malati africani. ■ BIOGRAFICO; B/N; 95′; FRANCIA, 1952.

EMIGRANTE, L' ★★
Regia di PASQUALE FESTA CAMPANILE. Con ADRIANO CELENTANO, SYBIL DANNING, CLAUDIA MORI. ■ Emigrato in America per cercare il padre, un ragazzo napoletano si innamora ricambiato di una bella cantante e diventa il braccio destro del suo protettore, un importante mafioso. Sfuggito alla vendetta di un rivale, torna in patria con la futura moglie. ■ COMMEDIA; COL.; 126′; ITALIA, 1973.

EMIGRANTI, GLI *(Emigrantes)* ★★
Regia di ALDO FABRIZI. Con ADOLFO CELI, ALDO FABRIZI, AVE NINCHI. ■ È il primo film scritto, diretto ed interpretato da Aldo Fabrizi. Il lungometraggio narra la storia di una famiglia che si trasferisce in Argentina, si prodiga per migliorare la vita degli emigranti e mette le radici della stirpe futura. ■ DRAMMATICO; B/N; 95′; ARGENTINA, 1948.

...E MI LASCIÒ SENZA INDIRIZZO ★★
(Sans laisser d'adresse)
Regia di JEAN-PAUL LE CHANOIS. Con BERNARD BLIER, GÉRARD CURY, DANIÈLE DELORME. ■ Inesperta ragazza di campagna in attesa di un figlio si reca in città e, con l'aiuto di un taxista, vaga alla ricerca dell'uomo che l'ha sedotta. Da un posto all'altro, da un bar ad un giornale, il viaggio si conclude con la scoperta che l'uomo ha già una moglie. ■ DRAMMATICO; B/N; 95′; FRANCIA, 1951. ■ BERLINO 1 PR.

EMILIE MULLER ★★★
Regia di YVON MARCIANO. Con VERONIKA VARGA. ■ È un cortometraggio proiettato nelle sale cinematografiche unitamente a *Donne senza trucco*. Si ironizza sul classico provino in teatro. Una candidata arriva e le viene chiesto, come prova d'esame, di mostrare il contenuto della propria borsa. Lei elenca gli oggetti e narra la loro storia, ma alla fine c'è una sorpresa. Interessante e arguto. ■ CORTOMETRAGGIO; COL.; 30′; FRANCIA, 1993.

EMILIO ZOLA *(The Life of Emile Zola)* ★★★★🏆
Regia di WILLIAM DIETERLE, IRVING RAPPER. Con GLORIA HOLDEN, PAUL MUNI, JOSEPH SCHILDKRAUT, GALE SONDERGAARD, ROBERT WARWICK. ■ Grande produzione della Warner Bros e secondo film biografico di Paul Muni premiato con tre premi Oscar. Il film narra la vita di Emile Zola (Paul Muni). Il punto focale del film è il ruolo di Zola nella vicenda del capitano Dreyfuss, accusato di tradimento e imprigionato nell'isola del Diavolo. Il famoso manifesto *J'accuse* costa a Zola una condanna giudiziaria che lo costringe a fuggire in Inghilterra. Da oltremanica continua a battersi per la liberazione di Dreyfuss e per la condanna dei vertici militari che avevano orchestrato l'accusa contro il capitano ebreo. La campagna di Zola ha successo, ma prima che possa incontrare il liberato Dreyfuss, lo scrittore muore in un banale incidente. Curioso il fatto che nel film non si fai mai alcun cenno al fatto che contro Dreyfuss agì un fortissimo sentimento antisemita da parte della classe dirigente francese. Negli anni Trenta Hollywood evitò accuratamente questo argomento e questo film ne è una testimonianza. ■ STORICO; B/N; 117′; USA, 1937. ■ OSCAR 🏆 3 PR, 10 NOM.

EMMA ★★
Regia di DOUGLAS MCGRATH. Con TONI COLLETTE, JEREMY NORTHAM, GWYNETH PALTROW, GRETA SCACCHI. ■ Emma Woodhouse, la protagonista del romanzo di Jane Austen, diventa oggetto dell'ennesima trasposizione dai testi della grande autrice. Peccato che McGrath si limiti a una messa in scena tanto corretta quanto formalmente non in grado di approfondire il testo. Intrighi, pettegolezzi e una vaga satira di costume sono gli ingredienti di cui ci si deve accontentare. ■ DRAMMATICO; COL.; 111′; GRAN BRETAGNA, 1996. ■ OSCAR 1 PR, 2 NOM.

EMMANUELLE ★★★
Regia di JUST JAECKIN. Con ALAIN CUNY, MARIKA GREEN, SYLVIA KRISTEL, DANIEL SARRY. ■ Il film, tratto dal libro omonimo, narra le esperienze sessuali di una giovane e bella donna in Thailandia, indifferentemente tra le braccia di uomini e donne. ■ EROTICO; COL.; 95′; FRANCIA, 1973.

EMMANUELLE L'ANTIVERGINE ★★
(Emmanuelle ou l'antivierge)
Regia di FRANCIS GIACOBETTI. Con SYLVIA KRISTEL, UMBERTO ORSINI, CATHERINE RIVET. ■ Il soggetto è tratto dal romanzo della scrittrice Emmanuelle Arsan. Emmanuelle, stanca di avere il marito lontano (a Hong Kong) per lavoro, lo raggiunge inaspettatamente. Sono quel che si dice una "coppia aperta". ■ EROTICO; COL.; 87′; FRANCIA, 1975.

EMMANUELLE 4 ★
Regia di FRANCIS GIACOBETTI. Con PATRICK BAUCHAU, SYLVIA KRISTEL, MIA NJGREN, SOPHIE BERGER. ■ Giunta in splendida forma al trentacinquesimo compleanno, Silvia decide di sottoporsi a un'operazione estetica che la rende ancor più bella e completamente irriconoscibile. Dopo varie avventure erotiche, incontra Marco in Brasile, l'uomo che ha sempre amato e che, non sapendo nulla della sua trasformazione, la seduce convinto di tradire la memoria della vecchia. ■ EROTICO; COL.; 92′; FRANCIA, 1983.

EMMANUELLE 5 *(Emanuelle 5)* ★★
Regia di WALERIAN BOROWCZYK. Con DANA BURNS, MONIQUE GABRIELLE. ■ Emanuelle, diva del cinema porno, fugge con un *rajah* in Oriente, dove però comprende che il sultano la vuole infilare a vita nel suo harem. Emanuelle ritorna sveltamente in Europa agli amori brevi e al cinema porno. ■ EROTICO; COL.; 90′; FRANCIA, 1986.

EMMANUELLE 6 ★
Regia di BRUNO ZINCONE. Con JEAN RENÉ GOSSART, TAMIRA GUSTAVO RODRIGUEZ, NATHALIE UHER. ■ Emmanuelle, di cui è rimasto solo il nome dopo che Sylvia Krystel se ne è andata, questa volta se la deve vedere con quattro rivali. ■ EROTICO; COL.; 90′; FRANCIA, 1988.

EMMANUELLE 7 *(Emmanuelle Forever)* ★★
Regia di FRANCIS LEROI. Con JOEL BUI, PHAM DUC-TU, SYLVIA KRISTEL, GEORGE LAZENBY, CORINNE MAFIODO, HUUN DANIEL MEAS, CHRISTINE MERLET, MARCELA WALERSTEIN. ■ Emmanuelle, ormai donna matura, rievoca le sconvolgenti esperienze della propria gioventù. Ad interpretare la giovane e matura Emmanuelle sono rispettivamente Marcela Walerstein e Sylvia Kristel, già interprete quest'ultima delle precedenti edizioni. Il film racchiude sette episodi inediti ispirati al personaggio di Emmanuelle realizzati esclusivamente per l'home video. ■ EROTICO; COL.; 89′; FRANCIA, 2001.

EMMA SONO IO ★★
Regia di FRANCESCO FALASCHI. Con ELDA ALVIGINI, CECILIA DAZZI, PIERFRANCESCO FAVINO, MARCO GIALLINI. ■ Emma, stimato assessore all'educazione di un piccolo comune toscano, soffre di ipomania, un disturbo dell'umore che, se non curato di continuo con calmanti, rende enfatici ed eccessivi fino all'aggressività e a crisi maniaco-depressive. Durante i preparativi, da lei curati, del matrimonio della migliore amica, Marta, un banale disguido fa sì che non siano disponibili per qualche giorno i farmaci che solitamente usa. Ne derivano un sacco di guai. ■ COMMEDIA; COL.; 107′; ITALIA, 2002.

E MORÌ CON UN FELAFEL IN MANO ★★
(He Died with a Felafel in His Hand)
Regia di RICHARD LOWENSTEIN. Con ROMANE BOHRINGER, EMILY HAMILTON, NOAH TAYLOR. ■ Tratto dal romanzo di John Birmingham. Il nuovo cinema australiano cerca di darsi un'identità proponendo storie giovanili. Si tratta dei trentenni spaesati con nessuna e tutte le identità. Sonnecchiano, vanno in giro, chiacchierano, frequentano i ristoranti alternativi (il "felafel" del titolo è un piatto della cucina mediorientale). Certo, il sesso ha la sua importanza, ma anche quello è... confuso. ■ COMMEDIA; COL.; 107′; AUSTRALIA, 2001.

EMOTIVI ANONIMI *(Les émotifs anonymes)* ★★
Regia di JEAN-PIERRE AMERIS. Con SWANN ARLAUD, ISABELLE CARRÉ, LORELLA CRAVOTTA, LISA LAMETRIE, BENOIT POELVOORDE. ■ Angélique è una giovane cioccolataia afflitta da un'insicurezza patologica. Rimasta senza lavoro, si rivolge alla piccola "Fabrique de Chocolat", dove viene subito assunta dal proprietario Jean-René, uomo apparentemente schivo e rigido, ma in verità affetto a sua volta da una timidezza ai limiti dell'asocialità. Nel frattempo, Jean-René si consulta col suo psichiatra e, per superare i propri imbarazzi, si impone il compito di invitare a cena una donna. Le proprietà terapeutiche del cioccolato diventano poteri taumaturgici quando toccano il territorio francese. ■ COMMEDIA; COL.; 80′; FRANCIA, BELGIO, 2011.

EMOZIONE IN PIÙ, UN' ★★
Regia di FRANCESCO LONGO. Con LUCA BONICALZI, FRANCESCO DI FEDERICO, MARA VENIER. ■ Un vecchio pugliese, emigrato a Milano con i figli, si sente ormai un uomo finito fino al giorno in cui incontra una ragazza, una sguattera d'osteria. La simpatia dei primi incontri si trasforma in amore, contrastato naturalmente dai rispettivi parenti, data la differenza d'età. Alla fine il vecchio si persuade a troncare. Il rapporto è stato comunque utile: ha fatto riscoprire a entrambi la gioia della vita. ■ COMMEDIA; COL.; 85′; ITALIA, 1979.

EMOZIONI PERICOLOSE ★★
Regia di BETTE GORDON. Con PATRICK FITZGERALD, TERRY KINNEY, ERIC LLOYD, BRUCE MACVITTIE, DEBORAH UNGER. ■ È la storia di Philip, un bambino di dieci anni che conduce una vita di strada insieme a sua madre. Quando la donna, stanca di fuggire dal marito, decide di andare a vivere con Pedro, Philip cerca di avvelenarlo. ■ DRAMMATICO; COL.; 93′; USA, 1998.

EMPIRE RECORDS ★★
Regia di ALLAN MOYLE. Con MAXWELL CAULFIELD, ANTHONY LAPAGLIA, DEBI MAZAR, LIV TYLER. ■ Storie giovanili trovano il loro teatro in un negozio di dischi. Amori, delusioni, speranze, diversità. Il tutto scandito dai dischi naturalmente. Da citare dunque il consulente musicale Mitchell Leib, che ha scelto le sessanta canzoni (da Gin Blossons, a AC/DC, Cracker, Ape Angers, Evan Dando) che accompagnano l'intera pellicola. ■ COMMEDIA; COL.; 90′; USA, 1996.

EMULO DI BRUCE LEE, L' ★
Regia di CHAN-TUNG-MAN. Con PAILOT CHAI SING, SHAN HUI, YEH SALLY. ■ A dispetto del titolo italiano, in questo film non c'è la solita massiccia dose di kung-fu: è una specie di giallo sexy. ■ DRAMMATICO; COL.; 90′; HONG KONG, 1975.

ENAMORADA ★★
Regia di EMILIO FERNANDEZ. Con PEDRO ARMENDARIZ, MARIA FELIX, FERNANDO HERNANDEZ. ■ Primi del Novecento. Il capo dei rivoluzionari messicani occupa con le sue truppe una città di importanza strategica. Nei giorni che seguono, tra processi e condanne di pericolosi avversari, l'uomo si innamora perdutamente di una ragazza che non vuol saperne di lui. Un suo gesto generoso è la chiave che apre il cuore dell'orgogliosa fanciulla. ■ DRAMMATICO; B/N; 99′; MESSICO, 1946.

...E NAPOLI CANTA ★★
Regia di ARMANDO GROTTINI. Con VIRNA LISI, GERMANA PAOLIERI, GIACOMO RONDINELLA. ■ Un cantante si innamora di una ragazza che, per un equivoco, crede di essere stata tradita e lo lascia. Al momento di sposare un nobile, però, i sentimenti hanno il sopravvento. ■ MUSICALE; B/N. 93′; ITALIA, 1953.

È NATA UNA STAR? ★
Regia di LUCIO PELLEGRINI. Con GISELLA BURINATO, MICHELA CESCON, LUCIANA LITTIZZETTO, CRISTINA ODASSO, ROCCO PAPALEO. ■ Una mattina qualunque, Lucia riceve nella cassetta delle lettere una busta con un film porno. Con un'occhiata alla copertina, si accorge che il protagonista della pellicola è Marco, il figlio di diciannove anni. Una veloce visione privata del film le rivela che le scarse doti recitative di Marco sono compensate dalle dimensioni del suo membro. Travolta dalla rivelazione, Lucia aspetta a casa il ritorno del marito Fausto, a sua volta scioccato dalla notizia: il figlio che entrambi avevano creduto un po' imbranato e senza alcun talento o vocazione si rivela una pornostar. ■ COMMEDIA; COL.; 95′; ITALIA, 2012.

È NATA UNA STELLA *(A Star is Born)* ★★★★
Regia di WILLIAM A. WELLMAN. Con JANET GAYNOR, FREDRIC MARCH. ■ Una giovane di talento e notevoli ambizioni artistiche frequenta l'ambiente hollywoodiano facendosi notare da un famoso attore. I due finiscono per innamorarsi e diventare marito e moglie. Lui, che vede la sua fama calare progressivamente, comincia a bere. Lei, ormai celebre, decide di finirla col cinema per occuparsi del coniuge, ma questi preferisce uccidersi. ■ DRAMMATICO; B/N; 111′; USA, 1937. ■ OSCAR 2 PR, 8 NOM.

È NATA UNA STELLA *(A Star is Born)* ★★★
Regia di GEORGE CUKOR. Con CHARLES BICKFORD, JACK CARSON, JUDY GARLAND, JAMES MASON. ■ Il film, rifacimento dell'omonimo lavoro di Wellman, è la rievocazione di una storia vera: quella di Ester Blodgett e di Norman Maine. ■ DRAMMATICO; COL.; 154′; USA, 1954. ■ OSCAR 6 NOM.

È NATA UNA STELLA *(A Star is Born)* ★★★½
Regia di FRANK PIERSON. Con GARY BUSEY, OLIVER CLARK, KRIS KRISTOFFERSON, PAUL MAZURSKY, BARBRA STREISAND. ■ John, cantante rock sul viale del tramonto (a causa dell'alcool e della droga), scopre in un night la bravissima ma sconosciuta collega Esther. I due si innamorano e si sposano. John decide di lanciare la consorte che presto diventa una stella: lui ne è felice ma anche geloso. Si dà di nuovo all'alcol e la tradisce. La crisi però passa e i due

si ritrovano uniti, ma il destino vuole che John muoia poco dopo in un incidente d'auto. Lei lo ricorderà nelle sue canzoni. ■ DRAMMATICO; COL.; 140'; USA, 1976. ■ GOLDEN GLOBES 5 PR, 5 NOM; OSCAR 1 PR, 4 NOM.

ENCANTADO ★★
Regia di CORRADO COLOMBO. Con LINDA BATISTA, KASPAR CAPPARONI, ENRICO MUTTI, ANTONIO PUJOL. ■ Andrea arriva a Cuba per scoprire la verità sulla morte del fratello, vittima di un misterioso incidente aereo. Si troverà di fronte a una realtà sconosciuta, e soprattutto dovrà confrontarsi con la bella Alma, la moglie del defunto. ■ DRAMMATICO; COL.; 101'; ITALIA, 2002.

ENDANGERED SPECIES ★★
Regia di ALAN RUDOLPH. Con PAUL DOOLEY, ROBERT URICH, JO BETH WILLIAMS. ■ Un poliziotto di New York indaga su alcune misteriose stragi di animali nel Texas. Scopre che dietro i massacri c'è un complotto ordito da uomini d'affari senza scrupoli e da veterani del Vietnam in piena paranoia. ■ DRAMMATICO; COL.; 92'; USA, 1982.

ENDGAME – BRONX LOTTA FINALE ★★
Regia di JOE D'AMATO. Con MOIRA CHEN, AL CLIVER, GEORGE EASTMAN. ■ Dopo lo scoppio della bomba atomica, nel 2025, i sopravvissuti ripresi dalla televisione giocano ad eliminarsi a vicenda. Vince Shannon, che accetta anche di scortare un gruppo di "mutanti" condannati altrimenti allo sterminio. Dopo inaudite violenze, tutti raggiungono la meta. ■ AVVENTURA; COL.; 91'; ITALIA, 1983.

END OF WATCH – TOLLERANZA ZERO ★★
(End of Watch)
Regia di DAVID AYER. Con AMERICA FERRERA, JAKE GYLLENHAAL, CODY HORN, ANNA KENDRICK, MICHAEL PEÑA. ■ Brian Taylor e Mike Zavala sono due poliziotti in servizio a South Central Los Angeles. Non sono soltanto colleghi ma veri amici che intervengono nelle situazioni più disparate. Amiche anche la moglie incinta di Mike, Gabby e Janet, la ragazza a cui vanno le attenzioni di Brian. Grazie a un pretesto narrativo il film ci propone quasi senza soluzione di continuità il lavoro del poliziotto con la camera a mano in costante movimento. ■ THRILLER; COL.; 110'; USA, 2012.

È NECESSARIA LA LUNA DI MIELE? ★★
(Is your Honeymoon Really Necessary?)
Regia di MAURICE ELVEY. Con BONAR COLLEANO, DIANA DORS. ■ Un pilota americano divorziato e risposato è raggiunto in Inghilterra dalla prima moglie convinta che in quel paese il loro matrimonio sia ancora valido. L'uomo riesce a sfuggire alla caccia accanita della consorte che però, nel frattempo, invaghitasi di un altro, lascia la vecchia preda per la nuova. ■ COMMEDIA; B/N; 91'; GRAN BRETAGNA, 1953.

ENFANT, L' ★★★
Regia di JEAN-PIERRE DARDENNE, LUC DARDENNE. Con DÉBORAH FRANÇOIS, OLIVIER GOURMET, JÉRÉMIE RENIER, FABRIZIO RONGIONE, JÉRÉMIE SEGARD. ■ Bruno, vent'anni, e Sonia, diciotto. Dalla loro relazione nasce un bambino, Jimmy. Ma Bruno è un autentico malvivente, vive di furti, coinvolgendo un ragazzino ancora più piccolo di lui, e addirittura decide di vendere il bambino. I Dardenne tornano, con il loro stile inconfondibile (questa volta più frenato nell'uso della camera a mano) a raccontare la società con un occhio di riguardo per i più giovani. Qui gli "enfant" del titolo sono molti: dal neonato, al ragazzino che ruba con Bruno a Bruno stesso. Ognuno con la propria inadeguatezza al mondo, e Bruno in particolare, mostra un'amoralità che sfocia nella scena finale in una sorta di catarsi che lascia, come sempre nel cinema dei due fratelli belgi, un margine alla speranza. ■ DRAMMATICO; COL.; 95'; BELGIO, FRANCIA, 2005. ■ CANNES 1 PR; DAVID DI DONATELLO 1 NOM.

ENFANTASME *(Les inconnus aux petits pieds)* ★★★
Regia di SERGIO GOBBI. Con AGOSTINA BELLI, AICHÉ NANA, STEFANO SATTA FLORES, SERGINO. ■ Claudia, che ha da poco perso il figlio in un incidente stradale di cui ritiene colpevole il marito Andrea, se ne va in montagna in cerca di tranquillità. Qui conosce un bambino, Nino, che, affamato, giunge al suo chalet a chiederle qualcosa da mangiare. La donna si affeziona al piccolo, ma quando è raggiunta da Andrea il bambino, geloso, scompare. Alla fine Claudia lo ritroverà e lo porterà con sé per sottrarlo alla polizia: il bambino ha infatti ucciso Andrea. ■ DRAMMATICO; COL.; 100'; FRANCIA, ITALIA, 1978.

ENFER, L' ★★★
Regia di DANIS TANOVIC. Con EMMANUELLE BÉART, CAROLE BOUQUET, GUILLAUME CANET, JACQUES GAMBLIN, MARIE GILLAIN, JACQUES PERRIN, KARIN VIARD. ■ Una tragedia familiare, il suicidio del padre, sconvolge la vita delle sorelle Céline, Sophie e Anne. Le tre, ormai adulte, vivono le loro vite l'una lontana dalle altre, portandole avanti dolorosamente, immerse ancora in quell'evento che per sempre le ha cambiate, turbate, compromesse e danneggiate nelle scelte. La più grande, Céline, si è chiusa nel suo mondo, fatto di lavoro e di qualche sporadica visita alla madre, rifiutando ogni possibile emozione e sentimento. Sophie ha due bambini e un marito che non la ama più. Anne, la più piccola, alla ricerca disperata di quella figura paterna che tanto le è mancata, ha una relazione con un anziano professore d'università. Un incontro inaspettato cambierà la visione dell'episodio che aveva rovinato la loro famiglia e le tre sorelle si ritroveranno, scaldandosi anima e cuore con l'affetto reciproco, prima tanto negato. Tanovic è al suo secondo lungometraggio, dopo aver diretto nel 2001 *No man's land*. ■ DRAMMATICO; COL.; 98'; BELGIO, FRANCIA, GIAPPONE, ITALIA, 2006.

ENGKWENTRO ★★
Regia di PEPE DIOKNO. Con BAYANG BARRIOS, CELSO AD. CASTILLO, ZYRUS DESAMPARADO, JIM LIBIRAN, MOISES MAGISA. ■ L'*engkwentro* è il mortale combattimento di mezzanotte, una sorta di ordalia che determinerà chi avrà diritto a comandare. A scontrarsi sono due fratelli, Richard e Raymond, giovanissimi, a capo di due bande rivali. Il film segue la loro vita durante ventiquattr,ore. Il boss è il carismatico cocainomane Tomas, che dà incarico a Raymond di uccidere il fratello. Il tutto sotto la giurisdizione dei famigerati squadroni della morte, legittimati dal sindaco, vigilantes che hanno diritto di vita e di morte su tutti quanti, a maggior ragione sulle bande giovanili. ■ DRAMMATICO; COL.; FILIPPINE; 60'; 2009.

ENIGMA ★
Regia di JEANNOT SZWARC. Con BRIGITTE FOSSEY, SAM NEILL, MARTIN SHEEN. ■ Attori di buon livello per un film da guerra fredda, con agenti del Kgb in libera uscita a caccia di dissidenti rifugiati in Occidente. ■ SPIONAGGIO; COL.; 100'; FRANCIA, GRAN BRETAGNA, 1982.

ENIGMA ★★
Regia di MICHAEL APTED. Con SAFFRON BURROWS, MARTIN GLYN MURRAY, DOUGRAY SCOTT, KATE WINSLET. ■ A Bletchley Park, un castello non lontano da Londra, si insediano i massimi cervelli inglesi, scienziati, matematici, agenti segreti. Uno dei compiti più importanti è quello di decifrare l'Enigma, il nuovo codice di comunicazione dei sommergibili tedeschi. Se non ci riusciranno la guerra – siamo nel 1943 – potrebbe essere perduta. La ricerca è complicata dal "fattore umano": gelosie e sentimenti vari. ■ THRILLER; COL.; 115'; GERMANIA, GRAN BRETAGNA, USA, 2002.

ENIGMA – AENIGMA ★★
Regia di LUCIO FULCI. Con JARED MARTIN, LARA NAZINSKI, KATHI WISE. ■ In un collegio femminile di Boston, una ragazza, beffeggiata dalle compagne, fugge sconvolta e rimane ferita in un incidente che la spedisce in coma profondo. Ma mentre lei è all'ospedale, dentro la scuola si susseguono misteriose morti. E proprio tra le studentesse che avevano architettato la beffa. ■ HORROR; COL.; 90'; ITALIA, 1987.

ENIGMA DELL'ORCHIDEA ROSSA, L' ★★
(Gangster in London)
Regia di HELMUT ASHLEY. Con KLAUS KINSKI, CHRISTOPHER LEE, MARISA MELL. ■ I cittadini più in vista di Londra sono vittime di una misteriosa banda di ricattatori. Un giovane agente di Scotland Yard chiede aiuto ad un ispettore dell'Fbi e insieme i due poliziotti scoprono che i fili dell'organizzazione fanno capo agli

Stati Uniti. Con un abile stratagemma tutti i colpevoli sono smascherati. ■ GIALLO; B/N; 92′; GERMANIA, 1962.

ENIGMA DI KASPAR HAUSER, L' ★★★★

(Jeder für sich und Gott gegen alle)

Regia di WERNER HERZOG. Con WALTER LADENGAST, BRIGITTE MIRA, BRUNO S. ■ Norimberga, 1828. All'alba, in una piazza, compare come dal nulla un giovane sporco, lacero e allucinato, che stringe tra le mani una lettera anonima nella quale si spiega che il ragazzo, abbandonato dalla madre, è stato allevato da un contadino che ora lo affida al capitano di cavalleria. Subito iniziano a fiorire le ipotesi: che lo sconosciuto sia un figlio illegittimo di Napoleone? Un principe in disgrazia? Il ragazzo finirà in carcere e poi esposto come fenomeno da baraccone nelle piazze e nelle fiere. Morirà cinque anni più tardi, ucciso da un sicario, e l'autopsia rivelerà la causa della sua idiozia: Kaspar Hauser, simbolo d'innocenza, era un minorato e aveva il cervello piccolo. ■ DRAMMATICO; COL.; 109′; GERMANIA, 1974. ■ CANNES 1 PR.

ENIGMA ROSSO ★★

Regia di ALBERTO NEGRIN. Con BRUNO ALESSANDRO, IVAN DESNY, CHRISTINE KAUFMANN, JACK TAYLOR, FABIO TESTI. ■ La giovanissima Angela viene trovata trucidata e violentata. Il commissario Di Salvo è incaricato dell'indagine. Concentra i propri sospetti su un certo Max, un olandese, che presto però viene fatto fuori. Poi sarà eliminato anche il proprietario di una sartoria. Sarà quindi il turno di un'amica della vittima. Di Salvo riuscirà comunque a giungere all'insospettabile colpevole. ■ POLIZIESCO; COL.; 92′; GERMANIA, ITALIA, SPAGNA, 1978.

EN LA CIUDAD DE SYLVIA ★★

Regia di JOSÉ LUIS GUERÍN. Con XAVIER LAFITTE, PILAR LÓPEZ DE AYALA. ■ Dopo aver realizzato corti e lungometraggi, José Luis Guerin arriva alla sua quinta regia con un film centrato sulla ricerca di un ideale romantico. Protagonista è un giovane che torna a Strasburgo con il solo scopo di ritrovare una ragazza incontrata quattro anni prima. L'estrema "attenzione estetica" è un marchio distintivo del lavoro del cineasta catalano. ■ DRAMMATICO; COL.; 90′; SPAGNA, 2007.

E NOI NON FAREMO KARAKIRI ★★

Regia di FRANCESCO LONGO. Con PIERO ANCHISI, VITTORIO MEZZOGIORNO, MARA VENIER. ■ Difficile amore fra un regista che non riesce a sfondare nel mondo del cinema e una frustrata maestrina d'asilo. Si appoggiano l'uno all'altra, finché lei, più forte e sicura, non decide di dare un taglio alla situazione e al rapporto. Lascerà il regista, che per un po' continuerà a barcollare, infine si deciderà ad affrontare da adulto consapevole il lavoro e la vita. ■ COMMEDIA; COL.; 106′; ITALIA, 1981.

ENOLA GAY ★★

Regia di DAVID LOWELL RICH. Con KIM DARBY, PATRICK DUFFY, GREGORY HARRISON. ■ La storia degli uomini dell'equipaggio dell'*Enola Gay*, il bombardiere americano che sganciò la prima bomba atomica su Hiroshima. Patrick Duffy (il Bobby della serie tv *Dallas*) è il colonnello Paul Tibbets, che comandò la spedizione. ■ GUERRA; COL.; 150′; USA, 1980.

E NON DIRSI ADDIO ★★

Regia di SILVIO LAURENTI ROSA. Con GABRIELE FERRI, DIEGO MUNI, NUCCY ORIANI. ■ Negli anni dell'ultima guerra il parroco di un paesino accoglie tre militari – un francese, un americano, un inglese – accettando di nasconderli fino all'arrivo ormai imminente degli Alleati. Durante la ritirata tedesca anche tre soldati dell'esercito nazista bussano alla porta del parroco in cerca di aiuto. I sei uomini finiscono per fraternizzare dimenticando le ostilità causate dalla guerra. ■ GUERRA; B/N; 90′; ITALIA, 1948.

E NON LIBERARCI DAL MALE ★★

(Mais ne nous delivrez pas du mal)

Regia di JOËL SÉRIA. Con GÉRARD DARRIEU, JEANNE GOUPIL, CATHERINE WAGENER. ■ Due ragazzine assatanate danno libero sfogo ad ogni perversità coinvolgendo nei loro "divertimenti" tutte le persone che si lasciano affascinare dal loro aspetto innocente. Le ultime prodezze le portano fatalmente all'autodistruzione. ■ DRAMMATICO; COL.; 100′; FRANCIA, 1971.

ENRICO CARUSO – LEGGENDA DI UNA VOCE ★★

Regia di GIACOMO GENTILOMO. Con GINA LOLLOBRIGIDA, ERMANNO RANDI, CONCETTO SPOSITO. ■ Nato in una famiglia poverissima, Enrico Caruso deve rinunciare al suo sogno, studiare canto, per guadagnarsi da vivere con mille umili mestieri. Innamoratosi di Stella, vede svanire anche l'amore perché la bella ragazza sposa un nobile siciliano. Il talento alla fine prevale ed Enrico riesce a cantare in un teatro, dando il via ad una strepitosa carriera. ■ BIOGRAFICO; B/N; 91′; ITALIA, 1951.

ENRICO IV ★★★

Regia di GIORGIO PASTINA. Con CLARA CALAMAI, LAURO GAZZOLO, OSVALDO VALENTI. ■ Dal lavoro di Luigi Pirandello. Per assecondare la pazzia di un nobile italiano che crede di essere Enrico IV, i familiari ricostruiscono nel castello la corte dell'imperatore tedesco. Improvvisamente l'uomo riacquista la ragione e, riconosciuto in un amico colui che fu la causa della sua pazzia, lo uccide. A quel punto, non gli resta che continuare a fingere. ■ DRAMMATICO; B/N; 90′; ITALIA, 1943.

ENRICO IV ★★

Regia di MARCO BELLOCCHIO. Con CLAUDIA CARDINALE, MARCELLO MASTROIANNI, LEOPOLDO TRIESTE. ■ Dalla celebre opera di Pirandello, un film di grande forza, interpretato da un Mastroianni in stato di grazia e diretto da un Bellocchio sempre più interessato alle tematiche dell'umana follia. Cadendo da cavallo durante una festa in maschera, un giovane assume l'identità del costume che indossa, quello di Enrico IV. A vent'anni di distanza, la verità sarà svelata, ma la follia non potrà avere fine. ■ DRAMMATICO; COL.; 85′; ITALIA, 1984.

ENRICO V *(Henry V)* ★★★★★

Regia di LAURENCE OLIVIER. Con RENÉE ASHERSON, LESLIE BANKS, LEO GENN, ROBERT NEWTON, LAURENCE OLIVIER. ■ Il re d'Inghilterra Enrico V affronta il 25 ottobre 1415, il re di Francia Carlo VI, nella battaglia di Azincourt. Le forze francesi sono superiori, ma Enrico, con una strategia che privilegia il ruolo degli arcieri, riesce a vincere. Ma la mossa davvero decisiva è stata la visita notturna dello stesso re, travestito, in mezzo alla sua truppa. Finita la battaglia Enrico ha anche il tempo per corteggiare la bella francese Caterina. Il più grande attore shakespeariano del secolo porta sullo schermo il massimo poeta di ogni tempo. Olivier compose l'impresa in un contesto davvero straordinario: c'era la guerra col relativo grande pericolo universale per la libertà e Shakespeare, come poeta nazionale, era dunque capace di catalizzare la resistenza del popolo inglese. Ma non era sufficiente la motivazione patriottica per realizzare il capolavoro che in effetti risultò. Olivier dichiarava che Shakespeare era un perfetto scrittore per il cinema, con la sua attitudine a spezzettare il racconto in tanti piccoli quadri. Pur non avendo esperienza di regia cinematografica, riuscì a mantenere quasi intatto il testo e a dare all'opera una spettacolarità non gratuita ma perfettamente funzionale, anche aiutata da una magnifica fotografia a colori. Con questo risultato straordinario l'attore eseguì un'operazione che andava probabilmente oltre le sue intenzioni: determinò impietosamente la superiorità del cinema rispetto al teatro. Il cinema poteva contare su tutte le possibilità del teatro che invece non poteva valersi delle molte magie del cinema. Olivier, capace di non farsi condizionare da alcuna sorta di purismo stilistico teatrale, non ebbe esitazione a farsi "aiutare", per le scene di battaglia, da un grande specialista hollywoodiano, Michael Curtiz. Un'ultima considerazione sull'edizione italiana, che si vale delle voci dei nostri straordinari doppiatori (Ruffini, Cigoli, Panicali, Romano, Capecchi, Simoneschi) capaci addirittura di ottimizzare l'originale, col valore aggiunto di Gino Cervi che dà la voce a Olivier, col beneplacito di Olivier stesso. ■ DRAMMATICO; COL.; 137′; GRAN BRETAGNA, 1944. ■ OSCAR 1 PR, 5 NOM; VENEZIA 1 PR.

ENRICO V *(Henry V)* ★★★

Regia di KENNETH BRANAGH. Con KENNETH BRANAGH, IAN HOLM, PAUL SCOFIELD. ■ L'allora giovane astro nascente del teatro e del cinema britannico, Kenneth Branagh, si confronta qui col mito di Laurence Olivier. Ha diretto e interpretato questa versione dell'*Enrico V* di Shakespeare che già aveva "sedotto" il suo illustrissimo predecessore. Lui non arriva alle vette di Olivier, forse perché il suo sangue irlandese lo fa troppo infervorare, ma lo spettacolo e il buon cinema ci sono. ■ DRAMMATICO; COL.; 138′; GRAN BRETAGNA, 1989. ■ OSCAR 1 PR, 3 NOM.

ENRON – L'ECONOMIA DELLA TRUFFA ★★
(Enron-The smartest Guys in the Room)
Regia di ALEX GIBNEY. Con CAROL COALE, PETER COYOTE, GRAY DAVIS, JOSEPH DUNN, MAX EBERTS, PETER ELKIND, AL KASEWETER, KEN LAY. ■ Tratto dal libro *The Smartest Guys in the Room: the Amazing Rise and Scandalous Fall of Enron* di Bethany Mclean e Peter Elkind, narra la storia di uno dei peggiori scandali finanziari di tutti i tempi, che ha coinvolto alcuni dei maggiori dirigenti di una delle più grandi società degli Stati Uniti. Sono stati accusati di aver rubato più di un miliardo di dollari, rovinando investitori e impiegati. ■ DRAMMATICO; COL.; 109′; USA, 2005.

ENTER THE VOID ★
Regia di GASPAR NOÉ. Con OLLY ALEXANDER, NATHANIEL BROWN, PAZ DE LA HUERTA, CYRIL ROY, MASATO TANNO. ■ Il ventenne Oscar e la sorella minore Linda arrivano a Tokyo. Oscar vende droga per vivere, mentre la diciottenne Linda lavora come spogliarellista in un nightclub. Una notte Oscar si reca in un locale per concludere un affare, ma gli agenti di polizia lo arrestano e nella colluttazione che ne segue parte accidentalmente un colpo. Oscar muore ma riemergono le memorie del passato, tra cui la morte dei genitori in un incidente d'auto quando aveva solo cinque anni e la promessa fatta alla sorella di non abbandonarla mai. Gaspar Noé, dopo lo scandalo annunciato di *Irreversible,* torna a provocare in maniera totalmente sterile. ■ DRAMMATICO; COL.; 154′; FRANCIA, GERMANIA, ITALIA, 2009.

ENTITY ★★
Regia di SIDNEY J. FURIE. Con BARBARA HERSHEY, DAVID LABIOSA, RON SILVER. ■ Nella villetta di una donna, che vive in compagnia dei suoi figli, appaiono entità misteriose e violente. Disperata, la donna si rivolge ad alcuni parapsicologi, che l'aiuteranno a sconfiggere l'impalpabile nemico. Almeno provvisoriamente. ■ PSICOLOGICO; COL.; 115′; USA, 1982.

ENTR'ACTE ★★★
Regia di RENÉ CLAIR. Con JEAN BÖRLIN, MARCEL DUCHAMP, INGE FRÏSS, FRANCIS PICABIA, MAN RAY, ERIK SATIE. ■ Un esperimento di ventidue minuti. Una serie di sequenze che non hanno una connessione logica. Immagini legate e slegate che vogliono rappresentare, fra le tante interpretazioni, il valore dell'immagine fine a se stessa, staccata, appunto, da ogni contesto narrativo. Il tutto caricato da simboli ed esternazioni visionarie. Ecco le "immagini": una ballerina barbuta, una partita a scacchi interrotta da un getto d'acqua, il personaggio di un cacciatore del Tirolo eliminato dal suo inventore, il funerale di quest'ultimo in un carro trainato da un cammello ripreso prima al rallenty poi accelerato. La bara cade, ne esce il morto-prestigiatore che fa sparire tutti i personaggi. È il manifesto cinematografico del dadaismo. Il contesto è quello della scomposizione: erano gli anni degli esperimenti di Joyce e di Strawinski. I nomi del "cast" sono significativi: grandi artisti dell'avanguardia di allora, celebratissimi, come i "pittori" Picabia (che firmò anche la sceneggiatura), Duchamp e Man Ray, e il compositore Erik Satie. Il giudizio in stelle non avrebbe ragione di essere, è una pura indicazione. ■ GROTTESCO; B/N; 22′; FRANCIA, 1924.

ENTRAPMENT – IN TRAPPOLA *(Entrapment)* ★★
Regia di JON AMIEL. Con SEAN CONNERY, WILL PATTON, VING RAMES, CATHERINE ZETA-JONES. ■ Sean Connery è un anziano scassinatore, che diventa socio di una giovane ladra che ha rubato un Rembrandt superando un complicato sistema di allarme. Tra i colpi di scena e doppi giochi i due realizzano un'operazione del valore di molti miliardi di dollari. Il regista di *Sommersby* e *Copycat* torna con un film a metà strada tra *Mission Impossibile* e *Topkapi*. Catherine Zeta-Jones si era fatta notare, prima di questo film, nell'ultima versione di Zorro con Banderas e Hopkins. ■ POLIZIESCO; COL.; 108′; USA, 1999.

ENTRATE SENZA BUSSARE *(Don't Bother to Knock)* ★★
Regia di CYRIL FRANKEL. Con NICOLE MAUREY, ELKE SOMMER, RICHARD TODD. ■ Durante il Festival di Edimburgo, l'appartamento di proprietà di una anziana signorina in viaggio di piacere è invaso da gente di diversa provenienza. Tra i forzati coinquilini c'è anche Bill, in rotta con la fidanzata a causa del continuo via vai di donne. Quando finisce il Festival finiscono gli equivoci. ■ COMMEDIA; COL.; 89′; GRAN BRETAGNA, 1961.

ENTRO LA PRIMA LUNA *(From the Dead of Night)* ★★
Regia di PAUL WENDKOS. Con BRUCE BOXLEITNER, LINDSAY WAGNER. ■ Una stilista batte la testa cadendo in piscina e sembra senza vita, però poi si risveglia dopo avere avuto una strana visione. Non è ancora al sicuro perché alcune persone, da tempo passate a miglior vita, vogliono ucciderla. Thriller parapsicologico poco coinvolgente. ■ THRILLER; COL.; 139′; USA, 1989.

ENTROPY ★★
Regia di PHIL JOANOU. Con STEPHEN DORFF, JUDITH GODRÈCHE, LAUREN HOLLY, KELLY MACDONALD, JON TENNEY. ■ Protagonista del film è Jake Walsh (Stephen Dorff), regista all'esordio che racconta a noi spettatori le vicissitudini della sua opera prima e quelle parallele del suo incontro con Stella (Judith Godrèche), una modella francese di cui egli subito si innamora. Dopo essersi frequentati per un breve periodo, Jake e Stella vanno a vivere insieme. Le cose precipitano quando Stella, rimasta incinta, lo annuncia a Jake. Egli, impegnato nella sua carriera di regista, non si mostra entusiasta all'idea di avere un figlio. Stella abortisce, la relazione tra i due finisce e Jake si ritrova sposato con una donna che a malapena conosce e senza rendersi conto di quello che è realmente accaduto. Commedia malinconica in cui la parola amore si lega indissolubilmente all'incertezza, al disordine, alla catastrofe. ■ COMMEDIA; B/N; 104′; USA, 1999.

ENTUSIASMO *(Sinfonija Donbassa – Entuziazm)* ★★★
Regia di DZIGA VERTOV. ■ Un altro esemplare documentario del grande regista sovietico Vertov. Questa volta scende nelle miniere di carbone per riprendere il lavoro dei minatori. ■ DOCUMENTARIO; B/N; 65′; RUSSIA, 1930.

ENZO AVITABILE MUSIC LIFE ★★
Regia di JONATHAN DEMME. CON ENZO AVITABILE, TRILOK GURTU, LUIGI LAI, GERARDO NUÑEZ, ELIADES OCHOA. ■ Il nuovo film di Jonathan Demme ribadisce la sua volontà politica. Muovendo dalla poetica musicale dell'artista napoletano, il documentario di Demme traduce in immagini il suo desiderio in musica di "salvare il mondo". Complice una trasmissione radiofonica che riversava le note di Avitabile nell'auto del regista in corsa sul George Washington Bridge, i due artisti si "incontrano" e producono insieme ottanta minuti di note e fotogrammi. In perfetta comunione con la sensibilità di Demme, le partiture di Avitabile, sempre aperte alla contaminazione e alla differenza, esibiscono una solidarietà per gli oppressi e un'empatia per i margini. ■ DOCUMENTARIO; COL.; 80′; ITALIA, USA, 2012.

E ORA CHI BACERÀ? ★★
(I Wonder Who's Kissing Her now)
Regia di LLOYD BACON. Con JUNE HAVER, MARK STEVENS, MARTHA STEWART. ■ Un giovane compositore passa da una donna all'altra prima di accorgersi della piccola Katie che da anni lo aspetta e lo ama. ■ COMM. MUSICALE; COL.; 104′; USA, 1947.

E ORA DOVE ANDIAMO? *(Et maintenant, on va où?)* ★★
Regia di NADINE LABAKI. Con LAYLA HAKIM, NADINE LABAKI, YVONNE MAALOUF, CLAUDE MSAWBAA, ANTONIETTE NOUFAILY. ■ In una zona montuosa del Medioriente, la piccola comunità è divisa tra musulmani e cattolici. Gli uomini sono spesso pronti alla rissa, mentre le donne, tra cui spiccano le figure di Amale, Takla, Yvonne, Afaf e Saydeh, sono invece solidali nel cercare di distogliere mariti e figli dal desiderio di violenza. Si arriva però a un punto di tensione tale in cui ogni tentativo di pacificazione sembra ormai inutile. Nadine Labaki lascia la città per tornare ad affrontare con stile diverso ma con efficacia la convivenza tra esseri umani che professano culture e religioni diverse. In questo film, che si apre con una coreografia cimiteriale di grande effetto, Labaki svaria dalla commedia al dramma non negandosi neppure spazi di musical. ■ DRAMMATICO; COL.; 110′; FRANCIA, LIBANO, EGITTO, ITALIA, 2011.

...E ORA PARLIAMO DI KEVIN ★★★
(We Need to Talk About Kevin)
Regia di LYNNE RAMSAY. Con ROCKY DUER, JOHN C. REILLY, EZRA MILLER, JASPER NEWELL, TILDA SWINTON. ■ Eva ha messo da parte le sue ambizioni professionali e il suo amore per New York per crescere Kevin in provincia e in tranquillità, ma il rapporto tra madre e figlio è sempre stato complicato, fin dal principio. Da neonato non smetteva mai di piangere, da bambino non parlava, poi non ha mai fatto altro che disobbedire. A sedici anni, infine, Kevin ha premeditato e commesso il peggio: una strage, a scuola. Due anni dopo, Eva ripercorre i ricordi, in cerca delle proprie mancanze, delle proprie responsabilità e di un perché. Per il suo terzo film, la regista Lynne Ramsay ha trovato ispirazione nel controverso romanzo di Lionel Shriver. ■ DRAMMATICO; COL.; 110′; GRAN BRETAGNA, USA, 2012.

E ORA: PUNTO A CAPO *(Starting over)* ★★★
Regia di ALAN J. PAKULA. Con CANDICE BERGEN, JILL CLAYBURGH, CHARLES DURNING, BURT REYNOLDS, FRANCES STERNHAGEN. ■ Un uomo abbandonato dalla moglie ha una grave crisi di sconforto, che supera solo incontrando una prosperosissima ragazza. Ricompare poi la moglie che, per capriccio, tenta di riconquistarlo. Pare riuscirci, ma il suo successo sarà effimero. ■ COMMEDIA; COL.; 106′; USA, 1979. ■ GOLDEN GLOBES 3 NOM; OSCAR 2 NOM.

E ORA QUALCOSA DI COMPLETAMENTE DIVERSO *(And now for Something Completly Different)* ★★★
Regia di IAN MACNAUGHTON. Con GRAHAM CHAPMAN, JOHN CLEESE, TERRY GILLIAM, TERRY JONES, MICHAEL PALIN. ■ I Monty Python al completo per questo film antologico. Uscito in Italia dopo ventuno anni e in un periodo vacanziero, il film ha il dono di restituirci la satira e la goliardia di John Cleese e compagni in tanti piccoli episodi esilaranti. Dal gruppo di soldati che marciano in maniera femminea alla barzelletta che predica la morte, passando per uno pseudo-domatore ai cartoni animati. Questi ultimi curati da Terry Gilliam (*Brazil*, *La leggenda del re pescatore*, *Paura e delirio a Las Vegas*). ■ COMICO; COL.; 88′; GRAN BRETAGNA, 1971.

È PERMESSO MARESCIALLO? – TUPPE, TUPPE MARESCIÀ? ★★
Regia di CARLO LUDOVICO BRAGAGLIA. Con MEMMO CAROTENUTO, PEPPINO DE FILIPPO, LORELLA DE LUCA, GIOVANNA RALLI, ROBERTO RISSO. ■ Per scuotere l'indifferenza di Maria, della quale è innamorato, un ex emigrante, tornato a casa dopo essere diventato ricco, invita al paese una donna conturbante che subito crea lo scompiglio. Ma anche il maresciallo è innamorato di Maria e, dopo una serie di equivoci, le dichiara i suoi sentimenti mentre l'emigrante si consola con la maliarda. ■ COMMEDIA; B/N; 95′; ITALIA, 1958.

...E PER TETTO UN CIELO DI STELLE ★★
Regia di GIULIO PETRONI. Con MARIO ADORF, GIULIANO GEMMA, MAGDA KONOPKA. ■ Il vagabondo Tim uccide per legittima difesa i figli di un temuto bandito che naturalmente gli dà la caccia per vendicarsi. Tim si nasconde nella fattoria di un emarginato come lui, ma il bandito lo scova egualmente e per salvarsi la pelle i due amici fanno saltare la casa. ■ WESTERN; COL.; 98′; ITALIA, 1968.

È PICCERELLA ★★
Regia di ELVIRA NOTARI. Con ROSÈ ANGIONE, ALBERTO DANZA, EDUARDO NOTARI. ■ Uno dei capostipiti del melodramma napoletano al cinema, diretto dalla prima regista italiana di successo. Ispirato alla canzone omonima di Bovio e Valente, vede consumarsi l'amore di un uomo per Margaratella. Costei è causa di infelicità per lui e i suoi familiari. Esasperato deciderà di ucciderla. Insomma, una "sceneggiata" in piena regola. ■ DRAMMATICO; B/N; 90′; ITALIA, 1922.

EPIC – IL MONDO SEGRETO *(Epic)* ★★★
Regia di CHRIS WEDGE. Con AZIZ ANSARI, COLIN FARRELL, JOSH HUTCHERSON, BEYONCE KNOWLES, AMANDA SEYFRIED. ■ Mary Katherine, diciassettenne, torna nella casa d'infanzia per ricucire i legami con un padre ossessionato dall'esistenza di un minuscolo popolo che vive nei boschi. Dapprima scettica nei confronti delle teorie paterne, la risoluta ragazza si dovrà ricredere quando, per un magico incontro, sarà miniaturizzata, andando presto a ricoprire un ruolo fondamentale nella battaglia che i minuscoli Leafmen, corpo speciale per la salvaguardia della foresta, stanno combattendo contro i terribili Bogani. ■ ANIMAZIONE; COL., 86′; USA, 2013.

EPIC MOVIE ★
Regia di JASON FRIEDBERG, AARON SELTZER. Con ADAM CAMPBELL, FAUNE A. CHAMBERS, JENNIFER COOLIDGE, TONY COX, CARMEN ELECTRA, JAYMA MAYS, KAL PENN, FRED WILLARD. ■ Protagonisti quattro orfani ormai adulti, fra cui spiccano un campione di wrestling messicano e un abitante di una comunità di mutanti, che sono in visita a una fabbrica di cioccolato. Dopo essersi rifugiatisi in un armadio per evitare le minacce di un pasticciere, come per incanto finiscono per ritrovarsi nel magico mondo di Gnarnia, dove incontrano una serie di stravaganti e improbabili personaggi: dalla strega White Bitch al Capitano dei Pirati. ■ COMMEDIA; COL.; 86′; USA, 2007.

EPISODE IN A LIFE OF AN IRON PICKER, AN ★★★
(Epizoda u životu beraca željeza)
Regia di DANIS TANOVIC. Con SENADA ALIMANOVIC, NAZIF MUJIC, SANDRA MUJIC, SEMSA MUJIC. ■ Nazif è un rom che vive in Bosnia Erzegovina. Ha una compagna, Senada, e due bambine piccole. Nazif si guadagna da vivere demolendo auto o cercando materiali ferrosi da rivendere. Tornato a casa un giorno trova Senada in cattive condizioni: le verrà diagnosticata la morte del bambino che ha nel ventre. Occorre un intervento chirurgico per asportare il feto, ma la coppia non ha un'assicurazione sanitaria e l'operazione costa 500 euro che sono una cifra che Nazif non ha. Visto il rifiuto ad intervenire gratuitamente da parte della struttura sanitaria e il grave pericolo che corre la compagna, Nazif cerca disperatamente di procurarsi la somma necessaria. Nel periodo di Natale 2011 Danis Tanovic legge la notizia di quanto accaduto a Senada e decide, insieme alla sua produttrice di andare a conoscere i protagonisti/vittime di questo esempio di indifferenza sociale condotta a un estremo livello. Chiede all'intera famiglia di divenire protagonista nel film della propria storia, vissuta e ricostruita il più fedelmente possibile. È una bella opera di impegno civile da rispettare. ■ DRAMMATICO; COL.; 75′; BOSNIA-ERZEGOVINA, FRANCIA, SLOVENIA, 2013.

EPISODIO *(Episode)* ★★★
Regia di WALTER REISCH. Con KARL LUDWIG DIEHL, OTTO TRESSLER, PAULA WESSELY. ■ Una giovane scultrice in ristrettezze finanziarie accetta l'aiuto di un maturo commerciante, ma, quando si innamora di un giovane insegnante, rifiuta di continuare l'ambiguo rapporto. I figli del commerciante, venuti a conoscenza della relazione paterna, minacciano uno scandalo. La ragazza riesce a dimostrare che si è sempre trattato di rapporti puramente platonici. ■ DRAMMATICO; B/N; 92′; AUSTRIA, 1935. ■ VENEZIA 1 PR.

EPITAPH ★★
Regia di JOSEPH MERHI. Con DOLORES NASCA, NATASHA PAVLOV, JIM WILLIAMS. ■ La famiglia di un detective cova un terribile segreto. Nel corso di un'indagine l'uomo scoprirà quasi per caso la terribile verità. ■ GIALLO; COL.; 93′; USA, 1987.

È PIÙ FACILE CHE UN CAMMELLO... ★★★
Regia di LUIGI ZAMPA. Con JEAN GABIN, MARIELLA LOTTI, ANTONELLA LUALDI. ■ Al commendator Bacchi viene negato l'ingresso in Paradiso per una cattiva azione commessa in vita. Ottiene di tornare sulla Terra per rimediare avendo a disposizione mezza giornata. Trovandosi coinvolto in una situazione sentimentale ingarbugliata, il commendatore segue il proprio impulso dimenticando lo scopo per cui era tornato tra i vivi. Si ripresenta a San Pietro convinto d'aver perso l'ultima occasione, ma scopre invece che quella mezza giornata lo ha completamente riscattato. ■ COMMEDIA; B/N; 92′; ITALIA, 1950.

È PIÙ FACILE PER UN CAMMELLO... ★★
(Il est plus facile pour un chameau...)
Regia di VALERIA BRUNI TEDESCHI. Con JEAN-HUGUES ANGLA-

DE, YVAN ATTAL, MARYSA BORINI, VALERIA BRUNI TEDESCHI, EMMANUELLE DEVOS, CHIARA MASTROIANNI, DENIS PODALYDES, LAMBERT WILSON. ■ La prima prova di regia di Valeria Bruni Tedeschi è un film con un marchio fortemente d'oltralpe e, nel contempo, un'opera personale e autobiografica. Federica vive con il fidanzato nell'immaturità totale. Un'eredità molto consistente mette in discussione tutte le sue certezze. Infatti tutto si complica. La malattia del padre sembrerebbe l'evento decisivo, dell'evoluzione. Tutto cambia, ma in realtà tutto rimane uguale. Un film parlato, minimalista, con alcuni curiosi inserti *cartoon*. ■ DRAMMATICO; COL.; 100'; FRANCIA, 2002.

...E POI LO CHIAMARONO IL MAGNIFICO ★★
Regia di E. B. CLUCHER. Con HARRY CAREY, TERENCE HILL, GREGORY WALCOTT. ■ Thomas è figlio di un nobile inglese ed è stato educato in modo perfetto. Quando si trasferisce nel selvaggio West per ricevere l'eredità paterna, diventa immediatamente bersaglio di poco gradevoli commenti da parte dei pionieri. Ma l'amore per una bella ragazza lo fa diventare ben presto un abile pistolero. ■ WESTERN; COL.; 125'; ITALIA, 1972.

...E POI, NON NE RIMASE NESSUNO ★★
(And then There Were None)
Regia di PETER COLLINSON. Con RICHARD ATTENBOROUGH, CHARLES AZNAVOUR, ADOLFO CELI, HERBERT LOM, OLIVER REED, ELKE SOMMER. ■ Un misterioso individuo invita in una villa costruita al centro di un deserto una decina di persone. Appena arrivati, gli ospiti sono accolti dalla voce registrata del padrone di casa che li accusa di diversi delitti: uno alla volta cadono vittime del misterioso giustiziere finché due di loro, oltretutto innocenti, smascherano l'assassino e si mettono in salvo. ■ GIALLO; COL.; 98'; GRAN BRETAGNA, 1974.

È PRIMAVERA! ★★★
Regia di RENATO CASTELLANI. Con MARIO ANGIOLETTI, IRENE GENNA, ELENA VARZI. ■ Spedito a Catania per il servizio militare, il fiorentino Beppe sposa la siciliana Mariantonia. Dopo qualche mese viene trasferito a Milano, dove conosce Lucia, si innamora e sposa anche lei. Mariantonia, insospettita dalla lunga assenza di Beppe, piomba nella metropoli lombarda e lo scopre in flagrante. Calmata Mariantonia, Beppe fa sparire le tracce del suo secondo matrimonio. ■ COMMEDIA; B/N; 102'; ITALIA, 1949.

EQUALIZER 2000 ★
Regia di CIRO SANTIAGO. Con VIC DIAZ, RICHARD NORTON, CORINNE WAHL. ■ Nell'Alaska, cento anni dopo l'inverno nucleare, alcune bande di fuorilegge, ridotte quasi a cavernicoli, si contendono l'Equalizer 2000, una pistola lancia-razzi che dà a chi la possiede la superiorità in battaglia su tutti i nemici. ■ AVVENTURA; COL.; 90'; FILIPPINE, USA, 1987.

E QUANDO LEI MORÌ FU LUTTO NAZIONALE ★★
Regia di LUCIO GAUDINO. Con UWE OCHSENKNECHT, ELENA SOFIA RICCI, LUCA ZINGARETTI. ■ Clara è una bella ragazza che ama l'arte. Sa cantare, ballare, scrivere, suonare e dipingere. Non solo, va a letto con gente famosa. Poi conosce Raffaele, se ne innamora e lo sposa. Ben presto però ricompare un amore precedente. Presentato alla Mostra di Venezia. ■ COMMEDIA; COL.; 82'; ITALIA, 1993.

EQUATORE ★★
Regia di GINO VALORI. Con TINO ERLER, MILENA PENOVICH. ■ Un giovane tecnico italiano, che lavora in Kenya alle dipendenze di una ditta inglese, viene accusato di furto dal direttore dei lavori. In realtà, il direttore ha architettato un tranello per poter avere la giovane moglie dell'operaio, che però gli resiste e aiuta il marito a dimostrare la sua innocenza. Il malvagio fugge mentre l'italiano parte con tutti gli onori. ■ DRAMMATICO; B/N; 92'; ITALIA, 1938.

EQUILIBRIO DELICATO, UN *(A Delicate Balance)* ★★★
Regia di TONY RICHARDSON. Con KATHARINE HEPBURN, LEE REMICK, PAUL SCOFIELD. ■ Dall'hit di Broadway firmato Edward Albee. Una famiglia del Connecticut, nevrotica mica male (specie la figlia che a quasi quarant'anni non riesce a tenersi un marito che è uno), non migliora certo il proprio equilibrio psicofisico con la visita di una coppia di amici in grave crisi coniugale. Una pattuglia di attori superlativi (sono della partita anche Joseph Cotten, Kate Reid, Betsy Blair), magistralmente guidati, riesce a rendere commestibile una pièce che raggiunge il top della logorrea. ■ DRAMMATICO; COL.; 132'; USA, 1973. ■ GOLDEN GLOBES 1 NOM.

EQUILIBRISTI, GLI *(Les equilibristes)* ★★★
Regia di NICO PAPATAKIS. Con LILAH DADI, DORIS KUNSTMANN, MICHEL PICCOLI, POLLY WALKER. ■ Presentato alla Mostra di Venezia, tratto da uno scritto di Genet. Marcel Spadice è uno scrittore e poeta che si innamora di un ragazzo che fa le pulizie sotto una tenda circense. Usando un'amica quale mediatrice, l'uomo avrà un rapporto d'amore e di lavoro col ragazzo, fino a spremerlo come un limone e poi gettarlo. Grande interpretazione di Michel Piccoli e discreta la regia. ■ DRAMMATICO; COL.; 128'; FRANCIA, 1991.

EQUILIBRISTI, GLI ★★
Regia di IVANO DE MATTEO. Con BARBORA BOBULOVA, ROSABELL LAURENTI SELLERS, VALERIO MASTANDREA, GRAZIA SCHIAVO. ■ Sui titoli di testa un amplesso clandestino, consumato in un archivio praticamente deserto, apre il film e introduce la trama. Per quel tradimento infatti si sfalda la famiglia al centro del racconto. È un viaggio dal benessere piccolo borghese fino alla povertà, intesa anche come perdita di umanità. Tutto avviene intorno alla maschera di Valerio Mastandrea, perfetta rappresentazione del tragicomico. ■ DRAMMATICO; COL.; 100'; ITALIA, 2012.

EQUILIBRIUM
Regia di KURT WIMMER. Con CHRISTIAN BALE, MARIA PIA CALZONE, TAYE DIGGS, EMILY WATSON. ■ In un futuro non meglio precisato, l'aggressività umana è diventata un tale problema da dover essere controllata da parte dell'autorità con la somministrazione obbligatoria di calmanti e la messa fuorilegge di ogni tipo di sentimento. Da dimenticare. ■ FANTASCIENZA; COL.; 107'; USA, 2003.

EQUINOX ★★
Regia di ALAN RUDOLPH. Con LARA FLYNN BOYLE, MATTHEW MODINE, MARISA TOMEI. ■ Un'infermiera con aspirazioni di scrittrice trova una lettera sigillata. Scopre così di un'eredità destinata nel passato a due gemelli. La donna li ritrova e scopre che i due non sanno nulla l'uno dell'altro. ■ DRAMMATICO; COL.; 113'; USA, 1993.

EQUINOZIO ★★
Regia di MAURIZIO PONZI. Con CLAUDINE AUGER, CLAUDIO GORA, PAOLA PITAGORA, GIANCARLO SBRAGIA, PAOLO TURCO. ■ Michele, medico psichiatrico, non crede che il suo paziente, un ragazzo di nome Benedetto, sia pazzo e decide di assecondare le sue richieste. Lo accompagna in un viaggio alla ricerca di un castello e di una misteriosa ragazza. Trovano il castello, ma non la ragazza che è morta molti anni prima. Ma la custode, nel vedere Benedetto, sussulta: il ragazzo è tale e quale al proprietario del maniero, morto durante la prima guerra mondiale. ■ DRAMMATICO; COL.; 90'; ITALIA, 1970.

EQUIPAGGIO, L' *(L'équipage)* ★★★
Regia di ANATOLE LITVAK. Con ANNABELLA, JEAN-PIERRE AUMONT, CHARLES VANEL. ■ Due ufficiali, uniti da profonda amicizia, prendono parte ad una azione di guerra molto pericolosa. Durante un tragico volo entrambi sono feriti, ma uno dei due riesce a pilotare l'aereo in territorio francese. L'amico è morto e il pilota si accorge che tra le mani del cadavere c'è una foto. Nel riconoscere l'immagine di sua moglie, l'uomo capisce che per anni avevano amato la stessa donna. ■ DRAMMATICO; B/N; 111'; FRANCIA, 1935.

EQUUS ★★★
Regia di SIDNEY LUMET. Con COLIN BLAKELY, RICHARD BURTON, PETER FIRTH, JOAN PLOWRIGHT. ■ Alan, diciassettenne, una notte acceca senza motivo sette cavalli (che amava teneramente) nella scuderia in cui lavora. Dopo tale episodio, entra in cura presso uno psicanalista che cerca di capire le cause dei disturbi mentali del ragazzo. ■ DRAMMATICO; COL.; 138'; USA, 1977. ■ GOLDEN GLOBES 2 PR, 2 NOM; OSCAR 3 NOM.

ERA DI VENERDÌ 17 ★★★
Regia di MARIO SOLDATI. Con FERNANDEL, FOSCO GIACHETTI, GIULIA RUBINI, ALBERTO SORDI. ■ Un viaggiatore di commercio conosce una graziosa ragazza, che gli chiede di accompagnarla

nel suo rientro a casa e fare la parte del marito, dato che è in attesa di un bambino ed è stata abbandonata dal seduttore. L'inganno viene scoperto dal padre della ragazza che minaccia di scacciarla di casa, ma il rappresentante riesce a trovare le parole adatte per commuovere l'inflessibile capofamiglia. ■ COMMEDIA; COL.; 92'; ITALIA, 1957.

ERA GLACIALE, L' *(Ice Age)* ★★★
Regia di CHRIS WEDGE. ■ Un tenero e divertente film d'animazione, che cerca d'insegnare l'importanza dello spirito di gruppo e della collaborazione attraverso le avventure di un'assortita combriccola di animali alle prese con la prima glaciazione. Manny (un mammut), Sid (un bradipo logorroico) e Diego (una temibile tigre) dovranno infatti allearsi tra loro per portare in salvo un piccolo bebè eschimese che si è perso tra i ghiacci. Parallelamente seguiamo le peripezie dello scoiattolo pasticcione Scrat. Le avventure dei nostri eroi sono girate con le tecniche più avanzate dell'animazione digitale tridimensionale, ma, più che la tecnica, sarà la fantasia ad ammaliare gli spettatori grandi e piccini. Il doppiaggio italiano si avvale delle voci di Claudio Bisio (Sid), Leo Gullotta (Manny) e Pino Insegno (Diego). ■ ANIMAZIONE; COL.; 85'; USA, 2002. ■ OSCAR 1 NOM.

ERA GLACIALE 2 - IL DISGELO, L' ★★★
(Ice Age 2: The Meltdown)
Regia di CARLOS SALDANHA. ■ È arrivato il momento dello scioglimento dei ghiacci e il gruppo ormai affiatato (nonostante le differenze) composto da Manny (il mammuth) Diego (la tigre con i denti a sciabola) e Sid (il bradipo) deve nuovamente mettersi in marcia alla ricerca di un luogo abitabile. Ma questa volta c'è un problema in più: il cuore malinconico di Manny sembra destinato a battere più velocemente dopo l'incontro con Ellie, una mammuth che crede di essere un opossum... mentre a Diego e a Sid non mancheranno occasioni per accrescere la loro autostima. Ancora una volta il cinema di animazione ad alto livello infrange la regola del numero 2, che nei film con gli attori "veri" trova spesso una conferma. Il secondo episodio de *L'Era glaciale* è, se non addirittura superiore, certamente pari al primo. ■ ANIMAZIONE; COL.; 91'; USA, 2006.

ERA GLACIALE 3 - L'ALBA DEI DINOSAURI, L' ★★
(Ice Age: Dawn of the Dinosaurs)
Regia di CARLOS SALDANHA. Con QUEEN LATIFAH, DENIS LEARY, JOHN LEGUIZAMO, SIMON PEGG, RAY ROMANO. ■ Manny e Ellie stanno per avere un bambino e la novità sembra sconvolgere qualche equilibrio. Diego sente di non avere più lo smalto di una volta mentre Sid desidera sperimentare la "maternità" a tutti i costi, anche se si tratta di dover badare a tre cuccioli di dinosauro nati da uova trovate per caso. La trilogia che ha dato vita ad un nuovo studio di animazione in CG si è trasformata in una serie, dove ad ogni nuova puntata il cambio di ambientazione (e magari l'inserimento di nuovi personaggi) servono a dare nuovo interesse. ■ ANIMAZIONE; COL.; 91'; USA, 2009.

ERA GLACIALE 4, L' *(Ice Age: Continental Drift)* ★★★
Regia di STEVE MARTINO, MIKE THURMEIER. Con NICK FROST, QUEEN LATIFAH, DENIS LEARY, JOHN LEGUIZAMO, RAY ROMANO. ■ Il mammut Manny è alle prese con l'adolescenza della figlia Pesca, attratta da amicizie superficiali se non pericolose, quando il ghiaccio sotto le zampe comincia a tremare fino a rompersi. Manny, Diego e Sid, con la compagnia folle di "nonnina" (l'anziana di famiglia che i genitori di Sid gli hanno scaricato prima di abbandonarlo per la seconda volta), si ritrovano alla deriva su un iceberg e vengono attaccati da una ciurma di pirati, capitanata dall'odioso capital Sbudella. ■ ANIMAZIONE; COL.; 94'; USA, 2012.

ERAGON ★★
Regia di STEFEN FANGMEIER. Con ROBERT CARLYLE, SIENNA GUILLORY, GARRETT HEDLUND, DJIMON HOUNSOU, JEREMY IRONS, JOHN MALKOVICH, EDWARD SPELEERS. ■ Una favola magica, un fantasy restituito alla propria dimensione di sogno, una terra lontana dove un tempo draghi e cavalieri combattevano insieme contro le oscure forze del male che governavano la terra di Alagaësia. Nella mitologia di Eragon fa capolino la magia, guidata da simbolismi più o meno appariscenti, nel tentativo di conferire a draghi e cavalieri la forza della pace e della prosperità. Fino all'arrivo del temutissimo Galbatorix: le forze del bene saranno allora sterminate e ciò permetterà al tiranno di prendere tutto il potere. Toccherà a un giovane e inesperto contadino di nome Eragon, molti anni dopo, riportare in auge i vecchi tempi, con lo schiudersi di un uovo di zaffiro che gli rivelerà il suo destino: un drago di nome Saphira, lanciato in volo per salvare il popolo dalla tirannia. Il film è lontano anni luce dalle atmosfere magiche del libro che ha saputo conquistare in brevissimo tempo una folta schiera di lettori. Immaturo nella scenografia, lento e borioso nell'intreccio, appesantito da un'onnipresente colonna sonora. A nulla può un cast d'eccezione, a partire dal brillante Jeremy Irons nel ruolo di Brom. ■ FANTASTICO; COL.; 104'; USA, 2006.

ERA LEI CHE LO VOLEVA! ★★
Regia di MARINO GIROLAMI. Con LUCIA BOSÉ, CARLO CAMPANINI, WALTER CHIARI. ■ Nausica è una scienziata che ha compiuto studi particolari sul cervello dei pugili e che ha finito per sposarne uno, Dinamite. Un po' per differenze culturali, un po' perché Nausica è convinta che il marito la tradisca, il matrimonio fallisce e la donna se ne va. Dinamite, disperato per l'abbandono della moglie, rischia di veder compromessa la sua carriera. Finalmente il solito buon amico ci si mette di mezzo e riesce a rappacificare i due: il pugile torna ad essere un campione. ■ COMMEDIA; B/N; 89'; ITALIA, 1953.

ERA LUI... SÌ! SÌ! ★★
Regia di MARINO GIROLAMI, MARCELLO MARCHESI, VITTORIO METZ. Con ISA BARZIZZA, WALTER CHIARI, SILVANA PAMPANINI. ■ Ad un ricco commerciante si presenta in cerca di lavoro un giovanotto, che è il ritratto vivente di un tale che lo perseguita in sogno. Per esorcizzare questi incubi il commerciante lo assume ma, sempre per quel che gli combina in sogno, decide di liberarsene in breve tempo. Intanto la figlia del ricco si è innamorata del giovane e chiede aiuto ad un medico perché guarisca il padre dalle sue manie. La psicanalisi risolve tutto. ■ COMMEDIA; B/N; 89'; ITALIA, 1951.

ERA MIO PADRE *(Road to Perdition)* ★★★
Regia di SAM MENDES. Con TOM HANKS, JENNIFER JASON LEIGH, JUDE LAW, PAUL NEWMAN, STANLEY TUCCI. ■ Illinois, anni Trenta, gli anni del Proibizionismo: il gangster John Rooney ha preso il controllo di tutte le attività illecite. Tra i suoi uomini c'è Michael "l'Angelo" Sullivan: killer spietato ma anche padre di famiglia affettuoso, che nasconde ai figli la sua attività. Una notte, uno dei figli lo segue di nascosto, e assiste a un regolamento di conti della banda di Rooney: i gangster uccidono la moglie e l'altro figlio di Michael, come avvertimento, perché il piccolo non riveli a nessuno quanto ha visto. Si innesca una reazione a catena, e Sullivan non può far altro che ingaggiare una lotta con la malavita, un percorso che lo porta alla liberazione solo a costo dell'annientamento, per garantire al figlio superstite un futuro "pulito". Primo ruolo da "cattivo" di Tom Hanks. ■ DRAMMATICO; COL.; 119'; USA, 2002. ■ GOLDEN GLOBES 1 NOM; OSCAR 2 NOM.

ERANO NOVE CELIBI *(Ils étaient neuf célibataires)* ★★★
Regia di SACHA GUITRY. Con SACHA GUITRY, ELVIRE POPESCO, BETTY STOCKFELD. ■ Per poter rimanere in Francia alcune straniere sposano dei vecchi, ricoverati in un ospizio. Ma gli arzilli neo-mariti cominciano ad avanzare pretese sulle sposine e questo crea scompiglio, mentre l'organizzatore dei matrimoni fa soldi a palate. ■ COMMEDIA; B/N; 125' FRANCIA, 1939.

ERA NOTTE A ROMA ★★★★
Regia di ROBERTO ROSSELLINI. Con PETER BALDWIN, LAURA BETTI, SERGEJ BONDARCIUK, SERGIO FANTONI, LEO GENN, GIOVANNA RALLI, ENRICO MARIA SALERNO, RENATO SALVATORI, PAOLO STOPPA. ■ Per aiutare tre soldati – un inglese, un americano, un russo – nella Roma occupata dai tedeschi, una bella ragazza del popolo affronta molti rischi. Il suo fidanzato viene fucilato e la ragazza sa con certezza che qualcuno ha fatto la spia. Quando arrivano gli alleati, l'inglese individua l'uomo che aveva tradito e lo uccide. ■ DRAMMATICO; B/N; 120'; ITALIA, 1960.

ERANO TUTTI MIEI FIGLI *(All My Sons)* ★★★
Regia di IRVING REIS. Con BURT LANCASTER, EDWARD G. RO-

BINSON. ■ Durante la seconda guerra mondiale, un industriale di pochi scrupoli fornisce all'aviazione materiale difettoso, che provoca la caduta di molti aerei, e attribuisce ogni colpa al socio che finisce in prigione. La figlia dell'innocente arriva alla verità e scopre anche che il primogenito dello sporco affarista è morto per colpa del padre, al quale non rimane che suicidarsi. ■ DRAMMATICO; B/N; 94'; USA, 1948.

ERAN TRECENTO... LA SPIGOLATRICE DI SAPRI ★★
Regia di GIAN PAOLO CALLEGARI. Con ROSSANO BRAZZI, MIRIAM BRU, FRANCA MARZI. ■ La resistenza antiborbonica in Lucania è capeggiata dal misterioso Volpintesta, che organizza la guerriglia in attesa dell'arrivo di Pisacane e dei suoi. Ma i borbonici hanno la meglio sui liberatori arrivati dal Nord. Lo scontro finisce in una carneficina e i pochi superstiti si uniscono ai garibaldini per continuare la lotta. ■ STORICO; B/N; 91'; ITALIA, 1952.

ERA PIÙ VIOLENTO E PIÙ IMPLACABILE DI BRUCE LEE ★
Regia di CHEN KOU HSING. Con DIE CHIEN, FON KO, WANG PING. ■ Due amici, campioni di kung-fu, si trovano coinvolti in campi opposti nello scontro tra bande di delinquenti che si contendono il monopolio del commercio del sale: vengono uccisi. ■ AVVENTURA; COL.; 90'; HONG KONG, 1973.

ERA SAM WALLASH, LO CHIAMAVANO COSÌ SIA ★
Regia di DEMOFILO FIDANI. Con DENNIS COLT, DEAN STRATFORD, ROBERT WOOD. ■ Sam viene ferito da una banda di fuorilegge che gli uccidono l'amico più caro. In convalescenza prepara la vendetta: eliminerà uno alla volta i suoi nemici. ■ WESTERN; B/N; 92'; ITALIA, 1971.

♥ ERASERHEAD – LA MENTE CHE CANCELLA *(Eraserhead)* ★★★
Regia di DAVID LYNCH. Con JEAN LANGE, JACK NANCE, CHARLOTTE STEWART. ■ David Lynch al suo esordio firma questo horror sperimentale, girato in uno splendido bianco e nero, che descrive le allucinazioni, gli incubi e le vicende surreali e grottesche di un uomo pressoché minorato e della sua mostruosa progenie. Quasi un *cult-movie*, adeguatamente ripugnante. ■ HORROR; B/N; 90'; USA, 1978.

ERASMO IL LENTIGGINOSO *(Dear Brigitte)* ★★★
Regia di HENRY KOSTER. Con BRIGITTE BARDOT, FRANÇOISE FABIAN, GLYNIS JOHNS, JAMES STEWART, ED WYNN. ■ Un professore di letteratura, nemico giurato delle scienze esatte, ha l'amara sorpresa di constatare che suo figlio, un ragazzino di nome Erasmo, è un genio della matematica. Insieme ad un losco individuo che lo raggira, il professore guadagna molti soldi sfruttando l'abilità del figlio per vincere alle corse. Il denaro, sottratto all'ultimo momento al socio disonesto che stava per fuggire, viene impiegato per la divulgazione dell'arte presso i giovani. ■ COMMEDIA; COL.; 100'; USA, 1965.

ERA UNA NOTTE BUIA E TEMPESTOSA... ★★
Regia di ALESSANDRO BENVENUTI. Con ALESSANDRO BENVENUTI, ATHINA CENCI, DANIELE TRAMBUSTI. ■ Due dei componenti dei Giancattivi hanno provato a trasportare il loro cabaret al cinema. La storia di Felix, cabarettista di scarso successo che trova una camera nell'appartamento di Valentino dove vive anche Riccardino. Scorre la piccola quotidianità finché i tre amici devono andarsene per lo sfratto. ■ COMMEDIA; COL.; 106'; ITALIA, 1985.

ERAVAMO SETTE FRATELLI *(Seven Little Foys)* ★★★
Regia di MELVILLE SHAVELSON. Con JAMES CAGNEY, BOB HOPE, MILLY VITALE. ■ È la biografia romanzata della stella del *vaudeville* Eddie Foy. Dopo un matrimonio felicissimo dal quale sono nati numerosi figli, un attore di varietà rimane vedovo e la sua carriera comincia a segnare il passo. Per rinverdire gli allori fa lavorare con sé i ragazzi, ma la cognata si oppone e si rivolge alla legge, che però dà ragione al padre-impresario. ■ BIOGRAFICO; COL.; 95'; USA, 1954. ■ OSCAR 1 NOM.

ERAVAMO SETTE SORELLE ★★
Regia di NUNZIO MALASOMMA. Con PAOLA BARBARA, NINO BESOZZI, ANTONIO GANDUSIO, LOTTE MENAS, SERGIO TOFANO. ■ Sette giovani ballerine, senza lavoro ma piene di ingegno e di buona volontà, si inventano d'essere figlie di un vecchio e ricco conte il quale accetta di buon grado l'inattesa paternità. Il figlio (vero) del conte inizialmente tenta qualche obiezione, ma finisce per sposare una delle "sorelle". ■ COMMEDIA; B/N; 89'; ITALIA, 1938.

ERAVAMO SETTE VEDOVE ★★
Regia di MARIO MATTOLI. Con ANTONIO GANDUSIO, LAURA NUCCI, NICO PEPE, NINO TARANTO. ■ Dopo un naufragio sette donne trovano rifugio su un'isola deserta. Con loro è un avvocato, scapolo convinto, preoccupato per la forzata coabitazione. Dopo qualche giorno, sull'isola arrivano anche i mariti delle donne e si inizia così una piacevole vita di comunità, tanto che l'avvocato, invidioso, spera di trovare, come conseguenza di un altro disastro navale, una moglie-naufraga. ■ COMMEDIA; B/N; 90'; ITALIA, 1939.

ERAVAMO TANTO FELICI *(Tender Comrade)* ★★★
Regia di EDWARD DMYTRYK. Con JANE DARWELL, GINGER ROGERS, ROBERT RYAN. ■ I mariti di quattro amiche partono per andare a combattere in Europa. Le consorti decidono di vivere insieme per farsi compagnia e ognuna racconta la propria storia alle altre, in attesa del sospirato ritorno dei loro uomini. ■ COMMEDIA; B/N; 102'; USA, 1943.

ERBA DEL VICINO, L' *(The Burbs)* ★★
Regia di JOE DANTE. Con BRUCE DERN, CARRIE FISHER, TOM HANKS. ■ Ray Peterson si reca a trascorrere un periodo di vacanze in solitudine nell'abitazione che possiede alla periferia della città. Il giovane ambisce alla pace e alla tranquillità, ma ben presto si accorge di strani eventi che avvengono nella casa dei vicini. ■ COMMEDIA; COL.; 97'; USA, 1989.

ERBA DEL VICINO È SEMPRE PIÙ VERDE, L' *(The Grass is Greener)* ★★★
Regia di STANLEY DONEN. Con CARY GRANT, DEBORAH KERR, ROBERT MITCHUM, JEAN SIMMONS. ■ La moglie di un nobile inglese è turbata dalla corte che le fa un ricco americano e pensa addirittura di abbandonare il marito. Questi vuole battersi con il rivale, ma i duelli non si addicono più ai nostri tempi e l'inglese decide di lasciare piena libertà di scelta alla consorte, dichiarandosi pronto a riprenderla nel caso lei s'accorgesse d'aver fatto un errore. Questa è la mossa che convince la tentennante signora a rimanere con il legittimo consorte. ■ COMMEDIA; COL.; 105'; GRAN BRETAGNA, 1960.

ERBA DI GRACE, L' *(Saving Grace)* ★★★
Regia di NIGEL COLE. Con BRENDA BLETHYN, MARTIN CLUNES, CRAIG FERGUSON, TCHÉKY KARYO, LESLIE PHILLIPS. ■ Una commedia romantica deliziosamente inglese. Nella verde, ridente e tranquilla Cornovaglia, una dolce signora si trova a dover affrontare debiti e misfatti del defunto marito. Senza farsi prendere dallo sconforto e senza dimenticare la sua gentilezza tutta di provincia, trova il modo di far fruttare il proprio pollice verde: dagli innesti di orchidee passa alla coltivazione intensiva di marjuana. Il film è vivace e divertente, tra vecchine che sorseggiano tè "stupefacenti" e criminali improvvisati che mal si destreggiano negli affari di spaccio. Brenda Blethyn (*Segreti e bugie*) nel ruolo di Grace regala una dolcezza ingenua affascinante, Tcheky Karyo (Jacques) torna a indossare i panni del cattivo fascinoso già visto in *Nikita* e *Doberman*. Nel finale il film eccede un po' nel romanticismo, e culmina in un delirio collettivo decisamente hippy. ■ COMMEDIA; COL.; 90'; GRAN BRETAGNA, 2000. ■ GOLDEN GLOBES 1 NOM.

ERCOLE AL CENTRO DELLA TERRA ★★
Regia di MARIO BAVA. Con MARISA BELLI, CHRISTOPHER LEE, REG PARK, ELEONORA RUFFO. ■ Il mitico eroe scende nell'inferno per cercare una pietra magica che gli permetterà di guarire la sua donna. ■ MITOLOGICO; COL.; 84'; ITALIA, 1961.

ERCOLE ALLA CONQUISTA DI ATLANTIDE ★★
Regia di VITTORIO COTTAFAVI. Con IVO GARRANI, ETTORE MANNI, REG PARK, MARIO PETRI, ENRICO MARIA SALERNO. ■ Gli abitanti di Atlantide stanno per invadere i paesi del Mediterraneo e il re di Tebe chiede prontamente aiuto a Ercole. ■ MITOLOGICO; COL.; 90'; ITALIA, 1961.

ERCOLE A NEW YORK *(Hercules in New York)* ★
Regia di ARTHUR ALLAN SEIDELMAN. Con TAINA ELG, ARNOLD SCHWARZENEGGER, ARNOLD STANG. ■ Girato da Arnold Schwarzenegger (sotto il falso nome di Arnold Strong) quando era solo un

qualunque culturista. Uscito alla chetichella in Usa nel 1970, venne rimesso in circolazione tredici anni dopo, all'epoca del successo di *Conan*. Fa Ercole, naturalmente, l'eroe greco che s'aggira, per ragioni non proprio chiare, nella Manhattan dei nostri giorni. Dove fa fortuna (non poteva essere altrimenti) come campione di wrestling. ■ AVVENTURA; COL.; 80'; USA, 1970.

ERCOLE CONTRO I FIGLI DEL SOLE ★★
Regia di OSVALDO CIVIRANI. Con MARK FORREST, GIULIANO GEMMA, ANNA MARIA PACE. ■ Durante uno dei suoi vagabondaggi, Ercole capita tra gli Incas, salva la figlia del re che sta per essere sacrificata ad un dio crudele e la sposa. ■ MITOLOGICO; COL.; 88'; ITALIA, 1964.

ERCOLE CONTRO I TIRANNI DI BABILONIA ★★
Regia di DOMENICO PAOLELLA. Con HELGA LINÉ, MARIO PETRI, ROCK STEVENS. ■ Il re di Babilonia e la sua degna sorella tramano per impadronirsi della Grecia, ma arriva Ercole che sconfigge i due. ■ MITOLOGICO; COL.; 81'; ITALIA, 1964.

ERCOLE CONTRO MOLOCK ★
Regia di GIORGIO FERRONI. Con ROSALBA NERI, ALESSANDRA PANARO, GORDON SCOTT. ■ In nome del mostro Molock, un subdolo sacerdote chiede tributi. Tutti hanno paura e pagano, ma Ercole uccide il mostro e il sacerdote si suicida. ■ MITOLOGICO; COL.; 91'; ITALIA, 1963.

ERCOLE CONTRO ROMA ★
Regia di PIERO PIEROTTI. Con WANDISA GUIDA, ALAN STEEL, DANIELE VARGAS. ■ Chiamato in causa dal legittimo erede del trono di Roma, spodestato da un perfido parente, Ercole arriva, ammazza l'usurpatore e fa da testimone alle nozze dell'amico con una bella fanciulla. ■ MITOLOGICO; COL.; 100'; ITALIA, 1964.

ERCOLE E LA REGINA DI LIDIA ★
Regia di PIETRO FRANCISCI. Con GABRIELE ANTONINI, SERGIO FANTONI, SYLVA KOSCINA, STEVE REEVES. ■ La regina è una gran bella donna e pensa, con il suo fascino, di incantare Ercole e servirsi di lui, ma per soggiogare l'invincibile eroe ci vuol altro... ■ MITOLOGICO; COL.; 90'; ITALIA, 1959.

ERCOLE L'INVINCIBILE ★
Regia di ALVARO MANCORI. Con CAROL BROWN, SPELA ROZIN, DAN VADIS. ■ Per poter sposare la fanciulla dei suoi sogni, Ercole deve superare alcune prove: uccidere un drago, sbaragliare un'intera popolazione, vendicare il padre della promessa sposa eliminato dai nemici. ■ MITOLOGICO; COL.; 89'; ITALIA, 1965.

ERCOLE RITORNA *(Hercules Returns)* ★★★
Regia di DAVID PARKER. Con DAVID ARGUE, MICHAEL CARMAN, MARY COUSTAS. ■ Presentato alla Mostra di Venezia. Un divertente esperimento, tratto da una commedia teatrale, che riutilizza in chiave ironica *Ercole, Sansone, Maciste e Ursus: gli invincibili* di Giorgio Capitani. Brad McBain si licenzia dalla Kent Cinema Corporation e decide di aprire un cinema. Cercano però di sabotare la serata facendogli arrivare il film italiano del 1965, citato prima, senza sottotitoli. Così assieme al proiezionista e a una pubblicista lo doppia e reinventa gli effetti sonori. Ercole si trasforma in un artista di cabaret. ■ COMMEDIA; COL.; 80'; AUSTRALIA, 1993.

ERCOLE, SANSONE, MACISTE E URSUS, GLI INVINCIBILI ★★
Regia di GIORGIO CAPITANI. Con NADIR BALTIMOR, HÉLÈNE CHANEL, MOIRA ORFEI, RED ROSS, ALAN STEEL, LIA ZOPPELLI. ■ Con poco rispetto per le date storiche ecco riunito un poker di super eroi del passato. Tutto per la solita ragione: la conquista di una bella fanciulla. ■ AVVENTURA; COL.; 100'; ITALIA, 1965.

ERCOLE SFIDA SANSONE ★★
Regia di PIETRO FRANCISCI. Con FULVIA FRANCO, ALDO GIUFFRÈ, RICHARD LLOYD, KIRK MORRIS, LIANA ORFEI. ■ Ercole dà una mano a Sansone alle prese con la terribile Dalila, in un duello fra mente e braccio, fra intelligenza e forza bruta. Vince la forza bruta. ■ AVVENTURA; COL.; 104'; ITALIA, 1963.

EREDE, L' *(L'hértier)* ★★★
Regia di PHILIPPE LABRO. Con JEAN-PAUL BELMONDO, CHARLES DENNER, PIERRE GRASSET, CARLA GRAVINA, JEAN ROCHEFORT. ■ Bart è ricco e potente, ma ha un suocero più ricco e più potente di lui, che la pensa in maniera diversa dal genero su svariati argomenti. I tentativi che Bart compie per modernizzare le proprie aziende sono ostacolati da strani incidenti, e, quando il moderno manager scopre un segretuccio compromettente sul conto del vecchio, la lotta tra i due si fa aperta e spietata. Vince il più potente. ■ DRAMMATICO; COL.; 110'; FRANCIA, 1973.

EREDE DI AL CAPONE, L' *(Portrait of a Monster)* ★★
Regia di JOSEPH PEVNEY. Con NORMAN ALDEN, RAY DANTON, LESLIE PARRISH. ■ Un giovane aspirante gangster, non troppo rispettoso degli ordini del suo boss, litiga con quest'ultimo e mette in piedi un'organizzazione a delinquere per proprio conto. Gli affari, anche di cuore, gli vanno bene, ma prima o poi tutti i nodi vengono al pettine. ■ POLIZIESCO; B/N; 108'; USA, 1961.

EREDE DI BRUCE LEE, L' ★
Regia di TU MIN PO. Con KAO KUN, FENG LING. ■ Sulla scia del successo di Bruce Lee sono spuntati come funghi film che non hanno nulla a che vedere con lui Anche le vicende di Chao, raccontate in questo film, non hanno collegamenti con il caposcuola del genere. ■ AVVENTURA; COL ; 102'; HONG KONG, 1973.

EREDE DI ROBIN HOOD, L' *(Son of the Guardsman)* ★★
Regia di DERWIN ABRAHAMS. Con DOUGLAS KENNEDY, ROBERT SHAW. ■ Il protagonista non è l'erede al trono della foresta di Sherwood, come fa supporre il titolo, ma addirittura l'erede al trono di Inghilterra, che prima di prendere legittimamente possesso del suo regno deve liberarsi degli usurpatori. Ci riesce. ■ AVVENTURA; B/N; 96'; USA, 1946.

EREDE. THE HEIR, L' ★★
Regia di MICHAEL ZAMPINO. Con GUIA JELO, DAVIDE LORINO, MARIA SOLE MANSUTTI, ALESSANDRO ROJA, TRESY TADDEI. ■ Dopo la morte del padre, il ricco radiologo Bruno riceve in eredità una villa sperduta tra i monti Sibillini. Senza grandi aspettative né entusiasmo, prende la macchina e insieme alla fidanzata corre a vedere la casa. Una volta raggiunto il posto, scopre di avere tra le mani una proprietà interessante e decide di ristrutturarla per rivenderla all'offerente più generoso. Scopre anche la presenza poco rassicurante della famiglia Santucci, i vicini di casa, vecchi amici e confidenti del padre, malamente intenzionati a prendere possesso delle mura cadenti della villa. ■ THRILLER; COL.; 90'; ITALIA, 2011.

EREDI DI KING KONG, GLI *(Kaijui Soshingeki)* ★★
Regia di ISHIRÔ HONDA. Con YOKIKO KOBAYASHI, AKIRA KUBO, JUN TAZAKI. ■ I terrestri sono finalmente riusciti a mettere in gabbia tutti i mostri che avevano infestato il pianeta (King Kong, Godzilla ecc.) quando qualche misterioso avvenimento li libera di nuovo. I colpevoli sono gli abitanti di Alfa Centauri. ■ FANTASCIENZA; COL.; 92'; GIAPPONE, 1968.

EREDITÀ, L' *(Arven)* ★★★
Regia di ANJA BREJE. Con ANETA BJÖRK, HAGE JUVE, ESPEN SKJOMBERG. ■ Muore un armatore norvegese, senza figli. L'eredità andrà equamente divisa tra i parenti, a condizione che il fratello del defunto prenda in mano le redini dell'azienda. Ma il fratello rifiuta. Un sordo rancore correva tra i due. Si viene alla fine a sapere che l'armatore fu l'amante della moglie del fratello e che dalla loro relazione nacque una figlia. ■ DRAMMATICO; COL.; 90'; NORVEGIA, 1979.

EREDITÀ, L' *(Arven)* ★★
Regia di PER FLY. Con LARS BRYGMANN, GHITA NORBY, KARINA SKANDS, ULRICH THOMSEN, LISA WERLINDER. ■ Il proprietario di una catena di acciaierie muore suicida e sua moglie prova a richiamare il figlio Christoffer alla guida dell'azienda, che se n'era sempre disinteressato. A sorpresa Christoffer accetta di tornare e salvare le acciaierie, ma così facendo provoca profonde rotture all'interno della famiglia e compromette il rapporto con sua moglie. Il Dogma 95 si sgretola lasciando in eredità una miriade di stilemi che perdono gran parte del loro significato una volta smarrito l'originario spirito rivoluzionario. ■ DRAMMATICO; COL.; 107'; DANIMARCA, 2003.

EREDITÀ DELLA ZIA D'AMERICA, L' ★★
(Das Haus in Montevideo)
Regia di CURT GOETZ. Con CURT GOETZ, RUTH NIEHANS, VALE-

RIE VON MARTENS. ■ Pur di mettere le mani sull'eredità della sorella, un severo professore mette da parte i rigidi principi per convincere un giovanotto a sedurre la propria figlia e avere un figlio da lei al di fuori del matrimonio. Questa è infatti la strana condizione che la gaudente defunta ha posto. Il giovane si rifiuta e il professore sta per rinunciare, quando scopre che il suo matrimonio non è mai stato valido: tutti i suoi dodici figli sono illegittimi e i soldi finiscono nelle sue tasche. ■ COMMEDIA; B/N; 93'; GERMANIA, 1951.

EREDITÀ DELLO ZIO BUONANIMA, L' ★★
Regia di AMLETO PALERMI. Con ELSA DE GIORGI, ADOLFO GERI, ZOE INCROCCI, ANGELO MUSCO. ■ Due famiglie litigano per un'eredità che alla fine si rivela inesistente. Dopo tanto disaccordo, un paio di matrimoni riportano la pace tra i contendenti. ■ COMMEDIA; B/N; 91'; ITALIA, 1934.

EREDITÀ DELLO ZIO BUONANIMA, L' ★★
Regia di ALFONSO BRESCIA. Con MARIA BOSCO, GRAZIA DI MARZÈ, FRANCO FRANCHI, RICCARDO GARRONE. ■ Un giovanotto attende disperatamente la morte di un ricco zio per sistemare le sue dissestate finanze, ma l'eredità è compromessa da molte donazioni che il defunto ha lasciato ad opere varie di carità. Per fortuna salta fuori un quadro che viene attribuito al Caravaggio e che viene immediatamente venduto. ■ COMMEDIA; COL.; 105'; ITALIA, 1974.

EREDITÀ DI FERNANDEL, L' *(L'armoire volante)* ★★
Regia di CARLO RIM. Con FERNANDEL, LOUIS FLORENCIE, MARCEL PÉRES. ■ Un armadio, nel quale è stato rinchiuso il cadavere di una vecchia zia, viaggia da un paese all'altro e il nipote segue disperatamente le tracce del mobile come in un incubo a occhi aperti. ■ COMMEDIA; B/N; 90'; FRANCIA, 1948.

EREDITÀ DI UN UOMO TRANQUILLO, L' ★★
(Ever After)
Regia di MARIO ZAMPI. Con YVONNE DE CARLO, DAVID NIVEN. ■ Un uomo ricco e generoso lascia come erede un nipote che si rivela invece avido e taccagno. La popolazione del paese, che vede sfumare i privilegi che il defunto le aveva concesso, tenta di liberarsi dell'erede, ma un secondo testamento che annulla il precedente rispedisce il cinico nipote da dove era venuto. ■ COMMEDIA; COL.; 86'; GRAN BRETAGNA, 1954.

EREDITÀ FERRAMONTI, L' ★★★
Regia di MAURO BOLOGNINI. Con ADRIANA ASTI, PAOLO BONACELLI, LUIGI PROIETTI, ANTHONY QUINN, DOMINIQUE SANDA, FABIO TESTI. ■ Irene sposa Pippo Ferramonti, uno dei figli di un ricco fornaio. L'avida ragazza finge di adoperarsi per riportare la serenità nella turbolenta famiglia del marito, ma solo allo scopo di far recedere il suocero dal proposito di non lasciare alcuna eredità ai dissennati figlioli. Per poterselo meglio giostrare, Irene diviene l'amante del cognato Mario. Poi concede le proprie grazie anche all'anziano suocero, ottenendo di venir nominata erede universale del patrimonio Ferramonti. Ma il diavolo insegna solo a far le pentole... ■ DRAMMATICO; COL.; 101'; ITALIA, 1976. ■ CANNES 1 PR.

EREDITÀ IN CORSA, L' ★★
Regia di ORESTE BIANCOLI. Con CLARA CALAMAI, ANTONIO GANDUSIO, ENRICO VIARISIO. ■ Una forte somma è nascosta in una sedia che una stravagante zia ha lasciato in eredità al proprio nipote, ma quest'ultimo, completamente ignaro della presenza del tesoro, ha venduto il mobile. Tenta di rintracciarlo e ci riesce, ma la sedia è finita in un orfanotrofio e l'uomo non ha il coraggio di riportarsela via. ■ COMMEDIA; B/N; 92'; ITALIA, 1939.

EREDITÀ SELVAGGIA *(Wild Heritage)* ★★
Regia di CHARLES HAAS. Con ROD MCKUEN, MAUREEN O'SULLIVAN, WIL ROGERS JR. ■ Due famiglie di coloni vengono derubate delle loro mandrie; i giovani dei due gruppi decidono di trovare i ladri e vendicarsi. Scoprono che questi sono anche gli assassini del padre di uno dei ragazzi, e la loro vendetta colpisce inesorabile. ■ WESTERN; B/N; 78'; USA, 1958.

EREDITIERA, L' *(The Heiress)* ★★★★
Regia di WILLIAM WYLER. Con MONTGOMERY CLIFT, OLIVIA DE HAVILLAND, RALPH RICHARDSON. ■ Il film è tratto dal romanzo *Washington Square* di Henry James. Una giovane donna timida e scialba si innamora di un uomo che mira soltanto alla sua dote. Il padre della ragazza tenta di dissuaderla e per questo la porta in Europa, ma al ritorno il cacciatore di dote riprende l'assedio. La ragazza annuncia al giovanotto che rinuncerà all'eredità paterna pur di poterlo sposare, e da quel momento l'innamorato sparisce. Si ripresenta dopo che il padre della fanciulla è morto, ma trova la porta irrimediabilmente chiusa. È un film eccellente. William Wyler era uno dei registi americani di gusto europeo. I tre protagonisti diedero il massimo; Clift, dopo essersi fatto conoscere l'anno prima col *Fiume Rosso*, si affermò del tutto. ■ DRAMMATICO; B/N; 115'; USA, 1949. ■ OSCAR 4 PR, 8 NOM.

EREDITIERA, L' ★
Regia di ANTULIO JIMENEZ. Con ERNESTO ALONSO, EDITH GONZALES, HUMBERTO ZUITA. ■ Lui è uno spudorato cacciatore di doti. Lei è una ricca ereditiera. Inevitabilmente lui la seduce, nonostante il padre cerchi di dissuaderla. Ed alla fine, tragedia. Trama cortissima, da telenovela, e dialoghi e sceneggiatura sfilacciati, da telenovela. ■ DRAMMATICO; COL.; 100'; MESSICO, 1993.

EREDITIERA DI SINGAPORE, L' ★★
(A Matter of Innocence – Pretty Dolly)
Regia di GUY GREEN. Con TREVOR HOWARD, SHASHI KAPOOR, HAYLEY MILLS. ■ Partita dall'Inghilterra ragazzina timida e piuttosto scialba, la giovane Polly, durante una crociera in Oriente, scopre l'amore, che la trasforma in una giovane donna affascinante. L'uomo che ha compiuto il miracolo si separa da lei, ma Polly ha imparato a conoscere e amare se stessa, ed è una lezione che cambia tutta la sua vita. ■ COMMEDIA; COL.; 102'; GRAN BRETAGNA, 1967.

ERETICA, L' *(L'endemoniada)* ★
Regia di ARMANDO DE OSSORIO. Con JULIAN MATEOS, MARIAN SALGADO. ■ Banalissima imitazione iberica dell'*Esorcista*. ■ DRAMMATICO; COL.; 95'; SPAGNA, 1977.

ERETICO, L' ★★
Regia di FRANCISCO BORDJA MORO. Con JOSÉ GUARDIOLA, FOLCO LULLI, JULIO RISCAL, LUIS RIVERA. ■ Un uomo che non crede in Dio si salva da un naufragio aggrappandosi ad un crocefisso di legno: da quel momento la sua vita è sconvolta da una crisi religiosa che lo porta a convertirsi. ■ DRAMMATICO; B/N; 90'; SPAGNA, 1957.

ER FATTACCIO ★★
Regia di RICCARDO MOSCHINO. Con MARISA MERLINI, OTELLO TOSO, CARLO TUSCO. ■ Una famiglia tranquilla e modesta viene sconvolta dall'improvvisa svolta di uno dei due figli: il giovane si innamora di una ballerina e in breve diventa un delinquente. La madre muore per il dolore e, durante uno scontro con il fratello, il cattivo rimane ucciso. ■ DRAMMATICO; B/N; 90'; ITALIA, 1952.

ERGASTOLO ★★
Regia di LUIGI CAPUANO. Con FRANCO INTERLENGHI, HÉLÈNE REMY. ■ Stefano ha il vizio del gioco e finisce per cacciarsi in un grosso guaio: viene commesso un delitto e il colpevole accusa il giovane, che viene arrestato e processato. È difeso dal padre, che si ripresenta, pieno di rimorsi, dopo vent'anni di silenzio, ma viene egualmente condannato. Lo salva la confessione della complice del vero assassino. ■ DRAMMATICO; B/N; 94'; ITALIA, 1952.

È RICCA: LA SPOSO E L'AMMAZZO *(A New Leaf)* ★★★
Regia di ELAINE MAY. Con WALTER MATTHAU, ELAINE MAY, GEORGE ROSE, JACK WESTON. ■ Uno scapolo impenitente decide di risolvere i suoi dissesti finanziari sposando una donna molto ricca. La trova, la sposa e medita di ucciderla, ma la dedizione che la donna gli dimostra finisce per conquistarlo. ■ COMMEDIA; COL.; 102'; USA, 1971. ■ GOLDEN GLOBES 2 NOM.

♥ E RIDENDO L'UCCISE ★★★
Regia di FLORESTANO VANCINI. Con SABRINA COLLE, MARIANNA DE MICHELI, MANLIO DOVÌ, RUBEN RIGILLO. ■ Ferrara, inizi del Cinquecento, Corte Estense, una delle più illustri del Rinascimento. Pochi mesi dopo la morte del duca Ercole I, si scatenano le gelosie e i rancori sopiti tra i quattro figli: Alfonso erede del ducato e sposo di Lucrezia Borgia, Ippolito, Giulio nato al di fuori del matrimonio, e Ferrante. La vita di corte procede tra festini, lussi e cortigiane. Durante una festa Ippolito si vede rifiutato dal-

la bella Angiola a favore di Giulio. Ippolito ordina di sfigurare il fratello che insieme a Ferrante cova vendetta e decidono di congiurare contro Ippolito ed Alfonso. Benemerito tentativo di uscire dai binari convenzionali del cinema italiano. ■ COMMEDIA; COL.; 100′; ITALIA, 2005.

ERIKA ★★
Regia di FILIPPO MARIA RATTI. Con PIERRE BRICE, BERNHARD DE VRIES, PATRIZIA VIOTTI. ■ Una disinibita tedeschina crea lo scompiglio in una famiglia siciliana. Il padre e i due figli se ne innamorano, e quando il minore scopre la ragazza tra le braccia del fratello maggiore si uccide. La ragazza torna in Germania. ■ DRAMMATICO; COL.; 92′; ITALIA, 1971.

ERIK IL VICHINGO ★★
Regia di MARIO CAIANO. Con ELEONORA BIANCHI, GIULIANO GEMMA, GORDON MITCHELL. ■ Dopo aver litigato con il cugino, divenuto re dei vichinghi, Erik parte e arriva in terra americana. Anche qui le cose gli vanno male perché i mandanti del perfido parente gli creano mille difficoltà con gli indigeni. Erik decide allora di tornare in patria e di vendicarsi. ■ AVVENTURA; COL.; 94′; ITALIA, 1965.

ERIK IL VICHINGO *(Erik the Viking)* ★★
Regia di TERRY JONES. Con JOHN CLEESE, TERRY JONES, EARTHA KITT, TIM ROBBINS, MICKEY ROONEY. ■ Avventura mal riuscita per i mitici Monty Python, che pur non essendo al completo, impongono il loro marchio di fabbrica. Erik, il vichingo protagonista, è stufo di stuprare, uccidere, fare la guerra e così si mette in viaggio con altri volontari per compiere una nobile azione. Deve permettere al sole di illuminare e riscaldare di nuovo la sua terra, visto che un certo Fernier il Lupo lo ha malvagiamente oscurato. Da qui una serie di avventure che dovrebbero essere comiche ma quasi mai ci riescono. ■ COMMEDIA; COL.; 94′; GRAN BRETAGNA, 1989.

ERIN BROCKOVICH ★★★
Regia di STEVEN SODERBERGH. Con AARON ECKHART, ALBERT FINNEY, MARG HELGENBERGER, JULIA ROBERTS. ■ Erin Brockovich ha tre figli avuti da due diversi mariti. È una donna ancora giovane e appariscente, ma è disoccupata e non sa come dar da mangiare ai propri figli. Ha anche, e questo conta, un profondo senso della giustizia. Riesce a imporsi come aiutante in uno studio legale e, seguendo una pratica immobiliare, a scoprire che uno stabilimento del colosso industriale Pacific Gas & Electric ha immesso nelle acque di una cittadina cromo esavalente altamente cancerogeno. Procurandosi a poco a poco la stima del proprio datore di lavoro e la fiducia degli abitanti riesce a far loro ottenere un risarcimento che sembrava impossibile ma, soprattutto, rende loro giustizia. Non è il solito film "eroico" tratto da una storia vera. Erin non ha nessuna delle caratteristiche dell'eroina. Erin è volgare (e fa di tutto per non nasconderlo) e può sembrare troppo "disponibile". Ma è solo la facciata, un modo per trovare autostima. È invece una donna profondamente onesta, che ha sofferto e soffre e non sopporta di veder soffrire gli altri. Julia Roberts riesce a offrire al personaggio il giusto equilibrio, coadiuvata da un Albert Finney più che mai in parte. Il film non cede mai alla retorica tanto che, caso più unico che raro, non mostra la seduta processuale in cui il giudice dà la vittoria alla gente. Insomma, un film che sta nel solco della tradizione *made in Usa*, ma sa discostarsene quel tanto che basta. ■ DRAMMATICO; COL.; 131′; USA, 2000. ■ GOLDEN GLOBES 1 PR, 4 NOM; OSCAR 1 PR, 5 NOM.

ERI TU L'AMORE *(No Love for Johnnie)* ★★★
Regia di RALPH THOMAS. Con PETER FINCH, STANLEY HOLLOWAY, MARY PEACH. ■ Johnnie è un uomo politico con una vita privata disastrosa: ha lasciato la moglie perché innamorato di una ragazza molto bella e molto più giovane di lui e questo ha compromesso la sua carriera. La ragazza lo abbandona e Johnnie si ritrova solo, deluso e amareggiato, quando gli arriva una piccola consolazione da parte dei membri del suo partito: entra a far parte del governo. ■ COMMEDIA; B/N; 110′; GRAN BRETAGNA, 1961. ■ BERLINO 1 PR.

ERMELLINO NERO *(Armiño negro)* ★★
Regia di CARLOS HUGO CHRISTENSEN. Con ROBERTO ESCALADA, AURELIA FERRER, LAURA HIDALGO. ■ Per risolvere i problemi finanziari della famiglia, Maria si concede a tutti gli uomini ricchi e generosi che incontra. Allontana da sé anche il figlio, che cresce in un collegio. Si innamora di un giovane pittore, ma quando l'uomo viene a sapere del suo passato si uccide. ■ DRAMMATICO; B/N; 92′; ARGENTINA, 1953.

ERNEST & CELESTINE ★★★
Regia di STÉPHANE AUBIER, VINCENT PATAR, BENJAMIN RENNER. Con CLAUDIO BISIO, PAULINE BRUNNER, ANNE-MARIE LOOP, ALBA ROHRWACHER, LAMBERT WILSON. ■ Nel mondo degli orsi è impossibile fare amicizia con un topolino. La diffidenza è ai massimi livelli e l'orso rappresenta il peggiore dei pericoli. Inoltre il futuro dei più piccoli è già segnato. Dovranno tutti accedere alla professione più necessaria: il dentista. ■ ANIMAZIONE; COL.; 79′; FRANCIA, 2012.

ERNESTO ★★★
Regia di SALVATORE SAMPERI. Con TURI FERRO, GISELA HAHN, MARTIN HALM, VIRNA LISI, MICHELE PLACIDO, RENATO SALVATORI. ■ Trieste, 1911. Ernesto, sedicenne, vive con la madre nella casa amministrata dagli zii suoi tutori. Ebreo e socialista indifferente, il ragazzo si mette a lavorare presso un commerciante all'ingrosso. Qui conosce un giovane facchino che lo inizia ai piaceri omosessuali. Licenziato, Ernesto riprende gli studi di violino e, durante un concerto, conosce un ricchissimo coetaneo ebreo. Comincia a frequentare la casa di questi e finirà per legarsi alla sorella dell'amico. ■ DRAMMATICO; COL.; 95′; ITALIA, 1978. ■ BERLINO 1 PR.

ERNESTO E UNA SPAVENTOSA EREDITÀ ★
(Ernest Scared Stupid)
Regia di JOHN R. CHERRY III. Con BILL BYRGE, EARTHA KITT, JIM PAOLO. ■ Questa volta Ernesto mette su casa dove non dovrebbe perciò, in virtù di una pianta che nasconde un sortilegio, il protagonista viene spaventato da esseri incredibili. ■ FANTASTICO; COL.; 89′; USA, 1991.

ERNESTO – GUAI IN CAMPEGGIO ★★
(Ernest Goes to Camp)
Regia di JOHN R. CHERRY III. Con JIM PAOLO, VICTORIA RACIMA, JOHN VERNON. ■ Ernesto, tuttofare in un campeggio, viene promosso assurdamente a sorvegliante di un gruppo di ragazzetti provenienti da un riformatorio. I sei mascalzoncelli avranno vita facile con l'imbranatissimo custode. ■ COMICO; COL.; 92′; USA, 1987.

ERNESTO IL RIBELLE *(Ernest le rebelle)* ★★
Regia di CHRISTIAN-JAQUE. Con FERNANDEL, MONA GOYA. ■ Trovandosi in terra straniera senza soldi e senza documenti, un uomo accetta di andare a lavorare in una piantagione di banane. Si accorge ben presto che la tenuta è peggio di una prigione e incita i compagni alla ribellione. Dopo aver sconfitto i responsabili dei maltrattamenti subiti, l'uomo riparte con la donna che ama, incontrata in quell'inferno. ■ AVVENTURA; B/N; 92′; FRANCIA, 1937.

ERNESTO SALVA IL NATALE ★★
(Ernest Saves Christmas)
Regia di JOHN R. CHERRY III. Con OLIVER CLARK, JIM PAOLO, DOUGLAS SALES. ■ Ernest deve aiutare Santa Claus ad avere un successore altrimenti non esisterà più il Natale. ■ COMMEDIA; COL.; 95′; USA, 1988.

ERODE IL GRANDE ★★
Regia di ARNALDO GENOINO. Con SYLVIA LOPEZ, SANDRA MILO, EDMUND PURDOM, ELENA ZARESCHI. ■ Erode è gelosissimo della bella Miriam; quando parte per una missione politica chiede ad Aron di uccidere la donna, nel caso egli non tornasse. Si sparge la voce che Erode sia morto, ma Aron non ha il coraggio di eseguire il crudele ordine. Quando Erode ritorna, sospetta che Aron abbia disobbedito perché innamorato della donna, mette il giovane alla tortura e Miriam alla lapidazione. ■ DRAMMATICO; COL.; 92′; ITALIA, 1958.

EROE A METÀ *(Half a Hero)* ★★
Regia di DON WEIS. Con CHARLES DINGLE, JEAN HAGEN, RED SKELTON. ■ Un giovane giornalista è alle prese con i debiti: la casa in campagna che la moglie ha voluto costa troppo e decide di venderla. La moglie non è affatto d'accordo e soltanto dopo un li-

tigio cede. Parlando con le persone che intendono comprargli la tanto discussa casa, l'uomo cambia idea e decide di resistere. ■ COMMEDIA; B/N; 71'; USA, 1953.

EROE BORGHESE, UN ★★
Regia di MICHELE PLACIDO. Con OMERO ANTONUTTI, FABRIZIO BENTIVOGLIO, MICHELE PLACIDO. ■ Giorgio Ambrosoli, incaricato della liquidazione dell'istituto bancario fondato da Michele Sindona, scopre inquietanti legami tra criminalità organizzata e potere politico e finanziario. Nonostante le minacce, prosegue sulla sua strada fino all'11 luglio 1979, quando viene assassinato da un killer. Pregevole nelle intenzioni, la ricostruzione dei drammatici fatti realmente accaduti non sempre raggiunge un perfetto equilibrio. ■ DRAMMATICO; COL.; 93'; ITALIA, 1995.

EROE COMUNE *(Ordinary Hero)* ★★
Regia di PETER COOPER. Con RICHARD DEAN ANDERSON, VALERIE BERTINELLI, DORIS ROBERTS. ■ Un giovane soldato americano in Vietnam salva la pelle per miracolo negli ultimi giorni di guerra. Con la pace, crede di potere finalmente vivere come una persona qualunque. E invece anche al suo paese lo aspettano lotte e sofferenze. ■ GUERRA; COL.; 104'; USA, 1989.

EROE DEI DUE MONDI, L' ★★★
Regia di GUIDO MANULI. ■ Un cartone animato, sceneggiato da Manuli con Maurizio Nichetti, su Giuseppe Garibaldi e il Risorgimento. In versione ovviamente semplificata per i più piccoli e con personaggi del mondo animale. Buoni i risultati, all'altezza del maestro Bruno Bozzetto. ■ ANIMAZIONE; COL.; 105'; ITALIA, 1994.

EROE DEI NOSTRI TEMPI, UN ★★★
Regia di MARIO MONICELLI. Con TINA PICA, GIOVANNA RALLI, ALBERTO SORDI, FRANCA VALERI. ■ Oppresso da una zia e da una domestica asfissianti, Alberto è diventato timidissimo e pauroso. Viene accusato d'essere autore di un attentato e, per procurarsi un alibi, accetta il ricatto di una vedova innamorata di lui. Il vero colpevole viene scoperto e Alberto si libera della donna dopodiché, deciso a reagire alla sua paura, si arruola nella polizia. ■ COMMEDIA; B/N; 90'; ITALIA, 1955.

EROE DELLA STRADA, L' ★★
Regia di CARLO BORGHESIO. Con VERA CARMI, ERMINIO MACARIO, CARLO NINCHI. ■ Felice di nome ma non di fatto, un povero diavolo subisce ogni maltrattamento: è accusato di furto e si salva solo grazie all'intervento di Gaetano, un simpatico lestofante. Si mette a suonare per le strade un organetto, ma lo strumento suona solo canzonette fasciste e Felice rischia il linciaggio. Ancora una volta è Gaetano che lo salva. ■ COMMEDIA; B/N; 86'; ITALIA, 1948.

EROE DELLA STRADA, L' *(The Street Fighter)* ★★★
Regia di WALTER HILL. Con MAGGIE BLYE, CHARLES BRONSON, JAMES COBURN, JILL IRELAND. ■ Negli anni Venti e Trenta andava di moda in America una sorta di pugilato sulla strada. Questa è la storia di Shaney, un anziano pugile che vive grazie ai suoi pugni. Ha un impresario disonesto che gliene combina di tutti i colori. Alla fine Shaney si dimostra un vero uomo, generoso e forte, al di là della forza fisica. ■ DRAMMATICO; COL.; 97'; USA, 1975.

EROE DELLA VANDEA, L' *(Les révoltés de Lomanach)* ★★
Regia di RICHARD POTTIER. Con CARLA DEL POGGIO, AMEDEO NAZZARI, DANY ROBIN. ■ Il generale Barnaud deve domare la rivolta scoppiata in Vandea, e, contemporaneamente, medita di vendicarsi di una donna che lo ha offeso. Incontra invece la sorella di lei e se ne innamora. Ma la guerra è guerra. ■ AVVENTURA; COL.; 88'; FRANCIA, 1953.

EROE DEL WEST, L' *(The Pride of the West)* ★★
Regia di LESLEY SELANDER. Con WILLIAM BOYD, JAMES CRAIG, GEORGE GABBY HAYES. ■ Hopalong Cassidy sulle tracce di un rapinatore di diligenze con parecchi colpi al suo attivo. Ma Cassidy lo acciuffa dopo una serie eccezionale di sparatorie e di scazzottature. ■ WESTERN; B/N; 79'; USA, 1938.

EROE DI BABILONIA, L' ★
Regia di SIRO MARCELLINI. Con PIERO LULLI, MOIRA ORFEI, GORDON SCOTT, ANDREA SCOTTI. ■ A Babilonia regna un tiranno che ha usurpato il trono al legittimo successore. Quest'ultimo, deciso a riportare pace e giustizia nella sua città, arma un esercito di valorosi, libera una fanciulla destinata al sacrificio e dopo la vittoria contro il malvagio la sposa. ■ AVVENTURA; COL.; 91'; ITALIA, 1963.

EROE DI CARTA *(Paperback Hero)* ★★
Regia di PETER PEARSON. Con ELIZABETH ASHLEY, JOHN BECK, KEIR DULLEA. ■ Un asso del gioco dell'hockey è messo di fronte alla sua prima crisi, umana e professionale. Succede quando il riccone che finanzia la sua squadra lo manda via. Il giocatore, che viveva già in un mondo di fantasia, perde ogni aggancio con la realtà. Tenta una rapina come un bandito del West e viene preso a fucilate dalla polizia locale. ■ DRAMMATICO; COL.; 94'; CANADA, 1973.

EROE DI GUERRA, UN *(War Hero)* ★★
Regia di BURT TOPPER. Con BAYNESS BARRON, JUDY DAN, TONY RUSSELL. ■ La vicenda si svolge durante la guerra di Corea: un ufficiale americano ambizioso e sanguinario lascia massacrare un plotone di compatrioti; quindi, benché sia stato firmato l'armistizio, continua una specie di guerra personale finché viene fermato e ucciso. ■ GUERRA; B/N; 79'; USA, 1961.

EROE DI SPARTA, L' *(The 300 Spartans)* ★★★
Regia di RUDOLPH MATÉ. Con DIANE BAKER, BARRY COE, DAVID FARRAR. ■ Il re persiano Serse invade la Grecia. I sovrani delle diverse province sono per la maggior parte contrari ad un'alleanza. Solo Leonida e pochi fedelissimi si appostano alle Termopili, dove per due volte respingono l'esercito avversario. La delazione di un traditore li farà massacrare nonostante la strenua resistenza. ■ STORICO; COL.; 90'; USA, 1962.

EROE FATTO IN CASA, UN *(Blankman)* ★
Regia di MIKE BINDER. Con ROBIN GIVENS, DAVID ALAN GRIER, DAMON WAYANS. ■ Damon Wayans è un comico molto noto in Usa. Qui veste i panni di un persecutore di crimini alla Batman con sovraccarico di volgarità simildemenziale. Le citazioni (da *Edward Mani di forbice* a *Corto circuito*) si sprecano, ma la grana della comicità è grossa e le frecce spesso spuntate. ■ COMMEDIA; COL.; 92'; USA, 1994.

EROE IN FAMIGLIA, UN *(Hero in the Family)* ★★
Regia di MEL DAMSKI. Con CHRIS COLLETT, CLIFF DE YOUNG, M. EMMER WALSH, ANNABETH GISH. ■ Un film per ragazzi prodotto dalla Disney. È l'avventura di un astronauta spedito nello spazio con una scimmia. Durante il viaggio però i due incappano in una strana pioggia e quando torneranno sulla Terra troveranno i rispettivi cervelli scambiati. ■ AVVENTURA; COL.; 90'; USA, 1986.

EROE PER CASO *(Hero)* ★★★
Regia di STEPHEN FREARS. Con JOAN CUSACK, GEENA DAVIS, ANDY GARCIA, DUSTIN HOFFMAN. ■ Bernie, un imbroglione di serie B, ha sei giorni di libertà per poter vedere il figlio. Un giorno assiste a un incidente aereo. Fa quello che può per salvare i passeggeri e poi si allontana, senza una scarpa. Sull'aereo c'è una giornalista televisiva che confusamente ricorda un uomo coraggioso. Tutti i media cercano l'eroe. Ma Bernie viene raggirato da un barbone che gli dà un passaggio. Costui, John, riesce a farsi passare per lui e sfrutta la situazione. L'indice è puntato sul giornalismo a caccia di scoop e pietismo, sulla costruzione di falsi "eroi" che vengono resi più credibili di quelli reali. ■ COMMEDIA; COL.; 115'; USA, 1993.

EROE PER FAMIGLIE *(Christmas in Connecticut)* ★★
Regia di ARNOLD SCHWARZENEGGER. Con DYAN CANNON, TONY CURTIS, KRIS KRISTOFFERSON, RICHARD ROUNDTREE. ■ Il primo film diretto dall'attore Schwarzenegger. Realizzato per la tv via cavo, è l'esile storia di una celebrità della televisione. Si tratta della conduttrice di un programma di cucina e tutti gli Stati Uniti la credono un'eccellente cuoca. Purtroppo al suo agente viene l'infelice idea di realizzare una puntata in diretta per il giorno di Natale. ■ COMMEDIA; COL.; 95'; USA, 1992.

EROE PER FORZA *(The Gladiator)* ★★
Regia di EDWARD SEDGWICK. Con JOE E. BROWN, JUNE TRAVIS. ■ Un timido e debole studente universitario – sul quale uno studioso sperimenta una pozione che moltiplica la forza fisica – di-

venta una specie di Ercole. Qualche tempo dopo, nonostante l'effetto sia quasi finito, il ragazzo vince un incontro di lotta libera: col ricavato potrà adottare un orfano e sposare la ragazza che ama. ■ COMMEDIA; B/N; 70′; USA, 1938.

EROE PICCOLO PICCOLO, UN *(Jack the Bear)* ★★
Regia di MARSHALL HERSKOVITZ. Con DANNY DEVITO, MIKO HUGHES, GARY SINISE, ROBERT J. STEINMILLER JR. ■ Jack si trasferisce a Oakland, assieme al fratello Dylan e al padre John, dopo la morte della madre. John fa il "mostro" alla televisione e nel quartiere diventa popolare. C'è però un vicino neonazista, che John non ama e che ritiene di essere vittima di una sua denuncia televisiva. L'uomo rapisce Jack che, una volta liberato, si chiude nel silenzio. John crede di non essere un padre sufficientemente responsabile, ma scoprirà il contrario nel momento in cui il neonazista cercherà di uccidere il figlio. ■ DRAMMATICO; COL.; 99′; USA, 1993.

EROE SCONOSCIUTO, L' *(The Flag Lieutenant)* ★★
Regia di HENRY EDWARDS. Con HENRY EDWARDS, PETER GAWTHORNE, ANNA NEAGLE. ■ Per far ottenere ad un amico l'avanzamento, un ufficiale gli attribuisce un proprio atto d'eroismo. Per una serie di equivoci, tuttavia, finisce per fare lui stesso la figura del vigliacco. L'uomo perde i gradi e la promessa sposa, ma li riacquista. ■ COMMEDIA; B/N; 85′; GRAN BRETAGNA, 1931.

EROE SONO IO, L' ★★
Regia di CARLO LUDOVICO BRAGAGLIA. Con ANDREA CHECCHI, MARISA MERLINI, RENATO RASCEL, DELIA SCALA. ■ Il protagonista, col complesso della piccola statura, riesce a interessare una ragazza facendole credere di essere un attore di fotoromanzi. In realtà non è che una comparsa e lei, dopo aver sdegnato la sua compagnia, si fa aiutare nella desiderata carriera artistica da un affermato divo. Questi la coinvolge in tali pericolose avventure che alla fine, salvata dal "piccoletto", si accorge della sua bontà e lo sposa. ■ COMICO; B/N; 85′; ITALIA, 1951.

EROE VAGABONDO ★★
Regia di WALTER SANTESSO. Con ANTONIO PRIETO, WALTER SANTESSO, OLGA SOLBELLI, NURIA TORRAY. ■ Un allegro venditore di fiori finti ama una fanciulla che dopo qualche tempo muore. Abbandonato il suo lavoro, si associa ad una compagnia di attori ambulanti dei quali intralcia, senza volerlo, alcuni loschi interessi. Quando scopre la verità, denuncia i delinquenti e torna dal vecchio datore di lavoro che, durante la sua assenza, si è arricchito sfruttando un suo progetto. ■ COMMEDIA; B/N; 86′; ITALIA, 1966.

EROI, GLI ★★
Regia di DUCCIO TESSARI. Con CLAUDE BRASSEUR, GIANNI GARKO, ROSANNA SCHIAFFINO, ROD STEIGER, ROD TAYLOR. ■ Siamo nell'Africa del Nord, in pieno secondo conflitto mondiale. La scoperta di un tesoro destinato agli arabi provoca la cupidigia di un'avventuriera e di alcuni soldati di eserciti avversari, che danno inizio ad una guerra privata. Dopo numerose peripezie è la ragazza ad avere la meglio. L'Intelligence Service però vigila e interviene al momento buono. ■ AVVENTURA; COL.; 92′; ITALIA, 1973.

EROI ALL'INFERNO ★
Regia di JOE D'AMATO (pseud. di ARISTIDE MASSACCESI). MICHAEL WOTRUBA. Con LARS BLOCK, CHRISTOPHER EWING, KLAUS KINSKI. ■ Nel corso della seconda guerra mondiale, a un gruppetto di partigiani viene affidato un incarico di vitale importanza: trafugare dalla sede del comando tedesco alcuni documenti top secret. ■ GUERRA; COL.; 80′; ITALIA, 1976.

EROICA ★★
Regia di WALTER KOLM-VELTÉE. Con EWALD BALSER, JUDITH HOLZMEISTER, MARIANNE SCHONAUER. ■ Beethoven scrive in onore di Napoleone, che ammira come simbolo della rivoluzione, la terza sinfonia, l'*Eroica*. Tempo dopo, deluso dalla politica di Bonaparte, si rifugia in Ungheria. Qui è colpito da due gravi disgrazie: l'amore infelice per una donna e la perdita dell'udito, che tuttavia non gli impedirà di comporre musiche immortali. ■ BIOGRAFICO; B/N; 90′; AUSTRIA, 1950.

EROICA IMPRESA DEI 300, L' *(Last Stand of the 300)* ★★★
Regia di DAVID PADRUSCH. Con JEFFERY A. BAKER, ORION BARNES, ERIN BENNETT, KRISTOPHER BLOUNT, JOSHUA BRADLEY, ANTON BURMAN, PAYSON BURT, TONY CASALE, TJ CENCULA, BRIAN DANNER, DAVID C. HERNANDEZ. ■ Il successo di *300* ha spinto molti, anche per nulla esperti di storia antica, a volerne sapere di più sulla battaglia delle Termopili. Si possono ovviamente consultare enciclopedie e ponderosi volumi, ma se si desidera avere un'informazione tanto precisa dal punto di vista scientifico quanto efficace sul piano spettacolare, questa docufiction è da considerarsi imprescindibile. Alternando eccezionali ricostruzioni storiche, effetti speciali cinematografici, animazioni e interventi di storici ed esperti di strategia militare, vengono ricostruite (con grande attenzione anche ai particolari e alle tipologie degli armamenti) le vicende che portarono al celebre sacrificio di Leonida e dei suoi 300 spartani: l'invasione persiana, l'alleanza tra le città greche, la battaglia di Maratona, l'intervento di Temistocle, la difesa delle Termopili fino ai successi di Salamina e di Platea. ■ DOCU-FICTION; COL.; 92′; USA, 2007.

EROICA LEGIONE, L' *(The Gallant Legion)* ★★★
Regia di JOSEPH KANE. Con ADRIAN BOOTH, BRUCE CABOT, BILL ELLIOTT. ■ Benché il Texas sia definitivamente entrato a far parte degli Stati Uniti d'America, c'è chi lotta per riconquistare l'indipendenza. La fidanzata di Laroux, il malvagio capo dei rivoltosi, incaricata da un giornale di scrivere un servizio sull'insurrezione, scopre le irregolari manovre politiche di un suo zio senatore, che appoggia Laroux e, poiché ha minacciato di smascherarlo, ne provoca l'uccisione proprio per mano del fidanzato. Questi sarà eliminato nella battaglia che segna la definitiva sconfitta degli insorti. ■ AVVENTURA; B/N; 88′; USA, 1948.

EROICO TRADITORE, L' *(Dvoe v Stepi)* ★★
Regia di ANATOLIJ EFROS. Con VALERIJ BABJATINSKIJ, ASU NUREKENOV. ■ È la storia di un tenente che, fallita un'importantissima missione, viene condannato a morte. Lungo la strada che conduce al luogo dell'esecuzione sopravvive, unico dei suoi compagni, ad un attacco nemico; invece di fuggire cerca altri compagni e combatte al loro fianco con tale ardore da meritare l'annullamento della sentenza. ■ DRAMMATICO; B/N; 91′; URSS, 1963.

EROI DEL DESERTO, GLI *(Hell's Heroes)* ★★★
Regia di WILLIAM WYLER. Con CHARLES BICKFORD, RAYMOND HATTON, FRED KOLMER. ■ Tre cowboy trovano in un deserto una donna che partorisce e muore. Per salvare il neonato, sacrificano la vita. ■ WESTERN; B/N; 72′; USA, 1929.

EROI DEL DOPPIO GIOCO, GLI ★★
Regia di CAMILLO MASTROCINQUE. Con GINO BRAMIERI, MARIO CAROTENUTO, CARLO CROCCOLO, WANDISA GUIDA, AROLDO TIERI. ■ Dei tre figli di un podestà fascista uno solo, reduce dalla tremenda esperienza della campagna di Russia, è avverso al regime. Le sorti dell'Italia si vanno lentamente delineando: i familiari del ragazzo, per evitare prevedibili rappresaglie da parte degli alleati, fanno il doppio gioco e riescono a nascondere i loro precedenti. ■ COMMEDIA; B/N; 86′; ITALIA, 1962.

EROI DELLA DOMENICA, GLI ★★
Regia di MARIO CAMERINI. Con COSETTA GRECO, RAF VALLONE, ELENA VARZI. ■ Il film segue il filone di *Cinque a zero* di Mario Bonnard (1932), e non si spinge oltre la rappresentazione farsesca dei retroscena e delle passioni che si agitano intorno a una squadra di calcio. ■ COMMEDIA; B/N; 90′; ITALIA, 1953.

EROI DELL'ARTIDE ★★★
Regia di LUCIANO EMMER. ■ Emmer ha montato un buon documentario sulla natura e sulla vita tra i ghiacci dell'Artide. ■ DOCUMENTARIO; COL.; 85′; ITALIA, 1954.

EROI DELLA STRADA, GLI *(Streets of New York)* ★★
Regia di WILLIAM NIGH. Con JACKIE COOPER, MARJORIE REYNOLDS. ■ Un gangster ha un giovane fratello onesto che con la sua attività di edicolante dà lavoro ad alcuni coetanei. Un giorno, scoperto e tallonato dalla polizia, il bandito si rifugia da lui e ferisce uno dei ragazzi; ma viene preso e arrestato. ■ DRAMMATICO; B/N; 73′; USA, 1939.

EROI DELLA STRATOSFERA, GLI ★★★
(On the Threshold of Space)
Regia di ROBERT D. WEBB. Con JOHN HODIAK, DEAN JAGGER, VIRGINIA LEITH, GUY MADISON. ■ Il film mostra gli esperimenti condotti da alcuni scienziati per studiare le reazioni del corpo

umano a tutte le situazioni possibili nella stratosfera. ■ AVVENTURA; B/N; 98′; USA, 1956.

EROI DELL'INFERNO ★
Regia di MAX STEEL. Con MILES O'KEEFFE, FRED WILLIAMSON. ■ L'accampamento americano di Huè, in Vietnam, viene attaccato e conquistato dai vietcong. Cinque marines, che si sono salvati a malapena dandosi alla fuga, si dirigono verso il confine cambogiano. Se ne narrano le vicende ■ GUERRA; COL.; 92′; ITALIA, 1988.

EROI DELL'ISOLA – GIANNI E PINOTTO, ★★★
GLI EROI DELL'ISOLA, GLI *(Pardon My Sarong)*
Regia di ERLE C. KENTON. Con BUD ABBOTT, VIRGINIA BRUCE, LOU COSTELLO. ■ Gianni e Pinotto partecipano questa volta a una competizione nautica; con altri inesperti marinai sbagliano rotta e finiscono su di un'isola abitata da cannibali e avventurieri bianchi. Devono barcamenarsi tra le due parti in perenne lotta e scampano fortuitamente alla morte. ■ COMICO; B/N; 84′; USA, 1942.

EROI DEL MARE – IL CACCIATORPEDINIERE ★★★
TORRIN *(In which We Serve)*
Regia di DAVID LEAN. Con NOEL COWARD, CELIA JOHNSON, BERNARD MILES, JOHN MILLS. ■ I tedeschi distruggono un cacciatorpediniere britannico. I vari componenti dell'equipaggio, tratti in salvo dai connazionali dopo molti giorni di solitudine e speranza, narrano gli avvenimenti più significativi della loro avventura. ■ AVVENTURA; B/N; 114′; GRAN BRETAGNA, 1942. ■ OSCAR 2 NOM.

EROI DEL PACIFICO – LA PATTUGLIA ★★★
INVISIBILE, GLI *(Back to Bataan)*
Regia di EDWARD DMYTRYK. Con FELY FRANQUELLI, ANTHONY QUINN, JOHN WAYNE. ■ I giapponesi obbligano l'esercito americano alla resa nelle Filippine. La strenua resistenza di alcuni reparti e della popolazione indigena induce il comando Usa ad incoraggiare e sostenere la guerriglia. La gigantesca sollevazione, tra sacrifici e atti d'eroismo, porta alla liberazione delle isole. ■ GUERRA; B/N; 95′; USA, 1945.

EROI DEL WEST, GLI ★★
Regia di STENO. Con MARY ANDERSON, WALTER CHIARI, SILVIA SOLAR, RAIMONDO VIANELLO. ■ Due ladruncoli prendono il posto di due eredi e vanno a Dallas nel Texas. Nella cittadina hanno inizio i loro guai: da una parte ci sono i "parenti" e dall'altra il sindaco, altrettanto interessato a trarre profitto dalla situazione. La coppia finisce con l'essere smascherata. ■ COMICO; COL.; 89′; ITALIA, 1964.

EROI DI ANTROPOID, GLI *(Atentat)* ★★
Regia di JIRI SEQUENS. Con RADOSLAV BRZOBOHATY, RUDOLF JELINEK, ANTONIN MRKVICKA. ■ I tedeschi governano la Cecoslovacchia in un clima di terrore. Il governo nazionale, residente in Inghilterra, ordina la soppressione del gerarca Heydrich. Alla morte di questi segue la repressione, sopportata dai cechi con coraggio. Uno degli attentatori, catturato e torturato, finisce per rivelare il nascondiglio dei compagni, che dopo un assedio estenuante vengono sopraffatti. ■ GUERRA; B/N; 101′; CECOSLOVACCHIA, 1967.

EROI DI FORT WORTH, GLI ★★
Regia di ALBERTO DE MARTINO. Con AURORA JULIA, EDMUND PURDOM, PRISCILLA STEELE. ■ Guerra di Secessione: un gruppo di soldati sudisti si allea ad alcuni Apaches per stanare e poi uccidere i nordisti di stanza a Fort Worth. Il piano sembra perfetto, ma alla fine gli *yankee* hanno la meglio. ■ WESTERN; COL.; 90′; ITALIA, 1965.

EROI DI IERI... OGGI... DOMANI, GLI ★★
Regia di VINCENZO DELL'AQUILA, FERNANDO DI LEO, SERGIO TAU, FRANZ WEISZ. Con GIANCARLO COBELLI, PAOLO GRAZIOSI, MARIA MONTI, GRAZIELLA POLESINATI, IVAN SGRATUGLIA. ■ Tre episodi ambientati in tre diverse epoche: il primo sul fronte alpino della grande guerra, il secondo nella società del benessere e del boom, l'ultimo in un futuro prossimo. Nel terzo episodio si può notare una certa preveggenza: è narrata infatti, con tanti anni d'anticipo, una vicenda imperniata su un personaggio alla Travolta. ■ COMMEDIA; COL.; 92′; ITALIA, 1963.

EROI DI KHARTOUM, GLI *(W pustyni iw puszezi)* ★★★
Regia di WLADYSLAW SLESICKI. Con ROMUND FETTING, THOMAS MEDRZAK, MONICA ROSCA. ■ In Arabia i figli di un ingegnere inglese devono attraversare un territorio in rivolta per raggiungere il padre. Una parente del capo dei ribelli li rapisce con l'aiuto di un traditore il quale, pentitosi, li fa scappare rimettendoci la pelle. I due giovanetti devono cavarsela da soli ma si ricongiungeranno al genitore. ■ AVVENTURA; COL.; 118′; POLONIA, 1973.

EROI DI MILLE LEGGENDE *(Thief of Damascus)* ★★
Regia di WILL JASON. Con LON CHANEY JR, PAUL HENREID, JOHN SUTTON, ELENA VERDUGO. ■ Damasco si arrende a un sovrano nemico il quale, invece di rispettare i patti concordati con la principessa regnante, dispone il suo arresto. La fanciulla fa in tempo a fuggire e guadagna la fiducia di alcuni seguaci che, tempo dopo, penetreranno nella città liberandola. ■ AVVENTURA; B/N; 78′; USA, 1952.

EROI DI TELEMARK, GLI *(The Heroes of Telemark)* ★★★
Regia di ANTHONY MANN. Con KIRK DOUGLAS, RICHARD HARRIS, MICHAEL REDGRAVE. ■ Nel corso della seconda guerra mondiale, i partigiani norvegesi rendono inservibile uno stabilimento di acqua pesante, che serve alla fabbricazione della bomba atomica, sfruttato dai tedeschi. Questi lo rimettono in funzione in breve tempo; gli avversari, dopo un inutile bombardamento aereo, attendono che il materiale sia caricato su un natante diretto in Germania e ne provocano l'affondamento. ■ AVVENTURA; COL.; 131′; GRAN BRETAGNA, 1965.

EROI DI TUTTI I GIORNI *(Unstrung Heroes)* ★★
Regia di DIANE KEATON. Con ANDIE MACDOWELL, MICHAEL RICHARDS, JOHN TURTURRO. ■ Un ragazzo di dodici anni è costretto ad affrontare la morte della mamma. Il padre non ha proprio la giusta sensibilità, per fortuna ci sono due zii mattoidi e artisti che vedono la vita in maniera molto particolare. Regia minimale della Keaton, con attenzione alla piccola poesia della vita. Grazie anche alla sceneggiatura di Richard LaGravenese (*La leggenda del re pescatore*). ■ COMMEDIA; COL.; 95′; USA, 1996. ■ OSCAR 1 NOM.

EROI MUOIONO URLANDO, GLI ★★
(The Rider in the Night – Die Ruiter in die Nag)
Regia di JAN PEROLD. Con BRIAN O'SHAUGHNESSY, JOHAN VAN HEERDEN. ■ Nella guerra anglo-boera, in Sudafrica, si distingue Sarel, coraggioso e indomito capo. Un traditore trama alle sue spalle e lo fa catturare, ma un fedelissimo amico e la sua donna riescono a liberarlo, mentre il cattivo si pente. ■ AVVENTURA; COL.; 100′; SUDAFRICA, 1966.

EROI NASCONO ALL'INFERNO, GLI *(Night Waves)* ★★
Regia di DAVID A. PRIOR. Con DAVID CAMPBEL, FRITZ MATTHEWS, TED PRIOR, WILL SMITH. ■ Durante la guerra nel Vietnam, due ranger americani sono a capo di una pattuglia di soldati da poco arrivati per effettuare un giro di ricognizione. Ma mentre si trovano nel bel mezzo della giungla vengono intrappolati dai vietcong: inizia la lotta per la vita. ■ GUERRA; COL.; 90′; USA, 1987.

EROI NELL'OMBRA *(O.S.S.)* ★★★
Regia di IRVING PICHEL. Con GERALDINE FITZGERALD, PATRIC KNOWLES, ALAN LADD. ■ Il film è un vero documento sugli agenti del controspionaggio che agirono durante l'ultima guerra mondiale. ■ SPIONAGGIO; B/N; 107′; USA, 1946.

EROI PER UN AMICO *(Let's get Harry)* ★★
Regia di ALAN SMITHEE. Con GARY BUSEY, MICHAEL SCHOELLING, THOMAS WILSON. ■ In un non meglio precisato paese del Sudamerica, i trafficanti di droga rapiscono l'ambasciatore americano. Con lui viene inavvertitamente sequestrato anche un operaio, snobbato dalle trattative diplomatiche. Quattro colleghi di lavoro chiedono allora aiuto a un ex mercenario per lanciarsi nella folle impresa e cercare di liberarlo. Dimostreranno che la fortuna aiuta gli audaci. ■ AVVENTURA; COL.; 104′; USA, 1986.

EROI SENZA GLORIA *(Secret Service)* ★★
Regia di J. WALTER RUBEN. Con RICHARD DIX, SHIRLEY GREY. ■ È il secondo film girato nello stesso anno da Walter Ruben:

l'altro era *L'elegante giustiziere*, che aveva gli stessi interpreti. Questa volta Richard Dix è un intrepido agente segreto che rischia la vita ad ogni passo. ■ DRAMMATICO; B/N; 84'; USA, 1931.

EROI SENZA GLORIA *(La Mies es mucha)* ★★
Regia di JOSÉ LUIS SAENZ DE HEREDIA. Con FERNANDO FERNÁN GÓMEZ, SARA MONTIEL. ■ Prima di morire, un vecchio missionario regala al suo giovane successore una busta che dovrebbe contenere una discreta somma da usare in caso di estrema necessità. La busta viene messa in causa molte volte, ma non viene mai aperta: la fiducia nella provvidenza sostituisce sempre i biglietti di banca. ■ DRAMMATICO; B/N; 81'; SPAGNA, 1948.

EROI SENZA PATRIA *(Three Musketeers)* ★★
Regia di ARMAND SCHAEFER. Con NOAH BEERY, RUTH HALL, JOHN WAYNE. ■ Per difendere una colonia francese dall'attacco degli arabi, i legionari chiedono l'aiuto di un pilota americano. Dopo varie battaglie, dopo essere stato fatto prigioniero ed essersi liberato, l'ufficiale americano conduce i legionari alla vittoria finale. ■ AVVENTURA; B/N; 79'; USA, 1933.

EROI SENZ'ARMI *(Le père tranquille)* ★★
Regia di RENÉ CLÉMENT. Con PAUL FRANKEUR, NOËL-NOËL, JEAN VARAS. ■ Un ex ufficiale in pensione, durante la seconda guerra mondiale, è noto a tutti per il suo carattere tranquillo, ma in pochi sanno che in realtà è il capo della Resistenza locale. Anche suo figlio è partigiano e i due si incontrano. Continueranno a combattere insieme. ■ DRAMMATICO; B/N; 95'; FRANCIA, 1946.

EROI SONO STANCHI, GLI *(Les héros sont fatigués)* ★★★
Regia di YVES CIAMPI. Con MARIA FELIX, CURD JÜRGENS, YVES MONTAND. ■ Il pilota di una piccola compagnia aerea scopre per caso che i suoi superiori lo usano come corriere nel contrabbando di diamanti. Una fortuita circostanza lo mette nella condizione di impadronirsi di un sacchetto dei preziosi, ma immediatamente la vita gli diventa molto difficile. ■ DRAMMATICO; B/N; 115'; FRANCIA, 1955. ■ VENEZIA 1 PR.

EROS ★★
Regia di MICHELANGELO ANTONIONI, WONG KAR-WAI, STEVEN SODERBERGH. Con ALAN ARKIN, CHRISTOPHER BUCHHOLZ, CHANG CHEN, ROBERT DOWNEY JR., ELE KEATS, GONG LI, REGINA NEMNI, LUISA RANIERI. ■ Tre episodi. *La mano* di Wong Kar-wai in cui, nella Shanghai del 1931, un sarto raffinato prova una passione esasperata per una prostituta. *Equilibrium* di Steven Soderbergh: un paziente descrive a un analista un suo sogno erotico mentre costui dalla finestra lancia segnali a qualcuno. *Il filo pericoloso delle cose* di Michelangelo Antonioni. Due donne che hanno avuto un rapporto con lo stesso uomo, si incontrano nude sulla spiaggia di Capalbio. Atteso per lungo tempo a causa di una lunga gestazione, il trittico si rivela deludente. ■ DRAMMATICO; COL.; 104'; FRANCIA, HONG KONG, ITALIA, USA, 2004.

EROTISSIMO ★★
Regia di GÉRARD PIRÈS. Con ANNIE GIRARDOT, DIDI PEREGO, ERNA SCHURER, UTA TAIGER, VENANTINO VENANTINI, JEAN YANNE. ■ Il matrimonio di Annie e Filippo è in crisi e la donna tenta ogni arma di seduzione per ravvivarlo. Ma non si tratta di stanchezza: Filippo è in crisi perché ha grossi problemi economici. Risolti quelli, anche la vita matrimoniale riprende a pieno ritmo. ■ COMMEDIA; COL.; 85'; FRANCIA, 1968.

EROTOMANE, L' ★★
Regia di MARCO VICARIO. Con JANET AGREN, ISABELLA BIAGINI, VITTORIO CAPRIOLI, SILVIA DIONISIO, GASTONE MOSCHIN, MILENA VUKOTIC. ■ In seguito ad uno choc infantile, il cavalier Persichetti è diventato impotente. Per guarire le tenta tutte, ma soltanto nel vedere la moglie a letto con un altro riesce a "sbloccare" il vecchio trauma. Da quel momento in poi diventerà un maniaco sessuale. ■ COMMEDIA; COL.; 100'; ITALIA, 1974.

ERO UNA SPIA *(I was a Spy)* ★★
Regia di VICTOR SAVILLE. Con MADELEINE CARROLL, HERBERT MARSHALL. ■ Belgio 1914: una bambinaia viene addestrata a fare la spia. ■ SPIONAGGIO; B/N; 90'; GRAN BRETAGNA, 1933.

ERO UNA SPIA AMERICANA *(I was an American Spy)* ★★
Regia di LESLEY SELANDER. Con ANN DVORAK, GENE EVANS, DOUGLAS KENNEDY. ■ Una giovane vedova di guerra diventa spia per vendicare il marito, ucciso dai giapponesi a Manila. Nella stessa città la donna apre un locale notturno, che si rivela una preziosa fonte di informazione. La coraggiosa donna, alla fine delle ostilità, riceve una medaglia al valore. ■ GUERRA; B/N; 85'; USA, 1951.

ERO UNO SPOSO DI GUERRA ★★★★
(I was a Male War Bride)
Regia di HOWARD HAWKS. Con CARY GRANT, ANN SHERIDAN. ■ Durante una missione spionistica, un ufficiale francese viene affiancato da una tenente delle ausiliarie americane; alla fine della pericolosa operazione i due si sposano. Lei vorrebbe che il marito la seguisse negli Stati Uniti, ma la legge che permette al coniuge di guerra di seguire il congiunto è prevista solo per le mogli straniere. I due non si scoraggiano e infine escogitano un brillante sistema: il marito diventa un'ausiliaria. ■ COMMEDIA; B/N; 105'; USA, 1950.

ERO UN SOLDATO *(So war der deutsche Laudser)* ★★
Regia di ALBERT BAUMEISTER. ■ Un documentario che raccoglie filmati originali girati da corrispondenti di guerra di diversa nazionalità, il regista ha cucito questo documentario sul secondo conflitto mondiale. ■ DOCUMENTARIO; B/N; 92'; GERMANIA, 1955.

ER PIÙ – STORIA D'AMORE E DI COLTELLO ★★★
Regia di SERGIO CORBUCCI. Con MAURIZIO ARENA, VITTORIO CAPRIOLI, ADRIANO CELENTANO, NINETTO DAVOLI, GIANNI MACCHIA, CLAUDIA MORI, ROMOLO VALLI. ■ Siamo agli inizi del Novecento: nei quartieri popolari di Roma i duri di periferia si danno battaglia a colpi di coltello anche per i begli occhi di una donna. Accade così che Nino venga accusato ingiustamente della morte di un rivale e sfidato a regolare duello. Dal duello si salva, ma non dalla vendetta di un usuraio. ■ COMMEDIA; COL.; 108'; ITALIA, 1971.

ERRORE DEL DIO CHANG, L' *(Turnabout)* ★★
Regia di HAL ROACH. Con JOHN HUBBARD, CAROLE LANDIS, ADOLPHE MENJOU. ■ Marito e moglie non fanno che rinfacciarsi i reciproci difetti e suggerirsi a vicenda un migliore comportamento. Una magia del dio Chang scambia i ruoli: l'anima del marito entra nel corpo della moglie e viceversa. Naturalmente il fatto provoca una serie di incidenti. ■ COMMEDIA; B/N; 83'; USA, 1940.

ERRORE DI VIVERE, L' *(Charlie Bubbles)* ★★★
Regia di ALBERT FINNEY. Con COLIN BLAKELY, ALBERT FINNEY, LIZA MINNELLI, RICHARD PEARSON, BILLIE WHITELAW. ■ Uno scrittore di successo ha perso l'affetto della moglie e del figlio, dai quali vive separato. Ogni tanto li va a trovare e tenta di instaurare, almeno formalmente, un civile rapporto, ma nessuno dei tre ci crede più. Senza avere il coraggio di reagire concretamente, l'uomo si rifugia nella fantasia. ■ DRAMMATICO; COL.; 91'; USA, 1968.

ERRORE FATALE *(Deadly Desire)* ★★
Regia di CHARLES CORRELL. Con KATHRYN HARROLD, WILL PATTON, JACK SCALIA. ■ Il detective Frank Decker accetta di pedinare la moglie di Gles Menteer, l'uomo più potente della città. Costui teme di essere tradito. Frank si troverà a sua volta implicato in una storia d'amore con tanto di *femme fatale*. ■ THRILLER; COL.; 90'; USA, 1990.

ERRORE GIUDIZIARIO *(Erreur judiciaire)* ★★
Regia di MAURICE DE CANONGE. Con MICHELLE ALFA, JEAN DAVY, JEAN GAILLAND. ■ La giovane moglie di un banchiere, dopo aver spinto al suicidio il consorte esasperato per i continui debiti di gioco che la donna contrae, si immischia in affari sempre più sporchi. Quando arriva all'assassinio, la giustizia la punisce. ■ DRAMMATICO; B/N; 80'; FRANCIA, 1947.

ESAME DI GUIDA – TEMPO DI ROMA ★★
Regia di DENYS DE LA PATELLIÈRE. Con ARLETTY, CHARLES AZNAVOUR, MARIO CAROTENUTO, ALBERTO LUPO, MARISA MERLINI, GIANRICO TEDESCHI, SERENA VERGANO. ■ Un giovanotto già piuttosto spiantato viene derubato di ogni avere appena arrivato nella capitale. Ma quella che appare una disgrazia è in realtà l'inizio della sua fortuna: una serie di incontri con persone generose lo fa diventare ricco. ■ COMMEDIA; B/N; 94'; ITALIA, 1963.

È SBARCATO UN MARINAIO ★★
Regia di PIERO BALLERINI. Con ANDREA CHECCHI, DORIS DURANTI, ENRICO GLORI, AMEDEO NAZZARI, GERMANA PAOLIERI. ■ Per amore di una fanciulla un marinaio rinuncia a solcare i mari e cerca lavoro a terra. Ricoverato in seguito ad un piccolo incidente, viene a sapere da un amico che la donna lo tradisce. Deciso a vendicarsi, il marinaio medita di uccidere il rivale, ma il provvidenziale intervento dell'amico riduce il progettato assassinio ad una semplice botta in testa. ■ COMMEDIA; B/N; 110′; ITALIA, 1940.

È SBARCATO UN MARINAIO *(Onionhead)* ★★
Regia di NORMAN TAUROG. Con FELICIA FARR, ANDY GRIFFITH, WALTER MATTHAU, ERIN O'BRIEN. ■ In seguito ad una delusione amorosa, il giovane Al si arruola in marina. Scoppia la guerra e il giovanotto si guadagna la stima dei superiori e l'affetto dei compagni con il suo coraggio e la sua abnegazione; anche la donna che prima lo aveva respinto accetta di sposarlo. ■ COMMEDIA; B/N; 90′; USA, 1958.

ESCA, L' *(L'appat)* ★★🐻
Regia di BERTRAND TAVERNIER. Con RICHARD BERRY, PHILIPPE DUCLOS, MARIE GILLAIN, BRUNO PUTZULU, OLIVIER SITRUK. ■ Due ragazzi e una ragazza vivono una vita sprofondata nella noia. Fare tanti soldi è la loro meta e il metodo utilizzato è quello più rapido: rubarli. Se per rubare è necessario uccidere, lo fanno senza alcun soprassalto morale. Tavernier tenta l'analisi psicologica di una generazione priva di valori, ma non tutto è a fuoco. Orso d'Oro al Festival di Berlino 1995. ■ DRAMMATICO; COL.; 116′; FRANCIA, 1995. ■ BERLINO 🐻 1 PR.

ESCALATION ★★★
Regia di ROBERTO FAENZA. Con CLAUDINE AUGER, LINO CAPOLICCHIO, GABRIELE FERZETTI, DIDI PEREGO, LEOPOLDO TRIESTE. ■ Un padre miliardario mette alle costole del figlio hippy una psicologa, che lo riconduce all'ovile e lo sposa per tenerlo d'occhio. Quando la nuora diventa troppo intrigante, il padre racconta al figlio come sono andate le cose e questi uccide la donna avvelenandola coi funghi. ■ DRAMMATICO; COL.; 95′; ITALIA, 1968.

ESCA PER UOMINI *(Man Bait)* ★★
Regia di TERENCE FISHER. Con GEORGE BREAT, DIANA DORS. ■ John, proprietario di una libreria, viene ricattato da una sua ex dipendente e dal compagno di lei, un losco figuro. La donna viene trovata uccisa e del delitto viene accusato John. Per fortuna c'è Stella, la sua segretaria, che lo ama e che si dà molto da fare per dimostrare la sua innocenza. ■ DRAMMATICO; B/N; 84′; GRAN BRETAGNA, 1952.

ESCE IL DRAGO ENTRA LA TIGRE ★★
Regia di LEE TSE MAN. Con LUNG FEI, BRUCE LEE, MA CHI CHIANG, SAN MOO. ■ Ancora sfruttamento di molti filmati di repertorio riguardanti gli ultimi incontri di lotta di Bruce Lee e le immagini del suo funerale. ■ AZIONE; COL.; 102′; HONG KONG, 1976.

ESCLUSI, GLI *(A Child is Waiting)* ★★★
Regia di JOHN CASSAVETES. Con JUDY GARLAND, STEVEN HILL, BURT LANCASTER, GENA ROWLANDS. ■ Al centro di questo film c'è il problema dei bambini handicappati. Sulla loro educazione e sul loro recupero sociale il dottor Clark e l'infermiera Jean hanno idee diverse, ma l'insuccesso che la donna riporta nel caso di un piccolo ricoverato la convince che la ragione sta dalla parte del dottore. I bambini che recitano nel film non sono attori, ma veri portatori di handicap. ■ DRAMMATICO; B/N; 102′; USA, 1962.

ESCLUSO, L' *(The Quiet One)* ★★★
Regia di SIDNEY MEYERS. Con CLARENCE COOPER, SADIE STOCKTON, DONALD THOMPSON. ■ Premiato alla Mostra di Venezia e girato in sedici millimetri. È la storia semi-documentaristica della rieducazione di un bambino di colore in un istituto americano. ■ DRAMMATICO; B/N; 68′; USA, 1948. ■ VENEZIA 1 PR.

ESCLUSO, L' *(Uninvited)* ★
Regia di CARLO GABRIEL NERO. Con ADAM HANN-BYRD, KEVIN ISOLA, STEPHEN MENDILLO, FRANCO NERO, VANESSA REDGRAVE, ELI WALLACH. ■ Tony Grasso ama da sempre una compagna di scuola. Quando la donna, sposata e con figli, verrà trovata uccisa, verrà accusato dell'omicidio. Toccherà a un avvocato italoamericano cercare di tirarlo fuori utilizzando la psicanalisi. Figlio d'arte, Carlo Gabriel si fa aiutare da papà e mamma ma, come si diceva una volta, deve fare gli esami di riparazione. ■ DRAMMATICO; COL.; 112′; USA, 1999.

È SCOMPARSA UNA BAMBINA *(Reunion in Reno)* ★★
Regia di KURT NEUMANN. Con PEGGY DOW, GIGI PERRAU, MARK STEVENS. ■ Nell'ufficio di un avvocato specializzato in divorzi, a Reno, capita una bimba di nove anni che dichiara di voler divorziare dai propri genitori. L'avvocato e la segretaria hanno un bel daffare per rintracciare i genitori della piccola e, quando ci riescono, scoprono che a farla fuggire è stata una semplice crisi di gelosia. Intanto l'avvocato e la segretaria hanno scoperto di amarsi. ■ COMMEDIA; B/N; 79′; USA, 1951.

È SCOMPARSA UNA DONNA ★★
(Three Kids and a Queen)
Regia di EDWARD LUDWIG. Con FRANKIE DARRO, MAY ROBSON. ■ Una vecchia ed eccentrica miliardaria sparisce dalla circolazione: mentre tutti pensano ad un rapimento, lei trascorre le giornate ospite di un gruppo di ragazzi. Quando la ritrovano, i parenti vogliono farla interdire per mettere le mani sul suo patrimonio, ma la vecchia signora, aiutata dai ragazzi che l'hanno ospitata, dimostra la sua perfetta salute mentale. ■ COMMEDIA; B/N; 85′; USA, 1935.

ESCONDIDO – UN MINUTO PER PREGARE... UN ISTANTE PER MORIRE ★★
Regia di FRANCO GIRALDI. Con ALEX CORD, ARTHUR KENNEDY, NICOLETTA MACHIAVELLI, ROBERT RYAN. ■ Un bandito, affetto da momentanee paralisi al braccio destro, salva un villaggio dalla fame. Dopo avventure di ogni genere il fuorilegge ottiene il condono. Ormai tranquillo, non si cura di due assassini che lo ammazzano credendo di incassare la taglia che pende sul suo capo. ■ WESTERN; COL.; 97′; ITALIA, 1968.

ESCORIANDOLI ★★★
Regia di FLAVIA MASTRELLA, ANTONIO REZZA. Con VALENTINA CERVI, ISABELLA FERRARI, CLAUDIA GERINI, VALERIA GOLINO, ANTONIO REZZA. ■ Il produttore di Ciprì e Maresco ha prodotto un altro film provocatorio, ma gli è mancata l'eco che i due astuti registi sanno suscitare attorno alle loro opere. Così Rezza, che non ha nulla da invidiare loro, mette in scena corteggiatori che invecchiano all'improvviso, poeti tormentati dal rimorso per aver pestato un piede, cadaveri parlanti e via riprendendo. Lo stile surreale è supportato da un'indubbia professionalità. ■ FANTASTICO; COL.; 95′; ITALIA, 1996.

ESECUTORE, L' *(The Executioner)* ★★★
Regia di SAM WANAMAKER. Con JOAN COLLINS, JUDY GEESON, OSCAR HOMOLKA, NIGEL PATRICK, GEORGE PEPPARD. ■ Un agente segreto inglese (un po' manesco ma pieno di charme, alla 007) uccide un collega perché è persuaso che sia un traditore. Poco dopo ha le prove del contrario da un comandante dello spionaggio russo; sta per essere ucciso ma ha la meglio sugli avversari. Segnato dall'avventura e dai tradimenti della moglie, si ritira dal servizio. ■ SPIONAGGIO; COL.; 107′; GRAN BRETAGNA, 1970.

ESECUTORE OLTRE LA LEGGE *(Les seins de glace)* ★★★
Regia di GEORGES LAUTNER. Con FIORE ALTOVITI, CLAUDE BRASSEUR, MIREILLE DARC, ALAIN DELON, NICOLETTA MACHIAVELLI. ■ Peggy, uxoricida ed ex drogata, è amata e protetta da un avvocato e da un autore televisivo. Costui, nonostante alcuni episodi significativi e le assicurazioni dell'avvocato stesso, si persuade che la donna è pazza solo quando sta per rimetterci la pelle. L'avvocato preferisce ucciderla. ■ DRAMMATICO; COL.; 104′; FRANCIA, 1974.

ESECUTORI, GLI ★★
Regia di MAURIZIO LUCIDI. Con IVO GARRANI, STACY KEACH, ROGER MOORE, FAUSTO TOZZI. ■ Il nipote di un boss, durante le ricerche di un grosso quantitativo di droga, poi nel corso delle indagini sull'assassinio dei ladri, scopre che lo zio gli ha ucciso il padre. Si vendica eliminandolo. ■ AVVENTURA; COL.; 107′; ITALIA, 1976.

ESECUTRICE, L' *(L'executrice)* ★★
Regia di MICHEL CAPUTO. Con BRIGITTE LAHAIE, MICHEL MO-

DO, PIERRE ODRY. ■ Una poliziotta manda in galera una mafiosa parigina. Il figlio di costei decide di vendicarsi e rapisce la sorella dell'ispettrice, chiedendo in cambio la liberazione della madre. La poliziotta tenta un colpo di mano, ma la sorella muore. L'ispettrice allora lascia da parte ogni regola e fa strage della cosca mafiosa. ■ GIALLO; COL.; 90'; FRANCIA, 1985.

ESECUZIONE AL BRACCIO 3 *(Short Eyes)* ★★
Regia di ROBERT MALCOLM YOUNG. Con DON BLAKELY, BRUCE DAVISON, NATHAN GEORGE, JOSÉ PEREZ. ■ Clark Davis finisce in una prigione di New York con l'accusa d'aver violentato una bambina. Tutti i detenuti si coalizzano contro di lui e arrivano a fargli un "processo", nel corso del quale lo condannano a morte. La condanna viene eseguita, ma uno dei secondini, dopo aver scoperto il cadavere, dichiara ai prigionieri che Clark era innocente. ■ DRAMMATICO; COL.; 104'; USA, 1977.

ESECUZIONE AL TRAMONTO *(Star in the Dust)* ★★★
Regia di CHARLES HAAS. Con JOHN AGAR, RICHARD BOONE, CLINT EASTWOOD, MAMIE VAN DOREN. ■ Un omicida, destinato all'impiccagione, è salvato dal suo mandante, ma ricade nelle mani dello sceriffo. Nelle ore che precedono l'esecuzione si formano due schieramenti opposti. Ma per assassino e mandante non c'è scampo. ■ WESTERN; COL.; 80'; USA, 1957.

ESECUZIONE IN MASSA *(The Enemy General)* ★★
Regia di GEORGE SHERMAN. Con JEAN-PIERRE AUMONT, DANY CARREL, VAN JOHNSON. ■ Un ufficiale tedesco scampa ad un'imboscata. L'agente americano che in precedenza doveva eliminarlo riceve l'ordine di portarlo incolume in Inghilterra, dove il prigioniero farà importanti rivelazioni. Il tedesco in realtà fa il doppio gioco: sarà eliminato. ■ GUERRA; B/N; 74'; USA, 1960.

ESECUZIONE... UNA STORIA VERA, L' ★★
(Act of Vengeance)
Regia di JOHN MACKENZIE. Con WILFORD BRIMLEY, CHARLES BRONSON, ELLEN BURSTYN. ■ Ispirato ad un reale fatto di cronaca: un triplice brutale omicidio commesso in Virginia nel 1969. Inviati dal corrotto capo di un sindacato minerario, tre sicari uccidono, la notte di Natale, un sindacalista che gli si era opposto, la moglie e la figlia di questi. Solo più tardi la giustizia colpirà il mandante e gli assassini. ■ DRAMMATICO; COL.; 98'; USA, 1985.

...E SE DOMANI ★★★
Regia di GIOVANNI LA PAROLA. Con LUCA BIZZARRI, LUIGI MARIA BURRUANO, CLAUDIO GIOÈ, SABRINA IMPACCIATORE, PAOLO KESSISOGLU, ERNESTO MAHIEUX, PAOLO SASSANELLI, ANDREA MARIKA SIVIERO. ■ Mimì ha trentaquattro anni e da quando ne ha dodici è innamorato di Caterina. È siciliano, ma proprio per togliersi Caterina dalla mente, si è trasferito a Milano. Il destino li fa incontrare di nuovo, ma lei è sposata e incinta. Quando il marito di lei improvvisamente muore Mimì inizia a dedicare la sua vita, con devozione e dedizione assoluta, alla donna e alla bambina. Gli affari vanno male e Mimì si ritrova sul lastrico, Caterina gli volta le spalle e lui, entrato in banca per suicidarsi, compie una rapina con tanto di ostaggi. Ispirato ad una storia realmente accaduta nel 1998. ■ COMMEDIA; COL.; 90'; ITALIA, 2005.

È SEMPRE BEL TEMPO *(It's Always Fair Weather)* ★★★
Regia di STANLEY DONEN, GENE KELLY. Con CYD CHARISSE, DAN DAILEY, GENE KELLY. ■ Tre ex commilitoni si ritrovano in un bar, come stabilito, dieci anni dopo la separazione. Nessuno di loro ha realizzato le proprie aspirazioni e, per di più, ora si detestano cordialmente. Il caso, tuttavia, ci mette lo zampino e, grazie ad una ragazza (che sposerà l'unico scapolo del gruppo), ritroveranno l'antica amicizia. ■ COMMEDIA; COL.; 102'; USA, 1955. ■ OSCAR 2 NOM.

E SE OGGI... FOSSE GIÀ DOMANI? *(Voices)* ★★
Regia di KEVIN BILLINGTON. Con LYNN FARLEIGH, DAVID HEMMINGS, GAYLE HUNNICUTT. ■ Due giovani sposi sono rimasti sconvolti dalla morte del figlio annegato durante un week-end. Un giorno ritornano alla villa di campagna dove è avvenuto il tragico episodio ed avvertono strani fenomeni; il mattino seguente si rendono conto di essere stati vittime di un incidente e vedono i loro corpi esanimi. ■ FANTASTICO; COL.; 91'; GRAN BRETAGNA, 1973.

...E SE PER CASO, UNA MATTINA... ★★
Regia di VITTORIO SINDONI. Con VIRGILIO GAZZOLO, TONI MIRANDA, PAMELA TIFFIN. ■ Un uomo di mezza età, sposato con prole, abbandona la famiglia per seguire una ragazza hippy. Tra i giovani che questa frequenta ce n'è uno particolarmente esperto nel confezionare mocassini. L'uomo, fallito il tentativo di sfruttare il ragazzo per scopi commerciali e divenutone geloso, lo uccide; ammazza anche l'amante e ritorna in famiglia. ■ COMMEDIA; COL.; 90'; ITALIA, 1973.

ESERCITO DELLE DODICI SCIMMIE, L' ★★★
(12 Monkeys)
Regia di TERRY GILLIAM. Con BRAD PITT, CHRISTOPHER PLUMMER, MADELEINE STOWE, BRUCE WILLIS. ■ Siamo nel 2035. La popolazione terrestre, decimata da un virus, vive nel sottosuolo. James Cole, un detenuto, viene mandato indietro nel tempo con la speranza di trovare un antidoto alla malattia. L'uomo, a causa di un errore, va a finire in epoche sbagliate e viene chiuso in un manicomio, dove incontra la psichiatra Kathryn Railly e un animalista pazzo, Jeffrey Goines. Giunge infine nel 1996, anno in cui l'epidemia ha avuto inizio, ma non comprende di aver seguito una falsa pista. Il suo viaggio nel tempo non avrà un lieto fine. Il film di Gilliam si riferisce in modo esplicito a un mediometraggio di Chris Marker del 1962 intitolato *La jetée*. Gli adattatori della sceneggiatura sono David e Janet Peoples, già impegnati per *Blade Runner*. Le architetture sono ispirate dall'opera dell'architetto Lebbeus Woods. Gilliam lavora, ancora una volta, di sovraccarico, come nel suo film d'esordio *Brazil*. Allo spettatore, condotto per mano a ritmo accelerato in un universo sempre più da incubo, viene offerta una prova di equilibrismo visivo che mette in collegamento tra loro intelligenza e azione. ■ FANTASTICO; COL.; 128'; USA, 1995. ■ GOLDEN GLOBES 1 PR, 1 NOM; OSCAR 2 NOM.

ESERCITO DI 5 UOMINI, UN ★★
Regia di ITALO ZINGARELLI. Con NINO CASTELNUOVO, CLAUDIO GORA, PETER GRAVES, BUD SPENCER. ■ Cinque ladri salvano la vita a un ribelle messicano il quale, per approvvigionare il suo esercito, commissiona loro un favoloso colpo. Al momento di essere pagati, i compari decideranno di combattere al fianco dei rivoluzionari. ■ AVVENTURA; COL.; 105'; ITALIA, 1969.

ESERCITO PIÙ PAZZO DEL MONDO, L' ★
Regia di MARINO GIROLAMI. Con MASSIMO BOLDI, LEO GULLOTTA, ANDY LUOTTO. ■ In un'improbabile caserma dell'esercito italiano un'accozzaglia di deficienti, incapaci e truffatori popola un film sconclusionato, costruito su gag prevedibili e scontate. ■ COMICO; COL.; 92'; ITALIA, 1981.

ESERCIZI DI STILE ★★
Regia di SERGIO CITTI, VOLFGANGO DE BIASI, MAURIZIO DELL'ORSO, CLAUDIO FRAGASSO, ALEX INFASCELLI, FRANCESCO LAUDADIO, LUIGI MAGNI, LORENZO MIELI, MARIO MONICELLI, ALESSANDRO PIVA, PINO QUARTULLO, DINO RISI, FALIERO ROSATI, CINZIA TORRINI. Con SAL BORGESE, FRANCO DIOGENE, GLORIA PAUL, ELENA SOFIA RICCI, MASSIMO WERTMÜLLER (in tutti gli episodi). ■ L'idea nasce dal celebre libro di Raymond Queneau. Si parte da una storia di un addio e ogni regista la sviluppa con un genere e un'impostazione diversa. I titoli dei 14 episodi: *Un addio nel West* (Omaggio a King Vidor); *Era il maggio radioso*; *L'alibi*; *In ginocchio da te... La vendetta*; *La guerra tra noi*; *Myriam*; *Uno più bravo di me*; *Se son rose pungeranno*; *Idillio edile*; *Guardia e ladro*; *Ti mangerei di baci*; *Senza uscita*; *Anche i cani ci guardano*; *L'esploratore*. ■ EPISODI; COL.; 90'; ITALIA, 1996.

E SE VIVESSIMO TUTTI INSIEME? ★★
(Et si on vivait tous ensemble?)
Regia di STÉPHNAE ROBELIN. Con GUY BEDOS, DANIEL BRÜHL, GERALDINE CHAPLIN, JANE FONDA, CLAUDE RICH. ■ Jean, Annie, Albert, e Claude sono amici da quattro decenni. Due coppie sposate e un single impenitente, tutti ultrasettantenni, alle prese con malattie del cuore, delle cellule o della memoria. Tutti silenziosamente occupati a cercare una soluzione finale per se stessi o l'amato e per non pesare sui figli, decidono di vivere sotto lo stesso tetto, nella grande casa di Annie. ■ COMMEDIA; COL.; 96'; FRANCIA, GERMANIA, 2011.

ESIBIZIONISTA, L' *(The Honkers)* ★★★
Regia di STEVE IHNAT. Con RICHARD ANDERSON, ANNE ARCHER, JAMES COBURN, LOIS NETTLETON, SLIM PICKENS. ■ Un uomo si guadagna da vivere partecipando ai rodei; un giorno, per vincere a qualsiasi costo, si produce in un'esibizione che gli costerebbe la vita se un amico, intervenendo prontamente in suo favore (ma rimettendoci la pelle), non lo salvasse. Tutti si allontanano da lui, anche la moglie. ■ DRAMMATICO; COL.; 102'; USA, 1972.

ESILIATI DELLE PAMPAS, GLI *(Fort Dolorés)* ★★
Regia di RENÉ LE HÉNAFF. Con ROGER KARL, GINA MANÈS. ■ Un gruppo di uomini vive in esilio volontario in mezzo alla pampa. Hanno giurato di non legarsi più ad alcuna donna, eppure ciascuno di essi spera di vedere quella che abita in un casolare a poca distanza. Scopriranno che la sconosciuta è morta; solo il sopraggiungere di nuovi occupanti, tra i quali una fanciulla, dà loro la forza di restare. ■ AVVENTURA; B/N; 93'; FRANCIA, 1939.

ESILIATO, L' *(Fredlos)* ★★
Regia di GEORGE SCHNEEVOIGT. Con STEM LINDGREN, GULL MAI NORIN. ■ Un cinico esattore sovietico assegnato in Finlandia si incapriccia di una donna e tenta di strapparla, inutilmente, al marito. Questi, dopo un periodo di esilio, torna tra i compaesani e li spinge alla ribellione. Il cattivo muore di paura. ■ DRAMMATICO; B/N; 90'; DANIMARCA, 1935.

È SIMPATICO, MA GLI ROMPEREI IL MUSO ★★★
(César et Rosalie)
Regia di CLAUDE SAUTET. Con BARBARA FREY, BERNARD LE COQ, YVES MONTAND, UMBERTO ORSINI, ROMY SCHNEIDER. ■ Delusa per l'abbandono di David, una donna si sposa e dopo pochi anni divorzia. Diventa l'amante di César, un benestante affarista, ma lo lascia quando all'orizzonte ricompare l'ex fidanzato. Tra i due uomini si accende una rivalità che si trasforma in grande amicizia quando la donna, amareggiata dalla proposta di una convivenza a tre, li lascia entrambi. Ritorna poco dopo senza essere riuscita a risolvere il dilemma sentimentale. ■ COMMEDIA; COL.; 110'; FRANCIA, 1972. ■ DAVID DI DONATELLO 1 PR, 1 NOM.

ESKIMO ★★★
Regia di W. S. VAN DYKE II. Con PETER FEUCHEN, LOTUS LANG, RAY MALA. ■ Le avventure di un cacciatore esquimese. Girato sui luoghi dell'azione da una troupe condotta da Hollywood in circostanze avventurosissime, il film nell'originale era parlato in lingua esquimese con sottotitoli. Van Dyke aveva collaborato con Flaherty a un altro famoso documentario romanzato, *Ombre bianche*. ■ DOCUMENTARIO; B/N; 95'; USA, 1933. ■ OSCAR 1 PR, 1 NOM.

ESORCICCIO, L' ★★
Regia di CICCIO INGRASSIA. Con MIMMO BALDI, LINO BANFI, CICCIO INGRASSIA, UBALDO LAY, DIDI PEREGO. ■ Un misterioso amuleto finisce tra le mani di un ragazzino che, preso da smania erotica, assale un gran numero di fanciulle. Dopo numerosi, grotteschi episodi arriva finalmente uno stregone, che inghiotte l'amuleto e finisce agli inferi. ■ COMICO; COL.; 95'; ITALIA, 1975.

ESORCISMO NERO ★★
(Vaudon, entre vivants et morts, le sang)
Regia di JEAN-PIERRE LETANG. ■ Una panoramica sconcertante dei riti "neri" comuni presso alcune popolazioni primitive africane. ■ DOCUMENTARIO; COL.; 92'; FRANCIA, 1973.

ESORCISTA, L' *(The Exorcist)* ★★★8
Regia di WILLIAM FRIEDKIN. Con LINDA BLAIR, ELLEN BURSTYN, LEE J. COBB, JASON MILLER, MAX VON SYDOW, KITTY WINN. ■ La giovanissima figlia di un'attrice mostra i sintomi di una malattia sconosciuta e preoccupante, che i medici non sono in grado di guarire. Una morte misteriosa e fenomeni inspiegabili spingono la madre a chiedere l'intervento di un prete. Costui si rende conto che la ragazzina è posseduta e, insieme ad un anziano collega, ricorre all'esorcismo: l'indemoniata guarisce ma il prete, posseduto a sua volta, si suicida. William Peter Blatty ha scritto un romanzo di successo su un caso di possessione avvenuto nel Maryland nel 1949 e ha accettato di curare la sceneggiatura del film, il primo (e anche il migliore) di una lunga serie. I trucchi cinematografici, rivisti a distanza di tempo, appaiono meno spettacolari e gli effetti sonori un po' patetici. ■ HORROR; COL.; 121'; USA, 1973. ■ GOLDEN GLOBES 8 4 PR, 6 NOM; OSCAR 8 2 PR, 10 NOM.

ESORCISTA 2: L'ERETICO *(Exorcist II: The Eretic)* ★★★
Regia di JOHN BOORMAN. Con LINDA BLAIR, RICHARD BURTON, LOUISE FLETCHER, PAUL HENREID, MAX VON SYDOW, KITTY WINN. ■ La giovane Regan (nell'esorcizzare la quale padre Merrin morì) è ora in cura presso una dottoressa che le provoca uno stato di ipnosi e di trance. Un gesuita, incaricato di far luce sulla morte di padre Merrin, arriva alla clinica in cui è ricoverata la ragazza, segue le sedute, ma non condivide la terapia attuata dalla dottoressa. Il prete decide allora di mettersi lui stesso alla ricerca del Maligno che ha indemoniato Regan. Allo scopo, si reca in Africa. ■ HORROR; COL.; 110'; USA, 1977.

ESORCISTA: LA GENESI, L' *(Exorcist: The Beginning)* ★★
Regia di RENNY HARLIN. Con JAMES D'ARCY, ANDREW FRENCH, IZABELLA SCORUPCO, STELLAN SKARSGÅRD, REMY SWEENEY, JULIAN WADHAM. ■ Prequel dell'illustre capostipite, avvalendosi di qualche spunto originale risulta a conti fatti il più riuscito tra i mediocri tentativi di replicare le atmosfere del primo episodio. Padre Merrin, vetusto esorcista del primo film della serie, persa la fede in seguito a terribili episodi avvenuti durante la seconda guerra mondiale, decide di dedicarsi a "qualcosa che si possa toccare con mano": l'archeologia. Chiamato a indagare sulla scoperta in Africa di una enigmatica chiesa bizantina verrà costretto dagli eventi a rivalutare le proprie convinzioni ideologiche. ■ HORROR; COL.; 114'; USA, 2004.

ESORCISTA 3, L' *(The Exorcist III)* ★★
Regia di WILLIAM PETER BLATTY. Con BRAD DOURIF, ED FLANDERS, JASON MILLER, GEORGE C. SCOTT. ■ Lo scrittore Blatty è riuscito a coronare il desiderio di dirigere il terzo episodio della saga tratta dal suo libro di maggior successo. Il risultato è un film piuttosto strano. È la storia di un poliziotto che deve indagare secondo logica e secondo... premonizioni. ■ HORROR; COL.; 110'; USA, 1990.

ESORCISTA VERSIONE INTEGRALE, L' ★★★
(The Exorcist)
Regia di WILLIAM FRIEDKIN. Con LINDA BLAIR, ELLEN BURSTYN, LEE J. COBB, JASON MILLER, MAX VON SYDOW, KITTY WINN. ■ A distanza di ventisette anni dalla sua uscita nelle sale di tutto il mondo, *L'esorcista* torna a terrorizzare il pubblico. Ma come può farcela? In tutti questi anni siamo stati "allevati" e "allenati" a effetti speciali di tutti i generi. La televisione ci ha portato in casa, serviti a pranzo e a cena, gli orrori più sconvolgenti. Eppure negli Stati Uniti ci è riuscito e anche da noi non è passato inosservato. Perché il cinema, quando è tale, non risente dello scorrere del tempo. Perché Friedkin, con l'aiuto di William Peter Blatty, autore del libro che fareste bene a leggervi anche "dopo" la visione del film, tocca una delle corde sensibili di tutta l'umanità. Anche di quella che non crede: l'esistenza e la possibile incarnazione del Male Assoluto. E lo fa pigiando sul pedale dell'orrore (la testa ruotata, il vomito verde), dell'osceno, della crisi di fede (i due sacerdoti). Ma passa attraverso l'innocenza di una tredicenne. Tutto ciò che Regan (il nome di una delle tre figlie di Re Lear) fa non "dipende" da lei, è eterodiretto. Lo spettatore viene così messo in una condizione di "non colpevolezza" analoga a quella della protagonista: può farsi "possedere" dall'orrore, dall'osceno, dal dubbio ritrovando all'uscita dalla sala la propria originaria "purezza". Il lancio del film non ha previsto, come venticinque anni prima, l'organizzazione di presìdi di pronto soccorso negli atri delle sale in cui è stato proiettato. Si è puntato piuttosto sugli undici minuti aggiunti. Che portano a un totale di due ore e quattordici di terrore "vero". Altro che *Blair Witch Project*! ■ HORROR; COL.; 140'; USA, 2000.

ESPERIENZE PREMATRIMONIALI ★
(Experiencia prematrimonial)
Regia di PEDRO MASÒ. Con ALBERTO CLOSAS, ORNELLA MUTI, ALESSIO ORANO. ■ Una ragazza, scoperta l'intenzione del padre di abbandonare la moglie per seguire l'amante, comincia a diffidare del matrimonio come istituzione e si mette a convivere col fidanzato. Le difficoltà dell'unione traumatizzano il ragazzo; la sua

compagna perde il bambino che attendeva, ma forse l'incomprensione tra i due può ancora essere superata. ■ DRAMMATICO; COL.; 95'; SPAGNA, 1972.

ESPERIMENTO, L' *(Endangered Species)* ★★
Regia di ALAN RUDOLPH. Con PAUL DOOLEY, ROBERT URICH, JO BETH WILLIAMS. ■ Un poliziotto di New York di passaggio nel Colorado cerca di sapere cosa c'è dietro una serie di sistematiche mutilazioni di bestiame. Indaga, indaga e scopre che dietro ci sono alcuni allucinanti esperimenti genetici architettati da alcuni esponenti della Cia, da uomini d'affari senza scrupoli e da un gruppo di reduci psicopatici del Vietnam. ■ FANTASCIENZA; COL.; 97'; USA, 1982.

ESPERIMENTO DEL DOTTOR K., L' *(The Fly)* ★★★
Regia di KURT NEUMANN. Con HERBERT MARSHALL, PATRICIA OWENS, VINCENT PRICE. ■ La moglie di uno scienziato uccide il marito che, in seguito a un mal riuscito esperimento, ha creato un mostro ed è divenuto egli stesso un essere raccapricciante. Sarà arduo farsi credere dalla polizia, ma infine ci riuscirà. ■ FANTASCIENZA; COL.; 94'; USA, 1958.

ESPERIMENTO DEL DOTTOR ZAGROS, L' ★★
(Twice Told Tales)
Regia di SIDNEY SALKOW. Con SEBASTIAN CABOT, BEVERLY GARLAND, VINCENT PRICE. ■ Il film si compone di tre episodi tratti dal libro *Twice Told Tales* di Hawthorne: nel primo il dottor Zagros scopre, grazie ad una invenzione, che la sua donna lo tradisce col miglior amico; nel secondo uno studioso fa in modo che tutti gli uomini che tocchino la figlia muoiano; nell'ultimo il proprietario di una casa viene sepolto sotto le sue macerie mentre tenta di scovare un tesoro. ■ DRAMMATICO; COL.; 119'; USA, 1963.

ESPERIMENTO I. S.: IL MONDO SI FRANTUMA ★★★
(Crack in the World)
Regia di ANDREW MARTON. Con DANA ANDREWS, ALEXANDER KNOX, KIERON MOORE, JANETTE SCOTT. ■ Un gruppo di scienziati si reca in Africa per tentare, con un temerario esperimento, di sfruttare l'energia endogena portandola in superficie. L'esplosione atomica, usata per spezzare la crosta terrestre, dà origine ad un terremoto dopo l'altro. Per bloccare il pericolo di una spaccatura del pianeta, gli studiosi provocano un'altra terribile esplosione, ma inutilmente: è la natura stessa che provvede a rimediare al danno dopo che una parte della Terra è scomparsa nell'universo. ■ FANTASCIENZA; COL.; 96'; USA, 1965.

ESPERTI AMERICANI, GLI *(The Experts)* ★★
Regia di DAVE THOMAS. Con ARYE GROSS, JAMES KEACH, JOHN TRAVOLTA. ■ Due americani finiscono in Russia dove è stata costruita una città stelle e strisce in stile anni Cinquanta. ■ COMMEDIA; COL.; 89'; USA, 1988.

ESP – FENOMENI PARANORMALI ★★
(Grave Encounters)
Regia di COLIN VICIOUS, STUART VICIOUS. Con MACKENZIE GRAY, ASHLEIGH GRYZKO, MERWIN MONDESIR, JUAN RIEDINGER, SEAN ROGERSON. ■ Il televisivo su fantasmi e case infestate, *ESP – Fenomeni paranormali* è giunto con successo alla sua sesta puntata. Per l'occasione, l'autore-regista Lance Preston ha la malaugurata idea di farsi rinchiudere con la sua troupe in un ospedale psichiatrico abbandonato sul quale girano strane voci. Anche con l'aiuto di un sedicente medium, il materiale necessario per lo show viene falsificato e artefatto in vari modi fino a quando strani fenomeni iniziano a verificarsi realmente e un membro della squadra svanisce nel nulla. ■ HORROR; COL.; 92'; CANADA, 2010.

ESP2 – FENOMENI PARANORMALI ★
(Grave Encounters 2)
Regia di JOHN POLIQUIN. Con RICHARD HARMON, HOWARD LAI, LEANNE LAPP, DYLAN PLAYFAIR, SEAN ROGERSON. ■ Alex, studente di cinema e patito dell'horror, è deluso dai film odierni, tipo *ESP – Fenomeni paranormali*: preferisce quelli dei maestri come Craven e Carpenter. Uno sconosciuto utente di YouTube comincia però a mandargli messaggi e filmati da *ESP – Fenomeni paranormali*. Alex è intrigato e scopre che nessuna delle persone del film è rintracciabile. La ricerca di eventuali "superstiti" diventa un'ossessione. La premessa è interessante ma si dilunga troppo diventando ripetizione del primo film. ■ HORROR; COL.; 95'; CANADA, USA, 2012.

ESPIAZIONE *(Atonement)* ★★★
Regia di JOE WRIGHT. Con BRENDA BLETHYN, PATRICK KENNEDY, KEIRA KNIGHTLEY, GINA MCKEE, VANESSA REDGRAVE, SAOIRSE RONAN, JUNO TEMPLE, HARRIET WALTER, PETER WIGHT. ■ Inghilterra, 1935. Briony Tallis è un'adolescente appassionata di letteratura e dotata di una fervida immaginazione. La naturale vocazione alla scrittura la porta a osservare la vita che si svolge nella tenuta estiva dei Tallis. Decisa a romanzare l'esistenza annoiata e decadente della famiglia, Briony mente e altera consapevolmente la relazione sentimentale della sorella maggiore Cecilia con Robbie Turner, figlio della governante. L'errore commesso nell'estate del 1935 segnerà per sempre la sua vita e quella dei due amanti. Diversi anni dopo, scrittrice affermata colpita da demenza senile, consegnerà al mondo il suo atto riparatorio, il suo ultimo romanzo, espiando la colpa che deriva da un potere terribile: quello di imprimere a una storia un andamento estraneo alla verità. Dopo il gradevole ma impersonale adattamento di *Orgoglio e pregiudizio*, Joe Wright interpreta sullo schermo le pagine di Ian McEwan, trattando attraverso un impianto tradizionale il tema dell'errore, che colpisce e influenza la vita di chi lo commette e di chi lo subisce. Se la trasposizione della Austen consentiva al regista di affrontare la mai risolta guerra tra i sessi, *Espiazione* riflette sul pensiero visionario dell'adolescenza, sull'educazione dell'artista e sul processo di purificazione dell'identità. ■ DRAMMATICO; COL.; 123'; GRAN BRETAGNA, 2007.

ESPIAZIONE – L'AVVOCATO DEI LADRI ★★
(People's Enemy – Racketeers)
Regia di CRANE WILBUR. Con MELVIN DOUGLAS, PRESTON FOSTER, LILA LEE. ■ Un gangster finisce in galera per evasione fiscale. Per dare ai giudici l'impressione di essere un buon padre di famiglia, incarica il suo avvocato di rintracciare la moglie, separatasi da lui quando ha scoperto i suoi traffici. Moglie e avvocato finiscono per innamorarsi. ■ DRAMMATICO; B/N; 92'; USA, 1935.

ESPLORATORE SCOMPARSO, L' ★★★
(Stanley and Livingstone)
Regia di HENRY KING. Con SIR CEDRIC HARDWICKE, NANCY KELLY, SPENCER TRACY. ■ Un giornalista americano si reca in Africa alla ricerca di Livingstone, un esploratore missionario scomparso da parecchio tempo e ritenuto morto. Mettendo varie volte a repentaglio la vita e affrontando coraggiosamente le più disparate avventure, il giornalista riesce a rintracciare Livingstone. Costui è fermamente deciso a rimanere tra gli indigeni. ■ AVVENTURA; B/N; 101'; USA, 1939.

ESPLORATORI A CAVALLO ★★
Regia di ANGIO ZANE. Con PHIL ALSON, UGO BOLOGNA, DARIO CIPANI, ALESSANDRO ZANE. ■ Due piccoli amici ne fanno di cotte e di crude per raggiungere un tesoro fatto di monete... di cioccolato. In seguito possono aiutare, grazie al loro coraggio, una famigliola. ■ AVVENTURA; B/N; 92'; ITALIA, 1962.

ESPLORATORI DELL'INFINITO *(Riders to the Stars)* ★★
Regia di RICHARD CARLSON. Con DAWN ADDAMS, WILLIAM LUNDIGAN, HERBERT MARSHALL. ■ Per fornire la spiegazione di uno strano fenomeno, tre scienziati lanciati in orbita devono procurarsi dei meteoriti. Dalla pericolosa avventura uno solo torna incolume. ■ FANTASCIENZA; COL.; 81'; USA, 1954.

ESPLOSIVO PIANO DI BAZIL ★★
(Micmacs à Tire-larigot)
Regia di JEAN-PIERRE JEUNET. Con DANY BOON, ANDRE' DUSSOLLIER, NICOLAS MARIE', JEAN-PIERRE MARIELLE, YOLANDE MOREAU. ■ Quando è ancora bambino, Bazil riconosce fra le foto che documentano la morte del padre, saltato in aria con una mina antiuomo durante una missione in Marocco, il marchio di una fabbrica di armamenti. Da grande, mentre fa il turno di notte a un videonoleggio, viene colpito alla fronte da una pallottola volante durante una sparatoria. Salvo per miracolo, Bazil si ritrova senza casa e senza lavoro. Dopo qualche notte trascorsa lungo la Senna e qualche giorno passato a fare l'artista di strada, viene invitato da un barbone a entrare a far parte di una famiglia di clochard crea-

tivi che vivono in un mondo di materiali riciclati. Assieme a loro, Bazil medita la sua vendetta contro i potenti signori della guerra. ■ COMMEDIA; COL.; 105′; FRANCIA, 2009.

ESPOIR *(Espoir – Sierre de Teruel)* ★★★
Regia di ANDRÉ MALRAUX. Con PEDRO CODINA, ANDRÉS MEJUTO, JOSÉ SEMPERE. ■ Un film ispirato a fatti accaduti durante la guerra in Spagna e in particolare agli scontri avvenuti nella Sierra de Teruel. Girato tra il 1938 e 1939, venne presentato solo sei anni più tardi. ■ GUERRA; B/N; 78′; FRANCIA, 1945.

ESPRESSO AERODINAMICO *(Streamline Express)* ★★
Regia di LEONARD FIELDS. Con RALPH FORBES, VICTOR LORY, ESTHER RALSTON, EVELYN VENABLE. ■ Su un treno viaggiano due coniugi prossimi al divorzio: lui ha un'altra donna. Questa, per seppellire il proprio passato poco pulito, ha fatto tacere un uomo dandogli un prezioso gioiello, regalo dell'amante. È questo gioiello a tradire la donna e a ristabilire la pace in famiglia. ■ COMMEDIA; B/N; 90′; USA, 1935.

ESPRESSO BONGO *(Expresso Bongo)* ★★
Regia di VAL GUEST. Con YOLANDE DONLAN, LAURENCE HARVEY, SYLVIA SYMS. ■ Un impresario inglese di scarso valore, sempre alla ricerca di talenti, punta le sue carte su un bravissimo suonatore di bongo. Il debutto avviene al fianco di una nota attrice che, compreso il valore del ragazzo, vuole portarlo in America. Ci riesce. ■ COMM. MUSICALE; B/N; 111′; GRAN BRETAGNA, 1959.

ESPRESSO DELL'ALBA, L' *(Dawn Express)* ★★
Regia di AL HERMAN. Con WILLIAM BAKEWELL, ANNIE NAGEL, MICHAEL WHALEN. ■ I tedeschi riescono a carpire ad un chimico americano una parte delle formule per la realizzazione di un micidiale esplosivo. L'uomo ha fatto credere che l'altra parte sia in possesso di un loro connazionale residente in Germania. Gli avversari cadono nella trappola e il chimico, preparata la miscela, provoca un tremendo scoppio che seppellisce, insieme a lui ed ai nemici, il segreto. ■ SPIONAGGIO; B/N; 65′; USA, 1942.

ESPRESSO DELLE MONTAGNE ROCCIOSE, L' ★★
(Where Trails Divide)
Regia di ROBERT NORTH BRADBURY. Con TOM KEENE, ELEANORE STEWART. ■ L'agente di una compagnia di trasporti del West si reca, sotto le spoglie di un avvocato, nel luogo preso di mira da alcuni banditi che assaltano e depredano le diligenze. L'uomo scopre che il fratello è d'accordo con i malfattori e compie il suo dovere. Il fratello, che ha imparato la lezione, si redime. ■ WESTERN; B/N; 93′; USA, 1937.

ESPRESSO DI PECHINO, L' *(Peking Express)* ★★★
Regia di WILLIAM DIETERLE. Con CORINNE CALVET, JOSEPH COTTEN, EDMUND GWENN. ■ Su un treno diretto nella Pechino comunista si svolge una vicenda drammatica: un losco individuo perde la testa per una ragazza. Viene ucciso dalla moglie, che muore poco dopo per le ferite da lui infertele; la ragazza e l'innamorato fuggono. ■ AVVENTURA; B/N; 95′; USA, 1951.

ESPY MINACCIA EXTRASENSORIALE *(Espy)* ★★
Regia di JUN FUKUDA. Con HIROSHI FUJIOKA, MASAO KUSAKARI, KAORU YUMI. ■ Un gruppo di eroici supermen sconfigge un pericolosissimo "cattivo" che vuole conquistare il mondo intero. ■ FANTASCIENZA; COL.; 91′; GIAPPONE, 1974.

ESSENTIAL KILLING ★★★
Regia di JERZY SKOLIMOWSKI. Con NICOLAI CLEVE BROCH, VINCENT GALLO, STIG FRODE HENRIKSEN, DAVID PRICE, EMMANUELLE SEIGNER. ■ Una coppia di impresari americani viene scortata dalle forze militari in una perlustrazione per le gole del deserto dell'Afghanistan, finché un talebano nascosto in un antro fa fuoco sul gruppo. Impaurito, l'assassino fugge per il deserto finché non viene catturato e rinchiuso in un carcere militare dove subisce torture e viene interrogato come possibile terrorista. Impossibilitato da una temporanea sordità a rispondere a qualsiasi domanda, viene inviato in un campo di prigionia ma, durante il trasferimento, riesce a fuggire dal convoglio militare, dando inizio a un'estenuante caccia all'uomo all'interno di una sconfinata foresta innevata. Il crimine è il mestiere di Jerzy Skolimowski. Nella sua lunga carriera, il cineasta polacco ha sviluppato un percorso strettamente connesso all'essenza del delitto. Rimasto in silenzio per diciassette anni, è tornato a fare cinema ripartendo da questa ricerca degli elementi primigeni dell'istintualità "criminale" attraverso personaggi chiusi e isolati dal mondo. ■ THRILLER; COL.; 83′; POLONIA, NORVEGIA, IRLANDA, UNGHERIA, 2010. ■ VENEZIA 1 PR.

ESSERE DONNE *(Felix)* ★★
Regia di CHRISTEL BUSCHMANN, HELKE SANDERS, HELMA SANDERS BRAHMS, MARGARETHE VON TROTTA. Con BARBARA AUER, EVA MATTES, ULRICH TUKUR. ■ Felix, uomo immaturo piantato dalla sua convivente, cerca consolazione in altre donne, ma dovrà subirne immancabilmente gli isterismi, i pianti, le idiosincrasie. In certi momenti risulta divertente. ■ COMMEDIA; COL.; 88′; GERMANIA, 1988.

ESSERE JOHN MALKOVICH ★★★★
(Being John Malkovich)
Regia di SPIKE JONZE. Con JOHN CUSACK, CAMERON DIAZ, CATHERINE KEENER, JOHN MALKOVICH. ■ Lieta sorpresa di un allora giovane autore già cult. Il soggetto di Charlie Kaufman è curioso: per una serie di circostanze fantastiche, con pochi dollari si può entrare nella testa della star John Malkovich per un quarto d'ora. Ne esce un film anomalo, divertente, assolutamente contemporaneo, di tendenza. Cameron Diaz si fa bruttina, mentre la bella è la brunetta Keener. Scena da cineteca: un'allucinazione in cui un'intera folla metropolitana ha i lineamenti di John Malkovich, spiritoso nella sua autoironia. ■ COMMEDIA; COL.; 103′; GRAN BRETAGNA, USA, 1999. ■ GOLDEN GLOBES 3 NOM; OSCAR 3 NOM.

ESSERE O NON ESSERE *(To Be or Not To Be)* ★★★
Regia di ALAN JOHNSON. Con ANNE BANCROFT, MEL BROOKS, TIM MATHESON. ■ Durante l'occupazione tedesca in Polonia, alcuni ufficiali polacchi in esilio a Londra affidano ad un professore, che è in realtà una spia nazista, messaggi per ebrei e partigiani polacchi, tra cui la moglie del capocomico di una compagnia di attori. Questi, Bronski, per evitare gli arresti, è costretto a travestirsi impersonando ufficiali tedeschi, e persino lo stesso Hitler. Alla fine riusciranno tutti a fuggire. Remake di *Vogliamo vivere* di Lubitsch (1942). Non al livello del precedente, comunque una buona occasione comica per Brooks e la consorte Anne Bancroft. ■ COMMEDIA; COL.; 107′; USA, 1983. ■ GOLDEN GLOBES 2 NOM; OSCAR 1 NOM.

ESSI SONO NUDI – NUDI PER MORIRE ★★
(Ils sont nus – Days of Desire)
Regia di CLAUDE PIERSON. Con JACQUES NORMAND, CATHERINE RIBEIRO, ALAIN SAURY. ■ Una famiglia di sbandati – sempre ubriaco lui, in compagnia di amanti lei, una nipote rassegnata e due figli, di cui uno menomato – vive in un bunker in riva al mare. L'arrivo di uno sconosciuto porta lo scompiglio: la nipote, che ricambia il suo amore, lo segue lontano; il padre e la figlia partono; il figlio disgraziato muore; la madre rimane sola. ■ DRAMMATICO; B/N; 90′; CANADA, 1966.

ESSI VIVONO *(They Live)* ★★★
Regia di JOHN CARPENTER. Con KEITH DAVID, MEG FOSTER, RAIMOND ST JACQUES. ■ L'invasione degli "aliens" è già cominciata, anche se nessuno se n'è accorto. Se ne accorge per caso un giovanotto, quando, inforcato uno strano paio di occhiali vede orribili teschi (al posto delle sembianze del tutto umane che gli apparivano a occhio nudo). Gli "aliens" inoltre non sono venuti per scopi pacifici: vogliono dominare il mondo e l'unico a saperlo è il giovanotto. Buona la regia. ■ HORROR; COL.; 97′; USA, 1989.

ESSI VIVRANNO *(Battle Circus)* ★★
Regia di RICHARD BROOKS. Con JUNE ALLYSON, HUMPHREY BOGART, KEENAN WYNN. ■ Nel film viene ricostruita la vita di un ospedale da campo in Corea. ■ GUERRA; B/N; 90′; USA, 1953.

ES-STOUH – TERRASSES, LES *(Es-stouh)* ★★
Regia di MERZAK ALLOUACHE. Con NASSIMA BELMIHOUB, ADILA BENDIMERAD, AHCENE BENZERARI, AÏSSA CHOUAT, MOURAD KHEN. ■ Cinque terrazze della città di Algeri ospitano cinque storie diverse che si svolgono nell'arco di una sola giornata. Diversi personaggi si avvicendano, reali o immaginari, portatori di storie a volte tragiche, a volte divertenti. Le terrazze rappresentano una sorta di mondo parallelo dove i drammi e le gioie si dispiegano

con una forza e autenticità che sfugge ai piani inferiori. ■ DRAMMATICO; COL.; 94'; ALGERIA, FRANCIA, 2013.

ESTASI *(Extase)* ★★★★
Regia di GUSTAV MACHATY. Con HEDY LAMARR, ARIBERT MOG, ZVONIMIR ROGOZ. ■ È la semplice storia d'amore, con risvolti freudiani, di una giovane sposa il cui desiderio d'amore inappagato porterà lei al tradimento e il marito impotente al suicidio. Il principale ruolo femminile fu affidato all'allora giovane Hedy Lamarr, che fece grande scalpore girando nuda una lunga sequenza. ■ DRAMMATICO; B/N; 85'; CECOSLOVACCHIA, 1933.

ESTASI *(Song without End)* ★★
Regia di GEORGE CUKOR. Con DIRK BOGARDE, CAPUCINE, GENEVIÈVE PAGE. ■ Romantica rappresentazione della vita di Liszt e ottimo pretesto per ascoltare le sue più belle musiche. Il futuro compositore passa buona parte della giovinezza nell'incertezza tra l'aspirazione alla fama e la vocazione religiosa. Il mancato annullamento del matrimonio della donna che ama è il segno di volontà divina che lo spinge a prendere i voti. ■ BIOGRAFICO; COL.; 141'; USA, 1960. ■ OSCAR 1 PR, 1 NOM.

ESTASI D'AMORE – OPERAZIONE LOVE ★★
(Another Time, Another Place)
Regia di LEWIS ALLEN. Con SEAN CONNERY, BARRY SULLIVAN, LANA TURNER. ■ Una giornalista americana si innamora di un collega sposato, che muore tragicamente. Sconvolta, la donna, dopo un periodo trascorso in clinica, si reca in Inghilterra, paese natale del defunto, e ne conosce casualmente la vedova e il figlio. Si lega ad entrambi con sincera amicizia, che rimane anche dopo la confessione della sua relazione con l'uomo. Quindi riparte assieme ad un paziente corteggiatore. ■ COMMEDIA; B/N; 98'; GRAN BRETAGNA, 1958.

ESTASI DI UN DELITTO *(Ensayo de un crimen)* ★★★
Regia di LUIS BUÑUEL. Con ERNESTO ALONSO, RITA MACEDO, MIROSLAVA STERN. ■ Il suono di un carillon spinge un uomo, vittima di un trauma infantile, ad ammazzare le donne. Benché lo desideri, non è mai riuscito a portare a termine un assassinio perché è sempre intervenuto il caso ad uccidere per lui. La sua ossessione finirà grazie all'incontro con l'amore. ■ DRAMMATICO; B/N; 91'; MESSICO, 1955.

È STATA VIA *(She's Been Away)* ★★★
Regia di PETER HALL. Con PEGGY ASHCROFT, JAMES FOX, GERALDINE JAMES. ■ È la storia di Lillian, che alla fine degli anni Venti per il suo comportamento viene rinchiusa in un ospedale psichiatrico. Ci rimane per sessant'anni, fino a quando il pronipote Hugh, banchiere, decide di ospitarla a casa. Il comportamento dell'anziana signora è viziato dalle abitudini severissime dell'ospedale. In seguito però, Lillian e la moglie del suo pronipote scapperanno insieme di casa e si instaurerà tra loro l'amicizia. Ironico e drammatico, il film ha delle buone intuizioni. L'attrice Peggy Ashcroft ha vinto il premio come migliore attrice alla Mostra di Venezia. ■ DRAMMATICO; COL.; 103'; GRAN BRETAGNA, 1989. ■ VENEZIA 3 PR.

ESTATE, L' ★★
Regia di PAOLO SPINOLA. Con MITA CATTANEO, CARLO HINTERMANN, MITA MEDICI, ENRICO MARIA SALERNO, NADIA TILLER. ■ Il tempo ha alterato negativamente i rapporti tra due amanti. La figlia della donna, per evitare una separazione e la rinuncia a una vita comoda, si concede all'uomo. Dopo un'ennesima crisi lui si convince a proseguire la relazione con la ragazza. ■ COMMEDIA; COL.; 90'; ITALIA, 1966.

ESTATE AI CARAIBI, UN' ★
Regia di CARLO VANZINA. Con ENRICO BRIGNANO, CARLO BUCCIROSSO, BIAGIO IZZO, ALENA SEREDOVA, MARTINA STELLA. ■ Roby è un bancario napoletano a cui viene diagnosticato per errore un tumore in fase terminale. Angelo è l'autista zelante di un volgare palazzinaro romano. Max è lo speaker radiofonico di una radio locale, tradito dalla fidanzata e dal migliore amico. Vincenzo è un dentista napoletano con moglie e amante insoddisfatte. Infine Alberto è un romano spiantato e trapiantato suo malgrado ad Antigua, dove imbroglia turisti, scommette alla lotteria e alleva un piccolo orfano. Tra promesse tradite, mogli lasciate a casa, amanti "comprate", morti simulate e salvataggi milionari, l'allegra brigata, sull'isola di Antigua, si incrocerà senza toccarsi mai. ■ COMMEDIA; COL.; 110'; ITALIA, 2009.

ESTATE AL MARE, UN' ★★
Regia di CARLO VANZINA. Con LINO BANFI, ENRICO BRIGNANO, NANCY BRILLI, ANNA FALCHI, EZIO GREGGIO. ■ Nicola, emigrato anni prima in Svezia per una triste questione di corna, adesso è sposato con una bionda valchiria formosa, gestisce un ristorante a Stoccolma, è molto ricco e vuole prendersi la sua rivincita sui paesani che lo appellano "il cornuto". Peccato che Nicola sia solo il cameriere in pensione di una pizzeria e abbia dilapidato la sua buonuscita per "affittare" una moglie in un'agenzia di escort. A Forte dei Marmi un irriducibile tifoso viola investe nello stabilimento balneare dei vip per scoprire se Manzanas, il grande portiere del Real Madrid, firmerà il contratto con l'amata Fiorentina. Italo e Luciana consumano l'adulterio in più posti mentre i rispettivi coniugi, travolti da irrefrenabile passione, ricambiano allegramente. A Capri un antiquario etero si finge gay per vendere "meglio" mobili e quadri. A Ostia Enzo, separato da una moglie apprensiva e petulante, trascorre una giornata al mare col figlio Dentro una suite davanti al mare di Ischia provano a convivere l'asciutto ragionier Persichetti e la sua abbondante consorte. Sul palcoscenico dell'anfiteatro di Porto Rotondo va in scena un attore teatrale e smemorato prestato al doppiaggio. "Sordo" ai suggerimenti del suggeritore, trasforma "la signora" di Dumas in una farsa grottesca. ■ COMMEDIA; COL.; 115'; ITALIA, 2008.

ESTATE ASSASSINA, L' *(L'été meurtrier)* ★★
Regia di JEAN BECKER. Con ISABELLE ADJANI, SUZANNE FLON, ALAIN SOUCHON. ■ In un paesino del Sud della Francia, una ragazza, Eliane, si fa sposare da un meccanico solo per scoprire e punire gli individui che vent'anni prima avevano violentato la madre. Il marito infatti ha in soffitta una vecchia pianola legata allo stupro. Dopo una serie di colpi di scena, scopre che ha già fatto giustizia il suo vero padre, ora paralizzato su di una sedia a rotelle. ■ DRAMMATICO; COL. 130'; FRANCIA, 1982.

ESTATE CON SENTIMENTO, UN' ★★
Regia di ROBERTO SCARSELLA. Con ISA MIRANDA, ROBIN PHILIPS, STEFANIA SANDRELLI, ANASTASIA STEVENS. ■ Due studenti di diversa condizione economica – ricco lui, povera lei – si innamorano e convivono per qualche mese lontano da tutti. L'estate sta per finire; la ragazza aspetta un bambino ma lo perde accidentalmente. ■ COMMEDIA; COL.; 92'; ITALIA, 1970.

ESTATE DA GIGANTI, UN' *(Les Géants)* ★★★
Regia di BOULI LANNERS. Con PAUL BARTEL II, ZACHARIE CHASSERIAUD, KARIM LEKLOU, MARTIN NISSEN, DIDIER TOUPY. ■ Zaini in spalla, Zak e Seth, due ragazzini di Bruxelles, si avviano a trascorrere, come di consuetudine, l'estate nella casa di campagna che apparteneva al loro nonno, morto l'anno prima. Stavolta soli, si legano a un amico appena conosciuto, Dany, con cui passeranno momenti indimenticabili. Davanti a un falò, sotto la pioggia, nei boschi vicino a un fiume i ragazzi si scambiano idee e sentimenti. I giganti del titolo sono i tre adolescenti, che hanno tutta la vita davanti, ma che cominciano a prendere coscienza dei suoi limiti. Un'opera fresca, delicata e garbata, per l'eclettico film maker, e pittore, Bouli Lanners, valorizzata da una quanto mai azzeccata colonna sonora dal sapore country, opera del gruppo The Bony King of Nowhere. ■ DRAMMATICO; COL.; 85'; FRANCIA, BELGIO, LUSSEMBURGO, 2011.

ESTATE D'AMORE, UN' *(Sommarlek)* ★★★
Regia di INGMAR BERGMAN. Con ALF KJELLIN, BIRGER MALMSTEN, MAJ BRITT NILSSON. ■ Una ballerina legge il diario dell'uomo che ha amato più di ogni altro (e che è morto) e piomba in una crisi benché abbia un altro amante. Dopo il ricordo dei giorni passati col defunto il dolore si spegne lentamente; lei sente che può ricominciare una nuova vita, a patto che il suo compagno l'ami per davvero. Ne ha la prova quando l'uomo ritorna a lei dopo aver letto il diario. ■ DRAMMATICO; B/N; 90'; SVEZIA, 1950.

ESTATE DEI NOSTRI QUINDICI ANNI, L' ★★
(L'été de nos quinze ans)
Regia di MARCEL JULIAN. Con CYRIELLE CLAIRE, MICHEL SAR-

DOU, ELISA SERVIER. ■ Una storia d'amore che comincia molto presto. Due bambini (di quattro anni lei, di cinque lui) passano una notte in un commissariato di polizia. L'emozionante (per loro) esperienza li lega indissolubilmente. Si incontrano dieci anni dopo quando entrambi hanno l'età per amare. ■ COMMEDIA; COL.; 91'; FRANCIA, 1983.

ESTATE DELLA DICIASSETTESIMA BAMBOLA, L' ★★ *(The Summer of the 17th Doll)*
Regia di LESLIE NORMAN. Con ANNE BAXTER, ERNEST BORGNINE, JOHN MILLS. ■ Vicende amorose di due tagliatori di canna da zucchero in Australia. All'arrivo nella capitale, dove passeranno le vacanze, uno viene a sapere che la sua ragazza ha trovato marito, l'altro si sente rifiutare la proposta di matrimonio dalla sua amica. ■ COMMEDIA; B/N; 95'; AUSTRALIA, 1959.

ESTATE DEL LEONE, L' *(Le jonsommar)* ★★
Regia di TOBJORN AXELMAN. Con MARGARETA AJODIN, SVEN BERTIL BERTIL TAUBE, ESSY PERSSON. ■ Uno scrittore in piena crisi professionale va a trascorrere le ferie al mare. Più che di riposo ha bisogno di dare uno scopo alla sua vita, che troverà nell'amore. ■ DRAMMATICO; B/N; 93'; SVEZIA, 1967.

ESTATE DELLE SCIMMIE, L' ★★ *(Summer of the Monkeys)*
Regia di MICHAEL ANDERSON. Con WILFORD BRIMLEY, LESLIE HOPE, MICHAEL ONTKEAN. ■ Nelle praterie sconfinate del Canada del XIX secolo, un ragazzo sogna di comprare un cavallo. Un giorno trova quattro scimmie smarrite. Scopre che un circo offre una ricompensa a chi le riporterà, sufficiente per comprare il cavallo. Ma col passare dei giorni il ragazzo si affeziona più alle scimmie che all'idea del cavallo. ■ DRAMMATICO; COL.; 101'; CANADA, 1998.

ESTATE DEL MIO PRIMO BACIO, L' ★
Regia di CARLO VIRZÌ. Con GIGIO ALBERTI, GABRIELLA BELISARIO, NERI MARCORÈ, LAURA MORANTE, REGINA ORIOLI, JACOPO PETRINI, ANDREA RENZI. ■ Estate 1987. La tredicenne Camilla ha scelto le vacanze estive, appena iniziate, come quelle dell'importante "primo bacio". Circondata da una famiglia instabile, con una madre (Laura Morante) esaurita e un padre (Andrea Renzi) infedele, la fanciulla cerca di consolarsi con il ragazzo che pulisce la piscina, molto più grande di lei, amore impossibile, idealizzato, e via di fuga verso l'adolescenza. ■ COMMEDIA; COL.; 84'; ITALIA, 2006.

ESTATE DI BOBBY CHARLTON, L' ★★
Regia di MASSIMO GUGLIELMI. Con AGNESE NANO, CARLOTTA NATOLI, GIULIO SCARPATI, GIANMARCO TOGNAZZI. ■ Estate 1966, il calciatore britannico Bobby Charlton fu l'autentico trionfatore dei campionati mondiali di calcio in Inghilterra. Nel frattempo in Italia una coppia giunge alla fine della propria coesistenza matrimoniale e il marito decide di andare a recuperare i figli, ospiti dei suoceri in Austria, per condurli dai propri genitori in Puglia. Un viaggio lungo la strada e lungo la memoria. ■ DRAMMATICO; COL.; 100'; ITALIA, 1994.

ESTATE DI DAVIDE, L' ★
Regia di CARLO MAZZACURATI. Con STEFANO CAMPI, SESMUDIN MUJIC, PATRIZIA PICCININI. ■ La vita del giovane Davide: famiglia che non lo capisce proprio, la scuola difficile, i primi problemi d'amore, l'amico bosniaco e il tentativo di "migliorare" spacciando. ■ DRAMMATICO; COL.; 95'; ITALIA, 1998.

ESTATE DI GIACOMO, L' ★★
Regia di ALESSANDRO COMODIN. Con BARBARA COLOMBO, STEFANIA COMODIN, GIACOMO ZULIAN. ■ Sulle rive del fiume Tagliamento, Giacomo e Stefania si conoscono in un'estate speciale, soprattutto per Giacomo, perché è l'estate in cui tornerà a sentire. Con la lezione della nouvelle vague ben impressa nella mente, per Alessandro Comodin lo spunto iniziale è quello di seguire il privato di Giacomo in un momento di duplice svolta della sua vita: il passaggio dall'adolescenza all'età adulta, che si mescola a un trauma di crescita personale, l'intervento che gli permetterà nuovamente di ascoltare e parlare, di cui il film segue pre e post. *L'estate di Giacomo* non è un documentario sulla diversità, e soprattutto niente che assomigli – né per contenuti né per stile – alla produzione media italiana su pellicola. ■ DRAMMATICO; COL.; 78'; ITALIA, FRANCIA, BELGIO, 2011.

ESTATE DI KIKUJIRO, L' *(Kikujiro no natsu)* ★★
Regia di TAKESHI KITANO. Con KAYOKO KISHIMOTO, TAKESHI KITANO, YUSUKE SEKIGUCHI. ■ Sentimentalismi deamicisiani in versione sushi. Incontro tra un bambino abbandonato dalla madre e un *yakuza*, un mafioso giapponese, dal cuore d'oro. *Hanabi* era un film notevole, molto migliore di quest'altra opera di Kitano. ■ COMMEDIA; COL.; 116'; GIAPPONE, 1999.

ESTATE DI MARTINO, L' ★★
Regia di MASSIMO NATALE. Con LUIGI CIARDO, MATILDE MAGGIO, PIETRO MASOTTI, MATTEO PIANEZZI, TREAT WILLIAMS. ■ Nella drammatica estate del 1980, teatro di tragici eventi quali la strage di Ustica e l'attentato di Bologna, Martino, quattordicenne schivo e introverso, trascorre le vacanze con la comitiva del fratello maggiore. Un giorno, passeggiando lungo la spiaggia, i giovani notano tre soldati americani impegnati a fare surf nel tratto di costa controllato dalla NATO. Martino rimane meravigliato dalla loro destrezza e, penetrando di soppiatto nella zona militare, si imbatte nel capitano Jeff Clark. Inizia così la storia di un'amicizia insolita, che cresce di pari passo con le lezioni di surf. ■ DRAMMATICO; COL.; 90'; ITALIA, 2010.

ESTATE DI MIO FRATELLO, L' ★★
Regia di PIETRO REGGIANI. Con PIETRO BONTEMPO, TOMMASO FERRO, MARIA PAIATO, BEATRICE PANIZZOLO, DAVIDE VERONESE. ■ Sergio è un solitario bambino di nove anni che preferisce vivere nel suo mondo fatto di immaginazione e fantasia, piuttosto che frequentare i suoi coetanei. Il suo rapporto, già difficile, coi genitori, peggiora ulteriormente quando viene a sapere che un fratellino è in arrivo. Timoroso di perdere le già scarse attenzioni dimostrategli dalla famiglia, Sergio comincia a desiderarne ed immaginarne ardentemente la morte. Quando la madre ha un aborto spontaneo però, Sergio si sente in colpa, credendo di essere stato in qualche modo responsabile della disgrazia... Dopo aver peregrinato per troppo tempo alla ricerca di un distributore, quest'opera prima Pietro Reggiani arriva nelle sale. ■ DRAMMATICO; COL.; 80'; ITALIA, 2005.

ESTATE D'INVERNO, L' ★★
Regia di DAVIDE SIBALDI. Con FAUSTO CABRA, PIA LANCIOTTI. ■ Christian è in viaggio, ha 19 anni e ama le imperfezioni. Lulù è una prostituta siciliana che capisce le rotte degli aerei ascoltandone solo il rombo dei motori. In un motel di Copenhagen, lei ha terminato il suo "lavoro" con Christian, ma lui le chiede di rimanere a parlare, per un'ora dopo "l'amore". Insieme scopriranno il dolore per il passato e il coraggio per il futuro. ■ DRAMMATICO; COL.; 70'; ITALIA, 2008.

ESTATE DI SAM, L' *(Summer of Sam)* ★★★
Regia di SPIKE LEE. Con ADRIEN BRODY, BEN GAZZARA, ANTHONY LAPAGLIA, JOHN LEGUIZAMO, JOHN SAVAGE, MIRA SORVINO. ■ Una storia vera. Nell'estate del 1977 a New York un serial killer colpisce senza che la polizia riesca a comprendere la logica. Viene soprannominato Sam. Joey T convince i compagni che l'assassino è Ritchie, un giovane punk che per campare si prostituisce e che è, in realtà, completamente estraneo alla faccenda. Spike Lee torna nella sezione Quinzaine des realisateurs al Festival di Cannes. Il film ha uno stile anni Settanta ed evoca Scorsese, inoltre è il primo di Lee con bianchi protagonisti. ■ DRAMMATICO; COL.; 142'; USA, 1999.

ESTATE E FUMO *(Summer and Smoke)* ★★★
Regia di PETER GLENVILLE. Con LAURENCE HARVEY, JOHN MCINTIRE, UNA MERKEL, GERALDINE PAGE, PAMELA TIFFIN. ■ Una donna non più giovanissima è ancora innamorata di un compagno di giochi, che non solo non l'ha mai degnata di uno sguardo, ma passa in continuazione da un'amante all'altra. Poi il padre dell'uomo muore, lui si fidanza seriamente; la zitella, delusa e amareggiata, si getta tra le braccia del primo che capita. ■ DRAMMATICO; COL.; 118'; USA, 1961. ■ OSCAR 4 NOM.

ESTATE IMPURA, L' *(Noyade interdite)* ★★★
Regia di PIERRE GRANIER-DEFERRE. Con GUY MARCHAND, PHILIPPE NOIRET, STEFANIA SANDRELLI. ■ Una serie di delitti si ve-

rifica in una località balneare. Due poliziotti indagano. Uno ci rimette la pelle, mandato allo sbaraglio dall'altro che aveva intuito per primo l'identità del colpevole, anzi della colpevole. ■ GIALLO; COL.; 102'; FRANCIA, 1987.

ESTATE INDIMENTICABILE, UN' ★★★
(Un été inoubliable)
Regia di LUCIAN PINTILIE. Con CLAUDIO BLEONT, KRISTIN SCOTT THOMAS. ■ Presentato al Festival di Cannes. Siamo in Romania durante gli anni Venti. Un'aristocratica signora, ungherese da parte di padre, è sposata a un ufficiale. Costui viene inviato con la famiglia nella regione di Dobrogea. Alcuni macedoni hanno ucciso delle guardie di confine rumene e il suo compito è di catturare alcuni bulgari e fucilarli. Il senso del dovere non riesce però a trascendere le sue idee e l'ufficiale entra in conflitto coi suoi superiori. Un buon film che alterna la commedia al dramma in uno stile tipico del cinema dell'Est. ■ DRAMMATICO; COL.; 80'; FRANCIA, ROMANIA, 1994.

ESTATE PAZZESCA, UN' *(Spring Break)* ★★
Regia di SEAN S. CUNNIGHAM. Con DAVID KNELL, PERRY LANG, RICHARD B. SHULL. ■ Due studentelli di molte velleità durante la vacanza di Pasqua vanno a Fort Lauderdale, località della Florida nota per le molte, belle e disinibite ragazze. Si prenderanno qualche soddisfazione, nonostante la presenza degli scagnozzi del patrigno di uno di essi (un senatore preoccupato della propria immagine pubblica, ma di onestà tutt'altro che specchiata). ■ COMMEDIA; COL.; 101'; USA, 1983.

ESTATE PROSSIMA, L' *(La prochaine été)* ★★
Regia di JEAN-LOUIS TRINTIGNANT. Con FANNY ARDANT, CLAUDIA CARDINALE, PHILIPPE NOIRET, JEAN-LOUIS TRINTIGNANT. ■ Le tradizioni di un'antica famiglia d'oltralpe vengono sconvolte da quattro dei suoi componenti, due uomini e due splendide donne, che instaurano relazioni "proibite" rinfocolando invidie e rancori mai sopiti. La struttura vacilla e i rapporti interpersonali non torneranno mai più ad essere quelli di prima. ■ DRAMMATICO; COL.; 106'; FRANCIA, 1986.

ESTATE ROMANA ★★★
Regia di MATTEO GARRONE. Con MONICA NAPPO, ROSSELLA OR, SALVATORE SANSONE. ■ Terzo lungometraggio del regista Matteo Garrone, il film narra una storia di esistenze precarie. Salvatore è uno scenografo napoletano che vive in un bell'appartamento a Piazza Vittorio, a Roma. Abita con lui Monica, sua assistente, separata con una bambina. Una mattina ritorna Rossella, la proprietaria della casa, ex attrice che vorrebbe ricominciare a lavorare. Ma la città che la donna si trova di fronte è una città caotica, che a stento riconosce. Anche la gente è cambiata e nessuno può rispondere all'interrogativo che Rossella sempre si pone: «Come faccio a non scomparire?». Roma diventa in questo film il rumoroso palcoscenico per incontri casuali, alla ricerca di equilibri psicologici necessari. Una menzione speciale meritano gli attori e, in particolare, la trasognata Rossella Or. ■ DRAMMATICO; COL.; 90'; ITALIA, 2000.

ESTATE STA FINENDO, L' ★★
Regia di BRUNO CORTINI. Con LEONARDO FERRANTINI, ANGELO INFANTI, FIORENZA TESSARI. ■ Giuliana, quindicenne con genitori separati, decide di andare in vacanza con Romeo, il figlio del portinaio, anziché sullo yacht della madre. Durante la vacanza la ragazzina si infatuerà di Jonathan, un inglese, e Romeo se ne va. Antonio, il padre di Giuliana, si muove alla sua ricerca. Prima incontrerà Romeo, poi tutti e due ritroveranno la ragazza e se ne ritorneranno a casa. ■ COMMEDIA; COL.; 99'; ITALIA, 1987.

ESTATE STREGATA, L' *(Haunted Summer)* ★★
Regia di IVAN PASSER. Con LAURA DERN, ALICE KRIGE, ERIC STOLTZ, ALEX WINTER, PHILIP ANGLIM. ■ Percy Shelley, Claire Clairemont e Mary Godwin in uno scandaloso rapporto a tre nel 1816 in Svizzera. Tra amore libero e droga si inserisce anche Lord Byron. In quei giorni nasceva l'idea di Frankenstein. ■ BIOGRAFICO; COL.; 107'; USA, 1988.

ESTATE VIOLENTA ★★★
Regia di VALERIO ZURLINI. Con LILLA BRIGNONE, ELEONORA ROSSI DRAGO, ENRICO MARIA SALERNO, JACQUELINE SASSARD, JEAN-LOUIS TRINTIGNANT. ■ Estate 1943. Il figlio di un gerarca fascista in vacanza sulla spiaggia di Riccione perde la testa per la bella vedova di un caduto. Nei giorni che seguono il 25 luglio i due scappano su di un treno che viene bombardato. Il ragazzo si scuote e decide di arruolarsi. ■ DRAMMATICO; B/N; 104'; ITALIA, 1959.

È STATO BELLO AMARTI ★★
Regia di ADIMARO SALA. Con ANDREA GIORDANA, CLAUDIE LANGE, MASSIMO SERATO. ■ Un ragazzo lascia la famiglia e la fidanzata per trasferirsi in città. Qui diventa l'amante di una donna che, pur di stare vicino a lui, lascia il compagno, un industriale, e l'esistenza comoda. Ma la donna perde la vita e il ragazzo torna tra le braccia della fidanzata. ■ DRAMMATICO; COL.; 92'; ITALIA, 1968.

È STATO IL FIGLIO ★★
Regia di DANIELE CIPRÌ. Con ALFREDO CASTRO, ANNA QUATTROCCHI, BENEDETTO RANELLI, TONI SERVILLO, GISELDA VOLODI. ■ Busu, seduto nell'ufficio postale della sua città, racconta storie agli avventori. Più di tutti ama riferire l'avventura e la sventura della famiglia Ciraulo, colpita al cuore da un lutto. Nicola, il capofamiglia, recupera ferrame dalle navi in disarmo in compagnia del vecchio padre e del figlio. Dentro una casa modesta lo aspettano ogni sera la madre, la moglie e l'adorata Serenella che un proiettile vagante, esploso durante un regolamento di conti, uccide tragicamente. Nicola ritrova senso e speranza inseguendo la possibilità di un risarcimento, legittimo riconoscimento dello Stato alle vittime della mafia. Liquidati, decidono intorno al tavolo di investire il capitale ormai ridotto in un'automobile, la più bella che si sia mai vista in città. Ma quella Mercedes, "presidenziale", luccicante e benedetta con acqua santa e segno della croce, finirà per diventare il simbolo della tracotanza e di una violazione che gli "dei" non mancheranno di punire. Ispirato dalle pagine di Roberto Alajmo Daniele Ciprì torna al cinema riconfermando l'universo espressivo e l'esasperazione estetica, e declinando al passato una tragedia moderna. Il Nicola di Toni Servillo incarna un'umanità comico-tragica, che desidera un appagamento immediato. ■ DRAMMATICO: COL.; 90'; ITALIA, 2012.

ESTER E IL RE *(Esther and the King)* ★★
Regia di RAOUL WALSH. Con JOAN COLLINS, SERGIO FANTONI, FOLCO LULLI, DANIELA ROCCA. ■ L'argomento è biblico: Ester, una dolce ragazza ebrea, sposatasi al re persiano Assuero per cercare di aiutare il proprio popolo, ottiene l'effetto desiderato. Incorre però nelle ire dello spietato primo ministro, che si vendica su un suo parente e poi tenta di uccidere il sovrano. Questi allora si allea agli ebrei che riescono a battere i nemici. ■ DRAMMATICO; B/N; 109'; ITALIA, USA, 1960.

ESTERINA ★★
Regia di CARLO LIZZANI. Con CARLA GRAVINA, GEOFFREY HORNE, DOMENICO MODUGNO. ■ Una giovane contadina riesce ad ottenere un passaggio in città da due camionisti. Quella realtà che lei, ingenua, immaginava rosea, si rivela invece dura e insidiosa. La ragazza vive, suo malgrado, esperienze negative. Si innamora di uno dei due camionisti che decide finalmente di sposarla. ■ DRAMMATICO; B/N; 95'; ITALIA, 1959.

ESTERNO SERA ★★
Regia di BARBARA ROSSI PRUDENTE. Con ALESSANDRA BORGIA, SALVATORE CANTALUPO RICKY TOGNAZZI, EMILIO VACCA, VALENTINA VACCA. ■ Alba è un'anima inquieta che trascorre le giornate fra alcolici e uomini che non la rispettano. Quando dal nord torna Fabrizio, un lontano cugino che Alba non vedeva da anni, il già precario equilibrio dell'esistenza della ragazza salta definitivamente. L'attrazione violenta fra Alba e Fabrizio, che ha alle sue radici un terribile segreto, è un treno in corsa difficile da fermare, e tutto il loro mondo ne verrà travolto. ■ DRAMMATICO; COL.; 101'; ITALIA, 2011.

EST OVEST – AMORE LIBERTÀ *(Est-ouest)* ★★
Regia di REGIS WARGNIER. Con SANDRINE BONNAIRE, CATHERINE DENEUVE, OLEG MENSHIKOV. ■ Ancora una volta un triste episodio della tirannia staliniana. Nel 1946 venne fatto credere agli emigrati che una volta tornati in Russia avrebbero avuto l'amnistia. Il ritorno a Odessa da Parigi da parte di Alexei, di sua moglie e suo figlio è il centro del film. Mentre la maggioranza dei

rimpatriati viene decimata o spedita nei campi di concentramento, per Alexei viene fatta un'eccezione. Avrà salva la vita, ma tutto il resto si sfalderà. ■ DRAMMATICO; COL.; 120'; BULGARIA, FRANCIA, RUSSIA, SPAGNA, 1999. ■ GOLDEN GLOBES 1 NOM.

ESTRANEA FRA NOI, UNA *(A Stranger among us)* ★★★
Regia di SIDNEY LUMET. Con MELANIE GRIFFITH, MIA SARA, JAMEY SHERIDAN, ERIC THAL. ■ Emily, poliziotta di New York, deve indagare sulla morte di un ebreo. Con l'assenso della famiglia dell'ucciso, la donna si inserisce in quell'ambiente e fa le sue indagini. Emily si trova ben presto a suo agio. Intanto ottiene dei risultati: trova il cadavere scomparso della vittima e raccoglie degli elementi che la portano a sospettare di una giovane drogata membro della comunità. I sospetti sono fondati. Emily, in quell'ambiente dalle regole tanto diverse, deve affrontare una crisi di identità. Non sarà mai più quella di prima. Un altro buon esercizio di Lumet. ■ GIALLO; COL.; 110'; USA, 1992.

ESTREMAMENTE PERICOLOSO *(Highly Dangerous)* ★★
Regia di ROY WARD BAKER. Con DANE CLARK, MARIUS GORING, MARGARET LOCKWOOD. ■ Una scienziata inglese si reca in Russia con un pretesto: il suo scopo è quello di scoprire l'eventuale esistenza di armi batteriologiche. L'assassinio di un collega, dalla cui accusa si salva per l'interessamento dei diplomatici suoi compatrioti, la obbliga a tornare in patria. Prima della partenza la donna si impossessa di una importante formula. ■ SPIONAGGIO; B/N; 88'; GRAN BRETAGNA, 1950.

ESTREMA RINUNCIA, L' *(Till We Meet again)* ★★
Regia di FRANK BORZAGE. Con BINNIE BARNES, BARBARA BRITTON, RAY MILLAND, KONSTANTIN SHAYNE. ■ Francia, secondo conflitto mondiale. Le suore di un convento aiutano validamente i partigiani proteggendoli e nascondendoli. Un giorno accolgono un pilota americano che deve consegnare ai superiori alcuni importantissimi documenti. Una novizia in abiti civili lo guida fino al mare e sacrifica la sua vita per salvarlo. ■ SPIONAGGIO; B/N; 88'; USA, 1944.

ESTREMO ONORE *(The Highest Honor)* ★★
Regia di PETER MAXWELL. Con JOHN HOWARD, ATSUO NAKAMURA, STUART WILSON. ■ Durante la seconda guerra mondiale, un capitano inglese rimane prigioniero dei giapponesi. Ma gli va bene: non gli capitano i carcerieri sadici del *Ponte sul fiume Kwai*. Il comandante del campo di prigionia è un gentiluomo che gli renderà l'onore delle armi. ■ GUERRA; COL.; 92'; AUSTRALIA, 1983.

... E SUL CORPO TRACCE DI VIOLENZA ★★
(The House of Whipcard)
Regia di PETER WALKER. Con PATRICK BARR, PENNY IRVING, BARBARA MARHAM. ■ La francese diciannovenne Anne-Marie deve all'amica Giulia se è diventata fotomodella. Si trasferisce a Londra dove, accusata di oscenità per aver posato nuda, è costretta a pagare una multa. La cosa viene alle orecchie di certi strani individui, che con un pretesto la conducono in una sorta di lager privato: verrà impiccata. ■ DRAMMATICO; COL.; 106'; GRAN BRETAGNA, 1974.

ETÀ BARBARICA, L' *(L'Âge des ténèbres)* ★★★
Regia di DENYS ARCAND. Con EMMA DE CAUNES, DIDIER LUCIEN, DIANE KRUGER, MARC LABRECHE, SYLVIE LÉONARD, MACHA GRENON, CAROLINE NERON, RUFUS WAINWRIGHT. ■ Jean Marc è un impiegato ministeriale del Quebec, nell'ufficio dei reclami. Sua moglie è un'agente immobiliare in costante ascesa professionale. Le sue due figlie vivono in un mondo fatto di video e di iPod e non comunicano con lui. Non gli resta allora che sognare. Sognare di avere solo per sé una donna bellissima e pronta a offrirsi quando lo desidera, oppure di essere un noto scrittore o intellettuale pieno di fans che stravedono per lui. L'equilibrio tra sogni e realtà sembra in qualche modo funzionare. Finché un giorno, dopo che la moglie si è trasferita a Toronto, incontra a uno *speed date* una donna che ha reso realtà il proprio sogno: vuole credere di essere una dama medioevale e, insieme a un consistente gruppo di altre persone, partecipa a incontri e tornei in costume. Denys Arcand è attento ed efficace nella sua analisi della società canadese, che finisce poi con l'estendersi a quella dell'Occidente in genere. ■ COMMEDIA; COL.; 111'; CANADA, 2007.

ETÀ DELL'AMORE, L' ★★
Regia di LIONELLO DE FELICE. Con PIERRE-MICHEL BECK, ALDO FABRIZI, MARINA VLADY. ■ Due innamorati quindicenni fanno un figlio per sbaglio. ■ DRAMMATICO; B/N; 92'; ITALIA, 1953.

ETÀ DELLA PACE, L' ★★★
Regia di FABIO CARPI. Con ISA DANIELI, OTTO EDUARD HASSE, ALBERTO LIONELLO, MACHA MÉRIL, LINA POLITO, GEORGES WILSON. ■ Un uomo ricco e ormai vecchio muore lentamente, guardato quasi con indifferenza dal figlio e dai suoi familiari, triste per non essere più utile. Si deve consolare solo col ricordo di quanto è stato. ■ DRAMMATICO; COL.; 90'; ITALIA, 1974.

ETÀ DELLA VIOLENZA, L' *(The Good Die Young)* ★★★
Regia di LEWIS GILBERT. Con RICHARD BASEHART, JOAN COLLINS, GLORIA GRAHAME, LAURENCE HARVEY. ■ Un giovane di famiglia benestante, ma casualmente a corto di denaro, convince tre conoscenti occasionali a partecipare ad un grosso furto. Il colpo va bene, ma l'uomo ammazza un poliziotto che li ha scoperti e un complice intenzionato a costituirsi. Dopo aver nascosto il malloppo, elimina il secondo complice; il terzo riesce a fuggire ma, ritrovato mentre sta per partire, è ferito a morte dal capo che resta ucciso a sua volta. ■ DRAMMATICO; B/N; 100'; GRAN BRETAGNA, 1954.

ETÀ DELL'INNOCENZA, L' *(The Age of Innocence)* ★★★★★
Regia di MARTIN SCORSESE. Con GERALDINE CHAPLIN, DANIEL DAY-LEWIS, MICHELLE PFEIFFER, WINONA RYDER, HUGH SMITH. ■ Tratto dal romanzo premio Pulitzer di Edith Wharton. Nella New York del 1870 il giovane Newland Archer (Lewis), appartenente a una famiglia molto in vista, sta per sposare la dolce May (Ryder) a sua volta figlia di cospicua famiglia. La ragazza ha una cugina, Ellen (Pfeiffer), bellissima e triste, fuggita da un nobile marito europeo, creando, di conseguenza, scandalo. È già evidente al primo incontro fra i futuri cugini che qualcosa succederà. Newland, perbene a oltranza, letteralmente ammanettato dalle severissime convenzioni di quella società, non si decide a fare il primo passo. Protegge Ellen nei giusti termini, facendola accettare in società; oppresso dai sensi di colpa, anticipa il matrimonio con May, ma è sempre più innamorato dell'altra. Quando i due si decidono a dichiararsi e a "consumare", ancora una volta le circostanze sono contro. Rimane loro un infinito amore platonico e in contumacia. Ormai vecchio e libero, a Parigi, Newland non avrà nemmeno il coraggio di rivedere la sua amata. Film decisamente importante. Si potrebbe dire "esercizio multiplo" del grande regista americano, che si concede un cameo nel ruolo di un fotografo. Sono emersi i nomi del Visconti di *Senso*, di Frears e di altri, in realtà Scorsese non ha bisogno di imitare nessuno, se si applica a un genere lo conquista di puro talento, come aveva fatto con un altro film fuori dal suo... paniere, *Cape Fear*. Non calligrafismo, ma arte applicata, la ricerca del lusso d'ambiente, fatto di composizioni di frutta, di salotti con dipinti d'autore, di pizzi, di servizi smaltati, di portate che farebbero impallidire Marchesi e toilettes di una società ricchissima che si ispirava a quella inglese. Da segnalare inoltre l'uso della voce fuori campo che sovrasta spesso la rappresentazione, ma che si avvale della scrittura straordinaria della Wharton e della voce altrettanto straordinaria della nostra Maria Pia Di Meo. ■ DRAMMATICO; COL.; 120'; USA, 1993. ■ GOLDEN GLOBES 1 PR, 4 NOM; OSCAR 1 PR, 5 NOM.

ETÀ DEL MALESSERE, L' ★★
Regia di GIULIANO BIAGETTI. Con GABRIELE FERZETTI, CLAUDIO GORA, HAYDÉE POLITOFF, SALVO RANDONE, JEAN SOREL. ■ Un'adolescente sbandata ha due amanti che a loro volta mantengono relazioni alquanto irregolari. Dopo un aborto e la morte della madre, viene assunta da una nobile ninfomane: sconvolta dall'atmosfera del luogo, la ragazza si licenzia e si propone di cambiare vita. ■ DRAMMATICO; COL.; 115'; ITALIA, 1968.

ETÀ DI LULÙ, LE *(Las edades de Lulú)* ★★★
Regia di BIGAS LUNA. Con MARIA BARRANCO, OSCAR LADOIRE, FRANCESCA NERI. ■ Tratto dal romanzo erotico di Almudena Grandes. Osserviamo la protagonista, Lulù, nelle varie fasi ed evoluzioni della sua educazione sentimentale e soprattutto sessuale. ■ DRAMMATICO; COL.; 100'; SPAGNA, 1990.

ETÀ INQUIETA *(That Hagen Girl)* ★★★
Regia di PETER GODFREY. Con RORY CALHOUN, RONALD REAGAN, SHIRLEY TEMPLE. ■ Un'orfana, che molti credono figlia di una ricca fanciulla impazzita, divenuta adulta è oggetto di pettegolezzi e cattiverie che le rendono difficoltose le amicizie e i rapporti sociali. Informata sulle sue oscure origini da un'amica, ne chiede spiegazioni alla madre adottiva che nega ogni supposizione. Un avvocato, inoltre, fa cessare ogni maldicenza sposando la ragazza. ■ COMMEDIA; B/N; 83'; USA, 1947.

ETÀ INQUIETA, L' *(La vie de Jesus)* ★★
Regia di BRUNO DUMONT. Con GENEVIÈVE COTTREL, MARJORIE COTTREL, DAVID DOUCHE. ■ Esordio del francese Dumont in un film presentato a vari festival, fra cui Cannes. Storia di ragazzi e ragazze che vivono in una cittadina delle Fiandre. Uno vorrebbe amare senza pregiudizi, o convenzioni. Ma non si può. Basso budget e attori non professionisti. ■ DRAMMATICO; COL.; 96'; FRANCIA, 1997.

E TANTA PAURA ★★
Regia di PAOLO CAVARA. Con CORINNE CLÉRY, MICHELE PLACIDO, TOM SKERRITT, ELI WALLACH. ■ Il giovane e dinamico commissario Lomenzo della questura di Milano deve far luce su una serie di delitti, il cui filo conduttore è un libro di favole. Capisce che il bandolo della matassa si trova a villa Hoffman, presso Como. Lomenzo si mette in contatto col commissario di quella città, ma da questi viene a sapere che gli incartamenti relativi al delitto sono spariti. Non si scoraggia e arriva a smascherare l'insospettabile mandante. ■ GIALLO; COL.; 90'; ITALIA, 1976.

È TARDI PER PIANGERE *(Too Late for Tears)* ★★
Regia di BYRON HASKIN. Con DON DE TORE, LIZABETH SCOTT. ■ Una coppia di sposi in cattive acque entra casualmente in possesso di un'enorme somma di denaro rubato. Lui vorrebbe avvertire la polizia, ma lei lo persuade a nasconderla in un posto sicuro. Il ladro tenta di recuperare la refurtiva, ma la donna uccide lui e il marito, scappa oltre confine e muore mentre fugge da un poliziotto. ■ DRAMMATICO; B/N; 99'; USA, 1949.

ETÀ SELVAGGIA *(L'été sauvage)* ★★
Regia di MARCEL CAMUS. Con JULIET BERTO, NINO FERRER, KATINA PAXINOU, MARILÙ TOLO. ■ Una ragazza hippy, che vive con alcuni amici in un paesino della Francia meridionale, si innamora di uno sconosciuto. Questi ferisce l'ex amante e fugge credendo di averla uccisa. I ragazzi scappano, poi hanno le prove che la donna è viva. Due di essi si sposeranno e inviteranno tutti gli altri al loro matrimonio. ■ FANTASTICO; COL.; 96'; FRANCIA, 1970.

ETE BRÛLANT, UN ★★
Regia di PHILIPPE GARREL. Con MONICA BELLUCCI, VLADISLAV GALARD, LOUIS GARREL, JERÔME ROBART, CELINE SALLETTE. ■ Frédéric è un giovane pittore parigino sposato con una bella attrice italiana, Angèle. Dopo aver cercato la morte in un incidente stradale, il suo migliore amico Paul ne ripercorre i momenti vissuti assieme e i tormenti d'amore che l'hanno portato a quel gesto fatale. Paul ricorda soprattutto l'estate a Roma passata a casa della coppia in compagnia della sua fidanzata Elisabeth e quei giorni caldi e spensierati in cui ha visto dissolversi la loro storia d'amore. ■ DRAMMATICO; COL.; 95'; FRANCIA, ITALIA, SVIZZERA, 2011.

È TEMPO DI UCCIDERE, DETECTIVE TRECK ★★
(Treck Turner)
Regia di JONATHAN KAPLAN. Con ISAAC HAYES, YAPHET KOTTO, ALAN WEEKS. ■ Un detective privato nero, Treck, elimina un pericoloso gangster. Un'incallita criminale, socia d'affari del defunto, incarica i suoi uomini di toglierlo di mezzo. Treck uscirà illeso dall'avventura, non senza aver sterminato i nemici. ■ DRAMMATICO; COL.; 91'; USA, 1974.

È TEMPO DI VIVERE *(Let's Live a Little)* ★★★
Regia di RICHARD WALLACE. Con ROBERT CUMMINGS, HEDY LAMARR. ■ La padrona di un'industria di cosmetici è disposta a rinnovare il contratto con un'azienda pubblicitaria a patto che uno dei soci, del quale si è invaghita, le prometta di sposarla. Il tizio in questione, deluso da una storia d'amore, acconsente alla richiesta ma solo per poco: l'ex fidanzata lo convince della sincerità dei suoi sentimenti e torna con lui. La mancata sposa trova un altro marito. ■ COMMEDIA; B/N; 85'; USA, 1948.

ETERNA ARMONIA, L' *(A Song to Remember)* ★★★
Regia di CHARLES VIDOR. Con PAUL MUNI, MERLE OBERON, CORNEL WILDE. ■ Il film narra la vita di Chopin. Costretto a fuggire dalla Polonia in rivolta contro i russi per evitare di essere imprigionato, si rifugia a Parigi, dove ottiene i primi successi e si innamora di George Sand. Dopo un periodo idilliaco, dà una serie di concerti per poter aiutare, con l'incasso ottenuto, i compatrioti: ma la tisi gli è, in breve, fatale. ■ BIOGRAFICO; COL.; 113'; USA, 1945. ■ OSCAR 6 NOM.

ETERNA CATENA, L' ★★
Regia di ANTON GIULIO MAJANO. Con GIANNA MARIA CANALE, LEDA GLORIA, MARCELLO MASTROIANNI, UMBERTO SPADARO, CARLO CROCCOLO. ■ Un ufficiale di marina diventa l'amante della fidanzata del fratello. Questi uccide un pretendente della ragazza; dell'assassinio, però, viene accusato l'altro, che si vede costretto a fuggire. Tornato anni dopo scopre che dalla relazione è nato un figlio; il fratello si oppone alla loro unione e muore accidentalmente, ma prima confessa il suo delitto. ■ DRAMMATICO; B/N; 98'; ITALIA, 1951.

ETERNA EVA – L'ETERNO FEMMININO, L'
(My Wife's Best Friend) ★★
Regia di RICHARD SALE. Con ANNE BAXTER, MACDONALD CAREY. ■ Due coniugi, in pericolo mortale su un aereo che sta per precipitare, si confessano le rispettive colpe. Superato il momento critico e giunti a terra sani e salvi l'atteggiamento di lei cambia: vorrebbe divorziare, e solo l'esortazione al perdono del padre, pastore protestante, la convince a desistere. Lieto fine. ■ COMMEDIA; B/N; 87'; USA, 1952.

ETERNA ILLUSIONE, L' ★★★★★🏆
(You Can't Take it with You)
Regia di FRANK CAPRA. Con EDWARD ARNOLD, JEAN ARTHUR, LIONEL BARRYMORE, SPRING BYINGTON, JAMES STEWART. ■ Due giovani di diversa condizione sociale si amano, ma non possono sposarsi a causa di un dissidio tra i rispettivi padri. Lei allora decide di andarsene; la famiglia di lui, ricca e intransigente, finirà col commuoversi. È il film che accredita Capra come uno dei grandi registi-autori del mondo. Poesia, umorismo, realizzazione dell'impossibile. I temi che poi verranno espressi, magari con maggiore spessore, nelle opere successive. Fu anche la grande occasione di James Stewart, trentenne, che da quel momento divenne uno dei divi di punta di Hollywood. ■ COMMEDIA; B/N; 125'; USA, 1938. ■ OSCAR 🏆 1 PF, 6 NOM.

ETERNAMENTE FEMMINA *(Forever Female)* ★★★
Regia di IRVING RAPPER. Con PAUL DOUGLAS, WILLIAM HOLDEN, GINGER ROGERS. ■ Uno scorcio gustoso e ironico della vita teatrale statunitense. I protagonisti sono una famosa diva un po' stagionata, una giovanissima aspirante attrice, l'ex marito della prima e un commediografo. La diva si innamora del commediografo del quale interpreta un lavoro, ma la parte che si fa affidare non è consona alla sua età e la rappresentazione è un fiasco. La giovanissima aspirante la lancerà in provincia, ottenendo il successo e l'amore dell'autore. L'ex marito, che per sbarcare il lunario lavora ai mercati generali, finisce per riconquistare l'ex moglie e risposarsela. ■ COMMEDIA; B/N; 93'; USA, 1953.

ETERNAMENTE TUA *(Eternally Yours)* ★★
Regia di TAY GARNETT. Con TAY GARNETT, DAVID NIVEN, LORETTA YOUNG. ■ La moglie e collaboratrice di un prestigiatore, stanca delle pericolose esibizioni del consorte, non riesce a convincerlo a sospendere l'attività e, amareggiata, divorzia da lui e si risposa. Tempo dopo, i due si ritrovano e comprendono di non avere mai cessato di amarsi. Torneranno insieme. ■ COMMEDIA; B/N; 95'; USA, 1939. ■ OSCAR 1 NOM.

ETERNA VICENDA, L' *(My Past)* ★★
Regia di ROY DEL RUTH. Con JOAN BLONDELL, BEBE DANIELS, BEN LYON, LEWIS STONE. ■ Joan Blondell era figlia di un grande comico del muto, e si vedeva, perché in lei l'umorismo era la cosa più naturale. *L'eterna vicenda* ce la mostra ancora alla ricerca della sua vera personalità. ■ COMMEDIA; B/N; 83'; USA, 1931.

ETERNITÀ E UN GIORNO, L' ★★🏆
(Mia eoniotita ke mia mera)
Regia di THEO ANGELOPULOUS. Con BRUNO GANZ, ISABELLE RENAULD. ■ Un uomo alla ricerca di se stesso attraverso esperienze, ricordi e paesi. Un filo astratto che sembra lontanissimo dalla lucidità di un autore che ha lasciato segni profondi in film come *La recita*. Tutto da allora si è evoluto, meno Angelopulos, qui irrimediabilmente fuori dal tempo. Non cambia la situazione, il fatto che abbia "inevitabilmente" vinto la Palma d'oro a Cannes. Anzi. ■ DRAMMATICO; COL.; 130'; GRECIA, ITALIA, 1998. ■ CANNES 🏆 1 PR.

ETERNO CONFLITTO, L' *(L'eternel conflit)* ★★
Regia di GEORGES LAMPIN. Con ANNABELLA, MICHEL AUCLAIR, FERNAND LEDOUX, LOUIS SALOU. ■ Un insegnante, insoddisfatto sia dell'ambiente di lavoro che della famiglia, si impiega come clown in un circo. Qui diventa l'amante di una trapezista, che elargisce i suoi favori ad altri due uomini. La vicinanza col nuovo arrivato le fa aprire gli occhi sulla sua condotta. Muore per difendere l'amato dalla vendetta di uno dei rivali. ■ DRAMMATICO; B/N; 95'; FRANCIA, 1948.

ETHAN FROME – LA STORIA DI UN AMORE PROIBITO ★★
Regia di JOHN MADDEN. Con JOAN ALLEN, PATRICIA ARQUETTE, LIAM NEESON. ■ Tratto da un romanzo di Edith Wharton (autrice anche di *L'età dell'innocenza*), il film racconta la storia di un emarginato, Ethan Frome. Il nuovo parroco giunge in un paesino del Massachussetts e qui scopre l'esistenza di un individuo isolato. L'uomo ha sofferto per il matrimonio con la moglie Zeena, ha amato una sua cugina, Mattie, ma ha deciso di rinunciare a lei non riuscendo però a evitare quella che in paese è ritenuta una punizione divina. ■ DRAMMATICO; COL.; 108'; USA, 1993.

ET IN TERRA PAX ★★
Regia di MATTEO BOTRUGNO, DANIELE COLUCCINI. Con MICHELE BOTRUGNO, UGHETTA D'ONORASCENZO, GERMANO GENTILE, FABIO GOMIERO, MAURIZIO TESEI. ■ Raccontare di vite difficili nei sobborghi romani tra miseria e criminalità, dannazione e redenzione non è una faccenda semplice. Specie dovendo confrontarsi con modelli ingombranti come *L'odio* di Kassovitz sulla *banlieue* parigina o con ostacoli storicamente insidiosi in operazioni di questo genere (retorica, recitazione sciatta, ecc.). La diversità di *Et in terra pax* è quella di evitare sistematicamente le insidie suddette per regalare un racconto morale senza la morale medesima né messaggi di qualsivoglia genere. ■ DRAMMATICO; COL.; 89'; ITALIA, 2010.

E.T. L'EXTRA - TERRESTRE ★★★★🏆
(E.T. The Extra-Terrestrial)
Regia di STEVEN SPIELBERG. Con DREW BARRYMORE, PETER COYOTE, HENRY THOMAS. ■ Extraterrestre nano e indifeso, abbandonato dai suoi compagni sulla Terra, viene trovato da un bambino, che se lo porta in casa. Lo nasconde dagli adulti e lo aiuta a contattare gli alieni affinché lo vengano a riprendere. E così sarà, dopo peripezie e inseguimenti (gli uomini vorrebbero catturarlo). Favoletta accolta trionfalmente in tutto il mondo nella quale E.T., il pupazzo ideato e animato (grazie ad impulsi elettronici) da Carlo Rambaldi, fa la parte del leone. Nel 2001 Spielberg ha ridistribuito un'edizione aggiornata del film. La copia è stata rimasterizzata ed è stato aggiunto circa un quarto d'ora di scene inedite. Sono stati eseguiti anche interventi col computer per correggere certi particolari. Uno è significativo: i poliziotti che cercano E.T. al fianco non recano più la pistola ma il cellulare. ■ FANTASTICO; COL.; 115'; USA, 1982. ■ GOLDEN GLOBES 🏆 2 PR, 4 NOM; OSCAR 🏆 3 PR, 9 NOM.

ÉTOILE ★★
Regia di PETER DEL MONTE. Con JENNIFER CONNELLY, CHARLES DURNING, LAURENT TERZIEFF. ■ Una ballerina americana va a Budapest per essere ammessa a una rinomata scuola di ballo. Quasi cento anni prima, in quei luoghi, una danzatrice famosa era morta in un incidente alla vigilia della prima del *Lago dei Cigni*. La ragazza è presa da un sortilegio che le fa credere di essere la defunta collega. ■ DRAMMATICO; COL.; 103'; ITALIA, 1989.

ÉTOILE DU NORD *(L'Étoile du nord)* ★★★
Regia di PIERRE GRANIER-DEFERRE. Con FANNY CONTECON, PHILIPPE NOIRET, SIMONE SIGNORET. ■ In Francia, negli anni Trenta, un uomo reduce dall'Africa, senza denaro né amici, uccide in treno un ricco egiziano e lo deruba. Poi si rifugia a Charleroi nella pensione diretta dalla madre di una sua ex amante. La donna scopre il suo segreto. Ma non parla. Granier Deferre ci dà forse il miglior film della sua carriera e inoltre una splendida occasione interpretativa per Noiret e soprattutto per la Signoret (nel suo ultimo ruolo). ■ DRAMMATICO; COL.; 120'; FRANCIA, 1981.

È TORNATO CARNEVALE ★★
Regia di RAFFAELLO MATARAZZO. Con ARMANDO FALCONI, HILDA SPRINGER. ■ Un nobile gaudente e fannullone, soprannominato "Carnevale", si prende cura della figlia di un'amica morta. La ragazza, viste le condizioni del suo tutore, lo spinge a lavorare. ■ COMMEDIA; B/N; 92'; ITALIA, 1936.

È TORNATO SARTANA... HAI CHIUSO UN'ALTRA VOLTA ★★
Regia di GIANFRANCO PAROLINI. Con GIAMPIERO ALBERTINI, REINER SHONE, LEE VAN CLEEF. ■ Un furbo avventuriero è riuscito a derubare i risparmi di un intero paese. Sulle sue tracce si pone Sartana che, aiutato da un ex compagno d'armi e da due ladri svelti di mano, gli riprende il malloppo dopo le immancabili avventure. ■ WESTERN; COL.; 107'; ITALIA, 1971.

ETRUSCO UCCIDE ANCORA, L' ★★★
Regia di ARMANDO CRISPINO. Con ENZO CERUSICO, ALEX CORD, SAMANTHA EGGAR, JOHN MARLEY, ENZO TARASCIO. ■ A Spoleto un misterioso assassino sacrifica le sue vittime secondo il rito di Tuchulcha, il dio etrusco della morte. Il commissario al quale è affidato il caso indaga tra i partecipanti al Festival dei Due Mondi che si svolge in quei giorni; ogni volta, però, la traccia che sembrava giusta si rivela priva di fondamento. Dopo numerosi omicidi l'assassino, che colpiva sotto l'effetto di una sorta di *raptus*, ritrova la ragione e, inorridito, si suicida. ■ GIALLO; COL.; 105'; ITALIA, 1972.

ETTARO DI CIELO, UN ★★★
Regia di AGLAUCO CASADIO. Con MARCELLO MASTROIANNI, ROSANNA SCHIAFFINO. ■ Un venditore ambulante dalla fantasia fin troppo sbrigliata racconta ad alcuni amici, per divertirsi, che nella capitale si vendono pezzi di cielo. Riceve così dagli stessi una certa quantità di denaro che dovrà adoperare per acquistarne un ettaro. I suoi futuri possessori tentano di suicidarsi per goderselo il più presto possibile, senza riuscirci; lo scherzo, subito chiarito, viene perdonato, e tutto torna come prima. ■ COMMEDIA; B/N; 90'; ITALIA, 1957.

ETTORE FIERAMOSCA *(La disfida di Barletta)* ★★★★
Regia di ALESSANDRO BLASETTI. Con CLARA CALAMAI, ELISA CEGANI, GINO CERVI, ANDREA CHECCHI, MARIO FERRARI, ARNOLDO FOÀ, OSVALDO VALENTI. ■ Ettore Fieramosca, famoso cavaliere di ventura, combatte vittoriosamente tra le file spagnole. Per vendicarsi delle maligne insinuazioni fatte sull'Italia da alcuni prigionieri francesi ne sfida, con dodici compagni, un ugual numero. Lo scontro, svoltosi nella pianura intorno a Barletta, si conclude a suo favore. ■ STORICO; B/N; 92'; ITALIA, 1938.

ETTORE LO FUSTO ★★★
Regia di ENZO GIROLAMI CASTELLARI. Con VITTORIO CAPRIOLI, VITTORIO DE SICA, MICHAEL FOREST, GIANCARLO GIANNINI, ALDO GIUFFRÈ, PHILIPPE LEROY, LUCIANO SALCE, ROSANNA SCHIAFFINO. ■ Il film dà una versione ironica delle vicende che portarono alla mitica lotta tra i troiani e i greci. I protagonisti sono un ecclesiastico che si occupa di speculazioni edilizie e il proprietario di un bordello che intralcia i suoi affari. Il poveretto finirà per rimetterci la pelle, mentre il potente personaggio si arricchirà. ■ COMMEDIA; COL.; 109'; ITALIA, 1971.

È TUTTA FORTUNA *(Pure Luck)* ★★
Regia di NADIA TASS. Con DANNY GLOVER, SHEILA KELLEY, MARTIN SHORT. ■ Valerie, una ragazza iellatissima, scompare mentre si trova in ferie nel Messico. Per cercarla il ricco padre assume un abile investigatore (Glover), ma anche un poveretto perseguitato, al pari della figlia, da una sfortuna incredibile (Short).

È infatti sfruttando questa insolita affinità che la ragazza viene ritrovata. A Martin Short piace "riadattare" i personaggi interpretati dal francese Pierre Richard: è già successo con *Due fuggitivi e mezzo* (di cui *In fuga per tre* era il rifacimento) e ora è il turno di *La capra*. ■ COMMEDIA; COL.; 96′; USA, 1991.

E TUTTI RISERO *(They All Laughed)* ★★★

Regia di PETER BOGDANOVICH. Con BEN GAZZARA, AUDREY HEPBURN, JOHN RITTER. ■ Simpatica commedia di Bogdanovich su un gruppo di detective specializzati in pedinamenti di mogli di mariti gelosi. I mariti farebbero bene anche a diffidare dei detective, che spesso e volentieri non s'accontentano di pedinare, ma intrecciano love story con le pedinate. Una di queste storie finisce male, con una scenata selvaggia tra i coniugi. Tra le interpreti, Dorothy Stratten, che fu veramente uccisa da un consorte geloso. ■ COMMEDIA; COL.; 115′; USA, 1981.

...E TUTTO IN BIGLIETTI DI PICCOLO TAGLIO ★★★
(Fuzz)

Regia di RICHARD A. COLLA. Con YUL BRYNNER, BURT REYNOLDS, TOM SKERRITT, RAQUEL WELCH, JACK WESTON. ■ La polizia di Boston reagisce ad un ricatto, ma uno dei suoi agenti viene assassinato. Ci rimette la pelle anche il vicesindaco, dopodiché viene preso di mira il primo cittadino. È solo per puro caso, o per fortuna, che l'inetta squadra dell'87° Distretto scova e arresta i banditi. ■ AVVENTURA; COL.; 92′; USA, 1972.

EUGENIA GRANDET ★★★★

Regia di MARIO SOLDATI. Con GIORGIO DE LULLO, GUALTIERO TUMIATI, ALIDA VALLI. ■ Eugenia, figlia di un ricco e avaro possidente, si fidanza segretamente con un cugino. Questi viene allontanato dallo zio, che muore alla notizia che la figlia ha intenzione di respingere l'eredità. Piena di soldi suo malgrado, la ragazza non riesce ad essere felice: il suo promesso sposo, appena tornato, intende sposarsi con un'altra, e ci riuscirà grazie al sacrificio (segreto) di Eugenia. Tratto dal romanzo di Balzac, questo film non concede nulla allo spettacolo. È scarno e pulito, si preoccupa solo di raccontare la verità. I protagonisti sono misurati e rigorosi. La straordinaria analisi di Balzac sull'avarizia di papà Grandet viene tradotta in pellicola con acume ed efficacia. È l'esemplare lavoro di un regista la cui bravura non è mai stata riconosciuta in giusta misura. ■ DRAMMATICO; B/N; 92′; ITALIA, 1946.

...E UN'ALTRA NOTTE ANCORA ★★
(One More Tomorrow)

Regia di PETER GODFREY. Con ANN SHERIDAN, ALEXIS SMITH, JANE WYMAN. ■ Un giovane molto ricco fa conoscenza con l'idealista proprietario di un giornale, del quale diventa socio. Respinto da una cronista, sposa una ragazza che aspira al suo denaro; il matrimonio, però, è destinato a fallire. La sua onestà viene a galla quando non impedisce che vengano denunciati sulle pagine del giornale i loschi traffici di alcuni amici. ■ COMMEDIA; B/N; 88′; USA, 1946.

È UNA SPORCA FACCENDA, TENENTE PARKER! ★★★
(McQ)

Regia di JOHN STURGES. Con EDDIE ALBERT, DIANA MULDAUR, JOHN WAYNE. ■ Un poliziotto, al quale la tattica dei superiori va poco a genio, si dimette e indaga personalmente su un traffico di stupefacenti. Scoperti i responsabili e fuggito su un'auto piena di droga, si fa inseguire in una corsa pazzesca, li elimina e fa arrestare la vedova di un poliziotto complice del losco giro all'insaputa del consorte. ■ POLIZIESCO; COL.; 116′; USA, 1973.

EUREKA ★★

Regia di NICOLAS ROEG. Con GENE HACKMAN, RUTGER HAUER, MICKEY ROURKE, THERESA RUSSELL. ■ Jack McCann, un cercatore d'oro, scopre un filone aureo addirittura strabiliante, quale non aveva mai immaginato nemmeno nei suoi sogni più folli. Trasferitosi dal Canada in un'isola dei Caraibi conduce vita da nababbo, ma si dibatte in preda a terribili dilemmi morali e spirituali. Un Nicolas Roeg in tono minore. ■ DRAMMATICO; COL.; 125′; GRAN BRETAGNA, 1989.

EUROPA ★★

Regia di LARS VON TRIER. Con JEAN-MARC BARR, EDDIE CONSTANTINE, BARBARA SUKOWA. ■ Germania 1945: un americano di origine tedesca va a trovare i propri parenti. Lì lavorerà duramente a contatto con la realtà piuttosto contraddittoria. La stoffa del grande regista von Trier ce l'ha, ma forse raggiungerebbe maggiori risultati mirando più in basso. Non mancano citazioni: da Kafka a Lang, da Welles a Fassbinder. Ma il resto è noia. ■ DRAMMATICO; COL.; 112′; DANIMARCA, FRANCIA, GERMANIA, SVEZIA, 1990. ■ CANNES 2 PR.

EUROPA '51 ★★★

Regia di ROBERTO ROSSELLINI. Con INGRID BERGMAN, ETTORE GIANNINI, CARLO HINTERMANN, ALEXANDER KNOX, GIULIETTA MASINA. ■ Dopo la morte del figlio non ancora adolescente (suicidatosi perché si sentiva trascurato), la moglie di un diplomatico decide di dedicare la sua esistenza ad alleviare le sofferenze del prossimo. La sua solerzia si spinge al punto di far fuggire un ricercato: il gesto, però, le costa la libertà. Il marito, pur di soffocare lo scandalo, la fa internare in una clinica per malati di mente, dove la donna, che si è ribellata ad ogni compromesso, rimarrà fino alla morte. ■ DRAMMATICO; B/N; 110′; ITALIA, 1952. ■ VENEZIA 1 PR.

EUROPA DI NOTTE ★★★

Regia di ALESSANDRO BLASETTI. Con DOMENICO MODUGNO, HENRY SALVADOR, CARMEN SEVILLA. ■ Il film raccoglie "numeri" artistici tra i più belli dei locali notturni di Parigi, Vienna, Londra, Madrid. ■ DOCUMENTARIO; COL.; 95′; ITALIA, 1958.

EUROPA EUROPA ★★🏆

Regia di AGNIESZKA HOLLAND. Con DELPHINE FORREST, RENÈ HOFSCHNEIDER, MARCO HOFSCHSNEIDER. ■ Drammone in stile televisivo sul periodo nazista. Sally è un anziano ebreo che è riuscito a salvarsi dall'Olocausto. Il film ci mostra come sia riuscito nell'intento. La Holland possiede un buon professionismo ma non va oltre. ■ DRAMMATICO; COL.; 111′; FRANCIA, GERMANIA, 1990. ■ GOLDEN GLOBES 🏆 1 PR, 1 NOM; OSCAR 🏆 1 NOM.

EUROPA, IL MIO PAESE ★★★

Regia di MINO LOY. ■ Mino Loy è un discreto documentarista che anche in questa occasione ha realizzato un'opera degna di interesse. Nelle varie sequenze il film illustra la vita di diverse capitali. ■ DOCUMENTARIO; B/N; 92′; ITALIA, 1962.

EUROPA NON RISPONDE, L' ★★

Regia di GÉZA VON RADVANJI. Con FERENC KISS, IVAN PETROVICH, MARIA TASNADY. ■ Storie patetiche o drammatiche dei passeggeri di una nave che, fuggendo da New York, cercano scampo dall'imminente conflitto mondiale. ■ DRAMMATICO; B/N; 91′; UNGHERIA, 1941.

EUROPA: OPERAZIONE STRIP – TEASE ★

Regia di RENZO RUSSO. Con GIANNI AGUS, BETTY CAVIA, ELIO CROVETTO. ■ Numeri di varietà e spogliarelli collegati dalle disavventure comiche di tre protagonisti, cineoperatori al servizio di un "principale" a corto di idee. ■ DOCUMENTARIO; COL.; 90′; ITALIA, 1964.

EUROTRIP ★★

Regia di JEFF SCHAFFER. Con MATT DAMON, NIAL ISKHAKOV, KRISTIN KREUK, SCOTT MECHLOWICZ, CATHY MEILS, JACOB PITTS, MICHELLE TRACHTENBERG, TRAVIS WESTER. ■ Mollato dalla sua ragazza, Scotty decide senza troppa convinzione di incontrare finalmente Mieke, un ragazzo con cui ha una corrispondenza via e-mail e che vive a Berlino. Scotty abbandona ogni perplessità quando scopre che Mieke è in realtà una ragazza, per giunta bellissima. ■ COMMEDIA; COL.; 90′; REPUBBLICA CECA, USA, 2004.

EUTANASIA DI UN AMORE ★★

Regia di ENRICO MARIA SALERNO. Con MONICA GUERRITORE, TONY MUSANTE, ORNELLA MUTI, MARIO SCACCIA. ■ Un insegnante fiorentino, Paolo, è stato lasciato da Sena, sua ex allieva, con la quale viveva da lungo tempo. Lui dopo un po' la raggiungerà a Versailles, ma la troverà con un altro uomo. Sena tornerà poi a Firenze da Paolo, innamorata: gli confiderà di averlo abbandonato perché lui l'ha obbligata ad abortire. Sena vorrebbe ora un altro figlio, ma lui rifiuta la paternità; si lasceranno per sempre. ■ DRAMMATICO; COL.; 110′; ITALIA, 1978.

EVA ★★★
Regia di Joseph Losey. Con Giorgio Albertazzi, Stanley Baker, Riccardo Garrone, Lisa Gastoni, Virna Lisi, Jeanne Moreau. ■ Uno scrittore si invaghisce di una sconosciuta e lascia la propria fidanzata. L'incontro si rivela una delusione e l'uomo sposa la sua promessa. Tempo dopo rivede la donna, che continua a suscitare in lui un'insana passione. Trascorre la notte con lei; la moglie li scopre e nella sua disperazione muore accidentalmente. Lo scrittore passerà la vita ad attendere le visite sporadiche della crudele e infedele amante. ■ Drammatico; b/n; 110'; Francia, Italia, 1962.

EVA ★★
Regia di Kike Maillo. Con Alberto Ammann, Daniel Brühl, Marta Etura, Lluis Homar, Claudia Vega. ■ Alex Garel è un ingegnere cibernetico che sogna di costruire un robot fornito di cuore e anima. Tornato dopo dieci anni a Santa Irene, ritrova i suoi affetti e riprende i progetti lasciati a metà. Stabilitosi nella casa paterna, riordinata da un domestico meccanico, Alex scopre molto presto che il fratello David ha una bambina, Eva: una fanciulla curiosa e ciarliera che prova un'istintiva simpatia per Alex e la sua professione. Invitatasi nel suo laboratorio resta affascinata da un robot bambino a cui l'ingegnere sta lavorando. Tra esperimenti falliti e scivoloni sulla pista di pattinaggio, Alex comprenderà presto che niente è come sembra e che il cuore di Eva nasconde un segreto che lo riguarda da vicino. ■ Fantascienza; col.; 94'; Spagna, 2011.

EVA, CONFIDENZE DI UNA MINORENNE ★★
(Die Halbrarte)
Regia di Rolf Thiele. Con Magda Schneider, Romy Schneider, Carlos Thompson. ■ I componenti di un'intraprendente e disagiata famigliola inseguono un sogno di ricchezza, senza riuscirvi. Una delle figlie, allora, scrive un'opera spregiudicata che riscuote un enorme successo. Oltre ai soldi arriva anche l'amore di un ricco impresario. ■ Commedia; col.; 95'; Austria, 1959.

EVA CONTRO EVA *(All About Eve)* ★★★★
Regia di Joseph L. Mankiewicz. Con Anne Baxter, Bette Davis, Celeste Holm, Gary Merrill, Marilyn Monroe, Thelma Ritter, George Sanders. ■ Un'aspirante, dotata attrice di teatro riesce a strappare la parte affidata ad un'affermata ma non più giovanissima diva, che l'aveva accolta come un'amica. Il suo successo è trionfale e la carriera ormai aperta: l'ha ottenuta con mezzi poco puliti e presto sarà ripagata con la stessa moneta. Il cinema stavolta non parla di se stesso ma del teatro; però ci sono molte analogie. L'amarezza e il cinismo sono gli stessi, e molto bravo fu Mankiewicz nel guidare gli attori, che diedero il meglio di loro stessi. E ci fu tanto di riconoscimento ufficiale con ben sei Oscar (a Sanders, al film, alla sceneggiatura, al regista, ai costumi, al suono). Splendida Bette Davis. ■ Drammatico; b/n; 138'; USA, 1950. ■ Cannes 2 pr; Oscar 6 pr, 12 nom.

EVA, LA VENERE SELVAGGIA ★★
Regia di Roberto Mauri. Con Esmeralda Barros, Ursula Davis, Brad Harris, Marc Lawrence. ■ Un bandito vuole uccidere il suo capo perché questi, dopo aver eliminato i complici, ha tentato di far fuori anche lui. Il criminale, un medico, ha inventato un congegno che gli permette di comandare tutti gli animali e si serve di questo per cercare di togliere di mezzo lo scomodo avversario, ma inutilmente. ■ Spionaggio; col.; 92'; Italia, 1968.

EVA, LA VERITÀ SULL'AMORE *(Der Arzt stellt fest)* ★★
Regia di Alexander Ford. Con Sabine Bethmann, Tadeusz Lomnicki, Franz Matter. ■ È un film documentario la cui trama – basata su drammatici casi umani – è un pretesto per propagandare il controllo delle nascite. ■ Documentario; b/n; 91'; Germania, 1965.

EVA NERA ★★
Regia di Giuliano Tomei. ■ In quattro episodi il film cerca di spiegare la natura e il comportamento delle ragazze nere in rapporto al costume e all'educazione della terra natale. ■ Documentario; col.; 93'; Italia, 1953.

EVA NERA ★★
Regia di Joe D'Amato (pseud. di Aristide Massaccesi). Con Laura Gemser, Guido Mariotti, Jack Palance, Michele Starck, Gabriele Tinti, Sigfrid Zanger. ■ La storia è quella di un ricchissimo ebreo che commercia in diamanti, abbandonato dalla moglie. Il riccone riesce a rintracciare la figlia avuta da quel suo matrimonio naufragato tanti anni addietro: è una bellissima ragazza che fa la ballerina in un locale notturno. Non le svela di essere suo padre, ma la ricolma di doni. ■ Erotico; col.; 90'; Italia, 1976.

EVANGELINA *(Evangeline)* ★★
Regia di Edwin Carewe. Con Dolores Del Rio, Roland Drew. ■ Edwin Carewe era figlio di un indiano della tribù Chickasaw. La sua miglior cosa è probabilmente l'aver scoperto Dolores Del Rio. *Evangelina* è appunto una storia sentimentale tutta riempita dal talento della famosa attrice messicana. ■ Commedia; b/n; 95'; USA, 1929.

EVASI, GLI *(Les évadés)* ★★
Regia di Jean-Paul Le Chanois. Con Michel André, Pierre Fresnay, François Périer. ■ Due prigionieri di guerra francesi evadono dal campo di concentramento e si uniscono a un compatriota incontrato lungo la strada. Giunto il momento propizio, si nascondono in un treno diretto in Svezia ma per un errore finiscono in Danimarca. Qui il destino li separa. ■ Avventura; b/n; 100'; Francia, 1954.

EVASI DEL TERRORE, GLI *(Voice in the Mirror)* ★★
Regia di Harry Keller. Con Julie London, Walter Matthau, Arthur O'Connell. ■ Il dolore per la perdita della figlia spinge un uomo a bere fino all'alcolismo. Terrorizzato dalla prospettiva di essere ricoverato, fugge e si lega ad uno sconosciuto nelle sue stesse condizioni. Lottando duramente si persuaderà che la fiducia in se stessi è la premessa indispensabile per vincere il terribile vizio. ■ Drammatico; b/n; 102'; USA, 1958.

EVASI DI FORT DENISON, GLI ★★
(The Siege of Pinchgut)
Regia di Harry Watt. Con Neil MacCallum, Aldo Ray, Heather Sears. ■ Al faro di Sidney si rifugiano un evaso, il fratello e due banditi. Scoperti dalla polizia, organizzano una difesa disperata e tentano di dettare le condizioni per assicurarsi la fuga. I poliziotti eliminano l'evaso e i due banditi. ■ Drammatico; b/n; 104'; Gran Bretagna, 1959.

EVASIONE *(Douce)* ★★
Regia di Claude Autant-Lara. Con Jean Debucourt, Odette Joyeux, Roger Pigaut, Madeleine Robinson. ■ La figlia di un nobile è innamorata del suo amministratore; questi, a sua volta, è l'amante della governante che aspira a diventare la padrona di casa. La ragazza riesce a fuggire con l'uomo che ama; tuttavia, quando si rende conto di non essere ricambiata, decide di far ritorno a casa. Muore prima di arrivare. ■ Drammatico; b/n; 104'; Francia, 1943.

EVASO, L' *(La veuve Couderc)* ★★★
Regia di Pierre Granier-Deferre. Con Alain Delon, Ottavia Piccolo, Simone Signoret, Jean Tissier. ■ Un ragazzo, detenuto alla Caienna per un duplice omicidio politico, fugge e trova lavoro in Francia presso una proprietaria terriera, della quale diventa l'amante. I parenti della donna, temendo di non riuscire a mettere le mani sui suoi averi, usano una bella ragazza come esca per l'evaso. Questi viene identificato; la polizia, nel tentativo di catturarlo, uccide lui e l'anziana amante. ■ Drammatico; col.; 90'; Francia, 1971.

EVASO DELLA GUIANA, L' *(Le Bagnard)* ★★
Regia di Willy Rozier. Con Lili Bontemps, Juliette Faber, Pierre Gay. ■ Un medico, sfruttatore di donne e spacciatore di droga, nasconde il cadavere di un cliente morto nel suo studio per un'iniezione di morfina, ma viene ugualmente scoperto e mandato alla Guiana. Evaso e curato dagli indigeni, si pente del suo passato, aiuta a debellare una pericolosa epidemia e mette su famiglia. ■ Drammatico; b/n; 100'; Francia, 1950.

EVASO DELL'ISOLA DEL DIAVOLO, L' ★★
(The Broken Melody)
Regia di Bernard Vorhaus. Con John Garrick, Merle Oberon. ■ Un musicista, marito di una cantante che si serve di lui per

farsi pubblicità, uccide uno dei suoi amanti e viene deportato alla Caienna. Ne fugge dopo poco tempo, torna in Europa, si risposa e riprende il suo lavoro. Viene riconosciuto dal comandante della Caienna, il quale, toccato dalle sue drammatiche vicende, si persuade a non smascherarlo. ■ AVVENTURA; B/N; 81′; USA, 1934.

EVASO DI CHICAGO, L' *(Der Flüchtling aus Chicago)* ★★
Regia di JOHANNES MEYER. Con LIL DAGOVER, GUSTAV FRÖHLICH, LUISE ULLRICH. ■ L'amico di un carcerato si sostituisce a lui, dietro sua richiesta, nel governo dell'industria del padre appena defunto. Dopo qualche anno, il prigioniero evade dal carcere americano e torna in Germania dove ricatta il suo sostituto. Muore in uno scontro a fuoco con un ex compagno di cella e l'altro, chiarita la sua situazione al processo, può continuare a svolgere il suo lavoro. ■ AVVENTURA; B/N; 89′; GERMANIA, 1934.

EVASO DI MARSIGLIA, L' *(Voyage sans espoir)* ★★★
Regia di CHRISTIAN-JAQUE. Con JEAN MARAIS, SIMONE RENANT. ■ Un recluso evade con la complicità dell'amante. Il comandante di una nave, innamorato di quest'ultima, accetta di condurre l'uomo in Sudamerica, ma viene ucciso dopo una serie di circostanze. L'ex carcerato, tallonato sempre più da vicino dalla polizia, non esita ad ammazzare la sua donna. ■ DRAMMATICO; B/N; 89′; FRANCIA, 1943.

EVASO DI SAN QUINTINO, L' *(House of Numbers)* ★★
Regia di RUSSELL ROUSE. Con BARBARA LANG, JACK PALANCE, HAROLD J. STONE. ■ Il protagonista è un uomo onesto ma suo fratello, che gli assomiglia come una goccia d'acqua, è un incallito criminale. Desideroso di aiutarlo, lo fa fuggire di prigione con la collaborazione della cognata. Ben presto però si pente del suo gesto. ■ DRAMMATICO; B/N; 92′; USA, 1957.

EVASO GIUSTIZIERE, L' *(Three on the Trail)* ★★
Regia di JOHN P. MCCARTHY. Con AL FERGUSSON, LOUISE LORRAINE, BOB STEELE. ■ Un innocente evade di prigione per cercare l'uomo che l'ha fatto condannare. Con il coraggioso proprietario di una fattoria aiuta la polizia a smascherare il criminale. ■ POLIZIESCO; B/N; 90′; USA, 1936.

EVASO HA BUSSATO ALLA PORTA, UN ★★★
(The Talk of the Town)
Regia di GEORGE STEVENS. Con JEAN ARTHUR, EDGAR BUCHANAN, RONALD COLMAN, GLENDA FARRELL, CARY GRANT. ■ Incolpato ingiustamente di aver provocato un incendio, un ragazzo fuggito di prigione si nasconde in una villa abitata da una giovane e un avvocato. I tre, a poco a poco, fanno amicizia e l'uomo di legge, presa a cuore la storia dell'evaso, lo difende pubblicamente convincendo la giuria della sua innocenza. Quindi accetta un'importante carica a Washington, mentre la donna e il giovane, innamoratisi, decidono di stare insieme. ■ DRAMMATICO; B/N; 118′; USA, 1942. ■ OSCAR 7 NOM.

EVELINA E I SUOI FIGLI ★★★
Regia di LIVIA GIAMPALMO. Con MAURIZIO DONADONI, COCHI PONZONI, STEFANIA SANDRELLI, PAMELA VILLORESI. ■ Una donna separata, che scrive fiabe e ha due figli adolescenti, conduce con serenità la sua esistenza, nonostante abbia dei problemi con l'educazione dei figli. Un giorno incontra un antico amore e ben presto si lascia coinvolgere. ■ COMMEDIA; COL.; 90′; ITALIA, 1990.

E VENNE IL GIORNO *(The Happening)* ★★
Regia di M. NIGHT SHYAMALAN. Con ZOOEY DESCHANEL, JOHN LEGUIZAMO, MARK WAHLBERG. ■ C'è qualcosa nell'aria. Un respiro e si spegne l'istinto di sopravvivenza dell'uomo. In città, sui marciapiedi, nei parchi, sulle strade, la gente si toglie la vita: precipitando da un'impalcatura, sparando un colpo di pistola, pugnalandosi con un fermaglio, lanciandosi sotto un'automobile. Elliot Moore, insegnante di scienze in un liceo di Philadelphia, è deciso ad allontanarsi dalla città per trovare rifugio nella campagna della Pennsylvania insieme a una coppia di amici e alla moglie Alma, una giovane donna in piena crisi esistenziale. Ma nessun luogo appare sicuro e i fuggiaschi restano vulnerabili davanti alla minaccia misteriosa. Com'è iniziato tutto questo e quando finirà? ■ FANTASCIENZA; COL.; 91′; USA, INDIA, 2008.

E VENNE IL GIORNO DEI LIMONI NERI ★★
Regia di CAMILLO BAZZONI. Con FLORINDA BOLKAN, DIDI PEREGO, ANTONIO SABATO, STEFANO SATTA FLORES. ■ Un mafioso, scontata la pena detentiva in America, fa ritorno in Sicilia per iniziare un lavoro onesto. Ma vi trova la moglie morta, apparentemente in un incidente, in realtà eliminata dalla mafia. Risalito al sicario, cerca di indurlo a confessare, ma questi viene ucciso prima di poter parlare e anche l'ex carcerato perde la vita. ■ DRAMMATICO; COL.; 99′; ITALIA, 1970.

...E VENNE IL GIORNO DELLA VENDETTA ★★★
(Behold a Pale Horse)
Regia di FRED ZINNEMANN. Con GREGORY PECK, ANTHONY QUINN, DANIELA ROCCA, OMAR SHARIF, PAOLO STOPPA. ■ La vicenda si svolge in Spagna. Un militare tenta da anni di catturare un pericoloso terrorista. Gli tende un primo tranello che l'uomo, grazie ad un informatore, riesce ad evitare; la volta seguente, però, dopo un furioso combattimento, il terrorista trova la morte. ■ DRAMMATICO; B/N; 118′; USA, 1963.

...E VENNE IL TEMPO DI UCCIDERE ★★
Regia di VINCENZO DELL'AQUILA. Con ANTHONY GRIDRA, DICK PALMER, JEAN SOBIESKI. ■ In una cittadina del West due gruppi rivali si fronteggiano senza che lo sceriffo intervenga. A farlo è il suo vice, che li consegna ai militari. Uno dei due capi, sfuggito alla cattura, raduna dei complici per eliminare il vice. Ma lo sceriffo si riscuote e si schiera col suo aiutante, contribuendo al successo dell'operazione. ■ WESTERN; COL.; 90′; ITALIA, 1968.

E VENNE LA NOTTE *(Hurry Sundown)* ★★★
Regia di OTTO PREMINGER. Con MICHAEL CAINE, FAYE DUNAWAY, JANE FONDA, GEORGE KENNEDY, JOHN PHILIP LAW. ■ Nel Sud degli Stati Uniti due proprietari terrieri, un bianco e un nero, difendono le loro terre dall'avidità di un cocciuto compratore. Questi si serve di ogni mezzo (compresa la moglie in buona fede) per raggiungere il suo scopo, ma la sua ferocia è tale (provoca la morte di una parente e una grossa alluvione) che perde sia la moglie che la possibilità di realizzare il suo progetto. ■ DRAMMATICO; COL.; 142′; USA, 1967.

...E VENNE L'ORA DELLA VENDETTA ★★
(Comancho blanco)
Regia di JOSÉ BRIZ. Con JOSEPH COTTEN, PERLA CRISTAL, WILLIAM SHATNER. ■ Due cugini si assomigliano a tal punto che il "buono" viene accusato dei colpi portati a termine dal "cattivo". Per ovviare alla scomoda situazione, il buono decide di affrontare l'altro in duello e toglie di mezzo il pericoloso parente. ■ WESTERN; COL.; 92′; SPAGNA, 1968.

E VENNERO IN QUATTRO PER UCCIDERE SARTANA ★★
Regia di DEMOFILO FIDANI. Con JEFF CAMERON, ANTHONY CELSO, DENNIS COLT. ■ Lo sceriffo Benson chiama Sartana per liberarsi di una banda di fuorilegge che imperversa nella città. Il famoso pistolero si serve a sua volta di quattro specialisti abilissimi nel maneggiare la frusta e i coltelli. Catturati i delinquenti, Sartana scopre che il capo è una autorità al di sopra di ogni sospetto. ■ WESTERN; COL.; 92′; ITALIA, 1969.

E VENNE UN UOMO ★★★
Regia di ERMANNO OLMI. Con ADOLFO CELI, ROD STEIGER. ■ La vita di Giovanni XXIII, il "papa buono", ricostruita attraverso la lettura del suo diario spirituale, dall'infanzia a Sotto il Monte sino all'elezione alla più alta carica religiosa. ■ BIOGRAFICO; COL.; 90′; ITALIA, 1965.

EVERYTHING PUT TOGETHER ★★
Regia di MARC FORSTER. Con JUSTIN LOUIS, MATT MALLOY, RADHA MITCHELL, MEGAN MULLALLY, ALAN RUCK. ■ Un grave lutto colpisce Angie, giovane donna che vive in una cittadina di provincia: la tragedia sconvolgerà non solo la sua vita ma anche quella di chi le sta accanto, intaccando per sempre l'equilibrio illusorio di tutta la comunità. Infatti tutti, dal marito alle amiche, si rivelano incapaci di partecipare e condividere il dolore della protagonista, rivelando la superficialità di rapporti solo apparentemente solidali e profondi. ■ DRAMMATICO; COL.; 87′; USA, 2000.

EVICTORS, THE ★★
Regia di CHARLES B. PIERCE. Con JESSICA HARPER, VIC MOR-

ROW, MICHAEL PARKS. ■ Basato su fatti (in parte) autentici (il regista Pierce è un appassionato delle cronache d'America). Una coppia di coniugi va ad abitare in una fattoria in Louisiana. La *farm* fu al centro di un fattaccio qualche anno prima (i precedenti proprietari vennero sterminati). La cosa non turba la coppia, persuasa che la storia non si ripeterà. Invece... ■ HORROR; COL.; 92'; USA, 1984.

EVIDENZA INAMMISSIBILE *(Inamissible Evidence)* ★★
Regia di ANTHONY PAGE. Con EILEEN ATKINS, JILL BENNETT, NICOL WILLIAMSON. ■ Dalla commedia di John Osborne, praticamente un soliloquio sull'insostenibile pesantezza di esistere quando sei stufo di tutto (lavoro, soldi, famiglia, sesso). Nicol Williamson è eccezionale nella parte del funzionario, che non riuscendo a sopportare più se stesso, mette in croce il suo prossimo. ■ COMMEDIA; B/N; 90'; GRAN BRETAGNA, 1968.

EVILENKO – IL COMUNISTA CHE MANGIAVA I BAMBINI ★★★
Regia di DAVID GRIECO. Con FRANCES BARBER, JOHN BENFIELD, MARTON CSOKAS, VERNON DOBTCHEFF, MALCOLM MCDOWELL, RONALD PICKUP. ■ Chi si nasconde dietro al "mostro della striscia di bosco", meglio conosciuto alle cronache occidentali come il "mostro di Rostov" che negli anni Ottanta uccise e mangiò cinquantadue bambini e adolescenti? David Grieco, autore de *Il comunista che mangiava i bambini* da cui ha tratto questo film, ci racconta la storia dello sconvolgente serial killer russo Andrej Romanovic Evilenko, cresciuto in un orfanotrofio del partito ed ex professore di storia e letteratura russa, poi assunto come burocrate dai servizi segreti in allarme per i nuovi fermenti liberali avviati dalla Perestroika: altri non è che uno dei milioni di mostri potenziali partoriti da un regime che ha annullato ogni identità individuale e si trova ora alle prese col proprio sfacelo. ■ DRAMMATICO; COL.; 106'; ITALIA, 2004.

EVIL EYES ★
Regia di MARK ATKINS. Con ADAM BALDWIN, JENNIFER GATES, UDO KIER, KRISTIN LORENZ, MARK SHEPPARD. ■ George Trueman, uno strano produttore cinematografico propone allo scrittore Jeff Stenn di scrivere la sceneggiatura di un film horror a basso costo che dovrà narrare un fatto di sangue accaduto molti anni prima. Per aiutarlo nel compito George fornisce a Jeff tutto il materiale di cui ha bisogno. Jeff, attraverso questa documentazione cerca di individuare un movente plausibile, ma deve scontrarsi con una realtà che sembra toccarlo in prima persona. ■ HORROR; COL.; 90'; USA, 2004.

EVIL IL RIBELLE *(Ondskan)* ★★★
Regia di MIKAEL HAFSTRÖM. Con HENRIK LUNDSTROM, JOHAN RABAEUS, MARIE RICHARDSON, JESPER SALÉN, GUSTAF SKARSGÅRD, ANDREAS WILSON. ■ Nella Svezia anni Cinquanta, Erik, adolescente inquieto, subisce le angherie del patrigno, e, per la proprietà transitiva, picchia a sangue un compagno di scuola e viene espulso dall'istituto. L'unica via per fare il liceo è quella del collegio, luogo in cui la vita ha regole ben diverse. Diventato molto amico del compagno di stanza Tanguy, Erik si impone di non reagire al nonnismo degli anziani che si approfittano pesantemente degli studenti, sottoponendoli a ogni sorta di vergogna. Meglio subire o ribellarsi? Erik sceglie la seconda opzione. Il regista svedese Mikael Hafström affronta una vicenda autobiografica dello scrittore Jan Guillou. C'è la storia, c'è il sentimento e c'è la partecipazione. Non accade spesso. ■ DRAMMATICO; COL.; 113'; SVEZIA, 2004.

EVITA ★★★🏆
Regia di ALAN PARKER. Con ANTONIO BANDERAS, MADONNA, JONATHAN PRICE. ■ Storia di Evita, da ballerina-cantante-entreneuse a moglie del dittatore Peròn. Evita riesce a farsi adorare dagli argentini, nella sua ingenuità emotiva propugna anche cose buone, soprattutto dà al mondo un'immagine positiva del suo paese. Muore giovane, sprofondando tutti nello sconforto. Il tutto, cantato. Dal musical di Lloyd Webber (quello di *Jesus Christ Superstar*) che ha ottenuto un successo immenso a Broadway. La trasposizione in pellicola è corretta, e non era semplice. Bravi gli attori, con una menzione per Banderas a proprio agio anche come cantante, anche se doppiato. ■ BIOGRAFICO; COL.; 133'; USA, 1996. ■ GOLDEN GLOBES 🏆 3 PR, 5 NOM; OSCAR 🏆 1 PR, 5 NOM.

...E VIVONO TUTTI FELICI E CONTENTI ★★
(Beautiful People)
Regia di JAMIE UYS. ■ Un interessante documentario che racconta e illustra insospettabili forme di vita del deserto africano di Namib. ■ DOCUMENTARIO; COL.; 90'; SUDAFRICA, 1974.

EVOCAZIONE – THE CONJURING, L' ★
(The Conjuring)
Regia di JAMES WAN. Con VERA FARMIGA, JOEY KING, RON LIVINGSTON, LILI TAYLOR, PATRICK WILSON. ■ Nella nuova casa della numerosa famiglia Perron ci sono apparizioni e rumori inquietanti, fino a vere e proprie manifestazioni paranormali. La situazione è rischiosa tanto da chiamare Lorraine e Ed Warren, coniugi esperti nella rilevazione e cacciata delle presenze demoniache. ■ THRILLER; COL.; 112'; USA, 2013.

EVOLUTION ★★★
Regia di IVAN REITMAN. Con DAVID DUCHOVNY, ORLANDO JONES, JULIANNE MOORE, SEANN WILLIAM SCOTT. ■ Un *Ghostbusters* che viene dallo spazio: più scioccante, talvolta raccapricciante. "Evoluto" in perfetta sintonia con il mondo fuori, anche lui diverso rispetto ai tempi dei verdognoli ectoplasma. Queste creature sono extraterrestri capitati sulla Terra con un asteroide. Due scienziati da strapazzo scoprono il fatto, iniziano in gran segreto le ricerche. La Terra è in pericolo: si tratta di organismi monocellulari con un DNA spaventosamente complesso, che si riproducono alla velocità della luce. I due matti, malgrado l'esercito, con l'aiuto dell'eroina Julianne Moore e di uno shampoo antiforfora salveranno la Terra. ■ FANTASCIENZA; COL.; 102'; USA, 2001.

EVVIVA IL NOSTRO EROE ★★★★
(Hail the Conquering Hero)
Regia di PRESTON STURGES. Con EDDIE BRACKEN, WILLIAM DEMAREST, BILL EDWARDS, ELLA RAINES, RAYMOND WALBURN. ■ Opera intelligentemente e finemente satirica. Wodrow (Eddie Bracken) è figlio di un eroe della prima guerra mondiale e corre immediatamente ad arruolarsi nei marines per servire il suo paese in guerra nel Pacifico. Viene però scartato per la sua allergia da fieno. Non ha il coraggio di dirlo a sua madre e ai suoi compaesani. Lo aiuta un sergente dei marines, che lo accompagna al paese e testimonia del valore di Woodrow in guerra. Il paese lo accoglie come un eroe a tal punto che il ragazzo è costretto a candidarsi come sindaco. Alla fine, preoccupato dalle conseguenze del suo gesto, decide di raccontare la verità: non è une eroe ma un riformato. Con sua grande sorpresa si accorge che i concittadini non si sentono ingannati. Anzi un vero eroe ha il coraggio di ammettere le proprie panzane in pubblico. Film esilarante mantiene un ritmo incalzante per tutta la sua durata. ■ COMICO; COL.; 101'; USA, 1944.

EVVIVA IL PERICOLO ★★
Regia di CLYDE BRUCKMAN. Con BARBARA KENT, HAROLD LLOYD. ■ Storia del mite figlio di un capo di polizia che rimane invischiato in una guerra fra bande. ■ COMICO; B/N; 90'; USA, 1929.

EVVIVA LA LIBERTÀ *(Mister Freedom)* ★★
Regia di WILLIAM KLEIN. Con JOHN ABBEY, PHILIPPE NOIRET, DELPHINE SEYRIG. ■ La Francia è contesa tra i Rossi e i Supermaomao. Mister Freedom è inviato dall'America per organizzare la difesa, ma non riesce a portare a termine il proprio compito. Mentre i Supermaomao avanzano, mister Freedom muore. ■ FANTASTICO; COL.; 110'; FRANCIA, 1968.

EWOKS – LA BATTAGLIA DI ENDOR ★★
(Ewoks – The Battle for Endor)
Regia di JIM WHEAT, KEN WHEAT. Con WILFORD BRIMLEY, WARWICK DAVIS. ■ Endor, il villaggio abitato dagli Ewoks, viene attaccato dall'armata del male comandata da King Terak e dalla sua complice, la strega Charal. Alcuni dei suoi piccoli abitanti riescono a scappare nei boschi, dove si imbattono in Teek, uno strano essere che guida Noa. Questi, un saggio vecchio, è intento a riparare una nave spaziale. ■ FANTASTICO; COL.; 90'; USA, 1986.

EX ★
Regia di FAUSTO BRIZZI. Con CLAUDIO BISIO, NANCY BRILLI,

CRISTIANA CAPOTONDI, FABIO DE LUIGI. ■ Luca (Orlando) è alle prese con la causa di divorzio di Caterina (Brilli) e Filippo (Salemme), che si rimbalzano i figli, bambini degeneri che snobbano la playstation e vorrebbero andare al planetario. Smessa la toga, non depone le armi ma le affila, arcistufo della moglie Loredana, al punto da trasferirsi nell'appartamento del figlio universitario. L'altra figlia è a Parigi, ma la Nuova Zelanda chiama e promette una nuova vita e, forse, un nuovo amore. Intanto Sergio si ritrova con due figlie adolescenti e una fidanzata interdetta, mentre Paolo subisce le minacce dell'ex ed Elisa resta folgorata dalla scoperta che il prete che sta per sposarla a Corrado è in realtà il suo ex Lorenzo. Basta. ■ COMMEDIA; COL.; 120'; ITALIA, FRANCIA, 2009.

EX: AMICI COME PRIMA ★
Regia di CARLO VANZINA. Con ENRICO BRIGNANO, TOSCA D'AQUINO, ANNA FOGLIETTA, ALESSANDRO GASSMAN, TERESA MANNINO. ■ Fulcro: il tema comune del tradimento e dell'abbandono. Dal politico italiano che inizia una relazione platonica con una donna che poi scopre essere il primo ministro di un paese Baltico, all'architetto romano che si innamora inconsapevolmente dell'avvocato che cura il divorzio della moglie, o un marito appena sposato che rincontra una fiamma del passato mai sopita fino a un uomo lasciato che si finge psichiatra perché innamorato di una paziente, e infine un ragazzo che rincorre solo ragazze appena mollate. Arrivati alla cinquantaduesima pellicola della loro carriera i fratelli Vanzina per la prima volta girano il sequel di un film non loro, ma firmato da Fausto Brizzi, senza però ereditarne nulla. ■ COMMEDIA; COL.; 98'; ITALIA, 2011.

EXCALIBUR ★★★
Regia di JOHN BOORMAN. Con NICHOLAS CLAY, HELEN MIRREN, NIGEL TERRY, NICOL WILLIAMSON. ■ Pregevole trasposizione cinematografica dei miti e delle leggende di Re Artù, dei cavalieri della Tavola Rotonda e della spada nella roccia. Re Artù, mago Merlino, fata Morgana, Lancillotto e Parsifal popolano un affresco di passioni, tradimenti, magia, epiche battaglie. Il tutto molto ben fotografato, sottolineato da una splendida colonna sonora e arricchito dalla ricercatezza di costumi e scenografie. ■ AVVENTURA; COL.; 140'; GRAN BRETAGNA, 1981. ■ CANNES 1 PR; OSCAR 1 NOM.

EX CAMPIONE *(Ex-Champ)* ★★
Regia di PHIL ROSEN. Con NAN GREY, VICTOR MCLAGLEN. ■ Per aiutare il figlio a togliersi dai guai, un allenatore è disposto a far perdere un importante incontro di pugilato al proprio campione. Il gioco non gli riesce perché l'atleta mette K.O. l'avversario prima che l'allenatore possa intervenire, ma un errore di puntata gli fa vincere ugualmente i soldi necessari. ■ COMMEDIA; B/N; 72'; USA, 1939.

EXCHANGE, THE *(Hahithalfut)* ★★
Regia di ERAN KOLIRIN. Con ROTEM KEINAN, DOV NAVON, SHARON TAL DED. ■ Oded, dottorando in fisica all'università, un giorno rientra in casa ad un'ora insolita e si accorge di non riconoscerla: tutto gli appare differente, come se non gli appartenesse, non fosse casa sua. Comincia allora a guardare ad ogni cosa in modo nuovo, nota ciò che prima non avrebbe notato, fa cose che non avrebbe fatto, spia la vita della moglie e del suo caseggiato dall'esterno. Più osa nei comportamenti insoliti e liberatori e più si allontana dalla compagna e dall'interesse per il lavoro. Assumendo un altro sguardo diventa un altro uomo. Secondo lungometraggio di Eran Kolirin, il film ben s'inserisce nel panorama della new wave cinematografica israeliana, le cui pellicole sono spesso ironiche parabole per immagini, allegorie della società e della politica nazionale, che sfruttano un paradosso per suscitare il riso e al contempo aprire degli interrogativi. Non è un caso, dunque, se *The Exchange* si apre con l'esposizione di un paradosso della fisica che conclude l'impossibilità di leggere la realtà obiettivamente: il pensiero va dritto alla questione israelo-palestinese, voluto o meno che sia. ■ DRAMMATICO; COL.; 94'; ISRAELE, 2011.

EXECUTION ★★
Regia di DOMENICO PAOLELLA. Con FRANCO GIORNELLI, DICK PALMER, TONY RICHARDSON. ■ Sulla testa di John pende una taglia che fa gola a molti: killer e banditi lo rintracciano dopo aver torturato il suo giovane fratello che ne rivela il nascondiglio. Per riscattarsi, il fratello aiuta John a battere i suoi nemici ma lo convince anche a consegnarsi alla giustizia. ■ WESTERN; COL.; 91'; ITALIA, 1968.

EXECUTIVE – LA DONNA CHE SAPEVA TROPPO ★★
(The Girl who Knows too Much)
Regia di FRANCIS D. LYON. Con ROBERT ALDA, NANCY KWAN, ADAM WEST. ■ Un potente criminale viene trovato ucciso. La polizia affida le indagini a Cain, ex agente della Cia, molto abile anche se abituato a sistemi poco ortodossi. Egli arriva a scoprire la verità: il boss non è stato ucciso da rivali, ma da una persona della quale si fidava ciecamente. ■ GIALLO; COL.; 96'; USA, 1968.

EXECUTOR *(The Soldier)* ★★
Regia di JAMES GLICKENHAUS. Con JEREMIAH SULLIVAN, KEN WAHL, ALBERTA WATSON. ■ Controllato solo dalla Cia, "Executor" con cinque uomini riesce a sventare la distruzione di campi petroliferi pari alla metà del fabbisogno mondiale per i futuri tre secoli. Con avventure all'007, "Executor" diventa un eroe. ■ AVVENTURA; COL.; 96'; USA, 1982.

EXILED ★
Regia di JOHNNY TO. Con NICK CHEUNG, ROY CHEUNG, JOSIE HO, SUET LAM, FRANCIS NG, RICHIE REN, ANTHONY WONG CHAU-SANG. ■ Il film si svolge nel 1998 a Macao, poco prima che nella colonia portoghese subentri il governo cinese. Da Hong Kong giungono due killer che dovrebbero uccidere un "rinnegato" il quale, sposato e con un bimbo appena nato, ha deciso di cambiare vita. ■ POLIZIESCO, COL.; 100'; CINA, 2006.

EXILS ★★
Regia di TONY GATLIF. Con LUBNA AZAABAL, ROMAIN DURIS, LEILA MAKHLOU. ■ Zano convince la sua compagna Naima a seguirlo in un viaggio a ritroso che dalla Francia in cui vivono li riporti in Algeria, luogo di origine delle loro famiglie. Con un sacco a pelo e un mazzo di cd, dopo alcune deviazioni, arrivano ad Algeri. Qui ritroveranno le loro radici e scopriranno un nuovo aspetto delle loro personalità che prima gli era sconosciuto. ■ DRAMMATICO; COL.; 105'; FRANCIA, 2004. ■ CANNES 1 PR.

EXISTENZ ★★
Regia di DAVID CRONENBERG. Con JENNIFER JASON LEIGH, JUDE LAW. ■ Cronenberg ha, in uguál misura, seguaci fanatici e detrattori accaniti. Qui si misura con la realtà virtuale. Un film-videogame o un videogame che non riesce a diventare film? ■ FANTASTICO; COL.; 97'; USA, 1999.

EXODUS ★★★★
Regia di OTTO PREMINGER. Con LEE J. COBB, JOHN DEREK, PETER LAWFORD, SAL MINEO, PAUL NEWMAN, RALPH RICHARDSON, EVA MARIE SAINT. ■ Nel 1947 seicento profughi ebrei forzarono con una nave il blocco inglese che impediva loro di sbarcare sulla terra che sarebbe poi diventata lo Stato di Israele. Il film racconta la storia di questi seicento che, con la loro ostinata resistenza, costrinsero l'Onu a riconoscere la nuova nazione. ■ DRAMMATICO; COL.; 213'; ISRAELE, 1960. ■ OSCAR 1 PR, 4 NOM.

EXODUS: TALES FROM THE ENCHANTED KINGDOM ★★
Regia di ERIK MATTI. Con AUBREY MILES, BENJIE PARAS, IYA VILLANIA. ■ È arrivata l'ora del fantasy filippino. Sponsorizzato dal parco di divertimenti di Manila "Enchanted Kingdom", *Exodus* si presenta come la produzione a più alto budget mai realizzata nell'arcipelago, con una forte componente di grafica digitale e scenografie fantasmagoriche per gli standard locali. La città di Bantayan è minacciata dalla sete di conquista di Bagulbol, essere dotato di poteri sovrannaturali in procinto di scatenare il proprio esercito di mostri. L'unica speranza della città rimane Exodus, tormentato guerriero senza patria di straordinaria forza, devoto solo al miglior offerente. ■ FANTASTICO; COL.; 106'; FILIPPINE, 2005.

EXORCISM OF EMILY ROSE, THE ★★
Regia di SCOTT DERRICKSON. Con JR BOURNE, JENNIFER CARPENTER, JOSHUA CLOSE, HENRY CZERNY, COLM FEORE, DUNCAN FRASER, MARY BETH HURT, LAURA LINNEY, CAMPBELL SCOTT, KEN WELSH, TOM WILKINSON. ■ A metà tra il legal-th-

riller e l'horror metafisico, il film di Derrickson ci mostra il processo dello Stato contro padre Moore, accusato di aver provocato la morte di Emily Rose: il prete l'avrebbe spinta ad abbandonare la cura medica prescrittale a rimedio di una supposta patologia psicotico-epilettica, per sottoporla ad un tentativo di esorcismo. Tra continui flashback e udienze in aula, emerge una realtà difficile da credere, ma impossibile da negare del tutto. Il film è basato su una storia vera. ■ HORROR; COL.; 119′; USA, 2005.

EXORCISMUS – CLEO, LA DEA DELL'AMORE ★★
(Blood from the Mummy's Tomb)
Regia di SETH HOLT. Con ANDREW KEIR, VALERIE LEON, JAMES VILLIERS. ■ Il giorno in cui viene scoperta la mummia di Cleo, dea dell'amore, all'archeologo Fuchs nasce una bella bambina. Diventata adulta, la ragazza si rivelerà come la reincarnazione di Cleo e ne combinerà di tutti i colori. ■ HORROR; COL.; 94′; GRAN BRETAGNA, 1971.

EXOTICA ★★
Regia di ATOM EGOYAN. Con BRUCE GREENWOOD, MIA KIRSHNER, DON MCKELLER. ■ Enigmatico mosaico intessuto di scene ricorrenti e flash-back che si snoda come un thriller colto e sensuale. Alla fine la storia si rivela essere l'intarsio delle esistenze di un gruppo di personaggi manovrati dalla sorte, che condividono un doloroso e inquietante ricordo che trascende l'apparente normalità delle loro esistenze quotidiane. ■ DRAMMATICO; COL.; 104′; CANADA, 1994.

EXPANDABLES, THE ★
Regia di CIRO SANTIAGO. Con KEVIN DUFFIS, ANTHONY FINETTI, LOREN HAYNES, PETER NELSON. ■ Una squadra di uomini scelti, addestrati a tutte le astuzie della guerriglia, viene inviata in Cambogia per svolgere una missione segreta. A operazione conclusa, i soldati devono riuscire a salvarsi senza contare su interventi esterni ma puntando solo sulle proprie forze. ■ GUERRA; COL.; 86′; USA, 1988.

EXPERIMENT, THE *(Das Experiment)* ★★★
Regia di OLIVER HIRSCHBIEGEL. Con CHRISTIAN BERKEL, MORITZ BLEIBTREU, WOTAN WILKE MÖHRING, OLIVER STOKOWSKI, JUSTUS VON DOHNANYI. ■ Alcune persone sono reclutate per uno strano esperimento: divise in due gruppi, carcerieri e prigionieri, saranno rinchiusi in uno spazio apposito, isolati dal resto del mondo e costantemente monitorati. Le regole sono semplici: tutti i partecipanti sono volontari e non è possibile in alcun modo abbandonare l'esperimento. La tensione si rivela ben presto difficile da sostenere e aumenta, fino a che la situazione degenera completamente. L'esperimento rivelerà fino a che punto può spingersi il comportamento umano quando non condizionato dai vincoli imposti dalla società esterna. Film claustrofobico e ossessivo che ha riscosso un enorme successo di critica e pubblico in patria. ■ THRILLER; COL.; 120′; GERMANIA, 2001.

EXPLOIT – BELLA, SEXY E... LADRA ★★
(Lange Beine... Lange Finger)
Regia di ALFRED VOHRER. Con SENTA BERGER, JOACHIM FUCHSBERGER, MARTIN HELD. ■ La figlia e complice di un ladro internazionale si innamora del figlio di un nobile e intende abbandonare la sua disonesta professione. Quando il padre del promesso sposo viene a conoscenza dell'attività del consuocero, la ragazza teme che costringerà il figlio ad abbandonarla, ma il compassato Lord si rivela invece un collega e propone un sodalizio ladresco alla sbalordita fanciulla. ■ COMMEDIA; COL.; 92′; GERMANIA, 1966.

EXPLORERS ★★
Regia di JOE DANTE. Con ETHAN HAWKE, RIVER PHOENIX, JASON PRESSON. ■ Tre adolescenti video-dipendenti e computerizzati costruiscono un improbabile veicolo spaziale e vengono risucchiati da un'astronave carica di mostriciattoli verdi che, a parte l'aspetto, sono tali e quali agli *explorers* terrestri: petulanti, teledipendenti e contestatori. ■ FANTASTICO; COL.; 109′; USA, 1985.

EXPLOSION *(Conflagration)* ★★
Regia di KATSUMUNE ISHIDA. Con WILLIE DORSEY, KEN SANDERS, TETSURO TAMBA. ■ Una superpetroliera giapponese è presa d'assalto da un gruppetto di guerriglieri neri che lottano contro le ingiustizie e le superpotenze. ■ AVVENTURA; COL.; 92′; GIAPPONE, 1976.

EXTERMINATOR ★★
Regia di JAMES GLICKENHAUS. Con SAMANTHA EGGAR, CHRISTOPHER GEORGE, ROBERT GINTY. ■ Scioccato dal massacro di un suo ex commilitone compiuto da alcuni teppisti, un reduce dal Vietnam s'improvvisa giustiziere della notte. Bracca gli uccisori e salda il conto. Ma non si ferma. Le sue spedizioni notturne attirano l'attenzione della polizia. Un tenente si mette sulle sue tracce, ma cade colpito dai killer di un uomo politico disonesto. ■ THRILLER; COL.; 101′; USA, 1980.

EXTRACONIUGALE ★★
Regia di MASSIMO FRANCIOSA, MINO GUERRINI, GIULIANO MONTALDO. Con LANDO BUZZANCA, TURI FERRO, GASTONE MOSCHIN, LIANA ORFEI, FRANCA RAME, RENATO SALVATORI. ■ Film a tre episodi sul tema dell'amore. Nel primo un dongiovanni corteggia la fidanzata di un parente, nel secondo un marito assillato per anni dalla moglie si toglie qualche soddisfazione, nel terzo un siciliano "emancipato" uccide la moglie svedese quando la trova con un altro. ■ COMICO; B/N; 105′; ITALIA, 1965.

EXTRALUNATI *(Stranded)* ★
Regia di TEX FULLER. Con CAMERON DYE, JOE MORTON, IONE SKYE. ■ Nel tentativo di sfuggire a un inarrestabile nemico e a una pioggia infuocata che uccide, alcuni alieni finiscono su un pianeta tutt'altro che affidabile. ■ FANTASCIENZA; COL.; 78′; USA, 1987.

EXTRASENSORIAL ★★
Regia di ALBERTO DE MARTINO. Con GERALDINE FITZGERALD, CAMERON MITCHELL, MICHAEL MORIARTY. ■ Un dottore scopre di avere un fratello gemello, creduto morto da molti anni, e invece vivo, vegeto e feroce assassino. Il medico decide di fermarlo. ■ THRILLER; COL.; 90′; ITALIA, 1985.

EXTRATERRESTRI TORNERANNO, GLI ★★
(Erinnerungen an die Zukunft)
Regia di HARALD REINL. ■ Il documentario insinua nello spettatore il dubbio che civiltà molto progredite siano capitate sulla Terra da altri pianeti. ■ DOCUMENTARIO; COL.; 92′; GERMANIA, 1969.

EXTREME MEASURES ★★
Regia di MICHAEL APTED. Con HUGH GRANT, GENE HACKMAN, SARAH JESSICA PARKER. ■ Due uomini che camminavano nudi e incoscienti vengono ricoverati e muoiono. Presentano ferite da chirurgia. Insomma sono stati usati come cavie. Ed ecco il solito problema morale: la ragion di stato (o di scienza) vale sacrifici umani? Il giovane dottore Hugh Grant non la pensa così e combatte la sua crociata, contro il cattivo – ma buono – Gene Hackman. Tutto già visto. ■ THRILLER; COL.; 117′; USA, 1996.

EYE, THE ★★
Regia di DAVID MOREAU, XAVIER PALUD. Con JESSICA ALBA, ALESSANDRO NIVOLA, PARKER POSEY, RADE SERBEDZIJA. ■ Sydney Wells ha perso la vista quando era ancora una bambina. Ora le viene offerta la possibilità di un trapianto di cornea che dovrebbe consentirle di tornare a vedere normalmente. L'operazione riesce, ma la giovane donna dichiara di vedere esseri spaventosi non solo negli incubi notturni ma anche durante la veglia. Inoltre, ha assistito alla morte, orribile, di una compagna di stanza. Il sospetto, legittimo, è che non le sia stata trapiantata solo la cornea. ■ HORROR; COL.; 98′; USA, 2008.

EYE – LO SGUARDO, THE *(Geneviève Bujold)* ★
Regia di STEPHAN ELLIOTT. Con GENEVIÈVE BUJOLD, ASHLEY JUDD, EWAN MCGREGOR, JASON PRIESTLEY. ■ Un agente segreto è ossessionato dalla donna che è incaricato di sorvegliare. Ewan McGregor, il sopravvalutato antieroe di *Trainspotting*, continua il suo iter di "colpito da improvviso benessere". Brava invece la Judd. Il film mira alto e non fa centro ■ GIALLO; COL.; 110′; CANADA, GRAN BRETAGNA, 1999.

EYE 3 – INFINITY, THE *(Gwai Wik)* ★★
Regia di DANNY PANG, OXIDE PANG CHUN. CON EKIN CHENG, ANGELICA LEE, RAIN LI. ■ Quattro adolescenti di Hong Kong vanno in vacanza in Tailandia da un cugino di uno di loro. Dopo

aver praticato il “rito del dieci”, si ritrovano coinvolti in un’avventura di spiriti e fantasmi: sono solo dieci infatti le regole per entrare in contatto con il mondo dell’aldilà, ma poi è molto difficile uscirne... ■ HORROR; COL.; 86′; CINA, 2006.

♥ EYES WIDE SHUT ★★★★

Regia di STANLEY KUBRICK. Con TOM CRUISE, ALAN CUMMING, NICOLE KIDMAN, SYDNEY POLLACK, LEELEE SOBIESKI. ■ Attesissimo, beatificato a priori, questo film ha chiuso tre parabole: ricerca, carriera e vita. È quasi naturale che Kubrick, dopo tanto rigoroso, totale, maniacale e mistico impegno, non gli sia sopravvissuto. È un altro allarmante elemento del mito di *Eyes Wide Shut* e dell’autore, che ha sempre fatto film diversi, affrontando (e risolvendo a modo suo) questo e quel tema della vita e del cinema. Qui pone il suo suggello, la verità ultima, sul sesso, che è certamente più importante, per fare un solo esempio, della fantascienza. Il regista si ispira a un racconto di Arthur Schnitzler, *Doppio sogno*, ambientato nella Vienna degli anni Venti, e traspone la vicenda nella New York dei giorni nostri. Alta borghesia, alto censo, belle case, bella gente. Cruise è il medico William Harford, e Kidman è sua moglie Alice. A un party la coppia corteggia e si fa corteggiare (venialmente), ma tornando a casa lei gli confessa di aver recentemente provato un’attrazione irresistibile per un ufficiale. William sembra sorriderci, ma la rivelazione lavora sulla sua coscienza e nei suoi incubi. Immagina la moglie in atti sessuali con l’ufficiale. Cambia il suo rapporto con il sesso, cede alla corte della figlia di un suo paziente, esce nella notte e incontra una prostituta, non resiste alla tentazione di partecipare a un’orgia. Anche il sesso con sua moglie si trasforma. E anche la sua vita si trasforma. Perché il sesso è una cosa seria e misteriosa, dolorosa e, soprattutto (ed ecco Kubrick) pensata. Il sesso è di certo a lungo e fortemente rappresentato, ma Kubrick si è abbondantemente guadagnato la franchigia di artista (come Fellini), dunque lo stile tutto soccorre. Tuttavia l’autore, per la versione americana, ha nascosto certi particolari. Potrebbe essere inteso come una sorta di metafora del dispetto, di un americano che aveva scelto di vivere a Londra e che da tempo non voleva più far cinema negli Usa, mecca del cinema: «le nascondo l’essenza, che tengo per gli evoluti europei». Il resto è ormai cronaca-leggenda, appunto: i quasi tre anni di lavorazione, certi attori assunti poi protestati, come Keytel e Malkovich, e le crisi matrimoniali-sessuali di alcuni protagonisti, a cominciare dalla coppia regina di allora Tom-Nicole. Chissà se è tutto vero. ■ DRAMMATICO; COL.; 160′; GRAN BRETAGNA, 1999.

F

FABBRICA DEGLI EROI, LA *(Le bon et les méchants)* ★★★
Regia di CLAUDE LELOUCH. Con JACQUES DUTRONC, BRIGITTE FOSSEY, MARLÈNE JOBERT. ■ Seconda guerra mondiale. Due amici e una prostituta rapinano gli uffici postali. Il commissario di polizia non riesce a catturarli. Poi i tre si impossessano di alcuni quadri già trafugati dai nazisti, ma li rendono per salvare la vita ai partigiani. Commissario e ladri lottano ora dalla medesima parte. Un insolito Lelouch. ■ COMMEDIA; B/N; 115′; FRANCIA, 1976.

FABBRICA DEI SOLDI, LA ★★
Regia di JUAN ESTELRICH, RICCARDO PAZZAGLIA, JEAN-CLAUDE ROY. Con SALVO RANDONE, MICHEL SERRAULT, AGNÈS SPAAK. ■ Nel primo episodio due truffatori vendono un tram ad un ricco e sprovveduto contadino; nel secondo una coppia di amici finisce in galera per aver impiantato un'agenzia matrimoniale fasulla; nel terzo un napoletano finge prima di essere gravemente malato e in seguito di aver ricevuto la grazia. ■ COMMEDIA; B/N; 90′; ITALIA, 1965.

FABBRICA DEI TEDESCHI, LA ★★
Regia di MIMMO CALOPRESTI. Con VALERIA GOLINO, MONICA GUERRITORE, LUCA LIONELLO, SILVIO ORLANDO, ROSALIA PORCARO. ■ Racconta la tragedia della ThyssenKrupp Acciai Speciali Terni di Torino in cui, nella notte tra il 5 e il 6 dicembre 2007, un incendio divampa e sette operai perdono la vita. I colleghi, giunti in loro aiuto, tentano invano di spegnere le fiamme, ma gli estintori non funzionano. Un incidente fatale, che si poteva evitare. La struttura narrativa del film è costituita da un prologo in bianco e nero in cui gli attori impersonano i parenti delle vittime, rievocando gli ultimi istanti prima della tragedia, e da un documentario che si sviluppa seguendo il filo delle dichiarazioni dei testimoni su quello che accadde quella notte e nelle settimane precedenti. ■ DRAMMATICO; COL.; 90′; ITALIA, 2008.

FABBRICA DELL'ALLEGRIA, LA *(The Funny Farm)* ★★
Regia di RON CLARK. Con EILEEN BRENNAN, JACK CARTER, MILES CHAPIN. ■ Un giovanotto dell'Ohio arriva a Los Angeles deciso a sfondare come comico di varietà. Trova lavoro presso una compagnia che gira per i piccoli centri. ■ COMMEDIA; COL.; 91′; CANADA, 1983.

FABBRICA DELLE MOGLI, LA *(The Stepford Wives)* ★★★
Regia di BRYAN FORBES. Con PETER MASTERSON, NANETTE NEWMAN, PAULA PRENTISS, KATHARINE ROSS. ■ Joanna e suo marito Walter lasciano New York per una cittadina di provincia. Lui si integra subito, ma Joanna ha qualche difficoltà. Riesce solo a far amicizia con una certa Bobby: tutte le altre mogli sono ridotte a dei manichini. ■ DRAMMATICO; COL.; 115′; USA, 1976.

FABBRICA DELL'IMPREVISTO, LA ★★
Regia di JACOPO COMIN. Con VERA BERGMAN, MAURIZIO D'ANCORA, ORETTA FIUME. ■ Un nobile innamorato di un'attrice cerca di dimostrare la sua abilità inscenando un furto durante un ricevimento. Il caso vuole che non riesca a restituire il maltolto. ■ COMMEDIA; B/N; 94′; ITALIA, 1942.

FABBRICA DELL'ORRORE, LA *(Crucible of Terror)* ★
Regia di TED HOOKER. Con JAMES BOLAM, MARY MAUDE, MIKE RAVEN. ■ Uno scultore crea una statua immergendo nel bronzo una modella asiatica. La statua vivente si ribella, sequestra un'amica dell'artista, uccide le persone a lui vicine e infine lui stesso. ■ HORROR; COL.; 98′; GRAN BRETAGNA, 1972.

♥ **FABBRICA DI CIOCCOLATO, LA** ★★★
(Charlie and the chocolate factory)
Regia di TIM BURTON. Con HELENA BONHAM CARTER, SANDRA DARNELL, JOHNNY DEPP, FREDDIE HIGHMORE, DAVID KELLY, CHRISTOPHER LEE, MISSY PYLE, DEEP ROY. ■ Tim Burton reinterpreta a modo suo un grande classico per ragazzi, quel *Willy Wonka e la fabbrica del cioccolato*, che aveva il volto e la carica ironica di Gene Wilder. Dal libro di Roald Dahl: il fantasmagorico Willy Wonka, il più grande cioccolataio del mondo, vive da anni chiuso dentro la sua magnifica fabbrica, che apre i cancelli solo per far uscire i carichi di dolci che vengono venduti in tutto il mondo. D'improvviso, la novità: dentro cinque tavolette di cioccolato si trovano altrettanti biglietti d'oro che danno diritto ad una visita di un giorno intero nella fabbrica di cioccolato. Per uno dei bambini c'è in serbo anche un premio speciale. Tra i cinque c'è il giudizioso Charlie, che col nonno Joe spera di poter vincere l'ambito premio. Per una volta il "secondo" prevale sul "primo". ■ FANTASTICO; COL.; 106′; GRAN BRETAGNA, USA, 2005. ■ GOLDEN GLOBES 1 NOM; OSCAR 1 NOM.

FABBRICA DI MATTI, UNA *(The Underachievers)* ★
Regia di JACKIE KONG. Con EDDIE ALBERT, BARBARA CARRERA. ■ In una scuola serale per adulti si presentano esemplari di varia umanità. Il risultato è davvero una gabbia di matti senza speranza di salvezza, per lo spettatore. ■ COMMEDIA; COL.; 90′; USA, 1987.

FABBRICA DI UFFICIALI *(Fabrik der Offizier)* ★★
Regia di FRANK WISBAR. Con PETER CARSTEN, HORST FRANK, CARL LANGE, ERIK SCHUMANN. ■ In un'accademia militare un graduato rimane ucciso, apparentemente per disgrazia. Successive indagini permettono di appurare che si tratta invece di un omicidio politico. L'assassino si suicida; l'ufficiale che ha condotto le indagini viene soppresso per ordini superiori. ■ GUERRA; B/N; 92′; GERMANIA, 1961.

FABBRO DEL CONVENTO, IL ★★
Regia di MAX CALANDRI. Con VERA BERGMAN, GUIDO CELANO, CLAUDIO GORA. ■ Dal romanzone di appendice di Ponson du Terrail. Il fabbro è un principe russo che tutti credono morto. Uscirà dopo molti anni dal suo convento, per saldare i conti al signorotto che volle la sua morte e per svelare la verità su alcuni pasticci dinastici. ■ AVVENTURA; B/N; 94′; ITALIA, 1947.

FABIOLA ★★★
Regia di ALESSANDRO BLASETTI. Con GINO CERVI, MICHÈLE MORGAN, LOUIS SALOU, MICHEL SIMON, HENRI VIDAL. ■ Nella Roma imperiale viene misteriosamente assassinato un senatore. Fabiola, sua figlia, crede, come tutti, che i colpevoli siano i cristiani ma in seguito, imparando a conoscerli, si persuade della loro innocenza. Le persecuzioni fanno strage delle innocenti vittime; intanto Costantino, con l'armata cristiana, si sta avvicinando. ■ DRAMMATICO; B/N; 164′; ITALIA, 1949.

FACCE FALSE *(Let'em Have it)* ★★★
Regia di SAM WOOD. Con RICHARD ARLEN, VIRGINIA BRUCE, ALICE BRADY. ■ Una banda rapina le banche e uccide i possibili testimoni. I G-men affrontano i banditi in una serie di lotte sen-

za quartiere fino a quando ne hanno ragione. ■ POLIZIESCO; B/N; 90′; USA, 1935.

FACCE PER L'INFERNO *(P.J.)* ★★
Regia di JOHN GUILLERMIN. Con URSULA ANDRESS, RAYMOND BURR, GEORGE PEPPARD. ■ Un poliziotto privato, incaricato di proteggere l'amante di un facoltoso industriale, viene coinvolto in un omicidio pagato proprio da questi. Sta per essere ammazzato anche lui, ma viene salvato dalla sua protetta che elimina l'industriale prima di esserne colpita a sua volta. Il detective, disgustato, cambia mestiere. ■ POLIZIESCO; COL.; 109′; USA, 1968.

FACCE SENZA DIO *(Devil's Angels)* ★★
Regia di DANIEL HALLER. Con BEVERLY ADAMS, JOHN CASSAVETES, MIMSY FARMER. ■ Una banda di motociclisti fugge perché il loro capo ha travolto un passante, uccidendolo. Raggiungono una cittadina in cui si installano contro il volere degli abitanti. Decisi a vendicarsi si lasciano andare ad ogni efferatezza. Il capo, visti inutili i tentativi di fermarli, li abbandona. ■ DRAMMATICO; COL.; 91′; USA, 1976.

FACCIA A FACCIA *(Licem u lice)* ★★
Regia di BRANKO BAUER. Con HUSEIN COKIC. ■ Un lavoratore particolarmente intraprendente vorrebbe condurre la fabbrica presso cui lavora con il metodo dell'autogestione. Si scontra con un burocrate ma riesce ad avere la meglio. ■ DRAMMATICO; B/N; 93′; JUGOSLAVIA, 1963.

FACCIA A FACCIA ★★★
Regia di SERGIO SOLLIMA. Con WILLIAM BERGER, TOMAS MILIAN, JOLANDA MODIO, GIAN MARIA VOLONTÉ. ■ Un insegnante trasferitosi nel West per un periodo di cura viene catturato da un bandito; dopo il fallito tentativo di riportarlo sulla retta via, si sente attratto da quel tipo di esistenza e lo segue. Col tempo il primo sente il bisogno di cambiare, mentre l'altro diventa sempre più crudele. Verrà ucciso proprio dal compagno. ■ WESTERN; COL.; 108′; ITALIA, 1967.

FACCIA A FACCIA *(The kid)* ★★★
Regia di JON TURTLETAUB. Con SPENCER BRESLIN, EMILY MORTIMER, LILY TOMLIN, BRUCE WILLIS. ■ Russ Duritz (Bruce Willis, appunto) è un manager quarantenne di successo: ha tutto ciò che, secondo lui, occorre avere, denaro, tutti i giocattoli possibili per appagare la propria vanità, nessun condizionamento sentimentale. Un giorno, in un salotto, vede un ragazzino di otto anni, grassottello, che gli ricorda qualcosa. Poi, decisamente sconvolto, realizza: trattasi nientemeno che di Russ stesso a quell'età. I due vengono dunque in contatto, l'adulto si vede quando tutto doveva ancora succedere e il bambino quando tutto è successo. Entrambi sono a disagio e delusi, perché il "grande" si rivede goffo e timido, sempre sfottuto dai compagni di scuola e il bambino, nel proprio futuro, non trova niente di ciò che sognava, a cominciare da un cane e da una donna. Occorre dunque iniziare a pensare alla compagna. Buon'idea, parzialmente mutuata da *Frequency*, ben condotta. Un'occasione, da parte degli adulti di ragionare sui valori e sul destino di questa civiltà. ■ COMMEDIA; COL. 104′; USA, 2001.

FACCIA DA MASCALZONE ★★
Regia di RAFFAELE ANDREASSI. Con MARINA BERTI, VALENTINA CORTESE, ALBERTO SORDI. ■ Un fattorino dal volto espressivo è ingaggiato da un regista per alcune particine. Mentre visita gli studi assiste alla lavorazione di alcuni film. ■ COMMEDIA; B/N; 90′; ITALIA, 1955.

FACCIA D'ANGELO *(Baby Face Nelson)* ★★★
Regia di DON SIEGEL. Con SIR CEDRIC HARDWICKE, CAROLYN JONES, MICKEY ROONEY. ■ Un gangster accusato ingiustamente di omicidio fugge con la sua ragazza in un'altra città e assume una falsa identità. Entrato a far parte della banda del gangester Dillinger, ne prende il comando quando il bandito viene ucciso. Sfugge a più riprese agli agguati e ai tranelli della polizia, ma al termine di una rapina viene colpito a morte. ■ POLIZIESCO; B/N; 85′; USA, 1957.

FACCIA DA PICASSO ★★
Regia di MASSIMO CECCHERINI. Con MASSIMO CECCHERINI, PIETRO FORNACIARI, MARCO GIALLINI, BIANCA GUACCERO, ALESSANDRO PACI. ■ La solita storia del giovane regista che racconta il film che non riesce a fare. Gag demenziali, citazioni, l'eterna esasperazione per arrivare a tutti i costi alla risata, a una qualsiasi. ■ COMICO; COL.; 90′; ITALIA, 2000.

FACCIA DA SCHIAFFI ★★
Regia di ARMANDO CRISPINO. Con LAURA BELLI, GRIT FREYBERG, GIANNI MORANDI. ■ Un orfano diventa amico di un ragazzo che vive alla giornata. Geloso del sentimento che questi nutre verso la fidanzata riesce a separarli, ma la cosa durerà solo per poco. Ci sarà una riconciliazione senza rancore. ■ COMMEDIA; COL.; 92′; ITALIA, 1969.

FACCIA DI BRONZO *(Last Time I Saw Archie)* ★
Regia di JACK WEBB. Con ROBERT MITCHUM, FRANCE NUYEN, LOUIS NYE, JACK WEBB. ■ Durante l'ultimo conflitto mondiale un soldato gode di molto credito presso i compagni d'arme. Il soldato lo sfrutta il più possibile e contribuisce per puro caso alla cattura di alcune spie nemiche. ■ COMMEDIA; B/N; 98′; USA, 1961.

FACCIA DI C..., UNA *(Hammersmith is out)* ★★★
Regia di PETER USTINOV. Con BEAU BRIDGES, RICHARD BURTON, GEORGE RAFT, ELIZABETH TAYLOR, PETER USTINOV. ■ Un pazzo scappato dal manicomio, l'infermiere che l'ha aiutato a fuggire e una donna formano una banda che ben presto si arricchisce. Ciascuno usa il denaro rubato per soddisfare le proprie ambizioni, ma la pacchia dura poco: l'infermiere litiga con la donna e si suicida; il pazzo viene preso e ritorna all'ospedale. ■ COMMEDIA; COL.; 108′; USA, 1972. ■ BERLINO 1 PR.

FACCIA DI LEPRE ★
Regia di LILIANA GINANNESCHI. Con FELICE ANDREASI, FRANCO BRANCIAROLI, ANNIE GIRARDOT, AMY WERBA. ■ Esordio registico della Ginanneschi. Siamo a Bologna, la giovane Elena, ricca e scontenta, ha un incidente d'auto con una anziana accattona (la Girardot) che ha simpatia e buon senso da vendere. Nasce l'amicizia con la povera donna, ma Elena apre anche gli occhi su una realtà per lei sconosciuta, fatta di emarginazione e indigenza. ■ DRAMMATICO; COL.; 78′; ITALIA, 1991.

FACCIA DI RAME *(Renegades)* ★★★
Regia di JACK SHOLDER. Con LOU DIAMOND PHILLIPS, JAMI GERTZ, ROB KNEPPER, KIEFER SUTHERLAND. ■ A Filadelfia tra inseguimenti e colpi di pistola seguiamo le vicende di Buster, un giovane poliziotto intento a incastrare una banda che gli ha ucciso il padre, e di un pellerossa verace che deve vendicare il furto dell'ascia di famiglia: casualmente gli uomini da colpire sono gli stessi, e allora i due si alleano e danno vita a una perfetta coppia d'azione, diversi come personaggi ma uniti e complementari come il cinema vuole. ■ AVVENTURA; COL.; 108′; USA, 1989.

FACCIA DI SPIA ★★
Regia di GIUSEPPE FERRARA. Con RICCARDO CUCCIOLLA, MARIANGELA MELATO, ADALBERTO MARIA MERLI, FRANCISCO RABAL, PIETRO VALPREDA. ■ Il film è una carrellata-documentario sui più importanti e tragici avvenimenti politici degli anni 1955-75. Tra di essi l'assassinio dei due Kennedy, le gesta di Che Guevara, i casi Allende e Pinochet nonché episodi di casa nostra (Feltrinelli, Valpreda ecc.). ■ DRAMMATICO; COL.; 110′; ITALIA, 1975.

FACCIAMO FIESTA ★★
Regia di ANGELO LONGONI. Con LORENA FORTEZA, ALESSANDRO GASSMAN, BLAS ROCA-REY, GIANMARCO TOGNAZZI. ■ Sandro e Marco vanno a Cuba per girare un documentario turistico, conoscono due bellezze locali e decidono di fermarsi per sempre. Parente lontano del *Ciclone* mentre Lorena continua a bailar. ■ COMMEDIA; COL.; 100′; ITALIA, 1997.

FACCIAMO IL "TIFO" INSIEME ★★★
(Take Me out to the Ball Game)
Regia di BUSBY BERKELEY. Con GENE KELLY, FRANK SINATRA, ESTHER WILLIAMS. ■ Una ragazza intraprendente allena con successo la propria squadra di baseball. Il suo asso cade nella rete di un affarista avversario che lo ingaggia per uno spettacolo, lo fa stroncare e gli impedisce di rendere sul campo come dovrebbe. Espulso dalla squadra – che continua a perdere – e costretto ad un riposo forzato, il campione gioca nell'ultima partita e porta i compagni ad una trionfale vittoria. ■ MUSICAL; COL.; 93′; USA, 1949.

FACCIAMOLA FINITA *(This Is the End)* ★
Regia di EVAN GOLDBERG, SETH ROGEN. Con JAY BARUCHEL, JAMES FRANCO, JONAH HILL, DANNY MCBRIDE, SETH ROGEN. ■ Il canadese Jay Baruchel si reca a Los Angeles, città che non ama, per trascorrere un weekend in compagnia dell'amico di vecchia data Seth Rogen. Seth lo trascina a una festa di celebrità a casa di James Franco, ma accade l'impensabile: le colline di L.A. vanno a fuoco, la popolazione viene risucchiata in massa nelle viscere della Terra e i pochi sopravvissuti, barricati nella villa di Franco, devono riscattarsi da vizi e crimini di una vita, per poter aspirare alla salvezza eterna. ■ AZIONE; COL.; 107'; USA, 2012.

FACCIAMO L'AMORE *(Let's Make Love)* ★★★
Regia di GEORGE CUKOR. Con MARILYN MONROE, YVES MONTAND, TONY RANDALL. ■ Un ricco uomo d'affari interpreta se stesso – all'insaputa di tutti – in una rivista. Durante le prove si innamora di Amanda, una bella compagna di lavoro. Più tardi svelerà all'incredula ragazza la sua vera identità e potrà sposarla. ■ COMMEDIA; COL.; 118'; USA, 1960. ■ OSCAR 1 NOM.

FACCIAMO PARADISO ★★★
Regia di MARIO MONICELLI. Con LELLO ARENA, MARGHERITA BUY, AURORE CLÉMENT, PHILIPPE NOIRET. ■ Da un testo di Giuseppe Pontiggia, *Vite di uomini non illustri*. Storia di Claudia, classe 1949, che vive tutte le esperienze di una donna "libera". Comincia col Sessantotto, occupando l'università ma senza capire l'essenza del movimento. Vuol farsi deflorare dal capo studentesco, ma ripiega su Lello Arena. Prova il "fumo" e altro, crede nel libero sesso, rimane incinta, naturalmente senza sapere di chi. Ciclicamente torna dai genitori, traumatizzati, ma pazienti e perbene, e naturalmente trattati malissimo. Nasce il bambino, nero. Claudia se ne va di nuovo. Si imbatte in un burattinaio mistico, lo sposa. Ripiega sulla vita borghese, ma per poco. Va missionaria in Africa dove ritrova l'ennesimo "guru", col povero Lello sempre a disposizione. Finisce nel 2011, coinvolta in un rito mistico definitivo. Un po' *Forrest Gump* e un po' l'insieme delle donne dell'ultima e penultima stagione del regista ottantenne. Ma il grande maestro non deve mai aver amato-odiato un personaggio come questa Claudia-Buy. Dunque una rivisitazione di tutti gli stereotipi di comportamento che a forza di essere anticonvenzionali sono diventati, a posteriori, tristi e grotteschi. Un'ottica strana per il sinistrorso storico Monicelli, che anche se non può più mostrare i muscoli dei tempi della *Grande Guerra* e dell'*Armata Brancaleone*, si fa sempre riconoscere. ■ COMMEDIA; COL.; 115'; ITALIA, 1995.

FACCIA PIENA DI PUGNI, UNA ★★★
(Requiem for a Heavyweight)
Regia di RALPH NELSON. Con JACKIE GLEASON, ANTHONY QUINN, MICKEY ROONEY. ■ Un pugile non più giovanissimo perde un incontro e la possibilità di proseguire la carriera. Finirà su un ring, in un umiliante travestimento, a disputare incontri di lotta libera. ■ DRAMMATICO; B/N; 110'; USA, 1962.

FACCIA VIOLENTA DI NEW YORK, LA *(One Way)* ★★
Regia di GEORGE DARNELL. Con MIMSY FARMER, LUIGI PISTILLI, FERNANDO REY. ■ Un ragazzo messicano emigra a New York in cerca di fortuna, ma si fa incastrare da un'organizzazione che sfrutta gli immigrati clandestini tenendoli in pugno col ricatto e con la violenza. Il giovane ce la mette tutta per far piazza pulita della banda, ma finirà male. ■ DRAMMATICO; COL.; 90'; ITALIA, SPAGNA, 1975.

FACCIONE ★★
Regia di CHRISTIAN DE SICA. Con ENRICA BONACCORTI, ROBERTO D'AGOSTINO, AGNESE NANO, PACO RECONTI, NADIA RINALDI, GIOVANNI VISENTIN. ■ Daniela è una ragazza grossa e pasticciona, spigliata e sognatrice. Tutto sembra non andarle per il verso giusto nel settore sentimentale: scopre di essere incinta di Mubu, batterista senegalese partito in tournée; si innamora di Michele, elettricista, e scopre che è omosessuale. Ma Daniela non demorde e la vita le sorriderà. Prima regia di Christian De Sica. Brava Nadia Rinaldi. ■ COMMEDIA; COL.; 90'; ITALIA, 1991.

FACCIO SALTARE LA BANCA ★★
(Faites sauter la banque)
Regia di JEAN GIRAULT. Con YVONNE CLECH, LOUIS DE FUNÈS, JEAN-PIERRE MARIELLE. ■ Garnier, un negoziante pressoché fallito per il crollo delle sue azioni, decide di entrare nottetempo in banca a riprendersi il maltolto. Il colpo riesce, ma il direttore lo sorprende. Poiché Garnier ha scoperto che molti dei lingotti chiusi in cassaforte sono solo ricoperti d'oro decide, di comune accordo col banchiere, di mettere a tacere la faccenda. ■ COMMEDIA; B/N; 88'; FRANCIA, 1963.

FACCIO UN SALTO ALL'HAVANA ★
Regia di DARIO BALDI. Con ENRICO BRIGNANO, AURORA COSSIO, PAOLA MINACCIONI, FRANCESCO PANNOFINO, VIRGINIA RAFFAELE. ■ Fedele, giovane imprenditore romano, ha perso da sei anni il fratello maggiore, è ostaggio di una moglie instabile che lo tratta come oggetto di piacere e di riproduzione, e di un suocero facoltoso che vorrebbe soltanto liberarsi dei coniugi delle figlie. Quasi per caso la famiglia naïf di Fedele scoprirà che Vittorio, il fratello defunto, è vivo, in salute e ballerino in quel di Cuba. Sconvolto ma in fondo sollevato dalla lieta novella, Fedele partirà alla volta dell'Avana per chiedere al fratellone spiegazione e risarcimento morale. Tentativo di traslare Brignano sul grande schermo. Vano, speriamo. ■ COMMEDIA; COL.; 96'; ITALIA, 2010.

FACE ★★
Regia di ANTONIA BIRD. Con DAMON ALBARN, ROBERT CARLYLE, PHILIP DAVIS, RAY WINSTONE. ■ Dalla regista de *Il prete*,un film pieno di ritmo su una gang di poveracci che tentano il colpo della loro vita organizzando una rapina. Quando, al termine del colpo, si accorgono di aver ricavato ben poco, nasce una lite. Da quel momento, uno alla volta, vengono uccisi da uno di loro che vuole tenere per sé il magro bottino. ■ POLIZIESCO; COL.; 102'; GRAN BRETAGNA, 1997.

FACE/OFF – DUE FACCE DI UN ASSASSINO ★★★
Regia di JOHN WOO. Con JOAN ALLEN, NICOLAS CAGE, GINA GERSHON, DOMINIQUE SWAIN, JOHN TRAVOLTA. ■ Travolta (un poliziotto determinato) si muta in Cage (un criminale psicopatico) per poter entrare nel carcere in cui è custodito il fratello del delinquente e carpirne le confessioni. Da qui ha inizio una serie di sviluppi che condurrà la vicenda a un altissimo livello di tensione. Jekyll e Hyde non sono più solo due volti di una stessa persona, ma scambiano i loro corpi. John Woo realizza un thriller in cui psicologia, suspense ed azione si fondono magistralmente. I primi quindici minuti sembrano aver già dato tantissimo allo spettatore in termini di spettacolarità, ma si tratta solo del prologo. Quello che segue dimostra che John Woo è un autore capace di inserire nel cinema di genere una nevrosi tutta orientale che non perde di efficacia quando si trasferisce negli States. ■ AZIONE; COL.; 110'; USA, 1996. ■ OSCAR 1 NOM.

FACES – VOLTI *(Faces)* ★★★
Regia di JOHN CASSAVETES. Con LYNN CARLIN, JOHN CASSAVETES, SEYMOUR CASSEL, JOHN MARLEY, GENA ROWLANDS. ■ Una coppia si rende conto di non riuscire più a comunicare. Lui incontra una sensibile prostituta e lei un giovane gentile e un po' imbranato. Uno degli esperimenti Cassavetes, macchina da presa a mano e senza controcampi, stile che ha fatto scuola. Girato nell'arco di tre anni. Candidature agli Oscar per la sceneggiatura e per i due attori non protagonisti Cassel e Carlin. ■ DRAMMATICO; B/N; 128'; USA, 1965. ■ OSCAR 3 NOM; VENEZIA 1 PR.

FACILE PREDA *(Fair Game)* ★
Regia di ANDREW SIPES. Con WILLIAM BALDWIN, STEVEN BERKOFF, CINDY CRAWFORD, CHRISTOPHER MCDONALD. ■ Lei è Cate, avvocatessa, lui Max, poliziotto. Da una piccola causa matrimoniale si arriva a un intrigo in cui è coinvolto l'ex KGB. I due sono inseguiti per tutto il film fra spari e computer. Inutile e stravisto. Si dimostra come una perfetta modella ipernutrita non abbia nulla a che vedere col cinema e con l'appeal. ■ AVVENTURA; COL.; 95'; USA, 1996.

FACOLTÀ DI MEDICINA *(Bad Medicine)* ★★
Regia di HARVEY MILLER. Con ALAN ARKIN, STEVE GUTTENBERG, JULIE HAGERTY. ■ Un gruppo di giovani americani studenti di medicina va a fare pratica in un ospedale dell'America Latina. Ma l'ospedale esiste soltanto nella mente dei demagoghi locali e l'esperienza dei giovani con gli indigeni è disastrosa. Mo-

rale: alla fine gli indios decidono di far di nuovo ricorso ai loro stregoni. ■ COMICO; COL.; 96′; USA, 1985.

FACOLTÀ DI MEDICINA: ORGANI CERCASI ★★
(Muggers)
Regia di DEAN MURPHY. Con JASON BARRY, MATT DAY, CHRIS HAYWOOD, PETRA JARED. ■ Gregor (Jason Barry) e Brad (Matt Day) sono due squattrinati studenti di medicina perseguitati da uno strozzino, che chiederà loro di estinguere il debito qualora non superino un esame decisivo per la loro carriera universitaria. Presi dal panico, i due giovani decidono di cercare il testo della tanto temuta prova nel computer del loro professore. La loro "bravata" li porterà a scoprire l'esistenza di un traffico di organi gestito dallo stesso insegnante. Film dal ritmo vivace, nonostante una certa trascuratezza nella sceneggiatura. ■ THRILLER; COL.; 97′; AUSTRALIA, 2000.

FACTORY GIRL ★★
Regia di GEORGE HICKENLOOPER. Con ARMIN AMIRI, HAYDEN CHRISTENSEN, JIMMY FALLON, BETH GRANT, SHAWN HATOSY, JACK HUSTON, SIENNA MILLER, GUY PEARCE, TARA SUMMERS, MENA SUVARI. ■ Tra realtà e immaginazione, *Factory Girl* si propone di ricostruire la figura di Edie Sedgwick, attrice e modella della Factory di Andy Warhol. In compagnia dello sceneggiatore, il regista Hickenlooper ha scandagliato un ricco materiale di archivio per raccontare l'ascesa e il declino di una donna simbolo della contro-cultura americana. Arrivata a New York intorno alla metà degli anni Sessanta, Edie viene risucchiata dalla fabbrica creativa di Warhol senza riuscire a trovare un giusto equilibrio tra il mondo effimero dei seguaci dell'artista e quello pieno di impegni di una grande rock star di cui si innamora. Per quanto accurata sia la rappresentazione di alcuni dettagli scenici, la pellicola non riesce a trovare un punto di vista ben preciso. ■ BIOGRAFICO; COL.; 90′; USA, 2006.

FACTOTUM ★★★
Regia di BENT HAMER. Con JIM BROCKHOHN, JIMMY BROCKHOHN, CHRIS CARLSON, JOSEPH COURTEMANCHE, CHRISTOPHER DAY, MATT DILLON, DIDIER FLAMAND, TONY LYONS, ADRIENNE SHELLY, FISHER STEVENS, LILI TAYLOR, MARISA TOMEI, KAREN YOUNG. ■ Una vita in fumo, un'esistenza al servizio dell'alcool, dell'autodistruzione. Aspirazioni da scrittore, forse autoconvinzioni, in continua ricerca di qualcosa che non sa e non vuole sapere. Henry Chinaski fa mille lavori, incontra una donna, due donne, gioca ai cavalli, vince per perdere. Perde per vivere. Matt Dillon è un "flatliner" perfetto, di quelli che seguono la strada senza mai curvare. Il regista, in questa situazione, si limita a osservare, tingendo, con l'aiuto della fotografia, un mondo cupo e grigio, una provincia americana in cui la speranza si spegne lentamente e che costringe lo spettatore ad entrare, a sua volta, nel buio. ■ DRAMMATICO; COL.; 94′; GERMANIA, NORVEGIA, USA, 2005.

FACULTY, THE ★★★
Regia di ROBERT RODRIGUEZ. Con JORDANA BREWSTER, CLEA DUVALL, LAURA HARRIS. ■ La Herrington High School dell'Ohio, una piccola cittadina americana, non è proprio una scuola modello. Gli studenti sono arroganti e violenti, gli insegnanti sono annoiati ed incompetenti e c'è persino chi spaccia droga all'interno dell'istituto. Il ritrovamento di uno strano organismo nel campo da football della scuola segna l'inizio di una serie di cambiamenti. Tutti si comportano diversamente, ma nessuno ha sospetti, finché gli studenti, Casey e Delilah, non vedono due insegnanti aggredire l'infermiera della scuola e scoprono il cadavere di una vecchia professoressa. Ormai certi che i loro insegnanti siano posseduti dagli alieni, i due giovani chiedono aiuto ad altri ragazzi. Dopo aver scoperto che la droga può uccidere gli extraterrestri, cinque sopravvissuti decidono di lottare per salvare la propria vita e quella degli altri esseri umani infetti. Ma per vincere questa guerra, dovranno scoprire chi è l'alieno regina a capo dell'invasione. L'alieno come altro da sé. *The Faculty* è un horror fantascientifico, ricco di citazioni cinefile, scarno di effetti speciali (se si escludono le apparizioni dell'extraterrestre, sullo stile dell'*Alien* di Ridley Scott) e dotato di un ritmo travolgente, grazie a una suspense abilmente costruita e ad un felice alternarsi di colpi di scena. ■ HORROR; COL.; 90′; USA, 2001.

FADDIJA – LA LEGGE DELLA VENDETTA ★
Regia di ROBERTO BIANCHI MONTERO. Con LUISA ROSSI, OLGA SOLBELLI, OTELLO TOSO, WILLIAM TUBBS. ■ Un contadino mette incinta una ragazza; il padre di questa decide di vendicarsi. Ma mentre sta per farlo la fanciulla partorisce: la drammaticità dell'avvenimento placa gli animi. ■ DRAMMATICO; B/N; 90′; ITALIA, 1949.

FAHRENHEIT 9/11 ★★♉
Regia di MICHAEL MOORE. Con GEORGE W. BUSH, MICHAEL MOORE. ■ Secondo il suo stile documentaristico, Moore porta la sua tesi contro il presidente George W. Bush, rilevando i suoi (antichi) rapporti con il collega petroliere Bin Laden e facendo risalire le ragioni della guerra in Iraq semplicemente agli interessi del Presidente, che viene tallonato dalla cinepresa in atteggiamenti che lo tratteggiano come un autentico idiota. Goliardico, politicamente scorretto, non ha saputo fermarsi sul confine del "fazioso", oltre il quale il pubblico coglie il dolo. Il film ha raccolto l'entusiasmo di gran parte dell'intelligentia americana ed europea. Non è mancato neppure il prestigioso riconoscimento della Palma d'oro di Cannes. Tuttavia Moore ha mancato il compito che si era prefisso: far vincere le elezioni presidenziali al candidato democratico Kerry. Probabilmente gliele ha fatte perdere, accreditando una regola consolidata: l'artista non si addice al candidato. ■ DOCUMENTARIO; COL.; 115′; USA, 2004. ■ CANNES ♉ 1 PR.

FAHRENHEIT 451 ★★★★
Regia di FRANÇOIS TRUFFAUT. Con JULIE CHRISTIE, CYRIL CUSACK, ANTON DIFFRING, OSKAR WERNER. ■ In un futuro prossimo, in una nazione imprecisata, la lettura è vietata e i libri sono bruciati da individui, vestiti da pompieri, attrezzati allo scopo. Uno di costoro si ribella all'imposizione, scappa e si rifugia dagli "uomini-libro":ciascuno di loro ha imparato a memoria un'opera e la tramanda così alla posterità. ■ FANTASCIENZA; COL.; 112′; FRANCIA, GRAN BRETAGNA, 1966.

FAH TALAI JONE ★★★
Regia di WISIT SARTSANATIENG. Con STELLA MALUCCHI, CHARTCHAI NGAMSAN. ■ Probabilmente dovremmo essere meno preconcetti verso un certo cinema lontano da noi geograficamente. Infatti questo film, che mette in parodia il western e il melodramma latino-americano oltre a citare *Via col vento*, ha uno stile fotografico e visionario davvero originale. Utilizzando un colore irreale che privilegia i toni molto accesi, come certe cartoline colorate degli anni Cinquanta, il regista tailandese Wisit Sasanatieng intrattiene per quasi due ore con effetti in concorrenza con la cinematografia occidentale. La storia d'amore tra Rumpoey e Dum, è ostacolata dal ricco padre di lei che la vuole sposata al capitano Kumjorn. Dum diventa poi un fuorilegge per vendicare il padre assassinato. ■ AVVENTURA; COL.; 110′; THAILANDIA, 2001.

FAI COME TI PARE *(Any Which Way You Can)* ★★
Regia di BUDDY VAN HORN. Con CLINT EASTWOOD, GEOFFREY LEWIS, SONDRA LOCKE. ■ Storia d'amore, boxe e malavita, tutta imperniata intorno alla figura di Philo Beddoe, classico burbero buono, camionista che ama gli animali e i bambini e solo per fare qualche soldo si presta agli incontri di pugilato a pugni nudi. Seguito di *Filo da torcere* sempre con Eastwood. ■ COMMEDIA; COL.; 116′; USA, 1980.

FAIDA ★★
Regia di PAOLO PECORA. Con GORDON MITCHELL, PEPPE PECORA. ■ Uno dei componenti una banda mafiosa viene ucciso da un giovane, la cui sorella è stata da questi violentata. Don Salvatore, capo della gang, lo considera un insulto personale, un affronto al suo onore che non può tollerare senza perdere la faccia davanti ai suoi uomini e al paesino dell'Aspromonte che domina col terrore. ■ DRAMMATICO; COL.; 91′; ITALIA, 1988.

FAIDA, LA *(The Forgiveness of Blood)* ★★
Regia di JOSHUA MARSTON. Con REFET ABAZI, TRISTAN HALILAJ, ZANA HASAJ, ÇUN LAJÇI, ILIRE VINCA ÇELAI. ■ Nik è un diciassettenne all'ultimo anno delle superiori di una piccola città di campagna dell'Albania, e sogna di poter aprire un internet-point dopo il diploma, mentre prova i primi sentimenti d'amore per una coe-

tanea. La sorella, Rudina, ha quindici anni e vorrebbe poter frequentare in futuro l'università. Il padre, che lavora consegnando porta a porta derrate alimentari, viene a conflitto per questioni di passaggio di proprietà con un'altra famiglia. Ne nasce uno scontro che porta alla morte di un uomo. Il padre di Nik viene accusato e fugge. Ora, per un antico codice balcanico, la famiglia del defunto può rivalersi uccidendo un maschio rivale. Joshua Marston torna ad affrontare, dopo il successo di *Maria full of grace*, il tema della giovinezza negata dalle condizioni sociali. ■ DRAMMATICO; COL.; 109'; USA, ALBANIA, ITALIA, DANIMARCA, 2011.

FAI IN FRETTA AD UCCIDERMI... HO FREDDO ★★
Regia di FRANCESCO MASELLI. Con ROBERTO BISACCO, JEAN SOREL, MONICA VITTI. ■ Una coppia di amanti è specializzata nel derubare i capitalisti. Un giorno una ricca ereditiera si innamora del ragazzo e il fratello di costei della ragazza. I due truffatori progettano con l'innamorato rispettivo di uccidere il partner per intascare l'eredità, ma non metteranno mai in atto il progetto; se lo sveleranno più tardi, invece, e ci rideranno sopra. ■ COMMEDIA; COL.; 99'; ITALIA, 1968.

FAIR GAME. CACCIA ALLA SPIA *(Fair Game)* ★★
Regia di DOUG LIMAN. Con DAVID ANDREWS, BRUCE MCGILL, SEAN PENN, SAM SHEPARD, NAOMI WATTS. ■ La vita sotto copertura di un agente della CIA e di suo marito, anch'egli impegnato in questioni di politica estera, viene sconvolta quando i due provano a mettersi di traverso alla decisione del governo di intervenire in Iraq per la presenza di armi di distruzione di massa. Che le armi non ci siano, che gli oggetti etichettati come componenti per la costruzione di atomiche non siano pericolosi come si dice e che forse l'unica minaccia possono essere certi scienziati al lavoro sull'arma (già pronti a lavorare per altri stati in caso di intervento), i coniugi lo sanno bene, ma la decisione di esporsi sarà fatale per la loro reputazione. Lentamente, di film in film, gli americani tentano di spiegare a se stessi e agli altri come si sia arrivati al conflitto iracheno degli ultimi anni e quale tipo di degrado istituzionale abbia portato alla sventurata e incredibile decisione. ■ AZIONE; COL.; 107'; USA, 2010.

FAIRWAY – UNA STRADA LUNGA UN SOGNO ★
Regia di NELLO CORREALE, ANGELO RIZZO. Con PAOLO CALISSANO, ELISABETTA CORAINI, JENNIFER DRIVER, FRANCESCO MIGLIACCIO, EMANUELE VEZZOLI. ■ Ellen è una fotomodella che passa dal castello scozzese in cui vive (e da un amore ormai lontano) a una passerella di moda a Los Angeles. Le luci del bel mondo la attendono in questo cine-romanzo pronto per la televisione. ■ COMMEDIA; COL.; 94'; ITALIA, 1998.

FA' LA COSA GIUSTA *(Do the Right Thing)* ★★★
Regia di SPIKE LEE. Con DANNY AIELLO, OSSIE DAVIS, RUBY DEE. ■ In un quartiere "nero" di Brooklyn, tutto sembra tranquillo. I disordini razziali di quindici, venti anni prima sembrano dimenticati. Ma basta una giornata di caldo torrido per esacerbare gli animi. La pizzeria italiana viene razziata. Il proprietario si vendica. ■ DRAMMATICO; COL.; 113'; USA, 1989. ■ GOLDEN GLOBES 4 NOM; OSCAR 2 NOM.

FA' LA COSA SBAGLIATA – THE WACKNESS ★★
(The Wackness)
Regia di JONATHAN LEVINE. Con FAMKE JANSSEN, BEN KINGSLEY, MARY-KATE OLSEN, JOSH PECK, OLIVIA THIRLBY. ■ New York 1994, "era Giuliani". Luke Shapiro è un giovane spacciatore. Jeffrey Squires il suo psicanalista e il suo miglior cliente. Il dottor Squires assume un po' di tutto, ma nega al giovane amico la prescrizione per le pillole della felicità, spronandolo a vivere, a soffrire, ad amare. Almeno finché Luke non scopre di voler fare tutto questo solo per la figliastra di Squires, Stephanie. L'interesse del film è nella relazione tra un ragazzo che si crede depresso ma sta solo girando senza spinta, e un adulto pieno di incongrua vitalità, che tiene a bada fuggendo in paradisi artificiali, un uomo che fa sempre "la cosa sbagliata", utile agli altri e poco a se stesso. I due uomini raccontano due età, due modi di vivere l'amore e la disperazione, due storie di riflusso, post-hippy per Squires e post-grunge per Shapiro, mentre nella loro amicizia si rivelano (che più esplicitamente non si può) le contraddizioni del vivere e la speranza per sopravvivere. ■ DRAMMATICO; COL.; 96'; USA, 2008.

FALBALAS ★★★
Regia di JACQUES BECKER. Con JEAN CHEVRIER, GABRIELLE DORZIAT, MICHELINE PRESLE, RAYMOND ROULEAU. ■ Uno stilista di moda vuole togliersi un capriccio e si mette a far la corte alla donna di un amico. Nonostante sia un rubacuori questa volta trova una signora molto difficile. ■ COMMEDIA; B/N; 95'; FRANCIA, 1945.

FALCHI ATTACCANO ALL'ALBA, I ★★
(Eagles Attack at Dawn)
Regia di MENAHEM GOLAN. Con PETER BROWN, YEHORAM GAON, RICK JASON. ■ Un commando israeliano riceve l'ordine di liberare alcuni prigionieri politici in possesso di importanti informazioni; la missione avrà pieno successo. ■ GUERRA; COL.; 92'; ISRAELE, 1972.

FALCHI DEL FIUME GIALLO, I *(China Sky)* ★★
Regia di RAY ENRIGHT. Con ELLEN DREW, RANDOLPH SCOTT, RUTH WARRICK. ■ Siamo in Cina. La moglie di un americano, gelosa di una donna che lavora con lui all'ospedale e incapace di sopportare quella vita tra continui attacchi dei giapponesi, favorisce, con la sua leggerezza, l'ingresso in città dei nemici; sconvolta, muore in battaglia. ■ GUERRA; B/N; 78'; USA, 1945.

FALCHI DELLA NOTTE, I *(Nighthawks)* ★★★
Regia di BRUCE MALMUTH. Con RUTGER HAUER, SYLVESTER STALLONE, BILLY DEE WILLIAMS. ■ Un killer, al soldo del terrorismo internazionale, architetta un massacro al palazzo delle Nazioni Unite. L'Interpol lo aspetta al varco, ma il killer riesce a eludere le trappole predisposte dal poliziotto italo-americano Da Silva che alla fine, però, avrà la meglio, sfruttando il primo atto d'indecisione dell'assassino. ■ POLIZIESCO; COL.; 99'; USA, 1981.

FALCHI DI RANGOON – IL COMANDANTE JIM, I ★★★
(Flying Tigers)
Regia di DAVID MILLER. Con JOHN CARROLL, ANNA LEE, JOHN WAYNE. ■ È la storia di un capitano americano impegnato in Birmania contro i giapponesi e di un suo amico, ribelle e indisciplinato, membro del gruppo. Il secondo causa la morte di un compagno, ma si riabilita sacrificando la vita in una coraggiosa azione contro il nemico. ■ GUERRA; B/N; 102'; USA, 1942. ■ OSCAR 3 NOM.

FALCHI IN PICCHIATA *(Fighter Squadron)* ★★
Regia di RAOUL WALSH. Con EDMOND O'BRIEN, JOHN RODNEY, ROBERT STACK. ■ È un film di propaganda bellica al quale manca una vera e propria trama. Si narra del metodo d'azione di diversi comandanti e di uno di essi in particolar modo, vittima di un'azione coraggiosa. ■ GUERRA; B/N; 96'; USA, 1948.

FALCO DEL NORD, IL *(Spawn of the North)* ★★★
Regia di HENRY HATHAWAY. Con JOHN BARRYMORE, HENRY FONDA, DOROTHY LAMOUR, GEORGE RAFT. ■ Il film narra la drammatica storia di due pescatori di salmone tra i ghiacciai dell'Alaska: uno di essi, allettato dalla possibilità di facile danaro, si unisce ad alcuni frodatori; poi, pentito, affronta volontariamente la morte assieme al capobanda. ■ DRAMMATICO; B/N; 130'; USA, 1938. ■ OSCAR 1 PR, 1 NOM.

FALCO DI BAGDAD, IL *(The Magic Carpet)* ★★
Regia di LEW LANDERS. Con JOHN AGAR, LUCILLE BALL, PATRICIA MEDINA. ■ L'erede di un trono conteso viene salvato da morte certa dalla madre e vola, grazie ad un tappeto magico, presso la casa di un medico che lo cresce come un figlio. Anni dopo conoscerà la verità e riprenderà il posto che gli spetta. ■ FANTASTICO; COL.; 84'; USA, 1951.

FALCO DI HONG KONG, IL *(Washi to Taka)* ★★
Regia di UMEJI INOUE. Con YUJRO ISCHIARA, RENTARO MIKUNI, YUMEJI TSUKIOKA. ■ Storia di soldi e di vendette sulla falsariga dei polizieschi americani. L'ambiente è un mercantile giapponese, il protagonista un abile poliziotto travestito da marinaio. ■ POLIZIESCO; COL.; 90'; GIAPPONE, 1957.

FALCO D'ORO, IL ★★
Regia di CARLO LUDOVICO BRAGAGLIA. Con ANNA MARIA FERRERO, NADIA GRAY, FRANK LATIMORE, MASSIMO SERATO. ■

Toscana, diciassettesimo secolo. La vedova di un signorotto vuole far sposare il proprio rampollo alla figlia del rivale per porre fine all'ostilità tra le due famiglie. Una ragazza, abile spadaccina, vuole impedire il matrimonio perché è innamorata del ragazzo. La spunta. ■ AVVENTURA; COL.; 92′; ITALIA, 1955.

FALCO E LA COLOMBA, IL ★★
Regia di FABRIZIO LORI. Con SIMONETTA STEFANELLI, FABIO TESTI, LARA WENDEL. ■ Brillante uomo politico in carriera, Michele viene gambizzato da un gruppo di terroristi. Lo soccorre Viva, una fotomodella eroinomane, della quale Michele si innamora, mettendo a repentaglio la sua carriera, il suo matrimonio e perfino la sua stessa vita. ■ DRAMMATICO; COL.; 92′; ITALIA, 1981.

FALCONE, IL *(Banovic Strahinja)* ★★
Regia di VATROSLAV MIMICA. Con FRANCO NERO, DRAGAN NIKOLIC, SANJA VEJNOVIC. ■ Siamo in Serbia, nel quattordicesimo secolo: il nobile Banovic esce a caccia con il suo falcone e un bandito turco ne approfitta per attaccare il suo castello, massacrarne gli abitanti e rapire la sua bella moglie. Banovic riesce a liberarla, ma scopre che la donna si è concessa al nemico. ■ DRAMMATICO; COL.; 95′; JUGOSLAVIA, 1982.

FALCO NERO, IL *(Call of the Prairie)* ★★
Regia di HOWARD BRETHERTON. Con WILLIAM BOYD, JAMES ELLISON, CHESTER KONKLIN. ■ Hopalong Cassidy salva da morte sicura un suo giovane collega del ranch Bar 20 e lo aiuta anche nel romanzetto con la sua ragazza. ■ WESTERN; B/N; 94′; USA, 1936.

FALCO ROSSO, IL ★★
Regia di CARLO LUDOVICO BRAGAGLIA. Con TAMARA LEES, PAUL MÜLLER, JACQUES SERNAS. ■ L'erede di un nobile spodestato decide di eliminare l'usurpatore. Ci riesce assumendo una doppia personalità e sposa la sua promessa. Nel feudo ritorna la pace. ■ DRAMMATICO; B/N; 92′; ITALIA, 1949.

FALENA, LA *(Nocny Motyl)* ★★
Regia di FRANTISEK CAP. Con SVATOPLUK BENES, HANA VITOVA. ■ Una ragazza si innamora perdutamente di un ufficiale che la disdegna. Delusa e disperata cade sempre più in basso finché, rivisto l'uomo nell'infimo locale in cui lavora, muore ai suoi piedi. ■ DRAMMATICO; B/N; 91′; CECOSLOVACCHIA, 1941. ■ VENEZIA 1 PR.

FALENA D'ARGENTO, LA *(Christopher Strong)* ★★★
Regia di DOROTHY ARZNER. Con COLIN CLIVE, RALPH FORBES, KATHARINE HEPBURN. ■ Un'abilissima pilota diventa l'amante di un uomo sposato. Quando si accorge di esserne incinta e si rende conto dell'impossibilità di una futura vita accanto all'amato, si suicida durante un volo. ■ DRAMMATICO; B/N; 77′; USA, 1933.

FALENE ★★
Regia di ANDRES ARCE MALDONADO. Con TOTÒ ONNIS, PAOLO SASSANELLI. ■ Porto di Bari, notte. Due uomini ben vestiti ma dall'aria losca attendono qualcuno nascondendo una mazza da baseball pronta all'uso. Nell'attesa parlano, fumano e sognano un'iperbolica fuga a Parigi. L'arrivo della persona attesa li farà scontrare con la realtà. *Falene* nasce da una scrittura teatrale e arriva al cinema in maniera indipendente e realizzato interamente con una videocamera digitale in pochi giorni di riprese. La storia e il contesto appartengono alla tradizione noir, calata nel contesto meridionale. ■ DRAMMATICO; COL.; 90′; ITALIA, 2011.

FALLING ★★
Regia di BARBARA ALBERT. Con GEORG FRIEDRICH, BIRGIT MINICHMAYR, NINA PROLL, KATHRIN RESETARITS, URSULA STRAUSS. ■ Cinque compagne di scuola (Nina, Birgit, Ursula, Kathrin, Gabriela) si ritrovano dopo 14 anni al funerale di Michael, un professore a cui erano particolarmente vicine. Sono tutte sulla trentina, chi con professioni più o meno precarie, chi disoccupata e chi con una vita che la porta dentro e fuori dal carcere. Nel corso di un pomeriggio e di una notte le donne si incontrano, si scontrano e, soprattutto, si confrontano con se stesse e con l'immagine delle altre che hanno conservato nella mente. A osservarle in silenzio è la figlia di Gabriela (affidata al nonno e solo occasionalmente in compagnia della madre). Deja vu. ■ DRAMMATICO; COL.; 88′; AUSTRIA, 2006.

FALLING... IN LOVE *(Falling... in love)* ★★
Regia di WANG MING-TAI. Con WAN FANG, LAN CHENG LUNG, LEE KANG YI, SHU HUI YING. ■ La storia d'amore tra Alan e Angel è tormentata dal carattere burrascoso di lui, che non riesce a comunicare alla giovane innamorata i suoi sentimenti. Grava su Angel anche una relazione passata, e il caso beffardo vuole che la sua ex, Belle, vada ad abitare proprio di fronte a Angel, dove Alan si rifugia di tanto in tanto. Le due donne diventano amiche intime, unite dal destino che prevede per loro un viaggio ad Hokkaido, in Giappone. Alan, invece, nel suo autolesionismo, finisce in un giro di incontri clandestini di boxe, e nel letto della donna di un pericoloso mafioso. ■ DRAMMATICO; COL.; 100′; CINA, TAIWAN, 2005.

FALLO DI MADELON CLAUDET, IL ★★★
(The Sin of Madelon Claudet)
Regia di EDGAR SELWYN. Con NEIL HAMILTON, HELEN HAYES, LEWIS STONE, ROBERT YOUNG. ■ Storia strappalacrime di una madre, fatta su misura per la stella di Broadway Helen Hayes. ■ DRAMMATICO; B/N; 74′; USA, 1931. ■ OSCAR 1 PR, 1 NOM; VENEZIA 1 PR.

FALLO PER PAPÀ ★
Regia di CIRO CERUTI, CIRO VILLANO. Con MASSIMO BONETTI, CIRO CERUTI, ROBERTA GIARUSSO, GIACOMO RIZZO, CIRO VILLANO. ■ Tema della "famiglia" attraverso un racconto sull'astio di due fratelli che si rivedono dopo otto anni perché, attraverso mille stratagemmi, il loro padre cerca di farli riappacificare. Intanto si intrecciano: la comparsa di una presunta figlia, il dramma di una donna in continua attesa di una maternità che non arriva mai, fino al recupero di un amore mai sopito. ■ COMMEDIA; COL.; 100′; ITALIA, 2011.

FALL TIME ★★
Regia di PAUL WARNER. Con DAVID ARQUETTE, STEPHEN BALDWIN, SHERYL LEE, JASON LONDON, MICKEY ROURKE. ■ 1957. Provincia americana. Tre ragazzi, per ingannare il tempo, organizzano una finta rapina con finto omicidio. Peccato che contemporaneamente due delinquenti abbiano un progetto analogo ma "vero". Mickey Rourke si riscatta dalle ultime pessime prestazioni in questo film il cui regista dimostra di saperci fare con il montaggio, riabilitando anche una sceneggiatura apparentemente troppo artefatta. ■ DRAMMATICO; COL.; 88′; USA, 1995.

FALÒ DELLE VANITÀ, IL *(The Bonfire of the Vanities)* ★★★
Regia di BRIAN DE PALMA. Con MELANIE GRIFFITH, TOM HANKS, BRUCE WILLIS. ■ Tratto dal famoso best-seller di Tom Wolfe, che a più riprese altri registi hanno tentato di riproporre in versione cinematografica. Al traguardo c'è arrivato De Palma che gli ha dato una bella confezione, un buon ritmo, ma forse ha evitato di approfondire gli aspetti psicologici perdendo il realismo. Tutto comincia con un piano sequenza di steady-cam che mostra il tragitto di Fallow, giornalista che sta per ritirare il premio Pulitzer meritato per gli articoli sul caso McCoy. Costui, importante personaggio d'affari di Wall Street, ha avuto una rapida decadenza dopo aver investito con la propria auto un uomo di colore. Gli attori stanno al gioco e si distingue Tom Hanks, per la prima volta in un ruolo drammatico. ■ DRAMMATICO; COL.; 126′; USA, 1990.

FALÒ-FUOCO ALPINO... UNA STORIA PROIBITA ★★★
(Hohenfeuer)
Regia di FREDI M. MURER. Con ROLF ILLIG, THOMAS NOCK. ■ Un vecchio vive sulle montagne dell'Alto Uri con la moglie e i figli. Fratello e sorella, lui sordomuto e lei con la passione per l'insegnamento, si amano e cercano di far fuori il padre. Pardo d'Oro al Festival di Locarno. ■ DRAMMATICO; COL.; 117′; SVIZZERA, 1985.

FALSARI, I *(Renfrew of the Royal Mounted)* ★★
Regia di AL HERMAN. Con CAROL HUGHES, JAMES NEWILL. ■ Alcuni falsari stabilitisi al confine canadese operano con tutta tranquillità perché il loro capo è diventato intimo amico di un ignaro poliziotto. Quest'ultimo scoprirà però la vera identità del sedicente amico e arresterà i banditi. ■ AVVENTURA; B/N; 91′; USA, 1937.

FALSARI, I ★★
Regia di FRANCO ROSSI. Con DORIS DURANTI, FOSCO GIACHET-

TI. ■ Un poliziotto è incaricato di smascherare una banda di falsari. Dopo alcune indagini arresta un ragazzo e lo rilascia per pedinarlo. Scopre così la sua complicità nel traffico e la responsabilità dell'amante, che elimina il giovane prima di essere portata in galera. ■ POLIZIESCO; B/N; 92'; ITALIA, 1950.

FALSARI ALLA SBARRA *(Counterfeit)* ★★
Regia di ERLE C. KENTON. Con MARGOT GRAHAME, MARIAN MARSH, CHESTER MORRIS. ■ Un poliziotto americano si infiltra in una banda di falsari per farli arrestare al momento opportuno. Innamoratosi di un'involontaria complice, tenuta segregata dalla gang, rivela la sua identità per salvarla. La polizia giunge in tempo. ■ POLIZIESCO; B/N; 93'; USA, 1936.

FALSARI DI CUBA, I *(The Big Boodle)* ★★
Regia di RICHARD WILSON. Con PEDRO ARMENDARIZ, ERROL FLYNN, ROSSANA RORY. ■ Un onesto giovanotto, che fa il croupier in una sala da gioco di Cuba, e una bella e altrettanto onesta ragazza sono coinvolti nel giro dei falsari e usati come capri espiatori. Ma il giovane regola i conti con i cattivi. ■ GIALLO; B/N; 83'; USA, 1956.

FALSARIO – OPERAZIONE BERNHARD, IL ★★
(Die Fälscher)
Regia di STEFAN RUZOWITZKY. Con MARIE BÄUMER, MARTIN BRAMBACH, DOLORES CHAPLIN, WERNER DAEHN, AUGUST DIEHL, KARL MARKOVICS, DEVID STRIESOW, VEIT STÜBNER, AUGUST ZIRNER. ■ Berlino 1936. Sorowitsch è il re dei falsificatori ed è ebreo. La sua vita cambia quando viene portato a Mauthausen e da lì trasferito, per la sua competenza, in un campo privilegiato insieme ad altri tecnici della falsificazione. Dovranno produrre valuta pregiata falsa per sostenere le casse ormai vuote del Reich. Sorowitsch inizialmente non si pone problemi: ha trovato il modo di sopravvivere e di esercitare la propria "arte". Progressivamente uno dei suoi privilegiati compagni di prigionia lo pone dinanzi al dilemma: continuare a falsificare denaro favorendo il nazismo o boicottare l'operazione mettendo a repentaglio le proprie vite? «Era un ebreo ma è morto da uomo», dice a un certo punto del film un nazista. In questa frase si racchiude parte del senso del film. Grazie a questo film è possibile una riflessione sul cinema austriaco. Ogni anno la Berlinale offre film di produzione in lingua tedesca che tornano ad affrontare il nodo, certo irrisolto, del nazismo. ■ DRAMMATICO; COL.; 98'; AUSTRIA, GERMANIA, 2007.

FALSE VERGINI, LE *(House of 1000 Dolls)* ★★
Regia di JEREMY SUMMERS. Con MARTHA HYER, GEORGE NADER, VINCENT PRICE. ■ Steve vuole assicurare alla giustizia gli assassini di un suo amico, ucciso mentre tentava di liberare la fidanzata sequestrata dai trafficanti di ragazze bianche. La polizia avverte Steve che si tratta di gente pericolosa, ma il giovanotto non sente ragioni e si lancia. Viene infine salvato dalla polizia. ■ GIALLO; COL.; 93'; GRAN BRETAGNA, SPAGNA, 1968.

FALSE VERITÀ *(Where the Truth Lies)* ★★★
Regia di ATOM EGOYAN. Con KEVIN BACON, SONJA BENNET, RACHEL BLANCHARD, COLIN FIRTH, ALISON LOHMAN. ■ 1959. Lanny Morris e Vince Collins sono i due entertainer più famosi degli Stati Uniti. Conduttori inarrivabili riescono a gestire una Maratona Telethon che ottiene esiti che vanno al di là delle più rosee speranze. Una donna trovata morta li coinvolge nell'omicidio. I due hanno un alibi ma non riusciranno più a lavorare insieme. Quindici anni dopo una giornalista rampante riesce a strappare un contratto favoloso con un editore a patto di riuscire a riaprire il caso. Avvierà così un'indagine che la porterà a scoprire diverse facce della verità... anche su se stessa. Nulla di nuovo, ma un "vecchio" ben rappresentato. ■ DRAMMATICO; COL.; 107'; CANADA, 2005.

FALSO GENERALE, IL *(Imitation General)* ★★
Regia di GEORGE MARSHALL. Con RED BUTTONS, GLENN FORD, DEAN JONES. ■ Un sergente, autista di un generale, si ritrova, in seguito alla morte del suo superiore, ad assumere il comando di una delicata operazione in territorio francese. Il giovanotto rivela notevoli doti tattico-militari e sbaraglia i tedeschi. ■ GUERRA; B/N; 88'; USA, 1958.

FALSO MOVIMENTO *(Falsche Bewegung)* ★★★
Regia di WIM WENDERS. Con MARIANNE HOPPE, NASTASSJA NAKSZYNSKI, HANNA SCHYGULLA, RUDIGER VOGLER. ■ Wilhelm compie un viaggio attraverso la Germania meridionale e durante il tragitto incontra molti personaggi che lo ispirano per un libro che intende scrivere. Fare lo scrittore sarebbe il suo più grande desiderio. Siamo agli albori del cinema di Wenders, che è aiutato alla sceneggiatura dall'amico scrittore Peter Handke. C'è qualche ingenuità, ma anche un'originale forma espressiva che avrebbe dato maggiori frutti in seguito. È l'esordio al cinema per Nastassja Kinski, accreditata col suo cognome originario. ■ DRAMMATICO; COL.; 102'; GERMANIA, 1975.

FALSO TESTIMONE, IL *(Zigzag)* ★★★
Regia di RICHARD A. COLLA. Con ANNE JACKSON, GEORGE KENNEDY, ELI WALLACH. ■ Paul è convinto di avere pochi mesi di vita; per assicurare alla sua famiglia un discreto avvenire si autoaccusa di un delitto in modo che alla moglie venga pagata una grossa taglia. Ma poi Paul viene operato e guarisce. Si mette quindi ad indagare per scoprire i veri colpevoli e ci riesce, ma all'ultimo momento il destino decide di beffarlo. ■ GIALLO; COL.; 105'; USA, 1970.

FALSO TRACCIATO *(Pushing Tin)* ★
Regia di MIKE NEWELL. Con CATE BLANCHETT, JOHN CUSACK, ANGELINA JOLIE, VICKI LEWIS, BILLY BOB THORNTON. ■ Un pilota è geloso di un collega di origini indiane. Gli seduce la moglie, ma poi si pente. Tutto ciò tra un volo spericolato e un altro. ■ DRAMMATICO; COL.; 124'; USA, 1999.

FALSO TRADITORE, IL *(The Counterfeit Traitor)* ★★★
Regia di GEORGE SEATON. Con HUGH GRIFFITH, WILLIAM HOLDEN, LILLI PALMER. ■ Un commerciante mezzo americano e mezzo svedese traffica coi tedeschi e pensa solo a far denaro. Un giorno assiste a un episodio di crudeltà da parte dei nazisti e accetta di diventare agente alleato. Gli mettono vicino una donna della quale si innamora. Il protagonista è costretto dal suo lavoro a trattar male alcuni suoi vecchi amici. La sua compagna, inoltre, viene fucilata. ■ DRAMMATICO; COL.; 140'; USA, 1962.

FALSTAFF ★★★
(Campanadas de media noche – Chimes at Midnight)
Regia di ORSON WELLES. Con JOHN GIELGUD, JEANNE MOREAU, MARGARET RUTHERFORD, MARINA VLADY, ORSON WELLES. ■ Falstaff, stravagante figura di gaudente avventuriero, è amico del principe di Galles e quando questi diventa re con il nome di Enrico V è convinto d'aver risolto il suo futuro. Ma gli impegni regali costringono il giovane sovrano a rinnegare le antiche e poco dignitose amicizie e il grasso Falstaff muore solo e disperato. ■ DRAMMATICO; B/N; 119'; SPAGNA, SVIZZERA, 1967. ■ CANNES 1 PR.

FAME *(Sult)* ★★★
Regia di HENNING CARLSEN. Con BRIGITTE FEDERSPIEL, GUNNEL LINDBLOM, PER OSCARSSON, SIGRID HORNE RASMUSSEN. ■ Adattamento dell'omonimo romanzo "Sult" (Fame) di Knut Hamsun, il titolo ha dato fama internazionale al regista Henning Carlsen, storica icona del cinema danese. Uno sprovveduto quanto singolare scrittore si aggira per le strade della Oslo del 1890 in cerca di un editore. In balia di alterne fortune, complice la propria natura, si ritrova in breve affamato e solo. Pungente, visionario e al contempo concreto, Carlsen eleva i contenuti del romanzo stilizzando la natura umana e regalando sequenze efficaci. Il film è un incisivo testimone del cinema modernista nordico e certamente all'avanguardia. ■ DRAMMATICO; B/N; 110'; DANIMARCA, 1966.

FAME – SARANNO FAMOSI *(Fame)* ★★
Regia di KEVIN TANCHAROEN. Con ASHER BOOK, NATURI NAUGHTON, KAY PANABAKER, KHERINGTON PAYNE, COLLINS PENNIE. ■ Alla High School of Performing Arts di New York cominciano le audizioni per selezionare i nuovi astri nascenti del mondo dello spettacolo. Nell'arco di quattro anni, questi giovani aspiranti cantanti, ballerini, attori e registi, imparano l'arte e danno libero sfogo ai loro talenti. Sognano il successo e condividono affetti e paure. Lottano contro le decisioni dei propri genitori e osservano brillare oppure estinguersi tutte le loro aspirazioni. Sono passati trent'anni da quando Alan Parker, su sceneggiatura di Christopher

Gore e musiche di Michael Gore, decise di infrangere i sogni aurei del musical americano in quel che restava delle inquietudini giovanili della New Hollywood e della realtà suburbana della New York descritta da Scorsese. Trent'anni in cui quel processo di commercializzazione e capitalizzazione delle ambizioni artistiche avviatosi proprio negli anni del film, ha trovato pieno compimento rendendo l'ambizione alla fama quanto mai estesa e liquida. Il nuovo *Fame – Saranno famosi* aggiorna all'era dei baby divi e dei vari *American Idol* il culto del film di Alan Parker, non tenendo a mente che il brand ha sviluppato nel tempo una costellazione di ufficiali e ufficiose declinazioni verso il teatro, il serial e il reality. ■ COMMEDIA MUSICALE; COL.; 120′; USA, 2009.

FAME CHIMICA ★★
Regia di ANTONIO BOCOLA, PAOLO VARI. Con TECO CELIO, MARCO FOSCHI, MATTEO GIANOLI, MAURO SERIO, VALERIA SOLARINO. ■ Due amici d'infanzia nella periferia milanese, due "zarri": uno fa lo spacciatore, l'altro un lavoro normale, faticoso e mal pagato. I due si innamorano della stessa ragazza e la loro amicizia è ad un bivio. Sullo sfondo, la piazza dove vivono è teatro di forti scontri sociali. Un film che nasce da una forma produttiva mai tentata in questa misura in Italia: tutti quelli che ci hanno lavorato hanno una compartecipazione negli utili e nelle eventuali perdite del film. Con la relativa "rabbia" di cui i giovani sono capaci. ■ DRAMMATICO; COL.; 97′; ITALIA, SVIZZERA, 2003.

FAME DI GLORIA *(Massacre at Sand Creek)* ★★
Regia di ARTHUR HILLER. Con JOHN DEREK, EVERETT SLOANE. ■ È la storia del colonnello Templeton, grande nemico degli indiani. Il suo odio porterebbe l'ufficiale alla rovina (e con lui molti uomini), se non fosse per il buon senso e la saggezza di un tenente. ■ WESTERN; B/N; 91′; USA, 1956.

FAME E LA SETE, LA ★★
Regia di ANTONIO ALBANESE. Con ANTONIO ALBANESE, AISHA CERAMI, LUCIA GUZZARDI, LORENZA INDOVINA, BEATRICE MACOLA. ■ Muore un padre in Sicilia. Il figlio che è rimasto con lui chiama il fratello, divenuto ormai in tutto e per tutto un brianzolo, perché partecipi alle esequie. Spinto dal desiderio dell'eredità l'uomo parte col suo carico di pregiudizi nei confronti dei "sudisti". Verrà punito. Sopraggiunge però anche il fratello che abita nell'Italia centrale che era stato dimenticato. Lui riuscirà ad astrarsi dai problemi. Albanese vuole strafare e non amalgama i tre caratteri tutti interpretati da lui. Resta l'impressione classica dell'opera seconda meno interessante della prima. ■ COMMEDIA; COL.; 94′; ITALIA, 1999.

FAMIGLIA, LA ★★★
Regia di ETTORE SCOLA. Con FANNY ARDANT, VITTORIO GASSMAN, STEFANIA SANDRELLI, OTTAVIA PICCOLO. ■ Storia di una famiglia, attraverso i ricordi di Carlo, professore di italiano in pensione, che nel corso dei decenni (dal 1906) nonostante gli eventi esterni e la rotazione di presenze sommesse nella sua casa ovattata, domina la vita trascorsa tra generazioni che si avvicendano con fedele continuità, in un clima di grande dignità umana. I personaggi sono disegnati mirabilmente, la moglie di Carlo, la comprensiva Beatrice, le zie zitelle, il fratello Giulio e Adriana, la cognata pianista di cui Carlo resta segretamente innamorato per tutta la vita. All'esterno della famiglia intanto scorre la storia. ■ DRAMMATICO; COL.; 127′; USA, 1988. ■ DAVID DI DONATELLO 6 PR, 6 NOM; OSCAR 1 NOM.

FAMIGLIA ADDAMS, LA *(The Addams Family)* ★★★★
Regia di BARRY SONNENFELD. Con ANJELICA HUSTON, RAUL JULIA, CHRISTOPHER LLOYD, CHRISTINA RICCI. ■ La famosa famiglia horror-comica finalmente trasposta al cinema, dopo fumetti, telefilm e cartoni animati. Bando agli entusiasmi, l'operazione è sì gradevole, ma senza una punta di genialità. Tra bellissimi effetti speciali e mirabolanti movimenti di macchina da presa infatti c'è posto per una storia banale e più da fiaba che non da satira sulla normalità e il conformismo americani che venivano in origine punzecchiati. C'è infatti il cattivaccio che si fa passare per lo zio Fester, scomparso da 25 anni. Costui vuole impadronirsi, insieme alla matrigna, del tesoro della famiglia. Il fatto è che il tipo dopo un po' si sente parte della famiglia. I personaggi ci sono ovviamente tutti: la coppia Gomez-Morticia, con l'accento francese come afrodisiaco, Lurch un po' in disparte come del resto la nonna, "Mano" non più nella scatola, ma libera e veloce. Per ultimi Mercoledì e Pugsley che si producono nella scena più divertente, quella della recita shakespeariana. Professionali Anjelica Huston, Raoul Julia e Christopher Lloyd. Successo di pubblico. ■ COMMEDIA; COL.; 100′; USA, 1991. ■ GOLDEN GLOBES 1 NOM; OSCAR 1 NOM.

FAMIGLIA ADDAMS 2, LA *(Addams Family Values)* ★★★
Regia di BARRY SONNENFELD. Con ANJELICA HUSTON, RAUL JULIA, CHRISTOPHER LLOYD. CHRISTINA RICCI. ■ Capita molto di rado che il secondo episodio di un fortunato film sia migliore del primo. In questo caso è proprio il numero due a essere più fedele all'antico spirito della serie televisiva omonima. Sebbene sotto una coltre di effetti speciali spesso fine a se stessi, questa volta l'ironia anticonvenzionale della "mostruosa" famiglia riesce a emergere. ■ COMICO; COL.; 95′; USA, 1993. ■ GOLDEN GLOBES 1 NOM; OSCAR 1 NOM.

FAMIGLIA ASSASSINA DI MA' BARKER, LA ★★★
(Ma Barker's Killer Brood)
Regia di BILL KARN. Con TRISTAM COFFIN, MYRNA DELL, LURENE TUTTLE. ■ Quattro fratelli sono avviati sin dall'infanzia alla delinquenza proprio dalla madre. I quattro ne combinano di tutti i colori, ma l'Fbi interviene. ■ DRAMMATICO; B/N; 82′; USA, 1960.

FAMIGLIA BARRETT, LA ★★★
(The Barretts of Wimpole Street)
Regia di SIDNEY FRANKLIN. Con FREDRIC MARCH, NORMA SHEARER. ■ Il film racconta la storia della sensibile e dotata poetessa Elizabeth Barrett, che, grazie all'amore del poeta Browning, trovò la forza di guarire dalla paralisi e il coraggio di ribellarsi ad un padre severissimo. ■ DRAMMATICO; B/N; 110′; USA, 1934. ■ OSCAR 2 NOM.

FAMIGLIA BRAMBILLA IN VACANZA, LA ★★
Regia di CARL BOESE. Con MASSIMO GIROTTI, ELENA LUBER. ■ La signora Brambilla sogna per la figliola un matrimonio importante: a questo scopo frequenta soltanto posti molto chic. Fatalmente le due sprovvedute cadono nelle mani di un avventuriero; per fortuna arriva il giovane povero. ■ COMMEDIA; B/N; 92′; ITALIA, 1942.

FAMIGLIA BUONANOTTE, LA ★★
Regia di CARLO LICONTI. Con KIM CATTRALL, DANIEL DE SANTO, GIANCARLO GIANNINI, LINA SASTRI. ■ Siamo in Canada nel 1957. C'è la famiglia Buonanotte, composta da immigrati italiani, alla quale le vicissitudini non mancano. Il piccolo Michelangelo assiste così al dilemma della madre rimasta vedova che pensa di risposarsi; all'esuberanza quasi ninfomane della zia; al vecchio nonno che ha una sua saggezza; alla difficile storia tra due vicini. Oltre a questo il bambino si infatua della propria maestra. Piacevole, forse con alcuni stereotipi sugli italiani, così come ci vedono gli stranieri. ■ COMMEDIA; COL.; 95′; CANADA, 1989.

FAMIGLIA DAKERS, LA *(My Brother Jonathan)* ★★
Regia di HAROLD FRENCH. Con BEATRICE CAMPBELL, MICHAEL DENISON, DULCIE GRAY. ■ Un giovane medico, Jonathan, ha un fratello che muore in guerra lasciando la fidanzata in attesa di un figlio. Jonathan sposa la ragazza perché il bambino abbia un nome, ma la madre muore subito dopo il parto. L'uomo può finalmente unirsi alla ragazza che ama. ■ DRAMMATICO; B/N; 107′; GRAN BRETAGNA, 1947.

FAMIGLIA DELLA GIUNGLA, LA ★★
(The wild Thornberrys Movie)
Regia di CATHY MALKASIAN, JEFF MCGRATH. ■ La famiglia Thornberry si è trasferita nella giungla africana per realizzare un documentario sulla natura del luogo. Grazie all'aiuto di uno sciamano, Eliza, una dei tre figli di Nigel e Marianne, scopre di essere in grado di parlare con gli animali della giungla. Ad una condizione: se rivelerà a qualcuno di possedere questa facoltà straordinaria, la perderà immediatamente. Ma quando l'arrivo di due bracconieri senza scrupoli minaccia la vita di un branco di elefanti, Eliza è costretta a rinunciare al suo potere per salvare gli animali. Cartoon ispirato ad una serie televisiva americana la cui

colonna sonora contiene brani di Paul Simon, Peter Gabriel e Angelique Kidjo. ■ ANIMAZIONE; COL.; 85′; USA, 2002.

FAMIGLIA DEL PROFESSORE MATTO, LA ★
(Nutty Professor II: The Klumps)
Regia di PETER SEGAL. Con JANET JACKSON, LARRY MILLER, EDDIE MURPHY. ■ Torna il grasso professor Klump. Sta per sposarsi. Il suo alter ego è sempre più cattivo e ingombrante. Poi ci sono i parenti, tutti interpretati da Murphy. Tutto intollerabile: storia, ruoli, soprattutto Murphy. ■ COMICO; COL.; 90′; USA, 2000.

FAMIGLIA DI MIA MOGLIE, LA *(My Wife's Family)* ★★
Regia di MONTY BANKS. Con MURIEL ANGELUS, MONTY BANKS. ■ L'attore e regista Monty Banks si chiamava Mario Bianchi ed era italianissimo. *La famiglia di mia moglie* è una commedia brillante che girò in Inghilterra. ■ COMMEDIA; B/N; 92′; GRAN BRETAGNA, 1932.

FAMIGLIA GIBSON, LA *(This Happy Breed)* ★★
Regia di DAVID LEAN. Con CELIA JOHNSON, ROBERT NEWTON. ■ Il periodo tra le due guerre mondiali raccontato attraverso le vicende di una famiglia medio borghese. ■ DRAMMATICO; B/N; 98′; GRAN BRETAGNA, 1943.

FAMIGLIA IMPOSSIBILE – L'UCCELLINO HA FAMIGLIA, UNA ★★
Regia di CARLO LUDOVICO BRAGAGLIA. Con ARMANDO FALCONI, MARIA MERCADER, ALBERTO RABAGLIATI, PINA RENZI, SERGIO TOFANO. ■ Per avvicinare un cantante della radio, di cui si è invaghita, una ragazza trascina tutta la sua famiglia davanti ai microfoni dell'Eiar: il risultato è un divertente e spassoso spettacolo. ■ COMMEDIA; B/N; 93′; ITALIA, 1940.

FAMIGLIA MALEDETTA, LA *(Daddy's Boys)* ★★
Regia di JOE MINION. Con LAURA BURKETT, DARYL GANEY, DANIEL SHOR. ■ È la storia vera della famiglia Haggard, un famigerato clan degli anni Trenta. Dopo la morte della madre, gli Haggard se ne vanno in giro per il grande paese, sequestrando delle poveracce scelte a caso e costringendole a impersonare la defunta genitrice nei loro morbosi rituali. ■ DRAMMATICO; COL.; 94′; USA, 1988.

FAMIGLIA 900, UNA *(A Successful Calamity)* ★★
Regia di JOHN ADOLFI. Con GEORGE ARLISS, MARY ASTOR, EVELYN KNAPP. ■ Protagonisti di questa commedia sono due importanti attori hollywoodiani, l'inglese George Arliss e Mary Astor. ■ COMMEDIA; B/N; 72′; USA, 1932.

FAMIGLIA OMICIDI, LA *(Keeping mum)* ★★
Regia di NIALL JOHNSON. Con ROWAN ATKINSON, JAMES BOOTH, TAMSIN EGERTON, EMILIA FOX, KRISTIN SCOTT THOMAS, LIZ SMITH, MAGGIE SMITH, PATRICK SWAYZE. ■ In una piccola cittadina della provincia inglese, il parroco Walter Goodfellows (Rowan Atkinson, alias mr. Bean), la moglie Gloria (Kristin Scott Thomas) e i due figli Holly e Petey, trascorrono le giornate in una tranquilla routine. Ogni giorno niente di nuovo (salvo le scorribande sessuali dell'avvenente Holly) e la noia per Gloria comincia a farsi sentire. L'arrivo della governante Grace (Maggie Smith), dal passato segreto, stravolge positivamente l'esistenza della famiglia. L'innocuo film di stampo inglese corre sulle atmosfere di *Arsenico e vecchi merletti* senza averne la brillantezza e il tocco magico. ■ COMMEDIA; COL.; 103′; GRAN BRETAGNA, 2006.

FAMIGLIA PARTICOLARE, UNA ★★
(The Madam's Family – The Truth About the Canal Street Brothel)
Regia di RON LAGOMARSINO. Con ELLEN BURSTYN, ADRIAN ROBERTS, ANNABELLA SCIORRA, DOMINIQUE SWAIN, SEWELL WHITNEY. ■ Tommie (Ellen Burstyn) e sua figlia Jeanette Maier (Annabella Sciorra) gestiscono un bordello in Canal Street, a New Orleans. Ma quando uno dei loro clienti, arrestato, spiffererà l'attività illegale delle due donne, allora si aprirà lo scandalo, nonché lo scontro diretto con l'Fbi. Di mezzo, c'è anche l'ultima discendente di questa nobile famiglia di prostitute americane, Monica (Dominique Swain), figlia di Jeanette, che emergerà fra le due per salvare la situazione. In questo film tv, fra l'altro tratto da una storia vera, ritroviamo la perduta Lolita del film di Adrian Lyne, Dominique Swain, che si dava ormai per dispersa. ■ COMMEDIA; COL.; 90′; USA, 2004.

FAMIGLIA PASSAGUAI, LA ★★
Regia di ALDO FABRIZI. Con NYTA DOVER, ALDO FABRIZI, AVE NINCHI, GIOVANNA RALLI. ■ Una domenica al mare sulla spiaggia affollata per la famiglia Passaguai è un susseguirsi di avventure più o meno piacevoli. Chi finisce veramente nei guai è il capofamiglia, che viene licenziato. ■ COMICO; B/N; 90′; ITALIA, 1951.

FAMIGLIA PASSAGUAI FA FORTUNA, LA ★★
Regia di ALDO FABRIZI. Con ALDO FABRIZI, ERMINIO MACARIO, MARISA MERLINI, AVE NINCHI. ■ Il cavalier Passaguai, che ha perduto il posto di lavoro, si mette in affari con un socio, ma entrambi sono inesperti e soltanto un inatteso colpo di fortuna li salva. ■ COMICO; B/N; 90′; ITALIA, 1951.

FAMIGLIA PEREZ, LA *(The Perez Family)* ★★
Regia di MIRA NAIR. Con VINCENT GALLO, ANJELICA HUSTON, ALFRED MOLINA, CHAZZ PALMINTERI, MARISA TOMEI. ■ Siamo a Cuba. Un uomo viene rilasciato e conta di tornare dalla famiglia in Florida. Non ci riesce perché l'ufficio che si occupa delle immigrazioni commette un errore e il poveretto si ritrova con una nuova moglie. Il film meno riuscito della regista indiana. ■ COMMEDIA; COL.; 110′; USA, 1995.

FAMIGLIA PERFETTA, UNA ★★
Regia di PAOLO GENOVESE. Con SERGIO CASTELLITTO, EUGENIA COSTANTINI, CAROLINA CRESCENTINI, CLAUDIA GERINI, MARCO GIALLINI. ■ In una villa di campagna nei pressi di Todi, un cinquantenne misterioso, ricco e solo, decide, per le feste natalizie, di affittare una compagnia di attori che interpretino la famiglia che non ha mai avuto. Così Leone, il singolare padrone di casa, ora ha una moglie, un fratello, una cognata, tre figli e una mamma. Ma finzione e realtà si mescoleranno fino al sopraggiungere di un personaggio imprevisto dal copione che cambierà per sempre la sua vita. ■ COMMEDIA; COL.; 120′; ITALIA, 2012.

FAMIGLIA PIÙ PAZZA DEL MONDO, LA ★★
(Hitting the Fan)
Regia di RUUD VAN HEMERT. Con GEERT DE JONG, PETER FABER, ADELHEID ROOSEN. ■ Una coppia in crisi, molto in crisi. La moglie, stufa dei tradimenti del marito, lo butta fuori di casa. Il che non le impedisce di fare una scena della malavita all'amante di lui. Ogni tentativo di riconciliazione finisce sempre in rissa colossale. Con ogni evidenza la moglie è esaurita. Andrà in clinica a curarsi. Appena uscita, però, riprende a litigare col consorte. ■ COMMEDIA; COL.; PAESI BASSI, 1986.

FAMIGLIA SAVAGE, LA *(The Savages)* ★★★
Regia di TAMARA JENKINS. Con GBENGA AKINNAGBE, PHILIP BOSCO, PETER FRIEDMAN, LAURA LINNEY, MARGO MARTINDALE, PHILIP SEYMOUR HOFFMAN. ■ John e Wendy sono un fratello e una sorella che vivono lontani e si sentono raramente, alle prese con gli stessi problemi: entrambi insoddisfatti della propria vita sentimentale e professionale si trovano all'improvviso a doversi prendere cura dell'anziano padre, non particolarmente amato, sprofondato negli abissi della demenza senile e cacciato dalla casa in cui si trovava dopo la morte della sua compagna. Passando da una casa di cura all'altra, i due impareranno a conoscersi e a conoscere meglio anche il proprio genitore... Trattare il tema della vecchiaia, della famiglia e della morte senza scadere nel melodramma è cosa ardua: Tamara Jenkins ci riesce brillantemente. ■ COMMEDIA; COL.; 113′; USA, 2007.

FAMIGLIA SOTTOSOPRA, UNA *(Stella)* ★★
Regia di CLAUDE BINYON. Con VICTOR MATURE, ANN SHERIDAN. ■ Il vecchio zio cade incidentalmente e muore, ma i due nipoti temono di essere accusati e fanno sparire il cadavere. Saputo che l'anziano parente aveva stipulato una polizza assicurativa, i due fanno di tutto per metterci sopra le mani, ma l'ispettore della società è un duro: smaschera facilmente i due imbroglioni. ■ COMMEDIA; B/N; 83′; USA, 1950.

FAMIGLIA STODDARD, LA *(Adam Had Four Sons)* ★★★
Regia di GREGORY RATOFF. Con WARNER BAXTER, INGRID BERGMAN, SUSAN HAYWARD. ■ Una giovane donna francese entra come governante in una famiglia americana ed in breve conquista il cuore dei quattro ragazzi e del padre di costoro, rimasto vedovo da pochi anni. ■ COMMEDIA; B/N; 81′; USA, 1941.

FAMIGLIA SULLIVAN, LA *(The Sullivans)* ★★
Regia di LLOYD BACON. Con ANNE BAXTER, TRUDY MARSHALL, THOMAS MITCHELL, EDWARD RYAN. ■ I cinque fratelli Sullivan sono molto uniti: vivono insieme qualsiasi avvenimento, avventura, dividono gioie e dolori. Quando l'America entra in guerra, tutti e cinque si arruolano e tutti e cinque muoiono in battaglia. ■ DRAMMATICO; B/N; 111'; USA, 1944. ■ OSCAR 1 NOM.

FAMIGLIA TERRIBILE, UNA *(La famille Duraton)* ★★
Regia di CHRISTIAN STENGEL. Con BLANCHETTE BRUNOY, NOËL-NOËL. ■ Un funzionario della radio francese, capitato per una insolita coincidenza nella casa di una famiglia di provincia, installa un microfono nella sala da pranzo e all'insaputa dei suoi ospiti mette in onda le conversazioni fatte durante l'ora di cena. La trasmissione finisce per avere un grande successo. ■ COMMEDIA; B/N; 85'; FRANCIA, 1939.

FAMIGLIA TRAPP, LA *(Die Trapp Familie)* ★★
Regia di WOLFGANG LIEBENEINER. Con HANS HOLT, RUTH LEUWERICK. ■ Trapp, ufficiale austriaco a riposo, rimane vedovo con sei figli. Di loro si prende cura una novizia e lo fa con tanta passione che finisce per diventare la moglie di Trapp. Ma costui vede fallire la sua banca; la situazione diventa ancor più drammatica perché l'Austria è invasa dai tedeschi. La moglie propone di emigrare in America. ■ DRAMMATICO; COL.; 90'; GERMANIA, 1956.

FAMILIARI DELLE VITTIME NON SARANNO AVVERTITI, I ★★
Regia di ALBERTO DE MARTINO. Con NINO DEL FABBRO, SERGIO ROSSI, ANTONIO SABATO, TELLY SAVALAS, PAOLA TEDESCO. ■ Per Antonio Mancuso la cosa più importante è vendicarsi di don Vincenzo, un potente capomafia che gli ha ucciso il padre. Il giovane non esita ad entrare nella "famiglia" di don Vincenzo per guadagnarsi la sua fiducia e colpirlo alle spalle. Ma i fedelissimi del boss non dormono. ■ DRAMMATICO; COL.; 94'; ITALIA, 1972.

FAMILY, A *(Gajok)* ★★★
Regia di LEE JEONG-CHEOL. Con JU HYEON, PARK JIN-BIN, AE SU. ■ Melodramma intimistico coreano incentrato sul difficile rapporto tra un padre e una figlia appena uscita di prigione. La ragazza, fatto tesoro dell'esperienza, cercherà di ricominciare da capo, ma lasciare il passato alle spalle non sarà così semplice. I due, una volta superati blocchi legati ad eventi del passato, dovranno dimostrarsi famiglia per poter superare situazioni delicate legate ai trascorsi della giovane. Scandito da ritmi lenti ma mai prolissi, il titolo si evolve in modo lineare attraverso le vicissitudini dei personaggi. La trama è semplice e lascia così ampio spazio all'esplorazione dei caratteri in gioco; esplorazione non chiacchierata, ma resa con forza da pause e silenzi notevolmente espressivi. L'impostazione del narrato e dell'introspezione, così asciutta e minimalista, è sorretta dalle buonissime prove dei due protagonisti, peraltro impegnati in ruoli non semplici. Coerente con se stesso, il titolo non cede a facili "botte di vita" potenzialmente offerte dalla sceneggiatura e sceglie una via semplice ma coraggiosa. Contrapponendo il riflesso del tempo perduto alla freschezza di una vita che può tornare a fiorire, l'opera, nonostante contenuti fortemente drammatici, contiene un messaggio guizzante di energia vitale, costante sussurro di speranza. Tutt'altro che banale, cripticamente poetico. ■ DRAMMATICO; COL.; 95'; COREA DEL SUD, 2004.

FAMILY EXPRESS ★★
Regia di GEORGE NICOLAS HAYEK. Con PETER FONDA, MAURIZIO LATINI, VICTORIA VERA. ■ Siamo in un hotel di Zurigo dove tre esistenze si uniscono: quella di un giocoliere che viene dagli Stati Uniti, di un ragazzo italiano che sta fuggendo e della proprietaria di un bar in Spagna. ■ DRAMMATICO; COL.; 95'; FRANCIA, ITALIA, SVIZZERA, 1990.

FAMILY GAME ★★
Regia di ALFREDO ARCIERO. Con ELENA BOURYKA, SANDRA CECCARELLI, MATTIA CICINELLI, STEFANO DIONISI, UGO PAGLIAI, EROS PAGNI, MANUELA SPARTÀ, FABIO TROIANO. ■ La famiglia Pagni vive nel benessere. Vittorio ha un lavoro prestigioso, una bella moglie, una villa in campagna e un'amante in città. Aspira alla poltrona di direttore della clinica privata dove esercita come chirurgo, un desiderio che sta per realizzarsi con l'approssimarsi del pensionamento del suo capo e mentore. In casa però l'atmosfera è tesa e i primi a risentirne sono i figli. Matteo, il più piccolo, sogna una famiglia migliore giocando e immedesimandosi in un videogioco con il quale può cambiare virtualmente la realtà. Martina vive con disagio la sua età adolescenziale ed è in conflitto con la madre. Quando Andrea, il fratello minore di Vittorio, uscirà dal centro di recupero per tossicodipendenti e andrà ad abitare con loro, farà emergere i problemi. Perché Vittorio nasconde un segreto. Il solito scontro generazionale. ■ DRAMMATICO; COL.; 94'; ITALIA, 2007.

FAMILY LIFE ★★★★
Regia di KEN LOACH. Con GRACE CAVE, HILAR MARTYN, SANDY RATCLIFF. ■ Quella di Janice è la tipica famiglia medio borghese, in apparenza tranquilla e serena. In realtà la madre è autoritaria, e prevaricante, il padre è soltanto una figura di contorno, formalmente ineccepibile nel suo ruolo ma sostanzialmente inesistente. Janice viene costretta dalla madre ad abortire e l'avvenimento scatena nella ragazza una forma di schizofrenia. ■ DRAMMATICO; COL.; 110'; GRAN BRETAGNA, 1971.

FAMILY MAN, THE ★★★
Regia di BRETT RATNER. Con NICOLAS CAGE, DON CHEADLE, TÉA LEONI, JEREMY PIVEN, SAUL RUBINEK. ■ Jack Campbell sta per andare a Londra, è l'occasione della vita. Sara, la sua ragazza ha un brutto presentimento. Vorrebbe trattenerlo. Ma lui prende quell'aereo. Tredici anni dopo Jack è il re di Wall Street. Sta trattando una fusione di 120 miliardi di dollari. Naturalmente ha tutto, a cominciare da una Ferrari. La vigilia di Natale si imbatte in un nero apparentemente molto cattivo, che in realtà è un angelo: lo porta davanti a una certa casetta del New Jersey. Jack ha la possibilità di vedere la propria vita, come sarebbe stata se non avesse preso quell'aereo. Ha due bambini, sua moglie (innamorata), amici normali, vestiti normali (ha un sussulto quando vorrebbe comprarsi un Ermenegildo Zegna da 2400 dollari), lavoro normale (vende gomme). A poco a poco si abitua, è felice. Rispunta il nero, Jack si sveglia, è ancora il re di Wall Street. Rispunta anche Sara, che senza di lui è diventata una manager isterica. Ma Jack ha conosciuto la vera vita. Tenterà di ricomporre. Chi ricorda *La vita è meravigliosa*, di Capra, non potrà che apprezzare la citazione del nome "Potter", che era il vecchio (Lionel Barrymore) nemico di James Stewart. Per il resto la morale è presto detta: famiglia essere meglio di trionfi. I cucchiaini di sentimento sono certamente troppi, ma in questa sede, si sa, siamo buonisti. ■ COMMEDIA; COL.; 125'; USA, 2000.

FAMILY PLAN ★
Regia di FRED GERBER. Con EDDIE BOWX, ZACHARY BROWNE, LESLIE NIELSEN, EMILY PROCTER, JUDGE REINHOLD. ■ Una società immobiliare condotta da gente senza scrupoli vuole trasformare un campeggio di trenta orfanelli in un villaggio vacanze per ricchi. La proprietaria ha come fidanzato un losco intrallazzatore. Ma tutto finirà bene. Gli spettatori finiranno meglio se non butteranno via il tempo per seguire questo filmetto del tutto inutile. ■ COMMEDIA; COL.; 91'; USA, 1997.

FAMMI FELICE *(Mach mich glüklich)* ★★
Regia di ARTHUR ROBINSON. Con MARIA GOYA, URSULA GRABBEY, RICHARD ROMANOVSKY, JEAN ROUSSELLIÈRE. ■ Un Lord con l'hobby delle esplorazioni non dà più notizie di sé. La famiglia si mette alla ricerca della donna che egli aveva sposato durante un viaggio. La moglie che i parenti rintracciano non è quella giusta, ma alla lunga si rivela molto meglio di quella autentica. ■ COMMEDIA; B/N; 92'; GERMANIA, 1935.

FAMMI POSTO TESORO *(Move over Darling)* ★★★
Regia di MICHAEL GORDON. Con POLLY BERGEN, CHUCK CONNORS, DORIS DAY, JAMES GARNER. ■ La moglie di Nick è scomparsa in alto mare durante una tempesta. Trascorsi cinque anni il presunto vedovo si risposa, ma scopre ben presto di essere bigamo. La rediviva non intende imporsi solo per diritto legale e lascia il campo libero, ma Nick non ha dubbi: è lei la donna della sua vita. ■ COMMEDIA; COL.; 103'; USA, 1963.

FANATICI, I *(Les fanatiques)* ★★
Regia di ALEX JOFFÉ. Con MICHEL AUCLAIR, FRANÇOISE FABIAN, PIERRE FRESNAY. ■ Pur di uccidere il dittatore Ribera che opprime il suo paese, Vargas è disposto a sacrificare la vita di persone innocenti che viaggiano sullo stesso aereo del generale. Lui stesso porta la valigia con l'esplosivo, ma quando il dittatore riconosce in lui il capo della Resistenza clandestina è colpito da infarto e muore. ■ DRAMMATICO; B/N; 90′; FRANCIA, 1957.

FANCIULLA COL VIOLONCELLO, LA ★★
(La fille au violoncelle)
Regia di YVAN BUTLER. Con JEAN-LUC BIDEAU, MICHAEL LONSDALE, ANGELA MCDONALD. ■ Un timido quarantenne si innamora di una misteriosa (e sexy) venticinquenne che suona al Conservatorio. Un amore che farà conoscere all'uomo la disperazione. Ottima occasione interpretativa per Lonsdale. ■ DRAMMATICO; COL.; 95′; FRANCIA, 1973.

FANCIULLA DAI CAPELLI BIANCHI, LA ★★★
Regia di SHUI HUA, PING WANG, WANG PING, SHUI HUA. Con TIEN HUA, WANG PING, YAN JUN-SHEN YANG. ■ Una ragazza riesce a fuggire da un bordello e si rifugia sulle montagne. Vive del cibo che i contadini portano per superstizione a una divinità. Dopo anni i capelli della donna da nerissimi sono diventati bianchi; il fidanzato la ritrova e la riconosce a stento: poi l'assiste e la fa tornare un essere civile. Sarà poi la donna ad aiutare a sua volta l'uomo che deve difendersi a un processo. ■ DRAMMATICO; B/N; 92′; CINA, 1950.

FANCIULLA DELL'ALTRA RIVA, LA ★★
Regia di PIERO BALLERINI. Con GUIDO LAZZARINI, MARIA MERCADER, MILENA PENOVICH. ■ Un ricercato per omicidio si innamora di una fanciulla malata di cuore e finge di essere un uomo d'affari. La ragazza muore e l'uomo, pentito, si consegna alla polizia. ■ DRAMMATICO; B/N; 91′; ITALIA, 1942.

FANCIULLA DELL'ALTRO MONDO, LA ★★
Regia di GENNARO RIGHELLI. Con MINO DORO, EVI MALTAGLIATI, DRIA PAOLA, ODOARDO SPADARO. ■ Due giovani musicisti, pieni di sogni ma senza quattrini, si incontrano durante un viaggio in nave. Lui si fa credere ricco e lei, che si crede abbandonata dall'uomo che l'ha messa incinta, si presta al gioco. All'arrivo della nave si presenta il fidanzato che, saputo del bambino, intende sposare la ragazza. ■ COMMEDIA; B/N; 94′; ITALIA, 1934.

FANCIULLA DI PORTICI, LA ★★
Regia di MARIO BONNARD. Con LUISA FERIDA, CARLO NINCHI, LUIGI PAVESE, ROBERTO VILLA. ■ La sorella di Masaniello, celebre rivoluzionario partenopeo, ha una relazione con il figlio del viceré di Napoli, e mette al mondo un bambino. Masaniello impone al nobile giovanotto il matrimonio. ■ AVVENTURA; B/N; 92′; ITALIA, 1940.

FANCIULLA DI SAINT-CLOUD, LA ★★
(Captain of the Guard)
Regia di JOHN ROBERTS. Con JOHN BOLES, LAURA LA PLANTE. ■ Soggetto melodrammatico diretto dall'autore del famoso *Dottor Jekyll* muto. ■ DRAMMATICO; B/N; 83′; USA, 1930.

FANCIULLA SENZA CASA, LA *(Girl without a Room)* ★★
Regia di RALPH MURPHY. Con CHARLES FARRELL. ■ La fidanzata di un giovane artista americano trasferitosi a Parigi, che non dà più notizie di sé, parte alla sua ricerca. Lo ritrova, corrotto da una allegra donnina che lo sfrutta abilmente. ■ COMMEDIA; B/N; 91′; USA, 1933.

FANCIULLE ALLA SBARRA *(La mort du cygne)* ★★
Regia di JEAN BENOIT-LÉVY. Con JEANINE CHARRAT, YVETTE CHAUVIRÉ, FRANCE ELLYS, MIA SLAVENSKA. ■ La carriera di una promettente danzatrice classica viene compromessa da un incidente: caduta nella botola apertasi improvvisamente sul palcoscenico, la sfortunata ragazza si rompe una gamba. Si mette allora ad insegnare e scopre casualmente l'autrice dell'attentato subito. Non la denuncia, perché almeno lei possa diventare una ballerina famosa. ■ DRAMMATICO; B/N; 100′; FRANCIA, 1938.

FANCIULLE DELLE FOLLIE, LE *(Ziegfeld Girl)* ★★★★
Regia di ROBERT Z. LEONARD. Con JUDY GARLAND, HEDY LAMARR, JAMES STEWART, LANA TURNER. ■ Questo film racconta le storie di tre ragazze, alternando le loro vicende ai famosi numeri musicali che fecero delle "Ziegfeld Follies" una vera e propria leggenda. Di per sé sarebbe una fragile commedia se non venisse in suo soccorso un cast d'eccezione: una Judy Garland in piena forma, una conturbante Lana Turner a cui fanno da contraltare un'altrettanto irresistibile Hedy Lamarr e un James Stewart nelle parti di un giovanotto simpatico e ingenuo risollevano il film dalla mediocrità. Ottime le coreografie di Busby Berkeley. ■ MUSICALE; B/N; 131′; USA, 1941.

FANCIULLE DI LUSSO ★★
Regia di BERNARD VORHAUS. Con ANNA MARIA FERRERO, JACQUES SERNAS. ■ Durante il soggiorno in un lussuoso collegio svizzero la giovane e ricchissima Susan si innamora di Andrea, semplice operaio. Succede il finimondo e la ragazza è costretta a partire, ma Andrea, che nel frattempo ha ottenuto una borsa di studio ed è diventato ingegnere, la raggiunge: finalmente i due si sposano. ■ COMMEDIA; B/N; 91′; ITALIA, 1952.

FANCIULLE INNAMORATE *(Doce mujeres)* ★★
Regia di LUIS MOGLIA BARTH. Con PASQUITO BUSTO, DELIA GARGER. ■ In un collegio femminile due ragazze si invaghiscono dello stesso giovanotto. Quella che rimane esclusa medita vendetta nei confronti della rivale. La fortunata in amore, che è una trovatella allevata per carità dalla direttrice dell'istituto, rischia di venir espulsa, ma un colpo di scena cambia completamente la situazione: si scopre infatti che le due rivali in amore sono sorelle. ■ DRAMMATICO; B/N; 95′; ARGENTINA, 1939.

FANCIULLI DEL WEST – ALLEGRI VAGABONDI, I ★★★
(Way out West)
Regia di JAMES W. HORNE. Con OLIVER HARDY, STAN LAUREL. ■ I due amici hanno l'incarico di consegnare il titolo di proprietà di una miniera a una ragazza che vive nel West. Naturalmente trovano la donna sbagliata. ■ COMICO; B/N; 65′; USA, 1937. ■ OSCAR 1 NOM.

FANCIULLO DEL WEST, IL ★★
Regia di GIORGIO FERRONI. Con NADA FIORELLI, ERMINIO MACARIO, ELLI PARVO. ■ Ingenuo ma divertente, il film racconta la storia della rivalità tra due famiglie del West. Un giovanotto, appartenente a una di queste, riesce a riconciliarle scoprendo il capo di una banda di malviventi e sposando, moderno Romeo, la sua amata Giulietta. ■ COMICO; B/N; 93′; ITALIA, 1942.

FANDANGO ★★★
Regia di KEVIN REYNOLDS. Con KEVIN COSTNER, JUDD NELSON, SAM ROBARDS. ■ Quattro amici di liceo si lanciano *on the road* in un viaggio avventuroso e demenziale per celebrare (quanto inconsapevolmente?) l'addio alla giovinezza e il tempo delle decisioni importanti. Sono i primi anni Settanta: tra sbornie colossali e momenti di riflessione il futuro si avvicina e ha in serbo per tutti qualcosa di diverso. Kevin Costner dà qui la sua prima grande prova di recitazione. La colonna sonora è un saggio della migliore musica di quegli anni e lo stesso Reynolds in cabina di regia "gioca" con la cinepresa offrendoci, con un occhio alla tecnica e uno alla nostalgia, alcune sequenze indimenticabili. ■ COMMEDIA; COL.; 91′; USA, 1985.

FANFAN LA TULIPE ★★★
Regia di CHRISTIAN-JAQUE. Con NERIO BERNARDI, GINA LOLLOBRIGIDA, GÉRARD PHILIPE. ■ L'avventuriero Fanfan la Tulipe salva la Pompadour, amante del re di Francia, e la Delfina da alcuni malviventi. Condannato a morte per essere entrato di nascosto a palazzo reale, viene salvato dall'intervento di una ragazza innamorata di lui. La bella fanciulla viene presa di mira da Luigi XV, ma gli sfugge. Dopo molti contrasti potrà sposare il suo amato. ■ AVVENTURA; B/N; 102′; FRANCIA, 1951. ■ BERLINO 1 PR.

FANFULLA DA LODI ★★
Regia di GIULIO C. ANTAMORO. Con ENNIO CERLESI, GERMANA PAOLIERI, OSVALDO VALENTI. ■ Fanfulla, reduce dalla disfida di Barletta, salva una bella e nobile fanciulla dalle pesanti attenzioni di un malvagio nobilastro, il quale avrà la punizione meritata. ■ AVVENTURA; B/N; 90′; ITALIA, 1940.

FANGIO, UNA VITA A 300 ALL'ORA *(Fangio)* ★★
Regia di HUGH HUDSON. ■ Fangio, uno dei più grandi campioni di Formula Uno di tutti i tempi, rievoca la sua prestigiosa carriera (iniziata a oltre quarant'anni) che lo portò cinque volte alla conquista del titolo di campione del mondo. ■ DOCUMENTARIO; COL.; 84'; ITALIA, PANAMA, 1980.

FANGO ★★
Regia di TITO DAVISON. Con ELSA AGUIRRE, VARGAS DURAND. ■ Un musicista che ha contribuito alla guarigione della fanciulla che ama ne è dapprima ricambiato e poi respinto. La ragazza, infatti, viene abilmente sfruttata dalla matrigna che le procura facoltosi amanti. Dopo un periodo di degradazione si ravvede e si affida al paziente innamorato. ■ DRAMMATICO; B/N; 91'; MESSICO, 1952.

FANGO *(Camur)* ★★
Regia di DERVIS ZAIM. Con TANER BIRSEL, BULENT EMIN YARAR. ■ Cipro. Temel, aiutato da Alì, lavora per le Nazioni Unite per cercare di ricucire lo strappo tra greci e turchi che si dividono l'isola, ma nasconde un passato da assassino che presto emergerà. Quando Alì scopre per caso delle statue antichissime e di grande valore sepolte nel fango che utilizza per curarsi dalla sua afonia, gli eventi precipitano. Presentato a Venezia, il film avrebbe avuto delle ambizioni tematiche: l'impossibilità di seppellire il passato, la guerra come "stato permanente" dell'animo umano, l'odio e l'avidità che riaffiorano come un fiume carsico per produrre nuovi lutti. Ma la realizzazione non riesce a tener dietro agli intenti. ■ DRAMMATICO; COL.; 97'; ITALIA, 2003.

FANGO BOLLENTE ★★
Regia di VITTORIO SALERNO. Con MARTINE BROCHARD, JOE DALLESSANDRO, GUIDO DE CARLI, GIANFRANCO DE GRASSI, ENRICO MARIA SALERNO, CARMEN SCARPITTA. ■ Ennesima pellicola sulla nevrosi anni Settanta. Tre uomini dall'apparenza tranquilla, oppressi dal lavoro spersonalizzante e da una vita intima deludente, si trasformano in criminali sadici. ■ DRAMMATICO; COL.; 93'; ITALIA, 1975.

FANGO, SUDORE E POLVERE DA SPARO ★★★
(The Culpepper Cattle Company)
Regia di DICK RICHARDS. Con LUKE ASKEW, BILLY GREEN BUSH, GARY GRIMES. ■ Un adolescente aspira a diventare cowboy. Acquistata la sua prima pistola, si unisce ad un gruppo di mandriani. Durante il viaggio, sconvolto dai sanguinosi scontri con alcuni ladri di bestiame, banditi violenti e cinici proprietari di pascoli, il ragazzo cambia i progetti sul suo futuro. ■ WESTERN; COL.; 94'; USA, 1972.

FANGO SULLA METROPOLI – I CRIMINALI DELLA METROPOLI ★★
Regia di HENRY WILSON. Con JOHN FISHER. ■ L'ambiente è quello del contrabbando. La polizia si imbatte in alcuni uomini che scaricano delle casse da un camion. Ne nasce una sparatoria, un bandito viene ucciso e un poliziotto ferito. Un'indagine in grande stile porterà allo smembramento di una potente banda. ■ POLIZIESCO; B/N; 94'; ITALIA, 1965.

FANGO SULLE STELLE *(Wild River)* ★★★★
Regia di ELIA KAZAN. Con MONTGOMERY CLIFT, LEE REMICK, JO VAN FLEET. ■ Un'anziana contadina rifiuta di cedere al governo americano il suo terreno, nonostante l'ingente somma offertale. L'inviato statale si innamora di sua nipote e l'aiuta a edificare una casa; alcuni bianchi, picchiati perché hanno offerto del lavoro ai neri, la distruggono. La vecchia muore, la proprietà viene venduta e i due promessi ricominciano altrove una nuova vita. ■ DRAMMATICO; COL.; 110'; USA, 1960.

FANGO VERDE, IL *(The Green Slime)* ★
Regia di KINJI FUKASAKU. Con ROBERT HORTON, LUCIANA PALUZZI. ■ Da un asteroide ulcuni astronauti portano sulla Terra un vegetale che genera orribili mostri. La lotta per sterminarli è dura, ma vittoriosa. ■ FANTASCIENZA; COL.; 91'; USA, 1968.

FANNY ★★
Regia di MARC ALLÉGRET. Con FERNAND CHARPIN, PIERRE FRESNAY, RAIMU. ■ Secondo capitolo della saga scritta da Pagnol, iniziata con *Marius* e terminata con *Cesar*. Marius abbandona Fanny e la giovane si sposa con il vecchio Panisse, per dare un padre alla creatura che ha in grembo. ■ COMMEDIA; B/N; 125'; FRANCIA, 1932.

FANNY ★★
Regia di MARIO ALMIRANTE. Con ALFREDO DE SANCTIS, DRIA PAOLA, LAMBERTO PICASSO. ■ Un marinaio si imbarca ignorando che la sua ragazza aspetta un figlio. Un antico corteggiatore evita lo scandalo sposandola. ■ DRAMMATICO; B/N; 90'; ITALIA, 1933.

FANNY ★★★
Regia di JOSHUA LOGAN. Con CHARLES BOYER, HORST BUCHHOLZ, LESLIE CARON, MAURICE CHEVALIER. ■ Una ragazza, innamorata senza speranza di un marinaio dal quale aspetta un figlio, sposa un uomo maturo al quale si affeziona. Il marinaio riprende il largo. ■ COMMEDIA; COL.; 133'; USA, 1961. ■ OSCAR 5 NOM.

FANNY E ALEXANDER *(Fanny och Alexander)* ★★★★🏆
Regia di INGMAR BERGMAN. Con PERNILLA ALLWIN, EWA FROELING, GERTIL GUVE, ERLAND JOSEPHSON. ■ La versione originale di questo film, girato per la tv, durava quasi sei ore; al cinema se ne sono viste soltanto tre, tagliate e ricucite in modo piuttosto frettoloso, tra "buchi" narrativi e personaggi che scompaiono nel nulla. Anche in formato "condensato", comunque, la potenza narrativa di Bergman, che guarda il mondo con gli autobiografici occhi del fanciullo Alexander, è più che suggestiva e la tematica pirandelliana del labile confine tra finzione/teatro e realtà/vita è espressa con la consueta profondità. Ecco allora, come in un affresco, le vicende di una famiglia borghese d'inizio Novecento. ■ DRAMMATICO; COL.; 197'; SVEZIA, 1982. ■ DAVID DI DONATELLO 🏆 1 PR, 1 NOM; GOLDEN GLOBES 🏆 1 PR, 2 NOM; OSCAR 🏆 4 PR, 6 NOM.

FANNY & ELVIS *(Fanny and Elvis)* ★★
Regia di KAY MELLOR. Con BEN DANIELS, KERRY FOX, DAVID MORRISSEY, JENNIFER SAUNDERS, RAY WINSTONE. ■ Un uomo d'affari si vede tamponare l'auto da una scrittrice intellettuale e di sinistra. I due, dopo un'iniziale antipatia, si scopriranno affini e interessati l'uno all'altra. Commedia "sociale" all'inglese senza il piglio di altri prodotti decisamente più interessanti. ■ COMMEDIA; COL.; 110'; FRANCIA, GRAN BRETAGNA, 1999.

FANNY ELSSLER ★★
Regia di PAUL MARTIN. Con WILLY BIRGEL, LILIAN HARVEY, PAUL HOFFMAN. ■ Amori contrastati fra il duca di Reichstadt, figlio di Napoleone, e una ballerinetta che ha rifiutato di fare la spia in favore dell'Austria. ■ AVVENTURA; B/N; 94'; GERMANIA, 1937.

FANNY HILL – VITA INTIMA DI UNA RAGAZZA MODERNA *(Fanny Hill)* ★★
Regia di MAC AHLBERG. Con HANS ERNBACK, KEVE HJELM, DIANA KJAER. ■ Una ragazza di provincia si trasferisce in città dove si lega a vari amanti. Uno di essi muore e le lascia un'ingente eredità. ■ COMMEDIA; COL.; 92'; SVEZIA, 1968.

FANTABUS, IL *(The Big Bus)* ★★
Regia di JAMES FRAWLEY. Con RENÉ AUBERJONOIS, JOHN BECK, JOSEPH BOLOGNA, STOCKARD CHANNING. ■ Uno studioso e i suoi due assistenti hanno inventato un sensazionale autobus a propulsione nucleare. Ma c'è chi sabota il rivoluzionario mezzo. ■ COMMEDIA; COL.; 88'; USA, 1976.

♥ FANTASIA ★★★★★
Regia di WALT DISNEY. ■ Un incontro tra due grandissimi artisti, Leopold Stokowsky e Walt Disney, dette vita a un film originale e innovativo, un musical davvero sui generis. Il protagonista avrebbe dovuto essere Topolino, la trama quella de *L'Apprendista Stregone* di Paul Dukas e la colonna sonora le splendide interpretazioni dell'orchestra sinfonica di Philadelphia diretta dal maestro Stokowsky. Inizialmente nato come short, il progetto si allargò fino a divenire un vero e proprio lungometraggio. Il 13 novembre 1940 *Fantasia* debuttò nelle sale, in verità solo in quelle poche che avevano installato un impianto stereofonico. Disney volle fermamente il film in stereofonia e lo Studio fece il miracolo: *Fantasia* è il primo film stereofonico della storia. Ma chi poteva godere di tale meraviglia se nelle sale l'impianto era monofonico? La Disney

stessa si occupò di attrezzare le sale di volta in volta seguendo la programmazione di *Fantasia*, facendo lievitare non di poco i costi finali. La gente andò a vedere il film, ma in proporzione alle cifre investite i guadagni furono esigui. Le critiche piovvero implacabili. Secondo molti, Walt aveva fatto il passo più lungo della gamba. Allora nessuno sapeva che il film sarebbe diventato uno dei suoi capolavori riconosciuti. Sono sette gli episodi del film. Otto i brani musicali (la chiusura del film unisce due opere). L'apertura spetta alla celeberrima *Toccata e fuga in Re minore* di Johann Sebastian Bach. Segue la suite dallo *Schiaccianoci* di Pëter Il'ic Cajkovskij. Arrivano quindi sei momenti diversi, in alcuni casi davvero sublimi. Il terzo momento è un simbolo dell'univeso disneyano: *L'Apprendista Stregone* di Paul Dukas con Topolino alle prese con la magia. Il concerto prosegue con musiche di Igor Stravinskij da *La Sagra della Primavera*: la musica viene associata agli spazi dell'universo della notte dei tempi, prima che la Terra nascesse. Piano piano il pianeta prende forma, poi arriva la vita. La musica diventa imperiosa quando due dinosauri si affrontano. Grandiosa la sequenza del duello tra un tirannosauro e uno stegosauro (sono i primi dinosauri a colori della storia del cinema). Con la *Sinfonia Pastorale* di Ludwig Van Beethoven, siamo alle pendici del monte Olimpo, dove gli dei greci e le creature della mitologia vivono in tutta la loro poesia e il loro incanto. *La Danza delle Ore* di Amilcare Ponchielli offre l'occasione per dar vita a un esilarante balletto di ippopotami, coccodrilli, struzzi ed elefanti. Per chiudere il concerto, Disney volle riprendere uno dei suoi temi più classici: lo scontro tra il bene e il male. Lo celebrò nel contrasto tra notte e giorno, dove la notte è dominata da un gigantesco demone che si circonda di creature diaboliche e anime di defunti. La musica è *Una Notte sul Monte Calvo* di Modest Musorgskij. Il bene arriva all'alba, quando le campane costringono le creature a tornare nell'ombra e l'orchestra esegue l'*Ave Maria* di Franz Schubert. Sullo schermo un lunghissimo piano sequenza mostra in lontananza una processione di fedeli, poi ci porta nel bosco, dove gli altissimi alberi diventano spettacolari archi gotici. Capolavoro. ■ ANIMAZIONE; COL.; 125'; USA, 1940. ■ OSCAR 1 PR, 1 NOM.

FANTASIA ANIMATA M.G.M. ★★★
■ Undici cortometraggi su musiche di Strauss: i protagonisti, tranne che nel primo, sono gli animali, dalla pulce all'orso, ai celeberrimi Tom e Jerry. ■ ANIMAZIONE; COL.; 95'; USA, 1957.

FANTASIA 2000 ★★
Regia di JAMES ALGAR, GAËTAN BRIZZI, PAUL BRIZZI, HENDEL BUTOY, FRANCIS GLEBAS, ERIC GOLDBERG, DON HAHN, PIXOTE HUNT. Con PENN JILLETTE, JAMES EARL JONES, QUINCY JONES, ANGELA LANSBURY, JAMES LEVINE, STEVE MARTIN, BETTE MIDLER, ITZHAK PERLMAN. ■ Nel lontano 1940 la Walt Disney Production stupiva il mondo (di allora) con un film di animazione che "metteva in immagini" alcuni dei più famosi brani di musica classica. Il film avrebbe dovuto intitolarsi didascalicamente "Il concerto filmato". Qualcuno ebbe la felice idea di chiamarlo *Fantasia* e quel titolo fece il giro del globo. *Fantasia 2000* che è stato in gestazione nei laboratori Disney sin dal 1991, invece non convince fino in fondo. Siamo così di fronte a un'operazione che vorrebbe vivere di gloria riflessa (il film capostipite viene citato più di una volta) e fatica a trovare una propria identità. Tranne che nell'episodio, dalla grafica raffinatissima e dalla storia che parla di "vinti" che si riscattano, dedicato alla *Rapsodia in blu* di George Gershwin. Lì si vede cosa sarebbe potuto essere *Fantasia 2000* e invece non è. ■ ANIMAZIONE; COL.; 75'; USA, 1999.

FANTASIE DI UNA TREDICENNE ★★★
(Valérie a Tyden Divù)
Regia di JAROMIL JIRES. Con HELENA ANYZOVÈ, JAROSLAVA SCHALLEROVÈ. ■ L'adolescente Valérie è orfana e vive con la nonna. Ha un unico amico, Orlik: quando non è con lui, passa il tempo a fantasticare. Ha anche i primi turbamenti sessuali, le prime curiosità: nei suoi sogni si vede aggredita da maniaci ed è in costante pericolo. ■ COMMEDIA; COL.; 92'; CECOSLOVACCHIA, 1969.

FANTASIST, THE ★
Regia di ROBIN HARDY. Con TIMOTHY BOTTOMS. ■ I serial-killer non hanno purtroppo confini, nella realtà e al cinema. Questo agisce a Dublino telefonando alle sue future vittime, seducendole e poi uccidendole. Come da copione. ■ THRILLER; COL.; 98'; IRLANDA, 1986.

FANTASMA, IL *(The Unseen)* ★★
Regia di LEWIS ALLEN. Con HERBERT MARSHALL, JOEL MCCREA, GAIL RUSSELL. ■ In una casa dove è stato assassinato un uomo accadono misteriosi episodi. La proprietaria, vedova della vittima, dopo molto tempo decide di rimettere in sesto l'edificio. Il proposito le costa la vita. ■ POLIZIESCO; B/N; 81'; USA, 1945. ■ OSCAR 1 NOM.

FANTASMA, IL *(O fantasma)* ★★★
Regia di JOAO PEDRO RODRIGUES. Con ANDREA BARBOSA, RICARDO MENESES, BEATRIZ TORCATO, EURICO VIEIRA. ■ È la storia di Sergio (Ricardo Meneses), netturbino che svolge il suo lavoro nella zona nord di Lisbona. È lui il fantasma a cui il titolo fa riferimento: indifferente a tutto, Sergio trascorre le sue giornate in una stanza in affitto di una pensione dedicandosi prevalentemente al sesso anonimo con altri uomini. Questa ricerca spasmodica del piacere, accompagnata da continue ossessioni erotiche, lo rende insensibile alle ombre che cercano di avvolgerlo: l'amore di Fatima (Beatriz Torcato), una collega di lavoro, la strana sorveglianza di un poliziotto, il desiderio ambiguo del suo caposquadra. Film che spicca per la sua "diversità", esplicito nelle immagini e nei contenuti e incomunicabile, proprio come un fantasma. ■ DRAMMATICO; COL.; 90'; PORTOGALLO, 2000.

FANTASMA CANTANTE, IL *(Wake up and Live)* ★★★
Regia di SIDNEY LANFIELD. Con BEN BERNIE, ALICE FAYE, WALTER WINCHELL. ■ Un ragazzo dalla voce bellissima non riesce a raggiungere la popolarità a causa della sua invincibile paura dei microfoni. Sarà una bella collega, innamorata di lui, a dargli il coraggio per farlo. ■ COMMEDIA; B/N; 91'; USA, 1937.

FANTASMA CI STA, IL *(The Spirit is Willing)* ★★
Regia di WILLIAM CASTLE. Con SID CAESAR, JOHN MCGIVER, VERA MILES. ■ Una famiglia si stabilisce, durante il periodo estivo, in una villetta occupata dai fantasmi. Questi ne combinano di tutti i colori. ■ COMMEDIA; COL.; 100'; USA, 1967.

FANTASMA D'AMORE ★★★
Regia di DINO RISI. Con JULIAN BECK, MARCELLO MASTROIANNI, ROMY SCHNEIDER. ■ Un professionista di Pavia rivede dopo vent'anni la donna di cui fu innamorato da giovane. Poi gli dicono che è morta. Intanto una portinaia viene trovata barbaramente assassinata. È stata l'antica fiamma che aveva un conto da regolare? Sì, è stata lei, ma sotto forma di fantasma, evocato dall'invincibile passione dell'innamorato. Dal romanzo di Mino Milani. ■ DRAMMATICO; COL.; 99'; ITALIA, 1981.

FANTASMA DEI MARI DELLA CINA, IL ★★
(Ghost of the China Seas)
Regia di FRED F. SEARS. Con LYNN BERNAY, DAVIS BRIAN, KAM FONG CHUM. ■ Filippine, secondo conflitto mondiale. I giapponesi avanzano inesorabilmente; un gruppo di europei, nonostante le difficoltà, riesce ad imbarcarsi. Durante la navigazione i transfughi devono affrontare problemi di sopravvivenza e sfuggire ai nemici. ■ AVVENTURA; B/N; 91'; USA, 1958.

FANTASMA DELLA CITTÀ, IL ★★
(Phantom of Chinatown)
Regia di PHIL ROSEN. Con LOTUS LONG, KEYE LUKE, GRANT WITHERS. ■ Uno studioso, dopo aver effettuato dei viaggi di esplorazione, viene ucciso. Molti attribuiscono al tragico fatto una spiegazione misteriosa, ma la polizia, lungi dal lasciarsi impressionare, scopre l'assassino e il suo movente. ■ AVVENTURA; B/N; 61'; USA, 1940.

FANTASMA DELLA LIBERTÀ, IL ★★★★
(Le fantôme de la liberté)
Regia di LUIS BUÑUEL. Con ADRIANA ASTI, JULIEN BERTHEAU, JEAN-CLAUDE BRIALY, ADOLFO CELI. ■ Altro graffiante, irriverente e acre capitolo della satira di Buñuel contro istituzioni, credenze, modi di comportamento e vuoti rituali della società occidentale. Ecco che le grandi matrici del cinema del maestro spagnolo (surrealismo e humour, irrazionalità e anarchia, fede e agnosticismo) si mescolano in un film a episodi che affresca un mon-

do assurdo, rovesciato, colto attraverso una serie di aneddoti paradossali: i patrioti che muoiono inveendo contro la libertà a cui danno la vita, lo scandalo per le cartoline porno che in realtà raffigurano innocui paesaggi e monumenti noti a tutti, il raffinato pranzo condotto in punta di forchetta che si trasforma in un fenomeno di evacuazione collettiva. Si tratta di un tripudio dell'assurdo che si chiude su un'immagine tanto insignificante quanto simbolica: il primo piano di uno struzzo. Il *fantasma della libertà* è uno dei film più criptici e visionari di Buñuel, che procede per libere associazioni e strutture mentali. Il gioco delle concatenazioni è assolutamente casuale: inutile cercare di entrarci dentro e scardinare logicamente il meccanismo. ■ COMMEDIA; COL.; 103′; FRANCIA, 1974.

FANTASMA DELLA QUARANTADUESIMA STRADA, IL *(Phantom of the 42th Street)* ★
Regia di AL HERMAN. Con KAY ALDRIDGE, ALAN MOLWBRAY, DAVE TEX O'BRIEN. ■ Omicidio in una famiglia di famosi attori di teatro. È stato ucciso un ricco zio che finanziava la compagnia. Un famoso critico collabora con la polizia alle indagini. I sospetti gravano soprattutto sul capo del clan che ha avuto molto da guadagnare dalla morte del congiunto. ■ GIALLO; B/N; 91′; USA, 1945.

FANTASMA DELL'OPERA, IL ★★★
(The Phantom of the Opera)
Regia di ROBERT JULIAN. Con LON CHANEY, NORMAN KERRY, MARY PHILBIN. ■ Si tratta della prima versione cinematografica del famoso racconto di Gaston Leroux. La personificazione da parte di Lon Chaney del fantasma dell'Opera di Parigi è la più terrificante di tutte. ■ HORROR; COL.; 76′; USA, 1925.

FANTASMA DELL'OPERA, IL ★★★
(The Phantom of the Opera)
Regia di ARTHUR LUBIN. Con NELSON EDDY, SUSANNA FOSTER, CLAUDE RAINS. ■ Un musicista parigino, impazzito in seguito a un incidente in cui ha anche perso una sua composizione, ha ucciso un rivale e si fa vivo ogni tanto nascosto da una maschera, perché il suo viso ha riportato un'orribile bruciatura. Ormai stabilitosi nei sotterranei del teatro uccide senza pietà chi tenta di ostacolare la carriera della figlia. ■ DRAMMATICO; COL.; 92′; USA, 1943. ■ OSCAR 2 PR, 4 NOM.

FANTASMA DELL'OPERA, IL ★★★
(The Phantom of the Opera)
Regia di TERENCE FISHER. Con EDWARD DE SOUZA, HERBERT LOM, HEATHER SEARS. ■ Un essere misterioso vuole impedire che venga rappresentato un certo lavoro teatrale. Il suo autore, senza scrupoli, insidia con scarso successo un'artista e la caccia insieme all'uomo che ha preso le sue difese; saranno proprio questi due che sveleranno il mistero del "fantasma" e lo aiuteranno a vendicarsi. Una discreta realizzazione sostenuta dall'eccellente fotografia di Arthur Grand. ■ DRAMMATICO; COL.; 84′; GRAN BRETAGNA, 1962.

FANTASMA DELL'OPERA, IL ★
(The Phantom of the Opera)
Regia di ROBERT MARKOWITZ. Con JEREMY KEMP, MAXIMILIAN SCHELL, JANE SEYMOUR, MICHAEL YORK. ■ Ennesimo adattamento del celebre romanzo di Gaston Leroux. È sotto la media. ■ HORROR; COL.; 100′; UNGHERIA, USA, 1983.

FANTASMA DELL'OPERA, IL *(Phantom of the Opera)* ★
Regia di DWIGHT H. LITTLE. Con ROBERT ENGLUND, ALEX HYDE-WHITE, JILL SCHOELEN. ■ Christine, giovane cantante lirica, va a un provino in un teatro. I segnali infausti non mancano perché la ragazza fa tornare attuale una vicenda accaduta a metà dell'Ottocento. Il compositore sfigurato, il fantasma dell'Opera, è ancora in circolazione e vuole ripetere la sua tragedia. Robert Englund presta la sua maschera da Nightmare al protagonista del romanzo di Leroux in un remake di scarso rilievo. Brian De Palma aveva fornito ben altra prova. ■ HORROR; COL.; 90′; USA, 1989.

FANTASMA DELL'OPERA, IL ★★
(The Phantom of the Opera)
Regia di TONY RICHARDSON. Con CHARLES DANCE, BURT LANCASTER, TERI POLO. ■ Ottava trasposizione cinematografica per il famoso romanzo di Gaston Leroux. A Parigi, durante la fine dell'Ottocento, c'è un uomo sfigurato che si nasconde nel Teatro dell'Opera. Inutile la presenza di Lancaster e del regista Richardson che aveva onorato il cinema inglese degli anni Sessanta. ■ HORROR; COL.; 118′; GRAN BRETAGNA, 1990.

FANTASMA DELL'OPERA, IL ★★
Regia di DARIO ARGENTO. Con ASIA ARGENTO, ANDREA DI STEFANO, JULIAN SANDS. ■ Nel 1911 Gaston Leroux scrisse il romanzo. Solo quattordici anni dopo il cinema ne trasse la prima versione, muta, con Lon Chaney. Pare che quell'edizione continui ad essere la migliore. Ma la peggiore è certamente questa di Argento. L'uomo sfigurato che terrorizza i frequentatori del teatro è un grande classico, anche abbastanza facile da rappresentare, purché si accetti un minimo di aderenza al testo originale. Argento ci ha messo abbondantemente del suo. Inventando per esempio la presenza di personaggi autentici, come i poeti Rimbaud e Baudelaire, l'impressionista Degas. Purtroppo ci ha messo – ma si sa, ormai la ditta è quella – anche la figlia, e uno stile che ormai è solo un ripasso grottesco e esagerato del vecchio Argento, quello vero. Punteggio (quasi) dignitoso per l'Argento che fu. ■ DRAMMATICO; COL.; 107′; ITALIA, 1998.

FANTASMA DELL'OPERA, IL ★★
(The Phantom of the Opera)
Regia di JOEL SCHUMACHER. Con GERARD BUTLER, SIMON CALLOW, MINNIE DRIVER, CIARAN HINDS, VICTOR MCGUIRE, MIRANDA RICHARDSON, EMMY ROSSUM, PATRICK WILSON. ■ Andrew Lloyd Webber, autore del musical, oltre che compositore delle musiche, è artefice anche di questa trasposizione su pellicola, con la complicità di un vero specialista come Joel Schumacher. La storia è nota, tante sono state le versioni tratte dall'omonimo romanzo di Leroux: al Teatro dell'Opera la grande musica va in scena, sotto la direzione di un misterioso burattinaio, il Fantasma dell'Opera, geniale musicista che vive nei sotterranei del teatro. Quando Christine, la sua favorita, debutta come Prima Donna, il Visconte de Chagny, neo proprietario del teatro si innamora di lei, ricambiato. La rabbia e la gelosia del Fantasma avranno conseguenze funeste. ■ MUSICAL; COL.; 143′; GRAN BRETAGNA, USA, 2004. ■ GOLDEN GLOBES 2 NOM.

FANTASMA DELLO SPAZIO, IL *(Phantom from Space)* ★★
Regia di WILLIAM LEE WILDER. Con RUDOLPH ANDERS, TED COOPER, NOREEN NASH. ■ Un oggetto misterioso atterra in America; l'essere che lo guida semina terrore e morte. La polizia si mette alla sua ricerca ma non riesce a trovarlo perché l'extraterrestre è invisibile: morirà accidentalmente perdendo il casco per la respirazione. ■ FANTASCIENZA; B/N; 72′; USA, 1953.

FANTASMA DEL MARE *(Das Schiff ohne Hafen)* ★★
Regia di HARRY PIEL. Con TRUDE BERLINER, INGRID LINDSTROM, HARRY PIEL. ■ Un'avventura ambientata sul mare e raccontata da un regista dalla mano discreta. ■ AVVENTURA; B/N; 93′; GERMANIA, 1932.

FANTASMA DEL PALCOSCENICO, IL ★★
(Phantom of the Paradise)
Regia di BRIAN DE PALMA. Con WILLIAM FINLEY, JESSICA HARPER, GEORGE MEMMOLI, PAUL WILLIAMS. ■ Un discografico senza scrupoli ruba ad un musicista la sua versione del Faust; quindi, servendosi di opportune conoscenze, lo manda in galera. L'uomo riesce a fuggire e obbliga il nemico ad affidare il suo pezzo alla ragazza che ama. Il successo è trionfale e il finale drammatico: entrambi gli uomini, infatti, perdono la vita. ■ DRAMMATICO; COL.; 92′; USA, 1974.

FANTASMA DEL PIRATA BARBANERA, IL ★★★
(Blackbeard's Ghost)
Regia di ROBERT STEVENSON. Con DEAN JONES, SUZANNE PLESHETTE, PETER USTINOV. ■ Il fantasma del pirata Barbanera, evocato quasi per caso da un giovane insegnante, decide di compiere una buona azione perché solo così potrà riposare in pace. È grazie a lui che un gangster senza scrupoli non riuscirà a mettere le mani su un alberghetto ipotecato e che la squadra locale di atletica potrà battere quelle avversarie. Un film ricco di trovate divertenti, della Walt Disney. ■ COMMEDIA; COL.; 107′; USA, 1989.

FANTASMA DEL REGIME, IL *(Aleluja Gretchen)* ★★
Regia di Silvio Back. Con Miriam Pires, José Maria Santos, Carlos Vereza. ■ La storia di una famiglia tedesca che, fuggendo il nazismo, ripara in Brasile nel 1937. Ma il fantasma del regime hitleriano continua a perseguitare gli emigrati. Durante la guerra hanno a che fare con la quinta colonna fascista. A conflitto terminato s'imbattono in gerarchi in fuga verso l'Argentina. ■ Drammatico; col.; 90′; Brasile, 1976.

FANTASMA DI LONDRA, IL ★
(Der Mönch mit der Peitsche)
Regia di Alfred Vohrer. Con Grit Bottcher, Joachim Fuchsberger, Ursula Glas. ■ Un carcerato, protetto dalla complicità di due secondini, fugge dal penitenziario e uccide su commissione due collegiali. Poco dopo vengono ammazzati i professori, ex amanti delle ragazze, e il sicario stesso. ■ Giallo; col.; 90′; Germania, 1967.

FANTASMA DI MEZZANOTTE, IL ★★
(The Cat and the Canary)
Regia di Elliott Nugent. Con John Beal, Paulette Goddard, Bob Hope, Douglas Montgomery. ■ In una villa si riuniscono i parenti di un defunto per la lettura del testamento. L'eredità viene assegnata a una ragazza, ma cambierà subito proprietario se costei impazzirà oppure verrà assassinata entro 24 ore. Prima della fatidica scadenza vengono commessi numerosi e inspiegabili delitti. Dopo molti colpi di scena l'assassino viene smascherato. ■ Giallo rosa; b/n; 72′; USA, 1939.

FANTASMA DI PARIGI, IL *(The Phantom of Paris)* ★★★
Regia di John Roberts. Con John Gilbert, Jean Hersholt, Leila Hyams, Lewis Stone. ■ Un mago è accusato ingiustamente di aver ucciso il padre della propria fidanzata che, per un equivoco, sposa il vero assassino. Dopo episodi drammatici e scambi di persona, tutto si risolverà. ■ Drammatico; b/n; 91′; USA, 1931.

FANTASMA DI SOHO, IL *(Das Phantom von Soho)* ★★★
Regia di Franz Josef Gottlieb. Con Dieter Borsche, Barbara Rütting, Hans Söhnker. ■ Un uomo che si firma "fantasma di Soho" uccide numerosi individui pugnalandoli al cuore. Il poliziotto incaricato delle indagini sospetta di un bravissimo lanciatore di coltelli che, però, muore. Il suo fiuto gli permetterà di scoprire l'assassino. ■ Giallo; b/n; 92′; Germania, 1963.

FANTASMA E LA SIGNORA MUIR, IL ★★★
(The Ghost and Mrs. Muir)
Regia di Joseph Leo Mankiewicz. Con Rex Harrison, George Sanders, Gene Tierney. ■ Una vedova stringe amicizia con un fantasma prodigo di utili consigli e pronto ad aiutarla tutte le volte che ne ha l'opportunità. La donna si lega ad un pittore, benché il fantasma l'abbia messa in guardia nei suoi confronti; ben presto si rende conto del suo errore, ma il fantasma innamorato riappare solo alla sua morte per rimanere eternamente al suo fianco. ■ Fantascienza; b/n; 104′; USA, 1947. ■ Oscar 1 nom.

FANTASMA GALANTE, IL *(The Ghost Goes West)* ★★★
Regia di René Clair. Con Robert Donat, Elsa Lanchester, Eugene Pallette, Jean Parker. ■ Una ragazza americana in visita in Scozia acquista un antico castello abitato da un simpatico spettro e fa smantellare e trasportare in patria l'intero edificio. Col castello si trasferisce anche il fantasma che, mantenuta un'antica promessa, può sparire in pace; la ragazza e l'ex proprietario del maniero, discendente e sosia perfetto del fantasma galante, convolano a giuste nozze. ■ Commedia; b/n; 90′; Gran Bretagna, 1936.

FANTASMA INNAMORATO, IL *(Truly, Madly, Deeply)* ★★
Regia di Anthony Minghella. Con Bill Paterson, Alan Richman, Juliet Stevenson. ■ Nina è rimasta vedova di Jamie ed è inconsolabile. Costui un giorno ricompare come fantasma e si installa in casa. La donna impara che sarebbe meglio accettare la realtà e spedire il fantasma là da dove è venuto. ■ Fantastico; col.; 101′; Gran Bretagna, 1991.

FANTASMA MALEDETTO, IL *(Die seltsame Gräfin)* ★★
Regia di Josef Von Backy. Con Joachim Fuchsberger, Brigitte Grothum. ■ La giovane segretaria di una contessa finisce in una clinica psichiatrica in seguito a una crisi nervosa. La ragazza si rende conto che le intenzioni del dottor Tappat sono tutt'altro che benevole; per sua fortuna interviene un ispettore di polizia a risolvere ogni cosa. ■ Giallo; b/n; 92′; Germania, 1961.

FANTASMA PER AMICO, UN *(Heart Condition)* ★★★
Regia di James Parrott. Con Bob Hoskins, Denzel Washington, Chloe Webb. ■ Bob Hoskins interpreta un detective di grana grossa, iroso, razzista e con la salute instabile. Colpito da un violento attacco di cuore viene portato d'urgenza a un ospedale per un trapianto. Il cuore glielo dona, involontariamente, un suo ex nemico. Costui è di colore, veste con stile e ha fortuna con le donne oltre ad essere un simpatico delinquente. Essendo stato assassinato, vuole che il detective lo vendichi. Colpi di scena e risate scacciapensieri. ■ Giallo; col.; 95′; USA, 1990.

FANTASMA PER AMORE *(My Boyfriend's Back)* ★
Regia di Bob Balaban. Con Traci Lind, Andrew Lowery. ■ La bella Missy fa perdere la testa a Johnny, il quale cerca in tutti i modi di conquistarla. Tenta anche una finta rapina, ma per il solito inghippo il colpo non riesce e il giovanotto, addirittura, ci lascia la vita. Neppure la morte basta a fermare l'imprevedibile innamorato: il "ritornante" Johnny continua da morto ciò che da vivo ha lasciato a metà. ■ Commedia; col.; 81′; USA, 1993.

FANTASMI *(Phantasm)* ★★★
Regia di Don Coscarelli. Con Michael Baldwin, Reggie Bannister, Bill Thornbury. ■ Strano film, a metà strada tra il terrificante e il fantascientifico, con cimiteri, bare trafugate, case solitarie, nanerottoli cattivi, uomini giganteschi. ■ Horror; col.; 87′; USA, 1978.

FANTASMI *(Haunted)* ★★
Regia di Lewis Gilbert. Con Anthony Andrews, Kate Beckinsale, John Gielgud, Anna Massey, Aidan Quinn. ■ Tratto dal romanzo di James Herbert, il film racconta di David e Juliet. David si sente in colpa per l'annegamento della sorellina. Diventerà uno studioso del paranormale e cercherà di mettersi in contatto con lei. Nulla di nuovo sotto il sole anche se fa sempre piacere sapere che un veterano del cinema è ancora dietro la macchina da presa nel 1995. Oggi Gilbert ha 88 anni e fino al 2002 ha continuato a dirigere. ■ Thriller; col.; 108′; Gran Bretagna, 1995.

FANTASMI AD HOLLYWOOD *(Hollywood Monster)* ★★
Regia di Roland Emmerich. Con Jason Lively, Tim McDaniel. ■ Un'insolita eredità, che sembra avere a che fare con un fantasma, giunge inaspettata a Fred e a Warren, due giovani che stanno entrando nell'ambiente del cinema e sperano di farvi fortuna. ■ Fantastico; col.; 90′; USA, 1987.

FANTASMI A ROMA ★★
Regia di Antonio Pietrangeli. Con Tino Buazzelli, Eduardo De Filippo, Vittorio Gassman, Belinda Lee, Marcello Mastroianni, Sandra Milo. ■ Il palazzo dei principi di Roviano sta per essere venduto dall'ultimo erede assillato da un'amante avida di denaro. Il rischio che venga demolito per far posto ad una moderna palazzina è grande e i fantasmi che abitano nelle soffitte, per evitare di essere sfrattati, passano al contrattacco. ■ Commedia; col.; 100′; Italia, 1961.

FANTASMI DA MARTE ★★★
(John Carpenter's Ghosts of Mars)
Regia di John Carpenter. Con Robert Carradine, Joanna Cassidy, Richard Cetrone, Ice Cube, Duane Davis, Wanda De Jesus, Clea Duvall, Rosemary Forsyth, Rodney A. Grant, Pam Grier, Natasha Henstridge, Peter Jason, Lobo Sebastian, Liam Waite. ■ Marte, 2176. Il pianeta, colonizzato dai terrestri, viene sfruttato sul piano minerario. Nel corso di uno scavo si scoprono i resti di un'antica civiltà i cui guerrieri vengono risvegliati. Questi entrano nei corpi dei terrestri e sembrano inarrestabili. Il tenente Melanie Ballard, un'agente della polizia che agisce sul Pianeta Rosso, si trova a Shining Canyon per consegnare alla giustizia James "Desolation" Williams. I due, da rivali finiranno col diventare alleati nella lotta contro i "fantasmi" marziani. John Carpenter è un regista di culto per alcuni e un abile mestierante per altri. Certo è che i suoi film sono a buon diritto tra i più noti sul piano di un consumo popolare che non viene disdegnato dai cinefili

più agguerriti. Così non può non essere accolto favorevolmente un film come questo che fonde i "luoghi"del suo cinema in una sorta di summa. ■ FANTASCIENZA; COL.; 100′; USA, 2001.

FANTASMI DEL CAPPELLAIO, I ★★★
(Les fantomes du chapelier)
Regia di CLAUDE CHABROL. Con CHARLES AZNAVOUR, AURORE CLÉMENT, FRANÇOIS CLUZET, MICHEL SERRAULT. ■ Un cappellaio dopo aver ucciso la moglie, finge che questa sia ancora viva. Non solo, continua a uccidere, nonostante un sarto si sia accorto della messinscena. Un buon film, due grandi interpretazioni (Serrault e Aznavour), probabilmente il miglior Chabrol degli anni Ottanta. Tratto da un romanzo di Simenon. ■ POLIZIESCO; COL.; 120′; FRANCIA, 1982.

FANTASMI DEL MARE ★★
Regia di FRANCESCO DE ROBERTIS. Con NICOLA MORABITO, GABY SILVIA, RAF TINDI. ■ Drammatico episodio della guerra sul mare rievocata da un vecchio guardiano che, durante l'ultimo conflitto, era marinaio su una corazzata. Nel momento del pericolo, il capitano della nave non esita a sacrificare la vita del proprio figlio – anche lui marinaio sulla stessa imbarcazione – per salvare il resto dell'equipaggio. Un lavoro corretto, come del resto tutti i film di De Robertis, specialista in storie marinare. ■ GUERRA; B/N; 93′; ITALIA, 1948.

FANTASMI E LADRI ★★
Regia di GIORGIO SIMONELLI. Con TINA PICA, MARIO RIVA, ALBERTO TALEGALLI, UGO TOGNAZZI. ■ Per scoraggiare le manie da detective di una vecchia zia divoratrice di romanzi gialli, un poliziotto inscena, con l'aiuto di alcuni attori, una intricata vicenda con morti e fantasmi. La vecchietta non solo scopre l'inganno del nipote, ma riesce a sventare un furto vero e a fare arrestare autentici ladri. ■ COMMEDIA; B/N; 101′; ITALIA, 1958.

FANTASMI NON POSSONO FARLO, I ★
(Ghosts Can't Do it)
Regia di JOHN DEREK. Con BO DEREK, ANTHONY QUINN. ■ Lui muore e diventa un fantasma. Vorrebbe tanto poter fare ancora l'amore con la moglie. Nel suo stato, però, c'è qualche impedimento. ■ COMMEDIA; COL.; 90′; USA, 1989.

FANTASTICA SFIDA – CARS DUEL, LA *(Used Cars)* ★★
Regia di ROBERT ZEMECKIS. Con DEBORAH HARMON, KURT RUSSELL, JACK WARDEN. ■ Commedia demenziale che vede opposti due concessionari di auto usate decisi a farsi la guerra con ogni possibile colpo basso. Caroselli in auto e qualche buona trovata. Grande Jack Warden nel doppio ruolo di due gemelli nemici, ma il meglio di Zemeckis (che è anche co-sceneggiatore del film) arriverà in seguito. ■ COMICO; COL.; 111′; USA, 1980.

FANTASTICHE AVVENTURE DI RINTY E LA LINCE, LE *(Tropsi bekorystnoy lijubri)* ★★
Regia di AGASI BABAIAN. Con DMITRY ORLOVSKY. ■ Un cucciolo di lince è allevato da un guardiacaccia. Due cacciatori di frodo attentano alla vita del guardiacaccia e la lince riesce a liberarlo salvandolo. ■ FANTASTICO; COL.; 92′; URSS, 1974.

FANTASTICI PICCOLI SUPERMEN, I ★
(The Little Supermen)
Regia di WO SE YUEN. Con WU CHIN, LIE HSIAO LUNG, WANG RUEN SUN. ■ Attraverso mille peripezie l'agente cinese Wong riesce a far pervenire al comando i piani di attacco dei giapponesi. ■ GUERRA; COL.; 93′; HONG KONG, 1973.

FANTASTICI 4 E SILVER SURFER, I ★★
(Fantastic Four: Rise of the Silver Surfer)
Regia di TIM STORY. Con JESSICA ALBA, ANDRE BARUGHER, MICHAEL CHIKLIS, CHRIS EVANS, IOAN GRUFFUDD, DOUG JONES, JULIAN MCMAHON, KERRY WASHINGTON. ■ Doppio problema da affrontare per i Fantastici Quattro: la Terra è minacciata dall'arrivo di Silver Surfer, araldo di Galactus, il distruttore di mondi, che vuole cancellare dall'universo il nostro pianeta per ottenerne l'energia necessaria al suo sostentamento. C'è inoltre il "solito" Dottor Destino, che, redivivo, trama contro il quartetto per eliminarlo una volta per tutte. ■ FANTASCIENZA; COL.; 92′; GERMANIA, USA, 2007.

FANTASTICI QUATTRO, I *(Fantastic Four)* ★★
Regia di MICHAEL CHIKLIS, TIM STORY. Con JESSICA ALBA, MICHAEL CHIKLIS, CHRIS EVANS, IOAN GRUFFUDD, JULIAN MCMAHON, KERRY WASHINGTON. ■ Al calderone dei film tratti da fumetti va ad aggiungersi anche questo dedicato all'omonimo quartetto in calzamaglia, nato decenni or sono dalle fervide menti di Stan Lee e Jack Kirby per i tipi della Marvel Comics. La storia è quella di un quintetto di scienziati che sale su una stazione orbitante per studiare una nube di raggi cosmici che, per una fatalità, finisce invece per investirli con risultati incredibili, mutandone per sempre la struttura genetica. Quattro di loro diventano, senza volerlo davvero, i paladini della giustizia; il quinto, Victor Von Doom, la loro implacabile nemesi. ■ FANTASCIENZA; COL.; 123′; GERMANIA, USA, 2004.

FANTASTICI TRE SUPERMEN, I ★
Regia di GIANFRANCO PAROLINI. Con BRAD HARRIS, TONY KENDALL, GLORIA PAUL. ■ Uno scienziato ha inventato una macchina che fabbrica duplicati di esseri viventi. Una banda di delinquenti vorrebbe sfruttare a cattivo fine la scoperta, ma lo scienziato rifiuta di collaborare; perciò gli rapiscono la figlia. Ma entrano in scena tre giovanotti dotati di eccezionale forza fisica e per i cattivi è la fine. ■ FANTASCIENZA; COL.; 94′; ITALIA, 1967.

FANTASTICI VIAGGI DI GULLIVER, I ★★
(Gulliver's Travels)
Regia di ROB LETTERMAN. Con JACK BLACK, EMILY BLUNT, BILLY CONNOLLY, AMANDA PEET, JASON SEGEL. ■ Lemuel Gulliver lavora negli uffici di un grande giornale come fattorino della posta. Ogni giorno gira con il carrello pieno di pacchi e lettere da consegnare a redattori e direttori. La sua vita senza entusiasmo, senza aspirazione e senza fiducia in se stesso lo condanna a quel posto da undici anni senza possibilità di promozione e a sognare di uscire con la caporedattrice della sezione. Una buona e fortuita occasione però farà sì che gli venga data la possibilità di riscattarsi curando un reportage dal triangolo delle Bermuda. ■ COMMEDIA; COL.; 85′; USA, 2010.

FANTASTIC MR. FOX ★★★
Regia di WES ANDERSON. Con GEORGE CLOONEY, BILL MURRAY, JASON SCHWARTZMAN, MERYL STREEP, WALLACE WOLODARSKY. ■ Il signore e la signora Fox vivono pacifici col figlioletto Ash e il nipotino Kristofferson, loro ospite, dentro un grande albero in cima alla collina che fronteggia gli stabilimenti dei più cattivi contadini della zona: Boggis, Bunce e Bean. Ma la natura selvatica del signor Fox gli impedisce di trovare soddisfazione come giornalista e lo spinge a cercare di far fessi i tre uomini e a saccheggiare i loro depositi. La vendetta è veloce e spietata e mette a repentaglio non solo la sua amata famiglia ma tutti gli animali del sottosuolo. Mr Fox dovrà elaborare dunque un nuovo e geniale piano per trarre tutti d'impaccio. Clooney è presente come "voce". ■ ANIMAZIONE; COL.; 88′; USA, GRAN BRETAGNA, 2009.

FANTASTICO GILBERT, IL *(Le pays d'où je viens)* ★★★
Regia di MARCEL CARNÉ. Con FRANÇOISE ARNOUL, GILBERT BÉCAUD. ■ Julien e Gilbert si somigliano come due gocce d'acqua. Accortosi che il suo sosia è innamorato di una graziosa fanciulla, ma non ha il coraggio di manifestarsi, Gilbert prende l'iniziativa e corteggia la ragazza. Comincia così la commedia degli equivoci. ■ COMMEDIA; COL.; 94′; FRANCIA, 1956.

FANTASTICO GIOCO, UN *(Gra)* ★★
Regia di JERZY KAWALEROWICZ. Con WIESLAW GOLAS, GUSTAW HOLOUBECK, EWA POKAS, LUCYNA WINNICKA. ■ Una coppia è in crisi esistenziale: entrambi hanno raggiunto il successo professionale, ma scoprono l'angoscia e la paura della vecchiaia e della solitudine. ■ COMMEDIA; COL.; 97′; POLONIA, 1968.

FANTASTICO MONDO DEI GIOCATTOLI, IL ★★
(Babes in Toyland)
Regia di CLIVE DONNER. Con DREW BARRYMORE, EILEEN BRENNAN, RICHARD MULLIGAN, KEANU REEVES. ■ La vigilia di Natale la piccola Lisa rimane vittima di un incidente stradale che la spedisce nello straordinario mondo dei giocattoli: ci sono proprio tutti, a cominciare dai protagonisti delle fiabe più famose, ma anche il vecchio e cattivo Barnaby Barnacle. Lisa accetta di aiutare

i nuovi amici a liberarsi di quel pessimo soggetto. ■ FANTASTICO; COL.; 96′; USA, 1986.

FANTASTICO MONDO DI ALADINO, IL ★★
(A Kid in Aladdin's Court)
Regia di ROBERT L. LEVY. Con JAMES FAULKNER, RHONA MITRA, THOMAS IAN NICHOLAS. ■ Calvin, un giovane commesso della pizza a domicilio, viene portato nella Bagdad dell'ottavo secolo grazie al Genio della lampada. Qui, con l'aiuto di Alì Babà e della principessa Sherazade, recupererà la lampada di Aladino. Stesso protagonista di *Un ragazzo alla corte di re Artù* e uno dei due sceneggiatori di allora che qui è divenuto regista. ■ FANTASTICO; COL.; 97′; USA, 1997.

FANTINO DEVE MORIRE, IL *(Dead Cert)* ★★
Regia di TONY RICHARDSON. Con SCOTT ANTHONY, JUDI DENCH, RACHEL WILLIAMS. ■ In una scuderia inglese avvengono strani incidenti che costano la vita ad un paio di persone. Un fantino, Alan, cerca di scoprire chi li provoca. Sospettato dall'ispettore incaricato delle indagini, riesce a rovesciare la situazione. ■ GIALLO; COL.; 99′; GRAN BRETAGNA, 1974.

FANTINO DI KENT, IL *(The Ex Mrs. Bradford)* ★★★
Regia di STEPHEN ROBERTS. Con JEAN ARTHUR, WILLIAM POWELL. ■ Un medico fugge dalla moglie, autrice di libri polizieschi, perché stanco di essere coinvolto in fantastiche storie di assassinii. Ma la donna torna a cercarlo per parlargli di un giallo vero e gli chiede di aiutarla a risolverlo. Suo malgrado, l'uomo si trova coinvolto nell'intricata vicenda che riuscirà a dipanare solo con molta fatica. ■ GIALLO; B/N; 80′; USA, 1936.

FANTOMAS *(Fantômas)* ★★★
Regia di LOUIS FEUILLADE. Con EDMUND BREON, RENEE CARL, RENÈ NAVARRE. ■ Capostipite di altri quattro film sempre diretti da Feuillade, *Juve contro Fantomas*, *La morte che uccide*, *Fantomas contro Fantomas* e *Il magistrato folle*. Il personaggio agisce a Parigi. Nel primo episodio Fantomas deruba una principessa di alcuni gioielli. L'ispettore Juve deve riuscire a smascherarlo. ■ FANTASTICO; COL.; 37′; FRANCIA, 1913.

FANTÔMAS ★★
Regia di PÁL FEJÖS. Con THOMY BOURDELLE, TANIA FÉDOR, JEAN GALLAND, GASTON MODOT, GEORGES RIGAUD, JEAN WORMS. ■ *Fantômas* (quarto film della serie del famoso supercriminale) racconta uno dei misfatti di cui si è macchiato colui che si è soprannominato il "Genio del Male". Durante una festa aristocratica al castello di Beaulieu, la marchesa de Langrune, padrona di casa, viene rapinata e uccisa durante la notte. L'omicidio sconvolge le vite dei nobili e le indagini sono affidate all'ispettore Paul Juve, che si mette da subito sulle tracce dell'uomo senza volto, il suo arcinemico Fantômas. ■ POLIZIESCO; COL.; 78′; 91′; FRANCIA, 1932.

FANTOMAS *(Fantômas)* ★★★
Regia di JEAN SACHA. Con MARCEL HERRAND, ALEXANDRE RIGNAULT, SIMONE SIGNORET. ■ Fantomas l'inafferrabile ne combina di tutti i colori: uccide personaggi di primo piano della vita parigina, minaccia stragi, prepara un'arma che farà saltare la città. Un gruppo di poliziotti, affiancati da un coraggioso giovanotto, al quale Fantomas ha impedito di sposarsi, e da un giornalista, riescono finalmente a scovare il bandito e a eliminarlo. ■ POLIZIESCO; B/N; 95′; FRANCIA, 1947.

FANTOMAS CONTRO FANTOMAS ★★
(Fantômas contre Fantômas)
Regia di ROBERT VERNAY. Con MARCELLE CHANTAL, AIMÉ CLARIOND. ■ Fantomas si associa ad uno scienziato pazzo per compiere i suoi delitti, ma quando il terribile assassino uccide anche la donna del complice, questi si vendica facendo finire l'ex socio in una vasca di acido. ■ POLIZIESCO; B/N; 95′; FRANCIA, 1948.

FANTOMAS CONTRO SCOTLAND YARD ★★
(Fantômas contre Scotland Yard)
Regia di ANDRÉ HUNEBELLE. Con LOUIS DE FUNÈS, MYLÈNE DEMONGEOT, JEAN MARAIS. ■ Fantomas rivolge la sua attenzione a dei ricchi nobili scozzesi, i quali chiamano da Parigi l'ispettore Juve per passare al contrattacco. Il terribile assassino trova nel maldestro ispettore un involontario complice. ■ POLIZIESCO; COL.; 92′; FRANCIA, 1967.

FANTOMAS MINACCIA IL MONDO ★★
(Fantômas se déchaine)
Regia di ANDRÉ HUNEBELLE. Con LOUIS DE FUNÈS, MYLÈNE DEMONGEOT, JEAN MARAIS. ■ Fantomas e Fandor, noto giornalista, si sostituiscono a due scienziati atomici: il primo ha in mente di sequestrare un famoso ricercatore, il secondo di impedirglielo. Fandor ha la meglio, ma Fantomas l'inafferrabile prende il volo. ■ POLIZIESCO; COL.; 94′; FRANCIA, 1966.

FANTOMAS '70 *(Fantômas)* ★★
Regia di ANDRÉ HUNEBELLE. Con LOUIS DE FUNÈS, MYLÈNE DEMONGEOT, JEAN MARAIS. ■ Fantomas compie clamorosi furti nascondendosi sotto le sembianze del giornalista Fandor, che finisce in galera. L'ispettore Juve, che ha subito la stessa beffa, lo aiuta ed entrambi riescono a rintracciare il bandito. L'inafferrabile fuggirà però per vie acquatiche. ■ POLIZIESCO; COL.; 95′; FRANCIA, 1965.

FANTOZZI ★★★
Regia di LUCIANO SALCE. Con ANNA MAZZAMAURO, GIGI REDER, PAOLO VILLAGGIO. ■ Non c'è una cosa che vada bene al povero impiegato Fantozzi, concentrato di tutte le disgrazie umane; qualsiasi avvenimento della vita, dal più grave, al più grande al più piccolo, finisce male. ■ COMICO; COL.; 100′; ITALIA, 1975.

FANTOZZI ALLA RISCOSSA ★★
Regia di NERI PARENTI. Con GIGI REDER, PAOLO VILLAGGIO, MILENA VUKOTIC. ■ Sembrava che dopo la pensione Fantozzi fosse destinato ad eclissarsi, ma il pubblico affezionato ancora una volta è stato accontentato. Così il ragioniere viene riassunto per rappresentare il modello negativo di impiegato che non è mai riuscito a fare carriera. Assillato da mille pensieri e problemi va dallo psicanalista e si divide dalla moglie. Quando poi cercherà l'anima gemella col computer risulterà che il suo ideale è proprio la consorte. ■ COMICO; COL.; 92′; ITALIA, 1990.

FANTOZZI CONTRO TUTTI ★★
Regia di NERI PARENTI, PAOLO VILLAGGIO. Con GIGI REDER, PAOLO VILLAGGIO, MILENA VUKOTIC, DIEGO ABBATANTUONO. ■ Continuano le disavventure di Fantozzi, l'impiegato più perdente del mondo. Qui, l'ufficio va a fuoco, la moglie lo cornifica, una corsa ciclistica fra dipendenti della società (cui lo costringe il nuovo capufficio) si conclude disastrosamente. ■ COMICO; COL.; 95′; ITALIA, 1980.

FANTOZZI 2000: LA CLONAZIONE ★★
Regia di DOMENICO SAVERNI. Con STEFANO MASCIARELLI, ANNA MAZZAMAURO, PAOLO VILLAGGIO, MILENA VUKOTIC. ■ Decimo della serie, il film, che non ha una trama unitaria ma risulta spezzettato in vari episodi, racconta il ritorno in vita del ragionier Fantozzi, clonato dalla Megaditta, grazie ad una ciocca di capelli data in pegno a sua moglie Pina. In quest'ultima serie si è cercato di "svecchiare" il personaggio del ragioniere che vediamo alle prese con problemi di attualità quali il Viagra, la clonazione, la febbre del superenalotto, la moda degli spogliarelli maschili. Due nuovi personaggi affiancano inoltre il protagonista: Stefano Masciarelli nel ruolo del manager degli spogliarellisti e Dodi Conti nel ruolo di Uga, la nipote del ragioniere dai tratti scimmieschi. Film piatto, battute poco efficaci. ■ COMICO; B/N; 94′; ITALIA, 1999.

FANTOZZI: IL RITORNO ★★
Regia di NERI PARENTI. Con ANNA MAZZAMAURO, GIGI REDER, PAOLO VILLAGGIO, MILENA VUKOTIC. ■ Nell'ultimo film Fantozzi andava in paradiso. Adesso si accorge che nemmeno lì lo vogliono. Ritorna sulla terra e gli succedono le solite cose. ■ COMICO; COL.; 95′; ITALIA, 1996.

FANTOZZI SUBISCE ANCORA ★★
Regia di NERI PARENTI. Con ANNA MAZZAMAURO, PAOLO VILLAGGIO, MILENA VUKOTIC. ■ Continua il calvario del rag. Ugo Fantozzi, impiegato di concetto in una multinazionale. Schiavizzato dai colleghi, picchiato dai condomini, reso nonno dalla figlia sedotta e abbandonata, alla fine viene prelevato da un elicottero pompiere e scaricato nel bel mezzo di un incendio. ■ COMICO; COL.; 85′; ITALIA, 1983.

FANTOZZI VA IN PARADISO ★★
Regia di Neri Parenti. Con Plinio Fernando, Anna Mazzamauro, Gigi Reder, Paolo Villaggio, Milena Vukotic. ■ Ormai siamo agli sgoccioli con Fantozzi, a meno di ritrovarlo in veste di fantasma nel prossimo film. Infatti Neri Parenti ha diretto ancora una volta Paolo Villaggio e questa volta lo sfortunato ragioniere crede di essere malato incurabile. Fantozzi scopre invece di non essere in punto di morte ma viene investito da un camion e al posto di Dio incontra Buddha. Abbastanza divertente e non del tutto scontato. ■ Comico; col.; 100′; Italia, 1993.

FANTOZZI VA IN PENSIONE ★★
Regia di Neri Parenti. Con Anna Mazzamauro, Paolo Villaggio, Milena Vukotic, Gigi Reder. ■ Settima puntata cinematografica delle avventure del povero Fantozzi. L'impiegato più umiliato e offeso d'Italia, finalmente è messo in pensione. Dove, puntualmente, rimedia più schiaffoni che non sul luogo di lavoro. Non tra i peggiori capitoli della serie, con qualche idea felice (lo scippo sistematico dei pensionati). ■ Comico; col.; 95′; Italia, 1989.

FARAONE, IL *(Faraon)* ★★★★
Regia di Jerzy Kawalerowicz. Con Barbara Brylska, Krystina Mikolajewska, Jerzy Zelnik. ■ L'erede al trono d'Egitto smania dal desiderio di muovere guerra agli Assiri, ma è costretto ad aspettare di diventare faraone prima di cominciare ad organizzarsi un esercito. Intanto i grandi sacerdoti hanno stretto un'alleanza con i colleghi assiri e il loro volere non si discute. Visto che il giovane faraone continua a scalpitare, i sacerdoti lo eliminano. ■ Avventura; col.; 135′; Polonia, 1966. ■ Oscar 1 nom.

FAR COUNTRY, THE ★★
Regia di George T. Miller. Con Don Barker, Sigrid Thanton, Michael York. ■ Un medico cecoslovacco cerca di sopravvivere in un campo di sterminio durante la guerra e ce la fa a prezzo di menzogne, tradimenti, umiliazioni. Riesce in qualche modo a riparare in Australia, ma il ricordo delle sue esperienze passate continua a perseguitarlo. ■ Drammatico; col.; 92′; Australia, 1987.

FARFALLA CON LE ALI INSANGUINATE, UNA ★
Regia di Duccio Tessari. Con Helmut Berger, Giancarlo Sbragia, Evelyn Stewart. ■ Accusato dell'assassinio di una ragazza, Alessandro è in prigione; prima di essere processato viene tuttavia rimesso in libertà perché due delitti molti simili sono stati commessi mentre lui era dietro le sbarre. Il fidanzato di sua figlia gli chiede un appuntamento, Alessandro ci va e il giovane gli fa una sconcertante confessione. ■ Giallo; col.; 100′; Italia, 1971.

FARFALLA SUL MIRINO, LA *(Koroshino raknin)* ★★
Regia di Seijun Suzuki. Con Koji Nanbara, Joe Shishido, Isao Tamagawa. ■ Una potente organizzazione criminale si scaglia contro un killer che ha mancato un ordine: non ha ucciso la vittima predestinata, perché una farfalla si è posata sul mirino del fucile facendogli sbagliare obiettivo. Per difendersi il killer elimina tutti i componenti della banda. ■ Hard boiled; b/n; 92′; Giappone, 1969.

FARFALLE SONO LIBERE, LE *(Butterflies Are Free)* ★★
Regia di Milton Katselas. Con Edward Albert, Goldie Hawn, Eileen Heckart. ■ Un ragazzo cieco e una giovane attrice vogliono andare a vivere insieme, ma la madre del giovanotto non è per niente d'accordo. Le difficoltà che improvvisamente si presentano di fronte alla coppia, li costringono a fare seriamente i conti con i sentimenti e i progetti. Più maturi e coinvolti, decideranno di restare uniti. ■ Commedia; col.; 109′; USA, 1972. ■ Golden Globes 5 nom; Oscar 2 pr, 4 nom.

FARFALLON ★
Regia di Riccardo Pazzaglia. Con Mario Carotenuto, Fiorenzo Fiorentini, Franco Franchi, Ciccio Ingrassia. ■ Farfallon non è riuscito ad uccidere la moglie, ma è in prigione egualmente. Tenta ripetutamente la fuga per poter finire l'opera rimasta a metà, ma gli va sempre male. Finalmente riesce ad eliminare la consorte. ■ Comico; col.; 100′; Italia, 1974.

♥ FAR FROM HEAVEN ★★★
Regia di Todd Haynes. Con Patricia Clarkson, Dennis Haysbert, Julianne Moore, Dennis Quaid, James Rebhorn. ■ La famiglia Whitaker vive in una tranquilla cittadina della provincia americana: siamo negli anni Cinquanta e i coniugi Whitaker si muovono in un mondo patinato e perfetto, fatto di feste di beneficienza, tranquillità, successo, incarnando agli occhi della comunità l'esempio del sogno americano. Quest'immagine di perfezione, però, cela molti "scheletri nell'armadio": dall'omosessualità del signor Whitaker all'interesse della moglie per un giardiniere di colore, si tratta di pulsioni represse, che i due negano persino a se stessi, e che sicuramente mal si conciliano con l'immagine immacolata che amano fornire al prossimo. Riflessione a tratti amara su un mondo troppo spesso ritratto da Hollywood (molte le citazioni ai film di quel periodo) in modo superficiale e idealizzato. ■ Drammatico. col.; 107′; Francia, USA, 2002. ■ Golden Globes 3 nom; Oscar 3 nom; Venezia 2 pr.

FARGO ★★★
Regia di Joel Coen. Con Steve Buscemi, William H. Macy, Frances McDormand, Peter Stormare. ■ Jerry Lundegaard gestisce una concessionaria d'auto e ha un impellente bisogno di denaro liquido. Escogita il rapimento della moglie per ottenere un cospicuo riscatto dal suocero ostile. Ingaggia due crudeli quanto incapaci malviventi che riescono a tramutare il dramma in tragedia. Sarà l'intervento di Marge Gunderson, capo della polizia locale, in avanzato stato di gravidanza, a risolvere la situazione. I Coen, come tutti i registi di razza, si divertono a spiazzare. Se *Mr. Hula-hoop* aveva marcato un netto stacco dalle ricerche linguistiche di un *Barton Fink* pur conservando un elevato tasso di cinefilia, con *Fargo*, presentato a Cannes 1996 senza suscitare particolari reazioni, sembrano cambiare registro. Anzi c'è chi, in cerca di sicurezze, è andato citando il loro film d'esordio, quel *Blood Simple* che in realtà non ha con questo film nient'altro che una superficiale affinità. Entrambi sono dei thriller, ma se il primo si rifaceva alle atmosfere alla James M. Cain, quest'ultimo è un'analisi spietata della profonda stupidità di gran parte della violenza contemporanea. I due criminali, interpretati da Steve Buscemi e Peter Stormare, sono al contempo troppo cinematografici per essere "veri" (fanno spesso venire in mente i due ladri rapitori dei dalmata de *La carica dei 101*) e troppo tragicamente reali per essere solo frutto della finzione. Su quella distesa di neve senza fine, destinata a macchiarsi di sangue versato senza un briciolo di quella strategia del delitto che faceva grandi gli omicidi hitchockiani, si va a rappresentare la storia di una Twin Peaks in sedicesimo in cui i fatti sono accaduti nella realtà e che è luogo di origine dei due fratelli. *Fargo* è un film "congelato" come gli spazi e i personaggi che mette in scena. Le loro origini scandinave costituiscono quasi un certificato di garanzia della loro capacità di controllarsi (si veda in proposito la sequenza in cui Marge incontra nel bar il compagno di scuola di origine giapponese) e questa discendenza viene sottolineata, nell'edizione originale, dall'accento richiesto agli interpreti. È quasi come se i Coen, a dispetto del loro cognome, ci volessero parlare della loro infanzia, delle origini, della loro idea di un cinema che, per quanto onnivoro sia, ha in Kubrick e in Hitchcock dei punti di riferimento che paiono ineludibili. È il personaggio di Marge (moglie nella realtà di Joel Coen) che sfida le leggi dell'equilibrio e della gravità, che segna il film. Non è particolarmente intelligente né si avvale di grandi strategie investigative, eppure riesce a risolvere un caso che, proprio per l'ottusità che sembra connaturata all'ambiente, ha già raggiunto e superato il limite della tragedia. Ma tutto si svolge in una routine in cui, alla fine, il detective ne sa meno di noi. Eccoci allora collocati in una prospettiva hitchockiana in cui le reali dimensioni dell'accadimento sono note al nostro sguardo da *voyeurs* consapevoli che il bambino che si trova in quella pancia sta per entrare in un mondo ancora più tragicamente assurdo di quel che sembra. Oscar a Frances McDormand. ■ Drammatico; col.; 97′; USA, 1996. ■ Cannes 1 pr; Golden Globes 4 nom; Oscar 2 pr, 7 nom.

FARGO, LA VALLE DEI DESPERADOS *(Fargo)* ★
Regia di Lewis D. Collins. Con Phyllis Coates, Myron Hea-

ley, Steve Taylor. ■ Un terreno recintato perché non venga calpestato dalle mandrie è oggetto di contesa tra il coltivatore Bill e l'allevatore Red. Quest'ultimo vorrebbe appropriarsi di tutti i terreni della valle: ogni pretesto è buono per piantar grane, ma Bill ha tutti i coloni dalla sua. ■ Western; b/n; 92'; USA, 1952.

FARI NELLA NEBBIA ★★★
Regia di Gianni Franciolini. Con Luisa Ferida, Fosco Giachetti, Mariella Lotti, Osvaldo Valenti. ■ Anna e Cesare litigano spesso; un giorno la donna abbandona il marito per inseguire i suoi sogni piccolo-borghesi. Lui si mette a vivere con una ragazza piuttosto disinibita che non tarda a tradirlo. Cesare decide di vendicarsi, ma mentre medita di uccidere la ragazza ritrova la moglie che è venuta a cercarlo pentita. ■ Drammatico; b/n; 78'; Italia, 1941.

FARINELLI, VOCE REGINA *(Farinelli)* ★★🏆
Regia di Gérard Corbiau. Con Omero Antonutti, Stefano Dionisi, Jeroen Krabbe, Enrico Lo Verso. ■ Un film che si basa su una fastosa ricostruzione d'epoca e di ambienti. Riccardo Broschi, modesto musicista, fa evirare il fratello Carlo secondo l'usanza settecentesca, per trasformarlo nel perfetto cantore Farinelli. Le esistenze del musicista e della sua "creatura" musicale restano indissolubilmente legate, dato che le capacità amatorie di Farinelli vengono completate dal fratello. Egli diviene il più grande cantore del suo tempo, ma la sua vita è piena di tormenti. ■ Drammatico; col.; 103'; Belgio, Francia, Italia, 1994. ■ Golden Globes 🏆 1 pr, 1 nom; Oscar 🏆 1 nom.

FAR NORTH ★★★
Regia di Sam Shepard. Con Charles Durning, Tess Harper, Jessica Lange. ■ Una donna torna alla casa paterna dopo molti anni e trova il padre morente all'ospedale. Il vecchio le chiede di uccidere il cavallo che l'ha ridotto in quello stato. La donna promette. Intanto per lei il ritorno è un'occasione per confrontarsi col suo passato, con la madre, con la sorella, la nipote troppo svelta con i coetanei e una nonna centenaria che ricorda i valori della vecchia America. ■ Drammatico; col.; 90'; USA, 1988.

FAR NORTH ★★
Regia di Asif Kapadia. Con Sean Bean, Michelle Krusiec, Michelle Yeoh. ■ L'arrivo di uno straniero crea sempre instabilità. Se poi lo straniero in questione è un uomo in gravi condizioni ritrovato per caso da due donne che vivono da sempre al Polo Nord, in totale isolamento, la situazione è ancor più destabilizzante. Questo in sostanza il semplice plot di *Far North*, glaciale dramma umano ambientato tra i ghiacci delle selvagge e inospitali isole Svalbard, tra Norvegia e Polo Nord. ■ Drammatico; col.; 89'; Francia, Gran Bretagna, 2007.

FARO IN CAPO AL MONDO, IL ★★
(The Light at the Edge of the World)
Regia di Kevin Billington. Con Yul Brynner, Kirk Douglas, Samantha Eggar. ■ Tratto da un romanzo di Jules Verne. Il guardiano del faro di un'isola deserta sfugge all'agguato di una banda di pirati e, restando nascosto tra le rocce e la vegetazione, spia i loro movimenti e manda all'aria parecchi dei loro piani. Non riesce a salvare la vita di due prigionieri, un uomo e una donna, ma riesce ad eliminare i cattivi. ■ Avventura; col.; 119'; USA, 1971.

FAR OUT MAN ★
Regia di Thomas Chong. Con Paul Bartel, Tommy Chong, Rae Dawn Chong, C. Thomas Howell, Reynaldo Rey. ■ Era diventata hippie. Decide di reintegrarsi nella società, che l'attende con un figlio e una serie di problemi. ■ Drammatico; col.; 90'; USA, 1990.

FARREBIQUE ★★★
Regia di Georges Rouquier. ■ Il film descrive la vita di una famiglia di contadini di Goutrens, un paesino del Massiccio Centrale. Rouquier fu uno dei migliori allievi di Flaherty. ■ Documentario; b/n; 100'; Francia, 1946.

FAR WEST *(A Distant Trumpet)* ★★
Regia di Raoul Walsh. Con Troy Donahue, Diane McBain, Suzanne Pleshette. ■ Il capo pellerossa Falco Nero, esiliato in Messico, crea grossi problemi al comandante di un forte che vuole evitare a tutti i costi un massacro. Dopo una prima battaglia contro gli indiani, il generale spedisce a parlamentare un giovane ufficiale. ■ Western; col.; 116'; USA, 1964.

FASCICOLO NERO ★★
Regia di Oreste Caviglia. Con Danièle Delorme, Jean-Paul Grénier, Lea Padovani. ■ Il giudice di una piccola città di provincia, convinto che il suo predecessore sia stato assassinato perché conduceva un'inchiesta compromettente per molta gente, si mette a indagare. I suoi sospetti ricadono sulla vedova e su un vecchio amico del giudice ucciso. Entrambi si dichiarano colpevoli, per diversi motivi, ma molte circostanze li discolpano. Forse, il vecchio giudice non è neppure stato avvelenato. ■ Drammatico; b/n; 115'; Francia, 1955.

FASCINATION ★
Regia di Klaus Menzel. Con Jacqueline Bisset, Craig Cady, Alice Evans, Adam Garcia, James Naughton, Stuart Wilson. ■ Scott è un giovane musicista il cui padre è morto in circostanze misteriose e la cui madre, Maureen, ha pensato bene di risposarsi in tempi rapidi con Oliver Vance, un personaggio tanto ricco quanto poco raccomandabile. L'uomo ha sempre con sé la figlia Kelly, la quale seduce rapidamente Scott e diventa sua confidente. Il ragazzo le rivela di sospettare che il padre non sia deceduto per morte naturale. I sospetti ricadranno ben presto su Maureen. Ma Kelly nasconde un segreto a proposito della morte di sua madre. Tutto è già visto, compreso un happy end bis dopo che i titoli di coda hanno già preso a scorrere. ■ Thriller; col.; 95'; Germania, Gran Bretagna, 2004.

FASCINO ★★
Regia di Giacinto Solito. Con Iva Pacetti, Guglielmo Sinaz. ■ Una rinomata danzatrice ha perso la parola in un incidente accadutole quando, da ragazzina, venne travolta dalla folla sconvolta da un incendio divampato in teatro. Sentendosi per questo diversa, non riesce ad accettare l'amore di un musicista. Rivivendo una situazione simile a quella che le causò lo choc, riacquisterà la voce. ■ Drammatico; b/n; 92'; Italia, 1939.

FASCINO *(Cover Girl)* ★★★
Regia di Charles Vidor. Con Rita Hayworth, Gene Kelly. ■ Rita è diventata una famosa ragazza-copertina e ha abbandonato il povero quartiere della sua infanzia e il suo primo amore. Ma proprio quando sta per sposare un ricco proprietario di sale teatrali, Rita va in crisi e, senza pensarci troppo, saluta gli invitati e torna dall'uomo che non ha mai cessato d'amare. ■ Musical; col.; 107'; USA, 1944. ■ Oscar 1 pr, 5 nom.

FASCINO CRIMINALE *(Les pépées font la loi)* ★★
Regia di Raoul André. Con Claudine Dupuis, Dominique Wilms. ■ Flora, borghesissima madre di quattro belle ragazze, in gioventù ha avuto qualche trascorso con il mondo della malavita. Quando la minore delle ragazze viene coinvolta in un giro losco, l'intraprendente madre non esita a mobilitare le antiche conoscenze. ■ Commedia; b/n; 91'; Francia, 1954.

FASCINO DEL DELITTO, IL *(Série noire)* ★★★
Regia di Alain Corneau. Con Bernard Blier, Patrick Dewaere, Marie Trintignant. ■ Poupart, un commesso viaggiatore sognatore e velleitario (ma fallito nel lavoro e negli affetti), si lascia indurre da una precoce adolescente a rapinare e uccidere la vecchia zia di lei. Dopo il delitto, Poupart perde il controllo dei nervi. Finirà per uccidere anche la moglie, che lo sospettava dell'omicidio. ■ Giallo; col.; 110'; Francia, 1979.

FASCINO DELL'OMICIDIO, IL ★★
Regia di Eddie Arno. Con Bruce Boa, Christopher Lee. ■ Un'intricata vicenda che verte su due terribili assassini coinvolge anche Tony, novello autore di storie gialle, immergendolo suo malgrado in una materia a lui familiare. ■ Giallo; col.; 96'; USA, 1988.

FASCINO DELLO SPAZIO, IL *(Gloria)* ★★
Regia di Hans Behrendt. Con Fritz Campers, Gustav Fröhlich, Brigitte Helm. ■ La protagonista del film, Brigitte Helm, è l'eroina di *Metropolis* e di *Atlantide*. Oltre ai due capolavori, girò altri film minori: come questo. ■ Commedia; b/n; 90'; Germania, 1931.

FASCINO DEL PALCOSCENICO *(Stage Struck)* ★★★
Regia di SIDNEY LUMET. Con HENRY FONDA, JOAN GREENWOOD, SUSAN STRASBERG, HERBERT MARSHALL. ■ Una giovane attrice alle prime armi si innamora di un famoso produttore il quale, pur provando per la ragazza un tenero sentimento, non vuole legarsi per non essere distolto dalla sua attività. Per la giovane attrice la grande occasione capita quando una famosa diva, per un capriccio, rifiuta all'ultimo momento la parte di protagonista in una importante commedia. La ragazza la sostituisce e ottiene un grande successo; la sua carriera è avviata, anche se per questo deve rinunciare all'amore. ■ COMMEDIA; COL.; 95'; USA, 1958.

FASCINO DEL WEST *(Rawhide)* ★★
Regia di RAY TAYLOR. Con SMITH BALLEW, EVELYN KNAPP. ■ Fratello e sorella comperano una fattoria nel West per viverci in tranquillità, ma una banda di delinquenti impone loro il pagamento di una tangente. I due si ribellano e, con l'aiuto di un coraggioso giovanotto che si è innamorato della ragazza, sbaragliano i cattivi. ■ WESTERN; B/N; 73'; USA, 1938.

FASCINO DI BOHÈME, IL *(Zauber der Bohème)* ★★★
Regia di GÉZA VON BOLVÀRY. Con MARTHA EGGERTH, PAUL KEMP, JAN KIEPURA. ■ Una giovane cantante lirica, ammalata di tisi e conscia di aver poco da vivere, rinuncia all'amore di un giovane collega per evitargli di soffrire. Per non rivelargli la verità parte con un ricco corteggiatore, ma quando l'ora fatale si avvicina non resiste e torna al grande amore. Muore sulla scena. ■ DRAMMATICO; B/N; 92'; GERMANIA, 1937.

FASCINO DISCRETO DELLA BORGHESIA, IL ★★★★
(Le charme discret de la bourgeoisie)
Regia di LUIS BUÑUEL. Con PAUL FRANKEUR, BULLE OGIER, FERNANDO REY, DELPHINE SEYRIG, MILENA VUKOTIC. ■ I personaggi sono: un prete che assolve i moribondi e poi li uccide, un diplomatico che traffica in droga, un ufficiale che confessa un omicidio e altre figure grottesche. Stanno cercando un ristorante. Quando lo trovano scoprono che nella cucina si sta vegliando un morto. Se ne vanno molto infastiditi. Camminano su una strada piatta, sempre nello stesso panorama. Tentano ancora di mangiare e non ci riescono mai. Quando uno di loro sta per portare qualcosa alla bocca succede sempre un piccolo incidente. Tutti sono educati, anche se ogni tanto qualcuno si lascia andare, perde la calma. I loro argomenti sono minimi, cosucce, sempre fatti interni, privati. Ed ecco, a intermittenza, la solita scena su quella strada asfaltata e calda, e la fila allungata, tutti che camminano in silenzio. ■ COMMEDIA; COL.; 105'; FRANCIA, 1973. ■ GOLDEN GLOBES 1 NOM; OSCAR 1 PR, 2 NOM.

FASCINO E PERFIDIA *(Three Bad Sisters)* ★★
Regia di GILBERT L. KAY. Con JESS BARKER, JOHN BROMFIELD, MARTHA ENGLISH, SARA SHANE. ■ Per mettere le mani sull'intera eredità paterna, la perfida Valeria tenta in ogni modo di liberarsi della sorellastra, Lidia. Medita delitti, combina un matrimonio, ma per fortuna tutto fallisce. ■ DRAMMATICO; B/N; 76'; USA, 1955.

FASCINO SOTTILE DELLA PERVERSIONE, IL ★★
(Mont-Dragon)
Regia di JEAN VALÈRE. Con CAROLE ANDRÉ, JACQUES BREL, PAUL LE PERSON, CATHERINE ROUVEL. ■ Georges non è quel che si dice un bravo giovane: è l'amante della moglie del suo superiore, il corruttore della figlia, nemico irriducibile di Gaston. Quest'ultimo, esasperato dalle continue prepotenze del giovanotto, lo uccide. ■ COMMEDIA; COL.; 90'; FRANCIA, 1970.

FASCISTA ★★★
Regia di NICO NALDINI. ■ Utilizzando spezzoni di documentari e cinegiornali d'epoca, Naldini ricostruisce la scalata al potere di Mussolini, dalla marcia su Roma sino all'adesione del regime fascista al Terzo Reich. ■ DOCUMENTARIO; B/N; 96'; ITALIA, 1974.

FASCISTI SU MARTE ★★★
Regia di CORRADO GUZZANTI. Con ANDREA BLARZINO, CORRADO GUZZANTI, MARCO MARZOCCA, PASQUALE PETROLO, ANDREA PURGATORI, ANDREA SALERNO. ■ Miracolosamente sottratti alla censura della storiografia marxista, vengono rispolverati alcuni cinegiornali risalenti agli anni Quaranta, dove si narra – con orgoglio – dell'eroica impresa di un gruppo di fascisti alla conquista di Marte. Giunta sul pianeta rosso, la squadra capitanata dal gerarca Barbagli si muove con cautela nel misconosciuto territorio nemico. Nonostante la mancanza d'aria, d'acqua e di cibo, il fervore per il Duce li spinge poco a poco a tener fede alla loro categorica volontà littoria: "bonificare" il nuovo territorio per dedicare a Roma (e al suo capo) la meritata conquista. Fra sonde spaziali nate dall'unione di più cannucce, un rudere da rottamare che risponde al nome di Donna Rachele, un nemico invisibile e immobile, la squadraccia fascista non mollerà fino a quando l'impresa non sarà compiuta. A metà fra un falso documentario e un fantascientifico fumetto, Corrado Guzzanti porta nelle sale il suo travagliatissimo film, la cui lavorazione ebbe inizio nel 2002. in occasione della messa in onda televisiva de *Il caso Scafroglia*. ■ COMICO; COL.; 100'; ITALIA, 2006.

FASE IV: DISTRUZIONE TERRA *(Phase IV)* ★★
Regia di SAUL BASS. Con NIGEL DAVENPORT, LYNNE FREDERICK, MICHAEL MURPHY. ■ In una stazione scientifica del futuro si sta studiando il fenomeno dell'invasione di formiche avvenuto in Arizona. Tali insetti divorano la popolazione e sembrano imbattibili da parte dell'uomo. Un intraprendente scienziato indagherà a fondo. ■ FANTASCIENZA; COL.; 86'; USA, 1973.

FAST AND FURIOUS, THE *(The Fast and The Furious)* ★
Regia di ROB COHEN. Con JORDANA BREWSTER, VIN DIESEL, TED LEVINE, CHAD LINDBERG, MICHELLE RODRIGUEZ, JA RULE, JOHNNY STRONG, PAUL WALKER, RICK YUNE. ■ Trattasi di storia (quasi) vera. In America, Los Angeles per l'esattezza, si corre una categoria, se così vogliamo chiamarla, sconosciuta in Europa: corse clandestine nelle vie urbane nel mezzo della notte. Alcuni piloti, giusto per ottimizzare, approfittano della loro bravura per rapinare i camion. Ecco che Brian riesce a farsi amico il boss Dom e la sorella. In realtà il bel Bryan (l'ennesimo nuovo Brad Pitt) è un agente Fbi. Proprio come accadeva in *Point Break*, solo che qui il cattivo-che-poi-cattivo-non-è, alla fine viene lasciato andar via. Per il resto sono corse, rock di fondo, battute come "il tuo missile reggipalle" (sarebbe la moto). Le ragazze, bruttine, sono sempre vestite di pelle. Negli Usa sembra che il film sia già un piccolo culto. ■ AZIONE; COL.; 98'; USA, 2001.

FAST & FURIOUS 5 *(Fast Five)* ★★
Regia di JUSTIN LIN. Con JORDAN BREWSTER, VIN DIESEL, TYRESE GIBSON, DWANE JOHNSON, PAUL WALKER. ■ Dopo aver attaccato un bus di detenuti per permettere a Dominic Toretto di sfuggire alla prigione, Mia Toretto e l'ex agente Brian O'Conner scappano in Brasile. Là, durante una spettacolare rapina a un treno, ritrovano Dominic e scoprono che il mandante del furto è un ricco affarista corrotto di Rio de Janeiro, Hernan Reyes, interessato a recuperare un chip nascosto nell'autoradio di una macchina rubata contenente tutte le tracce dei suoi traffici illeciti da centinaia di milioni di dollari. Siamo a 5: uffa. ■ AZIONE; COL.; 130'; USA, 2011.

FAST & FURIOUS 6 ★★
Regia di JUSTIN LIN. Con VIN DIESEL, DWAYNE JOHNSON, MICHELLE RODRIGUEZ, PAUL WALKER. ■ La "famiglia" di Dominic Toretto, parecchio arricchita con una rapina ai danni del boss brasiliano Hernan Reyes, è sparsa per il mondo a godersi la refurtiva: chi diventando papà, chi sognando una vita insieme... Tutto sembra procedere bene quando l'agente Luke Hobbs bussa alla porta di Dom in cerca di aiuto e in cambio di un favore. Una banda di piloti mercenari sta mettendo a segno una serie di spettacolari rapine che nascondono un piano più minaccioso e ambizioso. ■ AZIONE; COL.; 130'; USA, 2013.

FAST & FURIOUS – SOLO PARTI ORIGINALI ★★
(Fast & Furious)
Regia di JUSTIN LIN. Con VIN DIESEL, MICHELLE RODRIGUEZ, PAUL WALKER. ■ Negli anni che ha passato in fuga dalle autorità, il ricercato Dominic Toretto ha messo in piedi una nuova vita – e un'attività illegale – nella Repubblica Domenicana. Dopo l'ultimo colpo andato a buon fine decide di darsi nuovamente alla macchia per non mettere nei guai i suoi soci. A riportarlo a Los Angeles sarà l'immatura scomparsa di una persona cara e la sete di ven-

detta. Vin Diesel torna a interpretare il fuggitivo Toretto. ■ AZIONE; COL.; 99′; USA, 2009.

FAST AND THE FURIOUS: TOKYO DRIFT, THE ★★
Regia di JUSTIN LIN. Con LUCAS BLACK, DANIEL BOOKO, BRANDON BRENDEL, ZACHERY TY BRYAN, NIKKI GRIFFIN, NATHALIE KELLEY, KEIKO KITAGAWA, LEONARDO NAM, BRIAN TEE, BOW WOW. ■ Nicholas Ray diresse *Gioventù Bruciata* nel 1955. Si narrava la storia di un ragazzo ribelle (James Dean) che arrivava in una nuova città, incontrava una ragazza, disubbidiva ai genitori e sfidava una gang locale. Qualcuno deve aver fatto un calco della trama perché esistono circa un milione di film simili, ambientati nei mondi più disparati – dal balletto alla boxe. Il terzo capitolo di *Fast and Furious* non è da meno. Dopo un incidente avvenuto durante una gara di macchine, Sean Boswell (Lucas Black) rischia di finire in riformatorio, ma viene invece rispedito al padre, che vive a Tokyo, dalle autorità. Sui banchi di scuola incontra Neela e fa amicizia con Twinkie, che lo introduce nel giro di gare di *drifting*, "sbandamento in curva con il controllo del sovrasterzo". Rovina la macchina e per ripagarla dovrà darsi da fare in tutti i modi, anche pericolosi. ■ AZIONE; COL.; 104′; USA, 2006.

FASTER ★★
Regia di GEORGE TILLMAN JR. Con JENNIFER CARPENTER, MAGGIE GRACE, OLIVER JACKSON-COHEN, DWAYNE JOHNSON, BILLY BOB THORNTON. ■ Driver è appena uscito di prigione e immediatamente si mette all'opera per realizzare ciò che attendeva da tempo: la vendetta. Ha infatti aiutato suo fratello per una rapina al termine della quale un'altra banda si è impossessata del bottino e il congiunto è stato sgozzato. Ora Driver ha la lista degli assassini e li vuole eliminare uno alla volta. ■ AZIONE; COL.; 98′; USA, 2010.

FASTER, PUSSYCAT! KILL! KILL! ★★★
Regia di RUSS MEYER. Con HAJI, TURA SATANA, LORI WILLIAMS. ■ Tre spogliarelliste, alla fine del loro turno di lavoro, si lanciano in un travolgente viaggio notturno verso il deserto. Troveranno le avventure che si aspettano e anche qualcosa di più. Uno dei film più trasgressivi, a prescindere dal contenuto, del re del silicone. Nel 1994 è stato rimesso in circolazione nelle sale cinematografiche americane. ■ EROTICO; COL.; 83′; USA, 1966.

FAST FOOD ★
Regia di MICHAELE A. SIMPSON. Con TRACI LORDS, KEVIN MCCARTHY, JIM PAOLO, MICHAEL J. POLLARD. ■ Due studentelli con pochissima voglia di studiare e tanta di lavorare si mettono in testa di aprire una paninoteca e far concorrenza al colosso locale. Ci riusciranno sostituendo al ketchup una salsa afrodisiaca di loro invenzione. Commediola american-estiva di poche pretese, retta da qualche guizzo di Tracey Lord e dalla simpatia dei giovani protagonisti. ■ COMMEDIA; COL.; 90′; USA, 1991.

FAST FOOD, FAST WOMEN ★★★
Regia di AMOS KOLLEK. Con VICTOR ARGO, LOUISE LASSER, LONETTE MCKEE, ROBERT MODICA, ANNA THOMSON. ■ Bella, trentacinque anni, lavora come cameriera in un fast food di New York ed è l'anima del locale. Continua ad incappare in relazioni senza futuro. Un giorno sua madre, che vive altrove, le propone l'incontro con Bruno, un tassista aspirante scrittore. Bella accetta senza farsi illusioni e, per non rivelare i suoi sogni matrimoniali, gli dichiara apertamente di non amare i bambini. Peccato che Bruno ne abbia due. Ma nella caffetteria Bella non è la sola a sognare l'amore. Paul, un vedovo piuttosto introverso, si fa prendere dalla passione per una vedova conosciuta mediante un annuncio, mentre il vecchio Seymour prende una sbandata per una ballerina di peep show. Commedia brillante sulle solitudini metropolitane questa del cinquantaquattrenne regista israeliano. Ricca di battute intelligenti e supportata da un'attrice come Anna Thomson che ha lavorato con Cimino, Eastwood, Stone, ma anche con autori intellettuali come Ozon. ■ COMMEDIA; COL.; 98′; FRANCIA, ITALIA, USA, 2000.

FAST FOOD NATION ★★★
Regia di RICHARD LINKLATER. Con PATRICIA ARQUETTE, BOBBY CANNAVALE, PAUL DANO, LUIS GUZMÁN, ETHAN HAWKE, ASHLEY JOHNSON, GREG KINNEAR, KRIS KRISTOFFERSON, AVRIL LAVIGNE, ESAI MORALES, LOU TAYLOR PUCCI. ■ Il direttore marketing della Mickey's Food Restaurants (una catena di fast food) si trova a dover lasciare il suo comodo ufficio in California per raggiungere il luogo dove si trova l'industria che macella le bestie e produce gli hamburger che fanno la fortuna della sua impresa commerciale. C'è infatti il sospetto che la carne non sia igienicamente a norma. Nello stabilimento di macellazione lavorano numerosi immigrati messicani giunti negli States illegalmente. Il film segue le loro vicende e quelle del manager. Linklater si è ispirato al libro-inchiesta omonimo di Eric Schlosser. Invece di trasformarlo in documentario ha deciso di trarne una fiction con attori importanti. ■ DRAMMATICO; COL.; 116′; GRAN BRETAGNA, USA, 2006.

FAST WALKING *(Fast-Walking)* ★★
Regia di JAMES B. HARRIS. Con ROBERT HOOKS, KAY LENZ, TIM MCINTIRE, SUSAN TYRRELL, M. EMMER WALSH, JAMES WOODS. ■ Una buona interpretazione di James Woods che interpreta un secondino moralmente piuttosto discutibile. Accetta cinquantamila dollari per far scappare un leader di colore che il cugino vuole morto. Tra gli interpreti anche M. Emmet Walsh (*Blade Runner* e *Blood Simple*). ■ DRAMMATICO; COL.; 115′; USA, 1982.

FATAL BEAUTY ★★
Regia di TOM HOLLAND. Con SAM ELLIOTT, WHOOPI GOLDBERG, HARRIS YULIN. ■ Un'indomita negretta, agente della squadra antidroga, dopo aver assicurato alla giustizia parecchi spacciatori, vuole ora mettere con le spalle al muro un boss del traffico, un magnate apparentemente immacolato della San Fernando Valley. Costui naturalmente non gradisce l'interesse che la poliziotta ha per lui e incarica il suo miglior killer di eliminarla. ■ THRILLER; COL.; 104′; USA, 1987.

FATAL CHARM ★★
Regia di FRITZ KIERSCH. Con CHRISTOPHER ATKINS, MARY FRANN, AMANDA PETERSON. ■ Sette anni dopo *Grano rosso sangue* ritorna Fritz Kiersch con una storia a tinte forti. Una liceale nutre una morbosa attrazione per un detenuto pluriomicida col quale intrattiene un fitto rapporto epistolare. La ragazza non crede che sia lui il maniaco che ha già ucciso sei donne, ma poi l'uomo evade dal carcere. ■ THRILLER; COL.; 95′; USA, 1991.

FATAL FRAMES – FOTOGRAMMI MORTALI ★
Regia di AL FESTA. Con LEO DANIEL, RICK GIANASI, DONALD PLEASENCE, STEFANIA STELLA. ■ Alex è un regista di video che si trova a Roma per girare un clip musicale per una cantante. La trasferta in Italia dovrebbe aiutarlo a dimenticare l'uccisione della moglie da parte di un serial killer. Gli omicidi però proseguono anche in Italia. ■ GIALLO; COL.; 111′; ITALIA, 1997.

FATAL INSTINCT – PROSSIMA APERTURA ★★
(Fatal Instinct)
Regia di CARL REINER. Con ARMAND ASSANTE, SHERILYN FENN, SEAN YOUNG. ■ Il titolo fa già capire che si tratta di un film parodistico (unione tra *Fatal Attraction* e *Basic Instinct*), sullo stile di *Hot Shots*, dei vari "...più pazzi del mondo" e delle "pallottole spuntate". Niente di nuovo, quindi. Il protagonista ha due lavori. Come poliziotto mette in carcere i disonesti e come avvocato li difende in aula. È tradito dalla moglie, ma si consola con la segretaria. ■ COMICO; COL.; 90′; USA, 1994.

FATALITÀ *(Twenty One Days Together)* ★★★
Regia di BASIL DEAN. Con LESLIE BANKS, VIVIEN LEIGH, ROBERT NEWTON, LAURENCE OLIVIER. ■ Durante una rissa un giovane uccide involontariamente un uomo che ricattava la sua donna. Del delitto viene incolpato un vagabondo; il giovane decide di costituirsi, ma il destino gli viene in aiuto proprio all'ultimo momento, anche se in modo drammatico. ■ DRAMMATICO; B/N; 72′; GRAN BRETAGNA, 1938.

FATALITÀ ★★
Regia di GIORGIO BIANCHI. Con MASSIMO GIROTTI, MARIA MICHI, AMEDEO NAZZARI. ■ Paola è una giovane moglie un poco annoiata dal tran tran quotidiano. Si lascia momentaneamente affascinare da Renato, al punto da progettare una fuga con lui. Si pente all'ultimo momento, ma nel luogo convenuto per l'appuntamento clandestino perde l'anello. Il marito, basandosi su questa prova, immagina di essere stato tradito e la uccide. ■ DRAMMATICO; B/N; 92′; ITALIA, 1946.

FATALITÀ ★
Regia di NINI GRASSIA. Con VERONICA BARTOLI, NINO D'ANGELO, NINA SOLDANO. ■ Se sono rimasti ancora degli appassionati di Nino D'Angelo, e si suppone che ce ne siano, questo è un film esclusivamente per loro. Sposato, Nino lascia la moglie per un'amante molto danarosa. Vuole il destino che questo sia anche uno dei più brutti film del cantante, ammesso che quelli passati siano passabili. ■ COMMEDIA; COL.; 95'; ITALIA, 1991.

FATAL TEMPTATION ★★
Regia di BEPPE CINO. Con CARMEN MAZANO, LOREDANA ROMITO, JAMES VILLEMAIRE. ■ Un albergatore, marito di una donna bella e gelosa, rimane cieco in un incidente. Lei ne approfitta per comandarlo a bacchetta e tradirlo con un autista dell'albergo. Ma non è contenta. Persuade l'autista ad aiutarla a uccidere il marito (ci andrà di mezzo anche una cameriera che sapeva troppo). ■ DRAMMATICO; COL.; 90'; ITALIA, 1987.

FATA MORGANA ★★★
Regia di WERNER HERZOG. Con WOLFGANG BÄCHLER, MANFRED EIGENDORF, LOTTE H. EISNER. ■ Werner Herzog porta la sua macchina da presa nel Sahara filmando villaggi indigeni, cadaveri di animali, resti della guerra combattuta nel deserto. Il film è stato girato da Herzog all'inizio della carriera e gli ha preso tre anni per l'assemblaggio delle varie parti. ■ DOCUMENTARIO; COL.; 78'; GERMANIA, 1970.

FATE, LE ★★★
Regia di MAURO BOLOGNINI, MARIO MONICELLI, ANTONIO PIETRANGELI, LUCIANO SALCE. Con CAPUCINE, CLAUDIA CARDINALE, GASTONE MOSCHIN, ENRICO MARIA SALERNO, ALBERTO SORDI, JEAN SOREL, MONICA VITTI, RAQUEL WELCH. ■ Sabina (episodio di Luciano Salce) è perseguitata da uomini che la vogliono violentare. Quando finalmente ne trova uno serio e tranquillo è lei a dargli la caccia. Armenia (Mario Monicelli) è una zingara che fa l'impossibile per far innamorare un medico e quando ci riesce fugge con un altro. Elena (Mauro Bolognini) è una donna sposata che tradisce il marito. Marta (Antonio Pietrangeli) è la moglie isterica di un grande medico che per passare il tempo fa l'amore con il proprio cameriere. ■ COMMEDIA; COL.; 120'; ITALIA, 1966.

FATE – AI CONFINI DELL'ESTASI *(Fate)* ★
Regia di STUART PAUL. Con KAYE BALLARD, CHERYL M. LYNN, STUART PAUL, SUSANNAH YORK. ■ Jake si innamora di Sally in questa insipida storia d'amore. C'è di mezzo l'occultismo. ■ COMMEDIA; COL.; 114'; USA, 1990.

FATE COME NOI ★★
Regia di FRANCESCO APOLLONI. Con ELEONORA D'URSO, PUPELLA MAGGIO, MAURO MECONI, ALBERTO MOLINARI, AGNESE NANO, ANGELO ORLANDO, PAOLO SASSANELLI, RICKY TOGNAZZI, ARIANNE TURCHI, FRANCESCO VENDITTI. ■ Pechino, mentre sta rubando in un appartamento, viene scambiato da una novantenne per il nipote che non la va mai a trovare. In un'altra occasione incontra una bambina che ha bisogno di un amico mentre il Bove (borgataro come Pechino) si fa sedurre da una ricercatrice universitaria tradita dal marito. Tentativo, non riuscito, di raccontare la periferia romana con accenti quasi alla Zavattini. Sono però altri tempi. ■ COMM. DRAMMATICA; COL.; 92'; ITALIA, 2002.

FATE IGNORANTI, LE ★★★
Regia di FERZANN OZPETEK. Con STEFANO ACCORSI, MARGHERITA BUY, GABRIEL GARKO, ANDREA RENZI. ■ Antonia e Massimo sono sposati da quindici anni. Il loro è un matrimonio felice fino a quando Massimo muore in un incidente stradale. Antonia si chiude nel proprio dolore, accudita dalla madre e dalla cameriera filippina. Un giorno però, grazie a una dedica sul retro di un quadro, scopre che il marito aveva un'amante da sette anni. Questo la obbliga a uscire di casa e a iniziare una serie di ricerche. Raggiunge così lo stabile e l'interno da cui era stato inviato il regalo. L'appartamento è intestato al nominativo Mariani e per lei è ovvio cercare la signorina Mariani. Dopo diversi tentativi di depistaggio da parte della colorita comunità di gay e travestiti che affolla l'appartamento scoprirà la verità: l'amante di suo marito era un uomo, Michele. La prima reazione è di profondo disgusto ma progressivamente il contatto con il gruppo le farà scoprire una realtà diversa. Sarà un'esperienza capace di farla tornare a vivere pienamente. Ferzan Ozpetek, dopo il patinato ma piuttosto sterile *Harem Suare*, torna ai temi prediletti già presentati con originalità ne *Il bagno turco*. Eliminate le tentazioni esotiche (anche se non possono mancare due attori e la musica turchi), disegna caduta e ascesa di una donna borghese le cui sicurezze si sgretolano dinanzi alla progressiva scoperta della realtà. Margherita Buy è bravissima nel sottolineare i progressivi slittamenti del cuore del suo personaggio, così come Accorsi lo è nel costruire un Michele gay convinto che vede minare dal di dentro le sue certezze in materia sessuale. ■ DRAMMATICO; COL.; 105'; FRANCIA, ITALIA, 2001.

FATE IL VOSTRO GIOCO *(Any Number Can Play)* ★★★
Regia di MERVYN LEROY. Con CLARK GABLE, ALEXIS SMITH. ■ Il proprietario di una sala da gioco è contestato dal figlio adolescente che si vergogna di lui. La madre, per convincerlo che suo padre è un grand'uomo, porta il ragazzo nel locale, in una serata particolarmente movimentata. L'uomo supera ogni difficoltà con sicurezza e signorilità, poi vende la sala da gioco e si ritira in campagna. ■ DRAMMATICO; B/N; 112'; USA, 1949.

FATE LA RIVOLUZIONE SENZA DI NOI ★★★
(Start the Revolution without Me)
Regia di BUD YORKIN. Con HUGH GRIFFITH, DONALD SUTHERLAND, ORSON WELLES, GENE WILDER, JACK MACGOWRAN. ■ Durante il regno di Luigi XVI nascono due coppie di gemelli, che per una disattenzione della levatrice, vengono "rimescolate". Una volta cresciuti, i quattro gemelli si ritrovano impegnati nella rivoluzione, ma in campi opposti: pur sbigottiti per la somiglianza, sono costretti a sparare uno contro l'altro. ■ COMMEDIA; COL.; 92'; USA, 1970.

FATEMI LA CORTE *(So This is College)* ★★
Regia di SAM WOOD. Con CLIFF EDWARDS, ROBERT MONTGOMERY, ELLIOT NUGENT. ■ Due studenti, campioni sportivi di un college negli anni Venti, dividono la stessa stanza e anche, non sapendolo, la stessa ragazza (che ha fatto promesse a tutt'e due). La verità salta fuori alla vigilia di una partita decisiva. ■ COMMEDIA; B/N; 92'; USA, 1929.

FATE UN BEL SORRISO ★★
Regia di ANNA DI FRANCISCA. Con GIUSTINO DURANO, ENRICA MARIA MODUGNO, CLAIRE NADEAU, CLAUDIA PANDOLFI, CARLA SIGNORIS. ■ Un anziano magistrato rifiuta l'accoglienza interessata della figlia e va a vivere in una famiglia in cui la colf ha delle pendenze con la giustizia. L'uomo si fida e non si fida, ma scopre un nuovo modo di vivere che lo condurrà a nuove nozze. ■ COMMEDIA; COL.; 93'; FRANCIA, GRECIA, ITALIA, 2000.

FATEVI VIVI, LA POLIZIA NON INTERVERRÀ ★★
Regia di GIOVANNI FAGO. Con GABRIELE FERZETTI, PHILIPPE LEROY, RADA RASSIMOV. ■ Don Francesco, un noto capo mafioso, è ingiustamente sospettato dalla polizia di aver organizzato il rapimento di una bambina, figlia di un ricchissimo industriale. Il vecchio boss, che considera donne e bambini "intoccabili", si dà a sua volta da fare per scoprire i colpevoli e liberare la bambina. Durante uno scontro a fuoco viene ferito, ma, grazie al suo intervento, i rapitori vengono assicurati alla giustizia. ■ DRAMMATICO; COL.; 90'; ITALIA, 1974.

FATHOM, BELLA, INTREPIDA E SPIA *(Fathom)* ★★
Regia di LESLIE H. MARTINSON. Con ANTHONY FRANCIOSA, RAQUEL WELCH, RONALD FRASER. ■ Il "Drago di fuoco" è una potente arma atomica che Fathom, bella e abile spia, deve rintracciare. La ragazza porta a termine il suo compito, ma il "Drago di fuoco" si rivelerà ben altra cosa. ■ COMMEDIA; B/N; 99'; GRAN BRETAGNA, 1967.

FATICHE DI ERCOLE, LE ★★★
Regia di PIETRO FRANCISCI. Con GABRIELE ANTONINI, GIANNA MARIA CANALE, IVO GARRANI, SYLVA KOSCINA, STEVE REEVES. PEPLUM – ■ Per conquistare la bella Deianira, Ercole deve sudare le proverbiali sette camicie. Steve Reeves è l'interprete più attendibile di questo personaggio tutto muscoli. ■ AVVENTURA; COL.; 102'; ITALIA, 1958.

FATTA PER AMARE *(Easy to Love)* ★★★
Regia di CHARLES WALTERS. Con VAN JOHNSON, ESTHER WILLIAMS. ■ La stella di una rivista acquatica ama segretamente il suo impresario, troppo preso dagli affari per accorgersi di lei. Per ingelosirlo si mette ad amoreggiare con un cantante e solo allora l'uomo le propone il matrimonio. ■ MUSICAL; COL.; 96'; USA, 1954.

FATTI BELLA E TACI *(Sois belle et tais-toi)* ★★
Regia di MARC ALLÉGRET. Con ALAIN DELON, MYLÈNE DEMONGEOT, HENRI VIDAL. ■ Una bella ragazza, frequentatrice abituale di ladri e piccoli imbroglioni, sposa un giovane ispettore di polizia. Il neo marito, pur scoprendo che la moglie è implicata in un furto di gioielli, prosegue egualmente le indagini. ■ COMMEDIA; B/N; 110'; FRANCIA, 1958.

FATTI DELLA BANDA DELLA MAGLIANA ★★
Regia di DANIELE COSTANTINI. Con ROBERTO BRUNETTI, FANNY CADEO, TOMMASO CAPOGRECO, MARIO CONTU, FRANCESCO DOMINEDÒ, FABIO GROSSI, LEO GULLOTTA, FRANCESCO PANNOFINO. ■ Soggetto liberamente basato sulle vicende della famosa banda della Magliana. Racconta fatti realmente accaduti nell'arco di circa quindici anni (1975-1991), ricostruiti attraverso gli atti istruttori della Procura di Roma. La storia rappresenta le "imprese" di una banda unica nel suo genere. "Unica" oltre che per la sua notevole rilevanza criminale, per il suo carattere estremamente "romano": una strana mescolanza di indolenza e ferocia, di ironia e spietatezza, di fantasia e rozzezza, di approssimazione e determinazione. ■ DRAMMATICO; COL.; 95'; ITALIA, 2005.

FATTI DI GENTE PER BENE ★★★
Regia di MAURO BOLOGNINI. Con TINA AUMONT, LAURA BETTI, CATHERINE DENEUVE, GIANCARLO GIANNINI, ETTORE MANNI, RINA MORELLI, CORRADO PANI, FERNANDO REY. ■ Il processo Murri, avvenuto a Torino nel 1905, fece parlare per anni tutti gli italiani. Vi erano coinvolte persone del cosiddetto "bel mondo" bolognese. Il film rende piuttosto bene l'ambiente nel quale si svolse il macabro fatto. ■ DRAMMATICO; COL.; 100'; ITALIA, 1974. ■ DAVID DI DONATELLO 1 PR, 1 NOM.

FATTI, STRAFATTI E STRAFIGHE ★
(Dude, Where's My Car?)
Regia di DANNY LEINER. Con JENNIFER GARNER, ASHTON KUTCHER, SEANN WILLIAM SCOTT, MARLA SOKOLOFF. ■ Comincia lo stillicidio delle produzioni estive destinate a riempitivo delle sale italiane, in mancanza di titoli "veri". Spazio dunque a tutto ciò che offre il mercato, anzi, il barile ormai raschiato fino in fiondo. Trattasi di pellicola giovanilistica che dovrebbe far ridere. Un gruppo di ragazzotti cretini, dopo una grande sbornia non ricorda dove ha lasciato le macchine. Il fatto è che sulle macchine c'erano i regali per le rispettive ragazze. Guai a non ritrovarle. Film peggiore del suo titolo (italiano). Già detto troppo. ■ COMMEDIA; COL.; 86'; USA, 2001.

FATTO DI CRONACA *(Hitting Home)* ★★
Regia di ROBIN SPRY. Con KERRIE KEANE, DANIEL PILON, SAUL RUBINEK. ■ Il figlioletto di una coppia di separati viene travolto e ucciso da un pirata della strada. Il pirata è presto individuato ma non è perseguibile (abita negli Usa e il fatto è avvenuto in Canada). Ma la madre del piccolo non si arrende. Cerca di farlo estradare e, non riuscendoci, di rapirlo. ■ DRAMMATICO; COL.; 93'; CANADA, 1988.

FATTO DI CRONACA, UN ★★
Regia di PIERO BALLERINI. Con CESCO BASEGGIO, LUISA FERIDA, OSVALDO VALENTI. ■ È questo uno dei pochi film girati durante la Repubblica di Salò. È una storia sentimentale tratta dal romanzo *La vita può ricominciare* di Alfredo Vanni. ■ DRAMMATICO; B/N; 91'; ITALIA, 1944.

FATTO DI SANGUE FRA DUE UOMINI PER CAUSA DI UNA VEDOVA, SI SOSPETTANO MOVENTI POLITICI ★★
Regia di LINA WERTMÜLLER. Con GIANCARLO GIANNINI, SOPHIA LOREN, MARCELLO MASTROIANNI. ■ Anno 1922. In un paesino della Sicilia dove vige l'omertà più totale, tutti sanno che a far fuori Angelo Paternò è stato Vito Acicatena: ma al processo nessuno parla. L'avvocato Spallone, fervente socialista, vorrebbe indurre la vedova a far riaprire il processo. Tra i due nasce una relazione che però si complica alla venuta di un cugino del defunto al quale la donna non nega le proprie grazie. La marcia su Roma e altri avvenimenti sconvolgeranno la vita dei personaggi. Finirà tragicamente per entrambi. ■ DRAMMATICO; COL.; 124'; ITALIA, 1978.

FATTORE UMANO, IL *(The Human Factor)* ★★★
Regia di OTTO PREMINGER. Con RICHARD ATTENBOROUGH, ROBERT MORLEY, NICOL WILLIAMSON. ■ Un distinto funzionario dei servizi segreti inglesi è da anni una "talpa" per il Kgb. Non lo fa per soldi, né per l'ideologia, solo come ringraziamento a una spia russa che gli salvò la famiglia tempo addietro. È così prudente e (per chi non sa l'antefatto) demotivato che non lo scoprono. Un innocente vien preso per la spia e ucciso. La talpa ripara in Russia (salva la vita e la libertà, ma non la famiglia). Dal romanzo di Graham Greene. L'ultimo film di Preminger. Regia ormai stanca, ma interpretazione di gran livello. ■ SPIONAGGIO; COL.; 114'; GRAN BRETAGNA, 1980.

FATTORIA A NEW YORK, UNA ★★
(Who Says I Can't Ride a Rainbow)
Regia di EDWARD MANN. Con VAL AVERY, NORMAN FRENCH, JACK KLUGMAN. ■ Klugman (cioè Quincy alla tv) è un bravo uomo che crede (a ragione) che la giungla di vetro, acciaio e cemento di Manhattan sia invivibile per i bambini. Perciò dentro la sua casa ha installato un mini ranch con alberi e animali, che fa godere giornalmente ai ragazzini della zona. Ma la speculazione edilizia lo costringe a trasferirsi nel Bronx. ■ COMMEDIA; COL.; 92'; USA, 1971.

FATTORIA DEGLI ANIMALI, LA *(Animal Farm)* ★★★
Regia di JOY BATCHELOR, JOHN HALAS. ■ È la versione a cartoni animati del celebre romanzo di George Orwell. La rivolta degli animali del fattore Jones con a capo i due porcellini, Palla di Neve e Napoleon, dà vita a una democrazia che ben presto diventa tirannia. Uno dei più bei film a disegni animati della storia del cinema, in cui i personaggi sono volutamente "adulti" e non realizzati solo per i più piccoli. ■ ANIMAZIONE; COL.; 75'; GRAN BRETAGNA, 1955.

FATTORIA DEL MISTERO, LA *(Mystery Ranch)* ★★
Regia di DAVID HOWARD. Con CHARLES MIDDLETON, GEORGE O'BRIEN, CECILIA PARKER. ■ Una ranchera è presa in ostaggio da un losco figuro che vuole impadronirsi della sua terra. Ma un cowboy la salva. ■ WESTERN; B/N; 91'; USA, 1932.

FATTO SU MISURA ★★
Regia di FRANCESCO LAUDADIO. Con RICKY TOGNAZZI, UGO TOGNAZZI, LARA WENDEL. ■ Nella clinica del dottor Nathan (Ugo Tognazzi), dove si effettua l'inseminazione artificiale, nasce l'amore fra Tony (Ricky Tognazzi), donatore di seme, e Lisa (Lara Wendel), volontaria "madre surrogata". Quando lei viene "affittata" da una ricca e sterile signora svizzera, lui entra in crisi e giunge a rapire il neonato sentendosene moralmente padre. Fra varie incoerenze si arriva ad un lieto fine. ■ COMMEDIA; COL.; 101'; ITALIA, 1984.

FATTY FINN ★★
Regia di MAURICE MURPHY. Con GERARD KENNEDY, BERT NEWTON, BEN OXENBOULD. ■ È la versione di una famosa "striscia" a fumetti australiana. Fatty Finn è un ragazzotto alla Mickey Rooney che a Sydney, negli anni della Depressione, si fa coinvolgere in una guerra fra bande di gangster. Con risultati più comici che drammatici. ■ COMMEDIA; COL.; 92'; AUSTRALIA, 1980.

FAUST *(Faust. Eine deitsche Volkssage)* ★★★★
Regia di FRIEDRICH WILHELM MURNAU. Con WILHELM DIETERLE, GOSTA EKMAN, CAMILLA HORN, EMIL JANNINGS. ■ È l'ultima pellicola diretta da Murnau in patria, prima dello sbarco a Hollywood. Un vero capolavoro, pieno di grandi immagini narrate con grande sapienza. La storia non attinge solo dal dramma di Goethe, ma si rifà anche a Marlowe e alle leggende tedesche. La storia di Mefistofele, demone sceso in terra per rubare l'anima a Faust, è ben nota. ■ FANTASTICO; COL.; 85'; GERMANIA, 1926.

FAUST *(Faust: Love of the Damned)* ★★
Regia di BRIAN YUZNA. Con ISABEL BROOK, JEFFREY COMBS,

MARK FROST, YUNIX INOCIAN, MARC MARTINEZ, FERMI REIXACH, MONICA VAN CAMPEN. ■ John Jaspers è un giovane pittore in una grande città statunitense nel ventunesimo secolo. Una banda di criminali aggredisce lui e la sua compagna, che resta uccisa. Sul punto di togliersi la vita, John viene avvicinato da M., capo di una setta chiamata "la Mano", che gli offre la possibilità di vendicarsi conferendogli un grande potere. Ma in cambio John dovrà dargli la sua anima, e la sua umanità. Il film è esplicitamente ispirato al mito del Faust, sebbene vada chiarito che *Love of the Damned* non è tratto da Goethe ma dall'omonima graphic novel di Tim Vigil e David Quinn, un vero cult del fumetto underground degli anni 90. ■ HORROR; COL.; 98′; SPAGNA, USA, 2000.

♥ FAUST ★★★★☿

Regia di ALEKSANDR SOKUROV. Con KATRIN FILZEN, GEORG FRIEDRICH, MAXIM MEHMET, ANTOINE MONOT JR., HANNA SCHYGULLA. ■ Il regista russo rilegge liberamente tanto l'opera di Goethe che quella di Mann, scegliendo l'ambientazione ottocentesca e mantenendo la lingua tedesca e l'idea tragica di fondo, per cui la condizione umana consisterebbe in un continuo errare. Sokurov inscena, dunque, questa perseveranza nell'errore costringendo i suoi personaggi a un procedere senza sosta, a una letterale erranza tra boschi, case, lande, ghiacciai. Il protagonista del film non si ferma un istante, tanta è la sua sete di sapere e tanta è la lontananza dalla meta. A questo movimento senza soluzione di continuità si aggiunge una forza opposta ma altrettanto intensa e inestinguibile che (co)stringe gli esseri umani presenti nell'inquadratura, obbligandoli a farsi largo l'uno sugli altri, a scavalcarsi ad ogni occasione. Visivamente grandioso, il *Faust* di Sokurov è attraversato da un'atmosfera mortifera dalla primissima all'ultima inquadratura. Il suo dottore è una creatura infelice, non affamato di sola conoscenza ma soprattutto di cibo, di sonno, di denaro e di contatto amoroso. Il paradosso tragico della vita espresso nell'opera è che l'uomo può giungere al divino solo con l'intervento del demonio: per questo quando Wagner chiede al dottor Faust dove si trovi l'anima, il medico – pur avendo indagato le viscere e ogni organo umano – deve ammettere che non l'ha trovata. Il suo potere è umano e dunque limitato. ■ DRAMMATICO; COL.; 134′; RUSSIA, 2010.

FAUSTINA ★★

Regia di LUIGI MAGNI. Con ENZO CERUSICO, RENZO MONTAGNANI, OTTAVIA PICCOLO. ■ Faustina è sposata ad un "tombarolo" che vive di espedienti e che la picchia. Quando fugge con un altro, il marito la denuncia e Faustina finisce in prigione. Ne esce sei mesi dopo, e in attesa di un figlio. Altro motivo, per il marito, per caricarla di botte. Faustina questa volta se ne va per sempre. ■ COMMEDIA; COL.; 106′; ITALIA, 1968.

FAUSTO 5.0 *(Faust 5.0)* ★★

Regia di ALEX OLLÉ, ISIDRO ORTIZ, CARLOS PADRISSA. Con EDUARD FERNÁNDEZ, RAQUEL GONZÁLEZ, NAJWA NIMRI, MIGUEL ANGEL SOLÁ. ■ Il dottor Fausto è un chirurgo esperto in tumori allo stadio avanzato. Si reca a un congresso e qui incontra Santos, che afferma di essere stato operato da lui in passato e di essere sopravvissuto nonostante una diagnosi infausta. L'uomo è servizievole e disponibile, ma in realtà vuole fagocitare l'intera vita del luminare. Gli materializzerà i desideri più nascosti, portandolo fino all'orlo della follia e permettendogli anche di manifestare un sentimento di amore nei confronti della sua assistente che aveva sempre tenuto ben nascosto. In questo film la sperimentazione continua attraverso la rilettura del *Faust,* legata al rapporto tra ragione e istinto. Film abbastanza cupo e angosciante ma, nella sua globalità, affatto disprezzabile. ■ DRAMMATICO; COL.; 93′; SPAGNA, 2001.

FAUTES D'ORTHOGRAPHE, LES ★★

Regia di JEAN-JACQUES ZILBERMANN. Con CAROLE BOUQUET, ANTHONY DECADI, OLIVIER GOURMET, DAMIEN JOUILLEROT. ■ Ritratto di una società in piena trasformazione, la Francia degli anni Settanta, il film di Zilberman racconta di Daniel, quindicenne costretto a maturare prima del tempo dai genitori, rispettivamente preside e direttore didattico del convitto dove studia. I giovani protagonisti vengono seguiti con attenzione partecipe e con adesione a un periodo in cui il microcosmo dell'Istituto ben rappresenta le tensioni e i movimenti che stanno modificando la società. ■ DRAMMATICO; COL.; 90′; FRANCIA, 2004.

FAVOLA DEL PRINCIPE SCHIACCIANOCI, LA ★★

(The Nutcracker)

Regia di PAUL SCHIBLI. ■ Tratto dalla favola dei fratelli Grimm musicata da Ciaikovskij. La piccola Clara vive nel suo mondo pieno di giocattolie bambole. Durante la notte di Natale scopre un soldatino di piombo che serve come schiaccianoci. Lo zio le narra la storia della principessa bella e antipatica, della cattiva Toporegina e di Hans, apprendista orologiaio che deve rompere l'incantesimo, schiacciando coi denti la noce più robusta del mondo. ■ ANIMAZIONE; COL.; 75′; USA, 1990.

FAVOLE *(Fairy Tale: A True Story)* ★★★

Regia di CHARLES STURRIDGE. Con ELISABETH EAR, HARVEY KEITEL, PAUL MCGANN, PETER O'TOOLE. ■ Sturridge ci propone un film solo apparentemente destinato ai bambini. Perché, con il progressivo affermarsi della fotografia, il dibattito sulla possibilità di catturare immagini di fate e folletti, nell'Inghilterra del secondo decennio del ventesimo secolo, ci fu realmente. E vide coinvolte personalità del calibro di Conan Doyle e di Houdini, che qui sono affidati a O'Toole e Keitel. C'è anche un Mel Gibson non accreditato in un ruolo cameo. ■ DRAMMATICO; COL.; 99′; USA, 1997.

FAVOLOSA STORIA DI PELLE D'ASINO, LA ★★★

(Peau d'âne)

Regia di JACQUES DEMY. Con CATHERINE DENEUVE, JEAN MARAIS, JACQUES PERRIN, MICHELINE PRESLE. ■ La favola della principessa troppo bella, che si nasconde sotto un'orribile pelle d'asino, è raccontata fedelmente. ■ FANTASTICO; COL.; 89′; FRANCIA, 1970.

FAVOLOSI BAKER, I *(The Fabolous Baker Boys)* ★★★

Regia di STEVE KLOVES. Con BEAU BRIDGES, JEFF BRIDGES, MICHELLE PFEIFFER. ■ Sono due fratelli pianisti, insieme sono un duo musicale. Cercano una cantante per creare maggiore attrazione. Fanno dei provini e la trovano, oltre che brava anche bella. Tanto che farà impazzire lo scapolo belloccio, con la disapprovazione dello sposato in sovrappeso. Per un po' andranno avanti tra litigi e dopo che la donna si allontanerà, si separeranno definitivamente. Con una regia diligente, il film si fa notare soprattutto per la bravura dei fratelli Bridges e di Michelle Pfeiffer che ha anche una buona voce. ■ COMMEDIA; COL.; 110′; USA, 1989. ■ GOLDEN GLOBES 1 PR, 2 NOM. OSCAR 4 NOM.

FAVOLOSO ANDERSEN, IL ★★★

(Hans Christian Andersen)

Regia di CHARLES VIDOR. Con FARLEY GRANGER, DANNY KAYE, JEANMARIE ZIZI. ■ La vita, un po' romanzata, del grande scrittore danese Hans Christian Andersen, autore delle più belle favole per bambini. ■ MUSICALE; COL.; 120′; USA, 1952. ■ OSCAR 6 NOM.

FAVOLOSO DOTTOR DOLITTLE, IL ★★★

(Doctor Dolittle)

Regia di RICHARD FLEISCHER. Con RICHARD ATTENBOROUGH, SAMANTHA EGGAR, REX HARRISON. ■ Un pappagallo insegna al dottor Dolittle il linguaggio degli animali ed egli può partire alla ricerca del favoloso Gasteropodone contando sull'aiuto di foche, falene giganti e altri animali. ■ FANTASTICO; COL.; 144′; USA, 1967. ■ OSCAR 2 PR, 9 NOM.

FAVOLOSO MONDO DI AMELIE, IL ★★★

(Le fabouleux destin d'Amélie Poulain)

Regia di JEAN-PIERRE JEUNET. Con MATHIEU KASSOVITZ, DOMINIQUE PINON, RUFUS, AUDREY TAUTOU. ■ Amélie cresce in provincia, siamo in Francia. Suo padre è un medico fin troppo originale: visita ogni mese la figlia, che si agita ogni volta, e crede che sia malata di cuore. La madre, uscita dalla chiesa, viene schiacciata da una suicida. Più grande la ragazza va a Parigi. Fa la cameriera e incontra tanta gente. Il 31 agosto 1997 è il giorno decisivo della sua vita: vede in tv il servizio dulla morte di lady Diana, le cade di mano un tappo di bottiglia che finisce sotto una piastrella, dove Amélie trova una vecchia scatola di cianfrusaglie (figurine, la foto di un calciatore, un ciclista di ferro). Si mette in testa di rintracciare il proprietario, che a quel punto avrà una cinquantina d'anni. Lo trova, gli restituisce il "ricordo" e gli cambia la vita. Da quel momento decide di far felice il prossimo, ed ecco una galleria di personaggi secondo la tradizione del cinema francese... dell'arte: un pesce che cerca continuamente di suicidarsi, un impiegato dei treni in pensione che oblitera le foglie delle piante di sua moglie, un pittore che falsifica una volta l'anno un dipinto di Renoir, un cieco che Amélie accompagna, descrivendogli ciò che vede. Il film è stato un "caso". Negli Usa ha battuto l'incasso del nostro *La vita è bella*. In Francia il chiasso è stato altissimo, con riferimenti al grande cinema del passato, da Carné a Malle (*Zazie nel metro*), a Lelouch alla magica scrittura di Prévert. Con tutto il rispetto, la sceneggiatura di Jeunet-Laurent, spumeggiante e fantasiosa, non si avvicina certamente allo spessore di Prévert. Dunque *Amélie* più che beatificata, va considerata una bella storia, diversa e curiosa, che fa star bene, uscita nel momento propizio. Ma noi continuiamo a preferire Benigni. La colonna sonora, invece, è di assoluto valore e meriterebbe un discorso a parte. ■ COMMEDIA; COL.; 120′; FRANCIA, 2001. ■ OSCAR 5 NOM.

FAVORITA, LA ★★
Regia di CESARE BARLACCHI. Con SOPHIA LOREN, GINO SINIMBERGHI, FRANCA TAMANTINI. ■ Versione cinematografica dell'opera lirica di Donizetti. Leonora è l'amante preferita di Alfonso di Castiglia, ma ama il giovane Fernando. Venuto a conoscenza di questo sentimento fra i due giovani, il re li costringe a sposarsi, ma, quando Fernando scopre che sua moglie era concubina di Alfonso, l'abbandona. Morente, la donna corre a cercarlo. ■ MUSICALE; B/N; 80′; ITALIA, 1952.

FAVORITA, LA *(The Favorite)* ★★
Regia di JACK SMIGHT. Con F. MURRAY ABRAHAM, MAUD ADAMS, AMBER O'SHEA, FRANCESCO QUINN. ■ Aimée, damigella francese rapita dai pirati e costretta ad entrare nell'harem di Abdul-Hamid, sultano musulmano, ne diviene la favorita. Ma un'altra delle mogli del sovrano, vinta dalla gelosia, cercherà in ogni modo di eliminare lei e il suo erede. ■ DRAMMATICO; COL.; 106′; USA, 1989.

FAVORITA DEL MARESCIALLO, LA ★★
(The Gallant Blade)
Regia di HENRY LEVIN. Con MARGUERITE CHAPMAN, LARRY PARKS. ■ Intrighi di corte e duelli a colpi di spada nella Francia del diciassettesimo secolo. ■ AVVENTURA; COL.; 81′; USA, 1948.

FAVORITA DI BROADWAY, LA *(The Painted Angel)* ★★
Regia di MILARD WEBB. Con BILLIE DOVE, EDMUND LOWE. ■ Tratto dal racconto di Fannie Hurst *Give this Little Girl a Hand*, il film è opera di Millard Webb, regista coscienzioso e preparato, realizzatore di molte versioni di romanzi e lavori teatrali. ■ COMMEDIA; B/N; 90′; USA, 1929.

FAVORITA DI CARLO II, LA *(Nel Gwynn)* ★★
Regia di HERBERT WILCOX. Con CEDRIC HARDWICKE SIR, ANNA NEAGLE. ■ Carlo Stuart (Carlo II re d'Inghilterra) ama travestirsi da semplice cortigiano e passare le serate nelle locande dei bassifondi di Londra. È qui che incontra una attrice e ne fa la sua favorita. Il fatto suscita la gelosia di una nobildonna e la vita per la bella attrice diventa difficile. ■ AVVENTURA; B/N; 85′; USA, 1934.

FAVORITI DELLA LUNA, I *(Les Favoris de la lune)* ★★★
Regia di OTAR IOSELIANI. Con ALIX DE MONTAIGU, FRANÇOISE MICHEL, KATIA RUPE. ■ Due oggetti preziosi, un ritratto di donna dell'Ottocento e un lussuoso servizio di Sèvres, più volte rubati, comprati e rivenduti, sono il filo conduttore di questa delicata storia di ladri e sentimenti. Premiato a Venezia. ■ COMMEDIA; COL.; 101′; FRANCIA, 1984. ■ VENEZIA 1 PR.

FAVORITO DELLA GRANDE REGINA, IL ★★★
(The Virgin Queen)
Regia di HENRY KOSTER. Con BETTE DAVIS, RICHARD TODD. ■ La grande regina Elisabetta si invaghisce di un coraggioso giovane, che le chiede una nave per partire alla conquista di nuove terre. Egli riesce ad ottenere quanto chiede, ma alla vigilia della partenza, saputo del suo matrimonio con una dama di corte, Elisabetta lo fa imprigionare e condannare a morte. Il giovanotto, però, mantenendo la propria lucidità, riesce a far cambiare idea alla capricciosa sovrana. ■ AVVENTURA; COL.; 92′; USA, 1955. ■ OSCAR 1 NOM.

FAYETTE, UNA SPADA PER DUE BANDIERE, LA ★★
(La Fayette)
Regia di JEAN DRÉVILLE. Con GILLES BRISSAC, JACQUES CASTELOT, MICHEL LE ROYER. ■ Dalla Francia La Fayette corre in aiuto di Washington e dei rivoluzionari americani con una nave, volontari e munizioni. Dopo la vittoriosa battaglia di Saratoga, egli torna in patria per chiedere ufficialmente, a nome del futuro presidente, l'alleanza. La ottiene, a Yorktown riporta una brillante vittoria e finalmente può tornare a Parigi con la consorte. ■ DRAMMATICO; COL.; 115′; FRANCIA, 1961.

F.B.I. AGENTE IMPLACABILE *(Les femmes d'abord)* ★★
Regia di RAOUL ANDRÉ. Con MISCHA AUER, EDDIE CONSTANTINE, CHRISTIANE MINAZZOLI. ■ La moglie di un industriale assassinato dalla malavita decide di vendicare la morte del congiunto e per questo chiede aiuto ad un giovane conosciuto casualmente. Il giovanotto si rivela essere un agente dell'Fbi. ■ POLIZIESCO; B/N; 90′; FRANCIA, 1963.

F.B.I. AGENTI IN SOTTOVESTE *(Feds)* ★★
Regia di DAN GOLDBERG. Con REBECCA DE MORNAY, MARY GROSS, KEN MARSHALL. ■ Due ragazze vogliono diventare agenti dell'Fbi. La strada da percorrere non è facile, ma le due si completano a vicenda e insieme, aiutandosi, riusciranno nello scopo. Filmetto per sorridere se ci si accontenta con poco. ■ COMMEDIA; COL.; 83′; USA, 1988.

F.B.I. CAPE CANAVERAL *(F.B.I Code 98)* ★★
Regia di LESLIE H. MARTINSON. Con RAY DANTON, ANDREW DUGGAN, JACK KELLY. ■ Un dirigente in viaggio aereo con i suoi collaboratori alla volta di LasVegas si accorge che la propria valigia è stata sostituita con un'altra carica di esplosivo. La bomba viene resa inoffensiva e cominciano le indagini. ■ GIALLO; B/N; 104′; USA, 1962.

F.B.I. CHIAMA ISTANBUL ★★
Regia di EMIMMO SALVI. Con KEN CLARK, BELLA CORTEZ, MIKE MOORE. ■ La via della droga che unisce l'Europa al Medio Oriente interessa moltissimo l'agente Liston, deciso a individuare i capi dell'organizzazione. Corre seri rischi ma, aiutato da un'avvenente fanciulla non del tutto estranea all'ambiente, riesce ad avere la meglio. ■ GIALLO; COL.; 92′; ITALIA, 1964.

F.B.I. CONTRO AL CAPONE *(The Scarface Mob)* ★★★
Regia di PHIL KARLSON. Con NEVILLE BRAND, ROBERT STACK, KEENAN WYNN, BARBARA NICHOLS. ■ Il film racconta, in chiave romanzesca, come gli agenti dell'Fbi riuscirono ad arrestare per una semplice questione di tasse Al Capone. ■ POLIZIESCO; B/N; 90′; USA, 1959.

F.B.I. CONTRO COSA NOSTRA ★★★
(Cosa Nostra: an Arch Enemy of the F.B.I.)
Regia di DON MEDFORD. Con CELESTE HOLM, WALTER PIDGEON, TELLY SAVALAS, SUSAN STRASBERG, EFREM ZIMBALIST JR. ■ In seguito alle indagini su due grossi capi di Cosa Nostra, avvengono numerosi delitti. Il misterioso assassino è chiamato Cupido. Indagando con pazienza gli agenti dell'Fbi riescono ad individuare il pericoloso killer. ■ POLIZIESCO; COL.; 98′; USA, 1967.

F.B.I. CONTRO DOTTOR MABUSE ★★
(Im Stahlnetz des Dr. Mabuse)
Regia di HARALD REINL. Con GERT FRÖBE, DALIAH LAVI, LAURA SOLARI, FAUSTO TOZZI. ■ Numerosi delitti sono annunciati volta per volta dalla voce registrata del fantomatico dottor Mabuse. Gli agenti dell'Fbi riescono ad individuare il dottor Mabuse, che sparisce durante un incendio. Il suo corpo non viene ritrovato e agli agenti resta il dubbio: è veramente morto? ■ DRAMMATICO; B/N; 91′; GERMANIA, 1961.

F.B.I. CONTRO GANGSTERS *(The Borgia Stick)* ★★
Regia di DAVID LOWELL RICH. Con DON MURRAY, INGER STEVENS, FRITZ WEAVER. ■ Marito e moglie sono coinvolti in un grosso giro di truffe bancarie. Ma al primo passo falso l'organizzazione cerca di sbarazzarsi di loro. ■ GIALLO; COL.; 100′; USA, 1967.

F.B.I. DIVISIONE CRIMINALE ★★
(La môme Vert-de-Gris)
Regia di BERNARD BORDERIE. Con EDDIE CONSTANTINE, HOWARD VERNON, DOMINIQUE WILMS. ■ L'agente Blankies dell'Fbi è inviato a Casablanca per indagare su una serie di attentati a navi americane. Spacciandosi per disimpegnato play-boy e con l'aiuto di una bella ragazza appartenente all'organizzazione degli attentatori, Blankies scopre i colpevoli. ■ POLIZIESCO; B/N; 97'; FRANCIA, 1953.

F.B.I. E LA BANDA DEGLI ANGELI ★★★
(Big Bad Mama)
Regia di STEVE CARVER. Con ANGIE DICKINSON, ROBBIE LEE, SUSAN SENNETT, WILLIAM SHATNER, TOM SKERRITT. ■ Il film si svolge all'epoca della grande depressione nelle campagne del Texas e narra le avventure della banda di Wilma McClatchie. ■ GIALLO; COL.; 83'; USA, 1974.

F.B.I. NEW YORK INTERCETTA STOCCOLMA ★★
(Blondin i fara)
Regia di ROBERT BRANDT. Con LARS EKBORG, MARK MILLER, ANITA THALLAUG, RUTH JOHANSSON. ■ Larry Brand, inviato speciale in Svezia di un giornale americano, scopre per caso un'organizzazione di spacciatori di stupefacenti. La smaschera, riuscendo a salvare una ragazza tossicomane. ■ POLIZIESCO; B/N; 92'; SVEZIA, 1957.

F.B.I. OPERAZIONE BAALBEK ★★
Regia di MARCELLO GIANNINI. Con ROSSANA PODESTÀ, GEORGE SANDERS, JACQUES SERNAS, MIRANDA MARTINO. ■ Fbi contro mafia libanese: il capo dei contrabbandieri viene scoperto da un'agente americana, una giovane donna, che però si innamora di lui e cerca fino all'ultimo, inutilmente, di salvarlo dalla polizia. ■ SPIONAGGIO; B/N; 91'; ITALIA, 1965.

F.B.I. OPERAZIONE GATTO *(That Darn Cat)* ★★★
Regia di ROBERT STEVENSON. Con DEAN JONES, ELSA LANCHESTER, HAYLEY MILLS, DOROTHY PROVINE. ■ Protagonista di questo divertente giallo-rosa per ragazzi è un gatto avventuroso che in una delle sue passeggiate serali capita nell'appartamento dove è tenuta prigioniera la cassiera di una banca, sequestrata da una banda di rapinatori. Sulla traccia di un orologio da polso che la donna appende al collo del gatto, l'Fbi riesce a rintracciare i banditi. ■ COMMEDIA; COL.; 116'; USA, 1965.

F.B.I. OPERAZIONE LAS VEGAS *(Highway Dragnet)* ★★★
Regia di NATHAN J. JURAN. Con JOAN BENNETT, RICHARD CONTE, WANDA HENDRIX. ■ Un reduce dalla guerra di Corea è ingiustamente accusato dell'omicidio di una ex modella: la polizia gli dà la caccia, ma il giovane sfugge a tutti i posti di blocco con l'aiuto di due donne a cui ha chiesto l'autostop. Finale a sorpresa. ■ POLIZIESCO; B/N; 71'; USA, 1954.

F.B.I. OPERAZIONE PAKISTAN ★★
Regia di HARALD REINL. Con MOHD ALÌ, GISELA HAHN, BRAD HARRIS, TONY KENDALL. ■ Due agenti dell'Fbi sono in missione speciale in Pakistan, dove lo spaccio della droga è controllato dalla setta delle "tigri rosse". I due, tra mille peripezie anche inverosimili, sgominano l'organizzazione. ■ POLIZIESCO; COL.; 92'; ITALIA, 1972.

F.B.I. OPERAZIONE TATA *(Big Momma's House 2)* ★
Regia di John Whitesell. Con Martin Lawrence, Zachary Levi, Nia Long, Mark Moses, Emily Procter. L'agente dell'Fbi Malcom Turner torna in una nuova avventura per evitare un disastro che minaccia la sicurezza nazionale. Ma salvare il paese è il minore dei suoi problemi. Occorre travestirsi da tata per badare ai bambini di un gangster, principale indiziato. Le disavventure cominciano quando Turner si rende conto di voler davvero bene a quei bambini. Tra i tanti misteri che offre il cinema, uno dei più curiosi è il successo del "comico" Martin Lawrence, pressoché sconosciuto in Italia, ma molto popolare in America. ■ COMMEDIA; COL.; 99'; USA, 2006.

F.B.I. OPERAZIONE VIPERA GIALLA ★★
Regia di ALFREDO MEDORI. Con HELMUT LANGE, MOIRA ORFEI, MASSIMO SERATO. ■ Prima missione per Tom Luderick, giovane agente dell'Fbi: è inviato in Sudafrica, dove la banda della Vipera Gialla, che uccide con una piccola freccia contenente il veleno del serpente, conduce traffici di uranio. Tom sgomina la banda. ■ SPIONAGGIO; COL.; 93 ; ITALIA, 1966.

F.B.I. PROTEZIONE TESTIMONI ★★
(The Whole Nine Yards)
Regia di JONATHAN LINN. Con ROSANNA ARQUETTE, MICHAEL CLARKE DUNCAN, MATTHEW PERRY, BRUCE WILLIS. ■ Lui (Perry) è un dentista detestato dalla moglie (cerca anche di farlo uccidere) l'altro (Willis) è un killer che si nasconde alla mafia. Nella circostanza si alleano. Più un film comico che un thriller. Superfluo. ■ COMMEDIA; COL.; 100'; USA, 2000.

F.B.I. PROTEZIONE TESTIMONI 2 ★
(The Whole Ten Yards)
Regia di HOWARD DEUTCH. Con MICHAEL CLARKE DUNCAN, NATASHA HENSTRIDGE, AMANDA PEET, MATTHEW PERRY, KEVIN POLLAK, BRUCE WILLIS. ■ Questa volta, il nostro eroe Oz, sta facendo la bella vita a Beverly Hills con la sua bellissima moglie, incinta, Cynthia che viene rapita da Franckie Figs, che non era veramente morto nel primo episodio. Frankie esegue gli ordini del boss criminale di Chicago Lazlo Gogolak. La ragione del rapimento è di spingere Oz a contattare il suo amico Jimmy The Tulip Tudeski, per fargli restituire i 10 milioni di dollari, rubati da Jimmy a Lazlo. Lo script banale e quasi mai divertente non aiuta di certo Willis (che non fa ridere nemmeno vestito da donna) e Perry, entrambi svogliati e poco in forma. ■ COMMEDIA; COL.; 92'; USA, 2004.

F.B.I. SESSO E VIOLENZA *(Visa pour l'enfer)* ★★
Regia di ALFRED RODE. Con CLAUDINE DUPUIS, JEAN GAVEN, GEORGES RIVIÈRE, NADINE TALLIER. ■ Il gangster marsigliese Marcel Gargnel fugge di prigione e si vendica del compagno che lo ha denunciato alla polizia. Poi ne rapisce la complice e la tiene come ostaggio. Ma quando costringe un pescatore a trasportarlo per mare, gli altri pescatori li inseguono e catturano il malvivente. ■ POLIZIESCO; B/N; 75'; FRANCIA, 1959.

F.B.I. SQUADRA OMICIDI ★★
(The Girl in Black Stockings)
Regia di HOWARD W. KOCK. Con ANNE BANCROFT, LEX BARKER, MAMMI VAN DOREN. ■ Agente dell'Fbi è coinvolto in una serie di delitti a sfondo sessuale: lo sceriffo sospetta che sia lui il maniaco omicida. Egli prova la sua innocenza, ma scopre che il colpevole è una persona a lui molto cara. ■ GIALLO; B/N; 73'; USA, 1957.

FEAR INSIDE – PAURA D'INFERNO, THE ★
(The Fear Inside)
Regia di LEON INCHASO. Con CHRISTINE LAHTI, DYLAN MCDERMOTT, JENNIFER RUBIN. ■ Fratello e sorella prendono in affitto una camera da una signora. La donna, divorziata e sola col bambino, si pentirà amaramente di aver accolto i nuovi inquilini. ■ THRILLER; COL.; 98'; USA 1992.

FEAR – LA PAURA *(Fear)* ★
Regia di ROCKNE S. O'BANNON. Con LAUREN HUTTON, MICHAEL O'KEEFE, ALLY SHEEDY, DEAN GOODMAN. ■ Una scrittrice, Cayce, diventata celebre per le sue qualità sensitive rimane coinvolta in una storia molto pericolosa. C'è un assassino seriale che ha poteri paranormali e la donna indaga, per conto della polizia, a suo rischio e pericolo. Trito e ritrito. ■ THRILLER; COL.; 91'; USA, 1990.

FEARLESS ★
Regia di RONNY YU. Con JET LI, SUN LI, NAKAMURA SHIDOU, DONG YONG. ■ Huo Yuanjia personaggio realmente esistito, è un brillante talento nelle arti marziali, di cui però non ha compreso fino in fondo il significato: invece di abbracciarne il reale spirito, le utilizza per acquisire fama e fortuna. L'assassinio della madre e della figlia cambieranno profondamente la sua esistenza e il suo modo di vedere il mondo che lo circonda. ■ AZIONE; COL.; 104'; CINA, USA, 2006.

FEARLESS – SENZA PAURA *(Fearless)* ★★★
Regia di PETER WEIR. Con JEFF BRIDGES, TOM HULCE, ROSIE PEREZ, ISABELLA ROSSELLINI, JOHN TURTURRO. ■ Un architetto riesce a salvare la propria vita e quella di un ragazzo in seguito a un disastro aereo. Il suo più grande amico però muore e il pro-

tagonista diventa come un essere etereo, senza più paure e in perenne *trance*. Conosce una donna che ha perso il suo piccolo e nasce un'amicizia che rischia di incrinare il suo matrimonio. Emozionante storia diretta da Weir in maniera esemplare. Una delle migliori interpretazioni di Jeff Bridges. ■ DRAMMATICO; COL.; 120'; USA, 1993. ■ GOLDEN GLOBES 1 NOM; OSCAR 1 NOM.

FEBBRE *(Fiebre)* ★★
Regia di PRIMO ZEGLIO. Con PAOLA BARBARA, MARY CARRILLO, CARLO TAMBERLANI. ■ Tornato in Spagna da un viaggio di lavoro in Africa che gli ha causato una grave malattia tropicale, Saverio trova che il suo migliore amico, Paolo, lo ha imbrogliato negli affari e gli ha rubato la ragazza. Vorrebbe ucciderlo, ma una giovane donna lo distoglie da questo proposito. ■ DRAMMATICO; B/N; 90'; SPAGNA, 1943.

FEBBRE, LA ★★
Regia di ALESSANDRO D'ALATRI. Con MASSIMO BAGLIANI, JULIE DEPARDIEU, ARNOLDO FOÀ, VITTORIO FRANCESCHI, COCHI PONZONI, VALERIA SOLARINO, THOMAS TRABACCHI, FABIO VOLO. ■ Mario Bettini è un geometra trentenne che vive a Cremona. Un giorno si ritrova assunto dal Comune in quanto vincitore di un concorso che quasi non ricorda di aver sostenuto. Da quel momento entra nel mirino dell'assessore ai lavori pubblici che non sopporta la sua voglia di fare e di fare bene. Finisce al reparto cimiteri dove può prendersi una rivincita. Nel frattempo sarà cresciuto e potrà anche godersi l'amore della bella Linda. Alessandro D'Alatri è riuscito finalmente a fare il film che sognava da anni. Un film in cui si parlasse di come l'Italia sia ricca di risorse umane che vengono sistematicamente impoverite da una mentalità che riesce ad appiattire tutto. ■ COMMEDIA; COL.; 108'; ITALIA, 2004. ■ DAVID DI DONATELLO 4 NOM.

FEBBRE A 90° *(Fever Pitch)* ★★
Regia di DAVID EVANS. Con COLIN FIRTH, RUTH GEMMEL, STEPHEN REA. ■ Dal romanzo di Nick Hornby, già autore del best seller *Alta Fedeltà*. È la storia di Paul, un tifoso della squadra londinese di calcio dell'Arsenal, che sacrifica letteralmente la vita a quella passione. Tutti i rapporti gli sono inibiti: dal sesso al lavoro. Il libro è nettamente migliore del film. ■ COMMEDIA; COL.; 102'; GRAN BRETAGNA, 1997.

FEBBRE BIONDA *(Value for Money)* ★★
Regia di KEN ANNAKIN. Con DIANA DORS, JOHN GREGSON, SUSAN STEPHEN. ■ Carlo è un uomo ricco, ma molto avaro; all'apparenza risulta poco più di un pezzente. Quando si innamora di una ballerina e le chiede di sposarlo, questa, credendolo un morto di fame, lo rifiuta. Carlo allora mette in mostra i soldi che ha. La ballerina accetta di sposarlo, ma l'uomo si tira indietro a sua volta quando si rende conto che la ragazza lo porterebbe alla rovina. ■ COMMEDIA; COL.; 93'; GRAN BRETAGNA, 1955.

FEBBRE DA CAVALLO ★★
Regia di STENO. Con ENRICO MONTESANO, LUIGI PROIETTI, CATHERINE SPAAK. ■ Tre amici (un indossatore volante, uno sfaccendato e un posteggiatore) hanno il vizio delle corse dei cavalli. Perdono sistematicamente e ogni volta escogitano cervellotici stratagemmi per riuscire a pagare i debiti. ■ COMMEDIA; COL.; 100'; ITALIA, 1976.

FEBBRE DA CAVALLO – LA MANDRAKATA ★★
Regia di CARLO VANZINA. Con NANCY BRILLI, CARLO BUCCIROSSO, RODOLFO LAGANÀ, LUIGI PROIETTI, STEFANO AMBROGI. ■ Il seguito di un classico della commedia all'italiana, lo storico film di Steno, *Febbre da cavallo*, diretto dal figlio del regista, Carlo Vanzina. Proietti, come allora, interpreta Bruno Fioretti, che dopo vent'anni è ancora un accanito scommettitore. ■ COMMEDIA; COL.; ITALIA, 2002.

FEBBRE DA FIENO ★
Regia di LAURA LUCHETTI. Con ANDREA BOSCA, CAMILLA FILIPPI, DIANE FLERI, GIUSEPPE GANDINI, GIULIA MICHELINI. ■ Camilla si innamora di Matteo la prima volta che lo vede, in controluce, mentre si chiudono le porte dell'ambulanza che l'ha soccorsa dopo un incidente in motorino. Matteo, però, pensa ancora a Giovanna, l'ex fidanzata che si è scoperta gay. Insieme, Matteo e Camilla lavorano in un negozio di modernariato e abiti vintage, il Twinkled. Con loro ci sono Stefano, il proprietario, in crisi con la moglie e con i debiti da saldare, e Franki, che scrive lettere d'amore bellissime per un uomo impossibile, perché così se non risponde "fa meno male". ■ COMMEDIA; COL.; 100'; ITALIA, 2011.

FEBBRE D'AMORE *(Fiebre de amor)* ★
Regia di RENÉ CARDONA JR. Con LUCERITO, LUIS MIGUEL, GUILLERMO MURRAY. ■ Lucerito, giovanissima e procace cantante, impazzisce per il divo Luis Miguel e, durante un concerto ad Acapulco, sogna di fuggire con lui e sposarlo. I progetti d'amore, però, vengono intralciati da avventure pseudo-poliziesche, che scivolano verso il lieto fine a suon di musica. ■ COMMEDIA; COL.; 91'; MESSICO, 1985.

FEBBRE DEL DELITTO, LA *(Crime and Punishment)* ★★
Regia di DENIS SANDERS. Con GEORGE HAMILTON, MARY MURPHY, FRANK SILVERA. ■ Robert è un giovane debole e poco sicuro di sé. Per procurarsi del denaro uccide accidentalmente un uomo; del delitto viene incolpato un altro. Intanto il protagonista conosce una ragazza che viene corteggiata dal suo datore di lavoro; costui sospetta di Robert e lo ricatta. Il ricattatore si uccide (disperato, perché la ragazza gli è sempre sfuggita) e Robert decide di costituirsi. ■ DRAMMATICO; B/N; 78'; USA, 1958.

FEBBRE DEL GIOCO, LA *(Fever Pitch)* ★★
Regia di RICHARD BROOKS. Con GIANCARLO GIANNINI, CATHERINE HICKS, RYAN O'NEAL. ■ L'anziano Richard Brooks cerca di dire una parola nuova sul vecchio argomento della febbre del gioco, ma ne dice solo di vecchie e con un tono enfatico anche fuori moda. O'Neal è un giornalista sportivo con la mania delle carte e del tavolo verde. La mania gli ha già procurato parecchi dispiaceri (inclusa la morte della moglie, per colpa, almeno in parte, sua). La sua sembra una caduta senza fine (s'è messo nelle mani del boss di un racket) ma all'ultimo riesce a risollevarsi. ■ DRAMMATICO; COL.; 96'; USA, 1985.

FEBBRE DEL KLONDIKE, LA ★
(Jack London's Klondike Fever)
Regia di PETER CARTER. Con ANGIE DICKINSON, ROD STEIGER. ■ Nel 1898 iniziava la grande corsa all'oro. Carter è un regista che ama la lettura, che di quegli eventi, diede lo scrittore Jack London. Ritorna così sul tema con l'aiuto di due interpreti di tutto rispetto. ■ AVVENTURA; COL.; 113'; USA, 1980.

FEBBRE DELL'ORO, LA *(The Gold Rush)* ★★★★★
Regia di CHARLIE CHAPLIN. Con CHARLIE CHAPLIN, GEORGIA HALE, MACK SWAIN. ■ Il film, girato nel 1925, era originalmente muto. Nel 1942 ne venne realizzata un'edizione con commento parlato. È la storia di un cercatore d'oro, maldestro in tutto, che però alla fine realizza i suoi desideri; uno straordinario esercizio di cinema (nel contenuto, nella tecnica, nelle trovate estemporanee). Nelle varie classifiche redatte dagli specialisti di tutto il mondo nei vari decenni, *La febbre dell'oro* tenne il secondo posto assoluto per anni, a pari merito con *Ladri di biciclette* di De Sica. Al primo posto c'era *La Corazzata Potemkin*. ■ COMICO; B/N; 82'; USA, 1925.

FEBBRE DELL'ORO NERO, LA *(Pittsburgh)* ★★★
Regia di LEWIS SEILER. Con MARLENE DIETRICH, RANDOLPH SCOTT, JOHN WAYNE. ■ Ascesa sociale di due intraprendenti minatori: uno, Markham, subordina anche l'amore e l'amicizia al successo economico; l'altro, Evan, deluso dall'arrivismo dell'amico, decide di continuare da solo. Quando però, dopo lo scoppio della guerra, Markham si impegna generosamente per i rifornimenti minerari americani, Evan ritrova la stima per lui. ■ DRAMMATICO; B/N; 90'; USA, 1942. ■ OSCAR 2 NOM.

FEBBRE DELL'URANIO, LA *(Canyon Crossroad)* ★★
Regia di ALFRED L. WERKER. Con RICHARD BASEHART, PHYLLIS KIRK. ■ Un medico ingaggia un avventuriero, Kendall, per cercare l'uranio in una zona del Colorado. La figlia del medico segue la spedizione per controllare la situazione. Ma molte persone sono interessate al giacimento, e la ragazza scopre ben presto che non è di Kendall che deve diffidare. ■ WESTERN; B/N; 83'; USA, 1954.

FEBBRE DEL PETROLIO, LA *(Boom Town)* ★★★
Regia di JACK CONWAY. Con CLAUDETTE COLBERT, CLARK GABLE, SPENCER TRACY. ■ Due cercatori di petrolio sono uniti da

una profonda amicizia anche se spesso litigano per futili motivi. Quando la donna, che entrambi amano, sceglie uno e rifiuta l'altro, il respinto accetta la decisione con serenità. ■ AVVENTURA; B/N; 116'; USA, 1940. ■ OSCAR 2 NOM.

FEBBRE DEL POSSESSO, LA *(Une manche et la belle)* ★★★
Regia di HENRI VERNEUIL. Con MYLÈNE DEMONGEOT, ISA MIRANDA, HENRI VIDAL. ■ Un modesto funzionario di banca, Philippe Delaroche, sposa una ricca e anziana vedova e progetta di ucciderla d'accordo con la segretaria di questa, Eve, di cui si è innamorato. Il delitto riesce alla perfezione, ma, alla lettura del testamento, Philippe apprende che erede universale è stato nominato il figlio della donna, a cui Eve è legata e per il quale ha condotto tutto il gioco. Eve e Philippe si affrontano e si uccidono. ■ DRAMMATICO; B/N; 98'; FRANCIA, 1957.

FEBBRE DEL SABATO SERA, LA ★★★
(Saturday Night Fever)
Regia di JOHN BADHAM. Con JOSEPH CALI, KAREN GORNEY, BARRY MILLER, JOHN TRAVOLTA. ■ New York, fine anni Settanta. Il giovane Tony Manero è un ottimo ragazzo, lavora in un colorificio, fa il suo dovere e vive in famiglia. Ha i normali piccoli contrasti coi genitori, ma non ha particolari grilli per la testa. Poi c'è il sabato sera. Ecco, Tony è il re delle discoteche. Una volta sulla pedana da ballo si trasforma. È affascinante e trascinatore, l'idolo di tutti, ragazzi e ragazze. Ma il sabato non vuol dire solo discoteca, vuol dire bere, correre in macchina, far l'amore. Vuol dire eccessi. Un suo amico, scherzando, cade accidentalmente dal ponte di Brooklyn, e muore. Tony, nel frattempo, ha vinto una gara di ballo e si è innamorato della sua compagna, che però non lo ricambia: è troppo matura per lui. ■ COMMEDIA; COL.; 119'; USA, 1977. ■ GOLDEN GLOBES 4 NOM; OSCAR 1 NOM.

FEBBRE DEL SUCCESSO – IL CANTANTE DI JAZZ, LA *(The Jazz Singer)* ★★
Regia di RICHARD FLEISCHER. Con LUCIE ARNAZ, NEIL DIAMOND, PAUL NICHOLAS, LAURENCE OLIVIER. ■ È il rifacimento de *Il cantante di Jazz* con Al Jolson. Qui troviamo come protagonista il celebre cantautore americano Neil Diamond e l'ambientazione cambia da Broadway a Los Angeles. ■ MUSICALE; COL.; 115'; USA, 1980. ■ GOLDEN GLOBES 3 NOM.

FEBBRE D'ESTATE *(Delta Fever)* ★★
Regia di WILLIAM WEBB. Con TOM EPLIN, LEIF GARRETT, CATHERINE KELLY. ■ Per venticinque anni un giovanotto ha badato solo a fare il ricco playboy sulle spiagge della California. Ma ora il padre è morto, le finanze di famiglia non lo soccorrono più. La stagione spensierata è finita. Bisogna guadagnarsi il pane e non è facile. ■ DRAMMATICO; COL.; 90'; USA, 1987.

FEBBRE DI DESIDERIO *(L'épave)* ★★
Regia di WILLY ROZIER. Con FRANÇOISE ARNOUL, ANDRÉ LE GALL. ■ Dopo tante disavventure una ragazza trova un po' di serenità accanto ad un giovane. Quest'ultimo, che fa il palombaro, ha un incidente e viene ricoverato in ospedale. I due innamorati si perdono nuovamente di vista e si ritrovano in circostanze drammatiche: il giovane, folle di gelosia, tenta un omicidio e poi si lascia morire durante un'immersione. ■ DRAMMATICO; B/N; 94'; FRANCIA, 1949.

FEBBRE DI PRIMAVERA *(Spring Fever)* ★★
Regia di JOSEPH SCANLAN. Con SUSAN ANTON, FRANK CONVERSE, JESSICA WALTER. ■ La febbre non è d'amore, ma riguarda la passione del tennis. Una ragazza vuole diventare una campionessa. Ci riuscirebbe, ma la sua vita privata è complicata dalla condotta morale della madre. ■ COMMEDIA; COL.; 92'; USA, 1983.

FEBBRE DI RIVOLTA *(Le goût de la violence)* ★★
Regia di ROBERT HOSSEIN. Con MARIO ADORF, ROBERT HOSSEIN, GIOVANNA RALLI, MADELEINE ROBINSON. ■ Avventure di un gruppo di ribelli durante la rivoluzione messicana del 1910: rapita la figlia del presidente, Chamaco e Chico si uccidono a vicenda per questioni di taglia. Resta vivo solo Perez, che decide di liberare la ragazza e di raggiungere i guerriglieri. ■ DRAMMATICO; B/N; 80'; FRANCIA, 1961.

FEBBRE DI VIVERE *(A Bill of Divorcement)* ★★★★
Regia di GEORGE CUKOR. Con JOHN BARRYMORE, BILLIE BURKE, KATHARINE HEPBURN, DAVID MANNERS. ■ Reduce da un ospedale psichiatrico, un uomo tenta di ricostruire la propria esistenza accanto alla figlia e alla moglie. Quest'ultima però non intende aiutarlo in alcun modo, mentre la figlia dedica tutta se stessa al reinserimento del padre nella vita normale. ■ COMMEDIA; B/N; 75'; USA, 1932.

FEBBRE DI VIVERE ★★
Regia di CLAUDIO GORA. Con MARINA BERTI, ANNA MARIA FERRERO, MARCELLO MASTROIANNI, MASSIMO SERATO. ■ È il ritratto di Massimo, piccolo delinquente di quartiere privo di scrupoli: tradisce l'amante Elena e cerca di farla abortire contro la sua volontà, fa arrestare il vecchio amico Daniele, simula il suicidio di un ragazzo che ha coinvolto in traffici illegali. Poi tutti i personaggi oppressi da Massimo si ribellano e lo denunciano alla polizia. ■ DRAMMATICO; B/N; 91'; ITALIA, 1953.

FEBBRE NEL SANGUE *(A Fever in the Blood)* ★★★
Regia di VINCENT SHERMAN. Con ANGIE DICKINSON, JACK KELLY, EFREM ZIMBALIST JR.. ■ Alla vigilia delle elezioni del governatore distrettuale, gli avversari politici del governatore in carica cercano di diffamarlo, imbastendo false accuse di uxoricidio contro suo nipote. Il giudice incaricato di indagare sul caso è fatto oggetto di tentativi di corruzione, ma alla fine dimostra la verità. ■ DRAMMATICO; B/N; 117'; USA, 1960.

FEBBRE NERA *(The Crime of Dr. Hallet)* ★★
Regia di SYLVAN SIMON. Con RALPH BELLAMY, BARBARA READ. ■ Un dottore, che studia il virus della febbre gialla, sottovaluta la collaborazione di un suo giovane assistente, che durante le ricerche muore. Poi lo riabilita di fronte a tutti, attribuendogli la scoperta del siero. ■ DRAMMATICO; B/N; 68'; USA, 1938.

FEBBRE SULLA CITTÀ *(Bus Riley's Back in Town)* ★★★
Regia di HARVEY HART. Con JOCELYN BRANDO, JANET MARGOLIN, ANN MARGRET, MICHAEL PARKS. ■ Difficoltà e sbandamenti di un giovane reduce, Bus Riley, al ritorno alla vita civile. L'incontro con una donna che lo ama sinceramente gli fa ritrovare fiducia in se stesso. ■ COMMEDIA; COL.; 93'; USA, 1965.

FECCIA, LA *(The Revengers)* ★★★
Regia di DANIEL MANN. Con ERNEST BORGNINE, SUSAN HAYWARD, WILLIAM HOLDEN, WOODY STRODE. ■ Un ex capitano dell'esercito nordista decide di vendicare la morte della moglie e dei quattro figli uccisi da un feroce bandito. I due si troveranno alla fine faccia a faccia. ■ WESTERN; COL.; 112'; USA, 1972.

FEDELE ALLA LINEA – GIOVANNI LINDO FERRETTI ★★
Regia di GERMANO MACCIONI. Con GIOVANNI LINDO FERRETTI. ■ Cantautore e scrittore, anima delle band di culto CCCP Fedeli alla linea, CSI e PGR. Alla boa dei sessant'anni, il controverso artista emiliano si concede alla discreta macchina da presa di Germano Maccioni, consegnando il quadro intimo-personale quanto artistico del proprio cammino: dall'infanzia alla vocazione musicale, dall'ideologia politica alla ritrovata fede nella religione cattolica durante la maturità. La forma colloquiale di *Fedele alla linea* è la forza di un documentario totalmente affidato al ritmo ipnotico e alle parole di un narratore di prima classe. ■ DOCUMENTARIO; COL.; 74'; ITALIA, 2013.

FEDERALE, IL ★★★
Regia di LUCIANO SALCE. Con GIANNI AGUS, GIANRICO TEDESCHI, UGO TOGNAZZI. ■ Arcovazzi, fascista della milizia, deve arrestare un noto filosofo da sempre oppositore del regime, il professor Bonafè: il film racconta in chiave satirica il rapporto tra i due personaggi, l'odissea che compiono attraverso l'Italia occupata del 1944 per giungere a Roma e l'amicizia che si stabilisce tra loro nonostante le differenze ideologiche. A Roma Arcovazzi sfila con la divisa di federale ma la città è stata liberata dagli alleati e la popolazione, dopo tanto malcontento, si sfoga aggredendolo. È il buon professor Bonafè a salvarlo. ■ COMMEDIA; B/N; 100'; ITALIA, 1961.

FEDORA *(Fédora)* ★★★
Regia di LOUIS GASNIER. Con MARIE BELL, ERNEST FERMY. ■ Per vendicare l'assassinio del fidanzato, la principessa russa Fedora raggiunge Parigi. Finisce per innamorarsi dell'uomo che so-

spetta colpevole, ma le sue accuse portano all'esecuzione del fratello di quest'ultimo. In preda ai rimorsi, Fedora si uccide. ■ DRAMMATICO; B/N; 85′; FRANCIA, 1934.

FEDORA ★★★
Regia di CAMILLO MASTROCINQUE. Con LUISA FERIDA, RINA MORELLI, AMEDEO NAZZARI, OSVALDO VALENTI. ■ La principessa russa Fedora arriva a Parigi per vendicarsi della morte del fidanzato. Finirà per innamorarsi dell'uomo che ritiene essere il colpevole, ma le sue accuse porteranno alla morte del fratello di questi. ■ DRAMMATICO; B/N; 90′; ITALIA, 1942.

FEDORA ★★★
Regia di BILLY WILDER. Con MARIO ADORF, JOSÉ FERRER, HENRY FONDA, WILLIAM HOLDEN, MICHAEL YORK. ■ È la storia di una figlia che assume il nome, la fama e il ruolo della madre, la star Fedora, deturpata in viso. L'amore per un uomo (l'attore Michael York che interpreta se stesso nella pellicola) la porterà infine a ripudiare quella vita che le nega la propria reale identità. ■ DRAMMATICO; COL.; 114′; FRANCIA, GERMANIA, 1978.

FEDRA ★★
Regia di MANUEL MUR OTI. Con ENRIQUE DIOSDADO, EMMA PENELLA. ■ Trasposizione melodrammatica della tragedia di Euripide: in un villaggio di pescatori la giovane e bellissima Stella fa innamorare di sé un uomo ricco e molto più anziano di lei, Giovanni. Stella lo respinge anche perché si è innamorata del figlio di Giovanni, Fernando. Quando il giovane, in una lite con il padre, cade in mare e affoga, Stella raggiunge a nuoto il suo corpo ormai sommerso dalle acque e si lascia morire. ■ DRAMMATICO; B/N; 90′; SPAGNA, 1956.

FEDRA *(Phaedra)* ★★
Regia di JULES DASSIN. Con MELINA MERCOURI, ANTHONY PERKINS, RAF VALLONE. ■ Il mito greco riproposto in versione aggiornata: Fedra è la giovane moglie di un potente armatore, Thanos; Alexis, il figliastro, fa il pittore a Londra e trascura gli studi. Quando Fedra e Alexis si conoscono, si innamorano appassionatamente. Thanos viene a sapere della relazione e si scaglia con ira contro il figliastro il quale, sconvolto, si toglie la vita guidando a pazza velocità. Fedra si avvelena. ■ DRAMMATICO; B/N; 115′; GRECIA, 1962. ■ OSCAR 1 NOM.

FEED ★
Regia di BRETT LEONARD. Con MATTHEW LE NEVEZ, GABBY MILLGATE, ALEX O'LOUGHLIN, JACK THOMPSON, PATRICK THOMPSON. ■ Michael Carter è un poliziotto specializzato nel combattere il cybercrime e nell'individuare siti a rischio: durante le sue investigazioni si imbatte in un sito dedicato al vojeur estremo, nel quale donne corpulente vengono costrette a mangiare fino a morire. Il gestore, un vero e proprio serial killer che accetta scommesse sulla morte delle poverette, diventa l'obiettivo di Carter. ■ THRILLER; COL.; 90′; AUSTRALIA, 2005.

FEISBUM ★★
Regia di ALESSANDRO CAPONE, DINO GIARRUSSO, LAURA LUCHETTI, MAURO MANCINI, SERAFINO MURRI, GIANCARLO ROLANDI, EMANUELE SANA. Con GIULIA BEVILACQUA, CORRADO FORTUNA, PRIMO REGGIANI, MONICA SCATTINI, PIETRO TARICONE. ■ Otto episodi e cinque brevi sketch per raccontare l'interazione sociale ai tempi di Facebook. C'è chi si inventa una nuova personalità per riconquistare una ragazza, chi ne sfrutta le possibilità truffaldine, chi trucca una foto di troppo compromettendo il matrimonio del miglior amico, chi si proclama il "dio del sesso virtuale" ma vive ancora con la madre, chi usa il network per sognare un incontro con una bellezza esotica, chi ne ha ormai sviluppato una pericolosa dipendenza, chi se ne serve per poter combinare un incontro con l'amico dell'amica e, infine, chi vi cerca al suo interno la gioventù ormai perduta, non immaginando che questa possa celarsi in una vecchia conoscenza del passato, anziché nella tecnologia del presente. ■ COMMEDIA; COL.; 95′; ITALIA, 2009.

FELDMARESCIALLA, LA ★★
Regia di STENO. Con FRANCIS BLANCHE, RITA PAVONE, TEDDY RENO, AROLDO TIERI. ■ Nell'Italia del 1944 avventurosa fuga di un aviatore americano, di un meteorologo che vuole trasformare l'umidità dell'aria in pioggia e di una ragazza vivace e pasticciona, sotto il fuoco dei soldati tedeschi. ■ COMMEDIA; COL.; 92′; ITALIA, 1967.

FELICE E VINCENTE *(Let it Ride)* ★★
Regia di JOE PYTKA. Con RICHARD DREYFUSS, DAVID JOHANSEN. ■ Una commedia abbastanza divertente su un giocatore colpito da un'incredibile fortuna. Si tratta di Jay che punta molti soldi alle corse dei cavalli. E incredibilmente sembra che le cose debbano andare avanti per molto tempo. Il fatto è che la sete del guadagno facile diventa febbre e l'uomo insiste con le puntate. Riuscirà ad essere ancora vincente, ma per quanto? ■ COMMEDIA; COL.; 86′; USA, 1989.

FELICITÀ, LA *(Schastye)* ★★★
Regia di ALEKSANDR MEDVEDKIN. Con ELENA EGOROVA, PETR ZINOV'EV. ■ Nonostante sia stato girato nel 1935 è un film muto, l'ultimo per l'Unione Sovietica. Le vicissitudini di un contadino che non riesce ad avere un raccolto decente. Un atto di coraggio lo riporterà in pace con se stesso, con gli altri e con la moglie. ■ DRAMMATICO; COL.; 70′; URSS, 1935.

FELICITA COLOMBO ★★★
Regia di MARIO MATTOLI. Con ARMANDO FALCONI, DINA GALLI, ROBERTA MARI, PAOLO VARNA. ■ Gustosa trasposizione della commedia di Giuseppe Adami e ottima interpretazione di Dina Galli nel ruolo della signora Colombo, intraprendente salumiera milanese. Quando sua figlia si innamora, ricambiata, del figlio di un conte con pochi soldi e molto snobismo, a Felicita Colombo viene chiesto di abbandonare la salumeria. Invece Felicita dietro il bancone ci torna per salvare la famiglia dai debiti. ■ COMMEDIA; B/N; 78′; ITALIA, 1937.

FELICITÀ È DIETRO L'ANGOLO, LA ★★★
(Le bonheur est dans le pré)
Regia di ÉTIENNE CHATILIEZ. Con SABINE AZÉMA, EDDY MITCHELL, MICHEL SERRAULT. ■ Francis, benestante, apparentemente soddisfatto, conosce dalla televisione la storia di un suo perfetto sosia che, anni prima, aveva abbandonato la famiglia. Decide di prendere il suo posto. Scopre che vivere due volte, in maniera del tutto diversa (prima la città con tutto ciò che comporta, ora la provincia) è magnifico. Si può anche accettare che la moglie di prima si innamori di un altro. Leggero e intelligente. ■ COMMEDIA; COL.; 95′; FRANCIA, 1995.

FELICITÀ NON COSTA NIENTE, LA ★
Regia di MIMMO CALOPRESTI. Con LAURA BETTI, VALERIA BRUNI TEDESCHI, MIMMO CALOPRESTI, FRANCESCA NERI, VINCENT PEREZ. ■ Sergio sembra avere tutto dalla vita. È un architetto affermato, divide i suoi affetti tra moglie e una giovane amante ed è circondato da amici. Ma un banale incidente lo spinge a rivedere tutta la propria vita e scoprirne la sostanziale vacuità. L'urgenza di dire e dirsi finalmente la verità sul proprio status finisce per allontanarlo da tutto il suo mondo. Calopresti fa tutto: regia, sceneggiatura, e attore. È in scena dall'inizio alla fine. Si crede Brando. Senza esserlo. Banale e demagogico. ■ DRAMMATICO; COL.; 90′; ITALIA, 2002.

FELICITÀ NON SI COMPRA, LA ★★★
(The Best Things in Life Are Free)
Regia di MICHAEL CURTIZ. Con ERNEST BORGNINE, DAN DAILEY, GORDON MACRAE. ■ Un cantante, Rex, e due compositori musicali, Buddy e Lew, formano un affiatato trio: sono gli anni di passaggio dal cinema muto al cinema sonoro, Hollywood è in piena espansione e a Buddy viene richiesta la canzone per Al Jolson, che interpreterà il primo film musicale della storia di Hollywood. ■ COMM. MUSICALE; COL.; 104′; USA, 1956. ■ OSCAR 1 NOM.

FELICITÀ PERDUTA ★★
Regia di HANS HEINRICH. Con ROLF BOEBIUS, LIL DAGOVER, PAUL HARTMANN. ■ Un aviatore tedesco in pensione si innamora di una giovane donna che cerca di dimenticare il suo passato tumultuoso. Per lei rinuncia a riprendere la carriera militare, che pure lo appassiona. Ma quando i due stanno per partire insieme per l'America, l'ufficiale è ferito mortalmente in un duello. ■ DRAMMATICO; B/N; 92′; GERMANIA, 1938.

FELICITÀ PORTA FORTUNA – HAPPY GO LUCKY, LA *(Happy-go-lucky)* ★★
Regia di MIKE LEIGH. Con SALLY HAWKINS, EDDIE MARSAN, ALEXIS ZEGERMAN. ■ Pauline, o Poppy, così la chiamano tutti, è uno spirito libero, ama i vestiti kitsch e vive con l'amica del cuore, anche lei insegnante, in un piccolo delizioso appartamento nel nord della città. Passa le sue giornate preoccupandosi più del presente che del futuro e tra lezioni a scuola, lezioni di guida e lezioni di flamenco, Poppy ha raggiunto il perfetto equilibrio con se stessa e con gli altri. Non vive nelle fiabe, ma tiene i piedi saldamente per terra senza mai perdere di vista la realtà, affrontando la vita quotidiana con un pizzico di ottimismo, con autoironia e spontaneità. ■ COMMEDIA; COL.; 118′; GRAN BRETAGNA, 2008.

FELICITÀ PROIBITA *(Beware of Pity)* ★★
Regia di MAURICE ELVEY. Con ALBERT LIEVEN, LILLI PALMER. ■ Storia d'amore tra un nobile militare austriaco e una giovane paralitica durante la prima guerra mondiale: si vogliono bene ma non si capiscono, lui ha paura di confondere l'affetto con la compassione, lei non sopporta la situazione incerta del rapporto e si uccide. ■ DRAMMATICO; B/N; 106′; GRAN BRETAGNA, 1946.

FELICITÀ: SINGOLARE FEMMINILE ★★
(The Heidi Chronicles)
Regia di PAUL BOGART. Con PETER FRIEDMAN, TOM HULCE, JAMIE LEE CURTIS. ■ Il percorso umano e culturale di un'esperta d'arte alle prese con amicizia, amore e femminismo. Un film per la tv tratto da una commedia vincitrice del Premio Pulitzer. ■ COMMEDIA; COL.; 95′; USA, 1995.

FELIPE HA GLI OCCHI AZZURRI ★★
Regia di GIANFRANCO ALBANO. Con CLAUDIO AMENDOLA, MAXIME LEROUX, PASCALE ROCARD. ■ Film televisivo sceneggiato da Sandro Petraglia. Un ragazzino di Manila arriva in Sicilia come clandestino. Scoperto dalla polizia, viene chiuso in un istituto dopo aver avuto un colloquio col commissario Stasi, che sta lavorando a un caso sulla delinquenza minorile. Felipe riesce a fuggire e si unisce ad altri bambini che vengono sfruttati per lavoretti illegali. Anche se con alti e bassi, il risultato è convincente, televisivamente. ■ DRAMMATICO; COL.; 210′; ITALIA, 1990.

FELIX – CONIGLIETTO GIRAMONDO ★★
(Felix – Ein Hase auf Weltreise)
Regia di GIUSEPPE LAGANÀ. Con DIANA ANSELMO, ALESSIO BONI, MARIA GRAZIA CUCINOTTA, BEATRICE ORLANDINI, FABRIZIO PLATEROTI. ■ Sophie e Felix, il suo coniglietto, stanno trascorrendo le vacanze in Norvegia insieme a tutta la famiglia. Durante una gita provocano involontariamente l'ira del popolo degli Elfi e di un Troll gigante. Con un'azione molto coraggiosa Felix riesce a salvare la famiglia ma poi si smarrisce e deve intraprendere la via del ritorno solo e senza guida. Naturalmente sarebbe nelle intenzioni di Felix tornare a casa per la strada più breve ma l'incontro con uno spirito dispettoso ed una saggia civetta lo costringono a deviare dal percorso. ■ ANIMAZIONE; COL.; 80′; GERMANIA, 2005.

FELIX ET LOLA *(Felix e Lola)* ★
Regia di PATRICE LECONTE. Con ALAIN BASHUNG, PHILIPPE DE JANERAND, CHARLOTTE GAINSBOURG, PHILIPPE TORRETON. ■ Felix uccide in locale un cantante. Felix è il proprietario di un autoscontro al Luna Park. Scorge una ragazza silenziosa tra i suoi clienti. Si fa urtare senza reagire. Riesce a parlarle. Si chiama Lola. Ma non dice niente di sé. Lui progressivamente riuscirà a scoprire qualcosa, innamorandosene ricambiato. Ma la ragazza ogni tanto sparisce. Racconta di una figlia di sei anni che il padre, un cantante, le impedisce di vedere. Felix lo deve uccidere. Felix è titubante ma poi va... Eccolo di nuovo, Patrice Leconte. Con il suo cinema fatto di nulla. Come una bolla di sapone sospesa dinanzi allo spettatore. Ti lascia intravedere trasparenze, colori e riflessi ma poi, inesorabilmente, si dissolve. ■ DRAMMATICO; COL.; 89′; FRANCIA, 2000.
er. ■ THRILLER; COL.; 90′; AUSTRALIA, 2005.

FELIX – IL CONIGLIETTO E LA MACCHINA DEL TEMPO *(Felix 2 – Der Hase und die verflixte Zeitmaschine)* ★★
Regia di GIUSEPPE LAGANÀ. ■ Il coniglietto Felix è protagonista di una nuova avventura: durante la visita a un museo, scopre un congegno che si rivela essere una macchina del tempo e viene trasportato all'età della pietra, assieme agli amici Wolly, un mammuth e Gertrude, una tartaruga. Nel tentativo di ritornare ai giorni nostri, il terzetto finisce invece dapprima in Egitto, poi durante l'epoca dei vichinghi e persino in pieno Medioevo. ■ ANIMAZIONE; COL.; 87′; GERMANIA, 2006.

FELLINI SATYRICON ★★★★
Regia di FEDERICO FELLINI. Con GERMAINE LEFÈBRE, LUIGI VISCONTI, HIRAM KELLER, MARTIN POTTER, SALVO RANDONE. ■ Il testo ispiratore è il famoso affresco che Petronio dà della Roma imperiale. Due giovani, Encolpio e Ascilto, innamorati dello stesso efebo, Gitone, incontrano diverse persone, l'attore Vernacchio, il vecchio poeta Eumolpo, l'arricchito Trimalcione, Lica, tiranno di Taranto. Ascilto muore; anche Eumolpo muore e vecchi bramosi divorano il cadavere del poeta, che ha lasciato le sue ricchezze a chi si ciberà delle sue carni. Encolpio, rimasto solo, se ne va con nuovi amici. ■ FANTASTICO; COL.; 128′; ITALIA, 1969. ■ OSCAR 1 NOM.

FELLINI: SONO UN GRAN BUGIARDO ★★★
(Fellini: je suis un grand menteur)
Regia di DAMIAN PETTIGREW. Con ROBERTO BENIGNI, FEDERICO FELLINI, TERENCE STAMP, DONALD SUTHERLAND. ■ Federico Fellini detta la sua biografia al regista canadese Damian Pettigrew in un lungo documentario intervista che ripercorre parallelamente tutta la sua carriera. I racconti del Maestro sono intrecciati con quelli di tecnici, artisti, collaboratori. Tra scene inedite tratte dai suoi capolavori, Fellini svela di essere stato soprattutto un "bugiardo" di talento. Pettigrew convoca testimoni sceltissimi (Benigni, Stamp, Sutherland) raccontando non tanto il Fellini "public figure" del Cinema italiano, con presunte piacevolezze annesse e connesse, ma il teorico e l'artista. Ne esce un ritratto insolito e qua e là commovente, dove l'aggettivo bugiardo per una volta equivale a creatore. ■ DOCUMENTARIO; COL.; 105′; FRANCIA, GRAN BRETAGNA, ITALIA, 2003.

FEMALE TROUBLE – AGITAZIONE FEMMINILE ★★
(Female Trouble)
Regia di JOHN WATERS. Con DIVINE, DAVID LOCHARY, EDITH MASSEY, COOKIE MUELLER. ■ La vita di Dawn Davenport, da scontrosa adolescente a celebre criminale fino alla condanna a morte per omicidio. Con il consueto stile "trash", Waters traccia con il suo attore preferito, il travestito Divine, un ennesimo attacco al perbenismo con mezzi efficaci, ma che non sono sempre digeribili. Solo in videocassetta di importazione. ■ DRAMMATICO; COL.; 90′; USA, 1973.

FEMME D'EXTÉRIEUR, UNE ★★★
Regia di CHRISTOPHE BLANC. Con ALAIN BORLA, AGNÈS JAOUI, BERNADETTE LAMBERT, SERGE RIABOUKINE. ■ Françoise, dopo quindici anni di matrimonio rompe con il marito Jacques. I tre figli rimangono con lei che vive questa sua nuova situazione esistenziale come un momento di trasgressione totale. Inizia a vivere di notte, trascura il lavoro da infermiera e si occupa in modo discontinuo dei figli. Il marito cerca di tornare in contatto con lei senza però riuscire a riattivare un legame gravato dal suo rapporto con una ragazza molto giovane. Françoise finisce in casa di cura, ma all'uscita le sue scelte non sono cambiate. Blanc spinge però un po' troppo a fondo il pedale di un ritratto femminile condotto sull'orlo dell'abisso con pervicace volontà di annullamento. Si ritrova così, magari anche contro le proprie intenzioni dichiarate, a rivalutare parzialmente il personaggio del marito che da cripto-persecutore si trasforma in quasi vittima nel finale. Perdendo in questo modo di vista quell'aspetto legal-psicologico che costringe le donne separate a conservare comunque la tutela dei figli e ad essere condannate a non riassaporare mai una "vera" libertà. Con tutte le implicazioni di lacerazione interiore che tutto ciò comporta. ■ DRAMMATICO; COL.; 117′; FRANCIA, 2000.

FEMME EN BLEU, LA ★★★
Regia di MICHEL DEVILLE. Con MICHEL AUMONT, LEA MASSARI, MICHEL PICCOLI. ■ Pierre Laurent è un affermato studioso musicale: ha una bella amante, soldi, successo, fascino, ma è an-

noiato dalla sua vita sempre uguale. Crede di trovare uno stimolo di novità in una misteriosa signora vestita di blu, che incontra casualmente e che vorrebbe conoscere: invece si tratta solo di una prostituta d'alto bordo. Pierre, stancamente, si toglie la vita. ■ DRAMMATICO; COL.; 95'; FRANCIA, 1973.

FEMME EST L'AVENIR DE L'HOMME, LA ★★
Regia di HONG SANGSOO. Con SUNG HYU-NAH, YOO JI-TAE, KIM TAE-WOO. ■ Munho, giovane professore universitario di arti plastiche, incontra l'amico Hunjon che torna dagli Stati Uniti dove ha seguito dei corsi come regista. I due decidono di andare a cercare Sunhwa, la giovane donna di cui erano stati entrambi innamorati. Il film dovrebbe essere la descrizione di una recherche che metta i due personaggi a confronto con la propria immaturità di uomini ma finisce con il diluire le potenzialità che nella prima parte sembravano pronte a dispiegarsi. Peccato per un autore che dice di ispirarsi a Bresson. ■ DRAMMATICO; COL.; 88'; COREA DEL SUD, FRANCIA, 2004.

FEMME FATALE ★★★
Regia di BRIAN DE PALMA. Con ANTONIO BANDERAS, PETER COYOTE, ERIQ EBOUANEY, REBECCA ROMIJN-STAMOS. ■ Un paparazzo interpretato da Banderas fotografa, durante il Festival di Cannes, una ragazza bellissima che sta cercando di mettere a segno un colpo clamoroso. La donna, la *femme fatale* (interpretata da Rebecca Romjin-Stamos), è immortalata sulla copertina del rotocalco. Alcuni gangster parigini la riconoscono come una persona, creduta morta, con cui hanno dei conti in sospeso. È arrivato il momento di regolarli. La bella donna inizia ad essere braccata e allora decide di coinvolgere nelle sue peripezie anche il fotografo che l'ha inguaiata. Per il regista, *Femme Fatale* è un omaggio al noir classico francese, ma risente anche di certe atmosfere rarefatte di *Blow-up* di Michelangelo Antonioni. ■ THRILLER; B/N; 110'; USA, 2000.

FEMME PUBLIQUE, LA ★★
Regia di ANDRZEJ ZULAWSKI. Con FRANCIS HUSTER, VALÉRIE KAPRISKY, LAMBERT WILSON. ■ Il "pigmalione" Lucas (Huster) sottopone la bella e confusa Ethel (Kaprisky) ad un addestramento, che rasenta il plagio pur di trasformarla in un'attrice di grido. Raggiunto il suo scopo, si toglierà drammaticamente di mezzo. Film complicato, psicologicamente violento, a metà strada fra la tragedia dostojevskiana e l'operazione commerciale, notevole, se non altro, nelle provocanti esibizioni della Kaprisky. ■ DRAMMATICO; COL.; 114'; FRANCIA, 1984.

FEMMES, LES ★★
Regia di JEAN AUREL. Con BRIGITTE BARDOT, ANNY DUPEREY, MAURICE RONET. ■ Uno scrittore indebitato, che prende e lascia le donne con estrema facilità, assume una bella segretaria per farsi accompagnare in giro per il mondo a ritrovare l'ispirazione. Si innamora di lei e una volta tanto è lui ad essere abbandonato. ■ COMMEDIA; COL.; 90'; FRANCIA, 1969.

FEMMINA *(Mr. Discrict Attorney)* ★★
Regia di ROBERT B. SINCLAIR. Con MARGUERITE CHAPMAN, ADOLPHE MENJOU, DENNIS O'KEEFE. ■ Benett, un giovane avvocato incaricato di fare arrestare Randolph, un disonesto trafficante edilizio, preso da passione per la segretaria di quest'ultimo, abbandona l'impresa. Poi, riconosciuto il suo errore, collabora con la polizia alla risoluzione del caso. ■ DRAMMATICO; B/N; 76'; USA, 1947.

FEMMINA *(La Femme et le pantin)* ★★★
Regia di JULIEN DUVIVIER. Con BRIGITTE BARDOT, ANTONIO VILAR. ■ Un aristocratico spagnolo non più giovane si incapriccia di Eva, danzatrice di flamenco, e cerca di conquistarla. Eva gli si concede solo quando l'uomo si dimostra pronto a mettere a rischio per lei il suo onore. ■ COMMEDIA; COL.; 100'; FRANCIA, 1958.

FEMMINA *(La grande sauterelle)* ★★
Regia di GEORGES LAUTNER. Con MIREILLE DARC, GEORGES GÉRET, HARDY KRÜGER. ■ Due furbastri sperano di derubare il facoltoso Gruber, assiduo frequentatore di casinò, senza riuscire a mettere a segno il piano. Alla fine vi rinunceranno. ■ COMMEDIA; COL.; 95'; FRANCIA, 1967.

FEMMINA ★★
Regia di GIUSEPPE FERLITO. Con ALBERTO DI STASIO, ROBERTO FARNESI, MONICA GUERRITORE. ■ Lei è sposata e trascurata, l'altro è giovane e ardente. Il marito è troppo preso dal lavoro. È un po' il tema del solito postino che suona sempre due volte, solo che, quando il giovane cerca di uccidere il marito, è lui a finire ammazzato. Storia un po' strampalata, ma con una Guerritore sexy e padrona del film. ■ DRAMMATICO; COL.; 98'; ITALIA, 1998.

FEMMINA CONTESA *(Take the High Ground)* ★★
Regia di RICHARD BROOKS. Con KARL MALDEN, RICHARD WIDMARK. ■ Ryan, un sergente piuttosto rude e autoritario, ha come unico amico il proprio assistente, Holt. Si innamorano della stessa donna, ma, quando Holt si rende conto che la donna preferisce Ryan, si ritira in buon ordine. ■ DRAMMATICO; COL.; 101'; USA, 1953. ■ OSCAR 1 NOM.

FEMMINA DEI PORTI *(The Devil's Playground)* ★★
Regia di ERLE C. KENTON. Con DOLORES DEL RIO, RICHARD DIX. ■ L'amicizia tra due marinai americani si incrina per colpa della moglie di uno di loro che, per difendersi dalle accuse di tradimento, racconta al marito di essere stata insidiata appunto dal suo amico. I due, però, si riconcilieranno. ■ DRAMMATICO; B/N; 74'; USA, 1937.

FEMMINA DEL FIUME, LA ★★
(Zwischen Strom und Steppe)
Regia di GÉZA VON BOLVÀRY. Con HEIDEMARIE HATHEYER, ATTILA HÖRBIGER. ■ Per difendersi dall'accusa d'aver ucciso il marito della donna che lo ha soccorso in un incidente, un vagabondo si improvvisa poliziotto. ■ DRAMMATICO; B/N; 92'; GERMANIA, 1938.

FEMMINA DEL PORTO, LA *(Lockende Gefahr)* ★★
Regia di EUGEN YORK. Con ANGELICA HAUFF, WALTER RICHTER. ■ Rudy, un ragazzo di porto orfano di padre, e John, un pregiudicato appena uscito di prigione, fanno amicizia: John salva la vita a Rudy che sta per annegare e Rudy addolcisce con il suo affetto le asperità del carattere di John. ■ DRAMMATICO; B/N; 91'; GERMANIA, 1950.

FEMMINA DIABOLICA *(Doña diabla)* ★★
Regia di TITO DAVISON. Con MARIA FELIX, VICTOR JUNCO. ■ Angela finisce sulla strada del vizio a causa della sua prepotente bellezza e della stupidità del marito. ■ DRAMMATICO; B/N; 91'; MESSICO, 1949.

FEMMINA DI FUOCO *(Chaleurs d'été)* ★★
Regia di LOUIS FÉLIX. Con MICHEL BARDINET, YANE BARRY, CLAUDE SAINLOUIS. ■ Robert, scrittore sconosciuto, entrato in possesso di una consistente eredità, è preso di mira da due ragazze che se lo contendono a suon di pugni. ■ COMMEDIA; B/N; 89'; FRANCIA, 1959.

FEMMINA DI SINGAPORE, LA *(Singapore Woman)* ★★
Regia di JEAN NEGULESCO. Con DAVID BRUCE, BRENDA MARSHALL. ■ Vicky Moore è una donna dal passato sentimentale sbagliato: l'incontro con David e l'amore che nasce le aprono finalmente nuovi orizzonti. ■ DRAMMATICO; B/N; 64'; USA, 1941.

FEMMINA E MITRA *(Bonnie Parker Story)* ★★
Regia di WILLIAM N. WITNEY. Con JACK HOGAN, DOROTHY PROVINE. ■ Dieci anni prima di *Gangster's Story* di Arthur Penn, ecco un altro film ispirato alla coppia di fuorilegge degli anni Trenta Bonnie Parker e Clyde Barrows: questa volta l'attenzione è incentrata sul personaggio femminile. ■ GIALLO; B/N; 81'; USA, 1958.

FEMMINA FOLLE *(Leave Her to Heaven)* ★★★
Regia di JOHN M. STAHL. Con JEANNE CRAIN, VINCENT PRICE, GENE TIERNEY, CORNEL WILDE. ■ Lo scrittore Harlan sposa Elena. Subito la donna manifesta una gelosia morbosa: per un cognato del marito, che Elena lascia morire; per il figlio che sta per partorire (invece abortirà). Infine, al limite della disperazione, si suicida cercando di incolpare la sorella della propria morte. Harlan, che ha capito tutto, in tribunale difende la cognata. Poi la sposa. ■ DRAMMATICO; COL.; 110'; USA, 1946. ■ OSCAR 1 PR, 4 NOM.

FEMMINA – I CAVALIERI DELL'ILLUSIONE ★★
Regia di MARC ALLÉGRET. Con HEDY LAMARR, TERENCE MOR-

GAN, MILLY VITALE. ■ Liala è la prima attrice di una squinternata compagnia di guitti. Da lei dipendono le magre fortune che le recite ottengono. Liala alla fine sacrificherà il suo amore per assicurare l'avvenire dei compagni. ■ AVVENTURA; COL.; 90'; ITALIA, 1954.

FEMMINA INCATENATA ★★
Regia di GIUSEPPE DE MARTINO. Con GIANNI AGUS, LORI RANDI, MANUEL ROERO. ■ Uno scultore, Manuel, cerca da tempo di realizzare la statua dell'Incatenata. Una sua allieva, Lori, durante una sua assenza, riesce a realizzare la statua. Manuel però, ormai fuori di sé, nel tentativo di distruggere la statua uccide Lori. ■ DRAMMATICO; B/N; 92'; ITALIA, 1949.

FEMMINA INFEDELE, UNA *(Une femme fidèle)* ★★★
Regia di ROGER VADIM. Con NATHALIE DELON, JON FINCH, SYLVIA KRISTEL, SERGE MARQUAND. ■ La storia è quella di un bel giovanotto, seduttore instancabile e frequentatore di castelli aviti. Una perfida donna lo alletterà, ma poi sarà l'artefice della sua morte in duello. ■ DRAMMATICO; COL.; 90'; FRANCIA, 1976.

FEMMINA – L'AMANTE DEL MARINAIO ★★
(The Bad One)
Regia di GEORGE FITZMAURICE. Con DOLORES DEL RIO, EDMUND LOWE. ■ Classica trama per Dolores Del Rio, vamp messicana anni Trenta. ■ AVVENTURA; B/N; 71'; USA, 1930.

FEMMINA RIBELLE *(The Revolt of Mamie Stover)* ★★★
Regia di RAOUL WALSH. Con JANE RUSSELL. ■ Mamie Stower ha un solo scopo nella vita: fare quattrini per tornare al paesello ricca e celebre. Nemmeno l'amore per un giovane scrittore può distoglierla dal suo proposito. Quando l'uomo parte per la guerra Mamie promette di lasciare il suo squallido lavoro in un nightclub, ma il miraggio del denaro è troppo forte. L'uomo la abbandona. ■ DRAMMATICO; B/N; 92'; USA, 1956.

FEMMINA SENZA CUORE ★★
Regia di RENATO BORRACCETTI. Con GUIDO CELANO, MARIA GRAZIA FRANCIA, ELENA QUIRICI. ■ Nannina ama Vincenzo, che però è povero e deve andare in Belgio a far fortuna. Allora la ragazza sposa un uomo ricco e attempato. Vincenzo torna dal Belgio e la passione si riaccende. Nannina perde la testa, vorrebbe far uccidere il marito ma è uccisa a sua volta da un servo idiota che lei aveva sempre respinto. ■ DRAMMATICO; B/N; 91'; ITALIA, 1952.

FEMMINA VIOLENTA *(Sin)* ★★
Regia di GEORGE PAN COSMATOS. Con JACK HAWKINS, RICHARD JOHNSON, RAQUEL WELCH. ■ Un uomo torna in Grecia, da Londra, per prendere possesso di un'eredità. Conosce una donna sposata e se ne innamora. I due provocano la morte del marito. Dopo un periodo iniziale di felicità, il rapporto va sempre più deteriorandosi sfociando in tragedia. ■ DRAMMATICO; COL.; 84'; GRECIA, 1973.

FEMMINE A PREZZO FISSO *(L'amour à la chaine)* ★★
Regia di CLAUDE DE GIVRAY. Con VALERIA CIANGOTTINI, PERRETTE PRADIER, JEAN YANNE. ■ Una ragazza fa la prostituta per sostenere il vecchio padre malato. Cerca di uscire dal giro, ma non glielo permettono. Durante un ultimo disperato tentativo, finalmente il suo persecutore ci lascia la pelle, e lei è libera. ■ DRAMMATICO; B/N; 84'; FRANCIA, 1967.

FEMMINE BIONDE *(Painting the Clouds with Sunshine)* ★★
Regia di DAVID BUTLER. Con VIRGINIA MAYO, DENNIS MORGAN, GENE NELSON. ■ Il film narra la storia di tre cantanti e ballerine. Passano da un locale all'altro e poi approdano a Las Vegas dove finalmente troveranno marito. ■ MUSICALE; COL.; 87'; USA, 1952.

FEMMINE CARNIVORE ★★
Regia di ZBYNEK BRYNYCH. Con GIORGIO ARDISSON, USCHI GLAS, PASCALE PETIT. ■ Eva è sull'orlo della pazzia e viene ricoverata in una clinica specializzata. Qui assiste a un assassinio, lo denuncia, ma non le credono per via del suo stato mentale. Alla fine tutto si risolve: è stato solo un incubo. ■ DRAMMATICO; COL.; 91'; ITALIA, 1971.

FEMMINE CONTRO MASCHI ★★
Regia di FAUSTO BRIZZI. Con CLAUDIO BISIO, NANCY BRILLI, SALVATORE FICARRA, FRANCESCA INAUDI, VALENTINO PICONE. ■ Anna è piemontese, ama la musica lirica e la letteratura francese. Piero, suo marito, è calabrese, ama il calcio, gli amici, trattare con sufficienza il collega pakistano e spassarsela con un'altra donna. Un incidente e la conseguente e provvidenziale amnesia di Piero forniscono ad Anna l'occasione di trasformarlo nell'uomo ideale, vale a dire in un colto, fedele e nordico maggiordomo. ■ COMMEDIA; COL.; 96'; ITALIA, 2011.

FEMMINE DELLE CAVERNE ★
(Prehistoric Women – Slave Girls)
Regia di MICHAEL CARRERAS. Con MARTINE BESWICK, MICHAEL LATIMER, EDINA RONAY. ■ David fa la guida. Un giorno insegue un leopardo e gli capita di perdere conoscenza. Si risveglia ospite di una tribù di crudeli amazzoni che tiranneggiano un gruppo di schiave. Fa amicizia con una di queste e conduce le oppresse alla rivolta. Riperde conoscenza e si ritrova nella realtà; non solo, ma incontra una ragazza identica alla schiava liberata. ■ AVVENTURA; COL.; 95'; GRAN BRETAGNA, 1966.

FEMMINE DEL MARE *(Submarine)* ★★★
Regia di FRANK CAPRA. Con RALPH GRAVES, JACK HOLT, DOROTHY REVIER. ■ È questo il primo film sonoro del grande regista di origine italiana. Si può dire che fu una sorta di esercizio per i lavori successivi. ■ AVVENTURA; B/N; 90'; USA, 1928.

FEMMINE DEL MARE *(Rough, Tough and Ready)* ★★
Regia di DEL LORD. Con VICTOR MCLAGLEN, CHESTER MORRIS, JEAN ROGERS. ■ Due sommozzatori sono amici per la pelle. Un giorno uno dei due si innamora di una ragazza piuttosto facile. Succede che anche l'amico la conosca e la porti a letto. I due compagni diventano nemici. Ma durante un'azione di guerra si salvano la vita a vicenda. ■ GUERRA; B/N; 92'; USA, 1945.

FEMMINE DI LUSSO *(Ladies of Leisure)* ★★★
Regia di FRANK CAPRA. Con RALPH GRAVES, BARBARA STANWYCK. ■ Una ragazza molto sensibile si innamora di un pittore. Amare un artista è tutt'altro che facile, ci vuole molta buona volontà, e lei ce l'ha. ■ COMMEDIA; B/N; 98'; USA, 1930.

FEMMINE DI LUSSO – INTRIGO A TAORMINA ★★
Regia di GIORGIO BIANCHI. Con WALTER CHIARI, SYLVA KOSCINA, BELINDA LEE, UGO TOGNAZZI. ■ Su uno yacht in crociera verso la Sicilia si intrecciano varie storie d'amore o pseudo. Chi vuol far corteggiare la propria moglie per ottenere il divorzio, chi vuol far sedurre il proprio figlio (che non ama le donne) da un'avvenente ragazza. Alla fine tutto va a posto. ■ COMMEDIA; COL.; 109'; ITALIA, 1960.

FEMMINE FOLLI *(Foolish Wives)* ★★★★
Regia di ERICH VON STROHEIM. Con MAE BUSCH, RUDOLPH CHRISTIANS, MAUDE GEORGE, ERIC VON STROHEIM. ■ Siamo nel Principato di Monaco dopo la prima guerra mondiale e un nobiluomo approfitta dell'ingenuità di una giovane americana. Non sarà l'unico a sedurla. Molto crudele e giudicato, all'epoca, immorale. Il film divenne ben presto un capolavoro maledetto. Il costo, astronomico per allora, fu di un milione di dollari. ■ DRAMMATICO; COL.; 107'; USA, 1922.

FEMMINE IN FUGA *(Femeas em fuga)* ★
Regia di MICHELE MASSIMO TARANTINI. Con SUZANNE CARVALHO, LEONARDO JOSÉ, HENRI PEREIRA. ■ Angela, per salvare il fratello accusato di omicidio, si dichiara colpevole e finisce in prigione. Inizia un calvario di violenza fisica e psichica che finirà in una fuga disperata. ■ AVVENTURA; COL.; 91'; BRASILE, 1984.

FEMMINE INSAZIABILI – GLI INSAZIABILI ★★
Regia di ALBERTO DE MARTINO. Con ROBERT HOFFMAN, DOROTHY MALONE, LUCIANA PALUZZI. ■ Paolo, giornalista, in America incontra Giulio, suo vecchio amico. Ma Giulio viene ucciso misteriosamente e Paolo decide di scoprire l'assassino. Durante le prime indagini si rende conto che l'amico col tempo era diventato una vera carogna. ■ GIALLO; COL.; 90'; ITALIA, 1969.

FEMMINE SEMINANO IL VENTO, LE ★
(Les filles sèment le vent)
Regia di LOUIS SOULANES. Con SCILLA GABEL, PHILIPPE LEROY, VITTORIA PRADA. ■ Due ragazze lavorano in una fattoria in Francia; sono appetite da vari pretendenti, una viene persino vio-

lentata, ma il colpevole trova la giusta punizione. ■ DRAMMATICO; B/N; 96′; FRANCIA, ITALIA, 1960.

FEMMINE TRE VOLTE ★★
Regia di STENO. Con FURLANETTO, GIANNI AGUS, MARIO CAROTENUTO, TONY KENDALL, SYLVA KOSCINA, NINO MANFREDI, BICE VALORI. ■ Arrivano a Roma le squadre di pallacanestro femminili russa e americana. Le russe si danno subito da fare per divertirsi e riescono a render vana la sorveglianza dei loro istruttori. Molte delle ragazze si innamorano di giovanotti italiani. I dirigenti promettono che, se vinceranno la partita, le ragazze potranno restare in Italia. Poi la promessa non è mantenuta. Ma le ragazze rimangono ugualmente. ■ COMICO; B/N; 90′; ITALIA, 1957.

FEMMINILE SINGOLARE ★
Regia di CLAUDIO CLAUDIO DEL PUNTA. Con VALENTINA CHICO, CRISTINA MOGLIA, VINCENZO PELUSO, DANNY QUINN. ■ Una ragazza apre l'armadio per scegliere l'abito adatto alla circostanza, un appuntamento. Ogni vestito le ricorda qualcosa. E lei segue la memoria, annoiando se stessa e tutti noi. ■ DRAMMATICO; COL.; 90′; ITALIA, 2000.

FEMMINILITÀ *(Une femme fatale)* ★★
Regia di JACQUES DONIOL-VALCROZE. Con ANICÉE ALVINA, HEINZ BENNENT, JACQUES WEBER. ■ Un giovane pilota civile diviene l'amante della moglie del comandante, suo superiore. Lei rimane incinta e, siccome il marito è sterile, la verità viene a galla. Il giovanotto vorrebbe assumersi le proprie responsabilità, ma non potrà, perché il marito tradito provocherà un incidente nel quale il rivale resterà ucciso. ■ DRAMMATICO; COL.; 100′; FRANCIA, GERMANIA, 1974.

FENG AI ★★
Regia di WANG BING. ■ Cinquanta uomini sono rinchiusi in una casa di cura. Hanno storie diverse, di criminalità, di alienazione, di misteri. Vengono tenuti segregati, senza contatti col mondo esterno. Si muovono e vivono come fantasmi, sempre in quel luogo circoscritto, dove non ci sono rapporti e non si risponde alle domande. Anche i rapporti interni sono molto difficili, c'è omertà e diffidenza. ■ DRAMMATICO; COL.; 227′; HONG KONG, FRANCIA, GIAPPONE, 2013.

FENOMENAL E IL TESORO DI TUTANKAMEN ★
Regia di ROGER ROCKFELLER. Con LUCRETIA LOVE, GORDON MITCHELL, MAURO NICOLA PARENTI. ■ Fenomenal è un uomo mascherato che recupera per ben due volte la favolosa maschera del faraone Tutankamen. L'ha sottratta a un certo Norton, famosissimo ladro. Alla fine Fenomenal viene smascherato. ■ POLIZIESCO; COL.; 91′; ITALIA, 1968.

FENOMENI PARANORMALI INCONTROLLABILI ★★★ *(Firestarter)*
Regia di MARCK L. LESTER. Con DREW BARRYMORE, DAVID KEITH, GEORGE C. SCOTT. ■ La piccola Charlie (Barrymore) ha la capacità di scatenare incendi con la sola forza della mente. La Cia la vuole sfruttare per scopi militari, ma quando le uccidono il padre lei si scatena, accendendo più di un falò. Dal romanzo di Stephen King, un film ricco di suspense e di effetti speciali. Con un terribile e sinistro George C. Scott, nella parte dell'assassino indiano persecutore della piccina. ■ DRAMMATICO; COL.; 115′; USA, 1984.

FERDINANDO E CAROLINA ★★
Regia di LINA WERTMÜLLER. Con SERGIO ASSISI, ISA DANIELI, SILVANA DE SANTIS, GABRIELLA PESSION, MARIO SCACCIA. ■ 1825. Napoli. Ferdinando I di Borbone sta per morire, ma i fantasmi del passato non lo abbandonano, compresi quelli positivi di un'infanzia e un'adolescenza prive di preoccupazioni. Il matrimonio con Maria Carolina d'Asburgo era stato d'amore, oltre che di convenienza. Ma i "doveri" miravano a soffocare la passione. Per la prima volta di fronte a un film in abiti settecenteschi, la Wertmüller offre uno squarcio, non sempre ben risolto, sull'irresistibile forza della giovinezza a qualsiasi latitudine e in qualsiasi epoca storica. ■ COMMEDIA; COL.; 102′; FRANCIA, ITALIA, 1999.

FERDINANDO IL DURO *(Der starke Ferdinand)* ★★★
Regia di ALEXANDER KLUGE. Con GERT GÜNTER HOFFMANN, JOACHIM HACKETHAL, VERENA RUDOLPH, HEINZ SCHIMMELPHENING, HEINZ SCHUBERT. ■ Un poliziotto reazionario entra in contrasto con i suoi superiori per i suoi metodi autoritari e viene scacciato dal corpo. Diventato capo del servizio di sicurezza in una fabbrica, addestra un esercito privato. Nuovamente cacciato, organizza un attentato contro il primo ministro che secondo lui è responsabile del lassismo imperante in Germania, ma viene arrestato. ■ COMMEDIA; B/N; 98′; GERMANIA, 1976.

FERDINANDO I, RE DI NAPOLI ★★
Regia di GIANNI FRANCIOLINI. Con EDUARDO DE FILIPPO, PEPPINO DE FILIPPO, VITTORIO DE SICA, ALDO FABRIZI, MARCELLO MASTROIANNI, RENATO RASCEL. ■ Ferdinando I è re di Napoli dopo il congresso di Vienna del 1815. Si dimostra subito un cattivo re, addirittura traditore del suo popolo; Peppino fa il re, Eduardo fa Pulcinella, critico e satirico. ■ STORICO; COL.; 105′; ITALIA, 1959.

FERDINANDO UOMO D'AMORE ★★★
Regia di MEMÉ PERLINI. Con ALESSANDRA ACCIAI, IDA DI BENEDETTO, MARCO LEONARDI, MEMÈ PERLINI. ■ Memé Perlini, regista a teatro e al cinema, tenta ancora una volta la seconda strada che fino ad ora gli ha dato meno soddisfazioni. Tratto da un dramma di Annibale Ruccello, il film è basato su uno strano intrigo di passioni consumate durante la seconda metà dell'Ottocento. C'è una baronessa che rimpiange i momenti d'amore con un antico amante. Vive con la serva e divide con lei le sue giornate malinconiche e piene di desiderio soffocato. Accanto a questo quadro, a mezza via tra Genet e Fassbinder, ci sono un prete interpretato da Perlini, e soprattutto Ferdinando che porterà scompiglio e amore nel focolare domestico. A qualcuno verrà in mente *Teorema* di Pasolini. Ad ogni buon conto è il film più riuscito del regista anche grazie all'interpretazione di Ida Di Benedetto. ■ DRAMMATICO; COL.; 100′; ITALIA, 1991.

FERGUS O'CONNELL – DENTISTA IN PATAGONIA *(Eversmile, New Jersey)* ★★★
Regia di CARLOS SORIN. Con GABRIELA ACHER, DANIEL DAY-LEWIS, MIRJANA JOKOVIC. ■ Spiritosa commediola piuttosto originale che vede uno strano medico dentista aggirarsi per la Patagonia allo scopo di promuovere la pulizia dentale anche in quelle zone desertiche. Tutto questo lo fa disinteressatamente. Saranno in pochi ad ascoltarlo, ma sarà per lui decisivo l'incontro con Estela scappata dal futuro marito. ■ COMMEDIA; COL.; 85′; ARGENTINA, GRAN BRETAGNA, 1989.

FERIE D'AGOSTO ★★★
Regia di PAOLO VIRZÌ. Con LUIGI ALBERTI, ENNIO FANTASTICHINI, SABRINA FERILLI, LAURA MORANTE, PIERO NATOLI, SILVIO ORLANDO. ■ All'isola di Ventotene, non ancora devastata dal turismo, arrivano due gruppi. Il primo è fatto da alternativi, verdi, comunisti (parola spesso pronunciata): c'è chi suona canzoni rivoluzionarie, chi fa nudismo, chi si fa una "canna". Ci sono anche due lesbiche e la miglior battuta arriva da una di loro: «Sono arrivata a Milano per lavorare con Strehler, invece lavoro in comune con Formentini». Due famiglie di romani formano il secondo gruppo. Hanno dei negozi, il telefonino e vedono tutta la spazzatura della tv. I due gruppi hanno affittato due casette vicine: i primi esigono che non ci siano luce e acqua corrente. Ben presto si scontrano, gli uni disturbano gli altri, i "borghesi" maltrattano un "vù cumprà" e gli alternativi ne fanno un fatto di principio. La sera di ferragosto si scontrano le due mentalità: discorsi sociali, politici, luoghi comuni a non finire. La notte favorisce anche qualche trasgressione: la bella borghese (Ferilli) si concede al giramondo nudista. Poi, la mattina, tutto rientra. Ognuno rimane quello che era. Divertente e fresco. Reminiscenze alla Moretti e alla Salvatores, ma con buona sostanza. Orlando è lo stesso personaggio di tutti i suoi film. ■ COMMEDIA; COL.; 104′; ITALIA, 1996.

FERIE DI LICU, LE ★★
Regia di VITTORIO MORONI. Con GIULIA DI QUILIO, MD MOAZZEM HOSSAIN, FANCY KHANAM. ■ Licu è un immigrato regolare del Bangladesh che lavora nella Capitale: nonostante i duri orari di lavoro, non si lamenta e vive da "romano", tifando per Totti e sforzandosi di parlare il migliore italiano possibile. D'un

tratto, però, si trova a dover tornare in Patria per celebrare un matrimonio "combinato", usanza tipica e radicata nella cultura e nelle tradizioni del suo paese natale. Il mese di ferie (non pagate) cui si riferisce il titolo è il periodo che serve a Licu per tornare in un Bangladesh devastato dalle alluvioni e sposare Fancy, che neppure conosce. ■ DRAMMATICO; COL.; 93′; ITALIA, 2006.

FERITE MORTALI *(Exit Wounds)* ★★
Regia di ANDRZEJ BARTKOWIAK. Con TOM ARNOLD, DEREK BRECHIN, BILL DUKE, JILL HENNESSY, STEVEN SEAGAL. ■ Steven Seagal è Orin Boyd, un intrepido poliziotto di Detroit che sventa un attentato al vicepresidente degli Stati Uniti, contravvenendo però alle direttive dei suoi superiori. Per questo motivo viene declassato e assegnato a un distretto difficile, dove la lotta tra delinquenti e forze dell'ordine è particolarmente serrata. Qui Boyd, nel tentativo di incastrare Latrell Walker, un pericoloso spacciatore nel quale si è imbattuto, scopre che questi è il referente di alcuni agenti corrotti, i quali vogliono arricchirsi trafficando droga. Tra sparatorie, inseguimenti d'auto e ripetuti scontri fisici a base di arti marziali, di cui Seagal è specialista, Boyd troverà in Walker un inaspettato alleato e, con l'aiuto di un collega integerrimo, riuscirà a sgominare i criminali. Film d'azione non privo di ritmo e di scene d'impatto, con attori discreti adatti al ruolo e con uno Steven Seagal che, per quanto sia poco espressivo, ha comunque una presenza in grado di far da traino, risulta però abbastanza scontato per trama e contenuti. Gli appassionati del genere e i fans di Seagal probabilmente non resteranno delusi, ma l'assenza di inventiva e originalità rende il prodotto poco emozionante e solo in parte divertente. ■ POLIZIESCO; COL.; 103′; USA, 2001.

FERMATA D'AUTOBUS *(Bus Stop)* ★★★★★
Regia di JOSHUA LOGAN. Con BETTY FIELD, MARILYN MONROE, DON MURRAY, ARTHUR O'CONNELL. ■ Un cowboy arriva in città per partecipare a un rodeo, lo accompagna un vecchio amico. In un locale vede cantare Marilyn e cade letteralmente innamorato. La corteggia alla sua maniera, rude e infantile, e lei ne è spaventata. La mette a viva forza su un torpedone per portarsela al suo ranch. A nulla valgono le prediche del vecchio saggio. Il torpedone si ferma per i rifornimenti e l'autista, che ha assistito alla vicenda, dà una sonora lezione al cowboy, che alla fine si convince che non si può costringere la gente a fare una cosa che non vuole fare. Ma proprio allora la ragazza si rende conto che a suo modo il cowboy le vuole bene e che lei stessa prova qualcosa di particolare. I due, innamoratissimi, salgono sull'autobus per il ranch. Il vecchio amico, a quel punto, preferisce lasciarli soli. Film perfetto, fondamentale nel suo genere, senza contare che è la più completa ed efficace rappresentazione di Marilyn Monroe. In nessun altro film infatti la diva, trentenne, esprimeva meglio se stessa. In *Quando la moglie è in vacanza* forse era più bella, in *A qualcuno piace caldo* più brava, ma qui era ironica, attrice vera, e magnetica, e non erano casuali certi riferimenti alla sua vita privata e certe precise battute: «Gli uomini si sono interessati a me da quando avevo tredici anni», dice alla sua amica e sappiamo che per Norma Jean era stato proprio così. Il film è un insieme felice di tanti ingredienti che compongono, appunto, il capolavoro del genere col valore aggiunto della vedibilità perpetua. Anche la voglia matta di "Cherie", la protagonista, di andare a Hollywood e avere successo era semplicemente quella di Marilyn, che aveva avuto successo dolorosamente, arrivando a compromettere tanti equilibri. Autobiografica è anche la paura di essere amata. Per il resto tutto funziona, dall'esordiente Don Murray al bravo caratterista Arthur O'Connell, alla regia del "teatrale" Logan. ■ COMMEDIA; COL.; 96′; USA, 1956. ■ OSCAR 1 NOM.

FERMATA PER DODICI ORE *(The Wayward Bus)* ★★
Regia di VICTOR VICAS. Con JOAN COLLINS, DAN DAILEY, RICK JASON, JAYNE MANSFIELD. ■ Tra i viaggiatori di un autobus si intrecciano amori e odi; una coppia litiga continuamente; due genitori cercano di allontanare la figlia da un fidanzato ritenuto non adatto, una ex prostituta si vede chiedere in moglie dopo molte titubanze; il guidatore dell'autobus si accorge di amare ancora la moglie dalla quale stava fuggendo. ■ DRAMMATICO; B/N; 89′; USA, 1957.

FERMATE IL MONDO... VOGLIO SCENDERE! ★★
Regia di GIANCARLO COBELLI. Con LANDO BUZZANCA, PAOLA PITAGORA, BARBARA STEELE, CLAUDE VERGAS. ■ Alcuni giovani contestano la civiltà dei consumi. Uno di loro però è un ventriloquo e per gioco va a un concorso televisivo. Ha successo e si arricchisce. Ecco che gli altri prendono a non disprezzare più la civiltà dei consumi. ■ COMMEDIA; COL.; 105′; ITALIA, 1970.

FERMATE L'ORIENT-EXPRESS *(Istanbul Express)* ★★
Regia di RICHARD IRVING. Con GENE BARRY, SENTA BERGER, JOHN SAXON. ■ Dopo la morte di uno studioso nucleare, un commerciante turco mette in vendita i documenti relativi alle scoperte dello scienziato. Accorrono ad Istanbul i rappresentanti delle maggiori potenze mondiali. L'incaricato degli Usa farà il viaggio più avventuroso. ■ GIALLO; COL.; 94′; GRAN BRETAGNA, 1978.

FERMATI, COWBOY! *(Cast a Long Shadow)* ★★★
Regia di THOMAS CARR. Con JOHN DEHNER, TERRY MOORE, AUDIE MURPHY, JAMES BEST, DENVER PYLE. ■ Matt, figlio illegittimo di Kerman, eredita alla morte di questi una fattoria. Come padrone è ambizioso, esigente e fin troppo autoritario. Tanto che in poco tempo si fa tutti nemici, compreso il fedele sovrintendente, un certo Donahue. Quando si trova in difficoltà, Matt si rende conto che la sua durezza non serve a nulla. ■ WESTERN; B/N; 82′; USA, 1959.

FERMATI, O MAMMA SPARA ★★
(Stop! Or my Mom Will Shoot)
Regia di ROGER SPOTTISWOODE. Con ESTELLE GETTY, SYLVESTER STALLONE, JO BETH WILLIAMS. ■ Ancora una commedia per Stallone dopo l'insuccesso di *Oscar – Un fidanzato per due figlie* del regista Landis. I risultati sono ancora più scarsi, con sceneggiatura lacunosa e regia priva di inventiva. Quest'ultima è una costante dell'americano Spottiswoode. Il protagonista è un poliziotto che abita a Los Angeles. Gli arriva tra capo e collo la madre possessiva e curiosa che gli rende la vita difficile. La possibilità di sbarazzarsene viene a cadere quando la donna diventa testimone di un assassinio. Così seguirà come angelo custode il figlio per tutte le indagini. ■ COMMEDIA; COL.; 95′; USA, 1992.

FERMI O SPARO! *(The Case of the Missing Man)* ★★
Regia di DAVID ROSS LEDERMAN. Con JOAN PERRY, ROGER PRYOR. ■ Un fotografo geniale riesce a cogliere con l'obiettivo proprio l'istante in cui un bandito compie un furto. Costui tenta di venire in possesso del negativo, ma il fotografo è molto in gamba e riesce addirittura a farlo catturare. ■ AVVENTURA; B/N; 81′; USA, 1936.

FERMI TUTTI! *(Billy the Kid's Smoking Guns)* ★★
Regia di SHERMAN SCOTT. Con BUSTER CRABBE, ELY NAIST. ■ Tre giovani, tra cui Billy the Kid, vengono allontanati dalla loro città e si mettono a viaggiare per il West. Si mettono a dare la caccia ai malviventi e diventano dei veri eroi. ■ WESTERN; B/N; 58′; USA, 1942.

FERMI TUTTI ARRIVO IO ★★
Regia di SERGIO GRIECO. Con FRANCA MARZI, TINO SCOTTI. ■ Un tale viene trovato morto con un coltello nella schiena. Le indagini procederebbero spedite se non fosse per un maldestro poliziotto privato e per una maniaca di libri gialli. Nonostante questi interventi inopportuni il commissario riesce ad arrestare il colpevole. ■ COMICO; COL.; 90′; ITALIA, 1953.

FERMI TUTTI, COMINCIAMO DACCAPO! ★★★
(Double Trouble)
Regia di NORMAN TAUROG. Con ELVIS PRESLEY, YVONNE ROMAIN, JOHN WILLIAMS. ■ Jill è un'ereditiera diciassettenne innamorata di Guy, cantante promettente. I due si trovano insieme su una nave dove la ragazza subisce attentati alla propria vita da parte di sicari mandati dallo zio tutore. Jill compie finalmente diciotto anni, lo zio viene reso inoffensivo e la storia d'amore si conclude con il tradizionale lieto fine. ■ COMMEDIA; COL.; 90′; USA, 1967.

FERMI TUTTI: È UNA RAPINA ★
Regia di ENZO BATTAGLIA. Con ROSARIO BORELLI, KARIN FIELD, FRANCESCA NUZIO, FRED WILLIAMS, ROBERT WOOD. ■ Rubano

in un albergo romano gioielli per otto milioni di dollari, ma tutti gli autori del "colpo" (salvo il boss) vengono successivamente trovati ammazzati. Un investigatore deve ritrovare i preziosi. ■ POLIZIESCO; COL.; 91′; GERMANIA, ITALIA, 1978.

FERMO CON LE MANI! ★★
Regia di GERO ZAMBUTO. Con ERZSI PAAL, TOTÒ. ■ Un poveraccio accetta di fare il factotum in una sala di bellezza. Un giorno, vestito da donna, sostituisce una massaggiatrice. Nasce un putiferio che viene risolto in questura, dove il poveraccio apprende di essere l'erede di un immenso patrimonio. ■ COMICO; B/N; 73′; ITALIA, 1937.

FERMO POSTA PARADISO ★★
(El golfo que vió una estrella)
Regia di IGNACIO F. IQUINO. Con ISABEL DE CASTRO, PEPITO MORATALLA. ■ Due bambini bisognosi di tutto inviano una lettera al Signore, chiedendo aiuto. I soldi del francobollo vengono usati da un ragazzo per comprare delle sigarette. Ma gli impiegati della posta aprono la lettera e, commossi, fanno una colletta a favore dei due bambini. Il giorno dell'Epifania i due piccoli si vedono arrivare una busta piena di denaro. ■ COMMEDIA; B/N; 92′; SPAGNA, 1953.

FERMO POSTA TINTO BRASS ★★
Regia di TINTO BRASS. Con TINTO BRASS, LAURA GUALTIERI, CINZIA ROCCAFORTE. ■ Film a episodi, presentati da Brass, dove il regista appare nel ruolo di se stesso. Nove storie ispirate dalle confidenze e dalle fantasie erotiche che arrivano per posta a Brass in lettere e videocassette dal pubblico femminile e da aspiranti attrici. ■ EROTICO; COL.; 93′; ITALIA, 1995.

FERNANDEL AL TRAPEZIO VOLANTE *(L'acrobate)* ★★
Regia di JEAN BOYER. Con MARCEL CARPENTIER, FERNANDEL, JEAN TISSIER. ■ Ernesto lavora in un lussuoso locale. Deve fingersi smemorato per una serie di complicate circostanze. Un giornalista lancia una campagna: ci sarà un grosso premio per chi saprà dare un'identità a Ernesto, il quale si trova così coinvolto nelle più strane e pericolose avventure. ■ COMICO; B/N; 90′; FRANCIA, 1940.

FERNANDEL E LE DONNE ★★
(Uniformes et grandes manoeuvres)
Regia di RENÉ LE HÉNAFF. Con PAULETTE DUBOST, FERNANDEL. ■ Andrea intende imbrogliare la sua ricca zia. La va a trovare con un amico e a una ragazza, spacciando i due come conte e relativa sorella. La zia pensa a un bel matrimonio per il nipote e cerca di favorire l'idillio. Ma c'è di mezzo una precedente fidanzata. La verità salta fuori e le conseguenze, per Andrea e il suo amico, sono disastrose. ■ COMMEDIA; B/N; 72′; FRANCIA, 1950.

FERNANDEL SCOPA E PENNEL *(Cocagne)* ★★
Regia di MAURICE CLOCHE. Con MEMMO CAROTENUTO, DORA DOLL, FERNANDEL, ROBERTO RISSO. ■ Lo spazzino Marcantonio dipinge un quadro per caso. Il risultato è tanto positivo che l'uomo decide di tentare la via dell'arte. Abbandona famiglia e amici e si ritira a fare il *bohèmien* in solitudine. Ben presto si accorge di non avere il giusto temperamento: meglio la famiglia. ■ COMMEDIA; B/N; 96′; FRANCIA, ITALIA, 1959.

FERNGULLY – LE AVVENTURE DI ZAK E CRYSTA ★
(Ferngully)
Regia di BILL KROYER. ■ Crysta è un essere volante. Scopre il mondo degli umani e presta soccorso a Zak che lavora nei boschi. Insieme riusciranno a sconfiggere gli speculatori che vogliono creare squilibrio nell'ecosistema. Le buone intenzioni ecologiche si infrangono contro un'animazione che non è possibile pensare più "artificiale" di questa. ■ ANIMAZIONE; COL.; 80′; USA, 1992.

FEROCE GRIGIO, IL *(Un furieux)* ★★★
Regia di TOLOMUSH OKEEV. Con SJUJMENCUL CIOKMOROV, KAMBAR VALIEV. ■ Storia del bimbo Kurmash allevato da due zii insieme a un cucciolo di lupo. La vicenda, molto semplice, si svolge nell'impervia zona del Kazakistan. ■ DRAMMATICO; COL.; 90′; URSS, 1973.

FEROCE SALADINO, IL ★★
Regia di MARIO BONNARD. Con ROSINA ANSELMI, ANGELO MUSCO. ■ Un vecchio attore comico in povertà è costretto per vivere a fare il cameriere. Con lui lavora una ragazza piena di ambizioni teatrali. Una circostanza fortunata permette all'attore di portare in scena un lavoro comico, Il feroce Saladino, appunto. La ragazza vedrà realizzato il proprio sogno. ■ AVVENTURA; B/N; 94′; ITALIA, 1937.

FERRAGOSTO IN BIKINI ★★
Regia di MARINO GIROLAMI. Con WALTER CHIARI, VALERIA FABRIZI, ENNIO GIROLAMI, LAURETTA MASIERO, RAIMONDO VIANELLO. ■ Spiaggia di Fregene nel giorno di Ferragosto. Protagonisti sono un industriale indebitato fino al collo, un marito geloso, due giovani innamorati, un finto pastore protestante e la sua compagna, due ladri maldestri. ■ COMMEDIA; COL.; 88′; ITALIA, 1960.

FERRO E FUOCO *(The Patent Leather Kid)* ★★★
Regia di ALFRED SANTELL. Con RICHARD BARTHELMESS, MATTHEW BETZ, LAWFORD DAVIDSON, MOLLY O'DAY. ■ È la storia di un pugile di New York (Richard Barthelmess), che si chiama Patent Lather Kid che si trova, suo malgrado, a fare i conti con la guerra. Il suo paese è in guerra con la Germania, la fidanzata lo abbandona per intrattenere le truppe in Francia e infine, coscritto e inviato, al fronte vede morire il suo allenatore in un'azione bellica. Questa perdita sprona Kid a compiere atti di eroismo, ma viene gravemente ferito e rimane parzialmente paralizzato. Si ricongiune alla fidanzata, divenuta infermiera, e durante una toccante parata militare alza la mano paralizzata in segno di saluto verso i commilitoni. ■ DRAMMATICO; B/N; 150′; USA, 1927. ■ OSCAR 2 NOM.

FERRO E FUOCO IN NORMANDIA ★★
(Soldatensender Calais)
Regia di PAUL MAY. Con GERT FRÖBE, INGEBOR SCHÖNER, KLAUSJÜRGEN WUSSOW. ■ Il film si svolge a Parigi nel 1944. Gunter, tenente tedesco antinazista, simpatizza con la Resistenza francese. Aiutato dalla sua compagna Madeleine tiene in scacco il capo della Gestapo. Quando costui dà ordine che tutti i prigionieri politici vengano uccisi, Gunter con un'azione coraggiosissima li salva. A non salvarsi è invece Madeleine. ■ GUERRA; B/N; 92′; GERMANIA, 1960.

FERRO & SETA *(Iron and Silk)* ★★
Regia di SHIRLEY SUN. Con PAN QUINGFU, MARK SALAMAN, VIVIAN WU, ZHUANG GENYUAN, DONG HANGCHENG. ■ Dopo il successo del film di Yimou, ecco un altro prodotto cinese. Il regista e il cast provengono dagli Stati Uniti, cioè fanno parte delle comunità cinesi in America. Ci troviamo però davanti a un film dai contenuti assolutamente occidentali. Un scrittore americano scrive un romanzo sulla Cina che lo ha prima affascinato e poi deluso. Ma è colpa come al solito dell'amore. ■ DRAMMATICO; COL.; 91′; USA, 1991.

♥ FERRO 3 – LA CASA VUOTA *(Binjip)* ★★★★
Regia di KIM KI-DUK. Con HEE JAE, SEOUNG-YEON LEE. ■ Tae-Suk è un giovane che trascorre le sue giornate entrando nelle case lasciate vuote occasionalmente dai proprietari. Dorme sul divano, si fa la doccia, lava i panni, aggiusta gli oggetti che non funzionano, gioca a golf e si scatta fotografie da solo con la sua camera digitale. Tutto con una leggerezza quasi ultraterrena. Un giorno, entrando in una casa, si accorge che c'è una ragazza, Sunhwa, che ha dei segni di maltrattamenti sul viso. Sono i continui litigi con il marito. Tae-suk, la prende con sé, per vagare insieme nelle case degli altri, e condividere questo strano modo di vivere che trasforma, lentamente, la loro amicizia in amore. Un evento inaspettato li allontanerà, ma non per sempre. *Ferro 3* descrive la solitudine dei protagonisti, eliminando il dialogo, limitato alle grida fredde dei personaggi di contorno, e lasciando parlare i silenzi dei sinuosi movimenti di Tae-Suk. Sembra volare negli spazi. Il tocco del regista coreano ci ha regalato un altro film che rappresenta i sentimenti con fantasia e leggerezza. ■ DRAMMATICO; COL.; 90′; COREA DEL SUD, 2004. ■ VENEZIA 1 PR.

FERROVIERE, IL ★★★★
Regia di PIETRO GERMI. Con LUISA DELLA NOCE, PIETRO GERMI, CARLO GIUFFRÈ, SYLVA KOSCINA, SARO URZÌ. ■ Andrea fa il ferroviere ed è in crisi. Ha dei contrasti con i suoi familiari (due fi-

gli se ne vanno, la moglie è disperata, solo il più piccolo crede nel papà) e coi suoi compagni di lavoro. Un giorno lascia la famiglia, si dà al bere e alle donnacce. Poi si ammala, sta a letto tre mesi, ma il giorno di Natale tutti i suoi cari sono di nuovo intorno a lui. Sarebbe dunque il tempo di tornar sereni, ma Andrea muore improvvisamente. ■ DRAMMATICO; B/N; 120'; ITALIA, 1956.

FESSURA, LA *(Die Spalte)* ★★
Regia di GUSTAV EHMK. Con GERHILD BERKTOLD, AXEL SCHIESSELER. ■ Il film narra la triste storia di una ragazza che cade nella rete della prostituzione. Il suo protettore la vende ad un altro, lei fugge ma viene ripresa, si prende un'infezione, riesce finalmente a scappare e si trova in una comunità di hippies. Finisce davanti al giudice, che la condanna. ■ DRAMMATICO; B/N; 92'; GERMANIA, 1972.

FESTA D'AMORE *(State Fair)* ★★★
Regia di WALTER LANG. Con DANA ANDREWS, JEANNE CRAIN. ■ Una felice famigliola di contadini si reca a una grande festa. Il padre vuole che il suo maialetto vinca un concorso, la madre vuole la stessa cosa con le sue marmellate, i due figli vorrebbero incontrare l'amore. Seppur con qualche difficoltà, ciascuno viene esaudito. ■ COMMEDIA; COL.; 100'; USA, 1944. ■ OSCAR 1 PR, 2 NOM.

FESTA DI COMPLEANNO *(The Birthday Party)* ★★★
Regia di WILLIAM FRIEDKIN. Con PATRICK MAGEE, ROBERT SHAW, SYDNEY TAFLER. ■ Claustrofobica (e angosciosa, in senso buono e cattivo) versione del dramma di Pinter che ne ha curato l'adattamento. Un misterioso individuo riceve la visita di due loschi stranieri. Apparentemente vogliono festeggiare il suo compleanno. E invece è in programma una festa di morte (l'uomo aveva fatto uno sgarro alla mala). ■ DRAMMATICO; COL.; 127'; GRAN BRETAGNA, 1969.

FESTA DI LAUREA *(Goodbye my Fancy)* ★★
Regia di VINCENT SHERMAN. Con JOAN CRAWFORD, FRANK LOVEJOY, ROBERT YOUNG. ■ Una senatrice torna alla sua antica scuola. Non tanto per ricevere una laurea *honoris causa*, quanto per rivedere il suo antico amore, un affascinante professore. Ma la rimpatriata con l'uomo, invecchiato e un po' banale, è deludente. Meglio un altro corteggiatore, uno smagato fotoreporter. ■ COMMEDIA; B/N; 93'; USA, 1952.

FESTA DI LAUREA ★★★
Regia di PUPI AVATI. Con AURORE CLÉMENT, CARLO DELLE PIANE, NIK NOVECENTO. ■ Siamo negli anni Cinquanta e Vanni, pasticciere, viene chiamato dalla signora Gaia per restaurare la villa di campagna per la festa di laurea della figlia. Vanni accetta, anche se si rende conto della difficoltà dell'impresa, perché innamorato segretamente della signora da quando, dieci anni prima (precisamente il 10 giugno del 1940), lei lo baciò eccitata dalla notizia dell'entrata in guerra dell'Italia. Aiutato dal figlio e da due ragazzi, Vanni fa quello che può, ma la festa si rivela un fallimento. La realtà è difficile, la signora un'ingrata, ma a Vanni rimane la sua dignità. Commedia amara che non scade nel patetico, ma si limita a raccontare con misura e gusto. ■ COMMEDIA; COL.; 94'; ITALIA, 1985. ■ DAVID DI DONATELLO 1 PR, 1 NOM.

FESTA DI LUGLIO *(Fest of July)* ★★
Regia di CHRISTOPHER MENAUL. Con TOM BELL, BEN CHAPLIN, EMBETH DAVIDTZ. ■ Da un romanzo di Herbert Ernest Bates, scrittore "rosa" che ebbe buona fama in Inghilterra nella prima parte del secolo. Nella festa di luglio ci sono amori e tradimenti, cattiverie e piccoli eroismi. Inutile. ■ COMMEDIA; COL.; 95'; GRAN BRETAGNA, 1996.

FESTA DI MAGGIO *(Premier mai)* ★★★
Regia di LUIS SASLAVSKY. Con NICOLE BERGER, YVES MONTAND, YVES NOËL. ■ Il piccolo Francesco viene condotto dal padre alla partita; è un espediente per toglierlo di mezzo perché la madre sta per partorire in casa. Succede che il padre, senza documenti, venga condotto al commissariato. Francesco corre a casa per recuperare il portafogli del padre e vede sua madre che sta molto male e viene addirittura portata all'ospedale. Torna dal papà che viene lasciato libero. È stata per Francesco una giornata piena di esperienze vitali. ■ COMMEDIA; B/N; 87'; FRANCIA, ITALIA, 1958.

FESTA IN CASA MUPPET *(The Muppet Christmas)* ★★
Regia di BRIAN HENSON. Con MICHAEL CAINE, FRANK OZ. ■ Il cinema periodicamente rispolvera *Canto di Natale* di Dickens e la sua morale. Se potessimo vedere le conseguenze delle nostre azioni, forse ci comporteremmo diversamente. Brian, figlio di Jim Henson, prende l'eredità del padre e dirige questa avventura dei famosi Muppets, i pupazzi più famosi del mondo. Con uno Scrooge somigliante a Paperon De Paperoni, questa volta tocca a Michael Caine misurarsi col bieco personaggio. Costui, aiutato dai Muppets, comprende i propri errori alla vigilia di Natale. ■ COMMEDIA; COL.; 98'; USA, 1993.

FESTA IN FAMIGLIA *(Familien Anschluss)* ★★
Regia di CARL BOESE. Con KARIN HARDT, OLGA LIMBURG, HERMANN SPELLMANS. ■ È un lavoro senza pretese, prova generale del film che Boese girò l'anno successivo: *La famiglia Brambilla in vacanza*. ■ COMMEDIA; B/N; 91'; GERMANIA, 1941.

FESTA PERDUTA, LA ★★
Regia di PIER FRANCESCO MURGIA. Con FABRIZIO BENTIVOGLIO, CRISTINA DONADIO, REMO REMOTTI. ■ La sanguinosa parabola dell'eversione armata viene vista attraverso il travaglio ideologico e le sanguinose imprese di quattro ragazzi che, accomunati da un odio viscerale per la società borghese, vivono e muoiono da terroristi. Film crudo, che non riesce però ad analizzare con completezza un fenomeno di tale portata. ■ DRAMMATICO; COL.; 85'; ITALIA, 1981.

FESTA PER IL COMPLEANNO DEL CARO AMICO HAROLD *(The Boys in the Band)* ★★★
Regia di WILLIAM FRIEDKIN. Con FREDERICK COMBS, CLIFF GORMAN, LAURENCE LUCKINEILL, KENNETH NELSON. ■ Ad una festa di compleanno organizzata da un gruppo di amici omosessuali capita un "normale", la cui presenza provoca qualche crisi d'identità tra gli ospiti. ■ DRAMMATICO; COL.; 119'; USA, 1970.

FESTA SELVAGGIA *(La fête sauvage)* ★★★
Regia di FRÉDÉRIC ROSSIF. ■ Belve, uccelli, scimmie, elefanti, gazzelle, giraffe e altri animali sono stati filmati in tre continenti. ■ DOCUMENTARIO; COL.; 98'; FRANCIA, 1975.

FESTEN ★★
Regia di THOMAS VINTERBERG. Con THOMAS BO LARSEN, HENNING MORITZEN, PAPRIKA STEEN, ULRICH THOMSEN. ■ Una ricca famiglia danese festeggia il sessantesimo compleanno del patriarca. Arrivano tutti, figli e amici, partecipa persino la servitù. Tutto è bello, perfetto, educato. I ricordi scorrono. Finché qualcuno fa un brindisi che evoca qualche piccolo scheletro nell'armadio del festeggiato. È l'inizio del disastro, tutto ciò che sembrava buono e perfetto è in realtà ambiguo e cattivo. Il tutto girato con macchina a mano esasperata, alla von Trier. ■ DRAMMATICO; COL.; 106'; DANIMARCA, 1998. ■ CANNES 1 PR; GOLDEN GLOBES 1 NOM.

FESTIVAL ★★
Regia di MURRAY LERNER. Con JOAN BAEZ, HORTON BARKER, FIDDLER BEERS, MIKE BLOOMFIELD, JOHNNY CASH, MARTIN DONOVAN, BOB DYLAN. ■ Reportage di un festival che i cantanti più famosi e più amati dai giovani tennero nel 1966 a Newport. ■ DOCUMENTARIO; B/N; 92'; USA, 1967.

FESTIVAL ★★★
Regia di PUPI AVATI. Con MASSIMO BOLDI, GIANNI CAVINA, IRENE GRAZIOLI, LAURA MORANTE. ■ Festival di Venezia: Franco (Boldi), comico che non ha più successo, ha interpretato un film drammatico che per strani meccanismi ha la fortuna di partecipare alla Mostra. Il film passa inosservato, ma Franco ottiene un bel successo personale, tanto da concorrere al premio quale migliore attore. Anzi, sembra proprio che vincerà. Tutto intorno c'è l'ambiente: gli accordi, i compromessi, le gelosie, il sottobosco. Per l'attore si prospetta un grande rilancio. Alla fine la doccia fredda: Franco non vince, il sogno è svanito, tutto torna come prima. Forse i premi del cinema sono proprio così: malinconici, "lontani" dal cinema. Avati racconta davvero bene e Boldi è molto bravo e si riscatta, provvisoriamente, dai ruoli alla Vanzina. Film vero e sottovalutato, un po' vecchia maniera, ed è un complimento. Profilo decisamente più alto del cinema medio italiano. ■ DRAMMATICO; COL.; 93'; ITALIA, 1996.

FETENTONI, I ★
Regia di ALESSANDRO DI ROBILANT. Con ANNA AMMIRATI, BEPPE FIORELLO, ORESTE LIONELLO, ALDO MACCIONE. ■ Alessandro è un autentico amante del cinema, ma il suo amore non è ricambiato. Con questo film si misura con la satira della corruzione in una cittadina del sud. Che un titolo del genere abbia ottenuto crediti ministeriali ha sorpreso ancora prima della realizzazione. Le riserve sono confermate dal modestissimo risultato. ■ COMMEDIA; COL.; 105′; ITALIA, 1999.

FEUDALISMO MESSICANO – MACLOVIA ★★
(Maclovia)
Regia di EMILIO FERNANDEZ. Con PEDRO ARMENDARIZ, COLUMBA DOMINGUEZ, MARIA FELIX. ■ Maclovia è la bella figlia di un capo villaggio messicano. Di lei sono innamorati José, povero pescatore, e il sergente di un distaccamento militare. Maclovia preferisce José e questo scatena l'ira del militare, che con un pretesto, fa arrestare il rivale. Il gesto provoca la ribellione degli abitanti del villaggio. ■ DRAMMATICO; B/N; 91′; MESSICO, 1948.

FEVER – ULTIMO DESIDERIO: UCCIDI! *(Fever)* ★★
Regia di LARRY ELIKANN. Con ARMAND ASSANTE, MARCIA GAY HARDEN, SAM NEILL. ■ Appena uscito dal carcere, decide di rifarsi una vita con la sua ex. Lei però lavora in uno studio legale come segretaria: ben presto affiora tra i due protagonisti, così diversi, una forte rivalità che sfocerà nel rapimento di lei. Film televisivo con un passabile approccio psicologico dei due maschi (l'avvocato è Sam Neill, *Lezioni di piano* e *Jurassic Park*), mentre la donna è la classica "preda". ■ DRAMMATICO; COL.; 99′; USA, 1991.

FEW WORDS ★★
Regia di MATT PAIN. Con CANDIDE THOVEX. ■ È la storia di Candide Thovex, pioniere dello sci moderno, che ha portato questo sport a un livello superiore. Tre volte vincitore agli X-Games, campione del mondo di freeride e leggenda del freeski, Thovex compie un viaggio alla scoperta di paesaggi montani remoti e spettacolari, che fanno da sfondo a sensazionali sequenze sulla neve. ■ SPORTIVO; COL.; NUOVA ZELANDA, 2012.

F.F.S.S. CIOÈ... CHE MI HAI PORTATO A FARE SOPRA A POSILLIPO SE NON MI VUOI PIÙ BENE? ★★
Regia di RENZO ARBORE. Con RENZO ARBORE, LUCIANO DE CRESCENZO, PIETRA MONTECORVINO. ■ Basandosi su una presunta sceneggiatura di Fellini caduta dalla finestra, Arbore racconta la sud story di un'irsuta ragazza partenopea, guardiana di gabinetti, che approda tra le nebbie del nord per fare la cantante, e di cui diventa becero manager. Il pretesto per una parodia dei luoghi comuni italiani, condita da eccessive volgarità. ■ COMMEDIA; COL.; 98′; ITALIA, 1983.

FIABE METROPOLITANE ★★
Regia di EGIDIO ERONICO. Con GIOVANNI ALBANESE, GIGIO ALBERTI, PAOLO GRAZIOSI, ANTONELLA PONZIANI, MARIELLA VALENTINI. ■ A Roma, legati dalle chiacchiere di un conduttore radiofonico, cinque episodi. Un marito che vende la moglie; una prostituta slava che viene aiutata da un soccorritore esperto; un uomo che cerca l'anonimato; una donna che sceglie all'ultimo momento l'amante e due amici che militano su fronti mafiosi opposti. ■ COMMEDIA; COL.; 105′; ITALIA, 1997.

FIABESCHI TORNA A CASA ★★
Regia di MAX MAZZOTTA. Con NINETTO DAVOLI, MAX MAZZOTTA, RITA MONTES, LUNETTA SAVINO, DIEGO VERDEGIGLIO. ■ Enrico Fiabeschi è il personaggio inventato da Andrea Pazienza e apparso in *Paz!*, per la regia di Renato De Maria. Il suo interprete in quel film, Max Mazzotta, riprende il ruolo in una sorta di *spin-off* che vede Fiabeschi, eterno studente fuori corso collocato da Pazienza nella Bologna di fine anni Settanta, catapultato ai giorni nostri, quarantenne disoccupato e abbandonato dalla storica fidanzata Anna. Enrico decide di tornare nella nativa Calabria, a Cuculicchio. Nel tentativo di trovare il proprio posto nel mondo, incontrerà Sara, una barista muta ma non sorda (soprattutto alle sue lusinghe), ritroverà due amici sballati con cui intraprendere un'attività di trasporti, e un giocatore di bocce, Carmelo, che pare John Turturro ne *Il grande Lebowski*. Proprio dalla citazione del film dei Coen si desume l'intento di *Fiabeschi torna a casa*: raccontare un disadattato come un irresistibile antieroe. ■ COMMEDIA; COL.; 90′; ITALIA, 2012.

FIACRE N. 13, IL ★★★
Regia di MARIO MATTOLI. Con LEONARDO CORTESE, MARCEL HERRAND, GINETTE LECLERC, HENRY NASSIET. ■ Dal romanzo d'appendice di Xavier de Montépin. Il film si svolge verso la fine dell'Ottocento. Il figlio diseredato di una nobildonna compie una strage per impossessarsi dell'eredità e riesce a far condannare uno zio innocente. Vent'anni dopo un giovane, figlio illegittimo del fratello dell'assassino, trova gli incartamenti del processo e fa arrestare il vero colpevole. ■ GIALLO; B/N; 186′; ITALIA, 1948.

FIAMMA, LA *(The Flame)* ★★★
Regia di JOHN H. AUER. Con JOHN CARROLL, VERA RALSTON, HENRY TRAVERS, BRODERICK CRAWFORD. ■ Due fratelli: uno di salute cagionevole ma ricco, l'altro in perfetta salute ma sempre senza il becco di un quattrino. È fatale che George, quello pieno di debiti, mediti di liberarsi di Barry, quello malato, per impadronirsi totalmente dei suoi soldi. Gli mette vicino Carlotta, un'infermiera. Barry capovolge la situazione, perché la sua dolcezza e la sua nobiltà d'animo fanno innamorare davvero la ragazza. George deve affrontare i creditori. ■ DRAMMATICO; B/N; 97′; USA, 1947.

FIAMMA CHE NON SI SPEGNE, LA ★★
Regia di VITTORIO COTTAFAVI. Con GINO CERVI, LEONARDO CORTESE, MARIA DENIS. ■ Maria ha perso il marito carabiniere durante la prima guerra mondiale e le è rimasto soltanto un figlio, Luigi, che cresce nel mito del padre. Quando scoppia il secondo conflitto anche Luigi subisce la sorte del padre: per salvare i compaesani si assume la responsabilità di un attentato e viene fucilato. ■ DRAMMATICO; B/N; 104′; ITALIA, 1949.

FIAMMA D'AMORE *(The Skin Game)* ★★
Regia di ALFRED HITCHCOCK. Con JILL ESMOND, EDMUND GWENN, HELEN HAYES. ■ Dal romanzo di John Galsworthy. Un film giovanile di Hitchcock, che il mago del brivido fece solo per ragioni alimentari. Racconta la rivalità fra due proprietari terrieri inglesi. Il grande caratterista Edmund Gwenn è uno dei rivali (un ruolo che aveva ricoperto anche in una precedente versione muta). ■ DRAMMATICO; B/N; 85′; GRAN BRETAGNA, USA, 1931.

FIAMMA DELL'OVEST, LA *(Frontier Gal)* ★★
Regia di CHARLES LAMONT. Con ROD CAMERON, YVONNE DE CARLO. ■ Il pistolero Johnny ha avuto una figlia da Lorena, stella di un locale del selvaggio West. Quando torna dalla prigione dove è rimasto per anni, rapisce la bambina per sottrarla ad un ambiente che giudica inadatto a lei. Ma la bambina gli viene portata via da un losco individuo, da tempo innamorato di Lorena. Nella ricerca della figlioletta Johnny e Lorena imparano a conoscersi e ad amarsi. ■ AVVENTURA; COL.; 84′; USA, 1945.

FIAMMA DEL PECCATO, LA *(Double Indemnity)* ★★★★
Regia di BILLY WILDER. Con FRED MACMURRAY, BARBARA STANWYCK, EDWARD G. ROBINSON. ■ Un giovane assicuratore si innamora della moglie di uno dei suoi clienti. La donna lo induce ad uccidere il marito per impossessarsi del denaro della polizza di assicurazione. Gli investigatori della società compiono accurate indagini e i due amanti, messi alle strette, si accusano reciprocamente. ■ POLIZIESCO; B/N; 106′; USA, 1944. ■ OSCAR 7 NOM.

FIAMMA E LA CARNE, LA *(The Flame and the Flesh)* ★★
Regia di RICHARD BROOKS. Con ANNA MARIA PIERANGELI, LANA TURNER. ■ Maddalena, ragazza frivola e disinibita, si incapriccia di Nino, onesto giovanotto promesso alla brava e seria Lisa. Nino risponde alla passione di Maddalena e i due amanti fuggono. Maddalena si accorge ben presto che il capriccio è diventato vero amore e si sacrifica per la felicità del giovane. ■ DRAMMATICO; COL.; 104′; USA, 1954.

FIAMMA NEL MIO CUORE, UNA ★★
(Une flamme dans mon coeur)
Regia di ALAIN TANNER. Con AZIZ KABOUCHE, MYRIAM MÉZIÈRES, BENOIT REGENT. ■ Un film molto particolare e intenso del regista svizzero. Basato sulla vera vita dell'attrice che ne è anche interprete. Attraverso un bianco e nero molto sporco e molti primi piani. ■ DRAMMATICO; COL.; 100′; FRANCIA, SVIZZERA, 1987.

FIAMMA OCCULTA, LA *(Wedding Rings)* ★★
Regia di William Beaudine. Con Olive Borden, Henry Byron Warner, Lois Wilson. ■ Due sorelle di opposti temperamenti. La meno scrupolosa ruba l'uomo all'altra, una pacioccona che nulla sospettava degli intrighi orditi dall'altra. Dal romanzo *Il cigno scuro* di Ernest Pascal. ■ Drammatico; b/n; 91'; USA, 1939.

FIAMMA SUL GHIACCIO, LA ★★
Regia di Umberto Marino. Con Lucia Antonia, Raoul Bova, Paolo Calabresi, Stefano Corsi, Donatella Finocchiaro, Max Giusti, Simona Nasi, Francesca Vettori. ■ Fabrizio e Caterina vivono ai margini della società, lui matematico affetto da gravi turbe psichiche che gli impediscono di relazionarsi col prossimo, lei vittima disadattata di attacchi di schizofrenia, finita sulla strada a mendicare dopo un'infanzia traumatica. Un incontro fortuito tra i due farà scoccare la scintilla nel cuore di Caterina, che si getterà con tutte le proprie forze in una disperata rincorsa verso tutto ciò che le rimane: un amore apparentemente impossibile. Nell'afoso panorama del cinema italiano attuale, la regia di Marino, che ricama con brio su un soggetto azzardato, è quasi una boccata d'aria fresca. ■ Drammatico; col.; 102'; Italia, 2005.

FIAMMATA, LA ★★★
Regia di Alessandro Blasetti. Con Elisa Cegani, Amedeo Nazzari, Carlo Ninchi, Eleonora Rossi Drago. ■ In un castello della Francia ottocentesca, mentre la guerra contro i prussiani è imminente, si intrecciano amori e intrighi spionistici. Monica, moglie di un colonnello sospettato di omicidio, riesce a salvare il marito. Il ministro della guerra, che aveva sperato di sfruttare la situazione per corteggiarla, riparte con le pive nel sacco. ■ Drammatico; b/n; 100'; Italia, 1953.

FIAMME *(Langok)* ★★
Regia di Laszlo Kalmar. Con Pál Jávor, Ferenc Kiss, Maria Mezy. ■ Per salvare il matrimonio del padre messo in pericolo dal tradimento della seconda moglie, una ragazza si autoaccusa di essere l'amante di un pianista, che in realtà aveva una relazione con la matrigna. Le cose tornano alla normalità, ma la ragazza si è innamorata davvero del giovane pianista. ■ Drammatico; b/n; 92'; Ungheria, 1941.

FIAMME A CALCUTTA *(Flame of Calcutta)* ★★
Regia di Seymour M. Friedman. Con Denise Darcel, Patric Knowles. ■ Nell'India settecentesca, una bella ragazza francese combatte l'usurpatore del trono di un sultanato. Durante le sue azioni si maschera con uno strano vestito rosso e il suo nome di battaglia è Fiamma. La bella Zorro in gonnella finisce nei guai, ma un ufficiale innamoratissimo la salva. Fiamma finirà tra le braccia del bel capitano. ■ Avventura; col.; 70'; USA, 1953.

FIAMME ALLA COSTA DEI BARBARI – FIAMME A SAN FRANCISCO *(Flame of Barbary Coast)* ★★★
Regia di Joseph Kane. Con Ann Dvorak, Joseph Schildkraut, John Wayne. ■ San Francisco, primi anni del secolo. Dopo avere vinto una forte somma in una sala da gioco con l'aiuto di un baro, un allevatore del West apre un locale per proprio conto, ma il terremoto distrugge l'intera città. ■ Avventura; b/n; 91'; USA, 1945. ■ Oscar 2 nom.

FIAMME ALLA FRONTIERA *(Grenzfeuer)* ★★
Regia di Alois Johannes Lippl. Con Attila Hörbiger, Gerda Maurus. ■ Per combattere il contrabbando un ispettore di dogana viene mandato in missione in un paesino di confine. Una donna, che ha perso il marito proprio in uno scontro a fuoco con le guardie, organizza un attentato contro di lui ma all'ultimo momento gli salva la vita. ■ Drammatico; b/n; 90'; Germania, 1939.

FIAMME DEL DESTINO *(The Root of All Evil)* ★★
Regia di Brock Williams. Con Phyllis Calvert, Michael Rennie. ■ Dopo il rovescio finanziario della famiglia, Jackie viene abbandonata dal fidanzato e pensa solo a vendicarsi di lui. Si mette nel commercio e riesce a rovinare il padre dell'ex, che si suicida. Associata ad un uomo che le propone lo sfruttamento di terreni petroliferi, Jackie pensa di aver trovato il grande amore, ma una nuova delusione l'attende. ■ Drammatico; b/n; 110'; Gran Bretagna, 1947.

FIAMME DEL PARADISO, LE ★★★
Regia di Luciano Emmer. ■ In un tempo imprecisato tra Seicento e Settecento, sullo sfondo della natura immutabile della Val di Non, i popolani dei borghi montani si affidano alle cure della Zappina, una giovane contadina che vive con la sua capra e conosce le erbe medicinali e le risorse del bosco. Per il latte della sua capra, per i decotti che guariscono dal mal di pancia, per i consigli che dispensa, non vuole niente in cambio, magari solo il dono di un frutto. Donna libera e generosa, le ci vuol poco per finire vittima della cattiveria dei paesani, pronti a scaricare su di lei la colpa delle malattie e delle disgrazie che capitano loro. Quando bussano alla sua porta due gendarmi con le armi, a nulla vale l'amore di Silvanel, il cacciatore, o il grido disperato di un'amica; per la Zappina si apre il processo per «acclarata stregoneria». Per la prima volta alle prese con una storia ambientata secoli fa, Emmer inscena il passato per accusare il presente; non è il commercio con il diavolo che ha ucciso la Zappina ma l'invidia della gente, che ieri come oggi soffoca la libertà delle persone e delle donne in particolare. Girato in digitale e recitato nell'antica parlata della Val di Non da un cast di attori non professionisti (eccezionale la protagonista, Roberta Fattor), il film combina un'impostazione teatrale con un'acuta attenzione pittorica. ■ Drammatico; col.; 95'; Italia, 2006.

FIAMME DI GADDA. A SPASSO CON L'INGEGNERE ★★
Regia di Mario Sesti. Con Maurizio Barletta, Pino Calabrese, Fabrizio Gifuni, Paola Italia, Sergio Rubini. ■ *Fiamme di Gadda* è un film documentario sul mistero umano e artistico di uno dei più grandi scrittori italiani del Novecento, Carlo Emilio Gadda, attraverso una prolificazione di voci tra ricostruzioni d'autore, letture originali e testimonianze. Il critico cinematografico Mario Sesti si mette sulle tracce di Gadda in quel percorso domenicale che lo scrittore abitualmente faceva tra le vie del quartiere Prati in Roma, piazza Cavour e piazza Mazzini. Un testimone d'eccezione, Maurizio Barletta, allora bambino e poi adolescente, e poi Sergio Rubini, che dà voce a un testo originale scritto da Sesti sulle peripezie di Gadda. Altre voci concorrono ad arricchire il ritratto dell'autore, come quella concreta e spessa di Fabrizio Gifuni. ■ Biografico; col.; 72'; Italia, 2012.

FIAMME DI PASSIONE *(Bank Holiday)* ★★
Regia di Carol Reed. Con Margaret Lockwood, John Lodge, Hugh Williams, Merle Tottenham. ■ Una donna dà alla luce un bambino e muore durante il parto. Il dolore del marito turba l'infermiera che ha assistito al difficile parto e che teme un gesto inconsulto da parte dell'uomo dispearo. Lo raggiunge proprio mentre l'infelice sta per togliersi la vita. ■ Drammatico; b/n; 86'; Gran Bretagna, 1938.

FIAMME IN ORIENTE *(Les pirates du rail)* ★★
Regia di Christian-Jaque. Con Suzy Prim, Charles Vanel. ■ Contro i pirati che infestano le coste combatte un intrepido eroe senza macchia. ■ Avventura; b/n; 82'; Francia, 1937.

FIAMME NELLA JUNGLA *(Swamp Fire)* ★★
Regia di William H. Pine. Con Buster Crabbe, Virginia Grey, Johnny Weissmuller. ■ Durante un difficile viaggio sul Mississippi, Johnny perde il controllo della propria imbarcazione che finisce contro un'altra. Nell'incidente muore il padre della sua fidanzata e, in seguito alla tragedia, Johnny si ubriaca. La ragazza lo abbandona, un rivale provoca un incendio per liberarsi di lui e Johnny lotta tra le fiamme con l'uomo che vuole ucciderlo. Sarà la fidanzata a salvarlo. ■ Drammatico; b/n; 69'; USA, 1946.

FIAMME NEL TEXAS – LA STELLA DI MIDDLETON *(Trouble in Texas)* ★★
Regia di Robert North Bradbury. Con Rita Cansino, Tex Ritter. ■ Tutti i vincitori di tornei organizzati da una coppia di avventurieri muoiono in circostanze misteriose. Le indagini vengono affidate ad una agente che si serve dell'aiuto di un giovanotto che ha perso un fratello proprio in quel modo. I due sono abilissimi, smascherano la criminale organizzazione e impediscono un nuovo delitto. Protagonista del film è la giovanissima

Rita Hayworth, che ancora si chiamava Cansino. ■ WESTERN; B/N; 74′; USA, 1937.

FIAMME SUL FAR WEST *(Flame on the West)* ★★
Regia di LAMBERT HILLYER. Con RAYMOND HATTON, JOHNNY MACK BROWN, JOAN WOODBURY. ■ Un intero paese del West è controllato da una banda di fuorilegge. Per porre fine alla situazione viene nominato sceriffo un abile pistolero che trova un sincero alleato nel medico del luogo. Quando il neo sceriffo viene ferito a morte dai banditi è il medico che li combatte fino alla vittoria. ■ WESTERN; B/N; 75′; USA, 1985.

FIAMME SULLA GRANDE FORESTA ★★★
(Spoiler of the Forest)
Regia di JOSEPH KANE. Con ROD CAMERON, RAY COLLINS, VERA RALSTON. ■ Per poter mettere le mani su una immensa foresta e sfruttarla, senza curarsi del rischio di disboscamento, Warren convince un suo collaboratore a corteggiare Joan, proprietaria dei terreni. Il giovanotto si innamora veramente della ragazza e la mette sull'avviso: per quanto Warren tenti in ogni modo di separarli, i due gli tengono testa egregiamente. ■ DRAMMATICO; COL.; 67′; USA, 1957.

FIAMME SULLA LAGUNA – VENEZIA, RIO DELL'ANGELO ★★
Regia di GIUSEPPE MARIA SCOTESE. Con LEONARDO CORTESE, LAURO GAZZOLO, LEA PADOVANI. ■ Nasce l'amore tra l'orfana di un marinaio e il figlio di un ammiraglio. L'ammiraglio dichiara la sua disapprovazione e la ragazza si suicida. Il giovane muore con lei. ■ DRAMMATICO; B/N; 92′; ITALIA, 1949.

FIAMME SULLA SIERRA *(Thunder Mountain)* ★★
Regia di LEW LANDERS. Con TIM HOLT, MARTHA HYER, RICHARD MARTIN. ■ Tra i due litiganti il terzo gode: mentre due famiglie lottano tra loro per vecchi rancori, alcuni speculatori tentano di impadronirsi dei loro terreni. Le famiglie seguono allora la ragione e, messi da parte i dissapori, si uniscono. ■ AVVENTURA; B/N; 66′; USA, 1947.

FIAMME SUL MARE ★★
Regia di MICHAL WASZYNSKI. Con SILVANA JACHINO, EVI MALTAGLIATI, CARLO NINCHI. ■ Un armatore di pochi scrupoli stipula una polizza assicurativa su una nave che intende far colare a picco. Sua figlia, che ama il comandante, tenta di avvertirlo, ma finisce tra le fiamme. ■ DRAMMATICO; B/N; 92′; ITALIA, 1947.

FIAMME SUL MAROCCO *(Trouble in Morocco)* ★★
Regia di ERNEST BEAUMONT SCHOEDSACK. Con MAE CLARKE, JACK HOLT. ■ Arrivato in Marocco per indagare su una banda di trafficanti d'armi, un giornalista americano si ritrova arruolato nella Legione Straniera. Proprio lì scopre le fila dell'organizzazione. ■ AVVENTURA; B/N; 62′; USA, 1937.

FIAMME SUL MESSICO *(The Lone Rider in Texas)* ★
Regia di SAM NEWFIELD. Con GEORGE HOUSTON, DENNIS SMOKY MOORE, AL FUZZY ST JOHN. ■ Tra la banda di "El Tigre" e il giustiziere chiamato "Fulmine rosso" c'è una lotta senza tregua. "Fulmine rosso", dopo aver arruolato una squadra di coraggiosi, riesce ad avere la meglio. ■ AVVENTURA; B/N; 60′; USA, 1942.

FIAMME SUL VIETNAM *(Flames over Vietnam)* ★★
Regia di JOSÉ MARIA ELORRIETA. Con ELENA BARRIOS, MARIA MARTIN, JOSÉ NIETO. ■ Un trafficante di armi ferito viene soccorso da alcuni religiosi in un convento nel Vietnam. Guarito, l'uomo ha subito modo di ricambiare aiutando una giovane suora a fuggire insieme ai bambini. ■ DRAMMATICO; B/N; 92′; FRANCIA, 1968.

FIAMME SU VARSAVIA *(Ulica graniczna)* ★★★★
Regia di ALEXANDER FORD. Con MAJA BRONIEWSKA, WLADISLAW GODIK, JERZY LESZCZYNSKI. ■ Varsavia viene sconvolta dall'invasione delle truppe del terzo Reich. Un gruppo di ragazzi, tra i quali due ebrei, reagiscono decisamente alle persecuzioni antisemite e, dopo la distruzione del ghetto, salvano la vita ai loro amici. Mentre tutti se ne vanno uno di loro, David, decide di rimanere a combattere. ■ GUERRA; B/N; 90′; POLONIA, 1948.

FIAMMIFERAIA, LA *(Tulitikkutehtaan Tytto)* ★★★
Regia di AKI KAURISMÄKI. Con ESKO NIKKARI, KATI OUTINEN, ELINA SALO. ■ Esordio di Aki Kaurismäki, regista che si definiva autodidatta e dotato di un eclettismo particolarmente efficace. A proposito di questo lungometraggio ha affermato che voleva trasmettere la desolazione della vita della protagonista attraverso il ritmo lento, al limite della noia. Diciamo che è sicuramente riuscito a trasmetterci l'angoscia di Iris, giovane operaia in una fabbrica di fiammiferi. Non riuscendo a trovare affetto né dai genitori né dal primo amore decide che la vendetta è meglio del suicidio e così sistematicamente avvelena le "cause" della sua infelicità. Un applauso a Kati Outinen che sa essere tanto eterea e consumata dal dolore da renderci ancora più partecipi. ■ DRAMMATICO; COL.; 70′; FINLANDIA, SVEZIA, 1989.

FIAT VOLUNTAS DEI ★★
Regia di AMLETO PALERMI. Con MARIA DENIS, SARAH FERRATI, ANGELO MUSCO. ■ Il parroco di un piccolo paese svolge il suo compito con grande passione. E i parrocchiani manifestano concretamente la loro gratitudine. ■ COMMEDIA; B/N; 77′; ITALIA, 1935.

FICCANASO, IL ★★
Regia di BRUNO CORBUCCI. Con PINO CARUSO, EDWIGE FENECH, PIPPO FRANCO. ■ L'autista di un'industria di abbigliamento è innamorato senza speranza (almeno così crede lui) di una bellona. In realtà, la ragazza lo ricambia perché crede che lui sia dotato di poteri paranormali. Il giovanotto poteri non ne ha, però gli compare ogni tanto davanti un sedicente Angelo Custode che gli predice un mucchio di cose che si avverano. Visto che la maggior parte delle anticipazioni sono omicidi, un commissario di P.S. sospetta che l'assassino sia proprio l'autista. ■ COMICO; COL.; 99′; ITALIA, 1981.

FICHISSIMI, I ★★
Regia di CARLO VANZINA. Con DIEGO ABATANTUONO, JERRY CALÀ, SIMONA MARIANI, UGO BOLOGNA. ■ L'accoppiata comica Calà-Abatantuono, diretta dallo "specialista" Carlo Vanzina su soggetto del fratello Enrico, strappa più di una risata in questa rivisitazione in chiave metropolitana della vicenda di Giulietta e Romeo (Mariani e Calà), appartenenti a bande rivali e perciò ostacolati in ogni modo dal gelosissimo "terrunciello" Abatantuono. Film di buona fattura, divertente, ma vittima di un inevitabile e curioso invecchiamento precoce. ■ COMMEDIA; COL.; 90′; ITALIA, 1981.

FICO D'INDIA ★★
Regia di STENO. Con GLORIA GUIDA, ALDO MACCIONE, RENATO POZZETTO. ■ In una cittadina di provincia un donnaiolo, approfittando dell'assenza del sindaco, cerca di sedurne la moglie. Però si prende un infarto prima di concludere. Il sindaco, accorso, lo fa curare in gran segretezza, per timore che si spargano voci sulla (presunta) infedeltà della consorte. Le voci comunque circolano, il playboy (che è diventato amico dei coniugi) le mette a tacere minacciando di raccontare la verità sulle (autentiche) infedeltà delle consorti dei pettegoli. ■ COMMEDIA; COL.; 98′; ITALIA, 1980.

FIDANZAMENTO, IL ★★
Regia di GIANNI GRIMALDI. Con MARTINE BROCHARD, LANDO BUZZANCA, DIDI PEREGO. ■ La madre di Mirella fa il possibile per costringere Luigi a sposare la propria figlia, ma il giovanotto non vuole rinunciare al proprio ruolo di fidanzato. ■ COMMEDIA; COL.; 93′; ITALIA, 1975.

FIDANZATA DI MIO MARITO, LA *(My Wife)* ★★
Regia di JOHN M. STAHL. Con MELVIN DOUGLAS, ELLEN DREW, RUTH HUSSEY. ■ Un musicista squattrinato viene piantato dalla moglie, ma quando diventa ricco e famoso costei ricompare. Intanto lui si è innamorato di un'altra, perciò la donna escogita un inganno per continuare a tenerlo legato. Ma l'amore, si sa, vince ogni ostacolo e la moglie deve cedere. ■ COMMEDIA; B/N; 85′; USA, 1941.

FIDANZATA DI PAPÀ, LA ★
Regia di ENRICO OLDOINI. Con MASSIMO BOLDI, NATALIA BUSH, ELISABETTA CANALIS, ENZO SALVI, SIMONA VENTURA. ■ Barbara e Matteo sono italiani innamorati a Miami, dove gestiscono un ristorante e aspettano un bambino. Alla vigilia del lieto evento piombano nelle loro vite i rispettivi e ingombranti genitori, Massimo e Angela. I preparativi fervono quando Barbara è colta

da doglie e condotta in ospedale per dare alla luce il suo bambino nero. Matteo convinto del tradimento di Barbara, scappa con una ex fiamma. Ci penserà mamma Angela a svelare l'arcano e la sua one night stand con Mr. Obama. Coppia ricomposta, nozze celebrate, figli maschi e neri. *La fidanzata di papà* è un oggetto perfetto per indagare l'attuale assetto mediale italiano. Il tutto introdotto da una battuta di Boldi, esemplare, a Cortina: «io ce l'ho cortino da un pezzo». ■ COMMEDIA; COL.; ITALIA, 2008.

FIDANZATA DI STALIN, LA ★★
(Sztalin Menyasszonya – Paranya)
Regia di PÉTER BACSÓ. Con JULI BASTI, GYÖRGY CSERHALMI, NINA PETRI. ■ Regista altrove encomiabile e qui un po' in calo, Bacsó ha ricostruito l'atmosfera che regnava in Russia negli anni Trenta: lo stalinismo e le sue brutture. La fidanzata è una matta che crede di essere la ragazza di Stalin. Presentato alla Mostra di Venezia nel 1991, ha avuto risultati tiepidi di critica e totalmente freddi di pubblico. ■ STORICO; COL.; 91'; GERMANIA, UNGHERIA, 1991.

FIDANZATA DI TUTTI, LA *(Pin-Up Girl)* ★★★
Regia di BRUCE H. HUMBERSTONE. Con JOE E. BROWN, BETTY GRABLE. ■ Una semplice dattilografa si finge, per una serata, una grande cantante. Quando l'uomo del quale si innamora le dichiara di essere disperatamente attratto da quella misteriosa *showgirl*, la ragazza per farsi riconoscere ripete il suo numero in un night. Qualche problema di gelosia da parte dell'autentica stella del locale, ma il lieto fine è assicurato. ■ COMMEDIA; COL.; 83'; USA, 1944.

FIDANZATA IDEALE, LA *(Relative Values)* ★★
Regia di EDDIE STYLES. Con JULIE ANDREWS, EDWARD ATTERTON, WILLIAM BALDWIN, COLIN FIRTH. ■ Un uomo fa ritorno a casa con la sua promessa sposa, un'attrice. Si scoprirà di lì a poco che è la sorella della cameriera di famiglia. Tratto da uno dei testi teatrali meno vivaci di Noel Coward, questo *Relative Values* risulta estremamente datato. Lo si poteva forse proporre negli Anni Sessanta, ma il piglio degli attori sarebbe stato diverso. Baldwin non contribuisce certo a vivacizzare il proprio personaggio e la Andrews è troppo impegnata a rifare se stessa. Quando, verso la fine, uno dei personaggi afferma: «In definitiva, non è successo granché», lo spettatore non può che confermare. ■ COMMEDIA; COL.; 87'; USA, 2000.

FIDANZATA PER PAPÀ, UNA ★★★
(The Courtship of Eddie's Father)
Regia di VINCENTE MINNELLI. Con GLENN FORD, SHIRLEY JONES, DINA MERRILL, ROBERTA SHERWOOD, STELLA STEVENS. ■ Rimasto vedovo con un figlio ancora piccolo, Tom si fidanza con una giovane donna molto affascinante. Ma per ogni problema pratico Tom si rivolge a Elisabeth, una vicina di casa che è innamorata di lui. Il bambino, con l'innata saggezza infantile, decide che la moglie ideale per Tom è proprio Elisabeth. ■ COMMEDIA; COL.; 117'; USA, 1963.

FIDANZATI, I ★★★
Regia di ERMANNO OLMI. Con CARLO CABRINI, ANNA CANZI. ■ Un settentrionale per motivi di lavoro si trasferisce al sud lasciando una fidanzata al paese. La lontananza lo costringe a rivedere i sentimenti. ■ DRAMMATICO; B/N; 81'; ITALIA, 1963.

FIDANZATI DELLA MORTE, I ★★
Regia di ROMOLO MARCELLINI. Con RIK BATTAGLIA, SYLVA KOSCINA, CARLO NINCHI. ■ Il mondo delle corse motociclistiche fa da sfondo alle vicende sentimentali di Carlo, che lascia la moglie per un'altra. La relazione extraconiugale finisce ben presto. La passione comune per i motori e i problemi finanziari da superare riuniscono i due coniugi. ■ DRAMMATICO; COL.; 92'; ITALIA, 1956.

FIDANZATI SCONOSCIUTI, I ★★★
(In the Good Old Summertime)
Regia di ROBERT Z. LEONARD. Con JUDY GARLAND, VAN JOHNSON, BUSTER KEATON, S.Z. SAKALL. ■ A Chicago, nel 1906, un giovanotto e una ragazza che lavorano nello stesso negozio hanno una amicizia epistolare con corrispondenti sconosciuti. Il giovanotto scopre casualmente che la destinataria delle sue lettere è proprio la sua compagna di fatiche. ■ COMMEDIA; COL.; 102'; USA, 1949.

FIDANZATO DI MIA MOGLIE, IL ★★
Regia di CARLO LUDOVICO BRAGAGLIA. Con VERA CARMI, LEONARDO CORTESE. ■ Per vendicarsi di un brusco licenziamento, un impiegato municipale di un piccolo paese crea un po' di scompiglio tra i documenti del comune. Di conseguenza due giovani che stavano per sposarsi – ma non tra di loro – risultano regolarmente coniugati. Dopo qualche difficoltà, le cose si aggiustano. ■ COMMEDIA; COL.; 92'; ITALIA, 1943.

FIDANZATO DI TUTTE, IL *(The Tender Trap)* ★★★
Regia di CHARLES WALTERS. Con DEBBIE REYNOLDS, FRANK SINATRA, DAVID WAYNE. ■ Nell'ambiente artistico di New York un agente teatrale, scapolo impenitente, passa da una donna all'altra finché non si innamora di Giulia. ■ COMMEDIA; COL.; 111'; USA, 1955. ■ OSCAR 1 NOM.

FIDANZATO PER DUE, UN *(And the Angels Sing)* ★★★
Regia di GEORGE MARSHALL. Con BETTY HUTTON, DOROTHY LAMOUR, FRED MACMURRAY. ■ Quattro vivaci sorelle sono corteggiate contemporaneamente dallo stesso uomo, il direttore di un'orchestrina jazz in grave crisi finanziaria. Da semplici dilettanti, le sorelline si improvvisano cantanti professioniste. A quel punto una scelta si impone e l'uomo dichiara il suo amore alla più seria e responsabile delle quattro. ■ COMMEDIA; B/N; 96'; USA, 1944.

FIDÉLITÉ, LA ★★
Regia di ANDRZEJ ZULAWSKI. Con ISABELLE ADJANI, GUILLAUME CANET, PASCAL GREGGORY, MAGALI NOËL. ■ Lucien Macroi, "re" della stampa scandalistica, assume Clélia, una fotografa di fama, per dare nuovo lustro alla sua impresa. Le mire dell'uomo però vanno ben oltre, ma Clélia rifiuta le sue *avances* (l'uomo, che ha avuto una relazione con la madre della protagonista, potrebbe infatti essere suo padre). Invece decide di sposare uno degli editori che lavorano per Macroi, Clèves, follemente innamorato di lei. Allo stesso tempo però incontra un vecchio amore, Nemo, un foto-reporter specializzato in reportages-choc: tra i due nasce una forte passione. Il film è ispirato al testo la *Princesse de Clèves di Madame de la Fayette* già portato sullo schermo da Jean Delannoy, nel 1960, e da Manoel de Oliveira, nel 1999. ■ DRAMMATICO; COL.; 120'; FRANCIA, 2000.

FIERA DELLA VANITÀ, LA *(Vanity Fair)* ★
Regia di MIRA NAIR. Con JIM BROADBENT, GABRIEL BYRNE, ROMOLA GARAI, BOB HOSKINS, RHYS IFANS, JAMES PUREFOY, JONATHAN RHYS-MEYERS, REESE WHITERSPOON. ■ Dall'omonimo romanzo di William Makepeace Thackeray. Un'Inghilterra ottocentesca offre alla pluripremiata autrice indiana l'opportunità di mostrare suggestivi scenari "coloniali" a lei ben noti. Becky Sharpe, di umili origini, è una ragazza decisa a risalire la scala sociale. L'alta società è terreno ostile ma nonostante ciò la giovane riuscirà in breve a passare dal ruolo di governante in una ricca famiglia a quello di moglie di un ufficiale dell'esercito. ■ DRAMMATICO; COL.; 140'; GRAN BRETAGNA, USA, 2004.

FIERA DELLE ILLUSIONI, LA *(Nightmare Alley)* ★★★
Regia di EDMUND GOULDING. Con JOAN BLONDELL, COLEEN GRAY, TYRONE POWER. ■ Un mago da luna park si accorda con una psicologa di pochi scrupoli per raggirare la gente con falsi esperimenti di spiritismo. La moglie non è d'accordo e lo abbandona. Truffato dalla sua complice, l'uomo ritorna dalla consorte. ■ DRAMMATICO; B/N; 111'; USA, 1947.

FIESTA *(Machine Gun Mama)* ★★
Regia di HAROLD YOUNG. Con ARMIDA, EL BRUMMEL, WALLACE FORD, JACK LARUE. ■ Girare il mondo con un elefante al seguito crea qualche problema, perciò due amici vagabondi decidono di cederlo ad un luna park. Finiscono per essere coinvolti in una serie di intrighi. ■ COMICO; B/N; 72'; USA, 1944.

FIESTA D'AMORE E DI MORTE *(The Brave Bulls)* ★★★
Regia di ROBERT ROSSEN. Con MEL FERRER, EUGENIO IGLESIAS, STERN MIROSLAVA, ANTHONY QUINN. ■ Un celebre torero improvvisamente cede alla paura. Nemmeno l'amore di Linda riesce a scuoterlo dall'abbattimento morale in cui cade e che si trasfor-

ma in disperazione quando la ragazza muore in un incidente. Il coraggio gli torna improvvisamente quando il suo giovane fratello scende per la prima volta nell'arena. ■ DRAMMATICO; B/N; 108'; USA, 1951.

FIESTA DE TOROS ★★
Regia di YOUSSEF CHAHINE. Con PAUL BARGE, FATEN HAMAMA, ELENA MARIA TEJERO. ■ Per poter sposare la bella Zuleima, Tarek deve pagare una dote di venti cammelli. Per acquistarli deve diventare un grande torero. ■ DRAMMATICO; COL.; 90'; SPAGNA, 1971.

FIESTA E SANGUE *(Ride the Pink Horse)* ★★★
Regia di ROBERT MONTGOMERY. Con THOMAS GOMEZ, WANDA HENDRIX, ROBERT MONTGOMERY. ■ Jack riesce a mettere le mani su dei documenti con i quali intende ricattare Frank, affarista di pochi scrupoli che ha sulla coscienza anche un delitto. In un primo momento Frank sembra accettare il pagamento di una forte somma, ma è soltanto una trappola per eliminare Jack. ■ POLIZIESCO; B/N; 101'; USA, 1947. ■ OSCAR 1 NOM.

FIEVEL CONQUISTA IL WEST ★★★
(An American Tail: Fievel Goes to West)
Regia di PHIL NIBBELINK, SIMON WELLS. ■ Dopo lo sbarco in America con tutta la sua famiglia, il topo di origine polacca Fievel Toposkowitz raggiunge ora il mitico Far West. Giunto dopo un lungo viaggio in treno, Fievel viene subito a conoscenza dell'inganno architettato, a spese dei topi, da parte di alcuni grossi gatti. Costoro, dopo aver usato i topi per costruire un'intera città, contano di creare una grossa catena di burghy a base di carne di ratto. L'avventura prosegue poi nel deserto e con l'incontro fondamentale con uno sceriffo-cane, Wylie Burp. ■ ANIMAZIONE; COL.; 85'; USA, 1991. ■ GOLDEN GLOBES 1 NOM.

FIEVEL SBARCA IN AMERICA *(An American Tail)* ★★★
Regia di DON BLUTH. ■ "Cartone" prodotto da Steven Spielberg che ha voluto rievocare, attraverso le avventure del topino Fievel, l'arrivo del suo antenato in America (si chiamava appunto Fievel). Vediamo il sorcetto scampare miracolosamente a un naufragio e arrivare a New York, dove è quasi sbranato da orde di gatti e per proteggersi aderisce al clan dei grandi topi della città (che sconfiggeranno i felini in un'epica battaglia). Grande sfoggio di bravura tecnica da parte dell'équipe di Spielberg (che con ogni evidenza ha voluto costruire un prodotto paragonabile ai classici Disney degli anni d'oro). ■ ANIMAZIONE; COL.; 80'; USA, 1987. ■ OSCAR 1 NOM.

FIFA E ARENA ★★★
Regia di MARIO MATTOLI. Con ISA BARZIZZA, MARIO CASTELLANI, TOTÒ. ■ La fotografia di un povero commesso di negozio finisce per errore al posto di quella di un criminale, su un manifesto "ricercato vivo o morto". Questo provoca una serie di equivoci che costringono il giovanotto a vari travestimenti e spostamenti: l'ultimo, in Spagna, lo porta a toreare nell'arena. ■ COMICO; B/N; 85'; ITALIA, 1948.

FIFÌ LA PLUME ★★
Regia di ALBERT LAMORISSE. Con PHILIPPE AVRON, HENRI LAMBERT, MIREILLE NÈGRE. ■ Introdottosi in un circo per compiere qualche furtarello, Fifì ne diventa una delle principali attrazioni. Con un paio di ali costruite dal direttore, il ragazzo vola sulla città e aiuta tutti i poveri ladruncoli che incontra, ma l'amore per una bella cavallerizza lo induce a cambiar vita. ■ FANTASTICO; B/N; 80'; FRANCIA, 1964.

FIFTY FIFTY ★★
Regia di CHARLES MARTIN SMITH. Con ROBERT HAYS, CHARLES MARTIN SMITH, PETER WELLER. ■ Un mercenario partecipa a un tentativo di colpo di Stato nel Sudest asiatico. Si ritrova invece braccato, ma, con l'aiuto di un amico e grazie anche al sacrificio della donna che ama, riesce a liberare il presidente legittimo. ■ AVVENTURA; COL.; 97'; USA, 1992.

FIGARO E LA SUA GRAN GIORNATA ★★★
Regia di MARIO CAMERINI. Con MAURIZIO D'ANCORA, GIANFRANCO GIACHETTI, LEDA GLORIA, GEMMA SCHIRATO. ■ Un'improvvisata compagnia di cantanti lirici prepara, in un teatrino d'una città veneta di provincia, la rappresentazione del *Barbiere di Siviglia*. All'ultimo momento manca la primadonna; viene chiamata a sostituirla una ragazza del posto che però ha un padre severissimo. Bisogna ricorrere a dei sotterfugi per portare la neo-soprano fino al palcoscenico, ma il padre viene a sapere del debutto, e fa interrompere la recita. ■ COMMEDIA; B/N; 87'; ITALIA, 1931.

FIGARO, IL BARBIERE DI SIVIGLIA ★★★
Regia di CAMILLO MASTROCINQUE. Con CESCO BASEGGIO, ARMANDO FRANCIOLI, IRENE GENNA, TITO GOBBI. ■ Trasposizione cinematografica della celebre opera di Rossini. Rosina, pupilla del vecchio Bartolo che vorrebbe sposarla, spasima per il conte di Almaviva che le si è presentato semplicemente come Lindoro. Aiutati dal fedele Figaro, i due innamorati riescono a raggirare Bartolo e a convolare a giuste nozze. ■ MUSICALE; COL.; 97'; ITALIA, 1955.

FIGARO QUA... FIGARO LÀ ★★★
Regia di CARLO LUDOVICO BRAGAGLIA. Con ISA BARZIZZA, RENATO RASCEL, TOTÒ, GIANNI AGUS. ■ Per aiutare un nobile a sposare la figlia del governatore, Figaro organizza una recita teatrale che prevede un matrimonio. Al momento giusto gli innamorati si sostituiscono agli attori e un autentico sacerdote celebra le nozze. Il governatore, che era contrario, ordina l'arresto del barbiere che per sfuggirgli si nasconde in un cannone e finisce per diventare un proiettile umano. ■ COMMEDIA; B/N; 85'; ITALIA, 1950.

FIGHT CLUB ★★★
Regia di DAVID FINCHER. Con HELENA BONHAM CARTER, MEAT LOAF, EDWARD NORTON, BRAD PITT. ■ Picchiarsi per stare meglio: questo l'assunto del film. Dopo il successo, in parte inaspettato, di *Seven*, Fincher ripercorre e perfeziona la violenza. Pitt è semplicemente il diavolo: forte, astuto, bello e violento. Norton ne rimane sedotto. Nota di costume sulla pratica di scaricamento delle tensioni con scarico di pugni. Machismo imperante. Suggestioni da palestra di pugilato. Ideologia atta a suscitare polemiche. Ben diretto e ben interpretato. ■ DRAMMATICO; COL.; 139'; USA, 1999. ■ OSCAR 1 NOM.

FIGHTER, THE ★★★
Regia di DAVID O. RUSSELL. Con AMY ADAMS, CHRISTIAN BALE, MELISSA LEO, JACK MCGEE, MARK WAHLBERG. ■ Rickie e Micky Ward sono fratelli, entrambi pugili. Vivono a Lowell, una cittadina di provincia del Massachusetts in cui Dickie, il maggiore, è divenuto una sorta di leggenda vivente per aver mandato al tappeto Sugar Ray Leonard. Ora però Dickie fuma crack ed è sempre meno lucido, ma non vuole smettere di essere l'allenatore del fratello. Il quale è messo sotto pressione anche dall'ambiente familiare. La madre Alice pretende di essere il suo manager, spalleggiata dalla tribù di sorelle del ragazzo. Micky viene mandato allo sbaraglio in un incontro e da lì cresce pian piano il desiderio di affrancarsi da una famiglia davvero troppo pesante da sopportare. L'incontro con la barista Charlene offre un ulteriore impulso a questa separazione. Ma non sarà un percorso facile e, forse, non sarà neanche quello giusto. ■ DRAMMATICO; COL.; 115'; USA, 2010.

FIGHT FOR LIFE ★★
Regia di HENRY CHARR. Con DEBBIE DAN, RON DEAN, JACK WALLACE. ■ David, pilota molto noto, scopre di non poter avere dei figli. Gli si prospetta pertanto il non piacevole compito di cercare un padre temporaneo, un uomo in possesso delle qualità indispensabili per fare le sue veci in questo particolare frangente. ■ AVVENTURA; COL.; 90'; USA, 1986.

FIGHTING MAD ★★
Regia di JONATHAN DEMME. Con PHILIP CAREY, PETER FONDA, LYNN LOWRY, KATHLEEN MILLER. ■ Un gruppo di agricoltori è taglieggiato da un ricco speculatore. Il figlio di uno dei contadini torna a casa dopo molti anni e mette a posto il prepotente. Ma è solo l'inizio di una catena di vendette. Quando finisce i disonesti sono puniti, ma il protagonista, che s'è fatto giustizia con le sue mani, deve andarsene in prigione. ■ AVVENTURA; COL.; 92'; USA, 1976.

FIGHTING TEMPTATIONS, THE ★★
Regia di JONATHAN LYNN. Con MIKE EPPS, FAITH EVANS, CUBA GOODING JR., STEVE HARVEY, BEYONCÉ KNOWLES, FAISON LO-

VE, LATANYA RICHARDSON, T-BONE. ■ Darrin ha appena perso il posto di pubblicitario per un'agenzia di New York e i creditori gli sono alle costole, quando gli capita ciò che tutti sognano: la vecchia zia Sally, in Georgia, è morta e lui è l'unico erede dei 150.000 dollari che ha lasciato! Schizzato in Georgia per il funerale e riscuotere l'eredità, Darrin scopre che la zietta ha posto una "piccola" clausola nel testamento: per avere i soldi, Darrin deve metter su un coro gospel, iscriverlo alla Gospel Explosion – un'importante gara annuale – e vincerla! ■ COMM. MUSICALE; COL.; 123'; USA, 2003.

FIGLIA D'ARTE *(Stage Mother)* ★★★
Regia di CHARLES BRABIN. Con ALICE BRADY, MAUREEN O'SULLIVAN, FRANCHOT TONE. ■ Un'attrice che non ha mai raggiunto il successo riesce a fare della propria figlia una stella di prima grandezza, ma la figlia preferisce l'amore. ■ COMMEDIA; B/N; 66'; USA, 1933.

FIGLIA DEL CAPITANO, LA ★★★
Regia di MARIO CAMERINI. Con IRASEMA DILIAN, VITTORIO GASSMAN, AMEDEO NAZZARI. ■ Durante un viaggio in Siberia, Pietro soccorre un uomo semicongelato, senza sapere che si tratta di Pugaciov, ribelle che combatte le truppe dello zar. Il forte in cui Pietro presta servizio come ufficiale cade nelle mani dei rivoltosi e Pugaciov, per riconoscenza, gli risparmia la vita. Pietro si mette alla ricerca di Mascia, la donna che ama, ma finisce per essere arrestato sotto l'accusa di tradimento: la ragazza si reca a corte per chiedere personalmente la grazia allo zar e la ottiene. ■ DRAMMATICO; B/N; 91'; ITALIA, 1947.

FIGLIA DEL CAPITANO, LA *(Kapitanskaya dochka)* ★★
Regia di VLADIMIR KAPLUNOVSKY. Con JA AREPINA, SERGHEI LUKIANOV, OLEG STRIZENOV, VYACHESLAV SHALEVICH. ■ Nuova versione, questa volta russa, del romanzo di Puskin. ■ DRAMMATICO; B/N; 94'; URSS, 1960.

FIGLIA DEL CAPO INDIANO, LA *(The White Squaw)* ★★
Regia di RAY NAZARRO. Con WILLIAM BISHOP, DAVIS BRIAN, MAY WYNN. ■ Un ricco uomo del West, in punto di morte, rivela alla propria figlia l'esistenza di un'altra figlia avuta da una relazione con una ragazza indiana. Sobillata da un certo Swanson che odia i pellirosse, l'erede legittima rifiuta di accogliere la sorellastra. Quest'ultima subisce persecuzioni e tentativi di violenza. ■ WESTERN; B/N; 75'; USA, 1956.

FIGLIA DEL CORSARO VERDE, LA ★★
Regia di ENRICO GUAZZONI. Con DORIS DURANTI, FOSCO GIACHETTI, MARIELLA LOTTI, CAMILLO PILOTTO. ■ In uno Stato dell'America del Sud, il figlio del governatore si fa credere un pirata e riesce a infiltrarsi come spia nell'ambiente dei corsari. Riconosciuto e condannato, è salvato all'ultimo momento da un rocambolesco intervento della combattiva Manuela, figlia del Corsaro Verde, innamorata di lui. ■ AVVENTURA; B/N; 90'; ITALIA, 1940.

FIGLIA DEL DIAVOLO, LA ★★
Regia di PRIMO ZEGLIO. Con PAOLA BARBARA, ROBERTO RISSO, MASSIMO SERATO, MARINA VLADY. ■ Nell'Italia dei Mille di Garibaldi, le vicende storiche si intrecciano a quelle di una nobile famiglia napoletana. La figlia di un conte, ucciso dalla seconda moglie, per sfuggire alle persecuzioni della matrigna si rifugia al castello del diavolo, ma anche qui un ufficiale borbonico, complice della terribile contessa, la raggiunge. La sua vita è in pericolo, ma arrivano i garibaldini. ■ DRAMMATICO; B/N; 91'; ITALIA, 1953.

FIGLIA DEL DIO SOLE, LA *(Daughter of the Sun God)* ★★
Regia di KENNETH HERTS. Con WILLIAM HOLMES, HARRY KNAPP, LISA MONTELL. ■ Lisa, nipote di un missionario scomparso nella giungla peruviana, si associa ad un giornalista e ad un archeologo per trovare la città d'oro degli Incas. L'archeologo tenta di uccidere i compagni: i due giovani, però, riescono ad arrivare alla misteriosa città, ancora abitata dai discendenti degli Incas, avvertono gli indigeni e preparano la difesa. L'archeologo viene sconfitto. ■ AVVENTURA; COL.; 90'; USA, 1963.

FIGLIA DEL DR. JEKYLL, LA *(Daughter of Dr. Jekyll)* ★★
Regia di EDGARD GEORGE ULMER. Con JOHN AGAR, GLORIA TALBOTT. ■ Janet, la figlia del dottor Jekyll, è tormentata dal dubbio che anche a lei possa capitare di trasformarsi in mostro. Qualche elemento potrebbe confermare questo timore, ma il fidanzato della ragazza scopre che un altro scienziato sta conducendo gli esperimenti del famigerato medico e sta tentando di addossare alla povera Janet la responsabilità dei delitti commessi. ■ DRAMMATICO; B/N; 71'; USA, 1957.

FIGLIA DEL FORZATO, LA ★★
Regia di GAETANO AMATA. Con ARNOLDO FOÀ, ISA POLA, ADRIANO RIMOLDI, LAURA ROSSI. ■ Mentre Garibaldi sbarca con i suoi in Sicilia, la contessa Adele Saliceti torna al suo paese in Calabria. Qui ritrova un antico amore che vive con la figlioletta Emma e una governante. Adele vorrebbe servirsi della bambina per riconquistare l'amante, ma gli eventi storici sconvolgono la vita del piccolo centro. Tra i Mille di Garibaldi c'è anche un certo Corrado: l'uomo è il vero padre della piccola Emma, ma non rivela alla figlia la sua identità e muore in battaglia. ■ DRAMMATICO; B/N; 90'; ITALIA, 1953.

FIGLIA DEL GENERALE, LA ★★
(The General's Daughter)
Regia di SIMON WEST. Con TIMOTHY HUTTON, MADELEINE STOWE, JOHN TRAVOLTA, JAMES WOODS. ■ Regia inglese per un prodotto di genere non particolarmente riuscito malgrado il cast. E persino Travolta non riesce ad essere simpatico. È nei panni di un detective che indaga su alcuni delitti in una base militare. Le uccisioni arrivano da un malinteso rapporto edipico fra il comandante e sua figlia. Descrizione prevedibile di ambiente militare. ■ AVVENTURA; COL.; 116'; USA, 1999.

FIGLIA DELLA JUNGLA, LA *(The Jungle Princess)* ★★
Regia di WILHELM THIELE. Con DOROTHY LAMOUR, RAY MILLAND. ■ Ogni volta che incontrano la tigre, gli indigeni sentono una squillante risata. Per chiarire il mistero, arriva un famoso esploratore che si mette a cacciare l'animale; inseguendolo si ferisce ad un piede. È soccorso da una bellissima fanciulla di colore di cui si innamora, ma scopre che la ragazza è stata allevata dalla tigre e che sua è la risata. ■ AVVENTURA; B/N; 85'; USA, 1963.

FIGLIA DELLA JUNGLA – L'ULTIMO KING KONG, LA *(Jungle Girl)* ★
Regia di WILLIAM N. WITNEY. Con FRANCES GIFFORD, TOM NEAL. ■ La figlia di un esploratore bianco, rimasta a vivere con una tribù dell'Africa centrale, ha qualche guaio: lo stregone, dopo essersi associato a due avventurieri di pochi scrupoli, vorrebbe eliminarla. Per fortuna arrivano due baldi giovani. ■ AVVENTURA; B/N; 70'; USA, 1941.

FIGLIA DELLA MADONNA, LA ★
Regia di ROBERTO BIANCHI MONTERO. Con ALDO LANDI, EDMEA LARI. ■ Un'orfana che ha sposato un onesto giovanotto, in seguito ad un tragico equivoco viene abbandonata dal marito e per vivere deve adattarsi ai più faticosi lavori. Quando dà alla luce un bambino, l'uomo ricompare. ■ DRAMMATICO; B/N; 91'; ITALIA, 1949.

FIGLIA DELL'AMBASCIATORE, LA ★★
(The Ambassador's Daughter)
Regia di NORMAN KRASNA. Con OLIVIA DE HAVILLAND, JOHN FORSYTHE, MYRNA LOY, ADOLPHE MENJOU. ■ La figlia dell'ambasciatore americano a Parigi non è d'accordo con un senatore che vorrebbe impedire ai soldati Usa di frequentare liberamente la città. Per provare che il loro comportamento è irreprensibile, la ragazza accetta un appuntamento con un soldatino che ignora la sua vera identità. In conseguenza dell'evento perde il nobile fidanzato, ma trova un sincero e autentico innamorato. ■ COMMEDIA; COL.; 102'; USA, 1956.

FIGLIA DELLO SCEICCO, LA *(Desert Sand)* ★★
Regia di LESLEY SELANDER. Con JOHN CARRADINE, RALPH MEEKER. ■ La bella e terribile Zara è convinta che i legionari le abbiano ucciso il padre e per questo affianca il fratello nell'assalto ad un forte. Il fratello sa che il padre è stato assassinato per ordine di uno zio, ma non le rivela la verità. Zara viene comunque a saperla e decide di aiutare i soldati che sono stati sopraffatti. Tra la ragazza e il comandante del forte nasce l'amore. ■ AVVENTURA; COL.; 66'; USA, 1956.

FIGLIA DELLO SCERIFFO, LA ★★
(A Ticket to Tomahawk)
Regia di RICHARD SALE. Con ANNE BAXTER, WALTER BRENNAN, RORY CALHOUN, DAN DAILEY. ■ La compagnia che gestisce le diligenze assolda dei ribelli per sabotare l'inaugurazione della nuova ferrovia del Colorado. Kit Dodge, divenuto sceriffo, ingaggia Johnny per avere un passeggero sul treno che dovrà arrivare a Tomahawk. Ai tentativi di sabotaggio dei ribelli risponde Johnny, appoggiato dagli indiani. Dopo una lunga corsa movimentata, il treno arriva a destinazione, Johnny e Kit si sposano. ■ COMICO; COL.; 90'; USA, 1950.

FIGLIA DEL MARE, LA *(Florentine)* ★★
Regia di KARL LAMAC. Con HANS HOLT, PAUL HÖRBIGER, GERALDINE KATT. ■ Il capitano di una nave ha allevato la sua unica figlia come se fosse un marinaio. Decide di risposarsi, per dare una nuova madre alla figliola. La ragazza, da parte sua, innamorata della vita di mare, si imbarca su un veliero e incontra un giovane che la sposerà. ■ AVVENTURA; B/N; 92'; AUSTRIA, 1938.

FIGLIA DEL MENDICANTE, LA ★★
Regia di CARLO CAMPOGALLIANI. Con PAOLA BARBARA, AVE NINCHI. ■ Durante il Risorgimento, una giovane, Anna, si batte con l'aiuto del patriota Franco per scagionare il padre, un poveraccio, ingiustamente accusato dell'uccisione di una dama a Napoli. ■ DRAMMATICO; B/N; 94'; ITALIA, 1951.

FIGLIA DEL MIO CAPO, LA *(My Boss's Daughter)* ★★
Regia di DAVID ZUCKER. Con ASHTON KUTCHER, TARA REID, MOLLY SHANON, TERENCE STAMP. ■ Tom vuole impressionare favorevolmente il suo capo. Ha deciso di conquistarne la figlia Lisa e l'occasione è quella di offrirsi di vigilare sulla loro casa per una notte. Sembra facile ma non è così. Il giovane partner (nella vita) di Demi Moore nonché protagonista di film giovanilistici Ashton Kutcher, lavora con un "mitico" Zucker. La demenzialità di serie è a portata di mano così come i cameo role di Michael Madsen, Carmen Electra e Terence Stamp. ■ COMMEDIA; COL.; 85'; USA, 2003.

FIGLIA DEL PECCATO – VOCE È NOTTE, LA ★★
Regia di ARMANDO INGEGNERO. Con GIOVANNI GRAZZO, FRANCA MARZI, MILLY VITALE. ■ Anna, dal carcere dove sconta una pena per aver soppresso il suo amante, aiuta la figlia avuta da lui, Lucia, e impedisce il matrimonio fra la ragazza e un mascalzone. ■ DRAMMATICO; B/N; 91'; ITALIA, 1949.

FIGLIA DEL PIRATA, LA *(Adventure Island)* ★★
Regia di PETER STEWART. Con RORY CALHOUN, RHONDA FLEMING, PAUL HELLY. ■ Gesta e amori di tre amici, simpatiche canaglie, fuggiti da un'isola sottomessa a un tiranno. ■ AVVENTURA; COL.; 66'; USA, 1947.

FIGLIA DEL REGGIMENTO, LA ★★
(The Daughter of the Regiment)
Regia di HANS BEHRENDT. Con BETTY BALFOUR, ALEXANDER D'ARCY, KURT GERRON. ■ Il celebre *vaudeville* senza la musica di Donizetti. La "figlia" è una bambina che viene adottata da due soldati di un reggimento francese (epoca del re Luigi Filippo). Quand'è grande si innamora del bel tenente (che dapprima la crede una recluta). ■ COMMEDIA; B/N; 90'; USA, 1929.

FIGLIA DEL REGGIMENTO, LA *(La fille du régiment)* ★★
Regia di PIERRE BILLON. Con ANNY ONDRA, PIERRE RICHARD WILLM. ■ Versione francese della storia dell'orfana abbandonata e diventata un vero e proprio soldato. Dopo numerose avventure e pericoli scampati la giovane si innamora veramente. ■ AVVENTURA; B/N; 91'; FRANCIA, 1933.

FIGLIA DEL REGGIMENTO, LA ★★★
(Die Tochter der Kompanie)
Regia di TULLIO COVAZ, GÉZA VON BOLVÀRY. Con MICHEL AUCLAIR, ISA BARZIZZA, CARLO CROCCOLO, ANTONELLA LUALDI. ■ Ennesima versione della celebre storia. ■ AVVENTURA; B/N; 90'; GERMANIA, ITALIA, 1953.

FIGLIA DEL SAMURAI, LA ★★
Regia di ARNOLD FANCK. Con RUTH EWELER, SETSUKO HARA, SEPP RIST. ■ Una fanciulla giapponese di nobile stirpe rivede il fidanzato che è appena rientrato in patria dopo aver portato a termine un corso di studi in Europa. L'uomo è accompagnato da un'europea e la giovane pensa che tra i due si sia stabilito un legame. Decide pertanto di uccidersi. Verrà salvata dal fidanzato. ■ DRAMMATICO; B/N; 92'; GIAPPONE, 1937.

FIGLIA DEL SERPENTE, LA *(The Snake Woman)* ★★
Regia di SIDNEY J. FURIE. Con JOHN MCCARTHY, SUSAN TRAVERS. ■ Un detective indaga su una misteriosa donna serpente a cui sono attribuiti vari delitti. Il giovane finirà per ucciderla. ■ FANTASCIENZA; B/N; 67'; GRAN BRETAGNA, 1960.

FIGLIA DEL VENTO, LA *(Die Julika)* ★★
Regia di GÉZA VON BOLVÀRY. Con GINA FALKENBERG, ATTILA HÖRBIGER, PAULA WESSELY. ■ Un giovane graduato degli ussari viene assistito nell'amministrazione della magra eredità paterna da una saggia contadina che gli ricostituisce in breve tempo una parte del patrimonio. Rientrato per poco nel bel mondo, si fidanza con una donna dell'alta società. Ma poi, dovendo constatare la pochezza di costei in confronto alla serietà della sua amministratrice, sposa quest'ultima. ■ AVVENTURA; B/N; 103'; AUSTRIA, 1936. ■ VENEZIA 1 PR.

FIGLIA DEL VENTO, LA *(Jezebel)* ★★★★
Regia di WILLIAM WYLER. Con FAY BAINTER, GEORGE BRENT, BETTE DAVIS, HENRY FONDA. ■ L'ereditiera Giulia è fidanzata con Preston, facoltoso banchiere. I due si amano, ma lei è viziata e insopportabile e lui la lascia. Torna, poco dopo, con una moglie dolcissima. Quando Preston si ammala di febbre gialla, è però Giulia a stargli vicino fino a sacrificare la vita. Bette Davis fece un provino per la parte di Rossella quando si stava preparando *Via col vento*. Venne scartata e si arrabbiò, tanto da costringere la Warner a fare il suo *Via col vento*. Il lavoro venne realizzato a tambur battente, usufruì dell'immensa pubblicità fatta per l'altro colosso e lo batté sul tempo (di un anno). Paradossalmente, la critica dimostrò sempre di preferire il film della Warner all'altro interpretato da Vivien Leigh. ■ DRAMMATICO; B/N; 106'; USA, 1938. ■ OSCAR 2 PR, 5 NOM.

FIGLIA DI CAINO, LA *(The Shrike)* ★★★
Regia di JOSÉ FERRER. Con JUNE ALLYSON, JOSÉ FERRER. ■ Analisi psicologica di una coppia: Jim, regista teatrale, e Ann, ambiziosa attrice alle prime armi. La rivalità e la gelosia, che la donna prova nei confronti del successo del marito, fanno scoppiare una crisi coniugale. Jim arriva persino a tentare il suicidio. Ann è turbata profondamente dall'episodio e si appresta ad allontanarsi per non danneggiare ulteriormente lo sfortunato Jim. Alla fine, tuttavia, i due si riconciliano. ■ DRAMMATICO; B/N; 88'; USA, 1955.

FIGLIA DI CATHY, LA ★★
Regia di DONALD CROMBIE. Con BRYAN BROWN, ALAN CASSEL, MICHELE FAWDON. ■ Cathy è una donna di origine greca che s'è stabilita in Australia con la figlia piccola. Ma un giorno il marito di Cathy rapisce la bambina e la porta con sé in Europa. Cathy fa appello alla polizia con pochi risultati. Ma un direttore di giornale le dà retta e monta un caso di grande risonanza. ■ DRAMMATICO; COL.; 92'; AUSTRALIA, 1978.

FIGLIA DI D'ARTAGNAN, LA ★★★
(La fille de D'Artagnan)
Regia di BERTRAND TAVERNIER. Con SOPHIE MARCEAU, PHILIPPE NOIRET, LUIGI PROIETTI, NILS TAVERNIER. ■ Ispirato a *Il figlio di D'Artagnan* di Riccardo Freda. La figlia del famoso moschettiere scappa dal convento. Scopre un complotto contro il re. Cerca l'aiuto del padre e degli ex compagni. Nel ruolo del Mazarino c'è un calibrato Luigi Proietti. ■ AVVENTURA; COL.; 129'; FRANCIA, 1994.

FIGLIA DI FRANKENSTEIN, LA ★★
(Frankenstein's Daughter)
Regia di RICHARD CUNHA. Con JOHN ASHLEY, SANDRA KNIGHT. ■ Storia dei truci esperimenti condotti da Frank, un giovane scienziato, che si avvale di materiale umano per le sue ricerche di genetica. ■ AVVENTURA; COL.; 85'; USA, 1958.

FIGLIA DI MATA HARI, LA ★★
Regia di RENZO MERUSI. Con ERNO CRISA, FRANK LATIMORE, LUDMILLA TCHERINA, MILLY VITALE. ■ Il principe Anak, capo della resistenza giavanese, ama la danzatrice Elyne. Si scopre che

quest'ultima è la figlia della famosa Mata Hari. ■ AVVENTURA; COL.; 92'; ITALIA, 1954.

FIGLIA DI NESSUNO, LA *(Anne of Green Gables)* ★★
Regia di GEORGE NICHOLLS JR. Con TOM BROWN, ANNE SHIRLEY. ■ Storia di un'orfana e della sua educazione sentimentale nella casa di fratello e sorella anziani che svolgono la funzione di genitori. Sposerà il giovane che le è stato vicino negli anni dell'adolescenza. ■ DRAMMATICO; B/N; 79'; USA, 1934.

FIGLIA DI NETTUNO, LA *(Neptune's Daughter)* ★★
Regia di EDWARD BUZZELL. Con RICARDO MONTALBAN, RED SKELTON, ESTHER WILLIAMS. ■ Storia di due coppie, con scambi ed equivoci sciolti dal lieto finale. ■ COMM. MUSICALE; COL.; 93'; USA, 1949. ■ OSCAR 1 PR, 1 NOM.

FIGLIA DI RYAN, LA *(Ryan's Daughter)* ★★★
Regia di DAVID LEAN. Con TREVOR HOWARD, CHRISTOPHER JONES, SARAH MILES, JOHN MILLS, ROBERT MITCHUM. ■ Siamo nel 1916, durante la prima guerra mondiale e nel pieno della rivolta irlandese. Rosy, la figlia di Tom Ryan, l'uomo più ricco del paese, e moglie del non più giovane maestro del luogo, si innamora di un ufficiale inglese, attirandosi l'ostilità di tutti i compaesani che le attribuiscono anche, ingiustamente, la responsabilità del tradimento del padre. L'ufficiale inglese, resosi conto di aver perso l'amore della donna, si uccide; la protagonista e il marito sono costretti ad allontanarsi per sempre dal villaggio. ■ DRAMMATICO; COL.; 176'; GRAN BRETAGNA, 1970. ■ OSCAR 2 PR, 4 NOM.

FIGLIA DI SHANGHAI, LA *(Daughter of Shanghai)* ★★
Regia di ROBERT FLOREY. Con CHARLES BICKFORD, ANNA MAY WONG. ■ La figlia di un commerciante di Chinatown ucciso dai banditi aiuta validamente la polizia ad arrestare gli assassini. ■ AVVENTURA; B/N; 63'; USA, 1937.

FIGLIA DI UN SOLDATO NON PIANGE MAI, LA ★★★
(A Soldier's Daughter Never Cries)
Regia di JAMES IVORY. Con ANTHONY ROTH COSTANZO, JANE BIRKIN, BARBARA HERSHEY, KRIS KRISTOFFERSON, VIRGINIE LEDOYEN, LEELEE SOBIESKI. ■ Ivory si ispira in questa occasione alla vita del romanziere James Jones per affrontare il tema del rapporto tra due mondi lontani e reciprocamente diffidenti come quello francese e quello americano. Lo scrittore con moglie, figli, figlio adottivo e governante vive a Parigi negli anni Sessanta e Settanta. Ivory indaga le ragioni del cuore e della ragione con la consueta abilità, ma anche con l'altrettanto consueta perfezione tendente all'algido. Così i personaggi finiscono con l'occultare lo sfondo storico/sociale dicendoci molto di se stessi, ma poco (tranne per l'accuratissima ricostruzione filologica) del periodo storico in cui vivono. ■ BIOGRAFICO; COL.; 127'; GRAN BRETAGNA, 1998.

FIGLIA DI ZORRO, LA *(Bandit Queen)* ★
Regia di WILLIAM BERKE. Con BARBARA BRITTON, BARTON MACLANE, PHILIP REED. ■ Nella corsa all'oro, i cercatori compiono violenze sui messicani del sud della California. I due campioni della resistenza, Montalbo e sua moglie, sono uccisi davanti alla figlia Lola che diviene essa stessa capo dei rivoltosi sotto il nome di "Figlia di Zorro". ■ AVVENTURA; B/N; 80'; USA, 1950.

FIGLIA IN CARRIERA, UNA *(I'll Do Anything)* ★★
Regia di JAMES L. BROOKS. Con NICK NOLTE, TRACEY ULLMAN, WHITTNI WRIGHT. ■ Un attore fallito vede la figlia conquistare Hollywood. In origine doveva essere una commedia musicale, ma in un secondo tempo la produzione ha cambiato idea. ■ COMMEDIA; COL.; 110'; USA, 1994.

FIGLIA MIA *(Soledad)* ★
Regia di MIGUEL ZACARIAS. Con RENÉ CARDONA, LIBERTAD LAMARQUE, MARGA LOPEZ. ■ Nozze segrete tra Roberto di Cavarrubia e Soledad. Costretto a sposare Elena per ragioni d'interesse, Roberto dichiara a Soledad che il loro matrimonio non ha alcun valore. Elena è sterile e unica erede di Roberto è la figlia che egli ha avuto da Soledad, la quale ritornerà dopo anni per svelare la sua vera identità. ■ DRAMMATICO; B/N; 92'; MESSICO, 1947.

FIGLIA PERDUTA, LA *(Internes Can't Take Money)* ★★
Regia di ALFRED SANTELL. Con JOEL MCCREA, BARBARA STANWYCK. ■ Una donna appena uscita dal carcere si mette alla ricerca della figlia; l'aiuta il simpatico dottor Kildare. ■ DRAMMATICO; B/N; 77'; USA, 1937.

FIGLIA PER IL DIAVOLO, UNA ★★
(To the Devil – A Daughter)
Regia di PETER SYKES. Con HONOR BLACKMAN, NASTASSJA KINSKI, CHRISTOPHER LEE, RICHARD WIDMARK. ■ Uno scrittore riceve da un moribondo l'incarico di vegliare sulla figlia diciottenne, ma scoprirà che costei è una vestale di Satana che una setta diabolica vuol far diventare incarnazione del maligno. ■ HORROR; COL.; 93'; GERMANIA, GRAN BRETAGNA, 1976.

FIGLI DEGLI UOMINI, I *(Children of Men)* ★★★
Regia di ALFONSO CUARÒN. Con CLAIRE-HOPE ASHITEY, MICHAEL CAINE, CHIWETEL EJIOFOR, CHARLIE HUNNAM, DANNY HUSTON, JULIANNE MOORE, CLIVE OWEN. ■ In un futuro non troppo distante, in cui il mondo non può più procreare, l'Inghilterra rimane unica zona franca. Theo ha una grande responsabilità: dovrà condurre sana e salva una giovane donna fino a un santuario sul mare, e dare la possibilità al mondo di evitare l'estinzione. Sulla linea degli scrittori utopistici e futuristici, P. D. James ha scritto il romanzo da cui è tratto il film, in cui Cuaròn fin dalle prime sequenze ci illustra un mondo grigio, oppressivo, incolore, fra il pre-industriale (le costruzioni e i palazzi sembrano proprio quelli della "industrial revolution") e il post-atomico, (per la scarsità di vegetazione). Londra appare come non cambiata, se non per i mercati ai bordi delle strade e gli autobus a due piani completamente scrostati dal tempo. In questo ambiente senza profondità si muovono i protagonisti. ■ DRAMMATICO; COL.; 114; GRAN BRETAGNA, USA, 2006.

FIGLI DEI MOSCHETTIERI, I *(At Sword's Point)* ★
Regia di LEWIS ALLEN. Con ROBERT DOUGLAS, MAUREEN O'HARA, CORNEL WILDE. ■ Film storico-avventuroso sulle gesta dei figli di Porthos, Aramis e D'Artagnan, e della figlia di Athos. ■ AVVENTURA; COL.; 81'; USA, 1952.

FIGLI DEL CAPITANO GRANT, I ★★
(In Search of the Castaways)
Regia di ROBERT STEVENSON. Con MAURICE CHEVALIER, HAYLEY MILLS, GEORGE SANDERS. ■ Tratto dal romanzo di Jules Verne, narra le avventure dei giovani figli di un capitano di nave alla ricerca del padre, in continenti diversi. Alla fine la tenacia dei ragazzi sarà premiata. ■ AVVENTURA; COL.; 100'; USA, 1961.

FIGLI DEL DESERTO, I *(Sons of the Desert)* ★★★
Regia di WILLIAM A. SEITER. Con OLIVER HARDY, STAN LAUREL. ■ Due amici ingannano le rispettive consorti inventando una malattia, e relativo soggiorno di salute a Honolulu, per potersi recare a Chicago. Se la spassano, ma le mogli hanno capito tutto. ■ COMICO; B/N; 86'; USA, 1934.

FIGLI DEL DIAVOLO, I *(The Devil's Children)* ★★
Regia di WILLIAM N. WITNEY. Con CHARLES BICKFORD, LEE J. COBB, DOUG MCCLURE. ■ Contrasto tra un padre eccessivamente autoritario e una madre mite sul problema dell'educazione dei figli. Tragiche le conseguenze. ■ WESTERN; COL.; 75'; USA, 1962.

FIGLI DEL DIVORZIO, I *(Skilsmissens Born)* ★
Regia di BENJAMIN CHRISTENSEN. Con JAMES MEYER, MATILDE NIELSEN. ■ Storia torbida di due adolescenti che diventano amanti. La ragazza, dopo essere stata violentata da un marinaio, troverà il vero amore. ■ DRAMMATICO; B/N; 90'; DANIMARCA, 1939.

FIGLI DEL DIVORZIO, I *(Bruno, l'enfant du dimanche)* ★★
Regia di LOUIS GROSPIERRE. Con FRANCINE BERGÉ, ROGER HANIN, CHRISTIAN MESNIER. ■ Una breve vacanza passata con il figlio adolescente fa riflettere un padre circa la formazione del ragazzo, tanto da portarlo a rivedere tutta la sua posizione di marito e di padre. ■ DRAMMATICO; COL.; 91'; FRANCIA, 1969.

FIGLI DEL FUOCO, I *(Spontaneous Combustion)* ★★
Regia di TOBE HOOPER. Con CYNTHIA BAIN, JON CYPHER, MELINDA DILLON, BRAD DOURIF. ■ Diretto dal regista di Poltergeist. Brad Dourif è sempre bravo. Una bomba atomica ha sterminato la famiglia del protagonista. Lui ha ereditato una profonda allergia al fuoco e alle alte temperature. ■ DRAMMATICO; COL.; 97'; USA, 1990.

FIGLI DELLA GLORIA, I *(Fixed Bayonets)* ★★★
Regia di SAMUEL FULLER. Con RICHARD BASEHART, JAMES DEAN, GENE EVANS, MICHAEL O'SHEA. ■ Durante la guerra di Corea, un graduato americano, cui viene affidata un'importante azione strategica, ha una crisi morale, ma riesce a portare a termine la missione. ■ GUERRA; B/N; 92'; USA, 1951.

FIGLI DELLA LAGUNA, I ★★
Regia di FRANCESCO DE ROBERTIS. Con ANNA BIANCHI, LUCIANO DE AMBROSIS, CARLO MICHELUZZI. ■ De Robertis, ufficiale di Marina, fu dirigente, negli anni di guerra, del servizio cinematografico presso il ministero della Marina. I figli della laguna è un suo lavoro minore. ■ AVVENTURA; B/N; 90'; ITALIA, 1945.

FIGLI DELLA MEZZANOTTE, I ★★★
(Midnight's Children)
Regia di DEEPA MEHTA. Con SHABANA AZMI, SATYA BHABHA, SEEMA BISWAS, RAJAT KAPOOR. ■ Bombay, 1947. Allo scoccare della mezzanotte, nell'anno dell'indipendenza dell'India dall'Inghilterra, nasce Shiva, figlio di una coppia benestante. Ma in ospedale un'infermiera decide di scambiare il bambino con un altro neonato, Saleem, anch'egli nato esattamente a mezzanotte, ma figlio di un mendicante della casta più umile. L'infermiera, convinta di compiere un atto di giustizia sociale, darà luogo a una catena infinita di equivoci e tragedie. *I figli della mezzanotte* è tratto dall'omonimo best seller di Salman Rushdie. Deepa Mehta, che aveva piacevolmente sorpreso con la trilogia *Fire*, *Earth* e *Water*, si conferma impavida nel racconto di problematiche legate alla sua terra d'origine. ■ DRAMMATICO; COL.; 146'; CANADA, GRAN BRETAGNA, 2012.

FIGLI DELLA MIA FIDANZATA, I ★★★
(Mrs. Gibbon's Boys)
Regia di MAX VARNEL. Con DIANA DORS, KATHLEEN HARRISON, LIONEL JEFFRIES. ■ Una vedova attraente riceve una richiesta di matrimonio da un compassato signore: ma l'incursione dei figli di lei terrorizza il pretendente. Senza scomporsi, la donna fa arrestare i giovinastri e il signore può riprendere la sua richiesta. ■ COMMEDIA; B/N; 82'; GRAN BRETAGNA, 1962.

FIGLI DELL'AMORE, I *(Les enfants de l'amour)* ★★
Regia di LÉONIDE MOGUY. Con LISE BOURDIN, ETCHIKA CHOUREAU, JEAN-CLAUDE PASCAL. ■ Il film racconta le peripezie di una ragazza rimasta incinta e cacciata dal padre. Va a Parigi dove viene accolta in un istituto per ragazze-madri e dà alla luce un bambino. ■ DRAMMATICO; B/N; 92'; FRANCIA, 1939.

FIGLI DELLA NOTTE, I *(Los hijos de la noche)* ★
Regia di BENITO PEROJO. Con ESTRELLITA CASTRO, MIGUEL LIGERO. ■ Un perdigiorno inventa l'esistenza di tre figli per estorcere denaro alla ricca sorella d'America. La donna si accorgerà del raggiro ma, generosamente, perdonerà. ■ COMMEDIA; B/N; 93'; SPAGNA, 1939.

FIGLI DELLA PIOGGIA, I *(Les enfants de la pluie)* ★★★
Regia di PHILIPPE LECLERC. ■ Due popoli vivono un eterno conflitto. I Pyross fuggono la pioggia e hanno nel sole la loro forza, viceversa fanno gli Hydross. Come novelli Romeo e Giulietta, il guerriero Pyross Skan e Kallisto figlia della pioggia vivono un amore impossibile. L'animazione francese è in netta evoluzione, anche se la lavorazione di base si attua in Corea. ■ ANIMAZIONE; COL.; 86'; FRANCIA, 2003.

FIGLI DELLA POLVERE ★★
Regia di MEL DAMSKI. Con MELISSA CHAN, ANTHONY JOHN DENINSON, CHERYL LADD. ■ La foto di una bambina vietnamita su un giornale fa ricordare al reduce Barry il suo passato di soldato in Vietnam. Più di dieci anni prima aveva abbandonato una giovane donna che aspettava un figlio da lui. Gli sorge il dubbio che la bambina della foto sia la sua. Il problema è che nel frattempo si è sposato ed è felice con sua moglie. ■ DRAMMATICO; COL.; 100'; USA, 1988.

FIGLI DELLA STRADA, I *(L'enfer des anges)* ★★
Regia di CHRISTIAN-JAQUE. Con LOUISE CARLETTI, JEAN CLAUDIO. ■ Tratta il problema dell'infanzia abbandonata nei bassifondi di Parigi. ■ DRAMMATICO; B/N; 96'; FRANCIA, 1939.

FIGLI DELLA TEMPESTA, I ★★
(Das Pestalozzis Dorf – The Village)
Regia di LEOPOLD LINDTBERG. Con EVA DAHLBECK, JOHN JUSTIN. ■ Nel villaggio intitolato a Pestalozzi, il grande teorico svizzero dei problemi dell'infanzia, sono raccolti duecento bambini orfani di guerra, affidati alle cure degli educatori Alan e Wanda, tra i quali nasce un sentimento di profondo affetto. ■ DRAMMATICO; B/N; 94'; SVIZZERA, 1952.

FIGLI DELLA VIOLENZA, I *(Los olvidados)* ★★★
Regia di LUIS BUÑUEL. Con ROBERTO COBO, ALMA DELIA FUENTES, MIGUEL INCLAN, ESTELA INDA, ALFONSO MEJIA. ■ Primo premio per la regia al Festival di Cannes del 1951, il film affronta uno dei temi centrali del grande regista: quello sociale. È la vicenda di due adolescenti, Jaibo e Pedro, ambientata in un sobborgo povero di Città del Messico. Jaibo – che è stato in riformatorio – spinge il compagno ad una serie di azioni di delinquenza, giustificate dalla miseria e dalla bestialità in cui entrambi sono cresciuti. ■ DRAMMATICO; B/N; 88'; MESSICO, 1950. ■ CANNES 1 PR.

FIGLI DEL LEOPARDO, I ★
Regia di SERGIO CORBUCCI. Con FRANCO FRANCHI, CICCIO INGRASSIA, RAIMONDO VIANELLO. ■ La pellicola appartiene a uno dei filoni popolari del cinema italiano. Tratta di due vagabondi – figli illegittimi di Maria Rosa e dello spiantato barone Tulicò, detto il "Leopardo" – che costringono il padre alle nozze "riparatrici". ■ COMMEDIA; COL.; 95'; ITALIA, 1955.

FIGLI DELLE STELLE ★★
Regia di LUCIO PELLEGRINI. Con GIUSEPPE BATTISTON, PIERFRANCESCO FAVINO, CLAUDIA PANDOLFI, PAOLO SASSANELLI, FABIO VOLO. ■ La morte sul lavoro di un giovane portuale di Marghera convince il collega e amico Toni a partecipare a una trasmissione televisiva e a confrontarsi con l'impopolare ministro Gerardi. Il pudore e la naturale timidezza impediscono al ragazzo di ribattere e di rivendicare il proprio diritto alla sicurezza. Fuggito e inseguito da Marilù, una giornalista sensibile e disponibile a dare voce ai perdenti, Toni incontra fortuitamente Pepe, istruttore ISEF precario col sogno della supplenza, e Ramon, scarcerato disilluso a un passo dall'infarto. Grandi sognatori, votati a un più modesto destino, decidono di sequestrare Gerardi e di risarcire coi soldi del riscatto il dolore della vedova di Marghera. Ma niente andrà secondo i piani stabiliti. ■ COMMEDIA; COL.; 102'; ITALIA, 2010.

FIGLI DELL'ETNA – VENDETTA DI FUOCO, I ★
Regia di R. ZONA. Con CETTINA MACRÌ, FLAVIA PINO, ROLANDO RAVELLO. ■ Rocco ama Nedda, ma ha anche una relazione con Clara. Nedda, sentendosi tradita, è decisa a sposare il pittore Arturo. Dopo un tentativo fallito di impedire le nozze, Rocco impazzisce e muore travolto dalla lava dell'Etna. ■ DRAMMATICO; B/N; 93'; ITALIA, 1955.

FIGLI DELLO SPAZIO, I *(The Space Children)* ★★
Regia di JACK ARNOLD. Con MICHAEL RAY, PEGGY WEBER, ADAM WILLIAMS. ■ In una base missilistica degli Stati Uniti, si svolge una strana battaglia tra i tecnici che hanno in programma il lancio di un nuovo super-missile e dei bambini dotati di poteri quasi magici che, guidati da un extraterrestre, tentano di impedire il lancio dell'apparecchio. ■ FANTASCIENZA; B/N; 69'; USA, 1958.

FIGLI DEL MARCHESE LUCERA, I ★★
Regia di AMLETO PALERMI. Con CATERINA BORATTO, GINO CERVI, ARMANDO FALCONI, SERGIO TOFANO. ■ Due spiantati diventano complici in imprese poco pulite per fare un po' di soldi. In una di queste il marchese Lucera, uno dei due amici, si imbatte casualmente in una ragazza che risulta essere sua figlia. La aiuterà a sposarsi. ■ COMMEDIA; B/N; 91'; ITALIA, 1938.

FIGLI DEL MARE, I *(Johnny Frenchman)* ★★
Regia di CHARLES FREND. Con PATRICIA ROC, FRANÇOISE ROSAY, TOM WALLS. ■ Sulle due sponde della Manica, la gente di mare inglese e francese è in contrasto per motivi patriottici. La barriera della nazionalità è presto superata. ■ COMMEDIA; B/N; 105'; GRAN BRETAGNA, 1945.

FIGLI DEL SECOLO, I *(Money from Home)* ★★★
Regia di GEORGE MARSHALL. Con PAT CROWLEY, JERRY LEWIS,

DEAN MARTIN, MARIE MILLER. ■ Nell'ambiente delle corse di cavalli, Nelson, un allibratore di dubbia fama, viene ricattato da un gangster e costretto a losche azioni ai danni della giovane Phillis Leigh e del cavallo di sua proprietà, ma Nelson si innamora di Phillis e passa dalla sua parte. ■ COMMEDIA; COL.; 100'; USA, 1954.

FIGLI DEL SECOLO, I *(Les enfants du siècle)* ★★
Regia di DIANE KURYS. Con JULIETTE BINOCHE, ISABELLE CARRÉ, PATRICK CHESNAIS, STEFANO DIONISI, BENOÎT MAGIMEL, MARIE-FRANCE MIGNAL, DENIS PODALYDÈS, KARIN VIARD. ■ Alfred de Musset e George Sand sono belli, ricchi, intelligenti e maledetti. Lui poeta disilluso e vizioso, lei giornalista e scrittrice di successo, altera, passionale e androgina: nasce un amore tormentato che sfocerà in tragedia. Abbandonato nei magazzini per oltre sette anni, il film ripropone con una certa efficacia il tema dell'amore matto e disperatissimo. Girare film che raccontino sentimenti tragici, per di più ambientati in un contesto cultural-letterario, non è mai cosa facile. Il tentativo della Kurys è dunque apprezzabile. ■ BIOGRAFICO; COL.; 135; FRANCIA, 1999.

FIGLI DI ANNIBALE ★★
Regia di DAVIDE FERRARIO. Con DIEGO ABATANTUONO, VALENTINA CERVI, UGO CONTI, FLAVIO INSINNA, SILVIO ORLANDO. ■ Orlando è un poveraccio che fa una rapina in banca, prende trecento milioni e Abatantuono come ostaggio, il quale approfitta della situazione e diventa complice del rapinatore: abbandona la famiglia e induce il poveraccio a fuggire in Africa invece che in Svizzera. Ai due si unirà un fidanzato carabiniere di Abatantuono, e alla fine anche la figlia, che scopre in allegria la bisessualità del padre. Riescono a raggiungere l'Egitto, ma non è come pensavano. Ferrario riprende il tema della fuga totale caro al primo Salvatores. Diego sembra proprio uscito da uno di quei film. Dunque fuga, anarchia, libertà da tutte le convenzioni. Risulta che anche la sessualità (intesa come normale) è una convenzione. Il film è "tollerabile", anche se non rappresenta il meglio di Ferrario: il profilo non si alza mai. ■ COMMEDIA; COL.; 92'; ITALIA, 1998.

FIGLI DI BRUCE LEE, I ★
Regia di HUAN FU CHING. Con CHENG HUNG LIE, TIEN PON, LON TIUNG. ■ La famiglia del campione di kung-fu, Bruce Lee, viene sterminata dai cattivi di turno. Scampano al massacro due soli fratellini che la vita subito separa. Entrambi divengono abilissimi nelle arti marziali e sognano la vendetta. Prima di attuarla si troveranno però opposti in un incontro (non si conoscono) che vedrà la morte di uno dei due. ■ AVVENTURA; COL.; 94'; HONG KONG, 1973.

FIGLI DI EROI *(Allons enfants)* ★★★
Regia di YVES BOISSET. Con JEAN-PIERRE AUMONT, JEAN CARMET, DANIEL MESGUICH. ■ Dal romanzo di Yves Gibeau. Il titolo che richiama le prime parole della *Marsigliese*, è ironico e magari sarcastico. Il film (come il libro) è una durissima requisitoria contro il militarismo e contro la retorica patriottarda che fa, dei ragazzi, delle vere vittime predestinate nelle guerre scatenate dagli adulti. Protagonista è un ragazzo di testa forte che si ribella alla logica della guerra e per il suo contegno insofferente è cacciato dalla scuola militare. Ma non ha scampo. Sarà immolato anche lui, come tanti coetanei, sui campi di battaglia della prima guerra mondiale. ■ DRAMMATICO; COL.; 118'; FRANCIA, 1981.

FIGLI DI GENGIS KHAN, I *(La passe du diable)* ★★
Regia di JACQUES DUPONT, PIERRE SCHOENDOERFFER. ■ Girato in Afghanistan, narra la leggenda del piccolo Raim che va alla ricerca del fratello Mochi impegnato in una importante gara equestre nella capitale. Viene travolto dall'ondata dei cavalieri che giostrano in campo senza riuscire a vedere il trionfo del fratello. ■ DOCUMENTARIO; COL.; 92'; FRANCIA, ITALIA, 1956.

FIGLI DI LUSSO, I *(Sweepings)* ★★★
Regia di JOHN CROMWELL. Con LIONEL BARRYMORE, GLORIA STUART, WILLIAM GARGAN. ■ I figli di un ricco ebreo si ribellano ai rigidi principi di vita del padre sperperandone il patrimonio tra night-club e bagordi. Quando il padre muore, i giovani si ravvedono e si mettono al lavoro con impegno. ■ DRAMMATICO; B/N; 80'; USA, 1933.

FIGLI DI NESSUNO, I ★★★
Regia di UBALDO MARIA DEL COLLE. Con UBALDO MARIA DEL COLLE, LEDA GYS, ERMANNO ROVERI. ■ Si tratta della prima versione del romanzo di Roberto Rindi. Meno conosciuta di quella diretta da Matarazzo, è divisa in tre storie: *Inferno bianco*, *Suor Dolore* e *Balilla*. Ambientato a Carrara, ebbe alcuni tagli da parte della censura perché troppo realistico. Leda Gys ebbe un grande riconoscimento dal pubblico, come del resto il film. ■ DRAMMATICO; B/N; 92'; ITALIA, 192[illegible].

FIGLI DI NESSUNO, I ★★★
Regia di RAFFAELLO MATARAZZO. Con AMEDEO NAZZARI, FRANÇOISE ROSAY, YVONNE SANSON. ■ Guido, proprietario di una cava di marmo, e Luisa, figlia di un dipendente, si amano, ma il loro matrimonio è ostacolato dalle differenze sociali. Luisa, dopo aver dato alla luce un bambino che però le viene fatto rapire dalla madre di Guido, decide di prendere il velo. Guido, credendola morta, si sposa. Solo poco prima di morire il figlio scoprirà l'identità dei genitori. ■ DRAMMATICO; B/N; 105'; ITALIA, 1951.

FIGLI DI NESSUNO, I ★★
Regia di BRUNO A. GABURRO. Con ERIKA BLANC, SARA SPERATI, GABRIELE TINTI. ■ È la riedizione, meno fortunata, del film di Matarazzo. ■ DRAMMATICO; COL.; 91'; ITALIA, 1974.

FIGLI DI SANCHEZ, I *(Children of Sanchez)* ★★
Regia di HALL BARTLETT. Con DOLORES DEL RIO, KATY JURADO, ANTHONY QUINN. ■ Anthony Quinn è una sorta di Zorba messicano che dura molta fatica a tirare avanti con la sua tribù di figli. Ogni giorno, nella borgata dove abitano, è una lotta per la sopravvivenza. ■ DRAMMATICO; COL.; 93'; MESSICO, 1979. ■ GOLDEN GLOBES 1 NOM.

FIGLI DI UN DIO MINORE ★★★
(Children of a Lesser God)
Regia di RANDA HAINES. Con WILLIAM HURT, PIPER LAURIE, MARLEE MATLIN. ■ James Leeds, giovane insegnante dai metodi moderni, arriva in una scuola per audiolesi e immediatamente riscuote soddisfazioni insperate. Sarah Norman, ragazza sordomuta, addetta alle pulizie dell'istituto, ha un rifiuto psicologico all'aiuto di chicchessia, ma James, affascinato dalla vitalità intellettuale della giovane, se ne innamora e riesce a recuperare la volontà della ragazza. Pur con molte difficoltà, non ultimo il direttore dell'istituto che osteggia l'insegnante, Leeds riuscirà a far capire a Sarah che è lui che ha bisogno di lei. Meritato Oscar alla Matlin, portatrice vera di questo handicap, per la migliore interpretazione. ■ DRAMMATICO; COL.; 118'; USA, 1986. ■ BERLINO 1 PR; GOLDEN GLOBES 1 PR. 3 NOM; OSCAR 1 PR, 5 NOM.

FIGLI DI ZANNA BIANCA, I ★★
Regia di MAURIZIO PRADEAUX. Con SAL BORGESE, PETER FABIAN, ILEANA RIGANO. ■ La piccola Loretta, figlia di genitori separati, viene rapita contro una richiesta di riscatto di un miliardo di lire, che il nonno, ricco industriale, è disposto a pagare. Ma non ce ne sarà bisogno perché il cane Buck, messo sulle tracce di Loretta, riuscirà a trovarla. I genitori si riconcilieranno. ■ COMMEDIA; COL.; 90'; ITALIA, 1974.

FIGLI E AMANTI *(Sons and Lovers)* ★★
Regia di JACK CARDIFF. Con WENDY HILLER, TREVOR HOWARD, DEAN STOCKWELL, MARY URE. ■ Tratto dal romanzo di Lawrence. In una cittadina mineraria dell'Inghilterra regna la violenza. Paul, sensibile figlio di minatori, si innamora di Clara Dawes, una donna separata dal marito. Parte per trascorrere con lei una vacanza. Al suo ritorno una serie di contrarietà lo attendono: la madre si ammala e muore e Clara decide di ritornare dal marito. Il giovane, che non ha più radici nel paese, se ne va per sempre. ■ DRAMMATICO; B/N; 103'; GRAN BRETAGNA, 1960. ■ OSCAR 1 PR, 7 NOM.

FIGLIE DELLA CINA ★★★
Regia di CHAI CHIANG, TSE-FENG LING. Con CHANG OW CHENG, PO LI, YUEH SHEN. ■ I giapponesi invadono la Cina; una bambina viene salvata mentre il suo villaggio è distrutto. Quando i nemici attaccano una seconda volta, la bambina è diventata una donna e insieme ad altre sette compagne combatte disperatamente. Tutte preferiscono annegare piuttosto che arrendersi. ■ DRAMMATICO; B/N; 91'; CINA, 1949.

FIGLIE DELLO SCAPOLO, LE *(Bachelor's Daughters)* ★★
Regia di ANDREW L. STONE. Con ANN DVORAK, ADOLPHE MENJOU, GAIL RUSSELL. ■ Commedia brillante che ruota attorno ai piani architettati da quattro giovani commesse per trovare un marito, preferibilmente ricco. ■ COMMEDIA; B/N; 92′; USA, 1946.

FIGLIE DI DRACULA, LE *(Twins of Evie)* ★★
Regia di JOHN HOUGH. Con MARY COLLINSON, PETER CUSHING, DENNIS PRICE. ■ Una cupa cittadina della Germania è dominata da un conte-vampiro e da una confraternita dissoluta che dà la caccia alle donne giovani. Ciò eccita la curiosità di Frieda e spaventa Maria, la sua gemella. ■ HORROR; COL.; 87′; GRAN BRETAGNA, 1971.

FIGLIE DI JOSHUA CABE, LE ★
(The Daughters of Joshua Cabe)
Regia di PHILIP LEACOCK. Con SANDRA DEE, BUDDY EBSEN, LESLEY-ANN WARREN. ■ Una legge governativa assegna appezzamenti di terra in proporzione al numero dei componenti della famiglia, ma le tre figlie del colono Joshua Cabe non vogliono più vivere col padre. Questi adotterà tre giovani di dubbia educazione pur di ottenere la terra. ■ WESTERN; COL.; 78′; USA, 1976.

FIGLI NON SI TOCCANO, I ★
Regia di NELLO FERRARESE. Con CLARITA GATTO, PINO MAURO, ANNA MELITA. ■ Una banda di malviventi stranieri osa ostacolare l'egemonia del capo della "guapperia" napoletana. Per di più, rapiscono il figlio della sua ex donna e poi non stanno ai patti quando si tratta di rilasciarlo dietro riscatto. Il boss si scatenerà e sgominerà gli avversari francesi. ■ AVVENTURA; COL.; 90′; ITALIA, 1978.

FIGLI NON SI VENDONO, I ★★
Regia di MARIO BONNARD. Con PAOLA BARBARA, LEA PADOVANI, JACQUES SERNAS. ■ Luisa ha un bambino dal proprietario della ditta in cui lavora. L'uomo l'abbandona su pressione della madre, che vuole per lui un matrimonio ricco e offre a Luisa una somma per avere il bambino. Luisa risponde sdegnata che i figli non si vendono. Colpo di scena finale. ■ DRAMMATICO; B/N; 93′; ITALIA, 1952.

FIGLIO, IL *(Le fils)* ★★★
Regia di JEAN-PIERRE DARDENNE, LUC DARDENNE. Con OLIVIER GOURMET, MORGAN MARINNE, ISABELLA SOUPART. ■ Luc Dardenne, il regista di Rosetta vincitore a Cannes nel 1999 torna con un film che narra la storia di Olivier, un maestro falegname, che addestra alla professione giovani disadattati di in programma di riabilitazione e che adesso accoglie un giovane appena uscito al carcere minorile. Il giovane ha ucciso un bambino durante un furto, il bambino è il figlio di Oliver. Verso il ragazzo, che non sa chi sia Olivier, l'uomo alterna momenti di risentimento con altri di desiderio di capire sempre combattuto tra un impulso di vendetta e uno di pietà. Il drammatico chiarimento finale sfocerà in un perdono sincero e in un ravvedimento che nessuna istituzione repressiva e riabilitativa avrebbe potuto ottenere. Opera intensa e drammatica girata con una macchina a mano che segue nervosamente i protagonisti per carpirne i più nascosti pensieri. ■ DRAMMATICO; COL.; 103′; BELGIO, FRANCIA, 2001. ■ CANNES 1 PR.

FIGLIOCCIO DEL PADRINO, IL ★★
Regia di MARIANO LAURENTI. Con LAURA BELLI, FRANCO FRANCHI, SARO URZÌ. ■ Un siculo seduttore, Oronzo Musumeci, va dall'America in Sicilia, ospite di don Salvatore Trizzino, che ha due piacenti figlie: Onesta e Apollonia. Apollonia, cui hanno già fatto fuori quattro mariti per motivi mafiosi, si innamora di Oronzo. ■ COMMEDIA; COL.; 91′; ITALIA, 1973.

FIGLIO CONTESO, IL *(Age of Indiscretion)* ★★
Regia di EDWARD LUDWIG. Con MADGE EVANS, PAUL LUKAS. ■ Una donna lascia il marito e il bambino e convola a nuove nozze. La madre di lei, per non perdere il nipotino, accusa l'ex genero di una relazione con la segretaria. In effetti, egli ha stretto questo legame dopo che la moglie lo ha abbandonato. Il bambino resterà con il papà e la nuova mamma. ■ DRAMMATICO; B/N; 90′; USA, 1935.

FIGLIO CONTESO, IL *(The Divided Heart)* ★★
Regia di CHARLES CRICHTON. Con CORNELL BORCHERS, ARMIN DAHLEN, YVONNE MITCHELL. ■ Franz e Inga hanno adottato un bambino, Toni, e lo hanno allevato fino all'età di dieci anni. Apprendono ora che la vera madre è vivente: il bambino le era stato strappato dai tedeschi che l'avevano rinchiusa in un campo di concentramento. Straziante dilemma: il tribunale affiderà il bambino alla vera madre. ■ DRAMMATICO; B/N; 89′; GRAN BRETAGNA, 1954.

FIGLIO DEL CAPITANO BLOOD, IL ★★
Regia di TULIO DEMICHELI. Con SEAN FLYNN, JOSÉ NIETO, ALESSANDRA PANARO. ■ Robert, figlio del celebre capitano Blood, combatte i prepotenti e salva, alla fine, fidanzata e mamma. ■ AVVENTURA; COL.; 93′; ITALIA, 1962.

FIGLIO DEL CIRCO, IL ★
Regia di SERGIO GRIECO. Con ANTONELLA LUALDI, PIERRE MONDY, VITTORIO SANIPOLI. ■ Rocco è un ragazzo che vive in un circo. Maltrattato dal padre, ha solo un amico, un clown. Il ragazzo ha talento per il canto e il clown è il primo a scoprirlo. ■ COMMEDIA; B/N; 94′; ITALIA, 1963.

FIGLIO DEL CORSARO ROSSO, IL ★★
Regia di MARCO ELTER. Con MEMO BENASSI, LUISA FERIDA, PINA RENZI, VITTORIO SANNI. ■ Il truce marchese di Montelimar ha fatto uccidere il Corsaro Rosso e rapire la figlia, che intende sposare perché ricchissima. Ma il figlio del corsaro, dopo mille intrighi e combattimenti, uccide il malvagio e libera la sorella. ■ AVVENTURA; B/N; 91′; ITALIA, 1941.

FIGLIO DEL CORSARO ROSSO, IL ★★
Regia di PRIMO ZEGLIO. Con LEX BARKER, VICKY LAGOS, SYLVIA LOPEZ, VIRA SILENTI. ■ Il conte Enrico di Ventimiglia, figlio del Corsaro Rosso, è alla ricerca del filibustiere Van Hais, che ha tradito il padre, e di sua sorella, rapita dal governatore di Panama. Uccide sia il filibustiere che il governatore, e recupera la sorella. ■ AVVENTURA; COL.; 94′; ITALIA, 1958.

FIGLIO DEL DELITTO, IL *(Red Canyon)* ★★
Regia di GEORGE SHERMAN. Con ANN BLYTH, GEORGE BRENT, HOWARD DUFF. ■ Un giovane e onesto cowboy uccide in duello il padre e il fratello, ladri di cavalli, per amore della giovane figlia di un allevatore. ■ AVVENTURA; COL.; 82′; USA, 1949.

FIGLIO DEL DOTTOR JEKYLL, IL ★★
(The Son of Dr. Jekyll)
Regia di SEYMOUR M. FRIEDMAN. Con LOUIS HAYWARD, JODY LAWRENCE. ■ Dopo la drammatica morte del dottor Jekyll, il figlio viene allevato da due scienziati suoi amici ma, diventato adulto, non ha altra ambizione che proseguire i pericolosi studi del padre. ■ FANTASTICO; B/N; 77′; USA, 1951.

FIGLIO DEL FULMINE, IL ★★
(Thunderhead – Son of Flicka)
Regia di LOUIS KING. Con PRESTON FOSTER, RODDY MCDOWALL. ■ Le giumente di un ranch fuggono, attirate da uno splendido stallone selvaggio dal mantello bianco. Una cavalla baia dà alla luce un puledro bianco, Folgore, che diventerà il re della prateria. ■ AVVENTURA; B/N; 78′; USA, 1945.

FIGLIO DEL GANGSTER, IL *(Gangster's Boy)* ★★
Regia di WILLIAM NIGH. Con JACKIE COOPER, LUCY GILMAN. ■ Un gangster pentito ritorna improvvisamente a casa per riabbracciare il figlio, appena ammesso all'Accademia militare. La cosa non rallegra il giovane, che teme di vedere compromessa la carriera. Ma l'ex gangster sa riconquistarsi la stima dei cittadini. ■ DRAMMATICO; B/N; 80′; USA, 1938.

FIGLIO DEL GANGSTER, IL *(Comme un boomerang)* ★★
Regia di JOSÈ GIOVANNI. Con ALAIN DELON, CARLA GRAVINA, LOUIS JULIEN, PIERRE MAGUELON, CHARLES VANEL. ■ Il diciassettenne Eddy Batkin, maneggiando un fucile nel corso di un festino a base di droga, uccide il brigadiere Grimaldi. Il padre del ragazzo (un ex gangster divenuto apprezzato industriale), ne affida la difesa ad uno dei migliori avvocati. La vedova del poliziotto sarebbe anche disposta a perdonare, ma l'opinione pubblica è tutta contro "il figlio del gangster". ■ DRAMMATICO; COL.; 100′; FRANCIA, 1976.

FIGLIO DELLA FURIA, IL *(Son of Fury)* ★★★
Regia di JOHN CROMWELL. Con FRANCES FARMER, TYRONE

POWER, GEORGE SANDERS, GENE TIERNEY, ELSA LANCHESTER, JOHN CARRADINE. ■ Inghilterra, inizio dell'Ottocento. Il giovane Blake, per sfuggire alle persecuzioni di un cugino, cerca scampo alle isole Marchesi dove incontra una bella indigena. Fa fortuna con la pesca delle perle e torna a Londra a punire il cugino. ■ AVVENTURA; B/N; 98′; USA, 1942.

FIGLIO DELLA GIUNGLA, IL *(Bomba the Jungle Boy)* ★★
Regia di FORD BEEBE. Con PEGGY ANN GARNER, JOHNNY SHEFFIELD, ONSLOW STEVENS. ■ Uno dei film dell'inesauribile filone su Tarzan. La trama è quella usuale: una giovane componente di una spedizione fotografica in Africa si smarrisce nella giungla e viene soccorsa dall'uomo scimmia che, dopo mille peripezie, la riporta in salvo con tutta la compagnia. ■ AVVENTURA; B/N; 70′; USA, 1949.

FIGLIO DELL'ALTRA, IL *(Le Fils de l'Autre)* ★★★
Regia di LORRAINE LÉVY. Con MEHDI DEHBI, EMMANUELLE DEVOS, PASCAL ELBÉ, AREEN OMARI, JULES SITRUK. ■ Joseph Silberg è un ragazzo israeliano che sogna di scrivere canzoni, ma la leva obbligatoria nell'esercito è la dura realtà. Figlio di un ufficiale e di una dottoressa, durante la visita militare scopre che il suo gruppo sanguigno non è compatibile con quello dei genitori. Scambiato diciotto anni prima con Yacine Al Bezaaz, palestinese dei territori occupati della Cisgiordania, Joseph è sconvolto e confuso. La rivelazione getta nel caos le rispettive famiglie che provano a incontrarsi e accorciare le distanze culturali. Ma le "questioni politiche" hanno la meglio sul buon senso e sui padri, che finiscono per rinfacciarsi in salotto il dolore dei rispettivi popoli. Il film della Lévy conduce il conflitto e la convivenza tra israeliani e palestinesi, mai privi di lotte e di lutti, a una dimensione quotidiana e privata, provando a cogliere l'essenza e insieme l'universalità dell'infinita vicenda mediorientale, attraverso idee veicolate dai personaggi. ■ DRAMMATICO; COL.; 105′; FRANCIA, 2012.

FIGLIO DELL'AMICA DELLA MADRE DI WADECK, IL *(Wadeck's Mother's Friend's Son)* ★★
Regia di ARNOLD BARKUS. Con ARNOLD BARKUS, RANKO CHEPIN, ZAZIE DINEV. ■ Anton è un marinaio polacco che giunge a New York e che spera di essere ospitato da un cocainomane. Dopo due giorni di assedio riuscirà a entrare in casa. Comicità a mezza via tra Buster Keaton e il Peter Sellers di *Oltre il giardino*. ■ COMICO; COL.; 87′; USA, 1992.

FIGLIO DELL'AMORE, IL ★★
(The Secret of Madame Blanche)
Regia di CHARLES BRABIN. Con LIONEL ATWILL, IRENE DUNNE, PHILLIPS HOLMES. ■ Madame Blanche è affascinante e un po' misteriosa. Il suo segreto è un figlio del quale non può rivelare l'esistenza. Ma alla fine tutto si aggiusta. ■ DRAMMATICO; B/N; 90′; USA, 1933.

FIGLIO DELLA PANTERA ROSA, IL ★★
(Son of the Pink Panther)
Regia di BLAKE EDWARDS. Con ROBERTO BENIGNI, CLAUDIA CARDINALE, DEBRAH FARENTINO, HERBERT LOM. ■ In questo ottavo episodio della saga della pantera rosa, troviamo il figlio dell'ispettore Clouseau che sgomina una banda di rapinatori. L'ostaggio è l'affascinante nipote dello sceicco. Nel cast anche Claudia Cardinale che aveva partecipato al primo episodio della serie. ■ COMMEDIA; COL.; 92′; USA, 1993.

FIGLIO DELLA SEPOLTA VIVA, IL ★★
Regia di ANDRÉ COLBERT. Con GIANNI CAVINA, EVA CZEMERYS, FRED ROBSHAM. ■ Nella Francia del Settecento la duchessa di Cambise ne fa di tutti i colori, ficcando in galera il legittimo erede al titolo ed eliminando i rivali. Un frate e un buffone mettono però fine alle sue angherie. ■ DRAMMATICO; COL.; 93′; ITALIA, 1974.

FIGLIO DELLA SPOSA, IL *(El hijo de la novia)* ★★
Regia di JUAN JOSÉ CAMPANELLA. Con NORMA ALEANDRO, HECTOR ALTERIO, RICARDO DARIN, CLAUDIA FONTÀN, EDUARDO BLANCO. ■ Rafael Belvedere ha 42 anni, è proprietario di un ristorante, è divorziato, ha una bellissima fidanzata che lo ama sinceramente, una figlia incantevole, un amico sincero, e due genitori che tra mille acciacchi gli dimostrano tanto affetto: più o meno tutto quello che si potrebbe desiderare dalla vita. Invece Rafael è apatico, scontroso, passa le giornate a cambiare canale in tv tra una litigata e l'altra al telefono coi fornitori del suo ristorante. Ma quando un violento attacco di cuore lo porta a un soffio dalla morte, le cose cominciano a cambiare. A partire dalla decisione di aiutare i genitori a sposarsi in chiesa, nonostante l'Alzheimer della madre ponga non pochi ostacoli. ■ COMMEDIA; COL.; 123′; ARGENTINA, SPAGNA, 2001. ■ OSCAR 1 NOM.

FIGLIO DELLA STRADA, IL *(Un fils d'Amerique)* ★★
Regia di CARMINE GALLONE. Con ANNABELLA, ALBERT PRÉJEAN, SIMONE SIMON. ■ Un giovanotto per denaro accetta di passare per il figlio scomparso di un vecchio signore. Ma si innamora della sorella. ■ DRAMMATICO; B/N; 91′; FRANCIA, 1932.

FIGLIO DELLA TEMPESTA, IL *(Deep Waters)* ★★★
Regia di HENRY KING. Con DANA ANDREWS, JEAN PETERS. ■ Donny, ragazzo dodicenne, è affascinato dal mare, ma la sua tutrice Anna vuole invece tenervelo lontano, poiché in mare sono morti i suoi genitori. Per seguire la sua passione il ragazzo fugge, ruba, finisce in riformatorio. Tutto si risolve quando viene adottato dalla buona Anna. ■ DRAMMATICO; B/N; 85′; USA, 1948. ■ OSCAR 1 NOM.

FIGLIO DELLE STELLE ★★
Regia di CARLO VANZINA. Con ANNE-MARIE CARELL, JENNIFER JENNER, ALAN SORRENTI. ■ L'aspirante cantautore Daniel diviene presto celebre e intreccia una relazione con una bellissima, ma fredda indossatrice. L'amore sincero di una modesta fanciulla aggiusterà tutto. ■ SENTIMENTALE; COL.; 91′; ITALIA, 1979.

FIGLIO DELLE TENEBRE ★★
(Child of Darkness, Child of Light)
Regia di MARINA SARGENTI. Con BRAD DAVIS, ANTHON JOHN DENISON, PAXTON WHITEHEAD. ■ In Pennsylvania un'antica terrificante profezia sembra sul punto di avverarsi. Due vergini stanno per partorire. Un horror interessante per il semplice fatto che è diretto al femminile (cosa piuttosto rara). ■ HORROR; COL.; 82′; USA, 1991.

FIGLIO DELL'INDIA, IL *(Son of India)* ★★★
Regia di JACQUES FEYDER. Con MADGE EVANS, CONRAD NAGEL, RAMON NOVARRO, C. AUBREY SMITH. ■ Amori e avventure ambientati in India, con contorno di cacce alla tigre, elefanti e banditi. ■ AVVENTURA; B/N; 91′; USA, 1931.

FIGLIO DELL'INFERNO, IL *(To Devil a Son)* ★★
Regia di DERYN WARREN. Con ANTHONY JENKINS, AARIN TEICH. ■ Un genitore poco raccomandabile rifila un diabolico sortilegio al figlio adolescente. Diventerà un servo del demonio in terra, se nessuno lo ferma. Un compagno di scuola del ragazzo si piglia il gravoso incarico. ■ HORROR; COL.; 92′; USA, 1987.

FIGLIO DELLO SCEICCO, IL *(The Son of the Sheik)* ★★★
Regia di GEORGE FITZMAURICE. Con WILMA BANKY, GEORGE FAWCETT, RODOLFO VALENTINO ■ Uno dei film mitici interpretati da Rodolfo Valentino. In questo caso recita nel doppio ruolo di padre e figlio. Il figlio dello sceicco, Ahmed, si innamora di una danzatrice e finisce in mano a Ghabah il Moro. Credendo la ragazza sua complice si libera e la violenta. Il padre non approva e Ahmed scoprirà la verità solo quando la danzatrice sarà rapita da Ghabah. Lieto fine. ■ AVVENTURA; B/N; 75′; USA, 1926.

FIGLIO DELLO SCEICCO, IL ★★
Regia di MARIO COSTA. Con ALBERTO FARNESE, CRISTINA GAIONI, MOIRA ORFEI, GORDON SCOTT. ■ Kerim, figlio dello sceicco Hassan, si ribella al tiranno Omar che governa l'Egitto (siamo nel secolo scorso) e che gli ha ucciso la sorella. Meritandosi il nome di "Sceicco nero", sconfigge Omar e sposa la bella odalisca Fawzia. ■ AVVENTURA; COL.; 90′; ITALIA, 1962.

FIGLIO DELLO SCEICCO, IL ★★
Regia di BRUNO CORBUCCI. Con GILLE KIRSTEN, TOMAS MILIAN, BO SVENSON. ■ Uno sceicco vecchio e malato, privo di eredi, è contrariato dal fatto di dover lasciare le sue proprietà al losco fratello. Il fedele consigliere dello sceicco scopre però che questi, nel corso di un soggiorno a Roma, ha avuto un figlio da una cameriera dell'albergo. Ma non è il solo ad aver individuato il rampollo: c'è chi lo cerca per eliminarlo. Il giovanotto ne pas-

serà di tutti i colori e, alla fine, ritornerà alla sua normale vita di benzinaio. ■ COMMEDIA; COL.; 100′; ITALIA, 1978.

FIGLIO DELL'UOMO, IL ★★
Regia di VIRGILIO SABEL. Con ELIO DEL DUCA, FIORELLA MARI, EUGENIO VALENTI. ■ La nascita nella grotta di Betlemme, la predicazione, il martirio di Gesù Cristo narrati con discreta dignità artistica. ■ RELIGIOSO; B/N; 92′; ITALIA, 1954.

FIGLIO DEL TEXAS, IL *(Return of the Texan)* ★★
Regia di DELMER DAVES. Con WALTER BRENNAN, JOANNE DRU, DALE ROBERTSON. ■ Sam, ex agricoltore rimasto vedovo, torna alla fattoria che aveva abbandonato nell'illusione di far fortuna in città. S'innamora di Anna, cognata del suo vicino ma questi, prepotente, lo maltratta. Ma Anna accorre nel momento del bisogno e resta con lui. ■ DRAMMATICO; B/N; 88′; USA, 1952.

FIGLIO DI ALÌ BABÀ, IL *(Son of Ali Baba)* ★★
Regia di KURT NEUMANN. Con SUSAN CABOT, TONY CURTIS, PIPER LAURIE. ■ I quaranta ladroni sono ormai acqua passata: Ali Babà è un tranquillo vecchio che pensa all'avvenire del figlio Kashma, brillante cadetto dell'Accademia Militare di Bagdad. Ma il perfido Califfo trama e invia la bella Azura a circuire il giovane, del quale ovviamente lei s'innamora. Lieto fine. ■ AVVENTURA; COL.; 75′; USA, 1951.

FIGLIO DI AQUILA NERA, IL ★★
Regia di JAMES REED. Con EDWIGE FENECH, DICK PALMER, FRANCO RESSEL, INGRID SCHOELLER. ■ Il frivolo Alessio è in realtà il capo della rivolta dei cosacchi nella Russia di Alessandro II e prosegue la lotta iniziata dal padre, il leggendario Aquila Nera. Catturato, viene condannato a morte, ma è salvato *in extremis*. ■ AVVENTURA; COL.; 90′; ITALIA, 1968.

FIGLIO DI BABBO NATALE 3D, IL *(Arthur Christmas)* ★★
Regia di SARAH SMITH, BARRY COOK. Con JIM BROADBENT, HUGH LAURIE, JAMES MCAVOY, BILL NIGHY, IMELDA STAUNTON. ■ Una domanda attraversa le menti dei bambini del mondo: come fa Babbo Natale a recapitare i regali in tutto il pianeta, nell'arco di una sola notte? Semplice: grazie alla slitta-astronave S-1 e ad un esercito di elfi allenati a non impiegare più di 18,14 secondi per casa. ■ ANIMAZIONE; COL.; 98′; GRAN BRETAGNA, USA, 2011.

FIGLIO DI BAKUNIN, IL ★★★
Regia di GIANFRANCO CABIDDU. Con PAOLO BONACELLI, MASSIMO BONETTI, CLAUDIO BOTOSSO, RENATO CARPENTIERI, LAURA DEL SOL, FAUSTO SIDDI. ■ Sardegna. Fine anni Trenta. Antonio Saba è uno spirito libertario tanto da essere soprannominato Bakunìn. Suo figlio Tullio ne seguirà le orme divenendo un eroe popolare. Giuseppe Tornatore produce un film che contribuisce a conservare la memoria collettiva su un passato recente che sembra inesorabilmente lontano. ■ STORICO; COL.; 110′; ITALIA, 1997.

FIGLIO DI CAROLINE CHÉRIE, IL ★★
(Le fils de Caroline Chérie)
Regia di JEAN DEVAIVRE. Con BRIGITTE BARDOT, MAGALI NOËL, JEAN-CLAUDE PASCAL. ■ Vita e amori del marchese Juan D'Aranda, francese che si crede spagnolo, due volte condannato a morte e due volte salvato dall'intercessione di belle donne, nell'Europa napoleonica. ■ AVVENTURA; COL.; 105′; FRANCIA, 1954.

FIGLIO DI CLEOPATRA, IL ★
Regia di FERDINANDO BALDI. Con MARK DAMON, ARNOLDO FOÀ, SCILLA GABEL. ■ El Kebir, figlio naturale di Cesare e Cleopatra, si ribella a Petronio, il governatore romano posto in Egitto dall'imperatore Ottaviano. Dopo aver radunato alcune tribù di nomadi, rapisce la figlia del governatore per conquistarla alla sua causa, ma Petronio non cede. Sarà Ottaviano a sistemare le cose. ■ AVVENTURA; COL.; 90′; ITALIA, 1964.

FIGLIO DI D'ARTAGNAN, IL ★★
Regia di RICCARDO FREDA. Con GIANNA MARIA CANALE, FRANCA MARZI, CARLO NINCHI. ■ Il figlio del più celebre moschettiere non segue le orme paterne ed entra in convento. Per poco però: ne esce subito per vendicare l'uccisione del priore. ■ AVVENTURA; B/N; 86′; ITALIA, 1949.

FIGLIO DI DJANGO, IL ★★
Regia di OSVALDO CIVIRANI. Con GUY MADISON, INGRID SCHOELLER, GABRIELE TINTI. ■ Tracy, figlio di Django, unitosi ad un gruppo di pistoleri per vendicare la morte del padre, si converte alla fede cristiana grazie all'aiuto del reverendo Fleming. ■ WESTERN; B/N; 95′; ITALIA, 1967.

FIGLIO DI FRANKENSTEIN, IL ★★★
(Son of Frankenstein)
Regia di ROWLAND V. LEE. Con JOSEPHINE HUTCHINSON, BASIL RATHBONE. ■ Il figlio del barone Frankenstein torna al castello in cui il padre dette vita al mostro, che non è morto, ed è tenuto nascosto da un servitore. Scopre la sua esistenza, e la tiene a sua volta celata agli abitanti del villaggio, finché l'innaturale creatura rapisce il suo stesso nipotino. Il padre lo salva, e il mostro sparisce definitivamente. ■ HORROR; B/N; 95′; USA, 1939.

FIGLIO DI GIUDA, IL *(Elmer Gantry)* ★★★
Regia di RICHARD BROOKS. Con DEAN JAGGER, SHIRLEY JOHNS, ARTHUR KENNEDY, BURT LANCASTER, JEAN SIMMONS. ■ Elmer Gantry, ciarlatano vagabondo si unisce alla setta religiosa dei Revivalisti solo perché attratto da una sua componente, sorella Sharon. Quando la missione viaggiante giunge in una grande città, Elmer deve fare i conti con una ragazza che lui ha sedotto e abbandonato anni prima, ma riesce a liberarsi. Vorrebbe infine sposare Sharon, ma lei lo respinge. ■ DRAMMATICO; COL.; 145′; USA, 1960. ■ OSCAR 3 PR, 5 NOM.

FIGLIO DI GODZILLA, IL *(Gojirza no Musuko)* ★★
Regia di JUN FUKUDA. Con AKIHIKO HIRATA, AKIRA KUBO, BIBARI MAEDA, TADAO TAKASHIMA. ■ Un gruppo di scienziati, intento ad esperimenti di ibernazione in un atollo del Pacifico, scopre il figlio di Godzilla, un tremendo mostro preistorico che vive negli abissi del mare. ■ FANTASCIENZA; COL.; 92′; GIAPPONE, 1964.

FIGLIO DI IGNOTI *(Close to My Heart)* ★★
Regia di WILLIAM KEIGHLEY. Con RAY MILLAND, GENE TIERNEY. ■ Una giovane coppia di coniugi senza figli decide di adottare un neonato. Ma prima di farlo il marito Brade, che è giornalista, indaga e scopre che il piccino è figlio di un delinquente. Finisce ugualmente coll'adottarlo. ■ COMMEDIA; B/N; 90′; USA, 1951.

FIGLIO DI KING KONG, IL *(Son of Kong)* ★
Regia di ERNEST BEAUMONT SCHOEDSACK. Con ROBERT ARMSTRONG, HELEN MACK. ■ Lo scopritore di King Kong, Denham, fugge da New York e torna sull'isola in cui lo ha trovato, alla ricerca d'un tesoro. Qui si imbatte in un altro mostro, figlio di Kong, che lo salva da un nubifragio. ■ AVVENTURA; B/N; 70′; USA, 1933.

FIGLIO DI KOCISS, IL *(Taza, Son of Cochise)* ★★
Regia di DOUGLAS SIRK. Con ROCK HUDSON, BARBARA RUSH. ■ Taza, figlio del leggendario capo apache Kociss, vorrebbe vivere in pace con i bianchi, ma il fratello Naice, guerrafondaio, non la pensa invece allo stesso modo alleandosi anche con il bellicoso Geronimo. La spunta Taza. ■ AVVENTURA; COL.; 79′; USA, 1954.

FIGLIO DI LAGARDÈRE, IL ★★
Regia di FERNANDO CERCHIO. Con ROSSANO BRAZZI, VITTORIO SANIPOLI, MILLY VITALE. ■ La cameriera Matilde non ha avuto il coraggio di uccidere il figlio del conte di Lagardère, a sua volta assassinato da sicari, e lo nasconde. Vent'anni dopo il giovane Filippo fa tremenda vendetta. ■ AVVENTURA; B/N; 91′; ITALIA, 1952.

FIGLIO DI LASSIE, IL *(Son of Lassie)* ★★
Regia di SYLVAN SIMON. Con DONALD CRISP, PETER LAWFORD, JUNE LOCKHART. ■ Laddie, figlio di Lassie, sale clandestino su un aereo militare, durante l'ultima guerra, per restare con il suo padrone diretto in Norvegia. ■ COMMEDIA; COL.; 102′; USA, 1945.

FIGLIO DI MONTECRISTO, IL ★★
(The Son of Montecristo)
Regia di ROWLAND V. LEE. Con FLORENCE BATES, JOAN BENNETT, LOUIS HAYWARD, GEORGE SANDERS. ■ Il figlio del famosissimo detenuto depone la sua spada ai piedi della granduchessa Elena, insidiata da un ambizioso dittatorello. Debella il turpe e impalma la granduchessa. ■ AVVENTURA; B/N; 102′; USA, 1941. ■ OSCAR 1 NOM.

FIGLIO DI ROBIN HOOD, IL *(Son of Robin Hood)* ★★★
Regia di HENRY LEVIN, GEORGE SHERMAN. Con ANITA LOUISE,

CORNEL WILDE. ■ Robin Hood, nel frattempo divenuto Pari d'Inghilterra per i servigi resi a re Riccardo Cuor di Leone tornato dalle Crociate, si ribella al reggente che intende abolire la Magna Charta. Il figlio Robert viene imprigionato e costretto a un duello. Il reggente lo tiene tre giorni senza cibo né acqua per indebolirlo, ma Lady Catherine lo nutre di nascosto. In piene forze, Robert uccide il cattivo. ■ AVVENTURA; COL.; 77'; USA, 1947.

FIGLIO DI SINBAD, IL *(Son of Sinbad)* ★★
Regia di TED TETZLAFF. Con SALLY FORREST, VINCENT PRICE, DALE ROBERTSON, LILLI ST CYR. ■ Sinbad, condannato a morte dal Califfo per essere penetrato nel palazzo reale alla ricerca d'una donna, si fa liberare in cambio della formula del "fuoco greco" con cui sconfiggere Tamerlano. ■ AVVENTURA; COL.; 88'; USA, 1955.

FIGLIO DI SPARTACUS, IL ★★
Regia di SERGIO CORBUCCI. Con GIANNA MARIA CANALE, CLAUDIO GORA, STEVE REEVES, JACQUES SERNAS. ■ Rando, figlio di Spartaco, catturato come schiavo dai Lidii, capeggia una rivolta contro Crasso. Sconfitto, sta per essere condannato a morte, ma Cesare lo grazia. ■ AVVENTURA; COL.; 92'; ITALIA, 1962.

FIGLIO DI TARZAN, IL *(Tarzan Finds a Son)* ★★
Regia di RICHARD THORPE. Con MAUREEN O'SULLIVAN, JOHNNY SHEFFIELD, JOHNNY WEISSMULLER. ■ Un aereo con due giovani coniugi precipita nella giungla. Si salva solo un bambino. È adottato da Tarzan e da Jane. ■ AVVENTURA; B/N; 90'; USA, 1939.

FIGLIO DI VISO PALLIDO, IL *(Son of Paleface)* ★★
Regia di FRANK TASHLIN. Con BOB HOPE, ROY ROGERS, JANE RUSSELL, BILL WILLIAMS. ■ "Viso Pallido", sterminatore di indiani, lascia a suo figlio un forziere vuoto. Ma il giovane, aiutato da una bella ragazza, che è a capo di una banda di rapinatori, riesce a recuperare il vero tesoro. ■ COMICO; COL.; 95'; USA, 1952. ■ OSCAR 1 NOM.

FIGLIO DI ZORRO, IL *(Son of Zorro)* ★
Regia di SPENCER GORDON BENNETT. Con GEORGE TURNER. ■ Un fantomatico uomo mascherato deruba i ricchi per dare ai poveri e fa giustizia dei soprusi: la solita storia. ■ AVVENTURA; B/N; 92'; USA, 1947.

FIGLIO DI ZORRO, IL ★★
Regia di FRANK G. CARROL. Con WILLIAM BERBER, FERNANDO SANCHO, ROBERT WIDMARK. ■ Il figlio di Zorro continua l'opera del padre nel sostenere i ribelli contro il governo dell'imperatore Massimiliano d'Austria. L'Alcalde di San Ramon, don Herrera, è dalla sua parte, ma viene ucciso da un traditore. Zorro junior lo vendica e ne impalma la figlia. ■ AVVENTURA; COL.; 90'; ITALIA, 1973.

FIGLIO D'OGGI, UN ★★
Regia di MARINO GIROLAMI. Con GINO CERVI, VALERIA FABRIZI, ENNIO GIROLAMI, ROBERTO RISSO. ■ Un giovane teddy boy, Renzo, compie il "salto di qualità" partecipando a un'estorsione ed entrando in una banda organizzata. Il capo di questa rimane ucciso in una rissa proprio con lui. Renzo dapprima tenta di fuggire all'estero, poi si costituisce alla polizia con l'intenzione di abbandonare il crimine. ■ DRAMMATICO; B/N; 92'; ITALIA, 1961.

FIGLIO, FIGLIO MIO! *(My Son, My Son!)* ★★★
Regia di CHARLES VIDOR. Con BRIAN AHERNE, MADELEINE CARROLL, LOUIS HAYWARD. ■ Un scrittore, rimasto vedovo, concentra tutto il suo affetto sul figlio che cresce viziato e che gli procura un'infinità di dispiaceri. Finalmente pentito, il giovane parte per il fronte e muore. ■ DRAMMATICO; B/N; 115'; USA, 1940. ■ OSCAR 1 NOM.

FIGLIOL PRODIGO, IL *(Der verlorene Sohn)* ★★
Regia di LUIS TRENKER. Con LUIS TRENKER, MARIA ANDERGAST, MARIAN MARSH. ■ Antonio lascia le natie montagne bavaresi per cercare fortuna a New York, dove spera di ritrovare una giovane ereditiera che ha guidato in un'escursione. Ma si scontra con una realtà durissima e decide di tornare al paesello. ■ DRAMMATICO; B/N; 94'; GERMANIA, 1934.

FIGLIO MIO, INFINITAMENTE CARO... ★★★
Regia di VALENTINO ORSINI. Con BEN GAZZARA, MARIANGELA MELATO, SERGIO RUBINI. ■ Paradossale storia di un avvocato che scopre che il figlio è un eroinomane. Per tirarlo fuori dal tunnel ce la mette tutta finendo per condividere la stessa vita del figlio. Sarà proprio la sua totale degradazione a scuotere il figlio che, ormai disintossicato, cerca di far superare la crisi di astinenza al padre, sperando in un futuro migliore. ■ DRAMMATICO; COL.; 114'; ITALIA, 1985.

FIGLIO MIO SONO INNOCENTE ★
Regia di CARLO CAIANO. Con MARIO DA VINCI, PIETRO DE VICO, DOLORES PALUMBO, CARLO TARANTO. ■ Un bravo ragazzo napoletano, rappresentante di commercio, non s'avvede che i padroni si servono di lui per un traffico di stupefacenti. La titolare dell'azienda vorrebbe togliersi un capriccio col giovanotto, ma lui la rifiuta. Allora lei passa al ricatto, tirandosi la proverbiale zappa sui piedi. ■ DRAMMATICO; COL.; 93'; ITALIA, 1978.

FIGLIO PERDUTO, IL *(The Lost Son)* ★
Regia di CHRIS MENGES. Con DANIEL AUTEUIL, KATRIN CARTLIDGE, MARIANNE DENICOURT, CIARAN HINDS, NASTASSJA KINSKI. ■ Il detective privato Xavier Lombard, ex poliziotto della narcotici trasferitosi da Parigi a Londra in seguito alla morte di moglie e figlia, si vede chiedere da un ex collega di ritrovargli il cognato fotografo. Scopre così un giro di pedofili. Film pesantemente didascalico. ■ DRAMMATICO; COL.; 102'; FRANCIA, GRAN BRETAGNA, 1999.

FIGLIO PIÙ PICCOLO, IL ★★
Regia di PUPI AVATI. Con CHRISTIAN DE SICA, LAURA MORANTE, NICOLA NOCELLA, SYDNE ROME, LUCA ZINGARETTI. ■ Luciano Baietti è un piccolo imprenditore scaltro e ambizioso che nel giorno stesso in cui sposa la donna da cui ha avuto due figli, scompare assieme a un eccentrico contabile appena uscito dal seminario. Diciotto anni dopo è dirigente della Baietti Enterprise, una delle più importanti società immobiliari del paese, nonché capo di un impero economico costruito su raccomandazioni, ricatti, società fantasma e connivenze politiche. Alla vigilia delle seconde nozze con una ricca romana politicamente in vista, Baietti richiama la prima moglie, che nel frattempo non ha mai smesso di amarlo, e il figlio più piccolo, Baldo, studente DAMS innamorato di film splatter, per invitarlo ad essere testimone di nozze e nuovo dirigente del suo impero. Il solito Avati eclettico, sognatore. ■ DRAMMATICO; COL.; 100'; ITALIA, 2010.

FIGLIO RAPITO, IL *(Bello recuerdo)* ★
Regia di ANTONIO DEL AMO ALGARA. Con SARA GARCIA, JOSELITO JIMENEZ, LIBERTAD LAMARQUE. ■ Rimasto orfano, il piccolo Joselito viene adottato dalla sua insegnante di musica che vive con la vecchia madre. Quando scopre che il ragazzo è erede di una grossa fortuna, l'ex tutore cerca di riprenderlo con sé, ma Joselito resterà per sempre con le due donne. ■ DRAMMATICO; B/N; 92'; SPAGNA, 1959.

FIGLI RIBELLI, I *(Where Are your Children?)* ★★
Regia di WILLIAM NIGH. Con JACKIE COOPER, PATRICIA MORRISON, GALE STORM. ■ Il film vuole dimostrare, attraverso le storie di alcuni giovani, che la delinquenza minorile è causata dall'eccessiva libertà concessa ai ragazzi dai genitori. ■ DRAMMATICO; B/N; 91'; USA, 1943.

FIGLI... SO' PEZZI 'E CORE, I ★
Regia di ALFONSO BRESCIA. Con CARLO GIUFFRÈ, MARIO MEROLA. ■ Il suonatore ambulante Tommaso (Merola), persi moglie e figlio, adotta illegalmente un altro bambino. Ma alla resa dei conti questo dovrà essere restituito al legittimo padre. Classica sceneggiata strappalacrime tipica del film di genere melò. ■ DRAMMATICO; COL.; 94'; ITALIA, 1981.

FIGLI TRADITI *(Pequeñeces)* ★★
Regia di JUAN DE ORDUÑA. Con AURORA BAUTISTA, JORGE MISTRAL. ■ Siamo in Spagna, sotto il regno di Alfonso XII, nel 1875. La bella contessa Curra Albornoz desta scandalo passando da un amante all'altro. Quando le muore il figlio Paquito il dolore la redime. ■ DRAMMATICO; B/N; 92'; SPAGNA, 1950.

FIGLIUOL PRODIGO, IL *(The Prodigal)* ★★
Regia di RICHARD THORPE. Con LOUIS CALHERN, EDMUND PURDOM, LANA TURNER. ■ Il babilonese Mica è in procinto di sposare Ruth, quando l'incontro con Samarra, conturbante sacerdo-

tessa di Astarte, sconvolge la sua vita. Rompe il fidanzamento, si fa dare dal padre la sua parte di patrimonio e fugge a Damasco per vivere con Samarra. Ma ben presto è ridotto in miseria e viene venduto come schiavo. Liberato, torna pentito dal padre, che, per festeggiare, fa uccidere il vitello grasso. ■ STORICO; COL.; 114′; USA, 1955.

FIGURINE ★★★
Regia di GIOVANNI ROBBIANO. Con ENZO JANNACCI, ELIANA MIGLIO, PIERO NATOLI, GIULIO SCARPATI. ■ 1969. Genova. Un bambino che frequenta le elementari si appassiona alla raccolta delle figurine dei calciatori. Gli adulti che lo circondano hanno pochi pregi e molti difetti. Robbiano realizza un piccolo "come eravamo" non dimenticando mai il senso della misura. ■ COMMEDIA; COL.; 99′; ITALIA, 1997.

FILE: PROGRAMMA MORTALE *(New World Disorder)* ★
Regia di RICHARD SPENCE. Con HARI DHILLON, TARA FITZGERALD, RUTGER HAUER, ANDREW MCCARTHY, ALUN RAGLAND. ■ Una banda di hacker criminali e psicopatici, capeggiati dal giovane Kurt Bishop, tentano di rubare i codici di un programma per la difesa dei computer dai virus che alcuni esperti informatici di Silicon Valley hanno creato. Ma i loro piani non vanno a buon fine e incappano nell'attempato detective David "The Coroner" Marx, che sa decisamente il fatto suo e si allea con la bella Kris Paddock, cervellona nel campo informatico. Ma quando questa viene sequestrata da Bishop, "The Coroner" darà il peggio di sé. ■ AZIONE; COL.; 94′; LUSSEMBURGO, USA, 1999.

FILIBUSTIERE DELLA COSTA D'ORO, IL ★★
(Mister Moses)
Regia di RONALD NEAME. Con CARROLL BAKER, ALEXANDER KNOX, ROBERT MITCHUM. ■ Joe, un americano vagabondo in Africa, capita in un villaggio che sta per essere evacuato per la costruzione di una diga. Egli si mette alla testa della tribù per guidarne l'esodo. ■ AVVENTURA; COL.; 113′; USA, 1964.

FILIBUSTIERI, I *(The Buccaneer)* ★★
Regia di CECIL B. DE MILLE. Con FRANZISKA GAAL, FREDRIC MARCH. ■ Il giovane pirata francese Lafitte comanda in Louisiana un'orda di bucanieri e combatte per la sua terra contro il dominio inglese. Si riscatta, ma deve partire in esilio. ■ AVVENTURA; B/N; 124′; USA, 1938. ■ OSCAR 1 NOM.

FILIBUSTIERI DEI MARI DEL SUD, I ★★
(Hell Ship Mutiny)
Regia di LEE SHOLEM, ELMO WILLIAMS. Con JOHN CARRADINE, JON HALL, PETER LORRE. ■ Il capitano Knight viene catturato da Malone, uno strano tipo di filibustiere, che obbliga i suoi prigionieri a pescare perle a grandi profondità. Tra i due si scatena una lunga lotta per il possesso di un favoloso tesoro sommerso. La spunta il capitano. ■ DRAMMATICO; B/N; 66′; USA, 1957.

FILIBUSTIERI DELLA FINANZA, I ★★★
(The Power and the Prize)
Regia di HENRY KOSTER. Con CHARLES COBURN, ELISABETH MÜLLER, ROBERT TAYLOR. ■ Cliff Barton, giovane dirigente industriale, vola a Londra per affari. Qui conosce un'affascinante vedova che gli fa dimenticare la fidanzata americana, nipote del presidente della ditta. Una società londinese gli propone inoltre affari poco chiari, per cui Cliff se ne ritorna a New York. Ma alla fine la spunta: diviene capo della holding e si sposa. ■ COMMEDIA; B/N; 98′; USA, 1956. ■ OSCAR 1 NOM.

FILIBUSTIERI DELLA MARTINICA, I ★★
(Marie des isles)
Regia di GEORGES COMBRET. Con BELINDA LEE, FOLCO LULLI, MAGALI NOËL. ■ Il giovane Jacques (siamo intorno al 1600) parte per la Martinica dove fa fortuna e diventa governatore dell'isola. Qui giunge anche una sua ex fiamma, Marie. Inutile dire che il gagliardo Jacques riconquista Marie. ■ AVVENTURA; COL.; 100′; FRANCIA, ITALIA, 1958.

FILIBUSTIERI DELLE ANTILLE, I ★★
(Double Crossbones)
Regia di CHARLES BARTON. Con HELENA CARTER, DONALD O'CONNOR. ■ David è un giovane sarto che viene scambiato per un terribile pirata. Divertente parodia musicale dei film pirateschi. ■ COMICO; COL.; 75′; USA, 1951.

FILIBUSTIERI IN GONNELLA *(The Sainted Sisters)* ★★
Regia di WLLIAM D. RUSSELL. Con JOAN CAULFIELD, BARRY FITZGERALD, VERONICA LAKE. ■ Due belle sorelle estorcono un'ingente somma a un vecchio dongiovanni. Ma, scoperte da un amico dello sceriffo, diventano a loro volta oggetto di uno strano ricatto. ■ COMICO; B/N; 89′; USA, 1948.

FILM ★★
Regia di A. SCHNEIDER. Con GIORGIO ALBERTI, MADDALENA CRIPPA, LAURA MORANTE, MONICA SCATTINI. ■ È la storia di Mara (Laura Morante) che ha smesso di fare l'attrice per scrivere un film. Il suo lavoro è però continuamente interrotto dalle sue amiche che si recano da lei in cerca di consigli e di conforto per le loro vicende personali: Monica (Monica Scattini), è stata appena lasciata da suo marito Giacomo (Vanni Corbellini), produttore cinematografico; Tazy (Naike Rivelli) passa da un amore all'altro; Vera (Maddalena Crippa) è incinta. Perché non scrivere un film su di loro? Questa l'idea di Mara che si mette subito all'opera, con conseguenze spiacevoli. A dominare in questo film è una certa superficialità. Peccato per Laura Morante, attrice di talento costretta a pronunciare battute banali. ■ COMMEDIA; COL.; 94′; ITALIA, 2000.

FILM D'AMORE E D'ANARCHIA OVVERO: STAMATTINA ALLE 10, IN VIA DEI FIORI, NELLA NOTA CASA DI TOLLERANZA... ★★★
Regia di LINA WERTMÜLLER. Con GIANCARLO GIANNINI, MARIANGELA MELATO, EROS PAGNI, LINA POLITO. ■ Siamo all'inizio degli anni Trenta. Il contadino lombardo Antonio Soffiantini, detto Tunin, scioccato per l'uccisione di un amico da parte dei carabinieri, va a Roma per uccidere Mussolini. Viene ospitato in una casa chiusa da una prostituta, Salomè. Arrestato e pestato dalla polizia politica Tunin muore in carcere, ma la sua morte viene fatta passare per suicidio. ■ COMMEDIA; COL.; 125′; ITALIA, 1973. ■ CANNES 1 PR.

FILMING OTHELLO ★★★
Regia di ORSON WELLES. Con HILTON EDWARDS, MICHAEL MACLIAMMOIR, ORSON WELLES. ■ Un interessantissimo "dietro le quinte" del celebre capolavoro di Welles, costruito a distanza di parecchi anni con la produzione della televisione tedesca. Non solo, una confessione di uno dei pilastri del cinema mondiale. ■ DOCUMENTARIO; COL. E B/N; USA, 1978.

FILM PARLATO, UN *(Un filme falado)* ★★★
Regia di MANOEL DE OLIVEIRA. Con LUÌS MIGUEL CINTRA, FILIPA DE ALMEIDA, CATHERINE DENEUVE, JOHN MALKOVICH, IRENE PAPAS, STEFANIA SANDRELLI, LEONOR SILVEIRA. ■ Rosa Maria, una professoressa di Storia, si imbarca con la figlia quasi adolescente, per una crociera, destinazione Bombay dove si incontrerà con il marito per una vacanza tutti insieme. Il viaggio presenta varie tappe: da Pompei a Instanbul, dalla Grecia al Cairo. Durante il tragitto la madre racconta alla figlia le leggende del Mediterraneo, ripercorrendo la storia della cultura occidentale. Il viaggio porta all'incontro con vari personaggi (tre donne affermate e famose e il comandante della nave, per esempio), con cui la professoressa intrattiene conversazioni vivaci ed interessanti sull'arte, sul passato, sul presente. Tutti i personaggi del film espongono una visione critica della civiltà occidentale. Ci si interroga sui valori che, nel corso dei secoli, sono stati mantenuti e quelli che sono andati perduti; sull'importanza di mantenere viva la memoria storica; sulla possibilità di una comunicazione interculturale. Si sente la mano di De Oliveira in quest'opera rigorosa: dialoghi intensi, assenza totale di commento musicale, regia priva di virtuosismi. Un rigore necessario per dichiarare la fine di un'era, con la tristezza di chi si rende conto di aver perso una grande ricchezza. ■ DRAMMATICO; COL.; 96′; FRANCIA, ITALIA, PORTOGALLO, 2003.

FILM PIRATA, IL *(The Pirate Movie)* ★★
Regia di KEN ANNAKIN. Con CHRISTOPHER ATKINS, TED HAMILTON, KRISTY MCNICHOL. ■ Tutto incomincia alla "Festa del Pirata": Mabel conosce Frederic e se ne innamora a prima vista, tan-

to da inseguire il suo yacht con una barchetta a vela. Naufragata, approda su una spiaggia deserta, dove si addormenta e sogna di vivere un'avventura piratesca. Al risveglio, Frederic le è proprio accanto, preoccupato e innamorato. ■ COMMEDIA; COL.; 99'; AUSTRALIA, 1982.

FILO DA TORCERE *(Every Which Way But Loose)* ★★
Regia di JAMES FARGO. Con CLINT EASTWOOD, GEOFFREY LEWIS, SONDRA LOCKE. ■ Abbandonato da Lynn, la ragazza che ama, il camionista texano Philo parte alla sua ricerca. Sono con lui il simpatico orango Clyde, l'amico Orville e la fruttivendola Echo. Ma anche Philo è a sua volta inseguito: da una banda di teppisti e da due poliziotti. Si libererà di tutti gli inseguitori, ritroverà Lynn, ma resterà amaramente deluso. ■ COMMEDIA; COL.; 114'; USA, 1978.

FILO DEL RASOIO, IL *(The Razor's Edge)* ★★★★★
Regia di EDMUND GOULDING. Con ANNE BAXTER, JOHN PAYNE, TYRONE POWER, GENE TIERNEY, CLIFTON WEBB. ■ Il film si apre sull'inquadratura di un cielo nuvoloso. Attacca la voce fuori campo: «Questo è quanto io ricordo della storia di un giovane dalla personalità non comune che ebbi la ventura di incontrare in varie fasi della mia vita. Nell'estate del 1919 io ero di passaggio a Chicago, quando un mio amico, Elliott Templeton, che avevo incontrato a Londra e a Parigi, mi invitò a pranzo. Il ricevimento doveva aver luogo in uno di quei brillanti circoli di campagna tipici di quel dopoguerra americano...». Il racconto è di Somerset Maugham (impersonato da Herbert Marshall), il grande scrittore inglese che pubblicò il romanzo nel 1944. Maugham conosce in pochi istanti, al suono di una dolce orchestra, tutti i personaggi che comporranno la storia: la stupenda Isabella (Tierney), la romantica Sofia (Baxter, premio Oscar), Gray (Payne), rampollo ricchissimo innamorato di Isabella. Ed è in scena anche Elliott (Webb), delizioso snob a oltranza («non capirò mai come si possa andare a Parigi senza abiti da sera»). Poco dopo appare Larry, il protagonista, interpretato da Tyrone Power. Maugham continua il suo racconto: «È questo il giovane di cui scrivo. Non è celebre. Forse, quando la sua vita giungerà al termine, egli non avrà lasciato maggior traccia di quella che lascia il sasso che cade nell'acqua, e forse la vita che egli si è scelta avrà un'influenza sempre crescente sull'umanità e molto tempo dopo la sua morte ci si renderà conto che ai nostri tempi viveva una creatura non comune...». Isabella vorrebbe sposare Larry, che però ha in programma una vita particolare: non lavorerà, ma girerà il mondo alla ricerca di se stesso. Isabella per un po' lo aspetta, poi sposa Gray, mentre Larry continua la sua ricerca fra gli artisti di Parigi, i lavori in miniera, la frequentazione di ogni tipo di umanità, e l'India, dove un santone gli impartisce le lezioni decisive. Nel frattempo Sofia si è "perduta" e Isabella ha continuato a essere innamorata di Larry. È un'espressione esemplare del grande cinema di mestiere hollywoodiano. Un grande romanzo, di un grande scrittore, tradotto secondo le regole del grande cinema. La voce fuori campo rappresenta un altro esercizio strano e splendido. Il fraseggio della scrittura viene ridotto allo spazio della necessità del film, un'operazione che solo apparentemente è blasfema. La sintesi che ne risulta, rispetto al racconto, spesso è più efficace del romanzo stesso. ■ DRAMMATICO; B/N; 146'; USA, 1946. ■ OSCAR 1 PR, 4 NOM.

FILO DEL RASOIO, IL *(Razor's Edge)* ★★
Regia di JOHN BYRUM. Con CATHERINE HICKS, BILL MURRAY, THERESA RUSSELL. ■ Remake del celebre film con Tyrone Power del 1946 e tratto dal romanzo omonimo di William Somerset Maugham. Un reduce della prima guerra mondiale se ne va in Tibet per superare una crisi esistenziale. Avrà poi, nella Parigi degli anni Venti, una infelice storia d'amore. Non molto adatto per un dramma, il comico Bill Murray, pur mettendocela tutta, non può in nessun modo emulare, anche se non era nelle intenzioni, il grande Tyrone. La migliore sul campo è Theresa Russell. ■ DRAMMATICO; COL.; 120'; USA, 1984.

FILO DI SPERANZA, UN *(Jusqu'au bout du monde)* ★★
Regia di FRANÇOIS VILLIERS. Con MARIE DUBOIS, PIERRE MONDY, DIDI PEREGO. ■ Un operaio emigrato in Francia si trova a dover provvedere a un figlio di otto anni avuto da un'ex amante. Pensa di sbarazzarsene affidandolo a un pastore, ma poi si affeziona al ragazzo e lo tiene con sé. ■ DRAMMATICO; B/N; 90'; FRANCIA, ITALIA, 1963.

FILS DE DEUX MÈRES OU COMÉDIE DE L'INNOCENCE ★★★
Regia di RAUL RUIZ. Con JEANNE BALIBAR, CHARLES BERLING, NILS HUGON, ISABELLE HUPPERT. ■ Tratto da un romanzo di Massimo Bontempelli, *Fils de deux mères* racconta «una storia semplice e al tempo stesso ambigua». Il giorno del compleanno Camille, un ragazzino di nove anni, dichiara alla vera madre di essere figlio di un'altra donna che scopriamo aver perso, da appena due anni, il proprio bambino. Forse è soltanto il desiderio infantile di "giocare" con gli affetti familiari, di voler vivere un'altra esistenza; il film non dà alcuna spiegazione plausibile. In una sovrapposizione costante di immagini e realtà menzognere, Ruiz giunge a creare un'atmosfera fantastica, in cui i personaggi, loro malgrado, si trovano spettatori passivi di una commedia dell'assurdo. Soltanto alla fine del film, le immagini in video girate da Camille, mostreranno, forse, la verità, ciò che realmente è accaduto. Abile osservatore dell'animo umano, nel costruire un thriller raffinato, Ruiz, cineasta cileno d'origine, conferma, ancora una volta, la sua capacità di raccontare coi toni leggeri le difficoltà del vivere quotidiano. Isabelle Huppert, nei panni della "vera madre" di Camille, dà prova di grande bravura. ■ THRILLER; COL.; 100'; FRANCIA, 2000.

FILTH AND WISDOM ★★
Regia di MADONNA. Con ADE, ELENA BUDA, OLEGAR FEDORO, STEPHEN GRAHAM, RICHARD E. GRANT, EUGENE HUTZ, VICKY MCCLURE. ■ Per andare in paradiso bisogna passare dall'inferno. È la morale, forse autobiografica, di Madonna. Una delle icone dello spettacolo di questi anni ha esordito con un'opera curiosa, ironica e molto europea. Protagonista Eugene Hutz, leader dei gipsy punk Gogol Bordello. Il musicista è il trait d'union tra varie storie: uno scrittore cieco che ha rinunciato alle parole, una farmacista che sogna di fare la volontaria in Africa, un farmacista indiano con la moglie invadente e una ballerina classica costretta alla lap dance in un locale notturno. Una pellicola eccentrica, indefinibile, che contiene commedia, musical, video-clip, danza, sperimentazione e dramma e che in origine doveva essere un cortometraggio. ■ COMMEDIA; COL. 81'; GRAN BRETAGNA, 2007.

FILUMENA MARTURANO ★★★
Regia di EDUARDO DE FILIPPO. Con EDUARDO DE FILIPPO, TITINA DE FILIPPO, TAMARA LEES. ■ L'ex prostituta napoletana Filumena Marturano vive con l'anziano industriale Domenico Soriano, che l'ha tolta dal "mestiere", e con i tre figli illegittimi avuti da altrettanti padri. Un bel giorno, colto da smanie giovanili, l'industriale decide di sposare una giovane inglese. Viste inutili le sue fiere proteste, Filumena ricorre ad uno stratagemma e, fingendo di essere in punto di morte, si fa sposare *in extremis*. Quando scopre l'inganno, don Domenico va su tutte le furie, ma Filumena lo convince di essere il padre di uno dei suoi tre figli, senza dirgli quale. ■ DRAMMATICO; B/N; 98'; ITALIA, 1951.

FIMPEN, IL GOLEADOR *(Fimpen)* ★★★
Regia di BO WIDERBERG. Con JOHN BERGMAN, MAGNUS HARENSTAM, MONICA ZETTERLUND. ■ Un bambino di sette anni strabilia tutti giocando al calcio come un divo brasiliano. Ingaggiato dalla nazionale svedese, procura alla squadra risultati clamorosi. Ma le brutte figure collezionate a scuola e l'impossibilità di firmare autografi, perché non sa ancora scrivere, l'inducono a ritornare allo studio. ■ COMMEDIA; COL.; 92'; SVEZIA, 1973.

FINAL COMBINATION ★★
(Lights Out – Final Combination)
Regia di NIGEL DICK. Con LISA BONET, MICHAEL MADSEN, TIM RUSS, GARY STRETCH. ■ Un buon thriller, nonostante la storia non abbia nulla di originale. C'è un assassino psicopatico che circola per Los Angeles in cerca di ragazze. Ma qualcuno che è sulle sue tracce lo scoverà. Lo sceneggiatore non ha scelto la via più facile: tenere all'oscuro lo spettatore. Infatti il serial killer si vede fin dalle prime sequenze. ■ POLIZIESCO; COL.; 93'; USA, 1993.

FINAL CUT ★★
Regia di LARRY BROWN. Con JOE RAINER, JORDAN WILLIAMS.

■ In una cittadina del Texas una troupe cinematografica sta girando l'impegnativo finale di un film. Lo sceriffo del luogo, che non vede di buon occhio l'arrivo di tutti quegli estranei, si fa sempre più minaccioso. Alle difficoltà poste dall'uomo di legge si aggiungono anche i problemi tecnici della lavorazione. ■ DRAMMATICO; COL.; 90'; USA, 1988.

FINAL CUT, THE ★★
Regia di OMAR NAÏM. Con LEANNE ADACHI, THOM BISHOPS, GENEVIEVE BUECHNER, JIM CAVIEZEL, MIMI KUZYK, STEPHANIE ROMANOV, MIRA SORVINO, ROBIN WILLIAMS. ■ Nel futuro sarà possibile per chi possiede abbastanza denaro, farsi impiantare un chip nel cervello che registri tutto quanto accade nella vita. Si avrà così una banca dati di ricordi che potrà essere utilizzata per una video memoria da apporre sulle tombe degli interessati. Alan Hackman è il più esperto "montatore di ricordi" e il suo professionismo lo ha portato a sviluppare una straordinaria freddezza. Un giorno però affiora un suo ricordo che gli ha segnato profondamente la vita ma che aveva tentato di rimuovere. Da quel momento ha inizio la ricerca della verità. ■ FANTASCIENZA; COL.; 105'; CANADA, 2003.

FINAL DESTINATION ★★
Regia di JAMES WONG. Con ALI CARTER, DEVON SAWA, KERR SMITH. ■ Non bisogna sfidare la morte: questo l'insegnamento del film il cui protagonista, Alex (Devon Sawa), in partenza per Parigi con la scuola, dopo aver avuto un presagio in cui "vede" il disastro aereo in cui moriranno tutti, decide di scendere dall'aereo in partenza e si salva insieme ad altre cinque persone rimaste a terra con lui. Ma, per una strana serie di circostanze, i superstiti cominciano a morire ad uno ad uno, coinvolti negli incidenti più assurdi ed efferati. Il motivo di queste morti verrà spiegato da un nero a metà del film: la morte sta tornando a riprendere proprio quelle persone che hanno osato sfidarla. Si tratta di un horror particolare in quanto ad uccidere è il caso. La mancanza di mostri e di assassini finisce per spiazzare lo spettatore. ■ HORROR; COL.; 97'; USA, 2000.

FINAL DESTINATION 2 ★★
Regia di DAVID R. ELLIS. Con A.J. COOK, MICHAEL LANDES, ALI LARTER, TONY TODD. ■ Kimberly Corman sta partendo con gli amici per un weekend quando ha la premonizione di un terribile incidente. Il suo intervento riesce a salvare la vita di alcune persone. Ma quando i superstiti cominciano a morire nei modi più orribili la ragazza capisce di doversi rivolgere a Clear, unica sopravvissuta alla strage del volo 180 che ha scelto di vivere in un manicomio. Con qualche ragione, visto che l'autore degli omicidi è nientemeno che la morte stessa, contrariata dal mancato realizzarsi dei suoi piani e ben decisa a perseguirli. Per una volta un seguito migliore del capostipite. ■ HORROR; COL.; 90'; USA, 2003.

FINAL DESTINATION 3 ★★
Regia di JAMES WONG. Con SAM EASTON, GINA HOLDEN, ALEXZ JOHNSON, KRIS LEMCHE, RYAN MERRIMAN, JESSE MOSS, MARY ELIZABETH WINSTEAD. ■ Tra le più gettonate serie horror del nuovo millennio, *Final Destination* arriva al terzo episodio: ancora una volta per un manipolo di teenager americani scampare al proprio destino non sarà così semplice. Dopo l'esplosione del volo 180 ed il colossale incidente autostradale, ad essere inseguiti dal nero mietitore saranno i superstiti di un giro sfortunato sulle montagne russe del diavolo. Sarà Wendy, con le proprie visioni, a salvare un gruppo di compagni di liceo dall'incidente sulla giostra, e ad innescare così la catena di morti post-datate, in rigoroso ordine di posto a sedere. ■ HORROR; COL.; 115'; USA, 2006.

FINAL DESTINATION 3D *(The Final Destination)* ★★
Regia di DAVID R. ELLIS. Con BOBBY CAMPO, SHANTEL VAN SANTEN, HALEY WEBB, MYKELTI WILLIAMSON, NICK ZANO. ■ La serie iniziata con il primo titolo nel 2000 ha una particolarità: ciascuno dei sequel, a parte qualche rimando, è sostanzialmente un remake del capostipite. La cosa dev'essere sembrata evidente anche ai produttori che stavolta hanno rinunciato a proseguire la numerazione, rimasta ferma a *Final Destination 3*. La struttura resta quella del primo film (disastro iniziale, problemi degli scampati, epilogo sanguinoso), cambiano solo i personaggi e l'ambientazione del primo massacro. Un format così immutabile – basato su uno spunto brillante (quello di far sì che la Morte stessa sia il "cattivo" della storia) – fa dipendere la qualità dei singoli film dall'inventiva nelle variazioni relative alla catastrofe di partenza e ai modi utilizzati dalla Morte, che resta comunque sempre un'entità impersonale, per ripristinare l'ordine violato, dato che la caratterizzazione dei personaggi resta programmaticamente convenzionale e superficiale. Il compito di dare verve alla materia è stato affidato a David R. Ellis, passato recentemente alla regia proprio con *Final Destination 2* e poi rimasto costantemente in zona horror e dintorni. ■ HORROR; COL.; 82'; USA, 2009.

FINAL DESTINATION 5 ★★
Regia di STEVEN QUALE. Con EMMA BELL, NICHOLAS D'AGOSTO, ARLEN ESCARPETA, MILES FISCHER, COURTNEY B. VANCE. ■ Alcuni dipendenti di una grande azienda, la Presage, si imbarcano su un pullman per un convegno di due giorni. Sam Lawton, uno del gruppo, appena scaricato dalla fidanzata-collega Molly, ha dei dubbi sul proprio futuro. I loro compagni sono un classico campionario di varia umanità. Il pullman deve passare per un ponte ancora parzialmente in costruzione, con un piccolo cantiere attivo. Percorrendo il ponte, Sam ha una visione a occhi aperti: una gigantesca catastrofe che porta tutti alla morte. La morte non vuole che il suo disegno imperscrutabile venga alterato e si mette al lavoro. La struttura è quella ormai ferrea della serie. ■ HORROR; COL.; 92'; USA, 2011.

FINAL FANTASY: THE SPIRITS WITHIN ★★★
(Final Fantasy:The Spirits Within)
Regia di HIRONOBU SAKAGUCHI. Con ALEC BALDWIN, STEVE BUSCEMI, PERI GILPIN, MING NA, VING RHAMES, DONALD SUTHERLAND, JAMES WOODS. ■ Con tutto il rispetto per le *anime* e con l'ammirazione per il dispiegarsi di tecnologia la domanda è: perché perdere quasi due ore della propria vita davanti a un "megavideogioco" con il quale non è neppure possibile interagire? Perché creare personaggi che assomigliano ad attori veri (a voi il gioco dei riconoscimenti) per inserirli in una vicenda che accumula citazioni, prestiti, furti da altri film (anche qui potete darvi da fare a cercare)? Per mostrare quello che può il computer? Lo sapevamo già, grazie. È come se, all'epoca dell'invenzione del sonoro, si fosse realizzato un film fatto di musiche, rumori e voci, ma su fondo nero. Quando Sakaguchi è comparso sul palco della Piazza Grande di Locarno più d'uno ha desiderato che fosse un essere virtuale. Invece no. È reale ed è pronto a regalarci nuove virtualità senza virtù. ■ FANTASCIENZA; COL.; 106'; GIAPPONE, USA, 2001.

FINALMENTE! *(Végre)* ★★
Regia di ZOLTAN FARKAS. Con PÈGER ANTAL, LILI MURATI, ARTHUR SOMLAY. ■ A una ragazza non va il fidanzato che le hanno imposto; perciò fugge di casa. Si avventura in montagna, ma un incidente d'auto la costringe a chiedere aiuto a due ingegneri che si trovano in un isolato cantiere. L'arrivo della fanciulla provoca scompiglio nella capanna in cui abitano i due uomini. ■ COMMEDIA; B/N; 91'; UNGHERIA, 1939.

FINALMENTE A CASA *(Are We Done Yet?)* ★
Regia di STEVE CARR. Con ALEISHA ALLEN, PHILIP BOLDEN, ICE CUBE, NIA LONG, JOHN C. MCGINLEY. ■ Nick Persons si è sposato ed è andato a vivere in periferia: invece di trovare pace, serenità e relax, si trova a dover affrontare numerosi problemi derivanti dallo stato di assoluto degrado in cui versa la sua nuova casa e per l'asfissiante presenza di un bislacco imprenditore. Fortunatamente, si può sempre contare sull'aiuto della famiglia... o no? Forse in molti non potrebbero nemmeno immaginarlo, ma il film è il remake de *La casa dei nostri sogni*, gioiellino degli anni Quaranta, con Cary Grant e Myrna Loy. ■ COMMEDIA; COL.; 92'; USA, 2007.

FINALMENTE ARRIVÒ L'AMORE ★★
(At Long Last Love)
Regia di PETER BOGDANOVICH. Con EILEEN BRENNAN, DUILIO DEL PRETE, MADELINE KAHN, BURT REYNOLDS, CYBILL SHEPHERD. ■ Il miliardario Mop dà un passaggio a Kitty, un'attricetta in preda ai fumi dell'alcool: da quel mattino diventano inseparabili. Dopo varie vicende, ai due si aggiungono altre due

coppie: si forma così un allegro gruppo. Si intrecciano amori all'interno del sestetto, si scambia la composizione delle coppie, ma alla fine ciascuno ritornerà con il proprio partner. ■ COMM. MUSICALE; COL.; 118'; USA, 1975.

FINALMENTE DOMENICA! *(Vivement dimanche!)* ★★★
Regia di FRANÇOIS TRUFFAUT. Con FANNY ARDANT, PHILIPPE LAUDEN, JEAN-LOUIS TRINTIGNANT. ■ Un uomo viene ucciso durante una battuta di caccia e la polizia sospetta del marito della sua amante, Julien Bercer. La sua segretaria, innamorata di lui, s'improvvisa detective e non esita ad affrontare il mondo della malavita marsigliese per trovare il vero assassino. Ci riesce, e l'impresa culmina in un interminabile sabato, e poi è finalmente domenica. Fiori d'arancio. Un delizioso giallo rosa di Truffaut al servizio di Fanny Ardant, all'epoca sua compagna. ■ GIALLO; B/N; 111'; FRANCIA, 1983.

FINALMENTE LA FELICITÀ ★★
Regia di LEONARDO PIERACCIONI. Con THYAGO ALVES, ANDREA BUSCEMI, ROCCO PAPALEO, LEONARDO PIERACCIONI, ARIADNA ROMERO. ■ Benedetto è un musicista quarantenne con il sogno di aprire una scuola di musica, dove i ragazzi possano studiare in maniera istintiva e naturale. Intanto insegna al Conservatorio di Lucca. La svolta arriva durante una confusa riunione di condominio, quando suonano alla porta i postini televisivi di Maria De Filippi con una lettera scritta da una bellissima ragazza brasiliana, che sostiene di essere la sorella adottata a distanza tanti anni prima. ■ COMMEDIA; COL.; 93'; ITALIA, 2011.

FINALMENTE L'ALBA *(Wir Wunderkinder)* ★★
Regia di KURT HOFFMANN. Con HANSJÖRG FELMY, ROBERT GRAF, JOHANNA VON KOCZIAN. ■ È la storia di tre amici, due nazisti convinti e un altro di idee socialiste. Mentre i due fanno carriera come gerarchi, il terzo è costretto a espatriare. Durante la guerra combatte per la resistenza e, quando Hitler è sconfitto, s'adopera perché i suoi vecchi seguaci vengano rimossi dai posti di comando occupati fino a quel momento. Tra gli epurati vi è uno dei suoi ex amici. ■ COMMEDIA; B/N; 92'; GERMANIA, 1958.

FINALMENTE LE MILLE E UNA NOTTE ★★
Regia di ANTHONY DAWSON. Con FEMI BENUSSI, BARBARA BOUCHET, PUPO DE LUCA. ■ È la versione, in chiave sexy-parodistica, della famosa raccolta. ■ COMICO; COL.; 93'; ITALIA, 1972.

FINALMENTE LIBERO ★★
Regia di MARIO AMENDOLA. Con CARLO DAPPORTO, FULVIA FRANCO, NADIA GRAY. ■ Distinto signore processato per poligamia rievoca i suoi quattro matrimoni: con la bellona, la ballerina, la casalinga, la zitellina. Viene condannato. ■ COMICO; B/N; 94'; ITALIA, 1953.

FINALMENTE MAGGIORENNI ★★
(The Inbetweeners Movie)
Regia di BEN PALMER II. Con ROSE BEWELEY, SIMON BIRD, JAMES BUCKLEY, BLAKE HARRISON, JOE THOMAS. ■ Quattro amici della periferia di Londra, Will, Simon, Jay e Neil, hanno appena concluso gli studi superiori e le loro strade stanno per separarsi. Per risollevare il morale di Simon, da poco abbandonato dalla ragazza, decidono di organizzare una vacanza estiva prima di salutarsi. Con un biglietto per Creta e un bagaglio pieno di frustrazioni sessuali e di spirito goliardico, i quattro adolescenti finiscono in un vecchio appartamento fatiscente e iniziano da subito a scoprire le delizie della vita notturna di Malia. In uno dei locali più squallidi della città incontrano quattro ragazze inglesi, apparentemente perfette per dare vita alle tanto agognate avventure estive. ■ COMMEDIA; COL.; 100'; GRAN BRETAGNA, 2011.

FINALMENTE SÌ! ★
Regia di LASZLO KISH. Con CESCO BASEGGIO, PAOLA BORBONI, VERA CARMI, ENZO FIERMONTE. ■ Per migliorare le proprie maniere e rendersi degno della ragazza che ama, un giovane conte di campagna si reca in città dalle zie, che però cercano di farlo sposare con la figlia di un facoltoso salumiere. Egli si oppone e convola a nozze con la fanciulla amata. ■ COMMEDIA; B/N; 93'; ITALIA, 1943.

FINALMENTE SOLI ★★
Regia di GIACOMO GENTILOMO. Con ANNA MAGNANI, MARIA MERCADER, ENRICO VIARISIO. ■ Per entrare in possesso dei quattrini di una ricca zia, un giovanotto deve per forza sposarsi. Chiede allora ad un amico, cui ha salvato la vita, di fargli il favore di sostituirlo all'altare. La futura sposa sta al gioco. ■ COMMEDIA; B/N; 94'; ITALIA, 1942.

FINALMENTE UNA DONNA! *(Petticoat Fever)* ★★★
Regia di GEORGE FITZMAURICE. Con MYRNA LOY, ROBERT MONTGOMERY. ■ Un giovanotto britannico fa il radiotelegrafista in un'isolata stazione dell'Alaska. Un giorno, per un guasto aereo, atterra in quella sperduta landa una giovane coppia di fidanzati. Il ragazzo corteggia la fanciulla, ma arriva la precedente fidanzata che vanta pretese matrimoniali. Lui acconsente a malincuore a sposarla, ma una sorpresa finale gli consentirà di sposare la donna di cui si è innamorato. ■ COMMEDIA; B/N; 81'; USA, 1936.

FINAL REPRISAL ★★
Regia di TEDD HEMINGWAY. Con GARRY DANIELS, PROTACIO DEE, JAMES GAINES, RICHARD KING. ■ Tre ragazzi, uniti da un'amicizia che sembra indissolubile, vengono mandati a combattere in Vietnam. Gli orrori della guerra, lo stato di continua tensione e i conflitti morali li cambiano completamente, tanto che uno si macchia persino di omicidio. ■ GUERRA; COL.; 105'; USA, 1988.

FINCHÉ C'È GUERRA C'È SPERANZA ★★★
Regia di ALBERTO SORDI. Con ALESSANDRO CUTOLO, SILVIA MONTI, ALBERTO SORDI. ■ Un mercante d'armi s'è arricchito col commercio, spesso illecito, con i paesi africani. I soldi hanno permesso a lui e alla sua famiglia di vivere negli agi. Un giorno però i figli cominciano a criticare la sua attività e gli impongono di smettere. Lui accetta, però fa loro presente il ridimensionamento del tenore di vita. I ragazzi decidono di tornare sui propri passi. ■ COMMEDIA; COL.; 125'; ITALIA, 1974.

FINCHÉ DURA LA TEMPESTA ★★
Regia di CHARLES FREND, BRUNO VAILATI. Con GABRIELE FERZETTI, ANDREW KEIR, ALBERTO LUPO, JAMES MASON, LILLI PALMER. ■ Durante la seconda guerra mondiale, battaglia nel Mediterraneo fra un sottomarino italiano e un incrociatore britannico. ■ GUERRA; B/N; ITALIA, 1963.

FINCHÉ DURA SIAMO A GALLA *(Captain Ron)* ★★
Regia di THOM EBERHARDT. Con MARY KAY PLACE, KURT RUSSELL, MARTIN SHORT. ■ Martin riceve in eredità una barca. Lui e famiglia, con l'aiuto dello skipper Ron, cercano di far navigare quello che si rivela come un mezzo rottame. Ci riusciranno nonostante cadute in mare e incontri con profughi cubani. Short e Russell giocano sulle loro diversità fisiche per costruire momenti di divertimento da comica finale. ■ AVVENTURA; COL.; 101'; ITALIA, 1992.

FINCHÉ MORTE NON VI SEPARI *(Murder so Sweet)* ★★
Regia di LARRY PEERCE. Con HARRY HAMLIN, ED LAUTER, K. T. OSLIN, HELEN SHAVER. ■ Il regista di *New York ore 3- L'ora dei vigliacchi* alle prese con un misterioso caso di cerimonie nuziali e funebri. Un uomo infatti dopo due divorzi rimane vedovo anche della quarta moglie. Una delle consorti però vuole vederci chiaro. ■ THRILLER; COL.; 90'; USA, 1993.

FINCHÉ NOZZE NON CI SEPARINO ★★
(Le plus beau jour de ma vie)
Regia di JULIE LIPINSKI. Con LAURENT BATEAU, MARISA BERENSON, FRANÇOIS BERLÉAND, ALEXANDRE BRASSEUR, VALÉRIE DONZELLI, ELISE LARNICOL, STÉPHANE METZGER, VANESSA VALENCE, JONATHAN ZACCAÏ. ■ Lola, farmacista, implora il suo fidanzato di sposarla. Arthur, giornalista con velleità da scrittore, frena i suoi entusiasmi e i suoi sogni in bianco. La decisione della ragazza di abbandonarlo lo costringe però a ripensare la loro relazione e a chiederle la mano. Come tutti gli sposi, anche Lola e Arthur vogliono un matrimonio diverso e originale. Ma il budget previsto lievita come il numero degli invitati e i due fidanzati si vedranno costretti a un brusco ridimensionamento. ■ COMMEDIA; COL.; 104'; BELGIO, FRANCIA, 2004.

FIN DE FIESTA ★★
Regia di LEOPOLDO TORRE NILSSON. Con ARTURO GARCIA BUHR, LAUTARO MAURUA. ■ Adolfo è nipote del dittatore Braceras. In principio lo ammira ma poi, quando si rende conto del-

la sua crudeltà, comincia a combatterlo. ■ DRAMMATICO; B/N; 94'; ARGENTINA, 1959.

FINDERS KEEPERS, LOVERS WEEPERS! – MIRINI IN GUARDIA, AMANTI GEMENTI! ★★
(Finders Keepers, Lovers Weepers!)
Regia di RUSS MEYER. Con ANN CHAPMAN, PAUL LOCKWOOD, DUNCAN MACLEOD, GORDON WESTCOURT. ■ Uscito in Italia solo in videocassetta. Ambientato in un night-club, il film tratta di infedeltà. Quando la donna scopre che il marito va a letto con le spogliarelliste di un locale si vendica facendo lo stesso mestiere ma in un altro locale. ■ DRAMMATICO; COL.; 73'; USA, 1968.

FINE DEL GIOCO, LA ★★★
Regia di GIANNI AMELIO. Con UGO GREGORETTI. ■ Un semi-documentario del giovane Amelio, prodotto dalla televisione. Leonardo è un bambino chiuso in una casa di correzione del sud. Un regista televisivo entra nell'istituto e lo sceglie tra i tanti, per fargli un'intervista. La regia è molto curata e il film è nettamente sopra la media delle cosiddette pellicole sperimentali di quegli anni. ■ DRAMMATICO; COL.; 60'; ITALIA, 1970.

FINE DEL GIOCO, LA *(No Man's Land)* ★★
Regia di PETER WERNER. Con LARA HARRIS, CHARLIE SHEEN, DANIEL BERNARD SWEENEY. ■ Un giovane poliziotto è infiltrato in una banda di ladri di automobili. Il giovane scopre che il capo della gang è il fratello della ragazza di cui si è innamorato. Non è facile superare le remore che vengono dai legami affettivi. ■ GIALLO; COL.; 103'; USA, 1987.

FINE DELLA CORSA, LA *(Do Me a Favor)* ★★
Regia di SONDRA LOCKE. Con ROSANNA ARQUETTE, CUBA GOODING JR., DEVON GUMMERSALL. ■ Il rapporto fra un ragazzo e una quarantenne. Fra una complicazione e l'altra i due procedono per venticinque anni. L'ex compagna di Eastwood ha girato pagina, dalla violenza mutuata dal grande Clint, a ragionamenti minimali sulla vita. ■ DRAMMATICO; COL.; 104'; USA, 1997.

FINE... DELLA FINE, LA *(The End)* ★★★
Regia di BURT REYNOLDS. Con DOM DELUISE, SALLY FIELD, MYRNA LOY, STROTHER MARTIN, BURT REYNOLDS, JOANNE WOODWARD. ■ Sonny è condannato da un male incurabile, ma né la moglie separata, né l'amante, né i genitori sanno essergli d'aiuto. Tenta il suicidio e finisce in manicomio, dove scampa per miracolo alle intenzioni omicide di un altro ricoverato. Ma i suoi guai non finiranno qui. ■ COMMEDIA; COL.; 100'; USA, 1978.

FINE DELLA NOTTE, LA ★★
Regia di DAVIDE FERRARIO. Con CLAUDIO BIGAGLI, DARIO PARISINI, JOHN SAYLES. ■ Due amici che vivono nell'Italia settentrionale in due piccoli paesi quasi confinanti hanno una vita del tutto banale. Un giorno vengono cacciati da un contadino perché si sono fermati sulla sua proprietà. Il più giovane dei due si vuole vendicare e convince l'altro a picchiare il contadino, spaventarne la famiglia e rubare un fucile. ■ DRAMMATICO; COL.; 95'; ITALIA, 1989.

FINE DELLA SIGNORA CHEYNEY, LA ★★★
(The Last of Mrs. Cheyney)
Regia di RICHARD BOLESLAWSKI. Con JOAN CRAWFORD, ROBERT MONTGOMERY, WILLIAM POWELL. ■ Un'avventuriera si finge dama del gran mondo e viene accolta dalle migliori famiglie inglesi. Due Lord si innamorano di lei. Uno scopre la sua vera identità: la smaschera e la redime. ■ GIALLO ROSA; B/N; 98'; USA, 1937.

FINE DELLA SIGNORA WALLACE, LA ★★★
(The Great Flamarion)
Regia di ANTHONY MANN. Con DAN DURYEA, MARY BETH HUGHES, ERIC VON STROHEIM. ■ Flamarion è un famoso lanciatore di coltelli che si esibisce in spettacoli da circo usando come bersagli i coniugi Wallace. La donna vuol togliersi di torno il marito e persuade Flamarion a simulare un incidente. Subito dopo, però, la perfida scappa con un suo amante. Flamarion insegue i due fuggitivi e li rintraccia. ■ GIALLO; B/N; 78'; USA, 1945.

FINE DELL'AVVENTURA, LA *(The End of the Affair)* ★★★
Regia di EDWARD DMYTRYK. Con PETER CUSHING, VAN JOHNSON, DEBORAH KERR, JOHN MILLS. ■ A Londra uno scrittore ama una donna sposata. La love story dopo un bombardamento finisce. Lui non riesce a capacitarsi del motivo per cui la donna non vuol più vederlo. Lo capirà quando lei ormai è morta: non c'era nessun altro uomo, solo un voto fatto dall'amante, convertitasi durante il blitz. ■ DRAMMATICO; B/N; 106'; GRAN BRETAGNA, 1955.

FINE DELL'INNOCENZA, LA ★★
Regia di MASSIMO DALLAMANO. Con ANNIE BELLE, FELICITY DEVONSHIRE, CIRO IPPOLITO. ■ Orfanella cresciuta in un ambiente equivoco viene condotta ad Hong Kong, dove uno spregiudicato individuo la stupra. La ragazza, scioccata, passerà poi tra le braccia di diversi uomini. Infine, nauseata, entrerà a far parte di una comunità buddista dove conoscerà una donna che la convincerà a tornare in Europa e a ricostruirsi una vita finalmente pulita. ■ COMMEDIA; COL.; 91'; ITALIA, 1976.

FINE DEL MONDO, LA *(La fin du monde)* ★★
Regia di ABEL GANCE. Con COLETTE DARFEUIL, VICTOR FRANCEN, ABEL GANCE. ■ Uno scienziato scopre che una cometa sta per colpire la Terra. Fa appello a tutti i governanti del mondo perché uniscano le forze per scongiurare il disastro, che però non avviene. La cometa sfiora soltanto la Terra. Intanto, però, la pace e la concordia nel mondo sono state attuate. ■ FANTASCIENZA; B/N; 90'; FRANCIA, 1930.

FINE DEL MONDO, LA ★★
(The World, the Flesh and the Devil)
Regia di RANALD MACDOUGALL. Con HARRY BELAFONTE, MEL FERRER, INGER STEVENS. ■ Scoppia la guerra atomica. A New York rimangono solo in tre: due bianchi (un uomo e una donna) e un nero. Ben presto fra i due uomini sorge una sorda rivalità a causa della donna. ■ FANTASCIENZA; B/N; 103'; USA, 1958.

FINE DEL MONDO NEL NOSTRO SOLITO LETTO IN UNA NOTTE PIENA DI PIOGGIA, LA ★★
Regia di LINA WERTMÜLLER. Con CANDICE BERGEN, GIANCARLO GIANNINI, CARLO SCARPETTA. ■ Un giornalista comunista, Paolo, conosce una bella studentessa americana, femminista accesa, e la raggiunge a Los Angeles. Si sposano, tornano a vivere a Roma, hanno una bimba. Dopo dieci anni, però, il loro matrimonio naufraga, così come falliscono gli ideali del '68 che li avevano accomunati. Una notte, nella camera da letto, mentre fuori piove, se ne dicono di tutti i colori: forse la sfuriata servirà a salvare la loro unione. ■ DRAMMATICO; COL.; 100'; ITALIA, 1978.

FINE DI SAN PIETROBURGO, LA ★★
(Konec Sankt-Peterburga)
Regia di VSEVOLOD I. PUDOVKIN. Con VERA BARANOWSKAJA, ALEKSANDR CISTJAKOV, SERGEJ KOMAROV, VSEVOLOD PUDOVKIN. ■ Girato per la celebrazione della Rivoluzione d'ottobre, il film è una delle opere fondamentali del cinema muto sovietico. Siamo a San Pietroburgo nel 1914. Un ingenuo contadino, partito dal suo paese, ora lavora come operaio in una fabbrica in città. C'è uno sciopero e il giovane inconsapevole del significato del gesto tradisce i suoi compagni che vengono messi in carcere. Si pente e corre a insultare il padrone della fabbrica. La sua cultura politica cresce e a ottobre sarà in prima fila a marciare per la rivoluzione. ■ DRAMMATICO; COL.; 91'; URSS, 1927.

FINE DI UNA STORIA *(The End of the Affair)* ★★★
Regia di NEIL JORDAN. Con RALPH FIENNES, IAN HART, JULIANNE MOORE, STEPHEN REA. ■ Dal romanzo di Grahame Greene. Il buon Fiennes viene abbandonato dall'inquieta Julianna, senza una spiegazione. Prima comincia a farsi delle domande, ma non trova risposte. Le ipotesi diventano sempre più strane e ossessive. Naturalmente si arriva al punto in cui l'amore diventa odio. Greene, specialista di gialli trasferisce la sua attitudine nella sfera dei sentimenti. Jordan lo sostiene con accortezza. ■ DRAMMATICO; COL.; 105'; GRAN BRETAGNA, 1999. ■ GOLDEN GLOBES 4 NOM; OSCAR 2 NOM.

FINE DI UN GANGSTER *(Un certain monsieur Jo)* ★★★
Regia di RENÉ JOLIVET. Con RAYMOND BUSSIÈRES, GENEVIÈVE KERVINE, JACQUES MOREL, MICHEL SIMON. ■ L'ex gangster Jo Guardini vive in libertà vigilata: intenzionato a tornare sulla retta via, ha aperto una locanda. Un giorno alcuni suoi ex compagni

della "mala" gli scaricano in casa una bimba rapita ai ricchi genitori. Quando i rapitori, che non hanno ottenuto il riscatto, decidono di eliminare il piccolo ostaggio, Jo ne fa fuori tre e salva la bimba a prezzo della propria vita. ■ POLIZIESCO; B/N; 95′; FRANCIA, 1957.

FINE DI UN MISTERO, LA *(La Luz prodigiosa)* ★★
Regia di MIGUEL HERMOSO. Con IVÁN CORVACHO CERVÁNTES, JOSÉ LUIS GÓMEZ, ALFREDO LANDA, NINO MANFREDI, KITI MANVER, MARIANO PEÑA, SERGIO VILLANUEVA. ■ Premiato al Festival di Mosca 2003 è l'ultimo film interpretato da Nino Manfredi. Nel 1936 Garcia Lorca sfuggì alla fucilazione da parte dei franchisti e oggi è un barbone che non ha nessun desiderio di ricordare chi è stato. Tema interessante, recitazione di un Manfredi doppiato ma bravo come sempre. Però manca il guizzo che un argomento come quello della vita di un poeta avrebbe potuto offrire. ■ BIOGRAFICO; COL.; 108′; SPAGNA, 2003.

FINE DI UN TIRANNO, LA *(Border River)* ★★★
Regia di GEORGE SHERMAN. Con PEDRO ARMENDARIZ, ALFONSO BEDOYA, YVONNE DE CARLO, JOEL MCCREA. ■ Durante la guerra di Secessione, un ufficiale sudista va in Messico per acquistare armi con l'oro sottratto ai nordisti. Il suo fornitore è un truce generale messicano che cerca di imbrogliare il protagonista. Ma costui, con l'aiuto di una bruna ballerina, avrà la meglio. Il cattivo muore nelle sabbie mobili. ■ WESTERN; COL.; 80′; USA, 1954.

FINE È IL MIO INIZIO, LA ★★★
(Das Ende ist mein Anfang)
Regia di JO BAIER. Con BRUNO GANZ, ELIO GERMANO, NICOLO' FITZ-WILLIAM LAY, ERIKA LUHAR, ANDREA OSVART. ■ Mancano poche settimane alla fine. Tiziano Terzani, da tempo malato di cancro, sta per morire. Mentre raccoglie i suoi ultimi pensieri, tra salutari risate e umane preoccupazioni, decide di richiamare il figlio Folco da New York per trascorrere con lui, nella sua casa di campagna, un momento di confronto confessionale. Quei dialoghi, registrati con devoto impegno dal figlio, diventeranno il libro *La fine è il mio inizio*. Il film di Jo Baier è un atto di coraggio che sfida le dure leggi dell'intrattenimento perché è un'opera fatta di parole, silenzi e sguardi, pochi movimenti agitati e tante inquadrature delicate. Chiusi, e allo stesso tempo liberi, nella casa di campagna del giornalista, i protagonisti sono in burrasca, attendono con controllata pacatezza un dolore annunciato. Ma il desiderio di ribellarsi ad un programma stabilito di sofferenza viene incanalato in un senso più ampio di pace. La confessione arguta di un uomo che ripercorre, episodio dopo episodio (l'incontro con la moglie Angela, gli aneddoti sui due figli), paese dopo paese (Cina, Vietnam, Singapore), tutte le più importanti esperienze della sua vita, investe il figlio della responsabilità di registrare tutto perché, mentre il corpo se ne va, l'animo continui a vivere nella memoria di chi rimane. ■ DRAMMATICO; COL.; 98′; GERMANIA, ITALIA, 2011.

FINE È NOTA, LA ★★
Regia di CRISTINA COMENCINI. Con FABRIZIO BENTIVOGLIO, CARLO CECCHI, VALERIE KAPRISKY, MARIANGELA MELATO, CORSO SALANI. ■ Un uomo si suicida gettandosi dalla finestra dello studio di un noto avvocato. Costui si mette a indagare sui motivi che hanno spinto uno sconosciuto a scegliere il suo studio come teatro del gesto disperato. Scoprirà il coinvolgimento della moglie in una storia di terrorismo. La Comencini si ispira a un romanzo di Geoffrey Holiday Hall cercando di innervarlo con tematiche contemporanee. Rimane a mezza via tra il thriller e l'analisi sociologica con il risultato che il titolo diventa un boomerang: dopo mezz'ora il pubblico ha già capito tutto. ■ DRAMMATICO; COL.; 95′; ITALIA, 1993.

FINE GOLD – ORO FINO *(Oro fino)* ★★
Regia di JUAN ANTONIO DE LA LOMA. Con JANE BADLER, STEWART GRANGER, TED WASS. ■ La rivalità fra due ricchi produttori di vini ha una svolta drammatica. Il figlio di uno dei due, accusato falsamente dall'altro di un delitto, deve fuggire per evitare la prigione. Ritorna dopo molti anni, ricchissimo e potente, per prendersi le sue rivincite. ■ AVVENTURA; COL.; 92′; SPAGNA, USA, 1988.

FINE PENA MAI ★★
Regia di DAVIDE BARLETTI, LORENZO CONTE. Con CLAUDIO SANTAMARIA, LEA BARLETTI, GIORGIO CARECCIA, VALENTINA CERVI, IPPOLITO CHIARELLO, GIUSEPPE CICIRIELLO, DANILO DE SUMMA, SIMONE FRANCO, FABRIZIO PUGLIESE. ■ Tonio Perrone è un giovane irrequieto, pieno di quella che spesso viene equivocata per voglia di vivere ma è solo spinta autodistruttiva. Nella sua esistenza fatta di droga, sballo ed auto veloci, l'unica costante è Daniela, la fidanzata dai tempi dell'università. Poco a poco Tonio diventa un piccolo boss della mala salentina. ■ DRAMMATICO; COL.; 90′; FRANCIA, ITALIA, 2007.

FINESTRA DELLA CAMERA DA LETTO, LA ★★★
(The Bedroom Window)
Regia di CURTIS HANSON. Con STEVE GUTTENBERG, ISABELLE HUPPERT, ELIZABETH MCGOVERN. ■ Un uomo molto miope si finge testimone dell'aggressione a una donna per non compromettere la sua amante, che ha visto la scena dalla sua camera da letto. Ma la sua miopia lo smaschera facilmente al processo, mentre il maniaco tenta di ucciderlo. Tuttavia è la stessa vittima dell'aggressione, attratta da lui, ad aiutarlo a far cadere in trappola l'individuo. ■ DRAMMATICO; COL.; 111′; USA, 1987.

FINESTRA DELLA MORTE, LA *(Constance aux enfers)* ★★
Regia di FRANÇOIS VILLIERS. Con SIMÓN ANDREU, MICHÈLE MORGAN, DANY SAVAL. ■ Costanza vede dalla finestra Hugo che uccide una donna. L'uomo chiede aiuto alla matura testimone, lei lo accoglie e i due diventano amanti. Costanza viene ricattata da un'altra persona che ha assistito al delitto. Finale a sorpresa. ■ DRAMMATICO; B/N; 96′; FRANCIA, ITALIA, 1963.

FINESTRA DI ALICE, LA ★★
Regia di CARLO SARTI. Con ENRICO BERUSCHI, FABRIZIO BUCCI, DEBORA CAPRIOGLIO, CLIZIA FORNASIER, SERGIO MUNIZ. ■ Gabriele, traduttore di manuali con velleità di scrittore, ha appena ereditato un appartamento di cui non riesce a sostenere debiti e spese. Si trova così costretto ad affittare una stanza a uno spagnolo di nome Fabio Fernandez il quale, a poco a poco, gli invade la vita. Un giorno avviene un omicidio nel palazzo di fronte. Gabriele conosce bene una stanza: ogni giorno spia con il binocolo l'affascinante Alice che ha la finestra davanti alla sua. Sarti gira il suo terzo lungometraggio a Piacenza, città che si rivela cinematograficamente moderna. ■ COMMEDIA; COL.; 100′; ITALIA, 2013.

FINESTRA DI FRONTE, LA ★★ 🏆
Regia di FERZANN OZPETEK. Con RAOUL BOVA, MASSIMO GIROTTI, GIOVANNA MEZZOGIORNO, FILIPPO NIGRO. ■ Giovanna e Filippo, giovane coppia romana in crisi, incontrano un vecchio solo e smemorato. I primi tentativi di capire chi sia risultano vani, finché in aiuto di Giovanna viene Lorenzo, un giovane bancario che abita proprio di fronte a loro, che la donna spia di nascosto da mesi. Tra i due nasce una relazione, necessariamente breve dato che Lorenzo, promosso direttore, è in procinto di trasferirsi. Il vecchio ritrova la memoria, e torna a casa. Bravo Bova, che migliora di film in film. Ma a dominare è l'85enne Girotti (al suo ultimo film). Non è certo un bel segnale del cinema italiano. ■ DRAMMATICO; COL.; 100′; ITALIA, 2003. ■ DAVID DI DONATELLO 🏆 5 PR, 5 NOM.

FINESTRA NELLA NOTTE, UNA *(Night, Mother)* ★★
Regia di TOM MOORE. Con ANNE BANCROFT, CAROL ROBBINS, SISSY SPACEK. ■ Una ragazza sulla trentina vuole suicidarsi. E lo confessa candidamente alla madre. Costei, una donna forte e fin troppo sicura fino a quel momento, è naturamente sconvolta. Ma subito si riprende, parla con la figlia, cerca di comunicare con lei come non ha mai fatto. È una lotta fatta di amore, di persuasione, di dialettica che dura fino all'alba, ma che vedrà alla fine l'amore trionfare. ■ DRAMMATICO; COL.; 97′; USA, 1986. ■ GOLDEN GLOBES 1 NOM.

FINESTRA SOCCHIUSA, LA *(The Window)* ★★★
Regia di TED TETZLAFF. Con BOBBY DRISCOLL, BARBARA HALE, ARTHUR KENNEDY, RUTH ROMAN. ■ Un ragazzino dotato di molta fantasia vede due coniugi ammazzare un uomo, corteggiatore della donna. Lo racconta a babbo e mamma, ma non viene creduto. Nessuno gli crede, tranne gli assassini che cercano di chiudere

al piccolo la bocca per sempre. ■ GIALLO; B/N; 73′; USA, 1949. ■ OSCAR 1 PR, 2 NOM.

FINESTRA SUL CIELO, LA *(A Window to the Sky)* ★★
Regia di LARRY PEERCE. Con BEAU BRIDGES, MARILYN HASSET, BELINDA MONTGOMERY. ■ Colorado, autunno 1954. L'adolescente Jill vuole ad ogni costo partecipare alle Olimpiadi invernali. Sono in molti a contare su di lei per una vittoria. Nell'ultima gara di preparazione "vola" con gli sci e si rompe una vertebra cervicale. ■ DRAMMATICO; COL.; 105′; USA, 1976. ■ GOLDEN GLOBES 3 NOM; OSCAR 1 NOM.

FINESTRA SUL CORTILE, LA *(Rear Window)* ★★★★★
Regia di ALFRED HITCHCOCK. Con RAYMOND BURR, WENDELL COREY, GRACE KELLY, THELMA RITTER, JAMES STEWART. ■ Oppresso dal caldo estivo, l'abile fotoreporter Jeffries si trova costretto nel suo appartamento da una gamba ingessata. Negli intervalli tra le visite della sua infermiera e le richieste di matrimonio dell'affascinante Lisa, per sfuggire alla noia Jeff spia con un teleobiettivo il vicinato dalla finestra che guarda sul cortile. Ha sotto gli occhi un campionario di varia umanità: dalla coppia in luna di miele che non lascia mai la stanza al musicista in crisi di ispirazione, dal signor Thorvald che litiga con la moglie alla ballerina che fa esercizio seminuda. Collegando alcuni dettagli, tra cui l'uccisione di un cagnolino, all'assenza prolungata della signora Throvald, Jeff si convince che il vicino abbia assassinato la moglie. La polizia non gli crede, ma Lisa e l'infermiera sì. Con Jeff che sorveglia la situazione dalla finestra, le due donne vanno alla ricerca di prove che avvalorino la loro tesi. Rischiando di essere scoperta, Lisa entra di nascosto nell'appartamento di Throvald. Riesce a cavarsela, ma a questo punto l'uxoricida sa che Jeff lo ha scoperto e decide di fargli visita. A salvare Jeff sarà la stessa attrezzatura fotografica che lo ha messo nei guai. Un Hitchcock in perfetto equilibrio tra *suspense* e *humour* costruisce un insolito teatro di personaggi, le cui vite scorrono davanti alle finestre come in schermi televisivi sintonizzati su canali differenti. Si tratta di un film corale, in cui diverse storie minori procedono parallelamente per interagire, alla conclusione, con la trama principale. Il soggetto rispetta l'andamento del romanzo breve di Cornell Woolrich, arricchendolo di personaggi e trasformando lo scenario del cortile in uno specchio del mondo e, soprattutto, in una macchina per creare tensione. Un esempio è dato dalla situazione in cui il protagonista, impegnato a seguire il tentativo di suicidio di una donna disperata, non si accorge che Thorvald sta per scoprire Lisa nell'appartamento: la *suspense* nasce dal fatto che lo spettatore può vedere ciò che Jeff ha sotto gli occhi senza accorgersene. Il risultato è uno dei film perfetti di Hitchcock e, insieme a *Vertigo* e *Psycho*, uno dei più citati. Ciò che maggiormente ha interessato autori come De Palma e Almodóvar è il fatto che il protagonista scopra la verità facendo il *voyeur*. Ma i protagonisti eticamente ambigui hanno sempre affascinato il regista inglese. ■ GIALLO; COL.; 122′; USA, 1954. ■ OSCAR 4 NOM.

FINESTRA SUL CORTILE, LA *(Rear Window)* ★★★
Regia di JEFF BLECKNER. Con CHRISTOPHER REEVE, RITCHIE COSTER, ROBERT FORSTER, DARYL HANNAH, ALLISON MACKIE. ■ Jason aveva tutto. Un futuro brillante come architetto, le belle donne, una casa magnifica, prestigio e potere. Ma un brutto incidente stradale gli ha spezzato la vita, nella stessa identica maniera in cui si è spezzata la sua colonna vertebrale, costringendolo alla paralisi. Con la costante idea di riprendersi un'esistenza che era sua, Jason si impegna nella fisioterapia e riesce comunque a ritrovare un po' della sua indipendenza, sebbene ancora sulla sedia a rotelle. Costretto a stare a casa, con due infermieri al suo fianco, non trova di meglio da fare che occupare il suo tempo spiando i vicini da quella finestra che «dà sullo stesso muro di mattoni di sempre». Tuttavia sarà quella finestra sul cortile a spezzare – ancora una volta – la sua immobile esistenza. Remake televisivo del capolavoro di Hitchcock, il film segnò il ritorno di fronte all'obiettivo di Christopher Reeve, il più celebre Superman cinematografico, dopo la caduta da cavallo che lo rese veramente invalido nel 1995. ■ THRILLER; COL.; 89′; USA, 1998.

FINESTRA SUL DELITTO, LA *(Cloak and Dagger)* ★★
Regia di RICHARD FRANKLIN. Con DABNEY COLEMAN, MICHAEL MURPHY, HENRY THOMAS. ■ Un ragazzo mentre gioca con alcuni suoi amici assiste per caso a un delitto. L'ucciso prima di morire gli dà un programma di videogames così il giovane lo mostra al padre, ma non viene creduto. Nemmeno la polizia dà peso al suo racconto, così il ragazzo risolverà tutto grazie alla comprensione del videogame. Dopo un buon inizio il film si perde nei luoghi comuni. Il ragazzo è Henry Thomas, il giovane interprete di *E.T.*, mentre la sceneggiatura è firmata da Tom Holland, regista di film horror. ■ POLIZIESCO; COL.; 101′; USA, 1984.

FINESTRA SUL LUNA PARK, LA ★★★
Regia di LUIGI COMENCINI. Con EDOARDO NEVOLA, GASTONE RENZELLI, GIULIA RUBINI. ■ Un operaio torna dall'Africa (dove ha lavorato per alcuni anni) e trova la moglie morta e il figlio piccolo che ormai lo considera un estraneo. Difficile ristabilire un rapporto con il marmocchio, tanto più che, durante l'assenza del babbo, aveva avuto un quasi-genitore nella persona di un corteggiatore della madre. Padre e figlio troveranno un'intesa. ■ DRAMMATICO; B/N; 90′; ITALIA, 1957.

FINESTRE SUL PECCATO *(Look in any Window)* ★★
Regia di WILLIAM ALLAND. Con PAUL ANKA, ALEX NICOL, RUTH ROMAN. ■ Paul Anka per la prima volta nella sua carriera interpreta un ruolo drammatico in questa storia sensazionalistica. Genitori poco scrupolosi danno il cattivo esempio ai propri figli adolescenti e poi si sorprendono quando questi finiscono col cacciarsi nei pasticci. ■ DRAMMATICO; COL.; 87′; USA, 1960.

FINISCE SEMPRE COSÌ ★
Regia di ENRICO SUSINI. Con VITTORIO DE SICA, NEDDA FRANCI, NOËLLE NORMAN, ROBERTO REY. ■ Un compositore dilettante manda alcune canzoni a un impresario che le usa in una commedia. Il musicista, furente, vorrebbe vendicarsi, ma decide di lasciar perdere quando si rende conto dei guai che passa il povero impresario. ■ COMMEDIA; B/N; 92′; ITALIA, 1939.

FINO A CONGIUNGERSI *(Up the Junction)* ★★
Regia di PETER COLLINSON. Con MICHAEL GOTHARD, SUZY KENDALL, DENNIS WATERMAN. ■ Da un libro di Nell Dunn (autobiografico e di grande successo). Protagonista è una ragazza della buona borghesia londinese che, stufa della vuota vita del suo ambiente, decide di "passare il fiume" andando a vivere nel popolare quartiere di Bettersea. Trova lavoro come operaia e comincia a condividere i problemi della vita dei suoi compagni di lavoro. Ha anche una love story con un giovanotto del luogo (che finisce quando lo mettono in galera per furto). Film ultradiscutibile (pieno di conati presessantottini), ma raccontato da Collinson con grande vigore. ■ DRAMMATICO; COL.; 93′; GRAN BRETAGNA, 1967.

FINO A FARTI MALE *(Adelaïde)* ★★
Regia di JEAN-DANIEL SIMON. Con SYLVIE FERMEC, JEAN SOREL, INGRID THULIN. ■ Morto il marito, Elisabeth accoglie in casa l'amante che ha intenzione di sposare. Adelaide, figlia di Elisabeth, si innamora del futuro patrigno e ne diviene, a sua volta, l'amante. Paziente, Elisabeth attende che la fiamma tra i due si esaurisca. ■ DRAMMATICO; COL.; 95′; FRANCIA, 1968.

FINO ALLA FINE DEL MONDO ★★★
(Bis ans Ende der Welt)
Regia di WIM WENDERS. Con SOLVEIG DOMMARTIN, WILLIAM HURT, JEANNE MOREAU, SAM NEILL, MAX VON SIDOW. ■ Come un puzzle, la vicenda ha una partenza disagevole, che trova la sua logica narrativa nella seconda parte. Una giovane donna incontra due rapinatori di banche. Con uno di loro stabilisce uno strano legame dal quale non è escluso l'interesse. Conosce un giovane misterioso del quale si innamora: l'uomo fugge, inseguito dai servizi segreti di una superpotenza, portandosi appresso uno strano marchingegno con il quale cattura immagini che intende consegnare alla madre affetta da cecità e che potrà vedere tali immagini. L'inventore dell'apparecchio è il padre stesso del giovane. Ma il vecchio scienziato è in aperto dissidio con il figlio a causa di una diversa visione dell'esistenza. La madre potrà vedere le immagini e morirà. L'evento scatena alterne reazioni tra chi era presente all'esperimento. Ciascuno oppresso da un diverso destino e con un futuro carico di incognite. Costato 23 milioni di dollari, il

film è un kolossal dell'anima. Wenders lo dissemina di inidizi e personaggi che conducono in un vicolo cieco. La prima parte è un rompicapo nel quale ogni sequenza non è la conseguenza della precedente. In seguito tutto sembra assumere un tono più solenne e nobile. Ma l'ermetismo delle metafore di Wenders ha come traguardo la sua ossessione per l'olocausto che attende l'umanità. Tuttavia una fastidiosa scenografia di stampo teutonico dà l'impressione che il film sia stato realizzato in un grande magazzino tedesco. La colonna sonora raccoglie il meglio della scena musicale rock (U2, R.E.M., Lou Reed, Talking Heads e molti altri). William Hurt si aggira per il film con aria assente facendo forse rimpiangere che Wenders non sia riuscito a convincere Sam Shepard e Willem Dafoe, ai quali il regista aveva chiesto di interpretare il ruolo. ■ DRAMMATICO; COL.; 150'; AUSTRALIA, FRANCIA, GERMANIA, 1991.

FINO ALLA FOLLIA *(À la folie)* ★★
Regia di DIANE KURYS. Con PATRICK AURIGNAC, BÉATRICE DALLE, ANNE PARILLAUD, BERNARD VERLEY. ■ Alice è una pittrice. Il lavoro va bene e l'amore anche. Arriva però sua sorella Elsa a rovinarle la vita. La ragazza è sempre stata particolare ma ora è, se possibile, peggiorata. Si inserisce senza sforzo nel vivere quotidiano di Alice e la riduce a vittima di un crudele gioco sadico che, scopriremo, affonda le sue radici nel passato. La Kurys parte bene ma poi si lascia prendere dai cliché del genere intaccando, quasi suo malgrado, l'interessante prestazione della Dalle e della Parillaud. ■ DRAMMATICO; COL.; 98'; FRANCIA, 1994.

FINO ALLA MORTE *(To the Death)* ★★
Regia di DARRELL ROODT. Con JOHN BARRET, MICHEL QUISSI. ■ Un organizzatore di incontri di boxe clandestini, con il ricatto, costringe Rick, un ex campione dei pesi medi, a partecipare agli incontri da lui allestiti. Questi finiscono sempre con la morte di uno dei pugili. Rick saprà vendicarsi e uscirne vittorioso. ■ DRAMMATICO; COL.; 90'; USA, 1992.

FINO ALL'INFERNO *(Inferno)* ★
Regia di JOHN G. AVILDSEN. Con GABRIELLE FITZPATRICK, PAT MORITA, VINCENT SCHIAVELLI, DANNY TREJO, JEAN-CLAUDE VAN DAMME. ■ Remake di *Per un pugno di dollari* (che già era un remake di Yojimbo) preceduto da *Last Man Standing* con Bruce Willis. Questa volta siamo nel deserto del Mojave con protagonista un reduce dal Vietnam. Van Damme senza più appeal e Avildsen decisamente di routine. ■ AZIONE; COL.; 99'; USA, 1999.

FINO ALL'ULTIMO *(Jusq'au dernier)* ★★
Regia di PIERRE BILLON. Con PAUL MEURISSE, JEANNE MOREAU, RAYMOND PELLEGRIN. ■ Rapina da quattordici milioni. Uno dei componenti della banda s'impadronisce del bottino. Gli altri gli danno la caccia; l'uomo si nasconde in un circo, ma lo scoprono. Massacro finale. ■ GIALLO; B/N; 103'; FRANCIA, 1957.

FINO ALL'ULTIMO FUOCO *(Paoda shuang deng)* ★★
Regia di PING HE. Con WU GANG, NING JING, ZHAO XIAORUI, YANG GAO. ■ Un pittore viene incaricato di ridipingere i portoni e i vasi di un palazzo in cui vive una donna che è proprietaria di una grande fabbrica di fuochi d'artificio. I due si innamorano, ma le leggi degli antenati impediscono la loro unione. Organizzazione dello spazio "alla maniera di" Zhang Yimou, ma senza la sua profondità espressiva. ■ DRAMMATICO; COL.; 116'; CINA, HONG KONG, 1993.

FINO ALL'ULTIMO RESPIRO *(À bout de souffle)* ★★★★
Regia di JEAN-LUC GODARD. Con JEAN-PAUL BELMONDO, ROGER HANIN, JEAN SEBERG. ■ Il protagonista è un eroe "nero" dei nostri giorni senza ideali, senza il romanticismo di un Humphrey Bogart o di un Jean Gabin (cui il regista continuamente allude in fulminei fotogrammi). Se la vita non ha senso, il giovane Belmondo la vive seguendo i suoi impulsi, che sono criminali: ruba un'auto, uccide un poliziotto, va a Parigi e, agganciata sbrigativamente una bella turista americana, se la porta a letto. Ma lei lo denuncia. Arriva la polizia e ammazza il giovanotto. Oggi il film è ritenuto il manifesto della "Nouvelle Vague". ■ DRAMMATICO; B/N; 89'; FRANCIA, 1960. ■ BERLINO 1 PR.

FINO A PROVA CONTRARIA *(True Crime)* ★★★
Regia di CLINT EASTWOOD. Con CLINT EASTWOOD, LISA GAY HAMILTON, DENIS LEARY, DIANE VENORA, ISAIAH WASHINGTON, JAMES WOODS. ■ Steve Everett è un giornalista che è già stato cacciato dal «New York Times» per la sua incapacità di tacere di fronte ai potenti. È stato un alcolista e ha una famiglia di cui si occupa poco. È questo tipo d'uomo che si trova ad affrontare il caso di un condannato a morte accusato di aver ucciso una donna incinta. A partire da un'intervista, Everett comincia a riflettere sul caso e scopre una serie di incongruenze che lo porteranno a scagionare all'ultimo momento il condannato. Eastwood spezza una lancia contro la pena di morte e lo fa rivisitando il genere e ponendo un altro mattone dell'edificio che da tempo va costruendo su personaggi che sentono su di sé il peso degli anni e delle miserie umane. Il plot sa di già visto, ma vedere Clint in azione è sempre un piacere perché la ricerca delle sfumature e l'apoteosi dell'*understatement* gli sono ormai connaturate. ■ THRILLER; COL.; 127'; USA, 1998.

FINO A SETTEMBRE *(Until September)* ★★
Regia di RICHARD MARQUAND. Con KAREN ALLEN, THIERRY LHERMITTE. ■ Una ragazza perde l'aereo per il ritorno negli Stati Uniti. Va a casa di una sua amica, ma viene a sapere da un coinquilino che è partita. Gli vengono però consegnate le chiavi e la ragazza avrà un'avventura con l'inquilino che ha tutta la famiglia in vacanza. Alla fine l'uomo decide di fuggire con la ragazza. Senza infamia né lode questo film del regista di *La cruna dell'ago* e *Doppio taglio*. ■ COMMEDIA; COL.; 96'; USA, 1984.

FINTE BIONDE, LE ★★
Regia di CARLO VANZINA. Con ALESSANDRA CASELLA, PAOLA QUATTRINI, LUCIA STARA. ■ Carlo Vanzina mette in film il romanzo scritto da suo fratello Enrico. S'incrociano nel film le vicende di una trentina di personaggi femminili, tutti accomunati dalla voglia di "apparire" di essere alla moda (naturalmente la moda dettata dagli spot pubblicitari: il telefono in macchina, la colf filippina ecc.) ■ COMMEDIA; COL.; 92'; ITALIA, 1989.

FIOCCO NERO PER DEBORAH, UN ★★
Regia di MARCELLO ANDREI. Con DELIA BOCCARDO, BRADFORD DILLMAN, MARINA MALFATTI. ■ Una donna sterile viene "posseduta" dallo spirito di una moribonda in stato di gravidanza. Dopo qualche mese, Deborah rimane misteriosamente incinta. Si sta preparando veramente una nascita o non piuttosto una morte? ■ DRAMMATICO; COL.; 94'; ITALIA, 1974.

FIORAIA DI VIENNA, LA *(Goodnight Vienna)* ★★★
Regia di HERBERT WILCOX. Con JACK BUCHANAN, GINA MALO, ANNA NEAGLE. ■ Un musical vecchio stile, di grandissimo successo all'epoca soprattutto in patria. A Vienna, poco prima dello scoppio della grande guerra, un giovane aristocratico si innamora di una povera fioraia. ■ MUSICAL; B/N; 90'; GRAN BRETAGNA, 1932.

FIORDALISI D'ORO ★★
Regia di GIOVACCHINO FORZANO. Con MARIE BELL, FOSCO GIACHETTI, ANNIBALE NINCHI. ■ Nella Francia del Terrore, un giacobino viene a scoprire un complotto dell'aristocrazia. Si innamora però di un'altra dama che tira le fila dell'organizzazione e fa di tutto per salvarla. Ma il suo atteggiamento non piace ai fedelissimi di Robespierre. Il protagonista finirà sul patibolo con i congiurati. ■ DRAMMATICO; B/N; 95'; ITALIA, 1936.

FIOR DI LOTO *(Flower Drum Song)* ★★★
Regia di HENRY KOSTER. Con JUANITA HALL, NANCY KWAN, JAMES SHIGETA, MIYOSHI UMEKI. ■ Una bella ragazza cinese arriva a San Francisco per incontrare l'uomo che le è stato destinato da un contratto firmato dai genitori. Ma il fidanzato ama una ballerina e la fanciulla simpatizza con un giovanotto ospite nella sua stessa pensione. Morale: ognuno sposerà la persona che ama. ■ SENTIMENTALE; COL.; 133' USA, 1962. ■ OSCAR 5 NOM.

FIOR DI NEVE *(Wintertime)* ★★
Regia di JOHN BRAHM. Con SONJA HENIE, CESAR ROMERO, CORNEL WILDE. ■ Per rilanciare il suo albergo di montagna un anziano signore decide di invitare un celebre milionario. L'idea si rivela buona, ma è complicata, all'inizio, dai rapporti dispettosi fra il nipote dell'albergatore e la figlia del riccone che finiranno, però, coll'innamorarsi. ■ SENTIMENTALE; B/N; 82'; USA, 1943.

FIOR D'OMBRA *(Grosstadt Schmetterling)* ★★
Regia di Richard Eichberg. Con Gaston Jacquet, Louis Lerch, Anna May Wong. ■ È uno dei primi lavori sonori di un regista rimasto sempre nell'ambito di film commerciali. ■ Drammatico; b/n; 92'; Germania, 1929.

FIORE CHE NON COLSI, IL *(The Constant Nymph)* ★★★
Regia di Edmund Goulding. Con Charles Boyer, Charles Coburn, Joan Fontaine, Peter Lorre, Brenda Marshall, Alexis Smith. ■ In Svizzera, nel periodo fra le due guerre, un compositore di belle speranze è amato da Tessa, una trepida adolescente, ma sposa una fascinosa bellezza del gran mondo. In seguito avrà modo di rimpiangere la devota ragazzina; la raggiunge ma è tardi: Tessa gli muore fra le braccia. ■ Drammatico; b/n; 112'; USA, 1942. ■ Oscar 1 nom.

FIORE DAI PETALI D'ACCIAIO, IL ★★
Regia di Gianfranco Piccioli. Con Umberto Raho, Paola Senatore, Pilar Velasquez. ■ Un medico provoca accidentalmente la morte della propria ragazza facendola cadere su di un fiore dai petali d'acciaio. Si libera del cadavere riducendolo a pezzi e liquefacendolo. Ma la sorellastra dell'uccisa accusa il chirurgo e interviene la polizia. Frattanto anche questa seconda donna viene ammazzata. ■ Giallo; col.; 95'; Italia, 1973.

FIORE DELLE HAWAII *(Die Blume von Hawaii)* ★★
Regia di Richard Oswald. Con Martha Eggerth, Hans Fidesser, Ivan Petrovich. ■ Due hawaiani a Parigi scoprono una principessa loro connazionale che fa la venditrice di sigarette in un locale di Montmartre. Col miraggio di una lucrosa scrittura, la ragazza viene dai due riportata in patria, dove sta per scoppiare una rivolta. La fanciulla non sposerà il principe ereditario, bensì il valoroso ufficiale che ha sedato la sommossa. ■ Commedia; b/n; 92'; Germania, 1933.

FIORE DELLE MILLE E UNA NOTTE, IL ★★★
Regia di Pier Paolo Pasolini. Con Franco Citti, Ninetto Davoli, Ines Pellegrini. ■ È il terzo capitolo di quella che Pasolini chiamava la "trilogia della vita" in contrapposto a quella sulla morte che aveva in mente (ma di cui fu realizzato solo il primo segmento, *Salò*). Dopo Boccaccio e Geoffrey Chaucer, qui il regista friulano attinge alla novellistica orientale. Pasolini ha abolito il filo conduttore delle *Mille e una notte*, cioè l'intervento della bella Sheherazade in veste di narratrice, ma ha serbato alcuni celebri episodi. *Il fiore delle mille e una notte* è forse il più prodigo di belle immagini dei film di Pasolini, ma è anche quello più almanaccato e freddo. Eppoi il vezzo di far parlare in dialetto i personaggi popolari, si rivela qui un espediente per far colore, privo di un autentico significato. ■ Commedia; col.; 130'; Italia, 1974. ■ Cannes 1 pr.

FIORE DEL MALE, IL *(La Fleur du Mal)* ★★
Regia di Claude Chabrol. Con Nathalie Baye, Suzanne Flon, Bernard Le Coq, Benoît Magimel. ■ Michele e Francois sono fratellastri. Lui torna da una lunga permanenza negli Stati Uniti e riscopre l'amore per lei. Ma in famiglia ci sono problemi ben più gravi. La madre di Francois è impegnata nella campagna elettorale municipale e i suoi avversari scavano nel passato della sua famiglia e in quella del padre di Francois. Ciò che emerge non è certo piacevole. Ancora un groviglio di vipere nella borghesia medio-alta di provincia per un Chabrol che ripete se stesso col solito mestiere. ■ Drammatico; col.; 104'; Francia, 2003.

FIORE DEL MIO SEGRETO, IL *(La flor de mi secreto)* ★★★
Regia di Pedro Almodóvar. Con Rossy de Palma, Juan Echanove, Chus Lampreave, Marisa Paredes. ■ La Paredes nel ruolo di una moglie alla quale succede tutto il peggio: è tradita e abbandonata dal marito, non più gradita agli amici, anche il lavoro – è scrittrice di romanzi rosa – va male. Non resta che rifugiarsi nella comprensione (scarsa) materna e in un fedele amico che arriva a scrivere i romanzi per lei. Melò, ironia, sorrisi, risvolti imprevedibili e, alla fine, la forza dell'individualità femminile che si salva sempre. Il solito Almodóvar. ■ Commedia; col.; 100'; Spagna, 1996.

FIORE DI CACTUS *(Cactus Flower)* ★★★
Regia di Gene Saks. Con Ingrid Bergman, Goldie Hawn, Rick Lenz, Walter Matthau, Jack Weston. ■ Un dentista donnaiolo per contenere le pressanti richieste matrimoniali della sua giovane amante s'inventa una moglie. Chiama a impersonarla la sua segretaria. Naturalmente dalla finzione i due passano presto a un autentico rapporto affettivo. La giovanissima sarà più felice con un coetaneo. ■ Commedia; col.; 103'; USA, 1969. ■ David di Donatello 1 pr, 1 nom; Oscar 1 pr, 1 nom.

FIORE DI CARNE *(Turkish Fruit)* ★★
Regia di Paul Verhoeven. Con Mariol Flore, Rutger Hauer, Monique Van De Ven. ■ Il giovane Erik chiede un passaggio in auto: glielo offre la bella Olga. I due prima fanno l'amore, poi riprendono il viaggio. Restano però coinvolti in un grave incidente che li separa. Erik riuscirà in seguito a rintracciare la donna e a sposarla. ■ Drammatico; col.; 95'; Paesi Bassi, 1973. ■ Oscar 1 nom.

FIORE DI PIETRA, IL *(Kamiennyj zvetok)* ★★★
Regia di Aleksander Lukic Ptusko. Con Darvscikowa Brushmikow, Vladimir Druhznikov, Tamara Makarova, Mikhail Troyanovsky. ■ Un pastorello diventa un abile scultore in pietra, ma sogna traguardi sempre più elevati: vuole capire l'anima delle pietre per poter trasferire i loro sentimenti nell'opera d'arte. Proprio il giorno del matrimonio abbandona la sposina e penetra in una caverna misteriosa in fondo alla quale risplende un fantastico fiore che egli riesce a riprodurre nella pietra. La fata che lo ha guidato lo aiuterà poi a ricongiungersi alla fresca mogliettina. ■ Fantastico; col.; 91'; URSS, 1946.

FIORE E LA VIOLENZA, IL ★★★★
Regia di Michelangelo Antonioni, Francis Rechenbach, Jean Renoir. Con Jacques Brunius, Fay Compton, André Gabriello, Jeanne Marken, Peter Reynolds. ■ Il film raduna tre mediometraggi di gran valore. Abbiamo *Il delitto*, lo sketch più riuscito dei *Vinti* di Antonioni, storia di un giovane che, per far parlare di sé i giornali, uccide una anziana signora. Poi abbiamo il delizioso *Partie de campagne* di Renoir (tratto da una novella di Maupassant). Infine *I marines* di Reichenbach, il più recente (gli altri sono stati girati rispettivamente nel 1952 e nel 1937): è una dura requisitoria, in forma documentaria, contro i sistemi coercitivi in uso in un reggimento americano. ■ Film a episodi; b/n; 98'; Francia, Italia, 1962.

FIORE NEL DESERTO, UN *(Desert Bloom)* ★★★
Regia di Eugene Corr. Con Ellen Barkin, Jon Voight, JoBeth Williams. ■ La storia, ambientata negli anni Cinquanta, scorre su un doppio binario: da una parte Jack Chismore, reduce della seconda guerra mondiale, dall'equilibrio scosso e con una famiglia carica di problemi. Dall'altra, gli esperimenti atomici della zona. Jack comprende che in quel deserto vicino a Las Vegas qualcosa di minaccioso sta accadendo e quando un mattino si leva nel cielo il fumo dell'esplosione atomica, capisce che le tensioni personali sono poca cosa e che solo la famiglia è simbolo della volontà di sopravvivenza. ■ Drammatico; col.; 106'; USA, 1986.

FIORENZO, IL TERZO UOMO ★★
Regia di Stefano Canzio. Con Aldo Fabrizi, Renato Rascel, Mario Siletti, Nino Taranto. ■ Documentario sportivo sul grande campione del ciclismo Fiorenzo Magni, realizzato nel corso del 34° Giro d'Italia. ■ Documentario; b/n; 94'; Italia, 1951.

FIORE SELVAGGIO *(Driftwood)* ★★★
Regia di Allan Dwan. Con Walter Brennan, Dean Jagger, Natalie Wood. ■ Una ragazzina rimasta orfana viene adottata dal medico di un paesino di campagna. Gli procura un mucchio di guai, ma durante un'epidemia gli darà l'occasione per sperimentare un nuovo farmaco che lo renderà ricco e famoso. ■ Sentimentale; b/n; 90'; USA, 1947.

FIORE SOTTO GLI OCCHI, IL ★★
Regia di Guido Brignone. Con Luigi Cimara, Claudio Gora, Mariella Lotti, Anna Magnani, Paolo Stoppa, Liselotte Von Grey. ■ Nel tentativo di salvare il loro matrimonio, un professore e la moglie decidono di separarsi, ma in maniera singolare: si recano nella stessa località di villeggiatura, facendo però finta di non conoscersi. Intrecciano così occasionali avven-

turette che intaccano ancor più la loro unione. Poi, però, la serietà della moglie e la ritrovata serenità professionale del marito aggiusteranno tutto. ■ COMMEDIA; B/N; 92'; ITALIA, 1944.

FIORE SULLA PIETRA, IL *(Tsvjetok na kamjen)* ★★★
Regia di SERGEI PARAJANOV. Con L. CEREPANOVA, B. DMOKHOROVSKI, G. KARPOV. ■ Un uomo in ospedale per una ferita alla testa ha perso la memoria. Mentre la riacquista riviviamo la sua vita e il lavoro in miniera. Una setta religiosa aveva cercato di distruggere tutto. ■ DRAMMATICO; B/N; 71'; RUSSIA, 1962.

FIORI D'ACCIAIO *(Steel Magnolias)* ★★
Regia di HERBERT ROSS. Con OLYMPIA DUKAKIS, SALLY FIELD, DARYL HANNAH, SHIRLEY MACLAINE, DYLAN MCDERMOTT, KEVIN J. O'CONNOR, DOLLY PARTON, JULIA ROBERTS, SAM SHEPARD, TOM SKERRITT. ■ Un gruppo di donne di età ed estrazione diversa si ritrova in un salone di bellezza di una cittadina della provincia americana. Tra pettegolezzi e confidenze, la vita ha i suoi alti e bassi, e una di loro, la più giovane, muore per i postumi di un parto. Sotto la svagatezza e l'apparente fragilità, le donne mostrano carattere e sanno fare ricorso alla solidarietà femminile. Sono fiori d'acciaio che non si piegano, perché la vita deve continuare. Grande cast ma poco omogeneo. ■ DRAMMATICO; COL.; 119'; USA, 1989. ■ GOLDEN GLOBES 1 PR, 2 NOM; OSCAR 1 NOM.

FIORI DEL MALE, I *(O tafos ton eraston)* ★
Regia di YVES BOISSET. Con EDINA ROMAN, NIKI TRANDOF FILLIDON. ■ Dimitri ha una relazione con Anna, moglie di suo fratello. Il marito scopre tutto. I due uomini lottano fino a rimanere senza forze, lei si uccide. ■ DRAMMATICO; B/N; 93'; GRECIA, 1968.

FIORI DI CARTA *(Kaagaz Ke Phool)* ★★★
Regia di GURU DUTT. Con GURU DUTT, BABY NAAZ, WAHEEDA REHMAN, JOHNNY WALKER. ■ Un regista è in crisi perché la moglie si rifiuta di fargli incontrare la bambina nata dalla loro unione. Comincia a bere e intanto prepara un nuovo film. Trova conforto, in un primo momento, in una giovane attrice da lui scoperta. Ma la sua pellicola si rivela un insuccesso. *Fiori di carta* fu un disastro commerciale e il suo regista a soli trentanove anni si tolse la vita. ■ DRAMMATICO; B/N; 150'; INDIA, 1959.

FIORI DI KIRKUK *(Golakani Kirkuk)* ★★
Regia di FARIBOZ KAMKARI. Con MORJANA ALAOUI, ERTEM ESER, MOHAMMED BAKRI, MARYAM HASSOUNI, MOHAMED ZOUAOUI. ■ Nel 1988 il regime di Saddam Hussein è impegnato in una sistematica decimazione del popolo curdo. Najla, giovane irachena da tempo trasferita in Italia per studiare medicina, fa ritorno a Baghdad con il proposito di ritrovare Sherko, medico curdo rientrato in patria per aiutare le forze ribelli dei *pashmerga*. Fronteggiando sia il retaggio culturale della propria famiglia che l'insistente corteggiamento del generale Mokhtar, Najla decide di diventare guardia medica dell'esercito, così da contribuire tacitamente alla causa delle forze ribelli e poter raggiungere il proprio innamorato a Kirkuk. ■ DRAMMATICO; COL.; 115'; ITALIA, SVIZZERA, IRAQ, 2010.

FIORI DI NIZZA *(Blumen aus Nizza)* ★★
Regia di AUGUSTO GENINA. Con FRIEDL CZEPA, ERNA SACK, KARL SCHÖNBÖCK. ■ Un giovane conte, che ha ormai dilapidato quasi tutto il proprio patrimonio nel gioco, decide di uccidersi. Ma un furbo impresario, che sta tentando di lanciare una cantante, lo convince a simulare il suicidio per amore della fanciulla. Così avviene, e il fatto determina il successo della cantante. Intanto il conte, sotto falso nome, trova lavoro a Parigi. Ma lo riconoscono e scoppia lo scandalo. Tenta allora davvero di uccidersi, ma si salverà e troverà anche l'amore. ■ COMMEDIA; B/N; 91'; AUSTRIA, 1936.

FIORI DI ZUCCA ★★
Regia di STEFANO POMILLA. Con MASSIMO CIAVARRO, ENZO DE CARO, MARINA SUMA. ■ Tre trentenni si ritrovano dopo anni di lontananza per rendere omaggio a un amico passato a miglior vita. Sono in un momento importante della loro vita, pieni di problemi cercano un momento per riflettere sul loro passato e il loro futuro. Ma il passato non ritorna: Enzo ha la moglie che gli rende dura la vita; Sergio ragazzo-padre ha deciso di non sposarsi; Pietro, drogato e omosessuale, costretto a una vita di stenti. ■ DRAMMATICO; COL.; 97'; ITALIA, 1988.

FIORILE ★★
Regia di PAOLO TAVIANI, VITTORIO TAVIANI. Con CLAUDIO BIGAGLI, LINO CAPOLICCHIO, RENATO CARPENTIERI, CHIARA CASELLI, GALATEA RANZI, MICHAEL VARTAN. ■ I Benedetti sono da sempre stati soprannominati "maledetti" rei di essersi tenuti l'oro dei francesi, sottratto a un giovane soldato. Costui viene di conseguenza fucilato dai suoi compatrioti. Fa però in tempo a innamorarsi, ricambiato, di una dei Benedetti, che rimane incinta. L'epoca è il Settecento. La storia è narrata da un discendente ai giorni nostri. Passiamo quindi attraverso il primo Novecento e la seconda guerra mondiale. Siamo nei pressi di una telenovela, ma col fiocchetto d'autore che però non è annodato stretto. Per tutte basta citare la sequenza ambientata durante la Resistenza che risulta di grande retorica se paragonata all'espressività de *La notte di San Lorenzo*. ■ DRAMMATICO; COL.; 118'; FRANCIA, GERMANIA, ITALIA, 1993. ■ DAVID DI DONATELLO 1 PR, 1 NOM.

FIORINA LA VACCA ★★
Regia di VITTORIO DE SISTI. Con JANET AGREN, GIANNI MACCHIA, GASTONE MOSCHIN. ■ Ruzzante è un contadino che va soldato di ventura e lascia, nella campagna padovana, la moglie e la vacca (che si chiamano entrambe Fiorina). La donna diventa l'amante del signorotto, così che quando Ruzzante torna, la moglie si rifiuta di tornare con lui Ruzzante si ritroverà povero come quando era partito, per di più senza le due Fiorine. ■ COMMEDIA; COL.; 103'; ITALIA, 1973.

FIORI NEL FANGO *(Shock Proof)* ★★★
Regia di DOUGLAS SIRK. Con JOHN BARAGREY, PATRICIA KNIGHT, CORNEL WILDE. ■ Un poliziotto s'innamora di una bella bionda dal passato burrascoso. Ma la bionda è plagiata da un losco figuro. Finisce che il poliziotto ammazza il figuro. O crede di ammazzarlo. Si fa prendere dal panico e scappa con la bionda in Messico. Ma lì la vita è dura. Meno male che il morto era solo ferito e può scagionare la coppia. ■ DRAMMATICO; B/N; 79'; USA, 1949.

FIORI NELLA POLVERE *(Blossoms in the Dust)* ★★★
Regia di MERVYN LEROY. Con GREER GARSON, MARSHA A. HUNT, WALTER PIDGEON. ■ Film sulla vita di Edna Gladney che nel secolo scorso combatté una meritoria battaglia in favore dei trovatelli al grido di «Non esistono figli illegittimi, ma solo genitori illegittimi». ■ BIOGRAFICO; COL.; 99'; USA, 1941. ■ OSCAR 1 PR, 4 NOM.

FIORI NELL'ATTICO *(Flowers in the Attic)* ★★★
Regia di JEFFREY BLOOM. Con LOUISE FLETCHER, KRISTY SWANSON, VICTORIA TENNANT. ■ Alla morte del marito, una donna rimasta senza mezzi e con quattro figli tenta di riconciliarsi con i genitori che non vede da diciassette anni. Per questo segrega i ragazzi in soffitta in modo che non siano visti dal genitore morente che ignora la loro esistenza. Presto la segregazione diventa insopportabile. A poco a poco i ragazzi si rendono conto che la loro vita stessa è in pericolo e che la madre è la loro peggior nemica. ■ THRILLER; COL.; 95'; USA, 1987.

FIRE ★
Regia di DEEPA MEHTA. Con SHABANA AZMI, NANDITA DAS, JAAVED JAFERI. ■ India. Due fratelli gestiscono una sorta di ritrovo. Uno dei due ha fatto voto di castità, così la moglie si mette con la cognata. Le due donne arrivano, una volta che tutto è di dominio pubblico, a fuggire insieme. Dovrebbe essere una coraggiosa denuncia: anche in India c'è l'omosessualità. Evviva. ■ DRAMMATICO; COL.; 85'; INDIA, 1996.

FIRE AND ICE – FUOCO E GHIACCIO *(Fire and Ice)* ★★
Regia di RALPH BAKSHI. ■ Durante l'era glaciale, lotta selvaggia fra due tribù del Nord. Una principessa sta per essere violentata e uccisa, ma un gigantesco guerriero la salva. Cartone fantasy dell'autore de *Il Signore degli anelli*. ■ ANIMAZIONE; COL.; 81'; USA, 1982.

FIREBIRD 2015 *(Firebird 2015 A.D.)* ★
Regia di DAVID ROBERTSON. Con DOUG MCCLURE, DARREN MCGAVIN, GEORGE TOULIATOS, BARBARA WILLIAMS. ■ L'azio-

ne è ambientata in un futuro molto prossimo, quando le riserve di petrolio sono quasi completamente esaurite e in tutti gli Stati del mondo è vietato circolare in auto. Nonostante il divieto, c'è chi si diverte a organizzare e a partecipare a gare automobilistiche. ■ AVVENTURA; COL.; 93′; USA, 1981.

FIRE DOWN BELOW – L'INFERNO SEPOLTO ★
Regia di FELIX ENRIQUEZ ALCALA. Con MARG HELGENBERGER, KRIS KRISTOFFERSON, STEPHEN LANG, STEVEN SEAGAL, HARRY DEAN STANTON. ■ L'agente speciale Jack Taggart indaga sull'illegale eliminazione di rifiuti tossici da parte di Orin Hammer, uomo d'affari e criminale con pochi scrupoli. Le sostanze radioattive si trovano nascoste dentro una vecchia miniera di carbone del Kentucky. Hammer e la sua banda vengono anche sospettati dell'assassinio di un ex collega di Jack. Nel corso delle indagini Taggart si inserisce nella comunità del paese, riuscendo a farsi amici i suoi abitanti. ■ AZIONE; COL.; 100′; USA, 1997.

FIREFLIES IN THE GARDEN ★★
Regia di DENNIS LEE. Con WILLEM DAFOE, CARRIE-ANN MOSS, HAYDEN PANETTIERE, RYAN REYNOLDS, JULIA ROBERTS, EMILY WATSON. ■ Michael ha seguito le orme di suo padre ed è diventato uno scrittore. Il suo ultimo romanzo, *Fireflies in the Garden*, racconta la storia della sua famiglia e la sua pubblicazione rappresenterebbe per lui la rivalsa umana e professionale nei confronti di un padre padrone che non gli ha mai dimostrato né affetto né stima. Tutti stanno per riunirsi in occasione dei festeggiamenti per il diploma di sua madre, una donna forte che ha vissuto per tanti anni al fianco di un uomo autoritario ed egocentrico. Durante il tragitto però l'auto dei genitori incappa in un incidente e la donna muore sul colpo. Quello che doveva essere un giorno di festa si trasforma in una tragica riunione familiare e toccherà a Michael, a sua sorella e a sua zia Jane, il compito di rimettere insieme i pezzi di un passato difficile. ■ DRAMMATICO, COL; 120′; USA, 2008.

FIREFOX – VOLPE DI FUOCO ★★
Regia di CLINT EASTWOOD. Con CLINT EASTWOOD, DAVID HUFFMAN, FREDDIE JONES. ■ Reduce dal Vietnam, il pilota Mitchell Gant viene richiamato in servizio per una delicata missione: impadronirsi di un rivoluzionario aereo da guerra russo, il Firefox, capace di prestazioni eccezionali. ■ AVVENTURA; COL.; 124′; USA, 1982.

FIRELIGHT ★★
Regia di WILLIAM NICHOLSON. Con STEPHEN DILLANE, SOPHIE MARCEAU. ■ Londra 1837. Una ragazza svizzera, per salvare il padre dal fallimento è costretta a dare un figlio a un ricco sconosciuto, impegnandosi a non vederlo mai più. Drammi conseguenti. ■ COMMEDIA; COL.; 100′; USA, 1998.

FIREWALL – ACCESSO NEGATO *(Firewall)* ★★
Regia di RICHARD LONCRAINE. Con ALAN ARKIN, JIMMY BENNETT, PAUL BETTANY, MATTHEW CURRIE HOLMES, HARRISON FORD, ROBERT FORSTER, VIRGINIA MADSEN, ROBERT PATRICK, MARY LYNN RAJSKUB, CARLY SCHROEDER. ■ Jack Stanfield è uno specialista di sistemi di sicurezza informatici per le banche. Lavora per la Landrock Pacific Bank di Seattle. Bill Cox studia da mesi le abitudini di Jack per ottenere degli elementi di ricatto nei suoi confronti. Deciso a raggiungere il suo scopo, a capo di una banda di criminali, Bill prende in ostaggio la famiglia di Jack, che dovrà prendere decisioni molto difficili. ■ THRILLER; COL.; 105′; USA, 2006.

FIRE WITH FIRE ★
Regia di DAVID BARRETT. Con 50 CENT, VINCENT D'ONOFRIO, ROSARIO DAWSON, JOSH DUHAMEL, BRUCE WILLIS. ■ Jeremy Coleman è un vigile del fuoco, senza famiglia ma con due grandi amici al fianco da sempre. Finito il turno con loro, in un piccolo spaccio, assiste all'ingresso di Neil Hagan, boss di una gang che inneggia alla supremazia ariana, che uccide a sangue freddo il gestore del negozio e suo figlio. ■ DRAMMATICO; COL.; 92′; USA, 2012.

FIRST LETTER, THE *(Abjad)* ★★
Regia di ABOLFAZL JALILI. Con ABDOLREZA AKBARI, FARIBA KHADEMY, MEHDI MORADY. ■ Emkam ha 16 anni e vive in una piccola città distante poche ore da Teheran. Siamo alla fine degli anni Settanta poco prima dello scoppio della Rivoluzione. Emkam è un artista: ama dipingere, suonare il violino, leggere e scrivere e andare al cinema. Ma tutte queste attività sono proibite, come è proibito per un musulmano innamorarsi di una ragazzina figlia di ebrei. E intanto scoppia la guerra Iran-Iraq. In questo tempo di odio e di terrore, il regista vuole dimostrare che l'Islam può anche essere una scuola d'Amore e lo dichiara usando uno stile asciutto e la metonimia per raccontare la Storia. ■ DRAMMATICO; COL.; 110′; IRAN, 2003.

FIRST STRIKE ★★
Regia di STANLEY TONG. Con JACKIE CHAN, JACKSON LOU. ■ Un agente di Hong Kong ha l'incarico dalla Cia e da altri di rintracciare una testata nucleare finita in cattive mani. Jackie Chan naturalmente riesce nella missione alla sua maniera, con le arti marziali. È quello che vuole essere. E Chan, il nuovo Bruce Lee, ha una schiera di appassionati. ■ AVVENTURA; COL.; 90′; USA, 1997.

FIRST TIME, THE ★★
Regia di NOEL NOSSECK. Con SUSAN ANSPACH, PETER BARTON, JENNIFER JASON LEIGH. ■ Una mamma è preoccupata per le prime esperienze sessuali della figlia. Le sembra che la ragazza vada un po' troppo forte con il suo boy-friend. Ma perché la madre non considera invece la propria vita sessuale, molto più agitata? ■ DRAMMATICO; COL.; 92′; USA, 1982.

FISCHIA IL SESSO ★★
Regia di GIAN MARIA POLIDORO. Con ALDO MACCIONE, LEOPOLDO TRIESTE, RITA TUSHINGHAM. ■ Americanina bruttina e goffa chiede ad una agenzia matrimoniale di trovarle l'uomo adatto. Rimedia una serie di incontri balordi. Ma l'ultimo, quello con uno stolido emigrante sardo, finisce con il matrimonio. L'uomo, è chiaro, con le nozze mira soprattutto a ottenere la cittadinanza americana. Ma in seguito arriva il vero amore. ■ COMMEDIA; COL.; 94′; ITALIA, 1974.

FISCHIO AL NASO, IL ★★
Regia di UGO TOGNAZZI. Con FRANCA BETTOJA, TINA LOUISE, UGO TOGNAZZI, OLGA VILLI. ■ Un ricco uomo d'affari soffre di un noioso disturbo (un fischio al naso) e decide di farsi ricoverare in clinica. Pessima idea. In mano ai dottori il noioso disturbo diventa grave malattia. Passa dal reparto dei quasi turisti a quello dei pazienti in condizioni preoccupanti, sino allo stambugio per i senza speranza. ■ DRAMMATICO; COL.; 113′; ITALIA, 1967.

FISH TANK ★★
Regia di ANDREA ARNOLD. Con MICHAEL FASSBENDER, REBECCA GRIFFITHS, KATIE JARVIS, HARRY TREDAWAY, KIERSTON WAREING. ■ Mia è una quindicenne disadattata. Espulsa dalla scuola, derisa dalle amiche a cui non risparmia sarcasmo e reazioni violente, a casa deve vedersela con una madre ancora giovane e sensuale e con una sorellina con la quale è in costante conflitto. La madre conduce una vita piuttosto libera fino a quando intreccia una relazione con Condor, che sembra capace di cogliere le potenzialità di Mia innescando però un'ulteriore rivalità tra madre e figlia. ■ DRAMMATICO; COL.; 123′; GRAN BRETAGNA, PAESI BASSI, 2009.

FISICA DELL'ACQUA, LA ★★
Regia di FELICE FARINA. Con CLAUDIO AMENDOLA, PAOLA CORTELLESI, STEFANO DIONISI, LORENZO PAVANELLO, LORENZO VAVASSORI. ■ In una notte di luna piena, un bambino emerge dalle acque di un lago e fa ritorno a casa. Si chiama Alessandro, ha sette anni, un'ossessione per la fisica meccanica e le dinamiche biologiche, oltre ad una strana fobia per l'acqua. Durante quella stessa notte, Alessandro ha sabotato i freni dell'auto dello zio Claudio, causando un incidente. Condotto in commissariato per far luce sulla vicenda, Alessandro dovrà spiegare i fatti più recenti e far riemergere i più remoti ricordi per comprendere le ragioni che lo hanno portato a quel gesto. ■ DRAMMATICO; COL.; 76′; ITALIA, SVIZZERA, FRANCIA, 2009.

F.I.S.T. ★★★
Regia di NORMAN JEWISON. Con PETER BOYLE, MELINDA DILLON, TONY LO BIANCO, SYLVESTER STALLONE, ROD STEIGER. ■ La

F.I.S.T. è il sindacato americano dei camionisti. Il capo della sezione di Cleveland affida al facchino Johnny l'incarico di propaganda tra i compagni. Lui si dà da fare ottenendo parecchie nuove iscrizioni. Ma quando gli associati chiedono migliorie contrattuali, Johnny e il suo braccio destro non riescono a ottenere nulla dal ferreo padrone della ditta per la quale lavorano. Un duro sciopero ad oltranza sistemerà le cose. Passano gli anni e Johnny diventa presidente nazionale della F.I.S.T., che con la sua guida assurge a vera e propria potenza internazionale. Ma la fortuna di Johnny durerà poco. ■ DRAMMATICO; COL.; 145'; USA, 1978.

FIST OF LEGEND *(Jing Wu Ying Xiong)* ★★
Regia di GORDON CHAN. Con SIU-HOU CHIN, ADA CHOI, BILLY CHOW, JET LI, SHINOBU NAKAYAMA, KURATA YASUAKI. ■ Remake del noto *Fist of Fury* (*Dalla Cina con Furore*), il titolo porta sugli schermi per la seconda volta un noto racconto popolare ambientato intorno al 1937, quando giapponesi ed europei tentavano di spartirsi la debole Cina della prima repubblica. Chen Zhen, esperto di arti marziali, venuto a conoscenza dell'uccisione del proprio maestro lascia i propri studi per tornare a Shangai e vendicare il maestro. La morte del vecchio, avvenuta a seguito di un duello contro il campione della scuola giapponese di karate, appare da subito sospetta agli occhi di Chen, che indagherà e lotterà fino a scovare le tracce di una cospirazione governativa. ■ AZIONE; COL.; 103'; HONG KONG, 1994.

FITZCARRALDO ★★★★
Regia di WERNER HERZOG. Con CLAUDIA CARDINALE, KLAUS KINSKI, JOSÉ LEWGOY. ■ Brian Sweene Fitzgerald, detto Fitzcarraldo, è un curioso personaggio, un idealista senza compromesssi, che ha le sembianze allucinate di Klaus Kinski: vive nella foresta amazzonica, dove sogna di costruire il più grande teatro d'opera del mondo e di farlo inaugurare addirittura da Caruso. Dopo essere stato scambiato per un Dio dagli indios della foresta, il nostro folle eroe riuscirà a realizzare almeno in parte il suo sogno, portando in Amazzonia un gruppo di musicisti e di cantanti d'opera. Werner Herzog è capace di compiere azioni inaudite in nome di una sua concezione titanica e assoluta del cinema. Fra le sue imprese più incredibili c'è proprio *Fitzcarraldo* la cui vicenda è emblematica del cinema di questo autore. *Fitzcarraldo* è un film caotico e poco compatto, un film in cui ci sono ingenuità clamorose e cadute di tono seccanti. Ma è un film che riesce ad allargare i confini del visibile, una specie di viaggio lungo i confini del cinema. Un film d'amore e di follia. Un film assurdo che ha un metodo e una logica rigorosa. Quando, dopo avere tanto sofferto con Kinski e con Herzog, vediamo entrare in porto la nave di Brian Sweeny Fitzgerald, con le note di Bellini sparate a tutto volume da un grammofono, perdente di fronte alla tirannia del capitale, vincitore nell'ottica degli uomini e del destino, ogni resistenza cade e gli occhi si riempiono di gratitudine. ■ AVVENTURA; COL.; 158'; GERMANIA, 1981. ■ CANNES 1 PR; GOLDEN GLOBES 1 NOM.

FIUME, IL *(The River)* ★★★
Regia di FRANK BORZAGE. Con MARY DUNCAN, CHARLES FARRELL. ■ Si tratta di una rara versione del famoso film *The River* di Frank Borzage. Versione presentata al Festival di Pordenone e trasmessa da Rai Tre. Il fiume è importante per la vita di un piccolo villaggio. ■ DRAMMATICO; COL.; 45'; USA, 1929.

FIUME, IL *(The River)* ★★★
Regia di JEAN RENOIR. Con THOMAS BREEN, ADRIENNE CORRI, ESMOND KNIGHT. ■ L'India favolosa del Gange, dei paria e delle sacre caste, dei fachiri e dei templi millenari confrontata con quella moderna. A far da legame alle parti documentarie, le vicende sentimentali di una famiglia di un diplomatico inglese. ■ DRAMMATICO; COL.; 87'; GRAN BRETAGNA, 1951. ■ VENEZIA 1 PR.

FIUME, IL *(He Liu)* ★★
Regia di TSAI MING-LIANG. Con HU HSIAO-LING, LEE KANG SHENG, TIEN MIAO. ■ Xiao-Kang vive in un appartamento a Tapei con i suoi genitori, il cui rapporto matrimoniale è praticamente inesistente. Il padre pensionato cerca l'amore in squallide saune gay, mentre la madre ha una relazione extraconiugale insoddisfacente. Dal regista vincitore del Leone D'Oro a Venezia, ancora una vicenda di alienazione morale nella ricca Cina di Taiwan. ■ DRAMMATICO; COL.; 115'; TAIWAN, 1997. ■ BERLINO 1 PR.

FIUME DEI FARAONI, IL ★★
Regia di UBALDO RAGONA. ■ Il film illustra numerosi aspetti dell'antica civiltà egiziana con qualche aggancio alla realtà attuale. ■ DOCUMENTARIO; B/N; 91'; ITALIA, 1955.

FIUME DEL GRANDE CAIMANO, IL ★★
Regia di SERGIO MARTINO. Con BARBARA BACH, CLAUDIO CASSINELLI, MEL FERRER. ■ Il film è ambientato in un'isola dei tropici, dove i bianchi costruiscono un complesso alberghiero che dovrebbe richiamare i turisti a frotte, ma gli indigeni locali, ancora un po' selvaggi, creano problemi praticando i loro riti cruenti. In più, il colpevole di numerose stragi, un gigantesco coccodrillo, viene abbattuto quando ormai i sopravvissuti sono proprio pochini. ■ DRAMMATICO; COL.; 94'; ITALIA, 1979.

FIUME DELLA MORTE, IL *(River of Death)* ★★
Regia di STEVE CARVER. Con MICHAEL DUDIKOFF, HERBERT LOM, DONALD PLEASENCE, ROBERT VAUGHN. ■ In seguito alla sconfitta della Germania nella seconda guerra mondiale, un nazista particolarmente feroce fugge. Trova rifugio in Amazzonia, ma dopo qualche anno una tremenda epidemia riporta alla luce un passato che si voleva rimuovere. ■ DRAMMATICO; COL.; 103'; USA, 1990.

FIUME DELL'IRA, IL *(The River)* ★★★
Regia di MARK RYDELL. Con MEL GIBSON, SCOTT GLENN, SISSY SPACEK. ■ Non è facile la vita di Tom (Gibson) e Mae (Spacek), volenterosi agricoltori alle prese con gli speculatori e con le intemperie che gonfiano il fiume facendolo straripare. Ma i valori fondamentali della famiglia, del coraggio e dell'attaccamento alla terra non andranno mai perduti. Film rurale, intimista e spettacolare ad un tempo, molto ben fotografato da Vilmos Zsigmond e interpretato da una notevolissima Spacek. ■ DRAMMATICO; COL.; 122'; USA, 1984. ■ GOLDEN GLOBES 2 NOM; OSCAR 1 PR, 5 NOM.

FIUME DI DOLLARI, UN ★★
Regia di CARLO LIZZANI. Con DAN DURYEA, NANDO GAZZOLO, THOMAS HUNTER, HENRY SILVA. ■ Due briganti, dopo un colpo, inseguiti dalla polizia si separano. Uno viene catturato. L'altro scampa, si tiene il bottino, diventa ricco e potente, si scorda delle promesse fatte al compare. Quando costui esce, vuole vendicarsi. Non è facile. Ma il protagonista riuscirà comunque a farcela. ■ WESTERN; COL.; 93'; ITALIA, 1966.

FIUME DI ROMA, IL ★★
Regia di MARIO TEBANO. ■ Un'insegnante, in uno sperduto rifugio montano, racconta ad alcuni ragazzi la storia del Tevere. ■ DOCUMENTARIO; B/N; 91'; ITALIA, 1960.

FIUME D'ORO, UN *(River of Gold)* ★★
Regia di DAVID FRIEDKIN. Con RAY MILLAND, MELISSA NEWMAN, SUZANNE PLESHETTE, DACK RAMBO. ■ Due avventurieri in vacanza cercano di ritrovare una ragazza caduta in mare da un elicottero. Nell'intricata vicenda si inseriscono alcuni personaggi che hanno interesse a lasciare intatto il mistero, soprattutto perché c'è di mezzo un ingente tesoro. Un inaspettato colpo di scena. ■ AVVENTURA; COL.; 93'; USA, 1971.

FIUME ROSSO *(Red River)* ★★
Regia di RICHARD MICHAELS. Con JAMES ARNESS, BRUCE BOXLEITNER, GREGORY HARRISON. ■ È il remake del famoso film con John Wayne diretto da Howard Hawks. Il cowboy Tom si costituisce un impero col bestiame, ma dopo la guerra è costretto ad andarlo a vendere a Kansas City. Lo accompagna nel terribile viaggio Matt, un orfano da lui adottato. La strada è lunga e i metodi autoritari di Tom gli mettono contro Matt. ■ WESTERN; COL.; 92'; USA, 1988.

FIUME ROSSO, IL *(Red River)* ★★★★★
Regia di HOWARD HAWKS. Con WALTER BRENNAN, MONTGOMERY CLIFT, JOANNE DRU, JOHN IRELAND, JOHN WAYNE. ■ Un cowboy, Tom Dunson, lascia una carovana e assieme a un vecchio amico decide di diventare allevatore. Un giovane orfano, Matthew Garth, diventerà il suo figlioccio. Passano quindici anni e Dunson è diventato un ricco allevatore. Tra lui e il giovane

Matthew c'è grande accordo. Ma Dunson si è trasformato. È duro e spietato con chi osa contrastarlo. Matthew lo affronta, lo disarma e lo abbandona al suo destino. Sarà il giovane a condurre una mandria di 8000 capi, ma senza l'intenzione di privare Dunson della sua proprietà. Dopo una lunga marcia Matthew giunge ad Abilene e vende la mandria a un ottimo prezzo. Nel frattempo giunge Dunson, che lo ha seguito con l'intenzione di vendicarsi. Ingaggiano un violento corpo a corpo, interrotto dall'intervento di Tess, la ragazza di Matthew. Sarà lei a far comprendere ai due uomini che l'affetto che li lega è ancora forte. Ora l'azienda di Dunson recherà anche il marchio di Matthew. Chi volesse porre *Il fiume rosso* in cima alle sue preferenze non sbaglierebbe. Il film, che da molti anni circola in Italia in un'edizione mutilata di circa mezz'ora, è epico senza sconfinare nella convenzione hollywoodiana. È rivoluzionario nello svolgimento del racconto, specie quando rappresenta la spietatezza di Dunson. La stessa ferocia che Wayne sfodera in *Sentieri selvaggi*. Tutto il racconto è il paradigma della letteratura western, Ford compreso. Due maestri di tale grandezza sono accumunati dal tema e dal suo svolgimento. Gli attori non a caso sono gli stessi. Naturalmente lo stile Hawks si evidenzia nei tempi del racconto, che sono più larghi rispetto a Ford, più incline al sentimentalismo di stampo irlandese. Hawks è americano nel tratto epico e nella raffinatezza dei dialoghi. Le sequenze da ricordare sono numerose e hanno ispirato buona parte dei western. La partenza notturna della mandria è stata rifatta da Dick Richards in *Fango, sudore e polvere da sparo*, con un ostentato omaggio al maestro. Sorprendente la presenza del ventottenne Montgomery Clift, nel suo primo e unico western. Il suo modo di guardare l'interlocutore e la sua intensità erano merce rara a quei tempi. Ma la sinergia che sprigiona la coppia Wayne-Clift è frutto proprio della loro diversità e dimostra come il bistrattato John Wayne fosse un notevole attore. I critici del tempo si erano sbizzarriti nel cercare elementi di giudizio che conducessero i personaggi nei dintorni di una tragedia greca. Una presunta e malcelata omosessualità dei due protagonisti è il tema ossessivo, che come una maledizione si era abbattuto sui compilatori dei "Cahier" e sui loro malridotti epigoni. Impossibile raccontare un'amicizia virile senza dovere fare i conti con la psicanalisi, di cui hanno tanto bisogno numerosi cinefili, che ammorbano le limpide acque delle avventure *en plein air*. ■ WESTERN; B/N; 125'; USA, 1948. ■ OSCAR 2 NOM.

FIUME STANCO, IL *(Weary River)* ★★★
Regia di FRANK LLOYD. Con RICHARD BARTHELMESS, BETTY COMPSON, WILLIAM HOLDEN, LOUIS NATHEAUX. ■ Il gangster Jerry Larrabee (Barthelemess) sta scontando una condanna e scopre di avere un dono per il canto. Mette su un gruppo musicale e diviene una celebrità. Il suo maggiore fan è il guardiano della prigione che riesce a farlo uscire prima della scadenza della pena. Ma il nostro eroe non riuscirà a star lontano dal crimine e a mettere in atto le sue vendette. ■ DRAMMATICO; COL.; USA, 1929. ■ OSCAR 1 NOM.

FIUMI DI PORPORA, I *(Les rivières pourpres)* ★★★
Regia di MATHIEU KASSOVITZ. Con KARIN BELKHADRA, JEAN-PIERRE CASSEL, VINCENT CASSEL, NADIA FARÈS, JEAN RENO, DOMINIQUE SANDA. ■ L'atteso film di Kassovitz, che sin dai trailers prometteva suspence ed emozioni, supera brillantemente le aspettative. Almeno per quanto riguarda la prima parte, che scorre sullo schermo con ritmo perfetto. Un omicidio efferato sconvolge gli abitanti di un paesino di montagna vicino a Grenoble. La scoperta di altre uccisioni fa pensare ad un serial killer, ma forse è soltanto una falsa pista. A capo delle indagini, troviamo il valoroso cavaliere Jean Reno, eroe solitario. Nel frattempo un giovane poliziotto alla ricerca di un teppistello si troverà successivamente a collaborare col maestro. L'incontro tra i due e la conseguente risoluzione del caso costituiscono, nella seconda parte del film, i momenti meno riusciti. Non soltanto per l'ovvietà di certe battute, quanto piuttosto per la prevedibilità del finale. Rimaniamo in ogni caso affascinati dal tocco sicuro di una regia capace di costruire un thriller made in France. ■ DRAMMATICO; COL.; 106'; FRANCIA, 2000.

FIUMI DI PORPORA 2 – GLI ANGELI DELL'APOCALISSE, I ★★
(Les rivières pourpres 2 – Les anges de l'apocalypse)
Regia di OLIVIER DAHAN. Con AUGUSTIN LE GRAND, CHRISTOPHER LEE, BENOÎT MAGIMEL, CAMILLE NATTA, JEAN RENO, SERGE RIABOUKINE. ■ Una delle classiche critiche che si rivolgono a un certo cinema, è quello di serializzare e succhiare il sangue creativo da qualunque brand abbia un minimo di successo e riscontro commerciale. Il secondo episodio de *I fiumi di Porpora*, nel processo di clonazione, ha mantenuto solo la presenza, assonnata, di Jean Reno, senza Kassovitz dietro la cinepresa e soprattutto senza il romanzo originale alle spalle a fare da traino e stimolo. Davvero inutile. ■ THRILLER; COL.; 100'; FRANCIA, INGHILTERRA, ITALIA, 2004.

FIVE FINGERS – GIOCO MORTALE *(Five Fingers)* ★★★
Regia di LAURENCE MALKIN. Con LAURENCE FISHBURNE, COLM MEANEY, RYAN PHILLIPPE, GINA TORRES. ■ Si può arrivare a capire il movente di un terrorista, pur non ammettendone le azioni? È amorale portare il pubblico in uno stato confusionario in cui non è chiaro chi sia il persecutore e chi il perseguitato? Laurence Malkin analizza la questione con un film sottile e coraggioso. Il perseguitato è un ragazzo bianco di origini olandesi e dal volto innocente (Phillippe), il persecutore è un uomo di colore, crudele e ambiguo (Fishburne). Durante il suo viaggio in Marocco, organizzato per sviluppare un programma alimentare per i bambini, Martijn (Phillippe) viene rapito e tenuto prigioniero in un bunker dove si attua un gioco perverso tra il giovane e il suo aguzzino. Stanco e spaventato, il ragazzo dovrà affrontare le domande di Ahmat (Fishburne) circa il suo coinvolgimento nel programma, che sembra presentare diverse anomalie. Chi ha sostenuto le spese della missione? Chi sono gli amici di Martijn, che il giovane vuole proteggere? Perché i giornali non parlano della sua scomparsa? Cosa nasconde il ragazzo? Il clima del bunker si colora di terrore e panico, e solo i brevi flashback – ambientati all'aperto con il mare a fare da sfondo – riescono a sollevare il pubblico da quel senso di claustrofobia che Malkin crea con abilità. ■ THRILLER; COL.; 86'; USA, 2005.

FIVE HEARTBEATS, THE ★★
Regia di ROBERT TOWNSEND. Con HARRY J. LENNIX, ROBERT TOWNSEND, MICHAEL WRIGHT. ■ Ascesa e caduta di un gruppo di musica soul negli anni Sessanta. Girato e interpretato da artisti di colore il film ha un buon ritmo e può soddisfare le esigenze di un pubblico di appassionati. ■ MUSICALE; COL.; 120'; USA, 1991.

FIVE-YEAR ENGAGEMENT, THE ★★
Regia di NICHOLAS STOLLER. Con EMILY BLUNT, ALISON BRIE, RHYS IFANS, CHRIS PRATT, JASON SEGEL. ■ Violet e Tom si sono incontrati a una festa in costume a capodanno a San Francisco. Lui era vestito da super coniglio e lei da Lady Diana. È stato amore a prima vista e un anno dopo i due stanno per sposarsi. Lui è un cuoco in carriera e lei una laureata che aspira al dottorato. Proposta che arriva. Da un'università del Michigan però. Così Tom, per amore, molla il ben avviato lavoro e trova un impiego decisamente inferiore alle sue capacità, mentre Violet entra nelle grazie di un professore di psicologia comportamentale che ne favorisce l'ascesa. La promessa di matrimonio reggerà dinanzi a questa nuova situazione? ■ COMMEDIA; COL.; 124'; USA, 2012.

FLAGRANT DESIRE ★★
Regia di CLAUDE FARALDO. Con MARISA BERENSON, LAUREN HUTTON, SAM WATERSTON. ■ Un poliziotto americano in Francia indaga sulla misteriosa morte per annegamento di una ricca castellana. Il poliziotto scandaglia i parenti, molti dei quali figli di una buona donna e capacissimi di uccidere. Purtroppo la responsabilità della morte è proprio delle persone più simpatiche al detective che chiuderà l'inchiesta avallando l'ipotesi della disgrazia. ■ GIALLO; COL.; 118'; FRANCIA, 1987.

FLAGRANTE ADULTERIO *(Life at the Top)* ★★
Regia di TED KOTCHEFF. Con HONOR BLACKMAN, MICHAEL CRAIG, LAURENCE HARVEY, JEAN SIMMONS, DONALD WOLFIT. ■ Confusa storia di corna e di successione a capo di un impero indu-

striale, con puntate nella politica. Noioso. ■ DRAMMATICO; B/N; 117'; GRAN BRETAGNA, 1966.

FLAGS OF OUR FATHERS ★★★

Regia di CLINT EASTWOOD. Con ADAM BEACH, JAMIE BELL, JESSE BRADFORD, JOHN BENJAMIN HICKEY, ROBERT PATRICK, BARRY PEPPER, RYAN PHILLIPPE, JOHN SLATTERY, PAUL WALKER. ■ Ci sono immagini che fanno parte della memoria, istantanee che hanno letteralmente fatto la storia. Gli esempi recenti sono piazza Tiennamen, dove il 4 giugno del 1989 lo studente cinese affrontava il carro armato. Oppure la statua di Saddam abbattuta dagli americani nell'aprile del 2003. All'inizio del 1945, ormai sul finire della guerra, sei marines vennero fotografati mentre issavano, sulla cima di una collina dell'isola di Iwo Jima, la bandiera americana. Iwo, territorio vitale e sacro per i giapponesi, fu battaglia cruentissima. Quella fotografia divenne il simbolo dell'azione e del cuore di chi combatteva e ci fu chi disse che quello scatto aveva fatto vincere la guerra contro il Giappone. Dei sei marines, tre morirono nei giorni successivi, gli altri tre furono adottati dalla nazione come eroi e come mito. Si chiamavano Ira Hayes, René Gagnon e John Doc Bradley. Ira era un indiano. Il film di Eastwood racconta questa storia, come si svolse davvero. Il narratore è James Bradley, figlio di Doc, che ha scritto il libro che ispira il film. Emerge una verità inattesa, quasi grottesca: la foto è un falso. Succede che la bandiera viene issata dai soldati, lassù, visibilissima a tutti, con applausi generali e sirene spiegate delle navi ormeggiate. Succede che un politico voglia assolutamente quella bandiera come propaganda, e che il capitano della compagnia che ha versato sangue per salire lassù, voglia tenersela. E dunque la fa sostituire. Viene così issata la nuova "falsa" bandiera col fotografo che riprende l'evento. I tre tornano a casa, vengono ricevuti dal presidente Truman e iniziano un giro di raccolta di fondi per la guerra. Il più fragile è l'indiano, sempre ubriaco e pieno di rimorsi, proprio non si sente un eroe, ma solo un sopravvissuto fortunato. Nel loro tour i ragazzi sono costretti a performances umilianti, come quando devono ripetere l'azione della bandiera in uno stadio su una collina di cartapesta. La tesi è che non avevano nessuna voglia di essere eroi, volevano soltanto rimanere coi loro compagni. Ciò che viene mostrato e venduto è ciò che la gente vuole ed è fasullo. I media la facevano da padrone già allora, e come. ■ GUERRA; COL.; 130'; USA, 2006.

FLAMENCO ★★★

Regia di CARLOS SAURA. Con JOAQUÌN CORTÉS, PACO DE LUCIA, FERNANDA DE UTRERA, LOLEY MANUEL, MANOLO SANLÚCAR. ■ Saura convoca nella vecchia stazione ferroviaria di Siviglia, convertita in studio cinematografico, alcuni tra i più grandi artisti di flamenco. In un ambiente che si trasforma via via in cueva, in scuola di danza, sala da ballo o spazio metafisico, si esibiscono *cantaores*, musicisti e *bailaores*, in una serie di quadri che illustrano allo spettatore le diverse forme espressive della musica dei gitani andalusi. Flamenco di assoluta purezza, con la malinconia della soleá e i ritmi inarrestabili delle *bulerias*, con inflessioni latino-americane nella guajira e contaminazioni colte nella rumba conclusiva, su testo di Federico García Lorca. All'istintività dell'esibizione dal vivo si contappone la ricercatezza delle immagini di Vittorio Storaro, che fotografa gli artisti tra colori caldi e forti o tra nitidi contrasti tra luce e ombra. Il risultato è un film visivamente molto "cinematografico" nel suo intento documentaristico, emozionante per gli appassionati e illuminante per chiunque voglia inoltrarsi nell'universo culturale di affascinante complessità costituito dal flamenco. ■ MUSICALE; COL.; 100'; SPAGNA, 1996.

FLAMINGO KID *(The Flamingo Kid)* ★★

Regia di GARRY MARSHALL. Con RICHARD CRENNA, MATT DILLON, HECTOR ELIZONDO. ■ In attesa di iscriversi al college, Joffrey guadagna qualche soldo come posteggiatore di auto presso il Flamingo Club, uno stabilimento balneare. Viene preso a ben volere dal proprietario che lo favorisce nel lavoro e gli promette grandi cose per l'avvenire. Joffrey si illude e lascia la famiglia, ma ben presto si accorge di essere stato preso in giro (anche dalla bella figlia del proprietario della quale Joffrey si era innamorato). Meglio la famiglia e il College. ■ COMMEDIA; COL.; 100'; USA, 1984. ■ GOLDEN GLOBES 1 NOM.

FLANDRES ★★

Regia di BRUNO DUMONT. Con SAMUEL BOIDIN, HENRI CRETEL, INGE DECAESTEKER, DAVID DEWAELE, ADÉLAÏDE LEROUX, PATRICE VENANT. ■ Le Fiandre. In quella campagna vivono la giovane Barbe e Demester, un piccolo allevatore: i due hanno una relazione basata sul sesso. Demester parte per il servizio militare in un paese del Medioriente. Qui conoscerà la brutalità della guerra e la bestialità dello stupro. Vedrà morire alcuni dei suoi compagni e assumerà una visione del tutto diversa rispetto ai rapporti, a cominciare dal sentimento. ■ DRAMMATICO; COL.; 91'; FRANCIA, 2005.

FLASH *(The Flash)* ★★★

Regia di ROBERT ISCOVE. Con AMANDA PAYS, JOHN WESLEY. ■ Si tratta dall'episodio pilota di un'importante serie televisiva che si avvale di grossi collaboratori come il musicista Danny Elfman, già autore di *Batman*. La storia si basa su una serie di fumetti molto famosa negli Stati Uniti e tra gli appassionati. Barry fa il chimico per la polizia e un giorno mentre fa un esperimento, commette un errore fatale. Si rende ben presto conto che ha assunto un potere molto particolare: è diventato veloce come il lampo. Ecco allora che Flash diventerà il paladino di tutti coloro che subiscono ingiustizie. Come prima missione deve vendicarsi della morte del fratello, ucciso da terribili teppisti in motocicletta che sembrano usciti da *I guerrieri della notte*. ■ FANTASTICO; COL.; 95'; USA, 1990.

FLASHBACK ★★★

Regia di RAFFAELE ANDREASSI. Con PILAR CASTEL, SANDRA DAL SASSO, FRED ROBSHAM. ■ Un soldato ripercorre a ritroso nel tempo la propria esistenza; episodi dolci e brutali si alternano nella sua mente fino a far nascere in lui un bisogno di sereni contatti umani, ma si tratta di un ultimo desiderio che non diventa realtà. C'è un fucile che lo attende al varco. ■ DRAMMATICO; COL.; 106'; ITALIA, 1969.

FLASHBACK *(Fear)* ★

Regia di ROBERT FERRETTI. Con CLIFF DE YOUNG, FRANK STALLONE. ■ Un reduce del Vietnam, disadattato come tanti altri, compie una strage e viene condannato. Riuscito a fuggire insieme con alcuni amici delinquenti, per salvarsi prende in ostaggio un'innocente famigliola. ■ DRAMMATICO; COL.; 90'; USA, 1988.

FLASHBACK ★★

Regia di FRANCO AMURRI. Con DENNIS HOPPER, CAROL KANE, KIEFER SUTHERLAND. ■ Produzione completamente americana per il regista di *Da grande*. La storia non è poi tra le più originali: un agente dell'Fbi deve consegnare alle autorità un tipo considerato pericoloso perché, durante gli anni Sessanta, si era permesso di prendere in giro un importante politico. Il poliziotto, ricordandosi anche di discendere da hippy incalliti, prende in simpatia l'uomo. ■ COMMEDIA; COL.; 105'; USA, 1990.

FLASH! CRONACA NERA *(Headline Hunters)* ★★★

Regia di WILLIAM N. WITNEY. Con JULIE BISHOP, ROD CAMERON, VIRGINIA CARROLL. ■ Un giovane universitario vuol diventare giornalista. Preso in giro dai colleghi, sta per fallire, ma la fortuna e una brava ragazza lo aiutano. ■ DRAMMATICO; B/N; 70'; USA, 1955.

♥ FLASHDANCE ★★★

Regia di ADRIAN LYNE. Con BELINDA BAUER, JENNIFER BEALS, MICHAEL NOURI. ■ Una bella ragazza di Pittsburgh si guadagna da vivere come operaia in un'acciaieria. Ma il suo sogno è diventare danzatrice classica. Lo corona il giorno in cui supera, con un'esibizione improvvisata, l'esame di ammissione in un'importante scuola di ballo. Anche l'amore le sorride nella persona del suo aitante datore di lavoro. ■ MUSICALE; COL.; 96'; USA, 1983. ■ GOLDEN GLOBES 2 PR, 4 NOM; OSCAR 1 PR, 3 NOM.

FLASH 2 – LA VENDETTA DI TRICKSTER ★
(The Flash 2: Revenge of the Trickster)

Regia di DANNY BILSON. Con AMANDA PAYS, JOHN WESLEY SHIPP. ■ Flash continua nelle sue imprese di uomo velocissimo al servizio del bene. La serie televisiva ha funzionato e al cinema si cerca di guadagnarci qualcosa. ■ AVVENTURA; COL.; 95'; USA, 1991.

FLASHFIRE, INCENDIO ASSASSINO *(Flashfire)* ★★
Regia di ELLIOT SILVERSTEIN. Con LOUIS GOSSETT JR, BILLY ZANE. ■ Il regista di *Cat Ballou* e *Un uomo chiamato cavallo* alle prese con un film di genere. Un agente di polizia, pieno di ideali, combatte contro la corruzione che dilaga tra i suoi colleghi. ■ POLIZIESCO; COL.; 90'; USA, 1994.

FLASH GORDON ★★★
(Spaceship to the Unknown/Peril from Planet Mongo)
Regia di FREDERICK STEPHANI. Con BUSTER CRABBE, CHARLES MIDDLETON, JEAN ROGERS, FRANK SHANNON. ■ Il primo film ad esplorare il mondo di Flash Gordon. In America ebbe un grosso successo e in seguito è uscito altre quattro volte con titoli sempre diversi. Il pericolo che Flash deve contrastare è dato dalla vicinanza di Marte alla Terra e il rischio che i due pianeti si collidano. ■ FANTASTICO; B/N; 96'; USA, 1936.

FLASH GORDON *(Purple death from Outer Space)* ★★
Regia di FORD BEEBE, RAY TAYLOR. Con LARRY "BUSTER" CRABBE, CHARLES MIDDLETON, JEAN ROGERS. ■ È un condensato del serial in venti episodi che la Universal dedicò negli anni Trenta al leggendario personaggio dei fumetti. Gordon, l'animoso sportman venuto dalla Terra assieme alla compagna Dale Arden e allo scienziato Zarkov, combatte il crudele imperatore Ming e lo detronizza (mettendo sul trono il valoroso principe Barin). ■ FANTASCIENZA; B/N; 87'; USA, 1938.

FLASH GORDON ★★★
Regia di MIKE HODGES. Con TIMOTHY DALTON, SAM J. JONES, ORNELLA MUTI, TOPOL, MAX VON SIDOW. ■ Il terribile imperatore del cosmo Ming ha dirottato la luna per distruggere la terra. Il dottor Zarro se ne accorge e chiede aiuto a Flash Gordon e alla sua fidanzata Dale per cercare di fermare Ming. Grazie anche ad una coalizione con altri nemici del cattivo Ming, la missione riesce e il male sconfitto. Kolossal di De Laurentis basato su uno dei più famosi fumetti di tutti i tempi. Niente di eccezionale, comunque un bel filmone per ragazzi. ■ AVVENTURA; COL.; 100'; USA, 1980.

FLASHMAN ★★
Regia di MINO LOY, LUCIANO MARTINO. Con JOHN HESTON, CLAUDIE LANGE, PAUL STEVENS. ■ Un siero che rende invisibili e che dovrebbe servire per più nobili scopi viene rubato da un malfattore che se ne serve per svaligiare una banca. La stessa banca è presa di mira da un'altra banda di donne. Mentre la polizia segue varie piste senza alcun risultato, Flashman decide di agire. Per i delinquenti è la fine. ■ FANTASCIENZA; COL.; 91'; ITALIA, 1967.

FLASH OF GENIUS ★★
Regia di MARC ABRAHAM. Con AARON ABRAMS, ALAN ALDA, LAUREN GRAHAM, GREG KINNEAR, DERMOT MULRONEY. ■ La vera storia di Robert Kearns, l'uomo che voleva produrre e vendere autonomamente il primo modello di tergicristalli ad intermittenza e che è stato invece truffato dalla Ford, diventa una parabola tipicamente americana sulla seconda occasione e il mito del successo, un film sul riscatto di se stessi e su una vita passata cercando di ottenere soddisfazione dal grande colosso delle auto. Kearns, lasciato dalla moglie, ebbe dei problemi di sanità mentale e perse la fiducia dei figli, riconquistandola prima di affrontare in tribunale la Ford dopo un braccio di ferro lungo quasi 10 anni. ■ DRAMMATICO; COL.; 119'; USA, 2008.

FLASHPOINT ★★
Regia di WILLIAM TANNEN. Con KRIS KRISTOFFERSON, TREAT WILLIAMS. ■ Due agenti della polizia di frontiera cercano di scoprire i mille misteri che si celano dietro l'omicidio del presidente Kennedy, incuriositi dal ritrovamento del cadavere di un uomo, morto nel 1963, che aveva con sé un fucile di precisione e 800 mila dollari. Ma c'è anche chi non vuole che sia fatta luce sul mistero. Uno degli agenti che sanno troppo viene ucciso, l'altro si salva per un pelo. ■ AVVENTURA; COL.; 94'; USA, 1985.

FLASH 3 – L'OMBRA DELLA NOTTE ★
(The Flash 3: Deadly Nightshade)
Regia di BRUCE BILSON. Con AMANDA PAYS, JOHN WESLEY SHIPP. ■ Il supereroe capace di correre più veloce del fulmine è alle prese con un pericolo mortale, ma saprà come cavarsela. La serie funziona meglio sul piccolo schermo. ■ AVVENTURA; COL.; 93'; USA, 1991.

FLAUTO IN PARADISO, UN ★★
Regia di VINCENZO GEMMA. Con FELICE COSENTINO, HARRY DOBREKENSKY. ■ Una fiaba gentile. Due ragazzi cercano un'acqua miracolosa per guarire la capretta Pratolina. Uno dei ragazzi muore, ma Pratolina guarirà. ■ FANTASTICO; B/N; 95'; ITALIA, 1959.

FLAUTO MAGICO, IL *(Troll flöjten)* ★★★
Regia di INGMAR BERGMAN. Con ULRIK COLD, ELISABETH ERIKSSON, JOSEF KÖSTLINGER, BRIGIT NORDIN, IRMA URRILA. ■ L'opera di Mozart è stata filmata da Bergman con assoluto scrupolo. ■ DRAMMATICO; COL.; 35'; SVEZIA, 1974. ■ GOLDEN GLOBES 1 NOM; OSCAR 1 NOM.

FLAUTO MAGICO, IL ★★
Regia di GIULIO GIANNINI, EMANUELE LUZZATI. ■ È la versione animata della celebre opera di Mozart. Vengono usati molti metodi, dai burattini alle ombre e si tratta di un mediometraggio piuttosto originale, anche se non per tutti i gusti. ■ ANIMAZIONE; COL.; 54'; ITALIA, 1978.

FLAUTO MAGICO, IL *(The Magic Flute)* ★★
Regia di KENNETH BRANAGH. Con AMY CARSON, BENJAMIN JAY DAVIS, JOSEPH KAISER, SILVIA MOI, RENÉ PAPE, LYUBOV PETROVA, TOM RANDLE, LIZ SMITH. ■ L'antico Egitto immaginario musicato da Mozart diventa una trincea del Ventesimo secolo, dove la luce fronteggia le tenebre. Tamino, declassato da principe a soldato, viene scelto da tre crocerossine per salvare la bella Pamina, figlia della Regina della notte e prigioniera nel palazzo di Sarastro. Tamino, perdutamente innamorato, accetta la missione. Lo accompagna Papageno, un uccellatore vagabondo e chiacchierone che sogna di conquistare la sua Papagena. Il giovane soldato sarà iniziato all'amore attraverso tre prove, che una volta superate gli consentiranno di sposare Pamina e di condurla nel regno della bellezza e della saggezza. Luce e tenebre troveranno il loro equilibrio e il conflitto mondiale sarà annullato dall'amore. L'uomo che "giocando" ha trasformato in cinema i drammi e le commedie di Shakespeare ha provato a "contaminare" la lirica. Un'operazione coraggiosa e interessante, ma a mancare è proprio il cinema. L'impianto, truccato da musical, resta teatrale. ■ MUSICALE; COL.; 135'; FRANCIA, GRAN BRETAGNA, 2006.

FLAVIA, LA MONACA MUSULMANA ★★
Regia di GIANFRANCO MINGOZZI. Con FLORINDA BOLKAN, MARIA CASARÉS, CLAUDIO CASSINELLI. ■ Da bambina Flavia assiste alla morte di un coraggioso cavaliere che le ha salvato la vita. Questo episodio condiziona tutta la sua esistenza. Qualche anno più tardi Flavia entra in convento. Ma qui non riesce a trovare la quiete che desiderava. Per affermare le proprie idee, Flavia fa lega con Achmet, un capo saraceno. Dopo una serie di avventure belliche, Flavia viene catturata da un gruppo di cristiani che la mette a morte. ■ DRAMMATICO; COL.; 100'; ITALIA, 1974.

FLAVIA SCHIAVA DI ROMA REGINA D'AMORE ★
Regia di LORENZO ONORATI. Con SUSY GOODMAN, MARY LEVINE, ALDO SAMBRELL. ■ La schiava Flavia lavora in un bordello dell'antica Roma. Attira l'attenzione del console Valerio, cliente abituale, che si innamora di lei, dando involontariamente l'avvio a una serie di nascoste invidie e scontri sanguinosi. Flavia dovrà rinunciare a lui per Caio Fulvio. ■ STORICO; COL.; 95'; ITALIA, 1986.

FLAWLESS – SENZA DIFETTI *(Flawless)* ★★★
Regia di JOEL SCHUMACHER. Con CHRISTOPHER BAUER, RORY COCHRANE, ROBERT DE NIRO, BARRY MILLER, PHILIP SEYMOUR HOFFMAN, SKIPP SUDDUTH. ■ New York: un albergaccio frequentato da travestiti, spacciatori e da... De Niro. Un asmatico ruba soldi del racket. Un piccolo spacciatore scrive orrende canzoni, e il clan dei travestiti impazza ballando e cantando giorno e notte. Violenze e ammazzamenti quotidiani. Walt (De Niro, appunto), poliziotto in pensione, cerca di intervenire durante una delle tante aggressioni, ma viene colto da un ictus. Superato il pri-

mo momento di disperazione (sfiora anche il suicidio) comincia a reagire. Lo aiuta Rusty (Seymour Hoffman), un travestito intelligente, graffiante e saggio, e straordinariamente umano. E vessato da un "innamorato" che lo prende a botte. Dagli insulti iniziali i due arrivano a una vera, profonda amicizia. Tanto che Walt salva la vita all'altro che sta per essere ucciso da un piccolo boss del racket. Durante l'ennesima prova di attore di De Niro, che da bravo "actor's studio" adora gli abbruttimenti e soprattutto le menomazioni, ecco la vita del sottobosco che trabocca di significati importanti e non rinuncia a certi provocatori e sanguigni pronunciamenti "liberal" come quando il gruppo dei travestiti insulta gli altri gay repressi e politicizzati (e repubblicani) in nome della libertà di essere trasgressivi e, appunto, travestiti. Shumacher non eccede nel "linguaggio", gli basta raccontare, del resto la sceneggiatura gli aveva tolto quasi tutte le castagne dal fuoco. ■ COMMEDIA; COL.; 110′; USA, 2001.

FLESH ★★★
Regia di PAUL MORRISSEY. Con MAURICE BRADELL, JOHN CHRISTIAN, JOE DALLESSANDRO, CANDY DARLING, GERALDINE SMITH. ■ Sposato e padre di un bimbo, Joe sbarca il lunario offrendo le proprie prestazioni agli omosessuali. I clienti non mancano e, a sera, Joe è stanco morto e non ce la fa a esaudire le richieste amorose della moglie e di un'amica di questa: le due donne provvedono a consolarsi e a soddisfarsi reciprocamente. Il film, prodotto da Andy Warhol, narra la squallida giornata del "prostituto per uomini". ■ DRAMMATICO; COL.; 100′; USA, 1968.

FLETCH CRONISTA D'ASSALTO *(Fletch Lives)* ★★
Regia di MICHAEL RITCHIE. Con CHEVY CHASE, HAL HOLBROOK, JULIANNE PHILIPS. ■ Dopo *Fletch – Un colpo da prima pagina* ecco un altro film col giornalista detective interpretato da Chevy Chase, attore comico televisivo, che nonostante anni di prove cinematografiche e l'enorme successo Usa, non è ancora riuscito a convincerci. C'è di mezzo un'eredità di una zia. Ma sono in molti che la desiderano e Fletch, al quale è destinata, farà di tutto per schivare i pericoli. Tra un travestimento e l'altro ci si chiede dove è finito Michael Ritchie, regista de *Il candidato*. ■ COMMEDIA; COL.; 95′; USA, 1989.

FLETCH – UN COLPO DA PRIMA PAGINA *(Fletch)* ★★
Regia di MICHAEL RITCHIE. Con CHEVY CHASE, JOE DON BAKER, DANA WHEELER-NICHOLSON. ■ Giornalista d'assalto, messo sotto pressione dall'esigentissimo direttore, Fletch indaga su un grosso traffico di droga e scopre che il capo della polizia locale è in qualche modo coinvolto nel losco traffico. ■ COMMEDIA; COL.; 96′; USA, 1985.

FLICKA *(My Friend Flicka)* ★★
Regia di HAROLD SCHUSTER. Con PRESTON FOSTER, DIANA HARL, RITA JOHNSON, RODDY MCDOWALL. ■ In una fattoria al limitare della foresta si svolge la storia, ora poetica ora commovente, di una puledra e un ragazzo. ■ AVVENTURA; COL.; 89′; USA, 1943.

FLICKA – UNO SPIRITO LIBERO *(Flicka)* ★★★
Regia di MICHAEL MAYER. Con MARIA BELLO, RYAN KWANTEN, ALISON LOHMAN, TIM MCGRAW. ■ Aggiornato, riveduto e corretto, *Flicka* è la rivisitazione in chiave contemporanea di un romanzo che non risente dei suoi 65 anni e di due serie televisive omonime, che ottennero grande successo negli USA a metà degli anni Cinquanta. Non si tratta, tuttavia, di un vero e proprio remake, perché gli autori hanno preferito un'ottica emotiva e sentimentale a quella tipica del vecchio west della forma originaria. La trama si snoda intorno al personaggio di Katy McLaughlin, una studentessa sedicenne che torna a casa dalla famiglia nel Wyoming. È carina e testarda, decisamente non la studentessa di buona famiglia che appare a una prima occhiata, e si sente oppressa dalla mentalità tradizionalista del padre Rob, che cerca di allevare cavalli sull'appezzamento di terra ereditato dai parenti, con l'aiuto della moglie. L'atteggiamento di Katy diviene esasperante quando, oltre a rischiare di ripetere l'anno scolastico, decide di domare un mustang nero, Flicka, contrariamente a quanto ordinatole dal padre. Insieme cresceranno fino a diventare una coppia affiatata e vincente. ■ DRAMMATICO; COL.; 95′; GRAN BRETAGNA, USA, 2006.

FLIC STORY ★★★
Regia di JACQUES DERAY. Con CLAUDINE AUGER, ALAIN DELON, ADOLFO LASTRETTI, RENATO SALVATORI, JEAN-LOUIS TRINTIGNANT. ■ L'infallibile ispettore Borniche è impegnato nella caccia a un temibile delinquente, ma la sua straordinaria abilità di segugio sembra far cilecca; il capo della polizia gli toglie il caso dalle mani. Ma un nuovo misfatto avvicina l'ispettore e il delinquente che, arrestato, verrà condannato a morte. ■ POLIZIESCO; COL.; 110′; FRANCIA, 1975.

FLIGHT ★★★
Regia di ROBERT ZEMECKIS. Con DON CHEADLE, JOHN GOODMAN, BRUCE GREENWOOD, KELLY REILLY, DENZEL WASHINGTON. ■ Whip Whitaker è un pilota di linea col vizio dell'alcool. Dopo una notte di bagordi consumata con una giovane hostess, il comandante si prepara ad affrontare l'ennesimo volo, affiancato da un primo ufficiale diligente e pignolo. Un'ordinaria corsa tra Orlando e Atlanta si trasforma presto in un incubo, precipitando aereo e situazione. Un cedimento della struttura costringe Whitaker a una manovra di emergenza che salva novantasei persone perdendone sei. Eroe per la stampa e per l'opinione pubblica, l'intrepido pilota deve adesso vedersela con la Ntsb (National Transportation Safety Board). Se da una parte le indagini rivelano la causa meccanica che ha provocato la tragedia, dall'altra tradiscono il segreto indicibile di Whip Whitaker: l'alcolismo. In attesa del processo, Whip incontrerà Nicole, con cui condivide il dramma della dipendenza. *Flight* non fa eccezione. ■ DRAMMATICO; COL.; 138′; USA, 2012.

FLIGHTPLAN – MISTERO IN VOLO *(Flightplan)* ★★
Regia di ROBERT SCHWENTKE. Con SEAN BEAN, JODIE FOSTER, MARLENE LAWSTON, PETER SARSGAARD. ■ Volando a migliaia di chilometri di altezza da Berlino a New York, Kyle deve affrontare il peggior incubo per una madre, la sparizione di sua figlia nel bel mezzo del viaggio. Già devastata emotivamente dalla morte inaspettata del marito, Kyle si batte disperatamente per convincere piloti e assistenti che sua figlia è effettivamente salita su quell'aereo, benché tutte le prove portino a sospettare un delirio paranoico della donna. La soluzione dell'enigma è troppo complessa, il politically correct invade fastidiosamente il campo e l'happy end, peraltro inevitabile, è rappresentato in maniera davvero maldestra e pomposa. ■ THRILLER COL.; 98′; USA, 2005.

FLINTSTONES IN VIVA ROCK VEGAS, I ★★
(The Flintstones)
Regia di BRIAN LEVANT. Con MARK ADDY, STEPHEN BALDWIN, JOAN COLLINS, JOHN GOODMAN, JANE KRAKOWSKI, RICK MORANIS, ELIZABETH PERKINS. ■ Dopo il successo ottenuto nel 1994, ritornano i Flintstones, i simpatici cavernicoli creati dalla fantasia di Hanna & Barbera. In questo caso si tratta di un *prequel* in quanto assistiamo all'incontro di Fred (Mark Addy) e di Barney (Stephen Baldwin) con le loro dolci metà. Fred è infatti alla ricerca della sua anima gemella e incontra Wilma (Kristen Johnston) di cui si innamora. Anche se la relazione tra i due è ostacolata dai genitori della ragazza, Fred non si arrende e per conquistarla organizza un week – end a Rock Vegas. Lo accompagna anche il suo caro amico Barney che vuole fare breccia nel cuore di Betty, la ragazza di cui è innamorato. La breve vacanza servirà a consolidare le due coppie. ■ COMMEDIA; COL.; 90′; USA, 2000.

FLINTSTONES, THE ★★★
Regia di BRIAN LEVANT. Con JOHN GOODMAN, RICK MORANIS, ELIZABETH PERKINS, ELIZABETH TAYLOR. ■ Comincia e finisce come nei cartoni animati della serie televisiva, al drive-in. A Bedrock, nell'azienda dove lavorano Fred e Barnie, si vuole scovare un nuovo dirigente tra gli operai. Barnie per non far fare brutta figura a Fred scambia i due test attitudinali. Così Fred si ritrova con una paga da nababbi, mentre l'amico viene licenziato. Agli inizi i Flintstones ospitano la coppia amica, ma poi Fred si fa prendere la mano dal denaro. Raggirato da un superiore tramite una dark lady niente male finisce col litigare con Barnie. Alla fine ci sarà uno scontro tra il cattivo e Fred che deve salvare i propri bambini. Per quanto la storia sia slegata, bisogna ammettere che Spielberg è riuscito a produrre ancora una volta un bel gio-

cattolo. Gli effetti speciali degli animali sono la cosa migliore. Come non restare meravigliati dal dinamismo del dinosauro Dino e dalla simpatia del maiale tritarifiuti piuttosto che dal pappagallo archivista di Fred? Un giocattolo che si rompe presto ma che mette allegria. Nonostante la facile morale, tutta hollywoodiana. ■ FANTASTICO; COL.; 98′; USA, 1994.

FLIPPAUT ★★
Regia di ALLAN ARKUSH. Con GAIL EDWARD, MALCOLM MCDOWELL, DANIEL STERN. ■ È la storia della preparazione in un teatro di un maxi concerto rock da parte di un gruppo di giovani scatenati. Un'organizzazione criminale cerca di far naufragare il progetto impadronendosi con l'inganno e la violenza del teatro. Ma alla fine il concerto ci sarà e i cattivi se ne andranno con le pive nel sacco. ■ COMMEDIA; COL.; 92′; USA, 1983.

FLIPPER ★
Regia di ALAN SHAPIRO. Con ISAAC HAYES, PAUL HOGAN, ELIJAH WOOD. ■ Tratto dalla famosa serie televisiva. Le avventure del delfino Flipper che coi suoi amici vigila sulle isole incontaminate, proteggendole dai cattivi antiecologisti. ■ AVVENTURA; COL.; 95′; USA, 1996.

FLIPPER CONTRO I PIRATI *(Flipper New Adventure)* ★★
Regia di LEON BENSON. Con HELEN CHERRY, PAMELA FRANKLIN, LUKE HALPIN, TOM HELMORE. ■ Sandy e il delfino Flipper sono amici; non rinunciano a stare insieme neppure quando l'animale viene assegnato a un acquario. I due si nascondono su un'isola abitata da tre malviventi che tramano ai danni di una ricca famiglia. Sandy e Flipper, insieme, riescono a sventare tutti i loro piani. ■ AVVENTURA; COL.; 103′; USA, 1964.

FLIRT ★★
Regia di ROBERTO RUSSO. Con JEAN-LUC BIDEAU, ALESSANDRO HABER, MONICA VITTI. ■ Due coniugi, dopo 22 anni di matrimonio, vanno in crisi. O almeno ci va lei quando ha il sospetto che il marito abbia un'amante. Infatti ce l'ha. Continua a parlare con una certa Veronica che però esiste soltanto nelle sue fantasie. L'uomo viene ricoverato in clinica. Finché la moglie non decide di assecondarlo riuscendo, poco a poco, a scacciare l'idea della rivale dalla mente del consorte. ■ COMMEDIA; COL.; 95′; ITALIA, 1983. ■ BERLINO 1 PR; DAVID DI DONATELLO 1 PR, 1 NOM.

FLIRTING ★★
Regia di JOHN DUIGAN. Con NICOLE KIDMAN, NOAH TAYLOR. ■ Siamo in un college australiano nella metà degli anni Sessanta. Una ragazza di colore è al centro delle attenzioni di uno studente suo coetaneo. L'amore arriva ma con esso anche i problemi. I metodi severi della scuola impongono infatti il sacrificio. Il film ha vinto dei premi in patria ed è sufficientemente godibile. ■ COMMEDIA; COL.; 100′; AUSTRALIA, 1991.

FLIRT – NEW YORK, BERLINO, TOKYO *(Flirt)* ★★★
Regia di HAL HARTLEY. Con DWIGHT EWELL, MIHO NIKAIDO, WILLIAM SAGE. ■ New York: il protagonista è un giovane che passa da una donna all'altra. Il marito di una delle tante lo affronta, ha una pistola e (involontariamente) parte un colpo. Il seduttore è ferito a una guancia. Viene curato e poi dimesso. Il futuro è aperto. Berlino: la stessa situazione, con le stesse parole, viene vissuta da due omosessuali. L'unica differenza fra i personaggi è che il primo, sotto anestesia, sogna "le mie mani sul suo seno" e il secondo "le mie mani sul suo sedere". Tokyo: la medesima vicenda proposta nell'ambito di una scuola di ballo, protagonista una donna. Nel frattempo alcuni personaggi, che fungerebbero da coro, cercano di dare una chiave di lettura: le situazioni possono ripetersi in maniera identica perché gli esseri umani sono gli stessi in tutte le parti del mondo, anche in culture molto diverse. Contrariamente ai primi due episodi, vere carte carbone, il terzo produce dei cambiamenti sostanziali, per esempio c'è l'intervento di un amante occidentale, e tutto viene rappresentato mediato da qualcuno che assiste. Non c'è la perentorietà occidentale, ma attenzione e discrezione. Forse il significato che emerge vuole essere questo: le differenze non ci sono, rispetto a nessuno dei tre sessi. Caso mai sono le latitudini a cambiare le cose. Una volta accettata la tesi gay-unisex il film mostra rigore e originalità. Il "trittico" di ispirazione pirandelliana è indubbiamente un'idea singolare. ■ COMMEDIA; COL.; 105′; GIAPPONE, USA, 1995.

FLOATING LANDSCAPE *(Lian ai feng jing)* ★
Regia di LAI MIU-SUET. Con CHENG EKIN, KARENA LAM, LIU YE. ■ Maan ha perso l'amato Sam e va alla ricerca di un luogo da lui riprodotto nell'ultimo quadro dipinto prima di morire. Ha così modo di conoscere uno strano postino che si innamora di lei. ■ DRAMMATICO; COL.; 100′; HONG KONG, 2003.

FLOOD LA DIGA MALEDETTA *(Flood)* ★★
Regia di EARL BELLAMY. Con ROBERT CULP, BARBARA HERSHEY, CAMERON MITCHELL. ■ Un pilota di elicotteri vuol smetterla con quel mestiere, ma è richiamato in servizio velocemente, quando la sua città è minacciata da un'inondazione. Una diga mal costruita da un gruppo di speculatori sta cedendo e l'acqua può sommergere una città. Dal produttore di *Poseidon* e *L'inferno di cristallo*. ■ DRAMMATICO; COL.; 91′; USA, 1976.

FLORIDA STRAITS ★
Regia di MIKE HODGES. Con ANTONIO FARGAS, RAUL JULIA, FRED WARD. ■ Un esule esce di galera e cerca un tesoro nella foresta cubana. Il bottino è costituito da una cassa piena di monete d'oro nascosta in precedenza da guerriglieri anticastristi. ■ AVVENTURA; COL.; 97′; USA, 1986.

FLOTTA D'ARGENTO, LA *(The Silver Fleet)* ★★
Regia di VERNON CAMPBELL, GORDON WELLESLEY. Con ESMOND KNIGHT, RALPH RICHARDSON, GOOGIE WITHERS. ■ La vicenda si svolge in Olanda durante il secondo conflitto mondiale; il comandante di un cantiere navale decide di non abbandonare il proprio posto. I suoi uomini lo guardano con sospetto mentre egli, in realtà, si adopera per arrecare danno al nemico. Riesce nell'intento a prezzo della propria vita. ■ GUERRA; B/N; 87′; GRAN BRETAGNA, 1943.

FLOTTA DEL CIELO, LA *(The Flying Fleet)* ★★
Regia di GEORGE WILLIAM HILL. Con RALPH GRAVES, RAMON NOVARRO, ANITA PAGE. ■ La Metro fece questo film avventuroso e sonoro per Novarro, celebre divo del muto. Il risultato fu tutt'altro che brillante. ■ AVVENTURA; B/N; 92′; USA, 1929.

FLOTTA DELLE ILLUSIONI, LA ★★
(Das Erbe von Pretoria)
Regia di JOHANNES MEYER. Con PAUL HARTMANN, CHARLOTTE SUSA. ■ Un crollo nervoso fa perdere la vista a un armatore che sente assai prossimo il fallimento della propria azienda. Toccherà alla moglie, innamorata e coraggiosa, sostenerlo. ■ AVVENTURA; B/N; 93′; GERMANIA, 1934.

FLUBBER – UN PROFESSORE FRA LE NUVOLE ★★
(Flubber)
Regia di LES MAYFIELD. Con CLANCY BROWN, MARCIA GAY HARDEN, ROBIN WILLIAMS. ■ Remake di un film del 1961 *Un professore fra le nuvole*, con Fred McMurray. Il professor Flubber inventa una sostanza particolare miracolosa, è l'idolo dei suoi studenti (e come potrebbe Williams non esserlo?) e riesce a salvare l'università dal tracollo. Il solito Robin un po' sopra le righe. Ma riuscirà mai a cambiar registro? ■ COMMEDIA; COL.; 100′; USA, 1998.

FLUIDO CHE UCCIDE, IL *(The Blob)* ★★
Regia di CHUCK RUSSELL. Con KEVIN DILLON, SHAWN SMITH. ■ Remake di *Fluido mortale* del 1958. Una specie di orrida poltiglia si dirige verso una città di provincia americana e ingoia tutti gli sventurati che incontra sul suo passaggio. La poltiglia è il bel risultato degli esperimenti di una squadra di scienziati governativi. La massa gelatinosa sta per papparsi l'intera città, quando un giovanotto scopre che soffre il freddo. Con una bella doccia gelata la trasformano in un innocuo pozzangherone. ■ HORROR; COL.; 92′; USA, 1988.

FLUIDO MORTALE *(The Blob!)* ★★
Regia di IRVIN S. YEAWORTH JR. Con STEVE MCQUEEN, EARL ROWE. ■ Precipita sulla terra un mostro orrendo che si nutre di carne umana. I cittadini sono in preda al terrore poiché pare che l'orrida creatura sia refrattaria a ogni tipo di arma. Poi qualcuno scopre che il suo punto debole è il freddo. ■ FANTASCIENZA; COL.; 86′; USA, 1958.

FLUKE ★★
Regia di CARLO CARLEI. Con MATTHEW MODINE, ERIC STOLTZ, NANCY TRAVIS, COLIN WILCOX. ■ Un uomo muore in un incidente e si reincarna nel cane Fluke. Intelligente come un umano, non riesce a farsi capire. Vive invece profondamente i drammi dei cani, a cominciare dalla vivisezione. Molto sentimento e sorpresa finale. ■ FANTASTICO; COL.; 96'; USA, 1996.

FLUSH *(Rolling in the Aisles)* ★
Regia di ANDREW J. KUEHN. Con WILLIAM BRONDER, WILLIAM CALLAWAY, JEANNIE LINERO. ■ Una storia di oggi vuole che il multimilionario Howard Hughes abbia sepolto, nel 1952, un favoloso tesoro in ben sei posti differenti. Il film racconta la caccia al tesoro organizzata da un gruppo di ottimisti. ■ COMICO; COL.; 77'; USA, 1987.

FLUSSO DI COSCIENZA *(RAZZISMO 1993)* ★★
Regia di GIORGIO PRESSBURGER. Con PAOLO BONACELLI. ■ Si tratta di un cortometraggio che rappresenta gli incubi di un uomo che torna al suo luogo di nascita nell'Est europeo. Lo accompagnano nel viaggio le memorie di Paul Celan, Bruno Bettheleim, Primo Levi, tre personaggi uniti dalla memoria delle persecuzioni e dal rifiuto del razzismo. ■ CORTOMETRAGGIO; COL.; 16'; ITALIA, 1993.

FLYING ★★
Regia di PAUL LYNCH. Con OLIVIA D'ABO, KEANU REEVES, RITA TUSHINGHAM. ■ Una bella ragazzona vuol diventare campionessa di ginnastica. È sulla buona strada, ma si rompe una gamba. La vita sembra finita per lei, ma l'affetto di un ragazzo e l'ostinazione di un'istruttrice che crede ancora in lei, le ridanno la forza di guarire e tornare nelle palestre. ■ DRAMMATICO; COL.; 91'; CANADA, 1985.

FOBIA *(Phobia)* ★★
Regia di JOHN HUSTON. Con JOHN COLICOS, PAUL MICHAEL GLASER, SUSAN HOGAN. ■ Cinque psicopatici rinchiusi per vari reati vengono trasferiti dal penitenziario in un manicomio modello ed affidati alle cure del dottor Peter Ross, mal visto per i suoi metodi, sia dai colleghi che dal commissario che aveva faticato parecchio per arrestare quei delinquenti. Ad uno ad uno però i cinque vengono uccisi. Chi è l'assassino? ■ DRAMMATICO; COL.; 90'; CANADA, USA, 1979.

FOBICI, I ★
Regia di GIANCARLO SCARCHILLI. Con SABRINA FERILLI, SABRINA KNAFLITZ, RODOLFO LAGANÀ, LUCA LAURENTI, DANIELE LIOTTI, GIANMARCO TOGNAZZI. ■ Quattro episodi. Un lunatico gira di notte da un bus all'altro chiacchierando con i passeggeri. Un nevrotico affetto da tic si innamora di una donna molto bella. La domanda che assilla molti: ho chiuso il gas? La scelta tra donna e motore. Scarchilli, già aiuto di Gassman padre, propone un'opera seconda esile esile. ■ COMICO; COL.; 100'; ITALIA, 1999.

FOCACCIA BLUES ★
Regia di NICO CIRASOLA. Con RENZO ARBORE, LINO BANFI, LUCA CIRASOLA, DANTE MARMONE, TIZIANA SCHIAVARELLI. ■ Attorno alla vera storia della "focaccia che si mangiò l'hamburger", ovvero l'impresa di un forno di Altamura che nel 2002 fece chiudere un McDonald's a suon di pizza, pane e focacce, lievitano tante vicende parallele. In costante disequilibrio tra finzione e realtà, assistiamo al resoconto delle tante anime altamurane protagoniste e testimoni della vicenda, al viaggio in America del giornalista Onofrio Pepe, intento ad esportare la focaccia pugliese nella culla del fast food. ■ COMMEDIA; COL.; 90'; ITALIA, 2009.

FOG ★★★
Regia di JOHN CARPENTER. Con ADRIENNE BARBEAU, JAMIE LEE CURTIS, JANET LEIGH. ■ In una cittadina californiana, si festeggia il centenario della fondazione. Anche se cento anni prima accadde qualcosa di poco simpatico. I cittadini, allora, finsero di aiutare sei lebbrosi per poi derubarli e mandarli alla deriva. Ora i sei ritornano sotto forma di zombi, terrorizzano la costa e ammazzano cinque malcapitati. Il parroco del villaggio, offrendosi come vittima sacrificale, riuscirà a fermare la terribile invasione. Uno dei migliori (e inventivi) horror di Carpenter. ■ HORROR; COL.; 91'; USA, 1979.

FOGLIA DI EVA, LA *(The Girl from Jones Beach)* ★★
Regia di PETER GODFREY. Con EDDIE BRACKEN, DONNA DRAKE, VIRGINIA MAYO, RONALD REAGAN. ■ Per presentare sul mercato un nuovo prodotto occorre una ragazza di particolare bellezza; i pubblicitari si rivolgono a un pittore, ma costui non li può aiutare perché, per i suoi dipinti, si serve dei "dettagli" più affascinanti di ben dodici modelle. Dopo molti avvenimenti, pretesto per una passerella di magnifiche ragazze, la scelta si ferma su di una maestrina di cui il pittore si innamora. ■ COMMEDIA; B/N; 78'; USA, 1949.

FOGLIE D'AUTUNNO *(Autumn Leaves)* ★★
Regia di ROBERT ALDRICH. Con JOAN CRAWFORD, VERA MILES, CLIFF ROBERTSON. ■ Una donna matura, ancora molto bella, si innamora, ricambiata, di un uomo più giovane. I due si sposano ma, dopo qualche tempo, la donna scopre che il marito è molto malato. Coraggiosamente la protagonista affronta la realtà. ■ DRAMMATICO; B/N; 108'; USA, 1956. ■ BERLINO 1 PR.

FOGLIE D'ORO, LE *(Bright Leaf)* ★★★
Regia di MICHAEL CURTIZ. Con LAUREN BACALL, GARY COOPER, DONALD CRISP, PATRICIA NEAL. ■ Un "re" del tabacco scaccia dalla città un giovane che ha messo gli occhi sulla sua bellissima figlia. Qualche tempo dopo il giovane umiliato ritorna e in breve costruisce una fortuna superiore a quella del suo nemico. Quest'ultimo, ormai rovinato, si uccide mentre sua figlia, solo per vendicarlo, sposa l'uomo che non l'ha dimenticata. Infelicità per tutti. Un cast straordinario. ■ DRAMMATICO; B/N; 110'; USA, 1950.

FOGLIO DI VIA ★★
Regia di CARLO CAMPOGALLIANI. Con RENATO BALDINI, COSETTA GRECO, MASSIMO SERATO. ■ Combattuta tra due amori, una ragazza viene coinvolta in una serie di vicende gravi che la spingono a tentare il suicidio. Viene salvata da un giovane medico, il quale, a sua volta, vive momenti difficili perché è stato coinvolto in un caso di eutanasia. Insieme i due ritroveranno la fiducia nella vita. ■ DRAMMATICO; B/N; 92'; ITALIA, 1955.

FOG – NEBBIA ASSASSINA, THE *(the fog)* ★★
Regia di RUPERT WAINWRIGHT. Con MARY BLACK, SELMA BLAIR, SARA BOTSFORD, DERAY DAVIS, MAGGIE GRACE, COLE HEPPELL, ADRIAN HOUGH, TOM WELLING KENNETH WELSH. ■ In concomitanza con il centenario della fondazione di Antonio Bay, cittadina costiera situata su un'isola, una strana nebbia avvolge al calare delle tenebre tutto e tutti. La misteriosa cappa genera fenomeni anomali, e, particolare ben più rilevante, lascia cadaveri al mattino come traccia del proprio passaggio. La nebbia potrebbe rivelarsi la stessa che avvolge l'oscuro e misterioso passato dell'isola. Se in una ghost-story i fantasmi si vedono troppo, poi, la deriva verso la mediocrità è inevitabile ■ HORROR; COL.; 100'; USA, 2005.

FOLIES BERGÈRE ★★
Regia di ROY DEL RUTH. Con MAURICE CHEVALIER, MERLE OBERON. ■ Un banchiere prossimo a un rovinoso dissesto ricorre all'aiuto di un attore che in passato lo ha imitato alle Folies Bergère. Assunta la personalità del banchiere, l'attore provoca, suo malgrado, una serie di fatti divertenti. ■ MUSICALE; B/N; 84'; USA, 1935. ■ OSCAR 1 PR, 1 NOM.

FOLLA, LA *(The Crowd)* ★★★★★
Regia di CHARLES VIDOR. Con ELEANOR BOARDMAN, JAMES MURRAY, BERT ROACH, ESTELLE CLARK, DANIEL G. TOMLINSON. ■ Pietra miliare della storia del cinema grazie all'eccellente virtuosismo e alla potenza sociale di King Vidor. New York, durante gli anni Venti. John è un provinciale che arriva in città per trovare la sua strada. Diventa impiegato ma ne sente il peso della routine, prende moglie ma l'unione è inficiata dalle ristrettezze economiche. Tutto sembra tornare tranquillo alla nascita di un bambino. Purtroppo la secondogenita, a distanza di tre anni, rimane uccisa tragicamente in un incidente. L'uomo è disperato e vuole uccidersi, la moglie vuole abbandonarlo ma alla fine la forza di volontà sarà più grande. È l'ultimo dei grandi capolavori del muto, girato un anno dopo l'avvento del sonoro. Mostra con grande efficacia e realismo la stagione americana "inopportunamente" felice, prima

della grande depressione. Alcune sequenze sul quotidiano, le strade, gli uffici, sono enormemente all'avanguardia rispetto al cinema dell'epoca. ■ DRAMMATICO; B/N; 90'; USA, 1928. ■ OSCAR 1 NOM.

FOLLA, LA ★★
Regia di SILVIO LAURENTI ROSA. Con TINO BUAZZELLI, OLINDO CRISTINA, GILBERTO MAZZI. ■ Un incidente sul lavoro spedisce nell'aldilà un regista, il suo aiutante e un operatore: dall'altro mondo, osservando il formicaio umano, i tre decidono di girare un film che spieghi come sia la gente a creare via via gli avvenimenti che fanno la storia degli uomini. ■ FANTASTICO; B/N; 93'; ITALIA, 1951.

FOLLE ESTATE, UNA *(One Crazy Summer)* ★
Regia di SAVAGE STEVE HOLLAND. Con JOHN CUSACK, WILLIAM HICKEY, DEMI MOORE. ■ Un disegnatore di fumetti crede di poter ritrovare l'ispirazione perduta grazie a una vacanza al mare. Non sarà facile. ■ COMMEDIA; COL.; 93'; USA, 1986.

FOLLE EVASIONE, LA *(Escape from San Quentin)* ★★
Regia di FRED F. SEARS. Con MERRY ANDERS, JOHNNY DESMOND, RICHARD DEVON. ■ Mike, in carcere per una rapina, evade insieme a Roy, bandito violento; la fuga è costellata di uccisioni e di rapine finché Mike, stanco di tanto sangue, consegna Roy alla polizia. ■ POLIZIESCO; B/N; 81'; USA, 1957.

FOLLE IMPRESA DEL DOTTOR SCHAEFER, LA ★★★
(The President's Analyst)
Regia di THEODORE J. FLICKER. Con GODFREY CAMBRIDGE, JAMES COBURN. ■ Schaefer è lo psicanalista del presidente degli Stati Uniti. Ben presto si rende conto di quale sia la sua responsabilità. Quando il medico tenta di ritirarsi, agenti dei servizi segreti di tutto il mondo gli danno la caccia (americani compresi). Se la cava per il rotto della cuffia. ■ DRAMMATICO; COL.; 104'; USA, 1967.

FOLLE STAGIONE D'AMORE, UNA *(Mad Love)* ★★★
Regia di ANTONIA BIRD. Con DREW BARRYMORE, RICHARD CHAIM, MATTHEW LILLARD, ROBERT NADIR, CHRIS O'DONNELL. ■ Casey Roberts è una ragazza incontenibile, afflitta anche da sindrome maniaco-depressiva. Tutto questo non impedisce a Matt Leland di innamorarsi di lei. Ha così inizio un *road movie* in cui la regista de *Il prete*, coadiuvata da una Drew Barrymore in gran forma, conferma le proprie capacità. ■ DRAMMATICO; COL.; 95'; USA, 1995.

FOLLE TRASLOCO, UN *(Moving)* ★★
Regia di ALAN METTER. Con RICHARD PRYOR, RANDY QUAID, BEVERLY TODD. ■ Le disavventure di Arlo che viene licenziato dal suo attuale lavoro. Vive nel New Jersey e, purtroppo, il nuovo impiego lo trova solo nell'Idaho. Deve quindi trasferirsi con moglie e figli laggiù, ma i guai non sono finiti perché avrà a che fare con uno strano vicino. ■ COMICO; COL.; 89'; USA, 1988.

FOLLIA *(Rage in Heaven)* ★★
Regia di WOODBRIGE STRONG VAN DYKE. Con INGRID BERGMAN, ROBERT MONTGOMERY, GEORGE SANDERS. ■ La follia di Filippo è sopita sotto un'apparente normalità; esplode in tutta la sua violenza quando l'uomo si convince che la bella moglie lo tradisce con il suo migliore amico. Per castigarla si uccide facendo in modo che la colpa venga data al suo rivale, ma la verità finisce per venire a galla. ■ DRAMMATICO; B/N; 83'; USA, 1943.

FOLLIA *(Deranged)* ★
Regia di JEFF GILLEN, ALAN ORMSBY. Con ROBERT BLOSSOM, JAMIE GILLIS, COSETTE LEE. ■ Benché basato su un fatto vero, è solo un parente povero di *Psycho*. Protagonista è un contadino mammone che non riesce a rassegnarsi alla morte della madre. Così imbalsama il suo corpo e, perché non si senta sola, uccide e imbalsama altre donne: così le terranno compagnia. ■ HORROR; COL.; 90'; USA, 1974.

FOLLIA *(Asylum)* ★★
Regia di DAVID MACKENZIE. Con HUGH BONNEVILLE, MARTON CSOKAS, IAN MCKELLEN, NATASHA RICHARDSON. ■ Stella è la moglie dimessa e gentile di uno psichiatra ambizioso, promosso vicedirettore nel manicomio di Broadmoor. Condannata dalle convezioni sociali a essere unicamente la buona moglie di un prestigioso marito, Stella cerca e trova in Edgar Stark, un paziente consumato da una gelosia psicotica, la sua ribellione. I due amanti si incontrano in un capanno diroccato alimentando voci e sospetti. La clinica psichiatrica diventa molto presto troppo stretta per quella relazione, che li spinge alla fuga e a una clandestinità dolorosa. Le premesse porteranno una conclusione poco "happy". ■ DRAMMATICO; COL.; 93'; GRAN BRETAGNA, IRLANDA, 2005.

FOLLIA D'AMORE *(Fool for Love)* ★★
Regia di ROBERT ALTMAN. Con KIM BASINGER, RANDY QUAID, SAM SHEPARD. ■ May, inquieta bella ragazza, lavora in un desolato e sperduto motel del West. Viene ritrovata dal cowboy Eddie; una torbida passione li attrae e li respinge, il tutto sotto lo sguardo dell'ubriaco gestore del bar, il padre. Appare anche una misteriosa donna che comincia a sparare ai due amanti e scompare su una lussuosa auto. Nel chiarimento finale i due rievocano la passione che li aveva coinvolti da giovani, ma in seguito scoprirono di essere fratelli da parte di padre (il gestore) senza riuscire a liberarsi dell'amore morboso. Suggestiva la fotografia. ■ DRAMMATICO; COL.; 106'; USA, 1985.

FOLLIA DEI SENSI *(Le coeur fou)* ★★
Regia di JEAN-GABRIEL ALBICOCCO. Con BRIGITTE AUBER, MICHEL AUCLAIR, MADELEINE ROBINSON, EVA SWANN. ■ Una diva famosa viene ricoverata in un ospedale psichiatrico; tra i giornalisti e i fotografi presenti c'è Serge, suo ex marito. L'uomo cerca di approfondire il motivo della crisi dell'attrice e frattanto suscita un'insana passione in una giovane ricoverata. I due fuggono insieme, ma la donna finisce in prigione e l'uomo si suicida. ■ DRAMMATICO; COL.; 102'; FRANCIA, 1970.

FOLLIA DELLA METROPOLI, LA ★★★
(American Madness)
Regia di FRANK CAPRA. Con CONSTANCE CUMMINGS, WALTER HUSTON, KAY JOHNSON. ■ Una banca sta per fallire. I suoi clienti, tutt'altro che spaventati, invece di prelevare in tutta fretta, si ingegnano a trovar denaro per depositarvelo. Così la banca si salva. ■ COMMEDIA; B/N; 80'; USA, 1932.

FOLLIA DELL'ORO, LA ★★
Regia di JOHN CROMWELL. Con ROBERT AMES, GEORGE BANCROFT, FRANCES DEE. ■ Racconta la storia di un padre che, diventato ricco, non trova più tempo per i figli. ■ COMMEDIA; B/N; 80'; USA, 1931.

FOLLIA DEL SILENZIO, LA *(Pickup)* ★★
Regia di HUGO HAAS. Con BEVERLY MICHAELS, ALLAN NIXON. ■ Jan si innamora di una donna di malaffare e se la sposa. Dopo alcuni mesi l'uomo perde l'udito, mentre la moglie si invaghisce di un giovane. Quando, in seguito a un incidente, Jan guarisce, non ne parla con nessuno, ma si serve della presunta sordità per scoprire il tradimento e la disonestà della moglie. ■ DRAMMATICO; B/N; 78'; USA, 1951.

FOLLIA DI BARBABLU, LA *(Blue Beard)* ★★★
Regia di EDGARD GEORGE ULMER. Con NILS ASTHER, JOHN CARRADINE, JEAN PARKER. ■ Un ex pittore famoso, che ora fa il burattinaio, una sera conosce una modista della quale s'innamora. In realtà lui è uno psicopatico che ha già ucciso la sua prima modella. Il film è segnalato perché, nonostante sia stato girato in soli sei giorni, con un budget risibile e, soprattutto, con una sceneggiatura già vista parecchie volte, il risultato è lodevole. ■ DRAMMATICO; COL.; 73'; USA, 1944.

FOLLIA DI HENRY, LA *(Henry Fool)* ★★★
Regia di HAL HARTLEY. Con KEVIN CORRIGAN, MARIA PORTER, PARKER POSEY, THOMAS JAY RYAN, JAMES URBANIAK. ■ Simon è un giovane operatore ecologico di New York, ai limiti dell'handicap psichico, deriso dai compagni per il suo quasi assoluto mutismo. Vive con una madre depressa e una sorella invece disinibita e aggressiva. Un giorno incontra un perdente come lui, Henry, che si vanta di essere un poeta maledetto alla Kerouac. Non riesce mai a finire un'opera che, a suo dire, cambierà le sorti della letteratura mondiale. Trasmette questa sua passione a Simon che scriverà un poema "anarco-pornografico" che avrà grande successo in Internet e gli darà coscienza delle proprie capacità. Simon avrà modo di ringraziare l'amico. Hartley lo si ama o lo si

odia. Per i suoi tempi solo apparentemente morti e per il suo scavo in psicologie disturbate. Qui riflette sulla creatività nell'era del computer e sui prezzi da pagare per veder riconosciute le proprie qualità e lo fa con il suo stile rarefatto e poetico. ■ DRAMMATICO; COL.; 137′; USA, 1998.

FOLLIA DI ROBERTA DONGE, LA ★★
(La verité sur bébé Donge)
Regia di HENRI DECOIN. Con DANIELLE DARRIEUX, JEAN GABIN. ■ Un maturo Casanova si innamora, ricambiato, di una bella parigina e le chiede di sposarlo. Lei accetta; ma poi lui pur molto innamorato non rinuncia alle solite avventure. La moglie non accetta la situazione e, consapevole del castigo che la aspetta, lo uccide. ■ DRAMMATICO; B/N; 104′; FRANCIA, 1951.

FOLLIA MESSICANA *(In Caliente)* ★★
Regia di LLOYD BACON. Con DOLORES DEL RIO, PAT O'BRIAN. ■ Un giornalista cade nella rete di una bella donna ansiosa di accasarsi per ritrovare la rispettabilità. Un amico si incarica di sottrarre il malcapitato a tali attenzioni e lo guida in un locale appena aperto in Messico. ■ COMMEDIA; B/N; 84′; USA, 1935.

FOLLIA OMICIDA ★
(Bad Day on the Block/Under Pressure)
Regia di CRAIG R. BAXLEY. Con DAVID ANDREWS, DAWN LEWIS, CHARLIE SHEEN, MARC WINNINGHAM. ■ Lyle Wilder è stato eletto "pompiere dell'anno" per aver salvato un bambino. Ma il resto va male: a Los Angeles c'è un caldo record e sua moglie lo ha lasciato. Se la prende con i vicini di casa uccidendo a ripetizione. Un telefilm al cinema. ■ THRILLER; COL.; 91′; USA, 1997.

FOLLIA SCATENATA *(Fingers at the Window)* ★★
Regia di CHARLES LEDERER. Con LEW AYRES, LARAINE DAY, OLIVER DUFFY, BASIL RATHBONE. ■ A Chicago muoiono, una dopo l'altra, cinque donne uccise da un misterioso assassino. Un attore momentaneamente a spasso si improvvisa investigatore e, poiché la polizia ritiene che i delitti siano da attribuirsi a uno o a più pazzi, si fa ricoverare in una clinica per ammalati di mente dove altri indiziati sono stati ricoverati. Qui, seguendo una tenue traccia, giunge alla verità. ■ DRAMMATICO; B/N; 80′; USA, 1942.

FOLLI AVVENTURE DI RABBI JACOB, LE ★★
(Les aventures de Rabbi Jacob)
Regia di GÉRARD OURY. Con LOUIS DE FUNÈS, JOSY EISEMBERG, RENZO MONTAGNANI. ■ Un notabile parigino sta per raggiungere la figlia che si sposa e si trova implicato nel tentativo di rapimento di un rappresentante della rivoluzione araba, certo Mohamed Slimane. Costui, per seminare gli inseguitori, costringe il malcapitato a fare da ostaggio e fuggire. Dopo avventure di ogni genere, finalmente raggiungono la sposina che all'ultimo momento cambia idea e sposa Slimane. ■ COMMEDIA; COL.; 100′; FRANCIA, 1973.

FOLLIE BORGHESI *(Folies bourgeoises)* ★★
Regia di CLAUDE CHABROL. Con JEAN-PIERRE CASSEL, BRUCE DERN, ANN MARGRET. ■ Girotondo d'infedeltà che coinvolge un gruppo di ricchi borghesi (uno scrittore americano, una aristocratica francese, un dongiovanni francese e due ragazze americane surriscaldate). Claude Chabrol, maestro del giallo, non si dimostra troppo a suo agio nella commedia *boulevardière*. E spreca abbastanza malamente il ricco cast. ■ COMMEDIA; COL.; 115′; CANADA, FRANCIA, 1976.

FOLLIE D'AMORE *(Toi c'est moi)* ★★
Regia di RENÉ GUISSART. Con JUNIE ASTOR, ANDRÉ BERLEY, CLAUDE MAY, PILLS TABET. ■ Per sfuggire al castigo della zia di cui sarà l'erede, un giovane si accorda con un amico col quale scambia il nome. I due si presentano nella fattoria dove il giovane dovrebbe pagare le proprie intemperanze lavorando duramente dalla mattina alla sera; ma chi subirà questo trattamento sarà il suo amico. ■ COMMEDIA; B/N; 90′; FRANCIA, 1936.

FOLLIE DEL CINEMA *(Movie Crazy)* ★★
Regia di CLYDE BRUCKMAN. Con CONSTANCE CUMMINGS, HAROLD LLOYD, KENNETH THOMPSON. ■ Un giovane che sogna di sfondare nel cinema manda per errore la foto di un'altra persona a un noto regista. Viene convocato, gli capita ogni sorta di avventure: persino di girare per caso e in modo eccellente la scena di un film credendo di agire nella vita reale ■ COMICO; B/N; 84′; USA, 1932.

FOLLIE DEL GIORNO *(Fox Movietone 1929)* ★★
Regia di DAVID BUTLER. Con SUE CAROL, LOLA LANE, DIXIE LEE. ■ Uno dei primi musical del sonoro. Protagoniste due donne di uomini famosi: Sue Carol (più tardi agente e consorte di Alan Ladd) e Dixie Lee, la prima moglie di Bing Crosby (morta prematuramente). La storia serve a cucire una serie di numeri rivistaioli (un ricco texano ama una ballerina e per averla non trova di meglio che comprare lo show dove la ragazza si esibisce). ■ MUSICAL; B/N; 93′; USA, 1929.

FOLLIE DELL'ANNO ★★
(There's No Business Like Show Business)
Regia di WALTER LANG. Con DAN DAILEY, MITZI GAYNOR, ETHEL MERMAN, MARILYN MONROE, DONALD O'CONNOR, JOHNNIE RAY. ■ Una compagnia di artisti formata da padre, madre e tre figli si esibisce con successo nei maggiori teatri della città. Con il passare del tempo, la compagnia si scioglie, ma la famiglia si ritrova unita dallo stesso affetto malgrado gli anni trascorsi. ■ COMMEDIA; COL.; 117′; USA, 1954. ■ OSCAR 3 NOM.

FOLLIE DELL'IMPERATORE, LE ★★★
(The Emperor New Groove)
Regia di MARK DINDAL. ■ L'imperatore Kuzco sta per compiere 18 anni ma è troppo pieno di sé per trovare una sposa "adeguata". Compie però l'errore di licenziare l'anziana consigliera Izma che si vendica con l'aiuto del fusto Kronk che le fa da chaperon. Il proposito è quello di avvelenarlo ma, per un errore, di Kronk, la pozione non lo uccide, ma lo trasforma in un lama (parlante ovviamente). L'imperatore lama finisce così sul carro del campagnolo Pacha col quale avvia un rapporto amichevolmente conflittuale. La loro alleanza porterà comunque alla sconfitta di Izma e al ritorno dell'Imperatore a un'umanità completa (anche in rapporto agli altri). La Disney ormai non può rinunciare al confronto con le rivali Warner, Fox e Dreamworks. Questa volta torna all'animazione disegnata (dopo la non positivissima esperienza di *Dinosauri*) e prova anche a modificare in parte la propria linea di tendenza. Un po' più di bizzarria, più comicità e meno zucchero sono gli ingredienti di una ricetta che fa di questo film una simpatica occasione di divertimento. Con tanto di canzoni scritte da Sting. ■ ANIMAZIONE; COL.; 78′; USA, 2000.

FOLLIE DEL SECOLO ★★
Regia di AMLETO PALERMI. Con PAOLA BARBARA, ARMANDO FALCONI. ■ Un anziano Casanova vive un'ennesima avventura galante, ma questa volta per salvare il matrimonio di sua figlia. Riesce tanto bene in questa sua impresa amorosa che alla fine, dopo una serie di avvenimenti più o meno complessi, tutti ritrovano la pace perduta. ■ COMMEDIA; B/N; 92′; ITALIA, 1939.

FOLLIE D'ESTATE ★★
Regia di EDOARDO ANTON, CARLO INFASCELLI. Con RICCARDO BILLI, WALTER CHIARI, CARLO DAPPORTO, DARIO FO, TIBERIO MURGIA, FRANCA RAME, RENATO RASCEL, UGO TOGNAZZI. ■ Su un treno viaggia una giovane coppia di sposi. Lui rincorre tutte le ragazze che gli passano nelle vicinanze e lei fa la stessa cosa con gli uomini. ■ COMICO; B/N; 80′; ITALIA, 1966.

FOLLIE DI BROADWAY *(Broadway Melody of 1936)* ★★★
Regia di ROY DEL RUTH. Con JACK BENNY, ELEANOR POWELL, ROBERT TAYLOR. ■ Una ragazza decide di andare a tentare la fortuna a Broadway. Qui si rivolge ad un ex compagno di scuola diventato impresario. Il giovane rifiuta di aiutarla, e la ragazza, pur di raggiungere lo scopo, finge di essere una famosa ballerina. Il successo che ottiene e il lieto fine sono scontati. Eccellenti le musiche. ■ MUSICALE; B/N; 110′; USA, 1935 ■ OSCAR 1 PR, 3 NOM.

FOLLIE DI BROADWAY 1938 ★★★
(Broadway Melody of 1938)
Regia di ROY DEL RUTH. Con GEORGE MURPHY, ELEANOR POWELL, ROBERT TAYLOR. ■ Un giovane impresario di Broadway sogna di presentare una rivista mai realizzata prima. Vi riesce, ma il suo spettacolo, come tutti gli altri, è avvelenato da rivalità, collere, gelosie. ■ MUSICAL; B/N; 110′; USA, 1937.

FOLLIE DI BROADWAY 1940 ★★★
(Broadway Melody of 1940)
Regia di Norman Taurog. Con Fred Astaire, George Murphy, Eleanor Powell. ■ La trama è esilissima: i componenti di un affiatato duo danzante bisticciano per la carriera e per l'amore di un'avvenente collega; poi il meno bravo lascerà volentieri che al più abile si aprano le strade del successo. ■ Musical; b/n; 91'; USA, 1939.

FOLLIE DI HOLLYWOOD *(The Goldwyn Follies)* ★★
Regia di George Marshall. Con Adolphe Menjou, Vera Zorina. ■ Dietro il nome di "Miss Umanità" si nasconde una donna bella e saggia per merito della quale un film realizzato da un giovane impresario viene premiato come un capolavoro. L'impresario vorrebbe legare la ragazza a sé per la vita, ma lei è innamorata di un altro. ■ Commedia; col.; 120'; USA, 1938. ■ Oscar 2 nom.

FOLLIE DI JAZZ *(Second Chorus)* ★★★
Regia di Henry C. Potter. Con Fred Astaire, Paulette Goddard. ■ La trama esile di questo film serve soprattutto per presentare i pezzi di successo di un'orchestra famosa negli anni Quaranta. ■ Musicale; b/n; 83'; USA, 1941. ■ Oscar 2 nom.

FOLLIE DI NEW YORK *(My Gal Sal)* ★★
Regia di Irving Cummings. Con Rita Hayworth, Carole Letter, Victor Mature, John Sulton. ■ Dopo essere passato attraverso varie esperienze, un giovane musicista giunge a New York, nell'effervescente mondo della rivista. Qui conosce la cantante Sally, che diviene sua collaboratrice e innamorata. Attraverso successi e insuccessi, abbandoni e tradimenti, i due giungono insieme a un giuramento di eterno amore. ■ Musical; col.; 103'; USA, 1942. ■ Oscar 1 pr, 2 nom.

FOLLIE DI NOTTE ★★
Regia di Joe D'Amato (pseud. di Aristide Massaccesi). Con Amanda Lear. ■ La pellicola è imperniata su Amanda Lear, cantante di successo ed ex spogliarellista, oggi volto noto della tv italiana. ■ Erotico; col.; 92'; Italia, 1978.

FOLLIE D'INVERNO *(Swing Time)* ★★★
Regia di George Stewens. Con Fred Astaire, Ginger Rogers. ■ Un ballerino promette alla sua ragazza che la sposerà dopo essersi affermato (e aver messo da parte 25.000 dollari). A Broadway fa fortuna, ma si innamora della sua partner. Mantiene la promessa fatta e torna, ma anche la fidanzata si è innamorata di un altro. Lieto fine. ■ Musical; b/n; 105'; USA, 1936. ■ Oscar 1 pr, 2 nom.

FOLLIE NEL MONDO *(Frühling auf dem Eis)* ★★
Regia di Georg Jacoby. Con Hans Holt, Eva Pawlick. ■ Per motivi di gelosia, la prima donna di uno spettacolo sul ghiaccio e una giovane pattinatrice litigano fino a dividere la compagnia in due schiere che parteggiano per l'una e per l'altra. Un giovane giornalista interviene per metter pace, e vi riesce. ■ Commedia; b/n; 95'; Austria, 1951.

FOLLIE PER L'OPERA ★★
Regia di Mario Costa. Con Gino Bechi, Carlo Campanini, Maria Caniglia, Beniamino Gigli, Tito Gobbi, Gina Lollobrigida, Aroldo Tieri. ■ Nel quartiere italiano a Londra viene distrutta la chiesa e il parroco chiede aiuto ai conterranei. Un giornalista dotato di fantasia e di entusiasmo fa in modo che la cifra necessaria per ricostruire la chiesa venga realizzata con un concerto a cui prendono parte gratuitamente i maggiori cantanti lirici dell'epoca. ■ Musicale; b/n; 94'; Italia, 1948.

FOLLI NOTTI A LAS VEGAS *(Spree!)* ★★
Regia di Mitchell Leisen. Con Vic Damone, Jayne Mansfield, Juliet Prowse. ■ A Las Vegas pullulano i luoghi di divertimento. Questo film è una carrellata sui più noti tra essi. ■ Documentario; b/n; 84'; USA, 1967.

FOLLI NOTTI DEL DOTTOR JERRYL, LE ★★★
(The Nutty Professor)
Regia di Jerry Lewis. Con Kathleen Freeman, Jerry Lewis, Del Moore, Stella Stevens. ■ Tema della vicenda è uno sdoppiamento di personalità di cui è ora vittima, ora eroe uno scienziato dal carattere arrendevole. Ma lo sdoppiamento è provocato dallo stesso scienziato. ■ Commedia; col.; 107'; USA, 1963.

FOLLI VENERI DI AKIRA, LE *(Sancy man Dani)* ★★
Regia di Hideo Sekigawa. Con Reiko Chara, Akemi Kita, Nanki Suguira, Tatsuo Umemiya. ■ In un ambiente corrotto e senza scrupoli si snoda la fosca vicenda di un ignobile ricattatore. Finirà male per mano di una sua vecchia amante abbandonata. ■ Drammatico; b/n; 92'; Giappone, 1968.

FOLLOWING ★★
Regia di Christopher Nolan. Con Alex Haw, John Nolan, Lucy Russell, Jeremy Theobald. ■ Presentato al Festival Cinematografico di San Francisco nel 1998, il film narra la storia di Bill (Jeremy Theobald), un aspirante scrittore che, in cerca di ispirazione, comincia a pedinare le persone, trasformando le loro vite in materiale per il suo lavoro. Tutto va bene finché Bill si imbatte in Cobb (Alex Haw), ladro di professione che gli insegna il mestiere. Eccitato all'idea di compiere azioni illegali entrando negli appartamenti altrui, Bill diventa ben presto oltre che un rapinatore anche un assassino. Il regista Christopher Nolan, si rivela un vero asso nell'utilizzo della handycam; peccato che il film non presenti colpi di scena e che si indovini già tutto dopo i primi dieci minuti. ■ Commedia nera; b/n; 69'; Gran Bretagna, 1998.

FONDALI NOTTURNI ★★
Regia di Nino Russo. Con Ida Di Benedetto, Pietra Montecorvino, Massimo Ranieri. ■ Suggestione di Napoli. Una sorta di esperimento, un mix fra teatro e cinema che vive grazie alle possibilità offerte da una certa cultura napoletana: il popolo, le canzoni, "quelle" storie. Massimo Ranieri è il venditore di sigarette, non certo comprate "ufficialmente", Ida di Benedetto gestisce l'edicola. La mattina si trovano a lavorare vicini. Parlano di tutto, sono tristi e contenti, fanno polemica. Dalle finestre della piazza arrivano voci e musiche che fanno parte dello leggenda dello spettacolo partenopeo: le note di Carosello napoletano, le battute di Napoli milionaria. Il tempo attraversa tutto come se nulla fosse, la città è sempre la città, la vita è sempre quella. ■ Commedia; col.; 109'; Italia, 2002.

FONDAMENTALISTA RILUTTANTE, IL ★★★
(The Reluctant Fundamentalist)
Regia di Mira Nair. Con Riz Ahmed, Kate Hudson, Om Puri, Live Schreiber, Kiefer Sutherland. ■ Lahore, Pakistan 2010. Le manifestazioni di studenti fondamentalisti islamici sono in aumento. Al loro centro sta il giovane professore Changez Khan. Il sequestro di un suo collega americano fa precipitare la situazione. Khan, in questo momento delicato, accetta l'intervista del giornalista americano Bobby Lincoln al quale racconta la propria vita di giovane professionista nel campo della finanza. Nell'ambiente della *upper class* Changez sembra aver anche trovato l'amore nell'artista Erica. Tutto va bene per lui fino a quando l'11 settembre 2001 cambia di colpo le prospettive. La sua vita comincia a mutare di segno: è diventato improvvisamente l'islamico da amare od odiare, non più una persona. Chi ricorda il film collettivo *11.09.01* non può aver dimenticato l'episodio di Mira Nair: si raccontava di uno studente in medicina pakistano residente a New York scomparso dopo il crollo e sospettato di legami con Al Qaeda. Lì si trovano le radici di questo film. ■ Thriller; col.; 130'; USA, Gran Bretagna, Qatar, 2012.

FONDO DELLA BOTTIGLIA, IL ★★
(The Bottom of the Bottle)
Regia di Henry Hathaway. Con Jack Carson, Joseph Cotten, Van Johnson, Ruth Roman. ■ Un alcolizzato uccide un uomo e, successivamente, scappa dalla prigione; si rivolge a suo fratello, famoso avvocato, per poter raggiungere la propria famiglia perché ha bisogno di cure e di denaro. Ma il fratello rifiuta di aiutarlo per timore di macchiare la propria reputazione. Interviene la moglie dell'avvocato. ■ Drammatico; col.; 88'; USA, 1956.

FONTAMARA ★★★
Regia di Carlo Lizzani. Con Antonio Bandini, Ciccio Busacca, Ida Di Benedetto, Antonella Murgia, Antonio Orlando, Imma Piro, Michele Placido, Dino Sarti, Deddi Savagnone. ■ Negli anni Trenta i contadini di Fontamara, un pae-

sino della Marsica, sono sfruttati dagli agrari e dai loro alleati fascisti. Un giovane capisce e si ribella. Verrà ucciso, ma il suo esempio servirà a far germogliare l'opposizione al regime. ■ DRAMMATICO; COL.; 139'; ITALIA, 1980.

FONTANA DELL'AMORE, LA *(When in Rome)* ★
Regia di MARK STEVEN JOHNSON. Con WILL ARNET, KRISTEN BELL, JOSH DUHAMENL, JON HEDER, DAX SHEPARD. ■ Beth è una giovane donna in carriera che si occupa d'arte e lavora al Guggenheim Museum. I suoi rapporti con l'altro sesso non sono dei migliori. La sorella vive a Roma e ha deciso di sposare un italiano. Al matrimonio Beth incontra Nick, e ne è colpita. Inconsapevolmente le accade di prendere delle monete in una fontana. Il sortilegio vuole che quell'azione inneschi tutto un gioco di sentimenti. Una memoria dei classici di una volta, come *Tre soldi nella fontana* e *Vacanze romane*. Fatte le debite differenze. ■ COMMEDIA; COL.; 91'; USA, 2010.

FONTANA DELLA VERGINE, LA *(Jungfrukällan)* ★★★★
Regia di INGMAR BERGMAN. Con BIRGITTA PETTERSON, MAX VON SIDOW. ■ Tre fratelli stuprano e uccidono una fanciulla. Suo padre la vendica uccidendoli tutti (anche il più giovane, che era innocente). Dopo questi atti efferati l'uomo decide di espiare i delitti costruendo una chiesa con le proprie mani. Nel luogo dove la fanciulla è morta, miracolosamente sgorga una fontana. ■ DRAMMATICO; B/N; 88'; SVEZIA, 1959. ■ CANNES 1 PR; OSCAR 1 PR, 2 NOM.

FONTANA DI TREVI ★
Regia di CARLO CAMPOGALLIANI. Con MARIA GRAZIA BUCCELLA, MARIO CAROTENUTO, CARLO CROCCOLO, CLAUDIO VILLA. ■ Claudio e Roberto lavorano per un'agenzia turistica. Portando in giro belle donne, conoscono due magnifiche spagnole; ma a Roberto, che sognava di sposare un'ereditiera, capita una semplice istitutrice, mentre a Claudio (impersonato dal reuccio della canzone) tocca la donna ricca. ■ COMMEDIA; B/N; 102'; ITALIA, 1960.

FONTE MERAVIGLIOSA *(The Fountain Head)* ★★★
Regia di KING VIDOR. Con GARY COOPER, ROBERT DOUGLAS, RAYMOND MASSEY, PATRICIA NEAL. ■ Un giovane architetto difende con fermezza le proprie idee e, piuttosto che accettare di seguire la corrente, lavora come minatore; conosce e si innamora di Dominique, la figlia del proprietario della miniera. Ma nonostante la passione che li lega la ragazza sposa il direttore di un importante giornale: questi, suggestionato dalla moglie, finisce per sostenere il giovane. In questo modo l'architetto può realizzare i suoi disegni decisamente fuori del comune. ■ DRAMMATICO; B/N; 114'; USA, 1949.

FOOD OF LOVE – IL VOLTAPAGINE *(Menja d'amor)* ★★
Regia di VENTURA PONS. Con KEVIN BISHOP, GERALDINE MCEWAN. ■ Paul Porterfield studia pianoforte e sogna di diventare un grande musicista. A San Francisco, dove vive, è chiamato a fare da voltapagine dello spartito al concerto del famoso pianista Kennington. Nasce una storia d'amore tra i due, dopo la quale nulla sarà più come prima. Da quel concerto di San Francisco i due amanti si ritrovano casualmente a Barcellona dove Paul si reca con la madre Pamela in vacanza. La madre intuisce tutto. Non ne è contenta ma poi fa di necessità virtù: l'omosessualità del figlio è in realtà una buona occasione per mettersi in discussione. ■ DRAMMATICO; COL.; 95'; GERMANIA, SPAGNA, 2003.

FOOL KILLER, THE ★★★
Regia di SERRANDO GONZALES. Con EDWARD ALBERT, HENRY HULL, SALOME JEANS, ANTHONY PERKINS. ■ Un vagabondo racconta a un fanciullo la storia impressionante di un omicida pazzo che uccide gli sprovveduti e gli sciocchi. Tra i due nasce un'amicizia turbata dallo strano comportamento del vagabondo e dalla sparizione di quest'ultimo che coincide con l'assassinio di un predicatore. Poco dopo i due si ritrovano e il ragazzo si convince che il vagabondo è il "Fool Killer". ■ FANTASTICO; B/N; 100'; USA, 1965.

FOOTBALL FACTORY, THE ★★
Regia di NICK LOVE. Con DANNY DYER, JAMIE FOREMAN, FRANK HARPER, TAMER HASSAN, ROLAND MANOOKIAN, NEIL MASKELL. ■ Basato sul best seller di John King, *The football factory* è un film sul football e sugli hooligans, ma il football non si vede, viene invece privilegiata la violenza gratuita, inutile, folle, figlia della frustrazione, de la noia e della rabbia verso il Sistema. ■ DRAMMATICO; COL.; 90'; GRAN BRETAGNA, 2004.

FOOTLOOSE ★★
Regia di HERBERT ROSS. Con KEVIN BACON, LORI SINGER, DIANNE WIEST. ■ Lui è un ragazzotto con la passione per il rock, costretto a lasciare la libera Chicago per vivere in un paesino dominato dal moralismo. Lei è la bella figlia del severo pastore. Amore, musica e balli scatenati per dimostrare che "il diavolo non sta nel rock". Ottima la colonna sonora, freschi e spontanei gli interpreti, buona la regia: una favoletta facile facile. ■ COMMEDIA; COL.; 107'; USA, 1983. ■ GOLDEN GLOBES 1 NOM; OSCAR 1 NOM.

FORBRYDELSER *(Forbrydelser (In your hands)* ★★
Regia di ANNETTE K. OLESEN. Con SARAH BOBERG, TRINE DYRHOLM, ANN ELEONARA JØRGENSEN, LARS RANTHE, SONJA RICHTER. ■ Anna, laureata in teologia, accetta un incarico come cappellano carcerario. Ha così inizio una vicenda destinata a segnarla profondamente. Il suo incontro con una prigioniera, Kate, le farà conoscere un universo sconosciuto. Kate è considerata difficile ma le compagne la ritengono dotata di misteriosi poteri di guarigione. Quando Anna scopre di esser incinta è a lei che si affida. Un film che si rifà al "dogma" innervandolo con atmosfere kieslowskiane. ■ DRAMMATICO; COL.; 101'; DANIMARCA, 2003.

FORCA PER DUE, UNA *(Catacombs)* ★★
Regia di GORDON HESSLER. Con GEORGINA COOKSON, NEIL MCCALLUM, GARY MERRILL, JANE MERROW, RACHEL THOMAS. ■ Un marito scontento decide di liberarsi per sempre della moglie tiranna per poter vivere con la giovane nipote di lei. Ma la nipote ha un segretario-amante, e così anche lo sfortunato marito farà la stessa fine. Ma i colpevoli saranno finalmente castigati. ■ GIALLO; B/N; 90'; GRAN BRETAGNA, 1964.

FORCA PUÒ ATTENDERE, LA *(Sinful Davey)* ★★
Regia di JOHN HUSTON. Con NIGEL DAVENPORT, PAMELA FRANKLIN, RONALD FRASER, JOHN HURT, ROBERT MORLEY. ■ Un soldato decide di fare il bandito perché ossessionato dall'idea di ripetere le gesta del padre e anche per portare a termine un colpo che costui ha fallito. Una ragazza che lo ama da sempre cerca di ricondurlo sulla retta via. ■ COMMEDIA; COL.; 95'; USA, 1969.

FOREIGNER, THE ★★
Regia di MICHAEL OBLOWITZ. Con JEFFREY PIERCE, ANNA-LOUISE PLOWMAN, MAX RYAN, STEVEN SEAGAL, HARRY VAN GORKUM. ■ A Jonathan Cold viene affidato un compito apparentemente facile, ritirare un pacchetto a Parigi e consegnarlo in Germania. L'uomo però non sa che a quel pacchetto sono interessati Cia e agenti sovietici. L'involucro è la chiave che conduce a un attentato terroristico. Film dalla trama un po' troppo complessa, che porta a un finale che non sbroglia la matassa. Una volta Seagal "bastava" a un film. Ora non più. ■ AZIONE; COL.; 96'; USA, 2003.

FOREPLAY ★★
Regia di JOHN G. AVILDSEN. Con GEORGE IRVING, ZERO MOSTEL, JERRY ORBACH, ESTELLE PARSONS, PAT PAULSEN. ■ Un presidente Usa dimissionario viene ricattato da un commerciante di pornografia il quale è venuto a conoscenza di certi retroscena della sua vita politica. Non cede al ricatto e il suo nemico, per costringerlo, gli rapisce la figlioletta. ■ COMMEDIA; COL.; 70'; USA, 1975.

FORESTA CHE VIVE, LA *(Ape and Ape super Ape)* ★★★
Regia di BERT HAANSTRA. ■ Interessantissimo documentario naturalistico. ■ DOCUMENTARIO; COL.; 91'; PAESI BASSI, 1972.

FORESTA DEI PUGNALI VOLANTI, LA ★★★
(Shi mian mai fu)
Regia di ZHANG YIMOU. Con TAKESHI KANESHIRO, ANDY LAU, DANDAN SONG, ZHANG ZIYI. ■ Siamo nell'859 d.C., la dinastia regnante dei Tang è in declino. Numerosi gruppi rivoluzionari caldeggiano nell'oscurità la caduta delle forze imperiali, ritenute responsabili per la decadenza morale che affligge il paese. Una danzatrice cieca è sospettata di appartenere al pericoloso clan chiamato "la casa dei pugnali volanti": due ufficiali dell'esercito ten-

teranno di far uscire allo scoperto gli alti vertici della fazione fuorilegge usando la ragazza come esca, ma l'amore giocherà loro dei brutti scherzi. L'autore pare aver trovato una dimensione che funga da efficace e personale mezzo espressivo sia a livello formale che di contenuti. Si parla del rapporto tra ragion di stato e individualità in modo molto puntuale e realistico, meno vertente su ideali assoluti che in precedenti occasioni. Rispetto a *Hero* tutto è meno "iperuranico" e più volutamente sfaccettato: i combattimenti sono quasi "umani" (pur non essendolo del tutto...), le azioni dei protagonisti sono eroiche ma a misura d'uomo e persino la cornice visiva è più viva, cangiante, meno monocromatica e definita. ■ AZIONE; COL.; 119'; CINA, HONG KONG, 2004. ■ GOLDEN GLOBES 1 NOM.

FORESTA DI SMERALDO, LA *(The Emerald Forest)* ★★★
Regia di JOHN BOORMAN. Con CHARLEY BOORMAN, POWER BOOTHE, MEG FOSTER. ■ Il "popolo invisibile", selvaggia tribù amazzonica, rapisce il piccolo Timmy, figlio di un ingegnere che dirige i lavori di costruzione di una immensa e anti-ecologica diga. Passano dieci anni: Timmy, ormai uomo, considera gli indios come la sua vera famiglia, ma conserva anche qualche vago ricordo del padre che, da parte sua, non ha mai rinunciato alla speranza di ritrovarlo vivo. Dopo varie avventure, padre e figlio si rincontrano, ma il richiamo della foresta sarà più forte di quello del sangue e il ragazzo non soltanto deciderà di restare con quella che è ormai la sua gente, ma riuscirà anche a convincere il genitore a far saltare la mastodontica diga. ■ AVVENTURA; COL.; 113'; USA, 1985.

FORESTA INCANTATA, LA *(The Enchanted Forest)* ★★
Regia di LEW LANDERS. Con BRENDA JOYCE, EDMUND LOWE. ■ In una foresta vive John, un vecchio che scambia un fanciullo che è caduto in un torrente vicino per un dono del cielo. Al fanciullo il vecchio insegna a capire i segreti della foresta. ■ FANTASTICO; COL.; 78'; USA, 1946.

FORESTA MAGICA, LA *(El bosco animado)* ★★★
Regia di ÁNGEL DE LA CRUZ, MANOLO GÓMEZ. ■ Nella foresta magica la vita scorrerebbe tranquilla se non ci fossero i cacciatori, dei quali uno è decisamente malvagio. Anche perché sua moglie vuole farsi una pelliccia. La talpa Linda, che dovrebbe diventare pelliccia, viene rapita e Furi, che ne è innamorato, mobilita tutti gli animali disponibili per salvarla. ■ ANIMAZIONE; COL.; 83'; SPAGNA, 2001.

FORESTA MALEDETTA – TERRITORIO VERDE ★
Regia di HORACIO PETERSON, ARIEL SEVERINO, ARIEL SEVERINO. Con ELENA FERMAN, LUISA SANDOVAL. ■ La vicenda si svolge in un villaggio venezuelano al limitare di una foresta. Un signorotto sanguinario e crudele aumenta la propria fortuna sopraffacendo i contadini timidi e ignoranti. Riccardo e la sua compagna Hilda si adoperano affinché venga fatta giustizia. ■ DRAMMATICO; B/N; 90'; VENEZUELA, 1957.

FORESTA PIETRIFICATA, LA *(The Petrified Forest)* ★★★★
Regia di ARCHIE MAYO. Con HUMPHREY BOGART, BETTE DAVIS, LESLIE HOWARD. ■ In uno squallido alberghetto nel deserto dell'Arizona resta bloccato un gruppo di persone disparate; tra breve sopraggiungerà la polizia per catturare un gangster che si nasconde tra di loro. Frattanto si intrecciano dialoghi e viene a galla il carattere di ciascuno. Uno scrittore si fa uccidere e lo stesso bandito si lascia ammazzare senza opporre resistenza. Il regista Mayo riuscì a mantenere intatte le caratteristiche teatrali dell'opera (il film è tratto dall'omonimo lavoro di Sherwood). Bogart, quasi agli esordi, fu efficacissimo, anche se poi dovette aspettare una decina d'anni per affermarsi del tutto. ■ DRAMMATICO; B/N; 83'; USA, 1936.

FORESTA SILENZIOSA, LA *(Cross Creek)* ★★
Regia di MARTIN RITT. Con PETER COYOTE, MARY STEENBURGEN, RIP TORN. ■ La storia è quella di Marjorie Kinnan Rawlings, l'autrice de *Il cucciolo*, che, divorziando, si trasferisce in Florida comprando un aranceto. Cambia completamente vita: si accorge che il genere letterario che scriveva prima risulta falso e vuoto. Scriverà con successo storie vere di tutti i giorni aiutata anche dal suo nuovo marito. Grazioso e ben raccontato anche se prevedibile. Film concentrato sul classico tema Usa del "ritorno alla terra madre". Nomination all'Oscar per Rip Torn. ■ BIOGRAFICO; COL.; 122'; USA, 1985. ■ OSCAR 4 NOM.

FORESTA TRAGICA *(La grande marnière)* ★★
Regia di JEAN DE MARGUENAT. Con JEAN CHEVRIER, MICHELINE FRANCEY, FERNAND LEDOUX. ■ La bella e contesa figlia di un guardaboschi viene trovata priva di vita. I sospetti cadono su un nobile che ha passato con lei le ultime ore; un avvocato, innamorato senza speranza di sua sorella, riuscirà a provare l'innocenza dell'accusato e a sposare, grazie a questo insperato risultato, la donna del cuore. ■ DRAMMATICO; B/N; 92'; FRANCIA, 1942.

FORESTIERO, IL *(The Million Pound Note)* ★★★
Regia di RONALD NEAME. Con JANE GRIFFITHS, GREGORY PECK, RONALD SQUIRE. ■ Un americano giunto nella Londra edoardiana senza un soldo diventa il bersaglio di una scommessa tra due ricchi fratelli. Questi gli consegnano una banconota da un milione di sterline per vedere se il solo fatto di possederla assicurerà allo sconosciuto tutto ciò che desidera. Infatti è così; quando perde la banconota tutti gli girano le spalle, ma quando la ritrova riacquista il prestigio di prima. Il film è tratto da un'opera di Mark Twain. ■ COMMEDIA; COL.; 92'; GRAN BRETAGNA, 1953.

FOREVER BLUES ★★
Regia di FRANCO NERO. Con MINNIE MINOPRIO, FRANCO NERO, DANIELE PIAMONTI, GUIA QUARANTA, PAOLA SALUZZI. ■ Luca, un trombettista blues disilluso. Marco, un bambino quasi autistico che lo incontra per caso. Tra i due nasce un'amicizia insolita in cui ognuno offre qualcosa all'altro facendolo crescere e sperare, in una provincia vista come luogo da cui si sogna di andare via. È il grande Montgomery Clift di *Da qui all'eternità* il modello a cui Franco Nero si rifà per un ruolo da sempre desiderato. Il risultato è un film sincero in cui i sentimenti di un attore importante del cinema italiano si rivelano senza timore di "buonismi". ■ DRAMMATICO; COL.; 90'; ITALIA, 2005. ■ DAVID DI DONATELLO 1 NOM.

FOREVER LULU ★★
Regia di AMOS KOLLEK. Con ALEC BALDWIN, DEBORAH HARRY, HANNA SCHYGULLA. ■ Una signorina non più giovanissima, aspirante romanziera, è fieramente delusa nella sua vita quotidiana (è ingannata dall'amante, cacciata dal lavoro, sfrattata e scippata). Quando è al limite della disperazione, è coinvolta in una rocambolesca avventura con mafia e spacciatori di droga. Ma alla fine si ritroverà ricca, amata e romanziera di successo. ■ COMMEDIA; COL.; USA, 1987.

FORGET PARIS ★★
Regia di BILLY CRYSTAL. Con BILLY CRYSTAL, JOE MANTEGNA, CYNTHIA STEVENSON, DEBRA WINGER. ■ Mickey è un arbitro di basket. Deve portare in Francia il cadavere del padre e, per un contrattempo, fa la conoscenza di un'addetta al servizio reclami della compagnia aerea. Lei, Ellen, è americana come lui. I due si conoscono, si amano, lei lascia il marito e torna in America. Ma la vita di coppia crea più di un problema ed esige numerose rinunce. Tutta la loro vicenda viene narrata al tavolo di un ristorante in attesa che i due arrivino. Film di indubbio successo al botteghino, *Forget Paris* vede Billy Crystal nei panni del *factotum* come già in passato. Peccato che ora uno dei suoi occhi guardi verso Woody Allen. Lo strabismo diventa inevitabile. La comicità di Crystal è di tutt'altra grana e si sente. Nella memoria restano soprattutto le partite di basket riprese con grande senso dell'azione. Non trattandosi però di un film sul mondo dello sport, è un po' poco. Di *Harry ti presento Sally*, poi, ce n'era già stato uno. ■ COMMEDIA; COL.; 110'; USA, 1995.

FORGOTTEN, THE ★
Regia di JOSEPH RUBEN. Con ANTHONY EDWARDS, JULIANNE MOORE, LINUS ROACHE, GARY SINISE, DOMINIC WEST, ALFRE WOODARD. ■ Una madre vive nel ricordo del figlio, morto in un incidente anni prima. Quando una serie di eventi indica che il bambino in realtà non è mai esistito, ogni certezza per la donna viene meno: disperata, comincia la propria ricerca per dimostrare a se stessa e agli altri di non essere folle. ■ THRILLER; COL.; 96'; USA, 2004.

FORMIDABILI, I *(The Games)* ★★
Regia di MICHAEL WINNER. Con CHARLES AZNAVOUR, MICHAEL

CRAWFORD, RYAN O'NEAL. ■ Il motto di De Coubertin dovrebbe guidare tutti gli sportivi: l'importante non è vincere, ma partecipare. È un po' la morale di questo film, dedicato a quattro atleti impegnati, nelle Olimpiadi del 1960 a Roma, a vincere la maratona. ■ DRAMMATICO; COL.; 97'; USA, 1969.

FORMIDABILI AMICI... *(Une époque formidable)* ★★
Regia di GERARD JUGNOT. Con VICTORIA ABRIL, RICHARD BOHRINGER, GÉRARD JUGNOT. ■ Il comico francese Jugnot, da noi poco conosciuto, ha diretto e interpretato un film sui barboni francesi. Michel viene licenziato, ma non dice nulla alla moglie. Per un po' riesce a mantenere un tenore di vita soddisfacente, arrabattandosi. Quando la moglie scopre la situazione l'uomo non regge e diventa un *clochard*. ■ COMMEDIA; COL.; 90'; FRANCIA, 1991.

FORMULA DI DAVID MAMET, LA ★★★
(The Spanish Prisoner)
Regia di DAVID MAMET. Con BEN GAZZARA, RICKY JAY, STEVE MARTIN, REBECCA PIDGEON, CAMPBELL SCOTT. ■ Joe Ross ha inventato una formula che vale miliardi ma ha paura di essere imbrogliato dal suo superiore. Si rivolge allora a un uomo facoltoso che ha conosciuto ai Caraibi. Costui gli fa dapprima balenare la possibilità di un rapporto con una seducente sorella (che non esiste) e poi gli offre aiuto. Joe è l'unico ad essere come appare mentre gli altri fingono. Ancora un Mamet interessato a un virtuosismo della narrazione, ma più consequenziale che nel passato recente e più attento a far identificare lo spettatore con il protagonista. ■ THRILLER; COL.; 109'; USA, 1997.

FORMULA, LA *(The Formula)* ★★
Regia di JOHN G. AVILDSEN. Con MARLON BRANDO, JOHN GIELGUD, MARTHE KELLER, GEORGE C. SCOTT. ■ Tutto parte da un'idea, che forse in parte è vera visto che ha fatto arrabbiare la Shell, che sostiene l'esistenza di una formula creata dagli scienziati nazisti che permette di realizzare un carburante di tipo sintetico. Tutto deve rimanere segreto e per questa ragione vengono sparsi killer in cerca di vittime. Ci sono molti attori famosi a cominciare da Marlon Brando che prese molti soldi per pochi minuti, George C. Scott, ex agente della Cia al quale hanno ucciso due amici, Marthe Keller e John Gielgud realmente deludenti. Avildsen poi ha perso lo smalto dei tempi andati. Un film inutile, meglio un articolo sensazionalistico. ■ DRAMMATICO; COL.; 117'; USA, 1980. ■ OSCAR 1 NOM.

FORMULA PER UN DELITTO *(Along Came Spider)* ★★
Regia di LEE H. KATZIN. Con BROOKE BUNDY, ED NELSON, SUZANNE PLESHETTE, ANDREW PRINE. ■ La vedova di uno scienziato sospetta che sia stato ucciso da un collega. Avvicina quest'ultimo con uno stratagemma, costruisce false prove contro di lui e lo manda in galera. Poco dopo lo fa liberare ritenendo di essersi sbagliata. Altri dubbi la spingono a indagare più a fondo: l'uomo è veramente colpevole e cerca di ucciderla, ma è lui a perire mentre fugge da un poliziotto. ■ DRAMMATICO; COL.; 92'; USA, 1970.

FORMULA PER UN DELITTO *(Murder by Numbers)* ★★★
Regia di BARBET SCHROEDER. Con SANDRA BULLOCK, BEN CHAPLIN, RYAN GOSLING, CHRIS PENN, MICHAEL PITT. ■ Due studenti Richard e Justice, ricchi, intelligenti, sicuri di sé, soprattutto annoiati, decidono, così, senza alcun movente, di uccidere una donna a caso, per compiere il delitto perfetto. Il leader è Justice, ambiguo, completamente padrone della personalità dell'altro, che sarebbe la mente scientifica "dell'impresa". A indagare è Cassie (Bullock), detta la Jena, pragmatica e aggressiva. Le danno un nuovo compagno, Sam, anche lui in gamba. Dopo il falso suicidio del falso colpevole, il piano degli studenti diabolici viene intuito. Presentato a Cannes. ■ THRILLER; COL.; 120'; USA, 2002.

FORMULA UNO – FEBBRE DELLA VELOCITÀ ★★
Regia di OTTAVIO FABBRI. Con SYDNE ROME. ■ Lauda, Andretti, Regazzoni, Hunt, Reutemann, Brambilla, Sheckter, Fittipaldi, Patrese, Munari, Villeneuve e tanti altri assi dell'auto in alcuni momenti delle corse più interessanti, più tragiche, più famose del mondo. ■ DOCUMENTARIO; COL.; 90'; ITALIA, 1978.

FORMULA UNO – NELL'INFERNO DEL GRAND PRIX ★★
Regia di GUIDO MALATESTA. Con GIACOMO AGOSTINI, OLINKA BEROVA, BRAD HARRIS, IVANO STACCIOLI, HANS VON BORSODY. ■ In una squadra automobilistica nasce una forte rivalità tra il primo pilota e il nuovo arrivato. Questi perde il posto e viene ingaggiato da un'altro team. Nella prima gara perde contro il rivale; nella seguente lo surclassa. ■ COMMEDIA; COL.; 92'; ITALIA, 1970.

FORNARETTO DI VENEZIA, IL ★★★
Regia di DUILIO COLETTI. Con CLARA CALAMAI, ELSA DE GIORGI, OSVALDO VALENTI, ROBERTO VILLA. ■ Nella Venezia dei dogi il figlio di un fornaio è accusato di aver ammazzato un parente della consorte del grande inquisitore. Il ragazzo viene salvato all'ultimo momento; il mandante dell'omicidio è proprio l'inquisitore mosso da insana gelosia. ■ DRAMMATICO; B/N; 74'; ITALIA, 1939.

FORNARETTO DI VENEZIA, IL ★★★
Regia di DUCCIO TESSARI. Con SYLVA KOSCINA, MICHÈLE MORGAN, JACQUES PERRIN, ENRICO MARIA SALERNO. ■ Venezia, 1500. Il popolo vorrebbe partecipare alle decisioni cittadine contro il volere della nobiltà; questo screzio miete come prima vittima il figlio di un fornaio, ingiustamente accusato di aver assassinato un conte. Il suo avvocato, un nobile, confessa di essere l'autore del delitto ma il Consiglio dei Dieci preferisce condannare a morte l'innocente. ■ DRAMMATICO; COL.; 100'; ITALIA, 1963.

FORNARINA, LA ★★
Regia di ENRICO GUAZZONI. Con LIDA BAAROVA, WALTER LAZZARO, ANNELISE UHLIG. ■ La Fornarina è una bellissima modella della quale s'innamora, ricambiato, il grande Raffaello. Una nobildonna, gelosa di quel sentimento, fa rapire la giovane. L'artista la cerca a lungo e finalmente la rintraccia; la sua salute però è peggiorata ed egli muore poco dopo. ■ DRAMMATICO; B/N; 93'; ITALIA, 1942.

♥ FORREST GUMP ★★★★★
Regia di ROBERT ZEMECKIS. Con SALLY FIELD, TOM HANKS, GARY SINISE, ROBIN WRIGHT. ■ Forrest Gump è un ragazzo non proprio idiota, ma dal basso coefficiente di intelligenza. Tutti lo escludono o maltrattano e poi ha una malformazione alle gambe. Ma quando si libera dei sostegni meccanici diventa un corridore, poi un campione di baseball. Prima ha incontrato Elvis e, muovendosi maldestramente, gli ha ispirato certi passi. Forrest, in attesa alla fermata di Savannah, racconta la sua storia a coloro che uno dopo l'altro si siedono vicino a lui in attesa dell'autobus. È stato in Vietnam diventando un eroe, ha stretto la mano a tre presidenti, Kennedy, Johnson e Nixon, ha assistito ai movimenti studenteschi, ha casualmente fatto esplodere il Watergate, ha suggerito le parole di *Image* a John Lennon e per tutta la vita è stato innamorato di una ragazza conosciuta fin da bambino. Certo, soffrirà come tutti: vedrà la morte di sua madre, del suo grande amico e della ragazza, che rappresenta il rovescio della sua medaglia; inquieta, corrotta, irresponsabile, superficiale, dannosa, ma, si scoprirà, madre del figlio di Forrest. Alla fine rimane col suo bambino. Nella prima sequenza del film una piuma volteggia nell'aria e va a posarsi su un piede di Forrest, e nell'ultima il vento se la riporta via: Forrest Gump è ormai diventato grande. La piuma è il privilegio dell'ingenuità, in sostanza la grazia. Nulla di nuovo o sconvolgente, semplicemente un resoconto intelligente e ironico, pieno di tutti i luoghi comuni e di (volute) ingenuità sui peccati, mortali e veniali, dell'America. La parabola è quella dell'uomo puro che fa grandi cose suo malgrado, senza cercarle. Quando racconta la guerra in Vietnam dice: «Eravamo sempre in cerca di un tale di nome Charly». Straordinaria la metafora della corsa. Forrest è stato un campione e correre gli è naturale come respirare. Attraversa l'America dall'Atlantico al Pacifico, più volte. Diventa una leggenda, dietro di lui la schiera dei seguaci che corrono si ingrossa sempre più. A un certo punto Forrest, con barba lunghissima, si ferma fra le suggestive rocce del Colorado. Tutti aspettano ansiosi la sua decisione, foriera di chissà quali altissimi significati. Forrest dice: «Sono un po' stanchino». Dunque è tutto molto semplice e naturale. "Dietro" non c'è altro. Quasi superfluo dire della grande bravura di Hanks, uno degli attori ormai perennemente toccati dalla grazia (come Anthony Hopkins, per

esempio). Forrest ha riscosso un grande successo commerciale in tutto il mondo e rappresenta un'oasi molto gradevole nel panorama generale delle proposte, portatrici di angosce, del nostro tempo. ■ COMMEDIA; COL.; 140′; USA, 1994. ■ GOLDEN GLOBES 🏆 3 PR, 7 NOM; OSCAR 🏆 6 PR, 13 NOM.

FORSE DIO È MALATO ★★
Regia di FRANCO BROGI TAVIANI. ■ Liberamente ispirato all'omonimo libro di Walter Veltroni, un viaggio attraverso il continente nero raccontato dalle piccole grandi storie dei protagonisti. Bambini-soldato costretti a dimenticare la civilizzazione per votarsi totalmente al potere distruttivo della guerra. Donne sieropositive che lottano con la loro malattia tentando di educare il proprio villaggio a prevenirne il contagio, la povertà dilagante della "schiavitù moderna" costretta a fare i conti con un Occidente che vende a tutti la sua attraente opulenza. ■ DRAMMATICO; COL.; 90′; ITALIA, 2007.

FORSE ERI TU L'AMORE ★★
Regia di GENNARO RIGHELLI. Con GEMMA D'ALBA, SANDRO RUFFINI, LORETTA VINCI. ■ Avventure romantiche tra un giovane professionista, la sua compagna, la nipote del suo datore di lavoro e il fidanzato di quest'ultima. Le due coppie finiscono col rompersi e formarne una sola: quella tra il giovane professionista e la mancata moglie del rivale. ■ COMMEDIA; B/N; 92′; ITALIA, 1940.

FORSE SÌ... FORSE NO... ★★
Regia di STEFANO CHIANTINI. Con CRISTIANA CAPOTONDI, LUCIANO FEDERICO, NICOLA SIRI, ALESSANDRO TIBERI. ■ Tra surreali campionati di calcio giocati a carte, grotteschi tornei di scherma e feste deprimenti, tre ragazzi fuori sede trascorrono oziosamente i loro giorni in un appartamento della Capitale. Ennio è prodigo ma senza amici, Nicola è uno sfegatato tifoso genoano e guarda continuamente la partita della sua squadra con l'Oviedo per la Uefa del '91, Angelo, ultimo inquilino arrivato, ben presto viene contagiato dal lassismo dei compagni, e trascura fidanzata e università. La monotonia della casa viene interrotta solo da inspiegabili black out elettrici che, sistematicamente, oscurano il goal vincente di Skuhravy. La sceneggiatura, nata per un corto, risente in alcuni punti del "gonfiamento" a lungometraggio. Si tratta, comunque, di un esordio positivo. ■ COMMEDIA; COL.; 82′; ITALIA, 2004.

FORTAPASC ★★
Regia di MARCO RISI. Con LIBERO DI RIENZO, MASSIMILIANO GALLO, VALENTINA LODOVINI, ERNESTO MAHIEUX, MICHELE RIONDINO. ■ Nel 1985 Giancarlo Siani viene ucciso con dieci colpi di pistola. Aveva 26 anni. Faceva il giornalista, o meglio era praticante. Lavorava al «Mattino», prima da Torre Annunziata e poi da Napoli. Era un ragazzo allegro che amava la vita e il suo lavoro e cercava di farlo bene. Aveva il difetto di informarsi, di verificare le notizie, di indagare sui fatti. È stato l'unico giornalista ucciso dalla camorra. Qui lo seguiamo negli ultimi quattro mesi della sua vita. La sua ultima estate quando, dal Vomero, dove abitava, tutti i giorni scendeva al Torre Annunziata, regno del boss Valentino Gionta. Tutto, in quel periodo, ruotava intorno agli interessi per la ricostruzione del dopo terremoto e Giancarlo vedeva. E capiva. Lo vediamo muoversi fra camorristi, politicanti corrotti, magistrati pavidi, e carabinieri impotenti, come un giglio nel fango. Proprio la sera in cui venne ucciso, a Napoli Vasco Rossi teneva un concerto al quale Giancarlo sarebbe dovuto andare con la sua ragazza. ■ DRAMMATICO, COL.; 108′; ITALIA, 2008.

FORT BRONX *(Night of the Juggler)* ★★
Regia di ROBERT BUTLER. Con JAMES BROLIN, CLIFF GORMAN, LINDA MILLER. ■ Uno psicopatico che vuole vendicarsi di uno speculatore edilizio rapisce erroneamente la figlia di un ex poliziotto (Brolin), che ingaggia col folle una lotta mortale destinata a concludersi nelle fogne della città. ■ DRAMMATICO; COL.; 101′; USA, 1981.

FORTE ALGERI *(Fort Algiers)* ★★
Regia di LESLEY SELANDER. Con RAYMOND BURR, YVONNE DE CARLO, CARLOS THOMPSON. ■ Sotto le spoglie di una cantante agisce una bella poliziotta francese che, inviata in Africa, dovrà scoprire e rendere inoffensivi i fomentatori delle sempre più numerose ribellioni indigene. La ragazza entra in un gioco pericoloso dal quale la salvano l'innamorato e, al momento decisivo, l'intervento delle truppe connazionali. ■ AVVENTURA; B/N; 78′; USA, 1952.

FORTE DEI DISPERATI, IL *(Fort du fou)* ★★
Regia di LÉO JOANNON. Con JACQUES HARDEN, JEAN ROCHEFORT, ALAIN SAURY, SEN FOUN. ■ Indocina: una fortezza francese è assediata dai comunisti. Il loro comandante usa un altoparlante per abbattere il morale degli avversari con false notizie e riesce addirittura a rendere nemici due ufficiali. Uno di essi scoprirà troppo tardi l'inganno; prima di morire spingerà i suoi uomini alla resistenza. ■ GUERRA; B/N; 86′; FRANCIA, 1963.

FORTE DELLE AMAZZONI, IL ★★★
(The Guns of Fort Petticoat)
Regia di GEORGE MARSHALL. Con KATHRYN GRANT, AUDIE MURPHY. ■ Gli uomini sono impegnati nella guerra di Secessione e le donne sono esposte agli attacchi degli indiani. Un ufficiale nordista raduna le superstiti e insegna loro ad usare le armi. ■ WESTERN; COL.; 82′; USA, 1957.

FORTE DEL MASSACRO, IL *(Fort Massacre)* ★★
Regia di JOSEPH M. NEWMAN. Con JOEL MCCREA, FORREST TUCKER. ■ Un gruppo di indiani assale alcuni soldati decimandoli. L'ufficiale che li comanda invece di condurre gli scampati in salvo provoca gli indiani che reagiscono con un nuovo massacro. Rimane vivo un solo militare che ammazza il superiore per impedirgli altri errori. ■ WESTERN; COL.; 80′; USA, 1958.

FORTE DI HOGGAR, IL *(Beau Ideal)* ★★
Regia di HERBERT BRENON. Con RALPH FORBES, LESTER VAIL, LORETTA YOUNG. ■ Seguito del celebre *Beau Geste* che ispirò almeno tre film di successo. John, il fratello minore di Beau Geste (l'unico della famiglia di eroici legionari a essere rimasto in vita) dopo la sua morte continua a combattere per la Legione Straniera. Durante una spedizione, si perde nel Sahara e morirebbe se in suo soccorso non arrivasse un amico d'infanzia. ■ AVVENTURA; B/N; 92′; USA, 1931.

FORTE T *(Fort T)* ★★
Regia di WILLIAM CASTLE. Con GEORGE MONTGOMERY, JOAN VOHS. ■ Un episodio della guerra tra inglesi e francesi nell'America settentrionale del diciottesimo secolo. I francesi hanno spie un po' dappertutto e non si fanno scrupoli; gli inglesi, benché abbiano contro anche gli indiani, liberano alcuni connazionali dal nemico sbaragliandolo definitivamente dopo l'arrivo dei rinforzi. ■ AVVENTURA; COL.; 73′; USA, 1953.

FORTEZZA, LA *(The Keep)* ★★
Regia di MICHAEL MANN. Con GABRIEL BYRNE, SCOTT GLENN, JÜRGEN PROCHNOW. ■ Nel 1941 un reggimento di soldati tedeschi s'installa in un castello della Romania per adibirlo a fortezza. Ma nel castello abita un essere mostruoso che fa strage degli occupanti. Quelli che si salvano lo devono a un essere altrettanto misterioso (probabilmente un alien) però benefico che ingaggia una lotta senza quartiere con il mostro. Ambizioso tentativo di horror moderno da parte del produttore della serie *Miami Vice* che però non riesce a realizzare le suggestive premesse del soggetto. ■ HORROR; COL.; 96′; GRAN BRETAGNA, USA, 1980.

FORTEZZA BASTIANI ★★
Regia di MICHELE MELLARA, ALESSANDRO ROSSI. Con DENIS FASOLO, GIUSEPPE GANDINI, DUCCIO GIORDANO, FRANCESCA MAGREFI. ■ La Fortezza Bastiani, si sa, è quella inventata da Dino Buzzati nel suo *Deserto dei Tartari*. In quella fortezza, ufficiali e soldati aspettano che succeda qualcosa che non succede mai. I registi Mellara&Rossi si sono laureati al famoso Dams di Bologna, un marchio potente dunque, eppure attribuiscono ai loro personaggi le angosce, più o meno grandi dell'attesa, appunto. Vivono l'intermezzo, insopportabile, in cui si esce dalla scuola e si dovrebbe entrare nella vita. Anche se alcuni non hanno ancora finito gli studi. Tutti chiacchierano, ascoltano news, parlano di esami che non danno, fanno l'amore più per noia che per altro. Un tipo di storia che è un prezzo da pagare per i giovani autori, prezzo quasi istituzionale. Attendiamoli più avanti. ■ DRAMMATICO; COL.; 110′; ITALIA, 2002.

FORTEZZA DEI TIRANNI, LA *(The Saracen Blade)* ★★
Regia di WILLIAM CASTLE. Con RICK JASON, RICARDO MONTALBAN. ■ Avventure di Pietro Donati, un artigiano che durante una crociata salvò la vita all'imperatore Federico II. Il suo gesto gli fa guadagnare il titolo di barone e lo conduce verso avventure belliche e sentimentali, ma Pietro torna poi alla sua vita tranquilla di artigiano. ■ AVVENTURA; COL.; 76'; USA, 1954.

FORTEZZA NASCOSTA, LA ★★★
(Kakushi toride no san-akunin)
Regia di AKIRA KUROSAWA. Con TOSHIRO MIFUNE, MISA UEHARA. ■ Il caso fa incontrare un samurai, una principessa e due contadini. È il momento drammatico della guerra civile e i quattro personaggi cercano di mettere in salvo la loro pelle e un tesoro. ■ AVVENTURA; B/N; 139'; GIAPPONE, 1958. ■ BERLINO 1 PR.

FORTEZZA S'ARRENDE, LA *(The Fleet's in)* ★★★
Regia di VICTOR SCHERTZINGER. Con WILLIAM HOLDEN, DOROTHY LAMOUR. ■ Un marinaio, che ha acquisito per puro caso la fama di irresistibile dongiovanni, deve riuscire a baciare, per scommessa, una stella del varietà. Il nostro va oltre il proposito, perché si innamora, pienamente ricambiato, della bella. ■ COMMEDIA; B/N; 93'; USA, 1942.

FORTEZZA: SEGREGATI NELLO SPAZIO, LA ★★
(Fortress 2: Re – Entry)
Regia di GEOFF MURPHY. Con WILLIE GARSON, PAM GRIER, CHRISTOPHER LAMBERT, PATRICK MALAHIDE. ■ Seguito di *2013: La fortezza* di Stuart Gordon, in questo film Christopher Lambert interpreta il ruolo di John Brennich. Egli è rimasto intrappolato, insieme alla moglie Karen, in un blindatissimo luogo situato nello spazio e governato da una federazione tirannica che ha preso sotto di sé il comando del mondo. Mentre Karen sfugge alla cattura, John viene arrestato e condotto in prigione. Lontano 26 mila miglia da casa, il nostro eroe terrà duro e alla fine riuscirà a scappare. Deludente risulta la regia di Geoff Murphy che ha dato vita ad un film piatto e scontato, privo di spiegazioni e di approfondimenti psicologici. ■ FANTASCIENZA; B/N; 92'; LUSSEMBURGO, USA, 1999.

FORTEZZE VUOTE – UMBRIA: UNA RISPOSTA POLITICA ALLA FOLLIA ★★
Regia di GIANNI SERRA. ■ La regione Umbria e la provincia di Perugia hanno collaborato alla realizzazione di questo lungometraggio che illustra un esperimento psichiatrico compiuto a Perugia in opposizione al vecchio sistema manicomiale italiano. ■ POLITICO; B/N; 90'; ITALIA, 1975.

FORTI NON PIANGONO, I *(The Young don't Cry)* ★★
Regia di ALFRED L. WERKER. Con SAL MINEO, J. CARROL NAISH, JAMES WHITMORE. ■ Un ergastolano salva un orfano da morte sicura e lo convince ad aiutarlo a fuggire. La polizia rintraccia i fuggitivi e colpisce mortalmente il condannato. Il ragazzo lascia credere che sia vivo attirandosi la collera di una guardia che vuole strappargli la verità; l'uomo, brutale e crudele per natura, verrà licenziato. ■ AVVENTURA; B/N; 89'; USA, 1957.

FORT SAGANNE ★★★
Regia di ALAIN CORNEAU. Con CATHERINE DENEUVE, GÉRARD DEPARDIEU, PHILIPPE NOIRET. ■ Dal romanzo di Louis Gardel. Charles Saganne sembra l'ultimo dei grandi eroi coloniali francesi. Legionario nel Sahara del 1910, si copre di gloria e viene decorato con la Legion d'Onore. Ma arriva la guerra mondiale. Saganne e i suoi soldati arabi vengono massacrati nelle trincee dal piombo tedesco. ■ AVVENTURA; COL.; 180'; FRANCIA, 1984.

FORTUNA ★★
Regia di MAX NEUFELD. Con UGO CESERI, MARIA DENIS, JONE SALINAS. ■ Un emigrato europeo e la figlia del suo datore di lavoro sudamericano si amano. Il padre di lei darà il consenso alle nozze solo dopo che il potenziale genero avrà vinto una grossa somma di denaro alla lotteria internazionale. ■ COMMEDIA; B/N; 92'; ITALIA, 1940.

FORTUNA BUSSA ALLA PORTA... IL PROBLEMA È FARLA ENTRARE, LA *(Opportunity Knocks)* ★★
Regia di DONALD PETRIE. Con JULIA CAMPBELL, DANA CARVEY, ROBERT LOGGIA. ■ Poco divertente questa commedia che cerca di mettere in luce uno degli ultimi talenti, almeno così pensano negli Stati Uniti, estrapolato dalla trasmissione di successo *Saturday Night Live*. Si narra della scalata di un imbroglioncello che dopo ogni genere di truffa finisce sotto l'ala protettrice di un importante uomo d'affari di Chicago. Oltre a farlo entrare in affari finanziari gli lascia pure la figlia. ■ COMICO; COL.; 105'; USA, 1990.

FORTUNA DA MORIRE, UNA *(Lucky Stiff)* ★★
Regia di ANTHONY PERKINS. Con JOE ALASKEY, DONNA DIXON, JEFF KOBER. ■ È troppo grasso e soffre di depressione. Inoltre è decisamente sfortunato. Quando poi nella sua vita entra Cinzia i problemi aumentano. Seconda e ultima regia di Perkins. ■ THRILLER; COL.; 79'; GRAN BRETAGNA, 1988.

FORTUNA DI COOKIE, LA *(Cookie's Fortune)* ★★★
Regia di ROBERT ALTMAN. Con NED BEATTY, GLENN CLOSE, LYLE LOVETT, JULIANNE MOORE, PATRICIA NEAL, CHRIS O'DONNELL, LIV TYLER. ■ Holly Springs. Stato del Mississippi. L'anziana Cookie vuole raggiungere il coniuge che è morto e le manca molto. Decide quindi di suicidarsi senza clamore. Le nipoti scoprono il cadavere e la più decisionista delle due stabilisce che deve essersi trattato di omicidio. Un suicidio sarebbe un evento sconveniente. Viene così messa in scena una finta aggressione che però scarica i sospetti sull'anziano Willis, grande pescatore e grande amico della vecchietta. Sarà la bisnipote, anticonformista quanto basta, a rimettere le cose a posto. Sembra un Altman svagato e rilassato quello dietro la macchina da presa di questo film. Una prima visione può confermare questa ipotesi ma, se si guarda un po' più a fondo, ci si accorge che sotto il velluto del guanto sta il solito pugno di ferro. Questa volta si diverte a raccontare una provincia sonnacchiosa, ma sempre pronta a "recitare", sia che si tratti della " *Salomè* " di Wilde (scelta come rappresentazione "pasquale" dalla comunità di fedeli locale) sia che di mezzo ci vada la vita di un innocente. Si tratta di un tema scontato ma Altman sa come gestire alla grande un trio di attrici che vanno dalla sulfurea Close alla svaporata Moore passando per una Tyler che, per una volta, dimentica di essere bella per mostrare solo che è brava. ■ COMMEDIA; COL.; 118'; USA, 1999.

FORTUNA DI ESSERE DONNA, LA ★★★
Regia di ALESSANDRO BLASETTI. Con NINO BESOZZI, CHARLES BOYER, TITINA DE FILIPPO, SOPHIA LOREN, MARCELLO MASTROIANNI. ■ Una bella ragazza finisce a sua insaputa sulla copertina di un giornale. È il primo passo verso il mondo dello spettacolo. Innamoratasi del fotografo che l'ha scoperta, fa il possibile per renderlo geloso flirtando con un nobile. I suoi sogni di gloria svaniscono di fronte alla dura realtà; le resta il fotografo che, accantonato l'orgoglio, dimostra di ricambiare il suo sentimento. ■ COMMEDIA; B/N; 100'; ITALIA 1956.

FORTUNA DI ZANZE, LA ★★
Regia di AMLETO PALERMI. Con ENRICA FANTIS, EMMA GRAMATICA, GERMANA PAOLIERI. ■ Patetica storia di una contadina veneta, coraggiosa e caparbia, che si presta a tutti i lavori più umili e riesce a diventare cuoca. ■ COMMEDIA; B/N; 92'; ITALIA, 1933.

FORTUNA È BIONDA, LA *(Slightly Dangerous)* ★★★
Regia di WESLEY H. RUGGLES. Con WALTER BRENNAN, LANA TURNER, ROBERT YOUNG. ■ Una commessa in giro per New York alla ricerca di un'occasione fortunata subisce un incidente. Decisa a sfruttare la situazione, la ragazza finge un'amnesia e lascia credere di essere la figlia, rapita molti anni prima, di un milionario. ■ COMMEDIA; B/N; 94'; USA, 1943.

FORTUNA È FEMMINA, LA *(Lady Luck)* ★★
Regia di EDWIN L. MARIN. Con BARBARA HALE, FRANK MORGAN, ROBERT YOUNG. ■ La nipote di un appassionato giocatore sposa un altro fanatico del tavolo verde. Decisa a divorziare per la mancata promessa del marito di abbandonare il suo vizio, è indotta a giocare con un abile stratagemma. Le sue enormi vincite la spingono ad aprire una bisca nella quale impiega il nonno; questi, per salvare il matrimonio della ragazza, fa in modo di rovinarla economicamente. ■ COMMEDIA; B/N; 97'; USA, 1946.

FORTUNALE SULLA SCOGLIERA ★★★
(Cape Forlon – Love Storm in Usa)
Regia di EWALD ANDRÉ DUPONT. Con HEINRICH GEORGE, FRITZ

KORTNER, CONRAD VEIDT. ■ La bella e corrotta moglie di un guardiano di faro, mal sopportando la solitudine, diventa l'amante di un assistente del marito. Poco tempo dopo giunge un naufrago ricercato dalla polizia che porta un ulteriore scompiglio nel già complesso ménage. ■ DRAMMATICO; B/N; 86'; GRAN BRETAGNA, 1930.

FORTUNA SFACCIATA, UNA *(Outrageous Fortune)* ★★
Regia di ARTHUR HILLER. Con PETER COYOTE, SHELLEY LONG, BETTE MIDLER. ■ Due aspiranti attrici, una ricca e sofisticata, l'altra popolana e volgare, s'innamorano, all'insaputa l'una dell'altra, dello stesso uomo, ma scoprono che è una spia che si è servita di loro per trasmettere messaggi. Dopo innumerevoli peripezie rintracciano il cattivo e sventano il piano di spionaggio. ■ COMMEDIA; COL.; 99'; USA, 1987. ■ GOLDEN GLOBES 1 NOM.

FORTUNA SI DIVERTE, LA *(The Jackpot)* ★★
Regia di WALTER LANG. Con JAMES GLEASON, BARBARA HALE, PATRICIA MEDINA, JAMES STEWART. ■ Un modesto impiegato vince una grossa somma in prodotti vari. Per saldare le tasse, cerca di vendere alcuni premi ad un biscazziere, ma viene sorpreso dalla polizia, arrestato e poi liberato. Perso il lavoro l'uomo sta per perdere anche la moglie a causa dei frequenti contatti con una famosa pittrice che vuole fargli un ritratto. La vicenda, comunque, ha lieto fine. ■ COMMEDIA; B/N; 85'; USA, 1950.

FORTUNATI, I *(Les veinards)* ★★★
Regia di PHILIPPE DE BROCA. Con FRANCIS BLANCHE, DARRY COWL, MIREILLE DARC, LOUIS DE FUNÈS, PIERRE MONDY, FRANÇOIS PÉRIER. ■ Cinque episodi con qualche spunto originale: dei "fortunati" uno solo (che riesce a far innamorare un'attrice) può definirsi tale. ■ COMMEDIA; B/N; 100'; FRANCIA, 1963.

FORTUNA VIENE DAL CIELO, LA ★★
Regia di AKOS RATHONYI. Con VERA CARMI, ANNA MAGNANI, SANDRO RUFFINI. ■ Un'artista dei varietà d'infimo ordine trova un prezioso gioiello che un ladro, temendo di essere scoperto, ha lasciato vicino a lei. Nascono divertenti equivoci e anche l'amore tra la ragazza e un ricco professionista. ■ COMMEDIA; B/N; 92'; ITALIA, 1942.

FORTUNELLA ★★★
Regia di EDUARDO DE FILIPPO. Con EDUARDO DE FILIPPO, PAUL DOUGLAS, FRANCA MARZI, GIULIETTA MASINA, ALBERTO SORDI. ■ Fortunella è l'amante di un rigattiere trafficone per il quale finisce anche in galera. Quando ne esce lo scopre con un'altra e lo lascia. Il caso la fa incontrare con un nobile del quale è convinta di essere la figlia. Svanita l'illusione, si unisce ad una compagnia di guitti dove interpreterà quel personaggio, la principessa, che credeva di poter essere nella vita. ■ DRAMMATICO; B/N; 101'; ITALIA, 1958.

FORT WASHINGTON – VITA DA CANI ★★★
(The Saint of Fort Washington)
Regia di TIM HUNTER. Con RICK AVILES, MATT DILLON, DANNY GLOVER. ■ New York. Un giovane viene sfrattato e deve adattarsi a vivere con i barboni. Trova però l'amicizia di un veterano di colore della guerra in Vietnam. La compassione può far superare ogni ostacolo. ■ DRAMMATICO; COL.; 105'; USA, 1993.

FORZA BRUTA *(Brute Force)* ★★★★
Regia di JULES DASSIN. Con CHARLES BICKFORD, YVONNE DE CARLO, BURT LANCASTER, ELLA RAINES. ■ In un carcere oppresso dai metodi brutali di un poliziotto avvengono incidenti sempre più gravi e sanguinosi. Alcuni detenuti studiano un piano di fuga, ma un gruppo di compagni, torturati senza pietà, li fa scoprire. Il poliziotto e alcuni carcerati muoiono; l'ordine e la legge tornano a regnare sovrani. ■ DRAMMATICO; B/N; 98'; USA, 1947.

FORZA BRUTA *(Deadly Force)* ★★
Regia di PAUL AARON. Con WINGS HAUSER, JOYCE INGALLS, PAUL SHENAR. ■ Dopo aver litigato con i colleghi e restituito il distintivo, l'ex poliziotto Cooper (detto "Forza bruta" a causa dei suoi metodi piuttosto sbrigativi e risolutivi) inizia a indagare su una serie di strani delitti, facendosi aiutare dalla moglie, giornalista televisiva. ■ POLIZIESCO; COL.; 95'; USA, 1983.

FORZA BRUTA, LA ★★
Regia di CARLO LUDOVICO BRAGAGLIA. Con JUAN DE LANDA, MARIA MERCADER. ■ Una ragazza ingaggiata in un circo si innamora di un acrobata. Una rivale gelosa riesce a separare i due giovani. Un giorno lui, durante la sua esibizione, cade e si ferisce in modo tale da dover rinunciare alla sua carriera. L'innamorata gli si vota per tutta la vita. ■ DRAMMATICO; B/N; 91'; ITALIA, 1940.

FORZA CINQUE *(Force: Five)* ★★
Regia di ROBERT CLOUSE. Con PAM HUNTINGTON, JOE LEWIS, RICHARD NORTON. ■ Un altro film sulle arti marziali diretto dallo specialista occidentale Robert Clouse (che diresse i due film americani di Bruce Lee). Qui gli eroi sono cinque, un gruppo di investigatori privati esperti in karatè che uniscono le loro forze per liberare la figlia di un miliardario tenuta prigioniera dal capo di una setta di fanatici. ■ AVVENTURA; COL.; 95'; USA, 1981.

FORZA D'AMARE, LA *(Toughlove)* ★★
Regia di GLENN JORDAN. Con BRUCE DERN, PIPER LAURIE, LEE REMICK. ■ Una coppia di genitori è afflitta da un figlio drogato. Per fortuna trovano un'organizzazione istituita per aiutare i parenti di giovani schiavi della droga e dell'alcool. ■ DRAMMATICO; COL.; 91'; USA, 1985.

FORZA DEI SENTIMENTI, LA ★★★
(Die Macht der Gefühle)
Regia di ALEXANDER KLUGE. Con BARBARA AUER, HANNELORE HOGER, ALEXANDER KLUGE, KLAUS WENNEMANN. ■ Film ambiziosissimo e velleitario di uno dei maestri del nuovo cinema tedesco. Attraverso materiale documentario, brevi scene recitate, spezzoni di vecchi film, il regista si studia di far vedere come nascono i sentimenti e quale forza vivificatrice hanno. In uno degli episodi l'allestimento di un melodramma è visto dietro le quinte (come nasce, pezzo per pezzo, il sentimento che sarà poi evocato in platea). In un altro, la paura di due ladri (esser ritenuti responsabili di un omicidio) farà resuscitare un morto. ■ DRAMMATICO; COL.; 115'; GERMANIA, 1983. ■ VENEZIA 1 PR.

FORZA DEL DESTINO, LA ★★★
Regia di CARMINE GALLONE. Con NELLY CORRADI, TITO GOBBI, GINO SINIMBERGHI. ■ Il famoso dramma di Piave, musicato da Giuseppe Verdi, sul grande schermo. La trama è fedele al testo ed è anticipata da alcune parole di commento; le musiche e gli interpreti sono eccellenti; la vicenda, come succede per tutte le opere liriche in versione cinematografica, risente di una certa lentezza nel ritmo. ■ DRAMMATICO; B/N; 100'; ITALIA, 1949.

FORZA DELL'AMORE, LA *(The Bride Walks out)* ★★
Regia di LEIGH JASON. Con GENE RAYMOND, BARBARA STANWYCK. ■ Un professionista dal reddito modesto sposa un'indossatrice che, per continuare l'esistenza lussuosa alla quale è abituata, riprende a lavorare di nascosto dal consorte. Lui scopre tutto e vuole divorziare. Poco tempo dopo, per riconquistarla, accetta un lavoro estremamente pericoloso; la moglie, che lo ama ancora, riesce a impedirglielo e torna al suo fianco. ■ COMMEDIA; B/N; 75'; USA, 1936.

FORZA DELL'AMORE, LA *(Everything you Want)* ★★
Regia di RYAN LITTLE. Con SHIRI APPLEBY, ALEXANDRA HOLDEN, EDIE MCCLURG, ORLANDO SEALE, SCOTT WILKINSON, NICK ZANO. ■ Due genitori mezzi matti affidano la figlia a una zia, perché troppo impegnati a girare il mondo. Nella sua solitudine Abby impara a incanalare i propri sentimenti nella pittura. Passano gli anni e incontra il ragazzo perfetto. Sy è sempre premuroso, dolce e disponibile, non le fa mancare mai nulla, la porta a vedere commedie romantiche. Questo suo equilibrio muta quando Jessica, la sua coinquilina, le chiede di dare delle ripetizioni al cugino. Quinn è il classico fusto che non ha grande simpatia per i libri, ad Abby non va giù ma decide comunque di aiutare l'amica. I giorni passano e fra i due comincia a nascere qualcosa, Abby si trova di fronte a un bivio esistenziale. ■ COMMEDIA; COL.; 90'; USA, 2005.

FORZA DELLA VOLONTÀ, LA ★★★
(Stand up and Deliver)
Regia di RAMON MENENDEZ. Con LOU DIAMOND PHILLIPS, ANDY GARCIA, EDWARD JAMES OLMOS. ■ La storia vera di un dirigente d'azienda che, qualche anno fa lasciò il suo posto, molto remunerato, per mettersi a fare l'insegnante in una scuola zeppa di candidati al semianalfabetismo e alla delinquenza giovanile.

E invece, ben diciotto della sua classe riuscirono ad avere la borsa di studio per l'università. Una storia edificante, però raccontata con stile asciutto e realistico e ottimamente recitata da Olmos (candidato all'Oscar). ■ DRAMMATICO; COL.; 92'; USA, 1988. ■ GOLDEN GLOBES 2 NOM; OSCAR 1 NOM.

FORZA DELLE IMMAGINI – LENI RIEFENSTAHL, LA *(Die Macht der Bilder: Leni Riefenstahl)* ★★★
Regia di RAY MÜLLER. ■ La contrastata personalità di Leni Riefenstahl viene proposta da questo interessante documentario che ripercorre le tappe della sua carriera evidenziandone la particolare attrazione per la rappresentazione della bellezza. ■ DOCUMENTARIO; B/N; 182'; FRANCIA, GERMANIA, GRAN BRETAGNA, 1993.

FORZA DEL PASSATO, LA ★★
Regia di PIERGIORGIO GAY. Con SANDRA CECCARELLI, MARIANGELA D'ABBRACCIO, BRUNO GANZ, VALERIA MORICONI, SERGIO RUBINI. ■ Sergio Rubini è figlio di un militare. La sua gioventù è stata profondamente segnata dalla rigida militanza paterna in seno alla Nato. Un giorno compare dal nulla un sedicente amico del padre che gli rivela, in modo circostanziato, che l'uomo era una spia al soldo dei russi. Il passato irrompe così nella vita dell'uomo al quale restano profondi dubbi irrisolti. ■ DRAMMATICO; COL.; 100'; ITALIA, 2002.

FORZA DEL SINGOLO, LA *(The Power of One)* ★★
Regia di JOHN G. AVILDSEN. Con STEPHEN DORFF, MORGAN FREEMAN, JOHN GIELGUD, ARMIN MUELLER-STAHL. ■ Negli anni Trenta P.K., un bambino inglese, vive in Sudafrica. In collegio viene maltrattato dai ragazzi *afrikaner*. Grazie a un anziano professore tedesco a cui viene affidata la sua istruzione, diventerà un pugile senza dimenticare gli studi. Da grande si dedicherà al lavoro per l'integrazione nella realtà sudafricana. ■ DRAMMATICO; COL.; 94'; USA, 1992.

FORZA 10 DA NAVARONE *(Force 10 from Navarone)* ★★
Regia di GUY HAMILTON. Con BARBARA BACH, HARRISON FORD, EDWARD FOX, FRANCO NERO, ROBERT SHAW, CARL WEATHERS. ■ 1943. Lo Stato Maggiore inglese manda in Jugoslavia alcuni uomini per scovare ed eliminare un temibile agente segreto tedesco e per impedire che i carri armati germanici varchino un ponte che li renderebbe padroni della Jugoslavia meridionale. Il manipolo di ufficiali e soldati destinati a tali difficili missioni si chiama "Forza 10". Resteranno vivi in quattro. ■ GUERRA; COL.; 123'; GRAN BRETAGNA, 1978.

FORZA DI FUOCO *(FIrehead)* ★★
Regia di PETER YUVAL. Con MARTIN LANDAU, CHRIS LEMMON, CHRISTOPHER PLUMMER. ■ Film tv a metà tra la fantascienza e lo spionaggio. I superpoteri di un soldato russo, che emette raggi mortali dagli occhi, provocano un'acre contesa tra sovietici e americani per aggiudicarsi la tecnologia. ■ AVVENTURA; COL.; 109'; USA, 1990.

FORZA D'URTO *(Stone Cold)* ★★
Regia di CRAIG R. BAXLEY. Con BRIAN BOSWORTH, WILLIAM FORSYTHE, LANCE HENRIKSEN. ■ Un agente dell'Fbi, in incognito, entra a far parte di un gruppo bene organizzato di teppisti che seminano il terrore a Venice e a Ocean Springs, viaggiando su motociclette. Costoro formano un gruppo, una specie di setta, denominato "Fratellanza". Inutilmente il procuratore distrettuale ha tentato di incastrarli. Il poliziotto, un tipo tra Stallone e Schwarzenegger, ovviamente sistemerà ogni cosa. Prevedibile, ma può piacere agli amanti del genere. ■ POLIZIESCO; COL.; 95'; USA, 1991.

FORZA D'URTO 2 *(Back in Business)* ★
Regia di PHILIPPE MORA. Con BRIAN BOSWORTH, DARA TOMANOVICH, JOE TORRY. ■ Brian Bosworth è un ex giocatore di football che ha cercato la propria strada nel cinema di fine Novecento senza riuscirci. Qui è, ancora una volta, alle prese con dei cattivi estremamente determinati. Indovinate chi vince? ■ AVVENTURA; COL.; 91'; USA, 1997.

FORZA "G" ★★★
Regia di DUCCIO TESSARI. Con PINO COLIZZI, MICO CUNDARI, RICCARDO SALVINO. ■ Un ragazzo affascinato dal volo riesce a diventare pilota della Squadriglia acrobatica. Il suo desiderio di affermarsi lo porta a sperimentare pericolose evoluzioni grazie alle quali, insieme ad alcuni colleghi, vince, battendo gli inglesi, le gare internazionali di Rivolto. ■ DOCUMENTARIO; COL.; 91'; ITALIA, 1972.

FORZA GIORGIO! *(Come on, George)* ★★
Regia di ANTHONY KIMMINS. Con GEORGE FORMBY, PATRICIA KIRWORD. ■ Un ingenuo ragazzo, scambiato per ladro e inseguito, finisce su un treno in corsa, in un vagone destinato al trasporto di cavalli. Qui fa amicizia con un destriero selvaggio. Riuscirà a domarlo e a vincere trionfalmente una gara. ■ COMMEDIA; B/N; 88'; GRAN BRETAGNA, 1939.

FORZA INVISIBILE, LA *(The Power)* ★★
Regia di BYRON HASKIN. Con RICHARD CARLSON, GEORGE HAMILTON, SUZANNE PLESHETTE. ■ Uno scienziato viene ucciso misteriosamente. Altri colleghi subiscono la stessa sorte tranne uno che, eseguendo indagini per conto proprio, riesce a scoprire l'assassino e a sopraffarlo, stroncando il suo sogno di conquista della Terra. ■ GIALLO; COL.; 109'; USA, 1966.

FORZA ITALIA! ★★
Regia di ROBERTO FAENZA. ■ Film di montaggio composto da numerosi spezzoni che illustrano trent'anni di storia e di avvenimenti italiani. ■ DOCUMENTARIO; B/N; 92'; ITALIA, 1977.

FORZA MAGGIORE *(Force majeure)* ★★★
Regia di PIERRE JOLIVET. Con ALAN BATES, PATRICK BRUEL, FRANÇOIS CLUZET. ■ Tre giovani, due francesi e un olandese, si conoscono in Oriente. I francesi tornano in patria, l'olandese rimane. Un anno dopo i francesi vengono a sapere che l'amico è stato condannato a morte per detenzione di droga. Un loro intervento potrebbe salvargli la vita, ma costerebbe a entrambi la libertà. ■ DRAMMATICO; COL.; 86'; FRANCIA, 1989.

FORZA RED! *(Red Stallion)* ★★★
Regia di LESLEY SELANDER. Con JANE DARWELL, TED DONALDSON, NOREEN NOSH, ROBERT PAIGE. ■ Il nipote di una contadina, oppressa dai debiti, trova per caso un puledro di razza. Comincia ad allenarlo di nascosto e, ottenuti i risultati desiderati, lo vende. Con il denaro ricavato potrà saldare i conti della nonna. ■ AVVENTURA; COL.; 82'; USA, 1947.

FORZATE IL BLOCCO *(Stand by for Action)* ★★★
Regia di ROBERT Z. LEONARD. Con BRIAN DONLEVY, CHARLES LAUGHTON, MARILYN MAXWELL, ROBERT TAYLOR. ■ Un film di propaganda ricco, però, di pregi narrativi: si racconta di un cacciatorpediniere vecchio, ma attivo che si distingue in numerose azioni di guerra. Nell'ultima, la più drammatica, il suo comandante, salvati sia i naufraghi raccolti a bordo che il mezzo, riceverà, per la sua valorosa impresa, un'ambita medaglia al valore militare. ■ GUERRA; B/N; 109'; USA, 1942. ■ OSCAR 1 NOM.

FORZATI DELLA GLORIA, I *(The Story of G.I. Joe)* ★★★
Regia di WILLIAM A. WELLMAN. Con BURGESS MEREDITH, ROBERT MITCHUM, FREDDIE STEELE. ■ Seconda guerra mondiale. Un gruppo di soldati americani raggiunge Roma. Durante il percorso dall'Africa alla capitale un soldato si è sposato; un altro è impazzito per l'impossibilità di tornare a casa e vedere il figlioletto in fasce; il capitano del reparto è rimasto ucciso alle soglie della città. ■ GUERRA; B/N; 109'; USA, 1945. ■ OSCAR 4 NOM.

FORZATI DELLA ROCCA NERA, I *(The Laramie Kid)* ★
Regia di HARRY S. WEBB. Con TOM TYLER, ALBERTA VAUGHN. ■ Un cowboy innamorato si lascia condannare, innocente, affinché il padre dell'amata che l'ha consegnato allo sceriffo (e che è contrario alle loro nozze) possa incassare i soldi della sua taglia e saldare vecchi debiti. La ragazza riesce a trovare i veri colpevoli e a ottenere il consenso al contrastato matrimonio. ■ AVVENTURA; B/N; 91'; USA, 1936.

FORZATI DEL MARE, I *(Two Years Before the Mast)* ★★
Regia di JOHN FARROW. Con WILLIAM BENDIX, BRIAN DONLEVY, BARRY FITZGERALD, ALAN LADD. ■ Il rampollo di un armatore finisce su una nave come semplice marinaio ed è costretto ad osservare una disciplina ferrea e quasi disumana. La sua ribellione al comandante gli costa un processo per ammutinamento; l'assoluzione segna la fine dell'avventura e l'inizio della riforma del codice di navigazione. ■ AVVENTURA; B/N; 98'; USA, 1946.

FORZATI DEL PIACERE, I *(Paradies der Matrosen)* ★★
Regia di HARALD REINL. Con BOY GOBERT, MARA LANE, MARGIT SAAD. ■ Un'ereditiera, alcuni amici e un gruppo di marinai partono alla ricerca di un ipotetico tesoro. Abbandonati dall'equipaggio su un'isola, i naufraghi hanno modo di mostrare la loro vera natura. ■ COMMEDIA; COL.; 94′; GERMANIA, 1959.

FORZATO, IL *(Great Expectations)* ★★
Regia di STUART WALKER. Con GEORGE BREAKSTON, PHILLIPS HOLMES, HENRY HULL, JANE WYATT. ■ Tratto da *Grandi speranze* di Charles Dickens. Un giovane, allevato ed educato segretamente da un ex forzato verso il quale da bimbo aveva compiuto un gesto generoso, è innamorato di una ragazza, ma non può sposarla: la madre adottiva, infatti, le ha insegnato ad odiare tutti gli uomini a causa di una delusione giovanile. Sarà il sacrificio dell'ex forzato a far comprendere alla donna il suo sbaglio e a permettere le nozze. ■ DRAMMATICO; B/N; 100′; USA, 1934.

FORZATO DI ROCHEFORT, IL ★★
Regia di PIERRE BILLON. Con GEORGE MARSHALL, MICHEL SIMON, MADELEINE SOLOGNE. ■ Dal romanzo di Honoré de Balzac. Un evaso fa uccidere un religioso e prende il suo posto. Venutagli a cuore la sorte di un giovane, lo fa entrare nell'alta società e gli combina un matrimonio d'interesse. La ragazza innamorata del ragazzo si suicida, questi la imita poco dopo, l'ex evaso diventa poliziotto. ■ DRAMMATICO; COL.; 95′; FRANCIA, 1943.

FORZATO DI TOLONE, IL *(Los miserables)* ★
Regia di FERNANDO A. RIVERO. Con MARGARITA CORTEZ, MANOLITA SAVAL, DOMINGO SOLER. ■ Una modesta riduzione cinematografica de *I miserabili* di V. Hugo. ■ DRAMMATICO; B/N; 93′; SPAGNA, 1943.

FORZE DEL DESTINO, LE *(It's All About Love)* ★
Regia di THOMAS VINTERBERG. Con ALUN ARMSTRONG, CLAIRE DANES, DOUGLAS HENSHALL, GEOFFREY HUTCHINGS, MARGO MARTINDALE, SEAN PENN, JOAQUIN PHOENIX, SEAN-MICHAEL SMITH, MARK STRONG. ■ New York, ventunesimo anno del ventunesimo secolo, John è un universitario di passaggio per la grande mela, solo per vedere la moglie Elena, dalla quale vive separato da un anno, e farle firmare le carte di divorzio. Non sembra, dal loro incontro, che le cose vadano così male, ma Elena nasconde qualcosa. Le persone vicine a lei, i suoi famigliari, hanno atteggiamenti sospetti. Girato stravolgendo le regole del Dogma da Vinterberg, uno dei pupilli di Von Trier, il film è una pallida visione della vita futura, e tenta di avvicinarsi a Wenders, senza mai raggiungerlo. ■ FANTASCIENZA; COL.; 104′; DANIMARCA, GERMANIA, GIAPPONE, GRAN BRETAGNA, OLANDA, SVEZIA, USA, 2003.

FORZE DEL MALE, LE *(Force of Evil)* ★★★
Regia di ABRAHAM POLONSKY. Con JOHN GARFIELD, BEATRICE PEARSON, MARIE WINDSOR. ■ Un avvocato entra a far parte, controvoglia, dei loschi traffici di un grosso e spietato finanziere. Il fratello, componente della banda, tenta di indurlo ad abbandonarla e quando viene assassinato gli rende giustizia ammazzando il finanziere e un complice: finisce in prigione. ■ DRAMMATICO; COL.; 78′; USA, 1948.

FOSSA DEGLI ANGELI, LA ★★
Regia di CARLO LUDOVICO BRAGAGLIA. Con LUISA FERIDA, AMEDEO NAZZARI. ■ La "fossa degli angeli" è una piccola cava; la figlia del suo proprietario è fidanzata con uno scavatore ma si innamora, ricambiata, di un collega di questi. Lieto fine. ■ DRAMMATICO; B/N; 90′; ITALIA, 1937.

FOSSA DEI DANNATI, LA *(Make Maste to Live)* ★★
Regia di WILLIAM A. SEITER. Con JOHN HOWARD, DOROTHY MCGUIRE, STEPHEN MCNALLY, MARY MURPHY. ■ Un malvivente viene accusato di uxoricidio e condannato. Ma la moglie non è morta e molti anni dopo accoglie in casa l'ex marito che si spaccia per suo fratello. Accortasi dell'inganno la donna, che vuole risposarsi e proteggere la figlia dalla vendetta dell'ex coniuge, gli dà un appuntamento per ucciderlo, ma all'ultimo istante gliene manca la forza. È l'uomo a finire casualmente in un crepaccio e a lasciarci la pelle. ■ DRAMMATICO; B/N; 90′; USA, 1954.

FOSSA DEI DISPERATI, LA *(La tête contre les murs)* ★★★
Regia di GEORGES FRANJU. Con ANOUK AIMÉE, CHARLES AZNAVOUR, PIERRE BRASSEUR, PAUL MEURISSE, JEAN-PIERRE MOCKY. ■ Il figlio di un avvocato viene fatto ricoverare dal padre – col quale ha rapporti burrascosi – in un manicomio criminale. Qui il ragazzo stringe amicizia con un epilettico (che morirà suicida) e tenta la fuga per due volte. La seconda ci riesce e si rifugia da un'amica; il giorno dopo, però, gli infermieri lo catturano e lo riportano dentro. ■ DRAMMATICO; B/N; 92′; FRANCIA, 1958.

FOSSA DEI PECCATI, LA *(Another Man's Poison)* ★★★
Regia di IRVING RAPPER. Con BETTE DAVIS, GARY MERRILL, ANTHONY STEEL, EMLYN WILLIAMS. ■ Una scrittrice di gialli, sposata a un poco di buono, non riuscendo ad ottenere il divorzio uccide il marito. Un amico dell'uomo, al quale ha confessato il gesto, la ricatta. La polizia trova il cadavere dell'ucciso e la donna decide di suicidarsi. Il veleno destinato a lei finisce prima nel bicchiere del complice e quindi, per puro caso, anche nel suo. ■ DRAMMATICO; B/N; 89′; USA, 1952.

FOSSA DEI SERPENTI, LA *(The Snake Pit)* ★★★★
Regia di ANATOLE LITVAK. Con OLIVIA DE HAVILLAND, LEO GENN, CELESTE HOLM, MARK STEVENS. ■ Una sposina perde la memoria. Ricoverata in clinica psichiatrica, riesce a recuperare discretamente, grazie alle abili cure di un medico. Ma un esame troppo affrettato ha esito negativo: la donna è rispedita alla neuro e messa tra le pazze furiose. Inaspettatamente lo choc le restituisce il senno: qualche tempo dopo può uscire guarita e riprendere la sua vita in famiglia. ■ DRAMMATICO; B/N; 108′; USA, 1948. ■ OSCAR 1 PR, 6 NOM; VENEZIA 1 PR.

FOSSÉ, LE *(The Ditch)* ★★
Regia di WANG BING. Con XU CENZI, YANG HAOYU, LIAN RENJUN, LU YE, CHENG ZHENGWU. ■ Nei campi di prigionia cinesi degli anni Cinquanta si sono accumulati in breve tempo un numero incredibile di detenuti considerati dissidenti. È bastato poco al regime per ritenerli tali. Le condizioni di vita del campo non rispettano nessuna delle regole civili. I prigionieri lavorano, spaccano pietre e mangiano brodaglia. Per disperazione si mangiano anche i topi o il vomito altrui. Arriva una donna, alla ricerca disperata del marito morto proprio pochi giorni prima del suo arrivo e seppellito in una fossa comune senza nome. La sua ricerca furiosa condotta scavando con le mani e condita di urla e pianti straziati, sembra risvegliare nei prigionieri una scintilla di umanità perduta. Wang Bing dopo molti documentari, realizza il suo primo lungometraggio di finzione. ■ DRAMMATICO; COL.; 109′; HONG KONG, FRANCIA, BELGIO, 2010.

FOTO DI GIOIA, LE ★★
Regia di LAMBERTO BAVA. Con CAPUCINE, SERENA GRANDI, SABRINA SALERNO. ■ Un misterioso killer fa strage di fotomodelle nella villa di Gioia, proprietaria di una rivista per soli uomini. I sospetti si accentrano su Flora, proprietaria di una rivista concorrente, ma si scopre che il colpevole è Toni, il fratello sadico e geloso di lei, che sarà ucciso a sua volta. ■ GIALLO; COL.; 94′; ITALIA, 1987.

FOTOGRAFANDO I FANTASMI *(Photographing Fairies)* ★
Regia di NICK WILLING. Con FRANCES BARBER, BEN KINGSLEY, TOBY STEPHENS. ■ Inghilterra anni Venti. Un fotografo abituato a soggetti particolari (soldati morti in guerra per esempio) cerca di ritrovare una donna che gli aveva mostrato una foto della sua bambina insieme a una fata. Così la storia si dipana fra realtà e fantasia. Indeciso, un po' macabro e perfettamente inutile. ■ DRAMMATICO; COL.; 106′; GRAN BRETAGNA, 1997.

FOTOGRAFANDO PATRIZIA ★★
Regia di SALVATORE SAMPERI. Con MONICA GUERRITORE, LORENZO LENA, GIANFRANCO MANFREDI. ■ In seguito alla morte della vecchia "tata", Patrizia torna a casa ad accudire il fratello più giovane di dieci anni con problemi di salute. Il ragazzo passa la giornata leggendo giornaletti porno e vedendo cassette a luci rosse, ma lei peggiora la situazione. Tra i due nasce un rapporto torbido, basato su giochetti eccitanti. Lei alla fine si sposa con l'amante fotografo, ma immediatamente si concede al fratello facendo capire che è solo il principio. Pecoreccio e insulso. ■ COMMEDIA; COL.; 91′; ITALIA, 1984.

FOTOGRAFIA ★★★
Regia di PAL ZOLNAY. Con ISTVAN IGRODI, FERENC SABO, MÁRK

ZAL. ■ Due fotografi si mettono in agguato nei pressi della metropolitana di Budapest. Scattano immagini a tutti: vecchi e giovani, ricchi e poveri, capelloni, professionisti, signore, semplici popolani. Alcuni chiacchierano con i due paparazzi e raccontano i propri affari. Il procedimento si avvicina a quello del cinema verità. ■ DOCUMENTARIO; B/N; 92′; UNGHERIA, 1972.

FOTOGRAMMI DI GUERRA *(Shooter)* ★★
Regia di GARY NELSON. Con ALAN BUCK, CAROL HUSTON, JEFFREY NORDLING, NOBLE WILLINGHAM. ■ Un eccellente fotoreporter, Matt Dobson, lavora per la International Newpictures Association, che lo invia spesso in prima linea. Matt è appassionato del suo lavoro e ama il rischio, tanto che finirà col trovarsi coinvolto in una situazione estremamente pericolosa. ■ GUERRA; COL.; 90′; USA, 1988.

FOTO PROIBITE DI UNA SIGNORA PER BENE, LE ★★
Regia di LUCIANO ERCOLI. Con SIMÓN ANDREU, PIER PAOLO CAPPONI, DAGMAR LASSANDER. ■ Una donna e il suo amico, durante una gita, precipitano in mare con l'auto. Si salva solo lei, che però viene sospettata dal fratello del defunto di averlo ucciso. Non è vero. Infatti il morto ricompare, litiga con la ragazza e stavolta ci lascia le penne davvero, proprio quando il fratello finalmente, convinto dell'innocenza di lei, le stava per dichiarare il suo amore. ■ DRAMMATICO; B/N; 93′; ITALIA, 1971.

FOTO RICORDO *(Le divorcement)* ★★
Regia di PIERRE BAROUH. Con LEA MASSARI, MICHEL PICCOLI, CHRISTOPHE RAMBAULT. ■ Due coniugi di mezza età decidono di divorziare soprattutto per colpa del marito, frivolo, incosciente e pieno di amanti. Ma non è così semplice: i figli non vogliono, la stessa moglie soffre. Lui se ne andrà dopo mille difficoltà. ■ DRAMMATICO; COL.; 90′; FRANCIA, 1978.

FOTOROMANZO ★
Regia di MARIANO LAURENTI. Con NINO D'ANGELO, CINZIA DE PONTI, MARIA CHIARA SASSO. ■ Figlio di una portinaia napoletana, Nino tira a campare facendo qualche lavoretto, ma sogna di diventare famoso componendo canzoni. Innamoratosi della figlia di un carabiniere, la segue a Milano. ■ COMMEDIA; COL.; 91′; ITALIA, 1986.

FOUR BROTHERS ★★
Regia di JOHN SINGLETON. Con BENZ ANTOINE, ANDRE BENJAMIN, TIMOTHY E. BRUMMUND, JOSH CHARLES, CHIWETEL EJIOFOR, FIONNULA FLANAGAN, TYRESE GIBSON, GARRETT HEDLUND, TARAJI P. HENSON, TERRENCE DASHON HOWARD, RICHARD D. LEKO, TONY NAPPO, DAX RAVINA, MARK WAHLBERG. ■ A Detroit, quattro fratelli giurano vendetta per la morte della loro madre adottiva uccisa durante una rapina. Inizialmente sembra solamente un incidente violento, ma la teoria dell'esecuzione viene confermata momento dopo momento. I fratelli, uniti sotto la guida del non proprio "pulito" Bobby, vogliono farsi giustizia da soli. ■ DRAMMATICO; COL.; 104′; USA, 2005.

FOUR LIONS ★★
Regia di CHRISTOPHER MORRIS. Con RIZ AHMED, ADEEL AKHTAR, ARSHER ALI, NIGEL LINDSAY, KAYVAN NOVAK. ■ In un sobborgo inglese, il musulmano devoto Omar ha riunito una cellula terroristica per mettere a punto un sanguinoso attentato in nome della guerra santa contro una cultura corrotta e infedele. Del nucleo fanno parte, oltre ad Omar, il tonto Waj, il timido Faisal e l'inglese Barry, recentemente convertitosi all'islam e infiammato dalla passione del neofita. Nessuno di loro, però, è particolarmente esperto di esplosivi e di organizzazione militare. Anzi... L'intenzione dichiarata è quella di fare sul tema del terrorismo moderno quello che *Il Dottor Stranamore* ha fatto sulla guerra fredda. Non riuscita. ■ COMMEDIA; COL.; 94′; GRAN BRETAGNA, 2010.

FOUR NIGHTS WITH ANNA ★★★
Regia di JERZY SKOLIMOWSKI. Con KINGA PREIS, ARTUR STERANKO. ■ Leon Okrasa è l'addetto all'inceneritore dell'ospedale di una cittadina di provincia della pianura polacca. Abbandonato sin da bambino, è stato allevato da una donna che ha sempre chiamato nonna. Affetto da un leggero ritardo mentale che lo ha spinto ad autorecludersi in una introversione estrema, Leon si è affezionato ad Anna, un'infermiera. La donna in un passato recente è stata vittima di uno stupro. Il sentimento, a poco a poco, si evolve... Era dal 1992 che uno dei registi più importanti del cinema polacco si era ritirato a dipingere e scrivere poesie. Ora ha trovato una nuova ispirazione che si colloca nella linea autoriale del suo percorso. ■ DRAMMATICO; COL.; 87′; FRANCIA, POLONIA, 2008.

FOUR ROOMS ★★
Regia di ALLISON ANDERS, ROBERTO RODRIGUEZ, ALEXANDRE ROKWELL, QUENTIN TARANTINO. Con ANTONIO BANDERAS, JENNIFER BEALS, VALERIA GOLINO MADONNA, TIM ROTH, QUENTIN TARANTINO, BRUCE WILLIS. ■ Un decrepito albergo di Los Angeles è teatro degli episodi narrati dai quattro registi. Il filo conduttore è il portiere Tim Roth, agitato e "cartonesco". Ha a che fare con una congrega di streghe, due bambini pestiferi, una coppia sadomaso e una scommessa riciclata da un telefilm di Hitchcock (quella del dito tagliato). Un film che può anche essere evitato. ■ COMMEDIA; COL.; 105′; USA, 1996.

FOXFIRE – RAGAZZE CATTIVE *(Foxfire)* ★★
Regia di LAURENT CANTET. Con RAVEN ADAMSON, MADELEINE BISSON, KATIE COSENI, CLAIRE MAZEROLLE, RACHAEL NYHUUS. ■ In una piccola città dello Stato di New York, un gruppo di adolescenti ingaggia una lotta quotidiana contro i soprusi sopportati nel pubblico e nel privato. A guidarlo è Legs, una giovane donna in conflitto col padre. Carismatica e ostinata nell'America di Eisenhower, intollerante con le donne, i neri e i comunisti, Legs fonda un movimento femminile rivoluzionario e segreto per accendere le coscienze e umiliare chi le umilia. Le ragazze di Legs, che assumono il nome di Foxfire, giurano di morire l'una per l'altra e di non tradire mai le regole redatte da Maddy, memoria storica del gruppo, di cui trascrive le gesta a macchina. Molto presto però la battaglia per l'emancipazione e per i diritti delle donne degenera, trasformandosi nel suo contrario. Riunite sotto lo stesso tetto e costrette a confrontarsi frontalmente con la vita e i suoi affanni, le ragazze di Legs prenderanno una discutibile scorciatoia, "armate" ormai soltanto di livore e di un delirante desiderio di vendetta. ■ DRAMMATICO, COL.; 143′, FRANCIA, 2012.

FOX TRAP *(Foxtrap)* ★★
Regia di FRED WILLIAMSON. Con CHRISTOPHER CONNELLY, ARLENE GOLONKA, FRED WILLIAMSON. ■ Un detective nero, Fox, riceve l'incarico da una ricca famiglia americana di cercare la loro figlia, da tempo in Europa. Fox l'acchiappa a Montecarlo, ma riportarla non è facile. La ragazza è in un giro di loschi individui che cercano di fare la pelle a Fox. ■ AVVENTURA; COL.; 93′; USA, 1986.

FOXTROT ★★★
Regia di ARTURO RIPSTEIN. Con PETER O'TOOLE, CHARLOTTE RAMPLING, MAX VON SIDOW. ■ Alla vigilia della seconda guerra mondiale un conte miliardario decide di fuggire la "civiltà" per rifugiarsi su un'isola-paradiso terrestre con la moglie, il segretario e un maggiordomo. Conta sull'arrivo regolare di vettovagliamenti, ma i viveri tardano ad arrivare e la discordia comincia a serpeggiare nel gruppo. La conclusione è tragica. ■ DRAMMATICO; COL.; 91′; MESSICO, USA, 1975.

F PER FALSO *(F for Fake)* ★★
Regia di ORSON WELLES. ■ Metà documentario metà fiction. Sfilano davanti ai nostri occhi i bugiardi più famosi del mondo, dagli autori della biografia apocrifa di Howard Hughes al celebre falsario Elmyr de Ory. ■ DOCUMENTARIO; B/N; 85′; FRANCIA, 1973.

F.P. 1 NON RISPONDE *(F.P. 1 antwortet nicht)* ★★
Regia di KARL HARTL. Con HANS ALBERS, SYBILLE SCHMITZ. ■ A Shanghai, mentre infuria la guerra civile, un gruppo di profughi europei fugge guidato da un emigrato tedesco. Costui, con coraggio ed energia, saprà portare i compagni in salvo, riattivando una strada ferrata fino alla zona di sicurezza. ■ DRAMMATICO; B/N; 94′; GERMANIA, 1933.

FRACCHIA CONTRO DRACULA ★★
Regia di NERI PARENTI. Con ANIA PIERONI, EDMUND PURDOM, GIGI REDER, PAOLO VILLAGGIO. ■ Inconcludente agente immobiliare, Fracchia rischia il licenziamento. Per risolvere la situazione, decide di portare a termine la vendita di un antico maniero in Transilvania. Il castello, però, è abitato dai vampiri. ■ FANTASTICO; COL.; 94′; ITALIA, 1985.

FRACCHIA, LA BELVA UMANA ★★
Regia di Neri Parenti. Con Lino Banfi, Anna Mazzamauro, Paolo Villaggio. ■ Prendendo spunto dal classico *Tutta la città ne parla*, con Edward G. Robinson, Villaggio interpreta il doppio ruolo del malcapitato impiegatuccio Giandomenico Fracchia e del suo sosia, il sanguinario criminale noto come "la belva umana", ricercato da tutte le polizie. All'innocente Fracchia, eponimo del più celebre ma altrettanto sfortunato Fantozzi, lo scambio di persona e gli equivoci che ne conseguono procurano un sacco di guai. ■ Comico; col.; 99'; Italia, 1981.

FRAC E CRAVATTA BIANCA *(White Tie and Tails)* ★★
Regia di Charles Barton. Con William Bendix, Dan Duryea, Ella Raines. ■ Un maggiordomo, in assenza dei padroni, decide di passare una serata da gran signore. Ma si mette nei guai ed è costretto, per non finire male, a rubare due quadri d'autore dalla casa padronale. Quando si viene a sapere del furto, il maggiordomo viene licenziato. Poco male: verrà assunto dal biscazziere che l'aveva costretto a rubare. ■ Commedia; b/n; 81'; USA, 1946.

FRA DIAVOLO ★★
Regia di Mario Bonnard. Con Madeleine Bréville, Tino Patiera. ■ È la trasposizione fedelissima dell'opera di Auber. ■ Musicale; b/n; 91'; Francia, 1931.

FRA DIAVOLO *(The Devil's Brother)* ★★★★★
Regia di Hal Roach, Charles Rogers. Con James Finlayson, Oliver Hardy, Dennis King, Stan Laurel. ■ Se, nel giudicare un film, si parte dal concetto della "vedibilità", allora i massimi eroi del cinema del mondo sono Laurel e Hardy. Nel corso dei decenni grandi personaggi acclamati nella loro stagione hanno perso, del tutto o parzialmente, vedibilità. Niente più della risata è legata al proprio tempo. La comicità appassisce letteralmente e cade come foglie secche quando cambia la stagione. Non c'è comico che mantenga la sua energia nel corso del tempo. Basta citare a caso: Keaton, parzialmente lo stesso Chaplin, i Marx e, salendo, Gianni e Pinotto, Bob Hope e Bing Crosby, Donald O'Connor del mulo parlante, Jerry Lewis, tutta gente che faceva record di incassi. Attendiamo all'esame del tempo Mel Brooks, Gene Wilder e lo stesso Woody Allen (e già ci accorgiamo che i suoi primi film stanno cedendo). Forse solo il nostro Totò rimane lo stesso di sempre, anzi, migliora col tempo. Laurel e Hardy fanno ridere secondo tutti i registri. Nelle situazioni, nel dialogo, nei gesti, nella mimica. Sono talenti perfetti, non sostituibili, incontrastati legislatori di immagine. Il loro marchio è leader senza discussione a rappresentare la risata, così come la Gioconda rappresenta le arti figurative, il Partenone l'architettura, Shakespeare il teatro, Pelé il pallone, Clay i pugni, Marilyn Monroe la donna, Elisabetta la monarchia. Laurel è stupido, Hardy è un finto intelligente. Sono pronti a tutte le esperienze: andare in guerra, costruire una casa, adottare un bambino, mendicare, fare tutti i lavori. Sono pignoli e pedanti, trasportano un pianoforte su un ponte di assi e un armadio lungo una scalinata infinita. Ogni tanto Oliver, esasperato, guarda l'obiettivo, guarda lo spettatore, in cerca di solidarietà. E si ride sempre. Commoventi e indimenticabili le sequenze in cui cantano e ballano, con Oliver, così corpulento, capace di muoversi con agilità e leggerezza e Stan, che era inglese, capace di far intravvedere, mascherata e giocata, un'autentica classe "spettacolare". Uno grasso, l'altro magro, fecero del contrasto fisico anche contrasto morale e dialettico. Detto in sintesi e semplicità, la chiave del loro successo è là. Non si può non citare Hal Roach, il loro produttore e, in sostanza, inventore. *Fra Diavolo* è forse il titolo più noto interpretato dai due, ma tutti i loro film si equivalgono, bastava pescare nel mucchio. I due vagabondi vengono aggrediti e derubati dai banditi, diventano banditi a loro volta, ma incappano proprio nel terribile fra Diavolo, che non li uccide solo per usarli. Alla fine la situazione disperata viene salvata dal provvidenziale intervento di un toro. A Stan e Laurel, tutti dobbiamo molto, da allora sino ai nostri giorni, e per i tempi che verranno. ■ Comico; b/n; 88'; USA, 1933.

FRA DIAVOLO ★★★
Regia di Luigi Zampa. Con Elsa De Giorgi, Enzo Fiermonte, Laura Nucci, Carlo Romano. ■ Fra Diavolo, mezzo contadino e mezzo brigante, all'arrivo delle truppe napoleoniche nel regno di Napoli viene arruolato dal ministro dei Borboni, il cardinale Ruffo, tra i sanfedisti (esercito di guerriglieri che lotta a fianco dei governativi contro le truppe francesi). Alla loro testa, Fra Diavolo compie prodigi di valore, finché non viene catturato dalle truppe del colonnello Hugo. Ma con l'aiuto di una donna innamorata riesce a fuggire. ■ Avventura; b/n; 88'; Italia, 1941.

FRA DUE DONNE *(Between Two Women)* ★★
Regia di George Brackett Seitz. Con Virginia Bruce, Maureen O'Sullivan, Franchot Tone. ■ Un medico ha sposato una riccona che gli rimprovera di trascurarla a vantaggio della professione. I due stanno per divorziare quando un incidente richiama il medico accanto alla consorte. Ma non appena la donna è guarita, il dottore si invola con la propria infermiera. ■ Commedia; b/n; 83'; USA, 1937.

FRA DUE DONNE *(Between Two Women)* ★★★
Regia di Willis Goldbeck. Con Lionel Barrymore, Gloria De Haven, Van Johnson, Marilyn Maxwell, Keenan Wynn. ■ Un giovane dottore ama una miliardaria, ma deve occuparsi di una ballerina con gravi problemi di salute. La miliardaria s'ingelosisce. Lui prima opera, poi si riconcilia con la fidanzata. ■ Drammatico; b/n; 83'; USA, 1944.

FRA DUE TRINCEE *(The Last Blitzkrieg)* ★★
Regia di Arthur Dreifuss. Con Van Johnson, Kerwin Matthews, Larry Storch, Dick York. ■ Battaglia delle Ardenne. Un gruppo di soldati tedeschi è mandato oltre le linee americane per effettuarvi una serie di colpi di mano. Ma il capo del commando germanico odia Hitler con tutte le sue forze. Quando si troverà di fronte a un vecchio amico yankee, sarà assalito delle remore. Il brav'uomo muore, non senza aver incitato i compagni a ribellarsi agli ordini dei nazi. ■ Guerra; b/n; 84'; USA, 1958.

FRAGILE ★
Regia di Jaume Balagueró. Con Elena Anaya, Ivana Baquero, Calista Flockhart, Gemma Jones, Colin McFarlane, Yasmin Murphy, Daniel Ortiz, Michael Pennington, Stephen Pick, Richard Roxburgh. ■ L'ospedale pediatrico di Mercy Falls sta per chiudere i battenti, ma un disastro ferroviario rende indispensabile posticipare di qualche giorno il trasferimento degli ultimi bambini in degenza. Viene chiamata a coadiuvare il poco personale rimasto Amy, un'infermiera che si affeziona subito alla scostante Maggie. Scricchiolii e rumori sinistri sono normali in un ospedale cadente, ma Maggie convince Amy che si tratta di ben altro: al secondo piano, dimesso da 40 anni, si aggirerebbe ancora Charlotte, "la bambina meccanica", che solo alcuni riescono a vedere... ■ Horror; col.; 100'; Spagna, 2005.

FRAGILE VIRTÙ *(Easy Virtue)* ★★
Regia di Alfred Hitchcock. Con Franklin Dyall, Robin Irvine, Isabel Jeans. ■ Un uomo alcolizzato finisce in tribunale con la moglie dalla quale divorzia. La donna si risposa senza confessare al nuovo marito i fatti accaduti. Entra in scena la suocera e c'è un nuovo processo. Un film minore del maestro del brivido tratto da una *pièce* di Noel Coward. ■ Drammatico; b/n; 70'; Gran Bretagna, 1927.

FRAGOLA E CIOCCOLATO *(Fresa y chocolate)* ★★
Regia di Juan Carlos Tabío, Alea Tomás Gutiérrez. Con Vladimir Cruz, Mina Ibarra, Jorge Perugorría. ■ Tratto dal romanzo di Senel Paz. Siamo nel 1979 a L'Avana. Storia dell'amicizia tra David, che studia scienze politiche, e Diego, gay amante dell'arte e di letture proibite dallo Stato. Dramma con andamento da commedia che, nonostante qualche forzatura, si lascia vedere. Vincitore dell'Orso d'argento e del premio speciale della giuria a Berlino. ■ Drammatico; col.; 110'; Cuba, Messico, Spagna, 1993. ■ Berlino 1 pr; Oscar 1 nom.

FRAGOLE E SANGUE *(The Strawberry Statement)* ★★★
Regia di Stuart Hagman. Con James Coco, Bud Cort, Kim Darby, Bruce Davison, Bert Ramsen. ■ È il film manifesto della contestazione giovanile americana. Un'università è in subbuglio perché un terreno sportivo sta per essere destinato a un campo di addestramento per le reclute nella guerra nel Sudest asiatico. Un biondino s'intrufola fra i contestatori per stare con una

brunetta, feroce attivista, di cui si è innamorato. Finirà per convincersi della bontà della causa. ■ DRAMMATICO; COL.; 103′; USA, 1969. ■ CANNES 1 PR.

FRAGOLE HANNO BISOGNO DI PIOGGIA, LE ★★
(Strawberries Need Rain)
Regia di LARRY BUCHANAN. Con MONICA GAYLE, TERRY MACE, LES TREMAYNE. ■ All'adolescente Erika un giorno si presenta la Morte, che vuole portarla con sé. Erika chiede un giorno di proroga: in quelle ventiquattr'ore intende conoscere i piaceri del sesso. Dopo un paio di tentativi fallimentari, trascorrerà un pomeriggio d'amore con il suo dolce maestro delle scuole infantili. Resterà incinta e la Morte non la ghermirà. ■ DRAMMATICO; COL.; 100′; USA, 1973.

FRA I GIGANTI *(Among Giants)* ★★
Regia di SAM MILLER. Con RACHEL GRIFFITHS, LENNIE JAMES, ANDY SERKIS, JAMES THORNTON. ■ Un gruppo di disoccupati inglesi trova un lavoro per l'estate: verniciare i piloni di una linea dell'alta tensione. Due di loro, un vecchio e un giovane, sono appassionati di *free climbing*. Sono amici ma si innamorano della stessa donna, un'australiana di passaggio che ha accettato di far parte del gruppo. Uno dei due la sposerà. Il cinema inglese, visti i successi di film come *Full Monty*, crede di poter fare film con qualsiasi soggetto. Purtroppo non è così e il film, nonostante l'altezza dei piloni, vola basso. ■ COMMEDIA; COL.; 90′; GRAN BRETAGNA, 1998.

FRAILTY ★★★
Regia di BILL PAXTON. Con LUKE ASKEW, POWER BOOTHE, MATTHEW MCCONAUGHEY, BILL PAXTON. ■ Il caso del serial killer chiamato "la mano di Dio" sembra destinato a rimanere insoluto, ma l'agente incaricato riceve la visita di Fenton, che confessa di essere il fratello del killer, Adam, morto suicida. Fenton racconta del padre, serial killer convinto di essere stato incaricato da Dio di uccidere i "demoni" che si annidano in alcuni uomini. Adam lo seguirà nella sua follia religiosa, mentre Fenton si rifiuterà. Bill Paxton esordisce nella regia con un thriller che a tratti diventa un vero horror, senza gli effetti spettacolari e il sangue ai quali il genere ci ha ormai abituato. Il regista indaga invece la follia che nasce nella quotidianità, forse più spaventosa di qualsiasi evento soprannaturale. Il film ha ricevuto commenti entusiasti dal "maestro" del genere Stephen King. ■ THRILLER; COL.; 100′; USA, 2002.

FRA LA GENTE *(V ljudjach)* ★★★
Regia di MARK DONSKOY. Con ALESA LJARSKIJ, VARVARA MASSALITINOVA, MICHAIL TROJANOVSKIJ. ■ È il secondo atto di una trilogia che comprende *L'infanzia di Gorkij* e *Le mie università*. Aleksej ora è adolescente e lavora dove capita. Si interessa anche ai libri che gli vengono prestati e lo formano culturalmente. Cominciano le lotte per la rivoluzione e lui decide di imbarcarsi. ■ DRAMMATICO; B/N; 100′; URSS, 1939.

FRA LE TUE BRACCIA *(Cluny Brown)* ★★★
Regia di ERNST LUBITSCH. Con CHARLES BOYER, RICHARD HAYDN, JENNIFER JONES, PETER LAWFORD, HELEN WALKER. ■ Cluny è un'ingenua fanciulla londinese che va a lavorare come cameriera nella villa di un'aristocratica famiglia. Lì incontra uno scrittore cecoslovacco esiliato per le sue idee antinaziste (siamo alla vigilia del secondo conflitto mondiale). L'amore, quasi senza che se n'accorgano, sboccerà tra i due. ■ COMMEDIA; B/N; 100′; USA, 1946.

FRA MANISCO CERCA GUAI ★★
Regia di ARMANDO W. TAMBURELLA. Con MAURIZIO ARENA, CARLO CROCCOLO, ALDO FABRIZI. ■ Nel regno di Napoli, poco prima che arrivino i Mille di Garibaldi, un robusto frate protegge due giovani innamorati, osteggiati dal padre di lei, nobiluomo camorrista. L'arrivo dei garibaldini mette tutto a posto. ■ COMMEDIA; B/N; 95′; ITALIA, 1961.

FRA MARTINO *(Bruder Martin)* ★★
Regia di ALEX VON AMBESSER. Con PAUL HÖRBIGER, MARIANNE KOCH, CARL WEIG. ■ Fra Martino è un'ottima pasta di religioso. Un giorno sua nipote lo chiama perché l'aiuti a risolvere una love story. Fra Martino va. Combina molti pasticci, ma riesce in qualche modo a mettere a posto le cose. ■ COMICO; B/N; 91′; GERMANIA, 1954.

FRAMMENTI D'AMORE ★★
Regia di MASSIMO ANTONELLI. Con IVAN ANGELI, CARLA GRAVINA, PAOLO GRAZIOSI. ■ Marco è un giovanotto altoborghese destinato dal suocero a succedergli al comando di un grosso complesso industriale. Ma lui non si sente all'altezza. La moglie, tediata dalla vita della jet society, finisce per buttarsi dal campanile di una chiesa. Marco si isola da tutti chiudendosi in una villa solitaria. ■ DRAMMATICO; B/N; 94′; ITALIA, 1972.

FRAMMENTI DI PAURA *(Fragments of Fear)* ★★★
Regia di RICHARD C. SARAFIAN. Con ADOLFO CELI, ROLAND CULVER, DAVID HEMMINGS, GAYLE HUNNICUTT, FLORA ROBSON. ■ Giunge in Italia un giovanotto, scrittore di successo dopo tristi esperienze da tossicodipendente. In Italia vive una zia che è una specie di dama di carità. Ma la donna viene trovata morta e il nipote, indagando sulle cause del decesso, scopre che la pia signora in realtà era un'emerita delinquente. Né sembra la sola fra le persone a lui care ad aver condotto una doppia esistenza. Di shock in shock il giovanotto è a un pelo dal diventare matto. Ma forse lo diventerà. Se non lo ammazzano prima. ■ GIALLO; COL.; 94′; GRAN BRETAGNA, 1971.

FRANCES ★★★
Regia di GRAEME CLIFFORD. Con JESSICA LANGE, SAM SHEPARD, KIM STANLEY. ■ La biografia di Frances Farmer, attrice hollywoodiana brava, ma sfortunatissima. Sedicenne, Frances turba il perbenista ambiente di Seattle, negli anni Trenta, con un saggio sulla "morte di Dio", che la fa sospettare di filocomunismo, sospetti aggravati da un viaggio in Urss. La ragazza, che vuol diventare attrice, tenta dapprima la via del teatro, poi quella del cinema. Ma l'ambiente cinematografico contestato, la distrugge. Frances scende sempre più in basso, sino all'alcolismo ed alla clinica psichiatrica. ■ DRAMMATICO; COL.; 140′; USA, 1983. ■ GOLDEN GLOBES 2 NOM; OSCAR 2 NOM.

FRANCESCA È MIA ★★
Regia di ROBERTO RUSSO. Con PIERRE MALET, CORRADO PANI, MONICA VITTI. ■ Francesca è una donna rimasta sola. Il marito, Andrea, l'ha lasciata per andare a vivere con la sua migliore amica. Un giorno le capita di soccorrere un giovane che è stato investito, Stefano. Una volta fuori pericolo, il ragazzo la cerca e non tarda ad innamorarsene. Ma Francesca, pur cedendo dopo qualche indugio al suo amore, si sente sempre tenacemente legata al marito. Stefano non gliela perdona, dopo vari tentativi di riconquista la uccide. Film prodotto da Monica Vitti che tenta, senza troppo successo, il mutamento d'immagine. ■ COMMEDIA; COL.; 92′; ITALIA, 1986.

FRANCESCO ★★★
Regia di LILIANA CAVANI. Con PAOLO BONACELLI, HELENA BONHAM CARTER, MICKEY ROURKE, FABIO BUSSOTTI. ■ La vita di San Francesco d'Assisi raccontata in un Medioevo di fango, sangue e sporcizia, dall'inquieta cattolica Liliana Cavani. Mickey Rourke è un santo più atletico che ispirato. ■ BIOGRAFICO; COL.; 150′; ITALIA, 1989. ■ DAVID DI DONATELLO 1 PR, 1 NOM.

FRANCESCO D'ASSISI *(Francis of Assisi)* ★★
Regia di MICHAEL CURTIZ. Con PEDRO ARMENDARIZ, BRADFORD DILLMAN, DOLORES HART, STUART WHITMAN, CECIL KELLAWAY. ■ Biografia in cinemascope di San Francesco. ■ BIOGRAFICO; COL.; 111′; USA, 1961.

FRANCESCO D'ASSISI ★★★
Regia di LILIANA CAVANI. Con MINO BELLEI, LOU CASTEL, RICCARDO CUCCIOLLA, GIANCARLO SBRAGIA. ■ Il film è uscito nel 1972, ma in realtà si tratta di un condensato dello sceneggiato tv apparso nel 1966. Liliana Cavani, cattolica del dissenso, si segnala regista di prima schiera con questa contaminatio che vede molte frasi messe senza troppe stonature in bocca al santo. ■ BIOGRAFICO; B/N; 134′; ITALIA, 1966.

FRANCESCO GIULLARE DI DIO ★★★
Regia di ROBERTO ROSSELLINI. Con ALDO FABRIZI. ■ Sono nove episodi tratti dai Fioretti di San Francesco. Il più riuscito è quello del tiranno Nicolajo (Fabrizi), un grottesco signorotto che

vuole uccidere uno dei fraticelli e massacrare l'intera popolazione del suo borgo. ■ BIOGRAFICO; B/N; 75'; ITALIA, 1950.

FRANCESCO I *(François I°)* ★★★
Regia di CHRISTIAN-JAQUE. Con FERNANDEL, MONA GOYA, ALEXANDRE REIGNAULT. ■ Un guitto da quattro soldi sogna le grandi parti. Gli viene offerta un giorno, inaspettatamente, quella del re di Francia Francesco I in un dramma storico. Ma la fantasia gli trasforma il sogno in un incubo. Si sveglia, ma intanto ha perso la parte. Uno dei film più famosi di Fernandel nell'anteguerra. In Italia s'è visto poco. Nessuno purtroppo ha pensato a rieditarlo. ■ COMMEDIA; B/N; 100'; FRANCIA, 1936.

FRANCESE E L'AMORE, LA *(La Française et l'amour)* ★★
Regia di MICHEL BOISROND, CHRISTIAN-JAQUE, RENÉ CLAIR, HENRI DECOIN, JEAN DELANNOY, JEAN-PAUL LE CHANOIS, HENRI VERNEUIL. Con JEAN-PAUL BELMONDO, MARTINE CAROL, ANNIE GIRARDOT, ROBERT LAMOUREUX, FRANÇOIS PÉRIER, DANY ROBIN. ■ Sette episodi sulla donna francese davanti all'amore. I nomi di registi importanti sono tanti. Ma il risultato non è elevato. ■ COMMEDIA; B/N; 132'; FRANCIA, 1960.

FRANCESI SI CONFESSANO, LE ★★
(À propos de la femme)
Regia di CLAUDE PIERSON. Con MARLENE ALEXANDRE, JEAN PERRIN, ROBERT PIQUET. ■ Marito e moglie annoiati sognano evasioni. Ma i rispettivi tentativi d'adulterio si rivelano quanto mai deludenti. Lui riscoprirà che le mogli sono sempre le amanti migliori. ■ COMMEDIA; COL.; 85'; FRANCIA, 1969.

FRANCE, SOCIETÉ ANONYME ★★
Regia di ALAIN CORNEAU. Con MICHEL BOUQUET, ALLYN MCLERIE, MICHEL VITOLD. ■ Un lestofante francese, ibernato da oltre mezzo secolo, racconta come fu involontariamente strumento di un golpe, operato da una multinazionale mafiosa contro il governo parigino. ■ DRAMMATICO; COL.; 100'; FRANCIA, 1973.

FRANCIS ALL'ACCADEMIA ★★
(Francis Goes to West Point)
Regia di ARTHUR LUBIN. Con ALICE KELLY, LORI NELSON, DONALD O'CONNOR, GREGG PALMER, WILLIAM REYNOLDS. ■ Terzo episodio della fortunata serie Francis (il mulo parlante inventato da David Stern). Francis ha dato una mano alla polizia e i ringraziamenti vanno al suo padrone, il giovane Peter Stirling. Oltre ai ringraziamenti arriva anche la proposta di entrare come cadetto all'accademia militare di West Point. Peter è arcicontento, ma come tirarsi dietro l'affezionato animale? ■ COMICO; B/N; 93'; USA, 1952.

FRANCIS ALLE CORSE *(Francis Goes to the Races)* ★★
Regia di ARTHUR LUBIN. Con CECIL KELLAWAY, PIPER LAURIE, DONALD O'CONNOR, JESSE WHITE. ■ Secondo episodio della serie Francis. Francis segue Peter Stirling anche nella vita borghese. Peter incontra una bella ragazza proprietaria di una vecchia scuderia e se ne innamora. Per aiutare la fanciulla trova modo di fare i soldi (tanti e subito). Il merito è di Francis che sa tutto sui cavalli e perciò è in grado di dare a Peter i vincenti di tutte le corse. Ma le troppo frequenti vincite di Peter attirano l'attenzione di un gruppo di disonesti allibratori (nonché quella della polizia). Il giovanotto è sequestrato dai furfanti. ■ COMICO; B/N; 88'; USA, 1951.

FRANCISCA ★★★
Regia di MANOEL DE OLIVEIRA. Con MARIO BARROSO, DIEGO DORIA, TERESA MENESES. ■ Portogallo, metà Ottocento. Un ricco borghese si innamora di una ragazza inglese, che presenta anche al suo migliore amico il quale, a sua volta, se ne invaghisce. Tra i due pretendenti, la fanciulla sceglie il primo che, dopo averla rapita, la sposa. La passione del corteggiamento lascia però il posto a una nevrotica diffidenza e il matrimonio non viene neppure consumato. Stremata dall'assurdo comportamento del marito, la moglie trascurata si lascia morire. Tratto dal classico autobiografico di Castelho Branco, Francisca è uno dei capolavori di De Oliveira, senz'altro il miglior regista portoghese. ■ DRAMMATICO; COL.; 166'; PORTOGALLO, 1981.

FRANCIS CONTRO LA CAMORRA ★★
(Francis Covers the Big Town)
Regia di ARTHUR LUBIN. Con YVETTE DUGAY, LARRY GATES, LOWELL GILLMORE, NANCY GUILD, DONALD O'CONNOR. ■ Stavolta Peter e l'amico a quattro zampe sono cacciati in pieno giallo. Peter fa il reporter e grazie all'aiuto di Francis (che raccoglie i pettegolezzi di tutti gli equini della città) può fare alcuni brillanti scoop. Ma un boss malavitoso che è stato denunciato dagli articoli viene trovato ucciso e del delitto è accusato Peter. Fortuna che c'è Francis, che con una testimonianza un po' eterodossa in tribunale (zoccolo destro sulla Bibbia), riuscirà a salvare l'amico. ■ COMICO; B/N; 86'; USA, 1953.

FRANCIS IL MULO PARLANTE *(Francis)* ★★★★
Regia di ARTHUR LUBIN. Con PATRICIA MEDINA, DONALD O'CONNOR. ■ È il primo film di una fortunata serie (sette pellicole in tutto) prodotto dall'Universal negli anni Cinquanta. Lanciò l'esile ballerino Donald O'Connor come interprete brillante e mise in voga il filone degli animali sapienti. Francis è un mulo dell'esercito che ha il dono della parola, un bel vocione baritonale. E non parla a vanvera, la sa più lunga di tanti generali. E certamente di più di un fantoccino, Peter, che prende a proteggere. Non solo lo protegge ma gli fornisce preziose informazioni militari che, riportate da Peter, procurano le medaglie al soldatino. Quando però Peter rivela la fonte delle informazioni vien preso per pazzo. Per convincere gli scettici, Peter li porterà alla presenza di Francis. ■ COMICO; B/N; 91'; USA, 1950.

FRANCO, CICCIO E IL PIRATA BARBANERA ★★
Regia di MARIO AMENDOLA. Con UMBERTO D'ORSI, FRANCO FRANCHI, CICCIO INGRASSIA, MIMMO PALMARA, PIETRO TORDI. ■ Parodia dell'*Isola del tesoro*. Stavolta il protagonista non è un ragazzino, ma il solito Franchi che con Ciccio Ingrassia capeggia una spedizione per ritrovare il bottino del pirata Flint. Ma il corsaro Barbanera ha saputo della cosa e s'aggrega alla spedizione assieme a molti uomini della sua ciurma. Giunti al fatidico forziere, Barbanera cerca di uccidere Franco e Ciccio. ■ COMICO; COL.; 97'; ITALIA, 1969.

FRANCO E CICCIO E LE VEDOVE ALLEGRE ★★
Regia di MARINO GIROLAMI. Con ROSSELLA COMO, FRANCO FRANCHI, CICCIO INGRASSIA, MARGARET LEE, NINO TARANTO. ■ Filmetto in tre episodi tutti piuttosto sporcaccioni (almeno per l'epoca). ■ COMICO; COL.; 96'; ITALIA, 1968.

FRANCO E CICCIO... LADRO E GUARDIA ★★
Regia di MARCELLO CIORCIOLINI. Con ROSSELLA COMO, FRANCO FRANCHI, CICCIO INGRASSIA, MARGARET LEE, NINO TARANTO. ■ Ciccio e Franco sono cugini, ma Ciccio è guardia e Franco un ladruncolo che non si fa acchiappare dal congiunto. Un giorno, però, i due devono allearsi per ritrovare le tracce di un pericoloso assassino. Lo trovano, infatti, in un circo equestre. ■ COMICO; COL.; 91'; ITALIA, 1969.

FRANCO E CICCIO SUL SENTIERO DI GUERRA ★★
Regia di ALDO GRIMALDI. Con RENATO BALDINI, FRANCO FRANCHI, CICCIO INGRASSIA. ■ Franco e Ciccio sono due soldati borbonici che scappano in America quando arrivano i garibaldini. Ma anche in America fanno prodigi di vigliaccheria durante le guerre indiane. Arruolati in cavalleria fuggono nel deserto. Qui vengono catturati da una tribù di pellirosse. ■ COMICO; COL.; 95'; ITALIA, 1969.

FRANCO E CICCIO SUPERSTAR ★★
Regia di GIORGIO AGLIANI. Con ISABELLA BIAGINI, FRANCO FRANCHI, CICCIO INGRASSIA. ■ È un brutto filmetto a episodi fatto con gli scampoli dalla vecchia produzione di Franchi e Ingrassia. Filo conduttore alcune mariolerie di Franchi, con la complicità di Ciccio. ■ COMICO; COL.; 92'; ITALIA, 1974.

FRANÇOIS IL CONTRABBANDIERE ★★
Regia di GIANFRANCO PAROLINI. Con DORIS DURANTI, ROBERTO MAURI, VIRA SILENTI, LUIGI TOSI. ■ François, che s'è guadagnato in gioventù la vita trafficando in stupefacenti, torna in Italia dopo alcuni anni trascorsi all'estero. I suoi vecchi complici non lo accolgono bene. Il primo ad essere scontento è il capo della banda. Finisce in un regolamento di conti dove a rimetterci le penne è l'antica amante di François. ■ AVVENTURA; B/N; 91'; ITALIA, 1954.

FRANK COSTELLO FACCIA D'ANGELO ★★★
(Le Samourai)
Regia di JEAN-PIERRE MELVILLE. Con ALAIN DELON, NATHALIE DELON, FRANÇOIS PÉRIER. ■ Frank Costello detto il "samurai", libero professionista della mala, ha appena portato a termine un "contratto", ma i suoi datori di lavoro si comportano ambiguamente. Intanto la polizia è sulle sue tracce. Preso fra due fuochi, Costello decide di saldare i conti con quelli della "mala" prima di consegnarsi al piombo dei poliziotti. ■ POLIZIESCO; COL.; 95'; FRANCIA, 1968.

FRANKENSTEIN ★★
Regia di SEARLE DAWLEY. Con MARY FULLER, CHARLES OGLE, AUGUSTUS PHILLIPS. ■ Pur essendo un cortometraggio ha un'importanza storica in quanto è la prima apparizione del celebre mostro al cinema. Comunque si tratta di una versione di libera ispirazione. ■ HORROR; B/N; 15'; USA, 1910.

FRANKENSTEIN ★★★★
Regia di JAMES WHALE. Con ANTHONY BUSHELL, COLIN CLIVE, BORIS KARLOFF. ■ Quando la scrittrice Mary Shelley diede alle stampe il suo Frankenstein non pensava certo di generare due filoni clamorosi, uno letterario e uno cinematografico. Il cinema aveva scoperto molto presto l'horror, fin dagli albori, essendo l'unico genere che poteva tranquillamente fare a meno della parola. Ci avevano pensato i tedeschi negli anni Venti a nobilitare l'horror con titoli "capostipiti" che raccoglievano grande successo nelle platee. Del resto il genere è in grandissima auge anche ai nostri giorni, con innumerevoli sviluppi e deviazioni, ma la radice è sempre quella, il *Frankenstein* diretto nel 1931 da Whale, tratto dalla Shelley, con Boris Karloff. Ecco, Karloff, un altro manifesto esatto che non ha nemmeno lasciato ai successori la possibilità di imitarlo, ma solo quella di rifarlo, di essere "lui". Karloff, serio o meno serio, ha poi vissuto di Frankenstein tutto il resto della sua vita. I figli più o meno degeneri di questo film sono decine, nessun altro film ha avuto più eredi. Usando parti di cadaveri, il dottor Frankenstein costruisce in laboratorio un mostro che non riesce più a controllare. L'"essere" che ha ormai una sua volontà precisa si libera travolgendo tutto e scorrazza fra campagna e paesi. Terrorizza e uccide. La comunità sconvolta non sa come fermarlo, e nemmeno il suo creatore. Ma il mostro non è del tutto cattivo, e si intenerisce alla presenza di una bambina. In un rogo finale che fece epoca (adesso naturalmente fa sorridere) il mostro viene ucciso. Film dunque di grandi magie e creatore, appunto, di numerosi precedenti ripresi più volte: l'atmosfera cupissima generale, le strane pratiche dello scienziato, le scene della massa terrorizzata, il trucco del mostro. E non mancava l'interpretazione simbolica della vicenda: il destino che può abbattersi imprevedibile. Ci furono successivamente: *Il figlio, La moglie, La maschera, La vendetta, La rivolta, L'uomo lupo... di Frankenstein*. E furono i discendenti diretti, poi ci furono i parenti prossimi, centinaia, come ho detto. Non si può non ricordare *Frankenstein Junior*, di Mel Brooks, un capolavoro della comicità contemporanea. Dove il regista aveva ricreato, in grottesco, le atmosfere del grande classico di Whale, cercando persino le stesse inquadrature e riesumando il laboratorio originale dove si componevano i pezzi di Boris Karloff. ■ HORROR; B/N; 71'; USA, 1931.

FRANKENSTEIN ★★
Regia di JAMES ORMEROD. Con CARRIE FISHER, JOHN GIELGUD, ROBERT POWELL, DAVID WARNER. ■ La vicenda di Frankenstein viene periodicamente ripresa dal cinema con qualche variante. Qui l'interesse è costituito dal cast. ■ HORROR; COL.; 81'; USA, 1984.

FRANKENSTEIN ★★★
Regia di DANNY BOYLE. Con BENEDICT CUMBERBATCH, STEVEN ELLIOTT, JOHN KILLORAN, JONNY LEE MILLER, ELLA SMITH. ■ Il Premio Oscar Danny Boyle (*Trainspotting*, *The Beach*, *The Millionaire*) torna a teatro in collaborazione con lo sceneggiatore Nick Dear per dirigere un'impressionante e visionaria produzione dedicata al capolavoro di Mary Shelley, *Frankenstein*. Un appuntamento attesissimo che ha già conquistato l'Inghilterra lasciando entusiasta la stampa internazionale. Il cast straordinario vede nel ruolo del dottor Victor Frankenstein Benedict Cumberbatch e in quello della creatura l'indimenticabile Jonny Lee Miller di *Trainspotting*. La trama: infantile nella sua grottesca innocenza, la confusa creatura creata dal dottor Frankenstein viene scacciata in un universo ostile. Scontrandosi con la crudeltà degli esseri umani ovunque si rechi, la Creatura, sempre più disperata e vendicativa, decide di rintracciare il suo creatore in un inseguimento terrificante. L'opera di Boyle è un racconto gotico, modernizzato grazie a una regia e a un cast capaci di comunicare l'inquietudine contemporanea. ■ TEATRO; COL.; 120'; GRAN BRETAGNA, 2012.

FRANKENSTEIN ALLA CONQUISTA DELLA TERRA *(Furankenstru tain ta. chitei Kaiju Baragon)* ★★
Regia di ISHIRÔ HONDA. Con NICK ADAMS, TAKASHI SHIMURA, TADAO TALASHIMA. ■ Con il vero Frankenstein ha poco o nulla in comune. Questo film di Honda è uno dei tanti fantascientifici giapponesi sui mostri preistorici. Lo spunto è perlomeno curioso: i nazisti hanno serbato in provetta il cuore del famoso mostro e lo offrono ai giapponesi nell'ultimo anno del conflitto, perché vi facciano qualche esperimento. Finisce che Frankenstein si trova a lottare coi soliti mostri. ■ FANTASCIENZA; COL.; 87'; GIAPPONE, 1965.

FRANKENSTEIN ALL'ITALIANA ★★
Regia di ARMANDO CRISPINO. Con NINETTO DAVOLI, ALDO MACCIONE, GIANRICO TEDESCHI. ■ Frankenstein porta al castello degli avi la fidanzata americana, ma subito interviene il mostro a creare complicazioni. ■ COMICO; COL.; 95'; ITALIA, 1975.

FRANKENSTEIN CONTRO L'UOMO LUPO ★★
(Frankenstein Meets the Wolf Man)
Regia di ROY WILLIAM NEILL. Con LON CHANEY JR, PATRIC KNOWLES, BELA LUGOSI. ■ L'Uomo Lupo e Frankenstein dati per morti risorgono. Lotta selvaggia fra i due. Forse muoiono entrambi. ■ HORROR; B/N; 72'; USA, 1943.

FRANKENSTEIN DI MARY SHELLEY ★★★
(Mary Shelley's Frankenstein)
Regia di KENNETH BRANAGH. Con HELENA BONHAM CARTER, KENNETH BRANAGH, ROBERT DE NIRO. ■ L'eterna storia del dottore che dà vita alla "creatura". Nelle intenzioni di Branagh questa versione dovrebbe essere la più aderente al testo della scrittrice inglese. È vero infatti che ci sono episodi inediti. Branagh privilegia gli aspetti "horror" (corpi distrutti, ricuciti), rispetto alla chiave sentimentale. De Niro eccessivo. Prodotto da Coppola. ■ HORROR; COL.; 130'; USA, 1994. ■ OSCAR 1 NOM.

FRANKENSTEIN E IL MOSTRO DELL'INFERNO ★★
(Frankenstein and the Monster of the Hell)
Regia di TERENCE FISHER. Con SHANE BRIANT, PETER CUSHING, MADELINE SMITH. ■ Per sfuggire alla giustizia, Frankenstein si è rifugiato in un manicomio dove fa il dottore sotto falso nome. Ma anche lì non ha rinunciato ai suoi esperimenti catastrofici. Costruisce ancora un uomo artificiale con l'aiuto di un altro medico. Ma le conseguenze sono ancora una volta tragiche. ■ HORROR; COL.; 99'; GRAN BRETAGNA, 1974.

♥ **FRANKENSTEIN JUNIOR** *(Young Frankenstein)* ★★★
Regia di MEL BROOKS. Con PETER BOYLE, MARTY FELDMAN, GENE HACKMAN, MADELINE KAHN, GENE WILDER. ■ C'è un certo dottor Frederick Frankenstein (Wilder), discendente del famoso barone Victor, che insegna medicina in una università americana e non ne vuol sapere di essere accomunato col suo famoso antenato. Comunque Frederick è intelligente, bizzarro e isterico quanto basta per far sospettare una precisa parentela. Suo malgrado il dottore si trova ad essere l'erede del barone, così lascia l'America e arriva in Transilvania, al famoso castello. Con l'aiuto del sinistro Igor (Feldman) e dell'assistente Inga, proprio come aveva fatto l'"altro" Frankenstein, costruisce in laboratorio la sua "creatura", terrorizzando gli abitanti del luogo che già avevano vissuto in precedenza quell'esperienza. Ma il "mostro" non è proprio cattivo, ripercorre i sentieri della prima creatura in maniera solo maldestra. E assistiamo a un'ultima emancipazione: il mostro scambia un organo col dottore, per la felicità della nuova signora Frankenstein, che fa la scoperta giusto la prima notte di nozze. Traduzione grottesca dei film di Frankenstein diretti da James

Whale negli anni Trenta, con tutte le corrette atmosfere. Brooks ha addirittura usato per alcune scene le attrezzature autentiche di quei film leggendari, faticosamente ritrovate. ■ COMICO; B/N; 105′; USA, 1975. ■ GOLDEN GLOBES 2 NOM; OSCAR 2 NOM.

FRANKENSTEIN 1990 *(Frankenstein '90)* ★★
Regia di ALAIN JESSUA. Con FIONA GÉLIN, EDDY MITCHELL, JEAN ROCHEFORT. ■ Frankenstein ai nostri giorni. Stavolta lo scienziato avventato è un genio della cibernetica che crea la sua creatura al computer. Gli dà anche una compagna, fabbricata con lo stesso procedimento, che però il mostro non gradisce. Al mostro piace l'amante del professore e, imprevedibilmente, è ricambiato. Il prof. dovrà ripiegare su una delle creature preparate per accoppiarsi con il mostro. ■ COMMEDIA; COL.; 92′; FRANCIA, 1984.

FRANKENSTEIN, OLTRE LE FRONTIERE DEL TEMPO *(Frankenstein Unbound)* ★★
Regia di ROGER CORMAN. Con BRIDGET FONDA, JOHN HURT, RAUL JULIA. ■ Ritorna in sordina, per un grande del genere fantastico, il regista Roger Corman. Siamo nel futuro e uno scienziato per colpa di una tremenda tempesta viene catapultato nei primi anni dell'Ottocento. Per sua disgrazia finisce nelle grinfie del dottor Frankenstein e della sua creatura. Buono il cast. ■ HORROR; COL.; 87′; USA, 1990.

FRANKENSTEIN 80 ★★
Regia di MARIO MANCINI. Con DADA GALLOTTI, JOHN RICHARDSON, RENATO ROMANO. ■ Ancora le malefatte del barone Frankenstein che stavolta però deve vedersela con l'uomo artificiale chiamato Mosaico. Costui ammazza lo stesso Frankenstein e farebbe anche la festa alla sua nipotina se la formula antirigetto non cessasse il suo effetto. Mosaico schiatta fra indicibili tormenti. ■ HORROR; COL.; 96′; ITALIA, 1974.

FRANKENSTEIN 70 *(Frankenstein 1970)* ★★
Regia di HOWARD W. KOCK. Con TOM DUGGAN, BORIS KARLOFF, JANE LUND. ■ Frankenstein, invecchiato e povero, per procurarsi i quattrini per i suoi esperimenti è costretto ad affittare il castello a una troupe cinematografica. Lui intanto, chiuso nel laboratorio, continua a costruire i suoi uomini sintetici. Ma gli manca qualche pezzo e se lo procura trucidando i membri della troupe. La polizia lo scopre. Frankenstein salta in aria con il suo mostro. ■ HORROR; B/N; 83′; USA, 1958.

FRANKENWEENIE ★★
Regia di TIM BURTON. Con SHELLEY DUVALL, BARRET OLIVER, DANIEL STERN. ■ Si tratta di un cortometraggio di Burton presentato nelle sale cinematografiche assieme al film *Nightmare Before Christmas*. Versione canina del mito Frankenstein. A Victor muore il cane e il ragazzo decide di farlo rivivere. Il cane non è cattivo, ma tutto il vicinato gli dà la caccia. Il lieto fine è coronato da una cagnolina dal pelo simile ai capelli de *La moglie di Frankenstein*. ■ CORTOMETRAGGIO; B/N; 30′; USA, 1984.

FRANKENWEENIE ★★★
Regia di TIM BURTON. Con MARTIN LANDAU, CATHERINE O'HARA, WINONA RYDER, ATTICUS SHAFFER, MARTIN SHORT. ■ Il piccolo Victor Frankenstein presenta ai propri genitori un film amatoriale di cui è protagonista il suo cane Sparky che è l'unico vero amico del ragazzino che ha la passione per la scienza ed è tendenzialmente un solitario. Un giorno Sparky muore investito da un'auto. Il dolore per Victor è così forte che, in seguito a un esperimento su una rana a cui ha assistito nel corso di una lezione, decide di disseppellire il cane e di tentare di riportarlo in vita. L'operazione riesce ma ora Sparky va tenuto nascosto. Si tratta di un'impresa non facile. ■ ANIMAZIONE; B/N; 87′; USA, 2012.

FRANK GEHRY – CREATORE DI SOGNI *(Sketches of Frank Gehry)* ★★★
Regia di SYDNEY POLLACK. ■ Con un certo ritardo sulla sua uscita originale arriva anche in Italia *Frank Gehry – Creatore di sogni*, omaggio di un grande regista (sua opera ultima prima della scomparsa) a un grande architetto. Dalle parole dell'architetto emergono verità elementari, ma proprio per questo spesso dimenticate: dietro a un'opera titanica come può essere il Museo Gugghenheim di Bilbao, la Disney Concert Hall o la Loyola Law School di Los Angeles, c'è sempre una semplice idea e l'oculata scelta del materiale da utilizzare. Il resto è lavoro, e fantasia. Curiosa, tra le tante voci ascoltate da Pollack, quella dell'analista di Gehry, forse unico personaggio a rivelare alcune gustose "chicche" a proposito del suo assistito. ■ BIOGRAFICO; COL.; 83′; USA, 2005.

FRANKIE & BEN ★
Regia di SUSAN SEIDELMAN. Con JUDY DAVIS, MARCIA GAY HARDEN, JULIETTE LEWIS, LILY TOMLIN. ■ I personaggi sono: Cassandra, americana delusa e originale che vive da anni a Barcellona; Frankie, una bionda decisamente strana che dà incarico a Cassandra di trovarle il marito scomparso; Ben, il marito scomparso, appunto. Solo che Frankie è un transessuale, e Ben una lesbica. Si innesca così un gioco di equivoci che dovrebbe far sorridere ma non ci riesce. La trama e la location, Barcellona, appunto, richiamano un grandissimo cineasta, Almodóvar. La qualità del film invece non lo richiama affatto. ■ COMMEDIA; COL.; 88′; SPAGNA, 2002.

FRANKIE DELLE STELLE *(Frankie Starlight)* ★★
Regia di MICHAEL LINDSAY-HOGG. Con MATT DILLON, ANNE PARILLAUD, CORBAN WALKER. ■ Frankie arriva dalla Francia in Irlanda ancora nel grembo della madre. Nasce nano, ma ben presto si scopre grande carattere. Diventerà scrittore. Molto bravo Walker, l'attore nano. ■ SENTIMENTALE; COL.; 100′; GRAN BRETAGNA, 1995.

FRANKIE E JOHNNY *(Frankie and Johnny)* ★★★
Regia di FREDERICK DE CORDOVA. Con DONNA DOUGLAS, NANCY KOVACK, ELVIS PRESLEY, SUE ANN LANGDON. ■ La vecchia storia di Frankie e Johnny, turbolenti amanti su uno show boat che sale e scende il Mississippi, rimaneggiata per mettere in risalto le doti canore di Elvis Presley. ■ COMM. MUSICALE; COL.; 87′; USA, 1967.

FRANKLYN ★★
Regia di GERALD MCMORROW. Con EVA GREEN, RYAN PHILLIPPE, SAM RILEY. ■ Londra ai giorni nostri. Meanwhile City, una città gotica in cui il buio domina. È tra queste due *location* che si sviluppano le vicende dei quattro protagonisti le cui vite finiscono con l'intrecciarsi. Si tratta di Philippe che, nel mondo fantastico di Meanwhile è una sorta di detective-vigilante unico ateo in una società in cui una fede decisamente bizzarra è stata imposta a tutti dal Potere. Gli altri tre agiscono nella capitale britannica: Amelia una giovane donna esperta in performance suicide, Milo malato d'amore e Peter che è alla ricerca del figlio senzatetto. ■ DRAMMATICO; COL.; 98′; FRANCIA, GRAN BRETAGNA, 2008.

FRANKLIN D. ROOSEVELT. UN UOMO, UN PRESIDENTE *(Warm Springs)* ★★★
Regia di JOSEPH SARGENT. Con JANE ALEXANDER (I), KATHY BATES, KENNETH BRANAGH, ANDREW DAVOLI, NELSAN ELLIS, MATT MALLOY, TIM BLAKE NELSON, CYNTHIA NIXON, MATTHEW O'LEARY, DAVID PAYMER. ■ Nel 1921, all'età di 39 anni e in procinto di divorziare dalla moglie, il promettente rampollo di una famiglia dell'alta borghesia statunitense viene colpito dalla poliomielite. Quella che sembrava una facile carriera politica si interrompe. Dopo un periodo di perdita di fiducia Franklin D. Roosevelt scopre, nella sperduta località di Warm Springs, delle acque termali in grado di ridare tono agli arti. Impegnerà tutto se stesso per farne un centro di riabilitazione tuttora in funzione. Nel 1928 riprenderà l'attività politica che lo vedrà Presidente degli Stati Uniti per ben 4 mandati. Kenneth Branagh interpreta, in questo tv movie di buon livello, uno dei presidenti degli Usa più amati. Un uomo che, a causa dell'handicap che lo ha colpito inesorabilmente, finisce col vivere da vicino la vita di quelli che l'America guarda con pietà come dei "losers", dei perdenti. ■ DRAMMATICO; COL.; 121′; USA, 2005.

FRANTIC ★★★
Regia di ROMAN POLANSKI. Con BETTY BUCKLEY, HARRISON FORD, EMANUELLE SEIGNER, YORGO VOYAGIS. ■ Scompare la moglie di un medico americano a Parigi. Il marito la cerca affannosamente e infine scopre che è stata rapita da una banda di terroristi in seguito a un equivoco. Roman Polanski ci prova a ripercorrere sentieri già resi fatidici da Hitchcock (con gli intrighi in-

ternazionali di *L'uomo che sapeva troppo*) e a dir la verità dimissiona un prodotto che ha poco da invidiare ai modelli. ■ GIALLO; COL.; 118'; USA, 1988.

FRA TAZIO DA VELLETRI ★★
Regia di ROMANO SCANDARIATO. Con MARGARET ROSE KEIL, RAY O'CONNOR, GLAUCO ONORATO. ■ Fra Tazio è un monaco cui la voce popolare attribuisce doti di guaritore. Un bellimbusto fiorentino decide di farsi passare per lui per poter avvicinare la moglie del gonfaloniere di Firenze. L'espediente ha successo: il giovanotto la conquista e dopo di lei tutta una lunga serie di altre donne. Il gonfaloniere se la prenderà con l'autentico Fra Tazio. ■ COMICO; COL.; 92'; ITALIA, 1974.

FRATE AMBROGIO *(In God We Trust)* ★★
Regia di MARTY FELDMAN. Con PETER BOYLE, MARTY FELDMAN, LOUISE LASSER. ■ Un candido fraticello di un convento trappista in California, riceve l'incarico dal suo superiore di trovare 5.000 dollari necessari a pagare un'ipoteca sul convento. Il fraticello s'avventura nel mondo e paga ben presto lo scotto della sua ingenuità: si fa derubare dei pochi dollari ricevuti, s'innamora di una prostituta e cade nella rete di un predicatore imbroglione, che sfrutta la credulità della gente grazie a un supercomputer. Aperti gli occhi, il fraticello riprogramma il computer e distrugge l'impero del predicatore. ■ COMMEDIA; COL.; 97'; USA, 1980.

FRATELLA E SORELLO ★
Regia di SERGIO CITTI. Con CLAUDIO AMENDOLA, LAURA BETTI, IDA DI BENEDETTO, YOUMA DIAKITE, ROLANDO RAVELLO. ■ È la storia di un'amicizia improbabile fra due uomini: Giacomo (Ravello), un borghese che vive di rendita, follemente innamorato di Nonò (Youma Daikite), una bella donna di colore che lo ha portato alla rovina; e il Serpente (Amendola), spogliarellista, un uomo che ha girato il mondo sulle navi da crociera, indurito dal tradimento di un amico. Si conoscono in prigione, dove sono finiti per motivi diversi, e qui creano un legame forte, fraterno. Una volta usciti dalla galera, non riescono più ad inserirsi nella società. Il solito, indolente, sopravvalutato Amendola. Non indispensabile. ■ COMMEDIA; COL.; 98'; ITALIA, 2005.

FRATELLANZA, LA *(The Brotherhood)* ★★★
Regia di MARTIN RITT. Con LUTHER ADLER, ALEX CORD, KIRK DOUGLAS, IRENE PAPAS, SUSAN STRASBERG. ■ Kirk Douglas è un boss mafioso che un giorno viene a sapere il nome dell'assassino di suo padre. Si tratta di un parente: il suocero del fratello. Il protagonista lo uccide, ma poi deve fuggire per scampare alla vendetta della "famiglia". I boss di New York lanciano un *ultimatum* al fratello: o lui rintraccia il "traditore" e lo uccide oppure essi si rifaranno sulla moglie e i figli. Il giovane, con la morte nel cuore, è costretto a sottostare. ■ DRAMMATICO; COL.; 98'; USA, 1968.

FRATELLANZA. BROTHERHOOD *(Broderskab)* ★★
Regia di NICOLO DONATO. Con NICOLAS BRO, DAVID DENCIK, CLAUS FLYGARE, MORTEN HOLST, THURE LINDHARDT. ■ I neonazisti sono uguali in tutto il mondo, così anche in Danimarca fanno raid notturni contro immigrati (in questo caso pakistani) o omosessuali, rileggono la storia della seconda guerra mondiale, hanno riti di iniziazione e nelle sfere più alte dei movimenti cercano di reclutare gli elementi più furbi tra le file degli insoddisfatti della società con affabili parole. Trovano così Lars, militare radiato per accuse di omosessualità che non ama gli extracomunitari ma nemmeno i nazi, loro però lo convincono, lo prendono tra le loro fila e lui si innamora di uno di loro scoprendone il lato gay. Gli amici ovviamente non gradiranno la scoperta. ■ DRAMMATICO; COL.; 90'; DANIMARCA, 2009.

FRATELLASTRI A 40 ANNI *(Step brothers)* ★★
Regia di ADAM MCKAY. Con WILL FERRELL, JOHN C. REILLY. ■ Nancy e Robert si incontrano a un convegno. È amore a prima vista e lei decide di andare a vivere da lui. Ma i due non sono proprio giovanissimi e hanno due figli sulla quarantina che vivono ancora a casa. Brennan, il figlio di Nancy, ora deve condividere la camera con il "fratellastro" Dale che non è per nulla intenzionato ad accoglierlo con il sorriso sulle labbra. I due si ostacoleranno con tutti i mezzi possibili fino a quando non troveranno un nemico comune nel fratello minore di Brennan, decisamente molto diverso da loro. ■ COMMEDIA; COL.; 100'; USA, 2008.

FRATELLI *(The Funeral)* ★★★
Regia di ABEL FERRARA. Con VINCENT GALLO, CHRIS PENN, ISABELLA ROSSELLINI, ANNABELLA SCIORRA, CHRISTOPHER WALKEN. ■ New York anni Trenta. Viene ucciso Johnny (Gallo), uno dei fratelli Tempio, mafiosi. Durante la notte di veglia succede tutto. Gli altri due fratelli, Ray (Walken) e Chaz (Penn) cercano l'assassino. Le regole dicono che deve scorrere altro sangue. Le mogli tentano di intervenire col sentimento e con la fede. Ma le regole sono le regole, e anche il destino Ray da bambino era stato costretto dal padre a uccidere un uomo e a conservare il bossolo. Dunque meccanismo da tragedia greca: non si sfugge alla predestinazione. E alla fine Chaz, tormentato e un po' mistico, incontrollabile, uccide tutti, collaboratori e fratelli. La tragedia è compiuta. Film di grande espressione, buio e imprevedibile, diverso, seppure con qualche effetto troppo perseguito. È stato un successo a Venezia. Premio a Chris Penn quale migliore attore della Mostra, meritato. ■ DRAMMATICO; COL.; 98'; USA, 1996. ■ VENEZIA 1 PR.

FRATELLI BOUQUIQUANT, I ★★★
(Les frères Bouquiquant)
Regia di LOUIS DAQUIN. Con ROGER PIGAUT, ALBERT PRÉJEAN, MADELEINE ROBINSON. ■ Julie lascia la campagna e va a Parigi, dove conosce e sposa Léon. Di lei si innamora il cognato Pierre, che la mette incinta. Léon scopre tutto, litiga col fratello e incidentalmente muore. La donna si autoaccusa, va in prigione, ma poi un prete la fa scarcerare. Pierre e Julie potranno restare insieme. ■ DRAMMATICO; B/N; 99'; FRANCIA, 1947.

FRATELLI CASTIGLIONI, I ★★
Regia di CORRADO D'ERRICO. Con LUISA FERIDA, AMEDEO NAZZARI, CAMILLO PILOTTO. ■ I Castiglioni vogliono mettere le mani sull'eredità di un loro congiunto e rissano anche fra di loro per accaparrarsela. Mentre loro litigano, sarà una terza a godere: una nipote del defunto, una ragazza-madre considerata malissimo da tutta la famiglia. Sarà lei l'erede designata. ■ COMMEDIA; B/N; 92'; ITALIA, 1937.

FRATELLI COLTELLI ★★
Regia di MAURIZIO PONZI. Con FLAVIO BUCCI, FABIO CANINO, EMILIO SOLFRIZZI, SIMONA VENTURA. ■ Un nobile fiorentino pieno di debiti e di supponenza e il suo fratellastro cameriere barese a caccia di denaro, si trovano a contendere un'eredità. Tra di loro si inserisce una furba torinese dallo spiccato accento che si fa passare per una nobile russa. Un cast di personaggi televisivi che vede la Ventura destreggiarsi con professionalità nel mondo del cinema. ■ COMMEDIA; COL.; 95'; ITALIA, 1997.

FRATELLI CORSI, I ★★
Regia di ANTON GIULIO MAJANO. Con GÉRARD BARRAY, GEOFFREY HORNE, VALÉRIE LAGRANGE, AMEDEO NAZZARI, JEAN SERVAIS. ■ Due gemelli appena nati vengono divisi dalla faida di due aristocratiche famiglie della Corsica. Uno viene adottato da una compagnia di briganti, l'altro va studente a Parigi. Si ritrovano uomini fatti e decidono di far fronte comune contro gli sterminatori della loro famiglia. Uno però (il brigante) muore. ■ AVVENTURA; COL.; 95'; ITALIA, 1961.

FRATELLI DEL VENTO, I *(Brothers of the Wind)* ★★
Regia di DICK ROBINSON. ■ Un attore a due zampe e un quartetto di lupacchiotti nello scenario delle Montagne Rocciose ai confini fra Stati Uniti e Canada. Protagonista è un vecchio cacciatore che salva dalla morte e alleva quattro cuccioli di lupo. ■ DOCUMENTARIO; COL.; 94'; CANADA, 1972.

FRATELLI DI BRUCE LEE, I *(I am Chinese)* ★
Regia di KUAN CHANG. Con CHAN CHIAO, YEH HSIAO, SHENG LUNG, WONG SHENG. ■ Un ragazzo cinese vorrebbe sposare un'orfanella giapponese, ma il tutore di questa si oppone. Complicazioni politiche peggioreranno la situazione. La morte di lei spezzerà per sempre il loro sogno. Fumettone. ■ AVVENTURA; COL.; 90'; HONG KONG, 1976.

FRATELLI DI FERRO, I *(Los hermanos del hierro)* ★
Regia di ISMAEL RODRIGUEZ. Con JULIO ALEMAN, COLUMBA DOMINGUEZ, IGNACIO LOPEZ TARSO. ■ I fratelli Rinaldo e Mar-

tin trovano e ammazzano l'uomo che anni addietro uccise il loro padre. Vengono catturati, ma il comandante della regione offre loro la libertà in cambio della morte del suo peggior nemico personale. È Martin che uccide la vittima designata. Poi i due fratelli si innamorano della stessa fanciulla. Le cose finiscono male. ■ DRAMMATICO; B/N; 92'; MESSICO, 1967.

FRATELLI DI JESS IL BANDITO, I ★★
(The Younger Brothers)
Regia di EDWIN L. MARIN. Con BRUCE BENNETT, ROBERT HUTTON, WAYNE MORRIS, JANIS PAIGE. ■ Dopo le imprese criminali a fianco del bandito Jesse James, la cattura e la prigionia, i fratelli Cole, Bob e Jim Younger stanno per ottenere l'amnistia. Ma devono dimostrare di meritarsela. Non è facile: i vecchi rancori non sono sopiti, in più un quarto fratello è stato coinvolto controvoglia nelle ruberie di una banda capitanata da una bella desperada. Cole interviene e salva il fratellino. La desperada muore. ■ WESTERN; COL.; 77'; USA, 1949.

FRATELLI DINAMITE, I ★★
Regia di NINO PAGOT, TONI PAGOT. ■ È il primo film di cartoni animati a colori realizzato in Italia. È abbastanza divertente e propone anche qualche piacevole canzoncina. Narra le avventure dei tre fratelli Dinamite. ■ ANIMAZIONE; COL.; 94'; ITALIA, 1949.

FRATELLI DION, I *(The Gravy Train)* ★★
Regia di JACK STARRETT. Con FREDERIC FORREST, STACY KEACH, MARGOT KIDDER. ■ Diretto dal greve Jack Starrett (*In corsa col diavolo*), ma scritto dal raffinato Terrence Malick (*La rabbia giovane*) è la storia di due fratelli che rimangono poveracci finché continuano a rompersi onestamente la schiena nelle miniere di carbone. Ma un giorno decidono di andare a cercare fortuna in città. E la trovano, ma come rapinatori di banche. ■ AVVENTURA; COL.; 92'; USA, 1974.

FRATELLI DI SANGUE ★★
Regia di TONINO RICCI. Con KIWAKO HARADA, CONRAD NICHOLS, WERNER POCHAT. ■ Due giornalisti sono caduti nelle mani dei guerriglieri dell'Afghanistan. Quattro uomini sono mandati a tentare un colpo di mano per recuperarli. Ma i quattro scoprono presto che nessuno vuole la salvezza dei giornalisti, ma anzi vogliono metterli definitivamente a tacere perché sanno troppo su certe armi top secret. ■ GUERRA; COL.; 90'; ITALIA, 1986.

FRATELLI DI SANGUE *(Brothers in Arms)* ★★
Regia di GEORGE JAY BLOOM. Con TODD ALLEN, DEDEE PFEIFFER, JACK STARRETT. ■ Due fratelli vogliono fare le guide in montagna, ma si scontrano con l'ostilità degli abitanti dei luoghi. Soprattutto con una banda di selvaggi psicolabili, aizzati da un capo clan più selvatico e mattocchio di tutti. ■ HORROR; COL.; 92'; USA, 1989.

FRATELLI DI SANGUE ★
Regia di DAVIDE SORDELLA. Con BARBORA BOBULOVA, FABRIZIO GIFUNI, FABRIZIO RONGIONE. ■ Due fratelli (Gifuni e Rongione) e la loro sorellastra (Bobulova) si incontrano il giorno di Natale nella casa di famiglia. Dal loro ultimo incontro sono trascorsi dieci anni ma, come si intuisce fin dalle prime battute, il tempo non è bastato a cancellare il ricordo di un segreto inconfessabile. Un segreto che li dilania e al tempo stesso li lega indissolubilmente. Rinchiusi nella cantina tra bottiglie di vino e vecchi oggetti impolverati, mentre la radio urla improperi razzisti e un carillon a forma di Babbo Natale diffonde una nenia natalizia sinistra e malinconica, i tre si lanciano in una perversa gara di confessioni che porterà alla luce tutto il torbido di un passato mai rimosso. Il cinema italiano pare ormai fatalmente attratto da vicende familiari ad alto tasso di morbosità, lungo un filo rosso che collega titoli come *La bestia nel cuore* di Cristina Comencini a *Viaggio segreto* di Roberto Andò. Presentato alla 63ª edizione del Festival di Venezia nella sezione Venice Screenings, il film, di impostazione teatrale, saccheggia grossolanamente il melò torrido alla Tennessee Williams per ribadire la non inedita teoria che la famiglia è all'origine di ogni nevrosi. Ma la sceneggiatura inanella una tale sequela di luoghi comuni imbarazzanti e scene madri fasulle da risultare a tratti involontariamente comica. ■ DRAMMATICO; COL.; 85'; ITALIA, 2005.

FRATELLI D'ITALIA ★★
Regia di FAUSTO SARACENI. Con MARC LAWRENCE, ETTORE MANNI, PAUL MÜLLER, OLGA SOLBELLI. ■ Storia di Nazario Sauro, il patriota di Capodistria eroe della marina militare italiana durante la Grande Guerra. Catturato dagli austriaci, è condannato a morte. Viene messo di fronte alla madre, che finge di non riconoscerlo e quasi convince i giudici. Ma arriva il marito della sorella, sottufficiale degli austriaci. La sua testimonianza manda Sauro sulla forca. ■ GUERRA; B/N; 91'; ITALIA, 1953.

FRATELLI D'ITALIA ★★
Regia di NERI PARENTI. Con MASSIMO BOLDI, JERRY CALÀ, CHRISTIAN DE SICA. ■ Disavventure di tre fessacchiotti d'Italia. Un borgataro romano si fa passare per il figlio di una grande famiglia per poter conquistare una fanciulla dell'alta società. Un dongiovanni di provincia scommette con gli amici che si porterà a letto la procace moglie del principale. E un tifosissimo del Milan è costretto per rimanere incolume a fingersi romanista. ■ COMMEDIA; COL.; 100'; ITALIA, 1989.

FRATELLI E SORELLE ★★★
Regia di PUPI AVATI. Con STEFANO ACCORSI, ANNA BONAIUTO, LINO CAPOLICCHIO, LUCIANO FEDERICO, FRANCO NERO, PAOLA QUATTRINI. ■ Una visione diversa degli italiani trasferiti in America. Gloria è negli Stati Uniti con i due figli, Matteo e Francesco, per trovare la sorella che abita a St. Louis. La ragione di questo viaggio è soprattutto la conseguenza della separazione dal marito che ha una relazione con una ragazza. S'intrecciano così le storie e i problemi di vari personaggi che fanno capo a Francesco, il più debole psicologicamente dei due fratelli. Tutti hanno delle colpe, nessuno escluso. ■ COMMEDIA; COL.; 106'; ITALIA, 1992.

FRATELLI GRIMM E L'INCANTEVOLE STREGA, I ★★★
(The Brothers Grimm)
Regia di TERRY GILLIAM. Con ROGER ASHTON-GRIFFITHS, MONICA BELLUCCI, JULIAN BLEACH, MACKENZIE CROOK, MATT DAMON, HARRY GILLIAM, TOMÁS HANÁK, LENA HEADEY, MARTIN KAVAN, HEATH LEDGER, BRUCE MACEWEN, JONATHAN PRYCE, RICHARD RIDINGS, PETER STORMARE, MIROSLAV TÁBORSK', JAN UNGER, JAKUB ZINDULKA. ■ Girato nei dintorni di Praga, il film ha per protagonisti i fratelli Grimm, nella finzione due imbroglioni che viaggiano da un villaggio all'altro fingendo di proteggere i paesani da creature incantate e mettendo in scena falsi esorcismi. Un giorno i due fratelli si trovano di fronte la regina di una foresta maledetta che è riuscita ad ottenere la vita eterna ma non la bellezza eterna. C'è troppo di già visto in questo ottovolante di gag e situazioni al limite con tanto di caratterizzazioni ad hoc e di personaggi tratti dalle fiabe raccolte dai due. È un "già visto" piacevole da rivedere ma che non riesce a diventare nuovo. Il che non impedirà al film di ottenere un vasto consenso al botteghino. ■ FANTASTICO; COL.; 113'; REPUBBLICA CECA, USA, 2005.

FRATELLI IN ERBA *(Leaves of Grass)* ★★★
Regia di TIM BLAKE NELSON. Con RICHARD DREYFUSS, EDWARD NORTON, JOSH PAIS, KERI RUSSELL, SUSAN SARANDON. ■ I fratelli Kincaid sono due, Bill e Brady (entrambi interpretati da Edward Norton), gemelli assolutamente indistinguibili ma solo per quel che riguarda l'aspetto fisico. Infatti uno è scappato dalla cittadina di provincia in cui sono nati, ha duramente rimosso il forte accento ed è diventato professore universitario di filosofia antica, l'altro ha conservato sia il luogo di residenza che l'accento e ora ha messo in piedi una florida coltivazione di marijuana e il relativo commercio illegale. Le loro vite tornano ad incrociarsi quando il secondo richiama il primo nel paese natale inscenando la propria morte. Il vero obiettivo è convincerlo a sostituirsi a lui per un giorno, in modo da avere un alibi perfetto per il crimine che ha in mente di commettere. ■ COMMEDIA; COL.; 105; USA, 2009.

FRATELLI KARAMAZOFF, I ★★★
(Der Mörder Dimitri Karamasows)
Regia di FEDOR OZEP. Con FRITZ KORTNER, BERNHARD MINETTI, FRITZ RASP, ANNA STEN. ■ Tratto dal celebre romanzo di Dostoievskij imperniato su un fosco caso di parricidio, è un film ancora molto legato ai canoni dell'espressionismo muto tedesco. ■ DRAMMATICO; B/N; 91'; GERMANIA, 1931.

FRATELLI KARAMAZOFF, I *(Bratya Karamazovy)* ★★
Regia di IVAN PYRIEV, MIKHAIL ULYANOV. Con LIONELLA PYRIEVA, MIKHAIL ULYANOV. ■ Rifacimento dell'omonimo film del 1931, questa volta russo autentico, prodotto dalla Mosfilm per la regia di Pyriev, uno degli autori più stimati dell'Unione Sovietica. L'illustrazione è certo più prestigiosa di quella di Gentilomo, ma la "resa" è solo esteriore. ■ DRAMMATICO; COL.; 91'; URSS, 1968. ■ OSCAR 1 NOM.

FRATELLI KELLY, I *(Ned Kelly)* ★★★
Regia di TONY RICHARDSON. Con MICK JAGGER, CLARISSA KAYE, MARK MCMANUS. ■ Divenuti fuorilegge in seguito ad un sopruso nei loro confronti, i fratelli Kelly finiscono per diventare il simbolo della resistenza australiana agli inglesi. Durante un'azione di guerriglia i tre banditi-combattenti sono catturati e uccisi, ma il loro è un esempio immediatamente seguito e imitato. ■ DRAMMATICO; COL.; 100'; GRAN BRETAGNA, 1970.

FRATELLI MARX AL COLLEGE, I *(Horse Feathers)* ★★★
Regia di NORMAN Z. MCLEOD. Con CHICO MARX, GROUCHO MARX, HARPO MARX, ZEPPO MARX, THELMA TODD. ■ I celebri fratelli sono nel college di Huxley dove una squadra di football americano sta per giocarsi il campionato. Ma con un rettore come Groucho, coadiuvato da Chico e Harpo, la vittoria del team è assicurata. ■ COMICO; B/N; 70'; USA, 1932.

FRATELLI MCMULLEN, I *(Brothers Mcmullen)* ★★★
Regia di EDWARD BURNS. Con SHARI ALBERT, MAXIME BAHNS, EDWARD BURNS. ■ Sono tre fratelli di origine irlandese: uno ha buoni princìpi, l'altro è tormentato, il terzo cerca una donna. Avevano un padre ubriacone che ha lasciato il segno. Emerge una certa America, ambiente minimalista, si soffre e si sorride. Opera prima di un regista che è riuscito a fare questo film con quindicimila dollari e a vincere un premio importante come il "Sundance". ■ COMMEDIA; COL.; 120'; USA, 1995.

FRATELLI MESSICANI *(The Naked Dawn)* ★★★
Regia di EDGARD GEORGE ULMER. Con ARTHUR KENNEDY, BETTA ST JOHN. ■ Un ladro, con nobile passato di rivoluzionario e di combattente per la libertà, si imbatte in una coppia di contadini messicani poveri e disperati. La donna gli chiede di portarla via, l'uomo tenta di derubarlo, ma all'ultimo momento non ha il coraggio e addirittura lo difende dalla rabbia dei suoi ex compagni. Il ladro viene ucciso egualmente e la coppia messicana si ritrova più unita. ■ AVVENTURA; COL.; 82'; USA, 1954.

FRATELLI NEI GUAI *(Brothers in Trouble)* ★★
Regia di UDAYAN PRASAD. Con ANGELINE BALL, PRAVESH KUMAR, PAVAN MALHOTRA, OM PURI. ■ 1960, Londra. Un gruppo di clandestini pakistani cerca di sopravvivere in un appartamento degradato della periferia. Quando sopraggiunge un nuovo gruppo, di cui fa parte anche una donna bianca, le tensioni esplodono. ■ DRAMMATICO; COL.; 104'; GRAN BRETAGNA, 1995.

FRATELLI NELLA NOTTE *(Uncommon Valor)* ★★★
Regia di TED KOTCHEFF. Con REB BROWN, GENE HACKMAN, PATRICK SWAYZE, FRED WARD. ■ Stanco delle promesse politiche, il colonnello Rhodes decide di organizzare un suo mini-esercito personale per andare in Vietnam a liberare suo figlio, tenuto prigioniero anche dopo la fine della guerra. A finanziare l'operazione è un milionario, il cui figlio condivide la prigionia del giovane Rhodes. Sei uomini super addestrati partono per la missione e liberano tutti, anche se il figlio di Rhodes è ormai morto da tempo. ■ AVVENTURA; COL.; 105'; USA, 1983.

FRATELLI PER LA PELLE *(Stuck on You)* ★★★
Regia di BOBBY FARRELLY, PETER FARRELLY. Con CHER, PAT CRAWFORD BROWN, MATT DAMON, GRIFFIN DUNNE, GREG KINNEAR, EVA MENDES, WEN YANN SHIH, TOMMY SONGIN, RAY VALLIERE. ■ Bob e Walt sono due fratelli siamesi, imbattibili portieri di hockey e ultrarapidi cuochi al fast food. Quando Walt decide di tentare la fortuna ad Hollywood, Bob non può che seguirlo. Inaspettatamente il successo arriva. Forse il miglior film degli ex-temibili fratelli registi: i diversi ed i "mostri" ci sono ancora, ma stavolta sono da difendere e non da irridere: piuttosto è la cosiddetta "normalità" ad essere presa di mira. ■ COMMEDIA NERA; COL.; 118'; USA, 2003.

FRATELLI RICO, I *(The Brothers Rico)* ★★
Regia di PHIL KARLSON. Con RICHARD CONTE, DIANNE FOSTER. ■ Kubik è un boss mafioso al quale tre fratelli italo-americani sono legati sin dall'infanzia. Due di loro vengono però crudelmente eliminati quando la loro presenza diventa pericolosa per la sicurezza di Kubik. Il terzo apre finalmente gli occhi e decide di denunciare il "padrino". Naturalmente Kubik tenta di impedirglielo, ma il giovanotto reagisce ed è il boss a fare una brutta fine. ■ DRAMMATICO; B/N; 92'; USA, 1957.

FRATELLI RIVALI *(Love me Tender)* ★★
Regia di ROBERT D. WEBB. Con DEBRA PAGET, ELVIS PRESLEY. ■ Elvis è uno dei fratelli Reno, che arrivano ad odiarsi per amore della stessa donna, ma ritrovano l'unità familiare davanti alle minacce esterne. ■ DRAMMATICO; B/N; 89'; USA, 1956.

FRATELLI SENZA PAURA, I ★★★
(All the Brothers were Valiant)
Regia di RICHARD THORPE. Con ANN BLYTH, STEWART GRANGER, ROBERT TAYLOR. ■ I due fratelli Joel e Mark si ritrovano dopo anni di separazione e di avventure e si scontrano per discordi riguardanti un sacco di perle da recuperare. Dimenticano il diverbio per affrontare insieme un pericolo esterno, ma uno dei due, Mark, muore nell'estremo tentativo di salvare l'altro. ■ AVVENTURA; COL.; 101'; USA, 1953. ■ OSCAR 1 NOM.

FRATELLI SKLADANOWSKI, I ★★★★
(Die Gebrüder Skladanowski)
Regia di WIM WENDERS. Con NADINE BUETTNER, UDO KIER, OTTO KUHNKE, CHRISTOPH MERG. ■ Il cinema nasce ufficialmente il 28 dicembre del 1895, quando i Fratelli Lumière proiettano il primo breve film al Grand Café de Paris. Wenders ci spiega che in realtà il cinema era già nato tre anni prima, grazie ad altri due fratelli, tedeschi, di nome appunto Skladanowski, che proiettarono otto brevi sequenze con un apparecchio chiamato Bioskop. Wenders reclama dunque, con grande passione, la paternità tedesca del cinema. Certo la sua è una voce autorevole. L'atto d'amore si completa con la vicenda di Lucia, figlia vivente, novantenne, di uno dei due fratelli, che racconta i suoi ricordi, meravigliosi. ■ BIOGRAFICO; B/N; 79'; GERMANIA, 1996.

FRATELLI SOLOMON, I *(The Brothers Solomon)* ★★
Regia di BOB ODENKIRK. Con MALIN AKERMAN, WILL ARNETT, JENNA FISCHER, WILL FORTE, LEE MAJORS, CHI MCBRIDE, KRISTEN WIIG. ■ Cresciuti in quasi totale isolamento, i fratelli Solomon, Dean e John, si trovano improvvisamente a dover adempiere l'ultima volontà del padre morente, che li vuole "accasati" e padri di famiglia. L'inesperienza nelle relazioni sociali e l'eccessività ingenuità e disponibilità del duo dà vita ad una serie di avventure tra il grottesco e l'esilarante... Classico *buddy movie* con venature demenziali. ■ COMMEDIA; COL.; 91'; USA, 2007.

FRATELLO, IL ★★★
Regia di MASSIMO MIDA. Con GIGI BALLISTA, LIDIA BENNAKER, RICCARDO CUCCIOLLA, LAURA DE MARCHI, MANLIO GUARDABASSI. ■ Due fratelli sono ugualmente innamorati del cinema, ma solo Bruno è riuscito a farsi un nome in quel difficile mondo. L'altro, Marco, insegna in una scuola, tormentato da dubbi e crisi esistenziali. Bruno muore improvvisamente lasciando a Marco l'incarico di portare a termine il suo ultimo film, ma troppe difficoltà di ordine pratico glielo impediscono. ■ DRAMMATICO; COL.; 90'; ITALIA, 1975.

FRATELLO DI UN ALTRO PIANETA ★★
(The Brother from Another Planet)
Regia di JOHN SAYLES. Con CAROLINE AARON, LEONARD JACKSON, JOE MORTON. ■ Commediola a tratti divertente di ambientazione all black: uno stralunato alieno di colore naufraga sulla terra, inseguito da due truci killer robotici. I suoi poteri paranormali e la solidarietà della gente di Harlem gli faranno trovare pace e amore sulla vecchia Terra. ■ FANTASTICO; COL.; 104'; USA, 1984.

♥ FRATELLO DOVE SEI? ★★★★★
(O Brother, Where Art Thou?)
Regia di ETHAN COEN, JOEL COEN. Con GEORGE CLOONEY, CHARLES DUNING, JOHN GOODMAN, HOLLY HUNTER, TIM BLAKE NELSON, JOHN TURTURRO. ■ È un evento, anzi, l'evento. Ecco perché

sono state attribuite a questo film cinque stelle, la massima valutazione. Non lo facevo dai tempi di *Apocalypse Now*. Non ci credevo più. "*Fratello*" contiene tutto ciò che fa il capolavoro: storia, regia importante e non visibile, attori, discrezione e leggerezza, il supporto, anche furbo, della musica (country), e finalmente non violenza, ottimismo ragionevole, e il sospetto che si possa ancora star bene. E poi la scrittura, l'intelligenza e l'ironia, e la misura migliore di tutto, e tutto esposto semplicemente, così come i grandi temi, desunti da piccole storie. E dunque si esce dalla sala e si ha la sensazione che in giro ci sia del buono e puoi trovarlo se cerchi e ti comporti bene. Nei titoli viene spiegato che l'ispirazione è l'*Odissea*. Tre galeotti (ma erano dentro per piccole cose) evadono. Sono Ulisse Everett (Clooney), Delmar (Nelson) e Pete (Turturro), incontrano un vecchio cieco che prevede che la loro ricerca (un bottino nascosto) finirà quando vedranno una mucca su un tetto. Incontrano un gruppo di fedeli che si battezzano in un fiume; un nero che ha venduto l'anima al diavolo per suonare la chitarra; poi incidono una canzone – cantano benissimo – su un disco rudimentale. Partecipano a una rapina col gangster pazzo Faccia d'angelo, si fanno derubare da un venditore di bibbie. Sconvolgono una manifestazione del Ku Klux Klan. Cedono alla seduzione di tre sirene canterine. Sono coinvolti nella campagna elettorale del solito disonesto politicante. Alla fine Ulisse ritrova l'ex moglie, Penelope (e le sei figlie), che si stava sposando con un altro... uno dei Proci. Vengono ripresi dalle guardie che li hanno sempre inseguiti, stanno per essere impiccati, ma si salvano perché la valle viene sommersa dal fiume, per via di una centrale elettrica che tutto trasformerà. Ed ecco la famosa mucca sul tetto. Nel frattempo erano all'oscuro dell'enorme successo del loro disco: *I'm A Man of Constant Sorrow*. Sì, va tutto a posto. E così il chiacchierone Ulisse-Clooney ha spiegato l'America della depressione, la vita, la speranza, la stupidità, e anche l'essenza, che forse è semplicemente una bella famiglia, magari con qualche amico sincero. Metafore precise, chiare e pulite, legate al passato e anche al presente di quel Paese. E mille citazioni: da *Furore* a *Nick Manofredda* a *Gangster's story* a *Nascita di una nazione*. I tre protagonisti sono di una bravura impressionante, e dunque i Coen sono anche direttori d'attori. Ribadisco: le cinque stelle risalgono al 1979. Da tanto tempo davvero non si faceva un film così. ■ AVVENTURA; COL.; 110′; USA, 2000. ■ GOLDEN GLOBES 1 PR, 2 NOM; OSCAR 2 NOM.

FRATELLO GRANDE, IL *(Brat 2)* ★★
Regia di ALEKSEJ BALABANOV. Con SERGEJ BODROV, IRINA SALTYKOVA, VIKTOR SUKHORUKOV. ■ Ambientato nella Russia post-comunista, è il seguito del film *Brother* girato da Alexei Balabanov nel 1997. Provocatorio, dissacrante e noir come il primo, in questo secondo episodio il protagonista Danila deve vendicare l'uccisione di un amico da parte di un mafioso intrallazzato con gli americani. L'azione si sposta negli Stati Uniti, con la solita sequela di sparatorie, inseguimenti, inganni e ricatti. In una sorta di amara parodia degli action-movies, l'accento è sul patetico tentativo dei moscoviti di rincorrere quel maledetto sogno americano fatto di soldi, sesso e successo. Non mancano i momenti di amaro sarcasmo, come quando, alla giornalista rapita che chiede spaventata «Siete gangster?», viene risposto: «No, siamo russi!». ■ AZIONE; COL.; 122′; RUSSIA, 2002.

FRATELLO HOMO, SORELLA BONA – NEL BOCCACCIO SUPERPROIBITO ★
Regia di MARIO SEQUI. Con SERGIO LEONARDI, NAZZARENO NATALE, KRISTA NELL. ■ Un nobile tedesco (siamo in pieno Medioevo) ha una figlia che crede sua, ma che in realtà è il frutto di una relazione adulterina della moglie. La ragazza, che è al corrente della faccenda, si ribella quando il presunto padre le impone un matrimonio non gradito. ■ COMICO; COL.; 90′; ITALIA, 1972.

FRATELLO LADRO ★★
Regia di PINO TOSINI. Con PAOLO CARLINI, GINO CERVI, GIULIANO DISPERATI, GRAZIELLA GRANATA, DINA SASSOLI. ■ Storia romanzata di un sacerdote realmente vissuto, don Lino, direttore dell'istituto di correzione minori di Parma. ■ BIOGRAFICO; COL.; 91′; ITALIA, 1972.

FRATELLO MARE ★★★
Regia di FOLCO QUILICI. Con ATAI RAIROA, TIAMI TETOCA. ■ Attraverso il racconto che il vecchio Atai fa della sua infanzia e della sua giovinezza, il film racconta la vita dei polinesiani prima dell'invasione dei "barbari": i turisti bianchi che hanno contaminato in maniera irreversibile l'ultimo paradiso terrestre. ■ DOCUMENTARIO; COL.; 93′; ITALIA, 1975.

FRATELLO MINORE, IL ★★
Regia di STEFANO GIGLI. Con GIOVANNI GARAVAGLIA, ANDREA GOLINO, ELEONORA IVONE, PAOLO SASSANELLI. ■ Un tipo che ha il cognome Moretti vuole fare carriera grazie ad esso. Qualcuno gli crede e anche i rapporti con l'altro sesso segnalano un'impennata. Il regista e la produzione sperano che il giochino di sceneggiatura attragga qualche spettatore in più. Ma è molto difficile! ■ COMMEDIA; COL.; 108′; ITALIA, 1999.

FRATELLO PIÙ FURBO DI SHERLOCK HOLMES, IL ★★★
(The Adventures of Sherlock Holmes' Smarter Brother)
Regia di GENE WILDER. Con DOM DELUISE, MARTY FELDMAN, MADELINE KAHN, GENE WILDER. ■ L'idea del fratello pasticcione e invidioso del più grande poliziotto della letteratura mondiale è indovinata, anche se l'umorismo di Wilder, sottile e surrealista, toglie continuità al susseguirsi delle scene. ■ COMICO; COL.; 91′; USA, 1975.

FRATELLO SOLE, SORELLA LUNA ★★★
Regia di FRANCO ZEFFIRELLI. Con JUDY BOWKER, ADOLFO CELI, VALENTINA CORTESE, GRAHAM FAULKNER, ALEC GUINNESS. ■ La storia di San Francesco reinterpretata da Franco Zeffirelli vuole essere una sorta di allegoria della contestazione giovanile dei nostri anni. Francesco ricorda molto gli hippies di *Hair* ed è quasi obbligatorio ripensare a *Jesus Christ Superstar*. ■ BIOGRAFICO; COL.; 137′; ITALIA, 1971. ■ DAVID DI DONATELLO 1 PR, 1 NOM; OSCAR 1 NOM.

FRATELLO VENUTO DAL FUTURO, UN ★
(Brother Future)
Regia di ROY CAMPANELLA II. Con AKOUSUA BUSIA, PHILL LEWIS, CARL LUMBLY. ■ Un ragazzo di colore viene investito. Il trauma lo fa viaggiare verso il passato. Tornerà nel futuro per apprezzare le differenze. Siamo sempre dalle parti di *Ritorno al futuro*. ■ FANTASTICO; COL.; 105′; USA, 1991.

FRATI ROSSI, I *(The Red Monks)* ★★
Regia di JOHN MARTUCCI. Con GERARDO AMATO, CHUCK VALENTI, LARA WENDEL. ■ Un aristocratico, proprietario di un maniero medievale, sposa una ragazza molto giovane e ingenua e la porta a vivere nel castello, bellissimo e suggestivo di giorno, abbastanza cupo e inquietante di notte. La sposina scopre presto il ritratto di un'antenata del marito che praticamente è la sua sosia. E scopre, un po' più tardi, che la donna era stata al centro di una cupa vicenda destinata a ripetersi. Con lei, purtroppo, come protagonista. ■ HORROR; COL.; 91′; ITALIA, 1988.

FRATTURA DEL MIOCARDIO, LA ★★★
(La fracture du myocarde)
Regia di JACQUES FANSTEN. Con JACQUES BONNAFFÈ, FRANÇOIS DYREK, DOMINIQUE LAVANANT. ■ Una storia originale e discretamente diretta. Martin è un bambino che gode della solidarietà dei suoi piccoli compagni di scuola. Infatti quando la mamma di Martin muore cercheranno di aiutarlo a non farlo sapere in giro: potrebbe finire in un orfanotrofio. ■ COMMEDIA; COL.; 100′; FRANCIA, 1991.

FRAU HOLLE LA SIGNORA DELLA NEVE ★★
(Frau Holle)
Regia di JURAJ JAKUBISKO. Con VALERIA KAPLANOVA, GIULIETTA MASINA, SONIA VALENTOVA. ■ Dalla fiaba dei fratelli Grimm. Frau Holle è una sorta di fatina buona che veglia sugli uomini e li sottrae alla sua fata rivale, la Morte. Un suo protetto è il piccolo Jakob, che Holle ha salvato da una valanga di neve che ha distrutto la sua famiglia. Continuerà a vegliare su di lui anche da grande, quando il suo amore per la figlia del borgomastro lo caccerà in mezzo ai guai. ■ FIABESCO; COL.; 90′; CECOSLOVACCHIA, 1985.

FRÄULEIN ★★
Regia di HENRY KOSTER. Con MEL FERRER, DOLORES MICHAELS, DANA WYNTER. ■ Durante la seconda guerra mondiale alla povera Erika ne capitano di tutti i colori: muore il padre, un focoso ammiratore russo ci lascia la pelle mentre attenta alla sua virtù, un altro ufficiale sovietico le offre il suo aiuto ma rivela immediatamente le sue vere intenzioni, i proprietari di una casa di appuntamenti le propongono di lavorare per loro. Finalmente arriva il soldatino americano al quale Erika e suo padre avevano offerto rifugio. Il giovanotto ha fatto carriera e sposa Erika. ■ COMMEDIA; B/N; 98′; USA, 1958.

FRÄULEIN DOKTOR ★★★
Regia di ALBERTO LATTUADA. Con CAPUCINE, GIANCARLO GIANNINI, NIGEL GREEN, SUZY KENDALL, KENNETH MORE. ■ Di Elizabeth Schragmüller, spia tedesca realmente vissuta e operante durante la prima guerra mondiale con il nome di "Fräulein Doktor", si sa molto poco. Il primo che raccontò le gesta di questa temibile spia fu George Pabst nel 1936. ■ SPIONAGGIO; COL.; 103′; ITALIA, 1968.

FRAU MARLENE *(Le vieux fusil – Das alte Gewehr)* ★★
Regia di ROBERT ENRICO. Con ROBERT HOFFMAN, PHILIPPE NOIRET, ROMY SCHNEIDER. ■ Un medico francese al quale i nazisti hanno ucciso moglie e figlia escogita metodi orripilanti di vendetta. Ad uno ad uno i carnefici delle due donne cadono per sua mano. Quando un amico si reca al castello per convincerlo a venir via, l'uomo si rivela per quello che ormai è: un pazzo. ■ DRAMMATICO; COL.; 102′; FRANCIA, 1975. ■ DAVID DI DONATELLO 1 PR, 1 NOM.

FREAKED – SGORBI *(Freaked)* ★★
Regia di TOM STERN, ALEX WINTER. Con RANDY QUAID, KEANU REEVES, BROOKE SHIELDS, MICHAEL STOYANOV, MEGAN WARD, ALEX WINTER. ■ Omaggio al film di Tod Browing, *Freaked* racconta di una star in ascesa che accetta di fare la pubblicità per un fertilizzante nocivo. Si ritroverà trasformato in un mutante insieme a due amici. Solo una rivolta nel finale riuscirà a farli uscire dal lager in cui sono stati rinchiusi. Film discontinuo in cui il riferimento cinefilo si alterna con il richiamo ai cartoon. ■ HORROR; COL.; 79′; USA, 1993.

♥ FREAKS ★★★
Regia di TOD BROWNING. Con ROSCOE ATES, OLGA BACLANOVA, WALLACE FORD. ■ Un classico dell'orrore, ritirato quasi subito dopo la prima dal boss della MGM che lo giudicò (dal suo punto di vista non aveva torto) troppo duro per i delicati stomaci degli spettatori del 1932. Browning usò veri nani e veri "mostri" (fra cui due fratelli siamesi) per questa horror story che molti giudicano il suo capolavoro. Protagonista è la bella di un circo, un'acrobata, che acconsente a sposare un nano. Poi lo avvelena per potersi mettere con l'uomo forzuto della compagnia. Ma gli altri nani se ne accorgono e la conciano per le feste (cioè la storpiano finché la bella non diventa anch'essa un mostro). ■ HORROR; B/N; 64′; USA, 1932.

FRECCE AVVELENATE *(Rock Island Trail)* ★★★
Regia di JOSEPH KANE. Con BRUCE CABOT, ADELE MARA, FORREST TUCKER. ■ I costruttori delle prime linee ferroviarie, nel vecchio West, non ebbero la vita facile. Anche l'ingegner Reed, protagonista di questo film, deve vedersela con un concorrente disonesto proprietario di navi da trasporto fluviali, con gli indiani e con altri mille problemi. Reed non si perde mai d'animo e alla fine ha ragione di tutto e di tutti. ■ AVVENTURA; COL.; 81′; USA, 1950.

FRECCIA AVVELENATA, LA ★★
(Charlie Chan at the Race Track)
Regia di BRUCE H. HUMBERSTONE. Con KEYE LUKE, WARNER OLAND, HELEN WOOD. ■ Il ricco proprietario di un allevamento di cavalli da corsa viene trovato ucciso. L'investigatore, incaricato di risolvere il caso, scopre ben presto che la morte dell'uomo è legata al mondo delle corse truccate e delle scommesse clandestine. Qualcuno tenta di fermarlo, ma l'investigatore arriva fino in fondo. ■ GIALLO; B/N; 70′; USA, 1936.

FRECCIA AVVELENATA, LA *(La flecha envenenada)* ★★
Regia di ALFRED RIPSTEIN JR. Con JOHN BERRY, OTILIA LARRANAGA, GASTON SANTOS. ■ L'indiano Anima nera, che terrorizzava il paese con le sue frecce avvelenate, muore. Ma le stragi continuano. C'è chi parla di fantasmi, ma Bill e Pancho, i buoni della situazione, non credono a queste storie. Si danno da fare, anche perché devono aiutare la bella Rosita ad ottenere un prestito, e scoprono che Anima nera aveva un fratello gemello. ■ AVVENTURA; COL.; 81′; MESSICO, 1957.

FRECCIA AZZURRA, LA ★★★
Regia di ENZO D'ALÒ. ■ Coproduzione europea per un cartone tratto da una storia di Rodari. Il cattivo Scarafone vorrebbe che la Befana invece che regalare i giocattoli, li vendesse. Buona iniziativa, didattica e positiva. A posteriori presenta un grande valore aggiunto: è l'unico cartone con un premio Nobel, Dario Fo, che dà la voce a Scarafone. ■ ANIMAZIONE; COL.; 92′; ITALIA, 1996.

FRECCIA D'ACCIAIO, LA ★★
Regia di FRANZ WENGLER. Con KARL LUDWIG, DOROTHEA WIECK. ■ Un corridore automobilista non trova nessuno disposto a collaudare una sua innovazione meccanica che sembra invece interessare molto a un suo concorrente. Quest'ultimo tenta di realizzare l'idea per poterla brevettare, ma fortunatamente il corridore riesce a batterlo sul tempo grazie all'aiuto insperato di una giovane donna. ■ DRAMMATICO; B/N; 69′; GERMANIA, 1932.

FRECCIA DEL GIUSTIZIERE, LA *(Wilhelm Tell)* ★★
Regia di MICHEL DICKOFF. Con MARIA BEKER, ROBERT FREITAG, WOLFGANG ROTTSIEPER. ■ La storia del leggendario Guglielmo Tell stavolta è raccontata in casa la Svizzera, che ha realizzato il film, non ha badato a spese. Dopo essere stato arrestato per il suo atteggiamento insolente nei confronti del tiranno Gessler, Guglielmo Tell fugge e organizza la rivolta dei suoi connazionali. ■ AVVENTURA; COL.; 86′; SVIZZERA, 1960.

FRECCIA DI FUOCO *(Blood Arrow)* ★★
Regia di CHARLES MARQUIS WARREN. Con SCOTT BRADY, PHYLLIS COATES, PAUL RICHARDS. ■ Una comunità di mormoni è colpita da una terribile epidemia. Una ragazza e quattro uomini tentano di portare aiuto e medicinali, ma una banda di indiani impedisce il passaggio sul loro territorio. Al termine della missione i coraggiosi sono rimasti in due, ma i medicinali arrivano a destinazione. ■ WESTERN; B/N; 76′; USA, 1958.

FRECCIA D'ORO, LA ★★
Regia di CORRADO D'ERRICO. Con GUIDO BARBARISI, MAURIZIO D'ANCORA, LUISA FERIDA, EVA MAGNI, LAURA NUCCI, LUIGI PAVESE. ■ Un lussuoso treno corre nella notte, mentre a bordo un gruppo di banditi tenta di derubare il vagone postale. Per agire indisturbati i banditi isolano la locomotiva; il conduttore ignora perciò che il ponte verso il quale si sta dirigendo è saltato. Soltanto un miracolo potrebbe evitare la catastrofe, e il miracolo puntualmente accade. ■ DRAMMATICO; B/N; 90′; ITALIA, 1935.

FRECCIA ED IL LEOPARDO, LA *(El djungelsaga)* ★★
Regia di ARNE SUCKSDORFF. ■ Col pretesto di un'esile trama – la storia di un matrimonio contrastato e di una caccia al leopardo – il regista racconta la vita e le abitudini quotidiane di una tribù dell'India, i Murias. ■ DOCUMENTARIO; COL.; 90′; SVEZIA, 1957.

FRECCIA INSANGUINATA, LA *(Arrowhead)* ★★
Regia di CHARLES MARQUIS WARREN. Con CHARLTON HESTON, KATY JURADO, JACK PALANCE. ■ Gli indiani hanno il vantaggio di avere un capotribù che, grazie alla generosità dei visi pallidi, ha studiato in una università dell'Est, eppure continua a rimanere cattivo. Per fortuna c'è Ed Bannon, eroe tutto d'un pezzo, che sconfigge in duello il capo ed evita una strage. ■ AVVENTURA; COL.; 105′; USA, 1953.

FRECCIA NEL FIANCO, LA ★★
Regia di ALBERTO LATTUADA. Con LEONARDO CORTESE, MARIELLA LOTTI, ROLDANO LUPI. ■ Nicoletta e Bruno si conoscevano quando erano ragazzi e si ritrovano adulti. Lei è sposata, lui è diventato un celebre pianista. Nicoletta abbandona il marito (che neppure protesta) per seguire l'antico amore, ma quando si accorge d'essere d'impaccio a Bruno si toglie la vita. ■ DRAMMATICO; B/N; 90′; ITALIA, 1945.

FRECCIA NELLA POLVERE, LA *(Arrow in the Dust)* ★★
Regia di LESLEY SELANDER. Con COLEEN GRAY, STERLING HAY-

DEN. ■ Un disertore è costretto dalle circostanze ad assumere il comando di una carovana di coloni che attraversa il territorio indiano. Le difficoltà da superare gli restituiscono la fiducia in se stesso e, quando la carovana arriva a destinazione, l'ufficiale del forte lo riaccoglie tra i soldati fingendo di ignorare la sua diserzione. ■ AVVENTURA; COL.; 80'; USA, 1954.

FRECCIA NERA, LA *(The Black Arrow)* ★★
Regia di GORDON DOUGLAS. Con JANET BLAIR, LOUIS HAYWARD, GEORGE MCREADY. ■ Al tempo di re Edoardo IV d'Inghilterra, le avventure dell'eroe buono Sir Richard Shelton si intrecciano alla love story con Joan. Fuga nella foresta degli innamorati, torneo e "giudizio di Dio" a punizione del cattivo. ■ AVVENTURA; B/N; 76'; USA, 1948.

FRECCIA SULLA CROCE, LA ★★
(The Twinkle in God's Eye)
Regia di GEORGE BLAIR. Con COLEEN GRAY, HUGH O'BRIAN, MICKEY ROONEY. ■ Storia di un prete e della sua attività missionaria in un villaggio del West dominato da una gang di malviventi. Lui tiene duro, non si lascia intimidire e, appoggiato da alcuni cittadini, sconfigge la banda. ■ WESTERN; B/N; 73'; USA, 1955.

FRED CLAUS – UN FRATELLO SOTTO L'ALBERO *(Fred Claus)* ★★★
Regia di DAVID DOBKIN. Con ELIZABETH BANKS, KATHY BATES, PAUL GIAMATTI, JOHN MICHAEL HIGGINS, MIRANDA RICHARDSON, KEVIN SPACEY, VINCE VAUGHN, RACHEL WEISZ. ■ Può essere difficile essere il fratello di Babbo Natale, Nick Claus per amici e familiari. Cresci all'ombra di un personaggio in odore di santità, sei sempre paragonato a lui, e le tue qualità, per quanto piccole, sono sempre misconosciute. Il film racconta dunque il rapporto fra i due all'interno della famiglia Claus. Quando Fred si trova nei guai con la legge, Nick gli propone di lavorare per lui al Polo Nord. Le due personalità sono agli antipodi e i contrasti rischiano di compromettere addirittura il consueto rito del Natale... Lo stile scelto da David Dobkin non poteva che essere la favola con toni forti da commedia. Per il suo film natalizio, la produzione ha messo insieme un cast in cui figurano tre premi Oscar (Kevin Spacey, Rachel Weisz e Kathy Bates), un candidato (Paul Giammatti, un perfetto Babbo Natale) e uno degli attori comici del momento, Vince Vaughn. ■ COMMEDIA; COL.; 116'; USA, 2007.

FREDDA ALBA DEL COMMISSARIO JOSS, LA ★★★
(Le pacha)
Regia di GEORGES LAUTNER. Con DANY CARREL, JEAN GABIN, JEAN GAVEN. ■ Il vecchio commissario Joss indaga sulla vita privata dell'ispettore Gauvion, ucciso da una banda di malviventi, e scopre cose insospettabili. ■ DRAMMATICO; COL.; 85'; FRANCIA, ITALIA, 1967.

FREDDA LUCE DEL GIORNO, LA ★★
(The Cold Light of Day)
Regia di MABROUK EL MECHRI. Con HENRY CAVILL, VERONICA ECHEGUI, SIGOURNEY WEAVER, BRUCE WILLIS, ROSCHDY ZEM. ■ Will Shaw è un giovane consulente finanziario di San Francisco in partenza per la Spagna, dove lo aspettano i genitori e il fratello per trascorrere assieme una vacanza in barca lungo la Costa Brava. Non saranno ferie serene, angosciato per la sua compagnia sull'orlo della bancarotta, e dovrà presto far ritorno a lavoro. Durante una traversata in mare, continuamente distratto da telefonate, si allontana dalla barca dei genitori. Quando torna, si trova catapultato in un intrigo internazionale dove sono coinvolti servizi segreti, ipotetici terroristi e doppie identità. ■ THRILLER; COL.; 93'; USA, 2011.

FREDDA MATTINA DI MAGGIO, UNA ★★
Regia di VITTORIO SINDONI. Con SERGIO CASTELLITTO, ROBERTO DE FRANCESCO, LEONARDO FERRANTINI. ■ Storia dell'omicidio di Walter Tobagi, vittima tra le tante del terrorismo autonomo. Tobagi era un giornalista che non trascurava di cercare nel losco, denunciando intrighi e pericolose ideologie estremiste, e fu assassinato da un gruppo di terroristi. Nella finzione il nome del giornalista è Ruggero Manni ed è interpretato da un bravo Castellitto. Purtroppo però la materia non viene trattata nella maniera adeguata e la confezione cade nella enfatizzazione e nel manierismo. Tra gli attori troviamo Gabriele Ferzetti e Marie Laforet. ■ DRAMMATICO; COL.; 96'; ITALIA, 1990.

FREDDY VS. JASON ★
Regia di RONNY YU. Con ROBERT ENGLUND, KATHARINE ISABELLE, MONICA KEENA, KEN KIRZIGER, KELLY ROWLAND. ■ Chi non ama l'horror di serie Z nemmeno si accorgerà dell'uscita di questo film. La trama si basa su un paio di spunti talmente complicati che per spiegarli il film va ad impantanarsi in situazioni macchinose e logorroiche: Freddy è morto e nessuno ad Elm Street si ricorda più di lui. Questo è un problema, perché Freddy prende la sua forza dalla paura che fa alla gente, e dunque non può tornare a movimentare gli incubi dei malcapitati, se neppure si ricordano di lui. ■ HORROR; COL.; 97'; USA, 2003.

FRED IL RIBELLE *(Western Union)* ★★★
Regia di FRITZ LANG. Con VIRGINIA GILMORE, DEAN JAGGER, ROBERT SCOTT. ■ Film del periodo americano di Lang, successivo alla fuga dall'Europa dopo l'avvento di Hitler. Il direttore dei lavori di allestimento di una nuova linea telegrafica assume come collaboratore un bandito, Fred, sapendo bene chi lui sia. ■ AVVENTURA; COL.; 94'; USA, 1941.

FREEDOM ★★★★
Regia di SHARUNAS BARTAS. Con FATIMA ENNAFLAOUI, VALENTINAS MASALSKIS, AXEL NEUMANN. ■ La storia "narrativa" è appena accennata, addirittura poco importante: due uomini e una donna sono braccati dalla polizia a seguito del fallito tentativo di caricare della droga su di una nave. Fuggono in mezzo al deserto, uno non ce la fa. La donna cerca ospitalità presso un villaggio. Poi protezione dal suo compagno di fuga. Fino al mare, comune punto d'arrivo. Ma al di là della trama ci sono storie interiori, quelle che lo spettatore deve (meglio, può) costruire a partire dai volti e dai corpi dei tre pellegrini in questo deserto così quotidiano, conosciuto e amico. C'è poi la storia universale, quella dell'esistenza. Che viene raccontata da ogni granello di sabbia, onda del mare, frammento di cielo, raggio di sole, ombra, persino dai rettili e dallo sguardo di un granchio in primo piano. Tarkovskji e dintorni? Forse. Ma questo allora 36enne lituano, Sharunas Bartas, aggiunge al già visto la propria poesia interiore. Il proprio vissuto ed il "tramandato primordiale" che ciascun essere umano porta dentro il proprio DNA. Così che quando nel film le persone parlano, si tratta di suoni che comunicano per davvero. ■ DRAMMATICO; COL.; 96'; FRANCIA, LITUANIA, PORTOGALLO, 2000.

FREEDOM WRITERS ★★★
Regia di RICHARD LAGRAVENESE. Con PATRICK DEMPSEY, JASON FINN, SCOTT GLENN, APRIL LEE HERNANDEZ, MARIO, HUNTER PARRISH, IMELDA STAUNTON, HILARY SWANK. ■ Erin Gruwell (Hilary Swank) è una giovane insegnante di lettere al suo primo incarico in un liceo. Siamo a Los Angeles nel 1992, poco dopo gli scontri razziali che avevano messo a ferro e fuoco la città. Erin si vede affidare una classe composta da latinoamericani, cambogiani, afroamericani e un unico bianco. Provengono tutti da realtà sociali in cui il degrado e la violenza costituiscono parte integrante della vita quotidiana. Le istituzioni li vedono come un peso morto da "parcheggiare" in attesa che tornino nella strada. "La Gruwell" (così prenderanno a chiamarla i ragazzi) non si arrende né di fronte all'istituzione né di fronte agli allievi che inizialmente la respingono, convinti che sia l'ennesima insegnante disinteressata al loro vissuto. Riuscirà a convincerli ad uscire dalla gabbia delle gang e a guardarsi dentro scrivendo dei diari che diverranno un libro. Ispirato a una storia vera, con il premio Oscar Hilary Swank che crede così tanto al progetto da divenire produttore esecutivo. ■ DRAMMATICO; COL.; 123'; GERMANIA, USA, 2007.

FREEFALL – CADUTA LIBERA *(Freefall)* ★
Regia di JOHN IRVIN. Con PAMELA DIDLEY, JEFF FAHEY, ERIC ROBERTS. ■ Film di genere, senza nessun'idea. Pamela lavora come fotografa per un giornale ambientalista. Viene spedita nel bel mezzo dell'Africa alla ricerca di un uccello in via d'estinzione. Si innamora a prima vista e ha inizio una serie infinita di inseguimenti e sparatorie. ■ AVVENTURA; COL.; 100'; USA, 1993.

FREEJACK – IN FUGA NEL FUTURO *(Freejack)* ★★
Regia di GEOFF MURPHY. Con EMILIO ESTEVEZ, ANTHONY HOP-

KINS, MICK JAGGER. ■ Uno spreco maggiore era quasi impossibile. Un grande attore come Hopkins, una star come Jagger, una giovane promessa come Estevez e uno sceneggiatore del calibro di Ronald Shusett (*Atto di forza* e soprattutto *Alien*): tutto annullato da questo film mediocre. Siamo nel ventunesimo secolo ed è possibile rinascere con un metodo di ricostruzione particolare. Si mantiene il cervello e il corpo viene riciclato con uno in piena forma. Il problema è che l'organizzazione-trapianti si serve di persone ancora in salute. Uno dei "predestinati" fugge e viene chiamato, come suggerisce il titolo, Freejack. ■ FANTASTICO; COL.; 100'; USA, 1991.

FREE RUNNER. CORRI O MUORI ★
Regia di LAWRENCE SILVERSTEIN. Con SEYMOUR CASSEL, DANNY DYER, SEAN FARIS, AMANDA FULLER, TAMER HASSAN. ■ Ryan è un freerunner che gareggia in competizioni organizzate da Reese. Nel tempo libero fa assistenza in ospedale al nonno. Ha una fidanzata, Chelsea, che preme per un futuro più sicuro. Ciò che però Ryan dovrebbe sapere e non sa è che Reese è coinvolto con il misterioso Mr Frank che è a capo di un gruppo di ricchi i quali sono alla ricerca di forme estreme di divertimento. Una di queste lo coinvolgerà: a lui e agli altri concorrenti verrà applicato un collare che esploderà entro un'ora. La corsa questa volta prevede la morte. Il Freerunning privilegia la spettacolarità, elemento centrale del film e unico escamotage funzionale. ■ AZIONE; COL.; 90'; USA, 2011.

FREE WILL, THE *(Der freie Wille)* ★★
Regia di MATTHIAS GLASNER. Con ANDRÉ HENNICKE, SABINE TIMOTEO, JÜRGEN VOGEL. ■ Theo ha violentato tre donne ed è uscito dal carcere psichiatrico dopo 9 anni di detenzione e di buona condotta. Viene seguito dai servizi sociali per il reinserimento. Ma il recupero è difficile perché (nonostante l'amore di una ragazza) la "libera volontà" per lui non esiste. Sono gli ormoni a dettare le leggi del suo universo mentale e un nuovo stupro è alle porte. Girato con qualche lunghezza di troppo, il film ha il pregio di porre il problema senza falsi pietismi. Theo è un malato pericoloso per se stesso e per la società, ma sembra quasi che non ci siano strumenti per mutare il percorso obbligato della sua psiche. ■ DRAMMATICO; COL.; 163'; GERMANIA, 2006.

FREE WILLY 2 *(Free Willy 2: The Adventure Home)* ★★
Regia di DWIGHT H. LITTLE. Con MICHAEL MADSEN, JASON JAMES RICHTER, AUGUST SCHELLENBERG. ■ Seconda puntata dell'amicizia tra il giovane Jesse e la sua amica orca. Mentre al ragazzino muore la madre e si ritrova un fratellastro terribile, Willy si vede separata, insieme ai suoi fratelli, dalla madre e dal branco. Buoni contro cattivi (rappresentati da una multinazionale più che mai ambigua) in una lotta in cui il finale è più che scontato. ■ AVVENTURA; COL.; 97'; USA, 1995.

FREE WILLY 3 – IL SALVATAGGIO ★★
(Free Willy 3: The Rescue)
Regia di SAM PILLSBURY. Con ANNIE CORLEY, JASON JAMES RICHTER, AUGUST SCHELLENBERG. ■ Terzo episodio della saga dell'orca Willy, ora con famiglia a carico. Jesse, il protagonista anche dei due episodi precedenti è vicino ai diciotto anni ed è alle prese con dei pescatori abusivi. ■ AVVENTURA; COL.; 90'; USA, 1997.

FREE WILLY – UN AMICO DA SALVARE *(Free Willy)* ★★
Regia di SIMON WINCER. Con MICHAEL IRONSIDE, MICHAEL MADSEN, LORI PETTY, JASON JAMES RICHTER. ■ Dal regista del mediocre *Harley Davidson* e *Marlboro Man*, un film a favore della natura e degli animali. Un bambino di dodici anni stringe un'affettuosa amicizia con Willy, un'orca. Tutti la considerano pericolosa e invece il bambino dimostra che non lo è affatto. ■ AVVENTURA; COL.; 120'; USA, 1993.

FREE ZONE ★★★
Regia di AMOS GITAI. Con HANA LASZLO, CARMEN MAURA, NATALIE PORTMAN. ■ La pellicola si regge interamente sulla storia di tre donne differenti per cultura, ambizioni e carattere. Donne lontane, ma capaci di entrare in comunione, chiuse in un microcosmo di ferro con quattro ruote, un mezzo per sfuggire al passato e per correre incontro all'avvenire. Tre destini s'incontrano, intrecciano, amalgamano per poi allontanarsi nuovamente. Un film profondo, un road movie dell'anima pervaso di poesia, di sentimento, di rabbia repressa che non trova pace. Gitai tesse un percorso alla ricerca e al recupero della propria identità, identità negata, talvolta misconosciuta, che si manifesta soltanto in un pianto indimenticabile, catartico, universale come quello di Natalie Portman. Perché c'è un luogo in cui tutto è possibile, uno spazio dell'anima in cui i pensieri si perdono, le speranze si accrescono ed i pregiudizi si dipanano. Quella è la Free Zone, la meta ambita, la terra promessa ove cercare chi si vorrebbe diventare, o dove scoprire che, in realtà, si è sempre stati ciò che si è. ■ DRAMMATICO; COL.; 97'; USA, 2005

FREGOLA ★★
Regia di HAROLD ROBBELING. Con SIEGFRIED BREUER, RUDOLF PRACK, MARIKA RÖKK. ■ Fregola, attrice del varietà, va di persona dal presunto assassino del suo fidanzato per farlo innamorare di sé e farlo parlare. Santos è colpevole o innocente? La polizia scopre che è innocente. ■ GIALLO SENTIMENTALE; B/N; 71'; AUSTRIA, 1949.

FRENCH CANCAN ★★★
Regia di JEAN RENOIR. Con FRANÇOISE ARNOUL, MARIA FELIX, JEAN GABIN, FRANCO PASTORINO, EDITH PIAF, MICHEL PICCOLI. ■ Renoir rivisita con ironia la belle époque: il proprietario di un tabarin, innamoratosi di una lavandaia, ne fa una ballerina di successo. Egli stesso, da proprietario di un locale di second'ordine, diventa padrone del Moulin Rouge. ■ COMMEDIA; COL.; 104'; FRANCIA, ITALIA, 1954.

FRENCH KISS ★★★
Regia di LAWRENCE KASDAN. Con JIM HUTTON, KEVIN KLINE, JEAN RENO, MEG RYAN. ■ Non c'è niente di male (eccetto per alcuni critici) nel dirigere una commedia vetero-hollywoodiana. E Larry Kasdan ci riesce benissimo. Inseguendo il promesso sposo canadese Charlie, "deragliato" a Parigi per colpa di una francesina sexy, la *all american* Kate trova sulla propria strada il simpatico imbroglione Luc, che ha rubato un prezioso collier per finanziare la sua attività di viticultore. Con la complicità del benevolo ispettore Cardon e tra diverse peripezie, trionferanno la giustizia e l'amore tra Kate e Luc, alla faccia dell'antipatico Charlie. Tra le voci della colonna sonora: Louis Armstrong, Paolo Conte e lo stesso Kevin Kline. ■ COMMEDIA; COL.; 110'; USA, 1995.

FRENESIA ★★★
Regia di MARIO BONNARD. Con TITINA DE FILIPPO, DINA GALLI, ANTONIO GANDUSIO, VIVI GIOI, PAOLO STOPPA, OSVALDO VALENTI. ■ Due anziani coniugi si vedono piombare in casa il figlio con la moglie francese e alcuni amici rumorosi. È la moda di fare i matti e gli scapestrati. I genitori fingono di stare al gioco, si adeguano. I figli capiscono l'antifona e si preparano a un ménage più normale e tranquillo. ■ COMMEDIA; B/N; 87'; ITALIA, 1939.

FRENESIA DEL CINEMA, LA *(Movie Crazy)* ★★★
Regia di CLYDE BRUCKMAN. Con CONSTANCE CUMMINGS, HAROLD LLOYD, KENNETH THOMPSON. ■ Primo film sonoro del comico dagli occhialini tondi. Fa un fanatico del cinema che va a Hollywood e combina un sacco di guai. ■ COMICO; B/N; 69'; USA, 1932.

FRENESIA DEL DELITTO *(Compulsion)* ★★★
Regia di RICHARD FLEISCHER. Con FORD DILLMAM, BRADFORD DILLMAN, DEAN STOCKWELL, DIANE VARSI, ORSON WELLES. ■ Siamo nella Chicago del 1920: due giovani spavaldi e tracotanti compiono un omicidio per dimostrare a se stessi di essere audaci e fuori dalle convenzioni. Un avvocato li difende in tribunale, facendoli condannare al carcere a vita anziché alla pena di morte. ■ DRAMMATICO; B/N; 103'; USA, 1959. ■ CANNES 1 PR.

FRENESIA DELL'ESTATE ★★
Regia di LUIGI ZAMPA. Con VITTORIO GASSMAN, MICHÈLE MERCIER, SANDRA MILO, AMEDEO NAZZARI, LEA PADOVANI. ■ Serie di episodi uniti fra loro dalla figura di Marcello, un falso aristocratico che in realtà fa l'indossatore. ■ COMMEDIA; B/N; 100'; FRANCIA, ITALIA, 1963.

FRENESIA DEL PIACERE *(The Pumpkin Eater)* ★★★
Regia di JACK CLAYTON. Con ANNE BANCROFT, PETER FINCH, RICHARD JOHNSON, JAMES MASON. ■ È la storia di una donna

non più giovane che, in grave crisi personale, rimpiange il passato. Alla fine si ritirerà in campagna con i figli avuti dai suoi mariti. ■ DRAMMATICO; B/N; 110′; GRAN BRETAGNA, 1964. ■ CANNES 1 PR; OSCAR 1 NOM.

FRENESIA DI DANZE *(Dancing Feet)* ★★
Regia di JOSEPH SANTLEY. Con BEN LYON, JOAN MARSH. ■ La nipote di un magnate americano lascia gli agi che il nonno le offre e sperimenta la vita incerta della ballerina di secondo piano; trova anche l'amore. Il nonno dapprima si irrigidisce davanti a questo idillio, poi cede. ■ COMMEDIA; B/N; 78′; USA, 1936.

FRENESIA DI UCCIDERE ★★
Regia di EIZO SUGAWA. Con HIROSHI KOIZUMI, TATSUYA NAKADAI, NOBUO NAKAMURA, EIJIRO TOHO. ■ Un uomo cinico e violento si fa strada con una serie di delitti. L'ispettore che conduce le indagini intuisce che il colpevole non è un killer di professione. Tuttavia avrà le prove della colpevolezza non appena l'aereo che trasporta il criminale si sarà allontanato dal Giappone. ■ DRAMMATICO; B/N; 92′; GIAPPONE, 1964.

FRENESIE MILITARI *(Biloxi Blues)* ★★★
Regia di MIKE NICHOLS. Con MATTHEW BRODERICK, PENELOPE ANN MILLER, CHRISTOPHER WALKEN. ■ Il film è basato su una trilogia scritta per il teatro da Neil Simon sui suoi ricordi di coscritto negli anni di guerra. In realtà, Simon la guerra non la vide mai. Andò a fare addestramento alla base di Biloxi (Louisiana) nei primi mesi del 1945. Finito l'addestramento finì, di lì a qualche giorno, anche la guerra. Simon (nel film il personaggio si chiama Eugene Jerome) fece comunque in tempo a vedere impazzire (e morire) il suo paranoico sergente. ■ COMMEDIA; COL.; 106′; USA, 1988.

FRENETICI, I *(Don't Knock the Rock)* ★★
Regia di FRED F. SEARS. Con BILL HALEY. ■ Gli abitanti di una cittadina americana sono divisi in due fazioni: pro e contro il rock'n'roll. ■ MUSICALE; B/N; 92′; USA, 1957.

FRENZY ★★★
Regia di ALFRED HITCHCOCK. Con JON FINCH, BARRY FOSTER, BARBARA LEIGH-HUNT, ALEC MCCOWEN, BILLIE WHITELAW. ■ Bob Rusk, un commerciante di verdura londinese, preso da raptus, violenta le donne e le strangola. Tuttavia i sospetti cadono su un ex pilota della Raf, uno sbandato. Alcuni indizi portano, però, a fermare il colpevole, mentre questi si sta disfacendo del corpo della sua terza vittima. ■ GIALLO; COL.; 116′; GRAN BRETAGNA, 1972. ■ GOLDEN GLOBES 4 NOM.

FREQUENCY – IL FUTURO È IN ASCOLTO ★★
Regia di GREGORY HOBLIT. Con JIM CAVIEZEL, DENNIS QUAID. ■ 1969. Frank Sullivan è un vigile del fuoco incapace di tirarsi indietro anche quando il pericolo sembra davvero incombente. Ha una bella moglie che fa l'infermiera e un figlio che ama molto, John. Trent'anni dopo troviamo John, che è divenuto poliziotto, alle prese con una relazione che sta finendo. Un giorno riapre per caso la vecchia ricetrasmittente del padre che è morto, sembra, nel corso di un incendio. La sorpresa è grande nello scoprire che la radio lo mette in contatto con il genitore, ma non nell'aldilà bensì nel passato quando lui, John, è ancora un bambino che sta imparando ad andare in bicicletta. Ben presto al poliziotto sembra quasi "normale" comunicare con il padre. Le cose si complicano quando, in seguito al ritrovamento di uno scheletro, si riapre il caso di un serial killer che, a cavallo tra i Sessanta e i Settanta, uccise dieci infermiere. Tra cui, scopre inorridito John, anche la madre che invece lui sa viva. Bisogna cambiare il corso degli avvenimenti per far sì che la donna si salvi. Frank si trova così nei panni di un detective improvvisato fin quando non diviene un'esca per l'assassino. Non cercate una logica in questo film. ■ FANTASCIENZA; COL.; 90′; USA, 2000. ■ GOLDEN GLOBES 1 NOM.

FREQUENZE PERICOLOSE *(Stay Tuned)* ★★
Regia di PETER HYAMS. Con PAM DAWBER, JEFFREY JONES, HEATHER MCCOMB, JOHN RITTER, DAVID TOM. ■ Lui è teledipendente accanito. Lei è una donna in carriera. Il ménage non funziona e il divorzio è dietro l'angolo. Un giorno vengono però risucchiati dentro il televisore e devono difendersi, passando da un canale all'altro, dalle numerose insidie nascoste in ogni programma. Usciranno dall'avventura decisamente migliorati. La parodia è a volte di grana grossa, ma la riflessione non è inutile. ■ COMMEDIA; COL.; 85′; USA, 1992.

FRESH KILL ★★
Regia di JOSEPH MERHI. Con PAMELA DIXON, FLINT KELLER, TRICIA PARKS, ROBERT Z'DAR. ■ Allen e Leona ammazzano involontariamente due pregiudicati che hanno al loro seguito un sacco di "amici". Da quel giorno, per la coppia inizia una lenta metamorfosi che coinvolge la loro esistenza e i loro valori morali. ■ DRAMMATICO; COL.; 95′; USA, 1987.

FREUD, PASSIONI SEGRETE ★★★
(Freud: the Secret Passion)
Regia di JOHN HUSTON. Con MONTGOMERY CLIFT, EILEEN HERBIE, SUSAN KOHNER, LARRY PARKS, SUSANNAH YORK. ■ Biografia del padre della psicanalisi. Viene dato particolare rilievo a un caso di paralisi nevrotica che Freud curò con l'ipnosi. ■ BIOGRAFICO; B/N; 139′; USA, 1962. ■ OSCAR 2 NOM.

FRIC-FRAC – FURTO CON SCASSO *(Fric-frac)* ★★
Regia di MAURICE LEHMANN, CLAUDE AUTANT-LARA. Con FERNANDEL, RENÉ GENIN, MICHEL SIMON, MARCEL VALLÉE. ■ Una coppia di ladri induce il commesso di un gioielliere a introdurli in casa di quest'ultimo per fare bottino. La figlia del negoziante sventa il colpo e fa capire al giovanotto che la disonestà non fa per lui. ■ COMMEDIA; B/N; 120′; FRANCIA, 1939.

FRIDA ★★
Regia di JULIE TAYMOR. Con ANTONIO BANDERAS, VALERIA GOLINO, SALMA HAYEK, ASHLEY JUDD, ALFRED MOLINA, EDWARD NORTON, GEOFFREY RUSH. ■ Ci sono urgenze nella vita di un una donna che il destino spesso può favorire o addirittura accelerare. Un incidente diventa l'accidente della e per la vita di Frida Kahlo, giovane donna messicana, per formalizzare intuizioni. Intuizioni che Frida strappa al mondo visibile – i volti dei genitori e della sorella, il sentimento complesso per Diego Rivera – compagno nell'arte e nella vita -, ai segni della natura e della cultura messicana, consegnandoli a quello bidimensionale della tela. Artista a partire da un incidente sull'autobus, Frida diventa portatrice di un dolore fisico che sembra urlarne uno più profondo che sta dentro la tradizione, anzi la Tradizione, quella femminile della resistenza e della rivoluzione quotidiana che affianca quella degli uomini. Pur aderente alla biografia di Herrera, il lungometraggio di Julie Taymor si scontra, con effetti comici, assolutamente non voluti, contro lo scoglio della Storia, quella stessa a cui Frida si è generosamente concessa e al quale il testo, cartaceo, dedica un accenno velato e dignitoso. Dignitoso nel riproporre la figura di Trotskij, di Picasso e di tutti coloro che abbracciarono il corpo dell'icona Frida Kahlo. ■ BIOGRAFICO; COL.; 120′; USA, 2002. ■ GOLDEN GLOBES 1 PR, 2 NOM; OSCAR 1 PR, 3 NOM.

FRIDA L'AMANTE STRANIERA *(Frieda)* ★★
Regia di BASIL DEARDEN. Con DAVID FARRAR, ALBERT LIEVEN, MAI ZETTERLING. ■ Durante l'ultima guerra, un ufficiale inglese torna a casa con una moglie tedesca, Frida, scatenando le ostilità dell'ambiente familiare e cittadino. Un fratello di Frida, nazista, sopraggiunge a complicare la situazione tanto che l'ufficiale inglese, in una rissa, lo uccide. ■ DRAMMATICO; B/N; 97′; GRAN BRETAGNA, 1947.

FRIENDS WITH MONEY ★
Regia di NICOLE HOLOFCENER. Con JENNIFER ANISTON, TY BURRELL, SCOTT CAAN, JOAN CUSACK, GREG GERMANN, JASON ISAACS, CATHERINE KEENER, SIMON MCBURNEY, FRANCES MCDORMAND. ■ Franny, appagata e soddisfatta madre di famiglia; Jane, stilista inquieta e scontenta; Christine, sceneggiatrice che si trova ad affrontare una crisi coniugale; Olivia, instabile e insicura, incapace di portare avanti una relazione di coppia. Quattro amiche. Belle e ricche, appartenenti all'alta borghesia americana, arrivano intorno ai quarant'anni e tirano bilanci sulle loro esistenze. Niente di nuovo. ■ COMMEDIA; COL.; 88′; USA, 2006.

FRIGHT NIGHT ★
Regia di CRAIG GILLESPIE. Con COLIN FARRELL, CHRISTOPHER MINTZ-PLASSE, IMOGEN POOTS, DAVID TENNANT, ANTON YELCHIN. ■ Charley Brewster, studente all'ultimo anno di liceo con

bella fidanzata e amico nerd di cui si vergogna al seguito, vive con la madre in una tranquilla casa vicino alla quale si stabilisce il giovane e affascinante Jerry Dandrige. Ben presto, i sospetti sull'oscura natura del nuovo arrivato si trasformano in prove, costringendo così il ragazzo ad ingaggiare una spaventosa lotta contro quella che si rivelerà una secolare creatura della notte pronta a vampirizzare tutto il quartiere. ■ HORROR; COL.; 120′; USA, 2011.

FRIGIDAIRE ★★
Regia di GIORGIO FABRIS. Con FLAVIO BUCCI, STEFANO MASCIARELLI, MARIA MONSÉ. ■ Storia di sapore autobiografico condotta da Faris, già autore della favola da cui il film è tratto, e firmato con pseudonimo Nat Krylov. Un produttore compra una fiaba e nella realizzazione ne stravolge i contenuti, per la grande ira dello scrittore. Buona ricerca inventiva per un film davvero fuori dagli schemi. ■ COMMEDIA; COL.; 98′; ITALIA, 1998.

FRINE, CORTIGIANA D'ORIENTE ★★
Regia di MARIO BONNARD. Con PIERRE CRESSOY, ELENA KLEUS, ROLDANO LUPI. ■ Storia della bellissima tebana Frine, venduta ad Atene come schiava e della sua lotta per ritornare a Tebe e ricostruirne le mura abbattute. ■ FANTASTICO; B/N; 93′; ITALIA, 1953.

FRINE E LE COMPAGNE *(Kokkina panaria)* ★★
Regia di VASSILIS GEORGIADIS. Con GEORGES FOUNDAS, JENNY KAREZI. ■ Vite parallele di cinque prostitute di un bordello del Pireo. Soppresse per legge le case chiuse in Grecia, si spegnerà anche la "Lanterna Rossa". ■ DRAMMATICO; B/N; 91′; GRECIA, 1963.

FRITTATA ALL'ITALIANA ★
Regia di ALFONSO BRESCIA. Con ANTONIO CASAGRANDE, DAGMAR LASSANDER, KARIN SCHUBERT. ■ Mamma e figliola milanesi dirigono una fabbrica di kimoni. Padre e figlio napoletani ne conducono in modo più maldestro una in concorrenza. Il genitore napoletano finirà coll'innamorarsi della ragazza milanese e la mamma del giovanotto partenopeo. ■ EROTICO; COL.; 93′; ITALIA, 1976.

FRITZ IL GATTO *(Fritz the Cat)* ★★★
Regia di RALPH BAKSHI. ■ Cartoni animati per adulti, dal fumetto di Robert Crumb. Il gatto Fritz è l'intellettuale americano fuori del sistema. ■ ANIMAZIONE; COL.; 80′; USA, 1971.

FRODE, LA *(Arbitrage)* ★★
Regia di NICHOLAS JARECKI. Con LAETITIA CASTA, RICHARD GERE, BRIT MARLING, TIM ROTH, SUSAN SARANDON. ■ Un tycoon amato, carismatico e stimato (Richard Gere) è sul suo aereo privato con i suoi fedelissimi. Una firma che non arriva lo preoccupa, ma fa in tempo a festeggiare i suoi sessant'anni con una famiglia perfetta, dalla moglie (Susan Sarandon) alla figlia (Brit Marling), per poi fuggire dall'amante (Laetitia Casta). Nicholas Jarecki, fratello d'arte (di Andrew ed Edward, capaci mestieranti della macchina da presa), su questa straordinaria normalità inserisce un possibile scandalo finanziario e un intrigo privato. E questo Miller, filantropo e geniale, diventa un uomo solo, in difficoltà, che vede crollare tutto attorno a sé. In poche ore deve evitare ben due incriminazioni: una per frode l'altra per omicidio. ■ THRILLER; COL.; 107′; USA, 2012.

FROGS ★★
Regia di GEORGE MCCOWAN. Con SAM ELLIOTT, RAY MILLAND, JOAN VAN ARK. ■ Film di propaganda ecologica. La natura sfruttata si rivolta contro l'umanità dissennata. ■ DRAMMATICO; COL.; 91′; USA, 1972.

FROM BEYOND – TERRORE DALL'IGNOTO ★★
(From Beyond)
Regia di STUART GORDON. Con JEFFREY COMBS, BARBARA CRAMPTON, TED SOREL. ■ L'equipe di *Reanimator* (horror film costruito con un certo ingegnaccio) ritorna con un'altra storia terrificante, vagamente basata su un racconto di H. P. Lovecraft. Protagonista il solito scienziato che vuole scovare l'origine del sesto senso (molti dicono di averlo, ma da dove viene?). Prende se stesso come cavia, col risultato di dar fuori di matto. ■ HORROR; COL.; 92′; USA, 1986.

FROM PARIS WITH LOVE ★★
Regia di PIERRE MOREL. Con CHEMS DAHMANI, RICHARD DURDEN, JONATHAN RHYS-MEYERS, KASIA SMUTNIAK, JOHN TRAVOLTA. ■ Assistente dell'ambasciatore americano a Parigi, James Reeves sogna di fare l'agente segreto. L'occasione si presenta per un summit internazionale quando gli viene affidato un partner, Wax, dai metodi non proprio convenzionali. *From Paris With Love* è un assaggio di quello che l Europa Corp ha in cantiere per gli anni a venire. Con una faraonica Cinecittà parigina in costruzione, la casa di produzione e distribuzione di Luc Besson mira a contrastare il dominio americano nei film d'azione. Lo fa tuttavia in maniera quasi caricaturale, con gli stessi metodi ma senza la profondità dell'immaginario hollywoodiano. ■ AZIONE; COL.; 92′; FRANCIA, 2010.

FRONTE DELLA VIOLENZA, IL ★★★
(Shake Hands with the Devil)
Regia di MICHAEL ANDERSON. Con JAMES CAGNEY, DON MURRAY, DANA WYNTER. ■ Film del filone dell'irredentismo irlandese contro il governo ufficiale di sua maestà britannica. Siamo nel 1921: l'americano Kerry O'Shea viene implicato nella lotta; avendo sperimentato la ferocia delle truppe regolari decide di passare dalla parte degli insorti. ■ DRAMMATICO; B/N; 100′; GRAN BRETAGNA, 1959.

FRONTE DEL PORTO *(On the Waterfront)* ★★★★★🏆
Regia di ELIA KAZAN. Con MARLON BRANDO, LEE J. COBB, PAT HENNING, KARL MALDEN, EVA MARIE SAINT, ROD STEIGER. ■ Brando è un ex pugile che lavora nel sindacato portuale e non vuole accorgersi dei delitti che vengono compiuti. Quando gli uccidono il fratello finalmente capisce e con l'aiuto di un prete e della fidanzata si ribella. Il film è una delle opere più premiate dagli Oscar (i sette più importanti, anche Brando lo ebbe) e destò scalpore e disagio perché, descrivendo il sindacato come un'associazione a delinquere, in sostanza prendeva una posizione ambigua e impopolare. Ci fu una vera levata di scudi dell'intellighenza liberal, e se non riuscì il regista Kazan a trovare buoni argomenti, ci pensò Brando, con la sua interpretazione intensissima a far dimeticare tutto. L'attore, con le sue manifestazioni di dolore, angoscia, coi suoi silenzi e ammiccamenti, ma con la caparbietà e la fede finale nell'idea giusta, persino con una velata proposta di eroismo, comunicò con tutti i giovani del mondo, che per cominciare si tagliarono i capelli appiattendoli sulla fronte. Alla Brando, appunto. ■ DRAMMATICO; B/N; 108′; USA, 1954. ■ OSCAR 🏆 8 PR, 10 NOM; VENEZIA 🏆 1 PR.

FRONTE DEL SILENZIO, IL *(Time Limit)* ★★
Regia di KARL MALDEN. Con RICHARD BASEHART, DOLORES MICHAELS, RICHARD WIDMARK. ■ Un ufficiale americano durante la guerra in Corea firma una dichiarazione secondo la quale gli Stati Uniti si servono di armi batteriologiche. Ritornato in patria deve subito affrontare la corte marziale. Si scopre che l'ufficiale ha dovuto agire per cause di forza maggiore. ■ DRAMMATICO; B/N; 96′; USA, 1957.

FRONTERA, LA ★★★
Regia di RICARDO LARRAIN. Con PATRICIO CONTRERAS, GLORIA LASO, HECTOR NOGUERA. ■ Ramiro Orellana è un professore confinato su un'isola a sud del Cile grazie a una falsa accusa. Sull'isola trova l'amore di una ragazza, Maite. Giungerà finalmente l'annullamento della condanna insieme a un maremoto che distrugge il paese e causa la morte di Maite. Orso d'Argento al Festival di Berlino 1992 grazie all'abilità con cui il regista esordiente ha saputo dirigere i propri attori. ■ DRAMMATICO; COL.; 115′; CILE, SPAGNA, 1992. ■ BERLINO 1 PR.

FRONTIERA *(The Border)* ★★
Regia di TONY RICHARDSON. Con HARVEY KEITEL, JACK NICHOLSON, VALERIE PERRINE. ■ Charlie Smith, poliziotto di frontiera sul confine tra gli Stati Uniti e il Messico, si lascia corrompere per assecondare i capricci della moglie, ma finisce con il pentirsi: le miserevoli vicende degli immigrati clandestini lo riporteranno sulla retta via. ■ AVVENTURA; COL.; 107′; USA, 1981.

FRONTIERA, LA ★★
Regia di FRANCO GIRALDI. Con OMERO ANTONUTTI, RAOUL BO-

VA, GIANCARLO GIANNINI, MARCO LEONARDI, CLAUDIA PANDOLFI, VESNA TOMINAC. ■ Franco Giraldi ha un padre italiano e una madre slava. Queste origini familiari possono averlo spinto ad adattare per il grande schermo il romanzo di Franco Vegliani. La Storia ripete se stessa nel passaggio dalla prima alla seconda guerra mondiale in Dalmazia, riflettendosi nelle piccole storie quotidiane di militari e di civili. ■ DRAMMATICO; COL.; 107'; ITALIA, 1996.

FRONTIERA A NORD-OVEST *(North-West Frontier)* ★★
Regia di JACK LEE THOMPSON. Con LAUREN BACALL, HERBERT LOM, KENNETH MORE, WILFRID HYDE-WHITE. ■ India, primi del secolo: il governatore inglese, per salvare la vita a un principino indiano, che è al centro di contese dinastiche, decide di affidarlo ad un capitano della guardia inglese che lo porta in salvo facendolo fuggire su un treno. ■ AVVENTURA; COL.; 128'; GRAN BRETAGNA, 1959.

FRONTIERA INDIANA *(Frontier Uprising)* ★★
Regia di EDWARD L. CAHN. Con JAMES DAVIS, NANCY HADLEY, KEN MAYER. ■ Guerra tra Stati Uniti e Messico. Il generale Torena si allea con gli indiani nell'assalto a una carovana di americani guidata da Jim Stockton. ■ WESTERN; B/N; 68'; USA, 1961.

FRONTIERA INDOMITA, LA *(Untamed Frontier)* ★★
Regia di HUGO FREGONESE. Con SCOTT BRADY, JOSEPH COTTEN, SHELLEY WINTERS. ■ Una famiglia di grandi proprietari terrieri, i Denbow, spadroneggia su alcuni coloni oppressi. Glenn Denbow arriva persino ad uccidere un uomo, di cui sposa la fidanzata. La donna, però, si allea con un cugino di Glenn, che difende gli interessi dei coloni oppressi. Avranno la meglio e, dopo la morte di Glenn, potranno sposarsi. ■ WESTERN; COL.; 75'; USA, 1952.

FRONTIERA SENZA LEGGE, LA *(The Lawless Frontier)* ★
Regia di ROBERT NORTH BRADBURY. Con SHEILA TERRY, JOHN WAYNE. ■ Un giovane cowboy sulle tracce di un pericoloso bandito nel Texas è accusato di complicità con il fuorilegge, ma si libera dai sospetti sgominando la banda al completo e consegnandola nelle mani della legge. ■ WESTERN; B/N; 59'; USA, 1935.

FRONTIERE DEI SIOUX, LE *(The Nebraskan)* ★
Regia di FRED F. SEARS. Con PHILIP CAREY, WALLACE FORD, ROBERTA HAYNES. ■ Ned Harper, una guida dell'esercito del Nebraska incaricata di arrestare un disertore, lo sorprende mentre sta per derubare una ballerina. Vi è un improvviso assalto dei Sioux che rapiscono la ragazza. Il giovane la salva. ■ WESTERN; COL.; 68'; USA, 1953.

FRONTIERE DELL'ODIO, LE *(Copper Canyon)* ★★
Regia di JOHN VILLIERS FARROW. Con HEDY LAMARR, RAY MILLAND. ■ Lotta tra fazioni avversarie per il possesso di una miniera di rame negli Stati Uniti, dopo la guerra civile. Dopo alterne vicende la pace torna nella cittadina. ■ AVVENTURA; COL.; 83'; USA, 1950.

FRONTIERE IN FIAMME *(Mission of Danger)* ★★
Regia di JACQUES TOURNEUR, GEORGE WAGGNER. Con DON BURNETT, BUDDY EBSEN, KEITH LARSEN. ■ Nel 1750 in Nord America inglesi e francesi si fanno la guerra per i confini delle rispettive colonie. Il maggiore americano Rogers e il colonnello inglese Trent, aiutati da una donna, riescono ad avere le informazioni necessarie per ottenere la vittoria sull'avversario. ■ AVVENTURA; COL.; 79'; USA, 1959.

FRONTIERE SELVAGGE *(Trail Street)* ★★★
Regia di RAY ENRIGHT. Con ANNE JEFFREYS, ROBERT RYAN, RANDOLPH SCOTT. ■ Nel West ricchi allevatori di bestiame cercano di sopraffare i coloni per avere il totale possesso della terra. Lo sceriffo Bat Masterson li sconfigge e la legge trionfa. ■ AVVENTURA; B/N; 84'; USA, 1947.

FRONTIERS ★
Regia di XAVIER GENS. Con DAVID SARACINO, KARINA TESTA, AURÉLIEN WIIK. ■ Yasmine attende un bambino che si può vedere in ecografia. La ragazza fa parte di un gruppo di malviventi di banlieu che tenta un colpo approfittando di disordini originati da motivi politici. Uno degli appartenenti viene ferito e il gruppo si divide. Finiscono tutti nelle grinfie di una "famiglia" di psicopatici con tendenze naziste che si divertono a torturarli nei modi più efferati. ■ HORROR; COL.; 103'; FRANCIA, SVIZZERA, 2007.

FROST/NIXON – IL DUELLO *(Frost/Nixon)* ★★★
Regia di RON HOWARD. Con KEVIN BACON, FRANK LANGELLA, MICHAEL SHEEN. ■ 1974. Il Presidente degli Stati Uniti Richard Nixon si dimette dalla carica in seguito all'inchiesta sullo spionaggio condotto ai danni del partito democratico in campagna elettorale, il cosiddetto "Watergate". Dopo tre anni di silenzio Nixon accetta di farsi intervistare, dietro lauto compenso, da David Frost, giornalista britannico. Per l'uomo politico e il suo staff l'occasione è straordinaria. Frost ha fama di abile intervistatore ma è considerato più affine al mondo dell'entertainment che non a quello di cui Nixon ha fatto parte. Il giornalista è invece così convinto dell'importanza e del ritorno di popolarità che gliene deriverà, che è pronto ad intervenire con i propri fondi per coprire le spese. Il rapporto tra i due si rivelerà complesso e non sempre facile, ma le loro conversazioni rimarranno nella storia della televisione e non solo. Ron Howard si dimostra, ancora una volta, in grado di fare spettacolo partendo da una materia che sulla carta risulterebbe ostile. ■ DRAMMATICO; COL.; 122'; USA, 2008.

FROU FROU *(The Toy Wife)* ★★
Regia di RICHARD THORPE. Con MELVIN DOUGLAS, LUISE RAINER. ■ Il protagonista sposa una delle due figlie di un ricco proprietario agricolo senza accorgersi che anche l'altra è innamorata di lui. La moglie, però, si dimostra subito infedele scappando di casa con un amico. Sarà la sorella saggia a prendere in mano le redini della situazione. ■ DRAMMATICO; B/N; 95'; USA, 1938.

FROU-FROU ★★
Regia di AUGUSTO GENINA. Con GINO CERVI, PHILIPPE LEMAIRE, DANY ROBIN. ■ Frou-Frou è una fioraia di grande bellezza e talento artistico. Quattro ricconi diventano suoi disinteressati pigmalioni e la lanciano come cantante. Lei però si mette nei guai con un giocatore e ha anche una figlia. Dopo essere passata da un amante all'altro, abbandonata dai ricchi protettori, rimarrà sola. ■ COMMEDIA; COL.; 105'; FRANCIA, 1955.

FROU-FROU DEL TABARIN ★★
Regia di GIANNI GRIMALDI. Con MARTINE BROCHARD, FABRIZIO MORONI, CARMEN SCARPITTA. ■ Il soggetto è tratto dall'operetta *La duchessa del Bal Tabarin*. A inizio Novecento il tabarin era luogo di peccato, di leggerezze. Il film è ambientato in questi locali tanto "equivoci". ■ COMMEDIA; COL.; 88'; ITALIA, 1976.

FROZEN ★★
Regia di ADAM GREEN. Con ED ACKERMAN, SHAWN ASHMORE, EMMA BELL, RILEAH VANDERBILT, KEVIN ZEGERS. ■ Tre studenti universitari, Dan Walker, la sua ragazza Parker O'Neil e il miglior amico, Joe Lynch, decidono di trascorrere una giornata domenicale sugli snowboard in montagna nel Massachusetts. Giunta la sera (e con gli impianti che resteranno chiusi fino al venerdì successivo), i tre riescono ad estorcere all'addetto un ultimo passaggio su una seggiovia a tre posti. Costui però deve allontanarsi e chi lo sostituisce per un equivoco crede che tutti i passeggeri siano scesi e toglie la corrente. I tre restano sospesi nel vuoto ed esposti al gelo. Inizialmente sperano in una ripartenza dell'impianto ma ben presto debbono cominciare ad adattarsi all'idea che la loro discesa non sarà imminente. ■ THRILLER; COL.; 93'; USA, 2010.

FROZEN RIVER – FIUME DI GHIACCIO ★★
Regia di COURTNEY HUNT. Con MARK BOONE JUNIOR, MELISSA LEO, CHARLIE MCDERMOTT, MICHAEL O'KEEFE, MISTY UPHAM. ■ Confine tra lo Stato di New York e il Quebec, pochi giorni prima del Natale. Ray è stata abbandonata dal marito senza denaro e con due figli, 15 e 5 anni. La famiglia stava per realizzare il sogno di una nuova casa prefabbricata che sostituisse quella attuale in progressivo degrado. Un giorno Ray conosce Lila Littlewolf, una giovane donna appartenente alla comunità Mohawk che vive sulle rive del fiume San Lorenzo che, ghiacciandosi in inverno, diviene una strada percorsa per far entrare clandestini negli Stati Uniti. Lila appartiene al giro e Ray finisce con l'affiancarla. ■ DRAMMATICO; COL.; 97'; USA, 2008.

FRUIT MACHINE – BREVE LA VITA DI EDDIE ★★
(Fruit Machine)
Regia di PHILIP SAVILLE. Con EMILE CHARLES, TONY FORSYTHE,

ROBERT STEPHENS, CLARE HIGGINS. ■ A Liverpool due ragazzi, che frequentano un locale per invertiti, sono testimoni di un omicidio. Presi dal panico, timorosi di essere coinvolti, scappano. Ma la fuga ha breve durata. ■ DRAMMATICO; COL.; 93′; GRAN BRETAGNA, 1988.

FRULLO DEL PASSERO, IL ★★
Regia di GIANFRANCO MINGOZZI. Con NICOLA FARRON, ORNELLA MUTI, PHILIPPE NOIRET. ■ Un anziano vedovo propone a una bella ragazza sui trent'anni di diventare la sua mantenuta. Non esige debito coniugale. La donna deve solo ascoltarlo mentre racconta le sue passate imprese amorose. Ma la ragazza s'innamora egualmente dell'uomo, che finirà col ricambiare. Dal racconto di Tonino Guerra, che funzionava però più sulla pagina, che in pellicola. Impagabile comunque Philippe Noiret. ■ COMMEDIA; COL.; 99′; ITALIA, 1988. ■ DAVID DI DONATELLO 1 PR, 1 NOM.

FRUSTA D'ARGENTO, LA *(The Silver Whip)* ★★
Regia di HARMON JONES. Con RORY CALHOUN, DALE ROBERTSON, ROBERT WAGNER. ■ Un nonno, messo alla guida di una diligenza, abbandona il suo posto per aiutare un amico in pericolo. La diligenza viene assalita dai banditi, due passeggeri muoiono. L'uomo, divenuto vicesceriffo, non si darà pace finché non sarà riuscito a catturare i banditi. ■ WESTERN; B/N; 73′; USA, 1953.

FRUSTA DELL'AMAZZONE, LA *(Bullwhip)* ★★
Regia di HARMON JONES. Con RHONDA FLEMING, JAMES GRIFFITH, GUY MADISON. ■ Un condannato a morte per omicidio prima di venir giustiziato sposa la ragazza cheyenne O'Malley che esercita con profitto il commercio delle pelli. Sfuggito all'esecuzione riesce a raggiungere la moglie. ■ AVVENTURA; B/N; 80′; USA, 1958.

FRUSTA DI FUOCO, LA *(Sundowners)* ★★
Regia di GEORGE TEMPLETON. Con ROBERT PRESTON, ROBERT STERLING, CHILL WILLS. ■ I fratelli Cloud si occupano con tenacia e successo delle proprie tenute, suscitando l'invidia di altri proprietari terrieri che compiono rappresaglie ai loro danni. Fra lotte e rivalità nascerà anche un amore. ■ AVVENTURA; COL.; 83′; USA, 1950.

FRUSTA DI SANGUE, LA *(The Great Jesse James Raid)* ★★
Regia di REGINALD LE BORG. Con TOM NEAL, WILLIAM PARKER, BARBARA PAYTON. ■ Jesse James si nasconde in una cittadina del Montana. Gli propongono ancora un'impresa illecita. Accetta solo per poter raggranellare dei soldi e fuggire all'estero. Ma gli andrà male. ■ WESTERN; B/N; 74′; USA, 1953.

FRUSTA E IL CORPO, LA ★★
Regia di MARIO BAVA. Con TONY KENDALL, DALIAH LAVI, CHRISTOPHER LEE. ■ Una macabra storia di morte e di terrore che ha luogo in un solitario castello di proprietà di una famiglia dell'aristocrazia. C'è uno spirito che vaga nottetempo, e ci sono due delitti. ■ HORROR; COL.; 92′; ITALIA, 1963.

FRUSTA E LA FORCA, LA *(Adam's Woman)* ★★
Regia di PHILIP LEACOCK. Con JAMES BOOTH, BEAU BRIDGES, JANE MERROW, JOHN MILLS. ■ Alcuni malfattori, deportati in Australia dall'Inghilterra all'inizio dell'Ottocento, diventano pionieri, grazie alla politica illuminata del governo MacDonald. Tra questi c'è Adam, che sposa una prigioniera. Insieme danno vita ad un esperimento di comunità formata da ex reclusi. ■ AVVENTURA; COL.; 116′; AUSTRALIA, USA, 1970.

FRUSTA NERA, LA *(Outlaw Country)* ★
Regia di RAY TAYLOR. Con JIM BANNON, LASH LA RUE, AL FUZZY ST JOHN, PEGGY STEWART. ■ Un film composto da tre episodi staccati, anche se viene spacciato per una pellicola completa. Un coraggioso sergente deve smascherare due malviventi e una banda di falsari. ■ WESTERN; B/N; 92′; USA, 1949.

FRUSTA NERA DI ZORRO, LA *(Zorro's Black Whip)* ★★
Regia di SPENCER GORDON BENNETT. Con ALAN LADD, G. I. LEWIS, LINDA STIRLING. ■ Il proprietario di un giornale locale americano lotta contro la mafia. Nelle sue missioni di giustiziere, gli sono indispensabili la maschera e la frusta di Zorro. Viene ucciso dai fuorilegge, ma sua sorella Barbara ne prende il posto e sbaraglia i banditi. ■ AVVENTURA; B/N; 68′; USA, 1944.

FRUSTATA, LA *(Backlash)* ★★★
Regia di JOHN STURGES. Con WILLIAM CAMPBELL, DONNA REED, RICHARD WIDMARK. ■ Un uomo e una donna cercano una persona, superstite di un eccidio compiuto dagli Apaches in una valle dell'Arizona. La persona è la stessa, ma per Jim è il padrino, mentre per Karil è il marito disperso. Si incontrano e scoprono insieme la verità. ■ WESTERN; COL.; 84′; USA, 1956.

FRUSTATELI SENZA PIETÀ *(Cow Country)* ★★
Regia di LESLEY SELANDER. Con PEGGIE CASTLE, EDMOND O'BRIEN, HELEN WESTCOTT. ■ Alcuni allevatori di bestiame si battono contro un gruppo di speculatori che li ha ridotti alla fame. ■ WESTERN; B/N; 82′; USA, 1953.

FRUSTRAZIONE *(Dr. Phibes Rises Again)* ★★★
Regia di ROBERT FUEST. Con PETER CUSHING, FIONA LEWIS, VINCENT PRICE, ROBERT QUARRY. ■ Il dottor Phibes, dopo tre anni di catalessi dovuta alla morte dell'adorata consorte, si prepara a partire per l'Egitto alla ricerca del Fiume della Vita celato in una tomba faraonica. La medesima intenzione è venuta anche a Darius, che vive da secoli per merito di un elisir magico che però sta per esaurirsi. Alla tomba del re egiziano, il dottor Phibes chiede la resurrezione della moglie, mentre Darius vuole altri secoli di sopravvivenza. Seguito de *L'abominevole Dr. Phibes* diretto dallo stesso Fuest nel 1971. ■ HORROR; COL.; 89′; USA, 1972.

FRUTTI AMARI, I *(Les Fruits Amers)* ★★
Regia di JACQUELINE AUDRY. Con RIK BATTAGLIA, BEBA LONCAR, EMMANUELLE RIVA, LAURENT TERZIEFF. ■ In un paese a regime totalitario, la resistenza clandestina è organizzata intorno a Soledad. La donna viene arrestata dalla polizia insieme a tre suoi compagni, ma alla fine ha la meglio sul nemico. ■ DRAMMATICO; COL.; 90′; FRANCIA, ITALIA, JUGOSLAVIA, 1966.

FRUTTI SELVAGGI ★
Regia di HERVÉ BROMBERGER. Con ESTELLA BLAIN, ROGER DUMAS, EVELYN KER. ■ Storia di una ragazza che, fuggita all'estero dopo aver ucciso accidentalmente il padre brutale, provoca la rovina dei fratellini. ■ DRAMMATICO; B/N; 94′; FRANCIA, 1954.

FRUTTO ACERBO ★★
Regia di CARLO LUDOVICO BRAGAGLIA. Con NINO BESOZZI, LUIGI CIMARA, LOTTE MENAS. ■ È il rifacimento di un film austriaco del 1934. Un'attrice si finge ragazza tredicenne perché la propria madre vedova risulti più giovane agli occhi di un corteggiatore. Anche lei si innamora. ■ COMMEDIA; B/N; 91′; ITALIA, 1934.

FRUTTO ACERBO *(Between us Girls)* ★★
Regia di HENRY KOSTER. Con DIANA BARRYMORE, ROBERT CUMMINGS, KAY FRANCIS, CARLO PETRANGELI. ■ Un'attrice si finge tredicenne per far credere ad un corteggiatore di sua madre che la donna sia più giovane di quel che sembra. ■ COMMEDIA; B/N; 89′; USA, 1942.

FRUTTO DEL PECCATO, IL ★★
(The Restless Years – The Wonderful Years)
Regia di HELMUT KAUTNER. Con SANDRA DEE, LUANA PATTEN, JOHN SAXON. ■ In una cittadina della provincia americana, madre e figlia sono oggetto di ostilità da parte dei moralisti, perché la madre ha avuto la ragazza da un uomo che poi l'ha abbandonata. Solo un giovane, Will, rompe il muro di freddezza da cui le due donne sono circondate. ■ COMMEDIA; B/N; 86′; USA, 1958.

FRUTTO D'ESTATE *(Les fruits de l'été)* ★★
Regia di RAYMOND BERNARD. Con EDWIGE FEUILLÈRE, HENRI GUISOL, CLAUDE NICOT. ■ Un uomo politico, per ottenere una carica prestigiosa, tenta di riunire le fila della sua scompaginata famiglia, perché gli è indispensabile un'immagine pubblica convincente. Ma la manovra avrà conseguenze imprevedibili. ■ COMMEDIA; B/N; 105′; FRANCIA 1955.

FRUTTO PROIBITO *(The Major and the Minor)* ★★★
Regia di BILLY WILDER. Con RITA JOHNSON, RAY MILLAND, GINGER ROGERS. ■ Il film segna l'esordio nella regia di Billy Wilder. C'è il travestimento della protagonista in panni infantili, al centro di una serie di situazioni originali. ■ COMMEDIA; B/N; 100′; USA, 1942.

FRUTTO PROIBITO *(Le fruit défendu)* ★★
Regia di HENRI VERNEUIL. Con FRANÇOISE ARNOUL, JACQUES

CASTELOT, FERNANDEL. ■ Un medico, stimatissimo nella sua cittadina, dopo la festa di compleanno ripensa con rimpianto e nostalgia alla sua vita. ■ COMMEDIA; B/N; 92'; FRANCIA, 1952.

F.T.W. – FUCK THE WORLD *(F.T.W.)* ★★
Regia di MICHAEL KARBELNIKOFF. Con RODNEY E. GRANT, BRION JAMES, MICKEY ROURKE, LORI SINGER. ■ Brutti tempi per i cowboy della prateria. Frank è un eroe fallito e interpretato da Mickey Rourke (in una fase niente affatto felice della sua carriera) rischia di essere uno specchio crudele per l'attore. Il regista de *L'impero del crimine* affonda senza pietà la ferita nella piaga. ■ WESTERN; COL.; 100'; USA, 1993.

FUCILATO ALL'ALBA *(Fusillé à l'aube)* ★★
Regia di ANDRÉ HAGUET. Con RENÉE SAINT-CYR, HOWARD VERNON, FRANK VILLARD. ■ Complessa storia di spionaggio durante la guerra 1914-'18. Marito e moglie militano in campi diversi e l'amor di patria avrà la meglio sull'amore coniugale. ■ SPIONAGGIO; B/N; 90'; FRANCIA, 1950.

FUCILI, I *(Os Fuzis)* ★★★
Regia di RUY GUERRA. Con IVAN CANDIDO, MARIA GLADYS, ATTILA LORIO, NÉLSON XAVIER. ■ Il film descrive la dura e amara vita delle popolazioni di alcune zone del Brasile. ■ DRAMMATICO; B/N; 110'; BRASILE, 1964. ■ BERLINO 1 PR.

FUCILI DEGLI ALBERI, I *(Guns of the Trees)* ★★
Regia di JONAS MEKAS. Con FRANCES SFILLAMN, ARGUS SPEARE JUILLIARD. ■ Gregory pensa a Frances, la sua donna che si è suicidata. Fanno da contrappunto ai tormenti di Gregory e della sua compagna quelli di una coppia di negri, Ben e Argus. ■ DRAMMATICO; B/N; 90'; USA, 1961.

FUCILIERE DEL DESERTO – L'ULTIMA CAROVANA, IL *(Fighting Caravans)* ★★
Regia di DAVID BURTON. Con GARY COOPER, LILY DAMITA, ERNEST TORRENCE. ■ Un intreccio in cui si mischiano avventure del West e una tenera storia d'amore tra una ragazza francese e il giovane Clint, avventuriero ubriacone cui lo sceriffo dà la caccia. ■ WESTERN; B/N; 84'; USA, 1931.

FUCILIERI DEI MARI DELLA CINA, I *(A Kill in Korea)* ★★
Regia di JULIAN AMYES. Con HARRY ANDREWS, GEORGE BAKER, STANLEY BAKER. ■ Guerra in Corea: una pattuglia di inglesi durante una ricognizione viene scoperta dal nemico. Nonostante la disparità di forze gli inglesi si difendono valorosamente. ■ GUERRA; B/N; 81'; GRAN BRETAGNA, 1956.

FUCILIERI DEL BENGALA, I *(Bengal Brigade)* ★★
Regia di LÁSZLÓ BENEDEK. Con ARLENE DAHL, ROCK HUDSON, URSULA THIESS. ■ La storia di un capitano inglese, Clayburne, che viene accusato di congiura contro il suo governo in India. Invece la congiura è un'altra, e ne tiene le fila il rajah Karam. Clayburne stesso sventerà questo complotto. ■ AVVENTURA; COL.; 87'; USA, 1954.

FUCILIERI DELLE ARGONNE, I *(The Fighting 69th)* ★★★
Regia di WILLIAM KEIGHLEY. Con GEORGE BRENT, JAMES CAGNEY, PAT O'BRIEN. ■ Un giovane che ha dato prove di vigliaccheria, diventa un eroe e compie gesta memorabili al fronte. ■ GUERRA; B/N; 90'; USA, 1940.

FUCILIERI DI MARINA SBARCANO, I *(Marines Have Landed)* ★★
Regia di HOWARD BRETHERTON. Con LEW AYRES, ISABEL JEWELL. ■ A Shanghai, un soldato della marina americana entra in un giro di contrabbando di armi che fa capo a un gruppo di ribelli. Ma sente il richiamo del dovere e aiuta la polizia a compiere giustizia. ■ GUERRA; B/N; 92'; USA, 1963.

FUCKING ÅMÅL – IL CORAGGIO DI AMARE ★★★
Regia di LUKAS MODYSSON. Con ALEXANDRA DAHLSTÖRM, REBECCA LILJBERG. ■ Gay Pride Movie, pregevole opera prima ben interpretata, racconta di una graziosissima coppia femminile in un paesino svedese, il paesino di Åmål. Un pò ipocrita la scelta della distribuzione italiana (Keyfilms) di non tradurre il titolo, lasciandogli ambiguità "turcheggianti". Davvero qui non si vedono...cose turche. Gran successo in patria. ■ COMMEDIA; COL.; 89'; SVEZIA, 1999.

FUGA, LA *(Dark Passage)* ★★★★
Regia di DELMER DAVES. Con LAUREN BACALL, HUMPHREY BOGART. ■ A Vincent Parry, condannato ingiustamente per uxoricidio, non resta che una possibilità: la fuga, nella speranza di dimostrare la propria innocenza scoprendo da solo l'assassino. La galera lo ha reso duro, ma questo non basta per sopravvivere quando si è braccati dalla polizia. Per sua fortuna Irene Jansen, una donna giovane e ricca che si è interessata al suo caso, lo aiuta a superare i posti di blocco. Anche Sam, un tassista che riconosce Parry dopo averlo preso a bordo, è convinto della sua innocenza e lo conduce da un chirurgo plastico. Dopo l'operazione, trovando assassinato l'unico amico disposto ad aiutarlo, Parry si rifugia in casa di Irene, scoprendo che questa conosce alcune delle persone la cui testimonianza gli è stata fatale al processo. Dopo qualche giorno, Parry riprende le indagini con un volto nuovo. Oltre che dalla polizia, deve guardarsi da un malvivente che ha scoperto il suo segreto e intende ricattarlo. È proprio quest'ultimo a fornirgli l'indizio decisivo per risolvere il mistero. Ma il suicidio del colpevole impedisce a Vincent di provare la propria innocenza, costringendolo a rifugiarsi in Perù, dove con Irene potrà cominciare una nuova vita. Piuttosto elementare per quanto riguarda il "chi è stato", dato l'esiguo numero dei personaggi sospettabili, il film punta invece sulla tensione della caccia all'uomo, vissuta dal punto di vista di Parry con un impiego rimasto celebre della ripresa in soggettiva. Il volto di Parry resta in ombra o nascosto dietro le bende, visibile soltanto nelle fotografie sui giornali, fino a quando non assume definitivamente le fattezze di Bogart. Insolita per l'epoca, e per i vincoli del codice Hays, anche la luce in cui vengono presentati i poliziotti: più persecutori che tutori della legge. Una visione kafkiana consona alla personalità del "giallista maledetto" David Goodis, dal cui romanzo *Giungla umana* (*Dark Passage*) è tratto il film. Un pessimismo temperato tuttavia dalla presenza di singoli coraggiosi cittadini pronti ad aiutare il protagonista e, naturalmente, da un opportuno lieto fine. ■ GIALLO; B/N; 106'; USA, 1947.

FUGA, LA ★★
Regia di PAOLO SPINOLA. Con ANOUK AIMÉE, GUIDO ALBERTI, PAUL GUERS, GIOVANNA RALLI, ENRICO MARIA SALERNO, JONE SALINAS MUSU. ■ È la storia di una donna che inizia una cura psicoanalitica. Nonostante ciò, e nonostante la presenza di un marito, di un figlio e l'inizio di una tenera amicizia la sua crisi, che ha radici nell'infanzia, non sarà superata. Si suiciderà. ■ DRAMMATICO; B/N; 95'; ITALIA, 1964.

FUGA A BERLINO OVEST *(Flucht nach Berlin)* ★★
Regia di WILL TREMPER. Con GERDA BLISSE, SUSANNE KORDA, NARCISS SOKATACHEFF. ■ Film contro il regime della Germania Est. Racconta la fuga di attivisti del partito comunista verso la Germania Ovest. ■ DRAMMATICO; B/N; 92'; GERMANIA, 1960.

FUGA A DUE VOCI ★★
Regia di CARLO LUDOVICO BRAGAGLIA. Con GINO BECHI, CARLO CAMPANINI, IRASEMA DILIAN. ■ In una casa cinematografica stanno mettendo insieme la sceneggiatura di un film. Il baritono protagonista racconta un'avventura che gli è capitata in treno. ■ COMMEDIA; B/N; 91'; ITALIA, 1942.

FUGA ALL'OVEST *(No Time for Flowers)* ★★
Regia di DON SIEGEL. Con PAUL CHRISTIAN, VIVECA LINDFORS. ■ In Cecoslovacchia, una giovane comunista di provata fede viene messa alle costole di Karl per controllare la sua ortodossia. Lui ha lo stesso incarico nei riguardi di lei. Quando i due, che nel frattempo si sono innamorati, devono reciprocamente denunciarsi, preferiscono fuggire all'estero. ■ COMMEDIA; B/N; 83'; USA, 1952.

FUGA A TRE *(Rafferty and the Gold Dust Twins)* ★★
Regia di DICK RICHARDS. Con ALAN ARKIN, SALLY KELLERMAN, ALEX ROCCO. ■ Un mite istruttore di guida è costretto a scarrozzare da Los Angeles a Las Vegas due scombinate gemelle vagabonde. Interessante commedia *on the road*, in cui il regista non riesce a combinare (come intendeva) la storia pazza con la malinconia dell'America che scompare. ■ COMMEDIA; COL.; 93'; USA, 1975.

FUGA CON LA FANTASIA ★★
Regia di VASSILIS BOYDOYRIS. Con IAN DURY, STEVE ELLIOTT,

NICO MILAS, CASSANDRA VOYAGIS. ■ Agli inizi degli anni Cinquanta, la piccola Marta e suo fratello vivono in una città poco ospitale, cercando di arrangiarsi alla meno peggio. Il giorno più bello per la ragazzina è quello in cui un acrobata, del quale è diventata amica, le farà fare un giro su un pallone aerostatico. ■ AVVENTURA; COL.; 94′; GRAN BRETAGNA, 1987.

FUGA DA ABSOLOM *(Escape from Absolom)* ★★

Regia di MARTIN CAMPBELL. Con KEVIN DILLON, RAY LIOTTA, STUART WILSON. ■ Siamo nel 2022 in un'isola adibita alla detenzione dei criminali. Ci sono due fazioni all'interno di questa prigione: quella dei primitivi e quella dei civilizzati, istintivi i primi e intelligenti i secondi. Il protagonista è ingiustamente detenuto così cerca di fuggire per trovare le prove d'innocenza. ■ FANTASTICO; COL.; 104′; USA, 1993.

FUGA DA ALCATRAZ *(Escape from Alcatraz)* ★★★

Regia di DON SIEGEL. Con ROBERT BLOSSOM, CLINT EASTWOOD, PATRICK MCGOOHAN. ■ L'undici giugno 1962 tre reclusi evasero dalla terribile prigione-fortezza di Alcatraz. Nessuno era mai riuscito a portare a buon fine una fuga, in ventisei anni di funzionamento della casa di pena; ma Frank Morris e i due fratelli Anglin ci riuscirono. Questa la storia, realmente accaduta, narrata nel film. ■ DRAMMATICO; COL.; 112′; USA, 1979.

FUGA DA HOLLYWOOD – ULTIMA FOLLIA ★★
(The Last Movie)

Regia di DENNIS HOPPER. Con PETER FONDA, SAMUEL FULLER, DENNIS HOPPER, KRIS KRISTOFFERSON, SYLVIA MILES, TOMAS MILIAN, DEAN STOCKWELL. ■ Un film sperimentale per il regista di *Easy Rider,*che gli costò l'inattività per dieci anni. Durante le riprese di un western in Perù alcuni indios celebrano riti magici con conseguenze drammatiche per Kansas, un membro della troupe. ■ DRAMMATICO; COL.; 100′; USA, 1971.

FUGA DAL BRONX ★★

Regia di ENZO GIROLAMI CASTELLARI. Con MARK GREGORY, MOANA POZZI, HENRY SILVA. ■ Un gruppo di sbandati che abita nel sottosuolo si oppone ad una potente società che ha intimato lo sfratto a tutti gli abitanti di una zona del Bronx, ingaggiando una feroce guerra con i suoi emissari. Finirà con una strage dall'una e dall'altra parte, in un quartiere ridotto a un cumulo di macerie. ■ AVVENTURA; COL.; 90′; ITALIA, 1983.

FUGA DAL CALL CENTER ★

Regia di FEDERICO RIZZO. Con PAOLO PIEROBON, ANGELO PISANI, ISABELLA TABARINI. ■ Gianfranco, vulcanologo fresco di laurea con tanto di lode, in attesa del lavoro della vita, accetta un posto in un call-center. Quando la sua donna, Marzia, studentessa di giornalismo che si paga gli studi rispondendo a una linea erotica, vede che i conti di fine mese non tornano, Gianfranco trova un secondo lavoro come "uomo" delle pulizie per una famiglia di filippini. Ma l'annichilimento di un angusto lavoro, la perdita di ogni aspirazione professionale, mettono in crisi anche la coppia più innamorata e l'idea di mettere su famiglia naufraga miseramente. ■ COMMEDIA; COL.; 95′; ITALIA, 2008.

FUGA DAL CARCERE FEMMINILE ★
(Escape from Bad Girls Dormitory)

Regia di TIM KINCAID. Con THERESA FARLEY, CAREY ZURIS. ■ La vita all'interno di un carcere femminile di massima sicurezza dove le detenute, comprese le adolescenti, devono subire violenze di ogni genere, soprusi e ingiustizie, senza che mai una parola o un gesto gentile intervengano a lenire la loro sofferenza. ■ DRAMMATICO; COL.; 95′; USA, 1985.

FUGA DAL FUTURO *(Project X)* ★★

Regia di JONATHAN KAPLAN. Con MATTHEW BRODERICK, WARD COSTELLO, HELEN HUNT. ■ Un giovane pilota spaziale riceve l'ordine di addestrare alcune scimmie per una missione top secret. Solo in seguito il giovane viene a sapere che gli animali devono far da cavie a esperimenti sugli effetti delle radiazioni atomiche. Con l'aiuto di una scienziata salverà l'amico scimpanzé da morte sicura. ■ AVVENTURA; COL.; 108′; USA, 1987.

FUGA DALL'ARCIPELAGO MALEDETTO ★★

Regia di ANTHONY DAWSON. Con ANNIE BELLE, TONY KING, DAVID WARBECK. ■ Guerra, amicizia e amore visti con gli occhi del pilota Tiger Joe, catapultato sul fronte del Sudest asiatico. Film italianissimo (il regista si chiama in realtà Antonio Margheriti), abbastanza spettacolare. ■ AVVENTURA; COL.; 93′; ITALIA, 1982.

FUGA DALLA REALTÀ *(Doing Life)* ★★

Regia di GENE REYNOLDS. Con TONY DANZA, JON DE VRIES, LISA LANGLOIS. ■ Jerry è stato messo in carcere innocente perché era necessario dare in pasto un colpevole all'opinione pubblica indignata per l'assassinio di due poliziotti. Quando scopre che anche il suo avvocato lo sta tradendo si mette a studiare fino a laurearsi in legge. ■ DRAMMATICO; COL.; 100′; USA, 1986.

FUGA DALLA SCUOLA MEDIA ★
(Welcome to the Dollhouse)

Regia di TODD SOLONDZ. Con CHRISTINA BRUCATO, HEATER MATARAZZO. ■ Piccolo film indipendente, e si vede. Storia di Down, ragazzina goffa, ignorata o maltrattata. Si innamora infelicemente, niente le riesce. La felicità è per le sue amiche carine. Minimalista. Da ignorare. ■ DRAMMATICO; COL.; 87′; USA, 1996.

FUGA DALL'INFERNO ★★
(The Dog – Como un perro rabioso)

Regia di ANTONIO ISASI ISASMENDI. Con EDUARDO CALVO, MANUEL DE BLAS, LEA MASSARI, JASON MILLER. ■ Il drammatico inseguimento, da parte di un cane feroce e intelligente, di un prigioniero scappato da un lager sudamericano. ■ DRAMMATICO; COL.; 92′; SPAGNA, 1979.

FUGA DAL MONDO DEI SOGNI *(Cool World)* ★★

Regia di RALPH BAKSHI. Con KIM BASINGER, GABRIEL BYRNE, BRAD PITT. ■ Il regista di *Fritz il gatto* e de *Il signore degli anelli* torna alla regia dopo alcuni anni. Tenta la carta del cartone animato con attori in carne ed ossa. A differenza di un *Roger Rabbit*, a metà tra il cinema maturo e quello per bambini, questo film è dichiaratamente per adulti. Tuttavia non convince. Siamo alla metà degli anni Quaranta. Frank muore in un incidente con la motocicletta. Uno strano scienziato, il dottor Mustacchi, lo fa rivivere. ■ FANTASTICO; COL.; 101′; USA, 1992.

FUGA DA LOS ANGELES *(Escape from Los Angeles)* ★★

Regia di JOHN CARPENTER. Con STEVE BUSHEMI, STACY KEACH, KURT RUSSEL. ■ Remake di*1997 fuga da New York*, sempre firmato da Carpenter. Questa volta l'abnorme prigione si trasferisce appunto dalla costa dell'Atlantico a quella del Pacifico. "Quel" film è stato un riferimento quasi "cult" dei primi anni Ottanta, questo brilla solo (si fa per dire) per il "già visto". ■ DRAMMATICO; COL.; 100′; USA, 1996.

FUGA DAL NATALE *(Christmas with the Kranks)* ★

Regia di JOE ROTH. Con TIM ALLEN, DAN AYKROYD, JAKE BUSEY, JULIE GONZALO, RENÉ LAVAN, JAMIE LEE CURTIS, CHEECH MARIN, TOM POSTON. ■ I coniugi Krank, Luther (Tim Allen) e Nora (una Jamie Lee Curtis al limite del disfacimento), quest'anno vogliono evitare festoni e alberi di Natale per emigrare verso i caldi lidi caraibici. Non hanno però fatto i conti con i vicini di quartiere, capitanati dal risoluto Vic Frohmayer (Dan Aykroyd), legati indissolubilmente alla tradizione, che non accettano di buon grado di vedere una casa senza addobbi. Null'altro da segnalare. ■ COMMEDIA; COL.; 99′; USA, 2004.

FUGA DAL PARADISO ★★

Regia di ETTORE PASCULLI. Con PAOLO BONACELLI, AURORE CLÉMENT, BARBARA CUPISTI, VAN JOHNSON, JACQUES PERRIN. ■ Film ultra-televisivo con fantascienza stile *Le avventure di Ciuffettino*, se qualcuno ricorda la mitica serie. Ci sono due adolescenti innamorati uno dell'altra, Teo e Beatrice. Vivono in un futuro in cui le persone si incontrano tramite un grande schermo bidimensionale. Un bel giorno però col medaglione di proprietà del padre di Teo, uno dei consiglieri, che ha in pugno la città del futuro, oltre a incontrarsi nel vero senso della parola i due giovani riescono a visitare la superficie radioattiva della terra. ■ FANTASCIENZA; COL.; 111′; ITALIA, 1990.

FUGA DAL PASSATO *(The Long Journey Home)* ★

Regia di ROD HOLCOMB. Con RAY BAKER, MEREDITH BAXTER-BIRNEY, DAVID BIRNEY. ■ Maura, sposata con Carter, riceve la notizia che suo marito è disperso in Vietnam. Si risposerà, ma il primo marito ricomparirà asserendo di essere stato coinvolto in un complotto dei servizi segreti. Convince la moglie a seguirlo: in guai e avventure. ■ DRAMMATICO; COL.; 89'; USA, 1987.

FUGA DAL PIANETA DELLE SCIMMIE ★★★
(Escape from the Planet of the Apes)
Regia di DON TAYLOR. Con BRADFORD DILLMAN, KIM HUNTER, RODDY MCDOWALL, SAL MINEO, RICARDO MONTALBAN. ■ Terzo episodio della serie iniziata con *Il pianeta delle scimmie*, dai toni amari della satira sociale. Le scimmie sapienti Zira e Cornelius arrivano sulla Terra del ventesimo secolo dal loro anno 3955. Contatto con la società americana e arresto dei due scimmioni da parte della Cia. ■ FANTASCIENZA; COL.; 98'; USA, 1971.

FUGA DA MAUTHAUSEN *(Die Flucht)* ★★
Regia di EDWIN ZBONEK. Con GEORGE GOETZ, KATINKA HOFMANN, GUNTHER UNGEHUER. ■ Il giovane Franz fugge dal campo di concentramento di Mauthausen. Sulle sue tracce si mettono le SS comandate dall'ufficiale Kohler, fratello di Franz. I due fratelli infatti stanno da due parti opposte. ■ DRAMMATICO; B/N; 94'; GERMANIA, 1963.

FUGA D'AMORE *(Elopement)* ★★
Regia di HENRY KOSTER. Con CHARLES BICKFORD, WILLIAM LUNDIGAN, CLIFTON WEBB. ■ Commediola all'americana: una giovane fugge con il suo professore per sposarsi. Le due coppie di genitori, buttatesi al loro inseguimento, fanno amicizia. ■ COMMEDIA; B/N; 82'; USA, 1951.

FUGA DA ZAHRAIN *(Escape from Zahrain)* ★★
Regia di RONALD NEAME. Con YUL BRYNNER, TONY CARUSO, JAMES MASON, SAL MINEO, JAY NOVELLO, MADLYN RHUE, JACK WARDEN. ■ L'arabo Sharif lotta con l'aiuto di un simpatico avventuriero americano per deporre il tiranno di un piccolo Stato del Medio Oriente. ■ AVVENTURA; COL.; 93'; GRAN BRETAGNA, 1961.

FUGA DI BULLDOG DRUMMOND, LA ★★
(Bulldog Drummond Escapes)
Regia di JAMES HOGAN. Con HEATHER ANGEL, FRANCES FARMER, RAY MILLAND. ■ Una famiglia è coinvolta nel sequestro di una ragazza: c'è in gioco una bella eredità. Un detective in erba, innamorato della giovane, scopre il complotto e salva da solo la ragazza. ■ GIALLO; B/N; 65'; USA, 1937.

FUGA DI EDDIE MACON, LA *(Eddie Macon's Run)* ★★
Regia di JEFF KANEW. Con KIRK DOUGLAS, LEE PURCELL, JOHN SCHNEIDER. ■ Durante un rodeo per carcerati riesce a fuggire il detenuto Eddie Macon, condannato a vent'anni per avere commesso una rapina per trovare i soldi con cui curare il figlioletto ammalato. Sulle sue tracce si scatena un crudele poliziotto, che lascerà però libero Eddie dopo che questi gli avrà salvato la vita. ■ DRAMMATICO; COL.; 95'; USA, 1983.

FUGA DI EMMA, LA *(Emma's Shadow)* ★★
Regia di SOREN KRAGH-JACOBSEN. Con LINE KRUSE. ■ Emma fugge da una situazione familiare insopportabile. Incontra qualcuno che la ama e la aiuta a superare le difficoltà. ■ DRAMMATICO; COL.; 80'; DANIMARCA, 1988.

FUGA DI LOGAN, LA *(Logan's Run)* ★★★
Regia di MICHAEL ANDERSON. Con FARRAH FAWCETT, RICHARD JORDAN, PETER USTINOV, MICHAEL YORK. ■ In una città sotterranea del futuro vive felice la gente, dopo che una catastrofe ecologica ha cancellato gli agglomerati umani sulla superficie della Terra. Questa popolazione sotterranea nasce in provetta ed è obbligata a morire a trent'anni. Non sanno tuttavia di morire, credono che si tratti di una specie di "rigenerazione". Ma c'è chi non sopporta la situazione e cerca una via di scampo. Riescono nell'intento Logan e una ragazza: torneranno poi a distruggere i sorveglianti-assassini di quella comunità e libereranno tutti. Riprenderanno a vivere alla luce del sole. ■ FANTASCIENZA; COL.; 120'; USA, 1976. ■ OSCAR 1 PR, 3 NOM.

FUGA DI MAREK, LA ★★
Regia di ALEXANDER RAMATI. Con THEODORE BIKEL, IRENE PAPAS, FERNANDO REY, MAXIMILIAN SCHELL, RAF VALLONE. ■ Il film s'impernia sulla fuga di Victor e Marek, due fratelli polacchi prigionieri dei russi. La vicenda si svolge durante la seconda guerra mondiale e termina con il sacrificio di uno dei due fratelli. ■ DRAMMATICO; COL.; 92'; ITALIA, 1968.

FUGA DI MARTA, LA *(Martha Marcy May Marlene)* ★★
Regia di T. SEAN DURKIN. Con CHRISTOPHER ABBOTT, BRADY CORBET, HUGH DANCY, MARIA DIZZA, ELIZABETH OLSEN. ■ Martha fugge all'alba, attraverso i boschi, dalla casa in campagna dove ha vissuto due anni con la piccola comunità che l'ha accolta come parte della famiglia. Torna dalla sorella, l'unica rimasta della sua famiglia d'origine, nella bella e borghese casa delle vacanze, nel Connecticut, che Lucy ha preso col marito. Ma è una scelta obbligata, un luogo non suo, nel quale, al disagio di un presente ancora senza una collocazione affettiva stabile e senza un progetto di vita per il futuro, si somma, per Martha, il ritorno incontrollabile di un passato rimosso e devastante. Esordio alla regia di Sean Durkin, premiato al Sundance, il film si costruisce per la maggior parte sulle spalle e negli occhi di Elizabeth Olsen. ■ DRAMMATICO; COL.; 101'; USA, 2010.

♥ **FUGA DI MEZZANOTTE** *(Midnight Express)* ★★★🏆
Regia di ALAN PARKER. Con BRAD DAVIS, BO HOPKINS, JOHN HURT, RANDY QUAID. ■ Turchia, 1970. Un ingenuo americano, Billy, ad Istanbul con la fidanzata Susan per una vacanza, si lascia mettere addosso due chili di droga. All'aeroporto lo scoprono e lo arrestano. Nonostante l'intervento dei diplomatici, viene condannato a quattro anni di galera. Con due altri reclusi tenta poi la fuga, ma un imprevisto la manda a monte. Per di più ci si mette anche l'allora presidente degli Usa, Nixon, che irrita i turchi accusandoli di troppa leggerezza nei confronti dei trafficanti di droga: gli anni di prigione di Billy si trasformano così in trenta. Ma una speranza di fuga c'è ancora. ■ DRAMMATICO; COL.; 121'; GRAN BRETAGNA, 1977. ■ GOLDEN GLOBES 🏆 4 PR, 6 NOM; OSCAR 🏆 2 PR, 6 NOM.

FUGA D'INVERNO *(Mrs. Soffel)* ★★
Regia di GILLIAN ARMSTRONG. Con MEL GIBSON, DIANE KEATON, MATTHEW MODINE. ■ Basato su un fatto vero, la fuga di un condannato da un penitenziario di Pittsburgh nel 1902, con la complicità della moglie del direttore innamorata di lui. L'uomo era condannato a morte, ma le lettere inviate ai giornali nei mesi prima dell'esecuzione ne avevano fatto una figura romantica e suggestiva. Anche presso la moglie del direttore evidentemente, che decide di accompagnarlo nella fuga. Alla fine l'evaso è ucciso. La donna tenta il suicidio, ma non muore. Un melodramma girato con vigore dall'australiana Armstrong, ma che non riesce a ricreare l'impatto degli antichi film sugli evasi degli anni Trenta. ■ DRAMMATICO; COL.; 110'; USA, 1984. ■ GOLDEN GLOBES 1 NOM.

FUGA DISPERATA *(The Defiant Ones)* ★★
Regia di DAVID LOWELL RICH. Con ED LAUTER, ROBERT URICH, CARL WHEATHERS. ■ Remake di *La parete di fango* del 1957. Al posto di Tony Curtis e Sidney Poitier, ci sono Robert "Spenser" Urich e Carl "Apollo Creed" Weathers. Sono due galeotti evasi, un bianco e un nero, legati alla stessa catena e perciò costretti a fuggire insieme nelle paludi. ■ AVVENTURA; COL.; 110'; USA, 1985.

FUGA DI TARZAN, LA *(Tarzan's Escapes)* ★★★
Regia di RICHARD THORPE. Con MAUREEN O'SULLIVAN, JOHNNY WEISSMULLER. ■ Tarzan viene catturato da alcuni bianchi, parenti della sua compagna, e rinchiuso in una gabbia, ma riesce a liberarsi e a punire i cattivi che gli stavano portando via la donna. ■ AVVENTURA; B/N; 95'; USA, 1936.

FUGA INFERNALE *(Hellcamp)* ★★
Regia di ERIC KARSON. Con LISA EICHHORN, TOM SKERRITT, ANTHONY ZERBE. ■ Gruppo di selezionati ufficiali americani viene addestrato ad un corso di sopravvivenza durissimo e paracadutato nelle Filippine. Fanno spicco due elementi, i piloti William Logan e Katharine Casey. Rinchiusi in un campo di concentramento comandato da un frustrato paranoico reduce dal Vietnam, Becker, i due vengono sottoposti a ogni genere di sevizie e la Casey violentata. Botts, uno dei prigionieri, aiuta Logan a fuggire. Liberata Katharine, si danno alla fuga; inizia un massacro e sarà la ragazza a sparare l'ultimo colpo a Becker. Poi, una volta ritornata, rifiuterà di restare in servizio. ■ AVVENTURA; COL.; 96'; USA, 1986.

FUGA IN FRANCIA ★★★
Regia di MARIO SOLDATI. Con FOLCO LULLI, ROSI MIRAFIORE,

MARIO VERCELLONE. ■ Film neorealista di Soldati, imperniato sull'evasione di un criminale di guerra: questi viene riconosciuto da una donna e per questa ragione la uccide. Viene ulteriormente riconosciuto e successivamente arrestato. Lascia il figlio Fabrizio, che verrà preso sotto la protezione di un operaio. ■ DRAMMATICO; B/N; 93'; ITALIA, 1948.

FUGA IN PARADISO *(Escape to Paradise)* ★★
Regia di ERLE C. KENTON. Con BOBBY BREEN, PEDRO DE CORDOBA, KENT TAYLOR. ■ Richard Fleming, miliardario americano, ama Manuelita, figlia di un agrario messicano. L'amore dei due giovani pare subordinato a un affare che i loro genitori devono portare a termine. Alla fine tutto s'aggiusta. ■ COMMEDIA; B/N; 62'; USA, 1939.

FUGA NELLA GIUNGLA *(Jungle Goddness)* ★★
Regia di LEWIS D. COLLINS. Con WANDA MCKAY, GEORGE REEVES. ■ Due uomini sono sulle tracce di una giovane ereditiera scomparsa nella giungla africana. Catturati dagli indigeni, scoprono che il capo-tribù è una donna bianca, che i primitivi credono una dea. È la donna che cercano. Si innamorerà di uno dei due uomini, mentre l'altro verrà ucciso dagli indigeni. ■ AVVENTURA; B/N; 65'; USA, 1948.

FUGA NELLA NOTTE *(Night Crossing)* ★★
Regia di DELBERT MANN. Con JANE ALEXANDER, BEAU BRIDGES, JOHN HURT. ■ La storia vera delle famiglie Wetzel e Strelzyck che nel 1979 riuscirono a varcare il confine fra le due Germanie in aerostato. Disney dice la sua sul muro di Berlino. Una pattuglia di ottimi attori gli "asciuga" (in parte) una storia anche troppo sciropposa (benché autentica). ■ DRAMMATICO; COL.; 106'; USA, 1982.

FUGA NELLA PALUDE *(Shark River)* ★★
Regia di JOHN RAWLINS. Con STEVE COCHRAN, CAROLE MATHEWS, WARREN STEVENS. ■ Nelle paludi della Louisiana gli indiani danno la caccia agli animali da pelliccia. Solo una donna bianca ha il permesso di cacciare nei territori indiani. Dan si innamora di lei. ■ AVVENTURA; COL.; 93'; USA, 1953.

FUGA NELLA TEMPESTA ★★
Regia di IGNAZIO FERRONETTI. Con VERA BERGMAN, LILIANA LAINE, OTELLO TOSO. ■ Un uomo uccide il marito della propria amante. I due fuggono insieme e riparano in un osservatorio astronomico. Qui vive uno scienziato con la propria moglie, che ha una love story con un altro. Questa, vedendo quanto siano tristi i rapporti fra i due amanti rifugiati, pensa bene di ritornare con il marito. ■ DRAMMATICO; B/N; 94'; ITALIA, 1946.

FUGA NELL'INCUBO *(Reunion)* ★★
Regia di CHRIS LANGMAN. Con MICHAEL AITKENS, SHANE BRIANT, CARMEN DUNCAN. ■ Una ragazzina di 15 anni, a causa dei genitori, è costretta a fuggire attraverso l'Australia. La mamma ha rapinato una banca, il padre ha ucciso. Ora un misterioso individuo vuol saldare i conti con la madre e la figlia. E le due donne fuggono disperate con il fiato dell'inseguitore alle spalle. ■ DRAMMATICO; COL.; 91'; AUSTRALIA, 1984.

FUGA NEL SOLE ★★
Regia di ROBERT DARÈNE. Con KERIMA, JEAN MARAIS, CHARLES MOULIN, DELIA SCALA. ■ Un uomo potrebbe diventare ricco lavorando in una miniera di diamanti, ma per amore preferisce lavorare in una cava di pietre. Comunque l'amore è molto contrastato dal padre della ragazza. ■ AVVENTURA; COL.; 90'; FRANCIA, ITALIA, 1955.

FUGA NEL TEMPO *(Enchantment)* ★★
Regia di IRVING REIS. Con EVELYN KEYES, DAVID NIVEN, TERESA WRIGHT. ■ Durante la guerra Sir Roland Denn, un generale in pensione, vive di ricordi in una vecchia casa di Londra. Arriva la nipote Grigg a turbare la sua tranquillità. Roland rivà con il pensiero a un amore lontano e contrastato per una donna che ha sposato un altro. Grigg si unisce a un giovane ufficiale e Roland muore sotto i bombardamenti. ■ DRAMMATICO; B/N; 102'; USA, 1948.

FUGA PER DUE *(Hanky Panky)* ★★
Regia di SIDNEY POITIER. Con KATHLEEN QUINLAN, GILDA RADNER, RICHARD WIDMARK, GENE WILDER. ■ Il protagonista dell'intricata vicenda è un nastro sul quale è registrato un segreto militare: un buffo architetto, alcune donne, i responsabili della sicurezza nazionale e i boss della malavita cercano in vari modi e per varie ragioni di impadronirsi della preziosa bobina. ■ COMMEDIA; COL.; 110'; USA, 1982.

FUGA PERICOLOSA *(Riding the Edge)* ★
Regia di JAMES FARGO. Con PETER HASKELL, RAPHAEL SBARGE, LYMAN WARD. ■ Un ingegnere che si trova in Tunisia viene catturato da un gruppo di terroristi che vuole impadronirsi di *microchips* molto importanti sul piano strategico. ■ SPIONAGGIO; COL.; 90'; USA, 1991.

FUGA PER LA VITTORIA *(Victory)* ★★★
Regia di JOHN HUSTON. Con MICHAEL CAINE, PELÉ, SYLVESTER STALLONE, MAX VON SIDOW. ■ L'ufficiale di un campo di prigionia nazista (von Sydow) organizza a scopo propagandistico una partita di calcio tra la nazionale tedesca e una squadra composta da detenuti, quasi tutti autentici campioni. L'occasione è ghiotta per tentare una fuga, ma prima bisogna farsi valere sul campo. Grazie all'apporto di veri calciatori (fra i quali il mitico Pelè) e alla mano del maestro Huston, il film assume nel finale ritmi trascinanti. ■ GUERRA; COL.; 113'; USA, 1981.

FUGA PER UN SOGNO *(Leaving Normal)* ★★
Regia di EDWARD ZWICK. Con CHRISTINE LAHTI, MEG TILLY. ■ Il soggetto è ricalcato dal film di Ridley Scott, *Thelma & Louise*, ma non è svolto in chiave drammatica. Una donna dalla vita coniugale disastrata e una cameriera insoddisfatta passano gli Stati Uniti e giungono in Alaska lasciandosi alle spalle un'esistenza anonima. ■ COMMEDIA; COL.; 110'; USA, 1992.

FUGA SCABROSAMENTE PERICOLOSA ★★
Regia di NELLO ROSSATI. Con FRANKLYN LINERO, RODRIGO OBREGON, ELEONORA VALLONE. ■ La fuga di Manuel, un prigioniero politico, diventa particolare dal momento in cui si porta con sé la bella Amparo, la figlia di un proprietario terriero che ha rapito per avere un ostaggio. Tra la vittima e il carnefice nasce un rapporto di amore-odio finché la polizia arresta Manuel e lo uccide. Amparo torna a casa e si sposa. ■ AVVENTURA; COL.; 91'; ITALIA, 1984.

FUGA SENZA RESPIRO – FUGA PER LA VITA ★★
(Running Scared)
Regia di PAUL GLICKER. Con JUDGE REINHOLD, JOHN SAXON, KEN WAHL. ■ Tre giovanotti, mentre viaggiano per la Florida, vengono inseguiti, catturati e torturati da un gruppo di uomini misteriosi con abbigliamento militaresco. Vengono poi a sapere che i loro persecutori stanno progettando un colpo di Stato a Cuba, con l'appoggio di alcuni industriali di destra. Uno dei tre riuscirà però a fuggire. ■ AVVENTURA; COL.; 93'; USA, 1982.

FUGA SENZA SCAMPO *(No Safe Haven)* ★★
Regia di RONNIE RONDELL. Con WINGS HAUSER, MARINA RICE, ROBERT TESSIER. ■ Un campione di football rifiuta di truccare un incontro e perciò viene ucciso dal racket che voleva corromperlo. Ma sarà vendicato dal fratello (agente della Cia veterano del Vietnam) che si mette in caccia degli assassini e li stermina uno a uno (anche quelli che cercano rifugio in Bolivia). ■ THRILLER; COL.; 94'; USA, 1986.

FUGA SENZA SCAMPO – REBEL *(No Place to Hide)* ★★
Regia di ROBERT ALLAN SCHNITZER. Con VICKIE LANCASTER, BARBARA LEE GOVAN, ANTHONY PAGE, SYLVESTER STALLONE, DENNIS TATE. ■ Un ex contestatore studentesco deluso si aggrega ad un gruppo di terroristi che vogliono far scoppiare una potente bomba negli uffici di una multinazionale. Il ragazzo partecipa all'azione che si rivelerà poi una trappola combinata da un "traditore". ■ DRAMMATICO; COL.; 80'; USA, 1975.

FUGGIAMO INSIEME *(Once upon a Honey Moon)* ★★
Regia di LEO MCCAREY. Con CARY GRANT, GINGER ROGERS, WALTER SLEZAK. ■ Catherine sposa il barone von Luber, agente di Hitler, nonostante gli avvertimenti di Patrick, un giornalista americano. Incontri e scontri fra i coniugi. Fuga di Catherine con Patrick. ■ GUERRA; B/N; 102'; USA, 1942. ■ OSCAR 1 NOM.

FUGGIASCA *(Mary Burns Fugitive)* ★★
Regia di WILLIAM K. HOWARD. Con MELVIN DOUGLAS, SYLVIA SIDNEY. ■ In un sobborgo di New York una ragazza si innamora

di un giovanotto non sapendo che è ricercato dalla polizia. Intanto conosce un altro, che le chiede di sposarla. Il bandito la raggiunge, ma muore proprio nel momento buono. ■ AVVENTURA; B/N; 84′; USA, 1935.

FUGGIASCHI *(Red Snow)* ★★
Regia di BORIS PETROFF. Con GUY MADISON, RAY MALA, CAROLE MATHEWS. ■ Spionaggio al tempo della guerra fredda fra Russia e Stati Uniti. Siamo in una base americana dell'Alaska. ■ SPIONAGGIO; B/N; 78′; USA, 1952.

FUGGIASCHI, I *(Flüchtlinge – Au bout du monde)* ★★
Regia di GUSTAV UCICKY. Con HANS ALBERS, KATHE VON NAGY. ■ Un gruppo di europei deve condurre un treno fino alla frontiera per uscire dalla Cina durante la guerra civile. Prende in mano la situazione un uomo che conduce tutto il gruppo verso la salvezza. ■ DRAMMATICO; B/N; 91′; GERMANIA, 1933.

FUGGIASCO *(Odd Man out)* ★★★★
Regia di CAROL REED. Con FAY COMPTON, JAMES MASON, KATHLEEN RYAN. ■ Film d'atmosfera, imperniato sulla figura di un patriota irlandese che lotta per la causa del proprio paese: viene ferito e si trascina fino a una drammatica morte, in fuga, confortato solo dall'amore di una fanciulla. ■ DRAMMATICO; COL.; 115′; GRAN BRETAGNA, 1947. ■ OSCAR 1 NOM; VENEZIA 1 PR.

FUGGIASCO, IL ★★★
Regia di ANDREA MANNI. Con ALESSANDRO BENVENUTI, ROBERTO CITRAN, CLAUDIA COLI, JOAQUIM DE ALMEIDA, FRANCESCA DE SAPIO, DANIELE LIOTTI. ■ Il film rievoca il "caso Carlotto", storia di Massimo Carlotto, unico testimone di un omicidio avvenuto a Padova quando aveva 18 anni, che si ritrovò invece accusato di essere l'assassino: undici anni di processo, sei di prigione e cinque da "fuggiasco" tra Francia, Spagna e Messico, attraverso un'odissea legale che si interruppe solo nel 1993 con la grazia del Presidente della Repubblica. Una storia di ordinaria follia giudiziaria diventa un efficace film sceneggiato dallo stesso Carlotto e dal regista Andrea Manni. ■ STORICO; COL.; 97′; ITALIA, 2002. ■ DAVID DI DONATELLO 1 NOM.

FUGGIASCO DI SANTA FÉ, IL *(Cattle Drive)* ★★
Regia di KURT NEUMANN. Con JOEL MCCREA, DEAN STOCKWELL. ■ Storia didascalica di un ragazzo che, rimasto solo a terra alla partenza del treno del sud, viene adottato dai cowboy delle grandi praterie. ■ WESTERN; COL.; 77′; USA, 1951.

FUGGITIVA, LA ★★
Regia di PIERO BALLERINI. Con ANNA CARENA, ANNA MAGNANI, CLELIA MATANIA, JONE VOLERI. ■ Una fanciulla sola incontra casualmente una bimba scappata di casa. La riporta indietro e rimane con lei, come governante. Proprio quando si sta innamorando del padre, sceglie di nuovo la solitudine: la mamma della piccina, creduta morta da tutti, è infatti viva e vegeta. ■ DRAMMATICO; B/N; 94′; ITALIA, 1941.

FUGGITIVE, LE *(Fugueuses)* ★★
Regia di NADINE MARQUAND TRINTIGNANT. Con STEFANO DIONISI, NICOLE GARCIA, IRÈNE JACOB, MARIE TRINTIGNANT. ■ Prune lascia la madre per cercare il padre che non vede sin da quando era bambina. Marina cerca invece la madre che non ha avuto. Si incontrano sul treno che va a Lisbona. Prune scopre che il padre si è suicidato e annega in modo del tutto casuale. Marina decide allora di assumere la sua identità epistolare per avere una "propria" madre: quella di Prune. Quando la donna scoprirà la verità deciderà di continuare nella finzione. ■ DRAMMATICO; COL.; 95′; FRANCIA, 1995.

FUGGITIVI DELLE DUNE, I *(Escape in the Desert)* ★★
Regia di EDWARD A. BLATT. Con PHILIP DORN, IRENE MANNING, JEAN SULLIVAN. ■ Avventura e amore in un film di propaganda patriottica. Un uomo, durante il viaggio per raggiungere il posto di lavoro, si ferma in una locanda e si innamora di una ragazza. Prima di ripartire smaschera quattro pericolosi nazisti e li consegna alla polizia. ■ DRAMMATICO; B/N; 81′; USA, 1945.

FUGGITIVO, IL *(Escape)* ★★★
Regia di JOSEPH LEO MANKIEWICZ. Con PEGGY CUMMINGS, REX HARRISON, WILLIAM HARTNELL. ■ Un ex militare inglese provoca accidentalmente la morte di un uomo. Processato e condannato fugge di prigione ben deciso a non farsi riprendere. Fallito il tentativo di imbarcarsi su un aereo, si rifugia in una chiesa, dove un prete lo spinge a costituirsi. Il militare segue il consiglio, la sua donna lo aspetterà. ■ DRAMMATICO; B/N; 78′; GRAN BRETAGNA, 1948.

FUGGITIVO, IL *(The Fugitive)* ★★★
Regia di ANDREW DAVIS. Con HARRISON FORD, TOMMY LEE JONES, JOE PANTOLIANO, SELA WARD. ■ Il chirurgo Richerd Kimble (Ford) viene accusato dell'assassinio della moglie. Dalle prime sequenze sappiamo che è innocente e che l'assassino ha un braccio artificiale. Al processo il chirurgo non ha scampo. Mentre viene trasportato alla prigione due detenuti tentano la fuga, uccidono uno dei guardiani e nel trambusto il furgone precipita e finisce sulle rotaie di un treno. Kimble si salva e comincia la sua disperata fuga, inseguito da un agente federale duro e adrenalinico, che ne fa un caso personale. Invece di fuggire lontano Kimble torna a Chicago a cercare le prove della sua innocenza e l'assassino della moglie. Quando il medico risale a un laboratorio di arti artificiali è ormai sulle tracce dell'assassino. Scena madre finale con lotta fra colpevole (e mandatario del killer senza un braccio) e innocente. ■ GIALLO; COL.; 125′; USA, 1993. ■ GOLDEN GLOBES 1 PR, 3 NOM; OSCAR 1 PR, 7 NOM.

FUGGITIVO DELLA MISSIONE IMPOSSIBILE, IL ★★
(Wrongfully Accused)
Regia di PAT PROFT. Con RICHARD CRENNA, KELLY LEBROCK, MELINDA MCGRAW, LESLIE NIELSEN, MICHAEL YORK. ■ Un gruppo di disoccupati inglesi trova un lavoro per l'estate: verniciare i piloni di una linea dell'alta tensione. Due di loro, un vecchio e un giovane, sono appassionati di *free climbing*. Sono amici ma si innamorano della stessa donna, un'australiana di passaggio che ha accettato di far parte del gruppo. Uno dei due la sposerà. Il cinema inglese, visti i successi di film come *Full Monty*, crede di poter fare film con qualsiasi soggetto. Purtroppo non è così e il film, nonostante l'altezza dei piloni, vola basso. ■ COMICO; COL.; 85′; GRAN BRETAGNA, 1998.

FUGHE DA FERMO ★★
Regia di EDOARDO NESI. Con MARCO COCCI, LUCIANO FEDERICO, IRENE FERRI, MARCO MESSERI, PIETRO RAGUSA. ■ Tratto dall'omonimo romanzo dello stesso Edoardo Nesi, il film racconta il disagio esistenziale e la mancanza di ideali di un gruppo di ragazzi che reagisce al vuoto da cui si sente circondato organizzando atti di rivolta. È solo la trasgressione a far sentire "vivi" Fede e i suoi amici, che compiono gli atti più bizzarri con il solo scopo di dare un senso alla loro esistenza. Il regista, esordiente, dimostra sì di saper usare bene la macchina da presa, ma non è altrettanto bravo a conferire ritmo ad un film in cui gli stessi attori finiscono per rimanere in ombra. ■ COMMEDIA; COL.; 100′; ITALIA, 2000.

FUGITIVE PIECES ★★
Regia di JEREMY PODESWA. Con LARISSA LASKIN, RACHELLE LEFEVRE, RADE SERBEDZIJA. ■ Tratto dal bestseller di Anne Michaels, la pellicola narra una storia di amore, morte e redenzione attraverso la vita di Jakob Beer, ebreo polacco, scampato agli orrori della guerra grazie all'aiuto di un archeologo greco che a rischio della propria vita lo porta con sé prima nell'Egeo, e poi in Canada. A otto anni di distanza da *I cinque sensi*, il regista canadese torna sul grande schermo con un soggetto forte nei contenuti, ma non nelle modalità narrative. ■ DRAMMATICO; COL.; 104′; CANADA, GRECIA, 2007.

FUKUSHAME – IL GIAPPONE PERDUTO ★★★
(Fukushame – The Lost Japan)
Regia di ALESSANDRO TESEI. ■ Sono istantanee di un crimine umanitario quelle scattate dal videoreporter Alessandro Tesei nella "No Go Zone": l'area fantasma di venti chilometri creata dal governo giapponese dopo il terremoto dell'11 marzo 2011. Una tragedia della natura che ha scatenato una reazione a catena, con il successivo violentissimo tsunami. Uno degli effetti più devastanti ha responsabilità umane: il danneggiamento dell'impianto nucleare di Fukushima, con conseguente fuga di particelle radioattive disperse in tutto il Giappone. Il reporter italiano mostra

gli esiti di quell'incidente avventurandosi, sette mesi dopo, nella zona evacuata e interdetta dalle autorità, spingendosi sino a un chilometro dalla centrale. ■ DOCUMENTARIO; COL.; 65'; ITALIA, GIAPPONE, 2012.

FULL FRONTAL ★★
Regia di STEVEN SODERBERGH. Con DAVID DUCHOVNY, NICKY KATT, CATHERINE KEENER, MARY MCCORMACK, DAVID HYDE PIERCE, BRAD PITT, JULIA ROBERTS, BLAIR UNDERWOOD. ■ Linda vorrebbe essere amata. Carl ama sua moglie Lee. Lee cerca di farsi amare da Calvin. Calvin è un attore a cui è stato affidato il ruolo di Nicholas che scopre di essere innamorato di Catherine che è interpretata da Francesca. Gus è il produttore del film decisamente egocentrico che non partecipa alla festa per i suoi quarant'anni. Soderbergh torna alle origini sia sul piano produttivo (Miramax) sia su quello del film che lo ha fatto conoscere: *Sesso, bugie e videotape*. Bisogna riconoscere a questo regista la voglia di non adagiarsi mai sul già fatto ma di tentare strade nuove. Che spesso, al di là dell'applauso di una certa critica, sono del tutto astruse. ■ COMMEDIA; COL.; 111'; USA, 2002.

♥ FULL METAL JACKET ★★★★
Regia di STANLEY KUBRICK. Con ADAM BALDWIN, DORIAN HAREWOOD, KEVYN MAJOR HOWARD, MATTHEW MODINE. ■ Un gruppo di giovani *marines* appena reclutati e duramente addestrati dal sergente Hartman con metodi brutali, parte per il Vietnam, dove sperimenta gli orrori della guerra nella battaglia intorno alla città di Hue. Una cruda denuncia della follia e della presunzione umana – tema dominante in Kubrick, sia che essa si eserciti nello spazio o sulla Terra – resa efficace dal realismo della scenografia (l'inquietante geometria della caserma e l'apocalittico teatro della battaglia) e dalla nitida fotografia. ■ GUERRA; COL.; 116'; USA, 1987. ■ DAVID DI DONATELLO 1 PR, 1 NOM; GOLDEN GLOBES 1 NOM; OSCAR 1 NOM.

FULL MONTY – SQUATTRINATI ORGANIZZATI ★★★
(The Full Monty)
Regia di PETER CATTANEO. Con MARK ADDY, PAUL BERBER, ROBERT CARLYLE, STEVE HUISON, HUGO SPEER, TOM WILKINSON. ■ Siamo a Sheffield, città inglese dell'acciaio decisamente in decadenza. Vige la disoccupazione. Alcuni operai a spasso, ispirati dal più giovane Gaz (Carlyle), che ha assistito per caso a uno spettacolo per sole donne, per guadagnare qualche sterlina decidono di diventare spogliarellisti. Si preparano con serietà, fra alti e bassi, incidenti e battute, alla fine fanno lo spettacolo: il gesto ultimo è quello di buttar via le mutandine. Film molto fortunato, diventato un piccolo culto e campione di incassi, anche in Italia. È l'ennesimo esempio di come l'intelligenza possa supplire ai grandi budget. Il cinema inglese insegna molto in questo senso. Ricordiamo l'omologo-coetaneo *Grazie signora Thatcher*, meno santificato di questo, ma forse di migliori contenuti. Da segnalare che il produttore di *Full Monty* è italiano: Uberto Pasolini. ■ COMMEDIA; COL.; 91'; GRAN BRETAGNA, 1997. ■ GOLDEN GLOBES 1 NOM; OSCAR 1 PR, 4 NOM.

FULL MOON HIGH ★
Regia di LARRY COHEN. Con ADAM ARKIN, ALAN ARKIN. ■ Campione di football va in vacanza in Transilvania e si trasforma in vampiro. Per tornare come prima c'è qualche problema. ■ HORROR; COL.; 96'; USA, 1981.

FULMINATI *(Manpower)* ★★★
Regia di RAOUL WALSH. Con MARLENE DIETRICH, GEORGE RAFT, EDWARD G. ROBINSON. ■ È sicuramente uno dei più bei film di cassetta con Robinson. Vi interpreta il ruolo di un elettricista, ingenuo e vulnerabile, amico di un più affascinante collega che è invece un seduttore nato. Il più mite sposerà una bella donna (Marlene Dietrich) e, morendo, la lascerà all'altro, per il quale lei ha sempre provato una grande attrazione. ■ DRAMMATICO; B/N; 105'; USA, 1941.

FULMINE A BROADWAY – IL PRIGIONIERO RIBELLE *(The Broadway Big Shot)* ★★
Regia di WILLIAM BEAUDINE. Con RALPH BIRD, WILLIAM HALLIGAN, VIRGINIA VALE. ■ Un giornalista fa in modo di finire in prigione per interrogare il testimone di una faccenda piuttosto imbrogliata. L'uomo è morto, tuttavia egli non rinuncia: si fa amico del direttore e viene a capo della vicenda scoprendo i responsabili. Per finire, sposa la figlia del direttore. ■ POLIZIESCO; B/N; 83'; USA, 1942.

FULMINE LO STALLONE BIANCO ★★
(Lightning: the White Stallion)
Regia di WILLIAM A. LEVEY. Con SUSAN GEORGE, ISABEL LORCA, MICKEY ROONEY. ■ Un film per ragazzi piuttosto scontato. Narra la storia di un ragazzo che ha un grande desiderio: diventare proprietario di un cavallo. Così diventa stalliere in una fattoria. La figlia del proprietario gli darà una mano. Mickey Rooney è abbonato a film su cavalli e gran premi. ■ AVVENTURA; COL.; 92'; USA, 1986.

FULMINE NERO *(The Lion and the Horse)* ★★
Regia di LOUIS KING. Con STEVE COCHRAN, BOB STEELE, RAY TEAL. ■ Un bellissimo cavallo selvaggio viene prima sfruttato come attrazione nei rodei e poi addestrato dal nuovo proprietario. ■ AVVENTURA; COL.; 83'; USA, 1953.

FULMINI A CIEL SERENO *(Out of the Blue)* ★★
Regia di LEIGH JASON. Con GEORGE BRENT, ANN DVORAK, VIRGINIA MAYO. ■ Tragicomiche vicende di un marito credulone che, a causa del tiro giocatogli da un vicino, è convinto di aver ammazzato un'attricetta. I soliti equivoci ed incidenti a lieto fine. ■ COMMEDIA; B/N; 84'; USA, 1947.

FU MANCHU – A.S.3 OPERAZIONE TIGRE ★★★
(The Face of Fu Manchu)
Regia di DON SHARP. Con JOACHIM FUCHSBERGER, NIGEL GREEN, CHRISTOPHER LEE. ■ Avventure e colpi di scena nella Londra del primo Novecento: Fu Manchu terribile bandito cinese, ha fatto giustiziare un sosia per poter continuare indisturbato la sua attività criminosa. Alcuni agenti dell'Intelligence Service, però, fanno saltare il suo rifugio. ■ AVVENTURA; COL.; 96'; GRAN BRETAGNA, 1965.

FU MANCHU, MISTERO D'ORIENTE – IL DRAGO CINESE *(Drums of Fu Manchu)* ★★
Regia di WILLIAM N. WITNEY, JOHN ENGLISH. Con HENRY BRANDON, ROBERT KELLARD, WILLIAM ROYLE. ■ Il pericoloso capo di un'organizzazione criminale vuole impadronirsi dello scettro di Gengis Khan per assoggettare, come vuole un'antica leggenda, il continente asiatico. Due agenti inglesi lo sorvegliano per impedirgli di nuocere. ■ AVVENTURA; B/N; 81'; USA, 1940.

FU MATTIA PASCAL, IL *(Le feu Mathias Pascal)* ★★★
Regia di MARCEL L'HERBIER. Con IVAN MOSJOUKINE, MARCELLE PRADOT, MICHEL SIMON. ■ Tratto dalla famosa opera di Pirandello, il film rappresenta la prima e originale trasposizione cinematografica. Mattia viene considerato morto, così comincia di nascosto una vita di eccessi. Quando i suoi familiari scopriranno la verità, cercheranno in tutti i modi di tenere nascosta la cosa. ■ DRAMMATICO; B/N; 150'; FRANCIA, 1925.

FU MATTIA PASCAL, IL *(L'homme de nulle part)* ★★★
Regia di PIERRE CHENAL. Con PIERRE BLANCHAR, ISA MIRANDA. ■ Creduto morto per errore, Mattia Pascal ha perduto ogni diritto civile e si trova coinvolto in assurde situazioni derivanti dalla sua insolita posizione. Aiutato dal nuovo marito di sua moglie riesce ad avere nuovi documenti che gli permettono di ricostruirsi un'esistenza normale, ma è costretto ad abbandonare la famiglia. ■ DRAMMATICO; B/N; 98'; FRANCIA, 1937.

FUMAVANO LE COLT... LO CHIAMAVANO CAMPOSANTO, GLI ★
Regia di GIULIANO CARNIMEO. Con WILLIAM BERGER, CHRISTOPHER CHITTEL, GIANNI GARKO. ■ I due fratelli McIntire tornano in un paese del West dove, assieme al pistolero Camposanto, ingaggiano una battaglia contro i banditi locali che taglieggiano i contadini. Naturalmente vincono Camposanto e i fratelli. ■ WESTERN; COL.; 94'; ITALIA, 1971.

FUMERIA D'OPPIO – RITORNA ZA-LA-MORT ★★
Regia di RAFFAELLO MATARAZZO. Con EMILIO CIGOLI, FEDELE GENTILE, EMILIO GHIONE JR, MARIELLA LOTTI, UMBERTO SPADARO, PAOLO STOPPA. ■ Un giovane viene accusato d'aver ucciso una donna dopo averla derubata, ma la sorella, convinta del-

la sua innocenza, chiede aiuto ad un appartenente al mondo della malavita. Questi accetta di collaborare con la polizia e, sfruttando le proprie conoscenze nell'ambiente, risale al covo dei veri assassini. ■ POLIZIESCO; B/N; 91′; ITALIA, 1947.

FUMO DI LONDRA ★★
Regia di ALBERTO SORDI. Con ANNY DALBY, FIONA LEWIS, ALFREDO MARCHETTI, ALBERTO SORDI. ■ Un antiquario italiano impiega i soldi guadagnati con la vendita di un pezzo raro per fare quel viaggio in Inghilterra che sognava da molti anni. Qui vive avventure e disavventure, tra una caccia alla volpe nell'ambiente dell'alta società e una riunione di giovani hippies. ■ COMMEDIA; COL.; 122′; ITALIA, 1966. ■ DAVID DI DONATELLO 1 PR, 1 NOM.

FUMO NEL VENTO *(Smoke in the Wind)* ★★
Regia di JOSEPH KANE. Con JOHN ASHLEY, WALTER BRENNAN, JOHN RUSSELL. ■ Dura la vita di una famiglia dell'Arkansas, accusata, alla fine della guerra di Secessione, di aver collaborato con i nordisti (l'Arkansas era schierato con il Sud). ■ WESTERN; COL.; 90′; USA, 1971.

FUNERALE A BERLINO *(Funeral in Berlin)* ★★★
Regia di GUY HAMILTON. Con MICHAEL CAINE, OSCAR HOMOLKA, PAUL HUBSCHMID, EVA RENZI. ■ Un colonnello russo deve assolutamente attraversare il confine tra le due zone di Berlino; il servizio segreto inglese incarica l'agente Palmer dell'operazione. Palmer si accorda con il tedesco Kreuzmann, specialista in evasioni. Nella bara che attraversa il muro di Berlino, però, Palmer non trova il colonnello russo, ma il cadavere di Kreuzmann. ■ POLIZIESCO; COL.; 102′; GRAN BRETAGNA, 1966.

FUNERALE A LOS ANGELES *(Un homme est mort)* ★★★
Regia di JACQUES DERAY. Con ANGIE DICKINSON, ANN MARGRET, UMBERTO ORSINI, JEAN-LOUIS TRINTIGNANT. ■ Da Parigi parte Lucien, un killer incaricato di uccidere un boss mafioso. Eseguito l'incarico, si rende conto che nell'operazione è prevista anche la sua eliminazione. Cerca di risalire ai mandanti e ci riesce, ma non gli giova perché nella sparatoria rimane ferito a morte. ■ DRAMMATICO; COL.; 105′; FRANCIA, 1972.

FUNERALE DELL'ALTRO MONDO, UN ★★
(Da wan – Big Shot's Funeral)
Regia di XIAOGANG FENG. Con YING DA, ROSAMUND KWAN, DONALD SUTHERLAND, GE YOU, PAUL MAZURSKY. ■ Un regista americano sta girando un film in Cina. Ma la lavorazione viene interrotta a causa di una sua crisi psicologica, che si aggrava in modo galoppante. Quando la morte appare ormai prossima, uno dei suoi collaboratori cinesi comincia i preparativi per un funerale in grande stile, che dovrebbe trasformarsi in un vero evento mediatico. ■ COMMEDIA; COL.; 100′; CINA, HONG KONG, 2002.

FUNERAL PARTY *(Death At a Funeral)* ★★★
Regia di FRANK OZ. Con JANE ASHER, EWEN BREMNER, PETER DINKLAGE, DAISY DONOVAN, PETER EGAN, RUPERT GRAVES, ALAN TUDYK, PETER VAUGHAN. ■ Gran Bretagna. Daniel attende l'arrivo della salma del padre nella villa di campagna in cui ancora vive (benché sposato) con la madre. Purtroppo il feretro è sbagliato e gli uomini delle pompe funebri debbono tornare indietro. È solo l'inizio di una serie di situazioni comiche che vanno dall'humour very british alla farsa più sfrenata. Oz questa volta si scatena in un film a basso costo in cui non si risparmia nulla. Le situazioni a cui può dar luogo il ritrovarsi di persone conosciute e sconosciute a un funerale sono state proposte innumerevoli volte dal cinema, ma in questa occasione la libertà di sberleffo e di irriverenza che il regista si concede porta qualcosa di non banale. ■ COMMEDIA; COL.; 90′; GERMANIA, GRAN BRETAGNA, USA, 2007.

FUNNY FARM ★★
Regia di YANKUL GOLD WASSER. Con SEFFI RIULIN. ■ Un uomo politico finisce per errore dietro le sbarre di un manicomio. Mentre si trova nella sua stanza scopre una matrice per biglietti da cento dollari americani e decide di eliminare i debiti contratti dalla sua nazione facendone uso. ■ COMMEDIA; COL.; 95′; USA, 1986.

FUNNY GAMES ★★★
Regia di MICHAEL HANEKE. Con ARNO FRISCH, FRANK GIERING, SUSANNE LOTHAR, ULRICH MUEHE. ■ In una bella villetta sul lago un gruppo di persone, tutte di buon livello, buona borghesia, vivono tranquillamente, ritemprandosi dai soliti stress della città. Ma ecco che arrivano ospiti apparentemente altrettanto per bene, ma che cominciano a torturare, stuprare e uccidere. Violenza implacabile condotta con freddezza agghiacciante da un regista ancora poco noto. Il film ha costituito un caso alla mostra di Venezia del 1997. Un'altra delle rare combinazioni di film con molte qualità senza grandi budget. Nel 2007 Haneke ha girato il remake del film – stesso titolo – con Tim Roth e Naomi Watts. ■ THRILLER; COL.; 103′; AUSTRIA, 1997.

FUNNY GAMES ★★
Regia di MICHAEL HANEKE. Con BRADY CORBET, DEVON GEARHART, MICHAEL PITT, TIM ROTH, NAOMI WATTS. ■ Remake dello stesso regista del film omonimo del 1997. Una famiglia borghese in automobile. *La cavalleria rusticana* di Mascagni e *Atalanta* di Handel nell'autoradio. Il figlio ascolta sorridendo dal sedile posteriore. La casa al lago: con il prato ben curato, la barca a vela e i vicini gentili. Niente di più stabile, tranquillo e banale. Non fosse che Haneke usa la macchina da presa come a volerne (vivi)sezionare la vitalità. Con piani totali, dall'alto a volo d'uccello e dettagli minimali. La musica lirica e John Zorn che irrompe sui titoli di testa. ■ THRILLER; COL.; 111′; GRAN BRETAGNA, USA, FRANCIA, AUSTRIA, GERMANIA, ITALIA, 2007.

FUNNY GIRL ★★★
Regia di WILLIAM WYLER. Con BARBARA STREISAND, LEE ALLEN, ANNE FRANCIS, KAY MEDFORD, WALTER PIDGEON, OMAR SHARIF, BARBRA STREISAND. ■ Il film racconta la vita di Funny Brice che nel periodo tra le due guerre fu la stella delle "Ziegfeld Follies", la più famosa compagnia americana di varietà. Fanny era piuttosto bruttina, ma possedeva un talento eccezionale. ■ MUSICALE; COL.; 155′; USA, 1968. ■ DAVID DI DONATELLO 1 PR, 1 NOM; OSCAR 1 PR, 8 NOM.

FUNNY LADY ★★★
Regia di HERBERT ROSS. Con JAMES CAAN, RODDY MCDOWALL, OMAR SHARIF, BARBRA STREISAND, BEN VEREEN, CAROLE WELLS. ■ Questo secondo film, girato sulla scia del precedente, continua la narrazione della vita di Funny Brice, ormai stella famosa in tutta l'America. Rimpiange il bel Nick che l'ha sostituita con una miliardaria, poi si sposa con un impresario teatrale. Degna di nota l'interpretazione di Barbra Streisand. ■ MUSICALE; COL.; 137′; USA, 1974. ■ GOLDEN GLOBES 5 NOM; OSCAR 5 NOM.

FUNNY MAN ★
Regia di SIMON SPRACKLING. Con TIM JAMES, CHRISTOPHER LEE, BENNY YOUNG. ■ Un volgare giullare ingobbito si aggira per un castello spaventando e uccidendo gli sfortunati ospiti. Un seguace inglese dei film americani dell'orrore di stampo ironico. ■ HORROR; COL.; 92′; GRAN BRETAGNA, 1994.

FUNNY MONEY – COME FARE I SOLDI SENZA LAVORARE *(The Associate)* ★★★
Regia di DONALD PETRIE. Con TOM DALY, WHOOPI GOLDBERG, ELI WALLACH, DIANNE WIEST. ■ Una consulente finanziaria davvero esperta non riesce a sfondare perché non è un "maschio". Si inventa così un inesistente socio in affari e riesce a spiccare il volo verso il successo. Commedia che si rifà a un film francese. La Goldberg riesce a dividere proficuamente lo schermo con la Wiest. ■ COMMEDIA; COL.; 113′; USA, 1996.

FUNNY PEOPLE ★★★
Regia di JUDD APATOW. Con ERIC BANA, JONAH HILL, LESLIE MANN, SETH ROGEN, ADAM SANDLER. ■ George Simmons ha tutto ciò che si può ottenere dal successo. Il pubblico lo ama sia come *stand up comedian* che come star cinematografica, vive in una villa sul Pacifico, ha un aereo privato. Però non ha amici, ha solo fans. Un giorno arriva la notizia che gli cambia la vita: soffre di una forma di leucemia che gli lascia poco tempo da vivere. Desideroso di non trascorrere da solo gli ultimi giorni si sceglie come assistente Ira, un'aspirante comico che va a vivere con lui. Ira scrive testi che George utilizza in quelle che considera come le sue ultime esibizioni ma non tutto è facile. Le paure dell'attore si fanno sempre più evidenti così come l'arroganza che non manca di manifestarsi anche nei confronti di Ira. Finché non succede qualcosa di inatteso. ■ COMMEDIA; COL.; 145′; USA, 2009.

FUOCHI D'ARTIFICIO ★★
Regia di GENNARO RIGHELLI. Con GERY LAND, AMEDEO NAZZARI, GIUSEPPE PORELLI. ■ Tutti quelli che tornano dall'America devono per forza essere ricchi; questa è la convinzione degli abitanti di un paese che vedono rientrare un loro concittadino. In realtà il giovanotto non ha fatto una lira. ■ COMMEDIA; B/N; 91'; ITALIA, 1938.

FUOCHI D'ARTIFICIO ★★★
Regia di LEONARDO PIERACCIONI. Con MASSIMO CECCHERINI, BARBARA ENRICHI, CLAUDIA GERINI, VANESSA LORENZO, LEONARDO PIERACCIONI, BUD SPENCER, MANDALA TAYDE. ■ Alle Maldive Ottone racconta a uno psicologo i fatti recenti della sua vita. Abbandonato dalla ragazza ne conosce altre tre, di diverse personalità e fascia sociale. Alla fine una delle tre lo ha accompagnato nel paradiso di quelle isole. Quale sarà? Nel frattempo abbiamo conosciuto il nuovo mondo di Pieraccioni, le sue battute, il suo amico matto. Un mondo particolare ricostruito come le città di cartone di Hollywood, pieno di furbizie e di trucchi, e anche pieno di ingenuità e di errori, se così si possono chiamare. "Criticare" questo film non ha proprio senso. Il successo abnorme del *Ciclone* costituiva una base di partenza anomala. Ma questo è un merito di Pieraccioni, che si è saputo conquistare una tal franchigia da moltiplicare tutti gli effetti del film: se una battuta vale una risata, solo perché appartiene a Pieraccioni la risata sarà doppia, o tripla, e attesa, "sovrainterpretata". Maurizio Costanzo ha dichiarato che Pieraccioni è il nuovo Monicelli italiano. Niente di più sbagliato. Monicelli girava *La grande guerra*, *I compagni*, *L'armata Brancaleone*, Pieraccioni fa film comici senza particolari significati. *Fuochi d'artificio* è uno spaccato giovanile di questo tempo (ma il discorso vale anche per *Trainspotting*). Era dai tempi di *Poveri ma belli* (ecco chi può ricordare Pieraccioni, molto vagamente: Risi) che non c'era nel cinema italiano un po' di gioia di vivere e di disimpegno come magnifico deterrente alla vita di questi anni e soprattutto al cinema italiano di quegli autori che vorrebbero tutto triste, grigio, omologato. Fortuna che c'è Pieraccioni, che dal suo versante si oppone a quello dei Ciprì & Maresco (esempio estremo). L'incasso del film è stato strepitoso. Pare ottanta, novanta miliardi di lire, chissà. ■ COMICO; COL.; 100'; ITALIA, 1997.

FUOCHI DI GIOIA *(Feux de joie)* ★★
Regia di JACQUES HOUSSIN. Con RAYMOND CORDY, MONA GOYA, RAY VENTURA. ■ Terminato il servizio militare, un gruppo di ex commilitoni si associa per dirigere un albergo in una località balneare. Si prospettano subito grossi problemi a causa della concorrenza spietata, ma in loro aiuto arriva la figlia di un ricchissimo industriale che risolve tutti i guai. ■ COMMEDIA; B/N; 95'; FRANCIA, 1938.

FUOCHI DI SAN GIOVANNI, I *(Johannisfeuer)* ★★
Regia di ARTHUR MARIA RABENALT. Con ANNA DAMMAN, ERNEST VON KLIPSTEIN. ■ Tornato al paese dopo un lungo viaggio, un giovanotto sta per sposare la ragazza più ricca del luogo, ma si innamora perdutamente della più povera. Decide di mandare tutto a monte, ma la mattina del giorno fissato per la cerimonia scopre che la bella amata è scomparsa per non sconvolgere il suo destino. ■ DRAMMATICO; B/N; 92'; GERMANIA, 1939.

FUOCHI INCROCIATI *(Captive Rage)* ★
Regia di CEDRIC SUNDSTROM. Con OLIVER REED, ROBERT VAUGHN. ■ C'è un piccolo spacciatore. Tutto fila liscio fino al giorno in cui la sopravvivenza di suo figlio viene messa in predicato. ■ DRAMMATICO; COL.; 90'; GRAN BRETAGNA, 1988.

FUOCHI NELLA GIUNGLA *(Manhunt in the Jungle)* ★★
Regia di TOM MCGOWAN. Con LOUIS ALVAREZ, ROBIN HUGHES, JAMES WILSON. ■ Un ufficiale organizza una spedizione nella giungla brasiliana per ritrovare un esploratore misteriosamente scomparso da qualche anno. Le avversità naturali e l'ostilità delle tribù indigene sono tali che l'ufficiale riesce a salvare la pelle per miracolo. ■ AVVENTURA; COL.; 79'; USA, 1958.

FUOCHI NELLA PIANURA *(Nobi)* ★★★★
Regia di KON ICHIKAWA. Con MICKY CURTIS, EIJI FUNAKOSHI, ASAO SANO, OSAMU TAKIZAWA. ■ La fine della seconda guerra mondiale segna la disfatta dell'esercito giapponese. Nella giungla delle Filippine un soldato, sfuggito a mille pericoli e mille insidie, cerca disperatamente di sopravvivere. Intorno a lui militari e civili muoiono di fame e di stenti. Il soldato trova aiuto presso alcuni contadini. ■ DRAMMATICO; B/N; 105'; GIAPPONE, 1959.

FUOCO *(Feu! – La marine d'abord)* ★★
Regia di JACQUES DE BARONCELLI. Con JACQUES BAUMER, EDWIGE FEUILLÈRE, VICTOR FRANCEN. ■ Una donna a capo di una banda di contrabbandieri sfrutta l'amore di un poliziotto per facilitare i suoi intrighi. L'uomo si rende conto ben presto del suo doppio gioco e, senza esitare, ordina di colare a picco l'imbarcazione sulla quale la donna trasporta merce rubata. ■ DRAMMATICO; B/N; 83'; FRANCIA, 1937.

FUOCO! ★★★
Regia di GIAN VITTORIO BALDI. Con MARIO BAGNATO, LYDIA BIONDI, GIORGIO MAULINI. ■ Nel corso di una festa religiosa un uomo, dalla finestra della sua abitazione, spara sulla statua della Madonna diffondendo il panico tra i compaesani. Si consegnerà spontaneamente ai carabinieri, qualche ora più tardi, dopo aver freddato la consorte. ■ DRAMMATICO; B/N; 86'; ITALIA, 1968.

FUOCO A CARTAGENA *(The Golden Hawk)* ★★
Regia di SIDNEY SALKOW. Con HELENA CARTER, RHONDA FLEMING, STERLING HAYDEN. ■ Vicenda d'amore tra un pirata e una bella avventuriera. Lui viene travolto dal classico colpo di fulmine, ma lei gli resiste e anzi lo ferisce per sfuggirgli. Qualche tempo dopo, il pirata mette i suoi uomini al servizio delle truppe navali francesi; fatto prigioniero dai nemici spagnoli, è liberato proprio dall'amata. ■ AVVENTURA; COL.; 83'; USA, 1952.

FUOCO ALLE SPALLE *(Backfire)* ★★
Regia di VINCENT SHERMAN. Con VIVECA LINDFORS, VIRGINIA MAYO, EDMOND O'BRIEN. ■ Un uomo è impegnato a ritrovare un amico accusato di omicidio. Seguendo i suoi ultimi spostamenti giunge ad una bisca, dove apprende da una ragazza che il ricercato ha involontariamente provocato il padrone del locale. È questi che tiene nascosto il rivale e tenta di uccidere anche l'amico, ma interviene in tempo la polizia a salvarli entrambi. ■ POLIZIESCO; B/N; 91'; USA, 1950.

FUOCO AL MULINO *(Held for Ransom)* ★★
Regia di CLARENCE BRICKER. Con JACK MULHALL, GRANT WHITERS. ■ Un giovane benestante viene rapito. Il padre paga il riscatto che non giunge ai rapitori. Da qui nasce una serie di avventure; una donna poliziotto trova il sequestrato e diventa sua moglie. ■ GIALLO; B/N; 94'; USA, 1938.

FUOCO A MEZZANOTTE *(Midnight Menace)* ★★
Regia di SINCLAIR HILL. Con CHARLES FARRELL, FRITZ KORTNER, MARGARET VYNER. ■ Un funzionario europeo, impazzito dopo l'uccisione dei figlioletti, tenta di provocare un conflitto mondiale. Il suo piano riesce in parte. ■ FANTASTICO; B/N; 79'; GRAN BRETAGNA, 1936.

FUOCO A ORIENTE *(The North Star)* ★★★
Regia di LEWIS MILESTONE. Con DANA ANDREWS, ANNE BAXTER, WALTER BRENNAN, WALTER HUSTON, ERIC VON STROHEIM. ■ È un film propagandistico realizzato quando America e Russia combattevano il comune nemico e si esaltavano le virtù dei sovietici. Milestone conduce l'azione al ritmo tipico del film d'avventura, con abilità e vivacità. I personaggi del regista (nato in Russia) con i russi hanno ben poco a che fare. ■ GUERRA; B/N; 105'; USA, 1943. ■ OSCAR 6 NOM.

FUOCO ASSASSINO *(Backdraft)* ★★
Regia di RON HOWARD. Con WILLIAM BALDWIN, ROBERT DE NIRO, SCOTT GLENN, KURT RUSSELL. ■ Due fratelli vogliono seguire le orme del padre. Prestano dunque servizio come pompieri. Ma mentre Stephen diventa addirittura capo di una squadra, Brian non riesce a dimenticare la morte del padre avvenuta in un incendio. Brian tuttavia avrà l'occasione di risolvere il proprio problema psicologico indagando su alcuni incendi misteriosi. ■ AVVENTURA; COL.; 130'; USA, 1991. ■ OSCAR 3 NOM.

FUOCO DI PAGLIA *(Strohfeuer)* ★★★
Regia di VOLKER SCHLÖNDORFF. Con FRIEDHELM PTOCK, MARGARETHE VON TROTTA. ■ Con un matrimonio fallito alle spalle,

una donna stenta a ritrovare la propria serenità; nemmeno il lavoro va bene perché è incapace di accettare certi compromessi. Pur di ottenere la custodia del figlio si sposerà con un uomo che non ama. ■ DRAMMATICO; COL.; 95'; GERMANIA, 1972.

FUOCO DOPO LA PIOGGIA, IL *(Fire and Rain)* ★★
Regia di JERRY JAMESON. Con ANGIE DICKINSON, CHARLES HAID. ■ Un aereo diretto a Los Angeles subisce un incidente proprio mentre sta per atterrare sulla pista: i passeggeri, presi dal terrore e dall'impotenza, devono lottare per salvare la propria vita. ■ DRAMMATICO; COL.; 83'; USA, 1989.

♥ **FUOCO FATUO** *(Le feu follet)* ★★★★
Regia di LOUIS MALLE. Con YVONNE CLECH, JEANNE MOREAU, MAURICE RONET, LENA SKERNA. ■ Un uomo schiavo dell'alcool e di una vita ormai senza senso cerca conforto, inutilmente, prima nell'amicizia poi in una donna. Consapevole della sua irrimediabile solitudine, si suicida. È un film psicologico di grande vigore drammatico. Bravi gli interpreti. ■ DRAMMATICO; B/N; 110'; FRANCIA, 1963. ■ VENEZIA 1 PR.

FUOCO INCROCIATO *(Man or Gun)* ★★
Regia di ALBERT C. GANNAWAY. Con MACDONALD CAREY, JAMES CRAIG, AUDREY TOTTER. ■ Un abilissimo tiratore impiega la sua destrezza solo in caso di estrema necessità. È costretto però ad affrontare e ad uccidere alcuni banditi che cercano di rubargli la pistola e di eliminarlo. Solo dopo aver fatto piazza pulita può sposare la donna del cuore. ■ WESTERN; B/N; 79'; USA, 1958.

FUOCO LIQUIDO *(Exclusive Story)* ★★
Regia di GEORGE BRACKETT SEITZ. Con MADGE EVANS, FRANCHOT TONE. ■ Un gruppo di malviventi taglieggia i commercianti e si arricchisce con loschi contrabbandi. La figlia di una delle loro vittime e un giornalista convincono un magistrato a intraprendere una lotta contro la banda. Finale lieto. ■ POLIZIESCO; B/N; 75'; USA, 1936.

FUOCO MAGICO *(Magic Fire)* ★★★
Regia di WILLIAM DIETERLE. Con ALAN BADEL, VALENTINA CORTESE, PETER CUSHING, YVONNE DE CARLO. ■ Vita e amori del gigante della musica Richard Wagner. La narrazione manca di approfondimento psicologico. ■ BIOGRAFICO; COL.; 95'; USA, 1954.

FUOCO NELLA CARNE, IL *(Le reflux)* ★★
Regia di PAUL GÉGAUFF. Con FRANCO FABRIZI, SERGE MARQUAND, ROGER VADIM. ■ Un ufficiale di marina e due colleghi trovano lavoro su una nave diretta in Australia. Una notte, dopo essersi ubriacati con lo champagne che ne costituisce il carico, scoprono che molte bottiglie sono piene d'acqua. Decisi a trarre profitto dalla situazione, si fermano sull'isola abitata da un venditore di perle e studiano un piano per derubarlo. Il tentativo fallisce. ■ AVVENTURA; B/N; 77'; FRANCIA, 1962.

FUOCO NELLA STIVA *(Fire Down Below)* ★★★
Regia di ROBERT PARRISH. Con RITA HAYWORTH, JACK LEMMON, ROBERT MITCHUM. ■ Due contrabbandieri sono entrambi innamorati di una bella donna dai trascorsi non proprio limpidi. Uno vorrebbe sposarla, ma lei si unisce all'altro. Tutti e due accorrono per salvare l'amico in pericolo di vita durante l'incendio di una nave; l'uomo, completamente ristabilito, li abbandona per sempre alla loro vita. ■ AVVENTURA; COL.; 116'; GRAN BRETAGNA, 1957.

FUOCO NELLE VENE, IL *(La chair et le diable)* ★★
Regia di JEAN JOSIPOVICI. Con ROSSANO BRAZZI, TITINA DE FILIPPO, VIVIANE ROMANCE. ■ Giuseppe viene accusato dell'assassinio di Mattia, suo datore di lavoro. Questi invece è finito in ospedale a causa di un'amnesia; il cadavere ritrovato è quello di un mendicante che egli ha assassinato. Sua moglie, quando lo viene a sapere, vuole lasciarlo, ma muore accidentalmente; i compaesani, convinti della colpevolezza di Mattia, lo linciano. ■ DRAMMATICO; B/N; 87'; FRANCIA, 1953.

FUOCO NEL SANGUE *(Fuego en la sangre)* ★
Regia di IGNACIO F. IQUINO. Con MARIA DE LEZZA, ANTONIO VILAR. ■ Melodramma d'altri tempi: un vedovo vuole prendere in moglie la ragazza di cui è sempre stato innamorato, ma lei sposa un altro. Il primo non si arrende e tenta di ammazzare il rivale: ma è lui a morire per mano della donna, che però finisce male a sua volta. ■ DRAMMATICO; B/N; 93'; SPAGNA, 1953.

FUOCO NERO ★★
Regia di SILVIO SIANO. Con DELIA SCALA, OTELLO TOSO. ■ È una storia di cavalli e tradimenti: un fantino allena Fuoco Nero, un puledro per il quale nutre molte speranze, mentre sua moglie, innamoratasi del suo disonesto fratello, progetta di scappare con lui. Il giorno di un'importante corsa tutto precipita. ■ DRAMMATICO; B/N; 90'; ITALIA, 1951.

FUOCO, NEVE E DINAMITE *(Fire, Ice and Dynamite)* ★★
Regia di WILLY BOGNER. Con SHARI BELAFONTE, GEOFFREY MOORE, ROGER MOORE, UWE OCHSENKNECHT, SIMON SHEPERD. ■ Il film è un pretesto per offrire allo spettatore una serie di rocambolesche scene d'azione sportiva al limite del possibile (e spesso anche oltre). La trama è ben poca cosa: un miliardario in crisi, fintosi morto, lascia tutta la sua eredità al vincitore di una serie di giochi sportivi, tra cui sci sulle rocce, corsa di skateboard, scalata di una diga, sci acrobatico e paracadutismo di vario genere. ■ AVVENTURA; COL.; 100'; GERMANIA, 1990.

FUOCO SACRO, IL *(Feu sacré)* ★★
Regia di MAURICE CLOCHE. Con GEORGES FLAMANT, VIVIANE ROMANCE. ■ Una giovane contadina intraprende con successo la carriera teatrale. Una collega invidiosa e bugiarda riesce a farla licenziare; l'altra non si perde d'animo, diventa in poco tempo una famosa diva del cinema e sposa l'uomo che ama. ■ COMMEDIA; B/N; 103'; FRANCIA, 1942.

FUOCO SOTTO LA PELLE, IL *(Le feu dans la peau)* ★★
Regia di MARCEL BLISTÈNE. Con PHILIPPE LEMAIRE, GISÈLE PASCAL, RAYMOND PELLEGRIN. ■ La vedova di un agricoltore perde la testa per un contrabbandiere. Il cognato della donna, che l'ama in segreto, si consola con un'altra, ma quando viene a sapere che l'amata sposerà l'uomo l'assale. Poi, convinto di averla uccisa, si toglie la vita. ■ DRAMMATICO; B/N; 107'; FRANCIA, 1954.

FUOCO SU DI ME ★★
Regia di LAMBERTO LAMBERTINI. Con NICOLA DI PINTO, MAURIZIO DONADONI, SONALI KULKARNI, ZOLTAN RATOTI, OMAR SHARIF, MASSIMILIANO VARRESE. ■ Napoli 1815, ultimi mesi del regno di Gioacchino Murat. Trionfi e tragico epilogo di quel personaggio seppe infiammare e trascinare il popolo napoletano nel sogno, forse prematuro, di un'Italia unita e indipendente. In quel tempo il giovane Eugenio, dopo anni di lontananza in Francia, torna a Napoli, sua città natale, a causa di una ferita riportata in battaglia, richiamato dall'amatissimo nonno, vecchio aristocratico alle prese con la stesura di un suo *Diario napoletano*. ■ STORICO; COL.; 100'; ITALIA, 2005. ■ DAVID DI DONATELLO 3 NOM.

FUOCO SULLO YANGTSE *(Yangtse Incident)* ★★
Regia di MICHAEL ANDERSON. Con WILLIAM HARTNELL, AKIM TAMIROFF, RICHARD TODD. ■ Il lungometraggio narra in maniera romanzesca, ma obiettiva un fatto vero accaduto nel 1949 durante la guerra civile in Cina. Al centro della vicenda è un incrociatore inglese che naviga sullo Yangtse per raggiungere Nanchino e portare soccorso ad una colonia di connazionali. ■ GUERRA; B/N; 112'; GRAN BRETAGNA, 1957.

FUOCO VERDE *(Green Fire)* ★★
Regia di ANDREW MARTON. Con PAUL DOUGLAS, STEWART GRANGER, GRACE KELLY. ■ Un uomo ha scoperto una miniera di smeraldi ed è deciso a sfruttarla nonostante le difficoltà di proseguire i lavori, a causa dei numerosi crolli nelle gallerie e la cronica mancanza di fondi. Con la sua ostinazione vince, ma poi alla fine rinuncia di fronte alla prospettiva di perdere l'amore della sua ragazza. ■ AVVENTURA; COL.; 100'; USA, 1955.

FUORI CONTROLLO *(Out of Control)* ★★
Regia di ALLAN HOLZMAN. Con CINDY DIETRICH, MARTIN HEWITT, BETSY RUSSELL. ■ Otto ragazzi sopravvivono a un disastro aereo. Il velivolo su cui viaggiavano è caduto su un'isola, ma lì per lì ai sopravvissuti non spiace quella vita alla Robinson Crusoe. Bevono, fanno l'amore. I guai arrivano con una banda di contrabbandieri di droga che ha scelto l'isola come propria base. ■ DRAMMATICO; COL.; 91'; USA, 1986.

FUORI CONTROLLO *(Edge of Darkness)* ★★★
Regia di MARTIN CAMPBELL. Con MEL GIBSON, DANNY HUSTON, BOJANA NOVAKOVIC, SHAWN ROBERTS, RAY WINSTONE.

■ Thomas Craven è un detective della omicidi del Boston Police Department. Un giorno la figlia Emma, ventiquattrenne, va a trovarlo e viene uccisa davanti a casa mentre si trova al suo fianco. Il primo sospetto cade su possibili nemici di Thomas. Ma il poliziotto non accetta supinamente questa semplice ipotesi e prende ad indagare per proprio conto. Scoprirà che la figlia, che stava svolgendo un periodo di apprendistato presso la Northmoor (un'importante azienda nel settore dello sviluppo e ricerca) aveva scoperto le attività illegali della stessa. Alla Northmoor ci si occupava di nucleare con forti coperture politiche. L'unico scopo di Thomas è ora quello di smascherare i colpevoli. ■ THRILLER; COL.; 117'; USA, GRAN BRETAGNA, 2010.

FUORI DAL GIRO *(Crossing the Mob)* ★★
Regia di STEVEN HILLIARD STERN. Con JASON BATEMAN, FRANK STALLONE, MAURA TIERNEY. ■ Film piuttosto manierato e di taglio molto televisivo. Philly per risolvere i problemi economici e togliersi dall'ambiente misero in cui vive entra nella malavita lavorando per un certo Anthony D'Amato. Successivamente si pente, ma ormai è troppo tardi per ritornare sui propri passi. Nel ruolo del boss mafioso c'è il fratello di Sylvester Stallone. ■ DRAMMATICO; COL.; 105'; USA, 1988.

FUORI DALLA NEBBIA *(Out of the Fog)* ★★★
Regia di ANATOLE LITVAK. Con JOHN GARFIELD, IDA LUPINO, THOMAS MITCHELL. ■ Un gangster taglieggia alcuni marinai. Un giorno uno di essi, stanco delle imposizioni, consegna all'uomo i suoi risparmi, poi lo induce a salire su un'imbarcazione dalla quale lo fa cadere. La polizia non riesce a scoprire le cause della disgrazia; l'omicida riprende i suoi soldi e ne distribuisce altri ai meno abbienti. ■ DRAMMATICO; B/N; 93'; USA, 1941.

♥ FUORI DAL MONDO ★★★
Regia di GIUSEPPE PICCIONI. Con MARGHERITA BUY, CAROLINA FRESCHI, GIULIANA LOJODICE, MARINA MASSIRONI, MARIA CRISTINA MINERVA, SILVIO ORLANDO. ■ Ernesto ha ereditato dal padre una lavanderia e conduce una vita da single che affoga nella ripetitività. Caterina è una suora che sta per prendere i voti perpetui. Un giorno lei, che si reca a Milano per lavorare in un centro di accoglienza, si vede affidare un neonato trovato in un parco. Lo porta all'ospedale, ma comincia a sentirlo un po' suo, al punto di andare a fondo sull'unico indizio che ha a disposizione: il maglione in cui era avvolto il piccolo con la targhetta della lavanderia. È così che avviene l'incontro tra due solitudini, una delle quali è però sostenuta da un ideale. Il film di Piccioni è interessante per più motivi. La scommessa è stata invece in gran parte vinta grazie all'unità di intenti che ha legato produttore, regista, cast ed equipe tecnica (si veda la Milano vista sotto una luce del tutto particolare da Luca Bigazzi). ■ DRAMMATICO; COL.; 101'; ITALIA, 1999.

FUORI DAL TUNNEL *(Clean and Sober)* ★★★
Regia di GLENN GORDON CARON. Con HENRY JUDD BAKER, KATHY BAKER, LUCA BERCOVICI, TATE DONOVAN, SANDRA FOSTER, MORGAN FREEMAN, MICHAEL KEATON, M. EMMETT WALSH. ■ Un tossicodipendente viene ricoverato in una clinica dopo che ha sottratto del denaro alla società immobiliare da cui era dipendente. Uscire dal tunnel costa fatica e privazioni, ma alla fine l'uomo si riprenderà, grazie anche all'aiuto di una compagna di sventura. I due, insieme, pensano di rifarsi una vita. Ma il destino dispone diversamente. ■ DRAMMATICO; COL.; 125'; USA, 1988.

FUORI DA QUELLE MURA *(Outside These Walls)* ★★
Regia di RAY MCCAREY. Con DOLORES COSTELLO, MICHAEL WHALEN. ■ Un ex galeotto non riesce a far dimenticare a parenti e conoscenti il suo passato. Al nuovo posto di lavoro viene ingiustamente accusato di furto; dopo aver dimostrato la sua innocenza, può riprendere finalmente la sua attività. ■ DRAMMATICO; B/N; 55'; USA, 1939.

FUORI DEL TEMPO *(Nincs Idö)* ★★★
Regia di FERENC KÓSA. Con JANOS KONYORCSIK, LORAND LOHINSZKY, TIBOR SZILAGYL. ■ Storia e tragica fine di tre detenuti politici in una prigione ungherese; il direttore li tratta con tolleranza, ma il capo delle guardie, crudele e senza scrupoli, ne farà ammazzare due e riuscirà a piegare il terzo. ■ DRAMMATICO; COL.; 90'; UNGHERIA, 1973.

FUORI DI CRESTA *(SLC Punk)* ★★
Regia di JAMES MERENDINO. Con ANNABETH GISH, MICHAEL GOORJIAN, JENNIFER LIEN, MATTHEW LILLARD, CHRISTOPHER MCDONALD. ■ Salt Lake City, Utah. Capitale dei mormoni e del basket pofessionistico. Due amici punk e le loro scorribande a cui mette fine una mistura mortale che elimina uno dei due. Merendino conosce i luoghi e la materia e sa anche come gestirsi una colonna sonora che va dagli Stooges agli Spandau Ballet. ■ DRAMMATICO; COL.; 78'; USA, 1999.

FUORI DI ME ★
Regia di GIANNI ZANASI. Con DINO ABBRESCIA, PAOLO SASSANELLI, GIANNI ZANASI. ■ Zanasi moretteggia. C'è chi lo apprezza per questo. Al festival di Venezia, il film ha ottenuto quei consensi che gli sono poi puntualmente mancati nelle sale. Il suo ritratto di una Bari deteriorata è di stampo televisivo. ■ COMMEDIA; COL.; 75'; ITALIA, 2000.

FUORI DI TESTA *(Fast Times at Ridgemont High)* ★★
Regia di AMY HECKERLING. Con JENNIFER JASON LEIGH, SEAN PENN, JUDGE REINHOLD. ■ Dal romanzo di Cameron Crowe, basato sui suoi ricordi di scuola. I personaggi principali sono uno studente molto popolare tra i compagni e la sua sorellina illibata. Prima della fine la ragazza perde la sua purezza e il fratello parte della sua popolarità. ■ COMMEDIA; COL.; 92'; USA, 1982.

FUORI DI TESTA *(Loose Screws)* ★
Regia di RAFAL ZIELINSKI. Con CYD BELLIVEAU, ALAN DEVEAU, BRIAN GENESSE, LANCE VAN DER KOLK. ■ Niente di nuovo rispetto al filone a cui appartiene questo film: quattro studenti di un college, furbetti e mattacchioni, devono seguire per punizione dei corsi di recupero estivi. Qui faranno scherzi, battute e battutacce, spoglieranno ragazzotte ben tornite e, in particolare, la procace professoressa di francese. ■ COMMEDIA; COL.; 74'; USA, 1988.

FUORI DI TESTA *(Delirious)* ★★
Regia di TOM MANKIEWICZ. Con JOHN CANDY, MARIEL HEMINGWAY. ■ Uno sceneggiatore televisivo convive coi personaggi da lui inventati. Comicità paradossale e demenziale, come suggerisce il pessimo titolo. ■ COMMEDIA; COL.; 99'; USA, 1991.

FUORI IL MALLOPPO *(Popsy Pop)* ★★
Regia di JEAN HERMAN. Con STANLEY BAKER, CLAUDIA CARDINALE, HENRY CHARRIÈRE, GAETANO IMBRÒ. ■ Popsy Pop, una bella avventuriera, organizza con tre complici una grossa rapina. Poi fugge col malloppo. Uno dei complici, l'unico sopravvissuto, e un ispettore la inseguono e la rintracciano; il secondo si riprende il maltolto; il primo punisce severamente l'incauta ladra. ■ DRAMMATICO; COL.; 109'; FRANCIA, 1971.

FUORI IN SESSANTA SECONDI ★★
(Gone in Sixty Seconds)
Regia di DOMINIC SENA. Con NICOLAS CAGE, ROBERT DUVALL, ANGELINA JOLIE, DELROY LINDO, GIOVANNI RIBISI. ■ La sorte di un giovane è segnata a meno che non intervenga suo fratello Memphis, che è uscito dal giro dei furti di macchine da tempo, ma che in passato era il Numero 1. Memphis ha solo quattro giorni per rubare cinquanta auto e portarle a Calitri. Mette insieme il gruppo e passa all'azione con l'aiuto anche di una sua vecchia fiamma. Ma un poliziotto grintoso si è messo sulle tracce e gli creerà non pochi problemi. Nicolas Cage lascia la guida delle ambulanze per riportare in auge il mito del pilota spericolato che fu proprio di Steve McQueen. Sceglie così il remake di un film di serie B degli anni Settanta (*Gone in 60 seconds*) di H. B. Halicki per mescolare ingredienti ormai strasfruttati da telefilm e tv-movies. La Jolie è decorativa e nulla di più. ■ AZIONE; COL.; 117'; USA, 2000.

FUORI I SECONDI *(Streets of Gold)* ★★
Regia di JOE ROTH. Con KLAUS MARIA BRANDAUER, ANGELA MOLINA, ADRIAN PASDAR. ■ Un ebreo russo è costretto a espatriare in America. Là riprende la sua attività di manager di boxe, trova due pugili di grandi qualità e li conduce di successo in successo (batteranno anche i sovietici). ■ SPORTIVO; COL.; 91'; USA, 1986.

FUORILEGGE, I ★★
Regia di ALDO VERGANO. Con MARIA GRAZIA FRANCIA, VITTO-

RIO GASSMAN, ERMANNO RANDI. ■ Divenuto un bandito per ragioni politiche, un ragazzo si nasconde tra le montagne della Sicilia. Il cognato, che lo accusa di aver disonorato sua sorella, vuole vendicarla; a lui si allea un avvocato che finge di aiutare il ricercato. Questi verrà ucciso dai carabinieri. L'avvocato salva la pelle, ma non la dignità. ■ DRAMMATICO; B/N; 95'; ITALIA, 1950.

FUORILEGGE, IL *(This Gun for Hire)* ★★★★★
Regia di FRANK TUTTLE. Con ALAN LADD, VERONICA LAKE, ROBERT PRESTON. ■ San Francisco, 1942. Raven, killer solitario e nevrotico, sopprime un uomo e la sua segretaria per impadronirsi di carte compromettenti, che consegna a Will Gates. Questi, manager di un'industria chimica e impresario a tempo perso, lo paga con biglietti che risultano rubati. Appena Raven tenta di spenderli, si scopre ricercato e decide di seguire Gates per farla pagare a lui e al suo mandante. Nel frattempo la cantante e illusionista Ellen Graham, fidanzata del tenente di polizia Crane, viene assunta da Gates per un locale di Los Angeles. Subito dopo Ellen viene incaricata da un senatore di indagare su Gates, sospettato di spionaggio a favore dei giapponesi. Il caso vuole che Ellen salga sullo stesso treno preso da Gates e che Raven si sieda accanto a lei. Vedendoli insieme, Gates li crede complici e avvisa la polizia, ma Raven, con la collaborazione forzata di Ellen, riesce a fuggire. Accettando un invito di Gates, Ellen cade in trappola ed è proprio l'intervento di Raven a salvarla. Raven cerca di raggiungere Gates, ma incontra Crane e fugge con Ellen come ostaggio. Inseguiti in una fabbrica deserta e in uno scalo ferroviario, i due giungono a un patto: lei lo aiuterà a mettersi in salvo se lui costringerà Gates e l'industriale Brewster a confessare la fornitura di armi chimiche al nemico. Introducendosi nella sede della compagnia durante una prova con le maschere antigas, Raven arriva fino all'ufficio del presidente e riesce a strappargli una confessione, prima di uccidere lui e Gates e restare ferito mortalmente in un successivo scontro a fuoco con la polizia. La sceneggiatura, cui collabora lo scrittore W. R. Burnett, parte da *Una pistola in vendita* dell'inglese Graham Greene, autore guardato sempre con molto interesse dal cinema, da Carol Reed a J. L. Manckievicz. L'epoca in cui il film è girato impone tuttavia alcune modifiche. La guerra, che nel romanzo era solo una minaccia, è in quel momento una realtà. Il senso patriottico degli spettatori viene dunque mobilitato dal fatto che una cantante accetti di diventare agente segreta e che anche un criminale come Raven si sacrifichi per il suo paese. Per la prima volta Veronica Lake estrinseca il suo fascino al fianco di Alan Ladd, al quale viene affidato un personaggio complesso e interessante. Questo Raven con il polso spezzato, dal volto innocente e dallo sguardo gelido, uccide per liberarsi dei traumi della sua infanzia e si fa uccidere per riscattarsi. Anni dopo James Cagney dirigerà *Scorciatoia per l'inferno*, un buon remake in chiave "gangster", scegliendo però interpreti molto meno incisivi. ■ POLIZIESCO; B/N; 80'; USA, 1942.

FUORILEGGE DEL COLORADO, I *(The Dalton Girls)* ★★
Regia di REGINALD LE BORG. Con MERRY ANDERS, LISA DAVIS, PENNY EDWARDS. ■ Avventure e losche imprese di un'intera famiglia di fuorilegge. Quando gli uomini muoiono, sono le donne a seminare strage e terrore ovunque; finiscono tutte male tranne una. ■ WESTERN; B/N; 71'; USA, 1957.

FUORILEGGE DEL KANSAS, I *(Kansas Territory)* ★★
Regia di LEWIS D. COLLINS. Con BILL ELLIOTT, HOUSE PETERS JR, PEGGY STEWART. ■ Un crudele bandito viene ucciso. Suo fratello decide di vendicarlo e inizia le indagini per scoprire l'assassino. Lo sceriffo glielo indica nel proprietario di un salone. Sorpresa finale. ■ WESTERN; B/N; 80'; USA, 1952.

FUORILEGGE DELLA FRONTIERA, I ★★
(The Frontiersman)
Regia di LESLEY SELANDER. Con WILLIAM BOYD, GEORGE MAYAS, EVELYN VERNABLE. ■ Una banda di fuorilegge deruba gli allevatori di bestiame in un paesino californiano. Il loro capo altri non è che il sindaco. A scoprirlo è la sua futura moglie; a farlo catturare uno spasimante che avrà in premio l'amore della donna. ■ AVVENTURA; B/N; 74'; USA, 1940.

FUORILEGGE DELLA POLIZIA, I ★★
(The Case against Brooklyn)
Regia di PAUL WENDKOS. Con MAGGIE HAYES, DARREN MACGAVIN. ■ Alcuni poliziotti favoriscono i loschi affari di un gruppo di allibratori. L'incarico di scoprire gli uni e gli altri è affidato a due giovani agenti; uno di essi viene ucciso, l'altro si salva e consegna i delinquenti alla giustizia. ■ POLIZIESCO; B/N; 82'; USA, 1958.

FUORILEGGE DELLA VALLE SOLITARIA, I ★★
(The Savane Guns)
Regia di MICHAEL CARRERAS. Con RICHARD BASEHART, ALEX NICON, DON TAYLOR. ■ L'arrivo di un pistolero in una città messicana taglieggiata da una feroce banda dà speranza agli abitanti. ■ WESTERN; COL.; 80'; USA, 1962.

FUORILEGGE DELL'ORIENTE, I ★★
(Outlaws of the Orient)
Regia di ERNEST BEAUMONT SCHOEDSACK. Con MAE CLARKE, JACK HOLT. ■ Una compagnia petrolifera vuole assicurarsi lo sfruttamento di un giacimento cinese e boicotta in ogni modo i lavori della concorrente. I dipendenti di questa, però, affrontano coraggiosamente e superano tutte le avversità. ■ AVVENTURA; B/N; 91'; USA, 1937.

FUORILEGGE DEL MATRIMONIO, I ★★
Regia di VALENTINO ORSINI, PAOLO E VITTORIO TAVIANI. Con SCILLA GABEL, ANNIE GIRARDOT, DIDI PEREGO, UGO TOGNAZZI, ROMOLO VALLI. ■ Sono sei episodi che narrano altrettanti casi limite tesi a dimostrare la necessità della legge sul "piccolo divorzio". ■ COMMEDIA; B/N; 100'; ITALIA, 1963.

FUORILEGGE DI TOMBSTONE, I ★★
(Toughest Gun in Tombstone)
Regia di EARL BELLAMY. Con JIM DAVIS, GERALD MILTON, GEORGE MONTGOMERY, BEVERLY TILER. ■ Alcuni rangers si fingono banditi per scoprire gli autori di ingenti furti a Tombstone. Il loro comandante riuscirà a smascherarli con un abile stratagemma. Il capo dei banditi è tolto di mezzo dai suoi uomini. ■ WESTERN; B/N; 70'; USA, 1958.

FUORI MENÙ *(Fuera de carta)* ★★
Regia di NACHO GARCIA VELILLA. Con JAVIER CÁMARA, LOLA DUEÑAS, FERNANDO TEJERO. ■ Primo chef di un esclusivo ristorante de La Chueca, il quartiere gay di Madrid, Maxi è un uomo che vive la cucina con estremo trasporto, elaborando ogni ricetta con furore creativo e gestendo il suo personale di cuochi con un severo atteggiamento paternalista. In trepidante attesa di ottenere una stella Michelin e risollevare così il locale dai suoi ingenti problemi economici, Maxi vede improvvisamente approdare nella sua vita i due figli avuti da un matrimonio precedente al suo *outing*, e un nuovo vicino di casa molto piacente, che viene subito adocchiato dalla maître Alex, single eternamente sfortunata, ma che probabilmente è animato da altri appetiti. ■ COMMEDIA; COL.; 111'; SPAGNA, 2008.

FUORI NEL BUIO *(Out of the Dark)* ★★
Regia di MICHAEL SCHROEDER. Con PAUL BARTEL, KAREN BLACK, BUD CORT, DIVINE, CAMERON DYE, TAB HUNTER. ■ Un serial killer con il volto da pagliaccio uccide delle "telefoniste erotiche". I sospetti ricadono su un fan dei porno e su un fotografo. Divine, il celebre travestito, interpreta il ruolo di un poliziotto. È stato il suo ultimo film prima della morte. ■ POLIZIESCO; COL.; 90'; USA, 1988.

♥ FUORI ORARIO *(After Hours)* ★★★
Regia di MARTIN SCORSESE. Con ROSANNA ARQUETTE, VERNA BLOOM, GRIFFIN DUNNE. ■ Uscendo dal lavoro, Paul, un giovane impiegato dall'esistenza tranquilla, si infila in un bar e conosce Marcy, che gli dà il suo numero di telefono. Incuriosito, Paul chiama e viene invitato da Marcy a raggiungerla presso un'amica scultrice che abita nel malfamato quartiere di Soho. A causa di una serie di malintesi, Paul si separa da Marcy e si ritrova nuovamente solo, per giunta senza un quattrino in tasca. È l'inizio di una frenetica avventura tra locali malfamati e bande punk, suicidi e omicidi, fughe e personaggi grotteschi, tutto in una notte. Paul, stordito da quell'assurda parentesi di terrore, si ritroverà in ufficio, la

mattina dopo: finalmente salvo. ■ COMMEDIA; COL.; 97′; USA, 1985. ■ CANNES 1 PR; GOLDEN GLOBES 1 NOM.

FUORI PISTA *(Ski Patrol)* ★★

Regia di RICHARD CORRELL. Con T.K. CARTER, PAUL FEIG, LESLIE JORDAN, YVETTE NIPAR, ROGER ROSE. ■ Una tranquilla stazione di sport invernali del Colorado si trasforma in un inferno per i turisti che cercano tranquillità e svago. Le motoslitte si inceppano, guai si abbattono sui poveri vacanzieri. Motivo di tanto fastidio: una banda di speculatori edilizi fa di tutto per sloggiarli dalla zona e per esacerbare, insieme a loro, l'anziano e buon gestore degli impianti. Una squadra di sciatori giovani ed entusiasti riesce ad avere la meglio sui "cattivi". ■ COMMEDIA; COL.; 97′; USA, 1989.

FUORI SERVIZIO *(Vacances payées)* ★★

Regia di MAURICE CAMMAGE. Con SUZANNE BEHELLY, FRÉDÉRIC DUVALLÉS. ■ Per la prima volta in vacanza solo, senza la noiosa consorte, un mezze-maniche parigino vince alla roulette di Montecarlo una forte somma, tanto che una banda di ladri gli mette gli occhi addosso. Per avere un piano perfetto i delinquenti attendono l'arrivo di una misteriosa signora dalla capitale francese. Guarda caso, la signora è la moglie. ■ COMMEDIA; B/N; 75′; FRANCIA, 1938.

FUORI SINTONIA *(Improper Channels)* ★★

Regia di ERIC TILL. Con ALAN ARKIN, MARIETTE HARTLEY, SARAH STEVENS. ■ Un architetto separato dalla moglie, costretto a fare da ragazzo padre a una vivace bambina di cinque anni, si trova in mezzo a guai ancora più gravi il giorno in cui un avveniristico computer lo classifica come stupratore di bambini. C'è un guasto, naturalmente, ma fallo intendere alla gente, che ovviamente crede più al computer che a un uomo (che ragione ha un calcolatore di mentire?). ■ COMMEDIA; COL.; 94′; USA, 1981.

FUORI UNO SOTTO UN ALTRO... ARRIVA IL PASSATORE ★★

Regia di GIULIANO CARNIMEO. Con SAL BORGESE, EDWIGE FENECH, GEORGE HILTON. ■ Stefano Pelloni, detto il Passatore, è un brigante romagnolo che all'inizio del secolo scorso diede parecchio filo da torcere ai poliziotti. Il film ricostruisce le sue avventure con molta fantasia. ■ COMMEDIA; COL.; 90′; ITALIA, 1973.

FUORI VENA ★★

Regia di TEKLA TAIDELLI. Con ALESSANDRO BELTRAMINI, MARCO BRAMBATI, STEFANO FORNATARO, GIAMPAOLO MUCIACCIA, FELICETTA SCHENA, TEKLA TAIDELLI. ■ Quando l'ago non penetra la vena, si verifica il pericoloso fenomeno del fuori vena. Se la sostanza da iniettare è tossica, arriva nei tessuti vicini alla vena che si ammalano. La pelle si necrotizza e si formano ferite aperte, infezioni e ulcere. L'esordio nel lungometraggio di Tekla Taidelli è un viaggio nel mondo dei giovani che vivono "fuori": fuori dagli schemi imposti dalla società, fuori dalla normalità imperante, fuori dai binari prestabiliti. Un viaggio ai margini della società a bordo di corpi marginali che conducono esistenze al limite, fuori dal tempo, scandito da lancette a forma di siringhe, e dentro il tunnel della droga, in fondo al quale si intravedono soltanto speranze spezzate. ■ DRAMMATICO; COL.; 100′; ITALIA, 2005.

FUR: UN RITRATTO IMMAGINARIO DI DIANE ARBUS *(Fur: An Imaginary Portrait of Diane Arbus)* ★★★

Regia di STEVEN SHAINBERG. Con JANE ALEXANDER, ROBERT DOWNEY JR., MARY DUFFY, MARCELINE HUGOT, NICOLE KIDMAN, GENEVIEVE MCCARTHY, BORIS MCGIVER, CHRISTINA ROUNER. ■ Diane Nemerov è la figlia di una ricca famiglia ebrea trapiantata a New York. Coniugata è Diane Arbus, moglie di Allan, un fotografo di moda, e mamma distratta di Grace e Sophie. Colta e sensibile, Diane è insofferente ai privilegi sociali, ai protocolli e ai conformismi che condizionano la sua vita e misurano le sue emozioni. Nell'appartamento sopra agli Arbus si stabilisce Lionel Sweeney, un uomo eccentrico affetto da ipertricosi e nascosto dietro una maschera. La relazione amicale e poi sentimentale con Lionel rivelerà a Diane un mondo straordinario e parallelo a quello della riconosciuta normalità. Solo allora Diane impugnerà la macchina fotografica per ritrarre (prevalentemente) le "meraviglie" della natura, i freaks impressionati nella pellicola di Tod Browning. Steven Shainberg, cresciuto tra i quadri della Arbus che decoravano le pareti della casa dello zio scrittore Lawrence Shainberg, porta sullo schermo il ritratto immaginario e immaginato della fotografa newyorkese. Liberamente ispirato al libro di Patricia Bosworth. ■ DRAMMATICO; COL.; 122′; USA, 2006.

FURBERIE E FIORI D'ARANCIO *(Les furberies de Scapin)* ★★★

Regia di ROGER COGGIO. Con ROGER COGGIO, JEAN-PIERRE DARRAS, MICHEL GALABRU. ■ Dalla pièce di Molière. Scapino è il servo di un giovin signore, bravissimo nell'arte di arrangiarsi. Il giovin signore s'è sposato con una ragazza di modesta condizione all'insaputa del padre che aveva preparato per lui un matrimonio d'interesse. Scapino ricorre a mille stratagemmi non solo per permettere al giovane di far digerire le sue nozze al padre (ma anche per guadagnarci, giacché c'è, qualche sommetta). ■ COMMEDIA; COL.; 93′; FRANCIA, 1981.

FURFANTE FRA I BOY SCOUT, UN *(Bushwacked)* ★★

Regia di GREG BEEMAN. Con JON POLITO, DANIEL STERN, BRAD SULLIVAN. ■ Un fattorino è accusato ingiustamente di un omicidio. Con l'aiuto di alcuni ragazzi riesce a dimostrare la propria innocenza. Brutta copia dei film della Disney di molti anni fa. ■ AVVENTURA; COL.; 98′; USA, 1995.

FURIA *(Fury)* ★★★★

Regia di FRITZ LANG. Con WALTER ABEL, BRUCE CABOT, EDWARD ELLIS, SYLVIA SIDNEY, SPENCER TRACY. ■ Joe è un tranquillo lavoratore che si trova per caso a passare in una cittadina del Middlewest quando viene scambiato per un delinquente e messo in prigione. La furia della folla provoca un incidente durante il quale Joe scompare. Tutti lo credono morto e una dozzina di persone viene processata per l'incendio alla prigione. Convinto dalla donna che ama, Joe, che voleva invece lasciar condannare gli imputati, si presenta in tribunale per evitare loro la pena di morte. Ma mentre li discolpa pronuncia un discorso durissimo contro la società americana. ■ DRAMMATICO; B/N; 94′; USA, 1936. ■ OSCAR 1 NOM.

FURIA ★★

Regia di GOFFREDO ALESSANDRINI. Con ADRIANA BENETTI, ROSSANO BRAZZI, GINO CERVI, ISA POLA, UMBERTO SPADARO. ■ Marietta scopre che la matrigna ha una relazione con un inserviente che lavora nella tenuta familiare. Per evitare un dolore al padre, Marietta confessa di essere lei l'amante del giovane e lo sposa. Tra i due l'amore nasce davvero, ma la matrigna rende loro la vita impossibile. ■ DRAMMATICO; B/N; 94′; ITALIA, 1947.

FURIA AFRICANA *(Skabenga)* ★★

Regia di EDWARD L. BERNDS. ■ Un cacciatore segue la pista di un branco di elefanti nella savana. Si susseguono scene che illustrano le abitudini di certi animali. ■ DOCUMENTARIO; COL.; 91′; USA, 1955.

FURIA A MARRAKECH ★★

Regia di MINO LOY. Con JACQUES ARY, DOMINIQUE BOSCHERO, STEPHEN FORSYTH. ■ Un grosso quantitativo di denaro falso nascosto da Hitler durante l'ultima guerra scatena, a molti anni di distanza, una caccia spietata cui partecipano criminali di tutto il mondo e agenti dello spionaggio. Viaggiando da un capo all'altro del globo, Bob, agente inglese, riesce con successo a venire a capo del mistero. ■ SPIONAGGIO; COL.; 92′; ITALIA, 1966.

FURIA A RIO APACHE *(Sierra Stranger)* ★★

Regia di LEE SOLEM. Con HOWARD DUFF, DICK FORAN, GLORIA MCGHEE. ■ Un cercatore d'oro è perseguitato da Gotch, signorotto locale che vuole l'esclusiva di tutti i terreni auriferi della zona. ■ WESTERN; B/N; 74′; USA, 1958.

FURIA BIANCA *(White Fury)* ★

Regia di DAVID A. PRIOR. Con DEKE ANDERSON, DOUGLAS HARTER, SEAN HOLTON. ■ Montagna innevata. Due tranquille coppiette, in relax per il week-end, vengono rapite da un gruppo di delinquenti. Livello molto basso. ■ AZIONE; COL.; 90′; USA, 1990.

FURIA BIANCA – GIUNGLA D'ACCIAIO *(The Naked Jungle)* ★★★

Regia di BYRON HASKIN. Con CHARLTON HESTON, ELEANOR PARKER, ABRAHAM SOFAER. ■ Randolph è sempre vissuto nella giungla sudamericana e non ha familiarità con le donne, per questo accoglie con freddezza la bellissima ragazza che ha sposato per procura. Randolph è solo molto timido. ■ AVVENTURA; COL.; 95'; USA, 1954.

FURIA CIECA *(Blind Fury)* ★★★
Regia di PHILLIP NOYCE. Con MEG FOSTER, RUTGER HAUER, TERRY O'QUINN. ■ Un reduce del Vietnam cieco (ma con un'abilità diabolica nel maneggiare le armi) viene in aiuto di un ex commilitone nei guai con una banda di trafficanti di droga. Il cieco sbaraglia tutti, anche un guerriero ninja prezzolato dai trafficanti per fermarlo. ■ AVVENTURA; COL.; 89'; USA, 1989.

FURIA D'AMORE *(Too Much, Too Soon)* ★★★
Regia di ART NAPOLEON. Con ERROL FLYNN, DOROTHY MALONE. ■ È la storia di Diana Barrymore, figlia del celebre attore John e zia di Drew Barrymore, la cui vita fu una continua lotta contro l'alcolismo. Morì a soli 38 anni. ■ DRAMMATICO; B/N; 121'; USA, 1958.

FURIA DEGLI APACHES, LA ★★
(El hombre de la diligencia)
Regia di JOSÉ MARIA ELORRIETA. Con GEORGE GORDON, FRANK LATIMORE, LIZA MORENO. ■ Jimmy uccide per errore un appartenente ad una tribù di Apaches, amica degli ufficiali del forte, e questo scatena l'ira degli indiani. ■ WESTERN; COL.; 94'; SPAGNA, 1964.

FURIA DEGLI IMPLACABILI, LA *(The Hellions)* ★★
Regia di KEN ANNAKIN. Con ANNE AUBREY, LIONEL JAFFRIES, RICHARD TODD, JAMIE UYS. ■ Sam è un poliziotto che ha sempre reso difficile la vita della banda Hellion, i cui componenti (padre e figli) decidono di vendicarsi. Nel villaggio in cui vive Sam si scatena il finimondo. ■ AVVENTURA; COL.; 80'; GRAN BRETAGNA, 1961.

FURIA DEGLI UOMINI, LA *(Germinal)* ★★★
Regia di YVES ALLÉGRET. Con BERNARD BLIER, CLAUDE BRASSEUR, LEA PADOVANI, JEAN SOREL. ■ In una miniera scoppiano contrasti tra gli operai e la direzione. In seguito all'attentato di un sovversivo crolla una delle gallerie. Un operaio e una ragazza rimangono imprigionati e quando arrivano i soccorsi, lei è già morta. Tratto dal romanzo di Émile Zola *Germinale*. ■ DRAMMATICO; B/N; 110'; FRANCIA, 1963.

FURIA DEI BARBARI, LA ★★
Regia di GUIDO MALATESTA. Con LIVIO LORENZON, ROSSANA PODESTÈ, EDMUND PURDOM. ■ In un immaginario paese del nord, due capi villaggio si combattono tra loro: naturalmente uno è buono e giusto, l'altro è egoista e malvagio. ■ AVVENTURA; COL.; 92'; ITALIA, 1960.

FURIA DEI BASKERVILLE, LA ★★★
(The Hound of the Baskervilles)
Regia di TERENCE FISHER. Con PETER CUSHING, CHRISTOPHER LEE, ANDRÉ MORELL, MARLA LANDI, DAVID OXLEY. ■ Da generazioni tutti i primogeniti dei Baskerville vengono uccisi in modo violento e misterioso, apparentemente da un diabolico cane. Un amico dell'ultimo rampollo della sfortunata famiglia chiede aiuto al famoso Sherlock Holmes. ■ AVVENTURA; COL.; 87'; GRAN BRETAGNA, 1959.

FURIA DEI GIGANTI, LA ★
Regia di JUAN ANTONIO DE LA LOMA. Con SIMÓN ANDREU, DANIEL MARTIN, PATTY SHEPARD. ■ Un giovane che ha perduto i genitori durante la guerra civile in Spagna combatte con l'unico scopo di ottenere vendetta. ■ GUERRA; COL.; 90'; ITALIA, 1971.

FURIA DEI KYBER, LA ★★
Regia di JOSÉ LUIS MERINO. Con PETER LEE LAWRENCE, ANTONIO MANYANG, ALAN STEEL. ■ Durante la dominazione inglese in India un giovane tenente si trova affiancato ad uno spietato ufficiale che intende sterminare una intera tribù di indigeni ribelli. Il tenente combatte in modo coraggioso e leale. ■ AVVENTURA; COL.; 91'; ITALIA, 1970.

FURIA DEI TITANI, LA *(Wrath of the Titans)* ★★
Regia di JONATHAN LIEBESMAN. Con RALPH FIENNES, DANNY HUSTON, LIAM NEESON, EDGAR RAMIREZ, SAM WORTHINGTON. ■ Gli uomini, disamorati dei loro dèi, non pregano più e, di conseguenza, stanno perdendo i propri poteri, compresa l'immortalità che li rende sempre giovani. Molti sono morti. Alcuni superstiti pianificano di riportare in vita Chronos dal Tartaro, spodestare Zeus e spazzare via il mondo. Per evitare il disastro viene richiamato Perseo, che, dopo aver sconfitto il mitologico Kraken, si è ritirato a fare il pescatore. Rimette mano alla spada dopo che il morente zio Poseidone gli confida che il padre degli dèi è stato catturato. ■ AZIONE; COL.; 99'; USA, 2012.

FURIA DEI TROPICI *(Slattery's Hurricane)* ★★★
Regia di ANDRÉ DE TOTH. Con LINDA DARNELL, VERONICA LAKE, RICHARD WIDMARK. ■ Un ex pilota militare si è guadagnato una decorazione al valore che gli viene consegnata quando ormai, nella vita civile, si è lasciato invischiare in faccende poco pulite. Il fatto scuote la sua coscienza e, durante un uragano, l'uomo ha modo di riscattare i suoi errori salvando molte vite umane. ■ DRAMMATICO; B/N; 83'; USA, 1949.

FURIA DEL CONGO *(Fury of the Congo)* ★★★
Regia di WILLIAM BERKE. Con WILLIAM HENRY, SHERRY MORELAND, JOHNNY WEISSMULLER. ■ Jim della Giungla salva da annegamento un uomo che si presenta come ispettore di polizia alla ricerca di uno scienziato scomparso nella foresta africana. Aiuta il presunto ispettore a ritrovare le tracce dello scomparso, ma si accorge ben presto che non si tratta di un ispettore, bensì di un pericoloso capobanda. ■ AVVENTURA; B/N; 69'; USA, 1950.

FURIA DEL DRAGO, LA *(Return of the Dragon)* ★★
Regia di NORMAN FOSTER. Con BRUCE LEE, WENDE WAGNER, VAN WILLIAMS. ■ Bruce Lee ebbe la cattiva idea di morire proprio al culmine della celebrità e i suoi produttori non superarono mai più lo choc. Il film in questione non è altro che un insieme di tre episodi di una serie televisiva che Lee girò prima di diventare famoso in tutto il mondo. ■ AVVENTURA; COL.; 91'; USA, 1967.

FURIA DEL PECCATO, LA *(Kvinna utan ansikte)* ★★
Regia di GUSTAV MOLANDER. Con ANITA BJÖRK, AKE GRONBERG, ALF KJELLIN. ■ Martin perde la testa per Jeanne e trascura moglie, figlio, doveri sociali. La passione amorosa è un tema che affascina molto i nordici, un po' meno i latini che la considerano pane quotidiano. ■ DRAMMATICO; B/N; 93'; SVEZIA, 1947. ■ VENEZIA 1 PR.

FURIA DEL VENTO GIALLO, LA ★
Regia di WU SZU YUAN. Con YUSUAKI KURATA, SUN LAN, IRENE RYDER, CHEN SHENG. ■ Un ex campione di lotta libera si ritira con la moglie americana in un villaggio di pescatori e aiuta la gente del luogo a sterminare un boss locale. ■ AVVENTURA; COL.; 90'; HONG KONG, 1973.

FURIA DEL WEST *(The Gun Hawk)* ★★
Regia di EDWARD LUDWIG. Con RORY CALHOUN, ROD CAMERON, RUTA LEE. ■ Ricercato dallo sceriffo e ferito a morte, il fuorilegge Madden non vuole morire in un letto perciò costringe un amico, il quale gli deve la vita, a battersi in duello con lui. Muore così da vero uomo. ■ WESTERN; B/N; 90'; USA, 1963.

FURIA DI ERCOLE, LA ★
Regia di GIANFRANCO PAROLINI. Con MARA BERNI, BRIGITTE COREY, BRAD HARRIS. ■ Ercole, un eroe che non ha nulla a che vedere con il mitico personaggio che abbiamo conosciuto sui banchi di scuola, si reca in Nisia per scacciare un usurpatore dal trono. ■ AVVENTURA; COL.; 95'; ITALIA, 1962.

FURIA DI TARZAN, LA *(Tarzan's Savage Fury)* ★★
Regia di CYRIL ENDFIELD. Con LEX BARKER, DOROTHY HART. ■ Tarzan crede di aiutare il proprio cugino arrivato dall'Inghilterra a recuperare i diamanti di famiglia perduti nella giungla, ma non sa invece d'aver a che fare con un delinquente e il suo degno socio. Per fortuna se ne accorge Jane. ■ AVVENTURA; B/N; 80'; USA, 1952.

FURIA E LE AMAZZONI ★★
Regia di MIGUEL IGLESIAS. Con FRANK BRANA, CLAUDIA GRAVY, EVA MILLER. ■ Fuggito dalla nave comandata dal brigante Jack, il timoniere Dan raggiunge l'isola delle Amazzoni. Salva dalle insidie di un pitone la regina delle Amazzoni. Fa così amicizia con questa e con il suo cavallo Furia. Jack però arriva sull'isola in cer-

ca di Dan e con propositi bellicosi nei confronti delle abitanti. Dan li respingerà. ■ AVVENTURA; COL.; 91′; SPAGNA, 1975.

FURIA E PASSIONE *(Flesh and Fury)* ★★★
Regia di JOSEPH PEVNEY. Con TONY CURTIS, MONA FREEMAN, JAN STERLING. ■ La minorazione fisica di un giovane avviato alla carriera pugilistica permette a Sonia di imbrogliare in diversi modi il povero sordomuto. Finché questi non conosce una giornalista e si prende una cotta, tanto da tentare un'operazione pur di riacquistare l'udito. ■ DRAMMATICO; B/N; 82′; USA, 1952.

FURIA GIALLA *(The Fast Sword)* ★
Regia di HUANG FENG. Con HAN HSIANG CHUND, TIN MIAO, YI CHANG. ■ La madre sa usare una semplice canna di bambù come fosse un fucile, la sorella può uccidere con la frusta, il fratello è campione di spada. L'allegra famigliola decide di vendicare la morte del padre. ■ AVVENTURA; COL.; 92′; HONG KONG, 1972.

FURIA INDIANA *(Chief Crazy Horse)* ★★★
Regia di GEORGE SHERMAN. Con SUZAN BALL, JOHN LUND, VICTOR MATURE. ■ La storia di Cavallo Pazzo, capo pellerossa. Si tratta comunque di un personaggio immaginario che non c'entra con l'omonimo capo che partecipò alla battaglia del Little Big Horn, in cui perse la vita Custer. ■ WESTERN; COL.; 86′; USA, 1955.

FURIA INFERNALE *(The Unholy Wife)* ★★★
Regia di JOHN FARROW. Con DIANA DORS, ROD STEIGER. ■ Una perfida donna, madre di un bambino illegittimo, sposa un brav'uomo che si affeziona al bimbo come un vero padre. Per ringraziamento la donna tenta di ucciderlo per ereditare. La suocera sospetta le sue cattive intenzioni e per incastrarla si uccide, facendo in modo che il suicidio sembri un delitto commesso dall'indesiderata nuora. ■ DRAMMATICO; COL.; 84′; USA, 1956.

FURIA INFERNALE *(Furia Infernal)* ★
Regia di ARMANDO BO. Con JORGE BARREIRO, MARIO CASADO, HUGO MUGICA, ISABEL SARLI. ■ Barbara è costretta a sposare un vecchio proprietario terriero che, con la sua crudeltà, ha fatto fuggire anche i due figli maschi. La ragazza non si perde d'animo e uccide l'odiato consorte. ■ DRAMMATICO; B/N; 90′; ARGENTINA, 1973.

FURIA NEL DESERTO *(Desert Fury)* ★★
Regia di LEWIS ALLEN. Con MARY ASTOR, JOHN HODIAK, BURT LANCASTER, LIZABETH SCOTT. ■ La tenutaria di una casa da gioco ha una figlia che ha allevato fuori del suo ambiente. Ma una volta diventata donna, la figlia si innamora di un delinquente e rifiuta ogni saggio consiglio. Soltanto l'evidenza dei fatti la fa rinsavire e fuggire dal losco individuo. ■ DRAMMATICO; COL.; 95′; USA, 1947.

FURIA NERA ★★
Regia di JESSE HIBBS. Con MARIE BLANCHARD, RACE GENTRY, JOEL MCCREA. ■ Rock, insieme a suo figlio, decide di allevare cavalli. Arriva in una zona piena di animali allo stato brado, ne cattura alcuni (fra cui lo stallone Furia Nera), ma c'è subito un allevatore senza scrupoli che lo accusa di averli rubati e cerca di farlo impiccare. Una ragazza riesce a salvare Rock e a sposarselo. ■ AVVENTURA; COL.; 81′; USA, 1954.

FURIA NERA ★★
Regia di ALEX DEMOS. Con ANDREA BALESTRI, ETTORE MANNI, SUSANNA MELANDRI, LUIGI PEZZOTTI, ERNA SCHURER. ■ Al posto del figlioletto di una ricca coppia americana, due sprovveduti rapiscono un ragazzino di famiglia poverissima. Intanto lo scampato al sequestro, con il fido cane lupo, si mette alla ricerca dell'amico scomparso e lo ritrova. ■ COMMEDIA; COL.; 92′; ITALIA, 1975.

FURIA OMICIDA *(The Man is Armed)* ★★
Regia di FRANKLIN ADREON. Con DANE CLARK, WILLIAM TALMAN, MAY WYNN. ■ Condannato per furto, Johnny vuole vendicarsi di chi lo ha denunciato e uccide l'uomo del cui tradimento è certo. Invece si è sbagliato e il suo delitto diventa un'arma di ricatto in mano ad un delinquente che lo obbliga a far parte di una banda. Per un po' Johnny subisce, poi si ribella. ■ DRAMMATICO; B/N; 70′; USA, 1956.

FURIA OMICIDA *(Murder One)* ★★
Regia di GRAEME CAMPBELL. Con STEPHEN SHELLEN, HENRY THOMAS, JAMES WILDER. ■ Basato su una storia vera che nel 1973 sconvolse l'America. Due fratelli fuggono da una prigione del Maryland, si chiamano Carl e Wayne: sono giovani ma hanno già l'animo cinico e spietato. Sotto gli occhi del piccolo Billy, il fratello che è stato costretto a seguirli, i due criminali passano da una rapina all'altra, guardandosi bene dal risparmiare vittime innocenti. ■ THRILLER; COL.; 90′; USA, 1987.

FURIA RIVOLUZIONARIA *(Fury in Paradise)* ★★
Regia di GEORGE BRUCE. Con REBECA ITURBIDE, EDWARD NORIEGA, PETER THOMPSON. ■ Un americano si innamora di una bella fanciulla messicana. Per solidarietà con la sua bella, l'uomo parteggia per i *peones* e diventa suo malgrado un eroe. ■ AVVENTURA; COL.; 92′; USA, 1956.

FURIA ROSSA *(Stronghold)* ★★
Regia di STEVE SEKELY. Con VERONICA LAKE, ZACHARY SCOTT. ■ Fuggendo dalla guerra di Secessione che infuria negli Stati Uniti, Maria e sua madre raggiungono il Messico e si ritrovano in piena rivoluzione. Maria prende una cotta per il capo dei rivoltosi della zona, Pedro, ma un cugino della ragazza, molto attaccato alle proprietà di lei, lo uccide in un agguato. Il delitto fa però reagire anche l'ultimo dei *peones*. ■ DRAMMATICO; B/N; 82′; MESSICO, 1952.

FURIA SELVAGGIA: BILLY KID ★★★★
(The Left Handed Gun)
Regia di ARTHUR PENN. Con LITA MILAN, PAUL NEWMAN. ■ Billy vuole vendicare l'assassinio del suo amico e protettore ucciso vigliaccamente da quattro individui la cui identità è ben conosciuta. Uno alla volta i quattro assassini cadono sotto i colpi del ragazzo, la cui furia è servita ad isolarlo e a inimicargli anche chi inizialmente gli era alleato. Billy viene a sua volta ucciso dallo sceriffo Pat Garrett, un tempo suo amico, che ormai lo considera semplicemente un killer. ■ WESTERN; B/N; 102′; USA, 1958.

FURIA SELVAGGIA DI BRUCE LEE TERRORIZZA ANCORA L'ORIENTE, LA ★
Regia di RAYMOND LUI. Con LEE SZU CHI, RAYMOND LUI, YING LEE. ■ Un ragazzo partecipa ad una rapina messa a segno dalla banda di cui fa parte il fratello. All'arrivo della polizia, il giovane getta la refurtiva in acqua. Ma il fratello crede che il malloppo se lo sia invece tenuto lui e passa alle maniere brusche. ■ AVVENTURA; COL.; 90′; HONG KONG, 1974.

FURIA UMANA, LA *(White Heat)* ★★★★
Regia di RAOUL WALSH. Con JAMES CAGNEY, STEVE COCHRAN, VIRGINIA MAYO, EDMOND O'BRIEN. ■ Per evitare una pesante condanna per reati vari, un delinquente completamente succube psicologicamente della madre preferisce accusarsi di un furtarello e farsi qualche mese di prigione. Mentre lui sconta la pena, fuori ne succedono di tutti i colori. ■ DRAMMATICO; B/N; 114′; USA, 1949. ■ OSCAR 1 NOM.

FURIE DEL WEST *(Three Desperate Men)* ★★
Regia di SAM NEWFIELD. Con JIM DAVIS, PRESTON FOSTER, VIRGINIA GREY, ROSS LATIMER. ■ Tre fratelli, inizialmente bravi ragazzi, diventano fuorilegge in seguito ad una serie di disgraziate circostanze. ■ WESTERN; B/N; 71′; USA, 1951.

FURIE, LE *(The Furies)* ★★★
Regia di ANTHONY MANN. Con WENDELL COREY, WALTER HUSTON, GILBERT ROLAND, BARBARA STANWYCK. ■ Un padre dispotico si intromette negli affari sentimentali della figlia e le impedisce di sposarsi. Male per lui, perché la ragazza si vendica mettendo sul lastrico il genitore. Questi, malgrado tutto, ammira il coraggio della figliola e accetta l'elemosina che gli fa, ma qualcun altro si rifà vivo. Sorpresa. ■ AVVENTURA; B/N; 109′; USA, 1950. ■ OSCAR 1 NOM.

FURIE ROSSE *(Red Pants)* ★★
Regia di TSURUO IWAMA. Con KYOKO IZUMI, AKIKO KOYAMA, MINORU OHKI. ■ Per sfuggire alla polizia, un giovane che ha ucciso un uomo per legittima difesa si rifugia in un'isola. Qui una ragazza si innamora di lui, ma uno dei pescatori gli dimostra subito

antipatia che diventa odio irriducibile. In un duello finale il giovane rimane ucciso. ■ DRAMMATICO; COL.; 95′; GIAPPONE, 1960.

FURIE UMANE DEL KUNG-FU, LE *(Five Venoms)* ★
Regia di CHANG CHEN. Con KUO CHUI, SENG CHIANG, SUN CHJIEN. ■ Un anziano maestro di kung-fu ormai prossimo alla morte affida a un suo discepolo l'incarico di stanare e sgominare i componenti di una setta che semina panico e distruzione. ■ AVVENTURA; COL.; 91′; HONG KONG, 1979.

FURORE *(The Grapes of Wrath)* ★★★★★
Regia di JOHN FORD. Con JOHN CARRADINE, JANE DARWELL, DORIS BOWDON, HENRY FONDA, CHARLES GRAPEWIN. ■ America anni Trenta: Tom Joad esce di prigione – aveva ucciso un uomo in una rissa – e trova tutti in una miseria nera. La grande depressione ha coinvolto tutto il paese. Non c'è lavoro, non c'è nemmeno cibo, persino la terra è diventata arida, dove prima non lo era. Con tutta la sua famiglia, decide di partire verso l'Ovest, dove, si dice, c'è lavoro e ci sono terre fertili. Caricato un vecchio camion di tutto ciò che possiede, la famiglia comincia il viaggio. Lungo la strada incontra scioperi, *bidonvilles*, violenza e sistematica, crudele mancanza di lavoro. Muoiono i nonni, i Joad vengono accolti in un villaggio, lavorano sì, ma con paghe da fame. Quando Tom assiste all'uccisione di un suo amico da parte di un poliziotto, colpisce l'agente e, senza volerlo, lo uccide a sua volta. Da quel momento dovrà fuggire. Ma Tom crede ancora che un giorno le cose potranno andar meglio. Lo dice a sua madre, salutandola prima di partire: «Dovunque si lotterà per sfamare gente io ci sarò». Un altro film senza il quale il cinema non sarebbe il cinema. Tratto dal romanzo di John Steinbeck viene portato sullo schermo da un regista di pari grandezza e prestigio. Il film è rigorosissimo culturalmente e formalmente: sembra di guardare le vecchie foto dell'epoca. Il regista ha puntato sul particolare, sui piccoli discorsi di miseria visibile, lasciando che i grandi temi ne venissero di conseguenza. Il cinema accoglie nel suo mito alcune situazioni tanto forti e perfette da non essere ripetibili, come la sepoltura del vecchio nonno, oppure l'immagine del camion-casa nelle strade delle infinite pianure, il ballo di Fonda con la madre (Darwell, premio Oscar), o la scena finale di Tom che percorre la collina andandosene, mentre il sole sta nascendo. *Furore* non è un documento del cinema, è un documento generale di storia. Con questo film Ford vinse l'Oscar e si pose come uno dei massimi autori assoluti. Quando una certa critica ha tacciato, durante la sua lunga e articolata attività, il regista di faziosità, manicheismo, persino fascismo, sarebbe bastato ricordare *Furore*, grandissimo manifesto populista. Ford non era fascista e non era comunista, stava dalla parte di quella che riteneva la giustizia, si fidava del proprio buon senso e giudizio. La sua apparente semplicità era ricchezza. Anche adesso il suo mondo è condivisibile e non è mai lontano. Quanto manca Ford. ■ DRAMMATICO; B/N; 129′; USA, 1940. ■ OSCAR 2 PR, 7 NOM.

FURORE DELLA CINA COLPISCE ANCORA, IL ★
(The Big Boss)
Regia di LO WEI. Con BRUCE LEE, MARIA YI. ■ Lavorando come operaio in una fabbrica di ghiaccio, un onesto giovanotto scopre un traffico di droga. ■ AVVENTURA; COL.; 102′; HONG KONG, 1972.

FURORE DI VIVERE *(Le chemin des écoliers)* ★★
Regia di MICHEL BOISROND. Con FRANÇOISE ARNOUL, ANDRÉ BOURVIL, ALAIN DELON, LINO VENTURA. ■ Due studenti durante l'ultimo anno di guerra si danno da fare con la borsa nera. Uno ha anche il padre dalla sua, l'altro deve eludere la sorveglianza dell'integerrimo genitore. Quest'ultimo, scoperta l'attività del figlio, ha una drammatica discussione con lui. ■ DRAMMATICO; B/N; 80′; FRANCIA, 1959.

FURORE E GRIDA *(De Bruit et de Fureur)* ★★
Regia di JEAN-CLAUDE BRISSEAU. Con FABIENNE BABE, BRUNO CREMER, FRANÇOIS NEGRET. ■ Un ragazzo di 14 anni, alla morte della nonna, viene messo in un collegio di provincia. Lì trova che tutti i suoi coetanei sono più o meno disadattati come lui. Si lega d'amicizia con il più ribelle e indisciplinato. L'amicizia però entra in crisi il giorno in cui un professore manifesta una maggiore considerazione per uno dei due ragazzi. ■ DRAMMATICO; COL.; 95′; FRANCIA, 1988.

FURORE SULLA CITTÀ *(The Turning Point)* ★★
Regia di WILLIAM DIETERLE. Con WILLIAM HOLDEN, EDMOND O'BRIEN, ALEXIS SMITH. ■ Un giudice svolge un'inchiesta sulla delinquenza che regna nella cittadina dove è nato. Anche suo padre, poliziotto corrotto, è segnato sul libro paga dei gangster, ma si riscatta confessando tutti gli intrighi ad un giornalista amico del figlio. Il mondo del crimine non perdona; il giornalista e il padre del magistrato sono uccisi. ■ POLIZIESCO; B/N; 85′; USA, 1952.

FURTIVA LACRIMA, UNA ★
Regia di RICCARDO SESANI. Con PAOLO BONACELLI, ANNA MAZZAMAURO, CLAYTON NORCROSS, VICTOR POLETTI, TIZIANA SENSI. ■ È il bicentenario della nascita di Donizetti e una compagnia lirica va in tournée con *L'elisir d'amore*. Il direttore d'orchestra s'innamora dell'arpista mentre si prepara lo spettacolo. Ma non tutto va per il verso giusto. Come questo film che non ha neanche il buon gusto della brevità. ■ DRAMMATICO; COL.; 130′; ITALIA, 1999.

FURTO ALLA BANCA D'INGHILTERRA ★★★
(The Day they Robbed the Bank of England)
Regia di JOHN GUILLERMIN. Con PETER O'TOOLE, ALDO RAY, ELIZABETH SELLARS. ■ Per la causa, i ribelli irlandesi decidono di derubare la Banca d'Inghilterra. Si rivolgono ad uno specialista che, naturalmente, se ne infischia della causa e infatti, quando viene fatta la pace tra i due paesi, il ladro prosegue il suo cammino verso il prezioso forziere. ■ AVVENTURA; B/N; 85′; GRAN BRETAGNA, 1959.

FURTO CONTRO FURTO *(McCoy: Double Take)* ★★★
Regia di RICHARD QUINE. Con VAL AVERY, JACKIE COOGAN, TONY CURTIS, HARRY GUARDINO, ROSCOE LEE BROWNE, FIONA LEWIS. ■ McCoy è un simpatico giocatore d'azzardo. Per vendicare un famoso avvocato rimasto vittima di un baro, organizza uno scherzetto per "spennare" il disonesto giocatore. Dopo mille peripezie, ci riuscirà. ■ GIALLO ROSA; COL.; 97′; USA, 1978.

FURTO DEL SECOLO, IL ★★
(The Ten Milion Dollar Getaway)
Regia di JAMES A. CONTNER. Con TONY LO BIANCO, JOHN MAHONEY. ■ Il colpo da dieci milioni di dollari è andato a segno nel 1973 all'aeroporto Kennedy, con il bottino proveniente da un aereo da carico. Sette uomini formano una banda di professionisti perfettamente organizzata, poi una donna s'intromette e le cose cominciano ad andare storte. ■ DRAMMATICO; COL.; 100′; USA, 1991.

FURTO DI SERA BEL COLPO SI SPERA ★
Regia di MARIANO LAURENTI. Con MEMMO CAROTENUTO, PIPPO FRANCO, ALDO GIUFFRÉ, GIANCARLO PRETE, COSTANZA SPADA. ■ Quinto è un ladro davvero molto sfortunato: ogni volta che tenta un colpo non solo va tutto storto, ma finisce immancabilmente all'ospedale. ■ COMICO; COL.; 92′; ITALIA, 1974.

FURTO È L'ANIMA DEL COMMERCIO!?..., IL ★★
Regia di BRUNO CORBUCCI. Con BERNARD BLIER, MARIA PIA GIANCARO, ENRICO MONTESANO, AVE NINCHI, ALIGHIERO NOSCHESE. ■ Dopo una vita di furtarelli, Gaetano e Libero decidono di effettuare un grande colpo alla ricevitoria del lotto. Prima escogitano un sistema per far aumentare le puntate e quindi il bottino, poi assaltano la ricevitoria e fanno man bassa. Ma la sfortuna li perseguita. ■ COMMEDIA; COL.; 105′; ITALIA, 1971.

FURTO SU MISURA *(The Happy Thieves)* ★★★
Regia di GEORGE MARSHALL. Con REX HARRISON, RITA HAYWORTH, ALIDA VALLI, JOSEPH WISEMAN. ■ Una banda di falsari progetta il furto di un quadro di Goya dal museo del Prado a Madrid. Per distrarre polizia e visitatori, il capo uccide un torero in piena corrida. Questo permette ai complici di portare a termine il colpo in tranquillità, ma l'ispettore incaricato delle indagini non tarda a collegare l'assassinio del torero al furto nel museo. ■ COMMEDIA; B/N; 88′; USA, 1962.

FURY *(The Fury)* ★★★
Regia di BRIAN DE PALMA. Con JOHN CASSAVETES, KIRK DOUGLAS, CHARLES DURNING, CARRIE SNODGRESS, ANDREW STEVENS. ■ I servizi segreti Usa decidono di impiegare individui dotati di poteri paranormali: tra questi c'è il giovane Robin. Ma il ragazzo viene rapito. Il padre, però, si mette sulla pista buona. Il responsabile del rapimento gli tende parecchie trappole, ma lui riu-

scirà ugualmente a rintracciare Robin grazie anche all'aiuto di una ragazza con poteri extrasensoriali analoghi. Lo troverà troppo tardi. ■ DRAMMATICO; COL.; 118'; USA, 1978.

FURYO *(Merry Christmas Mr. Lawrence)* ★★★
Regia di NAGISA OSHIMA. Con DAVID BOWIE, TOM CONTI, RYUICHI SAKAMOTO, JACK THOMPSON. ■ In un campo di prigionia giapponese, durante la seconda guerra mondiale, languono un gruppo di prigionieri, quasi tutti inglesi, costretti a subire torture e umiliazioni di ogni genere da parte dell'ambiguo capitano Yanoi e del sergente Hara. Il fragile equilibrio del campo viene sconvolto dall'arrivo di un nuovo prigioniero, il maggiore Celliers, poco disposto a soggiacere alle regole dei giapponesi. Splendida musica e interpretazioni intensissime per un film concentrato sul tema dell'uomo sopraffatto dall'uomo. ■ DRAMMATICO; COL.; 122'; GRAN BRETAGNA, 1982.

FUSI DI TESTA *(Wayne's World)* ★★
Regia di PENELOPE SPHEERIS. Con DANA CARVEY, ALICE COOPER, ROB LOWE, MIKE MYERS. ■ Meyers e Carvey negli Stati Uniti sono famosissimi per la mitica serie televisiva *Saturday Night Live* e infatti, grazie a ciò, il film ha superato ampiamente l'incredibile cifra di cento milioni di dollari dell'epoca d'incasso. Da noi è stato un fiasco, ma si può rifare televisivamente. La trama, se così si può definire una sconnessa messinscena, ci fa sapere che ci sono due pazzi alla guida di una televisione indipendente. Quando la spazzatura rende. ■ COMICO; COL.; 90'; USA, 1992.

FUSI DI TESTA 2 *(Wayne's World 2)* ★★
Regia di STEPHEN SURJIK. Con KIM BASINGER, TIA CARRERE, DANA CARVEY, MIKE MYERS, CHRISTOPHER WALKEN. ■ Questa volta Wayne e Garth vogliono realizzare un nuovo super concerto a Woodstock perché Jim Morrison dei Doors glielo ha chiesto in sogno. Il film è brutto, ma ci sono i camei di Charlton Heston, Drew Barrymore e Kim Basinger. È stato comunque profetico perché due anni più tardi è stato organizzato un altro concerto-evento a Woodstock. ■ COMICO; COL.; 95'; USA, 1993.

FUTURE ANIMALS *(Day of the Animals)* ★★
Regia di WILLIAM GIRDLER. Con LYNDA DAY GEORGE, CHRISTOPHER GEORGE, LESLIE NIELSEN. ■ Un gruppo di turisti fa un'escursione nella sierra della California. Inoltratisi tra la foresta, i gitanti si rendono ben presto conto che gli animali dimostrano una preoccupante aggressività: è colpa dell'inquinamento e dei raggi solari. ■ DRAMMATICO; COL.; 98'; USA, 1976.

FUTURE HUNTERS – EROI DEL FUTURO ★★
(Future Hunters)
Regia di CIRO SANTIAGO. Con ED CRICK, RICHARD NORTON, ROBERT PATRICK. ■ Nel 2025 la Terra, devastata dal conflitto nucleare, è dominata da un feroce dittatore. Un intrepido guerriero decide di eliminarlo, ma per farlo dovrà compiere un viaggio a ritroso nel tempo (tornare al 1988). ■ FANTASCIENZA; COL.; 92'; USA, 1988.

FUTUREKICK ★
Regia di DAMIAN KLAUS. Con MEG FOSTER, EB LOTTIMER, CHRISTOPHER PENN, DON THE DRAGON WILSON. ■ Il solito film di arti marziali in chiave futuribile, quando la Luna diventa un privilegio per ricchi e la Terra un luogo disperato, dove l'uomo deve contrastare il dominio delle macchine. Qui agisce anche il *cyborg* Walker (interpretato da Don Wilson), il cacciatore di taglie ingaggiato da una bella vedova per vendicare l'uccisione del marito. ■ FANTASTICO; COL.; 76'; USA, 1991.

FUTUREWORLD – 2000 ANNI NEL FUTURO ★★★
(Futureworld)
Regia di RICHARD T. HEFFRON. Con YUL BRYNNER, BLYTHE DANNER, PETER FONDA, ARTHUR HILL, STUART MARGOLIN, JOHN P. RYAN. ■ Un uomo, che aveva promesso a un giornalista importanti notizie su Delos (una specie di immensa Disneyland del futuro), viene ammazzato. Il giornalista e una collega si recano a Delos per vederci chiaro. Scoprono così che la città è in mano a robot, copie perfette di uomini. ■ FANTASCIENZA; COL.; 104'; USA, 1976.

FUTURO È DONNA, IL ★★
Regia di MARCO FERRERI. Con NIELS ARESTRUP, ORNELLA MUTI, HANNA SCHYGULLA. ■ L'indipendente e stravagante Malvina (Muti), in attesa di un figlio, si inserisce nel rapporto tra Anna (Schygulla) e Gordon (Arestrup), emarginandone via via l'uomo, sempre più nevrotico e insicuro. Come declama il titolo, forse di uomini non c'è bisogno. Ma i vari messaggi e sub-messaggi che Ferreri lancia nel corso della storia sono spesso contraddittori e farraginosi: in altre occasioni ha dato prove meno audaci e meno irritanti. ■ DRAMMATICO; COL.; 105'; FRANCIA, GERMANIA, ITALIA, 1983.

FX – EFFETTO MORTALE *(F/X)* ★★★
Regia di ROBERT MANDEL. Con BRYAN BROWN, CLIFF DE YOUNG, BRIAN DENNEHY. ■ Avventura di un esperto in effetti speciali cinematografici, Rollie Tyler, con profusione di favolosi trucchi. Egli viene convinto dal dipartimento di Giustizia a progettare il finto omicidio di Nicolas De Franco, un mafioso che deve testimoniare ad un processo. Dopo la finta esecuzione, Rollie fugge, ma l'assistente del colonnello Mason, che aveva architettato la messa in scena, cerca di ucciderlo. Le indagini del tenente McCarthy mettono in luce le illecite attività di Mason. In realtà il mafioso era nascosto a casa sua in attesa di un elicottero che lo portasse in Svizzera a recuperare un malloppo sottratto alla mafia. ■ THRILLER; COL.; 106'; USA, 1985.

G

GABBIA, LA ★★
Regia di GIUSEPPE PATRONI GRIFFI. Con LAURA ANTONELLI, FLORINDA BOLKAN, TONY MUSANTE. ■ Momentaneamente separato dall'amante, che ha accompagnato il figlio dai nonni, Michael incontra sul pianerottolo una donna che gli sembra vagamente familiare e che lo invita a entrare in casa. Si tratta di Marie, che, molti anni prima, quando era ancora un'adolescente, era stata la sua amante. Michael e Marie riallacciano la loro relazione, ma, questa volta, la donna non ha nessuna intenzione di lasciarlo andare via, anche a costo di legarlo al letto e di torturarlo sotto gli occhi della figlia. ■ DRAMMATICO; COL.; 101′; ITALIA, 1985.

GABBIA DEGLI USIGNOLI, LA ★★
(La cage aux rossignols)
Regia di JEAN DRÉVILLE. Con GEORGES BISCOT, MICHELINE FRANCEY, NOËL-NOËL. ■ Un'importante rivista pubblica la storia autobiografica di un ragazzo, ex insegnante in un riformatorio, che ha convinto con la gentilezza e la comprensione i suoi forzati ospiti a ravvedersi. Il successo della pubblicazione gli consente di sposare la fidanzata. ■ COMMEDIA; B/N; 90′; FRANCIA, 1944. ■ OSCAR 1 NOM.

GABBIA DELLA MORTE, LA *(Sous la griffe)* ★★
Regia di CHRISTIAN-JAQUE. Con CONSTANT DEMY, MADELEINE OZERAY. ■ L'orfana di un domatore è contesa tra il padre adottivo, anch'egli domatore, e un ragazzo del quale è innamorata. Il patrigno, depresso per lo scarso interesse che gli spettatori nutrono per la sua esibizione e per la delusione sentimentale, tenta un numero troppo pericoloso. ■ DRAMMATICO; B/N; 95; FRANCIA, 1935.

GABBIA DI FERRO, LA *(Outside the Wall)* ★★
Regia di CRANE WILBUR. Con RICHARD BASEHART, SIGNE HASSO, MARILYN MAXWELL. ■ Un ex carcerato trova un impiegato onesto, ma accetta per denaro un incarico affidatogli da un gangster. Si trova così coinvolto in affari poco puliti. ■ DRAMMATICO; B/N; 80′; USA, 1950.

GABBIA DI MATTI *(Not so Dumb)* ★★
Regia di KING VIDOR. Con MARION DAVIES, ELLIOT NUGENT, FRANKLIN PANGBORN. ■ Protagonista è una graziosa ragazza con la vocazione al disastro. Nonostante la sua buona volontà, fa sempre la cosa sbagliata nel momento sbagliato. Figuratevi cosa accade quando deve organizzare un ricevimento molto importante per la carriera del fidanzato. ■ COMMEDIA; B/N; 86′; USA, 1930.

GABBIA DI MATTI, UNA *(Broadway Limited)* ★★★
Regia di GORDON DOUGLAS. Con VICTOR MCLAGLEN, DENNIS O'KEEFE, MARJORIE WOODWORTH. ■ Un'attrice accetta di adottare un orfanello per farsi pubblicità. Questi è scambiato per un bambino rapito e gli equivoci si sprecano. Finisce nel migliore dei modi. ■ COMMEDIA; B/N; 74′; USA, 1941.

GABBIA D'ORO, LA *(Cage of Gold)* ★★
Regia di BASIL DEARDEN. Con JAMES DONALD, DAVID FARRAR, JEAN SIMMONS. ■ Un pilota sposa una ragazza e l'abbandona la prima notte di nozze dopo averla derubata. Un errore di persona lo dà per morto e sua moglie, che nel frattempo ha avuto un figlio, sposa un altro. Quando il pilota viene trovato assassinato entrambi si autoaccusano, ma la polizia scoprirà che l'omicida è, in realtà, una terza persona. ■ DRAMMATICO; B/N; 83′; GRAN BRETAGNA, 1950.

GABBIANELLA E IL GATTO, LA ★★★
Regia di ENZO D'ALÒ. ■ Tratto dal racconto di Sepúlveda *Storia di una gabbianella e del gatto che le insegnò a volare*, il film di D'Alò ha tentato di inserirsi, nelle proiezioni natalizie del 1998, tra i due colossi *Mulan* e *Il principe d'Egitto*. È riuscito a conquistarsi il suo spazio grazie alla storia del gatto che si trova a covare un uovo per mantenere la promessa fatta a una gabbiana morente per inquinamento e, in seguito, a insegnare alla piccola nata l'arte del volo. D'Alò ha realizzato un film fresco e sensibile in cui la metafora torna a farsi strada e alcuni valori fondamentali (in questo caso *in primis* il rispetto per la diversità) divengono comprensibili anche ai più piccoli. Bersaglio centrato. ■ ANIMAZIONE; COL.; 85′; ITALIA, 1998.

GABBIANI VOLANO BASSO, I ★★
Regia di GEORGE WARNER. Con NATHALIE DELON, MEL FERRER, MAURIZIO MERLI. ■ Un disertore del Vietnam viene ricattato dall'industriale italiano Micheli e obbligato ad ammazzare il socio di questi. L'americano, eseguito il mandato, sta per rientrare in patria quando, a Fiumicino, fraintendendo i motivi di un ritardo, si dà alla fuga attirando su di sé la polizia. ■ POLIZIESCO; COL.; 108′; ITALIA, 1977.

GABBIANO, IL *(The Sea Gull)* ★★
Regia di SIDNEY LUMET. Con JAMES MASON, VANESSA REDGRAVE, SIMONE SIGNORET, DAVID WARNER. ■ Dalla pièce di Anton Cechov. In una casa di campagna, nella Russia di fine Ottocento, scoppia il dramma. Il figlio sognatore e frustrato di un affascinante e frivola attrice vede deluse le sue ambizioni di scrittore e perde anche la ragazza amata per colpa di un mediocre e fortunato commediografo. Trasposizione senza reale necessità di un classico. Degno di visione solo per il cast. ■ DRAMMATICO; COL.; 141′; GRAN BRETAGNA, 1968.

GABBIANO, IL *(Cajka)* ★★
Regia di YULI KARASIK. Con YURI JAKOVLIEV, NIKOLAI PLOTNIKOV, LJUDMILA SAVELJEVA. ■ Versione russa del classico di Cechov. Inferiore a quella anglo-americana diretta da Lumet tre anni prima, nonostante l'autenticità dei paesaggi. ■ DRAMMATICO; COL.; 90′; URSS, 1971.

GABBIANO, IL ★★★
Regia di MARCO BELLOCCHIO. Con LAURA BETTI, GIULIO BROGI, PAMELA VILLORESI. ■ Dal dramma omonimo di Cechov. Nina e Costantino sono due giovani bramosi di successo e di gloria. Lui aspira a diventare autore teatrale, anche per poter conquistare il cuore di Nina che vorrebbe fare l'attrice. Ma per entrambi ci saranno solo insuccessi, dolori e morte. ■ DRAMMATICO; COL.; 132′; ITALIA, 1977.

GABBIANO JONATHAN, IL ★★★
(Jonathan Livingstone Seagull)
Regia di HALL BARTLETT. ■ Jonathan è un gabbiano diverso dagli altri: non si accontenta delle normali attività che gli competono e aspira alla conoscenza delle cose. Incontrata la riprovazione dei compagni, che lo cacciano, Jonathan gira il mondo e, divenuto saggio, affida prima di morire ad un altro gabbiano il compito di perseguire i suoi intenti. Il film è tratto dall'omonimo racconto di Richard Bach. ■ FANTASTICO; COL.; 120′; USA, 1973. ■ GOLDEN GLOBES 1 PR, 2 NOM; OSCAR 2 NOM.

GABINETTO DEL DOTTOR CALIGARI, IL ★★★★
(Das Cabinet des Dr. Caligari)
Regia di ROBERT WIENE. Con FRIEDRICH FEHER, WERNER KRAUSS, CONRAD VEIDT. ■ Capolavoro espressionista. Il dottor Caligari mostra al pubblico un sonnambulo capace di predire il futuro. Un uomo viene avvertito della sua imminente morte e puntualmente pugnalato. La ragazza di Francis, l'uomo che narra a un vecchio la tremenda storia, viene catturata nottetempo da Cesare il sonnambulo. Si salva ma muore Cesare. Caligari è il direttore di un manicomio e in conclusione scopriamo di trovarci in quel luogo dove ci sono anche tutti i personaggi della storia. Allora Francis è un pazzo che vaneggia? ■ HORROR; B/N; 55'; GERMANIA, 1920.

GABINETTO DEL DR. CALIGARI, IL ★★
(The Cabinet of Dr. Caligari)
Regia di ROGER KAY. Con DICK DAVALOS, LAWRENCE DOBKIN, GLYNIS JOHNS, DAN O'HERLIHY. ■ Una ragazza si crede prigioniera di uno strano dottore dal quale tenta di fuggire in ogni modo. Quando vi riesce, si rende conto di essere una vecchia signora appena guarita da una malattia e che la sua avventura era soltanto un sogno. ■ DRAMMATICO; B/N; 104'; USA, 1962.

GABLE E LOMBARD: UN GRANDE AMORE ★★
(Gable and Lombard)
Regia di SIDNEY J. FURIE. Con JAMES BROLIN, RED BUTTONS, JILL CLAYBURGH, ALLEN GARFIELD. ■ La love story tra Clark Gable e Carole Lombard, una delle coppie più discusse e più unite della vecchia Hollywood. ■ DRAMMATICO; B/N; 131'; USA, 1976.

GABRIELA ★★
Regia di BRUNO BARRETO. Con SONIA BRAGA, ANTONIO CANTAFORA, MARCELLO MASTROIANNI. ■ A Bahia, in Brasile, il proprietario di un piccolo bar si innamora di una popolana che ha assunto come cuoca, la sposa e la tiene in casa per sottrarla alle avances dei clienti. Ma la donna lo tradisce con un amico. Lui se ne separa facendo annullare il matrimonio, ma la ex moglie, che malgrado tutto lo ama veramente, non si rassegna e torna alla carica. Tratto da una novella di Jorge Amado. ■ DRAMMATICO; COL.; 102'; BRASILE, ITALIA, 1982.

GABRIELLA *(Gabriela)* ★★
Regia di GÉZA VON CZIFFRA. Con ZARAH LEANDER, VERA MOLNAR, CARL RADDATZ. ■ Una bella ed affermata cantante decide di interrompere la carriera per vivere con la figlia avuta dal marito che ha abbandonato. Il locale in cui si esibiva comincia a perdere i clienti, la cantante allora riprende il mestiere e si lega ad un antico amore. ■ DRAMMATICO; B/N; 92'; GERMANIA, 1950.

GABRIELLE ★
Regia di PATRICE CHÉREAU. Con PASCAL GREGGORY, THIERRY HANCISSE, ISABELLE HUPPERT. ■ Basato sul racconto di Joseph Conrad, *Il ritorno*, il film è ambientato nel 1912 a Parigi. Protagonisti sono Jean (Pascal Greggory) e Gabrielle (Isabelle Huppert), una coppia sposata da dieci anni, appartenente all'alta borghesia. La loro vita è fredda, dettata dagli eventi mondani di cui l'autoritario editore Jean e leader assoluto. Gabrielle, gioca così la parte della moglie repressa costretta in piccoli spazi, e a un'esistenza spersonalizzata alle spalle del marito. Almeno fino al momento in cui, improvvisamente, le regole vengono cambiate. L'ottima interpretazione della Huppert non salva un film fin troppo patinato. ■ COMM. DRAMMATICA; COL.; 90'; FRANCIA, 2005. ■ VENEZIA 1 PR.

GABRIEL OVER THE WHITE HOUSE – GABRIELE SULLA CASA BIANCA ★★★
(Gabriel Over the White House)
Regia di GREGORY LA CAVA. Con WALTER HUSTON, KAREN MORLEY, FRANCHOT TONE. ■ Un film che da alcuni viene considerato di propaganda, a favore di Roosevelt. Judson Hammond nuovo presidente degli Stati Uniti decide di rendere vigente la pena di morte. E si dimostra di polso anche nei confronti di altri problemi politici e sociali. Al di là dell'aspetto politico un film di tutto rispetto. ■ DRAMMATICO; B/N; 88'; USA, 1933.

GABY ★★
Regia di CURTIS BERNHARDT. Con LESLIE CARON, TAINA ELG, MARGALO GILLMORE, SIR CEDRIC HARDWICKE, JOHN KERR. ■ Una ballerina inglese e un soldato americano si amano e decidono di sposarsi. Prima però di riuscire a procurarsi i documenti necessari, lui viene chiamato al fronte. Una falsa notizia lo dà per morto; la ragazza, disperata, tenta di dimenticarlo frequentando altri uomini. Il soldato si fa vivo qualche tempo dopo e, benché la ballerina gli abbia raccontato tutto, le chiede di sposarlo. ■ DRAMMATICO; COL.; 97'; USA, 1956.

GABY, UNA STORIA VERA *(Gaby a True Story)* ★★
Regia di LUIS MANDOKI. Con NORMA ALEANDRO, ROBERT LOGGIA, LIV ULLMANN. ■ Dal libro autobiografico di Gaby Brimmer, una scrittrice messicana affetta da paralisi cerebrale (il che le impedisce di parlare, camminare, muovere le mani). Può solo scrivere con le dita dei piedi, ma questo le basterà per ottenere un titolo di studio e poi avviarsi alla carriera letteraria. Così da essere abbastanza autosufficiente dopo la morte dei genitori. ■ DRAMMATICO; COL.; 110'; MESSICO, USA, 1987. ■ GOLDEN GLOBES 2 NOM; OSCAR 1 NOM.

GADJO DILO – LO STRANIERO PAZZO ★★
(Gadjo Dilo)
Regia di TONY GATLIF. Con ROMAIN DURIS, RONA HRTNER, IZIDORE NICOLAE. ■ Il parigino Sthéphane va in Romania a cercare una donna che il padre ha amato. Non la trova, ma si innamora di quel paese, dei suoi zingari e di quella cultura. Sthéphane rappresenta il regista Gatlif, un apolide vissuto in Algeria, approdato in Francia e da sempre innamorato del mondo degli zingari rumeni. Il film ha vinto il Pardo d'argento (secondo premio) al festival di Locarno. ■ DRAMMATICO; COL.; 100'; FRANCIA, 1997.

GAGLIARDI E PUPE ★★
Regia di ROBERTO BIANCHI MONTERO. Con RENATO BALDINI, MEMMO CAROTENUTO, MARIA PIA CASILIO. ■ Un ragazzo sfaccendato ne combina di tutti i colori assieme a degni compari, suscitando la riprovazione della madre e del più onesto fratello. Ma finisce per perdere anche gli amici poco puliti. ■ COMMEDIA; B/N; 92'; ITALIA, 1958.

GAIA SCIENZA, LA *(Le gai savoir)* ★★★
Regia di JEAN-LUC GODARD. Con JULIET BERTO, JEAN-PIERRE LÉAUD. ■ Un giovane studente e un'operaia si incontrano, si amano e discutono del mondo e delle immagini che li circondano. ■ SOCIOLOGICO; B/N; 97'; FRANCIA, 1968.

GALACTICA: L'ATTACCO DEI CYLON ★★
(Mission Galactica: the Cylon Attack)
Regia di VINCE EDWARDS, CHRISTIAN I. NYBY II. Con LORNE GREENE, RICHARD HATCH, LAURETTE SPANG. ■ Contrasti fra gli equipaggi di due astronavi nella lotta contro dei robot alieni. ■ FANTASCIENZA; COL.; 108'; USA, 1978.

GALANTI AVVENTURE DI ZORRO, LE ★
(Les aventures galantes de Zorro)
Regia di WILLIAM RUSSEL (pseud. di BRUNO MATTEI). Con ALICE ARNO, JEAN-MICHEL DHERMAY, EVELYNE SCOTT. ■ Zorro è qui un irriducibile dongiovanni al servizio del filone boccaccesco. ■ EROTICO; COL.; 90'; BELGIO, FRANCIA, 1972.

GALANTUOMINI, I ★★
Regia di EDOARDO WINSPEARE. Con GIORGIO COLANGELI, DONATELLA FINOCCHIARO, BEPPE FIORELLO, FABRIZIO GIFUNI, GIOIA SPAZIANI. ■ Ignazio, Lucia e Fabio sono stati bambini felici e inseparabili nel Salento degli anni Sessanta. Adesso sono adulti tormentati e divisi nel Salento della Sacra Corona Unita. Ignazio è diventato un giudice stimato, Lucia è madre di un ragazzino e braccio destro del boss Carmine Zà, Fabio un appassionato giocatore di biliardo col vizio della cocaina. Al funerale di Fabio, stroncato da un'overdose, Lucia e Ignazio si ritrovano e si innamorano senza dichiararsi. Durante le indagini sul traffico di cocaina, Ignazio scopre il coinvolgimento di Lucia. Ferito e addolorato dalle bugie della donna e dalla rivelazione della sua vera natura, l'affronta, spingendola suo malgrado alla latitanza. Ma il giudice sedotto e la dark lady hanno ancora un conto d'amore da regolare e da consumare. ■ DRAMMATICO; COL.; 100'; ITALIA, 2008.

GALASSIE IN COLLISIONE – PLANET OF LOVE ★★
(Galaxies Are Colliding)
Regia di JOHN RYMAN. Con DWIER BROWN, KELSEY GRAMMER,

KAREN MEDAK, SUSAN WALTERS. ■ Vincitore del Premio della Critica al Festival di Venezia, il film ironizza sulle ossessioni catastrofiche che affliggono il giovane protagonista e che gli fanno perdere il contatto con la realtà. Ci vorranno un viaggio nel deserto alla vigilia delle nozze e l'incontro con una bella e disinibita fanciulla per fargli nuovamente apprezzare la vita. ■ COMMEDIA; COL.; 97′; USA, 1992. ■ VENEZIA 1 PR.

GALAXY HORROR – ANNO 2001 *(The Body Stealers)* ★★
Regia di GERRY LEVY. Con PATRICK ALLEN, MAURICE EVANS, GEORGE SANDERS. ■ Alcuni paracadutisti svaniscono nel nulla nel corso di un'esercitazione. Un investigatore inglese scopre che sono stati rapiti dagli abitanti di un altro pianeta. ■ FANTASCIENZA; COL.; 91′; GRAN BRETAGNA, 1969.

GALAXY QUEST ★★
Regia di DEAN PARISOT. Con TIM ALLEN, GREGG BINKLEY, CORBIN BLEU, PATRICK BREEN, BILL CHOTT, ENRICO COLANTONI, JONATHAN FEYER, JEREMY HOWARD, SAMUEL LLOYD, DARYL MITCHELL, ALAN RICKMAN, SAM ROCKWELL, ROBIN SACHS, SIGOURNEY WEAVER. ■ Il cast principale del telefilm fantascientifico anni Settanta/Ottanta *Galaxy Quest* (una sorta di fantasiosa versione cinematografica del telefilm *Star Trek*), non recita più, ormai, e continua a guadagnarsi la pagnotta fra inaugurazioni varie ed eventuali e convention per stralunati nerds, gli unici appassionati fans che gli rimangono (che fra l'altro loro bistrattano con irritazione crescente). Disgraziatamente prigionieri dei propri ruoli televisivi, proseguono nel loro mestiere senza più alcuna passione. Ma tutto cambia quando degli strambi alieni giungono sulla Terra e li rapiscono, convinti che siano effettivamente degli eroi spaziali in grado di salvarli in una guerra fra galassie che li sta decimando. Lotteranno contro mostri di pietra, piccoli e apparentemente innocenti alieni che sono in realtà voraci cannibali e soprattutto insetti umanoidi giganti. ■ FANTASCIENZA; COL.; 106′; USA, 1999.

GALEOTTI SUL PIANETA TERRA ★
(Doin' Time on Planet Earth)
Regia di CHARLES MATTHAU. Con MATT ADLER, CANDY AZZARA, HUGH O'BRIAN. ■ Sunnyvale è la capitale mondiale delle prugne. Ma la vita è noiosa e i topi abbondano. Per movimentare la situazione l'unica cosa da fare sembra essere quella di fingersi extraterrestri. ■ COMMEDIA; COL.; 90′; USA, 1988.

GALIA ★★★
Regia di GEORGES LAUTNER. Con MIREILLE DARC, FRANÇOISE PRÉVOST, VENANTINO VENANTINI. ■ Una provinciale salva una donna dal suicidio. Poco dopo accetta di cercarne l'infedele marito – causa del gesto – e di raccontargli l'accaduto. L'uomo non se ne preoccupa eccessivamente. ■ DRAMMATICO; B/N; 105′; FRANCIA, 1965.

GALILEO ★★★★
Regia di LILIANA CAVANI. Con GIGI BALLISTA, GIULIO BROGI, CYRIL CUSACK. ■ La vita e il dramma di Galileo Galilei. Il fisico italiano studia le stelle con un telescopio da lui perfezionato e dichiara che il Sole è posto al centro dell'universo. Processato per eresia dopo la pubblicazione delle sue teorie, Galileo preferisce ritrattare piuttosto che subire la tortura. ■ DRAMMATICO; COL.; 108′; ITALIA/BULGARIA, 1968.

GALILEO ★★★
Regia di JOSEPH LOSEY. Con EDWARD FOX, MARGARET LEIGHTON, TOPOL. ■ La vicenda di Galileo Galilei e quella della sua abiura. Per non essere condannato dall'inquisizione, dovette rinunciare pubblicamente alle sue teorie sul movimento della terra e del sole, in formale contrasto con certi passi della Bibbia. Joseph Losey, ormai stanco, realizza il suo sogno di mettere in immagini il dramma di Bertolt Brecht da lui realizzato in teatro in anni giovanili. Ma l'ispirazione non sorregge il regista, che riesce solo a farne un dignitoso spettacolo, ottimamente recitato. ■ STORICO; COL.; 145′; GRAN BRETAGNA, 1975.

GALLERIA DELLA MORTE, LA ★★
(Hard Rock Harrigan)
Regia di DAVID HOWARD. Con IRENE BENTON, FRED KOHLER, GEORGE O'BRIEN. ■ Un criminale fugge di prigione per impedire che l'ex moglie si risposi. Il futuro marito si lascia spaventare dalle minacce del rivale e scappa: un poliziotto, messo a fianco della donna per scoprire l'evaso, riesce a catturarlo e ad ucciderlo. ■ POLIZIESCO; B/N; 95′; USA, 1935.

GALLINE IN FUGA *(Chiken Run)* ★★★
Regia di PETER LORD, NICK PARK. ■ Perfetta proposta per il Natale 2000. La premiata ditta Lord&Park confeziona un prodotto particolare, certamente meritorio per la difficoltà tecnica e l'impegno (centinaia di pupazzi di plastilina azionati movimento per movimento), con un risultato visivo interessante e con tanto di metafore. Alcune galline e un gallo fuggono dall'allevamento della famigerata, crudelissima signora Tweedy. Le difficoltà che incontrano sono quelle canoniche dei fuggiaschi, e le abbiamo viste in film come *La grande fuga, Fuga per la vittoria*, e il contemporaneo *Fratello dove sei*. Certamente gradevole. ■ ANIMAZIONE; COL.; 85′; USA, 2000. ■ GOLDEN GLOBES 1 NOM.

GALLI, TOPI, PICCHIO E... SOCI ★★
■ Quindici divertenti cortometraggi a cartoni animati. ■ ANIMAZIONE; COL.; 92′; USA, 1960.

GALLO CEDRONE ★★★
Regia di CARLO VERDONE. Con REGINA ORIUOLI, PAOLO TRIESTINO, CARLO VERDONE. ■ È tutto un fiorire di personaggi alla Verdone: il bulletto di periferia, l'uomo che diceva di essere figlio di Elvis, il manager trasgressivo. La storia che unisce i personaggi è quella di Armando Feroci (Verdone appunto), che diventa gli occhi della cognata cieca, di cui è innamorato. Si sa, Verdone fa buon cinema, anche se noi preferiamo la sua attitudine più "seria", quella di *Compagni di scuola*, *Maledetto il giorno che ti ho incontrato* e *Perdiamoci di vista*. In questo caso si affida completamente al suo "carattere" e forse finisce per troppo incombere. Inoltre è troppo visibile, quasi violenta la caduta di qualità dei momenti in cui lui non è in scena. Caratteristi e situazioni davvero non all'altezza. Ma Verdone val bene qualche borgataro di troppo. ■ COMMEDIA; COL.; 100′; ITALIA, 1998.

GALLO DELLA CHECCA, IL *(Devil with the Women)* ★★
Regia di IRVING CUMMINGS. Con HUMPHREY BOGART, EDMUND LOWE, MONA MARIS, VICTOR MCLAGLEN. ■ Alla fine della guerra due veterani, smobilitati, emigrano in Sudamerica, dove pongono fine alle imprese criminose di un famigerato bandito. Al migliore dei due toccherà anche una bella ragazza del posto. ■ AVVENTURA; B/N; 91′; USA, 1930.

GALOPPATA DELLA DISPERAZIONE, LA ★★
(Rider of Death Valley)
Regia di ALBERT S. ROGELL. Con TOM MIX, LOIS WILSON. ■ Tom Mix in un altro dei ruoli positivi che la cinematografia Usa gli aveva riservato. Una banda di malviventi tenta di eliminarlo ma senza successo. ■ WESTERN; B/N; 63′; USA, 1932.

GAMBE D'ORO ★★
Regia di TURI VASILE. Con ROSSELLA COMO, PAOLO FERRARI, SCILLA GABEL, TOTÒ. ■ Le "gambe d'oro" sono quelle di due calciatori di una squadra di provincia che un industriale milanese vorrebbe ingaggiare. I prescelti sono tentati dall'offerta generosa ma, non volendo sacrificare l'affiatamento con gli altri compagni, rinunciano al guadagno. ■ COMICO; B/N; 93′; ITALIA, 1958.

GAMBIT ★★
Regia di MICHAEL HOFFMAN. Con TOM COURTENAY, CAMERON DIAZ, COLIN FIRTH, ALAN RICKMAN, STANLEY TUCCI. ■ Harry Deane, curatore d'aste trattato male dal suo capo arrogante, è in cerca del colpo della vita più per vendetta che per avidità. Con l'aiuto del maggiore mette su un'abile truffa: Harry deve vendere a Lionel Shaband un falso Monet e portare a casa una dozzina di milioni di sterline. E non solo, forse. Il "gambit" è una mossa a sorpresa che favorisce l'avversario sul breve termine per poi avere un vantaggio tattico, e questo valeva per il ladro gentiluomo Michael Caine nel film originale del 1966, molto meno in questo remake al limite del demenziale con Colin Firth. Però Michael Hoffman – già autore del faticoso *The Last Station* – si salva grazie alla sceneggiatura dei fratelli Coen che da un po' di tempo a questa parte si producono in esercizi di stile, percorrendo generi vari. In questo caso più del thriller truffaldino, viene approfondita la commedia. ■ COMMEDIA; COL.; 90′; USA, 2012.

GAMBIT – GRANDE FURTO AL SEMIRAMIS ★★★
(Gambit)
Regia di RONALD NEAME. Con JOHN ABBOTT, MICHAEL CAINE, ROGER C. CARMEL, HERBERT LOM, SHIRLEY MACLAINE. ■ Due uomini, avvalendosi dell'inconsapevole partecipazione di un'entraîneuse, rubano la preziosa statua di un miliardario. ■ COMMEDIA; COL.; 109'; USA, 1966. ■ OSCAR 3 NOM.

GAME ★
Regia di MARK NEVELDINE, BRIAN TAYLOR. Con GERARD BUTLER, MICHAEL C. HALL, JOHN LEGUIZAMO, ALISON LOHMAN, MILO VENTIMIGLIA, AARON YOO. ■ In un futuro non troppo lontano, Kabel è un detenuto condannato a morte che suo malgrado è divenuto un'icona della cultura pop. Tutte le settimane infatti milioni di telespettatori accendono il televisiore per vedere lui e altre centinaia di detenuti combattere fra loro come pedine in un gioco online chiamato Slayers, inventato dal genio della tecnologia Ken Castle. Dalle loro case, ricchi e giovani *videogamer* controllano Kabel e gli altri soggetti coinvolti nel gioco proprio come fossero personaggi artificiali di un "normale" videogioco. Ma Kabel non è solo l'idolo di questi giocatori e degli spettatori dello Slayer: è anche divenuto l'icona del movimento di resistenza che si oppone alla crudeltà del gioco, che riduce esseri umani a icone sacrificabili. Kabel dovrà cercare di utilizzare le sue straordinarie capacità di combattimento per sottrarsi agli uni e agli altri, per evadere dal gioco, raggiungere Castle e smantellare per sempre lo il gioco da lui creato. ■ THRILLER; COL.; 100'; USA, 2008.

GAME – NESSUNA REGOLA, THE ★★
Regia di DAVID FINCHER. Con CARROLL BAKER, MICHAEL DOUGLAS, ARMIN MUELLER-STAHL, SEAN PENN, JAMES REBHORN. ■ Uno yuppie estremamente razionale (con alle spalle il suicidio del padre) riceve in regalo per il compleanno la possibilità di partecipare a un gioco di ruolo, le cui regole sono ignote ma che sembra destinato a diventare un vero e proprio incubo. Videogame cinematografico privo di effettivo interesse. ■ DRAMMATICO; COL.; 128'; USA, 1997.

GAMER ★★
Regia di MARK NEVELDINE, BRIAN TAYLOR. Con GERARD BUTLER, MICHAEL C. HALL, LOGAN LERMAN, ALISON LOHMAN, AMBER VALLETTA. ■ Il produttore di videogames Ken Castle ha ottenuto grande successo con *Society*, un gioco in cui si può ordinare a distanza a un essere umano, dietro compenso, di obbedire agli ordini del soggetto pagante. Non contento Castle ha realizzato *Slayer*, in cui si paga per controllare dei condannati a morte che accettano missioni pericolose con la speranza di giungere alla fine del gioco vivi ed ottenere in premio la liberazione. L'eroe della prima edizione che appassiona miliardi di persone è Kable, un detenuto per omicidio il cui sogno è quello di potersi ricongiungere a moglie figlia. Kable è controllato da un diciassettenne abilissimo. Ma riuscirà ad arrivare vivo al termine dei 50 combattimenti previsti? ■ THRILLER; COL.; 95'; USA, 2009.

GAMERA CONTRO IL MOSTRO GAOS ★★
(Gamera to Gaos)
Regia di NORIAKI YUASA. Con KOJIRO HONGO, REIKO KASAHARA, TARO MARUI. ■ Due mostri venuti dallo spazio si installano in una regione giapponese. ■ FANTASCIENZA; COL.; 91'; GIAPPONE, 1970.

GANDHI ★★★★♉
Regia di RICHARD ATTENBOROUGH. Con CANDICE BERGEN, EDWARD FOX, BEN KINGSLEY. ■ 56 anni di vita di Gandhi, il profeta della non violenza che portò il suo paese, l'India, all'indipendenza. Si comincia con i suoi solenni funerali per poi ripercorrere, in un flash-back di tre ore, tutta la sua evoluzione da semplice avvocato dai capelli scuri all'asceta calvo vestito di un bianco lenzuolo. Attorno a lui la moglie fedele, i figli e gli amici seguaci della sua dottrina; contro di lui l'Impero britannico, ma anche il conflitto fra musulmani e indù. Il film si chiude con la scena dell'assassinio: un estremista indù spara tre colpi di rivoltella a Gandhi che muore a 79 anni il 30 gennaio 1948. Kolossal premiato con molti Oscar tra cui quello, meritatissimo, a Ben Kingsley. ■ BIOGRAFICO; COL.; 188'; GRAN BRETAGNA, 1982. ■ DAVID DI DONATELLO ♉ 2 PR, 2 NOM; GOLDEN GLOBES ♉ 4 PR, 4 NOM; OSCAR ♉ 9 PR, 11 NOM.

GANG *(Thieves Like Us)* ★★★
Regia di ROBERT ALTMAN. Con KEITH CARRADINE, SHELLEY DUVALL, LOUISE FLETCHER, JOHN SCHUCK. ■ Nell'America della grande depressione, un omicida evade con due compagni e, messosi alla loro testa, compie numerose rapine. Durante una di queste perde un compare, mentre l'altro finisce in galera. Lo libera e compie un ennesimo furto con lui; poi, accortosi di non tollerare la sua brutalità, se ne separa. ■ DRAMMATICO; COL.; 123'; USA, 1973.

GANG, LA *(The Racket)* ★★★
Regia di JOHN CROMWELL. Con ROBERT MITCHUM, ROBERT RYAN, LIZABETH SCOTT. ■ Il soggetto del film è tratto da un romanzo di W. B. Burnett del 1927, che ha ispirato un'altra pellicola diretta nel 1928 da Lewis Milestone. Una banda di fuorilegge agisce per conto di forze politiche ed economiche impersonificate in un misterioso vecchio, che non si vede mai e non denuncia la propria identità. ■ POLIZIESCO; B/N; 88'; USA, 1951.

GANG CHE NON SAPEVA SPARARE, LA ★★
(The Gang that Couldn't Shoot Straight)
Regia di JAMES GOLDSTONE. Con JERRY ORBACH, LIONEL STANDER, LEIGH TAYLOR-YOUNG, JO VAN FLEET. ■ Storia semiseria di due bande italiane a New York. Una di esse usa un leone per derubare i protetti della rivale. ■ COMMEDIA; COL.; 96'; USA, 1971.

GANG DEI BASSOTTI, LA *(Little Cigars)* ★★
Regia di CHRIS CHRISTENBERRY. Con BILLY CURTIS, JERRY MAREN, ANGEL TOMPKINS. ■ Una ragazza si unisce ad una banda di cinque nani. Arrestata durante un furto e poi liberata dai compagni, l'avventuriera fugge con il capo della gang e un grosso malloppo. Gli altri li ritrovano e li derubano di tutto. ■ COMMEDIA; COL.; 92'; USA, 1973.

GANG DEI DIAMANTI, LA *(Jack of Diamonds)* ★★
Regia di DON TAYLOR. Con JOSEPH COTTEN, GEORGE HAMILTON, MARIE LAFORÊT. ■ Un ladro, famoso perché deruba le attrici cinematografiche, progetta un colpo favoloso con il suo "maestro" e con alcuni colleghi. L'operazione procede senza intoppi fino a quando l'allarme non fa accorrere la polizia. Il capo dei malviventi si lascia catturare perché gli altri possano fuggire. ■ GIALLO; COL.; 105'; USA, 1967.

GANG DEI DIAMANTI, LA *(The Diamond Trap)* ★★
Regia di DON TAYLOR. Con HOWARD HESSEMAN, ED MARINARO, BROOKE SHIELDS, TWIGGY. ■ Il regista è lo stesso del film del 1967 con lo stesso titolo. In realtà in comune ci sono solo i diamanti che vengono rubati in Inghilterra. Due detective di New York indagano. Per la televisione. ■ POLIZIESCO; COL.; 100'; USA, 1988.

GANG DEI DOBERMAN, LA *(The Doberman Gang)* ★★★
Regia di BYRON ROSS CHUDNOW. Con SIMMY BOW, BYRON MABE, JULIE PARRISH, HAL REED. ■ Un ladro con grandi ambizioni ingaggia un istruttore di cani da guerra perché addestri dei doberman a compiere una rapina. Il colpo riesce perfettamente. ■ DRAMMATICO; COL.; 87'; USA, 1972.

GANG DEI DOBERMAN COLPISCE ANCORA, LA ★★★
(The Daring Dobermans)
Regia di BYRON ROSS CHUDNOW. Con TIM CONSIDINE, CARLES KNOX ROBINSON. ■ Seconda parte delle mirabolanti imprese della gang dei doberman. I cani, consegnata la refurtiva a tre fortunati ladruncoli, vengono addestrati da questi per rapinare i fondi raccolti sotto banco – e quindi non denunciabili – di un partito politico. ■ AVVENTURA; COL.; 90'; USA, 1973.

GANG DEI FALSARI, LA *(The Diamond)* ★★
Regia di MONTGOMERY TULLY. Con PHILIP FRIEND, DENNIS O'KEEFE, MARGARET SHERIDAN, ALAN WHEATLEY. ■ Nulla di nuovo rispetto ai consueti cliché dei polizieschi hollywoodiani: una banda di malfattori deve ricevere un milione di dollari in cambio di pietre preziose artificiali. ■ POLIZIESCO; B/N; 83'; GRAN BRETAGNA, 1954.

GANG DEI SEDUTTORI COLPISCE ANCORA, LA ★
(Baby Love – Lemon Popsicle V)
Regia di Dan Wolman. Con Yiftach Katzur, Zachi Noy, Jonathan Segal. ■ Un sedicenne, in vacanza con un gruppo di coetanei, si innamora della sorellina di un amico, che però lo convince a lasciar perdere. Quando la ragazza tenta il suicidio, anche il suo giovane spasimante decide di farla finita. Tutto va a finire bene. ■ Commedia; col.; 92′; Israele, 1983.

GANG DEL BOSCO, LA *(Over the Hedge)* ★★
Regia di Tim Johnson. ■ RJ è un procione ingordo e opportunista che pensa per sé. A dargli una lezione ci pensa l'orso Vincent, a cui RJ ha cercato di rubare le provviste accumulate per il letargo. Nella fuga rocambolesca le leccornie di Vincent finiscono sotto un tir in corsa e RJ è costretto all'ultimatum: recuperare il cibo perduto entro una settimana o diventare cibo per orsi. ■ Animazione; col.; 85′; USA, 2006.

GANG DEL KIMONO, LA *(Piccadilly Third Stop)* ★★
Regia di Wolf Rilla. Con John Crawford, Terence Morgan, Yoko Tani, Mai Zetterling. ■ Siamo a Londra. Un gangster senza scrupoli sfrutta i sentimenti di una bella orientale, figlia di un diplomatico, per progettare un colpo ai danni della sua ambasciata. ■ Poliziesco; b/n; 90′; Gran Bretagna, 1960.

GANG DELLA CITTÀ DEI DIVORZI, LA ★★★
(Affair in Reno)
Regia di Robert G. Springsteen. Con John Archer, John Lund, Doris Singleton. ■ Un industriale impedisce alla figlia di sposare un uomo che mira solo al suo denaro. ■ Poliziesco; b/n; 75′; USA, 1956.

GANG DELL'ANNO SANTO, LA *(L'année sainte)* ★★★
Regia di Jean Girault. Con Jean-Claude Brialy, Danielle Darrieux, Jean Gabin, Nicoletta Machiavelli, Henry Virlojeux. ■ Un anziano detenuto viene coinvolto dal compagno di cella ad evadere, in occasione dell'Anno Santo, e ad andare a Roma a recuperare il malloppo di un colpo effettuato tempo addietro. Il vecchio ladro si è travestito da monsignore, l'altro da abate. ■ Commedia; col.; 95′; Francia, Italia, 1976.

GANG DELL'ARANCIA MECCANICA, LA ★
(Cerkin dunya)
Regia di Rowland Kramer. Con Stefania Basile, Gianfranco Fabiani, Alfred Sullivan. ■ Tre criminali si installano di prepotenza nella villa di un chirurgo turco. Per andarsene chiedono molto denaro. Il medico acconsente. Ma verrà la resa dei conti. ■ Giallo; col.; 92′; Turchia, 1974.

GANG DELLA SPIDER ROSSA, LA ★★★
(No Deposit, No Return)
Regia di Norman Tokar. Con Jean Gillespie, David Niven, Jack Wells. ■ Ospiti del nonno, un eccentrico miliardario, due bambini ne combinano di tutti i colori: trasportano clandestinamente una puzzola, chiedono ospitalità a certi gangster, si fingono rapiti e causano lo scompiglio in famiglia e tra le forze dell'ordine. ■ Commedia; col.; 112′; USA, 1976.

GANG DEL MAMBO-BAR, LA ★★
(Mädchen für die Mambo-Bar)
Regia di Wolfgang Glück. Con Kay Fisher, Rolf Kutschera, Gerlinde Locker. ■ Il Mambo-Bar è al centro di loschi traffici. Vi giunge una ragazza che non sa di essere la figlia del proprietario, che la salva dalle ire di una cantante gelosa; la polizia, chiamata da un componente del complesso che è in realtà un agente dell'Fbi, irrompe nel locale. ■ Drammatico; b/n; 94′; Germania, 1959.

GANG DEL PARIGINO, LA *(Le gang)* ★★★
Regia di Jacques Deray. Con Giampiero Albertini, Laura Betti, Raymond Buissières, Alain Delon. ■ 1954. Robert, detto Pierrot, è un bel giovanotto figlio adottivo di un gangster. Un giorno il ragazzo raccoglie intorno a sé un gruppo di amici coi quali si dà alla malavita. Compiono rapine clamorose, in allegria e con "signorilità". ■ Poliziesco; col.; 100′; Francia, Italia, 1977.

GANG DI GRIDIRON, LA *(Gridiron Gang)* ★★
Regia di Phil Joanou. Con Leon Rippy. ■ Sean Porter lavora come assistente sociale in un carcere di San Francisco che trabocca di giovani membri delle gang che si sono macchiati di crimini efferati. Per dare un senso alla loro (e alla propria) vita, convince il direttore dell'istituto a creare una squadra di football che possa giocare il campionato giovanile: tra mille difficoltà e incertezze, non ultima quella di far accettare il concetto di "team" a gente che fuori dalle mura del carcere era solita spararsi addosso, Porter compie il miracolo. Il genere "sport e redenzione" offre un vasto assortimento di discipline tra le quali scegliere. Negli anni abbiamo visto personaggi riscattarsi grazie all'hockey, al baseball, al pugilato, al basket e, ovviamente, al football americano. ■ Drammatico; col.; 125′; USA, 2006.

GANGOR ★★
Regia di Italo Spinelli. Con Priyanka Bose, Samrat Chakrabarti, Adil Hussain, Seema Rahmani, Tillotama Shome. ■ Upin e Ujan si recano a Purulia, nel Bengala occidentale, per un reportage sulle condizioni di vita dei gruppi tribali. Tra le foto che Upin pubblica, in un articolo di denuncia sulle ingiustizie sociali della regione, quella che ritrae il seno nudo di Gangor scatena la violenta ritorsione delle autorità di polizia locale. ■ Drammatico; col.; 91′; India, Italia, 2010.

GANGS OF NEW YORK ★★
Regia di Martin Scorsese. Con Jim Broadbent, Daniel Day-Lewis, Cameron Diaz, Leonardo DiCaprio. ■ New York, 1846, quartiere di Five Points. Una cruenta battaglia tra gangs sancisce il trionfo di William Cutting detto Billy the Butcher, capo dei nativi americani e la morte di Padre Vallon, protettore degli emigranti. Sedici anni dopo il figlio di questi, Amsterdam, esce dal riformatorio fermamente deciso a ingraziarsi l'assassino di suo padre per poi fare vendetta. Conosciuto Billy, Amsterdam ne viene in pratica adottato e arriva a salvargli la vita. Una volta scoperto e smascherato, si risolverà a combattere apertamente contro di lui. Davvero deludente. Scorsese, in netta fase calante, ha rinchiuso vari generi e varie (sue) memorie in un grande recipiente che però gli è caduto di mano. E tutto è andato insieme. ■ Drammatico; col.; 168′; USA, 2002. ■ Golden Globes 2 pr, 5 nom; Oscar 5 nom.

GANGSTER, AMORE E... UNA FERRARI ★★
(Never Steal Anything Small)
Regia di Charles Lederer. Con James Cagney, Shirley Jones, Roger Smith. ■ Il presidente di un sindacato di portuali, che si è fatto eleggere servendosi di sotterfugi e stratagemmi, è deciso a tener fede alle promesse fatte precedentemente. Per poter rimodernare alcune strutture, ruba una cassa di orologi e li rivende; il furto però viene scoperto dagli avversari e denunciato. ■ Musicale; col.; 94′; USA, 1958.

GANGSTER CERCA MOGLIE *(The Girl Can't Help it)* ★★
Regia di Frank Tashlin. Con Tom Ewell, Jayne Mansfield, Edmond O'Brien. ■ Un ex gangster, messosi sulla buona strada, vuole lanciare come cantante la futura moglie, ma urta gli interessi di un impresario nemico che tenta di boicottarlo. Nonostante ciò il successo è assicurato. ■ Musicale; col.; 99′; USA, 1956.

GANGSTER CONTRO GANGSTER *("Mad Dog" Coll)* ★★
Regia di Burt Balaban. Con John Davis Chandler, Gene Hackman, Brooke Hayward, Telly Savalas. ■ La storia di un sanguinario gangster dei primi anni del Novecento, "Mad Dog" Coll, dalla triste infanzia alla rivalità con un altro spietato gangster, che gli sarà fatale. ■ Drammatico; b/n; 86′; USA, 1961.

GANGSTER DALLA FACCIA PULITA, I ★★
(Sommersprossen)
Regia di Helmut Fornbacher. Con Helga Andres, William Berger, Helmut Fornbacher, Georgia Moll, Willy Birgel. ■ Due assassini fuggono di prigione e rubano per vivere. Una ragazza si unisce a loro ma dopo poco tempo li lascia. I due, sorpresi dalla polizia, si suicidano. ■ Drammatico; col.; 91′; Germania, 1969.

GANGSTER DEL RING, I *(World in My Corner)* ★★
Regia di Jesse Hibbs. Con Jeff Morrow, Audie Murphy, Tommy Rall, Barbara Rush. ■ Un pugile dilettante si allena nella proprietà dell'impresario e, poiché si innamora di sua figlia, comincia a disputare numerosi incontri per guadagnare molto de-

naro e prenderla in moglie. Selvaggiamente picchiato per aver rifiutato di farsi battere in un incontro truccato, riesce ugualmente a vincerlo. ■ DRAMMATICO; B/N; 82′; USA, 1956.

GANGSTER LOVE *(Zuckerbrot und Peitsche)* ★

Regia di MARRAN GOSOV. Con HELGA ANDERS, ROGER FRITZ, JURGAN JUNG, HARALD LEIPNITZ. ■ La moglie di un industriale, affascinata da un balordo dalla doppia vita, ne diviene l'amante e l'aiuta nelle rapine. ■ DRAMMATICO; COL.; 90′; GERMANIA, 1968.

GANGSTER NON PERDONANO, I ★★★
(Accused of Murder)

Regia di JOSEPH KANE. Con SIDNEY BLACKMER, DAVIS BRIAN, VERA RALSTON. ■ Un losco avvocato vuole redimersi per sposare un'artista straniera della quale si è innamorato. Quando viene rinvenuto cadavere, la polizia sospetta che si tratti di omicidio e prende di mira la donna. Lei riesce a dimostrare la sua innocenza. ■ POLIZIESCO; B/N; 74′; USA, 1956.

GANGSTER N. 1 ★★★

Regia di PAUL MCGUIGAN. Con PAUL BETTANY, SAFFRON BURROWS, KENNETH CRANHAM, MALCOLM MCDOWELL, DAVID THEWLIS. ■ Da una pièce di Louis Mellis e David Scinto. Il film si inserisce nei nuovi filoni del cinema inglese di fine millennio, uno dei quali detta legge (quello social-sentimentale alla *Full Monty* e alla *Billy Elliott)*, mentre l'altro cerca di rincorrere lo stile americano della violenza mettendoci un qualcosa in più, come nel caso di *Snatch* e di questo suo contemporaneo *Gangster n.1*. Il qualcosa in più, in questo caso, è un buon impianto di scrittura, derivato dalla qualità della pièce, e se vogliamo anche la presenza del quasi canuto Malcom McDowell, sempre in odore postumo di *Arancia meccanica*. Il protagonista è un gangster anziano e arrivato, soddisfatto di sè che racconta la propria carriera e le varie imprese che lo hanno portato ad essere il numero uno. Non può mancare il confronto con un antagonista altrettanto (o forse più) cattivo, così come non manca la dark lady che si mette in mezzo, proprio secondo gli antichi schemi dei leggendari film della Warner, con Cagney e Bogart. Regia intensa, linguaggio forte, forse un po' sopra le righe. Ma il film c'è. ■ DRAMMATICO; COL.; 105′; GERMANIA, GRAN BRETAGNA, 2000.

GANGSTERS *(County Fair)* ★★

Regia di LOUIS KING. Con HOBART BOSWORTH, WILLIAM COLLIER, RALPH INCE, MARION SHILLING. ■ L'ascesa, lo splendore e il declino di un "capo" è l'argomento di questo film. ■ DRAMMATICO; B/N; 90′; USA, 1932.

GANGSTERS ★★★

Regia di MASSIMO GUGLIELMI. Con GIUSEPPE CEDERNA, ENNIO FANTASTICHINI, ISABELLA FERRARI. ■ Siamo a Genova, subito dopo la seconda guerra mondiale. Alcuni partigiani hanno deciso di continuare a combattere, sono in quattro: un pugile, un tipografo, un intellettuale e un comandante. Buona l'interpretazione e discreta la regia, i difetti sono nella sceneggiatura che non riesce fino in fondo a rendere lo stato d'animo dei protagonisti. ■ DRAMMATICO; COL.; 113′; ITALIA, 1992.

GANGSTERS, I *(The Killers)* ★★★★

Regia di ROBERT SIODMAK. Con AVA GARDNER, BURT LANCASTER, EDMOND O'BRIEN. ■ Un film poliziesco, tratto da Hemingway, ricco di suspense e caratterizzato da contrasti e ombre. È la storia di un pugile che si unisce a una banda per fare una rapina. I suoi soci tentano di lasciarlo fuori dalla spartizione del bottino, ma lui è più furbo di loro. Arriverà la vendetta. ■ POLIZIESCO; B/N; 105′; USA, 1946. ■ OSCAR 4 NOM.

GANGSTERS DEL FUOCO, I *(Arson, Inc.)* ★★

Regia di WILLIAM BERKE. Con ANNE GWYNNE, ROBERT LOVERY. ■ A Los Angeles l'agente Joe Martin entra nel giro della malavita per scoprire gli autori di una serie di incendi dolosi. I banditi, però, cominciano a sospettare che Joe non sia uno di loro. Il boss gli affida un'impresa per metterlo alla prova. Joe supera brillantemente ogni difficoltà. ■ DRAMMATICO; COL.; 91′; USA, 1949.

GANGSTERS DELLA QUINTA AVENUE, I ★★
(Models Inc.)

Regia di REGINALD LE BORG. Con HOWARD DUFF, COLEEN GRAY. ■ Una ragazza, dopo avere sfruttato vari uomini, sposa John Stafford, che ha una scuola per indossatrici. Intanto briga con Lennie. Scoperta dal marito, si mette con Lennie e fugge con lui inseguita dalla polizia. Finale tragico. ■ DRAMMATICO; B/N; 80′; USA, 1952.

GANGSTERS DI PICCADILLY, I *(Never Let Go)* ★★

Regia di JOHN GUILLERMIN. Con ADAM FAITH, ELIZABETH SELLARS, PETER SELLERS, RICHARD TODD, CAROL WHITE. ■ A un rappresentante di cosmetici inglese rubano l'automobile. Quasi impossibile per lui esercitare la professione senza il mezzo. Si mette sulle tracce dei furfanti e li affronta da solo. ■ DRAMMATICO; COL.; 93′; GRAN BRETAGNA, 1960.

GANGSTERS IN AGGUATO *(Suddenly)* ★★★

Regia di LEWIS ALLEN. Con JAMES GLEASON, STERLING HAYDEN, FRANK SINATRA. ■ Un killer molto abile riceve l'incarico più importante della sua carriera: uccidere il presidente degli Stati Uniti. Ma l'Fbi vigila. ■ DRAMMATICO; COL.; 77′; USA, 1954.

GANGSTERS NON MUOIONO NEL LORO LETTO, I ★
(Hakuchu no buraikan)

Regia di KINJI FUKASAKU. Con HARUMI SONE, TETSUO TANBA, SID TAYLOR. ■ Due bande vogliono rapinare il furgone della Banca nazionale. ■ DRAMMATICO; B/N; 90′; GIAPPONE, 1962.

GANGSTERS PER UN MASSACRO ★★

Regia di GIANFRANCO PAROLINI. Con ERIKA BLANC, BRAD HARRIS, TONY KENDALL. ■ Arthur uccide il fratello che gli somiglia in modo sorprendente e ne prende il posto, al fine di impossessarsi di una cassetta di gioielli. ■ AVVENTURA; COL.; 95′; GERMANIA, ITALIA, 1968.

GANGSTER SQUAD ★★

Regia di RUBEN FLEISHER. Con JOSH BROLIN, RYAN GOSLING, ANTHONY MACKIE, SEAN PENN, EMMA STONE. ■ Los Angeles, 1949. Mickey Cohen, pugile ebreo col vizio della vittoria, risale la gerarchia della criminalità a colpi di pistola e crimini efferati. Padrone superbo e incontrastato della città, compra tutto e tutti deciso a superare i confini di Los Angeles e a "occupare" Chicago. Giudici e agenti, corrotti dal suo denaro e dalla sua avidità, sono testimoni passivi. Soltanto John O'Mara, reduce della seconda guerra mondiale, resiste al carisma e all'ascesa di Mickey, boicottando le sue attività criminali. Il capitano della polizia, Bill Parker stabilisce di dare allora coerenza alle azioni isolate del sergente, impegnandolo in una lotta organizzata contro il crimine e fornendolo di una squadra di incorruttibili agenti. Verificati i profili e messa insieme una squadra, O'Mara e i suoi uomini avviano una capillare operazione di sabotaggio, colpendo al cuore gli affari di Mickey Cohen. Esasperato e incarognito, il gangster prova a difendersi dagli attacchi sferrando ganci all'aria e indagando sulla misteriosa "banda". Tra armi da fuoco e dark lady infuocate, la squadra proverà a ristabilire legge e ordine nella "città degli angeli". ■ THRILLER; COL.; 113′; USA, 2013.

GANGSTERS '70 ★★

Regia di MINO GUERRINI. Con GIAMPIERO ALBERTINI, GIULIO BROGI, JOSEPH COTTEN, FRANCA PALESELLO, FRANCO RESSEL, MILLY VITALE. ■ Due bande vogliono impadronirsi di un carico di diamanti. Non ci riusciranno. ■ DRAMMATICO; COL.; 92′; ITALIA, 1968.

GANGSTER STORY *(Bonnie and Clyde)* ★★★

Regia di ARTHUR PENN. Con WARREN BEATTY, FAYE DUNAWAY, GENE HACKMAN, ESTELLE PARSONS, MICHAEL J. POLLARD, GENE WILDER. ■ Il film narra le gesta di due giovani banditi, Bonnie e Clyde, veramente esistiti nell'America della grande depressione. ■ DRAMMATICO; COL.; 65′; USA, 1967. ■ DAVID DI DONATELLO 2 PR, 2 NOM; OSCAR 2 PR, 9 NOM.

GANGSTER STORY – WALTER MATTHAU È UN GANGSTER *(Gangster Story)* ★★

Regia di WALTER MATTHAU. Con CAROL GRACE, WALTER MATTHAU, BRUCE MCFARLAN. ■ La ragazza di un gangster cerca di ricondurlo sulla retta via, ma non ci riesce. L'uomo fa una brutta fine. Timido tentativo di regia del giovane Walter Matthau non ancora baciato dal successo. Non ci riproverà mai più. Saggiamente. ■ DRAMMATICO; B/N; 111′; USA, 1960.

GANGSTER TUTTOFARE *(Crooks and Coronets)* ★★
Regia di JAMES O'CONNOLLY. Con EDITH EVANSON, WARREN OATES, CESAR ROMERO, TELLY SAVALAS. ■ Un gangster americano, Herbie, va in Inghilterra, terra di castelli e di aristocratici, per derubare Lady Sofia e Lord Fitzmore. ■ GIALLO ROSA; COL.; 106'; GRAN BRETAGNA, 1969.

GANGSTER VENUTO DA BROOKLYN, UN ★★
Regia di EMIMMO SALVI. Con EVI MARANDI, ORESTE PAOLELLA, AKIM TAMIROFF, LITTLE TONY. ■ Un ex bandito americano si stabilisce a Roma per iniziare alcune speculazioni edilizie. Sul terreno da lui scelto, però, sorge un night che i proprietari non intendono vendere a nessun prezzo. Il gangster ricorre alle maniere forti. ■ COMMEDIA; COL.; 93'; ITALIA, 1966.

GAPPA, IL MOSTRO CHE MINACCIA IL MONDO ★
(Gappa, the Triphibian Monster)
Regia di HARAYASU NOGUCHI. Con RICH FUDANSA, PAUL SHUMAN. ■ Solita storia di mostri preistorici ancora vivi. ■ FANTASCIENZA; COL.; 94'; GIAPPONE, 1970.

GARAGE *(Garaget)* ★★
Regia di VILGOT SJÖMAN. Con AGNETA EKMANNER, CHRISTINE SCHOLLIN, LIL TERSELIUS. ■ Andrea scopre che la moglie lo ha tradito con l'amico Ulf. La sua integrità morale e la sua profonda religiosità vacillano quando Andrea tenta, senza riuscirvi, di uccidere la donna. Sarà invece il cinico e dissoluto Ulf a portare a termine il tentativo fallito da Andrea, che, pur sapendo la verità, si considera moralmente responsabile e si lascia condannare. ■ DRAMMATICO; COL.; 100'; SVEZIA, 1979.

GARAGE ★★
Regia di LENNY ABRAHAMSON. Con ANDREW BENNET, ANNE-MARIE DUFF, CONOR RYAN, PAT SHORTT, DON WYCHERLEY. ■ Un'anonima e semi deserta cittadina irlandese. Un luogo grigio e monotono dove tutti conoscono tutti, dove il bar in cui andare la sera è uno solo. Josie potrebbe essere il classico "matto del villaggio": vive e lavora da sempre in una stazione di servizio, ha la bontà propria dell'ingenuità e il sorriso sempre pronto. Un giorno ad aiutarlo nel lavoro arriva David, adolescente altrettanto solitario e buono. Quest'incontro cambierà per sempre la vita di Josie. *Garage*, vincitore al Festival di Torino nel 2007, è un piccolo grande dramma della solitudine. È un'indagine umana, scarna e diretta, sulla vita di un uomo e sulla società che lo circonda. ■ COMMEDIA DRAMMATICA; COL.; 85'; IRLANDA, 2007.

GARAGE DAYS ★
Regia di ALEX PROYAS. Con ANDY ANDERSON, MARTON CSOKAS, YVETTE DUNCAN, RUSSEL DYKSTRA, KICK GURRY, PIA MIRANDA, CHRIS SADRINNA, MAYA STANGE, BRETT STILLER. ■ Una band australiana è a caccia di successo, o quanto meno di un palco su cui esibirsi, ma per ora deve accontentarsi di suonare in un garage. Un'incredibile serie di eventi porterà i membri del gruppo ad affrontare la dura realtà. Il film inizia come un videoclip e come tale va avanti: quando finalmente sembra finito (il videoclip) si lascia spazio ad un registro se possibile ancora peggiore. ■ MUSICALE; COL.; 105'; AUSTRALIA, 2004.

GARAGE DEMY *(Jacquot de Nantes)* ★★★★
Regia di AGNÈS VARDA. Con JACQUES DEMY, EDOUARD JOUBEAUD, PHILLIPPE MARON. ■ La regista francese di *Senza tetto né legge* rende omaggio al marito Jacques Demy con questa pellicola che è un atto d'amore verso il cinema. Si narra dell'adolescenza di Demy che attraversa il periodo 1938/1949. Ciò che interessa la Varda sono gli avvenimenti personali. ■ COMMEDIA; COL.; 118'; FRANCIA, 1991.

GARAGE OLIMPO ★★★
Regia di MARCO BECHIS. Con CHIARA CASELLI, ANTONELLA COSTA, CARLOS ECHEVARRIA, DOMINIQUE SANDA. ■ Maria è attivista in un'organizzazione contro la dittatura in Argentina. Insegna a leggere e scrivere nelle baraccopoli e vive con la madre in una vecchia casa insieme ad altri giovani. Uno di loro si innamora di Maria. Un giorno la giovane viene arrestata dai soldati in borghese, sotti gli occhi della madre. La ragazza viene rinchiusa nel famigerato Garage Olimpo. Maria diventa una dei tanti *Desaparecidos*. A sette anni da *Alambrado* il regista Bechis, ci porta in un inferno visivo che non lascia indifferenti. ■ DRAMMATICO; COL.; 98'; ARGENTINA, ITALIA, 1999.

GARÇON ★★★
Regia di CLAUDE SAUTET. Con NICOLE GARCIA, YVES MONTAND, JACQUES VILLERET. ■ Yves Montand, in un personaggio confezionato su misura per lui. Capocameriere in una birreria di Parigi, è un simpaticone e un dongiovanni di non modesta fama. La moglie si è divisa da qualche anno, stanca delle sue avventure. Ma un'altra donna compare al suo orizzonte. Anzi ricompare. Una bella bionda che aveva conosciuto 17 anni prima. Montand allora perse la testa per lei. E oggi? Oggi ci ricasca. ■ COMMEDIA; COL.; 102'; FRANCIA, 1983.

GARÇONNIÈRE, LA ★★
Regia di GIUSEPPE DE SANTIS. Con MARISA MERLINI, ELEONORA ROSSI DRAGO, RAF VALLONE. ■ Un costruttore edile ritorna dalla moglie dopo un'avventura. ■ DRAMMATICO; B/N; 89'; ITALIA, 1960.

GARÇU, LE ★★★
Regia di MAURICE PIALAT. Con GÉRARD DEPARDIEU, GERALDINE PAILHAS, ANTOINE PIALAT. ■ Questa volta il regista Pialat racconta una storia autobiografica. Depardieu interpreta il suo alter-ego. Un uomo sposato e con un bambino decide di separarsi dalla moglie. Non contento cambia anche la donna che, nel frattempo, era diventata sua amante. Infine decide di tornare al focolare domestico anche se la moglie nel frattempo ha trovato un nuovo compagno. La bravura di regista e di direttore d'attori è innegabile in Pialat, che rimane uno dei più grandi registi francesi. ■ DRAMMATICO; COL.; 100'; FRANCIA, 1995.

GARDENER OF EDEN. IL GIUSTIZIERE SENZA LEGGE *(Gardener of Eden)* ★
Regia di KEVIN CONNOLLY. Con JON ABRAHAMS, ERIKA CHRISTENSEN, JERRY FERRARA, LUKAS HAAS, GIOVANNI RIBISI. ■ Adam Harris ha 25 anni e vive alle spalle dei genitori a Bickleton, nel New Jersey. Il suo giro di amici gli basta e avanza: grazie ad uno di loro può avere la benzina senza pagarla, grazie ad un altro il cibo greco, in un sistema di mutuo soccorso finalizzato a scansare le fatiche e vivere appieno il sogno americano. Ma quando un fatto di sangue sconvolge la sua cittadina, Adam perde la testa e, accecato dalla rabbia, decide di picchiare a sangue il primo che incontra. Il caso vuole che si tratti di un pericoloso violentatore e che Adam si ritrovi trasformato in pochi secondi da folle aggressore a buon samaritano. ■ COMMEDIA; COL.; 88'; USA, 2007.

GARDENIA BLU *(The Blue Gardenia)* ★★★
Regia di FRITZ LANG. Con ANNE BAXTER, RAYMOND BURR, NAT KING COLE, RICHARD CONTE, ANN SOTHERN. ■ Una donna è accusata ingiustamente per un delitto non commesso. Colpo di scena finale. ■ DRAMMATICO; B/N; 90'; USA, 1953.

GARDENIA IL GIUSTIZIERE DELLA MALA ★★
Regia di DOMENICO PAOLELLA. Con MARTIN BALSAM, FRANCO CALIFANO, ELEONORA VALLONE, VENANTINO VENANTINI. ■ I mafiosi hanno deciso di commerciare droga in grande stile per tutta Roma ma Gardenia, delinquente d'onore, si rifiuta di occuparsi di quella robaccia. Ne nasce una guerra di bande, che vede il romantico Gardenia vincitore. ■ COMMEDIA; COL.; 95'; ITALIA, 1979.

GARDENIA INSANGUINATA *(Secret Evidence)* ★★
Regia di WILLIAM NIGH. Con CHARLES QUIGLEY, MARJORIE REYNOLDS. ■ Un avvocato difende in tribunale la fidanzata accusata di tentato omicidio, perché è sicuro della sua innocenza. Riesce a provare la verità. Lieto fine. ■ DRAMMATICO; B/N; 63'; USA, 1941.

GARDENS OF THE NIGHT ★★
Regia di DAMIAN HARRIS. Con TOM ARNOLD, GILLIAN JACOBS, JOHN MALKOVICH, EVAN ROSS, RYAN SIMPKINS. ■ Leslie e il suo unico amico Donnie vivono come due barboni per le strade di San Diego. Due anime smarrite che non sanno cosa fare del loro futuro e si trascinano in preda alla disperazione. Rapiti da due contesti familiari completamente diversi a soli 8 anni, sono cresciuti nelle mani di una banda di pedofili, venduti al migliore offerente e costretti a subire abusi di ogni genere, e quel che è peg-

gio con nel cuore la convinzione che i loro genitori non li abbiano mai cercati. Durante la loro prigionia hanno creato un mondo di fiaba tutto loro in cui nessuno è mai potuto entrare, e sono diventati uno l'ombra dell'altro. Un legame indissolubile quello tra Leslie e Donnie che anche dopo la fuga, a nove anni di distanza dall'inizio di quell'incubo, non si è mai scalfito. ■ DRAMMATICO; COL.; 110'; GRAN BRETAGNA, USA, 2007.

GARFIELD ★

Regia di PETER HEWITT. Con EVAN ARNOLD, FIORELLO, MARK CHRISTOPHER LAWRENCE, JENNIFER LOVE HEWITT, BRECKING MEYER, STEPHEN TOBOLOWSKY. ■ 25 anni fa, il disegnatore Jim Davis ha dato vita a uno dei personaggi dei fumetti più amati e letti nel mondo. Garfield il gatto. Il successo di Garfield è il suo modo di essere pigro, indipendente e con un humor brillante e satirico. La trasposizione in cinema non riesce ad essere all'altezza dell'idea originale. Garfield, vive con il padrone Jon, odia i lunedì, e si diverte qua e là con i suoi compagni di quartiere. Fino a quando nella sua vita entra Odie, un cane bassotto. Inizio di rapporto difficile, pace finale. ■ COMICO; COL.; 80'; USA, 2004.

GARFIELD 2 *(Garfield: A Tail of Two Kitties)* ★★

Regia di TIM HILL. Con IAN ABERCROMBIE, VERONICA ALICINO, BILLY CONNOLLY, LUCY DAVIS, JENNIFER LOVE HEWITT, BRECKIN MEYER. ■ Nel 2004 l'esordio al cinema delle vicende tratte dalla serie creata da Jim Davis alla fine degli anni Settanta aveva rinnovato la popolarità del gatto più ciccione e pigro del mondo fumettistico anche tra i giovanissimi. Allora Peter Hewitt aveva provato a trasporre su grande schermo le avventure di Garfield in un format che potesse attirare in sala un pubblico eterogeneo, con un cast di attori del tutto rispettabili – a partire da Bill Murray che dava la voce al gatto, in Italia doppiato da Fiorello – e una storia di quelle che divertono più i bambini che gli adulti. Il cambio alla regia non ha modificato l'umore della prima prova. ■ COMMEDIA; COL.; 78'; USA, 2006.

GARFIELD IL SUPERGATTO ★

(Garfield's Pet Force)

Regia di MARK A.Z. DIPPE'. Con GREGG BERGER, CATHY CAVADINI, JENNIFER DARLING, GREG FINLEY, JEFF FISCHER. ■ Il mondo dei cartoni in cui vivono Garfield e i suoi amici sta per essere invaso da Garzooka, alter ego superomistico e muscoloso del pigro gatto domestico, che vive nei fumetti *Pet Force* e che nel mondo dei cartoni arriva per inseguire Vetvix, la quale minaccia la distruzione di tutto con il raggio Moscram. Sarà però compito proprio di Garfield (quello vero e pigro) salvare il mondo e soprattutto i suoi amici. ■ ANIMAZIONE; COL.; 73'; COREA DEL SUD, USA, 2009.

GARIBALDINO AL CONVENTO, UN ★★★

Regia di VITTORIO DE SICA. Con LEONARDO CORTESE, CARLA DEL POGGIO, OLGA VITTORIA GENTILI, FAUSTO GUERZONI, MARIA MERCADER. ■ Un giovane garibaldino, che è stato ferito, si rifugia in un collegio dove viene assistito da due allieve. Una di esse, figlia di nobili, è la sua fidanzata che non vedeva da tempo. ■ DRAMMATICO; B/N; 90'; ITALIA, 1942.

GAROFANO ROSSO ★★

Regia di LUIGI FACCINI. Con MIGUEL BOSÈ, DENIS KARVIL, MARISA MANTOVANI, ELSA MARTINELLI, MARIA MONTI. ■ Educazione sentimentale e politica del giovane Alessio Mainardi. ■ DRAMMATICO; COL.; 115'; ITALIA, 1976.

GAROFANO VERDE, IL *(The Trials of Oscar Wilde)* ★★★

Regia di KEN HUGHES. Con PETER FINCH, JAMES MASON, YVONNE MITCHELL, NIGEL PATRICK. ■ Il film racconta il processo in cui il famoso scrittore Oscar Wilde fu condannato per omosessualità. ■ DRAMMATICO; COL.; 123'; GRAN BRETAGNA, 1960.

GARRINGO ★★

Regia di RAFAEL ROMERO MARCHENT. Con PETER LEE LAWRENCE, ANTHONY STEFFEN, SOLVI STUBING. ■ Il giovane Johnny, a cui è stato ucciso il padre sotto gli occhi quand'era bambino, per il trauma ha acquistato due personalità: una normale e una di feroce delinquente. Pagherà con la vita. ■ WESTERN; COL.; 90'; ITALIA, 1969.

GARÙ – GARÙ *(Le passe muraille)* ★★★

Regia di JEAN BOYER. Con MARCELLE ARNOLD, ANDRÉ BOURVIL, GÉRARD DURY, JOAN GREENWOOD, RAYMOND SOUPLEX. ■ Fantastica storia di un povero impiegato che scopre di avere la facoltà di attraversare i muri. ■ COMMEDIA; B/N; 85'; FRANCIA, 1951.

GARWOOD: PRIGIONIERO DI GUERRA ★

(Garwood: Prisoner of War)

Regia di GEORG STANFORD BROWN. Con RALPH MACCHIO, MARTIN SHEEN. ■ In Vietnam rimangono ancora americani prigionieri. Un militare parte per recuperare un compagno tentando un'impresa che appare disperata. ■ GUERRA; COL.; 95'; USA, 1991.

GAS ★★

Regia di LUCIANO MELCHIONNA. Con MORAN ATIAS, LORENZO BALDUCCI, SANDRO GIORDANO, LORETTA GOGGI, PAOLA RANZONI, FRANCESCO VENDITTI, PAOLO VILLAGGIO. ■ Gas è una storia i cui protagonisti sono ragazzi tra i venti ed i trent'anni imprigionati nelle maglie strette di una vita di provincia. Il personaggio principale è Luca, ventiquattro anni, una vita priva di entusiasmi e passioni, una insoddisfazione profonda dovuta anche ad un rapporto convenzionale con una ragazza più grande di lui, Ludovica, e ad un ambiente familiare opprimente. L'unica via di uscita per lui sembra essere l'inaspettata conoscenza di Riccardo, fratello maggiore di Ludovica, che aiuta Luca a contattare la sua vera identità. La storia di Luca si intreccia con quella di un gruppo di coetanei: Francesco, giovane padre separato dalla moglie; Emiliano, inserviente all'obitorio; Sandro, figlio di un famoso personaggio televisivo; Monica, mantenuta da un amico del padre in un appartamento ricco e vuoto; Laura, alle prese con una sorellina piccola e una madre insoddisfatta ed egoista. In un finale a sorpresa, le fila scomposte delle singole esistenze arriveranno a combinarsi in una risoluzione dal respiro catartico. ■ DRAMMATICO; COL.; 100'; ITALIA, 2004.

GASPARD ET ROBINSON ★★

Regia di TONY GATLIF. Con GERARD DARMON, SUZANNE FLON, VINCENT LINDON. ■ Mamie, una donna anziana, viene abbandonata dai familiari. Gaspard e Robinson, due amici che vivono di espedienti, la accolgono con qualche perplessità iniziale. ■ COMMEDIA; COL.; 93'; FRANCIA, 1990.

GASTONE ★★★

Regia di MARIO BONNARD. Con VITTORIO DE SICA, ANNA MARIA FERRERO, FRANCA MARZI, ALBERTO SORDI, PAOLO STOPPA. ■ Gastone, modesto guitto del varietà, sogna grandi avventure galanti. Un giorno incontra Nannina e le fa balenare il miraggio del successo come cantante. La ragazza ha delle doti e quando comincia ad affermarsi volta completamente le spalle al suo pigmalione. ■ COMICO; COL.; 103'; ITALIA, 1959.

GATOR ★★

Regia di BURT REYNOLDS. Con LAUREN HUTTON, BURT REYNOLDS, JACK WESTON. ■ Un boss mafioso controlla un giro di droga e di prostituzione, ben protetto dalle autorità locali. L'Fbi gli mette sulle tracce un giovanotto di oscura professione che riesce a svolgere bene il suo compito. ■ COMMEDIA; COL.; 116'; USA, 1976.

GATTA, LA *(La chatte)* ★★★

Regia di HENRI DECOIN. Con FRANÇOISE ARNOUL, BERNARD BLIER, ROGER HANIN, BERNARD VICKI. ■ Nella Francia occupata, Dora è ricercata dalla Gestapo per attività antitedesca. Si innamora di un uomo che crede un giornalista e a cui svela i segreti della sua organizzazione. Egli, invece, è un graduato tedesco in borghese. ■ DRAMMATICO; B/N; 92'; FRANCIA, 1958.

GATTACA – LA PORTA DELL'UNIVERSO *(Gattaca)* ★★

Regia di ANDREW NICCOL. Con ETHAN HAWKE, UMA THURMAN. ■ Occorre essere sani, belli, perfetti e intelligenti per aver diritto a spaziare in altri mondi per una felicità completa. Per poterlo fare Vincent trucca un po' le carte, ma non ha importanza, gli umani si sa, non possono essere perfetti. E l'amore (Thurman) sorride comunque. Asettico e dalla tesi astrusa. ■ FANTASCIENZA; COL.; 108'; USA, 1998. ■ GOLDEN GLOBES 1 NOM; OSCAR 1 NOM.

GATTA CI COVA ★★

Regia di GENNARO RIGHELLI. Con ROSINA ANSELMI, SILVANA JACHINO, ANGELO MUSCO, ELLI PARVO. ■ Un latifondista siciliano viene abbindolato dalla furba sorella e firma la cessione delle sue proprietà in favore di lei. Per rimediare al grosso errore, promette a una ragazza che è rimasta incinta di sposarla, così da lasciare erede del patrimonio il nascituro. ■ DRAMMATICO; B/N; 105′; ITALIA, 1937.

GATTA CON LA FRUSTA, LA *(Kitten with a Whip)* ★★
Regia di DOUGLAS HEYES. Con PATRICIA BARRY, PETER BROWN, JOHN FORSYTHE, ANN MARGRET. ■ Un ricco uomo politico di San Diego è costretto ad ospitare una ragazza evasa dal carcere e, successivamente, tre compagni di lei. Egli si trova in balia dei quattro fuorilegge. ■ DRAMMATICO; B/N; 83′; USA, 1964.

GATTA DAGLI ARTIGLI D'ORO, LA ★★
(La louve solitaire)
Regia di EDOUARD LOGEREAU. Con MICHEL DUCHAUSSOY, DANIÈLE GAUBERT, JULIEN GUIOMAR. ■ Un acrobata di circo trae vantaggio dalla sua professione per compiere dei colpi clamorosi. Contemporaneamente collabora con la polizia nel seguire le piste di un giro di droga. ■ AVVENTURA; COL.; 95′; FRANCIA, ITALIA, 1968.

GATTA DA PELARE, LA ★★
Regia di PIPPO FRANCO. Con JANET AGREN, PIPPO FRANCO, DANIELA POGGI. ■ Un cartoonista (Franco), morbosamente geloso dello psichiatra dal quale è in cura la moglie (Poggi), sogna di ucciderlo disegnandone a fumetti la morte. Quando il medico viene veramente assassinato, non sarà facile provare la sua estraneità al fatto e incastrare il vero colpevole. Vi riuscirà tra mille demenziali peripezie. ■ COMMEDIA; COL.; 91′; ITALIA, 1981.

GATTA E LA VOLPE, LA *(Man Trouble)* ★★
Regia di BOB RAFELSON. Con ELLEN BARKIN, BEVERLY D'ANGELO, PAUL MAZURSKY, JACK NICHOLSON, HARRY DEAN STANTON. ■ Joan è una timida cantante lirica che, per sfuggire a un misterioso persecutore, trova rifugio dalla sorella a Los Angeles. Qui conosce Harry, che sembra affascinato dalla sua cultura. L'uomo non è uno stinco di santo ma riuscirà a intervenire tempestivamente quando il maniaco tornerà a farsi vivo. Il lieto fine è d'obbligo. ■ COMMEDIA; COL.; 94′; USA, 1992.

GATTA GIAPPONESE, LA *(Chijin no ai)* ★★
Regia di YASUZO MASUMURA. Con SHOICHI OZAWA, MICHIYO YASUDA. ■ Un giovane tecnico giapponese ricco e istruito cerca di fare di una giovane, Naomi, una donna di stile. ■ DRAMMATICO; COL.; 90′; GIAPPONE, 1968.

GATTA GRAFFIA, LA *(La chatte sort ses griffes)* ★★★
Regia di HENRI DECOIN. Con FRANÇOISE ARNOUL, HORST FRANK, HAROLD KAY. ■ Cora è una spia alleata che un giorno viene catturata e messa in un ospedale dove si tenta di cambiare la personalità. Quando esce la ragazza non è mutata. ■ DRAMMATICO; B/N; 102′; FRANCIA, 1960.

GATTA IN CALORE, LA ★★
Regia di NELLO ROSSATI. Con EVA CZEMERYS, ANTHONY FONTANE, SILVANO TRANQUILLI. ■ Antonio compie molti, troppi viaggi di affari. La moglie, nella sua solitudine, ha stretto una relazione con un tipo poco raccomandabile. Antonio torna da uno dei suoi viaggi e trova in giardino il cadavere dell'amante della moglie. Si scopre, però, che l'amante era solamente svenuto. ■ DRAMMATICO; COL.; 92′; ITALIA, 1972.

GATTA PERICOLOSA *(Champagner für Zimmer 17)* ★★
Regia di ERWIN DIETRICH. Con TAMARA BARONI, CHARLES LENINE, HELENE TIERNEY. ■ C'è un giro di ragazze in una casa di appuntamenti camuffata da istituto di bellezza. Se una delle ragazze parla, viene poi trovata uccisa. Difficilissimo scoprire la verità sulla direttrice. ■ POLIZIESCO; COL.; 95′; GERMANIA, 1970.

GATTA SUL TETTO CHE SCOTTA, LA ★★★
(Cat on a Hot Tin Roof)
Regia di RICHARD BROOKS. Con JACK CARSON, BURL IVES, PAUL NEWMAN, ELIZABETH TAYLOR. ■ Il film è tratto dalla commedia di Tennessee Williams. Una famiglia dilaniata da conflitti di gelosia e di eredità è al centro del dramma. Il padre autoritario ha un male incurabile, la madre è dolce e sottomessa. I figli, Brick e Cooper, sono sposati a due donne diversissime una dall'altra. Si intrecciano le loro storie e i loro dissidi. ■ DRAMMATICO; COL.; 94′; USA, 1958. ■ OSCAR 6 NOM.

GATTA SUL TETTO CHE SCOTTA, LA ★★
(Cat on a Hot Tin Roof)
Regia di JACK HOFSISS. Con JESSICA LANGE, TOMMY LEE JONES, RIP TORN. ■ Remake del film famoso con la Taylor e Newman. Stavolta però non c'è più motivo di purgare il testo di Tennessee Williams. Alla radice del dissidio fra Maggie la "Gatta" e il marito, c'è, in primo piano, l'avventura omosessuale di quest'ultimo. Jessica Lange non ha il fisico *ad hoc* della Taylor, ma come bravura la supera ampiamente. ■ DRAMMATICO; COL.; 93′; USA, 1985.

GATTINE, LE *(L'eau à la bouche)* ★★★
Regia di JACQUES DONIOL-VALCROZE. Con FRANÇOISE BRION, MICHEL GALABRU, BERNADETTE LAFONT, ALEXANDRA STEWART. ■ Cricca di parenti intorno all'eredità di una vecchia ricca. L'azione si svolge in un castello. ■ DRAMMATICO; B/N; 83′; FRANCIA, 1960.

GATTI PERSIANI, I ★★
(Kasi Az Gorbehaye Irani Khabar Nadareh)
Regia di BAHMAN GHOBADI. Con AMED BEHDAD, HICHKAS, ASHKAN KOOHZAD, HAshkan Koshanejad, NEGAR SHAGHAGHI. ■ Un ragazzo e una ragazza con dei guai con la giustizia iraniana decidono, usciti di prigione, di formare una band rock. Si tratta di un'attività proibita dal regime e i due devono organizzarsi rimanendo al coperto. Nel frattempo iniziano a pianificare la fuga dal Paese con passaporti falsi. La speranza è quella di avere una carriera in Occidente. Ma i documenti costano cari e la polizia non sta a guardare. Ghobadi ha girato un film senza autorizzazione, offrendoci il ritratto di una Teheran nascosta in cui i giovani cercano di resistere a un regime teocratico e repressivo. ■ DRAMMATICO; COL.; 106′; IRAN, 2009.

GATTI ROSSI IN UN LABIRINTO DI VETRO ★★
Regia di UMBERTO LENZI. Con MARTINE BROCHARD, INES PELLEGRINI, JOAN RICHARDSON. ■ A Barcellona un assassino pugnala delle donne a cui poi cava l'occhio destro. ■ DRAMMATICO; COL.; 95′; ITALIA, 1974.

GATTI, SORCI E FANTASIA ★
Regia di FRIZ FRELENG. ■ Episodi con protagonista il gatto Silvestro, lo struzzo supersonico, il coyote e gli altri simpatici animali della Warner. ■ ANIMAZIONE; COL.; 90′; USA, 1964.

GATTO, IL ★★★
Regia di LUIGI COMENCINI. Con DALILA DI LAZZARO, MICHEL GALABRU, PHILIPPE LEROY, JEAN MARTIN, MARIANGELA MELATO, ALDO REGGIANI, UGO TOGNAZZI. ■ Per riuscire a vendere ad alto prezzo il palazzo di cui sono proprietari, lo scapolo Amedeo e sua sorella Ofelia si aggrappano ad ogni possibile cavillo legale pur di poter sfrattare gli inquilini. Ne cacciano la maggior parte, ma una ragazza terrà duro, dopo alterne tragicomiche vicende. ■ GIALLO ROSA; COL.; 115′; ITALIA, 1977. ■ DAVID DI DONATELLO 1 PR, 1 NOM.

GATTO A NOVE CODE, IL ★★★
Regia di DARIO ARGENTO. Con TINO CARRARO, JAMES FRANCISCUS, KARL MALDEN, RADA RASSIMOV, CATHERINE SPAAK. ■ In un istituto di ricerche scientifiche, un medico fa una scoperta sconvolgente: gli individui che possiedono un determinato corredo genetico sono tutti temibili delinquenti. La scoperta costa la vita allo scienziato e suscita la curiosità di due investigatori dilettanti che si mettono alla ricerca del colpevole. ■ GIALLO; COL.; 112′; ITALIA, 1970.

GATTO CON GLI STIVALI, IL ★★
(Nagagutsu o haita neko)
Regia di KIMYO YABUKI. ■ La vecchia favola di Perrault rivisitata dagli animatori giapponesi. ■ ANIMAZIONE; COL.; 90′; GIAPPONE, 1968.

GATTO CON GLI STIVALI IN GIRO PER IL MONDO, IL *(Puss'n Boots Travels around the World)* ★★
Regia di HIROSHI SHIDARA. ■ Al film è unito un documentario dal titolo *Il ghiro dormiglione*, di produzione polacca. È tratto dalla fiaba di Perrault è preso il personaggio del Gatto con gli stivali, mentre la vicenda si ispira al libro di Giulio Verne *Il giro del mondo in 80 giorni*. ■ ANIMAZIONE; COL.; 93′; GIAPPONE, 1976.

GATTO CON GLI STIVALI 3D, IL *(Puss in Boots)* ★★
Regia CHRIS MILLER. Con ANTONIO BANDERAS, ZACH GALIFIANAKIS, SALMA HAYEK, AMY SEDARIS, BILLY BOB THORNTON. ■ In un antico borgo spagnolo, Gatto e Humpty Dumpty sono cresciuti come fratelli in un orfanotrofio, col sogno di trovare un giorno i fagioli magici e arrivare all'oca dalle uova d'oro. Nel frattempo, geloso del suo compare più atletico ed amato, Humpty non ha però disdegnato la strada del crimine ed è proprio in occasione di una rapina che qualcosa è andato storto e la loro amicizia si è frantumata. ■ ANIMAZIONE; COL.; 90′; USA, 2011.

GATTO DAGLI OCCHI DI GIADA, IL ★★
Regia di ANTONIO BIDO. Con FRANCO CITTI, CORRADO PANI, PAOLA TEDESCO, BIANCA TOCCAFONDI. ■ Per caso Mara assiste all'assassinio del farmacista Biagio. La ragazza viene subito fatta oggetto di misteriose aggressioni, così come l'usuraio Giovanni. Entrambi si rivolgono allora a Lukas affinché li aiuti a far luce sulla faccenda. ■ GIALLO; COL.; 92′; ITALIA, 1977.

GATTO DI BROOKLYN ASPIRANTE DETECTIVE, IL ★
Regia di OSCAR BRAZZI. Con GIANNI AGUS, FRANCO FRANCHI, ANNABELLA INCONTRERA. ■ In una villa, che una vecchia contessa ha lasciato in eredità ad un istituto per bambini abbandonati, succedono cose strane. A risolvere il mistero sono chiamati due investigatori di scarsa abilità. ■ COMICO; COL.; 91′; ITALIA, 1973.

GATTO E IL CANARINO, IL *(The Cat and the Canary)* ★★
Regia di RADLEY METZGER. Con HONOR BLACKMAN, MICHAEL CALLAN. ■ Nella villa del defunto Cyrus West vengono convocati sei parenti, la governante e un'avvocatessa per conoscere a chi andrà l'ingente eredità. Giunge la notizia che un pericoloso pazzo omicida è fuggito dal vicino manicomio. ■ GIALLO; COL.; 90′; GRAN BRETAGNA, 1978.

GATTO... E IL CAPPELLO MATTO, IL ★★
(The Cat in the Hat)
Regia di BO WELCH. Con ALEC BALDWIN, SPENCER BRESLIN, DAKOTA FANNING, AMY HILL, PARIS HILTON, MIKE MYERS, KELLY PRESTON. ■ La noiosa e monotona giornata di due bambini, costretti dal brutto tempo a rimanere in casa, verrà allegramente sconvolta dall'arrivo di un bizzarro gatto parlante che li trascinerà in una serie di divertenti avventure. Tratto dall'omonimo romanzo dello statunitense Dr. Seuss, già autore de *Il Grinch*, la pellicola, riuscita, si limita però ad essere destinata ad un pubblico esclusivamente infantile. ■ FANTASTICO; COL.; 78′; USA, 2003.

GATTO E IL TOPO, IL *(Cat and Mouse)* ★★
Regia di DANIEL PETRIE JR. Con KIRK DOUGLAS, JEAN SEBERG, JOHN VERNON. ■ La moglie di George se ne va per sposare un altro e porta con sé il figlio. George si trasforma in persecutore e, per dimostrare all'ex moglie che intende fare sul serio, comincia con l'assassinare una donna. ■ GIALLO; COL.; 78′; GRAN BRETAGNA, 1974.

GATTO E IL VIOLINO, IL *(The Cat and the Fiddle)* ★★
Regia di WILLIAM K. HOWARD. Con JEANETTE MACDONALD, RAMON NOVARRO. ■ Lui è un compositore, lei una cantante: si amano ma si separano in seguito agli intrighi di un produttore innamorato della ragazza. Intanto il giovanotto sta per mettere in scena una sua commedia, ma all'ultimo momento la prima donna lo pianta in asso. Arriva la ragazza. ■ COMMEDIA; B/N; 90′; USA, 1934.

GATTO FILIPPO: LICENZA DI INCIDERE ★★
Regia di PINO ZAC. ■ Uno psichiatra riceve nel suo studio due insoliti clienti: un gatto e un topo afflitti da nevrosi. La diagnosi è facile: sono i rumori della vita moderna che hanno fatto ammalare i due poveretti. ■ ANIMAZIONE; COL.; 92′; ITALIA, 1965.

GATTO, IL TOPO, LA PAURA E L'AMORE, IL ★★★
(Le chat et la souris)
Regia di CLAUDE LELOUCH. Con JEAN-PIERRE AUMONT, MICHÈLE MORGAN, SERGE REGGIANI. ■ Il suicidio di un noto architetto viene strumentalizzato da varie parti: un gruppo politico arriva a finanziare un falso assassino perché confessi di essere un extraparlamentare, un poliziotto sospetta della vedova dell'architetto. ■ POLIZIESCO; COL.; 107′; FRANCIA, 1975.

GATTO MAMMONE, IL ★
Regia di NANDO CICERO. Con LANDO BUZZANCA, GLORIA GUIDA, ROSSANA PODESTÈ. ■ Un siciliano non riesce a generare figli: naturalmente dà la colpa alla moglie e si mette a cercare una "fattrice" compiacente. In realtà è lui ad essere sterile. ■ COMMEDIA; COL.; 90′; ITALIA, 1975.

GATTO MILIONARIO, IL *(Rhubarb)* ★★★
Regia di ARTHUR LUBIN. Con RAY MILLAND, JAN STERLING. ■ Un gatto, alla morte del suo padrone, diventa erede di un ingente patrimonio. La cosa non va giù alla figlia del defunto. ■ COMMEDIA; B/N; 95′; USA, 1951.

GATTO NEL CERVELLO, UN ★
Regia di LUCIO FULCI. Con JEO FREY KENNEDY, MALISA LONGO, ADRIANA RUSSO, DAVID J. THOMPSON. ■ Un regista patito dei film dell'orrore smarrisce i confini tra fantasia e realtà e finisce col fare il gioco di uno psicanalista pazzo, che scarica su di lui la colpa dell'assassinio della moglie, da lui stesso naturalmente commesso. Tra fiumi di sangue ed arti mozzi, il regista parzialmente rinsavisce... solo per dedicarsi, come prima, alla sua passione. ■ HORROR; COL.; 91′; ITALIA, 1990.

GATTO NERO GATTO BIANCO ★★★
(Black Cat, White Cat)
Regia di EMIR KUSTURICA. Con FLORIJIAN AJDINI, BAJRAM SEVERDZAN, SRDJAN TODOROVIC. ■ Dopo aver esplorato l'America con *Arizona Dream*,Kusturica torna sui suoi antichi passi, il suo paese più o meno, ma senza preoccuparsi delle grandi vicende politiche e dei grandi dolori sociali. Gli interessano le piccole storie e le piccole poesie degli zingari. Due giovani si vogliono bene, ma le loro famiglie si oppongono. È solo il pretesto per tutto il resto delle fantasie del regista: la musica e i balli, i tic dei mattoidi, la cocaina in un crocefisso, uno muore e resuscita. Forse questo è il Kusturica più vero, libero dai grandi temi appunto. Anche qui è immancabile un premio: si tratta del Leone d'Argento di Venezia. Preceduto da *Così ridevano* di Amelio. ■ COMMEDIA; COL.; 120′; FRANCIA, JUGOSLAVIA, 1998. ■ VENEZIA 1 PR.

GATTONI, I *(Tomcats)* ★
Regia di GREGORY POIRIER. Con JAKE BUSEY, SHANNON ELIZABETH, JERRY O'CONNELL, HORATIO SANZ. ■ Un gruppo di giovani scapoli impenitenti è unito da una scommessa: ogniqualvolta uno di loro cade vittima delle grinfie del matrimonio deve pagare una salatissima penale che andrà a favore dell'ultimo "sopravvissuto". Nonostante la boria da "vitelloni americani" che accomuna gli amici, tutti si sposano. Meglio quasi tutti: la lotta finale è fra Michael, che deve saldare un grosso debito di gioco, e Kyle, con Micheal che fa di tutto per far "cascare" l'amico. Alla fine arriva la bellissima Natalie, Kyle è sul punto di soccombere. Ma lei piace molto anche allo stesso Michael... Un consiglio? Guardate il film ad occhi chiusi: la colonna sonora è un po' facile (pure quella), ma non è male. ■ COMMEDIA; COL.; 95′; USA, 2001.

GATTOPARDO, IL ★★★★★🏆
Regia di LUCHINO VISCONTI. Con CLAUDIA CARDINALE, ALAIN DELON, BURT LANCASTER, RINA MORELLI, PAOLO STOPPA. ■ Il principe di Salina, legato alle sue tradizioni ma capace di capire il corso delle cose, deve affrontare l'arrivo in Sicilia dei piemontesi. Il suo amato nipote Tancredi addirittura milita nelle camicie rosse di Garibaldi. Il resto della famiglia, moglie e figli, è conservatore e bigotto. All'arrivo dei garibaldini, che tutti accolgono come una tragedia, il principe capisce che il futuro è quello e si schiera col nuovo corso. Favorisce le nozze di Tancredi con la figlia di un ricco borghese (altro segnale del tempo). L'ultima scena, lunghissima, è quella del ballo, in cui il principe, osservando ospiti e cose, si rende conto di aver esaurito il suo ruolo, forse anche la sua vita. E Lancaster balla un famoso valzer di Verdi con Claudia Cardinale. Memorabili sono le riprese di quella Sicilia, arida e durissima, e anche le scene di battaglia. ■ DRAMMATICO; COL.; 205′; ITALIA, 1963. ■ CANNES 🏆 1 PR; DAVID DI DONATELLO 🏆 1 PR, 1 NOM; OSCAR 🏆 1 NOM.

GATTO SELVAGGIO, IL ★★
Regia di ANDREA FREZZA. Con FRANCESCA BENEDETTI, CARLO

CECCHI, FERRUCCIO DE CERESA, ANGELICA IPPOLITO, JULIETTE MAYNIEL. ■ Marco è convinto che la distruzione della società borghese sia da attuarsi al più presto e decide di passare all'azione diretta. ■ DRAMMATICO; B/N; 92'; ITALIA, 1969.

♥ GATTO VENUTO DALLO SPAZIO, IL ★★★
(The Cat from Outer Space)
Regia di NORMAN TOKAR. Con KEN BERRY, SANDY DUNCAN, RODDY MCDOWALL, HARRY MORGAN, MCLEAN STEVENSON. ■ Per un'avaria alla sua astronave, il gatto spaziale Jake è costretto a scendere sulla Terra, presso una base della Nasa. Si innamorerà poi di una bella gattina e per poterle restare vicino diventerà cittadino americano. ■ COMMEDIA; COL.; 104'; USA, 1977.

GAUCHO ★★
Regia di LUCAS DEMARE. Con CARLOS CORES, TINA MERELLO, JULIA SANDOVAL, JAMES DIANGELO. ■ Una donna alleva, oltre al proprio, il figlio avuto dal marito con un'amante. Il figlio naturale è sempre malaticcio e lei, temendo di perdere l'amore del coniuge, li scambia. Confesserà l'inganno solo dopo la morte tragica del proprio rampollo. ■ DRAMMATICO; B/N; 93'; ARGENTINA, 1954.

GAUCHO, IL ★★★
Regia di DINO RISI. Con MARIA GRAZIA BUCCELLA, VITTORIO GASSMAN, NINO MANFREDI, AMEDEO NAZZARI, SILVANA PAMPANINI. ■ Una squadra di rappresentanti del cinema italiano si reca in Argentina per partecipare ad un festival. Squallide storie si nascondono dietro l'allegra facciata. ■ COMMEDIA; B/N; 110'; ITALIA, 1964.

GAYA *(Back to Gaya)* ★★
Regia di LENARD FRITZ KRAWINKEL, HOLGER TAPPE. ■ Come in ogni storia che si rispetti esiste un mondo favoloso, come quello di Gaya, dove vivono delle creature non troppo diverse da noi, tranne forse per quelle orecchie di ciuco che le fa tanto simili a Lucignolo e a Pinocchio. Questa terra incantata è illuminata e sopravvive grazie alla dalamite, una sorta di criptonite che però il potere non lo toglie ma lo dona. Un giorno, ovviamente, il cattivo dei cattivi decide di privare Gaya della sua luce, toccherà allora a sei improbabili compagni d'avventura configgere il malvagio predatore. ■ ANIMAZIONE; COL.; 91'; GERMANIA, GRAN BRETAGNA, SPAGNA, 2004.

GAZEBO *(The Gazebo)* ★★★
Regia di GEORGE MARSHALL. Con GLENN FORD, CARL RAINER, DEBBIE REYNOLDS. ■ Un affermato autore di gialli sposa una bella attrice. Un uomo la ricatta per certe foto di qualche tempo prima; il marito dapprima paga il suo silenzio quindi, stanco delle continue richieste, gli spara e lo seppellisce. Il cadavere del ricattatore è rinvenuto da tutt'altra parte. ■ COMMEDIA; COL.; 102'; USA, 1960. ■ OSCAR 1 NOM.

GAZZOSA ALLA MENTA *(Diabolo menthe)* ★★
Regia di DIANE KURYS. Con ANOUK FERJAC, ELEONORE KLARWEIN, ODILE MICHEL. ■ Un anno scolastico vissuto da due sorelle e dalle loro compagne di un liceo femminile di Parigi nel 1963. L'adolescenza con i suoi piccoli grandi problemi, raccontata con semplicità ed eleganza da una regista al suo esordio, che ha pescato molto nelle proprie reminiscenze. *Diabolo menthe* (è una bevanda per adolescenti), ha vinto il premio "Delluc". ■ COMMEDIA; COL.; 97'; FRANCIA, 1977.

G 2 SERVIZIO SEGRETO *(Betrayal from the East)* ★★
Regia di WILLIAM BERKE. Con NANCY KELLY, LEE TRACY. ■ Un giornalista americano scopre un piano di sabotaggio dei giapponesi e fa in tempo a dare l'allarme prima di sparire in mare. ■ SPIONAGGIO; B/N; 92'; USA, 1945.

GEBO ET L'HOMBRE ★★
Regia di MANOEL DE OLIVEIRA. Con CLAUDIA CARDINALE, MICHAEL LONSDALE, JEANNE MOREAU, LEONOR SILVEIRA, RICARDO TREPA. ■ Nella casa del vecchio Gebo si ritrovano diversi amici per discutere del mondo, un banchetto di quiete che potrebbe durare all'infinito. Il ritorno inatteso di João, figlio di Gebo che ha smarrito la retta via, sconvolge gli equilibri interni alla famiglia e provocherà serie conseguenze. Manoel De Oliveira ha da tempo smesso di sorprenderci. Cogliendo in pieno lo zeitgeist di un'epoca mesta come quella del 2012, De Oliveira va dritto al cuore della questione: il denaro, la sua mancanza e il suo effetto sull'uomo. Riprendendo il testo teatrale di Raul Brandão e concentrandosi in modo claustrofobico su una famiglia archetipica, l'apologo di Manoel si astrae dagli affanni di oggi per analizzare l'eternità del rapporto tra l'uomo e l'*argent*. Lezione di morale, lezione di vita, lezione di cinema. ■ DRAMMATICO; COL.; 100'; PORTOGALLO, 2012.

GEGÈ BELLAVITA ★★
Regia di PASQUALE FESTA CAMPANILE. Con FLAVIO BUCCI, ENZO CANNAVALE, PINO CARUSO, MIRANDA MARTINO, LINA POLITO. ■ Gennaro, padre di nove figli, le inventa tutte pur di non lavorare. Sua moglie Agata, invece, si ammazza di fatica. L'unica vera occupazione di Gennaro consiste nell'andare a letto con tutte le inquiline del palazzo, oltre che con Agata alla quale vuole, peraltro, molto bene. ■ COMMEDIA; COL.; 105'; ITALIA, 1979.

GEISHA DALLE MANI D'ACCIAIO, LA ★
Regia di FONG MING. Con YANG CHUNG, YU FOON, KARL LING. ■ L'attrice Chao Ya, imbattibile nelle arti marziali, dovrebbe "sistemare" un generale per agevolare un colpo di Stato da parte di certi funzionari di governo corrotti. Ma si innamorerà dell'ufficiale e questo le costerà la vita. ■ AVVENTURA; COL.; 80'; HONG KONG, 1973.

GELATA PRECOCE, UNA *(An Early Frost)* ★★
Regia di JOHN ERMAN. Con BEN GAZZARA, JOHN GLOVER, AIDAN QUINN, GENA ROWLANDS, SYLVIA SIDNEY. ■ Un film televisivo sul tema dell'Aids. Un giovane scopre di essere sieropositivo e confessa ai suoi genitori di essere un gay. Il padre reagisce con rabbia mentre la madre, sebbene turbata, tenta di comprenderlo. ■ DRAMMATICO; COL.; 100'; USA, 1985.

GELIDO INVERNO. WINTER'S BONE, UN ★★★
(Winter's Bone)
Regia di DEBRA GRANIK. Con KEVIN BREZNAHAN, DALE DICKEY, JOHN HAWKES, JENNIFER LAWRENCE, LAUREN SWEETSER. ■ In una zona montuosa del Missouri, fra le più sinistre profondità situate nel cuore degli Stati Uniti, l'adolescente Ree tiene sulle proprie spalle l'intera gestione della famiglia. Da quando la madre si è ammalata e il padre è stato arrestato per produzione e spaccio di metanfetamine, Ree è l'unica che possa occuparsi dei due fratelli più piccoli, accudendoli e, letteralmente, procacciandogli il cibo. Un giorno, lo sceriffo della zona bussa alla porta per annunciarle che il padre è uscito di prigione garantendo la loro proprietà come cauzione e che se non risponderà al mandato di comparizione, la casa verrà confiscata dalla polizia. Ree si mette così sulle tracce del padre all'interno di un universo di reietti, di disperazione e di loschi trafficanti che cercano di non far emergere la verità. Gli allori del Sundance prediligono le storie ai margini e cingono solitamente la testa del film più programmaticamente lontano da quell'America radical-chic dipinta dal circuito mainstream. ■ DRAMMATICO; COL.; 100'; USA, 2010.

GELOSIA *(The Other Tomorrow)* ★★
Regia di LLOYD BACON. Con BILLIE DOVE, KENNETH THOMPSON, GRANT WITHERS. ■ Una delle storie d'amore di cui Bacon era un vero specialista. ■ COMMEDIA; B/N; 61'; USA, 1930.

GELOSIA *(Wife Versus Secretary)* ★★★
Regia di CLARENCE BROWN. Con CLARK GABLE, JEAN HARLOW, MYRNA LOY, JAMES STEWART. ■ La moglie di un industriale sospetta che il marito se la spassi con la bella ed efficiente segretaria. È la presunta rivale a chiarire ogni equivoco riportando la serenità. Film di grande successo. ■ COMMEDIA; B/N; 88'; USA, 1936.

GELOSIA ★★★
Regia di FERDINANDO MARIA POGGIOLI. Con LUISA FERIDA, ROLDANO LUPI, ELENA ZARESCHI. ■ Tratto dal romanzo *Il marchese di Roccaverdina* di Luigi Capuana: il protagonista della storia, un nobile siciliano, uccide per gelosia l'uomo che ha fatto sposare alla propria amante. Il matrimonio con una fanciulla del suo rango non riesce a fargli dimenticare che ha fatto condannare un innocente. ■ DRAMMATICO; B/N; 86'; ITALIA, 1942.

GELOSIA ★★
Regia di PIETRO GERMI. Con MARISA BELLI, ERNO CRISA, ALES-

SANDRO FERSEN. ■ Altro rifacimento cinematografico del romanzo di Capuana. ■ DRAMMATICO; B/N; 86'; ITALIA, 1953.

GELOSIA NON È DI MODA, LA ★★
(Wife, Doctor and Nurse)
Regia di WALTER LANG. Con WARNER BAXTER, VIRGINIA BRUCE, LORETTA YOUNG. ■ Un noto chirurgo si sposa. La sua assistente, che l'ama da sempre, non riesce a sopportare la situazione e se ne va. La moglie la richiama e viene a conoscere i motivi della decisione. Tra le due donne ha inizio una disputa. ■ COMMEDIA; B/N; 85'; USA, 1937.

GELOSISSIMAMENTE... TUO *(Modern Problems)* ★★
Regia di KEN SHAPIRO. Con CHEVY CHASE, PATTI D'ARBANVILLE, MARY KAY PLACE. ■ Divorziato, abbandonato dalla sua nuova compagna a causa delle sue assurde crisi di gelosia, Max viene contagiato da materiale radioattivo e si ritrova ad avere strani poteri paranormali. Finirà bene. ■ COMMEDIA; COL.; 91'; USA, 1981.

GEMELLE *(Twin Sisters)* ★
Regia di TOM BERRY. Con JAMES BROLIN, FREDERIC FORREST, STEPHANIE KRAMER. ■ Le due gemelle, proprio perché si somigliano moltissimo, evitano di incontrarsi. Soffrono per questa decisione e, quando una delle due muore, quella che sopravvive cade in una profonda crisi. ■ DRAMMATICO; COL.; 92'; USA, 1992.

GEMELLI, I *(Twins)* ★★★
Regia di IVAN REITMAN. Con DANNY DEVITO, ARNOLD SCHWARZENEGGER, CHLOE WEBBE. ■ Nel 1952 sei uomini coltissimi si accoppiano a turno con una bella ragazza. L'intento è di mettere al mondo un uomo perfetto. Ma saltan fuori due gemelli. Li ritroviamo 35 anni dopo. Uno è un colosso di grande cultura e di nessuna esperienza amatoria. L'altro è un piccolotto di non specchiata moralità. Il colosso cerca di persuadere il bassetto ad accompagnarlo a trovare la madre. L'altro acconsente (in realtà il viaggio gli fornisce l'occasione per arraffare 5 milioni di dollari). ■ COMMEDIA; COL.; 107'; USA, 1989. ■ GOLDEN GLOBES 1 NOM.

GEMELLI DEL TEXAS, I ★★
Regia di STENO. Con WALTER CHIARI, FRANCA POLESELLO, RAIMONDO VIANELLO. ■ I protagonisti della comica vicenda sono due coppie di gemelli che da piccolissimi vennero divisi e poi uniti, uno per coppia, al gemello dell'altra. Divenuti adulti si ritroveranno in campi opposti. ■ COMICO; COL.; 91'; ITALIA, 1964.

GEMELLO SCOMODO, IL *(Steal Big, Steal Little)* ★★
Regia di ANDREW DAVIS. Con ALAN ARKIN, ANDY GARCIA, RACHEL TICOTIN. ■ Storie di due gemelli, uno buono e uno cattivo, che vengono adottati da una ricca vedova. Alla morte della donna eredita il buono, ma l'altro non si dà per vinto e cerca in tutti i modi di recuperare l'eredità. Ben condotto da Davis (*Il fuggitivo*, *Delitto perfetto*), un regista che sa raccontare. ■ COMMEDIA; COL.; 130'; USA, 1995.

GEMMA INDIANA, LA *(Live a Little, Steal a Lot)* ★★
Regia di MARVIN J. CHOMSKY. Con ROBERT CONRAD, DONNA MILLS, DON STROUD. ■ Due "insabbiati", da tempo vagabondi sulle spiagge della Florida, decidono di fare un giorno un colpo grosso, trafugare la famosa "Stella dell'India", un diamante da 564 carati. Non sembra, ma è basato su un fatto vero. ■ AVVENTURA; COL.; 92'; USA, 1975.

GENDARME E GLI EXTRATERRESTRI, IL ★★
(Le gendarme et les extra-terrestres)
Regia di JEAN GIRAULT. Con LOUIS DE FUNÈS, MICHEL GALABRU, JEAN-PIERRE RAMBAL, MAURICE RISCH. ■ Un gendarme ha incontrato gli extraterrestri ma nessuno gli crede. Per dimostrare a tutti che non era ubriaco decide di rapire un alieno. Cosa più facile a dirsi che a farsi, e all'agente ne capitano di tutti i colori durante la caccia. ■ FANTASCIENZA; COL.; 90'; FRANCIA, 1978.

GENEALOGIA DI UN CRIMINE ★★
(Genealogies d'un crime)
Regia di RAOUL RUIZ. Con CATHERINE DENEUVE, MICHEL PICCOLI, MELVIL POUPAUD. ■ Orso d'argento al Festival di Berlino. Un film intellettuale con passaggi dal presente al passato. Catherine Deneuve è una psicanalista per bambini, che scopre che il nipotino di appena cinque anni ha l'istinto omicida. Dopo una decina di anni il ragazzo la ucciderà come lei aveva immaginato. ■ DRAMMATICO; COL.; 113'; FRANCIA, 1997. ■ BERLINO 1 PR.

GENERALE, IL *(The General)* ★★★★
Regia di CLYDE BRUCKMAN, BUSTER KEATON. Con GLEN CAVENDER, JIM FARLEY, BUSTER KEATON, MARION MACK. ■ Georgia, 1861. Un giovane ha due amori: una locomotiva di nome "Il generale" e una bella ragazza. Scene grandiose di battaglia, che Allen in *Amore e guerra* ha cercato invano di imitare. Uno dei capolavori del cinema, una sceneggiatura di ferro e una grande cura per i particolari. ■ COMMEDIA; COL.; 75'; USA, 1927.

GENERALE BUTTIGLIONE DIVENTA CAPO DEL SERVIZIO SEGRETO, IL ★★
Regia di MINO GUERRINI. Con GIANNI CAVINA, FRANCO DIOGENE, JACQUES DUFILHO, RAF LUCA. ■ Una serie di gag appiccicate una all'altra, prevedibili e di scarsa ilarità. ■ COMICO; COL.; 100'; ITALIA, 1975.

GENERALE CRACK, IL *(General Crack)* ★★
Regia di ALAN CROSLAND. Con JOHN BARRYMORE, MARION NIXON. ■ È il secondo film giunto in Italia dello stesso regista de *Il cantante di jazz*; è una vicenda divertente ambientata fra i militari: una bella ragazza porta scompiglio e rivalità, ma come sempre è il protagonista a spuntarla. ■ COMMEDIA; B/N; 92'; USA, 1929.

GENERALE DEI DESPERADOS, IL *(Villa)* ★★
Regia di JAMES B. CLARK. Con MARGIA DEAN, BRIAN KEITH, CESAR ROMERO. ■ L'ennesimo lungometraggio sulla figura di Pancho Villa. Messosi a capo di alcuni fuorilegge, impegna i suoi uomini nella lotta per la liberazione del Messico. ■ AVVENTURA; B/N; 72'; USA, 1958.

GENERALE DEL DIAVOLO, IL *(Des Teufels General)* ★★★
Regia di HELMUT KAUTNER. Con VIKTOR DE KOWA, CARL JOHN, CURD JÜRGENS, MARIANNE KOCH. ■ Un ufficiale dell'aviazione tedesca è decisamente antihitleriano e non lo nasconde. L'ufficiale, dopo un volo di prova, comprende che gli apparecchi sono sabotati da un suo collaboratore, antinazista come lui, e piuttosto che denunciarlo preferisce suicidarsi. ■ GUERRA; B/N; 92'; GERMANIA, 1955.

♥ GENERALE DELLA ROVERE, IL ★★★★
Regia di ROBERTO ROSSELLINI. Con VITTORIO CAPRIOLI, VITTORIO DE SICA, HANNES MESSEMER, SANDRA MILO, GIOVANNA RALLI. ■ Un episodio della Resistenza tratto da un racconto di Indro Montanelli: un truffatore viene risparmiato dai tedeschi durante l'occupazione purché accetti di fingersi un eroe nazionale, come tale entrerà a San Vittore e raccoglierà le confidenze dei prigionieri. La loro vicinanza è salutare per la sua coscienza e l'uomo si offre come volontaria vittima durante una rappresaglia. Un film commovente e poetico, di grande tensione drammatica soprattutto nel finale. Era il primo ruolo "serio" di De Sica, che ne aveva paura. L'attore superò la prova benissimo grazie anche alla mano esperta di Rossellini. ■ DRAMMATICO; B/N; 129'; ITALIA, 1959. ■ DAVID DI DONATELLO 1 PR, 1 NOM; OSCAR 1 NOM; VENEZIA 1 PR.

GENERALE DORME IN PIEDI, IL ★★
Regia di FRANCESCO MASSARO. Con FRANCO FABRIZI, MARIANGELA MELATO, EROS PAGNI, MARIO SCACCIA, UGO TOGNAZZI. ■ Un ufficiale dell'esercito italiano vuole diventare generale a tutti i costi. Ottenuta come contropartita un'alta carica civile, scrive in un memoriale i fatti spiacevoli e le pecche dei superiori. ■ COMICO; COL.; 100'; ITALIA, 1972.

GENERALE E MEZZO, UN *(On the Double)* ★★★
Regia di MELVILLE SHAVELSON. Con DIANA DORS, DANNY KAYE, MARGARET RUTHERFORD, DANA WYNTER. ■ Inghilterra, seconda guerra mondiale. Un soldato, sosia di un generale fatto oggetto di diversi attentati, prende il suo posto. L'ufficiale muore in battaglia ed egli continua la sua parte. ■ COMICO; COL.; 92'; USA, 1961.

GENERALE MORÌ ALL'ALBA – L'ORO DELLA CINA, IL *(The General Died at Dawn)* ★★★
Regia di LEWIS MILESTONE. Con MADELEINE CARROLL, GARY COOPER. ■ Durante la lotta del 1926 tra i patrioti cinesi e i mer-

cenari del generale Yang, O'Hara deve portare una somma di denaro a Shanghai per acquistare armi e munizioni su incarico dei patrioti. L'intrepido americano viene catturato, ma riuscirà a fuggire. ■ AVVENTURA; B/N; 97'; USA, 1936. ■ OSCAR 3 NOM.

GENERALE NON SI ARRENDE, IL ★★★
(Waltz of the Toreadors)
Regia di JOHN GUILLERMIN. Con CYRIL CUSACK, JOHN FRASER, DANY ROBIN, PETER SELLERS. ■ Un anziano generale in pensione è da anni innamorato della bella Ghislaine, ma le sue attenzioni non sono mai arrivate a buon fine. Invece un giovanotto più svelto di lui raggiunge lo scopo e sposa la ragazza. ■ COMMEDIA; COL.; 105'; GRAN BRETAGNA, 1962.

GENERAZIONE 1000 EURO ★★
Regia di MASSIMO VENIER. Con CAROLINA CRESCENTINI, VALENTINA LODOVINI, ALESSANDRO TIBERI, PAOLO VILLAGGIO. ■ Milano un gruppo di giovani neolaureati galleggia nell'orbita dell'instabilità esistenziale. Matteo, che si definisce un luogo comune, è un genio della matematica; nelle vesti di "cultore della materia" tiene lezioni sull'insostenibilità di Gödel, ma per tirare a campare lavora nel reparto marketing di un'azienda in odore di taglio del personale. L'amico e coinquilino Francesco fa il proiezionista in un cinema d'essay. Lasciato dalla fidanzata tirocinante in attesa di asportare il suo primo pancreas, e perse le sicurezze economiche di un terzo inquilino che li ha appena abbandonati con un debito, Matteo si trova diviso tra la passione e la ragione – e tra due donne che entrano con impeto nella sua vita – nell'eterna sospensione d'animo. ■ COMMEDIA; COL.; 101'; ITALIA, 2008.

GENERAZIONE PERFETTA *(Disturbing Behavior)* ★
Regia di DAVID NUTTER. Con BRUCE GREENWOOD, KATIE HOLMES, JAMES MARSDEN, STEVE RAILSBACK, NICK STAHL. ■ Un nuovo studente arriva nella classica cittadina di provincia. Si trova in una scuola divisa nei soliti gruppi (metallari, secchioni, punk...), ma c'è un gruppo molto insolito che progressivamente domina la scuola. Sono i lobotomizzati da uno scienziato pazzo, che cerca di intervenire anche sul nuovo arrivato. Niente di nuovo sotto il sole salvo la presenza di una delle protagoniste della serie tv *Dawson's Creek*, nonché moglie di Tom Cruise. ■ HORROR; COL.; 83'; USA, 1998.

GENERAZIONE PROTEUS *(Demon Seed)* ★★★
Regia di DONALD CAMMELL. Con JULIE CHRISTIE, GERRIT GRAHAM, BERRY KROEGER, LISA LU, ROBERT VAUGHN, FRITZ WEAVER. ■ Il professor Harris, dopo anni di ricerche, mette a punto il Proteus IV: è un computer sofisticatissimo capace di autoprogrammarsi. Il robot Proteus decide dunque di garantirsi una sorta d'immortalità generando un figlio: sceglie come partner la riluttante moglie dello studioso. La donna si ribella; in suo soccorso giunge un amico che Proteus elimina. Quando il professore rivedrà la moglie (con la quale era in disaccordo), ella avrà già partorito il bambino di Proteus, dopo soli 28 giorni di gravidanza. Il computer verrà disattivato e il piccolo accolto in casa Harris. ■ FANTASCIENZA; COL.; 94'; USA, 1977.

GENERAZIONE RUBATA, LA *(Rabbit Proof Fence)* ★★★
Regia di PHILLIP NOYCE. Con DAVID GULPILIL, LAURA MONAGHAN, EVERLYN SAMPI, TIANNA SANSBURY. ■ Nel 1931 l'Australia ha due problemi principali. Da una parte l'invadenza dei conigli, per difendersi dai quali è stata costruita una recinzione che taglia l'intero continente. Dall'altra l'esistenza degli aborigeni, che si pensa di "addomesticare" strappando i più giovani alle famiglie di appartenenza per deportarli in appositi campi di rieducazione dove dovranno imparare ad obbedire ai bianchi. Tra le vittime anche Molly, Gracie e Daisy Craig, tre bambine che decidono di fuggire percorrendo le 1500 miglia che le riporteranno a casa. Nonostante l'accanimento del funzionario predisposto all'attuazione del programma e gli sforzi della guida indigena incaricata di ritrovarle, due su tre ce la faranno. Tratto dal romanzo di Doris Pilkington Garimara, basato su una storia vera. ■ DRAMMATICO; COL.; 94'; AUSTRALIA, 2002.

GENERAZIONE X *(Mallrats)* ★★
Regia di KEVIN SMITH. Con CLAIRE FORLANI, JASON LEE, JEREMY LONDON, KEVIN SMITH. ■ Seconda prova, deludente, del regista di *Clerks – Commessi*. Due amici decidono di infiltrarsi in un grande magazzino dove in programma c'è il *Gioco delle coppie*. Lo scopo è creare confusione, per favorire la ragazza di uno dei due che partecipa al gioco. In un cameo c'è anche l'ideatore de *L'uomo ragno* e *Fantastici 4*, Stan Lee. ■ COMMEDIA; COL.; 90'; USA, 1996.

GENERAZIONI *(Star Trek – Generations)* ★★★
Regia di DAVID CARSON. Con JONATHAN FRAKES, MALCOLM MCDOWELL, WILLIAM SHATNER, PATRICK STEWART. ■ Nonostante i titoli italiani sembrino vergognarsi di portare il marchio *Star Trek*, si tratta di un capitolo imperdibile per i cultori della celebre saga televisiva e cinematografica. Anche se la serie *The next generation* non è mai riuscita a suscitare le emozioni della sua progenitrice, questa avventura che segna l'incontro (e l'addio?) tra l'ammiraglio James T. Kirk e i suoi successori alla guida dell'astronave Enterprise coniuga comunque la ricchezza di idee degli anni Sessanta alla perfezione degli effetti speciali anni Novanta. ■ FANTASCIENZA; COL.; 117'; USA, 1994.

GENESI – LA CREAZIONE E IL DILUVIO ★★★
Regia di ERMANNO OLMI. Con OMERO ANTONUTTI. ■ Una scelta coraggiosa e per nulla commerciale quella di Olmi. Evitando i classici metodi di epicità, attraverso i quali la Sacra Bibbia è sempre stata rappresentata, cerca di entrare in un'atmosfera ascetica. Essendo un libro trasmesso oralmente di generazione in generazione, il regista dà molto spazio alla voce narrante, con una musica etnica che ricorda le atmosfere new-age e la colonna sonora di *L'ultima tentazione di Cristo* di Peter Gabriel, nei momenti più tenui. Parte dalla creazione, come testimonia il titolo, e arriva a Noè, interpretato da Antonutti. Un'operazione particolare che può anche deludere ma che va rispettata. ■ STORICO; COL.; 101'; ITALIA, 1994.

GENESIS *(Genesis)* ★★★
Regia di CLAUDE NURIDSANY. Con SOTIGUI KOUYATÉ. ■ Tra umorismo e serietà, innocenza e saggezza, un griot (cantastorie africano) evoca con le parole della tradizione non scritta la storia della nascita dell'universo e delle stelle, il debutto ardente del nostro pianeta, l'apparizione della vita, dell'amore e della morte. Gli animali divengono gli interpreti di questa narrazione ideata e realizzata con infinita dedizione e pazienza dagli autori di *Microcosmos*. Rispetto all'opera precedente c'è qualcosa in più: la parola e il mito. E qualcosa in meno: l'immagine pura (accompagnata solo da qualche artificio tecnico) che affascinava il pubblico. ■ DOCUMENTARIO; COL.; 81'; FRANCIA, ITALIA, 2004.

GENGIS KHAN *(Genghis Khan)* ★★
Regia di MANUEL CONDE. Con MANUEL CONDE, INDAY JALANDRONI, ELVIRA REYES. ■ Un giovane audace vince un torneo indetto dal re dei mongoli. Divenuto egli stesso re dei mongoli con il nome di Gengis Khan, sgomina i traditori che hanno ucciso il precedente sovrano. ■ AVVENTURA; B/N; 124'; FILIPPINE, 1952.

GENGIS KHAN IL CONQUISTATORE *(Gengis Khan)* ★★
Regia di HENRY LEVIN. Con STEPHEN BOYD, FRANÇOISE DORLÉAC, JAMES MASON, ROBERT MORLEY, TELLY SAVALAS, ELI WALLACH. ■ Un film imperniato sul grande re mongolo e sulle sue gesta eroiche. ■ AVVENTURA; COL.; 91'; USA, 1965.

GENIO, IL *(Le grand escogriffe)* ★★
Regia di CLAUDE PINOTEAU. Con AGOSTINA BELLI, CLAUDE BRASSEUR, ADOLFO CELI, VALENTINA CORTESE, YVES MONTAND. ■ Una scalcinata truffaldina, il suo socio e un'attricetta arrivano in Italia in cerca di facili guadagni. A loro si unisce un siciliano che commercia in bambini; il quartetto cerca di ricattare un ricco finanziere orientale. Ma le cose non vanno per il verso voluto. ■ COMMEDIA; B/N; 100'; FRANCIA, ITALIA, 1976.

GENIO, IL *(Holy Man)* ★
Regia di STEPHEN HEREK. Con JON CRYER, JEFF GOLDBLUM, ROBERT LOGGIA, EDDIE MURPHY, KELLY PRESTON. ■ G. è un santone della new age che viene raccolto, vittima di un colpo di sole, da un venditore televisivo sull'orlo del licenziamento. Gli cambierà la vita portando la televendita al top. La storiella è risaputa e la denuncia del mondo della televisione priva di efficacia. ■ COMMEDIA; COL.; 114'; USA, 1998.

GENIO DELLA RAPINA, IL *(Dollars)* ★★★
Regia di RICHARD BROOKS. Con WARREN BEATTY, SCOTT BRADY, GERT FRÖBE, GOLDIE HAWN, ROBERT WEBBER. ■ Una commedia gialla con i toni della farsa; Joe è un esperto di impianti antifurto e ne ha appena installato uno in una banca. Nessuno meglio di lui può quindi aprire le cassette di sicurezza in cui quattro malviventi hanno depositato del denaro poco pulito. Lo aiuta nell'impresa una ragazza. ■ COMMEDIA; COL.; 119'; USA, 1971.

GENIO DELLA TRUFFA, IL *(Matchstick Men)* ★★★
Regia di RIDLEY SCOTT. Con NICOLAS CAGE, SHEILA KELLEY, ALISON LOHMAN, BRUCE MCGILL, SAM ROCKWELL. ■ Roy e Frank, truffatori, lavorano in coppia. La loro società è fruttuosa: Roy è ricco e vive in una bella casa, asettica e ordinata. Roy ha però molti problemi:lasciato 14 anni prima dalla moglie incinta, oppresso dai sensi di colpa, è afflitto da agorafobia ed è devastato dai tic. Rischia di andare in pezzi quando arriva a cercarlo la figlia adolescente, Angela, che anziché scandalizzarsi, vuole imparare il suo mestiere. Commedia molto lontana dai kolossal di Scott con un solo effetto speciale: una scena di allucinazione. Costruito con una sceneggiatura di ferro (battute esilaranti e ritmo perfetto), ricco di colpi di scena, il film vuole mettere in scena il lato comico delle manie e delle deviazioni dei comportamenti umani. Il regista schiva con leggerezza le trappole del cinema americano contemporaneo, senza perdere la lucidità nel descrivere la sotterranea corruzione dell'Occidente. ■ COMMEDIA; COL.; 120'; USA, 2003.

GENIO IN FAMIGLIA, UN *(So Goes my Love)* ★★
Regia di FRANK RYAN. Con DON AMECHE, MYRNA LOY. ■ Una ragazza americana vuole un marito ricco. Invece, si innamora di un inventore squattrinato. Messi da parte i propositi utilitaristici, lei lo sposa. ■ COMMEDIA; B/N; 88'; USA, 1946.

GENIO IN PANNOLINO, UN *(Baby Geniuses)* ★
Regia di BOB CLARK. Con KIM CATTRALL, DOM DELUISE, CHRISTOPHER LLOYD, PETER MCNICOL, KATHLEEN TURNER. ■ Due psichiatri sono convinti che molti bambini nascono dotati di una super intelligenza ma vengono rovinati dagli adulti. Vogliono dimostrarlo ma un neonato pestifero si mette in mezzo. ■ COMMEDIA; COL.; 94'; USA, 1999.

GENIO PER AMORE *(I.Q.)* ★★
Regia di FRED SCHEPISI. Con WALTER MATTHAU, TIM ROBBINS, MEG RYAN. ■ Un'opportunità al di sopra delle capacità di Schepisi: tanto la sceneggiatura quanto Meg Ryan necessitano di un buon regista per rendere al meglio. Diverte comunque il genio della fisica Albert Einstein (incarnato da Walter Matthau) che mette alla prova la propria intelligenza per favorire la storia d'amore della avvenente nipotina. ■ COMMEDIA; COL.; 95'; USA, 1995.

GENITORI CERCASI *(North)* ★★
Regia di ROB REINER. Con ALAN ARKIN, JON LOVITZ, BRUCE WILLIS, ELIJAH WOOD. ■ North non ne può più dei propri genitori e va alla ricerca di figure parentali un po' più accettabili di quelle che la natura gli ha dato in sorte. Si ritrova così ad attraversare un mondo fatto di stereotipi (cinematografici e non). Si va dagli Amish al Texas. Si passa per le Hawaii, la Cina, la Francia e l'Alaska. La regia di un Bob Reiner in libertà costruisce un film decisamente curioso non si sa se per scelta o per follia. Peccato che il classico lieto fine all'americana debba per forza rimettere tutto a posto grazie a un Bruce Willis in inedite vesti di angelo custode. ■ COMMEDIA; COL.; 88'; USA, 1994.

GENITORI & FIGLI: AGITARE PRIMA DELL'USO ★★
Regia di GIOVANNI VERONESI. Con MARGHERITA BUY, LUCIANA LITTIZZETTO, SILVIO ORLANDO, MICHELE PLACIDO, ELENA SOFIA RICCI. ■ Nina è un'adolescente che sogna la sua prima volta e una famiglia più autentica, di cui scrive vizi e virtù in un tema assegnatole in classe dal professore d'italiano. Alberto, in conflitto costante col figlio, è convinto che una generazione prossima per età e inclinazione al suo ragazzo, possa accorciare le distanze tra loro e migliorarne la relazione. Il componimento di Nina non lesinerà dettagli, denunciando tradimenti, separazioni, inquietudini giovanili e tensioni amorose fino a un epilogo moderatamente felice e un voto esemplare. Dopo *Italians* Veronesi redige un altro "manuale" che fa il punto, questa volta, sulla relazione genitori-figli, e vorrebbe dire qualcosa soprattutto sui giovani, le figure più problematiche per il cinema nostrano, ma esibisce di fatto una vana e disperata ricerca di identità. ■ COMMEDIA; COL.; 110'; ITALIA, 2010.

GENITORI IN BLUEJEANS ★★
Regia di CAMILLO MASTROCINQUE. Con PEPPINO DE FILIPPO, FRANCO FABRIZI, SCILLA GABEL, SYLVA KOSCINA, UGO TOGNAZZI. ■ Confusa storia di un gruppo di amici, con battute e situazioni da avanspettacolo. ■ COMMEDIA; B/N; 100'; ITALIA, 1960.

GENITORI IN TRAPPOLA *(The Parent Trap)* ★★
Regia di NANCY MEYERS. Con ELAINE HENDRIX, LINDSAY LOHAN, DENNIS QUAID, NATASHA RICHARDSON. ■ Annie ed Hallie sono due gemelle divise fin da piccole in seguito alla separazione dei genitori. Si incontrano casualmente a un campo estivo e si danno da fare per far reincontrare i genitori. Remake de *Il cowboy col velo da sposa*. ■ COMMEDIA; COL.; 121'; USA, 1998.

GENOVA ★★
Regia di MICHAEL WINTERBOTTOM. Con HOPE DAVIS, COLIN FIRTH, PERLA HANEY-JARDINE, WILLA HOLLAND, CATHERINE KEENER. Mary e Kelly rimangono orfane di madre dopo un incidente stradale che rischia di uccidere anche loro. Il padre, Joe, non era presente e ora deve recuperare le fila della sua famiglia. Accetta un lavoro a Genova, spostandosi con le figlie dall'America in Italia. Arrivano d'estate per ambientarsi prima che inizi l'anno scolastico e tra gite al mare, visite turistiche e strane apparizioni tutti e tre dovranno venire a patti con il lutto e ricomporre il rapporto con gli altri. Girato in digitale con apprezzabile economia di mezzi ed evidente rapidità, *Genova* cerca un rapporto simbiotico con la città del titolo, rinunciando a darne un'immagine cartolina e preferendo mostrare quello che serve alla storia. ■ DRAMMATICO; COL.; 92'; GRAN BRETAGNA, 2008.

GENOVA A MANO ARMATA ★★
Regia di MARIO LANFRANCHI. Con MAUD ADAMS, ADOLFO CELI, TONY LO BIANCO. ■ Un siculo-americano, ex agente dell'Interpol e radiato dalla Cia, apre un'agenzia di investigazioni a Genova. Un certo Mayer lo incarica di far luce sul sequestro e sull'omicidio di un armatore. Dopo molteplici peripezie, riuscirà ad arrivare all'assassino. ■ POLIZIESCO; COL.; 92'; ITALIA, 1976.

GENOVEFFA DI BRABANTE ★★
Regia di PRIMO ZEGLIO. Con ORETTA FIUME, ENRICO GLORI, GAR MOORE, HARRIET WHITE. ■ Genoveffa dà alla luce un bambino nella prigione dove il bieco ministro del conte Sigfrido l'ha gettata. Riesce a fuggire e a vivere nascosta nella vicina foresta. Sigfrido torna dalle Crociate, trova moglie e figlio e fa tremenda vendetta. ■ STORICO; B/N; 95'; ITALIA, 1947.

GENOVEFFA DI BRABANTE ★★
Regia di JOSÉ LUIS MONTER. Con MARIA JOSÉ ALFONSO, ANDREA BOSIC, ALBERTO LUPO. ■ Esattamente uguale al film di Primo Zeglio. ■ AVVENTURA; COL.; 90'; ITALIA, 1964.

GENOVEFFA LA RACCHIA *(Kathchen für alles)* ★★
Regia di AKOS RATHONYI. Con HILDE HILDEBRAND, HANNELIESE SCHROTH. ■ Bocciata agli esami di recitazione, una ragazza, per vuole dimostrare una brava attrice, si finge ragazza-madre. Troverà marito. ■ COMMEDIA; B/N; 91'; GERMANIA, 1949.

GENTE ALLEGRA *(Tortilla Flat)* ★★★
Regia di VICTOR FLEMING. Con JOHN GARFIELD, HEDY LAMARR, FRANK MORGAN, AKIM TAMIROFF, SPENCER TRACY. ■ Il film è tratto dal romanzo di John Steinbeck: un gruppo di californiani di origine messicana vive liberamente, lavorando poco, cantando e bevendo. ■ COMMEDIA; B/N; 105'; USA, 1942. ■ OSCAR 1 NOM.

GENTE COMUNE *(Ordinary People)* ★★★8
Regia di ROBERT REDFORD. Con JUDD HIRSCH, TIMOTHY HUTTON, MARY TYLER MOORE, DONALD SUTHERLAND. ■ Redford, per la prima volta dietro la macchina da presa, racconta la vita di un sedicenne, Conrad, che ha visto morire sotto i suoi occhi il fratello maggiore. Sconvolto, prima tenta il suicidio e viene salvato dai genitori, poi finisce in ospedale. Tornato a casa e ossessionato dai sensi di colpa, tenta di riallacciare i rapporti con una ragazza incontrata in clinica, ma scopre che questa si è suicidata. L'affetto

del padre e l'intelligenza di un dottore gli ridanno alla fine un po' di serenità: quattro premi Oscar nel 1981. ■ DRAMMATICO; COL.; 123'; USA, 1980. ■ GOLDEN GLOBES 4 PR, 6 NOM; OSCAR 4 PR, 5 NOM.

GENTE COSÌ ★★
Regia di FERNANDO CERCHIO. Con VIVI GIOI, ADRIANO RIMOLDI. ■ La società benpensante e tranquilla di un paesino della Lombardia, in cui convivono borghesi e contrabbandieri, è turbata dall'arrivo di una maestra anticonformista. Lei stessa si innamora di un contrabbandiere. ■ DRAMMATICO; B/N; 92'; ITALIA, 1950.

GENTE DELL'ARIA ★★
Regia di ESODO PRATELLI. Con ADRIANA BENETTI, ANTONIO CENTA, GINO CERVI. ■ Un film bellico che si avvale di riprese dal vero: è la vicenda di due fratellastri innamorati della stessa ragazza. Uno è aviatore, l'altro lavora nell'industria di armamenti del padre. ■ GUERRA; B/N; 93'; ITALIA, 1942.

GENTE DEL NORD *(Winter People)* ★★★
Regia di TED KOTCHEFF. Con LLOYD BRIDGES, KELLY MCGILLIS, KURT RUSSELL. ■ Un recente vedovo, mentre attraversa l'America con la figlioletta, si smarrisce sui monti del Tennessee. Trova rifugio presso una ragazza madre, che però è al centro di un dissidio fra due famiglie di montanari (siamo negli anni Trenta). Il forestiero, innamorato della donna, dovrà affrontare il feroce cacciatore che l'ha messa incinta. Melodramma rusticano vecchio stile, però girato con molto vigore da Kotcheff e efficacemente interpretato (specie da Kelly McGillis). ■ AVVENTURA; COL.; 110'; USA, 1989.

GENTE DI NOTTE *(Night People)* ★★★
Regia di NUNNALLY JOHNSON. Con WALTER ABEL, ANITA BJÖRK, BRODERICK CRAWFORD, GREGORY PECK. ■ Un ufficiale americano viene rapito dai sovietici a Berlino Ovest. Si iniziano le trattative per la restituzione dell'ufficiale, con la mediazione della signora Offmeyer. Costei risulta però essere una spia russa. ■ DRAMMATICO; COL.; 93'; USA, 1954. ■ OSCAR 1 NOM.

GENTE DI RISPETTO ★★★
Regia di LUIGI ZAMPA. Con CLAUDIO GORA, JAMES MASON, FRANCO NERO, JENNIFER O'NEIL, ORAZIO ORLANDO. ■ Una giovane e anticonformista maestrina viene destinata a una scuola di Ragusa. Un ragazzo, che voleva approfittare di lei, viene trovato ucciso, e così pure due palermitani inviati in missione punitiva. Nessuno sa chi ci sia dietro la ragazza, la quale non tarda a scoprire che l'ignoto "protettore", un potente nobile, si è servito di lei per una manovra speculativa. ■ DRAMMATICO; COL.; 115'; ITALIA, 1975.

GENTE DI ROMA ★★
Regia di ETTORE SCOLA. Con SIMONA CIANTI, ANTONELLO FASSARI, ARNOLDO FOÀ, SABRINA IMPACCIATORE, VALERIO MASTANDREA, STEFANIA SANDRELLI. ■ Una giornata qualunque nella città eterna. Tanti piccoli frammenti di vita si susseguono in una carrellata di personaggi attraverso storie da tragedia e da commedia. Scola ci racconta la sua amata Roma. Il filo conduttore dei tanti episodi slegati tra loro è un autobus che percorre le strade della città, dall'alba al tramonto. Per scrivere storie interessanti bisognerebbe tornare a prendere il tram come suggeriva Zavattini? Forse sì, ma di certo bisognerebbe avere interesse a narrare: interesse che Scola non sembra avere più. I bozzetti rimangono tali, qualcuno più riuscito (vedi lo sketch iniziale di Mastandrea), altri francamente inutili. ■ COMMEDIA; COL.; 89'; ITALIA, 2003.

GENTE D'ONORE ★★
Regia di FOLCO LULLI. Con ROSEMARIE DEXTER, FOLCO LULLI, LEOPOLDO TRIESTE, SARO URZÌ. ■ La polizia siciliana dà la caccia a sette killer per risalire, tramite loro, ai capi mafiosi. Questi spediscono gli assassini su una nave, ma solo due di essi la raggiungono: uno muore colpito da un agente, l'altro si salva a stento e si vendica dei pezzi grossi che l'hanno spinto nel tranello. ■ DRAMMATICO; COL.; 90'; ITALIA, 1967.

GENTE MORMORA, LA *(People Will Talk)* ★★★
Regia di JOSEPH LEO MANKIEWICZ. Con JEANNE CRAIN, FINLAY CURRIE, CARY GRANT. ■ Il medico di una cittadina americana non esita a farsi passare per stregone in quanto spesso e volentieri cura i mali dei suoi pazienti con la psicologia piuttosto che con inutili medicine. ■ COMMEDIA; B/N; 110'; USA, 1951.

GENTILEZZA DEL TOCCO, LA ★★
Regia di FRANCESCO CALOGERO. Con ANTONIO ALVEARIO, MAURIZIO PUGLISI, ROSALBA SCIMONE. ■ In una città di provincia un giovane correttore di bozze s'incuriosisce per una critica molto positiva apparsa sul giornale locale, riguardante il concerto di un'amica. Avendo il dubbio che il recensore non abbia assistito al concerto, cerca di rintracciare l'originale dell'articolo. Scoprirà parecchie verità che nella sua indagine dilettantesca ignorava di dover affrontare. ■ DRAMMATICO; COL.; 80'; ITALIA, 1987.

GENTILI SIGNORE ★★
Regia di ADRIANA MONTI. Con ANNA BONAIUTO, MARINA CONFALONE, ANGELA FINOCCHIARO. ■ Un film dimenticato dalla distribuzione. Di buon livello registico e interpretativo, si tratta di una storia tutta di donne in un atelier. ■ COMMEDIA; COL.; 100'; ITALIA, 1988.

GENTILUOMINI DI MEZZANOTTE ★★★
(Le club des aristocrates)
Regia di PIERRE COLOMBIER. Con JULES BERRY, ELVIRE POPESCO, VIVIANE ROMANCE. ■ Un ex ricco tenta il suicidio, poi ci ripensa e si fa persuadere dal suo cameriere che il furto è il mezzo più indicato a ristorare le sue finanze. L'ex ricco diventa ladro, ma in un castello, dove ha effettuato un grosso colpo, incontra una donna piena di fascino che fa lo stesso mestiere meglio di lui. Dopo molte schermaglie e molti tentativi di beffarsi a vicenda i due decideranno di mettersi insieme. ■ COMMEDIA; B/N; 93'; FRANCIA, 1938.

GENTILUOMO DILETTANTE – IL NUOVO ROBIN HOOD *(The Amateur Gentleman)* ★★★
Regia di THORNTON FREELAND. Con DOUGLAS FAIRBANKS JR, GORDON HARKER, ELISSA LANDI. ■ Un locandiere inglese (siamo all'inizio dell'Ottocento) viene incolpato di un furto non commesso. Suo figlio decide di scagionarlo. Si traveste da aristocratico, si fa introdurre negli ambienti bene e nella famiglia del derubato. Scopre infine che il vero ladro è un nipote di questi. Lo smaschera. ■ AVVENTURA; B/N; 102'; GRAN BRETAGNA, 1937.

GENTILUOMO, MA NON TROPPO ★★
(Alias a Gentleman)
Regia di HARRY BEAUMONT. Con LEON AMES, WALLACE BEERY, TOM DRAKE, SHELDON LEONARD, DOROTHY PATRICK. ■ È un giallo-rosa: la storia di un galeotto che, uscito di prigione, si arricchisce e decide di mettersi alla ricerca della figlia perduta. Il capo della sua vecchia banda però lo rivorrebbe con sé e, a questo scopo, spinge una ragazza a fingersi la figlia di Beery. L'inganno è scoperto. ■ GIALLO ROSA; B/N; 76'; USA, 1948.

GENTLEMAN JOE... UCCIDI ★★
Regia di GIORGIO STEGANI CASORATI. Con EDUARDO FAJARDO, SILVIA SOLAR, BENITO STEFANELLI, ANTHONY STEFFEN. ■ Joe è un baro di professione e sta per essere impiccato da alcuni cittadini che ha spennato. Lo salva il fratello, uno sceriffo, che però poco dopo viene ucciso da una banda di *desperados*. Joe decide di vendicarlo. ■ WESTERN; COL.; 92'; ITALIA, 1967.

GENTLEMEN BRONCOS ★★
Regia di JARED HESS. Con MICHAEL ANGARANO, JEMAINE CLEMENT, JENNIFER COOLIDGE, HALLEY FEIFFER, HECTOR JIMENEZ. ■ Benjamin, che vive solo con la madre, coltiva una passione per la scrittura e decide di partecipare ad una convention letteraria. Al termine il ragazzo scopre che una delle sue storie di fantascienza è stata plagiata e riscritta dal suo mito, il romanziere fantasy Ronald Chevalier, e contemporaneamente bistrattata in una disastrosa pellicola dal più prolifico cineasta dilettante della città. ■ COMMEDIA; COL., 90'; USA, 2009.

GEOMETRIA DI UN DELITTO *(The Big Cube)* ★★
Regia di TITO DAVISON. Con GEORGE CHAKIRIS, LANA TURNER. ■ Una famosa attrice di teatro sposa un miliardario e si ritira dalle scene. Ma il marito muore durante un naufragio e la figlia di lui, che non ha mai potuto soffrire la matrigna, ordisce un piano diabolico per farla impazzire. Quasi ci riesce, ma un regista teatrale innamorato dell'ex attrice sventa la macchinazione. Poi sposa la

vedova. Matrigna e figliastra si riconcilieranno. ■ GIALLO; COL.; 98′; MESSICO, USA, 1968.

GEORGE AND THE DRAGON ★★
Regia di TOM REEVE. Con JEAN-PIERRE CASTALDI, MICHAEL CLARKE DUNCAN, PIPER PERABO, JAMES PUREFOY, PATRICK SWAYZE, BILL TREACHER, ROLLO WEEKS. ■ Al termine della Prima Crociata per liberare la Terra Santa, i soldati tornano a casa. George, un cavaliere inglese, dopo aver vissuto in prima persona gli orrori della guerra, decide di ritirarsi nel nord del paese, dove regna re Edgaar. Quando George viene a sapere che Lunna, la figlia del re, è stata rapita, decide di mettersi alla sua ricerca. Se la troverà otterrà in cambio un lotto di terra. Va tutto bene, con un'implicazione in più: l'amore. ■ AVVENTURA; COL.; 93′; GERMANIA, GRAN BRETAGNA, 2004.

GEORGE BALANCHINE – LO SCHIACCIANOCI ★★
(George Balanchine's the Nutcracker)
Regia di EMILE ARDOLINO. Con MACAULAY CULKIN, DARCI KISTLER, JESSICA LYNN COHEN. ■ Al suo sesto film Ardolino mette in scena, con le star del New York City Ballet, il balletto tratto dalla storia di Hoffman con le musiche di Ciaikovskij. La realizzazione è accurata ma si farebbe volentieri a meno della presenza dell'irritante Macaulay Culkin. ■ MUSICALE; COL.; 93′; USA, 1993.

GEORGE GERSHWIN REMEMBERED ★★
Con LEONARD BERNSTEIN, ANNE BROWN, KITTY CARLISLE, TODD DUNCAN. ■ Film documentario sul grande compositore George Gershwin, di origine televisiva. Ripescato a distanza di sedici anni e portato sugli schermi italiani nel 2003. Con tutto il rispetto per la qualità dall'opera (ottima per un canale satellitare) non si capisce perché. ■ MUSICALE; COL.; 88′; USA, 1987.

GEORGE HARRISON: LIVING IN THE MATERIAL WORLD ★★
Regia di MARTIN SCORSESE. Con JANE BIRKIN, TERRY GILLIAM, GEORGE HARRISON, PAUL MCCARTNEY, RINGO STAR. ■ In una piccola stanza celata dietro lo schermo del Bambi Kino, un cinema a luci rosse di Amburgo, dormivano quattro ragazzetti di Liverpool prima di diventare "più famosi di Gesù". È la storia dei Beatles secondo George Harrison e secondo uno che sa raccontare la musica, Martin Scorsese (*L'ultimo valzer*, *Shine a Light*, *Bob Dylan: No Direction Home*). ■ DOCUMENTARIO; COL.; 208′; USA, 2011.

GEORGE RE DELLA GIUNGLA...? ★
(George of the Jungle)
Regia di SAM WEISMAN. Con BRENDAN FRASER, LESLIE MANN, RICHARD ROUNDTREE. ■ Tratto da un cartone famoso in America. George, vive su un albero con ascensore e ha un gorilla come domestico. Si vorrebbe rappresentare una sorta di Tarzan comico. Un film inutile e stupido. ■ FANTASTICO; COL.; 92′; USA, 1998.

GEORGIA ★★★
Regia di ULU GROSBARD. Con JENNIFER JASON LEIGH, TED LEVINE, MARE WINNINGHAM. ■ Storia di due sorelle cantanti, Sadie (Jason Leigh) e Georgia (Winningham). Georgia ha talento, famiglia, equilibrio e successo. Sadie è drogata, instabile e canta pure male. Georgia aiuta continuamente la sorella, le dà denaro, ciclicamente la ricovera per disintossicarla, la tiene con sé. E la soccorre in palcoscenico quando è in difficoltà. Naturalmente le due sorelle si odiano più che amarsi. La gratitudine, poi, è qualcosa che finisce sempre per esplodere. Ed esplode nell'incontro finale, dopo una vita intera di emozioni represse. Film un po' greve (sei, sette canzoni cantate dall'inizio alla fine) ma corretto e catturante. La tesi è quella, naturalmente, che alla fine non è detto che la buona sia migliore della cattiva. Bravissime le due attrici (Mare ha avuto la "nomination") a esprimere i loro segni opposti. ■ DRAMMATICO; COL.; 113′; USA, 1995. ■ OSCAR 1 NOM.

GEORGY, SVEGLIATI *(The Georgy Girl)* ★★★
Regia di SILVIO NARIZZANO. Con ALAN BATES, JAMES MASON, BILL OWEN, CHARLOTTE RAMPLING, LYNN REDGRAVE. ■ Georgy è una ragazzona goffa e simpaticissima amata da un ricco signore, datore di lavoro di suo padre. Ma Georgy ama un giovane bellimbusto che a sua volta le preferisce l'amica Meredith, snella, raffinata e di facili costumi. Quando rimane incinta, costei non trova di meglio che rifilare il pupo a Georgy e tornarsene a fare la bella vita. Georgy, per dare un sostegno alla creatura, finirà per accettare la proposta di matrimonio del suo ricco spasimante. ■ COMMEDIA; B/N; 100′; GRAN BRETAGNA, 1967. ■ OSCAR 4 NOM.

GEPPO IL FOLLE ★★
Regia di ADRIANO CELENTANO. Con PIETRO BRAMBILLA, MARCO COLUMBRO, RAF DI SIPIO, CLAUDIA MORI. ■ Il famosissimo cantante italiano Geppo detto "il folle" vuole sfondare anche in Usa, ma per fare ciò deve imparare l'inglese. Si iscrive allora alla scuola diretta dalla bella Gilda. Tutte le allieve impazziscono per lui: solo Gilda non fa una piega. In realtà, però, anche il cuore di Gilda batte per Geppo. ■ COMMEDIA; COL.; 118′; ITALIA, 1976.

GERARCHI SI MUORE ★★
Regia di GIORGIO SIMONELLI. Con ALDO FABRIZI, FRANCO FRANCHI, CICCIO INGRASSIA, RAIMONDO VIANELLO. ■ Un industriale si trova in cattive acque. Ma potrebbe salvarlo un riccone, ex gerarca fascista. Per ingraziarselo, l'industriale lo riceve nel suo castello. L'ospite è in brodo di giuggiole, la società sta per nascere quando s'intromette lo spirito del castello. ■ COMICO; B/N; 91′; ITALIA, 1961.

GEREMIA, CANE E SPIA *(The Shaggy Dog)* ★★
Regia di CHARLES BARTON. Con ANNETTE FUNICELLO, JEAN HAGEN, TOMMY KIRK, FRED MACMURRAY. ■ Un postino non può soffrire i cani e ci rimane molto male quando il figliolo adolescente viene trasformato in botolo da un incantesimo. Per fortuna c'è un modo per farlo tornare allo stato primitivo: il ragazzo deve compiere un'azione gloriosa. ■ COMICO; COL.; 104′; USA, 1959.

GERLA DI PAPÀ MARTIN, LA ★★
Regia di MARIO BONNARD. Con GERMANA PAOLIERI, RUGGERO RUGGERI, ROBERTO VILLA. ■ Uno scaricatore francese è riuscito a far studiare il figlio a prezzo di duri sacrifici, ma questi lo ripaga sperperando tutti i denari nelle feste e negli amorazzi universitari. Il vecchio è costretto a rimettersi sulle banchine. Ma il figlio si pente, si redime, si sposa, si riunisce al padre. ■ DRAMMATICO; COL.; 90′; ITALIA, 1940.

GERMANIA ANNO ZERO ★★★★
Regia di ROBERTO ROSSELLINI. Con BARBARA HINTZE, FRANZ KRUGER, EDMUND MOESCHKE. ■ Nella Germania completamete distrutta dai bombardamenti la guerra è appena finita. Ma le ferite sono dure da rimarginare e anche gli odi, il razzismo, l'educazione alla violenza sono problemi difficili da sradicare dal tessuto della società. Un bambino se la passa male. E per non passarsela peggio avvelena il vecchio padre che non può lavorare e rendersi utile, quindi un essere "eliminabile" secondo le vecchie idee naziste. Ma poi non resiste al rimorso e si suicida. Qualcuno lo ritiene l'ultimo bel film di Roberto Rossellini. Non è esatto (il regista romano avrebbe avuto ancora qualche notevole exploit), ma è certo del suo periodo di grande notorietà, quello dell'esplosione del neorealismo all'indomani de la guerra, l'ultimo esempio di opera centrata, perfettamente padroneggiata dal suo autore. ■ DRAMMATICO; B/N; 75′; ITALIA, 1948.

GERMANIA IN AUTUNNO ★★
Regia di ALF BRUSTELLIN, HANS PETER CLOOS, ALEXANDER KLUGE, MAXIMILIANE MAINKA, EDGAR REITZ, KATJA RUPÉ, VOLKER SCHLÖNDORFF, BERNHARD SINKEL, RAINER WERNER FASSBINDER. Con MARIO ADORF, WOLFGANG BACHLER, HEINZ BENNENT, WOLF BIERMANN, JOACHIM BISSMEYER, CAROLINE CHANIOLLEAU, HANS-PETER CLOOS, RAINER WERNER FASSBINDER, HILDEGARD FRIESE, MICHAEL GAHR, VADIM GLOWNA, HELMUT GRIEM, HORATIUS HAEBERLE, HANNELORE HOGER, PETRA KIENER, DIETER LASER, HORST MAHLER, LISI MANGOLD, EVA MEIER, OTTO FRIEBEL, ENNO PATALAS, WERNER POSSARDT, FRANZ PRIEGEL, LEON RAINER, KATJA RUPÉ, WALTER SCHMIDINGER, GERHARD SCHNEIDER, CORINNA SPIES, ERIC VILGERTSBOFER, FRANZISKA WALSER, ANGELA WINKLER, MANFRED ZAPATKA. ■ L'avanguardia dei registi tedeschi realizza undici episodi sulla lotta armata, in concorso al festival di Berlino del 1978. All'indomani dell'uccisione del presidente dell'associazione degli industriali tedeschi da parte della Raf (equivalente tedesco delle Brigate rosse), del fallito sequestro di un aereo per opera dello stesso gruppo e del

successivo "suicidio" di tre terroristi, il film costituisce un aspro atto d'accusa contro le misure di repressione e il clima di caccia all'uomo instauratosi in Germania di fronte al pericolo del terrorismo. ■ DRAMMATICO; COL.; 116′; GERMANIA, 1978.

GERMANIA PALLIDA MADRE ★★★
(Deutschland bleiche Mutter)
Regia di HELMA SANDERS BRAHMS. Con EVA MATTHES, ELIZABETH STEPANECK, ANGELIKA THOMAS. ■ La storia recente della Germania, quella dell'avventura nazista e della seconda guerra mondiale, con la conseguente perdita dell'identità nazionale, il peso degli orrori commessi e del giudizio del mondo da sopportare. Il tutto tramite i ricordi e la narrazione dell'amore che unisce una madre e sua figlia. ■ DRAMMATICO; COL.; 123′; GERMANIA, 1983.

GERMANIA, SETTE DONNE A TESTA ★★
Regia di PAOLO CAVALLINA, STANIS NIEVO. ■ Uno spaccato, in realtà una serie di pezzi di repertorio non proprio inediti, sulla Germania di ieri e di oggi. Il titolo si riferisce alla proporzione fra uomini e donne tedesche all'indomani della guerra mondiale. ■ DOCUMENTARIO; COL.; 92′; ITALIA, 1970.

GERMINAL ★★★
Regia di CLAUDE BERRI. Con JEAN CARMET, GÉRARD DEPARDIEU, ANNY DUPEREY, BERNARD FRESSON, MIOU-MIOU, LAURENT TERZIEFF. ■ Tratto da un romanzo di Émile Zola, è stato il progetto di molti registi tra i quali Marcel Carné. Alla fine lo ha realizzato Berri con risultati apprezzabili ma non esaltanti. Siamo nell'Ottocento a Montsou, in Belgio. Il dramma è incentrato su un gruppo di minatori in sciopero, sulla loro vita, la loro miseria. ■ DRAMMATICO; COL.; 158′; FRANCIA, 1993.

GERONIMO ★★★
Regia di ARNOLD LAVEN. Con CHUCK CONNORS, PAT CONWAY, KAMALA DEVI, ROSS MARTIN. ■ Il fiero capo indiano Geronimo si adatta a vivere rinchiuso nella riserva San Carlos. Ma per poco: ben presto per i maltrattamenti è costretto a ribellarsi. Fugge con un pugno di seguaci e sparge il terrore nell'Arizona. Dopo molti anni di scorrerie decide di arrendersi ottenendo una onorevole pace dal governo di Washington. ■ WESTERN; COL.; 101′; USA, 1962.

GERONIMO ★★
Regia di ROBERT YOUNG. Con NICK RAMUS, J. RUNNINGFOX. ■ Girato nello stesso periodo del film omonimo di Walter Hill, narra delle gesta, raccontate da lui medesimo, del mitico capo degli Apaches. Il nome di battaglia lo acquista grazie a uno scontro coi messicani avvenuto la giornata di San Geronimo. Diretto con cura professionale. ■ WESTERN; COL.; 102′; USA, 1993. ■ OSCAR 1 NOM.

GERONIMO ★★★★
Regia di WALTER HILL. Con MATT DAMON, ROBERT DUVALL, GENE HACKMAN, JASON PATRIC, WESS STUDI, SCOTT WILSON. ■ I personaggi sono: il tenente Charles Gatewood (Patric), amico personale di Geronimo che ebbe il ruolo più importante nella resa dell'indiano; il sottotenente Britton Davis (Damon), il giovane narratore, autore, allora, del resoconto (*The Truth about Geronimo*) della vicenda; il generale George Crook (Hackman), umano e disposto a capire gli indiani; Al Sieber (Duvall), lo scout che odiava ma rispettava gli Apaches; infine Geronimo, il capo degli Apaches Ciricahua, interpretato da Studi, autentico indiano, uomo intelligente e coerente che ha deciso di accettare solo ruoli di indiano, pur avendo grandi possibilità grazie alla sua faccia straordinaria. Fra il 1884 e l'86 Geronimo combatté i bianchi, si arrese una prima volta, tradito fuggì con trentacinque guerrieri e costrinse l'esercito a impiegare ben cinquemila unità in un'inutile caccia che si spinse fino al Messico. Alla fine fu grazie a un uomo solo, Gatewood appunto, che accettò di essere mandato nella riserva in Florida. Il film si chiude sul treno che trasporta gli Apaches. Geronimo rimase in Florida ventitré anni accettando di stare all'umiliante gioco dei bianchi che lo mostravano come una sorta di trofeo. Morì nel 1909 a ottantasei anni. Va subito detto che più che di Hill, il film è di Milius, autore della sceneggiatura. *Geronimo* è il miglior western dai tempi di *Corvo Rosso*. Non è che la concorrenza sia stata irresistibile ma è già un buon risultato. ■ WESTERN; COL.; 120′; USA, 1994. ■ OSCAR 1 NOM.

GERRY ★★★★
Regia di GUS VAN SANT. Con CASEY AFFLECK, MATT DAMON. ■ Due ragazzi di nome Gerry (Matt Damon e Casey Affleck, autori insieme a Van Sant della sceneggiatura) si perdono nel deserto. Questo il plot del film che ha segnato il punto di svolta dello stile registico del pittore dello schermo americano. *Gerry* costituisce infatti il primo capitolo di una trilogia dedicata alla giovinezza (*Elephant* e *Last Days* i due successivi), nella quale Van Sant, rinunciando al ritmo del montaggio, si fa portavoce di una concezione lenta e meditativa del tempo cinematografico. La steadycam segue gli ipnotici vagabondaggi dei due protagonisti attraverso lunghi piani sequenza che registrano la loro quotidianità, con in sottofondo i suoni della natura di questo paesaggio ostile, privo di un centro e di punti di riferimento, all'interno del quale anche noi spettatori finiamo per perderci. In questo "western dell'anima" protagonista si fa allora il cammino, mezzo di liberazione e purificazione attraverso le prove alle quali il deserto (metafora della vita) sottopone i due Gerry. E non importa quale sia la meta, tanto – dice Gerry/Damon – «tutte le strade portano nello stesso posto». ■ DRAMMATICO; COL.; 103′; ARGENTINA, USA, 2002.

GERTRUD ★★★★
Regia di CARL THEODOR DREYER. Con NINA PENS RODE, EBBE ROBE, BENDT ROTHE. ■ Gertrud ha sempre aspirato all'amore assoluto, ma nella sua vita ha conosciuto molte delusioni: prima con il marito, un politico ambizioso ed insensibile, poi con un giovane artista vacuo e immaturo. Il bilancio della sua esistenza, che tenta, ormai anziana, con un amico sincero, non è tuttavia negativo; la sua epigrafe sarà: "Tutto è amore". È l'ultimo film di Dreyer. ■ DRAMMATICO; B/N; 119′; DANIMARCA, 1964.

GERUSALEMME LIBERATA, LA ★★
Regia di CARLO LUDOVICO BRAGAGLIA. Con GIANNA MARIA CANALE, SYLVA KOSCINA, FRANCISCO RABAL. ■ Il poema di Torquato Tasso messo in immagini molto banali. ■ AVVENTURA; COL.; 97′; ITALIA, 1957.

GERVAISE ★★★★
Regia di RENÉ CLÉMENT. Con SUZY DELAIR, ARMAND MESTRAL, FRANÇOIS PÉRIER, MARIA SCHELL. ■ Siamo a Parigi, nella seconda metà del secolo scorso. Gervaise è una lavandaia zoppa, piena di slancio e di voglia di fare, ma sfortunata con la vita in genere e gli uomini in particolare. Ama un dongiovanni che la sfrutta e poi la lascia. Si mette con un onesto falegname che però in seguito a un incidente si dà al bere. Un operaio onesto e coraggioso potrebbe essere infine l'uomo giusto, ma per le sue idee politiche vien messo in galera. ■ DRAMMATICO; B/N; 111′; FRANCIA, 1956. ■ OSCAR 1 NOM; VENEZIA 1 PR.

GESPENSTER ★
Regia di CHRISTIAN PETZOLD. Con MARIANNE BASLER, BENNO FÜRMANN, JULIA HUMMER, AURÉLIEN RECOING, SABINE TIMOTEO. ■ Nina è un'adolescente affidata ai servizi sociali che lavora come addetta alle pulizie in un parco. Incontra Toni, una ragazza sbandata che viene violentata davanti ai suoi occhi. Fra le due nasce un'amicizia morbosa. ■ DRAMMATICO; COL.; 85′; FRANCIA, GERMANIA, 2004.

GESTAPO IN AGGUATO *(Ritt Meister Wronski)* ★★
Regia di ULRICH ERFURTH. Con WILLY BIRGEL, ILSE STEPPAT, IRENE VON MEYERDORFF. ■ Un ufficiale polacco, rovinato dai debiti, accetta di fare la spia per il suo paese. Lo mandano a Berlino alla vigilia della guerra mondiale. L'ufficiale riesce a strappare preziose informazioni, ma la Gestapo lo cattura. ■ SPIONAGGIO; B/N; 92′; GERMANIA, 1954.

GESTO, IL ★★
Regia di MARCELLO GROTTESI. ■ Film molto velleitario, volutamente d'avanguardia, senza capo né coda. Solo gesti, volti impiastricciati, croci, barche che girano in tondo, colonne, scale. In teoria, una rappresentazione metaforica sull'angoscia della vita d'oggi. ■ COMMEDIA; B/N; 90′; ITALIA, 1973.

♥ GESÙ DI NAZARETH *(Jesus of Nazareth)* ★★★
Regia di FRANCO ZEFFIRELLI. Con ANNE BANCROFT, ERNEST BORGNINE, VALENTINA CORTESE, OLIVIA HUSSEY, JAMES MASON, LAURENCE OLIVIER, ROBERT POWELL, ANTHONY QUINN,

RENATO RASCEL, ROD STEIGER. ■ La vita di Gesù, tratta dal Vangelo e da alcuni racconti apocrifi. Questo film è stato realizzato per la televisione italiana (diviso in 6 puntate) ed è stato un avvenimento d'eccezione, seguito contemporaneamente in quasi tutto il mondo. ■ STORICO; COL.; 300'; GRAN BRETAGNA, ITALIA, 1977.

GETAWAY *(The Getaway)* ★★
Regia di ROGER DONALDSON. Con ALEC BALDWIN, KIM BASINGER, MICHAEL MADSEN, JENNIFER TILLY, JAMES WOODS. ■ Remake dell'omonimo film di Peckinpah tratto dal romanzo di Jim Thompson. A dimostrazione che la maggiore libertà di mostrare il sesso non coincide necessariamente con la capacità di riprodurre l'esplosione di bellezza, violenza e vitalità che aveva il film di riferimento. La storia resta quella ma c'è come un congelamento della violenza visiva. L'immagine, cioè, non esplode. ■ DRAMMATICO; COL.; 115'; USA, 1994.

GETAWAY! *(The Getaway)* ★★★
Regia di SAM PECKINPAH. Con BEN JOHNSON, AL LETTIERI, ALI MACGRAW, STEVE MCQUEEN. ■ Per uscire di galera prima d'aver scontato la pena, Doc deve adattarsi al ricatto di un politicante senza scrupoli che gli fa rapinare una banca. Il colpo riesce, ma i rapinatori litigano subito fra di loro per il bottino. Uno muore, l'altro viene abbandonato da Doc che fugge verso il Messico con la moglie e il bottino. Inseguito dalla polizia e dal complice ferito, Doc è raggiunto oltre confine, ma riesce a uccidere tutti i suoi nemici. ■ POLIZIESCO; COL.; 122'; USA, 1972. ■ GOLDEN GLOBES 1 NOM.

GET BACK ★★
Regia di RICHARD LESTER. Con LINDA MCCARTNEY, PAUL MCCARTNEY. ■ Mescolando le riprese del concerto di Paul McCartney (che nel settembre 1989 torna a esibirsi dal vivo) con immagini di cronaca contemporanea, Lester ci dà qualcosa di più delle riprese di un evento musicale. ■ MUSICALE; COL.; 89'; GRAN BRETAGNA, 1990.

GET OVER IT ★★
Regia di TOMMY O'HAVER. Con KIRSTEN DUNST, BEN FOSTER, MELISSA SAGEMILLER, SHANE WEST. ■ Tipica commediola americana sui tipici problemi adolescenziali al college. Berke è all'ultimo anno di liceo, ed è convinto che la vita sia una cosa meravigliosa: gli studi vanno bene, gli amici sono ok e soprattutto è fidanzato con la ragazza perfetta, Allison, di cui è da sempre innamorato. Peccato che le cose non stiano proprio così: Allison infatti lo lascia per mettersi con il bellimbusto locale, e questa sembra essere solo la prima delle catastrofi che si abbattono sulla vita di Berke. ■ COMMEDIA; COL.; 87'; USA, 2001.

GET RICH OR DIE TRYIN' ★★
Regia di JIM SHERIDAN. Con ADEWALE AKINNUOYE-AGBAJE, OMAR BENSON MILLER, JOY BRYANT, VIOLA DAVIS, BILL DUKE, 50 CENT (CURTIS JACKSON) TERRENCE HOWARD, ASHLEY WALTERS. ■ Il film racconta la storia di un rapper di successo, 50 Cent. Marcus Greer (50 Cent) è il figlio di una ragazza madre che tenta di proteggerlo dalla violenza delle strade di New York e fargli vivere una vita dignitosa nonostante la mancanza del padre, di cui non vuole rivelare l'identità. Quando la giovane signora Greer viene uccisa, il ragazzino dodicenne si trasferisce dai nonni materni ma capisce sin da subito quali sono le dure regole del gioco e per cercare di emergere nel mondo dell'hip-hop e allo stesso tempo diventare un vero gangster si infila in un giro di spaccio dominato da Majestic (Adewale Akinnuoye-Agbaje) da una parte e dai colombiani dall'altra. La lotta per il potere tra le due gang rivali fa finire Marcus in prigione; lontano dalle gang può finalmente coltivare la passione per la musica e, grazie all'incontro con Bama, che diventerà il suo manager, pensare ad un futuro diverso da quello che lo aspetta in strada. ■ AZIONE; COL.; 134'; USA, 2005.

GET SHORTY ★★★
Regia di BARRY SONNENFELD. Con DANNY DEVITO, GENE HACKMAN, RENE RUSSO, JOHN TRAVOLTA. ■ Chili (Travolta) è un esattore della mafia. Arriva a Hollywood e viene catturato dal morbo del cinema. Intorno a un copione che sarà un sicuro successo, si intrecciano storie di gangster, di divi del cinema, di spacciatori colombiani. Alla fine il film viene prodotto, proprio da Chili, con Harvey Keitel protagonista. *Gangster story* rosa che cerca parentele con *Pulp Fiction* e che ripropone un Travolta riveduto e corretto proprio rispetto al personaggio del film di Tarantino. ■ COMMEDIA; COL.; 110'; USA, 1996. ■ GOLDEN GLOBES 1 PR, 3 NOM.

GETTA LA MAMMA DAL TRENO ★★
(Throw Mama from the Train)
Regia di DANNY DEVITO. Con BILLY CRYSTAL, DANNY DEVITO, KATE MULGREW, ANNE RAMSEY. ■ Un mammone ossessionato da una madre megera, e un marito, abbandonato e imbrogliato dalla moglie, si mettono d'accordo per scambiarsi le uccisioni delle rispettive arpie. Versione burlesca, divertente anche se grossolana, del canovaccio reso famoso da Hitchcock in *Delitto per delitto*. ■ COMICO; COL.; 88'; USA, 1987. ■ GOLDEN GLOBES 2 NOM; OSCAR 1 NOM.

GETTING EVEN ★★
Regia di LEANDRO LUCCHETTI. Con MICHAEL ARONIN, HARRISON MULLER, RICHARD ROUNDTREE. ■ In Thailandia una banda di contrabbandieri d'armi viene decimata. Un veterano della guerra in Vietnam approfitta dell'occasione per attuare le sue vendette. ■ DRAMMATICO; COL.; 93'; ITALIA, 1988.

GETTING TO KNOW YOU ★★
Regia di LISANNE SKYLER. Con HEATHER MATARAZZO, BEBE NEUWIRTH, MICHAEL WESTON. ■ Tratto da tre racconti di Joyce Carol Oates. L'incontro tra un ragazzo e una ragazza in una stazione di pullman dà vita ad alcune storie minimali raccontate dai due. Personaggi e situazioni della loro vita si intrecciano. Film d'esordio di una documentarista. Claustrofobico ma interessante, è stato presentato alla Mostra di Venezia. ■ COMMEDIA; COL.; 99'; USA, 1999.

GETTONE PER IL PATIBOLO, UN *(Safari diamants)* ★★
Regia di MICHEL DRACH. Con HORST FRANK, MARIE JOSÉ NAT, JEAN-LOUIS TRINTIGNANT. ■ Annoiato dal tran-tran borghese, un giovane architetto decide di vivere pericolosamente. Ruba, ma è subito depredato del bottino da una banda di rapinatori e assassini. Lui cerca di riprendersi il malloppo: è una strage. ■ DRAMMATICO; COL.; 90'; FRANCIA, 1966.

GETTYSBURG ★★
Regia di RONALD RONALD F. MAXWELL. Con TOM BERENGER, JEFF DANIELS, C. THOMAS HOWELL, RICHARD JORDAN, MARTIN SHEEN. ■ Uscito al cinema negli Stati Uniti, in Italia solo in videocassetta. È un kolossal studiato anche come miniserie televisiva. Con un cast di bravi professionisti ci addentriamo nella battaglia di Gettysburg, famosa per essere stata la più crudele della guerra di Secessione. ■ STORICO; COL.; 240'; USA, 1993.

GET WELL SOON ★
Regia di JUSTIN MCCARTHY. Con COURTNEY COX, VINCENT GALLO. ■ Bobby Bishop è un ospite famoso negli show televisivi. Nel corso di una trasmissione dice a una pop star tutto quello, non certo positivo, che pensa di lei. La star è potente e vendicativa, dunque Bobby si trova nei guai. Sconclusionato. ■ COMMEDIA; COL.; 90'; USA, 2001.

G-FORCE. SUPERSPIE IN MISSIONE *(G-Force)* ★★
Regia di HOYT YEATMAN. Con WILL ARNETT, ZACH GALIFIANAKIS, KELLI GARNER, NIECY NASCH, BILL NIGHY. ■ Una delle più grandi multinazionali del mondo che produce elettrodomestici ha inserito in ogni prodotto un chip malefico che, se attivato, porta le macchine a ribellarsi ai propri padroni coordinandosi tra loro. Il piano per la conquista del mondo è ignorato da tutti tranne che dalla G-Force, una squadra speciale che opera al di fuori delle autorizzazioni governative sebbene finanziata da esse, e che è sostanzialmente composta da porcellini d'India altamente addestrati e altamente dotati tecnologicamente più una talpa che fa da mago dei computer. Un complottismo facile e una serie di colpi di scena abbastanza prevedibili fungono da pretesto per un film che come spesso accade per le opere prodotte da Jerry Bruckheimer ha nella confezione la sua parte più interessante. ■ AVVENTURA; COL.; 89'; USA, 2009.

GHEPARDO PER AMICO – UN'AVVENTURA IN AFRICA, UN *(Cheetah)* ★★
Regia di Jeff Blyth. Con Keith Coogan, Lucy Deakins, Collin Mothupi, Ka Vundla. ■ Due adolescenti in trasferta in Africa per raggiungere i genitori impegnati in un centro di ricerca in Kenya, si spingono nella foresta e tra i primitivi per soddisfare la loro sete di avventura. Adottano anche un cucciolo di ghepardo, che diverrà preda di avventurieri in cerca di un animale da corsa. I due ragazzi, con un piccolo indigeno, vagano per l'Africa tra scenari meravigliosi e sconosciuti alla ricerca del loro amico ghepardo. ■ Avventura; col.; 84'; USA, 1988.

GHEPEÙ *(G.P.U.)* ★★
Regia di Karl Ritter. Con Andrews Engelmann, Will Quadflieg, Laura Solari. ■ Un giovane e una ragazza vengono arruolati a forza nello spionaggio sovietico. Cercano di sganciarsi ma vengono catturati. Li salveranno gli agenti segreti tedeschi. ■ Spionaggio; b/n; 90'; Germania, 1942.

GHIACCIO VERDE *(Green Ice)* ★★
Regia di Ernest Day. Con Anne Archer, Ryan O'Neal, Omar Sharif. ■ Un giovane avventuroso americano accetta di accompagnare in Colombia una bella ragazza che vuole ritrovare colà le tracce della sorella. Scoprono presto che la sorella è morta, uccisa mentre aiutava i guerriglieri locali, in lotta con i governatori e con una multinazionale del mercato di smeraldi. I due si uniscono ai guerriglieri e assieme a loro portano a felice conclusione il colpo del secolo, la rapina alla cassaforte della multinazionale. ■ Avventura; col.; 115'; USA, 1981.

GHIGLIOTTINA PER IL TENENTE COLOMBO, UNA *(Colombo Goes to the Guillotine)* ★★
Regia di Leo Penn. Con Peter Falk. ■ Nella villa di un uomo molto ricco viene rinvenuto, a causa delle gocce di sangue che cadono sul pavimento, il cadavere di Max il Magnifico, uno dei più grandi prestigiatori del mondo. Colombo inizia le sue personalissime indagini. ■ Poliziesco; col.; 87'; USA, 1989.

GHIGLIOTTINA VOLANTE, LA ★
Regia di Meng-Hwa Ho. Con Chen Kuan-Tai, Ku Feng, Liu Wu Chi, Frankie Wei. ■ Un sanguinario tiranno cinese, per uccidere i suoi oppositori, fa costruire una nuova arma consistente in un cappello munito di lame da lanciare contro la vittima designata: il copricapo poi, come un boomerang, tornerà indietro con attaccata la testa del disgraziato. ■ Avventura; col.; 90'; Hong Kong, 1973.

♥ GHOSTBUSTERS – ACCHIAPPAFANTASMI *(Ghostbusters)* ★★★
Regia di Ivan Reitman. Con Dan Aykroyd, Bill Murray, Sigourney Weaver. ■ Tre scienziati bizzarri e pasticcioni scoprono un metodo per catturare i fantasmi, generalmente piccoli disturbatori, che infestano New York. Ma all'aumentare delle "turbolenze ectoplasmatiche" appare chiaro che qualcosa di grosso sta succedendo in città: un minaccioso dio dell'antichità ha infatti l'intenzione di radere al suolo New York. Ai nostri eroi l'arduo compito di salvare il mondo. Grazie alla grande simpatia e bravura degli interpreti, che si muovono tra effetti speciali di alto livello, battute fulminanti e situazioni irresistibili, il film, solidamente sceneggiato e curatissimo nei particolari, è giustamente diventato campione d'incasso in molti paesi. ■ Comico; col.; 107'; USA, 1984. ■ Golden Globes 3 nom; Oscar 2 nom.

GHOSTBUSTERS COPS – PIEDIPIATTI ACCHIAPPAFANTASMI *(Ghost Fever)* ★★
Regia di Lee Madden. Con Sherman Hemsley, Jennifer Rhodes. ■ Una strana coppia di sbirri, formata da un nero e da un portoricano, riceve uno strano incarico: scoprire cosa c'è dietro il mistero di una antica casa, "Magnolia House", che la credenza popolare racconta infestata dagli spiriti. Il regista Madden s'è nascosto dietro lo pseudonimo di Allen Smithee (nomignolo comunemente usato da molti registi americani che vogliono mantenere l'incognito). ■ Commedia; col.; 86'; USA, 1986.

GHOSTBUSTERS 2 ★★★
Regia di Ivan Reitman. Con Dan Aykroyd, Bill Murray, Sigourney Weaver. ■ Si riforma la squadra degli "Acchiappafantasmi" (dispersa dopo la precedente avventura). C'è ancora bisogno di loro. Sigourney Weaver, che fu l'amante del capo dei Ghostbusters, ora chiede il suo aiuto. Il suo bambino, avuto da un seguente matrimonio, mostra propensioni diaboliche (colpa degli strani accoppiamenti della mamma nell'avventura precedente). Urge esorcizzarlo prima che rada al suolo la Quinta Strada e zone limitrofe. ■ Commedia; col.; 102'; USA, 1989.

GHOST DAD – PAPÀ È UN FANTASMA *(Ghost Dad)* ★★★
Regia di Sidney Poitier. Con Bill Cosby, Denise Nicholas, Kimberly Russell. ■ Interpretato dal comico di colore più pagato del mondo e diretto dall'attore di colore più famoso. Il risultato dei due incarichi è buono, anche se la sceneggiatura sull'ennesimo ritorno dall'aldilà dimostra ancora una volta che Hollywood non sa che storie pigliare. Elliot, rimasto senza consorte, non riesce a dare ai propri figli l'affetto e l'attenzione che meriterebbero per via del super lavoro. Muore per un incidente in automobile e il cielo gli fa dono di alcuni giorni come fantasma per sistemare i problemi con i figli. ■ Commedia; col.; 80'; USA, 1990.

GHOST DOG – IL CODICE DEI SAMURAI *(Ghost Dog: The Way of Samurai)* ★★
Regia di Jim Jarmusch. Con Cliff Gorman, Henry Silva, John Tormey, Forest Whitaker. ■ Regia importante per la storia di uno strano killer che si ispira all'etica degli antichi samurai, ma è costretto ad uccidere chi prima serviva. Prodotto curioso, anche se non del tutto convincente. Violenza citata come fattore estetico. ■ Avventura; col.; 116'; USA, 1999.

GHOST – FANTASMA *(Ghost)* ★★★
Regia di Jerry Zucker. Con Whoopi Goldberg, Tony Goldwyn, Demi Moore, Patrick Swayze. ■ Jerry Zucker, uno dei tre registi dell'*Aereo più pazzo del mondo*, abbandona il demenziale per entrare nei ranghi del cinema "per tutti i gusti". Il film studiato fin troppo per le platee, in maniera schematica, racchiude il versante romantico e comico, quello thriller e di fantascienza. Un uomo viene ucciso e attraverso una sgangherata medium cerca di entrare in contatto con la fidanzata. Questa pellicola fa parte del periodo di moralismo e pseudoreligione, durante la presidenza di Bush, che ha riguardato molti film creati come fiabe, ma lontani anni luce dalla bravura di un Frank Capra. Enorme successo di pubblico. ■ Fantastico; col.; 116'; USA, 1990. ■ Golden Globes 1 pr, 4 nom; Oscar 2 pr, 5 nom.

GHOST IN THE SHELL 2: INNOCENCE *(Inosensu)* ★★
Regia di Mamoru Oshii. ■ Anno 2032. Le differenze tra gli esseri umani e le macchine sono quasi scomparse. Gli umani hanno dimenticato le loro origini e quelli che restano convivono con i cyborg (umani che esistono in corpi interamente meccanici) e dolls (robot privi di qualsiasi elemento di umanità). Gli appassionati dell'animazione giapponese lo troveranno un capolavoro gli altri lo considereranno un raffinato esercizio di "barocco" animato. ■ Animazione; col.; 100'; Giappone, 2004.

GHOST IN THE SHELL - L'ATTACCO DEI CYBORG *(Ghost in the Shell 2: Innocence)* ★★
Regia di Mamoru Oshii. ■ Anno 2032. Le differenze tra gli esseri umani e le macchine sono quasi scomparse. Gli umani hanno dimenticato le loro origini e quelli che restano convivono con i cyborg (umani che esistono in corpi interamente meccanici) e dolls (robot privi di qualsiasi elemento di umanità). Batou è un cyborg. Le uniche tracce di umanità risiedono nel suo cervello e nel ricordo di una donna chiamata Mayor. Batou sta indagando su una nuova specie di creature, i gynoid, esseri dall'aspetto femminile creati per la soddisfazione del desiderio sessuale che uccidono i loro padroni. Gli appassionati dell'animazione giapponese lo troveranno un capolavoro, gli altri lo considereranno un raffinato esercizio di "barocco" animato. ■ Animazione; col.; 100'; Giappone, 2004.

GHOST LAKE ★
Regia di Jay Woelfel. Con Tatum Adair, Chuck Franklin, Gregory Lee Kenyon, Damian Maffei, Timothy Prindle, Azure Sky Decker. ■ Gli abitanti di una cittadina muoiono annegati in un lago artificiale. Ogni tredici anni i morti di quella tra-

gedia tornano in vita per uccidere altre persone. Rebecca, si troverà ad affrontare questi terribili eventi e a cercare una soluzione. ■ HORROR; COL.; 111′; USA, 2004.

GHOSTMAKER, THE ★★

Regia di MAURO BORRELLI. Con DOMIZIANO ARCANGELI, AARON DEAN EISENBERG, LIZ FENNINIG, JARED J. WALTER HOLLAND. ■ Kyle pulisce cantine per racimolare qualche soldo extra e si imbatte in un'antica bara che attira la sua curiosità. Nonostante l'anziana proprietaria gli intimi di sbarazzarsene, il giovane decide di lucidarla per poi venderla a qualche antiquario. Mentre la pulisce, Kyle nota un doppio fondo con uno strano meccanismo a orologeria e una chiave che attiva un carillon: la bara è stata costruita nel XV secolo da Wolfgang Von Tristen, "l'artigiano del diavolo", specializzato in strumenti di tortura e attratto dalla morte e dall'aldilà. Diretto da Mauro Borrelli, approdato a Hollywood come concept designer dei film di Francis Ford Coppola e Tim Burton, *The Ghostmaker* si presenta come un classico "B movie" che sopperisce alla mancanza di mezzi economici con le trovate visive e creative dell'autore. ■ HORROR; COL.; 91′; USA, 2011.

GHOST MOVIE *(A Haunted House)* ★

Regia di MICHAEL TIDDES. Con ESSENCE ATKINS, CEDRIC THE ENTERTAINER, DAVID KOECHNER, DAVE SHERIDAN, NICK SWARDSON. ■ Tra le quattro mura dove Malcolm e Keisha credono di essere al sicuro inizia l'incubo. Lei viene posseduta da un demonio dispettoso. Come recita il trailer italiano del film "il paranormale è nell'aria". Le proveranno tutte i protagonisti di *Ghost Movie* per risolvere la scabrosa situazione, fino a chiamare l'esorcista più improbabile che si sia visto al cinema. ■ COMMEDIA; COL.; 86′; USA, 2013.

GHOST RIDER ★★

Regia di MARK STEVEN JOHNSON. Con WES BENTLEY, NICOLAS CAGE, BRETT CULLEN, PETER FONDA, DONAL LOGUE, EVA MENDES, JOEL TOBECK. ■ Johnny Blaze ha fatto un patto con il diavolo. Letteralmente. Stuntman infallibile con la sua motocicletta, è costretto, per salvare il padre, a stringere un accordo faustiano con il maligno: in suo nome dovrà affrontare demoni e malvagi di ogni sorta, ma anche Lucifero può essere sconfitto e la maledizione messa a vantaggio dei deboli e degli innocenti... ■ AZIONE; COL.; 114′; USA, 2007.

GHOST RIDER: SPIRITO DI VENDETTA ★
(Ghost Rider: Spirit of Vengeance)

Regia di MARK NEVELDINE, BRIAN TAYLOR. Con NICOLAS CAGE, IDRIS ELBA, CIARAN HINDS, VIOLANTE PLACIDO, JOHNNY WHITWORTH. ■ Johnny Blaze, funambolo del motociclista, è stato trasformato dal demonio in spirito della vendetta per un patto firmato con il sangue per la salvezza del padre. Vive ritirato, rifiutando la propria missione. A richiamarlo in attività è la Chiesa: in Romania il diavolo si è palesato di nuovo per sguinzagliare nuovi sgherri alla ricerca di un bambino a cui tiene in maniera particolare. Secondo film tratto dal personaggio dei fumetti Marvel, creato da Gary Friedrich, Michael Ploog e Roy Thomas. ■ AZIONE; COL.; 95′; USA, EMIRATI ARABI UNITI, 2012.

GHOSTS OF THE ABYSS ★★★

Regia di JAMES CAMERON. ■ James Cameron torna a occuparsi della vicenda del Titanic con un documentario realizzato in 3D, con cui ci guida in un viaggio attraverso le profondità dell'oceano, per raccontare il naufragio più famoso della storia. ■ DOCUMENTARIO; COL.; 62′; USA, 2003.

GHOST SON ★★

Regia di LAMBERTO BAVA. Con CAROLINA CATALDI TASSONI, JOHN HANNAH, LAURA HARRING, PETE POSTLETHWAITE. ■ Stacey e Mark vivono una grande storia d'amore. Entrambi soddisfatti e realizzati nel sentimento che provano l'uno per l'altra, vivono felici a contatto con la natura, in una grande fattoria immersa nella savana africana. Le cose cambiano radicalmente quando Mark muore in un incidente d'auto: Stacey, depressa e sconsolata, fatica inizialmente a ritrovare uno scopo per cui vivere, ma riesce a trovare conforto in Martin, il bambino che Mark le ha lasciato come ultimo segno del loro rapporto. Ma Martin è davvero suo figlio o è il fantasma di Mark? Stacey, giorno dopo giorno, è sempre più tormentata dai dubbi... Scelta spiazzante quella di Bava: ci si aspetterebbe un horror classico, magari virato su toni grandguignoleschi, e invece ci si trova davanti a una storia d'amore atipica, molto intensa che, nel corso della sua progressione narrativa, lascia lo spazio a un mix tra thriller, paranormale e, inevitabilmente, un pizzico di sana suspence made in Italy. ■ THRILLER; COL.; 96′; GRAN BRETAGNA, ITALIA, SPAGNA, SUDAFRICA, 2006.

GHOST TOWN ★★

Regia di DAVID KOEPP. Con BILLY CAMPBELL, RICKY GERVAIS, GREG KINNEAR, TÉA LEONI, AASIF MANDVI. ■ Il dottor Bertram Pincus è tanto un bravo dentista quanto un assoluto misantropo incapace di provare il benché minimo interesse per la gente. La sua vita scorre monotona fino a quando incontra Frank, un uomo d'affari newyorkese, che è stato investito da un bus. Pincus, rimasto clinicamente morto per alcuni minuti nel corso di un intervento sotto anestesia totale, ora è in grado di vedere i fantasmi che si aggirano per la Grande Mela bisognosi di sistemare le cose con chi è rimasto prima di potersene andare definitamene nell'aldilà. È quello che vorrebbe Frank, che desidera impedire che la moglie Gwen accetti il corteggiamento di un attivista umanitario. O Pincus lo aiuterà nell'impresa oppure tutti i fantasmi bisognosi di aiuto non lo lasceranno in pace. ■ COMMEDIA; COL.; 102′; USA, 2008.

GHOST WORLD ★★

Regia di TERRY ZWIGOFF. Con BOB BALABAN, THORA BIRCH, STEVE BUSCEMI, ILLEANA DOUGLAS, SCARLETT JOHANSSON, BRAD RENFRO. ■ Due adolescenti alle prese con la crescita, ed i conseguenti miti ed ossessioni. Il film, invece, è alle prese con l'icona *American Beauty*, al quale si rifà, almeno nei suoi tratti giovanilistici. Qualche sprazzo d'originalità e la grottesca e divertente figura "fuori dal coro" di Steve Buscemi non salvano il film da retorica e gusto del "già visto". ■ DRAMMATICO; COL.; 111′; GRAN BRETAGNA, USA, 2001. ■ GOLDEN GLOBES 1 NOM.

GHOULIES ★★

Regia di LUCA BERCOVICI. Con PETER LIAPIS, JACK NIANCI, LISA PELIKAN. ■ Un ragazzo di diciotto anni eredita una casa di campagna abitata da piccoli demonietti distruttori, i Ghoulies. Il ragazzo, non sapendo come difendersi, evoca con un sortilegio due forze dotate di benefici poteri. Ma non è facile avere la meglio sui Ghoulies. ■ HORROR; COL.; 84′; USA, 1985.

GHOULIES 2 *(Ghoulies Two)* ★★

Regia di ALBERT BAND. Con ROYAL DANO, ANTHONY DAWSON, MICKEY KNOX. ■ I Ghoulies, i demonietti roditori forniti di terribili poteri, stanno per essere soppressi da uno scienziato, ma riescono a fuggire e si nascondono in una carovana di Luna Park diretta in Carolina. Giunti a destinazione seminano terrore e morte nel parco divertimenti. ■ HORROR; COL.; 90′; USA, 1988.

GIACCA VERDE, LA ★★★

Regia di FRANCO GIRALDI. Con SENTA BERGER, JEAN-PIERRE CASSEL, RENZO MONTAGNANI. ■ Dal racconto omonimo di Mario Soldati. Un direttore d'orchestra (Cassel) ritrova tra i suoi musicisti una vecchia conoscenza (Montagnani), che in passato ha preso in giro. Ad anni di distanza emerge in lui un disagio, un imbarazzo che lo mettono in crisi, anche professionale. Film psicologicamente profondo, difficile, accurato, stilisticamente notevolissimo. ■ COMMEDIA; COL.; 90′; ITALIA, 1981.

GIACOBBE ED ESAÙ ★★

Regia di MARIO LANDI. Con ED ASHIM, ELISA CEGANI, GIANFRANCO GIACHETTI, ENNIO GIROLAMI, WANDISA GUIDA. ■ Dalla Bibbia: il forte Esaù e il furbetto Giacobbe entrano in conflitto per la successione del padre, Isacco. Giacobbe gioca Esaù, poi deve involarsi per sfuggire alla vendetta del fratello. Ritorna molto tempo dopo e affronta Esaù in un violento corpo a corpo, che si concluderà però con la completa riconciliazione dei due. ■ STORICO; COL.; 93′; ITALIA, 1963.

GIACOBBE, L'UOMO CHE LOTTÒ CON DIO ★★

Regia di MARCELLO BALDI. Con GIORGIO CERIONI, GLAUCO ONORATO, ALFREDO RIZZO. ■ È un raccontino molto modesto che svolge in immagini mai suggestive la vicenda biblica. Giacobbe, figlio di Isacco, con l'aiuto della madre Rebecca toglie al fratello Esaù la primogenitura. Esaù non la prende bene. A scanso di guai,

Giacobbe deve emigrare. Ritornerà dopo molti anni. ■ STORICO; COL.; 91′; ITALIA, 1965.

GIACOMO IL BELLO *(Beau James)* ★★★
Regia di MELVILLE SHAVELSON. Con PAUL DOUGLAS, JIMMY DURANTE, BOB HOPE, VERA MILES, ALEXIS SMITH. ■ Biografia con toni di commedia rosa di Jimmy Walker, sindaco di New York durante gli anni ruggenti. Walker è figura popolarissima nella metropoli e un gruppo di speculatori s'adopera per portarla a capo del comune e servirsene per i loro scopi. Jimmy è un onesto: una volta sindaco respinge le pressioni, ma comunque pasticcia alquanto nell'amministrazione della città. Sottoposto a una commissione d'inchiesta capeggiata dal futuro presidente Roosevelt, se la cava per un pelo. Rassegna però subito dopo le dimissioni e parte per l'Europa assieme alla giovane amante. Una delle interpretazioni migliori di Bob Hope. ■ BIOGRAFICO; COL.; 105′; USA, 1957.

GIACOMO L'IDEALISTA ★★★
Regia di ALBERTO LATTUADA. Con MARINA BERTI, ANDREA CHECCHI, TINA LATTANZI, MASSIMO SERATO. ■ Giacomo è un insegnante caduto in miseria. La fidanzata, Celestina, viene violentata dal padroncino di casa, un giovane conte che ha offerto lavoro ai due giovani. La madre del conte allontana Celestina, ma questa cerca di riunirsi egualmente al fidanzato.
■ DRAMMATICO; B/N; 90′; ITALIA, 1943.

GIAGUARO *(Jaguar)* ★★
Regia di GEORGE BLAIR. Con CHIQUITA, BARTON MACLANE, SABÙ. ■ Un giovane indio dell'Amazzonia è stato accolto in tenera età da un professore americano e portato negli Stati Uniti. I due ritornano nella foresta dopo molti anni alla ricerca di un mitico giaguaro, ma la spedizione è funestata da una serie di incidenti. ■ AVVENTURA; B/N; 66′; USA, 1955.

♥ **GIAGUARO DELLA GIUNGLA, IL** *(Jungle Cat)* ★★★
Regia di JAMES ALGAR. ■ Documentario di Algar (uno dei migliori registi tra quanti hanno girato per la Disney) sul giaguaro delle foreste brasiliane. ■ DOCUMENTARIO; COL.; 92′; USA, 1960.

GIALLI DI EDGAR WALLACE, I *(Edgar Wallace)* ★★
Regia di ALLAN DAVIS, ALLAN DAVIS, SIDNEY HAYERS. Con FRANCIS DE WOLFF, RONALD HOWARD, DAVID KNIGHT, MAUREEN SWANSON. ■ Si tratta di due mediometraggi tratti da altrettanti romanzi di Wallace. Il primo, *L'enigma di Mr. Malpas*, basato sul libro *Il volto dell'ombra*, racconta di un losco individuo che ha rapito una fanciulla. Nel secondo, *Il mistero della porta di ferro*, un ricco filibustiere viene ucciso dal suo segretario. ■ GIALLO; B/N; 60′; GRAN BRETAGNA, 1960.

GIALLI DI EDGAR WALLACE N. 2, I ★★
(Edgar Wallace n. 2)
Regia di ALLAN DAVIS, PETER DUFFELL. Con BERNARD LEE, JAMES VILLIERS, CATHERINE WOODVILLE. ■ I romanzi da cui sono state trarre le sceneggiature sono *L'enigma dello spillo* e *L'uomo che sapeva*. Nel primo il protagonista fa uccidere il suo socio. Nel secondo due soci vengono trovati uccisi dalla polizia. È un rompicapo: i due si trovavano dentro una stanza blindata chiusa a chiave dall'interno. ■ POLIZIESCO; B/N; 61′; GRAN BRETAGNA, 1960.

GIALLI DI EDGAR WALLACE N. 4, I ★★
(Edgar Wallace n. 4)
Regia di ROBERT TRONSON, DAVID VILLERS. Con MICHAEL GOUGH, JACK HEDLEY, PATRICK MAGEE. ■ Nel primo episodio, un marito paga un sicario perché gli uccida la moglie. Nel secondo, un ispettore delle assicurazioni indaga sulla morte di un fantino. ■ POLIZIESCO; B/N; 60′; GRAN BRETAGNA, 1962.

GIALLI DI EDGAR WALLACE N. 6, I ★★
(Edgar Wallace n. 6)
Regia di GERARD GLAISTER, ROBERT TRONSON. Con IVAN DESNY, GUY DOLEMAN, YOKO TANI. ■ Ancora due mediometraggi: un produttore cinematografico riesce a far luce sull'omicidio dell'amministratore della sua società. Ancora: una agente in gonnella è messa alle calcagna dell'autore di cinque delitti. ■ POLIZIESCO; B/N; 62′; GRAN BRETAGNA, 1963.

GIALLI DI EDGAR WALLACE N. 3, I ★★
(Edgar Wallace n. 3)
Regia di CLIVE DONNER, MONTGOMERY TULLY. Con JOHN COIRNEY, HARRY H. CORBETT, HAZEL COURT, JOHN CRAWFORD, JOHN VAN EYSSEN. ■ Ancora due mediometraggi basati su romanzi di Edgar Wallace. *Matrimonio di convenienza* è tratto dal *Mistero delle tre querce*: un evaso ricerca la donna amata e il bottino perduto. Nel secondo episodio, *L'uomo che non era nessuno*, una detective riceve l'incarico di rintracciare un riccone scomparso. ■ POLIZIESCO; B/N; 59′; GRAN BRETAGNA, 1960.

GIALLO ★★
Regia di MARIO CAMERINI. Con ASSIA NORIS, SANDRO RUFFINI, ELIO STEINER. ■ Una signora che ha letto troppi libri gialli fa lavorare eccessivamente il cervellino e comincia a credere che il marito sia un pericoloso delinquente con tenebroso passato. Costui dovrà sudare sette camicie per convincerla del contrario. ■ GIALLO ROSA; B/N; 90′; ITALIA, 1933.

GIALLO A CRETA *(The Moonspinners)* ★★★
Regia di JAMES NEILSON. Con JOAN GREENWOOD, PETER MCENERY, HAYLEY MILLS, POLA NEGRI, ELI WALLACH. ■ "Il primo suspense di Walt Disney". Hayley Mills è innamorata di un giovane inglese, cui un furfante matricolato (Wallach) ha rubato una preziosa collana. Il giovane cerca di recuperare i preziosi, ma il ladro è astutissimo e spietato. Per poco sia Hayley che il ragazzo non vengono uccisi, ma la polizia alla fine li salva. ■ GIALLO; COL.; 119′; GRAN BRETAGNA, 1964.

GIALLO/ARGENTO ★★
Regia di DARIO ARGENTO. Con ADRIEN BRODY, LUIS MOLTENI, ELSA PATAKY, LORENZO PEDROTTI, EMMANUELLE SEIGNER. ■ Nell'ormai sistematica oscillazione tra i due generi di riferimento della sua filmografia, Dario Argento torna al thriller richiamando sin dal titolo – anche se nel film c'è una spiegazione narrativa – l'appartenenza al filone che più gli ha dato lustro decenni fa e che americani e inglesi chiamano proprio giallo-movies per sottolinearne la nazionalità e specificità. Torino. Una giovane giapponese lascia un'amica in discoteca a divertirsi e prende un taxi per tornare in albergo. Il taxi però va per tutt'altra strada. La hostess Linda sbarca all'aeroporto per fare una visita alla sorella Celine, modella impegnatissima, a Torino per lavoro. La giapponese, intanto, è prigioniera in uno scantinato, vittima del suo misterioso rapitore, che fotografa lei e anche il cadavere di un'altra donna. Linda va a casa di Celine in attesa che la sorella si liberi dai suoi impegni, ma anche Celine è vittima dello strano tassista e scompare. L'ispettore Enzo Avolfi – un tipo strano, specializzato in casi difficili – decide di occuparsene. ■ THRILLER; COL.; 92′; ITALIA, USA, 2009.

GIALLO A VENEZIA ★★
Regia di MARIO LANDI. Con JEFF BLYNN, GIANNI DEI, LEONORA FANI, MARIA ANGELA GIORDANA. ■ Un commissario veneziano indaga su un misterioso duplice omicidio. ■ POLIZIESCO; COL.; 92′; ITALIA, 1979.

GIALLO COBRA *(Der Hond von Blackwood Castle)* ★★
Regia di ALFRED VOHRER. Con KARIN BAAL, HEINZ DRACHE, UTA LEVKA, HANS SÖNHKER. ■ Un'altra trasposizione tedesca di un romanzo di Edgar Wallace. Una squadra di marinai organizzati dal loro comandante fa una rapina. Dopo qualche tempo si viene a sapere che il comandante è morto, e i marinai raggiungono il suo castello sicuri di trovare i diamanti della refurtiva. Invece trovano la morte. ■ GIALLO; COL.; 93′; GERMANIA, 1967.

GIALLO DEL BIDONE GIALLO, IL *(Men at Work)* ★★
Regia di EMILIO ESTEVEZ. Con EMILIO ESTEVEZ, LESLIE HOPE, CHARLIE SHEEN. ■ Tandem non molto riuscito questo con i due fratelli Emilio Estrevez e Charlie Sheen, entrambi figli di Martin Sheen. Il primo, oltre che attore, firma la sua seconda regia e il secondo si accontenta del ruolo di protagonista. La storia vede due lavoratori della nettezza urbana rinvenire il cadavere del sindaco di Las Plaias. Una donna misteriosa e il dirigente di un'industria chimica sono gli altri personaggi dell'intrigo. Tra i tentativi di far ridere o di emozionare alla fine non rimane che il banale e la noia.
■ GIALLO; COL.; 99′; USA, 1990.

GIALLO IN CASA MUPPET ★★★
(The Great Muppet Caper)
Regia di JIM HENSON. Con JOHN CLEESE, CHARLES GRODIN, DIANA RIGG. ■ *Giallo in casa Muppet* è il secondo film dei Mup-

pet. Rispetto al film precedente, esso risulta notevolmente più elaborato. La storia inizia con Kermit la rana e Fozzie l'orso che, reporter di un giornale, sono stati incaricati di raccogliere materiale su un furto avvenuto in una gioielleria di Londra, proprio sotto ai loro occhi. Quando i veri colpevoli riescono a eludere i sospetti su di loro, accusando Miss Piggy di essere la ladra, Kermit, Fozzie e il Grande Gonzo entrano in azione e cercano di rendere giustizia alla signora mettendosi alle calcagna dei ladri. È principalmente la simpatia di due interpreti come John Cleese e Charles Grodin a rendere il film piacevole e divertente ■ COMM. MUSICALE; COL.; 95′; GRAN BRETAGNA, 1981.

GIALLO NAPOLETANO ★★

Regia di SERGIO CORBUCCI. Con ZEUDI ARAYA, CAPUCINE, PEPPINO DE FILIPPO, MARCELLO MASTROIANNI, ORNELLA MUTI, MICHEL PICCOLI, RENATO POZZETTO. ■ Un professore di mandolino, ridottosi a fare il suonatore ambulante, vede i suoi esigui guadagni dilapidati al gioco dal padre. Proprio a causa del genitore il musicista si trova al centro di tre misteriosi delitti. Rischierà la pelle, ma infine risolverà il giallo e si accaparrerà anche un bel po' di milioncini. ■ GIALLO; COL.; 105′; ITALIA, 1979.

GIALLOPARMA ★★

Regia di ALBERTO BEVILACQUA. Con NATACHA AMAL, KASPAR CAPPARONI, ROBERT HOSSEIN, BRONTIS JODOROWSKY, MICHELA MITI. ■ Margot Corradi, nata da una relazione extraconiugale, vuole punire chi in città l'ha sempre umiliata. Denuncia così loschi traffici coperti da una patina di perbenismo. L'uomo con cui ha una relazione viene ucciso e la donna sospetta di quelli che ne hanno prodotto il tracollo finanziario. Bevilacqua, come al solito, dirige (male) ciò che ha scritto (bene). ■ DRAMMATICO; COL.; 123′; FRANCIA, ITALIA, 1999.

GIAMAICA ★★

Regia di LUIGI FACCINI. Con GIUSEPPE APOLLONI, ZEREMARIAM BENINI, TIZIANO GIUFFRIDA, STEFANO GUERRIERO, GIUSEPPE TALARICO. ■ Un ragazzo di colore, desideroso di raggiungere la Giamaica, muore in un incendio doloso in una delle tante periferie romane. I suoi amici cercano i colpevoli nella notte e intanto scoprono se stessi e la speranza in un futuro di solidarietà. Faccini non abbandona il suo impegno nei confronti dei più deboli. ■ DRAMMATICO; COL.; 80′; ITALIA, 1998.

GIAMAICA *(Jamaica Run)* ★★

Regia di LEWIS R. FOSTER. Con WENDELL COREY, ARLENE DAHL, LAURE ELLIOTT, RAY MILLAND. ■ In Giamaica, la padrona di una piantagione è malata e non troppo in ordine col cervello, il figlio maschio è un ubriacone. Solo la figlia si dà da fare, ma una cricca di avventurieri cerca di espropriarla. ■ AVVENTURA; COL.; 92′; USA, 1953.

GIAN BURRASCA ★★

Regia di SERGIO TOFANO. Con CESCO BASEGGIO, MIMMO BATTAGLIA, RICCARDO BILLI, GIULIO STIVAL. ■ Il personaggio del libro di Vamba ha avuto una fedele trasposizione cinematografica con questo film firmato da Sergio Tofano. Il padre del signor Bonaventura ha messo su un'operina aggraziata ma smorta, interpretata da una serie di nomi noti del teatro. ■ COMMEDIA; B/N; 95′; ITALIA, 1943.

GIAN BURRASCA ★

Regia di PIER FRANCESCO PINGITORE. Con MARIO CAROTENUTO, MARISA MERLINI, ALVARO VITALI. ■ Tratto dal notissimo libro di Vamba, narra le birichinate di Giannino sia in casa che fuori fino al suo ritiro in collegio, dove con i compagni smaschererà gli imbrogli dei direttori del collegio e potrà tornare a casa. ■ COMICO; COL.; 87′; ITALIA, 1982.

GIANCARLO SIANI ★★

Regia di MARCO RISI. ■ Il film parla di Giancarlo Siani, giovane cronista de «Il Mattino», ucciso nel 1985 dai boss della camorra per aver scritto degli intrecci sotto il Vesuvio tra criminalità organizzata, politici e appalti pubblici. ■ DRAMMATICO; COL.;ITALIA, 2004.

GIANNI E LE DONNE ★★★

Regia di GIANNI DI GREGORIO. Con VALERIA DE FRANCISCIS, GIANNI DI GREGORIO, ELISABETTA PICCOLOMINI, ALFONSO SANTAGATA. ■ Gianni ha sessant'anni, una natura mite, nessuna ambizione e troppi rimpianti. Vessato da una figlia svagata, una moglie remota e una mamma esagerata, da diversi anni versa in una baby pensione e dentro un quotidiano rassegnato. A piedi o a bordo della sua desueta Alfa 164, Gianni trascina se stesso per la capitale e trova sempre una bottiglia per dimenticarsi. Incoraggiato da un amico avvocato e risvegliato da bionde badanti, vicine mondane, primi amori, gemelle intriganti, l'uomo prova a scuotersi dal torpore, a emanciparsi dall'ingombrante figura materna e a procurarsi un'amante che rinverdisca la sua età. ■ COMMEDIA; COL.; 90′; ITALIA, 2011.

GIANNI E PINOTTO A HOLLYWOOD ★★★

(Abbott and Costello in Hollywood)

Regia di SYLVAN SYMON. Con BUD ABBOTT, WARNER ANDERSON, LOU COSTELLO, ROBERT Z. LEONARD, FRANCES RAFFERTY. ■ Gianni e Pinotto lavorano a Hollywood, uno come portiere e l'altro come parrucchiere. Fanno amicizia con un giovanotto di belle speranze e bella voce e decidono di lanciarlo a ogni costo nel mondo del cinema. ■ COMICO; B/N; 83′; USA, 1945.

GIANNI E PINOTTO ALLA LEGIONE STRANIERA ★★★

(Abbott and Costello in the Foreign Legion)

Regia di CHARLES LAMONT. Con BUD ABBOTT, LOU COSTELLO, PATRICIA MEDINA. ■ Gianni e Pinotto vengono spediti in Algeria a recuperare un lottatore che deve esibirsi in un circo. Una volta arrivati, vengono presi per spie e resi oggetto di ogni possibile angheria. ■ COMICO; B/N; 80′; USA, 1950.

GIANNI E PINOTTO AL POLO NORD ★★★

(Lost in Alaska)

Regia di JEAN YARBROUGH. Con BUD ABBOTT, BRUCE CABOT, LOU COSTELLO, TOM EWELL. ■ Corsa all'oro nel Klondike alla fine del secolo scorso. Abbott e Costello sono due pompieri pasticcioni che vanno al nord per aiutare un amico, proprietario di una miniera d'oro, a risolvere i suoi problemi. ■ COMICO; B/N; 76′; USA, 1952.

GIANNI E PINOTTO BANDITI COL BOTTO – CACCIA AL TESORO CON GIANNI E PINOTTO ★★★

(Dance with Me Henry)

Regia di CHARLES BARTON. Con BUD ABBOTT, LOU COSTELLO, RUSTY HAMER, GIGI PERRAU. ■ Pinotto è guardiano di un lunapark, Gianni il suo aiuto. Questi, però, ha dei trascorsi burrascosi e dei malviventi lo ricattano: sarà l'amico a salvarlo. ■ COMICO; B/N; 75′; USA, 1956.

GIANNI E PINOTTO CONTRO I GANGSTERS ★★

(The Noose Hangs High)

Regia di CHARLES BARTON. Con BUD ABBOTT, JOSEPH CALLEIA, LOU COSTELLO, CATHY DOWNS, LEON ERROL. ■ Un gangster ruba cinquantamila dollari e si serve di Gianni e Pinotto per smistare la somma. Ma i due, sia pure con discreto ritardo, mangiano la foglia e mettono la polizia sulle tracce del fuorilegge. ■ COMICO; B/N; 77′; USA, 1948.

GIANNI E PINOTTO CONTRO IL DOTTOR JEKYLL *(Abbott and Costello Meet Dr. Jekyll and Mr. Hyde)* ★★★

Regia di CHARLES LAMONT. Con BUD ABBOTT, LOU COSTELLO, BORIS KARLOFF, CRAIG STEVENS, HELEN WESTCOTT. ■ Stavolta l'ambientazione è la Londra vittoriana e l'avversario il terribile Jekyll (impersonato da Boris Karloff). Jekyll vuole uccidere il fidanzato della sua pupilla (per la quale prova sentimenti non proprio platonici) e a tal scopo si inocula il siero che lo trasforma in Mr. Hyde. Ma Pinotto lo scopre. ■ COMICO; B/N; 77′; USA, 1953.

GIANNI E PINOTTO CONTRO L'UOMO INVISIBILE *(Abbott and Costello Meet the Invisible Man)* ★★★

Regia di CHARLES LAMONT. Con BUD ABBOTT, LOU COSTELLO, ARTHUR FRANZ, NANCY GUILD, ADELE JERGENS. ■ Per sfruttare fino all'ultimo i suoi due filoni più fortunati degli anni Quaranta, il terrificante e le farse di Gianni e Pinotto, la Universal all'inizio del decennio seguente non trovò di meglio che fonderli. I due comici vennero così messi alle prese con i personaggi più famosi dell'horror: Dracula, Frankenstein, l'Uomo lupo e qui l'Uomo invisibile. ■ COMICO; B/N; 82′; USA, 1951.

GIANNI E PINOTTO DETECTIVES *(Who Done it?)* ★★★
Regia di Erle C. Kenton. Con Bud Abbott, Louise Allbritton, Lou Costello, William Gargan, Patric Knowles. ■ Gianni e Pinotto vogliono farsi scritturare da un noto impresario televisivo. Vanno a fargli visita in trasmissione, ma il magnate è stato ucciso. Accusati sono naturalmente i due poverini, che devono darsi da fare per non essere sbattuti in galera. ■ Comico; b/n; 77'; USA, 1942.

GIANNI E PINOTTO E L'ASSASSINO MISTERIOSO ★★★
(Abbott and Costello Meet the Killer Boris Karloff)
Regia di Charles Barton. Con Bud Abbott, Lou Costello, Boris Karloff. ■ In un lugubre hotel vengono commessi misteriosi omicidi. Gianni e Pinotto sono due camerieri che aiutano la polizia a risolvere il puzzle. ■ Comico; b/n; 94'; USA, 1949.

GIANNI E PINOTTO FRA LE EDUCANDE ★★★
(Here Come the Coeds)
Regia di Jean Yarbrough. Con Bud Abbott, Lon Chaney jr, Lou Costello, Martha O'Driscoll, Peggy Ryan. ■ Gianni e Pinotto vengono assunti come bidelli in un collegio femminile molto esclusivo. Gianni vorrebbe far entrare sua nipote nel collegio e il direttore, innamorato della ragazza, sarebbe disposto ad accettarla, ma il principale finanziatore della scuola fa un mucchio di storie. Gianni e Pinotto riescono a salvare la situazione. ■ Comico; b/n; 87'; USA, 1945.

GIANNI E PINOTTO IN SOCIETÀ ★★★
(Abbott and Costello in Society)
Regia di Arthur Lubin. Con Bud Abbott, Lou Costello, Thomas Gomez. ■ Due vagabondi e una bella donna, un'autista di piazza, capitano a una festa mascherata nell'alta società e vengono scambiati per esponenti dello *smart set*. Tra gli ospiti c'è anche un famoso ladro che cerca di impadronirsi di un prezioso quadro. Pinotto sventa il colpo. ■ Comico; b/n; 73'; USA, 1944.

GIANNI E PINOTTO RECLUTE *(Buck Privates)* ★★★
Regia di Arthur Lubin. Con Bud Abbott, Lee Bowman, Lou Costello, Alan Curtis. ■ Gianni e Pinotto vengono arruolati. Sotto le armi fanno amicizia con un giovane di buona famiglia e con il suo autista. Tra i due non corrono buoni rapporti (oltretutto mirano alla stessa ragazza), ma durante una manovra il ricco salva la vita al proletario. ■ Comico; b/n; 84'; USA, 1942. ■ Oscar 2 nom.

GIANNI E PINOTTO TRA I COWBOYS ★★★
(Ride'em Cowboys)
Regia di Arthur Lubin. Con Bud Abbott, Lou Costello, Douglas Dumbrille, Dick Foran, Johnny Mack Brown. ■ Gianni e Pinotto vengono assunti come mandriani in un ranch dell'Arizona, ma un losco individuo vuole impadronirsi della fattoria e fa rapire i due cavalieri più bravi per far sì che non partecipino a un rodeo e non procurino al proprietario del ranch una forte vincita. Ma Gianni e Pinotto liberano i campioni. ■ Comico; b/n; 86'; USA, 1942.

GIARABUB ★★★
Regia di Goffredo Alessandrini. Con Doris Duranti, Mario Ferrari, Carlo Ninchi. ■ Coraggiosa resistenza delle truppe italiane a Giarabub, assediata dagli inglesi. La città africana è isolata. Le truppe britanniche intimano la resa, ma il maggiore (Carlo Ninchi) issa il tricolore, poi arrivano i soccorsi. ■ Guerra; b/n; 114'; Italia, 1942.

GIARDINI DEL DIAVOLO, I ★★
Regia di Alfredo Rizzo. Con Jeff Cameron, Rossella Como, Isarco Ravaioli, Alfredo Rizzo. ■ Reduce da un fortunato colpo di mano, un commando americano durante la guerra d'Africa trova rifugio in un monastero nel deserto. Lì il gruppo si ritrova con alcuni sbandati italiani e tedeschi che stanno cercando un tesoro nascosto nelle vicinanze. ■ Guerra; col.; 92'; Italia, 1971.

GIARDINI DELL'EDEN, I ★★
Regia di Alessandro D'Alatri. Con Massimo Ghini, Kim Rossi Stuart, Saïd Taghmaoui. ■ La vita di Gesù fino all'età adulta. Gira il mondo (?), beve e balla (?), stupisce i saggi. Conosce la vita. Una buona idea per una realizzazione piatta e povera. Luoghi comuni, una letteratura banale con grandi citazioni astratte, e invenzioni che dovrebbero stupire invece sono pallidi tentativi di demagogia. Stuart intenso ma troppo frenetico e sanguigno. Non si hanno grandi informazioni, ma Gesù era certamente molto diverso da lui. ■ Biografico; col.; Italia, 1998.

GIARDINI DI PIETRA *(Gardens of Stone)* ★★★
Regia di Francis Ford Coppola. Con James Caan, Anjelica Huston, James Earl Jones. ■ Protagonista è un sergente, veterano di molte guerre, che ora fa la guardia per i soldati che istruisce e che gli tocca mandare al fronte (forse a morire). S'affeziona a una recluta, figlio di un vecchio compagno, ma non può far nulla per evitare la sua partenza. E la sua morte. Buon film di Coppola, sospeso purtroppo fra la condanna della guerra e l'esaltazione degli uomini che la combattono. ■ Drammatico; col.; 112'; USA, 1987.

GIARDINIERE SPAGNOLO, IL ★★★
(The Spanish Gardener)
Regia di Philip Leacock. Con Dirk Bogarde, Cyril Cusack, Michael Hordern, Geoffrey Keen. ■ Il figlioletto del console inglese a Barcellona, non riuscendo a legare con il genitore, stringe amicizia con il giovane giardiniere spagnolo che lavora nella villa. Quando lo viene a sapere il padre è geloso, cosicché presta volentieri ascolto all'accusa mossa da un maggiordomo carogna al giovanotto per un delitto che non ha commesso. Alla fine l'onestà ha il sopravvento: il console scagiona il giardiniere riguadagnandosi l'affetto del suo ragazzo. ■ Drammatico; col.; 97'; Gran Bretagna, 1956.

GIARDINI IN AUTUNNO *(Jardins en automne)* ★★★
Regia di Otar Iosseliani. Con Séverin Blanchet, Jacynthe Jacquet, Denis Lambert, Lily Lavina, Muriel Motte, Michel Piccoli, Pascal Vincent. ■ Che colore hanno i giardini in autunno? Il ministro Vincent, uomo potente ed elegante, amante delle belle donne e del buon vino, scarica lo stress restandosene semplicemente con la testa in giù e i piedi per aria. Quando viene cacciato dal ministero – per le proteste che imperversano in tutta Parigi – viene sostituito da Théodière, nuovo e avido ministro che provvede a togliere tutti gli oggetti del suo predecessore prima di insediarsi nel nuovo studio. Cambia sedie, poltrone, scaffali, ma anche i posacenere e i telefoni, pronto a ricoprire al meglio il suo ruolo e a restare in carica il più possibile. È il momento per Vincent di iniziare una nuova vita e – proprio quando la fortuna e il prestigio sembrano averlo abbandonato – si lascerà andare alla semplicità del vivere comune. In un mondo eclettico e sognante, torna il maestro georgiano con un film popolato da personaggi goffi e sbadati, tratteggiato da quegli eroi negativi che da sempre caratterizzano il suo cinema. ■ Commedia; col.; 115'; Francia, Italia, Russia, 2006.

GIARDINO, IL *(The Garden)* ★★
Regia di Derek Jarman. Con Derek Jarman, Philip MacDonald, Johnny Mills, Tilda Swinton. ■ Il regista sta riflettendo sulla sua scrivania mentre immagini a colori si susseguono: alcune donne sedute a una lunga tavola suonano dei bicchieri, il mare e la spiaggia al tramonto, una madonna con bambino violentata dai flash di fotografi, poliziotti sadici. Tutte le ossessioni di Jarman in chiave buñueliana. Un film ricco di belle sequenze ma adatto solo ai cinefili. ■ Sperimentale; col.; 93'; Germania, Gran Bretagna, 1990.

GIARDINO DEI FINZI CONTINI, IL ★★★8
Regia di Vittorio De Sica. Con Helmut Berger, Lino Capolicchio, Dominique Sanda, Fabio Testi, Romolo Valli. ■ A Ferrara, negli anni che preludono alla seconda guerra mondiale, solo pochi amici sono ammessi nella ricca villa e nel bel giardino della famiglia israelita dei Finzi-Contini. Tra questi vi sono due giovani, Giorgio e Giampaolo. Ma ben presto le vicende private e le pene di cuore vengono travolte dalla ben più grande tragedia collettiva della guerra. La famiglia dei Finzi-Contini viene deportata in Germania; Giampaolo scompare sul fronte russo; solo Giorgio si salverà. Tratto dal celebre romanzo di Giorgio Bassani, il film rievoca con struggente nostalgia un passato ancora lontano dalle brutture, a cui De Sica sa dare i colori più suggestivi e tene-

ri, senza tuttavia cadere nel patetico, come farà poi, purtroppo, in alcuni dei film successivi. ■ DRAMMATICO; COL.; 93'; ITALIA, 1970. ■ BERLINO 1 PR; DAVID DI DONATELLO 1 PR, 1 NOM; OSCAR 1 PR, 2 NOM.

GIARDINO DEL DIAVOLO, IL *(Central Park)* ★★★
Regia di JOHN ADOLFI. Con JOAN BLONDELL, WALLACE FORD, GUY KIBBEE. ■ Tante storie ambientate nel Central Park di New York. L'azione non si sposta mai dai giardini pubblici. ■ DRAMMATICO; B/N; 94'; USA, 1932.

GIARDINO DELLA FELICITÀ, IL *(The Blue Bird)* ★★
Regia di GEORGE CUKOR. Con JANE FONDA, AVA GARDNER, ELIZABETH TAYLOR. ■ Due bambini cercano in sogno l'Uccello Blu, che simboleggia la felicità e la pace. Visitano così, sempre dormendo, il Paese dei Ricordi, il Castello della Notte, il Regno dei Piaceri. Primo ed unico esempio di una produzione russo-americana. ■ FANTASTICO; COL.; 83'; URSS, USA, 1975.

GIARDINO DELLA VIOLENZA, IL ★★★
(The Young Savages)
Regia di JOHN FRANKENHEIMER. Con EDWARD ANDREWS, BURT LANCASTER, DINA MERRILL, SHELLEY WINTERS. ■ Un avvocato inglese indaga sull'uccisione di un giovane portoricano, scavando nell'ambiente in cui è maturato il dramma. ■ DRAMMATICO; B/N; 110'; USA, 1961.

GIARDINO DELLE DELIZIE, IL ★★
Regia di SILVANO AGOSTI. Con FRANCO BERTONI, LEA MASSARI, MAURICE RONET, EVELYN STEWART. ■ Giovane afflitto dai ricordi del passato tradisce la moglie in viaggio di nozze con una signora incontrata nel corridoio dell'albergo. Come per punizione, la moglie è colta da malore e muore. ■ DRAMMATICO; B/N; 95'; ITALIA, 1967.

GIARDINO DELLE ILLUSIONI, IL *(De illusionist)* ★★
Regia di JOS STELLING. Con FREEK DE JONGE, JIM DER WOUDE. ■ Olanda, primi Novecento. In un decrepito mulino a vento sperduto nella campagna vive una strampalata famiglia: madre arcigna, padre fannullone, nonno paralitico e due fratelli pazzoidi. La loro vita cambierà quando assisteranno alle "magie" di un modesto prestigiatore. ■ FANTASTICO; COL.; 90'; PAESI BASSI, 1984.

GIARDINO DELLE STREGHE, IL ★★
(The Curse of the Cat People)
Regia di GUNTHER VON FRITSCH, ROBERT WISE. Con JANE RANDOLPH, SIMONE SIMON, KENT SMITH. ■ Una bambina dalla fervida fantasia fa amicizia con una vecchia pazza che le narra strane favole. Una notte rischia di essere strangolata dalla figlia della vecchia, altrettanto pazza. ■ FANTASTICO; B/N; 70'; USA, 1944.

GIARDINO DELLE TORTURE, IL *(Torture Garden)* ★★
Regia di FREDDIE FRANCIS. Con BEVERLY ADAMS, PETER CUSHING, BURGESS MEREDITH, JACK PALANCE, JOHN STANDING. ■ Quattro persone, introdottesi nello studio del dottor Diabolo, hanno modo di vedere quale potrebbe essere il loro futuro se non cambieranno la loro vita di peccatori. ■ HORROR; COL.; 93'; GRAN BRETAGNA, 1967.

GIARDINO DELLE VERGINI SUICIDE, IL ★★★
(The Virgin Suicides)
Regia di SOFIA COPPOLA. Con DANNY DEVITO, KIRSTEN DUNST, KATHLEEN TURNER, JAMES WOODS. ■ Cinque sorelle fra i quindici e i diciannove anni vivono infelici, tormentate da genitori che credono di fare il loro bene. La madre è integralista e cieca: costringe una delle sorelle, per punizione, a bruciare i dischi più cari. Il padre è molle e latitante, tutto preso a costruire i suoi modellini. Certo, ci sono i ragazzi che le corteggiano e le stimano, ma non basta. La prima muore gettandosi sulle punte del cancello di casa. Le altre quattro organizzano uno struggente suicidio collettivo. Davvero una sorpresa la figlia del grande Francis Ford: sensibilità, intelligenza e misura davvero ben distribuite, e anche una profonda capacità di interpretare il dolore. Che deriverebbe anche dall'esperienza di vita, e Sofia è molto giovane. Se l'ha aiutata papà comunque è più che legittimo. Ottimo esordio davvero. ■ DRAMMATICO; COL.; 95'; USA, 2000.

GIARDINO DI CEMENTO, IL *(The Cement Garden)* ★★★
Regia di ANDREW BIRKIN. Con NED BIRKIN, ALICE COULTHARD, CHARLOTTE GAINSBOURG, ANDREW ROBERTSON. ■ Jack, quasi quindicenne, vive con un padre estremamente rigido e con una sorella che ammira. Gli altri due fratelli sono invece più piccoli. Il padre viene stroncato da un infarto proprio il giorno in cui decide di coprire con una gettata di cemento il già fin troppo ordinato giardino. Da questo momento la situazione cambia. Anche la madre morirà presto e i figli la seppelliranno in cantina per evitare di finire in un istituto. Jack potrà consumare il suo rapporto incestuoso con la sorella ma verranno scoperti e portati via. Orso d'Argento a Berlino 1993, è un film che sa coniugare la durezza del racconto con la poesia delle immagini. ■ DRAMMATICO; COL.; 105'; FRANCIA, GERMANIA, GRAN BRETAGNA, 1992. ■ BERLINO 1 PR.

GIARDINO DI GESSO, IL *(The Chalk Garden)* ★★★
Regia di RONALD NEAME. Con EDITH EVANSON, DEBORAH KERR, HAYLEY MILLS, JOHN MILLS. ■ La sedicenne Laure vive infelice con la nonna, credendo di essere stata abbandonata dalla madre. In realtà la donna ha soltanto divorziato dal primo marito per risposarsi, ma la nonna, di rigidi principi, ha ingannato la nipote per tenerla con sé. Una dolce governante riuscirà a far ricongiungere la ragazza con la madre. ■ DRAMMATICO; COL.; 106'; GRAN BRETAGNA, 1964. ■ OSCAR 1 NOM.

GIARDINO DI LIMONI, IL *(Lemon tree)* ★★★
Regia di ERAN RIKLIS. Con HIAM ABBASS, ALI SULIMAN, DORON TAVORY. ■ I vicini di casa possono essere molto invadenti. Soprattutto se si tratta del ministro della Difesa israeliano. Salma è palestinese, vive da sola in Cisgiordania nella casa di sempre, ha un figlio in America e un marito in paradiso. La sua unica preoccupazione è la cura del giardino di limoni che ha ereditato dalla famiglia, delizia per il sostentamento ma croce per il nuovo vicino di casa, il ministro Navon, che vede negli alberi di Salma, un ottimo nascondiglio per progettare attacchi terroristici. Gli alberi vanno abbattuti ma Salma non vuole rinunciare ai suoi limoni e, con l'aiuto del giovane avvocato Ziad e il sostegno a distanza di Mira, la moglie del ministro, inizierà una battaglia legale senza fine. Dopo aver affrontato il dramma del conflitto tra Israele e Siria nel precedente *La sposa siriana*, Riklis ritorna sullo stesso tema ma cambia il punto di vista. Se prima era il matrimonio, simbolo di unione pacifica per eccellenza, a portare con sé le conseguenze tragiche di una guerra in corso, ora sceglie una discordia tra vicini di casa. E quando si vive in Cisgiordania, a due passi dal confine israeliano, non è mai solo una bega condominiale. ■ DRAMMATICO; COL.; 106'; ISRAELE, GERMANIA, FRANCIA, 2008.

GIARDINO DI MEZZANOTTE, IL ★★
(Tom's Midnight Garden)
Regia di WILLARD CARROLL. Con DAVID BRADLEY, JOAN PLOWRIGHT, GRETA SCACCHI, ANTHONY WAY, JAMES WILBY. ■ Mike McDermott è uno studente di giurisprudenza attratto dal giro del poker. Sembra esserne uscito, ma vi ricade grazie a un amico che ha appena lasciato la prigione. Dovrà scegliere tra l'azzardo e l'amore. Unici elementi degni di nota: la lunga sequenza della partita e Malkovich impegnato nel ruolo di un giocatore russo goloso di biscotti. ■ FANTASTICO; COL.; 1999'; USA, 1998.

GIARDINO D'INFANZIA *(Kindergarten)* ★★
Regia di YEVGENI YEVTUSHENKO. Con KLAUS MARIA BRANDAUER, SVALNA EVSTRATOVA, GALINA STACANOVA. ■ Nel 1941 un ragazzino russo fugge da Mosca minacciata dall'avanzata delle truppe naziste. Durante il viaggio verso la Siberia fa molti incontri, che riusciranno a farne precocemente un uomo. Il ragazzino torna verso Mosca per combattere anche lui contro i tedeschi. ■ DRAMMATICO; COL.; 90'; URSS, 1984.

GIARDINO INCANTATO, IL *(Jack and the Beanstalk)* ★★
Regia di JEAN YARBROUGH. Con BUD ABBOTT, LOU COSTELLO, DOROTHY FORD. ■ Gianni e Pinotto fanno i baby-sitter, ma Pinotto si addormenta al posto del pupo e sogna la favola del fagiolo magico nel Paese del Gigante. ■ COMICO; COL.; 82'; USA, 1952.

GIARDINO INDIANO, IL *(The Assam Garden)* ★★★
Regia di MARY MCMURRAY. Con MADHUR JAFFREY, DEBORAH KERR, ALEC MCCOWEN. ■ Helen, un'anziana vedova di un coltivatore di tè indiano rientrata in Gran Bretagna, sogna di veder pubblicate le foto del suo bel giardino all'indiana, al quale dedica

ogni cura, aiutata da una vicina indiana che spera solo di tornare in patria. Per farla felice, Helen convince il marito di lei a partire, privandosi così della sua unica compagnia. Un film di grande rigore e raffinatezza. ■ COMMEDIA; COL.; 90′; GRAN BRETAGNA, 1984.

GIARDINO SEGRETO, IL *(The Secret Garden)* ★★
Regia di FRED MCLEOD WILCOX. Con HERBERT MARSHALL, MARGARET O'BRIEN, REGINALD OWEN, DEAN STOCKWELL. ■ Protagonista è una ragazzina che rimasta orfana in India viene adottata dalla famiglia di un ricco zio in Inghilterra. Questi ha un figlio infermo. In realtà il bambino è solo nevrotico: la ragazzina ridà al cuginetto la salute. ■ COMMEDIA; B/N; 92′; USA, 1949.

GIARDINO SEGRETO, IL *(The Secret Garden)* ★★
Regia di AGNIESZKA HOLLAND. Con ANDREW KNOTT, KATE MABERLY, HEYDON PROWSE, MAGGIE SMITH. ■ Dopo *Un prete da uccidere*, *Europa Europa* e *Olivier Olivier*, torna la Holland specialista in melodrammi. Ma col peccato del manierismo. La storia, tratta dal romanzo di Frances Hodgson Burnett, racconta di una bambina orfana. Dall'India alla Gran Bretagna il salto è grande, soprattutto se si finisce nelle mani di uno zio frustrato e intemperante. Così l'amicizia col cugino e con un altro ragazzino genera la passione per un giardino, quello del titolo. Prodotto dallo studio di Francis Ford Coppola. ■ DRAMMATICO; COL.; 102′; USA, 1993.

GIARDINO SEGRETO DEL SIGNOR LOPEZ, IL ★★★
(Las Puertitas del Señor Lopez)
Regia di ALBERTO FISCHERMAN. Con KATJA ALEMAN, HUGO ARANA, MIRTHA BUSNELLI, LORENZO QUINTEROS. ■ Un grigio contabile subisce frustrazioni in ufficio e a casa, dove la moglie lo umilia distruggendone la dignità e lo domina nella sfera sessuale. Quando la cassa dell'ufficio registra un ammanco, l'uomo è naturalmente il primo sospettato. Invece, insperatamente, il vero ladro confessa e l'impiegato viene nominato vicedirettore. Da quel momento, la vita cambia: una ragazza dell'ufficio lo bacia, la moglie vede e si ingelosisce; in una pasticceria i coniugi si affrontano a torte in faccia, poi si leccano golosamente e riacquistano il gusto del rapporto sessuale e di una vita più allegra. ■ GROTTESCO; COL.; 90′; ARGENTINA, 1988.

GIARRETTIERA COLT ★
Regia di GIAN ROCCO. Con CLAUDIO CAMASO, NICOLETTA MACHIAVELLI, MARISA SOLINAS. ■ In Messico, durante la rivoluzione contro Massimiliano d'Asburgo, una giovane donna, giocatrice d'azzardo e pistolera, mette fine alla carriera di un bandito. ■ AVVENTURA; COL.; 92′; ITALIA, 1968.

GIARRETTIERA TUTTA MATTA ★★
(Happy Hooker Goes to Hollywood)
Regia di ALAN ROBERTS. Con MARTINE BESWICK, PHIL SILVERS, ADAM WEST. ■ Un produttore che vuol girare un film dal libro di memorie di una celebre *maîtresse*, Xaviera Hollander, la chiama in California, fa venire le sue ragazze, e apre una *maison*, con i proventi della quale produce il film. ■ COMMEDIA; COL.; 90′; USA, 1978.

GIARRETTIERE ROSSE *(Red Garters)* ★★
Regia di GEORGE MARSHALL. Con GENE BARRY, JACK CARSON, ROSEMARY CLOONEY. ■ Tentativo di musical-western da parte di un regista (il vecchio Marshall) privo delle finezze e dell'eleganza richieste. E privo anche di un cast come Dio comanda (anche i bravi attori difettano di simpatia). In compenso la canzone leit motiv (di Livingstone e Evans) spopolò in ogni sala da ballo. La storia (molto esile) è quella di tre coppie litigiose in una città del West. Finisce con un triplice matrimonio. ■ WESTERN; COL.; 91′; USA, 1954. ■ OSCAR 1 NOM.

GIÀ VOLA IL FIORE MAGRO ★★★
(Déjà s'envole la fleur maigre)
Regia di PAUL MEYER. Con LUIGI FAVOTTO, VALENTINO GENTILI, DOMENICO MESCOLINI. ■ Nel 1959 il governo belga incarica Meyer di girare un film sulla situazione dei minatori nella zona del Borinage. Ne emerge un quadro di emigrazione e povertà toccante che riesce a evitare la retorica. In costante equilibrio tra fiction e documento, il film non poteva piacere alle autorità che nel 1963 ne decretarono l'ostracismo. A più di trent'anni di distanza Meyer è riuscito ad acquistarne i diritti e a farlo, finalmente, circolare nelle sale. ■ DRAMMATICO; B/N; 85′; BELGIO, 1960.

GIDGET A ROMA *(Gidget Goes to Rome)* ★★
Regia di PAUL WENDKOS. Con CINDY CAROL, CESARE DANOVA, JAMES DARREN, JESSIE ROYCE LANDIS. ■ Vacanza in Italia della giovane californiana Gidget, affidata alle cure del maturo gentiluomo Cellini che le prepara una serie di movimentate esperienze. ■ COMMEDIA; B/N; 101′; USA, 1963.

GIFT, THE ★★★
Regia di SAM RAIMI. Con JOHN BEASLEY, CATE BLANCHETT, GARY COLE, MICHAEL JETER, GREG KINNEAR, KEANU REEVES, GIOVANNI RIBISI, CHELCIE ROSS, J. K. SIMMONS, HILARY SWANK. ■ In una cittadina della Georgia, la giovane vedova Annie Wilson vive con i suoi tre figli in una casa alquanto isolata. In paese la donna è nota per un "dono" ereditato dalla nonna, quello di prevedere il futuro e leggere le carte. Ma un giorno la relativa tranquillità del piccolo centro viene turbata dalla misteriosa morte di una ragazza, che viene ritrovata nel lago grazie alle premonizioni di Annie. Il suo "dono" porterà ancora più lontano, alla scoperta dell'assassino. ■ THRILLER; COL.; 111′; 2001.

GIGANTE, IL *(Giant)* ★★★★★
Regia di GEORGE STEVENS. Con CARROLL BAKER, JAMES DEAN, ROCK HUDSON, MERCEDES MCCAMBRIDGE, ELIZABETH TAYLOR. ■ Dal romanzo di Edna Ferber. Anni Venti: Rock Hudson, nella parte dell'ultimo dei Benedict, che possiede uno dei più vasti ranch del Texas, arriva nel Mariland per comprare un cavallo. Torna a casa anche con una moglie, Liz Taylor. La ragazza alle prime sembra non riuscire a inserirsi in quella realtà tanto diversa, ma poi a poco a poco, diventa una vera texana. Passano gli anni, arrivano i figli, i bovini vengono sostituiti dal petrolio. Benedict accetta a fatica la nuova realtà, ma alla fine deve piegarsi, anche per la spinta di un suo ex dipendente, James Dean, ambizioso e intelligente, che per primo trova il petrolio. Nel frattempo nessuno dei progetti di Benedict si è realizzato, soprattutto per i figli, che prendono strade diverse e inaspettate, comunque lontane dall'azienda. I due protagonisti, si ritrovano anziani e legati più che mai, coi nipotini che giocano intorno a loro, a ricordare il passato. Stevens veniva dal leggendario *Shane* e intendeva costruire l'epica di un cambiamento, un po' alla *Via col vento*. Benissimo fotografato, con quella casa ricostruita nella pianura texana, perennemente sostenuto dalla colonna sonora di Dimitri Tiomkin, che ha la forza di una sinfonia classica, capace di rappresentare la sensazione di un momento iniziale, duro ed eroico che sarebbe poi sfociato nel benessere generale del paese più ricco del mondo. Potente ed epico è il tema che accompagna Dean che misura a passi il suo piccolo podere, dal quale trarrà il petrolio. *Il Gigante* è un meraviglioso film pieno di errori e squilibri (anzi, i film sembrano due). Ma è leggenda. Così com'è "cinema" l'anomalia James Dean, talento grezzo e assoluto, intollerabile nei gesti e nella "maniera", tuttavia presenza pronta, a sua volta, per la leggenda, anche "grazie" alla morte prematura dell'attore proprio mentre stava terminando le riprese. L'antologia delle sequenze "necessarie e sufficienti" del cinema, comprende senz'altro il momento in cui Dean si fa inondare dal petrolio che finalmente schizza dal sottosuolo. ■ DRAMMATICO; COL.; 198′; USA, 1957. ■ OSCAR 1 PR, 9 NOM.

GIGANTE BIONDO, IL *(The Kid Comes Back)* ★★★
Regia di B. REEVES EASON. Con BARTON MACLANE, WAYNE MORRIS, JUNE TRAVIS. ■ È il seguito di *L'uomo di bronzo* di Curtiz, dramma sulla boxe di grande successo con Edward G. Robinson e Humphrey Bogart. I due grandi sono morti nel precedente film; è rimasto l'uomo bronzeo, il biondo Kid Galahad che continua (ora fa il manager di un giovane pugile) a mietere successi. Però non ha perso la speranza di poter un giorno ritornare sul ring in grande stile. Infatti ci torna e vince il campionato del mondo. ■ DRAMMATICO; B/N; 61′; USA, 1938.

GIGANTE BUONO, IL *(Gentle Giant)* ★★★
Regia di JAMES NEILSON. Con VERA MILES, DENNIS WEAVER. ■ Storia di un grande amore fra il piccolo Mark e l'orso Ben. I due dividono giaciglio e avventure, ma l'orso, per difendere il bambino, assale e ferisce un uomo. Verrà incatenato e spedito ad uno zoo. Du-

rante il viaggio, però, Ben riesce a fuggire. ■ AVVENTURA; COL.; 93′; USA, 1968.

GIGANTE DEL BENGALA, IL *(Awara abdulla)* ★★
Regia di TARA HARISH. Con JOHN SILVA, DARA SYNGH. ■ In un piccolo Stato indiano, Alan, crudele usurpatore, spodesta il marajà e fa incoronare il proprio figlio, Kisk. Questi, però, risulta, per un avventuroso scambio avvenuto nelle culle, essere il legittimo erede. ■ AVVENTURA; COL.; 92′; INDIA, 1965.

GIGANTE DELLA FORESTA, IL *(Zamba)* ★★
Regia di WILLIAM BERKE. Con JON HALL, JUNE VINCENT. ■ Madre e figlio sorvolano l'Africa in aereo. In seguito ad un guasto precipitano e il piccolo si perde, ma viene soccorso da un enorme gorilla. ■ AVVENTURA; COL.; 75′; USA, 1951.

GIGANTE DELLA ROCCIA DEL FALCO, IL *(Dingaka)* ★★
Regia di JAMIE UYS. Con STANLEY BAKER, KEN GAMPU, JULIET PROWSE. ■ Un avvocato sudafricano prende a cuore il caso di un indigeno, imprigionato per il tentato omicidio di uno stregone delinquente. Il nero scappa di prigione e cerca di nuovo di ammazzare lo stregone, ma alla fine si lascia persuadere dal legale a rinunciare. ■ AVVENTURA; COL.; 97′; SUDAFRICA, 1965.

GIGANTE DELL'HIMALAYA, IL ★★
(The Mighty Peking Man)
Regia di MENG-HWA HO. Con GEORGE HILL, EVELYN KRAFT, ALEXANDER WAYNE. ■ Film imperniato sulle avventure di un gigantesco gorilla, tipo King Kong. L'ambientazione stavolta è asiatica ma i temi sono gli stessi. ■ FANTASCIENZA; COL.; 90′; HONG KONG, 1976.

GIGANTE DEL TEXAS, IL *(Tall Texas)* ★★
Regia di ELMO WILLIAMS. Con LUTHER ADLER, LLOYD BRIDGES, LEE J. COBB, MARIE WINDSOR. ■ Una combriccola male assortita (viaggiatori di una diligenza, un ricercato dalla polizia, un paio di manigoldi) cerca l'oro nel deserto. Appena lo trovano arrivano gli Apaches. Sparatoria e massacro. Scampano solo in due. ■ WESTERN; B/N; 82′; USA, 1953.

GIGANTE DI BOSTON, IL *(The Great John L.)* ★★
Regia di FRANK TUTTLE. Con BARBARA BRITTON, LINDA DARNELL, OTTO KRUGER, GREG MCCLURE. ■ Biografia di John L. Sullivan, che fu campione del mondo dei pesi massimi all'inizio del secolo (dodici anni di imbattibilità prima di essere detronizzato da Jim Corbett). Largo spazio è dato alle avventure galanti del "gigante". ■ BIOGRAFICO; B/N; 96′; USA, 1945.

GIGANTE DI FERRO, IL *(The Iron Giant)* ★★★
Regia di BRAD BIRD. ■ Hogarth è un bambino che incontra, siamo negli anni Cinquanta, un gigante di ferro che arriva dallo spazio. Cerca di proteggerlo come può da inchieste e pregiudizi. Il finale unisce la tragedia alla speranza. Ogni tanto ci vuole un film di animazione che esca dai cliché conservando un potere di attrazione emotiva non indotto dal martellamento pubblicitario. ■ ANIMAZIONE; COL.; 86′; USA, 1999.

GIGANTE DI METROPOLIS, IL ★★
Regia di UMBERTO SCARPELLI. Con BELLA CORTEZ, ROLDANO LUPI, GORDON MITCHELL. ■ 20.000 anni a.C. Una spedizione giunge a Metropolis, fantaimpero su cui regna il crudele Yotar. Obro vuol mettere fine a una serie di sanguinosi esperimenti, posti in atto dal tiranno per trapiantare nel proprio figlio un nuovo cervello. Un cataclisma distruggerà Metropolis. ■ FANTASCIENZA; COL.; 90′; ITALIA, 1961.

GIGANTE DI NEW YORK, IL *(Easy Living)* ★★★
Regia di JACQUES TOURNEUR. Con LUCILLE BALL, VICTOR MATURE, LLOYD NOLAN, LIZABETH SCOTT. ■ Un campione di rugby scopre d'avere disturbi cardiaci. È il caso di ritirarsi dall'attività, ma il campione ha paura che la moglie vanitosa e snob lo possa abbandonare non potendo rinunciare alla bella vita dispendiosa. Difatti lo lascia. Ma per poco. ■ COMMEDIA; B/N; 77′; USA, 1951.

GIGANTI, I *(Gas Oil)* ★★★
Regia di GILLES GRANGIER. Con JEAN GABIN, ROGER HANIN, JEANNE MOREAU. ■ I giganti sono i camionisti. Gabin è un conducente che durante un viaggio notturno investe un uomo. La polizia lo interroga, ma non lo lascia andare subito come è normale in un comune incidente stradale. Il fatto è che l'investito faceva parte di una banda di rapinatori. Preso in mezzo fra i gangster e la polizia, Gabin reagisce. ■ AVVENTURA; B/N; 92′; FRANCIA, 1955.

GIGANTI D'ACCIAIO – L'ASSEDIO ★★
(The Longest Battle)
Regia di MICHAEL YERSHOV. Con IRINA AKULOVA, JEVGHENJI LEBEDEV, JURI SOLOMIN. ■ Il film narra le fasi dell'assedio di Leningrado da parte delle truppe naziste durante la seconda guerra mondiale. ■ GUERRA; COL.; 92′ URSS, 1975.

GIGANTI DEL BRIVIDO, I *(Once Upon a Wheel)* ★★
Regia di DAVID WINTERS. Con PAUL NEWMAN. ■ Una panoramica spettacolare sui "bolidi" dell'automobilismo, dai pionieri delle corse su strada (la Carrera Panamericana e la Mille Miglia) ai piloti di Indianapolis, Le Mans, Monza. ■ DOCUMENTARIO; COL.; 91′; USA, 1973.

GIGANTI DEL CIELO, I ★★
Regia di GAETANO PETROSEMOLO. ■ Storia dell'aviazione, dai primi tentativi di levarsi in volo ai giorni nostri. ■ DOCUMENTARIO; COL.; 90′; ITALIA, 1962.

GIGANTI DEL KARATE, I *(Temple of Shaolin)* ★★
Regia di H. SHEAN. Con CARL EGAN, TERRY LIU, BRIAN PEETS, ALEXANDER SENG, JOHN TENG, NORA WALL. ■ Nella Cina tiranneggiata dai Manciù l'unica oasi di libertà è il tempio di Shao Li, dove i bonzi insegnano ai giovani le discipline spirituali e le arti marziali. Ma il governatore della zona, accortosi che nel monastero vengono "allevati" cospiratori, lo fa distruggere. I pochi sopravvissuti, tuttavia, sapranno mantenere vivo in tutta la Cina lo spirito di ribellione e di libertà. ■ AVVENTURA; COL.; 93′; HONG KONG, 1978.

GIGANTI DELLA GIUNGLA, I *(The Jungle)* ★★
Regia di WILLIAM BERKE. Con ROD CAMERON, CESAR ROMERO, MARIE WINDSOR. ■ Una principessa indiana guida una spedizione nella giungla per scoprire le cause di alcune fughe di elefanti che hanno provocato distruzioni di villaggi e stragi fra gli abitanti. ■ AVVENTURA; B/N; 74′; USA, 1952.

GIGANTI DELLA TESSAGLIA – GLI ARGONAUTI, I ★★
Regia di RICCARDO FREDA. Con ROLAND CAREY, MASSIMO GIROTTI, ZIVA RODANN. ■ Giasone alla conquista del Vello d'Oro. I pericoli sono molti ma con l'aiuto di Medea, principessa e maga, la grande impresa riesce. ■ AVVENTURA; COL.; 87′; ITALIA, 1960.

GIGANTI DELL'ORO NERO, I *(Le Sahara brûle)* ★★
Regia di MICHEL GAST. Con PAUL GUERS, JESS HAHN, MAGALI NOËL, JEAN SERVAIS. ■ Una compagnia francese cerca petrolio nel Sahara. Ma il petrolio non si vede e i finanziatori sono propensi ad abbandonare l'impresa. Il capo dei ricercatori, a prezzo della vita, fa saltare fuori l'oro nero. ■ AVVENTURA; B/N; 96′; FRANCIA, 1961.

GIGANTI DEL MARE, I *(The Wreck of Mary Deare)* ★★★
Regia di MICHAEL ANDERSON. Con GARY COOPER, CHARLTON HESTON, VIRGINIA MCKENNA. ■ Una nave è fatta naufragare per riscuotere il premio dell'assicurazione. La colpa viene data al primo ufficiale, che per la verità ci ha quasi rimesso la pelle nel tentativo (riuscito) di salvarla. Con l'aiuto di un altro lupo di mare, l'ufficiale riuscirà a smascherare gli ideatori della frode e i loro scherani ammazzandone un paio a colpi di arpione. ■ AVVENTURA; COL.; 105′; USA, 1959.

GIGANTI DEL MEDITERRANEO, I ★
(The Heroes – Battle of Cyprus)
Regia di WILLIAM COOPER. Con GEORGE DOUGLAS, DICK LANCASTER, ANTHONY LIONEL. ■ Sotto gli pseudonimi anglicizzanti si nascondono attori e tecnici greci. C'è il solito commando che deve far saltare le postazioni tedesche nell'isola di Creta. Il sabotaggio riesce. ■ GUERRA; B/N; 90′; GRECIA, 1967.

GIGANTI DEL WEST, I *(The Mountain Men)* ★★★
Regia di RICHARD LANG. Con JOHN GLOVER, CHARLTON HESTON, BRIAN KEITH, STEPHEN NACHT, VICTORIA RACIMA. ■ Verso il 1830, due cacciatori di castori lottano contro gli indiani. Uno morrà, l'altro conquisterà una bella squaw. ■ WESTERN; COL.; 102′; USA, 1979.

GIGANTI DI ROMA, I ★★
Regia di ANTHONY DAWSON. Con WANDISA GUIDA, RICHARD

HARRISON, ETTORE MANNI. ■ Tratto molto "alla carlona" dal *De bello gallico*. Giulio Cesare sta per scontrarsi in campo aperto con Vercingetorice, ma il nemico ha approntato delle terribili macchine da guerra e Cesare deve mandare un commando di tre uomini a neutralizzarle. ■ STORICO; COL.; 95'; ITALIA, 1964.

GIGANTI INVADONO LA TERRA, I ★★
(The Amazing Colossal Man)
Regia di BERT I. GORDON. Con CATHY DOWNS, WILLIAM HUDSON, GLENN LANGAN. ■ Un ufficiale americano, che ha preso parte ad alcuni esperimenti atomici, per effetto delle radiazioni prende a svilupparsi in modo abnorme. ■ FANTASCIENZA; B/N; 80'; USA, 1957.

GIGANTI TOCCANO IL CIELO, I *(Bombers B-52)* ★★★
Regia di GORDON DOUGLAS. Con JOHN DAVIS CHANDLER, KARL MALDEN, NATALIE WOOD, EFREM ZIMBALIST JR. ■ In una base aerea americana, vecchi rancori dividono un maturo sergente e il giovane comandante del campo. Il graduato non la prende bene quando viene a sapere che il suo antagonista se l'intende con sua figlia adolescente. Il giovane però dimostrerà al futuro suocero che il dissidio non ha alcuna ragione d'essere. ■ POLIZIESCO; COL.; 106'; USA, 1957.

GIGANTI UCCIDONO, I *(Patterns)* ★★★
Regia di FIELDER COOK. Con ED BEGLEY JR, VAN HEFLIN, EVERETT SLOANE, BEATRICE STRAIGHT. ■ Un ingegnere di provincia, che lavora in un grosso complesso industriale, rimane coinvolto nella lotta fra il duro machiavellico padrone del trust e un anziano dirigente. Dopo una serie di umiliazioni, il dirigente muore. L'ingegnere prima dà le dimissioni, poi ci ripensa. Rimarrà per dare battaglia al magnate. ■ DRAMMATICO; B/N; 83'; USA, 1955.

GIGGI IL BULLO ★
Regia di MARINO GIROLAMI. Con ADRIANA RUSSO, ALVARO VITALI. ■ "Nella vita devi sempre menà per primo": è questa la filosofia di Giggi, bulletto di periferia che passa le giornate dando e ricevendo cazzotti, diviso tra la galera e il pronto soccorso. ■ COMMEDIA; COL.; 88'; ITALIA, 1982.

GIGI ★★★
Regia di JACQUELINE AUDRY. Con DANIÈLE DELORME, GABY MORLAY, FRANK VILLARD. ■ Dalla commedia di Colette. Gigi, ragazzina fresca e ingenua, è figlia e nipote di buone donne. Innamorata di Gaston, "amico di casa", medita di conquistarlo, ma non ci riuscirebbe se mamma e zia non la trasformassero, con la loro supervisione, in una mondana di lusso. Gaston se ne innamora, al punto di annettersi Gigi non come amante fissa (come pensavano le donne) ma come moglie e madre dei suoi figli. ■ COMMEDIA; B/N; 116'; FRANCIA, 1950.

GIGI ★★★🏆
Regia di VINCENTE MINNELLI. Con LESLIE CARON, MAURICE CHEVALIER, HERMIONE GINGOLD, LOUIS JOURDAN. ■ Il racconto di Colette trasportato in musical. Canti e balli creati appositamente per lo schermo dal duo Lerner e Loewe (*Camelot*, *My Fair Lady*). Opera fastosissima, coperta di Oscar, impaginata con prevedibile squisito gusto dallo specialista Vincente Minnelli, interpretata imprevedibilmente bene da Louis Jourdan e (prevedibilmente) così così da Leslie Caron, troppo adulta per la parte, e Maurice Chevalier, nel suo frusto personaggio di ganimede parigino. Ma, al di là del gran *battage* pubblicitario, un'opera senza nervi e senza cattiveria (e che rimane del canovaccio di Colette senza la cattiveria?). ■ MUSICALE; COL.; 105'; USA, 1958. ■ OSCAR 🏆 9 PR, 9 NOM.

GIGLI DEL CAMPO, I *(Lilies of the Field)* ★★★
Regia di RALPH NELSON. Con LISA MANN, SIDNEY POITIER, LILIA SKALA, ISA CRINO. ■ Un gruppo di suore reduci dalla Germania Est trova un insperato aiuto in un bracciante nero, cuor d'oro e animo vagabondo. Il nero le aiuterà a costruire una cappella. Raccontino edificante, girato con tocchi imprevedibilmente felici da Ralph Nelson. Sidney Poitier guadagnò l'Oscar. ■ COMMEDIA; B/N; 93'; USA, 1963. ■ BERLINO 1 PR; OSCAR 1 PR, 5 NOM.

GIGLIO D'ORO, IL *(The Golden Lily)* ★★★
Regia di WESLEY H. RUGGLES. Con CLAUDETTE COLBERT, FRED MACMURRAY, RAY MILLAND. ■ Un giornalista ama una dattilografa, ma costei si è infatuata di un giovane nobiluomo inglese. La ragazza varca persino l'oceano per coronare il suo sogno d'amore, ma una volta a Londra l'infatuazione le passa. Sposerà il suo giornalista. ■ COMMEDIA; B/N; 80'; USA, 1935.

GIGLIO INFRANTO *(Broken Blossoms)* ★★★
Regia di DAVID WARK GRIFFITH. Con RICHARD BARTHELMESS, DONALD CRISP, LILLIAN GISH. ■ Tratto da un racconto di Thomas Burke. Lillian Gish divenne famosissima per merito di questo film, che ebbe all'epoca un clamoroso successo. Lucy, una ragazza londinese, viene tiranneggiata dal padre. Un giovane cinese buddista giunge a Londra. Ucciderà il tiranno e si suiciderà all'arrivo della polizia. ■ DRAMMATICO; B/N; 93'; USA, 1919.

GIGLIO INFRANTO *(Broken Blossoms)* ★★
Regia di JOHN BRAHM. Con DOLLY HAAS, GIBB MCLAUGHLIN, EMLYN WILLIAMS. ■ Rifacimento del classico film di D. W. Griffith. La storia è rimasta identica: a Londra nel quartiere cinese, una ragazza, figlia di un brutale pugilatore, s'innamora di un giovane cinese; il padre, in un accesso d'ira, la uccide, il cinese la vendicherà. ■ DRAMMATICO; B/N; 78'; GRAN BRETAGNA, 1936.

GIGLIO INFRANTO, IL ★
Regia di GIORGIO W. CHILI. Con ALBERTO FARNESE, HÉLÈNE REMY, MILLY VITALE. ■ Drammone risorgimentale che ricorda in qualche modo la vicenda della *Tosca*. ■ DRAMMATICO; B/N; 91'; ITALIA, 1955.

GIGLIO INSANGUINATO, IL *(Maria Chapdelaine)* ★★
Regia di JULIEN DUVIVIER. Con JEAN GABIN, MADELEINE RENAUD. ■ Sequela di sciagure della figlia di un rude contadino canadese, isolata in una sperduta fattoria nei campi. ■ DRAMMATICO; B/N; 75'; FRANCIA, 1934. ■ VENEZIA 1 PR.

GIGLIO NERO, IL *(The Dark Seed)* ★★★
Regia di MERVYN LE ROY. Con EILEEN HECKART, HENRY JONES, NANCY KELLY, PATRICIA MCCORMACK. ■ Una bambina buona e simpatica nasconde sotto le angeliche apparenze gli istinti di una feroce assassina (la nonna era una maniaca omicida). La piccola uccide un compagno di scuola per rubargli la medaglia e brucia vivo un uomo di fatica che la sospetta del delitto. La madre, sconvolta, medita di eliminarla perché non ammazzi più. Ma un fulmine la precede incenerendo la diavoletta. ■ DRAMMATICO; B/N; 129'; USA, 1956. ■ OSCAR 3 NOM.

GIGÒ *(Gigot)* ★★★
Regia di GENE KELLY. Con DIANE GARDNER, JACKIE GLEASON, KATHERINE KATH. ■ Sorridente storia di Gigò, vecchio portiere di Montmartre il cui unico passatempo è quello di seguire i funerali di sconosciuti commuovendosi. ■ COMMEDIA; B/N; 104'; USA, 1962. ■ OSCAR 1 NOM.

GIGOLÒ *(Schöner Gigolo, armer Gigolo)* ★★
Regia di DAVID HEMMINGS. Con DAVID BOWIE, MARLENE DIETRICH, KIM NOVAK. ■ Un tenente tedesco torna ferito e sfiduciato dai campi di battaglia della prima guerra mondiale. Tenta di inserirsi nella vita civile, ma i suoi tentativi di trovare un vero lavoro falliscono. Dà prove convincenti solo come amatore di ricche signore, così finirà a fare il gigolò in un locale equivoco. ■ DRAMMATICO; COL.; 105'; GERMANIA, 1978.

GIGOLÒ, IL *(Le gigolo)* ★★
Regia di JACQUES DERAY. Con JEAN-CLAUDE BRIALY, JEAN CHEVRIER, ALIDA VALLI. ■ Anna, una vedova che vive in provincia con l'anziano padre ammalato, è stanca della relazione con Jacques anche perché un medico della zona le ha proposto il matrimonio e il trasferimento a Parigi. Anna e Jacques si lasciano e lui comincia a trascorrere un'esistenza dissoluta. ■ DRAMMATICO; B/N; 98'; FRANCIA, 1960.

GIGOLÒ E GIGOLETTE *(Encore)* ★★
Regia di HAROLD FRENCH, PATRICK JACKSON, ANTHONY PELISSIER. Con GLYNIS JOHNS, TERENCE MORGAN, NIGEL PATRICK. ■ Tre episodi: il primo, *La cicala e la formica*, è la storia di due fratelli, l'uno laborioso avvocato, l'altro scioperato; la *Crociera d'inverno* racconta il viaggio di una matura quanto loquace signorina; mentre l'ultimo, che dà il titolo al film, narra di una trapezista che vuole smettere di rischiare la pelle. ■ COMMEDIA; B/N; 86'; GRAN BRETAGNA, 1951.

GIGOLÒ PER SBAGLIO ★★
(Deauce Bigalow – Male Gigolò)
Regia di MIKE MITCHELL. Con ARIJA BAREIKIS, ODED FEHR, WILLIAM FORSYTHE, EDDIE GRIFFIN, ROB SCHNEIDER. ■ Diretto dal regista esordiente Mike Mitchell, il film è incentrato su uno scambio di ruoli. Deuce (Rob Schneider), pulitore di acquari, conosce Antoine, un ricco gigolò che è anche proprietario di un costosissimo acquario. Quando uno dei pesci dell'acquario si ammala, Antoine, che deve partire, prega Deuce di rimanere a casa sua per prendersene cura. Ma a Deuce bastano pochi giorni per combinarne di tutti i colori: dopo aver distrutto la casa e l'acquario, egli sarà costretto, per pagare i danni, a diventare un gigolò in piena regola. Film divertente, anche se nessuno dei tanti spunti narrativi risulta sviluppato adeguatamente. ■ COMMEDIA; COL.; 98'; USA, 2000.

G.I. JOE – LA VENDETTA *(G.I. Joe: Retaliation)* ★★
Regia di JON CHU. Con D.J. COTRONA, BYUNG-HUN LEE, ADRIANNE PALICKI, RAY PARK, JONATHAN PRYCE, BRUCE WILLIS. ■ La squadra dei G.I. Joe viene attirata in un'imboscata e decimata. Il mandante della strage è il presidente degli Stati Uniti, o almeno così si dice. Ma Zartan ha preso il suo posto per aprire la Casa Bianca ai Cobra, per disarmare gli arsenali nucleari delle potenze mondiali e minacciarle con nuove armi di distruzione. Solo tre uomini hanno capito cosa accade e cercano il "Joe" originale. *G.I. Joe – La vendetta* corre con passo indemoniato e a tratti con un certo stile dalla cima dei monti fino alle spiagge, sul cemento e sull'acqua, inventa coreografie originali e si rifà quanto deve allo stile e agli insegnamenti del cinema d'azione orientale. ■ AVVENTURA; COL.; 110'; USA, 2012.

GILDA ★★★★★
Regia di CHARLES VIDOR. Con GLENN FORD, RITA HAYWORTH, GEORGE MACREADY. ■ Johnny, un giocatore alla deriva, incontra il misterioso Frank, che lo prende in simpatia e gli affida un lavoro importante: dirigerà un locale notturno. Poi Frank presenta a Johnny Gilda, fresca mogliettina. I due si erano già conosciuti e amati, naturalmente. Uno dei compiti di Johnny, in assenza di Frank che combina affari misteriosi, è quello di tener d'occhio l'irrequieta Gilda. Johnny esegue scrupolosamente, resistendo alla corte e alle provocazioni di lei. Ma poi il sentimento esplode e cominciano i guai, anche perché il marito al ritorno da un viaggio scopre tutto. Frank si finge morto, poi riappare per uccidere i due amanti, che vengono salvati da un impiegato che Frank aveva maltrattato. Lieto fine doloroso. Come spesso succede, i film di culto, questo compreso, hanno un *plot mélo*, banale e scontato. Bisogna dunque pensare che questa sia una delle chiavi del successo. Baci e schiaffi (reciproci) famosi; frasi come: «...ti amo tanto che un giorno ne morirò, Johnny», abiti da sera e tango, feste in maschera, roulette e passione: erano ingredienti conosciuti, portatori di mito. E in più lei, Rita. Basta ricordarla cantare *Amado mio* per capire tutto. Per anni, le orchestre nelle sale da ballo di tutto il mondo aprirono e chiusero il repertorio con quella canzone. Rita è un'altra delle immagini chiave del Novecento. Perfetta, irripetibile e non ricostruibile. Ci vorrebbe ancora lei. E ci vorrebbe il cinema di quegli anni freschi di dopoguerra. ■ DRAMMATICO; B/N; 110'; USA, 1945.

GIMCANA FOLLE *(Flash and the Firecat)* ★★
Regia di BEVERLY SEBASTIAN, FERD SEBASTIAN. Con ROGER DAVIS, JOAN SHAWLEE, DUB TAYLOR. ■ Una specie di Bonnie and Clyde moderni (e non violenti) fanno il colpo grosso e scappano nel deserto, inseguiti da un vecchio sceriffo. Dopo una lunghissima sarabanda tra le dune, la coppietta riuscirà a prendere il largo. ■ AVVENTURA; COL.; 92'; USA, 1976.

GIMME SHELTER *(The Rolling Stones)* ★★★
Regia di ALBERT MAYSLES. Con MICK JAGGER, KEITH RICHARD, CHARLIE WATTS. ■ Documentario girato ad Altamont (California) nel 1969, in occasione del concerto che i Rolling Stones e altri grandissimi nomi del rock tennero davanti ad un pubblico smisurato. ■ DOCUMENTARIO; COL.; 91'; USA, 1971.

GINECOLOGO DELLA MUTUA, IL ★
Regia di JOE D'AMATO. Con ISABELLA BIAGINI, MARIO CAROTENUTO, ALDO FABRIZI, RENZO MONTAGNANI, PAOLA SENATORE, MASSIMO SERATO. ■ Prima di fuggire oltre frontiera perché incalzato dai debitori, un ginecologo affida il proprio studio ad un giovane collega. Costui conquista ben presto i favori delle altolocate clienti. ■ EROTICO; COL.; 95'; ITALIA, 1977.

GINEVRA DEGLI ALMIERI ★★★
Regia di GUIDO BRIGNONE. Con UGO CESERI, ELSA MERLINI, AMEDEO NAZZARI. ■ Ginevra, che non vuole piegarsi al matrimonio combinato per lei dal genitore, va in catalessi e viene sepolta viva. Rinviene nella tomba, torna a casa, ma nessuno vuole accoglierla credendola uno spettro. Solo il pittore innamorato senza speranza di lei (data la differenza di casta) la ospita nella sua casa. Si sposeranno, senza impedimenti di sorta (dal momento che ufficialmente Ginevra è defunta). ■ COMMEDIA; B/N; 90'; ITALIA, 1936.

GINEVRA E IL CAVALIERE DI RE ARTÙ ★★
(Sword of Lancelot)
Regia di CORNEL WILDE. Con BRIAN AHERNE, JEAN WALLACE, CORNEL WILDE. ■ Ancora la storia di Lancillotto, di re Artù e dei cavalieri della Tavola Rotonda Lancillotto è il più fedele seguace del re, finché non s'innamora della moglie del sovrano, Ginevra. La relazione viene scoperta e dello scandalo approfitta il figlio illegittimo di Artù, Mordred, per far rivoltare i cavalieri contro il re. Artù muore. Lancillotto uccide Mordred. Ginevra se ne va in convento. ■ AVVENTURA; COL.; 117'; USA, 1963.

GINGER E FRED ★★★
Regia di FEDERICO FELLINI. Con GIULIETTA MASINA, MARCELLO MASTROIANNI. ■ Emuli di Fred Astaire e Ginger Rogers, Pippo e Amelia avevano ottenuto un discreto successo come ballerini, ma la vita li aveva separati. A quarant'anni di distanza si ritrovano; lei è appena rimasta vedova, lui tira a campare senza un lavoro fisso. A riavvicinarli, sull'onda di un *amarcord* tristemente struggente, è un programma televisivo che intende proporre al pubblico le vecchie glorie di un tempo. Tra i due ballerini, confusi in un mondo dello spettacolo che non riconoscono, sembra rinascere l'antica tenerezza, tanto che Fred propone alla sua Ginger una romantica, seppur tardiva, fuga d'amore. Non se ne farà nulla: lo spettacolo deve continuare e la malinconia, alla fine, avrà il sopravvento. ■ COMMEDIA; COL.; 92'; ITALIA, 1985. ■ DAVID DI DONATELLO 4 PR, 4 NOM; GOLDEN GLOBES 1 NOM.

GINGER SNAPS: UNLEASHED ★
Regia di BRETT SULLIVAN. Con SUSAN ADAM, CHRIS FASSBENDER, BRENDAN FLETCHER, KATHARINE ISABELLE, JANET KIDDER, TATIANA MASLANY, EMILY PERKINS. ■ Nel secondo episodio della saga, emerge il tema della tossicodipendenza. Brigitte, eliminata la sorella-lupo mannaro, deve combattere con il virus della licantropia iniettandosi continuamente una sostanza che le impedisce di trasformarsi in donna-lupo. In seguito ad un'overdose finisce in un centro di riabilitazione dove conosce Ghost, una bambina che assiste la nonna in fin di vita. ■ HORROR; COL.; 94'; CANADA, 2004.

GINOCCHIO DI CLARA, IL *(Le genou de Claire)* ★★★
Regia di ERIC ROHMER. Con JEAN-CLAUDE BRIALY, FABRICE LUCHINI, BEATRICE ROMAND. ■ Un film poco conosciuto di Rohmer (ma fu il primo a essere programmato negli Usa). Riprende un tema tipico del regista. Un uomo, legato a una donna, ha un'attrazione per un'altra ma non riesce a concretizzare. Qui Brialy, diplomatico francese in Svezia, più che amare la giovane Claire, si è infatuato del suo ginocchio. Per lui diventa un'ossessione. Quando finalmente riesce a metterci una mano sopra, il gesto viene preso per un atto paterno. ■ DRAMMATICO; COL.; 105'; FRANCIA, 1971. ■ GOLDEN GLOBES 1 NOM.

GIOCANDO CON L'ASSASSINO *(Juillet en Septembre)* ★★
Regia di SÉBASTIEN JAPRISOT. Con ERIC DAMIAN, LAETITIA GABRIELLI, ANNE PARILLAUD. ■ Un film senza particolare interesse, uscito in Italia con quattro anni di ritardo ed esclusivamente per la presenza tra gli interpreti della bella Anne Parillaud, interprete di Nikita. Marbas, uno psicopatico, commette una serie di omicidi. La matassa verrà dipanata. ■ DRAMMATICO; COL.; 90'; FRANCIA, 1988.

GIOCANDO NEI CAMPI DEL SIGNORE ★★
(At Play in the Fields of the Lord)
Regia di HECTOR BABENCO. Con KATHY BATES, TOM BERENGER, DARYL HANNAH, JOHN LIGHTGOW, AIDAN QUINN. ■ Il regista de *Il bacio della donna ragno* e di *Pixote* si è preso a cuore il grave problema dell'Amazzonia. Purtroppo la buona volontà non è bastata a farne un buon film. Inoltre, nonostante l'alto costo, non ha avuto un riscontro positivo di pubblico. Il bravo Tom Berenger interpreta Moon, un avventuriero di origine pellerossa che arriva nella terra dei Niarunas. Qui gli Indios sono vittime di un eccidio proprio come... la foresta amazzonica. ■ DRAMMATICO; COL.; 180′; USA, 1991. ■ GOLDEN GLOBES 1 NOM.

GIOCARE D'AZZARDO ★★★
Regia di CINZIA TORRINI. Con PIERA DEGLI ESPOSTI, RENZO MONTAGNANI, MARIA ROSARIA OMAGGIO. ■ In un irrefrenabile bisogno di cambiare, Anna, una casalinga quarantenne, si dà al gioco d'azzardo. Sfortunata, dopo aver dato fondo ai suoi soldi, s'impossessa dei risparmi della figlia, giunge ad impegnare l'auto per giocare su di un numero del lotto che non esce mai. Un giorno il numero esce. O se lo sogna Anna? ■ DRAMMATICO; COL.; 88′; ITALIA, 1982.

GIOCATORE, IL *(Grand Slam)* ★★
Regia di WILLIAM DIETERLE. Con PAUL LUKAS, HELEN VINSON, LORETTA YOUNG. ■ Una ragazza sposa un campione di bridge. Tutto bene finché non diventa campionessa anche lei. Battaglia senza quartiere in un torneo che li vede finalisti. ■ COMMEDIA; B/N; 67′; USA, 1933.

GIOCATORE, IL *(Le joueur)* ★★★
Regia di CLAUDE AUTANT-LARA. Con BERNARD BLIER, GÉRARD PHILIPE, LISELOTTE PULVER, FRANÇOISE ROSAY. ■ Dal romanzo di Dostoevskij, portato in cinema parecchie volte. Il giocatore all'inizio è solo il precettore della famiglia del generale Zagorianski, un impenitente giocatore che vive tutto l'anno a Baden-Baden sperperando alla roulette le ricchezze materne. Il giovane Alioscia cerca di aiutarlo anche perché innamorato della figlia del generale, Paolina. Costei a un dato punto lo lusinga anche per suscitare la gelosia del suo amante. Alioscia per lei vince una forte somma. Ma è tutto inutile, Paolina si uccide. Alioscia rimane a Baden-Baden. ■ DRAMMATICO; COL.; 95′; FRANCIA, 1950.

GIOCATORE, IL *(Rounders)* ★★
Regia di JOHN DAHL. Con MATT DAMON, MARTIN LANDAU, JOHN MALKOVICH, EDWARD NORTON, JOHN TURTURRO. ■ Mike McDermott è uno studente di giurisprudenza attratto dal giro del poker. Sembra esserne uscito, ma vi ricade grazie a un amico che ha appena lasciato la prigione. Dovrà scegliere tra l'azzardo e l'amore. Unici elementi degni di nota: la lunga sequenza della partita e Malkovich impegnato nel ruolo di un giocatore russo goloso di biscotti. ■ DRAMMATICO; COL.; 121′; USA, 1998.

GIOCATORE D'AZZARDO ★★
(The Gambler from Natchez)
Regia di HENRY LEVIN. Con DOUGLAS DICK, KEVIN MCCARTHY, DEBRA PAGET, DALE ROBERTSON. ■ Un ufficiale americano ritorna a New Orleans e trova che il padre è stato assassinato. I responsabili dell'omicidio sono i membri di una banda di pirati. Il protagonista li elimina ad uno ad uno. ■ AVVENTURA; COL.; 88′; USA, 1955.

GIOCATORE TROPPO FORTUNATO, UN *(Jinxed)* ★★
Regia di DON SIEGEL. Con BETTE MIDLER, RIP TORN, KEN WHAL. ■ Ultimo film diretto da Don Siegel, non è tra le cose migliori del regista di *Callaghan*. Protagonisti sono due amanti, inveterati giocatori, che plagiano un croupier di black jack e riescono a vincere fraudolentemente una forte somma. Però la donna s'innamora dell'aitante giovane e assieme ordiscono un piano per sbarazzarsi del vecchio amante di lei, divenuto terzo incomodo. ■ COMMEDIA; COL.; 102′; USA, 1982.

GIOCATORI D'AZZARDO *(The Gamblers)* ★★
Regia di RON WINSTON. Con DON GORDON, KENNETH GRIFFITH, SUZY KENDALL, PIERRE OLAF, MASSIMO SERATO. ■ Warren, baro di professione, si unisce ad Alex e a Jacques per derubare a poker un finanziere italiano. Ma c'è un problema: dopo aver perduto, anni addietro, una fortuna al gioco, l'italiano non tocca più le carte. Ma Warren riesce a ridestare in lui l'antica passione. Combineranno la partita e Warren, naturalmente, vincerà un'ingente somma. Ma una sorpresa finale guasterà la festa ai tre compari. ■ COMMEDIA; COL.; 93′; USA, 1970.

GIOCATRICE, LA *(She Went to the Races)* ★★
Regia di WILLIS GOLDBECK. Con JAMES CRAIG, AVA GARDNER, FRANCES GIFFORD. ■ Tre scienziati ed una bella dottoressa hanno trovato il modo di vincere alle corse dei cavalli applicando un metodo scientifico. Nell'ambiente ippico, la dottoressa s'innamora di un allevatore che non crede nel suo metodo. ■ COMMEDIA; B/N; 86′; USA, 1945.

GIOCATTOLI ASSASSINI *(Dollman Vs. Demonic Toys)* ★
Regia di CHARLES BAND. Con MELISSA BEHR, PHIL BROCK, TRACY SCOGGINS, TIM THOMERSON. ■ Il poliziotto spaziale Dollman, giunto dal pianeta Arturus, combatte contro i demoniaci giocattoli che stanno distruggendo il paese dei balocchi. Al suo fianco c'è la bella Judith, che però ha la peggio nello scontro con il sanguinario Baby Doll. Ora solo Dollman può sconfiggere il cattivone. ■ HORROR; COL.; 60′; USA, 1993.

GIOCATTOLI INFERNALI *(Demonic Toys)* ★
Regia di PETER MANOOGIAN. Con BENTLEY MITCHUM, TRACY SCOGGINS, JEFF WESTON. ■ Dopo *Dolls* e *La bambola assassina*, i giocattoli demoniaci sono diventati di moda ma i risultati sono molto al di sotto dei loro illustri modelli. Comunque qualcuno disposto a combattere i terribili balocchi c'è sempre. ■ HORROR; COL.; 86′; USA, 1992.

GIOCATTOLO, IL ★★★
Regia di GIULIANO MONTALDO. Con ARNOLDO FOÀ, MARLÈNE JOBERT, OLGA KARLATOS, NINO MANFREDI, PAMELA VILLORESI. ■ Vittorio, amico d'infanzia dell'industriale Nicola, lavora per lui come portavalori e prestanome. Ferito nel corso di una rapina, Vittorio viene sostituito (come portavalori) da un ex poliziotto. Frattanto impara a sparare molto bene con la pistola e vince diverse gare di tiro. ■ DRAMMATICO; COL.; 118′; ITALIA, 1979.

GIOCATTOLO A ORE *(The Toy)* ★★
Regia di RICHARD DONNER. Con NED BEATTY, JACKIE GLEASON, RICHARD PRYOR. ■ Il figlio viziato di un editore miliardario, invitato a scegliere ciò che vuole in un negozio di giocattoli, sceglie il commesso nero, che, oberato di debiti, accetta per denaro di fare il "giocattolo a ore". Dapprima angariato, diventa poi amico del ragazzino, che lo fa assumere come giornalista dal padre. ■ COMMEDIA; COL.; 99′; USA, 1983.

GIOCHI D'ADULTI *(Consenting Adults)* ★★
Regia di ALAN J. PAKULA. Con KEVIN KLINE, MARY ELIZABETH MASTRANTONIO, KEVIN SPACEY, FOREST WHITAKER. ■ Richard e Priscilla hanno una figlia adolescente. Lui è compositore di gingles. Stanno benino in sostanza. Vicino a loro si stabiliscono Eddie e Kay. Lui è un manager sempre in ebollizione e certamente con pochi scrupoli. Eddie corteggia i due vicini portandoli nella sua casa al mare, in barca a vela e mettendoli in un certo senso in crisi. Finché un giorno propone a Richard lo scambio delle mogli. Quest'ultimo dapprima fa lo scandalizzato, poi accetta. Notte tempo i due uomini si scambiano i letti. Ma Kay viene trovata uccisa e naturalmente la colpa cade su Richard, che viene arrestato. Sua moglie, che non ha grandissima tempra, lo abbandona e si mette con Eddie. La storia si complica: in realtà Kay non è morta, Eddie l'aveva sostituita con una sosia. Anche la sosia viene uccisa mentre Richard era nei paraggi (era uscito su cauzione). Il poveretto è solo contro tutti, solo un detective di colore gli dà una mano e alla fine il terribile Eddie trova la giusta punizione. Un film di maniera che cerca di imporsi con gli occhi sempre sbarrati di Cline, l'ambiguità morbosa di Spacey e l'antipatia (ormai storica) della Mastrantonio. ■ GIALLO; COL.; 105′; USA, 1993.

GIOCHI D'AMORE DI UN'ARISTOCRATICA ★
(Les chiennes)
Regia di MICHEL LEMOINE. Con MICHEL LEMOINE, JEANINE REYNAUD, NATHALIE ZEIGER. ■ Drammone: aristocratica ospita un amante occasionale, la sorella Tessa glielo ruba, il servo di ca-

sa uccide l'amante e poi si gode l'aristocratica. ■ DRAMMATICO; COL.; 91'; FRANCIA, 1973.

GIOCHI DA SPIAGGIA *(Beach Ball)* ★★
Regia di LENNIE WEINRIB. Con EDD BYRNES, ARON KINCAID, CHRIS NOEL. ■ Tre aspiranti rocchettari cercano di guadagnare il denaro per comprare dei veri strumenti facendo i bagnini e arrangiandosi in molti modi sulle spiagge. Molti interventi musicali di gruppi famosi negli anni Sessanta: i Supremes, i Four Season, i Righteous Brothers. ■ COMMEDIA; COL.; 90'; USA, 1965.

GIOCHI DEI GRANDI, I ★★★
(We Don't Live Here Anymore)
Regia di JOHN CURRAN. Con SAM CHARLES, LAURA DERN, PETER KRAUSE, MARK RUFFALO, NAOMI WATTS. ■ Sembra uno di quei copioni scritti apposta per Robert Redford e Barbra Straisand questo *We don't live here anymore* (Non abitiamo più qui), che in italiano diventa il poco fedele ma significativo *I giochi dei grandi*. E forse non a caso l'esordio di Curran è stato premiato proprio al Sundance, il festival di Redford, per la sceneggiatura. La storia si racconta in una frase: due coppie di amici, con figli, si incrociano, si scambiano, e anche se dall'esterno possono sembrare simili, sono in realtà diversissime, perché ogni persona è diversa dall'altra e uniche sono emozioni, sentimenti, e sogni. Tenere in piedi un film da camera come è questo, dove non accade praticamente nulla, dove i silenzi hanno la stessa e forse maggiore importanza delle parole, è una sfida difficile, parzialmente vinta. ■ DRAMMATICO; COL.; 101'; CANADA, USA, 2005.

GIOCHI DELL'AMORE, I *(Les jeux de l'amour)* ★★★
Regia di PHILIPPE DE BROCA. Con JEAN-PIERRE CASSEL, GENEVIÈVE CLUNY. ■ È la storia di una coppia anticonformista che, dopo una vita libera, decide di legalizzare la propria unione e di avere dei figli. ■ COMMEDIA; B/N; 93'; FRANCIA, 1960. ■ BERLINO 1 PR.

GIOCHI D'EQUILIBRIO ★★
Regia di AMEDEO FAGO. Con MADDALENA CRIPPA, REMO GIRONE, STEFANIA ROCCA, GIANMARCO TOGNAZZI. ■ Un uomo e una donna ricordano e si confrontano dopo vent'anni di vita in comune. Lui è regista, lei scenografa. Nel tempo non sono migliorati, lui specialmente. Film (dichiaratamente) autobiografico: Fago racconta di sé e della sua compagna Lia Morandini. Sì, gli anni settanta erano diversi, divertenti, aggressivi, aperti. Lo sapevamo. Film estivo. In mancanza di meglio. ■ COMMEDIA; COL.; 100'; ITALIA, 1998.

GIOCHI D'ESTATE ★★
Regia di BRUNO CORTINI. Con MASSIMO CIAVARRO, CORINNE CLÉRY, FABIO TESTI. ■ Simpatico filmettino del filone vacanziero-spensierato: a Portorotondo si intrecciano le storie di vari turisti, dal nobile al commenda, ai borgatari, tutti destinati a vivere felici e contenti. ■ COMMEDIA; COL.; 100'; ITALIA, 1984.

GIOCHI D'ESTATE ★★
Regia di ROLANDO COLLA. Con FIORELLA CAMPANELLA, ARMANDO CONDOLUCCI, MARCO D'ORAZI, FRANCESCO HUANG, CHIARA SCOLARI. ■ Estate in un camping sulle coste del grossetano. Nic, dodici anni, ha un fratello più piccolo, un padre volgare e manesco e una madre sempre sul punto di giungere a una separazione definitiva ma apparentemente incapace di volerla veramente. Marie, coetanea di Nic che vive a Ginevra ma parla bene l'italiano, ha una madre che si ostina a volerle negare tutta la verità sulle sorti di un padre che lei non ha mai conosciuto. I due si incontrano e danno vita a una piccola banda dedita a giochi che spesso riproducono le loro insicurezze. Rolando Colla realizza un'opera che prende respiro in progress sia per quanto riguarda la scrittura sia per quanto concerne la direzione degli attori. *Giochi d'estate* è un film su preadolescenti derubati di un domani degno di essere vissuto i quali cercano a tentoni delle modalità di relazione di cui non gli sono stati mai non insegnati ma 'mostrati' i più elementari rudimenti. ■ COMMEDIA; COL.; 101'; ITALIA, SVIZZERA, 2011.

GIOCHI DI BAMBOLE *(The Glad Rag Doll)* ★★
Regia di MICHAEL CURTIZ. Con DOLORES COSTELLO, ANDREW FERRIS, RALPH GRAVES. ■ Un'attrice fa innamorare un ricco giovane. La famiglia di lui disapprova e paga la ragazza perché lo lasci. Lei ubbidisce, anche perché si è innamorata del fratello del suo innamorato. Sposerà lui. ■ COMMEDIA; B/N; 79'; USA, 1929.

GIOCHI DI FUOCO *(Le jeu avec le feu)* ★★★
Regia di ALAIN ROBBE-GRILLET. Con ANICÉE ALVINA, AGOSTINA BELLI, VERNON DOBTCHEFF, SYLVIA KRISTEL, SERGE MARQUAND, PHILIPPE NOIRET, JEAN-LOUIS TRINTIGNANT. ■ Un padre, i cui rapporti con la figlia sono un po' ambigui, riceve la notizia che quest'ultima è stata rapita. La giovane è stata portata in una casa dove altre donne sono rinchiuse, con il compito di soddisfare ogni desiderio sessuale degli ospiti. ■ COMMEDIA; COL.; 109'; FRANCIA, 1974.

GIOCHI DI MORTE *(Fatal Games)* ★★
Regia di MICHAEL ELLIOT. Con LYNN BANASHEK, SALLY KIRKLAND, TEAL ROBERTS. ■ Un gruppo di giovani atleti si allena in una rinomata scuola per partecipare ai Giochi olimpici. Qualcuno degli atleti però scompare misteriosamente. C'è un pazzo in giro, che sembra voler far fuori tutti gli olimpionici a colpi di giavellotto. ■ DRAMMATICO; COL.; 88'; USA, 1983.

GIOCHI DI MORTE *(The Salute of the Jugger)* ★★★
Regia di DAVID PEOPLES. Con JOAN CHEN, RUTGER HAUER, HUGH KEAYS BYRNE. ■ Nel ventunesimo secolo in una terra ormai ridotta a un deserto, si gioca una specie di rugby senza regole, nel quale si può anche morire. Una squadra nomade, guidata da un giocatore un tempo famoso, sfida la "lega", la migliore delle compagini, l'équipe finanziata dal partito al potere. La "lega" sarà battuta dopo un'epica battaglia. ■ AVVENTURA; COL.; 108'; AUSTRALIA, USA, 1989.

GIOCHI DI NOTTE *(Nattlek)* ★★★
Regia di MAI ZETTERLING. Con LENA BRUNDIN, KEVE HJELM, JORGEN LINDSTRÖM, INGRID THULIN. ■ Un giovane rivive il suo passato, il rapporto edipico con la madre, la vita turbolenta di lei, nel proprio castello avito. Gli è compagna in queste reminescenze la fidanzata Marianna. ■ DRAMMATICO; B/N; 94'; SVEZIA, 1965.

GIOCHI DI POTERE *(Patriot Games)* ★★★
Regia di PHILLIP NOYCE. Con ANNE ARCHER, PATRICK BERGIN, HARRISON FORD. ■ Ryan torna nella Cia per difendere la propria famiglia. Suoi avversari sono gli implacabili uomini dell'Ira. Un film d'azione con tutti i crismi in cui la tecnologia, come nella realtà, è quasi più importante dell'intelligenza degli uomini. Ford è perfetto per la parte. ■ SPIONAGGIO; COL.; 116'; USA, 1992.

GIOCHI MORBOSI *(Every Breath)* ★
Regia di STEVE BING. Con PATRICK BAUCHAU, WILLIE GARSON, JUDD NELSON, JOANNA PACULA. ■ Jimmy, un attore disoccupato, viene assunto da un riccone perché seduca sua moglie, la splendida Lauren, non sapendo che la donna è al corrente di tutto. Picchiato, umiliato e spaventato, Jimmy comunque non abbandona il gioco, che si complica ulteriormente con l'entrata in scena di un'altra coppia. ■ THRILLER; COL.; 84'; USA, 1993.

GIOCHI NELL'ACQUA *(Drowning by Numbers)* ★★★★
Regia di PETER GREENAWAY. Con JASON EDWARD, BERNARD HILL, JOAN PLOWRIGHT. ■ Nel Suffolk, durante l'autunno tre donne di varia età (sessanta, quaranta, venti) che si chiamano tutte Cissy, uccidono, in un breve arco di tempo, i rispettivi mariti. Il coroner del paese, che vorrebbe portarsi a letto le tre, accetta di far passare i delitti come incidenti. Ma il quarto cadavere sarà il suo. Splendido grottesco di Peter Greenaway sul mistero insolubile del pianeta donna. ■ COMMEDIA; COL.; 118'; GRAN BRETAGNA, 1988. ■ CANNES 1 PR.

GIOCHI OLIMPICI *(Olimpiada en Mexico)* ★★★
Regia di ALBERTO ISAAC. ■ È il documentario della XIX Olimpiade svoltasi a Città del Messico. ■ DOCUMENTARIO; COL.; 92'; MESSICO, 1968.

GIOCHI PARTICOLARI ★★
Regia di FRANCO INDOVINA. Con TIMOTHY DALTON, VIRNA LISI, MARCELLO MASTROIANNI. ■ Sandro ha perduto ogni ragione di vivere e si trascina nella noia esistenziale. Ingaggia un giovanotto per gettarlo tra le braccia della moglie e riprendere le scene con la cinepresa. Infine, con un trucco, si fa uccidere dal ragazzo. ■ DRAMMATICO; COL.; 99'; ITALIA, 1971.

GIOCHI PERICOLOSI *(Pentathlon)* ★★
Regia di BRUCE MALMUTH. Con RENÉE COLEMAN, DOLPH LUNDGREN, DAVID SOUL. ■ Il regista de *I falchi della notte* torna con un altro film dal ritmo teso e secco che piace agli appassionati del genere. Le Olimpiadi coreane del 1988 fanno da sfondo alla vicenda. Protagonista Dolph Lundgren, che impersona un campione di pentathlon della Germania orientale. C'è l'impegno per la vittoria ma l'asilo politico è ciò che gli sta più a cuore. ■ AVVENTURA; COL.; 99'; USA, 1994.

GIOCHI PERVERSI DI UNA SIGNORA BENE ★★
(Mit Gift)
Regia di MICHAEL VERHOEVEN. Con MARIO ADORF, SENTA BERGER, LUIGI PISTILLI, SILVANO TRANQUILLI. ■ Alice ha sposato in seconde nozze l'uomo che l'ha aiutata a sbarazzarsi del primo marito, ma poi comincia a chiedersi se per caso questo secondo consorte non stia meditando la stessa sorte per lei. Lo precede fingendo di morire e l'uomo, sconvolto, confessa alla polizia il suo delitto assumendone la completa responsabilità. Alice si è liberata di un grosso problema e decide di festeggiare l'avvenimento, ma il brindisi le è fatale. ■ GIALLO; COL.; 92'; GERMANIA, 1975.

GIOCHI PROIBITI *(Jeux interdits)* ★★★
Regia di RENÉ CLÉMENT. Con BRIGITTE FOSSEY, LUCIEN HUBERT, GEORGES POUJOULY. ■ Un amore infantile reso drammatico dalla realtà che lo circonda: mentre infuria la guerra Paulette, cinque anni, e Michel, undici, ripetono nei loro giochi gli orrori e le crudeltà che vedono quotidianamente. Quando gli adulti tentano di separare i due bambini, Paulette fugge. ■ DRAMMATICO; B/N; 84'; FRANCIA, 1952. ■ OSCAR 1 PR, 2 NOM; VENEZIA 1 PR.

GIOCHI PROIBITI DELL'ARETINO PIETRO, I ★
Regia di PIERO REGNOLI. Con FEMI BENUSSI, SHIRLEY CARRIGAN, TONY KENDALL. ■ Piccanti avventure di quattro donne nella Gubbio medioevale, tratte dalle novelle di Pietro Aretino. ■ COMMEDIA; B/N; ITALIA, 1972.

GIOCHI STELLARI *(The Last Starfighter)* ★★
Regia di NICK CASTLE. Con LANCE GUEST, ROBERT PRESTON, CATHERINE MARY STEWART. ■ Alex (Guest) è un campione di videogame, talmente bravo da venire reclutato dagli abitanti di un lontano pianeta che cercano in tutta la galassia abili piloti per combattere cattivissimi alieni. Un po' *Tron*, un po' *Wargames*, il film è un prodotto godibile, soprattutto per ragazzi. ■ FANTASCIENZA; COL.; 100'; USA, 1984.

GIOCHI SULLA PELLE *(Mustaa valkoisella)* ★★
Regia di JÖRN DONNER. Con JÖRN DONNER, KRISTINA HALKOLA, LIISAMAJA LAAKSONEN. ■ Un uomo non sa decidersi tra l'amore per la moglie e l'amore per una compagna di lavoro. Perderà l'una e l'altra. ■ DRAMMATICO; B/N; 90'; FINLANDIA, 1967.

GIOCO, IL ★★
Regia di CLAUDIA FLORIO. Con CLAUDIA GERINI, SUSAN LINCH, JONATHAN PRICE, ENRICO SILVESTRIN. ■ Michela (Gerini) è un'attrice in cerca di affermazione, Corinna (Linch) è una fotografa discretamente soddisfatta. Il loro rapporto è buono: sono buone amiche e si aiutano a vicenda. Ecco che si prospetta quella che sembrerebbe una buona occasione: una parte molto strana, quasi misteriosa, che coinvolgerà le due ragazze. Il gioco, appunto. A proporla è Mark, un critico d'arte vagamente inquietante, che mette in allarme il ragazzo di Corinna, che decide di capirne di più. La regista cerca di dare alla storia un respiro largo, non autoctono, e va detto che le due attrici non demeritano di fronte all'ottimo Price, istituzionalmente nevrotico (chi non lo ricorda nel cattivo di *Ronin*?), che è un buon valore aggiunto. Peccato per i non pochi luoghi comuni. ■ DRAMMATICO; COL.; 90'; ITALIA, 2001.

GIOCO A DUE *(The Thomas Crown Affair)* ★★
Regia di JOHN MCTIERNAN. Con PIERCE BROSNAN, BEN GAZZARA, DENIS LEARY, RENE RUSSO. ■ Lui è un ladro-finanziere di gran classe e lei un'investigatrice che indaga su di lui: l'incontro è fatale. La connessione è un quadro di Monet, che Thomas ha rubato a un museo di New York. Remake del film con Steve McQueen e Faye Dunaway. Quest'ultima è stata chiamata a interpretare una piccola parte. Meglio non paragonarlo all'originale. ■ AZIONE; COL.; 113'; USA, 1999.

GIOCO AL MASSACRO ★
Regia di DAMIANO DAMIANI. Con NATHALIE BAYE, ELLIOTT GOULD, TOMAS MILIAN. ■ Due amici, due registi, uno di successo l'altro senza gloria. I due vivono un rapporto competitivo, che si complica con l'arrivo di una donna e diventa insostenibile quando spunta anche un produttore. ■ DRAMMATICO; COL.; 100'; ITALIA, 1989.

GIOCO DA DURI, UN *(Semi Tough)* ★★
Regia di MICHAEL RITCHIE. Con JILL CLAYBURGH, KRIS KRISTOFFERSON, BURT REYNOLDS. ■ L'inquieta figlia del proprietario di una squadra di football si divide equamente fra due campioni della squadra, suoi ex compagni di scuola. Accetta di sposare uno dei due, ma sarà l'altro alla fine ad aggiudicarsela. Un film che doveva essere una satira al fulmicotone dell'ambiente del football e di certi movimenti religiosi in Usa, ma che si disperde un po' per strada per colpa dell'incerta sceneggiatura. Il cast però è splendido (Reynolds, la Clayburgh, Kristofferson, ma anche Robert Preston, Brian Dennehy e il presentatore tv Bert Convy). ■ COMMEDIA; COL.; 108'; USA, 1977.

GIOCO D'AMORE *(For Love of the Game)* ★★
Regia di SAM RAIMI. Con KEVIN COSTNER, JENA MALONE, KELLY PRESTON, JOHN C. REILLY. ■ Un giocatore di baseball ormai al tramonto incontra una ragazza, un osso duro. Schermaglie amorose per tutto il film. Continua la fase calante di Costner, e anche di Raimi. ■ SENTIMENTALE; COL.; 138'; USA, 2000.

GIOCO DA RAGAZZE, UN
Regia di MATTEO ROVERE. Con NADIR CASELLI, CHIARA CHITI, FILIPPO NIGRO, DESIRÉE NOFERINI, CHIARA PAOLI. ■ Elena Chiantini e le sue amiche Michela e Alice sono le *bad girls* di un prestigioso liceo privato. Figlie viziate di ricchi imprenditori, hanno come modello Kate Moss e Paris Hilton e si atteggiano ad adulte assumendo pose spregiudicate sotto le strobo e l'effetto di ecstasy, cannabis e cocaina. Annoiate dalla quotidianità, dai genitori e dalle istituzioni, non accolgono di buon grado l'arrivo di un nuovo professore, un giovane idealista deciso ad aprire gli occhi e le menti dei suoi alunni con le letture di Philip Roth e J.D. Salinger. Elena, che del gruppetto è la leader indiscussa, decide di coinvolgere l'insegnante in un *gioco pericoloso*. Il pretesto sarebbe: entrare nel "lato oscuro" dei giovani. In realtà è solo un tentativo si scovare il peggio del peggio del cinema e dello spettatore. Fa il paio con *Albachiara*. ■ DRAMMATICO; COL.; 95'; ITALIA, 2008.

GIOCO D'AZZARDO ★★
Regia di PARSIFAL BASSI. Con LOREDANA, ROMOLO COSTA, MAURIZIO D'ANCORA, ARMANDO FALCONI, ANTONIO GANDUSIO, LIA ORLANDINI. ■ Commedia degli equivoci: il maggiordomo passa per duca, il duca è scambiato per il maggiordomo. Lieto finale con nozze. ■ COMMEDIA; B/N; 92'; ITALIA, 1943.

GIOCO D'AZZARDO *(Rogue's Gallery)* ★★
Regia di LEONARD HORN. Con GRETA BALDWIN, EDGAR BERGEN, BRIAN DONLEVY, FARLEY GRANGER, DENNIS MORGAN, ROGER SMITH. ■ Un detective privato, John Rogue, viene incaricato da un psichiatra di non perdere d'occhio una ragazza che potrebbe fare qualche azione irresponsabile. John viene così a contatto con un gruppo di persone disperate che cercano una motivazione per vivere. Ma capisce che dietro il club c'è un'organizzazione pericolosa. ■ GIALLO; COL.; 88'; USA, 1967.

GIOCO D'AZZARDO PER UN GIOVANE FUNZIONARIO DI POLIZIA *(Geheime Meisjesmarkt)* ★★
Regia di IGNACIO F. IQUINO. Con ALAN DE MUTH, ARLENE FULTON, LARRY WILCOX. ■ Giallo a sfondo erotico. Una banda usa come esca un tipo che fa innamorare le ragazze, che poi finiscono in un giro di tratta delle bianche. Di una di queste, però, l'individuo si innamora. Arriva anche la polizia e la banda finirà male. ■ GIALLO; COL.; 96'; GERMANIA, SPAGNA, 1971.

GIOCO DEGLI AVVOLTOI, IL *(A Game for Vultures)* ★★
Regia di JAMES FARGO. Con JOAN COLLINS, RICHARD HARRIS, RAY MILLAND, RICHARD ROUNDTREE. ■ L'America intende vendere cinquanta elicotteri al governo della Rhodesia, che deve tenere a bada i guerriglieri neri ma non può superare il veto delle Nazioni Unite. Affida perciò l'incarico a David che organizza im-

mediatamente l'"operazione consegna", ma i guerriglieri, che lo hanno spiato, riescono a mettere fuori uso trentadue elicotteri. ■ GUERRA; COL.; 106'; GRAN BRETAGNA, 1979.

GIOCO DEGLI INNAMORATI, IL ★★
(Les amoureux du "France")
Regia di PIERRE GRIMBLAT, FRANÇOIS REICHENBACH. Con OLIVIER DESPAX, MARIE-FRANCE PISIER, CATHERINE ROUVEL. ■ Oliviero, rampollo di casato decaduto, viene spinto a partecipare a una crociera finanziata da un ricco amico del padre, al fine di fargli sposare la propria figlia Lisa. Oliviero, non volendo cedere a un matrimonio combinato, si fa sostituire dal guardacaccia e Lisa, per le stesse ragioni, dalla sua segretaria. ■ COMMEDIA; B/N; 86'; FRANCIA, 1964.

GIOCO DEL DESTINO, IL *(Dreimal Hochzeit)* ★★
Regia di GÉZA VON BOLVÀRY. Con WILLY FRITSCH, MARTE HARELL. ■ Un amore che dura attraverso gli anni tra un granduca russo e una borghese. ■ COMMEDIA; B/N; 79'; GERMANIA, 1941.

GIOCO DEL FALCO, IL ★★★
(The Falcon and the Snowman)
Regia di JOHN SCHLESINGER. Con PAT HINGLE, TIMOTHY HUTTON, SEAN PENN. ■ Svanita la vocazione, il giovane Christopher lascia il seminario e, grazie a una raccomandazione del padre, ex pezzo grosso dell'Fbi, viene assunto come fattorino in una ditta che costruisce satelliti-spia per la Cia. Ascoltando una telefonata, il ragazzo scopre uno sporco gioco politico: i servizi segreti americani vogliono boicottare il governo australiano. Animato da buoni, ma fragili ideali, Christopher decide di mettersi al servizio dei russi, coinvolgendo nel furto di documenti top-secret anche un suo amico d'infanzia, tossicodipendente e piccolo spacciatore di droga. ■ DRAMMATICO; COL.; 131'; USA, 1984.

GIOCO DELLA MELA, IL *(Hra o jablko)* ★★★
Regia di VERA CHYTILOVA. Con DAGMAR BLACHOVA, JIRI KODET, JIRI MENZEL, NINA POPELIKOVA, EVELYNA STEIMAROVA. ■ La graziosa Anna è assunta al reparto maternità dell'ospedale di Praga. La bella nuova venuta attira le attenzioni del dottor John, rubacuori dell'ospedale e amante della moglie di un collega. John comincia a frequentare Anna, ma poi la lascia quando lei gli fa credere di essere incinta per spingerlo ad un comportamento più serio. Si scopre anche la tresca del dottore con la moglie del collega e John viene trasferito in un ospedale di provincia. Qui ritroverà inaspettatamente Anna (incinta davvero) e si offrirà di sposarla, ma lei lo abbandonerà perché ha finalmente capito che quello non è vero amore. ■ COMMEDIA; COL.; 100'; CECOSLOVACCHIA, 1976.

GIOCO DELL'AMORE, IL *(The Mating Game)* ★★
Regia di GEORGE MARSHALL. Con PAUL DOUGLAS, TONY RANDALL, DEBBIE REYNOLDS. ■ In una fattoria americana vive un uomo felice con la propria grande famiglia. Un vicino possidente cerca di rovinarlo, avendo saputo della sua insolvenza col fisco. Da vecchie carte in solaio tuttavia risulta che il proprietario è creditore, e non debitore, verso il ministero del Tesoro. Tutto si risolve e c'è anche un fidanzamento. ■ COMMEDIA; COL.; 96'; USA, 1959.

GIOCO DELL'ASSASSINO, IL *(Mörderspiel)* ★★
Regia di HELMUT ASHLEY. Con GOTZ GEORGE, HARRY MEYEN, MAGALI NOËL. ■ Durante una festa viene organizzato un gioco di società, il "Gioco dell'assassino". Inaspettatamente, viene trovato davvero un morto. L'ispettore di polizia trattiene gli ospiti della casa: ciascuno di essi potrebbe essere il colpevole. Nel mezzo delle indagini, un altro morto. ■ GIALLO; B/N; 84'; GERMANIA, 1961.

GIOCO DELLA VERITÀ, IL *(Le jeu de la vérité)* ★★★
Regia di ROBERT HOSSEIN. Con NADIA GRAY, ROBERT HOSSEIN, THIEN HUONG, PAUL MEURISSE, JEAN SERVAIS, JEAN-LOUIS TRINTIGNANT. ■ Nella casa di campagna di uno scrittore ha luogo una cena con dodici invitati. Un po' più tardi nella serata, arriva un individuo che ha in tasca una busta con 50 milioni. All'improvviso, si spegne la luce. Quando ritorna, trovano l'uomo morto. Nessun colpo di pistola. In un crescendo di suspense, si arriva alla verità. ■ GIALLO; B/N; 85'; FRANCIA, 1961.

GIOCO DELLA VERITÀ, IL ★★
Regia di MICHELE MASSA. Con BEKIM FEHMIU, MARIA FIORE, CARLA GRAVINA, ANGELA LUCE, STEFANO SATTA FLORES. ■ Nei bassifondi napoletani, una prostituta, interrogata dalla polizia sulla morte di un suo cliente precipitato dalla grondaia, sostiene che si tratta di un incidente. Successivamente la donna dà un'altra versione, accusando i proprietari della pensione di essere degli assassini. È vera la prima versione. ■ DRAMMATICO; COL.; 92'; ITALIA, 1974.

GIOCO DELLE SPIE, IL ★★
Regia di PAOLO BIANCHINI. Con RORY CALHOUN, TINO CARRARO, ROGER HANIN, LEA PADOVANI. ■ Film di spionaggio senza nessuna trovata, ma con molta azione e suspense. ■ AVVENTURA; COL.; 92'; ITALIA, 1966.

GIOCO DELL'OCA, IL *(Snakes and Ladders)* ★★★
Regia di TRISH MCADAM. Con POM BOYD, SEAN HUGHES, GINA MIXLEY. ■ Due ragazze dublinesi debbono fare i conti con l'amore, con la difficoltà di trovare un'occupazione e di conservare l'amicizia. Quando una delle due va a letto con l'ex dell'altra, qualcosa cambia. Infatti il ragazzo torna a destare le attenzioni della vecchia partner che vorrebbe tornare con lui. Commedia che ha nelle protagoniste il proprio punto di forza. ■ COMMEDIA; COL.; 92'; GERMANIA, IRLANDA, 1996.

GIOCO DEL POTERE, IL *(Power Play)* ★★
Regia di MARTYN BURKE. Con DAVID HEMMINGS, PETER O'TOOLE, DONALD PLEASENCE. ■ Un gruppo di colonnelli progetta un colpo ai danni di un dittatore. Il colpo riesce, ma ottiene solo il risultato di sostituire un despota all'altro: uno dei colonnelli assume la dittatura e fa fucilare tutti quelli che si oppongono. ■ AVVENTURA; COL.; 91'; CANADA, 1978.

GIOCO DI DONNA *(Head in the Clouds)* ★★★
Regia di JOHN DUIGAN. Con STEVEN BERKOFF, PENELOPE CRUZ, GABRIEL HOGAN, THOMAS KRETSCHMANN, DAVID LA HAYE, CHARLIZE THERON, STUART TOWNSEND. ■ Il tessuto storico che colora l'intera vicenda è un nobile bignami di tutto quanto è accaduto nella prima metà del secolo scorso. Il giovane irlandese Guy (Stuart Townsend), si vede piombare nella sua casa a Cambridge, bagnata e trafelata, la splendente Gilda, in fuga dal fidanzato e da allora i due vivono la loro relazione tra mille incongruenze, illusioni e drammi. Tre anni dopo saranno assieme a Parigi, in un "ménage a troi" che coinvolge Mia (Penelope Cruz), una giovane spagnola, zoppa a causa di un incidente. In Spagna la guerra civile è ormai inevitabile e dopo alcuni tentennamenti Mia e Guy, che è un idealista, abbandonano Gilda e vanno a combattere per i repubblicani. La partitura drammatica ha qui un'ulteriore accelerazione, svaniti i toni fatui, con Hitler che bussa alla porta, tutto affonda nel dramma storico. Guy torna in Inghilterra e Gilda si concede al nemico che ha invaso Parigi. Dramma e melodramma si fondono in un pastiche non privo di emozioni e convenzioni. ■ DRAMMATICO; COL.; 120'; CANADA, GRAN BRETAGNA, SPAGNA, USA, 2005.

GIOCO DI MASSACRO *(Jeu de massacre)* ★★
Regia di ALAIN JESSUA. Con CLAUDINE AUGER, JEAN-PIERRE CASSEL, MICHEL DUCHAUSSOY. ■ Bob Neumann, figlio di una ricca signora svizzera, si esalta alla lettura dei fumetti. Conosce il suo idolo, Pierre, famoso creatore di eroi di carta, insieme alla moglie di lui Jacqueline, disegnatrice delle sue storie. Essi fanno vivere a Bob un'esperienza straordinaria. I tre, finanziati dalla madre di Bob, finiranno poi per vivere tutti insieme felicemente. ■ COMMEDIA; COL.; 90'; FRANCIA, 1967.

GIOCO DI RIPLEY, IL *(Ripley's Game)* ★★
Regia di LILIANA CAVANI. Con CHIARA CASELLI, JOHN MALKOVICH, DOUGRAY SCOTT, RAY WINSTONE. ■ Dal romanzo di Patricia Highsmith. Mr. Ripley è un raffinato quanto cinico trafficante in opere d'arte. Ma osa troppo e si trova al centro di un gioco molto pericoloso in cui deve vedersela con una banda di slavi. Crede di poter contare su vecchi amici ma non è così. Scontro finale con tanto di armi in pugno. Il tutto vissuto in una splendida villa del Veneto. La Cavani si è preoccupata più del thriller che di una regia aurorale. ■ THRILLER; COL.; 110'; GRAN BRETAGNA, ITALIA, 2002.

GIOCO DI SQUADRA *(An American Citizen)* ★
Regia di EITAN GREEN. Con ICHO AVITAL, GUY GARNER, AVA HAD-

DAD. ■ Il film, rimasto in sala quattro giorni in una sola città, ambienta in Israele il classico rapporto tra il mondo dello sport e quello reale, ricordandoci che si tratta di due cose diverse. Michael, un giocatore di basket americano, trova un ingaggio in una squadretta israeliana che si trova nella parte bassa della classifica. Diventerà amico di un giornalista locale. ■ COMMEDIA; COL.; 99'; ISRAELE, USA, 1995.

GIOCO DURO A SUNSET STRIP ★★
(Shakedown on the Sunset Strip)
Regia di WALTER E. GRAUMAN. Con SEASON HUBLEY, PERRY KING, JOAN VAN ARK. ■ Alla fine dell'ultima guerra, a Los Angeles, un ufficiale di polizia svolge indagini su alcuni colleghi sospettati di essere coinvolti in un giro di prostitute. Riuscirà a portarle brillantemente a termine nonostante molte difficoltà. ■ POLIZIESCO; COL.; 90'; USA, 1987.

GIOCO ESTREMAMENTE PERICOLOSO, UN ★★★
(Hustle)
Regia di ROBERT ALDRICH. Con ERNEST BORGNINE, CATHERINE DENEUVE, BEN JOHNSON, BURT REYNOLDS. ■ Una ragazza scappata di casa si droga e si prostituisce. Viene trovata morta e si fa l'ipotesi del suicidio. Ma il padre della ragazza non è convinto di questa conclusione della vicenda e scopre la verità. Il finale è drammatico. ■ DRAMMATICO; COL.; 120'; USA, 1975.

GIOCO IMPLACABILE *(Las Vegas Shakedown)* ★
Regia di SIDNEY SALKOW. Con COLEEN GRAY, DENNIS O'KEEFE. ■ Un uomo, che ha passato molti anni in carcere, giura a se stesso di riuscire a uccidere il proprietario di una casa di giochi d'azzardo che aveva testimoniato contro di lui. Ma la cosa non sarà semplicissima. Prodotto tra i tanti di serie B statunitensi, che peraltro non ha la minima possibilità di essere rivalutato. Anche se tutto è possibile. ■ DRAMMATICO; COL.; 79'; USA, 1955.

GIOCO IN VILLA *(Que les gros salaires lèvent le doigt)* ★★
Regia di DENYS GRANIER-DEFERRE. Con DANIEL AUTEUIL, MICHEL PICCOLI, JEAN POIRET. ■ Il direttore di una compagnia d'assicurazioni invita gli impiegati per una vacanza nella sua villa durante un weekend. La riunione si rivela disastrosa per tutti. Il principale sembra divertirsi a mettere i dipendenti uno contro l'altro. Quando torneranno al lavoro, nessuno sarà più amico del vicino di scrivania. ■ COMMEDIA; COL.; 98'; FRANCIA, 1982.

GIOCO MORTALE *(Let's Kill Uncle)* ★★
Regia di WILLIAM CASTLE. Con MARY BADHAM, PAT CARDI, NIGEL GREEN, ROBERT PICKERING. ■ Uno strano tipo, avventuriero e scrittore di gialli, ospita il giovane nipote Barnaby, appena rimasto orfano e titolare di una colossale eredità. Lo zio tenta di gettare il nipote da una scogliera. Poi dice di avere scherzato. ■ COMMEDIA; COL.; 92'; USA, 1966.

GIOCONDA, LA ★★
Regia di GIACINTO SOLITO. Con ALBA ARNOVA, PAOLO CARLINI. ■ Soggetto tratto dal melodramma di Ponchielli, su libretto di Arrigo Boito: è la storia della danzatrice Gioconda che ospita il principe di Santa Flora, sfuggito all'Inquisizione, a Venezia. Lei si innamora, ma quando scopre che il suo protetto ama un'altra, lo denuncia. Quando, però, il Santa Flora è in pericolo di vita, lo libera e si sacrifica per lui. ■ DRAMMATICO; B/N; 94'; ITALIA, 1953.

GIOCO PER DUE, UN *(Two Can Play That Game)* ★★
Regia di MARK BROWN. Con ANTHONY ANDERSON, MORRIS CHESTNUT, VIVICA A. FOX, WENDY RAQUEL ROBINSON. ■ Storia di Shanté, ragazza di colore, brava sul lavoro, apparentemente sicurissima di sé, che tiene banco, con le colleghe, con discorsi che appaiono illuminati per sicurezza, buon senso, esperienza. Ma quando il rapporto col suo compagno comincia a scricchiolare e occorre passare dalla teoria alla pratica, ecco che le difficoltà appaiono e diventano quasi insormontabili. Tutti coloro, amici e amiche, che sembravano pendere dalle sue labbra sono a disagio, e non sono in grado di aiutarla. Prodottino per la distribuzione d'agosto. ■ COMMEDIA; COL.; 90'; USA, 2002.

GIOCO PER EVELINE, UN ★★
Regia di MARCELLO AVALLONE. Con ADRIANA BODGAN, ERNA SCHURER. ■ Un coppia in vacanza viaggia attraverso la Corsica. Tra loro c'è tensione, perché Pierre vorrebbe un figlio da Natalie. Vengono alloggiati in casa di un'altra coppia e, ben presto, divengono oggetto di proposte particolari. Coabitazione dei quattro, in cui si inserisce la sconvolgente apparizione di una bambina. Ma si trattava di un sogno. ■ DRAMMATICO; COL.; 92'; ITALIA, 1971.

GIOCO PERICOLOSO ★★
Regia di NUNZIO MALASOMMA. Con RENATO CIALENTE, ELSA MERLINI, PAOLO STOPPA. ■ Un uomo uccide il presunto amante della moglie. Lei, per scagionare il marito, dichiara di avere effettivamente avuto una relazione con la vittima. Quindi aumenta la tensione tra i due coniugi. Alla fine lei rivela la propria innocenza. ■ DRAMMATICO; B/N; 100'; ITALIA, 1942.

GIOCO PERICOLOSO, UN *(Doublecrossed)* ★★
Regia di ROBERT MALCOLM YOUNG. Con ROBERT CARRADINE, DENNIS HOPPER, RICHARD JENKINS. ■ Barry è un contrabbandiere di stupefacenti. La polizia, che lo ha pizzicato, vuole la sua collaborazione per sgominare i grossi produttori di droga che fanno base in Columbia. L'uomo accetta ma dopo breve periodo deve cavarsela da solo. ■ POLIZIESCO; COL.; 110'; USA, 1991.

GIOCO PERVERSO *(The Magus)* ★★★
Regia di GUY GREEN. Con CANDICE BERGEN, MICHAEL CAINE, ANTHONY QUINN. ■ In una villa abbandonata su un'isola greca ci sono personaggi che assumono diverse identità. Il proprietario della villa è morto, ma poi riappare. ■ DRAMMATICO; COL.; 116'; GRAN BRETAGNA, 1968.

GIOCO SLEALE *(Foul Play)* ★★★
Regia di COLIN HIGGINS. Con CHEVY CHASE, GOLDIE HAWN, BURGESS MEREDITH. ■ Gloria dà un passaggio ad un giovanotto, accetta da lui un invito al cinema e nel locale il ragazzo viene assassinato e fatto scomparire. L'ucciso era un agente segreto, che ha fatto in tempo a mollare all'ignara donna un pacchetto di sigarette contenente un microfilm che testimonia il progettato attentato contro il papa in visita negli Usa. ■ GIALLO; COL.; 116'; USA, 1978. ■ GOLDEN GLOBES 6 NOM; OSCAR 1 NOM.

GIOCO SPORCO *(The Heist)* ★
Regia di STUART ORME. Con PIERCE BROSNAN. ■ Un uomo, scontati quattro anni in galera, si vuole vendicare del socio che gli ha portato via la donna. Si riprenderà la donna e metterà in crisi finanziaria l'ex socio. ■ POLIZIESCO; COL.; 93'; USA, 1989.

GIOCO TRAGICO *(Kicks)* ★★
Regia di WILLIAM WIARD. Con ANTHONY GEARY, SHELLEY HACK, TOM MASON. ■ Una ragazza ama il rischio in maniera addirittura morbosa. Crede di trovare l'anima gemella in un giovanotto altrettanto avventuroso. Insieme progettano e portano a compimento una rapina a una banca. Ma un poliziotto è ucciso durante un colpo. La ragazza spaventata vorrebbe costituirsi. Ma il suo compare no. ■ AVVENTURA; COL.; 90'; USA, 1985.

GIOIA D'AMARE *(Joy of Living)* ★★★
Regia di TAY GARNETT. Con IRENE DUNNE, DOUGLAS FAIRBANKS JR. ■ Un giovane fa una corte assidua a una cantante. Lei non vuole sposarlo, anzi lo fa arrestare per toglierselo di torno. Ci saranno uno strano e assurdo processo e vari comici incidenti. Conoscendo meglio il suo corteggiatore, alla fine lei accetterà di sposarlo. ■ COMMEDIA; B/N; 90'; USA, 1938.

GIOIA DELLA VITA, LA *(Riding High)* ★★★
Regia di FRANK CAPRA. Con BING CROSBY, COLEEN GRAY. ■ Un patito dei cavalli è messo al dilemma: o le corse o la mano di Margaret, figlia di un industriale, che affiderebbe volentieri a lui la direzione di una sua azienda. Lui sceglie i cavalli, ma si mette in un mare di guai. Lo tira fuori dalle grane la sorella minore di Margaret, Alice, e tutto si sistemerà per il meglio. ■ COMMEDIA; COL.; 112'; USA, 1950.

GIOIA DI VIVERE *(Forever Yours)* ★★
Regia di WILLIAM NIGH. Con CONRAD NAGEL, C. AUBREY SMITH, GALE STORM. ■ Durante la guerra una ragazza dell'alta borghesia americana lavora con entusiasmo nell'assistenza ai soldati. A un certo punto viene colpita da paralisi alle gambe e curata da un giovane medico, mentre i luminari della medicina non le avevano dato speranze. Tra la giovane e il medico nasce l'amore. ■ COMMEDIA; B/N; 83'; USA, 1944.

GIOIA DI VIVERE – VIVIAMO ALLEGRAMENTE ★★
(Merrily We Live)
Regia di NORMAN Z. MCLEOD. Con BRIAN AHERNE, CONSTANCE BENNETT, BILLIE BURKE. ■ Una signora accoglie in casa dei vagabondi per cercare di riportarli sulla retta via. Così entra nella famiglia uno scrittore che si finge un accattone. Succedono molti piccoli incidenti e il finto vagabondo si innamora di una delle figlie. ■ COMMEDIA; B/N; 90′; USA, 1938. ■ OSCAR 5 NOM.

GIOIELLI DELLA CORONA, I *(The Gang's All Here)* ★★
Regia di THORNTON FREELAND. Con JACK BUCHANAN, GOOGIE WITHERS. ■ Un famoso investigatore è chiamato a svelare il mistero della Corona di Maltonia, un gioiello di valore incalcolabile che è stato rubato. Scopre che è stato lo stesso principe di Maltonia a far sparire la corona, in combutta con una banda di fuorilegge. ■ GIALLO; B/N; 79′; USA, 1939.

GIOIELLI DI MADAME DE..., I *(Madame de...)* ★★★
Regia di MAX OPHULS. Con CHARLES BOYER, DANIELLE DARRIEUX, VITTORIO DE SICA. ■ Un paio di preziosi orecchini, regalati da un generale alla moglie, passa di mano in mano, in una catena di donazioni, fino a ritornare alla proprietaria d'origine. La signora offre gli orecchini alla Madonna, proprio mentre inizia il duello fra suo marito e un conte. La donna sente il rumore di uno sparo e cade svenuta. Uno dei contendenti è morto. ■ COMMEDIA; B/N; 100′; FRANCIA, 1953. ■ OSCAR 1 NOM.

GIOIELLINO, IL ★★
Regia di ANDREA MOLAIOLI. Con SARAH FELBERBAUM, REMO GIRONE, LINO GUANCIALE, FAUSTO MARIA SCIARAPPA, TONI SERVILLO. ■ Ernesto Botta, uomo sgradevole e introverso, è ragioniere presso l'azienda agro-alimentare della famiglia Rastelli, un "gioiellino" quotato in Borsa e lanciato con disinvoltura su nuovi mercati internazionali. Costruita la propria fortuna su latte, merendine e biscotti, i Rastelli frequentano casa, chiesa e azienda con la medesima devozione, circondandosi di politici ed ecclesiastici sostenitori e fanatici del made in Italy. Nel tempo libero gestiscono squadre di calcio, sfrecciano con le Lamborghini sulle strade della provincia piemontese, restaurano monumenti, finanziano la cultura, sostengono gli enti morali, sperimentano attività turistiche e naturalmente accumulano debiti. La gestione spregiudicata e irresponsabile li condurrà in pochi anni sull'orlo del fallimento. Ma Ernesto Botta ha un asso nella manica e un piano di "lunga conservazione": gonfiare i bilanci aziendali e inventarsi il denaro. ■ DRAMMATICO; COL.; 110′; ITALIA, FRANCIA, 2011.

GIOIELLO DEL NILO, IL *(The Jewel of the Nile)* ★★★
Regia di LEWIS TEAGUE. Con DANNY DEVITO, MICHAEL DOUGLAS, KATHLEEN TURNER. ■ L'avventura inizia dove era terminato il film precedente: *Alla ricerca della pietra verde*. Jack e Joan, l'intrepido avventuriero e la romantica scrittrice, sono a bordo del loro yacht: lui si gode la vacanza, lei sogna di tornare in città. Durante un party, la donna viene avvicinata da un affascinante sceicco, che la convince a scrivere la sua biografia e la porta con sé nel suo regno sul Nilo. Jack, improvvisamente geloso, la segue e si ritrova con lei coinvolto nella caccia a un misterioso "gioiello". Colpi di scena a getto continuo e matrimonio finale. ■ AVVENTURA; COL.; 104′; USA, 1985.

GIORDANO BRUNO ★★★
Regia di GIULIANO MONTALDO. Con MATHIEU CARRIÈRE, HANS CHRISTIAN BLECH, CHARLOTTE RAMPLING, GIAN MARIA VOLONTÉ. ■ Trasposizione sullo schermo degli ultimi anni della vita di Giordano Bruno, il filosofo di Nola che fu arso sul rogo nell'anno 1600 in Campo dei Fiori a Roma. ■ BIOGRAFICO; COL.; 123′; ITALIA, 1973.

GIORGIO, SEI GRANDE! *(The Daring Young Man)* ★★
Regia di FRANK STRAYER. Con JOE E. BROWN, MARGUERITE CHAPMAN. ■ Giorgio diventa campione di birilli, grazie a un piccolo telecomando. Questo apparecchio interessa gli agenti nazisti che vorrebbero servirsene per scopi illeciti, ma Giorgio sventerà il complotto. ■ COMICO; B/N; 73′; USA, 1942.

GIORNALINO DI GIAN BURRASCA, IL ★★
Regia di STELIO PASSACANTANDO. ■ La nota vicenda di Giannino Stoppani viene riproposta in un film d'animazione, che si connota per le difficoltà produttive superate e per il desiderio di mostrare che nel libro di Vamba si sottolineava soprattutto l'inadeguatezza degli adulti. ■ ANIMAZIONE; COL.; 83′; ITALIA, 1992.

GIORNATA BALORDA, LA ★★★
Regia di MAURO BOLOGNINI Con LEA MASSARI, JEAN SOREL, PAOLO STOPPA, JEANNE VALÉRIE. ■ Stralcio di vita di un giovane romano senza lavoro. Ha un figlio da una ragazza che vorrebbe sposare, ma non ha denaro. Nel vicolo cieco in cui si trova cerca disperatamente un lavoro: fa il facchino per un giorno, ma il suo problema non è certo risolto. Nel suo avvilimento arriva al furto, che gli sembra il mezzo per risolvere momentaneamente la situazione. ■ DRAMMATICO; B/N; 89′; ITALIA, 1960.

GIORNATA DI IVAN DENISOVICH, UNA ★★★
(One Day in the Life of Ivan Denisovich)
Regia di CASPER WREDE. Con ALFRED BURKE, TOM COURTENAY, JAMES MAXWELL. ■ Il film è tratto dal famoso racconto di Aleksandr Solzhenitsyn. Durante l'ultima guerra un soldato russo, scappato dalle mani dei tedeschi, viene processato dalla giustizia staliniana come spia e condannato al campo di concentramento in Siberia. In spaventose condizioni di degradazione, si lotta per la sopravvivenza, ma la fratellanza non è del tutto spenta. ■ DRAMMATICO; COL.; 105′; GRAN BRETAGNA, NORVEGIA, 1971.

GIORNATA NERA PER L'ARIETE ★★★
Regia di LUIGI BAZZONI. Con AGOSTINA BELLI, ROSSELLA FALK, IRA FÜRSTENBERG, SILVIA MONTI, FRANCO NERO, WOLFGANG PREISS, EDMUND PURDOM, PAMELA TIFFIN. ■ Il giornalista Andrea Bild indaga su una catena di delitti compiuti da un misterioso assassino: la prima vittima è una donna malata, poi il redattore capo di un giornale e così via. Andrea riesce a individuare un particolare comune a tutti i delitti. Su questa base, scoprirà l'assassino che, naturalmente, è la persona più insospettabile. ■ POLIZIESCO; COL.; 95′; ITALIA, 1971.

♥ GIORNATA PARTICOLARE, UNA ★★★★🏆
Regia di ETTORE SCOLA. Con FRANÇOIS BARD, SOPHIA LOREN, MARCELLO MASTROIANNI, ALESSANDRA MUSSOLINI, JOHN VERNON. ■ 6 maggio 1938. La Roma fascista è in festa per l'arrivo del Führer in visita al duce. In un edificio popolare Antonietta, una bella donna distrutta dalle gravidanze e dalle fatiche, moglie di un fanatico fascista, conosce (rincorrendo un pappagallo scappato dalla gabbia) il coinquilino Gabriele. È un ex annunciatore della radio, rimosso dall'incarico perché omosessuale. I due fanno amicizia e si confidano i rispettivi problemi. Avranno anche una fugace esperienza amorosa, poi tutto tornerà come prima: lei riprenderà la sua vita di casalinga frustrata, mentre lui sarà inviato al confino. Bellissimo film interpretato magistralmente dalla Loren e da Mastroianni. Suggestiva anche la fotografia. ■ DRAMMATICO; COL.; 105′; ITALIA, 1977. ■ DAVID DI DONATELLO 🏆 2 PR, 2 NOM; GOLDEN GLOBES 🏆 1 PR, 2 NOM; OSCAR 🏆 2 NOM.

GIORNATA SPESA BENE, UNA ★★★
(Une journée bien remplie)
Regia di JEAN-LOUIS TRINTIGNANT. Con VITTORIO CAPRIOLI, JACQUES DUFILHO, ANDRÉ FALCON, DENIS PERON. ■ Un mite fornaio uccide sistematicamente le nove persone della giuria che ha condannato suo figlio a morte. Gli sono d'aiuto i vecchi genitori. Dopo l'esecuzione dell'ultima vittima si lascia catturare e viene condannato a morte. Finito il processo, i giurati notano con preoccupazione che i due vecchi stanno annotando diligentemente i loro nomi. ■ DRAMMATICO; COL.; 87′; FRANCIA, 1972.

GIORNI CALDI A PALM SPRINGS ★★
(Palm Springs Weekend)
Regia di NORMAN TAUROG. Con TROY DONAHUE, CONNIE STEVENS. ■ Una squadra di pallacanestro è in ritiro a Palm Springs. Sfuggendo al controllo dell'allenatore, i giovanotti intrecciano storie amorose con le ragazze in vacanza. ■ COMMEDIA; COL.; 100′; USA, 1963.

GIORNI CANTATI, I ★★
Regia di PAOLO PIETRANGELI. Con ROBERTO BENIGNI, FRANCO BIANCHI, FRANCESCO GUCCINI, MARIANGELA MELATO, PAOLO PIETRANGELI. ■ Cantante di protesta della generazione del 1968 ripercorre mentalmente durante un tentativo di suicidio le fasi

della propria crisi esistenziale. ■ DRAMMATICO; COL.; 110′; ITALIA, 1979.

GIORNI CONTATI *(End of Days)* ★★
Regia di PETER HYAMS. Con GABRIEL BYRNE, ARNOLD SCHWARZENEGGER, ROBIN TUNNEY. ■ La regia è asfittica rispetto alla muscolatura del protagonista e all'esile trama. Il protagonista si misura con il diavolo. Risultato: sconfitta per tutti al botteghino. ■ AVVENTURA; COL.; 120′; USA, 1999.

GIORNI CONTATI, I ★★★
Regia di ELIO PETRI. Con REGINA BIANCHI, LANDO BUZZANCA, VITTORIO CAPRIOLI, PAOLO FERRARI, SALVO RANDONE, FRANCO SPORTELLI. ■ Fra i migliori film di Elio Petri. Il regista tratta la problematica esistenziale e la prospettiva della morte in modo personalissimo. Un vedovo in pensione viene sconvolto dalla notizia della morte di un proprio conoscente. Si sente completamente solo, tenta di recuperare il tempo perduto, ma riesce solo a rimettersi a lavorare. ■ DRAMMATICO; B/N; 106′; ITALIA, 1962.

GIORNI D'AMORE ★★
Regia di GIUSEPPE DE SANTIS. Con MARCELLO MASTROIANNI, MARINA VLADY. ■ Due giovani paesani dovrebbero sposarsi, ma non hanno i mezzi per affrontare l'apparato delle nozze con tutte le spese che comporta. D'accordo con i genitori, lui rapisce la fidanzata, per accelerare tutto. Finisce bene. ■ DRAMMATICO; COL.; 109′; ITALIA, 1954.

GIORNI D'AMORE SUL FILO DI UNA LAMA ★★
Regia di GIUSEPPE PELLEGRINI. Con ERIKA BLANC, PETER LEE LAWRENCE, SILVANO TRANQUILLI. ■ Lidia e Stefano si amano, ma lui è costretto a legarsi a Giovanna per favorire gli interessi del proprio padre. Lidia sparisce e Stefano, che l'ha lungamente cercata, la ritrova legata a un boss della droga. Quest'ultimo tenta di ucciderla e la ferisce gravemente. Lidia lotta disperatamente contro la morte. Stefano accorre. ■ DRAMMATICO; COL.; 90′; ITALIA, 1973.

GIORNI DEL CIELO, I *(Days of Heaven)* ★★★
Regia di TERRENCE MALICK. Con BROOKE ADAMS, RICHARD GERE, LINDA MANZ, SAM SHEPARD, ROBERT WILKE. ■ L'operaio Bill fugge da Chicago dopo una lite con il datore di lavoro: porta con sé nel Midwest la fidanzata Abby e la sorellina Linda. Trova un impiego presso la fattoria del giovane e ricco Chuck, il quale mette subito gli occhi su Abby. Per caso Bill viene a sapere che Chuck è condannato da un male incurabile e allora esorta Abby ad accettare l'offerta di matrimonio di costui. Così avviene e i tre emigrati si ritrovano ben presto a vivere negli agi. Ma quando Bill si accorge che Abby si è davvero innamorata del marito, cerca di riavvicinarla a sé. Ma Chuck si avvede della tresca e, in preda all'ira, dà fuoco alla fattoria e Bill lo uccide. Questi a sua volta farà una brutta fine. ■ DRAMMATICO; COL.; 95′; USA, 1978. ■ CANNES 1 PR; DAVID DI DONATELLO 2 PR, 2 NOM; GOLDEN GLOBES 2 NOM; OSCAR 1 PR, 4 NOM.

GIORNI DEL COMMISSARIO AMBROSIO, I ★★
Regia di SERGIO CORBUCCI. Con ATHINA CENCI, CARLO DELLE PIANE, UGO TOGNAZZI. ■ Una morte apparentemente fortuita mette in sospetto il commissario Ambrosio. Un musicista confessa di essere l'assassino, ma Ambrosio è scettico. Incerto sulla destinazione del film (televisione o sala pubblica?) Corbucci costruisce con professionismo un prodotto d'intrattenimento discreto. Anche Tognazzi fa il suo lavoro, in una parte pensata per Lino Ventura (che non fece in tempo a interpretarla per l'improvvisa morte). ■ POLIZIESCO; COL.; 96′; ITALIA, 1988.

GIORNI DELLA CHIMERA, I ★★
Regia di FRANCO CORONA. Con LAURA BELLI, FLAVIO BUCCI, ANTONELLA LUALDI, MICAELA PIGNATELLI, RENATO SCARPA. ■ In un gruppo di ricchi snob, con velleità di ritorno alla natura, si inserisce un modesto impiegato che si spaccia per aristocratico con una storia patetica alle spalle. Attirando su di sé l'interesse dei membri dell'organizzazione "Natura Viva", porta lo scompiglio nell'illusorio equilibrio delle loro vite. ■ DRAMMATICO; COL.; 92′; ITALIA, 1974.

GIORNI DELL'ABBANDONO, I ★★★
Regia di ROBERTO FAENZA. Con GORAN BREGOVIC, MARGHERITA BUY, ALESSIA GORIA, LUCA ZINGARETTI. ■ Olga ha 35 anni e due figli. Un giorno il marito la lascia, all'improvviso, per una ragazzina. Olga precipita in uno stato di sofferenza che rischia di farle perdere progressivamente il senso della realtà e del suo rapporto affettivo con i figli. Dal romanzo di Elena Ferrante. Roberto Faenza trae il film stilisticamente più complesso della sua filmografia. Può essere quindi facile colpirne alcuni punti deboli di sceneggiatura. Non è però questo che conta. Conta molto di più lo scavo nella complessità delle reazioni di una donna nei confronti di un evento traumatico come l'abbandono improvviso. ■ DRAMMATICO; COL.; 96′; ITALIA, 2004. ■ DAVID DI DONATELLO 2 NOM.

GIORNI DELL'AMORE, I *(Goha)* ★★★
Regia di JACQUES BARATIER. Con ZINA BOUZAANE, CLAUDIA CARDINALE, LAURO GAZZOLO, OMAR SHARIF. ■ Goha, un povero ragazzo arabo, ha due amici: un asinello e un liutaio cieco. Goha è saggio e si conquista la stima di un insegnante dell'università. Frequentando la casa di questi, il ragazzo si innamora della moglie di lui, Fulla. Tragico finale. Fulla viene ripudiata, Goha cacciato di casa e alla fine spinto in un laghetto dal suo somarello. ■ DRAMMATICO; B/N; 83′; FRANCIA, 1958. ■ CANNES 1 PR.

GIORNI DELL'AMORE E DELL'ODIO – CEFALONIA, I ★★★
Regia di CLAVER SALIZZATO. Con DANIELE LIOTTI, SARAH MILES, UGO PAGLIAI, LIBERTO RABAL, MANDALA TAYDE, RICKY TOGNAZZI, FRANCESCO VENDITTI. ■ L'isola greca di Cefalonia è un luogo tragico nella memoria di molti italiani. L'8 settembre del 1943, ottomila soldati italiani della divisione Aqui si trovano improvvisamente nella situazione di dover scegliere: restare alleati dei tedeschi oppure considerarli nemici. Scelgono la seconda opzione, e i tedeschi organizzano una rappresaglia terribile, decimando la divisione. Molti considerano quel sacrificio il primo vero episodio della resistenza italiana. *I giorni dell'amore e dell'odio* racconta quella storia attraverso le vicende individuali di Helberg (Rabal) e Wolfgang (Liotti), fratelli del Sud Tirolo entrambi innamorati di Marthe (Tayde). I due fratelli si trovano arruolati uno nell'esercito italiano e l'altro in quello tedesco. Gli equilibri fra vicende private e racconto storico sono buoni. Il profilo del racconto non è altissimo. Efficace la figura del generale Gandin, comandante dell'Aqui, che si assunse la responsabilità della grande scelta. È interpretato da un ottimo Tognazzi. ■ DRAMMATICO; COL.; 92′; ITALIA, 2001.

GIORNI DELLA PAURA, I ★★
(The Dangerous Days of Kiowa Jones)
Regia di ALEX MARCH. Con DIANE BAKER, ROBERT HORTON, SAL MINEO. ■ Il cowboy Kiowa Jones ha ricevuto l'incarico di scortare due condannati alla forca attraverso il West. Uno dei due cerca di fare fuori Jones, ma l'altro malvivente si sacrifica per salvargli la vita. Jones trova anche moglie. ■ WESTERN; COL.; 83′; USA, 1966.

GIORNI DELLA VENDEMMIA, I ★★
Regia di MARCO RIGHI. Con MARCO D'AGOSTIN, CLAUDIA BOTTI, LAVINIA LONGHI, MAURIZIO TABANI, GIAN MARCO TAVANI. ■ 1984. Nel settembre ancora assolato della provincia rurale emiliana, Elia, adolescente, vive con i suoi genitori, William, molto vicino al marxismo, e Maddalena, donna molto devota, la nonna Maria e il fantasma di un fratello maggiore, Samuele, che non torna ormai da un anno. Cominciano i giorni della vendemmia, e ad aiutare nel campo arriva anche Emilia, la nipote grande di una coppia di compaesani. La ragazza sta scrivendo la tesi e passa un po' di tempo dai nonni per guadagnarsi i soldi per un viaggio che sogna da tempo. DRAMMATICO; COL.; 80′; ITALIA, 2010.

GIORNI DELLA VIOLENZA, I ★★
Regia di ALFONSO BRESCIA. Con ANDREA BOSIC, BEBA LONCAR, LUCIO ROSATO, LUIGI VANNUCCHI. ■ Jos diventa un fuorilegge in seguito alla uccisione del fratello da parte di un ufficiale nordista. Presa in ostaggio Christine, la fidanzata dell'omicida, cerca di raggiungere la frontiera. Ce la farà e la donna diventerà sua compagna. ■ WESTERN; COL.; 92′; ITALIA, 1967.

GIORNI DELL'IRA, I ★★
Regia di TONINO VALERI. Con GIULIANO GEMMA, LEE VAN

CLEEF. ■ Scott fa lo spazzino a Clifton, Arizona. Ma aspetta l'occasione per diventare qualcuno. L'occasione arriva con Talby, che gli insegna a diventare pistolero. Scott entra nella banda di Talby, ma, quando questi uccide lo sceriffo amico di Scott, si mette dalla parte della legge. ■ WESTERN; COL.; 115'; ITALIA, 1967.

GIORNI DELL'ORCA, I *(Killers of the Wild)* ★★★
Regia di ROBERT J. RYAN. Con EDUARDO BERTOT, ANDY PRUNA, CARLOS ZAPATA. ■ Il naturalista Andy Pruna, accompagnato dai colleghi Zapata e Bertot, giunge sulle coste della Patagonia alla ricerca della temibile orca marina. Nel corso della spedizione i tre studiosi incontreranno animali d'ogni genere, tutti in lotta per la sopravvivenza. ■ DOCUMENTARIO; COL.; 91'; USA, 1976.

GIORNI DEL NOSTRO AMORE, I ★★★
(Den pro mou lasku)
Regia di JURAJ HERZ. Con VLASTIMIL HARAPES, SYLVA KAMENICKA, EVA PICHOVA, JIRINA SEJBALOVÁ, MARTA VANCUROVA. ■ L'improvvisa morte della loro bimba mette in crisi il matrimonio di Maria e Peter. Pur disperati, i due sposi riprendono le rispettive occupazioni sorretti anche dall'affetto degli amici. Dopo un po' i coniugi si riconcilieranno e la nascita di un nuovo bambino riporterà la serenità definitiva nel loro rapporto. ■ COMMEDIA; COL.; 92'; CECOSLOVACCHIA, 1976.

GIORNI DEL '36, I *(Meres tu '36)* ★★★
Regia di THEO ANGELOPULOUS. Con THANOS GRAMMENOS, VANGHELIS KAZAN, KOSTAS PAVLU, KOSTAS SFIKAS, PETROS ZARKADIS. ■ Siamo in Grecia nel 1936, sotto la dittatura del generale Metaxas. Un sindacalista viene ammazzato poco prima di un comizio. Un confidente della polizia viene arrestato e incriminato del delitto: è innocente, ma lo prendono come capro espiatorio. Si ribella, fa prigioniero un deputato, ma è ucciso da un cecchino. ■ DRAMMATICO; COL.; 110'; GRECIA, 1972.

♥ GIORNI DEL VINO E DELLE ROSE, I ★★★
(Days of Wine and Roses)
Regia di BLAKE EDWARDS. Con CHARLES BICKFORD, JACK LEMMON, LEE REMICK. ■ Film contro l'alcolismo. Una coppia di coniugi ubriaconi lotta per guarire. Lui ce la fa, lei no. ■ DRAMMATICO; B/N; 117'; USA, 1963. ■ OSCAR 1 PR, 5 NOM.

GIORNI DI DUBBIO *(Nightmare)* ★★
Regia di MAXWELL SHANE. Con KEVIN MCCARTHY, EDWARD G. ROBINSON. ■ Un giovane compositore sogna di uccidere un uomo. Al suo risveglio alcuni indizi gli fanno dubitare di aver commesso veramente quel delitto. Il medico gli diagnostica una forte depressione e lo induce a partire per la campagna. In una villa, nella quale è costretto a fermarsi, trova le prove del suo omicidio. Scopre anche di averlo commesso sotto ipnosi; il vero assassino morirà durante la fuga. ■ GIALLO; B/N; 89'; USA, 1956.

GIORNI DI FUOCO *(Winnetou II)* ★★
Regia di HARALD REINL. Con LEX BARKER, PIERRE BRICE, KARIN DOR, ANTHONY STEEL. ■ Da un romanzo di Karl Kay, considerato il Salgari della letteratura tedesca. Un capo apache e un amico bianco si adoperano con ogni mezzo per mantenere la pace fra i rispettivi popoli. Un bandito di pochi scrupoli tanto fa che porta bianchi e pellirosse sul sentiero di guerra. ■ WESTERN; COL.; 92'; GERMANIA, 1964.

GIORNI DI FUOCO *(The Final Days)* ★★
Regia di RICHARD PEARCE. Con RICHARD KILEY, LANE SMITH. ■ Lo scandalo Watergate sembra poter interessare ancora il pubblico americano se su di esso si realizzano film di questa durata, mescolando fiction e documentario. ■ DRAMMATICO; COL.; 151'; USA, 1989.

GIORNI DI FURORE ★★
Regia di ISACCO NAHOUM. ■ Una storia del fascismo dal 1921 al 1940. ■ DOCUMENTARIO; B/N; 92'; ITALIA, 1963.

GIORNI DI GLORIA ★★
Regia di MARIO SERANDREI. ■ Una discreta rievocazione degli avvenimenti italiani nell'ultima fase del secondo conflitto mondiale. I partigiani combattono aspramente senza lasciarsi scoraggiare dalle crudeli rappresaglie dei tedeschi. ■ DOCUMENTARIO; B/N; 85'; ITALIA, 1945.

GIORNI DI GLORIA... GIORNI D'AMORE ★★
(For the Boys)
Regia di MARK RYDELL. Con JAMES CAAN, BETTE MIDLER, PATRICK O'NEAL, CHRISTOPHER RYDELL, GEORGE SEGAL. ■ Dixie Leonard ed Eddie Sparks sono due fantasisti sempre pronti a organizzare spettacoli per le truppe al fronte. In quarant'anni di storia americana le guerre non mancano, dal secondo conflitto mondiale al Vietnam. Rievocazione tra la commedia e la lacrima con due attori navigati al timone. ■ COMMEDIA; COL.; 145'; USA, 1991. ■ GOLDEN GLOBES 1 PR, 2 NOM; OSCAR 1 NOM.

GIORNI D'INVERNO *(The Days)* ★★
Regia di WANG XIAO-SHUAI. Con YU HONG, LIU KIAODONG. ■ Una coppia di pittori vive della propria arte ma l'unione è in crisi. Non vogliono ammetterlo ma quando la donna aspetta un figlio decide, dopo un breve soggiorno nel paese dove è nata, che è venuto il momento di agire. ■ DRAMMATICO; B/N; 74'; HONG KONG, 1993.

GIORNI DI SANGUE ★★
Regia di LORENZO GICCA PALLI. Con GIANNI GARKO, DAN HARRISON, GARY HUDSON, GRACE WHITE. ■ Un nobile elimina un rivale in amore. Suo padre soffoca lo scandalo, ma una giovane maestra spinge i contadini a ribellarsi all'ennesimo sopruso. ■ DRAMMATICO; COL.; 93'; ITALIA, 1968.

GIORNI DISPARI ★★
Regia di DOMINICK TAMBASCO. Con ARMANDO DE RAZZA, IRENE FERRI, ALESSIA FUGARDI, ALESSANDRO HABER, SERGIO RUBINI. ■ Alla regia un ex assistente di Ricky Tognazzi, Sergio Rubini e Marco Risi. Tre punti di vista concatenati. Nel primo una troupe segue la vita di Giovanna, una cubista. Nel secondo ci si occupa del fedifrago Salvatore padre di Giovanna, che ha una relazione con la sua amica Bruna. Nel terzo Bruna cerca di lasciare Salvatore e di recuperare il rapporto con l'amica. ■ COMMEDIA; COL.; 92'; ITALIA, 2000.

GIORNI DI TUONO *(Day of Thunder)* ★★
Regia di TONY SCOTT. Con TOM CRUISE, ROBERT DUVALL, RANDY QUAID. ■ Fratello degenere di Ridley, Tony, pur con il suo manierismo inossidabile, ha sempre la risposta del pubblico, che ha ciò che vuole. In questo caso un Tom Cruise tutto sorrisi. Di trovata in trovata si arriva all'amore e alla vittoria in una corsa automobilistica. Ma Tom Cruise non è Steve McQueen e Tony Scott non è un regista d'attori. Successo di pubblico. ■ AVVENTURA; COL.; 109'; USA, 1990. ■ OSCAR 1 NOM.

GIORNI E NUVOLE ★★★
Regia di SILVIO SOLDINI. Con ANTONIO ALBANESE, GIUSEPPE BATTISTON, MARGHERITA BUY, ARNALDO NINCHI, ALBA ROHRWACHER, PAOLO SASSANELLI, CARLA SIGNORIS, FABIO TROIANO. ■ Elsa e Michele sono felicemente sposati, hanno una figlia e una splendida casa, dove coltivano il loro amore e ricevono amici affettuosi. Elsa si è appena laureata in Storia dell'Arte e lavora al recupero di un affresco attribuito al Boniforti, Michele è stato invece estromesso dall'azienda dai suoi stessi soci, che ritenevano la sua gestione poco competitiva. Dopo la confessione del licenziamento, Elsa e Michele sono costretti a riconsiderare e ridimensionare il loro (alto) tenore di vita. A quarant'anni si confronteranno drammaticamente col mutato mercato del lavoro. Silvio Soldini dimostra ancora una volta l'originalità dello sguardo e una straordinaria capacità di sapere tradurre questioni esistenziali in metafore estetiche. C'è una città di mare (Genova) dove le nuvole «vanno, vengono e ogni tanto si fermano», c'è un lavoro perso e un altro da trovare, c'è una vita a cui rinunciare e un'altra da "campare". ■ DRAMMATICO; COL.; 116'; ITALIA, SVIZZERA, 2007.

GIORNI FELICI ★★
Regia di GIANNI FRANCIOLINI. Con VERA CARMI, VALENTINA CORTESE, AMEDEO NAZZARI, LILIA SILVI, PAOLO STOPPA. ■ Un pilota atterrato per un guasto viene accolto in una villa dove fa conoscenza con i giovani proprietari e alcuni coetanei loro amici. Tra i ragazzi erano nate storie d'amore contrastate che, proprio grazie alla presenza dell'aviatore, si concluderanno felicemente. ■ COMMEDIA; B/N; 92'; ITALIA, 1942.

GIORNI FELICI A CLICHY ★★
Regia di CLAUDE CHABROL. Con MARIO ADORF, STÉPHANE AUDRAN, BARBARA DE ROSSI, ANNA GALIENA, NIGEL HAVERS, ANDREW MCCARTHY. ■ Anche Claude Chabrol si cimenta con lo scrittore Henry Miller. Già Philip Kaufman infatti aveva proposto *Henry e June*, non del tutto riuscito. Il regista francese si basa su un breve romanzo ambientato a Parigi che narra delle prime vicende sentimentali e sessuali dello scrittore nel vecchio continente. Tutto risulta rarefatto e con sottofondo intellettuale che poco si addice alle passioni vissute e narrate da Miller. Oltre a Barbara De Rossi, ormai sempre più catturata dal piccolo schermo, troviamo in una piccola parte la brava Anna Galiena interprete di *Il marito della parrucchiera*. ■ DRAMMATICO; COL.; 105′; FRANCIA, GERMANIA, ITALIA, 1991.

GIORNI FREDDI *(Hideg napok)* ★★
Regia di ANDRÁS KOVÁCS. Con IVÁN DARVAS, ZOLTÁN LATINOVITS, TIBOR SZILAGYL. ■ Quattro prigionieri di guerra tedeschi stanno per essere processati. Nell'attesa di quel giorno ripensano gli avvenimenti trascorsi. ■ DRAMMATICO; B/N; 92′; UNGHERIA, 1966.

GIORNI IMPURI DELLO STRANIERO, I ★
(The Sailor Who Fell from Grace with the Sea)
Regia di LEWIS JOHN CARLINO. Con JONATHAN KAHN, KRIS KRISTOFFERSON, SARAH MILES. ■ Jonathan, un ragazzino orfano di padre, resta contagiato da un compagno di studi filo-nazista che ha fondato una setta segreta. Jonathan, completamente preda di quelle insane idee, finirà con l'avvelenare il patrigno. ■ DRAMMATICO; COL.; 104′; GRAN BRETAGNA, 1976. ■ GOLDEN GLOBES 1 NOM.

♥ **GIORNI PERDUTI** *(The Lost Weekend)* ★★★★★🏆
Regia di BILLY WILDER. Con HOWARD DA SILVA, FRANK FAYLEN, RAY MILLAND, PHILIP TERRY, JANE WYMAN. ■ Danny Berman è un alcolizzato quasi senza speranza. Sarebbe uno scrittore, ma naturalmente non ha la lucidità per fare qualcosa di buono. Sopravvive grazie al fratello che lo ospita e lo cura, e all'amore di una ragazza quasi masochista che gli perdona tutto e lo sostiene in tutti i modi. Nel suo quotidiano Danny ha un solo scopo: procurarsi liquori, con ogni mezzo. Ha messo a punto delle strategie geniali: come farsi dare dieci dollari dalla governante, come nascondere le bottiglie, come ottenere credito al bar, come sfruttare la simpatia di una donna. Naturalmente la situazione peggiora, la spirale è irreversibile. Lo si capisce quando Danny va a riscattare una pistola che aveva precedentemente impegnato. Ma, ancora una volta, l'amore della sua ragazza lo salva. Danny si riscatterà tornando a scrivere. La sua sofferenza personale sarà praticamente il soggetto del film. In prospettiva l'argomento potrebbe essere quasi una metafora della droga. Il problema alcool, per quanto presente, può essere considerato nei film obsoleto, ma allora *Giorni perduti* sconvolse non solo gli alcolizzati. L'efficacia impressionante del linguaggio di Wilder costrinse tutti a considerare il problema. Fra le sequenze fondamentali, mai più ripetibili, il delirio di Milland che vede scarafaggi e pipistrelli uscire da un buco nella parete. Wilder non si preoccupò di fare mediazioni a favore del pubblico, cercò di raccontare la realtà in modo crudo, quasi violento, in una chiave realistica quasi europea, con una sola eccezione: il finale davvero troppo "lieto". Wilder lavorò alla sceneggiatura col suo scrittore preferito, Charles Brackett, sulla base del romanzo di Charles Jackson. Oscar come miglior film. Wilder ottenne la statuetta come regista e sceneggiatore. E anche Milland ebbe il premio come attore protagonista. ■ DRAMMATICO; B/N; 101′; USA, 1945. ■ CANNES 🏆 2 PR; OSCAR 🏆 4 PR, 7 NOM.

GIORNI PIÙ BELLI, I ★★★
Regia di MARIO MATTOLI. Con EMMA GRAMATICA, FRANCO INTERLENGHI, ANTONELLA LUALDI. ■ Una vecchia maestra non vuole lasciare il terreno scelto da un ingegnere per una speculazione edilizia perché su di esso sorge la scuola dove insegna. L'uomo ricorre ad ogni mezzo pur di aver partita vinta. ■ COMMEDIA; B/N; 100′; ITALIA, 1956.

GIORNO + BELLO, IL ★★
Regia di MASSIMO CAPPELLI. Con GIUSEPPE ANTIGNATI, MAX BRUNO, SERGIO DI GIULIO, MARCO GIULIANI, SUSY LAUDE, PATRIZIA LORETI, VIOLANTE PLACIDO, CARLA SIGNORIS, FABIO TROIANO. ■ Un prete marxista che riempie i suoi sermoni di invettive contro la proprietà, una coppia di giovani sposi disposti a qualsiasi cosa pur di rendere uniche le loro nozze, quattro genitori pronti a rubar loro la scena: tutti in chiesa per assaporare con gusto il giorno più bello e più importante delle loro vite: un matrimonio come non l'avrebbero mai neanche sognato. Il primo lungometraggio di Massimo Cappelli non brilla per originalità, pur alternando le lunghe e noiose scene di un repertorio già conosciuto con spunti ironici e qualche trovata brillante. ■ COMMEDIA; COL.; 90′; ITALIA, 2005.

GIORNI ROVENTI DEL POLIZIOTTO BUFORD, I ★★
(Walking Tall, Part 2)
Regia di EARL BELLAMY. Con LUKE ASKEW, NOAH BEERY JR, JOHN DAVIS CHANDLER, BO SVENSON. ■ Buford, sceriffo di un paesino del Tennessee, dà molto fastidio ai contrabbandieri di alcolici che lo vorrebbero morto. Gli ammazzano la moglie, ma lui continua coraggiosamente la propria lotta. Tentano invano di eliminarlo, ma Buford arriverà a sgominare l'intera banda di contrabbandieri. Il film narra vicende realmente avvenute. ■ POLIZIESCO; COL.; 109′; USA, 1975.

GIORNI SENZA FINE *(The Young Doctors)* ★★★
Regia di PHIL KARLSON. Con INA BALIN, DICK CLARK, BEN GAZZARA, FREDRIC MARCH. ■ Un grande ospedale: un giovane medico propugnatore dei più recenti metodi di indagine trova un ostacolo nell'anziano responsabile del reparto di patologia, assertore convinto dei sistemi tradizionali. Un giorno questi sbaglia una diagnosi che il collega rivale invece ha perfettamente individuata e, nonostante le sue proteste, gli cede il posto. Da un romanzo di Arthur Hailey. ■ DRAMMATICO; B/N; 100′; USA, 1961.

GIORNO ALLA FINE DI OTTOBRE, UN ★★
Regia di PAOLO SPINOLA. Con ANNIE BELLE, AL CLIVER, MARIANGELA GIORDANO. ■ Lorenzo, funzionario statale scontento e annoiato, abbandona il proprio ufficio e si mette a vagare per Milano. Incontra Cristina, una studentessa extraparlamentare di estrazione borghese. I due passeggiano, chiacchierano e poi vanno a far l'amore in un albergo. A sera, Cristina dice a Lorenzo che non vuole più rivederlo. Lui tenta invano di riagganciarla. Poi, frastornato, finirà schiantato in motocicletta contro un camion. ■ DRAMMATICO; COL.; 90′; ITALIA, 1977.

GIORNO ALLE CORSE, UN *(A Day at the Races)* ★★★
Regia di SAM WOOD. Con CHICO MARX, GROUCHO MARX, HARPO MARX, MAUREEN O'SULLIVAN. ■ Una clinica è sull'orlo del fallimento. La proprietaria assume, dietro precisa richiesta di una ricca ricoverata, un medico che in realtà è solo un veterinario. Nonostante ciò l'uomo svolge degnamente il suo compito; intanto il denaro ricavato con la vittoria in una corsa di cavalli salva l'ospedale dalla bancarotta. ■ COMICO; B/N; 111′; USA, 1937. ■ OSCAR 1 NOM.

GIORNO A NEW YORK, UN *(On the Town)* ★★★
Regia di STANLEY DONEN, GENE KELLY. Con BETTY GARRETT, GENE KELLY, ANN MILLER, FRANK SINATRA. ■ Tre marinai, amici per la pelle, scendono a New York per un giorno di licenza. Decisi a visitare la metropoli, rimangono intrappolati da tre belle ragazze alle quali finiranno col legarsi. Una trama esile che serve da spunto per canzoni e balletti. ■ COMMEDIA; COL.; 98′; USA, 1949. ■ OSCAR 1 PR, 1 NOM.

GIORNO CALDO AL PARADISO SHOW ★★
Regia di ENZO DI GIANNI. Con ALDO BUFI LANDI, BELLA CORTEZ, PIETRO DE VICO, PEPPINO DI CAPRI, LILLY LEMBO. ■ Un motel va a rotoli perché l'incauto proprietario dà retta ai cattivi consigli del futuro genero. Un giorno vi approdano tre ladri che, commossi per la sorte del gestore, organizzano una serata di canti e balli che attira molta clientela. ■ COMMEDIA; COL.; 93′; ITALIA, 1966.

GIORNO COME OGNI GIORNO, UN ★★
Regia di DINO PARTESANO. ■ Un ragazzino appartenente alla Pia Società San Paolo e un giovane amico compiono un viaggio-premio a Roma. ■ DOCUMENTARIO; B/N; 90′; ITALIA, 1959.

GIORNO DA LEONI, UN ★★
Regia di NANNI LOY. Con NINO CASTELNUOVO, TOMAS MILIAN, RENATO SALVATORI, LEOPOLDO TRIESTE. ■ Roma, 8 settembre: tre ragazzi, che il destino ha unito, cercano di sfuggire ai tedeschi e si aggregano a un gruppo di militari impegnati in una azione di sabotaggio. L'azione ha pieno successo. ■ GUERRA; B/N; 118'; ITALIA, 1961.

GIORNO DA RICORDARE, UN *(Two Bits)* ★★
Regia di JAMES FOLEY. Con JENNY BARONE, MARY ELIZABETH MASTRANTONIO, AL PACINO. ■ Nell'estate del 1933 a South Philadelphia, durante la Grande Depressione, Gennaro, un ragazzo dodicenne italo-americano che abita con il vecchio nonno malato (Al Pacino) e la madre, è attratto da un annuncio fatto a tutto volume da un camioncino di passaggio. Si reclamizza l'apertura di un grande cinema, il cui biglietto d'ingresso è di 25 cent. Il ragazzo con grande intraprendenza cerca con ogni mezzo di racimolare la somma necessaria per appagare il suo piccolo sogno, aiutato dal nonno, che nonostante la precaria condizione fisica, vuole lasciare un buon ricordo al nipotino. ■ COMMEDIA; COL.; 95'; USA, 1996.

GIORNO DEGLI ZOMBI, IL *(Day of the Dead)* ★★
Regia di GEORGE A. ROMERO. Con TERRY ALEXANDER, LORI CARDILLE, JOE PILATO. ■ Usciti dalle tombe e dalle cripte, gli zombi sono ormai padroni del mondo, anche se un manipolo di uomini, asserragliati in un bunker, tenta di organizzare un'ultima resistenza. George Romero riprende il filone degli "zombi" che gli diede la notorietà. Ma ormai il "genere" è esausto, anche s'è ancora apprezzabile il mestiere con cui il regista di Pittsburgh orchestra le sue orripilanze. ■ HORROR; COL.; 102'; USA, 1985.

GIORNO DEI CRISTALLI, IL ★★
Regia di GIACOMO BATTIATO. Con SAVERIO MARCONI, FRANCISCO RABAL. ■ Centro della storia è un'importante conferenza che si tiene a Trieste sul finire degli anni Settanta. Gli Stati della zona adriatica e di quella del Danubio si incontrano per creare uno spazio pacifico tra la zona occidentale e quella sovietica. Ma un'organizzazione di fascisti, con altri del movimento "ustascia", incarica una persona che ha fatto parte delle SS di compiere un attentato nell'hotel Metternich, dove avviene la conferenza. Un film in odor di fantapolitica, diretto e interpretato con misura, senza strafare. ■ DRAMMATICO; COL.; 100'; ITALIA, 1978.

GIORNO DEI FAZZOLETTI ROSSI, IL ★★
(The Brides of Fu Manchu)
Regia di FRANK WHITE. Con CHRISTOPHER LEE, MARIE VERSINI, DOUGLAS WILMER. ■ Un criminale cinese ricatta scienziati di tutto il mondo e li costringe a lavorare per lui al folle progetto di assoggettare la Terra. Scotland Yard è posta in stato d'allarme; uno dei suoi ispettori scopre il rifugio del bandito. ■ POLIZIESCO; COL.; 94'; GRAN BRETAGNA, 1966.

GIORNO DEI LUNGHI FUCILI, IL ★★
(The Hunting Party)
Regia di DON MEDFORD. Con CANDICE BERGEN, GENE HACKMAN, OLIVER REED. ■ Un capobanda, desideroso di imparare a leggere e a scrivere, rapisce una maestra. Il marito di questa scova il suo rifugio e, servendosi di fucili di recentissima fabbricazione, comincia a sterminare la banda. Intanto la donna si è innamorata del suo carceriere e accetta di fuggire con lui. ■ WESTERN; COL.; 108'; USA, 1971.

GIORNO DEL COBRA, IL ★★
Regia di ENZO GIROLAMI CASTELLARI. Con WILLIAM BERGER, SYBIL DANNING, ENNIO GIROLAMI, MICKEY KNOX, MARIO MARANZANA, FRANCO NERO. ■ Un italo-americano, che è stato radiato dal Narcotic Bureau, viene inviato da un suo ex capo a Genova per fare luce su un traffico di droga. Riuscirà nell'intento, ma perderà il figlioletto. ■ POLIZIESCO; COL.; 96'; ITALIA, 1980.

GIORNO DEL DELFINO, IL *(Day of the Dolphin)* ★★★
Regia di MIKE NICHOLS. Con GEORGE C. SCOTT, PAUL SORVINO, TRISH VAN DEVERE. ■ Uno studioso amante degli animali riesce a comunicare con due delfini ai quali insegna persino a parlare. Un'organizzazione interessata a provocare un nuovo conflitto mondiale riesce a impadronirsi degli intelligenti animali e li istruisce in modo tale che piazzino delle bombe sotto l'imbarcazione del presidente americano. Il piano però fallisce. ■ FANTASCIENZA; COL.; 104'; USA, 1973. ■ GOLDEN GLOBES 1 NOM; OSCAR 2 NOM.

GIORNO DEL FURORE, IL ★★
Regia di ANTONIO CALENDA. Con CAROLE ANDRÉ, CLAUDIA CARDINALE, JOHN MCENERY, OLIVER REED. ■ Un ricco e crudele proprietario terriero è odiato dai dipendenti che tratta peggio degli schiavi. Un ragazzo storpio, che egli assume dopo molte insistenze, vuole fare giustizia e sobilla i contadini. Finisce in tragedia. ■ DRAMMATICO; COL.; 104'; ITALIA, 1973.

GIORNO DEL GIUDIZIO, IL ★★
Regia di MARIO GARIAZZO. Con ROSSANO BRAZZI, EDDA DI BENEDETTO, TY HARDIN. ■ Uno sconosciuto arriva in un paese del West e comincia a mietere vittime. Lo sceriffo ravviserà in lui l'unico superstite della famiglia che egli stesso ordinò di eliminare, ma non sopravviverà a questa scoperta. ■ WESTERN; COL.; 90'; ITALIA, 1971.

GIORNO DEL GRANDE MASSACRO, IL ★★
(The Master Gunfighter)
Regia di FRANK LAUGHLIN (pseud. di TOM LAUGHLIN). Con BARBARA CARRERA, TOM LAUGHLIN, RON O'NEAL. ■ Siamo nella California semiselvaggia. Il figlio di un possidente terriero deruba un vascello americano e uccide un gruppo di indios che hanno assistito al fatto. Suo cognato, testimone volontariamente impassibile, si esilia in Messico; qualche tempo dopo però torna e impedisce una nuova rapina. ■ WESTERN; COL.; 101'; USA, 1975.

GIORNO DELLA CIVETTA, IL ★★★
Regia di DAMIANO DAMIANI. Con CLAUDIA CARDINALE, LEE J. COBB, FRANCO NERO. ■ Dal libro di Leonardo Sciascia. In un paese siciliano viene ucciso un costruttore edile; la mafia vuol fare passare l'assassinio come delitto d'onore, tanto più che del presunto colpevole non si trova alcuna traccia. Un capitano dei carabinieri cerca le prove per incastrare un potente mafioso, ma trova solo il cadavere di un informatore. Tutto finisce nel nulla. ■ DRAMMATICO; COL.; 92'; ITALIA, 1968. ■ DAVID DI DONATELLO 4 PR, 4 NOM.

GIORNO DELLA CRISALIDE, IL ★★
(Nightmare at Noon)
Regia di NICO MASTORAKIS. Con BO HOPKINS, GEORGE KENNEDY. ■ In una zona sud-occidentale degli Usa, uno stabilimento chimico è il target di un tentativo di sabotaggio. Poco dopo, l'intera regione e i suoi abitanti risultano contaminati... ■ DRAMMATICO; COL.; 94'; USA, 1987.

GIORNO DELLA LOCUSTA, IL *(Day of the Locust)* ★★★
Regia di JOHN SCHLESINGER. Con WILLIAM ATHERTON, KAREN BLACK, BURGESS MEREDITH, DONALD SUTHERLAND. ■ Siamo a Hollywood verso la fine degli anni Trenta. Un'attrice di secondo piano è contesa tra un giovane scenografo e un anziano professionista; la sua leggerezza scatena la delusione del primo e la pazzia del secondo, vittima di un gesto sconsiderato. La ragazza rimane sola. ■ DRAMMATICO; COL.; 144'; USA, 1974. ■ GOLDEN GLOBES 2 NOM; OSCAR 2 NOM.

GIORNO DELLA LUNA NERA, IL ★★★
(Black Moon Rising)
Regia di HARLEY COKLISS. Con LINDA HAMILTON, TOMMY LEE JONES, ROBERT VAUGHN. ■ Il fisco utilizza Quint, un ladro, per sottrarre un'audiocassetta ad una società equivoca. Quint la nasconde in un'auto, anzi in un bolide della velocità, chiamato "Luna nera". La macchina deve essere venduta dai suoi ideatori e, condotta a Los Angeles, viene rubata. Edward Ryland, insospettabile capo della gang, smonta le auto per venderne i pezzi un po' dappertutto. Quint, seducendo Nina, la donna di Ryland, dopo una serie di avventure spericolate, riesce ad entrare in possesso della stupenda fuoriserie e della cassetta. ■ AVVENTURA; COL.; 100'; USA, 1986.

GIORNO DELL'ASSUNTA, IL ★★
Regia di NINO RUSSO. Con TINO SCHIRINZI, LEOPOLDO TRIESTE. ■ Il 15 agosto, festa dell'Assunta, un meridionale residente a Roma proietta in casa propria un filmato che illustra il comportamento religioso e sociale dei suoi compaesani in occasione di ta-

le ricorrenza. Poi si mette a vagare per la città con un amico ascoltando nastri registrati e citando brani di scrittori meridionalisti. ■ COMMEDIA; COL.; 92′; ITALIA, 1977.

GIORNO DELLA TERRA, IL *(Earth Day Special)* ★★★
Regia di DWIGHT HEMION. Con CHEVY CHASE, KEVIN COSTNER, JANE FONDA, QUINCY JONES, MICHAEL KEATON, BETTE MIDLER, MERYL STREEP, BARBRA STREISAND, ROBIN WILLIAMS, BRUCE WILLIS. ■ Si tratta di un mediometraggio uscito anche in home video, nel quale tantissimi attori di Hollywood recitano dei brevi ruoli per spiegare i problemi dell'ambiente, per la salvaguardia del pianeta terra. Si tratta di piccoli *sketches* accompagnati anche da canzoni. Da sostenere per via della causa. ■ DOCUMENTARIO; COL.; 50′; USA, 1990.

GIORNO DELLA VENDETTA, IL ★★★
(Last Train from Gun Hill)
Regia di JOHN STURGES. Con KIRK DOUGLAS, CAROLYN JONES, ANTHONY QUINN. ■ Il figlio di un ricco possidente violenta e uccide la moglie indiana dello sceriffo. Questi scopre il colpevole in un altro paese e lo arresta. Il padre del ragazzo, deciso a difenderlo ad oltranza, provoca l'incendio dell'albergo in cui sono alloggiati. Sceriffo e prigioniero escono insieme; il secondo viene ucciso per errore e anche suo padre ci lascia la vita. ■ WESTERN; COL.; 94′; USA, 1958.

GIORNO DELLA VIOLENZA, IL ★★
(Hir Verbrechen War Liebe – Douze heures d'horloge)
Regia di GÉZA VON RADVANJI. Con EVA BARTÒK, GERT FRÖBE, LINO VENTURA. ■ Tre evasi decidono di imbarcarsi servendosi della somma affidata da uno di essi all'amante. Questa l'ha ceduta all'attuale compagno, ma, poiché si invaghisce di uno degli evasi, lo aiuta ricattando un corteggiatore. Finale tragico. ■ DRAMMATICO; B/N; 92′; FRANCIA, GERMANIA, 1959.

GIORNO DELLA VITA, UN ★★
Regia di GIUSEPPE PAPASSO. Con MIA BENEDETTA, DOMENICO FORTUNATO, MARIA GRAZIA CUCINOTTA, ALESSANDRO HABER, ERNESTO MAHIEUX. ■ Salvatore è un bimbo lucano che ama sognare. Nella terra dei "basilischi" negli anni Sessanta dove la gente mormora, lui ha capito il valore del suo sogno: aprire un cinema nel suo paese. Per realizzarlo calpesterà la morale di un padre comunista e rigido, che al posto di fargli vedere Maciste e i peplum del tempo gli impone di leggere Marx ed Engels. Aiutato dai suoi compagni di giochi, Salvatore cercherà di avere il suo "cinema Paradiso", ma per farlo dovrà attraversare anche il suo piccolo grande inferno. Giuseppe Papasso per l'esordio al cinema di finzione sceglie un cambiamento drastico: da documentarista di lungo corso (*Berlino: il muro della vergogna*) a una favola di cinema e sul cinema ambientata in un tempo andato, il 1964 del Concilio Vaticano, della morte di Togliatti e dell'espansione delle sale parrocchiali, note storiche per rendere verosimile la favola lucana. ■ DRAMMATICO; COL.; 87′; ITALIA, 2010.

GIORNO DELLE OCHE, IL *(The Laughter House)* ★★
Regia di RICHARD EYRE. Con IAN HOLM, BILL OWEN, PENELOPE WILTON. ■ L'allevatore Ben Singleton deve consegnare 500 oche della sua fattoria ai mercati di Londra. Si tratta di un viaggio a piedi di circa cento miglia. Parte con un vecchio e con un garzone; la figlia e la moglie lo raggiungono in seguito. Nei pressi di Londra la tv li segue e li rende dei semi-eroi, ma giunti, dopo mille difficoltà, a destinazione, uno sciopero impedisce la consegna e le oche si levano in volo. Bella l'idea (le oche al posto delle mucche dei film western), qualche lentezza. ■ COMMEDIA; COL.; 93′; GRAN BRETAGNA, 1984.

GIORNO DELL'INTIFADA, IL *(Point of View)* ★★
Regia di NOAM YAVOR. Con MYRIAM CYR, JOHN SAVAGE, FISHER STEVENS. ■ John Savage ancora una volta in azione. Questa volta in favore dei palestinesi che lottano con le pietre contro un esercito di occupazione molto determinato. ■ DRAMMATICO; COL.; 90′; ISRAELE, 1988.

GIORNO DELLO SCIACALLO, IL ★★★
(The Day of the Jackal)
Regia di FRED ZINNEMANN. Con TERENCE ALEXANDER, MICHEL AUCLAIR, EDWARD FOX. ■ Tratto da un romanzo di Frederick Forsyth, il film narra la storia dello Sciacallo, un killer incaricato di eliminare De Gaulle. Il controspionaggio francese deve trovarlo – compito arduo in quanto nessuno conosce il volto del misterioso individuo – e renderlo inoffensivo. ■ GIALLO; COL.; 141′; USA, 1973. ■ GOLDEN GLOBES 3 NOM; OSCAR 1 NOM.

GIORNO DEL PERDONO – DAY OF ATONEMENT, IL *(Le grand pardon 2)* ★★
Regia di ALEXANDRE ARCADY. Con JENNIFER BEALS, RICHARD BERRY, JILL CLAYBURGH, GERARD DARMON, ROGER HANIN, JEAN-FRANÇOIS STÉVENIN, CHRISTOPHER WALKEN. ■ Esce di galera vecchio e stanco, pensando di dedicarsi solo alla famiglia. Invece gli dicono che a Miami il primogenito sta accumulando ricchezza e potere grazie al traffico di droga e al riciclaggio di denaro sporco. L'anziano boss non vede di buon occhio il commercio di droga: pur sapendo dei rischi che corre, si muove per fermare il figlio, ma sarà tutto inutile. ■ THRILLER; COL.; 145′; FRANCIA, 1992.

GIORNO DEL TORO, IL *(Caravan to Vaccares)* ★★
Regia di GEOFFREY REEVE. Con DAVID BIRNEY, MARCEL BOZZUFFI, MICHAEL LONSDALE, SERGE MARQUAND, CHARLOTTE RAMPLING. ■ Un uomo accetta di condurre in America uno scienziato braccato dai servizi segreti di diversi paesi. Destreggiandosi tra attentati e falsi alleati, il protagonista porta a termine la sua missione e trova anche il tempo di innamorarsi. ■ GIALLO; COL.; 98′; GRAN BRETAGNA, 1972.

GIORNO DEVI ANDARE, UN ★★★
Regia di GIORGIO DIRITTI. Con ANNE ALVARO, PIA ANGLEBERTH, AMANDA FONSECA GALVAO, SONIA GESSNER, JASMINE TRINCA. ■ Augusta è scappata dall'Italia, dalla sua "bella" vita da principessa, come qualcuno che la incontra più tardi, durante il viaggio, le dice, guardando qualche foto del suo passato. È scappata per un dolore che non riesce a placare, e tantomeno a spiegarsi, quello della perdita di un bambino. Va in Brasile con una suora parente, una donna ormai sicura delle sue scelte, che viaggia per quei luoghi con una barca, andando di villaggio in villaggio insegnando la parola del Signore, parola che ad Augusta non basta, e dunque cerca altri modi per togliersi quel malessere, fino a rimanere completamente sola, come un naufrago arenato su un lido. Quel lido è il Brasile, crudo e poetico, bellissimo, ma anche molto doloroso. E forse è utile per tornare indietro e ricominciare, almeno fino a quando un bambino "venuto dal mare" non la rimetterà al mondo. Il film di Giorgio Diritti, *Un giorno devi andare*, è un lavoro sul dolore, sull'umanità e sulle donne. Tre stelle e mezzo. ■ DRAMMATICO; COL.; 110′; ITALIA, FRANCIA, 2013.

GIORNO DI FELICITÀ, UN *(Den shchastya)* ★★
Regia di IOSIF KHEJFITS. Con ALEKSEJ BATALOV, TAMARA SEMINA. ■ Un uomo e una donna si incontrano, si frequentano, si innamorano, però poi lei sposa un altro. Ma l'amore è una cosa difficile da dimenticare, anche se le convenzioni vorrebbero che il matrimonio filasse liscio. ■ COMMEDIA; B/N; 90′; URSS, 1963.

GIORNO DI FESTA *(Jour de fête)* ★★★
Regia di JACQUES TATI. Con GUY DECOMBLE, PAUL FRANKEUR, SANTA RELLI, JACQUES TATI. ■ Uno dei tipici film di Tati, poveri di parole ma ricchi di intelligente comicità. L'ingenuo postino di un piccolo paese francese assiste alla proiezione di un documentario sul servizio postale negli Stati Uniti fornito di velocissimi mezzi moderni. Decide di emulare i colleghi d'oltreoceano. Nel 1995 è uscito nella versione originale a colori. ■ COMICO; B/N; 83′; FRANCIA, 1947. ■ VENEZIA 1 PR.

GIORNO DI FUOCO A RED RIVER *(José Maria)* ★★
Regia di JOSÉ MARÍA FORQUÉ. Con RAF BALDWIN, SUSAN BAXTER, VICTOR VALLEY. ■ Un militare condannato per un'azione non commessa fugge e si mette a capo di una banda. Un superiore, convinto della buona fede del protagonista, vuole riabilitarlo, ma un fatto nuovo compromette tutto. Stavolta il militare lotta per provare la propria innocenza. ■ AVVENTURA; B/N; 91′; SPAGNA, 1964.

GIORNO DI NOZZE ★★
Regia di RAFFAELLO MATARAZZO. Con ARMANDO FALCONI, ROBERTO VILLA, ANNA VIVALDI. ■ Una commedia chiassosa e vi-

vacissima: la figlia di una coppia male in arnese può concedersi un'educazione di prim'ordine grazie ai sacrifici dei genitori. La ragazza si fidanza con un ricco giovane e i suoi genitori arredano la casa dei futuri sposi col credito dei fornitori. Poi le nozze vengono posticipate; nonostante i contrattempi la vicenda si conclude felicemente. ■ COMMEDIA; B/N; 93'; ITALIA, 1942.

GIORNO DI ORDINARIA FOLLIA, UN ★★★
(Falling Down)
Regia di JOEL SCHUMACHER. Con MICHAEL DOUGLAS, ROBERT DUVALL, BARBARA HERSHEY, TUESDAY WELD. ■ Michael Douglas riveste i panni di D-Fense, un anonimo cittadino il cui equilibrio psichico si è spezzato. Il suo viaggio all'interno della metropoli per raggiungere la moglie che vuole uccidere sarà una continua caduta (vedi il titolo originale) verso il fondo di un abisso interiore. Il confronto Douglas-Duvall è interessante così come l'*incipit* del film, che cita esplicitamente l'*Otto e mezzo* di Fellini. ■ DRAMMATICO; COL.; 112'; USA, 1993.

GIORNO DI PAGA *(Payday)* ★★★
Regia di DARYL DUKE. Con AHNA CAPRI, MICHAEL C. GWYNNE, RIP TORN. ■ Le vicende di un cantante di rock *on the road*. La polizia scopre che è responsabile di un incidente mortale e che ha rovesciato la colpa su un altro. Ottimo film, sgradevole (come deve essere una storia del genere), ottimamente recitato da Torn, con la sceneggiatura intelligente di Bon Carpenter. ■ DRAMMATICO; COL.; 103'; USA, 1973.

GIORNO... DI PRIMA MATTINA, UN *(Star!)* ★★★
Regia di ROBERT WISE. Con JULIE ANDREWS, MICHAEL CRAIG, RICHARD CRENNA, DANIEL MASSEY. ■ Biografia romanzata e musicata della soubrette Gertrude Lawrence. Durante il tirocinio come ballerina di fila, Gertrude ha occasione di sostituire la protagonista di una commedia musicale e riscuote un enorme successo. Dopo il divorzio dal marito si lega ad un nobile e quindi ad un banchiere, al quale si unirà in matrimonio. ■ MUSICALE; COL.; 90'; USA, 1968. ■ OSCAR 7 NOM.

GIORNO DI SAN SEBASTIANO, IL ★★
Regia di PASQUALE SCIMECA. Con VINCENZO ALBANESE, SILVANA PRINZIVALLI, FRANCO SCALDATI. ■ Tratto da una storia vera e ambientato a Caltavuturo nell'Ottocento. Durante la festa di San Sebastiano alcuni bersaglieri sparano su una folla di contadini che reclamano la propria terra. I mandanti sono dei mafiosi e alla fine sono quindici i contadini morti. Comincia la rivolta di solidarietà degli altri siciliani. Presentato alla Mostra di Venezia. ■ DRAMMATICO; COL.; 77'; ITALIA, 1993.

GIORNO DI TERRORE, UN *(Lady in a Cage)* ★★
Regia di WALTER E. GRAUMAN. Con JEFF COREY, OLIVIA DE HAVILLAND, ANN SOTHERN. ■ La proprietaria di una villa rimane chiusa nell'ascensore. A nulla valgono i suoi ripetuti tentativi di chiamare aiuto: nessuno la sente. Approfittano della situazione un alcolizzato, la sua amante e tre teppisti. ■ DRAMMATICO; B/N; 93'; USA, 1964.

GIORNO DOPO, IL *(Up from the Beach)* ★★★
Regia di ROBERT PARRISH. Con RED BUTTONS, IRINA DEMICK, CLIFF ROBERTSON. ■ Il giorno successivo allo sbarco in Normandia, un ufficiale riceve l'ordine di portare alcuni prigionieri francesi in Inghilterra. L'operazione si rivela subito difficoltosa. ■ DRAMMATICO; B/N; 99'; USA, 1965.

GIORNO DOPO LA FINE DEL MONDO, IL ★★
(Panic in Year Zero)
Regia di RAY MILLAND. Con FRANKIE AVALON, JEAN HAGEN, RAY MILLAND. ■ Los Angeles viene completamente rasa al suolo da un bombardamento nucleare. Una famiglia di superstiti si rifornisce di viveri e di armi per affrontare prevedibili difficoltà: tre banditi, infatti, li assalgono e il capofamiglia è costretto ad ucciderli. La gente è ormai in preda al panico e pensa a farsi giustizia da sola; rimane la speranza, tuttavia, che l'umanità sappia ritrovare l'equilibrio. ■ FANTASCIENZA; B/N; 95'; USA, 1962.

GIORNO E L'ORA, IL *(Le jour et l'heure)* ★★★
Regia di RENÉ CLÉMENT. Con GENEVIÈVE PAGE, SIMONE SIGNORET, STUART WHITMAN. ■ Francia, 1944. Una donna accetta di aiutare due piloti americani a fuggire. Durante il viaggio uno muore, l'altro riesce ad eliminare un poliziotto che l'aveva scoperto. I due superstiti si affezionano reciprocamente; vengono presi e torturati, quindi liberati da un compatriota doppiogiochista. Raggiunte le postazioni partigiane si separeranno. ■ DRAMMATICO; B/N; 96'; FRANCIA, 1962.

GIORNO E UNA NOTTE, UN *(Le voyage de noces)* ★★★
Regia di NADINE MARQUAND TRINTIGNANT. Con FRANÇOIS MARTHOURET, STEFANIA SANDRELLI, JEAN-LOUIS TRINTIGNANT. ■ Un fotoreporter dichiara agli amici che non gli importerebbe se la moglie lo tradisse. Quando lei lo fa veramente si sgonfia e decide di ripetere il viaggio di nozze. Capisce così che quella della consorte è stata solo un'avventura, ma non sopporta ugualmente di essere stato tradito. I due si lasciano, poi si riconciliano. ■ COMMEDIA; COL.; 95'; FRANCIA, 1975.

GIORNO FORSE, UN *(Aujourd'hui peut-être...)* ★★
Regia di JEAN-LOUIS BERTUCELLI. Con JEAN BENGUIGUI, EVA DARLAN, GIULIETTA MASINA, VERONIQUE SILVER. ■ La Masina, qui nella sua ultima apparizione, è Bertille, la donna che raduna attorno a sé tutti i parenti ospitandoli per l'ultima volta nella casa di campagna, ormai venduta. Un'occasione che rivela anche i piccoli drammi familiari: la giovane nipote rimasta incinta, il genero che nasconde un'amante, l'assenza del figlio più caro, un mascalzone, che tiene in ansia la stessa Bertille. ■ COMMEDIA; COL.; 100'; FRANCIA, 1990.

GIORNO IN CUI I PESCI USCIRONO DAL MARE, IL *(The Day the Fish Came out)* ★★★
Regia di MICHAEL CACOYANNIS. Con CANDICE BERGEN, COLIN BLAKELY, TOM COURTENAY, SAM WANAMAKER. ■ Un aereo che trasporta due bombe atomiche e una scatoletta radioattiva entra in avaria. I piloti lasciano il pericoloso carico su un'isoletta ritenuta deserta; poco dopo un gruppo di specialisti, che ha già recuperato le bombe, si affanna per trovare la scatoletta. Questa è stata rinvenuta da un uomo e una donna, unici abitanti del luogo, che, delusi dal suo incomprensibile contenuto, l'hanno buttata in mare. I pesci vengono a galla, morti. ■ DRAMMATICO; COL.; 109'; USA, 1976.

GIORNO IN EUROPA, UN ★★
Regia di EMILIO MARSILI. ■ Si tratta di un documentario abbastanza riuscito con chiari intenti europeistici. ■ DOCUMENTARIO; COL.; 92'; ITALIA, 1958.

GIORNO IN PIU', IL ★
Regia di MASSIMO VENIER. Con ROBERTO CITRAN, CAMILLO FILIPPI, ISABELLA RAGONESE PIETRO RAGUSA, FABIO VOLO. ■ Giacomo Pasetti ha quarant'anni, molte donne e poca voglia di impegnarsi. Single a Milano è lasciato malamente dalla fidanzata di turno che sognava un amore maturo e le chiavi di casa. Intorno a lui, madre, amici e colleghi provano a responsabilizzarlo, descrivendogli le gioie del matrimonio e della paternità. ■ COMMEDIA; COL.; 96'; ITALIA, 2011.

GIORNO IN PRETURA, UN ★★★
Regia di STENO. Con WALTER CHIARI, PEPPINO DE FILIPPO, SILVANA PAMPANINI, ALBERTO SORDI. ■ Alcuni episodi comici, più o meno divertenti, sono cuciti insieme da un debole pretesto: assistiamo a quello che avviene in un giorno qualsiasi in pretura. Il film sarebbe caduto nel dimenticatoio se non fosse stato completamente riscattato dall'esilarante intervento di Alberto Sordi in altri due film. ■ COMMEDIA; B/N; 90'; ITALIA, 1953.

GIORNO MALEDETTO *(Bad Day at Black Rock)* ★★★★
Regia di JOHN STURGES. Con ERNEST BORGNINE, WALTER BRENNAN, JOHN ERICSON, ANNE FRANCIS, DEAN JAGGER, LEE MARVIN, ROBERT RYAN, SPENCER TRACY. ■ Un uomo cerca il padre del ragazzo che gli salvò la vita durante la seconda guerra mondiale. Va a trovarlo in uno sperduto villaggio, ma scopre che l'uomo è morto linciato e che della sua orribile morte sono responsabili molti abitanti del villaggio. Il vecchio, giapponese, fu linciato all'indomani di Pearl Harbor con pretesti patriottici ma in realtà solo per impadronirsi di una fonte d'acqua. Il reduce scopre gli assassini e, pur mutilato di un braccio, riesce a far giustizia. ■ DRAMMATICO; COL.; 81'; USA, 1954. ■ CANNES 1 PR; OSCAR 3 NOM.

GIORNO NELLA VITA, UN ★★★
Regia di ALESSANDRO BLASETTI. Con ELISA CEGANI, ARNOLDO

FOÀ, MASSIMO GIROTTI, MARIELLA LOTTI, AMEDEO NAZZARI, AVE NINCHI. ■ Per sfuggire ai tedeschi alcuni partigiani si nascondono in un convento di clausura. Le suore, ignare della guerra in corso, dapprima tentano di respingerli, quindi si rassegnano alla forzata convivenza soprattutto perché fra gli uomini c'è un ferito grave. Cessato il pericolo i partigiani se ne vanno; poco dopo sopraggiungono i tedeschi che uccidono le suore per rappresaglia. È un film decisamente buono. Blasetti come al solito si preoccupa della verità, ma anche dei gusti del pubblico. La misura del racconto è perfetta, così come l'interpretazione. Avventura, emozione e ricerca psicologica si integrano perfettamente. ■ DRAMMATICO; B/N; 117'; ITALIA, 1948.

GIORNO NELLA VITA, UN *(Silent Scream)* ★★
Regia di DAVID HAYMAN. Con ANDY BARR, IAIN GLEN, KENNETH GLENAAN. ■ La vita difficile e maledetta di Larry Winter, poeta scozzese, tratta dalle sue stesse memorie. Il film, che presenta anche della scene di animazione, è raccontato in flash-back: dalla giovinezza nella nativa Glasgow alla condanna all'ergastolo per l'uccisione di un barman in un locale londinese. ■ DRAMMATICO; COL.; 82'; GRAN BRETAGNA, 1990.

GIORNO, PER CASO, UN ★★★
Regia di MICHAEL HOFFMAN. Con GEORGE CLOONEY, CHARLES DURNING, MICHELLE PFEIFFER, MAU WHITMAN. ■ Un uomo e una donna, entrambi separati e genitori di un bambino, ritardano contemporaneamente nel portare i figli a scuola e si scambiano inavvertitamente i telefonini. Da qui prende l'avvio una serie di equivoci e di contrattempi, che procurano ai due una giornata non particolarmente tranquilla che verrà coronata dallo scoccare del colpo di fulmine. Clooney, dopo la serie televisiva *ER. Medici in prima linea*, affronta la commedia al cinema, nella speranza di diventare il Cary Grant degli anni Novanta e oltre. A giudicare da questo film e dai successivi, sembra aspirare degnamente al titolo. Michelle Pfeiffer, sempre a suo agio anche con le sceneggiature meno riuscite, ha qui l'occasione di mettere in mostra le proprie capacità per quanto riguarda i "tempi" della commedia classica hollywoodiana. Anche perché qui la sceneggiatura c'è. E si vede. ■ COMMEDIA; COL.; 108'; USA, 1996. ■ GOLDEN GLOBES 1 NOM; OSCAR 1 NOM.

GIORNO PERFETTO, UN ★★
Regia di FERZAN OZPETEK. Con VALERIO BINASCO, FEDERICO COSTANTINI, ISABELLA FERRARI, ANGELA FINOCCHIARO, NICOLE GRIMAUDO, MONICA GUERRITORE, VALERIO MASTANDREA, NICOLE MURGIA, STEFANIA SANDRELLI. ■ Emma e Antonio, sposati e con due figli (Valentina e Kevin), sono separati da circa un anno. Antonio, che fa l'autista dell'onorevole Fioravanti, non ha per nulla riassorbito il trauma del distacco. Un giorno la polizia viene chiamata dalla sua vicina di casa che ha udito dei colpi di arma da fuoco. Passiamo così a conoscere le vicende della giornata precedente, non solo in relazione a questo nucleo familiare, ma legate anche a moglie e figli dell'onorevole nonché ad altri personaggi. La tragedia umana è in agguato. E alla fine, il peggio accade. Ferzan Ozpetek questa volta rinuncia a scrivere in proprio un soggetto affidandosi a un testo letterario di Melania Mazzucco. Stanno proprio in questa operazione i pregi e difetti del film. La parte iniziale è asciutta (colonna musicale a parte) e riesce a collocare narrativamente tutti i personaggi, che non sono pochi e la cui condizione psicologica ed esistenziale è complessa. L'interesse che il regista nutre per l'uso dei primi piani lo spinge a scavare nel loro animo, quasi tentando di scoprire il mistero profondo che sta alla base della relazione amorosa. Purtroppo però nella parte finale il film diventa letterario e molto di quanto nella pagina scritta trovava una sua giustificazione finisce con l'essere didascalicamente sottolineato privandolo di quell'autenticità che l'inizio prometteva. ■ DRAMMATICO; COL.; 95'; ITALIA, 2008.

GIORNO PER SBAGLIO, UN *(Separate lies)* ★★★
Regia di JULIAN FELLOWES. Con RICHENDA CAREY, JEREMY CHILD, RUPERT EVERETT, HERMIONE NORRIS, JOHN WARNABY, EMILY WATSON, TOM WILKINSON. ■ I Mannings, James e Anne, sembrano una coppia felice: procuratore di successo lui, affascinante padrona di casa lei, godono della loro esistenza tra Londra e la bella tenuta di campagna nel Buckinghamshire. Durante un tranquillo weekend da ricchi, i coniugi fanno la conoscenza dell'insostenibile quanto irresistibile Bill Bule, figlio viziato di Lord Rawston. Anne ne resta turbata fino al punto di dare una festa per poterlo incontrare di nuovo. Ma un incidente stradale, in cui resta ucciso il marito della domestica dei Mannings, sconvolgerà quel paradiso rurale e le sue eleganti case georgiane. L'indagine investigativa rivelerà l'identità del pirata della strada e insieme l'imperfezione di una vita perfetta. ■ DRAMMATICO; COL.; 85'; INGHILTERRA, RUSSIA, 2005.

GIORNO PER GIORNO DISPERATAMENTE ★★
Regia di ALFREDO GIANNETTI. Con FRANCA BETTOJA, TINO CARRARO, NINO CASTELNUOVO, TOMAS MILIAN, MADELEINE ROBINSON. ■ Un giovane pazzo è l'ossessione dei genitori e del fratello. La madre lo toglie dal manicomio per portarlo in Svezia a curarsi; la malattia del giovane, però, provoca la tragedia. ■ DRAMMATICO; B/N; 91'; ITALIA, 1961.

GIORNO PIÙ CORTO, IL ★★
Regia di SERGIO CORBUCCI. Con FRANCO FRANCHI, CICCIO INGRASSIA. ■ Ottantotto attori compongono il cast del film che in chiave umoristica racconta l'Italia negli anni della prima guerra mondiale. ■ COMMEDIA; B/N; 91'; ITALIA, 1962.

GIORNO PIÙ LUNGO DI KANSAS CITY, IL ★★
(Winnetou und das Halbblut Apanatschi)
Regia di HARALD PHILIPP. Con LEX BARKER, PIERRE BRICE, GOTZ GEORGE. ■ Attorno ad un giacimento aurifero si scatena la cupidigia di alcuni banditi: il padre della proprietaria viene ucciso; il fidanzato della ragazza e due amici del defunto riescono dopo molte vicende a eliminare gli ultimi avversari. La giovane regala la miniera ai compaesani affinché ricostruiscano l'abitato. ■ AVVENTURA; COL.; 94'; GERMANIA, 1967.

GIORNO PIÙ LUNGO DI SCOTLAND YARD, IL ★★
(Hennessy)
Regia di DON SHARP. Con RICHARD JOHNSON, LEE REMICK, ROD STEIGER. ■ Un irlandese, che ha perso la famiglia nel corso della guerra civile, vuole vendicarsi facendo saltare in aria Westminster. Per attuare il piano criminoso assume le sembianze di un deputato britannico: contro di lui, però, si sono alleate sia Scotland Yard che l'Ira, decisa ad impedire il gesto impopolare anche presso i suoi seguaci. Il potenziale attentatore viene eliminato prima che possa nuocere. ■ DRAMMATICO; COL.; 104'; GRAN BRETAGNA, 1975.

GIORNO PIÙ LUNGO, IL *(The Longest Day)* ★★★
Regia di KEN ANNAKIN, ANDREW MARTON, BERNHARD WICKI. Con RICHARD BURTON, SEAN CONNERY, HENRY FONDA, PETER LAWFORD, ROBERT MITCHUM, ROBERT RYAN, ROD STEIGER, RICHARD TODD, JOHN WAYNE. ■ La cronaca dello sbarco alleato in Normandia secondo il racconto di Cornelius Ryan. È un'opera colossale. ■ GUERRA; B/N; 180'; USA, 1962. ■ OSCAR 2 PR, 5 NOM.

GIORNO PRIMA, IL ★★
Regia di GIULIANO MONTALDO. Con BEN GAZZARA, ERLAND JOSEPHSON, BURT LANCASTER. ■ Siamo a Francoforte. Il prof. Monroe desidera sperimentare le reazioni di un gruppo di uomini e donne chiusi in un bunker antiatomico. Si offrono quindici volontari. Michael, un ingegnere, funge da capo. Inizia una serie di guai che getta nella più nera disperazione i quindici che inoltre scoprono che "fuori" è in atto una guerra atomica che ha gettato nel panico la popolazione. Ma ad un passo dalla tragedia, Monroe fa riaprire la porta blindata. ■ DRAMMATICO; COL.; 107'; ITALIA, 1987.

GIORNO SPECIALE, UN ★★
Regia di FRANCESCA COMENCINI. Con FILIPPO SCICCHITANO, GIULIA VALENTINI. ■ Roma, un mattino come tanti. Gina si sveglia e si veste come vuole la madre perché è una giornata speciale: deve incontrare un onorevole che può aiutarla nel mondo dello spettacolo. C'è un'auto con l'autista in abito scuro che viene a prenderla nel quartiere di periferia in cui abita. L'autista è Marco, suo coetaneo, al primo giorno di lavoro. Il clima che si instaura tra i due inizialmente è di diffidenza. Poi arriva una telefonata: l'onorevole ha una giornata piena d'impegni e bisogna rinviare ad altra ora l'appuntamento. I due, per far passare il tempo, girano per

la capitale e iniziano a conoscersi. La Comencini si è assunta più di un rischio con questo film che si rifà al libro di Claudio Bigagli (l'attore) *Il cielo con un dito*: ha puntato tutto su due giovani, e una sceneggiatura volutamente strutturata per offrire anche spazi all'improvvisazione. Ne è nata un'opera che rientra nelle tematiche che interessano alla regista sin dai tempi di *Pianoforte* che compensa alcune lacune della narrazione con una attenzione agli attori e alla città. ■ COMMEDIA; COL.; 89′; ITALIA, 2012.

GIORNO SUL SET, UN ★★
(Qu'est-ce qu'on attend pour être heureux!)
Regia di COLINE SERREAU. Con ANNICK ALANE, BERNARD ALANE, MICHEL BERTO. ■ Durante la lavorazione di uno spot pubblicitario il regista e i padroni della marca reclamizzata hanno degli screzi. Ci si metteranno anche quelli della troupe insoddisfatti ed ecco il cataclisma. ■ COMMEDIA; COL.; 92′; FRANCIA, 1982.

GIORNO... TUTTA LA VITA, UN ★★★
(24 Hours of a Woman's Life)
Regia di VICTOR SAVILLE. Con MERLE OBERON, RICHARD TODD. ■ È la storia di una vedova matura che si innamora di un giovane sull'orlo della rovina a causa della passione per il gioco. La donna si illude di poter riportare il ragazzo sulla retta via e rendere stabile la loro relazione; purtroppo deve arrendersi di fronte alla passione del gioco; non potrà impedire il suicidio dell'amato. ■ DRAMMATICO; COL.; 89′; GRAN BRETAGNA, 1951.

GIOSTRA D'AMORE *(Bayo el cielo de Mexico)* ★
Regia di FERNANDO DE FUENTES. Con RAFAEL FALCON, VILMA VIDAL. ■ La bella figlia di un proprietario terriero messicano ha un debole per il fattore; nonostante ciò si fidanza con un nobile. Al momento di dire il fatidico sì ci ripensa e fugge con l'innamorato. ■ COMMEDIA; B/N; 92′; MESSICO, 1943.

GIOSTRA UMANA, LA *(O. Henry's Full House)* ★★★
Regia di HENRY HATHAWAY, HOWARD HAWKS, HENRY KING, HENRY KOSTER, JEAN NEGULESCO. Con FRED ALLEN, ANNE BAXTER, IVAN GOFF, FARLEY GRANGER, CHARLES LAUGHTON, MARILYN MONROE, DALE ROBERTSON, RICHARD WIDMARK. ■ Il film consta di cinque episodi diretti da altrettanti famosi registi e tratti dai racconti di O. Henry. Nel primo un uomo vuole finire in galera per trascorrere l'inverno al caldo; nel secondo un poliziotto ex bandito manda in prigione l'antico complice; nel terzo un anziano pittore si sacrifica per una fanciulla ammalata; nel quarto due briganti rapiscono un ragazzino terribile e versano una certa somma per liberarsene; nell'ultimo, infine, due sposini nullatenenti sacrificano la cosa più preziosa che hanno per farsi reciprocamente il regalo di Natale. ■ COMM. A EPISODI; B/N; 117′; USA, 1952.

GIOVANE AMORE *(First Love)* ★★
Regia di JOAN DARLING. Con BEVERLY D'ANGELO, SUSAN DEY, WILLIAM KATT. ■ Uno studente s'innamora di una coetanea. Non sa che costei ha già una relazione con un uomo maturo. Quando lo sa, reagisce come un innamorato anni Trenta (e non come uno smagato studente postsessantottino). Dal romanzo *Sentimental Education* di Harold Brodney. ■ SENTIMENTALE; COL.; 91′; USA, 1977.

GIOVANE CANAGLIA ★★
Regia di GIUSEPPE VARI. Con ETTORE MANNI, GIULIA RUBINI, MARCO VICARIO. ■ Il figlio di un giudice si indebita fino al collo. Il suo creditore gli propone di saldare il conto portandogli un documento in possesso del padre che per lui è molto compromettente. Il ragazzo dapprima rifiuta poi, messo alle strette, accetta. La conclusione è tragica. ■ DRAMMATICO; B/N; 95′; ITALIA, 1958.

GIOVANE DOTTOR KILDARE, IL *(Young Dr. Kildare)* ★★
Regia di HAROLD S. BUCQUET. Con LEW AYRES, LIONEL BARRYMORE, NAT PENDLETON. ■ Il primo film della nota serie di cinquant'anni fa. Appena laureato, Kildare accetta un posto di interno nell'ospedale Blair di New York. Ma si caccia subito nei guai. Un politicante muore mentre lo sta soccorrendo. Kildare viene discolpato quando si scopre che la colpa è di un infermiere. ■ DRAMMATICO; COL.; 81′; USA, 1938.

GIOVANE E INNOCENTE *(Young and Innocent)* ★★★★
Regia di ALFRED HITCHCOCK. Con MARY CLARE, DERRICK DE MARNEY, NOVA PILBEAM, EDWARD RIGHBY. ■ Il film, l'ultimo film del periodo inglese di Alfred Hitchcock, tocca due dei motivi preferiti dall'eccentrico regista inglese, che diventarono ossessivamente ricorrenti nel suo cinema: lo scambio causale di persona e il terrore dell'ignoto che può crollarci addosso da un momento altro. Il film è tratto da un romanzo di Josephine Tey, *A Shilling for Candels*, e narra la storia di un giovane scrittore accusato dell'omicidio dell'amica, delitto in realtà compiuto da un altro. Il giovane è costretto a fuggire. Braccato dalla polizia inizia da solo la ricerca del vero assassino. Lo aiuterà una giovane donna. Il film è ricco di virtuosismi tecnici come la carrellata attraverso la sala da ballo. ■ GIALLO; B/N; 80′; GRAN BRETAGNA, 1937.

GIOVANE GUARDIA, LA *(Molodoja gvardija)* ★★
Regia di SERGEJ A. GERASIMOV. Con VIKTOR AVDIUSKO, SERGEJ BONDARCIUK, TAMARA MAKAROVA. ■ Seconda guerra mondiale, Ucraina. Alcuni comunisti facenti parte della "giovane guardia" compiono atti di sabotaggio. Verranno arrestati e torturati perché rivelino i nomi dei complici; tutti, però, preferiranno immolarsi. ■ DRAMMATICO; B/N; 92′; URSS, 1948.

GIOVANE LEONE, IL *(Oh! que mambo)* ★★
Regia di JOHN BERRY. Con DARIO MORENO, MAGALI NOËL, ALBERTO SORDI. ■ Un cassiere provoca l'arresto di un incauto rapinatore. Il direttore di banca sperava di approfittarne per coprire le sue sottrazioni di denaro e, per non essere scoperto, fa in modo che i sospetti cadano proprio sul cassiere. Questi, dopo tragicomiche vicende, può dimostrare la sua innocenza. ■ COMMEDIA; B/N; 82′; FRANCIA, 1958.

GIOVANE MAGO, IL *(Cudowne Dziecko)* ★★
Regia di WALDEMAR DZIKI. Con EDUARD GARSON, RUSTY JEDWAB, PRZEMYSLAW WASOWICZ. ■ Un film semplice e piacevole soprattutto per un pubblico di ragazzi. Un giovane suscita un grandissimo interesse sia da parte dei suoi amici e compagni di scuola sia di medici e specialisti. Sembra infatti in possesso di grandi facoltà di tipo percettivo ed extrasensoriale. ■ COMMEDIA; COL.; 99′; CANADA, POLONIA, 1987.

GIOVANE NORMALE, IL ★★★
Regia di DINO RISI. Con JANET AGREN, LINO CAPOLICCHIO, JEFF MORROW, EUGENE WALTER. ■ Uno studente squattrinato viene accolto da una compagnia di americani piuttosto spregiudicati. Tra il ragazzo e la giovane moglie di un anziano professore di storia dell'arte nasce un flirt, ma ben presto la donna si stanca di lui. Il giovanotto, che si era illuso d'aver trovato chi gli avrebbe reso facile e piacevole la vita, viene bruscamente scaricato. ■ COMMEDIA; COL.; 105′; ITALIA, 1969.

GIOVANE SELVAGGIO, IL ★★
(Ich sprenge euch alle in die Luft)
Regia di RUDOLF ZEHETGRUBER. Con WALTER BARNES, GOTZ GEORGE, INGEBOR SCHÖNER. ■ Mentre Eddie, neo-ispettore di polizia, si dà da fare per risolvere il suo primo caso importante, i suoi colleghi sono alle prese con un esaltato che vuole uccidere il giovane poliziotto, incolpandolo ingiustamente della morte del fratello. Quando Eddie torna in ufficio ignaro, i colleghi hanno già neutralizzato il pazzo. ■ POLIZIESCO; COL.; 92′; GERMANIA, 1969.

GIOVANE TIGRE, IL *(The Young Tiger)* ★
Regia di T. PHON. Con HO LEE, W. TIENG. ■ Un giovane lottatore di karatè ingiustamente accusato d'omicidio riesce a dimostrare la propria innocenza a un testardo poliziotto. ■ AVVENTURA; COL.; 95′; HONG KONG, 1975.

GIOVANE TOSCANINI, IL ★★
Regia di FRANCO ZEFFIRELLI. Con C. THOMAS HOWELL, ELIZABETH TAYLOR, SOPHIE WARD. ■ Nel 1885 il diciottenne Arturo Toscanini, dopo aver litigato con i maggiorenti della Scala, parte per Rio de Janeiro, dove conosce gli orrori della schiavitù, ma anche un gran successo come direttore d'orchestra con l'esecuzione dell'*Aida*. Oleografia zeffirelliana, non del tutto insincera (c'è il tema, indubbiamente sentito, dei rapporti dell'artista con l'impegno civile). Però del tutto (colpevolmente) priva degli scatti di bravura e del pathos che ci attenderemmo dal regista. ■ BIOGRAFICO; COL.; 109′; ITALIA, 1988.

GIOVANE, UNA GIOVANE, UN *(Le 17ème ciel)* ★★
Regia di SERGE KORBER. Con MARIE DUBOIS, JEAN-PIERRE MA-

RIELLE, JEAN-LOUIS TRINTIGNANT. ■ Due giovani si piacciono, si frequentano, si raccontano qualche bugia; lei afferma di essere nobile e di abitare nel castello del quale i genitori sono in realtà i guardiani, lui racconta di essere uno scrittore. Scoprire di essere ambedue dei poveracci non intacca il loro amore ma lo rafforza. ■ COMMEDIA; B/N; 84′; FRANCIA, 1965.

GIOVANE VEDOVA, UNA *(Young Widow)* ★★★
Regia di EDWIN L. MARIN. Con FAITH DOMERGUE, LOUIS HAYWARD, JANE RUSSELL. ■ Una giovane vedova non riesce a dimenticare facilmente il marito caduto in guerra, perciò respinge la corte di un giovane ufficiale americano. Tuttavia, quando il giovanotto sta per partire, lo raggiunge all'aeroporto in tempo per confessargli che anche lei lo ama. ■ COMMEDIA; B/N; 100′; USA, 1946.

GIOVANI ★
Regia di LUCA MAZZIERI, MARCO MAZZIERI. Con GIULIANNE PALAYRET, DAVIDE PASTI, ELISABETTA POZZI, LINA SASTRI. ■ Con un montaggio alternato sono presentate le vicende di due ventenni, Matteo e Juliette, che si svolgono nell'arco di ventiquattro ore, nella città di Parma. ■ DRAMMATICO; COL.; 90′; ITALIA, 2003.

GIOVANI AMANTI *(The Young Lovers)* ★★
Regia di ANTHONY ASQUITH. Con THEODORE BIKEL, DAVID KNIGHT, ODILE VERSOIS. ■ Lui è americano, lei è figlia di un diplomatico d'oltre cortina: si amano e non se la sentono di lasciarsi solo per motivi politici. Il padre della ragazza la obbliga a rientrare in patria, ma il giovanotto la segue e la rapisce. Finiscono nel bel mezzo di un fortunale. Tutti li credono morti, ma non è vero. ■ COMMEDIA; B/N; 96′; GRAN BRETAGNA, 1955.

GIOVANI AMANTI *(The Young Lovers)* ★★
Regia di SAMUEL GOLDWYN JR. Con NICK ADAMS, PETER FONDA, CHARON HUGUENY. ■ Due coppie vivono la loro prima importante vicenda sentimentale: Eddie e Pam si lasciano quando la ragazza, pur essendo in attesa di un bambino, se ne va per non essere d'impaccio alla carriera di lui; Tarrago e Debbie, al contrario, arrivano felicemente al matrimonio. ■ DRAMMATICO; B/N; 96′; USA, 1964.

GIOVANI AMARI *(Muzhskoj raazgovor)* ★★
Regia di IGOR SHATROV. Con ALEKSANDR KAVALEROV, YELENA MYSCKOVA, VASILI SHUKSHIN, NIKOLAI YAKHONTOV. ■ Un adolescente parte per la Siberia per conoscere la madre che aveva abbandonato la famiglia molti anni prima. L'incontro con la donna si dimostra molto deludente, perciò il ragazzo torna dal padre. ■ DRAMMATICO; B/N; 92′; URSS, 1968.

GIOVANI AQUILE - FLYBOYS *(Flyboys)* ★★
Regia di TONY BILL. Con DAVID ELLISON, JENNIFER DECKER, JAMES FRANCO, MARTIN HENDERSON, JEAN RENO, TYLER LABINE. ■ All'inizio del 1916 la prima guerra mondiale aveva seminato distruzione e morte in tutta l'Europa. Nonostante gli aeroplani fossero stati inventati solo di recente, vennero presto adattati per diventare delle macchine da guerra. Il film racconta la vicenda di un gruppo di ragazzi americani che, ancor prima che gli Stati Uniti entrassero nel conflitto, decisero di unirsi alla Squadriglia Lafayette come volontari per combattere il nemico, divenendo i primi piloti americani di aerei da caccia. ■ AZIONE; COL.; 140′; FRANCIA, USA, 2006.

GIOVANI ARRABBIATI, I *(Look Back in Anger)* ★★★
Regia di TONY RICHARDSON. Con CLAIRE BLOOM, RICHARD BURTON, MARY URE. ■ Tratto dal dramma di John Osborne *Ricorda con rabbia*, il film è centrato sulla figura di Jimmy, venditore di noccioline che rifiuta con acredine di integrarsi nella società che lo circonda. La giovane moglie, innamoratissima di lui, ha la colpa di appartenere ad un ambiente socialmente elevato e per questo Jimmy nutre nei suoi confronti un sentimento contraddittorio di amore e odio. Lei se ne va, ma dopo qualche mese ritorna e il loro rapporto continua, anche se entrambi continuano a sentirsi due disadattati. ■ DRAMMATICO; B/N; 99′; GRAN BRETAGNA, 1959.

GIOVANI, BELLE... PROBABILMENTE RICCHE ★
Regia di MICHELE MASSIMO TARANTINI. Con NADIA CASSINI, GIANFRANCO D'ANGELO, OLIVIA LINK, CARMEN RUSSO. ■ Tre signore di provincia alle prese con una curiosa eredità: un'amica ha lasciato loro il suo ingente patrimonio a patto che esse tradiscano i rispettivi mariti. ■ COMMEDIA; COL.; 90′; ITALIA, 1982.

GIOVANI BRUCIATI ★★
(Murder in New Hampshire: The Pamela Smart Story)
Regia di JOYCE CHOPRA. Con CHAD ALLEN, LARRY DRAKE, HELEN HUNT. ■ Pamela è una giovane e bella insegnante stanca della scuola e del ménage familiare. La sua decisione è quanto mai drastica: chiede a uno studente del liceo di ucciderle il marito. Tratto da una storia vera, presenta una futura stella: Helen Hunt (Oscar per *Qualcosa è cambiato*). ■ GIALLO; COL.; 100′; USA, 1991.

GIOVANI CANNIBALI, I ★★★
(All the Fine Young Cannibals)
Regia di MICHAEL ANDERSON. Con GEORGE HAMILTON, ROBERT WAGNER, NATALIE WOOD. ■ Convinta che Chad non sia innamorato di lei, Salomè sposa Tony. La sorella di quest'ultimo non ha molta simpatia per la cognata, mentre ne dimostra parecchia nei confronti di Chad, che finisce per sposare. Quando la vecchia relazione tra Chad e Salomè viene a galla i due matrimoni rischiano lo sfascio, ma Salomè riesce a salvare la situazione. ■ DRAMMATICO; COL.; 112′; USA, 1960.

GIOVANI, CARINI E DISOCCUPATI *(Reality Bites)* ★★★
Regia di BEN STILLER. Con JANEANE GAROFALO, ETHAN HAWKE, WINONA RYDER, BEN STILLER. ■ Prodotto da Danny De Vito, appartiene alla categoria dei film minimalisti americani. Ci sono quattro ragazzi sui vent'anni che si trovano al classico bivio: cosa fare nella vita. Bravi gli interpreti. Impostazione teatrale e ironica. Costruito fin nei minimi particolari, è attraversato, cosa rara per un film americano, esclusivamente da canzoni inglesi. ■ COMMEDIA; COL.; 95′; USA, 1993.

GIOVANI DELINQUENTI *(Hot Car Girl)* ★★
Regia di BERNARD L. KOWALSKI. Con RICHARD BAKALYAN, JOHN BRINKELY, JUNE KENNEY. ■ Dai furtarelli ai danni degli automobilisti Duke passa ben presto all'omicidio colposo, ma invece di costituirsi alla polizia fugge. Braccato, uccide un poliziotto che aveva scoperto il suo rifugio. Farà una tragica fine. ■ DRAMMATICO; B/N; 78′; USA, 1958.

GIOVANI DIAVOLI *(Idle Hands)* ★
Regia di RODMAN FLENDER. Con JESSICA ALBA, CONNIE RAY, VIVICA A. FOX, SETH GREEN, ELDEN HENSON, JACK NOSEWORTHY, DEVON SAWA, FRED WILLARD. ■ La notte prima di Halloween, nella cittadina di Bolan, i coniugi Tobias vengono barbaramente uccisi, mentre il loro unico figlio, Anton detto Ant, continuamente dedito alla marijuana, dorme beatamente in soffitta con la musica nelle cuffie. Al suo risveglio, l'ozioso ragazzo scoprirà l'atroce verità, ma lo shock iniziale è nulla in confronto alla scoperta che l'artefice di quel massacro è nientemeno che lui stesso... o meglio, la sua mano, che sembra essere posseduta dal Diavolo in persona. ■ HORROR; COL.; 90′; USA, 1999.

GIOVANI E BELLI ★★
Regia di DINO RISI. Con CARLO CROCCOLO, ANNA FALCHI, CICCIO INGRASSIA, MASSIMO PITTARELLO, EDOARDO SCATÈ, LUCA VENANTINI. ■ Luca e Gino sono due ragazzi romani, il primo figlio di un politico (arrestato), l'altro di una spazzina. Si incontrano, fanno amicizia e decidono di vivere in una baracca sul Tevere. La loro tranquillità è compromessa dalla zingara Zorilla, che si innamora, ricambiata, di entrambi. Matrimonio finale a tre. Gli zingari possono. Favoletta azzoppata dai dialoghi dell'eterno Bernardino Zapponi per il quale i decenni non sono passati. È un po' triste che il grande Risi, eroe del *Sorpasso* e di *Una vita difficile*, debba aggrapparsi alle natiche (strepitose) della Falchi. Ultimo lungometraggio del regista, seguito solo dal film a episodi *Esercizi di stile* (*Myriam*). ■ COMMEDIA; COL.; 90′; ITALIA, 1996.

GIOVANI EROI, I *(The Young and the Brave)* ★★
Regia di FRANCIS D. LYON. Con JOHN AGAR, WILLIAM BENDIX, RORY CALHOUN, MANUEL PADILLA JR. ■ Hann, un bambino coreano che ha visto tutta la sua famiglia trucidata dai soldati cinesi, fugge alla ricerca di tre soldati americani che pochi giorni prima del massacro si erano nascosti nella sua casa. Li trova e li aiuta a raggiungere il loro gruppo; a guerra finita parte per l'America con loro. ■ GUERRA; B/N; 90′; USA, 1963.

GIOVANI FUCILI DEL TEXAS, I ★★
(The Young Guns of Texas)
Regia di MAURY DEXTER. Con GARY CONWAY, ALAN LADD, JODY MCCREA, JAMES MITCHUM. ■ Raggiunto il Texas per ritrovare il fratello, Tyler scopre che questi e la moglie sono stati uccisi dagli indiani. La vendetta diventa il suo unico scopo e per realizzarla non indietreggia di fronte a nulla. Vi riesce, ma due dei suoi amici perdono la vita. La moglie di uno di questi rimane con lui. ■ WESTERN; COL.; 78′; USA, 1963.

GIOVANI GANGSTER: IO, TANGO E ROCK ★★
(In Extremis)
Regia di OLIVER LORSAL. Con PHILIPPE CAROIT, SOPHIE DUEZ, JULIEN MAUREL. ■ Rock, rapinatore di banche, scopre che Tango effettua numerosi colpi facendosi passare per lui. Indignato gli rapisce la ragazza e lo obbliga a rubare per lui. Tra i tre nascerà una certa amicizia e condivideranno, braccati dalla polizia, gioie e dolori. ■ DRAMMATICO; COL.; 88′; FRANCIA, 1988.

GIOVANI GANGSTERS *(Juvenile jungle)* ★★
Regia di WILLIAM N. WITNEY. Con COREY ALLEN, RICHARD BAKALYAN, REBECCA WELLES. ■ Il capo di una banda di teppisti si ravvede per amore: subisce un pestaggio dagli ex compagni pur di salvare dal sequestro la figlia di un ricco commerciante. L'amore della ragazza saprà alleviare le sue pene. ■ DRAMMATICO; B/N; 90′; USA, 1958.

GIOVANI GIGANTI ★
Regia di TERREL TANNEN. Con PETER FOX, JOHN HUSTON, PELÉ, LISA WILLS. ■ La Casa St. Francis, il luogo che ha visto crescere ed educare molti ragazzi orfani, sta per essere requisita dal comune. Padre Cadenas, che ne è stato per tanti anni l'inquilino nonché il benefattore dei giovani, è disperato, ma uno dei suoi ex ospiti, che ora è diventato una stella del calcio mondiale, giunge in suo aiuto. ■ COMMEDIA; COL.; 101′; BRASILE, 1983.

GIOVANI GUERRIERI *(Over the Edge)* ★★
Regia di JONATHAN KAPLAN. Con MATT DILLON, MICHAEL KRAMER, PAMELA LUDWIG. ■ Nella cittadina di New Granada, Richie, un ragazzino di quattordici anni, uscito dal carcere minorile, è posto sotto sorveglianza. Stringe amicizia con una banda di ragazzi e diventa il loro idolo. In tragiche circostanze verrà ucciso da un poliziotto e tutta la banda, per vendicarlo, metterà a ferro e fuoco i locali della scuola e distruggerà decine di macchine, ribellandosi anche ai genitori. I responsabili finiscono tutti al riformatorio. ■ DRAMMATICO; COL.; 95′; USA, 1979.

GIOVANI IENE *(The Young Sinner)* ★★
Regia di TOM LAUGHLIN. Con TOM LAUGHLIN, STEFANIE POWERS, WILLIAM A. WELLMAN JR. ■ Un ragazzo traviato con una famiglia disgraziatissima viene riportato sulla retta via dalle sagge parole di un sacerdote. ■ DRAMMATICO; B/N; 81′; USA, 1965.

GIOVANI LEONI, I *(The Young Lions)* ★★★★
Regia di EDWARD DMYTRYK. Con MARLON BRANDO, MAY BRITT, MONTGOMERY CLIFT, DEAN MARTIN, BARBARA RUSH, MAXIMILIAN SCHELL. ■ Christian, un giovane soldato tedesco, è inizialmente un convinto assertore delle teorie naziste in cui ricerca un mezzo di elevazione sociale, ma la rivelazione della crudele realtà (i campi di concentramento, l'assassinio di prigionieri feriti) provoca in lui una grave crisi esistenziale; finirà ucciso da due soldati americani, un timido e coraggioso ebreo e un'allegro uomo di teatro. Il film doveva essere la trasposizione cinematografica dell'omonimo romanzo di Irwin Shaw, ma Brando diede del personaggio di Christian un'interpretazione più approfondita e problematica; nel libro, infatti, il protagonista è fedele fino all'ultimo all'ideologia hitleriana. ■ DRAMMATICO; B/N; 167′; USA, 1958. ■ OSCAR 3 NOM.

GIOVANI LUPI, I *(Les jeunes loups)* ★★★
Regia di MARCEL CARNÉ. Con YVES BENEYTON, CHRISTIAN HAY, HAYDÉE POLITOFF. ■ Sylvie è innamorata di Alain, giovane molto bello e amante della vita facile. Cerca di aiutarlo procurandogli diversi lavori, ma il giovanotto finisce sempre per compromettersi rubacchiando o invischiandosi in ambigui rapporti. Sylvie lo lascia, delusa e amareggiata, e Alain ha un attimo di pentimento: promette mari e monti per convincere la ragazza a tornare con lui, ma i buoni propositi durano molto poco. ■ DRAMMATICO; COL.; 110′; FRANCIA, 1968.

GIOVANI MARITI ★★★
Regia di MAURO BOLOGNINI. Con GÉRARD BLAIN, ANTONIO CIFARIELLO, ISABELLE COREY, FRANCO INTERLENGHI, SYLVA KOSCINA, ANTONELLA LUALDI. ■ Per dare l'addio al celibato Franco organizza una scorribanda notturna con gli amici. Gli allegri giovanotti non sanno che in quella notte si decideranno i loro destini coniugali perché ognuno incontrerà la donna che sposerà. ■ COMMEDIA; B/N; 93′; FRANCIA, ITALIA, 1958.

GIOVANI PREDE – DAFNI E CLOE *(Mikres afrodites)* ★★
Regia di NIKOS KOUNDOUROS. Con TAKIS EMMANOUIL, VANGHELIS JOANNIDIS, ELEN PROKOPIU, CLEOPATRA ROTA. ■ Dafni, un giovanissimo pastore, arriva in un villaggio insieme all'amico Samos. Instaura con la bella Cloe un rapporto platonico e quando la ragazza lo tradisce con un altro si uccide. ■ DRAMMATICO; B/N; 94′; GRECIA, 1963. ■ BERLINO 1 PR.

GIOVANI RIBELLI *(Kill Your Darlings)* ★★
Regia di JOHN KROKIDAS. Con DANE DEHAAN, BEN FOSTER, MICHAEL C. HALL, JACK HUSTON, DANIEL RADCLIFFE. ■ Il regista Krokidas e lo sceneggiatore Austin Bunn raccontano un momento della vicenda di tre studenti che poi divennero scrittori e poeti – e di che qualità e importanza: Allen Ginsberg, Jack Kerouac e Lucien Carr. Il teatro è la Columbia University, siamo nel 1944. Riprendendo la poetica, il concetto di libertà assoluta e di trasgressioni estreme, a cominciare da quella sessuale, di Walt Whitman, che aveva "anticipato" tutto di quasi un secolo, i giovani attaccano le regole rigide e sorpassate, secondo loro, del più potente college americano. I "ragazzi" diventeranno a loro volta modelli di trasgressione per le generazioni successive. Saranno chiamati "beat generation". Nel privato non si fecero mancare nulla. Il film si incentra sulla morte di David Kammarer, ucciso dal suo amante Lucien Carr. Tutto il gruppo ne viene coinvolto. ■ BIOGRAFICO, COL.; 143′, USA, 2013.

GIOVANI SENZA DOMANI *(A Kiss before Dying)* ★★★
Regia di GERD OSWALD. Con JEFFREY HUNTER, GEORGE MACREADY, ROBERT WAGNER, JOANNE WOODWARD. ■ Bood ha voglia di arrivare in fretta: sposare Dorothy, che è molto ricca, è un buon sistema. Ma il padre della fanciulla non è d'accordo e Bood, per liberarsi di un legame ormai pesante, diventa assassino. La situazione precipita ed è costretto a compiere altri delitti. Finché interviene Ellen, che vuole vendicare l'assassinio della sorella Dorothy. ■ GIALLO; COL.; 94′; USA, 1956.

GIOVANI STREGHE *(The Craft)* ★★
Regia di ANDREW FLEMING. Con FAIRUZA BALK, NEVE CAMPBELL, RACHEL TRUE, ROBIN TUNNEY. ■ La magia, il paranormale, il mistero soccorrono alcune ragazze che altrimenti non avrebbero molto dalla vita: vanno male a scuola, non legano coi coetanei, eccetera. Da quel momento tutto cambia. Sono felici, hanno successo e condizionano gli altri. Ma il tutto dura poco. ■ FANTASTICO; COL.; 100′; USA, 1996.

GIOVANI TIGRI, I ★★
Regia di ANTONIO LEONVIOLA. Con HELMUT BERGER, VANNI DE MAIGRET, LUCA DELLA PORTA. ■ Rubare in casa del ladro è consigliabile soprattutto perché la vittima non può protestare e denunciare il furto alla polizia. In base a questo principio tre ragazzi derubano di mezzo miliardo un contrabbandiere di valuta. ■ COMMEDIA; COL.; 92′; ITALIA, 1967.

GIOVANI UCCIDONO, I *(The Blue Lamp)* ★★★
Regia di BASIL DEARDEN. Con DIRK BOGARDE, JIMMY HANLEY, JACK WARNER. ■ Due giovani incensurati e appartenenti a buone famiglie sono in realtà abili ladruncoli. Una sera sono scoperti in flagrante da un poliziotto che sono costretti a uccidere; tentano in ogni modo di coprire il delitto, ma uno dei due muore in un incidente d'auto e l'altro viene arrestato. ■ POLIZIESCO; B/N; 84′; GRAN BRETAGNA, 1950.

GIOVANI VIOLENTI E SPIETATI *(Yaju o kese)* ★
Regia di YASUHARO HASEBE. Con TATSUYA FUJI, TAMIO KAWAJI, TETSUYA WATARI. ■ Per vendicare l'assassinio della sorella, un giovane capita nel covo di una banda e scopre che i delinquenti

hanno sequestrato una ragazza. Inizialmente sopraffatto, il protagonista si libera e uno alla volta uccide tutti i cattivi. ■ DRAMMATICO; COL.; 91′; GIAPPONE, 1971.

GIOVANNA D'ARCO *(Das Mädchen Johanna)* ★★★
Regia di GUSTAV UCICKY. Con GUSTAF GRÜNDGENS, ANGELA SALLOKER. ■ Questa è la prima versione sonora della storia di Giovanna. ■ DRAMMATICO; B/N; 90′; GERMANIA, 1935.

GIOVANNA D'ARCO *(Joan of Arc)* ★★★
Regia di VICTOR FLEMING. Con INGRID BERGMAN, JOSÉ FERRER. ■ Da semplice pastorella analfabeta a condottiera d'un immenso esercito: Giovanna libera la Francia ma il re, temendo che la fama della pulzella minacci il suo trono, la consegna agli inglesi che la processano e la condannano a morte con l'accusa di stregoneria. ■ DRAMMATICO; COL.; 100′; USA, 1948. ■ OSCAR 3 PR, 8 NOM.

GIOVANNA D'ARCO di LUC BESSON *(Jeanne d'Arc)* ★★
Regia di LUC BESSON. Con VINCENT CASSEL, FAYE DUNAWAY, DUSTIN HOFFMAN, MILLA JOVOVICH, TCHÉKY KARYO, JOHN MALKOVICH. ■ Guerra dei cent'anni. Giovanna d'Arco, già leggenda popolare a diciotto anni, riesce, da sola, a superare le linee nemiche inglesi e raggiungere a Chinon Carlo VII, delfino di Francia. La "pulzella" convince il futuro re di essere in diretto contatto con Dio, soprattutto lo induce ad attaccare gli Inglesi ad Orléans. Giovanna vince una battaglia dopo l'altra. Quando Carlo, incoronato re, decide di trattare col nemico inglese, Giovanna continua la guerra da sola. Tradita, viene presa prigioniera dai Borgognoni, che simpatizzano con gli inglesi, e venduta al nemico per 10.000 scudi. Il re non muove un dito, ben contento di essersi liberato della patata bollente. Giovanna viene processata per eresia. Le si offre la possibilità di abiurare ma non recede dalle proprie posizioni. Arde sul rogo il 24 maggio del 1430 sulla piazza del mercato vecchio in Rouen. Luc Besson gira all'americana, tanti effetti, tanti movimenti, grande budget, grande spettacolo. Il film non è però all'altezza di quelli che lo hanno preceduti. ■ STORICO; COL.; 161′; FRANCIA, 1999.

GIOVANNA D'ARCO AL ROGO ★★★
Regia di ROBERTO ROSSELLINI. Con INGRID BERGMAN, TULLIO CARMINATI, AGNESE DUBBINI, GIACINTO PRANDELLI. ■ L'oratorio di Paul Claudel musicato da Honegger trasportato fedelmente sullo schermo da un grande regista che si cimenta con una prova difficile. Notevole la recitazione della Bergman. ■ DRAMMATICO; COL.; 76′; ITALIA, 1954.

GIOVANNA D'ARCO – PARTE I e PARTE II ★★
(Jean la Pucelle – Les batailles/Les prisons)
Regia di JACQUES RIVETTE. Con SANDRINE BONNAIRE, PATRICK LE MAUFF, JEAN-PIERRE LORIT, ANDRÉ MARCON. ■ Diviso in due parti e tagliato di cento minuti, questo film rappresenta un'ulteriore tappa nell'opera di ricerca che Rivette conduce sulla "materia-cinema". La storia della pulzella d'Orléans è narrata con grande rigore storico ed estetico. Le situazioni vengono distribuite in quadri di impianto teatrale e le famose "voci" non assumono connotazioni spettacolari. Tutto è come raggelato da uno sguardo esterno non intenzionato a farsi coinvolgere. ■ STORICO; COL.; 235′; FRANCIA, 1994.

GIOVANNA LA PAZZA *(Locura de amor)* ★★
Regia di JUAN DE ORDUÑA. Con AURORA BAUTISTA, FERNANDO REY. ■ Sobillato dall'amante, una bellissima principessa araba, il duca Filippo tenta di dimostrare la pazzia della moglie, la regina Giovanna di Castiglia. Il complotto sta per avere successo, ma prima di riuscire a far internare la regina il duca Filippo si ammala e muore. ■ AVVENTURA; B/N; 94′; SPAGNA, 1948.

GIOVANNA LA PAZZA *(Juana la loca)* ★★
Regia di VICENTE ARANDA. Con ROBERTO ALVAREZ, MANUELA ARCURI, GIULIANO GEMMA, DANIELE LIOTTI, PILAR LÓPEZ DE AYALA, ROSANA PASTOR. ■ Giovanna detta la pazza era figlia di Isabella di Castiglia (quella che diede le navi a Colombo). Sposò l'arciduca d'Austria Filippo detto il bello. Diede i natali a colui che sarebbe diventato il futuro imperatore Carlo V. Fu colpita da una gravissima malattia mentale dopo la morte del marito. Il film ignora quasi totalmente il contesto storico e mette a fuoco la fase amorosa. Il film non centra nessun obbiettivo, neppure la ricostruzione si fa ricordare. ■ DRAMMATICO; COL.; 123′; ITALIA, PORTOGALLO, SPAGNA, 2002.

GIOVANNI DALLE BANDE NERE ★★
Regia di SERGIO GRIECO. Con ANNA MARIA FERRERO, VITTORIO GASSMAN. ■ Il leggendario Giovanni dalle Bande nere allaccia una relazione sentimentale con una bella fanciulla senza rivelarle la propria identità. La ragazza scopre casualmente la verità e si ritira in convento: ritiene Giovanni colpevole della morte dei suoi familiari e non può continuare ad amarlo. Lui rimane ferito in battaglia e sta per morire; solo allora la ragazza lo raggiunge. ■ AVVENTURA; COL.; 94′; ITALIA, 1956.

GIOVANNI FALCONE ★★
Regia di GIUSEPPE FERRARA. Con ANNA BONAIUTO, MASSIMO BONETTI, GIANCARLO GIANNINI, GIANNI MUSY, MICHELE PLACIDO. ■ Un sufficiente compito di scuola, questo di Ferrara. Una sorta di documento di ciò che è accaduto al giudice Falcone, alla moglie e agli uomini che dovevano proteggerlo. Una strage architettata con diabolica precisione dalla mafia. Dal punto di vista storico possiamo trovare delle motivazioni alla realizzazione del film, ma i risultati cinematografici sono insignificanti. L'invecchiamento è precoce per questi *istant-movies*, tesi a raccontare il presente per approfittare del momentaneo interesse della gente. La televisione sa far di meglio. Le musiche sono di Pino Donaggio. Successo di pubblico. ■ DRAMMATICO; COL.; 127′; ITALIA, 1994.

GIOVANNINO ★★
Regia di PAOLO NUZZI. Con TINA AUMONT, CHRISTIAN DE SICA, JENNY TAMBURI, PIERO VIDA. ■ Tratto da un romanzo di Ercole Patti, il film illustra la vita oziosa e inconcludente del giovane rampollo d'una famiglia borghese siciliana. Anche quando il padre lo costringe a sposare una ricca fanciulla brutta e menomata, Giovannino non trova il coraggio di ribellarsi. ■ COMMEDIA; COL.; 94′; ITALIA, 1976. ■ DAVID DI DONATELLO 1 PR, 1 NOM.

GIOVANNI SENZA PENSIERI ★★
Regia di MARCO COLLI. Con SERGIO CASTELLITTO, ALDO FABRIZI, ELEONORA GIORGI. ■ Lo svampito Giovanni, ultimo discendente di una nobile casata completamente decaduta, vive "senza pensieri" nel diroccato castello di famiglia. Il ritrovamento di un manoscritto leonardesco originale e l'arrivo di una conturbante visitatrice cambieranno la sua vita, ma non il suo poetico e fantasioso atteggiamento verso di essa. ■ COMMEDIA; COL.; 92′; ITALIA, 1986.

GIOVANNONA COSCIALUNGA DISONORATA CON ONORE ★★
Regia di SERGIO MARTINO. Con VITTORIO CAPRIOLI, EDWIGE FENECH, PIPPO FRANCO. ■ Alla ricerca di protezioni politiche, l'industriale La Noce, colpevole di inquinamento, cerca l'aiuto di Cocò, ragazza di facilissimi costumi. Scopo di La Noce è far sedurre un onorevole per salvare la propria industria. ■ COMMEDIA; COL.; 94′; ITALIA, 1973.

GIOVEDÌ, IL ★★★
Regia di DINO RISI. Con WALTER CHIARI, ROY CICCOLINI, MICHÈLLE MERCIER. ■ Il giovedì è il giorno in cui Dino può andare a prendere il figlio che vive con la moglie dalla quale è separato. Per l'uomo è importante che il ragazzino abbia una grande opinione di lui, ma le circostanze non fanno altro che sminuire la sua figura paterna e la sua autorità. Dino riporta il figlio dalla moglie, più amareggiato che mai. ■ COMMEDIA; B/N; 100′; ITALIA, 1963.

GIOVE IN DOPPIOPETTO ★★
Regia di DANIELE D'ANZA. Con LUCY D'ALBERT, CARLO DAPPORTO, DELIA SCALA. ■ Padre Giove ha sempre voglia di evadere dal ménage coniugale con Giunone: per questo ogni tanto decide di assumere vesti di semplice mortale e venire sulla terra a caccia di ragazze. Ma Giunone non dorme e prepara la controffensiva: quando il playboy olimpico sta per sedurre una splendida terrestre, si accorge che si tratta della sua immortale consorte, anche lei travestita. ■ COMMEDIA; COL.; 90′; ITALIA, 1954.

GIOVENTÙ ALLA SBARRA ★★
Regia di FERRUCCIO CERIO. Con GIORGIO ALBERTAZZI, ISA BARZIZZA, DELIA SCALA, PAOLO STOPPA. ■ Stanco di essere povero,

Franco accetta le proposte di un conoscente che vive di furti e di imbrogli. I soldi li fa, ma perde l'amore della fidanzata. ■ DRAMMATICO; B/N; 92'; ITALIA, 1954.

GIOVENTÙ AMORE E RABBIA ★★★
(The Loneliness of the Long Distance Runner)
Regia di TONY RICHARDSON. Con AVIS BUNNAGE, TOM COURTENAY, MICHAEL REDGRAVE. ■ Non è del tutto colpa di Colin se finisce in riformatorio: in famiglia il ragazzo non ha buoni esempi da imitare. Mandato in un istituto di correzione, vede crescere la sua rabbia contro la società. Il ragazzo perde volutamente una gara di corsa che potrebbe vincere senza sforzo pur di contrariare il direttore, che su quella vittoria contava molto. ■ DRAMMATICO; B/N; 103'; GRAN BRETAGNA, 1962.

♥ **GIOVENTÙ BRUCIATA** *(Rebel Without a Cause)* ★★★★
Regia di NICHOLAS RAY. Con JAMES DEAN, SAL MINEO, NATALIE WOOD. ■ È la storia di tre ragazzi: uno disprezza il padre vessato dalla moglie, l'altro è del tutto ignorato dai genitori e vive con una governante, la terza è addirittura odiata dalla madre e dal padre. Una premessa che vale per tutte le generazioni. Ecco una ragione del grande successo. I ragazzi naturalmente cercano altrove gratificazioni e sensazioni, e si mettono nei guai. In un gioco troppo pericoloso qualcuno ci lascia la pelle. Si nascondono braccati dalla polizia. Il più debole (quello ignorato) finisce ucciso dagli agenti. Kazan diresse il film con grande intensità, ottenendo il meglio da Dean e dagli altri due ragazzi, Natalie Wood e Sal Mineo; un'intensità, però, buona per quel momento. Come tutto ciò che troppo aderisce al contingente, il film, rivisto, ha lasciato per strada molta vedibilità. La troppa espressione *a posteriori* gli è costata. Un'ultima considerazione: la tecnica dell'Actor's insegnava agli attori a "essere" i loro personaggi, in una meccanica di totale identificazione. I protagonisti di questo film, infelici e maledetti, sono morti tutti e tre giovanissimi. Morti strane e violente. Come in un ruolo. ■ DRAMMATICO; COL.; 111'; USA, 1955. ■ OSCAR 3 NOM.

GIOVENTÙ DI MANHATTAN ★★
(Young Man of Manhattan)
Regia di MONTE BELL. Con CLAUDETTE COLBERT, NORMAN FOSTER, GINGER ROGERS. ■ Bisticci coniugali di un giovane giornalista sportivo con la sua troppo vivace mogliettina. ■ COMMEDIA; B/N; 92'; USA, 1930.

GIOVENTÙ DI NOTTE ★★
Regia di MARIO SEQUI. Con SERGIO FANTONI, BARBARA FREY, CRISTINA GAIONI, CLAUDIO GORA, MAGALI NOËL, STEFANIA SANDRELLI, TOD WINDSOR. ■ Un *Gioventù bruciata* all'italiana. Elio, il protagonista, dopo una serie di bravate culminanti con un furto viene arrestato. Naturalmente si pente e chiede alla sua ragazza di aspettarlo. ■ DRAMMATICO; B/N; 94'; ITALIA, 1961.

GIOVENTÙ IN CATENE *(Ungdon i bojor)* ★★
Regia di ANDERS HENRIKSON. Con GEORGE FANT, SONJA WIGERT. ■ Contrario all'istituzione delle case di pena per minorenni, colpevoli di peggiorare il carattere dei giovani disadattati, un insegnante svedese applica un suo personale metodo di correzione: ospita un gruppo di ragazzi in una sua fattoria. Gli inizi sono molto difficili ma i risultati gli danno ragione. ■ DRAMMATICO; B/N; 92'; SVEZIA, 1942.

GIOVENTÙ INCOMPRESA *(Une historie d'amour)* ★★
Regia di GUY LEFRANC. Con DANIEL GÉLIN, LOUIS JOUVET, DANY ROBIN. ■ La vecchia storia di Romeo e Giulietta funziona sempre: qui gli innamorati contrastati sono un semplice impiegato e la figlia del principale. I due ragazzi terminano la loro fuga su una spiaggia dove si addormentano; la marea li travolge. L'ispettore che ricostruisce le ultime ore dei due giovani si scaglia contro i genitori. ■ DRAMMATICO; B/N; 95'; FRANCIA, 1950.

GIOVENTÙ INQUIETA *(Young and Dangerous)* ★★
Regia di WILLIAM F. CLAXTON. Con MARK DAMON, ANN DORAN, CONNIE STEVENS. ■ Modesto epigono di *Gioventù bruciata*. Ma siccome il giovane protagonista è solo inquieto, gli va meglio che ad altri personaggi di film del genere. Fa il bulletto ribelle in giubbotto di cuoio, finché non incontra una bella ragazzina che lo convince a mettere la testa a posto. ■ DRAMMATICO; B/N; 91'; USA, 1957.

GIOVENTÙ NUDA *(Terrain vague)* ★★
Regia di MARCEL CARNÉ. Con JEAN-LOUIS BRAS, DOMINIQUE DIEUDONNÉ, DANIÈLE GAUBERT. ■ Un gruppo di teppisti di periferia, capeggiati da una ragazzina terribile, impiega la giornata a compiere piccoli furti. Al momento di organizzarne uno importante qualcuno si tira indietro. La morte di uno dei due componenti della banda porta allo scioglimento della stessa. ■ DRAMMATICO; B/N; 103'; FRANCIA, 1960.

GIOVENTÙ PERDUTA ★★
Regia di PIETRO GERMI. Con CARLA DEL POGGIO, MASSIMO GIROTTI, JACQUES SERNAS. ■ Reduce dalla guerra, Marcello si iscrive all'università e comincia a lavorare nella polizia. Si innamora di Luisa, il cui fratello si rivela ben presto un criminale. Pur riluttante, Marcello è costretto ad occuparsi personalmente di un omicidio commesso proprio dal futuro cognato. ■ DRAMMATICO; B/N; 86'; ITALIA, 1947.

GIOVENTÙ RIBELLE *(Teenage Rebel)* ★★★
Regia di EDMUND GOULDING. Con MICHAEL RENNIE, GINGER ROGERS. ■ Dorothy, figlia di genitori separati che si sono risposati, è cresciuta in collegio. Durante una visita alla madre dimostra ostilità nei confronti della donna e del marito, malgrado entrambi facciano il possibile per conquistarne l'affetto. Soltanto l'amicizia con Dick riesce a restituirle un po' di fiducia nella vita. ■ DRAMMATICO; B/N; 94'; USA, 1956. ■ OSCAR 2 NOM.

GIOVENTÙ SPAVALDA *(Bad Boy)* ★★
Regia di KURT NEUMANN. Con AUDIE MURPHY, LLOYD NOLAN. ■ Il direttore di una casa di correzione prende particolarmente a cuore il caso di un ragazzino ribelle che con il suo comportamento si è attirato l'antipatia di tutti. L'uomo scopre che il ragazzo è convinto d'aver provocato la morte della propria madre: riesce a dimostrargli che il suo senso di colpa è ingiustificato. ■ DRAMMATICO; B/N; 86'; USA, 1949.

GIOVENTÙ TRAVIATA *(Les inconnus dans la maison)* ★★★
Regia di HENRI DECOIN. Con JULIETTE FABER, MARCEL MOULOUDJI, RAIMU. ■ Un vecchio avvocato ormai distrutto dal vizio del bere scopre un cadavere nella soffitta di casa. Sua figlia, una ragazza sbandata legata ad un gruppo di giovani teppisti, gli confessa che il morto è un ricattatore che i suoi compagni avevano trovato ferito. Per questa ragione un amico della ragazza è accusato dell'omicidio. Il padre, ritrovato l'orgoglio dell'antica professione, assume la difesa del ragazzo. ■ DRAMMATICO; B/N; 90'; FRANCIA, 1942.

GIOVINEZZA *(Reifende Jugend)* ★★
Regia di CARL FROELICH. Con ALBERT LIEVEN, HERTHA THIELE, PETER VOSS. ■ Uno studente poco preparato scopre che il suo professore ha una relazione con un'allieva e tenta il ricatto per assicurarsi la promozione. Ma il professore racconta tutto al preside. ■ COMMEDIA; B/N; 95'; GERMANIA, 1933.

GIOVINEZZA ★★
Regia di GIORGIO PASTINA. Con FRANCO INTERLENGHI, DELIA SCALA. ■ Dimentico del sereno affetto di Anna, figlia di un sottufficiale della guardia di finanza, Mario si mette ad amoreggiare con una cantante di night. La relazione si rivela costosa e Mario si mette nei guai, dai quali lo toglie il padre, che si accusa del reato commesso dal figlio. L'amore del padre e di Anna servono a far ravvedere lo scapestrato ragazzo. ■ COMMEDIA; B/N; 91'; ITALIA, 1952.

GIOVINEZZA DI CHOPIN, LA *(Mtodosc Chopina)* ★★★
Regia di ALEXANDER FORD Con ALEKSANDRA SLASKA, CZESLAW WOLLEJKO. ■ Il giovane Federico Chopin dimostra ben presto intenti rivoluzionari, sia in campo musicale che in campo politico. Rifugiatosi a Parigi dopo che la Polonia è stata soggiogata dalla Russia zarista, il giovane e geniale compositore dedica gran parte del suo tempo ad organizzare il lavoro politico dei rifugiati. ■ BIOGRAFICO; B/N; 90'; POLONIA, 1952.

GIOVINEZZA DI UNA GRANDE IMPERATRICE, LA ★★
(Mädchenjahre einer Königin)
Regia di ERICH ENGEL. Con FRIEDRICH BENFER, JENNY JUGO. ■ La giovanissima regina Vittoria si dimostra ben presto un'ottima guida per l'Inghilterra, al di sopra dei vari intrighi di corte che ten-

dono ad influenzare le sue decisioni. Anche al momento di scegliersi un marito, l'indipendente sovrana farà di testa sua. ■ STORICO; B/N; 92'; GERMANIA, 1936.

GIOVINEZZA GIOVINEZZA ★★★
Regia di FRANCO ROSSI. Con ROBERTO LANDE, LEONARD MANZELLA, KATIA MOGUY, ALAIN NOURY. ■ È la storia di una presa di coscienza: Giulio è favorevole al fascismo, ma alcuni fatti gli causano le prime perplessità. Ben presto comprende quanto sbagliato e mal riposto fosse il suo entusiasmo giovanile. Tratto da un romanzo di Luigi Preti. ■ DRAMMATICO; B/N; 108'; ITALIA, 1969.

GIOVINEZZA PREPOTENTE *(The Fair Co-Ed)* ★★★
Regia di SAM WOOD. Con MARION DAVIES, THELMA HILL, LILLIAN LEIGHTON, JOHNNY MACK BROWN, JANE WINTON. ■ Commedia brillante e imperniata su Marion Davies che interpreta Marion, una frivola quanto attraente ragazza. Suo padre, contro la sua volontà, la iscrive al Bingham College. Qui Marion si lega a un giovane atleta, Bob (Brown), e diviene la principale attrazione della squadra femminile di basket allenata da Bob. Solo in conclusione del film Marion riesce a conquistare Bob e a guidare alla vittoria nel campionato la squadra del college. ■ COMMEDIA; COL.; USA, 1927. ■ OSCAR 1 PR, 1 NOM.

GIRANDO INTORNO AL CESPUGLIO DI MORE ★★★
(Here We Go round the Mulberry Bush)
Regia di CLIVE DONNER. Con BARRY EVANS, JUDY GEESON, ANGELA SCOULAR. ■ Educazione sentimentale di un giovane, Jamie, che affronta le prime esperienze con le donne. Il campionario preso in esame è quanto mai vario: c'è la biondina un po' ochetta, l'eterea e discreta Pauline, la pazza Caroline e la femminista Audrey. Nessuna va bene per Jamie, ma tutte sono servite per farlo maturare. ■ COMMEDIA; COL.; 96'; GRAN BRETAGNA, 1967.

GIRANDOLA *(Carefree)* ★★★
Regia di MARK SANDRICH. Con FRED ASTAIRE, RALPH BELLAMY, GINGER ROGERS. ■ Uno psicoanalista ha in cura la fidanzata di un amico, ma quando la ragazza si innamora di lui è preso da sensi di colpa ai quali tenta di rimediare ipnotizzando la paziente e convincendola a sposare il fidanzato. ■ MUSICALE; B/N; 80'; USA, 1938. ■ OSCAR 3 NOM.

GIRASOLI, I ★★★
Regia di VITTORIO DE SICA. Con SOPHIA LOREN, MARCELLO MASTROIANNI, GLAUCO ONORATO. ■ Antonio e Giovanna si amano, ma sono divisi dalla guerra. Lui, durante la ritirata di Russia, perde completamente la memoria e si lega ad una ragazza sovietica, dalla quale ha anche una figlia. Giovanna non si rassegna e corre a cercarlo ma, constatata la nuova realtà, torna in patria e si mette a vivere con un uomo dal quale ha un figlio. Nel frattempo è Antonio che torna in Italia per ritrovare Giovanna: i due si rendono conto d'essere sempre innamorati, ma sono presi dalla responsabilità nei confronti delle rispettive famiglie. ■ DRAMMATICO; COL.; 107'; ITALIA, 1969. ■ DAVID DI DONATELLO 1 PR, 1 NOM; OSCAR 1 NOM.

GIRASOLI, I ★★
Regia di GERGELY HORVÁTH. Con IVÁN DARVAS, PAOLA PITAGORA, CARLA ROMANELLI. ■ Storia di quattro personaggi in un mondo che sta morendo: Madame Masquerade, la giovane Eveline, il forte Pistoli e il debole Annes. Dal racconto, pieno di risonanze cechoviane, di Gyula Krudy. ■ DRAMMATICO; COL.; 90'; ITALIA, UNGHERIA, 1976.

GIRLFIGHT ★★★
Regia di KARYN KUSAMA. Con PAUL CALDERON, SANTIAGO DOUGLAS, MICHELLE RODRIGUEZ, JAMIE TIRELLI. ■ Diana Guzman è una diciottenne inquieta, vive in una casa popolare col padre violento ed il timido fratello, la madre è morta suicida. Diana non intende perseguire la stessa strada di fallimento e sconfitta. Trova la sua rivincita sulla vita diventando, attraverso allenamento e disciplina, una giovane promessa del pugilato, incontrando lungo questa difficile strada anche l'amore. Attento maschio. La storia di una donna pugile è firmata da una donna alla regia e alla sceneggiatura, e la produzione è ugualmente al femminile. La pellicola vincente del Sundance disegna il mondo della periferia povera di Brooklyn attraverso uno dei suoi volti: il ring. ■ DRAMMATICO; COL.; 100'; USA, 2000.

GIRLFRIENDS ★★★
Regia di CLAUDIA WEILL. Con BOB BALABAN, MELANIE MAYRON, ANITA SKINNER, ELI WALLACH. ■ Susan, appassionata fotografa dilettante, vorrebbe diventare una professionista dell'obiettivo, ma è sconvolta dalla decisione di sposarsi presa da Anne, la sua compagna di appartamento. La protagonista si trascinerà allora da un'avventura sentimentale all'altra, ma poi, grazie all'interessamento di due amici, si farà strada nella professione e ritroverà anche l'amicizia di Anne e la serenità interiore. ■ COMMEDIA; COL.; 88'; USA, 1978. ■ DAVID DI DONATELLO 1 PR, 1 NOM.

GIRLS, LES ★★★
Regia di GEORGE CUKOR. Con TAINA ELG, MITZI GAYNOR, GENE KELLY, KAY KENDALL. ■ Un processo per diffamazione riunisce, dopo molti anni, i componenti di un balletto: il capocomico e le tre star Angela, Sibilla, e Joy. Sibilla che nel frattempo è diventata moglie di un Lord inglese, ha scritto un libro di memorie che ha provocato l'ira di Angela. Oggetto della disputa è Barry, il capocomico, del quale tutte e tre erano innamorate. Ognuna dà la sua versione dei fatti a discredito delle altre finché Barry, chiamato a testimoniare, riporta a galla la verità. ■ COMMEDIA; COL.; 114'; USA, 1957. ■ OSCAR 1 PR, 3 NOM.

GIRLS FOR HIRE, THE ★
Regia di JERRY JAMESON. Con BESS ARMSTRONG, JOSÉ FERRER, CELESTE HOLM, GEORGE REYNOLDS. ■ Barbara, detective in gonnella brava e affascinante, ha accettato un lavoro tutt'altro che semplice: ritrovare, per conto del celebre scrittore Harrison Wooly, un prezioso e antico manoscritto. ■ POLIZIESCO; COL.; 100'; USA, 1984.

GIRL 6 – SESSO IN LINEA *(Girl 6)* ★★
Regia di SPIKE LEE. Con NAOMI CAMPBELL, SPIKE LEE, MADONNA, THERESA RANDLE, JOHN TURTURRO. ■ Una bella ragazza vuole fare l'attrice vera ma è troppo sexy e viene "pilotata" verso una sorta di 144. La cosa parte bene, poi tutto si complica. Una storiella discreta appesantita da troppi artifici alla Lee e dalla presenza, ormai obbligatoria, e stucchevole, del cameo di Tarantino. ■ COMMEDIA; COL.; 108'; USA, 1996.

GIRO DEL MONDO, IL *(Les cinq sous de Lavarède)* ★★
Regia di MAURICE CAMMAGE. Con JOSETTE DAY, FERNANDEL. ■ Versione comica e un po' modificata del celebre libro di Verne. Un ragazzo potrà intascare la favolosa eredità dello zio solo se compirà in un tempo stabilito il giro del mondo. Un notaio, al quale andrebbe il malloppo in caso di insuccesso, tenta di ostacolarlo, ma invano. ■ AVVENTURA; B/N; 125'; FRANCIA, 1938.

GIRO DEL MONDO DEGLI INNAMORATI DI PEYNET, IL ★★★
Regia di CESARE PERFETTO. ■ Il viaggio turistico di Valentino e Valentina, i famosi fidanzati di Peynet. ■ ANIMAZIONE; B/N; 90'; ITALIA, 1974.

GIRO DEL MONDO IN OTTANTA GIORNI, IL ★★★♉
(Around the World in 80 Days)
Regia di MICHAEL ANDERSON. Con CHARLES BOYER, CANTINFLAS, MARTINE CAROL, SHIRLEY MACLAINE, ROBERT NEWTON, DAVID NIVEN. ■ Vivace e abbastanza fedele realizzazione dell'opera di Verne. Un distinto gentleman inglese accetta, per scommessa, di compiere il giro del globo in soli ottanta giorni. Il viaggio è ricco di imprevisti, a cominciare dai mezzi di trasporto per continuare con gli ostacoli naturali. Un poliziotto, inoltre, insegue il protagonista credendolo un ladro e tenta di rallentargli il cammino. L'impresa, comunque, ha successo. ■ AVVENTURA; COL.; 167'; USA, 1956. ■ OSCAR ♉ 5 PR, 8 NOM.

GIRO DEL MONDO IN 80 GIORNI, IL ★★
(Around the World in 80 Days)
Regia di FRANK CORACI. Con KATHY BATES, JACKIE CHAN, JOHN CLEESE, STEVE COOGAN, CÉCILE DE FRANCE, SAMO HUNG. ■ La vicenda del gentleman inglese che per scommessa fa il giro del mondo in ottanta giorni è solo un pretesto per una serie di scene d'assurdo con un mix di fantasy figlia del solito cascame spielberghiano. Di tutto e di più. Per esempio un cameo divertente

con Shwarzenegger, realizzato prima dell'elezione a governatore. ■ Avventura; col.; 120′; USA, 2004.

GIRO DEL MONDO IN OTTANTA MINUTI, IL ★★
(Around the World in 80 Minutes)
Regia di Victor Fleming. Con Douglas Fairbanks, Sessue Hayakawa. ■ Un viaggio intorno al mondo compiuto con la guida di Douglas Fairbanks (praticamente è un serie di filmati girati da Fairbanks in Africa e Asia, che poi furono assemblati in qualche modo da Fleming). ■ Documentario; b/n; 81′; USA, 1931.

GIRO DI LUNE TRA TERRA E MARE ★★
Regia di Giuseppe M. Gaudino. Con Aldo Bufi Landi, Olimpia Carlisi. ■ Il teatro della vicenda è Pozzuoli, luogo di grande antichità e misteri. Una famiglia cerca di sopravvivere come può cambiando continuamente casa, in una zona devastata da terremoti, non solo naturali. Una ricerca originale condizionata dal basso budget. ■ Drammatico; col.; 115′; Italia, 1997. ■ Venezia 1 pr.

GIROLIMONI IL MOSTRO DI ROMA ★★★
Regia di Damiano Damiani. Con Orso Maria Guerrini, Guido Leontini, Nino Manfredi, Anna Maria Pescatori. ■ Il film rievoca un fatto di cronaca verificatosi agli albori del fascismo: uno sconosciuto assassino si aggira per Roma uccidendo brutalmente una bimba dopo l'altra. L'opinione pubblica è sconvolta e Mussolini stesso interviene a sollecitare l'arrestro del mostro. La polizia sospetta di un certo Girolimoni che viene messo in galera. ■ Drammatico; col.; 125′; Italia, 1972.

GIROTONDO DELL'AMORE, IL *(Reigen)* ★★
Regia di Otto Schenk. Con Helmut Berger, Sydne Rome, Maria Schneider. ■ Vienna agli inizi del Novecento: come in un carosello i partecipanti ad una festa da ballo incontrano i rispettivi amanti i quali, a loro volta, si concedono altri svaghi con persone diverse. Il girotondo riprende con nuovi protagonisti. ■ Commedia; col.; 92′; Germania, 1973.

GIROTONDO DI TRUFFE ★★
(The Great Georgia Bank Hoax)
Regia di Joseph Jacoby. Con Richard Basehart, Ned Beatty, Burgess Meredith. ■ Il girotondo avviene in una banca di una piccola città del sud degli Usa. Un impiegato s'impossessa di centomila dollari solo per dimostrare a se stesso che la cosa è possibile e priva di rischio. Ma il direttore dell'istituto ne ruba duecentomila e la sua manovra rivela anche il primo furto. L'impiegato decide di restituire la somma. Ma il furto è già stato coperto dall'assicurazione. Insomma, chi è stato danneggiato e chi deve pagare? Il caso investe tutto il paese, e anche il parroco si caccia nei guai nel tentativo di mettere le cose a posto. ■ Commedia; col.; 91′; USA, 1977.

GIROTONDO GIRO INTORNO AL MONDO ★★
Regia di Davide Manuli. Con Sarah Boberg, Simona Caramelli, Luciano Curreli, Alex Fetiveau, Davide Manuli. ■ Angelo è un orfano che è cresciuto con una donna nomade. Reagisce al dolore per la morte del più caro amico per overdose grazie all'incontro con Serena. Costei sopravvive facendo la prostituta ma non ha perso la speranza. Un'opera prima a cui non manca l'intuito visionario. ■ Drammatico; col.; 87′; Italia, 1999.

GIROVAGHI, I ★★
Regia di Hugo Fregonese. Con Carla Del Poggio, Abbe Lane, Peter Ustinov. ■ Un orfano appassionato di spettacoli di burattini viene adottato dalla moglie di un puparo. Questi non esita ad accogliere nella compagnia una ballerina che diventa anche la sua amante. Abbandonato dall'ambiziosa fanciulla compie un gesto sconsiderato che lo fa finire in galera: qui comprenderà i suoi errori e deciderà di cambiare vita. ■ Drammatico; col.; 95′; Italia, 1956.

GITA DI PIACERE, UNA *(Une partie de plaisir)* ★
Regia di Claude Chabrol. Con Danièle Gégauff, Paul Gégauff, Michele Valette. ■ Scritto dall'attore protagonista, si tratta di una storia autobiografica. Un marito per rinforzare il proprio rapporto con la moglie le consiglia di tradirlo. ■ Drammatico; col.; 100′; Francia, Italia, 1975.

GITA DOMENICALE, UNA *(Sunday Drive)* ★★
Regia di Mark Cullingham. Con Carrie Fisher, Tony Randall. ■ Come può succedere che da uno scambio d'auto nasca tutta una serie di problemi. Due vecchietti scambiano vettura e invece dei due nipotini trovano un enorme San Bernardo. Un film prodotto dalla Walt Disney che non manca di divertire i più piccoli. ■ Commedia; col.; 95′; USA, 1986.

GITANA, LA *(La gitanilla)* ★★
Regia di Fernando Delgado. Con Estrellita Castro, Juan De Orduña. ■ Un nobile rinuncia al blasone per sposare la zingara di cui si è innamorato. Il matrimonio però va a monte perché un rivale geloso lo fa accusare, innocente, di furto. Duelli e disavventure per lavare l'onta e finale decisamente rosa: la zingara non è che la figlia del governatore rapita ancora in fasce. ■ Avventura; b/n; 92′; Spagna, 1940.

GITA PERICOLOSA, UNA *(White Water Summer)* ★★
Regia di Jeff Bleckner. Con Matt Adler, Sean Astin, Kevin Bacon. ■ Su consiglio dei genitori, Alan si unisce ai partecipanti di un'avventurosa sfida nella pressoché incontaminata Sierra. Qui giunto, deve vedersela col ferreo istruttore del gruppo, ben deciso a farlo "crescere". ■ Avventura; col.; 86′; USA, 1987.

GITA SCOLASTICA, UNA ★★★
Regia di Pupi Avati. Con Cesare Barbetti, Carlo Delle Piane, Tiziana Pini, Lidia Broccolino. ■ Un'anziana signora bolognese ultraottantenne ricorda una gita scolastica cui partecipò diciottenne assieme ai compagni di liceo. Una gioiosa e ogni tanto malinconica camminata da Bologna a Firenze, con la nascita dell'amore tra il timido e maturo professore e la giovane, bellissima insegnante di disegno. ■ Commedia; col.; 87′; Italia, 1983. ■ Venezia 1 pr.

GIÙ AL NORD *(Bienvenue chez les Ch'tis)* ★★
Regia di Dany Boon. Con Dany Boon, Philippe Duquesne, Zoé Félix, Kad Mérad, Line Renaud. ■ Philippe è direttore di un ufficio postale in Provenza. Obbligato al trasferimento tenta di farsi mandare in Costa Azzurra e, per ottenere l'assegnazione, inscena un trucco che viene scoperto. A questo punto potrebbe temere il licenziamento. Invece gli accade... di peggio. Viene destinato all'ufficio postale di Bergues nel Nord-Pas de Calais. La moglie, caduta in depressione alla notizia, non lo segue. Giunto a destinazione tutto sembra così come era stato narrato. I locali parlano un dialetto pressoché incomprensibile, il cibo non è allettante e l'appartamento dove dovrebbe andare a vivere è privo di mobilio. Ma ben presto le cose cambiano. Philippe, grazie all'umanità del postino Antoine e dei colleghi dell'ufficio scoprirà che si può vivere (e vivere bene) anche al Nord ma come farlo capire a sua moglie? ■ Commedia; col.; 106′; Francia, 2007.

GIUBBE NERE E CALZE ROSA *(Jazzboat)* ★★
Regia di Ken Hughes. Con Anne Aubrey, Anthony Newley, Bernie Winters. ■ Un ragazzo accetta di compiere un furto insieme ad alcuni ladruncoli. Subito dopo il colpo, però, decide di restituire il maltolto. La refurtiva passa così in varie mani finché la polizia scopre i complici del protagonista e li arresta. ■ Poliziesco; b/n; 96′; Gran Bretagna, 1959.

GIUBBE ROSSE *(North-West Mounted Police)* ★★★★
Regia di Cecil B. DeMille. Con Madeleine Carroll, Gary Cooper, Preston Foster, Paulette Goddard. ■ Le truppe inglesi di stanza nel Canada devono affrontare la ribellione di indiani e meticci. Questi ultimi sono sobillati da un evaso; lo sceriffo che gli dà la caccia si allea alle Giubbe Rosse. Dopo scontri e imboscate le sorti della battaglia volgono a favore dei militari; l'evaso è arrestato e una storia d'amore si conclude lietamente. È un classico del "genere", anche se i toni sono più complessi. Memorabile la fotografia contrastata alla DeMille, valorizzata dal rosso sfavillante delle divise canadesi. ■ Western; col.; 125′; USA, 1940. ■ Oscar 1 pr, 5 nom.

GIUBBE ROSSE ★★
Regia di Joe D'Amato. Con Wendy D'Olive, Guido Mannari, Lionel Stander, Fabio Testi. ■ Un giocatore di poker fallito si mette a capo di una banda; poi dopo un colpo fortunato, torna dalla moglie per costringerla a fuggire con lui. Lei invece gli preferi-

sce un sergente delle Giubbe Rosse. I due rivali si danno la caccia fino al duello conclusivo. ■ AVVENTURA; COL.; 100'; ITALIA, 1975.

GIUBBE ROSSE DEL SASKATCHEWAN, LE ★★★
(Saskatchewan)
Regia di RAOUL WALSH. Con ROBERT DOUGLAS, ALAN LADD, SHELLEY WINTERS. ■ Nuovamente di scena, anche se indirettamente, l'eccidio durante il quale persero la vita Custer e gli uomini del 7° Cavalleggeri. Il film narra infatti le gesta dei Sioux che, inorgogliti dalla grande vittoria, sconfinano in Canada e cercano di far ribellare le altre tribù indiane. ■ WESTERN; COL.; 87'; USA, 1954.

GIUDA, IL *(El Judas)* ★★
Regia di IGNACIO F. IQUINO. Con MANUEL GAS, ANTONIO VILAR. ■ Gli operai di una fabbrica fungono da attori nell'annuale rappresentazione della Passione di Gesù. Tutti vorrebbero interpretare il ruolo del Salvatore, compreso un uomo ricco e disonesto che simula un furto ad opera del prescelto per sostituirsi a lui. Le parole del Vangelo che pronuncia lo redimono. ■ DRAMMATICO; B/N; 90'; SPAGNA, 1952.

GIUDICATEMI – DRAMMA AL LUNA PARK ★★
Regia di GIORGIO CRISTALLINI. Con ROLDANO LUPI, CLELIA MATANIA, PINA RENZI, LUISA ROSSI. ■ Un ragazzo, che non sopporta la vista del sangue, viene forzato ad uccidere durante un'azione militare. Da quel momento ogni volta che vede un'arma sente il bisogno di usarla. Una notte, da civile, ammazza uno sconosciuto. ■ DRAMMATICO; B/N; 91'; ITALIA, 1949.

GIUDICE, IL *(Judge Priest)* ★★★
Regia di JOHN FORD. Con TOM BROWN, ANITA LOUISE, WILL ROGERS, HENRY WALTHALL. ■ In un piccolo paese sudamericano, un avvocato disonesto mira ad ottenere la carica di giudice affidata da parecchi anni ad un uomo retto e benvoluto da tutti. Costui dovrà difendersi dalle accuse del rivale e, completamente scagionato, potrà riprendere la sua attività. ■ DRAMMATICO; B/N; 80'; USA, 1934.

GIUDICE, IL *(Le juge)* ★★
Regia di PHILIPPE LEFEBVRE. Con RICHARD BOHRINGER, ANDRÉAS FERRÉOL, JACQUES PERRIN. ■ Giudice idealista e commissario finto cinico vogliono mettere il sale sulla coda a un boss della mala. La lotta è dura e senza esclusione di colpi. Finiranno per rimetterci la pelle. Tutti e due. ■ GIALLO; COL.; 95'; FRANCIA, 1984.

GIUDICE D'ASSALTO, IL ★★★
(Le juge Fayard, dit "le Sheriff")
Regia di YVES BOISSET. Con MICHEL AUCLAIR, JEAN BOUISE, AURORE CLÉMENT, PATRICK DEWAERE, PHILIPPE LÉOTARD. ■ Il giudice Fayard è un uomo duro e incorruttibile e lo dimostra arrestando l'industriale Camus a causa dei troppi incidenti sul lavoro che si verificano tra i suoi operai. Trasferito ad altri incarichi, Fayard indaga a fondo anche negli ambienti politici. Lo minacciano, ma lui continua le sue indagini d'assalto. Lo faranno fuori, ma un magistrato suo collega proseguirà nella lotta contro la corruzione. Tutta la pellicola contiene riferimenti a fatti di cronaca realmente accaduti in Francia negli anni Sessanta. ■ POLIZIESCO; COL.; 112'; FRANCIA, 1976.

GIUDICE E L'ASSASSINO, IL *(Le juge et l'assassin)* ★★★
Regia di BERTRAND TAVERNIER. Con JEAN-CLAUDE BRIALY, MICHEL GALABRU, ISABELLE HUPPERT, PHILIPPE NOIRET. ■ 1893. Un ex sergente, respinto dalla ragazza di cui si è invaghito, le spara e si spara, ma entrambi non restano uccisi. Lo internano in manicomio. Quando esce comincia a vagare per la Francia alternando crisi mistiche ad orribili delitti contro fanciulle e ragazzini. Finalmente un giudice di provincia riesce a catturarlo. ■ DRAMMATICO; COL.; 125'; FRANCIA, 1975.

GIUDICE HARDY E FIGLIO *(Judge Hardy and Son)* ★★
Regia di GEORGE BRACKETT SEITZ. Con CECILIA PARKER, MICKEY ROONEY, LEWIS STONE. ■ Andy Hardy stavolta è proprio nei pasticci. Oltre alle disavventure consuete del vivace adolescente (litigi con la ragazza, qualche debituccio) a preoccuparlo arriva la salute della madre. La signora Hardy ha una polmonite e rischia di morire. Ma poi tutto si risolve per il meglio. ■ COMMEDIA; B/N; 87'; USA, 1939.

GIUDICE RAGAZZINO, IL ★★★
Regia di ALESSANDRO DI ROBILANT. Con RENATO CARPENTIERI, SABRINA FERILLI, GIULIO SCARPATI. ■ Il giudice Livatino è stato una delle numerose vittime della mafia siciliana. Il film ne disegna il ruolo nella lotta al crimine organizzato, prendendo spunto dalla frase pronunciata dall'allora presidente della Repubblica italiana Francesco Cossiga in relazione alla giovane età dei magistrati messi a far da barriera a un fenomeno sempre più esteso e, apparentemente, inarginabile. Livatino viene letto dal regista e da Scarpati come un uomo che ha rinunciato alla propria vita privata in favore della professione. ■ DRAMMATICO; COL.; 110'; ITALIA, 1993. ■ DAVID DI DONATELLO 1 PR, 1 NOM.

GIUDICE TIMBERLANE, IL *(Cass Timberlane)* ★★★
Regia di GEORGE SIDNEY. Con ZACHARY SCOTT, SPENCER TRACY, LANA TURNER. ■ Un anziano giudice di provincia si trasferisce a Washington per volere della giovane moglie. Qui è chiamato a sostenere un processo contro alcuni conoscenti e, nonostante debba lottare coi suoi sentimenti, è l'onestà professionale che lo guida e gli fa pronunciare un verdetto di condanna. La moglie, dopo un periodo di sbandamento amoroso, riprende posto accanto a lui. ■ COMMEDIA; B/N; 119'; USA, 1947.

GIUDICI, I *(Excellent cadavers)* ★★
Regia di RICKY TOGNAZZI. Con F. MURRAY ABRAHAM, ARNOLDO FOÀ, ANNA GALIENA, IVO GARRANI, ANDY LUOTTO, CHAZZ PALMINTERI, LINA SASTRI, GIANMARCO TOGNAZZI. ■ Prodotto dall'americana HBO e diretto da Ricky Tognazzi, il film ripercorre la vita privata e professionale del giudice Giovanni Falcone, dal suo arrivo a Palermo nei primi anni Ottanta fino al maggio 1992, quando venne ucciso in un attentato insieme alla sua adorata moglie Francesca Morvillo, presentatagli, durante una cena, da Paolo Borsellino. In questa ricostruzione cinematografica della vita del famoso magistrato antimafia, una nota di merito spetta ad Andy Luotto, perfetto nei panni del giudice Borsellino. ■ DRAMMATICO; COL.; 106'; ITALIA, USA, 1999.

GIUDITTA DI BETULIA *(Judith of Bethulia)* ★★★
Regia di DAVID WARK GRIFFITH. Con DOROTHY GISH, ROBERT HARRON, BLANCHE SWEET, HENRY WALTHALL. ■ L'assedio di Betulia perpetrato dagli assiri è l'evento storico che fa da sfondo a questo film. Giuditta deve uccidere il comandante degli assiri Oloferne. Ci riesce, decapitandolo e portando la sua testa di fronte al giudizio degli anziani. Ma l'avere ucciso un uomo non le dà pace, nonostante il trionfo. Il più lungo film di quegli anni, poi superato abbondantemente. Griffith getta le basi per *Intolerance*. ■ STORICO; COL.; 60'; USA, 1913.

GIUDITTA E OLOFERNE ★★
Regia di FERNANDO CERCHIO. Con ISABELLE COREY, MASSIMO GIROTTI. ■ L'argomento è biblico: Oloferne, un comandante babilonese, si impossessa della città di Betulia. Giuditta, una giovane animata da sentimenti patriottici, decide di offrire i suoi favori al tiranno col segreto scopo di liberare i cittadini che si sono ribellati. Invece si innamora dell'uomo, ma lo ucciderà. ■ STORICO; COL.; 93'; ITALIA, 1958.

GIUDIZIO AL BUIO *(Blind Judgement)* ★★
Regia di GEORGE KACZENDER. Con PETER COYOTE, JEAN SMART, LESLEY-ANN WARREN. ■ Ecco quello che può accadere se si aiuta il prossimo. Un avvocato riesce a vincere una causa per omicidio scagionando la propria cliente. La donna in seguito gli si attacca morbosamente e lui comincia a sospettare che sotto ci sia qualcosa di po chiaro e inquietante. ■ THRILLER; COL.; 89'; USA, 1991.

GIUDIZIO DI SALOMONE, IL *(Salomon and Batsheba)* ★★
Regia di JAMES L. CONWAY. Con TOM HALLICK, CAROL LAWRENCE, JOHN SAXON. ■ La storia di re Salomone, grande e saggio sovrano finché non incontra la tentatrice regina di Saba. Il fratello Adonia, che gli ha sempre conteso il trono, intravede l'occasione per detronizzarlo. Ma sarà sconfitto in battaglia da Salomone. ■ STORICO; COL.; 92'; USA, 1978.

GIUDIZIO UNIVERSALE, IL ★★★
Regia di VITTORIO DE SICA. Con FERNANDEL, VITTORIO GASSMAN, MELINA MERCOURI, RENATO RASCEL, ALBERTO SORDI,

PAOLO STOPPA. ■ Una roboante voce misteriosa annuncia a Napoli l'imminente giudizio universale. Ciascuno reagisce nella maniera più impensata dimostrando di volersi pentire dei propri peccati. ■ COMMEDIA; B/N; 95'; ITALIA, 1961.

GIUGNO '44 – SBARCHEREMO IN NORMANDIA ★★
Regia di LEON KLIMOVSKY. Con LEE BURTON, MICHAEL RENNIE, BOB SULLIVAN. ■ Mancano pochi giorni allo sbarco in Normandia: gli alleati scoprono l'esistenza di una radio tedesca che intercetta tutti i messaggi e inviano alcuni uomini a distruggerla. Il tradimento di un compagno complica la missione e provoca molte vittime, ma il piano avrà comunque esito positivo. ■ GUERRA; COL.; 90'; ITALIA, 1968.

GIÙ IL SIPARIO ★★
Regia di RAFFAELLO MATARAZZO. Con ANDREA CHECCHI, LILIA SILVI, SERGIO TOFANO. ■ Il nipote di un uomo ricco possiede notevoli ambizioni e qualità artistiche. Lo zio cerca di ostacolarlo pagando alcuni attori ambulanti affinché trasformino in un fiasco il suo primo lavoro; in seguito si pente e pone rimedio al malfatto. La vicenda si chiude col matrimonio tra il ragazzo e la figlia del capocomico. ■ COMMEDIA; B/N; 90'; ITALIA, 1940.

GIÙ IL SIPARIO! *(Abajo el telón – Arriba el telón)* ★★
Regia di MIGUEL M. DELGADO. Con CANTINFLAS, CHRISTIANE MARTELL. ■ Un lavavetri è accusato del furto di una collana ai danni di una ballerina. Il ladro, invece, è il suo impresario, oppresso dai debiti di gioco. Il lavavetri si offre di scoprire il colpevole e ci riesce dopo essere sfuggito ai sicari del furfante. ■ COMMEDIA; B/N; 95'; SPAGNA, 1954.

♥ GIÙ LA TESTA ★★★★
Regia di SERGIO LEONE. Con RIK BATTAGLIA, JAMES COBURN, MARIA MONTI, ROD STEIGER, ROMOLO VALLI. ■ Un bandito messicano si unisce casualmente alle truppe di Villa e Zapata. Il comandante dell'esercito governativo, per rappresaglia, fa assassinare i suoi figli. L'uomo decide di vendicarsi, ma viene fatto prigioniero e liberato grazie all'intervento di un altro bandito. È questi, prima di morire, che lo converte alla causa della rivoluzione. ■ WESTERN; COL.; 150'; ITALIA, 1971. ■ DAVID DI DONATELLO 1 PR, 1 NOM.

GIÙ LA TESTA HOMBRE! ★★
Regia di DEMOFILO FIDANI. Con DENNIS COLT, PHILIP GARNER, GORDON MITCHELL, HUNT POWERS. ■ Un militare si fa credere un bandito e riesce ad avvicinare due pericolosi fuorilegge. Quando costoro per motivi d'interesse stabiliscono di dividersi, egli riesce abilmente a metterli l'uno contro l'altro. Le due bande si eliminano a vicenda. ■ WESTERN; COL.; 92'; ITALIA, 1971.

GIÙ LE MANI CAROGNA – DJANGO STORY ★
Regia di LUCKY DICKERSON (pseud. di DEMOFILO FIDANI). Con GORDON MITCHELL, HUNT POWERS, DEAN STRATTFORD. ■ Un cacciatore di taglie racconta gli episodi più salienti della sua carriera, poi parte alla ricerca di un temutissimo fuorilegge. Sfuggito alle imboscate di costui, elimina lui e il resto della banda. ■ WESTERN; COL.; 90'; ITALIA, 1971.

GIÙ LE MANI DALLA STREGA *(Black Magic)* ★★
Regia di DANIEL TAPLITZ. Con JUDGE REINHOLD, RACHEL WARD. ■ Il protagonista è ossessionato dal fantasma di un cugino che forse è morto o forse no. Va ad Istanbul (nel South Carolina) per cercare una soluzione e trova l'amore. ■ COMMEDIA; COL.; 89'; USA, 1991.

GIÙ LE MANI DAL MIO PERISCOPIO ★
(Down Periscope)
Regia di DAVID S. WARD. Con KELSEY GRAMMER, LAUREN HOLLY, ROB SCHNEIDER. ■ Situazioni grottesche a bordo di un sottomarino durante la guerra. Quasi un remake di *Operazione sottoveste*. Film da programmazione estiva. ■ COMMEDIA; COL.; 92'; USA, 1996.

GIÙ LE MANI DA MIA FIGLIA *(She Is out of Control)* ★★
Regia di STAN DRAGOTI. Con TONY DANZA, AMI DOLENZ, CATHERINE HICKS, WALLACE SHAWN. ■ Cosa accade se un padre, disperatamente geloso della sua unica figlia quindicenne, decide di dedicare tutta la sua esistenza alla protezione della adolescente da "mani nemiche"? In realtà accade ben poco di interessante e di divertente: Tony Danza ne combina di tutti i colori per allontanare i giovani dalla avvenente figlia, ma non riesce a farci ridere. Una scena sola spicca tra le altre per spirito sottile ed efficacia, quella a tavola tra il protagonista e un anziano conservatore, il resto è da prendere per quello che è. ■ COMMEDIA; COL.; 97'; USA, 1989.

GIÙ SULLA TERRA – BELLEZZE IN CIELO ★★
(Down to Heart)
Regia di ALEXANDER HALL. Con RITA HAYWORTH, LARRY PARKS, MARC PLATT. ■ La musa Tersicore scende sulla Terra per vendicarsi di un regista che ha dato il suo nome a una ballerinetta senza talento. Tersicore si fa assumere al posto dell'altra, ma il suo modo di ballare non piace al pubblico e il successo non arriva. La musa vorrebbe tornare in cielo ma ormai è innamorata del regista. ■ MUSICALE; COL.; 101'; USA, 1947.

GIULIA *(Julia)* ★★★★
Regia di FRED ZINNEMANN. Con JANE FONDA, HAL HOLBROOK, VANESSA REDGRAVE, JASON ROBARDS, MAXIMILIAN SCHELL. ■ Vienna, 1934. Due amiche d'infanzia, la borghese Lillian e la ricca e aristocratica ebrea Giulia, sono state separate dalla vita: la prima si è unita ad un noto scrittore ed insegue a sua volta il successo letterario, la seconda, divenuta socialista, è andata a studiare all'estero. Lillian rientra a Vienna quando viene a sapere che Giulia è in ospedale, sfigurata da un gruppo di nazisti. Poi le due donne si perdono di vista per altri tre anni. Quando Lillian si reca a Mosca, Giulia le chiede di portarle clandestinamente a Berlino 50.000 dollari per l'espatrio illegale di alcuni ebrei. Lillian accetta e nella capitale tedesca rivede per l'ultima volta l'amica. Giulia verrà infatti ammazzata dagli hitleriani e Lillian si metterà alla ricerca della figlioletta dell'amica, come promesso. Ma le sue ricerche saranno infruttuose. Sola e anziana, Lillian troverà conforto nel ricordo di Giulia e del proprio compagno. Il soggetto è tratto dal racconto autobiografico di Lillian Hellman. ■ DRAMMATICO; COL.; 118'; USA, 1977. ■ DAVID DI DONATELLO 2 PR, 2 NOM; GOLDEN GLOBES 2 PR, 6 NOM; OSCAR 3 PR, 10 NOM.

GIULIA E GIULIA ★★★
Regia di PETER DEL MONTE. Con GABRIEL BYRNE, STING, KATHLEEN TURNER. ■ In un incidente durante il viaggio di nozze, Giulia perde l'uomo appena sposato. Solo sei anni dopo ha il coraggio di tornare a Trieste, in quella che doveva essere la loro casa, e subisce una sorta di sdoppiamento, vivendo due vite: quella reale e quella che avrebbe potuto essere. Che s'intersecano, sino a portarla alla follia e ad una clinica per malattie mentali. ■ DRAMMATICO; COL.; 97'; ITALIA, 1987.

GIULIA E IL MOSTRO *(Panna anetvor)* ★★
Regia di JURAJ HERZ. Con VLASTIMIL HARAPES, ZDEMA STUDANKOVA, VACLAV VISKA. ■ È la versione cinematografica della fiaba *La bella e la bestia*, nella quale la più giovane delle tre figlie di un mercante caduto in rovina si sacrifica, per la sua enorme bontà. Va dal mostro del castello, il quale si rivelerà un bellissimo principe. Il film è stato premiato al IX Festival del film fantastico di Parigi 1979. ■ FIABESCO; COL.; 92'; CECOSLOVACCHIA, 1979.

GIULIA HA DUE AMANTI *(Julia has Two Lovers)* ★★
Regia di BASHAR SHBIB. Con DAVID CHARLES, DAVID DUCHOVNY, DAPHNA KASTNER. ■ Solitudine al telefono. Questo prodotto canadese narra la vicenda di Julia, sfortunata in amore. Spera ora di poter condividere con Daniel qualcosa di diverso e con lui passa ore al telefono. Ognuno dei due si confessa, parla del proprio passato. Ma anche stavolta non andrà tutto per il verso giusto. Una specie di *Sesso, bugie e videotape*, ma molto meno riuscito. L'attrice protagonista è anche proprietaria della casa californiana dove è stato girato il film. ■ COMMEDIA; COL.; 90'; USA, 1991.

GIULIA IN OTTOBRE ★★
Regia di SILVIO SOLDINI. Con GIUSEPPE CEDERNA, CARLA CHIARELLI, MONI OVADIA. ■ È un mediometraggio girato da Soldini prima di *L'aria serena dell'ovest* e vincitore del Gabbiano d'Oro a Bellaria. Una commessa è in crisi esistenziale dopo la rottura col suo uomo. Chiede allora alcuni giorni di riposo per cercare di ritrovare se stessa. ■ COMMEDIA; COL.; 60'; ITALIA, 1985.

GIULIANO DE' MEDICI ★★
Regia di Ladislao Vajda. Con Juan De Landa, Conchita Montenegro. ■ Il film narra la rivalità tra la famiglia de' Pazzi, che verrà sterminata dal popolo, e quella dei Medici. Lorenzo alleva il nipote, futuro papa Clemente VII. ■ Storico; b/n; 91'; Italia, 1940.

GIULIA NON ESCE LA SERA ★★
Regia di Giuseppe Piccioni. Con Sonia Bergamasco, Domiziana Cardinali, Jacopo Domenicucci, Valeria Golino, Valerio Mastandrea. ■ Giulia è un'istruttrice di nuoto in libertà vigilata e compromessa col mondo, Guido uno scrittore con una debole vocazione che cerca un coinvolgimento col mondo. Si incontreranno ai bordi di una piscina: lui vuole imparare a nuotare, lei non vuole affondare. Giulia ha una figlia adolescente che rifiuta il suo affetto e non le perdona di averla abbandonata, Guido una ragazzina introversa che si accompagna a Filippo, un coetaneo compassato che legge Kafka e ascolta Richard Anthony. Guido proverà a dare senso e intenzione ai personaggi di un romanzo soltanto abbozzato e alle persone che abitano la sua vita mai spesa. ■ Drammatico; col.; 105'; Italia, 2008.

GIULIA, TU SEI MERAVIGLIOSA! ★★
(Julia, Du bist zauberhaft)
Regia di Alfred Weidenmann. Con Charles Boyer, Lilli Palmer, Jean Sorel, Jeanne Valérie. ■ È la storia di una donna che, confondendo la realtà con la scena, si illude di essere sentimentalmente ricambiata da un giovane arrampicatore sociale. Quando apre gli occhi, l'attrice umilia la sua protetta e rivale, poi respinge il giovanotto e ritorna dal marito. ■ Commedia; b/n; 90'; Austria, 1962.

GIULIETTA DEGLI SPIRITI ★★★
Regia di Federico Fellini. Con Valentina Cortese, Sylva Koscina, Giulietta Masina, Sandra Milo, Mario Pisu. ■ Una donna si rende conto che il suo matrimonio sta andando a rotoli. Cerca conforto interrogando gli spiriti, ma inutilmente; inoltre, facendo sorvegliare il coniuge, ha le prove concrete dei suoi tradimenti. Invece di rinfacciarglieli preferisce lasciarlo andare sperando ancora, nonostante tutto, in un futuro migliore. ■ Drammatico; col.; 129'; Italia, 1965. ■ David di Donatello 1 pr, 1 nom; Oscar 2 nom.

GIULIETTA E ROMANOFF *(Romanoff and Juliet)* ★★
Regia di Peter Ustinov. Con Sandra Dee, John Gavin, Akim Tamiroff, Peter Ustinov. ■ Soggetto, sceneggiatura e regia di Peter Ustinov per una garbata e divertente satira su *Giulietta e Romeo*. Siamo alle Nazioni Unite: il presidente di un piccolo Stato si astiene dal votare una proposta che ha raccolto un ugual numero di voti positivi e negativi. Ciascuno dei due blocchi rivali cerca di accaparrarsi il suo favore, ma egli non tornerà sulla decisione. ■ Commedia; col.; 103'; USA, 1961.

GIULIETTA E ROMEO *(Romeo and Juliet)* ★★★★★
Regia di George Cukor. Con John Barrymore, Leslie Howard, Edna May, Bob Oliver, Basil Rathbone, Norma Shearer. ■ La storia dei celeberrimi innamorati di Verona. Fanno parte di due famiglie divise da rivalità e odio. Si innamorano ma non riescono a essere liberi. E letteralmente muoiono d'amore. Forse il loro sacrificio servirà a portare finalmente la pace. Una delle rappresentazioni classiche di maggior qualità spettacolare mai realizzate. Ma non solo spettacolare, anche artistica. Stranamente questo film non ha mai sedotto la critica. Forse era giudicato troppo fastoso. È senz'altro vero che il cinema entra con grande prepotenza nel teatro, ma è un preciso diritto del cinema. Il lavoro è squisitamente o disperatamente Metro-Goldwyn-Mayer, con tutte quelle caratteristiche: sfarzo di tutto, grande ricerca storica, budget cospicuo. Vennero assunti i massimi esperti di Shakespeare, di costumi e musica dell'epoca, in omaggio alla cultura inglese (un amore-odio che è precisa tendenza degli americani, che diventa solo amore quando si tratta di Hollywood). Il regista Cukor era noto per le sue attitudini allo stile, all'eleganza e alla cultura. Volle che Romeo fosse uno dei più grandi attori di teatro dell'epoca, Leslie Howard, che aveva quarantatré anni ed è forse il più vecchio Romeo della storia del teatro. Giulietta venne affidata a Norma Shearer, allora trentaquattrenne e dunque a sua volta inadeguata: era la moglie di Irwing Thalberg, boss della Metro. A Howard la produzione contrappose il più grande attore americano di ogni epoca, John Barrymore, che, bizzarro e alcolizzato, creò enormi problemi, ma che accende la sequenza ogni volta che appare. Nella parte di Mercuzio, Barrymore esegue un vero esercizio di virtuosismo, specie nel lungo monologo iniziale. Nell'ottica classica il film presta sicuramente il fianco a molte critiche per le visibili contaminazioni, ma se si accetta la collaborazione tra teatro e cinema, il risultato è straordinario. E finirei con un'altra menzione, che non viene mai fatta: i doppiatori. Spesso le nostre voci hanno migliorato il prodotto, in questo caso certamente non lo hanno peggiorato. Ricordiamo le tre principali: Ruffini (Barrymore), Panicali (Howard) e Pagnani (Shearer). ■ Drammatico; b/n; 126'; USA, 1936. ■ Oscar 4 nom.

GIULIETTA E ROMEO ★★★🏆
Regia di Renato Castellani. Con Laurence Harvey, Flora Robson, Susan Shentall. ■ Per la sua versione della tragedia Castellani ha voluto che i protagonisti fossero il più possibile aderenti agli originali: due adolescenti alle prese col primo amore. ■ Drammatico; col.; 140'; Italia, 1954. ■ Venezia 🏆 1 pr.

GIULIETTA E ROMEO ★★
Regia di Riccardo Freda. Con Rosemarie Dexter, Geronimo Meynier, Tony Soler. ■ Giulietta e Romeo si sposano di nascosto nonostante l'odio che divide le rispettive famiglie. Romeo viene esiliato in seguito ad una cruenta rissa e il suocero ne approfitta per promettere la fanciulla ad un pretendente. Ha inizio una serie di equivoci che sfocerà in tragedia. ■ Drammatico; col.; 95'; Italia, 1964.

GIULIETTA, ROMEO E LE TENEBRE ★★★
(Romeo, Julie a tma)
Regia di Jiri Weiss. Con Ivan Mistík, Jirina Sejbalová, Dana Smutná. ■ Una giovane ebrea si nasconde a casa di un giovane fotografo che finisce per innamorarsi di lei. Un giorno i tedeschi circondano il palazzo dove suppongono si sia rifugiato un partigiano: la ragazza esce per costituirsi e viene uccisa. ■ Drammatico; b/n; 94'; Cecoslovacchia, 1960.

♥ **GIULIO CESARE** *(Julius Caesar)* ★★★★
Regia di Joseph Leo Mankiewicz. Con Marlon Brando, Louis Calhern, Greer Garson, John Gielgud, Deborah Kerr, James Mason. ■ Dalla tragedia di William Shakespeare. Giulio Cesare, dittatore romano, viene ucciso in una congiura alle Idi di marzo. I suoi assassini tentano invano di sollevare il popolo che, convinto dal discorso di Marco Antonio, vuole la testa dei colpevoli. Questi fuggono e riescono a reclutare un esercito; a Filippi, tuttavia, sono sconfitti. Cassio e Bruto, i principali responsabili del colpo di Stato, si suicidano. Un grande film, reso ancora più pregevole dal notevole cast. La scena più bella del film resta l'elogio funebre pronunciato da Antonio (Marlon Brando). L'attore superò se stesso scatenando gli applausi sul set durante le prove. ■ Storico; b/n; 120'; USA, 1953. ■ Oscar 1 pr, 5 nom.

GIULIO CESARE CONTRO I PIRATI ★★
Regia di Sergio Grieco. Con Erno Crisa, Abbe Lane, Gordon Mitchell, Gustavo Rojo. ■ Cesare, per sfuggire al pericolo di una congiura, si rifugia in Bitinia. Il re del luogo tiene prigionieri la donna di un pirata che Cesare si offre di condurre in un luogo più sicuro. La nave che li trasporta, invece, viene catturata dai pirati. Cesare, con l'aiuto di alcuni amici, riesce a fuggire e a tornare a Roma. ■ Avventura; col.; 92'; Italia, 1962.

GIULIO CESARE, IL CONQUISTATORE DELLE GALLIE ★★
Regia di Tanio Boccia. Con Rik Battaglia, Cameron Mitchell, Dominique Williams. ■ Giulio Cesare deve affrontare da una parte le orde galliche ribellatesi al dominio di Roma e dall'altra l'ostilità di Cicerone, che nella capitale tenta di sollevare il popolo contro di lui. Risolve il secondo problema facendo sposare la figlia al fratello dell'oratore; quindi parte in gran segreto per la Gallia. ■ Avventura; col.; 90'; Italia, 1963.

GIULLARE DEL RE, IL *(The Court Jester)* ★★★
Regia di Norman Panama. Con Glynis Johns, Danny Kaye,

BASIL RATHBONE. ■ Inghilterra, XII secolo. Roderico si è impadronito del potere con la forza; il capo dei popolani a lui ribelli decide di sostituirsi al giullare per poter entrare a corte e agire liberamente. L'audace piano incontra parecchie difficoltà, tuttavia ha esito positivo e si conclude col trionfante ingresso al castello dei rivoltosi. ■ COMICO; COL.; 101'; USA, 1956.

GIUMENTA VERDE, LA *(La jument verte)* ★★★
Regia di CLAUDE AUTANT-LARA. Con FRANCIS BLANCHE, ANDRÉ BOURVIL, VALÉRIE LAGRANGE, SANDRA MILO. ■ Durante la guerra franco-prussiana del 1870 un giovane francese riesce a sfuggire ai nemici e a nascondersi. Anni dopo, per vendicare una offesa arrecata alla madre, seduce la figlia di una ex spia. L'antico rancore si spegne con un matrimonio tra i rampolli delle famiglie rivali. ■ COMMEDIA; COL.; 87'; FRANCIA, 1959.

GIUNGLA ★★
Regia di NUNZIO MALASOMMA. Con RUDOLF FERNAU, VIVI GIOI, ALBRECHT SCHOENHALS. ■ Un medico coinvolto in passato in un assassinio ha fatto carriera sotto falso nome e lavora in un'isola tropicale. Un giornalista lo riconosce e lo denuncia; il dottore, tuttavia, può dimostrare la propria innocenza. ■ DRAMMATICO; B/N; 91'; ITALIA, 1941.

GIUNGLA D'ACCIAIO *(The Steel Jungle)* ★★
Regia di WALTER DONIGER. Con WALTER ABEL, BEVERLY GARLAND, PERRY LOPEZ. ■ Un allibratore clandestino finisce in galera e conquista la stima del capo dell'organizzazione. Il direttore del carcere non riesce ad ottenere da lui alcuna informazione. Una denuncia ai suoi danni, che gli impedisce di evadere, lo spinge a vendicarsi; la situazione precipita ed egli, che nel frattempo è diventato padre, si propone di cambiar vita. ■ DRAMMATICO; B/N; 86'; USA, 1956.

GIUNGLA D'ASFALTO *(The Asphalt Jungle)* ★★★★★
Regia di JOHN HUSTON. Con LOUIS CALHERN, JEAN HAGEN, STERLING HAYDEN, SAM JAFFE, MARILYN MONROE. ■ Un gruppo di gangster, su commissione di un avvocato in cattive acque, compie una rapina in una gioielleria. Qualcosa non funziona. La banda, malgrado uno dei suoi componenti resti gravemente ferito, porta a termine il colpo. Ma uno degli organizzatori, messo sotto torchio dalla polizia, finisce col confessare. L'avvocato preferirà il suicidio all'infamante arresto. Ad uno ad uno gli uomini della banda vengono catturati o uccisi. Probabilmente il miglior film di gangster mai realizzato, cinematograficamente perfetto. Una visione livida e lucida di una comunità di emarginati, che ha un suo codice e che accetta la propria esistenza senza illusioni. Ogni personaggio ha una logica, anche il più marginale, nel disegno corale di una società che il regista mostra senza il fastidioso realismo poetico di stampo francese. Persino il personaggio del "professore", il cervello della banda, è disegnato con precisione e senza coloriture dal grande caratterista Sam Jaffe. La perfetta esecuzione tecnica è dovuta probabilmente, oltre che al talento di Huston, al fatto che a produrre il film fosse la M.G.M, garante di una professionalità spesso travisata e giudicata un limite, senza la quale si può essere geni quanto si vuole, ma si finisce irrimediabilmente nella sciateria. Quasi sempre. Un film d'autore resta sempre tale, purché non si abbia la pretesa che ogni essere vivente abbia l'obbligo morale di assistervi e compiacersene. *Giungla d'asfalto* è un raro esempio di impegno artistico e professionale in perfetto equilibrio di valori. Uno stuolo di caratteristi, quali solo il cinema americano è in grado di sfornare, compongono la galleria di vincitori e vinti. Un gioco delle parti non privo di romanticismo, quello autentico, che scaturisce dalla mancanza di ferocia; un elemento ben presente nella società odierna. Sterling Hayden, che in seguito confermerà di essere come attore un perdente di successo, nel ruolo di Dix Handley ha una ruvidezza che nulla aveva a che fare con lo *star system* di allora. Né gli è da meno l'elegante e fatalista Louis Calhern, nel ruolo dell'avvocato. E Marilyn Monroe è inconsapevolmente la perfetta incarnazione di tutti i personaggi che avrebbe interpretato in seguito. ■ DRAMMATICO; B/N; 112'; USA, 1950. ■ OSCAR 4 NOM; VENEZIA 1 PR.

GIUNGLA DEGLI IMPLACABILI, LA ★★
(The Colditz Story)
Regia di GUY HAMILTON. Con JOHN MILLS, ERIC PORTMAN. ■ A Colditz sono rinchiusi i prigionieri di guerra di varie nazionalità che hanno già tentato evasioni. Benché la fuga da quel luogo sia ritenuta da tutti impossibile, non mancano continui tentativi. ■ GUERRA; B/N; 97'; GRAN BRETAGNA, 1955.

GIUNGLA DEI VIOLENTI, LA *(La delatora)* ★★
Regia di KURT LAND. Con LESLIE BENDIX, JACK DAYTON, GEORGE TIVERS. ■ Un ladro d'auto deruba un'ex innamorata della vettura. Suo marito denuncia il furto e si comporta in maniera tale da destare la curiosità del bandito. Verrà a sapere dalla donna, alla quale si è riunito, che l'uomo esporta illegalmente della valuta. ■ POLIZIESCO; B/N; 93'; ARGENTINA, 1956.

GIUNGLA DEL DENARO, LA *(The Money Jungle)* ★★
Regia di FRANCIS D. LYON. Con LOLA ALBRIGHT, JOHN ERICSON, NEHEMIAH PERSOFF. ■ Un investigatore privato indaga sulle misteriose morti di quattro geologi stipendiati da una compagnia petrolifera. Il detective scopre che dietro gli attentati c'è l'ex moglie di uno dei dirigenti della compagnia, che vuole vendicarsi del marito e dell'ex amante (pure lui dirigente della società). ■ GIALLO; COL.; 91'; USA, 1968.

GIUNGLA DELLA DROGA, LA *(Gang tai gang)* ★★
Regia di TERUO ISHII. Con TETSURO TAMBA, KOJO TSURATA. ■ Un bandito esce di galera e viene ferito dagli ex compagni. Per vendicarsi si allea ad una banda rivale, con l'aiuto della quale mette fine al traffico di droga degli avversari. L'ex carcerato muore. ■ DRAMMATICO; B/N; 91'; GIAPPONE, 1962.

GIUNGLA DELLA 7ª STRADA, LA ★★★
(The Garment Jungle)
Regia di VINCENT SHERMAN. Con LEE J. COBB, KERWIN MATHEWS, GIA SCALA. ■ Un industriale contrario all'attività sindacale ha chiesto aiuto ad un gangster, dal quale non sa più come liberarsi. La morte di un sindacalista durante uno sciopero sconvolge l'uomo che minaccia il criminale di denuncia. La ribellione gli costa la vita. Suo figlio, che ha raccolto le prove dei delitti del gangster, lo fa arrestare. ■ DRAMMATICO; B/N; 88'; USA, 1957.

GIUNGLA DEL PECCATO, LA *(Le craneur)* ★★
Regia di DIMITRI KIRSANOFF. Con DORA DOLL, PAUL FRANKEUR, RAYMOND PELLEGRIN, MARINA VLADY. ■ L'amante di una ballerina è accusato del suo assassinio. Il padrone del locale in cui si è svolto il dramma finge di aiutarlo, ma in realtà cerca di metterlo in trappola, sia perché è lui l'omicida sia perché spera, togliendolo di mezzo, di conquistare la donna di cui entrambi sono innamorati. Purtroppo gli va nel peggior modo. ■ DRAMMATICO; B/N; 92'; FRANCIA, 1955.

GIUNGLA DEL QUADRATO, LA *(The Square Jungle)* ★★
Regia di JERRY HOPPER. Con ERNEST BORGNINE, PAT CROWLEY, TONY CURTIS. ■ Un ragazzo disputa un incontro di boxe perché ha bisogno di soldi, poi si persuade a continuare attivamente quello sport. Le sue qualità e la passione lo portano di trionfo in trionfo, fino al successo nel campionato mondiale. Quando un avversario gli strappa il titolo non sa rassegnarsi alla sconfitta. ■ DRAMMATICO; B/N; 86'; USA, 1957.

GIUNGLA DI BELLEZZE *(The Beauty Jungle)* ★★
Regia di VAL GUEST. Con IAN HENDRY, EDMUND PURDOM, JANETTE SCOTT. ■ Un giornalista, innamorato di una bella e modesta impiegata, riesce a farne una finalista di Miss Globo. La ragazza, divenuta incontentabile e ambiziosa, finirà tuttavia per rendersi conto della meschinità di quell'ambiente. ■ DRAMMATICO; COL.; 114'; GRAN BRETAGNA, 1964.

GIUNGLA DI CEMENTO, LA *(The Concrete Jungle)* ★★★
Regia di JOSEPH LOSEY. Con STANLEY BAKER, MARGIT SAAD, SAM WANAMAKER. ■ Un ex carcerato ha organizzato una rapina durante la detenzione e la porta a termine, con successo, insieme ad un gangster. Viene arrestato subito dopo aver nascosto il bottino in un luogo che solo lui conosce. Il complice lo fa rapire perché gli sveli il nascondiglio: l'uomo preferisce morire piuttosto che rivelarlo. ■ DRAMMATICO; B/N; 97'; GRAN BRETAGNA, 1960.

GIUNGLA DI FUOCO *(Freedom)* ★★
Regia di MARION CLAYTON ANDERSON. Con MATTHEW ELEBUSUNU, LIONEL JARDINE, MANASSAH MOERANE. ■ Il governatore di un paese africano impone un nuovo aumento di tasse. Il popolo, spalleggiato da un politico nazionalista, si ribella: il primo ministro comprende la legittimità della sollevazione e il governatore, sensibilizzato dai propositi di collaborazione tra i due uomini, elimina il decreto. ■ DRAMMATICO; COL.; 91'; GRAN BRETAGNA, 1957.

GIUNGLA DI FUOCO *(Field of fire)* ★
Regia di CIRO SANTIAGO. Con DAVID CARRADINE. ■ Wilson, pilota americano, è stato fatto prigioniero dai vietnamiti. Il generale Corman fa tutto quello che può per salvarlo. ■ GUERRA; COL.; 84'; USA, 1991.

GIUNGLA DI SPIE *(Hong Kong Confidential)* ★★
Regia di EDWARD L. CAHN. Con GENE BARRY, ALLISON HAYES, BEVERLY TYLER. ■ Per poter installare una base missilistica in Estremo Oriente, gli Stati Uniti si impegnano a ritrovare il figlio rapito di un re del luogo. Un famoso cantante americano, in realtà abile agente segreto, scopre che è stato un connazionale a portare a termine il sequestro. ■ SPIONAGGIO; B/N; 67'; USA, 1958.

GIUNGLA ROSSA *(The Scarlet Spear)* ★★
Regia di GEORGE BREAKSTON. Con MORASI, MARTHA HYER. ■ Il figlio di un capo tribù defunto deve, per succedere al padre, uccidere il rappresentante di un'altra tribù. Un diplomatico inglese lo segue, sia per aiutarlo a difendersi dai pericoli della giungla che per dissuaderlo dall'impresa. Il ragazzo salva l'uomo da alcuni selvaggi e, prima di morire tra i suoi, vittima di una freccia avvelenata, decreta la fine della millenaria tradizione. ■ AVVENTURA; COL.; 78'; USA, 1954.

GIUNGLA UMANA *(The Human Jungle)* ★★★
Regia di JOSEPH M. NEWMAN. Con GARY MERRILL, JAN STERLING. ■ Un poliziotto arresta alcuni indiziati dell'omicidio di una ballerina. Uno di essi riesce a salvarsi con la complicità di una cantante che però viene arrestata. Il bandito, temendo che parli, cerca di ucciderla quando il poliziotto, per tendergli una trappola, la libera: il tentativo fallisce ed il gangster finisce in carcere. ■ POLIZIESCO; B/N; 82'; USA, 1953.

GIUNONE E IL PAVONE *(Juno and the Paycock)* ★★
Regia di ALFRED HITCHCOCK. Con SARA ALLGOOD, EDWARD CHAPMAN, SIDNEY MORGAN. ■ Una presunta eredità porta sfortuna alla famiglia Boyle. Il padre infatti si lascia andare ad entusiasmi prematuri e oltre ad avere la figlia in attesa di un bambino vedrà suo figlio ucciso perché creduto una spia. ■ DRAMMATICO; B/N; 85'; GRAN BRETAGNA, 1930.

GIUNSE RINGO E... FU TEMPO DI MASSACRO ★
Regia di MARIO PINZAUTI. Con LUCY BOMEZ, ANNA CERRETO, OMERO GARGANO, JAMES LUISI. ■ Ringo arriva in un villaggio messicano alla ricerca del fratello del quale non ha più notizie. Lo accompagna uno sceriffo che ha subito il suo bel da fare: i morti ammazzati sono decisamente troppi. Sorpresa finale. ■ WESTERN; B/N; 93'; ITALIA, 1971.

GIUOCATORE, IL *(Der Spieler)* ★★
Regia di GERHARD LAMPRECHT. Con LIDA BAAROVA, ALBRECHT SCHÖNHALS. ■ Un diplomatico si mette nei guai con uno strozzino. La figlia e il segretario, per aiutarlo a pagare, tentano la fortuna al gioco, ma le sorti di tutta la compagnia peggiorano. Per fortuna interviene un ricco ammiratore della ragazza che rileva il debito del diplomatico. ■ DRAMMATICO; B/N; 90'; GERMANIA, 1938.

GIUOCO DEL PIGIAMA, IL *(The Pajama Game)* ★★★
Regia di GEORGE ABBOTT, STANLEY DONEN. Con DORIS DAY, CAROL HANEY, JOHN RAITT. ■ In una fabbrica di pigiami un'operaia canta e balla così bene da far perdere la testa al direttore. Contrastano questo sentimento rivendicazioni salariali e lotte interne tra i lavoratori e direzione, ma alla fine i buoni sentimenti hanno la meglio, come in ogni favola che si rispetti. ■ COMM. MUSICALE; COL.; 101'; USA, 1957.

GIÙ PER IL TUBO *(Flushed Away)* ★★★
Regia di DAVID BOWERS, SAM FELL. ■ Cosa ci fa Roderick St. James, un nobiltopo che abita in una lussuosa dimora londinese nei pressi di Kensington, in una maleodorante fogna della City? Il nuovo lungometraggio animato firmato Dream Works e Aardaman (l'accoppiata vincente degli Oscar *Shrek* e *Wallace & Gromit*), torna sugli schermi con un piccolo gioiello che mescola azione e divertimento alle più sofisticate tecniche animate. Roddy vive gli agi e i lussi di un'esistenza tranquilla fino all'arrivo di Sid, un topo di fogna che salta improvvisamente fuori dal lavandino della cucina. Il piano per liberarsi dell'intruso, subito messo in pratica, si rivela però inefficiente, tanto che lo stesso Roddy finisce giù per lo scarico del water e si ritrova nelle fognature sottostanti. ■ ANIMAZIONE; COL.; 86'; GRAN BRETAGNA, USA, 2006.

GIURAMENTO ★
Regia di ALFONSO BRESCIA. Con NINO D'ANGELO, IDA DI BENEDETTO, MARIO MEROLA. ■ Concetta, prima di partire per l'America dove farà operare la madre cieca, giura eterno amore a Salvatore, ma quando questi la raggiunge la troverà sposata ad un capo mafioso al quale lei deve riconoscenza. Tutto si sistemerà quando il fratello di Concetta, Mino, ucciderà il mafioso, e i due innamorati potranno tornare a Napoli. ■ DRAMMATICO; COL.; 94'; ITALIA, 1982.

GIURAMENTO, IL *(Kejatva)* ★★
Regia di MIKHEIL CHIAURELI. Con NIKOLAJ BOGOLJUBOV, MIKHAIL GHELOVANI. ■ La guerra mondiale ha semidistrutto l'Unione Sovietica, ma il popolo russo ricostruisce ben presto intere città e fabbriche che gli permetteranno di vivere secondo il credo socialista. ■ DOCUMENTARIO; B/N; 115'; URSS, 1946.

GIURAMENTO D'AMORE ★★
Regia di ROBERTO BIANCHI MONTERO. Con ROSARIO BORELLI, EMILIO CIGOLI, BENIAMINO MAGGIO. ■ Un giovane compositore sconosciuto si innamora di Clara, fanciulla di famiglia borghese. Naturalmente la love story tra i due è ostacolata non solo dai genitori di lei, ma anche da un editore che approfitta della situazione. Lo scopo dell'editore è sedurre Clara, ma il fidanzato interviene e nella colluttazione vengono sparati due colpi di pistola. L'editore muore e il giovanotto è nei guai, ma per poco: giustizia e amore trionfano. ■ DRAMMATICO; B/N; 91'; ITALIA, 1956.

GIURAMENTO DEI FORZATI, IL ★★★
(Passage to Marseille)
Regia di MICHAEL CURTIZ. Con HUMPHREY BOGART, SIDNEY GREENSTREET, PETER LORRE, MICHÈLE MORGAN, CLAUDE RAINS. ■ Scoppia la seconda guerra mondiale e alcuni prigionieri della Guyana francese evadono per andare ad arruolarsi. Dopo molte peripezie raggiungono l'Inghilterra e diventano piloti. Si distinguono tutti per coraggio e audacia, ma il migliore è un ex giornalista, finito alla Guyana per motivi politici. ■ AVVENTURA; B/N; 110'; USA, 1944.

GIURAMENTO DEI QUATTRO, IL ★★★
(Four Men and a Prayer)
Regia di JOHN FORD. Con RICHARD GREENE, WILLIAM HENRY, DAVID NIVEN, GEORGE SANDERS, LORETTA YOUNG. ■ Un ufficiale inglese muore dopo che la sua onorabilità è stata compromessa da infamanti accuse; i suoi quattro figli decidono di scoprire la verità per riabilitarne la memoria. Scoprono un losco traffico di armi, ricevono minacce di ogni genere ma non si arrendono. ■ DRAMMATICO; B/N; 85'; USA, 1938.

GIURAMENTO DEI SIOUX, IL *(The Savage)* ★★★
Regia di GEORGE MARSHALL. Con CHARLTON HESTON, SUSAN MORROW. ■ Jim è bianco ma è stato allevato da un capo tribù Sioux. Divenuto un grande guerriero, viene incaricato dal padre adottivo di una missione pacifista con i bianchi. La gelosia che suscita involontariamente in un ufficiale, corteggiando la figlia di un tenente, pregiudica i rapporti tra i due gruppi. Sta per succedere una catastrofe, ma Jim riesce a convincere gli indiani a deporre le armi. ■ WESTERN; COL.; 95'; USA, 1952.

GIURAMENTO DI SANGUE *(Blood Oath)* ★★★
Regia di STEPHEN WALLACE. Con BRYAN BROWN, TERRY O'QUINN, GEORGE TAKEI. ■ Ritmo, buona recitazione e regia, oltre a una pulizia di sceneggiatura, sono i pregi di quest'opera. Siamo nel campo dei crimini di guerra e vengono processati degli ufficiali giapponesi. Sono accusati di aver maltrattato dei prigionieri australiani. Episodio reale simile a molti altri della se-

conda guerra mondiale. ■ DRAMMATICO; COL.; 109′; AUSTRALIA, 1990.

GIURAMENTO DI SANGUE, IL *(20 Mule Team)* ★★★
Regia di RICHARD THORPE. Con ANNE BAXTER, WALLACE BEERY. ■ In una zona desertica il giovane Mitch scopre una preziosa miniera, ma la cosa dà molto fastidio al dirigente della grande società che sfrutta tutta la zona. Mitch deve affrontare mille difficoltà che la potente società gli crea, ma alla fine, grazie all'intervento di un fedele amico, riesce a salvare la sua proprietà. ■ AVVENTURA; B/N; 84′; USA, 1940.

GIURAMENTO DI ZORRO, IL ★★
Regia di RICARDO BLASCO. Con MARIA JOSÉ ALFONSO, ROBERT PAOLETTI, JESUS PUENTE, TONY RUSSELL. ■ Zorro, un cavaliere la cui vera identità è sconosciuta, fa fuggire dalla città occupata dai fuorilegge il legittimo governatore e la di lui nipote. Il capo dei banditi tenta in ogni modo di sapere chi si nasconda sotto il mantello di Zorro, ma lo scopre troppo tardi, quando il giustiziere nero rimette le cose a posto. ■ AVVENTURA; COL.; 94′; ITALIA, 1965.

GIURATO, IL *(The Juror)* ★★★
Regia di BRIAN GIBSON. Con ALEC BALDWIN, TONY LO BIANCO, DEMI MOORE. ■ Annie fa parte di una giuria nel processo contro un capo mafia. Viene avvicinata da un killer tutto particolare, detto "il maestro", che le ordina di votare "non colpevole", altrimenti le ucciderà il figlio. La donna ubbidisce, ma non basta, adesso dovrà convincere gli altri giurati dell'innocenza. Ci riesce, ma il "maestro", che è uno psicopatico, continua a perseguitarla. Annie si affida alla polizia ma sarà lei stessa, da sola, a doversi cavare dai guai. Buona tensione con Baldwin, cattivo dagli occhi cerulei, più bravo di una Moore sempre sopravvalutata. ■ DRAMMATICO; COL.; 120′; USA, 1996.

GIURIA, LA *(Runaway Jury)* ★★★
Regia di GARY FLEDER. Con JOHN CUSACK, GENE HACKMAN, DUSTIN HOFFMAN, BRUCE MCGILL, JEREMY PIVEN, RACHEL WEISZ. ■ New Orleans. Una giovane vedova intenta un processo contro una potente società d'armi che ritiene responsabile dell'omicidio di suo marito. Una causa difficile da vincere ma alla quale crede il suo avvocato Rohr (Dustin Hoffman). È altrettanto convinta di vincere la parte avversaria grazie ai metodi poco ortodossi del consulente Fitch (Gene Hackman) che cerca la giuria perfetta (per lui) frugando negli angoli più nascosti della vita dei potenziali giurati. Con la complicità di Nick Easter (John Cusack) selezionato nella giuria, si intromette una donna misteriosa Marlee (Rachel Weisz). I due giovani portano il processo sulla giusta via. Vincono i buoni. Per fortuna che Grisham, magnifico ingenuo, crede ancora nella differenza fra il bene e il male. ■ DRAMMATICO; COL.; 127′; USA, 2003.

GIURO CHE TI AMO ★
Regia di NINO D'ANGELO. Con BOMBOLO, NINO D'ANGELO, ROBERTA OLIVIERI, GABRIELE TINTI. ■ Un campionario di buoni sentimenti partenopei in un film dove D'Angelo è soggettista, regista e interprete nonché cantante. Nino Esposito, mariuolo napoletano, riceve in regalo da Don Vito, boss della camorra, una paranza. Con questa Nino dovrebbe tagliare le reti ai pescatori per creare una zona di libero accesso ai loschi traffici del boss. Ma Nino, innamorato della figlia del sindacalista dei pescatori, sgomina i camorristi, guadagnandosi una barca nuova e la ragazza. ■ COMMEDIA; COL.; 92′; ITALIA, 1986.

GIURO DI DIRE LA VERITÀ *(State's Attorney)* ★★★
Regia di GEORGE ARCHAINBAUD. Con JOHN BARRYMORE, MARY DUNCAN, HELEN TWELVETREES. ■ Il film si svolge quasi tutto in tribunale durante un complicato processo. Alla fine trionfo dell'innocente e punizione del colpevole. ■ GIALLO; B/N; 73′; USA, 1932.

GIURÒ... E LI UCCISE AD UNO AD UNO... – PILUK IL TIMIDO ★★
Regia di GUIDO CELANO. Con PETER HOLDEN, MICAELA PIGNATELLI, EDMUND PURDOM. ■ Piluk è un uomo mite che si vede uccidere il figlio da una banda di prepotenti. Lo sceriffo vorrebbe arrestare il colpevole ma, pur sapendo il suo nome, Piluk tace. Intende infatti farsi giustizia da solo. ■ WESTERN; COL.; 90′; ITALIA, 1958.

GIUSEPPE IN EGITTO *(Joseph and his Brothers)* ★★
Regia di JAMES L. CONWAY. Con SAMUEL BOTTOMS, BARRY NELSON, ALBERT SALMI. ■ Sam Bottoms, l'interprete di *Olocausto*, è qui il casto Giuseppe, il figlio di Giacobbe venduto dai fratelli mascalzoni e portato come schiavo in Egitto. Qui farà una grande carriera, diventando l'eminenza grigia del Faraone. ■ STORICO; COL.; 91′; USA, 1978.

GIUSEPPE VENDUTO DAI FRATELLI ★★★
Regia di IRVING RAPPER. Con GEOFFREY HORNE, BELINDA LEE, ROBERT MORLEY, VIRA SILENTI. ■ Giuseppe figlio di Giacobbe viene venduto dai fratelli invidiosi ad un mercante di schiavi. Arrivato alla corte del faraone, grazie alla sua intelligenza, da schiavo diventa viceré. Quando i fratelli di Giuseppe arrivano in Egitto, il viceré li riceve e, in un secondo tempo, si fa riconoscere. Tutti si inchinano davanti a lui, come era scritto, con gioia del vecchio padre. ■ STORICO; COL.; 94′; ITALIA, 1960.

GIUSEPPE VERDI ★★★
Regia di RAFFAELLO MATARAZZO. Con PIERRE CRESSOY, ANNA MARIA FERRERO. ■ La biografia di Verdi vista questa volta a ritroso: è il musicista che in vecchiaia ripensa alla sua lunga vita, dagli esordi come compositore (successi e insuccessi si alternano) alle miserie e alle gioie della vita privata. ■ BIOGRAFICO; COL.; 121′; ITALIA, 1953.

GIUSEPPE VERDI – DIVINE ARMONIE ★★★
Regia di CARMINE GALLONE. Con PIERRE BRASSEUR, FOSCO GIACHETTI, GABY MORLAY, GERMANA PAOLIERI. ■ La vita del grande musicista, da quando lasciò Busseto per studiare al Conservatorio di Milano al suo primo matrimonio, al successo della prima opera data alla Scala. Poi la moglie e i figli gli muoiono di vaiolo e una sua opera buffa fa fiasco. Ma il destino gli riserva un grandissimo avvenire. ■ BIOGRAFICO; B/N; 127′; ITALIA, 1938.

GIUSTA CAUSA, LA *(Just Cause)* ★★★
Regia di ARNE GLIMCHER. Con KATE CAPSHAW, SEAN CONNERY, LAURENCE FISHBURNE. ■ Da un romanzo di John Katzenbach (autore di una delle prime storie di serial killer portate sullo schermo, il pregevole *Maledetta estate*) con qualche variante nell'adattamento cinematografico. Tra la condanna di un innocente accusato di un orrendo omicidio perpetrato nelle Evergledes e il rischio che un assassino spietato colpisca ancora, si frappongono un professore di Harvard e una tesa caccia all'uomo tra le paludi della Florida. ■ GIALLO; COL.; 102′; USA, 1994.

GIUSTA DISTANZA, LA ★★
Regia di CARLO MAZZACURATI. Con ROBERTO ABBIATI, MIRKO ARTUSO, GIUSEPPE BATTISTON, FABRIZIO BENTIVOGLIO, GIOVANNI CAPOVILLA, AHMED HAFIENE, VALENTINA LODOVINI, NATALINO BALASSO, MARINA ROCCO, STEFANO SCANDALETTI. ■ Quando nel paesino di Concadalbero, alle foci del Po, arriva la nuova maestra elementare, la bella cittadina Mara, la nebbia sembra diradarsi e gli occhi degli uomini tornano a guardare. È così per Giovanni, diciottenne al primo incarico di inviato per «Il Resto del Carlino» e per Hassan, meccanico tunisino stimato e rispettato, in una parola "integrato". Sotto lo sguardo curioso del più giovane, nasce la storia d'amore tra i due adulti, dapprima sotto il segno dell'inquietudine (Hassan spia la ragazza al buio della sera), poi della passione, infine della tragedia. Tra boschi di pioppi e battelli sul fiume, tra reminiscenze di Olmi e di Fellini, il film indaga un'umanità immobile e grottesca, accogliente all'apparenza ma in definitiva inospitale, che allontanerà fatalmente i tre protagonisti. ■ DRAMMATICO; COL.; 106′; ITALIA, 2007.

GIUSTIZIA! *(The Final Hour)* ★★
Regia di DAVID ROSS LEDERMAN. Con RALPH BELLAMY, MARGUERITE CHURCHILL, MARC LAWRENCE. ■ Un avvocato, che è stato abbandonato dalla moglie, cade in stato di avvilimento e comincia a bere. Conosce una ragazza, legata sentimentalmente a un gestore di night-club che è ricattato dal suo ex socio. Il fidanzato della ragazza viene assassinato e lei viene accusata del delitto. L'avvocato la difende. ■ DRAMMATICO; B/N; 91′; USA, 1936.

GIUSTIZIA A TUTTI I COSTI *(Out for Justice)* ★★
Regia di JOHN P. FLYNN. Con JO CHAMPA, WILLIAM FORSYTHE, STEVEN SEAGAL. ■ Steven Seagal, ex marito di Kelly LeBrock,

dopo il film *Nico* è diventato una forte attrattiva per le platee di mezzo mondo. Così, sempre fedele al suo personaggio e senza mai cambiare di una virgola, gira film dopo film che diventano successo dopo successo. Protagonista questa volta è Gino, che vuole vendicarsi di alcuni criminali che gli hanno ammazzato l'amico fraterno. Molto sangue e molta azione. ■ POLIZIESCO; COL.; 91'; USA, 1991.

GIUSTIZIA CRIMINALE *(Criminal Justice)* ★★
Regia di ANDY WOLK. Con JENNIFER GREY, ANTHONY LA PAGLIA, FOREST WHITAKER. ■ Un uomo di colore si dichiara innocente per l'accusa che gli viene mossa. C'è un processo e l'uomo si batte. Rimane ben poco in questo dramma giudiziario piuttosto scontato a parte la buona interpretazione di Whitaker, l'attore che interpretava Charlie Parker in *Bird*. ■ DRAMMATICO; COL.; 92'; USA, 1990.

GIUSTIZIA D'ACCIAIO *(Steel Justice)* ★
Regia di CHRISTOPHER CROWE. Con ROY BROCKSMITH, J. A. PRESTON, ROBERT TAYLOR. ■ Nel futuro un agente perde il figlio e non ne può più della violenza che dilaga. Uno spirito gli regala un robosauro che lo aiuterà a sistemare qualche situazione. ■ FANTASTICO; COL.; 87'; USA, 1992.

GIUSTIZIA DEI GHIACCI *(Frozen Justice)* ★★
Regia di ALLAN DWAN. Con EL BRENDEL, ROBERT FRAZER, LENORE ULRICH, SAM WATERSTON. ■ Un film drammatico del regista di *Robin Hood* e della *Maschera di ferro* con Douglas Fairbanks ■ DRAMMATICO; B/N; 92'; USA, 1929.

GIUSTIZIA DEL COYOTE, LA *(La justicia del coyote)* ★★
Regia di JOAQUÍN LUIS ROMERO MARCHENT. Con GLORIA MARIN, ABEL SALAZAR. ■ Il governatore Clark impone delle tasse esose ai coloni, in difesa dei quali interviene un uomo mascherato chiamato Coyote. Il cattivo governatore ne fa di tutti i colori. Viene arrestata Eleonora che non corrisponde alle profferte amorose di Clark. Alla fine comunque giustizia è fatta grazie a Coyote. ■ AVVENTURA; B/N; 93'; SPAGNA, 1954.

GIUSTIZIA DI POPOLO *(Montana Territory)* ★★
Regia di RAY NAZARRO. Con WANDA HENDRIX, LON MCCALLISTER. ■ Al tempo della corsa all'oro tre rapinatori fanno fuori una famiglia. John Malvin ne ha riconosciuti due e li denuncia allo sceriffo Plummer, non sapendo che questi è il terzo dei banditi sotto mentite spoglie. Plummer sa di avere in Malvin un potenziale accusatore e cerca di toglierselo d'attorno. Ma il buono vince e lo sceriffo criminale alla fine muore. ■ WESTERN; COL.; 64'; USA, 1952.

GIUSTIZIA DI UN UOMO, LA *(One Good Cop)* ★★
Regia di HEYWOOD GOULD. Con KEVIN CONWAY, MICHAEL KEATON, ANTHONY LA PAGLIA. ■ Siamo a New York. Un poliziotto, dopo la morte, durante un'azione, di un suo collega e amico, si sente in dovere di aiutare la sua famiglia. Con la moglie si prende quindi cura delle tre bambine dell'agente scomparso. Per avere l'affidamento però dovrà faticare un poco. Sconfiggerà anche lo spacciatore di droga artefice dell'omicidio. ■ POLIZIESCO; COL.; 106'; USA, 1991.

GIUSTIZIA È FATTA *(Justice est faite)* ★★★🏆
Regia di ANDRÉ CAYATTE. Con CLAUDE NOLLIER, VALENTINE TESSIER. ■ Il film racconta del processo a Elsa Lundenstein che ha ucciso il vecchio amante affetto da un tumore alla gola iniettandogli una forte dose di morfina. Elsa ha cercato di sbarazzarsi di un uomo che le era divenuto odioso, o ha praticato, come lei stessa sostiene, l'eutanasia? ■ DRAMMATICO; B/N; 105'; FRANCIA, 1950. ■ BERLINO 1 PR; VENEZIA 🏆 1 PR.

GIUSTIZIA PER GLI INDIOS ★★
(Hills of the Old Wyoming)
Regia di NATE WATT. Con WILLIAM BOYD, GEORGE GABBY HAYES, GAIL SHERIDAN. ■ Due cowboy si battono coraggiosamente contro una banda di ladri di bestiame e ne scoprono l'insospettabile capo. ■ DRAMMATICO; COL.; 78'; USA, 1937.

GIUSTIZIA PRIVATA *(Instant Justice)* ★★
Regia di CHRISTOPHER BENTLEY. Con TAWNY KITAEN, CHARLES NAPIER, MICHAEL PARÉ. ■ Un marine pluridecorato salva la vita al presidente francese. Ma il giorno seguente dà le dimissioni e parte per la Spagna. Che è accaduto? Il marine ha saputo che la sorella è morta colà, uccisa dai trafficanti di droga, e corre a vendicarla. ■ AVVENTURA; COL.; 90'; USA, 1987.

GIUSTIZIA PRIVATA *(Law Abiding Citizen)* ★★
Regia di F. GARY GRAY. Con LESLIE BIBB, GERARD BUTLER, JAMIE FOXX, BRUCE MCGILL, COLM MEANEY. ■ Clyde è a casa con moglie e figlioletta quando due sadici criminali irrompono nell'appartamento e uccidono la donna e la bambina. La causa viene affidata a Nick il quale, vista la fragilità delle prove a carico dei due decide di sfruttare la confessione del più violento che denuncia il complice. In questo modo una condanna a morte diviene certa ma il "pentito" riceve una pena lieve. Clyde è sconvolto da questa decisione. Dieci anni dopo al momento dell'esecuzione della pena capitale qualcosa va storto e il condannato soffre terribilmente. È solo l'inizio della vendetta di Clyde. ■ THRILLER; COL.; 108'; USA, 2009.

GIUSTIZIA PRIVATA DI UN CITTADINO ONESTO, LA *(Sunday in the Country)* ★★★
Regia di JOHN TRENT. Con ERNEST BORGNINE, HOLLIS MCLAREN, MICHAEL J. POLLARD. ■ Un anziano contadino vive in una fattoria assieme al domestico e alla nipote. Una domenica, sentendo alla radio la notizia della fuga di tre rapinatori assassini, decide di affrontarli e giustiziarli. ■ DRAMMATICO; COL.; 95'; USA, 1974.

GIUSTIZIA SENZA LEGGE *(Black Patch)* ★★
Regia di ALLEN H MINER. Con DIANE BREWSTER, SEBASTIAN CABOT, GEORGE MONTGOMERY, TOM PITTMAN. ■ Uno sceriffo onesto mette in galera l'amico rapinatore. Un complice di questi si fa rivelare il nascondiglio del bottino, favorisce la sua evasione, poi lo uccide incolpando dell'omicidio proprio lo sceriffo. Ma la verità viene a galla. ■ WESTERN; B/N; 83'; USA, 1957.

GIUSTIZIA SENZA PROCESSO ★★
(Serenade au bourreau)
Regia di JEAN STELLI. Con GÉRARD LANDRY, PAUL MEURISSE, TILDA TAMAR. ■ Un medico disonesto vuole vendicarsi dell'amante della moglie. Gli fa credere che gli resti poco da vivere e fa in modo che conosca una ragazza facile. I due si innamorano davvero; il medico allora ammazza sua moglie e riuscirebbe a far accusare il rivale se un poliziotto non lo smascherasse. L'omicida si toglie la vita. ■ DRAMMATICO; B/N; 93'; FRANCIA, 1950.

GIUSTIZIA TRADITA *(When Justice Fails)* ★★
Regia di ALLAN A. GOLDSTEIN. Con JEFF FAHEY, SHERILYN FENN. ■ Frank, detective in crisi sentimentale, deve indagare su un efferato delitto. Il cadavere di un uomo è stato trovato in penose condizioni e gli unici indizi sono una forbice, dei capelli e un sedativo. ■ THRILLER; COL.; 90'; USA, 1997.

GIUSTIZIERE, IL *(Law and Order)* ★★
Regia di NATHAN J. JURAN. Con DOROTHY MALONE, RONALD REAGAN. ■ Uno sceriffo dimissionario ritorna al suo incarico per sterminare alcuni malviventi che terrorizzano la città. Suo fratello gli è contro per una serie di circostanze; alla fine, pentito, si arrende e si lascia imprigionare. L'uomo di legge abbandona definitivamente l'incarico. ■ WESTERN; COL.; 80'; USA, 1953.

GIUSTIZIERE, IL *(Human Factor)* ★★
Regia di EDWARD DMYTRYK. Con GEORGE KENNEDY, JOHN MILLS, BARRY SULLIVAN, RITA TUSHINGHAM, RAF VALLONE. ■ Il tecnico di una base Nato in Italia vuole vendicare l'assassinio dei suoi familiari. La strage ha una matrice politica. La polizia italiana e quella americana, benché alleate, non approdano a nulla: è il tecnico a trovare gli assassini e ad eliminarli. ■ DRAMMATICO; COL.; 96'; GRAN BRETAGNA, ITALIA, 1975.

GIUSTIZIERE, IL *(One Man Jury)* ★★
Regia di CHARLES M. MARTIN. Con CHRISTOPHER MITCHUM, JACK PALANCE, PAMELA SHOOP, CARA WALLAS. ■ Un quartiere periferico di Las Vegas, abitato da gente povera e rabbiosa, è di competenza del tenente Jim Wade, un poliziotto duro e poco malleabile che vuole condurre la sorveglianza a modo suo, anche a costo di essere ripreso dal suo capo. ■ POLIZIESCO; COL.; 95'; USA, 1978.

GIUSTIZIERE, IL ★
Regia di AVA C. CAPARAS. Con RONALD DANTES, ROSEMARIE

GIL, VERONICA JONES. ■ Un poliziotto esperto di arti marziali decide di combattere la delinquenza secondo le tecniche orientali e dimenticando le armi da fuoco. I malviventi si troveranno a malpartito contro un nemico intelligente e abilissimo. ■ DRAMMATICO; COL.; 100'; USA, 1987.

GIUSTIZIERE, IL *(Vigilant Cop)* ★
Regia di MEL DAMSKI. Con ALEX MCARTHUR, DALE MIDKIFF. ■ Due giovani agenti di polizia lavorano affiatati, stimandosi e facendo affidamento l'uno sull'altro, ma un giorno non riescono più a intendersi, l'amicizia si rompe e tra i due volano anche le pallottole. ■ POLIZIESCO; COL.; 91'; USA, 1991.

GIUSTIZIERE DEI MARI, IL ★★
Regia di DOMENICO PAOLELLA. Con RICHARD HARRISON, ROLDANO LUPI, MICHÈLLE MERCIER. ■ La vicenda si svolge in Australia alla fine del Settecento: alcuni deportati sono costretti a cercare le perle; uno di essi si ribella e, divenuto pirata, porta giustizia e pace in quelle terre. ■ AVVENTURA; COL.; 90'; ITALIA, 1962.

GIUSTIZIERE DEI TROPICI, IL *(Tropic Zone)* ★★
Regia di LEWIS R. FOSTER. Con ESTELITA, RHONDA FLEMING, RONALD REAGAN. ■ Un esiliato politico fa amicizia con la proprietaria di una piantagione di banane. Frequentando la sua casa scopre che il capo dei lavoratori, dietro compenso di un concorrente, fa di tutto per mandare in rovina il raccolto. Col suo intervento manda a monte il piano criminoso e conquista la bella padrona. ■ AVVENTURA; COL.; 94'; USA, 1953.

GIUSTIZIERE DEL BRONX, IL ★
Regia di BOB COLLINS. Con BERNARD LEE, MARGIT EVELYN NEWTON, ROD ROBINSON, CHUCK VALENTI. ■ In un domani profondamente segnato dalle catastrofi naturali e dalle guerre atomiche, l'umanità si è ridotta a pochi sopravvissuti. Per questo motivo, la gran parte del lavoro viene svolta da robot intelligenti e androidi costruiti in serie. È un gruppo di questi ultimi, al comando di Mergue, che semina il terrore e la morte in una zona comandata da un certo Nero. ■ FANTASTICO; COL.; 92'; ITALIA, 1987.

GIUSTIZIERE DEL KURDISTAN, IL ★★
(Durch das wilde Kurdistan)
Regia di FRANZ JOSEF GOTTLIEB. Con LEX BARKER, GEORGE HESTON, GUSTAVO ROJO, MARIE VERSINI. ■ Un europeo stabilitosi nel Kurdistan aiuta il sovrano di quel paese a riscuotere i tributi dovuti. Come sempre c'è il cattivo che se ne approfitta per arricchirsi personalmente; la pacchia finisce quando interviene il nostro eroe. ■ AVVENTURA; COL.; 91'; GERMANIA, 1971.

GIUSTIZIERE DELLA NOTTE, IL *(Death Wish)* ★★★
Regia di MICHAEL WINNER. Con CHARLES BRONSON, VINCENT GARDENIA, HOPE LANGE, WILLIAM REDFIELD. ■ Paul Kersey è un architetto cui alcuni balordi, penetrati nella sua abitazione, uccidono la moglie e violentano la figlia. Nell'animo dell'uomo esploderà un furore vendicativo che si rivolgerà verso chiunque ai suoi occhi rappresenti un pericolo per la società. Prende l'abitudine di girare armato in luoghi pericolosi e nel cuore della notte. Non gli è difficile fare brutti incontri, che risolverà quasi sempre uccidendo chi tenta di rapinarlo o importunarlo. La polizia è sulle sue tracce, non per fini di giustizia, ma per una mal riposta inaccettabilità del sovvertimento dei ruoli. Ma Paul Kersey riuscirà a eludere il pericolo di essere arrestato e si trasferirà in un'altra località, dove potrà proseguire la sua discutibile opera di giustizia. Campione di incassi e di quella che viene definita la maggioranza silenziosa. ■ DRAMMATICO; COL.; 93'; USA, 1974.

GIUSTIZIERE DELLA NOTTE 5, IL ★
(Death Wish V: the Face of Death)
Regia di ALLAN A. GOLDSTEIN. Con CHARLES BRONSON, LESLEY-ANNE DOWN, MICHAEL PARKS. ■ Il giustiziere torna perché l'ex della sua ultima fiamma ha pagato un killer per ucciderla. La vendetta è come al solito tremenda. ■ THRILLER; COL.; 96'; USA, 1994.

GIUSTIZIERE DELLA NOTTE 2, IL *(Death Wish II)* ★★
Regia di MICHAEL WINNER. Con CHARLES BRONSON, VINCENT GARDENIA, JILL IRELAND. ■ Paul, che in passato, per vendicare la moglie ha compiuto una strage di teppisti a New York, ora fa l'architetto a Los Angeles e sembra votato a una vita tranquilla. Ma una nuova tragedia (il suicidio della figlia per colpa di alcuni delinquenti) riaccende in lui la furia sanguinaria. Si rimette in caccia di notte uccidendo tutti i malviventi che gli capitano a tiro di pistola. Niente lo ferma. E la pubblica opinione gli dà ragione. ■ THRILLER; COL.; 93'; USA, 1982.

GIUSTIZIERE DELLA NOTTE 4, IL ★
(Death Wish 4: The Crackdown)
Regia di JACK LEE THOMPSON. Con CHARLES BRONSON, KAY LENZ. ■ Le vicende del cittadino che si fa giustizia da sé sono ormai state riproposte numerose volte. Bronson non rinuncia al suo marchio di fabbrica e torna a percorrere la strada nota senza che nessuno ne sentisse il bisogno. ■ DRAMMATICO; COL.; 100'; USA, 1987.

GIUSTIZIERE DELLA NOTTE 3, IL *(Death Wish III)* ★★
Regia di MICHAEL WINNER. Con MARTIN BALSAM, CHARLES BRONSON, ED LAUTER, DEBORAH RAFFIN. ■ Bronson e la sua grinta per la terza volta al servizio del ruolo di giustiziere: questa volta Paul Kersey viene accusato di omicidio e scende a patti con la polizia, accettando di lavorare nell'ombra per ripulire il quartiere newyorkese di Belmont da una pericolosa banda di teppisti. Questa forzata licenza di uccidere, però, si trasforma in genuino desiderio di vendetta quando i banditi uccidono la bella avvocatessa che cercava di togliere Paul dai guai. ■ DRAMMATICO; COL.; 90'; USA, 1985.

GIUSTIZIERE DEL PASSATO, IL *(A Time to Die)* ★★
Regia di MATT CIMBER. Con EDWARD ALBERT, REX HARRISON, RAF VALLONE. ■ Durante la guerra mondiale, un agente americano è catturato e torturato dai nazisti. E la sua donna è uccisa. L'agente, scampato miracolosamente, dopo la guerra dà la caccia ai torturatori e li uccide a uno a uno (l'ultimo, il capo, mentre sta per diventare primo ministro della Germania federale). ■ GIALLO; COL.; 92'; USA, 1983.

GIUSTIZIERE DEL WEST, IL *(Sage Brush Trail)* ★★
Regia di ARMAND SCHAEFER. Con LANE CHANDLER, NANCY SCHUBERT. ■ Un uomo fugge di prigione: suo unico scopo è quello di uccidere chi l'ha fatto ingiustamente condannare. Quando lo trova in una banda di fuorilegge ne diventa sinceramente amico ma l'altro, geloso per amore, decide di farlo uccidere dai complici. Pentitosi in tempo della sua azione lo difende e, prima di morire, lo scagiona. ■ AVVENTURA; B/N; 95'; USA, 1933.

GIUSTIZIERE DI DIO, IL ★
Regia di FRANCO LATTANZI. Con WILLIAM BERGER, NUCCIA CARDINALI, DONALD O'BRIAN. ■ Un ex pistolero, fattosi sacerdote dopo una gravissima disgrazia familiare, ignora che nello scantinato della sua chiesa è nascosto un grosso quantitativo di lingotti d'oro, frutto di una rapina. Frattanto due diverse bande si mettono alla ricerca del bottino: una di esse giunge al religioso il quale si trasforma nuovamente in pistolero d'eccezione e fa piazza pulita dei malviventi. ■ WESTERN; COL.; 86'; ITALIA, 1972.

GIUSTIZIERE DI LONDRA, IL ★★
(Der Henker von London)
Regia di EDWIN ZBONEK. Con DIETER BORSCHE, HANSJÖRG FELMY, MARIA PERSCHY. ■ Molte delle persone i cui crimini sono rimasti impuniti vengono uccise da una mano misteriosa. Un ispettore di Scotland Yard indaga, ma senza alcun successo. Una notte un assassino cade in trappola: rapito alla legge dal giustiziere, sta per esserne ucciso, ma viene salvato *in extremis* dall'arrivo di alcuni poliziotti. ■ GIALLO; B/N; 93'; GERMANIA, 1963.

GIUSTIZIERE DI MEZZOGIORNO, IL ★★
Regia di MARIO AMENDOLA. Con OMBRETTA DE CARLO, FRANCO FRANCHI, ALDO PUGLISI. ■ Franco Franchi, su sceneggiatura di Amendola e Corbucci, rifà il verso a Charles Bronson ne *Il giustiziere della notte*: un uomo, abbandonato dalla moglie e dalla figlia, si improvvisa giustiziere e si vendica di tutti i torti subiti. ■ COMMEDIA; COL.; 100'; ITALIA, 1975.

GIUSTIZIERE GIALLO, IL ★
Regia di WONG HUNG CHOUG. Con CHAN CHIAO, YUNG WOUG, WEI TUNG. ■ Un medico cinese esperto di kung-fu si erige a difensore del suo maestro. Il rivale gli rapisce la sorella per costrin-

gerlo a passare al suo servizio; il ragazzo non accetta il ricatto e fa strage dei cattivi. ■ AVVENTURA; COL.; 93'; HONG KONG, 1975.

GIUSTIZIERE SFIDA LA CITTÀ, IL ★★★
Regia di UMBERTO LENZI. Con FEMI BENUSSI, JOSEPH COTTEN, MARIA FIORE, TOMAS MILIAN, MARIO PIAVE. ■ Un moderno paladino della giustizia, che si sposta su una rombante moto invece che su un cavallo, è il protagonista del film. Il figlio di un ricco industriale è stato sequestrato e i banditi chiedono un forte riscatto: il nostro eroe si serve dei soldi per scatenare la cupidigia di due bande rivali. Finisce a pistolettate mentre il rapito fa ritorno ai suoi. ■ DRAMMATICO; COL.; 94'; ITALIA, 1975.

GIUSTIZIERE SFIDA LA POLIZIA, IL ★★
(Una libélula para cada muerto)
Regia di LEON KLIMOVSKY. Con ANGEL ARANDA, ERIKA BLANC, PAUL NASCHY. ■Milano. La polizia si trova a dover risolvere contemporaneamente tre importanti casi. Tutte le indagini vengono affidate al commissario Scaparella. Mentre questi cerca di dipanare le intricate matasse, avvengono altri sei omicidi. Ma il commissario arriverà infine al pericoloso assassino. ■ GIALLO; COL.; 95'; SPAGNA, 1973.

GIUSTIZIERI DEL KANSAS, I *(Masterson of Kansas)* ★★
Regia di WILLIAM CASTLE. Con NANCY GATES, JAMES GRIFFITH, GEORGE MONTGOMERY. ■ Un innocente rischia di essere linciato, ma un capo indiano suo amico lo salva. Sottoposto a processo l'uomo, in base a false testimonianze, viene nuovamente condannato. Lo sceriffo, convinto della sua buona fede, svolge altre indagini e trova i veri colpevoli. Sposerà la figlia dell'ex accusato con la sua benedizione. ■ AVVENTURA; B/N; 73'; USA, 1975.

GIUSTIZIERI DEL WEST, I *(Posse)* ★★★
Regia di KIRK DOUGLAS. Con BRUCE DERN, KIRK DOUGLAS, BO HOPKINS, JAMES STACY. ■ Un uomo politico a caccia di voti arresta il famigerato bandito Jack Strawhorn e compie con lui il viaggio in ferrovia Texas-Arizona per portarlo a Tesota ed esibirlo come preda. Ma Strawhorn fugge dal treno e riesce a sopraffare il suo carceriere. ■ WESTERN; COL.; 94'; USA, 1975.

GLADIATORE, IL *(Gladiator)* ★★★
Regia di ABEL FERRARA. Con NANCY ALLEN, ROBERT CULP, STAN SHAW, KEN WAHL. ■ Una banda di balordi gli uccide il fratello e lui decide di punire i colpevoli. Gira per strada a bordo di un furgone equipaggiato allo scopo e setaccia gli abituali ritrovi di questa gente: la missione punitiva riesce. Abel Ferrara ha cominciato nel 1981 con *L'angelo della vendetta* e già quel titolo denunciava la stessa tematica, divenuta poi peculiare dell'autore. ■ AVVENTURA; COL.; 120'; USA, 1986.

GLADIATORE, IL *(Gladiator)* ★★★🏆
Regia di RIDLEY SCOTT. Con RUSSELL CROWE, RICHARD HARRIS, DJIMON HOUNSOU, CONNIE NIELSEN, JOAQUIN PHOENIX, OLIVER REED. ■ Dopo una vittoria contro i Britanni l'imperatore Marco Aurelio (Harris), che disprezza il figlio Commodo (Phoenix), decide che il suo successore sarà il generale Massimo (Crowe), uomo straordinario, amato da tutti. Ma Commodo uccide il padre e ordina la morte del generale e della sua famiglia. Massimo fugge in Africa, diventa gladiatore, torna a Roma dove si fa riconoscere. Diventa l'eroe del Colosseo, idolatrato dal popolo. Tanto che lo stesso Commodo non può farlo uccidere. Lo sfida a un duello nell'arena, dopo averlo vigliaccamente ferito. Massimo uccide finalmente l'orrendo imperatore. Grande budget, grandi effetti alla Scott, che ha dichiarato di infischiarsene di tutte le verità. Riconoscerlo non basta a perdonargli non tanto gli errori (costumi, Roma, inglese-latino, storia) che sono da sempre una licenza del cinema, ma il disprezzo di un genere che una volta trionfava. *Quo Vadis*, *La Tunica*, *Ben Hur*, *Spartacus* gridano vendetta. Un minimo di rispetto e di cultura non avrebbero prodotto un miscuglio tanto ibrido di medioevo, violenza metropolitana, musica (Hans Zimmer) onnicomprensiva (melò, drama, west). Intollerabili gli intermezzi dialettici fra Commodo e la sorella (Nielsen) che dovrebbero dare spessore ai dialoghi. Dunque film davvero troppo furbo, troppo computerizzato, certamente spettacolare. Buono per distratti e superficiali. Crowe è davvero una rivelazione, ma si sapeva che ha talento e appeal. ■ STORICO; COL.; 155'; USA, 2000. ■ GOLDEN GLOBES 🏆 2 PR, 5 NOM; OSCAR 🏆 5 PR, 12 NOM.

GLADIATORE CHE SFIDÒ L'IMPERO, IL ★
Regia di DOMENICO PAOLELLA. Con GLORIA MILLAND, MASSIMO SERATO, ROCK STEVENS. ■ Lucio Quintilio, all'insaputa del Senato, progetta di recarsi in Tracia per rubare il tesoro di quel popolo. Glielo impedisce il nerboruto Spartaco appoggiato da Metello, console onesto. ■ AVVENTURA; COL.; ITALIA, 1965.

GLADIATORE DI ROMA, IL ★
Regia di MARIO COSTA. Con ALBERTO FARNESE, WANDISA GUIDA, ROBERTO RISSO, GORDON SCOTT. ■ La famiglia dei Valeri viene decimata dall'imperatore Caracalla. Scampano lo schiavo Marcus, il giovane rampollo Valerio e Nisa, principessa divenuta schiava. Grazie alla caduta di Caracalla e alle imprese di Marcus, Valerio riconquista i suoi beni e Nisa la libertà. ■ STORICO; COL.; 90'; ITALIA, 1962.

GLADIATORE INVINCIBILE, IL ★★
Regia di ANTONIO MOMPLET. Con ISABELLE COREY, RICHARD HARRISON, LIVIO LORENZON. ■ Il reggente Rabirio governa il regno di Acaste durante la minore età di Dario, commettendo soprusi ai danni dei patrioti guidati da Sira, sorella di Dario. Dalla parte dei ribelli è anche il gladiatore Rezio, di cui Rabirio vorrebbe sbarazzarsi. Ma il popolo si solleva e lincia il reggente. Tornata la calma, Rezio e Sira si sposano. ■ STORICO; COL.; 94'; ITALIA, 1961.

GLADIATORI, I *(Demetrius and the Gladiators)* ★★
Regia di DELMER DAVES. Con SUSAN HAYWARD, VICTOR MATURE, DEBRA PAGET, MICHAEL RENNIE, JAY ROBINSON. ■ Il film è la continuazione del più famoso *La tunica*. Caligola cerca Demetrio, il cristiano che ha in consegna la sacra tunica di Cristo, di cui vuole impadronirsi. Demetrio, che ha dovuto assistere all'uccisione della sua compagna Lucia, traumatizzato ha abbandonato la religione cristiana ed è diventato l'amante di Messalina. Lucia viene resuscitata dall'apostolo Pietro e Demetrio ritorna al cristianesimo. ■ STORICO; COL.; 101'; USA, 1954.

GLADIATORI DELL'ANNO 3000, I *(Deathsport)* ★★
Regia di ALLAN ARKUSH, HENRY SUSO. Con DAVID CARRADINE, CLAUDIA JENNINGS, RICHARD LYNCH, WILLIAM SMITHERS, WILL WALKER. ■ Nell'anno 3000 gli abitanti della Terra si distinguono in "statimani" (coloro che risiedono nelle città), "cavalieri erranti" (che combattono secondo antichi codici d'onore) e "cannibali" (selvaggi predatori). Si scatenano cruente battaglie per il controllo del globo. ■ FANTASCIENZA; COL.; 82'; USA, 1977.

GLADIATORI DELLA STRADA, I *(Gladiator)* ★★
Regia di ROWDY HERRINGTON. Con BRIAN DENNEHY, CUBA GOODING JR., ROBERT LOGGIA, JAMES MARSHALL. ■ La pellicola è ambientata nel mondo della boxe fuorilegge e allo stesso tempo nel ghetto di una delle grandi metropoli degli Stati Uniti. Duro e violento come si conviene al genere, si avvale di alcuni attori caratteristi di sicura professionalità. ■ POLIZIESCO; COL.; 98'; USA, 1992.

GLADIATORI DI ROMA 3D ★★
Regia di IGINIO STRAFFI. Con LUCA ARGENTERO, LAURA CHIATTI, BELEN RODRIGUEZ. ■ Timo, un orfanello scampato alla storica eruzione di Pompei, viene salvato da un gladiatore che lo porta con sé a Roma, lo accoglie nella sua famiglia e cerca di instradarlo all'arte del combattimento nella sua rinomata "accademia" per gladiatori. Ma Timo tutto è tranne che un combattente coraggioso e sembra non avere nessuna passione se non l'amore per Lucilla, la sorellastra, unica figlia del padre adottivo. ■ AZIONE; COL.; 95'; ITALIA, 2012.

GLADIATRICI, LE ★
Regia di ANTONIO LEONVIOLA. Con SUSY ANDERSEN, MARIA FIORE, JAY ROBINSON. ■ Un filmetto dove le donne sono guerriere e gladiatrici. Le schiave vengono addestrate alla lotta nel circo. La bella Tamar le guida verso la libertà. ■ AVVENTURA; COL.; 93'; ITALIA, 1963.

GLANEURS ET LA GLANEUSE, LES ★★★★
Regia di AGNÈS VARDA. ■ C'era una volta la spigolatura. Così potrebbe iniziare la recensione di questo splendido documentario

della Varda. Oppure: chi crede che il documentario sia una specie di sottogenere paratelevisivo veda questo e si ricreda. Perché grazie all'uso di una handycam digitale l'autrice di *Sans toit ni loi* torna a visitare un mondo di emarginazione di miseria che vive accanto a noi, non è costituito (come certa propaganda vorrebbe far credere) principalmente da extracomunitari ed è ricco di un'umanità che ha fatto definire a più riprese "amiche" le persone che la regista ha incontrato e ripreso. Nella tradizione letteraria italiana esiste (o è meglio dire "esisteva") una poesia risorgimentale intitolata *La spigolatrice di Sapri*. In quella francese domina il quadro di Millet esposto al Musée d'Orsay. Ma quasi più nessuno ricorda cosa sia la spigolatura, cioè il raccogliere i chicchi di grano rimasti in terra dopo la mietitura. Oggi la spigolatura avviene quotidianamente nei mercati, nei cassonetti delle immondizie, nei campi dopo che, ad esempio, le patate sono state "calibrate" perché in vendita vanno messe solo quelle con un certo aspetto e dimensione. Gli spigolatori di oggi sono persone che hanno fame e che, per assurdo, grazie agli sprechi di una civiltà dei consumi sempre più cieca e indifferente, possono sperare di sopravvivere. La Varda li segue e li riprende con lo stesso sguardo, malinconico e solare al contempo, con cui inquadra le rughe delle sue mani o la fragilità dei propri capelli. Perché questa è una lezione di cinema girato in video che unisce una grande libertà a una passione forte e matura. ■ DOCUMENTARIO; COL.; 82'; FRANCIA, 2000.

GLEE 3D. CONCERT MOVIE ★★
(Glee: The 3d Concert Movie)
Regia di KEVIN TANCHAROEN. Con DIANNA AGRON, CHRIS COLFER, DARREN CRISS, LEA MICHELE, CORY MONTEITH. ■ Quinn, Kurt, Blaine, Artie, Rachel, Finn, Brittany, Mercedes, Santana, Puck, Tina, Mike, Sam, Lauren sono nomi più che noti ai fans della serie tv *Glee*. In questo documentario potranno vederli in azione durante la tournèe in cui hanno coperto 40 date (per un totale di 45 concerti) negli Stati Uniti, in Canada, in Inghilterra e in Irlanda totalizzando più di 560.000 spettatori con un incasso di circa 50 milioni di dollari. La struttura è standard: alle esibizioni, sempre cariche di entusiasmo e professionismo, si intercalano immagini di backstage. Con, in questo caso, racconti dei fans. ■ MUSICAL; COL.; 84'; USA, 2011.

GLENN MILLER – LA STORIA DI GLENN MILLER *(The Glenn Miller Story)* ★★★
Regia di ANTHONY MANN. Con JUNE ALLYSON, JAMES STEWART. ■ È la storia del grande musicista americano. ■ BIOGRAFICO; COL.; 116'; USA, 1953. ■ OSCAR 1 PR, 3 NOM.

GLEN OR GLENDA – DUE VITE IN UNA ★★★
(Glen or Glenda – 1 Led 2 Lives)
Regia di EDWARD D. WOOD. Con DANIEL DAVIS, DOLORES FULLER, BELA LUGOSI, LYLE TALBOT. ■ Un uomo fidanzato scopre di essere transessuale e decide di fare l'operazione. Argomento coraggioso, negli anni Cinquanta. Film ridicolo, tanto da essere un cult-movie di gusto kitsch. ■ COMMEDIA; COL.; 67'; USA, 1953.

GLITCH VACANZE BOLLENTI *(Glitch)* ★★
Regia di NICO MASTORAKIS. Con WILL EGAN, NICK GUATHIER, TED LANGE. ■ Due ladri dilettanti alle prese con una serie di difficoltà che non immaginavano. Come un energumeno esperto in arti marziali e un elicottero rosa telecomandato che li stana nei momenti meno opportuni. Meno male che hanno la possibilità, fra un'avventura e l'altra, d'incontrare anche un bel mucchio di formose ragazze. ■ COMMEDIA; COL.; 91'; USA, 1988.

GLITTER DOME, THE ★★
Regia di STUART MARGOLIN. Con JAMES GARNER, JOHN LIGHTGOW. ■ Un importante produttore viene ucciso. Due poliziotti iniziano le indagini muovendosi nello sfavillante mondo del cinema. Il primo indizio li conduce a una sporca storia di film a luci rosse. ■ POLIZIESCO; COL.; 94'; USA, 1984.

GLITTER – QUANDO NASCE UNA STAR *(Glitter)* ★★
Regia di VONDIE CURTIS-HALL. Con MAX BEESLEY, HARRY JR CAREY, TERRENCE HOWARD. ■ È la storia di Billie, una giovane cantante all'esordio, interpretata da una delle figure del pop più rappresentative: Mariah Carey. Billie nasce povera, ha un'infanzia difficile, viene abbandonata dalla madre, cresce in un orfanotrofio. Dopo qualche anno ecco l'incontro con un importante ed affascinante dj che le cambia la vita. Inizia così la scalata al successo, sempre sostenuta da lui Julian Dice. La ragazza diventa famosa, una vera star musicale, ma l'evoluzione naturalmente comporta scelte e cambiamenti importanti. Per cominciare, nel rapporto tra la diva e Julian si è intromesso un musicista. La storia potrebbe far pensare ad un racconto biografico di Mariah, ma di vero, dice lei, c'è soltanto la sua voce. Glitter sono i lustrini per il trucco. ■ COMM. MUSICALE; COL.; 100'; USA, 2001.

GLITZ ★★
Regia di SANDOR STERN. Con MARKIE POST, JIMMY SMITH. ■ Mentre si trova in vacanza a Portorico, il poliziotto privato Vincent Mora riceve la notizia che una sua ex fiamma è deceduta in maniera abbastanza sconcertante. Tutti propendono per la tesi del suicidio, ma Mora la pensa diversamente, persuaso che la donna sia stata assassinata. ■ POLIZIESCO; COL.; 95'; USA, 1988.

GLORIA *(What Price Glory?)* ★★★
Regia di RAOUL WALSH. Con DOLORES DEL RIO, EDMUND LOWE, VICTOR MCLAGLEN. ■ Due soldati al fronte spasimano per la stessa donna. Arriveranno a battersi ma poi la coscienza di una guerra nella quale molti innocenti sono morti li farà tornare amici. ■ DRAMMATICO; B/N; 120'; USA, 1926.

GLORIA ★★★
Regia di SIDNEY LUMET. Con JEAN-LUKE FIGUEROA, CATHY MORIARTY, JEREMY NORTHAM, GEORGE C. SCOTT, SHARON STONE. ■ Gloria va in prigione al posto del gangster suo compagno. Quando esce capisce di essersi sacrificata per la persona sbagliata ed è costretta a fuggire per difendere Nicky, un ragazzino portoricano di sette anni. Costui è depositario di un dischetto carico di informazioni sui rapporti tra politica e mafia. Lumet affronta il remake del film di Cassavetes con cadenze "classiche" e con una Stone all'altezza del ruolo. ■ DRAMMATICO; COL.; 108'; USA, 1999.

GLORIA ★★
Regia SEBASTIAN LELIO. Con PAULINA GARCIA, COCA GUAZZINI, SERGIO HERNÁNDEZ, ANTONIA SANTA MARÍA. ■ Divorziata da anni con due figli ormai adulti un nipote e un vicino molesto, Gloria cerca equilibrio in feste eventi serali e discoteche nelle quali poter incontrare qualcuno della propria età, un nuovo fidanzato. Quando però sembra averlo trovato questi si rivela inaffidabile, misterioso e poco propenso a tener fede a quel che dice. Sul corpo non più giovane di Gloria, sulle sue imperfezioni, sui diversi look, sulle sue valorizzazioni e sulla potenza con la quale procede nonostante tutto, è riconoscibile la forza di un film capace di elevarsi al di sopra di qualsiasi banalità e rischio di una drammatizzazione dell'ordinario. ■ DRAMMATICO; COL.; 110'; CILE, SPAGNA, 2013.

GLORIA DEL MATTINO, LA *(Morning Glory)* ★★★
Regia di LOWELL J. SHERMAN. Con DOUGLAS FAIRBANKS JR, KATHARINE HEPBURN. ■ Una ragazza povera vuole fare l'attrice. Una sera si reca ad un ricevimento dato da un grande impresario. Lì recita brani dell'*Amleto* davanti a un pubblico di specialisti ma, addormentatasi per lo champagne bevuto, si trova sola con l'impresario che approfitta di lei. Il successo arriva dopo fatiche e umiliazioni. ■ COMMEDIA; B/N; 74'; USA, 1933. ■ OSCAR 1 PR, 1 NOM.

GLORIA PER UN TRADITORE *(Glineni golub)* ★★
Regia di TOMAS JANIC. Con STOL ARAUD, REGINA DEMIR, TATIANA SALA, BATA ZIIVOJ. ■ Un episodio della resistenza jugoslava durante l'occupazione nazista. Siamo nel 1943: il partigiano Petrak Jovic, caduto nelle mani dei tedeschi, non rivela i nomi dei suoi compagni, nonostante le torture cui viene sottoposto. I tedeschi lo fanno addirittura passare per traditore presso i suoi stessi amici. Abbandonato da tutti, alla fine riguadagnerà la stima dei patrioti. ■ GUERRA; B/N; 90'; JUGOSLAVIA, 1967.

GLORIA – UNA NOTTE D'ESTATE *(Gloria)* ★★★★8
Regia di JOHN CASSAVETES. Con JOHN ADAMES, BASILIO FRANCHINA, GENA ROWLANDS. ■ Per impadronirsi di documenti che scottano e per punire un traditore una organizzazione criminale massacra una famiglia intera. Alla strage riesce a sfuggire soltan-

to uno dei figli, affidato dai genitori a Gloria, una vicina di casa. La donna, legata in passato alla medesima organizzazione, si trova ad assumere l'ingrato compito di proteggere il ragazzino cui finisce per affezionarsi. Pur di sottrarlo alla vendetta dei killer, Gloria, che sa sparare come un uomo e ha un coraggio da leone, non esita ad affrontarli con i loro stessi mezzi. ■ DRAMMATICO; COL.; 121'; USA, 1980. ■ GOLDEN GLOBES 🏆 1 NOM; OSCAR 🏆 1 NOM; VENEZIA 🏆 1 PR.

GLORIOSA AVVENTURA, LA *(The Real Glory)* ★★★
Regia di HENRY HATHAWAY. Con GARY COOPER, BRODERICK CRAWFORD, KAY JOHNSON, ANDREA LEEDS, DAVID NIVEN, REGINALD OWEN. ■ Nelle isole Filippine, all'inizio del ventesimo secolo, dopo la guerra ispano-americana, un medico americano si assume il compito di responsabilizzare gli indigeni in senso sociale e politico, affinché possano gestire la loro indipendenza. ■ DRAMMATICO; B/N; 95'; USA, 1939.

GLORY BOY *(My Old Man's Place)* ★★★
Regia di EDWIN SHERIN. Con WILLIAM DEVANE, PETER DONAT, ARTHUR KENNEDY, MITCH RYAN. ■ Il film mette a fuoco il dramma umano dei reduci del Vietnam che affrontano il reinserimento nella vita civile. In particolare, assistiamo alla vicenda di Martin e dei suoi amici reduci. Abituati ad usare la violenza, non sanno che usare violenza. ■ DRAMMATICO; COL.; 93'; USA, 1972.

GLORY ROAD ★★
Regia di JAMES GARTNER. Con TATYANA ALI, JAMES AARON, MARK ADAM, MEHCAD BROOKS, ALEJANDRO HERNANDEZ, SAM JONES, JOSH LUCAS, DEREK LUKE, ALPHONSO MCAULEY, AUSTIN NICHOLS, JAMES OLIVARD, DAMAINE RADCLIFF, AL SHEARER, JON VOIGHT, RED WEST. ■ Nel 1965 l'allenatore Don Haskins, affidandosi esclusivamente all'abilità degli atleti e senza tener conto dei fermenti politici e razziali in atto, mette insieme un team composto in buona parte da giocatori afroamericani. Grazie al suo coraggio, la misconosciuta squadra di basket della Texas Western University riuscirà a vincere il campionato NCAA del 1966. ■ SPORTIVO; COL.; 106'; USA, 2006.

GLORY TO THE FILMMAKER! *(Kantoku Banzai!)* ★★
Regia di Takeshi Kitano. Con Yoshino Kimura, Takeshi Kitano, Keiko Matsuzaka, Ren Osugi, Anne Suzuki, Akira Takarada, Kazuko Yoshiyuki. ■ Takeshi Kitano in persona, dopo avere dichiarato di non voler realizzare più film violenti, si domanda quale debba essere il genere cinematografico da affrontare. Come regista, come autore. Eccolo alla Mostra del Cinema di Venezia, con un film sperimentale, che fa letteralmente il check-up al cineasta (il film inizia con un manichino di legno che indossa una maglietta azzurra con il logo "Kitano Office", all'interno di un'ospedale) e che rappresenta, ancora con grande autoironia, come Kitano realizzerebbe film di generi cinematografici differenti. ■ COMMEDIA DRAMMATICA; COL.; 104'; GIAPPONE, 2007.

GLORY, UOMINI DI GLORIA *(Glory)* ★★★
Regia di EDWARD ZWICK. Con MATTHEW BRODERICK, MORGAN FREEMAN, DENZEL WASHINGTON. ■ Il venticinquenne Robert, appartenente a una famiglia di Boston che ha sempre rispettato la gente di colore, accetta la proposta di fare da capitano al 54° reggimento di fanteria di volontari nella guerra di Secessione, composto da soldati di colore e, nonostante gli ostacoli che incontrerà questo piccolo esercito, avrà una parte importante nella vittoria nordista. Pur non trovando nulla di nuovo sul fronte della tecnica, il regista ha imparato la grandissima lezione dei maestri americani quando si tratta di costruire immagini di guerra e di umanità. Bravo Matthew Broderick, e meritato l'Oscar come migliore attore non protagonista a Denzel Washington. ■ DRAMMATICO; COL.; 122'; USA, 1989. ■ GOLDEN GLOBES 1 PR, 5 NOM; OSCAR 3 PR, 5 NOM.

G-MEN DELLA V SQUADRA ★★
(Stake out on Dope Street)
Regia di IRVIN KERSHNER. Con JONATHAN HAZE, MORRIS MILLER, YALE WEXLER. ■ Tre ragazzi si cacciano nei guai a causa di una borsa piena di eroina abbandonata dai gangster. Senza l'imbarazzo di un giudizio morale, decidono di venderla per sistemarsi finanziariamente. Ma l'impresa fallisce. ■ DRAMMATICO; B/N; 83'; USA, 1958.

G-MEN: EVASO 50574 *(I Cover the Underworld)* ★★
Regia di ROBERT G. SPRINGSTEEN. Con JOANNE JORDAN, SEAN MCCLORY, RAY MIDDLETON, LEE VAN CLEEF. ■ Un film d'azione imperniato sul motivo non nuovo della perfetta somiglianza tra due fratelli gemelli. Uno è gangster, l'altro è seminarista. John, il futuro prete, si spaccia per Gunnar presso i membri di una banda: è d'accordo con la polizia per farli arrestare. Volano pugni anche fra i fratelli. ■ POLIZIESCO; B/N; 70'; USA, 1955.

GNOMO-MOBILE, LA *(The Gnomo-Mobile)* ★★
Regia di ROBERT STEVENSON. Con WALTER BRENNAN, KAREN DOTRICE, MATTHEW GARBER. ■ I piccoli nipoti di un piccolo industriale, proprietario di una cartiera, durante un pic-nic vicino a un bosco ricco di querce, vedono degli gnomi. Le querce dovranno essere abbattute per la fabbrica e i piccoli bambini studieranno una strategia per salvare il bosco. Prodotto dalla Walt Disney. ■ AVVENTURA; COL.; 88'; USA, 1967.

GOAL ★★
Regia di SONNY DREILSEL. ■ È un film sul campionato mondiale di calcio del 1958. Vince il Brasile col leggendario attacco Pelé-Didi-Vavà. ■ DOCUMENTARIO; B/N; 90'; GERMANIA, 1958.

GOAL – COPPA DEL MONDO 1966 ★★
Regia di DINO ABIDINE. ■ È una lunga sintesi delle partite di calcio del mondiale vinto dall'Inghilterra. ■ DOCUMENTARIO; COL.; 93'; GRAN BRETAGNA, 1967.

GOAL! IL FILM *(Goal!)* ★★
Regia di DANNY CANNON. Con KUNO BECKER, GREG ELLIS, ANNA FRIEL, MARCEL IURES, ALESSANDRO NIVOLA. ■ Santiago Munez è emigrato dal Messico negli Stati Uniti insieme alla sua famiglia in cerca di un futuro migliore. Sin da quando era bambino, il suo sogno è sempre stato quello di diventare un giocatore di calcio. Giunto a Los Angeles, un talent scout, dopo averlo visto giocare, gli propone un provino per la squadra inglese del Newcastle United. Santiago accetta e parte alla volta della Gran Bretagna per realizzare il suo sogno. Primo episodio di una trilogia che si concluderà nel 2006, giusto in tempo per i mondiali di calcio in Germania. ■ DRAMMATICO; COL.; 118'; USA, 2005.

GOBBO, IL ★
Regia di CARLO LIZZANI. Con GÉRARD BLAIN, BERNARD BLIER, ANNA MARIA FERRERO, IVO GARRANI. ■ Un giovane borgataro romano, Alvaro detto "il Gobbo", durante la guerra si fa un nome come sabotatore ai danni di tedeschi e fascisti. Suo principale oppositore è un commissario fascista, di cui il protagonista ama la figlia. L'arrivo degli Alleati pone fine momentaneamente alle vendette e alle rappresaglie, ma nel dopoguerra Alvaro diventa rapinatore. La sua innamorata ne condivide il destino e la tragica fine. ■ DRAMMATICO; B/N; 95'; ITALIA, 1960.

GOBBO DI LONDRA, IL *(Der Bucklige von Soho)* ★
Regia di ALFRED VOHRER. Con PINKAS BRAUN, MONIKA PEITSCH, SIEGFRED SCHURENBERG, GÜNTHER STOLL. ■ Da un racconto di Edgar Wallace. A Londra delle ragazze vengono trovate strangolate; tutte hanno le mani corrose dall'uso di un detersivo. L'ispettore Hopkins risolverà l'enigma. ■ GIALLO; COL.; 94'; GERMANIA, 1966.

GOBBO DI NOTRE DAME, IL ★★★
(The Hunhback of Notre Dame)
Regia di WALLACE WORSLEY. Con LON CHANEY JR, PATSY RUTH MILLER, ERNEST TORRENCE. ■ Lon Chaney, l'uomo dai mille volti, alle prese col celebre personaggio Quasimodo. Grandi immagini e grandi mezzi produttivi con cattedrale ricostruita. Molte delle scene sono state riprese pressoché uguali nell'altrettanto efficace versione del 1939, *Notre Dame* con Laughton. ■ HORROR; COL.; 108'; USA, 1923.

GOBBO DI NOTRE DAME, IL ★★★
(The Hunckback of Notre Dame)
Regia di GARY TROUSDALE, KIRK WISE. ■ Ennesima edizione de *Il Gobbo* secondo Disney. Solito successo natalizio obbligatorio anche se i disegni sono sempre più freddi e computerizzati. ■ ANIMAZIONE; COL.; 90'; USA, 1996. ■ GOLDEN GLOBES 1 NOM; OSCAR 1 NOM.

GOBBO DI PARIGI, IL ★★
(Les aventures de Lagardère: Le bossu)
Regia di JEAN-PIERRE DECOURT. Con NADINE ALARI, MICHEL GRELLIER, JEAN PIAT. ■ Il principe Gonzaga, per impossessarsi dell'eredità di Nevers, ingaggia la zingara Flora affinché si faccia credere Aurora di Nevers. I veri eredi Aurora e Henri tendono una trappola al principe e riescono a provare la sua colpevolezza. Ma questi, dopo aver rapito Aurora, scappa in Spagna con lei. ■ AVVENTURA; COL.; 96′; FRANCIA, 1966.

GOCCE D'ACQUA SU PIETRE ROVENTI ★★★
(Gouttes d'eau sur pierres brulantes)
Regia di FRANÇOIS OZON. Con BERNARD GIRAUDEAU, LUDIVINE SAGNIER, ANNA THOMPSON, MALIK ZIDI. ■ Germania, anni Settanta. Léopold, un rappresentante di commercio cinquantenne, incontra Franc, 19 anni. Lo invita a casa sua e nasce una storia d'amore. Fine primo atto. La storia tra i due prosegue ma si producono piccole incrinature che evidenziano gli effettivi rapporti di potere. Fine atto secondo. Arrivano il transessuale Eva, già compagno di Léopold, e la fidanzatina di Franz. Fine del film, che assume la struttura del testo teatrale che Rainer Werner Fassbinder non portò mai sullo schermo. E forse una ragione c'era. Si tratta di un testo estremamente datato, forse già all'epoca, che sulla scena può avere una sua consistenza che al cinema però finisce con il diluirsi. A meno di avere un attore come Giraudeau che conduce la danza. Visto in originale a Berlino se ne apprezzava la sottile e sadica lucidità del dire. Non so se il doppiaggio l'abbia conservata. Tre stelle per gli attori. ■ DRAMMATICO; COL.; 90′; FRANCIA, 1999.

GODOT *(Quand la femme s'en mêle)* ★★★
Regia di YVES ALLÉGRET. Con BERNARD BLIER, EDWIGE FEUILLÈRE, PIERRE MONDY, JEAN SERVAIS. ■ Buon giallo francese del cosiddetto "filone nero". Madre amica dei gangster e figlia amica della polizia. ■ DRAMMATICO; B/N; 90′; FRANCIA, 1958.

GODSEND *(The Godsend)* ★★
Regia di GABRIELLE BEAUMONT. Con CYD HAYMAN, ANGELA PLEASENCE, MALCOLM STODDARD. ■ Una famiglia prende in casa una bella bambina bionda abbandonata dalla madre, che però qualche ragione di abbandonarla l'aveva. La piccola si rivela una demonietta che per monopolizzare l'affetto dei genitori adottivi uccide due figli della coppia stessa. ■ HORROR; COL.; 91′; GRAN BRETAGNA, 1980.

GODSEND ★★
Regia di NICK HAMM. Con CAMERON BRIGHT, MARC BUTAN, ROBERT DE NIRO, EDIE INKSETTER, GREG KINNEAR, DEBORAH ODELL, SEAN O'KEEFE, REBECCA ROMIJN-STAMOS, CATHY SCHULMAN. ■ Il tema della clonazione è stato spesso affrontato dal cinema americano recente, con una accentuata predisposizione agli aspetti "fantascientifici". Qui si privilegia un approccio meno spettacolare e più sofisticato, scegliendo come chiave di volta dell'intera storia, il patto faustiano tra una coppia che ha perso un figlio a causa di un incidente ed uno scienziato geniale ma senza scrupoli: riporterà in vita il bambino, ma a un prezzo troppo alto. Viene fermato. Hamm si lascia spesso irretire dal suo stesso gusto per la sorpresa. ■ THRILLER; COL.; 102′; CANADA, USA, 2004.

GODSPELL ★★
Regia di DAVID GREENE. Con VICTOR GARBER, KATIE HANLEY, DAVID HASKELL, MARRELL JACKSON. ■ Film del filone "Vangelo". Godspell vuole dire appunto Vangelo. Una decina di ragazzi cantano e ballano per le strade di New York. ■ MUSICALE; COL.; 103′; USA, 1973.

GODZILLA *(Gojira)* ★★★
Regia di ISHIRÔ HONDA. Con RAYMOND BURR, TAKASHI SHIMURA. ■ Un mostro preistorico terrorizza e uccide gli abitanti di Tokyo. Una spedizione scientifica giapponese (con un giornalista americano) cerca di venire a capo del caso. Finalmente uno scienziato scopre il modo di battere il mostro. ■ FANTASTICO; B/N; 97′; GIAPPONE, 1954.

GODZILLA ★
Regia di ROLAND HEMMERICH. Con MATTHEW BRODERICK, MARIA PITILLO, JEAN RENO. ■ Il lucertolone partorito dalla bomba di Hiroshima torna sugli schermi dopo quarant'anni. Godzilla minaccia l'umanità. Per difenderla entrano in campo i buoni. Superproduzione coi suoi bravi messaggi ecologici. Grandi incassi negli Usa. Ma che barba... ■ FANTASCIENZA; COL.; 126′; USA, 1998.

GODZILLA CONTRO I GIGANTI *(Godzilla vs gigan)* ★★
Regia di ISHIRÔ HONDA. Con LILLI FILKER, LEE HUNTER, DAN JUMA, AKIRA KUBO. ■ In questo filmetto, Godzilla è buono e aiuta i terrestri a sconfiggere gli invasori extraterrestri. ■ FANTASTICO; COL.; 89′; GIAPPONE, 1975.

GODZILLA CONTRO I ROBOT ★★
(Godzilla vs mechagodzilla)
Regia di JUN FUKUDA. Con KAZUYA AOYAMA, MASAAKI DAIMON. ■ Anche qui Godzilla è un mostro buono, amico dell'umanità, che combatte contro un mostruoso robot extraterrestre. ■ FANTASTICO; COL.; 80′; GIAPPONE, 1974.

GODZILLA FURIA DEI MOSTRI *(Godzilla vs hedorah)* ★
Regia di YOSHIMITSU BANNO. Con HIROYUKI KAWASE, AKIRA YAMAUCHI. ■ Hedorah, un mostro a forma di enorme girino, si nutre dei gas di scarico delle industrie seminando morte e distruzione. Gli uomini costruiscono una trappola e Godzilla, sopraggiungendo in loro aiuto, spinge il mostro Hedoraha a entrarvi. ■ FANTASTICO; COL.; 93′; GIAPPONE, 1972.

GO FISH – SEGUI IL PESCE ★★
Regia di ROSE TROCHE. Con V.S. BRODIE, WENDY MCMILLAN, GUINEVERE TURNER. ■ Il Festival Sundance fondato da Robert Redford continua a sfornare nuove proposte. Questa volta siamo alle prese con una regista al primo film. Ha avuto poco tempo e un budget molto basso. Aiutata da sole donne è riuscita a realizzare il film e questo è un merito. Chicago fa da scenario alle vite di alcune lesbiche appartenenti a una vera e propria comunità. Nonostante le premesse e la buona volontà forse nell'operazione c'è un'ambizione che non si sposa del tutto con il risultato. ■ COMMEDIA; COL.; 85′; USA, 1994.

GO FOR GOLD ★★★
Regia di LUCIEN SEGURA. Con MARIA DE MEDEIROS, LARS RUDOLPH, SAÏD TAGHMAOUI. ■ Occorre un profilo del regista Segura: tedesco di origine spagnola, regista di videoclip e spot pubblicitari, e montatore di Wenders. Significa una certa attitudine d'autore con propensione al "linguaggio" cinematografico. Dunque questo film cerca di essere in tutti i modi non convenzionale. Non è convenzionale il protagonista, un piccolo truffatore che vive a Berlino e che riesce a riconoscere le persone solo attraverso i rumori: un rumore di braccialetti per una donna, un sibilo legato a un amico. In cerca di una certa identità, decide di fare la guida turistica ma è troppo maldestro e per poco non causa un disastro. La regia si porta dietro la cultura che abbiamo detto: rapidità, forte base musicale, movimenti di macchina. ■ COMMEDIA; COL.; 100′; GERMANIA, SPAGNA, 1997.

GO GO TALES ★★
Regia di ABEL FERRARA. Con ASIA ARGENTO, BIANCA BALTI, WILLEM DAFOE, LOU DOILLON ROY DOTRICE, BOB HOSKINS, SYLVIA MILES, MATTHEW MODINE, STEFANIA ROCCA, RICCARDO SCAMARCIO, BURT YOUNG. ■ Ray Ruby è il titolare di un club di lap dance denominato «Paradise» nel centro di Manhattan. Lo coadiuva l'amministratore Jay, mentre il silente fratello Johnny è colui che finanzia l'impresa. Il problema è dato dal fatto che il fallimento è alle porte e l'anziana proprietaria dell'immobile non sembra più contenibile. Si precipita nel locale in piena attività reclamando i mesi di affitto non percepiti. Se aggiungiamo che Johnny comunica a Ray che non ha più intenzione di dargli un dollaro e che le ballerine sono intenzionate a tenersi addosso i vestiti in una sorta di sciopero dello strip tease, si può facilmente indovinare quale sia il clima che domina nel locale. Diventa indispensabile trovare una soluzione. ■ DRAMMATICO; COL.; 96′; ITALIA, USA, 2007.

GOLA PROFONDA *(Deep Throat II)* ★
Regia di JOSEPH W. SARNO. Con RICK LIVERMORE, LINDA LOVELACE, HARRY RZAMAS. ■ Sulla scia dello scandalo sollevato dal *Deep Throat* di Gerard Damiano, con la stessa protagonista, venne distribuito un film diverso dal primo: un po' di sesso e un po' di spionaggio comico. ■ EROTICO; COL.; 93′; USA, 1974.

GOLDEN BOWL, THE *(The Golden Bowl))* ★★★
REGI DI JAMES IVORY. Con KATE BECKINSALE, ANJELICA HUSTON, NICK NOLTE, JEREMY NORTHAM, UMA THURMAN. ■ Da un romanzo di Henry James. S'intrecciano le vicende di Maggie (Beckinsale), di suo padre Adam (Nolte), dell'amica Charlotte (Thurman) e del principe italiano Amerigo (Northam) marito di Maggie e amante di Charlotte, a sua volta moglie dell'anziano Adam. La vicenda si snoda secondo gli schemi di James: l'amore è subordinato alle convenzioni, a qualsiasi costo. Il tutto fra l'Italia e i castelli inglesi. Alla fine tutti conoscono le tresche e i dolori di tutti, ma la convenzione, l'educazione – siamo fra il 1903 e il 1908 – vogliono che tutto proceda educatamente, appunto, a scapito delle passioni. Adam si porta la moglie in America per la serenità della figlia e del genero. Così il nodo è sciolto, le due coppie saranno "corrette" secondo le convenzioni. Ivory è il solito: perfetto, forse troppo. ■ DRAMMATICO; COL.; 126'; USA, 2000.

GOLDEN EYE ★★★
Regia di MARTIN CAMPBELL. Con SEAN BEAN, PIERCE BROSNAN, IZABELLA SCORUPCO. ■ Un sistema segreto di armi nucleari, denominato Golden Eye, viene rubato da crimiali ex sovietici. La Cia si allea con gli ex nemici per recuperare il materiale. Pierce Brosnan ci mette un quarto d'ora prima di pronunciare la mitica frase "Il mio nome è Bond, James Bond". Ci sono anche altri mutamenti, a partire dal capo di Bond che è una donna di mezza età che non si tira indietro quando c'è da dargli del sessista. C'è forse un eccesso di politically correct che, posizionando buoni e cattivi da una parte e dall'altra, elimina il "sano" manicheismo che era uno dei punti di riferimento del vecchio 007. ■ AZIONE; COL.; 130'; GRAN BRETAGNA, USA, 1995.

GOLDEN GATE ★★
Regia di JOHN MADDEN. Con JOAN CHEN, MATT DILLON, BRUNO KIRBY, TERI POLO. ■ Kevin Walker entra in polizia agli inizi degli anni Cinquanta. I suoi ideali di giustizia cedono ben presto all'esigenza di preservare la nazione dalla minaccia comunista. Farà pertanto arrestare un cinese innocente, perdendo l'amore ma guadagnando i galloni. ■ POLIZIESCO; COL.; 90'; USA, 1994.

GOLDENGIRL ★★★
Regia di JOSEPH SARGENT. Con SUSAN ANTON, LESLIE CARON, JAMES COBURN, ROBERT CULP, HARRY GUARDINO, CURD JÜRGENS. ■ Uno scienziato nazista, trasferitosi in America per dimostrare le sue folli teorie, imbottisce la figlioccia d'ormoni e la fa diventare una super atleta. Alle Olimpiadi di Mosca lei butta via le pillole e vince coi suoi mezzi. ■ DRAMMATICO; COL.; 115'; USA, 1979.

GOLDEN YEARS ★★
Regia di ALLEN COULTER, KENNETH FINK, MICHAEL GORNICK, STEPHEN TOLKIN. Con ED LAUTER, FRANCES STERNHAGEN, KEITH SZARABAJKA. ■ È una miniserie televisiva scritta dall'onnipresente Stephen King, che fa anche un breve cameo come attore. Un vecchio, per un incidente di laboratorio, assorbe delle radiazioni e pian piano diventa più giovane. Era un esperimento molto riservato e così i servizi segreti vogliono cancellare tracce e testimoni. ■ FANTASCIENZA; COL.; 240'; USA, 1992.

GOLDFACE, IL FANTASTICO SUPERMAN ★
Regia di ADALBERTO ALBERTINI. Con ROBERT ANTHONY, BIG MATTHEWS, EVI MORANDI, MICAELA PIGNATELLI. ■ Un noto industriale è in realtà un losco ricattatore, che agisce segretamente con il nome di Cobra. Goldface, il terribile castigamatti, lotta contro il Cobra, aiutato da Kotar, il suo servo nero, e da una bella e intraprendente spia, riuscendo naturalmente a sconfiggere il criminale. ■ AVVENTURA; COL.; 97'; ITALIA, 1967.

GOLDRAKE L'INVINCIBILE *(Ufo Robot Rrendizer)* ★★
■ Il pianeta Vega è divenuto inabitabile e perciò il suo capo, Hydargos, decide l'invasione della Terra. Allo scopo, fissa una base sulla Luna. Ma i collaboratori del professore Procton, tra i quali c'è anche l'invincibile robot Goldrake, riusciranno a cacciare dalla Terra gli invasori. ■ ANIMAZIONE; COL.; 92'; GIAPPONE, 1978.

GOLDSNAKE ANONIMA KILLERS ★
Regia di FERDINANDO BALDI. Con JUAN CORTES, ANNABELLA INCONTRERA, STANLEY KENT. ■ Il detective Jackson è sulle tracce dello scienziato Wang Li e di suo figlio, che sono inseguiti anche da una banda. I due cinesi, infatti, hanno con sé una formula per la costruzione di una bomba speciale che fa gola ai gangster. Jackson sconfigge la banda e salva la preziosa formula. ■ AVVENTURA; COL.; 94'; ITALIA, 1966.

GOLEM – BUG, L'UOMO D'ARGILLA, IL ★★★
(Der Golem, wie er in die Welt kam)
Regia di CARL BOESE, PAUL WEGENER. Con LYDA SALMONOVA, ALBERT STEINRUCK, PAUL WEGENER. ■ Siamo a Praga. Löw, un rabbino, costruisce una grande statua d'argilla, il Golem, che dovrebbe salvare gli ebrei da qualsiasi minaccia. Un film molto sofferto, girato ben tre volte dai suoi autori. Uno dei primi esempi di surrealismo con l'influsso del genere fantastico. ■ FANTASTICO; COL.; 73'; GERMANIA, 1920.

GOLEM, LO SPIRITO DELL'ESILIO *(Golem)* ★★★
Regia di AMOS GITAI. Con VITTORIO MEZZOGIORNO, HANNA SCHYGULLA, OPHRAH SHEMESH. ■ Utilizzando la Kabbalah, viene costruito il mitico Golem, una statua d'argilla in cui viene "soffiata" la vita. Deve aiutare i profughi e gli esuli a fuggire. ■ DRAMMATICO; COL.; 105'; FRANCIA, 1991.

GOLE RUGGENTI ★
Regia di PIER FRANCESCO PINGITORE. Con STEFANO ANTONUCCI, PIPPO FRANCO, LEO GULLOTTA, PAMELA PRATI. ■ Proposta grottesca degli intrighi dietro un festival canoro (vuoi vedere che è Sanremo?). Presentatori isterici, cantanti ignoranti, ordini dall'alto, risultati manipolati. Film non solo inutile, ma fastidioso. ■ COMICO; COL.; 104'; ITALIA, 1992.

GOLFO DEL MESSICO *(The Breaking Point)* ★★★★
Regia di MICHAEL CURTIZ. Con JOHN GARFIELD, PATRICIA NEAL, PHYLLIS THAXTER. ■ È l'adattamento del romanzo *Avere e non avere* di Hemingway. Harry Morgan fa il traghettatore sulla costa messicana. Gli capita anche di trasportare gente equivoca, che non lo paga: prima una coppia che gli sfugge senza saldare il conto, poi un'organizzazione di immigrati cinesi non del tutto pulita; infine, dei gangster veri e propri. Ma questa volta Morgan fa fuori la banda. ■ AVVENTURA; B/N; 97'; USA, 1950.

GOLGOTA *(Golgotha)* ★★
Regia di JULIEN DUVIVIER. Con HARRY BAUR, JEAN GABIN, ROBERT LE VIGAN. ■ Il film narra la passione di Gesù e la crocifissione. Il Vangelo è rispettato scrupolosamente. ■ DRAMMATICO; B/N; 95'; FRANCIA, 1935.

GOLIA ALLA CONQUISTA DI BAGDAD ★★
Regia di DOMENICO PAOLELLA. Con HELGA LINÉ, MARIO PETRI, ROCK STEVENS. ■ La storia è imperniata sulla figura del gigante Golia, eroe buono e coraggioso che viene chiamato a risolvere la guerra tra gli eserciti di Selim e i Curdi. ■ AVVENTURA; COL.; 94'; ITALIA, 1964.

GOLIA CONTRO IL CAVALIERE MASCHERATO ★★
Regia di DOMENICO PAOLELLA. Con PILAR CANSINO, JOSÉ GRECI, ETTORE MANNI, MIMMO PALMARA. ■ Siamo nella Spagna del Seicento. Blanca ama Juan, ma è promessa a Don Ramiro che la tiene prigioniera. Juan, a capo di una tribù di zingari insieme alla gitana Estella, compie intanto gesta che divengono presto mitiche. I gitani aiutano Juan a liberare Blanca e uccidono Ramiro. Blanca e Juan si sposano. ■ AVVENTURA; COL.; 90'; ITALIA, 1963.

GOLIATH CONTRO I GIGANTI ★
Regia di GUIDO MALATESTA. Con BARBARA CARROLL, BRAD HARRIS, GLORIA MILLAND, FERNANDO REY. ■ Bocan ha usurpato il trono di Beiran. Il suo grande nemico, Goliath, gli contesta questa azione sleale. Una schiava, Elna, deve uccidere Goliath. Ma la donna si innamora di lui e il tiranno la condanna a morire divorata dalle belve. Lotta di Goliath per salvare Elna. ■ AVVENTURA; COL.; 95'; ITALIA, 1961.

GOLIATH E LA SCHIAVA RIBELLE ★★
Regia di MARIO CAIANO. Con OMBRETTA COLLI, GORDON SCOTT, MASSIMO SERATO. ■ Kory viene affidata da Alessandro il Macedone al sultano Marzio in attesa delle nozze con Goliath. Ma il ministro di corte Artaferne avvelena Marzio e fa ricadere la colpa sulla fanciulla. Goliath interviene e scagiona Kory. Arriva

Alessandro, sgomina Artaferne e mette sul trono Goliath e Kory. ■ DRAMMATICO; COL.; 95′; ITALIA, 1963.

GOMORRA ★★★

Regia di MATTEO GARRONE. Con SALVATORE ABRUZZESE, SALVATORE CANTALUPO, GIANFELICE IMPARATO, MARCO MACOR, GIGIO MORRA, MARIA NAZIONALE, CARMINE PATERNOSTER, CIRO PETRONE, TONI SERVILLO. ■ Totò ha tredici anni, aiuta la madre a portare la spesa a domicilio nelle case del vicinato e sogna di affiancare i grandi, quelli che girano in macchina invece che in motorino, che indossano i giubbotti antiproiettile, che contano i soldi e i loro morti. Ma diventare grandi, a Scampia, significa farli i morti, scambiare l'adolescenza con una pistola. O magari, come accade a Marco e Ciro, trovare un arsenale, sparare cannonate che ti fanno sentire invincibile. Puoi mettere paura, ma c'è sempre chi ne ha meno di te. Impossibile fuggire, si sta da una parte o dall'altra, e può accadere che la guerra immischi anche Don Ciro (Imparato), una vita da tranquillo porta-soldi, perché gli ordini sono mutati, il clan s'è spezzato in due. Si può cambiare mestiere, passare come fa Pasquale dalla confezione di abiti d'alta moda in una fabbrica in nero a guidare i camion della camorra in giro per l'Italia, ma non si può uscire dal Sistema che tutto sa e tutto controlla. Quando Roberto si lamenta di un posto redditizio e sicuro nel campo dello smaltimento dei rifiuti tossici, Franco (Servillo), il suo datore di lavoro, lo ammonisce: non creda di essere migliore degli altri. Funziona così, non c'è niente da fare. Garrone porta sullo schermo *Gomorra*, libro-scandalo di Roberto Saviano che in Italia ha venduto oltre un milione di copie, aprendo il sipario sulla luce artificiale e ustionante di una lampada per camorristi vanitosi ed esaltati. Il sole non illumina più le province di Napoli e Caserta, impossibile rischiarare questa terra buia e straniera, al punto che gli italiani hanno bisogno dei sottotitoli per decifrarla. Siamo in un altro paese: all'inferno. Che non si trova nel centro della terra, ma solo pochi metri giù dalla statale. Meritato il Grand Prix ricevuto a Cannes. ■ DRAMMATICO; COL.; 135′; ITALIA, 2008.

GONDOLA DEL DIAVOLO, LA ★★

Regia di CARLO CAMPOGALLIANI. Con LOREDANA, CARLO LOMBARDI, ERMINIO SPALLA. ■ Una vicenda "gialla" nella Venezia dei Dogi. Una serie di delitti getta la popolazione nella paura. I delitti avvengono sempre all'apparire di una gondola misteriosa. Viene prima sospettato un gondoliere che tutt'a un tratto ha mostrato di disporre di grossi guadagni, poi il fidanzato della figlia di questi. Ma il vero assassino è un pezzo grosso di Palazzo Ducale. ■ AVVENTURA; B/N; 92′; ITALIA, 1946.

GONDOLA DELLE CHIMERE, LA ★★

(La gondole aux chimères)

Regia di AUGUSTO GENINA. Con PAUL BERNARD, MARCELLE CHANTAL, ROGER KARL, HENRI ROLLAN. ■ Un'avventuriera si innamora di un conte veneziano. Questi è alleato con un gruppo di levantini contro Selim Pascià. Anche Selim si innamora della donna ma lei lo respinge. Alla fine, Selim viene morso e ucciso da un cobra, il conte viene fucilato e la donna si ritira in convento. ■ AVVENTURA; B/N; 85′; FRANCIA, 1936.

GONE BABY GONE ★★★

Regia di BEN AFFLECK. Con CASEY AFFLECK, JOHN ASHTON, MORGAN FREEMAN, ED HARRIS, AMY MADIGAN, MICHELLE MONAGHAN, AMY RYAN, TITUS WELLIVER. ■ Patrick Kenzie è un bostoniano da sempre, conosce tanta gente e ritiene dunque di avere una base per poter fare ciò che gli piace: il detective privato. Nella professione è aiutato dalla sua compagna Angie. Un giorno i due giovani investigatori si vedono contattare perché coadiuvino la polizia nelle ricerche di Amanda, una bambina di quattro anni scomparsa nel nulla. Non è però la poco affidabile e tossicodipendente madre Helene a cercarli, ma gli zii della bambina. Nonostante l'opposizione del capo della polizia locale, i due si mettono all'opera.. L'indagine non è facile, anche perché finirà con il mettere in gioco delle complesse scelte morali. Ben Affleck, al suo debutto dietro la macchina da presa, riesce a distinguersi, mostrando buona attitudine nelle parti d'azione e una certa capacità di leggere i sentimenti. ■ DRAMMATICO; COL.; 114′; USA, 2007.

GONG FATALE *(Whiplash)* ★★

Regia di LEWIS SEILER. Con DANE CLARK, ZACHARY SCOTT, ALEXIS SMITH. ■ Il pittore Gordon conosce una ragazza, Lamie, e se ne innamora. Un giorno Lamie sparisce. Gordon la cerca per New York e infine la riconosce nella cantante di un night-club. La donna è la moglie del gestore del locale, un ex pugile ora invalido. Questi cerca di eliminare Gordon per gelosia, facendolo boxare in un incontro truccato. Ma i suoi disegni andranno in fumo. ■ DRAMMATICO; B/N; 91′; USA 1949.

GONIN ★★

Regia di TAKASHI ISHII. Con TAKESHI KITANO, MASAHIRO MOTOKI, JINPACHI NEZU, KOICHI SATO, KIPPEI SHIINA. ■ Un cantante in crisi e senza un soldo convince alcuni amici a fare una rapina. Dovranno scampare a una tremenda vendetta. Nel ruolo di un killer omosessuale il regista Kitano. Molto curato tecnicamente. ■ POLIZIESCO; COL.; 109′; GIAPPONE, 1995.

GONIN 2 ★★

Regia di TAKASHI ISHII. Con MAI KITAJIMA, KEN OGATA, YO KIMIKO. ■ Seguito di *Gonin*, con una sceneggiatura migliore e una maggiore psicologia dei personaggi. Quattro donne sono in una gioielleria mentre dei rapinatori sono in azione. Con un grande spirito di iniziativa s'impossessano del maltolto e salvano un ostaggio. In realtà quest'ultimo è complice dei furfanti. ■ POLIZIESCO; COL.; 110′; GIAPPONE, 1996.

GONNE AL VENTO *(Skirts Ahoy!)* ★★

Regia di SIDNEY LANFIELD. Con VIVIAN BLAINE, IOAN EVANS, ESTHER WILLIAMS. ■ Durante l'ultima guerra tre ragazze, reduci tutte da delusioni amorose, entrano nelle ausiliarie della marina americana. ■ COMMEDIA; COL.; 109′; USA, 1952.

GONNE STRETTE... TACCHI A SPILLO ★★

(Grabenplatz 17)

Regia di ERICH ENGELS. Con KAY FISHER, CARL LANGE, WOLFGANG PREISS, WOLFGANG WAHL. ■ Un bambino viene rapito dall'assassino della propria madre. Il piccolo è ammalato di leucemia e ha assoluta necessità di farsi fare una iniezione entro otto giorni: è quindi sotto doppio pericolo di morte. Un ispettore scopre l'assassino e libera il ragazzo. ■ AVVENTURA; B/N; 92′; GERMANIA, 1958.

GO NOW ★★★★

Regia di MICHAEL WINTERBOTTOM. Con JULIET AUBREY, ROBERT CARLYLE. ■ Nick, operaio straordinariamente vitale, contrae la sclerosi multipla. Sa dunque che progressivamente finirà per non essere più padrone del suo corpo. Ma non si arrende. Lotta in palestra, lotta sul posto di lavoro. La sua ragazza è straordinaria, lo sostiene a oltranza. Lui vorrebbe lasciarla libera, lei lo ama davvero e affronterà tutto ciò che il futuro riserverà. Alla fine c'è il matrimonio e lui, penosamente, dolorosamente, balla con la sposa. Storia vera, e conosciuta, ma vitale, coinvolgente. L'uomo che non si arrende. Bravissimo Carlile che passa dal ruolo maledetto di *Trainspotting* a questo magnifico esercizio umano. C'è quasi imbarazzo, nel panorama del cinema di adesso, a parlare di una storia con qualche segnale di sentimento, e di speranza. ■ DRAMMATICO; COL.; 107′; USA, 1996.

GOOD AS YOU ★

Regia MARIANO LAMBERTI. Con MICOL AZZURRO, ELISA DI EUSANIO, LUCIA MASCINO, ENRICO SILVESTRIN, DANIELA VIRGILIO. ■ La notte di Capodanno a casa di Adelchi, architetto gay con sorella instabile a carico, si riunisce una piccola comunità di amici di nuova e vecchia data per salutare l'anno che verrà. Un anno pieno di amore, voti di fedeltà, promesse infrante e poi sesso, rigorosamente omosessuale. ■ COMMEDIA; COL.; 100′; ITALIA, 2012.

GOODBYE & AMEN – L'UOMO DELLA CIA ★★★

Regia di DAMIANO DAMIANI. Con CLAUDIA CARDINALE, JOHN FORSYTHE, TONY MUSANTE, RENZO PALMER, JOHN STEINER. ■ La Cia sta per effettuare un attentato politico contro uno Stato africano e prende come base Roma. Guida l'operazione l'agente John, ma per lui le cose si complicano quando un suo amico, funzionario dell'ambasciata americana nella capitale, prende contatti con emissari del paese africano. Costui ammazza anche due persone e poi si barrica in un appartamento. Alla fine si scoprirà però che il folle omicida non è l'addetto dell'ambasciata, bensì un reduce con i nervi scossi. ■ SPIONAGGIO; COL.; 100'; ITALIA, 1977.

GOODBYE AMORE MIO! *(The Goodbye Girl)* ★★★🏆
Regia di HERBERT ROSS. Con PAUL BENEDICT, QUINN CUMMINGS, RICHARD DREYFUSS, MARSHA MASON, BARBARA RHOADES. ■ Una ex ballerina di Broadway, Paula, vive a New York (nel West Side) con la figlia decenne Lucy, nata da una relazione con un attore che poi l'ha piantata. Anche Tony, col quale Paula aveva tentato di ricostruirsi una famiglia, la molla per andarsene a Roma. Prima, però, il cinico Tony ruba i risparmi della donna e subaffitta a sua insaputa l'appartamento. Il nuovo inquilino porterà la felicità per Paula e per Lucy. ■ COMMEDIA; COL.; 110'; USA, 1977. ■ DAVID DI DONATELLO 🏆 2 PR, 2 NOM; GOLDEN GLOBES 🏆 4 PR, 5 NOM; OSCAR 🏆 1 PR, 5 NOM.

GOOD-BYE, BRUCE LEE, NEL SUO ULTIMO "GIOCO DELLA MORTE" ★★
Regia di PING LIN. Con LUNG FEI, JOHNNY FLOYD, LEE ROY LUNG, JOE TIGER. ■ Bruce Lee, morto improvvisamente, ha lasciato interrotto un film, intitolato *Il gioco della morte*. Entra in scena, al suo posto, Lee Siung. ■ AVVENTURA; COL.; 92'; HONG KONG, 1975.

GOOD-BYE FIRENZE – ARRIVEDERCI FIRENZE! ★★
Regia di RATE FURLAN. Con MARIA PIA CASILIO, MARIA GRAZIA FRANCIA, NARCISO PARIGI. ■ Due sorelle arrivano a Firenze dall'America e si danno ai divertimenti. Conoscono due giovani fiorentini e ben presto la simpatia diventa qualcosa di più. ■ COMMEDIA; B/N; 92'; ITALIA, 1958.

GOODBYE, LENIN! *(Good Bye, Lenin!)* ★★★
Regia di WOLFGANG BECKER. Con DANIEL BRÜHL, KATRIN SASS. ■ 1989. Christiane (Katrin Sass) vive nella Germania dell'Est ed è una socialista convinta. La donna cade in coma poco prima della caduta del muro di Berlino. Quando si risveglia, otto mesi dopo, il figlio Alex tenta di evitarle lo shock e fa di tutto per evitare che la madre scopra che il paese è "caduto nelle mani dei capitalisti". Campione di incassi in Germania. Che fare quando la storia va avanti per tenere tranquilli coloro i quali credevano di essere nel giusto? Raccontargli menzogne come gli venivano raccontate prima. Satira ben calibrata che i tedeschi (e in particolare i berlinesi) hanno gradito moltissimo. ■ COMMEDIA; COL.; 118'; GERMANIA, 2003. ■ GOLDEN GLOBES 1 NOM.

GOODBYE LOVER ★★
Regia di ROLAND JOFFÉ. Con PATRICIA ARQUETTE, ELLEN DEGENERES, DON JOHNSON, DERMOT MULRONEY, MARY-LUOISE PARKER. ■ Il protagonista ama la cognata mentre c'è un'altra donna che ama il fratello tradito che, però, potrebbe essere d'accordo con la moglie per far fuori proprio il protagonista. Joffe si muove a disagio in una commedia un po' dark che avrebbe bisogno di ben altra leggerezza. L'unica a salvarsi è l'Arquette. ■ COMMEDIA; COL.; 97'; USA, 1998.

GOODBYE MAMA ★
Regia di MICHELLE BONEY. CON MICHELLE BONEY, NADIA KONAKCHIEVA, TATYANA LOLOVA, LICIA NUNEZ, MARTA YANEVA. ■ Maria, una donna anziana affetta da Alzheimer, viene "internata" e dimenticata dalla figlia in un ospizio statale. Jana, fredda e crudele madre di due giovani donne, non perdona al suo genitore di averla messa alla porta a soli diciannove anni e da allora medita di ripagarla con la stessa moneta. Nodi che il regista non riesce proprio a sciogliere. ■ DRAMMATICO; COL.; 106'; BULGARIA, ITALIA, 2010.

GOOD-BYE, MR. CHIPS *(Goodbye, Mr. Chips)* ★★
Regia di HERBERT ROSS. Con GEORGE BAKER, PETULA CLARK, PETER O'TOOLE, SIAN PHILLIPS, MICHAEL REDGRAVE. ■ Chipping, professore universitario inglese, ritrova, durante una vacanza a Pompei e Paestum, un'attrice di nome Catherine. Mr. Chips, così chiamano tutti Chipping, sposa Catherine. Stabilitisi al college dove lui insegna, la signora conquista gli studenti con la sua disponibilità. Ma non tutti le perdonano il suo passato di attrice, al punto che la carriera del marito ne risente. Durante la prima guerra mondiale, Catherine muore. Chips vive nel ricordo di lei. ■ COMMEDIA; COL.; 151'; USA, 1969. ■ DAVID DI DONATELLO 1 PR, 1 NOM; OSCAR 2 NOM.

GOODBYE MR. HOLLAND *(Mr. Holland's Opus)* ★★★
Regia di STEPHEN HEREK. Con RICHARD DREYFUSS, OLYMPIA DUKAKIS, GLENNE HEADLY. ■ Glenn Holland è un musicista di buon talento. Quella sarà la sua strada: comporrà e suonerà. Per dare ossigeno alla famiglia accetta di tenere un corso come insegnante in un college, per un'estate. Poi per una seconda, poi... per sempre. La sua vita è passata fra gli studenti, non ha composto, non ha suonato, non ha avuto successo, non è diventato ricco. E non ha nemmeno avuto tanta fortuna nel privato, il suo unico figlio è nato sordo. Alla fine il cinico preside, per questioni di bilancio, quando si tratta di "tagliare", naturalmente fa saltare il corso meno "utile" e il povero Mr. Holland rimane sul lastrico. Ma i suoi studenti, vecchi e nuovi – alcuni sono diventati pezzi grossi – gli organizzano un vero giubileo, soprattutto suonano, diretti da lui, la sinfonia che per anni ha preparato. Un ottimo lavoro, un bel ragionamento sull'avere e sull'essere. L'amore e il rispetto sono meglio del denaro e del successo. È uno dei più antichi, scontati e cari pronunciamenti del cinema. La lunga tradizione di film come *Mr. Chips* e *L'attimo fuggente* si arricchisce di un nuovo titolo. Dreyfuss, molto bravo, ha avuto la sua nomination, battuto da Nicolas Cage, forse immeritatamente. ■ SENTIMENTALE; COL.; 125'; USA, 1995. ■ GOLDEN GLOBES 2 NOM.

GOODBYE, MR. ZEUS ★★
Regia di CARLO SARTI. Con UMBERTO BORTOLANI, MAX MAZZOTTA, CHIARA MUTI, FABIO TROIANO, MIRKO RIZZOTTO. ■ Alberto è un impiegato di banca, maldestro, distratto, stressato e perennemente in ritardo. Il giorno del compleanno della fidanzata Adelaide, riesce ad accumulare tre ore di ritardo, a perdere la macchina, a farle dono di un pesce rosso anziché del cucciolo di levriero afgano che la donna sognava. Rispedito al mittente, il pesce si rileva però tutt'altro che comune e prende a comunicare con Alberto. Sulla strada verso l'acqua fresca della Svizzera, i due passeranno dalla prigione metaforica della vita di coppia a quella reale, fatta di sbarre, colloqui in parlatorio e sogni di libertà. Nella storia di un giovane che si ritrova a comunicare con l'emblema stesso del mutismo e dell'afasia, il pesce, è un chiaro racconto di solitudine, che si fa virale nel momento in cui, in carcere, tutti, guardie e ladri, fanno richiesta di poter tenere in cella un pesce rosso. ■ COMMEDIA; COL.; 90'; ITALIA, 2010.

GOODBYE NEW YORK ★★
Regia di AMOS KOLLEK. Con JULIE HAGERTY, AMOS KOLLEK, DAVID TOPAZ. ■ Lei è in crisi. È stanca della sua vita coniugale, si vede prossima alla vecchiaia e le sembra di non aver avuto nulla dalla vita. Parte per Parigi per concedersi una chance. ■ COMMEDIA; COL.; 90'; USA, 1984.

GOODBYE SOUTH, GOODBYE ★★
(Nanguo zaijan, nanguo)
Regia di HOU HSIAO-HSIEN. Con HSIANG HSI, JACK KAO, HSU KUEI-YING, ANNIE SHIZUKA INOH. ■ Uno sguardo crudo ed essenziale sulle classi meno abbienti di Taiwan, fatte di gente senza morale, senza speranza né punti di riferimento. È un film complesso sul piano linguistico. Racconta una non storia che obbliga lo spettatore a creare dei percorsi personali all'interno dei piani sequenza che il maestro taiwanese costruisce con discreto mestiere. ■ DRAMMATICO; COL.; 116'; TAIWAN, 1996.

GOOD GIRL, THE ★★
Regia di MIGUEL ARTETA. Con JENNIFER ANISTON, JAKE GYLLENHAAL, TIM BLAKE NELSON, JOHN C. REILLY. ■ Cittadina di provincia negli States. La vita monotona di una ragazza triste e con un marito tossicodipendente viene mutata dall'arrivo di un ragazzo dalle ambizioni artistiche che trova lavoro nel negozio in cui lei è commessa. Ma un amico del marito scopre la relazione tra i due e fa la spia. Jennifer Aniston tenta di sfuggire a *Friends* in un film realizzato in stile Sundance. Quindi interessante e "finto" al contempo. ■ COMMEDIA; COL.; 93'; USA, 2003.

GOOD LUCK – BUONA FORTUNA *(Good Luck)* ★★
Regia di RICHARD LABRIE. Con VINCENT D'ONOFRIO, MAX GAIL, GREGORY HINES, JAMES EARL JONES, JOE THEISMANN. ■ Un ex atleta di football americano ha perso un occhio e la speranza in un incidente di gioco. Incontra un paraplegico che crede

nella possibilità di fare sport per i disabili. L'incontro gli cambierà la vita. Il sentimentalismo è un pericolo costante in film come questi. Qui c'è, almeno, il tentativo di evitarlo. ■ DRAMMATICO; COL.; 91'; USA, 1996.

GOOD MORNING AMAN ★★

Regia di CLAUDIO NOCE. Con ANITA CAPRIOLI, GIORDANO DE PLANO, VALERIO MASTANDREA, AMIN NUR, SAID SABRIE. ■ Aman è un adolescente di origine somala, scappato da Mogadiscio e scampato alla guerra. Brillante e zelante lava le macchine in un salone d'auto, sperando di poterle presto vendere o addirittura guidare. Quando i giorni sono più bui e la stazione Termini non è più abbastanza grande per contenere i suoi sogni, Aman sale sulle terrazze dell'Esquilino, immaginando una vita perfetta e un viaggio in Inghilterra. Concentratosi fino al sonno sulle sue aspirazioni, viene svegliato da Teodoro, un ex pugile depresso, sprofondato nel passato e incapace di combattere i suoi fantasmi. Soli e insonni, l'uomo e il ragazzo provano a loro modo a riempire l'uno la vita e la solitudine dell'altro. Dentro una notte romana troveranno con esiti diversi la soluzione al dolore e l'emancipazione dalla paura (di vivere). Claudio Noce, giovane autore di videoclip e cortometraggi, debutta in lungo con un film di formazione fortemente radicato nella realtà romana. ■ DRAMMATICO; COL.; 105'; ITALIA, 2009.

GOOD MORNING BABILONIA ★★★

Regia di PAOLO TAVIANI, VITTORIO TAVIANI. Con CHARLES DANCE, JOAQUIN DE ALMEIDA, GRETA SCACCHI, VINCENT SPANO. ■ Agli inizi del Novecento due restauratori fiorentini, Andrea e Nicola, vanno in America a cercare fortuna. Si adattano ai lavori più umili, come i guardiani di maiali, poi tentano di entrare nella troupe del regista Griffith. Si fanno apprezzare costruendo un gigantesco elefante in cartapesta che il regista voleva. Si sposano, ma la grande guerra li divide. S'incontrano al fronte, entrambi colpiti a morte, e filmano la loro fine. ■ DRAMMATICO; COL.; 118'; FRANCIA, ITALIA, 1987.

GOOD MORNING VIETNAM ★★★

(Good Morning, Vietnam)

Regia di BARRY LEVINSON. Con FOREST WHITAKER, ROBIN WILLIAMS, NOBLE WILLINGHAM. ■ Nel 1965 quando la guerra nel Vietnam è solo agli inizi, un disc jockey, sboccato ed estroverso, diventa la maggiore attrazione della radio per le truppe a Saigon. Ma il suo anticonformismo gli procura delle noie con i superiori e l'allontanamento dal Vietnam. Grossa performance di Robin Williams, sulla cui straripante simpatia è stato costruito il film. ■ COMMEDIA; COL.; 94'; USA, 1987. ■ GOLDEN GLOBES 1 PR, 1 NOM; OSCAR 1 NOM.

GOOD NIGHT, AND GOOD LUCK ★★★

Regia di GEORGE CLOONEY. Con ALEX BORSTEIN, DAVID CHRISTIAN, PATRICIA CLARKSON, GEORGE CLOONEY, JEFF DANIELS, REED DIAMOND, TATE DONOVAN, JOSEPH DOWD, ROBERT DOWNEY JR., SIMON HELBERG, GRANT HESLOV, ROBERT JOHN BURKE, FRANK LANGELLA, THOMAS MCCARTHY, GLENN MORSHOWER, KATHARINE PHILLIPS MOSER, MATT ROSS, DAVID STRATHAIRN, RAY WISE. ■ Clooney si sente, e a buon diritto, un vero americano e dichiara: «io spero che con questo film abbiamo reso merito ai giornalisti coraggiosi. Erano dei patrioti e come tali devono essere ricordati». Di uno di questi si occupa il suo film: Ed Murrow che nel 1953 condusse dagli studi della CBS una dura battaglia contro il senatore McCarthy propugnatore delle liste di proscrizione contro i "comunisti", che causarono perdite di lavoro, incentivazioni alla delazione e anche suicidi tracciando una pagina nera della storia americana. Clooney sceglie, per questa sua seconda prova registica un bianco e nero lucido che accentua la drammaticità di quella caccia alle streghe. Clooney narra di ieri con davanti una chiara visione dell'oggi. ■ DRAMMATICO; B/N; 90'; USA, 2005. ■ DAVID DI DONATELLO 1 NOM; GOLDEN GLOBES 4 NOM; OSCAR 6 NOM; VENEZIA 2 PR.

GOONIES, I *(The Goonies)* ★★

Regia di RICHARD DONNER. Con SEAN AUSTIN, JOSH BROLIN, JEFF COHEN. ■ I Goonies, scatenato gruppo di ragazzini abitanti nel quartiere di Goon Docks, devono dare l'addio alle case dove sono nati e cresciuti: i signorini del club del golf hanno dato lo sfratto alle loro famiglie per radere al suolo il quartiere e costruire nuovi, esclusivi, campi da gioco. Poco prima di andarsene, uno dei Goonies scopre in soffitta una vecchia mappa del tesoro, scritta da un pirata spagnolo del Seicento. Mettendo le mani sul bottino dell'antico corsaro, i ragazzini potrebbero salvare le loro case. ■ AVVENTURA; COL.; 111'; USA, 1985.

GORBACIOF ★★

Regia di STEFANO INCERTI. Con GAETANO BRUNO, GEPPY GEIJESES, YANG MI, TONI SERVILLO, HAL YAMANOUCHI. ■ Marino Pacileo, detto Gorbaciof a causa di una vistosa voglia sulla fronte, è il contabile del carcere napoletano di Poggioreale. Le sue passioni sono il gioco d'azzardo e la giovane Lila, figlia del cinese che mette a disposizione il tavolo per le carte. Quando scopre che l'uomo ha contratto un debito che non può pagare, Gorbaciof decide di prendersi cura della ragazza e, per farlo, dapprima sottrae dei soldi dalla cassa del carcere, poi accetta di partecipare ad altre, più pericolose, attività. ■ DRAMMATICO; COL.; 85'; ITALIA, 2010.

GORDON IL PIRATA NERO ★★

Regia di MARIO COSTA. Con RICARDO MONTALBAN, VINCENT PRICE, GIULIA RUBINI. ■ Lotta di Gordon, eroe buono, contro un feroce mercante di schiavi. Si reca a San Salvador, dove si svolge il commercio, ma viene imprigionato dal bieco mercante. Lo libera la ragazza Manuela. Dopo varie avventure, Gordon diviene capo di un'isola popolata di ex schiavi e sposa Manuela. ■ AVVENTURA; COL.; 88'; ITALIA, 1961.

GORGHI NEL FIUME – LA STRADA FINISCE NEL FIUME ★★

Regia di LUIGI CAPUANO. Con TINO BUAZZELLI, ANDREA CHECCHI, CONSTANCE DOWLING. ■ Roll, un temibile bandito, ferito dagli agenti ripara con una giornalista americana che avrebbe dovuto intervistarlo presso la famiglia del barcaiolo del fiume. Dopo ore terribili Marco, membro della famiglia, ferisce Roll con un colpo di pistola. Intanto arrivano i carabinieri. Roll tenta la fuga ma, ormai moribondo, cade in riva al fiume. ■ DRAMMATICO; COL.; 90'; ITALIA, 1950.

GORGO ★★

Regia di EUGÈNE LOURIÉ. Con WILLIAM SYLVESTER, BILL TRAVERS, VINCENT WINTER. ■ Joe e Sam, a bordo del battello Triton, catturano un'enorme bestia marina, un essere del tutto sconosciuto. "Gorgo" rivela ben presto di possedere aggressività e forza. Eppure è soltanto un cucciolino, perché un'altra bestia simile, ma di proporzioni ben maggiori, sta nuotando in mare presso Londra. Sarà la mamma? Il Gorgo "adulto" entra nel Tamigi, attraversa Londra e raggiunge il suo piccolo. Insieme rifanno il percorso e scompaiono per sempre nel mare. ■ FANTASCIENZA; COL.; 78'; USA, 1961.

GORGONA, LA ★★

Regia di GUIDO BRIGNONE. Con ROSSANO BRAZZI, MARIELLA LOTTI, CAMILLO PILOTTO. ■ Durante la lotta della Repubblica di Pisa contro i saraceni, la figlia di un nobile pisano diviene vergine protettrice (Gorgona) della città e deve vegliare una fiamma come le mitiche vestali. Un giovane fiorentino che tenta di violare la persona sacra della Gorgona si accorge che lei è innamorata di lui. È la tragedia: entrambi hanno violato la legge, entrambi si suicidano. ■ DRAMMATICO; B/N. 93'; ITALIA, 1942.

GORILLA, IL *(Gorilla)* ★★

Regia di SVEN NYKVIST. Con GIO PETRÉ, GEORGES SALLY. ■ Con il pretesto di una trama qualunque il regista ha girato un documentario sul Congo. ■ DOCUMENTARIO; B/N; 90'; SVEZIA, 1956.

GORILLA, LA ★

Regia di ROMOLO GUERRIERI. Con GIORGIO BRACARDI, LORY DEL SANTO, TULLIO SOLENGHI. ■ Storie di ordinario cattivo gusto che ruotano intorno all'agenzia Securitas e alla gorilla Ruby, una muscolosa ragazza innamorata di un disegnatore con l'hobby della fotografia erotica. ■ COMMEDIA; COL.; 103'; ITALIA, 1982.

GORILLA DI SOHO, IL *(Der Gorilla von Soho)* ★★★

Regia di ALFRED VOHRER. Con HERBERT FUX, USCHI GLAS, INGE LANGEN, HORST TAPPERT, HUBERT VON MEYERINCK. ■ È la trasposizione sullo schermo di un romanzo di Edgar Wallace. Nel

Tamigi vengono trovati i cadaveri delle vittime di un misterioso assassino. Ci sono volonterosi detective, c'è un istituto per ragazze dove costruiscono delle bamboline identiche a quelle che la polizia trova sulle vittime. C'è infine il Gorilla che non è altro che l'esecutore dei delitti. Chi sono i veri colpevoli? ■ GIALLO; COL.; 91'; GERMANIA, 1968.

GORILLA FA IL BAGNO A MEZZANOTTE, IL ★★
(Gorilla Bathes at Noon)
Regia di DUSAN MAKAVEJEV. Con PETAR BOZOVIC, SVETOZAR CVETOVIC, ANITA MANCIC. ■ Il regista indimenticato di *Sweet Movie* alle prese con un film tra finzione e documentario. Un ufficiale dell'Armata Rossa a Berlino decide di restare anche dopo la demolizione del muro e della statua di Lenin. ■ COMMEDIA; COL.; 82'; GERMANIA, 1992.

GORILLA HA MORSO L'ARCIVESCOVO, IL ★★★
(Le gorille a mordu l'Archevêque)
Regia di MAURICE LABRO. Con ROGER DUMAS, ROGER HANIN, HUGUETTE HUE. ■ Un giallo-comico molto francese, nel quale due figuri, uno dei quali è chiamato l'Arcivescovo, incaricano un killer di uccidere un alto funzionario del governo da cui dipende la realizzazione di un progetto ferroviario che li danneggia. Il Gorilla (questo è il soprannome del sicario) fa in realtà il gioco del servizio segreto e protegge la vittima designata. ■ GIALLO; B/N; 90'; FRANCIA, 1962.

GORILLA IN FUGA *(Gorilla at Large)* ★★
Regia di HARMON JONES. Con ANNE BANCROFT, LEE J. COBB, CAMERON MITCHELL. ■ In un circo si verifica una catena di delitti. La polizia scoprirà l'insospettato assassino svegliando il gorilla nella cui gabbia era stato trovato un morto. ■ DRAMMATICO; COL.; 84'; USA, 1954.

GORILLA NELLA NEBBIA *(Gorillas in the Mist)* ★★★
Regia di MICHAEL APTED. Con BRYAN BROWN, JULIE HARRIS, SIGOURNEY WEAVER. ■ Nel 1967 Dian Fossey va in Africa a studiare i gorilla (e a difenderli dallo sterminio sistematico dei cacciatori). Rimane in Kenya per 18 anni finché non viene uccisa da un umano ancor oggi sconosciuto. Una biografia tipo "persona che non dimenticherò mai" elevata a un notevole livello di spettacolo grazie alla bravura della Weaver, all'abilità di Apted e alla sceneggiatura che riesce a dribblare elegantemente i passaggi più sgradevoli (come la follia che s'impossessò negli ultimi anni di Dian). ■ AVVENTURA; COL.; 129'; USA, 1988. ■ GOLDEN GLOBES 2 PR, 3 NOM; OSCAR 5 NOM.

GORILLA VI SALUTA CORDIALMENTE, IL ★★
(Le gorille vous salue bien)
Regia di BERNARD BORDERIE. Con BELLA DARVI, PIERRE DUX, CHARLES VANEL, LINO VENTURA. ■ Géo Paquet, detto "il Gorilla", è un agente del servizio francese di controspionaggio che sta dando la caccia a una banda che ha rubato piani segreti del governo. ■ AVVENTURA; B/N; 95'; FRANCIA, 1958.

GORKY PARK ★★★
Regia di MICHAEL APTED. Con IAN BANNEN, WILLIAM HURT, LEE MARVIN, JOANNA PACULA. ■ Dal best-seller di Martin Cruz Smith, ecco una spy-story geniale e complessa come un vero rompicapo. In una gelida mattina d'inverno, nel parco Gorky di Mosca, vengono ritrovati tre cadaveri: due uomini e una donna, sfigurati e con i polpastrelli abrasi per impedirne l'identificazione. Le indagini vengono affidate a un giovane e solerte ispettore, suo malgrado seguito anche dagli agenti del Kgb. Colpi di scena e tensione ben dosata: un piccolo capolavoro nel suo genere. ■ THRILLER; COL.; 128'; USA, 1983. ■ GOLDEN GLOBES 1 NOM.

GOR UOMO A METÀ *(Gor)* ★★
Regia di PHILIP SAVILLE. Con CHARLES DANCE, JAMIE FOSTER, JULIE PEASGOORD. ■ Un professore conduce esperimenti sull'ibridismo. Un giorno ha successo oltre le aspettative. Nasce una creatura metà uomo e metà donna. Il dipartimento della difesa ordina di ucciderla. Ma il professore esita. ■ DRAMMATICO; COL.; 91'; GRAN BRETAGNA, 1988.

GOSFORD PARK ★★★
Regia di ROBERT ALTMAN. Con STEPHEN FRY, HELEN MIRREN, JEREMY NORTHAN, RYAN PHILLIPPE, KRISTIN SCOTT THOMAS, MAGGIE SMITH, EMILY WATSON. ■ Novembre 1932. Sir William McCordie sua moglie Lady Silvia organizzano una partita di caccia. Gli invitati che raggiungono la sontuosa abitazione di Gosford Park si fanno accompagnare dai domestici. I quali avvertono rapidamente la tensione che sale tra gli invitati tra cui spiccano una contessa, una star del cinema, un produttore hollywoodiano e un ufficiale in pensione. Quando Sir William, che si era allontanato per controllare i propri fucili, viene ritrovato morto, l'indagine non sarà semplice. L'ispettore Thompson potrà verificare che molti avevano un motivo per assassinarlo. Robert Altman ci regala un giallo calibrato dove la domanda "chi è stato?" è d'obbligo. Ma in realtà vuole proporci una sceneggiatura al vetriolo sui rapporti di classe all'epoca. Come al solito lo sguardo è lucido e l'ironia non manca. Insieme all'autoironia. Alla domanda al festival di Berlino: «Perché dopo tanti film contemporanei un film in costume?», la risposta è stata: «Se lei sapesse quando sono nato comprenderebbe che per me è un film contemporaneo». ■ GIALLO; COL.; 134'; GERMANIA, GRAN BRETAGNA, USA, 2001. ■ GOLDEN GLOBES 1 PR, 3 NOM; OSCAR 1 PR, 6 NOM.

GOSSIP ★★
Regia di DAVIS GUGGENHEIM. Con ERIC BOGOSIAN, LENA HEADEY, KATE HUDSON, JOSHUA JACKSON, SHARON LAWRENCE, JAMES MARSDEN. ■ Diretto da Davis Guggenheim (regista di famose serie tv come *E.R.* e *Party of five*), il film racconta la storia di tre egocentrici studenti di college che, per combattere la noia quotidiana, innescano un pericoloso gioco di pettegolezzi. Vittima designata per il loro passatempo è Naomi (Kate Hudson), ragazza conosciuta per le sue particolari idee sulla verginità, bene sacro da tutelare fino al matrimonio. I tre amici cominciano a farle credere che un ragazzo, durante una festa, si è approfittato di lei e che il motivo per cui non ricorda nulla è che era ubriaca. Naomi, ingenua, crede al pettegolezzo e chiama la polizia. A questo punto il gioco diventa pericoloso. Malgrado la fotografia firmata dal bravo Bartkowiak (regista di *Romeo deve morire*), il film si mantiene su un livello mediocre in quanto non riesce a catturare l'attenzione e la curiosità del pubblico. ■ COMMEDIA; B/N; 91'; USA, 1999.

GOSTANZA DA LIBBIANO ★★★
Regia di PAOLO BENVENUTI. Con RENZO CERRATO, VALENTINO DAVANZATI, LUCIA POLI, PAOLO SPAZIANI. ■ Nell'anno 1594 a San Miniato al Tedesco, nel Granducato di Toscana, Monna Gostanza da Libbiano, contadina sessantenne, è nota per l'esercizio del mestiere di guaritrice. Tutto questo allarma le autorità ecclesiastiche e il vescovo di Lucca la fa arrestare. Dopo una breve istruttoria si decide di accusarla di stregoneria. Viene così sottoposta ad estenuanti interrogatori che prevedono anche torture per farle ammettere i propri "commerci col demonio". Indebolita dalla sofferenza Gostanza sembra cedere. Ammette i rapporti con il diavolo e va oltre: comincia ad inventarsi tutta una serie di vampirismi, orge, delitti e magie nere. Sono ovviamente inesistenti, ma se è questo che gli inquisitori vogliono sentirsi raccontare questo avranno. Sceneggiato sulla base degli atti processuali originali, *Gostanza da Libbiano* chiude il trittico a cui appartengono i precedenti *Confortorio* e *Il bacio di Giuda*. È sicuramente un film non facile, che prosegue la ricerca rigorosa di un regista appartato che fa un cinema personale e attento a non perdere le radici con un passato sempre pronto a riemergere. Vincitore del Premio speciale della Giuria al Festival di Locarno. ■ STORICO; COL.; 92'; ITALIA, 2000.

GOTHIC ★★★
Regia di KEN RUSSELL. Con GABRIEL BYRNE, NATASHA RICHARDSON, JULIAN SANDS. ■ Nel 1816, in una villa sul lago di Ginevra, i poeti Byron e Shelley, con le rispettive amanti, fanno una seduta spiritica, dopo la quale compaiono nella casa sanguisughe e pitoni, capre e topi, teste mozze e fantasmi. Il giorno dopo, con il ritorno del sole, tutto sembra tornare alla normalità, ma un tragico destino aleggia su di loro. ■ HORROR; COL.; 83'; GRAN BRETAGNA, 1986.

GOTHIKA ★★★
Regia di MATHIEU KASSOVITZ. Con HALLE BERRY, PENELOPE CRUZ, ROBERT DOWNEY JR., CHARLES DUTTON, BERNARD HILL,

JOHN CARROLL LYNCH. ■ Uno psichiatra si ritrova paziente nell'ospedale della prigione in cui lavorava. È incubo o realtà? Ci sono delitti e fantasmi, violenza e misteri indecifrabili. *I Fiumi di Porpora + Il Sesto Senso + La Zona Morta*: ecco i singoli elementi che, uniti, conducono alla prima escursione nel paranormale dell'ex enfant prodige del cinema francese, sempre affascinato dalle luci della ribalta hollywoodiane. Kassovitz propone una messa in scena asciutta ed essenziale, senza abuso di effetti speciali, affidandosi a vecchi trucchi del mestiere per atterrire lo spettatore, giungendo ad un più che accettabile compromesso tra forma e contenuto. ■ HORROR; COL.; 95'; USA, 2003.

GOTO L'ISOLA DELL'AMORE *(Goto, l'île d'amour)* ★★
Regia di WALERIAN BOROWCZYK. Con LICIA BRANICE, PIERRE BRASSEUR, GUY SAINT-JEAN. ■ Dopo un cataclisma l'isola di Goto è in completo disfacimento: vi regna Goto III che si suicida perché la moglie ama un giovane tenente. Tutti gli abitanti sono militarizzati e ridotti a marionette. ■ DRAMMATICO; B/N; 93'; FRANCIA, 1968.

GOTT MIT UNS – DIO È CON NOI ★★
Regia di FERNALDO DI GIAMMATTEO. ■ Si tratta di un lungometraggio sulla Germania del ventesimo secolo. La tesi sostenuta (la Germania è un pericolo per il mondo) è troppo faziosa. ■ DOCUMENTARIO; B/N; 93'; ITALIA, 1964.

GOTT MIT UNS – DIO È CON NOI ★★★
Regia di GIULIANO MONTALDO. Con LARRY AUBREY, EMILIO DELLE PIANE, RICHARD JOHNSON, FRANCO NERO, HELMUT SCHNEIDER, BUD SPENCER. ■ Il film ha un precedente nell'originale televisivo *Il quinto giorno di pace* di Andrea Barbato, presentato in *Teatro inchiesta*. Si tratta di un fatto realmente avvenuto: il processo sommario a due disertori della Wehrmacht e la loro condanna da parte di un'improvvisata giuria, benché la guerra fosse finita da cinque giorni. ■ DRAMMATICO; COL.; 113'; ITALIA, 1969.

GO – UNA NOTTE DA DIMENTICARE *(Go)* ★★★
Regia di DOUG LIMAN. Con DESMOND ASKEW, TAYE DIGGS, SARAH POLLEY. ■ *Go* non è un film da dimenticare del tutto. I suoi giovani interpreti hanno una buona occasione di mettersi in luce. Tre storie parallele s'intersecano brillantemente. Lo stile videoclip è un po' ossessivo. ■ COMMEDIA; COL.; 100'; USA, 1999.

GOVERNANTE, LA ★★★
Regia di GIANNI GRIMALDI. Con AGOSTINA BELLI, MARTINE BROCHARD, VITTORIO CAPRIOLI, TURI FERRO, PAOLA QUATTRINI. ■ Tratto da un lavoro teatrale di Vitaliano Brancati. In una tradizionale famiglia catanese, arriva una governante francese, Caterina. L'omosessualità della donna scatena forti passioni. ■ COMMEDIA; COL.; 111'; ITALIA, 1975.

GOVERNANTE, LA *(The Governess)* ★★★
Regia di SANDRA GOLDBACHER. Con MINNIE DRIVER, FLORENCE HOATH, JONATHAN RHYS MEYERS, TOM WILKINSON. ■ Una donna tiene un diario in cui racconta della sua vita. Dall'abbandono della comunità sefardita all'impiego come governante in una rigida famiglia scozzese. La sua intelligenza e la sua solarità muteranno profondamente i rapporti all'interno del gruppo familiare. Film d'esordio di una regista che ha origini ebraiche come la sua protagonista e offre la sua attenzione a un punto di vista femminile interessante. ■ DRAMMATICO; COL.; 114'; GRAN BRETAGNA, 1998.

GOVERNANTE RUBACUORI *(Sitting Pretty)* ★★★
Regia di WALTER LANG. Con MAUREEN O'HARA, CLIFTON WEBB, ROBERT YOUNG. ■ In una cittadina degli Usa, una famigliola troppo vivace non riesce a tenere una persona di servizio. Finalmente arriva Elia Belvedere, che pare avere ogni virtù domestica e che in più scrive libri. Ma si tratta di un uomo. Vorrebbero cacciarlo, ma per contratto sono obbligati a tenerlo. A un certo punto, il "governante" desta i sospetti del marito e le chiacchiere poco benevole dei vicini. Ma tutto si aggiusterà. ■ COMMEDIA; B/N; 84'; USA, 1948. ■ OSCAR 1 NOM.

GOVERNATORE, IL *(Der Governeur)* ★★
Regia di VICTOR TOURJANSKY. Con WILLY BIRGEL, BRIGITTE HORNEY. ■ L'aiutante di un governatore tedesco viene accusato di omicidio. Dichiara che, al momento del delitto, egli si trovava con una signora, di cui non può rivelare il nome. Si tratta della moglie dello stesso governatore. ■ GIALLO; B/N; 93'; GERMANIA, 1939.

GO WEST YOUNG MAN ★★
Regia di HENRY HATHAWAY. Con RANDOLPH SCOTT, MAE WEST, WARREN WILLIAM. ■ Una diva del cinema, durante una sosta forzata in campagna, s'innamora di un atletico bracciante. A distoglierla da una cattiva azione (il giovanotto ha una fidanzata e sarebbe infelice in un altro posto con un'altra donna) arriva opportunamente l'agente della star. Non tra le cose migliori della West (il grande Henry Hathaway era abbastanza negato all'umorismo). ■ COMMEDIA; B/N; 95'; USA, 1936.

GOYA
Regia di NINO QUEVEDO. Con IRINA DEMICK, JACQUES PERRIN, FRANCISCO RABAL. ■ La vita del pittore spagnolo Francisco Goya, il suo amore con la duchessa d'Alba (ma non fu lei la modella per la *Maja desnuda*) il suo coinvolgimento, ormai anziano, nella lotta che gli spagnoli sostennero contro l'esercito invasore di Napoleone. ■ BIOGRAFICO; COL.; 91'; SPAGNA, 1969.

GOYA *(Goya en Burdeos)* ★★★
Regia di CARLOS SAURA. Con JOSÉ CORONADO, FRANCISCO RABAL, EULALIA RAMÓN, MARIBEL VERDÚ. ■ Goya ha ormai ottant'anni e vive in esilio a Bordeaux con l'amante Leocadia e la figlia a cui racconta la sua vita, dagli inizi fino all'occupazione francese. Sullo sfondo degli studi in cui è girato il film enormi pannelli con i quadri del grande Maestro. Il film è di Saura ma, soprattutto, dell'"autore della fotografia" Vittorio Storaro, che sul rapporto oscurità/luce costruisce questa biografia molto particolare. ■ BIOGRAFICO; COL.; 104'; ITALIA, SPAGNA, 1999.

GOZU ★★★
Regia di TAKASHI MIIKE. Con SHO AIKAWA, SONE HIDEKI, TOMITA KEIKO, YOSHINO KIMIKA, HINO SHOHEI. ■ Valoroso yakuza, Ozaki manifesta evidenti problemi psichici, mettendo in imbarazzo il proprio clan. La decisione è sofferta ma necessaria: il boss degli Azamawari incarica Minami, amico e fratello di sangue di Ozaki, di uccidere lo yakuza impazzito, e di liberarsi poi del corpo in uno sfasciacarrozze di Nagoya. Giunto a Nagoya, compiuta a metà la missione, Minami deve fronteggiare l'inspiegabile sparizione del cadavere del compagno. ■ GROTTESCO; COL.; 130'; GIAPPONE, 2003.

GRACE IS GONE ★★★
Regia di JAMES C. STROUSE. Con GRACIE BEDNERCZYK, JOHN CUSACK, DOUG DEARTH, ALESSANDRO NIVOLA, SHÉLAN O'KEEFE. ■ Stanley Phillips ha un lavoro e due figlie: Heidi di 12 anni e Dawn di 8. Stanley avrebbe voluto servire il suo Paese partendo per l'Iraq ma un difetto fisico glielo ha impedito. Così si occupa delle bambine mentre è sua moglie Grace ad essere impegnata sul fronte. Finché un giorno, mentre le figlie sono a scuola, arriva la notizia: Grace è stata uccisa. Stanley è sconvolto e inizialmente non sa come reagire. Poi decide di non sottoporre subito Heidi e Dawn allo choc. Le porterà in Florida a un grande Parco Giochi. Nel viaggio si fermeranno anche a far visita allo zio. Prima o poi la dolorosa verità dovrà essere partecipata ma ora è troppo presto. Stanley non ce la fa e si costringe a tenere il dolore dentro. Con immensa fatica. Se nel cinema bellico classico erano le mogli o le madri che aprivano la porta agli ufficiali che portavano la notizia ferale, oggi la situazione può essere rovesciata. La sofferenza e l'impegno sono equalmente divisi. ■ DRAMMATICO; COL.; 85'; USA, 2007.

GRACE OF MY HEART ★★★★
Regia di ALLISON ANDERS. Con MATT DILLON, ILLEANA DOUGLAS, BRIDGET FONDA, PATSY KENSIT, ERIC STOLTZ, JOHN TURTURRO. ■ Il Brill Building di New York negli anni Cinquanta-Sessanta era frequentato da tutti i giovani cantanti, cantautori e musicisti in cerca di successo. Una cantautrice cerca di inserirsi in quel mondo. Pur guardata con sospetto (le donne cantavano allora, non scrivevano) trova un suo spazio e riesce ad emergere. Incontra anche vari amori, nessuno fortunato. Il punto fermo della sua vita sarà sempre il manager che l'ha scoperta e aiutata all'inizio, interpretato da Turturro. Film indipendente, intelligente e riuscito. Forse non è un caso che alla produzione ci sia Martin Scor-

sese. L'istantanea di quegli anni eroici è credibile, gli attori tutti in ottima forma. Da segnalare Illeana Douglas, faccia particolarissima, promettente e giustamente emergente. La sensazione è un po' quella di *Palookaville*: sostanza e assenza degli ingredienti che sembrerebbero indispensabili per il successo in quest'era del cinema: violenza, effetti speciali, pratica dello shock. ■ Commedia; col.; 115′; USA, 1996.

GRADUALLY... *(Be Ahestegi...)* ★
Regia di Maziar Miri. Con Maryam Boobani, Mohammad-Reza Foroutan, Niloofar Khoshkholgh, Hassan Poorshirazi. ■ Il tecnico di un cantiere deve abbandonare il lavoro in tutta fretta perché informato che la moglie si è ammalata improvvisamente. Parte per la città e qui inizia un lungo e lento pellegrinaggio per cercarla. Classico esempio dei difetti del cinema iraniano: dialoghi rarefatti, lentezza esasperata, poca sostanza. Fortunatamente l'Iran sa offrire di meglio. ■ Drammatico; col.; 77′; Iran, 2005.

GRAFFITI BRIDGE ★★
Regia di Prince. Con Morris Day, William Prince. ■ Prince costruisce una storia che mescola generi diversi e che si fa apprezzare soprattutto per la presenza di due star della musica di colore: George Clinton e Mavis Staples. ■ Musicale; col.; 92′; USA, 1990.

GRANA, LA *(Le fric)* ★★
Regia di Maurice Cloche. Con Ivo Garrani, Jean-Claude Pascal, Eleonora Rossi Drago. ■ Mirasi è un ricettatore che finge di accettare una partita di diamanti rubata pensando di rubarla a sua volta. Dà l'incarico di scassinare la cassaforte a un esperto, il quale fa il furbo a sua volta e se ne va con i diamanti. Poi li nasconde per riprenderseli a suo tempo. Quando l'uomo torna al nascondiglio, sono in molti ad aspettarlo. Strage finale. ■ Drammatico; b/n; 90′; Francia, 1959.

GRANADA, ADDIO! ★
Regia di Marino Girolami. Con Checco Durante, Fanfulla, Susanna Martin, Raimondo Vianello, Claudio Villa. ■ Fumettone sentimental-canoro: un cantante del genere melodico, durante una tournée in Spagna, conosce Consuelo e se ne innamora. ■ Commedia; col.; 92′; Italia, 1967.

GRAN BOLLITO ★★★
Regia di Mauro Bolognini. Con Laura Antonelli, Adriana Asti, Alberto Lionello, Renato Pozzetto, Mario Scaccia, Max Von Sidow, Milena Vukotic, Shelley Winters. ■ Lea, una matura donna del sud emigrata al nord, ha un unico figlio al quale dedica tutto il proprio morboso affetto. Quando il ragazzo si fidanza, Lea (per non vederlo andar via) patteggia con la Morte e ad essa sacrifica tre amiche zitelle dai cui corpi ricava biscotti e sapone. Quando il figlio è chiamato alle armi, Lea vorrebbe moltiplicare i suoi rituali di morte, ma la polizia glielo impedirà. ■ Drammatico; col.; 115′; Italia, 1977.

GRAN COMORA ★★
Regia di Antonio Nediani. ■ Una spedizione italiana nell'oceano Indiano studia la vegetazione e gli animali della zona intorno alle isole Comore. ■ Documentario; col.; 94′; Italia, 1953.

GRAND BLEU, LE ★★★
Regia di Luc Besson. Con Rosanna Arquette, Jean-Marc Barr, Sergio Castellitto, Jean Reno. ■ Due ragazzi, Jacques e Enzo, hanno la stessa passione: l'immersione subacquea. Anche il padre di Jacques partecipa alle loro immersioni finché un giorno non riemerge più. A vent'anni di distanza il figlio ha ancora nella memoria quella morte. Non va detto molto di più di un film culto in Francia, datato 1988 con uscita in Italia targata 2002 dopo che è finalmente finita l'annosa querelle che oppose il campione italiano di immersione in apnea Enzo Majorca alla produzione. Majorca si era riconosciuto nel personaggio di Enzo e non aveva apprezzato alcuni passaggi ritenuti offensivi. Solo dopo il suicidio nel 2001 di un altro grande campione, Jacques Mayol, la causa si è ricomposta con l'accettazione da parte di Besson del taglio di alcune scene. Il film consente un salto indietro nella filmografia di due grandi attori come Jean Reno e Jean-Marc Barré. ■ Avventura; col.; 120′; Francia, Italia, USA, 1988.

GRAND CANYON ★★★🏆
Regia di Lawrence Kasdan. Con Danny Glover, Kevin Kline, Steve Martin, Mary McDonnell. ■ Kasdan, il regista de *Il grande freddo*, sembra riprendere in chiave diversa i problemi della generazione sessantottina, alle prese con la realtà di tutti i giorni e le sue delusioni in contrasto con gli antichi ideali. Siamo a Los Angeles, metropoli inumana, dove vediamo muoversi in particolari situazioni i personaggi. Una donna scopre un neonato mentre fa una corsa nel parco. L'automobile del marito smette di funzionare proprio nel bel mezzo di un quartiere non molto tranquillo e l'uomo conosce un meccanico con un'idea della vita molto diversa dalla sua. Un produttore viene ferito mentre cercano di rubargli l'orologio. ■ Drammatico; col.; 134′; USA, 1991. ■ Berlino 🏆 1 pr; Golden Globes 🏆 1 nom; Oscar 🏆 1 nom.

GRANDE ABBUFFATA, LA *(La grande bouffe)* ★★★
Regia di Marco Ferreri. Con Solange Blondeau, Andréas Ferréol, Marcello Mastroianni, Philippe Noiret, Michel Piccoli, Ugo Tognazzi. ■ Quattro amici decidono di suicidarsi in una orgia di cibo e di sesso. Si ritirano in una vecchia villa parigina assediata da palazzi moderni. Muoiono uno ad uno oppressi da colossali mangiate. Sacerdotessa della loro morte è Andréa Ferréol. ■ Commedia; col.; 125′; Francia, Italia, 1973.

GRANDE ADDIO, IL ★★
Regia di Renato Polselli. Con Angelo De Matteis, Dante Maggio, Luisa Rossi. ■ L'ex ufficiale di colore John ritorna in abiti religiosi nella città dove, durante la guerra, aveva preso parte a un'azione. Qui ritrova un figlio che aveva avuto da una donna del posto. Il piccolo mulatto ha trovato un padre adottivo. John vorrebbe riprenderselo, poi rinuncia. ■ Drammatico; b/n; 94′; Italia, 1954.

GRANDE AGGUATO, IL *(The Rebel)* ★★
Regia di Luis Trenker. Con Wilma Banky, Luis Trenker, Victor Varconi. ■ Uno studente in medicina tirolese torna a casa e scopre che sua madre e sua sorella sono state assassinate. Allora cerca la vendetta unendosi alle bande di partigiani che combattono nel Tirolo le armate napoleoniche. ■ Avventura; col.; 90′; Germania, USA, 1934.

GRANDE AGGUATO, IL *(Brimstone)* ★★
Regia di Joseph Kane. Con Adrian Booth, Walter Brennan, Rod Cameron. ■ Contro una banda dell'Oklahoma viene inviato un agente. Se la vede prima di tutto con un uomo mascherato e, dopo averlo arrestato, deve affrontare i suoi accoliti. Nella sparatoria finale l'agente ha la meglio. ■ Avventura; b/n; 90′; USA, 1949.

GRANDE AMANTE, IL *(The Great Lover)* ★★
Regia di Alexander Hall. Con Rhonda Fleming, Bob Hope. ■ Un baro di classe, che ha dei conti aperti con la polizia, viaggia su un transatlantico in rotta per l'America. Durante la navigazione incontra il granduca Massimiliano con la figlia Alexandra. Il baro cerca di trarre partito da questa conoscenza e prepara una partita di poker per farvi partecipare il granduca. Ma non riuscirà a combinare nulla. ■ Commedia; b/n; 80′; USA, 1949.

GRANDE AMORE, IL *(The Old Maid)* ★★★
Regia di Edmund Goulding. Con George Brent, Bette Davis, Miriam Hopkins, William Lundigan. ■ Delia e Carlotta amano lo stesso uomo, Clem Spender. Carlotta ha una figlia da lui. Clem muore in guerra e Carlotta, rimasta sola, troverebbe marito. Ma Delia la tormenta con la sua gelosia *a posteriori*. Soltanto quando anche Delia rimane sola, le due donne finiscono col vivere insieme. Delia adotta la figlia dell'altra che così non sarà più illegittima. ■ Drammatico; b/n; 95′; USA, 1939.

GRANDE AMORE, UN *(Love Affair)* ★★★
Regia di Leo McCarey. Con Charles Boyer, Irene Dunne. ■ In viaggio sul transatlantico che lo porta in America, dove deve sposarsi, un pittore di fama incontra una cantante. Si innamorano e fissano un appuntamento per un determinato giorno in un determinato luogo. Lei non arriva, a causa di un incidente che l'ha costretta all'immobilità. Lui è disperato, ma quando scopre tutto corre subito dalla donna. ■ Commedia; b/n; 89′; USA, 1939. ■ Oscar 6 nom.

GRANDE AMORE, UN *(Die grosse Liebe)* ★
Regia di ROLF HANSEN. Con PAUL HÖRBIGER, ZARAH LEANDER, VIKTOR STAAL, GRETA WEISER. ■ Storia di un amore tra un ufficiale e un'artista di varietà. ■ DRAMMATICO; B/N; 91'; GERMANIA, 1942.

GRANDE AMORE DA 50 DOLLARI, UN ★★★
(Cinderella Liberty)
Regia di MARK RYDELL. Con JAMES CAAN, KIRK CALLOWAY, MARSHA MASON, ELI WALLACH. ■ Una storia che si svolge nell'immediato dopoguerra. Un gruppo di marinai in libera uscita va nei night a divertirsi. Tra questi c'è John Baggs, che conosce una prostituta che ha un bambino. La sposa e adotta il piccolo mulatto. Ma le difficoltà pratiche avviliscono la donna che torna sul marciapiede. ■ DRAMMATICO; COL.; 117'; USA, 1974. ■ GOLDEN GLOBES 1 PR, 4 NOM; OSCAR 3 NOM.

GRANDE AMORE DI BEETHOVEN, UN ★★
(Un grand amour de Beethoven)
Regia di ABEL GANCE. Con JEAN-LOUIS BARRAULT, HARRY BAUR, ANNIE DUCAUX, JANY HOLT. ■ Un film sentimentale che prende spunto dall'amore del grande musicista per Giulietta Guicciardi. Lei sposa un altro e Beethoven si dispera. Giulietta ritorna da lui, dopo avere lasciato il marito; ma è troppo tardi: lui sta per morire. ■ DRAMMATICO; B/N; 135'; FRANCIA, 1936.

GRANDE AMORE DI ELISABETTA BARRETT, IL ★★
(The Barretts of Wimpole Street)
Regia di SIDNEY FRANKLIN. Con JOHN GIELGUD, JENNIFER JONES, BILL TRAVERS. ■ A distanza di 23 anni, Franklin rifece il suo film *La famiglia Barrett*. ■ DRAMMATICO; COL.; 105'; GRAN BRETAGNA, USA, 1957.

GRANDE AMORE DI GIORGIO IV, UN ★★★
(Mrs. Fitzherbert)
Regia di MONTGOMERY TULLY. Con LESLIE BANKS, PETER GRAVES, JOYCE HOWARD. ■ Il principe di Galles si innamora pazzamente di una ragazza francese. Questa accetta di sposarlo solo dopo il suo tentato suicidio. I due vivono felici e isolati dagli altri, ma ben presto sorgono difficoltà economiche. Il principe si rivolge al padre che ne approfitta per rimediare allo scandalo di quel matrimonio. ■ STORICO; B/N; 99'; GRAN BRETAGNA, 1947.

GRANDE AMORE DI PAGANINI, UN ★★
(The Magic Bow)
Regia di BERNARD KNOWLES. Con PHYLLIS CALVERT, STEWART GRANGER, JEAN KENT, FRANK CELLIER. ■ Vita romanzata del grande Paganini: ancora sconosciuto si innamora di una ricca fanciulla la quale, per ordine del padre, si fidanza con un altro. Il violinista miete i primi successi in varie città europee, incontra di nuovo l'amata e, dopo alterni periodi di felicità e di crisi, si lega definitivamente a lei. ■ BIOGRAFICO; B/N; 106'; GRAN BRETAGNA, 1945.

GRANDE APPELLO, IL ★★
Regia di MARIO CAMERINI. Con CAMILLO PILOTTO, PEPITA SALVADOR. ■ Avventura africana durante la guerra italo-abissina. Un ricco industriale italiano, contrabbandiere d'armi a favore degli indigeni, cerca di condurre con sé il figlio avuto da un'amante appena defunta. Il ragazzo, indignato per il suo commercio, rifiuta; il padre si pente e sacrifica la vita. ■ DRAMMATICO; B/N; 94'; ITALIA, 1936.

GRANDE ARENA, LA *(Powder Smoker Range)* ★★
Regia di WALLACE W. FOX. Con HARRY CAREY, HOOT GIBSON, WALLY WALES. ■ Il sindaco di una cittadina texana, complice lo sceriffo, deruba e uccide per soddisfare le proprie ambizioni. Alcuni agricoltori si coalizzano per eliminare i malfattori e, nonostante debbano affrontare un temibile sicario, riescono ad averne ragione. ■ WESTERN; B/N; 78'; USA, 1935.

GRANDE ARENA, LA *(Chantaje a un torero)* ★★
Regia di RAFAEL GIL. Con MANUEL BENITEZ, ALBERTO DE MENDOZA, MANOLO MORAN. ■ Il celebre Cordobés interpreta il ruolo di un ragazzo che, deluso dagli insuccessi nell'arena, diventa malvivente. Divenuto torero famoso, gli ex complici cercano di ricattarlo, ma invano. ■ DRAMMATICO; COL.; 91'; SPAGNA, 1963.

GRANDE ATTACCO, IL ★★★
Regia di UMBERTO LENZI. Con HELMUT BERGER, SAMANTHA EGGAR, EDWIGE FENECH, HENRY FONDA, GIULIANO GEMMA, JOHN HUSTON, RAY LOVELOCK, VENANTINO VENANTINI. ■ Berlino, 1936. In occasione delle Olimpiadi, in casa del tenente Roland sono ospiti alcuni esponenti delle delegazioni estere: brindano alla pace e si lasciano. Roland poi sposa un'attrice ebrea che finirà nelle mani della Gestapo. Lui andrà a morire in Africa. ■ GUERRA; COL.; 100'; ITALIA, 1978.

GRANDE ATTRAZIONE, LA *(The Main Attraction)* ★★
Regia di DANIEL PETRIE JR. Con PAT BOONE, NANCY KWAN, MAI ZETTERLING. ■ Un musicista che lavora al circo è amato da una fantasista mentre lui ama, ricambiato, una cavallerizza. Durante un litigio con la fantasista l'uomo crede di averne ucciso l'ex marito intervenuto in sua difesa. Fugge con la cavallerizza e poi, saputo di non essere ricercato, torna indietro. ■ DRAMMATICO; B/N; 90'; USA, 1962.

GRANDE AURORA, LA ★
Regia di GIUSEPPE MARIA SCOTESE. Con ROSSANO BRAZZI, RENÉE FAURE, GIOVANNI GRASSO. ■ Un musicista lascia la famiglia per cercare fortuna all'estero, ma gli va male. Suo figlio, allora, su consiglio della madre che ha perdonato il fuggitivo, porterà al successo una sinfonia del papà. ■ COMMEDIA; B/N; 90'; ITALIA, 1946.

GRANDE AVVENTURA, LA *(Headin' for Rio Grande)* ★
Regia di ROBERT NORTH BRADBURY. Con TEX RITTER, ELEANORE STEWART. ■ Un western banale e prevedibile: la solita banda di malfattori che taglieggia gli allevatori e il buono, in questo caso un agente federale, che ristabilisce la legge. ■ WESTERN; B/N; 81'; USA, 1936.

GRANDE AVVENTURA, LA ★★
Regia di MARIO PISU. Con GINO CERVI, MARA LANE, AVE NINCHI, CARLO NINCHI, LUIGI PAVESE. ■ Una certa somma di denaro, raccolta dai patrioti italiani residenti in Inghilterra, deve essere trasferita da Milano a Roma. L'incarico è affidato a un nobile il quale non si lascia ingannare da una spia in gonnella e, per eludere la sorveglianza di due agenti nemici, incarica del recapito un ragazzo che condurrà in porto l'impresa lasciandoci la vita. ■ STORICO; B/N; 92'; ITALIA, 1954.

GRANDE AVVENTURA, LA ★★★
(The Adventures of the Wilderness Family)
Regia di STEWART RAFFILL. Con SUSAN DAMANTE SHAW, HOLLYE HOLMES, ROBERT LOGAN. ■ I coniugi Robinson di Los Angeles ricevono dal medico il consiglio di portare la loro figlioletta Jenny in montagna per un lungo periodo. Acquistano allora un cottage abbandonato sui monti dell'Oregon e vi si trasferiscono. Le difficoltà tipiche di una vita da pionieri costringono la famiglia Robinson ad adattarsi a un'esistenza rude e spesso pericolosa. Ma le bellezze della natura li ricompensano dei disagi. Quando Jenny guarisce decidono di non tornare più a vivere in città. ■ AVVENTURA; COL.; 100'; USA, 1976.

GRANDE AVVENTURA CONTINUA, LA ★★★
(The Wilderness Family – Part 2)
Regia di FRANK ZUNIGA. Con SUSAN DAMANTE SHAW, GEORGE BUCK FLOWER, HAM LARSEN, ROBERT LOGAN, HEATHER RATTRAY. ■ La famiglia Robinson raggiunge il piccolo lago sulle Montagne Rocciose presso il quale un'altra famiglia ha organizzato la propria esistenza in modo pionieristico. Al sopraggiungere di un inverno particolarmente rigido, la situazione si fa difficile: scendono i lupi e per le due famiglie sono giorni di terrore. Dopo molteplici peripezie, il ritorno della primavera riporterà la serenità tra gli arditi campeggiatori. ■ AVVENTURA; COL.; 105'; USA, 1977.

GRANDE AVVENTURA DEL GENERALE PALMER, LA *(Denver and Rio Grande)* ★★
Regia di BYRON HASKIN. Con LAURE ELLIOTT, STERLING HAYDEN, EDMOND O'BRIEN. ■ Due compagnie ferroviarie si fanno spietata concorrenza. Il direttore di una di esse spinge il rivale a dimettersi facendogli credere di aver ucciso un uomo. Poco dopo, però, il dimissionario ritorna per cercare i ladri delle paghe degli

operai. Nel furto c'è lo zampino del suo avversario che finirà ucciso. ■ AVVENTURA; COL.; 89'; USA, 1952.

GRANDE AVVENTURA DEL PICCOLO PRINCIPE VALIANT, LA *(Hols no daiboken)* ★★
Regia di YASUO OTHSUKA. ■ Storia fantastica e movimentata di un piccolo orfano alle prese con mostri, animali feroci e nemici potenti. ■ ANIMAZIONE; B/N; 94'; GIAPPONE, 1968.

GRANDE AVVENTURA DI SCARAMOUCHE, LA ★★
Regia di PIERO PIEROTTI. Con GRIT FREYBERG, CHRISTIAN HAY, VITO PANDOLFI, MILLY VITALE. ■ Scaramouche, un comico italiano, accetta di collaborare con una bella agente del cardinale Mazzarino per individuare alcuni nemici del re di Francia. ■ AVVENTURA; COL.; 90'; ITALIA, 1970.

GRANDE AVVENTURIERO, IL ★★
(Black Jack – Jack el negro)
Regia di JULIEN DUVIVIER. Con HERBERT MARSHALL, PATRICIA ROC, GEORGE SANDERS. ■ Un avvocato di pochi scrupoli è dedito al contrabbando. Un poliziotto gli si mette alle calcagna e scopre l'arrivo di un certo quantitativo di droga. L'avvocato riesce a fuggire col prezioso carico e una ragazza della quale si è innamorato. Prima di raggiungere la salvezza, però, viene ucciso. ■ AVVENTURA; B/N; 91'; SPAGNA, 1949.

GRANDE BARNUM, IL *(The Mighty Barnum)* ★★★
Regia di WALTER LANG. Con WALLACE BEERY, VIRGINIA BRUCE, ADOLPHE MENJOU. ■ La storia della nascita di uno dei più famosi circhi del mondo. Barnum, dopo aver liquidato un emporio, allestisce un museo di personaggi strani. Sono proprio i suoi "fenomeni" che lo convincono a creare il primo circo. ■ AVVENTURA; B/N; 87'; USA, 1932.

GRANDE BARRIERA, LA ★★★
Regia di ACHILLE BOLLA. ■ Un notevole documentario che, studiando le tribù selvagge della Nuova Zelanda, Queensland e Nuova Guinea, risale idealmente alle origini dell'uomo. ■ DOCUMENTARIO; COL.; 62'; ITALIA, 1956.

GRANDE BATTAGLIA DEL PACIFICO, LA ★★
(La bataille du Pacifique)
Regia di DANIEL COSTELLE. ■ Il lungometraggio inizia con l'attacco giapponese a Pearl Harbor e prosegue con la narrazione e la documentazione, spesso inedita, di spezzoni delle battaglie che si conclusero alle soglie dell'Australia. ■ DOCUMENTARIO; B/N; FRANCIA, 1970.

GRANDE BATTAGLIA DI SEBASTOPOLI, LA ★★
(Neamul soimarestilor)
Regia di MIRCEA DRAGAN. Con JOHN BOULDING, GEORGE CALBOR, DINA COCHRAN. ■ Crimea, 1962. La regina Elisabetta vuole impadronirsi di quel territorio e si serve di un traditore per ideare un piano d'attacco. Sia il piano che il traditore, però, vengono scoperti: gli inglesi verranno battuti. ■ STORICO; COL.; 95'; ROMANIA, 1964.

GRANDE BELLEZZA, LA ★★★
Regia di PAOLO SORRENTINO. Con CARLO BUCCIROSSO, SABRINA FERILLI, TONI SERVILLO, CARLO VERDONE, PAMELA VILLORESI. ■ Sorrentino è già nella storia del cinema italiano. Questo è un dato di fatto. *La grande bellezza* è un prodotto esteticamente rigoroso, ricco di spunti, di personaggi che cercano di non essere banali, di volti che non si dimenticano, di colore, di orpelli, di musica, di paesaggi e luci accecanti, di una Roma da sogno (o da incubo) e di frasi d'impatto: soprattutto quelle pronunciate fuori campo da Jep Gambardella, il protagonista, che associa, con ironia, Ammaniti a Proust. Ma dietro a ogni singolo spunto (e sono tanti) cosa rimane? Rimane il volto di una Sabrina Ferilli intensa, diversa e umana. Rimangono scene romane glitterate, come una fotografia di La Chapelle, scintillante ma dalla poca sostanza, rimane l'enorme, felliniana Serena Grandi, caricatura di se stessa, sfatta, che balla, si fa fare il botulino e non si stacca dalla cocaina, quella "buona" servita ai party dei ricchi romani che popolano strade, uffici e ville. E Jep che osserva attento, ironico, ma sofferente, come un testimone che scruta un circo fatto di roba schifosa e inutile, dove quel che rimane non è altro che la parodia di un mondo che tutti conosciamo, ma che nessuno, neppure lo scrittore, cerca di esorcizzare. E tutto continua a "ricominciare daccapo". Il cerchio si chiude e si riapre continuamente senza che niente sia mai risolto. ■ DRAMMATICO; COL.; 150'; ITALIA, FRANCIA, 2013.

GRANDE BIONDO, IL *(Le retour du grand blond)* ★★
Regia di YVES ROBERT. Con JEAN CARMET, MIREILLE DARC, PIERRE RICHARD, JEAN ROCHEFORT. ■ Parodistica e divertente storia di spionaggio: un musicista viene scambiato per un agente segreto e destinato ad essere soppresso. Riesce a sfuggire a tutti gli attentati e mette in ridicolo gli avversari. ■ COMMEDIA; COL.; 80'; FRANCIA, 1974.

GRANDE BLEK, IL ★★
Regia di GIUSEPPE PICCIONI. Con ROBERTO DE FRANCESCO, FEDERICA MASTROIANNI, SERGIO RUBINI. ■ Un ragazzo di vent'anni, in procinto di partire per sempre dalla città di provincia che l'ha visto ragazzo, rivive gli anni dell'infanzia e della adolescenza, le prime esperienze amorose, le lotte sessantottine. Soprattutto ricorda l'amico Razzo, testa matta che morì tragicamente in un incidente. ■ DRAMMATICO; COL.; 106'; ITALIA, 1988.

GRANDE BLUFF, IL *(Le grand bluff)* ★★
Regia di PATRICE DALLY. Con EDDIE CONSTANTINE, MIREILLE GRANELLI, DOMINIQUE WILMS. ■ Un giocatore d'azzardo, che ha perso fino all'ultimo soldo, riesce, con un'abile commedia, a farsi credere milionario. Di lui si interessa la stampa e la proprietaria di un terreno petrolifero che rifiuta di vendere ad un'importante società. L'uomo si batte al suo fianco e crea una impresa azionaria. ■ AVVENTURA; B/N; 91'; FRANCIA, 1957.

GRANDE BORDELLO, IL ★★★
(Quelques messieurs trop tranquilles)
Regia di GEORGES LAUTNER. Con MICHEL GALABRU, HENRI GUYBET, MIOU-MIOU. ■ Una gradevole e insolita commedia: i pochi abitanti di uno sperduto paesino decidono di incrementare il turismo per sopperire alla crescente miseria. I primi stranieri sono degli hippies. ■ COMMEDIA; COL.; 100'; FRANCIA, 1972.

GRANDE BOTTO, IL ★★
Regia di LEONE POMPUCCI. Con CLAUDIO AMENDOLA, CARLO BUCCIROSSO, FRANCESCA NUNZI, EMILIO SOLFRIZZI. ■ In cinque vincono 78 miliardi al Lotto. Naturalmente cominciano a sognare. Ma chi ce l'ha la schedina? Ce l'ha uno di loro che se la squaglia. Comincia un altro film. Pompucci fa film di grana sottile che non vengono capiti dal pubblico (*Mille bolle blu, Camerieri*). È il suo destino. ■ COMMEDIA; COL.; 95'; ITALIA, 2000.

GRANDE BULLO, IL *(Big Bully)* ★★
Regia di STEVE MINER. Con TOM ARNOLD, CAROL KANE, RICK MORANIS, JULIANNE PHILIPS, JEFFREY TAMBOR. ■ Da bambino il protagonista ha dovuto subire le vessazioni di uno spaccone di periferia. Da grande i problemi ritornano molto più amplificati. Da adulti le professioni si invertono rispetto alle tendenze giovanili e chi era un piromane convinto diventa un vigile del fuoco. Miner utilizza la maschera di Moranis per realizzare una commedia ororifica non particolarmente riuscita. ■ COMMEDIA; COL.; 93'; USA, 1996.

GRANDE CACCIA, LA ★★
Regia di EDOARDO CAPOLINO. Con GABY ANDRÉ, MARSHALL THOMPSON, FAUSTO TOZZI. ■ Un gruppo di esperti italiani parte per il Tanganika con il compito di scoprire le cause di una vasta epidemia. ■ DOCUMENTARIO; COL.; 92'; FRANCIA, 1972.

GRANDE CALDO, IL *(The Big Heat)* ★★★★
Regia di FRITZ LANG. Con GLENN FORD, GLORIA GRAHAME, LEE MARVIN. ■ Un funzionario della polizia si suicida. L'indagine viene affidata a un tenente che risale fino al capo della banda di gangster che gode di altissime protezioni (anche nella polizia). Il tenente viene minacciato, fatto oggetto di attentati (uno causa la morte di sua moglie), ma alla fine ha partita vinta. ■ DRAMMATICO; B/N; 90'; USA, 1954.

GRANDE CALDO PER IL RACKET DELLA DROGA ★★
(Darker than Amber)
Regia di ROBERT CLOUSE. Con AHNA CAPRI, SUZY KENDALL, WILL SMITH, ROD TAYLOR. ■ Una ragazza, salvata dall'annegamento da un playboy, viene uccisa. Il playboy allora decide di sco-

prire il suo assassino, e lo individua in uno spacciatore di stupefacenti. ■ GIALLO; COL.; 97′; USA, 1970.

GRANDE CAMPIONE, IL *(Champion)* ★★★★
Regia di MARK ROBSON. Con KIRK DOUGLAS, ARTHUR KENNEDY, MARILYN MAXWELL. ■ Un uomo dal passato burrascoso sposa controvoglia l'amante, poi la lascia per dedicarsi al ring. Sotto la guida di un buon allenatore ottiene successi e ricchezza. Montatosi la testa e cambiato manager ne seduce la moglie e, dopo poco tempo, perde il contratto. Pentito, ma solo apparentemente, torna dalla moglie del vecchio allenatore; la sera di un importante incontro ottiene una strepitosa vittoria ma poco dopo, nel suo camerino, muore. ■ DRAMMATICO; B/N; 99′; USA, 1949. ■ OSCAR 1 PR, 6 NOM.

GRANDE CAPITANO, IL *(John Paul Jones)* ★★
Regia di JOHN FARROW. Con CHARLES COBURN, BETTE DAVIS, MARISA PAVAN, ROBERT STACK. ■ È la storia vera di un ufficiale della marina americana ai tempi della guerra d'indipendenza. Dopo alterne vicende J. P. Jones, questo il suo nome, ottiene il comando di una nave e infligge una grossa sconfitta agli inglesi. Ostacolato da potenti e invidiosi avversari, si mette al servizio dell'imperatore di Russia e ottiene altre splendide vittorie. ■ BIOGRAFICO; COL.; 126′; USA, 1959.

GRANDE CAPO, IL *(Direktøren for det hele)* ★★
Regia di LARS VON TRIER. Con JENS ALBINUS, JEAN-MARC BARR, CASPER CHRISTENSEN, BENEDIKT ERLINGSSON, FRIDRIK THOR FRIDRIKSSON, HENRIK PRIP. ■ Danimarca oggi. Una grande azienda di informatica sta per essere venduta agli islandesi. Il proprietario non ha mai rivelato la sua identità, fingendosi un semplice portavoce di un fantomatico "Grande Capo". Ora è però necessario che il Capo si materializzi. Ingaggia quindi un attore disoccupato che dovrebbe limitarsi a firmare per procura la cessione. Ma le cose si complicano... Lars von Trier si prende una (apparente) vacanza dal dramma della trilogia "americana" per confezionare una commedia che mostra un certo esercizio di scrittura, con l'inserto di una voce off. ■ COMMEDIA; COL.; 99′; DANIMARCA, SVEZIA, 2006.

GRANDE CAROVANA, LA *(Jubilee Trail)* ★★★
Regia di JOSEPH KANE. Con JIM DAVIS, JOAN LESLIE, VERA RALSTON, FORREST TUCKER. ■ È un grande affresco riguardante gli anni che precedono la famosa corsa all'oro verso l'Ovest americano. ■ WESTERN; COL.; 103′; USA, 1954.

GRANDE CARUSO, IL *(The Great Caruso)* ★★★
Regia di RICHARD THORPE. Con ANN BLYTH, MARIO LANZA. ■ Qualcosa di più che un semplice film musicale: la vita di Caruso è costruita sui ricordi della moglie. ■ BIOGRAFICO; COL.; 109′; USA, 1951. ■ OSCAR 1 PR, 3 NOM.

GRANDE CATERINA, LA *(The Great Catherine)* ★★
Regia di PAUL CZINNER. Con ELISABETH BERGNER, DOUGLAS FAIRBANKS. ■ Ritratto storico e umano dell'imperatrice Caterina di Russia. L'impero è in agitazione; lo zar passa da un festino all'altro e la moglie da un amante all'altro. Il marito ordina che venga uccisa, ma lei fugge e si unisce ai ribelli che dopo alcune lotte entrano, con lei in testa, a Pietroburgo. ■ STORICO; B/N; 95′; GRAN BRETAGNA, 1934.

GRANDE CERIMONIALE, IL *(Le grand cérémonial)* ★★
Regia di PIERRE-ALAIN JOLIVET. Con GINETTE LECLERC, MARCELLA SAINT AMANT, MICHEL TUREAU. ■ Un giovane soffocato dal morboso amore della madre riversa su alcuni manichini i suoi istinti sadici. Una ragazza masochista si innamora di lui e lo aiuta a guarire. Cominceranno una nuova vita. ■ DRAMMATICO; COL.; 110′; FRANCIA, 1968.

GRANDE CIELO, IL *(The Big Sky)* ★★★★★
Regia di HOWARD HAWKS. Con KIRK DOUGLAS, ARTHUR HUNNICUTT, DEWEY MARTIN, ELIZABETH THREATT. ■ Missouri 1832. Jim (Douglas) e Bill (Martin) si incontrano e diventano amici, vanno a caccia e fanno baldoria. A Saint Louis finiscono in gattabuia, ma escono grazie all'intervento di un commerciante che intende opporsi allo strapotere della Compagnia delle pellicce: risalirà il Missouri fino alle terre dei Piedi neri, forte di un eccezionale ostaggio, la figlia del capo indiano, che costituirà appunto da lasciapassare. Durante il viaggio la donna, misteriosa e silenziosa, coltiva i suoi sentimenti. Dopo varie avventure dichiara a Jim l'amicizia e a Bill il proprio amore. Alla fine i due amici si separano. Bill, dopo molte esitazioni, rimarrà con l'indiana. Straordinario capolavoro western, opera di un regista che quattro anni prima aveva firmato un'altra pietra miliare del genere, *Il fiume rosso*. Hawks si poneva dunque nell'eccellenza dei film sull'Ovest, a pochissima distanza da John Ford. Il film contiene tutti i grandi temi della frontiera, in maniera decisamente "fisica": magnifica la natura, così come i tempi dell'avventura, e tutt'altro che banali gli intrecci dei rapporti. Hawks è stato titolare di minor mito rispetto a Ford, i suoi film sono più vicini a una buona verità. Una certa critica considera questo autore per certi versi più attendibile e completo di Ford stesso. *Il grande cielo*, del 1952, fa parte della più bella stagione del western (esattamente coetaneo di *Mezzogiorno di fuoco*), quando il cinema era ancora "muscolarmente" forte ed era perfezionato, ma capace di temi vasti positivi e ingenui che avrebbero resistito ancora per poco. ■ WESTERN; B/N; 112′; USA, 1952. ■ OSCAR 2 NOM.

GRANDE CIRCO, IL *(The Big Circus)* ★★
Regia di JOSEPH M. NEWMAN. Con RED BUTTONS, RHONDA FLEMING, VICTOR MATURE. ■ Per sopravvivere un circo ha bisogno di un finanziamento; il direttore di una banca lo concede e invia un'amministratrice perché lo controlli. Tra la ragazza e il proprietario del circo dapprima sorgono contrasti e poi l'amore. Anche il prestito dà i suoi frutti. ■ AVVENTURA; COL.; 108′; USA, 1959.

GRANDE CITTÀ, LA *(The Big City)* ★★
Regia di FRANK BORZAGE. Con CHARLES GRAPEWIN, LUISE RAINER, SPENCER TRACY. ■ È la storia piuttosto complicata di alcuni taxisti concorrenti e della moglie di uno di essi, una russa priva della cittadinanza americana che rischia, a causa di una presunta responsabilità del marito, di essere rimpatriata. Il marito la nasconde con l'aiuto degli amici fino a quando il pericolo è cessato. ■ DRAMMATICO; B/N; 80′; USA, 1937.

GRANDE COCOMERO, IL ★★★🏆
Regia di FRANCESCA ARCHIBUGI. Con SERGIO CASTELLITTO, ALESSIA FUGARDI, ANNA GALIENA. ■ Ispirato all'esperienza di Marco Lombardo Radice, neuropsichiatra innovativo, il terzo film della giovane regista ha avuto un grande successo di pubblico e molta attenzione da parte della critica. Le strutture ospedaliere inadeguate, nel campo della malattia mentale, sono all'ordine del giorno in Italia. Sebbene il quadro negativo del film non rappresenti che un decimo del problema reale, l'operazione si può dire riuscita, se non altro per una sensibilizzazione verso il problema. Le ingenuità della sceneggiatura sono compensate da un'ottima interpretazione di Castellitto e dall'agile regia della Archibugi. Arturo è un medico di neuropsichiatria infantile sempre sottoposto a uno stress sul lavoro e con una sua crisi esistenziale. Conosce Pippi, una giovane epilettica, che ha bisogno d'aiuto. La madre, abituata alle cure convenzionali, fatica a capire il metodo di Arturo. Ma è quest'ultimo ad avere ragione: Pippi è ammalata per problemi psicologici. E la sua famiglia non ne è estranea. ■ COMMEDIA; COL.; 96′; ITALIA, 1993. ■ DAVID DI DONATELLO 🏆 3 PR, 3 NOM.

GRANDE COLPA, LA *(Ich war Jack Mortimer)* ★★
Regia di CARL FROELICH. Con MARIE LOUISE CLAUDIUS, SYBILLE SCHMITZ, ADOLF WOHLBRÜCK. ■ Un tassista trova un cadavere nella sua auto e, temendo di essere incolpato, cerca in ogni modo di sbarazzarsene. Le sue manovre destano i sospetti della polizia; lo salva la confessione del vero assassino che ha ucciso per gelosia. ■ DRAMMATICO; B/N; 92′; GERMANIA, 1935.

GRANDE COLPO, IL *(The Big Hit)* ★★
Regia di CHE KIRK WONG. Con LOU DIAMOND PHILLIPS, MARK WAHLBERG. ■ Il nuovo eroe si chiama Melvin Smyley e gli dà corpo e volto questo Wahlberg, emulo dei John Woo e dei Charlie Chan. Lui è il killer di un boss. È molto bravo, ricercato e ben pagato. Ma ha troppe donne e i soldi non bastano mai. Occorre un extra e qui cominciano i guai. Il resto è conosciuto, pedate, giravolte e sangue. Prodotto da Wesley Snipes. ■ AVVENTURA; COL.; 93′; USA, 1998.

GRANDE COLPO DEI SETTE UOMINI D'ORO, IL ★★★
Regia di MARCO VICARIO. Con PHILIPPE LEROY, GASTONE MOSCHIN, ROSSANA PODESTÈ. ■ Dopo aver fallito un colpo, una banda di abilissimi ladri si mette al servizio di una potenza straniera; potrà così, adempiendo all'incarico per il quale è stata ingaggiata, rubare contemporaneamente una grossa quantità d'oro. Tutto fila secondo i piani, ma il finale non è quello previsto. ■ COMMEDIA; COL.; 90'; ITALIA, 1966.

GRANDE COLPO DI SURCOUF, IL ★★
Regia di SERGIO BERGONZELLI. Con GÉRARD BARRAY, ALBERTO CEVENINI, ANTONELLA LUALDI. ■ Scoppia la guerra tra Francia e Inghilterra: Surcouf, corsaro francese, accetta l'incarico datogli da Napoleone di penetrare in una fortezza nemica e distruggere alcuni documenti. ■ AVVENTURA; COL.; 93'; ITALIA, 1966.

GRANDE COLTELLO, IL *(The Big Knife)* ★★★★
Regia di ROBERT ALDRICH. Con ILKA CHASE, WENDELL COREY, IDA LUPINO, JACK PALANCE, ROD STEIGER, SHELLEY WINTERS. ■ Da un dramma di Clifford Odets: un famoso attore cinematografico ha investito un bambino ma il suo produttore, per evitargli una pubblicità negativa, è riuscito ad evitare che il pubblico ne fosse informato. I colleghi di lavoro però ne sono al corrente e usano l'incidente come un'arma per ottenere favori più o meno personali; il protagonista non cede e ci lascia la pelle. Film importante. Aldrich, oltre che condurre in maniera particolarmente felice la storia e gli attori (diede un'immagine molto intensa della nevrosi e della corruzione del suo ambiente), cercò anche particolari soluzioni tecniche, come quelle di usare un ambiente arido e bianchissimo, disperatamente opprimente. ■ DRAMMATICO; B/N; 111'; USA, 1955. ■ VENEZIA 1 PR.

GRANDE COMBATTENTE, IL ★★
Regia di EDWARD J. STEICHEN. ■ È uno dei più riusciti documentari bellici sia dal punto di vista spettacolare che tecnico. Narra la vita su una portaerei americana durante la famosa battaglia del Pacifico. ■ DOCUMENTARIO; COL.; 61'; USA, 1945.

GRANDE CONCERTO, IL ★★★
■ Un documentario di notevole valore folkloristico girato in alcuni teatri russi, comprende musiche di Ciaikowski, Chopin e Kaciaturian, scene da opere famose, balletti. ■ DOCUMENTARIO; COL.; 90'; URSS, 1953.

GRANDE CONQUISTA, LA *(Der Berg Ruft)* ★★
Regia di LUIS TRENKER. Con LUCIE HÖFLICH, LUIS TRENKER. ■ L'inglese Whymper conquista, nel 1865, la vetta del Cervino. Nel corso della discesa quattro compagni di cordata precipitano e muoiono. Lo scalatore è accusato di aver provocato l'incidente per salvarsi. Una guida italiana, Carrel, ripete da solo l'ascensione della montagna e, trovata la corda, può dimostrare l'innocenza del collega. ■ DRAMMATICO; B/N; 94'; GERMANIA, 1937.

GRANDE CONQUISTA, LA *(Tycoon)* ★★
Regia di RICHARD WALLACE. Con LARAINE DAY, SIR CEDRIC HARDWICKE, ANTHONY QUINN, JOHN WAYNE. ■ Per terminare una linea ferroviaria in Sudamerica bisogna forare una montagna o costruire un ponte su un fiume. A questa soluzione è favorevole il direttore dei lavori che, contrastato dalla direzione, è costretto a scegliere l'altra. Incidenti e crolli consentono che venga attuata la sua proposta. Anche la moglie, dapprima scoraggiata dalla dura vita di cantiere, si riunisce a lui. ■ AVVENTURA; COL.; 128'; USA, 1947.

GRANDE CORSA, LA *(King of the Turf)* ★★
Regia di ALFRED E. GREEN. Con WALTER ABEL, DOLORES COSTELLO, ADOLPHE MENJOU. ■ Un giovane scappa di casa per fare il fantino. Ci riesce con l'aiuto di uno strano vagabondo. Costui non è altri che suo padre, ma egli lo ignora. ■ DRAMMATICO; B/N; 72'; USA, 1939.

GRANDE CORSA, LA *(The Great Race)* ★★★
Regia di BLAKE EDWARDS. Con TONY CURTIS, PETER FALK, JACK LEMMON, NATALIE WOOD. ■ Siamo al principio del Novecento: due eterni avversari, un gentiluomo e un imbroglione, organizzano una gara automobilistica con partenza da New York e arrivo a Parigi per misurare le proprie capacità. L'imbroglione, che gareggia con un'auto dotata di mille ingegnosissimi trucchi, arriva primo. ■ AVVENTURA; COL.; 150'; USA, 1965. ■ OSCAR 1 PR, 5 NOM.

GRANDE CORSARO, IL *(Samurai Pirate)* ★★
Regia di SENKICHI TANIGUCHI. Con MIE HAMA, TOSHIRO MIFUNE, MAKOTO SATO. ■ Un commerciante fa naufragio su un'isola governata da un crudele primo ministro. Desideroso di aiutare gli abitanti, l'uomo penetra a palazzo con alcuni ribelli, sconfigge il malvagio e parte, noto ormai come il Grande Corsaro. ■ AVVENTURA; COL.; 93'; GIAPPONE, 1964.

GRANDE CROCIATA, LA *(Felipe de Jesus)* ★★
Regia di JULIO BRACHO. Con ERNESTO ALONSO, RITA MACEDO, JULIO VILLAREAL. ■ L'amante di un'assassina si accusa per salvarla. Esce di galera per andare a combattere nelle Filippine. Qui conosce una lebbrosa e sente nascere la vocazione. Prende i voti e con altri va a predicare in Giappone. Morirà martire. ■ AVVENTURA; B/N; 92'; MESSICO, 1949.

GRANDE CUORE DI CLARA, IL *(Clara's Heart)* ★★
Regia di ROBERT MULLIGAN. Con WHOOPI GOLDBERG, NEIL PATRICK HARRIS, KATHLEEN QUINLAN. ■ Melodramma un po' troppo vecchia maniera diretto da un "grande" del passato, Robert Mulligan. Whoopi Goldberg, senza infamia e senza lode, interpreta una domestica di origine giamaicana che ha un rapporto col figlio minore di due genitori infelici. La loro mancanza di serenità ha origine dalla perdita del primogenito e li porta sull'orlo del divorzio. ■ DRAMMATICO; COL.; 104'; USA, 1988. ■ GOLDEN GLOBES 1 NOM.

GRANDE DUELLO, IL ★★
Regia di GIANCARLO SANTI. Con HORST FRANK, JESS HAHN, PETER O'BRIEN, LEE VAN CLEEF. ■ Un giovane accusato di omicidio, complice un giudice corrotto, si nasconde tra le montagne. Un ex sceriffo lo salva da alcuni cacciatori di taglie e, quando il ragazzo sarà ripreso dai figli dell'ucciso e in procinto di essere impiccato, confesserà di essere l'autore del gesto. La fa franca e ammazza tutti gli altri. ■ WESTERN; COL.; 90'; ITALIA, 1973.

GRANDE E POTENTE OZ, IL ★★
(Oz: The Great and Powerful)
Regia di SAM RAIMI. Con ZACH BRAFF, JAMES FRANCO, MILA KUNIS, RACHEL WEISZ, MICHELLE WILLIAMS. ■ Oscar Diggs, detto Oz, è un mago da fiera e un seduttore, che illude spettatori e fanciulle con trucchetti da prestigiatore e promesse da marinaio. Balzato su una mongolfiera per sfuggire a un rivale, si ritrova catapultato da un tornado nella fatata terra di Oz. Scopre così che quel popolo buono lo crede il salvatore-mago atteso di una profezia, arrivato per sconfiggere la strega cattiva. Attratto dal tesoro reale in palio, Oz si mette in viaggio alla ricerca della strega, ma quello di mattoni gialli è soprattutto un sentiero morale, che lo allontanerà dall'egoismo di partenza trasformandolo in una leggenda. È un sentiero particolare anche quello che ha portato Sam Raimi dall'horror indipendente a casa Disney, ma per il prequel del *Mago di Oz* è l'uomo giusto, perfetto per ibridare passato e presente: il regista è fedele al materiale di partenza, ma forse avrebbe dovuto osare di più. ■ FANTASTICO; COL.; 127'; USA, 2013.

GRANDE EROE, IL *(L'héroïque Mr. Boniface)* ★★
Regia di MAURICE LABRO. Con MICHEL ARDAN, LILIANE BERT, YVES DENIAUD, FERNANDEL. ■ Divertente satira dei film neri: un vetrinista trova un cadavere nel suo letto ma quando lo denuncia alla polizia il cadavere è scomparso. Per farsi bello con alcune colleghe l'uomo fa capire di conoscere i retroscena della storia. ■ COMMEDIA; B/N; 92'; FRANCIA, 1951.

GRANDE ESPERIENZA, LA *(The Crowning Experience)* ★★
Regia di R. TEGSTROM. Con ANN BUCKLES, MURIEL SMITH. ■ La storia di una nera e dei suoi contrasti ideologici con la figlia e il genero è il pretesto per far conoscere una nuova teoria: quella del riarmo morale. Secondo tale ideologia qualsiasi contrasto è superabile con i buoni sentimenti. ■ DRAMMATICO; COL.; 93'; USA, 1959.

GRANDE ESTASI DELL'INTAGLIATORE STEINER, LA *(Die grosse Ekstase des Bildschnitzers Steiner)* ★★★
Regia di WERNER HERZOG. Con WERNER HERZOG, WALTER STEINER. ■ Si tratta di un documentario su un intagliatore di le-

gno che si diletta di salto dello sci. Nel 1973 a Obertsdorf, Steiner fece un salto di ben 179 metri, rischiando la morte. L'estasi a cui si riferisce il titolo è proprio quella provata nel volo con lo sci che precede la planata sulla neve. La bravura di Herzog nel cucire le immagini e le dichiarazioni dell'artista è indiscutibile. In molte interviste Herzog ha sempre ribadito di preferire i suoi film documentaristici a quelli, più famosi, a soggetto. ■ DOCUMENTARIO; COL.; 48′; GERMANIA, 1975.

GRANDE FESTA, LA *(Hollywood Party)* ★★
Regia di RICHARD BOLESLAWSKI, ALLAN DWAN, ROY ROWLAND. Con JIMMY DURANTE, OLIVER HARDY, STAN LAUREL, LUPE VELEZ. ■ Gran party a Hollywood. Un regista vuol presentare il suo prossimo film e offre un grandioso intrattenimento ad amici, nemici e colleghi. I cari colleghi cercano di mandargli a monte party e film. ■ COMICO; B/N; 68′; USA, 1934.

GRANDE FIAMMA, LA *(Reunion in France)* ★★★
Regia di JULES DASSIN. Con JOAN CRAWFORD, HENRY DANIELL, PHILIP DORN, JOHN WAYNE. ■ Lei ama lui ma si fidanza con un altro. Poi Parigi viene invasa dai nazi. Lui e lei entrano nella Resistenza. L'altro invece sembra un collaborazionista. Ma non lo è: fa il doppio gioco e aiuta i partigiani. Quando lei lo viene a sapere, rinuncia a partire con lui verso l'America e torna per combattere a fianco dell'altro. ■ GUERRA; B/N; 104′; USA, 1943.

GRANDE FIUME DEL NORD, IL ★★
(Where the Rivers Flow North)
Regia di JAY CRAVEN. Con TANTOO CARDINAL, MICHAEL J. FOX, BILL RAYMOND, RIP TORN, TREAT WILLIAMS. ■ Noël è un uomo ancorato alle sue convinzioni. Vive nel Vermont, è cacciatore e boscaiolo. Quando cercano di costruire una diga e togliergli la proprietà, lotta con tutte le sue forze. Niente di nuovo per gli spettatori. ■ AVVENTURA; COL.; 90′; USA, 1993.

GRANDE FLAGELLO, IL *(The Beachcomber)* ★★★
Regia di MURIEL BOX. Con GLYNIS JOHNS, ROBERT NEWTON, DONALD SINDEN. ■ Mari del Sud. Un vagabondo ubriacone conosce una zitellina, sorella di un missionario. Dopo vari battibecchi i due s'innamorano. Lei chiude con lo zitellaggio, lui con il whisky. ■ COMMEDIA; COL.; 90′; GRAN BRETAGNA, 1954.

GRANDE FRATELLO, IL *(Le grand frère)* ★★
Regia di FRANCIS GIROD. Con GÉRARD DEPARDIEU, ROGER PLANCHON, JEAN ROCHEFORT. ■ Da un romanzo di Sam Ross. Un gangster ferito e derubato in Africa raggiunge il feritore a Marsiglia e lo uccide. Nessuno ha visto tranne un ragazzo algerino, che sembra disposto a stare zitto. Il gangster s'affeziona a lui e s'innamora della bella sorella del piccolo. Ma il destino è in agguato. ■ GIALLO; COL.; 114′; FRANCIA, 1982.

GRANDE FREDDO, IL *(The Big Chill)* ★★★★
Regia di LAWRENCE KASDAN. Con TOM BERENGER, GLENN CLOSE, JEFF GOLDBLUM, WILLIAM HURT, KEVIN KLINE. ■ Riunione di vecchi compagni di college in occasione dei funerali di uno di loro, misteriosamente suicidatosi. Tanta nostalgia per i bei tempi andati e tanta voglia di ricominciare in modo diverso fanno da sfondo a rapporti umani che si creano e distruggono con soltanto apparente semplicità. Un gran film sull'insostenibile pesantezza dell'essere. ■ COMMEDIA; COL.; 103′; USA, 1983. ■ GOLDEN GLOBES 2 NOM; OSCAR 3 NOM.

GRANDE FUGA, LA *(The Great Escape)* ★★★★
Regia di JOHN STURGES. Con RICHARD ATTENBOROUGH, CHARLES BRONSON, JAMES COBURN, JAMES GARNER, STEVE MCQUEEN, DONALD PLEASENCE. ■ Da un campo di prigionia tedesco scappano cinquanta prigionieri alleati, tutti insieme, attraverso gallerie pazientemente scavate. La maggior parte viene ripresa, ma qualcuno riesce ad arrivare al confine svizzero. ■ GUERRA; COL.; 163′; USA, 1963. ■ OSCAR 1 NOM.

GRANDE FUGA – CAPITOLO FINALE, LA ★★
(The Great Escape – The Untold Story)
Regia di PAUL WENDKOS. Con IAN MCSHANE, MICHAEL NADER, CHRISTOPHER REEVE. ■ Tratto da un avvenimento storico, il film racconta la vita di un gruppo di prigionieri rinchiusi nel terribile lager nazista conosciuto col nome di Stalag Luft III. ■ GUERRA; COL.; 91′; GRAN BRETAGNA, 1989.

GRANDE FUGA II – CAPITOLO FINALE, LA ★★
(The Great Escape II – The Untold Story)
Regia di JUD TAYLOR. Con MICHAEL NADER, DONALD PLEASENCE, CHRISTOPHER REEVE. ■ Nel corso dell'ultimo conflitto mondiale pochi uomini, ex prigionieri di guerra, fanno ritorno nella Germania di Hitler per trovare e uccidere quelli che condannarono a morte cinquanta soldati loro compagni. ■ GUERRA; COL.; 89′; GRAN BRETAGNA, 1989.

GRANDE GATSBY, IL *(The Great Gatsby)* ★★★
Regia di ELLIOTT NUGENT. Con MACDONALD CAREY, BETTY FIELD, ALAN LADD, BARRY SULLIVAN, SHELLEY WINTERS. ■ La trama é tratta dall'omonimo romanzo di Scott Fitzgerald. È la seconda versione, dopo quella del 1926 e prima di quella del 1974, diretta da Elliot Nugent per la Paramount, in cui per la prima volta il protagonista, Alan Ladd, appare con la pistola da capo gangster, per rendere palesi i suoi precedenti. Il protagonista rivela anche il suo animo romantico, stabilendosi a Long Island per essere vicino alla donna amata che aveva perso. Nonostante l'eccezionale prestazione dell'attore protagonista, questo film non è la trasposizione più famosa del capolavoro di Fitzgerald: si tratta di un'opera meno pretenziosa rispetto al film del 1974, ma con Alan Ladd in gran forma. ■ DRAMMATICO; B/N; 92′; USA, 1949.

GRANDE GATSBY, IL *(The Great Gatsby)* ★★★★
Regia di JACK CLAYTON. Con KAREN BLACK, BRUCE DERN, MIA FARROW, ROBERT REDFORD, SAM WATERSTON. ■ Gatsby (Robert Redford), giovane povero ma predestinato a cose importanti, si innamora, corrisposto, della bella e ricchissima Daisy (Mia Farrow). Va al fronte e quando torna lei si è sposata con un suo pari. Allora Gatsby decide che un giorno la riconquisterà e per raggiungere questo obiettivo diventerà ricco e potente. E ci riesce, ma con scorciatoie pericolose, in sostanza diventa un gangster. Acquista una splendida villa su una baia proprio di fronte alla casa di Daisy. Un giorno la fa invitare misteriosamente da un comune amico. Gatsby crede di ricomporre il passato. Daisy gli dà speranze, ma alla fine non riesce a lasciare il marito, col quale ha troppe complicità, a cominciare da quella sociale. Daisy in un incidente d'auto uccide una donna. Gatsby se ne prende la colpa e viene a sua volta ucciso dal marito della morta. Versione di uno dei più bei romanzi americani del Novecento, opera di Scott Fitzgerald, è del tutto aderente al testo ma non ha la magia del Gatsby di Alan Ladd. Robert Redford dà una buona interpretazione, ma il vero Gatsby è Alan Ladd, versione 1949. ■ DRAMMATICO; COL.; 144′; USA, 1974. ■ GOLDEN GLOBES 1 PR, 2 NOM; OSCAR 2 PR, 2 NOM.

GRANDE GATSBY, IL *(The Great Gatsby)* ★★★
Regia di BAZ LUHRMANN. Con LEONARDO DI CAPRIO, JOEL EDGERTON, ISLA FISHER, TOBEY MAGUIRE, CAREY MULLIGAN. ■ Nella primavera del 1922 il giovane Nick Carraway si trasferisce a Long Island, in una villetta che confina con la villa delle meraviglie di Gatsby, un misterioso milionario che è solito organizzare feste memorabili e del quale si dice di tutto ma si sa molto poco. Cugino della bella e sofisticata Daisy Buchanan, moglie di un ex campione di polo, Nick viene a conoscenza del passato intercorso tra Daisy e Gatsby e si presta ad ospitare un incontro tra i due, a cinque anni di distanza Travolto dal clima ruggente dell'età del jazz, da fiumi di alcol e dalla tragedia di un amore impossibile, Nick si scoprirà testimone, complice e disgustato, del tramonto del sogno americano. Baz Luhrmann carica l'impianto visivo a modo suo, e con diversi simboli, rileggendo quella voce amara e toccante del romanzo di Scott Fitzgerald. Nel romanzo c'è un corpo adatto a essere tradotto con il linguaggio del cinema e della musica: è quello che parla della trasformazione fisica del protagonista, dei costumi che indossa, dell'architettura che abita, dell'epoca che incarna. Il regista australiano sa animare come pochi altri una festa cinematografica e qui lo conferma a più riprese, sulle note di un r'n'b contemporaneo che aspira a giocare il ruolo inebriante che all'epoca giocava il jazz. Ma c'è anche un'anima, nel romanzo, autobiografica e disperata, che parla molto più in sordina di quanto non faccia il film di Luhrmann, che pecca in più riprese di un'eccessiva esplicitazione dei sentimenti in campo, si compiace rovinosamente nel finale, e di fatto non trova una via al-

trettanto personale, se non quella di ripetere modi e caratteri di *Moulin Rouge*. Un appunto: Di Caprio è straordinario nella performance. ■ DRAMMATICO; COL.; 142′; AUTRALIA, USA, 2013.

GRANDE GAUCHO, IL *(Way of a Gaucho)* ★★★
Regia di JACQUES TOURNEUR. Con RICHARD BOONE, RORY CALHOUN, GENE TIERNEY. ■ Un gaucho uccide un avversario in duello e viene cacciato in galera. Ne esce per essere arruolato a forza nell'esercito, ma si mette in urto con il crudele comandante e lo ferisce. Deve scappare. Si mette a capo di una banda di fuorilegge ma alla fine è catturato. Tuttavia il suo carceriere si persuaderà, in ultimo, a lasciarlo andare. ■ AVVENTURA; COL.; 91′; USA, 1952.

GRANDE GELO, IL *(And the Band Played on)* ★★
Regia di ROGER SPOTTISWOODE. Con ALAN ALDA, IAN MCKELLEN, MATTHEW MODINE, LILY TOMLIN. ■ Un buon film televisivo, dedicato a un tema scottante come quello dell'Aids, e un ottimo cast di attori, con numerose *guest-star*: Phil Collins, Richard Gere, Anjelica Huston, Steve Martin. La storia è tratta dal libro di Randy Shilts e racconta, in forma documentata e con toni didattici, delle ricerche condotte dal dottor Don Francis (Modine) e dai suoi colleghi su una nuova e sconosciuta malattia che, a partire dal 1981, colpisce gli omosessuali di Los Angeles. Una drammatica cronaca che giunge fino al 1984, anno in cui si dà finalmente la notizia della scoperta del virus dell'Aids. ■ DRAMMATICO; COL.; 90′; USA, 1993.

GRANDE GIOCO, IL *(The Big Gamble)* ★★
Regia di FRED NIBLO. Con WARNER OLAND, ZASU PITTS, DOROTHY SEBASTIAN. ■ Buon regista durante il muto, Niblo fece in tempo, alla MGM, a dirigere Greta Garbo in un film parlato (*La donna misteriosa*); poi la Metro lo licenziò e il regista diresse per dei produttori indipendenti *Il grande gioco*, una storia drammatica fatta in economia. ■ DRAMMATICO; B/N; 80′; USA, 1931.

GRANDE GIOCO, IL *(Le grand jeu)* ★★
Regia di ROBERT SIODMAK. Con ARLETTY, GINA LOLLOBRIGIDA, RAYMOND PELLEGRIN. ■ Un uomo commette un sacco di sciocchezze per una donna, deve perciò fuggire da Parigi e arruolarsi nella Legione straniera. Lei non lo raggiunge e lui, disperato, si mette con una prostituta. Le cose vanno male anche con questa; allora torna a Parigi, rivede il primo amore (sposata a un altro), ritorna alla Legione e muore al primo combattimento. ■ DRAMMATICO; B/N; 100′; FRANCIA, 1954.

GRANDE GIORNO, IL *(Un traje blanco – El gran dia)* ★★
Regia di RAFAEL GIL. Con MIGUEL ANGEL ALVAREZ, MIGUELITO GIL. ■ Film fatto apposta per Miguelito, divo canterino spagnolo dalla voce acutissima e dai neri occhi tanto tristi. Qui è triste per la morte della mamma, che fino all'ultimo sognava di vederlo vestito di bianco il giorno della prima comunione. Miguelito cerca di avverare il suo sogno: ci rimette un braccio, ma ce la fa. ■ SENTIMENTALE; COL.; 91′; SPAGNA, 1956.

GRANDE GIORNO DI JIM FLAGG, IL ★★★
(The Bad and the Good Guys)
Regia di BURT KENNEDY. Con MARTIN BALSAM, GEORGE KENNEDY, ROBERT MITCHUM, LOIS NETTLETON. ■ Dopo vent'anni di onorato servizio in qualità di sceriffo, Jim Flagg viene messo con eccessiva fretta in pensione dai maggiorenti della sua città. Flagg abbozza, ma presto ha l'occasione per dimostrare quanto il pensionamento fosse avventato. Una banda di fuorilegge sta per compiere un grosso colpo. Flagg lo sventa con l'aiuto di un coetaneo (un fuorilegge, anche lui messo in pensione dai giovani colleghi). ■ WESTERN; COL.; 91′; USA, 1969.

GRANDE, GROSSO E VERDONE ★★
Regia di CARLO VERDONE. Con ROBERTO FARNESI, CLAUDIA GERINI, ANDREA MIGLIO RISI, MARCO MINETTI, STEFANO NATALE, EVA RICCOBONO, CARLO VERDONE. ■ Il candido Leo, che andava in vacanza a Ladispoli e alzava gli occhi al cielo, si è sposato con Tecla, ha due figlioli paffuti e una madre defunta da seppellire. Il pignolo e metereopatico Furio, che chiamava il servizio di percorribilità strade per viaggiare senza perturbazioni, ha un lavoro prestigioso, un appetito immoderato per le squillo e un figlio introverso da sistemare. Jessica e Ivano, rientrati dal viaggio di nozze, hanno concepito Steven e hanno "affinato" i gusti e i nomi. I coatti, che si sognano signori, si chiamano Enza Sessa e Moreno Vecchiarutti. Provano "a ri-farlo strano" a Taormina ma si scoprono (di nuovo) conformisti e ordinari. Linguisticamente più evoluto e capace rispetto ai suoi esordi dietro la macchina da presa, Verdone rimane imbrigliato nelle secche di una drammaturgia elementare e prosaica, a volte sgraziata. È tempo di un'inversione. ■ COMMEDIA; COL.; 131′; ITALIA, 2007.

♥ **GRANDE GUERRA, LA** ★★★★★
Regia di MARIO MONICELLI. Con BERNARD BLIER, VITTORIO GASSMAN, FOLCO LULLI, SILVANA MANGANO, ALBERTO SORDI. ■ 1916: Oreste Jacovacci, romano, e Giovanni Busacca, milanese, sono due scansafatiche furbastri e vigliacchetti. Dopo aver cercato invano di imboscarsi si trovano arruolati e al fronte. Da quel momento vivono tutte le disgrazie di una guerra: il cibo pessimo, le marce forzate, il freddo, la paura, qualche piccola distrazione militare, persino un'avventura con una prostituta (la vive il "milanese" Gassman). In una cosa i due sono sempre in prima fila: nell'evitare le grane, piccole o grandi che siano. Riescono a farla franca tutte le volte, ma una notte si trovano per caso in una cascina che viene presa dai nemici. Cercano di scappare travestendosi da austriaci, vengono catturati e proprio in virtù del travestimento potrebbero essere fucilati. Il colonnello nemico promette che li salverà se riveleranno l'ubicazione di un certo ponte di barche sul Piave. I due conoscono l'informazione delicatissima e decidono, per salvarsi, di parlare. Ma il colonnello dice la frase sbagliata e provoca nei due un incredibile rigurgito di orgoglio. È Gassman il primo a reagire, con la famosa battuta, al colonnello: «...visto che parli così, mì a tì te disi propri un bel nient, faccia di merda...». E muoiono da eroi, fucilati. Film importante ed esclusivo, irresistibile per quasi tutti gli aspetti: l'interpretazione di tutti gli attori, la ricerca iconografica, la verità degli episodi e l'attendibilità storica. La sceneggiatura di Age, Scarpelli e dello stesso Monicelli presenta spesso toni comici – Gassman assomiglia molto a quello dei *Soliti ignoti* – e privilegia la bravura di tutti i caratteristi, anche non attori, come il pugile Tiberio Mitri e il cantante Nicola Arigliano. L'artificio, certamente commerciale, di contrapporre a una situazione divertente una drammatica, si è tradotto, alla resa dei conti, in un arricchimento, anche rispetto ai toni dei grandi film italiani della stagione del neorealismo, capolavori sì, ma spesso cupi e monocordi. Gli anni de *La grande guerra* erano davvero quelli d'oro. Il nostro cinema non sarebbe mai più stato a quell'altezza. ■ GUERRA; B/N; 129′; ITALIA, 1959. ■ DAVID DI DONATELLO 2 PR, 2 NOM; OSCAR 1 NOM; VENEZIA 1 PR.

GRANDE IDEA, LA ★★
Regia di G.G. CROBU. ■ È un documentario destinato alle scuole. Racconta la storia della Croce Rossa. ■ DOCUMENTARIO; COL.; 90′; ITALIA, 1959.

GRANDE ILLUSIONE, LA *(La grande illusion)* ★★★★★
Regia di JEAN RENOIR. Con MARCEL DALIO, PIERRE FRESNAY, JEAN GABIN, DITA PARLO, ERIC VON STROHEIM. ■ È probabilmente il film francese più importante e bello. Semplicemente perfetto: nella scansione della vicenda, nella capacità di chiudere le scene senza tentazioni di compiacimento; per verità e realismo, soprattutto per i contenuti, che sono vasti e universali, ma esposti con una naturalezza sconosciuta fino ad allora e rarissimamente replicata nonostante il precedente creato da Renoir. Prima guerra mondiale: due aviatori, il tenente Marechal (Gabin) e il capitano de Boieldieu, nobile, vengono abbattuti dal barone von Rauffenstein (Stroheim). I tre si conoscono e si stimano, ma prendono vie diverse. Si ritrovano qualche tempo dopo. Il tedesco è stato gravemente ferito, non può più combattere e per servire comunque la patria si è fatto assegnare il comando di una prigione per ufficiali, un castello dal quale sembra impossibile fuggire. Fra i due nobili nasce un rapporto oltre la guerra. Le loro sono affinità interclassiste: conoscono le stesse persone, parlano in tutte le lingue, hanno le medesime abitudini. Nel frattempo al gruppo si è aggiunto un certo Rosenthal, banchiere ebreo. I prigionieri progettano una fuga. De Boieldieu si offre come diversivo: distrarrà le guardie guadagnando tempo per gli altri. Rauffenstein, con la morte addosso, è costretto a uccidere il suo omologo. Gli altri due riescono a fug-

gire. Vengono accolti da una donna tedesca che li nutre e li nasconde, e si innamora di Marechal. Tentano l'ultimo balzo. Arrivano al confine con la Svizzera inseguiti dai tedeschi. Un soldato li ha sotto tiro e li colpirebbe, ma un altro lo ferma: «Ormai sono in Svizzera». La grande illusione sono i rapporti, e l'umanità, che vanno oltre la guerra. Normalmente la donna denuncerebbe, il soldato sparerebbe. Molte le sequenze cardine, che successivamente il cinema ha ripreso: i preparativi per l'evasione, lo spettacolo organizzato dai detenuti, l'esplosione del canto della *Marseillaise* alla notizia di una vittoria francese. La storia, scritta dallo stesso Renoir e Charles Spaak, è intrisa dunque di dolore privato e generale. Erano gli anni in cui gli artisti francesi erano conquistati dalla filosofia comunista. Renoir, come tutti gli autori illuminati (di cinema e non), si sforzava di essere equidistante, non schierato e senza pregiudizi. Aderiva a quello che sembrava il nuovo destino populista dell'umanità ma conosceva e non riusciva a disprezzare il mondo aristocratico, con la sua educazione e cultura. Ecco un passo del dialogo: «Permettete una domanda? Perché avete fatto di me un'eccezione ricevendomi qui?». Von R.: «Perché voi vi chiamate de Boieldieu, ufficiale di carriera dell'esercito francese e io von Rauffenstein, ufficiale di carriera dell'esercito imperiale germanico». D. B.: «I miei camerati sono ottimi ufficiali». V. R.: «Sono i regali della rivoluzione francese». D. B.: «Credo che né io né voi si possa arrestare la marcia del tempo». V. R.: «Io non so come andrà a finire questa guerra ma sarà la fine di gente come noi». D. B.: «Forse il mondo non ha più bisogno di noi». V. R.: «E non trovate che sia un peccato?». ■ DRAMMATICO; B/N; 113'; FRANCIA, 1937. ■ OSCAR 1 NOM; VENEZIA 1 PR.

GRANDE IMBROGLIO, IL *(Big Trouble)* ★★
Regia di JOHN CASSAVETES. Con ALAN ARKIN, BEVERLY D'ANGELO, PETER FALK. ■ Un assicuratore, assillato dalla moglie che vuole iscrivere i tre figli ad un costoso college, si mette in combutta con un imbroglione, il quale finge la sua morte per incassare il premio dell'assicurazione. Ma la Compagnia, fiutando l'imbroglio, non paga. I due s'introducono nella sede per svaligiarla, ma vi trovano un gruppo di terroristi che vuol fare saltare tutto. Sventeranno l'attentato ricevendo un premio. ■ COMMEDIA; COL.; 92'; USA, 1985.

GRANDE IMPERATRICE, LA *(Victoria the Great)* ★★
Regia di HERBERT WILCOX. Con ANNA NEAGLE, WALTER RILLA, ANTON WALBROOK. ■ Biografia a episodi della regina Vittoria. L'adolescenza, il matrimonio non proprio tranquillo con il principe Alberto, i rapporti con i primi ministri Gladstone e Disraeli. ■ STORICO; B/N; 112'; GRAN BRETAGNA, 1937. ■ VENEZIA 1 PR.

GRANDE IMPERATRICE N. 2, LA ★★
(Sixty Glorious Years)
Regia di HERBERT WILCOX. Con ANNA NEAGLE, C. AUBREY SMITH, ANTON WALBROOK. ■ Il film costituisce un seguito (ma in realtà è una specie di rifacimento a colori, con qualche integrazione, e la morte della protagonista) della *Grande imperatrice* diretto da Wilcox un anno prima sempre per l'interpretazione di Anna Neagle. È la storia della regina Vittoria, dalla culla alla bara, dal matrimonio con il principe Alberto ai massimi splendori dell'impero britannico. ■ BIOGRAFICO; COL.; 91'; GRAN BRETAGNA, 1938.

GRANDE IMPOSTORE, IL *(The Great Impostor)* ★★★
Regia di ROBERT MULLIGAN. Con TONY CURTIS, KARL MALDEN, RAYMOND MASSEY, GARY MERRILL, EDMOND O'BRIEN. ■ Storia romanzata ma non troppo di Fred Demara, famoso imbroglione che sta bene nei panni di tutti tranne che nei suoi. Così si finge dottore, psichiatra in una prigione, frate trappista. Alla fine i suoi maneggi vengono scoperti, ma ha ancora un colpo d'ala: si traveste da poliziotto incaricato di ricercare lui, Demara. ■ COMMEDIA; B/N; 112'; USA, 1961.

GRANDE INCONTRO, IL *(Champ for a Day)* ★★
Regia di WILLIAM A. SEITER. Con HENRY MORGAN, ALEX NICOL, AUDREY TOTTER, CHARLES WINNINGER. ■ Un pugile di belle speranze si trova senza manager: è stato assassinato, come si saprà in seguito, da una banda di gangster. Gli assassini lo ricattano, lo costringono a stare alle loro regole, gli preparano un incontro truccato. Ma il match si conclude in maniera imprevista: i gangster si ammazzano fra di loro. ■ DRAMMATICO; B/N; 90'; USA, 1953.

GRANDE INGANNO, IL *(The Two Jakes)* ★★★
Regia di JACK NICHOLSON. Con HARVEY KEITEL, JACK NICHOLSON, MEG TILLY, ELI WALLACH. ■ Doveva essere il seguito di *Chinatown* di Roman Polanski, autentico cult-movie del 1974. In realtà può essere considerato autonomo. Jack Nicholson come regista lo ha realizzato in maniera molto tormentata. L'ha smontato e rimontato più volte. Uscito al cinema è stato un fiasco. Eppure nonostante le critiche ricevute, e pur non arrivando alla qualità dell'altro, è un film da non sottovalutare. L'interpretazione è molto buona e la regia raggiunge buoni momenti, come nella sequenza della sigaretta che provoca l'esplosione. Il personaggio di Jack Gittes mantiene le sfumature chandleriane ma in maniera molto dimessa, visto che il cinismo lo ha pian piano catturato. Arriva da lui un cliente, Jack (da qui il gioco di parole del titolo originale), che sospetta l'infedeltà della moglie. Come nel primo film il detective pescherà nel torbido e al posto dell'acqua in questo caso ci sono affari loschi intorno al petrolio. Molto bravo Harvey Keitel. ■ POLIZIESCO; COL.; 137'; USA, 1992.

GRANDE INQUISITORE, IL *(Witchfinder General)* ★★★
Regia di MICHAEL REEVES. Con RUPERT DAVIES, HILARY DWYER, IAN OGILVY, VINCENT PRICE. ■ Durante la guerra civile inglese, nel diciassettesimo secolo, un giudice paranoico, seguace dei puritani di Cromwell, approfitta della sua carica per commettere ogni sorta di nefandezze. Il conto gli viene saldato dal figlio di una delle sue vittime. ■ HORROR; COL.; 87'; GRAN BRETAGNA, 1968.

GRANDE JACK, IL *(The Entertainer)* ★★★
Regia di DONALD WRYE. Con RAY BOLGER, TYNE DALY, JACK LEMMON, RADA THOMPSON. ■ Jack è un guitto di mezza tacca che sta invecchiando e non trova di meglio per ritardare il suo tramonto che sfruttare le amicizie femminili. Il colpo gobbo sembra a portata di mano quando riesce a persuadere il genitore, vecchio divo del *vaudeville*, a ritornare con lui sulle scene. Ma il padre muore dopo la prima recita. ■ COMMEDIA; COL.; 100'; USA, 1976.

GRANDE JAKE, IL *(Big Jake)* ★★★
Regia di GEORGE SHERMAN. Con RICHARD BOONE, BRUCE CABOT, MAUREEN O'HARA, JOHN WAYNE, PATRICK WAYNE. ■ Una banda di fuorilegge rapisce il nipote di una ricca ranchera. Costei chiama in soccorso il nonno del bambino, suo ex marito, grande pistolero e leggenda vivente del West. Il vecchio parte accompagnato dagli zii del rapito: i banditi vengono raggiunti e uccisi, il piccolo salvato, la famiglia riunita. ■ WESTERN; COL.; 110'; USA, 1971.

GRANDE JOE, IL *(Mighty Joe Young)* ★★
Regia di RON UNDERWOOD. Con PETER FIRTH, BILL PAXTON, RADE SHERBEDGIA, CHARLIZE THERON. ■ Jill è una ragazza cresciuta nella giungla e ha per amico Joe, un gorilla tendente al gigantismo. I due cercano di sfuggire alla civiltà e a un bracconiere, ma si ritrovano a Los Angeles, dove il primate salva un bambino. Remake del film di Schoedsack del 1949 con, in più, gli effetti di Rick Baker e la bellezza della Theron. Il che non guasta. ■ AVVENTURA; COL.; 110'; USA, 1998.

♥ **GRANDE LEBOWSKI, IL** *(The Great Lebowski)* ★★★★★
Regia di JOEL COEN. Con JEFF BRIDGES, STEVE BUSCEMI, JOHN GOODMAN, DAVID HUDDLESTON, JULIANNE MOORE, JOHN TURTURRO. ■ "Drugo" Lebowski (Bridges) è un originale che vivacchia senza impegnarsi, dormendo, fumando – moderatamente – marijuana, giocando a bowling coi suoi fidati amici (Goodman e Bushemi). Un giorno due brutti ceffi gli sporcano un tappeto. È lo spunto della vicenda. Drugo finisce invischiato nella misteriosa scomparsa della giovane moglie di un ricco – si chiama Lebowski anche lui – con tanto di riscatto da pagare. Incontra un'artista d'avanguardia, matta, che gli fa fare una visita ai genitali, incrocia un giocatore di bowling che crede di essere dio (Turturro), un magnate della pornografia e una banda scalcinata che cerca di recuperare il riscatto. Quando si dice il *quid* misterioso che genera il capolavoro. Tutto assolutamente leggero, illogico, ironico, arti-

stico, e forse casuale. Drugo gira per Los Angeles con sandali e mutandoni, pigro ed esclusivo, coi suoi “viaggi”, i suoi punti fermi. Walter (Goodman), reduce del Vietnam, riconduce tutti gli argomenti, proprio tutti, ai suoi commilitoni morti su una certa Collina vicino a Saigon. Alcune scene vanno isolate per la storia del cinema, come quando Bridges e Goodman raggiungono silenziosi un promontorio per disperdere nell’oceano, portate dal vento, le ceneri del loro amico, solo che il vento soffia dalla parte sbagliata e li veste letteralmente delle ceneri. Bridges si è (volutamente?) imbolsito e mostra doti che non gli si conoscevano. Il cameo di Turturro, che lucida continuamente le sue bocce, è straordinario. La sceneggiatura è, come sempre, dei due fratelli: poi Joel dirige e Ethan produce. Dopo il grande successo di *Fargo* i Cohen si sono ancora evoluti e migliorati. Fanno capolavori in scioltezza, senza dare quella stucchevole sensazione dell’opera perfetta, armonica, e senza mistero (alla Kubrick?) studiata (troppo) a tavolino. Mezza “stella ufficiosa” aggiunta alle quattro del giudizio. ■ COMMEDIA; COL.; 117′; USA, 1998.

GRANDE MATADOR, IL *(The Magnificent Matador)* ★★★
Regia di BUDD BOETTICHER. Con RICHARD DENNING, MAUREEN O’HARA, ANTHONY QUINN. ■ Alla vigilia del confronto con un giovane collega, un famoso matador si ritira dalla competizione. Il suo atto è considerato una codardia, ma non è così: il matador spiega alla sua amante che il ragazzo è suo figlio. Lo rivelerà anche all’interessato e al suo fianco combatterà l’ultima corrida. ■ AVVENTURA; COL.; 94′; USA, 1956.

GRANDE MATCH, IL *(La gran final)* ★★★
Regia di GERARDO OLIVARES. Con AHMED ALANSAR, MAHAMADOU ALZOUMA. ■ Tre luoghi ai confini del mondo, tre popoli, tre gruppi di uomini, che lottano quotidianamente per sopravviere. Sono i nomadi in Mongolia, i Tuareg nel Sahara e gli Indio in Amazzonia. C’è un evento però che sta sconvolgendo le loro vite. È la finale dei Campionati del Mondo Germania-Brasile (siamo nel 2002). E tutti la vogliono vedere. L’elogio della semplicità. Questa potrebbe essere la sintesi di questo piccolo, ironico, dolce film che gira intorno a una sfera, a un pallone. ■ COMMEDIA; COL.; 88′; GERMANIA, SPAGNA, 2006.

GRANDE McGINTY, IL *(The Great McGinty)* ★★★
Regia di PRESTON STURGES. Con MURIEL ANGELUS, BRIAN DONLEVY, AKIM TAMIROFF. ■ Un vagabondo, con l’aiuto di alcuni politicanti corrotti, diviene sindaco. Ma la sua fortuna dura poco. Peccato: stava diventando bravo e onesto. ■ COMMEDIA; B/N; 81′; USA, 1940. ■ OSCAR 1 PR, 1 NOM.

GRANDE McGONAGALL, IL *(The Great McGonagall)* ★★
Regia di JOSEPH MCGRATH. Con JULIA FOSTER, SPIKE MILLIGAN, PETER SELLERS. ■ La storia di uno scozzese disoccupato, che cerca di diventare un poeta famoso. Peter Sellers fa una partecipazione nei panni (nientemeno) della regina Vittoria, qui percorsa da turbe sessuali. ■ COMMEDIA; COL.; 92′; GRAN BRETAGNA, 1975.

GRANDE MENZOGNA, LA *(No Other Woman)* ★★
Regia di J. WALTER RUBEN. Con GWILI ANDRÉ, CHARLES BICKFORD. ■ Un operaio diventa improvvisamente ricco e la cosa gli dà alla testa: cerca nuove donne e vuole divorziare dalla moglie. In tribunale fornisce prove false che gli fanno ottenere oltre il divorzio la custodia del figlio. Poi si pente e la famiglia si ricompone. ■ DRAMMATICO; B/N; 84′; USA, 1933.

GRANDE MENZOGNA, LA *(The Great Lie)* ★★★
Regia di EDMUND GOULDING. Con MARY ASTOR, GEORGE BRENT, BETTE DAVIS, PAT O’BRIEN. ■ Bette Davis ama George Brent, ma questi sposa Mary Astor. Poi lui si stufa e torna da Bette. Ma la moglie è incinta, l’uomo cade con l’aeroplano e vien dato per morto. Mary partorisce, ma non ha senso materno e rifila il bimbo a Bette. Il supposto defunto un giorno ritorna e crede che il piccolo sia di Bette. La verità viene in seguito a galla, ma Bette e George saranno felici lo stesso. ■ DRAMMATICO; B/N; 107′; USA, 1941. ■ OSCAR 1 PR, 1 NOM.

GRANDE MINACCIA, LA *(Walk a Crooked Mile)* ★★
Regia di GORDON DOUGLAS. Con LOUISE ALBRITTON, LOUIS HAYWARD, DENNIS O’KEEFE. ■ Due agenti del controspionaggio alleato, un inglese e un americano, indagano con successo sulla scomparsa di alcuni importanti segreti nucleari all’indomani della seconda guerra mondiale. ■ SPIONAGGIO; B/N; 91′; USA, 1948.

GRANDE MISSIONE, LA *(Brigham Young)* ★★★
Regia di HENRY HATHAWAY. Con BRIAN DONLEVY, SUSAN HAYWARD, DEAN JAGGER, TYRONE POWER, VINCENT PRICE. ■ La tragica epopea dei mormoni, perseguitati per le loro idee religiose (propagandando fra l’altro la poligamia). Dopo l’uccisione del loro “profeta” Joseph Smith, devono emigrare in massa verso le inospitali terre dello Utah. Lì, sotto la guida di un nuovo capo, Brigham Young, fondano la comunità di Salt Lake City. ■ WESTERN; B/N; 114′; USA, 1941.

GRANDE MORTE BIANCA, LA ★★
Regia di JEAN LEBEL. Con GLENN FORD. ■ La “morte bianca” è quella data dallo squalo bianco, il più pericoloso e feroce tra i razziatori dei mari. È con uno di loro che avranno a che fare alcuni sommozzatori che si sono avventurati nelle acque del Sudafrica. ■ AVVENTURA; COL.; 88′; USA, 1988.

GRANDE MURAGLIA, LA *(Shin no Smikotei)* ★★
Regia di SHIGEO TANAKA. Con SHINTARO KATSU, KEN UTSUI, AYAKO WAKAO. ■ 200 a.C. L’imperatore Cheng unifica la Cina, ma deve continuamente difenderla dai vassalli ribelli e dalle invasioni nemiche. Costruisce allora una muraglia lunga centinaia di chilometri. ■ STORICO; COL.; 90′; GIAPPONE, 1960.

GRANDE NEBBIA, LA *(The Bigamist)* ★★
Regia di IDA LUPINO. Con JOAN FONTAINE, EDMUND GWENN, IDA LUPINO, EDMOND O’BRIEN. ■ Una coppia senza figli decide di adottare un bambino, ma il capo dell’ufficio per le adozioni scopre che l’uomo è già sposato con un’altra donna dalla quale ha avuto dei figli. Scoppia lo scandalo: l’uomo è denunciato. In aula racconta la sua storia, ma anche a dibattimento concluso non sembra decidersi a scegliere fra le due famiglie. ■ DRAMMATICO; B/N; 80′; USA, 1953.

GRANDE NEMICO, IL *(Special Agent)* ★★★
Regia di WILLIAM KEIGHLEY. Con GEORGE BRENT, RICARDO CORTEZ, BETTE DAVIS. ■ Gangster-film vagamente ispirato ai fatti che determinarono la cattura di Al Capone. Qui il “cattivo” si chiama in un altro modo, ma è messo dentro anche lui per motivi fiscali. Il merito è di un agente che si è finto bandito per entrare in confidenza con il boss. ■ GIALLO; B/N; 78′; USA, 1935.

GRANDE NEMICO, IL *(Let Freedom Ring)* ★★
Regia di JACK CONWAY. Con LIONEL BARRYMORE, NELSON EDDY, VICTOR MCLAGLEN. ■ Uno speculatore vuole mettere le mani sui terreni su cui dovrà passare la ferrovia e cerca con le buone o le cattive di convincere i proprietari alla vendita. Ma il figlio di un ranchero riesce a smascherare i giochi dello speculatore; l’uomo verrà cacciato dalla regione. ■ WESTERN; B/N; 100′; USA, 1939.

GRANDE NORD, IL *(Le dernier trappeur)* ★★★
Regia di NICOLAS VANIER. Con KEN BOLTON, CHRISTOPHER LEWIS, MAY LOO, ALEX VAN BIBBER, NORMAN WINTHER. ■ Il regista Nicolas Vanier è un artista avventuriero che sembra uscito dalle pagine di Jack London, ha scritto diversi libri e ha girato altrettanti documentari prima di incontrare Norman Winther, l’ultimo cacciatore del grande Nord, e di trasformare la sua vita in un film. Norman Winther nella finzione cinematografica è dunque se stesso, un cacciatore di pellicce che vive sulle Montagne Rocciose insieme alla sua compagna Nebaska, un’indiana Nahanni, e alla sua muta di sette cani. Al centro del film c’è l’uomo e il suo rapporto con la natura, quella indomita e selvaggia, con cui il cacciatore si confronta dominando o soccombendo, e quella addomesticata e familiare in cui si rifugia. ■ DOCUMENTARIO; COL.; 94′; FRANCIA, 2004.

GRANDE NOTTE DI CASANOVA, LA ★★★
(Casanova’s Big Night)
Regia di NORMAN Z. MCLEOD. Con JOAN FONTAINE, BOB HOPE, VINCENT PRICE, BASIL RATHBONE. ■ Un buffo sarto veneziano si fa passare per Giacomo Casanova per conquistare le belle donne. L’inganno mette fuori strada anche un gruppo di nobili che stanno ordendo una congiura ai danni del Doge. Il povero sarto è chiamato

a mille avventure di letto e di spada: alla fine viene scoperto, ma intanto ha fatto capitolare anche una bella vedova. ■ COMICO; COL.; 86′; USA, 1954.

GRANDE NOTTE DI RINGO, LA ★★
Regia di MARIO MAFFEI. Con ADRIANA AMBESI, WILLIAM BERGER, EDUARDO FAJARDO. ■ Ringo e Braccio Rotto si trovano in cella insieme. Braccio Rotto è accusato di aver rapinato duecentomila dollari. Ringo si fa dire il luogo del nascondiglio, poi evade. A Tombstone deve vedersela con gli altri componenti della banda, ma arriva in tempo a dargli una mano Braccio Rotto, che in realtà è un agente della Pinkerton. ■ WESTERN; COL.; 92′; ITALIA, 1966.

GRANDE ODIO, IL *(A Time of Destiny)* ★★
Regia di GREGORY NAVA. Con WILLIAM HURT, TIMOTHY HUTTON, FRANCISCO RABAL. ■ Durante la seconda guerra mondiale, un soldato cerca di uccidere un commilitone, responsabile, secondo lui, della morte del padre. Fallito il colpo, ci riprova, a guerra terminata, quando scopre la sorella innamorata della vittima designata. Drammone vecchio stile, spesso sommerso dall'eccessiva improbabilità, ma riscattato in parte dell'interpretazione di Hurt e da una puntigliosa definizione ambientale (la famiglia degli immigrati spagnoli). ■ DRAMMATICO; COL.; 118′; USA, 1987.

GRANDE OLIMPIADE, LA ★★★
Regia di ROMOLO MARCELLINI. Con DONATO MARTUCCI, CORRADO SOFIA. ■ È un riuscito reportage sulle Olimpiadi di Roma del 1960. ■ DOCUMENTARIO; COL.; 92′; ITALIA, 1960.

GRANDE OMBRA, LA *(Der große Schatten)* ★★
Regia di PAUL VERHOEVEN. Con HEINRICH GEORGE, HEIDEMARIE HATHEYER, WILL QUADFLIEG. ■ Un famoso attore vedovo, con figlia adolescente, sta per sposarsi. Ma un giovane collega gli soffia la fidanzata e seduce la figlia. La ragazzetta si uccide. Il padre quasi ammazza il seduttore, poi impazzisce. Il giovane si ricostruisce una vita, ma il rimorso lo perseguita; cercherà allora di porvi rimedio. ■ DRAMMATICO; B/N; 91′; GERMANIA, 1942. ■ VENEZIA 1 PR.

GRANDE OMBRA, LA ★★
Regia di CLAUDIO GORA. Con MARA BERNI, MASSIMO SERATO, SCILLA VANNUCCI. ■ Un campione di motonautica incontra a Venezia una bella bionda e se ne innamora. La donna però ha un torbido passato e un malsicuro avvenire (è molto malandata in salute). Per i soliti equivoci e i pettegolezzi degli "amici" interessati i due si separano. Si rivedranno al capezzale di lei, quando è troppo tardi. ■ DRAMMATICO; B/N; 94′; ITALIA, 1956.

GRANDE ORSO, IL *(Kjempestore bjørnen)* ★★
Regia di ESBEN TOFT JACOBSEN. Con ALBERTE BLICHFELDT, FLEMMING QUIST MØLLER. ■ Jonathan e Sofia fanno le vacanze in montagna, dal nonno. Dopo un litigio, Sofia scappa. Un orso gigantesco la rapisce e la porta con sé all'interno della grande foresta. Jonathan, angosciato, si mette a cercarla e incontra un cacciatore che ha fatto dell'uccisione dell'orso la sua ragione di vita. ■ ANIMAZIONE; COL.; 90′; DANIMARCA, 2013.

GRANDE PAESE, IL *(The Big Country)* ★★★★
Regia di WILLIAM WYLER. Con CARROLL BAKER, CHARLTON HESTON, BURL IVES, GREGORY PECK, JEAN SIMMONS. ■ Un armatore navale, Jim, si reca nel West per sposare la bella figlia di un ranchero. Ma il futuro suocero è impegolato in una guerra privata con il suo vicino. L'armatore, uomo pacifico, rifiuta di schierarsi da una parte o dall'altra. Il fidanzamento viene rotto. Poco male: l'armatore, a guerra privata finita, si sposerà una simpatica maestrina. Western di ampio respiro che appaga molto gli occhi, ma riesce meno significativo del previsto. Heston è relegato in secondo piano, ma accettò la parte perché Wyler gli promise il ruolo principale in *Ben Hur*. Il film è comunque ritenuto un classico. ■ WESTERN; COL.; 166′; USA, 1958. ■ OSCAR 1 PR, 2 NOM.

GRANDE PARATA, LA *(The Big Parade)* ★★★
Regia di KING VIDOR. Con RENÉE ADORÉE, HOBART BOSWORTH, JOHN GILBERT, CLAIRE MCDOWELL. ■ Un film di enorme successo al suo apparire. Siamo nel 1917 in piena prima guerra mondiale. Gli Apperson sono una grande famiglia patriottica americana. Il capofamiglia possiede una fabbrica e si è fatto da sé. I due figli sono molto diversi tra loro. James è un lavativo, mentre Harry è un grande lavoratore. Alla dichiarazione di guerra il padre dà un ultimatum a James ma il ragazzo, precedendolo, si è arruolato in giornata. In Francia si innamora di una bella ragazza. ■ GUERRA; B/N; 143′; USA, 1925.

GRANDE PASSIONE, LA *(I'll Never Forget You)* ★★★
Regia di ROY WARD BAKER. Con ANN BLYTH, TYRONE POWER, DENNIS PRICE, MICHAEL RENNIE. ■ Un giovanotto, dotato di poteri paranormali, va ad abitare in una vecchia casa londinese e, lasciandosi trasportare dall'atmosfera, si ritrova a vivere in pieno diciottesimo secolo. Ha anche una drammatica love story con una bella dama. Alla fine si sveglia e trova veloce consolazione nella sorella di un collega che assomiglia come una goccia d'acqua alla sua innamorata settecentesca. ■ DRAMMATICO; COL.; 90′; USA, 1951.

GRANDE PAURA, LA *(Torero)* ★★★
Regia di CARLOS VELO. Con LUIS PROCUÑA. ■ Documentario sulla vita del torero Luis Procuña, molto famoso negli anni Quaranta e Cinquanta. Gli inizi, la rivalità con il grande Manolete, il matrimonio, il rito della "vestizione". ■ DOCUMENTARIO; B/N; 95′; MESSICO, 1956. ■ VENEZIA 1 PR.

GRANDE PAURA, LA *(The Severed Arm)* ★★
Regia di THOMAS D. ALDERMAN. Con DAVID CANNON, PAUL CARR, DEBORAH WALLEY. ■ Sei amici speleologi dilettanti scendono in una grotta e vi rimangono bloccati. Dopo due settimane, proprio poco prima dell'arrivo degli insperati soccorritori, i prigionieri (dopo un'estrazione a sorte) amputano un braccio di uno di loro e se ne cibano. Colui al quale è stato tolto l'arto, dopo la liberazione, finirà in manicomio. Poi comincerà uno strano giro di arti amputati e di morti misteriose: finale superorrido. ■ HORROR; COL.; 97′; USA, 1975.

GRANDE PECCATO, IL *(Sanctuary)* ★★
Regia di TONY RICHARDSON. Con BRADFORD DILLMAN, YVES MONTAND, ODETTA, LEE REMICK. ■ Una bella ragazza di famiglia ricca del Sud si fidanza con un dabben giovane, ma viene rapita da una banda di teppisti capitanata dal terribile Candy. Poi viene liberata, ma qualche anno dopo, quando lei è sposata e madre, Candy torna a riprendersela. La governante nera per punirla del "grande peccato" le uccide il figlioletto. La nera viene condannata, la peccatrice torna col marito. ■ DRAMMATICO; B/N; 100′; USA, 1961.

GRANDE PECCATORE, IL *(The Great Sinner)* ★★★
Regia di ROBERT SIODMAK. Con ETHEL BARRYMORE, MELVIN DOUGLAS, AVA GARDNER, WALTER HUSTON, GREGORY PECK. ■ La trama è la stessa de *Il Giocatore* di Dostoevskij. Vediamo lo scrittore, già baciato dal successo, innamorarsi della bella Paolina. Per lei si ferma a Baden-Baden, si lascia coinvolgere in intrighi famiiari, si fa prendere dal vizio del gioco. Diventa quasi pazzo, ma l'amore lo salverà. ■ DRAMMATICO; B/N; 110′; USA, 1948.

GRANDE PECCATRICE, LA *(La baie des anges)* ★★
Regia di JACQUES DEMY. Con PAUL GUERS, CLAUDE MANN, JEANNE MOREAU. ■ Jeanne Moreau è una fatalona divorata dalla febbre del gioco. La vediamo battere con alterna fortuna tutti i casinò francesi, da Enghien a Nizza, a Montecarlo. Di lei si innamora un giovane impiegato che non ha mai visto da vicino la roulette. Per lei si mette a giocare e vince anche forti somme. Ma poi la fortuna gira. Lui ritorna al paesello, lei rimane a consumarsi nelle case da gioco. ■ DRAMMATICO; B/N; 89′; FRANCIA, 1962.

GRANDE PERDONO, IL *(Le grand pardon)* ★
Regia di ALEXANDRE ARCADY. Con BERNARD GIRAUDEAU, CLIO GOLDSMITH, ROGER HANIN, JEAN-LOUIS TRINTIGNANT. ■ Storia di ordinaria malavita nei bassifondi di Parigi: due clan rivali si combattono senza esclusione di colpi, per la noia del pubblico, fino alla sanguinosa espiazione finale. ■ DRAMMATICO; COL.; 93′; FRANCIA, 1981.

GRANDE PESCATORE, IL *(The Big Fisherman)* ★★
Regia di FRANK BORZAGE. Con MARTHA HYER, HOWARD KEEL, SUSAN KOHNER. ■ Il vecchio Borzage riduce per lo schermo un romanzo storico di Lloyd C. Douglas. Il grande pescatore è Simo-

ne di Galilea detto Pietro, costretto dalle circostanze a farsi pastore d'anime in contraddizione con le sue predilezioni molto concrete. Dopo la morte di Cristo, Pietro avrà il suo daffare con il crudele Erode Antipa. ■ STORICO; COL.; 166'; USA, 1959. ■ OSCAR 3 NOM.

GRANDE PICCOLO MONDO – CORSA ALLA FELICITÀ *(Die grosse und die kleine Welt)* ★★
Regia di JOHANNES RIEMANN. Con VIKTOR DE KOWA, HEINRICH GEORGE, ADELE SANDROCK. ■ Il marito povero di una milionaria diventa corridore automobilistico. Il successo e la ricchezza gli danno alla testa. La nascita imminente di un figlio mette le cose a posto. ■ DRAMMATICO; B/N; 93'; GERMANIA, 1936.

GRANDE PIOGGIA, LA *(The Rains Came)* ★★★
Regia di CLARENCE BROWN. Con GEORGE BRENT, BRENDA JOYCE, MYRNA LOY, MARIA OUSPENSKAJA, TYRONE POWER. ■ Dal popolare romanzo di Louis Bromfield. Lady Edwina Esketh è una peccaminosa dama inglese che, appena giunta nel reame di Ranchipur in India, s'accende per un giovane medico, Dafti. La love story desta lo scandalo dei cortigiani, finché non arriva un terribile acquazzone che getta il paese nel caos e pone in secondo piano la passioncella quotidiana. Edwina muore eroicamente mentre fa l'infermiera (il disastro ha portato il contagio). Dafti eredita il trono di Ranchipur. ■ DRAMMATICO; B/N; 104'; USA, 1939. ■ OSCAR 1 PR, 5 NOM.

GRANDE PORTA GRIGIA, LA *(Time Lock)* ★★
Regia di GERALD THOMAS. Con ROBERT BEATTY, LEE PATTERSON, VINCENT WYNTER. ■ Un ragazzino per gioco si introduce in una gigantesca cassaforte blindata e vi rimane chiuso. Urge tirarlo fuori prima che muoia soffocato, ma la porta è solidissima e la combinazione della cassa è parecchio complicata. Un fabbro riuscirà a salvare il bambino *in extremis*. ■ DRAMMATICO; B/N; 73'; GRAN BRETAGNA, 1957.

GRANDE PRATERIA, LA *(The Vanishing Prairie)* ★★★
Regia di JAMES ALGAR. ■ È un film della serie *La natura e le sue meraviglie*. Di scena sono gli animali delle pianure dell'Arizona e del Nuovo Messico: il puma, il coyote, il bisonte, il serpente a sonagli. ■ DOCUMENTARIO; COL.; 92'; USA, 1954.

GRANDE PRIGIONE, LA *(Behind the High Wall)* ★★
Regia di ABNER BIBERMAN. Con JOHN GAVIN, JOHN LARCH, SYLVIA SIDNEY, TOM TULLY. ■ Il direttore di una prigione si trova per caso tra le mani il bottino trafugato da un gruppo di detenuti che hanno tentato l'evasione. Non dice niente e si tiene il malloppo ma ci va di mezzo un carcerato innocente. Quando questi sta per cadere sotto il piombo dei poliziotti, il direttore confessa, ma ci rimette la pelle. ■ DRAMMATICO; B/N; 85'; USA, 1955.

GRANDE PROMESSA, LA *(Johnny Be Good)* ★★
Regia di BUD SMITH. Con ROBERT DOWNEY JR., PAUL GLEASON, ANTHONY MICHAEL HALL. ■ Johnny, promettente giocatore di football americano, deve scegliere dove proseguire gli studi universitari e poter esprimere al meglio le sue doti d'atleta. Tre università se lo contendono, due gli fanno anche grosse proposte finanziarie, ma il giovane preferisce la piccola università del suo paese perché nello sport hanno valore non solo i soldi e il successo, ma soprattutto lo spirito di squadra. ■ COMMEDIA; COL.; 108'; USA, 1988.

GRANDE PROMESSA, LA *(The Great White Hype)* ★
Regia di REGINALD HUDLIN. Con PETER BERG, JEFF GOLDBLUM, SAMUEL L. JACKSON. ■ Film-denuncia contro la fauna che gravita dietro le quinte del mondo della boxe. Come tutti sanno gli incontri truccati costituiscono parte ineliminabile del cinema e della realtà del genere. Hudlin racconta un finto match attorno a cui gravitano procuratori disonesti, addetti stampa doppiogiochisti e mafiosi di ogni risma. Il razzismo non risparmia nessuno (tutti ne sono affetti). Ma il film fatica a decollare. ■ DRAMMATICO; COL.; 91'; USA, 1996.

GRANDE PROVA, LA *(Ramuntcho)* ★★
Regia di RENÉ BARBERIS. Con LOUIS JOUVET, MADELEINE OZERAY, FRANÇOISE ROSAY. ■ Versione del popolare romanzo di Pierre Loti. Due giovani si amano, ma lui è un contrabbandiere ed è costretto a lasciare il paese. Disperata lei si fa monaca. Ma lui torna. Lei gli resiste, ma s'ammala. La superiora decide di lasciare libera scelta alla ragazza. ■ DRAMMATICO; B/N; 90'; FRANCIA, 1938.

GRANDE PRUGNA, LA ★★
Regia di ENZO IACCHETTI. Con LUCIANA LITTIZZETTO, NATASHA STEFANENKO. ■ Il titolo è un riferimento ironico alla grande mela di New York. Ambientato a Milano il film segue le storie di una cinquantina di personaggi. Da una baby-sitter "pulp" a un telereporter, da una vecchia diabolica fino a un marito cornuto. Molti comici sono provenienti dallo storico locale Zelig di Milano. Il film è divertente, ma forse ci sono troppi personaggi e non tutti sono a fuoco. L'esordiente Malaponti mostra talento nonostante la sceneggiatura non gli abbia fornito il minimo aiuto. ■ COMMEDIA; COL.; 90'; ITALIA, 1999.

GRANDE RACKET, IL ★★
Regia di ENZO GIROLAMI CASTELLARI. Con VINCENT GARDENIA, MARCELLA MICHELANGELI, FABIO TESTI. ■ Una banda molto agguerrita, comandata da un gangster di origine francese, ha steso una rete fittissima di ricatti e intimidazioni sui commercianti e i gestori di locali notturni romani. Dopo aver tentato di combatterla con le vie legali, un commissario guida un manipolo di disperati in una imboscata ai pezzi grossi della gang. Massacro generale. ■ POLIZIESCO; COL.; 91'; ITALIA, 1977.

GRANDE RAPINA, LA *(Robber under Arms)* ★★
Regia di JACK LEE. Con PETER FINCH, JILL IRELAND, RONALD LEWIS, DAVID MCCALLUM. ■ Due turbolenti fratelli australiani si uniscono al padre, un vecchio bandito che da anni è nella banda del "capitano" Starlight, un famoso rapinatore. I fratelli partecipano a molti colpi, poi cercano di rimettersi sulla retta via, ma il passato torna presto a cercarli. La banda viene sterminata. ■ AVVENTURA; COL.; 99'; GRAN BRETAGNA, 1957.

GRANDE RAPINA ALLA TORRE DI LONDRA, LA *(Traitor's Gate)* ★★
Regia di FREDDIE FRANCIS. Con KLAUS KINSKI, ALBERT LIEVEN, GARY RAYMOND. ■ Un distinto uomo d'affari vuol rapinare i gioielli alla Torre di Londra. Perciò fa evadere un lestofante che assomiglia come una goccia d'acqua al comandante delle guardie. Quest'ultimo viene rapito e sostituito dal sosia, ma riesce a liberarsi e a prendere in trappola la gang. ■ POLIZIESCO; B/N; 80'; GERMANIA, GRAN BRETAGNA, 1965.

GRANDE RAPINA DI BOSTON, LA *(Blue Print for Robbery)* ★★
Regia di JERRY HOPPER. Con PAT O'MALLEY, ROMO VINCENT, ROBERT WILKE. ■ Un colpo eseguito trent'anni fa da un gruppo di malfattori di mezza tacca, previo accordo di non toccare il bottino per due anni e mezzo. Ma qualcuno non sa aspettare. ■ GIALLO; B/N; 87'; USA, 1961.

GRANDE RAPINA DI LONG ISLAND, LA *(Tiger by the Mail)* ★★
Regia di ROBERT G. SPRINGSTEEN. Con CHRISTOPHER GEORGE, TIPPI HEDREN, DEAN JAGGER. ■ Rapina all'ippodromo di Long Island. Ci scappano due morti. Chi è stato? Forse il fratello del direttore? Per salvarsi dalla galera costui si mette a indagare per conto suo. Scoprirà la banda e il suo insospettabile caporione. ■ GIALLO; COL.; 99'; USA, 1968.

GRANDE RAZZIA, LA *(Razzia sur la Chnouff)* ★★★
Regia di HENRI DECOIN. Con MARCEL DALIO, JEAN GABIN, MAGALI NOËL, LINO VENTURA. ■ Una banda di spacciatori di droga ha un nuovo capo, il Nantese. In realtà è un agente della polizia. ■ GIALLO; B/N; 105'; FRANCIA, 1955.

GRANDE RE, IL *(Der grosse König)* ★★★
Regia di VEIT HARLAN. Con GUSTAV FRÖHLICH, OTTO GEBÜHR, KRISTINA SÖDERBAUM. ■ Veit Harlan, il regista di *Süss l'ebreo*, nello stesso anno affronta questa biografia di Federico il Grande, con chiari intenti di propaganda e di glorificazione del Führer. Il periodo della vita dell'imperatore al quale si dà più spazio è quello compreso nella guerra dei sette anni. ■ STORICO; B/N; 93'; GERMANIA, 1941. ■ VENEZIA 1 PR.

GRANDE REGISTA, IL *(The Big Picture)* ★★★
Regia di CHRISTOPHER GUEST. Con KEVIN BACON, EMILY LONGSTRETH, J.T. WALSH. ■ Interessante, soprattutto per l'argomento

e per come viene trattato. È la storia di Nick, che vuole entrare nel mondo del cinema e per questo frequenta un corso. La sua bravura viene premiata dall'interessamento di un produttore che potrebbe permettergli di girare il film d'esordio. ■ COMMEDIA; COL.; 100′; USA, 1989.

GRANDE RIBELLE, IL *(Mathias Sandorf)* ★★
Regia di GEORGES LAMPIN. Con BERNARD BLIER, LOUIS JOURDAN, FRANCISCO RABAL, SERENA VERGANO. ■ Dal romanzo di Giulio Verne. Mathias Sandorf è il capo dei patrioti ungheresi che combattono per liberare il Paese dagli austriaci. Questo non impedisce alla figlia di Sandorf di innamorarsi del governatore imperiale, che almeno è un avversario leale. Non altrettanto si può dire di certi maggiorenti austriacanti, che cercano di vendere la pelle di Sandorf alla polizia. Ma questi sfugge agli attentati e li fa fuori tutti. ■ AVVENTURA; COL.; 105′; FRANCIA, ITALIA, 1963.

GRANDE RINUNCIA, LA ★★
Regia di ALDO VERGANO. Con LEA PADOVANI, LUIGI PAVESE, LUIGI TOSI. ■ Durante le guerre napoleoniche un ufficiale francese si innamora di una bella spagnola. Gli eventi li separano. Passano vent'anni e il caso riunisce molti dei protagonisti della vicenda. ■ DRAMMATICO; B/N; 90′; ITALIA, 1952.

GRANDE RISCHIO, IL *(Violent Road)* ★★
Regia di HOWARD W. KOCK. Con DICK FORAN, BRIAN KEITH, EFREM ZIMBALIST JR. ■ Una base missilistica deve essere trasferita, ma il trasporto di materiale pericoloso crea molti problemi. Li risolve un coraggioso volontario, Barton, che assieme a un pugno d'uomini accetta di portare il terribile carico a destinazione. ■ AVVENTURA; B/N; 86′; USA, 1958.

GRANDE RIVALE, IL *(Un grand patron)* ★★★
Regia di YVES CIAMPI. Con RENÉE DEVILLERS, PIERRE FRESNAY, JEAN-CLAUDE PASCAL. ■ Protagonista è un celebre chirurgo fanatico della professione al punto di trascurare la vita affettiva. ■ DRAMMATICO; B/N; 95′; FRANCIA, 1951.

GRANDE RIVOLTA, LA *(Juana Gallo)* ★★
Regia di MIGUEL ZACARIAS. Con LUIS AGUILAR, MARIA FELIX, JORGE MISTRAL. ■ Una rivoluzionaria, all'epoca di Pancho Villa e Zapata, è amata da tre uomini del suo reggimento. Lei ricambia solo uno di loro, un ex ufficiale dell'esercito regolare. Ma questo non impedisce agli altri di morire con il nome della donna sulle labbra. ■ AVVENTURA; COL.; 94′; MESSICO, 1958.

GRANDE RUGGITO, IL *(Roar)* ★★
Regia di NOEL MARSHALL. Con MELANIE GRIFFITH, TIPPI HEDREN, NOEL MARSHALL. ■ L'etologo Hank (Marshall) si è ritirato in Africa a studiare i felini e vive in una casa nella foresta in perfetta armonia con fiere di varie dimensioni. L'arrivo dall'America della sua famiglia, che ignora la situazione, crea inizialmente non pochi problemi di adattamento sia agli uomini che alle belve, peraltro animate da intenzioni tutt'altro che bellicose. Nel cast vanno notate Tippi Hedren, allora moglie di Marshall, una delle attrici preferite da Hitchcock, e Melanie Griffith, figlia di Peter Griffith e Tippi Hedren, futura star. ■ COMMEDIA; COL.; 102′; USA, 1981.

GRANDE RUOTA, LA *(Das Riesenrad)* ★★
Regia di GEZA RADVANYI. Con OTTO WILHELM FISCHER, RUDOLF FORSTER, MARIA SCHELL. ■ Saga di una famiglia austriaca nell'arco tra le due guerre. Amori, matrimoni, separazioni, nascite, conflitti individuali e collettivi in un grande affresco che inserisce il privato nel sociale. ■ DRAMMATICO; B/N; 95′; GERMANIA, 1961.

GRANDE SAFARI, IL *(Rampage)* ★★
Regia di PHIL KARLSON. Con JACK HAWKINS, ELSA MARTINELLI, ROBERT MITCHUM. ■ Un procacciatore di fiere per gli zoo parte per l'Africa alla ricerca dell'"Incantatrice", una strana belva a metà tra la tigre e il giaguaro. La belva viene catturata ma, una volta condotta in Germania, è messa in libertà da Abbot, una guida. Si inizia così un secondo safari sui tetti della città. ■ AVVENTURA; COL.; 98′; USA, 1963.

GRANDE SANTINI, IL *(The Great Santini)* ★★★
Regia di LEWIS JOHN CARLINO. Con BLYTHE DANNER, ROBERT DUVALL, MICHAEL O'KEEFE. ■ Un colonnello d'aviazione, eroe di guerra, mal sopporta il tempo di pace. Perciò rompe l'anima a tutti, soprattutto al figlio maggiore, che un giorno gli si ribella. Una grande interpretazione di Robert Duvall e un film di notevole approfondimento psicologico. Un po' snobbato da pubblico e critica alla prima uscita, *Santini* è in seguito divenuto un cult-movie (proiettato ad uso dei padri e dei figli americani in tempestosi rapporti). ■ DRAMMATICO; COL.; 116′; USA, 1979. ■ OSCAR 2 NOM.

GRANDE SAVANA, LA ★
Regia di ELIA MARCELLI. Con EDILIO KIM, GERMANO LONGO, LUA MANOA. ■ Deluso in amore, un uomo va in cerca di diamanti in Venezuela e trova invece una bella indigena. ■ AVVENTURA; COL.; 94′; ITALIA, 1955.

GRANDE SCOUT, IL ★★
(Great Scout and Cathouse Thursday)
Regia di DON TAYLOR. Con ROBERT CULP, LEE MARVIN, OLIVER REED. ■ Un anziano scout, un indiano ubriacone e una giovanissima prostituta combinano un colpo grosso ai danni di un biscazziere disonesto. Marvin, Culp, Kat Lenz (più tre o quattro altri caratteristi e soprattutto Oliver Reed nel ruolo dell'indiano balordo) si divertono e (moderatamente) divertono il pubblico. Ma la regia ha risolto il racconto con troppo pesanti e prevedibili effetti di farsa. ■ WESTERN; COL.; 93′; USA, 1976.

GRANDE SCROFA NERA, LA ★★
Regia di FILIPPO OTTONI. Con ALAIN CUNY, MARK FRECHETTE, RADA RASSIMOV. ■ Ritratto di una famiglia corrotta dove odi, passioni (anche incestuose), violenze e conflitti si intrecciano a comporre un quadro di disgregazione morale. ■ DRAMMATICO; COL.; 90′; ITALIA, 1972.

GRANDE SEDUTTORE, IL *(Don Juan)* ★★
Regia di JOHN BERRY. Con ERNO CRISA, FERNANDEL, CARMEN SEVILLA. ■ Versione eroicomica della solita storia di Don Giovanni, sfidato a duello da tutti gli uomini di un castello, in ambascia per le loro mogli. Sta per essere bruciato al rogo quando viene liberato dalle donne. ■ COMMEDIA; COL.; 95′; FRANCIA, ITALIA, 1956.

GRANDE SEDUZIONE, LA *(La Grande séduction)* ★★
Regia di JEAN-FRANÇOIS POULIOT. Con RAYMOND BOUCHARD, DAVID BOUTIN, BENOÎT BRIÈRE, PIERRE COLLIN, RITA LAFONTAINE, LUCIE LAURIER. ■ Gli abitanti di un piccolo villaggio la cui unica risorsa è la pesca sono costretti a vivere con i sussidi del governo. Il sindaco si dà da fare perché un'azienda apra uno stabilimento in loco. Bisogna però convincere un medico a vivere nella comunità. Gli abitanti faranno di tutto per "sedurne" uno arrivato per caso. ■ COMMEDIA; COL.; 108′; CANADA, 2003.

GRANDE SEGRETO, IL *(Bad Man of Brimstone)* ★★
Regia di J. WALTER RUBEN. Con WALLACE BEERY, VIRGINIA BRUCE. ■ Un giovane cerca di riportare la giustizia in una cittadina di frontiera invasa dai banditi. Senonché il capo della banda è suo padre. Ma è un segreto che nessuno saprà mai. ■ WESTERN; B/N; 90′; USA, 1938.

GRANDE SENTIERO, IL *(The Big Trail)* ★★★
Regia di RAOUL WALSH. Con MARGUERITE CHURCHILL, TULLY MARSHALL, TYRONE POWER, JOHN WAYNE. ■ Guidata da un ardimentoso giovane una carovana, attraverso tempeste e attacchi degli indiani, apre la pista per l'Oregon. ■ WESTERN; B/N; 110′; USA, 1930.

GRANDE SENTIERO, IL *(Cheyenne Autumn)* ★★★
Regia di JOHN FORD. Con CARROLL BAKER, DOLORES DEL RIO, KARL MALDEN, SAL MINEO, RICARDO MONTALBAN, GILBERT ROLAND, RICHARD WIDMARK. ■ Epopea della tribù dei Cheyenne che, ingannati e abbandonati dai vincitori bianchi, iniziano una lunga e drammatica fuga verso il nord, cercando di sfuggire alla fame e di tornare liberi nella terra dei padri. ■ WESTERN; COL.; 154′; USA, 1964. ■ OSCAR 1 NOM.

GRANDE SFIDA, LA *(Salute)* ★★
Regia di JOHN FORD. Con FRANK ALBERTSON, LUMSDEN HARE, GEORGE O'BRIEN. ■ È la storia di una partita di football fra i cadetti di West Point e gli allievi dell'Accademia di marina ad Annapolis. Tra i giocatori è riconoscibile la possa di John Wayne, al suo debutto sullo schermo. ■ DRAMMATICO; B/N; 91′; USA, 1929.

GRANDE SFIDA, LA *(The Proud Ones)* ★★
Regia di ROBERT D. WEBB. Con JEFFREY HUNTER, VIRGINIA MAYO, ROBERT RYAN. ■ Un ex pistolero diviene sceriffo di una cittadina di frontiera. Quando si trova nei pasticci, a dargli una mano è il figlio di un uomo da lui ucciso. ■ WESTERN; COL.; 94′; USA, 1956.

GRANDE SFIDA A SCOTLAND YARD, LA ★★
(The Trygon Factor)
Regia di CYRIL FRANKEL. Con STEWART GRANGER, SUSAN HAMPSHIRE, ROBERT MORLEY. ■ Un castello inglese serve da copertura ad una banda di ladri che nasconde la refurtiva in vasi fabbricati da false suore. Ma l'ispettore Thompson la sa lunga. ■ GIALLO; COL.; 88′; GRAN BRETAGNA, 1967.

GRANDE SILENZIO, IL ★★
Regia di GIOVANNI ZANNINI. Con ANNIBALE BETRONE, GIULIO DONADIO, LUISA FERIDA, ENZO BILIOTTI. ■ Dilemma di un prete che non può rivelare (poiché gli è stato svelato in confessione) il nome del colpevole di un delitto di cui è accusato suo nipote. Per fortuna l'assassino si tradisce. ■ DRAMMATICO; B/N; 95′; ITALIA, 1936.

GRANDE SILENZIO, IL *(And Now Tomorrow)* ★★
Regia di IRVING PICHEL. Con ALAN LADD, LORETTA YOUNG. ■ Un giovane medico s'innamora della bella ereditiera che sta curando per una forma di sordità e sperimenta su di lei una nuova cura. Inutile dire che la fanciulla trova insieme salute e amore. ■ DRAMMATICO; B/N; 85′; USA, 1944.

GRANDE SILENZIO, IL ★★★
Regia di SERGIO CORBUCCI. Con KLAUS KINSKI, MARISA MERLINI, LUIGI PISTILLI, JEAN-LOUIS TRINTIGNANT, FRANK WOLFF. ■ Al confine tra il Messico e gli Usa, alla fine dell'Ottocento, cade la neve. Fatto eccezionale che stana dalle colline decine di fuorilegge alla macchia, circostanza di cui approfittano i cacciatori di taglie. Contro il più feroce di loro, Tigrero, si leva il pistolero Silenzio che però, in un duello, soccomberà. ■ WESTERN; COL.; 105′; ITALIA, 1963.

GRANDE SILENZIO, IL *(Die Grösse Stille)* ★★★
Regia di PHILIP GRÖNING. ■ In un tempo di cinema chiassosamente sonoro, che tutto riempie e trabocca, diventa necessario sperimentare il silenzio. Quello grande e quasi metafisico "registrato" nel monastero de La Grande Chartreuse, situato sulle montagne vicine a Grenoble. A salire sulle Alpi francesi con la macchina da presa è stato il regista tedesco Philip Gröning, che per diciannove anni ha cullato il desiderio di realizzare un documentario sulla vita dei monaci e sul tempo: quello della preghiera e quello del cinema. Perché quel tempo potesse scorrere sulla pellicola, il regista ha condiviso coi monaci quattro mesi della sua vita: partecipando alle meditazioni, alle messe, alle lodi, ai vespri. Il film, apparentemente immobile e privo di uno sviluppo narrativo, trova invece un suo modo di procedere inserendo un dialogo muto tra l'uomo e la natura, scandito fuori dal monastero dalle stagioni e dentro le mura, vecchie di quattro secoli, dalla rigorosa liturgia dei monaci. Separati materialmente dal mondo mantengono con esso una solidarietà espressa attraverso un'incessante preghiera. La vita eremitica e contemplativa viene filmata e riproposta allo spettatore nelle sue ricorrenze quotidiane, inalterabili e puntuali, interrotte soltanto da un imprevisto "drammaturgico": l'arrivo di un novizio al convento. ■ RELIGIOSO; COL.; 162′; GERMANIA, 2005.

GRANDE SLALOM PER UNA RAPINA *(Snowjob)* ★★★
Regia di GEORGE ENGLUND. Con VITTORIO DE SICA, DANIÈLE GAUBERT, JEAN-CLAUDE KILLY, LELIO LUTTAZZI. ■ Tre audaci lestofanti (un campione di sci, la sua amante, un vecchio amico) portano a termine un colpo grosso in una stazione sciistica. Il loro alibi sembra perfetto, ma un poliziotto dell'assicurazione li smaschera. ■ GIALLO; COL.; 90′; USA, 1971.

GRANDE SOGNO, IL ★★
Regia di MICHELE PLACIDO. Con ALESSANDRA ACCIAI, LUCA ARGENTERO, MASSIMO POPOLIZIO, RICCARDO SCAMARCIO, JASMINE TRINCA. ■ Nicola è un giovane poliziotto che ama il teatro e vorrebbe diventare attore. Laura è una studentessa universitaria di matrice cattolica pronta a lottare contro l'ingiustizia. Libero è un leader del movimento studentesco. Gli anni sono quelli che precedono, attraversano e seguono il 1968 e i suoi rivolgimenti. Nicola, infiltrato dai suoi superiori nel movimento, si innamorerà di Laura e cercherà anche di comprendere un mondo che gli è al contempo congeniale e lontano. Michele Placido decide di raccontare se stesso e la sua gioventù cercando di descrivere mondi differenti che si incontrano/scontrano in un periodo di fermenti sociali e culturali. L'operazione riesce a metà perché il dato personale e autobiografico al contempo frena e fagocita lo sguardo complessivo. E comunque si rileva un accesso di stereotipi, i buoni (i dissidenti) troppo buoni e i cattivi (i borghesi) troppo cattivi. ■ DRAMMATICO; COL.; 101′; ITALIA, FRANCIA, 2009.

GRANDE SONNO, IL *(The Big Sleep)* ★★★★
Regia di HOWARD HAWKS. Con LAUREN BACALL, HUMPHREY BOGART, DOROTHY MALONE, JOHN RIDGELY, MARTHA VICKERS. ■ Philip Marlowe, ex poliziotto e investigatore privato di Los Angeles, viene convocato dal vecchio milionario Sternwood per indagare sul ricatto subito dalla figlia minore Carmen. La sorella maggiore, Vivian, è invece più interessata a sapere che fine abbia fatto Sean Regan, ex membro dell'Ira ed ex contrabbandiere, assunto da Sternwood per risolvere i problemi creati dalle due figlie. Nel giro di poche ore, Marlowe trova Carmen in compagnia del cadavere del ricattatore, mentre qualcuno elimina l'autista degli Sternwood. L'investigatore comincia le indagini da una libreria che funge da paravento per attività illecite e si trova a scoperchiare una storia di gangster, gioco d'azzardo e omicidi. Tutti pensano che Marlowe sappia più di quello che sa e il detective sta al gioco, anche se il metodo può rivelarsi molto rischioso. E, sbrogliando le diverse trame intrecciate tra loro, riesce a scoprire la verità, per quanto amara. Non è la prima volta che Marlowe viene portato sullo schermo e non sarà l'ultima: le opere di Raymond Chandler forniranno materiale al cinema e alla televisione per decenni. ■ GIALLO; B/N; 114′; USA, 1946.

GRANDE S... PARATA, LA *(Carry on Sergeant)* ★★
Regia di GERALD THOMAS. Con DORA BRYAN, SHIRLEY EATON, WILLIAM HARTNELL. ■ Il sergente Grimshawe sogna da una vita di formare la più efficiente squadra di reclute per la parata di fine corso, senza mai riuscirvi. Ha in mano una compagnia di pasticcioni; ma le sue reclute ce la mettono tutta e il giorno della parata faranno scintille. Discreta satira della vita militare. ■ COMICO; B/N; 83′; GRAN BRETAGNA, 1958.

GRANDE SPARATORIA, LA *(The Raiders)* ★★
Regia di LESLEY SELANDER. Con BARBARA BRITTON, RICHARD CONTE, VIVECA LINDFORS. ■ California 1850: è il momento della "corsa all'oro". Infuriano le lotte tra cercatori, bari e avventurieri, la peggior umanità possibile. Alcuni di questi uccidono la moglie di Morrel, un cercatore che per vendicarsi diviene bandito a sua volta. L'amnistia sistema ogni cosa. ■ AVVENTURA; COL.; 80′; USA, 1952.

GRANDE SPERANZA, LA ★★
Regia di DUILIO COLETTI. Con RENATO BALDINI, FOLCO LULLI, LOIS MAXWELL. ■ Durante la guerra, un sommergibile italiano, che ha preso a bordo tre naufraghi da una nave silurata, ingaggia una battaglia a cannonate con una nave inglese. Il comune pericolo stabilisce una strana atmosfera di solidarietà tra marinai e prigionieri. ■ GUERRA; COL.; 92′; ITALIA, 1954.

GRANDE SPERONE, IL *(Santa Fé Stampede)* ★★
Regia di GEORGE SHERMAN. Con RAY CORRIGAN, RAYMOND HATTON, JOHN WAYNE. ■ Un cowboy, per difendere un ragazzo, si mette contro una banda di fuorilegge e contro lo stesso sceriffo. Rischia perfino di essere linciato, ma alla fine sconfigge la banda. ■ WESTERN; B/N; 90′; USA, 1938.

GRANDES PERSONNES, LES ★★
Regia di ANNA NOVION. Con ANAÏS DEMOUSTIER, LIA BOYSEN, JEAN-PIERRE DARROUSSIN, JAKOB EKLUND, JUDITH HENRY. ■ Ogni estate, per il compleanno della figlia Jeanne, Albert la porta a visitare un nuovo paese d'Europa. Per i suoi diciassette anni, sceglie una piccola isola svedese, convinto di trovare il tesoro perduto di un antico vichingo. Ma la casa affittata per il soggiorno è già occupata da due donne: Annika, la proprietaria, e Chri-

stine, una sua amica francese. Le vacanze così accuratamente organizzate da Albert prendono allora una nuova piega, che a Jeanne pare non dispiacere... ■ COMMEDIA; COL.; 84′; FRANCIA, SVEZIA, 2008.

GRANDE SPETTACOLO, IL *(The Big Show)* ★★
Regia di JAMES B. CLARK. Con CLIFF ROBERTSON, ROBERT VAUGHN, ESTHER WILLIAMS. ■ Odi e gelosia nella famiglia del proprietario di un circo. In seguito a un malaugurato incidente, il figlio maggiore si attribuisce la colpa al posto del padre. Va in prigione e, durante la sua assenza, i fratelli esautorano il genitore. Questi muore. Il figlio buono, appena fuori, lo vendica. ■ DRAMMATICO; COL.; 113′; USA, 1961.

GRANDE STRADA AZZURRA, LA ★★★
Regia di GILLO PONTECORVO. Con YVES MONTAND, ALIDA VALLI. ■ Squarciò pesca di frodo usando le bombe e la polizia non è mai riuscita a coglierlo con le mani nel sacco. Ma incominciano i guai: per sfuggire alla cattura delle motovedette un giorno è costretto ad affondare la sua barca. Riesce a recuperare il motore, ma poi salta in aria mentre prepara l'ennesima bomba. ■ DRAMMATICO; COL.; 95′; ITALIA, 1957.

GRANDE STRADA BIANCA, LA ★★★
(Alexander's Ragtime Band)
Regia di HENRY KING. Con DON AMECHE, ALICE FAYE, ETHEL MERMAN, TYRONE POWER. ■ Amori e trionfi di tre giovani musicisti, Alessandro, Stella e Charley. Inizialmente molto legata ad Alessandro, Stella viene scritturata a Broadway e si sposa con Charley che l'ha seguita. Finita la guerra i tre si rincontrano e si riaccende la vecchia fiamma tra i due, ma il marito vigila e allontana Stella. Ciononostante, i due divorziano e il vecchio terzetto si riunirà solo dopo molto tempo, quando in un nuovo, trionfale concerto gli ex amici canteranno ancora insieme. ■ MUSICALE; B/N; 105′; USA, 1938. ■ OSCAR 1 PR, 6 NOM.

GRANDE STRADA – L'ODISSEA DI MONTECASSINO, LA ★★
Regia di VITTORIO COTTAFAVI, MICHAL WASZYNSKI. Con PAOLO CARLINI, PIETRO SCHAROFF, G. VARNI. ■ Un giovane polacco, Adam, separatosi durante la guerra dalla ragazza amata, Irene, perde l'uso della vista nella battaglia di Montecassino. In ospedale scambia l'infermiera che lo cura (e che a sua volta si innamora di lui) per Irene. Ma quando arriverà la vera Irene, la donna si tirerà generosamente in disparte. ■ GUERRA; B/N; 90′; ITALIA, 1948.

GRANDE STRAGE NELL'IMPERO DEL SOLE, LA ★★
(The Royal Hunt of the Sun)
Regia di IRVING LERNER. Con NIGEL DAVENPORT, CHRISTOPHER PLUMMER, ROBERT SHAW. ■ Storia dell'invasione e del saccheggio delle truppe di Francisco Pizarro nei territori degli Incas, nel 1530. Accolti dagli indigeni come semidei, e presentatisi come portatori di fede e civiltà, gli spagnoli in realtà sterminarono gli Incas per impadronirsi delle loro ricchezze. ■ STORICO; COL.; 121′; GRAN BRETAGNA, 1969.

GRANDE SVOLTA, LA *(Velikij perelom)* ★★
Regia di FRIEDRICH ERMLER. Con ANDREJ ABRIKOSOV, MIKHAIL DERGIAVIN. ■ Le armate del Reich minacciano Stalingrado, ormai accerchiata. Il generale Murianov deve decidere se impegnare nella lotta tutte le truppe o tenere le riserve. La cattura di un prigioniero tedesco pone fine al dilemma, favorendo la vittoria dei russi. ■ GUERRA; B/N; 92′; URSS, 1946. ■ CANNES 1 PR.

GRANDE TORMENTO, IL *(The Sheperd of the Hills)* ★★★
Regia di HENRY HATHAWAY. Con WARD BOND, HARRY CAREY, BETTY FIELD, JOHN WAYNE. ■ Un uomo anziano venuto da lontano si rende benemerito presso la comunità di una regione boschiva del West. Tra i montanari c'è anche il figlio che dovette abbandonare bambino e che è stato cresciuto nell'odio verso il genitore. Quando scopre che lo straniero è suo padre, il giovane tenta di ucciderlo ma il vecchio lo previene. I due si riconciliano. ■ WESTERN; COL.; 98′; USA, 1941.

GRANDE TRUFFATORE, IL ★★
(Mit Himbeergeist geht alles besser)
Regia di GEORG MARISCHKA. Con OTTO WILHELM FISCHER, MARIANNE KOCH, JACKIE LANE. ■ Deluso perché il servizio militare gli ha fatto perdere sette anni, un giovanotto decide di rifarsi a tempo di record buttando a mare ogni scrupolo. Dapprima imbroglia gli eserciti di mezzo mondo vendendo inesistenti partite d'armi, poi finge di vendere la Venere di Milo a un arrabbiato collezionista. Ma l'unico amico che il truffatore ha, lo imbroglia e lo riduce sul lastrico. ■ AVVENTURA; B/N; 91′; GERMANIA, 1960.

GRANDE UNO ROSSO, IL *(The Big Red One)* ★★★
Regia di SAMUEL FULLER. Con ROBERT CARRADINE, MARK HAMILL, LEE MARVIN. ■ Un sergente americano passa da un fronte all'altro, dalla Tunisia alla Sicilia, dallo sbarco in Normandia al fronte orientale, con quattro soldati che lui stesso ha addestrato, con cui forma la "invincibile cinquina". Persi i suoi compagni, alla fine della guerra si trova faccia a faccia con un tedesco e gli spara, ma poi, stanco di tanto odio, si prodiga per salvarlo. ■ GUERRA; COL.; 113′; USA, 1980.

GRANDEUR ET DECADENCE ★★
Regia di JEAN-LUC GODARD. Con JEAN-PIERRE LÉAUD, JEAN-PIERRE MOCKY, MARIE VALERA. ■ È uno dei film realizzati in video per la televisione dal regista francese. Il titolo completo è *Grandezza e decadenza di un piccolo commercio di cinema rilevate attraverso la ricerca degli attori in un film della televisione pubblica*. La trama è tutta nel titolo. Prodotto da TF1 è liberamente ispirato a un vecchio romanzo di J. H. Chase. Per godardiani incalliti. ■ COMMEDIA; COL.; 92′; FRANCIA, 1986.

GRANDE VALLATA, LA ★★
Regia di ANGELO DORIGO. Con SCILLA GABEL, ROSSANA PODESTÈ, GUSTAVO ROJO, IVANO STACCIOLI. ■ Un odio mortale divide un proprietario terriero e un giovane bracciante. Il padrone cerca di farlo uccidere da un sicario, ma è quest'ultimo a rimetterci la pelle. Il bracciante deve però fuggire. Si fa bandito e torna a capo di una masnada che mette a ferro e fuoco la tenuta. I due rivali moriranno nella mischia. ■ AVVENTURA; COL.; 93′; ITALIA, 1961.

GRANDE VALZER, IL *(The Great Waltz)* ★★
Regia di JULIEN DUVIVIER. Con FERNAND GRAVEY, MILITJA KORINO, LUISE RAINER. ■ Johann Strauss junior ha grande successo con le sue composizioni nella Vienna di Francesco Giuseppe. È anche un irresistibile dongiovanni e fa soffrire ogni tanto l'innamorata mogliettina. Specialmente quando s'invaghisce di un'esotica cantante. Strauss sta per mollare tutto per la maliarda, ma all'ultimo ci ripensa. Rimarrà con la moglie. ■ BIOGRAFICO; COL.; 102′; USA, 1938. ■ OSCAR 1 PR, 3 NOM.

GRANDE VALZER, IL *(The Great Waltz)* ★★★
Regia di ANDREW L. STONE. Con ROSSANO BRAZZI, HORST BUCHHOLZ, MARY COSTA, NIGEL PATRICK. ■ Altra biografia di Strauss girata trentacinque anni dopo quella di Duvivier. ■ BIOGRAFICO; B/N; 135′; USA, 1973.

GRANDE VENDETTA, LA *(The Magic Face)* ★★
Regia di FRANK TUTTLE. Con LUTHER ADLER, PATRICIA KNIGHT, ILKA WINDISH. ■ Un famoso attore tedesco, una specie di Fregoli, si traveste da Hitler, uccide il Führer e ne prende il posto. Nelle sue mani la Germania corre dritta verso la disfatta. ■ DRAMMATICO; B/N; 89′; USA, 1951.

GRANDE VESSILLO, IL *(D'homme à homme)* ★★★
Regia di CHRISTIAN-JAQUE. Con JEAN-LOUIS BARRAULT, BERNARD BLIER, HÉLÈNE PERDRIÈRE. ■ Storia di Henri Dunant, fondatore della Croce Rossa. L'idea gli viene di fronte ai massacri del campo di battaglia di Solferino. ■ BIOGRAFICO; B/N; 96′; FRANCIA, 1948.

GRANDE VIAGGIO, IL *(The Wizard of Loneliness)* ★★
Regia di JENNY BOWEN. Con LUKAS HAAS, JOHN RANDOLPH, LEA THOMPSON. ■ Il bambino di *Witness* torna in questa storia graziosa ma piuttosto scontata. Siamo durante la seconda guerra mondiale. Il personaggio principale è Wendell, un ragazzino con un temperamento particolarmente complicato. La maggior parte del tempo la passa a leggere libri e a volare con la fantasia. Suo padre deve partire come soldato e il bambino finisce coi nonni. ■ DRAMMATICO; COL.; 110′; USA, 1987.

GRANDE VITA, LA *(La Gran Vida)* ★★
Regia di ANTONIO CUADRI. Con ALICIA AGUT, CARMELO GÓMEZ, SALMA HAYEK, FERNANDO VALVERDE. ■ Il regista, al suo esordio,

punta al pubblico e cerca di mixare alcuni vecchi ma (spesso) sicuri stereotipi della commedia nera. Un po' di thriller, un po' di grottesco, e poi una buona dose di "patinato". Autori all'esordio hanno avuto propositi più velleitari. C'è un tal Martin, tanto disperato da volersi suicidare. Un suo amico gli fa una proposta che proprio indecente non è: farsi dare un sacco di soldi dagli strozzini, godersi la vita per un po' e, solo a quel punto, abbandonare la valle di lacrime. Martin accetta, riesce ad avere i soldi e comincia a fare la gran vita. L'imprevisto, se così vogliamo chiamarlo, arriva nei panni di una bella cameriera, della quale Martin si innamora. Quando gli strozzini cominciano a rivolere indietro i soldi, l'aspirante suicida ha cambiato idea. Però, in qualche modo, occorre sparire. ■ COMMEDIA; COL.; 112'; SPAGNA, 2001.

GRANDE VOLO, IL *(Radio Flyer)* ★★
Regia di RICHARD DONNER. Con LORRAINE BRACCO, TOM HANKS, JOHN HEARD, BEN JOHNSON. ■ Due bambini dotati di molta fantasia vedono entrare nella loro vita un "mostro" reale: un patrigno decisamente poco equilibrato. Si organizzano allora per realizzare "La Grande Idea", che consiste nel trasformare il carrettino rosso del più piccolo in una macchina volante. Il volo diventa simbolo della libertà dalla costrizione di una famiglia che non è più degna di questo nome. Donner passa con sufficiente disinvoltura dall'azione di *Arma letale* a una storia dedicata all'infanzia che soffre per mancanza d'amore. ■ DRAMMATICO; COL.; 121'; USA, 1992.

GRAND HOTEL ★★★★🏆
Regia di EDMUND GOULDING. Con JOHN BARRYMORE, LIONEL BARRYMORE, WALLACE BEERY, JOAN CRAWFORD, GRETA GARBO. ■ Prototipo del film con molti divi e molte storie incrociate. In un grande albergo, una ballerina in declino sta per suicidarsi ma è salvata dall'intervento di un compito gentiluomo, che la fa innamorare e le ridà fiducia nella vita. Ma il gentiluomo è un topo d'albergo e rimane ucciso mentre sta compiendo un ennesimo colpo (stavolta però rubava a fin di bene). Con la storia principale s'incrociano quelle dell'uccisore del ladro, un grosso e volgare industriale tedesco, della sua dattilografa e di un anziano impiegato sofferente di cuore. ■ DRAMMATICO; B/N; 115'; USA, 1932. ■ OSCAR 🏆 1 PR, 1 NOM.

GRAND HOTEL *(Menschen im Hotel)* ★★
Regia di GOTTFRIED REINHARDT. Con OTTO WILHELM FISCHER, GERT FRÖBE, MICHÈLE MORGAN, HEINZ RÜHMANN, SONJA ZIEMANN. ■ Riedizione tedesca del grande film di Edmund Goulding. A quasi trent'anni di distanza la storia non può funzionare più. ■ DRAMMATICO; B/N; 93'; GERMANIA, 1960.

GRAND HOTEL ASTORIA *(Weekend at the Waldorf)* ★★★
Regia di ROBERT Z. LEONARD. Con VAN JOHNSON, WALTER PIDGEON, GINGER ROGERS, LANA TURNER. ■ Rifacimento in chiave leggera e scherzosa di *Grand Hotel*. C'è la grande attrice cinematografica che finisce per innamorarsi di un giornalista credendolo un ladro di gioielli; un capitano d'aviazione che deve sottoporsi a un'operazione e intanto flirta con una bella dattilografa; un truffatore internazionale che sta facendo un grosso colpo. ■ COMMEDIA; B/N; 130'; USA, 1945.

GRAND HOTEL DES PALMES ★★★
Regia di MEMÈ MERLINI. Con ANTONELLO AGLIOLITI, BETTINA BEST, VITTORIO VITOLO. ■ Ispirato liberamente allo scritto di Leonardo Sciascia. I fatti relativi alla morte di Raymond Roussel, famoso scrittore francese morto nel luglio del 1933 a Palermo, nella stanza 224 del Grand Hotel Des Palmes. La versione ufficiale disse che la morte era stata causata da un eccesso di barbiturici. Il lungometraggio ha l'ambizione, solo in parte riuscita, di rappresentare la sintesi poetica del suicidio, "gesto irripetibile" come era definito dallo scrittore. A tratti interessante. ■ DRAMMATICO; COL.; 90'; ITALIA, 1978.

GRAND HOTEL EXCELSIOR ★★
Regia di FRANCO CASTELLANO, PIPOLO. Con DIEGO ABATANTUONO, ADRIANO CELENTANO, ELEONORA GIORGI, ENRICO MONTESANO, CARLO VERDONE. ■ Personaggi e storie di vita in un grande albergo: il proprietario si innamora di una donna capricciosa, il cameriere si finge milionario per non perdere la stima della figlia, un mago spilla soldi ai clienti e poi cade dalla finestra. Per palati non troppo raffinati. ■ COMMEDIA; COL.; 115'; ITALIA, 1982.

GRANDI AMORI DEL SECOLO, I ★★
Regia di RUDOLF SCHLÜNDER. ■ È un documentario formato da pezzi di cinegiornali rievocanti celebri amori di teste coronate. ■ DOCUMENTARIO; B/N; 93'; AUSTRIA, 1959.

GRANDI CONDOTTIERI, I ★★
Regia di MARCELLO BALDI. Con IVO GARRANI, ANTON GEESINK, ROSALBA NERI, FERNANDO REY. ■ Storia di due condottieri biblici: Gedeone, che nonostante le sue tendenze pacifiste deve trasformarsi in generale e vincere sanguinosamente battaglie, e Sansone, celebre per la sua forza. ■ STORICO; COL.; 94'; ITALIA, 1965.

GRANDI FAMIGLIE, LE *(Les grandes familles)* ★★★
Regia di DENYS DE LA PATELLIÈRE. Con BERNARD BLIER, PIERRE BRASSEUR, JEAN GABIN. ■ Un finanziere disumano regna sul proprio impero industriale e sulla propria famiglia con identico dispotismo. Costringe il proprio figlio minore a sposare Isabelle, sua protetta; affida al maggiore Francesco la più importante delle sue industrie e poi non lo sostiene al momento opportuno, spingendolo così al suicidio. Dopo una parentesi di sconforto il grande vecchio continua a regnare in attesa della crescita del nipotino. ■ DRAMMATICO; B/N; 92'; FRANCIA, 1959. ■ DAVID DI DONATELLO 1 PR, 1 NOM.

GRANDI FUORILEGGE DEL WEST, I ★★
(Billy the Kid – John Wesley Hardin – Frank and Jesse James)
Regia di WILLIAM N. WITNEY. Con RICHARD JAECKEL, TYLAR MACDUFF, LEE VAN CLEEF. ■ Il film narra le vicende di famosi banditi passati alla storia: Billy the Kid che, catturato, riesce a fuggire ma viene ripreso e ucciso; John Hardin, terrore dei coloni, che messo in prigione si laurea in legge ma poi finisce male; Jesse James, tradito e ucciso da uno della sua banda. ■ WESTERN; B/N; 90'; USA, 1962.

GRANDI INGANNI ★★
Regia di SAM WANAMAKER. Con PETER FALK. ■ Durante un addestramento di routine un sottoufficiale dell'esercito americano rimane ucciso. Il tenente Colombo, incaricato delle indagini, giunge sul posto e comincia a fare domande. ■ POLIZIESCO; COL.; 91'; USA, 1989.

GRANDI MAGAZZINI ★★★★
Regia di MARIO CAMERINI. Con VITTORIO DE SICA, ASSIA NORIS. ■ La commessa di un grande magazzino è accusata di furto per aver "preso in prestito" un costume da sci in occasione di una gita con il proprio volubile fidanzato. Prima che venisse sorpresa a riporre il vestito, però, già altri furti si erano verificati e il giovanotto, autista della ditta, svolgendo indagini per proprio conto scopre che il responsabile è proprio il capo del personale. Plateale punizione del colpevole e riconciliazione dei due innamorati. ■ COMMEDIA; B/N; 86'; ITALIA, 1939.

GRANDI MAGAZZINI ★★
Regia di FRANCO CASTELLANO, PIPOLO. Con ENRICO MONTESANO, RENATO POZZETTO, PAOLO VILLAGGIO. ■ Una lunga serie di gag fa da ossatura a un film tutto sommato slegato e solo a tratti divertente. In una stravagante giornata ai grandi magazzini si incontra tutta una serie di macchiette più o meno riuscite nonostante l'impiego di un cast "tutte stelle", nel quale ricordiamo in piccole apparizioni Nino Manfredi, Laura Antonelli, Michele Placido, Lino Banfi, Christian De Sica, Ornella Muti, Massimo Boldi, Paolo Panelli. ■ COMICO; COL.; 108'; ITALIA, 1986.

GRANDI MANOVRE *(Les grandes manoeuvres)* ★★★
Regia di RENÉ CLAIR. Con BRIGITTE BARDOT, MICHÈLE MORGAN, GÉRARD PHILIPE. ■ Siamo alla vigilia della prima guerra mondiale. Armando, giovane e brillante tenente dei dragoni e affermato dongiovanni, scommette con un gruppo di amici di sedurre una donna designata dal caso. Posta della scommessa: un banchetto. Gli capita in sorte una affascinante divorziata, Maria Luisa, e Armando sembra per la prima volta sinceramente innamorato. Anche la donna incomincia a credergli e a cedergli, ma, quando l'esercito obbligherà il dragone ad un'assenza di poche settimane, le malelingue provvederanno ad informare Maria Luisa della sciagurata e ormai dimenticata scommessa. Al ritorno di Armando, lo

congederà, delusa. ■ COMMEDIA; COL.; 107′; FRANCIA, ITALIA, 1956.

GRANDI OCCHI SCURI *(Big Brown Eyes)* ★★
Regia di RAOUL WALSH. Con JOAN BENNETT, CARY GRANT, WALTER PIDGEON. ■ Una banda di ladri di gioielli fa impazzire la polizia. A prenderli con le mani nel sacco ci penseranno un investigatore privato e una bella giornalista innamorata di lui. ■ GIALLO ROSA; B/N; 95′; USA, 1936.

GRANDISON ★★
Regia di ACHIM KURZ. Con MARLÈNE JOBERT, WILL QUADFLIEG, JEAN ROCHEFORT. ■ Un famoso imbroglione del secolo scorso dopo molte peripezie è catturato dalla polizia. La moglie cerca disperatamente di tirarlo fuori dal carcere. Invano. Dopo molte peripezie, entrambi i coniugi muoiono (lui in prigione, lei suicida). ■ DRAMMATICO; COL.; 94′; FRANCIA, GERMANIA, 1977.

GRANDI SPERANZE *(Great Expectations)* ★★★
Regia di DAVID LEAN. Con FINLAY CURRIE, ALEC GUINNESS, VALERIE HOBSON, MARTITA HUNT, BERNARD MILES, JOHN MILLS, JEAN SIMMONS. ■ Forse la migliore tra le versioni cinematografiche del romanzo di Charles Dickens. Protagonista è Pip che, da ragazzino, cerca di salvare un forzato evaso dal carcere. L'uomo è ripreso ma non si dimentica del gesto generoso. Al bagno penale e poi in colonia, per anni lavora alacremente per mandare i soldi in Inghilterra per gli studi e il mantenimento di Pip. I due si incontreranno quando Pip è ormai un raffinato gentiluomo. ■ DRAMMATICO; B/N; 118′; GRAN BRETAGNA, 1947. ■ OSCAR 2 PR, 5 NOM.

GRANDI SPERANZE *(Great Expectations)* ★★
Regia di MIKE NEWELL. Con HELENA BONHAM CARTER, ROBBIE COLTRANE, RALPH FIENNES, JASON FLEMYNG, HOLLIDAY GRAINGER. ■ 1812, Inghilterra. Pip, giovane orfano, vive nelle campagne con la famiglia della sorella. Per aver dato da mangiare a un evaso, Pip è convocato alla residenza di una ricca dama che vive senza la luce del sole per un trauma sentimentale e vuole che il ragazzo giochi con una bambina nel castello, di cui si innamora perdutamente: Estella. Decenni dopo riferiscono a Pip che un ignoto benefattore provvederà per lui e che deve andare a Londra per diventare un gentiluomo. Nella grande città, accettato il nuovo status, i misteri saranno svelati. Il regista di *Quattro matrimoni e un funerale* (e di *Harry Potter e il calice di fuoco*) adatta uno script dell'autore di *One day* (libro e film) tratto da *Grandi speranze* di Charles Dickens. ■ DRAMMATICO; COL.; 128′; GRAN BRETAGNA, USA, 2012.

GRANDI VACANZE, LE *(Les grandes vacances)* ★★
Regia di JEAN GIRAULT. Con LOUIS DE FUNÈS, MARTINE KELLY, FERDY MAYNE. ■ Il direttore di un collegio di lusso decide di mandare il figlio in Inghilterra e di ospitare, alla pari, un'inglesina. I due giovani si conoscono per caso e si innamorano. ■ COMMEDIA; B/N; 100′; FRANCIA, 1968.

GRAND PRIX ★★★
Regia di JOHN FRANKENHEIMER. Con ADOLFO CELI, JAMES GARNER, FRANÇOISE HARDY, TOSHIRO MIFUNE, YVES MONTAND, GENEVIÈVE PAGE, EVA MARIE SAINT. ■ Vittorie, amori, sconfitte e morte per i piloti di Formula Uno. ■ DRAMMATICO; COL.; 175′; USA, 1967. ■ OSCAR 3 PR, 3 NOM.

GRAND RÔLE, LE ★★
Regia di STEVE SUISSA. Con BÉRÉNICE BEJO, PETER COYOTE, STÉPHANE FREISS. ■ Maurice è un attore ancora in cerca del ruolo giusto per affermarsi. L'occasione gli si presenta quando un regista ebreo americano in trasferta in Francia vuole assegnargli la parte di Shylock ne *Il mercante di Venezia*. L'arrivo di un attore più affermato toglie però la possibilità a Maurice di dare la sua prova d'attore, e lo costringe anche a darne notizia alla fidanzata Perla, gravemente malata. Avrà il coraggio di dare il colpo di grazia alla poveretta? ■ COMMEDIA; COL.; 89′; FRANCIA, 2004.

GRANDUCA E MISTER PIMM, IL *(Love is a Ball)* ★★★
Regia di DAVID SWIFT. Con CHARLES BOYER, GLENN FORD, HOPE LANGE. ■ Mr. Pimm, sensale di matrimoni, dovrebbe coronare la propria brillante carriera facendo impalmare la ricchissima Millicent al duca Gaspard. Questi, però, è già innamorato di un'altra ragazza e Millicent s'invaghisce dell'aiutante di Mr. Pimm, John Davis. Macchinazioni, equivoci, ritrosie e sospetti fino allo scontato lieto fine. ■ COMMEDIA; COL.; 111′; USA, 1963.

GRANDUCHESSA E IL CAMERIERE, LA ★★★
(Here is My Heart)
Regia di FRANK TUTTLE. Con KITTY CARLISLE, BING CROSBY. ■ Un cantante, collezionista d'armi, venuto a conoscenza del fatto che una granduchessa russa residente a Montecarlo è proprietaria dell'arma che cerca invano da molto tempo, s'introduce in casa sua sotto le mentite spoglie di cameriere. Riuscirà ad entrare in possesso sia del preziosissimo cimelio sia del cuore della donna. ■ COMMEDIA; B/N; 77′; USA, 1935.

GRANDUCHESSA SI DIVERTE, LA ★★
Regia di GIACOMO GENTILOMO. Con PAOLA BARBARA, SERGIO TOFANO. ■ Nella capitale di un piccolo Stato avviene per caso uno scambio tra la granduchessa in carica ed una ballerinetta sua sosia. Mentre la prima si trova a vivere nel mondo – per lei nuovo ed avvincente – della bohème, la seconda, a palazzo, è costretta ad un fidanzamento di Stato. Con il recupero dei rispettivi ruoli, politica ed amore tornano finalmente al proprio posto. ■ COMMEDIA; B/N; 90′; ITALIA, 1940.

GRAND'UOMO MIO MARITO, IL ★★
(Hauptsache glücklich)
Regia di THEO LINGEN. Con HERTA FEILER, HEINZ RÜHMANN. ■ Una giovane moglie ambiziosa inventa uno stratagemma per scuotere il consorte dal suo torpore, ma prima del lieto fine il poveretto sarà costretto a sborsare una cifra ingente, a rischiare il fallimento del matrimonio e ad affrontare situazioni penose. Alla fine, però, avrà un avanzamento e riconquisterà la moglie. ■ COMMEDIA; B/N; 91′; GERMANIA, 1941.

GRAN GABBO, IL *(The Great Gabbo)* ★★★
Regia di JAMES CRUZE. Con BETTY COMPSON, DON DOUGLAS, ERIC VON STROHEIM. ■ Primo film parlato di Stroheim: la storia di un ventriloquo di genio che fa dei numeri sensazionali con il suo fantoccio. Ma presto il "numero" gli prende la mano. Il ventriloquo diventa un sadico assassino. ■ DRAMMATICO; B/N; 92′; USA, 1930.

GRAN LUPO CHIAMA, IL *(Father Goose)* ★★★
Regia di RALPH NELSON. Con LESLIE CARON, CARY GRANT, TREVOR HOWARD. ■ Su di un isolotto del Pacifico Walter, ex professore di storia con mansioni di "osservatore" dell'aviazione nemica, salva dal naufragio sette ragazzine e la loro insegnante, Catherine. Lui è un ubriacone misogino, lei una testarda puritana. Si detestano, poi, grazie anche all'amicizia che gli testimoniano le piccole, Walter sedurrà la maestrina. ■ COMMEDIA; COL.; 115′; USA, 1965. ■ OSCAR 1 PR, 3 NOM.

GRANO, IL *(O grão)* ★
Regia di PETRUS CARIRY. Con LEUDA BANDEIRA, VERÔNICA CAVALCANTE, LUIS FELIPE FERREIRA, NANEGO LIRA, KELVYA MAIA. ■ L'anziana Perpetua, sentendo arrivare l'ora della morte, decide di preparare il suo caro nipote "Zeca" al momento della loro separazione, raccontandogli la storia di un re e una regina. Entrambi, molto ricchi ed influenti, hanno perso il loro unico figlio e vogliono riportarlo in vita. Mentre la signora Perpetua racconta la storia, Damião e Josefa lavorano per mantenere la loro famiglia e preparare il matrimonio della loro figlia Fátima. Alla fine la storia raccontata da Perpetua e il destino della famiglia si incrociano. ■ DRAMMATICO; COL.; 88′; BRASILE, 2008.

GRANO È VERDE, IL *(The Corn is Green)* ★★★
Regia di IRVING RAPPER. Con JOHN DALL, BETTE DAVIS, JOAN LORRING. ■ In un villaggio di minatori del Galles Miss Maffit tenta di organizzare una piccola scuola. La sua iniziativa viene però boicottata fino a quando, scoprendo nel suo allievo Morgan Evans particolari predisposizioni, l'anziana signorina non s'impegna a fargli superare l'esame di ammissione ad Oxford. Una paternità indesiderata ed un legame poco raccomandabile sembrano, per poco, sviare il ragazzo, ma Miss Maffit lo aiuterà. ■ COMMEDIA; B/N; 114′; USA, 1948. ■ OSCAR 2 NOM.

GRANO ROSSO SANGUE *(Children of the Corn)* ★★
Regia di FRITZ KIERSCH. Con COURTNEY GAINS, LINDA HAMIL-

TON, PETER HORTON. ■ Da un breve racconto di Stephen King: una giovane coppia capita in un paesello sperduto nel quale i bambini, eliminati tutti gli adulti, perseguono un culto satanico con tanto di sacrifici umani. Tra roghi e coltellate saranno in pochi a salvarsi in quest'horror senza infamia e senza lode. ■ HORROR; COL.; 93'; USA, 1984.

GRANO ROSSO SANGUE 2 ★
(Children of the Corn: The Final Sacrifice)
Regia di DAVID PRICE. Con TERENCE CNOX, PAUL SHERRER. ■ Un gruppo di ragazzi assassini, guidati da una terribile setta dedita alla magia nera, è responsabile di una serie di omicidi. L'indagine non porta ad alcun risultato. Dopo dieci anni lo stesso gruppo di assassini riprende la sua attività. Tocca a un giornalista indagare e risolvere la situazione. Tv movie insufficiente. Fa parte dell'infinita serie di prodotti a basso costo spacciati come prime tv. ■ HORROR; COL.; 92'; USA, 1993.

GRAN PREMIO ★★
Regia di JEFF MUSSO, UMBERTO SCARPELLI. Con LUISELLA BEGHI, CLAUDIO GORA, MARIÙ PASCOLI. ■ Un ex proprietario di scuderie da corsa ridotto in miseria alleva un puledrino come compagno di giochi della figlia minore. Crescendo, il cavallo promette bene e viene allevato come futuro campione. Diventa – infatti – il favorito del Gran Premio. Alla vigilia della gara però l'allenatore sarebbe costretto a venderlo, ma interviene il fidanzato della figlia maggiore. ■ COMMEDIA; B/N; 92'; ITALIA, 1943.

GRAN PREMIO *(National Velvet)* ★★★
Regia di CLARENCE BROWN. Con ANNE REVERE, MICKEY ROONEY, ELIZABETH TAYLOR. ■ Un orfanello, May, diviene amico della graziosa Velvet. Entrambi amano i cavalli e, favorevole a quest'amicizia, la madre della ragazza prende May a lavorare con sé. Velvet, intanto, doma e vince un cavallo alla lotteria. Insieme al nuovo amico lo addestra e, nel corso di un Gran Premio, non essendo riuscita a trovare un fantino, si camuffa e lo monta, arrivando prima. Verrà squalificata, ma dopo aver conquistato la fama. ■ COMMEDIA; COL.; 125'; USA, 1944. ■ OSCAR 2 PR, 5 NOM.

GRAN TORINO ★★★
Regia di CLINT EASTWOOD. Con CHRISTOPHER CARLEY, CLINT EASTWOOD, AUSTIN DOUGLAS SMITH, AHNEY HER, BEE VANG. ■ Walt Kowalski ha perso la moglie e la presenza dei figli con le relative famiglie, al funerale non gli è di alcun conforto. Così come non gli è gradita l'insistenza con cui il giovane parroco cerca di convincerlo a confessarsi. Walt è un veterano della guerra in Corea e non sopporta di avere, nell'abitazione a fianco, una famiglia di asiatici di etnia Hmong. Le uniche sue passioni, oltre alla birra, sono il suo cane e un'auto modello Gran Torino che viene sottoposta a continua manutenzione. La sua vita cambia il giorno in cui il giovane vicino Thao, spinto dalla gang capeggiata dal cugino Spider, si introduce nel suo garage avendo come mira l'auto. Walt lo fa fuggire ma di lì a poco tempo assisterà a una violenta irruzione dei membri della gang con inatteso sconfinamento nella sua proprietà. In quell'occasione sottrarrà Thao alla violenza del branco ottenendo la riconoscenza della sua famiglia. Eastwood ha una cultura cinematografica così vasta da non poter aver scelto a caso questo cognome. Stanley Kowalski era il brutale protagonista di *Un tram che si chiama desiderio* da Tennessee Williams interpretato da un Marlon Brando al suo top. Anche Walt è brutale, in maniera così rozza che nessuno fa quasi più caso alle sue offese di stampo razzista. Saranno però i giovani "diversi" (Thao e sua sorella Sue) ad aprire una breccia nelle sue difese. Hanno l'età dei detestati nipoti ma, a differenza di loro, hanno saputo conservare dei valori che l'Occidente non si è limitato a dimenticare ma ha addirittura rovesciato. ■ AZIONE; COL.; 116'; USA, 2008.

GRAN VARIETÀ ★★★
Regia di DOMENICO PAOLELLA. Con VITTORIO DE SICA, MARIA FIORE, RENATO RASCEL, DELIA SCALA, ALBERTO SORDI. ■ Alberto Sordi fa Fregoli, Vittorio De Sica canta *Balocchi e profumi* e Delia Scala balla il charleston nei cinque episodi che illustrano la storia del teatro di varietà. ■ COMMEDIA; COL.; 100'; ITALIA, 1954.

GRAN VITA, LA *(La grande vie)* ★★★
Regia di JULIEN DUVIVIER. Con AGNES FINK, GUSTAV KNUTH, GIULIETTA MASINA. ■ Un'ingenua sgualdrinella aspira alla "gran vita" e si lega a molti uomini: un impresario, un avvocato, un direttore di teatro, un ricco borghese, un modesto disegnatore. Le va male con tutti. ■ COMMEDIA; COL.; 88'; FRANCIA, GERMANIA, ITALIA, 1961.

GRAPPOLO DI SOLE, UN *(A Raisin in the Sun)* ★★★
Regia di DANIEL PETRIE JR. Con RUBY DEE, CLAUDIA MCNEIL, SIDNEY POITIER. ■ Disavventure di una famiglia nera di Chicago. La madre, Lena, ed il figlio, Walter, si trovano in disaccordo sull'impiego dei 10.000 dollari provenienti da un'assicurazione. Walter viene imbrogliato, ma resta una parte di denaro che è impiegata per la casa. ■ DRAMMATICO; B/N; 128'; USA, 1961.

GRASSO È BELLO *(Hairspray)* ★★
Regia di JOHN WATERS. Con SONNY BONO, ROBIN BROWN, DIVINE. ■ Nella Baltimora degli anni Sessanta un'adolescente cicciotta cerca a tutti i costi di entrare tra i personaggi fissi di una trasmissione tv. Ci riesce nonostante i (cattivi) consigli dei genitori. Commedia "quasi" rispettabile di uno dei piccoli maestri del cinema del cattivo gusto. L'ultima apparizione (in doppio ruolo) del travestito Divine. ■ COMMEDIA; COL.; 90'; USA, 1987.

GRATEFUL DAWG ★★★
Regia di GILLIAN GRISMAN. Con JOE CRAVEN, JERRY GARCIA, DAVID GRISMAN, RICKY JAY. ■ Questo documentario musicale narra il profondo legame artistico tra Jerry Garcia and David Grisman, ripresi in vari momenti della loro attività: durante i concerti, in alcune improvvisazione, nel backstage e nella vita privata. La carriera dei due artisti viene documentata sin dagli esordi quando suonavano nei parchi, poi attraverso il leggendario gruppo Old & In the Way negli anni Settanta, fino alla Garcia/Grisman Band che riportò in auge la tradizionale musica acustica negli anni Novanta. ■ DOC. MUSICALE; COL.; 81'; USA, 2000.

GRATTACIELI ★★
Regia di GUGLIELMO GIANNINI. Con RENATO CIALENTE, ELENA MALTZEF, VANNA VANNI. ■ Giallo autarchico ambientato in un attico americano. Nel corso di un party un ospite ubriaco cade dalla terrazza, uccidendosi. L'ispettore di polizia incaricato delle indagini sospetta a turno di tutti i partecipanti, mentre vengono alla luce storie più o meno pulite, fino alla inevitabile scoperta del colpevole. ■ GIALLO; B/N; 90'; ITALIA, 1943.

GRATTACIELO DEL DELITTO, IL ★★
(Der gläserne Turm)
Regia di HAROLD BRAUN. Con HANNES MESSEMER, LILLI PALMER, PETER VAN EYCK. ■ Un ex attrice, che ha rinunciato alla carriera artistica per un matrimonio d'interesse con un industriale, incontra casualmente un suo antico amore. L'"altro" fa il commediografo e le propone un ritorno alle scene. La donna è fortemente tentata, ma il marito avverte la sua ansia e la scambia per un sintomo di tradimento. Decide di vendicarsi. ■ DRAMMATICO; B/N; 92'; GERMANIA, 1957.

GRATTACIELO TRAGICO, IL *(The Dark Corner)* ★★★
Regia di HENRY HATHAWAY. Con LUCILLE BALL, CLIFTON WEBB. ■ Fred finisce in prigione del tutto innocente, vittima di una macchinazione di un ex socio in affari. Scontata la pena, riprende il vecchio mestiere di investigatore, ma l'ex socio non ha finito di procurargli dei guai: questa volta c'è di mezzo la moglie, giovane e bellissima, di un uomo ricco e anziano molto sospettoso. Il marito tradito intende uccidere la moglie e il suo amante facendo ricadere la colpa su Fred. Ma questa volta l'investigatore non dorme. ■ DRAMMATICO; B/N; 99'; USA, 1946.

GRATTA E VINCI ★
Regia di FERRUCCIO CASTRONUOVO. Con MANUELA ARCURI, MARIO DE CANDIA, STEFANO MASCIARELLI, SERGIO VASTANO. ■ Il pretesto è quello della popolare lotteria italiana. La sostanza è invece quella di una farsa di basso livello, in cui l'unico scopo vitale di tre pseudovitelloni di provincia è quello di cercare di entrare nei letti di più o meno avvenenti fanciulle. Il tutto condito da volgarità di vario genere. ■ COMICO; COL.; 94'; ITALIA, 1996.

GRAVITY ★★★
Regia di ALFONSO CUARÓN. Con SANDRA BULLOCK, GEORGE CLOONEY. ■ Gli astronauti Ryan Stone e Matt Kowalsky lavora-

no ad alcune riparazioni di una stazione orbitante nello spazio quando un'imprevedibile catena di eventi gli scaraventa contro una tempesta di detriti. L'impatto è devastante, distrugge la loro stazione e li lascia a vagare nello spazio nel disperato tentativo di sopravvivere e trovare una maniera per tornare sulla Terra. Lo spazio non è più l'ultima frontiera: nel nuovo film di Cuaròn non c'è nulla da esplorare, si rimane a un passo dal nostro pianeta e la profondità spaziale non è troppo distante dalle lande desolate del cinema western, un luogo talmente straniante da confinare con il mistico, l'ultimo rimasto in cui esista ancora la concreta sensazione che tutto possa accadere, in cui si avverte la presenza dell'ignoto. C'è tutto questo nel blockbuster con Sandra Bullock e George Clooney che Alfonso Cuaròn è riuscito a realizzare senza allontanarsi di un passo dalle convenzioni hollywoodiane, quelle che impongono l'inevitabile coincidenza dell'avventura personale con un mutamento interiore e il superamento del solito trauma radicato nel passato. ■ THRILLER; COL.; USA, GRAN BRETAGNA, 2013.

GRAZIE A DIO È VENERDÌ *(Thank God it's Friday)* ★★★
Regia di ROBERT KLANE. Con THE COMMODORES, JEFF GOLDBLUM, ANDREA HOWARD, MARK LONOW, DONNA SUMMER. ■ Presso una nota discoteca di Hollywood di cui è proprietario Tony De Marco un venerdì sera si svolge una gara di ballo. Tante persone diverse, e per differenti motivi, convergono al locale. ■ MUSICALE; COL.; 90'; USA, 1978. ■ GOLDEN GLOBES 1 PR, 1 NOM; OSCAR 1 PR, 1 NOM.

GRAZIE AMORE MIO ★★
Regia di MARIO CAMUS. Con LEA MASSARI, CARLOS OTERO, RAF VALLONE, MANUEL ZARZO. ■ Tra Luigi, ex campione del calcio divenuto allenatore, e Maria, moglie insoddisfatta di uno dei finanziatori della squadra, nasce l'amore. Questo sentimento distrae Luigi dal suo compito tanto che la squadra, dai primi posti in classifica, precipita verso la retrocessione. ■ COMMEDIA; COL.; 90'; ITALIA, 1973.

GRAZIE DI TUTTO ★★
Regia di LUCA MANFREDI. Con NANCY BRILLI, MASSIMO GHINI, NINO MANFREDI. ■ Ghini e Brilli, marito e moglie (lo sono stati davvero), si trasferiscono nella dolce campagna senese, a causa dello stress della città, del recupero dei valori, eccetera. Dopo un inizio promettente finiscono per rimaner soli nella zona, quasi costretti ad accudire due anziani per nulla facili. I "giovani" avranno comunque da imparare. Forse il papà gli ha dato qualche buon consiglio, fatto è che Luca non ha fatto un film banale. ■ COMMEDIA; COL.; 100'; ITALIA, 1998.

GRAZIELLA ★★
Regia di GIORGIO BIANCHI. Con ELISA CEGANI, MARIA FIORE, FRANCO NICOTRA, TINA PICA. ■ Graziella è una dolce e romantica creatura, nipote di poveri pescatori, che il poeta Alphonse de Lamartine incontra durante il soggiorno all'isola di Procida. Tra i due giovani nasce l'amore e Graziella aspetta fiduciosa che Alphonse, ripartito per Parigi, torni a riprenderla. Ma l'attesa diventa troppo lunga per la fanciulla innamorata, che soffre e si spegne lentamente. Quando Alphonse torna nell'isola è ormai troppo tardi. ■ DRAMMATICO; B/N; 94'; ITALIA, 1954.

GRAZIE NONNA ★
Regia di FRANCO MARTINELLI. Con GIANFRANCO D'ANGELO, VALERIA FABRIZI, EDWIGE FENECH, GIUSVA FIORAVANTI, ENRICO SIMONETTI. ■ A Carletto, il più giovane figlio dell'ingegner Persichetti junior, tocca il compito di accogliere l'ultima moglie di Persichetti senior che arriva dal Venezuela. Nessuno ha mai visto la donna e tutti la immaginano vecchia e noiosa. Il ragazzo si trova davanti una splendida e disponibile giovane donna. ■ EROTICO; COL.; 92'; ITALIA, 1975.

♥ GRAZIE PER LA CIOCCOLATA ★★★★
(Merci pour le chocolat)
Regia di CLAUDE CHABROL. Con JACQUES DUTRONC, ISABELLE HUPPERT, ANNA MOUGLALIS, RODOLPHE PAULY. ■ André Polonski e Mika Muller si sposano una seconda volta, coniugando, "alchimicamente", musica e cioccolata. Pianista di fama mondiale lui e direttrice di un'azienda di cioccolato lei, dividono la loro esistenza con Guillaume, figlio nato dalla prima moglie Lisbeth, sorellastra di Mika. Nella loro vita, per una curiosa coincidenza, "rientra" Jeanne Pollet, una giovane pianista ambiziosa. In una strana confessione, Jeanne scopre dalla madre di essere stata scambiata, in clinica, al momento della nascita, e di essere stata, solo per un attimo, "figlia" del pianista Polonski. La curiosità, prima, e la passione, dopo, che accomuna magicamente Jeanne e André, inducono la giovane donna a entrare nella casa e nella "perversione"della famiglia Polonski. Ma il talento di Jeanne e l'armonia tra i due mineranno irrimediabilmente l'onnipotenza di Mika, risvegliandola da un sonno atavico.. Un film talmento freddo e perfetto da dover essere chimicamente ritoccato per scaldarne le copie, parole di Chabrol, che in un'aderenza sorprendente a quella che sembra essere ormai il suo alter ego, Isabelle Huppert, mesce la cioccolata fino a portarla al punto di ebollizione. Punto di non ritorno del suo personaggio, Mika, che come un ragno tesse la tela, lavorando un uncinetto a maglie strette che anestetizza e cattura l'isolamento di una famiglia mai completamente sua. Un esilio nella parte più buia dell'anima e della mente, quella in cui la raffinata intelligenza di Chabrol, ricerca, da sempre, l'archetipo. La parola che diventa comportamento, la notazione grafica del pianista che si fa materia nelle confezioni eleganti della Muller, avvolgendo nel cioccolato la "perversione". ■ DRAMMATICO; COL.; 110'; FRANCIA, 2000.

GRAZIE PER QUEL CALDO DICEMBRE ★★★
(A Warm December)
Regia di SIDNEY POITIER. Con ESTHER ANDERSON, GEORGE BAKER, SIDNEY POITIER, YVETTE CURTIS. ■ Un medico americano di colore è a Londra per una breve vacanza con la figlioletta. L'uomo, rimasto vedovo da qualche anno, conosce e si innamora di una ragazza africana. Lei ricambia il sentimento ma rifiuta di sposarlo perché, essendo ammalata gravemente, ha pochi anni di vita davanti a sé. ■ DRAMMATICO; COL.; 100'; GRAN BRETAGNA, 1973.

GRAZIE SIGNORA THATCHER *(Brassed of)* ★★★
Regia di MARK HERMAN. Con TARA FITZGERALD, EWAN MCGREGOR. ■ Grimley, cittadina del New Hempshire, 1992. I minatori della locale miniera di carbone fanno parte di una gloriosa banda musicale. La proprietà intende chiudere la miniera. Saranno gli stessi minatori a decidere la chiusura, accettando un'indennità, o la lotta. Alcuni componenti la banda (tre anziani, un giovane e una ragazza) vivono drammaticamente la situazione. Il direttore dedica la vita al suo complesso, il sogno è quello di vincere la finale fra tutte le bande d'Inghilterra, esibendosi nella leggendaria Albert Hall londinese. La miniera chiude e la banda vince. Il "maestro" arringa il selezionatissimo pubblico condannando la politica del governo (la Thatcher appunto), che ha decretato la morte delle miniere inglesi. Realista e vitale, forse un po' trasparente, Herman prosegue il bel cammino del nuovo cinema inglese. È stato fatto il nome di Loach, forse prematuramente: l'intensità e la consapevolezza non sono ancora quelle. Ben vengano film come questo. ■ DRAMMATICO; COL.; 127'; GRAN BRETAGNA, 1998.

GRAZIE SIGNORE P... ★★
Regia di MAURO STEFANI. Con UMBERTO DI GRAZIA, HIRAM KELLER, IRINA ROSS, EVELYN STEWART. ■ Marco è traumatizzato dal fatto che la madre, vedova e ancora giovane, passi da un uomo all'altro con estrema disinvoltura. È per questo che rifiuta gli approcci di Anna ed Eva, due disinibite milanesi che gli hanno messo gli occhi addosso. Ma le ragazze ne sanno una più del diavolo. ■ COMMEDIA; COL.; 94'; ITALIA, 1972.

GRAZIE TANTE – ARRIVEDERCI ★
Regia di MAURO IVALDI. Con VITTORIO CAPRIOLI, MEMMO CAROTENUTO, GIANFRANCO D'ANGELO, MARIO SCARPETTA, FRANCA VALERI, CARMEN VILLANI. ■ Monica, fotomodella sexy, parte per una vacanza organizzata. Allo stesso gruppo di iscrive Lello, seminarista insicuro della vocazione. La bellona e il supertimido diventeranno inseparabili. ■ COMMEDIA; COL.; 92'; ITALIA, 1977.

GRAZIE ZIA ★★★
Regia di SALVATORE SAMPERI. Con LOU CASTEL, GABRIELE FERZETTI, LISA GASTONI, NICOLETTA RIZZI, MASSIMO SARCHIELLI. ■ L'unico erede di una famiglia di ricchi industriali, Alvise, ostenta insofferenza nei confronti della famiglia e della soffocante so-

cietà borghese di provincia. Il suo disadattamento si manifesta con una paralisi alle gambe, autentica o simulata poco importa, dalla quale una giovane zia tenta di guarirlo. È Alvise a coinvolgere invece la zia dottoressa in una serie di giochi assurdi che lo aiuteranno, in una allucinante atmosfera di sensualità, a raggiungere lo scopo prefisso: farsi uccidere dalla donna. ■ DRAMMATICO; COL.; 94′; ITALIA, 1968. ■ DAVID DI DONATELLO 1 PR, 1 NOM.

GRAZIE ZIO, CI PROVO ANCH'IO ★★

Regia di NICK NOSTRO. Con MARUJA DIAZ, RICCARDO GARRONE. ■ Un agente italiano della Cia va in missione in Spagna per recuperare una formula per produrre diamanti sintetici; qui incontra Carmen, la nipote dello stravagante inventore. Dopo varie avventure i due trovano la formula, la vendono e con il grosso ricavato si sposano. ■ COMMEDIA; COL.; 90′; ITALIA, 1971.

GRBAVICA ★★🏆

Regia di JASMILA ZBANIC. Con MIRJANA KARANOVIC, LEON LUCEV, LUNA MIJOVIC. ■ *Grbavica* segna l'esordio nel lungometraggio di Jasmila Zbanic, autrice di numerosi cortometraggi e documentari. Il film si svolge nel recente dopoguerra nei Balcani e ha per protagonista Esma, madre della dodicenne Sara. La figlia è convinta che suo padre sia un eroe di guerra morto durante il conflitto, ma scoprirà, suo malgrado, che la verità è diversa. Lo scenario è quello di Sarajevo, che almeno esternamente sembra aver rimarginato le proprie ferite, tuttavia, quelle più profonde sono ancora vive e dolenti. ■ DRAMMATICO; COL.; 90′; BOSNIA-HERZEGOVINA, 2006. ■ BERLINO 🏆 1 PR.

GREASE – BRILLANTINA *(Grease)* ★★★

Regia di RANDAL KLEISER. Con FRANKIE AVALON, STOCKARD CHANNING, OLIVIA NEWTON-JOHN, JOHN TRAVOLTA. ■ Trasposizione cinematografica di un grande successo di Broadway. Lo studente Danny è considerato dai compagni un duro e un rubacuori. Durante le vacanze ha conosciuto una ragazza australiana, Sandy, della quale si è invaghito. Quando insperatamente se la ritrova accanto, alla sua stessa scuola, Danny si finge indifferente per non perdere la propria fama. I due cercano d'ingelosirsi a vicenda per tutto il corso dell'anno scolastico, ma alla festa della chiusura delle lezioni si riappacificheranno. ■ COMM. MUSICALE; COL.; 110′; USA, 1978. ■ GOLDEN GLOBES 4 NOM; OSCAR 1 NOM.

GREASE 2 ★★

Regia di PATRICIA BIRCH. Con SID CAESAR, MAXWELL CAULFIELD, DODY GOODMAN, TAB HUNTER, MICHELLE PFEIFFER. ■ In un college americano, sfide e amori tra i maschiacci riuniti nel gruppo dei T-Birds e le femminucce delle Pink Ladies. A rimescolare le carte ci penserà un timido studentello inglese, che soffierà la ragazza al duro T-Birds. ■ COMMEDIA; COL.; 114′; USA, 1982.

GREAT BALLS OF FIRE! – VAMPATE DI FUOCO ★★★
(Great Balls of Fire)

Regia di JIM MCBRIDE. Con ALEC BALDWIN, DENNIS QUAID, WINONA RYDER. ■ La parabola di Jerry Lee Lewis, scatenato divo del rock negli anni Cinquanta. Stava insidiando il titolo di re a Elvis Presley quando uno scandalo lo rovinò quasi definitivamente (il matrimonio con la cuginetta tredicenne). ■ MUSICALE; COL.; 108′; USA, 1989.

GREAT RAID – UN PUGNO DI EROI, THE ★
(The Great Raid)

Regia di JOHN DAHL. Con BENJAMIN BRATT, JEREMY CALLAGHAN, JAMES CARPINELLO, MARK CONSUELOS, FREDDIE JOE FARNSWORTH, JAMES FRANCO, LAIRD MACINTOSH, ROBERT MAMMONE, MAX MARTINI, CRAIG MCLACHLAN. ■ Seconda guerra mondiale. 1945. Campo di prigionia di Cabanatuan, Filippine. L'esercito giapponese ha fatto prigionieri cinquecento militari alleati. Il colonnello Mucci, insieme ad un gruppo di giovani soldati, intraprende una pericolosa missione per liberare i prigionieri. ■ AZIONE; COL.; 132′; AUSTRALIA, USA, 2005.

GREAT ROCK'N'ROLL SWINDLE – LA GRANDE TRUFFA DEL ROCK AND ROLL, THE ★★
(The Great Rock'n'Roll Swindle)

Regia di JULIEN TEMPLE. Con LIZA FASSER, IRENE HANDL, SEX PISTOLS. ■ Il manager dei Sex Pistols racconta dove come quando mise su il famoso complesso rock (a sentir lui, formato, almeno all'inizio, da un branco di ragazzotti che la musica non sapevano nemmeno dove stesse di casa). ■ MUSICALE; COL.; 90′; GRAN BRETAGNA, 1980.

GRECO, EL ★★

Regia di LUCIANO SALCE. Con ADOLFO CELI, MARIO FELICIANI, MEL FERRER, GABRIELLA GIORGELLI, RENZO GIOVAMPIETRO, ROSANNA SCHIAFFINO. ■ Nato in Grecia ma divenuto famoso come pittore in Spagna, Kiriakos Theotokopoulus passò alla storia come "El Greco". Il film racconta la sua vita, i suoi amori, i suoi successi, sconfinando spesso nella fantasia. ■ AVVENTURA; COL.; 92′; ITALIA, 1966.

GREEN CARD – MATRIMONIO DI CONVENIENZA *(Green Card)* ★★★🏆

Regia di PETER WEIR. Con GÉRARD DEPARDIEU, ANDIE MACDOWELL, BEBE NEUWIRTH. ■ Dopo *L'attimo fuggente* il regista australiano Weir ha deciso di non misurarsi col suo precedente lavoro. Spiazzando tutti ha confezionato questa commedia che non sarà un capolavoro, ma riesce a giocare con i luoghi comuni del genere in maniera tanto spiritosa da farceli dimenticare. Il tema di fondo è comunque quanto mai attuale: i problemi di uno straniero per poter ottenere il passaporto americano. Per avere la Green Card il protagonista di origine francese, grosso e rozzo, convince un'americana affascinante e colta a sposarlo. Ovviamente deve essere solo una formalità ma all'amore non si comanda e le cose si complicano. Primo film a stelle e strisce per Gérard Depardieu, istrionico più che mai. ■ COMMEDIA; COL.; 108′; USA, 1990. ■ GOLDEN GLOBES 🏆 2 PR, 3 NOM; OSCAR 🏆 1 NOM.

GREEN HORNET, THE ★★★

Regia di MICHEL GONDRY. Con JAY CHOU, CAMERON DIAZ, EDWARD FURLONG, SETH ROGEN, CHRISTOPH WALTZ. ■ Erede di una potente famiglia a capo di uno dei giornali più importanti della città, lasciato orfano dalla madre quando era piccolo e di nuovo alle prese con il lutto paterno in età adulta, Britt Reid è di colpo costretto a fare qualcosa della sua vita, dopo aver vissuto a lungo di baldorie inconcludenti. Grazie all'aiuto di Kato, un suo coetaneo talentuoso e tremendamente inventivo che il padre sottoutilizzava come meccanico, si trasformerà in il Calabrone Verde («Bel nome! Ma in inglese ha più stile: Green Hornet!», gli fa pronunciare il doppiaggio italiano per giustificare il cambio di lingua), un giustiziere che si finge criminale per combattere meglio il crimine. Nonostante non sia capace di nulla e lasci fare tutto a Kato, lo stesso Reid riuscirà a infastidire il boss più boss di tutti della malavita cittadina e a smascherare un complotto a cui suo padre aveva preso parte, utile a favorire la rielezione del procuratore distrettuale. ■ AZIONE; COL.; 120′; USA, 2011.

GREEN PASTURES – VERDI PASCOLI ★★★
(Green Pastures)

Regia di MARC CONNELLY, WILLIAM KEIGHLEY. Con REX INGRAM, OSCAR POLK. ■ Il film è tratto dal lavoro teatrale di Marc Connelly e rievoca alcuni episodi biblici attraverso gli spirituals negri. ■ MUSICALE; B/N; 90′; USA, 1936.

GREENZONE ★★★

Regia di PAUL GREENGRASS. Con KHALID ABDALLA, MATT DAMON, BRENDAN GLEESON, GREG KINNEAR, AMY RYAN. ■ Conquistata Bagdad è ora il momento di trovare le armi di distruzione di massa che hanno scatenato il conflitto. L'ufficiale Roy Miller è a capo di una delle molte squadre che ogni giorno si recano nei siti indicati dalla CIA come probabile nascondiglio delle armi senza trovare nulla, ma desidera saperne di più. Entrato in possesso grazie a un libretto che indicherebbe i luoghi dove si nasconde il generale Al Rawi, ma obbligato a non procedere dai suoi superiori, decide di trovarlo da solo e salvarlo dai suoi colleghi che, invece che interrogarlo, vogliono ucciderlo. Il nuovo film della coppia Greegrass/Damon scende nelle strade ed entra nei vicoli pieni di calcinacci ma diversamente da altri più che al video sceglie di appoggiarsi all'audio trovando così il vero specifico filmico della nuova guerra. L'interesse del film passa in fretta dal contesto geopolitico alle frasi con le quali i personaggi si minacciano, ai colpi sparati, alla tensione degli inseguimenti e alle motivazioni che animano i comprimari, solitari quanto i protagonisti, nella loro lotta privata. ■ DRAMMATICO; COL.; 115′; GRAN BRETAGNA, USA, FRANCIA, SPAGNA, 2010.

GREGGE, IL *(Sürü)* ★★★★
Regia di YILMAZ GÜNEY, ZEKI OKTEN. Con TARIK AKAN, NECMETTIN COBANOGLU, MELIKE DEMIRAG. ■ Con rabbia, violenza e pietà Guney dipinge un emozionante affresco della realtà contadina della Turchia d'oggi, dove miseria, sopraffazione e rivalità tra clan perpetuano tradizioni anacronistiche e spesso disumane. Zeki Okten, fidato collaboratore di Güney, diresse il film eseguendo le indicazioni che questi gli faceva pervenire dal carcere. Vincitore della Palma d'Oro al 35° Festival di Cannes, il film uscì in Italia solo nel 1984. ■ DRAMMATICO; COL.; 95′; TURCHIA, 1979.

GREMLINS ★★★
Regia di JOE DANTE. Con PHOEBE CATES, ZACH GALLIGAN, KEYE LUKE. ■ Un "Mogwai", delizioso piccolo animaletto amante della musica, per la disattenzione del padrone genera una squadra di "gremlins", orrendi e ridicoli mostriciattoli teppistelli che con le loro gesta mettono a soqquadro l'intera città. Film fantastico spruzzato di horror e di ironia, con almeno due sequenze (quella degli scatenati gremlins nel bar e quella al cinema dove proiettano *Biancaneve e i sette nani*) da antologia. ■ FANTASTICO; COL.; 111′; USA, 1984.

GREMLINS 2 – LA NUOVA STIRPE ★★★
(Gremlins 2 – The New Batch)
Regia di JOE DANTE. Con PHOEBE CATES, ZACH GALLIGAN, JOHN GLOVER, CHRISTOPHER LEE, HAVILAND MORRIS, ROBERT PROSKY. ■ Nell'ambiente futuribile di una multinazionale a Manhattan si introduce un Mogwai, specie di animaletto che teme la luce del sole e il contatto con l'acqua. Billy e Kate, giovani fidanzati che lavorano nel palazzo sede di molte attività, non riescono ad evitare la catastrofe. Gizmo, avvicinatosi all'acqua, si riproduce. Nascono numerosi mostriciattoli che invadono ogni piano del grattacielo diffondendo germi e batteri chimici. Trionfo finale dell'intelligenza dell'uomo che troverà il trucco per fermare il disastro. ■ FANTASTICO; COL.; 107′; USA, 1990.

GREY, THE ★★
Regia di JOE CARNAHAN. Con JOE ANDERSON, FRANK GRILLO, DERMOT MULRONEY, LIAM NEESON, DALLAS ROBERTS. ■ John Ottway lavora in una base dispersa tra i ghiacci per difendere i suoi colleghi dai numerosi lupi. Ottway è però in crisi e sta per spararsi quando proprio la presenza di un lupo lo distoglie dal gesto. Lo ritroviamo, con alcuni colleghi, a bordo di un aereo per fare ritorno a casa. ■ AZIONE; COL.; 117′; USA, 2012.

GREY FOX, THE ★★
Regia di PHILLIP BOROS. Con JACKIE BURROGHS, RICHARD FARNSWORTH. ■ Bill Miner faceva il bandito. I treni erano i suoi preferiti; li assaltava e rapinava i passeggeri. Quando è stato catturato l'hanno condannato a trentatré anni di prigione. ■ AVVENTURA; COL.; 92′; CANADA, 1982. ■ GOLDEN GLOBES 2 NOM.

GREY OWL – GUFO GRIGIO *(Grey Owl)* ★★
Regia di RICHARD ATTENBOROUGH. Con NATHANIEL ARCAND, PIERCE BROSNAN, DAVID FOX, ANNIE GALIPEAU, VLASTA VRANA. ■ Archie smercia pelli di castoro, ma un giorno decide che gli animali non devono essere uccisi e abbraccia la causa fino al punto di essere scambiato per un indiano. Attenbourough qui è solo l'ombra del suscitatore di emozioni di ben altre sue opere. Che sia anche responsabilità dell'immoto Brosnan? ■ AVVENTURA; COL.; 108′; CANADA, GRAN BRETAGNA, 1999.

GREYSTOKE – LA LEGGENDA DI TARZAN, IL SIGNORE DELLE SCIMMIE ★★★
(Greystoke: The Legend of Tarzan, Lord of the Apes)
Regia di HUGH HUDSON. Con IAN HOLM, CHRISTOPHER LAMBERT, RALPH RICHARDSON. ■ Rilettura, in chiave sottilmente morale, della leggenda del neonato cresciuto dalle scimmie e poi entrato in contatto con i contrasti e il "peso" della civiltà. Hudson (regista di *Momenti di gloria*) confeziona un prodotto godibile nonostante qualche incongruenza, splendidamente fotografato e con un Lambert in odore di divismo. ■ AVVENTURA; COL.; 130′; GRAN BRETAGNA, 1983. ■ OSCAR 3 NOM.

GRIDLOCK'D ★
Regia di VONDIE CURTIS-HALL Con CHARLES FLEISCHER, THANDIE NEWTON, TIM ROTH, TUPAC SHAKUR. ■ Stretch e Sponn sono due jazzisti dediti all'eroina che cercano di inserirsi in un programma di disintossicazione. Hanno contro di loro il sistema burocratico made in Usa. Opera prima di incerta realizzazione con i camei di John Sayles, Kasi Lemmons ed Elizabeth Peña. ■ DRAMMATICO; COL.; 91′; USA, 1997.

GRIDO, IL ★★★★★
Regia di MICHELANGELO ANTONIONI. Con BETSY BLAIR, STEVE COCHRAN, DORIAN GRAY, GABRIELLA PALLOTTA, ALIDA VALLI. ■ Un paese della valle del Po: Irma (Valli) decide di lasciare Aldo (Cochran), suo compagno da anni, al quale ha dato una bambina, Rosina. Aldo è sconvolto, non riesce a capire. La donna ha un amante più giovane, non recede dalla decisione. Aldo le mette anche le mani addosso, davanti a tanta gente, poi si prende la bambina e se ne va. Ritrova un'antica fidanzata, che gli vuole ancora bene, ma non succede nulla: Aldo pensa sempre a Irma. Padre e figlia girano nella zona del Po come due disperati, mangiano qua e là, dormono dove possono. Aldo incontra Virginia, padrona di un chiosco di benzina, che lo ospita. Fra i due nasce qualcosa, ma Aldo è insofferente, una mattina sparisce e la bambina lo segue sempre. Incontra Andreina, molto carina, tristissima anche lei. Non lavora più, non ce la fa. Rispedisce la bambina alla mamma. Aldo è sempre più disperato. Fa un ultimo tentativo per tornare da Irma, che è irremovibile e balorda. Sale sulla torre dello zuccherificio dove ha lavorato e si butta nel vuoto. Davanti a Irma. Grandissimo film, il più significativo di Antonioni insieme all'*Avventura*. Esemplare la rappresentazione della natura mai così protagonista: Aldo, con la sua giacca sdrucita, con la sua bambina che gli trotterella dietro, cammina nelle terre del Po, fra i filari, sull'argine, nel fango, lontano ci sono i paesi. Incontra la gente e ogni incontro è una nuova direzione. Tutto è determinato dal caso. Gli amori sono piccoli e tristi, e mai scelti. Ciò che sarebbe vitale sfugge, non è recuperabile. E c'è il vento, c'è la pioggia, tutto è difficile. E il caso, sempre, sovrintende. Lo stile, scarno ed essenziale, di lucida pulizia, trasmette il mondo di Antonioni attraverso parole e rapporti di una semplicità assoluta, non ci sono quasi discorsi, ci sono risposte e ci sono le azioni che tutto spiegano. E comunque niente serve, ognuno rimane dentro se stesso, i tentativi non approdano a nulla. Non ci si fa capire e le cose dipendono sempre dagli altri. E agli altri non importa della tua felicità. La caduta e la morte finale di Aldo forse sono sproporzionate al resto della storia, che non prende mai una via perentoria. Ma può essere la memoria di un certo cinema francese al quale alcuni nostri autori, almeno all'inizio, non hanno saputo sottrarsi. Una menzione per la semplice e straordinaria colonna sonora composta da Giovanni Fusco con Lya De Barberis al pianoforte (unico strumento). *Il grido* mantiene ottima vedibilità a oltre cinquant'anni di distanza e vale come manifestazione di come eravamo in una stagione di cambiamenti ed espressione di smarrimento e di angoscia che valgono adesso come allora. ■ DRAMMATICO; B/N; 116′; ITALIA, 1957.

GRIDO DEL GUFO, IL *(Le cri de l'hibou)* ★★★
Regia di CLAUDE CHABROL. Con JEAN-PIERRE KALFON, CHRISTOPHE MALAVOY, MATHILDA MAY. ■ Da un libro di Patricia Highsmith. Un disegnatore parigino arriva in provincia e fa innamorare una ragazza. Ma la cosa suscita l'ira del fidanzato della giovane, che aggredisce il rivale. Un giorno il fidanzato scompare e la polizia sospetta il parigino di omicidio. Chabrol è sempre bravo, ma fa una fatica dannata a non scivolare in effetti di farsa (con quel protagonista menagramo all'ennesima potenza). ■ DRAMMATICO; COL.; 112′; FRANCIA, 1988.

GRIDO DELLA TERRA, IL ★★
Regia di DUILIO COLETTI. Con MARINA BERTI, ANDREA CHECCHI. ■ Dopo la seconda guerra mondiale si presenta il problema dell'assetto politico della Palestina. Il prof. Taumen e la fidanzata di suo figlio David, ex deportati in Germania, vi giungono con altri profughi. Qui rivedono David, capo degli estremisti. L'incontro turba profondamente i fidanzati. Ma i due giovani vengo-

no nuovamente divisi. David viene poi fucilato dagli inglesi. La giovane rimane a dissodare la terra riconquistata. ■ DRAMMATICO; B/N; 90′; ITALIA, 1939.

GRIDO DELLE AQUILE, IL *(Screaming Eagles)* ★★
Regia di CHARLES HAAS. Con JAN MERLIN, MARTIN MILLER, ALVY MOORE, TOM TRYON. ■ Durante la seconda guerra mondiale, un gruppo di paracadutisti americani viene lanciato sul territorio francese e porta lo scompiglio tra alcuni reparti tedeschi. La recluta Mason, col suo modo di fare aggressivo, risulta subito odiosa ai compagni. Sconfitti i nemici, molti americani vengono portati all'ospedale feriti. Tra questi c'è Mason, cui l'avventura ha dato equilibrio e maturità. ■ DRAMMATICO; B/N; 81′; USA, 1956.

GRIDO DEL LUPO, IL *(Cry Wolf)* ★★★
Regia di PETER GODFREY. Con RICHARD BASEHART, GERALDINE BROOKS, ERROL FLYNN, BARBARA STANWYCK. ■ Jim ha sposato Sandra soltanto per entrare in possesso di una eredità e con l'accordo di divorziare dopo pochi mesi. Per iniziare le pratiche Sandra lo raggiunge nello chalet isolato dove il giovane vive con uno zio e con una sorella. Subito dopo l'arrivo di Sandra cominciano i guai. ■ DRAMMATICO; B/N; 83′; USA, 1947.

GRIDO DEL SANGUE, IL *(Dance Little Lady)* ★★
Regia di VAL GUEST. Con TERENCE MORGAN, GUY ROLFE, MAI ZETTERLING. ■ Mark è marito e impresario di una famosa ballerina, Nina. Dopo un'importante esibizione a New York, un incidente d'auto lascia Nina priva dell'uso delle gambe. Mark, inoltre, diviene amante di una ballerina che intende lanciare. Nina è sconvolta; della situazione fa le spese la figlia dei due, Jill, che si trova bloccata in mezzo alle fiamme. Il padre per salvarla ci lascia la pelle, riscattandosi. ■ DRAMMATICO; COL.; 87′; GRAN BRETAGNA, 1954.

GRIDO DI BATTAGLIA *(Cry of Battle)* ★★★
Regia di IRVING LERNER. Con VAN HEFLIN, JAMES MACARTHUR, RITA MORENO. ■ Durante la seconda guerra mondiale, nelle Filippine, due giovani americani si uniscono ad un gruppo di guerriglieri indigeni. Dave è ingenuo e onesto mentre Joe, molto più smaliziato, è pronto a qualsiasi cosa pur di salvare la pelle. Scopre che i guerriglieri sono in realtà una banda di delinquenti. ■ GUERRA; B/N; 99′; USA, 1963.

GRIDO DI GUERRA DEI SIOUX, IL *(Red Tomahawk)* ★★
Regia di ROBERT G. SPRINGSTEEN. Con JOAN CAULFIELD, BRODERICK CRAWFORD, HOWARD KEEL. ■ I Sioux stanno per attaccare la cittadina di Deadwood. Il capitano York, accusato di diserzione, con l'aiuto dello sceriffo convince la proprietaria del saloon a farsi dire dove ha nascosto due mitragliatrici. Quando gli indiani attaccano, trovano una accanita resistenza. ■ WESTERN; COL.; 82′; USA, 1966.

GRIDO DI GUERRA DI NUVOLA ROSSA, IL ★★
(Ghost Town)
Regia di ALLEN H MINER. Con MARIAN CARR, JOHN SMITH, KENT TAYLOR. ■ Barbara va a cercare il fidanzato Steve nel West e lo trova durante un viaggio in diligenza. Gli Cheyennes attaccano e il gruppo di viaggiatori si rifugia in un paese abbandonato. In una delle case Steve scopre Nuvola Rossa, isolato dai suoi perché non approva la guerra fatta ai bianchi. Steve convince il capo tribù a riconsegnarsi alla sua gente. ■ WESTERN; B/N; 78′; USA, 1956.

GRIDO DI LIBERTÀ *(Cry Freedom)* ★★★
Regia di RICHARD ATTENBOROUGH. Con KEVIN KLINE, JOHN THAW, DENZEL WASHINGTON. ■ È la storia vera del leader sudafricano Steve Biko, che venne ucciso dai poliziotti bianchi nel 1977. Un suo amico, il giornalista Woods, fugge dal Sudafrica portando con sé i memoriali di Biko, che pubblicati in Inghilterra riveleranno molte atrocità del regime razzista di Capetown. Buon film civile, diretto da Attenborough in modo robusto (anche se fin troppo tradizionale). ■ DRAMMATICO; COL.; 155′; GRAN BRETAGNA, 1987. ■ GOLDEN GLOBES 4 NOM; OSCAR 3 NOM.

GRIDO DI PIETRA *(Schrei aus Stein)* ★★★
Regia di WERNER HERZOG. Con BRAD DOURIF, MATHILDA MAY, VITTORIO MEZZOGIORNO, DONALD SUTHERLAND. ■ Tratto da un'idea dello scalatore Reinhold Messner, il film narra la sfida tra Vince Roccia, un famoso rocciatore solitario, e un giovane e presuntuoso tecnico della scalata. Il primo abbandonerà l'impresa di scalare il Cerro Torre mentre il secondo fingerà di essere arrivato alla cima. In realtà l'unico uomo ad aver raggiunto la vetta è qualcun altro, che ha avuto il gusto di lasciare una piccozza con una foto di Mae West. Strutturato come un buon film televisivo ma al di sotto delle aspettative per un autore come Herzog. È stato presentato alla Mostra del cinema di Venezia. Uno degli ultimi film di Mezzogiorno, scomparso nel 1994, a soli 52 anni. ■ DRAMMATICO; COL.; 96′; CANADA, FRANCIA, GERMANIA, 1991. ■ VENEZIA 3 PR.

GRIDO DI VENDETTA *(Heiss weht der Wind)* ★★
Regia di ROLF OLSEN. Con JUDITH DORNYS, THOMAS FRITSCH, GUSTAV KNUTH. ■ La famiglia Harper viene uccisa dalla banda di Bradley sulla strada verso la miniera d'oro di proprietà di Rufus. Sopravvive solo Chris, che si unisce all'amico Spike. Anni dopo Chris e l'amico tornano alla miniera, dove affrontano i fuorilegge. ■ WESTERN; COL.; 92′; GERMANIA, 1964.

GRIDO INTERROTTO, IL *(Risky Business)* ★★
Regia di ARTHUR LUBIN. Con DOROTHEA KENT, GEORGE MURPHY. ■ Un giovane ambizioso, che lavora come annunciatore alla radio, ha in mente il grosso colpo giornalistico: liberare la figlia di un grande industriale sequestrata da una organizzazione criminale. Il colpo gli riesce, ma mentre ne dà l'annuncio trionfante alla radio i gangster lo fanno fuori. ■ GIALLO; B/N; 70′; USA, 1939.

GRIDO NELLA NOTTE, UN *(A Cry in the Dark)* ★★★
Regia di FRED SCHEPISI. Con SAM NEILL, MERYL STREEP, CHARLES TINGWELL. ■ Da un fatto di cronaca avvenuto qualche anno fa. Durante una vacanza, una bambina australiana appena nata è rapita da un cane selvaggio e (probabilmente) sbranata. Nessuno la vede più. La polizia non crede alla versione della madre e pensa che la piccola sia stata uccisa dalla stessa. La donna è processata e, dietro la spinta dell'opinione pubblica, condannata. Qualche tempo dopo, viene fatta una scoperta che avvalora la sua versione. La donna è rilasciata. ■ DRAMMATICO; COL.; 121′; AUSTRALIA, USA, 1988. ■ CANNES 1 PR; GOLDEN GLOBES 4 NOM; OSCAR 1 NOM.

GRIDO NEL SILENZIO, UN *(Complex of Fear)* ★★
Regia di BRIAN GRANT. Con HART BOCHNER, JOE DON BAKER, CHELSEA FIELD. ■ Classico thriller con eventi misteriosi che sconvolgono la quiete di tranquille famigliole. Alla produzione c'è John Flynn, il regista di *Best-Seller*. Prodotto medio professionale. ■ THRILLER; COL.; 98′; USA, 1992.

GRIMALDI, I ★★
Regia di GIORGIO CASTELLANI. Con MARIELLA LO GIUDICE, JOSHE RASSEL, DANIEL ROMERO. ■ Il vecchio padrino don Antonio Grimaldi non sopporta che un nipote, incapace di mordere il freno, si getti nel traffico di stupefacenti. La vendetta sarà implacabile. ■ DRAMMATICO; COL.; 102′; ITALIA, 1997.

GRINCH, IL *(How the Grinch Stole Christmas)* ★★★
Regia di RON HOWARD. Con CHRISTINE BARANSKI, JIM CARREY, TAYLOR MOMSEN, MOLLY SHANON, JEFFREY TAMBOR. ■ Nel paese di Chinonso ci si prepara da sempre al Natale. Tutti sono indaffarati a comprare e spedire regali e solo in questo sembra risiedere il senso del Natale. La piccola Cindy Lou ha però il dubbio che questo non basti. Cerca allora di cambiare le cose convincendo il potente e viscido sindaco ad invitare alla festa il Grinch, un essere verde e peloso che vive con gli oggetti prelevati dalla discarica sulla cima del monte Bricioloso. Il Grinch, seppur riluttante accetta l'invito, ma durante la preparazione dei festeggiamenti riemergono le frustrazioni che aveva dovuto subire da piccolo. Decide allora di vendicarsi rubando tutti i doni, alberi di Natale compresi. Sarà l'occasione per riflettere sul vero significato della festa. Il *Grinch* sta ai bambini americani come Pinocchio sta (o è meglio dire stava, vista la progressiva perdita di memoria per tutto quanto non sia di origine televisiva?) a quelli italiani. Pubblicato nel 1958 da Theodor Seuss Geisel, nato nel 1904 e divenuto il più famoso autore di libri per bambini negli Usa al punto di aver venduto, al momento della sua morte (1991) più di 400 milioni di libri. Seuss non aveva mai voluto cedere i diritti per una trasposizione cinematografica. Ora però ci siamo arrivati e il *Grinch* ha le fat-

tezze, i gesti e (in originale) la voce di Jim Carrey. Che dà l'impressione di divertirsi un mondo nei panni e sotto il trucco (4 ore al giorno per applicarlo) dell'ironico essere peloso. Con l'aiuto di una regia sempre in movimento e di una scenografia che mette in scena un mondo senza angoli, Carrey ci accompagna in una satira sul consumismo cieco che non vuole fare del moralismo ma cerca solo di riportare un po' di equilibrio nei valori. ■ FANTASTICO; COL.; 105'; USA, 2000. ■ GOLDEN GLOBES 1 NOM; OSCAR 1 PR, 3 NOM.

GRINDHOUSE – PLANET TERROR ★★★
Regia di ROBERT RODRIGUEZ. Con NAVEEN ANDREWS, MICHAEL BIEHN, JOSH BROLIN, JEFF FAHEY, STACY FERGUSON, ROSE MCGOWAN, FREDDY RODRIGUEZ, MARLEY SHELTON, BRUCE WILLIS. ■ Una tranquilla cittadina texana viene invasa all'improvviso dai sickos, zombie desiderosi di sangue umano infettati dal DC2, un agente biochimico. Ci sarà chi tenta un'estrema difesa. Tra di loro una ballerina di lap dance che sogna di diventare una cabarettista e si ritroverà con una gamba sola (la protesi sarà un fucile automatico), un esperto di arti marziali e un medico in crisi coniugale. Un action movie in cui gli stilemi del genere sono riassunti con professionalità. ■ Horror; COL.; 105'; USA, 2007.

GRINGO, EL *(Passage West)* ★★
Regia di LEWIS R. FOSTER. Con DENNIS O'KEEFE, JOHN PAYNE, ARLEEN WHEELAN. ■ Per sfuggire alla cattura, un gruppo di banditi capeggiati da El Gringo si unisce ad una carovana di pionieri on viaggio verso l'Ovest americano. Vivere con quella brava gente influisce positivamente sul fuorilegge, ma i cattivi istinti rispuntano quando in una caverna viene trovato dell'oro. Per salvare la situazione El Gringo fa saltare con la dinamite la grotta. ■ AVVENTURA; COL.; 80'; USA, 1951.

GRINGO BARBAROSA, EL *(Barbarosa)* ★★
Regia di FRED SCHEPISI. Con GARY BUSEY, WILLIE NELSON, GILBERT ROLAND. ■ Un infallibile pistolero è braccato dai sicari di un signorotto messicano che lo vuole morto, per vecchi odi familiari. Barbarosa alla fine è ucciso, ma un ragazzo, suo allievo, seguiterà a spargere il terrore tra i pistoleros della sua regione. ■ WESTERN; COL.; 90'; USA, 1981.

GRINGO, GETTA IL FUCILE ★
(Aventurero de Guaynas, El)
Regia di JOAQUÍN LUIS ROMERO MARCHENT. Con MIA GENBERG, EVI MARANDI, GLORIA MILLAND, JOHN RICHARDSON, FERNANDO SANCHO. ■ Girandola di personaggi intorno a un fantomatico tesoro di smeraldi: il losco governatore, Daniel Casey O'Hara e il capo rivoluzionario Lobo. ■ AVVENTURA; COL.; 94'; ITALIA, SPAGNA, 1967.

GRINGOS NON PERDONANO, I ★★
Regia di RENÉ CARDONA JR. Con BRAD HARRIS, TONY KENDALL, THOMAS MOORE. ■ Un ricco proprietario fondiario ha fatto uccidere alcuni indiani di una tribù e ha provocato la vendetta dei pellirosse contro la popolazione civile. I coloni si rifugiano nella cittadella fortificata nei pressi di Santa Fé; un agente e un giornalista si assumono il compito di sistemare la difficile situazione. ■ WESTERN; COL.; 92'; ITALIA, 1965.

GRINTA, IL *(True Grit)* ★★★
Regia di HENRY HATHAWAY. Con GLEN CAMPBELL, KIM DARBY, DENNIS HOPPER, JOHN WAYNE. ■ Il Grinta, un avventuriero trasformatosi in sceriffo, si accompagna a un'adolescente sulle tracce dell'assassino di suo padre. È con loro anche un giovane agente. Sono tre forti personalità ma davanti al nemico fanno fronte comune. Quando la giovane Mattie viene morsa da un serpente, il Grinta, in un'avventurosa corsa, riesce a portarla dal medico e a salvarle la vita. ■ WESTERN; COL.; 128'; USA, 1969. ■ OSCAR 1 PR, 2 NOM.

♥ GRINTA, IL *(True Grit)* ★★★★
Regia di ETHAN COEN, JOEL COEN. Con JEFF BRIDGES, JOSH BROLIN, MATT DAMON, BARRY PEPPER, HAILEE STEINFELD. ■ Mattie Ross è una quattordicenne fermamente intenzionata a portare dinanzi al giudice, perché venga condannato alla pena capitale, Tom Chaney, l'uomo che ha brutalmente assassinato suo padre. Per far ciò ingaggia lo sceriffo Rooster Cogburn, non più giovane e alcolizzato ma ritenuto da tutti un uomo duro. Cogburn non vuole la ragazzina tra i piedi ma lei gli si impone. Così come, in un certo qual modo, gli verrà imposta la presenza del ranger texano LaBoeuf. I tre si mettono sulle tracce di Chaney che, nel frattempo, si è unito a una pericolosa banda. «I malvagi fuggono quando nessuno li insegue». Con questo passo dal Libro dei Proverbi si apre il film che rappresenta l'ennesima sfida dei Coen. Questa volta i due registi decidono di confrontarsi al contempo con un genere che hanno (seppure a modo loro) già esplorato (il western) e con un'icona del cinema di nome John Wayne. Non era un'impresa facile realizzare un remake del film di Henry Hathaway che fece vincere l'Oscar al suo protagonista. Ma, come sempre, i Coen riescono a costruire un'opera totalmente personale pur rispettando (più dell'originale) lo spirito del romanzo di Charles Portis a cui la sceneggiatura si ispira. Già la citazione biblica ne è un segno. Mattie è spinta a cercare giustizia da un carattere assolutamente determinato e lontano dall'iconografia della donna del West (Calamity Jane, Vienna/Joan Crawford e pochi altri esempi a parte) ma anche da un fondamentalismo che ha radici religiose. I Coen eliminano visivamente il prologo proponendo la vicenda come un flashback della memoria di Mattie. Una donna divenuta troppo precocemente tale perché nata in un mondo in cui dominano l'ignoranza («Mia madre sa a malapena fare lo spelling della parola cat») e la morte. È un film sul distacco, sulla perdita, sulla separazione. ■ WESTERN; COL.; 110'; USA, 2010.

GRISBÌ *(Touchez pas au grisbi)* ★★★★
Regia di JACQUES BECKER. Con RENÉ DARY, DORA DOLL, PAUL FRANKEUR, JEAN GABIN, JEANNE MOREAU, VITTORIO SANIPOLI, DELIA SCALA, LINO VENTURA. ■ Max e Ritojn, due gangster legati da solida amicizia, hanno fatto un grosso colpo. Un rivale lo viene a sapere e, per impadronirsi del bottino (il "grisbì" del titolo), assolda dei killer. ■ DRAMMATICO; B/N; 94'; FRANCIA, 1954.

GRISBÌ DA UN MILIARDO *(La loi des hommes)* ★★
Regia di CHARLES GÉRARD. Con ARLETTY, PHILIPPE LEROY, PIERRE MONDY, MICHELINE PRESLE. ■ Una rapina di un miliardo di franchi si conclude con l'uccisione degli esecutori materiali. La giornalista televisiva Sophie Oliver dichiara che un simile piano è certamente il prodotto di un cervello fuori dal comune. Queste dichiarazioni insospettiscono la polizia, che fa sorvegliare Sophie. ■ DRAMMATICO; B/N; 84'; FRANCIA, 1962.

GRISSOM GANG – NIENTE ORCHIDEE PER MISS BLANDISH *(The Grissom Gang)* ★★★
Regia di ROBERT ALDRICH. Con WESLEY ADDY, IRENE DAILEY, KIM DARBY, ROBERT LANSING, TONY MUSANTE, SCOTT WILSON. ■ Dal romanzo di James Hadley Chase. L'ereditiera Miss Blandish viene sequestrata dalla banda di Ma Grissom (madre e quattro figli) e drogata per poi essere violentata da un ritardato mentale. Quando i malviventi decidono di ucciderla, lo psicopatico Slim, che l'ama, si oppone. ■ DRAMMATICO; COL.; 127'; USA, 1971.

GRIZZLY L'ORSO CHE UCCIDE *(Grizzly)* ★★
Regia di WILLIAM GIRDLER. Con JOE DORSEY, SANDRA DORSEY, CHRISTOPHER GEORGE, JOAN MCCALL. ■ In un parco nazionale vengono trovate due turiste sbranate. È stato il grizzly, un enorme orso alto tre metri, la cui specie era creduta estinta. ■ DRAMMATICO; B/N; 92'; USA, 1976.

GRIZZLY MAN ★★★
Regia di WERNER HERZOG. ■ «Una natura stupida, oscena e sbagliata». Questa è la conclusione cui si arriva di fronte alla toccante riflessione per immagini del regista tedesco, lacerante *docudrama* che ripercorre le tredici estati (dal 1990 al 2003) trascorse in Alaska dall'americano Timothy Treadwell, attivista/ecologista animato dall'ossessione di proteggere dai bracconieri una comunità di orsi grizzly. ■ DOCUMENTARIO; COL.; 103'; USA, 2005.

GROG ★★
Regia di FRANCESCO LAUDADIO. Con OMERO ANTONUTTI, GABRIELE FERZETTI, FRANCO NERO. ■ Evasi dal carcere durante una sommossa, Nicola e Pasquale si rifugiano in una villa, tenendo in ostaggio un'intera famiglia e una guardia carceraria ferita. Nel tentativo di trattare con le forze dell'ordine che li hanno circondati, i due banditi organizzano un grottesco spettacolo televi-

sivo con tanto di sponsor. ■ GROTTESCO; COL.; 95′; ITALIA, 1982. ■ DAVID DI DONATELLO 1 PR, 1 NOM.

GROSSO GUAIO A CHINATOWN ★★★
(Big Trouble in Little China)
Regia di JOHN CARPENTER. Con KIM CATTRALL, DENNIS DUN, KURT RUSSELL. ■ Due amici, un americano, conducente di autotreni, e un cinese con ristorante, si ritrovano coinvolti in una strana storia dopo che la bella fidanzata del cinese, in arrivo da Pechino, scompare all'aeroporto. Miao Yin, si scopre, è stata rapita da Lo Pan, il quale, condannato nell'antichità ad una esistenza "apparente", deve trovare una vergine dagli occhi verdi per "riapparire". Tra incredibili e maldestre avventure con esseri mostruosi nel mondo sotterraneo di Chinatown, i due amici liberano la cinesina che convolerà a nozze. ■ AVVENTURA; COL.; 99′; USA, 1986.

GROSSO GUAIO A MIAMI ★
Regia di ALESSANDRO CAPONE. Con BUD SPENCER, MICHAEL WINSLOW. ■ Un film per la tv con Bud Spencer nel ruolo del detective Extralarge. La sua indagine, che ovviamente procede a suon di cazzotti, smaschera un traffico di droga. Il risultato, però, è a livello di telefilm. ■ POLIZIESCO; COL.; 75′; ITALIA, 1992.

GROSSO RISCHIO, IL *(The Big Gamble)* ★★
Regia di RICHARD FLEISCHER. Con STEPHEN BOYD, JULIETTE GRÉCO, DAVID WAYNE. ■ Tre intraprendenti europei, l'irlandese Vic Brennan, sua moglie francese e il cugino dell'uomo, Samuele, tentano di organizzare un commercio di birra in Costa d'Avorio. Il viaggio con il camion carico di casse si rivela pericoloso. ■ AVVENTURA; B/N; 100′; USA, 1961.

GROTESQUE *(The Grotesque)* ★★
Regia di JOHN PAUL DAVIDSON. Con ALAN BATES, LENA HEADEY, THERESA RUSSELL, STING. ■ Nel secondo dopoguerra a Crook House, abitazione di Sir Hugo e della sua consorte americana, arriva il nuovo maggiordomo con moglie alcolizzata. Di lì a poco arriverà anche Sidney, giovane poeta che intende sposare la figlia di Sir Hugo. Prende così avvio un girotondo di rivalità e desideri che vedrà soccombere il povero Sidney. Satira poco convinta sull'impossibilità di conciliare culture differenti. ■ COMMEDIA; COL.; 97′; GRAN BRETAGNA, 1995.

GRUDGE, THE ★
Regia di TAKASHI SHIMIZU. Con JASON BEHR, CLEA DUVALL, WILLIAM MAPOTHER, SARAH MICHELLE GELLAR, BILL PULLMAN, KADEE STRICKLAND, GRACE ZABRISKIE. ■ Una giovane infermiera si reca in una casa per accudire una anziana donna con gravi problemi psichici. Lentamente scoprirà l'esistenza di fantasmi e presenze venuti da un orrendo passato. ■ HORROR; COL.; 96′; GIAPPONE, USA, 2004.

GRUGNITO DELL'AQUILA, IL *(First Family)* ★★
Regia di BUCK HENRY. Con RICHARD BENJAMIN, BOB NEWARTH, GILDA RADNER. ■ Qua e là brillante, ma nel complesso velleitaria e farraginosa satira sull'incapacità politica della classe dirigente Usa. Vediamo il maldestro presidente americano mentre cerca in tutti i modi di tirare dalla sua il presidente di uno staterello africano. Molti bravi attori sono della partita (tra cui Madeleine Kahn nella parte della First Lady). ■ COMICO; COL.; 104′; USA, 1980.

GRULLO IN BICICLETTA, UN *(Six Day Bike Ryder)* ★★
Regia di LLOYD BACON. Con JOE E. BROWN, MAXIME DOYLE. ■ Divertente e scanzonato lungometraggio del famoso regista de *Il cantante pazzo*. ■ COMMEDIA; B/N; 69′; USA, 1934.

GRUNT! ★
Regia di ANDY LUOTTO. Con GIANNI CIARDO, GIORGIO FALETTI, ANDY LUOTTO. ■ Un uovo elettrificato da un fulmine viene venerato come un Dio da una tribù di cavernicoli. Una tribù rivale lo ruba e si scatena una furiosa battaglia. Cadendo in una pozza l'uovo perde le sue proprietà magiche e le due tribù si riuniranno. ■ FIABESCO; COL.; 85′; ITALIA, 1982.

GRUPPO, IL *(The Group)* ★★★
Regia di SIDNEY LUMET. Con CANDICE BERGEN, JOAN HACKETT, ELIZABETH HARTMAN, SHIRLEY KNIGHT, JOANNA PETTET. ■ Dal romanzo di Mary McCarthy. Siamo negli anni Trenta: durante gli studi universitari otto ragazze costituiscono un affiatato e invidiatissimo gruppo; dopo il conseguimento della laurea, pur seguendo strade diverse, continuano a mantenere vivi i contatti. ■ DRAMMATICO; COL.; 150′; USA, 1965.

♥ GRUPPO DI FAMIGLIA IN UN INTERNO ★★★
Regia di LUCHINO VISCONTI. Con HELMUT BERGER, BURT LANCASTER, SILVANA MANGANO, CLAUDIA MARSANI. ■ In un grande palazzo romano abitano un professore americano, il proprietario e alcuni giovani ai quali ha affittato il piano superiore. L'uomo si è rinchiuso nel suo mondo poiché non riesce ad accettare l'evoluzione della società: l'intrusione dei ragazzi nella sua vita privata gli è di stimolo e di fastidio nel medesimo tempo. Allora li allontana, ma sente più che mai il peso della sua solitudine. ■ DRAMMATICO; COL.; 120′; ITALIA, 1974. ■ DAVID DI DONATELLO 2 PR, 2 NOM.

GUADALCANAL *(Guadalcanal Diary)* ★★
Regia di LEWIS SEILER. Con WILLIAM BENDIX, RICHARD CONTE, PRESTON FOSTER, LLOYD NOLAN. ■ Il film ricostruisce gli avvenimenti che portarono alla conquista di Guadalcanal da parte degli alleati, un'impresa condotta con coraggio e spirito di sacrificio. Belle scene di combattimenti. ■ GUERRA; B/N; 93′; USA, 1943.

GUADALCANAL ORA ZERO *(The Gallant Hours)* ★★
Regia di ROBERT MONTGOMERY. Con JAMES CAGNEY, RICHARD JAECKEL, DENNIS WEAVER. ■ È la storia dell'ammiraglio Halsey che, a capo di pochi uomini pronti a tutto, seppe difendere l'isola dai giapponesi. ■ GUERRA; B/N; 111′; USA, 1960.

GUAGLIONE ★★
Regia di GIORGIO SIMONELLI. Con MARIO GIROTTI, DORIAN GRAY, TINA PICA, GIULIA RUBINI. ■ Un giovane liceale perde la testa per una soubrette e trascura gli studi e l'innamorata. Pur di non perdere la nuova ragazza, che conduce vita dispendiosa, deruba il padre; respinto decide di uccidersi. È salvato per tempo e torna ad essere il bravo ragazzo di una volta. ■ DRAMMATICO; B/N; 90′; ITALIA, 1957.

GUAI AI VINTI! ★★★
Regia di RAFFAELLO MATARAZZO. Con PIERRE CRESSOY, ANNA MARIA FERRERO, LEA PADOVANI. ■ Primo conflitto mondiale: due donne violentate da soldati rimangono incinte; una di esse, maritata, tenta il suicidio, poi decide di abortire; l'altra, fidanzata, porta a termine la gravidanza. Respinta da tutti, compreso l'uomo che avrebbe dovuto sposare, fugge e resta gravemente ferita; il fidanzato la sposa sul letto di morte dopo averle solennemente promesso di prendersi cura del bimbo. ■ DRAMMATICO; B/N; 102′; ITALIA, 1955.

GUAI CON GLI ANGELI *(The Trouble with Angels)* ★★★
Regia di IDA LUPINO. Con BINNIE BARNES, GIPSY ROSE LEE, HAYLEY MILLS, ROSALIND RUSSELL. ■ Dal romanzo di Jane Trahey. Due amiche vengono educate in un collegio di suore. Vivaci e irrequiete, ne combinano di tutti i colori. Una di esse si sente attratta dalla vita religiosa; quando le compagne se ne andranno dopo aver completato gli studi lei prenderà i voti. ■ COMMEDIA; COL.; 112′; USA, 1966.

GUAI DELLA CELEBRITÀ, I *(It's Tough to be Famous)* ★★
Regia di ALFRED E. GREEN. Con MARY BRIAN, WALTER CATLETT, DOUGLAS FAIRBANKS JR. ■ Un giovane è andato in guerra pur essendo di animo pacifista. Ufficiale su un sottomarino, si è comportato eroicamente. Tornato a casa è trattato da grande personaggio, cosa che lo imbarazza più che lusingarlo. Sposa la ragazza del tempo di scuola e cerca di fuggire alla notorietà. Ma inutilmente. ■ DRAMMATICO; B/N; 94′; USA, 1932.

GUAI DI PAPÀ, I *(A Global Affair)* ★★
Regia di JACK ARNOLD. Con YVONNE DE CARLO, BOB HOPE, MICHÈLLE MERCIER, LILO PULVER. ■ Un funzionario dell'Onu trova un bimbo abbandonato e si prende cura di lui. I colleghi di altre nazioni si contendono la custodia dell'orfano: il protagonista riuscirà a legalizzare l'adozione dopo aver sposato una simpatica hostess. ■ COMMEDIA; B/N; 84′; USA, 1963.

GUAI DI PIPPO, PLUTO E PAPERINO, I ★★★
Produzione DISNEY ■ Nove cartoni animati del grande maestro americano dei cartoni animati. ■ ANIMAZIONE; COL.; 93′; USA, 1960.

GUAI IN FAMIGLIA *(Folks)* ★★★
Regia di TED KOTCHEFF. Con DON AMECHE, ANNE JACKSON, TOM SELLECK. ■ Jon Aldrich ha moglie e due figli. Deve partire all'improvviso perché la madre deve essere operata. Rivede così anche il padre affetto da demenza senile. Si porterà a casa i genitori, che provocheranno tanti guai da far sì che la moglie se ne vada con i bambini. Quando tornerà tutto prenderà ad andare per il verso giusto. ■ COMMEDIA; COL.; 101'; USA, 1992.

GUANTANAMERA ★★
Regia di JUAN CARLOS TABÍO, TOMÁS GUTIÉRREZ ALEA. Con CARLOS CRUZ, RAUL EGUEREN, MIRTHA IBARRA. ■ Una cantante e un commerciante si ritrovano dopo essersi amati cinquant'anni prima. Lei muore per l'emozione e bisogna farle un complicato funerale. Intorno a questa vicenda vive il variopinto mondo di Guantánamo. La vita è difficile, manca da mangiare, la benzina, i servizi sono insufficienti. Ma lo spirito sudamericano, con la sua fantasia e il suo ottimismo supera tutto. Forse il domani sarà davvero migliore. Colorito esercizio dimenticabile. ■ COMMEDIA; COL.; 100'; GERMANIA, SPAGNA, 1995.

GUANTO AVVELENATO, IL *(Mr. Moto's Gamble)* ★★
Regia di NORMAN FOSTER. Con LYNN BARI, PETER LORRE, KEYE LUKE. ■ Mr. Moto, il poliziotto giapponese, qui indaga nel mondo della boxe. Farà luce sulle malefatte di un racket che trucca gli incontri. ■ GIALLO; B/N; 60'; USA, 1938.

GUANTO CHE UCCIDE, IL *(The Glove)* ★★
Regia di ROSS HAGEN. Con JOANNA CASSIDY, ROOSEVELT GRIER, JOHN SAXON. ■ Un moderno cacciatore di taglie, dopo aver guadagnato un bel po' di soldi catturando prede facili, li perde. Allora tenta di agguantare un ricercato inafferrabile, un gigantesco nero che va in giro uccidendo poliziotti. Il nero alla fine è ucciso, ma non dal cacciatore, che nel frattempo gli era diventato quasi amico. ■ GIALLO; COL.; 91'; USA, 1981.

GUANTO DI FERRO, IL *(The Iron Glove)* ★★
Regia di WILLIAM CASTLE. Con LESLIE BRADLEY, ROBERT STACK, RICHARD STAPLEY, URSULA THIESS. ■ Carlo Wogan, soprannominato "guanto di ferro" per l'abilità nel maneggiare la spada, è incaricato dal re d'Inghilterra di scoprire i nemici del regno. ■ AVVENTURA; COL.; 77'; USA, 1954.

GUANTONI INSANGUINATI *(Penitentiary III)* ★
Regia di JAMAA FANAKA. Con LEON ISAAC KENNEDY. ■ Proseguono le storie che vedono protagonista la vita nel carcere e le sue durezze. Il regista è lo stesso dei due episodi precedenti, ma ha perso quel po' di creatività che sembrava possedere. ■ AVVENTURA; COL.; 87'; USA, 1987.

GUANTO VERDE, IL *(Falschmünzer)* ★★
Regia di HERMANN PFEIFFER. Con RUDOLF FERNAU, KIRSTEN HEIBERG, HERMANN SPEELMANS. ■ In Svizzera una banda di falsari spaccia banconote illegali. La polizia, dietro suggerimento di uno studioso, pedina una ragazza che si rivelerà essere complice dei malviventi. Questi ricattano un incisore che si adatta a lavorare per loro, ma dopo qualche tempo li denuncia. I falsari finiscono dietro le sbarre. ■ AVVENTURA; B/N; 92'; GERMANIA, 1940.

GUANTO VERDE, IL *(The Green Glove)* ★★★
Regia di RUDOLPH MATÉ. Con GERALDINE BROOKS, GLENN FORD, SIR CEDRIC HARDWICKE. ■ Un ex militare americano tenta di recuperare il guanto tempestato di pietre preziose che trovò e fu costretto ad affidare, nel corso della guerra, ad una nobildonna. Questa gli rivela che l'oggetto è stato rubato in una chiesa e l'uomo decide di riportarvelo; il ladro cerca di riprenderlo ma è ucciso per errore da uno dei complici. ■ AVVENTURA; B/N; 88'; USA, 1952.

GUAPO DEL '900, UN ★★★
Regia di LEOPOLDO TORRE NILSSON. Con ALFREDO ALCON, ARTURO GARCIA BUHR, DUILIO MARZIO. ■ Un uomo politico argentino ha una guardia del corpo tutta d'un pezzo e una moglie che lo tradisce. Il politico lascerebbe anche correre, ma la guardia del corpo (il guapo appunto) è un uomo d'onore e uccide l'amante della donna. ■ DRAMMATICO; B/N; 91'; ARGENTINA, 1960.

GUAPPI, I ★★★
Regia di PASQUALE SQUITIERI. Con CLAUDIA CARDINALE, RITA FORZANO, FRANCO NERO, LINA POLITO, FABIO TESTI. ■ Napoli fine Ottocento. Un orfanello viene preso sotto l'ala protettrice di un capintesta e può così dedicarsi agli studi. Divenuto avvocato gli dimostra la propria riconoscenza difendendolo da un'accusa di omicidio. L'uomo, prosciolto, viene poi ucciso perché ha rifiutato di far fuori l'amico. ■ DRAMMATICO; B/N; 130'; ITALIA, 1974.

GUAPPI NON SI TOCCANO, I ★★
Regia di MARIO BIANCHI. Con RICHARD HARRISON, PAOLA SENATORE, GABRIELE TINTI. ■ Tony Lobianco, ex agente Fbi, seguendo una pista sulla droga, finisce a Napoli, nel cuore della camorra. Dopo alterne vicende, riesce a trovare prove inequivocabili che incriminano dei magistrati ma qualcuno lo ferma prima che queste prove giungano a destinazione compromettendo irrimediabilmente i grossi nomi implicati nella losca faccenda. ■ GIALLO; COL.; 90'; ITALIA, 1979.

GUARANY ★★
Regia di RICCARDO FREDA. Con GIANNA MARIA CANALE, MARIELLA LOTTI, ANTONIO VILAR. ■ Un ragazzo, appassionato di musica come il padre, divenuto adulto si trasferisce a Rio de Janeiro per tentare fortuna. L'incontro con una cantante è l'inizio della sua scalata. ■ DRAMMATICO; B/N; 92'; ITALIA, 1948.

GUARDAMI ★★
Regia di DAVIDE FERRARIO. Con ELISABETTA CAVALLOTTI, STEFANIA ORSOLA GARELLO, FLAVIO INSINNA. ■ Ispirato liberamente alla vita di Moana Pozzi, questo film può apparire sgradevole a una visione distratta, ma è indubbiamente interessante la descrizione dall'interno del mondo dei film porno. Non è spettacolare come *Boogie Nights* (dove per spettacolare si intende una visione comunque mediata dalle scene madri) e gli aspetti più realistici sono disturbanti. Forse non tutti gli attori sono all'altezza, ma l'interpretazione di Elisabetta Cavallotti è intensa e il dramma della protagonista colpita da un tumore non è usato per commuovere a buon mercato. ■ DRAMMATICO; COL.; 95'; ITALIA, 1999.

GUARDATELE, MA NON TOCCATELE ★★
Regia di MARIO MATTOLI. Con CAPRICE CHANTAL, JOHNNY DORELLI, UGO TOGNAZZI, BICE VALORI, RAIMONDO VIANELLO. ■ Un aereo militare americano è costretto ad atterrare in Italia a causa di un guasto al motore. I suoi occupanti, alcune belle ausiliarie, usufruiscono degli alloggi dei piloti che, come da ordini ricevuti, fanno di tutto per fraternizzare. ■ COMMEDIA; B/N; 90'; ITALIA, 1959.

GUARDATO A VISTA *(Gardé à vue)* ★★★
Regia di CLAUDE MILLER. Con ROMY SCHNEIDER, MICHEL SERRAULT, LINO VENTURA. ■ Mentre la Francia festeggia la notte di San Silvestro, il notaio Martinaud subisce un pressante interrogatorio: è sospettato di aver violentato e ucciso due bambine. La moglie lo accusa apertamente e, seppur innocente, l'uomo confessa gli atroci delitti. La verità verrà a galla, ma Martinaud, ormai scagionato e libero, scoprirà che la moglie si è suicidata. Tre interpreti superlativi. ■ GIALLO; COL.; 90'; FRANCIA, 1981.

GUARDIA BIANCA, LA *(Beg)* ★★★
Regia di ALEKSANDR ALOV, VLADIMIR NAUMOV. Con ALEKSEJ BATALOV, LJUDMILA SAVELJEVA, MIKAIL ULIANOV. ■ Il film, tratto da *La fuga* e *La guardia bianca*, due opere di Bulgakov, nella versione originale russa dura ben quattro ore. Solo superficialmente propagandistico, narra la storia d'amore tra un professore e la moglie abbandonata di un ex ministro. I due si incontrano durante la fuga all'avanzata dei Rossi in Crimea. A Parigi, dove si rifugiano, estorcono col gioco del denaro proprio al marito di lei e quindi fanno ritorno in patria. ■ DRAMMATICO; COL.; 93'; URSS, 1970.

GUARDIA DEL CORPO *(Bodyguard)* ★★★
Regia di MICK JACKSON. Con GARY CAMP, BILL COBBS, KEVIN COSTNER, WHITNEY HOUSTON. ■ Los Angeles. Il detective Frank Farmer (Costner) accetta l'incarico di proteggere la rockstar Rachel Marron (Houston). Si viene subito a sapere che lui è un ex del servizio segreto con una macchia: era assente quando Reagan subì l'attentato. La diva non è un personaggio facile (si autodefinisce subito "una grande stronza") e il detective deve adeguarsi a stupide difficoltà, compreso il vasto, pazzesco *entourage* della "protetta". La donna non lo sa, ma è stata minacciata di morte dal solito

maniaco. E si teme anche per il figlioletto di lei. Con una "bodyguard" come Costner non può mancare la seduzione (da parte di lei). Abbiamo anche conosciuto la sorella senza talento della diva che dichiara: "Lei ha tutto io niente". Una frase ingenua che rivelerà che il maniaco non c'entra niente, c'entra la sorella. Tutto si risolve alla grande serata degli Oscar. Rachel ha vinto la statuetta. Una storia vecchia maniera che vive del carisma dei due protagonisti. ■ POLIZIESCO; COL.; 127'; USA, 1992. ■ OSCAR 1 NOM.

GUARDIA DEL CORPO, LA *(The Body Guard)* ★★
Regia di WILLIAM BEAUDINE. Con EDWARD ARNOLD, WYNNE GIBSON, EDMUND LOWE. ■ Divertente commedia, a base di equivoci e battibecchi, del fecondo regista americano. ■ COMMEDIA; B/N; 71'; USA, 1933.

GUARDIA DEL CORPO, LA ★★
Regia di CARLO LUDOVICO BRAGAGLIA. Con CLARA CALAMAI, CARLO CAMPANINI, VITTORIO DE SICA, SERGIO TOFANO. ■ Un marito geloso assolda un investigatore privato affinché sorvegli la bella consorte. Il detective pedina la donna che risulta assolutamente innocente. Un giorno lei si accorge dell'uomo e lo scambia per un corteggiatore; sta quasi per sorgere un idillio. ■ COMMEDIA; B/N; 129'; ITALIA, 1942.

GUARDIA DI FERRO *(Descending Angel)* ★★★
Regia di JEREMY PAUL KAGAN. Con DIANE LANE, ERIC ROBERTS, GEORGE C. SCOTT. ■ Si tratta di un film per il circuito televisivo a pagamento americano uscito in Italia in videocassetta. Il tema è simile a quello di *Music Box* di Costa Gravas. Un giovane intende convolare a nozze con una ragazza nata in Romania. Sospetta però che il padre di lei abbia avuto a che fare con i nazisti durante la seconda guerra mondiale. Il giovane allora si mette ad indagare. ■ THRILLER; COL.; 100'; USA, 1990.

GUARDIA, GUARDIA SCELTA, BRIGADIERE E MARESCIALLO ★★★
Regia di MAURO BOLOGNINI. Con GINO CERVI, PEPPINO DE FILIPPO, ALDO FABRIZI, ALBERTO SORDI. ■ Le vicende di quattro diversi graduati: il vigile spicca molte contravvenzioni e sarà punito col trasferimento; la guardia scelta sogna che l'inno dei vigili da lui composto sostituisca quello ufficiale; il brigadiere pensa solo alla famiglia; il maresciallo sorveglia gli uomini con occhio paterno. ■ COMMEDIA; B/N; 100'; ITALIA, 1956.

GUARDIA, LADRO E CAMERIERA ★★
Regia di STENO. Con MARIO CAROTENUTO, FAUSTO CIGLIANO, NINO MANFREDI, GABRIELLA PALLOTTA. ■ Un ladruncolo entra in un appartamento che crede vuoto e si trova faccia a faccia con una cameriera. Questa lo lascia andare e così fa una guardia notturna poiché è il giorno di San Silvestro. Con indosso la sua divisa, il ladruncolo restituisce la roba rubata; la cameriera si innamora, ricambiata, di lui. ■ COMICO; B/N; 85'; ITALIA, 1956.

GUARDIAMOLA NUDA E... POI DECIDIAMO ★
(Le pied)
Regia di PIERRE UNIA. Con CHRISTIAN ALERS, YVES COLLIGNON, MICHEL NORMAN. ■ In una benestante famiglia borghese della provincia francese tutto procederebbe a gonfie vele se i due rampolli non passassero di diavoleria in diavoleria. Combinano tanti guai, ma almeno si divertono. ■ COMMEDIA; COL.; 85'; FRANCIA, 1976.

GUARDIAN, THE ★★
Regia di ANDREW DAVIS. Con BONNIE BRAMLETT, CLANCY BROWN, KEVIN COSTNER, SHELBY FENNER, BRIAN GERAGHTY, SELA WARD. ■ Ben Randall è un *rescue swimmer*, un sommozzatore della Marina Militare, che, coadiuvato da un elicottero, recupera nell'oceano i naviganti in difficoltà. Dopo un grave incidente, gli viene proposto di diventare addestratore degli aspiranti sommozzatori, fra i quali spicca Jake Fischer, al quale dedicherà le sue attenzioni. Buoni effetti speciali per le sequenze di salvataggio. ■ AZIONE; COL.; 100'; USA, 2006.

GUARDIA NERA, LA *(The Black Watch)* ★★
Regia di JOHN FORD. Con LUMSDEN HARE, MYRNA LOY, VICTOR MCLAGLEN. ■ Il capitano di un reggimento scozzese in India diserta in seguito a una rissa e viene considerato un traditore. Invece è tutt'altro e lo dimostrerà al suo comandante il giorno in cui salverà il suo squadrone da un'imboscata tesa dagli indù in rivolta al passo Khyber. ■ AVVENTURA; B/N; 92'; USA, 1929.

GUARDIANI DEL DESTINO, I ★★★
(The Adjustment Bureau)
Regia di GEORGE NOLFI. Con SHOHREH AGHDADHLOO, EMILY BLUNT, MATT DAMON, JOHN SLATTERY, TERENCE STAMP. ■ David Norris, un giovane uomo col vizio della politica, è candidato alla carica di senatore nello Stato di New York. In vantaggio sul suo giurassico avversario, David punta tutta la sua campagna sulla freschezza dei suoi pochi anni e su uno spiccato talento oratorio. Ma una foto goliardica, pubblicata intempestivamente dalla stampa, compromette la sua vittoria, assicurandogli nondimeno la simpatia, la fiducia e il voto di Elise, una ballerina promettente incontrata per caso nel bagno degli uomini. Innamorati e perduti nel tempo di un bacio, David ed Elise si congedano per cercarsi e ritrovarsi lungo le strade e sugli autobus di New York. Quel loro amore tuttavia non è scritto nel libro del Presidente, una sorta di deus ex machina che decide il destino degli uomini. Elise non era prevista nel percorso esistenziale di David e dunque i guardiani del destino, agenti operativi del Presidente in giacca, cravatta e Borsalino, dovranno deviarla, aggiustando il tiro e garantendo un disegno più alto. Rivendicando il libero arbitrio, David sfiderà gli ordini superiori a colpi di testa e di cuore. ■ THRILLER; COL.; 106'; USA, 2011.

GUARDIANI DEL GIORNO, I *(Dnevnoy dozor)* ★★★
Regia di TIMUR BEKMAMBETOV. Con ZHANNA FRISKE, KONSTANTIN KHABENSKY, DIMA MARTYNOV, VLADIMIR MENSHOV, MARIA POROSHINA, GALINA TYUNINA, VICTOR VERZHBITSKIY. ■ Nel mondo vige da mille anni una fragile tregua: è una pausa nella eterna lotta fra le forze del bene e quelle del male, eserciti composti da entità sovrannaturali che si battono in una dimensione parallela a quella dell'uomo. L'armistizio si regge sull'equilibrio delle forze: solo un'arma o un individuo capace di romperlo può far ricominciare la guerra. A controllare che nessuno rompa la tregua ci sono i guardiani del giorno e quelli della notte. La nascita di Egor sembra far pendere l'ago della bilancia dalla parte dell'oscurità. Il tentativo delle forze del male di far scoppiare una guerra finale contro le forze del bene è al centro del film. ■ FANTASTICO; COL.; 132'; RUSSIA, 2006.

GUARDIANI DELLA NOTTE, I *(Nochnoi Dozor)* ★★
Regia di TIMUR BEKMAMBETOV. Con KONSTANTIN KHABENSKY, VLADIMIR MENSHOV, MARIYA POROSHINA, VALERI ZOLOTUKHIN. ■ Nella Mosca contemporanea umani dotati di poteri straordinari e vampiri si affrontano per mantenere la tregua ormai millenaria tra le forze della Luce e le forze delle Tenebre. I guardiani della notte sorvegliano le gesta dei vampiri impedendo che possano uccidere persone innocenti, allo stesso tempo gli esseri notturni controllano i guardiani della luce. Un'antica profezia prevede che, all'arrivo di un Eletto, l'equilibrio tra i due poteri sia destinato a spezzarsi in favore di una delle due fazioni. ■ FANTASTICO; COL.; 114'; RUSSIA, 2004.

GUARDIANO, IL ★★
Regia di EGIDIO ERONICO. Con CHIARA MUTI, JOSÈ QUAGLIO. ■ Un uomo anziano, il bravo teatrante Quaglio, tiene sequestrata la giovane Muti, affetta da disturbi psichici. Un film per niente ironico questo di Eronico, con molte ambizioni e tutto il peso interpretativo sulle spalle di Quaglio. ■ DRAMMATICO; COL.; 80'; ITALIA, 1999.

GUARDIANO DI NOTTE, IL *(Nattevagten/Nightwatch)* ★★
Regia di OLE BORNEDAL. Con KIM BODNIA, SOFIE GRAABOEL, NIKOLAI WALDAU. ■ Uno studente danese accetta di fare il guardiano notturno all'obitorio. In giro c'è un serial killer che gli procura lavoro. Lo farà anche divenire, insieme alla sua ragazza, oggetto delle sue attenzioni. Film che mescola, con qualche incertezza di troppo in fase di sceneggiatura, horror e ironia. ■ COMMEDIA; COL.; 97'; DANIMARCA, 1994.

GUARDIE E LADRI ★★★
Regia di MARIO MONICELLI, STENO. Con CARLO DELLE PIANE, ALDO FABRIZI, AVE NINCHI, ROSSANA PODESTÈ, TOTÒ. ■ Un abile truffatore viene arrestato ma riesce a fuggire e a nascondersi. Il

poliziotto che gli dava la caccia perderà il posto se non riuscirà a riprenderlo. La ricerca è lunga ma alla fine scova l'abitazione. Il poliziotto però si affeziona all'ignara famigliola e, d'accordo col ladro, tacerà il suo arresto giustificando con un viaggio l'assenza. ■ COMMEDIA; B/N; 101'; ITALIA, 1951.

GUARDO, CI PENSO E NASCO *(Delivering Milo)* ★★
Regia di NICK CASTLE. Con ALBERT FINNEY, BRIDGET FONDA, CAMPBELL SCOTT. ■ La nascita, questo piccolo grande trauma. Anche se sua mamma sta soffrendo le pene dell'inferno, lui di uscire così, a scatola chiusa, non ci pensa proprio. Quando le alte sfere del paradiso vengono però a conoscenza di questo "ribelle", si preoccupano non poco: se tutti i nascituri si comportassero allo stesso modo... il genere umano potrebbe estinguersi. Decidono allora di mandare un'anima del purgatorio (Albert Finney) in "missione" dal bambino: prelevarlo dalla pancia della madre e, mentre lei continua a patire il travaglio, fargli fare due passi a New York, sicuro che la Grande Mela lo convincerà ad uscire "dal buco". Ma New York non è tutta rose e fiori... Commedia classica classica, Usa Usa, prevedibile prevedibile. ■ COMMEDIA; COL.; 94'; USA, 2000.

GUARDONE, IL *(Extreme Close-up)* ★★★
Regia di JEANNOT SZWARC. Con BARA BYRNES, JIM MCMULLAN, KATE WOODVILLE. ■ Il giornalista televisivo John, insieme con il collega di colore Tom, deve realizzare un'inchiesta sulla facilità con cui la vita privata dei cittadini viene violata, complici le leggi troppo permissive. I due vengono a conoscere e a sperimentare sofisticatissimi apparecchi di cui dispongono gli investigatori privati per spiare coppie adultere e John a poco a poco prende il vizietto di curiosare nelle alcove altrui. Ma gli renderanno pan per focaccia. ■ DRAMMATICO; COL.; 80'; USA, 1972.

GUARNIGIONE INNAMORATA, LA ★★
(23? Hours Leave)
Regia di JOHN BLYSTONE. Con JAMES ELLISON, TERRY WALKER. ■ Prima guerra mondiale, Inghilterra. La bella figlia di un comandante fa innamorare molti militari. A spuntarla è un sergente coraggioso, che riuscirà anche a smascherare due spie nemiche. ■ COMMEDIA; B/N; 68'; USA, 1937.

GUASCONE, IL *(Le chevalier du pardaillan)* ★★
Regia di BERNARD BORDERIE. Con GÉRARD BARRAY, GIANNA MARIA CANALE. ■ Nella Francia della fine del Cinquecento si intrecciano gli intrighi. C'è il duca cattivone e l'angelica fanciulla prigioniera. Ci pensa il guascone a far giustizia. ■ AVVENTURA; COL.; 88'; FRANCIA, ITALIA, 1963.

GUASTATORI DELLE DIGHE, I *(The Dam Busters)* ★★
Regia di MICHAEL ANDERSON. Con URSULA JEANS, MICHAEL REDGRAVE, RICHARD TODD. ■ Solito film bellico. Il comando alleato porta a termine la missione ma qualche suo componente ci lascia la pelle. ■ GUERRA; B/N; 124'; GRAN BRETAGNA, 1955. ■ OSCAR 1 NOM.

GUENDALINA ★★★
Regia di ALBERTO LATTUADA. Con SYLVA KOSCINA, RAF MATTIOLI, JACQUELINE SASSARD, RAF VALLONE. ■ I genitori litigano e intanto Guendalina, che parteggia per il padre, amoreggia con il giovane Oberdan. Siamo in Versilia durante le vacanze estive. In fine di stagione i genitori si riconciliano, ma Guendalina deve tornare in città e lasciare il suo Oberdan. ■ COMMEDIA; B/N; 103'; FRANCIA, ITALIA, 1957. ■ DAVID DI DONATELLO 1 PR, 1 NOM.

GUERNICA ★★★
Regia di ALAIN RESNAIS. ■ È un film sul famoso dipinto che Picasso eseguì di getto quando seppe del terribile bombardamento franchista sulla città spagnola. È un documentario che non parla d'arte ma di guerra, come disse lo stesso Picasso. ■ DOCUMENTARIO; B/N; 90'; FRANCIA, 1950.

GUERRA ALLA GUERRA ★★
Regia di GIORGIO SIMONELLI. ■ L'egoismo degli uomini conduce alla guerra; il mondo è apparentemente in pace ma si preparano terribili strumenti di distruzione. Inutilmente il papa interviene cercando di prevenire il disastro, e il conflitto esplode in tutta la sua drammaticità. È sempre la Chiesa a recare conforto all'umanità. ■ DOCUMENTARIO; B/N; 92'; ITALIA, 1946.

GUERRA, AMORE E FUGA ★★
(The Secret War of Harry Frigg)
Regia di JACK SMIGHT. Con TOM BOSLEY, ANDREW DUGGAN, SYLVA KOSCINA, PAUL NEWMAN. ■ Cinque ufficiali prigionieri degli italiani nel castello di una contessa fraternizzano col nemico. Il loro comando invia uno specialista perché li faccia evadere ma questi, affascinato dalla donna, resta con lei. Quando al posto degli italiani subentreranno i tedeschi, verranno inviati in un campo di concentramento dal quale lo specialista farà fuggire tutti. Finita la guerra sposerà la contessa. ■ COMMEDIA; COL.; 110'; USA, 1968.

GUERRA BIANCA *(Employees Entrance)* ★★
Regia di ROY DEL RUTH. Con WALLACE FORD, WARREN WILLIAM, LORETTA YOUNG. ■ Uno dei primi film distribuiti in Italia del regista di *Folies Bergère*. ■ COMMEDIA; B/N; 80'; USA, 1933.

GUERRA CONTINUA, LA ★★★
Regia di LEOPOLDO SAVONA. Con FOLCO LULLI, JACK PALANCE, GIOVANNA RALLI, SERGE REGGIANI. ■ Dopo l'armistizio, cinque soldati italiani evadono di prigione. Durante la fuga incontrano un americano che ha il compito di far saltare un ponte. I fuggitivi gli danno una mano ma l'azione fallisce. Per rappresaglia i tedeschi uccidono alcuni civili e preparano nuove esecuzioni. Il gruppo libera i prigionieri; quasi tutti i suoi componenti, però, muoiono. ■ GUERRA; B/N; 93'; ITALIA, 1962.

GUERRA DEGLI ANTÒ, LA ★★
Regia di RICCARDO MIANI. Con FEDERICO DI FLAURO, REGINA ORIOLI, FLAVIO PISTILLI, PAOLO SETTA. ■ Miani ha diretto il non memorabile *Auguri, professore*. Nemmeno questa storia di disagio giovanile nel profondo sud italiano risulta memorabile. I punk di Montesilvano (Pescara) si chiamano tutti Antonio e questa è lo spunto da cui muove il film e il romanzo giovanilista da cui è tratto. Lu Purk, uno degli Antò, raggiunge l'agognata Bologna e da lì spicca il grande salto verso Amsterdam. Recitato in abruzzese. ■ COMMEDIA; COL.; 100'; ITALIA, 1999.

GUERRA DEI BOTTONI, LA *(La guerre des boutons)* ★★★
Regia di YVES ROBERT. Con CLAUDE CONFORTES, MICHEL GALABRU, PAUL GRANCHET, ANTOINE LARTIGUE. ■ Bella storia di due gruppi di ragazzi che si fanno guerra. Agli sconfitti verranno tolti i bottoni, di modo che perderanno i calzoni. ■ AVVENTURA; B/N; 95'; FRANCIA, 1961. ■ DAVID DI DONATELLO 1 PR, 1 NOM.

GUERRA DEI FIORI ROSSI, LA ★★★
(Kanshangqu Henmei)
Regia di YUAN ZHANG. Con DONG BOWEN, CHEN MANYUAN, ZHAO RUI, NING YUANYUAN. ■ Qiang è un bambino di 4 anni che, nella Cina Popolare del 1949, viene portato in un istituto pechinese dai genitori troppo impegnati nel lavoro. Qiang deve confrontarsi con la vita della collettività, regolata in modo per lui troppo rigido dalle educatrici. Dalla fase del pianto sconsolato passa ben presto a quella della disobbedienza attiva supportato in questo da una coetanea. Quando riuscirà a convincere tutti i compagni che la loro insegnante non è altri che un funzionario crudele la situazione si complicherà. ■ COMM. DRAMMATICA; COL.; 92'; CINA, ITALIA, 2006.

GUERRA DEI MONDI, LA *(The War of the Worlds)* ★★★
Regia di BYRON HASKIN. Con GENE BARRY, ANN ROBINSON, LES TREMAYNE. ■ Dal famoso racconto di H. G. Wells. I marziani sbarcano sulla Terra e con le loro potentissime armi starebbero per conquistarla. Ma a un certo punto muoiono tutti. Che cosa è successo? A far fuori i marziani ci hanno pensato i microbi terrestri. ■ FANTASCIENZA; COL.; 85'; USA, 1952. ■ OSCAR 1 PR, 3 NOM.

GUERRA DEI MONDI, LA *(War of the Worlds)* ★★★★
Regia di STEVEN SPIELBERG. Con DAVID ALAN BASCHE, JUSTIN CHATWIN, TOM CRUISE, JAMES DUMONT, DAKOTA FANNING, DANIEL FRANZESE, MIRANDA OTTO, TIM ROBBINS, YUL VAZQUEZ. ■ Il film di Steven Spielberg è nelle sue linee essenziali onestamente fedele al racconto di H. G. Wells, che pubblicato nel 1898 è legittimamente attualizzato. Il regista evita i toni favolistici a lui congeniali, per semplificare un messaggio strutturalmente ineccepibile: siamo una società fragile, con le sue strutture in disfacimento e l'operaio specializzato Tom Cruise è a disagio con il

cambiamento repentino di fattori tradizionali, come la famiglia, la società in genere e la sottocultura cui siamo condannati. Ed ecco che l'attacco alieno, assimilabile a quanto accadde il fatidico 11 settembre o a Pearl Harbur, ricompatta lo stato famigliare, riconsegna il senso della vita, fino a trovare nel proprio inconscio, ormai depurato, l'antidoto per combattere con successo chiunque attenti all'esistenza e all'orgoglio di un popolo. Con la sensazione di un compito bene eseguito, ma senza l'ispirazione che, a volte, ha accompagnato l'autore. Appaiono in una visione quasi subliminale i due protagonisti della versione del 1952: Gene Barry e Ann Robinson, ma è una questione che riguarda solo i cinefili. ■ FANTASCIENZA; COL.; 116'; USA, 2005. ■ OSCAR 3 NOM.

GUERRA DEI ROBOT, LA ★★
Regia di AL BRADLEY. Con LICINIA LENTINI, MALISA LONGO, INES PELLEGRINI, ANTONIO SABÈTO, YANTI SOMER, VENANTINO VENANTINI. ■ Battaglie inter-galattiche e implicazioni sentimentali in questo ingenuo filmetto "made in Italy". ■ FANTASCIENZA; COL.; 95'; ITALIA, 1978.

♥ **GUERRA DEI ROSES, LA** *(The War of the Roses)* ★★★★
Regia di DANNY DEVITO. Con DANNY DEVITO, MICHAEL DOUGLAS, MARIANNE SÄGEBRECHT, KATHLEEN TURNER. ■ Un avvocato mette in guardia un cliente raccontandogli la storia di due coniugi che, all'inizio, sembrano i più felici di questo mondo, ma finiscono con l'odiarsi e desiderare la morte dell'altro. Danny De Vito, che ha sempre raggiunto appena la sufficienza come attore, dimostra con questo film che si può fare di una commedia un capolavoro, Allen *docet*. Già il titolo originale occhieggia ironicamente alla guerra delle due rose e di conflitto sanguinario si tratta veramente. Fino al termine della prima parte si crede di essere nel bel mezzo di una commedia hollywoodiana, anche se le carte in tavola sono già un po' mischiate, ma ci si accorge ben presto che i due si odiano davvero e il finale non è per nulla consolatorio. Le migliori interpretazioni della carriera di Douglas e della Turner. Non adatto a chi crede nella famiglia e al lieto fine. ■ COMMEDIA; COL.; 116'; USA, 1989. ■ GOLDEN GLOBES 3 NOM.

GUERRA DEI SEI GIORNI, LA ★★
(Schatten über Tiram – Kommando Sinai)
Regia di RAPHAEL NUSSBAUM. Con ROBERT FULLER, JOHN HUDSON, ESTER ULIMAN. ■ Un film essenzialmente propagandistico: nel 1967 otto israeliani penetrano nascostamente in Egitto; nonostante l'intervento dell'Onu, infatti, è imminente la guerra con gli Stati arabi. All'inizio delle ostilità il commando distrugge un'importantissima stazione radar. ■ GUERRA; COL.; 92'; GERMANIA, 1968.

GUERRA DEI TOPLESS – DONNE E DIAVOLI, LA ★
Regia di ENZO DI GIANNI. Con NUNZIO FILOGAMO, LUCIANO FINESCHI, STEVE LANG, GIOVANNI VARI. ■ Satana ha aperto una specie di club dove si esibiscono belle ragazze. Per poterle rinnovare con una certa frequenza, invia due diavoli sulla Terra affinché corrompano avvenenti fanciulle. L'impresa, però, fallisce. ■ COMMEDIA; COL.; 97'; ITALIA, 1967.

GUERRA DEL FERRO, LA *(Ironmaster – Vindicator)* ★
Regia di UMBERTO LENZI. Con ELVIRE AUDRAY, GEORGE EASTMAN, PAMELA FIELD. ■ Nell'era preistorica Vud uccide il capo della sua tribù. Scacciato, scopre il ferro e con esso si forgia una spada invincibile con la quale sottomette molte tribù. Lo ucciderà con l'arco un altro capo tribù e tornerà la pace. ■ AVVENTURA; COL.; 92'; ITALIA, 1982.

GUERRA DEL FUOCO, LA *(La guerre du feu)* ★★★
Regia di JEAN-JACQUES ANNAUD. Con RAE DAWN CHONG, EVERETT MCGILL, RON PERLMAN. ■ In piena preistoria due tribù si contendono il segreto del fuoco, che può conferire la superiorità all'una o all'altra. La sopravvivenza è messa in pericolo dagli elementi, dalle fiere, dai nemici, ma l'istinto e la primitiva intelligenza avranno la meglio. Film ambizioso, splendidamente fotografato, nel quale Annaud sfugge abilmente alle trappole (il ridicolo innanzitutto) che una tale ambientazione poteva creare. ■ AVVENTURA; COL.; 96'; CANADA, FRANCIA, 1981. ■ GOLDEN GLOBES 1 NOM; OSCAR 1 PR, 1 NOM.

GUERRA DEL GOLFO... E DOPO!, LA ★★★
(Harb el Khalij... Wa Baad)
Regia di BORHANE ALAOUIE, NEJIRA BEN MABROUK, NOURI BOUZID, MUSTAPHA DARKAOUI, ELIA SULEIMAN. ■ Cinque documentari verità che hanno come comun denominatore la guerra nel Golfo. La qualità è buona e raggiunge l'apice nell'episodio diretto da Nouri Bouzid, cineasta già noto ai cinefili. Per l'impegno e la storicità dell'operazione è decisamente buono. Nella colonna sonora troviamo il grande compositore contemporaneo Luigi Nono. ■ DOCUMENTARIO; COL.; 97'; ITALIA, TUNISIA, 1991.

GUERRA DELL'AUDIENCE, LA *(The Ratings Game)* ★★
Regia di DANNY DEVITO. Con DANNY DEVITO, GERRIT GRAHAM, RHEA PEARLMAN. ■ Prima esperienza alla regia del comico Danny De Vito, anche se questa sua proposta non è all'altezza né di *Getta la mamma dal treno* né del suo capolavoro, *La guerra dei Roses*, al cui titolo si ispira la consueta sballata scelta italiana di dare titoli somiglianti per attirare pubblico. Qui il personaggio da lui interpretato vuole diventare qualcuno in televisione. Le sue proposte però non vengono accettate fino a che un manager pazzoide gli propone di montare una sorta di serial. ■ COMMEDIA; COL.; 100'; USA, 1984.

GUERRA DI CHARLIE WILSON, LA ★★★
(Charlie Wilson's War)
Regia di MIKE NICHOLS. Con AMY ADAMS, NED BEATTY, TOM HANKS, OM PURI, JULIA ROBERTS, PHILIP SEYMOUR HOFFMAN, JOHN SLATTERY. ■ La storia vera di Charlie Wilson, il deputato americano che negli anni Ottanta ha finanziato l'invio di armi ai mujahidin, per respingere l'invasione sovietica dell'Aghanistan. Amante di donne, alcol e cocaina, Wilson riuscì attraverso un'improbabile alleanza tra il Mossad israeliano, l'Egitto e il Pakistan a procurare alla resistenza afgana ciò di cui aveva più bisogno: armi e lanciamissili per abbattere gli elicotteri russi. Hollywood mette dunque in luce gli aspetti più sconclusionati della politica, esibendo una sfiducia nelle istituzioni dal sapore di campagna elettorale, comunque efficace nel dissacrare quei monumenti intoccabili dell'autorità trattati spesso con reverenza (la Cia, il Congresso). Il personaggio lo consentiva e Tom Hanks, seppur inadatto al ruolo del deputato dai facili costumi, si cala nella parte con intensità burlesca, anche grazie alla compagnia di Julia Roberts e dell'ottimo Philip Seymour Hofmann. ■ DRAMMATICO; COL.; 97'; USA, 2007.

GUERRA DI DIO, LA *(La guerra de Dios)* ★★★
Regia di RAFAEL GIL. Con CLAUDE LAYDU, FRANCISCO RABAL, CARMEN RODRIGUEZ. ■ Un giovane sacerdote viene inviato in un paesino minerario. I suoi tentativi di evangelizzazione sono accolti con ostilità soprattutto da un minatore, col quale rimarrà bloccato dal crollo di una galleria. La tenacia del religioso vince l'ostinazione dell'uomo; anche il vescovo, che aveva ricevuto una lettera di lamentele dal proprietario della miniera, lo esorta a tornare dai suoi fratelli. ■ SOCIOLOGICO; B/N; 92'; SPAGNA, 1953. ■ VENEZIA 1 PR.

GUERRA DI DOMANI, LA *(Atomic Submarine)* ★★
Regia di SPENCER GORDON BENNETT. Con DICK FORAN, ARTHUR FRANZ, BRETT HALSEY. ■ Il comandante di un sottomarino atomico deve scoprire la causa delle sparizioni dei natanti in navigazione presso il Polo. Uno strano battello-fantasma attira la sua attenzione: esso nasconde un disco volante e un mostro che si serve degli uomini per alcuni esperimenti. ■ FANTASCIENZA; B/N; 72'; USA, 1959.

GUERRA DI DONNE *(Lauter Lügen)* ★★
Regia di HEINZ RÜHMANN. Con HERTA FEILER, ALBERT MATTERSTOCK. ■ Durante una gara, un corridore automobilistico si ferisce e viene ricoverato in ospedale. Qui si innamora di una divorziata che pretende che anch'egli divorzi e la sposi. La moglie dell'uomo, per ingelosirlo, finge di accettare la corte di un altro. I coniugi stanno per separarsi ma l'amore li fa riunire. ■ DRAMMATICO; B/N; 86'; GERMANIA, 1940.

GUERRA DI GANGSTER *(The Purple Gang)* ★★
Regia di FRANK MCDONALD. Con ROBERT BLAKE, MARC CAVELL, ELAINE EDWARDS, BARRY SULLIVAN. ■ Una banda di mi-

norenni si aggrega ad una di incalliti rapinatori con i quali in breve tempo domina la malavita di Detroit. Un poliziotto è incaricato di trovare le prove che possano incriminarne il capo; egli lo pedinerà fino al giorno del regolamento di conti con una gang avversaria. Il malvivente finirà in manicomio. ■ POLIZIESCO; B/N; 85'; USA, 1959.

GUERRA DI GORDON, LA *(Gordon's War)* ★★
Regia di OSSIE DAVIS. Con DAVID DOWNING, TONY KING, CARL LEE, PAUL WINFIELD. ■ Un ex marine nero tornato dal Vietnam è deciso a porre fine al traffico di droga che ha ucciso sua moglie. Insieme a tre commilitoni dichiara una guerra personale ai trafficanti. Li ucciderà uno ad uno senza pietà. ■ DRAMMATICO; COL.; 90'; USA, 1973.

GUERRA DI HANNA, LA *(Hanna's War)* ★★
Regia di MENAHEM GOLAN. Con ELLEN BURSTYN, MARUSCHKA DETMERS, DONALD PLEASENCE, DAVID WARNER. ■ Storia di una ragazza ebrea che nel 1939 fugge da Budapest e si trova a collaborare con la Resistenza. Ultimi fuochi per l'allora megaproduttore Golan. ■ DRAMMATICO; COL.; 144'; USA, 1988.

GUERRA DI MARIO, LA ★★
Regia di ANTONIO CAPUANO. Con ROSARIA DE CICCO, VALERIA GOLINO, MARCO GRIECO, ANDREA RENZI. ■ Mario è un bambino di nove anni che il Tribunale dei minori ha sottratto alla famiglia perché considerato un difficile. Giulia e Sandro sono una coppia di quarantenni che convivono da due anni, senza figli, che decidono di chiedere in affidamento un bambino. Viene dato loro Mario. Da quel momento la coppia va in crisi. Giulia è favorevole a una crescita del piccolo priva di vincoli educativi tradizionali, mentre Sandro non riesce ad accettare questo stato di cose. Mario verrà alla fine sottratto alla coppia dal Tribunale ed affidato ad un'altra famiglia. Il film è viziato però da una contraddizione di fondo. La tesi sarebbe questa: l'educazione dei bambini è solo uno strumento repressivo messo in atto dalla società per controllare le persone. Insomma, un'azione politica. Per fortuna poi ci sono gli individui, i genitori. Buoni o cattivi. ■ DRAMMATICO; COL.; 100'; ITALIA, 2005. ■ DAVID DI DONATELLO 2 PR, 4 NOM.

GUERRA DI SESSI *(Borderline)* ★★★
Regia di WILLIAM A. SEITER. Con FRED MACMURRAY, CLAIRE TREVOR. ■ Una donna poliziotto scopre il covo di alcuni trafficanti di stupefacenti. Scambiata per una contrabbandiera, accetta di seguire un componente della banda che ha rubato della merce ai rivali. I due si innamorano; la ragazza scopre, con gioia, che l'altro è un poliziotto. Può così rivelargli la sua identità e aiutarlo ad arrestare i malviventi. ■ POLIZIESCO; B/N; 88'; USA, 1950.

GUERRA DI STRYNKER, LA ★★
(Thou Shalt not Kill Except)
Regia di JOSH BECKER. Con TIM QUILL, SAM RAIMI, BRIAN SCHULZ. ■ Alcuni malviventi aggrediscono e usano violenza ai familiari di Strynker. Questi, un uomo pacifico e inoffensivo, sente tornare a galla la carica di aggressività e feroce determinazione che gli hanno salvato la vita durante la guerra in Vietnam. Tra gli interpreti anche Sam Raimi, regista de *La casa*. ■ DRAMMATICO; COL.; 83'; USA, 1987.

GUERRA DI TROIA, LA ★★
Regia di GIORGIO FERRONI. Con WARNER BENTIVEGNA, STEVE REEVES, HEDY VESSEL. ■ Morto Ettore il comando viene affidato ad Enea. Paride, suo rivale, stipula una tregua con i greci, consegnando loro l'amata di Enea. Questi sfida Achille per riaverla, ma Paride uccide il nemico a tradimento e fa imprigionare il troiano. Quella notte i greci entrano in città: Enea fugge col figlioletto. ■ AVVENTURA; COL.; 115'; ITALIA, 1961.

GUERRA DI VALZER *(Walzerkrieg)* ★★
Regia di LUDWIG BERGER. Con WILLY FRITSCH, PAUL HÖRBIGER, RENATE MÜLLER. ■ Un rivale di Strauss lo fa imprigionare per impedirgli di suonare il valzer alla corte di Londra. Un orchestrale viennese si spaccia per il maestro e conduce brillantemente a termine il concerto. Quando però gli chiedono di improvvisare, esegue un valzer del rivale: il processo è inevitabile ma tutto finisce bene. ■ BIOGRAFICO; B/N; 92'; GERMANIA, 1933.

GUERRA È DICHIARATA, LA ★★★
(La Guerre Est Déclarée)
Regia di VALERIE DONZELLI. Con VALERIE DONZELLI, GABRIEL ELKAÏM, JEREMIE ELKAÏM, ELINA LOWENSOHN, BRIGITTE SY. ■ Romeo e Juliette si sono incontrati ad una festa in un locale, si sono innamorati e hanno concepito un bel bambino, Adam, che a diciotto mesi ha sviluppato un tumore al cervello, in una forma delle più aggressive. Si può pensare che Romeo e Juliette non si chiamino così per caso e che quella a cui siamo invitati ad assistere sia una tragedia, ma non è così. Perché i due giovani genitori affrontano la dolorosa lotta contro il male e contro il destino con il sorriso sulle labbra, un'energia senza posa, una determinazione senza pari e un amore contagioso. I due protagonisti non solo non smettono di vivere, ma raddoppiano il colore, la velocità e l'intensità della loro esistenza. Per una volta, il messaggio è forse la cosa più bella del film. ■ DRAMMATICO; COL.; 100'; FRANCIA, 2011.

GUERRA È FINITA, LA *(La guerre est finie)* ★★★
Regia di ALAIN RESNAIS. Con YVES MONTAND, MICHEL PICCOLI, INGRID THULIN. ■ Storia di un fuoruscito spagnolo che vorrebbe tornare in patria per combattere Franco. Come uomo d'azione conclude poco, come uomo privato è pieno di dubbi e oltre alla rivoluzione pensa alle donne. ■ DRAMMATICO; B/N; 121'; FRANCIA, 1966. ■ OSCAR 2 NOM.

GUERRA E INFERNO AL PARALLELO X ★★
(Hell to Borneo)
Regia di GEORGE MONTGOMERY. Con ERFE MILLER, GEORGE MONTGOMERY. ■ Per convincere uno dei proprietari di un'isola a vendergliela, un avventuriero assolda alcuni malviventi affinché vi spargano il terrore. L'uomo viene ucciso per errore; suo fratello scopre il gioco dell'avventuriero e con alcuni fedeli dipendenti uccide lui e la sua banda. ■ AVVENTURA; B/N; 96'; USA, 1968.

GUERRA E PACE *(War and Peace)* ★★★
Regia di KING VIDOR. Con ANITA EKBERG, MEL FERRER, HENRY FONDA, VITTORIO GASSMAN, AUDREY HEPBURN. ■ Dal romanzo di Tolstoj: Natascia si fidanza col principe Andrea che ben presto, a causa dell'avanzata di Napoleone, viene chiamato a combattere. Tempo dopo morirà tra le braccia della ragazza. Mosca viene incendiata, i francesi si ritirano; la casa di lei è stata saccheggiata, bisogna ricominciare da capo. Sposerà un amico di vecchia data rimasto vedovo. *Guerra e pace* costò, alla coproduzione italo-americana, quasi sei milioni di dollari. Molti personaggi del libro furono eliminati allo scopo di rendere la pellicola più commerciale. Soldati collaborò alla stesura delle scene di battaglia; la Hepburn e Fonda sono gli interpreti di maggior rilievo. ■ DRAMMATICO; COL.; 240'; ITALIA, USA, 1956. ■ OSCAR 3 NOM.

GUERRA FREDDA E PACE CALDA *(Bottom up)* ★★
Regia di MARIO ZAMPI. Con JAMES EDWARDS, ARTHUR HOWARD. ■ Il direttore di un collegio inglese, completamente dominato dagli allievi scavezzacollo, deve trovare un rimedio alla situazione o verrà licenziato. Per farsi una pubblicità positiva, inventa la presenza di un principe orientale e ne affida la parte ad uno studente. Senonché il vero principe giunge davvero. ■ COMICO; B/N; 89'; GRAN BRETAGNA, 1960.

GUERRA GAUCHA, LA ★★
Regia di LUCAS DEMARE. Con ANGEL MAGANA, ENRIQUE MUNO, FRANCISCO PETRONE. ■ Argentina, guerra d'indipendenza. Un militare, ferito durante una battaglia con i ribelli, viene curato nella casa di una loro amica che si innamora, pienamente ricambiata, di lui. Questo sentimento spinge l'uomo ad abbracciare la causa dei gauchos. ■ GUERRA; B/N; 90'; ARGENTINA, 1942.

GUERRA INDIANA *(Frountier Rangers)* ★★
Regia di JACQUES TOURNEUR. Con DON BURNETT, BUDDY EBSEN, KEITH LARSEN. ■ Un tenente dei Rangers, uscito dal forte con due compagni, si salva a stento dall agguato di alcuni indiani. Inseguito e catturato un traditore, lo fa giustiziare, poi si spinge all'accampamento nemico per sfidare a duello il capo pellerossa. Questi viola le regole e lo fa catturare fortunatamente uno squadrone di Rangers lo salva e stermina gli indiani. ■ WESTERN; COL.; 92'; USA, 1959.

GUERRA LAMPO DEI FRATELLI MARX, LA ★★★
(Duck Soup)
Regia di LEO MCCAREY. Con LOUIS CALHERN, CHICO MARX, GROUCHO MARX, HARPO MARX. ■ Un famoso film dei fratelli Marx (conosciuto anche come *Brodo d'anitra*) proibito in Italia negli anni Trenta per le sue pesanti allusioni a gerarchi fascisti (tra cui Balbo e Dino Grandi). Groucho è qui il perfido ministro di uno staterello europeo che dichiara guerra a un paese vicino solo per il piacere di veder scatenare un inferno in terra. Ma ha fatto i conti senza due spie (interpretate da Harpo e Chico). ■ COMICO; B/N; 70'; USA, 1933.

GUERRA 1915-1918 ★★
Regia di PAOLO UCCELLO. ■ Un film didattico che presenta, con un'oculata scelta di materiale fotografico dell'epoca e disegni, tutte le fasi della guerra 1915-1918. ■ DOCUMENTARIO; B/N; 94'; ITALIA, 1962.

GUERRA PRIVATA DEL MAGGIORE BENSON, LA ★★★
(The Private War of Major Benson)
Regia di JERRY HOPPER. Con JULIE ADAMS, WILLIAM DEMAREST, CHARLTON HESTON, TIM HOVEY. ■ Un ufficiale, non troppo tenero nei confronti dell'esercito, viene inviato come istruttore in una accademia militare i cui alunni sono adolescenti. Egli applica con loro gli stessi metodi usati con i soldati attirandosi la stessa inimicizia. Ci vorrà l'amore di una bella dottoressa e alcuni episodi significativi per rendere il militare più malleabile. ■ COMMEDIA; COL.; 100'; USA, 1956. ■ OSCAR 1 NOM.

GUERRA SEGRETA, LA *(Spione unter sich)* ★★★
Regia di CHRISTIAN-JAQUE, WERNER KLINGLER, CARLO LIZZANI, TERENCE YOUNG. Con ANDRÉ BOURVIL, MARIA GRAZIA BUCCELLA, HENRY FONDA, VITTORIO GASSMAN, ANNIE GIRARDOT. ■ Un russo, prima di essere ucciso da un sicario, fornisce un'informazione che orienta le ricerche degli americani a Parigi. Qui il generale incaricato della missione scopre un attentato ai danni di due sommergibili Usa diretti nel Mar Rosso. Valendosi del controspionaggio francese e italiano riesce ad impedire il piano e a rendere inoffensive le spie russe. ■ SPIONAGGIO; B/N; 94'; FRANCIA, GERMANIA, ITALIA, 1965.

GUERRA SEGRETA DI SUOR KATRYN, LA ★★
(Conspiracy of Hearts)
Regia di RALPH THOMAS. Con YVONNE MITCHELL, LILLI PALMER, SYLVIA SYMS. ■ Toscana, 1944: le suore di un convento, che sorge in vicinanza di un campo di concentramento per bambini ebrei, si adoperano per salvare il maggior numero possibile di piccoli prigionieri. Un giorno il comandante tedesco scopre tutto e decide di fucilare le religiose che rifiutano di tradire i complici. Gli italiani uccidono l'ufficiale. ■ DRAMMATICO; B/N; 113'; GRAN BRETAGNA, 1960.

GUERRA SPAZIALE *(The War in Space)* ★★
Regia di JUN FUKUDA. Con YUKO ASANO, HIROSHI MIYAUCHI, KENSAKU MORITA. ■ La divisione nipponica per i problemi spaziali è preoccupata per la presenza di numerosi Ufo. Gli invasori spaziali provengono dal pianeta Proximus e hanno deciso di conquistare la Terra. Uno studioso giapponese e i suoi collaboratori riusciranno, con l'impiego di una micidiale arma segreta, a scongiurare il pericolo. ■ FANTASCIENZA; COL.; 92'; GIAPPONE, 1976.

GUERRA SUL FRONTE EST ★
Regia di AMERIGO ANTON. Con RENATO DE CARMINE, KATHERINE KENDALL, ROBERTO MALDERA. ■ Durante la seconda guerra mondiale, sul fronte greco, due soldati italiani partono per una breve licenza ma, attaccati dai greci, si rifugiano insieme ad altri superstiti in una vecchia miniera. Quando ripartono per raggiungere le linee italiane vengono uccisi in un'imboscata. ■ GUERRA; COL.; 92'; ITALIA, 1970.

GUERRA TRA I PIANETI *(Killers from Space)* ★★
Regia di WILLIAM LEE WILDER. Con BARBARA BESTAR, PETER GRAVES. ■ Alcuni extraterrestri si preparano ad invadere la Terra perché il loro pianeta sta morendo. Un pilota, che è stato restituito alla vita grazie ai loro strumenti scientifici, si rifiuta di collaborare e, tornato libero, provoca l'esplosione dei loro apparecchi. ■ FANTASCIENZA; B/N; 71'; USA, 1954.

GUERRA TRA POLIZIE ★★
Regia di ROBIN DAVIS. Con CLAUDE BRASSEUR, MARLÈNE JOBERT, CLAUDE RICH. ■ Benché l'obiettivo sia il medesimo – eliminare i criminali o renderli quantomeno inoffensivi – le sezioni di polizia diverse per competenza sono rivali sul loro stesso territorio e si battono non sempre irreprensibilmente per ottenere consensi politici e superare le formalità burocratiche. Così, a volte, i testimoni vengono torchiati, le prove falsificate e la legge appena rispettata. ■ POLIZIESCO; COL.; 90'; FRANCIA, 1979.

♥ **GUERRE STELLARI** *(Star Wars)* ★★★★
Regia di GEORGE LUCAS. Con KENNY BAKER, PHIL BROWN, PETER CUSHING, ANTHONY DANIELS, CARRIE FISHER, HARRISON FORD, ALEC GUINNESS, MARK HAMILL. ■ In un remoto regno galattico è in corso una rivolta contro i tiranni che lo reggono, il più temibile dei quali è Dart Fener. La principessa Leila, prima di essere fatta prigioniera da Fener, affida a due robot i piani della Morte Nera (la micidiale base spaziale di Fener, capace di distruggere un intero pianeta). Leila lancia anche un appello all'anziano cavaliere jedi Obi-Wan-Kenobi, che risiede sul pianeta Tatooine. Il messaggio è raccolto dal giovane Luke che con il generale parte per liberare la principessa. Fatto ciò, grazie ai piani da lei trafugati, Luke e i suoi decidono di sferrare l'attacco alla Morte Nera. La terribile base verrà distrutta, ma Vader riuscirà purtroppo a salvarsi. ■ FANTASCIENZA; COL.; 121'; USA, 1977. ■ GOLDEN GLOBES 4 NOM; OSCAR 7 PR, 11 NOM.

GUERRE STELLARI: EPISODIO 1 – LA MINACCIA FANTASMA *(Star Wars Episode 1: The Phanton Menace)* ★★
Regia di GEORGE LUCAS. Con JACK LLOYD, EWAN MCGREGOR, LIAM NEESON, NATALIE PORTMAN. ■ 17 anni dopo *Il ritorno dello Jedi* (terzo episodio della saga) è tornato *Guerre stellari*,uno dei progetti più costosi e redditizi di tutta la storia del cinema. George Lucas non ha firmato film per ben 23 anni. Certo, il primo film del 1977 è una pietra miliare del cinema, un gioiello di perfezione che meritava di restare unico. Che detta legge, comunque, è il mercato e in questa chiave siamo arrivati al quarto episodio, anche se in linea temporale il racconto non segue quello delle uscite. Infatti il primo *Guerre stellari* viene considerato da Lucas l'epilogo. Facciamo un po' d'ordine per quanto riguarda questo nuovo episodio. Due cavalieri Jedi, Qui-Gon Jin e Obi-Wan Kenobi, stanno cercando di aiutare Amidala, giovane regina di Naboo. Durante il viaggio conoscono un ragazzo, Anakin, che potenzialmente potrebbe diventare un cavaliere Jedi. I nemici questa volta sono Darth Maul e Darth Sidious terribili e pieni di poteri. Enorme successo in tutto il mondo. Ma pretestuoso e inutile. ■ FANTASCIENZA; COL.; 132'; USA, 1999. ■ OSCAR 3 NOM.

GUERRE STELLARI: EPISODIO 2 – ATTACCO DEI CLONI *(Star War: Episode II – Attack of the Clones)* ★★
Regia di GEORGE LUCAS. Con PERNILLA AUGUST, HAYDEN CHRISTENSEN, SAMUEL L. JACKSON, EWAN MCGREGOR, FRANK OZ, NATALIE PORTMAN. ■ La dolce Amidala corre pericolo di vita: ci sono dei ribelli che vogliono toglierla di mezzo, l'intento è naturalmente sovvertire l'ordine costituito. Vegliano su di lei il solito Kenobi e la new entry Anakin. Succede che viene opportunamente reperito un esercito di cloni che, alleandosi ai buoni, rimette tutto a posto. Nel frattempo Anakin-Romeo ignora il "divieto d'amare" della sua casta e si innamora di Amidala-Giulietta. Per adeguarsi all'inesorabile ricerca del nuovo e del "di più", il povero Lucas non sa più a che santo votarsi. Ormai il digitale è perfetto, il patinato non è migliorabile, gli intrecci stellari sono stati tutti esplorati. Rimane il sentimento, l'amore da spinger dentro. Ecco il lago di Como inserito come dolce culla di promessi sposi (quel ramo...), ma è un'ingerenza davvero forzata. E poi quel duello un po' alla Maximus... Naturalmente l'indotto è potentissimo e i ragazzi riempiono le sale perché la coalizione e spinta in quel senso sono irresistibili. Ma la Saga non ce la fa più. Il regista ha dichiarato di essere ormai troppo vecchio per certe fatiche. Tornerà a film come *American Graffiti*. Meno male. ■ FANTASCIENZA; COL.; 105'; USA, 2002.

GUERRE STELLARI: EPISODIO 3 – LA VENDETTA DEI SITH ★★★
(Star Wars: Episode III- Revenge of the Sith)
Regia di GEORGE LUCAS. Con KENNY BAKER, HAYDEN CHRISTENSEN, ANTHONY DANIELS, SAMUEL L. JACKSON, CHRISTOPHER LEE, PETER MAYHEW, IAN MCDIARMID, EWAN MCGREGOR, FRANK OZ, NATALIE PORTMAN, JIMMY SMITS. ■ Il Cancelliere Palpatine è ormai in rotta di collisione con i cavalieri Jedi nonostante che Obi Wan Kenobi e Anakin Skywalker abbiano rischiato la vita per salvarlo. Anakin, che attende un figlio da Padmè, sente sempre più forte l'influsso negativo di Palpatine, che riesce a far leva sui suoi risentimenti e sulla promessa di salvare la sua compagna nel momento di un parto che si prospetta a rischio di morte per la puerpera. Anakin cederà e si trasformerà nel temibile Darth Vader destinato a sopravvivere (per quanto menomato) allo scontro con Obi Wan Kenobi. Il terzo episodio di *Star Wars* si presenta come il più completo e complesso della nuova serie. Lucas avrebbe potuto limitarsi a "giustificare" gli sviluppi della vicenda così come li abbiamo visti nei film precedenti, invece dispiega il racconto con una potenza visiva che però rimane soprattutto un'intenzione. Sensazione generale di eccessi. ■ FANTASCIENZA; COL.; 140'; USA, 2005. ■ OSCAR 1 NOM.

GUERRE STRADALI *(Dead on Time)* ★★
Regia di JOHN CLARK. Con DEBORAH CONWAY, MICHAEL MOIR, TONY SERIA. ■ Due gruppi di giovinastri (i buoni e i cattivi) passano la vita, e spesso trovano la morte, sfidandosi in velocissime gare automobilistiche. Naturalmente i cattivi imbrogliano e i buoni, che sono anche più bravi, vincono. Film di una banalità sconcertante, piatto e scontato, girato, quantomeno, con discreto mestiere. ■ AVVENTURA; COL.; 95'; USA, 1983.

GUERRIERE DAL SENO NUDO – LE AMAZZONI DI TERENCE YOUNG, LE ★★
Regia di TERENCE YOUNG. Con ANGELO INFANTI, ALENA JOHNSTON, LUCIANA PALUZZI, SABINE SUN, FAUSTO TOZZI. ■ Libertina parodia del femminismo e di certi suoi aspetti che prende come spunto una fantaerotica storia fra le Amazzoni. ■ AVVENTURA; COL.; 92'; ITALIA, 1974.

GUERRIERI, I *(Kelly's Heroes)* ★★★
Regia di BRIAN G. HUTTON. Con CLINT EASTWOOD, CARROLL O'CONNOR, DON RICKLES, TELLY SAVALAS, DONALD SUTHERLAND. ■ Quattro commilitoni americani approfittano di una licenza concessa loro in piena invasione della Normandia per spingersi nel territorio occupato dai tedeschi e rubare un'enorme quantità d'oro in procinto di partire per la Germania. Essi hanno agito a scopo personale ma il loro comandante, scambiatala per un'azione di guerra, dopo aver incamerato il tesoro, li decora. ■ GUERRA; COL.; 145'; USA, 1970.

GUERRIERI DELL'ANNO 2072, I ★★
Regia di LUCIO FULCI. Con ELEONORA BRIGLIADORI, JARED MARTIN, FRED WILLIAMSON. ■ Teledipendenza prossima ventura in un mondo dominato dai satelliti e dal video. Condannati a morte trasformati in gladiatori e costretti a massacrarsi tra le antiche pietre del Colosseo. Fumettone senza troppe pretese. ■ FANTASTICO; COL.; 93'; ITALIA, 1983.

♥ **GUERRIERI DELLA NOTTE, I** *(The Warriors)* ★★★
Regia di WALTER HILL. Con MICHAEL BECK, JAMES REMAR, BRIAN TYLER, THOMAS WAITES, DORSEY WRIGHT. ■ Cyrus propone una riunione di tutte le bande di teppistelli newyorkesi. Ma mentre sta parlando, uno di una banda avversaria gli spara e lo uccide. Si scatenerà un'ondata di violenza notturna in tutta la città. Poi l'omicida verrà identificato e gli animi si placheranno. ■ DRAMMATICO; COL.; 90'; USA, 1979.

GUERRIERI DELLA PALUDE SILENZIOSA, I ★★★
(Southern Comfort)
Regia di WALTER HILL. Con POWER BOOTHE, KEITH CARRADINE, FRED WARD. ■ Nove soldati della guardia nazionale partono per un'esercitazione in una palude della Louisiana. Il furto di alcune canoe scatena una guerra con gli abitanti locali, i Cajuns, discendenti dei rifugiati canadesi del Settecento, che conoscono perfettamente la zona e si muovono nascostamente. Privi di bussola, di armi e di viveri, i soldati vengono decimati uno ad uno. Ne restano due che credono di essere in salvo giungendo a terra invece... ■ DRAMMATICO; COL.; 106'; USA, 1981.

GUERRIERI DELLA STRADA, I *(Master of Menace)* ★★
Regia di DANIEL RASKOV. Con DAN AYKROYD, CATHERINE BACH, JAMES BELUSHI, JOHN CANDY, DAVID RASCHE. ■ Un gruppo di motociclisti, "i guerrieri della strada", è in libertà vigilata per una serie di infrazioni commesse. Un personaggio politico, in vista delle elezioni, vuole vederli dietro le sbarre. Ma gli danno filo da torcere e finisce a vendere hamburger. In ruoli cameo ci sono Dan Aykroyd, James Belushi e il compianto John Candy. ■ COMICO; COL.; 97'; USA, 1990

GUERRIERI DELLE DUNE, I *(Dune Warriors)* ★
Regia di CIRO SANTIAGO. Con LUKE ASKEW, DAVID CARRADINE, RICK HILL. ■ Su un pianeta Terra irriconoscibile, gladiatori senza alcuno scrupolo di coscienza si battono per sopravvivere. Ma gli scontri sono sempre più cruenti. ■ FANTASCIENZA; COL.; 75'; USA, 1990.

GUERRIERI DELL'INFERNO *(Who'll Stop the Rain)* ★★★
Regia di KAREL REISZ. Con MICHAEL MORIARTY, NICK NOLTE, GAIL STRIKLAND, TUESDAY WELD, ANTHONY ZERBE, JOAQUÍN MARTÍNEZ. ■ All'epoca del Vietnam, un giornalista americano si trova a Saigon come corrispondente. Egli pensa di poter risolvere la propria insoddisfacente esistenza mettendosi a trafficare in stupefacenti. Convince così l'amico Raya a portare due chili di eroina fino a Oakland, dove la moglie Marge la piazzerà. Ma i due amici vengono traditi e appena Ray giunge in patria si trova la polizia alle costole. Ray e Marge si danno alla fuga in giro per gli Usa. Intanto torna anche il giornalista e, dopo drammatiche vicende, capirà che è meglio lasciar perdere la professione di spacciatore. ■ AVVENTURA; COL.; 126'; MESSICO, USA, 1977.

GUERRIERI DEL SOLE, I *(Solar Warriors)* ★★
Regia di ALAN JOHNSON. Con JAMI GERTZ, RICHARD JORDAN, JASON PATRIC. ■ Linguaggio carico di simbolismi in cui il messaggio è: solo con la fede nell'uomo si potranno vincere le mostruosità del futuro. Siamo in una società dominata da una polizia terrorista; sei ragazzi cresciuti in un orfanotrofio perché strappati alle famiglie, rinvengono una sfera, Bohdi, simbolo della salvezza, che li esorta a fuggire nel mondo reale. Grock, capo della polizia, li insegue sperando di venire in possesso della sfera; quando ci riesce e sta per frantumarla, i ragazzi, penetrati nella fortezza che controlla le acque, provocano la distruzione della diga. ■ FANTASTICO; COL.; 94'; USA, 1986.

GUERRIERI DEL TERRORE, I ★★
(Fabricantes de panico)
Regia di RENÉ CARDONA JR. Con MARISA MELL, FRANCISCO RABAL, STUART WHITMAN. ■ Dieci banditi rapinano il casinò di Portorico e fuggono inseguiti dalla polizia. Alcuni vengono presi, gli altri si rifugiano nella casa di un ricco signore prendendo come ostaggi questi e i suoi familiari. I banditi alla fine sono sterminati dopo una selvaggia sparatoria in elicottero. ■ DRAMMATICO; COL.; 88'; MESSICO, 1980.

GUERRIERI DEL VENTO, I *(The Ambassador)* ★★
Regia di JACK LEE THOMPSON. Con ELLEN BURSTYN, ROCK HUDSON, ROBERT MITCHUM. ■ Robert Mitchum è un ambasciatore americano a Tel Aviv impegnato a mettere pace tra le varie fazioni del Medio Oriente. Al suo fianco la guardia del corpo (Rock Hudson) che rischia con lui in prima persona negli incontri con le singole parti (israeliani e palestinesi). La situazione si complica quando l'ambasciatore viene ricattato perché sua moglie lo tradisce con il capo dell'Olp. ■ DRAMMATICO; COL.; 90'; USA, 1984.

GUERRIERI DI ALCE AZZURRO, I ★★
(Quincannon, Frontier Scout)
Regia di LESLEY SELANDER. Con JOHN BROMFIELD, PEGGIE CASTLE, TONY MARTIN. ■ Un gruppo di indiani si impadronisce di un carico d'armi. La sicurezza con cui hanno condotto l'impresa induce a sospettare che qualcuno li abbia avvertiti. Un ex ufficiale conduce le indagini e scopre che un commilitone ha passato l'informazione per denaro. Lo fa arrestare. ■ WESTERN; COL.; 83'; USA, 1956.

GUERRIERI IN SMOKING *(Tuxedo Warriors)* ★
Regia di ANDREW SINCLAIR. Con JAMES COBURN, HOLLY PALANCE, CARD ROYLE, JOHN WYMAN. ■ Una coppia di coniugi è appassionata tanto al gioco d'azzardo che all'avventura. Finiranno così in Africa centrale in una situazione a dir poco scottante. ■ AVVENTURA; COL.; 93'; USA, 1982.

GUERRIERO, IL *(Dough Boy)* ★★★
Regia di EDWARD SEDGWICK. Con CLIFF EDWARDS, SALLY EILERS, BUSTER KEATON. ■ Uno dei molti film che Sedgwick realizzò in collaborazione con Buster Keaton. ■ COMICO; B/N; 65'; USA, 1930.

GUERRIERO AMERICANO, IL *(American Ninja)* ★
Regia di SAM FIRSTENBERG. Con JUDIE ARONSON, MICHAEL DUDIKOFF, STEVE JAMES, GUICH KOOCK. ■ Dudikoff è il giovane soldato americano che ha imparato la temibile arte ninja da ragazzo, mentre si trovava nelle Filippine. Vi ritorna per servizio e così stronca, è il caso di dirlo, la macchinazione tra un ufficiale americano e la malavita del posto ricorrendo alle efficaci tecniche marziali. ■ AVVENTURA; COL.; 95'; USA, 1986.

GUERRIERO APACHE, IL *(Apache Warrior)* ★★
Regia di ELMO WILLIAMS. Con RODOLFO ACOSTA, JIM DAVIS, KEITH LARSEN. ■ La vera storia di Apache Kid, un giovane guerriero che diventa esploratore nell'esercito americano. Ma una vendetta privata lo spinge alla diserzione e all'omicidio. Divenuto un fuorilegge, Apache Kid è braccato dai suoi ex commilitoni, ma riesce a far perdere le sue tracce. ■ WESTERN; B/N; 106'; USA, 1957.

GUERRIERO CAMILLO, IL ★★
Regia di CLAUDIO BIGAGLI. Con CLAUDIO BIGAGLI, CARLO CROCCOLO, MARCO MESSERI, FABRIZIA SACCHI, LAURA SARACENI. ■ Camillo ha trent'anni, non parla, vede il mondo in bianco e nero e crede di arrivare dal Medioevo. Ogni tanto va nei boschi con elmo e corazza a combattere avversari immaginari. Il suo unico e vero amico è un ragazzo down, figlio del maresciallo del paese. Bigagli, all'esordio nella regia, fa un film esile ma sincero. Nel panorama del cinema italiano fine anni Novanta è già qualcosa. ■ COMMEDIA; B/N; ITALIA, 1999.

GUERRIERO DELLA STRADA, IL ★★
(Snake Eater 2: The Drug Buster)
Regia di GEORGE ERSCHBAMER. Con LORENZO LAMAS, MICHELE SCARABELLI, LARRY B. SCOTT. ■ Il solito personaggio del poliziotto criticato per i metodi brutali. Nel caso specifico il "Guerriero" lascia il dipartimento per cominciare una guerra privata ai narcotrafficanti. Sono le storie che piacciono a Lamas. ■ POLIZIESCO; COL.; 93'; USA, 1989.

GUERRIERO DEL RING, IL *(Body and Soul)* ★★
Regia di GEORGE BOWERS. Con CASSIUS CLAY, JAYNE KENNEDY, LEON ISAAC KENNEDY. ■ Un giovane di colore lascia gli studi di medicina per dedicarsi al pugilato, per guadagnare il denaro necessario a far curare la sorellina. Ha successo, finché gli impongono di perdere in un incontro truccato. Dapprima accetta, ma poi ha un sussulto d'orgoglio e vince, dopo un match massacrante. Remake melodrammatico e granguignolesco di *Anime e corpo* del 1947. ■ DRAMMATICO; COL.; 100'; USA, 1981.

GUERRIERO FANTASMA, IL *(Ghost Warrior)* ★★
Regia di LARRY CARROLL. Con HIROSHI FUJOKA, JANET JULIAN, CHARLES LAMPKIN. ■ Un samurai del diciassettesimo secolo muore tentando di salvare una principessa. Il suo corpo cade nelle acque di un lago ghiacciato. Il ghiaccio lo conserva come nuovo per circa tre secoli. Dopodiché viene riportato in vita da un'equipe di scienziati californiani. Ma il redivivo non si sveglia di ottimo umore. ■ AVVENTURA; COL.; 89'; USA, 1984.

GUERRIERO ROSSO *(Cry Blood, Apache)* ★★
Regia di JACK STARRETT. Con MARIE GAHVA, DANIEL KEMP, JODY MCCREA, ROBERT TESSIER. ■ Alcuni cercatori d'oro sterminano la famiglia di un indiano che si è rifiutato di svelare l'ubicazione di un giacimento d'oro. Hanno salvato solo una donna nella speranza che li guidi sul posto. Il fratello di questa li rintraccia e li uccide uno ad uno. Si salva la guida, che l'indiana innamorata non esita a difendere ammazzando il fratello. ■ WESTERN; COL.; 87'; USA, 1971.

GUERRIERO SENZA TEMPO ★
(Time Burst: The Final Alliance)
Regia di PETER YUVAL. Con SCOTT DAVID KING, MICHI MCGEE, GERALD OKAMURA. ■ Una maledizione costringe un guerriero a combattere una battaglia che non ha mai fine. Smanioso di liberarsi di questo crudele destino, chiede aiuto a un vecchio maestro orientale che affronta, insieme a lui, antichissimi spiriti maligni. ■ DRAMMATICO; COL.; 89'; USA, 1987.

GUERRIERO VENUTO DALL'EST, IL ★★
(Odinochnoye Plavanye)
Regia di MIKHAIL TOUMANICHVILI. Con ALEXANDRE FATIOUCHINE, SERGJEI NASSIOUV, MIKHAIL NOJKIM. ■ Gli Stati Uniti d'America e la Russia sembrano avere finalmente trovato il modo di accordarsi su una pace duratura. La distensione, però, lede gli interessi di importanti personalità che vedono sfumare colossali guadagni e provocano le due potenze in modo da rinfocolare le vecchie rivalità. Al capitano Schatokhin è affidato il compito di scongiurare il pericolo. ■ GUERRA; COL.; 80'; URSS, 1987.

GUERRIGLIA NELLA JUNGLA *(Operation Dames)* ★★
Regia di LOUIS C. STOUMEN. Con DON DEVLINS, CHUCK HENDERSON, EVE MEYER. ■ Un immaginario episodio durante la guerra in Corea: alcuni attori impegnati in spettacoli per i soldati si trovano isolati in territorio nemico. ■ GUERRA; B/N; 80'; USA, 1963.

GUERRIGLIERI DELLA GIUNGLA, I *(Brushfire!)* ★★
Regia di JACK WARNER. Con AL AVALON, JOHN IRELAND, JO MORROW, EVERETT SLOANE. ■ Un gruppo di guerriglieri asiatici rapisce una coppia di americani per avere in cambio dal loro governo armi e munizioni. I connazionali perdono tempo a inviare loro aiuti; intanto la donna deve sottostare alle voglie del capo mentre il marito, spaventato, non tenta nemmeno di difenderla. Si riabiliterà ai suoi occhi morendo. ■ AVVENTURA; B/N; 91'; USA, 1961.

GUERRIGLIERI DELL'AMAZZONIA, I ★★
(Sullivan's Empire)
Regia di HARVEY HART. Con LINDEN CHILES, CLU GULAGER, MARTIN MILNER, DON QUINE. ■ Durante le ricerche del padre caduto con l'aereo nella foresta amazzonica, tre ragazzi trovano un fanciullo indigeno destinato ad essere sacrificato e lo portano a casa. Frattanto un comandante rivoluzionario si dichiara disposto a restituire l'uomo in cambio di una grossa somma a favore della causa. In realtà è un tranello dal quale si salvano *in extremis*. ■ AVVENTURA; COL.; 91'; USA, 1967.

GUERRIGLIERI DELL'ARCIPELAGO, I ★★
(The Steel Claw)
Regia di GEORGE MONTGOMERY. Con MARIO BARRI, CHARITO LUNA, GEORGE MONTGOMERY. ■ Nel corso del secondo conflitto mondiale un generale americano nelle Filippine viene catturato dai giapponesi. Il comando invia a liberarlo un capitano dei marines il quale, conclusa felicemente la missione, scopre che l'uomo ha usurpato il nome di un superiore per timore del nemico. Morirà in battaglia; il suo salvatore fugge con l'aiuto dei patrioti. ■ GUERRA; COL.; 96'; USA, 1961.

GUERRIGLIERI DELLE FILIPPINE, I ★★★
(American Guerilla in the Philippines)
Regia di FRITZ LANG. Con JACK ELAM, TOM EWELL, TYRONE POWER, MICHELINE PRESLE. ■ In un'isola delle Filippine un tenente americano, che non ha fatto in tempo a fuggire, riceve l'ordine di installare radio clandestine per comunicare i movimenti del nemico. Individuato e accerchiato, riesce a salvarsi con l'aiuto della popolazione. Un amico indigeno viene ucciso, insieme ad altri, per rappresaglia; sua moglie, innamorata dell'americano, viene salvata con lui appena in tempo. ■ GUERRA; COL.; 105'; USA, 1950.

GUERRILLERA, LA ★★
Regia di PIERRE KAST. Con AGOSTINA BELLI, JEAN-PIERRE CASSEL, MAURICE RONET. ■ Durante l'invasione napoleonica della Spagna, un contingente francese è attaccato dai guerriglieri. Gli ufficiali sono catturati, ma del colonnello francese si innamora la comandante dei partigiani. Faranno causa comune contro banditi e traditori. Un film d'avventure di scarso interesse, nonostante il buon cast. Il regista un tempo aveva molte pretese intellettuali. ■ AVVENTURA; COL.; 100'; FRANCIA, 1983.

GUERRILLERO, EL ★
Regia di Antoine D'Ormesson. Con Marc Cassot, Miguel Del Castillo, Krista Nell. ■ Un ufficiale prende in consegna un guerrigliero per condurlo nel suo ultimo viaggio attraverso il Messico in rivolta, ma con il passare dei giorni si fa conquistare dalla causa rivoluzionaria e lascia fuggire il prigioniero, pur sapendo che per questo sarà lui a finire sulla forca. ■ Avventura; col.; 92′; Italia, 1969.

GUFO E LA GATTINA, IL *(The Owl and the Pussycat)* ★★★
Regia di Herbert Ross. Con Allen Garfield, Robert Klein, George Segal, Barbra Streisand. ■ Nel medesimo albergo abitano un romanziere fallito ed una prostituta. A causa di un violento litigio vengono privati delle camere; lui va ad abitare con un amico e porta con sé la ragazza rimasta senza alloggio. Lentamente l'astio dei due si trasforma in amore. ■ Commedia; col.; 95′; USA, 1970.

GUGLIELMO TELL – L'ARCIERE DELLA FORESTA NERA ★★
Regia di Giorgio Pastina. Con Gino Cervi, Monique Orban. ■ Storia leggendaria e romanzesca dell'eroe svizzero: Guglielmo Tell è un acceso sostenitore della libertà. Poiché si è ribellato alle imposizioni del reggente viene incarcerato, ma fugge e arma i valligiani. Alla loro testa potrà assaltare il castello dell'usurpatore. ■ Avventura; b/n; 86′; Italia, 1948.

GUIDA EROICA, LA *(The Man from Dakota)* ★★
Regia di Leslie Fenton. Con Wallace Beery, Dolores Del Rio, John Howard. ■ America, guerra civile. Una guida e un tenente nordisti fuggono da una prigione nemica. Hanno con sé alcuni documenti di importanza vitale che devono essere consegnati al comando. ■ Guerra; b/n; 95′; USA, 1940.

GUIDA GALATTICA PER AUTOSTOPPISTI ★★
(The Hitchhiker's Guide to the Galaxy)
Regia di Garth Jennings. Con Anna Chancellor, Mos Def, Zooey Deschanel, Martin Freeman, Dominique Jackson, John Malkovich, Bill Nighy, Sam Rockwell. ■ Da un libro di Douglas Adams – primo di una serie – è tratta questa bizzarra space-comedy che già negli anni Ottanta fu soggetto di una serie tv. Arthur Dent si oppone come può alla demolizione della sua casa, causa futuro passaggio di strada statale, non sapendo che di lì a dodici minuti sarà l'intero pianeta Terra ad essere spazzato via dagli extraterrestri per far posto ad un'autostrada intergalattica. A salvarlo ci pensa il suo amico Ford, che Arthur credeva sì strano, ma non tanto quanto è in realtà. Ford è infatti un alieno di professione autostoppista, che gira l'universo per scrivere contributi al libro più venduto del creato: la Guida Galattica per Autostoppisti. ■ Fantascienza; col.; 110′; Gran Bretagna, USA, 2005.

GUIDA INDIANA, LA *(Yellowstone Kelly)* ★★
Regia di Gordon Douglas. Con Edd Byrnes, John Russel, Clint Walker. ■ Un cacciatore di pelli amico dei pellirosse guarisce una ragazza indiana contesa dal capo tribù e da suo nipote. Lei, però, non ricambia e questa sua indifferenza esaspera soprattutto il più giovane corteggiatore. Il nipote infatti la rapisce ma il cacciatore, che si è innamorato di lei, la libera e la porta con sé. ■ Western; col.; 91′; USA, 1959.

GUIDA PER L'UOMO SPOSATO, UNA ★★★
(A Guide for the Married Man)
Regia di Gene Kelly. Con Claire Kelly, Sue Ann Langdon, Walter Matthau, Robert Morse, Inger Stevens. ■ Un uomo non più giovanissimo, felicemente sposato, è indotto da un amico a cercare avventure extra coniugali. Dando retta ai suoi consigli l'uomo sta per mettere in atto il proposito. All'ultimo momento però il pensiero della moglie che adora lo convince a rinunciare. ■ Commedia; col.; 89′; USA, 1967.

GUIDA PER RICONOSCERE I TUOI SANTI ★★★
(A Guide to Recognizing Your Saints)
Regia di Dito Montiel. Con Martin Compston, Rosario Dawson, Robert Downey Jr., Melonie Diaz, Shia LaBeouf, Chazz Palminteri, Eric Roberts, Channing Tatum, Dianne Wiest. ■ Astoria, Queens, 1986. Manhattan, ombelico del mondo, è a pochi chilometri ma temporalmente ad anni luce di distanza. Dito vive con i suoi genitori e trascorre la giornata con i suoi amici di strada, fra droga, noia e microcriminalità. Un mondo chiuso, una sorta di ghetto in cui la società wasp americana sembra aver confinato italiani, portoricani, greci, un quartiere senza via di scampo che a un certo momento inizia a stare troppo stretto a Dito, che decide così di partire per la California. Per tornare poi solo quindici anni più tardi, perché il padre è malato e per affrontare definitivamente il passato, con i suoi fantasmi e il suo fardello emotivo. Buon esordio di Dito Montiel, prima scrittore che regista: il film è infatti tratto dal suo omonimo romanzo autobiografico. ■ Drammatico; col.; 98′; USA, 2006.

GUIDO CHE SFIDÒ LE BRIGATE ROSSE ★
Regia di Giuseppe Ferrara. Con Anna Galiena, Massimo Ghini, Elvira Giannini, Mattia Sbragia, Gianmarco Tognazzi. ■ Nella Genova degli anni di piombo Guido Rossa, un sindacalista dell'Italsider, si oppone al tentativo da parte delle Brigate Rosse di coinvolgere la classe operaia nell'abbattimento dello Stato Imperialista delle Multinazionali. Guido è un uomo rispettato e stimato, non si risparmia nell'aiutare il prossimo ed è deciso a combattere le azioni propagandistiche del movimento terroristico. Il film davvero fuori tempo massimo. ■ Drammatico; col.; 100′; Italia, 1996.

GUILTRIP ★★
Regia di Gerard Stembridge. Con Andrew Connolly, Peter Hanly, Jasmine Russell. ■ Analisi di una crisi di coppia. Lui è morboso e violento, lei vittima e bugiarda. Non possono nemmeno divorziare perché sono irlandesi. Opera prima del regista. ■ Drammatico; col.; 90′; Irlanda, 1995.

GUILTY – IL COLPEVOLE, THE *(The guilty)* ★★
Regia di Anthony Waller. Con Gabrielle Anwar, Angela Featherstone, Bill Pullman, Devon Sawa, Joanne Whalley. ■ Bill Pullman è un avvocato alla moda. Ha tutto, prestigio, denaro e fascino. Lo vediamo infatti muoversi nel suo ambiente da perfetto vincente, rispettato e ammirato da tutti, soprattutto dalle donne. Ma è chiaro che nella sua personalità qualcosa non funziona se a un certo punto abusa della sua segretaria, la quale non ci sta e decide di rovinarlo. L'avvocato cerca di riparare in qualche modo, ma la donna non gli dà proprio spazio. Al male estremo Bill reagisce col rimedio estremo: l'assassinio. E allo scopo assume un giovane sconosciuto. In realtà si tratta di un figlio del quale non sapeva l'esistenza. Il discreto cast e il regista, che si era fatto precedentemente notare con l'interessante *Un lupo mannaro americano a Parigi*, non riescono a far decollare la storia. ■ Thriller; col.; 108′; USA, 2001.

GULAG 77 *(Gulag)* ★★
Regia di Robert Malcolm Young. Con David Keith, Malcolm McDowell, David Suchet. ■ Mickey Almon è un ex campione di atletica leggera, ora telecronista sportivo che viene coinvolto in una storia di spionaggio dall'Urss. Arrestato, viene condannato a dieci anni da passare al Gulag 77. Da quel momento l'unica idea di Mickey è la fuga e, aiutato da alcuni compagni, mette in atto un ingegnosissimo piano che riesce. Il film s'ispira ad una storia vera. ■ Drammatico; col.; 129′; USA, 1984.

GULLIVER NEL PAESE DI LILLIPUT ★★
(Gulliver's Travels)
Regia di Peter Hunt. Con Meredith Edwards, Richard Harris, Catherine Schell, Norman Shelley. ■ 1609. Desideroso di conoscere il mondo, Gulliver lascia Bristol a bordo della nave *Antilope*. Un terribile ciclone distrugge l'imbarcazione e solo Gulliver si salva. Raggiunge un paese sconosciuto, abitato da esseri minuscoli. Poi, dai nanetti passerà nelle mani di un gigante. ■ Avventura; col.; 81′; Belgio, Gran Bretagna, 1977.

GUMMO ★★
Regia di Harmony Korine. Con Wendall Carr, Darby Dougherty, Carisa Glucksman, Casey Guzak, Jason Guzak, James Lawhorn, Jacob Reynolds, Chloë Sevigny, Jacob Sewell, Nick Sutton, Lara Tosh. ■ Xenia. Ohio. Una cittadina di provincia è stata sconvolta dall'uragano Gummo. Il protagonista è un ragazzino, che si ispira ai modelli che ha intorno: orina sopra un cavalcavia con in testa orecchie da coniglio, uccide

gatti insieme ad un amico per venderli ad un ristorante cinese e comprarsi la roba da sniffare, si lascia lavare dalla mamma in una vasca di acqua putrida, mentre mangia degli spaghetti. Il film è uno spaccato della normale vita disgustosa dei "white trash", i coatti americani. Colonna sonora ricca di perle heavy-metal anni Ottanta. ■ DRAMMATICO; COL.; 89′; USA, 1997.

GUNAN IL GUERRIERO ★

Regia di FRANK SHANNON. Con MALISA LONGO, EMIL MESSINA, JOHN RICHMAND. ■ In un passato non meglio definito e popolato da barbari crudeli, due gemelli, scampati al massacro della loro famiglia, giurano vendetta: uno viene ucciso, ma il secondo, Gunan, riesce a far trionfare la giustizia. Il vero nome del regista è Franco Prosperi. ■ AVVENTURA; COL.; 92′; ITALIA, 1982.

GUNCRAZY ★

Regia di TAMRA DAVIS. Con DREW BARRYMORE, JOE DALLESSANDRO, BILLY DRAGO, MICHAEL IRONSIDE, JAMES LEGRES. ■ Lei scrive a un coetaneo che è in carcere per dimenticare un'esistenza infelice, tra compagni che la prendono in giro e un tutore che cerca di violentarla. Poi, finalmente, lo incontra: i due si amano ma lasciano lungo il cammino una catena di cadaveri. Alla fine, braccati, è lui a sacrificarsi facendo credere di aver sequestrato la ragazza. ■ THRILLER; COL.; 90′; USA, 1993.

GUNGA DIN ★★★

Regia di GEORGE STEVENS. Con DOUGLAS FAIRBANKS JR, JOAN FONTAINE, CARY GRANT, VICTOR MCLAGLEN. ■ Il film è ispirato ad un romanzo di Kipling: siamo nell'India britannica messa a soqquadro dalle sanguinose incursioni dei Tughs. Gunga Din, un modesto portatore d'acqua, assiste alla cattura di un ufficiale inglese e riesce a fuggire. Nonostante le ferite può raggiungere il resto della guarnigione e dare l'allarme. ■ AVVENTURA; B/N; 117′; USA, 1939.

GUNGALA LA PANTERA NUDA ★★

Regia di RUGGERO DEODATO. Con ANGELO INFANTI, MICAELA PIGNATELLI, KITTY SWAN. ■ Africa nera: un arabo fanatico dell'unità nazionale vuole derubare la bella Gungala di un preziosissimo diamante. Ci riesce, ma perisce nelle sabbie mobili. La ragazza viene catturata da una feroce tribù di guerrieri e liberata da una spedizione europea inviata appositamente alla sua ricerca. ■ AVVENTURA; COL.; 91′; ITALIA, 1968.

GUNGALA LA VERGINE DELLA GIUNGLA ★★

Regia di ROMANO FERRARA. Con POLDO BENDANDI, CONRAD LOTH, KITTY SWAN, LINDA VERAS. ■ Il ladro di un grosso diamante, finito, di mano in mano, al collo di una bellissima selvaggia bianca, parte per ritrovarlo. Si fa assumere come guida e dopo varie avventure, quando sta per prenderne possesso, viene ucciso da una pantera. ■ AVVENTURA; COL.; 94′; ITALIA, 1968.

GUNG HO ★★★

Regia di RON HOWARD. Con MICHAEL KEATON, GEDDE WATANABE, GEORGE WENDT. ■ Un'industria automobilistica americana in crisi chiede aiuto ad un gruppo giapponese. I nipponici arrivano negli Usa portando soldi, ma anche i loro massacranti ritmi produttivi, che pretendono di imporre anche agli operai americani. Ne nasce un'esasperante conflittualità, con scioperi e liti, finché il responsabile americano promette una produzione di quindicimila auto in un mese, in cambio d'un aumento salariale. Ne producono quattordicimila in 29 giorni, ma i giapponesi pretendono il rispetto integrale del contratto. E gli yankees riescono a fare mille auto in una notte. Efficace ritratto dello scontro di due mentalità lontane. ■ COMMEDIA; COL.; 111′; USA, 1986.

GUNG HO! ★★

Regia di RAY ENRIGHT. Con ROD CAMERON, ALAN CURTIS, ROBERT MITCHUM, RANDOLPH SCOTT. ■ Uno dei tanti film di propaganda: un gruppo di fucilieri americani viene sottoposto ad un addestramento speciale in vista di una difficile missione. Questa consiste nell'individuare ed eliminare i giapponesi da una delle isole del Pacifico. La battaglia è feroce tuttavia, con un intelligente stratagemma, i fucilieri hanno la meglio. ■ GUERRA; B/N; 88′; USA, 1943.

GUNMEN (BANDITI) *(Gunmen)* ★★

Regia di DERAN SARAFIAN. Con KADEEM HARDISON, SALLY KIRKLAND, CHRISTOPHER LAMBERT, MARIO VAN PEEBLES. ■ Dani Servigo è un contrabbandiere poco interessato al denaro. Quando però viene a conoscenza di 400 milioni di dollari nascosti decide di occuparsene. D'altro canto anche Cole Parker, un teppista di New York, cerca di impadronirsi di quella somma appartenuta all'uomo che gli ha ucciso il padre. I due non possono ignorarsi in quanto ognuno possiede parte delle informazioni necessarie per scoprire il bottino. Classico film che si regge sulle spalle di due attori noti ma che qui si comportano come se fossero in ferie. ■ AVVENTURA; COL.; 99′; USA, 1993.

GUNNY *(Heartbreak Ridge)* ★★

Regia di CLINT EASTWOOD. Con CLINT EASTWOOD, MARSHA MASON, EVERETT MCGILL. ■ Ultima impresa bellica del non più giovane, ma valoroso, sergente Highway, detto Gunny, che ha una dura carriera alle spalle nei Marines, Corea e Vietnam. Nel 1983 gli viene dato l'incarico di formare, da un manipolo di sfaticati, un comando di "uomini veri". Nel frattempo incontra Aggie, la sua ex moglie che lo aveva lasciato perché trascurata; l'amore tra loro è sempre vivo. Arriva un allarme vero: andare a combattere sull'isola di Grenada. L'impresa darà delle belle soddisfazioni a Gunny, che si riprenderà la moglie e andrà a coltivare avocado. ■ GUERRA; COL.; 113′; USA, 1986. ■ OSCAR 1 NOM.

GUNPOINT *(At Gunpoint)* ★★★

Regia di ALFRED L. WERKER. Con WALTER BRENNAN, FRED MACMURRAY, DOROTHY MALONE. ■ Due cittadini, durante una rapina in banca, hanno ucciso il capo dei malviventi. Il fratello di questi ne ammazza uno per vendicarlo; è evidente che anche all'altro toccherà la stessa sorte e per questo intorno a lui si fa il vuoto. Costretto ad affrontare da solo il fuorilegge e alcuni complici, si salva *in extremis*. ■ WESTERN; COL.; 81′; USA, 1955.

GUNPOWER

Regia di NORMAN J. WARREN. Con DAVID GILLIAM, GORDON JACKSON, MARTIN POTTER. ■ Il malvagio dr. Vache ha un piano che lo porterà al domino del mondo. Ma anche i suoi avversari non sono da sottovalutare e la corsa contro il tempo è già cominciata! ■ AVVENTURA; COL.; 81′; USA, 1988.

GUN SHY – UN REVOLVER IN ANALISI *(Gun Shy)* ★★

Regia di ERIC BLAKENEY. Con SANDRA BULLOCK, LIAM NEESON, OLIVER PLATT, RICHARD SCHIFF, JOSE ZUNIGA. ■ Un'agente dell'antidroga in crisi professionale chiede aiuto a uno psichiatra e a un'infermiera. La Bullock si lancia nella produzione ma poteva scegliere meglio. ■ COMMEDIA; COL.; 102′; USA, 2000.

GUNTAR IL TEMERARIO ★★
(Im Reich des silbernen Löwen)

Regia di FRANZ JOSEF GOTTLIEB. Con LEX BARKER, GEORGE HESTON, GUSTAVO ROJO, MARIE VERSINI, RALF WOLTER. ■ Il tesoro di una comunità cristiana stabilitasi nel Kurdistan scatena la cupidigia di alcuni banditi. Questi rapiscono la nipote del loro capo e assaltano le loro case. Dopo fasi alterne l'intervento di un avventuriero permette la liberazione della fanciulla. ■ AVVENTURA; COL.; 92′; GERMANIA, 1969.

GUSTO DEGLI ALTRI, IL *(Le Goût des autres)* ★★★

Regia di AGNÈS JAOUI. Con ANNE ALVARO, JEAN-PIERRE BACRI, BRIGITTE CATILLON, ALAIN CHABAT, AGNÈS JAOUI, GÉRARD LANVIN. ■ L'imprenditore Castella ha una vita non particolarmente brillante e la sua è la cultura televisiva che impera nella borghesia dei nostri giorni. Una sera però rimane colpito da una rappresentazione teatrale di Berenice e si innamora del testo e dell'attrice che ne è protagonista. Entra nel giro di attori e registi non accorgendosi di quanto questi stiano prendendo in giro la sua mancanza di cultura. Intorno a lui ruotano personaggi alla ricerca di un senso nella vita e nei sentimenti. Agnés Jaoui ha diretto con mano ferma un film che è frutto di un lavoro attento sui personaggi e di un'orchestrazione davvero magistrale per un'opera prima. Jaoui descrive, con l'aiuto del sempre più efficace Bacri, un personaggio privo di cultura che viene quasi folgorato da un'esperienza che cambia il suo modo di essere. Ma non è il tronfio e stupido borghese molieriano. È molto di più. È un essere umano con tutti i limiti di una cultura di massa che la regista guarda con una *pietas* incapace di cattiveria. ■ COMMEDIA; COL.; 112′; FRANCIA, 2000. ■ DAVID DI DONATELLO 2 PR, 2 NOM; OSCAR 1 NOM.

GURU, IL *(The Guru)* ★★
Regia di DAISY VON SCHERLER MAYER. Con HEATHER GRAHAM, ROB MORROW, MARISA TOMEI. ■ Deciso ad affermarsi come attore negli Stati Uniti, Ramu Gupta lascia l'India con una valigia piena di belle speranze. Arrivato a New York capisce che quello che conta sono i salotti giusti da frequentare e che è opportuno farsi passare per un guru del sesso. Va allora a ripetizione da una pornostar. Una produzione britannica al servizio di una commedia che rifà il verso a Bollywood con humour e con la giusta dose di canto e danza. ■ COMICO; COL.; 112′; USA, 2002.

GUSTO DELL'ANGURIA, IL *(Tian bian yi duo yun)* ★★
Regia di TSAI MING-LIANG. Con LEE KANG SHENG, CHEN SHIANG-CHYI, LU YI-CHING. ■ In una Taiwan prosciugata da una calura improvvisa un ex venditore di orologi divenuto attore porno incontra una ex cliente. I due potrebbero e forse vorrebbero amarsi ma le condizioni non sono davvero favorevoli. Erotismo estremo con tentativo di applicazione di simbolo: esempio orribile a fin di bene? ■ DRAMMATICO; COL.; 112′; CINA, FRANCIA, TAIWAN, 2004. ■ BERLINO 1 PR.

GUSTO DEL SAKÉ, IL *(Sanma no aji)* ★★★
Regia di YASUJIRO OZU. Con SHIMA IWASHITA, NAKABURA NOBUO, CHISHU RYU, KEIJI SATA. ■ L'ultimo film del regista giapponese. Dopo aver perso la moglie, un dirigente in pensione vive con la figlia che lo accudisce. Resosi conto che la ragazza ha bisogno di avere una propria esistenza, metterà da parte il proprio egoismo. Dopo il matrimonio della figlia vivrà con rassegnazione la solitudine. Un film poetico e toccante che trova la sua forza nella semplicità. ■ COMMEDIA; COL.; 114′; GIAPPONE, 1962.

GUY ★★★
Regia di MICHAEL LINDSAY-HOGG. Con HOPE DAVIS, VINCENT D'ONOFRIO, KIMBER RIDDLE, DIANE SALINGER. ■ Guy riceve una richiesta insolita: una giovane donna gli chiede di poter riprendere la sua vita senza interruzioni. Il ragazzo prima rifiuta poi accetta fino al punto di diventare schiavo del concetto di messa in scena. Vive ormai in funzione della telecamera, spettatore-Narciso legato indissolubilmente alla propria immagine. Lindsay-Hogg applica lo stile di Warhol a un pungente atto di accusa nei confronti della civiltà dell'immagine. ■ DRAMMATICO; COL.; 91′; GERMANIA, USA, 1996.

GWENDOLINE ★★
Regia di JUST JAECKIN. Con BRENT HUFF, TAWNY KITAEN, ZABOU. ■ Attori in carne e ossa impersonano i personaggi dei fumetti di John Willie, ma il film non è certo per ragazzi dato che è vietato ai minori di 14 anni. L'avventura di Gwendoline che, con una sua amica e un giovanotto pagato duemila dollari, cerca in Estremo Oriente il padre scomparso. Scoprirà che lui è morto, mentre cercava una meravigliosa farfalla e allora i tre decidono di trovarla. Ci riusciranno, ma prima dovranno affrontare il terribile regno sotterraneo dominato da una crudele regina. ■ AVVENTURA; COL.; 105′; FRANCIA, 1983

H

HA BALLATO UNA SOLA ESTATE ★★★Ȣ
(Hon dansade en sommar)
Regia di Arne Mattsson. Con Edvin Adolphson, Ulla Jacobsson, Folke Sundqvist. ■ L'amore tra uno studente e una cameriera, entrambi ancora adolescenti, è contrastato non soltanto dai parenti di lui ma da tutto un ceto che vede nel rapporto una minaccia all'ordine sociale. La morte della ragazza pone fine al dramma. ■ Drammatico; b/n; 93'; Svezia, 1951. ■ Berlino Ȣ 1 pr.

HABANA BLUES ★★
Regia di Benito Zambrano. Con Alberto Yoel Garcia, Roberto Sanmartin, Yailene Sierra. ■ Due giovani musicisti cubani (uno dei quali con due figli ma in fase critica con la moglie) hanno davanti l'occasione della vita: riuscire a uscire dai confini dell'isola grazie alla possibilità di farsi produrre da una casa musicale spagnola. Film presentato a Cannes 2005, che dimostra come, tra le righe, si possa far passare il tema della ricerca della libertà pur rivestendolo con musica e colori latinoamericani realizzando un film piacevole anche se di non particolare qualità. ■ Commedia; col.; 120'; Cuba, Francia, Spagna, 2004.

HABANERA *(La Habanera)* ★★
Regia di Douglas Sirk. Con Zarah Leander, Ferdinand Marian, Karl Martell. ■ L'infelice moglie di un proprietario terriero nell'America del Sud vede arrivare un giorno, insieme ad altri medici, un uomo che aveva amato in gioventù. Anche il marito riconosce il medico che vedrà la sua missione seriamente compromessa per la gelosia. ■ Drammatico; b/n; 98'; Germania, 1937.

♥ HABEMUS PAPAM ★★★★
Regia di Nanni Moretti. Con Franco Graziosi, Camillo Milli, Michel Piccoli, Renato Scarpa, Jerzy Stuhr. ■ I cardinali riuniti in Conclave nella Cappella Sistina procedono all'elezione del nuovo Papa. Smentendo tutti i pronostici viene nominato il cardinale Melville, il quale accetta con titubanza l'elezione ma, al momento di presentarsi alla folla dal balcone centrale della basilica di San Pietro, si ritrae. Lo sgomento assale i cristiani in attesa ma, ancor più, i cardinali che debbono cercare di porre rimedio a questo evento mai verificatosi sotto questa forma. Si decide, pur con tutte le perplessità imposte dalla dottrina, di far accedere ai palazzi apostolici lo psicoanalista più bravo per tentare di far emergere le cause che hanno spinto l'alto prelato al diniego e favorirne un ripensamento. Lo psicoanalista fa però un riferimento alla moglie come la terapeuta più brava (dopo di lui). Il portavoce della Santa Sede decide allora di far uscire il Papa dalle Mura vaticane per avere anche un altro intervento che risolva la questione. Che invece si complica perché il Papa, approfittando di un momento di distrazione, scompare per le vie di Roma. Con *Habemus Papam* siamo di fronte al film più maturo di un regista che ha saputo conservare intatti il proprio segno inconfondibile e le tematiche che gli stanno da sempre a cuore integrandoli con grande intelligenza e sensibilità a uno sguardo che si allarga a una dimensione che afferma di non condividere ma che qui osserva con la giusta dose di ironia che si fonde con un profondo rispetto. ■ Commedia; col.; 104'; Italia, Francia, 2011.

HABITAT – NON ENTRATE *(Habitat)* ★
Regia di Renée Daalder. Con Balthazar Getty, Tchéky Karyo, Alice Krige. ■ Le specie vegetali sono state irrimediabilmente mutate dal buco nell'ozono. Uno scienziato prova a rimediare ma rimane vittima di funghi mutanti. Horror canadese a basso costo e ad ancor più bassa resa. ■ Horror; col.; 113'; Canada, 1996.

HACHIKO: A DOG'S STORY ★★
Regia di Lasse Hallström. Con Joan Allen, Richard Gere, Sarah Roemer. ■ Il film narra la commovente vicenda di un cane di razza, Akita, che per dieci lunghi anni attese ogni giorno il padrone alla stazione nella speranza di vederlo scendere dal treno, come d'abitudine. Il film è tratto da una storia vera ed è un remake di un vecchio film giapponese; la storia del cane Hachiko è celebre e conosciuta in Giappone tanto da essere diventata una statua eretta nella stazione di Shibuya, nello stesso punto dove il cane era solito aspettare il suo padrone. Oggi la statua è diventata un tradizionale punto di incontro per tutti i ragazzi di Tokyo, ma soprattutto per i giovani innamorati giapponesi che si recano in questo luogo grazie al profondo significato di fedeltà che la statua di Hachiko tramanda. ■ Drammatico; col.; 90'; USA, 2008.

HACHIKO. IL TUO MIGLIORE AMICO ★★
(Hachiko: A Dog's Story)
Regia di Lasse Hallström. Con Jason Alexander, Joan Allen, Richard Gere, Sarah Roemer, Cary-Hiroyouki Tagawa. ■ Hachi è un cucciolo di razza Akita perduto sulla banchina di una stazione da un facchino sbadato. Approdato in America dal lontano Tibet, Hachi è raccolto dall'abbraccio amorevole di Parker Wilson, insegnante di musica ispirato, marito e padre esemplare. Vincendo le resistenze della moglie, Parker lo accoglie nella sua casa e nella sua vita, scandita dai treni, quello delle otto e quello delle cinque. Hachi, deciso a non perdersi un respiro del suo padrone, lo accompagna ogni mattina al binario e lo attende ogni sera nel piazzale della stazione. Tra una partita degli Yankees e una pallina da baseball mai recuperata, Parker e Hachi condividono il divano, la vasca da bagno e le stagioni. Un avvenimento traumatico interromperà quel quotidiano ma non piegherà la fedeltà di Hachi verso l'impegno preso. Aspettare il ritorno e le carezze di Parker. Lasse Hallström è approdato da tempo a una maniera cinematografica dai toni ovattati, e *Hachiko* non fa eccezione. ■ Drammatico; col.; 93'; USA, 2008.

HACKERS ★★
Regia di Iain Softley. Con Lorraine Bracco, Angelina Jolie, Johnny Lee Miller. ■ Dade Murphy è fin dall'infanzia un mago del computer, capace di creare problemi anche a Wall Street. Si ravvede quando il gioco si trasforma in realtà pericolosa. ■ Fantastico; col.; 108'; Canada, 1996.

HA DA VENÌ... *(He Stayed for Breakfast)* ★★
Regia di Alexander Hall. Con Melvin Douglas, Loretta Young, Alan Marshal, Eugene Pallette. ■ Paul è un comunista convinto e per questo finisce nei guai. Deve anche abbandonare la donna che ama, ma quando quest'ultima corre da lui per chiedergli aiuto (ha tentato di uccidere l'ex marito) Paul abbandona partito e ideologie per fuggire in America con lei. ■ Commedia; b/n; 89'; USA, 1940.

HA DA VENÌ... DON CALOGERO – IL FILO D'ERBA – L'INGANNO DELLA SPOSA ★★
Regia di Vittorio Vassarotti. Con Barry Fitzgerald, Lau-

RO GAZZOLO. ■ Un povero prete di campagna riceve un'eredità dall'America. Il fatto fa perdere la testa a tutti i paesani che sperano di usufruire in qualche modo dell'imprevista fortuna. L'unico a mantenersi lucido è proprio il buon parroco. ■ COMMEDIA; B/N; 90'; ITALIA, 1951.

HA FATTO 13! ★★
Regia di CARLO MANZONI. Con RICCARDO BILLI, CARLO CROCCOLO, ANTONELLA LUALDI, SILVANA PAMPANINI, MARIO RIVA. ■ Una vincita al totocalcio non è sempre una fortuna, almeno questo è il parere di Mario Rossi che, dopo aver fatto 13 e vinto una grossa somma, non ha più pace. ■ COMMEDIA; B/N; 92'; ITALIA, 1951.

HAFEZ ★★
Regia di ABOLFAZL JALILI. Con KUMIKO ASO, MEHDI MORADY. ■ Storia di Hafez, un ragazzo particolarmente brillante negli studi di teologia. La guida spirituale della città, venuto a sapere della sua attitudine, gli chiede di dare lezioni private alla figlia Nabat. Discorrendo di filosofia e poesia, i due giovani iniziano a provare un forte sentimento l'uno per l'altro. A questo punto, Hafez è costretto a scegliere tra i severi dettami del Corano e la spensieratezza della vita laica. Volutamente antropologica, la pellicola ha il pregio di accompagnarci per tutta la sua durata all'interno di un mondo che, solitamente, preferiamo racchiudere in affrettate semplificazioni. ■ FIABESCO; COL.; 98'; GIAPPONE, IRAN, 2007.

HAIL HAIL ROCK 'N' ROLL ★★
Regia di TAYLOR HACKFORD. Con CHUCK BERRY, ERIC CLAPTON, JULIAN LENNON. ■ Il regista di *Ufficiale e gentiluomo* ci dà un "tribute" (una serata d'onore) cinematografico a Chuck Berry, il chitarrista mulatto che fu uno degli astri del rock alla fine degli anni Cinquanta. L'occasione è il sessantesimo compleanno di Chuck, che viene rievocato nelle sue interpretazioni più salienti e omaggiato da star di oggi e ieri come Clapton, Etta James e il figlio di John Lennon. ■ COMM. MUSICALE; COL.; 120'; USA, 1987.

HAI MAI PROVATO... IN UNA VALIGIA? *(La valise)* ★★
Regia di GEORGES LAUTNER. Con AMIDOU, MICHEL CONSTANTIN, MIREILLE DARC, JEAN-PIERRE MARIELLE. ■ Una spia israeliana si mette nei guai e chiede aiuto ad un collega francese. Chiuso in una valigia, l'agente viene spedito in Francia ma il viaggio è movimentato da molti imprevisti. A complicare ulteriormente le cose, entrambi gli uomini si innamorano della stessa fanciulla. ■ COMMEDIA; COL.; 110'; FRANCIA, 1973.

HAI PAURA DEL BUIO ★★
Regia di MASSIMO COPPOLA. Con ANTONELLA ATTILI, ENRICA FONTANA, MANRICO GAMMAROTA, ALEXANDRA PIRICI, ALFIO SORBELLO. ■ Eva è una ragazza di poco più di vent'anni che lavora in una fabbrica a Bucarest. Nel suo ultimo giorno dopo che non le è stato rinnovato il contratto, decide di mettere in vendita tutto quello che possiede e di comprare un biglietto per l'Italia. Raggiunge la stazione di Melfi e trascorre la notte vagabondando senza meta finché trova un'auto aperta dove ripararsi dal freddo. La macchina appartiene ad Anna, giovane operaia della FIAT, che decide di accoglierla nella casa in cui vive assieme ai genitori e alla nonna malata. Nel suo percorso come autore televisivo, Massimo Coppola si è mosso in una direzione opposta rispetto ai flussi e alle formule dei format popolari. Attraverso monologhi *brand new*, anti-reality di finzione e documentari sui ventenni ai margini di servizi e talk show, ha sempre cercato di mostrare, all'interno di un canale giovanile e "giovanilista" come Mtv, un'alternativa al pensiero comune e alla visione a senso unico sulle nuove generazioni. Dallo sguardo maturato coi ritratti giovanili di *Avere Vent'anni* e da quel bisogno di porre una frattura fra rappresentazione e identità dei giovani d'oggi, sembra nascere anche il suo ingresso nel cinema di (cosiddetta) finzione. ■ COMMEDIA; COL.; 90'; ITALIA, 2010.

HAIR ★★★
Regia di MILOS FORMAN. Con BEVERLY D'ANGELO, ANNIE GOLDEN, JOHN SAVAGE, TREAT WILLIAMS. ■ Claude va a New York per arruolarsi nei Marines che vanno in Vietnam. Nel Central Park fa amicizia con una combriccola di ragazzi e trascorre con loro i due giorni che lo separano dalla partenza. Tra di essi c'è Sheila, della quale Claude s'innamora. Per consentire a Claude di rivederla, George organizza un'incursione a casa di certa gente, dove appunto si trova la ragazza. Finiscono tutti in gattabuia, ma per poco. Poi Claude parte per il campo-addestramento. George lo raggiunge al campo con la ragazza e si sostituisce all'amico per permettergli di stare con la fanciulla. Andrà a finire che sarà George a partire (e a morire) per il Vietnam. Trasposizione cinematografica della nota commedia musicale messa in scena per la prima volta nel 1967. ■ COMM. MUSICALE; COL.; 121'; USA, 1979. ■ DAVID DI DONATELLO 2 PR, 2 NOM.

HAIR HIGH ★★
Regia di BILL PLYMPTON. ■ Sulla falsariga di *Grease* e dei tanti film da college americani con protagonisti amori impossibili tra bulli e "nerds", Plympton confeziona un'altra delle sue creature malate, che mette a dura prova lo stomaco dello spettatore, vuoi per il disgusto, vuoi per le risate. Il film è preceduto da un corto che racconta di un cane troppo preso dal suo ruolo di protettore del padrone, realizzato dallo stesso Plympton. Il corto è la cosa migliore. ■ ANIMAZIONE; COL.; 77'; USA, 2004.

HAIRSPRAY – GRASSO È BELLO *(Hairspray)* ★★
Regia di ADAM SHANKMAN. Con NIKKI BLONSKY, AMANDA BYNES, ZAC EFRON, ALLISON JANNEY, ELIJAH KELLEY, MICHELLE PFEIFFER, BRITTANY SNOW, JERRY STILLER, JOHN TRAVOLTA, CHRISTOPHER WALKEN. ■ Nikki Blonsky ha un fisico debordante come la sua vitalità. È un'adolescente che vive a Baltimora e che non sogna altro che poter ballare. Per il momento lo fa dinanzi al televisore di casa mentre segue il programma preferito della televisione locale: il *Corny Collins Show*. Nikki vorrebbe diventare una delle ballerine del programma e, al contempo, colpire al cuore il dancer Link Larkin. La mamma di Tracy, Edna, cerca di ostacolare la ragazza perché teme che i suoi sogni vengano pesantemente infranti. Papà è invece dalla sua parte. Nel complesso si tratta di un'operazione vincente, con Travolta, che fa la mamma, ancora una volta "trasformista" di se stesso. ■ MUSICALE; COL.; 117'; USA, 2007.

HAI SBAGLIATO... DOVEVI UCCIDERMI SUBITO! ★
Regia di MARIO BIANCHI. Con FRANK BRANA, CARLO GADDI, SUSAN SCOTT, ROBERT WOOD. ■ Django deve scoprire chi ha rapinato la banca e ucciso i due complici per tenersi tutta la somma rubata. Lo sceriffo, pur essendo a conoscenza della sua missione, gli complica la vita. Django finisce comunque coll'aver ragione. ■ WESTERN; COL.; 90'; ITALIA, 1973.

HAI SEMPRE MENTITO *(A Woman's Secret)* ★★★
Regia di NICHOLAS RAY. Con MELVIN DOUGLAS, GLORIA GRAHAME, MAUREEN O'HARA. ■ Marion confessa spontaneamente alla polizia di aver tentato di assassinare la giovane amica Susan, celebre cantante radiofonica. Luke, che conosce bene entrambe le donne, ha forti dubbi e non si dà pace finché non scopre la verità. ■ DRAMMATICO; B/N; 85'; USA, 1949.

HAÏTI CHÉRIE ★★
Regia di CLAUDIO DEL PUNTA. Con JUAN CARLOS CAMPOS, YERAINI CUEVAS, JEAN MARIE GUERIN, VALENTIN VALDEZ. ■ Jean-Baptiste e Magdaleine, entrambi al lavoro in una piantagione di canna da zucchero della Repubblica Dominicana, hanno dovuto sopportare la morte per denutrizione del loro unico figlio. La giovane donna vorrebbe tornare ad Haiti, dove i suoi familiari siano stati massacrati dai famigerati squadroni della morte. Il marito vorrebbe rimanere per cercare di trovare un altro lavoro. Un tentativo di stupro ai danni di Magdaleine, perpetrato da uno dei guardiani della piantagione, li spinge a partire. Del Punta è dedito alle problematiche sociali. Il suo impegno primario è il documentario. ■ DOCUMENTARIO; COL.; 100'; ITALIA, 2007.

HA L'ETÀ DI MIO PADRE MA L'AMO PAZZAMENTE *(Fools)* ★★
Regia di TOM GRIES. Con SCOTT HYLAND, ROY JENSON, JASON ROBARDS, KATHARINE ROSS. ■ Lui ha più di cinquant'anni, lei molti di meno ma si amano moltissimo egualmente. La cosa non piace per niente al marito di lei che tenta in tutti i modi di riprendersi la moglie. Visto che proprio non è possibile, preferisce ucciderla. ■ COMMEDIA; COL.; 97'; USA, 1970.

HALF BAKET ★★
Regia di Tamra Davis. Con Jim Breuer, Dave Chappelle, Guillermo Diaz. ■ Storia di quattro amici scombinati e gran consumatori di "fumo". Uno di loro ammazza un cavallo della polizia dandogli da mangiare panini dei fast food. Per toglierlo di prigione pagando la cauzione gli altri tre cominciano a spacciare marijuana. Nel frattempo si intrecciano rapporti con varie ragazze. Applicabile la definizione "demenziale". ■ Commedia; col.; 95′; USA, 1997.

HALF LIGHT ★★
Regia di Craig Rosenberg. Con Therese Bradley, James Cosmo, Henry Ian Cusick, Ellie Davis, Beans El-Balawi, Polly Frame, Joanna Hole, Kate Isitt, Hans Matheson, Demi Moore, Mickey Wilson. ■ Thriller soprannaturale che parla della scrittrice Rachel Carlson. In crisi dopo la morte del figlio per annegamento, la donna si rifugia in un piccolo villaggio di pescatori. Ma qui ben presto cominceranno a verificarsi strani eventi soprannaturali che sconvolgono l'esistenza degli abitanti e fanno temere a Rachel per la sua vita. ■ Thriller; col.; Inghilterra, 2005.

HALLAM FOE ★★★
Regia di David Mackenzie. Con Jamie Bell, Paul Blair, Ewen Bremner, Claire Forlani, Ciarán Hinds, Sophia Myles, Maurice Roëves, Jamie Sives. ■ Hallam è un adolescente scozzese fortemente traumatizzato dalla morte per annegamento della madre. I suoi sospetti cadono su Verity, la donna che in tempi rapidi è diventata la sua matrigna. Figlio di un architetto benestante, Hallam passa parte del suo tempo a spiare i comportamenti altrui da una capanna che si è costruito su un albero e in cui campeggia una gigantografia della madre. Dopo l'ennesimo confronto, con implicazioni sessuali, con la matrigna, il ragazzo fugge a Edimburgo. Qui trova impiego in un hotel in cui lavora Kate, una ragazza più grande di lui, che ha una straordinaria somiglianza con sua madre. Jamie Bell, esploso ancora ragazzino sugli schermi di tutto il mondo con *Billy Elliot*, torna ad offrire la sua fisicità a un personaggio tormentato. ■ Drammatico; col.; 95′; Gran Bretagna, 2007.

HALLO WARD!... E FURONO VACANZE DI SANGUE ★★
Regia di Julio Salvador. Con Alan Collins, Ray Danton, Luis Davila, Pamela Tudor. ■ Pinky chiede aiuto ad un amico detective, ma quando Glenn arriva Pinky è già morto. Glenn inizia ad indagare insieme alla polizia e scopre un intrigo mafioso che coinvolge sindacati e importanti testimoni che la malavita vuole eliminare. Scopre anche l'identità di un pericoloso killer. ■ Drammatico; b/n; 93′; Italia, 1968.

♥ HALLOWEEN: LA NOTTE DELLE STREGHE ★★★
(Halloween)
Regia di John Carpenter. Con Charles Cyphers, Jamie Lee Curtis, Donald Pleasence, Kyle Richards, Nancy Stephens. ■ Michael, sei anni, ammazza la sorella. Viene internato in una clinica psichiatrica, ma dopo quindici anni fugge per recarsi al suo paesello: è il 31 ottobre, notte in cui si esorcizzano le streghe, secondo l'antica tradizione americana. Grazie a questa concomitanza, Michael può uccidere indisturbato altre persone. Per fortuna un medico arriverà in tempo a fermare il giovane folle. Questo è un film che ha segnato un'epoca nella storia del cinema, e aperto un filone, un genere. Si tratta di un horror che spaventa e avvince. La freddezza della maschera, che Micheal indossa, l'inespressività delle sue gesta, il vuoto che è in lui, la totale mancanza di sentimenti umani, il gelo glaciale racchiuso nel suo animo, l'automatismo che scatta quando commette omicidi efferati lo rendono uno spettacolo terrificante. Molte scene contengono una tensione inaudita, l'assassino sbuca dal buio come lieve nebbia nella notte, appare e scompare ci estorce un urlo di terrore. ■ Horror; col.; 93′; USA, 1978.

HALLOWEEN: LA RESURREZIONE ★
(Halloween: Resurrection)
Regia di Rick Rosenthal. Con Tyra Banks, Jamie Lee Curtis, Busta Rhymes, Aaron Stanford, Bianca Kajlich. ■ Sei liceali partecipano ad un macabro reality show. La sfida da superare è passare la notte nella casa di un famoso serial killer, di fronte agli occhi delle telecamere collegate ad Internet. ■ Horror; col.; 94′; USA, 2002.

HALLOWEEN 4 ★
(Halloween 4: The Return of Michael Myers)
Regia di Dwight H. Little. Con Ellie Cornell, Danielle Harris, Donald Pleasence, Beau Starr. ■ Fuggito dal manicomio, Michael torna a mietere vittime tra gli adolescenti. ■ Horror; col.; 90′; USA, 1988.

HALLOWEEN II ★
Regia di Rob Zombie. Con Brad Dourif, Tyler Mane, Malcolm McDowell, Scout Taylor-Compton, Sheri Moon Zombie. ■ Laurie, coperta di sangue e sotto choc viene disarmata e condotta in ospedale. Si prosegue con una angosciosa caccia della ragazza da parte di Mike Myers che si conclude con un risveglio dall'incubo nell'autunno dell'anno successivo. Ora Laurie vive con la sua migliore amica Annie e con il padre di lei. La ragazza è tormentata dai ricordi scivolando sempre più nell'ossessione. Intanto lo psichiatra dottor Loomis ha scritto un libro in cui narra le vicende dell'assassino alla cui furia è riuscito a sfuggire. Rob Zombie è capace di far percepire l'orrore rendendolo credibile e "quotidiano". ■ Horror; col.; 101′; USA, 2009.

HALLOWEEN 6 – LA MALEDIZIONE DI MICHAEL MYERS *(Halloween – The Curse of Michael Myers)*
Regia di Joe Chappelle. Con Marianne Hagan, Donald Pleasence, Mitch Ryan. ■ Michael Myers torna nella sua cittadina ma ormai la sua fama è consolidata. Gli abitanti lo citano con reverenza, ma nell'ospedale locale la sua presenza si materializza seminando la morte. Il fuoco finale sembra liberare il mondo dalla sua presenza ma non è detto che sia così. ■ Horror; col.; 86′; USA, 1995.

HALLOWEEN – THE BEGINNING *(Halloween)* ★★
Regia di Rob Zombie. Con Brad Dourif, Daeg Faerch, Danielle Harris, Tyler Mane, Malcolm McDowell, Sheri Moon, Scout Taylor-Compton, Danny Trejo. ■ Madre spogliarellista e padre alcolizzato: Mike Myers, dodicenne, massacra la famiglia la notte di Halloween, finisce in manicomio, dopo diciassette anni scappa e si mette in cerca della sorellina minore, per proteggerla, forse, uccidendo famiglie e giovani studentesse. Prequel e remake dell'omonimo film di John Carpenter del 1979. ■ Horror; col.; 109′; USA, 2007.

HALLOWEEN 3 ★★
Regia di Tommy Lee Wallace. Con Tom Atkins, Stacey Nelkin, Dan O'Herlihy. ■ Terzo capitolo della nota serie horror. Non c'è più il pazzo assassino. In compenso c'è il diabolico proprietario di una fabbrica di giocattoli che ha progettato una serie di maschere assassine. I bambini che se le metteranno nella notte di Halloween verranno orribilmente uccisi. Ma un padre di famiglia ha intuito il pericolo e fa in modo che sia il diabolico a rimanere vittima della sua invenzione. ■ Horror; col.; 96′; USA, 1982.

HALLOWEEN 20 ANNI DOPO ★★
(Halloween: H20 – Twenty Years Later)
Regia di Steve Miner. Con Adam Arkin, Josh Hartnett, Jamie Lee Curtis, Michelle Williams. ■ Proseguimento inerte della serie generato dalle difficoltà produttive, dalle piccole censure nelle scene di violenza e dall'assoluta incapacità di colpire i bersagli. Né quello dei cultori della serie né quello degli adolescenti abituati a ben altro. ■ Horror; col.; 85′; USA, 1998.

HALLUCINATION – L'ABISSO *(The Damned)* ★★
Regia di Joseph Losey. Con MacDonald Carey, Shirley Ann Field, Alexander Knox, Viveca Lindfors. ■ Un teppista in fuga con la sua donna trova rifugio in una grotta abitata da strani bambini che, come scoprirà, sono figli di donne contaminate da radiazioni. Per i due estranei, ormai contaminati anche loro, la fine è vicina. ■ Fantascienza; b/n; 87′; Gran Bretagna, 1962.

HAMBURG CELL – LA CELLULA DI AMBURGO, THE *(The Hamburg Cell)* ★★
Regia di Antonia Bird. Con Omar Berdouni, Kamel, Adnan Maral, Karim Saleh, Agni Tsangaridou. ■ L'11 settembre è

stato l'evento più tristemente noto della storia recente. Tutti sanno cosa accadde quel giorno. Ma al di là delle cronache giornalistiche, cosa sa la gente degli uomini che hanno effettuato gli attacchi? Cosa sa delle loro origini, di come si sono costituiti in gruppo, di cosa li ha spinti verso il fondamentalismo islamico e di cosa li ha condotti alla decisione di diventare "martiri" dell'Islam? Cosa sa degli uomini reali che formarono la "cellula di Amburgo"? *The Hamburg Cell* è un dramma psicologico che esplora le vite e le menti delle figure principali nella trama dell'11 settembre. ■ DRAMMATICO; COL.; 100'; GRAN BRETAGNA, 2004.

HAMBURGER HILL ★★★
Regia di JOHN IRVIN. Con DYLAN MCDERMOTT, TIM QUILL, STEVEN WEBER. ■ Un gruppo di giovani soldati americani in Vietnam viene mandato nella valle di Ashan a conquistare la collina Hamburger (nella realtà si chiamava Collina 937) tenuta saldamente dai nordvietnamiti. La collina è presa, ma a prezzo di durissime perdite. E la conquista si rivela di dubbia utilità strategica. Un ottimo film di guerra ispirato a un autentico episodio avvenuto nel maggio 1969 presso il confine con il Laos. ■ GUERRA; COL.; 103'; USA, 1987.

HAMLET ★★★
Regia di KENNETH BRANAGH. Con RICHARD ATTENBOROUGH, KENNETH BRANAGH, JULIE CHRISTIE, KATE WINSLET. ■ La storia di Shakespeare secondo Branagh. Ancora una volta il registaattore inglese applica la sua filologia. Ancora una volta sfida Olivier, che aveva fatto aderire il poeta alla civiltà della prima parte del Novecento. Branagh fa la stessa operazione nell'era del magniloquente, del fasto e del budget. Siamo nel 1800 e i costumi sono quelli imperiali. Se si accetta la contaminazione, il film può anche funzionare. Anche se oltre quattro ore, seppure di belle immagini, sono davvero lunghe. ■ DRAMMATICO; COL.; 242'; GRAN BRETAGNA, 1996. ■ OSCAR 4 NOM.

HAMMETT – INDAGINE A CHINATOWN ★★★
(Hammett)
Regia di WIM WENDERS. Con PETER BOYLE, FREDERIC FORREST, MARILU HENNER. ■ Un episodio della vita di Dashiel Hammett, detective e scrittore realmente esistito. A San Francisco nel 1928 Hammett, minato dall'alcool e dalla tbc, vive modestamente scrivendo gialli, quando viene incaricato di liberare una giovane cinese sequestrata. Mentre intorno a lui si moltiplicano i delitti, indaga tra bordelli e fumerie d'oppio, scoprendo uno scandalo in cui sono coinvolti grossi nomi. ■ POLIZIESCO; COL.; 97'; USA, 1983.

♥ **HANA-BI – FUOCHI D'ARTIFICIO** *(Hana-bi)* ★★★🏆
Regia di TAKESHI KITANO. Con KAYOKO KISHIMOTO, TAKESHI KITANO, REN OSUGI. ■ Il detective Nishi sta passando un brutto periodo. La moglie ha poco da vivere a causa di un male inguaribile e si sente in colpa nei confronti di Horibe, suo amico e compagno ridotto sulla sedia a rotelle. Chiede un prestito a uno strozzino per fare un regalo a Horibe, che vuole dipingere, e per dare dei soldi alla vedova di un altro poliziotto. In un finale struggente deciderà di uccidere se stesso e la moglie. Il miglior film realizzato dal regista giapponese. Leone d'Oro alla Mostra del Cinema di Venezia. ■ DRAMMATICO; COL.; 103'; GIAPPONE, 1997. ■ VENEZIA 🏆 1 PR.

HANCOCK ★★
Regia di PETER BERG. Con JASON BATEMAN, JAE HEAD, EDDIE MARSAN, WILL SMITH, CHARLIZE THERON. ■ John Hancock ha il nome del primo firmatario della Dichiarazione di Indipendenza degli Stati Uniti, è nato a Miami, vive a Los Angeles, è alcolizzato, ha superpoteri che non riesce a gestire, ed è disprezzato dai malviventi e impopolare tra i cittadini. Supereroe inadeguato, Hancock salva la vita a Ray Embrey, dirigente di una società di pubbliche relazioni, che si prende a cuore quel caso super-umano, per riabilitare l'uomo e riscattare l'eroe agli occhi della comunità. Sospendere l'alcol, radersi la barba, indossare un costume appropriato, atterrare morbido ed elegante sull'asfalto, lodare le forze dell'ordine sono solo alcune delle buone-azioni che Hancock dovrà mettere in pratica per ottenere l'approvazione dei suoi cittadini. Ma certi vizi, come un passato amore, sono duri a morire. ■ AZIONE; COL.; 92'; USA, 2007.

HANNA ★★★
Regia di JOE WRIGHT. Con ERIC BANA, CATE BLANCHETT, TOM HOLLANDER, SAOIRSE RONAN, OLIVIA WILLIAMS. ■ Hanna è un'adolescente che vive con il padre Erik, isolata dalla società, in una foresta. L'uomo l'ha addestrata a una molteplicità di tecniche di difesa e di attacco, all'uso delle armi e le ha fornito una buona conoscenza di molteplici lingue. Perché Erik è un ex agente della CIA che ha dovuto far perdere le proprie tracce e vuole che la figlia sappia come sopravvivere a un eventuale rientro nel mondo civile. Perché Hanna è ormai pronta e può scegliere di farsi trovare da Marissa Wiegler, responsabile dell'Agenzia, che ha un conto da saldare con Erik e vuole a tutti i costi catturare la ragazza. Hanna si trova a dover salvare la propria vita in un mondo di cui ha appreso degli elementi ma non ha conosciuto nulla, e in proposito è magistrale la sequenza in cui, in un'abitazione marocchina qualsiasi, scopre in contemporanea gli oggetti di base della civiltà che le invadono la mente sconvolgendola per pochi, terribili attimi. Il colpo di scena nel sottofinale è molto meno originale di questo vero e proprio squarcio di horror della conoscenza. ■ THRILLER; COL.; 111'; USA, GRAN BRETAGNA, GERMANIA, 2011.

HANNA D. – LA RAGAZZA DEL VONDEL PARK ★
Regia di AXEL BERGER. Con ANN-GISEL GLASS, ANTONIO SERRANO, SEBASTIANO SOMMA. ■ Hanna è una povera ragazza che per drogarsi si prostituisce e subisce violenze inimmaginabili, fino a quando incontra Alex che si innamora di lei, la salva dal "tunnel" e lei diventa una ragazza felice. ■ DRAMMATICO; COL.; 90'; ITALIA, 1984.

HANNA FLANDERS ★
Regia di OSKAR RÖHLER. Con HANNELORE ELSNER, VADIM GLOWNA, LARS RUDOLPH, JASMIN TABATABAI. ■ Hanna Flanders è una scrittrice tedesca molto amata dal pubblico della Germania orientale. Siamo infatti in paese ancora diviso, ma per pochissimo, infatti il Muro è sul punto di cadere. E cade. Da lì ogni possibile crisi, di identità e di tutto. ■ DRAMMATICO; COL.; 100'; GERMANIA, 2002.

HANNAH E LE SUE SORELLE ★★★★🏆
(Hannah and Her Sisters)
Regia di WOODY ALLEN. Con WOODY ALLEN, MICHAEL CAINE, MIA FARROW, BARBARA HERSHEY, DIANNE WIEST. ■ Le tre sorelle Hannah, Holly e Lee vivono a New York. La prima è moglie di Elliot, un consulente fiscale, ed ex moglie di Mickey, un nevrotico soggettista televisivo che l'ha lasciata perché convinto di non poter avere figli. Elliot intreccia una tresca con la cognata Lee, mentre Mickey s'innamora ricambiato dell'altra ex cognata, Holly, cantante fallita, e la mette incinta. Lee alla fine lascia Elliot per uno studente universitario e alla Festa del Ringraziamento la famiglia si ritrova apparentemente unita e felice. La banalità quotidiana illuminata e resa originale dallo scintillante umorismo di Allen. Vincitore di tre premi Oscar. ■ COMMEDIA; COL.; 106'; USA, 1986. ■ GOLDEN GLOBES 🏆 2 PR, 5 NOM; OSCAR 🏆 3 PR, 7 NOM.

HANNAH MONTANA: THE MOVIE ★★
Regia di PETER CHELSOM. Con BILLY RAY CYRUS, MILEY CYRUS, JASON EARLES, EMILY OSMENT. ■ Miley Cyrus di giorno è una ragazza normale, va a scuola ed esce con gli amici, di notte invece indossa una parrucca bionda e diventa Hannah Montana, popstar di fama mondiale idolatrata dai fan. A conoscere e proteggere il suo segreto sono solo i familiari e gli amici stretti che vogliono darle la possibilità di godere sia della musica che delle gioie di una vita semplice. Il successo però, si sa, può portare danni importanti, così il premuroso papà decide di riportare la figlia nella fattoria della nonna nel Tennesse, per rimetterla a contatto con un mondo reale lontano dalla suggestione fasulla dello show business. ■ COMMEDIA; COL.; 102'; USA, 2009.

HANNA K. ★★
Regia di CONSTANTIN COSTA GAVRAS. Con GABRIEL BYRNE, JILL CLAYBURGH, JEAN YANNE. ■ Un'americana s'è da tempo stabilita in Israele dove esercita l'avvocatura. Le capita di difendere un palestinese accusato di terrorismo e d'innamorarsi di lui. La cosa non piace a molti e soprattutto all'ex amante (israeliano)

della donna. Costa-Gavras cerca di dire la sua sul conflitto ebraico-palestinese, usando l'espediente di Margarethe von Trotta negli *Anni di piombo*, cioè mettendo in primo piano i sentimenti. Ma il melodramma è genere femminile, poco adatto alla mano pesante del regista di *Z.* ■ DRAMMATICO; COL.; 108'; FRANCIA, GRAN BRETAGNA, 1983.

HANNIBAL ★★★
Regia di RIDLEY SCOTT. Con GIANCARLO GIANNINI, ANTHONY HOPKINS, RAY LIOTTA, JULIANNE MOORE, FRANCESCA NERI, GARY OLDMAN. ■ È tornato Hannibal Lecter. Al romanzo-film di Thomas Harris e Jonathan Demme, "Il silenzio degli innocenti", era seguito, nel settembre del 1999 il sequel *Hannibal*, diventato puntualmente film. Hannibal è fuggito e si nasconde a Firenze, è diventato il professor Fell, un colto bibliofilo. Su di lui c'è una taglia di tre milioni di dollari, messa privatamente da una sua antica vittima, orrendamente sfigurata (Oldman). La didascalia di lancio americana era "quanto tempo può nascondersi un uomo prima di tornare a fare ciò che meglio gli riesce?". E Hannibal non resiste poi tanto. Di lui già sospetta l'ispettore Pazzi (Giannini) che ha bisogno di soldi e poi riappare la famosa agente Fbi Clarice, che non è più Jodie Foster ma Julianne Moore. Sarà proprio la memoria del rapporto competitivo-morboso da parte di entrambi, Hannibal e Clarice, la chiave di volta della soluzione, se così vogliamo chiamarla. I valori aggiunti di questa produzione sono certamente la location – i vari centri artistici, il ponte vecchio – la maggiore energia figurativa di Scott rispetto al più "intimista" predecessore, e perché no, il quanto di italianità con la bravura di Giannini e l'appeal di Francesca Neri nel ruolo di sua moglie. In sostanza *Hannibal* è un accurato prodotto da consumare. L'altro, *Il silenzio degli innocenti*, era un'"Opera" meritevole di tutti i riconoscimenti. ■ THRILLER; COL.; 115'; USA, 2001.

HANNIBAL LECTER – LE ORIGINI DEL MALE ★★
(Hannibal Rising)
Regia di PETER WEBBER. Con RICHARD BRAKE, RHYS IFANS, GORAN KOSTIC, GONG LI, IVAN MAREVICH, KEVIN MCKIDD, GASPARD ULLIEL, STEPHEN WALTERS, DOMINIC WEST. ■ In Lituania, il giovane Hannibal cresce in un orfanotrofio: durante la seconda guerra mondiale i nazisti hanno infatti ucciso i suoi genitori. Riesce a fuggire e a raggiungere Parigi, dove si ritrova con la vedova di suo zio, una bellissima giapponese. Le violenze subite nel passato riaffiorano continuamente. Alla fine non riesce a restarne immune. Il film, prequel sullo psichiatra antropofago più famoso della celluloide, si assume il difficile compito di spiegare come Hannibal sia trasformato appunto in The Cannibal. ■ DRAMMATICO; COL.; 117'; FRANCIA, GRAN BRETAGNA, USA, 2007.

HANNO BISOGNO D'AMORE *(I Start Counting)* ★★
Regia di DAVID GREENE. Con JENNY AGUTTER, BRYAN MARSHALL, SIMON WARD. ■ Una ragazza, adottata da una famiglia, è da sempre innamorata del fratello adottivo. Ma il giovane è sospettato da molti di essere uno psicopatico che uccide e violenta le ragazze della zona. Durante un'escursione nei boschi, la ragazza ha la prova che il maniaco non è il fratello. Purtroppo non prima che un'amica venga uccisa dal maniaco. ■ DRAMMATICO; COL.; 90'; GRAN BRETAGNA, 1970.

HANNO CAMBIATO FACCIA ★★
Regia di CORRADO FARINA. Con ADOLFO CELI, GIULIANO DISPERATI, GERALDINE HOOPER. ■ Alberto tenta di sottrarsi alle lusinghe che il denaro, nella figura dell'ingegner Nosferatu, capo di un'industria automobilistica, gli propone. Cerca aiuto in Laura, giovane ribelle figlia dei fiori, ma Nosferatu gli dimostra che anche lei si lascia corrompere, e per il protagonista non c'è scampo. ■ DRAMMATICO; COL.; 91'; ITALIA, 1971.

HANNO FATTO DI ME UN CRIMINALE ★★★
(They Made me a Criminal)
Regia di BUSBY BERKELEY. Con JOHN GARFIELD, CLAUDE RAINS, ANN SHERIDAN, MAY ROBSON, GLORIA DICKSON. ■ Per una strana coincidenza – la sua automobile finisce sfracellata con a bordo due corpi irriconoscibili – un campione di boxe viene creduto morto. La cosa gli conviene, perché l'uomo morto al posto suo nell'incidente ha compiuto un delitto del quale egli dovrebbe rispondere. Assume un altro nome e riesce a rifarsi una vita in un istituto di rieducazione per minori. Finché un giorno un ispettore molto sospettoso scopre la verità. ■ DRAMMATICO; B/N; 92'; USA, 1939.

HANNO RAPITO UN UOMO ★★
Regia di GENNARO RIGHELLI. Con CATERINA BORATTO, ROMOLO COSTA, VITTORIO DE SICA, MARIA DENIS. ■ La famiglia impone ad una giovane e bellissima principessa russa un marito indesiderato. Perciò la ragazza convince un attore a sostenere la parte del fidanzato per ingannare i parenti. L'attore è così bravo che in poco tempo i due si innamorano davvero. ■ COMMEDIA; B/N; 92'; ITALIA, 1938. ■ VENEZIA 1 PR.

HANNO RUBATO LE CHIAPPE DI AFRODITE ★★
(On a volé la cuisse de Jupiter)
Regia di PHILIPPE DE BROCA. Con ANNIE GIRARDOT, PHILIPPE NOIRET, FRANCIS PERRIN. ■ La volgare traduzione del titolo originale, (*Hanno rubato la gamba di Giove*) allude alle peripezie d'una donna poliziotto che, recatasi in Grecia con il marito archeologo, scopre una preziosa statua di Afrodite, che viene rubata. Dopo morti, sparatorie, inseguimenti, la statua viene recuperata, ma ci si accorge che non è Afrodite, ma un Giove "diverso". ■ COMMEDIA; COL.; 102'; FRANCIA, 1979.

HANNO RUBATO UN TRAM ★★
Regia di ALDO FABRIZI. Con LUCIA BANTI, CARLO CAMPANINI, ALDO FABRIZI. ■ La rivalità sportiva tra il controllore e il conduttore di un tram va a scapito di quest'ultimo che vede le sue giornate ostacolate in mille modi dall'invidioso superiore. Il tranviere ha i nervi scossi: le cose si metterebbero davvero male per lui se il controllore non avesse un'improvvisa crisi di coscienza. ■ COMMEDIA; B/N; 90'; ITALIA, 1954.

HANNO UCCISO UN FUORILEGGE *(Mammy)* ★★
Regia di JEAN STELLI. Con FRANÇOISE ARNOUL, PIERRE LARQUEY, GABY MORLAY. ■ Un medico di provincia e sua moglie hanno un unico nipote, Maurice, che in America è diventato un delinquente. Il medico lo sa, ma si illude che la moglie lo ignori perciò, quando viene a sapere che Maurice è morto, prega un giovanotto qualsiasi di sostenere il ruolo del nipote. Ma all'improvviso il vero Maurice ricompare. A sbrogliare la matassa è proprio la vecchia signora. ■ DRAMMATICO; B/N; 78'; FRANCIA, 1950.

HANNO UCCISO VICKI *(Vicki)* ★★
Regia di HARRY HORNER. Con JEANNE CRAIN, JEAN PETERS, ELLIOT REID. ■ Una fotomodella viene trovata uccisa e il giovane tenente che si occupa delle indagini perseguita uno degli amici della ragazza, Steve. Tanto accanimento non è naturale e Steve, rischiando ad ogni passo di finire in prigione, risale all'amicizia che legava l'uccisa al poliziotto. In quel legame sta il filo della matassa. ■ DRAMMATICO; B/N; 85'; USA, 1953.

HANOI HILTON *(The Hanoi Hilton)* ★
Regia di LIONEL CHETWYND. Con JEFFREY JONES, PAUL LE MAT, MICHAEL MORIARTY. ■ Il titolo si riferisce alla prigione che ospita nel nord del Vietnam i prigionieri americani, a cavallo tra gli anni Sessanta e Settanta. La pellicola narra della dura vita dei soldati catturati in guerra. Ma non è al di sopra delle parti e oltretutto è prolissa. ■ GUERRA; COL.; 126'; USA, 1987.

HANS ★★
Regia di LOUIS NERO. Con SILVANO AGOSTI, EUGENIO ALLEGRI, CATERINA DE REGIBUS, SIMONA NASI, FRANCO NERO, DANIELE SAVOCA. ■ Il lungometraggio trae ispirazione dall'incontro tra il teatro dell'assurdo di Adamov e le teorie freudiane sull'isteria. Il film analizza una paranoia e la sua evoluzione in un individuo altamente disturbato, il protagonista Hans Scabe. La schizofrenia viene raccontata a partire dall'infanzia di Hans fino alla sua morte. Non è analizzata in terza persona o da un punto di vista esterno, come nella maggior parte dei film che trattano questo tema, ma in prima persona. Lo spettatore è quindi partecipe delle visioni e dei sentimenti che prova Hans quando si trova in stato di allucinazione. ■ THRILLER; COL.; 98'; ITALIA, 2005.

HANS BRINKER E I PATTINI D'ARGENTO ★★
(Hans Brinker and the Silver Skates)
Regia di NORMAN FOSTER. Con INGA LANDRÉ, ERIK STRAND-

MARK, RONY ZEANDER. ■ Una versione Disney (però girata in Svezia) del noto romanzo per ragazzi di Mapes Dodge. Hans e Gretel sono due ragazzi olandesi, figli di una povera famiglia. La vita è dura, ma in compenso sono i migliori pattinatori sul ghiaccio della regione. Alla corsa annuale, Gretel vince la gara femminile e Hans (quasi) quella maschile (rinuncia per soccorrere un compagno). ■ SENTIMENTALE; COL.; 94'; SVEZIA, USA, 1972.

HANSEL & GRETEL – CACCIATORI DI STREGHE *(Hansel and Gretel: Witch Hunters)* ★★
Regia di TOMMY WIRKOLA. Con GEMMA ARTERTON, FAMKE JANSSEN, THOMAS MANN, JEREMY RENNER, PETER STORMARE. ■ I due fratelli Hansel e Gretel, svegliati nel cuore della notte e abbandonati nel bosco dal padre, finiscono nella casa di una strega che intende cucinarli. Con fortuna ed abilità riescono a fuggire, uccidendo la strega. Da questo momento i due decidono di dedicarsi alla lotta alle streghe, diventando in pochi anni i più noti cacciatori del campo. Tommy Wirkola sceglie di usare la favola come base, assunto da riportare fedelmente per poi raccontare, con atteggiamento analitico e indagatorio tipico del cinema contemporaneo, cosa sia successo dopo. ■ AZIONE; COL.; 88'; USA, GERMANIA, 2013.

HANS IL MARINAIO *(Hans le Marins)* ★★
Regia di FRANÇOIS VILLIERS. Con JEAN-PIERRE AUMONT, MARIA MONTEZ, LILLI PALMER. ■ Per amore della bella Dolores, un marinaio affronta due tipacci che lo derubano e lo spediscono all'ospedale. Quando ne esce, non c'è più traccia della bella. Il giovanotto ha tempo e pazienza, e aspetta. Finalmente la ragazza ricompare. ■ DRAMMATICO; B/N; 95'; FRANCIA, 1948.

HAPPENING ★★
Regia di MARC BOREAU. Con ANDRÉ DUMAS, WANDA HUDSON, LASZLÓ SZÁBÓ. ■ La violenza dorme in ogni uomo, questa almeno è la tesi del film, dove un gruppo di borghesi inizia per gioco a imitare i capi del nazismo. ■ DRAMMATICO; B/N; 90'; LUSSEMBURGO, 1967.

HAPPINESS – FELICITÀ *(Happiness)* ★★★
Regia di TODD SOLONDZ. Con JANE ADAMS, DYLAN BAKER, LARA FLYNN BOYLE, BEN GAZZARA, JARED HARRIS, PHILIP SEYMOUR HOFFMAN. ■ Le tre sorelle Jordan e le loro delusioni. Joy è alla ricerca della felicità e per questo lascia il suo compagno e il lavoro. Crede di avere finalmente soddisfatto le sue aspirazioni quando incontra Vlad, un tassista russo emigrato che però la deruba. Trish è sposata con Bill, uno psichiatra di cui non conosce le tendenze pedofile. Helen è invece una scrittrice di successo in crisi di identità. Accetta la corte pressante di un timido, per poi lasciarlo a consolarsi con una vicina di casa. Anche i genitori delle tre sono in procinto di separarsi. Film volutamente "in nero" che non ha potuto partecipare al Sundance per la sua "sgradevolezza", ma che non ha nulla di corrivo. È un ritratto "morale" al vetriolo di una società che non sa più neppure cosa sia la moralità. È un film che disturba, perché mostra ciò che non si dovrebbe mostrare e nasconde ciò che invece è divenuto "normale" vedere: l'omicidio ad esempio. ■ DRAMMATICO; COL.; 140'; USA, 1998. ■ GOLDEN GLOBES 1 NOM.

HAPPY BIRTHDAY, DETECTIVE! *(Happy Birthday, Türke!)* ★★
Regia di DORIS DÖRRIE. Con HANSA CZYPIONKA, LAMBERT HAMEL, DORIS KUNSTMANN, OZAY. ■ Vincitore al "Noir in festival" di Viareggio. Siamo a Francoforte e una donna di origine turca chiede al detective Kayankaya di ritrovare il consorte. Una spruzzata di ironia lo rende perlomeno scorrevole, nonostante l'assunto sia trito e ritrito. ■ POLIZIESCO; COL.; 110'; GERMANIA, 1992.

HAPPY DAYS – LA BANDA DEI FIORI DI PESCO *(The Lord of Flatbush)* ★★
Regia di MARTIN DAVIDSON, STEPHEN F. VERONA. Con SUSAN BLAKELY, PERRY KING, PAUL MACE, RENÉE PARIS, MARIA SMITH, SYLVESTER STALLONE, HENRY WINKLER. ■ New York, 1958. In un rione di periferia quattro ragazzi, componenti la banda dei Lords, vivono da vitelloni spregiudicati, ma in fondo sono dei bravi figlioli. ■ COMMEDIA; COL.; 88'; USA, 1974.

HAPPY FAMILY ★★★
Regia di GABRIELE SALVATORES Con DIEGO ABATANTUONO, FABRIZIO BENTIVOGLIO, MARGHERITA BUY, FABIO DE LUIGI, CARLA SIGNORIS. ■ Filippo e Marta hanno sedici anni e la ferma decisione di sposarsi. Marta dovrà persuadere i suoi genitori, passando sopra l'isteria della madre e l'indolenza del padre, Filippo dovrà convincere la madre ma può contare sulla benedizione del suo secondo marito, Vincenzo. Alla cena che riunisce alla stessa tavola i figli cocciuti e i parenti sballati, capita anche Ezio, il narratore di questa storia, coinvolto da un incidente in bicicletta e convinto da un colpo di fulmine in ascensore. Salvatores racconta cose non sempre vere, ma lo fa scopertamente, mostra il dispositivo. Come i sei personaggi di Pirandello in cerca di autore, Salvatores e i suoi compagni di viaggio rivendicano con brio la possibilità di un cambiamento all'interno dei codici di un nuovo realismo che non riesce a farsi accreditare come tale. ■ COMMEDIA; COL.; 90'; ITALIA, 2010.

HAPPY FEET ★★★
Regia di GEORGE MILLER (II). ■ Mambo è un pinguino imperatore diverso dagli altri: è completamente stonato, mentre tutto il resto del gruppo sa cantare perfettamente. Mambo ha però un altro talento: danza meglio di Fred Astaire, anche se questa sua peculiare abilità lo rende inviso a Noah l'anziano, che lo scaccia dalla comunità. Solo, ma con nuovi amici trovati lungo le sue peregrinazioni, Mambo riuscirà a riscattarsi e salvare i suoi simili, proprio grazie all'abilità nel ballo, ma non prima di aver vissuto emozionanti e pericolose avventure. ■ ANIMAZIONE; COL.; 108'; AUSTRALIA, USA, 2006.

HAPPY FEET 2 3D *(Happy Feet Two)* ★★
Regia di GEORGE MILLER II. Con MATT DAMON, BRAD PITT, MAGDA SZUBANSKI, ROBIN WILLIAMS, ELIJAH WOOD. ■ Mambo è cresciuto a pesci e tip tap, ha sposato Gloria e adesso è padre apprensivo di Erik, un cucciolo che sogna due ali per volare e una voce per cantare. Goffo e maldestro, Erik è diverso dagli altri pinguini, non canta, non balla e non sembra trovare il suo posto nel mondo. Fuggito da casa incontra Sven, un pinguino molto speciale, col becco grosso e due ali adatte al volo, e diventa il suo riferimento. ■ ANIMAZIONE; COL.; 100'; AUSTRALIA, 2011.

HAPPY FEW ★★
Regia di ANTONY CORDIER. Con ELODIE BOUCHEZ, NICOLAS DUVAUCHELLE, MARINA FOÏS, JEAN-FRANÇOIS STEVENIN, ROSCHDY ZEM. ■ Rachel crea gioielli mentre aspetta che accada qualcosa. Moglie di Franck e madre di una bambina si invaghisce di Vincent, sposato con Teri e padre di due figli. Travolti dalla passione ma decisi a non compromettere i rispettivi matrimoni, Rachel e Vincent organizzano una cena coi coniugi. Dopo il vino, le chiacchiere e il ping pong le coppie si scambiano e si condividono fino a confondersi. È l'inizio di un eccitante *ménage à quatre* che condurrà gli amanti a sperimentare sentimenti, desideri e limiti. ■ SENTIMENTALE; COL.; 103'; FRANCIA, 2010.

HAPPY-GO-LUCKY ★★★
Regia di MIKE LEIGH. CON SALLY HAWKINS, EDDIE MARSAN, ALEXIS ZEGERMAN. ■ Londra non è solo pioggia e toni cupi ma ha anche un lato solare e colorato, quello rappresentato alla perfezione da Pauline, una giovane maestra elementare che solo a guardarla mette allegria. Poppy, così la chiamano tutti, è uno spirito libero, ama i vestiti kitsch e vive con l'amica del cuore, anche lei insegnante, in un piccolo delizioso appartamento nel nord della città. Passa le sue giornate preoccupandosi più del presente che del futuro e tra lezioni a scuola, lezioni di guida e lezioni di flamenco, Poppy ha raggiunto il perfetto equilibrio con se stessa e con gli altri. Non vive nelle fiabe ma tiene i piedi saldamente per terra senza mai perdere di vista la realtà, affrontando la vita quotidiana con un pizzico di ottimismo, con autoironia e spontaneità. Si sa, gente allegra, Dio l'aiuta. Filmmaker britannico tra i più apprezzati e controversi del cinema europeo, Mike Leigh sceglie la commedia per tentare di alleggerire i toni della seriosa Berlinale. ■ DRAMMATICO; COL.; 118'; GRAN BRETAGNA, 2007.

HAPPY, TEXAS ★★★
Regia di MARK ILLSLEY. Con ILLEANA DOUGLAS, WILLIAM H.

MACY, JEREMY NORTHAM, ALLY WALKER, STEVE ZAHN. ■ Un altro prodotto felicemente promosso dal Sundance festival di Redford. Due evasi si ritrovano insieme a rubare un camper e ad organizzare spettacoli per bambini. Spunto simpatico per un film davvero riuscito. Happy è la cittadina dove si svolge la trama. Esilarante l'ormai inevitabile cameo gay: qui è lo sceriffo a dichiarare le sue tendenze. ■ COMMEDIA; COL.; 98'; USA, 1999.

HAPPY TOGETHER ★★★

Regia di WONG-KAR-WAI. Con CHANG CHEN, LESLIE CHEUNG, TONY LEUNG. ■ La storia è molto semplice. I protagonisti si amano, emigrano in Argentina, si lasciano e si ritrovano fino a che uno dei due decide di fare ritorno ad Hong Kong. Ciò che rende interessante il film è che, nei panni dei due protagonisti, troviamo due attori divenuti famosi grazie a film d'azione. C'è poi la regia, sempre estremamente attenta all'uso del mezzo, di Wong Kar-Wai che ci trasmette l'inumanità di un mondo che non riesce ad accogliere l'umanità disperata che lo abita. ■ DRAMMATICO; COL.; 93'; HONG KONG, 1997. ■ CANNES 1 PR.

HARAKIRI *(Seppuku)* ★★★

Regia di MASAKI KOBAYASHI. Con AKIRA ISHIHAMA, SHIMA IWASHITA, TATSUYA NAKADAI. ■ Per secoli i samurai sono stati considerati cavalieri senza macchia e senza paura. Il protagonista di questo film rivela invece il lato meschino e crudele di questa incredibile setta. ■ DRAMMATICO; B/N; 92'; GIAPPONE, 1962. ■ CANNES 1 PR.

HARDBALL ★★

Regia di BRIAN ROBBINS. Con JOHN HAWKES, DIANE LANE, TREVOR MORGAN, KEANU REEVES, JULIAN GRIFFITH. ■ Keanu è un ragazzotto senza arte né parte, e deve soldi a un sacco di gente. L'unica possibilità che gli si presenta è quella di allenare una squadretta di baseball formata da ragazzi lontanissimi dal professionismo. Ma anche un'occasione tanto modesta può valere come prova di carattere. È stato il primo film uscito subito dopo l'11 settembre in America. La suggestione positiva lo ha portato a un insperato immediato successo. ■ COMMEDIA; COL.; USA, 2002.

HARD BOILED *(Lashou Shentan)* ★★★

Regia di JOHN WOO. Con TONY LEUNG-CHIU-WAI, ANTHONY WONG, CHOW YUN-FAT. ■ Un capolavoro d'azione del nuovo cinema di Hong-Kong. Un ispettore è alle prese con un pericoloso trafficante d'armi. È però all'oscuro che nella gang ci sia un altro poliziotto che cerca di incastrare il boss. Celebre la scena finale in ospedale con la sparatoria che mette in pericolo dei neonati. I film di Woo sono molto violenti ma hanno sempre una componente etica. ■ POLIZIESCO; COL.; 125'; HONG KONG, 1992.

HARD CANDY ★★★

Regia di DAVID SLADE. Con JENNIFER HOLMES, SANDRA OH, ELLEN PAGE, PATRICK WILSON. ■ Jeff è un fotografo trentenne. Hayley una ragazzina di quattordici anni, ma molto, molto più sveglia di quanto la sua età potrebbe far credere. I due, dopo lunghe sessioni di chat in internet, decidono di incontrarsi. Dopo un drink e una fetta di torta si recano a casa di Jeff, ma quella che poteva diventare una giornata allegra e piacevole si trasforma per il fotografo in un incubo senza fine... Inquietante e teso, *Hard Candy* rovescia la favola di Cappuccetto Rosso: stavolta a subire è il lupo, mentre la potenziale vittima si palesa come il più feroce dei carnefici. Tanta la carne al fuoco in questo thriller, che procede di minuto in minuto come un equilibrista in bilico sul filo che rischia di cadere a ogni istante. Lo script rivela poco a poco le ragioni che portano l'altrimenti innocente Hayley a torturare e mutilare Jeff, sospetto pedofilo, permettendo allo spettatore di scoprire un pezzo alla volta il puzzle ordito dall'inquietante teenager. La messa in scena minimalista, con la macchina da presa che insiste sistematicamente sui volti dei protagonisti, l'ambiente colorato ma al tempo stesso asettico che funge da sinistro teatro dell'orrore per questo duello fisico e psicologico, caratterizzano un film teso e vibrante che in certi frangenti lascia davvero senza fiato. Strepitosi i due protagonisti, Ellen Page, già vista in *X-Men - Conflitto finale* e Patrick Wilson: per loro, se continueranno su questa strada, si preannuncia un radioso futuro. ■ DRAMMATICO; COL.; 103'; USA, 2005.

HARDCORE ★★★

Regia di PAUL SCHRADER. Con PETER BOYLE, LEONARD GAINES, SEASON HUBLEY, DAVID NICHOLS, DICK SARGENT, GEORGE C. SCOTT. ■ Un ricco industriale di provincia, autoritario e ferreo calvinista, viene abbandonato dalla moglie prima e dalla figlia poi. Per rintracciare quest'ultima, l'industriale assume un investigatore privato che scopre che la ragazza è entrata nel mondo della prostituzione e gira filmetti porno. L'industriale stesso si mette sulle tracce della figlia, grazie anche all'aiuto prestatogli da una "squillo". La trova e riesce a convincerla a seguirlo. ■ DRAMMATICO; COL.; 108'; USA, 1978.

HARD DRIVE ★

Regia di JAMES MERENDINO. Con EDWARD ALBERT JR, LEO DAMIAN, CHRISTINA FULTON, STELLA STEVENS. ■ La deludente vita coniugale porta Will a sperimentare le linee erotiche dei terminali. Sedotto dalla torbida Delilah, si lascia coinvolgere in un gioco sempre più perverso, fino al giorno in cui le spara con una pistola che doveva essere scarica. Poi un uomo comincia a ricattarlo e la vita diventa un incubo, anche perché Will scopre che Delilah è viva e che sua moglie lo tradisce con il suo ricattatore. ■ THRILLER; COL.; 89'; USA, 1993.

HARDER THEY COME – PIÙ DURO E PIÙ FORTE CADE, THE *(The Harder they Come)* ★★★

Regia di PERRY HENZELL. Con JANET BARTLEY, CARL BRADWAY, JIMMY CLIFF. ■ Un giovane giamaicano vuole affermarsi come cantautore. Osteggiato da un "boss" della malavita, si adatta a vendere droga, ma poi si ribella e finisce in prigione. Quando ne esce, fa giustizia dei nemici, quindi tenta di imbarcarsi clandestinamente ma ingaggia una sparatoria con la polizia durante la quale rimane ucciso. La sua canzone finirà in vetta alle classifiche. ■ AZIONE; COL.; 98'; GIAMAICA, USA, 1973.

HARD GOODBYES: MY FATHER ★★

Regia di PENNY PANAYOTOPOULOU. Con HRISTOS BOUYOTAS, YORGOS KARAYANNIS, STELIOS MAINAS, CHRISTOS STERGIOGLOU, IOANNA TSIRIGOULI. ■ Dalla Grecia, la storia di un bambino di 10 anni e di suo padre uniti dal sogno di un viaggio nello spazio. Ma un giorno il padre muore in un viaggio di affari... ■ DRAMMATICO; COL.; 113'; GERMANIA, GRECIA, 2002.

HARDWARE ★★

Regia di RICHARD STANLEY. Con JOHN LYNCH, DYLAN MCDERMOTT, IGGY POP, STACEY TRAVIS. ■ Un film fanta-horror con qualche scena interessante e una regia che promette bene per il futuro. Il risultato però si attesta sulla sufficienza. Siamo in un'epoca futura in cui il mondo è una landa desolata con pochi superstiti. Uno di loro porta in regalo alla propria donna resti di un robot e lei da quei rottami riesce a costruire una scultura. Il guaio è che il robot era programmato per uccidere gli esseri umani e torna ad avere una propria vita seminando il terrore. L'idea viene dai fumetti e ha vinto un premio ad Avoriaz nel 1991. ■ FANTASTICO; COL.; 95'; USA, 1990.

HAREM ★★

Regia di ARTHUR JOFFÉ. Con BEN KINGSLEY, NASTASSJA KINSKI, MICHEL ROBIN. ■ Una bella ragazza americana viene rapita dagli emissari di uno sceicco arabo, innamoratosi di lei a distanza. Nel castello in mezzo al deserto fiorisce inaspettatamente l'amore tra la rapita e il rapitore, un ometto gentile, che non crede più alle tradizioni tribali del suo popolo. Lo sceicco poi libera la ragazza promettendole di raggiungerla al più presto in America. Ma non può. Una guardia, per sbaglio, lo uccide. ■ DRAMMATICO; COL.; 113'; FRANCIA, 1985.

HAREM, L' ★★★

Regia di MARCO FERRERI. Con CARROLL BAKER, BILL BERGER, MICHEL LE ROYER, GASTONE MOSCHIN, RENATO SALVATORI. ■ Il sogno di ogni uomo è quello di avere un harem di donne a sua disposizione (Fellini l'ha raccontato per anni). Qui invece è una donna – simbolo volutamente scontato dell'emancipazione femminile – ad avere quattro maschi a propria disposizione. ■ COMMEDIA; COL.; 96'; ITALIA, 1967.

HAREM SONO DESERTI, GLI ★★

Regia di ANTONIO COLACURCI. ■ La Turchia moderna, nei suoi

aspetti più folkloristici, è il soggetto del documentario che ha più di trent'anni, ma presenta ancora qualche interesse. ■ DOCUMENTARIO; COL.; 90'; ITALIA, 1957.

HAREM SUARE *(Harem suare)* ★★
Regia di FERZANN OZPETEK. Con LUCIA BOSÈ, ALEX DESCAS, MARIE GILLAIN, VALERIA GOLINO. ■ Siamo all'inizio del ventesimo secolo a Istanbul. Mentre la rivoluzione imperversa il sultano a teatro assiste alla *Traviata*, e impone un lieto fine. Safiye, italiana, è la ragazza che riscrive i libretti d'opera. Nadir, un eunuco, decide che Safiye debba essere scelta per far parte dell'harem del sultano. L'uomo però si innamora di lei, dunque tutto viene stravolto. Il regista di *Hamam – Il bagno turco*, nato a Istanbul ma negli anni Novanta studente a Roma, confeziona un film di sapore troppo televisivo. ■ STORICO; COL.; 106'; FRANCIA, ITALIA, TURCHIA, 1999.

HARLAN COUNTY USA ★★★
Regia di BARBARA KOPPLE. ■ I minatori di una città del Kentucky scioperano a lungo per migliorare sia lo stipendio che le condizioni di lavoro. Si affidano al sindacato, ma scoprono che i dirigenti sono corrotti. Sostenuti dalle loro donne, riescono finalmente ad ottenere i loro diritti. Il film della Kopple, distribuito in Italia solo nel 1981, ha vinto l'Oscar come miglior documentario nel 1977. ■ DOCUMENTARIO; COL.; 103'; USA, 1976.

HARLEM ARIA ★★★
Regia di WILLIAM JENNINGS. Con EYDE BYRDE, CHRISTIAN CAMARGO, GABRIEL CASSEUS, PAUL SORVINO, DAMON WAYANS. ■ Anton, un afroamericano povero, idealista e ingenuo come Forrest Gump, lavora in una lavanderia a Harlem ma sogna di diventare un cantante d'opera. La zia lo dileggia per questa aspirazione, ma Anton è in realtà dotato di una bellissima voce da tenore. Un giorno incontra Matthew, un pianista bianco che suona nei parchi con cui stringe amicizia ed inizia a cantare. Il sodalizio non piace a Wes, il quale cerca di mettere discordia tra i due. Il talento di Anton alfine emergerà. Delicato film di ambientazione metropolitana che si fa guardare con piacere, narrando una storia insolita e fuori dagli schemi ■ DRAMMATICO; COL.; 100'; USA, 2001.

HARLEM DETECTIVES *(Come Back Charleston Blue)* ★★
Regia di MARK WARREN. Con GODFREY CAMBRIDGE, PETER DE ANDA, RAIMOND ST JACQUES. ■ Jones e Johnson sono due poliziotti neri che lavorano nel quartiere di Harlem. Hanno a che fare con delinquenti di ogni tipo e di ogni colore, ma se la cavano sempre brillantemente e in allegria. ■ POLIZIESCO; COL.; 100'; USA, 1972.

HARLEM – KNOCK OUT ★★★
Regia di CARMINE GALLONE. Con ELISA CEGANI, VIVI GIOI, MASSIMO GIROTTI, AMEDEO NAZZARI, OSVALDO VALENTI. ■ Un italiano in America riesce a fare fortuna e chiama con sé il fratello più giovane. Quest'ultimo, boxeur, appena arrivato combatte contro un campione nero: vince proprio quando il fratello, per una serie di ingiustizie, finisce in galera accusato di assassinio. I soldi guadagnati dal giovane bastano per pagare la libertà al maggiore, che comunque la assapora per poco: una raffica di mitra lo falcia appena esce dal carcere. ■ DRAMMATICO; B/N; 90'; ITALIA, 1942.

HARLEM NIGHTS ★★
Regia di EDDIE MURPHY. Con DANNY AIELLO, EDDIE MURPHY, RICHARD PRYOR. ■ Siamo a New York, fine anni Trenta. Quick ha imparato fin da piccolo cosa significa vivere nella strada a contatto con le violenze di ogni giorno. Infatti si macchia molto presto di un omicidio. Comunque ha la riconoscenza di Sugar Ray che lo adotta. I due diventano grandi affaristi nel giro dei night ma dovranno vedersela con Bugsy Calhoune che chiede tangenti. Lo sistemeranno coi fiocchi. ■ COMMEDIA; COL.; 116'; USA, 1989. ■ OSCAR 1 NOM.

HARLEQUIN ★★
Regia di SIMON WINCER. Con BRODERICK CRAWFORD, DAVID HEMMINGS, ROBERT POWELL. ■ Un misterioso straniero (forse dotato di poteri paranormali) s'insinua nella casa di un uomo politico, dopo aver guarito il suo figlioletto dalla leucemia. Ma chi è? Un mago, un delinquente o un agente segreto nemico? Un *mistery* di discreto interesse, ottimamente recitato da un Robert Powell in buona forma. ■ THRILLER; COL.; 91'; AUSTRALIA, 1981.

HARLEY DAVIDSON & MARLBORO MAN ★★
Regia di SIMON WINCER. Con DON JOHNSON, MICKEY ROURKE, DANIEL BALDWIN. ■ Ci sono due amici, che hanno i soprannomi riferiti a moto e sigarette, in un bar di un simpatico vecchietto di colore. Il proprietario senza scrupoli di una banca vuole costringere il vecchio a cedere il locale a un prezzo ovviamente stracciato. I due eroi della storia si fanno aiutare a svaligiare la banca suddetta ma invece trovano della droga. Il capo della banca ordina che i due vengano tolti di mezzo. ■ POLIZIESCO; COL.; 93'; USA, 1991.

♥ **HAROLD E MAUDE** *(Harold and Maude)* ★★★
Regia di HAL ASHBY. Con BUD CORT, CYRIL CUSACK, RUTH GORDON, VIVIAN PICKLES. ■ Lui è stanco della vita, pensa continuamente al suicidio e frequenta i funerali; lei ama la velocità, si fa beffe dei rituali borghesi ed ama molto la vita. I due si innamorano e fin qui niente di strano, solo che lui, Harold, ha diciotto anni, e lei, Maude, ne ha settantanove. Quando Harold annuncia che vuole sposarla la famiglia impazzisce. Maude però risolve ogni problema: ancor prima di conoscere il ragazzo, aveva deciso che al suo ottantesimo compleanno avrebbe messo fine alla sua vita; ora ha una ragione di più per farlo. In compenso, lascia tutta la sua energia vitale in eredità a Harold. ■ COMMEDIA; COL.; 90'; USA, 1971. ■ GOLDEN GLOBES 2 NOM.

HARRISON'S FLOWERS ★★
Regia di ELIE CHOURAQUI. Con SCOTT ANTON, ALUN ARMSTRONG, ADRIEN BRODY, BRENDAN GLEESON, ELIAS KOTEAS, ANDIE MACDOWELL, DAVID STRATHAIRN. ■ New York, 1991. Harrison è un fotografo di guerra famoso (ha vinto il Pulitzer) con due figli e una stupenda moglie, Sara. La sua passione, quando non è in servizio, sono i fiori. La guerra nell'ex Jugoslavia lo spinge a partire. Dovrebbe essere una missione breve, ma un giorno arriva la notizia: è morto nel crollo di un edificio. Sara, che qualche ora dopo il fatto ha ricevuto una telefonata senza riuscire a sentire l'interlocutore, è convinta che il marito non sia morto. Di lì a poco tempo la donna decide di partire: raggiungerà Vukovar dove è convinta, anche grazie a un'immagine vista in televisione, che Harrison sia ancora vivo. Inizia così un viaggio nell'inferno di un conflitto senza regole e in cui la bestialità umana sembra l'unica padrona del campo. L'accompagna e aiuta Kyle, un collega di Harrison, insieme ad altri fotografi. L'ospedale della città viene raggiunto affrontando rischi di tutti i tipi e Sara può verificare se la sua sensazione era veritiera. *Harrison's Flowers* è un film dalle molte anime. Inizialmente si prende i tempi del cinema europeo per raccontare la vita familiare dei protagonisti. Poi, d'improvviso, accelera (ed è la parte migliore). ■ DRAMMATICO; B/N; 130'; FRANCIA, 2001.

HARRY A PEZZI *(Deconstructing Harry)* ★★★
Regia di WOODY ALLEN. Con WOODY ALLEN, KRISTIE ALLEY, ERIC BOGOSIAN, BILLY CRYSTAL, JUDY DAVIS, MARIEL HEMINGWAY, AMY IRVING, DEMI MOORE, ELISABETH SHUE, STANLEY TUCCI, ROBIN WILLIAMS. ■ Harry ha scritto un libro autobiografico e ha messo in crisi tutti. Il mondo viene a sapere che seduce le pazienti della moglie, ha rapporti con la cognata, odia la sorella eccetera. Tutti lo odiano. Fortuna che la sua vecchia università ha deciso di onorarlo. È una bella compensazione al blocco creativo che è sopraggiunto. E poi c'è la ragazzina che lo abbandona, gli analisti che lo vessano, e alla fine persino una visita all'inferno, perché Harry ritiene di meritarlo, essendo il peggiore di tutti gli esseri umani dopo Hitler, Goerings e Goebbels. Il regista ha dichiarato «è un momento felice della mia vita, non vado nemmeno dall'analista», in realtà questo film ha sostituito l'analista. Woody lo gira a sessantatré anni e naturalmente qualcosa è successo. È quasi normale, lo fu per Bergman e per Fellini. Credevano di aver finito, lo dichiararono coi film, ma non era vero. I riferimenti di Allen ai due maestri sono molto precisi, c'è la rassegna finale di tutti i personaggi, come la giostra di *Otto e mezzo*. E Harry "onorato" all'università è semplicemente il vecchio professore del *Posto delle fragole*, che si recava al suo giubileo rivivendo gli episodi sa-

lienti della propria vita, proprio come fa Woody quando assiste, testimone invisibile, ai discorsi di sua sorella. Complessivamente questo film non vale il precedente *Tutti dicono I love you*, di impianto semplice, fresco e geniale. Qui c'è troppo artificio. ■ COMMEDIA; COL.; 95'; USA, 1998. ■ OSCAR 1 NOM.

HARRY & KIT *(Trouble Bound)* ★★
Regia di JEFFREY REINER. Con PATRICIA ARQUETTE, SEYMOUR CASSEL, MICHAEL MADSEN. ■ Regista indipendente alla sua opera seconda (dopo *Blood and Concrete*), Reiner ci racconta di Harry che, vinta una Cadillac, si fa avanti con Kit alla quale offre divertimento, affetto e una buona dose di adrenalina. ■ COMMEDIA; COL.; 89'; USA, 1992.

HARRY & SON ★★
Regia di PAUL NEWMAN. Con ELLEN BARKIN, ROBBY BENSON, PAUL NEWMAN. ■ Impegnato come gruista in un'impresa di demolizione, Harry, un vedovo di mezza età, viene licenziato per un difetto alla vista e si ritrova a vivere gomito a gomito con il figlio Howard, aspirante scrittore. La convivenza tra padre e figlio è tutt'altro che facile, anche perché il ragazzo insiste per accasare lo scorbutico genitore con una simpatica vicina di casa, sua futura suocera. ■ COMMEDIA; COL.; 117'; USA, 1983.

HARRY E TONTO *(Harry and Tonto)* ★★★
Regia di PAUL MAZURSKY. Con ELLEN BURSTYN, ART CARNEY, GERALDINE FITZGERALD, CHIEF DAN GEORGE, LARRY HAGMAN. ■ Harry, maturo vedovo ed ex insegnante, vive a New York con la sola compagnia del proprio gatto Tonto e dell'amico Jacob. Sfrattato, viene accolto dal figlio e dai nipotini, ma i rapporti con la nuora sono alquanto tesi. Allora Harry decide di andare presso la figlia, a Chicago. Scopre così che gli piace davvero viaggiare e si sposta a Los Angeles, dove vive un altro suo figlio. Si stabilisce in California e, morto Tonto di vecchiaia, per non sentirsi troppo solo riprende a dar lezioni ai ragazzi: ciò gli ridà fiducia ed entusiasmo. Un Oscar ad Art Carney. ■ COMMEDIA; COL.; 115'; USA, 1974. ■ GOLDEN GLOBES 1 PR, 2 NOM; OSCAR 1 PR, 2 NOM.

HARRY POTTER E I DONI DELLA MORTE. PARTE I ★★
(Harry Potter and the Deathly Hallows: Part I)
Regia di DAVID YATES. Con HELENA BONHAM CARTER, RUPERT GRINT, DANIEL RADCLIFFE, EMMA WATSON, BONNIE WRIGHT. ■ Harry Potter è in fuga, Hogwarts è ormai caduta nelle mani di Voldemort e così anche il Ministero della Magia. La morte di Silente ha lasciato un vuoto che è stato colmato dalle forze oscure e Harry si sente abbandonato. Così non è però, e se ne accorgerà alla lettura del testamento: sia ad Harry, che a Ron che ad Hermione è stato infatti lasciato in eredità un oggetto a suo modo cruciale per la resistenza. Non è però ancora il momento delle grandi battaglie quanto quello della fuga alla ricerca degli horcrux, oggetti o esseri viventi contenenti frammenti dell'anima di Voldemort. Solo a metà del suo percorso però Harry si renderà conto che anche il signore oscuro è alla ricerca di un oggetto ugualmente cruciale che tuttavia non sono gli horcrux. Di episodio in episodio la saga cinematografica di Harry Potter accumula incassi, nonostante sia sempre più difficile da seguire. ■ FANTASTICO; COL.; 146'; USA, GRAN BRETAGNA, 2010.

HARRY POTTER E I DONI DELLA MORTE. PARTE II ★★★
(Harry Potter and the Deathly Hallows: Part II)
Regia di DAVID YATES. Con HELENA BONHAM CARTER, RUPERT GRINT, DANIEL RADCLIFFE, EMMA WATSON, BONNIE WRIGHT. ■ Occupati Hogwarts e il mondo della magia, Voldemort e i Mangiamorte hanno ormai un solo obiettivo: disperdere l'Esercito di Silente e uccidere Harry Potter, alla ricerca spasmodica degli ultimi horcrux. Individuati con l'immancabile aiuto di Ron e Hermione gli oggetti e i soggetti viventi che contengono l'anima frantumata e separata dal corpo del Signore Oscuro, i tre ragazzi hanno soltanto bisogno di tempo per raggiungere quelle schegge di anima e farne scempio. Ripiegati a Hogwarts, presieduta da Severus Piton e difesa da dissennati dissennatori, Harry e compagni vengono accolti trionfalmente da Neville Paciock e il suo esercito di dissidenti armati di bacchetta e coraggio, il coraggio di esporsi al dolore e alla morte dimenticandosi della propria salvezza in nome di un bene superiore. Nella furia della battaglia Harry scoprirà che tra il bianco di Silente e il nero di Piton esiste una zona grigia e una lacrima rivelatrice di ben altre verità. Recatosi al Pensatoio e versato il pianto e i ricordi di Piton, Harry saprà finalmente cosa fare per annullare Voldemort. Recatosi nella Foresta Proibita per affrontarlo, il giovane mago abbraccerà la possibilità della morte, guadagnando la salvezza e il futuro. Quello magico e quello babbano. Potrebbe trattarsi della fine della saga. Potrebbe. ■ FANTASTICO; COL.; 130'; USA, GRAN BRETAGNA, 2011.

HARRY POTTER E IL CALICE DI FUOCO ★★★
(Harry Potter and the Goblet of Fire)
Regia di MIKE NEWELL. Con ROBBIE COLTRANE, RALPH FIENNES, MICHAEL GAMBON, BRENDAN GLEESON, RUPERT GRINT, STANISLAV IANEVSKI, ROBERT PATTINSON, CLÉMENCE POÉSY, DANIEL RADCLIFFE, MIRANDA RICHARDSON, ALAN RICKMAN, MAGGIE SMITH, EMMA WATSON. ■ Hogwarts anno quarto. Harry Potter e i suoi amici Ron ed Hermione stanno crescendo e con loro crescono le consapevolezze e i dubbi. È questo il perno attorno a cui ruota il film di Mike Newell in perfetto equilibrio tra dramma e commedia. Perché il dolore pesa terribilmente sulle spalle di questo Eletto che vorrebbe essere solo un mago "normale" e tutte le assenze del passato (i genitori morti) e le incombenze del futuro si fanno pressanti. La tensione non è quindi tanto affidata ai draghi o alle prove da superare quanto a una sofferenza interiore che non ha bisogno di attendere l'evidenza dell'incontro con Voldemort per divenire percepibile. Ma Newell (sempre più apprezzabile l'idea di cambiare regista per ogni film) è però abilissimo nel farcela "sentire" come tema portante distraendo però la nostra attenzione grazie alle pagine della festa da ballo che la Rowling gli offre e che lui sa giostrare con la sapienza consumata di un realizzatore di commedie brillanti. I piccoli slittamenti del cuore, le rivalità e i tremori dell'inizio dell'adolescenza diventano materia per un'ampia parentesi di alleggerimento. Che non basta però a distrarci dall'esigenza (divenuta per Harry ormai imprescindibile) di distinguere la realtà dall'apparenza, il bene da ciò che bene non è. Se gli amici restano tali nonostante le incomprensioni, il mondo intorno a lui si sta facendo sempre più "adulto" e, quindi, sempre più ambiguo e temibile. ■ FANTASTICO; COL.; 153'; GRAN BRETAGNA, USA, 2005. ■ OSCAR 1 NOM.

HARRY POTTER E IL PRIGIONIERO DI AZKABAN *(Harry Potter and the Prisoner of Azkaban)* ★★★
Regia di ALFONSO CUARÓN. Con JULIE CHRISTIE, ROBBIE COLTRANE, WARWICK DAVIS, RICHARD GRIFFITH, RUPERT GRINT, GARY OLDMAN, DANIEL RADCLIFFE, ALAN RICKMAN, EMMA THOMPSON, EMMA WATSON. ■ *Harry Potter* è un assegno circolare. Fortunatamente per gli spettatori, è anche una serie che migliora di episodio in episodio, e questa nuova, spettacolare, puntata diretta da Cuarón, che rientra nel progetto di far dirigere ogni nuova pellicola della serie ad un regista diverso, rappresenta, almeno fino al 2005, il punto più alto della eptalogia in divenire. Harry Potter si presenta al pubblico in una veste più dark ed oscura. Stavolta i nemici e gli incubi non vengono dall'esterno ma dall'animo dei protagonisti e molti temi, pur se non approfonditi, mantengono alto il livello di attenzione "sociale": la mancanza di genitori e di punti di riferimento, il razzismo, il dualismo delle personalità degli individui e la non assolutezza del male, le classi sociali, l'ingiustizia. A questo punto, la patata bollente passa nelle mani di Mike Newell. ■ FANTASTICO; COL.; 136'; USA, 2004.

HARRY POTTER E IL PRINCIPE MEZZOSANGUE ★★★
(Harry Potter and the Half-Blood Prince)
Regia di DAVID YATES. Con MICHAEL GAMBON, RUPERT GRINT, DANIEL RADCLIFFE, ALAN RICKMAN, EMMA WATSON. ■ Tempi oscuri minacciano il mondo dei maghi e quello dei babbani. Dopo il ritorno di Voldemort e la tragica morte di Sirius Black, Harry trova conforto e consolazione nell'abbraccio di Silente, che lo conduce ad Hogwarts e lo invita alla condivisione dei suoi ricordi. Nel Pensatoio Albus e Harry cercano un indizio contro il male. La chiave della loro indagine è però custodita e mai rivelata nella memoria di Horace Lumacorno, professore in pensione. L'allet-

tante possibilità di insegnare all'Eletto, lo conduce di nuovo in cattedra e lo persuade finalmente a rivelare il segreto dell'Oscuro Signore: l'anima di Voldemort, straziata in sette parti dall'orrore compiuto, è conservata e protetta in altrettanti oggetti attraverso un complicato incantesimo di magia nera avanzata. Silente e Potter lasciano Hogwarts alla ricerca del medaglione (uno degli Horcrux) che custodisce un frammento dello spirito scellerato del Serpeverde. Nei corridoi della scuola intanto un altro Eletto, Draco Malfoy, è determinato a lasciare un segno (oscuro) nella storia. ■ FANTASTICO; COL.; 153′; USA, GRAN BRETAGNA, 2009.

HARRY POTTER E LA CAMERA DEI SEGRETI ★★
(Harry Potter and the Chamber of Secrets)
Regia di CHRIS COLUMBUS. Con KENNETH BRANAGH, RUPERT GRINT, DANIEL RADCLIFFE, MAGGIE SMITH, EMMA WATSON. ■ Harry Potter sta trascorrendo noiose vacanze estive presso gli zii, oltretutto senza aver ricevuto nemmeno un messaggio dagli amici Ron e Hermione. Colpa di Dobby, elfo domestico che ha intercettato la posta per convincere il ragazzo a lasciare la scuola di magia di Hogwarts dove lo attenderebbe un terribile pericolo. L'arrivo all'accademia coincide in effetti con una serie di strani e paurosi fenomeni: esseri pietrificati, scritte di sangue sui muri e soprattutto l'accenno a una misteriosa "camera dei segreti" che conterrebbe qualcosa di malefico. Quando il pericolo comincerà a riguardare i suoi amici Harry saprà risolvere la situazione. Tratto dal secondo romanzo di J. K. Rowling, *Harry Potter e la camera dei segreti* convince meno del primo episodio. Squadra che vince non si cambia, e il film è qua e là spettacolare. Ma al di là di mirabolanti scenografie ed effetti speciali spira un'aria di già visto, aggravata da un metraggio abnorme e da un eccessivo indulgere ad atmosfere dark. Riempie gli occhi ma non scalda il cuore. ■ FANTASTICO; COL.; 159′; USA, 2002.

HARRY POTTER E LA PIETRA FILOSOFALE ★★★
(Harry Potter and the Philosopher's Stone)
Regia di CHRIS COLUMBUS. Con JOHN CLEESE, RUPERT GRINT, RICHARD HARRIS, IAN HART, DANIEL RADCLIFFE, ALAN RICKMAN, MAGGIE SMITH, EMMA WATSON. ■ Harry Potter vive con gli zii e il cuginetto sin dalla più tenera età dopo la morte dei suoi genitori. I parenti non lo amano per nulla. Harry sta ormai per compiere undici anni e viene guardato male anche per alcune sue capacità "magiche". Che sono effettive perché Harry è figlio di maghi e comincia a ricevere lettere, regolarmente sequestrate, portate da gufi. Dovrà giungere il gigantesco Hagrid a recapitargliene personalmente una perché possa apprendere di essere stato ammesso a frequentare la Scuola di Magia e Stregoneria di Hogwarts. Gli zii a questo punto non possono far più nulla e Harry raggiunge la Scuola dove apprende che il suo nome è già noto e dove scoprirà di avere naturali doti magiche. Questo non è che l'inizio delle sue avventure ispirate al famosissimo e vendutissimo libro di J. K. Rowling che da madre single e senza una sterlina si è ritrovata ad essere una delle donne più ricche della Gran Bretagna. Il film mantiene più di quel che pareva promettere. Chris Columbus (nel suo carnet, tra gli altri, *Mamma ho perso l'aereo*) ha saputo evitare l'ansia da effetto speciale (anche se parte della stampa d'Oltreoceano ha già fatto le sue brave ironie) per puntare tutto sulla storia che segue, fatti i debiti tagli e una variante sul prologo, lo sviluppo del romanzo. Circondandosi di ottimi attori ha ricostruito un clima anni Sessanta senza però mai dimenticare gli spettatori (dai 6 ai 60 anni) a cui si rivolgeva. Tanto che si giunge alla morale della favola dopo due ore e mezza di film ancora in grado di intendere e di volere. Cioè non frastornati da una colonna sonora pompata o da mirabilie tecnologiche ma piacevolmente coinvolti da una storia la cui "magia" sta nel raccontare in modo semplice del (fortunatamente non ancora annullato) bisogno di fantasia della mente umana. ■ FANTASTICO; COL.; 151′; USA, 2001. ■ OSCAR 3 NOM.

HARRY POTTER E L'ORDINE DELLA FENICE ★★★
(Harry Potter and the Order of the Phoenix)
Regia di DAVID YATES. Con HELENA BONHAM CARTER, ROBBIE COLTRANE, RALPH FIENNES, MICHAEL GAMBON, BRENDAN GLEESON, RUPERT GRINT, JASON ISAACS, GARY OLDMAN, DANIEL RADCLIFFE, EMMA WATSON. ■ Voldemort si è fatto corpo ed è tornato. Nessuno al Ministero della Magia sembra crederci. Cornelius Caramell, pavido Ministro delle istituzioni magiche, è deciso a reprimere con tutti i mezzi coloro che oseranno affermare il contrario. Harry, sopravvissuto col tronfio cugino Dudley all'attacco dei Dissennatori, viene espulso da Hogwarts per avere usato impropriamente la magia davanti a un babbano. L'intervento in tribunale di Silente reintegra il ragazzo e lo introduce alla conoscenza dell'Ordine della Fenice, un gruppo di nobili cavalieri magici avversari di Voldemort. Quinta volta per Potter al cinema, prima volta per David Yates, regista inglese che supera la prova accompagnando Harry alla maturità e all'autonomia affettiva. ■ FANTASTICO; COL.; 142′; GRAN BRETAGNA, USA, 2007.

♥ HARRY, TI PRESENTO SALLY ★★★
(When Harry Met Sally...)
Regia di ROB REINER. Con BILLY CRYSTAL, CARRIE FISHER, MEG RYAN, BRUNO KIRBY. ■ Due universitari fanno il viaggio in auto da Chicago a New York senza quasi conoscersi, anzi conoscendo solo una comune amica. Giunti al termine della corsa si salutano sperando di non vedersi più. Passano gli anni e si incontrano ciclicamente finché qualcosa accadrà. Un film simpatico e divertente un po' "alleniano" che si distacca dalle solite commedie all'americana. Bravi gli interpreti nel rivoltare i cliché del genere. ■ COMMEDIA; COL.; 96′; USA, 1989. ■ GOLDEN GLOBES 5 NOM; OSCAR 1 NOM.

HARRY TRACY *(Harry Tracy Desperado)* ★★
Regia di WILLIAM A. GRAHAM. Con BRUCE DERN, MICHAEL C. GWYNNE, HELEN SHAVER. ■ La rievocazione (molto idealizzata) delle gesta di Harry Tracy che fu uno dei *desperados* del *Branco selvaggio*, la banda di Butch Cassidy. Tracy rapina banche e treni, ma si mette veramente nei guai il giorno in cui si innamora della figlia di un giudice. Raggiunto dagli uomini dello sceriffo, Tracy è ammazzato, come il suo ex capo Butch. ■ WESTERN; COL.; 92′; CANADA, USA, 1980.

HARRY: UN AMICO VERO ★★★
(Harry, un ami qui vous veut du bien)
Regia di DOMINIK MOLL. Con SOPHIE GUILLEMIN, SERGI LÓPEZ, LAURENT LUCAS, MATHILDE SEIGNER, LILIANE ROVÈRE, MICHEL FAU. ■ Michel e Claire hanno tre figliolette vivaci e una casa in campagna che stanno ristrutturando da cinque anni. L'estate, piuttosto afosa, li vede di nuovo lì, sempre più stressati. "Per fortuna" arriva il vecchio compagno di liceo di Michel, Harry. I due non si vedevano da tempo e Harry, con la sua bonomia, vuole rendersi utile. Si renderà "troppo" utile partendo dalla sua regola di vita secondo la quale ogni problema ha una soluzione. Quasi sempre radicale. Una graffiante commedia nera, che regge bene per tre quarti della sua durata grazie alla straordinaria ambiguità di un attore come Sergi López (ve lo ricordate in *Una relazione privata*?). È davvero una persona disponibile ma il modo in cui lo è lascia pensare. Il finale vira troppo sul sanguinolento perdendo l'insinuante leggerezza della prima parte. Se pensate di essere persone che danno troppo facilmente la propria fiducia a semi-sconosciuti evitate di vedere questo film: potrebbe farvi paura. ■ COMMEDIA NERA; COL.; 117′; FRANCIA, 2000.

HARSH TIMES – I GIORNI DELL'ODIO ★★
(Harsh Times)
Regia di DAVID AYER. Con CHRISTIAN BALE, SAMANTHA ESTEBAN, CHAKA FORMAN, EVA LONGORIA, MICHAEL MONKS, FREDDY RODRIGUEZ, J. K. SIMMONS, TAMMY TRULL, TANIA VERAFIELD. ■ Jim Davis è un soldato delle truppe d'assalto congedato e decorato. Di ritorno dalla Guerra del Golfo, è deciso a entrare in polizia e a sposare Marta, una giovane donna messicana in attesa che il suo principe yankee la conduca legittimamente negli States. A Los Angeles frequenta assiduamente il suo amico Mike, nullafacente in cerca di un lavoro, e con poca simpatia Sylvia, la sua bella fidanzata realizzata La donna, che sogna Mike sistemato in un ufficio, non vede di buon occhio Jim, responsabile della condotta biasimevole del suo compagno. Bere, fumare (di tutto), fare a botte e fare sesso sono i loro passatempi preferiti su e giù per le strade di South Central. Ma gli orrori della guerra insinua-

no lampi di follia nella mente di Jim, che in una sola notte perderà la sua scommessa con l'amore, l'amicizia e la vita. Il tema del reduce e della sua sopravvivenza ha sempre trovato spazio nel cinema statunitense, forse perché la guerra è ancora lo sport preferito degli americani, luogo di iniziazione, di cameratismo interclassista e di eccitazione violenta dei sensi, dove la morte è sempre in agguato. Dopo la guerra fredda, i conflitti "tecnologici" sono stati preferibilmente raccontati in generi collaterali: fantascienza, noir, melodramma. ■ AZIONE; COL.; 119'; USA, 2005.

HARVEY ★★★
Regia di HENRY KOSTER. Con PEGGY DOW, JOSEPHINE HULL, JAMES STEWART. ■ Harvey è un grosso coniglio bianco che (forse) esiste solo nella fantasia di Elwood, un simpatico giovanotto sulla quarantina. La sorella di Elwood si preoccupa molto per queste fantasticherie e fa ricoverare il fratello in una clinica per malattie mentali. Il direttore dell'ospedale, vecchio e saggio, si fa convincere dal protagonista sulla importanza di Harvey, ma uno dei medici giovani vuole a tutti i costi tentare una cura d'urto. I possibili risultati della cura, esposti dal giovane medico, non piacciono alla sorella di Elwood che decide di tenersi il fratellino così com'è. ■ COMMEDIA; B/N; 104'; USA, 1950. ■ OSCAR 1 PR, 2 NOM.

HARYU INSAENG *(Ha-ryu-in-saeng)* ★
Regia di IM KWON-TAEK. Con YOO HA-JOON, KIM MIN-SUN, CHO SEUNG-WOO. ■ Ascesa e declino di Choi Tae-woong, malvivente col senso dell'onore. Le tappe della sua carriera prima da tirapiedi per la mala, poi da imprenditore corrotto, fanno da specchio per raccontare le vicende politiche e sociali della Corea del Sud dai tardi anni Cinquanta fino agli Ottanta. ■ DRAMMATICO; COL.; 105'; COREA, 2004.

HATARI! ★★★
Regia di HOWARD HAWKS. Con GÉRARD BLAIN, RED BUTTONS, HARDY KRÜGER, ELSA MARTINELLI, JOHN WAYNE. ■ In una selvaggia regione dell'Africa vivono alcuni cacciatori bianchi che catturano animali da spedire in ogni parte del mondo. Alla fattoria capita un gruppo di stranieri che sconvolge la normale vita di ogni giorno. Storie d'amore si allacciano tra una giornalista italiana e Sean, capo della comunità, e tra un francese e Brenda, proprietaria della fattoria dove vivono i cacciatori. ■ AVVENTURA; COL.; 152'; USA, 1962. ■ OSCAR 1 NOM.

HATCHET ★
Regia di ADAM GREEN. Con TAMARA FELDMAN, JOLEIGH FIORAVANTI, MERCEDES MCNAB, JOEL MOORE, DEON RICHMOND. ■ Hatchet è una storia molto tipica, ma con l'ambizione di proporre qualche minima variante e un'ambientazione diversa dal solito (le pittoresche paludi della Louisiana). A caccia di coccodrilli, nella palude di notte, il vecchio Sampson e il figlio Ainsley vengono macellati da uno sconosciuto. La festa del Mardi Gras a New Orleans diverte tutti, tranne Ben, "sfigato" appena abbandonato dalla fidanzata, che, con l'amico Marcus, si imbarca per un giro notturno in battello nella palude, per visitare i luoghi maledetti della zona. Il gruppo di turisti è variegato: tra loro c'è anche Marybeth, sorella di Ainsley, alla ricerca dei familiari scomparsi. Il battello naufraga nella zona dove si trova la casa del defunto Victor Crowley, ragazzo deforme ucciso accidentalmente dal padre. La leggenda vuole che il fantasma di Victor aleggi nella zona. ■ HORROR; COL.; 84'; USA, 2006.

HATES – HOUSE AT THE END OF THE STREET ★
(House At the End of the Street)
Regia di MARK TONDERAI. Con GIL BELLOWS, NOLAN GERARD FUNK. JENNIFER LAWRENCE, ELISABETH SHUE, MAX THIERIOT. ■ L'adolescente Carrie Anne uccide selvaggiamente i genitori durante una notte di tempesta. Quattro anni dopo, Sarah Cassidy – da poco traumaticamente divorziata – e la figlia diciassettenne Elissa, provenienti da Chicago, comprano una bella casa nel verde in periferia. Possono permettersela, spiega Sarah alla figlia, perché è vicina a quella dov'è avvenuto il duplice omicidio. Nella casa del delitto vive Ryan, il figlio della coppia assassinata, che custodisce un segreto. ■ HORROR; COL.; 101'; USA, 2012.

HAUNTING PRESENZE *(Haunting)* ★
Regia di JAN DE BONT. Con LIAM NEESON, LILI TAYLOR, OWEN WILSON, CATHERINE ZETA-JONES. ■ Remake di un film del 1962, *Gli invasati*, cerca di far paura con la sua storia di fantasmi. Un gruppo di persone visita una casa. Si verificano fenomeni strani e paurosi, si sospettano presenze demoniache. Niente di tutto questo. Era la casa stessa ad avere un sua, personale, cifra horror. Tanti trucchi e nessun contenuto. ■ FANTASCIENZA; COL.; 116'; USA, 1999.

HAUNTS – SPETTRI DEL PASSATO *(Haunts)* ★
Regia di HERB FREED. Con MAY BRITT, CAMERON MITCHELL, ALDO RAY. ■ Una tranquilla cittadina adagiata sulla costa dell'Oceano Pacifico viene sconvolta dalla comparsa di un maniaco omicida che violenta la sua prima vittima e la uccide a colpi di forbici. Ne aggredisce un'altra che però riesce a sfuggirgli. ■ HORROR; COL.; 100'; USA, 1986.

HAVANA ★★
Regia di SYDNEY POLLACK. Con ALAN ARKIN, RAUL JULIA, TOMAS MILIAN, LENA OLIN, ROBERT REDFORD. ■ Ritorno della famosa accoppiata Pollack-Redford dopo il non esaltante *La mia Africa* vincitore, però, di vari Oscar. Questo film è ambientato alla fine degli anni Cinquanta a Cuba. Storia sentimentale tra un giocatore e la moglie di un rivoluzionario. Nel frattempo Castro spodesta il dittatore Batista. Per chi ama le storie passionali. Redford tenta di ritrovare quella tipica immobilità che lo aveva fatto diventare un divo. Atmosfera. ■ AVVENTURA; COL.; 140'; USA, 1990. ■ GOLDEN GLOBES 1 NOM; OSCAR 1 NOM.

HAVE DREAMS, WILL TRAVEL ★★
Regia di BRAD ISAACS. Con LARA FLYNN BOYLE, HEATHER GRAHAM, VAL KILMER, MATTHEW MODINE. ■ Ben è un adolescente timido e introverso che osserva silenzioso la desolante relazione sentimentale dei genitori. La madre passa i pomeriggi al cinema e il resto della giornata a reclutare amanti assomiglianti ai divi hollywoodiani, il padre costruisce da sempre una barca che non solcherà mai il mare. Una notte di pioggia Cassie, una ragazzina intelligente e comunicativa che nasconde un dramma familiare, entra nella sua vita per rimanerci. Avidi di vivere e di progettare il loro futuro, Ben e Cassie fuggono insieme da casa diretti a Baltimora. Intraprenderanno così un viaggio lungo una vita. Ai due giovani protagonisti Anna Sophia Robb e Cayden Boyd, già provvisti di tutte le malizie necessarie, la produzione affianca star del calibro di Val Kilmer e di Matthew Modine, assicurandosi così pubblico e biglietti strappati. ■ DRAMMATICO; COL.; 85'; USA, 2007.

HAVING IT ALL ★★
Regia di EDWARD ZWICK. Con HART BOCHNER, DYAN CANNON, BARRY NEWMAN. ■ Il regista di *Glory* e di *A proposito della notte scorsa*, alle prese con il remake di *Il paradiso del capitano Holland*. Non c'è più Alec Guinness bigamo, ma Dyan Cannon che si divide fra due uomini. ■ COMMEDIA; COL.; 100'; USA, 1982.

HA VINTO BOB *(A Boy, a Girl and a Dog)* ★★
Regia di HERBERT KLINE. Con JERRY HUNTER, SHARYN MOFFETT, LIONEL STANDER. ■ Un ragazzino fa amicizia con un cane randagio, ma non può tenerlo con sé per ferree regole condominiali. Lo porta allora in una caserma, dove l'animale viene prima allenato poi spedito in guerra. Si copre di medaglie. ■ COMMEDIA; B/N; 93'; USA, 1946.

HAVOC – FUORI CONTROLLO ★★
Regia di BARBARA KOPPLE. Con SHIRI APPLEBY, MICHAEL BIEHN, JOSEPH GORDON-LEVITT, ANNE HATHAWAY, BIJOU PHILLIPS. ■ Allison vive in una bella casa, ha una madre che vede di rado e un padre assorbito dal lavoro. La ragazza si annoia, nonostante qualche rapporto sessuale occasionale con Toby, un ragazzo ricco che si atteggia a rapper. È proprio con lui e con Emily che una sera decide di osare e di inoltrarsi nei quartieri off limits di Los Angeles, regno incontrastato della malavita latinoamericana. Qui Allison conosce lo spacciatore Hector e ne viene attratta. Non sarà che l'inizio di un gioco sempre più pericoloso. ■ DRAMMATICO; COL.; 85'; Germania, USA, 2005.

HAWAII ★★★
Regia di GEORGE ROY HILL. Con JULIE ANDREWS, GENE HACKMAN, RICHARD HARRIS, JOCELYN LAGARDE, CARROLL O'CON-

NOR, MAX VON SIDOW. ■ Dal best-seller di James A. Michener. 1820: Abner, un sacerdote, si reca in un'isola dell'arcipelago hawaiano per evangelizzare gli indigeni. Il suo eccessivo rigore morale gli procura serie difficoltà, anche se la sua opera, lentamente, si fa strada: un giovane del luogo gli chiede infatti di poterlo aiutare nella sua difficile missione. ■ AVVENTURA; COL.; 171′; USA, 1966. ■ OSCAR 7 NOM.

HAWAII, OSLO ★★
Regia di ERIK POPPE. Con STIG HENRIK HOFF, JAN GUNNAR RØISE, TROND ESPEN SEIM. ■ Anche ad Oslo si sognano le Hawaii: la capitale norvegese, nel giorno più caldo dell'anno, è teatro delle vite, dei sogni e delle preoccupazioni di vari personaggi: genitori terrorizzati dalla malattia del figlio appena nato, cantanti depresse e potenziali suicide, infermieri innamorati, rapinatori dilettanti e medici che hanno visioni oniriche ed oscure premonizioni. Ad unire questa eterogenea umanità sono desideri, speranze, paure e drammi quotidiani. ■ DRAMMATICO; COL.; 125′; DANIMARCA, NORVEGIA, SVEZIA, 2004.

HAZZARD *(The Dukes of Hazzard)* ★
Regia di JAY CHANDRASEKHAR. Con LYNDA CARTER, JOHNNY KNOXVILLE, DAVID KOECHNER, WILLIE NELSON, BURT REYNOLDS, SEANN WILLIAM SCOTT, JESSICA SIMPSON, DOLAN WILSON. ■ Tratto da una serie televisiva dallo stesso titolo, che poi è il nome di una contea, narra le gesta demenziali di due cugini, Bo e Luke, interpretati da due attori che hanno qualche credito negli States e nessuno altrove: Johnny Knoxville e Seann William Scott. Burt Reynolds, di bianco vestito, ormai specializzato in macchiette, è la sola presenza "nobile" nel ruolo di un subdolo trafficante di tutto, corrotto e corruttore. ■ COMMEDIA; COL.; USA, 2005.

H2ODIO ★★
Regia di ALEX INFASCELLI. Con CHIARA CONTI, MAURO CORUZZI, CAROLINA CRESCENTINI, CLAIRE FALCONER, ANAPOLA MUSHKADIZ, OLGA SHUVALOVA, MANDALA TAYDE. ■ Cinque ragazze decidono di fare una dieta a base di acqua, per purificare il corpo e liberare la mente dai problemi quotidiani. Per attuare i loro propositi, si trasferiscono per una settimana nella casa – situata al centro di un lago – di Olivia, la più motivata al digiuno. Dopo il primo giorno di dieta, Summer, Ana, Christina e Nicole iniziano a mangiare di nascosto alcune scorte di cibo; non sanno di essere osservate, non sanno che il loro comportamento scatenerà una serie di tragici eventi. Il regista di videoclip Alex Infascelli torna a dirigere un lungometraggio uscito soltanto in edicola, distribuito dal gruppo editoriale «L'Espresso». ■ HORROR; COL.; 88′; ITALIA, 2006.

H2S ★★
Regia di ROBERTO FAENZA. Con CAROLE ANDRÉ, GIANCARLO COBELLI, PAOLO POLI, LIONEL STANDER. ■ In questa favola allegorica Tommaso, giovane e innocente, tenta di sfuggire al condizionamento imposto dalla civiltà dei consumi e si rifugia in un ghiacciaio insieme ad una compagna. Ma i tentacoli del consumismo lo riprendono. ■ FANTASTICO; COL.; 88′; ITALIA, 1969.

HEAD OF STATE ★★
Regia di CHRIS ROCK. Con DYLAN BAKER, KEITH DAVID, ROBIN GIVENS, TAMALA JONES, BERNIE MAC, JAMES REBHORN, CHRIS ROCK, NICK SEARCY, LYNN WHITFIELD. ■ Il regista interpreta il ruolo di protagonista, Mays Gilliam, un delegato di quartiere che viene candidato alle elezioni per il posto di presidente degli Stati Uniti. Sarà il primo Presidente nero degli States. ■ DRAMMATICO; COL.; 95′; USA, 2003.

HEAD ON ★★
Regia di MICHAEL GRANT. Con LAWRENCE GRANT, JOHN HUSTON, SALLY KELLERMAN. ■ Una specie di *Attrazione fatale* girata in Canada con sette anni d'anticipo sulla più famosa pellicola di Adrian Lyne. Una biondona e un giovanotto si conoscono quando hanno un incidente d'auto. Tutti e due sono personaggi (anche sessualmente) inquieti. Scateneranno le loro inquietudini in una specie di *happening* che comprende giochini erotici, bravate, pericolosi colpi di mano. ■ COMM. DRAMMATICA; COL.; 92′; CANADA, 1980.

HEARTBREAKERS ★★★
Regia di DAVID MIRKIN. Con ANNE BANCROFT, GENE HACKMAN, RAY LIOTTA, JENNIFER LOVE HEWITT, SIGOURNEY WEAVER. ■ Accoppiata di madre e figlia in cerca di vittime. La madre, Max, infatti seduce uomini ricchi per sposarli, dopodiché la figlia, Page, li seduce e fa in modo che tradiscano la madre. A questo punto le pratiche del divorzio garantiscono una cospicua somma per la coppia. La trama non è esattamente originale, ma il film senza dubbio centra lo scopo principale, divertire. Un cast stellare e buone performance hanno garantito il successo in patria. ■ COMMEDIA; COL.; 123′; USA, 2001.

HEARTBREAK HOTEL *(Hearbreak Hotel)* ★★
Regia di CHRIS COLUMBUS. Con CHARLIE SCHLATTER, TUESDAY WELD. ■ Un ragazzo, maniaco della musica rock, decide di rapire Elvis Presley, di cui è fanatico ammiratore. La vita della sua famiglia naturalmente non è più la stessa. ■ COMMEDIA; COL.; 96′; USA, 1989.

HEARTBURN – AFFARI DI CUORE *(Heartburn)* ★★★
Regia di MIKE NICHOLS. Con JACK NICHOLSON, MAUREEN STAPLETON, MERYL STREEP. ■ Dal best-seller autobiografico di Nora Ephron: il matrimonio di una coppia-bene sembra filare liscio finché lei non scopre che, mentre è incinta, lui ha un'amante. Film drammatico dai toni leggeri, dove la vicenda narrata passa in secondo piano di fronte alla mostruosa gara di bravura ingaggiata dai due protagonisti. ■ DRAMMATICO; COL.; 108′; USA, 1986.

HEARTS OF FIRE ★★
Regia di RICHARD MARQUAND. Con BOB DYLAN, RUPERT EVERETT, FIONA, JULIAN GLOVER. ■ Una ragazza americana vuol diventare una diva della canzone e si appoggia, per fare carriera, a un giovane divo del rock e a un ex divo oltre i quaranta. I due uomini l'amano entrambi, ma lei preferisce il giovane. Il rapporto però viene incrinato da un tragico avvenimento (il suicidio di un'ammiratrice del giovanotto). Intanto però la ragazza è in grado di viaggiare da sola verso il successo. ■ DRAMMATICO; COL.; 106′; USA, 1987.

HEART OF FIRE *(Feuerhertz)* ★★
Regia di LUIGI FALORNI. Con LETEKIDAN MICAEL, SOLOMIE MICAEL, DANIEL SEYOUM, SEBLE TILAHUN, MEKDES WEGENE. ■ Awet è una bambina allevata dalle suore italiane che gestiscono un orfanotrofio nei pressi di Asmara. La bambina vive serena fino al giorno in cui la sorella viene a riprenderla. Il padre, che si è risposato e aderisce a un gruppo armato di liberazione dell'Eritrea, la vuole con sé. Le condizioni di vita sono davvero misere ma Awet le sperimenterà per poco tempo perché l'uomo deciderà di "donare" lei e la sorella al movimento armato per essere istruite come bambine soldato. ■ DRAMMATICO; COL.; 92′; GERMANIA, AUSTRALIA, 2007.

♥ HEAT ★★★★
Regia di MICHAEL MANN. Con AMY BRENNEMAN, ROBERT DE NIRO, VAL KILMER, AL PACINO, JON VOIGHT. ■ De Niro è il bandito Neil, Pacino il poliziotto Vincent. I due si conoscono da tempo. Neil, nevrotico, crudele, non vuol tornare in prigione, preferirebbe uccidere e morire. Vincent, estroso, intelligente, vessato da moglie ed ex mogli, è uno che non molla. A complicare ci si mettono lo psicopatico Chris (Kilmer) e un paio di *dark*. Ci si confronta, si spara, ci si insegue in macchina in una Los Angeles mai così protagonista di un film. Produzione di grande *budget* e di grandi talenti, con due fra i massimi e ormai storicizzati attori del cinema internazionale. De Niro e Pacino (tre Oscar in due), diversissimi e complementari, funzionano. E come potrebbe essere altrimenti? Sono solo due le sequenze in cui si confrontano direttamente e il regista Mann è riuscito, con dei controcampi e senza farli incontrare sul set, a tenere a bada la loro voglia di competizione. Da sottolineare l'intenzione realista del film, dove niente è ricostruito o girato in studio. Grande, completo successo. ■ POLIZIESCO; COL.; 165′; USA, 1996.

HEAT STREET ★
Regia di JOSEPH MEHRI. Con QUINCY ADAMS, WENDY MCDONALD, DEL ZAMORA. ■ Due bande di giovani delinquenti si danno battaglia per il controllo del quartiere est di Las Vegas. Alla fi-

ne in piedi ne rimarranno ben pochi. ■ DRAMMATICO; COL.; 92'; USA, 1987.

HEATWAVE – ONDA DI FUOCO *(Heatwave)* ★★★
Regia di KEVIN HOOKS. Con JAMES EARL JONES, CICELY TYSON, BLAIR UNDERWOOD. ■ Siamo a Los Angeles nei primi anni Sessanta e Bob Richardson, giornalista di colore realmente esistito, è testimone delle dure lotte avvenute a Watts. Si tratta del quartiere nero della città statunitense dove si innescarono le rivolte contro i bianchi. Interessante e ben costruito pur avendo i limiti di un film televisivo. ■ DRAMMATICO; COL.; 92'; USA, 1991.

HEATWAVE – ONDATA CALDA *(Heatwave)* ★★
Regia di PHILLIP NOYCE. Con JUDY DAVIS, CHRIS HAYWOOD, RICHARD MOIR. ■ Speculatori senza scrupoli vorrebbero vedere demolito un vecchio e popoloso quartiere di Sidney per fare posto ad un lussuoso centro residenziale. Ma i sindacati e l'opinione pubblica non sono d'accordo. Dramma a tinte spesso forti, lontano dalle tematiche e dagli usuali risultati della giovane cinematografia australiana. ■ DRAMMATICO; COL.; 90'; AUSTRALIA, 1981.

HEAVEN ★★
Regia di SCOTT REYNOLDS. Con MARTIN DONOVAN, DANNY EDWARDS, JOANNA GOING, PATRICK MALAHIDE, RICHARD SCHIFF. ■ Tratto da un racconto di Chad Taylor, il film racconta la storia di Heaven, un travestito che lavora come ballerino in un night, il "Paradise", e che possiede una dote particolare: quella di prevedere il futuro. In lui si imbatte Robert, un architetto dedito all'alcool e al gioco d'azzardo che ha appena divorziato dalla moglie e che rischia di non vedere più suo figlio. Questo incontro casuale darà il via ad una serie di avvenimenti che metterà in pericolo la vita di entrambi. ■ THRILLER; COL.; 105'; USA, 1998.

HEAVEN ★★
Regia di TOM TYKWER. Con GIANFRANCO BARRA, CATE BLANCHETT, GIOVANNI RIBISI, VINCENZO RICOTTA, STEFANIA ROCCA, MATTIA SBRAGIA, ALESSANDRO SPERDUTI. ■ Il soggetto e la sceneggiatura sono di Kieslovski e del suo sceneggiatore Piesewicz. Il produttore è il pluridecorato (dagli Oscar), Anthony Minghella. Il regista è Tom Tykwer, e questo è l'anello debole della catena. È la storia di Philippa, insegnante inglese che lavora a Torino, che decide di uccidere uno spacciatore responsabile della morte del marito. Una citazione per la Blanchett. ■ THRILLER; COL.; 105'; FRANCIA, GERMANIA, GRAN BRETAGNA, ITALIA, USA, 2002.

HEAVY METAL ★★★
Regia di GERALD POTTERTON. ■ Divertente film d'animazione a episodi, realizzato con varietà di stili grafici da *cartoonists* di diversa nazionalità. Storie prevalentemente di sexy-fantascienza ritmate da una buona colonna sonora rock. ■ ANIMAZIONE; COL.; 95'; CANADA, 1981.

HEAVY PETTING ★★★
Regia di OBIE BENZ. Con LAURIE ANDERSON, SANDRA BERNHARDT, DAVID BYRNE. ■ Ovvero, come eravamo, negli anni Cinquanta in America, sessualmente parlando. Una ricerca stravagante con sapore di rimpianto. Oltre al cantante David Byrne, ex Talking Heads e alla musicista Laurie Anderson, partecipano anche il poeta Allen Ginsberg e lo scrittore William S. Burroughs. ■ COMMEDIA; COL.; 85'; USA, 1989.

HEDWIG – LA DIVA CON QUALCOSA IN PIÙ ★★★
(Hedwig and the Angry Inch)
Regia di JOHN CAMERON MITCHELL. Con JOHN CAMERON MITCHELL, MICHAEL PITT, MIRIAM SHOR, STEPHEN TRASK. ■ Hansel è originario dell'Europa dell'Est e ha avuto un'infanzia non felice. Ha avuto un padre (militare americano) che lo ha molestato. Hansel si trova da adulto nel Kansas. Un altro americano, anche questo militare, vive con lui e si dichiara pronto a sposarlo dopo il cambio di sesso. L'operazione viene effettuata a Berlino non precisamente da un esperto. Il che porta a un risultato non definitivo. Hansel si ritrova solo a scegliere quale sarà il suo futuro. Lo fa con determinazione scegliendo il palcoscenico. Siamo negli anni Settanta: i modelli dell'ambiguità canora sono Lou Reed e David Bowie. Allora via con il trucco pesante e con la trasgressione. Hansel diventa Hedwig innamorandosi della persona sbagliata e non comprendendo l'amore vero. Il regista del film, che si ispira a uno spettacolo off-Broadway, è anche il protagonista. Hedwig potrà anche non piacere a chi non ama il cinema gay ma non gli si può certo negare uno stile ben delineato e una colonna sonora di buon livello. Sono qualità che il cinema di questi tempi non ci offre tanto spesso. ■ COMM. MUSICALE; COL.; 88'; USA, 2001. ■ GOLDEN GLOBES 1 NOM.

HE GOT GAME ★★★
Regia di SPIKE LEE. Con RAY ALLEN, MILLA JOVOVICH, DENZEL WASHINGTON. ■ C'è una nuova grandissima, promessa del basket. "He got game, il ragazzo ha talento" dicono di lui veri campioni come Michael Jordan e Charlie Barkley dell'Nba. Dunque comincia una vera asta per accaparrarselo, senza esclusione di colpi. La chiave di tutto è il padre del ragazzo, in prigione per aver, incidentalmente, ucciso la madre. Un politico progetta di vincere l'asta facendo liberare il padre, che peraltro, il giovane detesta. Buona prova di tutti. Con Lee a perfetto agio essendo un grande appassionato di pallacanestro. Il gioco naturalmente è anche lo strumento per altre dialettiche, compresa quella generazionale. ■ DRAMMATICO; COL.; 134'; USA, 1998.

HEIDI ★★
Regia di WERNER JACOBS. Con GUSTAV KNUTH, GERTRUD MITTERMAYER, EVA MARIA SINGHAMMER. ■ Heidi, otto anni, vive in una baita nei boschi del Tirolo con il nonno, accusato ingiustamente di aver provocato un incendio in paese. Heidi è felice tra la natura e gli animaletti amici, ma un giorno una zia la inganna e la conduce a Francoforte perché riceva adeguata educazione. Ma la nostalgia delle montagne è tanta e Heidi, dopo aver fatto del bene ed essersi conquistata riconoscenza anche a Francoforte, ritornerà alla sua casetta. ■ COMMEDIA; COL.; 95'; AUSTRIA, GERMANIA, 1965.

HEIDI ★★
Regia di MICHAEL RAY RHODES. Con PATRICIA NEAL, JASON ROBARDS, JANE SEYMOUR, NOLEY THORNTON. ■ È la classica storia della contadinella sui monti. Produzione destinata alla televisione, oltre che all'home video. ■ COMMEDIA; COL.; 184'; GERMANIA, ITALIA, USA, 1992.

HEIDI A SCUOLA *(Heidi on the Mountains)* ★★
Regia di ISAO TAKAHATA. ■ Heidi, la piccola orfana, è ospite del nonno e insieme al pastorello Peter scopre le bellezze della natura. Finché non arriva il gran giorno: inizia la scuola. ■ ANIMAZIONE; COL.; 92'; GERMANIA, GIAPPONE, 1972.

HEIDI DIVENTA PRINCIPESSA *(The Wild Swans)* ★★
Regia di AKIHIRO OGAWA. ■ Due streghe trasformano in cigni i sei fratelli di Heidi. Ella si impegna, per liberarli dall'incantesimo, a restare muta per sei anni durante i quali dovrà anche confezionare sei maglie con gli spinosi fili di rovo. Va allora a vivere nel bosco, con la sola compagnia dei suoi amici animaletti. Un giorno un principe trova Heidi, se ne innamora e la conduce a corte. Le due streghe, gelose, convincono il principe che Heidi sia una strega: la poverina non può parlare per spiegarsi. Viene condannata a morte. Ma i fratelli la salveranno. ■ ANIMAZIONE; COL.; 92'; GIAPPONE, 1977.

HEIDI IN CITTÀ ★★
Regia di ISAO TAKAHATA. ■ La trama è del tutto analoga al primo film imperniato sulla bimba tirolese uscito in Germania nel 1965. ■ ANIMAZIONE; COL.; 90'; GIAPPONE, 1975.

HEIDI TORNA A CASA ★★
(Heidi et Peter – Heidi und Peter)
Regia di FRANZ SCHNYDER. Con WILLY BIRGEL, THEO LINGEN, CARL WERY. ■ Nella capanna del nonno di Heidi arriva anche Clara, una compagna di giochi cittadina che non può camminare in seguito ad una malattia. Ma l'aria pura delle montagne la fa guarire in fretta. ■ COMMEDIA; COL.; 89'; SVIZZERA, 1955.

HEIDI TORNA TRA I MONTI *(Heidi in the Mountain)* ★★
Regia di ISAO TAKAHATA. ■ Lasciata Francoforte, Heidi torna tra i monti alla baita del nonno. A passare le vacanze presso Heidi verrà anche l'amichetta Clara, conosciuta in città. Clara è paralizzata alle gambe, ma l'affetto di Heidi e i saggi consigli del nonno riporteranno la ragazzina all'uso degli arti. ■ ANIMAZIONE; COL.; 92'; GIAPPONE, 1976.

HEIMAT *(Heimat – Eine chonik in elf Teilen)* ★★★
Regia di EDGAR REITZ. Con MARITA BREUER, GERTRUD BREDER, MICHAEL LESCH, DIETER SCHAAD, WILLI BURGER, GERTRUD SCHERER. ■ Undici episodi: 1. *Nostalgia di terre lontane*; 2. *Il centro del mondo*; 3. *Natale come mai fino allora*; 4. *Via delle alture del Reich*; 5. *Scappato via e ritornato*; 6. *Fronte interno*; 7. *L'amore dei soldati*; 8. *L'americano*; 9. *Hermannchen*; 10. *Gli anni ruggenti*; 11. *La festa dei vivi e dei morti*. La vicenda è ambientata nella regione rurale tedesca dell'Hunsruck, nel paese di Schabbach, dove è nato Reitz, il regista. L'arco di tempo va dal 1919 al 1982. È la storia della famiglia Simon. Si comincia con Paul, che torna dalla grande guerra, si sposa, ha figli, poi lascia la famiglia se ne va a Detroit. I Simon si legano all'emergente partito nazista. I giovani portano la divisa. C'è benessere, ma anche pericolo. Passa il tempo: Paul, ormai ricco industriale americano, torna in Germania, dopo vari tentativi. Non riesce a recuperare il rapporto con la sua terra di origine. Emerge anche un Simon artista, Herman, musicista di avanguardia. Altro tempo passa, Herman è affermatissimo, gli altri sono ormai quasi tutti morti. Quando l'artista torna a casa può solo ricordare e tirare le somme. Una storia che riesce ad essere epica e realistica. Con tutti i simboli che servono a decifrare quel lungo periodo di storia della Germania vista da un uomo che cerca di essere "normale" e di essere artista. Una combinazione non facile da mettere in campo. Il film ha avuto un'ottima accoglienza critica. ■ DRAMMATICO; COL.; 940'; GERMANIA, 1984.

HEIMAT 2 – CRONACA DI UNA GIOVINEZZA ★★★
(Die zweite Heimat – Cronik einer Jugend)
Regia di EDGAR REITZ. Con HENRY ARNOLD, SALOME KAMMER, ANKE SEVENICH, NOEI STEUER, DANIEL SMITH, MICHAEL SEYFRIED, LASZLO I. KISH, PETER WEISS, FRANK ROTH, HANNELORE HOGER. ■ Tredici episodi: 1. *L'epoca delle prime canzoni*; 2. *Due occhi da straniero*; 3. *Gelosia e orgoglio*; 4. *La morte di Ansgar*; 5. *Il gioco con la libertà*; 6. *Noi figli di Kennedy*; 7. *I lupi di Natale*; 8. *Il matrimonio*; 9. *L'eterna figlia*; 10. *La fine del futuro*; 11. *L'epoca del silenzio*; 12. *L'epoca delle molte parole*; 13. *L'arte o la vita*. La seconda parte del grande affresco di Reitz è più all'insegna del linguaggio e dell'"espressione" piuttosto che del racconto. Vale anche il concetto di ricerca, inteso proprio nel senso proustiano. Non più dunque racconto con una certa logica temporale, realista, ma episodi che si rincorrono nel tempo, giocati con immagini rallentate o accelerate. Significativi in questo senso sono i tempi, del film (il secondo Heimat è di 10 ore più lungo del primo) e della vicenda: 61 anni il primo film, 10 anni il secondo. Il decennio fra il 1960 e il 1970. Gli eventi centrali sono l'assassinio di Kennedy il 21 novembre del '63 e il movimento giovanile della fine degli anni sessanta. Hermann Simon, il musicista, è al centro della storia. Torna al paese dopo anni. Ha girato il mondo, è ricco e affermato. Una volta tornato a casa è in possesso della giusta prospettiva per ricordare e dare i giudizi. Hermann è naturalmente l'alter ego del regista, che da bravo tedesco possiede il coraggio del giudizio. Anche se la storia della Germania in quel periodo non è certamente univoca e neppure semplice. ■ DRAMMATICO; COL.; 1532'; GERMANIA, 1992.

HEIMAT 3 – CRONACA DI UNA SVOLTA EPOCALE *(Heimat 3 – Cronik einer Zeitenwende)* ★★★★
Regia di EDGAR REITZ. Con HENRY ARNOLD, SALOME KAMMER, MICHAEL KAUSCH, MATTHIAS KNIESBECK. ■ La storia comincia il 9 novembre 1989. La sera in cui il Muro cade, due musicisti, il direttore Hermann Simon e la cantante Clarissa Lichtblau, ex amanti, si incontrano in un albergo di Berlino Ovest. Contagiati dall'euforia dei tedeschi, partono per lo Hunsrück. Attratti da una romantica casa in legno che dà sulla valle del Reno, decidono che d'ora in poi sarà il centro delle loro inquiete vite. La famiglia di Hermann, giovani operai dell'ex Germania dell'Est e amici, nei mesi successivi alla caduta del comunismo, scoprono un mondo di nuove opportunità e cercano di realizzare i loro piani. Ci sono anche dei tedeschi russi appena arrivati in cerca di una vita migliore in occidente. La casa diventa il crocevia delle storie. Da qui i giovani iniziano la loro vita e qui tutti ritornano per salutare il nuovo millennio. Edgar Reitz, dopo quasi dieci anni di lavoro e di superamento di ostacoli è riuscito a regalarci il terzo "Heimat". Un film, questo dal decollo difficile (forse perché questi nostri tempi non sono facili da raccontare se si vuole evitare la facile retorica) ma che si espande, di episodio in episodio, rilevando l'anima europea che risponde al villaggio di Schabbach. ■ DRAMMATICO; COL.; 680'; GERMANIA, 2004.

HELEN EVOLUZIONE DI UNA DONNA ★★
(Une sale affaire)
Regia di ALAIN BONNOT. Con ETIENNE CHICOT, MARLÈNE JOBERT, VICTOR LANOUX. ■ Un poliziotto vuole incastrare il sindaco di una città balneare che ha una seconda attività come trafficante di droga. Ci riesce ricattando la sua segretaria. ■ DRAMMATICO; COL.; 95'; FRANCIA, 1981.

HELGA E MICHAEL *(Helga und Michael)* ★★
Regia di ERICH F. BENDER. Con SABINE DALL, FELIX FRANCHY, RUTH GASSMAN, ELKE HART. ■ Sulla scia del successo del precedente *Helga*, questo documentario affronta il tema dell'educazione dei bambini. ■ DOCUMENTARIO; COL.; 92'; GERMANIA, 1968.

HELGA – LO SVILUPPO DELLA VITA UMANA ★★★
(Helga)
Regia di ERICH F. BENDER. Con RUTH GASSMAN, ASGARD HUMMEL, ILSE ZIELSTORFF. ■ È un serio e ben fatto documentario sulla sessualità e la maternità. L'uscita di questo film suscitò un certo scalpore. ■ DOCUMENTARIO; COL.; 77'; GERMANIA, 1967.

HELI ★
Regia di AMAT ESCALANTE. Con AMAT ESCALANTE, ARMANDO ESPITIA. LINDA GONZÁLES, JUAN EDUARDO PALACIOS, JAIME ROMANDÍA, ANDREA VERGARA. ■ La dodicenne Estela vive con suo padre, il fratello Heli e la giovane moglie, con il figlio di pochi mesi, in una casetta di due stanze in una regione povera del Messico centrale. Innamoratasi di Beto, diciassettenne recluta di polizia che vorrebbe sposarla e portarla via, Estela gli permette di nascondere della cocaina in casa. Ma la polizia si presenta a reclamare il maltolto e la famiglia di Heli viene travolta da una spirale di violenza senza fine. Scrive e dirige Amat Escalante, regista che mira a inserirsi in un cinema eruditissimo. Il risultato è un film irrimediabilmente freddo, vuoto, sulle basi reali di un Messico rurale, della corruzione della polizia e del caos che regola i rapporti umani e familiari. ■ DRAMMATICO, COL.; 120'; MESSICO, 2013.

HELL *(The Savage)* ★
Regia di RINGO LAM. Con MICHAEL BAILEY, JEAN-CLAUDE VAN DAMME. ■ Van Damme galeotto è costretto a battersi con gli altri detenuti per intrattenere i secondini. Che l'attore non sia De Niro lo sappiamo. Ma qui si trova ancor più allo scoperto in una sceneggiatura piena di buchi da cui grondano stereotipi. ■ AVVENTURA; COL.; 96'; USA, 2003.

HELLBOUND – ALL'INFERNO E RITORNO ★
(Hellbound)
Regia di AARON NORRIS. Con CALVIN LEVELS, CHRISTOPHER NEAME, CHUCK NORRIS, SHEREE J. WILSON. ■ Nonostante i tentativi di creare qualcosa di originale, questo è un film che risulta essere solo uno dei tanti di Norris. È un poliziotto, amante del kung-fu, che deve fermare un malvagio mandato da Satana. Costui infatti, ai tempi delle crociate, ha sacrificato un figlioletto di Riccardo Cuor di Leone. Negli anni Cinquanta, del nostro secolo, esce dalle tenebre. Negli anni Novanta è diventato insegnante di archeologia. Vorrebbe tornare quello di una volta e un rabbino tenta di impedirglielo, a proprie spese. ■ AVVENTURA; COL.; 100'; ISRAELE, 1994.

HELLBOUND: HELLRAISER II – PRIGIONIERI DELL'INFERNO ★★
Regia di TONY RANDALL. Con IMOGEN BOORMAN, KENNETH GRAHAM, CLAIRE HIGGINS, WILLIAM HOPE, ASHLEY LAWRENCE. ■ Presenze demoniache sconvolgono la mente di una ragazza: l'amante della madre ritorna dagli inferi. Anche la madre risorge, dapprima scheletrica, poi, grazie alla pelle trapiantata da un chirurgo criminale, ritorna ad essere l'affascinante donna di un tempo. La giovane, che è ossessionata dal ricordo del padre, penetrerà

nell'aldilà per ritrovarlo. Lo libererà dall'inferno e con lui potrà vivere. Ma non del tutto in pace. ■ HORROR; COL.; 90′; USA, 1988.

HELLBOY ★★
Regia di GUILLERMO DEL TORO. Con LADISLAV BERAN, SELMA BLAIR, RUPERT EVANS, JEFFREY TAMBOR. ■ Del Toro torna ad attingere dal mondo dei comics. Hellboy, demone catapultato nella nostra dimensione dai nazisti nel 1944, adottato e cresciuto come un figlio da Broom, è aiutato da Abe Sapiens, un uomo-pesce di sovrumane facoltà intellettive, e dalla bella Liz. Ci sono altri demoni da combattere. ■ HORROR; COL.; 122′; USA, 2004.

HELLBOY II THE GOLDEN ARMY ★★★
(*Hellboy 2: the Golden Army*)
Regia di GUILLERMO DEL TORO. Con SELMA BLAIR, JOHN HURT, DOUG JONES, RON PERLMAN, JEFFREY TAMBOR. ■ Un leader spietato che calpesta i due mondi, risveglia un indomito esercito di creature. Toccherà a Hellboy, il supereroe più forte del pianeta, combattere contro il sanguinario dittatore. ■ AZIONE; COL.; 110′; USA, 2008.

HELLGATE IL GRANDE INFERNO (*Hellgate*) ★★
Regia di CHARLES MARQUIS WARREN. Con STERLING HAYDEN, JOAN LESLIE. ■ Subito dopo la guerra di Secessione, bande di ex militari divenuti fuorilegge invasero gli Stati Uniti. Il protagonista di questo film è un medico che finisce in prigione per aver aiutato uno di questi sbandati. ■ DRAMMATICO; B/N; 87′; USA, 1952.

HELLO AGAIN ★★
Regia di FRANK PERRY. Con GABRIEL BYRNE, JUDITH IVEY, SHELLEY LONG. ■ Una casalinga americana muore soffocata da un pezzo di pollo. La sorella la richiama in vita seguendo una manuale di metodi stregoneschi. Ma intanto è passato un anno. Il marito s'è sposato (con un'ex compagna di scuola dell'ex defunta). La donna si rivolge allora a un simpatico dottore. ■ COMMEDIA; COL.; 92′; USA, 1987.

HELLO DENISE ★★★
Regia di HAL SALWEN. Con TOM DALY, CAROLYN FEENEY, DAN GUNTHER, AIDA TURTURRO. ■ La festa di Linda va deserta perché tutti gli invitati si sono defilati convinti della partecipazione degli altri, sentiti per telefono. Questa è solo una delle situazioni che si incontrano in un film in cui l'apparecchio telefonico domina incontrastato. È molto meglio nascondersi dietro un apparecchio telefonico che affrontare i rischi della conoscenza diretta. Fino a quando Denise non rintraccia, via telefono ovviamente, il donatore di seme che le sta dando un figlio. Una commedia che sa arrivare al centro di uno dei problemi che attraversano la nostra società (quello relazionale) con leggerezza e intelligenza. Film sorpresa della Settimana della Critica a Cannes 1995. ■ COMMEDIA; COL.; 90′; USA, 1995. ■ CANNES 1 PR.

HELLO, DOLLY! ★★★
Regia di GENE KELLY. Con LOUIS ARMSTRONG, MICHAEL CRAWFORD, WALTER MATTHAU, BARBRA STREISAND. ■ L'affascinante Dolly mette gli occhi su Orazio, ricco commerciante, come probabile marito. Lui ha altre idee per la testa ma Dolly non si perde d'animo e Orazio capitola, anche molto volentieri. ■ MUSICAL; COL.; 129′; USA, 1969. ■ OSCAR 3 PR, 7 NOM.

HELLO-GOODBYE ★★
Regia di JEAN NEGULESCO. Con MICHAEL CRAWFORD, IRA FÜRSTENBERG, CURD JÜRGENS. ■ Dopo un inconsistente flirt estivo, Dany e Henry si rincontrano, ma lei è sposata con il ricco barone Choisis. La passione tra i due si riaccende, ma Dany non è disposta a rinunciare ai soldi e il povero Henry se ne va, sconfitto. Dopo pochi mesi, però, viene a sapere che Dany ha divorziato. ■ COMMEDIA; COL.; 107′; USA, 1970.

HELLRAISER LA STIRPE MALEDETTA ★
(*Hellraiser Bloodline*)
Regia di ALAN SMITHEE. Con BRUCE RAMSAY, VALENTINA VARGAS. ■ Regia di Alan Smithee che è in realtà Kevin Yager, mago degli effetti speciali. Il cubo terribile torna per la quarta volta a dar vita ai Supplizianti. Che rompono le scatole per ben quattro secoli. ■ HORROR; COL.; 86′; USA, 1996.

HELLRAISER – NON CI SONO LIMITI (*Hellraiser*) ★★★
Regia di CLIVE BARKER. Con CLAIRE HIGGINS, ASHLEY LAURENCE, ANDREW ROBINSON. ■ Un avventuriero acquista una misteriosa scatola che, secondo la leggenda, può liberare forze ultraterrene. L'avventuriero è torturato a morte, ma risorge per via di qualche goccia di sangue versata dal fratello. Il redivivo costringe la cognata, sua antica amante, a procurargli vittime e riprende la sua forma originaria. Tra gli ammazzati è il fratello, che però sarà vendicato dalla figlia adolescente. Notevole horror, pieno di invenzioni e di effetti davvero speciali. ■ HORROR; COL.; 94′; USA, 1987.

HELLRAISER III (*Hell in Earth: Hellraiser III*) ★
Regia di ANTHONY HICKOX. Con DOUG BRADLEY, TERRY FARRELL, PAULA MARSHALL. ■ La saga di *Hellraiser* continua nonostante la mediocrità dell'assunto. Terri, un giornalista, indaga su alcuni omicidi. Si continua a rimestare nel pentolino del soggetto di Clive Barker pur non essendoci più nulla da trovare. Fine a se stesso. ■ HORROR; COL.; 90′; USA, 1992.

HELL'S BELLES – LA DONNA DEI CENTAURI ★★
(*Hell's Belles*)
Regia di MAURY DEXTER. Con JOCELYN LANE, ADAM ROARKE, JEREMY SLATE. ■ Una motocicletta nuova fiammante è al centro della vicenda: appartiene a Dan, ma è desiderata da molti altri. Il capo di una banda di delinquenti di periferia propone una ragazza in cambio della due ruote. Dan non cede. ■ DRAMMATICO; COL.; 94′; USA, 1969.

HELL'S KITCHEN – LE STRADE DELL'INFERNO ★
(*Hell's Kitchen*)
Regia di TONY CINCIRIPINI. Con ROSANNA ARQUETTE, WILLIAM FORSYTHE, ANGELINA JOLIE, MEKHI PHIFER, JOHNNY WHITWORTH. ■ Una rapina in cui scappa il morto. Un detenuto (ma onesto) pugile che esce di prigione. Il vecchio campione fallito. Un bambino sulla cattiva strada «ma si può ancora salvarlo». Una dark (la Jolie, le labbra più artificiali e screpolate del cinema) che vuole uccidere il pugile. L'organizzatore di incontri senza scrupoli. Il Crak. La mamma che si fa per vecchi dispiaceri. I ragazzi che si fanno perché gli va di farsi. E lo sfondo della grande mela marcia. Dunque tutti i richiami possibili, dal peggiore Spike Lee al terzo cugino di Tarantino al passaporto falso di Scorsese. Ma c'è anche mamma-Arquette che suona l'armonica sulla tomba del figlio, e questa non è citazione ma vera farina del sacco di Cinci. E poi la cinepresa a mano che sembra girare nel tuo stomaco perché il produttore-regista-sceneggiatore vuole anche essere autore: pseudo-meta-iper-ipo-linguaggio. Tony Cinciripini. Da dimenticare. ■ DRAMMATICO; COL.; 100′; USA, 1998.

HELLZAPOPPING – IL CABARET DELL'INFERNO (*Hellzapoppin'*) ★★★★
Regia di HENRY C. POTTER. Con MISCHA AUER, HAROLD CHIC JOHNSON, OLE OLSEN, MARTHA RAYE. ■ *Helzapopping* non è un film, è un insieme di *gags*, di trovate esilaranti, di numeri comici divertentissimi. La trama, piuttosto esile, è infatti la storia di un giovane autore che deve convincere un produttore a finanziare il suo spettacolo. ■ COMMEDIA; B/N; 84′; USA, 1941. ■ OSCAR 1 NOM.

HELLZAPOPPING IN GRECIA ★★
(*The Boys from Syracuse*)
Regia di EDWARD SUTHERLAND. Con ALLAN JONES, ROSEMARY LANE, MARTHA RAYE. ■ L'antica Grecia messa in musical. Due fratelli gemelli, con relativi schiavi gemelli fedelissimi, si alternano in cariche pubbliche ed anche nei letti delle rispettive mogli. Il loro scopo è sconfiggere il tiranno. ■ COMICO; B/N; 73′; USA, 1940. ■ OSCAR 2 NOM.

HELP, THE ★★★
Regia di TATE TAYLOR. Con JESSICA CHASTAIN, VIOLA DAVIS, BRYCE DALLAS HOWARD, OCTAVIA SPENCER, EMMA STONE. ■ Mississippi. Inizio degli Anni Sessanta. Skeeter, appena laureata, ottiene un impiego al giornale locale in cui deve rispondere alla posta delle casalinghe. Le viene però un'idea: circondata da un forte razzismo ipocrita, e consapevole che l'educazione dei piccoli, come lo è stata la sua, è nelle mani delle domestiche di colore, decide di raccontare la vita dei bianchi osservata dal punto di vista delle collaboratrici familiari "negre" (come allora venivano

chiamate). Nonostante le prime resistenze, le signore iniziano a parlare, prima Aibileen, poi Minny. Il libro di Skeeter comincia a prendere forma e, al contempo, a non essere più "suo" ma delle donne che le confidano le umiliazioni patite. Film corale al femminile ispirato al romanzo omonimo di Kathryn Stockett (grande successo negli Stati Uniti) *The Help* è tanto attuale quanto old style. Meritato il riconoscimento ai Golden Globe a Octavia Spencer per il ruolo di Minny. ■ DRAMMATICO; COL.; 137′; USA, 2012.

HEMOGLOBIN ★★

Regia di PETER SVATEK. Con ROY DUPUIS, RUTGER HAUER, KRISTIN LEHMAN. ■ Un giovane nobile decaduto torna nel New England e scopre che i suoi avi non erano precisamente delle brave persone. Al contempo dei mostriciattoli emersi dal sottosuolo si fanno sempre più invadenti. Interessante la descrizione del microcosmo marinaro, ormai prevedibilmente spenta la recitazione di Rutger Hauer. ■ HORROR; COL.; 90′; USA, 1997.

HENRIETTE *(La fête à Henriette)* ★★

Regia di JULIEN DUVIVIER. Con MICHEL AUCLAIR, HILDEGARDE NEFF, DANY ROBIN, MICHEL ROUX. ■ Henriette ha un appuntamento con il fidanzato, Robert, ma sospetta che lui abbia una relazione con un'altra. Così, quando Maurice, ladro gentiluomo e dongiovanni, le propone di fuggire con lui, Henriette stabilisce di lasciar decidere al destino: se Robert persiste nel suo tradimento lei accetterà la proposta. E Robert arriva, innamoratissimo. ■ COMMEDIA; B/N; 118′; FRANCIA, 1952.

HENRY ★★

Regia di ALESSANDRO PIVA. Con CAROLINA CRESCENTINI, PIETRO DE SILVA, ERIQ EBOUANEY, CLAUDIO GIOÈ. ■ Il commissario Silvestri ha una moglie zelante, un figlio in arrivo e un duplice omicidio da risolvere dentro una Roma che spaccia droga e consuma vite. La sua indagine incrocia Nina e Gianni, coinvolti loro malgrado nell'assassinio di uno spacciatore e di sua madre. Istruttrice di aerobica lei, perdigiorno lui, i giovani amanti provano a collaborare e a uscire maldestramente da una storia più grande di loro. Sullo sfondo dell'omicidio si muovono intanto clan malavitosi; spetterà a Silvestri rimettere ordine e individuare i colpevoli. Il prezzo da pagare sarà però altissimo. ■ DRAMMATICO; COL.; 86′; ITALIA, 2011.

HENRY & JUNE ★★

Regia di PHILIP KAUFMAN. Con MARIA DE MEDEIROS, UMA THURMAN, FRED WARD. ■ Dopo *L'insostenibile leggerezza dell'essere* ecco il secondo film ispirato all'erotismo, diretto da Kaufman. La pellicola è ambientata nei primi anni Trenta a Parigi e attraverso la scrittrice Anaïs Nin assistiamo alla passione tra lo scrittore Henry Miller e June, sua moglie. Impeccabile come fotografia e raffinatezza, il film soffre di alcune lungaggini e involontariamente il personaggio che viene tratteggiato con maggior cura è quello della scrittrice e non quelli dei due protagonisti. Incredibile la rassomiglianza di Fred Ward con Henry Miller, merito del trucco di scena. ■ EROTICO; COL.; 134′; USA, 1990. ■ OSCAR 1 NOM.

HENRY – PIOGGIA DI SANGUE ★★★

(Henry – Portrait of a Serial Killer)

Regia di JOHN MCNAUGHTON. Con TRACY ARNOLD, MICHAEL ROOKER, TOM TOWLES. ■ Una donna va a trovare il fratello Otis. Conosce così Henry che convive col fratello e che noi abbiamo già visto in azione. All'inizio del film infatti assistiamo a un "giro" in automobile del protagonista che, con una tranquillità e una determinazione da far spavento, uccide a destra e a manca senza una ragione. La donna scopre "soltanto" che lui ha ucciso la madre che tradiva il padre paralitico. Otis diventa nel frattempo complice di Henry in alcuni omicidi e in uno stupro (girato chiaramente come citazione di *Arancia meccanica*). Quando una sera Otis assale la sorella per violentarla lei si difende colpendolo e Henry lo finisce. Scapperanno in auto con il cadavere fatto a pezzi in una valigia. Giunto da noi in notevole ritardo questo film dal linguaggio cinematografico duro e scarno è divenuto oggetto di culto. Dopo aver visto *Henry*, Scorsese ha deciso di produrre il suo terzo film. In Francia è stato a lungo censurato per il finale che vede ancora a piede libero il killer. In Italia è stata aggiunta una didascalia dove si dice che Henry è nella cella della morte. Un finale-verità che assomiglia a un incubo, ma il terrore è reale. ■ DRAMMATICO; COL.; 83′; USA, 1986.

HERBIE AL RALLY DI MONTECARLO ★★★

(Herbie Goes to Montecarlo)

Regia di VINCENT MCEVEETY. Con DEAN JONES, DON KNOTTS, JULIE SOMMARS. ■ Il "maggiolino" Herbie, dopo dodici anni di sosta in garage, viene portato a Parigi dove dovrà partecipare ad un rally che porterà i concorrenti fino a Montecarlo. Herbie è più in gamba che mai, ma ha il guaio di innamorarsi di una "Lancia" avversaria. ■ COMMEDIA; COL.; 91′; USA, 1977.

HERBIE IL MAGGIOLINO SEMPRE PIÙ MATTO ★★★

(Herbie Rides Again)

Regia di ROBERT STEVENSON. Con KEN BERRY, HELEN HAYES, STEFANIE POWERS. ■ Alonzo è un costruttore privo di scrupoli: per erigere un grattacielo vuole sfrattare una vecchietta. La nipote della donna convince alla causa il nipote del terribile Alonzo, che invece di aiutare lo zio si mette ad osteggiarlo. Alonzo è forte, ma i ragazzi e la vecchietta hanno dalla loro il maggiolino Herbie. ■ COMMEDIA; COL.; 88′; USA, 1974. ■ GOLDEN GLOBES 1 NOM.

HERBIE IL SUPER MAGGIOLINO ★★

(Herbie: Fully Loaded)

Regia di ANGELA ROBINSON. Con MATT DILLON, CHERYL HINES, MICHAEL KEATON, LINDSAY LOHAN, JUSTIN LONG, BRECKIN MEYER. ■ Dopo parecchi anni Disney torna a fare davvero film per famiglie, rispolverando un brand molto famoso negli anni Settanta. Diversi decenni sono passati invano sul fronte della sceneggiatura, che è sempre la stessa ma in fondo perché cambiarla? La formula funziona sempre: un maggiolino simpatico e credibile nella sua umanità, corse, qualche effetto speciale non poi così speciale, comicità slapstick e tanti buoni sentimenti. L'eroina di turno, la teen-star Lindsey Lohan (anch'essa passata dal gommista...) è perfetta per il ruolo, i comprimari sono abbastanza insulsi da farla risaltare sulla scena, i cinefili potrebbero restare basiti nel vedere la china che ha preso la carriera di due grandi come Dillon e Keaton, ma tant'è: per una volta ad annoiarsi saranno i grandi ed è giusto così. Il film è il quinto episodio della serie di grande successo che ha avuto inizio nel 1969 con *Un maggiolino tutto matto*, seguito da *Herbie maggiolino sempre più matto* (1974), *Herbie il rally di Montecarlo* (1977), e *Herbie sbarca in Messico* (1980). ■ COMMEDIA; COL.; 101′; USA, 2005.

HERBIE SBARCA IN MESSICO ★★

(Herbie Goes Bananas)

Regia di VINCENT MCEVEETY. Con FRITZ FELD, CLORIS LEACHMAN, CHARLES MARTIN SMITH, JOHN VERNON. ■ Il maggiolino più pazzo del mondo alle prese con un gruppo di ricercatori di tesori degli Incas. Inseguimenti e risate come da copione, fino alla corrida finale, che vedrà il simpatico Herbie atterrare un toro feroce. ■ COMMEDIA; COL.; 92′; USA, 1980.

HERCULES ★★

Regia di LUIGI COZZI RON CLEMENTS. Con SYBIL DANNING, LOU FERRIGNO, ROSSANA PODESTÈ. ■ Ercole, generato da Giove in una delle sue tante scappatelle coniugali, ha la vita difficile a causa della gelosia di Giunone, consorte del padre. Deve lottare con Minosse, con Dedalo, autore del Labirinto, con la maga Circe, ma alla fine trionfa e ha in premio Arianna. ■ AVVENTURA; COL.; 98′; ITALIA, 1983.

HERCULES ★★

Regia di JOHN MUSKER. ■ Ercole visto come fenomeno nella sua terra. Atene sembra una città occidentale dei nostri anni, l'eroe gestisce benissimo la propria immagine con grande attenzione al merchandising. L'operazione comunque delude. Senza contare che i disegni sono sempre più computerizzati, approssimativi e freddi. Film deludente, e triste Non vorremmo che fosse il segnale che stiamo per perderci anche Walt Disney, quello che amiamo da sempre. ■ ANIMAZIONE; COL.; 95′; USA, 1997. ■ GOLDEN GLOBES 1 NOM; OSCAR 1 NOM.

HERCULES 2 ★★

Regia di LUIGI COZZI. Con WILLIAM BERGER, MILLY CARLUCCI,

LOU FERRIGNO. ■ È un seguito (ma non è sicuro, i film vennero girati assieme) di *Hercules*, mitologico di modesto successo (e in ritardo di vent'anni sul celebre filone) con l'ex incredibile Hulk Lou Ferrigno nella parte dell'eroe dalle sette fatiche. Qui Ercole mette il naso (anzi i potenti bicipiti) per salvare il mondo che rischia di essere distrutto da una guerra scatenatasi fra gli dei. ■ AVVENTURA; COL.; 90'; ITALIA, USA, 1985.

♥ HEREAFTER ★★★★

Regia di CLINT EASTWOOD. Con MATT DAMON, CECILE DE FRANCE, BRYCE DALLAS HOWARD, GEORGE MCLAREN, JOY MOHR. ■ FMarie Lelay è una giornalista francese sopravvissuta alla morte e allo tsunami. Rientrata a Parigi si interroga sulla sua esperienza sospesa tra luccicanza e oscurità, alienandosi fidanzato ed editore. Marcus è un fanciullo inglese sopravvissuto alla madre tossicodipendente e al fratello gemello, investito da un'auto e da un tragico destino. Smarrito e "spaiato", cerca ostinatamente ma invano di entrare in contatto con Jason, di cui indossa il cappellino e conserva gli amabili resti. George Lonegan è un operaio americano in grado di vedere al di là della vita. Deciso a ripudiare quel dono e a conquistarsi un'esistenza finalmente normale, George "ascolta" i romanzi di Dickens e frequenta un corso di cucina italiana. Sarà proprio la "piccola Dorrit" dello scrittore britannico a condurlo fino a Londra, dove vive Marcus e presenta il suo nuovo libro Marie. L'incontro sarà inevitabile. George, Marcus e Marie troveranno soccorso e risposte al di qua della vita condivisa (George). *Hereafter* prende atto che la vita è un esperimento con un termine e si articola per questo attraverso prospettive frontali: al di qua e al di là del confine che separa la presenza dall'assenza. È questa linea di demarcazione a fare da perno al montaggio alternato delle vite di una donna, di un uomo e di un bambino dentro una geometria di abbagliante chiarezza e spazi urbani pensati per gravare sui loro destini come in un romanzo sociale di Dickens. Disfandosi della cifra della neutralità, il divo biondo conquista l'emozione e la cognizione del dolore, abitando un sensitivo che ha visioni di morti (e di morte) al solo contatto delle mani, una tristezza profonda piena di pietà e il desiderio di smettere di vedere il passato di chi resta e di immaginare il futuro (e il sapore) di un bacio. ■ DRAMMATICO; COL.; 129'; USA, 2010.

HÉRITAGE, L' ★★

Regia di GÉLA BABLUANI, TEMUR BABLUANI. Con GEORGE BABLUANI, PASCAL BONGARD, OLGA LEGRAND, STANISLAS MERHAR, SYLVIE TESTUD. ■ Tre ragazzi francesi, Patricia, Jean e Celine, si recano in Georgia per prendere possesso di un'eredità. Accompagnati dal loro traduttore, incontrano su un autobus un giovane e suo nonno che si stanno recando al paese natio per dirimere una situazione intricata. I tre decideranno di seguirli. I francesi, attraverso mille situazioni, cercheranno di comprendere la società, l'economia, gli usi e i costumi di quel paese. I registi, Temur e Gela Babluani (padre e figlio), rappresentano il loro paese come un universo di violenza, senza mezze misure, fondato su forti tradizioni e chiuso verso l'esterno, mettendo in secondo piano il personaggio più a latere, il silenzioso traduttore, chiave di lettura e "trait d'union" fra due culture incompatibili. ■ DRAMMATICO; COL.; 75'; FRANCIA, GEORGIA, 2006.

HÉRITIÈRES – DUE DONNE, UN EREDE, LES ★★★

(Orokseg)

Regia di MÁRTA MÉSZÁROS. Con ISABELLE HUPPERT, LILI MONORI, JAN NOWICKI. ■ Budapest, 1936: l'aristocratica Silvia "affitta" la giovane ebrea Irene (Huppert) affinché dia al marito Akos quell'erede che lei non può avere. Nasce così uno strano rapporto di identificazione fra le due donne, entrambe amate da Akos ed entrambe madri del nascituro. Ma i grandi eventi storici, primo fra tutti l'inizio delle persecuzioni razziali, sono ormai alle porte e lo strano terzetto è destinato a venirne travolto. ■ DRAMMATICO; COL.; 95'; UNGHERIA, 1980.

HERMANO ★★

Regia di GIOVANNI ROBBIANO. Con EMIR KUSTURICA, CRISTINA MOGLIA, IGNAZIO OLIVA, LUCIJA SERBEDZIJA, RADE SERBEDZIJA, PAOLO VILLAGGIO. ■ Antonio Sterni è un giovane uomo al servizio di Don Eugenio, un boss locale, per cui lavorava anche il padre prima di venire assassinato a tradimento. In una delle tante missioni, consegnare una macchina a Stoccolma a un malavitoso russo, il ragazzo incontra Carlos Avileda, un ex pugile argentino che vive di espedienti. Superate le prime diffidenze, Antonio decide di dare un passaggio e un'opportunità a quell'uomo ruvido ma sincero, che cerca di riscattare le sconfitte subite sul ring e nella vita. Il viaggio da sud a nord alimenterà tra i due uomini l'affetto e il cameratismo, che sfoceranno per Carlos in un gesto estremo. Il tema del viaggio non è nuovo al cinema, né tanto meno lo è l'idea di costringere in macchina due personaggi così profondamente diversi. ■ DRAMMATICO; COL.; 92'; ITALIA, 2006.

HERO *(Hero – Ying Xiong)* ★★★

Regia di ZHANG YIMOU. Con MAGGIE CHEUNG, TONY LEUNG, JET LI, DONNIE YENG. ■ La storia, ambientata nella Cina di 2000 anni fa, divisa in sette regni, racconta delle gesta di Senzanome, interpretato da un Jet Li finalmente convincente dopo una troppo lunga serie di ottusi film americani. L'eroe del titolo, tramite flashback, racconta al re di Qin, futuro imperatore, come sia riuscito a sgominare i sicari che lo stesso re gli aveva sguinzagliato contro. Il film ridefinisce uno standard per questo tipo di produzioni: le sfide tra gli eroi sono vere e proprie danze con i contendenti immersi in scenari favolistici. Ogni battaglia ha un suo stile preciso ed un suo colore dominante. L'attenzione che il regista pone al particolare è maniacale: il gusto eccede spesso nel barocco come la sequenza iniziale col combattimento "acquoso" tra Li e Leung e quello tra le prime donne Ziyi e Cheung immerso in una pioggia di foglie dorate. La leggerezza e al tempo stesso la violenza e l'asprezza delle battaglie di gruppo, per maestosità e pathos, non sono lontane dall'assedio al fosso di Helm de *Il signore degli anelli*. Il tutto nel segno di un'esagerazione consapevole. ■ DRAMMATICO; COL.; 120'; CINA, HONG KONG, 2002. ■ BERLINO 1 PR; OSCAR 1 NOM.

HESHER È STATO QUI *(Hesher)* ★★

Regia di SPENCER SUSSER. Con DEVIN BROCHU, JOSEPH GORDON-LEVITT, PIPER LAURIE, NATHALIE PORTMAN, RAINN WILSON. ■ A T. J., un ragazzino, è morta da poco la madre in un incidente stradale. La vita familiare è stata sconvolta: il padre Paul è in depressione in casa e la nonna cerca di accudire i due sopravvissuti. Un giorno però nella vita della famiglia entra Hesher. Capelli lunghi, tatuaggi artigianali sul petto e sulla schiena, volgarità all'ennesima potenza, il giovane si installa in casa manifestando un comportamento dagli eccessi del tutto imprevedibili. T.J., colto da un primo amore per una cassiera, cerca di riscattare l'auto della madre. È la storia di un personaggio anomalo all'interno di un contesto familiare che diventa positivo. ■ DRAMMATICO; COL.; 100'; USA, 2010.

HET COMPROMIS – IL COMPROMESSO ★★

(Het Compromis)

Regia di PHILO BREGSTEIN. Con MARLINE FRITZIUS, GERBEN HELLINGA, JOHN THIEL. ■ Hans, un giornalista che ha fama di progressista, fa la conoscenza di un attore del Living Theatre. Sia l'uno che l'altro si credono contestatori, in realtà sono perfettamente integrati e incapaci di gesti concreti di rivolta. La moglie di Hans, divenuta amante dell'attore, rimane delusa di entrambi. ■ DRAMMATICO; B/N; 91'; PAESI BASSI, 1969.

HIDDEN BLADE, THE *(Kakushi Ken – Oni no Tsume)* ★★

Regia di YOJI YAMADA. Con TAKAKO MATSU, MASATOSHI NAGASE, YUKIYOSHI OZAWA. ■ Nel Giappone del diciannovesimo secolo, ancora dominato dagli Shogun, l'introduzione delle armi da fuoco rischia di minare irrimediabilmente lética di vita dei samurai. Uno di loro, addestrato da un maestro che ha lasciato la vita guerriera perché stanco di uccidere, si trova a dover combattere contro un ex compagno di corso. Sarà l'ultimo combattimento. ■ DRAMMATICO; COL.; 132'; GIAPPONE, 2004.

HIDDEN OBSESSION ★

Regia di JOHN STEWART. Con NICHOLAS CELOZZI, LINDA KRUS, ZITA STONE, HEATHER THOMAS. ■ Una conduttrice televisiva, divorziata, decide di prendersi una vacanza. Raggiunge la sua casa di campagna, isolata, dove spera di trovare calma e tranquillità.

Ma non ha fatto i conti con un serial killer di spogliarelliste. ■ THRILLER; COL.; 95′; USA, 1999.

HIGH BOOT BENNY ★★★
Regia di JOE COMERFORD. Con ALAN DEVLIN, MARC O'SHEA, FRANCES TOMELTY. ■ Siamo vicino al confine dell'Irlanda del Nord. C'è una scuola dove molti degli allievi sono protestanti. Nei pressi viene scoperto il cadavere di un informatore. Vengono fatte delle indagini e tre sono i sospettati: Benny, un ragazzo minorenne, la direttrice e Manley, un ex prete. Presentato alla Mostra di Venezia, offre un quadro politico e psicologico interessante. ■ DRAMMATICO; COL.; 82′; GRAN BRETAGNA, 1993.

HIGH CRIMES ★★
Regia di CARL FRANKLIN. Con MORGAN FREEMAN, ASHLEY JUDD, AMANDA PEET, ADAM SCOTT. ■ Tom viene arrestato e si ritrova in un penitenziario militare, in vista di un processo davanti alla corte marziale dal risultato scontato per tutti ma non per la moglie Claire. Che, pur essendo un brillante avvocato non è in grado di difendere il marito: ma, convinta della sua innocenza, troverà un esperto di giurisprudenza militare da affiancare a quello d'ufficio. Ma il loro tentativo non è ben visto dalle gerarchie, che paiono alla ricerca di un capro espiatorio più che di giustizia. ■ THRILLER; COL.; 90′; USA, 2002.

HIGH FREQUENCY ★
Regia di VALERIO ROSATI. Con OLIVER BENNY, VINCENT SPANO. ■ Sul monte Bianco avviene un terribile omicidio. Ne è involontario testimone un tecnico delle comunicazioni, che comprende immediatamente di essere in pericolo di vita. Per fortuna, un giovane radioamatore è riuscito a captare il suo messaggio e può aiutarlo. ■ DRAMMATICO; COL.; 100′; ITALIA, 1988.

HIGHLANDER II – IL RITORNO ★★
(Highlander II – The Quickening)
Regia di RUSSELL MULCAHY. Con SEAN CONNERY, CHRISTOPHER LAMBERT, VIRGINIA MADSEN. ■ Forse Mulcahy dovrebbe tornare a girare video clips per i Duran Duran piuttosto che accettare copioni assurdi come questo. Il pubblico comunque ha risposto in massa a questa rimasticatura del primo *Highlander*. Perfino gli effetti speciali sono sprecati. Siamo nel 2024, il pianeta terra non possiede più ozono e al posto del cielo c'è un immenso scudo solare. L'immortale McLeod deve vedersela, dopo essere stato cacciato da Zeist, col malvagio Katana. Sarà aiutato da Ramirez, suo antico maestro ritornato in vita. Christopher Lambert dà qui una delle sue peggiori interpretazioni, sembra di granito. La colonna sonora di Stewart Copeland è sprecata. ■ FANTASTICO; COL.; 95′; USA, 1990.

HIGHLANDER – L'ULTIMO IMMORTALE ★★★
(Highlander)
Regia di RUSSELL MULCAHY. Con SEAN CONNERY, ROXANNE HART, CHRISTOPHER LAMBERT. ■ Un'antica leggenda racconta che fin dall'antichità vivono alcuni "immortali" nel mondo, che si eliminano in duelli mortali attraverso la decapitazione. Ce n'è uno anche a New York, Connor Mc Leod, uno scozzese sopravvissuto attraverso i secoli, anche grazie all'addestramento di un nobile spagnolo, Ramirez, che nel Seicento gli aveva svelato la sua immortalità. Mc Leod assiste impotente all'invecchiamento e alla morte dell'adorata moglie, e soltanto parecchi secoli dopo egli s'innamorerà di nuovo di un'esperta di arti marziali, che gli sarà d'aiuto nel furibondo duello che Mc Leod sosterrà con il terribile Kurgan, colui che trecento anni prima aveva ucciso Ramirez. ■ FANTASTICO; COL.; 111′; GRAN BRETAGNA, USA, 1986.

HIGHLANDER 3 *(Highlander III: The Sorcerer)* ★
Regia di ANDREW MORAHAN. Con CHRISTOPHER LAMBERT, DEBORAH UNGER, MARIO VAN PEEBLES, RAOUL TRUJILLO. ■ Christopher Lambert, non sufficientemente avvertito dall'insuccesso dell'episodio precedente, torna a proporre il personaggio dell'Immortale senza il minimo slancio di fantasia. Ha come avversario il "bello" del cinema black americano degli anni Novanta, Van Peebles, e si scontra con lui sui vari continenti con contorno di decapitazioni e amori "senza fine". ■ AVVENTURA; COL.; 98′; CANADA, FRANCIA, GRAN BRETAGNA, 1994.

HIGH SCHOOL MUSICAL ★★
Regia di KENNY ORTEGA. Con ZAC EFRON, VANESSA ANNE HUDGENS. ■ Gli studenti del nuovo anno di un liceo del New Mexico vivono la loro adolescenza con tranquillità: brutti o bei voti nelle materie scolastiche, incontri sportivi persi o vinti, problemi sentimentali, invidie, e perfino amicizia... ma tutto a tempo di musica! Soprattutto da quando il bel Troy Bolton e la timida Gabriella Montez si conoscono e scoprono la loro passione per la musica e il canto che li porterà a frequentarsi sempre più spesso. Troy è la star più brillante della squadra di basket, mentre Gabriella è la più promettente studentessa di tutta la scuola. Un'accoppiata micidiale che scatena le ire e le gelosie di molti, tanto che l'intera scuola si mobiliterà per dividerli. ■ FILM TV; MUSICAL; COL.; 93′; USA, 2006.

HIGH SCHOOL MUSICAL II ★
Regia di KENNY ORTEGA. Con ZAC EFRON, LUCAS GRABEEL, ASHLEY TISDALE. ■ Alla East High School ha suonato l'ultima campanella dell'anno scolastico. I ragazzi devono trovare un lavoro estivo e quando a Troy viene offerto un impiego presso un esclusivo club sportivo, accetta a patto che anche i suoi amici vengano presi. Il capitano dei Wildcats non sa però che il Lava Springs è di proprietà della famiglia di Sharpay e che la compagna di scuola ha personalmente richiesto il suo ingaggio per poter passare l'estate con lui. All'arrivo di tutta la banda e alla vista di Gabriella, Sharpay decide di rendere i giorni dei Wildcats al club insostenibili, sperando di poter rimanere da sola con Troy. Ma le cose non andranno secondo i piani. ■ FILM TV; COMMEDIA; COL.; USA, 2007.

HIGH SCHOOL MUSICAL 3: SENIOR YEAR ★
Regia di KENNY ORTEGA. Con ZAC EFRON, VANESSA ANNE HUDGENS, ASHLEY TISDALE. ■ Alla East High School fervono i preparativi per il musical di primavera che per alcuni chiuderà l'anno scolastico e per altri l'intera stagione liceale. In attesa di prendere l'agognato diploma, i Wildcats si interrogano su quale sarà il loro futuro fuori dalle familiari e sicure aule della scuola che li ha visti crescere. Nel frattempo la signora Darbus, l'insegnante di teatro, ha comunicato ai suoi alunni che al musical di primavera saranno presenti due selezionatori della Juilliard per individuare tra i partecipanti il candidato all'unica borsa di studio messa in palio dalla prestigiosa scuola d'arte di New York. ■ MUSICAL; COL.; 100′; USA, 2008.

HIGH SPIRITS ★
Regia di MICHAEL L. SCHAERTL. Con VAL CHRISTIANSEN, WAYNE GILBERT, NEIL LA BUTE. ■ La grande tenuta di Fulton è abitata, a quanto si dice in giro, dagli spettri. Per prendersi gioco dei creduloni, due amici decidono di passare la notte nei paraggi a fare foto. La notte, con loro grande sgomento, si rendono conto che questi "pettegolezzi" non sono affatto inventati. ■ HORROR; COL.; 87′; USA, 1986.

HIGHT SPIRITS – FANTASMI DA LEGARE ★★
(Hight Spirits)
Regia di NEIL JORDAN. Con STEVE GUTTENBERG, DARYL HANNAH, PETER O'TOOLE. ■ Il proprietario di un castello irlandese trasformato in hotel per difficoltà finanziarie deve venderlo a un americano che vuole smantellarlo per ricostruirlo pezzo pezzo in un parco stile Disneyland in Usa. Ma i fantasmi che abitano il maniero non sono affatto d'accordo e si mettono a rendere la vita difficile a tutti i malcapitati ospiti. Neil Jordan riprende un vecchio canovaccio di René Clair. Ma non è all'altezza di Clair e nemmeno a quella dei suoi film precedenti (*In compagnia dei lupi*). ■ COMMEDIA; COL.; 97′; GRAN BRETAGNA, USA, 1988.

HIGHWAYMEN ★
Regia di ROBERT HARMON. Con JIM CAVIEZEL, GORDON CURRIE, FRANKIE FAISON, COLM FEORE, RHONA MITRA, PAUL MOTA. ■ Rennie, a seguito della morte della moglie investita da un pirata della strada, è da anni alla ricerca del colpevole. Quando finalmente lo trova ingaggia un furibondo duello su quattro ruote. ■ THRILLER; COL.; 80′; CANADA, 2004.

HIGHWAY 91 – STRADA SENZA USCITA ★★
(Terror on Highway 91)
Regia di JERRY JAMESON. Con GEORGE DZUNDZA, RICKY SCH-

ROEDER. ■ Quasi per emulare lo sceriffo Barton, di cui è sincero ammiratore da anni, un giovane entra nella polizia. Scopre poi, con dolore, che l'uomo di legge non disdegna di chiudere un occhio su certi traffici se questi possono portargli vantaggi economici consistenti, e che ne è addirittura l'organizzatore. ■ POLIZIESCO; COL.; 87'; USA, 1988.

HIJOS – FIGLI *(Figli)* ★★★
Regia di MARCO BECHIS. Con CARLOS ECHEVARRIA, ENRIQUE PIÑEIRO, STEFANIA SANDRELLI, JULIA SARANO. ■ L'Associazione "Nonne di Plaza de Mayo" dichiara che durante il regime militare in Argentina sono scomparsi oltre 500 bambini, figli di oppositori del regime che venivano venduti appena nati o addirittura venivano adottati dalle stesse persone che gli avevano ucciso i genitori. La famiglia Ramos vive agiatamente in Italia. Javier, il figlio ventenne, è stato contattato da Rosa, una ragazza sua compatriota che lo raggiunge per rivelargli un orribile segreto: lei è sua sorella. I militari lo hanno portato via appena dopo il parto mentre lei è stata nascosta dalla madre con la complicità di un'infermiera. Javier inizialmente si rifiuta di credere, ma poi dà inizio al confronto con i genitori, lasciando la casa in cui abita e seguendo Rosa a Barcellona, dove sembra sia possibile scoprire la verità e dove i due fanno l'analisi del DNA. Bechis racconta in modo meno asciutto rispetto a *Garage Olimpo*, ma forse volutamente sfilacciato, la scoperta di una verità che è ancora più complessa. Si è soli nel dolore, ma forse si può trovare una fraternità che non scorre nel sangue, ma sta in quello versato da chi non c'è più. ■ DRAMMATICO; COL.; 100'; ITALIA, 2001. ■ DAVID DI DONATELLO 1 PR, 1 NOM.

HILDE E HANS – IL MIRACOLO DELL'AMORE ★★
(Worüber man nicht spricht)
Regia di WOLFGANG GLÜCK. Con KARIN DOR, ANTJE GEERK, HANS SÖHNKER, EVELINE BEY. ■ Per convincere una ragazza incinta a non abortire un medico le racconta la storia di una sua coetanea nelle stesse condizioni e alla quale, dopo alcune difficoltà iniziali, andò tutto bene. ■ DRAMMATICO; B/N; 92'; GERMANIA, 1958.

HI-LIFE ★
Regia di ROGER HEDDEN. Con KATRIN CARTLIDGE, CHARLES DURNING, DARYL HANNAH, MOIRA KELLY, PETER RIEGERT, CAMPBELL SCOTT, ERIC STOLTZ. ■ Jimmy ha un debito di gioco di 900 dollari, ma essendo al verde dà vita ad una messa in scena. Incarica la fidanzata Susan di chiedere i soldi al fratello Ray facendo credere a lei che la somma serva per l'aborto di sua sorella, e a lui che sia Susan stessa ad avere questa necessità. In un caotico intreccio di fraintendimenti e gag dell'equivoco, tutto si svolge nella notte di Natale. ■ COMMEDIA; COL.; 82'; USA, 1998.

HILLARY E JACKIE *(Hillary & Jackie)* ★★★
Regia di ANAND TUCKER. Con JAMES FRAIN, RACHEL GRIFFITHS, DAVID MORRISSEY, EMILY WATSON. ■ Questo film, basato su una storia vera, racconta la storia di due sorelle, Hilary e Jackie. Cresciute in Inghilterra negli anni Cinquanta, le due protagoniste hanno un vero e prorio talento in campo musicale: Hilary è una brava flautista e Jackie, sua sorella minore, è un "genio" alla batteria. Il film è incentrato sulla sottile e inevitabile rivalità delle sorelle in campo musicale. Jackie diventerà una star internazionale sposando un famoso pianista (Daniel Barenboim), mentre Hilary condurrà un'esistenza più semplice, in una casa di campagna, con suo marito Kiffer, uomo che ama alla follia, e con i suoi due figli. La vita di Jackie, costellata da successi e soddisfazioni personali, si rivela, però, tutt'altro che invidiabile: la donna, colpita da sclerosi multipla, va a trovare la sorella e la implora di farle vivere un'esistenza normale e di farla dormire con suo marito Kiffer. ■ DRAMMATICO; COL.; 124'; GRAN BRETAGNA, 1998. ■ GOLDEN GLOBES 1 NOM.

HI-LO COUNTRY, THE ★★
Regia di STEPHEN FREARS. Con PATRICIA ARQUETTE, BILLY CRUDUP, PENELOPE CRUZ, WOODY HARRELSON, COLE HAUSER. ■ Peckinpah avrebbe voluto trarre un film dal romanzo di Max Evans (1961) che ispira questo film. Peccato non l'abbia fatto. Perché il machismo che trasuda da quest'opera di un Frears, in ferie da se stesso si sarebbe tradotto in qualcosa di più profondo e corrosivo. Qui invece, in un West in cui compaiono le prime Coca-Cola e le prime auto, due rudi bovari si contendono l'amore di una giovane donna, già sposa di un guardaspalle (come si direbbe oggi) di un capitalista sprezzante e superbo. Niente di più. ■ WESTERN; COL.; 114'; USA, 1998. ■ BERLINO 1 PR.

HIMALAYA *(Himalaya – L'enfance d'un chef)* ★★★
Regia di ERIC VALLI. Con GURGON KYAP, THILEN LHONDUP, KARMA WANGEL. ■ Lo scenario dell'Himalaya, la vita e le tradizioni tibetane. Dopo i film *Sette anni in Tibet*, *Piccolo Buddha* e *Kundun* una storia epica sostenuta da elementi come l'orgoglio e la perseveranza. La fanciullezza del futuro capo di un villaggio e un lungo viaggio in carovana attraverso le montagne e le insidie atmosferiche. Un film per chi ama i paesaggi maestosi, senza tempo e le storie tradizionali. Lo stile è poetico e gli interpreti aderenti ai loro ruoli. Tra l'altro *Himalaya* esce in Italia con un anno di ritardo e qualcuno potrebbe trovare analogie con la cronaca. Ci riferiamo al quindicenne Lama tibetano, Orgyen Trinley Dorjen, che fuggito dal Tibet cinese e inerpicatosi tra le montagne dell'Himalaya si è rifugiato dal suo maestro in India (anche un instant-book si è occupato della vicenda). ■ AVVENTURA; COL.; 104'; FRANCIA, 1999.

HIMIZU ★★★
Regia di SION SONO. Con MITSURU FUKIKOSHI, FUMI NIKAIDÔ, SHÔTA SOMETAMI, TETSU WATANABE. ■ Giappone, dalle parti di Fukushima. Vessato da un padre crudele, violento verbalmente e fisicamente, e da una madre assente, Sumida sogna la normalità dell'uomo comune. Chazawa invece sogna Sumida, difficile oggetto d'amore che richiede di essere domato oltre che catturato. Famiglie disfunzionali e teenager in difficoltà, squassati da istinti autodistruttivi, si vedono spesso su grande schermo e il tema men che mai è nuovo per il talentuoso Sono Sion. Quel che sconcerta – e che lo allontana da controparti occidentali dedite all'esplorazione di ambiti apparentemente similari (Solondz, Clark, Korine) – è la robustezza dell'idea di cinema che c'è alle spalle, l'impatto visivo e uditivo di opere che non temono di scalare su differenti registri narrativi e stilistici, anziché adagiarsi su ammiccanti cliché, per gridare il proprio insanabile dolore. ■ DRAMMATICO; COL.; 129'; GIAPPONE, 2011.

HI, MOM! ★★★
Regia di BRIAN DE PALMA. Con RUTH ALDA, ROBERT DE NIRO, ALLEN GARFIELD, GERRIT GRAHAM, LARA PARKER, JENNIFER SALT. ■ New York, 1967. Jon, reduce dal Vietnam, decide di realizzare un pornofilmetto che abbia come ignari protagonisti gli inquilini del palazzo antistante. Ma la pellicola si dimostra un fallimento e Jon si improvvisa attore in una compagnia d'avanguardia. Ma anche questo lavoro non funziona. Trova un impiego come assicuratore, ma il suo cervello è ormai compromesso. Farà saltare un intero grattacielo. ■ COMMEDIA; COL.; 87'; USA, 1969.

HINDENBURG *(The Hindenburg)* ★★★
Regia di ROBERT WISE. Con WILLIAM ATHERTON, ANNE BANCROFT, GEORGE C. SCOTT, GIG YOUNG. ■ Nella Germania anteguerra un colonnello, Franz Ritter, ha il compito di individuare il terrorista che intende far esplodere il dirigibile *Hindenburg* durante il volo inaugurale. L'ufficiale scopre l'attentatore, ma non riesce a neutralizzare la bomba che esplode. ■ DRAMMATICO; COL.; 115'; USA, 1975. ■ OSCAR 1 PR, 4 NOM.

HIPNOS ★
Regia di DAVID CARRERAS SOLÈ. Con FEODOR ATKINE, DEMIAN BECHIR, CRISTINA BRONDO, CARLOS LASARTE, MARISOL MEMBRILLO, NATALIA SANCHEZ, JULIAN VILLAGRAN. ■ Beatriz Vargas è una giovane psichiatra, bella e sensuale come Barbara Steele, che finisce impiegata presso una clinica per malattie mentali specializzata in ipnosi. La clinica, neanche a dirlo, è ubicata su un'impervia scogliera lontana da qualsiasi centro abitato. Sulla clinica piove incessantemente e le notti, immancabilmente, sono più lunghe dei giorni. ■ HORROR; COL.; 93'; SPAGNA, 2005.

HI RIDERS *(Hi-Riders)* ★
Regia di GREYDON CLARK. Con MEL FERRER, DARBY HINTON, STEPHEN MCNALLY. ■ Due ragazzi, in giro per gli States con una macchina truccata, si uniscono agli Hi-Riders, un gruppo di sbandati appassionati di motori, e in una cittadina vengono sfidati dal

figlio del boss del luogo ad una corsa. Ma la sfida finisce con la morte dei due corridori e il padre dello sfidante dà una caccia mortale agli Hi-Riders. Solo in quattro si salveranno. ■ AVVENTURA; COL.; 92′; USA, 1977.

HIROSHIMA, MON AMOUR ★★★

Regia di ALAIN RESNAIS. Con BERNARD FRESSON, EIJI OKADA, EMMANUELLE RIVA. ■ Lei è francese, ha avuto un tragico amore con un soldato tedesco che l'ha portata alla disperazione ma, almeno apparentemente, ha superato quel periodo angoscioso. Si è sposata e ha dei figli. Arriva a Hiroshima per girare un documentario sulla città distrutta dall'atomica e incontra un giovane architetto giapponese che lavora per la ricostruzione della città. I due si innamorano e la loro breve relazione serve alla donna per rivivere, e raccontare, l'orrore della guerra. Le immagini suggerite dalla memoria della donna si alternano alla straziante visione della città, ancora bruciata. ■ DRAMMATICO; B/N; 91′; FRANCIA, 1959. ■ OSCAR 1 NOM.

HIRUKO THE GOBLIN *(Hiruko Yohkai-Hunter)* ★

Regia di SHINYA TSUKAMOTO. Con KENJI SAWADA, NAOTO TAKENAKA. ■ Da millenni i Goblins, spiriti maligni dal viso femminile ma dal corpo di ragno, sono prigionieri in un tempio sepolto sotto le fondamenta di un liceo. Gli scavi di un incauto archeologo e del suo aiutante riportano alla luce l'edificio, e con esso la minaccia delle mostruose creature. Dopo averci regalato un gioiellino *splatter-punk* come *Tetsuo*, il regista Tsukamoto ha una inevitabile caduta. ■ HORROR; COL.; 90′; GIAPPONE, 1990.

HISTOIRE D'AMOUR *(Le Toubib)* ★★

Regia di PIERRE GRANIER-DEFERRE. Con FRANCINE BERGÉ, ALAIN DELON, BERNARD GIRAUDEAU, VÉRONIQUE JANNOT. ■ Tragica storia d'amore tra un medico militare e un'infermiera nel corso di un'ipotetica terza guerra mondiale nella Francia del 1983. ■ GUERRA; COL.; 93′; FRANCIA, 1979.

HISTOIRE DE RICHARD O., L' ★

Regia di DAMIEN ODOUL. Con MATHIEU AMALRIC, VALERIE BERT, LUCIE BORLETEAU, MARIANNE COSTA, CAROLINE DEMANGEL, RHIZLAINE EL COHEN, ANISSA FÉRIANI, LUDMILA RUOSO, ALEXANDRA SOLLOGOUB, STÉPHANE TERPEREAU. ■ Richard O. ha agganciato una donna in un bar. La porta in una camera dove lei gli chiede di essere stuprata nel sonno. L'uomo invece la riprende con una videocamera. Al risveglio la donna si infuria e lo getta a terra facendogli battere la testa. Richard O. è morto. ■ DRAMMATICO; COL.; 75′; FRANCIA, 2007.

HISTOIRE D'O ★★

Regia di JUST JAECKIN. Con CORINNE CLÉRY, MARTINE KELLY, UDO KIER, CHRISTIANE MINAZZOLI, ALAIN NOURY. ■ Il soggetto è tratto dall'omonimo romanzo di Pauline Réage. La splendida "O" ama talmente René che, per dimostrargli la propria devozione, si assoggetta (su sua richiesta) a subire da altri uomini qualsiasi trattamento. Ma alla fine René si vedrà portar via "O". ■ EROTICO; COL.; 112′; FRANCIA, GERMANIA, 1975.

HISTOIRE DU PLAISIR *(Cri du désir)* ★

Regia di ALAIN NAUROY. Con RICHARD DARBOIS, MICHELLE PERRELLO. ■ Il marito, oltre che vecchio, è paralitico, così la moglie si consola con il figliastro. Il vecchio, invece di prendersela con i fedifraghi, si suicida. ■ DRAMMATICO; COL.; 92′; FRANCIA, 1979.

HISTORY BOYS, THE ★★★

Regia di NICHOLAS HYTNER. Con SAMUEL ANDERSON, SAMUEL BARNETT, STEPHEN CAMPBELL MOORE, CLIVE MERRISON, DOMINIC COOPER, GEORGIA TAYLOR, RUSSELL TOVEY, PENELOPE WILTON. ■ Yorkshire, Inghilterra del Nord, 1983. Otto ragazzi. Vivaci, intelligenti e preparati, curiosi e svelti di mente. Tutti fanno parte di un'anonima e dimenticata da tutti scuola di provincia, ma vengono selezionati per prendere parte a un colloquio di ammissione per andare ad Oxford o a Cambridge, le due mete d'oro dell'università inglese. A prepararli per l'importante appuntamento l'esuberante Hector, sulla carta professore di letteratura, ma in realtà maestro d'entusiasmo. Fra una gita, una lezione di pianoforte e una di francese, tutti e otto i ragazzi arriveranno al colloquio più o meno in grado di superarlo. Sceneggiato da Alan Bennett, autore anche della pluripremiata commedia teatrale da cui il film è tratto. ■ COMMEDIA; COL.; 109′; GRAN BRETAGNA, 2006.

HISTORY OF VIOLENCE, A ★★★

Regia di DAVID CRONENBERG. Con MARIA BELLO, ED HARRIS, HEIDI HAYES, WILLIAM HURT, VIGGO MORTENSEN. ■ Tom Stall è il proprietario di un piccolo ristorante in una cittadina di provincia. Conduce una vita normale con la moglie e i figli, quando un giorno è costretto, per legittima difesa, a uccidere due criminali. La sua immagine finisce su tutti i media e spinge Carl Fogarty, un boss della mafia irlandese di Philadelpia ad andarlo a cercare. L'uomo è sicuro di aver riconosciuto in lui qualcuno con cui ha un conto in sospeso. Tom deve difendere la sua famiglia. Tratto da un fumetto di John Wagner, il nuovo film di Cronenberg torna sui territori cari al regista: l'identità, la possibile schizofrenia, il rapporto tra realtà e apparenza. ■ DRAMMATICO; COL.; 96′; USA, 2005. ■ DAVID DI DONATELLO 1 NOM; GOLDEN GLOBES 2 NOM; OSCAR 2 NOM.

HITCH ★★★

Regia di ANDY TENNANT. Con JULIE ANN EMERY, KEVIN JAMES, EVA MENDES, MICHAEL RAPAPORT, WILL SMITH. ■ Hitch è un professionista dell'amore: aiuta uomini di scarso appeal a conquistare la donna dei sogni. Poche semplici regole che permettono suoi clienti di rompere il ghiaccio: ascoltare invece che parlare, essere sempre rilassati per evitare goffaggini, aiutare nei problemi quotidiani. Tutto fila liscio fino a quando non è lui, il maestro, a innamorarsi di una bella giornalista in carriera e le certezze iniziano a crollare: ora è Hitch a combinare disastri, a rendersi ridicolo a commettere banali "errori". Successo al box office americano. ■ COMMEDIA; COL.; 113′; USA, 2005.

HITCHCOCK ★★

Regia di SACHA GERVASI. Con JESSICA BIEL, JAMES D'ARCY, ANTHONY HOPKINS, SCARLETT JOHANSSON, HELEN MIRREN. ■ Nel 1960, dopo *Intrigo internazionale,* il maestro del brivido Alfred Hitchcock è alla ricerca di un soggetto nuovo, e si appassiona al romanzo di Robert Bloch che trae ispirazione dalla vicenda del pluriomicida del Wisconsin, Ed Gein. La Paramount, con cui il regista è sotto contratto, non ne vuole sapere di produrre *Psyco*, giudicandolo troppo orrorifico e respingente, ma Hitchcock è convinto al punto da autoprodursi il film, girandolo negli studi Universal con la troupe della sua serie televisiva per abbattere i costi. A sostenerlo, in questo azzardo come in ogni altro momento della sua carriera, è la moglie Alma Reville, sceneggiatrice di talento, responsabile della revisione di tutti i copioni del marito e sua paziente spalla, esclusa dai riflettori così come dalle sue note infatuazioni per le algide bionde che scritturava come attrici. Il film di Sacha Gervasi, ispirato al libro di Stephan Rebello *Come Hitchcock ha realizzato Psycho,* prende in realtà a pretesto il set del film (futuro maggior successo commerciale del maestro) per indagare chi abitava quell'ombra e raccontare il rapporto tra il regista e la moglie, più con la voglia di gettare su di esso un briciolo di suspence che con quella di attenersi alla verità biografica. ■ BIOGRAFICO; COL.; 98′; USA, 2013.

HITCHER, THE ★

Regia di DAVE MEYERS. Con SEAN BEAN, SOPHIA BUSH, ZACHARY KNIGHTON, NEAL MCDONOUGH. ■ Per una coppia di giovani in vacanza, il passaggio a un autostoppista si rivelerà l'inizio di un incubo. Scampati per miracolo a quello che pare essere uno psicopatico assassino, se lo ritrovano alle calcagna, mentre la polizia li crede i veri colpevoli della spirale di violenza che si portano dietro. Remake dell'omonimo dell'86, con Sean Bean nei panni dello psicopatico al posto di Rutger Hauer, *The Hitcher* rivede la struttura dell'originale, invertendo il ruolo del protagonista. ■ HORROR; COL.; 84′; USA, 2007.

HITCHER – LA LUNGA STRADA DELLA PAURA, THE *(The Hitcher)* ★★★

Regia di ROBERT HARMON. Con RUTGER HAUER, C. THOMAS HOWELL, JENNIFER JASON LEIGH, JOHN M. JACKSON. ■ Jim Halsey dà un passaggio ad un autostoppista di notte. John Ryder (the Hitcher, che significa l'autostoppista) è in realtà un maniaco assassino, già ricercato. Inizia per il ragazzo un incubo, una storia allucinante in cui Ryder lo perseguita, quasi fosse una forza del male. Senza tregua The Hitcher incalza, sempre alle calcagna del ragazzo anche quando questi crede di essersene sbarazzato. Jim finisce perfino in prigione, scambiato per il suo inseguitore. Ma alla fine Jim avrà la meglio. Vicenda mozzafiato con mirabile interpretazione di Hauer. ■ THRILLER; COL.; 97'; USA, 1986.

HITLERJUNGE QUEX – IL GIOVANE HITLERIANO QUEX ★★★
Regia di HANS STEINHOFF. Con CLAUS CLAUSEN, BERTA DREWS, HEINRICH GEORGE. ■ È la storia di Quex, giovane che milita nella gioventù hitleriana, figlio di comunisti, che dai comunisti viene ucciso mentre distribuisce volantini nazisti. ■ DRAMMATICO; B/N; 91'; GERMANIA, 1933.

HITLER NON È MORTO – MONOCOLO NERO ★★
(Le monocle noir)
Regia di GEORGES LAUTNER. Con ELGA ANDERSEN, BERNARD BLIER, JACQUES DUFILHO, PAUL MEURISSE, GÉRARD BUHR, MARIE DUBOIS. ■ Hitler non è morto. Questa ipotesi è accettata dai servizi segreti di tutto il mondo che si mettono sulle tracce di un uomo che si fa chiamare Goermann ma che sarebbe invece il Führer. Finalmente riescono a mettergli le manette. ■ SPIONAGGIO; B/N; 88'; FRANCIA, 1961.

HITLER, UN FILM DALLA GERMANIA ★★★
(Hitler, ein Film aus Deutschland)
Regia di HANS JURGEN SYBERBERG. Con HARRY BEER, ANDRÉ HELLER, PETER LÜHR, HEINZ SCHUBERT. ■ Trasmesso in notturna su Rai Tre, questo film diviso in quattro parti è di grande interesse per come analizza la storia del nazismo, attraverso una rappresentazione teatrale, ma talmente ricca di spunti, scenografie e personaggi da non risultare statica. I titoli delle singole parti: *Dal frassino cosmico alla quercia di Goethe a Buchenwald*, *Un sogno tedesco... sino alla fine del mondo*, *La fine di una fiaba d'inverno e la vittoria finale del progresso* e *Noi figli dell'inferno ricordiamo la favola del Graal*. ■ STORICO; COL.; 429'; FRANCIA, GERMANIA, GRAN BRETAGNA, 1977.

HIT LIST – IL PRIMO DELLA LISTA *(Hit List)* ★★
Regia di WILLIAM LUSTIG. Con LANCE HENRIKSEN, LEO ROSSI, JEAN-MICHAEL VINCENT. ■ Manierato film poliziesco, dove un maldestro killer compie un assassinio inutile. Ha infatti sbagliato indirizzo. Da questo momento la vicenda si fa intricata con una lotta portata avanti da diversi personaggi e con il killer che fa da rotolo della matassa per tutti. Vendetta, sopravvivenza e interesse si confondono tra loro nelle sparatorie che seguiranno. ■ POLIZIESCO; COL.; 84'; USA, 1988.

HITMAN – L'ASSASSINO *(Hitman)* ★★
Regia di XAVIER GENS. Con HENRY IAN CUSICK, ROBERT KNEPPER, OLGA KURYLENKO, MICHAEL OFFEI, TIMOTHY OLYPHANT, DOUGRAY SCOTT, ULRICH THOMSEN. ■ Dopo l'elegante thriller dal titolo *Frontier(s)*, il regista francese Gens realizza la sua seconda opera interamente, dedicata a uno dei videogiochi più venduti nel mondo, *Hitman*. Il protagonista è un agente-assassino geneticamente modificato che ha per nome un numero, 47. Sempre ligio nel portare a termine il proprio compito, 47 risveglierà la propria coscienza grazie all'incontro con una prostituta russa. La sceneggiatura e la regia sono abili nel delineare il passaggio da personaggio a persona. Anche i personaggi secondari sono tratteggiati in maniera accurata. ■ AZIONE; COL.; 100'; FRANCIA, USA, 2007.

HITMAN THE COBRA ★
Regia di GODFREY HO. Con MIKE ABBOTT, RICHARD HARRISON. ■ Secondo conflitto mondiale: i giapponesi occupano diversi territori in Asia e vi si installano, punendo senza pietà chi cerca di opporsi. Alcuni coraggiosi, comandati da Mike, dichiarano una guerra all'ultimo sangue a uno spietato e crudele avversario soprannominato "il Cobra". ■ GUERRA; COL.; 90'; GRAN BRETAGNA, 1987.

HITO-HITO SIAMO FELICI *(Hito-Hito)* ★★
Regia di HANS ERTH, MONICA ERTH. ■ Alla ricerca degli indios, lungo il Rio delle Amazzoni, un gruppo di esploratori tedeschi riprende suggestive inquadrature di quella zona primordiale. ■ DOCUMENTARIO; COL.; 90'; GERMANIA, 1958.

HO AFFITTATO UN KILLER ★★★
(I Hired a Contract Killer)
Regia di AKI KAURISMÄKI. Con MARGI CLARK, KENNETH COLLEY, JEAN-PIERRE LÉAUD. ■ Uno dei più grandi talenti cinematografici emersi sul finire degli anni Ottanta è approdato in Italia nei primi anni Novanta con questo ed altri due film quasi in contemporanea: *Leningrad Cowboys go America* e *La fiammiferaia*. Jean Pierre-Leaud, moderno M. Hulot, estremamente controllato, ha ritrovato in Kaurismaki un grande autore. Dopo aver saputo del proprio licenziamento un impiegato statale decide di farsi eliminare da un killer. Ne assolda così uno, ma si pente quasi subito non appena incontra una donna. Vorrebbe tornare indietro ma l'ingranaggio ormai si è messo in movimento. ■ COMMEDIA; COL.; 85'; FINLANDIA, SVEZIA, 1990.

HO AMATO UNA DIVA ★★
Regia di LUIGI DE MARCHI. Con CARLO CAMPANINI, ELOISA CIANNI, AMOS DAVOLI. ■ Una celebre diva si innamora di un giovanotto intraprendente: per dichiararle il suo sentimento non esita infatti ad infilarsi come comparsa sul set di un film. ■ COMMEDIA; COL.; 94'; ITALIA, 1957.

HO AMATO UN FUORILEGGE *(He Ran All the Way)* ★★
Regia di JOHN BERRY. Con WALLACE FORD, JOHN GARFIELD, SHELLEY WINTERS. ■ Ricercato dalla polizia, Nick si rifugia a casa di Peg, una ragazza che prova pietà e affetto per lui ed è pronta ad aiutarlo. La diffidenza è fatale per il giovane: non crede a Peg e tenta di fuggire dopo aver minacciato l'intera famiglia. A quel punto Peg non esita e gli spara. ■ DRAMMATICO; B/N; 77'; USA, 1951.

HO AMMAZZATO BERLUSCONI ★★
Regia di DANIELE GIOMETTO, GIANLUCA ROSSI. Con ALBERTO BOGNANNI, SABRINA PARAVICINI, ANDREA RONCATO. ■ All'indomani delle elezioni politiche del 2001, Matteo Luisi litiga violentemente con la moglie Livia, che lo accusa di aver votato per il vincitore delle elezioni, Silvio Berlusconi. Livia, appassionata militante di sinistra, non riesce ad accettare che il suo compagno abbia optato per il "nemico", dopo aver affrontato anni di convivenza all'insegna di un condiviso anelito sociale e politico. La scelta di Matteo provoca l'abbandono da parte di Livia del tetto coniugale e la conseguente morte, causata dalla caduta di un pezzo di aereo proprio nel giardino di casa Luisi. Matteo, sconvolto per il decesso della moglie, esce di casa nel bel mezzo di un temporale e investe un uomo, che si rivelerà essere proprio il neo-eletto Silvio Berlusconi. ■ DRAMMATICO; COL.; 88'; ITALIA, 2008.

HO BACIATO UNA STELLA *(Hollywood Canteen)* ★★★
Regia di DELMER DAVES. Con EDDIE CANTOR, BETTE DAVIS, JOHN GARFIELD. ■ In un locale notturno di Hollywood capitano due militari in licenza. Qui fanno la conoscenza di numerosi attori del cinema che si dimostrano allegri compagni di bisboccia. Uno dei due, Slim, prende una cotta per Joan Leslie, ma non riesce ad avvicinarla per una serie di circostanze negative. Proprio un attimo prima della partenza Slim e Joan riescono a parlarsi. ■ COMMEDIA; B/N; 124'; USA, 1945. ■ OSCAR 3 NOM.

HOBBIT – UN VIAGGIO INASPETTATO, LO ★★★
(The Hobbit: An Unexpected Journey)
Regia di PETER JACKSON. Con RICHARD ARMITAGE, MARTIN FREEMAN, IAN MCKELLEN, JAMES NESBITT, KEN STOTT. ■ Sessant'anni prima che Frodo desse inizio al suo viaggio verso Gran Burrone e oltre, suo zio Bilbo Baggins si godeva la calma della contea e l'assenza di avventure, fino al giorno in cui Gandalf il Grigio non si presentò alla sua porta e lasciò su di essa un segno. Poco dopo, uno dopo l'altro dodici nani e il loro capo Thorin Scudodiquercia, prendono possesso della casa dello hobbit Bilbo e della sua dispensa, per arruolarlo e partire con lui alla riconquista del vecchio regno dei nani, Erebor, da troppo tempo nelle grinfie del terribile drago Smaug. Non sarebbe corretto citare la trilogia del *Signore degli Anelli* per introdurre l'adattamento del primo libro di narrativa di Tolkien, che la precede di parecchi anni nella realtà e ancora di più nella finzione, se non fosse che è Peter Jackson stesso a farlo, inscenando una breve cornice nella quale Elijah Wood compare come traghettatore e tramite tra le due

esperienze cinematografiche. E qui occorre fare una premessa, che contiene un appello. *Lo Hobbit*, per soddisfare la misura scelta degli altri film, ha richiesto un lavoro di sceneggiatura inedito, ma purtroppo Jackson lotta invano per portare *Lo Hobbit* al regime di grandeur del *Signore degli Anelli* senza possedere gli strumenti di base per farlo, vale a dire un racconto altrettanto complesso e dei personaggi adatti. La tecnologia avanguardistica del 3D a 48 fotogrammi al secondo sortisce un risultato controproducente. ■ FANTASTICO; COL.; 164'; USA, NUOVA ZELANDA, 2012.

HOBSON IL TIRANNO *(Hobson's Choice)* ★★★🏆
Regia di DAVID LEAN. Con BRENDA DE BANZIE, CHARLES LAUGHTON, JOHN MILLS. ■ Le due figlie minori di Hobson chiedono la dote per sposarsi, ma il padre, avarissimo, la nega. Maggie, più grande, che ha sposato un ex dipendente di Hobson divenuto suo pericoloso concorrente, con un inganno gli estorce una grossa somma che consegna poi alle sorelle. Quando il vecchio taccagno si ammala, soltanto Maggie gli resta vicino. ■ DRAMMATICO; B/N; 107'; GRAN BRETAGNA, 1953. ■ BERLINO 🏆 1 PR.

HO CAMMINATO CON UNO ZOMBIE ★★★
(I Walked with a Zombie)
Regia di JACQUES TOURNEUR. Con TOM CONWAY, FRANCES DEE, JAMES ELLISON. ■ Classico del terrore anni Quaranta, ispirato alla lontana a *Jane Eyre*. Una signorina viene assunta come infermiera nella casa di un ricco signore ad Haiti. La moglie di quest'ultimo mostra segni di progressiva follia. In realtà la donna è schiava di un culto vudù. Inutili i tentativi di condurla alla normalità. Il cognato della poveretta, innamorato di lei, la uccide e poi si butta in mare assieme alla donna (così lo stregone Vudù non potrà impossessarsi della sua anima). ■ HORROR; B/N; 69'; USA, 1943.

HO CERCATO IL TUO NOME *(The Lucky One)* ★
Regia di SCOTT HICKS. Con BLYTHE DANNER, ZAC EFRON, JAY R. FERGUSON, LILY RABE, TAYLOR SCHILLING. ■ Logan Thibault è un sergente dei Marines alla sua terza missione in Iraq. Sopravvissuto a una granata per raccogliere la fotografia di una donna nella sabbia, è deciso a trovarla e a saldare l'ideale debito di riconoscenza. Rientrato negli States avvia la ricerca e raggiunge a piedi lo stato in cui la donna vive gestendo un allevamento di cani. Melodramma melenso. ■ DRAMMATICO; COL.; 101'; USA, 2012.

HO CONOSCIUTO UN ASSASSINO *(I Met a Murderer)* ★★
Regia di ROY KELLINO. Con WILLIAM DEVLIN, PAMELA KELLINO, JAMES MASON. ■ Giallo in famiglia (regista e primadonna sono il cognato e la moglie di James Mason). Mason è un assassino evaso che vive un breve incontro d'amore con una romanziera in cerca d'ispirazione nella campagna scozzese. Dopo l'amore arriva per lui la resa dei conti. ■ GIALLO; B/N; 92'; GRAN BRETAGNA, 1939.

HOCUS POCUS ★★
Regia di KENNY ORTEGA. Con BETTE MIDLER, KATHY NAJIMA, SARAH JESSICA PARKER. ■ Tre streghe riescono a ringiovanire succhiando la linfa vitale da una fanciulla e trasformando suo fratello in un gatto. Vengono catturate e impiccate, ma dichiarano che un giorno torneranno. Queste sono le origini di Halloween ma, ovviamente, c'è chi si dichiara scettico in materia. Avrà modo di ricredersi perché le tre streghe, effettivamente, torneranno. Film Disney che potrebbe far leva solo sugli effetti speciali mentre si prende il gusto di fare ironia sul genere horror trasformandolo in una simpatica satira di costume. ■ FANTASTICO; COL.; 96'; USA, 1993.

HO FATTO SPLASH ★★★
Regia di MAURIZIO NICHETTI. Con GIULIA LAZZARINI, CORRADO LOJACONO, DANTE MERTINI, LUISA MORANDINI, MAURIZIO NICHETTI, CARLINA TORTA. ■ Il film narra con lo stile tipico di Nichetti le avventure surreali di tre ragazze (una maestra, un'attrice e una casalinga) e di un giovane che, rimasto in letargo per venti anni davanti alla televisione, fa fortuna in campo pubblicitario inventando uno slogan per una bibita gassata. ■ COMMEDIA; COL.; 95'; ITALIA, 1980.

HOFFA – SANTO O MAFIOSO? *(Hoffa)* ★★
Regia di DANNY DEVITO. Con ARMAND ASSANTE, DANNY DEVITO, JACK NICHOLSON, J.T. WALSH. ■ La figura del sindacalista Hoffa è una delle più ambigue del panorama politico americano del ventesimo secolo. Già Stallone l'aveva interpretata nel romanzesco *F.I.S.T.* Ora tocca a Nicholson, affiancato da DeVito che si riserva anche il ruolo del suo braccio destro, affrontare la personalità di un uomo in cui luci e ombre si fondevano quasi in modo inscindibile. L'impresa si rivela non semplice. ■ DRAMMATICO; COL.; 140'; USA, 1992. ■ GOLDEN GLOBES 1 NOM; OSCAR 2 NOM.

HO GIURATO DI UCCIDERTI *(La Venganza)* ★★
Regia di JUAN ANTONIO BARDEM. Con ARNOLDO FOÀ, JORGE MISTRAL, FERNANDO REY, CARMEN SEVILLA, RAF VALLONE. ■ Antiche faide separano le famiglie di Juan e Luis. Il lavoro comune dei campi lentamente avvicina i due giovani. La storia d'amore tra la sorella di Juan e Luis cementa la nuova pace. ■ DRAMMATICO; COL.; 90'; SPAGNA, 1957. ■ OSCAR 1 NOM.

HO INCONTRATO ANCHE ZINGARI FELICI ★★
– LA STIRPE DEL VENTO *(Skupliaci Perja)*
Regia di ALEKSANDAR PETROVIC. Con BEKIM FEHMIU, OLIVERA VUGO, BATA ZIVOJINOVIC. ■ La vita di una comunità zingara nei suoi aspetti più insoliti e folkloristici: il film racconta le avventure sentimentali, sessuali e commerciali di Bora, zingaro ubriacone con due mogli. Per tenersi la seconda, quella più giovane, Bora uccide il patrigno della ragazza: tutti sanno che è stato lui, ma nessuno lo tradisce. ■ DRAMMATICO; COL.; 85'; JUGOSLAVIA, 1967. ■ CANNES 1 PR; OSCAR 1 NOM.

HO INCONTRATO L'AMORE *(Dancing in the Dark)* ★★
Regia di IRVING REIS. Con BETSY DRAKE, WILLIAM POWELL, MARK STEVENS. ■ Una giovane attrice agli esordi conosce un vecchio lupo dello schermo che potrebbe aiutarla a far carriera. Il vecchio attore le procura infatti un provino con una grande casa cinematografica, ma la ragazza vi rinuncia quando scopre che l'uomo è suo padre. I buoni sentimenti prevalgono e alla fine padre e figlia si riuniscono. ■ COMMEDIA; COL.; 92'; USA, 1949.

HO INVENTATO UNA DONNA *(It's Love Again)* ★★
Regia di VICTOR SAVILLE. Con SONNIE HALE, JESSIE MATTEWS. ■ Un giornalista inventa un personaggio femminile e ne racconta le vicende sul suo quotidiano. Un'aspirante attrice assume l'identità del personaggio per farsi pubblicità e facilitarsi la carriera. Ci riesce talmente bene che, oltre alla gloria, trova un marito. ■ COMMEDIA; B/N; 83'; GRAN BRETAGNA, 1936.

HOLA ESTÁS SOLA ★★
Regia di ICÍAR BOLLAÍN. Con ALEX ANGULO, ELENA IRURETA, ARCADI LEVIN, CANDELA PEÑA, SILKE. ■ Trini e Niña hanno tante cose in comune: la stessa età (20 anni), un passato segnato dalla scomparsa della madre, e una maniera di fare le cose in cui non c'è bisogno di fare grandi progetti. Non leggono giornali, non vedono la tv e possono vivere senza telefono. Insieme inizieranno un viaggio senza una meta precisa, nel quale arriveranno a incontrarsi con la madre della bambina. Condivideranno tutto, incluso Olaf, un russo che non sa parlare spagnolo. Lungo questo percorso scopriranno altre facce della vita che metteranno a dura prova la loro amicizia. ■ COMMEDIA; COL.; 92'; SPAGNA, 1995.

HOLDING TREVOR ★★
Regia di ROSSER GOODMAN. Con JAY BRANNAN, BRENT GORSKI, ELI KRANSKI, MELISSA SEARING. ■ Giovane, bello e intelligente, Trevor è in una fase di stallo. Imbrigliato in una vacillante relazione con Darrell, un tossicodipendente sulla via dell'autodistruzione, e in un poco appagante lavoro di televendite, Trevor trova magro conforto sulla scena dei party di Los Angeles. Ancora peggio va con i suoi due migliori amici, il coinquilino Andie e il suo primo amore Jake, spinti ai margini dalla noia e dallo scontento. All'ospedale per l'ultima crisi da overdose del suo ragazzo, Trevor incontra una possibilità di cambiamento in Ephram, un ambizioso medico dal comportamento affabile e certamente di bell'aspetto. ■ DRAMMATICO; COL.; 88'; USA, 2007.

HOLD UP, ISTANTANEA DI UNA RAPINA ★★
Regia di GERMÀN LORENTE. Con NATHALIE DELON, ENRICO MARIA SALERNO, FREDERICK STAFFORD. ■ Durante un inseguimento agli autori di una rapina un poliziotto perde la memoria. Si trasferisce in Europa ma nessuno, gangster e poliziotti, lo perde di

vista. In effetti, dopo anni, il poliziotto ricorderà, ma non gli servirà molto. ■ GIALLO; COL.; 90′; ITALIA, 1947.

HOLE, THE ★★★
Regia di NICK HAMM. Con THORA BIRCH, DANIEL BROCKLEBANK, GEMMA CRAVEN, EMBETH DAVIDTZ, LAURENCE FOX, EMMA GRIFFITHS MALIN. ■ Ecco l'ennesimo manifesto giovanilistico che ha fatto moda e dibattito all'inizio del nuovo millennio. Il film è tratto da un romanzo inglese del 1993 dal titolo *After The Hole*, scritto dal diciassettenne Guy Burt. È la storia di Liz, irrequietissima è dir poco, che sta col bellone del college, e che sa tutto sulla morte misteriosa di suoi tre amici che, per un gioco perverso, si sono chiusi in un bunker. Tutto il gruppetto – Thora Birch, la protagonista, era la figlia di Spacey in *American Beauty* – è perfettamente inserito nel "prodotto", per età e attidudini: gli sceneggiatori Ben Court e Caroline Ip, sono gli omologhi, alla macchina da scrivere, dei loro coetanei davanti alla cinepresa. I richiami a certe realtà ultraviolente della civiltà occidentale, anche della nostra naturalmente, ci sono tutti. Va anche detto che il regista Hamm (manco a dirlo giovanissimo) ha già una storia importante di titoli (*Martha da legare*) e accrediti (fa parte della Royal Shakespeare Company). Se si accetta quel contesto il film può funzionare. ■ THRILLER; COL.; 102′; GRAN BRETAGNA, 2001.

HOLE IN 3D, THE *(The Hole)* ★★
Regia di JOE DANTE. Con HALEY BENNETT, BRUCE DERN, NATHAN GAMBLE, CHRIS MASSOGLIA, TERI POLO. ■ Dane e Lucas Thompson, fratelli, si trasferiscono con la madre da New York in una villetta a schiera di Bensonville, una piccola città del Nord-Est americano. Lucas è un ragazzino curioso e vitale, mentre Dane è il tipico adolescente inquieto. Assieme alla bella vicina di casa, Julie, Dane e Lucas scoprono nello scantinato di casa una grande botola serrata con numerosi lucchetti. Una volta scoperchiato il passaggio, quello che pare un semplice buco nel pavimento si rivela essere un portale per una dimensione da cui prendono corpo le più remote paure dei ragazzi. ■ HORROR; COL.; 98′; USA, 2009.

HOLES – BUCHI NEL DESERTO *(Holes)* ★★
Regia di ANDREW DAVIS. Con PATRICIA ARQUETTE, JON VOIGHT, SIGOURNEY WEAVER, TIM BLAKE NELSON. ■ Stanley è un teenager che viene accusato del furto di un paio di scarpe donate da una star del baseball ad un orfanotrofio. Viene quindi rinchiuso per 18 mesi in un carcere dove è costretto a degli autentici lavori forzati. La filosofia del campo è semplice: prendete un cattivo ragazzo, mettetelo a scavare buche per tutto il giorno sotto il sole e diventerà un bravo ragazzo. Tratto da un best seller di grande successo nei paesi anglosassoni. ■ COMMEDIA; COL.; 117′; USA, 2003.

HOLE – IL BUCO, THE *(Dong/The Hole)* ★★★★
Regia di MING-LIANG TSAI. Con TONG HSIANG-CHU, LIN HUI-CHIN, YANG KUEI-MEI, LEE KANG SHENG, TIEN MIAO. ■ Taiwan, sette giorni prima del capodanno del 2000. In città piove ininterrottamente e un morbo colpisce gli esseri umani che tendono a comportarsi come scarafaggi. In un condominio un uomo e una donna entrano forzatamente in contatto a causa di un buco lasciato aperto in un pavimento da un idraulico. Tsai Ming-Liang realizza la sua opera più matura creando un clima kafkiano-orientale assolutamente originale e denso di significazione. Peccato che nessuno, nella giuria di Cannes 1998, se ne sia accorto. ■ DRAMMATICO; COL.; 93′; FRANCIA, TAIWAN, 1998.

HOLLYWOOD *(Something to Sing about)* ★★
Regia di VICTOR SCHERTZINGER. Con MONA BARRIE, JAMES CAGNEY. ■ Un suonatore di jazz diventa attore del tutto casualmente. L'ambiente di Hollywood non gli piace, perciò parte per l'Europa subito dopo. Si sposa, torna negli Stati Uniti e scopre di essere diventato un divo. Le complicazioni derivate dal successo dell'unico film che ha girato sono troppe. ■ COMMEDIA; B/N; 84′; USA, 1937. ■ OSCAR 1 NOM.

HOLLYWOOD BOULEVARD ★★
Regia di STEVE BARNETT. Con GINGER LYNN ALLEN, KALLY MONTEITH. ■ Una pellicola demential-umoristica prodotta da Roger Corman, sul dietro le quinte dei film di serie B. Una ragazza diventa senza volerlo l'attrice più famosa di una piccola casa di produzione. ■ GIALLO; COL.; 78′; USA, 1989.

HOLLYWOOD BRUCIA *(An Alan Smithee Film)* ★★
Regia di ALAN SMITHEE. Con JACKIE CHAN, WHOOPI GOLDBERG, SYLVESTER STALLONE. ■ Si narra la storia di un film, un colossal da molti milioni di dollari, interpretato dai tre divi del cast. Il regista vuole distruggerlo prima che venga proiettato in tutte le sale d'America. Grottesco e a volte anche divertente. Il nome del regista Smithee è fittizio, a firmare il film è stato Arthur Hiller. ■ COMMEDIA; COL.; 85′; USA, 1998.

HOLLYWOOD CAVALCADE ★★
Regia di IRVING CUMMINGS. Con DON AMECHE, ALICE FAYE. ■ Agli albori del sonoro un giovane regista e una giovane attrice raggiungono Hollywood. Lei ha subito successo, lui riesce ad inimicarsi tutti con il suo carattere insopportabile. Ci vorranno degli anni perché riesca a correggere i propri difetti, ma alla fine ce la farà. ■ COMMEDIA; COL.; 96′; USA, 1939.

HOLLYWOOD CHE CANTA ★★★
(The Hollywood Revue of 1929)
Regia di CHARLES F. REISNER. Con LIONEL BARRYMORE, JACK BENNY, JOAN CRAWFORD, MARIE DRESSLER, JOHN GILBERT, OLIVER HARDY, BUSTER KEATON, STAN LAUREL, NORMA SHEARER. ■ L'importanza del film sta tutta nel cast: i grandi divi della Metro contribuiscono tutti, con comparsate di lusso, al primo di quei film-rassegna che ad Hollywood diventeranno ben presto consuetudine. ■ COMM. MUSICALE; B/N; 93′; USA, 1929. ■ OSCAR 2 NOM.

HOLLYWOOD DETECTIVE *(The Hollywood Detective)* ★★
Regia di KEVIN CONNOR. Con TELLY SAVALAS, HELEN UDY. ■ Quando la finzione diventa realtà: un ex attore, impegnato per anni in una serie televisiva di successo dove impersona un poliziotto, accetta di svolgere indagini sul caso di un collega scomparso e forse ucciso. ■ POLIZIESCO; COL.; 83′; USA, 1989.

HOLLYWOOD DISCOTHEQUE *(Disco Fever)* ★★
Regia di LAMAR CARD. Con SUSET CARROLL, FRANÇOISE FABIAN, CASEY KASEM, LOVE MACHINE. ■ Un cantante non più giovanissimo cerca di riconquistare il successo. La solita virago-manager tenta di imporgli le sue regole e il suo letto, ma il divo viene salvato dal suo amore per la libertà. ■ COMM.MUSICALE; COL.; 91′; USA, 1978.

HOLLYWOOD DREAMS *(Hollywood Dreaming)* ★
Regia di JIM WILSON. Con ANTHONY ALDA, ORSON BEAN, BEN GLASS, NATASHA KAUTSKY. ■ Alec ha scritto un copione cinematografico ed è determinato a trovare un finanziatore, anche se le sue speranze in questo senso si rivelano subito molto scarse. Nonostante tutto non demorde e prende contatto con alcuni tra i più classici "tipi" del mondo hollywoodiano. ■ COMMEDIA; COL.; 88′; USA, 1987.

HOLLYWOOD ENDING ★★★
Regia di WOODY ALLEN. Con WOODY ALLEN, GEORGE HAMILTON, TÉA LEONI, DEBRA MESSING, MARK RYDELL, TIFFANI-AMBER THIESSEN, TREAT WILLIAMS. ■ Val è un regista ridotto a girare spot pubblicitari in mezzo alle renne. La sua ex moglie, legata ora a un grosso produttore hollywoodiano, lo propone per un remake di un film dedicato a New York, città che lui conosce così bene da poter girare su questo soggetto anche a occhi chiusi. Fatto che puntualmente succede. Val viene infatti colto da cecità psicosomatica, ma non può perdere l'occasione del rilancio. Quindi, consigliato dal suo agente, si fa aiutare dall'interprete (il direttore della fotografia è cinese), il quale viene votato al segreto. Le riprese hanno inizio, ma il caos è pressoché totale. Si spera solo che Val abbia ben chiaro in testa come montare inquadrature che non sembrano avere senso. La ex moglie viene però a scoprire tutto e lo stesso accade a una giornalista molto curiosa. Il film non è dei migliori di Woody, ma ha dentro un'abbondante dose di divertimento malinconico. Cosa di meglio di un film girato al buio per riflettere sulle volatili sorti della settima arte? Per poter poi riversare abbondanti dosi di sarcasmo sulla macchina hollywoodiana a cui nulla importa se non il denaro? Woody lo fa da par suo con

gag irresistibili, ma anche con la consapevolezza di un autore che sa di aver realizzato film quasi da cieco, che hanno trovato accoglienze contrastanti di qua e di là dell'oceano. Fare cinema per lui è ormai un'esigenza vitale. ■ COMMEDIA; COL.; USA, 2002.

HOLLYWOOD FLIES ★★

Regia di FABIO SEGATORI. Con CAPRICE BOURRET, ANTONIO CUPO, BIANCA GUACCERO, VINNIE JONES, BRAD RENFRO, CASPER VAN DIEN. ■ Odissea di due ragazzi italiani negli States coinvolti casualmente nel "road-movie" di una coppia di rapinatori. Tentativo malriuscito di imitare film made in Usa. ■ DRAMMATICO; COL.; 100'; CANADA, GRAN BRETAGNA, ITALIA, 2004.

HOLLYWOOD HOLLYWOOD ★★★
(That's Entertainment, Part 2)

Regia di GENE KELLY. Con LOUIS ARMSTRONG, FRED ASTAIRE, DORIS DAY, CLARK GABLE, GREER GARSON, GENE KELLY, FRANK SINATRA. ■ È il seguito di *C'era una volta Hollywood*: anche qui sono presentati brani scelti dai migliori musical dagli anni Quaranta in poi. ■ MUSICAL; COL.; 115'; USA, 1976.

HOLLYWOOD HOMICIDE ★★

Regia di RON SHELTON. Con KEITH DAVID, LOLITA DAVIDOVICH, HARRISON FORD, JOSH HARTNETT, MARTIN LANDAU, LENA OLIN, ISAIAH WASHINGTON. ■ Joe Galivan è un detective della squadra omicidi di Los Angeles con una vita privata in frantumi e che arrotonda lo stipendio facendo l'agente immobiliare. Per il caso più delicato della sua logorata carriera viene affiancato dal giovane K.C., che nel tempo libero fa yoga e ancora non ha deciso se la sua vocazione sia il distretto di polizia o gli studios di Hollywood. La strampalata coppia deve indagare sulle minacce che un noto gruppo rap ha ricevuto: i sospetti sono tutti sul capo della loro etichetta discografica, Sartain. Dispiace vedere Harrison Ford coinvolto in progetti così deboli. ■ AZIONE; COL.; 111'; USA, 2003.

HOLLYWOOD HONG KONG ★★

Regia di FRUIT CHAN. Con GLEN CHIN, SZE PING LEUNG, YOUNAM WONG, XUN ZHOU. ■ Allevatori di maiali che uccidono, scuoiano e cucinano per il negozietto nella baraccopoli che resiste ai grattacieli di Hong Kong, la debordante famiglia Chung (due figli e un padre obesi, animaleschi e innocenti) finisce nella rete di una giovane prostituta e dei suoi protettori. Cinica, ma ancora bambina, Tong Tong si offre, consuma, poi sparisce e lascia che la banda ricatti con la minaccia di una denuncia per violenza su minorenne. ■ COMMEDIA; COL.; 105'; FRANCIA, GIAPPONE, GRAN BRETAGNA, HONG KONG, 2003.

HOLLYWOOD HOTEL ★★

Regia di BUSBY BERKELEY. Con HUGH HERBERT, ROSEMARY LANE, DICK POWELL. ■ Un giovanotto piuttosto ambizioso tenta la scalata del successo a Hollywood. Crede di essere a buon punto quando un'importante casa cinematografica lo scrittura, ma si accorge subito che il suo compito è quello di fare da *chaperon* ad una diva isterica. Lui non si scoraggia e ci riprova. ■ COMMEDIA; B/N; 109'; USA, 1937.

HOLLYWOOD IN TROUBLE ★★

Regia di JOSEPH MERHI. Con JEAN LEVINE, JERRY TIFFE, VIC VALLARO. ■ Il proprietario di una pizzeria, appassionato di cinema, è stanco di vedere film che non gli piacciono. Un giorno, decide di abbandonare la sua professione per tentare l'avventura come regista. ■ COMMEDIA; COL.; 62'; USA, 1988.

HOLLYWOODLAND ★★

Regia di ALLEN COULTER. Con BEN AFFLECK, ADRIEN BRODY, BOB HOSKINS, DIANE LANE, MOLLY PARKER, JOE SPANO, ROBIN TUNNEY. ■ Il 16 giugno 1959 accade uno dei più famosi fatti di cronaca che abbiano coinvolto Hollywood. L'attore George Reeves (Ben Affleck), interprete di un *Superman* televisivo, si suicida. Tutto sembra talmente chiaro, da dubitare che possa essere realmente andata così. L'investigatore privato Louis Simo (Brody), senza soldi e lavoro, si "prende a cuore" il caso, e convince la madre a ingaggiarlo per conoscere la verità. *Hollywoodland* rappresentava le colline di L.A., dove il cinema, lo show business, le Majors, avevano trovato casa, e dove esercitavano il potere assoluto, capaci di creare stelle e di distruggerle. Le esistenze dei due protagonisti, portate avanti in parallelo, mettono in luce la caduta libera di due uomini, ieri, pieni di speranze, oggi disillusi, entrambi figli dell'Hollywood decadente del periodo. ■ DRAMMATICO; COL.; 126'; USA, 2006.

HOLLYWOOD MAVERICKS: I RIBELLI DI HOLLYWOOD *(Hollywood Mavericks)* ★★★

Regia di L. BIRD, H. LANSEERRY. Con PETER BOGDANOVICH, JOHN FORD, DAVID LYNCH, SAM PECKINPAH, ALAN RUDOLPH, PAUL SCHRADER, MARTIN SCORSESE, ERIC VON STROHEIM, DAVID WARK GRIFFITH, ORSON WELLES. ■ Si tratta di un documentario presentato al Festival di Cannes del 1989. Promosso dall'American Film Institute è una serie di dichiarazioni, estrapolate da altrettante interviste, dei maggiori registi indipendenti americani. Coloro cioè che hanno vissuto ai margini di Hollywood e hanno pagato sulla loro pelle tale scelta. ■ DOCUMENTARIO; COL.; 90'; USA, 1989

HOLLYWOOD O MORTE! *(Hollywood or Bust!)* ★★★

Regia di FRANK TASHLIN. Con ANITA EKBERG, JERRY LEWIS, DEAN MARTIN. ■ L'idolo di Malcolm è Anita Ekberg, celebre diva dello schermo. Per conoscerla il giovanotto organizza un viaggio a Hollywood in compagnia dell'amico Steve. Durante il viaggio si aggrega alla compagnia Terry, attricetta di belle speranze, che riesce ad ottenere una scrittura nella mecca del cinema. Malcolm invece ottiene un bacio dalla bella Anita. ■ COMICO; COL.; 95'; USA, 1956.

♥ **HOLLYWOOD PARTY** *(The Party)* ★★★

Regia di BLAKE EDWARDS. Con MARGE CHAMPION, CLAUDINE LONGET, PETER SELLERS. ■ Un attore asiatico viene scritturato da un produttore americano per prendere parte a un film. Il giovanotto è talmente agitato da movimentare tutto il set: il produttore inferocito lo caccia, ma l'attore andandosene gli soffia la ragazza. ■ COMMEDIA; COL.; 98'; USA, 1968.

HOLLYWOOD SHUFFLE ★★

Regia di ROBERT TOWNSEND. Con ANNE MARIE JOHNSON, HELEN MARTIN, ROBERT TOWNSEND. ■ Robert Townsend, amico di Eddie Murphy (e suo discepolo, se non proprio imitatore), si fa una piccola autobiografia, raccontando i suoi difficili esordi in cinema (quando per sopravvivere serviva hotdogs alla tavola calda). Alla fine sfonda nel cinema (ma in sogno, immaginandosi mentre vince l'Oscar, battendo Robert Redford e Sylvester Stallone). ■ COMMEDIA; COL.; 82'; USA 1987.

HOLLYWOOD, VERMONT ★★★★

Regia di DAVID MAMET. Con ALEC BALDWIN, CHARLES DURNING, JIM FRANGIONE, CLARK GREGG, WILLIAM H. MACY, SARAH JESSICA PARKER, REBECCA PIDGEON, PHILIP SEYMOUR HOFFMAN, JULIA STILES, MATT MALLOY. ■ La troupe di una produzione arriva nella cittadina di Waterford nel Vermont. La location parrebbe ideale per la storia, ambientata alla fine dell'Ottocento. I personaggi sono: un regista sull'orlo di una crisi di nervi (naturalmente), un divo che ha una passione per le adolescenti (con relativi guai in passato), una diva emotiva con una sua problematica contorta, sempre sul punto di far saltare il contratto, lo sceneggiatore, timido e disarmato costretto, da un minuto all'altro, a stravolgere la storia dal titolo *Il vecchio mulino*) perché il mulino che doveva esserci, con tanto di risparmio di budget, è andato in fiamme nel 1960. Poi ci sono i locali, il sindaco, il procuratore, il medico, i contadini: tutti impazziti per il film. Infine c'è la bella autoctona, a suo modo artista, che si innamora dello scrittore. Il resto è il mondo paradossale del cinema, gli ostacoli che si pongono, insuperabili, risolti all'ultimo col colpo di genio... o di denaro. Tutto sta per crollare perché il divo si è di nuovo messo nei guai con la ragazzina. Ed ecco il "coniglio" che mette tutti d'accordo. Il cinema, – con la sua confusione, con le sue regole dove tutto va bene, tutto va male – alla fine ha sistemato tutto. Per la gioia di tutti. Il filo d'oro del genere, da *Viale del tramonto* ai *Protagonisti*, viene ripreso in tutta nobiltà. Mamet è anche lo sceneggiatore, ed è intelligente, leggero. Si sorride, si sta bene. Non c'è violenza, non c'è neppure la scappatoia del sesso. Profumo di Allen e di Cohen. E davvero non è poco. ■ COMMEDIA; COL.; 105'; USA, 2002.

HOLOCAUST 2000 ★★
Regia di ALBERTO DE MARTINO. Con AGOSTINA BELLI, ADOLFO CELI, KIRK DOUGLAS, IVO GARRANI, ANTHONY QUAYLE, ROMOLO VALLI, SIMON WARD. ■ Un industriale vuole costruire in uno Stato del Terzo Mondo una gigantesca centrale nucleare. Molti si oppongono al progetto ma vengono eliminati in maniera misteriosa. L'industriale si convince così che il suo impianto sia voluto dal maligno per l'annientamento dell'umanità. Scopre, anzi, che l'anticristo si è incarnato in suo figlio Angel. Decide di ucciderlo, ma finisce in manicomio. ■ FANTASCIENZA; B/N; 105'; GRAN BRETAGNA, ITALIA, 1977.

HOLY MOTORS ★★★
Regia di LEOS CARAX. Con DENIS LAVANT, ELISE LHOMEAU, EVA MENDES, KYLIE MINOGUE, EDITH SCOB. ■ Una giornata dell'esistenza di Monsieur Oscar, che di professione passa da una vita ad un'altra, da un personaggio ad un altro, scortato ad ogni appuntamento da una limousine bianca, guidata lungo le strade di Parigi da Céline, misteriosa signora bionda. Un'esistenza stimolante e distruttiva, che Oscar sostiene di condurre ancora "per la bellezza del gesto", che gli impone di essere creativo ogni volta, e di quel motore dell'azione di cui il mondo sembra sempre più fare a meno. Nei differenti appuntamenti di Oscar, che lo vedono affarista finanziario, mendicante, performer per realtà virtuali, signor Merde, killer dei bassifondi, vecchio morente, padre di famiglia e altro ancora, Carax esplora diversi generi ma soprattutto entra nel cinema che ha amato e che ama, da Tod Browning a Franju, da Cocteau a Bertolucci, da Charles Bronson a Vidor, da Kubrick a René Clair. Ci entra attraverso una porta invisibile com'è una sforbiciata di montaggio, o come quella che lo stesso Leos Carax, all'inizio del film, scova nella scenografia della sua stanza da letto e che lo porta, appunto, dentro una sala cinematografica. ■ DRAMMATICO; COL.; 110'; FRANCIA, GERMANIA, 2012.

HOLY SMOKE ★★★
Regia di JANE CAMPION. Con PAUL GODDARD, PAM GRIER, JULIE HAMILTON, HARVEY KEITEL, SOPHIE LEE, GEORGE MANGOS, KATE WINSLET. ■ Il film, presentato a Venezia nel 1998 e scritto da Jane Campion in collaborazione con sua sorella Anna, racconta una storia di grandi passioni. Ruth (Kate Winslet) è una bella ragazza australiana che si reca in India alla ricerca di una nuova spiritualità. Quando la famiglia viene a sapere che Ruth viene plagiata da un Guru del posto, preoccupata, decide di affidare a P. J. (Harvey Keitel), consulente spirituale, il compito di riportare a casa la ragazza. Giunto in India, P. J. rimarrà incantato da Ruth e dalla sua sensualità e, se da un lato riuscirà a liberare la giovane dal plagio spirituale del santone, dall'altro non riuscirà a liberare se stesso dal grande potere seduttivo che Ruth esercita su di lui. Film intenso, ben girato, ben recitato. ■ DRAMMATICO; COL.; 114'; USA, 1999.

HOLY WATER ★★
Regia di TOM REEVE. Con CIAN BARRY, CORNELIUS CLARKE, JOHN LYNCH, SUSAN LYNCH, LOCHLANN O'MEARAIN. ■ FC'è il postino, il meccanico, l'albergatore e il giovane a caccia di sogni. I quattro musicisti del piccolo villaggio irlandese di Killcoulin's Leap trascorrono le giornate tra uno sguardo speranzoso al cielo e un'occhiata consolatoria ai giornaletti pornografici. Dentro le spesse mura di casa l'eccessivo rigore cattolico dei genitori li costringe a una vita fatta di povera spiritualità, un senso morale opprimente che solo il parroco continua a predicare. Tutti obbediscono e, all'apparenza, snobbano le tentazioni del diavolo, i piaceri del sesso e affini, ma quando il più giovane esprime il desiderio di andarsene, la combriccola decide di tentare il colpaccio: rubare il carico di Viagra di un furgoncino per rivenderlo sul mercato di Amsterdam. ■ COMMEDIA; COL.; 95'; GRAN BRETAGNA, 2009.

HOMBRE ★★★★
Regia di MARTIN RITT. Con MARTIN BALSAM, RICHARD BOONE, DIANE CILENTO, FREDRIC MARCH, PAUL NEWMAN, BARBARA RUSH. ■ John è stato allevato dagli indiani e non ha troppa simpatia per i bianchi una volta che torna nella "civiltà". Dopo un breve periodo trascorso in mezzo a loro, decide di tornare dagli Apaches. Tuttavia, quando i banditi assaltano la diligenza, non esita a difendere i viaggiatori anche a rischio della propria vita. È un eroismo dell'ultimo minuto, perché durante tutto il viaggio, John non ha sollevato un dito per aiutare gli occasionali compagni in pericolo. ■ WESTERN; COL.; 111'; USA, 1966.

HOME ★★
Regia di URSULA MEIER. Con MADELEINE BUDD, OLIVIER GOURMET, ISABELLE HUPPERT. ■ Michel, Marthe e i loro tre figli vivono da anni in una casa a pochi metri da un tratto di autostrada che non è mai stato attivato. Il lungo asfalto è il proseguimento del loro giardino. Da un giorno all'altro, però, l'autostrada viene inaugurata e la famiglia di Michel si ritrova spettatrice di un traffico sensa sosta, assordante, alienante. In cerca di riparo indietreggia, si barrica, fino ad imprigionarsi con le proprie mani. Opera prima di Ursula Meier, *Home*, è la storia della deflagrazione di una follia latente, ma è anche una parabola sulla difficoltà di trovare il proprio posto nel mondo. ■ DRAMMATICO; COL., 95'; SVIZZERA, FRANCIA, BELGIO, 2008.

HOMEBOY ★★
Regia di MICHAEL SERESIN. Con DEBRA FEUER, MICKEY ROURKE, CHRISTOPHER WALKEN. ■ Un pugile in declino stringe amicizia con un fantasista di cabaret (che in realtà è un ladro di appartamenti) e s'innamora di una ragazza di Luna Park. Nella stessa sera il boxeur viene selvaggiamente picchiato e il ladro ucciso dalla polizia. Drammone gonfio di reminiscenze letterarie e afflitto da un'interpretazione non proprio memorabile di Rourke. Le note positive vengono dall'ambientazione, dalla raffinata fotografia e dalla recitazione di Walken (il ladruncolo). ■ DRAMMATICO; COL.; 116'; USA, 1988.

HOME MOVIES – VIZIETTI FAMILIARI ★★★
(Home Movies)
Regia di BRIAN DE PALMA. Con NANCY ALLEN, MARY DAVENPORT, VINCENT GARDENIA, KEITH GORDON, GERRIT GRAHAM. ■ Pellicola surreale su un giovane studente di cinematografia che gira una sorta di documentario sui propri familiari svelandone le magagne nascoste. ■ COMMEDIA; COL.; 90'; USA, 1978.

HOME OF THE BRAVE ★★
Regia di LAURIE ANDERSON. Con LAURIE ANDERSON, JOEY ASKEW, ADRIAN BELEW. ■ È la ripresa dello spettacolo *Mister Heartbreak* durante la tournée del 1984 in Europa e in Usa. ■ MUSICALE; COL.; 90'; USA, 1986.

HOMER & EDDIE ★★★
Regia di ANDREJ KONCHALOVSKY. Con JAMES BELUSHI, KAREN BLACK, WHOOPI GOLDBERG, ROBERT GLAUDINI. ■ Strani compagni di viaggio attraverso l'America. Un poveraccio ritardato mentale che vuol tornare dal padre morente e una negretta apparentemente affabile (in realtà, una pericolosa assassina). ■ DRAMMATICO; COL.; 99'; USA, 1989.

HOMICIDAL ★
Regia di WILLIAM CASTLE. Con JEAN ARLESS, PATRICIA BRESLIN, GLENN CORBET. ■ Una giovane infermiera cura un'anziana signora paralizzata alle gambe che vive con Warren, una specie di nipote adottivo. Tra il giovane e la ragazza nasce una torbida attrazione, immediatamente avvertita da Miriam, sorella di Warren. Miriam sa che l'infermiera ha già ucciso un uomo e teme che voglia fare lo stesso con lei e con l'anziana signora. Racconta i suoi sospetti a Warren, ma improvvisamente accade qualcosa che accresce i suoi timori. ■ GIALLO; B/N; 90'; USA, 1961.

HOMICIDE ★★
Regia di DAVID MAMET. Con WILLIAM H. MACY, JOE MANTEGNA, LIONEL SMITH. ■ Terzo film per il regista e commediografo americano David Mamet. Dopo *Le cose cambiano*, pallida cosa rispetto al primo dirompente *La casa dei giochi*, torna con questo film presentato a Cannes. L'ispettore Gold lavora a Baltimora e per la sua provenienza ebrea è schernito dai suoi colleghi. Indagando su di uno spacciatore finisce involontariamente ad occuparsi dell'assassinio di una vecchia ebrea. Questo lo porterà a un'analisi su se stesso. Migliorato come tecnica registica, ormai Mamet sembra aver perso i lampi originali del suo primo film. ■ GIALLO; COL.; 111'; USA, 1991.

HOMME BLESSÉ, L' ★★
Regia di PATRICE CHÉREAU. Con JEAN-HUGUES ANGLADE, CLAUDE BERRI, VITTORIO MEZZOGIORNO. ■ Il film narra la relazione omosessuale tra un adolescente di estrazione piccolo-borghese e un uomo maturo che frequenta ambienti sordidi e conduce una vita poco edificante nella quale trascina il giovanissimo amante. Il film sviluppa la dialettica tra la passione sincera dell'adolescente e il freddo e algido cinismo dell'uomo maturo, incapace di ogni redenzione. Intorno al film è sorto un certo sensazionalismo per le scene di amore omosessuale rappresentate senza troppi veli, al limite del voyeurismo. ■ DRAMMATICO; COL.; 90'; FRANCIA, 1983.

HOMME DU TRAIN, L' ★★★
Regia di PATRICE LECONTE. Con JOHNNY HALLYDAY, JEAN ROCHEFORT, JEAN-FRANÇOIS STEVENIN, CHARLIE NELSON. ■ Una qualsiasi provincia francese. Un uomo scende da un treno mentre un altro uomo, dentro una farmacia, non sembra attendere che quell'arrivo. Il caso li incoraggia e Milan, disincantato cascatore di circo con l'hobby delle rapine in banca, incrocia e attraversa irrimediabilmente la vita di Manesquier, anziano professore di letteratura francese. Manesquier indossa il chiodo frangiato di Milan e Milan calza le pantofole di lana di Manesquier, immaginando un improbabile ma anelato scambio di identità. Tre giorni per mettere in scena ciascuno l'esistenza dell'altro, tre giorni per scegliere di essere o non essere quell'altro... Parafrasando il pensiero di Manesquier, esistono due tipi di uomini: quelli che i treni li prendono e quelli che i treni li guardano passare, ossia i "giocatori" e i "previdenti". E il treno del titolo è quello che guarda l'uomo di Simenon, e poco importa se la storia di Leconte non è quella del romanziere francese. Un treno che in entrambi i casi conduce al gesto definitivo e radicale. Un treno che è "luogo" di passaggio, fisico e dell'anima, tra cultura e natura, tra come ci vogliono e come siamo. E Leconte, con la grazia sapiente che lo contraddistingue, suggerisce allo spettatore i movimenti dei personaggi, gli incroci e le separazioni, anticipando la tragedia umana, la stazione di arrivo... ■ DRAMMATICO; COL.; 90'; FRANCIA, 2002.

HOMO EROTICUS ★★
Regia di MARCO VICARIO. Con ADRIANA ASTI, FEMI BENUSSI, LANDO BUZZANCA, IRA FÜRSTENBERG, SYLVA KOSCINA, ANGELA LUCE, ROSSANA PODESTÈ, LUCIANO SALCE. ■ Per Michele essere superdotato sessualmente non è per nulla un vantaggio: diventa preda di donne assatanate e gelose. Un matrimonio riparatore rimette le cose a posto. ■ COMMEDIA; COL.; 115'; ITALIA, 1971.

HONDO ★★★
Regia di JOHN FARROW. Con WARD BOND, GERALDINE PAGE, JOHN WAYNE. ■ Hondo è un portaordini delle giubbe blu che arriva in una fattoria dove vive una donna, Angie, abbandonata dal marito con il figlioletto. Tra i due nasce l'amore, ma Hondo preferisce partire per non creare problemi ad Angie. Durante il viaggio si scontra con un bravaccio e lo uccide. Catturato dagli indiani, che poi lo liberano colpiti dal suo coraggio, Hondo viene a sapere che l'uomo che ha ucciso era il marito di Angie. Ritorna dalla donna e insieme partono per la California per ricostruirsi una nuova esistenza. ■ WESTERN; COL.; 93'; USA, 1954. ■ OSCAR 2 NOM.

HONDO *(Hondo and the Apaches)* ★★
Regia di LEE H. KATZIN. Con NOAH BEERY JR, KATHIE BROWNE, GARY MERRILL, MICHAEL RENNIE, RALPH TAEGER, ROBERT TAYLOR. ■ Hondo è bianco, ma ha sposato la figlia di un capo apache. Per questo il governo lo incarica di adoperarsi affinché la pace tra i due popoli sia assicurata. Il compito è difficile ma Hondo riesce a portarlo a termine. ■ WESTERN; COL.; 84'; USA, 1966.

HONEY ★★
Regia di BILLE WOODRUFF. Con JESSICA ALBA, MISSY ELLIOTT, DAVID MOSCOW, MEKHI PHIFER, LIL'ROMEO, ZACHARY WILLIAMS. ■ Honey, ballerina e coreografa di streetdancing, aspetta l'occasione giusta per raggiungere il successo. Che arriva, sotto forma di un produttore che le offre la possibilità di entrare in televisione in cambio di favori sessuali. La ragazza saprà prendere le proprie, opportune, decisioni. La protagonista dichiara di essersi ispirata a *Flashdance*. ■ MUSICALE; COL.; 94'; USA, 2003.

HONEYMOONERS, THE ★★
Regia di JOHN SCHULTZ. Con LETICIA CASTILLO, CEDRIC THE ENTERTAINER, MIKE EPPS, REGINA HALL, JOHN LEGUIZAMO, AJAY NAIDU, JON POLITO, ARNELL POWELL, ERIC STOLTZ, GABRIELLE UNION, CAROL WOODS. ■ Ralph possiede ambizione e fantasia. Peccato che tali sentimenti non lo portino da nessuna parte. Dopo aver tentato lavori vari, riesce ad essere assunto come autista di autobus. Dopo qualche tempo ecco emergere la solita insoddisfazione. È meglio tentare il grande colpo, per lo meno sognarlo. E così Ralph si mette nei guai. A vegliare su di lui, per fortuna, c'è Ed, un amico vero che anche questa volta, in qualche modo, lo riconduce sulla terra. ■ COMMEDIA; COL.; 85'; USA, 2005.

HONG KONG *(Smuggler's Island)* ★★
Regia di EDWARD LUDWIG. Con JEFF CHANDLER, PHILIP FRIEND, EVELYN KEYES. ■ Vivian dà l'incarico a Steve, un palombaro, di recuperare una cassa contenente lingotti d'oro. Tra i due nasce l'amore e il marito di Vivian ne approfitta per chiedere una parte del bottino con la promessa di concedere il divorzio alla donna. Come se non bastasse, a complicare la vita del povero Steve ci si mettono anche i pirati. ■ AVVENTURA; COL.; 75'; USA, 1951.

HONG KONG – COLPO SU COLPO *(Knock Hoff)* ★★
Regia di HARK TSUI. Con ROB SCHNEIDER, JEAN CLAUDE VAN DAMME. ■ Terroristi di origine russa arrivano a Hong Kong proprio nel momento del passaggio della città alla Cina. Ricattano il mondo per via di piccole bombe inserite in giocattoli. Ma c'è Van Damme. Prodottino d'azione corretto, come sempre quando c'è Van Damme. ■ AVVENTURA; COL.; 100'; USA, 1998.

HONG KONG EXPRESS ★★★
(Chongqing Senlin/Chung King Express)
Regia di WONG-KAR-WAI. Con TAKESHI KANESHIRO, TONY LEUNG, BRIGITTE LIN CHINGHSIA. ■ Hong Kong. Due poliziotti senza una compagna. Il primo incontra una bionda vistosa che indossa sempre occhiali scuri. Il secondo non si rende conto che la cameriera di un locale gli riordina l'appartamento in sua assenza. Un storia "minima" raccontata con tutti i segni dell'alienazione e con una grande importanza attribuita al linguaggio metacinematografico e alla presenza degli oggetti. Intorno aleggia, palpabile, la paura dell'annessione alla Cina. ■ DRAMMATICO; COL.; 102'; HONG KONG, 1994.

HONG KONG '97 ★
Regia di ALBERT PYUN. Con BRION JAMES, MING NA-WEN, ROBERT PATRICK. ■ Regista quasi totalmente relegato nell'home video, Pyun mette in scena una storia che tiene presente il momento di passaggio di Hong Kong sotto l'amministrazione della Cina con intrighi politico-finanziari che vedono al centro dei protagonisti destinati, alla fine della vicenda, a lasciare la città. Così come spesso accade che film di valore non trovino la via delle sale, in questa occasione la comparsa sul grande schermo è del tutto superflua. ■ AVVENTURA; COL.; 92'; USA, 1994.

HONG KONG: PORTO FRANCO PER UNA BARA ★★
(Ein Sarg aus Hong Kong)
Regia di MANFRED R. KÖHLER. Con ELGA ANDERSEN, HEINZ DRACHE, RALF WOLTER, ANGELA YU CHING. ■ Nelson e Bob, detectives privati, debbono investigare a Hong Kong sulla morte di un giovane inglese e di sua moglie. I due smaliziati poliziotti riescono a far saltare tutta l'organizzazione. ■ GIALLO; COL.; 91'; GERMANIA, 1964.

HONG KONG, UN ADDIO ★★
Regia di GIAN MARIA POLIDORO. Con ANTONELLA LUALDI, GARY MERRILL, HENRI SERRE, ANNA ROSA VIO. ■ Trasferiti temporaneamente a Hong Kong per lavoro, due giovani coniugi in crisi sperano di aggiustare il loro matrimonio nell'atmosfera magica dell'Oriente. Ma tutto si rivela inutile. ■ DRAMMATICO; COL.; 97'; ITALIA, 1962.

HONG KONG UN POSTO PER MORIRE ★★
(Forced Vengeance)
Regia di JAMES FARGO. Con ROBERT EMHARDT, CHUCK NORRIS, MARY LOUISE WELLER. ■ Un avventuriero (il forzuto Chuck Norris, naturalmente) vola a Hong Kong per liberare la figlia del

suo principale, rapita dagli uomini del racket del gioco d'azzardo. Ovviamente Norris demolirà il racket (e mezza Hong Kong). ■ AVVENTURA; COL.; 92'; USA, 1982.

HONKY TONK FREEWAY ★★
Regia di JOHN SCHLESINGER. Con BEAU BRIDGES, BEVERLY D'ANGELO, GERALDINE PAGE. ■ Si sta costruendo una nuova autostrada e i cittadini di Ticlaw vorrebbero una loro "uscita". Per riuscirci non esitano a ricorrere ai mezzi forti ricattando, fracassando e provocando esplosioni. ■ COMMEDIA; COL.; 95'; USA, 1981.

HONKYTONK MAN ★★★
Regia di CLINT EASTWOOD. Con CLINT EASTWOOD, KYLE EASTWOOD, JOHN MCINTIRE. ■ Tempi duri per una tranquilla famiglia di agricoltori, in un Oklahoma squassato dagli uragani e dalla Grande Depressione. Red, musicista ubriacone, condannato dalla tubercolosi, parte in cerca di miglior fortuna con il nipotino Whit. Sulla strada per Nashville, dove li attende un festival "country", zio e nipote, accompagnati anche dal vecchio nonno, incontrano il sesso, l'amicizia, la nostalgia, il successo e, in un finale prevedibile, ma toccante, la morte. ■ DRAMMATICO; COL.; 122'; USA, 1983.

HONOLULU BABY ★★
Regia di MAURIZIO NICHETTI. Con MARIANA AGUILLERA, MARIA DE MEDEIROS, PAULINA GALVEZ, MAURIZIO NICHETTI, JEAN ROCHEFORT. ■ Si comincia con una sequenza di *Ratataplan*, quella dell'inizio, quando Nichetti non riusciva a superare il test di assunzione pur avendo fatto un magnifico disegno. E questo è già significativo. Poi troviamo l'ingegner Colombo, Nichetti, assunto in una ditta dove si può solo parlare in inglese: chi trasgredisce viene punito, e mandato nel paesino di Malancias, forse in Brasile. Da dove nessuno è mai tornato. Là ci sono solo donne e un francese mezzo matto (Rochefort). Colombo è letteralmente assediato e quando, miracolosamente tornerà dalla moglie, dovrà confessare di aver avuto sei relazioni e sette figli (un parto era gemellere). La citazione di un suo film di vent'anni fa significa che Nichetti è rimasto là. Certo, pur nel contesto di un film pochissimo... utile, qualche segnale rimane. ■ COMICO; COL.; 92'; ITALIA, 2000.

HOOK – CAPITAN UNCINO ★★★
Regia di STEVEN SPIELBERG. Con DUSTIN HOFFMAN, BOB HOSKINS, JULIA ROBERTS, MAGGIE SMITH, ROBIN WILLIAMS. ■ Un film di Walt Disney, ma fatto con persone vere e non cartoni animati. Ecco una possibile descrizione della pellicola di Spielberg ispirata a *Peter Pan*. Il regista ha sempre cercato di diventare il nuovo Disney ma, ad esempio, coi cartoni animati come *Fievel* non è riuscito nell'intento. Forse qui ci è andato molto vicino. Regia di un cast di prim'ordine, in cui su tutti emerge Williams seguito da una grande Maggie Smith, che tutti vorrebbero come nonna, e a pari merito dalla coppia Hoffman-Hoskins, ovvero Uncino e Spugna. Julia Roberts è un "campanellino" piuttosto smorfioso come i bambini quando fingono di recitare. Oltre all'apparizione del cantante-attore Phil Collins (*Buster*) nel ruolo di un poliziotto, c'è poi un piccolo cameo di Glenn Close, quasi irriconoscibile, che fa un pirata con tanto di baffi che viene giustiziato. Per quanto riguarda la storia è divisa in due parti: la prima è la vita normale di Peter Banning, avvocato amministrativo, la seconda è incentrata sulla sfida tra Capitan "Hook" Uncino e Peter Banning "Pan". La molla che fa scattare tutto è il desiderio di Uncino di incontrare ancora il suo nemico, che nel frattempo è "cresciuto". Alla fine tutti saranno felici e contenti tranne Uncino, ingoiato dal suo alligatore-orologio e la povera Campanellino innamorata di Peter che però è sposato e con prole. Come giocattolo funziona. ■ FANTASTICO; COL.; 135'; USA, 1991. ■ GOLDEN GLOBES 1 NOM; OSCAR 5 NOM.

HOOLIGANS ★★★
Regia di PHILIP DAVIS. Con REECE DINSDALE, PERRY FENWICK, RICHARD GRAHAM. ■ Un poliziotto si infiltra in una banda di hooligans per individuarne i capi. Progressivamente si lascia prendere dal clima di machismo diffuso e di riti di gruppo. I tifosi esasperati sostituiscono pian piano i compagni di lavoro. Alla fine c'è un hooligan in più. Il cinema inglese riesce ad offrire un ritratto credibile di un mondo che va studiato per poterne comprendere le dinamiche. ■ DRAMMATICO; COL.; 107'; GERMANIA, GRAN BRETAGNA, 1995.

HOOLIGANS *(Green Street Hooligans)* ★★
Regia di LEXI ALEXANDER. Con GEOFF BELL, KIERAN BEW, CLAIRE FORLANI, HENRY GOODMAN, LEO GREGORY, CHRISTOPHER HEHIR, CHARLIE HUNNAM, FRANCIS POPE, RAFE SPALL, MARC WARREN, ELIJAH WOOD. ■ Un aspirante giornalista americano di nome Matt, espulso ingiustamente da Harvard, decide di voltare pagina raggiungendo la sorella a Londra. Appena sbarcato nel vecchio continente, Matt si imbatterà nel proprio cugino acquisito, leader della frangia più violenta degli ultrà del West Ham United, football club londinese. Il giovane si ritroverà così catapultato in una guerra tra fazioni, vero e proprio motivo di vita per gli hooligans. Il film affronta in modo patinato ma onesto il ben noto turbine di violenza ai margini degli stadi. ■ DRAMMATICO; COL.; 109'; GRAN BRETAGNA, USA, 2005.

HOOPER'S NIGHT TERRORS, THE ★
Regia di TOBE HOOPER. Con ROBERT ENGLUND, WILLIAM FINLEY, ZOE TRILLING. ■ Delusione cocente per i fan di Hooper e di Englund. Si tratta di un film completamente sbagliato. Il tentativo di resuscitare il marchese de Sade, nelle spoglie di un certo Paul Chevalier, in chiave orrorifica non ha dato risultati. ■ HORROR; COL.; 100'; USA, 1993.

HOP ★★
Regia di TIM HILL. Con HANK AZARIA, RUSSELL BRAND, GARY COLE, KALEY CUOCO, JAMES MARSDEN. ■ L'immagine della slitta tirata in cielo da pulcini che porta il coniglietto pasquale in giro per il mondo a consegnare le uova di cioccolata e gli altri dolci spiega tutto. Non solo rimanda il personaggio alla figura e alla mitologia di Babbo Natale, ma rimanda tutto il film a quel genere tipicamente americano e natalizio che si occupa di raccontare i retroscena del lavoro di Santa Claus. *Hop* è questo, una commedia a metà tra attori in carne ossa e personaggi disegnati, in cui il figlio del coniglietto pasquale invece che seguire le orme paterne e ottemperare al proprio destino decide di scappare dall'isola di Pasqua (e dove potevano abitare se non lì?) per andare ad Hollywood e inseguire la sua passione: la batteria. ■ COMMEDIA; COL.; 95'; USA, 2011.

HO PAURA DI LUI *(House on Telegraph Hill)* ★★★
Regia di ROBERT WISE. Con RICHARD BASEHART, VALENTINA CORTESE, WILLIAM LUDIGAN, FAY BAKER, GORDON GEBERT. ■ Sopravvissuta alla prigionia di un lager nazista, Karin si sostituisce ad un'amica rimasta uccisa nell'olocausto e raggiunge l'America dove vive il figlio della defunta. Tutti credono che sia lei la madre del bambino che, nel frattempo, ha ereditato un cospicuo patrimonio. I soldi fanno gola a molti e Karin e il bambino corrono il rischio di essere uccisi. ■ DRAMMATICO; B/N; 93'; USA, 1951. ■ OSCAR 1 NOM.

HO PERDUTO MIO MARITO ★★
Regia di ENRICO GUAZZONI. Con NINO BESOZZI, PAOLA BORBONI, ENRICO VIARISIO, ANNETTE CHARLIE, LIA CORELLI. ■ Per accalappiare un giovanotto allergico alle nozze, una donna inventa un fantomatico marito scomparso durante un viaggio. Il giovanotto si offre di aiutare la donna nelle ricerche: quando il tranello si svelerà, non mancherà il lieto fine matrimoniale. ■ COMMEDIA; B/N; 91'; ITALIA, 1936.

HO PERSO LA TESTA PER UN CERVELLO ★★★
(The Man with Two Brains)
Regia di CARL REINER. Con STEVE MARTIN, KATHLEEN TURNER. ■ Divertente film di derivazione fantastica, presentato a suo tempo a un Fantafestival, vede la coppia Martin-Turner fare faville. Già il cognome del protagonista, neurochirurgo vedovo, Hfuhruhurr, è tutto un programma. Dopo aver salvato dal coma una bellissima donna decide di risposarsi. Dopo il matrimonio si pente della scelta e vorrebbe cambiare il cervello della consorte. ■ FANTASCIENZA; COL.; 87'; USA, 1983.

HO PIANTO PER TE – CRUDELE MENZOGNA ★★
Regia di GINO RIPPO. Con MARIEMMA BARDI, VIRGINIA BELMONT,

GUIDO CELANO. ■ Emma e Lucia sono diventate amiche in orfanotrofio. Continuano a frequentarsi dopo sposate; entrambe hanno una figlia e rimangono vedove nello stesso periodo. Emma affida la sua bambina all'amica e si trasferisce per lavoro. Lucia le fa sapere che la bimba è morta ed Emma si ammala. Sta per morire quando Lucia la raggiunge per confessarle l'inganno: la bimba è ancora viva, ma ormai è troppo tardi. ■ DRAMMATICO; B/N; 90'; ITALIA, 1954.

HORACE "LA TERRIBILE NOTTE" – APPUNTAMENTO PER UCCIDERE *(Horace '62)* ★★
Regia di ANDRÉ VERSINI. Con CHARLES AZNAVOUR, RAYMOND PELLEGRIN, GIOVANNA RALLI, JEAN-LOUIS TRINTIGNANT. ■ Per risolvere una secolare faida, due famiglie corse decidono di sfidarsi a duello: tre giovani Fabiani contro tre Colonna. Sopravvive soltanto Horace Fabiani. ■ GIALLO; B/N; 90'; FRANCIA, 1962.

HORA DE MARIA Y EL PAJARO DE ORO, LA ★★
Regia di RODOLFO KUHN. Con DORA BARET, LEONOR MANSO, JORGE RIVERA LOPEZ. ■ Una leggenda racconta che nella zona tropicale di Corrientes (Argentina nord-orientale) nelle ore più calde del pomeriggio appare un misterioso uccello dorato che assume forma umana violentando le donne e rapendo i bimbi. Una ragazza, Maria, credendo di aver riconosciuto in un uomo il terribile volatile, si munisce di amuleto e si mette sulle sue tracce. Avrà guai a non finire. ■ DRAMMATICO; COL.; 92'; ARGENTINA, 1975.

HORAS DEL DÍA, LAS ★
Regia di JAIME ROSALES. Con ALEX BRENDEMÜHL, MARÍA ANTONIA MARTÍNEZ, AGATA ROCA. ■ La vita di Andres scorre senza scosse tra la madre, la fidanzata e un negozio alla periferia di Barcellona. Ma un impulso irrefrenabile lo spinge a commettere massacri efferati per poi rituffarsi nell'apatica quotidianità. Spanish psycho. ■ DRAMMATICO; COL.; 103'; SPAGNA, 2003.

HORDE, THE *(La Horde)* ★
Regia di YANNICK DAHAN, BENJAMIN ROCHER. Con ERIQ EBOUANEY, JEAN-PIERRE MARTINS, DOUDOU MASTA, CLAUDE PERRON, AURELIEN RECOING. ■ Quando un loro compagno viene assassinato dal trafficante nigeriano Adewale, quattro poliziotti corrotti pianificano una violenta vendetta e decidono di penetrare nel suo rifugio, situato all'ultimo piano di un fatiscente edificio della banlieue parigina. Adewale intuisce l'arrivo dei poliziotti e fa fuoco per primo, uccidendo l'agente Jimenez che, una volta morto, ritorna in vita cercando di mordere i compagni. È solo l'inizio di un assedio da parte di un'orda di zombi che hanno circondato l'edificio affamati di carne umana. ■ HORROR; 90'; FRANCIA, 2009.

HO RITROVATO IL MIO AMORE *(I Met my Love Again)* ★★
Regia di ARTHUR RIPLEY. Con JOAN BENNETT, HENRY FONDA, DAME MAY WHITTY. ■ Una giovane donna abbandona dopo anni di fidanzamento uno scienziato per sposare uno scrittore conosciuto da poco. Lo scrittore muore dopo pochi mesi e la donna rintraccia l'ex fidanzato; lo riconquista e lo sposa. ■ COMMEDIA; B/N; 77'; USA, 1938.

HO RITROVATO LA VITA *(Impact)* ★★
Regia di ARTHUR LUBIN. Con CHARLES COBURN, BRIAN DONLEVY, ELLA RAINES. ■ Williams, creduto morto in un incidente, è in realtà vivo, ma la scoperta del tradimento della moglie lo convince a vivere lontano. La moglie è accusata del suo assassinio e William è costretto a presentarsi in tribunale. ■ POLIZIESCO; B/N; 111'; USA, 1949.

HO RITROVATO MIO FIGLIO ★★
Regia di ELIO PICCON. Con CARLO CAMPANINI, HARRY KUSKY. ■ Il piccolo Damiano scopre che il fratello maggiore, Marco, si è messo nei guai. Non si dà pace finché, a modo suo, non riesce a mettervi rimedio, aiutato da un amico sacerdote. ■ DRAMMATICO; B/N; 93'; ITALIA, 1954.

HORLA – DIARIO SEGRETO DI UN PAZZO *(Diary of a Madman)* ★★
Regia di REGINALD LE BORG. Con ELAINE DEVRY, NANCY KOVACK, VINCENT PRICE. ■ Un integerrimo giudice improvvisamente diviene preda di un misterioso essere che lo obbliga a compiere le azioni più infamanti. Per liberarsene non trova di meglio che morire nell'incendio da lui stesso provocato. ■ HORROR; COL.; 96'; GRAN BRETAGNA, 1963.

HORROR ★
Regia di ALBERTO DE MARTINO. Con LEO ANCHORIZ, JOAN HILLS, GÉRARD TICHY. ■ Il castello dei Blackford, in Inghilterra, è abitato da un campionario di personaggi terrificanti. Hanno tutti lo stesso obiettivo: uccidere la povera Emily ■ HORROR; B/N; 90'; ITALIA, 1963.

HORROR BABY *(The Unborn)* ★
Regia di RODMAN FLENDER. Con BROOKE ADAMS, JEFF HAYENGA. ■ Virginia è incinta ma il bambino (come è già successo in *Rosemary's Baby* e in molti altri film) non sembra essere umano. ■ HORROR; COL.; 81'; USA, 1991.

HORROR EXPRESS ★★
Regia di GENE MARTIN. Con PETER CUSHING, ALBERTO DE MENDOZA, CHRISTOPHER LEE, TELLY SAVALAS. ■ Il film si svolge nel 1906 sulla linea transiberiana fra Mosca e Pechino. Un extraterrestre si impossessa del cervello di alcuni abitanti del nostro pianeta. Finalmente qualcuno ha un'idea: ci si accorge che il mostro teme il fuoco. ■ HORROR; COL.; 90'; GRAN BRETAGNA, SPAGNA, 1972.

HORROR IN BOWERY STREET *(Street Trash)* ★★
Regia di JIM MURO. Con BILL CHEPIL, MIKE LACKEY, VIC NOTO, JANE ARAKAWA. ■ In Bowery Street la vita ha un suo tran-tran (pur fra furti, omicidi e violenze carnali). A sconvolgerla (si fa per dire) arriva l'introduzione di un terribile liquore, il Viper, che, ingerito, fa scoppiare (letteralmente) il bevitore. Filmetto universitario dilatato per avere la visione in sala pubblica, ha fatto gridare qualcuno al genio (e parecchi al disgusto). ■ GROTTESCO; COL.; 91'; USA, 1986.

HORROR MOVIE *(Stan Helsing)* ★
Regia di BO ZENGA. CON BEN COTTON, TWAN HOLIDAY, STEVE HOWEY, DESI LYDIC, LESLIE NIELSEN. ■ Durante la notte di Halloween, il commesso di videoteca Stan Helsing è alle prese con un'ultima consegna prima di recarsi a una festa in maschera insieme al miglior amico Teddy, vestito da Superman, la ex-ragazza Nadine, con succinto abito da indiana indosso, e la svampita Mia, una bionda spogliarellista. Ben presto lo sgangherato quartetto si troverà a fronteggiare i più pericolosi mostri dell'horror cinematografico in sfide ad alto tasso di demenza, compreso un improbabile duello canoro. Produttore esecutivo del primo *Scary Movie* (2000), Bo Zenga, anche sceneggiatore, esordisce alla regia con questa ideale prosecuzione della fortunata serie nata con l'intento di castigare il cinema dell'orrore di ieri e di oggi. ■ COMICO; COL.; 95'; CANADA, USA, 2009.

HORROR PUPPET *(Tourist Trap)* ★
Regia di DAVIS SCHOMOELLER. Con CHUCK CONNORS, JOCELYN JONES, TANYA ROBERTS, ROBIN SHERWOOD. ■ A causa di una gomma bucata, una comitiva di turiste finisce in un macabro museo delle cere e viene decimata da un folle assassino. ■ HORROR; COL.; 92'; USA, 1978.

HORROR SAFARI ★★
Regia di ALAN BIRKINSHAW. Con LAURA GEMSER, EDMUND PURDOM, STUART WHITMAN. ■ Un losco avventuriero organizza una spedizione nell'isola di Luzon, nelle Filippine, per recuperare un tesoro nascostovi 35 anni prima da tre ufficiali giapponesi. Muoiono quasi tutti, tranne la guida e la figlia del finanziatore. ■ AVVENTURA; COL.; 90'; ITALIA, 1982.

HORROR SHOW *(The Horror Show)* ★★★
Regia di RICHARD SCHIKEL. Con JOHN BARRYMORE, PETER CUSHING, BORIS KARLOFF, CHARLES LAUGHTON, CHRISTOPHER LEE, BELA LUGOSI, ANTHONY PERKINS, VINCENT PRICE. ■ Anthony Perkins presenta una serie di spezzoni di film del terrore. ■ DOCUMENTARIO; COL.; 95'; USA, 1979.

HORSEMAN, THE ★★
Regia di JONAS ÅKERLUND. Con ERIC BALFOUR, PATRICK FUGIT, DENNIS QUAID, PETER STORMARE, ZIYI ZHANG. ■ Un vassoio contenente dei denti umani ritrovato al centro di un lago ghiacciato segna l'inizio di una serie di efferati delitti che sembrano porta-

re la stessa firma. Il detective Breslin, viene chiamato a seguire il caso. Vedovo e padre distratto di due figli maschi, il poliziotto s'immerge nelle indagini che lo portano alla scoperta di una setta che agisce secondo un cerimoniale ispirandosi ai quattro cavalieri dell'apocalisse, portatori di rovina e distruzione. ■ THRILLER; COL.; 110′; USA, 2008.

HORST BUCHHOLZ... MEIN PAPA ★★★
Regia di CHRISTOPHER BUCHHOLZ, SANDRA HACKER. ■ Il figlio di Horst Buchholz, star berlinese autodistruttasi nell'alcool, ricorda suo padre, i successi e i disastri. Tutti lo ricordiamo ne *I magnifici sette* così come non possiamo dimenticarlo come ufficiale appassionato di enigmistica in *La vita è bella* suo ultimo film. La rievocazione scorre leggera e non è affatto banale. ■ DOCUMENTARIO; COL.; 90′; GERMANIA, 2005.

HO SALVATO L'AMERICA *(They got me Covered)* ★★
Regia di DAVID BUTLER. Con BOB HOPE, DOROTHY LAMOUR. ■ Mentre viene dichiarata la seconda guerra mondiale, un inviato speciale di un periodico americano scrive sul suo giornale che la guerra non si farà. Tanto acume gli costa il posto, ma l'uomo avrà modo ugualmente di recuperare la posizione perduta. ■ COMMEDIA; B/N; 93′; USA, 1943.

HO SCELTO LA LIBERTÀ *(Journey to Freedom)* ★★
Regia di WILLIAM N. WITNEY. Con TOM JOHNSON, MORGAN LANE, JACQUES SCOTT. ■ Un fuggiasco bulgaro si rifugia negli Stati Uniti, dove dà inizio a un'attività accanitamente antisovietica. Agenti russi cercano di ucciderlo, ma nella "libera America" non è facile cospirare. ■ DRAMMATICO; B/N; 76′; USA, 1957.

HO SCELTO L'AMORE ★★
Regia di MARIO ZAMPI. Con TINA LATTANZI, MARISA PAVAN, RENATO RASCEL. ■ Un delegato sovietico pieno di pregiudizi sui paesi capitalisti arriva in Italia per un congresso. Gli capitano molte disavventure provocate proprio dalla sua diffidenza, che si scioglie come neve al sole davanti al buon cuore degli italiani. ■ COMICO; B/N; 90′; ITALIA, 1953.

HO SCHERZATO CON TUA MOGLIE ★★
(Réveille-toi cherie)
Regia di CLAUDE MAGNIER. Con DANIEL GÉLIN, FRANÇOIS PÉRIER. ■ Per una serie di strane coincidenze, Jacqueline si trova sdraiata nel letto matrimoniale accanto ad uno sconosciuto. Naturalmente la cosa non piace al marito e la donna deve darsi da fare per convincerlo della propria innocenza. ■ COMMEDIA; COL.; 90′; FRANCIA, 1961.

HO SENTITO LE SIRENE CANTARE ★★
(I've Heard the Mermaids Singing)
Regia di PATRICIA ROZEMA. Con PAULE BAILLARGEON, SHEILA MCCARTHY, ANN-MARIE MCDONALD. ■ Una ragazza di provincia viene assunta come segretaria presso una galleria d'arte. Subito stravede per la direttrice credendola una gran donna e un'artista di cui ha visto alcune tele. Ci rimane male quando scopre che il suo idolo indulge a rapporti saffici, e le tele non sono sue ma della sua amichetta. ■ COMMEDIA; COL.; 81′; CANADA, 1987.

HO SOGNATO IL PARADISO ★★
Regia di GIORGIO PASTINA. Con GERALDINE BROOKS, VITTORIO GASSMAN, FRANCA MARZI. ■ Una prostituta conosce durante un viaggio un giudice e se ne innamora, ricambiata. Decide di lasciare la sua squallida vita, ma l'uomo, che ignora la sua "professione", capita per caso nella casa d'appuntamenti che la ospita. Non sopportando la delusione dell'amato, la ragazza si uccide. ■ DRAMMATICO; B/N; 91′; ITALIA, 1949.

HO SOGNATO UN ANGELO *(Penny Serenade)* ★★★
Regia di GEORGE STEVENS. Con BEULAH BONDI, IRENE DUNNE, CARY GRANT. ■ Una donna rievoca la storia del proprio matrimonio ascoltando dei dischi. Stava per abbandonare il marito dopo la morte della figlioletta, quando la possibilità di adottare un altro bambino l'ha fatta ricredere. ■ COMMEDIA; B/N; 125′; USA, 1941. ■ OSCAR 1 NOM.

HO SOLO FATTO A PEZZI MIA MOGLIE ★★
(Picking Up the Pieces)
Regia di ALFONSO ARAU. Con WOODY ALLEN, MARIA GRAZIA CUCINOTTA, DAVID SCHWIMMER, SHARON STONE. ■ Woody uccide la moglie fedifraga, la taglia a pezzi e nel trasporto verso il Messico ne perde una mano. Una vecchietta ci inciampa e riacquista la vista. Tutti gridano al miracolo. Ne nasce un caso, poi un evento, poi un miracolo. Coinvolti popolo e chiesa. Un discreto "scherzo" di un autore che ha già mostrato creatività (*Come l'acqua per il cioccolato* e *Il profumo del mosto selvatico*). Certo, non siamo abituati a vedere Allen non diretto da se stesso. ■ FANTASTICO; COL.; 93′; MESSICO, 2000.

HO SPARATO A ANDY WARHOL *(I Shot Andy Warhol)* ★★
Regia di MARY HARRON. Con LOTHAIRE BLUTEAU, JARED HARRIS, MARTHA PLIMPTON, LILI TAYLOR. ■ Valerie Solanas è stata la fondatrice dello SCUM (Society for Cutting Up Men) e nel 1968 attentò alla vita di Andy Warhol. Questo film ne recupera la biografia "maledetta" senza riuscire ad andare al di là della biografia televisiva con qualche stravaganza. Ammirevole la dedizione di Lili Taylor alla causa. ■ BIOGRAFICO; COL.; 106′; GRAN BRETAGNA, USA, 1996.

HO SPOSATO 40 MILIONI DI DONNE ★★
(Kisses for my President)
Regia di CURTIS BERNHARDT. Con POLLY BERGEN, ARLENE DAHL, FRED MACMURRAY, ELI WALLACH, EDWARD ANDREWS. ■ Disastrose avventure di marito e figli di una presidentessa americana troppo presa dagli affari di Stato. ■ COMMEDIA; B/N; 92′; USA, 1964. ■ OSCAR 1 NOM.

HO SPOSATO UN'ALIENA *(My Stepmother is an Alien)* ★★
Regia di RICHARD BENJAMIN. Con DAN AYKROYD, KIM BASINGER, JON LOVITZ. ■ Uno scienziato distratto inventa una specie di raggio ultrapotente che, lanciato nello spazio, mette in agitazione gli abitanti degli altri pianeti. Allora sulla Terra mandano una bellissima ET perché neutralizzi raggio e inventore. Però la bionda "alien" si innamora del prof. Commedia divertente, come molte di Benjamin, ma un po' esile. ■ COMMEDIA; COL.; 104′; USA, 1988.

HO SPOSATO UNA PLAYMATE ★★
(I Married a Centerfold)
Regia di PETER WERNER. Con TERY COPLEY, TIMOTHY DALY, DIANE LADD. ■ Un giovane s'innamora di una ragazza appena vede la sua foto nel paginone centrale di una rivista per soli uomini. La conosce e riesce a conquistarla. Ma devono superare l'opposizione dell'entourage di lui (giudicano la fanciulla troppo spregiudicata per il giovanotto) e di quello di lei (che paventano lasci la carriera per dedicarsi ai bambini e ai fornelli). ■ SENTIMENTALE; COL.; 100′; USA, 1982.

HO SPOSATO UNA STREGA *(I Married a Witch)* ★★★★
Regia di RENÉ CLAIR. Con ROBERT BENCHLEY, SUSAN HAYWARD, CECIL KELLAWAY, VERONICA LAKE, FREDRIC MARCH. ■ Dopo essere rimasta prigioniera per secoli in una quercia, l'anima di una strega si libera e si incarna in una bella fanciulla. Il suo scopo è quello di vendicarsi, attraverso un discendente, della famiglia che con le sue accuse la fece finire al rogo cinquecento anni prima, ma imprevedibilmente si innamora della sua vittima e abbandona ogni pensiero malefico. ■ COMMEDIA; B/N; 76′; USA, 1942. ■ OSCAR 1 NOM.

HO SPOSATO UN DEMONIO ★★
Regia di JOHN VILLIERS FARROW. Con BETTY HUTTON, VICTOR MATURE, WILLIAM DEMAREST. ■ Una giovanissima attrice è fermamente decisa a non restare sconosciuta. Tenta in ogni modo di farsi pubblicità, ma riesce a far parlare di sé i giornali soltanto quando finisce coinvolta in un giro di gangster. ■ COMMEDIA; B/N; 84′; USA, 1949.

HO SPOSATO UN FANTASMA *(All of Me)* ★★
Regia di CARL REINER. Con JASON BERNARD, ERIC CHRISTMAS, SELMA DIAMOND, DANA ELCAR, RICHARD LIBERTINI, STEVE MARTIN, MADELINE SMITH, LILY TOMLIN. ■ Un avvocato quarantenne si vede per la prima volta affidare un caso importante dallo studio legale per il quale lavora. Abituato a pratiche marginali, brinda all'impegno che finalmente lo attende. Una miliardaria si ripropone di trasmigrare in spirito nel corpo della giovane figlia del suo stalliere. ■ FANTASTICO; COL.; 98′; USA, 1984. ■ GOLDEN GLOBES 2 NOM.

HO SPOSATO UN MOSTRO VENUTO DALLO SPAZIO *(I Married to Monster from Outer Space)* ★★
Regia di GENE FOWLER JR. Con ROBERT IVERS, GLORIA TALBOTT, TOM TRYON. ■ Un gruppo di mostri è sceso sulla Terra e ha assunto le sembianze di alcuni abitanti di una cittadina. La prima ad accorgersene è Maggie che trova insolito il comportamento del marito. ■ FANTASCIENZA; B/N; 78′; USA, 1958.

HO SPOSATO UN'OMBRA ★★★
Regia di ROBIN DAVIS. Con NATHALIE BAYE, RICHARD BOHRINGER, FRANCIS HUSTER. ■ Una donna, che aspetta un figlio, viene lasciata dal suo uomo. In viaggio, su un treno, fa conoscenza con due sposi che muoiono nel deragliamento del convoglio. La donna dopo la nascita del figlio lascia credere ai genitori del morto di essere la moglie. Ben diretto e ben recitato il film è ricco di suspense. ■ POLIZIESCO; COL.; 95′; FRANCIA, 1983.

HO SPOSATO UN PILOTA *(Sabre)* ★★
Regia di LOUIS KING. Con RICHARD ARLEN, COLEEN GRAY, ROBERT STACK, JULIE BISHOP. ■ Le crudeli vicende della guerra in Corea convincono Jane, giovane e brillante giornalista, ad abbandonare il lavoro per poter stare vicina al proprio marito pilota di aerei da guerra impegnato nel terribile conflitto. ■ GUERRA; COL.; 96′; USA, 1953.

HOST, THE ★★
Regia di ANDREW NICCOL. Con JAKE ABEL, MAX IRONS, WILLIAM HURT, DIANE KRUGER, SAOIRSE RONAN. ■ Una razza aliena di anime ha invaso il nostro pianeta prendendo possesso dei corpi dei terrestri. Il mondo ora è pacifico, pulito, non ci sono malattie e crimini. I sopravvissuti vivono in clandestinità nel deserto, dove Melanie sta per raggiungerli, quando viene catturata da una "cercatrice". Nel suo corpo si insedia un'anima chiamata Wanderer. L'amore di Melanie per il fidanzato Jared e per il fratellino Ian, però, è talmente forte che resisterà ai ribelli. ■ FANTASCIENZA; COL.; 125′; USA, 2013.

HOSTAGE ★★
Regia di FLORENT EMILIO SIRI. Con BEN FOSTER, MICHELLE HORN, KEVIN POLLAK, JONATHAN TUCKER, BRUCE WILLIS. ■ Durante la guerra in Iraq, la parola "ostaggio" ha acquisito un significato particolare. Talley è un negoziatore, colui che parla e tratta con i sequestratori per indurli a rilasciare l'ostaggio. Purtroppo questa volta fallisce, ne segue una profonda crisi. E così, il poliziotto che gestiva missioni impossibili, si ritira in un paesino, convinto che per lui ci sarà solo ordinaria amministrazione. Ma è così. Deve affrontare un altro rapimento. Trama troppo prevedibile. Tutto già visto. ■ THRILLER; COL.; 113′; GERMANIA, USA, 2005.

HOSTAGE: DALLAS *(Getting Even)* ★★
Regia di DWIGHT H. LITTLE. Con EDWARD ALBERT, JOE DON BAKER, AUDREY LANDERS. ■ Un industriale, matto come un cavallo, ricatta l'intera città di Dallas. Se non gli danno cinquanta milioni di dollari butterà una bomba venefica su di essa. Ma a ridurlo a miti consigli ci pensano due agenti governativi (uno dei quali è una donna). Ovvio film d'azione, che però offre sequenze di elicotteri decisamente superiori alla media. ■ POLIZIESCO; COL.; 94′; USA, 1986.

HOSTEL ★
Regia di ELI ROTH. Con EYTHOR GUDJONSSON, JAY HERNANDEZ, RICK HOFFMAN, JANA KADERABKOVA, BARBARA NEDELJAKOVA, DEREK RICHARDSON. ■ Due giovani statunitensi, Josh e Paxton, attraversano il vecchio continente zaino in spalla assieme ad Oli, islandese festaiolo incontrato in viaggio. Decisamente più interessato alle droghe e al sesso che ai musei, il trio decide di puntare verso la Slovacchia, dipinta dai più come meta perfetta per il turismo sessuale. Raggiunto un paesino nei pressi di Bratislava, il gruppo si fermerà presso un ostello, constatando come le voci fossero fondate. Dividere la stanza con stupende e disinibite sconosciute per i ragazzi è un sogno che si avvera: un sogno che si rivelerà presto vero incubo. Un'accozzaglia di strumenti di tortura, membra e rimandi in cui cercare alte metafore pare sinceramente fuori luogo. ■ HORROR; COL.; 95′; USA, 2005.

HOSTEL: PART II ★★
Regia di ELI ROTH. Con ROGER BART, RICHARD BURGI, RUGGERO DEODATO, EDWIGE FENECH, KNAZKO, HEATHER MATARAZZO, BIJOU PHILLIPS. ■ Tre studentesse americane di storia dell'arte a Roma decidono di concedersi una vacanza a Praga. Sul treno incontrano una conoscente che cerca di indurle a raggiungere una beauty farm sperduta in Slovacchia. Le tre accettano, senza sapere che cosa le attende. Non mancano citazioni "occulte" al cinema di Tarantino, produttore di entrambi i capitoli di *Hostel*, e un paio di cameo ad hoc a omaggiare il cinema italiano. Edwige Fenech si presta a un ruolo che le sta a pennello. ■ HORROR; COL.; 96′; USA, 2007.

HO TANTA VOGLIA DI CANTARE ★★
Regia di MARIO MATTOLI. Con VERA CARMI, VIRGILIO RIENTO, TINO SCOTTI, FERRUCCIO TAGLIAVINI. ■ Piuttosto che rinunciare ai propri sogni artistici e lavorare nell'azienda paterna, un giovanotto, dotato vocalmente, si accontenta di esibirsi agli angoli delle strade. Questo gli permette di conoscere e di innamorarsi di una bella ragazza cieca. ■ COMMEDIA; B/N; 95′; ITALIA, 1943.

HOT CHICK UNA BIONDA ESPLOSIVA *(Hot chick)* ★
Regia di TOM BRADY. Con ANNA FARIS, MATTHEW LAWRENCE, RACHEL MCADAMS, ROB SCHNEIDER. ■ Jessica, la ragazza più carina del college, ruba un orecchino in una gioielleria. L'orecchino, però, ha dei poteri magici e la biondina si trova all'improvviso nel corpo di Clive, un trentenne che è in possesso del secondo orecchino. Un ibrido che punta tutto sullo scambio di sesso provando a ragionarci sopra. Ma non si scorgono ragionamenti. ■ COMMEDIA; COL.; 104′; USA, 2002.

HOT DOG ★
Regia di PETER MARKLE. Con PATRICK HOUSER, DAVID NAUGHTON, TRACY N. SMITH. ■ Oscuri interessi economici fanno sì che i giudici attribuiscano a uno scorbutico austriaco la vittoria di una gara di "hot-dog" (sci acrobatico) vinta in realtà da un simpatico americano. Per regolare i conti non resta che disputare una gara privata. ■ COMMEDIA; COL.; 91′; USA, 1983.

HOTEL ★★
Regia di JESSICA HAUSNER. Con REGINA FRITSCH, BIRGIT MINICHMAYR, CHRISTOPHER SCHÄRF, PETER STRAUSS, MARLENE STREERUWITZ, ROSA WAISSNIX, FRANZISKA WEISS, ALFRED WOREL. ■ Irene, la nuova receptionist in un hotel delle Alpi austriache, scopre che la ragazza che sta sostituendo è scomparsa misteriosamente. Quando cerca delle risposte si imbatte in un vero muro di silenzio e di ostilità. Irene sospetta qualcosa di poco chiaro, e dopo alcuni riscontri si accorge che "sotto" c'è qualcosa di inquietante e pericoloso. Da quel momento deve cominciare a difendersi. ■ DRAMMATICO; COL.; 83′; AUSTRIA, GERMANIA, 2004.

HOTEL A CINQUE STELLE *(Quatre étoiles)* ★★
Regia di CHRISTIAN VINCENT. Con JEAN-PAUL BONNAIRE, ISABELLE CARRÉ, FRANÇOIS CLUZET, JOSÉ GARCIA, GUILAINE LONDEZ, MICHEL VUILLERMOZ. ■ Dopo la morte della zia, Franssou eredita 50.000 euro da spendere o investire. Decisa a non risparmiare, all'insaputa delle amiche e del noioso fidanzato, lascia Parigi per una vacanza da sogno in Costa Azzurra. Nel bianco e sontuoso Carlton di Cannes, incontra Stéphane, un irresistibile imbroglione che vive raggirando il prossimo. Interessato ai soldi di Franssou piuttosto che alle sue grazie, Stéphane le chiede un prestito per pagare dei debiti di gioco. La donna accetta a due condizioni: Stéphane dovrà restituire l'intera cifra con gli interessi e starle accanto giorno e notte. Sarà l'inizio di una collaborazione rocambolesca che non mancherà di farli innamorare. ■ COMMEDIA; COL.; 106′; FRANCIA, 2006.

HOTEL ADLON ★★
Regia di JOSEF VON BACKY. Con CLAUDE FARELL, SEBASTIAN FISHER, NADIA TILLER. ■ Raccontando la carriera di Paul, da fattorino a direttore di un'azienda, il film rievoca anche la storia della Germania da Guglielmo II alla seconda guerra mondiale. ■ DRAMMATICO; B/N; 90′; GERMANIA, 1955.

HOTEL BAU *(Hotel for Dogs)* ★★
Regia di THOR FREUDENTHAL. Con JAKE T. AUSTIN, LISA KUDROW, KYLA PRATT, EMMA ROBERTS. ■ In seguito alla scomparsa dei genitori, la teenager Andi e il fratellino Bruce sono passati da una famiglia affidataria all'altra e ora vivono in una casa

poco accogliente sotto la custodia di una coppia avara nei sentimenti e negli alimenti. Nonostante il divieto assoluto di tenere animali, Andi e Bruce hanno un cagnolino di nome Friday che faticano a nascondere in camera perché agisce esclusivamente seguendo il suo fiuto e lo stomaco. Sfamare l'insaziabile meticcio diventa ogni giorno più rischioso e i due fratelli sono prossimi alla disperazione quando scoprono un luogo perfetto dove sistemarlo. ■ COMMEDIA; COL.; 100'; USA, GERMANIA, 2009.

HOTEL BERLINO *(Hotel Berlin)* ★★
Regia di PETER GODFREY. Con HELMUT DANTINE, FAYE EMERSON, PETER LORRE, RAYMOND MASSEY. ■ Un cameriere dell'Hotel Berlin in realtà è un partigiano in fuga dai nazisti. Un'attrice benvoluta dai tedeschi lo aiuta. A partire dall'assassinio di un commissario i delitti si succederanno fino alla morte dell'attrice. ■ DRAMMATICO; B/N; 100'; USA, 1949.

HOTEL COLONIAL ★★
Regia di CINZIA TORRINI. Con ROBERT DUVALL, JOHN SAVAGE, MASSIMO TROISI, RACHEL WARD. ■ Marco Venieri va a recuperare il corpo di Luca, suo fratello, in Colombia. Di lui sa poco o niente tranne che è un ex terrorista pentito, scomparso da tempo dall'Italia. Il cadavere che gli mostrano a Bogotá non è quello di Luca. Convinto che egli sia ancora vivo, Marco lo cerca, con l'aiuto di un italiano, un certo Werner. Incappa in Carrasco, un individuo senza scrupoli, proprietario dell'Hotel Colonial e, quando Marco sta per ripartire per l'Italia e abbandonare le ricerche, capisce che proprio quell'individuo spietato è suo fratello. Lo uccide e poi riparte per l'Italia. ■ THRILLER; COL.; 115'; ITALIA, 1986.

HOTEL DAJTI ★
Regia di CARMINE FORNARI. Con SARAH BAUMANN, FLAVIO BUCCI, FRANCESCO GIUFFRIDA, MICHELE VENITUCCI. ■ L'hotel Dajti a Tirana, ordinato dal duce, esiste ancora. Così com'è esistito il mago Andrea d'Aquino che operava in Albania. Viene narrata la sua vicenda, incentrata sulla storia d'amore dell'illusionista con una ragazza albanese. Il regista aggiunge anche considerazioni socio-etniche fra il passato e il presente sul piano dei rapporti fra Albania e Italia. Film senza alcun appeal nella storia, nella regia, nella tesi. Davvero inutile. ■ DRAMMATICO; COL.; 93'; ITALIA, 2002.

HOTEL DELLE VERGINI *(Honeymoon Hotel)* ★★
Regia di HENRY LEVIN. Con ROBERT GOULET, NANCY KWAN, ROBERT MORSE, JILL ST JOHN. ■ Un albergo dei Caraibi ospita esclusivamente coppie in luna di miele. Non è certo il caso di Ross e Jay, amici di lunga data, che vi capitano solo perché Jay, che doveva andarci con la moglie con la quale ha invece litigato, non vuol perdere le prenotazioni. ■ COMMEDIA; COL.; 92'; USA, 1964.

HOTEL DE LUX ★★
Regia di DAN PITA. Con STEFAN IORDACHE, IRINA PETRESCU, VALENTIN POPESCU. ■ Leone d'Argento a Venezia ex aequo con *Prosciutto prosciutto* e *Un cuore in inverno*. Una metafora sul potere visto attraverso gli occhi e l'esperienza di un impiegato d'hotel, Alex. Preso dall'ambizione e dal desiderio di cambiamento arriverà a sua volta al potere. Questo dopo essere venuto a conoscenza del tipo di organizzazione che regola l'albergo. Un film piuttosto lento che contiene ingredienti apprezzabili intellettualmente, ma raccontati con metodi un po' superati. ■ DRAMMATICO; COL.; 115'; ROMANIA, 1992. ■ VENEZIA 1 PR.

HOTEL IMPERIAL ★★
Regia di ROBERT FLOREY. Con RAY MILLAND, ISA MIRANDA, J. CARROL NAISH. ■ All'Hotel Imperial, un albergo occupato, alternativamente, dalle truppe austriache e da quelle russe durante la prima guerra mondiale, una ragazza si finge una semplice cameriera per poter trovare l'assassino della sorella (un ufficiale che fa il doppio gioco su entrambi i fronti). Lo trova e lo uccide. Grosso *flop* del 1939 che stroncò sul nascere la carriera americana di Isa Miranda. ■ DRAMMATICO; B/N; 90'; USA, 1939.

HOTEL MADREPATRIA *(Anayurt Oteli)* ★★★
Regia di OMER KAVUR. Con ORHAN CAGMAN, MACIT KOPER, SERRA YLMAZ. ■ Persi i genitori, un giovane albergatore turco conduce una misera esistenza nell'ossessivo ricordo di una bellissima sconosciuta che ha trascorso una notte nel modesto hotel. L'ossessione diviene vera follia, finché dopo aver ucciso la domestica, s'impicca nella camera-santuario sempre lasciata vuota. ■ DRAMMATICO; COL.; 94'; TURCHIA, 1987.

HOTEL MEINA ★★
Regia di CARLO LIZZANI. Con BENJAMIN SADLER, MARTA BIFANO, URSULA BUSCHHORN, BUSE BUTZ, FEDERICO COSTANTINI, IVANA LOTITO, ERNESTO MAHIEUX, DANILO NIGRELLI. ■ Tutto inizia nel 1953 sul Lago Maggiore, dove una ragazza si tuffa nei tragici ricordi di dieci anni prima. Quando, ancora adolescente, Noa (questo il nome della fanciulla) viveva lì con la sua famiglia all'Hotel Meina, di proprietà del padre, ebreo con passaporto turco, dunque cittadino di un paese neutrale. Subito dopo l'annuncio dell'armistizio dell'8 settembre tra gli Alleati e l'Italia, la vita di Noa, della sua famiglia e di tutti gli ospiti dell'albergo viene sconvolta dal brutale arrivo di un plotone delle SS, che prende di mira gli ebrei. Drammaticamente combattuti tra il desiderio di fuga e la speranza della fine della guerra, i prigionieri vivranno un'assurda settimana chiusi nella lussuosa gabbia di paura e dolore che è l'Hotel Meina. Tratto dal libro di Marco Nozza, a sua volta ispirato a fatti tragicamente e realmente accaduti. ■ DRAMMATICO; COL.; 110'; ITALIA, 2007.

HOTEL MOCAMBO *(Step Lively)* ★★
Regia di TIM WHELAN. Con GLORIA DE HAVEN, GEORGE MURPHY, FRANK SINATRA. ■ Glen è convinto di essere un grande scrittore e per questo finanzia una compagnia teatrale che dovrebbe recitare un suo dramma. Il capocomico usa invece quel denaro per allestire un musical e, durante una delle prove, convince Glen a cantare. La strada del giovane è proprio quella. ■ COMM. MUSICALE; B/N; 88'; USA, 1944. ■ OSCAR 1 NOM.

HOTEL NEW HAMPSHIRE ★★
Regia di TONY RICHARDSON. Con BEAU BRIDGES, JODIE FOSTER, NASTASSJA KINSKI, ROB LOWE, MATTHEW MODINE. ■ Una strana famiglia descritta nelle sue vicende sessuali, sentimentali e politiche da un regista sfortunato che si ispira al romanzo di John Irving avvalendosi di un cast degno di attenzione. ■ COMMEDIA; COL.; 110'; USA, 1984.

HOTEL PACIFIC ★★★
Regia di JANUSZ MAJEWSKI. Con MAREK KONDRAT, ROMAN SKAMENE, ROMAN WILHELMI. ■ Polonia, anni Trenta. Un emigrato italiano, Romano, trova lavoro come lavapiatti all'elegante Hotel Pacific. A rendergli la vita difficile provvede un capocameriere, Hans, intransigente xenofobo. Romano soffrirà ma terrà duro e diventerà prima barman e poi cameriere. Poi, anziché vendicarsi di Hans, gli lascerà campo libero in quanto avrà capito che anche lui ha dei problemi. ■ SOCIOLOGICO; COL.; 91'; POLONIA, 1978.

HOTEL PARADISO ★★★
Regia di PETER GLENVILLE. Con ALEC GUINNESS, GINA LOLLOBRIGIDA, ROBERT MORLEY, PEGGY MOUNT, AKIM TAMIROFF. ■ All'insaputa dei propri congiunti un gruppo di mariti e di mogli organizza una serata speciale con il (o la) consorte di qualcun altro. Il caso vuole che finiscano tutti all'Hotel Paradiso. ■ COMMEDIA; COL.; 99'; GRAN BRETAGNA, 1966.

HOTEL PAURA ★★
Regia di RENATO DE MARIA. Con SERGIO CASTELLITTO, ISABELLA FERRARI, IAIA FORTE. ■ Carlo è un manager bene inserito, ha famiglia, guadagna molto, tutti lo stimano. Un giorno viene licenziato. Cerca un altro lavoro, non lo trova. Comincia il dramma. Per vivere a Milano occorrono soldi, molti. Moglie e figli si trasferiscono al paesino di lei al Sud. Carlo comincia a perdere l'equilibrio. In breve tempo eccolo vivere come un barbone. L'unico che gli tende la mano è un operaio che lavora alla stazione. In sostanza la vita borghese, apparentemente sicura, da un momento all'altro può distruggerti. Alla fine chi ti aiuta è un altro quasi-emarginato. Chiaro e perfettamente schierato il discorso di De Maria, ben supportato più dalla bravura di Castellitto che dalla sua. Una citazione per Isabella Ferrari, una barbona intelligente, delicata e bellissima, davvero improbabile. Accettiamola come licenza, vagamente "francese". ■ DRAMMATICO; COL.; 100'; ITALIA, 1995.

HOTEL ROOM ★★
Regia di David Lynch, James Signorelli. Con Griffin Dunne, Glenne Headly, Harry Dean Stanton, Deborah Unger. ■ Ideato da Lynch e girato per la televisione, è diviso in tre episodi, ambientati nella stessa camera d'albergo. I periodi però sono diversi: anni Trenta, anni Sessanta e anni Novanta. Tre piccoli drammi. Marito e moglie, vicini nello sconforto; un vedovo cerca di consolarsi con una prostituta; un uomo rompe il rapporto con la propria amante. Al di sotto delle aspettative. ■ Drammatico; col.; 97'; USA, 1992.

HOTEL RWANDA ★★★
Regia di Terry George. Con Don Cheadle, Nick Nolte, Sophie Okonedo, Joaquin Phoenix. ■ Ogni tanto il cinema si assume il compito di ricordarci che ci sono genocidi che non sono, come altri, al centro di attenzioni medianiche. In Ruanda, all'inizio degli anni Novanta, un milione di Tutsi è stato letteralmente massacrato dai rivali Hutu senza che la comunità internazionale facesse nulla, se non lasciare a poche forze dell'Onu il compito di un'interdizione di scarsa efficacia. Questa co-produzione anglo/italo/sudafricana (tra gli interpreti il nostro Citran, Nick Nolte e un non accreditato Jean Reno) ce lo ricorda con le forme proprie del cinema spettacolare. Non si fa polemica, ma si parla alle coscienze grazie alle vicende di uno "Schindler" africano, tale Rusebagina, direttore di un Hotel della catena Sabena, che riuscì a salvare più di 1200 persone. ■ Drammatico; col.; 121'; Canada, Gran Bretagna, Italia, Sudafrica, 2004. ■ Golden Globes 2 nom; Oscar 2 nom.

HOTEL SACHER ★★
Regia di Erich Engel. Con Willy Birgel, Sybille Schmitz. ■ All'inizio della Grande Guerra, un ufficiale austriaco viene accusato di tradimento. Chi ha manovrato contro di lui è una nobile russa che tenta di convincerlo a tradire davvero la propria patria. L'ufficiale denuncia la donna che viene arrestata, e questo lo scagiona, ma il disperato amore che lo lega alla nobile russa non può essere cancellato. ■ Drammatico; b/n; 93'; Germania, 1939.

HOTEL SAHARA ★★
Regia di Ken Annakin. Con Yvonne De Carlo, Albert Lieven, Peter Ustinov. ■ Siamo in piena seconda guerra mondiale; l'Hotel Sahara ha la disgrazia di trovarsi in un punto strategico conquistato di volta in volta da soldati italiani, tedeschi, inglesi e francesi. ■ Commedia; b/n; 96'; Gran Bretagna, 1951.

HOTEL TRANSYLVANIA ★★★
Regia di Genndy Tartakovsky. Con Fran Drescher, Selena Gomez, Kevin James, Andy Samberg, Adam Sandler. ■ Per festeggiare il 118° compleanno della figlia Mavis, Dracula ha invitato nel suo hotel di lusso gli amici di sempre, da Frankenstein al lupo mannaro, e tanti altri mostri ancora, con famiglia al seguito, per un party indimenticabile. Dentro la fortezza inespugnabile, che il conte ha eretto in seguito alla tragedia che ha segnato per sempre la sua vita, ogni sorta di creatura pelosa o gelatinosa, gigantesca o piena di teste, è sicura di poter trascorrere un weekend pacifico, lontano dal pericolo dei pericoli: l'incontro con un umano. ■ Animazione; col.; 91'; USA, 2012.

HOT FUZZ ★★
Regia di Edgar Wright. Con Jim Broadbent, Paddy Considine, Timothy Dalton, Nick Frost, Simon Pegg, Anne Reid, Rafe Spall, Billie Whitelaw, Edward Woodward. ■ Nicholas Angel è sulla carta il fiore all'occhiello delle forze di polizia londinesi, con record di riconoscimenti ufficiali e onorificenze ottenute in servizio. Un impressionante zelo non basta però all'agente per conquistare la simpatia di colleghi e superiori, che lo considerano un esaltato a causa della propria smodata dedizione al lavoro. Con la scusa di una promozione a sergente, l'agente Angel verrà così spedito, suo malgrado, in uno sperduto paesino di campagna a 250 km da Londra. In un posto in cui la missione più rischiosa sembra essere accompagnare a casa gli ubriachi il sabato sera. E se la tranquilla cittadina di campagna non fosse poi così tranquilla? ■ Comico; col.; 121'; Gran Bretagna, 2007.

HOT LINE *(Rublo de los Caras)* ★★
Regia di Etienne Périer. Con Charles Boyer, George Chakiris, Robert Taylor. ■ Uno spione, che fa il doppio gioco fra la Cia e il Kgb, deruba gli agenti dell'una e dell'altra parte. E trova il modo di dare la colpa a un innocente operatore dell'Ibm. ■ Spionaggio; col.; 92'; Francia, Spagna, 1969.

HOT MONEY ★★
Regia di Selig Usher. Con Michael Murphy, Orson Welles. ■ Welles interpreta uno degli ultimi ruoli della sua carriera in una storia che vede un vicesceriffo fuggire con i soldi di una rapina inguaiando il suo diretto superiore. ■ Drammatico; col.; 90'; USA, 1987.

HOT MOVIE *(Date Movie)* ★
Regia di Jason Friedberg, Aaron Seltzer. Con Adam Campbell, Tony Cox, Carmen Electra, Judah Friedlander, Eddie Griffin, Alyson Hannigan. ■ Julia, dopo aver vinto la battaglia contro i chili di troppo, deve affrontare un'altra lotta cruenta: quella contro la ex fidanzata del suo amatissimo Grant Funkyerdoder, che vuole impedire il loro matrimonio. Tra genitori multietnici e trovate demenziali, il sogno d'amore della coppia riuscirà a realizzarsi. ■ Commedia; col.; 83'; USA, 2006.

HO TROVATO IL MIO UOMO *(Irrtum des Herzens)* ★★
Regia di Bernd Hoffmann. Con Kathe Dorsch, Paul Hartmann, Leni Marenbach. ■ Una donna è indecisa tra l'amore di due uomini, entrambi degni di ammirazione ed affetto. Il primo, celebre chirurgo, con una rischiosa operazione salva la vita all'altro, giovane pilota ferito durante un volo. Proprio durante l'operazione la donna prenderà la sua decisione. ■ Drammatico; b/n; 81'; Germania, 1939.

HO TROVATO L'AMORE *(Liebelei und Liebe)* ★★
Regia di Arthur Maria Rabenalt. Con Paul Hörbiger, Maria Krahn, Gisela Uhlen. ■ Durante gli spensierati anni universitari un giovanotto ha amato una ragazza della quale si è poi dimenticato. Ma gli giunge la sconvolgente notizia: la ragazza ha avuto un figlio. Torna da lei per regolarizzare la propria posizione, ma scopre che la donna si è innamorata di un altro. ■ Commedia; b/n; 91'; Germania, 1938.

HO TROVATO UNA STELLA *(Second Fiddle)* ★★★
Regia di Sidney Lanfield. Con Sonja Henie, Edna May Oliver, Tyrone Power, Rudy Vallee. ■ Una semplice insegnante diventa diva del cinema. Per lanciarla, un agente pubblicitario inventa una storia d'amore con il protagonista maschile del film che sta girando. Finito il film, finita l'avventura: la ragazza torna al paesello. La raggiunge l'agente pubblicitario. ■ Commedia; b/n; 86'; USA, 1939. ■ Oscar 1 nom.

HO TROVATO UN MILIONE DI DOLLARI
(Blank Check)
Regia di Rupert Wainwright. Con Brian Bonsall, Karen Duffy, Miguel Ferrer, Michael Faustino. ■ Un ragazzino viene investito e riceve come indennizzo un assegno in bianco. Ma il denaro è sporco e le folli spese del neoricco undicenne si scontreranno con qualche problema di troppo. La ricchezza non procura la felicità. Neanche andare a vedere questo film. ■ Commedia; col.; 95'; USA, 1994.

HOT SHOT ★★
Regia di Rick King. Con Pelé, Billy Warlock, Jim Young. ■ Un giovanotto vuol diventare un grande calciatore, ma non è facile (tra l'altro è un solenne attaccabrighe, il che gli ha già procurato molte squalifiche). Decide di ricominciare daccapo e ottiene l'aiuto del grande Pelé (che qui compare nella parte di se stesso e sfoggia una discreta comunicativa). ■ Commedia; col.; 93'; USA, 1981.

HOT SHOTS! ★★
Regia di Jim Abrahams. Con Lloyd Bridges, Cary Elwes, Valeria Golino, Charlie Sheen. ■ Preceduto da un cortometraggio inglese niente male il film di Abrahams non è all'altezza delle due "pallottole spuntate" ma qualche risata rigeneratrice la strappa. E poi alcuni film, come *Top Gun* e *9 settimane e mezzo*, citati in modo demistificatorio si meritano una lezione. Il protagonista è un pilota d'aerei che deve compiere una difficile missione. Lo fa, non solo per se stesso ma anche perché suo padre non era proprio ben visto, per usare un eufemismo. Incontrerà una donna fa-

tale, Valeria Golino (da allora molto attiva, sia negli Stati Uniti che in Europa), che oltre a cadere da un pianoforte mentre cita *I favolosi Baker* cercherà di rendergli la vita più piacevole. ■ COMICO; COL.; 103′; USA, 1991.

HOT SHOTS 2 ★★
Regia di JIM ABRAHAMS. Con BRENDA BAKKE, LLOYD BRIDGES, RICHARD CRENNA, VALERIA GOLINO, CHARLIE SHEEN. ■ Questa parodia abbastanza divertente è dedicata al personaggio di Rambo e a tutti i super-muscoli del cinema moderno. Jim Abrahams, dopo il primo *Hot Shots*, satira che partiva da *Top Gun*, ci riprova. Troviamo ancora la coppia Sheen-Golino e anche stavolta le citazioni sono innumerevoli: da *Basic Instinct* a *Apocalypse Now* fino a *Terminator* e altri ancora. C'è anche la guerra del Golfo come riferimento reale. ■ COMICO; COL.; 87′; USA, 1993.

HOT SPOT – IL POSTO CALDO, THE *(The Hot Spot)* ★★★
Regia di DENNIS HOPPER. Con JENNIFER CONNELLY, DON JOHNSON, VIRGINIA MADSEN. ■ Dopo il deludente *Ore contate*, l'attore-regista Dennis Hopper aggiusta il tiro e, anche se questo lavoro non è del tutto riuscito, comincia a seguire le orme del suo regista preferito, David Lynch. Partendo dal genere nero anni Quaranta-Cinquanta tipo *Il postino suona sempre due volte*, costruisce un canovaccio mettendo come ingredienti violenza, sesso e morte. Il thriller, tratto da un racconto di Charles Williams, è ambientato nel Texas. Il protagonista, Harry, vende auto usate. La cosa che più lo interessa è comunque la giovane moglie del suo capo. Da cosa nasce cosa e Harry sarà invischiato in una faccenda molto torbida. Don Johnson (*Miami Vice*) e Jennifer Connelly (*Phenomena*) fanno in modo di assecondare con professionismo i voleri del regista. Miles Davis e John Lee Hooker eseguono una colonna sonora suggestiva. ■ THRILLER; COL.; 135′; USA, 1990.

HOT T-SHIRT ★
Regia di CHUCK VINCENT. Con RAY HOWLAND, STEPHANIE LAWLOR. ■ Il proprietario di un bar in una piccola città di provincia medita di ritirarsi dagli affari (che vanno effettivamente male). Senonché ha un'idea geniale. Organizza un concorso di bellezza per camicette attillate. Il concorso naturalmente richiama curiosi da tutta la regione. E gli affari riprendono a prosperare. ■ COMMEDIA; COL.; 92′; USA, 1979.

HO UCCISO *(Crime and Punishment)* ★★★
Regia di JOSEF VON STERNBERG. Con EDWARD ARNOLD, PETER LORRE. ■ Tratto, con qualche variazione, dal romanzo di Dostoevskij *Delitto e castigo*, il film racconta il delitto del giovane Raskolnikov che ha ucciso una vecchia usuraia e la sua espiazione. ■ DRAMMATICO; B/N; 88′; USA, 1935.

HO UCCISO JESS IL BANDITO *(I Shot Jesse James)* ★★
Regia di SAMUEL FULLER. Con BARBARA BRITTON, PRESTON FOSTER, JOHN IRELAND. ■ Per guadagnare la taglia, Bob uccide Jesse James che lo credeva un amico. La donna che Bob ama, e per la quale ha tradito Jesse, ora lo disprezza e rivolge le sue attenzioni ad un giudice. Il protagonista affronta in duello il rivale in amore, ma ha la peggio. ■ WESTERN; B/N; 81′; USA, 1949.

HO UCCISO MIA MOGLIE *(Le poison)* ★★★
Regia di SACHA GUITRY. Con JEAN DEBUCOURT, MICHEL SIMON. ■ Paolo vuole uccidere la moglie, che odia cordialmente, ma non vuole correre dei rischi. Si rivolge allora ad un avvocato fingendo di aver già commesso il delitto e facendosi spiegare il modo migliore per sviare le indagini. A quel punto il gioco è facile per lui: accoltella la moglie facendo credere che si tratti di legittima difesa e viene assolto. ■ GIALLO; B/N; 82′; FRANCIA, 1951.

HO UCCISO TUO FRATELLO *(Es kommt ein Tag)* ★★
Regia di RUDOLF JUGERT. Con DIETER BORSCHE, LIL DAGOVER, MARIA SCHELL. ■ Nel 1870, in Francia, un ufficiale prussiano incontra una famiglia con la quale è imparentato. Malgrado la diversa nazionalità e la guerra in corso, l'ufficiale accetta l'ospitalità dei parenti e si innamora della cugina Maria. La notizia della morte del fratello di Maria gli fa sospettare d'essere proprio lui il colpevole di quella fine: non sa come dirlo alla donna, ma una fucilata che lo colpisce in pieno gli toglie ogni possibilità. ■ DRAMMATICO; B/N; 91′; GERMANIA, 1950.

HOUDINI, L'ULTIMO MAGO *(Death Defying Acts)* ★★
Regia di GILLIAN ARMSTRONG. Con JACK BAILEY, GUY PEARCE, SAOIRSE RONAN, TIMOTHY SPALL, CATHERINE ZETA-JONES. ■ Edimburgo 1926. Nell'ambito del suo tour mondiale giunge nella città scozzese il più grande illusionista di tutti i tempi: Harry Houdini. In città esercita la professione di medium, accompagnata dalla figlia Benji, Mary McGarvie. Houdini ha lanciato una sorta di sfida: chi riuscirà a mettersi in contatto con lo spirito di sua madre riceverà un'ingente somma di denaro. Mary è attratta dalla ricompensa e, basando la sua attività sulla contraffazione, cerca di entrare nel privato della star per carpire informazioni utili a farle vincere il premio. Ma al cuore non si comanda. ■ DRAMMATICO; COL.; 97′; GRAN BRETAGNA, AUSTRALIA, 2007.

HO UNA MOGLIE PAZZA, PAZZA, PAZZA ★★
(Relaze-toi chérie)
Regia di JEAN BOYER. Con FERNANDEL, JEAN-PIERRE MARIELLE, SANDRA MILO. ■ Il matrimonio di Elena e Francesco va benissimo finché lei non consulta uno psichiatra: da quel momento incominciano i guai. ■ COMMEDIA; B/N; 90′; FRANCIA, 1964.

HOURS, THE ★★
Regia di STEPHEN DALDRY. Con ED HARRIS, NICOLE KIDMAN, JULIANNE MOORE, MIRANDA RICHARDSON, MERYL STREEP. ■ Dal libro di Michael Cunningham, emergentissimo autore americano già insignito di Pulizter. Storia di tre donne legate dal romanzo *Mrs Dalloway* scritto da Virginia Woolf e letto dalle altre due con risultati devastanti. Prima storia: della stessa Woolf (Kidman, deturpata per assomigliare all'originale), fine anni Venti, Inghilterra, quando la scrittrice non riesce ormai più a controllare il suo mortale esaurimento (infatti si annegherà riempiendosi le tasche di sassi). La seconda è quella di Laura (Moore) a Los Angeles 1949, che ha, fra le altre angosce, un marito dolciastro e convenzionale che le fa odiare la vita e il figlio: li abbandonerà per trovare se stessa. Infine ecco Clarissa, editor newyorkese ai giorni nostri, che sostiene un poeta morente di Aids (che poi è il figlio abbandonato da Laura). Tutte le donne sono rigorosamente lesbiche e gli uomini rigorosamente gay. La qualità letteraria del romanzo si traduce nel più verboso esercizio della storia del cinema, dove l'intelligenza, tanto sottile e snob quanto letteraria (appunto), non riesce mai ad essere afferrata e consumata dallo spettatore. Incomprensibili le nove nomination all'Oscar. O meglio, sono comprensibili alla luce dell'ingenuità americana, che spesso confonde ciò che è intelligente e profondo con ciò che è complicato e superfluo. E lo spettatore si vede imposto il dovere e il ricatto della noia: 9 nomination! e come fai a dire che non ti piace? ■ DRAMMATICO; COL.; 114′; USA, 2002. ■ BERLINO 1 PR; GOLDEN GLOBES 2 PR, 5 NOM; OSCAR 1 PR, 6 NOM.

HOUSE IV – PRESENZE IMPALPABILI *(House IV)* ★
Regia di LEWIS ABERNATHY. Con SCOTT BURKHOLDER, WILLIAM KATT, TERI TREAS. ■ Kelly va a vivere nella casa che apparteneva al marito che è morto da poco. Da quel momento si verificano strani fenomeni attribuibili al defunto, la cui anima si troverebbe imprigionata in una sorgente essiccata che si trova sotto l'abitazione. ■ HORROR; COL.; 93′; USA, 1992.

HOUSEMAID, THE *(Hanyo)* ★★
Regia di IM SANG-SOO. Con JEON DO-YEON, PARK JI-YOUNG, LEE JUNG-JAE, YOUN YUH-JUNG, SEO WOO. ■ Euny viene ingaggiata come governante e bambinaia nella casa di una ricchissima famiglia, dove la giovane e bella moglie di un uomo d'affari aspetta due gemelli. Bambina a sua volta, per lo spirito ingenuo e generoso che la contraddistingue, Euny conquista tutti, purtroppo anche il padrone di casa, che presto passa a chiederle ben più di quello che è stata chiamata a fare. Quando la ragazza si ritrova incinta, la padroncina e sua madre non esitano a pianificare il peggio, in nome dei privilegi da conservare, costi quel che costi. ■ THRILLER; COL.; 106′; COREA DEL SUD, 2010.

HOUSE OF MISTERY, THE ★
Regia di AB NORMAL. Con JAMES CUSIMANO, ED HOLUB, AMY LAWHORN, TAURANCE TERRELL CAREY, RACHEL WHITMAN GORVES. ■ La vita di Cathy "Cat" Laveau, giovane detective di New Orleans e lontana discendente della nota sacerdotessa vudù Marie

Laveau, è sconvolta dalla morte del fidanzato, l'affascinante Drew LaFontaine, tenente della squadra omicidi, un collega brillante e competente, ma anche l'uomo di cui lei era innamorata. La polizia ha rinvenuto il suo corpo sulla riva di un bayou, una delle grandi paludi intorno alla città. Subito estromessa dal caso, in quanto coinvolta personalmente, Cat si ribella agli ordini dei suoi superiori e comincia a investigare per conto suo. ■ THRILLER; COL; 35'; ITALIA, 2012.

HOUSE OF THE DEAD ★

Regia di UWE BOLL. Con JONATHAN CHERRY, ELLIE CORNELL, ONA GRAUER, CLINT HOWARD, TYRON LEITSO, WILL SANDERSON. ■ Un gruppo di spensierati fanciulli, un'isola misteriosa sede di un rave party, un traghettatore di nome Kirk, un immancabile bosco e tanto sangue. ■ HORROR; COL.; 90'; CANADA, GERMANIA, USA, 2003.

HOUSE PARTY ★★

Regia di REGINALD HUDLIN. Con ROBIN HARRIS, MARTIN LAWRENCE, CHRISTOPHER MARTIN, CHRISTOPHER REID. ■ Commediola insipida con molta musica rap e praticamente nulla è la presenza della musica "house" occhieggiata nel titolo. Diretta dallo sceneggiatore Hudin, la pellicola racconta una serie di avventure che coinvolgono un ragazzo di colore. Questi sta andando a una festa senza il permesso del padre e ne vedrà delle belle. Poche, reali risate. ■ COMMEDIA; COL.; 110'; USA, 1990.

HOUSTON TEXAS ★★★

Regia di FRANÇOIS REICHENBACH. Con CHARLES WILLIAM BASS, EDDY CROWSON, CARL KENT. ■ Un film-documentario nato per caso. A Houston in cerca di nuove ispirazioni, il regista si imbatte nell'omicidio di un capitano di polizia e decide di seguire le indagini con la macchina da presa, fino alla scoperta del colpevole, un giovane sbandato, e alla sua condanna a morte. Il tono è freddo, quasi asettico, eppure questo sconvolgente documentario si rivela un vero e proprio editto contro l'inutilità della pena di morte. ■ DRAMMATICO; COL.; 96'; FRANCIA, 1980.

HO VENT'ANNI *(Mne dvadcat' let)* ★★

Regia di MARLEN CHUCIEV. Con NIKOLAJ GUBENKO, STANISLAV LJUBSIN, VALENTIN POPOV. ■ Deludente ritorno a casa per un giovane di Mosca dopo il servizio militare. Gli amici e la sua ragazza sembrano distanti e lui cerca disperatamente qualcosa a cui aggrapparsi. ■ DRAMMATICO; B/N; 180'; URSS, 1965.

HO VINTO LA LOTTERIA DI CAPODANNO ★★★

Regia di NERI PARENTI. Con ANTONIO ALLOCCA, CAMILLO MILLI, PAOLO VILLAGGIO. ■ Dopo innumerevoli e sfortunati tentativi di suicidio Fantozzi, proprio mentre sta per riuscire nel suo intento, scopre di avere vinto alla lotteria. Nasconde il biglietto in una macchina per scrivere che gli verrà pignorata, ecco allora che, come nel *Mistero delle 12 sedie*, le macchine per scrivere identiche diverranno cinque. ■ COMMEDIA; COL.; 92'; ITALIA, 1989.

HO VISSUTO UNA SOLA ESTATE *(Rantacusul)* ★★

Regia di GEORGHE VITANIDIS. Con IURE DARIE, VIRGIL OGASANU, IRENE PETRESCO. ■ Un medico, in cura da un collega psichiatra, gli confida i suoi dubbi: è innamorato di un'affascinante infermiera ma non vuole sposarla perché teme che la differenza di cultura possa rovinare il loro rapporto. ■ DRAMMATICO; COL.; 92'; ROMANIA, 1971.

HO VISTO BRILLARE LE STELLE ★★

Regia di ENRICO GUAZZONI. Con ENNIO CERLESI, MARIA GARDENA, SANDRA RAVEL. ■ Dopo una serie di incomprensioni, un giovane ingegnere vede finalmente riconosciuta la propria serietà professionale e salva una società mineraria in crisi scoprendo nuovi giacimenti. Oltre alla soddisfazione morale ed economica, il giovanotto trova l'amore. ■ DRAMMATICO; B/N; 90'; ITALIA, 1939.

HO VISTO COS'HAI FATTO E SO CHI SEI ★★
(I Saw What You Did)

Regia di FRED WALTON. Con ROBERT CARRADINE, TAMMY LAUREN, SHAWN SMITH. ■ Due ragazze vanno a passare qualche giorno in una fattoria isolata, di proprietà dei genitori di una di loro. Così per gioco, le due stupidelle si mettono a comporre numeri telefonici e all'interlocutore sibilano: «Ho visto cos'hai fatto e so chi sei». Naturalmente incappano presto in un vero assassino psicopatico, il quale subito decide di mettere a tacere le sventate. ■ THRILLER; COL.; 91'; USA, 1987.

HO VISTO LE STELLE ★★

Regia di VINCENZO SALEMME. Con CLAUDIO AMENDOLA, FABIO BOSCO, MAURIZIO CASAGRANDE, VINCENZO SALEMME, ALENA SEREDOVA. ■ Antonio, un quarantenne con ancora il cuore e i sogni di un bambino, gestisce l edicola dei nonni che lo hanno cresciuto. Imbattutosi in un annuncio che reclamizza un grande "reality show" televisivo in preparazione, decide di partire alla volta di Milano per provare ad entrare nel cast e dare così una svolta alla propria vita. Salemme ha bisogno, così come è accaduto a Pieraccioni nel recente passato, di un bagno di umiltà. Forse questa sarebbe stata l'occasione giusta per prendersi una pausa di riflessione. ■ COMMEDIA; COL.; 96'; ITALIA, 2003.

HO VOGLIA DI TE ★★

Regia di LUIS PRIETO. Con IVAN BACCHI, CLAUDIO BIGAGLI, LAURA CHIATTI, GIULIA ELETTRA GORIETTI, SUSY LAUDE, GALATEA RANZI, KATY LOUISE SAUNDERS, RICCARDO SCAMARCIO, CATERINA VERTOVA. ■ Tre metri sopra il cielo. È dove gli innamorati vivono le loro emozioni. È dove Step desidera essere ancora. Il tempo è trascorso, e due anni negli Stati Uniti hanno allontanato i pensieri. Step è a Roma con la paura nascosta di ritrovare i vecchi fantasmi e con il desiderio di andare oltre. Di diventare adulto. Di vivere nuove emozioni, di incontrare nuovi amori. Il successo del primo romanzo di Federico Moccia aveva creato il mito di questa storia adolescenziale, romana, illustrata nel film da Lucini, che era riuscito nell'intento di raggiungere il pubblico più giovane. Questo secondo lungometraggio, che ripercorre nuovamente le parole dell'autore del romanzo, co-autore della sceneggiatura, l'ha preso in mano l'iberico Prieto, che è riuscito a dare un taglio ancora più diretto ai giovani, destinati a essere gli spettatori di riferimento. È Scamarcio il "physique du role" della situazione, e sono le sue gesta a parlare. La scena di sesso ardita con Laura Chiatti, le canzoni di Robbie Williams, le abitudini malsane dei giovani che si diluiscono nel tempo, gli incontri e i dialoghi leggeri, dipingono un quadro che è vicino a chi ha venti anni e non pensa che il tempo prima o poi passerà. ■ COMMEDIA; COL.; 110'; ITALIA, 2007.

HOWLING II – L'ULULATO *(Howling II)* ★

Regia di PHILIPPE MORA. Con SYBIL DANNING, CHRISTOPHER LEE, ANNIE MCENROE. ■ Uno dei peggiori seguiti della storia del cinema, anche perché non c'entra nulla con l'altra storia. Nell'ignobile operazione troviamo, ahimè, Christopher Lee nei panni di un detective che indaga sui lupi mannari che hanno formato una "lega" in Transilvania. ■ HORROR; COL.; 90'; GRAN BRETAGNA, 1985.

HOWARD E IL DESTINO DEL MONDO ★★
(Howard the Duck)

Regia di WILLARD HUYCK. Con JEFFREY JONES, TIM ROBBINS, LEA THOMPSON. ■ Howard, giovane papero che vive nel pianeta dei paperi, viene improvvisamente catapultato, da una forza potentissima, sulla Terra e precisamente a Cleveland. Gli umani lo accolgono malissimo, viene anche malmenato. Fuggendo da una banda di punk, gli capita di salvare la giovane Beverly da una brutta avventura. Nasce una dolce amicizia tra l'umana e il papero. Dopo una serie infinita di avventure la ragazza, con l'aiuto di un amico, prova a rimandarlo nel pianeta dei paperi, ma invano. Finirà che Howard si adatterà alla Terra e metterà su un complesso rock con Beverly e le sue amiche. ■ FANTASTICO; COL.; 111'; USA, 1986.

HOW I KILLED A SAINT *(Kako ubiv svetec)* ★★

Regia di TEONA STRUGAR MITEVSKA. Con DZEFDET JASARI, KIRIL KORUNOVSKI, LEA LIPSA, TONI MIHAJLOVSKI, LABINA MITEVSKA, SILVIJA STOJANOVSKA, MILAN TOCINOVSKI. ■ Il film è ambientato a Skopje (dove è stato girato alla fine del 2002), in quel particolare clima di tensione che sfociò in sporadici scontri armati (di proporzioni molto più limitati rispetto a quelli che investirono le altre repubbliche della ex Jugoslavia) nella neonata Repubblica di Macedonia della fine degli anni Novanta, allora sotto il controllo della Nato. Protagonisti del film sono Viola e Kokan, fratello e sorella. Lei torna nella sua città dopo un lungo periodo vissuto negli Usa e trova un paese immerso nel caos, nel quale si respira un clima di tensione e di violenza nel quale il fratello è coinvolto. ■ DRAMMATICO; COL.; 82′; MACEDONIA, 2004.

HOWLING II – L'ULULATO *(Howling II)* ★
Regia di PHILIPPE MORA. Con SYBIL DANNING, CHRISTOPHER LEE, ANNIE MCENROE. ■ Uno dei peggiori seguiti della storia del cinema, anche perché non c'entra nulla con l'altra storia. Nell'ignobile operazione troviamo, ahimè, Christopher Lee nei panni di un detective che indaga sui lupi mannari che hanno formato una "lega" in Transilvania. ■ HORROR; COL.; 90′; GRAN BRETAGNA, 1985.

HOWLING IV *(Howling IV: The Original Nightmare)* ★
Regia di JOHN HOUGH. Con MICHAEL T. WEISS, ROMY WINDSOR. ■ Ossessionata da incubi e avvenimenti misteriosi, la giovane scrittrice Mary Adams si trasferisce in campagna nella speranza di risolvere i suoi problemi. Il tentativo si rivela completamente inutile. Ennesima puntata de *L'ululato* di Joe Dante. ■ HORROR; COL.; 122′; GRAN BRETAGNA, 1988.

H STORY ★
Regia di NOBUHIRO SUWA. Con BÉATRICE DALLE, UMANO HIROAKI, MACHIDA KOU. ■ Un regista giapponese, nativo di Hiroshima decide di girare un remake di *Hiroshima mon amour* di Alain Resnais dal libro di Françoise Sagan. Come star viene scelta Beatrice Dalle. Sentimenti e riprese si mescolano in un susseguirsi di emozioni. Come già nei precedenti film, Suwa lavora senza sceneggiatura e tutto diventa troppo astratto e fastidioso. Il solito film nel film. Per chi ama il capolavoro di Resnais potrebbe essere curioso vederlo ma non si può essere certi che alla fine ne possa provare piacere. ■ DRAMMATICO; COL.; 111′; FRANCIA, GIAPPONE, 2001.

HUD IL SELVAGGIO *(Hud)* ★★★★
Regia di MARTIN RITT. Con BRANDON DE WILDE, MELVIN DOUGLAS, PATRICIA NEAL, PAUL NEWMAN. ■ Hud è un ribelle che non accetta imposizioni da nessuno, nemmeno quando si tratta di evitare un disastro, come nel caso di un'epidemia di bestiame. Hud, contrariamente al padre e al nipote, rifiuta di uccidere gli animali della fattoria e minaccia chiunque intenda farlo. Il padre ha un incidente e muore, mentre il nipote abbandona il ranch, lasciando Hud completamente solo. Il film ebbe un tale successo che il successivo film di Newman, che doveva intitolarsi *Archer*, fu trasformato in *Harper*, con la H, come Hud, perché portava fortuna secondo i cineasti hollywoodiani. L'attore che fa il nipote è Brandon de Wilde, il piccolo amico di Alan Ladd nel *Cavaliere della valle solitaria*. De Wilde morì giovanissimo, ucciso da un teppista in una lite su un'autostrada. ■ DRAMMATICO; B/N; 112′; USA, 1963. ■ OSCAR 3 PR, 7 NOM.

HUDSON HAWK – IL MAGO DEL FURTO ★★★
(Hudson Hawk)
Regia di MICHAEL LEHMANN. Con DANNY AIELLO, ANDIE MACDOWELL, BRUCE WILLIS. ■ Il regista di *Schegge di follia* si ripresenta con un'altra rilettura di genere. Se in quello era la revisione del genere giovanilistico con curva verso l'horror, in questo ci porta nell'ambiente della commedia giallo-avventurosa di classe trasformata in *bagarre* grottesca e con citazioni tra le più disparate. Le imprese di Hudson Hawk, ladro gentiluomo, probabilmente piaceranno a chi non cerca solo stereotipi. ■ COMMEDIA; COL.; 95′; USA, 1990.

HUGO CABRET ★★★
Regia di MARTIN SCORSESE. Con SACHA BARON COHEN, ASA BUTTERFIELD, BEN KINGSLEY, CHLOE MORETZ, RAY WINSTONE. ■ Il piccolo Hugo Cabret vive nascosto nella stazione di Paris Montparnasse. Rimasto orfano, fa funzionare gli orologi della stazione coltivando il sogno di aggiustare l'uomo meccanico che conserva nel suo nascondiglio, unico oggetto rimasto del padre. Per farlo sottrae degli attrezzi dal chiosco del giocattolaio, un uomo triste e burbero, che lo coglie in flagrante e gli ruba il prezioso taccuino di suo padre con i disegni dell'automa. Riavere quel taccuino è per Hugo una questione vitale. Con l'adattamento di *La straordinaria invenzione di Hugo Cabret*, Martin Scorsese va alla ricerca del tempo perduto in un crescendo d'incanto: il film incrocerà di lì a poco Georges Meliès, il padre degli effetti speciali e dell'animazione dell'inanimato. ■ AVVENTURA; COL.; 125′; USA, 2011.

HUGO L'IPPOPOTAMO *(Hugo the Ippo)* ★★
Regia di BILL FEIGENBAUM. ■ Hugo è l'ultimo superstite di un gruppo di ippopotami che salvò l'isola di Zanzibar da famelici squali. Purtroppo la popolazione, dimenticando l'opera meritoria dei grossi animali, arresta il povero Hugo e lo condanna a morte. Lo salva il pascià dell'isola. ■ ANIMAZIONE; COL.; 92′; GRAN BRETAGNA, 1976.

HUIS CLOS ★★★
Regia di JACQUELINE AUDRY. Con ARLETTY, LOUIS DE FUNÈS, JEAN MURAT, GABY SILVIA, FRANK VILLARD, ARLEEN WHEELAN. ■ Il film è tratto da un racconto di Jean-Paul Sartre. Due donne e un uomo si incontrano alle porte dell'inferno, dove sono stati condannati a trascorrere l'eternità. Qui si raccontano la loro vita ricercando la ragione della loro triste sorte. ■ DRAMMATICO; COL.; 95′; FRANCIA, 1954.

HUK! IL GRIDO CHE UCCIDE *(Huk!)* ★★
Regia di JOHN BARNWELL. Con JOHN BAER, MONA FREEMAN, GEORGE MONTGOMERY. ■ Gli Huks sono predoni che devastano le piantagioni nelle Filippine. Greg, un giovane americano, arriva sul luogo mentre la comunità bianca organizza la propria difesa. Malgrado la presenza di un reparto dell'esercito filippino, gli Huks hanno la meglio e costringono i proprietari terrieri ad abbandonare le loro case. Anche Greg si salva per un soffio. ■ AVVENTURA; COL.; 84′; USA, 1956.

HULA HULA – LA FEMMINA DELLA GIUNGLA ★★
(The Face of Ewe)
Regia di JEREMY SUMMERS. Con FRED CLARK, CHRISTOPHER LEE, HERBERT LOM, ROBERT WALKER, CELESTE YARNALL. ■ Hula è la figlia di un colonnello, ma è stata allevata dai selvaggi, che la considerano una dea. Nella casa del colonnello è cresciuta al suo posto un'altra ragazza, che intende sottrarre il patrimonio familiare alla legittima erede. Ma Hula preferisce decisamente la giungla alla civiltà occidentale. ■ AVVENTURA; COL.; 88′; GRAN BRETAGNA, 1969.

HULK! ★★
Regia di ANG LEE. Con ERIC BANA, JENNIFER CONNELLY, SAM ELLIOTT, JOSH LUCAS, NICK NOLTE. ■ David Banner è uno scienziato che lavora per l'esercito ad un progetto per la rigenerazione dei tessuti. Ostacolato nelle sue ricerche, è costretto a farsi da cavia, iniettandosi un siero che lo modifica geneticamente. Gli effetti rimangono latenti in lui ma si trasferiscono nel corredo genetico di suo figlio Bruce. Allontanato dal padre in tenera età, Bruce diviene a sua volta un eminente biologo. In seguito ad un incidente in laboratorio, a causa di una sovraesposizione ai raggi gamma, la "diversità" di Bruce esplode in tutta la sua ferocia, trasformandolo in una creatura verde dotata di una forza incredibile che cresce esponenzialmente col crescere della sua rabbia. Sì, Hulk! ■ AZIONE; COL.; 137′; USA, 2003.

HUMAN NATURE ★★
Regia di MICHAEL GONDRY. Con PATRICIA ARQUETTE, RHYS IFANS, MIRANDA OTTO, ROSIE PEREZ, TIM ROBBINS. ■ Lila ha peli che le crescono ovunque. Che fare? Raderli o essere se stessa? Nathan è uno scienziato ossessionato dall'etichetta che vorrebbe che anche i topi usassero forchetta e coltello. I due provano ad accettarsi ma quando troveranno un piccolo allo stato di natura dovranno decidere che fare del suo futuro. Nathan nel frattempo ha avviato una relazione con una sua assistente avendo scoperto i peli di Lila. Una riflessione sul rapporto tra uomo allo stato di natura e uomo civilizzato scritta dall'autore di *Essere John Malkovich*, che però fatica maggiormente a sviluppare l'idea centrale. Ma alcuni segni di cedimento (nella seconda parte) si erano già notati nel film precedente. ■ COMMEDIA; COL.; 96′; USA, 2001.

HUMAN TRAFFIC ★
Regia di JUSTIN KERRIGAN. Con DANNY DYER, SHAUN PARKES, LORRAINE PILKINGTON, NICOLA REYNOLDS, JOHN SIMM. ■ Vita quotidiana di giovani gallesi in conflitto con i genitori e alle prese con droghe leggere e problemi sessuali pesanti. Finché l'a-

more non risolve tutto. Si cita esplicitamente *Trainspotting* ma si resta nell'ambito di una sceneggiatura scontata. ■ COMMEDIA; COL.; 99'; GRAN BRETAGNA, IRLANDA, 2001.

HUMPDAY. UN MERCOLEDI DA SBALLO *(Humpday)* ★
Regia di LYNN SHELTON. Con ALYCIA DELMORE, MARK DUPLASS, JOSHUA LEONARD, LYNN SHELTON, TRINA WILLARD. ■ Ben e Andrew, ex compagni di college, non si vedono da dieci anni. Ben si è sposato, ha una casa col giardino, una macchina e il sogno di un bambino. Andrew gira il mondo su due ruote, ha tante donne, molte ambizioni artistiche e poca voglia di crescere. Una notte Andrew riappare nella vita di Ben, travolgendola come un uragano. Fermamente convinto a riportare l'amico borghese sulla sua cattiva strada, lo invita a un party "dionisiaco" e lo sfida a girare un film pornografico. Deciso a dimostrare ad Andrew la sua ritrovata spregiudicatezza e a fare i conti con la sua presunta omosessualità, Ben accetta di fare sesso con lui davanti a una telecamera digitale e dentro una camera d'albergo. Ma le cose non andranno esattamente come avevano previsto. ■ COMMEDIA; COL.; 95'; USA, 2009.

HUNDRA L'ULTIMA AMAZZONE *(Hundra)* ★★
Regia di MATT CIMBER. Con MARISSA CASEL, LAURENE LANDON, LUIS LORENZO. ■ Hundra è una bionda guerriera, l'unica superstite del massacro della sua tribù. Hundra si propone due scopi: la vendetta contro i massacratori e la ricostituzione della sua stirpe. Ma ha bisogno dell'aiuto di un grande guerriero (maschio). Dopo molte ricerche, lo trova. ■ AVVENTURA; COL.; 90'; ITALIA, SPAGNA, 1984.

HUNGER ★★★
Regia di STEVE MCQUEEN. Con LIAM CUNNINGHAM, MICHAEL FASSBENDER, STUART GRAHAM, LIAM MCMAHON, BRIAN MILLIGAN. ■ Irlanda del Nord, 1981. Il primo ministro Margaret Thatcher ha abolito lo statuto speciale di prigioniero politico e considera ogni carcerato paramilitare della resistenza irlandese alla stregua di un criminale comune. I detenuti appartenenti all'Ira danno perciò il via, nella prigione di Maze, allo sciopero "della coperta" e a quello dell'igiene, cui segue una dura repressione da parte delle forze dell'ordine. Il primo marzo, Bobby Sands, leader del movimento, decreta l'inizio di uno sciopero totale della fame, che lo condurrà alla morte, insieme a nove compagni, all'età di ventisette anni. Il britannico Steve McQueen ha con l'immagine un rapporto estremamente fisico, che qui porta all'estremo, dal fisico al fisiologico. Non è certo un cinema della grande illusione, il suo, ma un cinema della ferita dolorante. ■ DRAMMATICO; COL.; 96'; GRAN BRETAGNA, IRLANDA, 2008.

HUNGER GAMES *(The Hunger Games)* ★★★
Regia di GARY ROSS. Con ELIZABETH BANKS, WOODY HARRELSON, LENNY KRAVITZ, JENNIFER LAWRENCE, STANLEY TUCCI. ■ Un prodotto cinematografico pensato per il pubblico giovane che offre una buona confezione, profondità introspettiva e spunti di riflessione. Fin dalle primissime inquadrature, Ross sembra voler prendere esplicitamente le distanze dalla messa in scena patinata e monotona che ci si poteva aspettare visto il target di destinazione del film. Invece *Hunger Games*, che racconta di una gara mortale, rappresenta il ritorno al cinema del regista dopo nove anni di assenza. ■ DRAMMATICO; COL.; 117'; USA, 2012.

HUNK ★★
Regia di LAWRENCE BASSOFF. Con REBECCA BUSH, STEVE LEVITT, JOHN ALLE NELSON. ■ Un ragazzotto imbranato dall'aspetto non proprio prestante pensa che se avesse un fisico alla Schwarzenegger avrebbe più fortuna in tutti i campi (compresi i rapporti con le ragazze). Allora vende la sua anima al Diavolo (un bonario ciccione che si serve per i patti di una stupenda "segretaria"). ■ COMMEDIA; COL.; 92'; USA, 1986.

HUNTED – LA PREDA, THE *(The hunted)* ★★
Regia di WILLIAM FRIEDKIN. Con JENNA BOYD, BENICIO DEL TORO, TOMMY LEE JONES, CONNIE NIELSEN. ■ Un ex studente della scuola di guerra, un autentico eroe delle forze speciali, ora è impazzito e riempie di cadaveri il bosco in cui si è rifugiato. Sulle sue tracce viene spedito il suo ex maestro. L'impostazione del racconto è manichea, ma serve al regista per dimostrare che la presa di coscienza non può che portare all perdita di lucidità e di equilibrio, alla pazzia, appunto. ■ AZIONE; COL.; 94'; USA, 2003.

HUNTER. IL CACCIATORE, THE *(Shekarchi)* ★★
Regia di RAFI PITTS, Con MITRA HAJJAR, JAHAN KHAZAI, NASER MADAHI, MALEK ALI NICKSAULAT, RAFI PITTS. ■ Appena uscito di prigione, Ali pensa solo a recuperare il tempo perduto assieme alla moglie e alla figlia di sei anni. I turni di notte come guardiano presso una fabbrica di automobili gli impediscono di essere costantemente presente, ma Ali cerca comunque di fare il possibile per stare accanto alla famiglia. Un giorno, di ritorno da una battuta di caccia, non trova più né la moglie né la figlia. Quando si rivolge alle autorità per denunciare la scomparsa, viene a sapere di un brutale incidente avvenuto fra la polizia e alcuni manifestanti. *Shekarchi* comincia e nasce da un'immagine, di una celebre fotografia scattata nel giorno del primo anniversario della fine della Rivoluzione iraniana. I titoli di testa passano su di uno sfondo indiscernibile, che solo il movimento dell'inquadratura finale ci rivela come il dettaglio di un ritratto dei *pasdaran* khomeiniani che calpestano a bordo di motociclette una gigantesca bandiera degli Stati Uniti. ■ DRAMMATICO; COL.; 90'; IRAN, 2010.

HUNTING PARTY, THE ★★
Regia di RICHARD SHEPARD. Con RICHARD GERE, JAMES BROLIN, JESSE EISENBERG, TERRENCE HOWARD, LJUBOMIR KEREKES, KRISTINA KREPELA, DIANE KRUGER. ■ Un famoso e spregiudicato giornalista di guerra e il suo cameraman hanno condiviso una bella fetta di lavoro e di vita fra le trincee di mezzo mondo. Ma il conflitto jugoslavo travolge le loro vite. Sconvolto dalle atrocità a cui ha assistito e dalla morte della donna che amava, trucidata nel suo villaggio bosniaco, Gere perde il controllo in diretta tv e si gioca la carriera. Mentre lui continua a rischiare la pelle girando le zone di guerra da free lance, il compagno di un tempo si imborghesisce e fa carriera al seguito di un famoso anchor man. Ma quando Gere concepisce il folle progetto di catturare un criminale di guerra bosniaco che né Nato né Onu sembrano avere interesse a stanare, le loro strade si ricongiungono. Il film si ispira a un fatto di cronaca: tre reporter americani si misero sulle tracce del criminale di guerra Karadzic nel 2000, cinque anni dopo la fine del conflitto. ■ AZIONE; COL.; 103'; BOSNIA-HERZEGOVINA, CROAZIA, USA, 2007.

HURDES, LAS *(Las Hurdes/Tierra sin pan)* ★★★
Regia di LUIS BUÑUEL. ■ Si tratta di un piccolo documentario girato dal grande regista su una zona poverissima della Spagna. I personaggi sono presi dalla vita reale e molte immagini sono particolarmente significative. ■ DOCUMENTARIO; B/N; 28'; SPAGNA, 1932.

HURRICANE *(The Hurricane)* ★★
Regia di NORMAN JEWISON. Con JOHN HANNAH, DEBORAH HUNGER, LIEV SCHREIBER, ROD STEIGER, DENZEL WASHINGTON. ■ Storia vera di Rubin Carter, detto "Hurricane", uragano, un pugile di colore ingiustamente arrestato per omicidio nel 1964. È un'occasione per Jewison di andare oltre e mostrare l'America di quel decennio, inquieta, violenta e contraddittoria. ■ BIOGRAFICO; COL.; 140'; USA, 1999. ■ BERLINO 1 PR; GOLDEN GLOBES 1 PR, 3 NOM; OSCAR 1 NOM.

HURT LOCKER, THE ★★★
Regia di KATHRYN BIGELOW. Con RALPH FIENNES, BRIAN GERAGHTY, ANTHONY MACKIE, GUY PEARCE, JEREMY RENNER. ■ 40 giorni al fronte, in Iraq, di una squadra di artificieri e sminatori dell'esercito statunitense, unità speciale con elevatissimo tasso di mortalità. Quando tutto quel che resta del suo predecessore finisce in una "cassetta del dolore", pronta al rimpatrio, a capo della Eod (unità per la dismissione di esplosivi) arriva il biondo William James, un uomo che ha disinnescato un numero incredibile di bombe e sembra non conoscere la paura. Uno che non conta i giorni, un volontario che ha scelto quel lavoro e da esso si è lasciato assorbire fino al punto di non ritorno. ■ DRAMMATICO; COL.; 131'; USA, 2008. ■ OSCAR 🏆 2 PR.

HUSTLE & FLOW ★★
Regia di CRAIG BREWER. Con ANTHONY ANDERSON, ISAAC HAYES, TARAJI P. HENSON, TERRENCE HOWARD, TARYN MANNING, ELISE NEAL, PAULA JAI PARKER, CLAUDE PHILLIPS, D.J. QUALLS. ■ Il rapper DJay vuole incidere il suo primo album, con l'aiuto di alcuni suoi amici del quartiere di Memphis. Un giorno viene a sapere che la star Skinny Black sta per visitare la sua zona, dunque il ragazzo fa di tutto per mettersi in mostra. ■ DRAMMATICO; COL.; 116′; USA, 2005. ■ GOLDEN GLOBES 1 NOM; OSCAR 1 PR, 2 NOM.

HYPERCUBE – CUBO 2 *(Hypercube – Cube 2)* ★
Regia di ANDRZEJ SEKULA. Con NEIL CRONE, MATTHEW FERGUSON, KARI MATCHETT, GERAINT WYN DAVIES. ■ Otto persone che non si conoscono si ritrovano misteriosamente rinchiuse in una prigione consistente in un cubo composto da cubicoli più piccoli impilati, disseminati di trappole mortali e dove non sembrano valere le comuni leggi fisiche. Siamo infatti all'interno di un tesseract, figura polidimensionale con regole spazio-temporali diverse da quelle conosciute dalla fisica. Urge uscirne, anche perché la struttura potrebbe collassare da un momento all'altro: ma trovare una via di fuga si rivelerà impossibile per quasi tutti i coinvolti. ■ FANTASCIENZA; COL.; 95′; CANADA, 2003.

HYPER SAPIEN: GLI EXTRATERRESTRI CI GUARDANO *(Hyper Sapien: People from Another Star)* ★
Regia di PETER HUNT. Con RICKY PAUL GORDON. ■ Gli uomini che si proclamano pacifisti lo sono poi davvero? Due aliene, che sanno leggere nel pensiero, decidono di scoprirlo. ■ FANTASTICO; COL.; 95′; GRAN BRETAGNA, 1986.

HYPNOSIS ★
Regia di DAVIDE TARTARINI, SIMONE JULIAN CERRI GOLDSTEIN. Con NICOLA BALDONI, NARCISA BONATI, FEDERIGO CECI, ALBERTO MANCIOPPI, DANIELA VIRGILIO. ■ Impiegato in un grande multisala, Christian è un ragazzone gentile e riservato, ormai da anni in cura presso il dottor Moretti a causa di inquietanti allucinazioni e di una totale amnesia riguardante i suoi primi dieci anni di vita. Da poco tornata dagli Stati Uniti, Alice, sua amica d'infanzia nonché figlia dello psichiatra, gli presenta il compagno Isaia, brillante ricercatore americano che propone di fronteggiare il problema con un'innovativa terapia ipnotica video-documentata. ■ THRILLER; COL.; 100′; ITALIA, 2011.

HYSTERIA ★★★
Regia di TANYA WEXLER. Con HUGH DANCY, RUPERT EVERETT, MAGGIE GYLLENHALL, ASHLEY JENSEN, JONATHAN PRICE. ■ Londra 1880. Il giovane Mortimer Granville, dottore e ricercatore di nuove scoperte scientifiche, è in cerca di un nuovo impiego dopo l'ennesimo licenziamento. Lo trova presso il dottor Dalrymple, specializzato nella cura "manuale" dell'isteria che affligge buona parte delle signore di Londra. Innamorato della seconda figlia di Dalrymple, Emily, e osteggiato dalla primogenita Charlotte, che lo vorrebbe dedito a malattie più serie, Mortimer si ritroverà fra le mani l'idea del secolo grazie a una visita al suo amico Edmund, un appassionato di congegni elettrici. La commedia di Tanya Wexler romanza l'invenzione del vibratore ad opera del signor Joseph Mortimer Granville. ■ COMMEDIA; COL.; 100′; GRAN BRETAGNA, FRANCIA, GERMANIA, 2011.

I

IAGO ★
Regia di VOLFANGO DE BIASI. Con LAURA CHIATTI, AURELIEN GAYA, NICOLAS VAPORIDIS. ■ Venezia, 2009. Iago è uno studente di architettura di bassa estrazione e somma ambizione. Innamorato della bionda Desdemona, figlia irrequieta del rettore della facoltà di architettura, Iago è a un passo dal chiederle la mano e dal progettare la città ideale. Deciso a conquistarla durante un ballo in maschera, il plebeo è gabbato dal moro Otello, arrivato dalla Francia in Laguna a miracol mostrare. Usurpato il "regno" (il posto di responsabile nel progetto di allestimento della Biennale) e insidiato il cuore di Desdemona, Otello diventa per Iago il nemico da abbattere. Lo aiuteranno nell'impresa la smaliziata Emilia e il volubile Roderigo. Ancora Shakespeare, ancora Otello, il dramma per eccellenza consumato a Venezia e convertito in "tragica" commedia giovanilistica nella seconda impresa di Volfango De Biasi. ■ DRAMMATICO; COL.; 95'; ITALIA, 2008.

I AM A CYBORG BUT THAT'S OK ★★
(Sai bo gu ji man gwen chan a)
Regia di PARK CHAN-WOOK. Con BYEONG-OK KIM, SU-JEONG LIM, DAL-SU OH. ■ Young Goon è un cyborg, Il-Soon un ladruncolo che fa proprie le caratteristiche dei volti altrui. O almeno, così credono. Entrambi vivono in un ospedale psichiatrico dalle pareti verdi (e imbottite), trascorrendo le giornate insieme ad altri particolarissimi pazienti: una donna decisamente sovrappeso che divora tutto il cibo che le capita a tiro, un ragazzo che ritrova la sua dimensione camminando all'indietro, "malati" che – ciascuno a suo modo – creano, a loro immagine e somiglianza, qualcosa di congeniale per passare il tempo. ■ DRAMMATICO; COL.; 105'; COREA DEL SUD, 2006.

I AM DINA ★★★
Regia di OLE BORNEDAL. Con PERNILLA AUGUST, MARIA BONNEVIE, GÉRARD DEPARDIEU, CHRISTOPHER ECCLESTON. ■ Io sono Dina, e questa è la mia storia. Come un ostinato ritornello, questo refrain scandisce la vita di una donna di fine Ottocento vissuta nel freddo della Norvegia. Dopo aver accidentalmente causato la morte della madre in tenera età, Dina cresce osteggiata dal padre. Un'indole forte e mascolina, modi rudi e selvaggi: Dina diventa una donna dalle forti passioni. Vivrà diversi amori, ma la morte che tocca le persone da lei amate non smetterà mai di perseguitarla. ■ DRAMMATICO; COL.; 125'; DANIMARCA, FRANCIA, GERMANIA, NORVEGIA, SVEZIA, 2002.

ICE ★★★
Regia di ROBERT KRAMER. Con TOM GRIFFIN. ■ A New York, in un imprecisato prossimo futuro, un gruppo di rivoluzionari studia un'azione che dovrà coinvolgere altri gruppi appianando le divergenze e facendo nuovi accoliti tra le file degli incerti. Un giorno il piano scatta: alcune personalità nemiche vengono uccise, si compiono azioni di sabotaggio nelle quali perdono la vita combattenti di ambo le parti. Quando tutto è finito, tuttavia, è difficile stabilire a chi vada la vittoria. ■ DRAMMATICO; B/N; 132'; USA, 1970.

ICE HARVEST, THE ★★
Regia di HAROLD RAMIS. Con NED BELLAMY, JOHN CUSACK, CONNIE NIELSEN, BILL NOBLE, LARA PHILLIPS, BRAD SMITH, MIKE STARR, BILLY BOB THORNTON. ■ È la vigilia di Natale e le cose stanno per cambiare per Charlie Arglist, un piccolo avvocato della mafia di Wichita. Ha infatti appena sottratto 2 milioni di dollari al boss locale con la complicità del suo socio Vic Cavanaugh. Ora i due non devono far altro che far passare la nottata e andarsene indisturbati. Ma un'improvvisa tempesta di neve (e una donna troppo attraente per Charlie) mutano i piani. ■ AZIONE; COL.; 88'; USA, 2005.

ICEMAN, THE ★★
Regia di ARIEL VROMEN. Con DANNY A. ABECKASER, CHRIS EVANS, RAY LIOTTA, WINONA RYDER, MICHAEL SHANNON. ■ Richard Kuklinski gioca bene a biliardo, copia pellicole pornografiche, ha una fidanzata discreta e un segreto terribile, affondato in un'infanzia "bastonata". Per questa ragione ha sviluppato una personalità dissociata-associata che lo spinge a uccidere. Dopo il matrimonio con Debbie e l'assassinio di un suo sedicente ex, Richard viene assoldato come sicario da Roy Demeo, delinquente organizzato che ne intuisce la straordinaria imperturbabilità. Letale e metodico, abbatte criminali e innocenti sui marciapiedi di New York, accomoda la famiglia nel New Jersey e ne accumula la "fortuna" e la pesante eredità. Padre di due bambine, a cui riserva il suo lato migliore, Richard incanala negli omicidi la sua follia fino al giorno del congedo per "cattiva condotta". Ispirato alla biografia di Richard Leonard Kuklinski, killer su commissione nell'America degli anni Sessanta e Settanta, e a quella letteraria di Anthony Bruno (*The Iceman: The True Story of a Cold-Blooded Killer*), *The Iceman* mette in schermo un disadattato e il suo desiderio di reintegrarsi. ■ DRAMMATICO; COL.; 100'; USA, 2012.

+ICE PRINCESS – UN SOGNO NEL GHIACCIO ★★
(Ice princess)
Regia di TIM FYWELL. Con TREVOR BLUMAS, KIM CATTRALL, JOAN CUSACK, HAYDEN PANETTIERE, MICHELLE TRACHTENBERG. ■ Casey vive una vita tranquilla e convenzionale, non le manca niente, così come alla sua famiglia: bella casa, frequentazioni all'altezza, insomma buona tradizione. Tuttavia, oltre a non mancarle nulla Casey ha qualcosa in più, la vocazione per il pattinaggio. Il film vive sul suo grande dilemma: seguire la propria attitudine o iscriversi ad Harvard come vorrebbe la famiglia? Sapore di "saranno famosi". ■ COMMEDIA ROSA; COL.; 90'; CANADA, USA, 2005.

ICHI THE KILLER ★★
Regia di TAKASHI MIIKE. Con TADANOBU ASANO, NAO OMORI, ALIEN SUN, SUSUMU TERAJIMA, SHINYA TSUKAMOTO. ■ Il boss Anjo viene ammazzato da un misterioso killer, ma nessuna traccia viene lasciata. Per ritrovare Anjo, convinto che sia ancora vivo, il folle e sadico Kakihara, suo vice, accetta il consiglio dell'enigmatico informatore Jijii, e rapisce e tortura Suzuki, capo di un banda rivale, che si dimostra però estraneo all'accaduto. Per punizione Kakihara e il suo clan vengono estradati dal sindacato della yakuza di Shinjuku. Il resto è... conosciuto. ■ THRILLER; COL.; 129'; COREA DEL SUD, GIAPPONE, HONG KONG, 2001.

I... COME ICARO *(I... comme Icare)* ★★
Regia di HENRI VERNEUIL. Con MICHEL ETCHEVERRY, YVES MONTAND, PIERRE VERNIER. ■ Yves Montand nella parte di un procuratore incaricato d'investigare sull'assassinio di un capo di Stato. Montand trova il presunto assassino, quando ormai è morto. Secondo la tesi ufficiale si tratta di suicidio. Ma Montand non

ci crede. Continua a indagare e scopre che dietro il primo delitto c'era il complotto di una multinazionale. Viene ucciso prima di poter arrestare i colpevoli. Ispirato, nemmeno troppo alla lontana, alle vicende che seguirono l'assassinio di Kennedy. ■ DRAMMATICO; COL.; 120'; FRANCIA, 1979.

IDEA FISSA, L' ★★
Regia di GIANNI PUCCINI. Con MARIA GRAZIA BUCCELLA, LANDO BUZZANCA, ALDO GIUFFRÉ, SYLVA KOSCINA, PHILIPPE LEROY, ELEONORA ROSSI DRAGO, INGEBOR SCHÖNER. ■ Il film è articolato in quattro episodi: uno sposo presta la moglie vergine e riceve in cambio un assegno a vuoto; una donna tradisce continuamente il marito nonostante la sua ossessiva sorveglianza; due coniugi si prostituiscono per elevare il loro tenore di vita; un uomo scopre le scappatelle della moglie. ■ COMMEDIA; B/N; 90'; ITALIA, 1964.

IDEA GENIALE *(Happy New Year)* ★★★
Regia di JOHN G. AVILDSEN. Con CHARLES DURNING, PETER FALK, WENDY HUGHES. ■ È il remake del film di Claude Lelouch, con Lino Ventura, *Una donna e una canaglia*. Storia di un ladro galante che ruba preferibilmente gioielli. Girato dal regista di *Rocky* con buon mestiere, il film contiene anche un "cammeo" di Lelouch nelle vesti di un personaggio preso di mira dal protagonista. Peter Falk, famoso come Colombo, si adatta bene all'inconsueta parte del ladro. ■ COMMEDIA; COL.; 86'; USA, 1986.

IDEA PER UN DELITTO, UN' *(Brainstorm)* ★★
Regia di WILLIAM CONRAD. Con DANA ANDREWS, ANNE FRANCIS, JEFFREY HUNTER, VIVECA LINDFORS. ■ Un uomo salva dal suicidio la moglie del suo principale e se ne innamora. Il marito, deciso a vendicarsi, riesce a far credere pazzo il rivale. Questi ne approfitta per ucciderlo. Condannato ad essere internato in manicomio l'uomo impazzisce. ■ GIALLO; B/N; 114'; USA, 1965.

IDENTIFICAZIONE DI UNA DONNA ★★
Regia di MICHELANGELO ANTONIONI. Con CHRISTINE BOISSON, TOMAS MILIAN, DANIELA SILVERIO. ■ Cercando una protagonista per il suo nuovo film, un regista si innamora di una bizzarra aristocratica, ma inizia a ricevere una serie di telefonate minatorie che gli intimano di interrompere la relazione. La sua amante scompare nel nulla e l'uomo cerca conforto in un'altra figura femminile, molto più sicura e concreta della prima. Ma le finzioni e le contraddizioni dell'ambiente che frequenta si fanno sempre più insopportabili e il regista si perde in una ricerca senza fine: la donna ideale non esiste, né nella vita né sullo schermo... ■ DRAMMATICO; COL.; 131'; ITALIA, 1982. ■ CANNES 1 PR.

IDENTIKIT ★★★
Regia di GIUSEPPE PATRONI GRIFFI. Con IAN BANNEN, GUIDO MANNARI, ELIZABETH TAYLOR, MONA WASHBOURNE. ■ Una donna non più giovanissima, in preda a forte esaurimento nervoso, si reca a Roma in vacanza. Sull'aereo si invaghisce di un uomo che non la degna di uno sguardo, mentre è perseguitata da un altro uomo che non gradisce. In Italia gliene capitano di tutti i colori ed è uccisa da un pazzo. ■ DRAMMATICO; COL.; 105'; ITALIA, 1974.

IDENTIKIT DI UN DELITTO *(The flock)* ★★
Regia di ANDREW LAU. Con CLAIRE DANES, RICHARD GERE, RUSSEL SAMS, MATT SCHULZE, KADDEE STRICKLAND. ■ Erroll Babbage è un detective incaricato di monitorare il recupero alla società di ex detenuti colpevoli di reati a sfondo sessuale. Erroll sta per andare anticipatamente in pensione perché i superiori non intendono più sopportare i suoi metodi che spesso sconfinano dall'ambito della legalità. Ha però ancora un compito: deve fare entrare nell'ambiente la collega che lo sostituirà, la giovane Allison Lowry. Il suo dovrebbe essere un incarico di routine ma in quegli stessi giorni una ragazza scompare ed Erroll ha immediatamente la sensazione che si tratti di un sequestro operato da maniaci. Coinvolge così la restia Allison nelle indagini che non gli competono, anche perché sulla sua coscienza pesa un caso simile del passato che non era riuscito a risolvere. ■ AZIONE; COL.; 101'; USA, 2007.

IDENTITÀ *(Identity)* ★★★
Regia di JAMES MANGOLD. Con JOHN CUSACK, REBECCA DE MORNAY, CLEA DUVALL, RAY LIOTTA, ALFRED MOLINA, AMANDA PEET. ■ Una forte tempesta costringe dieci persone a rifugiarsi in un motel. Sono dieci perfetti sconosciuti che sembrano non avere nulla in comune. Quando però un misterioso killer sembra intenzionato ad ucciderli uno dopo l'altro scoprono sinistre coincidenze: tutti sono nati il 10 maggio, tutti portano il nome di uno Stato americano. Ma la vera partita si sta giocando da tutt'altra parte, in una sala dove uno psichiatra deve convincere un giudice della Corte Suprema a ritirare la condanna a morte comminata a un serial killer con disturbi mentali. Che, guarda caso, ha compiuto una strage in un motel. *Psycho* più *Dieci piccoli indiani* più *Seven* più *I soliti sospetti*. ■ THRILLER; COL.; 87'; USA, 2003.

IDENTITÀ SOSPETTE *(Unknown)* ★★
Regia di SIMON BRAND. Con JAMES CAVIEZEL, GREG KINNEAR, BRIDGET MOYNAHAN, JOE PANTOLIANO, BARRY PEPPER. ■ Una vecchia fabbrica abbandonata in una zona isolata. Cinque uomini si ritrovano lì dentro in condizioni diverse. C'è chi è legato mani e piedi, chi è appeso a una sbarra con le manette e penzola nel vuoto, c'è chi ha il naso rotto e chi è solo leggermente ferito. Un altro elemento (oltre al trovarsi rinchiusi senza possibilità di uscire) li accomuna: nessuno di loro ricorda più nulla né della propria identità né del perché si trovi in quel luogo. Progressivamente qualche particolare si fa largo nella memoria: si è trattato di un tentativo di sequestro. Ma quali tra loro sono le vittime e quali i sequestratori? ■ DRAMMATICO; COL.; 98'; USA, 2006.

IDENTITÀ VIOLATE *(Taking Lives)* ★★
Regia di D.J. CARUSO. Con JEAN-HUGUES ANGLADE, JUSTIN CHATWIN, ETHAN HAWKE, ANGELINA JOLIE, OLIVIER MARTINEZ, GENA ROWLANDS, KIEFER SUTHERLAND. ■ L'agente dell'Fbi Illeana Scott riesce a scoprire l'identità degli assassini grazie a una sorta di empatia che la lega a loro. Ciò che ci vuole per trovare un camaleontico killer che uccide le sue vittime e ne assume l'identità. Angelina Jolie smette i panni della super eroina o della "missionaria" in favore di buone cause per entrare in quelli "umani" di una poliziotta. Tratto dal romanzo di Michel Pye. ■ THRILLER; COL.; 103'; USA, 2004.

IDEUS KINKY – UN TRENO PER MARRAKECH ★★
(Hideous Kinky)
Regia di GILLIES MACKINNON. Con PIERRE CLEMENTI, CARRIE MULLAN, BELLA RIZA, SAÏD TAGHMAOUI, KATE WINSLET. ■ 1972, Marrakech. Julia ha scelto di lasciare la comoda vita borghese inglese e di andare a vivere con le due figlie in Marocco. Le ragazzine non apprezzano la decisione. In particolare Bea desidererebbe una vita più normale. L'incontro con un giovane del luogo, Bilal, muterà profondamente le loro vite. Primo film di Kate Winslet dopo il trionfo di *Titanic*. ■ COMMEDIA; COL.; 97'; FRANCIA, GRAN BRETAGNA, 1998.

IDI DI MARZO, LE *(The Ides of March)* ★★★
Regia di GEORGE CLOONEY. Con GEORGE CLOONEY, PAUL GIAMATTI, RYAN GOSLING, MARISA TOMEI, EVAN RACHEL WOOD. ■ Stephen Meyers è il giovane guru della comunicazione nella campagna per le primarie presidenziali del Partito democratico negli Stati Uniti di un molto prossimo futuro. Il candidato che sostiene, sotto la supervisione del più anziano Paul Zara, è il governatore Mike Morris. Morris parte svantaggiato ma ha dalla sua l'appeal di un richiamo ai più profondi valori della Costituzione americana visti sotto una luce contemporanea e accattivante. Stephen avrà modo di scoprire progressivamente che Morris, che pensava fosse sufficientemente coerente con gli ideali professati, ha un lato oscuro. Viviamo davvero in tempi poco raccomandabili se anche George Clooney, progressista DOC, lancia l'allarme nei confronti dei meccanismi di una democrazia che procedono grazie all'olio della corruzione e del ricatto. È un romanzo di formazione quello che ci viene proposto sotto le spoglie del thriller politico e quella formazione coincide con il degrado. Il fatto che Clooney, ispirandosi a un testo teatrale di Beau Willimon, si muova all'interno del campo democratico mostra come sia animato dal desiderio della messa in guardia. I pugnali delle *Idi di marzo* possono anche uccidere ma, soprattutto, sono in grado di infliggere ferite che sembrano apparentemente rimarginarsi mentre in realtà danno inizio a un processo di putrefazione delle coscienze che rischia di coinvolgerci tutti. ■ DRAMMATICO; COL.; 98'; USA, 2011.

IDILLIO A BUDAPEST ★★
Regia di GIORGIO ANSOLDI. Con GERMAINE AUSSEY, SERGIO TOFANO, OSVALDO VALENTI. ■ Un facoltoso ungherese si innamora di una fanciulla di modeste origini. Finito in prigione a causa di un incidente d'auto, egli incarica il suo meccanico di scritturare gli amici della ragazza, tutti musicisti, per uno spettacolo in un famoso locale. Poi, quando esce di galera, spiega i retroscena all'amata e la sposa. ■ COMMEDIA; B/N; 90'; ITALIA, 1942.

IDILLIO A MAJORCA *(Idilio en Mallorca)* ★
Regia di MAX NEUFELD. Con ANTONITA CALOMÉ, JOSÉ NIETO. ■ Un giovane tranquillo si fidanza con una ragazza dal temperamento vulcanico. Il fratello del promesso sposo cerca di domarla e se ne innamora. L'altro si consola con una fanciulla che da tempo spasimava per lui. ■ COMMEDIA; B/N. 91'; SPAGNA, 1942.

IDIOCRACY ★★
Regia di MIKE JUDGE. Con MAYA RUDOLPH, DAX SHEPARD, LUKE WILSON. ■ Joe Bowers è un militare che fa il suo dovere senza infamia e senza lode in attesa della pensione. Non sa che l'Esercito statunitense ha messo gli occhi su di lui perché, proprio in quanto perfetto rappresentante dell'uomo medio americano, può essere l'individuo giusto. Per cosa? Per un esperimento di criogenetica. Verrà ibernato e riportato in vita a tempo debito. Peccato che la realtà non rispetti i piani e che il degrado a cui States sono destinati faccia sì che i due si risveglino nel 2505. ■ AVVENTURA; COL.; 84'; USA, 2006.

IDIOTA, L' *(L'idiot)* ★★
Regia di GEORGES LAMPIN. Con LUCIEN COÉDEL, EDWIGE FEUILLÈRE, GÉRARD PHILIPE. ■ Un principe tornato in patria povero e psicologicamente debilitato suscita l'indifferenza dei parenti fino a quando eredita una grossa somma. ■ DRAMMATICO; B/N; 95'; FRANCIA, 1946.

IDIOTI *(Idioterne)*
Regia di LARS VON TRIER. Con JENS ALBINUS, LOUISE HASSING, BODIL JORGENSEN, KNUD ROMER JORGENSEN. ■ Nel 1996, quando uscì *Le onde del destino*, scrivemmo che si trattava del film più sopravvalutato delle ultime stagioni. Adesso il regista tenta un esperimento, nelle sue intenzioni, estremo. Von Trier ha firmato il manifesto Dogma secondo il quale non userà musica di supporto, niente trucco, niente doppiaggio, solo macchina a mano. L'intenzione sarebbe quella di rinnovare radicalmente il cinema che nel corso del tempo si è sempre più corrotto. Veniamo al film. Gli idioti sono un gruppo di persone che intende praticare, appunto, l'idiozia, come deterrente alla normalità, dunque alla stupidità generale. Fanno discorsi astratti, si attaccano al cofano della macchina finché non vengono "strappati" con la forza, sono sempre nudi, corrono qua e là, anche nell'ambito delle loro conoscenze "normali", a portare shock e provocazioni. Dunque film sperimentale in ritardo di... quarant'anni. Forse una certa critica, che ha enfatizzato questa stupida e sgradevole pellicola, non ricorda il teatro sperimentale degli anni Sessanta, o la Body Art che denudava i suoi artisti. Von Trier rimastica vecchie teorie e le propone a chi ci vuol credere. A proposito di *Idioti*, appunto, fortuna che il pubblico poi, non li va a vedere. ■ DRAMMATICO; COL.; 117'; DANIMARCA, 1998.

IDOLI CONTROLUCE ★★
Regia di ENZO BATTAGLIA. Con VALERIA CIANGOTTINI, RICCARDO GARRONE, MASSIMO GIROTTI, ENRIQUE OMAR SIVORI. ■ Un giornalista si prepara a scrivere un libro sul calciatore Omar Sivori. Sivori concede l'intervista, ma lo scrittore, preso da altri interessi, rinuncia al libro. ■ DRAMMATICO; COL.; 97'; ITALIA, 1966.

IDOLO, L' *(The Love Lottery)* ★★★
Regia di CHARLES CRICHTON. Con PEGGY CUMMINGS, DAVID NIVEN, ANNE VERNON. ■ Un avvenente attore è perseguitato dalle ammiratrici ovunque vada. Una sera, recatosi al casinò dove perde ogni suo avere, firma molti assegni a vuoto. Per non essere denunciato è costretto ad accettare di sposare la vincitrice di una grossa lotteria. Ma la donna alla fine rinuncia e l'attore può unirsi all'amata. ■ COMMEDIA; COL.; 89'; GRAN BRETAGNA, 1954.

IDOLO, L' *(The Todd Killings)* ★★
Regia di BARRY SHEAR. Con ROBERT F. LYONS, BELINDA MONTGOMERY, RICHARD THOMAS. ■ Un giovane aitante e annoiato è l'idolo delle ragazze di una cittadina americana che tentano di tutto per diventare le sue amanti. Per provare un'emozione nuova un giorno ne uccide una, poi un'altra e un'altra ancora. ■ DRAMMATICO; COL.; 93'; USA, 1971.

IDOLO CINESE, L' *(Three Strangers)* ★★★
Regia di JEAN NEGULESCO. Con GERALDINE FITZGERALD, SIDNEY GREENSTREET, PETER LORRE. ■ Una donna acquista un biglietto della lotteria assieme a due sconosciuti: tutti insieme, misticamente, chiedono ad un idolo cinese di diventare ricchi. Uno degli uomini viene incarcerato per un delitto non commesso; l'altro, in un accesso di pazzia, uccide la donna. Il primo viene rimesso in libertà e vince una grossa somma, ma preferisce rinunciarvi per timore che l'idolo cinese continui il suo maleficio. ■ POLIZIESCO; B/N; 92'; USA, 1946.

IDOLO DELLA CANZONE, L' *(Sing, Boy, Sing!)* ★★
Regia di HENRY EPHRON. Con LILI GENTLE, JOHN MCINTIRE, EDMOND O'BRIEN, TOMMY SANDS. ■ Dopo aver fatto la gavetta in locali di terz'ordine, un ragazzo dalla bella voce diventa l'idolo di moltissimi giovani. Il suo impresario gli tace di una grave malattia del nonno per timore che abbandoni la carriera. ■ DRAMMATICO; B/N; 90'; USA, 1957.

IDOLO DELLA CITTÀ, L' *(Salut l'artiste)* ★★★
Regia di YVES ROBERT. Con EVELYNE BUYLE, FRANÇOISE FABIAN, CARLA GRAVINA, MARCELLO MASTROIANNI, JEAN ROCHEFORT. ■ Un uomo si divide tra la famiglia e l'amante e lavora nell'ambiente artistico con un compagno. Questa vita a suo modo ordinata e tranquilla viene improvvisamente sconvolta: il collega lo lascia, l'amante anche, un figlio comincia a rubare e la moglie aspetta un figlio da un altro. ■ COMMEDIA; COL.; 125'; FRANCIA, 1975.

IDOLO DELLE DONNE, L' ★★★
(The Prizefighter and the Lady)
Regia di WOODBRIGE STRONG VAN DYKE. Con MAX BAER, PRIMO CARNERA, MYRNA LOY. ■ Un'occasione per rivedere il "gigante buono" del nostro pugilato. Nel ruolo a lui non congeniale dell'attore Carnera dà il meglio di sé tra le corde del ring. ■ COMMEDIA; B/N; 102'; USA, 1933. ■ OSCAR 1 NOM.

IDOLO DELLE DONNE, L' *(The Ladies' Man)* ★★
Regia di JERRY LEWIS. Con KATHLEEN FREEMAN, JERRY LEWIS, PAT STANLEY, HELEN TRAUBEL. ■ Uno studente è stato abbandonato dalla fidanzata e per questo odia tutte le donne. Trasferitosi in un'altra città si fa assumere in un pensionato di ragazze dove ne combina di tutti i colori. Ormai deciso ad andarsene, rimarrà perché una delle ospiti, che si è presa una cotta per lui, comincia a interessarlo. ■ COMMEDIA; COL.; 106'; USA, 1961.

IDOLO DELLE FOLLE, L' *(The Pride of the Yankees)* ★★★
Regia di SAM WOOD. Con GARY COOPER, BABE RUTH, TERESA WRIGHT. ■ Il lungometraggio racconta la vita di un famosissimo giocatore di baseball, Lou Gehrig, scomparso negli anni precedenti il secondo conflitto mondiale. ■ BIOGRAFICO; B/N; 127'; USA, 1942. ■ OSCAR 1 PR. 10 NOM.

IDOLO DEL MALE, L' *(Juggernaut)* ★★
Regia di HENRY EDWARDS. Con MONA GOYA, BORIS KARLOFF. ■ Un medico uccide l'anziano marito dell'amante che erediterà il suo denaro e gli permetterà di proseguire importanti studi. L'infermiera del vecchio, però, sospetta il delitto e informa la polizia. Inutilmente i due complici tentano di sopprimerla: il dottore si uccide e la vedova finisce in prigione. ■ AVVENTURA; B/N; 74'; GRAN BRETAGNA, 1936.

IDOLO DEL RING, L' *(L'idole)* ★★
Regia di ALEXANDRE ESWAY. Con DANIELLE GODET, YVES MONTAND, JACQUES SERNAS. ■ Uno dei primi film di Montand (a quell'epoca noto solo come cantante). È un giovane boxeur che dai bassifondi arriva alla notorietà. Attraverso però una serie di incontri truccati. Nell'unico incontro non truccato il giovane uccide il suo avversario. Poi, sconvolto, trova la forza di ribellarsi al suo manager, di cui era stato strumento. ■ DRAMMATICO; B/N; 92'; FRANCIA, 1947.

IDOLO DI ACAPULCO, L' *(Fun in Acapulco)* ★★
Regia di RICHARD THORPE. Con URSULA ANDRESS, ELSA CAN-

DENAS, TERI HOPE, ELVIS PRESLEY. ■ Un marinaio senza lavoro viene scritturato in un night. Si innamora di una ragazza della quale è invaghito anche un eccezionale tuffatore, che in una rissa viene ferito e deve rinunciare ad esibirsi nel suo difficilissimo tuffo. Il cantante lo sostituisce. ■ COMMEDIA; COL.; 97'; USA, 1963.

IDOLO DI PARIGI, L' *(Idol of Paris)* ★★
Regia di LESLIE ARLISS. Con BERYL MARTER, CHRISTINE NORDEN, MICHAEL RENNIE. ■ Una violinista segue un nobile che l'abbandona e poi sposa un sarto. Durante un concerto conosce un pianista e se ne invaghisce; il marito la lascia e lei si risposa col nuovo corteggiatore. Questi riprende a frequentare un'ex amante e, ridotto sul lastrico, fugge e muore. La donna risale lentamente la china e si riunisce definitivamente al primo marito. Noioso e fumettistico. ■ COMMEDIA; B/N; 105'; GRAN BRETAGNA, 1948.

IDOLO INFRANTO *(The Fallen Idol)* ★★★★
Regia di CAROL REED. Con SONIA DRESDEL, BOBBY HENREY, MICHÈLE MORGAN, RALPH RICHARDSON. ■ Da un romanzo di Graham Greene. Il piccolo Philip, figlio di un ambasciatore, ha una sconfinata ammirazione per il suo maggiordomo, Herbert. Durante un'assenza dei genitori, Philip è affidato alle cure del maggiordomo e di sua moglie. Per involontaria colpa di Philip, la moglie scopre che il marito la tradisce. Durante un litigio, senza nessuna colpa del marito, cade e muore. Il piccolo Philip, turbato dalla tragedia, si convince che il maggiordomo abbia ucciso la moglie e intralcia le indagini della polizia per difendere il suo adorato Herbert. Alla fine l'ispettore si convince che il maggiordomo è innocente, ma Philip non prova più ammirazione per lui. ■ DRAMMATICO; B/N; 95'; GRAN BRETAGNA, 1948. ■ OSCAR 2 NOM; VENEZIA 1 PR.

IDOLO VIVENTE, L' *(The Living Idol)* ★★
Regia di ALBERT LEWIN. Con STEVE FORREST, LILIANE MONTEVECCHI, JAMES ROBERTSON JUSTICE. ■ L'anima di una vittima del dio del male azteco si è reincarnata in una ragazza. Il padre della fanciulla muore, lei stessa è turbata. Un professore, convinto che la divinità sia racchiusa in un giaguaro dello zoo di Città del Messico, lo fa fuggire. L'animale raggiunge la dimora della fanciulla e viene ucciso dal fidanzato di costei. Il maleficio cessa. ■ DRAMMATICO; COL.; 100'; USA, 1947.

IENA, LA ★
Regia di JOE D'AMATO (pseud. di ARISTIDE MASSACCESI). Con DAVID D'INGEO, ANNA MARIA PETROVA, CINZIA ROCCAFORTE. ■ Emy, una modella e Max, un uomo d'affari di Los Angeles, sono sposati. Un giorno lui parte per un lavoro e lei, sola in casa, viene sequestrata da un malvivente che ha già fatto prigioniera sua sorella. Joe D'Amato ogni tanto fa ritorno al soft ma con poca convinzione. ■ EROTICO; COL.; 130'; ITALIA, 1997.

♥ **IENE, LE** *(Reservoir Dogs)* ★★★
Regia di QUENTIN TARANTINO. Con STEVE BUSCEMI, HARVEY KEITEL, TIM ROTH. ■ Eccellente questo film d'esordio di Quentin Tarantino. Ispirandosi a *Rapina a mano armata* di Stanley Kubrick e con uno stile che ricorda il miglior Scorsese, è riuscito a lasciare la propria personale impronta. Nonostante una crudeltà e una violenza che richiedono nervi saldi, tutto funziona in questo film. C'è stata una rapina ma non tutto è andato secondo le previsioni. La polizia ha ucciso due componenti della banda e ne ha ferito un altro. Qualcuno ha parlato. Il primo sospettato viene torturato in maniera truce, ma l'infiltrato è in realtà un altro. Svolto con uno stile da rappresentazione teatrale, il film dà modo agli attori di esprimere tutto il meglio di sé. Nella produzione c'è anche Monte Hellman, l'indimenticato regista americano indipendente. ■ HARD BOILED; COL.; 105'; USA, 1992.

IERI, OGGI, DOMANI ★
Regia di SILVIO LAURENTI ROSA. Con RENZO BERRELLI, MARIO CAROTENUTO, AVA FALCONI, ALDO RONCONI. ■ Un ragazzo americano si innamora di una giovane che lavora al luna park. Il padre della ragazza, ex ufficiale di cavalleria, racconta al pretendente la dolorosa storia della sua vita e per quale motivo si sia ridotto a fare quel mestiere. I due giovani si sposano. ■ DRAMMATICO; B/N; 119'; ITALIA, 1953.

IERI, OGGI, DOMANI ★★★
Regia di VITTORIO DE SICA. Con ALDO GIUFFRÉ, SOPHIA LOREN, MARCELLO MASTROIANNI, TINA PICA, AGOSTINO SALVIETTI. ■ Sophia Loren impersona tre figure di donna in altrettanti episodi: nel primo è Adelina, una ragazza che vende sigarette di contrabbando e si salva sempre dall'arresto facendosi mettere incinta; nel secondo è Anna, signora benestante e annoiata che cerca evasione con un amante di basso rango; nel terzo, infine, impersona Mara, una prostituta attratta da un seminarista che, per il suo bene, abbandonerà prima che sia troppo tardi. ■ COMMEDIA; COL.; 92'; ITALIA, 1963. ■ DAVID DI DONATELLO 3 PR, 3 NOM; OSCAR 1 PR, 1 NOM.

IFIGENIA *(Iphigenia)* ★★★
Regia di MICHAEL CACOYANNIS. Con COSTA CARRAS, COSTA KAZAKOS, TITIANA PAPAMOSKOU, IRENE PAPAS, CHRISTOS TSANGAS. ■ Film tratto dall'*Ifigenia in Aulide* di Euripide. Agamennone, capo della flotta in procinto di partire contro Troia, commette sacrilegio contro Artemide. La dea negherà il vento necessario alla navi se il re acheo non sacrificherà la propria figlia Ifigenia. La fanciulla è portata al campo con la promessa di sposare Achille e, quando scopre la verità, accetta il suo destino nonostante l'opposizione dei greci. Artemide la risparmierà. ■ DRAMMATICO; COL.; 129'; GRECIA, 1976. ■ OSCAR 1 NOM.

IF YOU ONLY KNEW ★★
Regia di DAVID SNEDEKER. Con DAYNA DANIKA, ALISON EASTWOOD, JAMES LEGROS, JONATHON SCHAECH. ■ Parker è un giovane che tenta di far carriera nel giornalismo e di sopravvivere nella Grande Mela, ma nell'attesa è costretto a fare i lavori più disparati. La sua vita cambia di colpo quando incontra la bella Sam e si accorge che è probabilmente la donna della sua vita. Quest'ultima, per arrotondare i suoi guadagni di artista, affitta le camere libere del suo appartamento, ma solo a uomini gay, così da evitare qualsiasi coinvolgimento sentimentale: fingendosi gay Parker riesce ad affittare una camera e a stringere amicizia con la donna dei suoi sogni. Una commedia degli equivoci leggera e poco impegnativa. ■ COMMEDIA; COL.; 104'; GERMANIA, USA, 2000.

IGLOO UNO, OPERAZIONE DELGADO ★★
(Daring Game)
Regia di LÁSZLÓ BENEDEK. Con MICHAEL ANSARA, JOAN BLACKMAN, LLOYD BRIDGES, NICO MINARDOS. ■ Alcuni uomini specializzati in operazioni di soccorso si recano in un'isola dominata da un dittatore che ha fatto prigionieri un ex professore e sua figlia, andati da lui per convincerlo a cambiar metodo di governo. ■ AVVENTURA; COL.; 100'; USA, 1967.

IGNAZIO E KRAZY I MAGNIFICI AVVENTURIERI ★★
Regia di ALFRED KOUZEL. ■ Otto cartoni animati ispirati ai fumetti dell'americano Herriman ■ ANIMAZIONE; COL.; 91'; ITALIA, 1965.

IGNOTO SPAZIO PROFONDO, L' ★★★
(The wild blue yonder)
Regia di WERNER HERZOG. Con ELLEN BAKER, FRANKLIN CHANG-DIAZ, BRAD DOURIF, SHANNON LUCID, MICHAEL MCCULLEY, DONALD WILLIAMS. ■ Werner Herzog è un regista che negli ultimi anni ha agito nell'ombra. Una decina di documentari e docu-fiction che ha girato per puro piacere personale. Un alieno (Brad Dourif) racconta con passione e malinconia un sogno infranto: creare un avamposto, una "Casa Bianca", base e centro nevralgico di un popolo sconosciuto alla ricerca di un luogo, la Terra, per aprire nuove frontiere. La metafora extraterrestre diviene una sorta di pretesto per fotografare la condizione umana e dichiarare che i veri alieni siamo noi. ■ DOCUMENTARIO; COL.; 81'; FRANCIA, GERMANIA, GRAN BRETAGNA, 2005.

IGUANA ★★★
Regia di MONTE HELLMAN. Con EVERETT MCGILL, FABIO TESTI, MARU VLADIVIELSO. ■ Un marinaio dal volto sfigurato fugge dalla sua nave e s'installa in un'isola, che diventa il suo piccolo regno. Cattura tutti i naufraghi che capitano e li riduce in schiavitù. Rapisce e violenta anche una ricca ragazza spagnola, che gli darà un figlio (pure lui, purtroppo, sfigurato). Monte Hellman, re-

gista di western anticonformisti negli anni Sessanta, ritorna con questo suggestivo film d'avventura, non privo di reminiscenze letterarie (*La bella e la bestia*, *Il fantasma dell'opera*). ■ AVVENTURA; COL.; 100'; ITALIA, SPAGNA, 1988.

IGUANA DALLA LINGUA DI FUOCO, L' ★★
Regia di RICCARDO FREDA. Con ANTON DIFFRING, DAGMAR LASSANDER, LUIGI PISTILLI. ■ La vicenda si svolge a Dublino, teatro di cruenti delitti. Le tracce portano all'ambasciata e l'ispettore, con le mani legate a causa dell'immunità diplomatica, si fa aiutare nelle indagini da un ex poliziotto. L'assassino mieterà altre vittime, ma verrà individuato ed arrestato. ■ GIALLO; COL.; 90'; ITALIA, 1971.

ILARIA ALPI – IL PIÙ CRUDELE DEI GIORNI ★★
Regia di FERDINANDO VICENTINI ORGNANI. Con ERICA BLANC, ANGELO INFANTI, GIOVANNA MEZZOGIORNO, RADE SHERBEDGIA. ■ Ilaria Alpi, giornalista Rai, conosce l'operatore Miran Hrovatin in occasione di un reportage sulla guerra civile nella ex Jugoslavia. Durante una sosta a Spalato Ilaria sembra ricevere conferme su un misterioso traffico di armi e rifiuti tossici che sembra legare, tramite i canali della cooperazione, Italia, Balcani e Somalia. Tornata in Italia, coglie al volo l'occasione per un servizio nel paese africano. Naturale richiedere l'aiuto di Miran, con cui nel frattempo si è sviluppato un rapporto di rispettosa amicizia. Ma le scoperte dei due non diventeranno mai pubbliche: il 20 marzo 1994 saranno uccisi in un agguato a Mogadiscio. ■ DRAMMATICO; COL.; 100'; ITALIA, 2003.

ILLEGAL (*Illégal*) ★★
Regia di OLIVIER MASSET-DEPASSE. Con ANNE COESENS, CHRISTELLE CORNIL, ALEXANDRE GOLNTCHAROV, ESSE LAWSON, GABRIELA PEREZ. ■ Tania ha un figlio di 14 anni, Ivan. I due sono immigrati illegali provenienti dalla Russia. Vivono in Belgio ormai da otto anni anche se in costante stato di tensione. Tania ha il terrore di essere fermata dalla polizia con il conseguente controllo dei documenti. Fino a quando un giorno ciò accade. Madre e figlio vengono divisi. Tania viene portata in un cosiddetto centro di accoglienza e fa di tutto per potersi ricongiungere ad Ivan. Sulla sua testa pesa la minaccia di un decreto di espulsione. ■ DRAMMATICO; COL.; 90'; BELGIO, LUSSEMBURGO, FRANCIA, 2010.

ILLEGALMENTE TUO (*Illegally Yours*) ★★
Regia di PETER BOGDANOVICH. Con COLLEEN CAMP, ROB LOWE, KENNETH MARS. ■ Come cacciarsi nei guai per una compagna di scuola ritrovata durante un processo. È quello che succede al protagonista di questa storia che, sfortunato in amore, finisce giurato in una causa. Sul banco degli imputati ritrova la ex compagna di scuola della quale era invaghito. Cerca di aiutarla, visto che è accusata di tentato omicidio, ma non è semplice. Impossibile credere che dietro la macchina da presa ci sia un grande regista come Bogdanovich. ■ DRAMMATICO; COL.; 102'; USA, 1988.

ILLUMINATA ★★★
Regia di JOHN TURTURRO. Con KATHERINE BOROWITZ, SUSAN SARANDON, JOHN TURTURRO. ■ Torna alla regia Turturro dopo il *Mac* del 1992. Siamo agli inizi del Novecento. Lo scrittore Tuccio non riesce a portare sul palcoscenico, come vorrebbe, la sua commedia, per la disperazione di tutto il cast che deve fare i conti con la "diva" Susan Sarandon. Intelligente e ben sceneggiato, con un interessante discorso a difesa della qualità e del teatro. ■ COMMEDIA; COL.; 120'; USA, 1998.

ILLUMINAZIONE (*Illuminacja*) ★★★★
Regia di KRZYSZTOF ZANUSSI. Con MONIKA DENISIEWICZ, STANISLAW LATALLO, MALGORZATA PRITULAK. ■ Uno studente di fisica è costretto a lavorare per provvedere alle necessità della famiglia. La drammatica morte di un brillante matematico lo scuote profondamente ed egli si isola da tutti; superata la crisi si tuffa nello studio e ottiene riconoscimenti professionali e materiali. Vorrebbe dedicarsi più attivamente, col suo lavoro, al benessere dell'umanità, ma scopre di avere il cuore malato e ci rinuncia. Il tema della scienza e della sua capacità di cambiare la vita dell'uomo è centrale nel cinema di Zanussi, ritenuto uno dei giovani registi più interessanti. Questo film è eccellente sotto tutti gli aspetti, libero anche dall'abitudine che aveva Zanussi di improvvisare giorno per giorno la sceneggiatura (caratteristica che a quel punto era diventata un limite). ■ DRAMMATICO; COL.; 91'; POLONIA, 1972.

ILLUMINAZIONE INTIMA (*Intimni osvetleni*) ★★★
Regia di IVAN PASSER. Con ZDENEK BEZUSEK, KAREL BLAZEK, VERA KRESADLOVA. ■ Opera d'esordio di Ivan Passer. Un concerto in una piccola città rende possibile l'incontro, dopo molti anni, di due amici musicisti. ■ COMMEDIA; COL.; 71'; CECOSLOVACCHIA, 1969.

ILLUSIONE (*The Man Who Watched Trains Go by*) ★★
Regia di HAROLD FRENCH. Con ANOUK AIMÉE, MARIUS GORING, CLAUDE RAINS, MARTA TOREN. ■ Un capo contabile tranquillo e abitudinario deve affrontare un avvenimento che sconvolge la sua vita: il fallimento doloso della ditta alla quale ha dedicato tanti anni. Si trasferisce a Parigi, dove incontra una donna e diventa un assassino per dimostrarle di essere un vero uomo. Da Simenon. ■ DRAMMATICO; COL.; 80'; GRAN BRETAGNA, 1953.

ILLUSIONE MORTALE (*Deadly Illusion*) ★★
Regia di LARRY COHEN, WILLIAM TANNEN. Con JOHN BECK, MORGAN FAIRCHILD, VANITY BILLY DEE WILLIAMS. ■ Un uomo incarica un detective privato di eliminare sua moglie. Il detective, che non ha l'animo dell'omicida, avverte la mancata vittima e l'aiuta a scappare. Quando la donna viene trovata morta, però, si vede accusato del delitto e decide di scovare il vero assassino. ■ POLIZIESCO; COL.; 90'; USA, 1987.

ILLUSIONI (*La foire aux chimères*) ★★
Regia di PIERRE CHENAL. Con MADELEINE SOLOGNE, YVES VINCENT, ERIC VON STROHEIM. ■ Un cinquantenne dal volto deturpato sposa una bellissima ragazza cieca. Per farla vivere nel lusso si indebita ed è costretto a subire dei ricatti. La moglie, decisa ad aiutarlo, si fa operare e riacquista la vista. Innorridita dall'aspetto del coniuge, lo lascia. Lui uccide il suo ricattatore e si suicida. ■ DRAMMATICO; B/N; 102'; FRANCIA, 1946.

ILLUSIONI (*Illusions*) ★
Regia di VICTOR KULLE. Con NED BEATTY, ROBERT CARRADINE, HEATHER LOCKLEAR. ■ La città è caotica e stressante. Basta andarsene via dalla follia metropolitana, magari in un luogo isolato, per ritrovare l'equilibrio interiore. O forse no? ■ DRAMMATICO; COL.; 98'; USA, 1991.

ILLUSIONIST – L'ILLUSIONISTA, THE ★★★
(*The Illusionist*)
Regia di NEIL BURGER. Con EDWARD NORTON, JESSICA BIEL, NICHOLAS BLANE, MICHAEL CARTER, TOM FISHER, VINCENT FRANKLIN, PAUL GIAMATTI, RUFUS SEWELL, ELEANOR TOMLINSON, JAKE WOOD. ■ Siamo all'inizio del XX secolo, in Austria. Eisenheim è un adolescente innamorato (e ricambiato) della bella Sophie: la ragazza però, è promessa sposa del Principe Leopoldo, erede al trono. I due sono costretti a separarsi ed Eisenheim scompare dalla circolazione. Quindici anni dopo, il ragazzo è cresciuto e strega Vienna con spettacoli nei quali mette in mostra le sue incredibili doti di illusionista: una sera incontra Sophie, e l'amore si riaccende, ma il Principe Leopoldo, aiutato dall'ispettore generale Uhl, capo della polizia, fa di tutto per stroncare una volta per tutte la relazione... ■ FANTASTICO; COL.; 110'; USA, 2006.

ILLUSIONISTA, L' (*The Illusionist*) ★★★
Regia di SYLVAIN CHOMET Con JEAN-CLAUDE DONDA, JIL AIGROTIDIER GUSTIN, FREDERIC LEBON, EDITH RANKIN. ■ Un illusionista nella seconda metà degli Anni Cinquanta vede progressivamente sfuggire il proprio pubblico. Il palco spetta ora alle star del rock'n'roll e non più a lui che è costretto ad esibirsi a feste, in teatri di terz'ordine o, peggio, in bar e caffè. Un giorno, però, costretto a esibirsi in un pub sulla costa occidentale della Scozia, incontra Alice, una ragazzina innocente che gli cambia la vita. Alice è un'entusiasta che crede che i suoi trucchi siano realtà e che decide di seguirlo a Edimburgo. L'illusionista non ha il coraggio di toglierle le illusioni. Ma un giorno Alice crescerà. Al Centre National de la Cinématographie di Parigi giaceva da mezzo secolo una sceneggiatura – mai divenuta film – classificata come "Film Tati n° 4". La figlia di Jacques Tati, Sophie Tatischeff, ha preso a considerarla come una lettera d'amore inviatale da suo padre. Non voleva che restasse in un archivio ma non desiderava

neppure (ovviamente) che finisse nella mani sbagliate. Ha ora trovato a chi affidarla con un esito soddisfacente. Solo Sylvain Chomet, regista di *Appuntamento a Belleville*, poteva pensare di affrontare l'impresa di far rivivere Tati senza Tati. Lo fa con grande rispetto e, al contempo, con il piacere della rivisitazione. Perché in un'epoca in cui solo il 3D sembra poter avere un pubblico, proporre un'animazione in 2D senza essere la Disney de *La Principessa e il Ranocchio* può costituire un rischio. Che però vale la pena di affrontare se si vuole andare a ricreare il cuore di una poesia che seppe (e sa ancora) farsi cinema. ■ ANIMAZIONE; COL.; '80; GRAN BRETAGNA, FRANCIA, 2010.

ILONA ARRIVA CON LA PIOGGIA ★★★
(Ilona llega con la lluvia)
Regia di SERGIO CABRERA. Con IMANOL ARIAS, MARGARITA ROSA DE FRANCISCO, HUMBERTO DORADO, DAVID RIONDINO, PASTORA VEGA. ■ Ilona è una triestina, Abdul libanese, Maqroll forse cipriota. Fra loro c'è un rapporto intenso di amicizia. Si separano sotto la pioggia. Anni dopo ritroviamo Abdul in una prigione libanese e Maqroll in una panamense per una questione di passaporti irregolari. Povero e disperato, Maqroll incontra Ilona a Panama. Abdul nel frattempo vuole comprare un cargo da trasporto. È il sogno di tutti e tre. A Panama i due, per raccogliere il denaro necessario, organizzano un bordello di finte hostess. Tutto procede bene, ma appare Larissa, donna strana e inquietante che ha un fortissimo ascendente su Ilona. Sarà proprio Larissa a impedire la realizzazione del sogno dei tre amici. Uno dei pochi film di qualità presentato a Venezia. Fantasia, mistero, invenzione, buona mediazione letteraria dal romanzo di Alvaro Mutis. Nelle corde di Cabrera, regista colombiano di Medellin, ottimo interprete della cultura sud-centroamericana. E poi c'è un nome da ricordare, questa De Francisco, una delle più belle donne di tutto il cinema. ■ DRAMMATICO; COL.; 121'; ITALIA, 1996.

I LOVE HUCKABEES – LE STRANE COINCIDENZE DELLA VITA *(I love Huckabees)* ★
Regia di DAVID O. RUSSELL. Con DUSTIN HOFFMAN, ISABELLE HUPPERT, JUDE LAW, JASON SCHWARTZMAN, LILY TOMLIN, MARK WAHLBERG, NAOMI WATTS. ■ Una serie di strane coincidenze convincono Albert Markovski (Jason Schwartzman) a rivolgersi a Bernard (Dustin Hoffman) e Vivian Jaffe (Lily Tomlin), una coppia di metafisici esperti nelle questioni della vita e noti come "Detectives Esistenziali". I due iniziano ad osservare il loro cliente da vicino, facendo emergere il rapporto conflittuale che Albert ha con un suo collega dei magazzini Huckabees, Brad Stand (Jude Law), il quale decide a sua volta di assumerli per se stesso. I detective passano quindi ad analizzare la vita di Brad e il suo rapporto con Dawn (Naomi Watts), una bella bionda anche lei impiegata presso gli Huckabees. Albert decide allora di ribellarsi alle conclusioni dei detective e si allea con un altro cliente della coppia, Tommy (Mark Wahlberg), e con la loro nemesi, la filosofa francese Caterine Vauban (Isabelle Huppert), per riuscire così a trovare in altro modo la giusta risposta alle sue domande... Cosa c'è di più stupido di un film fintamente intelligente? ■ COMMEDIA; COL.; 106'; GERMANIA, USA, 2004.

I LOVE RADIO ROCK *(The Boat That Rocked)* ★★★
Regia di RICHARD CURTIS. Con KENNETH BRANAGH, NICK FROST, RHYS IFANS, BILL NIGHY, PHILIP SEYMOUR HOFFMAN. ■ A metà anni Sessanta, nella rigida Inghilterra che si stava risvegliando grazie alla Swinging London, i neo denominati teenager trovavano una scappatoia dalla severa realtà ascoltando le radio pirata che, a differenza della BBC, trasmettevano canzoni rock e pop ventiquattro ore al giorno. Spaventato dall'influenza che quella musica ribelle e trasgressiva poteva avere sui giovani e giovanissimi, l'austero ministro Dormandy (Kenneth Branagh) decide di avviare una personalissima battaglia per farle chiudere e affida a Twatt (Jack Davenport) l'onere di trovare un cavillo legale che possa servire al suo scopo. Attraverso la musica Curtis ripercorre un'epoca di forte contrasto politico-sociale, esaminando da una parte il rigore dei colletti bianchi e dall'altra la voglia di libertà dei giovani. ■ COMMEDIA; COL.; 135'; GRAN BRETAGNA, GERMANIA, 2009.

I LOVE SHOPPING *(Confessions of a shopaholic)* ★★
Regia di P.J. HOGAN. Con JOAN CUSACK, HUGH DANCY, ISLA FISHER, JOHN GOODMAN, JOHN LITHGOW. ■ *I love shopping* esce a Londra nel 2000 come romanzo gradevole di Madeleine Wickam, alias Sophie Kinsella, e diventa un best-seller. Quattro sequel dopo risponde alla chiamata di Hollywood. In attesa di essere assunta dalla rivista di moda dei suoi sogni, Rebecca Bloomwood spende il suo tempo e il suo denaro nei negozi griffati della Fifth Avenue. Compratrice compulsiva e bugiarda recidiva, deve sopravvivere all'estratto conto della sua carta di credito e fare fronte ai suoi debiti. Assunta suo malgrado da una rivista finanziaria, finirà per innamorarsi del suo capo redattore e per inventarsi una rubrica che consiglia parsimonia e investimenti sicuri. Dietro l'angolo l'aspettano la terapia dell'acquisto, un impiegato del recupero crediti e naturalmente l'amore. ■ COMMEDIA; COL.; 105'; USA, 2009.

I LOVE YOU ★★★
Regia di MARCO FERRERI. Con ANÉMONE, CHRISTOPHER LAMBERT, EDDY MITCHELL. ■ Graffiante, amara parabola sulla solitudine e l'incomunicabilità: l'insoddisfatto scapolo Lambert, refrattario ad avventure amorose che pure non gli mancherebbero, trova paradossale conforto in un portachiavi elettronico che ad un fischio ben modulato risponde "I love you". ■ DRAMMATICO; COL.; 102'; FRANCIA, ITALIA, 1986.

I LOVE YOU, I LOVE YOU NOT ★★
Regia di BILLY HOPKINS. Con CLAIRE DANES, JUDE LAW, JEANNE MOREAU, JAMES VAN DER BECK. ■ Daisy è un'adolescente ebrea innamorata del bello di una scuola esclusiva di Manhattan. Si sente sola e i colloqui (piuttosto retorici) con la nonna sopravvissuta all'Olocausto la aiuteranno a crescere. ■ COMMEDIA; COL.; 92'; FRANCIA, GERMANIA, GRAN BRETAGNA, USA, 1997.

I LOVE YOU, MAN ★★
Regia di JOHN HAMBURG. Con RASHIDA JONES, PAUL RUDD, ANDY SAMBERG, JASON SEGEL, J. K. SIMMONS. ■ Peter è stato da sempre un "girlfriend guy", uno che alle serate con gli amici preferisce una cena romantica con la propria ragazza. Quando decide di sposare Zooey, ragazza solare e piena di amiche con cui condivide tutto, arriva per lui il momento di confrontarsi con questa mancanza di compagnie maschili e con il fatto che non ha un vero amico che possa fargli da testimone per le nozze. Dopo una serie di appuntamenti combinati dagli esiti tragicomici, Peter trova la giusta compagnia platonica in Sydney, un pianificatore finanziario gioviale e irresponsabile che gli insegna il lato gaudente e impulsivo della vita. ■ COMMEDIA; COL.; 105'; USA, 2009.

IMAGES ★★★★
Regia di ROBERT ALTMAN. Con RENÉ AUBERJONOIS, MARCEL BOZZUFFI, HUGH MILLAIS, SUSANNAH YORK. ■ Una donna in preda a fortissimo esaurimento crede all'inesistente voce telefonica di una donna che le svela di presunti tradimenti del marito. Per distrarsi torna alla casa dove ha passato l'infanzia. Qui la situazione si aggrava perché viene perseguitata dai fantasmi della sua immaginazione. Li ucciderà uno ad uno; anche il marito verrà assassinato, ma per errore. ■ DRAMMATICO; COL.; 101'; GRAN BRETAGNA, USA, 1972. ■ CANNES 1 PR; OSCAR 1 NOM.

IMAGINARY HEROES ★★
Regia di DAN HARRIS. Con JEFF DANIELS, EMILE HIRSCH, DEIRDRE O'CONNELL, KIP PARDUE, SIGOURNEY WEAVER, MICHELLE WILLIAMS. ■ La storia di una famiglia in crisi. Il figlio Tim vive come se fosse all'interno di un incubo, il padre Ben tratta i figli e la moglie come se fossero estranei, mentre la madre Sandy si fa le canne. Da questo quadro emergono segreti del passato che a lungo sono rimasti sepolti, segreti che minacceranno una famiglia già lacerata da mille problemi. Nulla di non già visto, tuttavia trattasi di un prodotto professionale e una prova dell'esistenza in vita di una brava attrice, la Weaver. ■ COMMEDIA; COL.; 111'; BELGIO, GERMANIA, USA, 2004.

IMAGINE ★★★
Regia di ANDREW SOLT. Con JOHN LENNON, YOKO ONO. ■ Bellissimo ritratto, non solo per appassionati, del famoso cantante rock dei mitici Beatles. Molto materiale inedito che ripercorre la vita artistica e privata di Lennon dagli anni Sessanta al periodo

della sua morte, compreso un filmato girato in un castello dove registrò il celebre LP che dà il titolo al film. Il commento è dello stesso Lennon, catturato in molte interviste. ■ DOC. MUSICALE; COL.; 103'; USA, 1988.

IMAGINE ME & YOU ★★
Regia di OL PARKER. Con MATTHEW GOODE, LENA HEADEY, CELIA IMRIE, PIPER PERABO, ANTHONY STEWART HEAD. ■ Per Rachel e Jack è partito il conto alla rovescia verso il coronamento di un sogno: giovani, entusiasti, innamorati, i due convoleranno presto a nozze. Il destino è però beffardo e proprio mentre la sposa percorre la navata verso il fatidico sì, il suo sguardo si incrocia casualmente con quello di Luce, giovane fioraia incaricata degli addobbi per la cerimonia. Tra Rachel e Luce, presente anche al banchetto di nozze, si instaurerà in breve un rapporto di complicità e simpatia reciproca, che non tarderà a rivelarsi molto più che semplice feeling. Sopraffatta e sorpresa da una situazione imprevedibile quanto fulminante, la giovane sposa dovrà fare i conti con i propri sentimenti. ■ COMMEDIA; COL.; 94'; GERMANIA, GRAN BRETAGNA, USA, 2006.

IMAGO MORTIS ★★
Regia di STEFANO BESSONI. Con ALBERTO AMARILLA, GERALDINE CHAPLIN, OONA CHAPLIN. ■ Nella seconda metà del XVII secolo lo scienziato Girolamo Fumagalli tentò un audace quanto orribile esperimento che denominò Thanatografia. Si trattava di estirpare i bulbi oculari di una persona nello stesso momento in cui moriva per fissarne su una lastra fotografica, mediante una macchina da lui creata, l'ultima immagine impressa sulla retina. Nella scuola di cinema Murnau, Bruno, uno degli studenti, sta affrontando le prove di fine corso. Ad assegnarle è il temibile professor Olinski, soprannominato Caligari. Bruno, comincia ad avere delle allucinazioni. Vede un giovane defunto che sembra volerlo guidare alla scoperta di qualcosa di orribile. Che ci sia qualcuno che sta tentando nuovamente di mettere in pratica l'esperimento di Fumagalli? ■ THRILLER; COL.; 100'; ITALIA, SPAGNA, IRLANDA, 2008.

IMBALSAMATORE, L' ★★
Regia di MATTEO GARRONE. Con PIETRO BIONDI, VALERIO FOGLIA MANZILLO, ERNESTO MAHIEUX, ELISABETTA ROCCHETTI. ■ Diego, un giovane, che vive nella provincia di Caserta, diventa l'apprendista di Peppino, un nano che fa l'imbalsamatore. Tra i due si instaura un rapporto morboso, complicato dalla presenza di una ragazza, Deborah, innamorata di Diego, che cerca a tutti i costi di allontanarlo da Peppino. La situazione si risolverà tragicamente. Il film si ispira, seppur liberamente, a un fatto di cronaca. ■ DRAMMATICO; COL.; 101'; ITALIA, 2002. ■ DAVID DI DONATELLO 2 PR, 2 NOM.

IMBARCO A MEZZANOTTE ★★
Regia di JOSEPH LOSEY. Con JOAN LORRING, PAUL MUNI, LUISA ROSSI, ALDO SILVANI, LINDA SINI. ■ Fallito il tentativo di imbarcarsi clandestinamente, un poveraccio ruba da mangiare e, sorpreso dalla proprietaria del negozio, la uccide. Fugge insieme ad un ragazzo che aveva sottratto altra merce prima di lui. La polizia li rintraccia; l'uomo, per salvare il suo compagno, ci rimette la vita. ■ DRAMMATICO; B/N; 96'; ITALIA, 1952.

IMBATTIBILE *(Invincible)* ★★
Regia di ERICSON CORE. Con KIRK ACEVEDO, TURRON KOFI ALLEYNE, ELIZABETH BANKS, NICOYE BANKS, KEVIN CONWAY, GREG KINNEAR, MICHAEL MULHEREN, MICHAEL NOURI, MICHAEL RISPOLI, MARK WAHLBERG. ■ Nel 1975 la squadra dei Philadelphia Eagles non navigava in buone acque. Il nuovo allenatore, Dick Vermeil, per cercare di risvegliare l'entusiasmo nei tifosi della città, decide di organizzare delle selezioni aperte ai dilettanti. Vince Papale, un insegnante supplente e barman di notte, all'epoca trentenne e con poca esperienza di giocatore di football, ottiene l'ingaggio e deve convincere i suoi compagni di squadra e tutti quelli che gli davano del perdente di meritarsi il ruolo che il coach gli ha assegnato. *Imbattibile* è ispirato alla storia di Papale, che nel film di Ericson Core – al suo debutto alla regia dopo un passato come direttore della fotografia – ha il volto e le fattezze di Mark Wahlberg. Anche qui il sogno americano è l'olio che unge i cardini, anche qui il protagonista si trova in difficoltà economiche, viene mollato dalla moglie e tenta di risollevarsi in un settore che non gli appartiene, anche questa è una storia vera. ■ BIOGRAFICO; COL.; 105'; USA, 2006.

IMBOSCATA, L' *(Ambush)* ★★★★
Regia di SAM WOOD. Con ARLENE DAHL, IVAN HAGEN, JOHN HODIAK, ROBERT TAYLOR. ■ In un avamposto nella zona degli Apaches vivono uno "scout" di poche parole, un maggiore tutto d'un pezzo e una bellissima donna in cerca della sorella rapita dagli indiani. Diablito, il crudele capo degli Apache ha lasciato la riserva e minaccia la zona. L'esploratore propone una sua strategia ma il maggiore non l'accetta: i due sono divisi anche dalla rivalità in amore. I soldati inseguono Diablito nella zona che l'indiano conosce benissimo. Un primo squadrone cade in un'imboscata, e anche il grosso della guarnigione. Muore il maggiore, si salva lo scout, che libera la prigioniera e la riporta alla sorella. Un grande western mai citato fra i titoli storici del genere. Talmente incisivo da non aver bisogno del colore e nemmeno della colonna sonora, realizzato con uno stile non hollywoodiano con grande attenzione alla realtà. *L'imboscata* precorreva le regie dei western dell'era più avanzata, senza concedere nulla all'effetto e al mito. Straordinario Robert Taylor, grande attore mai apprezzato secondo i suoi meriti. Intorno agli anni Cinquanta l'attore si cimentò in western rigorosi e realistici come *Il passo del diavolo* e *Donne verso l'ignoto*, produzioni che la MGM realizzava in contrasto con i western calligrafici e colorati, come *Cavalca Vaquero*, con lo stesso Taylor. Arrivato ai quaranta Robert Taylor non era più il bellone del *Ponte di Waterloo*, ma un attore con una maschera straordinaria, adatta per i kolossal come per i drammatici e i western. ■ AVVENTURA; B/N; 89'; USA 1950.

IMBOSCATA, L' *(Zaseda)* ★★★
Regia di ZIVOJIN PAVLOVIC. Con MILENA DRAVIC, IVICA VIDOVIC. ■ Jugoslavia. La seconda guerra mondiale si è conclusa e Ivo, uno studente, è rimasto senza il padre ucciso dai soldati italiani. Decide di arruolarsi nella polizia di sicurezza ma ben presto si rende conto che la violenza continua anche in tempo di pace. Verrà ucciso per errore. Un film diretto da uno dei migliori registi jugoslavi. ■ DRAMMATICO; B/N; 88'; JUGOSLAVIA, 1969.

IMBOSCATA, L' *(The Ambushers)* ★★
Regia di HENRY LEVIN. Con SENTA BERGER, JAMES GREGORY, DEAN MARTIN, JANICE RULE. ■ Una vicenda metà spionistica e metà avventurosa: un agente segreto americano, Matt Helm, scopre il covo di una pericolosa organizzazione criminale il cui scopo è quello di dominare il mondo. Con l'aiuto di una ragazza, alla quale più tardi salverà la vita, riesce a mandare all'aria il piano. ■ AVVENTURA; COL.; 102'; USA, 1976.

IMBOSCATA SELVAGGIA, L' *(Hidden Guns)* ★★
Regia di ALBERT C. GANNAWAY. Con RICHARD ARLEN, BRUCE BENNETT, ANGIE DICKINSON. ■ Un crudele malvivente sparge il terrore rapinando e uccidendo senza pietà. Anche lo sceriffo è stato eliminato da un sicario. Il figlio dello sceriffo assume i poteri del padre e, sfuggito abilmente a un'imboscata, uccide il killer. Il malvivente, cui ora dà la caccia l'intero paese, è finalmente catturato. ■ DRAMMATICO; B/N; 75'; USA, 1955.

IMBOSCATI DEL REGGIMENTO, GLI ★★
(Les planqués du régiment)
Regia di MICHEL CAPUTO. Con PIERRE DORIS, PAULINE LAFONT, PAUL PRÉBOIST. ■ Un chimico sta mettendo a punto la formula per una bomba per conto del ministero della Difesa. L'invenzione fa gola ai servizi segreti stranieri. Braccato dalle spie, l'ingegnere trova rifugio in una caserma, dove lo scambiano per un coscritto e gli mettono una divisa. L'uomo si trova di fronte a una difficile scelta: meglio le spie o quel rompiscatole del sergente istruttore? ■ COMICO; COL.; 94'; FRANCIA, 1983.

IMBRANATO, L' ★★
Regia di PIER FRANCESCO PINGITORE. Con DUILIO DEL PRETE, PIPPO FRANCO, ORESTE LIONELLO, LAURA TROSCHEL, LUCIANA TURINA. ■ Il tirapiedi Pippo sostituisce il principale durante una noiosa vacanza in Sardegna e viene sequestrato al posto suo. Chiarito l'equivoco con i rapitori, escogita con loro un nuovo piano

che dovrebbe colpire l'obiettivo giusto. Ma Pippo non ha realizzato nulla di buono nella vita e anche questa volta gli va male. ■ COMMEDIA; COL.; 88′; ITALIA, 1979.

IMBROGLIO NEL LENZUOLO, L' ★
Regia di ALFONSO ARAU. Con GERALDINE CHAPLIN, MARIA GRAZIA CUCINOTTA, ERNESTO MAHIEUX, ANNE PARILLAUD, PRIMO REGGIANI. ■ Sicilia, 1905. Federico studia contro voglia medicina e sogna di scrivere storie d'amore per il cinema. Per quella suggestione Federico abbandona gli studi e si improvvisa direttore di scena per don Gennarino Pecoraro, vizioso produttore napoletano deciso a produrre un film tutto suo. Stufo di treni che arrivano alla stazione e di operai all'uscita dalle fabbriche, don Gennarino commissiona al ragazzo una storia pruriginosa che "scopra" aspiranti attrici e ne mostri generosamente le grazie. Ispirato dal bagno biblico della *Casta Susanna*, Federico sceglie di immortalare le carni della bella Marianna, fattucchiera imbrogliona e lavandaia analfabeta di una scrittrice torinese. Il successo del film creerà non pochi problemi alla protagonista inconsapevole, additata e disonorata dal paese almeno fino a quando "u'mbrogghiu nt'o linzolu" non verrà rivelato. Tratto dal romanzo omonimo di Francesco Costa. ■ DRAMMATICO; COL., 100′; ITALIA, 2010.

IMBROGLIONI, GLI ★★
Regia di LUCIO FULCI. Con WALTER CHIARI, FRANCO FRANCHI, CICCIO INGRASSIA, ANTONELLA LUALDI, RAIMONDO VIANELLO. ■ In tribunale, nella stessa giornata, si trovano un industriale accusato di frode, due siciliani che hanno imbrogliato un mercante, un dirigente di una squadra di calcio, accusato per certe sue manovre poco oneste, due suore implicate in un'offesa a pubblico ufficiale. ■ COMMEDIA; COL.; 98′; ITALIA, 1963.

IMBROGLIONI, GLI *(The Impostors)* ★★★
Regia di STANLEY TUCCI. Con WOODY ALLEN, TEAGLE F. BOUGERE, ELIZABETH BRACCO, STEVE BUSCEMI, OLIVER PLATT, STANLEY TUCCI. ■ Stanley Tucci si dirige in questo film, scritto da lui stesso, che vuol essere un omaggio al cinema delle origini. Si tratta di una commedia degli equivoci in cui la trama conta poco. Fondamentali sono i riferimenti, distribuiti senza risparmio, al vaudeville, ai fratelli Marx, a Buster Keaton, ad Harold Lloyd ecc. L'idea, perdente dal punto di vista del botteghino, deve essere piaciuta a Woody Allen che compare in un "cameo-role" decisamente divertente. ■ COMMEDIA; COL.; 101′; USA, 1998.

IMBROGLIO – THE HOAX, L' *(The Hoax)* ★★★
Regia di LASSE HALLSTRÖM. Con HOPE DAVIS, JULIE DELPY, RICHARD GERE, MARCIA GAY HARDEN, ALFRED MOLINA. ■ Lo scrittore Clifford Irving (Gere) tenta di pubblicare un nuovo libro e si rivolge alla McGraw-Hill. Proprio quando l'affare sembra concluso la celebre casa editrice si tira indietro, ma nel frattempo Clifford si è indebitato fino al collo. Pur di ottenere un incontro con Andrea Tate, una delle responsabili della società, lo scrittore le fa credere di avere per le mani il più grande best seller della storia – «il libro che venderà più copie della Bibbia» – ovvero l'autobiografia del magnate dell'industria aeronautica (e del cinema) Howard Hughes, che da anni si è ritirato dalla vita sociale; il miliardario non si mostra pubblicamente, e comunica solo attraverso lettere o per mezzo dei suoi fedeli collaboratori. Con l'aiuto dell'amico e scrittore Richard Suskind, Clifford inscena "l'imbroglio" perfetto, tanto da finire per cascarci anche lui. Basato su fatti reali e sul libro di memorie del vero Irving. ■ DRAMMATICO; COL.; 115′; USA, 2006.

IMMACOLATA E CONCETTA, L'ALTRA GELOSIA – IMMACOLATA E CONCETTA ★★★
Regia di SALVATORE PISCICELLI. Con LUCIO ALLOCCA, TOMMASO BIANCO, IDA DI BENEDETTO, MARCELLA MICHELANGELI, LUCIA RAGNI. ■ In Campania la moglie di un muratore viene arrestata perché ha cercato di spingere una minorenne tra le braccia di un creditore. In carcere conosce una lesbica, se ne innamora e, nonostante il grave scandalo dei compaesani, le due vanno a vivere insieme. La prima donna è però costretta ad avere rapporti con il creditore e quando l'amica la scopre incinta, in un impeto d'ira l'uccide. ■ DRAMMATICO; COL.; 90′; ITALIA, 1980.

I'M MAGIC *(The Wiz)* ★★
Regia di SIDNEY LUMET. Con MICHAEL JACKSON, DIANA ROSS, NIPSEY RUSSEL. ■ Tratto dal libro e dalla commedia musicale di L. Frank Baum, la storia di Dorothy (Diana Ross) nel fantastico mondo di Oz insieme ai suoi amici: lo spaventapasseri (un non ancora famoso Michael Jackson), l'uomo di latta e il leone. Il film è il più costoso musical mai realizzato, ma non regge il confronto con *Il mago di Oz* di Fleming (1939) con la quindicenne Judy Garland. ■ COMM. MUSICALE; COL.; 133′; USA, 1978. ■ OSCAR 4 NOM.

IMMAGINA CHE *(Imagine That)* ★★
Regia di KAREY KIRKPATRICK. Con NICOLE ARI PARKER, THOMAS HADEN CHURCH, EDDIE MURPHY, YARA SHAHIDI. ■ Evan Danielson è un mago della finanza, il prototipo del lavoratore di successo. Elegante, ambizioso, separato, si occupa della figlia Olivia quando può. Alla vigilia della promozione tanto attesa, nel bel mezzo di una lotta all'ultimo neurone con il collega e rivale Whitefeather, Evan si ritrova a doversi occupare di Olivia, sette anni e un'unica inseparabile amica: una copertina viola. Spazientito, farebbe volentieri a meno del fardello, almeno fino a quando non comincia a credere che la copertina detenga dei poteri magici e possa essergli estremamente utile per il salto di carriera. Il film ruota prevedibilmente attorno al concetto che è necessario tornare come bambini per vedere con occhi nuovi ciò che non siamo più in grado di vedere con le lenti opacizzate degli adulti. Il marchio di fabbrica di Eddie Murphy, la sua risata deformata, appare con meno insistenza e tutto fa pensare che l'attore condivida col personaggio un momento di transizione professionale. ■ COMMEDIA; COL., 107′; USA, GERMANIA, 2009.

IMMAGINE ALLO SPECCHIO, L' *(Face to Face)* ★★★🏆
Regia di INGMAR BERGMAN. Con GUNNAR BJÖRNSTRAND, ERLAND JOSEPHSON, SVEN LINDBERG, KARL SYLWAN, LIV ULLMANN. ■ Una giovane psichiatra in attesa di trasferirsi negli Stati Uniti torna temporaneamente nella casa dei nonni e dorme nella camera che le apparteneva da bambina. Riemergono i ricordi e le angosce dell'infanzia. ■ DRAMMATICO; COL.; 135′; SVEZIA, 1975. ■ GOLDEN GLOBES 🏆 1 PR, 2 NOM; OSCAR 🏆 2 NOM.

IMMAGINE DEL DESIDERIO, L' ★★
(La femme de chambre du Titanic)
Regia di BIGAS LUNA. Con ALDO MACCIONE, OLIVIER MARTINEZ, AITANA SANCHEZ-GIJON. ■ Un sopravissuto del Titanic ricorda la passione che lo legò a una cameriera che serviva sul grande transatlantico. Luna non abusa del richiamo *Titanic* che si intravvede in una sola sequenza iniziale. Per il resto, dopo la caduta con *Bambola*, il regista riprende il suo filo più o meno erotico. ■ COMMEDIA; COL.; 100′; FRANCIA, ITALIA, SPAGNA, 1997.

IMMAGINE MERAVIGLIOSA, L' *(The Light Touch)* ★★
Regia di RICHARD BROOKS. Con STEWART GRANGER, ANNA MARIA PIERANGELI. ■ Un ladro professionista ruba un quadro di valore da una chiesa di Siracusa e si reca a Tunisi dal suo socio che fa il ricettatore. Qui conosce la pittrice Anna che esegue copie di quadri originali. Anna, divenuta sua moglie ma non sua complice, va a Siracusa con lui e lo convince a restituire il quadro rubato. ■ COMMEDIA; B/N; 110′; USA, 1951.

IMMAGINI *(Imagining Argentina)* ★
Regia di CHRISTOPHER HAMPTON. Con ANTONIO BANDERAS, HORACIO FLASH, EMMA THOMPSON. ■ Argentina anni Settanta, in pieno dramma "desaparecidos". Carlos Rueda ha un dono, riesce a "sentire" cosa è capitato alle persone rapite dal regime. L'uomo deve mettere in atto questa sua dote quando viene rapita sua moglie. La troverà. ■ DRAMMATICO; B/N; 107′; USA, 2003.

IMMATURI ★★
Regia di PAOLO GENOVESE. Con AMBRA ANGIOLINI, LUCA BIZZARRI, BARBORA BOBULOVA, RAOUL BOVA, ANITA CAPRIOLI. ■ Giorgio è uno psichiatra infantile che va in crisi alla notizia che potrebbe diventare padre, Lorenzo un agente immobiliare che per nulla al mondo lascerebbe il letto a castello e la colazione a letto che gli assicura la permanenza in casa dei genitori, Luisa è una manager separata con una figlia meno distratta di lei, Francesca una chef che cerca di disintossicarsi dall'appetito sessuale, Piero

un dj che ascolta ogni notte le nostalgie altrui vivendo immerso nelle proprie e Virgilio quello che con una bugia, vent'anni prima, ha disintegrato il gruppo. Ora però i sei ex compagni di liceo si ritrovano, alla soglia dei quarant'anni, quando una raccomandata del Ministero della pubblica istruzione annulla il loro esame di maturità e li obbliga a rifarlo. ■ COMMEDIA; COL.; 108′; ITALIA, 2011.

IMMATURI. IL VIAGGIO ★★
Regia di PAOLO GENOVESE. Con AMBRA ANGIOLINI, LUCA BIZZARRI, BARBORA BOBULOVA, RAOUL BOVA, PAOLO KESSISOGLU, RICKY MEMPHIS. ■ Dopo aver finalmente sostenuto la maturità il gruppo di quasi-quarantenni al centro di *Immaturi* si prende una settimana di vacanza per il più classico dei viaggi post-esame, nella più classica delle località adolescenziali: un'isola greca. Le tentazioni che troveranno sull'isola non faranno che aumentare ed esasperare i conflitti latenti, le paure e i nodi irrisolti delle relazioni che animano l'interno del gruppo. Il viaggio che segue questo traguardo mette alla prova le conquiste del primo film. ■ COMMEDIA; COL.; 100′; ITALIA, 2012.

IMMENSITÀ – LA RAGAZZA DEL PAIP'S, L' ★
Regia di OSCAR DE FINA. Con DON BACKY, CATERINA CASELLI, NICOLA DI BARI, PATTY PRAVO. ■ Il film è un pretesto per esibizioni canore di vari cantanti. Monica e tre amici rubano delle chitarre da una fabbrica dove il fratello di Dario, suo fidanzato, fa il guardiano. ■ COMM. MUSICALE; B/N; 92′; ITALIA, 1967.

IMMERSIONE MORTALE *(Death Dive)* ★★
Regia di RUSSELL MAYBERRY. Con IVAN DIXON, DAVID JANSSEN, HOPE LANGE. ■ Un marinaio introduce a bordo di un sottomarino americano un cestello contenente dei serpenti velenosi. Due uomini muoiono per il morso dei rettili e solo durante una eroica manovra per disincagliare il sommergibile l'equipaggio scopre gli sgraditi ospiti. ■ DRAMMATICO; COL.; 95′; USA, 1974.

IMMERSIONE RAPIDA *(Torpedo Alley)* ★★
Regia di LEW LANDERS. Con DOROTHY MALONE, MARK STEVENS, CHARLES WINNINGER. ■ L'ufficiale pilota Bob Bingham incontra dopo la guerra il tenente Gates che l'aveva salvato dopo un disastro aereo. I due partono insieme per la guerra di Corea, dove danno prova di valore militare. Una donna, Susan, li attende. Quando, feriti, ritornano, Susan si lega a Bob. ■ GUERRA; B/N; 84′; USA, 1953.

IMMORALE, L' ★★★
Regia di PIETRO GERMI. Con GIGI BALLISTA, RENÉE LONGARINI, STEFANIA SANDRELLI, UGO TOGNAZZI. ■ Un professore d'orchestra è costretto a un tour de force professionale e sessuale per tenere le fila di ben tre famiglie. Tre donne lo aspettano, ognuna ha avuto un figlio da lui. Un sacerdote gli consiglia di chiarire la situazione, ma una volta deciso a farlo, è stroncato da un infarto. ■ COMMEDIA; B/N; 100′; ITALIA, 1967. ■ DAVID DI DONATELLO 1 PR, 1 NOM.

IMMORALE MR. TEAS, L' *(The Immoral Mr. Teas)* ★★
Regia di RUSS MEYER. Con WILLIAM ELLIS TEAS, ANN PETERS, MARILYN WESLEY. ■ È il film d'esordio del celebre regista underground. Uno strano personaggio si aggira per New York vendendo apparecchi dentali. La sua particolarità è che può vedere ai raggi X le donne e quindi spogliarle con lo sguardo. Ha anticipato l'idea centrale di *Vedo nudo* con Nino Manfredi. Ovvio che all'epoca fece scalpore. ■ COMMEDIA; B/N; 62′; USA, 1959.

IMMORALITÀ, L' ★★
Regia di MASSIMO PIRRI. Con MEL FERRER, LISA GASTONI, IDA MEDA, HOWARD ROSS. ■ In una villa isolata vivono Vera, il suo paralitico consorte e la figlia dodicenne Simona. Un giorno la ragazzina s'imbatte in Federico, un maniaco sessuale inseguito dalla polizia. Lo nasconde in casa e appena Vera lo scopre ne fa il proprio amante. La donna vuole anche servirsene per eliminare il marito. Intanto Simona chiede al giovanotto di iniziarla al sesso e di renderla madre. Quando arriverà la polizia, nella ragazzina esploderà una follia omicida. ■ DRAMMATICO; COL.; 93′; ITALIA, 1978.

IMMORTAL (AD VITAM) *(Immortel (ad vitam))* ★
Regia di ENKI BILAL. Con DERRICK BRENNER, YANN COLLETTE, LINDA HARDY, THOMAS KRETSCHMANN, FRÉDÉRIC PIERROT, THOMAS M. POLLARD, CHARLOTTE RAMPLING. ■ Nella New York del 2095, alieni, mutanti e umani vivono tutti insieme e tutti tesi a cercare qualcosa di non semplice: l'immortalità. Che potrebbe anche essere ottenuta grazie a organi sintetici importati dalla Cina. Bilal, grande fumettista, già scenografo di altissimo livello, si rivela un velleitario farraginoso. Non basta qualche ispirazione collocata qua e là, desunta da film già classici come *Matrix*. ■ FANTASCIENZA; COL.; 102′; FRANCIA, GRAN BRETAGNA, ITALIA, 2004.

IMMORTALE, L' *(L'immortelle)* ★★★
Regia di ALAIN ROBBE-GRILLET. Con FRANÇOISE BRION, GUIDO CELANO, JACQUES DONIOL-VALCROZE. ■ Un film al limite del fantastico, imperniato sull'incontro di un uomo e di una donna che non riescono mai a sapere nulla di vero l'uno dell'altra. Un grosso cane taglia la strada alla coppia in auto; la donna, per evitarlo, esce di strada e muore. Il suo partner, nel tentativo di scoprire qualcosa della sua misteriosa compagna, ripercorre in macchina lo stesso tragitto. Un altro cane gli attraversa la strada, l'uomo lo urta e nell'incidente perde la vita. ■ DRAMMATICO; B/N; 95′; FRANCIA, 1963.

IMMORTALE, L' *(The Vineyard)* ★
Regia di JAMES HONG, BILL RICE. Con JAMES HONG, KAREN WITTER. ■ Un produttore di vini cinese sembra avere scoperto il modo per conseguire l'immortalità. Una scoperta del genere non può restare senza conseguenze. ■ FANTASTICO; COL.; 90′; USA, 1989.

IMMORTALE, L' *(L'immortel)* ★★
Regia di RICHARD BERRY. Con RICHARD BERRY, JEAN-PIERRE DARROUSSIN, MARINA FOÏS, KAD MERAD, JEAN RENO. ■ Charles Matteï è in auto, gioca con suo figlio e il cane ascoltando Pavarotti. Lascia il suo bambino a un angolo e va a parcheggiare fiero della sua nuova vita, ma il suono di *E lucevan le stelle* si confonde con quello del suo passato: 22 colpi di mitra che lo crivellano ferocemente. Ma non morirà. Comincia così la storia de *L'immortale*. È girato a Marsiglia, ispirato da fatti reali e dal romanzo omonimo di Franz-Olivier Gisbert. ■ POLIZIESCO; COL.; 115′; FRANCIA, 2010.

IMMORTALE LEGGENDA, L' *(L'éternel retour)* ★★
Regia di JEAN DELANNOY. Con JUNIE ASTOR, JEAN MARAIS, JEAN MURAT, MADELEINE SOLOGNE. ■ Natalia, grazie al matrimonio col ricco e anziano Marco, entra in una famiglia di aristocratici minata da tare ereditarie. Ma il filtro d'amore che avrebbe dovuto consolidare il precario matrimonio tra la donna e il vecchio, lei lo consuma per errore col giovane Patrizio. Una grande passione li tormenta fino alla morte. ■ DRAMMATICO; B/N; 115′; FRANCIA, 1943.

IMMORTALE SU MISURA, UN *(L'habit vert)* ★★
Regia di ROGER RICHEBÉ. Con VICTOR BOUCHER, ANDRÉ LEFAUR, ELVIRE POPESCO. ■ Tra un vecchio aristocratico accademico di Francia e la sua giovane moglie si inserisce una terza, assidua presenza maschile. La moglie racconta al marito che l'amico ambisce solo a diventare un "Immortale", cioè un accademico. ■ COMMEDIA; B/N; 109′; FRANCIA, 1937.

IMMORTALE VAGABONDO, L' ★★★
(Der unsterbliche Lump)
Regia di GUSTAV UCICKY. Con CARL DERHARDT, GUSTAV FRÖHLICH, LIANE HAID, HANN ADALBERT SCHLETTOW. ■ Ambientato in una stazione ferroviaria deserta e silenziosa, *L'immortale vagabondo* mette in risalto, con fine intuito psicologico, i sentimenti e gli stati d'animo dei personaggi. ■ DRAMMATICO; B/N; 75′; GERMANIA, 1930.

IMMORTALI, GLI *(Deep Red)* ★
Regia di CRAIG R. BAXLEY. Con MICHAEL BIEHN, JOHN DE LANCE, JOANNA PAKULA. ■ Il titolo in originale è lo stesso della versione americana di *Profondo rosso* di Argento, ma il film non è nemmeno un giallo. Un dottore senza scrupoli vuole utilizzare a suo vantaggio una particolare proteina che dovrebbe rendere quasi immortali. Un detective indaga. ■ FANTASCIENZA; COL.; 95′; USA, 1993.

IMMORTALS 3D *(Immortals)* ★★
Regia di TARSEN SINGH. Con HENRY CAVILL, STEPHEN DORFF, LUKE EVANS, FREIDA PINTO, MICKERY ROURKE. ■ Re Iperione ha un progetto folle: liberare i Titani. Siamo nel 1200 a.C., gli dèi dell'Olimpo da tempo immemore li hanno sconfitti e rinchiusi nel monte Tartaro. Solo l'arco forgiato da Marte potrà liberarli. Nessuno però sa dove sia nascosto e solo una veggente potrebbe rivelarlo. Tra Iperione e la veggente sta però Teseo, figlio bastardo, ripudiato dalla propria città, ma pronto a battersi contro l'uomo che davanti ai suoi occhi ha sgozzato la madre. L'asso nella manica: è stato addestrato da Zeus. ■ AZIONE; COL.; 110'; USA, 2011.

IMPARA A CONOSCERE IL TUO CONIGLIO ★★
(Get to Know your Rabbit)
Regia di BRIAN DE PALMA. Con JOHN ASTIN, TOM SMOTHERS, ORSON WELLES. ■ Uno dei primi film di Brian De Palma (ancora un autore *off* agli inizi degli anni Settanta). Un uomo d'affari non riesce a resistere alle pressioni dei suoi avidi collaboratori. Chiede aiuto a Orson Welles, un esperto in arti magiche. Con un corso accelerato di superpoteri, il protagonista sarà pronto ad affrontare ogni avversario. ■ COMMEDIA; COL.; 91'; USA, 1972.

IMPAREGGIABILE GODFREY, L' ★★★★
(My Man Godfrey)
Regia di GREGORY LA CAVA. Con CAROLE LOMBARD, EUGENE PALLETTE, WILLIAM POWELL. ■ Godfrey è un ex benestante che viene assunto da una famiglia di ricchi un po' pazzi composta da padre, madre e due figlie. Godfrey con la sua calma e intelligenza aiuterà tutti: il padre che sta per andare in rovina, la figlia pestifera (che umilia duramente) e l'altra sorella (che sposa). Godibile. ■ COMMEDIA; B/N; 95'; USA, 1936. ■ OSCAR 6 NOM.

IMPAREGGIABILE GODFREY, L' *(My Man Godfrey)* ★★★
Regia di HENRY KOSTER. Con JUNE ALLYSON, JESSIE ROYCE LANDIS, DAVID NIVEN. ■ Si tratta del remake dell'omonimo film di Gregory La Cava. ■ COMMEDIA; COL.; 92'; USA, 1957.

IMPAREGGIABILE RICHARD, L' ★★★
(Spring in Park Lane)
Regia di HERBERT WILCOX. Con ANNA NEAGLE, MICHAEL WILDING. ■ Un nobiluomo inglese spiantato vende in America dei quadri di famiglia, ma scopre che lo hanno pagato con un assegno a vuoto. Con l'aiuto di un amico si fa assumere come cameriere presso una ricca famiglia. Qui s'innamora della nipote del padrone, scatenando molti contrasti. Ma, colpo di scena, l'assegno era valido e lui viene riabilitato. ■ COMMEDIA; B/N; 92'; GRAN BRETAGNA, 1948.

IMPATTO DEVASTANTE *(Hollow Point)* ★
Regia di SIDNEY J. FURIE. Con TIA CARRERE, THOMAS IAN GRIFFITH, JOHN LIGHTGOW, DONALD SUTHERLAND. ■ Un agente della DEA morfinomane, un killer omosessuale e un'agente dell'Fbi che si è infiltrata nel gruppo costituiscono un trio che deve combattere un gruppo della mafia russa. Demenzialità e azione tentano l'ennesima fusione senza riuscirvi. ■ AVVENTURA; COL.; 93'; CANADA, USA, 1996.

IMPATTO IMMINENTE *(Striking Distance)* ★★
Regia di ROWDY HERRINGTON. Con DENNIS FARINA, SARAH JESSICA PARKER, BRUCE WILLIS. ■ Un detective vuole assicurare alla giustizia un serial killer. È convinto che si tratti di un collega. Inseguimenti mozzafiato in auto e su motoscafo per un Bruce Willis in forma che rischia di assomigliare spesso a se stesso, ma sa farlo con indubbio professionismo. ■ DRAMMATICO; COL.; 101'; USA, 1993.

IMPATTO MORTALE ★★
Regia di LARRY LUDMAN. Con MARCIA CLINGAN, BO SVENSON, FRED WILLIAMSON. ■ Due fidanzati escogitano un trucco per vincere un sacco di soldi con le slot-machines di Las Vegas. Due malviventi, però, se ne accorgono e finiscono per ammazzare il ragazzo. Un poliziotto, poco stimato dai suoi colleghi, si occupa del caso. Riuscirà a scovare gli assassini e il bottino nascosto dalla ragazza (ormai morta anche lei), conquistando credito presso i suoi superiori. Dopo un po' lo ritroviamo alle prese con le slot-machines... Un thriller senza ritmo. ■ POLIZIESCO; COL.; 91'; ITALIA, 1984.

IMPENITENTI, GLI *(Out To Sea)* ★★
Regia di MARTHA COOLIDGE. Con DYAN CANNON, JACK LEMMON, WALTER MATTHAU. ■ I due vecchi compagni di tanti film questa volta sono in crociera. Sulla nave ogni occasione è buona per divertirsi e per approcciare donne. Fra un bicchiere e un tango ritroviamo l'ancora conturbante Diane Cannon, capace di sorridere di sé stessa. ■ COMMEDIA; COL.; 109'; USA, 1997.

IMPEPATA DI NOZZE ★
Regia di ANGELO ANTONUCCI. Con PAOLO CAIAZZO, YULIYA MAYARCHUK, SANDRA MILO, MARIO PORFITO, PATRIZIO RISPO. ■ Michele, un professore in attesa di passare di ruolo, è stato scaricato sull'altare dalla compagna. Cadute le speranze di ottenere una cattedra, per il ritorno a scuola del collega malato Lamberti, e persa la voglia di ricominciare a credere nel matrimonio, quasi come beffa del destino, riceve la proposta dalla sorella di aiutarla a gestire la sua agenzia di wedding planner. Un po' scettico, ma senz'altra prospettiva, accetta. Si ritrova così catapultato, in piena svogliatezza, nel "surreale" mondo dei matrimoni napoletani. ■ COMMEDIA; COL.; ITALIA, 2012.

IMPERATORE DELLA CALIFORNIA, L' ★★
(Der Kaiser von Kalifornien)
Regia di LUIS TRENKER. Con VIKTORIA V. BALLASKO, LUIS TRENKER. ■ È la storia di Augusto Sutter che, ricercato dalla polizia, lascia la Svizzera e raggiunge il West dove trasforma una vastissima regione incolta in zona fertile e attiva. La fortuna però gli volta le spalle (avventurieri e banditi lo derubano e la legge non lo protegge) e muore in miseria a Washington. ■ AVVENTURA; B/N; 95'; GERMANIA, 1936. ■ VENEZIA 1 PR.

IMPERATORE DELLA CITTÀ D'ORO, L' ★★
(Cisaruv Pekar)
Regia di MARTIN FRIC. Con NATASCIA GOLLOVA, JAN WERICH. ■ Siamo nel diciassettesimo secolo: un fornaio di nome Matteo si sostituisce all'imperatore Rodolfo che, più interessato ai libri, alla magia e all'alchimia di quanto non lo sia agli affari dello Stato, trascura i suoi doveri di regnante. Matteo risana le finanze dell'impero. Rodolfo vorrebbe abdicare a suo favore, ma a Matteo il trono non interessa, gli basta l'amore. ■ FANTASTICO; COL.; 91'; CECOSLOVACCHIA, 1951.

IMPERATORE DEL NORD, L' ★★★
(Emperor of the North Pole)
Regia di ROBERT ALDRICH. Con ERNEST BORGNINE, KEITH CARRADINE, LEE MARVIN. ■ Nell'America dei forti contrasti sociali seguiti alla grande depressione, un capotreno difensore dell'ordine uccide a colpi di martello i vagabondi che cercano di viaggiare clandestinamente sul suo treno. Sfida all'ultimo sangue tra costui e "Numero Uno". ■ AVVENTURA; COL.; 118'; USA, 1973.

IMPERATORE DI CAPRI, L' ★★★
Regia di LUIGI COMENCINI. Con YVONNE SANSON, TOTÒ. ■ Totò viene scambiato per un principe indiano da una bella donna con la quale si incontra a Capri; sfugge così all'opprimente atmosfera familiare e diventa il villeggiante più ammirato dell'isola. Quando salverà il vero principe da un attentato, questi gli dimostrerà la sua gratitudine. ■ COMMEDIA; B/N; 90'; ITALIA, 1950.

IMPERATORE DI ROMA, L' ★★
Regia di NICO D'ALESSANDRIA. Con GIUSEPPE AMODIO, FULVIO MELONI, GERARDO SPERANDINI. ■ Gerry, giovane drogato, vive alla giornata, tra un espediente, un furtarello e un'iniezione. Deluso dai rapporti col padre e la sua ragazza, si crede l'imperatore rivoluzionario di una Roma più umana e più giusta. Finirà internato in un manicomio. ■ DRAMMATICO; B/N; 90'; ITALIA, 1987.

IMPERATORE E L'ASSASSINO, L' ★★★
(The Emperor and the Assassin)
Regia di CHEN KAIGE. Con GONG LI, LI XUEJIAN, ZHANG FENGYI, WANG ZHIWEN. ■ Terzo secolo avanti Cristo, il re di Qin aspira a riunire i sette regni della Cina in un solo impero per divenire il primo sovrano della nuova immensa nazione. Promette alla sua amata che per attuare il suo progetto non commetterà eccidi e violenze. Ma non mantiene la parola. Il cinese Chen Kaige (*Addio mia concubina*) realizza questa saga, ardente omaggio al grande maestro giapponese Akira Kurosawa, dove spettacolo e

qualità riescono a integrarsi con ottimo equilibrio. Vincitore del premio tecnico al Festival di Cannes. ■ Storico; col.; 160′; Cina, Francia, Giappone, 1999. ■ Cannes 1 pr.

IMPERATORE GIUSEPPE E LA FIGLIA DEL CASELLANTE, L' *(Kaiser Joseph und die Bahnwärterstocher)* ★★
Regia di Alex Corti. Con Hans Holt, Inge Konradi, Hans Moser. ■ Vecchio film televisivo di Alex Corti d'ambientazione storica. Innocentia Norzel è la figlia del casellante che s'imbatte nell'imperatore austriaco Giuseppe II. Grazie all'intervento del fidanzato di Innocentia, il sovrano "illuminato" sfuggirà a un attentato degli anarchici. ■ Commedia; col.; 82′; Austria, 1962.

IMPERATRICE CATERINA, L' ★★★★
(The Scarlet Empress)
Regia di Josef Von Sternberg. Con Marlene Dietrich, John Lodge. ■ Sposa infelice di un uomo fisicamente e spiritualmente malato, Sofia, la futura imperatrice Caterina di Russia, cerca consolazione tra sudditi e dignitari corrotti. Ciononostante, alla morte della sovrana Elisabetta, viene incoronata regina. ■ Drammatico; b/n; 110′; USA, 1934.

IMPERATRICE KWEI FEI, L' *(Yokihi)* ★★★
Regia di Kenji Mizoguchi. Con Machiko Kyô, Masayuki Mori, So Yamamura. ■ Il grande regista giapponese Kenji Mizoguchi alle prese con una storia d'amore tra Genso, imperatore, e la giovane Yang. È una pellicola sapientemente diretta e interpretata, ma che rimane un po' al di sotto dei grandi capolavori del maestro. Si tratta del suo primo film a colori. ■ Drammatico; col.; 105′; Giappone, 1955.

IMPERATRICE PERDUTA, L' ★★
(Secret of the French Police)
Regia di Edward Sutherland. Con Frank Morgan, Gregory Ratoff. ■ Un ipnotizzatore vuol far passare una venditrice di fiori per una regina, con l'intento di appropiarsi dell'eredità di quest'ultima. Viene scoperto in tempo. ■ Drammatico; b/n; 55′; USA, 1932.

IMPERO COLPISCE ANCORA, L' ★★★
(The Empire Strikes Back)
Regia di Irvin Kershner. Con Carrie Fisher, Harrison Ford, Mark Hamill, Frank Oz, Billy Dee Williams. ■ Seconda puntata della saga di *Guerre stellari*. Assistiamo al proseguimento delle straordinarie avventure di Luke Skywalker, Ian Solo e Leila Organa, nemici del malvagio Impero. ■ Fantastico; col.; 124′; USA, 1980. ■ Golden Globes 1 nom; Oscar 2 pr, 4 nom.

IMPERO DEI GANGSTER, L' *(Hoodlum Empire)* ★★★
Regia di Joseph Kane. Con Brian Donlevy, Vera Ralston, Claire Trevor, Forrest Tucker. ■ Nick, boss di una banda di gangster e proprietario di bische, teme che il nipote, un tempo suo complice e ora ravveduto, possa nuocergli; riesce ad attirarlo di nuovo nella rete dei suoi loschi affari. Un prete cieco, amico del giovane, tenta di salvarlo e resta ucciso; il giovane decide di far pagare il delitto allo zio e, con l'aiuto di Connie, la sua ex compagna, riesce nell'intento e al tempo stesso può dimostrare la propria innocenza. ■ Drammatico; b/n; 98′; USA, 1952.

IMPERO DEI LUPI, L' *(L'empire des loups)* ★★
Regia di Chris Nahon. Con Philippe Bas, Etienne Chicot, Vernon Dobtcheff, Albert Dray, Philippe Du Janerand, Patrick Floersheim, Jean-Marc Huber, Arly Jover, David Kammenos, Jean-Pierre Martins, Laura Morante, Elodie Navarre, Jocelyn Quivrin, Jean Reno, Didier Sauvegrain. ■ Tratto dall'omonimo best-seller di Jean-Christophe Grangé, il film presenta subito Anna, moglie di uno dei più grossi funzionari della polizia parigina: la donna inizia improvvisamente a soffrire di allucinazioni e disturbi della memoria. Infatti non riesce neppure a riconoscere il volto del marito. Nel frattempo Paul Nerteaux, giovane commissario, indaga sulla morte di tre ragazze turche, i cui corpi sono stati orrendamente mutilati. Il commissario chiede l'aiuto di Schiffer, un collega un po' rozzo nei modi, ma del quale si fida, che ha il compito d'infiltrarsi tra gli immigrati turchi. ■ Azione; col.; 128′; Francia, 2004.

IMPERO DEI SENSI N. 2, L' ★★
Regia di Ikuo Sekimoto. Con Eiko Matsuda, Hironi Maya, Masuro Shiga, Tokuko Watanabe. ■ Nonostante il titolo il film non ha nulla a che vedere con *L'impero dei sensi* di Oshima, ma ha una certa sua dignità formale. Un corrotto generale, governatore di una provincia giapponese, prende come concubina la figlia di un samurai incinta di un bravo giovane. Costui, geloso, uccide il malvagio. La ragazza muore di parto, ma il piccolo, ritenuto figlio del generale, diventerà suo successore. ■ Erotico; col.; 97′; Giappone, 1980.

IMPERO DEL CRIMINE, L' *(Guns don't Argue)* ★★
Regia di Richard C. Kahn Bill Karn. Con Richard Crane, Paul Dubov, Jean Harvey, Myron Heacey. ■ Il film narra imprese delittuose realmente accadute tra gli anni Venti e Trenta. ■ Drammatico; b/n; 80′; USA, 1955.

IMPERO DEL CRIMINE, L' *(The Evil Empire)* ★★
Regia di Michael Karbelnikoff. Con F. Murray Abraham, Patrick Dempsey, Anthony Quinn, Christian Slater. ■ La storia narra le vicende di quattro ragazzi che intraprendono la strada del crimine. Il periodo considerato va dalla fine degli anni Dieci all'inizio degli anni Trenta. In questi tre lustri Frank Costello, Meyer Lansky, Lucky Luciano e Bugsy Siegel riusciranno uniti a costruire un impero divenuto in seguito storico. Costello e Luciano sono i più conosciuti ma anche a Siegel è stato dedicato un film interpretato da Warren Beatty, *Bugsy*. Il regista è al suo primo film dopo una fortunata carriera pubblicitaria e ha voluto fare le cose in grande: il budget si aggira sui 25 milioni di dollari. ■ Poliziesco; col.; 115′; USA, 1991.

IMPERO DELLA PASSIONE, L' *(Ai no borei)* ★★
Regia di Nagisa Oshima. Con Tatsuya Fuji, Takahiro Tamura, Kazuko Yoshiyuki. ■ Nel Giappone di fine Ottocento. Seki tradisce il marito Gisaburo con un soldato. Insieme decidono di uccidere Gisaburo, ma il rimorso e il destino li faranno scoprire e condannare a morte. Meno scandaloso rispetto a *L'impero dei sensi* ma ugualmente inquietante. ■ Drammatico; col.; 108′; Giappone, 1978. ■ Cannes 1 pr.

IMPERO DELLE TERMITI GIGANTI, L' ★★
(Empire of the Ants)
Regia di Bert I. Gordon. Con John David Carson, Joan Collins, Robert Lansing. ■ Una spiaggia è infestata da termiti giganti che assalgono e uccidono la gente: un'incauta compagnia di persone viene decimata. Due giovani conducono i superstiti in uno zuccherificio che si rivela essere la base di un pazzo complice delle termiti. I due giovani riescono a fuggire con molta fatica, portando con sé due ragazze. ■ Fantastico; col.; 90′; USA, 1977.

IMPERO DELL'ODIO, L' *(Black Gold)* ★★
Regia di Leslie H. Martinson. Con James Best, Philip Carey, Diane McBain, Fay Spain. ■ Frank si associa ad Ann per delle ricerche di petrolio sul terreno attorno alla sua casa. Chik vorrebbe far parte della società, ma la ragazza non ne sopporta la presenza poiché ritiene che questi le abbia ucciso il padre. L'uomo tenta con ogni mezzo di ostacolare i lavori, e infine rivela ad Ann che è Frank il vero responsabile dell'omicidio. Una violenta esplosione fa scaturire l'oro nero dalla terra. ■ Drammatico; b/n; 98′; USA, 1963.

IMPERO DEL MITRA, L' *(Gang Buster)* ★★
Regia di Bill Karn. Con Sam Edwards, Don C. Harvey, Myron Healey. ■ Il film racconta le rocambolesche evasioni di John Pinson, stretto collaboratore del bandito Dillinger. ■ Drammatico; b/n; 88′; USA, 1955.

IMPERO DEL SOLE, L' *(Empire of the Sun)* ★★★
Regia di Steven Spielberg. Con Christian Bale, John Malkovich, Miranda Richardson. ■ Dal romanzo autobiografico dello scrittore di fantascienza J. C. Ballard. Un ragazzino inglese durante l'evacuazione di Shanghai, invasa dalle truppe giapponesi, viene separato dai genitori. Passa alcuni anni in campo di concentramento, ma sopravvive. Si riunirà ai genitori e racconterà la storia. Grande spettacolo di uno Spielberg, sempre al top della bravura, con alcune sequenze straordinarie (l'evocazio-

ne della bomba atomica di Hiroshima). ■ DRAMMATICO; COL.; 152'; GRAN BRETAGNA, USA, 1987. ■ GOLDEN GLOBES 2 NOM; OSCAR 6 NOM.

IMPETUOSI, GLI *(The Lively Set)* ★★
Regia di JACK ARNOLD. Con JAMES DARREN, DOUG MCCLURE, JOANIE SOMMERS, PAMELA TIFFIN. ■ Fermamente convinto delle proprie capacità, un giovane costruisce una macchina con motore speciale e suscita l'ammirazione di un ricco appassionato che gli commissiona una vettura da corsa. Con questa, dopo essere scampato a un grave incidente, il giovane ottiene un grosso successo. Si convince tuttavia che, per evitare guai, deve approfondire le sue conoscenze tecniche. ■ COMMEDIA; COL.; 95'; USA, 1964. ■ OSCAR 1 NOM.

IMPICCAGIONE ALL'ALBA *(The Hired Gun)* ★★
Regia di RAY NAZARRO. Con RORY CALHOUN, VINCE EDWARDS, ANNE FRANCIS. ■ Un giovane sceriffo deve ricondurre in prigione una presunta uxoricida. Durante il percorso il giovane si rende conto che la donna non è responsabile dell'uccisione del marito. Fa di tutto per dimostrarne l'innocenza, anche perché ne è innamorato. ■ WESTERN; B/N; 63'; USA, 1957.

IMPICCALO PIÙ IN ALTO *(Hang 'em High)* ★★
Regia di TED POST. Con ED BEGLEY JR, CLINT EASTWOOD, PAT HINGLE, BEN JOHNSON, INGER STEVENS. ■ Un giovane acquista senza saperlo una mandria rubata: alcuni cowboy, credendolo colpevole, decidono di impiccarlo; viene salvato da un rappresentante della legge che, successivamente, lo promuove sceriffo. Il giovane si getta con entusiasmo nel lavoro, ma i suoi nemici non demordono. Egli si salva più volte, poi abbatte i suoi persecutori. ■ WESTERN; B/N; 114'; USA, 1968.

IMPIEGATA DI PAPÀ, L' ★★
Regia di ALESSANDRO BLASETTI. Con RENATO CIALENTE, ELSA DE GIORGI. ■ Una giovane ereditiera vuole impiegarsi nell'azienda paterna. Il padre acconsente, purché la ragazza impari a vivere del solo stipendio. ■ COMMEDIA; B/N; 92'; ITALIA, 1933.

IMPIEGATI ★★★
Regia di PUPI AVATI. Con LUCA BARBARESCHI, CLAUDIO BOTOSSO, ELENA SOFIA RICCI. ■ Un dietro le quinte della vita di alcuni impiegati. In questo microcosmo arriva un ingenuo laureato al primo impiego, Luigi, che a poco a poco si inserisce a modo suo in questo ambiente ipocrita e fatuo. La morte (suicidio o incidente?) del suo più caro amico lo segna profondamente, ma la banca è aperta tutti i giorni. Pupi Avati ha realizzato con finezza uno spaccato della vita dei giovani d'oggi, guidando al meglio, come sempre, i bravi attori. ■ COMMEDIA; COL.; 98'; ITALIA, 1985.

IMPIEGATO, L' ★★
Regia di GIANNI PUCCINI. Con ANNA MARIA FERRERO, NINO MANFREDI, ELEONORA ROSSI DRAGO. ■ Sospesa tra lo splendore dei sogni e lo squallore della realtà, la vita dell'impiegato Nando scorre tranquilla fino all'avvento della signora Jacobetti che intende portare radicali innovazioni nella ditta. Nando sogna di ucciderla, poi scopre di amarla. ■ COMICO; B/N; 104'; ITALIA, 1959.

IMPLACABILE, L' *(The Running Man)* ★★★
Regia di PAUL MICHAEL GLASER. Con MARIA CONCHITA ALONSO, YAPHET KOTTO, ARNOLD SCHWARZENEGGER. ■ Nel 2017 un ribelle al regime totalitario che impera sulla Terra è catturato dalla polizia e costretto a battersi nel *running man*, un torneo di gladiatori organizzato da una stazione tv specializzata in spettacoli "forti". Il ribelle (Schwarzenegger) non solo sopravvive, ma riuscirà anche ad annientare l'iniqua stazione televisiva con i suoi dirigenti. ■ AVVENTURA; COL.; 101'; USA, 1987.

IMPLACABILE CACCIA, L' *(Le canard en fer blanc)* ★★
Regia di JACQUES POITRENAUD. Con ROGER HANIN, LILA KEDROVA, CORINNE MARCHAND. ■ François possiede un aereo con il quale aiuta Maria, la ragazza che gli ha salvato la vita, e i suoi amici a lasciare la città. Costoro cercano un tesoro col quale dicono di voler finanziare la rivoluzione. François però scopre che ciascuno intende servirsene per altri scopi. Se ne impossessa, poi lo cede per liberare Maria che è in mano al nemico; ma la donna muore. ■ AVVENTURA; COL.; 89'; FRANCIA, 1967.

IMPLACABILE CONDANNA, L' ★★
(The Curse of the Werewolf)
Regia di TERENCE FISHER. Con CLIFFORD EVANS, OLIVER REED, YVONNE ROMAIN. ■ Il film si svolge in un piccolo centro della Spagna; una giovane sordomuta, violentata da un recluso, dà alla luce un bambino che viene adottato da uno studioso; crescendo, il giovane risulta affetto da licantropia e uccide senza pietà durante le sue terribili crisi. ■ HORROR; COL.; 91'; GRAN BRETAGNA, 1961.

IMPLACABILE CORDOBÉS, L' *(Aprendiendo a morir)* ★★
Regia di PEDRO LAZAGA. Con MANUEL BENITEZ, MARUJA BUSTOS, ISMAEL MERLO. ■ Interpretato dal torero Manuel Benitez detto il Cordobés, questo film racconta la storia di un giovane appassionato di arene e di tori. ■ DRAMMATICO; B/N; 92'; SPAGNA, 1965.

IMPLACABILE IRA DEL GIUSTIZIERE GIALLO, L' ★
Regia di NG TI CHEE. Con CHANG CHING, FENG LING, TONG CHING, YEN TIN. ■ Le sorelle Su Zu e Tin Tin cadono nelle mani dei briganti Tigre e Drago; i due trattano bene le prigioniere perché vorrebbero entrare nella scuola di Tin Chun Fu, maestro d'armi e marito di Tin Tin. Dopo molte peripezie, i banditi vengono uccisi e le ragazze liberate. ■ AVVENTURA; COL.; 90'; HONG KONG, 1974.

IMPLACABILE LEMMY JACKSON, L' ★★
(Comme s'il en pleuvait)
Regia di JOSÉ LUIS MONTER. Con EDDIE CONSTANTINE, ELISA MONTES, JOSÉ NIETO, SILVIA SOLAR. ■ Una ragazza muore misteriosamente; Lemmy indaga e arriva a Martinez, che sta preparando una rapina in grande stile in una banca cittadina: Martinez riesce nell'intento, ma Lemmy a sua volta riprende il denaro mentre il ladro viene ucciso dai poliziotti. ■ POLIZIESCO; B/N; 90'; FRANCIA, SPAGNA, 1963.

IMPLACABILE OMICIDA, L' *(Flareup)* ★
Regia di JAMES NEILSON. Con LUKE ASHEW, DON CHASTAIN, JAMES STACY, RAQUEL WELCH. ■ Alan, dopo il divorzio dalla moglie, impazzisce e diventa un folle omicida; prima uccide la moglie, poi perseguita le amiche di lei che avevano testimoniato contro di lui al processo di divorzio. Alla fine, però, avrà la peggio. ■ DRAMMATICO; COL.; 100'; USA, 1969.

IMPLACABILI, GLI *(The Tall Men)* ★★★
Regia di RAOUL WALSH. Con CLARK GABLE, CAMERON MITCHELL, JANE RUSSELL, ROBERT RYAN. ■ Un ricco possidente, rapito da due fratelli, propone a questi di accompagnarlo con una grossa mandria attraverso un percorso preso di mira dai pellirosse. La strada è lunga e i contrasti sono tanti; i tre si contendono anche l'amore di una donna, ma ad avere la meglio sarà Ben, impersonato naturalmente da Gable. ■ WESTERN; COL.; 122'; USA, 1955.

IMPLACABILI COLOSSI DEL KARATÈ, GLI ★
(Avenging Eagle)
Regia di SUN CHUNG. Con KU FENG, TI LUNG, ALEXANDER SENG. ■ Un ex fuorilegge, mentre tenta di fuggire alla caccia di una setta di fanatici, s'imbatte in un misterioso viandante che diviene suo allievo, e insieme sconfiggono la banda. ■ AVVENTURA; COL.; 93'; HONG KONG, 1978.

IMPORTANTE È AMARE, L' ★★★
(L'important c'est d'aimer)
Regia di ANDRZEJ ZULAWSKI. Con JACQUES DUTRONC, ROMY SCHNEIDER, FABIO TESTI. ■ Un fotografo in cerca di immagini piccanti incontra per caso un'attrice non più giovane ma ormai dimenticata. L'uomo se ne invaghisce e si mette finanziariamente nei guai per lei. Quando l'attrice e suo marito ne vengono a conoscenza, l'uomo per la vergogna si uccide. La donna vorrebbe aiutare a sua volta il suo benefattore, ma non può fare altro che stringerlo a sé gravemente ferito quando i creditori lo bastonano. ■ DRAMMATICO; COL.; 110'; FRANCIA, 1974.

IMPORTANTE È NON FARSI NOTARE, L' ★★
Regia di ROMOLO GUERRIERI. Con MARIA GRAZIA BUCCELLA, MARILDA DONÈ, LAURA TROTTER. ■ Un russo in possesso di terribili segreti si trova a Roma: la notizia mette in subbuglio i ser-

vizi segreti americani, russi e cinesi. Gli Usa inviano nella capitale tre agenti travestiti da donna, mentre la Russia manda tre spie, tre belle ragazze. La relazione amorosa che si stabilisce tra i componenti dei due terzetti complica un po' le cose. Un cinese lascerà tutti con un palmo di naso. ■ COMMEDIA; COL.; 97′; ITALIA, 1979.

IMPORTANZA DI CHIAMARSI ERNESTO, L' ★★★
(The Importance of Being Earnest)
Regia di ANTHONY ASQUITH. Con MICHAEL DENISON, EDITH EVANSON, JOAN GREENWOOD, MICHAEL REDGRAVE. ■ Jack si innamora della cugina di un amico, e ne è ricambiato. La ragazza lo conosce come Ernesto e da qui ha origine una serie di equivoci: la figlioccia di Jack, Cecily, prende una cotta per Algernon (che usa a sua volta il nome di Ernesto). Le due ragazze credono così di amare lo stesso uomo, poi si rendono conto di essere state ingannate. Alla fine Jack scoprirà di essere stato abbandonato in fasce, che Algernon è suo fratello e che il suo vero nome è proprio Ernesto. ■ COMMEDIA; COL.; 95′; GRAN BRETAGNA, 1952. ■ VENEZIA 1 PR.

IMPORTANZA DI CHIAMARSI ERNESTO, L' ★★★
(The Importance of Being Ernest)
Regia di OLIVER PARKER. Con JUDI DENCH, RUPERT EVERETT, COLIN FIRTH, REESE WHITERSPOON. ■ Londra, fine dell'Ottocento. Jack Worthing, nonostante i suoi dubbi natali (è stato trovato dentro una borsa da un ricco benefattore), è divenuto un gentiluomo irreprensibile e un perfetto tutore di Cecily, nipote di chi l'aveva adottato. L'incontro con Gwendolen, ragazza dell'alta società, e il conseguente innamoramento darebbero una svolta alla sua vita. Ma la ragazza ha la ferma intenzione di sposarsi solo con qualcuno che si chiami Ernest. Teatro filmato, ma brillante. ■ COMMEDIA; COL.; 97′; GRAN BRETAGNA, USA, 2003.

IMPOSSIBILE AMORE, L' *(Elvira Madigan)* ★★
Regia di AKE OHBERG. Con EVA HENNING, AKE OHBERG. ■ Un ufficiale sposato si innamora di una ballerina, Elvira Madigan. Dapprima lei gli resiste, poi lo ricambia con passione. L'uomo diserta e fugge con l'amante; i primi tempi sono felici, ma presto cominciano le difficoltà economiche e i rimorsi. ■ DRAMMATICO; B/N; 91′; SVEZIA, 1943.

IMPOSSIBILE DESIDERIO, L' ★★
(The Affairs of a Rogue – The First Gentleman)
Regia di ALBERTO CAVALCANTI. Con JEAN-PIERRE AUMONT, JOAN HOPKINS, CECILIA PARKER. ■ Il principe di Galles, Giorgio, non è benvisto dal suo popolo che invece ama e rispetta Carlotta, sua figlia, futura regina. Giorgio vuole darla in moglie a un nobile olandese per costringerla ad abbandonare il paese, ma inutilmente. Dopo numerose vicende Carlotta sposa Leopoldo di Sassonia e muore di parto insieme al bambino. La futura regina sarà Vittoria, la nipote di Giorgio. ■ STORICO; B/N; 111′; USA, 1948.

♥ **IMPOSSIBILITÀ DI ESSERE NORMALE, L'** ★★★
(Getting Straight)
Regia di RICHARD RUSH. Con CANDICE BERGEN, JEFF COREY, ELLIOTT GOULD, ROBERT F. LYONS. ■ Un trentenne universitario decide di abbandonare le lotte studentesche per dedicarsi seriamente allo studio. Questo proposito è in contrasto con le idee della sua ragazza, accesa contestatrice, che vorrebbe anche sposarlo: in preda a sentimenti contraddittori il protagonista persiste nella sua idea fino al momento degli esami, quando si persuaderà che il suo posto è tra i compagni. ■ COMMEDIA; COL.; 124′; USA, 1970.

IMPOSSIBLE, THE ★★★
Regia di JUAN ANTONIO BAYONA. Con GERALDINE CHAPLIN, MARTA ETURA, TOM HOLLAND II, EWAN MCGREGOR, NAOMI WATTS. ■ Dicembre 2004. Henry, Maria e i loro tre figli decidono di concedersi una vacanza natalizia lasciando il Giappone, dove lui lavora, per raggiungere la Thailandia. Anche se Henry ha qualche preoccupazione relativa al suo impiego il relax è totale, fino a quando la mattina del ventisei uno tsunami di enormi proporzioni travolge tutto. Maria viene trascinata via nella stessa direzione del figlio maggiore Lucas, mentre Henry viene travolto mentre ha stretti a sé i due figli più piccoli. In quella catastrofe naturale moriranno trecentomila persone. La didascalia iniziale del film ci ricorda che quella a cui stiamo per assistere è una storia vera. Si racconta un impossibile che però è davvero accaduto. La salvezza: una solidarietà che nel quotidiano sembra sempre più spesso anestetizzata. ■ DRAMMATICO; COL.; 114′; USA, SPAGNA, 2012.

IMPOSTOR ★★
Regia di GARY FLEDER. Con VINCENT D'ONOFRIO, MEKHI PHIFER, TONY SHALHOUB, GARY SINISE, MADELEINE STOWE. ■ Tratto da un racconto di Philip K. Dick. La storia è del 1952, adattata "ai giorni nostri, anzi alla nostra fantasy". Il canovaccio è quanto di più prevedibile e previsto. Nel 2079 la terra è minacciata dal solito nemico alieno. Occorre salvarla. Dovrebbe pensarci il solito superreplicante, si chiama Spence Olham. Ce la mette tutta, e deve anche affrontare l'ingiusta accusa di essere un fiancheggiatore (l'Impostor, appunto) dei cattivi. Per fortuna il cast aiuta. ■ FANTASCIENZA; COL.; 95′; USA, 2002.

IMPOSTORE, L' *(The Impostor)* ★★★
Regia di JULIEN DUVIVIER. Con ELLEN DREW, JEAN GABIN, PETER VAN EYCK, RICHARD WHORF. ■ La Francia è invasa dai tedeschi e un assassino, approfittando della confusione generale, evade e prende il posto di un ufficiale ucciso. A diretto contatto con le atrocità e le sofferenze della guerra l'uomo si redime; tuttavia, smascherato da un soldato, viene processato e inviato in prima linea. Morirà in combattimento. ■ DRAMMATICO; B/N; 95′; USA, 1943.

IMPRENDIBILE SIGNOR 880, L' *(Mister 880)* ★★★
Regia di EDMUND GOULDING. Con EDMUND GWENN, BURT LANCASTER, DOROTHY MCGUIRE. ■ La polizia non riesce a scoprire l'identità di un falsario che da anni spaccia biglietti di banca fasulli. Un investigatore crede che la colpevole sia una bella ragazza: questa, invece, gli proverà che il falsario è un vecchio signore che stampa i soldi solo quando ne ha bisogno o per aiutare gli altri. La vicenda si conclude con una lievissima condanna al falsario. ■ COMMEDIA; B/N; 90′; USA, 1980.

IMPRESA DA DIO, UN' *(Evan Almighty)* ★★
Regia di TOM SHADYAC. Con MORGAN FREEMAN, JOHN GOODMAN, JONAH HILL, MOLLY SHANNON, WANDA SYKES. ■ Neoeletto al Congresso, Evan si è lasciato alle spalle Buffalo per portare sua moglie Joan e i suoi tre figli Dylan, Jordan e Ryan a Huntsville, una piccola città di provincia in Virginia, dove ha inizio un nuovo capitolo della loro esistenza. Mentre si sistemano nella loro nuova casa, Evan si prepara per il suo primo giorno di lavoro al Congresso per lo Stato di New York. Animato da una spiritualità piuttosto superficiale, Evan rivolge a Dio la preghiera di riuscire a cambiare il mondo, senza sapere che il Grande Uomo lassù ha già fatto dei piani ambiziosi e ben precisi per lui: deve costruire un'arca per salvare amici e conoscenti da un imminente catastrofico diluvio. Il messaggio ecologista è palese anche ai distratti, sostenuto da una trama poco credibile anche per una sceneggiatura basata sull'assurdo. ■ COMMEDIA; COL.; 96′; USA, 2007.

IMPRESA EROICA *(They Raid by Night)* ★★
Regia di SPENCER GORDON BENNETT. Con JUNE DUPREZ, LYLE TALBOT. ■ Siamo in Norvegia durante l'occupazione tedesca. Un generale del paese invaso, tenace antinazista, finisce in campo di concentramento. Il suo governo decide di liberarlo e invia tre uomini. L'azione ha successo. ■ GUERRA; B/N; 71′; USA, 1942.

IMPRESE DI UNA SPADA LEGGENDARIA – LE QUATTRO SPADE – MANTELLI E SPADE INSANGUINATE, LE ★★
Regia di NATHAN J. JURAN, FRANK MCDONALD. Con SEBASTIAN CABOT, PAUL CAMPBELL, TAMARA LEES, DOMENICO MODUGNO, JEFFREY STONE. ■ Tre classici film di cappa e spada usciti in anni diversi ma basati sul medesimo materiale; più o meno tagliato e ricucito. ■ AVVENTURA; B/N; 93′; ITALIA, USA, 1957.

IMPREVISTO, L' *(Hi! Nellie)* ★★
Regia di MERVYN LE ROY. Con GLENDA FARRELL, JACK LARUE, PAUL MUNI. ■ Un giornalista americano addetto alla rubrica degli annunci matrimoniali si trova implicato in una contorta vicenda poliziesca. Destreggiandosi tra gangster senza scrupoli, ne sventa i loschi piani. ■ COMMEDIA; B/N; 75′; USA, 1934.

IMPREVISTO, L' ★★
Regia di GIORGIO SIMONELLI. Con CARLA CANDIANI, EMILIO CIGOLI, VANNA VANNI. ■ È notte. Un ragazzo invece di entrare nella camera della vedova sua amante si infila, dalla finestra, in quella della nipote. Il padre della ragazza lo sorprende e lo costringe a fidanzarsi. ■ COMMEDIA; B/N; 91'; ITALIA, 1940.

IMPREVISTO, L' ★★
Regia di ALBERTO LATTUADA. Con ANOUK AIMÉE, TOMAS MILIAN, RAYMOND PELLEGRIN, JEANNE VALÉRIE. ■ Un professore avido e ambizioso rapisce un bimbo, complice la moglie e un'allieva, per chiederne il riscatto. Per sviare i sospetti si fa credere l'intermediario dei criminali e inscena il parto della moglie per giustificare la presenza del piccolo. Il piano funziona, senonché la donna, che non può avere figli, non vuole restituire il rapito e si suicida. ■ DRAMMATICO; B/N; 97'; ITALIA, 1961.

IMPRIGIONATI DAL TERRORE – PRIGIONIERI DEL TERRORE – IL GIOVANE LIBERATORE ★★
(Trapped by Terror)
Regia di CECIL MUSK. Con VALERIE CARTON, JAMES KENNEDY, COLIN SIMPSON. ■ Il film è diviso in due episodi: l'azione si svolge in Francia durante la Rivoluzione. Un nobile torna in patria per salvare moglie e figlia. Presi e messi in prigione, riescono a fuggire con l'aiuto di un domestico. ■ AVVENTURA; B/N; 94'; GRAN BRETAGNA, 1949.

IMPRINT ★★
Regia di TAKASHI MIIKE. Con BILLY DRAGO, YOUKI KUDOH, TOSHIE NEGISHI. ■ Un capitano di ventura americano, impazzito d'amore, promette ad una prostituta giapponese dall'animo nobile di sottrarla al proprio triste destino. Tornato alla casa di piacere per adempiere alla promessa fatta, scopre che la donna è morta in circostanze confuse quanto macabre. L'uomo si imbatterà in una misteriosa prostituta sfigurata, che gli svelerà un terrificante carosello di nefandezze. Ripudiato dagli scandalizzati committenti americani e originariamente destinato alla serie televisiva *Masters of Horror*, l'ennesimo parto di Miike prende la via dei festival approdando al Far East di Udine, per la prima proiezione fuori dal territorio nipponico. ■ HORROR; COL.; 63'; GIAPPONE, USA, 2006.

IMPRONTA DELL'ASSASSINO, L' ★★
(I Wouldn't Be in your Shoes)
Regia di WILLIAM NIGH. Con DON CASTLE, ELYSE KNOX, REGIS TOMMEY. ■ Un ballerino disoccupato trova un portafoglio pieno di denaro. Apparteneva, si scoprirà in seguito, ad un uomo ucciso. Un investigatore risale fino a lui e lo fa condannare per omicidio. La moglie del ballerino, convinta della sua innocenza, scopre di sua iniziativa il vero colpevole. ■ POLIZIESCO; B/N; 70'; USA, 1948.

IMPRONTA DI UN BACIO, L' ★★
Regia di JUAN BUSTILLO ORO. Con ROSARIA GRANADOS, CARLOS LOPEZ MOCTEZUMA. ■ Una donna, il cui fidanzato è stato ucciso poco prima delle nozze, decide di rovinare l'uomo che per gelosia l'ha fatto ammazzare. Un anno dopo, infatti, riesce a farlo condannare per un altro omicidio. Per nulla appagata dalla vendetta, trova conforto nell'amore di un poliziotto. ■ DRAMMATICO; B/N; 92'; MESSICO, 1968.

IMPRONTA ROSSA, L' *(Masked Emotions)* ★★
Regia di DAVID BUTLER, KENNETH HAWKS. Con NORA LANE, GEORGE O'BRIEN. ■ Uno dei primi film parlati dell'instancabile Butler (uno dei più prolifici mestieranti di quegli anni). ■ DRAMMATICO; B/N; 90'; USA, 1929.

IMPROVVISAMENTE L'ESTATE SCORSA ★★★
(Suddenly, Last Summer)
Regia di JOSEPH LEO MANKIEWICZ. Con MONTGOMERY CLIFT, KATHARINE HEPBURN, MERCEDES MCCAMBRIDGE, ELIZABETH TAYLOR. ■ Un'ottima realizzazione, con eccellenti interpreti, dal lavoro teatrale di Tennessee Williams: una ragazza è rimasta sconvolta a tal punto dalla misteriosa morte del cugino da non ricordare più in quali tragiche circostanze sia avvenuta. Sua zia vorrebbe che lei dimenticasse per sempre e cerca di convincere un neurochirurgo a operarla di lobotomia. Ma il medico prende tempo e la ragazza ritrova la memoria: il cugino era stato ucciso perché omosessuale. ■ DRAMMATICO; B/N; 114'; USA, 1959. ■ DAVID DI DONATELLO 1 PR, 1 NOM; OSCAR 2 NOM.

IMPROVVISAMENTE UNA SERA... UN AMORE ★★
(Les galets d'Etretat)
Regia di SERGIO GOBBI. Con CHRISTIAN BARBIER, VIRNA LISI, JULIET MILLS, MAURICE RONET. ■ Un corridore automobilista soccorre una bella viaggiatrice in panne e se la porta a letto. Lei si vendica e lui pure, in un alternarsi di dispetti e ripicche. Alla fine si innamorano. ■ COMMEDIA; B/N; 100'; FRANCIA, 1972.

IMPROVVISAMENTE UN UOMO NELLA NOTTE ★★
(The Nightcomers)
Regia di MICHAEL WINNER. Con STEPHANIE BEACHAM, MARLON BRANDO, THORA HIRD. ■ Versione cinematografica del racconto *Giro di vite* di Henry James. Un undicenne e sua sorella, orfani cresciuti da un'anziana governante ed educati da una giovane istitutrice, sono morbosamente attratti dalla irrequieta e sinistra personalità del giardiniere, a tal punto che lo imitano in ogni cosa. Anche l'insegnante si sente attratta dall'uomo e presto ne diventa l'amante. La governante, intuendo la trasformazione negativa dei suoi protetti, tenta di allontanare la diabolica coppia; ma i due fratelli provocano la morte dei due malcapitati amanti. ■ DRAMMATICO; COL.; 96'; GRAN BRETAGNA, 1972.

IMPROVVISO ★★
Regia di EDITH BRUCK. Con DELIA BOCCARDO, ANDRÉAS FERRÉOL, VALERIA MORICONI, BIAGIO PELLIGRA, GIACOMO ROSSELLI. ■ Il giovane Michele vive alla periferia di L'Aquila con la madre e una zia che lo opprimono. Il ragazzo è nato da una relazione sfortunata della madre e avverte fortemente la mancanza di una figura paterna. Con le donne è impacciato e non riesce ad avere un dialogo coi coetanei. Si rifugia nello studio del violoncello e, per sostenere un esame di musica, si reca a Roma. Qui, presso uno zio, viene a conoscenza di tutti i retroscena familiari. Diventerà, per una serie di circostanze, omicida. ■ DRAMMATICO; COL.; 95'; ITALIA, 1979.

IMPULSE ★★
Regia di GRAHAM BAKER. Con HUME CRONYN, TIM MATHESON, MEG TILLY. ■ La vita di Jennifer, che studia danza a New York, viene sconvolta dalla telefonata della madre che inspiegabilmente la insulta. Jennifer decide di partire con il suo fidanzato per capirne il motivo e scopre che la madre è in ospedale perché ha tentato il suicidio. È solo l'inizio di una serie di stranezze e di morti inspiegabili. La verità che verrà alla luce è che sostanze tossiche presenti nell'acqua e nel latte hanno alterato la mente degli abitanti. Jennifer, dopo la morte del fidanzato, torna sola a New York. ■ THRILLER; COL.; 91'; USA, 1984.

IMPULSO OMICIDA *(Roses Are Dead)* ★★
Regia di SAM IRVIN. Con NANCY ALLEN, PAUL BARTEL, LINDA FIORENTINO, C. THOMAS HOWELL. ■ Un'attrice di film horror viene accusata di aver assassinato un produttore. Il corpo è stato infatti rinvenuto nella sua roulotte. Decide di scappare anche se è innocente e un suo ammiratore diviene la sua ombra. ■ GIALLO; COL.; 89'; USA, 1993.

IMPUTATO, ALZATEVI! ★★★
Regia di MARIO MATTOLI. Con LEILA GUARNI, ERMINIO MACARIO. ■ Un infermiere viene accusato d'assassinio. L'avvocato difensore ne fa un personaggio talmente popolare che egli, dopo l'assoluzione, viene scritturato da un teatro per la rappresentazione del suo dramma. Il colpevole però è scoperto e la storia non interessa più nessuno. L'uomo si consolerà tra le braccia di una collega. ■ COMICO; B/N; 82'; ITALIA, 1939.

IMPUTATO DEVE MORIRE – IL PROCESSO, L' ★★★
(Trial)
Regia di MARK ROBSON. Con GLENN FORD, JOHN HODIAK, KATY JURADO, ARTHUR KENNEDY, DOROTHY MCGUIRE. ■ Un sedicenne viene accusato di omicidio. L'avvocato che lo assiste è convinto della sua innocenza e deciso a provarla. Qualcuno, però, mira a manovrare politicamente quel processo per fare del ragaz-

zo una specie di martire sociale: nonostante questo, l'accusato si salva. ■ DRAMMATICO; B/N; 105'; USA, 1955. ■ OSCAR 1 NOM.

IMPUTAZIONE DI OMICIDIO PER UNO STUDENTE ★★★
Regia di MAURO BOLOGNINI. Con MARTIN BALSAM, TURI FERRO, MASSIMO RANIERI. ■ Nel corso di uno scontro tra operai, studenti e polizia rimangono uccisi un tutore dell'ordine e uno studente. Le prove, però, dimostrano che lo studente non è stato colpito da una pistola d'ordinanza. Uno dei dimostranti viene accusato e condannato: il vero colpevole, figlio del giudice, si confida col padre; questi darà le dimissioni e si asterrà dal denunciarlo. ■ DRAMMATICO; COL.; 105'; ITALIA, 1972.

IMPUTAZIONE: OMICIDIO *(The Man in the Net)* ★★★
Regia di MICHAEL CURTIZ. Con JOHN ALEXANDER, DIANE BREWSTER, TOM HELMORE, CAROLYN JONES, ALAN LADD, JOHN LUPTON, CHARLES MCGRAW. ■ Per curare la moglie alcolizzata e nevrotica, un pittore si trasferisce in campagna. Durante una sua assenza la donna scompare e i sospetti cadono su di lui; accusato di uxoricidio alla scoperta del cadavere, riesce a fuggire e a trovare l'assassino. ■ DRAMMATICO; B/N; 97'; USA, 1959.

INAFFERRABILE, L' *(Fighting Man of the Plains)* ★★
Regia di EDWIN L. MARIN. Con VICTOR JORY, JANE NIGH, RANDOLPH SCOTT, BILL WILLIAMS. ■ Sono gli anni seguenti alla guerra di Secessione: un uomo, per vendicare il fratello, uccide per errore il fratello del colpevole. Costretto a cambiar nome per sfuggire alla polizia, fa credere che il bandito sia morto e diventa sceriffo. ■ AVVENTURA; COL.; 94'; USA, 1949.

INAFFERRABILE 12, L' ★★
Regia di MARIO MATTOLI. Con ISA BARZIZZA, CARLO CAMPANINI, WALTER CHIARI, SILVANA PAMPANINI. ■ Il tredicesimo figlio di una coppia viene affidato dal padre superstizioso ad un orfanotrofio. Anni dopo il ragazzo, costretto a scappare per una involontaria truffa, ritrova un fratello che finisce in prigione al posto suo. ■ COMICO; B/N; 95'; ITALIA, 1951.

INAFFERRABILE, INVINCIBILE MR. INVISIBILE, L' ★★
Regia di ANTONIO MARGHERITI. Con RAFAEL ALONSO, DEAN JONES, GASTONE MOSCHIN, INGEBOR SCHOENER. ■ Un giovane scienziato viene derubato di un potente vaccino antinfluenzale. Grazie ad un misterioso siero che lo rende invisibile può scoprire gli autori del furto ma, tornato improvvisamente visibile, è rinchiuso in cantina con un collega rapito. I due uniscono le forze e si liberano dei pericolosi avversari. ■ FANTASCIENZA; COL. 95'; ITALIA, 1970.

INAFFERRABILE PRIMULA NERA, L' ★★
(Dr. Syn, Alias the Scarecrow)
Regia di JAMES NIELSON. Con TONY BRITTON, GEORGE COLE, PATRICK MCGOOHAN. ■ Inghilterra, regno di Giorgio III. Le tasse gravano sui poveri che si ribellano e vengono soccorsi da un fantomatico personaggio soprannominato la Primula Nera. I soldati gli danno la caccia ma inutilmente. ■ AVVENTURA; COL.; 98'; GRAN BRETAGNA, 1963.

INAFFERRABILE PRIMULA ROSSA, L' ★★
(The Elusive Pimpernel)
Regia di MICHAEL POWELL. Con CYRIL CUSACK, MARGARET LEIGHTON, DAVID NIVEN. ■ La Primula Rossa, nobile inglese spendaccione e gaudente, riesce a salvare durante la Rivoluzione francese molti prigionieri condannati a morte dal tribunale rivoluzionario. La polizia gli dà la caccia e giunge quasi a catturarlo. All'ultimo momento però l'uomo, ricorrendo a uno dei suoi abili trucchi, si mette in salvo. ■ AVVENTURA; COL.; 109'; GRAN BRETAGNA, 1950.

INAFFERRABILE SIGNOR BARTON, L' ★★
(Prescripton for Romance)
Regia di SYLVAN SYMON. Con MISCHA AUER, WENDY BARRIE. ■ Una ragazza, credendo alle proteste di innocenza di un ladro, lo aiuta a fuggire per ricambiare un favore che l'uomo fece a suo padre. Un poliziotto sulle tracce del malvivente la convince della sua colpevolezza, riesce a prenderlo grazie alle indicazioni della ragazza e la sposa. ■ COMMEDIA; B/N; 92'; USA, 1937.

INAFFERRABILE SIGNOR JORDAN – MILLE CADAVERI PER MR. JORDAN, L' *(Here Comes Mr. Jordan)* ★★★
Regia di ALEXANDER HALL. Con JAMES GLEASON, RITA JOHNSON, EVELYN KEYES, ROBERT MONTGOMERY, CLAUDE RAINS. ■ L'anima di un pugile viene prelevata da un inviato celeste con troppa fretta e per questo non può unirsi a quelle degli altri trapassati. Il signor Jordan, un simpatico angelo addetto allo smistamento dei defunti, gli propone di tornare sulla terra nel corpo di un'altra persona. L'ex pugile accetta e si installa nel corpo di un collega prossimo alla fine. ■ COMMEDIA; B/N; 93'; USA, 1941. ■ OSCAR 2 PR, 7 NOM.

INAFFERRABILE SPETTRO, L' *(Hold that Ghost)* ★★
Regia di ARTHUR LUBIN. Con BUD ABBOTT, EVELYN ANKERS, LOU COSTELLO, ANDREW SISTERS. ■ Vicenda comica dei celeberrimi Gianni e Pinotto, che da benzinai si trasformano involontariamente in gangster. Recatisi in una casa per prendere possesso di una refurtiva, vivono esilaranti avventure con un sedicente spettro inventato dai complici per derubarli. ■ COMICO; B/N; 86'; USA, 1941.

INAFFIDABILI, GLI ★
Regia di JERRY CALÀ. Con JERRY CALÀ, SERENA GRANDI, LEO GULLOTTA, ANNA KANAKIS, ANDREA RONCATO. ■ Ogni anno per Pasquetta un gruppo di amici occupa lo "Chateau Relais" per un due giorni di divertimento in cui emergono i lati peggiori di ognuno di loro. Si vorrebbe eguagliare *Amici miei*, ma lo stile è quello delle commedie natalizie vanziniane, per di più senza nomi di richiamo. ■ COMMEDIA; COL.; 110'; ITALIA, 1997.

IN AMERICA ★★
Regia di JIM SHERIDAN. Con EMMA BOLGER, SARAH BOLGER, PADDY CONSIDINE, DJIMON HOUNSOU, SAMANTHA MORTON. ■ New York, anni Ottanta. Una famiglia irlandese senza un soldo si trasferisce in America per rifarsi una vita. Johnny e Sarah formano con le loro bambine Christy e Ariel una famiglia unita, ma messa alla prova dalle numerose difficoltà del quotidiano. Il giorno di Halloween, le bambine fanno la conoscenza del loro vicino Mateo, un gigantesco nero che spaventa tutto il palazzo, ma che non è quello che sembra. ■ DRAMMATICO; COL.; 120'; GRAN BRETAGNA, IRLANDA, 2003. ■ GOLDEN GLOBES 2 NOM; OSCAR 3 NOM.

IN AMORE C'È POSTO PER TUTTI *(Après vous...)* ★★
Regia di PIERRE SALVADORI. Con DANIEL AUTEUIL, MARILYNE CANTO, JOSÉ GARCIA, SANDRINE KIMBERLAIN, MICHÈLE MORETTI. ■ Un giorno Antoine maître in un ristorante di Parigi, salva uno sconosciuto che cercava di suicidarsi dopo esser stato lasciato dalla fidanzata Blanche. Antoine lo vuole aiutare, gli procura il lavoro, cerca la ragazza causa della sua disperazione, ma finirà con l'innamorarsene. ■ COMMEDIA; COL.; 110'; FRANCIA, 2002.

IN AMORE E IN GUERRA *(In Love and War)* ★★
Regia di PHILIP DUNNE. Con JEFFREY HUNTER, ROBERT WAGNER, DANA WYNTER. ■ Tre marines sono in licenza: il primo trova la fidanzata incinta e decide di sposarla, ma morirà nel corso di un'azione; il secondo è fidanzato con una ricca e annoiata fanciulla che lascerà per un'altra; il terzo si riconcilierà con la famiglia. ■ GUERRA; B/N; 111'; USA, 1958.

IN AMORE NIENTE REGOLE *(Leatherheads)* ★★★
Regia di GEORGE CLOONEY. Con GEORGE CLOONEY, JOHN KRASINSKI, JONATHAN PRYCE, STEPHEN ROOT, RENÉE ZELLWEGER. ■ South Carolina, 1925. Dodge Connolly è un esuberante giocatore di football americano e un'adorabile canaglia. Irriverente delle regole e sfrontato con l'avversario, Dodge è capitano dei Duluth Bulldogs, una squadra di ubriaconi attaccabrighe che perde in una sola partita sponsor e ingaggio. Dopo aver sciolto a malincuore il proprio team, il capitano Connolly convince un agente maneggione a rilanciarli sul campo, reclutando il giovane e aitante Carter Rutherford. Eroe di guerra per caso e fuoriclasse del football per inclinazione, il ragazzo aiuta Doodge a mettere in riga la squadra e a riempire gli stadi. Se una folla persuasa accorre a celebrare il giocatore ex combattente, una giornalista del «Chicago Tribune» non sembra credere all'avventura eroica di

Carter nelle trincee delle Argonne. Soltanto uno conquisterà il territorio, avanzando sulle linee delle yards e nel cuore della bionda Lexie Littleton. Può sembrare incredibile (ma non lo è) che un regista racconti sempre la stessa storia, una storia importante che esalta i valori della democrazia americana, senza ignorare il pericolo sempre in agguato di un'involuzione e di un ripiegamento. Ancora più sorprendente è se riesce a esprimere una riconoscibilità e una poetica operando dentro un sistema complesso come quello hollywoodiano. È il caso di George Clooney, l'attore-autore (anche) indipendente. ■ COMMEDIA; COL.; 114′; USA, 2008.

IN AMORE SI CAMBIA *(A Change of Season)* ★★
Regia di RICHARD LANG. Con BO DEREK, ANTHONY HOPKINS, SHIRLEY MACLAINE. ■ Un professore universitario, sposato da vent'anni con una donna bella e intelligente, si prende come amante una studentessa. La moglie allora gli rende la pariglia con un giovane operaio. Il professore ha un'idea: perché non fare un bel weekend a quattro sulle montagne del Vermont? Ma il weekend non si rivelerà poi così bello, tanto più che interverranno inopportunamente il padre della studentessa e la figlia del professore. ■ COMMEDIA; COL.; 102′; USA, 1980.

IN AMORE SI PECCA IN DUE ★★
Regia di VITTORIO COTTAFAVI. Con GIORGIO DE LULLO, ENRICO GLORI, COSETTA GRECO. ■ Una ragazza-madre, Luisa, viene accolta da una donna che ha passato la sua stessa esperienza. Dopo la nascita del bambino viene ricoverata in ospedale e il piccolo finisce in brefotrofio. La sorella di Luisa, Elvira, per riaverlo dichiara che il bambino è suo. Processata, viene difesa dal padre del bimbo, pentito e pronto a sposare Luisa. ■ DRAMMATICO; B/N; 90′; ITALIA, 1954.

IN ANOTHER COUNTRY *(Da-reun na-ra-e-suh)* ★★
Regia di HONG SANG-SOO. Con KWON HYE HYO, ISABELLE HUPPERT, MOON SUNG-KEUN, JUNG YU-MI. ■ La spiaggia di Mohang è l'occasione per un'incursione nel surreale. Una donna francese alle prese con differenti tipologie, tutte ugualmente e palesemente stereotipate, di sudcoreani, come in un'astrazione di sceneggiatura, un esercizio di stile tra Queneau e lo Smoking/No Smoking di Resnais. La sceneggiatura rappresenta anche un omaggio al cinema francese, da parte del più "francese" tra i registi sudcoreani. ■ COMMEDIA; COL.; 88′; COREA DEL SUD, 2012.

INARRIVABILE FELICITÀ, L' ★★★
(You'll Never Get Rich)
Regia di SIDNEY LANFIELD. Con FRED ASTAIRE, ROBERT BENCHLEY, RITA HAYWORTH. ■ Un ballerino sotto le armi mal sopporta la disciplina e viene punito spesso. Nei giorni che precedono uno spettacolo per i militari, si innamora di una collega e farà di tutto per essere ricambiato. Avrà successo come professionista e come pretendente. ■ COMM. MUSICALE; B/N; 88′; USA, 1941. ■ OSCAR 2 NOM.

IN ASCOLTO – THE LISTENING *(The Listening)* ★★★
Regia di GIACOMO MARTELLI. Con JAMES PARKS, MICHAEL PARKS, MATT PATRESI, VINCENT RIOTTA, MAYA SANSA, ANDREA TIDONA. ■ La pratica delle intercettazioni procede tranquilla nel più grande centro d'ascolto del mondo, in Inghilterra, sotto il controllo dell'Agenzia per la Sicurezza Nazionale americana (NSA). A rivoluzionarne la portata tecnologica giunge Ashe, spietato rappresentante della Wendell-Cranshaw Technologies, azienda privata che ha sviluppato un software satellitare capace di intercettare e registrare qualsiasi conversazione. Accade che Francesca Savelli, a Roma, entri casualmente in possesso di una valigetta contenente i progetti di quel programma. Creduta una spia industriale, viene braccata, ma a difenderla c'è un agente del servizio segreto britannico. ■ GIALLO; COL.; 105′; GRAN BRETAGNA, ITALIA, 2006.

IN BARCA A VELA CONTROMANO ★★★
Regia di STEFANO LEALI. Con ANTONIO CATANIA, VALERIO MASTANDREA, MAURIZIO MATTIOLI, EMANUELA ROSSI. ■ Leali ha scritto la pièce, *Operazione*, con buon successo. Massimo (Mastandrea) si fa ricoverare in ospedale per un intervento al ginocchio. Ben presto si integra in quel mondo pieno di personaggi particolari. Il più interessante è Luigi (Catania), che ha già avuto una quindicina di operazioni e si muove su una sedia a rotelle. Ben presto si viene a sapere che Massimo è lì con un compito preciso: venire a capo di un misterioso giro di posti letto venduti. Con l'aiuto di un cinico medico interno, vecchio compagno di scuola, Massimo riesce nel suo intento e scopre che il capo della mafia interna è proprio Luigi. Massimo ha tutte le prove ma all'ultimo momento non se la sente di schierarsi col potere, preferisce proteggere l'uomo, già abbastanza sfortunato. Finalmente una storia italiana che potrebbe valere dappertutto, in ogni città del mondo. Dunque bravo Leali, ben coadiuvato dai suoi attori, con Mastandrea in evidenza. ■ DRAMMATICO; COL.; 95′; ITALIA, 1997.

IN BRUGES – LA COSCIENZA DELL'ASSASSINO ★★★
(In Bruges)
Regia di MARTIN MCDONAGH. Con COLIN FARRELL, RALPH FIENNES, BRENDAN GLEESON, JORDAN PRENTICE, CLÉMENCE POÉSY. ■ Ray e Ken, due killer di professione, giungono a Bruges, in Belgio. Li ha inviati il loro boss Harry dopo che un omicidio non è andato nel modo programmato. Ora i due debbono attendere disposizioni in una città che non conoscono. Mentre Ken, che si interessa di arte, decide di visitare musei e chiese, Ray si chiude in una sorta di resistenza passiva. Ma sarà Chloe, una ragazza incontrata per caso e che ha qualche angolo oscuro nella sua vita, che farà uscire il giovane irlandese dalla sua indifferenza, mettendolo in contatto con un mondo sconosciuto. Mentre è sempre sospeso l'"incarico", che implica comunque la morte di qualcuno. McDonagh, noto in Gran Bretagna e Irlanda per le sue opere teatrali, ha ottenuto nel 2006 l'Oscar per il miglior cortometraggio ed ora si presenta a un più vasto pubblico con questa sua opera prima, che merita una certa attenzione. ■ AZIONE; COL.; 101′; BELGIO, GRAN BRETAGNA, 2008.

IN CAMERA MIA ★★
Regia di LUCIANO MARTINO. Con NASTASSJA KINSKI, GIANFRANCO MANFREDI, RICKY TOGNAZZI. ■ Massimo non ha una vita felice e il divorzio dalla moglie non fa che peggiorare la situazione. Ma una notte, una splendida visione gli trasforma completamente la vita. ■ COMMEDIA; COL.; 90′; ITALIA, 1992.

IN CAMPAGNA È CADUTA UNA STELLA ★★★
Regia di EDUARDO DE FILIPPO. Con EDUARDO DE FILIPPO, PEPPINO DE FILIPPO, ROSINA LAWRENCE. ■ Una ragazza americana giunta in Italia per sposarsi rimane delusa dal fidanzato, che prima aveva visto solo in fotografia. Ci rinuncia e rimane ospite di due fratelli. L'armonia di questi si guasta perché entrambi si contendono la bella straniera, ma nessuno dei due la conquisterà. ■ COMMEDIA; B/N; 86′; ITALIA, 1940.

IN CAMPEGGIO A BEVERLY HILLS ★★
(Troop Beverly Hills)
Regia di JEFF KANEW. Con SHELLEY LONG, CRAIG T. NELSON, BETTY THOMAS. ■ Phyllis è una ricca signora di Beverly Hills delusa dall'abbandono del marito. Per dimostrare di valere qualcosa decide di trovarsi un lavoro. Divenuta scout del campeggio locale riesce, nonostante i pasticci iniziali, a guadagnarsi la fiducia delle adolescenti a lei affidate e a riconquistare quella del marito. ■ COMMEDIA; COL.; 102′; USA, 1989.

INCANTESIMO *(Holiday)* ★★★★
Regia di GEORGE CUKOR. Con LEW AYRES, CARY GRANT, KATHARINE HEPBURN, EDWARD EVERETT HORTON, DORIS NOLAN. ■ Una fanciulla ricchissima si innamora di un ragazzo orgoglioso e testardo che non vuole farsi mantenere dalla famiglia di lei. Nessuno lo comprende, tranne la sorella della fidanzata che lo accetta così com'è e lo sposa. ■ COMMEDIA; B/N; 93′; USA, 1938. ■ OSCAR 1 NOM.

INCANTESIMO *(The Eddie Duchin Story)* ★★★
Regia di GEORGE SIDNEY. Con KIM NOVAK, TYRONE POWER, VICTORIA SHAW. ■ Un pianista di successo perde la moglie che muore di parto. Il suo dolore è tale che rifiuta il figlio e lo affida ad alcuni parenti. Quindi, negli anni seguenti, diverse vicende lo tengono lontano dal ragazzo. Tornato a casa, conquista il suo affetto e quello di una ragazza che, pur sapendolo affetto da una grave malattia, lo sposa. Commovente biografia romanzata del pianista Eddie Duchin. ■ DRAMMATICO; COL.; 123′; USA, 1956. ■ OSCAR 4 NOM.

INCANTESIMO DEI MARI DEL SUD ★★
(The Blue Lagoon)
Regia di FRANK LAUNDER. Con DONALD HOUSTON, NOËL PURCELL, JEAN SIMMONS. ■ Un marinaio e due bambini fanno naufragio su un'isola: uno dei piccoli muore; la bambina cresce e diventa una bella ragazza. Un giorno due avventurieri la rapiscono e muoiono lottando per lei. La ragazza ritorna all'isola, conscia di amare il marinaio. Dalla relazione nasce un bimbo e i due, per assicurargli l'avvenire, lasciano la loro oasi. ■ AVVENTURA; B/N; 101'; GRAN BRETAGNA, 1948.

INCANTESIMO DEL LAGO, L' *(The Swan Princess)* ★★
Regia di RICHARD RICH. ■ Il mago Rothbarth vuole impedire il matrimonio di due giovani principi. Lei viene trasformata in cigno e lui è destinato a inseguirla finché tutto non si risolverà nel migliore dei modi. Richard Rich aveva realizzato nel 1981 *Red e Toby*. Qui collabora con due dei realizzatori de *La Bella e la Bestia* in un film che ha al suo centro il mondo animale più che quello degli umani. Si esagera forse un po' con le canzoni. ■ ANIMAZIONE; COL.; 88'; USA, 1994. ■ GOLDEN GLOBES 1 NOM.

INCANTESIMO DEL LAGO 2 – IL SEGRETO DEL CASTELLO, L' *(The Swann Princess II)* ★★
Regia di RICHARD RICH. ■ Ex-regista per la Disney di *Red e Toby nemici amici* Rich è al secondo capitolo di questa mini saga a cartoni. Derek e Odessa devono impedire a un mago malvagio di impossessarsi di una sfera magica. ■ ANIMAZIONE; COL.; 70'; USA, 1997.

INCANTESIMO DEL LAGO 3, L' ★★
(The Swann Princess and the Mistery of the Enchanted Treasure)
Regia di RICHARD RICH. ■ È la terza avventura del principe Derek e della principessa Odette. Si tratta di partecipare a una gara per essere principe per un giorno. ■ ANIMAZIONE; COL.; 85'; USA, 1998.

INCANTESIMO NAPOLETANO ★★
Regia di PAOLO GENOVESE, LUCA MINIERO. Con CLELIA BERNACCHI, MARINA CONFALONE, GIANNI FERRERI, SERENA IMPROTA. ■ Immaginatevi una famiglia napoletana, di quelle che più napoletane non si può: che succede se, per uno strano scherzo del destino, la loro primogenita (che ovviamente non può che chiamarsi Assuntina) parla solo milanese? E rifiuta la pastiera, i babà, il capitone perché preferisce il risotto allo zafferano? Invano il padre (Gianni Ferreri) cerca di farla "guarire": nemmeno la vacanza-studio a Torre del Greco, a casa degli zii che parlano un dialetto tale che non si capiscono neanche tra loro, sortisce alcun effetto. Piacevole commedia che tende a stravolgere tutti i luoghi comuni sulla "napoletanità", è la prova d'esordio di due bravi registi di "corti", Paolo Genovese e Luca Miniero. L'affresco comico e surreale è ben sorretto anche grazie ai due attori principali, Gianni Ferreri e Marina Confalone. Una curiosità: la famosa pasticceria Scaturchio, quella della pastiera napoletana per intenderci, ha inventato, in onore del film, un nuovo dolce che mescola la tradizione partenopea ad un pizzico di milanesità. ■ COMMEDIA; COL.; 90'; ITALIA, 2001. ■ DAVID DI DONATELLO 1 PR, 1 NOM.

INCANTESIMO TRAGICO – OLIVA ★★
Regia di MARIO SEQUI. Con ROSSANO BRAZZI, MARIA FELIX, EMMA GRAMATICA, MASSIMO SERATO. ■ Dopo il ritrovamento di alcuni gioielli maledetti, una famiglia perde la serenità. La bella padrona di casa, approfittando dei sentimenti del cognato, si fa comprare un gioiello e ricatta il suocero estorcendogliene altri. Divenuta l'amante del primo tenta con lui la fuga; entrambi finiscono tragicamente. ■ DRAMMATICO; B/N; 92'; ITALIA, 1951.

INCANTEVOLE APRILE, UN *(Enchanted April)* ★★
Regia di MIKE NEWELL. Con JOSIE LAWRENCE, ALFRED MOLINA, JOAN PLOWRIGHT, MIRANDA RICHARDSON, POLLY WALKER. ■ Dal regista di *Ballando con uno sconosciuto*, un film puramente calligrafico, che ha comunque vinto due Globi d'Oro con Polly Walker, candidata agli Oscar. Vacanza in Italia, a Portofino, per quattro lady del Regno Unito. Infatti, grazie a un annuncio su un giornale, si ritrovano coinquiline in un castello. Due di loro cercano di prendere le distanze dai propri mariti, una vuole allontanarsi dalle frivolezze e la quarta cerca di sfuggire alla solitudine. Lieto fine. ■ COMMEDIA; COL.; 94'; GRAN BRETAGNA, 1992. ■ GOLDEN GLOBES 2 PR, 3 NOM; OSCAR 3 NOM.

INCANTEVOLE NEMICA, L' ★★
Regia di CLAUDIO GORA. Con CARLO CAMPANINI, BUSTER KEATON, ROBERT LAMOUREUX, SILVANA PAMPANINI. ■ Un industriale scambia un suo impiegato per un pericoloso capo comunista e, per ingraziarselo, lo colma di premure e gli fa sposare anche la figlia. Quando scopre la macchinazione, il giovane rifiuta la vita agiata e obbliga il suocero a migliorare le condizioni di lavoro degli operai. Tutto si risolverà per il meglio. ■ COMMEDIA; B/N; 89'; ITALIA, 1953.

INCANTO DELLA FORESTA, L' ★★★
Regia di ALBERTO ANCILLOTTO. ■ Un film-documentario sugli aspetti più originali della flora e della fauna del nostro paese. ■ DOCUMENTARIO; COL.; 90'; ITALIA, 1957. ■ DAVID DI DONATELLO 1 PR, 1 NOM.

INCANTO DI MEZZANOTTE ★★
Regia di MARIO BAFFICO. Con NERIO BERNARDI, ENZO BILIOTTI, ANDREA CHECCHI, GERMANA PAOLIERI. ■ In un vecchio castello si gira la storia d'amore di una coppia separatasi per una presunta colpa della donna. Tutto quel movimento, che infastidisce l'anziano maggiordomo, permette ai fantasmi dei coniugi di trovare la prova dell'innocenza di lei. La troupe scappa; i fantasmi finalmente si riappacificano. ■ COMMEDIA; B/N; 92'; ITALIA, 1940.

INCANTO DI UNA NOTTE ★★
(Egyi éjszaka erdélyben – Alter ego)
Regia di FRIGYES BAN. Con MIKEOS HAJMÈSSY, MARIA MEZEY, ANTAL PAGER, ZITA SZELECZKY. ■ Una donna scambia l'aiutante di Giuseppe II per l'imperatore in persona e se ne innamora. Più tardi gli scrive a corte e lo raggiunge. Il sovrano prende una cotta per lei ma è un amore impossibile. ■ COMMEDIA; B/N; 91'; UNGHERIA, 1941.

INCARICO, L' *(The Assignment)* ★★
Regia di CHRISTIAN DUGUAY Con BEN KINGSLEY, AIDAN QUINN, DONALD SUTHERLAND. ■ Un marine americano ha l'incarico di trovare e uccidere Carlos, il terrorista più ricercato del mondo. Sarà aiutato dal fatto di assomigliargli come una goccia d'acqua. L'americano farà credere ai russi che Carlos è un traditore. Storia vecchia maniera, serrata, certamente già vista, ma che non sfigura nel panorama generale contemporaneo. ■ THRILLER; COL.; 115'; USA, 1997.

IN CARNE E OSSA ★
Regia di CHRISTIAN ANGELI. Con MADDALENA CRIPPA, LUIGI DIBERTI, BARBARA ENRICHI, IVAN FRANEK, ALBA ROHRWACHER. ■ Viola (Alba Rohrwacher) è una venticinquenne anoressica, sostanzialmente depressa e con un rapporto difficile con i genitori. Il padre Edoardo (Luigi Diberti) e la madre Alice (Maddalena Crippa), alle soglie delle nozze d'argento, vivono essi stessi un'esistenza in bilico, segnata dall'insoddisfazione e dall'incapacità di trovare una via d'uscita. Lui è un ex medico che, condannato per "aver espresso una sua opinione", punta alla candidatura politica per risollevare le sorti economiche della famiglia. Lei, erede di una casata alto-borghese, ha trascorso gli ultimi anni tra il pianoforte e le infedeltà coniugali. Il già fragile equilibrio familiare verrà rotto, un giorno, dall'arrivo di François (Ivan Franeck), noto psichiatra francese chiamato dalla donna per fare una diagnosi sulla figlia. ■ DRAMMATICO; COL.; 87'; ITALIA, 2008.

IN CASA CON IL NEMICO *(Stepfather III)* ★
Regia di GUY MAGAR. Con FRISCILLA BARNES, DAVID TOM, ROBERT WIGHTMAN. ■ Terzo episodio della serie con un altro protagonista e nuovo regista. L'assassino psicopatico che ha già sterminato varie famiglie fugge dal carcere e riprende la sua attività. ■ DRAMMATICO; COL.; 90'; USA, 1992.

IN CASO D'INNOCENZA ★★★
(Die letzten werden die Ersten sein)
Regia di ROLF HANSEN. Con OTTO EDUARD HASSE, ULLA JACOBSSON, MAXIMILIAN SCHELL. ■ Un uomo uccide un corteggiatore della sua ragazza e si rivolge al fratello avvocato affinché lo difenda. Questi accetta e pur di salvare il fratello lascia che venga

condannato un innocente. La ragazza, abbandonata dal colpevole, si accusa dell'omicidio e si suicida. L'assassino, preso dal rimorso, si uccide a sua volta. ■ DRAMMATICO; B/N; 93'; GERMANIA, 1957.

INCATENATA *(Chained)* ★★
Regia di CLARENCE BROWN. Con JOAN CRAWFORD, STUART ERWIN, CLARK GABLE, OTTO KRUGER. ■ Un uomo anziano ma ricchissimo ha una giovane e bella amante la quale, rispettando i sentimenti dell'uomo nei suoi confronti, accetta di sposarlo pur amando un altro. Il marito però se ne rende conto e divorzia. ■ COMMEDIA; B/N; 71'; USA, 1934.

INCATENATA *(The Chase)* ★★
Regia di ARTHUR RIPLEY. Con STEVE COCHRAN, LLOYD CORRIGAN, ROBERT CUMMINGS, PETER LORRE, MICHÈLE MORGAN. ■ Un reduce si mette a servizio dell'uomo di cui ha trovato il portafoglio. L'uomo è un gangster e l'ex militare ne ha la certezza quando sua moglie gli chiede di aiutarla a scappare. I due fuggono insieme e al termine dell'inseguimento, nel corso del quale il marito e un complice muoiono, riescono a mettersi in salvo. Da Cornell Woolrich. ■ DRAMMATICO; B/N; 86'; USA, 1947.

INCATENATA DAL DESTINO ★★
Regia di ENZO DI GIANNI. Con CESARE DANOVA, TAMARA LEES, PAUL MÜLLER, EVA NOVA. ■ Allo scoppio della seconda guerra mondiale, un americano è costretto ad arruolarsi e a separarsi dalla moglie italiana. Durante una missione si ferma a salutarla e uccide un corteggiatore della donna. Questa si fa condannare al suo posto. Quando esce di prigione il marito è morto; potrà così tornare dalla figlia ed essere completamente scagionata. ■ DRAMMATICO; B/N; 93'; ITALIA, 1955.

INCATENATO ALL'INFERNO *(Unchained)* ★★★
Regia di DANIEL MANN. Con SONIA BRAGA, CHARLES DURNING, JAMES KEACH, VAL KILMER. ■ Questa è la vera storia, ben approfondita, dell'autore del romanzo *I'm fugitive from Chaingang*. Robert Elliot Burns torna dalla prima guerra mondiale con i nervi a pezzi: la vita a New York con la famiglia non sembra ridargli serenità, e così Robert si dà alla vita *on the road*. Aspro, polemico, cinico, questo film non usa mezzi termini: il nemico è il sistema, ingiusto, malvagio, spesso addirittura sadico. Il pubblico, che parteggia ovviamente per il protagonista, vive con lui le ansie, le sofferenze e i momenti di malinconia. ■ DRAMMATICO; COL.; 93'; USA, 1987.

INCENDIO A DAMASCO *(Aufruhr in Damaskus)* ★★
Regia di GUSTAV UCICKY. Con JOACHIM GOTTSCHALK, BRIGITTE HORNEY. ■ Durante la Grande Guerra un soldato tedesco viene inviato dal comandante a procurare viveri e munizioni per il forte in cui sono accampati. Nel corso della missione conosce una ragazza che potrà sposare a pace conclusa. ■ AVVENTURA; B/N; 93'; GERMANIA, 1939.

INCENDIO DI CHICAGO, L' *(In Old Chicago)* ★★★
Regia di HENRY KING. Con DON AMECHE, ALICE BRADY, ALICE FAYE, TYRONE POWER. ■ Tragica vicenda di due fratelli nella Chicago del 1870. Uno ha un giro di affari poco puliti grazie ai quali ha prosperato; l'altro, dalla parte opposta della barricata, viene eletto sindaco e si batte contro i malviventi. Il terribile incendio che distrugge la città provoca la morte del sindaco. Il superstite promette sul corpo esanime del fratello di diventare onesto. ■ DRAMMATICO; B/N; 115'; USA, 1938. ■ OSCAR 2 PR, 6 NOM.

INCENDIO DI ROMA, L' ★★
Regia di GUIDO MALATESTA. Con MARIO FELICIANI, CRISTINA GAIONI, LANG JEFFRIES, MOIRA ORFEI. ■ Nei giorni della persecuzione cristiana un valoroso console fa fuggire la fidanzata convertita. Arrestato, egli stesso scappa provocando la violenta reazione dei soldati. Dopo aver ucciso in duello il loro capo, si allontana da Roma. ■ STORICO; COL.; 90'; ITALIA, 1965.

INCENDIO VISTO DA LONTANO, UN ★★★★
(Et la lumière fut)
Regia di OTAR IOSELIANI. Con BINTA CISSE, SIGALON SAGNA, MARIE-CHRISTINE DIEME. ■ In un villaggio del Senegal la vita scorre tranquilla (comandano le donne, ma la cosa sembra funzionare). Ma un giorno arriva l'uomo bianco che distrugge la foresta, manda la gente del villaggio a vivere in città, dà fuoco alle capanne. Per i turisti il rogo delle abitazioni è solo un "incendio visto da lontano". ■ DRAMMATICO; COL.; 106'; FRANCIA, GERMANIA, 1989. ■ VENEZIA 1 PR.

INCENSURATI, GLI ★★
Regia di FRANCESCO GIACULLI. Con PEPPINO DE FILIPPO, VITTORIO DE SICA, MARISA MERLINI, CLAUDIA MORI, UGO TOGNAZZI. ■ Un padre di famiglia si arrangia come può per esaudire i capricci della moglie e della figlia. Il fidanzato di quest'ultima, un tassista, carica due rapinatori che moriranno lasciando un ingente bottino in casa del futuro suocero. Questi lo consegna alla polizia. ■ COMMEDIA; B/N; 92'; ITALIA, 1961.

INCENSURATO, PROVATA DISONESTÀ, CARRIERA ASSICURATA CERCASI ★★
Regia di MARCELLO BALDI. Con RICCARDO CUCCIOLLA, ARNOLDO FOÀ, GISELA HAHN, NANNI LOY, GASTONE MOSCHIN, PAOLA QUATTRINI. ■ Militante nel partito opposto a quello in cui per errore risulta candidato, un cittadino, dalla vita privata non troppo limpida, diventa senatore; ma le leggi da lui proposte sono talmente poco ortodosse che i capi dei partiti non trovano altra via, per neutralizzarlo, che quella di nominarlo presidente della Repubblica. ■ COMMEDIA; COL.; 91'; ITALIA, 1972.

INCEPTION ★★
Regia di CHRISTOPHER NOLAN. Con MARION COTILLARD, LEONARDO DI CAPRIO, JOSPEH GORDON-LEVITT, ELLEN PAGE, KEN WATANABEM. ■ Dom Cobb possiede una qualifica speciale: è in grado di inserirsi nei sogni altrui per prelevare i segreti nascosti nel più profondo del subconscio. Viene contattato da Saito, un potentissimo industriale di origine giapponese, il quale gli chiede di tentare l'operazione opposta. Non deve prelevare pensieri celati ma inserire un'idea che si radichi nella mente di una persona. Costui è Robert Fischer Jr. il quale, alla morte dell'anziano e dittatoriale genitore, dovrà convincersi che l'unica cosa che può fare è distruggere l'impero ereditato. Saito avrà allora campo libero. In cambio offrirà a Cobb la possibilità di rientrare negli Stati Uniti dove è ricercato per omicidio. Cobb accetta e si fa affiancare da un team di cui entra a far parte la giovane Ariane, architetto abilissimo nella costruzione di spazi virtuali. Un meccanismo impossibile da decifrare. ■ AZIONE; COL.; 142'; USA, GRAN BRETAGNA, 2010.

IN CERCA D'AMORE *(Looking for Love)* ★★
Regia di DON WEIS. Con JOBY BAKER, CONNIE FRANCIS, JIM HUTTON, SUSAN OLIVER. ■ Una ragazza dalle notevoli qualità canore partecipa ad uno spettacolo televisivo che le assicura successo e notorietà. ■ COMM. MUSICALE; COL.; 83'; USA, 1964.

IN CERCA D'AMORE *(Tumbleweeds)* ★★★
Regia di GAVIN O'CONNOR. Con KIMBERLY J. BROWN, JANET MCTEER, GAVIN O'CONNOR, LOIS SMITH. ■ I *tumbleweeds* sono cespugli che ruotano sollevati dal vento. Qui a ruotare è una donna che ogni volta, alla fine di una storia d'amore, cambia città, mobili, vestiti. Quando finalmente sceglie la stabilità, si innamora di un collega che sogna di vivere *on the road*. La McTeer ha meritato la nomination all'Oscar in un film non rigoroso, ma sicuramente interessante anche per il grande pubblico. ■ COMMEDIA; COL.; 104'; USA, 1999. ■ GOLDEN GLOBES 1 PR, 1 NOM.

IN CERCA DI AMY *(Chasing Amy)* ★★★
Regia di KEVIN SMITH. Con BEN AFFLECK, JOEY LAUREN ADAMS, JASON LEE. ■ Il regista dell'interessante *Clerks* e del deludente *Generazione X* chiude ora la trilogia tornando alla prima maniera. Ci racconta così di due amici, creatori del fumetto *Bluntman & Chronic*, turbati dall'arrivo di una collega, lesbica dichiarata. ■ COMMEDIA; COL.; 111'; USA, 1997. ■ GOLDEN GLOBES 1 NOM.

IN CERCA DI FELICITÀ ★★
Regia di GIACOMO GENTILOMO. Con LAURO GAZZOLO, ELENA LUBER, ALBERTO RABAGLIATI, TITO SCHIPA. ■ Due innamorati fuggono di casa per vivere insieme; poi lui si fa irretire da una ballerina e lascia la ragazza che arriva al punto di suicidarsi. Ma viene salvata da un uomo anziano che finisce per amarla come una figlia. Tutto si conclude bene per i due giovani. ■ COMMEDIA; B/N; 92'; ITALIA, 1943.

IN CERCA DI GUAI *(Trouble Brewing)* ★★
Regia di ANTHONY KIMMINS. Con JOSS AMBLER, GEORGE FORMBY, GARRY MARSH, GOOGIE WITHERS. ■ Un impiegato con la vocazione del poliziotto decide di smascherare una banda di falsari e, dopo rocambolesche avventure, ci riesce. ■ COMMEDIA; B/N; 87′; GRAN BRETAGNA, 1939.

IN CERCA DI MR. GOODBAR ★★★
(Looking for Mr. Goodbar)
Regia di RICHARD BROOKS. Con WILLIAM ATHERTON, RICHARD GERE, DIANE KEATON, RICHARD KILEY, TUESDAY WELD. ■ Un'americana d'origine irlandese, Theresa, è una brava ragazza turbata però da una malformazione alla colonna vertebrale e da un'educazione ossessivamente bigotta. Ancora studentessa si innamora di un professore narcisista che l'abbandona poco dopo. Divenuta insegnante, trova posto in una scuola per sordomuti. Ha inizio uno sdoppiamento di personalità: di giorno è una maestrina-modello, di notte una donna scandalosa (come sua sorella). Beve, si droga, non accetta l'amore sincero di un uomo e, anzi, si fa sterilizzare per non correre il rischio di restare incinta. Un omosessuale metterà fine alla strana vita di Theresa. ■ DRAMMATICO; COL.; 135′; USA, 1977. ■ GOLDEN GLOBES 1 NOM; OSCAR 2 NOM.

INCESTO, L' *(Waelsungenblut)* ★★
Regia di ROLF THIELE. Con GERD BALTUS, MARGOT HIELSCHER, GUNTHER MALZACHER, HELENA NATHANAEL. ■ La bellissima Sieglinde ama il nobile fratello e per non rifiutare apertamente un giovane pretendente lo costringe a superare una prova difficile: dovrà mostrarsi nudo in città sulla sua cavalcatura. Il giovane innamorato soddisfa la richiesta e così Sieglinde è obbligata a sposarlo. Ma prima di separarsi per sempre, i due fratelli consumeranno l'incesto. ■ DRAMMATICO; COL.; 90′; GERMANIA, 1965.

INCHIESTA, L' ★★★
Regia di DAMIANO DAMIANI. Con KEITH CARRADINE, HARVEY KEITEL, PHYLLIS LOGAN, LINA SASTRI. ■ Un funzionario dell'imperatore (Carradine) viene inviato in Palestina per risolvere il mistero della sparizione del corpo di Cristo, che ha un effetto destabilizzante sulla popolazione che crede in Lui risorto. Si scontra con l'aperta ostilità di Pilato (Keitel) e con tutta una serie di segni che rendono quel mistero, per lui uomo del tutto razionale, ancora più fitto e irrisolvibile. Film intelligente, anticonformista ma tutt'altro che blasfemo. ■ DRAMMATICO; COL.; 105′; ITALIA, 1986. ■ DAVID DI DONATELLO 1 PR, 1 NOM.

INCHIESTA DELL'ISPETTORE MORGAN, L' ★★★
(Blind Date)
Regia di JOSEPH LOSEY. Con STANLEY BAKER, HARDY KRÜGER, MICHELINE PRESLE. ■ L'autista Jan Van Rooyen va a un appuntamento galante e si trova di fronte al cadavere della propria amante; viene ritenuto responsabile del delitto. Ma il bravo ispettore Morgan scoprirà l'imprevedibile verità. ■ GIALLO; B/N; 96′; GRAN BRETAGNA, 1959.

INCHIESTA DI UN PROCURATORE SU UN ALBERGO DI TOLLERANZA ★★
Regia di EDWARDS CARTIER. Con JANE FARROW, CURD JÜRGENS, URSULA NICHOLSON, THOMAS TAYLOR. ■ In un albergo malfamato trova la morte un omosessuale. L'ispettore Collins svolge le indagini in un'atmosfera densa di intrighi e di intime tragedie. ■ DRAMMATICO; COL.; 92′; GERMANIA, 1971.

INCHIESTA È APERTA, L' *(Ouvert contre x)* ★★
Regia di RICHARD POTTIER. Con JEAN DEBUCOURT, YVES DENIAUD, ELINA LABOURDETTE. ■ Un ricchissimo dongiovanni viene trovato ucciso nella propria abitazione. Le indagini, affidate a tre poliziotti, sveleranno il mistero. ■ DRAMMATICO; B/N; 100′; FRANCIA, 1953.

INCHIESTA GIUDIZIARIA *(Identité judiciaire)* ★★
Regia di HERVÉ BROMBERGER. Con DORA DOLL, MARTHE MERCADIER, RAYMOND SOUPLEX. ■ Tre donne, appartenenti a diverse classi sociali, vengono violentate e uccise; tra queste una fanciulla il cui accompagnatore rappresenta il filo che conduce l'ispettore Basquier sulle tracce dell'assassino. Questi, prima di dichiararsi vinto, fa altre vittime. ■ DRAMMATICO; B/N; 90′; FRANCIA, 1950.

INCHIESTA IN PRIMA PAGINA *(Story on Page One)* ★★
Regia di CLIFFORD ODETS. Con ANTHONY FRANCIOSA, RITA HAYWORTH, GIG YOUNG. ■ Una bella vedova è accusata di aver ucciso il marito con la complicità di Larry, suo amante. Larry è in realtà un bravo ragazzo succube della madre. L'avvocato difensore riesce a dimostrare che l'uomo è morto per un incidente. ■ DRAMMATICO; B/N; 123′; USA, 1959.

INCHIESTA PERICOLOSA *(The Detective)* ★★★
Regia di GORDON DOUGLAS Con JACK KLUGMAN, RALPH MEEKER, TONY MUSANTE, LEE REMICK, FRANK SINATRA. ■ Un poliziotto avanza di grado per aver scoperto e condotto sulla sedia elettrica un assassino. Ora gli viene offerto di indagare su un caso che lo porta a scoprire che il giovane condannato, a cui deve la sua promozione, era innocente. ■ POLIZIESCO; COL.; 114′; USA, 1968.

INCHIESTA SU UN DELITTO DELLA POLIZIA ★★★
(Les assassins de l'ordre)
Regia di MARCEL CARNÉ. Con JACQUES BREL, ROLAND LESAFFRE, PAOLA PITAGORA, CATHERINE ROUVEL. ■ In una piccola città un ex malfattore viene ucciso da tre poliziotti che lo ritengono responsabile di un furto. La vedova si affida a un giudice affinché i tre vengano arrestati. Il giudice riesce a trascinare i tre responsabili dell'omicidio sul banco degli accusati, ma i cavilli che questi oppongono alle accuse sono tanti che alla fine vengono prosciolti. ■ DRAMMATICO; COL.; 110′; FRANCIA, 1971.

INCHIODATE L'ARMATA SUL PONTE *(Most)* ★★
Regia di HAJRUDIN KRVAVAC. Con SLOBODAN PEROVIC, BATA ZIVOJINOVIC. ■ Durante la seconda guerra mondiale, la vittoria di un gruppo di partigiani dipende da un ponte. Il difficile incarico di distruggerlo viene affidato al Tigre, un coraggioso ufficiale jugoslavo. Questi, con un esiguo gruppo di uomini, tra cui un italiano e lo stesso costruttore del ponte, viene ostacolato più volte dai tedeschi. Quando tutto sembra perduto, e la vittoria sembra essere appannaggio dell'armata nemica, è lo stesso costruttore che distrugge la sua creazione. ■ DRAMMATICO; COL.; 92′; JUGOSLAVIA, 1969.

INCIDENTE, L' *(Accident)* ★★★
Regia di JOSEPH LOSEY. Con STANLEY BAKER, DIRK BOGARDE, VIVIEN MERCHANT, JACQUELINE SASSARD, MICHAEL YORK. ■ Un maturo professore universitario ossessionato dalla paura di invecchiare si innamora di una sua allieva. La ragazza ha un fidanzato e, come amante, un collega del professore. Invidia e passione si scatenano nell'animo del vecchio docente finché, avendone l'occasione, approfitta dell'allieva, il cui fidanzato muore in un incidente. ■ DRAMMATICO; COL.; 105′; GRAN BRETAGNA, 1967. ■ CANNES 1 PR.

INCIDENTE A OGLALA *(Incident at Oglala)* ★★★
Regia di MICHAEL APTED. ■ Uscito in home video coi sottotitoli e la voce narrante di Robert Redford. È la ricostruzione, poi tradotta in finzione da Apted in *Cuore di tuono*, di un fatto accaduto nel Dakota a metà degli anni Settanta. Tre indiani d'America erano stati ingiustamente processati per la morte di due agenti dell'Fbi. ■ DOCUMENTARIO; COL.; 85′; USA, 1991.

INCIDENTI ★★
Regia di RAMÓN ALÓS SÁNCHEZ, MILOJE POPOVIC, TONI TRUPIA. Con LANDO BUZZANCA, SILVIA FERRERI, LEO GULLOTTA, ERNESTO MAHIEUX, RALPH PALKA, RENATO SCARPA, EMILIO SOLFRIZZI, MANUELA UNGARO, ADRIANO WAJSKOL. ■ Tre episodi legati a incidenti stradali. Nel primo Lando Buzzanca, presentatore della tivù, "dopo" l'incidente si trova a lavorare davanti a un pubblico che non è di questo mondo. Nel secondo uno strano scontro motociclistico sconvolge la quieta campagna inglese. Il terzo racconta il drammatico incidente stradale di Salvatore (Emilio Solfrizzi), un celebre oncologo, che durante le operazioni del suo salvataggio ripercorre la sua vita. ■ EPISODI; COL.; 92′; ITALIA, 2005.

IN COMPAGNIA DEI LUPI *(The Company of Wolves)* ★★★
Regia di NEIL JORDAN. Con MICHA BERGESE, ANGELA LANSBURY, SARAH PATTERSON. ■ Rosaleen, una graziosa adolescente inglese, rivive nei suoi sogni notturni tutto quello che le succede nella vita trasformando però le persone in lupi feroci. Forse

perché la nonna, che le raccontava fiabe bellissime, l'ha avvertita che bisogna diffidare degli uomini che sono più feroci dei lupi. Atmosfera ricca di dettagli che rievocano un certo gusto gotico tipico degli inglesi, facilitata da numerosi effetti speciali. ■ FANTASTICO; COL.; 100'; GRAN BRETAGNA, 1984.

IN COMPAGNIA DI SIGNORE PERBENE ★★★
(The Company of Strangers)
Regia di CYNTHIA SCOTT. Con ALICE DIABO, CISSY MEDDINGS, CATHERINE ROCHE, BETH WEBBER. ■ Alcune simpatiche signore di mezza età rimangono bloccate in un bosco con un pullman guidato da una giovane donna. Si ritrovano così in una casa abbandonata. In questa forzata convivenza riscoprono i valori più elementari ma più importanti e quando finalmente vengono liberate si sentono cambiate. Un film davvero riuscito che non mostra la terza età con i soliti cliché sentimentali. ■ COMMEDIA; COL.; 124'; CANADA, 1990.

INCOMPARABILE CRICHTON, L' ★★★
(The Admirable Crichton)
Regia di LEWIS GILBERT. Con CECIL PARKER, SALLY ANN HOWES, KENNETH MORE. ■ Un Lord inglese ha idee molto liberali che paradossalmente contrastano con quelle del suo maggiordomo. Tutta la famiglia per sfuggire a uno scandalo va in crociera, fa naufragio e approda su un'isola deserta. Qui è il Lord a diventare servitore e il maggiordomo a diventare padrone. Al ritorno nella civiltà, il maggiordomo riprende momentaneamente il suo posto, giusto il tempo di tradurre in denaro un sacchetto di perle. ■ COMMEDIA; COL.; 94'; GRAN BRETAGNA, 1957.

INCOMPIUTA, L' *(New Wine)* ★★★
Regia di REINHOLD SCHÜNZEL. Con ALAN CURTIS, BINNIE BARNES, ALBERT MASSERMAN, ILONA MASSEY. ■ È la storia romanzata del musicista Franz Schubert. ■ BIOGRAFICO; B/N; 90'; USA, 1941.

INCOMPRESO – VITA COL FIGLIO ★★★
Regia di LUIGI COMENCINI. Con STEFANO COLAGRANDE, ADRIANA FACCHETTI, SIMONE GIANNOZZI, ANTHONY QUAYLE, JOHN SHARP. ■ Tratto dall'omonimo romanzo di Florence Montgomery, e trasportato ai nostri giorni, questo film narra la vicenda di due fratelli rimasti orfani di madre. Il padre, troppo preso dalla sua attività di diplomatico, è maldestro nelle cure dei due ragazzi e li affida a una governante. Ma il figlio maggiore, reso responsabile anche delle monellerie del più piccolo, e avvertendo in sé sempre più profondamente il dolore per la scomparsa della madre, finisce per morire. ■ DRAMMATICO; COL.; 105'; ITALIA, 1966. ■ DAVID DI DONATELLO 2 PR, 2 NOM.

INCONFUTABILE VERITÀ SUI DEMONI, L' ★★
(The Irrefutable Truth About Demons)
Regia di GLENN STANDRING. Con JONATHON HENDRY, TONY MACIVER, KARL URBAN, KATIE WOLFE. ■ Quando scopri l'inconfutabile verità sui demoni, puoi ancora vivere? Questa la domanda che il regista, il neozelandese Glenn Standring, pone ai suoi spettatori. Sarà il malcapitato antropologo Harry Ballard a trovare la risposta quando comincia ad essere perseguitato da una strana setta. Indagando sui suoi discepoli, si scontra con fatti inspiegabili, sospettando di essere tormentato da veri e propri demoni: questo non lo ferma, anzi Harry si avvia verso una vera e propria "discesa negli inferi", che lo porterà a scoprire "l'inconfutabile verità". ■ HORROR; COL.; 90'; NUOVA ZELANDA, 2002.

INCONTENTABILE, L' *(Walking on Air)* ★★
Regia di JOSEPH SANTLEY. Con GENE RAYMOND, ANN SOTHERN. ■ Una ragazza si finge innamorata di un giovanotto povero per impedire che i genitori scoprano l'identità del suo vero innamorato, che a loro non piace. Ma finirà per innamorarsi davvero del giovane povero. ■ COMMEDIA; B/N; 92'; USA, 1936.

INCONTRERAI L'UOMO DEI TUOI SOGNI ★★★
(You Will Meet a Tall Dark Stranger)
Regia di WOODY ALLEN. Con ANTONIO BANDERAS, JOSH BROLIN, ANTHONY HOPKINS, GEMMA JONES, FREIDA PINTO. ■ Alfie ha lasciato la moglie Helena perchè, colto da improvvisa paura della propria senilità, ha deciso di cambiare vita. Ha iniziato così una relazione (divenuta matrimonio) con una call girl piuttosto vistosa, Charmaine. Helena ha tentato di porre rimedio alla propria improvvisa disperata solitudine cercando prima consiglio da uno psicologo e poi affidandosi completamente alle "cure" di una sedicente maga capace di predire il futuro. La loro figlia Sally intanto deve affrontare un matrimonio che non funziona più visto che il marito Roy, dopo aver scritto un romanzo di successo, non è più riuscito ad ottenere un esito che lo soddisfi. Sally ora lavora a stretto contatto con un gallerista, Greg, che comincia a piacerle non solo sul piano professionale... Woody ha preso nuovamente l'aereo ed è tornato in Gran Bretagna dopo che aveva di nuovo respirato aria di Manhattan con *Basta che funzioni*. Nonostante l'aspetto sempre più fragile, Allen ha ormai le spalle più che larghe per sopportare l'ennesima, ripetitiva reprimenda critica: «Racconta sempre le stesse cose». È vero: Woody non si inventa novità senili per stupire il pubblico. Anzi qui, fingendo di appellarsi allo Shakespeare del *Macbeth* in realtà si riallaccia al finale di uno dei suoi film più ispirati, *Ombre e nebbia*, che si chiudeva con la frase: «L'uomo ha bisogno di illusioni come dell'aria che respira». ■ SENTIMENTALE; COL.; 98'; USA, SPAGNA, 2010.

INCONTRIAMOCI A LAS VEGAS *(Play It to the Bone)* ★★
Regia di RON SHELTON. Con ANTONIO BANDERAS, LOLITA DAVIDOVICH, WOODY HARRELSON, TOM SIZEMORE, ROBERT WAGNER. ■ Due protagonisti di richiamo per un film che non ha funzionato al botteghino. Le battute e i doppi sensi a sfondo sessuale non mancano, così come riferimenti non scontati al mondo della boxe. Manca forse una contrapposizione vera tra i due protagonisti che spinge la sceneggiatura a un finale troppo conciliatorio. Peccato. ■ COMMEDIA; COL.; 112'; USA, 1999.

INCONTRIAMOCI A SAINT LOUIS ★★★
(Meet Me in Saint Louis)
Regia di VINCENTE MINNELLI. Con MARY ASTOR, JUDY GARLAND, MARGARET O'BRIEN. ■ La storia è ambientata a St. Louis all'epoca della prima Fiera della città nel 1903. Sono le vicende di una famiglia della piccola borghesia (amori giovani della figlia maggiore e pasticci dei ragazzi più piccoli). Judy Garland canta alcuni dei suoi pezzi più famosi. Margaret O'Brien, la sorellina petulante, vinse un Oscar speciale. ■ COMM. MUSICALE; COL.; 113'; USA, 1944. ■ OSCAR 4 NOM.

INCONTRI A PARIGI *(Les rendez-vous de Paris)* ★★★
Regia di ERIC ROHMER. Con ANTOINE BASLER, CLARA BELLAR, JUDITH CHANCEL. ■ Tre episodi girati in 16 mm e gonfiati in 35 dall'abile regista francese. Nel primo episodio Horace ed Esther si incontrano e si perdono in un gioco di simmetrie di difficile risoluzione. Nel secondo, passeggiando per i parchi di Parigi un professore cerca di legare a sé una giovane donna non particolarmente ben disposta. Nell'ultimo episodio arte e destino si intrecciano, evidenziando il ruolo della creatività come occasione di apertura di relazioni. Rohmer si libera, solo provvisoriamente e consapevolmente, degli schemi dei *Racconti delle stagioni* per tornare a narrarci una "sua" Parigi, che esiste solo nel suo sguardo di artista capace di cogliere luoghi e situazioni con grande sensibilità cinematografica. ■ COMMEDIA; COL.; 97'; FRANCIA, 1995.

INCONTRI D'AMORE *(Peindre ou faire l'amour)* ★★
Regia di ARNAUD LARRIEU, JEAN-MARIE LARRIEU. Con DANIEL AUTEUIL, SABINE AZÉMA, AMIRA CASAR, SABINE HAUDEPIN, PHILIPPE KATERINE, SERGI LOPEZ. ■ William e Madeleine sono sposati da anni, hanno una figlia che vive in Italia, sono sempre stati fedeli l'uno all'altra. Durante una passeggiata Madeleine si interessa a una vecchia casa che il non vedente Adam, le fa visitare. La casa è in vendita, la coppia l'acquista e diventa amica di Adam e della sua compagna Eva. Il giorno in cui l'abitazione di Adam va a fuoco William e Madeleine sono pronti ad ospitare l'altra coppia. I rapporti si... evolvono. Rappresentazione del risveglio dei sensi, con tanto di metafore applicate, in una coppia borghese. ■ COMMEDIA; COL.; 98'; FRANCIA, 2005.

INCONTRI DI NOTTE ★★
Regia di NUNZIO MALASOMMA. Con LEONARDO CORTESE, CARLA DEL POGGIO, LAURO GAZZOLO, FRANCO SCANDURRA, PAOLO STOPPA. ■ Un giovane possidente si innamora di una commessa

e per poterla vedere si iscrive alla scuola che lei frequenta di sera. La ragazza, che lo crede della sua stessa condizione, lo raccomanda all'insegnante e questi, a sua volta, al padre del giovane che in passato ha frequentato anche lui la scuola. Dopo una serie di equivoci i due si sposano. ■ COMMEDIA; B/N; 94'; ITALIA, 1942.

INCONTRI PROIBITI ★
Regia di ALBERTO SORDI. Con FRANCA FALDINI, VALERIA MARINI, ALBERTO SORDI. ■ Sordi è un progettista delle ferrovie. Improvvisamente nella sua vita arriva Valeria Marini che lo seduce, con il beneplacito della moglie (Faldini). Ma cosa desiderare di più? Che peccato, e che tristezza vedere il grande Sordi duettare con Valeria Marini. ■ COMMEDIA; COL.; 102'; ITALIA, 1998.

INCONTRI RAVVICINATI *(Official Denial)* ★
Regia di BRIAN TRENCHARD-SMITH. Con DIRK BENEDICT, CHAD EVERETT, ERIN GRAY, PARKER STEVENSON. ■ Protagonisti da telefilm in questa storia di alieni. Stevenson (*Falcon Crest*) e la Gray (*Avvocati a Los Angeles*) sono due coniugi in crisi: lui giura che di notte viene rapito dagli extraterrestri e portato su un'astronave, mentre lei pensa che sia diventato matto. Ma un colonnello dell'aviazione (Dan Lerner, già dell'*A Team*) rapisce di nuovo il poveretto sperando proprio in un contatto con gli alieni. ■ FANTASTICO; COL.; 84'; USA, 1993.

INCONTRI RAVVICINATI DEL TERZO TIPO ★★★
(Close Encounters of the Third Kind)
Regia di STEVEN SPIELBERG. Con BOB BALABAN, MELINDA DILLON, RICHARD DREYFUSS, TERI GARR, CARY GUFFEY, FRANÇOIS TRUFFAUT. ■ Magnifica fiaba fantascientifica, pervasa da un appassionante sentimento di fraternità universale. In una zona deserta dello Wyoming, nei pressi del famoso Picco del Diavolo (una curiosa formazione vulcanica citata in tutti i libri di geologia), il governo americano sta preparando segretamente una base di atterraggio per navi extraterrestri. Ma alcune persone dotate di percezione extrasensoriale si sentono attirate verso il Picco del Diavolo. Due di questi sensitivi, Roy, un elettrotecnico, e Jillian, una donna a cui gli extraterrestri hanno rapito il figlio, giungono all'appuntamento con l'astronave misteriosa. Il bambino rapito viene restituito e Roy sale sull'Ufo. ■ FANTASCIENZA; COL.; 135'; USA, 1977. ■ GOLDEN GLOBES 4 NOM; OSCAR 2 PR, 9 NOM.

INCONTRI STELLARI *(The Return)* ★
Regia di GREYDON CLARK. Con CYBILL SHEPHERD, JEAN-MICHAEL VINCENT. ■ Due bambini e un anziano cercatore d'oro affermano di avere incontrato gli alieni. Naturalmente nessuno gli crede, senonché gli extraterrestri fanno la loro comparsa. Film inutile, a parte il fascino di Cybill Shepherd. ■ FANTASCIENZA; COL.; 91'; USA, 1980.

INCONTRO ★★
Regia di PIERO SCHIVAZAPPA. Con FLORINDA BOLKAN, CLAUDE MANN, MARIANGELA MELATO, GLAUCO ONORATO, MASSIMO RANIERI. ■ Un giovane professionista conosce un'affascinante signora dell'alta società, e se ne innamora perdutamente. Il giovane vorrebbe la donna tutta per sé, ma questa è sposata e, pur non amando il marito, non sa decidersi a lasciarlo. Quando questi ritorna da un viaggio di affari, si divide tra l'uno e l'altro finché l'amante finisce per uccidersi. ■ DRAMMATICO; COL.; 92'; ITALIA, 1971.

INCONTRO A BATAAN *(Somewhere I'll Find You)* ★★★
Regia di WESLEY H. RUGGLES. Con CLARK GABLE, LANA TURNER. ■ Seconda guerra mondiale. Due fratelli, corrispondenti di guerra, si innamorano di una collega giornalista. I tre si ritrovano a Bataan, durante un'azione di guerra. Uno dei fratelli muore e così l'altro ha la strada libera. ■ DRAMMATICO; B/N; 90'; USA, 1942.

INCONTRO AL CENTRAL PARK *(A Patch of Blue)* ★★★
Regia di GUY GREEN. Con WALLACE FORD, ELIZABETH HARTMAN, SIDNEY POITIER, SHELLEY WINTERS. ■ Responsabile involontaria della cecità della figlia Selina, la madre si oppone al sentimento di questa verso l'amico e maestro Gordon Ralfe, un giovane di colore, incontrato al Central Park. Il giovane ama la ragazza, ma prima di rivelarle il suo sentimento, vuole che essa accetti la sua menomazione. ■ DRAMMATICO; B/N; 105'; USA, 1965. ■ OSCAR 1 PR, 5 NOM.

INCONTRO ALL'ALBA *(Two Tickets to London)* ★★
Regia di EDWIN L. MARIN. Con CÉCILE AUBRY, ALAN CURTIS, MICHÈLE MORGAN. ■ Johnny, vedova, e Dan, prigioniero di guerra, viaggiano, separati, sul treno per Londra. Il treno viene bombardato e i due, salvi, si rifugiano in una cascina; qui si raccontano le rispettive storie, e Dan le rivela di essere accusato per aver contribuito all'affondamento della propria nave. La donna crede nella sua innocenza, ma quando apprende che suo fratello è rimasto ucciso proprio in quell'operazione, si rivolta contro Dan. Infine il giovane riesce a dimostrare la propria innocenza e i due si riconciliano. ■ DRAMMATICO; B/N; 91'; USA, 1943.

INCONTRO A NEW YORK *(The Man Who Lost Himself)* ★★
Regia di EDWARD LUDWIG. Con KAY FRANCIS, HENRY STEPHENSON, BRIAN WHERNE. ■ Il film si impernia sul tema sfruttato della somiglianza fisica. Un tipo alquanto stravagante approfitta dell'incontro con un uomo che gli somiglia come una goccia d'acqua per non tornare nella casa di cura da dove è fuggito. La vicenda si conclude male per lui, che finisce sotto le ruote della metropolitana. ■ COMMEDIA; B/N; 70' USA, 1941.

INCONTRO A PARIGI *(I Met Him in Paris)* ★★★
Regia di WESLEY H. RUGGLES. Con CLAUDETTE COLBERT, MELVIN DOUGLAS, ROBERT YOUNG. ■ Una disegnatrice, dopo aver messo da parte i risparmi per cinque anni, si reca a Parigi. Dovrà vedersela con due spasimanti. ■ COMMEDIA; B/N; 86'; USA, 1937.

INCONTRO A PICCADILLY *(Piccadilly Incident)* ★★
Regia di HERBERT WILCOX. Con ANNA NEAGLE, MICHAEL WILDING. ■ Alan e Diana, entrambi nell'esercito, si incontrano durante un'incursione aerea; nasce un amore che si conclude con il matrimonio. Poi i due partono per diverse destinazioni, e qualche tempo dopo Alan si convince che Diana è morta nel naufragio della nave dov'era imbarcata. Un nuovo legame si profila per Alan e Diana, che lo ritrova, per non interferire nella sua nuova vita gli confessa di amare un altro. Gli dirà la verità soltanto quando rimarrà gravemente ferita. ■ DRAMMATICO; B/N; 102'; GRAN BRETAGNA, 1946.

INCONTRO CON LE OMBRE *(Schutza)* ★★
Regia di JIRI SVOBODA. Con JANA BREJCHOVA, RADOSLAV BROBOHAY, RADOVAN LUKAVSKY ■ Un uomo, che ha passato anni nei lager dove i medici nazisti lo hanno sottoposto a inumani esperimenti, torna a casa dopo la guerra, ma sembra finito, nel corpo e nella mente. Invece l'incontro con una donna, una scienziata, gli fa ritrovare fiducia nella vita. ■ DRAMMATICO; COL.; 92'; CECOSLOVACCHIA, 1982.

INCONTRO D'AMORE – BALI ★
Regia di PAOLO HEUSCH, UGO LIBERATORE. Con LAURA ANTONELLI, ETTORE MANNI, UMBERTO ORSINI, JOHN STEINER. ■ Nell'isola di Bali, i due amici Glenn e Carlo scrivono un libro. Glenn, debole spiritualmente, cerca la pace, mentre Carlo si prende gioco di lui. Daria, la moglie di Carlo, comprende le sofferenze di Glenn e gli offre il suo amore. Ma il gesto è inutile e l'uomo finisce per uccidersi. ■ DRAMMATICO; COL.; 95'; ITALIA, 1970.

INCONTRO NEI CIELI *(You Came Along)* ★★
Regia di JOHN FARROW. Con ROBERT CUMMINGS, DON DEFORE, CHARLES DRAKE, LIZABETH SCOTT. ■ Tre giovani aviatori girano le maggiori città americane alla ricerca di fondi per la guerra; li accompagna Evy, che finisce per innamorarsi, ricambiata, di uno di loro. I due si sposano quando la ragazza apprende che un male incurabile le porterà via presto l'uomo che ama; il ricordo della breve gioia che ha saputo dargli le sarà di conforto. ■ GUERRA; B/N; 103'; USA, 1945.

INCONTRO NEL BUIO *(They Met in the Dark)* ★★
Regia di KARL LAMAC. Con JOYCE HOWARD, JAMES MASON, TOM WALLS. ■ Un ufficiale viene processato e condannato per non essere riuscito a impedire l'affondamento di un convoglio. Ma, certo della propria innocenza, l'uomo fa di tutto per scoprire l'intrigo di cui è stato vittima e risale così a un gruppo di spie. Tutto finisce bene. ■ GUERRA; B/N; 104'; GRAN BRETAGNA, 1943.

INCONTRO NELL'ULTIMO PARADISO ★
Regia di UMBERTO LENZI. Con RODOLFO BIGOTTI, RENATO MI-

RACCO, SABRINA SIANI. ■ Due ragazzi americani dispersi nella Repubblica Dominicana fanno conoscenza con una bella biondina che vive da anni nella foresta e le insegnano le gioie del sesso e del consumismo. ■ AVVENTURA; COL.; 90′; ITALIA, 1982.

INCONTRO SENZA DOMANI *(Escape)* ★★★
Regia di MERVYN LE ROY. Con NORMA SHEARER, ROBERT TAYLOR, CONRAD VEIDT. ■ Grazie a un romanzesco marchingegno, un'attrice di origine ebraica riesce a sfuggire a un campo di concentramento nazista. ■ DRAMMATICO; B/N; 104′; USA, 1940.

INCONTRO SOTTO LA PIOGGIA ★★
(Miracle in the Rain)
Regia di RUDOLPH MATÉ. Con PEGGIE CASTLE, FRED CLARK, VAN JOHNSON, JANE WYMAN. ■ Un soldato in licenza si innamora di una impiegata. Un giorno Ruth regala al giovane un'antica moneta acquistata a un'asta. Il soldato parte per il fronte e due mesi dopo la ragazza viene a sapere che è morto. Il dolore di Ruth è immenso. ■ DRAMMATICO; B/N; 107′; USA, 1956.

INCORREGGIBILE, L' *(L'incorrigible)* ★★
Regia di PHILIPPE DE BROCA. Con JEAN-PAUL BELMONDO, GENEVIÈVE BUJOLD, CAPUCINE, ANDRÉA FERRÉOL, CHARLES GÉRARD, JULIEN GUIOMAR. ■ Uscito di prigione, un simpatico malfattore intraprende avventure losche coi suoi due compari. Un'assistente sociale, che ha l'incarico di condurlo sulla retta via, sfrutta la propria astuzia e il proprio fascino per tenerlo a bada. Per un po', l'uomo le obbedisce, ma quando passa l'infatuazione per la donna, recupera le occasioni perdute. ■ COMMEDIA; B/N; 95′; FRANCIA, 1975.

IN CORSA CON IL DIAVOLO *(Race with the Devil)* ★★★
Regia di JACK STARRETT. Con PETER FONDA, WARREN OATES, LARA PARKER, LORETTA SWIT. ■ Due coppie di sposi, partite in roulotte per un viaggio di piacere, si ritrovano nel bel mezzo di un rito diabolico. Si rivolgono alle autorità locali, ma non vengono ascoltate; tentano di fuggire e sono costretti a reagire per non restare vittime di atrocità di ogni genere. Quando pensano di essere salvi, finiscono tragicamente. ■ DRAMMATICO; COL.; 88′; USA, 1975.

IN CORSA CON IL SOLE *(Race the Sun)* ★
Regia di CHARLES T. KANGANIS. Con CASEY AFFLECK, JAMES BELUSHI, HALLE BERRY, KEVIN TIGHE. ■ Un gruppo di studenti hawaiiani partecipa a una gara con una vettura ad energia solare. Ci sono, ovviamente, dei rivali ricchi e spavaldi che verranno sconfitti in modo prevedibile. ■ COMMEDIA; COL.; 99′; USA, 1996.

INCREDIBILE AFFARE KOPCENKO, L' *(Otley)* ★★
Regia di DICK CLEMENT. Con ALAN BADEL, TOM COURTENAY, ROMY SCHNEIDER. ■ Kopcenko, implicato in un affare spionistico, muore misteriosamente. Due potenti organizzazioni di spie cercano di giungere alla verità servendosi di Otley, un giovane sfrattato che, per puro caso, è capitato una notte in casa dell'ucciso. Imogen, affascinante ragazza, aiuta Otley a uscire dall'intrigo. ■ COMMEDIA; B/N; 91′; GRAN BRETAGNA, 1969.

INCREDIBILE AVVENTURA, L' ★★★
(The Incredible Journey)
Regia di FLETCHER MARKLE. Con JOHN DRAINIE, MARION FINLAYSON, EMILE GENEST, SANDRA SCOTT. ■ Due cani e un gatto, insolitamente amici, si trovano a percorrere chilometri e chilometri per ritrovare i padroni che li hanno temporaneamente abbandonati. ■ AVVENTURA; B/N; 80′; USA, 1963.

INCREDIBILE AVVENTURA DI MR. HOLLAND, L' ★★★
(The Lavender Hill Mob)
Regia di CHARLES CRICHTON. Con ALFIE BASS, ALEC GUINNESS, STANLEY HOLLOWAY, SIDNEY JAMES. ■ Mister Holland, con pochi soldi e molta fantasia, sorveglia un carico d'oro. Gli viene voglia di rubarlo e, con un compare, escogita un piano ingegnoso: trasforma una parte dei lingotti in torri Eiffel in miniatura. Ma una di queste, capitata sulla scrivania di un commissario di polizia, porta alla cattura dei due dopo una serie di straordinarie avventure. ■ GIALLO; B/N; 82′; GRAN BRETAGNA, 1951. ■ OSCAR 1 PR, 2 NOM; VENEZIA 1 PR.

INCREDIBILE CASA IN FONDO AL MARE, L' ★★
(Hello Down There)
Regia di JACK ARNOLD. Con JIM BACKUS, JANET LEIGH, TONY RANDALL. ■ Un ingegnere ha costruito un modello di casa subacquea. Dato che gli eventuali acquirenti del progetto non sono convinti, l'uomo si offre come cavia andando a vivere con la famiglia per trenta giorni parecchi metri sotto il livello del mare. La moglie, di buon carattere, cerca con pazienza d'adattarsi. I figli organizzano addirittura un concerto rock. ■ COMMEDIA; COL.; 99′; USA, 1969.

INCREDIBILE E TRISTE STORIA DEL CINICO RUDY CAINO, OVVERO: 17, L' ★
Regia di ENRICO CARIA. Con PEPPE BARRA, ENRICO CARIA, PAOLA JOVINELLA, BAIKAL KENT, GIOVANNI MAURIELLO. ■ Nel futuro Napoli risulta essere la città meno inquinata del mondo. È infatti uscita indenne da una guerra chimica che ha devastato tutti gli altri luoghi. Ci sono però scontri tra lo Stato e l'Antistato guidato da Gaetano Carone detto O'Turco. I rappresentanti del potere legale chiederanno l'aiuto dell'agente segreto Rudy Caino. Sembra Napoli ma, in realtà, il film è stato girato a Istanbul. ■ FANTASTICO; COL.; 93′; ITALIA, 1991.

INCREDIBILE FURTO DI MR. GIRASOLE, L' ★★★
(Never a Dull Moment)
Regia di JERRY PARIS. Con JOANNA MOORE, DOROTHY PROVINE, EDWARD G. ROBINSON, HENRY SILVA, DICK VAN DYKE. ■ Un giovane onesto viene scambiato per un temibile gangster, che con Joe Girasole deve compiere un clamoroso furto. Il giovane accetta la parte per neutralizzare i banditi. ■ COMMEDIA; B/N; 100′; USA, 1968.

INCREDIBILE HULK, L' *(The Incredible Hulk)* ★★★
Regia di KENNETH JOHNSON. Con SUSAN BATSON, BILL BIXBY, LOU FERRIGNO, MARIO GALLO, SUSAN SULLIVAN. ■ Il film è l'episodio "pilota" dell'omonima serie di telefilm. La storia unisce elementi del dottor Jekyll ad altri di Frankenstein. Uno scienziato, sottoposto a radiazioni, si trasforma, quando è irritato, in un enorme gigante verde che finisce inconsapevolmente per aiutare la giustizia. ■ FANTASTICO; COL.; 100′; USA, 1978.

INCREDIBILE MURRAY – L'UOMO CHE DISSE NO, L' *(A Thousand Clowns)* ★★
Regia di FRED COE. Con MARTIN BALSAM, BARBARA HARRIS, JASON ROBARDS, GENE SAKS. ■ Storia piuttosto noiosa di un bizzarro autore televisivo che, rimasto senza lavoro, si rifiuta di cercarne un altro pur avendo a suo carico un nipotino dodicenne. ■ COMMEDIA; B/N; 118′; USA, 1968. ■ OSCAR 1 PR, 4 NOM.

INCREDIBILE REALTÀ, L' *(Life Returns)* ★★
Regia di EUGENE FRENKE. Con VALERIE HOBSON, ONSLOW STEVENS. ■ Per lavorare a una sua formula che dovrebbe far risuscitare chi è morto di morte violenta, un giovane professore va in rovina. Il figlio gli viene sottratto e messo in ospizio, ma il bimbo fugge col suo cane, che viene catturato e ucciso nella camera a gas. Il professore con la sua magica sostanza risuscita il cane e ritorna trionfante all'università. ■ FANTASTICO; B/N; 60′; USA, 1938.

INCREDIBILE SIGNOR BLUNDEN, L' ★★
(The Amazing Mr. Blunden)
Regia di LIONEL JEFFRIES. Con DIANA DORS, LYNNE FREDERICK, LAURENCE NAISMITH. ■ Da un romanzo per ragazzi molto popolare (in Inghilterra), *The ghosts*, di Antonia Barber. Mr. Blunden è un simpatico fantasma che preleva due piccoli orfani inglesi e li porta un secolo indietro dove aiuteranno due coetanei insidiati da uno zio cattivo. ■ FANTASTICO; COL.; 91′; GRAN BRETAGNA, 1972.

INCREDIBILE SIGNOR DETOCKIN, L' ★★
(Bereghis automobilia!)
Regia di ELDAR RJAZANOV. Con OLGA AROSEVA, OLEG EFREMOV, ANDREI MIRONOV, INNOKENTIJ SMOKTUNOVSKIJ. ■ Juri, assicuratore, ha idee molto particolari sull'onestà; convinto di agire bene, ruba a tutti coloro che si arricchiscono con mezzi illeciti. Maxim, ispettore di polizia, e Liuba, una giovane che lo ama, si assumono l'incarico di fargli cambiare idea. ■ COMMEDIA; B/N; 92′; URSS, 1966.

INCREDIBILE SPIA, L' *(Thirteen Frightened Girls)* ★★
Regia di WILLIAM CASTLE. Con MURRAY HAMILTON, HUGH

MARLOWE, JOYCE TAYLOR. ■ Candy, allieva in un collegio, si innamora di un giovane militante in una società segreta. Il giovane è in difficoltà perché non riesce a portare a termine un incarico affidatogli dai suoi superiori. La fidanzata lo aiuta provocando con la sua inesperienza e il suo entusiasmo un mucchio di guai. Lieto fine. ■ COMMEDIA; COL.; 89′; USA, 1963.

INCREDIBILE STORIA DI MARTHA DUBOIS, L' ★★
(Macedoine)
Regia di JACQUES SCANDELARI. Con PIERRE BRASSEUR, BERNARD FRESSON, MICHÈLE MERCIER, VENANTINO VENANTINI, ROBERT WEBBER. ■ È la storia di Martha, che dalla comune vita di operaia viene proiettata nel dorato mondo dello spettacolo, dove si innamora di un uomo ricchissimo che viene ucciso dalla moglie. La povera Martha fallirà anche nella carriera teatrale. ■ COMMEDIA; COL.; 84′; FRANCIA, 1970.

INCREDIBILE STORIA DI WINTER IL DELFINO 3D, L' *(Dolphin Tale)* ★★★
Regia di CHARLES MARTIN SMITH. Con HARRY CONNICK JR., NATHAN GAMBLE, KRIS KRISTOFFERSON, COZI ZUEHLSDORFF. ■ 2006. Mentre nuota libero, un giovane delfino rimane impigliato in una trappola per granchi e riporta gravi ferite alla coda. Viene soccorso e trasportato al Clearwater Marine Hospital, dove gli viene dato il nome Winter. Ma la sua lotta per sopravvivere è solo all'inizio. La perdita della coda può costargli la vita e saranno necessarie l'esperienza di un appassionato biologo marino, l'ingegno di un brillante medico esperto di prostetica e la devozione di un ragazzo di nome Sawyer per portare a compimento un miracolo, che non solo ha salvato Winter, ma è riuscito ad aiutare migliaia di persone in tutto il mondo. ■ DRAMMATICO; COL.; 113′; USA, 2011.

INCREDIBILE VERITÀ, L' *(The Unbelievable Truth)* ★★★
Regia di HAL HARTLEY. Con ROBERT BURKE, CHRISTOPHER COOKE, JULIA MUELLER, ADRIENNE SHELLY. ■ Si tratta del primo film del regista indipendente di *Uomini semplici* e *Trust – Fidati*, uno dei migliori autori contemporanei. Josh ha passato un lungo periodo in prigione, perché accusato di due omicidi. Ora fa il meccanico e la figlia del proprietario lo ama. I problemi non mancano ma alla fine la verità sull'antica tragedia fugherà le nubi. ■ DRAMMATICO; COL.; 87′; USA, 1989.

INCREDIBILE VIAGGIO NEL CONTINENTE PERDUTO, L' *(El viaje al cientro de la tierra)* ★★
Regia di JUAN PIQUER SIMON. Con KENNETH MORE, PEP MUNNÉ, YVONNE SENTS. ■ Amburgo, 1898. Il geologo Lidenbrück organizza una spedizione di cui fanno parte anche sua nipote e il fidanzato e si reca in Islanda per effettuare un viaggio verso il centro della Terra partendo dal cratere di un vulcano spento. Dopo molteplici avventure, gli esploratori verranno travolti da un'eruzione che li riporterà poi all'aria aperta, ma non più in Islanda, bensì sulla sommità del vulcano italiano Stromboli. ■ AVVENTURA; COL.; 92′; SPAGNA, 1977.

INCREDIBILE VIAGGIO VERSO L'IGNOTO ★★
(Escape to Witch Mountain)
Regia di JOHN HOUGH. Con EDDIE ALBERT, RAY MILLAND, DONALD PLEASENCE. ■ Perduta di vista la nave spaziale dello zio Bene, ai due piccoli Tony e Tia accadono cose stupefacenti: Tony, suonando un'armonica, sconfigge la forza di gravità e Tia è addirittura in grado di prevedere il futuro. ■ FANTASTICO; B/N; 97′; USA, 1975.

INCREDIBILE VOLO, L' *(Fly away Home)* ★★
Regia di CARROLL BALLARD. Con JEFF DANIELS, DANA DELANEY, ANNA PAQUIN. ■ Amy, una ragazzina che ha perso la madre, va a vivere con suo padre in una isolata fattoria canadese. Un giorno tra i boschi scopre un nido abbandonato di oche selvatiche che riuscirà a far nascere improvvisando una rudimentale incubatrice. Diventerà così la "mamma" delle ochette, riuscendo, aiutata dal padre, dallo zio e dagli amici, a farle volare verso sud prima dell'arrivo dell'inverno. ■ COMMEDIA; COL.; 110′; USA, 1996. ■ OSCAR 1 NOM.

♥ INCREDIBILI – UNA NORMALE FAMIGLIA DI SUPEREROI, GLI *(The Incredibles)* ★★★★
Regia di BRAD BIRD. ■ Mister Incredibile è il supereroe assoluto. Praticamente ha più volte salvato il mondo. Però salva qualcuno di troppo, un aspirante suicida che, una volta salvato denuncia il Mister per danni (alla schiena). La denuncia si rivela devastante per tutti coloro che hanno poteri superiori. Il regista cerca di creare un proprio percorso, abbandonando le certezze tipiche della classica pellicola di animazione americana e firma qualcosa di anomalo e importante. Per esempio riuscendo a dare uno spessore umano e insolito a personaggi che, solo apparentemente, sembrano convenzionali. Davvero un'evoluzione del cinema di animazione. ■ ANIMAZIONE; COL.; 115′; USA, 2004. ■ GOLDEN GLOBES 1 NOM; OSCAR 2 PR. 2 NOM.

INCROCIATORE DRESDA, L' *(Ein Robinson)* ★★
Regia di ARNOLD FANCK. Con HERBERT A. E. BOHME, MARIE LOUISE CLAUDIUS, CLAUS CLAUSEN, M. BAUMAN RIEKELT. ■ Sospeso tra realtà e fantasia, questo film narra dell'incrociatore *Dresda* fatto esplodere dal proprio comandante perché inadatto ad affrontare il nemico; i marinai si rifugiano su un'isola dove uno di essi sceglie di restare per sempre. A guerra finita, la nave verrà ricostruita. ■ GUERRA; B/N; 90′; GERMANIA, 1940.

INCROCIATORE MISTERIOSO, L' ★★
(Murder in the Fleet)
Regia di EDWARD SEDGWICK. Con JEAN PARKER, ROBERT TAYLOR. ■ Un misterioso nemico intende sabotare un'invenzione di grande utilità a bordo di una nave americana; un valoroso ufficiale si adopera e riesce a sventare i ripetuti attentati. ■ DRAMMATICO; B/N; 70′; USA, 1935.

INCROCIO, L' *(Grayhound Limites)* ★
Regia di HOWARD BRETHERTON. Con MONTE BLUE, EDNA MURPHY, GRANT WHITERS. ■ Un uomo è accusato di omicidio ingiustamente. L'unico che può scagionarlo è un rivale in amore. Costui, dopo aver combattuto un po' con la sua coscienza, si decide e salva l'uomo. ■ DRAMMATICO; B/N; 92′; USA, 1929.

INCROCIO D'AMORE *(Lanse da men)* ★★
Regia di CHIN-YEN YEE. Con BO-LIN CHEN, LUN-MEI GUEY, SHU-HUI LIANG. ■ Le vicende sentimentali di tre adolescenti di Taiwan. Due amiche sono innamorate dello stesso ragazzo che è il bello della scuola. Storia stravista ma non del tutto banale. ■ SENTIMENTALE; COL.; 85′; FRANCIA, TAIWAN, 2003.

INCROCIO PERICOLOSO, L' *(The Crooked Way)* ★★
Regia di ROBERT FLOREY. Con ELLEN DREW, JOHN PAYNE. ■ Del protagonista si sa che si chiama Edgar e che viene da Los Angeles. Dopo inutili tentativi per fargli ritornare la memoria, il medico curante lo induce a raggiungere la sua città; qui, in seguito all'incontro con una donna, sua moglie, l'uomo apprende di aver fatto parte della malavita. Con il suo aiuto, la banda a cui apparteneva viene sgominata. ■ POLIZIESCO; B/N; 90′; USA, 1949.

INCUBI *(Two-Fisted Tales)* ★★
Regia di RICHARD DONNER, TOM HOLLAND, ROBERT ZEMECKIS. Con DAN AYKROYD, RAYMOND J. BARRY, ERIC DOUGLAS, KIRK DOUGLAS, NEIL GARY GIUNTOLI, DAVID MORSE, BRAD PITT. ■ Film tv a episodi, passato non si sa perché nelle sale. Se l'episodio di Zemeckis, *Yellow*, è sicuramente il migliore, in realtà si viaggia più nella commistione di generi che nell'horror puro. Il primo episodio è un western, il secondo un quasi incubo e il terzo un film che un tempo si sarebbe definito "bellico". ■ HORROR; COL.; 82′; USA, 1992.

INCUBI NOTTURNI *(Dead of night)* ★★★
Regia di ALBERTO CAVALCANTI, CHARLES CRICHTON, BASIL DEARDEN, ROBERT HAMER. Con ROLAND CULVER, MERVYN JOHNS, MARY MERRALL, MICHAEL REDGRAVE, GOOGIE WITHERS. ■ Uno dei più celebri film del terrore dell'intera storia del cinema, scoperto in Italia solo recentemente. Un architetto arriva in una misteriosa villa dove altri personaggi raccontano fatti paranormali che diventano altrettanti episodi. In *Il conducente del carro funebre* un uomo, grazie a un sogno premonitore, sopravvive a morte sicura. Alla ragazza di *Il ricevimento natalizio* appare in soffitta lo spettro di un bambino. *Lo specchio incantato* tratta di un acquisto che si rivela nefasto in quanto riflette una realtà parallela molto pericolosa. In *Una storia di golf* un suicida torna per fare dispetti a un suo amico, indirettamente colpevole della sua

morte. Alberto Cavalcanti, oltre a supervisionare la pellicola, dirige due episodi e si distingue con l'ultimo piccolo capolavoro, *Il pupazzo del ventriloquo*. Interpretato da Michael Redgrave, tratta di un ventriloquo che ha un rapporto talmente stretto col proprio pupazzo da diventare pazzo e uccidere un uomo. L'influenza di questa pellicola sul cinema gotico posteriore è innegabile e ancora oggi mantiene un fascino inquietante. ■ HORROR; B/N; 102'; GRAN BRETAGNA, 1945.

INCUBO, L' *(Nightmare)* ★★
Regia di TIM WHELAN. Con DIANA BARRYMORE, HENRY DANIELL, BRIAN DONLEVY. ■ Un giovane si improvvisa poliziotto per amore di una bella vedova. Dopo una serie di avventure ricche di suspense, può assicurare alla giustizia una nutrita compagnia di spie naziste. ■ GIALLO; B/N; 81'; USA, 1942.

INCUBO AD ALCATRAZ *(Six Against the Rock)* ★★
Regia di PAUL WENDKOS. Con DAVID CORRADINE, HOWARD HESSEMAN, DAVID MORSE. ■ Questo film per la tv riprende un episodio accaduto realmente nel 1946, quando sei detenuti tentarono di evadere dalla famosa prigione. Subito i fuggitivi si trovarono chiusi in trappola e la caccia all'uomo si concluse in modo tragico. ■ DRAMMATICO; COL.; 100'; USA, 1987.

INCUBO D'AMORE *(Dream Lover)* ★★
Regia di NICHOLAS KAZAN. Con MADCHEN AMICK, BESS ARMSTRONG, FRÉDÉRIC LEHENE, JAMES SPADER. ■ Dopo aver fatto lo sceneggiatore per molti anni (*Frances*, *Il mistero Von Bulow* e altri) il figlio di Elia Kazan ha girato il suo primo film. Ray è un architetto molto stimato. Decide di risposarsi dopo aver conosciuto Lena a un'inaugurazione d'arte. La donna si rivela aggressiva e umorale. Riuscirà perfino a farlo internare. Senza infamia e senza lode. ■ DRAMMATICO; COL.; 103'; USA, 1993.

INCUBO DEI MAU MAU, L' *(The Heart of the Matter)* ★★
Regia di GEORGE MORE O'FERRALL. Con ELIZABETH ALLAN, TREVOR HOWARD, MARIA SCHELL. ■ L'Africa misteriosa fa da sfondo a questa storia. Scobie, ufficiale di polizia non molto amato per la sua integrità, si innamora di una donna mentre la moglie, malata, è lontana. Sarà ucciso dai Mau Mau. Da Graham Greene. ■ DRAMMATICO; B/N; 105'; GRAN BRETAGNA, 1952.

INCUBO DEL PASSATO, L' *(The Crime Doctor)* ★★
Regia di MICHAEL GORDON. Con WARNER BAXTER, MARGARET LINDSAY. ■ Un gangster perde la memoria. Si mette a studiare medicina e diventa un bravo medico. Ma a causa di una donna, gli torna la memoria. Si autodenuncia ma viene assolto. ■ DRAMMATICO; B/N; 66'; USA, 1944.

INCUBO DI DARWIN, L' *(Darwin's nightmare)* ★★★
Regia di HUBERT SAUPER. ■ Negli anni Sessanta è avvenuto un disastro ecologico in Tanzania. Il pesce persico del Nilo è stato immesso (volontariamente?) nel lago Victoria, il secondo lago più grande del mondo, distruggendo irrimediabilmente la fauna ittica. Quell'atto scellerato contro l'ambiente ha generato anche risvolti positivi, sviluppando l'economia dei luoghi limitrofi e generando attività per esportare il pesce in Europa, in un paese in cui la povertà e la morte per indigenza sono all'ordine del giorno. Il documentario fa raccontare in prima persona dai protagonisti la realtà delle cose. ■ DOCUMENTARIO; COL.; 107'; AUSTRIA, BELGIO, FRANCIA, 2004. ■ OSCAR 1 NOM.

INCUBO DIETRO LE SBARRE ★★
(In the Custody of Strangers)
Regia di ROBERT GREENWALD. Con JANE ALEXANDER, EMILIO ESTEVEZ, MARTIN SHEEN. ■ Un ragazzo litiga col padre e lascia la casa. Poco dopo ha un incidente stradale e subisce una dura condanna (40 giorni di carcere). In prigione ne passa di tutti i colori. La violenza subita da un omosessuale lo manda all'ospedale. ■ DRAMMATICO; COL.; 90'; USA, 1982.

INCUBO DI JANET LIND, L' *(Nightmare)* ★★
Regia di FREDDIE FRANCIS. Con BRENDA BRUCE, DAVID KNIGHT, JENNIE LINDEN, MOIRA REDMOND. ■ Complicata storia di una giovane collegiale, Janet, in preda ad attacchi di schizofrenia. Verrà spinta al delitto da una perfida infermiera, che pagherà il suo conto alla giustizia. ■ GIALLO; B/N; 82'; GRAN BRETAGNA, 1964.

INCUBO DI JOANNA MILLS – THE RETURN, L' ★★
(The Return)
Regia di ASIF KAPADIA. Con KATE BEAHAN, SARAH MICHELLE GELLAR, PETER O'BRIEN, ADAM SCOTT, SAM SHEPARD. ■ La vita di Joanna, giovane ma affermata rappresentante, comincia a deragliare verso sentieri oscuri quando alcuni torbidi ricordi d'infanzia riaffiorano sotto forma di allucinazioni. Le invadenti visioni cominciano a seguire e condizionare Joanna nei propri viaggi di lavoro, spingendola a indagare su un brutale omicidio che la ossessiona in sogno e portandola così a scoprire alcune connessioni tra il caso e se stessa. Convinta di essere la prossima vittima del misterioso killer, la donna si lascerà guidare dalle proprie visioni in un pericoloso vortice di eventi, dove discernere tra premonizione e ricordo potrebbe rivelarsi arduo. Ennesimo titolo del genere psycho-thriller paranormale dagli echi pseudo-orientali. ■ THRILLER; COL.; 85'; USA, 2006.

INCUBO FINALE ★
(I Still Know What You Did Last Summer)
Regia di DANNY CANNON. Con BRANDY, JENNIFER LOVE HEWITT, MEKHI PHIFER, FREDDIE PRINZE JR, MUSE WATSON. ■ Film numero due della serie del killer uncinato. I protagonisti vincono una vacanza alle Bahamas. Piove a dirotto e devono restare in albergo. Non tutti i vacanzieri presenti sono brave persone. Il soggetto langue e il "cattivo" pure. ■ HORROR; COL.; 95'; USA, 1998.

INCUBO IN ALTO MARE *(Treacherous Crossing)* ★
Regia di TONY WHARMBY. Con ANGIE DICKINSON, GRANT SHAW, LINDSAY WAGNER. ■ Due novelli sposi partono per il viaggio di nozze, in crociera. Lui però scompare misteriosamente e veniamo a sapere che lei, oltre a soffrire di instabilità mentale, aveva già avuto un marito suicida. ■ THRILLER; COL.; 85'; USA, 1992.

INCUBO IN CORSIA *(The Dead Pit)* ★
Regia di BRETT LEONARD. Con STEFFEN GREGORY FOSTER, DANNY GOCHNAUER, CHERYL LAWSON, JEREMY SLATE. ■ Una ragazza lavora in un ospedale psichiatrico e si interessa a strani esperimenti, tanto da far tornare in vita uno psichiatra pazzo. Costui è morto vent'anni prima nella stessa clinica. Traballante. ■ HORROR; COL.; 90'; USA, 1989.

INCUBO INFERNALE *(The Hearse)* ★★
Regia di GEORGE BOWERS. Con JOSEPH COTTEN, DONALD PETRIE, TRISH VAN DEVERE. ■ Una bella donna eredita da una zia praticamente sconosciuta una vecchia casa in provincia. Ne prende possesso, ma è colpita dalla poca cordialità della gente del luogo. Solo in un secondo tempo la donna riesce a capire il motivo del loro comportamento. È la copia esatta della zia, che la voce popolare accusava di avere commerci carnali con Satana. ■ HORROR; COL.; 92'; USA, 1980.

INCUBO – NON CREDO PIÙ ALL'AMORE – PAURA ★★★
Regia di ROBERTO ROSSELLINI. Con INGRID BERGMAN, KURT KREUGER, RENATE MANNHARDT, MATHIAS WIEMAN. ■ Marito e moglie lavorano in un istituto di ricerche farmacologiche. La moglie, Irene, tradisce il marito. Viene ricattata da una donna, d'accordo col marito che ha scoperto il tradimento. Dopo numerosi tira e molla, Irene decide di suicidarsi, incapace di sopportare il ricatto. Ma quando sta per iniettarsi il veleno, arriva nel laboratorio il marito. I due capiscono di amarsi ancora. ■ DRAMMATICO; B/N; 90'; GERMANIA, ITALIA, 1955.

INCUBO SULLA CITTÀ *(80.000 Suspects)* ★★★
Regia di VAL GUEST. Con CLAIRE BLOOM, RICHARD JOHNSON, YOLANDE NORMAN BIRD, CYRIL CUSACK. ■ In una piccola città dell'Inghilterra viene segnalato un caso di vaiolo. Il dottor Nox, che avrebbe dovuto andare in vacanza, si ferma per cercare di bloccare l'epidemia. I cittadini, allarmati, seguono con ansia il lavoro dei medici. ■ DRAMMATICO; B/N; 113'; GRAN BRETAGNA, 1963.

INCUBO SULLA CITTÀ CONTAMINATA ★★
Regia di UMBERTO LENZI. Con MEL FERRER, MARIA ROSARIA OMAGGIO, HUGO STIGLITZ. ■ Una fuga nucleare contamina un'intera città, trasformandone gli abitanti in altrettanti zombie assetati di sangue. Qualche interessante sequenza horror, per il resto

un diffuso senso di già visto. ■ HORROR; COL.; 91′; ITALIA, SPAGNA, 1980.

INCUBUS, IL POTERE DEL MALE *(Incubus)* ★★
Regia di JOHN HOUGH. Con JOHN CASSAVETES, JOHN IRELAND, KERRIE KEANE. ■ Un tranquillo paesino della provincia americana viene sconvolto da un'ondata di efferati delitti in odore di stregoneria. Tim, figlio di una donna uccisa anni prima perché sospettata di essere una fattucchiera, si convince di essere l'autore degli omicidi, ma il colpevole è altrove. ■ HORROR; COL.; 90′; USA, 1982.

INCURABILE ROMANTICO, UN *(Love Sick)* ★★
Regia di MARSHALL BRICKMAN. Con ALEC GUINNESS, JOHN HUSTON, ELIZABETH MCGOVERN, DUDLEY MOORE. ■ Il dott. Bergerin, psichiatra freudiano, cura, peraltro con poco entusiasmo, pazienti dalle storie ripetitive. L'ombra di Freud veglia su una sua storiella sentimentale con una paziente, richiamandolo all'etica professionale prima che egli sia radiato dall'albo dei medici. ■ COMMEDIA; COL.; 95′; USA, 1984.

INDAGINE AD ALTO RISCHIO *(Cop)* ★★★
Regia di JAMES B. HARRIS. Con CHARLES DURNING, LESLEY-ANN WARREN, JAMES WOODS. ■ Un sergente di polizia dà la caccia a un feroce assassino di giovani donne (il sergente sospetta che sia in azione da oltre quindici anni). Indagando infatti scopre che all'origine dei fatti delittuosi c'è una violenza, perpetrata quasi vent'anni prima ai danni di una collegiale (ora libraia femminista). Un poliziesco teso e avvincente con un personaggio convincente (un poliziotto bravo ma nevropatico) ottimamente reso da Woods. ■ POLIZIESCO; COL.; 112′; USA, 1987.

INDAGINE ALLO SPECCHIO *(Double Edge)* ★
Regia di STEPHEN STAFFORD. Con SUSAN LUCCI, ROBERT PROAKV, ROBERT URICH. ■ Maggie e Carmen sono identiche come due gocce d'acqua. La prima è un'agente dell'Fbi e la seconda una pericolosa killer in procinto di assassinare un potente boss della malavita. Maggie riceve l'incarico di trovare Carmen, insieme al collega Harry. Le indagini conducono Maggie a una casa di riposo dove Carmen ha sistemato il padre. ■ THRILLER; COL.; 86′; USA, 1991.

INDAGINE OLTRE LA VITA *(The Force)* ★★
Regia di MARK ROSMAN. Con KIM DELANEY, JASON GENDRICK, GARY HUDSON. ■ In un poliziotto ferito entra lo spirito di un suo collega, ucciso durante un conflitto a fuoco. Diventerà invincibile. ■ DRAMMATICO; COL.; 90′; USA, 1994.

INDAGINE PERICOLOSA ★★
(She Played with Fire – Fortune is a Woman)
Regia di SIDNEY GILLIAT. Con ARLENE DAHL, JACK HAWKINS, DENNIS PRICE. ■ Mandato a indagare in un castello dove sono andati distrutti dipinti di valore in un rogo, l'assicuratore Branwell ritrova l'ex fidanzata Sara. Qualche tempo dopo, il marito della donna muore e il giovane, in procinto di far versare alla vedova la somma del risarcimento, ha qualche sospetto. Ma poi tutto finisce bene. ■ POLIZIESCO; B/N; 94′; GRAN BRETAGNA, 1956.

INDAGINE SPECIALE *(Special Police)* ★★
Regia di MICHEL VIANEY. Con RICHARD BERRY, CAROLE BOUQUET. ■ Una bella ragazza assiste all'assassinio del fratello e di sua moglie. Scappa per non farsi uccidere e trova un nascondiglio sicuro presso un poliziotto amico del morto. Questi non solo le offre protezione, ma si mette alla ricerca dei killer e scopre che fanno parte di una gang che conta non pochi complici nella polizia. ■ GIALLO; COL.; 92′; FRANCIA, 1985.

INDAGINE SU UNA NINFOMANE ★★
Regia di YASUZO MASUMURA. Con RURIKO ASAOKA, EIKO AZUSA, KYOKO KISHIDA, EIJI OKADA. ■ Miki si dà a un giovane, poi lo accusa di violenza e pretende di avere dei soldi per non rivelare alla giustizia l'inesistente misfatto. Di avventura in avventura, dopo aver suscitato l'amore di un uomo che si rovina per lei, la ragazza finisce per morire in un incidente. ■ DRAMMATICO; B/N; 92′; GIAPPONE, 1969.

♥ INDAGINE SU UN CITTADINO AL DI SOPRA DI OGNI SOSPETTO ★★★★
Regia di ELIO PETRI. Con FLORINDA BOLKAN, ORAZIO ORLANDO, SALVO RANDONE, GIANNI SANTUCCIO, GIAN MARIA VOLONTÉ. ■ Un commissario di polizia uccide l'amante che lo sta tradendo con uno studente contestatore, ma non si cura di nascondere le tracce del delitto. Anzi, lascia molti indizi in modo che i suoi colleghi siano obbligati a risalire a lui. Uomo di potere, vuol vedere fino a che punto il potere protegge i suoi rappresentanti. ■ POLIZIESCO; COL.; 118′; ITALIA, 1970. ■ CANNES 1 PR; DAVID DI DONATELLO 2 PR, 2 NOM; OSCAR 1 PR, 2 NOM.

INDAGINE SU UN DELITTO PERFETTO ★★
Regia di GIUSEPPE ROSATI. Con ADOLFO CELI, JOSEPH COTTEN, LEONARD MANN. ■ Il presidente di una potente società multinazionale muore in un incidente aereo. Mancando gli eredi, i tre vice-presidenti decidono di eleggere in pochi giorni il successore. Ma uno muore in un incidente e, poco dopo, anche gli altri due finiscono uccisi. In realtà il primo aveva fatto finta di morire e aveva organizzato tutto con l'aiuto di una bella infermiera. E ora è lui il successore ed erede, nonostante un suo parente poliziotto lo avesse sospettato. ■ POLIZIESCO; COL.; 90′; ITALIA, 1978.

INDAGINE SU UN PARÀ ACCUSATO DI OMICIDIO ★★★
(Le dernier saut)
Regia di ÉDOUARD LUNTZ. Con MAURICE RONET, CATHY ROZIER. ■ Un sergente dei parà uccide una bella donna indocinese. Incaricato delle indagini è un ispettore di mezza età che, interrogando il sergente e incontrandolo anche a inchiesta conclusa, ne diventa amico. Talmente amico che quando si convince che il sergente ha davvero ucciso la donna, esita a perseguirlo. Ma sarà l'altro che, per non metterlo nei guai, deciderà di costituirsi. ■ GIALLO; COL.; 102′; FRANCIA, 1969.

INDAGINI SPORCHE *(Dark Blue)* ★★★
Regia di RON SHELTON. Con BRENDAN GLEESON, VING RHAMES, KURT RUSSELL, SCOTT SPEEDMAN. ■ Los Angeles, 1992. Mentre la città attende con trepidazione il verdetto a carico degli agenti che picchiarono Rodney King, la polizia è dilaniata al suo interno dalle manovre di successione alla carica di capo della polizia, che vede opposti il nero e garantista Holland al bianco e sbrigativo Van Meter. In questo quadro due agenti della squadra speciale, il veterano Eldon Perry e la recluta Keough, si ritrovano a indagare su una rapina che è sfociata in un quadruplice omicidio. Le indagini li condurranno a scoprire una verità inaccettabile, proprio mentre l'assoluzione dei coinvolti nel caso King scatena la storica rivolta dei ghetti. Leone Nero al Festival di Courmayeur 2002. ■ POLIZIESCO; COL.; 110′; USA, 2002.

IN DARKNESS ★★★
Regia di AGNIESZKA HOLLAND. Con BENNO FÜRMANN, AGNIESZKA GROCHOWSKA, HERBERT KNAUP, MARIA SCHRADER, ROBERT WIECKIEWICZ. ■ Leopold Socha, ispettore fognario nella Leopoli occupata del '43, ha una moglie e una bambina. Scaltro e intraprendente, ruba nelle case dei ricchi e non ha scrupoli con quelle degli ebrei, costretti nel ghetto e poi falciati dalla follia omicida dei nazisti. Avvicinato da un vecchio compagno di cella, l'ufficiale ucraino Bortnik, gli viene promessa una lauta ricompensa se troverà e denuncerà alla Gestapo gli ebrei sfuggiti ai rastrellamenti. Nascosti undici di loro in un settore angusto delle fognature, in cambio di cibo e silenzio, Leopold ricava profitto e benessere. Un benessere vile come la sua condotta. Ma poi si ravvede. Tra aguzzini, perlustrazioni, fame, buio, bombardamenti e alluvioni, Leopold riuscirà a salvare tanta gente. Agnieszka Holland indaga il comportamento umano in situazioni limite, affrontando la più grande tragedia del Novecento e richiamando quelle successive. ■ DRAMMATICO; COL.; 145′; GERMANIA, POLONIA, 2011.

INDEPENDENCE DAY ★★
Regia di ROLAND EMMERICH. Con JEFF GOLDBLUM, BILL PULLMAN, WILL SMITH, MARGARET COLIN. ■ Un cervellone delle comunicazioni, un pilota della disinfestazione e il presidente degli Stati Uniti sono gli eroi che salvano la Terra dalla minaccia degli alieni. Dopo che gli umani hanno subíto disastri immani e quasi perso le speranze, lo scienziato ha l'idea giusta e l'astronave madre dei nemici è colpita al cuore. Budget, effetti speciali, un tanto di ironia che comunque non basta a far passare, per esempio, il piglio ridicolo di un presidente degli Usa che sembra "Dave". Ha

incassato centinaia di miliardi nel mondo, ma non rimarrà nella storia della fantascienza. ■ FANTASCIENZA; COL.; 144′; USA, 1996. ■ OSCAR 1 PR, 2 NOM.

INDESIDERABILI, GLI ★★
Regia di PASQUALE SCIMECA. Con VINCENZO ALBANESE, ANTONIO CATANIA, VINCENT GALLO, VIOLANTE PLACIDO, VINCENT SCHIAVELLI, LYNDA STEADMAN, PEPPE LANZETTA. ■ 1951: il tribunale di New York celebra un processo contro un nutrito gruppo di italo-americani accusati di appartenere alla malavita. Non riuscendone a provare la colpevolezza, la Corte attribuisce loro il marchio di "indesiderabili" e li condanna al rimpatrio in Italia. 120 finiscono su una nave diretta a Genova, dove vengono accolti da una folla di giornalisti, fotografi e semplici curiosi. Giancarlo Fusco è lì per scrivere un pezzo per "Il Secolo XIX". Riconosce, fra gli indesiderabili, Ezio Taddei, anarchico e suo ex-compagno di liceo. Il pezzo che scrive diviene un'inchiesta. ■ STORICO; COL.; 94′; ITALIA, 2003.

INDIA FAVOLOSA ★★
Regia di GIULIO MACCHI. ■ L'India vista soprattutto attraverso le manifestazioni folkloristiche. ■ DOCUMENTARIO; COL.; 94′; ITALIA, 1954.

INDIA – INDIA SENZA LIMITI ★★★
Regia di ROBERTO ROSSELLINI. ■ Lungometraggio in quattro episodi sul paese di Gandhi visto negli anni di Nehru. ■ DOCUMENTARIO; COL.; 90′; ITALIA, 1960.

INDIANA BIANCA, L' *(The Charge at Feather River)* ★★★
Regia di GORDON DOUGLAS. Con FRANK LOVEJOY, GUY MADISON, VERA MILES, HELEN WESTCOTT. ■ Una pattuglia di cavalleggeri, comandata da un prode capitano, tenta un'azione in un campo indiano per liberare due sorelle catturate dai pellirosse. L'operazione riesce, una delle ragazze gli sarà grata (sposerà il capitano), l'altra meno. ■ WESTERN; COL.; 96′; USA, 1953.

INDIANA JONES E IL REGNO DEL TESCHIO DI CRISTALLO ★★★
(Indiana Jones and the Kingdom of the Crystal Skull)
Regia di STEVEN SPIELBERG. Con KAREN ALLEN, CATE BLANCHETT, JIM BROADBENT, HARRISON FORD, JOHN HURT, SHIA LABEOUF, RAY WINSTONE. ■ Diciannove anni dopo, Indiana Jones (per gli amici Indy) è tornato. Gli anni sono passati per lui come per gli spettatori e quindi lo ritroviamo nel 1957, nel bel mezzo di un deserto del Sudovest degli Usa mentre la Guerra Fredda domina la scena politica con il terrore del conflitto nucleare e al cinema fanno la loro comparsa gli "esseri venuti dallo spazio". Questa volta quindi i "cattivi" sono i russi e il professor Jones, dopo essere sfuggito alle loro grinfie nella sequenza iniziale, si trova preso di mira dalla Cia, la quale non si fida di lui al punto di fargli togliere la cattedra. Indiana è allora pronto per farsi sollecitare da un giovane atteggiato "alla Marlon Brando" e a lanciarsi in una nuova avventura carica di azione e con una nemica implacabile alle calcagna: Irina Spalko, una sensitiva affamata, come ormai è tradizione, di potere. Si nutrivano molte attese e al contempo molti timori per questo quarto episodio della saga, troppe volte annunciato e troppe volte rinviato. L'avanzare dell'età del protagonista Harrison Ford non favoriva lieti auspici, anche perché l'ironia sugli anni che aumentano si era già spesa con il personaggio del padre di Indy interpretato da Sean Connery nel film del 1989. I dubbi si possono considerare fugati. Chi non amava quello che considerava il versante adolescenziale e "da luna park" di Spielberg continuerà a guardare con il sopracciglio sollevato le imprese dell'archeologo più famoso del cinema. ■ AVVENTURA; COL.; 125′; USA, 2008.

INDIANA JONES E IL TEMPIO MALEDETTO ★★★
(Indiana Jones and the Temple of Doom)
Regia di STEVEN SPIELBERG. Con KATE CAPSHAW, HARRISON FORD, KE HUY QUAN. ■ In questa seconda avventura (la prima era *I predatori dell'arca perduta*) l'archeologo Indiana Jones si trova alle prese con la setta dei sanguinari Thugs di salgariana memoria, che commettono nel loro tempio sotterraneo ogni sorta di malvagità. Per quanto nella prima metà il film sia inferiore alle aspettative, nella seconda parte offre trovate spettacolari e ironiche. ■ AVVENTURA; COL.; 118′; USA, 1984. ■ OSCAR 1 PR, 2 NOM.

INDIANA JONES E L'ULTIMA CROCIATA ★★★
(Indiana Jones and the Last Crusade)
Regia di STEVEN SPIELBERG. Con SEAN CONNERY, DENHOLM ELLIOTT, HARRISON FORD. ■ Indiana Jones va alla ricerca del padre, famoso studioso ed esploratore. Scopre che è stato rapito per ordine di Hitler, che vuole arrivare prima di lui al più famoso dei cimeli storici, il sacro Graal, la coppa in cui venne raccolto il sangue di Cristo. Indiana libera il padre e con lui parte per l'ex Terrasanta, dove trova il Graal. Lo strappa ai nazisti ma lo perde in un terremoto. Pazienza. ■ AVVENTURA; COL.; 127′; USA, 1989. ■ GOLDEN GLOBES 1 NOM; OSCAR 1 PR, 3 NOM.

INDIANAPOLIS *(To Please a Lady)* ★★★
Regia di CLARENCE BROWN. Con CLARK GABLE, ADOLPHE MENJOU, BARBARA STANWYCK. ■ Protagonisti sono un corridore automobilista e una famosa giornalista. Quando lui, durante una corsa, causa (ma molto indirettamente) il ferimento di un collega, lei gli scatena contro una campagna di stampa che rischia di rovinarlo. Naturalmente sono destinati a conoscersi e a innamorarsi. ■ COMMEDIA; B/N; 91′; USA, 1950.

INDIANAPOLIS PISTA INFERNALE *(Winning)* ★★★
Regia di JAMES GOLDSTONE. Con PAUL NEWMAN, ROBERT WAGNER, JOANNE WOODWARD. ■ Un campione d'automobilismo sposa una simpatica quarantenne con figlio adolescente. Ma mentre l'uomo è impegnato nelle corse la donna, in un momento di debolezza, va a letto con un altro corridore. Lui la lascia, vince la corsa a Indianapolis, ma poi ci ripensa. Dopotutto è anche colpa sua (l'ha trascurata); e così tornano insieme. ■ DRAMMATICO; COL.; 123′; USA, 1968.

INDIAN – LA GRANDE SFIDA ★★
(The world's fastest indian)
Regia di ROGER DONALDSON. Con JULIANA BELLINGER, CHRIS BRUNO, MARTHA CARTER, JESSICA CAUFFIEL, BRIAN CLARK, CAMPBELL COOLEY, WESLEY DOWDELL, TODD EMERSON, PHOEBE FALCONER, TIM FARMER, ANTHONY HOPKINS. ■ Dopo una vita trascorsa a mettere a punto la sua motocicletta Indian del 1920, Burt Munro si mette in viaggio dalla lontana Nuova Zelanda per raggiungere le saline di Bonneville, nello Utah, dove collaudarla e stabilire il record di velocità. Inizialmente deve affrontare numerosi ostacoli, ma alla fine ne esce vincitore. Il record mondiale di Burt Munro stabilito nel 1967 resta ancora imbattuto e la sua leggenda sopravvive. ■ AVVENTURA; COL.; 127′; NUOVA ZELANDA, USA, 2005.

INDIAN: LA PROVA DEL CORAGGIO, THE ★★
(Indian Paint)
Regia di NORMAN FOSTER. Con JOHNNY CRAWFORD, ROBERT JR CRAWFORD, JAY SILVERHEELS. ■ Avventure di un ragazzo indiano: doma un puledro che, dopo essere fuggito, gli salverà la vita e resterà accanto a lui. ■ AVVENTURA; COL.; 93′; USA, 1964.

INDIANO IN CITTÀ, UN *(Un indien dans la ville)* ★★
Regia di HERVÉ PALUD. Con LUDWIG BRAND, THIERRY LHERMITTE, MIOU-MIOU, PATRICK TIMSIT. ■ La vita quotidiana di un professionista parigino viene messa simpaticamente in crisi dalla ricomparsa dell'ex compagna hippy e soprattutto dal figlio che lui ha avuto con lei: il ragazzo è stato allevato infatti secondo i principi educativi degli indios dell'Amazzonia. Strizzatina d'occhio alle mode ecologiste. ■ COMMEDIA; COL.; 90′; FRANCIA, 1995.

INDIANS *(I Will Fight no More Forever)* ★★★
Regia di RICHARD T. HEFFRON. Con EMILIO DELGADO, SAM ELLIOTT, NED ROMERO, JAMES WHITMORE. ■ È il racconto del drammatico cammino della tribù dei Nasi Forati verso il Canada, in cui essi vedevano una specie di Terra Promessa. È una accettabile pellicola attraverso la quale l'America sembra volersi confessare colpevole di genocidio. ■ STORICO; COL.; 110′; USA, 1975.

INDIAVOLATA PISTOLERA, L' ★★
(The Beautiful Blonde from Bashful Bend)
Regia di PRESTON STURGES. Con BETTY GRABLE, CESAR ROMERO, OLGA SAN JUAN. ■ Una bella bionda, ballerina di saloon, è anche una temibile tiratrice di pistola. Indispettita per un'infedeltà del fidanzato spara, ma colpisce lo sceriffo locale. Deve

scappare dalla città, ma viene catturata. Lieto fine. ■ COMMEDIA; COL.; 77′; USA, 1949.

INDIAVOLATI, GLI *(Rock, Pretty Baby)* ★★
Regia di JACK ARNOLD. Con SAL MINEO, LUANA PATTEN, EDWARD C. PLATT, JOHN SAXON. ■ Primi tempi del rock and roll. Un gruppo di ragazzi cerca di procurarsi una chitarra per poter partecipare a un grande concorso di rock. Riescono ad assicurarsi lo strumento, ma alla gara arrivano secondi. ■ COMM. MUSICALE; B/N; 89′; USA, 1956.

INDIAVOLATO *(Bedazzled)* ★★
Regia di HAROLD RAMIS. Con BRENDAN FRASER, ELIZABETH HURLEY, FRANCES O'CONNOR. ■ Tratto dalla pièce *Il mio amico il diavolo* di Peter Cook, già tradotta in film dal grande Stanley Donen. Il "gioco" consiste nella possibilità di vendere l'anima al diavolo. Lui è Brendan Fraser, ragazzo semplice e ingenuo che tormenta tutti con idee irrealizzabili e dunque non gli sembra vero di avere la possibilità di realizzare i propri desideri a cominciare dal grande amore. Ma il diavolo è un imbroglione, ciascuno dei sette desideri nasconde un trucco che vanifica tutto. Storiella innocua, che certamente non eguaglia il film di Donen. ■ COMMEDIA; COL.; 93′; USA, 2001.

INDIETRO NON SI TORNA *(Escape to Glory)* ★★
Regia di JOHN BRAHM. Con ALAN BAXTER, CONSTANCE BENNETT, PAT O'BRIEN. ■ Nel primo anno di guerra, una nave mercantile inglese viene aggredita da un sottomarino nazista. Per salvare equipaggio e passeggeri è necessario che uno si sacrifichi attaccando l'assalitore. ■ GUERRA; B/N; 74′; USA, 1940.

INDIFFERENTI, GLI ★★★
Regia di FRANCESCO MASELLI. Con CLAUDIA CARDINALE, PAULETTE GODDARD, TOMAS MILIAN, ROD STEIGER, SHELLEY WINTERS. ■ Dal romanzo di Alberto Moravia. Protagonisti sono Carla e Michele, i giovani figli di una signora romana dell'alta società (siamo alla fine degli anni Venti). Il patrimonio della famiglia si sta prosciugando per le ruberie di Merumeci, l'amante della madre. Carla e Michele però non riescono, per abulia, a riprendere in pugno la situazione. Carla diverrà l'amante di Merumeci e Michele, dopo un goffo tentativo di uccidere lo speculatore, accetterà di vivere nella sua ombra e di diventare l'amante di un'amica della madre. ■ DRAMMATICO; B/N; 115′; ITALIA, 1964.

INDIFFERENTI, GLI ★★
Regia di MAURO BOLOGNINI. Con PETER FONDA, LIV ULLMANN, SOPHIE WARD. ■ Nonostante il cast e la regia questa trasposizione del romanzo di Moravia risulta molto più debole rispetto a quella di Francesco Maselli del 1964. Nei primi anni Trenta una famiglia bene vede, a causa di una cattiva amministrazione, il proprio mondo crollare. La madre vedova è sotto l'influsso negativo di Leo, che diventerà anche l'amante della figlia. Il figlio avrà invece una relazione con un'amica della madre. In questa girandola di avvenimenti tutto è coperto dall'indifferenza, dalla incapacità di reagire. ■ DRAMMATICO; COL.; 120′; ITALIA, 1989.

INDIGÈNES *(Indigenes)* ★★★
Regia di RACHID BOUCHAREB. Con BERNARD BLANCAN, SAMI BOUAJILA, JAMEL DEBBOUZE, SAMY NACERI, ROSCHDY ZEM. ■ Algeria, 1943. Al richiamo dell'arruolamento per liberare la patria francese dai tedeschi, risponde il giovane e povero Said, che parte lasciando sola la madre. Insieme a lui, Abdelkader, Messaoud e Yassir e tanti altri "soldati indigeni", cui l'esercito riserva un trattamento diverso rispetto ai commilitoni francesi. Ai soldati africani non è concesso lo stesso rancio, né le licenze, le promozioni o i ruoli di comando che invece spettano ai francesi. Ma combattono come i loro compagni, muoiono come loro, soffrono come loro e alla fine con dignità e valore conquistano la stima e il rispetto del sergente del battaglione. Combattimenti sanguinosi: Italia, Provenza, Vosges, Alsazia, ricostruiti con un realismo semplice e espressivo, lontano dagli effetti hollywoodiani, si alternano alla vita da campo. Il regista francese-algerino Rachid Bouchareb racconta un episodio della Storia trascurato dalla memoria collettiva. ■ DRAMMATICO; COL.; 125′; FRANCIA, 2006.

INDIO ★★
Regia di ANTHONY DAWSON. Con BRIAN DENNEHY, MARVIN HAGLER, FRANCESCO QUINN. ■ Un ufficiale dei Berretti Verdi in Vietnam, di origine india, dopo la guerra torna al villaggio nella giungla sudamericana in cui è stato allevato. Trova la foresta sconvolta da una compagnia americana che s'è appropriata di quei territori a fini speculativi. L'ufficiale indio protesta e viene picchiato dalla polizia locale al servizio degli americani. Allora decide di intraprendere una guerriglia personale. E manda via gli intrusi. ■ AVVENTURA; COL.; 91′; ITALIA, 1989.

INDIO BLACK – SAI CHE TI DICO: SEI UN GRAN FIGLIO DI... ★★
Regia di GIANFRANCO PAROLINI. Con YUL BRYNNER, DEAN REED, PEDRO MARIA SANCHEZ. ■ Indio Black, un pistolero, il giovane americano, Ballantine, e il grosso desperado Escudo, ricevono l'ordine da Benito Juarez (che si batte contro i francesi di Massimiliano d'Asburgo) di impadronirsi di un grosso quantitativo d'oro. I tre assaltano il carico, ma vengono beffati da un colonnello austriaco che vuol tenersi l'oro per sé. Allora espugnano il fortino in cui si trovano il grisbì e il colonnello. Quest'ultimo viene ucciso. ■ WESTERN; COL.; 95′; ITALIA, 1970.

INDIO 2 – LA RIVOLTA ★
Regia di ANTHONY DAWSON. Con TETCHIE AGBAYANI, FRANK CUERVO, DIRK GALUBA, MARVIN HAGLER. ■ Il corpo di Indio viene ritrovato nella foresta amazzonica. Il sergente Iron torna allora *in loco* per combattere insieme agli indios la multinazionale IMC che vuole costruire una strada nella foresta. Ovviamente i responsabili dello scempio ecologico verranno sconfitti. Margheriti colpisce ancora i bianchi cattivi facendo, come nel film precedente, della falsa ecologia. Marvin Hagler si adegua. ■ AVVENTURA; COL.; 101′; ITALIA, 1990.

INDIOS A NORD-OVEST ★★
Regia di LUIGI DE MARCHI. Con DAN HARRISON, JOHN KITZMILLER, MARISA SOLINAS. ■ Nel Brasile all'inizio del secolo, le piantagioni di caucciù sono rette dai "coronel" che impongono ai lavoratori ritmi e condizioni di vita bestiali. Uno degli operai, Mario, si ribella e uccide il "coronel". Viene processato ma scappa. Tuttavia non esiste vita possibile per lui. ■ AVVENTURA; COL.; 94′; ITALIA, 1964.

IN DIRETTA LA FINE DEL MONDO *(Catastrophe)* ★★
Regia di LARRY SAVADOVE. ■ Un documentario che sfrutta il successo del filone catastrofico. ■ DOCUMENTARIO; COL.; 94′; USA, 1978.

INDISCRETO *(Indiscreet)* ★★★
Regia di STANLEY DONEN. Con INGRID BERGMAN, CARY GRANT, CECILIA PARKER. ■ Un'attrice famosa diventa l'amante di un diplomatico. Lui non la sposa adducendo come pretesto il fatto di essere già sposato. Ma si tratta di una bugia. Quando lei lo viene a sapere prepara una sottile vendetta. ■ COMMEDIA; COL.; 100′; USA, 1958.

INDISCRETO FASCINO DEL PECCATO, L' ★★★
(Entre tinieblas)
Regia di PEDRO ALMODÓVAR. Con CARMEN MAURA, CRISTINA S. PASCURAL, JULIETA SERANO. ■ Un'assassina si rifugia in un convento madrileno dove le suore, per meglio comprendere e quindi salvare le anime traviate, si immergono a loro volta nel peccato. Almodóvar si diverte a dipingere un quadro provocatorio e anticonformista, raggiungendo punte di grottesca comicità. ■ GROTTESCO; COL.; 87′; SPAGNA, 1983.

INDISCREZIONE, L' ★★
Regia di PIERRE LARY. Con JEAN-PIERRE MARIELLE, JEAN ROCHEFORT, DOMINIQUE SANDA. ■ Alain, divorziato e tranquillo, che lavora su una piattaforma petrolifera, un giorno intercetta con la radio una comunicazione di una banda criminale, riuscendo in seguito a sventarne i piani. Allora i malviventi assoldano una donna affascinante per sedurlo. La loro vendetta prevede di condurlo al suicidio. Un giallo anomalo con dei tempi meno serrati del solito. ■ POLIZIESCO; COL.; 95′; FRANCIA, 1982.

IN DISGRAZIA ALLA FORTUNA E AGLI OCCHI DEGLI UOMINI *(Fortune and Men's Eyes)* ★★★
Regia di HARVEY HART. Con WENDELL BURTON, MICHAEL GREER. ■ Omosessualità in un carcere americano. Un giovane, impri-

gionato per un reato da poco, si rende conto che per salvarsi deve diventare l'"amico" di un "duro" che possa proteggerlo. In seguito riesce a prevaricare anche il suo protettore. Solo alla fine si renderà conto dei danni che il carcere ha prodotto su di lui. ■ DRAMMATICO; COL.; 102'; CANADA, USA, 1972.

INDIZIATO DI ASSASSINIO *(Shadows Run Black)* ★
Regia di HOWARD HEARD. Con KEVIN COSTNER, WILLIAM J. KULZER, ELIZABETH TROSPER. ■ Un serial killer uccide con la mannaia alcune collegiali. Il solito detective cerca di far luce. Primo ruolo, brevissimo e imbarazzante, per Kevin Costner. ■ POLIZIESCO; COL.; 90'; USA, 1981.

INDIZIATO DI REATO *(Guilty by Suspicion)* ★★★
Regia di IRWIN WINKLER. Con ANNETTE BENING, ROBERT DE NIRO, GEORGE WENDT. ■ Il maccartismo o, meglio, "la caccia alle streghe". È un argomento che è stato toccato più volte (e che ha avuto il suo esempio migliore in *Il prestanome* con Woody Allen, diretto da Martin Ritt). Qui De Niro interpreta il ruolo di un regista accusato di simpatizzare coi comunisti. Nel film d'esordio del produttore Irwin Winkler non c'è nulla di nuovo, il taglio della regia è tradizionale, ma nella fase processuale la tensione è alta e la tragedia del protagonista, comune a quella di molte altre persone finite sulle cosiddette "liste nere", raggiunge lo scopo di far partecipare lo spettatore. In piccole parti troviamo anche Martin Scorsese e Sam Wanamaker. ■ DRAMMATICO; COL.; 105'; USA, 1991.

INDOCINA *(Indochine)* ★★🏆
Regia di RÉGIS WARGNIER. Con LINH DAN PHAN, CATHERINE DENEUVE, VINCENT PEREZ. ■ Uno dei piccoli film francesi dei primi anni Novanta che hanno ottenuto buoni risultati di pubblico anche in Italia. Si tratta di un melodramma esotico con bei paesaggi e atmosfere sofisticate. Siamo nel Sudest asiatico e le due protagoniste sono madre e figlia che vengono travolte dalla passione per un ufficiale. Troppo lungo, riesce anche a banalizzare lo sfondo politico. ■ DRAMMATICO; COL.; 158'; FRANCIA, 1992. ■ GOLDEN GLOBES 🏆 1 PR, 1 NOM; OSCAR 🏆 1 PR, 2 NOM.

INDOMABILE, L' *(Untamed)* ★★
Regia di JACK CONWAY. Con JOAN CRAWFORD, ROBERT MONTGOMERY, ERNEST TORRENCE. ■ Il primo film parlato di Joan Crawford. Ha la parte di una miliardaria del petrolio che capita nelle foreste del Sudamerica. Lì non la trattano proprio da signora, ma in compenso trova l'amore nella persona di un giovane senza un soldo. ■ AVVENTURA; B/N; 92'; USA, 1929.

INDOMABILE, L' *(Mandrin)* ★★
Regia di JEAN-PAUL LE CHANOIS. Con SYLVIA MONFORT, GEORGES RIVIÈRE, JEANNE VALÉRIE, GEORGES WILSON. ■ Storia di Mandrin, il valligiano savoiardo che divenne una specie di Robin Hood nella Francia del diciottesimo secolo. Mandrin sarebbe solo una testa calda di buon cuore, ma i soprusi dei signorotti locali lo spingono a darsi alla macchia. Costituisce una numerosa banda e gli inviano contro un esercito. Mandrin lo affronta, ma viene sopraffatto. ■ AVVENTURA; COL.; 130'; FRANCIA, 1962.

INDOMABILE *(Return to Snowy River Part II)* ★★
Regia di GEOFF BURROWES. Con TOM BURLINSON, BRIAN DENNEHY, SIGRID THORNTON. ■ Seguito dell'*Uomo del fiume nevoso*, grande successo in Australia nel 1982. Jim Craig, l'uomo di Snowy River, torna dalla caccia ai cavalli selvaggi e trova la sua ragazza promessa a un altro. Il suo rivale è un ufficiale e sembra un miglior partito, ma per fortuna di Jim è anche un ladro di cavalli. Il padre della ragazza si dovrà ricredere. Film disneyano, di scarsa o nulla originalità, ma con spettacolari cavalcate che riempiono lo schermo. ■ AVVENTURA; COL.; 100'; AUSTRALIA, USA, 1988.

INDOMABILE ANGELICA, L' *(Indomable Angélique)* ★★★
Regia di BERNARD BORDERIE. Con ROBERT HOSSEIN, ETTORE MANNI, MICHÈLE MERCIER, ROGER PIGAUT. ■ Quarta puntata delle avventure di Angelica. Angelica è alla ricerca del marito Joffré de Peyrac creduto morto (invece è vivo e vegeto, non zoppica più e fa il corsaro nel Mediterraneo). Durante il viaggio la donna viene però rapita dai pirati. Peyrac interviene (era ora) e la libera. Ma Angelica è catturata di nuovo, questa volta dai barbareschi. ■ AVVENTURA; COL.; 95'; FRANCIA, 1967.

INDOMABILI, GLI *(Frontier Marshall)* ★★★
Regia di ALLAN DWAN. Con WARD BOND, JOHN CARRADINE, NANCY KELLY, CESAR ROMERO, RANDOLPH SCOTT. ■ Wyatt Earp, sceriffo di Tombstone, diventa amico di Doc Holliday, giocatore e medico fallito. Quando Doc viene ucciso, Wyatt lo vendica facendo strage degli assassini al recinto dell'OK Corral. Il primo film dedicato alla sfida più famosa della storia della frontiera. ■ WESTERN; B/N; 71'; USA, 1941.

INDOMABILI DELL'ARIZONA, GLI *(The Rounders)* ★★★
Regia di BURT KENNEDY. Con HENRY FONDA, GLENN FORD, CHILL WILLS. ■ Due maturi cowboy, stanchi della vita del ranch, vanno sulle montagne a cacciare cavalli selvaggi. Si affezionano a uno che non si fa domare e lo portano ad un rodeo, dove rischieranno quasi di perderlo. ■ WESTERN; COL.; 85'; USA, 1965.

INDOMITI, GLI *(Nepokorennjie)* ★★★
Regia di MARK DONSKOY. Con AMBROSU BUCMA, LIDIA KARTOSCIOVA. ■ Durante la campagna di Russia, i tedeschi occupano un villaggio. Gli abitanti sono invitati a collaborare, ma rifiutano. Una ragazza viene fucilata. Il padre guiderà la Resistenza. ■ DRAMMATICO; B/N; 90'; URSS, 1945.

INDOMITI DELLA VITA, GLI *(Return of Wildfire)* ★★
Regia di RAY TAYLOR. Con RICHARD ARLEN, PATRICIA MORISON. ■ Un bandito vuole impadronirsi dei cavalli di un ranch. Ma il ranchero si oppone e allora lo uccidono. Sua figlia resta in balia dei desperados, ma interviene in suo soccorso un fattore innamorato di lei. ■ WESTERN; B/N; 94'; USA, 1948.

INDOSSATRICE, L' *(A Life of Her Own)* ★★
Regia di GEORGE CUKOR. Con LOUIS CALHERN, ANN DVORAK, RAY MILLAND, BARRY SULLIVAN, LANA TURNER. ■ Una bella ragazza arriva in città decisa a sfondare come mannequin. Ci riesce, ma si ritrova in una complicata vicenda sentimentale con un uomo sposato che la mette in crisi. Rinsavirà e riprenderà la carriera. ■ DRAMMATICO; B/N; 108'; USA, 1950.

INDOVINA CHI *(Guess Who)* ★★
Regia di KEVIN RODNEY SULLIVAN. Con J. KENNETH CAMPBELL, ROBERT CURTIS-BROWN, DENISE DOWSE, ASHTON KUTCHER, BERNIE MAC, NIECY NASH, PAULA NEWSOME, KIMBERLY SCOTT, NICOLE SULLIVAN, HAL WILLIAMS. ■ Quasi 80 milioni di dollari incassati ai botteghini da *Guess Who* (*Indovina chi*), un film che rielabora la trama della celebre pellicola del 1967 con Spencer Tracy, Sidney Poitier e Katharine Hepburn. Stavolta, però, l'ospite (a cena) è bianco. E la famiglia che non vuole accettarlo come possibile genero è afroamericana. Nonostante le differenze di pelle e di cultura, in quasi trent'anni da un'edizione all'altra, qualcosa è successo. I grandi nodi di fondo sono stati superati, sul tappeto ci sono, per lo più, dettagli. ■ COMMEDIA; COL.; 92'; USA, 2005.

INDOVINA CHI SPOSA SALLY *(Happy Ever Afters)* ★★
Regia di STEPHEN BURKE. Con ARIYON BAKARE, SALLY HAWKINS, SINEAD MAGUIRE, TOM RILEY, JADE YOURELL. ■ Nel giorno dei loro rispettivi matrimoni, Freddie e Maura sono molto nervosi: lui è un trentenne insicuro che sta per sposarsi per la seconda volta con la stessa donna dopo un primo matrimonio finito fra psicanalisi e antidepressivi, lei è una madre single con avviso di sfratto decisa a sposare per motivi economici uno sconosciuto a cui serve la cittadinanza irlandese. Le due cerimonie avvengono in parallelo, ma sono destinate a incrociarsi nello stesso albergo durante i festeggiamenti e a far crollare gli equilibri precari delle due coppie. Una commedia per famiglie senza riso né confetti. ■ COMMEDIA; COL.; 104'; IRLANDA, 2009.

♥ **INDOVINA CHI VIENE A CENA** ★★★★★
(Guess Who's Coming to Dinner)
Regia di STANLEY KRAMER. Con KATHARINE HEPBURN, KATHARINE HOUGHTON, CECIL KELLAWAY, SIDNEY POITIER, BEAH RICHARDS, SPENCER TRACY. ■ Il cinema non aveva mai trattato lo spinoso problema dei matrimoni misti. Le difficoltà erano evidenti. Kramer ci provò, con molta cautela, affidandosi a due "testimoni" al di sopra di tutto: Katharine Hepburn e Spencer Tracy. Sono due genitori molto particolari. Matt e Christina Drayton rivedono la figlia di ritorno dalle Hawaii che, senza tanti preambo-

li, annuncia che sta per sposare un uomo di colore. Il padre della ragazza è proprietario di un giornale, la madre possiede una galleria d'arte, l'ambiente è una stupenda casa che guarda la baia di San Francisco. Il promesso sposo è un medico molto importante, con mille titoli accademici ed è... Sidney Poitier. Per un operaio di colore in una vicenda ambientata in Alabama doveva passare ancora qualche anno. I genitori naturalmente sono sconvolti, ma sono civili, umani e di vedute molto aperte. Meno facili sono i genitori di Poitier, diffidenti e quasi razzisti. Il problema fa emergere anche sensazioni lontane. Alla fine naturalmente tutto si risolve bene; tutti si comportano alla perfezione. La storia dolcemente manierata, ma inedita nei film, rappresenta qualcosa di molto importante, anche se il filtro è quello della tradizione hollywoodiana del lieto fine. ■ COMMEDIA; COL.; 108′; USA, 1968. ■ DAVID DI DONATELLO 3 PR, 3 NOM; OSCAR 2 PR, 10 NOM.

INDOVINA CHI VIENE A MERENDA ★★
Regia di MARCELLO CIORCIOLINI. Con FRANCO FRANCHI, CICCIO INGRASSIA, MIMMO PALMARA, CARLO ROMANO. ■ Due pastori siciliani si nascondono per evitare la guerra. Ma un *commando* americano li sorprende, costringendoli a uno scambio di abiti. Scambiati dai tedeschi per combattenti alleati, Franco e Ciccio vengono deportati in Germania. Ma riusciranno a fuggire. ■ COMICO; COL.; 93′; ITALIA, 1969.

IN DREAMS ★★★
Regia di NEIL JORDAN. Con ANNETTE BENING, ROBERT DOWNEY JR., AIDAN QUINN, STEPHEN REA. ■ Claire Cooper illustra libri per l'infanzia e soffre di incubi. L'uccisione della figlia le permette di comprendere che la sua mente è "abitata" dalle ossessioni di un serial killer. Invece di resistergli decide di lasciarsi andare per poterlo incontrare e morire finalmente in pace. Jordan torna da par suo ai temi d'esordio di *In compagnia dei lupi* e continua ad affrontare il tema dell'ambiguità senza il timore di cadere nelle trappole della psicanalisi. ■ THRILLER; COL.; 99′; USA, 1999.

IN DUE È UN'ALTRA COSA *(High Time)* ★★★
Regia di BLAKE EDWARDS. Con RICHARD BEYMER, BING CROSBY, FRANÇOISE FABIAN, TUESDAY WELD. ■ Un miliardario cinquantenne, per sentirsi di nuovo giovane, si iscrive all'università nonostante le proteste dei figli. I giovani hanno torto. Al college il loro vecchio si divertirà, prenderà la laurea con lode e si risposerà con una bella professoressa francese. ■ COMMEDIA; COL.; 103′; USA, 1960. ■ OSCAR 1 NOM.

IN DUE SÌ IN TRE NO *(Three into Two Won't Go)* ★★
Regia di PETER HALL. Con CLAIRE BLOOM, JUDY GEESON, ROD STEIGER. ■ Un maturo uomo sposato conosce un'adolescente, biondina e provocante, e s'innamora. Un giorno la ragazza gli annuncia che è incinta. Lui le promette di divorziare dalla moglie e di sposarla. La moglie lo supplica, ma l'uomo è irremovibile. Ma la fanciulla imprevedibilmente cambia idea: non vuole sposarlo (e poi non è nemmeno incinta). L'uomo rimarrà solo. ■ COMMEDIA; COL.; 100′; GRAN BRETAGNA, 1969.

IN DUE SI SOFFRE MEGLIO ★★
Regia di NUNZIO MALASOMMA. Con CARLO CAMPANINI, DEDI MONTANO, CARLO NINCHI. ■ Una ragazza accetta di sposare un industriale per sollevare le sorti della famiglia. Lascia anche un fidanzato che però si consolerà presto fra le braccia della sorella di lei. ■ COMMEDIA; B/N; 85′; ITALIA, 1942.

INDUSTRIALE, L' ★★
Regia di GIULIANO MONTALDO. Con CAROLINA CRESCENTINI, ELENA DI CIOCCIO, PIERFRANCESCO FAVINO, EDUARD GABIA, ELISABETTA PICCOLOMINI. ■ Proprietario di una fabbrica ad un passo dal fallimento, l'ingegnere quarantenne Nicola Ranieri non può più ottenere prestiti bancari per tamponare la situazione. Se la procedura di una salvifica *join venture* con una compagnia tedesca è sempre più incerta, per caparbietà e orgoglio rifiuta anche l'aiuto economico della ricca suocera che potrebbe salvarlo. Mentre gli operai dimostrano comprensibile preoccupazione per il loro futuro, la moglie Laura appare sempre più distante. L'industriale comincia così a nutrire dubbi sulla fedeltà della consorte e si mette a pedinare ogni sua mossa. Il film di Montaldo ha il merito di far riflettere nella cornice di una Torino quasi priva di colore. ■ DRAMMATICO; COL.; 94′; ITALIA, 2011.

INDUSTRIAL SYMPHONY NO. 1 ★★
(Industrial Symphony No.1 – The Dream of the Broken Hearted)
Regia di DAVID LYNCH. Con NICOLAS CAGE, JULEE CRUISE, LAURA DERN. ■ Si tratta di un video sperimentale girato in uno studio di posa con strane strutture gigantesche e le canzoni della Cruise che ha già cantato in molti film di Lynch. La musica è di Badalamenti. Il lavoro è già stato portato in scena dalla Brooklin Academy of Music Opera. ■ SPERIMENTALE; COL.; 50′; USA, 1989.

INEBRIANTE NOTTE DI BALLO, UN' ★★
(Es war eine rauschende Ballnacht)
Regia di CARL FROELICH. Con ZARAH LEANDER, MARIKA RÖKK, HANS STÜWE. ■ Il film rievoca un presunto grande amore di Ciaikovski. Lui e la bella Lena si amano, ma la donna è sposata. Si accontenterà allora di fargli da finanziatrice. Qualche anno dopo il marito di lei muore, ma Ciaikovski non può approfittare della situazione. Muore di colera a cinquantatré anni. ■ STORICO; B/N; 91′; GERMANIA, 1939. ■ VENEZIA 1 PR.

IN & OUT ★★★
Regia di FRANK OZ. Con JOAN CUSACK, MATT DILLON, KEVIN KLINE, DEBBIE REYNOLDS, TOM SELLECK. ■ Howard "Cline", stimato insegnante in una città di provincia, sta per sposarsi. Un suo ex allievo (Dillon), divenuto attore, nel discorso per la conquista dell'Oscar annuncia di dover molto a Howard, insegnante... gay. Si scatena il finimondo. Amici, genitori, allievi, l'intera comunità, la televisione: tutti si intromettono. E Howard comincia a sua volta a guardarsi dentro e scopre di essere davvero gay. Lo annuncia a tutti in chiesa invece di dire "sì". Nel frattempo ci si diverte con le gag, le canzoni e la bravura di tutti. Ottimi la moglie imbrogliata Joan Cusack e il giornalista televisivo Tom Selleck. Successo di pubblico. ■ COMMEDIA; COL.; 90′; USA, 1997. ■ GOLDEN GLOBES 2 NOM.

INESORABILE, L' *(Wives under Suspicion)* ★★
Regia di JAMES WHALE. Con RALPH MORGAN, GAIL PATRICK, WARREN WILLIAM. ■ Un pubblico ministero accusa un uomo, sospettato di aver ucciso l'amante della moglie. Il magistrato non sa che anche lui sta per trovarsi nell'identica situazione (la moglie infatti lo tradisce). Quando lo sa non può fare a meno di mettersi nei panni dell'accusato. Chiederà una lieve pena. ■ DRAMMATICO; B/N; 75′; USA, 1938.

INESORABILE DETECTIVE, L' ★★
(Lemmy pour les dames)
Regia di BERNARD BORDERIE. Con JACQUES BERTHIER, FRANÇOISE BRION, EDDIE CONSTANTINE. ■ Una donna viene uccisa prima di essere riuscita a confidare al detective Lemmy Caution un segreto che scotta. Era infatti la moglie di un alto funzionario ricattata assieme a molte sue amiche da un'organizzazione spionistica. Lemmy svela comunque il mistero. ■ GIALLO; B/N; 95′; FRANCIA, 1962.

INESORABILI, GLI ★★
Regia di CAMILLO MASTROCINQUE. Con IGNAZIO BALSAMO, ROSSANO BRAZZI, CLAUDINE DUPUIS, CHARLES VANEL. ■ Un losco fattore siciliano per impadronirsi di un podere ne uccide il proprietario. Ma il figlio dell'ucciso si salva e dopo qualche anno, fatto uomo, torna dall'America per saldare i conti. Battaglia notturna nei campi, risolta dall'intervento del capomafia locale che uccide a colpi di lupara il fattore. ■ DRAMMATICO; B/N; 97′; ITALIA, 1950.

INESORABILI, GLI *(The Unforgiven)* ★★★
Regia di JOHN HUSTON. Con LILLIAN GISH, AUDREY HEPBURN, BURT LANCASTER, AUDIE MURPHY. ■ Una bella ragazza, adottata da una famiglia di allevatori, è sospettata d'aver sangue indiano nelle vene. Quando il sospetto diviene certezza, il vuoto si fa attorno a lei e ai familiari. Una notte i Kjowa vengono a riprendersela, ma il capofamiglia, innamorato della ragazza, rifiuta di consegnarla. Sparatoria e massacro. ■ WESTERN; COL.; 125′; USA, 1960.

IN ESTASI ★★
Regia di GOFFREDO ALESSANDRINI. Con ELSY ALBIN, EDUARDO

CIANNELLI, GLENN LANGAN. ■ Uno scultore vede di notte una misteriosa bagnante e scolpisce a memoria una statua con le fattezze della donna. Quando, finito il capolavoro, conosce l'originale, s'innamora e decide di sposarla. Ma le nozze non avvengono per il suicidio della ragazza. ■ DRAMMATICO; B/N; 92'; ITALIA, USA, 1949.

INFALLIBILE ISPETTORE CLOUSEAU, L' ★★
(Inspector Clouseau)
Regia di BUD YORKIN. Con ALAN ARKIN, DELIA BOCCARDO, FRANK FINLAY, BERYL REID. ■ Terzo episodio della serie *La pantera rosa* e l'unico non interpretato da Peter Sellers. L'unico anche ad essere andato male al botteghino. Qui il poliziotto più stupido uscito dalla fantasia di uno sceneggiatore è chiamato nientemeno che da Scotland Yard per impedire una rapina. Naturalmente Clouseau non impedisce nulla. ■ COMICO; COL.; 100'; GRAN BRETAGNA, 1968.

INFALLIBILE PISTOLERO STRABICO, L' ★★
(Support your Local Gunfighter)
Regia di BURT KENNEDY. Con CHUCK CONNORS, JACK ELAM, JAMES GARNER, SUZANNE PLESHETTE. ■ Un piedipiatti dell'Est capita in una cittadina del Kansas sconvolta dalla lotta di due fazioni, vi ristabilisce l'ordine e sposa la figlia del sindaco. ■ WESTERN; COL.; 92'; USA, 1971.

INFAME ACCUSA, L' ★★
Regia di GIUSEPPE VARI. Con FOLCO LULLI, PIERO LULLI, MARISA MERLINI, MIRELLA UBERTI. ■ Due giovani sposi aspettano un bambino e la gravidanza si prevede molto difficile. Intanto il marito ha un diverbio con un possidente che poco dopo la lite viene trovato morto. Il giovane viene arrestato e condannato, ma scappa di galera e si riunisce alla moglie in procinto di partorire. Tutto andrà bene. ■ DRAMMATICO; B/N; 90'; ITALIA, 1952.

INFAMIA SUL MARE *(The Decks Ran Red)* ★★
Regia di ANDREW L. STONE. Con BRODERICK CRAWFORD, DOROTHY DANDRIDGE, JAMES MASON. ■ Un ufficiale della marina mercantile riceve finalmente un comando. Ma la nave destinatagli è in cattive condizioni, i marinai sono lavativi e qualcuno sembra anche piuttosto losco (specie il nostromo). Ma il capitano vigila e aiutato dalla bella cuoca nera riesce a mettere il mascalzone e i suoi complici nell'assoluta impossibilità di nuocere. ■ AVVENTURA; B/N; 84'; USA, 1958.

IN FAMIGLIA SI SPARA *(Les tontons flingueurs)* ★★★
Regia di GEORGES LAUTNER. Con FRANCIS BLANCHE, BERNARD BLIER, LINO VENTURA. ■ Divertente parodia dei gangster. Film con molti morti. Fernand ha promesso a un amico morente di vegliare sulla figlia e sui beni della famiglia. Il secondo è un compito più duro. Il defunto vantava un credito nei confronti di alcuni gangster, restii a pagare. Fernand affronta il gruppo e lo doma. ■ GIALLO; B/N; 105'; FRANCIA, 1963.

INFAMOUS – UNA PESSIMA REPUTAZIONE ★★★
(Infamous)
Regia di DOUGLAS MCGRATH. Con PETER BOGDANOVICH, SANDRA BULLOCK, DANIEL CRAIG, JEFF DANIELS, HOPE DAVIS, TOBY JONES, GWYNETH PALTROW, ISABELLA ROSSELLINI, JULIET STEVENSON, SIGOURNEY WEAVER. ■ Truman Capote, vistoso ed estroso scrittore di New Orleans, gode della simpatia e delle confidenze dei salotti intellettuali newyorkesi. Vanesio con talento, sogna di scrivere l'opera eccellente. A ispirare il suo capolavoro letterario, *A sangue freddo*, sarà il quadruplo omicidio della famiglia Clutter, consumato nella provincia americana. Deciso a saperne di più, parte alla volta del Kansas in compagnia della scrittrice in odore di Pulitzer, Harper Lee. La cattura di Dick Hickcock e di Perry Smith, rei confessi del crimine, eccita la fantasia di Capote. Lo scrittore abbandona i salotti del belmondo per frequentare le brande della cella. Infatuatosi di Perry Smith, ne registrerà le memorie fissandole per sempre in quello che sarà il suo ultimo romanzo compiuto. Hickcock e Smith, condannati all'impiccagione, lo inviteranno ad assistere alla loro dipartita. Nell'estate del 2003, Douglas McGrath e Dan Futterman consegnano ai rispettivi committenti un'identica storia, quella di Truman Capote e della genesi del suo più celebre romanzo. Girato e "congelato" dalla Warner Independent per evitare imbarazzanti sovrapposizioni col film di Bennet Miller interpretato da Philip Seymour Hoffman (*Truman Capote: a sangue freddo*), *Infamous* debutta in ritardo sullo schermo. Identico progetto, diverso lo sviluppo. ■ BIOGRAFICO; COL.; 110'; USA, 2006.

INFANZIA CLANDESTINA *(Infancia clandestina)* ★★★
Regia di BENJAMIN ÁVILA. Con ERNESTO ARTERIO, TEO GUTIÉRREZ MORENO, NATALIA OREIRO, CÉSAR TRONCOSO. ■ Juan ha dodici anni e ha trascorso una parte della sua vita in esilio. Nel 1979 torna, con i genitori e la sorellina di un anno, nel suo paese, l'Argentina. Il ragazzino è stato costretto a vivere lontano da casa per la condizione di clandestinità dei genitori, guerriglieri peronisti dell'organizzazione dei Montoneros, oppositori della dittatura militare di Videla, che ha rovesciato con un golpe il governo Perón nel 1976. Il padre e la madre di Juan sono adesso convinti che sia giunto il momento di alzare il tiro e portare la resistenza nel cuore dell'Argentina. Il ritorno in patria è, però, rischioso: sono latitanti ricercati dalle autorità e devono, quindi, vivere nascosti, sotto falsa identità. Anche Juan ha un nuovo nome. Per i suoi compagni di scuola e per la ragazzina di cui si innamorerà, si chiamerà Ernesto, come il Che. È un'infanzia rubata quella raccontata dal regista argentino Benjamín Ávila nel suo primo lungometraggio. Una condizione che ha il prezioso valore della testimonianza. La storia del dodicenne Juan si basa, infatti, su eventi realmente accaduti al regista da piccolo. Già questo basterebbe a rendere *Infanzia clandestina* un film necessario. ■ DRAMMATICO, COL.; 112', SPAGNA, ARGENTINA, BRASILE, 2012.

INFANZIA DI GORKI, L' *(Detstvo Gor'kogo)* ★★★
Regia di MARK DONSKOJ. Con ALESA LIARSKIJ, VARVANA MASSILITINOVA, MICHAIL TROJANOVSKIJ. ■ Alekse, orfano di padre, va a vivere con la madre nella casa dei nonni. Conosce un vicino di casa che gli fa da maestro di vita e comportamento. Dopo aver fatto il venditore di stracci Aleksej si allontana da casa. Primo atto della trilogia che continua con *Fra la gente* e *Le mie università*. ■ DRAMMATICO; B/N; 100'; URSS, 1938.

INFANZIA DI IVAN, L' *(Ivanovo detseevo)* ★★★🏆
Regia di ANDREI TARKOVSKIJ. Con KOLJA BURLIAEV, NIKOLAJ GRINKO, VALENTIN ZUBKOV. ■ Ivan è un ragazzino che ha visto i genitori uccisi dai tedeschi. La guerra gli porta via l'infanzia. Decide di battersi anche lui contro i nazisti, attraversando ogni notte un fiume e tornando alle linee russe con preziose informazioni. Ma il gioco pericoloso non dura molto. Una notte viene preso dal nemico e impiccato. ■ GUERRA; B/N; 95'; URSS, 1962. ■ VENEZIA 🏆 1 PR.

INFANZIA, VOCAZIONE E PRIME ESPERIENZE DI GIACOMO CASANOVA, VENEZIANO ★★★
Regia di LUIGI COMENCINI. Con TINA AUMONT, SENTA BERGER, MARIA GRAZIA BUCCELLA, RAOUL GRASSILLI, LEONARD WHITING. ■ Figlio di attori, allevato in qualche modo da un avaro aristocratico, il piccolo Casanova riesce a trovare finalmente un protettore in un abate bolognese che lo avvia agli studi ecclesiastici. Giacomo è in procinto di diventare prete, ma intanto s'accorge di esercitare un'attrazione irresistibile sulle donne e di provare lui stesso irresistibile attrazione per loro. Dopo aver messo nei guai una contessina, abbandonerà la tonaca per sempre. ■ COMMEDIA; COL.; 96'; ITALIA, 1969.

INFEDELE *(Cynara)* ★★★
Regia di KING VIDOR. Con PHYLLIS BARRY, RONALD COLMAN, KAY FRANCIS, HENRY STEPHENSON. ■ Un avvocato londinese ha una relazione con una ragazza che poi abbandona per tornare dalla moglie. La fanciulla, disperata, si toglierà la vita. ■ DRAMMATICO; B/N; 75'; USA, 1933.

INFEDELE *(Le petit Jacques)* ★★
Regia di ROBERT BIBAL. Con BLANCHETTE BRUNOY, CHRISTIAN FOURCADE, JEAN-PIERRE KÉRIEN. ■ Un marito caccia di casa la moglie che gli è stata infedele e cerca di allevare il figlioletto. Ma gli van tutte male e finisce addirittura accusato di omicidio. Al processo lo scagionano da ogni colpa. ■ DRAMMATICO; B/N; 105'; FRANCIA, 1952.

INFEDELE, L' *(Trolösa)* ★★★
Regia di LIV ULLMANN. Con LENA ENDRE, THOMAS HANZON, KRISTER HENRIKSSON, ERLAND JOSEPHSON. ■ Uno scrittore che vive su un'isola combatte il ricordo di una vicenda amorosa. L'uomo chiama Bergman e una voce gli parla. Le consente di diventare una donna, un'attrice che chiama Marianne. Grazie a lei la storia prende forma. Marianne è felicemente sposata con Markus, un direttore d'orchestra di successo. Il migliore amico di Markus è David, già due volte divorziato. David frequenta spesso la casa degli amici e una sera, mentre Markus è assente, Marianne sente di provare attrazione nei confronti di David. Nonostante le resistenze il loro diviene amore pieno. Ma Markus entra in gioco in modo inatteso deciso a non perdonare. Film "con" e "senza" Bergman. "Con" perché di Bergman sono il soggetto e la sceneggiatura. "Senza" perché la Ulmann è come se ne avvertisse l'assenza e cercasse di sostituirne lo sguardo senza cercare vie originali per il proprio film. Ne deriva così un film senz'altro interessante ma irrimediabilmente "datato". Siamo di fronte a una fotocopia di qualità che lascia però aperto un quesito: perché gli attori che a Bergman devono la loro fortuna non si decidono a recidere il cordone ombelicale? L'età ormai ce l'hanno. Questo è l'ultimo lungometraggio scritto da Bergman. Il maestro è scomparso il 30 luglio 2007. ■ DRAMMATICO; COL.; 155'; SVEZIA, 2000.

INFEDELI, GLI *(Les infidels)* ★★
Regia di EMMANUELLE BERCOT, FRED CAVAYÈ, ALEXANDRE COURTES, JEAN DUJARDIN, MICHEL HAZANAVICIUS, ERIC LARTIGAU, GILLES LELLOUCHE. Con GUILLAUME CANET, JEAN DUJARDIN, SANDRINE KIBERLAIN, ALEXANDRA LAMY, MATHILDA MAY. ■ Fred e Greg, Olivier e Nicolas, Bernard, François, Laurent e Antoine, Eric e James sono le tante maschere dietro le quali si muovono Jean Dujardin e Gilles Lellouche in "sei piccoli film" sull'infedeltà degli uomini. Questa carrellata di variazioni sul tema guarda compiacente al cinema italiano a episodi di Dino Risi e suoi contemporanei, ma questa volta non è tanto la formula a sketch ad aver passato la data di scadenza quanto il narcisismo dei due interpreti e sceneggiatori. ■ COMMEDIA; COL.; 109'; FRANCIA, 2012.

INFEDELI, LE ★★★
Regia di MARIO MONICELLI, STENO. Con MAY BRITT, PIERRE CRESSOY, ANNA MARIA FERRERO, GINA LOLLOBRIGIDA, MARINA VLADY. ■ Un giovanotto di pochi scrupoli, sedicente giornalista, vive in realtà con ricatti alle signore del bel mondo che tradiscono i mariti. La carriera del lestofante è interrotta violentemente da una sua ex fiamma che, sconvolta dal suo cinismo (l'uomo ha causato il suicidio di una giovanissima servetta), lo uccide. ■ DRAMMATICO; B/N; 95'; ITALIA, 1952.

INFEDELI PER SEMPRE *(Faithfull)* ★★
Regia di PAUL MARZURSKY. Con CHER, RYAN O'NEAL, CHAZZ PALMINTERI. ■ Margaret, una moglie trascurata dal marito, in preda all'alcool e agli psicofarmaci, un giorno è aggredita nella sua grande casa da uno sconosciuto che la immobilizza. L'uomo la informa di essere stato ingaggiato dal suo consorte, al fine di ucciderla, dopo un segnale telefonico convenuto. Con Ryan O'-Neal e il "duro" Chazz Palminteri. Diretti da Paul Marzursky, un tempo regista di talento della commedia di costume americana. ■ DRAMMATICO; COL.; 98'; USA, 1995.

INFEDELMENTE TUA *(Unfaithfully Yours)* ★★★
Regia di PRESTON STURGES. Con LINDA DARNELL, REX HARRISON, BARBARA LAWRENCE, RUDY VALLEE. ■ Un celebre direttore d'orchestra sospetta che la bellissima moglie lo tradisca con il suo segretario. Durante un concerto immagina come reagire all'infedeltà (uxoricidio o suicidio, o pietoso addio, a seconda della musica che deve dirigere). Alla fine tutto si chiarisce: la moglie è fedele. ■ COMMEDIA; B/N; 98'; USA, 1948.

INFEDELMENTE TUA *(On aura tout vu!)* ★★★
Regia di GEORGES LAUTNER. Con HENRI GUYBET, JEAN-PIERRE MARIELLE, MIOU-MIOU, PIERRE RICHARD, RENÉE SAINT-CYR. ■ François, fotografo, spera di divenire regista cinematografico grazie ad un copione "impegnato" scritto dall'amico Henri. Il produttore a cui François si è rivolto è un noto direttore di pellicole pornografiche e trasforma la sceneggiatura in modo da rendere il copione di Henri più piccante. Dopo molteplici complicazioni e pasticci il film verrà girato da altri. ■ COMMEDIA; COL.; 98'; FRANCIA, 1976.

INFEDELTÀ *(Dodsworth)* ★★★
Regia di WILLIAM WYLER. Con MARY ASTOR, RUTH CHATTERTON, WALTER HOUSTON, DAVID NIVEN, MARIA OUSPENSKAJA. ■ Un uomo d'affari americano fa un viaggio in Europa con la moglie. Il viaggio si rivelerà vantaggioso per i due: servirà a mutare l'esistenza della coppia. ■ COMMEDIA; B/N; 90'; USA, 1936. ■ OSCAR 1 PR, 7 NOM.

INFELICI E CONTENTI ★★
Regia di NERI PARENTI. Con EZIO GREGGIO, RENATO POZZETTO, MARINA SUMA. ■ Sembra quasi la parodia di una parodia, visto che prende un'idea già usata in *Non guardarmi non ti sento* con la coppia Wilder-Pryor. Uno dei due protagonisti ha avuto un terribile incidente ed è sulla sedia a rotelle, l'altro è cieco. Di cattiveria in cattiveria conoscono due professioniste del furto. Con tutta la buona volontà ci si chiede a che pro fare un film così. Per il pubblico, risponderebbero loro. ■ COMMEDIA; COL.; 100'; ITALIA, 1992.

INFERMIERA, L' ★★
Regia di NELLO ROSSATI. Con URSULA ANDRESS, DUILIO DEL PRETE, MARIO PISU, DANIELE VARGAS. ■ I parenti del cav. Leonida Bottacin, ricco industriale vinicolo colto da infarto, assoldano una procace infermiera svizzera per portare più rapidamente il congiunto alla fossa, per l'eredità. Ma l'astuta infermiera guarisce invece il cavaliere e lo sposa. ■ COMMEDIA; COL.; 105'; ITALIA, 1975.

INFERMIERA DI NOTTE, L' ★★
Regia di MARIANO LAURENTI. Con MARIO CAROTENUTO, LEO COLONNA, FRANCESCA ROMANA COLUZZI, GLORIA GUIDA, ALVARO VITALI. ■ Carlo, figlio di un dentista meridionale, incallito dongiovanni, preoccupa il padre perché sembra del tutto indifferente al fascino femminile. Quando nella casa del professionista arriva uno zio ammalato, gli procura un'infermiera per vegliarlo durante la notte. L'ex timido Carlo lascerà tutti con un palmo di naso, conquistandosi un prezioso gioiello e riuscendo ad ottenere le grazie della bella crocerossina. ■ EROTICO; COL.; 95'; ITALIA, 1979.

INFERMIERA NELLA CORSIA DEI MILITARI, L' ★
Regia di MARIANO LAURENTI. Con LINO BANFI, NADIA CASSINI, PAOLO GIUSTI. ■ Una bella e procace cantante si improvvisa infermiera per frequentare una clinica dove sono nascosti preziosi quadri rubati. Oltre alla refurtiva, incontra l'amore. ■ COMMEDIA; COL.; 88'; ITALIA, 1979.

INFERMIERI DELLA MUTUA, GLI ★★
Regia di GIUSEPPE ORLANDI. Con ISABELLA BIAGINI, PINO CARUSO, PEPPINO DE FILIPPO, BICE VALORI. ■ Presa in giro dei medici che trattano bene i malati ricchi e male quelli poveri. ■ COMICO; COL.; 88'; ITALIA, 1969.

INFERNALE AVVENTURA, L' *(Angel on my Shoulder)* ★★★
Regia di ARCHIE MAYO. Con ANNE BAXTER, PAUL MUNI, CLAUDE RAINS, ONSLOW STEVENS. ■ Muore un gangster e va all'inferno. Il diavolo gli promette la salvezza eterna se tornerà sulla Terra sotto le spoglie di un onesto giudice (e gli farà commettere naturalmente mille diavolerie). Ma una volta assunta la personalità voluta, il gangster rimarrà contagiato. Si ribellerà agli ordini del demonio dandogli scacco matto. ■ COMMEDIA; B/N; 101'; USA, 1946.

♥ **INFERNALE QUINLAN, L'** *(Touch of Evil)* ★★★★
Regia di ORSON WELLES. Con MARLENE DIETRICH, CHARLTON HESTON, JANET LEIGH, ORSON WELLES. ■ Un poliziotto messicano, Vargas, affianca un ispettore americano, Quinlan, nelle indagini sull'uccisione di un ricco proprietario terriero. Ben presto Vargas scopre che Quinlan ha un'idea tutta sua della giustizia e che non esita a falsificare le prove pur di far combaciare la realtà con le sue convinzioni. La verità alla fine trionfa, ma non senza difficoltà. Da un "giallo" di Whit Masterson. Questo titolo è diventato, nel tempo, un vero culto per gli appassionati. Pur non es-

sendo considerato una delle opere fondamentali del regista, contiene alcune soluzioni di linguaggio richiamate anche nelle scuole di cinema. Molto citato è il piano sequenza di dodici minuti dell'inizio. E anche le acrobazie di Charlton Heston nel finale quando pedina Quinlan cercando di registrare la sua voce per incastrarlo. L'aneddotica racconta di Marlene Dietrich, che non era prevista nella sceneggiatura, in visita casuale sul set, inserita estemporaneamente nella parte della zingara. La produzione impose al regista alcune scelte non gradite. Welles disse: "mi hanno dato Heston, biondo di un metro e novanta, per fare un poliziotto messicano". Nel 2001 il film è stato rimasterizzato e ricomposto nella colonna sonora. È stato distribuito nel grande circuito in edizione originale sottotitolato. Il pubblico, soprattutto giovane, ha risposto bene. ■ POLIZIESCO; B/N; 93′; USA, 1957.

INFERNO ★★★
Regia di ROY WARD BAKER. Con RHONDA FLEMING, WILLIAM LUNDIGAN, ROBERT RYAN, LARRY KEATING. ■ Un ricco proprietario di miniere viene abbandonato dalla moglie e dall'amante di lei – il suo miglior amico – in una zona montagnosa. Il rivale torna poi sul luogo per accertarsi che egli sia morto. Ma il milionario è tutt'altro che morto, e lo dimostra. ■ DRAMMATICO; COL.; 83′; USA, 1953.

INFERNO ★★★
Regia di DARIO ARGENTO. Con FEODOR CHALIAPIN JR, ELEONORA GIORGI, GABRIELE LAVIA, LEOPOLDO MASTELLONI, DARIA NICOLODI, ALIDA VALLI. ■ Una ragazza di New York scopre che la casa dove abita è sede di una delle tre Madri degli inferi (le altre due si trovano in altre case rispettivamente a Roma e a Friburgo). La poverina muore orribilmente, ma fa in tempo ad avvertire il fratello che riuscirà a sventare l'orribile minaccia. ■ HORROR; COL.; 106′; ITALIA, 1980.

INFERNO, L' *(L'enfer)* ★★★
Regia di CLAUDE CHABROL. Con EMMANUELLE BÉART, NATHALIE CARDONE, FRANÇOIS CLUZET. ■ Chabrol torna ad affondare il bisturi nella provincia francese. Questa volta però l'indagine è all'interno della psicologia maschile. Paul ha sposato una bella donna e insieme conducono un albergo. La gelosia prende a farsi spazio nella sua mente. Tutti sono possibili rivali e la moglie è una impudente fedifraga. Sarà davvero così? Chabrol non ci fornisce una risposta chiara, appagato dalla proposta dei film immaginari che l'uomo costruisce nella propria mente, montando e rimontando le sequenze dei (presunti) tradimenti. ■ DRAMMATICO; COL.; 102′; FRANCIA, 1994.

INFERNO A CARACAS ★★
Regia di BILLY MARSHALL. Con LUCIANA ANGELILLO, GIORGIO ARDISSON, PASCALE AUDRET. ■ Una banda di trafficanti d'eroina, che tiene anche in ostaggio la figlia di un ricco petroliere, minaccia di provocare un inferno a Caracas minando i pozzi petroliferi. Un detective salva tutti. ■ SPIONAGGIO; COL.; 92′; ITALIA, 1967.

INFERNO ADDOSSO, L' ★★
Regia di GIANNI VERNUCCIO. Con JEANINE FALCONI, ANNABELLA INCONTRERA, SANDRO LUPORINI. ■ Due rampolli "bene" fingono un sequestro ai danni del padre di uno di loro. Ma nell'attesa, per gelosia, uno dei due uccide il finto rapito, ne occulta il cadavere e riscuote il riscatto. Non la passerà liscia. ■ DRAMMATICO; B/N; 91′; ITALIA, 1959.

INFERNO A GRAND ISLAND ★
(Children of the Corn IV: The Gathering)
Regia di GREG SPENCE. Con KAREN BLACK, BRETT JENNINGS, JAMIE RENEE SMITH, NAOMI WATTS, WILLIAM WINDOM. ■ La dottoressa Grace Rhodes torna a casa nel Nebraska e scopre che tutti i bambini hanno convulsioni e febbri notturne. Si preparano per uccidere gli adulti che incontrano per vendicare i loro coetanei uccisi nella zona nel passato. Quarto film di una serie che, un tempo, si ispirava a Stephen King. ■ HORROR; COL.; 85′; USA, 1996.

INFERNO A MADISON AVENUE *(Madison Avenue)* ★★★
Regia di BRUCE H. HUMBERSTONE. Con DANA ANDREWS, JEANNE CRAIN, ELEANOR PARKER. ■ Clin Lorimer, agente pubblicitario in disgrazia, tenta di fare danneggiare il suo ex principale aiutando il rivale in affari di costui. Ci sono dei problemi anche con la ragazza che lo ha aiutato e che lui si rifiuta di sposare. Infine torna dal vecchio padrone dove trova un nuovo amore. ■ DRAMMATICO; B/N; 94′; USA, 1962.

INFERNO BIANCO *(The Wild North)* ★★★
Regia di ANDREW MARTON. Con CYD CHARISSE, WENDELL COREY, STEWART GRANGER. ■ Un cacciatore uccide un uomo per difendersi. La polizia lo insegue. Il cacciatore fugge in montagna, ma lì viene raggiunto e catturato da un sergente delle giubbe rosse. Ma la strada del ritorno è difficile. Il sergente rischia di morire. Il cacciatore rinuncia a mettersi in salvo per soccorrerlo. ■ AVVENTURA; COL.; 97′; USA, 1952.

INFERNO CI ACCUSA, L' *(The Story of Mankind)* ★★
Regia di IRWIN ALLEN. Con RONALD COLMAN, HEDY LAMARR, VIRGINIA MAYO, VINCENT PRICE. ■ In un tribunale dell'aldilà si processa l'uomo e si discute se meriti di essere distrutto da una guerra atomica. Il diavolo ricorda tutte le malefatte del genere umano (le piramidi, Napoleone, la condanna di Giovanna d'Arco); lo "spirito dell'uomo" difende il diritto delle genti alla sopravvivenza. Alla fine viene concessa ancora una chance. ■ STORICO; COL.; 100′; USA, 1957.

INFERNO D'ACCIAIO *(Une balle suffit)* ★★
Regia di JEAN SACHA. Con VERA NORMAN, GEORGES ULMER, ANDRÉ VALMY. ■ Un ladro individualista, Carmo, viene accusato, per rappresaglia, di omicidio. Arrestato e condannato, fa amicizia con un galeotto, Blanco, che tenterà, con scarso successo, di vendicarlo. Ci penserà una cantante innamorata di lui a far trionfare l'innocenza. ■ POLIZIESCO; B/N; 95′; FRANCIA, 1959.

INFERNO DEGLI AMANTI, L' ★★
Regia di CAMILLO MASTROCINQUE. Con MARIELLA LOTTI, AMEDEO NAZZARI. ■ I moti risorgimentali fanno da scenario alla storia d'amore che lega Gaetano Donizetti a Luisa di Cerchiara. ■ BIOGRAFICO; COL.; 85′; ITALIA, 1946.

INFERNO DEGLI UOMINI DEL CIELO, L' ★★★
(Men of Arnhem)
Regia di TERENCE YOUNG. Con STANLEY MAXTED, ALAN WOOD. ■ La storia è la stessa del kolossal *Quell'ultimo ponte*. L'inferno è quello dei diecimila paracadutisti del colonnello Urquhart mandati nella città olandese di Arnhem nel quadro dell'operazione Market Garden (che nelle intenzioni avrebbe dovuto respingere i tedeschi fino alla Ruhr prima del Natale del 1944). Presi in trappola, contrattaccati e decimati, gli uomini di Urquhart riescono con molta difficoltà a salvarsi, lasciando ad Arnhem ottomila fra morti e prigionieri. ■ GUERRA; B/N; 93′; GRAN BRETAGNA, 1946.

INFERNO DEI MARI, L' *(Morgenrot)* ★★
Regia di GUSTAV UCICKY. Con RUDOLF FORSTER. ■ Prima guerra mondiale. L'eroico comandante di un sottomarino colpito vorrebbe sacrificarsi per l'equipaggio, ma i suoi glielo impediscono. Sarà la morte di un marinaio a salvare tutti. ■ GUERRA; B/N; 93′; GERMANIA, 1935.

INFERNO DEI MONGOLI, L' *(Marco Polo)* ★★
Regia di CHANG CHEN. Con SUZY BANNEN, RICHARD HARRISON, ALEXANDER SENG, GEORGE SHAW. ■ Accantonata ogni seria intenzione di ricostruzione dell'avventuroso viaggio del veneziano Marco Polo in Cina, il film si serve della figura dell'esploratore italiano per dare una confezione diversa ad un ennesimo prodotto a base di arti marziali. ■ AVVENTURA; COL.; 95′; HONG KONG, 1975.

INFERNO DEI TROPICI *(Rio)* ★★
Regia di JOHN BRAHM. Con LEO CARRILLO, SIGRID GURIE, VICTOR MCLAGLEN, BASIL RATHBONE. ■ Paolo Reynard è un forzato cui fa difetto la fortuna. Riesce, infatti, a fuggire dall'isola su cui è prigioniero e a farsi credere morto, ma solo per scoprire che la bella moglie si è invaghita di un ingegnere e intende rifarsi una vita. Con la polizia che lo insegue e senza più la propria donna, preferisce suicidarsi. ■ AVVENTURA; B/N; 75′; USA, 1949.

INFERNO DEL JAZZ, L' *(Top of the Town)* ★★
Regia di RALPH MURPHY. Con GEORGE MURPHY, DORIS NOLAN. ■ Un jazzista, che ha affittato la terrazza di un grattacielo per il proprio spettacolo, è obbligato per contratto a lasciar dirigere lo spettacolo alla nipote del proprietario dell'edificio. La ragazza

sbaglia tutto ma lo spettacolo è salvato da uno scatenato concerto di jazz. ■ COMMEDIA; B/N; 86′; USA, 1937.

INFERNO DI CRISTALLO, L' *(The Towering Inferno)* ★★★
Regia di JOHN GUILLERMIN. Con FRED ASTAIRE, FAYE DUNAWAY, WILLIAM HOLDEN, STEVE MCQUEEN, PAUL NEWMAN. ■ Inaugurano il grattacielo più alto del mondo. Ma un incendio si sviluppa all'ottantesimo piano e presto accende come un fiammifero il gigante di vetro e acciaio. ■ AVVENTURA; COL.; 165′; USA, 1974. ■ GOLDEN GLOBES 1 PR, 3 NOM; OSCAR 3 PR, 8 NOM.

INFERNO DI FUOCO *(Helfire)* ★★
Regia di ROBERT G. SPRINGSTEEN. Con JIM DAVIS, BILL ELLIOTT, FORREST TUCKER, MARIE WINDSOR. ■ Una donna bandito ha un vecchio astio verso uno sceriffo amante della sorella. Mentre lei cerca di saldare il conto con lo sceriffo, una banda di desperados cerca di uccidere lei. La salva uno strano predicatore viaggiante che batte la contrada barando al poker. ■ WESTERN; B/N; 92′; USA, 1949.

INFERNO DI FUOCO *(Superfire)* ★★
Regia di STEVEN QUALE. Con JAY BUNYAN, GEDEON BURKHARD, DIANE FARR, CHAD DONELLA, ELLEN MUTH, JOHN NOBLE, DANIEL BERNARD SWEENEY, WES STUDI. ■ Nelle vallate boscose dell'Oregon, divampano tre furiosi incendi che finiscono per unirsi, creando così un "superfire", il peggiore fra tutti gli incendi possibili. Le fiamme, che già divorano tutta la foresta, si avvicinano minacciosamente alla cittadina di Portland, stringendola nella sua morsa d'inferno. L'arrivo di James Merrick, pilota della CanadAir, che si è offerto volontario per fermare questa avanzata inesorabile, sarà provvidenziale, anche perché in ballo, oltre al destino della città, ci sono le vite di un gruppo di teenagers intrappolati nella valle. ■ DRAMMATICO; COL.; 140′; CANADA, GERMANIA, USA, 2002.

INFERNO DI GHIACCIO *(High Hell)* ★★
Regia di BURT BALABAN. Con PATRICK ALLEN, JOHN DEREK, ELAINE STEWART. ■ Un pugno di minatori divorati dalla febbre dell'oro e la bella moglie di uno di questi: la tensione è inevitabile e raggiunge il culmine quando, scoperto finalmente il filone, due cercatori vorrebbero usare gli esplosivi senza curarsi delle inevitabili conseguenze. Frank, il marito della ragazza, muore nel crollo della miniera, lei potrà rifarsi una vita con il migliore del gruppo. ■ DRAMMATICO; B/N; 81′; USA, 1959.

INFERNO DI PIGALLE, L' *(Le désert de Pigalle)* ★★
Regia di LÉO JOANNON. Con ANNIE GIRARDOT, SERGE JOLIVET, PIERRE TRABAUD. ■ Le traversie e le avventure di un sacerdote contro la malavita. Deciso a contrastare la banda di Maurice, trova un'alleata nella focosa Josy, che, senza volerlo, s'innamora di lui e lo tradisce quando il coraggioso missionario diventa paladino di un'altra donna, Georgette. Alla fine, redenta, Josy muore per non rivelare ai teppisti il rifugio del prete. ■ DRAMMATICO; B/N; 100′; FRANCIA, ITALIA, 1958.

INFERNO DI YUMA, L' *(Devil's Canyon)* ★★
Regia di ALFRED L. WERKER. Con ARTHUR HUNNICUTT, VIRGINIA MAYO, STEPHEN MCNALLY, DALE ROBERTSON. ■ Nel penitenziario di Yuma si trovano un famoso fuorilegge, la sua amante bionda e uno sceriffo messo in galera perché troppo facile di pistola. Il fuorilegge progetta una rivolta, ma la bionda intanto s'è innamorata dello sceriffo. Lo aiuterà a sventare la ribellione. ■ WESTERN; COL.; 92′; USA, 1953.

INFERNO È A DIEN-BIEN-PHU, L' *(Jump into Hell)* ★★★
Regia di DAVID BUTLER. Con KURT KASZNAR, ARNOLD MOSS, JACQUES SERNAS. ■ Epopea della guarnigione francese in Indocina, nel 1954, sconfitta e massacrata dai nazionalisti aiutati dai comunisti cinesi. Il dramma collettivo si snoda in tante vicende private, eroismi e meschinità. Cadono tutti, tranne uno. ■ GUERRA; B/N; 93′; USA, 1955.

INFERNO E PASSIONE *(Egon Schiele)* ★★★
Regia di HERBERT VESELY. Con JANE BIRKIN, MATHIEU CARRIÈRE, CHRISTINE KAUFMANN. ■ La storia di Egon Schiele, uno dei più geniali pittori degli anni a cavallo tra Ottocento e Novecento. La creazione artistica procede di pari passo con i suoi amori, tutti tormentatissimi. Molto spazio ha la vicenda con una modella, impersonata da un'inedita Birkin. ■ BIOGRAFICO; COL.; 93′; AUSTRIA, GERMANIA, 1981.

INFERNO È PER GLI EROI, L' *(Hell is for Heroes)* ★★★
Regia di DON SIEGEL. Con BOBBY DARIN, STEVE MCQUEEN, BOB NEWHART, FIER PARKER. ■ Siamo in Francia, nell'autunno del 1944. Dopo lo sbarco in Normandia le truppe alleate cercano di sfondare la linea Sigfrido per dilagare nel cuore della Germania. Nel gran caos della guerra, una pattuglia di sei uomini fa il suo dovere, guidata da un "sergente di ferro". ■ GUERRA; B/N; 90′; USA, 1962.

INFERNO GIALLO ★★
Regia di GEZA RADVANYI. Con MARIA DE TASNADY, FOSCO GIACHETTI. ■ Due medici e una donna, moglie del più giovane, vivono nella giungla. L'amicizia non impedisce che il direttore dell'ospedale s'innamori della ragazza, ma prima che abbia il tempo di dichiararsi muore in un incendio, mentre tra i coniugi si ristabilisce l'intesa. ■ DRAMMATICO; B/N; 91′; ITALIA, 1942.

INFERNO IN DIRETTA ★★
Regia di RUGGERO DEODATO. Con WILLIE AAMES, LISA BLOUNT, LEONARD MANN. ■ Una giornalista di una televisione americana parte con un cameraman per intervistare un colonnello responsabile di un massacro in Guyana. Giunti in Amazzonia vivono una terribile esperienza (indios, coccodrilli, cerbottane degli uomini del colonello ecc.), ma alla fine, riprendono in diretta l'assassinio del colonnello e tornano sani e salvi a casa. Violenza e sangue. ■ AVVENTURA; COL.; 93′; ITALIA, 1985.

INFERNO IN FLORIDA *(Thunder and Lighting)* ★★
Regia di COREY ALLEN. Con ROGER C. CARMEL, DAVID CARRADINE, STERLING HOLLOWAY, KATE JACKSON. ■ Harley, bel ragazzo esperto di motori, vive spacciando in Florida whisky distillato clandestinamente da due vecchietti. Nella stessa zona agisce anche un altro tipo che prepara pessimi liquori, coperto da grosse connivenze mafiose e politiche. Faccende sentimentali complicheranno ulteriormente la vicenda, che però si concluderà felicemente a favore di Harley (e del suo ottimo whisky). ■ AVVENTURA; COL.; 95′; USA, 1977.

INFERNO IN VIETNAM *(A Case of Honor)* ★
Regia di EDDIE ROMERO. Con TIMOTHY BOTTOMS, JOHN PHILIP LAW. ■ I prigionieri americani che ancora si troverebbero in Vietnam costituiscono una miniera per il cinema di serie B americano. Anche se il filone è ormai estinto c'è chi, come Romero, continua a scavare. ■ GUERRA; COL.; 90′; USA, 1988.

INFERNO NEL DESERTO *(Sundown)* ★★★
Regia di HENRY HATHAWAY. Con BRUCE CABOT, GEORGE SANDERS, GENE TIERNEY. ■ Nell'Africa Orientale inglese, alla fine della prima guerra mondiale, una tribù si appresta alla rivolta grazie alle armi fornite da trafficanti europei. Una doppiogiochista locale (ma di sangue britannico) svelerà agli inglesi le modalità della insurrezione che potrà così essere facilmente soffocata. La donna sposerà in seguito il comandante inglese. ■ AVVENTURA; B/N; 90′; USA, 1941. ■ OSCAR 3 NOM.

INFERNO NELLA MANO, L' ★
Regia di KUAN SHAN. Con LEI CHENG KUN, TIEN NI, SHAN KUAN, CHEN SHENG. ■ Quattro maneschi cugini (e il loro padre e zio) picchiano tutti, ma alla fine ci sarà chi li punirà: moriranno tutti, tranne uno. ■ AVVENTURA; COL.; 92′; HONG KONG, 1972.

INFERNO NELLA STRATOSFERA *(Uchu daisenso)* ★★
Regia di ISHIRÔ HONDA. Con ELISA RICHTER, HOREYA SENDA, MINORU TEKADA. ■ Poiché gli scienziati sospettano che esseri extra terrestri stiano attaccando il nostro pianeta, due astronavi vengono inviate in perlustrazione. Esse rilevano che esseri galattici a noi ostili si sono radunati sulla Luna. Ci sarà una colossale battaglia spaziale dalla quale i terrestri usciranno malconci ma vittoriosi. ■ FANTASCIENZA; COL.; 94′; GIAPPONE, 1959.

INFERNO NEL PACIFICO *(Hell on the Pacific)* ★★
Regia di ALFREDO MEDORI. ■ Con materiale proveniente dagli archivi militari è stato realizzato questo lungometraggio sulla guerra nel Pacifico. ■ DOCUMENTARIO; B/N; USA, 1967.

INFERNO NEL PENITENZIARIO ★★
(Revolt in the Big House)
Regia di ROBERT G. SPRINGSTEEN. Con ROBERT BLAKE, TIMOTHY CAREY, GENE EVANS. ■ Un tranquillo carcerato, che altro non sogna se non di ottenere al più presto la libertà vigilata per buona condotta, viene coinvolto dal compagno di cella in una rissa e in altri episodi che vanificano la sua speranza di poter essere liberato. Allora si inasprisce e con l'amico tenta un'evasione, ma andrà male per tutti e finirà in un bagno di sangue. ■ DRAMMATICO; B/N; 90'; USA, 1958.

INFERNO PUÒ ATTENDERE, L' ★★
(Angel on my Shoulder)
Regia di JOHN BERRY. Con BARBARA HERSHEY, RICHARD KILEY, PETER STRAUSS. ■ Il film è un remake di *L'infernale avventura*, un buon successo di Paul Muni negli anni Quaranta. Un gangster è giustiziato, ma Satana crede che possa essergli utile e lo spedisce sulla Terra sotto le spoglie di un giudice famoso per la sua onestà. Per un po', nei panni del magistrato, il redivivo fa tutte le mascalzonate che Satana gli chiede, poi trova il piacere dell'onestà. Rimarrà sulla Terra a fare il bravo giudice. ■ COMMEDIA; COL.; 100'; USA, 1980.

INFERNO SOMMERSO, L' ★★
(Beyond the Poseidon Adventure)
Regia di IRWIN ALLEN. Con PETER BOYLE, MICHAEL CAINE, SALLY FIELD, TELLY SAVALAS. ■ Il capitano Turner, l'anziano mozzo Wilbur e la giovane naufraga Celeste raggiungono il relitto del *Poseidon*, un transatlantico misteriosamente naufragato durante la notte di Capodanno. Nella carcassa della nave trovano persone ancora vive. ■ AVVENTURA; COL.; 120'; USA, 1979.

INFERNO SOTTO ZERO *(Hell below Zero)* ★★★
Regia di MARK ROBSON. Con ALAN LADD, JOAN TETZEL. ■ Un imprenditore di navi muore durante una battuta nel mar Artico. Il socio di questi afferma che l'armatore si è suicidato, ma il racconto non convince la figlia del defunto. La ragazza vuole vederci chiaro e, grazie al giovane Mark, viene a scoprire che il padre è stato ammazzato dal socio e che l'unico testimone è stato eliminato. Dopo drammatiche avventure, l'assassino la pagherà e la fanciulla troverà in Mark un affetto sincero. ■ DRAMMATICO; COL.; 91'; USA, 1954.

INFERNO SUL FONDO *(Torpedo Run)* ★★★
Regia di JOSEPH PEVNEY. Con ERNEST BORGNINE, DIANE BREWSTER, GLENN FORD. ■ Pacifico meridionale, 1942. Il comandante di un sommergibile americano, Barney, è in angoscia per la sorte della moglie e della figlia date per disperse dopo l'invasione delle Filippine. Barney agirà con audacia e con la forza della disperazione per cercare di riavere le due donne, ma tutto sarà vano. ■ GUERRA; COL.; 98'; USA, 1958. ■ OSCAR 1 NOM.

INFERNO VERDE *(White Woman)* ★★★
Regia di STUART WALKER. Con CHARLES LAUGHTON, CAROLE LOMBARD. ■ Una donna viene salvata da una situazione disperata da un facoltoso piantatore di cotone. L'uomo la porta con sé nei propri possedimenti e le affida il governo della villa. Il piantatore tiranneggia gli indigeni che si rivolteranno e lo uccideranno, mentre la donna fuggirà con il ragazzo di cui è innamorata. ■ DRAMMATICO; B/N; 68'; USA, 1933.

INFERNO VERDE *(Green Hell)* ★★
Regia di JAMES WHALE. Con JOAN BENNETT, DOUGLAS FAIRBANKS JR, GEORGE SANDERS. ■ Una spedizione di esploratori alla ricerca delle tombe dei re degli Incas si trova alle prese con i pericoli e le difficoltà della verde e infernale giungla dell'America centrale. ■ AVVENTURA; B/N; 87'; USA, 1940.

INFILTRATO, L' *(The Man Inside)* ★★
Regia di BOBBY ROTH. Con NATHALIE BAYE, PETER COYOTE, JÜRGEN PROCHNOW. ■ Un periodico, tra i più diffusi in Germania, influenza la vita di una comunità che crede ciecamente a ciò che compare sulle sue pagine. ■ DRAMMATICO; COL.; 94'; FRANCIA, USA, 1990.

INFILTRATO, L' *(Fixing the Shadow)* ★
Regia di LARRY FERGUSON. Con LINDA FIORENTINO, MICHAEL MADSEN, CHARLIE SHEEN, RIP TORN. ■ Un giovane agente di polizia piuttosto irrequieto deve infiltrarsi in una gang di motociclisti. Dopo un primo periodo, in cui si fa plagiare dal boss della banda, farà il suo dovere. ■ POLIZIESCO; COL.; 100'; USA, 1992.

INFILTRATO SPECIALE *(Half past Dead)* ★
Regia di DON MICHAEL PAUL. Con MORRIS CHESTNUT, NIA PEEPLES, JA RULE, STEVEN SEAGAL. ■ Sasha Petrosevich, agente dell'Fbi infiltrato in un'organizzazione criminale, viene ferito durante un agguato e, per non far saltare la copertura, decide di farsi incarcerare insieme al capo della banda nel super-tecnologico carcere di New Alcatraz. All'interno della struttura però penetra un'altra banda, che mira a una partita d'oro di 200 milioni di dollari, precedentemente nascosta. ■ AVVENTURA; COL.; 105'; GERMANIA, USA, 2002.

IN FONDO AL BUIO *(Laughter in the Dark)* ★★★
Regia di TONY RICHARDSON. Con JEAN-CLAUDE DROUOT, ANNA KARINA, NICOL WILLIAMSON, PETER BOWLES, SIAN PHILLIPS, SEBASTIAN BREAKS. ■ Dal romanzo di Nabokov. Un facoltoso gallerista abbandona moglie e figlia per amore di una ragazza che, peraltro, non lo ama e mira al denaro. In seguito la fanciulla riallaccia anche la relazione con un suo ex amante che riesce a farsi assumere presso il maturo spasimante. Più tardi il gallerista scopre la tresca e, sconvolto, rimane vittima di un incidente d'auto che lo rende cieco. La perfida ragazza lo ingannerà nuovamente facendogli credere che il giovane amante è emigrato, mentre lo tiene nascosto nella casa in cui abita con il gallerista. Quando lui se ne accorge iniziano i guai. ■ AVVENTURA; COL.; 104'; GRAN BRETAGNA, 1968.

IN FONDO AL CUORE *(The Secret Heart)* ★★★
Regia di ROBERT Z. LEONARD. Con JUNE ALLYSON, CLAUDETTE COLBERT, WALTER PIDGEON. ■ La moglie di un ricco banchiere, Lia, fa da mamma anche ai due figli che il marito ha avuto da un precedente matrimonio. Scontento della professione, il banchiere si dà all'alcool, e anche gli affari cominciano ad andare male: intacca i depositi dei clienti, ma poi si uccide. Lia allora inizia a lavorare per pagare i debiti. ■ COMMEDIA; B/N; 97'; USA, 1946.

IN FONDO AL CUORE *(The Deep End of the Ocean)* ★★★
Regia di ULU GROSBARD. Con WHOOPI GOLDBERG, JONATHAN JACKSON, MICHELLE PFEIFFER, TREAT WILLIAMS. ■ Pat e Beth hanno tre figli. Un giorno uno di loro, Ben, viene rapito. Da quel momento Beth non ha più pace fino a quando crederà di riconoscere negli occhi di un vicino di casa quelli del figlio da tempo scomparso. Un mélo attento ad evitare l'appiattimento su un soggetto già visto più volte al cinema. Grazie anche alla presenza della Pfeiffer. ■ DRAMMATICO; COL.; 105'; USA, 1999.

IN FONDO ALLA PISCINA ★★
Regia di EUGENIO MARTÍN. Con CARROLL BAKER, MIRANDA CAMPA, MICHAEL CRAIG, ENZO GARINEI, MARINA MALFATTI, JOSÉ LUIS LÓPEZ VÁZQUEZ. ■ La polizia sospetta che il signor Anderson, tre volte vedovo, abbia ucciso le proprie consorti per impossessarsi delle relative assicurazioni, ma non ci sono prove a suo carico. Si sposa per la quarta volta, ma la nuova moglie è la sorella di una delle defunte e vuole vederci chiaro. ■ GIALLO; COL.; 94'; ITALIA, 1971.

INFORMANT, THE ★★
Regia di JIM MCBRIDE. Con ANTHONY BROPHY, TIMOTHY DALTON, CARY ELWES, MARIA LENNON. ■ Gingy è un terrorista dell'Ira che, stanco della lotta armata, decide di confessare tutto in cambio dell'incolumità dei propri familiari. Film manicheo che ha come elemento di curiosità la caratterizzazione dei militanti dell'Ira come brutti, sporchi e cattivi. È il ruolo che, di solito, tocca agli inglesi. ■ DRAMMATICO; COL.; 105'; IRLANDA, USA, 1997.

INFORMANT, THE ★★
Regia di STEVEN SODERBERGH. Con SCOTT BAKULA, MATT DAMON, MELANIE LYNSKEY, JOEL MCHALE, FRANK WELKER. ■ Manager aziendale alla Archer Daniels Midland (ADM), multinazionale dell'industria agroalimentare, Mark Whitacre scopre l'esistenza di un accordo fraudolento sul controllo dei prezzi progettato dalla dirigenza per cui lavora. Mosso dal desiderio di diventare un eroe nazionale e ricevere una promozione, decide di collaborare con l'FBI per ottenere le prove del crimine e manda-

re in galera i superiori. Si trasforma in un agente segreto, mette in crisi gli accordi "mafiosi" tra i principali internazionali, portando alla luce tutti gli imbrogli del passato. Un racconto e un linguaggio senza alcun appeal. ■ COMMEDIA; COL.; 108'; USA, 2009.

INFRAMAN – L'ALTRA DIMENSIONE ★★
(The Super Inframan)
Regia di R. HARVIN. Con SUSAN CUREY, ANTHONY LAURENCE, TOM MALDEN, DIANA WINTER. ■ Una base spaziale giapponese viene messa in allarme da alcuni strani fenomeni che provocano migliaia di vittime. Si fa poi viva la regina degli Abissi che afferma di voler sottomettere l'umanità e che a tale scopo mette in azione terribili mostri. Il professor King trasformerà il suo generoso aiutante in un robot, Super-Inframan, che distruggerà il regno della crudele dominatrice. ■ FANTASCIENZA; COL.; 94'; GIAPPONE, 1974.

IN FUGA *(Nowhere to Hide)* ★★
Regia di BOBBY ROTH. Con ROSANNA ARQUETTE, SCOTT BAKULA, MAX POMERANC, CLIFTON POWELL. ■ La ex-moglie di un mafioso si salva per miracolo da un tentativo del marito di farla tacere per sempre. La polizia federale decide di proteggerla e le mette a fianco un agente del quale lei si innamora. Ma i problemi non sono finiti. ■ DRAMMATICO; COL.; 90'; USA, 1994.

IN FUGA A LAS VEGAS *(Wedding Bell Blues)* ★★
Regia di DANA LUSTIG. Con ILLEANA DOUGLAS, PAULINA PORIZKOVA, DEBBIE REYNOLDS, CHARLES MARTIN SMITH, JULIE WARNER, JOHN CORBETT. ■ Tre ragazze che vanno a Las Vegas per tentare di risolvere i loro problemi sentimentali. La prima viene rimproverata dai familiari perché non vuole sposarsi, la seconda è incinta di uno che non vuole impegni e la terza è stata lasciata alla vigilia del matrimonio. Sceneggiatura non esaltante sostenuta dalla bravura delle attrici. ■ COMMEDIA; COL.; 100'; USA, 1996.

IN FUGA A QUATTRO ZAMPE ★★
(Homeward Bound: The Incredible Journey)
Regia di DUWAYNE DUNHAM. Con KIM GREIST, ROBERT HAYS, JEAN SMART. ■ Due cani e un gatto vengono lasciati dai loro padroni alle cure di un'amica. Gli animali fuggono dalla nuova abitazione per raggiungere gli esseri umani che amano e debbono affrontare numerose insidie naturali per raggiungere la loro meta. Classico film Disney che costituisce il remake del primo film non di animazione realizzato dalla casa cinematografica nel 1963. La novità consiste nel fatto che qui gli animali parlano in prima persona. ■ AVVENTURA; COL.; 85'; USA, 1992.

IN FUGA COL CRETINO *(Le Boulet)* ★
Regia di FREDERIC FORESTIER. Con JOSE GARCIA, DJIMON HOUNSOU, GERARD LANVIN, BENOIT POELVOORDE. ■ Un ex detenuto parte per il deserto insieme ad un amico. La sua missione è recuperare un biglietto della lotteria. Comicità molto "francese". ■ COMMEDIA; COL.; 107'; FRANCIA, 2002.

IN FUGA COL MALLOPPO *(Free Money)* ★
Regia di YVES SIMONEAU. Con MARLON BRANDO, CHARLIE SHEEN, MIRA SORVINO, DONALD SUTHERLAND, THOMAS H. CHURCH. ■ Nel Nord Dakota due balordi sposano le figlie gemelle del direttore di un penitenziario tanto grasso quanto invadente. Cercheranno di fare di tutto per evitarne la presenza. Film confuso con attori sprecati. Resta nella memoria (purtroppo) la scena in cui Brando cade con la testa nella tazza di un water. ■ GROTTESCO; COL.; 95'; USA, 1998.

IN FUGA CON IL MALLOPPO *(Stuck with Each Other)* ★
Regia di GEORG STANFORD BROWN. Con RICHARD CRENNA, TYNE DALY, EILEEN HECKART, ROSCOE LEE BROWNE. ■ Un gioielliere muore per un improviso attacco di cuore lasciando la cassaforte aperta, ma i commessi del negozio, Bert e Sylvia, non sanno poi cosa fare con l'inaspettato tesoro. I due, infatti, non solo si accorgono che i preziosi sono rubati, ma che c'è qualcuno disposto a tutto pur di impossessarsene. ■ COMMEDIA; COL.; 100'; USA, 1989.

IN FUGA PER TRE *(The Three Fugitives)* ★★★
Regia di FRANCIS VEBER. Con JAMES EARL JONES, NICK NOLTE, MARTIN SHORT. ■ Un famoso rapinatore di banche esce di galera deciso a redimersi. Ma nella banca dove va a depositare i suoi risparmi piomba un rapinatore e lo prende come ostaggio. Il bandito però è così imbranato (e sfortunato) che l'incallito malvivente lo prende in simpatia. E s'affeziona anche alla figlia del malvivente di complemento. È un remake ad opera dello stesso regista Francis Veber di *Due fuggitivi e mezzo* (diretto da Francis nel 1986). Con una troupe americana, il risultato è migliore (Nolte e Short funzionano meglio dei precedenti Depardieu e Richard). ■ COMMEDIA; COL.; 97'; USA, 1989.

IN GAMBA... MARINAIO! *(Nobody's Perfect)* ★★
Regia di ALAN RAFKIN. Con STEVE CARLOS, NANCY KWAN, DOUG MCCLURE, JAMES SHIGETA. ■ Siamo in Giappone, in una base americana, verso la fine della seconda guerra mondiale. Il marinaio-infermiere Dock contende al nipponico Yokosuka l'amore di una ragazza. ■ COMMEDIA; COL.; 103'; USA, 1968.

INGANNATRICE, L' *(Quand on est belle)* ★★
Regia di ARTHUR ROBINSON. Con LILY DAMITA, ANDRÉ LUQUET. ■ È la versione francese di *The Easiest Way* dell'americano Jack Conway. ■ COMMEDIA; B/N; 85'; FRANCIA, 1931.

INGANNI ★★★
Regia di LUIGI FACCINI. Con OLGA KARLATOS, DANIELA MORELLI, MATTIA SBRAGIA, BRUNO ZANIN. ■ L'impietoso declino di un grande poeta, Dino Campana, autore dei *Canti Orfici*, ricordato più per la sua appassionata relazione con Sibilla Aleramo che per la profondità della sua arte. Rinchiuso in manicomio poco più che trentenne, psicopatico eppure geniale, sottoposto alle crudeli cure di un medico che lo vorrebbe realmente recuperare, Campana scivola verso la morte con allucinante determinazione, alternando il delirio a sprazzi di lucidità, il ricordo di Sibilla a una creatività poetica più forte della sua alienazione. ■ DRAMMATICO; COL.; 99'; ITALIA, 1985.

INGANNEVOLE È IL CUORE PIÙ DI OGNI COSA ★★
(The Heart is Deceitful above all Things)
Regia di ASIA ARGENTO. Con ASIA ARGENTO, PETER FONDA, ORNELLA MUTI, MICHAEL PITT, WINONA RYDER. ■ Storia di Jeremiah, basata sul libro, che si credeva autobiografico, dello scrittore di culto J.T. Leory; ma nel 2005 si è scoperto che non era così: la storia scritta da Laura Albert, era in realtà inventata, ragazzino strapazzato dalla vita, che ha cercato di affrancarsi raccontandosi nei libri. Il film è incentrato su Sarah, la mamma, difficile e compromessa, che un giorno decide di riprendersi il figlio, che era stato adottato da una famiglia davvero perbene. Troppi temi affrontati e non approfonditi per lasciare spazio al trash. ■ DRAMMATICO; COL.; 98'; ITALIA, 2004.

INGANNI PERICOLOSI *(Simpatico)* ★
Regia di MATTHEW WARCHUS. Con JEFF BRIDGES, ALBERT FINNEY, CATHERINE KEENER, NICK NOLTE, SHARON STONE. ■ Da un testo di Sam Shepard, uno scrittore sopravvalutato quasi quanto Coelho. Nolte è un fallito, Bridges, suo vecchio amico, ha invece avuto successo. Intorno alla vendita di uno stallone, Simpatico, si snodano i rapporti. C'è un delitto che viene da lontano. E c'è Sharon, ubriaca, insoddisfatta e violenta. Pretestuoso e velleitario. Polvere. Nonostante il cast. ■ DRAMMATICO; COL.; 106'; USA, 1999.

INGANNO *(Decoy)* ★★
Regia di JACK BERNHARD. Con JEAN GILLIE, EDWARD NORRIS. ■ È la vicenda di un rapinatore che viene aiutato a fuggire dal carcere dalla propria donna e da un gangster, dopo aver loro promesso di rivelare il nascondiglio della refurtiva. Moriranno sia lui che il complice e la ragazza. E la mappa del tesoro si rivelerà una beffa. ■ POLIZIESCO; B/N; 76'; USA, 1947.

INGANNO ★★
Regia di GUIDO BRIGNONE. Con GABRIELE FERZETTI, NADIA GRAY, WILMA PAGIS. ■ Dramma d'amore, vizio e morte. Un sergente della polizia femminile, Cristina, s'innamora e sposa Andrea, medico e lestofante. L'uomo è stato complice e amico di un'avventuriera accusata di traffico di droga e lenocinio. La donna vorrebbe lasciare il marito, benché questi sia deciso a redimersi, ma la madre di una ragazza morta in seguito all'aborto procuratole da Andrea lo uccide prima che i due possano riunirsi. ■ DRAMMATICO; B/N; 92'; ITALIA, 1952.

INGANNO, L' *(Die Fälschung)* ★★★
Regia di VOLKER SCHLÖNDORFF. Con BRUNO GANZ, HANNA SCHYGULLA, JERZY SKOLIMOWSKI. ■ Nevrotico, insoddisfatto e perennemente in crisi con la moglie, un giornalista tedesco si lascia tutto alle spalle per andare a fare un reportage sulla guerra nel Libano. Tra violenze, morte e speculazioni giornalistiche, si ritrova più disgustato che mai, deluso anche dalla nuova donna della quale si era innamorato tra una bomba e l'altra. Ritornato a casa, butta via tutti i suoi servizi e parte (forse) verso una nuova vita. Ottimi gli interpreti e intensa la regia di Schlöndorff, non a caso marito a quei tempi di Margarethe von Trotta. ■ DRAMMATICO; COL.; 108′; FRANCIA, GERMANIA, 1981.

INGANNO CRIMINALE *(The Criminal Mind)* ★
Regia di JOSEPH VITTORIE. Con BEN CROSS, LANCE HENRIKSEN, FRANK ROSSI, TAHNEE WELCH. ■ A Los Angeles l'assistente del procuratore distrettuale è impegnato tenacemente a combattere la mafia. Il problema è che anche suo fratello comanda una "famiglia" e preme perché stia dalla sua parte. Minacciato, rapito e infine coinvolto nei disegni criminali del fratello, l'uomo di legge deve scegliere tra i pericolosi legami di famiglia e la giustizia. ■ THRILLER; B/N; 93′; USA, 1993.

INGANNO DIABOLICO *(The Maddening)* ★★
Regia di DANNY HUSTON. Con ANGIE DICKINSON, JOSH MOSTEL, BURT REYNOLDS, MIA SARA. ■ Una donna fugge con la figlia dal marito per raggiungere la casa della sorella. Troverà ospitalità presso una famiglia non così accogliente come sembra. Il figlio del grande John è alla sua quarta regia ma il risultato non è entusiasmante. ■ THRILLER; COL.; 94′; USA, 1995.

INGANNO PERICOLOSO *(Bitter Harvest)* ★
Regia di DUANE CLARK. Con ADAM BALDWIN, STEPHEN BALDWIN, PATSY KENSIT, JENNIFER RUBIN. ■ Un triangolo amoroso tra Travis, che ha avuto un ranch in eredità dal padre, e due donne. Una di loro però sembra nascondere qualcosa. Filmetto tra *Bonny e Clyde* e *Jules e Jim* con una buona dose di sesso e violenza. ■ DRAMMATICO; COL.; 97′; USA, 1993.

IN GARA CON LA LUNA *(Racing with the Moon)* ★★★
Regia di RICHARD BENJAMIN. Con NICOLAS CAGE, ELIZABETH MCGOVERN, SEAN PENN. ■ È il 1942. Un ragazzo sta per lasciare la sua cittadina della California per andare ad arruolarsi nei marines (la guerra per l'America è scoppiata da un anno). È duro staccarsi dalla sua ragazza, dalla vita spensierata, in una parola dal mondo della giovinezza, per andare forse incontro alla morte. ■ SENTIMENTALE; COL.; 108′; USA, 1984.

INGENUA MALIZIOSA, L' *(Too Young to Kiss)* ★★★
Regia di ROBERT Z. LEONARD. Con JUNE ALLYSON, VAN JOHNSON, GIG YOUNG. ■ Una pianista, Cinzia Potter, si traveste da ragazzina per ottenere l'audizione da un importante impresario, Calhorn, e vince il concorso per giovanissimi. Trasferitasi nella villa di Calhorn, per preparare il proprio lancio, Cinzia si innamora del proprio pigmalione e dimentica Charlie, il fidanzato giornalista e geloso. Prima che inizi il concerto, però, Calhorn scopre la vera età della sua protetta, confessa tutto al pubblico e corre a riprendersi la fanciulla. ■ COMMEDIA; B/N; 91′; USA, 1953. ■ OSCAR 1 NOM.

INGENUI PERVERSI *(Niewinni czarodsieje)* ★★★★
Regia di ANDRZEJ WAJDA. Con TADEUSZ LOMNICKI, KRYSTYNE STYPULKOWSKA. ■ Un medico e una piccola provinciale si incontrano, di notte, a Varsavia, poi trascorrono le ore fino all'alba nella stanza di lui. Ma non accade niente. Quando il ragazzo si sveglia, non trova più la nuova amica. Dopo una ricerca disperata per le vie della città, si ritroveranno. Questa volta per sempre. ■ SOCIOLOGICO; B/N; 90′; POLONIA, 1962.

INGINOCCHIATI STRANIERO... I CADAVERI NON FANNO OMBRA! ★★
Regia di MILES DEEM (pseud. di DEMOFILO FIDANI). Con SIMONE BLONDELL, CHET DAVIS, ETTORE MANNI, GORDON MITCHELL, HUNT POWERS. ■ Lazar, un bounty killer, si allea con un giovane pistolero per ricattare Barrett, ex bandito e padrone di una miniera. Alla resa dei conti, il cacciatore di taglie riesce a far fuori Barrett, ma quando tenta di eliminare anche il socio, questi spara per primo, uccidendolo. ■ WESTERN; COL.; 92′; ITALIA, 1971.

IN GINOCCHIO DA TE ★
Regia di ETTORE M. FIZZAROTTI. Con LAURA EFRIKIAN, GIANNI MORANDI, NINO TARANTO. ■ Commediola musical-militare con Morandi in divisa da recluta che corteggia la figlia del proprio maresciallo. ■ COMMEDIA; B/N; 95′; ITALIA, 1965.

IN GIRO CON DUE AMERICANI ★★
(Abroad with Two Yanks)
Regia di ALLAN DWAN. Con WILLIAM BENDIX, JOHN LODER, DENNIS O'KEEFE, HELEN WALKER. ■ Due marines, in licenza a Sydney, sono ospiti della famiglia di un terzo soldato, alla cui sorella aspirano, inutilmente, entrambi. Dopo parecchi equivoci e qualche risata, i due yankees verranno congedati da un più fortunato pretendente. ■ COMMEDIA; B/N; 80′; USA, 1949.

INGIUSTA CONDANNA, L' ★★
Regia di GIUSEPPE MASINI. Con GABY ANDRÉ, ROSSANO BRAZZI, SERGIO TOFANO. ■ Un medico ricercatore si innamora della figlia di un illustre chimico, che non vede di buon occhio la relazione. Il protagonista finisce addirittura in carcere, ma i suoi successi come scienziato gli permettono la revisione del processo. ■ DRAMMATICO; B/N; 90′; ITALIA, 1952.

INGLESE, L' *(The Limey)* ★★★
Regia di STEVEN SODERBERGH. Con PETER FONDA, TERENCE STAMP, LESLEY-ANN WARREN, LUIS GUZMÁN, BARRY NEWMAN. ■ La vendetta di un inglese per un bel film di genere, citazione del noir d'annata. Non ha avuto successo, ma merita di essere recuperato in home video. ■ POLITICO; COL.; 89′; USA, 1999.

INGLESE ALL'ESTERO, UN *(An Englishman Abroad)* ★★★
Regia di JOHN SCHLESINGER. Con ALAN BATES, CORAL BROWNE, CHARLES GRAY, HAROLD INNOCENT, VERNON DOBTCHEFF, CZESLAW GROCHOLSKI. ■ Un piccolo film girato per la BBC dal regista inglese, ma di notevole interesse, a cominciare dall'interpretazione misurata di Alan Bates e dal tocco gentile della regia. A parte alcuni elementi immaginari si tratta di una storia vera accaduta a Coral Browne nel 1958 in Russia. Uno scrittore inglese è considerato in patria una spia e vive in Russia. Vorrebbe rifarsi il guardaroba per avere un aspetto da gentleman e chiede aiuto a un'attempata attrice di teatro. Una curiosità: il personaggio è lo stesso interpretato da Rupert Everett in *Another Country – La scelta*. Il film è sottotitolato in italiano. ■ COMMEDIA; COL.; 72′; GRAN BRETAGNA, 1982.

INGLESE CHE SALÌ LA COLLINA E SCESE DA UNA MONTAGNA, L' ★★★
(The Englishman Who Went Up a Hill but Came Down a Mountain)
Regia di CHRISTOPHER MONGER. Con TARA FITZGERALD, HUGH GRANT, IAN HART, COLM MEANEY, IAN MCNEICE, KENNETH GRIFFITH. ■ Nel Galles c'è un piccolo paese, Pfynnon Grow, i cui abitanti pretendono a tutti costi di far riconoscere come montagna quella che è solo una modesta collina. Sequestrano il cartografo e intanto provvedono a far crescere in altezza la loro "cima". Commedia all'inglese vecchia maniera con luci, situazioni e ambienti tutti al punto giusto. Senza eccessi e con tanto professionismo. ■ COMMEDIA; COL.; 95′; GRAN BRETAGNA, 1995.

IN GOOD COMPANY ★★
Regia di PAUL WEITZ. Con PHILIP BAKER HALL, SELMA BLAIR, TOPHER GRACE, CLARK GREGG, MARG HELGENBERGER, SCARLETT JOHANSSON, DAVID PAYMER, DENNIS QUAID. ■ Dennis Quaid è un cinquantenne di successo con una splendida famiglia e un'ottima posizione nei vertici di una nota rivista sportiva americana. La sua vita viene sconvolta dall'arrivo di un ventiseienne che prende il suo posto nell'azienda, diventando il suo capo. Come se non bastasse il giovane inizia una relazione con la figlia di Quaid, una deliziosa Scarlett Johansson. La nuova commedia di Paul Weitz (*About a Boy*, *American Pie*) prende di mira il mondo del lavoro: i rapporti e le rivalità fra colleghi, il problema della mobilità, le difficoltà delle multinazionali. Il risultato è piacevole. ■ DRAMMATICO; COL.; 109′; USA, 2004.

INGORGO – UNA STORIA IMPOSSIBILE, L' ★★★
Regia di Luigi Comencini. Con Patrick Dewaere, Annie Girardot, Marcello Mastroianni, Miou-Miou, Angela Molina, Fernando Rey, Stefania Sandrelli, Alberto Sordi, Ugo Tognazzi. ■ Roma. Durante un ingorgo di traffico, che durerà ben trentasei ore, le reazioni degli automobilisti bloccati sono varie e spesso drammatiche. Ciascun "prigioniero" mostrerà il lato peggiore di sé. ■ Grottesco; col.; 128'; Italia, 1978.

INGRATITUDINE *(Emma)* ★★★
Regia di Clarence Brown. Con Richard Cromwell, Marie Dressler, Jean Hersholt, Myrna Loy. ■ Una governante sposa il padrone di casa e trova non poche difficoltà a farsi accettare dai figli del marito. Bravissima la Dressler. ■ Drammatico; b/n; 73'; USA, 1932. ■ Oscar 1 nom.

INGRATITUDINE *(Der Herrscher)* ★★
Regia di Veit Harlan. Con Emil Jannings, Maria Koppenhöfer. ■ Un importante industriale, rimasto vedovo, vorrebbe sposare la propria giovane segretaria, ma trova, da parte dei figli, ostilità e incomprensione che sfociano nella decisione di farlo interdire. Dapprima sconvolto, l'uomo troverà nel lavoro e negli ideali patriottici la consolazione. ■ Drammatico; b/n; 94'; Germania, 1940. ■ Venezia 1 pr.

INGRESSO CENTESIMI DIECI ★★
Regia di Ignazio Ferronetti. ■ Collage di vecchie comiche e di sequenze di vecchi filmoni sentimentali, interpretati da Charlot, Ridolini, Cretinetti, Harold Lloyd, Alberto Collo, Emilio Ghione, Lyda Borelli, Mario Bonnard, Francesca Bertini ed altri. ■ Comico; b/n; 91'; Italia, 1955.

INGRID SULLA STRADA ★★
Regia di Brunello Rondi. Con Janet Agren, Franco Citti, Enrico Maria Salerno. ■ Ingrid, finlandese, dopo essere stata violentata dal padre giunge a Roma per "fare la vita". Diventa amica di un'altra prostituta, Claudia, il cui protettore, Renato, è sadico, teppista e capo di una banda di malviventi. Dopo aver conosciuto fino in fondo la corruzione della capitale Ingrid subisce un'ulteriore violenza da parte di Renato e dei suoi accoliti e, alla fine, muore. ■ Drammatico; b/n; 92'; Italia, 1974.

IN HER SHOES – SE FOSSI LEI *(In her shoes)* ★★
Regia di Curtis Hanson. Con Candy Azzara, Francine Beers, Richard Burgi, Toni Collette, Cameron Diaz, Mark Feuerstein, Ken Howard, Shirley MacLaine, Brooke Smith. ■ Maggie (Diaz) è una ragazza senza certezze, che cambia lavoro e fidanzati con grande disinvoltura. Rose (Collette) è un avvocato che non ha il tempo di dedicarsi alla vita privata. Sono sorelle con idee di vita troppo lontane. Uno screzio fra le due le allontanerà e permetterà loro di guardarsi dentro. Qualche strizzata d'occhio a *Sex and the city* per toni e stile. ■ Commedia; col.; 130'; USA, 2005. ■ Golden Globes 1 nom.

INHUMAINE, L' ★★
Regia di Marcel L'Herbier. Con Jacque Catelain, Philippe Hériat, Georgette Leblanc. ■ Un inventore finge un incidente mortale per conquistare una ragazza glaciale. Quando ormai sembra riuscire nell'intento un maraja ingelositosi ordina di ucciderla. Il povero inventore dovrà trovare un mezzo per farla resuscitare. Si tratta di uno dei film pionieri del genere fantastico ■ Fantastico; b/n; 130'; Francia, 1924.

INIBIZIONI DEL DOTTOR GAUDENZI VEDOVO COL COMPLESSO DELLA BUONANIMA, LE ★★
Regia di Gianni Grimaldi. Con Carlo Giuffré, Françoise Prévost, Saro Urzì. ■ Francesco Gaudenzi, catanese, è appena rimasto vedovo, dopo aver giurato alla moglie sul letto di morte eterna fedeltà. Appena libero, però, il focoso industriale deve affrontare le avances di Paola. La donna lo convince che il giuramento estortogli dalla moglie non sarebbe valido in caso di matrimonio, ma, quando i due decidono di consumare in anticipo la prima notte di nozze, un terremoto scuote l'intera città. ■ Commedia; col.; 105'; Italia, 1972.

IN ITALIA SI CHIAMA AMORE ★★
Regia di Virgilio Sabel. ■ Amore all'italiana, in una carrellata di episodi di cronaca. ■ Documentario; b/n; 95'; Italia, 1963.

INIZIAZIONE, L' ★
Regia di Gianfranco Mingozzi. Con Claudine Auger, Serena Grandi, Fabrice Josso. ■ Estate 1914. Roger, ingenuo e voglioso quattordicenne, si trova a passare le vacanze non lontano da Parigi, tra un nugolo di donne procaci e disinibite (la madre è donna dai severi principi). Passa poi al gioco più eccitante dell'iniziazione con la cameriera Ursula. Rimasto unico maschio di casa (gli altri sono in guerra), si dedica alla matura fattoressa, poi a una governante inglese, un'altra cameriera, una zitella pudibonda e perfino una zia. ■ Commedia; col.; 99'; Italia, 1986.

INIZIO DEL CAMMINO, L' *(Walkabout)* ★★★★
Regia di Nicolas Roeg. Con Jenny Agutter, David Gulpilil, Lucien John. ■ Un uomo va con la figlia maggiore e il figlio a fare una gita in auto nel deserto australiano. Durante una sosta dà fuoco all'auto e si uccide dopo aver sparato in direzione dei figli ma senza ferirli. La ragazza e il bambino cominciano a camminare nel deserto fino a che non trovano una piccola oasi che ben presto si prosciuga. Li aiuterà un indigeno che trascorrerà con loro dei giorni felici. Uno dei più bei film degli anni Settanta, il migliore di Nicolas Roeg. È intenso il rapporto tra i personaggi e la natura. ■ Drammatico; col.; 100'; Australia, 1971.

INJU, LA BÊTE DANS L'OMBRE ★
Regia di Barbet Schroeder Con Maurice Bénichou, Ryo Ishibashi, Minamoto Lika, Benoît Magimel, Shun Sugata. ■ Ispirandosi allo stile di un importante quanto misterioso scrittore giapponese di romanzi gialli, Shundei Oe, il professor Alexandre Fayard pubblica un proprio romanzo (*Les yeux noirs*) e ottiene grandi consensi. Durante il tour promozionale dell'edizione giapponese del suo libro, Fayard riceve delle brutali minacce da qualcuno che pare essere Oe. Quando conosce la bellissima geiko Tamao, il cui passato è intrecciato a quello di Oe, viene a conoscenza del fatto che il suo scrittore modello non è semplicemente un personaggio eccentrico, ma anche potenzialmente molto pericoloso. Tentativo, fallito, di assemblare i caratteri del noir classico. ■ Drammatico; col.; 105'; Francia, 2008.

INKHEART – LA LEGGENDA DI CUORE D'INCHIOSTRO *(Inkheart)* ★★
Regia di Iain Softley. Con Paul Bettany, Brendan Fraser, Helen Mirren. ■ Quando Mortimer Folchart detto Mo, esperto rilegatore di libri malandati, trova un volume di *Inkheart* in una vecchia libreria di provincia, non crede ai propri occhi. Sono dieci anni che cerca quel libro, da quando sua figlia Meggie ne aveva tre; da quando, l'ultima notte in cui lo ha letto ad alta voce, sua moglie Resa è scomparsa all'interno del mondo fantastico di Inkheart, alla corte medievale del malvagio Capricorn. Pochi lo sanno, ma Mo è una lingua di fata: con la lettura può richiamare alla realtà i personaggi dei romanzi, ma rimandarli indietro può essere molto più complicato. Ora, con quella copia del libro in mano, Mo è deciso ha ritrovare Resa e, che lo voglia o meno, Meggie farà di tutto per aiutarlo. ■ Avventura; col.; 106'; USA, Germania, Gran Bretagna, 2008.

INLAND *(Gabbla)* ★★
Regia di Tariq Teguia. Con Kader Affak, Ahmed Benaïssa, Ines Rose Djakou, Fethi Ghares, Djalila Kadi-Hanifi, Kouider Medjahed. ■ Malek, topografo, arriva nella zona del massiccio del Quiarsenis, in Algeria, per dei rilievi. Viene accolto da tutti con una certa diffidenza, nella zona imperversano i fondamentalisti. Trova anche un gruppo di contadini che vorrebbero tornare al loro villaggio da dove erano fuggiti per paura di attacchi terroristici. La situazione è molto difficile, i rilievi sono resi quasi impossibili dai pericoli, la notte è piena di esplosioni. Una mattina Malek scopre un'africana che si era nascosta. I due decidono di fuggire. Cercheranno di raggiungere il Ciad, una terra che rappresenta una promessa di vita, lontano dalla violenza e dai mortali contrasti religiosi. Teguia racconta il proprio paese, con la giusta passione. ■ Drammatico; col.; 140'; Algeria, Francia, 2008.

INLAND EMPIRE – L'IMPERO DELLA MENTE ★★★
(Inland Empire)
Regia di David Lynch. Con Laura Dern, Laura Harring, Jeremy Irons, Stanley Kamel, Diane Ladd, Jordan Ladd,

WILLIAM H. MACY, JULIA ORMOND, HARRY DEAN STANTON, JUSTIN THEROUX. ■ Un'esperienza. *Inland Empire* di David Lynch non è un film organico, lineare, comprensibile, con un inizio e una fine definibili tali, ma è innanzitutto un'esperienza sensoriale. Un flusso di pensiero libero di un artista, che non richiede spiegazioni, ma solamente intuizioni, emozioni personali, positive o negative che siano. Si potrebbe parlare di mondi paralleli, di realtà e finzione che si fondono, si incontrano, si abbandonano, di cinema e televisione (e di pellicola e digitale), del concetto del Tempo, non sequenziale, "random" e assoluto. Il film è un bombardamento di immagini e suoni, ai quali lo spettatore non può non reagire. La perdita dell'orientamento che ne consegue provoca una totale apertura verso ciò che è sullo schermo, generando le emozioni a cui abbiamo fatto riferimento in precedenza. ■ DRAMMATICO; COL.; 172'; FRANCIA, POLONIA, USA, 2006.

IN LICENZA A PARIGI *(This Happy Feeling)* ★★★
Regia di BLAKE EDWARDS. Con LINDA CRISTAL, TONY CURTIS, JANET LEIGH. ■ Divertente commedia degli equivoci: un caporale americano in licenza premio a Parigi è conteso da due donne. Dopo molte disavventure sposerà la ragazza del cuore. ■ COMMEDIA; COL.; 93'; USA, 1959.

IN LINEA CON L'ASSASSINO *(Phone Boot)* ★
Regia di JOEL SCHUMACHER. Con COLIN FARRELL, KIEFER SUTHERLAND, FOREST WHITAKER, RADHA MITCHELL, KATIE HOLMES. ■ Stu Shepard, mediocre procuratore di starlettes, cammina per Manhattan in cerca di una cabina da cui chiamare la sua giovane amante. Dopo aver riattaccato la cornetta, il telefono squilla: Stu risponde, e all'altro capo sente una voce minacciosa che gli intima di non riattaccare, perché è sotto il tiro di un fucile a precisione. Cominciano, per Stu, i minuti più terribili della sua vita, durante i quali viene accusato ingiustamente dell'assassinio di un buttafuori, deve dichiarare in diretta tv i tradimenti coniugali e subire le pressioni di un poliziotto. Complicato e deludente. ■ THRILLER; COL.; 81'; USA, 2002.

IN LOTTA PER L'ONORE *(Vestige of Honour)* ★
Regia di JERRY LONDON. Con MICHAEL GROSS, GERALD MCRANEY. ■ L'ennesimo film sulla guerra del Vietnam realizzato da un esperto in tv movies che ritiene ci sia ancora qualcosa di nuovo da dire sulla "guerra non vinta per colpa dei politici". Ma si sbaglia o, almeno, lui non ne è capace. ■ GUERRA; COL.; 88'; USA, 1990.

IN MEMORIA DI ME ★★★
Regia di SAVERIO COSTANZO. Con MARCO BALIANI, ANDRÉ HENNICKE, CHRISTO JIVKOV, ALESSANDRO QUATTRO, FAUSTO RUSSO ALESI, FILIPPO TIMI. ■ Dopo il buon esordio di *Private*, Saverio Costanzo torna dietro la macchina da presa con un film che ne conferma le capacità. Girato interamente in un convento gesuita (nell'isoletta veneziana di San Giorgio Maggiore) è la storia di Andrea, un uomo ricco e vincente che non si accontenta della sua esistenza materiale, andando alla ricerca di risposte che solo la meditazione e il ritiro spirituale possono soddisfare. Nella confraternita, Andrea scopre il volto del silenzio e la forza della fede, continuando a dar sfogo ai dubbi che lo assalgono, dando loro voce e condividendoli con gli altri novizi. Sarà proprio l'amicizia con uno di loro, il ribelle Zanna, a portare Andrea verso una maggiore consapevolezza. ■ DRAMMATICO; COL.; 115'; ITALIA, 2006.

IN MEZZO SCORRE IL FIUME ★★★★★
(A River Runs Through it)
Regia di ROBERT REDFORD. Con BRENDA BLETHYN, BRAD PITT, CRAIG SHEFFER, TOM SKERRITT. ■ Dal romanzo di Norman Maclean. Stato del Montana, inizio Novecento. Storia di due fratelli – Norman, il maggiore, e Paul – e della loro famiglia. Il padre è un pastore protestante, rigoroso ma intelligente, titolare, per la famiglia, dei valori della vita. Per la famiglia la pesca con la mosca è una vera religione. Il movimento del braccio per il lancio dell'esca è tramandato da generazioni. I due fratelli pescano sul fiume col padre. La loro vita ha la cadenza di quel lancio. Norman va all'università all'est, Paul diventa giornalista a Helena. I fratelli si ritrovano grandi. Norman è sempre positivo e Paul è vitale e un po' maledetto. Norman si innamora di una ragazza, Paul ne ha uno stuolo, inoltre gioca, beve e ha la tendenza a mettersi nei guai. Norman è molto legato al fratello, nel suo racconto si intravvede subito che Paul avrà un certo destino: bello, vivace, apparentemente strafottente, in realtà è Paul a possedere il valore iniziale delle radici. Una sera Paul ha uno scontro con certi personaggi a un tavolo da poker. Inaspettatamente tutto finisce bene. Il giorno dopo i due fratelli e il padre vanno a pesca e Paul prende la più grossa trota che si sia mai vista. È il momento dell'unione più bella, la perfezione di tutto: l'atto religioso della pesca, la famiglia, la magia del fiume, dei boschi e del cielo. Poi Paul una notte viene trovato morto in una strada, colpito dal calcio di una pistola. E Norman, novantenne, continuerà a pescare e a lanciare senza riuscire a farlo come suo fratello. Se si condivide la chiave del regista Redford, un ritorno alla bellezza, alla purezza che la nostra civiltà ha dimenticato, questo è un film che entra nel cuore e rimane nella memoria. Sostenuto da un racconto fuori campo lirico ma di sostanza (letto da Cesare Barbetti, "voce" di Redford), con una musica che accompagna le scansioni della scrittura, il film non trascura nulla. Suggestione, coinvolgimento, sorriso e grande spettacolo. E poi, una stella nascente (Brad Pitt che interpreta Paul). È più che sufficiente per definire *In mezzo scorre il fiume* un grande film. ■ DRAMMATICO; COL.; 119'; USA, 1993. ■ GOLDEN GLOBES 1 NOM; OSCAR 1 PR, 3 NOM.

IN MONTAGNA SARÒ TUA ★★★
(Springtime in the Rockies)
Regia di IRVING CUMMINGS. Con BETTY GRABLE, CARMEN MIRANDA, JOHN PAYNE, CESAR ROMERO. ■ Dan e Vicky, cantanti-ballerini, sono in coppia sul palcoscenico e nella vita, ma lei sospetta di essere stata tradita e abbandona il partner per Victor, artista anche lui, con il quale va a mietere successi in Canada. Interviene l'impresario di Dan. ■ COMM. MUSICALE; B/N; 91'; USA, 1949.

IN MY COUNTRY *(Country of My Skull)* ★★
Regia di JOHN BOORMAN. Con JULIETTE BINOCHE, NICK BORAINE, BRENDAN GLEESON, SAMUEL L. JACKSON, LIONEL NEWTON. ■ Un giornalista americano si reca a Città del Capo per seguire i lavori della Commissione per la Verità e la Riconciliazione promossa dal governo Mandela. Ha così modo di rendersi conto direttamente delle violazioni dei diritti perpetrate durante l'apartheid. Conosce la giornalista radiofonica e poetessa Anna. L'americano ne è attratto e respinto al contempo: è una bianca e quindi appartiene agli oppressori, ma lo interessa come donna e come personalità progressista. La storia d'amore strizza l'occhio al pubblico, ma annacqua tutte le buone intenzioni che il regista poteva avere. ■ DRAMMATICO; COL.; 100'; GRAN BRETAGNA, SUDAFRICA, 2003.

INNAMORARSI *(Falling in Love)* ★★★
Regia di ULU GROSBARD. Con ROBERT DE NIRO, HARVEY KEITEL, MERYL STREEP. ■ Una romantica storia normale: Frank e Molly, entrambi sposati, si incontrano per caso, si innamorano, si lasciano, si ritrovano. Niente di straordinario, se non fosse per la grande lezione di recitazione dei due protagonisti, che nobilitano con la loro immensa bravura un film altrimenti dimenticabile. ■ COMMEDIA; COL.; 107'; USA, 1984. ■ DAVID DI DONATELLO 1 PR, 1 NOM.

INNAMORARSI ALLA MIA ETÀ ★
(Todos los dias – Vu dia)
Regia di ORLANDO JIMENEZ LEAL. Con PEDRO ARMENDARIZ, ANTONIO CAMERO, JULIO IGLESIAS, CAROL LINEY. ■ Pellicola celebrativa del cantante iberico Julio Iglesias che, abbandonato dalla moglie gelosa, affronta una tournée in America e conosce una ragazza, ma anch'essa lo lascia non potendolo dividere con la folla. ■ COMM. MUSICALE; COL.; 90'; SPAGNA, USA, 1978.

INNAMORARSI A MANHATTAN *(Little Manhattan)* ★★
Regia di MARK LEVIN. Con WILLIE GARSON, JOSH HUTCHERSON, CYNTHIA NIXON, JOSH PAIS, TONYE PATANO, CHARLIE RAY, BRADLEY WHITFORD. ■ Manhattan. Gabe ha 11 anni e si è sempre e solo interessato di basket e videogiochi. Al corso di karate conosce Rosemary, ragazzina vispa e vivace. Gabe per la prima volta inizia a guardare l'altro sesso con occhi diversi e interessati. A fare da sfondo a litigi, incomprensioni, primi dubbi e incertezze,

una New York patinata, fotografata nei suoi luoghi simbolo. ■ COMMEDIA; COL.; 84′; USA, 2005.

INNAMORATI, GLI ★★★

Regia di MAURO BOLOGNINI. Con GINO CERVI, COSETTA GRECO, FRANCO INTERLENGHI, ANTONELLA LUALDI, VALERIA MORICONI. ■ Tra quattro coppiette di innamorati si inserisce una donna sposata, ancora bella, in cerca di una piacevole avventura che la faccia sentire giovane. Non ci riuscirà. ■ COMMEDIA; B/N; 83′; ITALIA, 1955.

INNAMORATI CRONICI *(Addicted to Love)* ★★★

Regia di GRIFFIN DUNNE. Con MATTHEW BRODERICK, TCHÉKY KARYO, KELLY PRESTON, MEG RYAN, MAUREEN STAPLETON. ■ Maggie e Sam vivono nel quartiere di Soho e passano il loro tempo a spiare una coppia costituita dai loro rispettivi ex-partner. Sam è ancora innamorato della ex, mentre Maggie vorrebbe veder morto il suo ex. I due finiranno per innamorarsi. Un interessante esordio dietro la macchina da presa di Griffin Dunne, attore noto soprattutto per *Fuori orario*, *Un lupo mannaro americano a Londra* ■ COMMEDIA; COL.; 100′; USA, 1997.

INNAMORATI DISPETTOSI *(Lady Says No)* ★★

Regia di FRANK ROSS. Con JOAN CAUFIELD, DAVID NIVEN, JAMES ROBERTSON JUSTICE, LENORE LONERGAN. ■ L'infelice vita coniugale della zia spinge Dorinda a scrivere un libro dal contenuto decisamente femminista: Bill, redattore di un importante quotidiano, intervista l'autrice, la rivede e se ne innamora. ■ COMMEDIA; B/N; 80′; USA, 1952.

INNAMORATI IN BLUE JEANS *(Blue Denim)* ★★

Regia di PHILIP DUNNE. Con MACDONALD CAREY, BRANDON DE WILDE, CAROL LYNLEY. ■ Un giovane che ritiene di essere incompreso in famiglia si innamora di una coetanea. I due vivono intensamente il loro amore e presto la ragazza rimane incinta; spaventati, decidono di interrompere la gravidanza, ma poi il buon senso e la comprensione dei familiari prevalgono. ■ COMMEDIA; B/N; 89′; USA, 1959.

INNAMORATI PAZZI *(Happy Together)* ★★

Regia di MEL DAMSKI. Con PATRICK DEMPSEY, BRAD PITT, DAN SCHNEIDER, HELEN SLATER, RON STERLING. ■ Christopher, studente universitario a Los Angeles, scopre di avere come compagna di camera una ragazza, Alex. I due inizialmente litigano e poi si innamorano. Sembrano sul punto di lasciarsi quando lui, scoperto a copiare durante un esame, vuole tornare a New York mentre lei non intende seguirlo. Ci ripenserà e saranno per sempre "innamorati pazzi". Remake di *Pookie*, primo film di Alan Pakula. I riferimenti alla Minnelli di allora non mancano, così come un ammiccamento alla Meg Ryan dei decenni Ottanta e Novanta. Tra una citazione e l'altra il film riesce a essere "carino". Ma niente di più. ■ COMMEDIA; COL.; 94′; USA, 1989.

INNAMORATO PAZZO *(Love Crazy)* ★★

Regia di JACK CONWAY. Con JACK CARSON, MYRNA LOY, GAIL PATRICK, WILLIAM POWELL. ■ Steve e Susan festeggiano il quarto anno di matrimonio, ma un imprevisto incontro di Steve con l'ex fidanzata turba la serenità dell'evento. Per ingelosire il marito, Susan finge inoltre di accettare la corte di un vicino di casa. La coppia è a un passo dal divorzio; in tribunale, dove si deve decidere la causa, Steve si fingerà matto per impedirlo. ■ COMMEDIA; B/N; 100′; USA, 1941.

INNAMORATO PAZZO ★★

Regia di FRANCO CASTELLANO, PIPOLO. Con ADRIANO CELENTANO, ADOLFO CELI, ORNELLA MUTI. ■ La principessa Muti, in viaggio d'affari col padre a Roma, conosce il guidatore di autobus Celentano. Tra i due nasce una storia d'amore che inizialmente sembra impossibile a causa dell'abissale differenza di ceto, ma l'amore è sempre destinato a trionfare. Film risaputo, ma la coppia Muti/Celentano funziona e diverte. ■ COMMEDIA; COL.; 102′; ITALIA, 1981.

INNOCENT, THE ★★

Regia di JOHN SCHLESINGER. Con ANTHONY HOPKINS, ISABELLA ROSSELLINI, CAMPBELL SCOTT. ■ Berlino 1954. La città è ancora divisa in zone. Russi e americani si spiano, e anche gli inglesi spiano i loro alleati americani. Arriva Len (Scott), genio delle comunicazioni telefoniche. Il suo capo Bob Glass (Hopkins), maniaco della segretezza e dei regolamenti, gli spiega il suo compito: dovrà inserirsi nelle linee telefoniche dei russi, che sono state individuate sottoterra. Len conosce Maria (Rossellini), stranissimo e misterioso personaggio che lo seduce. Glass cerca di intralciare la loro relazione, ma inutilmente. Compare anche il marito della donna, spia, ubriacone, e ricattatore, che viene ucciso da Len e Maria. La situazione precipita. Len sarebbe arrestato se non intervenisse Glass che lo salva, ma in cambio vuole Maria. Molti anni dopo, nel 1989, crolla il muro di Berlino. Len ritrova Maria che ha tre figli. Tutti festeggiano sulle macerie del muro. ■ GIALLO; COL.; 115′; GRAN BRETAGNA, 1993.

INNOCENTE, L' *(L'innocent)* ★★

Regia di MAURICE DE CANONGE. Con HENRY NASSIET, NOËL-NOËL, MADELEINE ROBINSON. ■ Protagonista è un venditore di fiori parigino, coinvolto senza saperlo in un traffico di droga. A sua insaputa i trafficanti nascondono la cocaina nei suoi mazzi di rose. Il soggetto e la sceneggiatura sono del comico francese Noël-Noël, che con questo film ha voluto cimentarsi nel drammatico. ■ DRAMMATICO; B/N; 80′; FRANCIA, 1938.

INNOCENTE, L' ★★

Regia di LUCHINO VISCONTI. Con LAURA ANTONELLI, GIANCARLO GIANNINI, MASSIMO GIROTTI, RINA MORELLI, JENNIFER O'NEILL, MARC POREL. ■ Dal romanzo di D'Annunzio. Giuliana, fragile di salute e tradita dal marito, ha un figlio da un giovane letterato, che presto muore di febbre tropicale. Alla donna restano il ricordo di questo amore e il figlio, che però il marito uccide esponendolo al gelo la notte di Natale. L'ultima amante dell'uomo lo abbandona e questi, disperato, si uccide. Alla fine della carriera, Visconti decide di mettere in scena D'Annunzio (anche De Sica aveva in progetto un D'Annunzio ma morì prima di realizzarlo). Il film mostra segni di stanchezza. Visconti ci lascia il suo saluto mostrando le sue mani che girano le pagine di un grosso libro che reca i titoli. Giannini non è adatto a Visconti; la Antonelli si spoglia come sempre (e non c'era bisogno di Visconti per questo). ■ DRAMMATICO; COL.; 125′; ITALIA, 1976. ■ DAVID DI DONATELLO 1 PR, 1 NOM.

INNOCENTE CASIMIRO, L' ★★

Regia di CARLO CAMPOGALLIANI. Con ADA DONDINI, LAURO GAZZOLO, ERMINIO MACARIO, LEA PADOVANI, ALBERTO SORDI, PAOLA VENERONI. ■ Una collegiale desiderosa di passare alcuni giorni a casa si finge ammalata; il direttore della scuola, sospettoso, la fa accompagnare a casa da un giovane insegnante. Da qui nascerà una serie di equivoci divertenti. ■ COMICO; B/N; 75′; ITALIA, 1945.

INNOCENTI, GLI *(Drabet)* ★★★

Regia di PER FLY. Con PERNILLA AUGUST, BEATE BILLE, JESPER CHRISTENSEN, CHARLOTTE FICH, VIBEKE HASTRUP, JULIE ØLGAARD. ■ Ultimo episodio della "trilogia sulle classi" di Per Fly, di cui ricordiamo il recente e molto valido *L'eredità*. Questo film, pur non arrivando a bissare le qualità del predecessore, riesce ugualmente a centrare l'obiettivo di descrivere con amarezza e lucidità il dramma silenzioso in cui versa la middle-class danese, non dissimile dal ceto medio di qualsiasi altro paese europeo. La storia ha come perno centrale un professore universitario che abbandona moglie e famiglia per dare supporto alla propria amante, attivista politica e pacifista, colpevole dell'omicidio di un poliziotto, evento che finisce per sconvolgere "a cascata" le vite e le certezze di tutti i personaggi del film. ■ DRAMMATICO; COL.; 103′; DANIMARCA, 2005.

INNOCENTI BUGIE *(Knight and Day)* ★★

Regia di JAMES MANGOLD. Con TOM CRUISE, VIOLA DAVIS, CAMERON DIAZ, JORDI MOLLA', PETER SARSGAARD. ■ All'aeroporto di Wichita, Kansas, il misterioso Roy Miller si scontra con la bionda June Havens in attesa di prendere un aereo diretto a Boston. Sul volo, June resta estremamente colpita dal fascinoso e prestante Roy, finché non scopre che l'uomo ha ucciso tutti i passeggeri dell'aereo, compresi hostess, steward e piloti. Dopo un atterraggio di fortuna in mezzo a un campo di granturco, Roy comunica a June che i federali verranno presto a cercarla e che lei dovrà negare di averlo conosciuto. Da quel momento, June si trova coinvolta in un intrigo internazionale che coinvolge l'FBI e un ricco criminale spagnolo, tutti intenti a recuperare una nuova sorgente di energia perpetua: lo Zefiro. ■ AZIONE; COL.; 110'; USA, 2010.

INNOCENTI DALLE MANI SPORCHE, GLI ★★
(Les innocents aux mains sales)
Regia di CLAUDE CHABROL. Con PAOLO GIUSTI, FRANÇOIS MAISTRE, ROMY SCHNEIDER, ROD STEIGER. ■ Julie vive col marito ma non è soddisfatta e cerca alternative alla noia. Il marito scompare e la polizia sospetta della donna. Intanto Julie si è fatta per amante uno scrittore. Il marito ricompare e la donna viene riabilitata. A questo punto è lo scrittore che aggredisce Julie, che viene salvata dalla polizia. Intanto il marito muore d'infarto. Una notte Julie si sente chiamare da una voce misteriosa. ■ DRAMMATICO; COL.; 125'; FRANCIA, 1974.

INNOCENTI PAGANO, GLI ★★
Regia di LUIGI CAPUANO. Con LIDA BAAROVA, MINO DORO, MARIELLA LOTTI, OTELLO TOSO. ■ Un reduce apprende che sua figlia è morta e che sua moglie se n'è andata con un altro. Il giovane si trasferisce allora presso un ricco proprietario terriero dove si rifarà una famiglia con una dolce ragazza-madre. ■ DRAMMATICO; B/N; 97'; ITALIA, 1951.

INNOCENTS ★★
Regia di GREGORY MARQUETTE. Con JEAN-HUGUES ANGLADE, ANNE ARCHER, ROBERT CULP, KEITH DAVID, MIA KIRSHNER, FRANK LANGELLA, CONNIE NIELSEN. ■ Gerard è un musicista francese che vive negli Stati Uniti. Per un incidente finisce in un ospedale di una cittadina del Midwest. Qui incontra Megan, un'infermiera, e se ne innamora. Terminata la convalescenza, Gerard viene invitato a casa di Megan, dove conosce anche il padre e la sorella, Dominique. Quando il musicista lascia la cittadina per riprendere il suo viaggio, le due donne lo convincono a portare con sé l'anziano padre. ■ COMM. A EPISODI; COL.; 97'; USA, 2001.

INNOCENZA COLPOSA *(Under Suspicion)* ★★★
Regia di SIMON MOORE. Con KENNETH CRANHAM, LIAM NEESON, LAURA SAN GIACOMO. ■ Dopo aver lavorato in teatro e in televisione, esordio dietro la macchina da presa dell'inglese Moore. Siamo alla soglia degli anni Sessanta in Inghilterra. Il protagonista è un detective privato che, con la complicità della moglie, crea dei falsi tradimenti per aiutare i clienti a divorziare più facilmente. Un giorno sua moglie e un pittore celebre vengono uccisi e i sospetti cadono su di lui e sull'amante dell'artista. Un buon giallo che, come molte volte accade, perde dei punti nella risoluzione finale. ■ GIALLO; COL.; 99'; USA, 1991.

INNOCENZA DEL PECCATO, L' ★★
(La Fille Coupée En Deux)
Regia di CLAUDE CHABROL. Con FRANÇOIS BERLÉAND, MARIE BUNEL, VALERIA CAVALLI, ETIENNE CHICOT, BENOÎT MAGIMEL, MATHILDA MAY, LUDIVINE SAGNIER, CAROLINE SIHOL. ■ Una giovane e ambiziosa conduttrice televisiva viene sedotta da un maturo scrittore sposato. Egocentrico e sensibile alle belle donne, l'uomo ne fa un'amante esperta e focosa e la introduce ai giochini viziosi del jet set parigino. Ma la passione, si sa, è volubile. Specie se la differenza d'età è abissale: lui è accecato dal narcisismo e dall'egoismo e lei è infantile e in preda agli slanci totalizzanti del primo grande amore. Quando viene abbandonata dall'anziano amante, la ragazza si consola tra le braccia di un giovane miliardario psicologicamente instabile da tempo innamorato di lei e arriva addirittura a sposarlo. E a questo punto il solito stucchevole triangolo altoborghese sfocia in tragedia... ■ DRAMMATICO; COL.; 115'; FRANCIA, 2007.

INNOCENZA DEL DIAVOLO, L' *(The Good Son)* ★★
Regia di JOSEPH RUBEN. Con MACAULAY CULKIN, QUINN CULKIN, ELIJAH WOOD. ■ Il piccolo divo di *Mamma ho perso l'aereo* è Henry, un diabolico bambino. Con suo cugino Mark, che vive con gli zii dopo la morte della madre, ha un rapporto di gioco crudele e violento. Potrebbe succedere il peggio. Discretamente diretto e interpretato, il film crea una buona tensione senza scene gratuite. ■ THRILLER; COL.; 90'; USA, 1993.

INNOCENZA DI CLARA, L' ★★
Regia di TONI D'ANGELO. Con GIULIO BERANEK, CHIARA CONTI, ROSANNA GENTILI, ALBERTO GIMIGNANI, LUCA LIONELLO. ■ Cresciuti in Lunigiana, Maurizio e Giovanni sono amici che praticano la caccia con passione. Imprenditore e scultore, condividono il marmo e un quotidiano tranquillo interrotto da Clara, giovane donna di cui si innamora Maurizio. Giovanni, sposato e annoiato, scolpisce madonne e desidera Clara, che sposa Maurizio ed è amante di Marco, un cantautore locale. Tra una battuta di caccia e un bicchiere di vino, arriva l'inverno che congela la campagna ma accende i cuori, avviando passioni e ossessioni. ■ DRAMMATICO; COL.; 82'; ITALIA, 2012.

INNOCENZA E MALIZIA *(Le grand chemin)* ★★★
Regia di JEAN-LOUP HUBERT. Con ANÉMONE, RICHARD BOHRINGER, CHRISTINE PASCAL. ■ Alla fine degli anni Cinquanta, un ragazzino di nove anni parte da Parigi per andare a trascorrere le vacanze in campagna presso un'amica della madre. La sua presenza rimette in discussione il matrimonio della donna, che s'era estraniata dal marito dopo la morte del figlio. La storia di un'educazione sentimentale, raccontata con grande sensibilità ed equilibrio da un regista allora esordiente. ■ DRAMMATICO; B/N; 106'; FRANCIA, 1987.

INNOCENZA E TURBAMENTO ★
Regia di MASSIMO DALLAMANO. Con VITTORIO CAPRIOLI, ROBERTO CENCI, EDWIGE FENECH, ELEONORA MORANA, ANNA MARIA PESCATORI, LIONEL STANDER. ■ Un giovane seminarista torna in famiglia per riflettere sulla sincerità della sua vocazione mistica. Qui si trova in un ambiente saturo di tentazioni, e il più accanito in questo senso è don Salvatore, affetto da satiriasi. Quando l'uomo muore, è donna Carmela, sua opulenta consorte, a dissuadere il giovane seminarista dall'idea religiosa. ■ COMMEDIA; COL.; 94'; ITALIA, 1974.

INNOCENZA INFRANTA *(Inventing the Abbots)* ★★
Regia di PAT O'CONNOR. Con KATHY BAKER, BILLY CRUDUP, WILL PATTON, JOAQUIN PHOENIX, LIV TYLER. ■ Pat O'Connor ricostruisce con rigore filologico gli anni Cinquanta in una cittadina del Midwest. È la storia di una famiglia ricca, gli Abbott, e di una povera, gli Holt, e delle vicende amorose e non che contrassegnano i loro rapporti. Non manca neppure la voce off nel finale. ■ DRAMMATICO; COL.; 110'; USA, 1997.

INNO DI BATTAGLIA *(Battle Hymn)* ★★
Regia di DOUGLAS SIRK. Con DAN DURYEA, ROCK HUDSON, MARTHA HYER. ■ Responsabile involontario della morte di un gruppo di bambini, un maggiore dell'aviazione americana si dedica alla vita spirituale per alleviare le sofferenze della guerra. Al fianco di Wang, una giovane coreana, si occupa di fanciulli profughi e, quando la donna morirà in un'azione di guerra, egli darà il nome di lei all'orfanotrofio che riuscirà a edificare. ■ GUERRA; COL.; 108'; USA, 1957.

IN NOME DEI MIEI *(Au nom de tous les miens)* ★★★
Regia di ROBERT ENRICO. Con BRIGITTE FOSSEY, JACQUES PENOT, MICHAEL YORK. ■ La tormentata (e reale) vita di Martin Gray, ebreo russo sopravvissuto al lager di Treblinka, poi emigrato negli Usa dove ha fatto fortuna. Tornato in Europa, vede perire moglie e figli nell'incendio della sua villa. Sta per uccidersi, ma vi rinuncia per continuare a testimoniare la tragedia ebraica. ■ DRAMMATICO; COL.; 83'; FRANCIA, 1983.

IN NOME DELLA LEGGE ★★★★
Regia di PIETRO GERMI. Con MASSIMO GIROTTI, CAMILLO MASTROCINQUE, JONE SOLINAS. ■ Un giovane pretore si trova in un piccolo centro della Sicilia dominato dalla mafia; tutti lo avversano tranne Paolino, un giovane e onesto lavoratore. Le ingiustizie e i soprusi sono all'ordine del giorno. Quando, deluso e amareggiato, il pretore decide di andarsene, è l'omicidio di Paolino che lo induce a restare per combattere la mafia con tutti i mezzi. ■ DRAMMATICO; B/N; 99'; ITALIA, 1949.

IN NOME DELL'AMORE *(Deadline at Dawn)* ★★
Regia di HAROLD CLURMAN. Con SUSAN HAYWARD, PAUL LUKAS, BILL WILLIAMS. ■ Un marinaio in licenza scopre che la sua

ragazza è stata uccisa. Indagherà con l'aiuto di un tassista filosofo e di una fanciulla. ■ GIALLO; B/N; 83′; USA, 1946.

IN NOME DEL PAPA RE ★★★

Regia di LUIGI MAGNI. Con, CARLO BAGNO, ROSALINO CELLAMARE, GIOVANNELLA GRIFEO, NINO MANFREDI, DANILO MATTEI, CARMEN SCARPITTA. ■ Il potere temporale dei papi sta per terminare: fra tre anni, a Roma, entreranno i bersaglieri da Porta Pia. Un gruppo di giovani complotta contro il papa. Donna Flaminia, madre di Cesare, uno dei rivoluzionari, pur di salvare il figlio rivela a monsignor Colombo, giudice del tribunale, che il ragazzo è suo figlio. Il prelato riesce a far liberare il figlio naturale e a nasconderlo. Ma il giovane morirà ugualmente, ucciso da un uomo che lo crede l'amante della moglie. Monsignor Colombo finirà in galera. ■ DRAMMATICO; COL.; 105′; ITALIA, 1977. ■ DAVID DI DONATELLO 3 PR, 3 NOM.

IN NOME DEL POPOLO *(Im Namen des Volkes)* ★★

Regia di ERICH ENGELS. Con REINHOLD BERNOT, ELLEN BONG, RUDOLF FERNAU, CHRISTINE GRABLE, FRITZ KAMPERS. ■ Una ventata di criminalità sconvolge la vita pacifica di una cittadina della Baviera. L'impegno della polizia non porta a risultati concreti finché un solerte funzionario riesce a dare un volto e un nome al capo dei malfattori, che viene preso e giustiziato a furor di popolo. ■ POLIZIESCO; B/N; 90′; GERMANIA, 1939.

IN NOME DEL POPOLO ITALIANO ★★★

Regia di DINO RISI. Con RENATO BALDINI, MICHELE CIMAROSA, YVONNE FURNEAUX, ELY GALLEANI, VITTORIO GASSMAN, UGO TOGNAZZI. ■ Un magistrato senza macchia indaga sulla morte di una giovane drogata e risale così a un industriale, il quale tenta con ogni mezzo di ostacolarlo. Mentre la città è in tripudio per una vittoria calcistica, il magistrato, che ha scoperto la non colpevolezza dell'indiziato, decide di procedere egualmente contro di lui per colpire attraverso l'uomo tutto il marcio di una società irrimediabilmente corrotta. ■ COMMEDIA; COL.; 103′; ITALIA, 1971.

IN NOME DEL POPOLO SOVRANO ★★★

Regia di LUIGI MAGNI. Con LUCA BARBARESCHI, SERENA GRANDI, NINO MANFREDI, JACQUES PERRIN, ELENA SOFIA RICCI, ALBERTO SORDI, MASSIMO WERTMÜLLER. ■ Siamo nel 1849, nel momento in cui la Repubblica romana dovette arrendersi alle truppe dell'esercito francese capitanate dal generale Oudinot. La cronaca dell'avvenimento in questione e gli altri accadimenti a Roma e nel resto dell'Italia sono la materia del film di Luigi Magni. Molti sono i personaggi che sfilano: il prete barnabita Ugo Bassi, papa Pio IX, Luciano Manara, celebre esponente monarchico, i patrioti Daverio, Messina, Narducci, Dandolo, il poeta Belli e Goffredo Mameli, autore dell'inno italiano. Affresco condotto con mano sicura da Magni anche se le interpretazioni non sono mai folgoranti. ■ STORICO; COL.; 110′; ITALIA, 1990. ■ DAVID DI DONATELLO 1 PR, 1 NOM.

IN NOME DI KARIN *(Tir groupé)* ★★

Regia di JEAN-CLAUDE MISSIAEN. Con MICHEL CONSTANTIN, VÉRONIQUE JANNOT, GÉRARD LANVIN. ■ Un gruppo di teppisti parigini violenta e uccide una giovane donna. Sulle loro tracce si mette subito il fidanzato della ragazza. Ma anche la polizia impersonata da un abile commissario. Chi arriverà prima? La giustizia ufficiale o quella privata? ■ POLIZIESCO; COL.; 90′; FRANCIA, 1982.

IN NOME DI DIO – IL TEXANO ★★★

(The Three Godfathers)

Regia di JOHN FORD. Con PEDRO ARMENDARIZ, WARD BOND, HARRY CAREY JR, JOHN WAYNE. ■ Tre banditi braccati dalla legge si imbattono, in mezzo al deserto, in una donna che dà alla luce un bimbo e muore subito dopo. I tre si sentono padri del neonato (titolo originale *I tre padrini*) e riescono a farlo sopravvivere in condizioni impossibili. Solo uno dei tre uomini raggiunge un centro abitato (gli altri sono morti) e consegna il bambino a uno zio, sceriffo, che perdona il bandito. ■ DRAMMATICO; B/N; 105′; USA, 1948.

IN OSTAGGIO *(The Clearing)* ★★

Regia di PIETER JAN BRUGGE. Con MATT CRAVEN, WENDY CREWSON, WILLEM DAFOE, HELEN MIRREN, ALESSANDRO NIVOLA, ROBERT REDFORD, MELISSA SAGEMILLER, DIANA SCARDWID. ■ Wayne Hayes (Robert Redford) ricopre una posizione di rilievo in un'azienda di notevoli dimensioni. Improvvisamente, viene rapito da un suo dipendente, Arnold Mack (Willem Dafoe). Nel tentativo di negoziare la liberazione, le vite di Wayne e della moglie Eileen (Helen Mirren) vengono messe a nudo, ne escono luci ed ombre. Il film non riesce a decollare dalla sua staticità nonostante la presenza di mostri sacri, malamente serviti dalla sceneggiatura. ■ THRILLER; COL.; 91′; GERMANIA, USA, 2004.

IN PIENO SOLE – DELITTO IN PIENO SOLE ★★★

(Plein soleil)

Regia di RENÉ CLÉMENT. Con ALAIN DELON, MARIE LAFORÊT, MAURICE RONET. ■ Tom raggiunge in un paese presso Napoli il suo amico Philippe. La bella vita a cui questi si abbandona con un'amica stuzzica i desideri criminali di Tom che architetta un piano per impossessarsi della donna e del denaro del suo compagno, dopo averlo assassinato. Quando crederà di averla fatta franca, verrà sorpreso dalla giustizia. ■ DRAMMATICO; COL.; 120′; FRANCIA, 1959.

IN PORSCHE CON IL MORTO *(Dream Machine)* ★

Regia di LYMAN DAYTON. Con COREY HAIM, EVAN RICHARDS, SUSAN SEAFORTH HAYES. ■ Margo decide che il marito non avrà la Porsche in regalo perché è un seduttore impenitente: dona quindi la fuoriserie al fortunato Barry, che le ha semplicemente accordato il pianoforte. Ma le disavventure di Barry cominciano con la scoperta di un cadavere nel bagagliaio dell'auto. ■ COMMEDIA; COL.; 83′; USA, 1990.

IN PRINCIPIO ERANO LE MUTANDE ★★★

Regia di ANNA NEGRI. Con STEFANIA ROCCA, TERESA SAPONANGELO, MONICA SCATTINI, BEBO STORTI, FILIPPO TIMI. ■ Irma ha venticinque anni, vive a Genova ma è napoletana. Vive di lavori occasionali insieme alla sua amica Gina e anche sul piano affettivo le sue storie non durano molto a causa di uomini di scarso valore. Finché non si innamora di un pompiere. Al primo lungometraggio la Negri sa dosare commedia e dramma con un occhio rivolto al cinema "alla Nazzari". ■ COMMEDIA; COL.; 90′; ITALIA, 1999.

IN PUNTA DI PIEDI *(Tall Story)* ★★

Regia di JOSHUA LOGAN. Con MARC CONNELLY, JANE FONDA, ANTHONY PERKINS, RAY WALSTON. ■ Ray è una delle "colonne" del college, sia per il profitto scolastico sia per le sue prestazioni nella squadra di pallacanestro. Quando deve battersi in un incontro importante, il giovane riceve un anonimo compenso in denaro per far perdere la sua squadra. Poiché i bocciati non possono gareggiare, il giovane non trova altra soluzione che quella di non impegnarsi negli esami, ma poi non sa resistere e con la sua entrata in campo all'ultimo minuto salverà le sorti dei suoi compagni. Primo film di un'imberbe Jane Fonda. ■ COMMEDIA; B/N; 91′; USA, 1960.

IN PUNTA DI PIEDI – STREETDANCE ★

Regia di GIAMPIERO MELE. Con VALERIA CIANGOTTINI, MARCELLO MODUGNO, LARA NASZINSKI. ■ Contrastata storia d'amore a suon di musica e a passo di danza fra due giovani divisi da estrazione sociale e prospettive di carriera. Nonostante la buona volontà, *Flashdance* rimane lontano. ■ COMMEDIA; COL.; 92′; ITALIA, 1985.

IN QUESTA NOSTRA VITA *(In This Our Life)* ★★★

Regia di JOHN HUSTON. Con GEORGE BRENT, BETTE DAVIS, OLIVIA DE HAVILLAND, DENNIS MORGAN. ■ Stanley lascia il promesso sposo per fuggire con un uomo che è stato sposato con sua sorella; la loro felicità è di breve durata poiché l'uomo, disilluso, si toglie la vita. La donna ritorna in famiglia e nella felicità della sorella con il suo ex fidanzato riconosce la propria sconfitta. Finirà per uccidersi dopo aver provocato la morte di una bimba. ■ DRAMMATICO; B/N; 97′; USA, 1942.

IN QUESTO MONDO DI LADRI ★

Regia di CARLO VANZINA. Con CARLO BUCCIROSSO, LEO GULLOTTA, ENZO IACCHETTI, BIAGIO IZZO, VALERIA MARINI, MAX PISU, RICKY TOGNAZZI. ■ Cinque onesti lavoratori, vittime di una truffa immobiliare, guidati da una sorta di Hannibal Lecter del raggiro, mettono a frutto, per vendetta, un piano ingegnoso contro una banca, presa a simbolo di un sistema nel quale la disonestà trionfa. Ma le cose andranno diversamente da come erano state immaginate. Non basta lo spunto dalla nota canzone di Antonello Venditti. ■ COMMEDIA; COL.; ITALIA, 2004.

IN QUESTO MONDO LIBERO... *(It's a Free World...)* ★★★
Regia di KEN LOACH. Con COLIN CAUGHLIN, JULIET ELLIS, FARUK PRUTI, JOE SIFFLEET, KIERSTON WAREING, LESLAW ZUREK. ■ Angie è una giovane donna divorziata con un figlio undicenne, Jamie, che vive con i nonni. Licenziata in tronco da un'agenzia per cui procurava manodopera proveniente dai paesi dell'Est, Angie decide di mettersi in proprio. Insieme all'amica Rose crea un'agenzia di reclutamento che gestiranno in coppia. Il confronto con la realtà dell'immigrazione, clandestina e non, le imporrà delle scelte che non andranno tutte nella stessa direzione. Ken Loach è un regista che si potrebbe definire "necessario". Necessario perché a ogni film (sia che parli di Glasgow, di Irlanda o di Spagna nella guerra civile) ci ricorda che questo mondo, il nostro mondo occidentale, non è il paradiso ma, a differenza di altri che accettano ciò come un dato di fatto ineludibile, lui pensa che qualcosa si possa fare. ■ DRAMMATICO; COL.; 96'; GERMANIA, GRAN BRETAGNA, ITALIA, SPAGNA, 2007.

INQUIETUDINE *(Dollar)* ★★★
Regia di VITTORIO CARPIGNANO, EMILIO CORDERO, GUSTAV MOLANDER. Con INGRID BERGMAN, TUTTA ROLF, GEORG RYDEBERG. ■ Una zia d'America, dispotica e danarosa, ma dall'innato talento investigativo (basato sull'indagine psicologica), guarisce una nipote con gli arti inferiori paralizzati. ■ DRAMMATICO; B/N; 88'; SVEZIA, 1937.

INQUIETUDINE ★★
Regia di VITTORIO CARPIGNANO, EMILIO CORDERO. Con LUISELLA BEGHI, ADRIANA BENETTI, ALDO DE FRANCHI. ■ Un giovane seminarista rinuncia a prendere i voti quando si innamora di una fanciulla che vorrebbe sposare; ma la giovane ama un altro e lui, per dimenticarla, lascia la città dopo aver chiesto ai genitori la sua parte di eredità. Viene a sapere in seguito che i suoi si sono rovinati per esaudire la sua richiesta e sta per togliersi la vita quando scopre di essere amato in silenzio da un'altra donna. ■ DRAMMATICO; B/N; 90'; ITALIA, 1946.

INQUILINA DEL PIANO DI SOPRA, L' ★★
Regia di FERDINANDO BALDI. Con ENZO CANNAVALE, SILVIA DIONISIO, PIPPO FRANCO, TEO TEOCOLI, LINO TOFFOLO, LIANA TROUCHÉ. ■ Storiella di un professore che si innamora della bella inquilina odiata nel caseggiato perché troppo rumorosa. ■ COMMEDIA; COL.; 89'; ITALIA, 1977.

♥ **INQUILINO DEL TERZO PIANO, L'** *(Le locataire)* ★★★
Regia di ROMAN POLANSKI. Con ISABELLE ADJANI, MELVIN DOUGLAS, BERNARD FRESSON, ROMAN POLANSKI, JO VAN FLEET. ■ Un uomo prende in affitto una casa la cui proprietaria si è uccisa gettandosi da una finestra. Nel condominio l'uomo ha una vita difficile, vessato da un amministratore severissimo. Un giorno comincia a comportarsi stranamente (per esempio, si veste da donna), finché sembra posseduto dalla personalità dell'inquilina morta (tutta la casa reca tracce strane di lei). Esasperato, il protagonista si getta a sua volta dal terzo piano: per due volte, prima vestito da donna, e poi, fracassato e sanguinante, in panni normali. ■ COMMEDIA; COL.; 125'; FRANCIA, 1976.

IN RICCHEZZA E POVERTÀ *(For Richer or Poorer)* ★★
Regia di BRYAN SPICER. Con TIM ALLEN, KRISTIE ALLEY. ■ Una coppia benestante di New York, con problemi fiscali, lascia la città e si rifugia in una comunità Amish. Ma anche lì i problemi non mancano. Il recupero della "vita vera" è proprio difficile. ■ COMMEDIA; COL.; 98'; USA, 1998.

IN RIVA AL MARE *(Bord De Mer)* ★★
Regia di JULIE LOPES-CURVAL. Con LUDMILA MIKAËL, BULLE OGIER, LILIANE ROVÈRE, JONATHAN ZACCAÏ. ■ Marie, Paul, Rose e Albert attendono l'arrivo dell'estate e delle vacanze in una cittadina sulla costa francese. D'inverno, il paese assume un aspetto spettrale e deserto, ma d'estate si popola di vacanzieri e si anima con le loro storie. La vita di provincia non offre grandi aspettative e la regista ne fotografa la lentezza nervosa, il silenzio pesante, il paesaggio grigio e piatto. *Bord de mer* descrive una saga inutile, incentrata su una fabbrica intorno alla quale vive l'intero villaggio. ■ DRAMMATICO; COL.; 90'; FRANCIA, 2003.

INSALATA RUSSA *(Salades russes)* ★★★
Regia di JURIS MAMIN. Con SERGEJ DONTSOV, AGNES SORAL. ■ Film di grande successo in Russia. Una allegra commedia sulla scoperta, in chiave fantastica, dell'Europa occidentale da parte di un russo. Tchijov vive a San Pietroburgo ed è musicista. Trasloca in una camera già appartenuta a una vecchietta deceduta. Attraverso un passaggio segreto si ritrova a Parigi dove incontra Nicole. Nasce l'amore. Originale e divertente. ■ COMMEDIA; COL.; 100'; FRANCIA, RUSSIA, 1994.

INSAZIABILE, L' *(Insaciable)* ★
Regia di ARMANDO BO. Con JORGE BARREIRO, ARMANDO BO, ISABEL SARLI. ■ Carol, moglie di un medico, ha bisogno continuo di uomini. Il marito cerca di soddisfarla, ma Carol divorzia ugualmente perché trova un uomo più capace del marito. ■ DRAMMATICO; COL.; 92'; ARGENTINA, 1976.

INSAZIABILI, LE *(Tant d'amour perdu)* ★★
Regia di LÉO JOANNON. Con FRANCA BETTOJA, GABRIELE FERZETTI, PIERRE FRESNAY. ■ Tratto da *Papà Goriot* di Honoré de Balzac, il film racconta la vita di due sorelle capricciose che, sposate, s'innamorano entrambe di un musicista spiantato; il padre, un industriale in declino, fa di tutto per pagare i debiti, ma le figlie si scagliano contro di lui attribuendo alla sua debolezza i loro mali. ■ DRAMMATICO; B/N; 90'; FRANCIA, ITALIA, 1959.

INSEGNANTE, L' ★
Regia di NANDO CICERO. Con VITTORIO CAPRIOLI, MARIO CAROTENUTO, CARLO DELLE PIANE, EDWIGE FENECH, ALFREDO PEA. ■ Franco, figlio di un notabile siciliano, è una frana a scuola, ma promette assai bene in sessuologia. Per avere delle ripetizioni da Giovanna, appetitosa insegnante, il giovane si finge debole in materia; i genitori ci credono, e tutto fila secondo i piani. ■ EROTICO; COL.; 94'; ITALIA, 1975.

INSEGNANTE AL MARE CON TUTTA LA CLASSE, L' ★
Regia di MICHELE MASSIMO TARANTINI. Con LINO BANFI, FRANCESCA ROMANA COLUZZI, MARCO GELARDINI. ■ Il solito commendatore invita la solita procace insegnante di francese nel suo albergo in una località di villeggiatura con la scusa d'impartire lezioni a suo figlio, ma in realtà col desiderio di sedurla. ■ EROTICO; COL.; 91'; ITALIA, 1980.

INSEGNANTE BALLA... CON TUTTA LA CLASSE, L' ★★
Regia di GIULIANO CARNIMEO. Con LINO BANFI, MARIO CAROTENUTO, NADIA CASSINI, FRANCESCA ROMANA COLUZZI, RENZO MONTAGNANI, PAOLA MORRA, ALVARO VITALI. ■ La professoressa di ginnastica riesce a vincere due milioni partecipando a una gara di ballo. I due milioni vengono incassati dal liceo. ■ EROTICO; COL.; 90'; ITALIA, 1979.

INSEGNANTE DI VIOLONCELLO, L' ★
Regia di LAWRENCE WEBBER. Con SERENA GRANDI, LEO GULLOTTA. ■ Arriva l'estate e per sfuggire la noia un giovanotto di buona famiglia decide di prendere lezioni di violoncello. La scelta cade su una splendida insegnante che col suo fascino non tarda a turbare i sogni del volenteroso allievo. ■ COMMEDIA; COL.; 90'; ITALIA, 1989.

INSEGNANTE VA IN COLLEGIO, L' ★★
Regia di MARIANO LAURENTI. Con LINO BANFI, LEO COLONNA, GIANFRANCO D'ANGELO, EDWIGE FENECH, RENZO MONTAGNANI, ALVARO VITALI. ■ Solita accoppiata Fenech-Montagnani: sullo sfondo la storia di un riccone che teme di essere sequestrato, ma lo sarà ugualmente. ■ EROTICO; COL.; 92'; ITALIA, 1978.

INSEGNANTE VIENE A CASA, L' ★★
Regia di MICHELE MASSIMO TARANTINI. Con LINO BANFI, EDWIGE FENECH, RENZO MONTAGNANI, GISELLA SOFIO, ALVARO VITALI. ■ Solito copione per mostrare le belle grazie della Fenech. ■ EROTICO; COL.; 92'; ITALIA, 1978.

INSEGUITA, L' *(The Hunted)* ★★
Regia di JACK BERNARD. Con EDNA HOLLAND, BELITA PRESTON FOSTER, PIERRE WATKIN. ■ Una ragazza è sospettata di aver commesso un furto di preziosi. A denunciarla (per il suo bene) è

l'ex fidanzato. Dopo qualche tempo i sospetti si puntano su un magistrato. Il colpevole viene smascherato e i due ex si riconciliano. ■ POLIZIESCO; B/N; 67′; USA, 1948.

INSEGUITI *(Fled)* ★★
Regia di KEVIN HOOKS. Con STEPHEN BALDWIN, LAURENCE FISHBURNE, SALMA HAYEK, WILL PATTON. ■ Due evasi che non si conoscono sono costretti a fuggire insieme a causa delle manette che li uniscono. Potranno salvarsi solo se riusciranno a recuperare il denaro rubato e un floppy disk che scotta. Lo stile è quello televisivo, senza alcuno scatto di fantasia che vada al di là della confezione professionale di un lungo videoclip. ■ DRAMMATICO; COL.; 98′; USA, 1996.

INSEGUITI DAL DRAGO *(Which Way Home)* ★★
Regia di CARL SCHULTZ. Con CYBILL SHEPHERD, JOHN WATERS. ■ Una volontaria americana e un gruppo di bambini vengono salvati da un uomo coraggioso durante la guerra in Cambogia. ■ DRAMMATICO; COL.; 140′; AUSTRALIA, 1991.

INSEGUITO, L' *(Slither)* ★★
Regia di HOWARD ZIEFF. Con PETER BOYLE, JAMES CAAN, ALLEN GARFIELD, SALLY KELLERMAN, LOUISE LASSER. ■ Due ex galeotti sono alla ricerca di 300.000 dollari in mano di tale Vincent Palmer. Uno dei due muore, al sopravvissuto Richard si uniscono una ragazza poco raccomandabile e una coppia alquanto originale. Tutti e quattro a bordo di una roulotte cercano il tesoro finché si imbattono in Vincent, gravemente ferito e senza il denaro. ■ COMMEDIA; COL.; 97′; USA, 1973.

INSEMINOID – UN TEMPO NEL FUTURO ★★
(Inseminoid)
Regia di NORMAN J. WARREN. Con JENNIFER ASHLEY, ROBIN CLARKE, JUDY GEESON. ■ In una stazione spaziale di un lontano pianeta una scienziata viene violentata e resa incinta da un alieno, diventando folle e cannibale. Partorirà due mostri prima di essere uccisa dall'ultimo superstite della spedizione. ■ FANTASTICO; COL.; 88′; USA, 1982.

INSEPARABILI *(Dead Ringers)* ★★★
Regia di DAVID CRONENBERG. Con GENEVIÈVE BUJOLD, JEREMY IRONS. ■ Elliot e Beverly sono due gemelli, d'identico aspetto. Fino a trentacinque anni la loro vita è un successo. Sono entrambi ginecologi di fama, ricchi, coccolati dall'alta società (si sono spartite anche le donne, molte donne). Un giorno Beverly, il più introverso, inizia da solo una love story con un'attrice. Ma non può condurre un'esistenza prescindendo da Elliot. Cade nel tunnel della droga e poi della pazzia. Uccide Elliot e si suicida. David Cronenberg, per la prima volta nella sua carriera, rinuncia agli effettacci e ci cala in una storia horror dove l'orrore è tutto interiore. Un gran bel film, superiore alle attese. ■ DRAMMATICO; COL.; 92′; CANADA, USA, 1988.

INSERZIONE PERICOLOSA *(Single White Female)* ★★
Regia di BARBET SCHROEDER. Con BRIDGET FONDA, PETER FRIEDMAN, JENNIFER JASON LEIGH, STEVEN WEBER. ■ Tutto ha inizio da un'inserzione di una ragazza che cerca una coetanea con cui condividere l'appartamento. Si presenta una giovane timida e remissiva, ma l'apparenza inganna. La Fonda e la Jason Leigh confermano la loro capacità in un film che sa di *déjà-vu* nonostante la capacità del regista di adattarsi a un genere mai frequentato prima. ■ THRILLER; COL.; 107′; USA, 1992.

INSIDE GOLA PROFONDA *(Inside deep throat)* ★★
Regia di FENTON BAILEY, RANDY BARBATO. Con LINDA LOVELACE. ■ Fenton Bailey e Randy Barbato raccontano in forma di documentario il film che nel 1972 divenne una sorta di icona della rivoluzione sessuale. Costato 25.000 dollari ne incassò 600 milioni diventando il film di genere erotico più visto di tutti i tempi. Emergono le vicende produttive, gli aneddoti e soprattutto le conseguenze culturali che questo "fenomeno" determinò sulla società del tempo. ■ DOCUMENTARIO; COL.; 92′; USA, 2005.

INSIDE MAN *(The Inside Man)* ★★
Regia di TOM CLEGG. Con GOSTA ECKMAN, DENNIS HOPPER, HARDY KRÜGER. ■ Un americano, guardia del corpo di un industriale svedese, è coinvolto in un intrigo internazionale (le superpotenze si danno battaglia per impadronirsi di un brevetto dell'industriale, un'arma laser capace di colpire bersagli anche a grandi profondità marine). ■ SPIONAGGIO; COL.; 89′; GRAN BRETAGNA, 1984.

♥ INSIDE MAN ★★★
Regia di SPIKE LEE. Con WARIS AHLUWALIA, ASHLIE ATKINSON, ROBERT BIZIK, CHERISE BOOTHE, WILLEM DAFOE, GREG D'AGOSTINO, RUTHANN DEBONA, JODIE FOSTER, CLIVE OWEN, DENZEL WASHINGTON. ■ Il regista affronta una struttura da noir classico, quasi un inedito per lui. Una banda di rapinatori, guidata da Dalton Russel (Owen) entra in una banca e prende in ostaggio dipendenti e clienti. Il caso viene assegnato al grintoso e brillante detective Frazier (Washington), che instaura un rapporto telefonico con l'autore del sequestro. Per Frazier, la meccanica della vicenda è strana, anomala, sente che dietro c'è ben altro. Un intrigo sotterraneo si intreccia con la rapina, coinvolgendo una donna (Foster) che gestisce un potere misterioso (i soliti servizi deviati?). Alla fine emerge che il cattivo vero è un altro, e che la radice di tutto va cercata addirittura nella Germania nazista. Perfetto nella sceneggiatura, intelligente e intoccabile nella cura dei particolari. Un cinema nuovo e antico nello stesso tempo, e godibile. ■ POLIZIESCO; COL.; 129′; INGHILTERRA, USA, 2006.

INSIDER – DIETRO LA VERITÀ *(The Insider)* ★★★
Regia di MICHAEL MANN. Con RUSSELL CROWE, AL PACINO, DIANE VENORA. ■ Epopea della guerra alle multinazionali del tabacco: un argomento di attualità svolto con maestria. Al è l'intellettuale progressista, Crowe l'affarista che lo contrasta. Anche i fumatori incalliti si appassionano alla vicenda. Gli esiti sono piuttosto scontati, ma va bene così. ■ AVVENTURA; COL.; 127′; USA, 1999. ■ GOLDEN GLOBES 5 NOM; OSCAR 7 NOM.

INSIDIA DORATA, L' *(Forfaiture)* ★★
Regia di MARCEL L'HERBIER. Con VICTOR FRANCEN, SESSUE HAYAKAWA. ■ Un francese incaricato di costruire una strada in Cina trova un nemico acerrimo in un nobile del luogo che vorrebbe sedurre sua moglie. Il nobile viene trovato morto nella sua casa e le autorità accusano subito il costruttore, ma la moglie sarà pronta a difendere il marito asserendo di aver essa stessa ucciso l'uomo per difendersi dai suoi approcci. ■ DRAMMATICO; B/N; 100′; FRANCIA, 1937.

INSIDIOUS ★★
Regia di JAMES WAN. Con ROSE BYRNE, BARBARA HERSHEY, LIN SHAYE, TY SIMPKINS, PATRICK WILSON. ■ I Lambert si sono appena trasferiti in una nuova casa, ma a Dalton, il figlio, la nuova cameretta non piace. La mamma Renai è molto presa dal menage, dai due figli più piccoli, mentre l'uomo di casa, Josh, sta fuori tutto il giorno al lavoro. La sera, mentre tutti sono occupati, Dalton vede aprirsi la porta che dà in soffitta. Mentre cerca di esplorare quella zona sconosciuta cade da una scala, batte la testa e si fa male a una gamba. Sembra una cosa da nulla, lo mettono a letto. La mattina dopo però Dalton non si sveglia: è misteriosamente caduto in coma. I dottori non sanno guarirlo e lo riportano a casa tre mesi dopo. Ma qualcosa di terribile è in agguato proprio lì, nella casa. Con *Saw*, James Wan ha ridefinito i parametri dell'horror sugli omicidi seriali segnando un sentiero seguito da molti. ■ HORROR; COL.; 97′; USA, 2010.

INSIEME A PARIGI *(Paris when it Sizzles)* ★★★
Regia di RICHARD QUINE. Con GRÉGOIRE ASLAN, NOEL COWARD, TONY CURTIS, AUDREY HEPBURN, WILLIAM HOLDEN. ■ Uno sceneggiatore pressato dal produttore perché termini la sceneggiatura di un film si mette al lavoro coadiuvato dalla avvenente segretaria; i due interpretano, correggono, tagliano, dando vita ad un assurdo polpettone. In compenso si scoprono innamorati. ■ COMMEDIA; COL.; 110′; USA, 1963.

INSIEME DOMANI ★
Regia di GORDON VERSTER. Con MARTIN DREYER, ELIZE LIZAMORE, JEAN-LOUIS ROUX, BARRY TRENGOVE. ■ È l'intensa e difficile storia d'amore tra Louise, una fanciulla romantica e sensibile che ha perso la vista dopo un incidente d'auto, e Steve, ex campione motociclista reduce da un periodo di tre anni trascorsi dietro le sbarre. ■ COMMEDIA; COL.; 90′; DANIMARCA, 1978.

INSIEME PER CASO ★★
Regia di Paul J. Hogan. Con Julie Andrews, Dan Aykroyd, Kathy Bates, Stephanie Beacham, Richard Briers, Rupert Everett, Jonathan Pryce, Lynn Redgrave, Peter Sarsgaard. ■ Grace (Kathy Bates) è una madre di famiglia che ha trascorso la sua vita occupandosi del marito e dei figli. Vive nel mito di Victor Fox, una pop star, amatissimo dal pubblico femminile. Due eventi contemporanei sconvolgono però la vita della donna: il marito Max l'abbandona e Victor Fox viene assassinato da un misterioso killer. Si scopre inoltre che il cantante, lungi dall'essere un simbolo di virilità maschile, è in realtà un gay. Durante i funerali di Victor la donna conosce il suo amante (Everett), col quale stringe un'alleanza per catturare l'assassino della star. ■ Commedia; col.; 121'; USA, 2002.

INSIEME PER FORZA *(The Hard Way)* ★★★
Regia di John Badham. Con Michael J. Fox, Stephen Lang, James Woods. ■ Ancora una volta una strana coppia. Ma la variante è piuttosto felice. Un divo cinematografico, arrogante e viziato (M.J. Fox), per meglio entrare nella parte di poliziotto, il ruolo che dovrà interpretare nel suo prossimo film, chiede ed ottiene di stare per una settimana accanto a uno sbirro autentico. ■ Commedia; col.; 111'; USA, 1991.

INSODDISFATTA, L' *(L'insatisfaite)* ★★
Regia di Jean-Marie Pallardy. Con Patrice Cuny, Jacques Insermini. ■ Due avventurieri sostituiscono l'infermiera di un ricco con una prostituta alla quale hanno fatto fare una plastica facciale. Mantengono così il malato in loro potere. Nel frattempo uno dei due si è innamorato della sosia; sarà la fine del loro progetto. ■ Commedia; col.; 85'; Francia, 1972.

INSOLENTE, L' *(Beaumarchais)* ★★★
Regia di Edouard Molinaro. Con Sandrine Kimberlain, Fabrice Luchini, Michel Piccoli, Michel Serrault. ■ Dal testo inedito di Sacha Guitry. La vita di Beaumarchais, nato nel 1732, morto nel 1799. Personaggio intelligente, non convenzionale, aggressivo, autore fra l'altro dei notissimi *Matrimonio di Figaro* e *Barbiere di Siviglia*. Ce l'ha con tutti, compreso sua maestà Luigi XV. Fustiga la corruzione e finisce anche in galera. Ricostruzione con buon mordente del regista del *Vizietto*. ■ Biografico; col.; 100'; Francia, 1996.

INSOLENTE – IL PIÙ CRUDELE TRA QUELLI DELLA MALA, L' *(L'insolent)* ★★
Regia di Jean-Claude Roy. Con Philippe Clay, André Pousse, Henry Silva. ■ Conosciuto nel giro della malavita con il nomignolo di "Insolente", un giovane evade dalla prigione e, per vendicarsi di alcuni delinquenti, vende loro una quantità enorme di oro falso; quando si accorge di essere stato a sua volta ingannato, perde la testa e comincia a uccidere. ■ Drammatico; col.; 94'; Francia, 1972.

INSOLITA VENDEMMIA, UN' ★★
Regia di Daniele Carnacina. Con Roberto Alpi, Jgor Barbazza, Alex Belli, Luca Biagini, Linda Collini. ■ Un gruppo di attori gira l'ultima scena di una soap di successo, che verrà probabilmente sospesa dopo dodici anni e innumerevoli puntate. Avviliti e in attesa che i piani alti decidano del loro destino, partono per un'isola per una vendemmia. Ad attenderli c'è Roberto, celebre protagonista della soap, ritiratosi qualche anno prima per sfinimento. Messo a nudo davanti agli amici, Roberto attende di raccogliere con l'uva repliche e reazioni. Ma a rispondergli sarà la vita, più fantasiosa di qualsiasi finzione. Insolita, come la vendemmia del titolo e la produzione (la Insolita Produzioni), la commedia di Daniele Carnacina cortocircuita i cast di due celebri soap italiane (*Vivere* e *Centovetrine*). La trama è inconsistente e lo sviluppo da *day-time*, atto a premiare il fedele pubblico televisivo. ■ Commedia; col.; 100'; Italia, 2013.

INSOLITE SOSPETTE, LE *(Sugar & Spice)* ★★
Regia di Francine McDougall. Con Rachel Blanchard, Melissa George, James Marsden, Marley Shelton, Marla Sokoloff, Mena Suvari. ■ L'ambiente è quello delle ragazze "pon pon", tutte carine, tutte finte ingenue e legatissime le une alle altre. Una di loro scopre di essere incinta. Naturalmente il "problema" diventa generale. Tutte per una, dunque, tutte pronte a farsi in quattro per sostenere l'amica che... ha avuto l'incidente. Il primo problema naturalmente è il denaro. La soluzione è molto semplice, basta diventare rapinatrici. Con l'aiuto della madre di una di loro le ragazze si organizzano. Il film si basa sull'ingenuità e sull'incoscienza delle dilettanti che rapinano senza far del male a nessuno. Il valore aggiunto è Mena Suvari, l'adolescente fra i petali di rosa che faceva perdere la testa a Kevin Spacey in *American Beauty*. ■ Commedia; col.; 84'; USA, 2002.

INSOLITI CRIMINALI *(Albino Alligator)* ★★
Regia di Kevin Spacey. Con Matt Dillon, Faye Dunaway, Joe Mantegna, Gary Sinise. ■ Dopo il fallimento di una rapina, tre piccoli malviventi sono costretti a nascondersi in un bar di New Orleans, prendendo in ostaggio i clienti. Circondati dalla polizia locale e da quella federale, i gangster dovranno fare ricorso alla violenza. Esordio alla regia dell'attore Kevin Spacey (*I soliti sospetti*, *Seven*, *L.A. Confidential*, *American Beauty*), che si avvale di un cast di prim'ordine. ■ Thriller; col.; 97'; USA, 1996.

INSOLITO CASO DI MONSIEUR HIRE, L' *(Mr. Hire)* ★★★
Regia di Patrice Leconte. Con Michel Blanc, Sandrine Bonnaire. ■ Da un romanzo di Georges Simenon. È stata uccisa una ragazza e la polizia (nonché molti vicini) sospetta di monsieur Hire, un ometto misterioso e solitario, forse un maniaco. Hire sa chi è stato: l'amante di una bella ragazza di cui lui s'è innamorato a distanza. L'assassino manda la ragazza da Hire, questi, che si illude di aver suscitato in lei sentimenti affettivi, non sa che è tutta una macchinazione per incastrarlo definitivamente. ■ Giallo; col.; 80'; Francia, 1989.

INSOMNIA ★★★
Regia di Christopher Nolan. Con Nicky Katt, Al Pacino, Hilary Swank, Maura Tierney, Robin Williams. ■ L'agente Dormer (Pacino) del dipartimento di Los Angeles viene chiamato in un paese dell'Alaska per indagare sulla morte di una ragazza. Lo accompagna un collega. Collabora con lui la giovane poliziotta locale Ellie, che considera Dormer una vera leggenda. Rincorrendo nella nebbia l'assassino, Dormer uccide incidentalmente il collega e non è nella condizione, per una certa indagine avviata dal suo dipartimento, di assumersi quella responsabilità. Dà la colpa all'assassino, che però ha visto tutto e ritiene di avere in pugno il poliziotto. I due sarebbero dunque legati dalla complicità. Si incontrano, sono costretti a proteggersi a vicenda. Ma Dormer è troppo onesto per reggere il gioco, e poi la poliziotta comincia a capire. Finisce come deve finire. Da rilevare Robin Williams che ormai si diverte nei ruoli di cattivo. ■ Thriller; col.; 118'; USA, 2002.

INSONNIA D'AMORE *(Sleepless in Seattle)* ★★★
Regia di Nora Ephron. Con Tom Hanks, Bill Pullman, Meg Ryan. ■ Dopo *This is my Life*, inedito in Italia, questo è il secondo film della regista americana. Autrice dell'agile sceneggiatura di *Harry ti presento Sally*, riesce anche in questo caso, con astuzia, a costruire una storia di facile presa sul pubblico. Quasi in stile Lelouch assistiamo alle vite separate dei due protagonisti. Annie è una giornalista e vive a Baltimora; lui, architetto, a Seattle. L'innamoramento avviene casualmente, quando la donna ascolta una trasmissione radiofonica a cui partecipa l'uomo che parla della sua situazione di vedovo. Suo figlio desidera avere una nuova madre e Annie ne è profondamente colpita. Buoni sentimenti e grande successo. Bravo Tom Hanks, un po' meno Meg Ryan. ■ Commedia; col.; 100'; USA, 1992. ■ Golden Globes 3 nom; Oscar 2 nom.

INSOSPETTABILI, GLI *(Sleuth)* ★★★
Regia di Joseph L. Mankiewicz. Con Michael Caine, Alec Cawthorne, John Matthews, Laurence Olivier. ■ Andrew, un autore di gialli, decide di far pagare cara al rivale la relazione con sua moglie: è disposto a farsi derubare purché l'uomo si tiri in disparte. Senonché, al momento del furto, Andrew spara al rivale, ma questi non muore, e qualche giorno dopo si presenta allo scrittore per vendicarsi. ■ Giallo; col.; 138'; Gran Bretagna, 1972. ■ David di Donatello 1 pr, 1 nom; Golden Globes 2 nom; Oscar 3 nom.

INSOSTENIBILE LEGGEREZZA DELL'ESSERE, L' ★★★
(The Unbearable Lightness of Being)
Regia di PHILIP KAUFMAN. Con JULIETTE BINOCHE, DANIEL DAY-LEWIS, DANIEL OLBRYCHSKI. ■ Un medico cecoslovacco, intellettuale e donnaiolo, sposa una ragazza di campagna che sopporta, sia pure *obtorto collo*, i suoi tradimenti. La coppia viene sorpresa dall'invasione dei carri armati russi nella Praga del 1968. Fuggono all'estero, ma poi presi dalla nostalgia tornano in patria dove saranno perseguitati politicamente e moriranno in un incidente. Ottima traduzione filmica del romanzo di Milan Kundera. ■ COMMEDIA; COL.; 173'; USA, 1988. ■ GOLDEN GLOBES 2 NOM; OSCAR 2 NOM.

INSPECTOR GADGET 2 ★
Regia di ALEX ZAMM. Con ELAINE HENDRIX, MARK MITCHELL, TONY MARTIN, FRENCH STEWART, CAITLIN WACHS. ■ Il cyborg ispettore Gadget è tornato. Questa volta, il super poliziotto americano accessoriato più della Aston Martin di 007 deve vedersela di nuovo con il suo nemico principale: il criminale Artiglio, capo di un'organizzazione malavitosa chiamata MAD che è evaso dal carcere, all'interno del quale lo stesso Gadget lo aveva rinchiuso in una precedente avventura. ■ COMMEDIA; COL.; 88'; CANADA, USA, 2003.

INSTINCT – ISTINTO PRIMORDIALE *(Instinct)* ★★★
Regia di JON TURTELTAUB. Con GEORGE DZUNDZA, CUBA GOODING JR., ANTHONY HOPKINS, DONALD SUTHERLAND, MAURA TIERNEY. ■ Quasi un B movie di *Il silenzio degli innocenti*. Con un cast di tutto rispetto e Cannibal Hopkins in manicomio criminale nei panni di un naturalista. Il pazzo è vittima di allucinazioni legate al suo passato di studioso dei gorilla in Africa. Li difende a oltranza. Fino ad uccidere i cacciatori. Il richiamo al *Silenzio degli innocenti* è davvero casuale. ■ PSICOLOGICO; COL.; 125'; USA, 1999.

INTACTO ★★
Regia di JUAN CARLOS FRESNADILLO. Con MÓNICA LÓPEZ, EUSEBIO PONCELA, LEONARDO SBARAGLIA, MAX VON SYDOW. ■ Tomas è un ladruncolo uscito praticamente indenne da un terribile disastro aereo. Federico ha il potere di "rubare" letteralmente la fortuna altrui con un semplice tocco della mano. Sam, ebreo, è sopravvissuto all'Olocausto e gestisce un casinò sfidando i clienti in una folle gara di roulette russa. Sara è una poliziotta scampata all'incidente automobilistico in cui ha perso la vita la sua famiglia. Il destino o il caso li faranno incontrare e scontrare in una partita decisiva da cui solo uno potrà emergere "intatto". ■ THRILLER; COL.; 108'; SPAGNA, 2001.

INTELLIGENCE SERVICE *(Monsieur Suzuki)* ★★
Regia di ROBERT VERNAY. Con IVAN DESNY, PIERRE DUDAN, JACQUES THIELMENT, JEAN TISSIER. ■ L'imbattibile agente Suzuki si trova, questa volta, a dover scoprire la vera identità di Klaus, una misteriosa figura che è in possesso di carte molto importanti; i sospettati sono diversi e attorno a questi si susseguono eventi di ogni genere dai quali Suzuki uscirà vincitore. ■ SPIONAGGIO; B/N; 98'; FRANCIA, 1959.

INTENDENTE SANSHO, L' *(Sanshô Dayû)* ★★★★
Regia di KENJI MIZOGUCHI. Con KISHO HAYANAGI, KYÔKO KAGAWA, KINUYO TANAKA. ■ La storia si svolge nel Giappone feudale. L'intendente Sansho fa schiavi due fanciulli, figli di nobili, che dopo qualche anno riescono a fuggire. Anju, la femmina, muore mentre Zushio riesce ad affrancarsi. Diventa potente, torna, destituisce l'intendente e abolisce la schiavitù. Quindi si mette in cerca della madre. La trova vecchissima e quasi pazza in un'isola. ■ DRAMMATICO; B/N; 124'; GIAPPONE, 1954. ■ VENEZIA 1 PR.

INTENTI CRIMINALI *(Criminal Intent)* ★
Regia di WORTH KHEETER. Con JAMES RUSSO, JACK SCALIA, JOAN SEVERANCE. ■ Lei nutre una spregiudicata passione per il sesso e il denaro che lui, onesto poliziotto e marito tranquillo, neppure sospetta. La bella e infida moglie trama dunque alle spalle dell'uomo, spingendo alla rovina il loro matrimonio, ma anche gli "intenti criminali" del regista girano a vuoto. ■ GIALLO; COL.; 95'; USA, 1992.

INTERCEPTOR *(Mad Max)* ★★
Regia di GEORGE T. MILLER. Con TIM BURNS, MEL GIBSON, JOANNE SAMUEL, ROGER WARD. ■ Fantascienza ma non troppo; l'ipotetica società futura del film non è molto diversa dall'attuale: bande di teppisti, droga, violenza. Contro tutto questo si batte Max, agente speciale della polizia. Anche Max viene preso nell'ingranaggio della brutalità quando, per vendicare l'uccisione della moglie e del figlioletto, elimina i componenti di una banda. ■ FANTASCIENZA; COL.; 88'; AUSTRALIA, 1979.

INTERCEPTOR – IL GUERRIERO DELLA STRADA ★★
(Mad Max 2)
Regia di GEORGE T. MILLER. Con MEL GIBSON, MIKE PRESTON, BRUCE SPENCE. ■ In un futuro catastrofico, i pochi umani superstiti sono divisi in due clan rivali. Max, un guerriero solitario animato da desideri di vendetta, penetra in una delle tribù per impadronirsi del petrolio necessario alla sua battaglia, ma si ritrova coinvolto in una lotta senza esclusione di colpi. ■ DRAMMATICO; COL.; 94'; AUSTRALIA, 1982.

INTERFERENZE ★
Regia di CÉSAR AUGUSTO MENEGHETTI, ELISABETTA PANDIMIGLIO. Con CESARE APOLITO, MASSIMO DE LORENZO, STEFANIA ORSOLA GARELLO. ■ Due ragazzi e una ragazza si incontrano e condividono la mancanza di prospettive. Diventano amici e cercano di individuare un obiettivo per le loro vite. Esordio nel lungo di due registi che non riescono a sfuggire al rischio di parlarsi addosso in modo anche troppo sentenzioso. ■ DRAMMATICO; COL.; 87'; ITALIA, 1999.

INTERIORS ★★★
Regia di WOODY ALLEN. Con KRISTIN GRIFFITH, MARY BETH HURT, RICHARD JORDAN, DIANE KEATON, GERALDINE PAGE. ■ Storia di una famiglia. I genitori sono già anziani e le tre figlie sono già grandi e vivono lontane dalla famiglia. La madre, affetta da esaurimento nervoso, morirà, il padre si risposa, le figlie hanno molti problemi. ■ DRAMMATICO; COL.; 93'; USA, 1978. ■ GOLDEN GLOBES 4 NOM; OSCAR 5 NOM.

INTERLUDIO *(Interlude)* ★★
Regia di DOUGLAS SIRK. Con JUNE ALLYSON, ROSSANO BRAZZI. ■ Un noto direttore d'orchestra si innamora, ricambiato, di una giovane americana che per lui lascia il fidanzato. La moglie del musicista, malata di nervi, messa al corrente del legame sentimentale del marito, tenta di togliersi la vita; a questo punto l'intrusa sacrifica il proprio sentimento e ritorna all'antico amore. ■ DRAMMATICO; COL.; 90'; USA, 1957.

INTERLUDIO *(Interlude)* ★★
Regia di KEVIN BILLINGTON. Con BARBARA FERRIS, VIRGINIA MASKELL, DONALD SUTHERLAND, ALAN WEBB, OSKAR WERNER. ■ Riedizione del film omonimo di Douglas Sirk; la storia è la medesima. ■ COMMEDIA; COL. 113'; GRAN BRETAGNA, 1968.

INTERMEZZO *(Intermezzo, a Love Story)* ★★★
Regia di GREGORY RATOFF. Con INGRID BERGMAN, LESLIE HOWARD. ■ Un affermato musicista si innamora dell'avvenente insegnante di piano della sua bambina. È un amore impossibile al quale la giovane cede dopo essersi a lungo dibattuta nel rimorso. I due si separano per sempre quando la piccola muore in un incidente automobilistico. ■ DRAMMATICO; B/N; 66'; USA, 1939. ■ OSCAR 1 NOM.

INTERMEZZO MATRIMONIALE ★★
(Vacation from Marriage – Perfect Strangers)
Regia di ALEXANDER KORDA. Con ROBERT DONAT, DEBORAH KERR. ■ Roberto e la moglie Ketty vanno in guerra insieme, entrambi imbarcati sulla stessa nave (lei come ausiliaria). Dapprima soffrono terribilmente gli inconvenienti della vita militare, poi finiscono per abituarsi, e anzi trovano piacevole la nuova esistenza. Anche il loro legame uscirà rinnovato da questa esperienza. ■ DRAMMATICO; B/N; 92'; GRAN BRETAGNA, 1945. ■ OSCAR 1 PR, 1 NOM.

INTERMISSION ★★
Regia di JOHN CROWLEY. Con BARBARA BERGIN, EMMA BOLGER, KERRY CONDON, NEILÍ CONROY, COLIN FARRELL, SHIRLEY HENDERSON, LAURENCE KINLAN, KELLY MACDONALD, DEIR-

DRE MOLLOY, CILLIAN MURPHY, JOHNNY THOMPSON. ■ Si può definire una love story metropolitana dove la vita di vari personaggi si intreccia nella ricerca di qualcosa da amare. Ultimo colpo per Lehiff (Colin Farrell) prima di decidere di uscire dal giro, l'amore di John per Deirdre, l'arrivo di un pregiudicato che modificherà la vita di ognuno di loro. ■ COMM. DRAMMATICA; COL.; 102'; INGHILTERRA, IRLANDA, 2004.

INTERMITTENZE DEL CUORE, LE ★★
Regia di FABIO CARPI. Con HECTOR ALTERIO, FLORENCE DARREL, VAHINA GIOCANTE, ASSUMPTA SERNA, CLEMENT SIBONY. ■ È la storia, ambientata fra l'Italia, la Francia e la Svizzera, di un regista che prepara un film sulla vita di Proust commissionatogli da un produttore parigino e che, mentre il lavoro di scrittura procede, rivede alcuni momenti salienti della propria vita secondo i moduli della memoria involontaria, la grande scoperta proustiana. Così, attraverso una serie di libere associazioni (visive, tattili, auditive) riaffiorano alcune esperienze capitali del suo passato. ■ DRAMMATICO; COL.; 105'; ITALIA, 2003.

INTERNATIONAL, THE ★★
Regia di TOM TYKWER. Con CLIVE OWEN, ARMIN MUELLER-STAHL, JAMES REBHORN, ULRICH THOMSEN, NAOMI WATTS. ■ L'agente dell'Interpol Louis Salinger, con la collaborazione di Eleanor Withman è impegnato in una missione che sembra davvero impossibile: far emergere le prove del coinvolgimento di una grande banca in imprese delinquenziali e terroristiche che si sviluppano in ogni area del pianeta. Partiti da Berlino (dove un collega di Louis ha perso la vita) i due seguono le piste di denaro sporco e giungono a Milano dove assistono all'omicidio, nel corso di un comizio, di un rampante leader della nuova destra. A ogni passo avanti che compie l'inchiesta, le vite dei due protagonisti sono sempre più a rischio. ■ DRAMMATICO; COL.; 118'; USA, GERMANIA, GRAN BRETAGNA, 2009.

INTERNATIONAL HOTEL *(The V.I.P.s.)* ★★
Regia di ANTHONY ASQUITH. Con RICHARD BURTON, LOUIS JOURDAN, ELSA MARTINELLI, MARGARET RUTHERFORD, ELIZABETH TAYLOR. ■ Nella sala d'aspetto di un aeroporto londinese si incontrano tre coppie e una anziana nobildonna; ciascuno ha un problema che lo opprime e, grazie alla nebbia che fa ritardare la partenza, troverà, parlandone, la soluzione giusta. ■ COMMEDIA; B/N; 119'; GRAN BRETAGNA, 1963. ■ OSCAR 1 PR, 1 NOM.

INTERNATIONAL POLICE *(Interpol)* ★★
Regia di JOHN GILLING. Con ANITA EKBERG, TREVOR HOWARD, VICTOR MATURE. ■ Un capo gangster, inseguito dalla polizia, cambia spesso faccia e nome per rendersi irreperibile; il più accanito dei suoi inseguitori è un poliziotto al quale il bandito ha ucciso un familiare. Dopo varie vicende il bandito finirà per cadere nelle mani dell'implacabile uomo di legge. ■ POLIZIESCO; B/N; 92'; GRAN BRETAGNA, 1957.

INTERNO BERLINESE ★★
Regia di LILIANA CAVANI. Con GUDRUN LANDGREBE, KEVIN MCNALLY, MIO TAKAKI. ■ Nella Berlino del 1938, Luise, giovane moglie di un funzionario, scopre l'amore per un'altra donna, la figlia dell'ambasciatore giapponese. Ben presto il marito se ne accorge e si inserisce nella relazione. Travolti dall'insana passione i tre amanti si distruggono reciprocamente, fino a quando scoppia lo scandalo. Non resta che il suicidio, ma Luise, senza capire il perché, sopravvive. Tipico film alla Cavani, curato nella forma e ossessivo nel contenuto. ■ DRAMMATICO; COL.; 118'; ITALIA, 1985.

INTERNO GIORNO ★★
Regia di TOMMASO ROSSELLINI. Con FANNY ARDANT, ANITA CAPRIOLI, KIERA CHAPLIN, REGINA ORIOLI, BRENNO PLACIDO. ■ In una lussuosa villa palermitana una famosa attrice sul viale del tramonto accoglie i due figli, vecchi amici e nuovi colleghi per celebrare l'uscita del suo ultimo film. È un microcosmo bizzarro dove si trovano a convivere due agenti ruffiane, un regista presuntuoso, giovani attori o aspiranti tali, fidanzate passate e presenti ed eterni affabulatori. ■ DRAMMATICO; COL.; 90'; ITALIA, 2011.

INTERNO DI UN CONVENTO ★★★
Regia di WALERIAN BOROWCZYK. Con LICIA BRANICE, GABRIELLA GIACOBBE, MARIO MARANZANA, MARINA PIERRO, HOWARD ROSS. ■ Morbosa storia, con finale tragico, di un amore proibito fra una giovane monaca e il suo amante. Il soggetto è ispirato al romanzo di Stendhal *Passeggiate romane* (nella parte in cui lo scrittore parla delle tristi conseguenze delle vocazioni obbligate). ■ DRAMMATICO; COL.; 100'; ITALIA, 1977.

INTERPRETER, THE ★★★
Regia di SYDNEY POLLACK. Con YVAN ATTAL, TSAI CHIN, JESPER CHRISTENSEN, CURTISS COOK, NICOLE KIDMAN, ADRIAN MARTINEZ, SEAN PENN, BILL RICHARDS, ANTONIO SAILLANT, STEVE STANULIS, SOPHIE TRAUB, TOM WHITACRE, DAVID ZAYAS. ■ Fuori orario, nell'edificio dell'Onu, dentro una cabina insonorizzata, Silvia Broome ascolta per caso una voce che parla un raro idioma africano, una voce che minaccia di morte il leader di uno Stato africano. Da quel momento la vita di Silvia è sconvolta: braccata dai killer e sospettata dall'Fbi troverà rifugio, seppure con grande diffidenza, soltanto nella protezione di Tobin Keller, agente federale incaricato di proteggerla. Troppa carne al fuoco. Pollack, autore accreditato in assoluto, finisce per incartarsi. ■ AZIONE; COL.; 128'; USA, 2005.

INTERPOL AGENTE Z 3 *(Break of the Circle)* ★★
Regia di VAL GUEST. Con EVA BARTÒK, MARIUS GORING, FORREST TUCKER. ■ Morgan possiede un battello sul quale, un giorno, il barone Keller gli chiede di imbarcare uno studioso per condurlo in Inghilterra. Insieme allo studioso imbarca anche una conoscente, Lisa, che lavora per l'Interpol. I due giovani scoprono che il barone vuole sfruttare le conoscenze dello studioso per scopi illeciti e, insieme, ne sventano il piano. ■ AVVENTURA; B/N; 92'; GRAN BRETAGNA, 1955.

INTERPOL SQUADRA FALSARI *(Hidden Fear)* ★★
Regia di ANDRÉ DE TOTH. Con ANNE NEYLAND, NATALIE NORWICK, JOHN PAYNE. ■ Vittima delle macchinazioni di una banda di malviventi, Susan si affida alla protezione e all'abilità investigativa del fratello, agente di polizia; il sospetto di un omicidio grava sulla donna, ma il giovane, a rischio della propria pelle, riesce a dimostrarne l'innocenza e ad assicurare i banditi alla giustizia. ■ POLIZIESCO; B/N; 83'; USA, 1957.

INTERRABANG ★★
Regia di GIULIANO BIAGETTI. Con BEBA LONCAR, UMBERTO ORSINI, CORRADO PANI, HAYDÉE POLITOFF. ■ Un uomo uccide due delle tre donne rimaste sole su un isolotto; poi uccide anche il loro compagno che si era allontanato; resta solo con la superstite, che è la sua amante da anni, e con la quale aveva congegnato il piano per impossessarsi di una vistosa eredità. Ma il diabolico progetto fallisce. ■ GIALLO; COL.; 90'; ITALIA, 1969.

INTERROGATORIO, L' ★★
Regia di VITTORIO DE SISTI. Con PAOLO GOZLINO, BENJAMIN LEV, BRIGITTE SKAY. ■ Un giovane si trova suo malgrado coinvolto in un assassinio; viene scambiato per l'omicida e sottoposto a uno snervante terzo grado per sfuggire al quale ammette di essere colpevole. ■ DRAMMATICO; B/N; 92'; ITALIA, 1970.

INTERSTELLA 5555 ★★★★
(Interstella 5555: The 5tory of the 5ecret 5tar 5ystem)
Regia di KAZUHISA TAKENOUCHI. ■ L'idea del gruppo dance francese Daft Punk di arruolare il regista culto nipponico, si dimostra felice, feconda e potenzialmente foriera di ottimi risultati anche nel lungo periodo. *Interstella 5555* riesce a essere contemporaneamente un musical, un film di fantascienza, un dramma romantico e appassionante ed una fiaba a lieto fine. La follia creativa del regista si esplica nella trama (quattro musicisti provenienti da un'altra galassia vengono rapiti da un malvagio impresario, il cui scopo è quello di manipolarli e trasformarli nel gruppo pop più noto sulla Terra, per arricchirsi alle loro spalle) e nella realizzazione tecnica che colpisce per l'uso accecante della luce e gli onnipresenti effetti policromatici. Nasce dunque uno spettacolo genuino e innovativo. ■ ANIMAZIONE; COL.; 67'; FRANCIA, GIAPPONE, 2003.

INTERVALLO, L' ★★★
Regia di LEONARDO DI COSTANZO. Con ANTONIO BUIL PUEJO, ALESSIO GALLO, FRANCESCA RISO, SALVATORE RUOCCO. ■ L'intervallo inizia con una considerazione zoologica sulle diver-

se ragioni che spingono a cantare tipologie differenti di uccelli caratterizzati da un canto molto simile: "...così un canto di sfida può essere confuso con un canto d'amore". Ed è per ragioni d'amore che forse sono spinte da una volontà di sfida, che Veronica si trova prigioniera in un ospedale abbandonato di Napoli simile ad un castello diroccato, guardata a vista da un altro recluso, obbligato con la forza a farle da carceriere per un giorno. I due ragazzi, impossibilitati ad uscire da quel luogo senza senso, vivranno una giornata di vacanza dalla quotidianità che li schiaccia. Scritto per il cinema, senza nessun testo di partenza, girato in fretta e modellato nei dialoghi e nelle inflessioni sulla lingua parlata realmente grazie al contributo e alle piccole improvvisazioni dei due attori protagonisti, il film di Leonardo Di Costanzo ha il sapore dei prodotti grezzi ed autentici e la complessità visiva del più grande direttore della fotografia che operi in Italia: Luca Bigazzi. ■ DRAMMATICO; COL.; 90'; ITALIA, SVIZZERA, GERMANIA, 2012.

INTERVENTO DIVINO *(Yadon Ilaheyya)* ★★
Regia di ELIA SULEIMAN. Con JAMEL DAHER, NAYEF FAHOUM DAHER, MANAL KHADER, ELIA SULEIMAN. ■ A Nazareth, un anziano palestinese si ammala, dopo aver visto compromessa la sua esistenza anche a causa dell'occupazione israeliana. Il figlio lo accudisce, ma anche il ragazzo ha dei problemi: è innamorato di una palestinese e il rapporto è complicato dai vari posti di blocco israeliani. Presentato in concorso al Festival di Cannes, il secondo lungometraggio di Suleiman, palestinese cresciuto a New York, si caratterizza per il forte impegno civile. ■ DRAMMATICO; COL.; 93'; FRANCIA, GERMANIA, 2002.

INTERVISTA ★★★
Regia di FEDERICO FELLINI. Con ANITA EKBERG, MARCELLO MASTROIANNI, SERGIO RUBINI. ■ Fellini celebra se stesso, simulando di concedere un'intervista sui suoi quarant'anni e oltre a Cinecittà. Da quando arrivò, timido provinciale, alla rievocazione dei suoi anni gloriosi come regista di *La dolce vita* (Mastroianni e Anita Ekberg rivedono loro stessi nel 1959 nella Fontana di Trevi). La morale del film? Che il cinema continua a vivere (e Fellini ne è un po' il simbolo) nonostante il cambiare della moda e l'offensiva della tv. ■ COMMEDIA; COL.; 105'; ITALIA, 1987. ■ CANNES 1 PR.

INTERVISTA COL VAMPIRO – CRONACHE DI VAMPIRI *(Interview with The Vampire)* ★★
Regia di NEIL JORDAN. Con ANTONIO BANDERAS, TOM CRUISE, KIRSTEN DUNST, DOMIZIANA GIORDANO, BRAD PITT, STEPHEN REA. ■ Dopo *La moglie del soldato*, Jordan si è concesso una vacanza a Hollywood. Tratto dal romanzo di Anne Rice del 1976 e corteggiato da molti registi, il film doveva avere nel cast lo scomparso River Phoenix. Louis è un vampiro e sta narrando a un giornalista la propria vita, vissuta duecento anni dopo la morte. Poco più che ventenne, a New Orleans, ha perso la moglie e mentre tenta il suicidio incontra Lestat, un affascinante vampiro che lo rende vampiro a sua volta. Con lui nasce un rapporto morboso che in seguito unisce a loro Claudia, una piccola vampira destinata all'infanzia perenne. Claudia e Louis scappano poi a Parigi, ma la bambina è destinata a morire. Non mancano i momenti suggestivi ma anche cadute di stile, in bilico tra l'ironia e il mistero. ■ HORROR; COL.; 122'; USA, 1994. ■ GOLDEN GLOBES 2 NOM; OSCAR 2 NOM.

INTERVISTA CON LA VAMPIRA ★
(The Girl with the Hungry Eyes)
Regia di JON JACOBS. Con BRETT CARR, CHRISTINA FULTON, ISAAC TURNER. ■ Non si tratta di una parodia del film *Intervista con il vampiro*, bensì siamo di fronte alla consueta pratica italiana dello stravolgimento dei titoli. Una ragazza muore suicida in un albergo. L'edificio si rivelerà molto strano. Per chi ama il cattivo gusto. ■ HORROR; COL.; 89'; USA, 1993.

INTERVIEW ★★★
Regia di STEVE BUSCEMI. Con MICHAEL BUSCEMI, STEVE BUSCEMI, DOC DOUGHERTY, TARA ELDERS, MOLLY GRIFFITH, JACKSON LOO, SIENNA MILLER, ROBERT HINES, DAVID SCHECTER. ■ Pierre Peders, autorevole reporter di guerra in declino, è costretto suo malgrado ad intervistare una nota starlette della televisione americana, la bionda e apparentemente inconsistente Katya. Dopo una vivace schermaglia al tavolo di un ristorante alla moda, dove l'attrice si fa attendere oltre l'ora, il giornalista, contrariato, si allontana in taxi. Un incidente provocato involontariamente dall'avvenenza di Katya la metterà di nuovo a confronto con Pierre. Invitato a salire nel suo loft di New York, Pierre avvierà un'intervista senza esclusione di colpi. La caratteristica del film di Buscemi è l'apparente assenza di azione. Le "imprese" che hanno determinato i caratteri e la professione dei protagonisti, il cinico giornalista e la capricciosa attrice di soap, sono soltanto evocate dalle battute dei personaggi che parlano incessantemente, perché parlare è l'unico modo in cui possono agire. ■ DRAMMATICO; COL.; 81'; USA, 2007.

INTESA FATALE *(Rubdown)* ★★
Regia di STUART COOPER. Con JACK COLEMAN, WILLIAM DEVANE, MICHELLE PHILLIPS, ALAN THICKE, KENT WILLIAMS. ■ Marion è un giocatore di baseball costretto a lasciare il campo per un incidente. Diventa massaggiatore a Beverly Hills e, pur di far fronte ai debiti, accetta di sedurre la moglie di un cliente. Il marito, infatti, punta ai soldi che la donna sarà costretta a versargli in base a una clausola matrimoniale, ma quando quest'ultimo viene trovato ucciso i sospetti cadono su Marion. ■ THRILLER; COL.; 87'; USA, 1993.

IN THE BEDROOM ★★
Regia di TODD FIELD. Con WILLIAM MAPOTHER, SISSY SPACEK, NICK STAHL, MARISA TOMEI, TOM WILKINSON. ■ Costa del Maine, estate. Matt Fowler è un medico che opera nella cittadina in cui è nato e cresciuto. Sua moglie Ruth, newyorkese e direttrice di cori, è una donna molto cortese ma anche molto rigorosa. Il loro unico figlio, Frank, è tornato a casa dall'università in cui studia architettura. Ha intrecciato una storia, che lui considera un amore estivo, con Natalie, una donna separata e con figli. Ruth non vede di buon occhio questa relazione e non perde occasione per farlo notare al figlio. L'ex marito di Natalie, Richard non rinuncia a importunarla carico com'è di rancore. Finché un giorno, trovando in casa con lei Frank, uccide il "rivale" a sangue freddo. Viene arrestato ma liberato dietro cauzione di lì a poco, in attesa del processo. Ruth lo incontra spesso e non sopporta l'idea di vederlo a piede libero. Suggerisce allora al marito una possibile soluzione.Tratto dal romanzo *Killings* di Andre Dubus, che ha al centro dei propri romanzi individui in cui eroismo e bassezza convivono, il film ha una sua originalità in un panorama hollywoodiano sempre più uniforme. La memoria corre a *Un borghese piccolo piccolo* interpretato da uno straordinario Alberto Sordi. Qui come allora l'assassinio di un figlio. Qui come allora la reazione da parte dei genitori. Ma l'atmosfera che Fowler (alla sua opera prima e sinora attore anche di Kubrick in *Eyes Wide Shut*) costruisce attorno all'evento è tanto rarefatta quanto densa di drammaticità. ■ DRAMMATICO; COL.; 133'; USA, 2001. ■ GOLDEN GLOBES 1 PR, 3 NOM; OSCAR 5 NOM.

IN THE CUT ★★
Regia di JANE CAMPION. Con KEVIN BACON, JENNIFER JASON LEIGH, MARK RUFFALO, MEG RYAN. ■ Trattasi di esempio di come non realizzare un thriller erotico; il film, basato sul best seller di Susanna Moore, è velleitario e incomprensibile. Privo di trama (un'indagine condotta da un detective di grande appeal che si innamora di una "bellissima"), di costruzione dei personaggi e spessore drammaturgico, sembra montato ad arte solo per creare un risibile effetto di attesa per la performance di Meg Ryan, finalmente, anzi troppo tardi, slegata dal cliché di commediante romantica e sognatrice. Purtroppo mai come in questo caso l'espressione "tanto rumore per nulla" è veritiera La tanto strombazzata performance "hard" di Meg Ryan si riduce ad una squallida scena in penombra. ■ THRILLER; COL.; 120'; USA, 2003.

IN THE ELECTRIC MIST ★★
Regia di BERTRAND TAVERNIER. Con JOHN GOODMAN, TOMMY LEE JONES, JUSTINA MACHADO, MARY STEENBURGEN. ■ New Iberia, Louisiana. Il detective Dave Robicheaux è a caccia di un serial killer che dilania i corpi di giovani donne. Di ritorno dai rilievi sul cadavere di una prostituta minorenne ferma per eccesso di

velocità la star hollywoodiana Elrod Sykes che si trova nella zona per girare un film sulla Guerra di Secessione. Il film gode dei finanziamenti di un boss della criminalità locale, Baby Feet Balboni. Sykes rivela al detective di aver rinvenuto, nel corso delle riprese, lo scheletro di un uomo incatenato. Ora Dave si trova dinanzi alla memoria di un delitto avvenuto in un passato abbastanza recente che potrebbe avere collegamenti con gli omicidi delle ragazze. ■ DRAMMATICO; COL.; 117'; USA, FRANCIA, 2008.

IN THE KINGDOM OF THE BLIND ★

Regia di NICK VALLELONGA. Con MICHAEL BIEHN, WILLIAM L. PETERSEN, LEO ROSSI, PAUL WINFIELD. ■ Interpretato, scritto e diretto da Nick Vallelonga, illustre sconosciuto in Italia. Al è un poliziotto e deve rintracciare un criminale per togliere dai guai un suo vecchio compagno. Il titolo originale suona "nel regno del cieco, l'uomo con un occhio solo è re". Titolo creativo che non rispecchia poi la sostanza del film. ■ POLIZIESCO; COL.; 99'; USA, 1995.

IN THE MARKET ★

Regia di LORENZO LOMBARDI. Con OTTAVIANO BLITCH, ROSSELLA CAIANI, MARCO MARTINI, ELISA SENSI, ELEONORA STAGI. ■ Finita la scuola, David, Sarah e Nicole intraprendono un viaggio alla ricerca di se stessi a bordo di una jeep: unica tappa certa dell'itinerario il concerto della loro band preferita. In una stazione di servizio in cui si fermano a fare benzina, i tre ragazzi vengono derubati da due rapinatori; senza soldi e possibilità di telefonare si dirigono verso un market dove sperano di trovare aiuto. ■ HORROR; COL.; 88'; ITALIA, 2009.

IN THE MIX ★

Regia di RON UNDERWOOD. Con EMMANUELLE CHRIQUI, ANTHONY FAZIO, KEVIN HART, CHAZZ PALMINTERI, USHER RAYMOND. ■ Darrel viene ingaggiato da una famiglia italio-americana mafiosa, i Pacelli, per fare il dj alla festa della figlia del boss. Durante la festa Darrel salva il boss da un attentato beccandosi anche una pallottola. Per tutta ricompensa viene accolto nella famiglia e diventa la guardia del corpo di Dolly, la figlia del boss. ■ COMMEDIA; COL.; 95'; USA, 2005.

IN THE MOOD FOR LOVE ★★★

Regia di WONG KAR-WAI. Con MAGGIE CHEUNG, LAI CHEN, TONY LEUNG, REBECCA PAN, MAN-LEI CHAN. ■ Hong Kong, 1962. Chow è il redattore capo di un quotidiano che trasloca con la moglie in un appartamento in cui coabitano nuclei familiari provenienti per lo più da Shanghai. Qui incontra Li-Zhen, anche lei trasferitasi da poco insieme al marito. La donna è segretaria in una ditta di esportazioni mentre il marito viaggia spesso come rappresentante per un'importante ditta giapponese. Anche la moglie di Chow è spesso assente e così tra lui e Li-Zhen si sviluppa un rapporto di intimità che diventa progressivamente amore. Scoprono però che i loro coniugi hanno una relazione e compiono la scelta più difficile. Lontano dall'adrenalina di *Hong Kong Express* e dalla trasgressione di *Happy Together*, superati i 40 anni Wong Kar-Wai realizza un film tanto intenso quanto personale. Lui stesso ha dichiarato che, se non ci fosse stata la scadenza ineludibile di Cannes (dove Tony Leung ha vinto il premio come migliore attore), non sa quando sarebbe riuscito a "separarsi" dal film. È un film dai tempi naturalmente rarefatti come lo sono quelli di un sentimento che progressivamente si impadronisce di due persone. Ma a differenza di altri film, qui la dimensione del dolore non annulla la gioia della scoperta dell'altro e una profonda com-passione si insinua nello spettatore rendendolo partecipe delle vicende dei protagonisti. ■ DRAMMATICO; COL.; 90'; HONG KONG, 2000. ■ CANNES 2 PR.

IN THE SOUP ★★★

Regia di ALEXANDRE ROCKWELL. Con JENNIFER BEALS, STEVE BUSCEMI, SEYMOUR CASSEL, PAT MOYA, WILL PATTON. ■ Girato in bianco e nero e con connotazioni alla Jarmush (che appare in un ruolo-cammeo con Carol Kane). Anche se nella seconda parte si sfilaccia un tantino, il film ha alcuni aspetti molto arguti. Adolpho vuole diventare regista cinematografico ma riesce a stento a sopravvivere e a pagare l'affitto dell'appartamento. Decide di fare un'inserzione per trovare qualcuno disposto a comprare la sua voluminosa sceneggiatura di circa 500 pagine. Trova un pazzo che sembra interessato. I guai sono appena cominciati. ■ COMMEDIA; B/N; 93'; USA, 1992.

INTI-ILLIMANI. DOVE CANTANO LE NUVOLE ★★

Regia di FRANCESCO CORDIO, PAOLO PAGNONCELLI. Con MAX BERRÙ, DANIEL CANTILLANA, JORGE COULON, MARCELO COULON, DANIELE SILVESTRI. ■ Storia, emozioni e impegno politico degli Inti-Illimani, gruppo musicale di punta della Nueva Canción Chilena. Attraverso le testimonianze dei vari componenti ne conosciamo le origini, l'esilio italiano (dal 1973 al 1988) conseguente al golpe di Augusto Pinochet, il glorioso ritorno in Patria, i dissidi interni e l'avvio di due diverse e parallele formazioni, sempre nel nome di un'identità che riesce ad attraversare i cuori di più generazioni con messaggi di speranza e solidarietà civile. I due registi Francesco Cordio e Paolo Pagnoncelli si avvicinano con affetto e competenza ad un monumento della musica engagé. ■ DOCUMENTARIO; COL.; 79'; ITALIA, 2007.

INTIMACY – NELL'INTIMITÀ *(Intimacy)* ★ 𝟠

Regia di PATRICE CHÉREAU. Con KERRY FOX, MARK RYLANCE, TIMOTHY SPALL. ■ Un uomo ed una donna si incontrano ogni mercoledì pomeriggio: il sesso è l'unica ragione che li spinge l'una tra le braccia dell'altro. Nessuno dei due deve fare domande, tanto meno dare spiegazioni. Gli incontri sono rapidi, silenziosi, apparentemente poco coinvolgenti, ma un giorno Jay infrange le regole stabilite e decide di seguire Claire. La violazione dell'intimità di Claire da parte dell'uomo implica l'immediato rifiuto della donna di proseguire il loro rapporto. La trama, soltanto apparentemente simile a quella dello straordinario film *Una relazione privata*, nel disegnare le psicologie dei suoi personaggi rischia di farsi confusa e di perdere di consistenza. Quando Jay decide di inseguire Claire, scopriamo universi paralleli, storie e percorsi che rapidamente modificano il senso del film: da un piano in cui è assente qualsiasi moralità, *Intimacy* progressivamente cade nello scontato con un finale già visto in cui la donna, tornata nei panni di brava moglie e madre di famiglia, rinuncia a quegli incontri e forse anche alla felicità. ■ DRAMMATICO; COL.; 119'; FRANCIA, ITALIA, 2000. ■ BERLINO 𝟠 2 PR.

IN TIME ★★

Regia di ANDREW NICCOL. Con VINCENT KARTHEISER, CILLIAN MURPHY, AMANDA SEYFRIED, JUSTIN TIMBERLAKE, OLIVIA WILDE. ■ Will Salas ha venticinque anni e la volontà di resistere in un mondo in cui il tempo è denaro. Nel futuro di Will, uomini e donne sono geneticamente programmati per raggiungere i venticinque anni, età dopo la quale avranno diritto a un anno extra e a una vita affannata e consumata a guardare il proprio orologio biologico. Figlio premuroso di una madre mai invecchiata, Will salva la vita a un uomo che intuisce la sua nobiltà e lo ricambia con un secolo di vita. Un secolo che Will è deciso a investire, raggiungendo la Time Zone, dove i ricchi vivono blindati e a spese dei più miserabili, e sfidando l'ordine costituito. Lo aiuterà nell'impresa una ricca ereditiera. ■ THRILLER; COL.; 109'; USA, 2011.

INTIMITÀ MORTALE *(Intimate Stranger)* ★★

Regia di ALLAN HOLZMAN. Con DEBORAH HARRY, JAMES RUSSO, TIM THOMERSON. ■ Ancora un film con il sesso al telefono, dopo vari esempi come *Chiamami di notte*. Anche in questo caso un maniaco omicida perseguita una bella ragazza. Violenza finale. Deborah Harry, un tempo cantante dei Blondie e attrice di *Videodrome* di Cronenberg, se la cava bene. ■ THRILLER; COL.; 94'; USA, 1991.

INTIMITÀ PROIBITA DI UNA GIOVANE SPOSA ★

Regia di OSCAR BRAZZI. Con ROSSANO BRAZZI, ULRIKA HOHLT, VALÉRIE LAGRANGE, UWE PAULSEN, RENZO PETRETTO. ■ Minacciato da vicino dalla vecchiaia e dall'impotenza, un conte sposa la fanciulla amata dal figlio; quando si accorge della tresca fra i due uccide entrambi, poi rivolge le sue attenzioni a una procace nipotina. ■ DRAMMATICO; COL.; 92'; ITALIA, 1970.

INTIMITÀ PROIBITE *(Bare Knuckles)* ★

Regia di DON EDMONDS. Con MICAEL ASHER, DONA DESMOND, INEDA KING, LENA SIMON, TONY VICTOR. ■ Tre infermiere di un ospedale di Los Angeles vivono nello stesso appartamento. Ciascuna si comporta come meglio crede nell'ambito della propria vita privata e così la casa si popola di strani e spesso ambigui personaggi. Ci sarà anche un'implicazione "gialla". ■ DRAMMATICO; COL.; 90'; USA, 1975.

INTOCCABILI, GLI ★★★
Regia di GIULIANO MONTALDO. Con PIERLUIGI APRÀ, FLORINDA BOLKAN, JOHN CASSAVETES, BRITT EKLAND, PETER FALK, GABRIELE FERZETTI, MARGHERITA GUZZINATI, LUIGI PISTILLI, SALVO RANDONE. ■ Un mafioso fa evadere dal carcere un famoso gangster per averlo alleato in una impresa criminale; quando si rende conto che la casa da gioco presa di mira appartiene alla mafia, fa di tutto per mandare a monte il piano; ma il compare agisce egualmente, si impossessa del vistoso malloppo e tenta di fuggire con la bella moglie; verranno uccisi entrambi prima di riuscire a condurre a termine l'impresa. Da un "giallo" di Ovid Demaris. ■ POLIZIESCO; COL.; 115'; ITALIA, 1969.

♥ **INTOCCABILI, GLI** *(The Untouchables)* ★★★★
Regia di BRIAN DE PALMA. Con SEAN CONNERY, KEVIN COSTNER, ROBERT DE NIRO. ■ La storia di Eliot Ness, un agente dell'Fbi che nella Chicago degli anni del proibizionismo diede una caccia senza quartiere alla banda di Al Capone, alla testa di un gruppo di agenti scelti, gli *Intoccabili*. Brian de Palma riprende i personaggi di una nota serie televisiva e ne fa un dramma poliziesco di infallibile presa. ■ DRAMMATICO; COL.; 119'; USA, 1987. ■ GOLDEN GLOBES 1 PR, 2 NOM; OSCAR 1 PR, 4 NOM.

INTO DARKNESS – STAR TREK ★★
(Star Trek Into Darkness)
Regia di J.J. ABRAMS. Con JOHN CHO, BENEDICT CUMBERBATCH, ALICE EVE, BRUCE GREENWOOD, SIMON PEGG. ■ L'insofferenza alle direttive e alla disciplina costano al capitano Kirk il comando dell'Enterprise. La flotta stellare gli toglie la nave e lo separa dal suo primo ufficiale Spock. Sarà l'arrivo di una minaccia imprevista e misteriosa e, di nuovo, la capacità di Kirk di mettere in luce le proprie abilità a costringere la flotta a rimetterlo al suo posto. Da sempre alla ricerca dei meccanismi infallibili dell'intrattenimento e narratore di gran ritmo, J.J. Abrams con il secondo film di Star Trek conferma di essere all'altezza del proprio nome e del nume tutelare che ha scelto per sé: Steven Spielberg. ■ FANTASCIENZA; COL.; 132'; USA, 2012.

INTOLERANCE ★★★
Regia di DAVID WARK GRIFFITH. Con DOUGLAS FAIRBANKS, LILLIAN GISH, ALFRED PAGET, CONSTANCE TALMADGE. ■ Partendo da uno spunto del poeta americano Walt Whitman sull'intolleranza si raccontano quattro storie. *La caduta di Babilonia*: re Baldassare credendo ormai, dopo aver vinto sull'esercito della Persia, di essere al sicuro dà il via a una celebrazione fastosissima che però dà modo al nemico Ciro di sconfiggerlo. *La passione di Cristo* racconta tre momenti dell'esistenza di Gesù. *La notte di San Bartolomeo* tratta di una storia d'amore poco prima dell'eccidio degli Ugonotti. *La madre e la legge*: un povero operaio, dopo uno sciopero sanguinoso, viene ingiustamente condannato a morte per omicidio. L'uomo si salverà *in extremis* per via della confessione dell'assassino. Uno dei film più importanti della storia del cinema. ■ DRAMMATICO; B/N; 140'; USA, 1916.

INTOLLERANZA: IL TRENO FANTASMA ★★
(Dutchman)
Regia di ANTHONY HARVEY. Con AL FREEMAN JR, SHIRLEY KNIGHT, FRANK LIEBERMAN. ■ L'eterno dramma del razzismo si ritrova in questo film aspro e violento. Una bella ragazza bianca provoca un nero nella metropolitana; quando il giovane tenta di reagire, la ragazza si uccide. ■ DRAMMATICO; B/N; 56'; GRAN BRETAGNA, 1966. ■ VENEZIA 1 PR.

INTOLLERANZA: SIMON DEL DESERTO ★★★
(Simón del desierto)
Regia di LUIS BUÑUEL. Con ENRIQUE ALVAREZ FELIX, CLAUDIO BROOK, HORTENSIA SANTAVENA. ■ Il monaco Simon è uno stilita del quinto secolo. Dall'alto di una colonna vive la sua vita modestissima raggiungendo un grande equilibrio interiore. Improvvisamente un jet lo trasporta nella New York odierna. Naturalmente Simon non capisce più nulla. ■ FANTASTICO; B/N; 45'; MESSICO, 1965. ■ VENEZIA 1 PR.

INTO PARADISO ★★
Regia di PAOLA RANDI. Con SAMAN ANTHONY, GIANNI FERRERI, GIANFELICE IMPARATO, ELOMA RAN JANZ, PEPPE SERVILLO. ■ Alfonso è un ricercatore universitario: timido, impacciato e drammaticamente precario. Alla notizia del suo licenziamento, decide di rivolgersi ad un vecchio amico d'infanzia, un politico in ascesa, nella speranza di ottenere una raccomandazione. Avuto il favore, viene coinvolto in una resa dei conti tra camorristi e, costretto a scappare, si rifugia nel piccolo appartamento sul tetto di Gayan, un ex campione di cricket srilankese. La convivenza forzata tra i due permetterà la nascita di una solidarietà umana che cambierà le loro vite. ■ COMMEDIA; COL.; 104'; ITALIA, 2010.

INTO THE WILD ★★★
Regia di SEAN PENN. Con BRIAN DIERKER, MARCIA GAY HARDEN, EMILE HIRSCH, HAL HOLBROOK, WILLIAM HURT, CATHERINE KEENER, JENA MALONE, KRISTEN STEWART, VINCE VAUGHN. ■ Libera trasposizione del libro di Jon Krakauer *Nelle terre estreme* diventato un classico della sottocultura urbana. Dalla lettura del libro, Sean Penn ha dovuto aspettare ben dieci anni prima di ottenere i diritti. Questa incredibile pazienza testimonia una testarda sensibilità che è unica nel panorama cinematografico di oggi. Sono due gli elementi che hanno guidato Penn nel doppio binario della regia e della sceneggiatura: il tema della fuga ma soprattutto quello dell'inseguimento di un qualcosa che faciliti la conoscenza di sé. Pura celebrazione della libertà e della ricerca della libertà, la pellicola racconta la vera storia di Christopher McCandless, un giovane benestante che rinuncia a tutte le sue sicurezze materiali per immergersi all'interno della natura selvaggia. Tutti le persone che Chris incontrerà lungo il suo peregrinare, oltre a colmare un vuoto familiare fonte di profonde sofferenze, amplificano l'idea di un percorso a stadi, teso a liberarsi dalla dipendenza da ogni tipo di comfort e privilegio. L'acquisizione della saggezza avviene quasi per osmosi attraverso la spontaneità e la profondità degli incontri fatti. E costa cara. ■ DRAMMATICO; COL.; 148'; USA, 2007.

INTOUCHABLE, L' ★
Regia di BENOÎT JACQUOT. Con MARC BARBÉ, BÉRANGÈRE BONVOISIN, LOUIS-DO DE LENCQUESAING, JÉRÉMIE ELKAÏM, ISILD LE BESCO. ■ Jean, il giorno del suo compleanno, viene a sapere dalla madre di avere un padre indiano: un indù, appartenente alla casta degli "Intoccabili". Jean decide di lasciare la città francese in cui vive, il suo uomo, il suo lavoro di attrice e di partire per l'India alla ricerca del genitore. Jacquot racconta un viaggio che dovrebbe diventare un percorso di formazione. L'intento del regista era quello di «costringere in qualche modo l'attrice e il suo personaggio a cambiare un jeans con un sari», attraverso il confronto tra i valori dell'Occidente e dell'Oriente. ■ DRAMMATICO; COL.; 82'; FRANCIA, 2006.

IN TRANCE *(Trance)* ★★
Regia di DANNY BOYLE. Con VINCENT CASSEL, MATT CROSS, ROSARIO DAWSON, JAMES MCAVOY, DANNY SAPANI. ■ Simon, che lavora in una prestigiosa casa d'aste, si unisce a una banda criminale per trafugare un capolavoro di Goya. Durante il furto, però, viene colpito duramente alla testa e il trauma gli impedisce di ricordare dove ha nascosto il preziosissimo bottino. Poiché nemmeno le torture fisiche sortiscono alcun effetto, il capo della banda, Franck, decide di provare con l'ipnosi. Simon sceglie di farsi curare dall'affascinante dottoressa Elisabeth Lamb, ma più la donna si addentra nella mente dell'uomo più il mistero, anziché dipanarsi, s'infittisce. Danny Boyle torna ad esplorare le alterazioni degli stati mentali, in un film-puzzle la cui maggior verità riguarda la straordinaria abilità che possediamo di mentire a noi stessi. ■ GIALLO, COL.;101'; GRAN BRETAGNA, 2012.

IN TRAPPOLA *(The Hunted)* ★
Regia di J.F. LAWTON. Con JOAN CHEN, YOSHIO HARADA, JOHN LONE, C. AUBREY SMITH. ■ Un uomo d'affari americano ha un rapporto con una giapponese proprio la notte in cui costei viene uccisa. L'americano ha però visto l'assassino e pertanto la sua vita è in pericolo. L'uomo è sempre più coinvolto in operazioni che, invece, non hanno nulla di coinvolgente. ■ DRAMMATICO; COL.; 110'; USA, 1995.

INTRAPPOLATI NELLE VISCERE *(Trouble Shooters)* ★★
Regia di BRADFORD MAY. Con KRIS KRISTOFFERSON, LEIGH MCCLOSKEY, DAVID NEWSOM. ■ Film televisivo senza infamia e senza lode. Stan, vedovo, decide di fare il volontario aiutato dai propri figli. La decisione è dettata da un cataclisma che ha provocato il crollo di una costruzione. Ci sarà anche un avvicinamento di uno dei due figli, che nutre del rancore verso il padre. ■ DRAMMATICO; COL.; 88′; USA, 1993.

INTRECCIO, L' *(Les libertines)* ★★
Regia di DAVE YOUNG. Con ROBERT DALBAN, ROBERT HOSSEIN, ETTORE MANNI, MARISA MELL. ■ Una vecchia signora è proprietaria di una casa di cura dove, in realtà, si svolgono traffici illeciti. La casa è diretta da Isabella e Philip, nipoti della vecchia, che tentano in ogni modo di mettere le mani sui soldi della zia. Ma un ricercato dalla polizia e l'infermiera della proprietaria li intralciano. ■ GIALLO; B/N; 81′; FRANCIA, 1969.

INTREPID *(A Man Called Intrepid)* ★★★
Regia di PETER CARTER. Con PAUL HARDING, BARBARA HERSHEY, GAYLE HUNNICUTT, DAVID NIVEN, NIGEL STOCK, MICHAEL YORK. ■ Il film racconta, romanzandole ampiamente, le gesta di William Stephenson, un pilota canadese della prima guerra mondiale che venne incaricato da Winston Churchill di organizzare una rete spionistica nel corso dell'ultimo conflitto. Si tratta di un "condensato" dell'omonima serie tv di cinque ore. ■ SPIONAGGIO; COL.; 118′; CANADA, USA, 1979.

INTREPIDI, GLI *(Estampida)* ★★
Regia di RAÚL DE ANDA. Con LUIS AGUILAR, AUGUSTIN DE ANDA, CHRISTIANE MARTELL. ■ Pancho Villa ha bisogno di mille cavalli per sferrare l'attacco contro il dittatore messicano Huertas. Affida l'impresa al colonnello Gomez, ma perché gli animali giungano a destinazione è necessario l'aiuto di Orso Nero. ■ AVVENTURA; COL.; 90′; MESSICO, 1968.

INTREPIDI VENDICATORI *(The Fighter)* ★★
Regia di HERBERT KLINE. Con VANESSA BROWN, LEE J. COBB, RICHARD CONTE. ■ Durango, capo degli insorti in Messico, aiutato dal giovane Felipe riesce a sfuggire alla cattura. Si rifugia negli Stati Uniti dove si dà al pugilato per guadagnare il denaro necessario al sostentamento della causa rivoluzionaria. ■ AVVENTURA; B/N; 78′; USA, 1952.

INTREPIDO, L' ★★
Regia di GIANNI AMELIO. Con ANTONIO ALBANESE, SANDRA CECCARELLI, GABRIELE RENDINA, LIVIA ROSSI, ALFONSO SANTAGATA. ■ Antonio Pane vive a Milano e ha un lavoro particolare: fa il "rimpiazzo", cioè sostituisce gli assenti in qualsiasi tipo di attività; un giorno può essere muratore, in quello successivo tramviere e così via. Antonio è un uomo fondamentalmente solo: la moglie lo ha lasciato per unirsi a un altro dalle fortune decisamente più certe e il figlio studia sassofono contralto al Conservatorio e cerca in qualche modo di aiutare il genitore. Un giorno, a un esame di Stato, Antonio conosce una giovane donna, Lucia, a cui offre un aiuto disinteressato. Gianni Amelio, dopo l'intenso tuffo nel passato in compagnia dell'Albert Camus de *Il primo uomo*, torna a raccontare l'Italia di oggi attraverso la figura di un precario all'ennesima potenza. Per quanto del tutto instabile nella vita lavorativa, Antonio ha una profonda coerenza morale, la sua è una dignità che si rifà esplicitamente a Charlot e che, nell'apparente follia della fiducia nell'essere umano, si rispecchia nel Totò il buono di *Miracolo a Milano*. Amelio ci ricorda quanto possa essere difficile, quando non addirittura tragico, vivere il presente, in particolare per le nuove generazioni. Tuttavia è bene continuare a sperare, nonostante tutto sembri congiurare perché il buio resti privo di qualsiasi possibilità di luce. A Venezia il film è stato applaudito ma anche fischiato. Deve alcuni punti agli ultimi tre minuti. Ma a volte pecca, pure nella sua cornice grottesca e favolistica, di presunzione sulla qualità del dialogo, che vorrebbe essere alto ed è solo di maniera. Il solito problema "italiano" della scrittura. ■ COMMEDIA; COL.; 104′; ITALIA, 2013.

IN TRE SI LITIGA MEGLIO *(Three on the Road)* ★★
Regia di BILL W. L. NORTON. Con SALLY KELLERMAN, BERT REMSEN, CHARLIE SHEEN. ■ Il giovane portaborse di un senatore accetta l'incarico di scortare fino al riformatorio la figlia di un uomo politico (la cui presenza danneggia la carriera politica del padre). Nonostante i tentativi di fuga della ragazza, il giovanotto riesce a condurla a destinazione. Ma intanto s'è innamorato della fanciulla e decide con un audace piano di farla evadere. ■ COMMEDIA; COL.; 95′; USA, 1987.

IN TRE SUL LUCKY LADY *(Luck Lady)* ★★
Regia di STANLEY DONEN. Con GENE HACKMAN, LIZA MINNELLI, BURT REYNOLDS. ■ La vicenda si svolge negli anni Trenta. Una cantante e i suoi amanti decidono di arricchirsi trasportando alcool con un battello di loro proprietà; gli affari prosperano e suscitano le gelosie di un capo della malavita. ■ COMMEDIA; COL.; 118′; USA, 1976. ■ GOLDEN GLOBES 1 NOM.

IN TRE VERSO L'AVVENTURA ★★
Regia di PINO PASSALACQUA. Con MABRATÙ MACONNEN ARAIA, TEKLE NEGASSI, BIRICTI TARECHE. ■ Per acquistare un trattore per suo padre un ragazzo etiope parte con i suoi amici animali verso un'isola dove spera di trovare un tesoro. Gli accadono avventure di ogni genere finché la scoperta di un traffico di preziosi gli fa inaspettatamente guadagnare i soldi necessari. ■ AVVENTURA; COL.; 92′; ITALIA, 1973.

INTRIGHI AL GRAND HOTEL *(Hotel)* ★★★
Regia di RICHARD QUINE. Con RICHARD CONTE, MELVIN DOUGLAS, KARL MALDEN, MERLE OBERON, CATHERINE SPAAK, ROD TAYLOR. ■ Un vecchio hotel di New Orleans è in vendita. Tre sono i possibili acquirenti: un individuo di dubbia moralità, un onesto uomo d'affari e un'impresa immobiliare. Mentre il direttore valuta i pro e i contro, tentato da una bella donna che lavora per uno dei tre neoacquirenti, i clienti ignari vivono la loro vita di sempre. Tutto andrà per il meglio, anche per la bella donna. ■ COMMEDIA; COL.; 124′; USA, 1967.

INTRIGHI A SAN PIETROBURGO ★★
(Midnight in St. Petersburg)
Regia di DOUGLAS JACKSON. Con MICHAEL CAINE, JASON CONNERY, TANYA JACKSON. ■ È la seconda parte del ritorno dell'agente Harry Palmer, dopo *All'inseguimento della morte rossa*. Il plutonio e alcune tele sparite dal museo dell'Hermitage di San Pietroburgo sono l'oggetto della nuova indagine. ■ SPIONAGGIO; COL.; 85′; CANADA, GRAN BRETAGNA, RUSSIA, 1995.

INTRIGHI DI DONNE *(Manèges)* ★★
Regia di YVES ALLÉGRET. Con BERNARD BLIER, SIMONE SIGNORET, FRANK VILLARD. ■ Una donna, giovane e bella, è gravemente ferita in un incidente stradale. All'ospedale in cui è ricoverata arriva il marito, che, mentre la veglia ansioso, si colpevolizza per non aver saputo dare alla donna la vita agiata che sognava. Ma i suoi rimorsi si vanificano quando apprende che la consorte l'ha tradito per tutti gli anni di matrimonio. La donna sopravvive, ma rimane paralizzata. Il marito la lascia. ■ DRAMMATICO; B/N; 90′; FRANCIA, 1949.

INTRIGHI E PIACERI A BATON ROUGE ★★★
(Bâton Rouge)
Regia di RAFAEL MOLEÓN. Con VICTORIA ABRIL, ANTONIO BANDERAS, CARMEN MAURA, ÁNGEL DE ANDRÉS LÓPEZ, LAURA CEPEDA. ■ Un regista spagnolo, tre attori protagonisti che hanno lavorato abitualmente con Pedro Almodóvar e un intrigo niente male. Antonio è un giovane poco di buono che spera di poter sfruttare una ricca amante per sistemarsi economicamente. Si mette allora d'accordo con la psicologa della donna e prepara il piano. Vuole infatti far leva sul fatto che l'amante è ossessionata da ricorrenti incubi. Il film può ricordare vagamente *Passi nella notte* di Castle ma senza dubbio il risultato è migliore, addirittura meglio del cinema di Almodóvar dopo *Légami*. ■ COMMEDIA; COL.; 115′; SPAGNA, 1990.

INTRIGHI IN ORIENTE ★★
(The Secret of Istamboul – The Spy in White)
Regia di ANDREW MARTON. Con VALERIE HOBSON, JAMES MASON. ■ Larry, espulso dall'esercito per insubordinazione, accetta di fare il sovrintendente per un mercante. Si reca in Turchia e scopre che il direttore dell'organizzazione commerciale è un affiliato ad una setta sovversiva. Larry viene coinvolto nella congiu-

ra ma ne esce sano e salvo. Riuscirà poi a sposare la figlia del mercante. ■ AVVENTURA; B/N; 89'; GRAN BRETAGNA, 1936.

INTRIGO, L' ★★

Regia di VITTORIO SALA. Con ROSSANO BRAZZI, SHIRLEY JONES, GEORGIA MOLL, MICHELINE PRESLE, GEORGE SANDERS. ■ Raymond e Karen sono ospiti del conte Paolo; questi, che si innamora di Karen, ha una figlia che ha perduto la memoria; un regalo di Karen alla ragazza fa sì che questa ricordi improvvisamente il passato: è la moglie e non la figlia del conte. Quel che la donna racconta sembra incredibile, ma la sua morte, che avviene in circostanze misteriose, e quella del conte dimostrano che aveva ragione. ■ GIALLO; COL.; 95'; ITALIA, 1964.

INTRIGO A BERLINO *(The Good German)* ★★★

Regia di STEVEN SODERBERGH. Con CATE BLANCHETT, BEAU BRIDGES, GEORGE CLOONEY, TONY CURRAN, RAVIL ISYANOV, TOBEY MAGUIRE, LELAND ORSER, JACK THOMPSON, ROBIN WEIGERT. ■ Luglio 1945. Il corrispondente di guerra, ora in divisa, Jake Geismer torna a Berlino per occuparsi della conferenza di Potsdam che vedrà presenti Truman, Churchill e Stalin. Qui ritrova Lena Brandt, la donna che ha amato e che ora dipende totalmente da Tully, l'uomo che gli è stato assegnato come autista. Ben presto Tully, pronto a fare commercio di qualsiasi cosa, viene ritrovato ucciso e Geismer non solo vede rinascere la passione per Lena, ma si trova anche al centro di un complicato gioco di segreti. Clooney deve aver visto in questo film la possibilità di misurarsi da vicino con gli attori del cinema classico a cui la critica spesso lo accosta. L'occasione sulla carta era di quelle da non perdere. *Intrigo a Berlino* è stato girato così come lo si sarebbe potuto girare nel 1945. Stesse macchine da presa, stessi mezzi di illuminazione, stesse condizioni di registrazione del suono, stesso bianco e nero. Da questo punto di vista il film rappresenta una scommessa vinta. Lo è invece molto meno sul piano dello spettacolo. ■ THRILLER; B/N; 105'; USA, 2006.

INTRIGO A CAPE TOWN *(Cape Town Affair)* ★★

Regia di ROBERT D. WEBB. Con JACQUELINE BISSET, JAMES BROLIN, BOB COURTNEY, CLAIRE TREVOR, JOHN WHITELEY. ■ La complessa vicenda prende le mosse dal furto di un borsellino ad opera di Skip: contiene un microfilm affidato (a sua insaputa) alla giovane Candy dal fidanzato Joey. Tutti si mettono immediatamente sulle tracce del microfilm al quale sono affidati importanti segreti strategici. ■ SPIONAGGIO; COL.; 106'; USA, 1968.

INTRIGO A HOLLYWOOD *(Sunset)* ★★

Regia di BLAKE EDWARDS. Con JAMES GARNER, MALCOLM MCDOWELL, BRUCE WILLIS. ■ Nel 1929 a Hollywood due personaggi mitici si incontrano, Wyatt Earp, il leggendario sceriffo dell'Ok Corral, e il divo dei western Tom Mix. Insieme risolvono il caso dell'omicidio della tenutaria di una casa d'appuntamenti della Mecca del cinema. Discreta commedia giallo-rosa che molto si giova della cordiale presenza di James Garner (non nuovo al ruolo di Earp) e poco di quella dello scialbo Bruce Willis (Tom Mix). ■ GIALLO; COL.; 107'; USA, 1988. ■ OSCAR 1 NOM.

INTRIGO ALL'AVANA *(Affair in Havana)* ★★

Regia di LÁSZLÓ BENEDEK. Con RAYMOND BURR, JOHN CASSAVETES, SARA SHANE. ■ Un cantautore si innamora della moglie di un ricco possidente cubano paralizzato alle gambe. La donna esita a lasciare il marito (sa che ha solo tre mesi di vita, può aspettare e raccogliere l'eredità). Ma poi, stanca di aspettare, cerca di accelerare i tempi uccidendo il marito. Muore anche lei, uccisa da una cameriera. Il cantautore torna al suo piano bar. ■ GIALLO; B/N; 94'; USA, 1957.

INTRIGO A LOS ANGELES ★

Regia di ROMANO FERRARA. Con MARY LUGER, LUCIANO MARIN, CAROL WALKER. ■ Un uomo e una donna, agenti dell'Fbi, indagano sulla scomparsa di uno scienziato. Si trovano ad agire nell'ambiente del teatro. C'è un impresario sospetto. È infatti lui che tiene prigioniero lo scienziato. ■ GIALLO; B/N; 91'; ITALIA, 1964.

INTRIGO A MONTECARLO *(Deadly Roulette)* ★★★

Regia di WILLIAM HALE. Con LOLA ALBRIGHT, PETER LAWFORD, WALTER PIDGEON, JILL ST JOHN, ROBERT WAGNER. ■ Durante una crociera sul panfilo di Ned Pine, Jack Washington ha la conferma che il suo ospite è implicato in losche attività. In possesso di una confessione di Ned incisa su un nastro magnetico, egli è fatto oggetto di rappresaglie da parte di costui e di un certo Gannet, che lo fa rapire e portare in un castello. Qui Jack ha la prova decisiva dei suoi sospetti. Grazie a una grande astuzia, che nessuno gli sospettava, Jack dà scacco matto a tutti. ■ GIALLO; COL.; 88'; USA, 1968.

INTRIGO A PARIGI *(Monsieur)* ★★

Regia di JEAN-PAUL LE CHANOIS. Con MARINA BERTI, JEAN GABIN, CLAUDIO GORA, LISELOTTE PULVER. ■ La pellicola racconta di un vedovo sfiduciato in preda a una crisi d'identità. Una cameriera lo aiuta a ritrovarsi attraverso un momentaneo cambiamento di ruolo: insieme vanno a lavorare presso un industriale, lui in incognito come maggiordomo, lei come cameriera. A poco a poco la serenità ritorna. ■ COMMEDIA; B/N; 91'; FRANCIA, 1964.

INTRIGO A STOCCOLMA *(The Prize)* ★★★

Regia di MARK ROBSON. Con DIANE BAKER, SERGIO FANTONI, PAUL NEWMAN, GÉRARD OURY, MICHELINE PRESLE, EDWARD G. ROBINSON, ELKE SOMMER. ■ Da un romanzo di Irving Wallace. Sei personalità del mondo della cultura giungono a Stoccolma per l'assegnazione dei premi Nobel. Lo scrittore americano Craig, anticonformista e amante dell'alcool, comincia a nutrire sospetti circa l'identità di un altro premio Nobel. Indagando per proprio conto, scopre che costui è il sosia del vero dottor Stratman e ne sventa il rapimento macchinato da una potenza straniera. ■ COMMEDIA; COL.; 136'; USA, 1962.

INTRIGO A TAORMINA ★★

Regia di GIORGIO BIANCHI. Con GINO CERVI, WALTER CHIARI, GABRIELE FERZETTI, SYLVA KOSCINA, BELINDA LEE, MARIO SCACCIA, MASSIMO SERATO, ELKE SOMMER, UGO TOGNAZZI. ■ Sulla lussuosa barca del commendator Lemeni in crociera verso la Sicilia, diversi rappresentanti dell'alta borghesia italiana usano l'amore e il sesso per risolvere i propri problemi e debellare le proprie insicurezze. ■ COMMEDIA; COL.; 100'; ITALIA, 1960.

INTRIGO DELLA COLLANA, L' ★★
(The Affair of the Necklace)

Regia di CHARLES SHYER. Con SIMON BAKER-DEMY, ADRIEN BRODY, JONATHAN PRYCE, HILARY SWANK, CHRISTOPHER WALKEN, BRIAN COX, JOELY RICHARDSON, HAYDEN PANETTIERE, SIMON KUNZ. ■ Il film ricostruisce un celebre scandalo di palazzo noto come l'*affaire du collier*, avvenuto alla vigilia della Rivoluzione francese. Protagonista della vicenda è Jean de la Motte, contessa di Valois, che, tessendo abilmente un intrigo intorno al prezioso e conteso gioiello, contribuisce a indebolire il prestigio di Luigi XVI, già inviso al popolo francese per i suoi eccessi. Discendente dei Valois, rimasta orfana da bambina e privata delle sue proprietà e del suo titolo, Jeanne vuole rientrare in possesso del suo titolo nobiliare e del suo patrimonio. Riesce a farlo entrando a corte e architettando un'abile truffa. L'ottimo cast e alcune pregevoli sequenze non compensano la debolezza della regia e l'insicurezza dell'impianto narrativo. ■ DRAMMATICO; COL.; 120'; USA, 2001. ■ OSCAR 1 NOM.

INTRIGO IN ALTO MARE *(The Lucona Affair)* ★★

Regia di JACK GOLD. Con FRANCO NERO, JÜRGEN PROCHNOW, DOMINIQUE SANDA, MANFRED ANDRAE, GÜNTER EINBRODT, GÜNTHER MARIA HALMER. ■ Un losco trafficante austriaco, agganciato alla mafia e a potenti politici, nulla può fare contro un tenace giornalista che si mette a indagare sul suo conto. Tra Vienna, Venezia e Vera Cruz si delinea una complessa rete di interessi e corruzione, la cui soluzione va cercata nell'affondamento della *Lucona*. ■ GIALLO; COL.; 114'; GERMANIA, GRAN BRETAGNA, ITALIA, 1993.

INTRIGO IN SVIZZERA *(Swiss Conspiracy)* ★★

Regia di JACK ARNOLD. Con SENTA BERGER, JOHN IRELAND, DAVID JANSSEN, RAY MILLAND, JOHN SAXON, ELKE SOMMER. ■ Un ex uomo politico americano vive in Svizzera facendo l'investigatore. È ingaggiato da una banca per seguire le piste di un ricattatore. Si mette invece ad osservare i cinque ricattati, individuando in uno di questi l'autore del ricatto. ■ GIALLO; COL.; 88'; USA, 1975.

INTRIGO INTERNAZIONALE *(North by Northwest)* ★★★★★
Regia di ALFRED HITCHCOCK. Con CARY GRANT, MARTIN LANDAU, JAMES MASON, EVA MARIE SAINT. ■ Thornill, pubblicitario, viene scambiato per Kaplan, agente segreto. L'ignaro Cary Grant viene rapito e portato in una villa dove gli viene chiesto di confessare. Non essendo in grado di farlo, viene "ubriacato", messo su una Mercedes e spinto verso un precipizio. Si salva, denuncia il fatto alla polizia, ma non viene creduto. Indaga per conto suo e in una girandola di eventi incontra una bella maliarda che gli tende un tranello, partecipa a un'asta e si fa arrestare per salvarsi, diventa a sua volta agente per smascherare una spia internazionale, finge di morire e scala le facce dei presidenti scolpiti sul monte Rushmore. Uno dei massimi "titoli" di Hitchcock, la vicenda di un uomo normale coinvolto in cose enormi, raccontata con equilibrio esatto fra azione, dramma, grottesco, divertimento, intelligenza, tecnica e paesaggio. È un film alla Hitchcock, dove un particolare o un simbolo possono essere letti in altre chiavi. Una certa critica studiò le evoluzioni dell'aereo disinfestatore per trovarci un messaggio. Ci sono alcune delle sequenze storiche del regista, studiate nelle scuole; quella dell'uomo inseguito dall'aeroplano, e subito prima quella dell'appuntamento all'incrocio nel deserto, coi due uomini contrapposti che si studiano a lungo; e infine la fuga di Grant e Marie Saint sulle facce scoscese dei presidenti. Altro elemento decisivo: la vedibilità, dalla quale non si può prescindere nella valutazione di un film. Così come *Notorious*, *Intrigo* risulta intatto molti anni dopo. Le concessioni alle regole di Hollywood, più che un limite erano state, per il regista, uno stimolo. ■ SPIONAGGIO; COL.; 136'; USA, 1959. ■ DAVID DI DONATELLO 1 PR, 1 NOM; OSCAR 3 NOM.

INTRIGO PERICOLOSO ★★
(The Man Who had Power over Women)
Regia di JOHN KRISH. Con JAMES BOOTH, MAGALI NOËL, ALEXANDRA STEWART, ROD TAYLOR, CAROL WHITE. ■ Un produttore discografico attraversa una fase delicata della sua vita: si è separato dalla moglie ed è in conflitto con l'ambiente cinico e superficiale della canzone. ■ DRAMMATICO; COL.; 92'; GRAN BRETAGNA, 1970.

INTRUDER, THE ★
Regia di DAVID BAILEY. Con CHARLOTTE GAINSBOURG, JOHN HANNAH, NASTASSJA KINSKI, MOLLY PARKER, CHARLES POWELL. ■ Un fotografo famoso passa dietro la macchina da presa. Utilizza le sue conoscenze nell'ambito del cinema intellettuale (Gainsbourg, Kinski) e ci offre un film privo di qualsiasi senso. ■ COMMEDIA; COL.; 94'; CANADA, GRAN BRETAGNA, 1999.

INTRUSA, L' *(The Trespasser)* ★★
Regia di EDMUND GOULDING. Con ROBERT AMES, WILLIAM HOLDEN, GLORIA SWANSON. ■ Grande direttore di donne (come e più di Cukor), Goulding affrontò con questo film per la prima volta il sonoro. La Swanson, in un lavoro "leggero", non seppe affermarsi. ■ COMMEDIA; B/N; 92'; USA, 1929. ■ OSCAR 1 NOM.

INTRUSA, L' ★★
Regia di RAFFAELLO MATARAZZO. Con CESCO BASEGGIO, AMEDEO NAZZARI, LEA PADOVANI. ■ Il medico Carlo Conti cura una maestra che ha perso il figlio che attendeva da un uomo che l'ha lasciata. Carlo sposa la donna apparentemente per solidarietà, ma quando appare l'uomo che lei aveva amato mettendo in crisi entrambi, il loro legame si rivela forte e solido. ■ DRAMMATICO; B/N; 100'; ITALIA, 1955.

INTRUSA – ABUSO DI FIDUCIA, L' ★★★
(Abus de confiance)
Regia di HENRI DECOIN. Con DANIELLE DARRIEUX, VALENTINE TESSIER, CHARLES VANEL. ■ Una giovane di umili origini, con un trucco, si fa riconoscere figlia naturale di un uomo ricco. Diventerà avvocatessa e difenderà in tribunale una ragazza che ha commesso un'azione stranamente simile alla sua. ■ DRAMMATICO; B/N; 92'; FRANCIA, 1937.

INTRUSO, L' *(Interference)* ★★
Regia di LOTHAR MENDES. Con EVELYN BRENT, WILLIAM POWELL. ■ Si tratta di uno dei primi Paramount parlati. Venne affidato a Mendes che tuttavia non seppe brillare. Se la cavò benissimo Powell. ■ COMMEDIA; B/N; 90'; USA, 1929.

INTRUSO, L' *(Hider in the House)* ★
Regia di MATTHEW PATRICK. Con GARY BUSEY, MICHAEL MCKEAN, MIMI ROGERS. ■ Un trasloco in una casa maledetta con tanto di maniaco e di famigliola indifesa. Il padre sistemerà ogni cosa. ■ THRILLER; COL.; 103'; USA, 1989.

INTRUSO, L' *(L'intrus)* ★★
Regia di CLAIRE DENIS. Con GRÉGOIRE COLIN, BÉATRICE DALLE, MICHEL SUBOR, YEKATERINA GOLUBEVA. ■ Il cinema di Claire Denis ci ha abituato a sequenze incomprensibili e sceneggiature piene di sorprese. *L'Intruso* non sfugge a questa regola, e anche questa volta mette troppa carne al fuoco. L'intruso del titolo è un cuore umano che salverà la vita a Louis, uomo sulla sessantina affetto, appunto, da problemi cardiaci. Louis vive sulle montagne innevate, ha una relazione con una donna più giovane di lui, e un figlio adulto da un precedente matrimonio. Un segreto profondo, però, lo affligge, incontrare un presunto figlio avuto con un tahitiana molti anni addietro. ■ DRAMMATICO; COL.; 125'; FRANCIA, 2004.

INTUIZIONI MORTALI *(Raw Nerve)* ★
Regia di DAVID A. PRIOR. Con GLENN FORD, TRACI LORDS, JEAN-MICHAEL VINCENT, RANDALL "TEX" COBB. ■ Sequenza iniziale da ricordare in un thriller della serie "sarebbe meglio non sapere e vivere in pace". Con un Glenn Ford che meriterebbe un sereno pensionamento e l'ex pornostar Lords che prova a fare l'attrice e quasi ci riesce. ■ THRILLER; COL.; 93'; USA, 1991.

INUGAMI ★
Regia di MASATO HARADA. Con YUKI AMAMI, EUGENE HARADA, ATSURO WATABE, KAZUHIRO YAMAJI. ■ In un villaggio montano dell'isola di Shikoku sopravvive una leggenda che vuole che gli spiriti malvagi Inugami siano imprigionati in un barattolo e che la loro vigilanza sia affidata alle donne della famiglia Bonomia. Sono venticinque anni che gli spiriti tacciono. Un giorno però giunge al villaggio un nuovo insegnante, che ha venticinque anni ed è come attratto dalla foresta. Qui incontra Miki, una quarantenne che vive isolata producendo manualmente una carta molto pregevole. I due sentono che qualcosa li unisce. Di lì a poco gli abitanti del villaggio vengono assaliti da incubi e il famoso cacciatore Daisaku, che ha ucciso 999 bestie, è sicuro che la millesima (che morirà per il bene di tutti) si sia messa in movimento. Un segreto fatale si cela nel passato di Miki. Il Giappone è, al di là della produzione televisiva, uno dei luoghi in cui la ricerca di nuove modalità di narrazione e di soluzioni visive è più avanzata. ■ DRAMMATICO; COL.; 105'; GIAPPONE, 2000.

IN UN ALTRO PAESE ★★
Regia di MARCO TURCO. ■ Quando si parla di mafia i luoghi comuni si sprecano, ma per l'omertoso "certe cose non si possono dire" saranno tempi duri dopo *In un altro paese*. Tratto dal libro di Alexander Stille *Excellent Cadavers: The Mafia And The Death Of The First Italian Republic*, riadattato da Vania Del Borgo e Marco Turco, il film è la ricostruzione storica della mafia, dalla Prima Repubblica ai giorni nostri. Stille, agli inizi del 1990, decide di "indagare" sui delitti di mafia, immergendosi nella Palermo di Letizia Battaglia, fotografa di punta nella documentazione di questi crimini, che assurgerà a coscienza visiva dello scrittore statunitense, il quale pubblicherà il testo nel 1995. Dieci anni dopo, a Marco Turco il compito di filmarlo. ■ DOCUMENTARIO; COL.; 92'; ITALIA, 2005. ■ DAVID DI DONATELLO 1 NOM.

IN UNA NOTTE DI CHIARO DI LUNA ★★
Regia di LINA WERTMÜLLER. Con FAYE DUNAWAY, RUTGER HAUER, NASTASSJA KINSKI. ■ Un giornalista conduce un'inchiesta sulle reazioni delle persone davanti al fenomeno dell'Aids. Si finge portatore sano, suscitando orrore, disgusto, pietà, ma anche, in qualche caso, umana solidarietà. Sta per mettere fine all'inchiesta, quando da un controllo viene a sapere di essere malato anche lui. Dovrà abbandonare i suoi piani di matrimonio. ■ DRAMMATICO; COL.; 107'; ITALIA, 1989.

♥ **IN UN MONDO MIGLIORE** *(Hævnen)* ★★★★
Regia di SUSANNE BIER. Con TRINE DYRHOLM, WILLIAM JØHNK NIELSEN, MIKAEL PERSBRANDT, MARKUS RYGAARD, ULRICH THOMSEN. ■ Christian non ride e non perdona mai. Rimasto or-

fano si trasferisce in Danimarca con il padre; nella nuova scuola incontra Elias, timido, pestato dai bulli d'ordinanza, genitori perfetti sul lavoro e meno nella coppia. I due scolaretti cominceranno insieme un cammino verso il male sotto gli occhi impotenti dei pur coscienziosi genitori. Candidato danese per la corsa agli Oscar 2011, *In un mondo migliore* è l'ultimo film di Susanne Bier, una delle registe scandinave più famose. Come in *Dopo il matrimonio*, la Bier imposta un racconto spola tra famiglia e diverse realtà: povertà e ricchezza. *In un mondo migliore* quindi è un viaggio a colpi di montaggio alternato tra l'Africa dei medici da campo e la Danimarca opulenta dei borghesi. Allieva di Lars Von Trier, la regista ha qualche lascito del dogma: le zoomate improvvise nei momenti cruciali, ma più che forma porta in dote quel contenuto raggelante e intenso, bollino di qualità dei film danesi."C'è del marcio in Danimarca" e ovunque. Non esiste primo o terzo mondo: con una regia di minimalismo deciso l'autrice danese evita i sociologismi e suggerisce, con tensione costante e perfetta, che la violenza nasce in qualsiasi luogo e condizione sociale, non c'è contesto o spiegazione socioculturale che tenga. La civiltà e il progresso sociale sono bei vestiti da indossare ma si rovinano quando c'è lutto, morte, sofferenza: tre bestie divoratrici dell'evoluzione simbolo del Nord Europa. I genitori, vessilli della buona educazione, sono la parte più debole e soccombono all'ira dei figli che non riescono pure sforzandosi a guidare, perché l'istinto ha una marcia in più. ■ DRAMMATICO; COL.; 113'; DANIMARCA, SVEZIA, 2010.

IN VACANZA AL MARE – RAGAZZE AL MARE ★★
Regia di GIULIANO BIAGETTI. Con ANNAROSA GARZELLI, MIRIAM ROMEI, PIERO VACCARI. ■ In una cittadina di provincia i giovani non hanno svaghi e tentano di vincere la noia in ogni maniera. L'arrivo di una troupe cinematografica sembra aprire qualche spiraglio. Ben presto tutti si rendono conto che la vita autentica è quella di tutti i giorni. ■ COMMEDIA; B/N; 92'; ITALIA, 1954.

INVADER, THE ★
Regia di MARK ROSMAN. Con DANIEL BALDWIN, BEN CROSS, SEAN YOUNG. ■ Un extraterrestre viene sulla Terra con una missione ben precisa: cercare una donna per dare alla vita una creatura e permettere il proseguimento della razza. Sul suo pianeta infatti sono rimasti in sette. Un acerrimo nemico è alle sue calcagna. ■ FANTASCIENZA; COL.; 93'; USA, 1997.

INVADERS *(Invaders from Mars)* ★★
Regia di TOBE HOOPER. Con KAREN BLACK, TIMOTHY BOTTOMS, HUNTER CARSON. ■ Un ragazzino di dieci anni, appassionato di fantascienza, vede una sera atterrare un'astronave dietro la collina. Riesce a convincere i genitori ad andare in perlustrazione e i due tornano stranamente "robotizzati". Anche la sua insegnante gli appare strana, e accadono altre cose singolari nella zona del fantomatico atterraggio (scompaiono due tecnici). Arriva l'esercito e distrugge gli extraterrestri che stavano intraprendendo un'invasione del pianeta. A questo punto David si sveglia di soprassalto dall'incubo. ■ FANTASTICO; COL.; 100'; USA, 1986.

INVASATI, GLI *(The Haunting)* ★★
Regia di ROBERT WISE. Con CLAIRE BLOOM, JULIE HARRIS, RICHARD JOHNSON, LOIS MAXWELL, RUSS TAMBLYN. ■ In una villa di fantasmi, il dottor Markway compie degli esperimenti di parapsicologia insieme ad alcune persone dotate di facoltà medianiche. In un crescendo di tensione tra i personaggi assistiamo al precipitare della situazione. ■ AVVENTURA; B/N; 112'; USA, 1963.

INVASION *(The Invasion)* ★★
Regia di OLIVER HIRSCHBIEGEL. Con DANIEL CRAIG, NICOLE KIDMAN, JEREMY NORTHAM, JEFFREY WRIGHT. ■ Carol e Ben devono trovare un antidoto per sconfiggere un'epidemia di natura aliena. Una vera e propria corsa contro il tempo prima che l'umanità sia contagiata e perduta. La pellicola è il terzo remake esplicito de *L'invasione degli ultracorpi*, superclassico della fantascienza diretto da Don Siegel. Il denominatore comune delle varie versioni sembra essere l'instabilità politica e sociale. Nel 1956 era il pericolo rosso, nel 1978 la guerra del Vietnam mentre ora vengono seminati riferimenti d'attualità (Darfur, Iraq, l'avvento di Chavez in Venezuela) ma il tutto viene fatto in modo sfilacciato e annacquato, creando una larga forbice tra le questioni contemporanee e la storia rappresentata. ■ THRILLER; COL.; 94'; USA, 2007.

INVASIONE, L' ★★
Regia di NINO GIANNINI. Con MIRIAM DI SAN SERVOLO, ARMANDO FALCONI, AMEDEO NAZZARI, OSVALDO VALENTI. ■ Film in costume ambientato nel diciottesimo secolo, prodotto nel 1943 ma uscito solo nel 1949. Gli austriaci conquistano un castello piemontese appartenente a un conte. L'ufficiale Roger rivolge le sue attenzioni alla contessa Diana. Il conte e l'ufficiale si affrontano in duello e quest'ultimo viene ucciso. ■ COMMEDIA; B/N; 93'; ITALIA, 1943.

INVASIONE, L' ★★
Regia di YVES ALLÉGRET. Con ENZO CERUSICO, ORCHIDEA DE SANTIS, LISA GASTONI, MARIANGELA MELATO, MICHEL PICCOLI. ■ Un architetto di successo, ricco, con splendida casa, bella moglie e idee progressiste, ospita un allievo con degli amici. L'ospitalità si tramuta ben presto in invasione: i giovani deridono i simboli del successo, devastano la casa; uno di loro fa l'amore con la padrona di casa. Rimasti soli, Marcello e la moglie analizzano la fragilità della loro vita. ■ DRAMMATICO; COL.; 91'; ITALIA, 1970.

INVASIONE DEGLI ASTROMOSTRI, L' ★★
(Kaiju Daisenso)
Regia di ISHIRÔ HONDA. Con NICK ADAMS, KUMI MIZUNO. ■ Gli evoluti abitanti di un satellite, minacciati dalla violenza del mostro Zero, chiamano in soccorso i mostri buoni Godzilla e Radon. Si scopre però che gli abitanti del satellite mirano a dominare la Terra e vorrebbero utilizzare Godzilla e Radon per i loro piani. ■ FANTASCIENZA; COL.; 88'; GIAPPONE, 1966.

INVASIONE DEGLI ULTRACORPI, L' ★★★★
(Invasion of the Body Snatchers)
Regia di DON SIEGEL. Con KING DONOVAN, LARRY GATES, KEVIN MCCARTHY, DANA WINTERS. ■ Molti esseri sono preda di forze extraterrestri che li privano dell'anima e della mente, lasciandone i corpi come involucri vuoti. Il dottor Miles scopre con terrore che sempre più persone intorno a lui sono state trasformate in ultracorpi. Solo alla fine le autorità interverranno per difendere l'umanità dall'orrendo flagello. ■ FANTASCIENZA; B/N; 80'; USA, 1956.

INVASIONE DEGLI ULTRATOPI, L' ★
(The Rats are Coming! The Were Wolves are Here!)
Regia di ANDY MILLIGAN. Con JACLIE SKARVELLIS, HOPE STANBURY. ■ Bagni di sangue e orripilanti scene di crudeltà spesso gratuite, che hanno come protagonisti enormi topi bramosi di carne umana e licantropi dalla sete inesauribile. Film di basso costo ambientato nella pruriginosa Inghilterra vittoriana della fine dell'Ottocento. ■ HORROR; COL.; 90'; USA, 1971.

INVASIONE DEI MOSTRI VERDI, L' ★★★
(The Day of the Triffids)
Regia di STEVE SEKELY. Con HOWARD KEEL, NICOLE MAUREY, JANETTE SCOTT. ■ La Terra è bombardata da meteoriti ed è coperta di piante dotate di organi sensori, i "troffidi", che divorano tutto ciò che trovano. In una luce accecante Bill e una piccola compagna attraversano immuni un mondo di angoscia e di desolazione. Due scienziati scoprono infine che l'acqua di mare ha il potere di uccidere i troffidi. ■ FANTASCIENZA; COL.; 95'; USA, 1962.

INVASIONE DEI RAGNI GIGANTI, L' ★★
(The Giant Spider Invasion)
Regia di BILL REBANE. Con STEVE BRODIE, ROBERT EASTON, BARBARA HALE, ALAN HALE JR. ■ Un meteorite cade producendo un cratere enorme. Le condizioni ambientali producono strani fenomeni. ■ DRAMMATICO; COL.; 82'; USA, 1976.

INVASIONE: MARTE ATTACCA TERRA, L' ★★
(Destination Inner Space)
Regia di FRANCIS D. LYON. Con SCOTT BRADY, GARY MERRILL, SHEREE NORTH. ■ Gli scienziati di un laboratorio dislocato sul fondo del mare sono minacciati da un misterioso sottomarino. Da un contenitore di strumenti di misurazione esce una creatura anfibia che uccide alcuni uomini. Il sommergibile e il mostro ver-

ranno infine fatti saltare in aria con la dinamite. ■ FANTASCIENZA; COL.; 83′; USA, 1966.

INVASIONE U.S.A. *(Invasion U.S.A.)* ★★
Regia di ALFRED E. GREEN. Con PEGGIE CASTLE, GERALD MOHR, DAN O'HERLIHY. ■ A New York un giovane ipnotizza gli avventori di un bar e li suggestiona mediante catastrofiche immagini televisive. Ognuno prende coscienza dei pericoli che incombono sull'umanità e si sveglia dal proprio sonno egoista. ■ DRAMMATICO; B/N; 74′; USA, 1952.

INVASIONI BARBARICHE, LE ★★★
(Les Invasions Barbares)
Regia di DENYS ARCAND. Con DOROTHEE BERRYMAN, REMY GIRARD, DOMINIQUE MICHEL, LOUISE PORTAL, STÉPHANE ROUSSEAU, MARIE JOSEE CROZE. ■ Remy è all'ospedale per una malattia terminale. I suoi cinquant'anni li ha vissuti alla grande, godendo ogni piacere della vita, carnale quanto intellettuale. Ha un'ex moglie, Louise, che gli è sempre rimasta vicino, e un figlio, Sébastien, con cui non ha mai condiviso nulla. Quest'ultimo, spronato dalla madre in pena, organizza al capezzale del padre una memorabile rimpatriata, tra amici, colleghi, amanti, alunni e tanti altri personaggi. Denys Arcand è l'indimenticato autore de *Il declino dell'Impero americano*. A distanza di 15 anni prosegue la sua riflessione su un mondo che cambia rapidamente e lo fa con uno sguardo che mescola la commedia con il dramma avendo sempre ben presente lo sfondo sociale. Il regista canadese osserva in particolare i cugini americani ma lo fa, inevitabilmente, con la consapevolezza del dopo 11 settembre. ■ COMMEDIA NERA; COL.; 99′; CANADA, FRANCIA, 2002. ■ DAVID DI DONATELLO 1 PR, 1 NOM; GOLDEN GLOBES 1 NOM; OSCAR 1 PR, 2 NOM.

INVASION U.S.A. *(Invasion USA)* ★★
Regia di JOSEPH ZITO. Con RICHARD LYNCH, CHUCK NORRIS, MELISSA PROPHET. ■ L'ex agente dell'Fbi Matt Hunter, trasformatosi in cacciatore di coccodrilli, viene richiamato in servizio per scoprire chi sta sconvolgendo la Florida e uccidendo decine di cittadini innocenti. Il nostro eroe capisce subito di avere a che fare con gli agenti del Kgb e gli uomini del servizio segreto cubano che, capitanati dal suo vecchio nemico Rostov, vogliono invadere gli Stati Uniti. Hunter risolverà la situazione a colpi di bazooka. ■ AVVENTURA; COL.; 107′; USA, 1985.

INVASORE BIANCO, L' *(The Command)* ★★
Regia di DAVID BUTLER. Con GUY MADISON, JOAN WELDON, JAMES WHITMORE. ■ Un convoglio deve attraversare lo Stato del Wyoming infestato dai pellirosse. Il capitano MacClaw è capo della scorta. Giunto in vista di Fort Starke, il capitano affronta gli indiani in uno scontro decisivo. I bianchi naturalmente vincono. ■ WESTERN; COL.; 88′; USA, 1954.

INVASORI, GLI ★★
Regia di MARIO BAVA. Con GIORGIO ARDISSON, ANDREA CHECCHI, FRANÇOISE CHRISTOPHE, ALICE KESSLER, ELLEN KESSLER, FOLCO LULLI, CAMERON MITCHELL. ■ Il re vichingo Harald è ucciso durante un combattimento contro i Britanni. Dei suoi figli Erich viene salvato, Iron viene catturato e adottato dalla regina dei Britanni. Anni dopo i due si affrontano in battaglia e scoprono di essere fratelli. Troppo tardi: Iron viene colpito da una freccia. Erich lo sostituirà al comando del popolo vichingo. ■ AVVENTURA; COL.; 98′; ITALIA, 1961.

INVASORI DELLA BASE SPAZIALE – L'INVINCIBILE SPACEMAN, GLI *(Kotetsu no Kyojin)* ★
Regia di TERUO ISHII. Con WILLIAM COORES, JUNKO IKEUCHI, JACK LEWIS, KEN UTSUI. ■ Il Giappone è minacciato da una bomba nucleare. Per fortuna interviene Spaceman e risolve tutto. ■ FANTASCIENZA; B/N; 79′; GIAPPONE, 1957.

INVASORI – 49º PARALLELO, GLI ★★
(49th Parallel – The Invaders)
Regia di MICHAEL POWELL. Con LESLIE HOWARD, LAURENCE OLIVIER, ANTON WALBROOK. ■ Film di propaganda bellica. Alcuni marinai tedeschi scampati all'affondamento di un sottomarino riescono a mettersi in salvo in Canada. Per sopravvivere aggrediscono e rubano, in un crescendo di violenze, finché vengono gradualmente decimati. ■ GUERRA; B/N; 123′; GRAN BRETAGNA, 1941. ■ OSCAR 1 PR, 3 NOM.

INVASORI SPAZIALI, GLI *(Invaders from Mars)* ★★★
Regia di WILLIAM CAMERON MENZIES. Con HELENA CARTER, ARTHUR FRANZ, JIMMY HUNT. ■ Il piccolo David, appassionato di astronomia, indaga con l'aiuto di una dottoressa su alcuni inquietanti episodi verificatisi dopo la comparsa sulla Terra di un'astronave. Per trovare la soluzione del mistero, i due dovranno addirittura penetrare nel sottosuolo. ■ FANTASCIENZA; COL.; 78′; USA, 1953.

INVENTIAMO L'AMORE ★★
Regia di CAMILLO MASTROCINQUE. Con GINO CERVI, EVI MALTAGLIATI, SERGIO TOFANO. ■ Un giovane si reca a Roma con la sua ragazza per sfondare nel cinema. Ma, alquanto ingenui, i due si lasciano irretire da gente di pochi scrupoli. Senza più soldi, rimasti soli, i due provinciali si sposano. ■ COMMEDIA; B/N; 91′; ITALIA, 1938.

INVENTORE DI FAVOLE, L' *(Shattered Glass)* ★★★
Regia di BILLY RAY. Con HANK AZARIA, HAYDEN CHRISTENSEN, MELANIE LYNSKEY, PETER SARSGAARD, CHLOË SEVIGNY, STEVE ZAHN. ■ La vera storia di Stephen Glass, editorialista per il «The New Republic» e giornalista free lance per diverse riviste quali «Rolling Stone», «Harper's a Gorge». Nella metà degli anni Novanta Glass divenne rapidamente uno dei più promettenti e conosciuti giovani giornalisti di Washington, ma una serie di eventi lo portò ad una altrettanto rapida caduta: Buzz Bissinger scrisse sul numero di settembre 1998 di «Vanity Fair» che quanto scritto da Glass era molto lontano dalla correttezza professionale e dalla verità... Ovviamente non siamo ai livelli di *Quinto Potere*, *Prima Pagina* o *Dentro la notizia*, giusto per citare i film "giornalistici" più famosi, ma il clima redazionale tipico delle riviste di successo, l'untuosità di certi ambienti, la boria tipica dello scribacchino famoso ed il fatto che l'etica professionale venga spesso messa da parte per favorire la propria carriera, sono elementi descritti molto bene e tristemente attuali. E non solo in America. ■ BIOGRAFICO; COL.; 99′; USA, 2003.

INVENTORE PAZZO, L' *(Chairman of the board)* ★★
Regia di ALEX ZAMM. Con LARRY MILLER, SCOTT THOMPSON, COURTNEY THORNE-SMITH, RAQUEL WELCH. ■ Edison, inventore e surfista, viene convinto dai suoi compagni di appartamento a racimolare i soldi dell'affitto grazie alle sue assurde invenzioni. Sembra non aver fortuna finché non incontra Armand McMillan, un miliardario che lo prende in simpatia e che gli lascia la sua azienda una volta morto. Si spalancano per Edison le porte del successo, ma dovrà vedersela con gli agguerriti concorrenti della ditta. ■ COMMEDIA; COL.; 92′; USA, 1998.

INVENZIONE DI MOREL, L' ★★★
Regia di EMIDIO GRECO. Con GIULIO BROGI, ANNA KARINA, JOHN STEINER. ■ Tratto da un noto romanzo di Jorge Bioy Casares, il film è centrato sulla diabolica macchina inventata da un certo dottor Morel, capace di dare agli esseri viventi un'illusoria immortalità: della realtà, sopravvivono solo gli aspetti più superficiali e ripetitivi. Un naufrago, approdato per caso nell'isola dove lo scienziato compie i propri esperimenti, tenterà di distruggere il terribile meccanismo ma ne rimarrà vittima a sua volta. ■ FANTASTICO; COL.; 110′; FRANCIA, 1974.

INVERNO, L' ★
Regia di NINA DI MAJO. Con VALERIA BRUNI TEDESCHI, ALBERTO DI STASIO, FABRIZIO GIFUNI, VALERIA GOLINO, PAOLO PAOLONI, YORGO VOYAGIS. ■ Il film narra di due coppie in crisi, vicini di casa, che, condividendo le stesse nevrosi e gli stessi problemi, finiscono inevitabilmente per fare amicizia: lo scrittore in crisi vive con la gallerista ricca e fragile, l'industriale con la traduttrice timida e goffa. Poi la gallerista si innamora dell'industriale, e lo scrittore ci prova con la traduttrice. La storia non è certo nuova, e le paranoie raccontate sono sempre le stesse, in cima a tutte l'incomunicabilità. Era proprio necessario fare l'ennesimo film sull'argomento? Forse possiamo perdonare la regista Nina Di Majo in ragione della sua giovane età (all'epoca del fim aveva 26 anni). Qualcuno dovrebbe però dire a Valeria Bruni Tedeschi e al-

la Golino che non è necessario essere sempre così esagitate nella recitazione. Anziché un film drammatico, l'effetto finale rischia di essere una parodia. ■ DRAMMATICO; COL.; 97'; ITALIA, 2001.

INVERNO FREDDO FREDDO, UN ★★
Regia di ROBERTO CIMPANELLI. Con CECILIA DAZZI, ARMANDO DE RAZZA, GIORGIO GOBBI, VALERIO MASTANDREA, CARLOTTA NATOLI. ■ Tre ragazze trovano lavoro in un centro estetico. La situazione è precaria, tutto è difficile. La vita privata è altrettanto complicata, e poi gli uomini... che mascalzoni. Commedia affatto banale anche se c'erano pregiudizi sul regista, ex produttore. ■ COMMEDIA; COL.; 82'; ITALIA, 1996.

INVERNO TI FARÀ TORNARE, L' ★★★
(Une aussi longue absence)
Regia di HENRI COLPI. Con SUZETTE MAIS, GERALD SETY, ALIDA VALLI, GEORGES WILSON. ■ Il film, basato su un fatto realmente accaduto, racconta la storia di una donna, Teresa, rimasta sola dopo l'arresto del marito da parte dei tedeschi, avvenuto nel 1944. Per vivere, gestisce un caffè in una cittadina francese. Ma un giorno, dopo sedici anni, il marito torna inaspettatamente a casa. ■ DRAMMATICO; B/N; 90'; FRANCIA, 1961. ■ CANNES 1 PR.

INVESTIGATORE, L' *(Tony Rome)* ★★★
Regia di GORDON DOUGLAS. Con RICHARD CONTE, GENA ROWLANDS, FRANK SINATRA, JILL ST JOHN. ■ L'investigatore privato Tony Rome, sulle tracce di una spilla di brillanti, incontra ripetutamente quattro uomini che fanno di tutto per farsi sospettare. Rome comunque scopre il ladro vero. ■ POLIZIESCO; COL.; 110'; USA, 1967.

INVESTIGATORE MARLOWE, L' *(Marlowe)* ★★★
Regia di PAUL BOGART. Con JACKIE COOGAN, JAMES GARNER, GAYLE HUNNICUTT, RITA MORENO, CARROLL O'CONNOR. ■ Isabella incarica il detective Marlowe di ritrovare il fratello Orrin scomparso. Seguendo una pista egli giunge all'attrice Mavis e quindi a un gangster, Stellgrave, a lei legato. Dopo parecchi colpi di scena, Marlowe arriva a scoprire la verità. ■ GIALLO; COL.; 95'; USA, 1969.

INVESTIGAZIONE LETALE *(The Whistle Blower)* ★★★
Regia di SIMON LANGTON. Con MICHAEL CAINE, JAMES FOX, NIGEL HAVERS. ■ Un giovane impiegato viene ucciso perché al corrente di segreti che scottavano. Il padre vendica la sua morte nonostante l'opposizione dei capi del Foreign Office. Buon spionistico da un notevole romanzo di John Hale. Gara di bravura fra gli interpreti, tutti veterani del "genere". ■ SPIONAGGIO; COL.; 98'; GRAN BRETAGNA, 1986.

INVESTIGAZIONI PRIVATE *(Private Investigations)* ★★★
Regia di NIGEL DICK. Con MARTIN BALSAM, TALIA BALSAM, ROBERT ITO, PAUL LE MAT, PHIL MORRIS, CLAYTON ROHNER, RAY SHARKEY. ■ Un giovane architetto di Los Angeles trova a casa, una sera, un cadavere nella doccia e un messaggio telefonico cifrato sulla segreteria. È coinvolto subito in una caccia all'uomo da parte di un assassino psicopatico. A monte c'è un'organizzazione che spaccia droga e il codice nascondeva il giorno e l'ora di un appuntamento criminale. Con una ragazza impavida, il giovane si recherà al luogo dell'incontro dove, tra i killer, avrà l'amara sorpresa di trovare il proprio padre. ■ THRILLER; COL.; 99'; CANADA, 1987.

IN VIAGGIO CON ALBERTO ★★★
Regia di ARTHUR JOFFÉ. Con SERGIO CASTELLITTO, NINO MANFREDI, MARCO MESSERI. ■ Alberto deve onorare un patto che vige nella sua famiglia da intere generazioni. Si tratta di pagare il proprio padre ad ogni figlio partorito dalla propria moglie. Alberto, che è diventato padre, sarebbe d'accordo e favorevole se abitasse ancora in Italia. Ma lui abita a Parigi ed è per di più in un difficile momento economico. Tuttavia decide di andare in Italia, almeno per spiegarsi, ma durante il viaggio in treno ne succederanno delle belle. ■ COMMEDIA; COL.; 98'; FRANCIA, 1990.

IN VIAGGIO CON EVIE – DRIVING LESSONS ★★★
(Driving Lessons)
Regia di JEREMY BROCK. Con MICHELLE DUNCAN, TAMSIN EGERTON, NICHOLAS FARRELL, RUPERT GRINT, JIM NORTON, LAURA LINNEY, OLIVER MILBURN, JULIE WALTERS. ■ Ben è un adolescente timido e sensibile che vive con la madre Laura, vivace bacchettona, e il padre Robert, remissivo pastore anglicano. L'educazione conservatrice di Laura, timorata di Dio che assiste gli anziani del quartiere e si prende amorevolmente cura dell'amante, influenza la vita di Ben: impacciato coi primi amori e smarrito nella vita. Dopo aver messo un annuncio sul giornale parrocchiale, Ben diventa l'assistente tuttofare di Evie Walton, un'anziana attrice di teatro bizzosa e irresistibile. L'entusiasmo di Evie per la vita e per l'arte, quella letteraria, rivelerà a Ben un mondo meraviglioso che aspetta soltanto di essere vissuto. Il soggetto di Jeremy Brock, sperimentato sceneggiatore e debuttante regista, non è nuovo al cinema ma ugualmente l'adolescenza di Ben e il delicato passaggio all'età adulta invitano al sorriso e alla commozione. ■ COMMEDIA; COL.; 98'; GRAN BRETAGNA, 2006.

IN VIAGGIO CON LA ZIA *(Travels with my Aunt)* ★★★
Regia di GEORGE CUKOR. Con LOUIS GOSSETT JR, ALEC MCCOWEN, MAGGIE SMITH, ROBERT STEPHENS. ■ Il film è tratto da un romanzo di Graham Greene. Henry incontra dopo tanti anni la settantacinquenne zia Augusta, messa al bando dalla famiglia per la sua vita scostumata. L'incontro trasforma Henry da un signore perbene in un fuorilegge coinvolto in un giro di droga e di contrabbando di valuta. Colpo di scena finale. ■ COMMEDIA; COL.; 109'; USA, 1972. ■ GOLDEN GLOBES 3 NOM; OSCAR 1 PR, 4 NOM.

IN VIAGGIO CON PAPÀ ★★
Regia di ALBERTO SORDI. Con EDI ANGELILLO, ALBERTO SORDI, CARLO VERDONE. ■ Padre e figlio, il primo playboy sfegatato, il secondo timido inguaribile, partono per un viaggio durante il quale si conosceranno reciprocamente e si educheranno a vicenda. Proprio il figlio, con tutta innocenza, porterà via al papà la sua giovane amante. Un po' una delusione, dato che insieme c'erano l'Albertone nazionale e Verdone che si dichiara suo allievo. ■ COMMEDIA; COL.; 110'; ITALIA, 1982.

IN VIAGGIO CON PIPPO *(A Goofy Movie)* ★★★
Regia di KEVIN LIMA. ■ Pippo non è più il compagno complementare di Topolino, ma vive di luce propria, e ha persino un figlio. Le avventure le conosciamo. Al film è abbinato il cortometraggio *Topolino e il cervello in fuga*. ■ ANIMAZIONE; COL.; 78'; USA, 1996.

IN VIAGGIO CON UNA ROCKSTAR ★★★
(Get Him To the Greek)
Regia di NICHOLAS STOLLER. Con CHRISTINA AGUILERA, RUSSELL BRAND, ROSE BYRNE, JONAH HILL, KATE PERRY. ■ Aaron Green è un impiegato della M&A Records il cui Chief Executive Sergio Roma cerca un evento che faccia rumore nel mondo della musica. Aaron suggerisce che, trattandosi del decimo anniversario di un album che fece scandalo si potrebbe andare a cercarne l'autore e realizzare un concerto. Si tratta di Aldous Snow, rockstar trasgressiva di cui Roma si fida poco. Chi dovrà andarlo a prendere a Londra e portarlo prima a New York per un'apparizione tv e poi al Greek Theatre a Los Angeles sarà Aaron. Il progetto si rivela più complicato del previsto. ■ COMMEDIA; COL.; 109'; USA, 2010.

IN VIAGGIO PER IL COLLEGE *(College road trip)* ★★
Regia di ROGER KUMBLE. Con MARGO HARSHMAN, MARTIN LAWRENCE, DONNY OSMOND, BRENDA SONG, RAVEN-SYMONE. ■ James è il capo della polizia di una cittadina nei pressi di Chicago. La figlia maggiore Melanie si è appena diplomata e dimostra una particolare propensione per la Facoltà di Legge. Qui nasce il divario. Papà (che stravede per la figlia e quasi non si accorge di Trey, il figlio minore il quale si è dotato di un maialino onnipresente) vorrebbe che andasse alla più vicina Università del Northwest (praticamente a pochi chilometri da casa) mentre la ragazza vuole andare alla Georgetown che è decisamente molto più lontana. Quando Melanie parte per raggiungere l'agognata metà papà decide, senza possibilità di discussione, che l'accompagnerà. Spera così di mostrarle lungo il percorso altre sedi universitarie che le facciano cambiare idea. Non mancheranno le sorprese. ■ COMMEDIA; COL.; 83'; USA, 2008.

IN VIAGGIO VERSO BOUNTIFUL ★★★
(The Trip to Bountiful)
Regia di PETER MASTERSON. Con REBECCA DE MORNAY, JOHN

HEARD, GERALDINE PAGE. ■ Carrie Watts, un'anziana signora che vive con il figlio e la nuora da emarginata, sfruttata per la pensione, una notte rievoca struggenti ricordi della sua vita, luoghi e tempi lontani che però il figlio non ricorda. L'indomani, la donna trova il coraggio di impadronirsi della sua pensione e se ne va verso Bountiful, il paese dei suoi nostalgici ricordi. Le è compagna, per parte del viaggio, una giovane, Thelma. Ma i luoghi ridenti delle sue memorie non esistono più. A contatto con la realtà amara, Carrie torna a casa, dove il figlio, finalmente, la difende dalla moglie. Una validissima Geraldine Page, giustamente premiata con l'Oscar. ■ DRAMMATICO; COL.; 106'; USA, 1985. ■ GOLDEN GLOBES 1 NOM; OSCAR 1 PR, 2 NOM.

IN VIAGGIO VERSO EST ★
Regia di BEPPE CINO. Con ERNESTINA CHINOVA, ANDREA PRODAN, MASSIMO VENTURIELLO. ■ Alex è un fotoreporter che si reca in Bulgaria per documentare il crollo della Cortina di ferro. Dovrà rivedere molte delle sue convinzioni. ■ DRAMMATICO; COL.; 97'; ITALIA, 1992.

INVIATI MOLTO SPECIALI *(I Love Trouble)* ★★
Regia di CHARLES SHYER. Con OLYMPIA DUKAKIS, NICK NOLTE, JULIA ROBERTS, SAUL RUBINEK. ■ Chicago. Due giornali si fanno la guerra e in un primo momento anche Peter e Sabrina non vanno d'accordo: hanno due mentalità troppo diverse. Lui è un giornalista celebre e scrittore di successo senza più stimoli, lei è alle prime armi ma è molto cocciuta e ambiziosa. Fanno uno scoop insieme e trovano il tempo per sposarsi a Las Vegas. Il regista è senza *verve* e i due attori pure. ■ THRILLER; COL.; 100'; USA, 1994.

INVIATI SPECIALI ★★
Regia di ROMOLO MARCELLINI. Con BARBARA LEDI, OTELLO TOSO, DOROTHEA WIECK. ■ Film propagandistico ambientato durante la guerra civile spagnola del 1936. Un giornalista italiano inviato in Spagna si innamora di una straniera. Quando il giornalista è catturato dai miliziani, lei, che è un'agente dei "rossi", lo fa scappare. Si rincontrano dopo la vittoria di Franco e ancora durante la seconda guerra mondiale. Finale tragico. ■ AVVENTURA; B/N; 72'; ITALIA, 1943.

INVICTUS, L'INVINCIBILE *(Invictus)* ★★★
Regia di CLINT EASTWOOD. Con MATT DAMON, MORGAN FREEMAN, TONY KGOROGE, PATRICK MOFOKENG, MATT STERN. ■ Nelson Mandela è il presidente eletto del Sudafrica. Il suo intento primario è quello di avviare un processo di riconciliazione nazionale, scontrandosi con forti resistenze sia dalla parte dei bianchi che da quella dei neri. Ma Madiba, come lo chiamano rispettosamente i suoi più stretti collaboratori, non intende demordere. C'è uno sport molto diffuso nel Paese: il rugby e c'è una squadra, gli Springboks, che catalizza l'attenzione di tutti, sia che si interessino di sport sia che non se ne occupino. Perché gli Springboks, squadra formata da tutti bianchi con un solo giocatore nero, sono uno dei simboli dell'apartheid. Mandela decide di puntare proprio su di loro in vista dei Mondiali di rugby che si stanno per giocare in Sudafrica nel 1995. Il suo punto di riferimento per riuscire nell'operazione di riunire la Nazione intorno alla squadra è il suo capitano François Pienaar. Negli Stati Uniti all'uscita del film c'è chi ha affermato che il nome del protagonista si scriveva Mandela ma si pronunciava Obama. Ma Clint Eastwood è un repubblicano nel DNA, però è un conservatore illuminato e con il suo cinema ormai da tempo persegue una ricerca nel profondo degli elementi che possono, senza che nessuno perda la propria identità di base, provare a conciliare gli opposti. ■ DRAMMATICO; COL.; 130'; USA, 2009.

INVIDIA DEL MIO MIGLIORE AMICO, L' *(Envy)* ★★
Regia di BARRY LEVINSON. Con JACK BLACK, ARIEL GADE, AMY POEHLER, BEN STILLER, CHRISTOPHER WALKEN, RACHEL WEISZ. ■ Un grande cast con due comici di grido e un ex- regista da Oscar, non necessariamente sono garanzia di qualità. Nella provincia americana, due amici, vicini di casa e colleghi di lavoro in una grigia fabbrica che produce carta vetrata, vivono nella routine, fino a quando Nick (Jack Black) ha un'idea apparentemente stupida, inventare uno spray che scioglie i "bisogni" dei cani, non costringendo più i padroni a raccoglierli con guanti e paletta. Si chiamerà Vapoorizer. Tim (un Ben Stiller sottotono), poco convinto, non partecipa al progetto. Se ne pentirà. ■ COMMEDIA; COL.; 99'; USA, 2004.

INVINCIBILE, L' *(Invincible)* ★★★
Regia di WERNER HERZOG. Con JOUKO AHOLA, ANNA GOURARI, UDO KIER, MAX RAABE, TIM ROTH, JACOB WEIN. ■ Tratto da una storia vera, raccontata come una favola, il film di Werner Herzog rievoca una delle pagine più tristi della storia europea senza cadere mai nel retorico. Zishe, un giovane fabbro ebreo, vive in un tranquillo paese della Polonia. Durante una prova di forza viene notato da un impresario tedesco che lo porta in una Berlino già in odore di nazismo. Zishe lavora con l'occultista Hanussen (interpretato da Tim Roth), che gli affida la parte di Sigfrid l'Ariano. Però la sua coscienza non gli permetterà di esibirsi di fronte all'establishment nazista. Il cineasta tedesco racconta i giorni prima dell'ascesa del nazismo attraverso gli occhi di questo umile ebreo polacco, che diventerà martire e leggenda per il popolo ebraico. ■ DRAMMATICO; COL.; 133'; GERMANIA, GRAN BRETAGNA, 2001.

INVINCIBILE CAVALIERE MASCHERATO, L' ★
Regia di UMBERTO LENZI. Con PIERRE BRICE, HÉLÈNE CHANEL, MASSIMO SERATO, DANIELE VARGAS. ■ Spagna, 1670. Nella contrada di Higuera infestata dalla peste spadroneggia l'usurpatore Don Luis che, per arricchirsi, ha combinato un matrimonio tra il proprio figlio e la ricca Carmencita. Un misterioso cavaliere mascherato che protegge gli umili sventa tutti i piani del perfido Don Luis. ■ AVVENTURA; COL.; 86'; ITALIA, 1962.

INVINCIBILE DELLA PRATERIA, L' *(Chien de pique)* ★★
Regia di YVES ALLÉGRET. Con EDDIE CONSTANTINE, RAYMOND PELLEGRIN, MARIE VERSINI. ■ Patrick, un reduce che vive serenamente nella sua fattoria con i soci Manuel, Zeffa e l'adolescente Paco, ospita l'ex commilitone Robert che non vedeva da anni. Quest'ultimo però ha organizzato una rapina e non esita a coinvolgere Paco nella faccenda. Il ragazzo viene ucciso durante il colpo alla banca; Robert fugge e cade nelle sabbie mobili. Qui Patrick lo scova e lo ammazza. ■ DRAMMATICO; B/N; 85'; FRANCIA, 1960.

INVINCIBILE McGURK, L' *(The Mighty McGurk)* ★★
Regia di JOHN WATERS. Con EDWARD ARNOLD, WALLACE BEERY, DEAN STOCKWELL. ■ Marco vuol sfruttare la fama di pugile del grosso Slang McGurk per certi affari un po' loschi. Slang intanto si è affezionato a un ragazzino, Nippy, che ha praticamente adottato. Questo turba il perbenismo della gente, che vorrebbe togliere Nippy a Slang perché l'uomo è un ubriacone. Sarà proprio il legame con Nippy, invece, a portarlo sulla retta via. ■ AVVENTURA; B/N; 85'; USA, 1947.

INVINCIBILE NINJA, L' *(Enter the Ninja)* ★★
Regia di MENAHEM GOLAN. Con CHRISTOPHER GEORGE, SUSAN GEORGE, FRANCO NERO. ■ Un americano, che ha imparato da un monaco cinese i segreti delle arti marziali, corre in aiuto di un ex commilitone, proprietario di una piantagione delle Filippine. L'amico è perseguitato da una banda di gangster, che però viene eliminata dal ninja bianco. ■ AVVENTURA; COL.; 94'; USA, 1981.

INVINCIBILE SUPER CHAN, L' ★
Regia di YANG SUN. Con HAN SHIAN CHIN, TAN UEN, YANG YANG. ■ Chan uccide il rivale Mo Ye Shan per vendicare il suo maestro e suocero; un altro suo pericoloso rivale è Tien Kien Pei. Rappresaglie atroci e lotta finale. ■ AVVENTURA; COL.; 92'; HONG KONG, 1971.

INVINCIBILI, GLI *(Unconquered)* ★★★★★
Regia di CECIL B. DE MILLE. Con GARY COOPER, HOWARD DA SILVA, PAULETTE GODDARD, BORIS KARLOFF. ■ 1764: la bella Aby viene condannata a morte da un tribunale di Londra (ha aiutato il fratello ribelle), ma sceglie di essere deportata in America come schiava. Sulla nave c'è il capitano Chris Holden che vince la ragazza a un'asta e la lascia libera, ma il losco Gart con un imbroglio la rende di nuovo schiava. Holden viene a sapere che la sua fidanzata ha sposato suo fratello. Così va nel West. Holden ritrova Aby, che è stata catturata dagli indiani, ma riesce a liberarla. Di avventura in avventura, alla fine riesce a salvare il forte assediato dagli indiani che già avevano distrutto tutti gli altri presidi. De Mil-

le pensava che i film dovessero essere favola e romanzo, che i colori dovessero essere più belli del naturale, ricostruiva in studio fiumi e foreste. La sua impaginazione era perfetta, a tutto schermo, con una cura certosina del particolare. In quei film c'era qualcosa di artificioso e troppo levigato, che tuttavia incantava il pubblico. De Mille diceva che di cose brutte e sporche era già piena la vita, che era inutile metterle anche nei film. *Gli invincibili* è favola, colosso, mito, affresco, insomma è grandissimo cinema. ■ AVVENTURA; COL.; 146'; USA, 1947. ■ OSCAR 1 NOM.

INVINCIBILI DIECI GLADIATORI, GLI ★★
Regia di NICK NOSTRO. Con URSULA DAVIS, JOHN HESTON, HELGA LINÉ, DAN VADIS. ■ Dieci gladiatori si alleano a degli schiavi traci fuggitivi comandati da Spartaco. Il senatore Varrone mette loro contro dei soldati. Nella battaglia che segue, la vittoria va agli schiavi. ■ AVVENTURA; COL.; 96'; ITALIA, 1964.

INVINCIBILI FRATELLI MACISTE, GLI ★
Regia di ROBERTO MAURI. Con TONY FREEMAN, CLAUDIE LANGE, RICHARD LLOYD. ■ La perfida Taliade, regina del mondo sotterraneo, droga uno dei due fratelli Maciste e sta per ucciderlo quando interviene l'altro a sistemare tutto. ■ AVVENTURA; COL.; 89'; ITALIA, 1965.

INVINCIBILI SETTE, GLI ★★
Regia di ALBERTO DE MARTINO. Con HELGA LINÉ, TONY RUSSELL, MASSIMO SERATO. ■ I due fratelli Leslio e Axel, con l'aiuto di cinque galeotti, vogliono liberare la città di Sidone dal tiranno Rabirio. Riescono a penetrare nel palazzo dove vive Lydia, promessa a Rabirio ma innamorata di Leslio, si impadroniscono del tesoro e liberano Lydia. ■ AVVENTURA; COL.; 90'; ITALIA, 1963.

INVINCIBILI TRE, GLI ★★
Regia di GIANFRANCO PAROLINI. Con ROSALBA NERI, MIMMO PALMARA, ALAN STEEL. ■ Il fumettone fa leva sull'antagonismo fra l'eroe buono, in questo caso il principe Dario, e il tiranno che si fa chiamare Ursus. Arriva però in città il vero Ursus con i suoi amici Capriolo e Manina. Appoggiati da Dario, dopo molte prodezze i tre ristabiliscono la pace. ■ AVVENTURA; COL.; 90'; ITALIA, 1964.

INVISIBILI, GLI ★★★
Regia di PASQUALE SQUITIERI. Con VICTOR CAVALLO, GIULIA FOSSÀ, ALFREDO ROTELLA. ■ Un giovane contestatore degli anni Settanta viene imprigionato con l'accusa di aver favorito un pericoloso terrorista. Decide di non collaborare con la polizia e per questo rimane in un carcere di massima sicurezza. Coinvolto in una rivolta, starà dentro per molti anni. Un'invettiva non priva di efficacia di un regista bastian contrario di professione contro un paese che s'è dimenticato in carcere gli uomini degli anni di piombo. ■ DRAMMATICO; COL.; 102'; ITALIA, 1988. ■ VENEZIA 1 PR.

INVISIBLE, THE ★★
Regia di DAVID S. GOYER. Con SUZANNE BASTIEN, JUSTIN CHATWIN, MARCIA GAY HARDEN, RYAN KENNEDY, MARGARITA LEVIEVA, MAGGIE MA. ■ Nick Powell è un giovane studente del college che aspira a diventare un poeta, ma si sente invisibile per la ricchissima madre e per i compagni, salvo che per il suo amico Pete. Il suo destino verrà deciso dall'incontro con Annie, che crede di essere stata denunciata alla polizia dai due ragazzi. Annie e i suoi scagnozzi rintracciano Nick e lo pestano a morte. Pensando di averlo ucciso, gettano il corpo in un bosco e scappano. Al suo risveglio, Nick rimane sospeso tra il mondo reale e quello extra-terreno: inizialmente confuso, si rende poi conto d'essere invisibile agli occhi di tutti, e da quel momento cerca di attirare l'attenzione, in particolar modo quella di Annie. ■ DRAMMATICO; COL.; 97'; USA, 2007.

INVISIBLE WAVES ★
Regia di PEN-EK RATANARUANG. Con TADANOBU ASANO, MARIA CORDERO, ERIC TSANG. ■ Costretto a uccidere la donna del boss con cui ha una relazione, Kyoji parte per Pukhet, per prendersi una pausa. Inseguito dagli scagnozzi del proprio capo, l'uomo incontra la bella e giovane Noi, che lo distoglie dai sensi di colpa e dalle preoccupazioni, almeno momentaneamente. Troppe citazioni alla Kitano. ■ DRAMMATICO; COL.; 115'; THAILANDIA, 2006.

INVITATA, L' *(L'invitée)* ★★★
Regia di VITTORIO DE SETA. Con PAUL BARGE, MICHEL PICCOLI, JOANNA SHIMKUS. ■ Il marito di Anne torna a Parigi dall'Inghilterra in compagnia di una giovane donna. Anne capisce che tra i due è nata un'intesa e fugge disperata con l'architetto François in una casa che lui possiede sulla costa francese, ma arrivati alla villa, François presenta la moglie ad Anne. Anne lascia la casa e torna dal marito; la crisi coniugale è superata. ■ COMMEDIA; COL.; 115'; FRANCIA, ITALIA, 1970.

INVITO, L' *(L'invitation)* ★★★
Regia di CLAUDE GORETTA. Con JEAN-LUC BIDEAU, JEAN CHAMPION. ■ Morta l'amata mamma, l'impiegato Placet si ritrova ricco e compra una villa. Per inaugurarla invita i colleghi d'ufficio. ■ COMMEDIA; COL.; 100'; FRANCIA, SVIZZERA, 1973. ■ OSCAR 1 NOM.

INVITO A CENA CON DELITTO *(Murder by Death)* ★★★
Regia di ROBERT MOORE. Con EILEEN BRENNAN, TRUMAN CAPOTE, PETER FALK, ALEC GUINNESS, DAVID NIVEN, PETER SELLERS, MAGGIE SMITH. ■ Un miliardario organizza nel suo castello una cena con assassinio; cinque famosi detective lavorano alla ricerca del colpevole. ■ GIALLO; COL.; 94'; USA, 1976.

INVITO AD UNA SPARATORIA ★★★
(Invitation to a Gunfight)
Regia di RICHARD WILSON. Con YUL BRYNNER, JANICE RULE, ALFRED RYDER, GEORGE SEGAL. ■ Tornato al suo paese nel Nuovo Messico, reduce della guerra civile, Matt Weaver trova che la sua proprietà è in vendita e che la sua donna ha sposato un altro. La sua frustrazione è enorme e i suoi atteggiamenti gli rendono ostile la popolazione. Il capo locale Brewster gli mette contro un killer, ma alla fine Matt riesce a liberarsene. ■ WESTERN; COL.; 92'; USA, 1964.

INVITO ALLA DANZA *(Varsity Show)* ★★
Regia di WILLIAM KEIGHLEY. Con PRISCILLA LANE, ROSEMARY LANE, DICK POWELL. ■ Un professore universitario boicotta l'annuale spettacolo degli allievi. Costoro allora chiedono aiuto ad un ex compagno divenuto autore di riviste. La rappresentazione si farà. ■ COMMEDIA; B/N; 81'; USA, 1937. ■ OSCAR 1 NOM.

INVITO ALLA DANZA *(Wir bitten zum Tanz)* ★★
Regia di HUBERT MARISCHKA. Con HANS HOLT, ELFIE MAYERHOFER, HANS MOSER. ■ Due maestri di ballo viennesi si fanno spietata concorrenza. La figlia di uno dei due frequenta la scuola del rivale e si innamora di un allievo. Suo padre scopre tutto e succede il finimondo; ciò non impedisce alla vicenda di concludersi col matrimonio degli innamorati. ■ COMMEDIA; B/N; 101'; AUSTRIA, 1941.

INVITO ALLA FELICITÀ *(Small Town Boy)* ★★
Regia di GLENN TRYON. Con JOYCE COMPTON, JEDE PRONTY. ■ Un giovane spiantato ma onesto trova una banconota di grosso taglio e cerca il proprietario. La vicenda desta scalpore, tanto più che il biglietto è falso. Ne seguono guai e disavventure, finché il ragazzo risolve brillantemente la situazione. ■ COMMEDIA; B/N; 94'; USA, 1937.

INVITO AL VIAGGIO *(Invitation au voyage)* ★★★
Regia di PETER DEL MONTE. Con AURORE CLÉMENT, LAURENT MALET, NINA SCOTT. ■ Lucien e Nina sono due fratelli gemelli legati da amore morboso e incestuoso. Lei è una cantante, lui il suo agente. Ma prima di una tournée Nina muore. Lucien, che non vuole separarsi da lei, la chiude in un contrabbasso e la porta con sé in un viaggio attraverso la Francia durante il quale incontra vari personaggi. Lasciando il paese, cede il suo passaporto ad un turco e si tiene quello di Nina: ha deciso di farla rivivere trasformandosi in lei. ■ DRAMMATICO; COL.; 93'; FRANCIA, 1982. ■ CANNES 1 PR.

IO, AMLETO ★★
Regia di GIORGIO SIMONELLI. Con ERMINIO MACARIO, FRANCA MARZI, MARISA MERLINI, LUIGI PAVESE. ■ Una parodia non sempre felice del dramma shakespeariano: Amleto viene a sapere dal fantasma del padre che costui è morto assassinato: teme dunque per la propria incolumità. Sfugge, infatti, ai numerosi attentati te-

si dai nemici. Poco dopo, a capo dei rivoluzionari, si libera di loro e sale sul trono di Danimarca. ■ COMICO; B/N; 89′; ITALIA, 1952.

IO AMO *(A Free Soul)* ★★★
Regia di CLARENCE BROWN. Con LIONEL BARRYMORE, CLARK GABLE, LESLIE HOWARD, NORMA SHEARER. ■ È il film che lanciò Gable e segnò l'inizio della sua carriera di seduttore. Scelto dalla stessa Shearer, interpretava il ruolo del gangster del quale la protagonista si innamora girando le spalle al dorato mondo dei miliardari e ad uno scialbo fidanzato. ■ COMMEDIA; B/N; 91′; USA, 1931. ■ OSCAR 1 PR, 3 NOM.

IO AMO *(The Man I Love)* ★★★
Regia di RAOUL WALSH. Con ROBERT ALDA, ANDREA KING, IDA LUPINO, MARTHA VICKERS. ■ Una cantante in vacanza è alle prese con due sorelle e un fratello in guai di diversa origine: riconcilia la prima col marito, impedisce alla seconda di rovinarsi con un dongiovanni da strapazzo, fa maturare e diventare finalmente uomo il terzo. Delusa da un amore non corrisposto riprende la vita di tutti i giorni. ■ COMMEDIA; B/N; 96′; USA, 1947.

IO AMO ANDREA ★★
Regia di FRANCESCO NUTI. Con AGATHE DE LA FONTAINE, FRANCESCA NERI, FRANCESCO NUTI. ■ Nuti è un attore-regista che ha attraversato molte difficoltà, soprattutto con l'operazione, naufragata, di *Occhio Pinocchio*. Qui, in fase di rilancio, si cimenta con una love story milanese, notturna e aggiornata al gusto delle mode correnti. Lui ama lei che ama l'altra, questa la formula. Per un po' funziona anche: Milano è fotografata bene, molto più glamour di quanto appaia a certi milanesi e al plotone dei detrattori. I set sono giusti, prevalentemente notturni, prevalentemente ambientati nella zona di corso Como. Un bravo al direttore della fotografia, dunque: si chiama Maurizio Calvesi. Brave e belle anche le protagoniste, ma Nuti non è Woody Allen, anche se questa parte di Milano è all'altezza di Manhattan. Il gioco si scopre troppo in fretta e ci si ritrova sospesi tra i Vanzina e il servizio di moda. È un film che si gusta meglio in home-video che in sala. L'happy end, orchestrato da Nuti e dai co-sceneggiatori Carla Giulia Casalini e il commediografo Chiti, va celebrato con un bicchiere di bourbon a casa propria. ■ COMMEDIA; COL.; 95′; ITALIA, 1999.

IO AMO, TU AMI... – ANTOLOGIA UNIVERSALE DELL'AMORE ★★
Regia di ALESSANDRO BLASETTI. ■ Con soggetto, sceneggiatura e regia di Blasetti, una carrellata sull'amore, sulle sue manifestazioni, sulle reazioni che provoca nelle persone. ■ DOCUMENTARIO; COL.; 132′; ITALIA, 1961.

IO BACIO... TU BACI ★
Regia di PIERO VIVARELLI. Con MINA, JIMMY FONTANA, GIANNI MECCIA, UMBERTO ORSINI. ■ Un industriale vuole radere al suolo un ritrovo per giovani per costruire una zona residenziale. Sua figlia, assidua frequentatrice del locale, si schiera contro il padre. Lieto fine. ■ COMMEDIA; B/N; 90′; ITALIA, 1960.

IO BALLO DA SOLA ★★
Regia di BERNARDO BERTOLUCCI. Con CARLO CECCHI, JOAN CUSACK, JEREMY IRONS, JEAN MARAIS, STEFANIA SANDRELLI, LIV TYLER. ■ La diciannovenne americana Lucy, bella, solare, intelligente, raggiunge un gruppo di amici in un rustico sulle colline vicino a Siena, dove vivono uno scultore-pittore immerso nel suo lavoro e sua moglie, uno scrittore morente, un vecchio antiquario sclerotico, un giovane erotomane, un italiano che è stato "inviato" nelle guerre di tutto il mondo e un gruppetto di giovani che vanno e vengono. Lucy cerca di sciogliere alcuni grandi nodi del passato: la madre, una poetessa che tutti hanno conosciuto, e il padre che non sa chi sia. Lucy è anche vergine, ed è arrivato il momento di rimediare. Alla fine tutto si risolve. Lucy trova le sue verità. I personaggi, esclusa forse la protagonista, sono completamente artificiosi, inesistenti. Tutto è manierato e artefatto. Nessuna reazione è normale, naturale, davvero umana. Persino la casa, che sarebbe un paradiso, diventa un disegno fasullo. Purtroppo Bertolucci continua a credere nella pratica dell'originale e imprevedibile ad ogni costo, e in una forma di snobismo intellettuale. Uomini e donne sono tutti fantasmi digeriti ed espulsi dalla Nouvelle Vague (che ha da sempre condizionato il regista) o dal Moravia degli anni Sessanta. Potremmo anche accettarlo se funzionasse il racconto, se non ci fossero tempi morti e noia. Il regista sa muovere la macchina e sa fotografare, ma non è capace di costruire le vicende e non lo aiutano i suoi sceneggiatori (Susan Minot per esempio e Darius Khondji). Bertolucci cerca sempre e non trova mai. Citiamo per contrasto un francese, Sautet, e il suo *Nelly e mr. Arnaud* dove niente è scontato, ma tutto è autentico, umano e meravigliosamente normale, e dovutamente snob. La severità verso Bertolucci viene dalla sua grandezza passata. Da molti anni quasi tutte le sue opere, pur insignite da grandi riconoscimenti, sono dei lussuosi "optional". Bertolucci si è fermato a *Ultimo tango*. ■ COMMEDIA; COL.; 113′; GRAN BRETAGNA, ITALIA, 1996.

IO, BEAU GESTE E LA LEGIONE STRANIERA ★★★
(The Last Remake of Beau Geste)
Regia di MARTY FELDMAN. Con MARTY FELDMAN, TREVOR HOWARD, JAMES EARL JONES, ANN MARGRET, PETER USTINOV, MICHAEL YORK. ■ Scherzoso rifacimento del *Beau Geste* di Wellman con Gary Cooper, il film narra le vicende di due fratelli, uno bellissimo, l'altro bruttissimo (interpretato naturalmente da Marty Feldman), figli di un lord inglese eroe di guerra. Il bello ruba un brillante di famiglia e si arruola nella Legione Straniera; il brutto, dopo essere stato incolpato del furto, lo raggiunge. ■ COMICO; COL.; 83′; USA, 1977.

IO... BRUCE LEE *(Bruce Lee I Love You)* ★★
Regia di JOHN LOMAR. Con BRUCE LEE, LI HSIU HSIEN. ■ Bruce Lee interpreta qui un film fumettistico dove i colpi di kung-fu sono però pochissimi. Il film, uscito dopo la tragica morte dell'attore, è probabilmente frutto di un lavoro di complesso montaggio. ■ DRAMMATICO; COL.; 88′; HONG KONG, 1975.

IO, CATERINA ★★
Regia di ORESTE PALELLA. Con GUIDO CELANO, FOLCO LULLI, PINA RENZI, NORA VISCONTI. ■ Caterina da Siena, destinata a divenire santa, svolge la sua missione di carità rivolgendo appelli di pace a tutti i sovrani. ■ BIOGRAFICO; COL.; 82′; ITALIA, 1957.

IO, CHIARA E LO SCURO ★★
Regia di MAURIZIO PONZI. Con GIULIANA DE SIO, MARCELLO LOTTI, FRANCESCO NUTI. ■ Francesco, portiere d'albergo, è un abile giocatore di biliardo che si mette nei guai quando, a causa delle continue sfide (perse) col campione di biliardo lo "Scuro", è costretto a rubare dei soldi dalla cassetta di sicurezza del suo albergo. Per sua fortuna entra nella sua vita Chiara, una bella sassofonista, che lo aiuterà a restituire il denaro rubato. Divertente e piacevole commedia che avrà il suo seguito con *Casablanca*. Lo "Scuro" interpreta se stesso. ■ COMMEDIA; COL.; 103′; ITALIA, 1982. ■ DAVID DI DONATELLO 2 PR, 2 NOM.

IO CONFESSO *(I Confess)* ★★★
Regia di ALFRED HITCHCOCK. Con ANNE BAXTER, MONTGOMERY CLIFT, KARL MALDEN. ■ Un sacerdote che ha preso i voti dopo una delusione d'amore viene accusato di assassinio. Egli conosce il colpevole, che si è confessato subito dopo il delitto, ma naturalmente non può parlare. Al processo viene assolto per insufficienza di prove e rischia di essere linciato dalla folla; il vero assassino, temendo che la moglie, presa dal rimorso, dica la verità, la uccide e si scopre. ■ DRAMMATICO; B/N; 95′; USA, 1953.

IO CON TE NON CI STO PIÙ ★★
Regia di GIANNI AMICO. Con VICTOR CAVALLO, MONICA GUERRITORE, CORALLA MAJURI. ■ Proprio quando hanno deciso di separarsi, a Marco e Clara accade il miracolo: trovano casa. I due decidono di coabitare senza toccarsi. Ma litigano lo stesso. La conoscenza di un'altra ragazza che abita l'appartamento vicino complica ulteriormente le cose. Marco si mette con lei, pur non perdendo la speranza che un giorno Clara torni a lui. ■ COMMEDIA; COL.; 92′; ITALIA, 1983.

IO DI GIORNO, TU DI NOTTE ★★
(Ich bin Tag und du bist Nacht)
Regia di LUDWIG BERGER. Con WILLY FRITSCH, AMANDA LINDER, KATHE VON NAGY. ■ Regista di seconda schiera, Berger ebbe un buon momento all'inizio del sonoro, poi ritornò alle pellicole di serie B, come questo *Io di giorno, tu di notte*. ■ DRAMMATICO; B/N; 86′; GERMANIA, 1932.

stra venticinquenne che non vede da lungo tempo. Olivia è tossicodipendente e sta tentando di ripulirsi. Bernardo Bertolucci torna a fare cinema dopo una lunga assenza causata dalla malattia. ■ COMMEDIA; COL.; 97′; ITALIA, 2012.

IO & VERONICA *(Me & Veronica)* ★★
Regia di DON SCARDINO. Con JOHN HEARD, ELIZABETH MCGOVERN, MICHAEL O'KEEFE, PATRICIA WETTIG. ■ Di stampo televisivo, il film scorre leggero con una discreta recitazione e con qualche sequenza di troppo. Descrive il rapporto tra Fanny e Veronica, due sorelle da tempo lontane. Saggia la prima e avventata la seconda. Veronica va nel New Jersey a trovare Fanny che si trova nei guai. Ha dei figli, è sola e ha truffato lo Stato. Per un po' si divertiranno insieme ma poi la realtà avrà il sopravvento. ■ DRAMMATICO; COL.; 102′; USA, 1992.

IO E VINCENT *(Vincent and Me)* ★★
Regia di MICHAEL RUBBO. Con CHRISTOPHER FORREST, PAUL KLERK, NINA PETRONZIO. ■ Un film per ragazzi, molto particolare. Una bambina appassionata dei quadri del pittore Van Gogh lo sogna la notte. Lo informerà di quanto la sua pittura sia considerata dopo la morte e come siano ricercati e inestimabili i suoi quadri. ■ COMMEDIA; COL.; 100′; CANADA, 1990.

IO E ZIO BUCK *(Uncle Buck)* ★★
Regia di JOHN HUGHES. Con JOHN CANDY, MACAULAY CULKIN, AMY MADIGAN. ■ Anche se giunto da noi dopo il successo di *Mamma, ho perso l'aereo*, questo film è stato girato prima. La ragione del ripescaggio è la presenza del bambino prodigio Macaulay Culkin che interpreta uno dei tre nipoti di zio Buck, John Candy, più imbranato che mai e disprezzato in famiglia. Riuscirà a conquistare l'amicizia di tutti e tre anche se la più grande gli darà filo da torcere. Davvero niente di speciale e poche risate. ■ COMMEDIA; COL.; 99′; USA, 1989.

IO, GILDA ★
Regia di ANDREW B. WHITE. Con GERARDO AMATO, VALENTINE DEMY, PAMELA PRATI. ■ Un boss della malavita newyorkese conosce Gilda, una ragazza superdotata che diventa la sua donna. Assume anche un autista per lei, un uomo dal passato turbolento. Tra sesso e cadaveri la vicenda si sviluppa fino al lieto fine. ■ DRAMMATICO; COL.; 86′; ITALIA, 1988.

IO, GRANDE CACCIATORE *(Eagle's Wing)* ★★★
Regia di ANTHONY HARVEY. Con STÉPHANE AUDRAN, HARVEY KEITEL, MARTIN SHEEN, SAM WATERSTON. ■ È la storia di uno splendido cavallo bianco, Ala d'aquila, e dei diversi passaggi di proprietà da esso subiti. Il cavallo sembrerà misteriosamente vendicarsi dei suoi proprietari e, alla fine, tornerà dal suo padrone originario. ■ WESTERN; B/N; 111′; GRAN BRETAGNA, MESSICO, 1979.

IO HO PAURA ★★★
Regia di DAMIANO DAMIANI. Con MARIO ADORF, ERLAND JOSEPHSON, GIAN MARIA VOLONTÉ. ■ Graziano, un brigadiere di scorta a un magistrato che indaga su trame poco chiare, riesce a mettere sulla strada giusta il giudice che deve proteggere e a fargli capire molte cose sull'omicidio di cui si sta occupando. Il giudice viene per questo ucciso, e a Graziano viene affidata la protezione di un altro alto magistrato, connivente col terrorismo. Graziano riuscirà a fargliela pagare, ma ci rimetterà. ■ DRAMMATICO; COL.; 120′; ITALIA, 1977.

IO HO UCCISO! – LA FINE DELLA FAMIGLIA QUINCY *(The Strange Affair of Uncle Harry)* ★★
Regia di ROBERT SIODMAK. Con GERALDINE FITZGERALD, ELLA RAINES, GEORGE SANDERS. ■ Una ragazza morbosamente attaccata al fratello gli impedisce con l'inganno di sposarsi. Lui lo scopre e decide di ucciderla, ma a rimetterci è un'altra sorella. La prima finisce in galera; il ragazzo confessa ma non viene creduto e rimane solo col suo rimorso. ■ DRAMMATICO; B/N; 80′; USA, 1944.

IO, IO, IO... E GLI ALTRI ★★★
Regia di ALESSANDRO BLASETTI. Con VITTORIO CAPRIOLI, ELISA CEGANI, WALTER CHIARI, VITTORIO DE SICA, GINA LOLLOBRIGIDA, NINO MANFREDI, SILVANA MANGANO, MARCELLO MASTROIANNI, MARIO PISU. ■ Il tema dell'egoismo diventa, per lo scrittore impegnato a svolgere un'indagine sull'argomento, un'occasione di riflessione e di introspezione. Comprenderà, alla fine del suo lavoro, che la vita va vissuta in funzione degli altri. ■ COMMEDIA; B/N; 116′; ITALIA, 1965. ■ DAVID DI DONATELLO 1 PR, 1 NOM.

♥ **IO LA CONOSCEVO BENE** ★★★
Regia di ANTONIO PIETRANGELI. Con MARIO ADORF, JEAN-CLAUDE BRIALY, NINO MANFREDI, ENRICO MARIA SALERNO, STEFANIA SANDRELLI, UGO TOGNAZZI, JOACHIM TUCHSBERGER. ■ Una provinciale ingenua e inesperta si adatta a tutti i mestieri nell'attesa della grande occasione che le apra le porte del cinema. Passa così da un'esperienza negativa all'altra, di letto in letto, collezionando amarezze fino a quando, delusa e umiliata, si suicida. ■ DRAMMATICO; B/N; 122′; ITALIA, 1965.

IO LA DIFENDO *(Gentleman after Dark)* ★★
Regia di EDWIN L. MARIN. Con BRIAN DONLEVY, PRESTON FOSTER, MIRIAM HOPKINS. ■ Un ladro divenuto padre vuole cambiare vita. Sua moglie, invece, preferisce denunciarlo per sbarazzarsene. L'uomo uccide il complice della donna, affida la figlia ad un poliziotto e si costituisce. Anni dopo evade per evitare alla figlia i ricatti della madre, costringe costei a suicidarsi e torna in prigione. ■ COMMEDIA; B/N; 77′; USA, 1942.

IO, LA GIURIA *(I, the Jury)* ★★
Regia di RICHARD T. HEFFRON. Con ARMAND ASSANTE, BARBARA CARRERA, PAUL SORVINO. ■ Quando il suo migliore amico viene trovato misteriosamente ucciso, il detective Mike Hammer non ha un attimo di esitazione: con l'aiuto della sua bionda e affascinante compagna scoprirà gli assassini e si farà giustizia. Le indagini lo portano presto a mettere gli occhi su una losca clinica per patologie sessuali... Trasposizione, non priva di suspense, del primo grande successo librario di Mickey Spillane. ■ POLIZIESCO; COL.; 111′; USA, 1981.

IO, L'ALTRO ★★
Regia di MOHSEN MELLITI. Con RAOUL BOVA, GIOVANNI MARTORANA. ■ A bordo del malandato peschereccio *Medea* i giorni di Giuseppe, siciliano burbero e scontroso, e Yousef, esiliato tunisino solare e giocoso, scorrono uguali tra una battuta di pesca e una partita a carte, scanditi soltanto dalla presenza della radio, unico mezzo di comunicazione col mondo esterno. Nell'angusto e claustrofobico spazio della barca arrugginita, un puntino isolato in mezzo al blu del mare siciliano, sarà proprio la radio a incrinare il rapporto fraterno tra i due uomini uniti dalla fatica e dalla miseria. L'annuncio radiofonico di una caccia all'uomo sulle tracce di un terrorista di nome Yousef (responsabile dell'attentato di Madrid) sarà la scintilla che insinuerà il dubbio e il sospetto verso l'altro nella mente di Giuseppe. ■ DRAMMATICO; COL.; 80′; ITALIA, 2006.

IO, L'AMORE *(À coeur joie)* ★★★
Regia di SERGE BOURGUIGNON. Con BRIGITTE BARDOT, JAMES ROBERTSON JUSTICE, JEAN ROCHEFORT, LAURENT TERZIEFF. ■ Una fotomodella ha un amante che la manda a Londra per un servizio. Nella città inglese la ragazza ha una relazione con un geologo, con cui decide di partire. Giunta all'aeroporto non trova l'uomo ad attenderla bensì il suo amante. ■ DRAMMATICO; COL.; 100′; FRANCIA, 1967.

IO, LEI E I SUOI BAMBINI *(Are we there yet?)* ★
Regia di BRIAN LEVANT. Con ALEISHA ALLEN, PHILIP DANIEL BOLDEN, ICE CUBE, M.C. GAINEY, RAY GALLETTI, NIA LONG, JAY MOHR, MICHELLE NICHOLAS, HENRY SIMMONS. ■ Nick è uno scapolone appassionato di sport, auto costose e belle donne, dedito all'arte del rimorchio. L'incontro con Suzanne per Nick è il classico colpo di fulmine, ma il fatto che la donna sia madre di due figli spegne ogni velleità amatoria dell'uomo, allergico a tutti i bambini. Ma al cuor non si comanda, ed entrato in confidenza con la sexy-mamma al giovanotto viene affidato l'arduo compito di accompagnare i pargoli in un viaggio. L'antipatia sarà reciproca, e sulla strada i bambini faranno di tutto per mettere in difficoltà lo "zio Nick". ■ COMMEDIA; COL.; 95′; USA, 2005.

IO, LORO E LARA ★★
Regia di CARLO VERDONE. Con ANNA BONAIUTO, LAURA CHIATTI, SERGIO FIORENTINI, MARCO GIALLINI, CARLO VERDONE. ■

Dopo più di un decennio come missionario don Carlo torna a Roma dove ritrova la sua famiglia allo sbando (un fratello cocainomane che si è dato alla finanza e una sorella madre di adolescenti, entrambi ordinariamente ipocriti). Il nucleo già abbastanza frammentato è messo ulteriormente alla prova dall'arrivo della seconda vita del padre il quale, ormai vedovo, ha un'amante slava di nome Olga molto più giovane di lui con la quale si sente rinato e che vizia senza sosta. Proprio la morte dell'amante tuttavia costringerà don Carlo ad entrare in contatto con Lara, figlia di Olga, diventata proprietaria della casa che una volta apparteneva alla famiglia e dunque capace di tenere i tre fratelli in scacco perché l'aiutino ad ottenere l'affidamento del figlio. Carlo Verdone mette la meschinità al margine del proprio film riservandola per i caratteri di contorno, al centro c'è l'etica e la morale del suo don Carlo. ■ COMMEDIA; COL.; 115'; Italia, 2010.

IO, MAMMETA E TU ★★

Regia di CARLO LUDOVICO BRAGAGLIA. Con ROSSELLA COMO, MARISA MERLINI, DOMENICO MODUGNO, RENATO SALVATORI. ■ Per potersi sposare due fidanzati ricorrono ad uno stratagemma. Il matrimonio sarebbe dunque imminente, se la ragazza a causa di un errore anagrafico non dovesse prestare servizio militare. Risolta la situazione, la madre di lei, accortasi di essere stata ingannata, rifiuta il consenso alle nozze. Più tardi lo concederà. ■ COMMEDIA; B/N; 90'; ITALIA, 1958.

IO, ME & IRENE *(Me, myself and Irene)* ★★★

Regia di BOBBY FARRELLY, PETER FARRELLY. Con JIM CARREY, CHRIS COOPER, ROBERT FORSTER, RICHARD JENKINS, ROB MORAN, RENÉE ZELLWEGER. ■ In questo film esplosivo e divertente, firmato dai fratelli Farrelly, ritorna il celebre volto di gomma di Jim Carrey. Reduce dal successo di *Truman Show*, questa volta l'attore interpreta il doppio ruolo di Charlie e di Hank. Non si tratta di due persone diverse, bensì di uno sdoppiamento di identità del protagonista, malato di schizofrenia. Charlie è un poliziotto gentile, mansueto, buon padre di famiglia che accetta di buon grado non solo l'abbandono della moglie che lo tradisce con un nano di colore, ma anche i tanti altri soprusi che gli vengono fatti; Hank è la parte cattiva di Charlie, irriverente, violenta e sessualmente sfrenata. A Charlie-Hank, viene affidato l'incarico di scortare la bella Irene, coinvolta in una storia di corruzione, ad un comando di polizia nei pressi del Canada. Durante il viaggio entrambe le personalità del protagonista si innamorano della ragazza. Film comico esilarante, caratterizzato da un gergo sboccato ed esplicito e da scene e situazioni che sfiorano il paradossale. ■ COMMEDIA; COL.; 117'; USA, 2000.

IO... MIA MOGLIE E LA VACCA ★★

(Ma femme, ma vache et moi)

Regia di JEAN DEVAIVRE. Con IRÈNE CORDAY, ERMINIO MACARIO, ARLETTE POIRIER, CARLO RIZZO. ■ Insoddisfatta della vita di campagna, un'ex ballerina lascia la famiglia. Il marito la insegue e la cerca in tutti i locali notturni della città senza successo. Tornato alla fattoria con una ragazza, vede giungere poco dopo la moglie e l'amante della nuova compagna. Alla fine, tutto si risolverà. ■ COMMEDIA; B/N; 95'; FRANCIA, 1962.

IO... MIO FIGLIO E LA FIDANZATA *(Les tortillards)* ★★

Regia di JEAN BASTIA. Con LOUIS DE FUNÈS, ROGER PIERRE, JEAN RICHARD, ANNICK TANGUY. ■ Il figlio di un industriale diventa attore girovago per seguire la fidanzata. Sua madre e sua zia, messesi separatamente alla sua ricerca, finiscono per unirsi alla compagnia; l'industriale, al termine di un movimentato inseguimento, vede i familiari recitare e, entusiasmato, decide di cambiare anche lui attività. ■ COMMEDIA; B/N; 95'; FRANCIA, 1960.

IO MODESTAMENTE MOSÈ *(Wholly Moses)* ★★

Regia di GARY WEIS. Con JAMES COCO, MADELINE KAHN, DUDLEY MOORE. ■ È la vita di un piccolo ebreo che inconsapevolmente scorre vicina a quella del grande Mosè. Anche lui sente la voce di Dio che dà ordini al profeta e crede che sia rivolta a lui. Si trova a scolpire le tavole dei Dieci comandamenti e a predire le disgrazie che si abbatteranno sulla famiglia del Faraone. Mosè avrà tanta gloria, e il suo coetaneo, invece, solo una grande quantità di fastidi. ■ COMMEDIA; COL.; 109'; USA, 1980.

IO NO ★

Regia di SIMONA IZZO, RICKY TOGNAZZI. Con MYRIAM CATANIA, INES SASTRE, GIANMARCO TOGNAZZI, FRANCESCO VENDITTI. ■ Flavio e Francesco sono due fratelli, fra loro diversissimi: se il primo è un giovane manager, sposato e con la testa sulle spalle, il secondo è una sorta di eterno bambino, la cui sindrome di Peter Pan lo ha portato a perdere l'amore di Laura (che infatti ha sposato Flavio). Questa, quasi per un senso di colpa, cerca in tutti i modi di trovare una donna all'ex partner; ma la scelta è davvero "inopportuna". ■ COMMEDIA; COL.; 95'; ITALIA, 2003.

IO NON CI CASCO ★★

Regia di PASQUALE FALCONE. Con MAURIZIO CASAGRANDE, MARIA GRAZIA CUCINOTTA, ORNELLA MUTI. ■ Marco sta per compiere diciotto anni, frequenta il liceo classico e ha in mente di organizzare una festa di fine anno con il suo idolo, il Dj Claudio Coccoluto. Un giorno, uscendo da scuola in motorino senza allacciare il casco, si scontra violentemente con un'automobile e finisce in coma profondo. Con il permesso del primario dell'ospedale, la sua stanza diventa il confessionale dei genitori e degli amici che, in compagnia della morte, cominciano a vivere davvero. Il regista Pasquale Falcone viene dalla commedia e da lì si porta la capacità di scolpire i personaggi con una pennellata, e dal teatro, che gli ha insegnato a non fare sconti sulla recitazione. ■ DRAMMATICO; COL.; 100'; ITALIA, 2008.

IO NON CREDO A NESSUNO *(Breakheart Pass)* ★★

Regia di TOM GRIES. Con CHARLES BRONSON, CHARLES DURNING, JILL IRELAND, BEN JOHNSON. ■ I soldati a guardia di una miniera sono stati decimati da un'epidemia. Su un treno che dovrebbe contenere medicinali viaggiano invece le armi destinate agli indiani. Un agente del servizio segreto non può impedire alcune morti misteriose; tuttavia evita che il progetto dei trafficanti venga portato a termine. ■ WESTERN; COL.; 95'; USA, 1975.

IO NON HO PAURA ★★★★

Regia di GABRIELE SALVATORES. Con DIEGO ABATANTUONO, DINO ABBRESCIA, GIUSEPPE CRISTIANO, MATTIA DI PIERRO, AITANA SÁNCHEZ-GIJÓN. ■ Dal romanzo di Niccolò Ammaniti. Michele, dieci anni, vive in un paesino, anzi, proprio quattro case, della Basilicata. Con la sorella più piccola e altri amici scorrazza in bicicletta nelle stradine in mezzo al grano. A casa c'è la mamma e il papà fa il camionista, ed è uomo "tutto core". Incuriosito da una porta di lamiera vicino a una casa diroccata, Michele la apre e vede un buco, e in fondo un piede che esce da una coperta. Dopo lo spavento iniziale torna sul luogo e scopre che quel piede appartiene a un bambino come lui, biondo e delicato, quasi cieco per il buio, ridotto a una larva. Non riesce a immaginare un rapimento. Nelle successive visite gli porta da mangiare, gli parla, gli ridà una speranza. La televisione racconta di Filippo rapito a Milano. Così Michele capisce. Arriva a casa tale Sergio (Abatantuono), il "milanese" che tira le fila. Tutta la famiglia è implicata. Ma il cerchio si stringe, gli elicotteri girano. Il panico sopraggiunge. Occorre sopprimere l'ostaggio. Michele corre per salvarlo. Riesce a spingerlo fra i campi, sopraggiunge il padre "tutto core" che non esita a sparare al bambino, che però è Michele. Gli elicotteri dei carabinieri illuminano il milanese con le braccia alzate, il padre col figlio in braccio e il piccolo Filippo che si è salvato. Dopo un'apnea di molti anni, dopo aver davvero smarrito la strada maestra (complice un Oscar sproporzionato che gli aveva fatto perdere le misure) con una serie di film superflui e senza destino, ecco che Salvatores torna a "raccontare" e lo fa davvero bene. ■ DRAMMATICO; COL.; 95'; ITALIA, 2003. ■ DAVID DI DONATELLO 2 PR, 4 NOM.

IO NON PERDONO... UCCIDO ★

Regia di JOAQUÍN LUIS ROMERO MARCHENT. Con SIMÓN ANDREU, NORMA BENGELL, JAMES PHILBROOK. ■ Il figlio di un ranchero diventa amante della sua matrigna. Subito dopo, pentito, decide di abbandonare la casa per dedicarsi alla professione di medico. La donna rivela tutto al marito che, per vendetta, uccide i due amanti. ■ DRAMMATICO; COL.; 91'; ITALIA, 1968.

IO NON PROTESTO, IO AMO ★

Regia di FERDINANDO BALDI. Con CATERINA CASELLI, NINA LARKER, LIVIO LORENZON, ENRICO MONTESANO, TIBERIO MUR-

GIA. ■ Una maestrina ha una bella voce e se ne serve per allietare gli alunni. Un nobile dapprima tenta di boicottarla, poi, quando apprende che un parente è diventato molto ricco col commercio dei dischi, approntа un complesso per la ragazza e la fa esibire. Il successo arriva immediatamente, ma lei preferisce l'amore. ■ COMMEDIA; COL.; 98'; ITALIA, 1968.

IO NON SCAPPO... FUGGO ★★
Regia di FRANCO PROSPERI. Con GIANFRANCO D'ANGELO, RENATO DE CARMINE, MARIANGELA MELATO, ENRICO MONTESANO, ALIGHIERO NOSCHESE, STEFANO SATTA FLORES. ■ Scoppia la seconda guerra mondiale: tre uomini vengono uniti dal destino che non sempre è clemente con loro: uno viene mutilato da una bomba; gli altri due fuggono travestiti da tedeschi ma vengono catturati dagli alleati che, stabilite le loro identità, li inviano in prima linea. Fortunatamente viene dichiarata la fine delle ostilità. ■ COMMEDIA; COL.; 95'; ITALIA, 1970.

IO NON SONO QUI *(I'm Not There)* ★★★★
Regia di TODD HAYNES. Con CHRISTIAN BALE, CATE BLANCHETT, DAVID CROSS, CHARLOTTE GAINSBOURG, RICHARD GERE, BRUCE GREENWOOD, HEATH LEDGER, JULIANNE MOORE, BEN WHISHAW. ■ Profeta, cantastorie, contestatore. Anticonformista, folle, genio assoluto del Novecento. Il film è un viaggio nel tempo di Bob Dylan, attraverso il ritratto di sette personaggi – colti ognuno in un aspetto diverso della vita artistica e privata del menestrello americano – che intrecciano le loro storie di protesta, disagio, erranza e solitudine in una performance evocativa diretta da Haynes. Anche stavolta, in un'ambientazione che riecheggia gli anni Sessanta, il regista americano sperimenta una narrazione frammentata e psichedelica, utilizzando sei diversi stili di regia all'interno di ogni microcosmo narrativo. C'è Arthur, poeta simbolista che porta lo stesso nome di Rimbaud. C'è Woody Guthrie, un bambino di undici anni scappato da un riformatorio e pronto a raggiungere il capezzale del morente omonimo. Poi c'è Jack, cantore della protesta al tempo della guerra in Vietnam, Robbie attore e motociclista, Jude, l'androgino e cinico cantante folk, e per finire l'illuminato pastore John e il vecchio Billy (The Kid), che si ispira al celeberrimo criminale. Quello di Todd Haynes è più di un *mockumentary* o di un omaggio al Dylan che più amiamo (non a caso è l'unico ritratto che lo stesso Dylan sembra aver davvero apprezzato), ma una miscela perfetta di musica, arte visiva, cinema. ■ MUSICALE; COL.; 135'; USA, 2007.

IO NON SONO UNA SPIA *(Three Brave Men)* ★★★
Regia di PHILIP DUNNE. Con ERNEST BORGNINE, NINA FOCH, RAY MILLAND, VIRGINIA CHRISTINE, EDWARD ANDREWS. ■ La prima vittima della campagna antisovversiva inaugurata in America è un onesto e irreprensibile funzionario. Al processo viene dichiarata la sua innocenza, tuttavia alcuni punti oscuri sul passato dell'accusato causano il suo licenziamento. Un nuovo processo stabilisce definitivamente la sua onestà. ■ DRAMMATICO; B/N; 88'; USA, 1957.

IO NON SPEZZO... ROMPO ★★
Regia di BRUNO CORBUCCI. Con JANET AGREN, CLAUDIO GORA, ENRICO MONTESANO, ALIGHIERO NOSCHESE. ■ Due poliziotti della sezione antistupefacenti capitano casualmente nella villa di un grosso importatore di droga apparentemente rispettabile. Dopo averne scoperto i traffici, lo cercano senza successo finché è lo stesso boss a imprigionarli. Fuggono e tentano nuovamente di catturarlo; altri agenti lo faranno mentre loro verranno incarcerati per il controproducente servizio reso ai colleghi. ■ COMMEDIA; COL.; 93'; ITALIA, 1971.

IO NON T'INGANNO, T'AMO! *(I Love Trouble)* ★★
Regia di SYLVAN SIMON. Con JANET BLAIR, FRANCHOT TONE, JANIS CARTER. ■ Un poliziotto è incaricato da un industriale di svolgere le indagini sul misterioso passato della moglie. Da quel momento il poliziotto viene fatto oggetto di attentati, mentre una delle persone che ha interrogato sarà uccisa. Qualche tempo dopo farà la stessa fine anche la moglie del cliente. Conclusione a sorpresa. ■ POLIZIESCO; B/N; 94'; USA, 1947.

IO NON VEDO, TU NON PARLI, LUI NON SENTE ★★
Regia di MARIO CAMERINI. Con FRANCESCA ROMANA COLUZZI, ENRICO MONTESANO, GASTONE MOSCHIN, ALIGHIERO NOSCHESE. ■ Due coniugi scoprono un cadavere che scompare misteriosamente per poi ricomparire nella loro valigia. Questa viene rubata da una coppia di spiantati che vengono sospettati, come i primi due, di omicidio. Un quinto personaggio si inserisce nella vicenda a causa di un alibi poco convincente: il commissario avrà le prove che l'assassino è un sesta persona. ■ COMMEDIA; COL.; 106'; ITALIA, 1971.

IO NO SPIK INGLISH ★★
Regia di CARLO VANZINA. Con IAN PRICE, PAOLA QUATTRINI, PAOLO VILLAGGIO. ■ Costretto, pena il licenziamento, a imparare l'inglese, un italiano arricchito (con moglie e figlia a carico) parte per l'Inghilterra. Il corso di *full immersion*, in un istituto frequentato da malefici ragazzini, si rivela assolutamente "mostruoso". Puntando sulle consuete *gag*, il film perde (come spesso avviene in questi casi) l'opportunità di acquisire qualsiasi valenza satirica. ■ COMMEDIA; COL.; 110'; ITALIA, 1995.

IO ODIO GLI ATTORI *(Je hais les acteurs)* ★★
Regia di GÉRARD KRAWCZYK. Con MICHEL BLANC, BERNARD BLIER, JEAN POIRET. ■ Un famoso agente cinematografico, che ebbe fra i suoi clienti anche Ronald Reagan, racconta una serie di omicidi che avvennero a Hollywood oltre quarant'anni prima. Molti attori vennero assassinati, dal fratello di una stellina, a lei morbosamente attaccato e geloso di tutti i divi che la corteggiavano. ■ COMMEDIA; COL.; 90 ; FRANCIA, 1986.

IO, PETER PAN ★★
Regia di ENZO DE CARO. Con ROBERTO CITRAN, ANGELA FINOCCHIARO, MARIELLA VALENTINI. ■ C'è aria d'attesa in casa di Fabio e Giulia, che aspettano con ansia un bambino. Lui è il più preoccupato dei due e viene colto dalla "sindrome di Peter Pan", il terrore cioè di crescere e di avere tutte le responsabilità di un adulto. Questo stato lo porta a licenziarsi dal lavoro e ad affidarsi alle "cure" di un'amica della moglie. Ma la situazione esigerà una scelta che Fabio dovrà compiere da uomo maturo. ■ COMMEDIA; COL.; 90'; ITALIA, 1990.

IO PIACCIO ★★
Regia di GIORGIO BIANCHI. Con WALTER CHIARI, PEPPINO DE FILIPPO, ALDO FABRIZI, DORIAN GRAY. ■ Uno scienziato ha inventato un siero che dona a chi lo beve un fascino irresistibile. Il finanziatore del suo laboratorio decide di produrlo su scala industriale ma lo studioso, convinto che l'amore autentico non può essere suscitato da una formula chimica, la distrugge. ■ COMMEDIA; B/N; 92'; ITALIA, 1955.

IO RE DEL BLUES *(Leadbelly)* ★★★
Regia di GORDON PARKS. Con PAUL BENJAMIN, ROGER E. MOSLEY, MADGE SINCLAIR. ■ Vita breve e infelice (ma in definitiva gloriosa) di Huddie Ledbetter, gran maestro del blues, vittima dei pregiudizi razziali e ospite fisso delle galere del Texas e della Louisiana. Bravo Roger Mosley (il nero amico di Magnum P.I.). ■ COMM. MUSICALE; COL.; 126'; USA, 1976.

IO, ROBOT *(I, Robot)* ★★
Regia di ALEX PROYAS. Con JAMES CROMWELL, BRUCE GREENWOOD, SCOTT HEINDL, WILL SMITH, ALAN TUDYK, JERRY WASSERMAN. ■ Anno 2035, Chicago. I robot fanno tutto, gli infermieri, pagano le bollette, i muratori, sono perfetti. Tutte le famiglie ne devono possedere uno. Il punto è: ma sono davvero cosi sicuri? Non hanno una loro volontà, magari non rassicurante? Accompagnato all'uscita in America da critiche feroci, ma graziato da ottimi incassi. Molti temi importanti vengono appena accennati, uno per tutti: che ne sarà della forza lavoro operante nei settori ad alto tasso di rischio o fatica una volta che la stessa sarà sostituita da macchine? ■ FANTASCIENZA; COL.; USA, 2004.

IO SEMIRAMIDE ★★
Regia di PRIMO ZEGLIO. Con JOHN ERICSON, YVONNE FURNEAUX, RENZO RICCI. ■ Storia e leggenda di Semiramide, la regina che edificò Babilonia. La donna si innamora di un re suo schiavo che il destino fa allontanare e cospirare contro di lei. ■ STORICO; COL.; 91'; ITALIA, 1962.

IO SO CHE TU SAI CHE IO SO ★★
Regia di ALBERTO SORDI. Con ISABELLA DE BERNARDI, ALBER-

TO SORDI, MONICA VITTI. ■ La vita di un bancario cinquantenne viene sconvolta da una serie di equivoci che lo portano a scoprire i drammi segreti della sua famiglia: la figlia si droga da anni, la moglie l'ha tradito con un altro uomo e lui stesso è condannato da un male incurabile. Soltanto assumendosi le sue responsabilità di padre e di marito l'uomo potrà nuovamente rifugiarsi nella tranquillità quotidiana. ■ DRAMMATICO; COL.; 114'; ITALIA, 1982.

IO SO CHI HA UCCISO *(Der Pfarrer von St. Pauli)* ★★
Regia di ROLF OLSEN. Con WERNER BRUHNS, CURD JÜRGENS, BARBARA LASS, HEINZ REINCKE. ■ Un sacerdote tedesco attraversa una crisi profonda e per questo viene inviato in una parrocchia sperduta. Dopo essere riuscito ad assicurare con la sua intraprendenza alcuni malviventi alla giustizia, riacquista la fiducia delle alte sfere ecclesiastiche. ■ DRAMMATICO; COL.; 91'; GERMANIA, 1970.

IO SONO ANNA MAGNANI ★★
Regia di CHRIS VERMORCKEN. Con VITTORIO DE SICA, ROBERTO ROSSELLINI, LUCHINO VISCONTI. ■ La vita di Anna Magnani, la grande attrice italiana scomparsa nel 1974, ricostruita in questo documentario attraverso filmati di repertorio, fotografie, interviste a lei e alle persone che l'hanno conosciuta, e spezzoni di suoi film famosi come *Bellissima*, *Roma città aperta* o *L'onorevole Angelina*. ■ DOCUMENTARIO; COL.; 95'; BELGIO, 1979.

IO SONO BRUCE LEE LA TIGRE RUGGENTE ★★
(Invisible Boxer)
Regia di PAO HSUEH LI. Con MEO TAY, YANG LI, MEI FEI, TAO HUNG PING. ■ Filmetto che sfrutta il nome di Bruce Lee, girato dopo la morte dell'attore. ■ AVVENTURA; COL.; 90'; HONG KONG, 1975.

IO SONO CON TE *(Je suis avec toi)* ★★
Regia di HENRI DECOIN. Con BERNARD BLIER, PIERRE FRESNAY, YVONNE PRINTEMPS. ■ Una moglie gelosa e sospettosa si finge un'altra per osservare la reazione del marito. Questi rimane affascinato dalla donna e cade nel tranello. Il tradimento dunque c'è stato ma la moglie lo perdona, anche perché lui scopre l'inganno. ■ COMMEDIA; B/N; 95'; FRANCIA, 1943.

IO SONO CON TE ★★
Regia di GUIDO CHIESA. Con MUSTAPHA BENSTITI, AHMED HAFIENE, MOHAMED IDOUDI, NADIA KHLIFI, RABEB SRAIRI. ■ Maria è una giovane figlia di pastori promessa in sposa a Giuseppe di Nazareth, un vedovo con due figli, pronto ad accettare il mistero della sua gravidanza. Lasciata la sua casa, si trova a che fare con il fratello più anziano di Giuseppe, Mardocheo, che detta legge e cresce i figli intimando loro disciplina e sottomissione. Dando alla luce Gesù, Maria si prenderà la responsabilità di sovvertire molte regole della cultura patriarcale, dalla scelta del nome alla somministrazione del colostro e al rifiuto della circoncisione. Gesù cresce dunque nella piena fiducia della madre e nella convinzione che non tutte le leggi indicate dai sacerdoti siano davvero espressione della volontà divina, specie quelle che richiedono sacrifici e violenze. *Io sono con te* è il film con cui Guido Chiesa ha voluto illuminare la "terza dimensione" di Cristo: non il Figlio, non il Padre, ma la Madre. ■ DRAMMATICO; COL.; 102'; ITALIA, 2010.

IO SONO CURIOSA *(Jag Ar Nyfiken, Gul)* ★★★
Regia di VILGOT SJÖMAN. Con BORJE AHLSTEDT, PETER LINDGREN, LENA NYMAN, CHRIS WAHLSTROM. ■ Lena Nyman, la protagonista, intervista personalità quali Gustavo di Svezia o Martin Luther King e gente della strada per cogliere i diversi aspetti della società presente e futura e ironizzare sulle contraddizioni della socialdemocrazia, sulla presunta libertà di cui godiamo, sul Terzo Mondo, sui costumi sessuali del suo paese. Tra una considerazione e l'altra, Lena, che si prepara a girare un film, proprio in base a queste interviste, si innamora di un uomo che ha già una compagna e una figlia, lo abbandona e lo riprende. ■ COMMEDIA; B/N; 98'; SVEZIA, 1967.

IO SONO DILLINGER *(Young Dillinger)* ★★
Regia di TERRY MORSE. Con NICK ADAMS, JOHN ASHLEY, VICTOR BUONO, ROBERT CONRAD, JOHN HOYT, DAN TERRANOVA. ■ Dillinger deruba il padre per andare a vivere lontano con la sua ragazza. Preso e messo in galera, viene scarcerato prima del tempo per buona condotta. Riuniti i vecchi amici costituisce una banda che diventa famosa per le spettacolari rapine. I poliziotti riescono a individuare il bandito grazie alle indicazioni della sua amante, incinta e pentita, e lo uccidono in uno scontro a fuoco. ■ DRAMMATICO; B/N; 102'; USA, 1965.

IO SONO IL CAPATAZ ★★
Regia di GIORGIO SIMONELLI. Con SILVANA PAMPANINI, LUIGI PAVESE, RENATO RASCEL. ■ Il sosia di un rivoluzionario viene condotto al suo paese d'origine del quale diventa dittatore. Quando si rende conto che le manovre dei suoi consiglieri l'hanno reso inviso a tutti, finge di essere il gemello del tiranno. ■ COMICO; B/N; 94'; ITALIA, 1950.

IO SONO IL PIÙ GRANDE *(The Greatest)* ★★
Regia di TOM GRIES. Con ERNEST BORGNINE, CASSIUS CLAY, ROBERT DUVALL, LLOYD HAYNES, BEN JOHNSON, JOHN MARLEY. ■ È la storia di Cassius Clay, interpretata da lui stesso con l'inserzione di alcuni filmati di combattimenti. ■ BIOGRAFICO; COL.; 101'; USA, 1977.

IO SONO LA LEGGE *(The Lawman)* ★★★
Regia di MICHAEL WINNER. Con LEE J. COBB, ROBERT DUVALL, BURT LANCASTER, SHEREE NORTH, ROBERT RYAN. ■ Lo sceriffo del paese in cui sette mandriani ubriachi hanno portato lo scompiglio si reca al loro villaggio, per cercare di individuare il colpevole che ha ucciso, seppur involontariamente, un vecchio. Sordo ai consigli e ai tentativi di accomodamento del collega, l'uomo affronta i sette sconosciuti e li uccide uno ad uno. ■ WESTERN; COL.; 98'; USA, 1970.

IO SONO L'AMORE ★★★
Regia di LUCA GUADAGNINO. Con PIPPO DELBONO, EDOARDO GABBRIELLINI, FLAVIO PARENTI, ALBA ROHRWACHER, TILDA SWINTON. ■ Emma è la moglie "straniera" e composta di Tancredi Recchi, influente esponente dell'alta borghesia industriale lombarda. Sposati senza amore, Emma e Tancredi vivono tra agi e ipocrisie in una grande villa nel cuore di Milano insieme ai loro tre figli: Elisabetta, Edoardo e Gianluca. Prossimo al padre per cinismo e concretezza, Gianluca si distingue dai suoi fratelli, sensibili e idealisti come Emma, che veglia amorevole sulla loro felicità precaria. Edoardo, orgoglio della madre, delude invece le aspettative del padre ripiegando sulla gestione di un ristorante bucolico in società con Antonio, un giovane chef di talento e di bassa estrazione sociale. L'ingresso in scena di Antonio sovvertirà equilibri e destini con la forza e la "portata" dell'amore. Luca Guadagnino, partendo da quell'angolo limitato di osservazione e attraverso le vicende umane e professionali di una famiglia di industriali milanesi, racconta bene la borghesia senza assolverla. Dentro una villa che congela e impedisce sentimenti e movimenti del cuore, entra impetuosamente colui che "è l'amore", colui che porta con sé, per nascita e per vocazione, il principio di natura, la fiamma e gli ingredienti in grado di recuperarli all'emozione. ■ COMMEDIA; COL.; 120'; ITALIA, 2009.

IO SONO LA PRIMULA ROSSA – IL SANCULOTTO ★★
Regia di GIORGIO SIMONELLI. Con KERIMA, NANDO GAZZOLO, LUIGI PAVESE, RENATO RASCEL. ■ In Francia i nemici della rivoluzione vengono ghigliottinati. Un fantomatico personaggio, chiamato Primula Rossa, aiuta i controrivoluzionari. Un nobile inglese per sfuggire alla sorveglianza della moglie si trasferisce in Francia e si fa credere la Primula Rossa: toccherà a quello autentico toglierlo dai guai. ■ COMICO; COL.; 92'; ITALIA, 1955.

IO SONO LEGGENDA *(I Am Legend)* ★★★
Regia di FRANCIS LAWRENCE. Con ALICE BRAGA, DASH MIHOK, SALLI RICHARDSON, WILL SMITH, WILLOW SMITH, CHARLIE TAHAN. ■ New York, 2012. Un virus ha trasformato tutti gli uomini in vampiri. La città è deserta, e l'unico sopravvissuto all'epidemia è il Dottor Robert Neville, scopritore di un possibile siero che potrebbe salvare l'umanità. Neville si muove alla luce del giorno con il suo cane lupo seguendo le stesse abitudini, in attesa della notte, in cui i vampiri escono dalla penombra, attaccando tutto ciò che incontrano. Non è facile costruire un film su un solo

attore (se si escludono il cane, i vampiri, qualche flashback e due superstiti), e il *day by day* del protagonista è scandito con lentezza, quasi a voler fare respirare allo spettatore il senso di solitudine. A dispetto della necessità di includere la componente horror (le scene d'azione sono presenti per coinvolgere il target giovane), a parte la mezz'ora finale, *Io sono leggenda*, si concentra sul singolo, sull'uomo che poteva cambiare il mondo, su chi ha la consapevolezza che è molto semplice distruggere ciò che si ha per le mani tutti i giorni. L'11 settembre è lì, è l'origine delle cose, e Richard Matheson che nel 1954 scrisse il romanzo omonimo, non avrebbe potuto immaginarselo così reale. Ma alla fine, la convinzione ultima, è che solo l'umanità può decidere le sorti del mondo. ■ AZIONE; COL.; 101'; USA, 2007.

IO SONO LI ★★
Regia di ANDREA SEGRE. Con GIUSEPPE BATTISTON, ROBERTO CITRAN, MARCO PAOLINI, RADE SHERBEDGIA, ZHAO TAO. ■ Li confeziona quaranta camicie al giorno per pagare il debito e i documenti che le permetteranno di riabbracciare suo figlio. Impiegata presso un laboratorio tessile, viene trasferita dalla periferia di Roma a Chioggia, città lagunare sospesa tra Venezia e Ferrara. Barista dell'osteria Paradiso, Shun Li impara l'italiano e conosce Bepi, un pescatore slavo da trent'anni a bagno nella Laguna. Poeta e gentiluomo, Bepi è profondamente commosso dalla sensibilità della donna di cui avverte lo struggimento per quel figlio e quella sua terra lontana. La loro intesa non sfugge agli sguardi limitati della provincia e delle rispettive comunità, mettendo bruscamente fine alla sentimentale corrispondenza. ■ DRAMMATICO; COL.; 100'; FRANCIA, ITALIA, 2011.

IO SONO MIA ★★
Regia di SOFIA SCANDURRA. Con ANNA HENKEL, MICHELE PLACIDO, WALTER RICCIARDI, STEFANIA SANDRELLI, MARIA SCHNEIDER. ■ Film girato esclusivamente da donne, tratto da un brutto romanzo di Dacia Maraini. È la storia di una moglie che si allontana dal marito. Ha esperienze sessuali con un uomo e una donna che muoiono entrambi. Ma non tornerà col marito. ■ DRAMMATICO; COL.; 100'; ITALIA, 1977.

IO SONO PERVERSA *(The Big Bounce)* ★★
Regia di ALEX MARCH. Con JAMES DALY, LEE GRANT, RYAN O'NEAL, LEIGH TAYLOR-YOUNG, ROBERT WEBBER. ■ La giovane amante di un potente uomo d'affari – che si serve di lei per intrattenere piacevolmente i colleghi – si innamora di un giovane e vuole coinvolgerlo in un grosso furto. Poiché il ragazzo esita lei decide di ucciderlo, ma a morire, al posto suo, è un innocente. La giovane riesce ad evitare la galera ma rimane sola. ■ DRAMMATICO; COL.; 102'; USA, 1969.

IO SONO TU *(Identity Thief)* ★★
Regia di SETH GORDON. Con JASON BATEMAN, JOHN CHO, JON FAVREAU, MELISSA MCCARTHY, ERIC STONESTREET. ■ Sandy Bigelow Patterson è un dirigente in procinto di fare un importante passo sul piano professionale, mentre nel suo quieto mènage familiare (moglie e due figli) c'è un nascituro in arrivo. Tutto questo sembra infrangersi quanto Sandy scopre che qualcuno gli ha rubato l'identità. Trovato il colpevole – una donna della Florida mentre lui vive in Colorado – ha una settimana di tempo per raggiungerla e farle confessare ufficialmente la verità. Squadra che vince non si cambia, così l'alleanza tra Seth Gordon e Jason Bateman dopo *Come ammazzare il capo e vivere felici* (200 milioni di dollari incassati nel mondo) si ripropone. Con l'aggiunta di Melissa McCarthy e con un esito altalenante: lo spunto di partenza affonda nella realtà quotidiana, ma poi arrivano le complicazioni. E che fatica! ■ COMMEDIA; COL.; 111'; USA, 2012.

IO SONO UN AUTARCHICO ★★★
Regia di NANNI MORETTI. Con LUCIANO AGATI, LORENZA CODIGNOLA, SIMONA FROSI, NANNI MORETTI, BENIAMINO PLACIDO. ■ Nanni Moretti, che due anni dopo dirigerà *Ecce Bombo*, in questo film girato in super-8 racconta le delusioni di un sessantottino a cui va tutto male. ■ COMMEDIA; COL.; 95'; ITALIA, 1976.

IO SONO UN CAMPIONE *(This Sporting Life)* ★★
Regia di LINDSAY ANDERSON. Con ALAN BADEL, RICHARD HARRIS, WILLIAM HARTNELL, RACHEL ROBERTS. ■ Un minatore atletico diventa in poco tempo un noto campione di rugby. Fra le tante donne che ha occasione di incontrare, rimane affascinato da una vedova che però non ricambia i suoi sentimenti. Reso arrogante e violento dalla delusione, lo sportivo cadrà sempre più in basso. ■ DRAMMATICO; B/N; 134'; GRAN BRETAGNA, 1963. ■ CANNES 1 PR; OSCAR 2 NOM.

IO SONO UN CRIMINALE *(I Am a Criminal)* ★★
Regia di WILLIAM NIGH. Con JOHN CARROLL, MARY KORNMAN, MARTIN SPELLMAN. ■ Un gangster finisce in tribunale dopo un incidente in una delle sue case da gioco. Su consiglio di un esperto, per conquistarsi la simpatia dell'opinione pubblica adotta un orfano e gli si affeziona a tal punto che fugge di prigione per stargli vicino. Si persuaderà a scontare la pena. ■ AVVENTURA; B/N; 73'; USA, 1938.

IO SONO UN EVASO – L'EVASO ★★★★
(I Am a Fugitive from a Chain Gang)
Regia di MERVYN LE ROY. Con GLENDA FARRELL, PAUL MUNI, HELEN VINSON. ■ Un reduce senza lavoro viene costretto a partecipare ad una rapina ma viene preso e condannato. Fuggito dal carcere, lavora sotto falso nome e fa carriera. La padrona di casa scopre la sua vera identità e si fa sposare. Tempo dopo l'evaso si innamora di un'altra, chiede il divorzio alla moglie e questa lo denuncia. Lui finisce in galera ma poiché i poliziotti non mantengono i patti, nonostante lui si sia costituito, fugge di nuovo. ■ DRAMMATICO; B/N; 93'; USA, 1932. ■ OSCAR 3 NOM.

IO SONO VALDEZ *(Valdez is Coming)* ★★★
Regia di EDWIN SHERIN. Con SUSAN CLARK, BURT LANCASTER, FRANK SILVERA. ■ Robert Valdez, un vice sceriffo messicano, è costretto a uccidere, per legittima difesa, il nero Johnson, braccato da un gruppo di malfattori. Riuscirà poi a ottenere con la violenza una pensione per la vedova dell'ucciso. ■ WESTERN; COL.; 90'; USA, 1971.

IO SPERIAMO CHE ME LA CAVO ★★★
Regia di LINA WERTMÜLLER. Con ISA DANIELI, PAOLO VILLAGGIO. ■ Tratto dal libro campione di vendite di Marcello D'Orta. Buona l'interpretazione di Villaggio, più misurato del solito, che finalmente nei primi anni Novanta ha ripreso a essere valorizzato e ha vinto il Leone d'Oro alla carriera. È la storia di un maestro che esercita ad Arzano, nei pressi di Napoli. Vicino a *Cuore* di De Amicis, il film è legato dai temi scritti dagli allievi del maestro. Si sorride spesso, forse una maggiore sobrietà avrebbe aiutato ad apprezzarlo di più. Grande successo di pubblico. ■ COMMEDIA; COL.; 100'; ITALIA, 1992.

IO STO CON GLI IPPOPOTAMI ★★★
Regia di ITALO ZINGARELLI. Con JOE BUGNER, MAY DLAMINI, TERENCE HILL, BUD SPENCER. ■ Un commerciante africano di pochi scrupoli cattura numerosi animali e intende spedirli in Canada. Tom e Slim, due simpatici avventurieri amici della natura (affittavano armi caricate a salve ai cacciatori), si mettono da soli contro l'organizzazione dell'uomo d'affari e riescono a liberare gli animali. ■ AVVENTURA; COL.; 109'; ITALIA, 1979.

IO, SUO PADRE ★★
Regia di MARIO BONNARD. Con MARIELLA LOTTI, EVI MALTAGLIATI, ERMINIO SPALLA. ■ Un giovane pugile perde la testa per una donna e ne diventa l'amante. Quando le chiede di sposarlo, lei rifiuta per non perdere un ricco protettore. Il ragazzo, deluso, torna allo sport. ■ COMMEDIA; B/N; 93'; ITALIA, 1939.

IO T'HO INCONTRATA A NAPOLI ★★
Regia di PIETRO FRANCISCI. Con LEO DALE, PEPPINO DE FILIPPO, CLAUDIO GORA, ANNA NIEVO, PAOLO STOPPA. ■ Un militare americano e un'attrice si incontrano e si innamorano. Siccome lui è anche produttore cinematografico, le proporrà, tra una canzone napoletana e l'altra, di andare con lui oltreoceano per fargli da moglie e da primadonna. ■ COMMEDIA; B/N; 94'; ITALIA, 1946.

IO TI AMO ★
Regia di ANTONIO MARGHERITI. Con TURI CAMPOCHIARO, DALIDA, GIOIA DESIDERI, ALBERTO LUPO, MARISA QUATTRINI. ■ La modella di un pittore ne critica i quadri astratti facendolo cadere in una forte crisi artistica. I due però si innamorano e lei, approfittando di un breve periodo di vacanza, decide di star vicina

all'artista. Morirà in un incidente d'auto. ■ DRAMMATICO; COL.; 92'; ITALIA, 1968.

IO TI ASPETTERÒ *(The Sisters)* ★★★
Regia di ANATOLE LITVAK. Con BETTE DAVIS, ERROL FLYNN, IAN HUNTER, ANITA LOUISE. ■ Patetica storia delle tre figlie di un farmacista americano. La maggiore sposa un giornalista che si rivelerà violento e manesco e, dopo averla abbandonata, tornerà pentito da lei; la seconda diventerà moglie di un benestante vedovo che tradisce, e alla cui morte collezionerà matrimoni e divorzi; la terza sposa un banchiere libertino che saprà riportare sulla retta via. ■ COMMEDIA; B/N; 98'; USA, 1938.

IO TIGRO, TU TIGRI, EGLI TIGRA ★★
Regia di GIORGIO CAPITANI, RENATO POZZETTO. Con ENRICO MONTESANO, COCHI PONZONI, RENATO POZZETTO, PAOLO VILLAGGIO. ■ Tre storielle che vorrebbero far ridere, imperniate esclusivamente sulle interpretazioni di buoni attori. ■ FILM A EPISODI; COL.; 120'; ITALIA, 1978.

IO TI SALVERÒ *(Spellbound)* ★★★
Regia di ALFRED HITCHCOCK. Con INGRID BERGMAN, LEO G. CARROLL, MICHAEL CHEKHOV, RHONDA FLEMING, GREGORY PECK. ■ Una vicenda piuttosto intricata nella quale Hitchcock dà una ennesima prova della sua abilità e la Bergman si produce in un'interpretazione di prim'ordine. Una giovane psicologa si rende conto che il nuovo direttore della casa di cura nella quale lavora è malato di mente. Prende a cuore il caso e, attraverso una serie di terapie, scopre che l'uomo è convinto di aver ucciso un amico. Il responsabile invece è un altro. ■ DRAMMATICO; B/N; 111'; USA, 1945. ■ OSCAR 1 PR, 6 NOM; VENEZIA 1 PR.

IO, TU E TUA SORELLA ★★
Regia di SALVATORE PORZIO. Con LUCIO AIELLO, CRESCENZO AUTIERI, LEO GULLOTTA, BARBARA LIVI, PAOLA ONOFRI. ■ Napoli ai nostri giorni. Sandro e Antonella sono in crisi in seguito a un trauma che ha colpito la donna nel passato. Sua sorella Elisa è finita, per lo stesso motivo, in un ospedale psichiatrico. Dimessa, Elisa va a vivere con la sorella suscitando l'attenzione del cognato. Antonella se ne accorge e fa ricoverare di nuovo Elisa. ■ DRAMMATICO; COL.; 99'; ITALIA, 1997.

IO UCCIDO, TU UCCIDI ★★
Regia di GIANNI PUCCINI. Con FRANCO FRANCHI, CICCIO INGRASSIA, TOMAS MILIAN, JEAN-LOUIS TRINTIGNANT, ENRICO VIARISIO. ■ Sono sei episodi: due amici ammazzano le mogli e si trasferiscono a Parigi; una ragazza facile non riesce a procurare l'infarto al ricco cliente; una donna si fa uccidere per salvare l'innocente che ama; un fumatore incallito muore del suo vizio; alcuni bambini ammazzano chi non apprezza il loro cagnolino; un dongiovanni muore tra le braccia dell'ultima conquista. ■ COMMEDIA; B/N; 110'; ITALIA, 1965.

IO, UNA DONNA *(Jeg, en kvinde)* ★★
Regia di MAC AHLBERG. Con ERIK HELL, TOVE MAËS, PREBEN MAHRH, ESSY PERSSON, JORGEN REENBERG. ■ Un'infermiera lascia il fidanzato e diventa amante di un ex ricoverato. Questi vorrebbe che diventasse sua moglie ma lei, contraria a qualsiasi tipo di legame, tronca la relazione. Succede lo stesso con altri due uomini. La ragazza trova finalmente il suo ideale in un tipo volgare. ■ DRAMMATICO; B/N; 94'; SVEZIA, 1965.

IO VI DICHIARO MARITO E... MARITO ★★
(I Now Pronounce You Chuck and Larry)
Regia di DENNIS DUGAN. Con SHELBY ADAMOWSKY, DAN AYKROYD, JESSICA BIEL, STEVE BUSCEMI, KEVIN JAMES, COLE MORGEN, VING RHAMES, ADAM SANDLER. ■ Chuck Levine e Larry Valentine sono due stimati vigili del fuoco che, per mera convenienza economica, si trovano a dover inscenare una relazione gay con tanto di matrimonio a certificarne la solidità. A mettere i bastoni tra le ruote ai due, oltre alle naturali difficoltà riscontrate nel rendere credibile il rapporto, ci pensa anche la sensualità della bellissima avvocatessa Alex McDonough, che rischia di far saltare la copertura del duo. ■ COMMEDIA; COL.; 115'; USA, 2007.

IO VI TROVERÒ *(Taken)* ★
Regia di PIERRE MOREL. Con XANDER BERKELEY, KATIE CASSIDY, MAGGIE GRACE, FAMKE JANSSEN, LIAM NEESON, OLIVIER RABOURDIN. ■ Un ex agente segreto dovrà mettere in campo tutta la sua esperienza e un'implacabile ferocia per cercare di salvare la figlia che, durante un viaggio a Parigi, viene sequestrata da un'organizzazione criminale che rapisce giovani donne per inserirle in un giro di prostituzione dopo averle drogate. Una caccia all'ultimo sangue, senza quartiere, sulle tracce della figlia scomparsa. ■ AZIONE; COL.; 93'; FRANCIA, 2008.

IO VI UCCIDERÒ *(Freeway)* ★★
Regia di FRANCIS DELIA. Con BILLY DRAGO, DARLANNE FLUEGEL, JAMES RUSSO. ■ Un folle omicida impazza sulla tangenziale di Los Angeles, ammazzando tutti i disgraziati che gli capitano. La vedova di una delle vittime, scontenta dei risultati delle indagini della polizia, decide di indagare per conto suo e scopre che il maniaco è un prete spretato. ■ THRILLER; COL.; 91'; USA, 1988.

IO VIVO LA MIA VITA *(I Live my Life)* ★★
Regia di WOODBRIGE STRONG VAN DYKE. Con BRIAN AHERNE, JOAN CRAWFORD. ■ Una capricciosa fanciulla perde la testa per un archeologo. Anche lui si innamora e vuole sposarla. Ne succedono di tutti i colori. ■ COMMEDIA; B/N; 81'; USA, 1935.

IO, WILLY E PHIL *(Willie and Phil)* ★★
Regia di PAUL MAZURSKY. Con MARGOT KIDDER, MICHAEL ONTKEAN, RAY SHARKEY, NATALIE WOOD. ■ L'insegnante Willy e il fotografo Phil s'innamorano di una bella ragazza, Jeannette. Lei finisce per sposare Willy, ma fa l'amore anche con Phil. Nasce una bambina, figlia di Willy. I due uomini si alternano per anni al fianco della donna, ma tutto crolla quando cercano di iniziare un vero e proprio ménage a tre. Alla fine ognuno va per la sua strada. Discreta commedia di Mazursky, che però difetta della grazia e dell'intelligenza del suo modello, *Jules e Jim* di Truffaut. ■ COMMEDIA; COL.; 115'; USA, 1979.

IO ZOMBO, TU ZOMBI, EGLI ZOMBA ★★
Regia di NELLO ROSSATI. Con NADIA CASSINI, DUILIO DEL PRETE, ANNA MAZZAMAURO, RENZO MONTAGNANI, COCHI PONZONI. ■ Quattro zombi nostrani hanno bisogno, per continuare la loro "morte vivente", di cibarsi di carne umana. Per procurarsela si mettono a gestire un motel con intenzione di mangiarsi i clienti, ma qualcosa va sempre storto per loro e dritto per gli ospiti. ■ COMMEDIA; COL.; 92'; ITALIA, 1979.

IP5 – L'ISOLA DEI PACHIDERMI *(IP5)* ★★★
Regia di JEAN-JACQUES BEINEIX. Con OLIVIER MARTINEZ, YVES MONTAND, SEKKOU SALL. ■ Arrivato con grande ritardo sugli schermi italiani è con *Betty Blue* il miglior film di Beineix. Purtroppo è legato alla morte di Montand, avvenuta in seguito a una broncopolmonite, che ha girato alcune lunghe scene su un lago gelato. I tre protagonisti, condotti da un anziano e poetico "spirito-guida", sono alla ricerca di qualcosa. Black è un ragazzino di colore, molto bravo a ballare la *breakdance*, in cerca di una madre. Tony vuol rivedere una ragazza infermiera con la quale ha avuto una breve storia d'amore. Molto originale e apparentemente slegato, riporta alla luce un autore che quando non è presuntuoso convince. Commovente Yves Montand. ■ COMMEDIA; COL.; 105'; FRANCIA, 1991.

IPCRESS *(The Ipcress File)* ★★★
Regia di SIDNEY J. FURIE. Con MICHAEL CAINE, GUY DOLEMAN, NIGEL GREEN, SUE LLOYD. ■ Divenuto agente segreto controvoglia, Harry è incaricato di scoprire se due scienziati sono fuggiti volontariamente oltre cortina o se sono stati rapiti. Nel corso delle indagini, viene rapito e sottoposto al lavaggio del cervello con esito negativo. Resosi conto che uno dei suoi superiori è un traditore, riesce a individuarlo e ad ucciderlo prima che l'altro sopprima lui. ■ SPIONAGGIO; COL.; 108'; GRAN BRETAGNA, 1965.

IPERSECRET – CARLETTO BUM *(Calle P.)* ★★
Regia di ROBERT BRANDT. Con CARL GUSTAF LINDSTEDT, LENA SÖDERBLOM, ULL UNDFORS. ■ Due assessori comunali, preoccupati per il crescente e caotico traffico cittadino, ottengono che il loro progetto – la demolizione di interi quartieri – venga approvato. Un ingegnoso inventore trova una soluzione più intelligente. ■ COMMEDIA; B/N; 91'; SVEZIA, 1966.

IPNOSI ★★
Regia di EUGENIO MARTÍN. Con MARA CRUZ, GOTZ GEORGE,

ELEONORA ROSSI DRAGO, JEAN SOREL. ■ Due uomini e una donna eseguono un numero di ipnosi e ventriloquia. Lei è sposata a uno di essi che l'ama, ma anche il collega nutre lo stesso sentimento e una morbosa gelosia. Un giorno il marito viene ucciso; la donna, a rischio della propria vita, costringerà l'assassino a confessare il suo delitto. ■ DRAMMATICO; B/N; 90'; ITALIA, 1963.

IPNOTISTA, L' *(Hypnotisören)* ★★
Regia di LASSE HALLSTRÖM. Con HELENA AF SANDEBERG, JONATAN BÖKMAN, LENA OLIN, MIKAEL PERSBRANDT, TOBIAS ZILLIACUS. ■ Stoccolma. Il commissario Jonna Linna indaga su un triplice omicidio all'interno di una famiglia. Il padre è stato ucciso nella palestra in cui è istruttore e la moglie e la figlia minore nella loro abitazione. L'unico sopravvissuto, ma in coma, è Josef, il figlio maggiore. C'è anche una sorella che vive sola e che potrebbe costituire il prossimo bersaglio dell'assassino. Linna ha bisogno di avere indizi e chiama quindi al capezzale del ragazzo l'ipnotista Erik Maria Bark il quale ha smesso di esercitare in seguito a uno scandalo. Erik Maria cerca, con qualche successo, di far parlare il ragazzo. Lars Kepler (pseudonimo di Alexander e Alexandra Ahndoril) sta alla base, con il suo romanzo omonimo, di questo ritorno a casa di Lasse Hallström. Non mancano i colpi di scena ma ciò che domina è l'ambientazione nordica in cui Hallström ritrova una lucidità priva di furbizie che sembrava ormai perduta. ■ THRILLER; COL.; 122'; SVEZIA, 2013.

IPOTESI DI COMPLOTTO *(Conspiracy Theory)* ★★★
Regia di RICHARD DONNER. Con MEL GIBSON, JULIA ROBERTS, PATRICK STEWART. ■ Donner e Gibson funzionano bene, basta pensare ad *Arma letale*, ma qui la storia è meno semplice. Lui è un tassista mezzo matto (è stato killer per la Cia). È un personaggio scomodo e nell'agenzia c'è chi lo vuole morto, ma ci andrebbe di mezzo la bella Alice (Roberts) e l'ex agente è ancora più motivato. Trascinante e un po' complicato. ■ GIALLO; COL.; 134'; USA, 1997.

IPOTESI DI REATO *(Changing Lanes)* ★★
Regia di ROGER MICHELL. Con BEN AFFLECK, TONI COLLETTE, WILLIAM HURT, SAMUEL L. JACKSON, SYDNEY POLLACK. ■ Un avvocato di successo e un ex alcolizzato hanno un piccolo incidente su una superstrada di New York. Da questo episodio di ordinaria quotidianità si sviluppa un crescendo decisamente fuori misura che vede i due scontrarsi con sempre maggiore ferocia. Se a Michell era andata bene con *Notting Hill*, qui dimostra di non tenere in pugno il crescere della tensione, indeciso se propendere per *La guerra dei Roses* o se puntare (come poi fa) al finale moralistico. L'ovvietà impera. ■ DRAMMATICO; COL.; 99'; USA, 2002.

IPPOCAMPO, L' ★★
Regia di GIAN PAOLO ROSMINO. Con LIDA BAAROVA, VITTORIO DE SICA, ENRICO VIARISIO. ■ Un musicista è innamoratissimo della moglie, che lo ricambia con altrettanta passione. Un giorno, però, una serie di fatti porta lo scompiglio e la rottura della perfetta armonia familiare. L'uomo dovrà dire alla moglie che l'ha tradita, benché non sia vero, per riconquistarla. ■ DRAMMATICO; B/N; 92'; ITALIA, 1943.

IRACEMA ★★
Regia di JORGE BODANSKY. Con EDNA DE CASSIA, PAULO CESAR PERÉIO. ■ Mentre la propaganda governativa parla di progresso, benessere e crescita, Iracema, giovanissima prostituta, inizia il suo viaggio attraverso il Brasile per cercare la sua fetta di felicità promessa. Riesce solo a continuare la sua professione in un ambiente squallido e miserabile: l'unica realtà che la ragazza, e milioni di persone come lei, potrà mai conoscere. ■ DRAMMATICO; COL.; 93'; BRASILE, GERMANIA, 1974.

IRA DI ACHILLE, L' ★★
Regia di MARINO GIROLAMI. Con JACQUES BERGERAC, CRISTINA GAIONI, GORDON MITCHELL. ■ Infuria la guerra di Troia e Achille, dopo l'offesa recatagli da Agamennone, comandante greco, rifiuta di riprendere a combattere. Patroclo, il suo migliore amico, indossa le sue vesti ma non inganna a lungo i nemici, che lo uccidono. Achille, allora, si scatena. ■ AVVENTURA; COL.; 92'; ITALIA, 1962.

IRA DI BRUCE LEE, L' *(The Iron Profligate)* ★
Regia di WU MIN SHONG. Con LEI CHENG KUN, TANO LOONG, YN TIAN. ■ Un'ora e mezzo di cazzotti e calci. ■ AVVENTURA; COL.; 91'; HONG KONG, 1974.

IRA DI DIO, L' ★★
Regia di ALBERTO CARDONE. Con MONTGOMERY FORD, WAYDE PRESTON, FERNANDO SANCHO ■ Sette uomini uccidono, per derubarla, una ragazza. Il suo fidanzato ne segue le tracce deciso a vendicarla. Infatti li ritrova e li elimina uno a uno. ■ AVVENTURA; COL.; 94'; ITALIA, 1968.

I.R.A. – UN GESTO ESTREMO *(A Further Gesture)* ★★
Regia di ROBERT DORNHELM. Con BRENDAN GLEESON, ALFRED MOLINA, ROSANA PASTOR, STEPHEN REA, JORGE SANZ. ■ Un militante dell'Ira senza più ideali scappa dal carcere a Belfast e si nasconde a New York. Qui decide di uccidere per amore un dittatore latinoamericano in esilio. Un film al servizio della riflessione politica ma senza il nerbo di una regia che sappia sfruttare la sceneggiatura. Scritta da uno dei biografi dei protagonisti reali di *In nome del padre*. ■ AZIONE, COL.; 97'; GERMANIA, GIAPPONE, GRAN BRETAGNA, IRLANDA, 1997.

IRA VIENE DALLA CINA, L' *(From China with Death)* ★
Regia di MA WU. Con JOSON CHIN, WILLIE MA, CARMEN YEE. ■ Un truffatore imbroglia due imbroglioni. Seguirà la vendetta, ma non tremenda. ■ AVVENTURA; COL.; 90'; HONG KONG, 1973.

IRENE *(Das Mädchen Irene)* ★★
Regia di REINHOLD SCHÜNZEL. Con HEDWIG BLEIBTREU, LIL DAGOVER. ■ Una donna si risposerebbe se la maggiore delle sue figlie non la supplicasse di desistere. La madre dapprima acconsente poi cede all'innamorato. La ragazza è talmente disperata che tenta il suicidio; la sorella la salva in tempo. ■ DRAMMATICO; B/N; 95'; GERMANIA, 1936.

IRENE ★★
Regia di HERBERT WILCOX. Con RAY MILLAND, ANNA NEAGLE. ■ Una commessa fa innamorare un giovane ricco che la raccomanda a una casa di moda. Divenuta indossatrice, la ragazza, che assomiglia molto a una nobile, sfrutta l'occasione e frequenta ambienti elevati. Qui incontra un uomo da cui si lascia corteggiare, ma alla fine accetterà la domanda di matrimonio del suo protettore. ■ COMMEDIA; B/N; 104'; USA, 1940. ■ OSCAR 1 NOM.

IRENE IRENE ★★★
Regia di PETER DEL MONTE. Con OLIMPIA CARLISI, FRANCESCA CARNELUTTI, ALAIN CUNY, SIBILLA SEDAT, VANIA VILERS. ■ Un magistrato viene abbandonato dalla moglie che ama dopo molti anni di matrimonio. Incapace di farsene una ragione, l'uomo dapprima riprende il lavoro, quindi va a trovare la famiglia del figlio. Nel frattempo viene a sapere che la moglie è morta e, mentre indaga per scoprire le cause del suo abbandono, piomba in una triste crisi di identità. Prende un treno, uno qualsiasi, sul quale muore in solitudine. ■ DRAMMATICO; COL.; 105'; ITALIA, 1975.

IREZUMI LO SPIRITO DEL TATUAGGIO ★★★
(Sekka Tomurai Zashi)
Regia di YOICHI TAKABAYASHI. Con YUHSUKE TAKITA, MASAYO UTSONOMYA, TOMISABURO WAKAYAMA. ■ Un uomo d'affari di Tokyo convince la sua giovane amante a farsi tatuare dal più autorevole maestro in materia. Lei accetta, ma perché il tatuaggio riesca bene, viene fatta coricare nuda sul giovane corpo del figlio-allievo del maestro, il quale si innamora di lei. Alla fine delle sedute, il giovane, disperato, si uccide. Quando anche il maestro morirà la donna, come promesso, tornerà in quella casa per bruciare un bastoncino di incenso. ■ DRAMMATICO; COL.; 109'; GIAPPONE, 1982.

IRINA PALM ★★★
Regia di SAM GARBARSKI. Con JENNY AGUTTER, KEVIN BISHOP, COREY BURKE, MARIANNE FAITHFULL, DORKA GRYLLUS, SIOBHAN HEWLETT, MIKI MANOJLOVIC. ■ Siamo nelle campagne attorno a Londra. Maggie ha un nipotino gravemente ammalato e in procinto di morire. Solo un'operazione in Australia può salvarlo, ma i genitori non hanno il denaro necessario per il viaggio. Maggie va nella capitale a cercare lavoro ma per lei, donna sulla sessantina, non ci sono offerte. Decide allora di tentare con una

proposta di assunzione come hostess. Il lavoro però non è quello che lei, ingenuamente, crede. Dovrà masturbare i clienti di un locale porno, i quali non avranno la possibilità di vederla. La donna, pensando alla salvezza del nipote, accetta nonostante tutto. Affinerà a tal punto la propria abilità nel "lavoro" da diventare la mano più richiesta dai clienti, che faranno la fila per "Irina Palm". Idea certamente singolare, servita per il botteghino. ■ DRAMMATICO, COL., 103'; BELGIO, FRANCIA, GERMANIA, GRAN BRETAGNA, LUSSEMBURGO, 2007.

IRIS ★★
Regia di AURELIO GRIMALDI. Con FRANCESCO DI LEVA, BARBARA GALLO, ARANCIA CECILIA GRIMALDI, GUJA JELO, SALVATORE LAZZARO. ■ Nell'isola di Ustica vive una famiglia serena, composta da genitori e tre figli, due maschi e la piccola Maria. Per il compleanno della mamma i ragazzi le regalano dei magnifici mazzi di fiori di campo. Maria, impreparata, ci rimane molto male e decide di provvedere. Cercherà i fiori ancora più belli, gli iris. Prodotto minimale che ricorda certi film di cinematografie lontane. Certo, tutto funziona e i luoghi sono belli. Ma era proprio indispensabile una storia come questa? ■ COMMEDIA; COL.; 76'; ITALIA, 2001.

IRIS FIORE DEL NORD *(Iris och Löjtnantshjärta)* ★★
Regia di ALF SJÖBERG. Con ALF KJELLIN, MAI ZETTERLING. ■ Dopo la prima deludente esperienza sessuale, una minorenne diventa amante di un ufficiale; lui la vuole sposare, anche perché la ragazza aspetta un figlio, ma muore prima. Nonostante il dolore, la fanciulla trova una ragione di vita nell'amore per il bambino. ■ DRAMMATICO; B/N; 85'; SVEZIA, 1946.

IRIS – UN AMORE VERO *(Iris)* ★★★
Regia di RICHARD EYRE. Con HUGH BONNEVILLE, JIM BROADBENT, JUDI DENCH, KATE WINSLET. ■ Iris Murdoch, famosa studiosa e scrittrice, viene colpita dal morbo di Alzheimer. Da quel momento la sua vita si trasforma profondamente. Da donna vitale e brillante qual era si trova a dipendere dal marito che un tempo subiva un po' passivamente la sua effervescenza. Il film alterna il passato privo di pregiudizi della donna e il presente in cui la malattia si aggiunge al peso dell'età. Biopic che segue la tradizione, con almeno tre grandi attori di cui uno, Broadbent, vincitore dell'Oscar. *Iris* è quel genere di film a cui non si chiede di restituire fisicamente l'immagine di un personaggio ma di offrircene un ritratto interiore. È quanto riesce ai protagonisti. ■ DRAMMATICO; B/N; 90'; GRAN BRETAGNA, USA, 2001. ■ BERLINO 1 PR; GOLDEN GLOBES 1 PR, 2 NOM; OSCAR 1 PR, 3 NOM.

IRLANDESE, L' *(The Dawning)* ★★★
Regia di ROBERT KNIGHTS. Con ANTHONY HOPKINS, TREVOR HOWARD, REBECCA PIDGEON, JEAN SIMMONS. ■ Tratto dal romanzo di Jennifer Johnston, *The Old Jest* (Il vecchio scherzo, ma *jest* significa anche zimbello), segna il buon esordio registico di Robert Knights. Bravi anche gli attori, su tutti Hopkins. Siamo nel 1920, d'estate, una ragazza è in vacanza dalla zia. Nel rifugio in cui lei si "ritira" conosce un uomo che si rivelerà essere un vecchio terrorista. Dopo un attentato l'uomo, ormai scoperto, verrà ucciso mentre va al rifugio per salutare la ragazza. Nel ruolo del nonno c'è Trevor Howard, nella sua ultima interpretazione. ■ DRAMMATICO; COL.; 95'; GRAN BRETAGNA, 1988.

IRMA LA DOLCE *(Irma la douce)* ★★★
Regia di BILLY WILDER. Con HERSCHEL BERNARDI, HOPE HOLIDAY, LOU JACOBI, JACK LEMMON, SHIRLEY MACLAINE. ■ Irma è una prostituta parigina che nutre sincero affetto per un ex poliziotto. Questi la spinge a frequentare un solo, ricco cliente, che poi sarebbe lui stesso travestito. Divenuto geloso di questa doppia personalità, l'uomo ne sopprime una ma finisce nei guai perché viene accusato di omicidio. Dimostrerà la sua innocenza riprendendo i panni dell'uomo e si dedicherà ad Irma che è in attesa di un bambino. ■ COMMEDIA; COL.; 142'; USA, 1963. ■ DAVID DI DONATELLO 1 PR, 1 NOM; OSCAR 1 PR, 3 NOM.

IRMA VA A HOLLYWOOD *(My Friend Irma Goes West)* ★★
Regia di HAL WALKER. Con CORINNE CALVET, JERRY LEWIS, JOHN LUND, DEAN MARTIN. ■ Quattro amici dalle ambizioni artistiche vengono scritturati da un sedicente produttore che scopriranno essere un pazzo scappato dal manicomio. Ottenuto l'ingaggio per il cantante del gruppo, partono tutti per Las Vegas dove una delle ragazze combina un sacco di guai. Riesce comunque a uscirne e a far catturare addirittura una banda di malviventi. Divenuta popolare, firma il contratto per un film. ■ COMICO; B/N; 90'; USA, 1950.

IRMA VEP ★★
Regia di OLIVER ASSAYAS. Con NATHALIE BOUTHEFEU, MEGGIE CHEUNG, JEAN-PIERRE LÉAUD. ■ Agli albori del cinema c'era una serie muta francese intitolata *Les vampires*. Protagonista era Musidora, diva degli anni dieci. Irma Vep è l'anagramma di vampire, appunto. Gli ingredienti della storia sono: Assayas, critico dei famosi «Cahiers» diventato regista; la "contaminatio" col cinema di Hong Kong; Jean Pierre Léaud piccolo eroe della "nouvelle vague"; lo scarsissimo budget. Il risultato: tre giorni di programmazione nelle sale. Ma non mancano i critici che hanno beatificato il titolo. Sempre apprezzabile il tentativo dell'intelligenza, anche se non riesce del tutto. ■ AVVENTURA; COL.; 98'; FRANCIA, 1996.

IRONIA DELLA SORTE, L' *(L'ironie du sort)* ★★
Regia di EDOUARD MOLINARO. Con MARIE-HÉLÈNE BREILLAT, PIERRE CLÉMENTI, BRIGITTE FOSSEY, CLAUDE RICH. ■ Storia di partigiani francesi durante l'occupazione tedesca del 1943. Molinaro, andando contro la sua natura di regista semplice ed efficace, cerca di raccontare anche quello che sarebbe accaduto "se" fossero successi altri avvenimenti. ■ DRAMMATICO; COL.; 80'; FRANCIA, 1973.

IRON LADIES, THE *(Satree lek)* ★★
Regia di YONGYOOTH HONGKONTHUN. Con EKACHAI BURANAPANIT, GIORGIO MAIOCCHI, CHAICHARN NIMPULSAWASDI, JESDAPORN PHOLDEE, SAHAPHAP TOR. ■ Mong è un pallavolista dotato ma discriminato costantemente per la sua omosessualità. All'ennesima selezione fallita, il giovane deciderà di mettere da parte i propri sogni, ma Jung, travestito e migliore amico di Mong, lo convincerà ad effettuare un ultimo tentativo: i due entreranno in squadra grazie ad un coach di larghe vedute, ma in segno di protesta tutti gli altri atleti si rifiuteranno di rimanervi. ■ COMMEDIA; COL.; 104'; THAILANDIA, 2000.

IRON LADY, THE ★★
Regia di PHYLLIDA LLOYD. Con ROGER ALLAM, JIM BROADBENT, SUSAN BROWN, OLIVIA COLMAN, MERYL STREEP. ■ Chester Square, oggi. L'ottantenne Margaret Thatcher, ex primo ministro britannico, affetta da una crescente demenza senile, parla con il marito Denis, morto da anni, mentre resiste alla necessità di liberarsi del guardaroba dell'uomo e insieme combatte la perdita del suo immenso potere e il passare del tempo. Nota per la sua politica ultraconservatrice e per le scelte controverse in campo nazionale e internazionale, la Thatcher – racconta il film – è stata una donna che all'ambizione politica ha immolato se stessa e la sua vita privata. Meryl Streep ancora un'icona. ■ BIOGRAFICO; COL.; 105'; GRAN BRETAGNA, 2011.

IRON MAN ★★★
Regia di JON FAVREAU. Con JEFF BRIDGES, ROBERT DOWNEY JR., TERRENCE HOWARD, GWYNETH PALTROW, SHAUN TOUB. ■ Anthony Stark è un inventore geniale e miliardario col vizio delle donne e delle attività filantropiche. Ereditato patrimonio e ingegno dal padre scomparso in un incidente d'auto, Tony (per amici e amichette) conduce e amministra le Industrie Stark, produttrici e prime fornitrici di armi per il governo americano. Durante un test in Medioriente, per verificare l'efficienza di un'arma sperimentale, viene catturato da un gruppo di estremisti. Ferito al cuore da una scheggia, è soccorso e curato da Yinsen, un fisico esperto di cibernetica che gli applica un organo artificiale. Obbligato dai guerriglieri a costruire un'arma invincibile per la loro causa, Tony progetta in segreto un'armatura per fuggire dalla prigionia. Rientrato negli Stati Uniti è deciso a cambiare vita, a riparare alle ingiustizie e a "industriarsi" a favore dei più deboli. Perfezionata l'armatura con la tecnologia avanzata, diventa Iron Man, un (super)eroe "umano, troppo umano". Fumetto e cinema nascono insieme più di un secolo fa e si spiano da subito. Due linguaggi

con origini diverse e identità distinte che pure hanno saputo dialogare intensamente: confrontandosi, convivendo, divorziando, riconciliandosi e riconfigurando le reciproche estetiche. Il film di Favreu, nell'intensa economia di scambio tra fumetto e cinema, realizza un enorme salto di qualità, dimostrando la reciprocità produttiva dei due linguaggi. ■ AZIONE; COL.; 126′; USA, 2008.

IRON MAN 2 ★★
Regia di JON FAVREAU. Con DON CHEADLE, ROBERT DOWNEY JR., SCARLETT JOHANSSON, GWYNETH PALTROW, SAM ROCKWELL. ■ "Io sono Iron Man". Così, con lo svelamento dell'identità, si chiudeva la storia del film precedente e così si apre quella di questo nuovo capitolo. Tony Stark è Iron Man e ora, dopo 6 mesi che la notizia è di pubblico dominio, il governo e le compagnie concorrenti, non troppo liete che la pace nel mondo sia mantenuta da un deterrente che non gli appartiene, tentano di appropriarsi dell'armatura: "Ho privatizzato con successo la pace" risponde Stark a chi lo accusa di essere fuori dal controllo statale. Non è tuttavia questo il problema più grosso del miliardario con l'hobby del supereroismo. Il palladio, elemento utile a far funzionare l'armatura, lo sta lentamente uccidendo inquinandogli il sangue e il brillante inventore non riesce a trovare un rimedio. Il film insiste su tutti gli elementi che avevano fatto il successo del primo, portando ogni situazione e ogni personaggio al suo paradossale estremo, perdendo quell'apparente spontaneità che rendeva godibile il racconto. ■ AZIONE; COL.; 120′; USA, 2010.

IRON MAN 3 ★★
Regia di SHANE BLACK. Con DON CHEADLE, ROBERT DOWNEY JR., REBECCA HALL, GWYNETH PALTROW, GUY PEARCE. ■ Sono passati più di dieci anni da quando, nel corso di una serata in Svizzera, il miliardario genio-e-sregolatezza Tony Stark s'intratteneva con la bella Maya Hansen lasciando in vana attesa il visionario Aldrich Killian, desideroso di contare Stark tra le fila degli scienziati da lui diretti. Intanto, dal Medio Oriente, un terrorista senza scrupoli, detto il Mandarino, mira sempre più esplicitamente al presidente, ma passa prima da villa Stark, radendola al suolo. In pena per la sicurezza di Pepper e in preda a crescenti e fino ad ora sconosciuti attacchi di panico, Iron Man si ritrova chiamato all'azione su più fronti, proprio nel momento di massima debolezza. Il terzo ed ultimo capitolo della saga combina due storie classiche del fumetto di partenza, quella del Mandarino ed "Extremis", innestandole non là dove terminava il secondo film, bensì dopo "i fatti di New York", ovvero al termine dell'esperienza collettiva di *The Avengers*. Il film di Joss Whedon ha segnato dunque uno spartiacque. ■ AZIONE; COL.; 109′; USA, CINA, 2013.

IRON SKY. SARANNO NAZI VOSTRI *(Iron Sky)* ★★
Regia di TIMO VUORENSOLA. Con JULIA DIETZE, CHRISTOPHER KIRBY, GOTZ OTTO, STEPHANIE PAUL, TILO PRÜCKNER. ■ 2018. Sulla faccia oscura della Luna, sin dai tempi della seconda guerra mondiale, si è installata una colonia di nazisti che ora sono quasi pronti per invadere la Terra. Manca però un elemento che garantisca l'energia necessaria. Questo viene trovato grazie alla missione inviata sul satellite lunare dal presidente degli Stati Uniti in cerca di rielezione. A bordo del Lem c'è un astronauta di colore, James Washington, che ha con sé un cellulare. La sua cattura fornisce al rampante ufficiale Klaus Adler l'occasione giusta. Andrà sulla Terra a cercare la tecnologia necessaria per l'attacco e poi diventerà il Führer con potere assoluto. ■ AZIONE; COL.; 93′; FRANCIA, GERMANIA, GRAN BRETAGNA, 2010.

IRONWEED ★★★
Regia di HECTOR BABENCO. Con CARROLL BAKER, JACK NICHOLSON, MERYL STREEP. ■ Dal romanzo premio Pulitzer di William Kennedy. Un ex campione di baseball torna nel 1938 a Albany, sua città natale, dopo venti anni di vagabondaggi. Rivede la sua famiglia ma solo per poche ore. Intanto l'amante e il suo migliore amico muoiono. Primo film tutto americano di Hector Babenco, ben recitato e ambientato, ma un po' inutile nella riproposta di temi e personaggi passati di moda da diversi decenni. ■ DRAMMATICO; COL.; 144′; USA, 1987. ■ GOLDEN GLOBES 1 NOM; OSCAR 2 NOM.

IRON WILL – VOLONTÀ DI VINCERE *(Iron Will)* ★
Regia di CHARLES HAID. Con MACKENZIE ASTIN, BRIAN COX, DAVID OGDEN STIERS, AUGUST SCHELLENBERG, KEVIN SPACEY. ■ Will consegna quotidianamente la posta con la slitta. Sta per partire, pur con qualche titubanza, per il college quando suo padre muore. L'unico modo per uscire dalla povertà diventa allora il partecipare a una gara di slitta trainata da cani. Gli avversari sono tutti adulti esperti ma Will, con la forza della volontà, riesce a vincere. ■ AVVENTURA; COL.; 110′; USA, 1993.

IRRESISTIBILE, L' *(Earthworm Tractors)* ★★
Regia di RAY ENRIGHT. Con JOE E. BROWN, GUY KIBBEE, JUNE TRAVIS. ■ Per un capriccio della fidanzata, un uomo si mette a vendere trattori. In una cittadina si fa ricevere dal sindaco che odia i piazzisti, ma non si lascia smontare perché ha simpatizzato con sua figlia. Dopo qualche tempo la sua tenacia viene premiata con una grossa ordinazione e con la mano della ragazza. ■ COMMEDIA; B/N; 63′; USA, 1936.

IRRESISTIBILE MR. JOHN, L' ★★★
(Trouble Along the Way)
Regia di MICHAEL CURTIZ. Con CHARLES COBURN, DONNA REED, JOHN WAYNE. ■ Un sacerdote, rettore in un collegio (Charles Coburn), diventa sportivo per assicurare, attraverso il successo di una squadra di rugby, i fondi necessari al suo istituto subissato di debiti. ■ COMMEDIA; B/N; 110′; USA, 1953.

IRRESISTIBILE SOLDATO BOM, L' *(Soldat Bom)* ★★
Regia di LARS-ERIC KJELLGREN. Con JULIE CAESAR, INGA LANDGRÉ, NILS POPE. ■ Un capostazione è innamorato di una ragazza che non lo degna di uno sguardo; nemmeno un'azione coraggiosa durante il servizio militare riesce a smuovere la fanciulla, che ha perso la testa per un altro. Deluso, il protagonista tornerà a fare l'antico mestiere. ■ COMMEDIA; B/N; 90′; SVEZIA, 1948.

IRREVERSIBILE *(Irréversible)* ★
Regia di GASPAR NOÉ. Con MONICA BELLUCCI, VINCENT CASSEL, ALBERT DUPONTEL, PHILIPPE NAHON. ■ Un regista provocatorio a tutti i costi e l'accoppiata (nella vita reale sono marito e moglie dal 1999) Vincent Cassel-Monica Bellucci hanno dato vita al film scandalo di Cannes 2002: lei viene stuprata (e ripresa con macabra dovizia di particolari) per nove interminabili minuti in un tunnel sotterraneo, e l'ex marito e il fidanzato decidono di farsi giustizia da soli. La violenza insostenibile di alcune scene non trova alcuna giustificazione: il tutto sembra più un pretesto per mostrare un eccesso di sangue che non una condanna delle più animalesche perversioni umane. ■ DRAMMATICO; COL.; 95′; FRANCIA, 2002.

IRRIDUCIBILI, GLI *(Miles from Home)* ★★★
Regia di GARY SINISE. Con KEVIN ANDERSON, RICHARD GERE, JOHN MALKOVICH. ■ Due fratelli hanno ereditato dal padre una fattoria modello. Ma dopo qualche anno la fattoria è allo stremo (i debiti, la lavorazione su scala industriale che strozza le imprese a conduzione familiare). Piuttosto che cedere la proprietà alle banche, i fratelli la incendiano e si mettono a vivere come fuorilegge. Ma non può durare. Si dovranno arrendere ai tempi che mutano. Vigoroso, doloroso ritratto dell'America che sta per scomparire, tradita dalla "madre terra". Ottimo Richard Gere. E ottima la regia di Sinise al suo esordio nel cinema. ■ DRAMMATICO; COL.; 114′; USA, 1988.

ISABEL ★★
Regia di PAUL ALMOND. Con GENEVIÈVE BUJOLD, GERALD PARKES, MARK STRANGE. ■ Isabel torna alla città natale dopo molti anni, appena in tempo prima che la madre muoia. Isabel decide di rimanere, nonostante sia perseguitata dai fantasmi del passato. I concittadini non la amano, un gruppo di ubriachi l'aggredisce. Ma Isabel alla fine trova un brav'uomo, un pescatore, che riesce a farle superare tutti gli incubi del passato e del presente. ■ DRAMMATICO; COL.; 91′; CANADA, 1968.

ISABELLA ★
Regia di PANG HO-CHEUNG. Con ISABELLA LEONG, MEME TIAN, CHAPMAN TO, DEREK TSANG. ■ 1999, Macao. Sullo sfondo del passaggio della colonia portoghese alla Repubblica Cinese, Shing, un poliziotto indagato per traffici illegali, e la giovane Yan si in-

contrano. Lui la "assume" per la notte, credendola una prostituta. Ma c'è di mezzo un mistero: l'uomo è il primo fidanzato della madre di Yan e lei lo crede suo padre. Inevitabili complicazioni. ■ DRAMMATICO; COL.; 91′; CINA, 2006. ■ BERLINO 1 PR.

ISABELLA DUCHESSA DEI DIAVOLI ★★
Regia di BRUNO CORBUCCI. Con SAL BORGESE, ELINA DE WITT, MIMMO PALMARA, BRIGITTE SKAY, FRED WILLIAMS. ■ Una zingara, venuta a sapere delle sue nobili origini, vuole vendicarsi dell'uomo che ha sterminato la sua famiglia e si è impossessato dei suoi beni. Lo sfigura ma qualche tempo dopo cade nelle sue mani; l'uomo sta per ucciderla ma viene catturato da alcuni amici della ragazza. ■ AVVENTURA; COL.; 93′; ITALIA, 1969.

ISADORA *(The Loves of Isadora)* ★★★
Regia di KAREL REISZ. Con JAMES FOX, VANESSA REDGRAVE, IVAN TCHENKO. ■ La vita e gli amori di Isadora Duncan, la prima e la più celebre delle danzatrici moderne. Il film si apre su una donna ormai cinquantenne e povera che detta le sue memorie ad uno scrittore. ■ DRAMMATICO; COL.; 131′; GRAN BRETAGNA, 1968. ■ CANNES 1 PR; OSCAR 1 NOM.

ISCHIA, OPERAZIONE AMORE ★★
Regia di VITTORIO SALA. Con WALTER CHIARI, GRAZIELLA GRANATA, DIDI PEREGO, INGRID SCHOELLER. ■ Una sequela di *gag* più che un film vero e proprio: ad animarla sono alcuni personaggi le cui storie scorrono parallele o si intersecano. ■ COMMEDIA; COL.; 91′; ITALIA, 1966.

ISHTAR ★★
Regia di ELAINE MAY. Con ISABELLE ADJANI, WARREN BEATTY, DUSTIN HOFFMAN. ■ Due artisti di varietà di nessun talento accettano una scrittura in Marocco, dove rimangono coinvolti nella lotta fra un emiro locale, sostenuto dalla Cia, e un gruppo di guerriglieri comunisti. *Divertissement* di molte pretese ma solo saltuariamente azzeccate. Erano più divertenti le avventure esotiche degli anni Quaranta con Bing Crosby e Bob Hope (alle quali con ogni evidenza la regista s'è ispirata). ■ COMMEDIA; COL.; 97′; USA, 1987.

ISLAND, THE ★★
Regia di MICHAEL BAY. Con SEAN BEAN, STEVE BUSCEMI, MICHAEL CLARKE DUNCAN, DJIMON HOUNSOU, SCARLETT JOHANSSON, EWAN MCGREGOR. ■ Siamo intorno alla metà del ventunesimo secolo: Lincoln vive in un pulitissimo e organizzatissimo impianto, sognando di essere scelto per visitare "l'isola", l'ultimo angolo incontaminato del pianeta. Ben presto scoprirà che tutto ciò che lo circonda è completamente falso a partire dalla sua stessa esistenza. Lui e suoi compagni non sono altro che cloni destinati a fornire organi ai rispettivi "originali". Dopo aver compreso che ormai è soltanto questione di tempo, prima di essere utilizzato, pianifica una fuga. ■ FANTASCIENZA; COL.; 127′; USA, 2005.

ISOLA, L' *(The Island)* ★★
Regia di MICHAEL RITCHIE. Con MICHAEL CAINE, ANGELA PUNCH MCGREGOR, DAVID WARNER. ■ L'incredibile avventura di un giornalista che con il figlio tredicenne va su un'isola nelle cui vicinanze continuano a sparire imbarcazioni. La sua curiosità è subito soddisfatta: viene catturato da una banda di pirati, i discendenti degli antichi predatori dei Caraibi. La situazione degenera (il figlio dovrebbe addirittura uccidere il padre), ma nel corso di un attacco della banda ad una nave, il giornalista riesce a sterminarla con una mitragliatrice. ■ AVVENTURA; COL.; 114′; USA, 1980.

ISOLA, L' ★★
Regia di CARLO LIZZANI. Con STÉPHANE AUDRAN, PAOLO BONACELLI, IDA DI BENEDETTO, MASSIMO GHINI, MARINA VLADY. ■ Un film girato per la televisione diretto con il solito professionismo dal regista Lizzani. Il film racconta la vita del leader politico Giorgio Amendola. Una vicenda sentimentale ambientata durante i tormentati anni Trenta alternata dai problemi incontrati dal protagonista. Diligenti gli interpreti, su tutti Massimo Ghini. Alla sceneggiatura ha collaborato anche il regista Giuliano Montaldo. ■ DRAMMATICO; COL.; 120′; FRANCIA, ITALIA, 1990.

ISOLA, L' ★★★
Regia di COSTANZA QUATRIGLIO. Con ERRI DE LUCA, IGNAZIO ERNANDES, VERONICA GUARDASI, MARCELLO MOZZARELLA. ■ Turi e Teresa sono figli di un pescatore che vive e lavora in un'isola siciliana. La loro è una vita semplice e pacifica, fatta di abitudini e fatiche quotidiane: accudire la nonna, pescare, gestire il bar al centro del paese. Ma Turi, ormai, è quasi un uomo e deve iniziare ad uscire in mare con il padre. Questo fatto finirà con il rivoluzionare per sempre i rapporti tra fratello e sorella. Lungometraggio d'esordio di Costanza Quatriglio, palermitana, che non dimentica le sue origini documentaristiche e mostra promettenti qualità. ■ DRAMMATICO; COL.; 97′; ITALIA, 2003.

ISOLA, L' *(Ostrov)* ★★
Regia di PAVEL LOUNGUINE. Con DMITRY DYUZHEV, YURI KUZNETSOV, PYOTR MAMONOV, VICTOR SUKHORUKOV, TIMOFEY TRIBUNTSOV, NINA USATOVA, ALEXEY ZELENSKY. ■ Nel corso della seconda guerra mondiale un marinaio russo spara a un proprio superiore perché minacciato dai tedeschi. Da quel momento vivrà sull'isola in cui i monaci gli hanno dato rifugio, divenendo monaco lui stesso. Nel 1976 l'uomo si è affermato presso la comunità per carisma e personalità. Un fantasma del passato gli si ripresenterà dinanzi. ■ DRAMMATICO; COL.; 112′; RUSSIA, 2006.

ISOLA CHE SCOTTA, L' *(La fièvre monte à El Pao)* ★★
Regia di LUIS BUÑUEL. Con RAOUL DANTES, MARIA FELIX, GÉRARD PHILIPE, JEAN SERVAIS. ■ Il nuovo governatore di un'isola vuole sposare la vedova del predecessore. Lei accetta, ma studia un piano assieme ad un corteggiatore per vendicarsi. Il piano riesce e l'uomo viene allontanato; la donna, in seguito ad una rivolta, è condannata a morte e il corteggiatore, che nel frattempo ha ottenuto il comando vacante, per timore di giocarsi la carriera invia troppo tardi l'ordine di sospendere l'esecuzione. ■ DRAMMATICO; B/N; 97′; FRANCIA, 1959.

ISOLA DEGLI AGGUATI, L' *(Murder in Trinidad)* ★★
Regia di LOUIS KING. Con HEATHER ANGEL, VICTOR JORY. ■ Una banda di malviventi contrabbanda pietre preziose e si nasconde su un'isola praticamente imprendibile. La polizia invia un agente che scopre i colpevoli. ■ DRAMMATICO; B/N; 91′; USA, 1934.

ISOLA DEGLI UOMINI PERDUTI, L' ★★★
(The House Across the Bay)
Regia di ARCHIE MAYO. Con JOAN BENNETT, WALTER PIDGEON, GEORGE RAFT. ■ L'avvocato di un ricco uomo d'affari perde la testa per la bella moglie del cliente e con un'abile mossa lo manda in galera. La donna ama il coniuge ed è ben decisa a restargli fedele; l'avvocato, allora, svela al detenuto un inesistente tradimento di lei. L'uomo riesce a fuggire e a scoprire la verità; si vendica del rivale ma viene ucciso dai poliziotti. ■ DRAMMATICO; B/N; 72′; USA, 1940.

ISOLA DEGLI UOMINI PESCE, L' ★★
Regia di SERGIO MARTINO. Con BARBARA BACH, CLAUDIO CASSINELLI, JOSEPH COTTEN, BERYL CUNNINGHAM, RICHARD JOHNSON. ■ Storiella semifantascientifica: alcuni galeotti e il loro comandante naufragano sulla solita isola misteriosa dove uno scienziato ha creato una stirpe di uomini pesce. Un'eruzione vulcanica distrugge tutto. Si salvano solo le figlie dello scienziato e il comandante. ■ AVVENTURA; COL.; 100′; ITALIA, 1979.

ISOLA DEGLI ZOMBIES, L' *(White Zombi)* ★★
Regia di VICTOR HALPERIN. Con MADGE BELLAMY, BRANDON HURST, BELA LUGOSI. ■ Ad Haiti un misterioso personaggio resuscita i morti per adibirli al lavoro nella sua piantagione di zucchero. Una coppia di fidanzati capita nel posto e rischia la trasformazione in zombi. Ma la fortuna e un amico sopravvenuto salvano i due. ■ HORROR; B/N; 91′; USA, 1932.

ISOLA DEI CORALLI, L' *(Le recif de corail)* ★★
Regia di MAURICE GLEIZE. Con JEAN GABIN, MICHÈLE MORGAN, PIERRE RENOIR. ■ Un uomo e una ragazza, entrambi ricercati dalla polizia per crimini a cui sono totalmente estranei, si trovano nella foresta australiana, dove si sono rifugiati, e si innamorano. L'innocenza trionfa; insieme partono per l'isola dei Coralli. ■ AVVENTURA; B/N; 95′; FRANCIA, 1939.

ISOLA DEI DELFINI BLU, L' ★★
(The Island of the Blue Dolphins)
Regia di JAMES B. CLARK. Con ANNE DANIEL, LARRY DOMASIN,

CECILIA KAYE, GEORGE KENNEDY, CARLOS ROMERO. ■ Storia quasi salgariana di Karana, una ragazza selvaggia che vive sola con un fratellino su un'isola deserta. Alcuni cani selvatici aggrediscono il fanciullo, ma Karana lo salva ferendo una delle bestie con una freccia; poi, per pietà, la aiuta a guarire. Alla fine Karana e il ragazzo rientrano nella civiltà. ■ AVVENTURA; COL.; 93'; USA, 1964. ■ VENEZIA 1 PR.

ISOLA DEI DIMENTICATI, L' *(Alcatraz Island)* ★★
Regia di WILLIAM H. MCGANN. Con JOHN LITEL, ANN SHERIDAN. ■ Un gangster pentito è in prigione e aspetta il momento di uscirne per cambiar vita e dedicarsi a sua figlia. Viene ucciso un detenuto e il gangster è sospettato. A salvarlo è un avvocato che tra l'altro si è fidanzato con sua figlia. ■ DRAMMATICO; B/N; 80'; USA, 1938.

ISOLA DEI DISPERATI, L' *(The Camp on Blood Island)* ★★
Regia di VAL GUEST. Con CARL MÖHNER, ANDRÉ MORELL, BARBARA SHELLEY. ■ Durante la seconda guerra mondiale, alcuni prigionieri alleati sono sottoposti alle angherie disumane di due aguzzini tedeschi. Con la vittoria degli Alleati, arriva nel campo un pilota americano che, con l'aiuto dei partigiani del posto, libera i compagni dalla prigionia. ■ GUERRA; B/N; 82'; GRAN BRETAGNA, 1958.

ISOLA DEI PECCATI DIMENTICATI, L' ★★
(Isle of Forgotten Sins)
Regia di EDGARD GEORGE ULMER. Con FRANK FENTON, RITA QUIGLEY, SIDNEY TOLER. ■ Avventure subacquee per trovare un tesoro in una nave affondata. ■ DRAMMATICO; B/N; 86'; USA, 1943.

ISOLA DEI PIGMEI, L' *(Pigmy Island)* ★★
Regia di WILLIAM BERKE. Con DAVID BRUCE, ANN SAVAGE, JOHNNY WEISSMULLER. ■ Una donna, ufficiale e scienziato dell'esercito americano, va in un'isola equatoriale in cerca di una preziosa pianta dalla quale si ricava un ottimo tessuto. Ma ci sono degli avventurieri malvagi coi quali bisogna lottare. L'aiuteranno una tribù di pigmei e il bianco-selvaggio Jim. ■ AVVENTURA; B/N; 69'; USA, 1950.

ISOLA DEI PIRATI, L' *(La Bigorne, caporal de France)* ★★
Regia di ROBERT DARÈNE. Con HENRI COGAN, ROBERT HIRSCH, JEAN LEFEBVRE, FRANÇOIS PÉRIER, ROSSANA PODESTÀ. ■ Tutte le donne si innamorano del caporale La Bigorne. Il suo superiore, tenente Le Bour, comandante della guarnigione francese in una colonia, per liberarsi di lui gli affida una spedizione contro il corsaro Tom Wright. ■ AVVENTURA; COL.; 87'; FRANCIA, 1957.

ISOLA DEL DESIDERIO, L' *(The Luck of the Irish)* ★★★
Regia di HENRY KOSTER. Con ANNE BAXTER, LEE J. COBB, CECIL KELLAWAY, TYRONE POWER. ■ Un giornalista capita in un alberguccio su un'isola boscosa, dove viene accolto cordialmente da un nano e da sua figlia Nora. Il nano gli consegna una moneta d'oro avvertendolo che si trasformerà in una pietra se lui cederà alla sete di guadagno. Così avviene. Il giornalista torna da Nora che lo consola con l'amore. ■ FANTASTICO; B/N; 99'; USA, 1948. ■ OSCAR 1 NOM.

ISOLA DEL DESTINO, L' *(Isle of Destiny)* ★★
Regia di ELMER CLIFTON. Con KATHERINE DE MILLE, WILLIAM GARGAN, GILBERT ROLAND. ■ Un'intrepida aviatrice precipita in una giungla ai Tropici e viene catturata da un contrabbandiere d'armi. Due uomini innamorati di lei arrivano a salvarla. Appena in tempo: l'aviatrice sta per essere uccisa da un Tarzan al femminile. ■ AVVENTURA; COL.; 90'; USA, 1940.

ISOLA DEL DIAVOLO, L' *(Condemned)* ★★★
Regia di WESLEY H. RUGGLES. Con RONALD COLMAN, ANN HARDING, SAM WATERSTON. ■ Un rapinatore di banche viene condannato ai lavori forzati nella tremenda isola del Diavolo e si innamora della moglie del suo feroce guardiano. ■ DRAMMATICO; B/N; 92'; USA, 1930.

ISOLA DEL DIAVOLO, L' *(Strange Cargo)* ★★★
Regia di FRANK BORZAGE. Con JOAN CRAWFORD, CLARK GABLE, IAN HUNTER, PETER LORRE. ■ Max, con Giulia, sua compagna, guida un gruppo di galeotti che evadono dalla prigione dell'isola del Diavolo e che devono attraversare la giungla. Quando Max viene ripreso dalla polizia, Giulia lo convince a rassegnarsi a scontare la pena. ■ DRAMMATICO; B/N; 105'; USA, 1949. ■ OSCAR 1 NOM.

ISOLA DEL DOTTOR FRANKENSTEIN, L' ★★
(Frankenstein Island)
Regia di JERRY WARREN. Con JOHN CARRADINE, ANDREW DUGGAN, CAMERON MITCHELL. ■ Un gruppetto di amici decide di tentare l'avventura attraversando l'oceano Pacifico a bordo di un pallone. A causa di un incidente, il mezzo finisce su un'isola sconosciuta abitata da cadaveri che vivono, da donne straordinariamente e pericolosamente affascinanti e dal dottor Frankenstein, il cui cervello è rimasto intatto grazie all'isolamento. ■ AVVENTURA; COL.; 100'; USA, 1987.

ISOLA DEL DOTTOR MOREAU, L' ★★★
(The Island of Dr. Moreau)
Regia di DON TAYLOR. Con RICHARD BASEHART, BARBARA CARRERA, NIGEL DAVENPORT, JOHN GILLESPIE, BURT LANCASTER, MICHAEL YORK. ■ Dal romanzo di H. G. Wells: uno scienziato che vive su un'isola solitaria tenta con mostruosi esperimenti di "umanizzare" gli animali. Resterà vittima delle sue stesse ricerche. ■ AVVENTURA; COL.; 104'; USA, 1977.

ISOLA DELLA DONNA CONTESA, L' ★★
(The Saga of Anatahan)
Regia di JOSEF VON STERNBERG. Con AKEMI NEGISHI, K. SAWAMURA, T. SUAGANUMA. ■ Durante la seconda guerra mondiale un gruppo di soldati giapponesi si rifugia su un'isoletta dove vive una sola donna. Violenze e drammi per conquistarla. ■ DRAMMATICO; B/N; 92'; USA, 1953.

ISOLA DELLA FURIA, L' *(Isle of Fury)* ★★
Regia di FRANK MCDONALD. Con HUMPHREY BOGART, MARGARET LINDSAY. ■ Un uomo, che è stato accusato di un delitto, si rifugia con la moglie su un'isola, dove viene raggiunto da un poliziotto che cerca le prove della sua colpa. In due occasioni il presunto omicida e il poliziotto si salvano vicendevolmente la vita. Il poliziotto non scopre niente e deve alfine lasciare l'isola. ■ DRAMMATICO; B/N; 60'; USA, 1936.

ISOLA DELLA GLORIA, L' *(Wake Island)* ★★★
Regia di JOHN VILLIERS FARROW. Con WILLIAM BENDIX, BARBARA BRITTON, BRIAN DONLEVY, ROBERT PRESTON. ■ Durante la seconda guerra mondiale, ai tempi di Pearl Harbor, una piccola guarnigione comandata dal maggiore Caton, di stanza in un'isoletta del Pacifico, resiste eroicamente allo sbarco dei giapponesi, fino alla morte di tutti i soldati. ■ GUERRA; B/N; 78'; USA, 1942. ■ OSCAR 4 NOM.

ISOLA DELL'AMORE, L' *(Island of Love)* ★★
Regia di MORTON DA COSTA. Con WALTER MATTHAU, ROBERT PRESTON, TONY RANDALL. ■ Un ingegnoso imbroglione cerca di lanciare, come località turistica, un'isola greca priva di particolari attrattive. Il furfante però fa in modo che sulla costa vengano trovati preziosi reperti archeologici (che in realtà sono appositamente prodotti dai pescatori). Faticosa commedia messa su da due assi di Broadway (il regista Da Costa e Robert Preston). Godibile solo Walter Matthau in una pittoresca macchietta. ■ COMMEDIA; COL.; 95'; USA, 1963.

ISOLA DELL'AMORE, L' *(Grand Isle)* ★★
Regia di MARY LAMBERT. Con KELLY MCGILLIS, ADRIAN PASDAR, JULIAN SANDS. ■ Dopo il *Cimitero vivente* uno e due (passando attraverso i *Racconti della tomba* volume 2), Mary Lambert cambia radicalmente genere e ambienti. Siamo in Louisiana alla fine dell'Ottocento. La bella Edna, interpretata dalla McGillis, vive serenamente accanto al marito e ai figli finché non conosce Alcee, che prende a corteggiarla. Nella donna si risveglia la passione di un tempo. ■ SENTIMENTALE; COL.; 99'; USA, 1992.

ISOLA DELLA PAURA, L' *(Bear Island)* ★★★
Regia di DON SHARP. Con CHRISTOPHER LEE, VANESSA REDGRAVE, DONALD SUTHERLAND, RICHARD WIDMARK. ■ Ad una missione scientifica partecipano diverse persone con un secondo scopo: ritrovare il carico d'oro in un sommergibile tedesco naufragato proprio nella zona degli esperimenti. La caccia scatena gli istinti poco nobili degli pseudo studiosi e il professor Lansing è il

primo a scoprire il luogo dell'affondamento, e per questo rischia la vita. ■ AVVENTURA; COL.; 118'; BELGIO, CANADA, 1979.

ISOLA DELL'ARCOBALENO, L' *(Rainbow Island)* ★★
Regia di RALPH MURPHY. Con EDDIE BRACKEN, GIL LAMB, DOROTHY LAMOUR. ■ In un'isola tropicale giungono tre piloti americani, accolti da belle fanciulle che li curano e danzano per loro. ■ COMM. MUSICALE; COL.; 97'; USA, 1944.

ISOLA DELLA VENDETTA, L' ★★
(El conde de Monte Cristo)
Regia di LEON KLIMOVSKY. Con ELINA COLOMER, MARGOT COTTENS, NELLY MEDEN, JORGE MISTRAL. ■ Ennesima versione, stavolta argentina, del *Conte di Montecristo*. Edmond Dantès viene imprigionato come agente di Bonaparte nel forte d'If, dove apprende da un anziano abate dell'esistenza di un tesoro nell'isola di Montecristo. Liberato dopo anni dal carcere, Dantès trova il tesoro, diviene ricchissimo e, col nome di conte di Montecristo, compie vendette. ■ AVVENTURA; B/N; 92'; ARGENTINA, 1953.

ISOLA DELLA VIOLENZA, L' *(Hero's Island)* ★★
Regia di LESLIE STEVENS. Con NEVILLE BRAND, KATE MANX, JAMES MASON, RIP TORN. ■ La famiglia di Thomas Mainwaring composta di ex schiavi vive su un'isola da dove due pescatori vogliono scacciarla. Thomas viene ucciso, e nessuno aiuta i suoi familiari a sostenere i loro diritti. Solo quando sono in pericolo i due bambini interviene il pirata Jacob Webber. Sull'isola rimangono la donna e i figli. ■ DRAMMATICO; COL.; 94'; USA, 1962.

ISOLA DELLE AMAZZONI, L' *(Die Insel der Amazonen)* ★
Regia di OTTO MEYER. Con JAN HENDRIKS, ADRIAN HOVEN, ANN SMYRNER. ■ Lotta di un gruppo di gangster che cercano di uccidersi per il possesso del malloppo. Sette ragazze in crociera sono coinvolte in questa faida; Manuel, l'innamorato di una di loro, si oppone alla banda. Giunge in tempo la motonave della polizia. ■ AVVENTURA; B/N; 94'; GERMANIA, 1960.

ISOLA DELLE COPPIE, L' *(Couples Retreat)* ★★
Regia di PETER BILLINGSLEY. Con JASON BATEMAN, KRISTIN DAVIS, JON FAVREAU, VINCE VAUGHN. ■ Jason e Cynthia durante una festa di compleanno annunciano ai propri amici l'intenzione di divorziare. La ricerca ostinata di una gravidanza ha logorato il loro rapporto e compromesso la loro serenità. Prima di arrendersi però fanno un ultimo tentativo volando in un'isola della Polinesia. Sedotti da mare e cieli azzurri, da sport acquatici, mariti e mogli, mediamente in crisi, approdano entusiasti sull'isola. La commedia americana, proprio come un matrimonio, rimane una promessa di felicità, un voto che viene pronunciato o ribadito, qualche volta esposto a potenti scosse se non addirittura infranto. Il lieto fine arriva puntuale e usuale senza che il film ci abbia lasciato un'idea del mondo e un'idea del cinema. ■ COMMEDIA; COL.; 113'; USA, 2009.

ISOLA DELLE DONNE SOLE, L' *(Les possédées)* ★★
Regia di CHARLES BRABANT. Con MAGALI NOËL, MADELEINE ROBINSON, RAF VALLONE. ■ Tratto da un dramma di Ugo Betti. Un uomo sconvolge con la sua presenza il finto equilibrio di tre donne che coabitano in una solitaria fattoria su un'isola desolata. Ognuna lo vorrebbe per sé, in un crescendo di tensione emotiva. ■ DRAMMATICO; B/N; 90'; FRANCIA, 1955.

ISOLA DELLE FOCHE, L' *(Seal Island)* ★★★
Regia di JAMES ALGAR. ■ Magnifico documentario della serie *La natura e le sue meraviglie*; mette a fuoco la vita familiare e riproduttiva delle foche, dove il maschio domina il clan e lotta per il possesso delle femmine. Riprese fotografiche nel mare di Bering. ■ DOCUMENTARIO; COL.; 80'; USA, 1948.

ISOLA DELLE PERLE, L' *(Ebb Tide)* ★★
Regia di JAMES HOGAN. Con FRANCES FARMER, OSCAR HOMOLKA, RAY MILLAND. ■ Tre figuri si appropriano di un battello per venderlo sulle rive del Perù. A bordo c'è la figlia del defunto capitano della nave. Arrivati su un'isola dominata da un losco personaggio, avviene uno scontro. ■ AVVENTURA; B/N; 82'; USA, 1938.

ISOLA DELLE SALAMANDRE, L' *(Sweet Sugar)* ★
Regia di MICHEL LEVESQUE. Con TIMOTHY BROWN, PAMELA COLLINS, PHYLLIS DAVIS, ELLA EDWARDS, CLIFF OSMOND. ■ Filmetto impregnato di sadismo che narra la vicenda di alcune donne segregate sull'Isola delle Salamandre, ex condannate ai lavori forzati, in balia di due uomini brutali. Un giorno si ribellano con l'aiuto di uno stregone e di una nera e riacquistano la libertà. ■ DRAMMATICO; COL.; 92'; USA, 1972.

ISOLA DELLE SIRENE, L' *(Coney Island)* ★★★
Regia di WALTER LANG. Con BETTY GRABLE, GEORGE MONTGOMERY, CESAR ROMERO. ■ Eddy e Joe sono nel giro dei locali notturni; entrambi hanno un forte interesse sentimentale e professionale per una ballerina di grande talento e tentano di rubarsela a vicenda. Joe sventa persino il matrimonio del collega-rivale, ma solo per poco tempo. Eddy si prende la ragazza. ■ SENTIMENTALE; B/N; 96'; USA, 1944. ■ OSCAR 1 NOM.

ISOLA DELLE SVEDESI, L' ★
Regia di SILVIO AMADIO. Con CATHERINE DIAMANT, EVA GREEN. ■ Su un'isola del Mediterraneo due donne in crisi si trovano e si amano. L'amico di Manuela arriva sull'isola per ricongiungersi con lei; ma, quando la coppia sembra aver risolto i suoi problemi, Eleonora uccide l'uomo per gelosia. Manuela, sconvolta, ammazza l'amica. ■ DRAMMATICO; COL.; 91'; ITALIA, 1969.

ISOLA DELLE VEDOVE, L' *(L'île des veuves)* ★★
Regia di CLAUDE HEYMANN. Con MARCELLE CHANTAL, AIMÉ CLARIOND, LINE NORO. ■ Ritorno d'amore tra la moglie di un graduato e un ex soldato inglese che si ritrovano dopo anni. La donna ha saputo che suo marito durante la guerra ha compiuto azioni sleali verso un prigioniero nemico ed è decisa a lasciarlo. Vorrebbe rimettersi con l'antico amore, ma entrambi capiscono che ormai è troppo tardi. ■ DRAMMATICO; B/N; 90'; FRANCIA, 1937.

ISOLA DELLE VERGINI, L' *(Island of Lost Women)* ★★
Regia di FRANK TUTTLE. Con DIANE JERGENS, JEFF RICHARDS, JOHN SMITH, VENETIA STEVENSON. ■ Un noto scienziato ha abbandonato da molti anni il mondo civilizzato e vive nascosto su un'isola del Pacifico insieme con le sue tre figlie. Esse vedono per la prima volta degli uomini, un pilota e un giornalista forzati a scendere sull'isola per un atterraggio d'emergenza. ■ AVVENTURA; B/N; 71'; USA, 1958.

ISOLA DELL'INGIUSTIZIA, L' *(Murder in the First)* ★★★
Regia di MARC ROCCO. Con KEVIN BACON, BRAD DOURIF, GARY OLDMAN, CHRISTIAN SLATER. ■ L'inizio della fine del carcere californiano sull'isola di Alcatraz, in un film di impegno ispirato a fatti realmente accaduti. Un giovane avvocato conduce in tribunale una battaglia per difendere non solo il proprio cliente, detenuto ad Alcatraz e accusato di omicidio, ma anche la dignità umana, negata in una delle prigioni più disumane d'America. ■ DRAMMATICO; COL.; 122'; USA, 1995.

ISOLA DELL'URAGANO, L' *(Hurricane Island)* ★★
Regia di LEW LANDERS. Con EDGAR BARRIER, JON HALL, MARC LAWRENCE. ■ Durante la conquista spagnola delle Americhe nel sedicesimo secolo si svolgono le avventure di alcuni ufficiali del re di Spagna sulle tracce di una fonte di lunga vita e di un fantomatico tesoro. Non mancano i pirati, lo scoppio di un uragano e un amore nascente. ■ AVVENTURA; COL.; 70'; USA, 1951.

ISOLA DEL PARADISO, L' *(Paradise Island)* ★★
Regia di BERT GLENNON. Con MARCELINE DAY, KENNETH HARLAN. ■ Glennon, autore di scarsa importanza, prediligeva storie avventurose, in ambienti esotici. ■ AVVENTURA; B/N; 91'; USA, 1930.

ISOLA DEL PARADISO, L' *(Sinners in Paradise)* ★★
Regia di JAMES WHALE. Con JOHN BOLES, MADGE EVANS. ■ In un'isola sperduta nell'oceano Pacifico capita un gruppo di naufraghi. La diversa estrazione sociale e soprattutto la perfidia di alcuni di essi creano numerosi incidenti. Uno dei naufraghi, un medico ricercato in patria per omicidio, si convince a tornare nel mondo civile per affrontare un giusto processo. Una giovane donna, che lo ama, lo segue. ■ DRAMMATICO; B/N; 88'; USA, 1938.

ISOLA DEL PARADISO, L' *(Up to his Neck)* ★★
Regia di JOHN PADDY CARSTAIRS. Con RAYA RAKL, BRIAN RIX, RONALD SHIMER. ■ Il soldato inglese Carter si è completamente dimenticato del suo paese d'origine e da dieci anni vive su un'isola nei mari della Cina, considerato dagli indigeni come un

re. Ma la patria gli chiede un favore: sgominare una terribile banda di pirati che infestano la zona, e Carter si mette all'opera. ■ AVVENTURA; B/N; 91'; GRAN BRETAGNA, 1954.

ISOLA DEL PECCATO, L' ★★
(Saturday Island – Island of Desire)
Regia di STUART HEISLER. Con LINDA DARNELL, DONALD GRAY, TAB HUNTER. ■ In un'isola sperduta dove si sono rifugiati due naufraghi, un ragazzo e una donna, precipita un aereo. Il pilota si salva grazie alle cure della donna, ma incominciano ad affiorare rancori e gelosie create dalla difficile e forzata situazione. Arriva in soccorso una nave che riporta in patria tutti e il ragazzo, rientrato nella civiltà, comprende che una relazione con la donna sarebbe stata impossibile. ■ DRAMMATICO; COL.; 103'; USA, 1951.

ISOLA DEL PIACERE, L' *(Girls of Pleasure Island)* ★★
Regia di HUGH F. HERBERT. Con DOROTHY BROMILEY, LEO GENN, DON TAYLOR. ■ Il governatore inglese di una piccola isola del Pacifico ha tre figlie in età da marito allevate secondo la sana e rigida tradizione britannica. È naturale quindi la sua preoccupazione quando apprende che un'intera compagnia di soldati americani è sbarcata sulla sua isola. Ma le ragazze si comportano in modo irreprensibile. ■ COMMEDIA; COL.; 95'; USA, 1953.

ISOLA DEL SOGNO – AMORI E CANZONI, L' ★
Regia di ERNESTO REMANI. Con CARLO CAMPANINI, SILVANA JACHINO, CLELIA MATANIA. ■ Giorgio compone musica, Gianni canta. Insieme dovrebbero portare a termine il copione di una commedia musicale e per lavorare tranquilli sbarcano a Capri. Ma sull'isola incontrano due belle ragazze e il lavoro passa in secondo piano. ■ COMMEDIA; B/N; 93'; ITALIA, 1947.

ISOLA DEL SOLE, L' *(The Pagan)* ★★
Regia di WOODBRIGE STRONG VAN DYKE. Con DOROTHY JANIS, RAMON NOVARRO. ■ Un bravo indigeno dei Mari del Sud rapisce la figlia adottiva di un bianco malvagio. Novarro nella parte del buon selvaggio canta e fa strage di cuori. ■ AVVENTURA; B/N; 90'; USA, 1929.

ISOLA DEL TESORO, L' *(Treasure Island)* ★★★
Regia di VICTOR FLEMING. Con LIONEL BARRYMORE, WALLACE BEERY, JACKIE COOPER. ■ Dal romanzo di Stevenson. Il piccolo Jim, figlio di una locandiera, riceve da un misterioso individuo la mappa di un tesoro. Insieme ad alcuni fedeli amici parte per l'isola misteriosa, ma il viaggio è ostacolato da un gruppo di pirati che intende impossessarsi del tesoro. Con l'aiuto degli amici e di un vecchio marinaio, Jim riesce ad avere la meglio e a tornare a casa ricco. ■ AVVENTURA; B/N; 105'; USA, 1934.

ISOLA DEL TESORO, L' *(Treasure Island)* ★★★
Regia di BYRON HASKIN. Con BOBBY DRISCOLL, ROBERT NEWTON, BASIL SIDNEY. ■ Anche questa versione cinematografica segue fedelmente, come la precedente, il romanzo di Stevenson. ■ AVVENTURA; COL.; 96'; USA, 1950.

ISOLA DEL TESORO, L' ★★
Regia di ANDREA BIANCHI. Con RIK BATTAGLIA, KIM BURFIELD, LIONEL STANDER, ORSON WELLES. ■ La storia è del tutto aderente al romanzo di Stevenson. Grazie alla sceneggiatura firmata da Antonio Margheriti e Hubert Frank, che si diedero l'impegno di non deviare dall'originale. Spagna e Francia collaborarono alla produzione. Da ricordare Orson Welles nel ruolo di "Long John" Silver. Accettò quel ruolo per la solita ragione: aveva bisogno di soldi. ■ AVVENTURA; COL.; 95'; ITALIA, 1973.

ISOLA DEL TESORO, L' *(Treasure Island)* ★★
Regia di FRASER C. HESTON. Con CHRISTIAN BALS, CHARLTON HESTON, CHRISTOPHER LEE. ■ Diretta dal figlio di Charlton Heston, è un'altra pellicola sul celebre romanzo di Louis Stevenson. C'è più realismo nei particolari, ma il resto sembra la ripulitura di una vecchia statua. ■ AVVENTURA; COL.; 105'; USA, 1989.

ISOLA DI ARTURO, L' ★★★
Regia di DAMIANO DAMIANI. Con VANNI DE MAIGRET, REGINALD KERNAN, KAY MEERSMAN. ■ Nell'isola di Procida, Arturo è cresciuto solo perché la madre è morta e il padre si fa vedere pochissimo. Ma improvvisamente la situazione cambia e il padre si stabilisce sull'isola insieme alla giovanissima moglie. Arturo, che ha 15 anni, si innamora della matrigna, ma questo sentimento non viene mai inquinato da passioni morbose. Il ragazzo compie le sue prime esperienze sessuali con una ragazza più grande di lui. Da Elsa Morante. ■ DRAMMATICO; B/N; 92'; ITALIA, 1962.

ISOLA DI CORALLO, L' *(Key Largo)* ★★★★
Regia di JOHN HUSTON. Con LAUREN BACALL, LIONEL BARRYMORE, HUMPHREY BOGART, THOMAS GOMEZ, HARRY LEWIS, EDWARD G. ROBINSON, CLAIRE TREVOR. ■ Un veterano della guerra, il maggiore McCloud (Bogart), va a trovare suo padre che gestisce un albergo a Key Largo nei Caraibi insieme alla vedova di un militare americano. McCloud si scontra qui con una banda di contrabbandieri che lo fanno prigioniero insieme ai due gestori dell'albergo, ma riuscirà a sconfiggere i banditi con un eccezionale duello finale col capo della banda. ■ POLIZIESCO; B/N; 101'; USA, 1948. ■ OSCAR 1 PR, 1 NOM.

ISOLA 10 *(Isla 10)* ★★
Regia di MIGUEL LITTIN. Con JOSE BERTRAND, CRISTIAN DE LA FUENTE, SERGIO HERNANDEZ, PABLO KRÖGH, BENJAMIN VICUÑA. ■ Cile. Settembre 1973. Dopo il colpo di stato militare che rovescia Allende, un gruppo di ministri e di autorità del suo seguito viene fatto prigioniero e deportato nel campo di concentramento di Dawson Island, nello Stretto di Magellano. Tra loro c'è Sergio Bitar, ministro delle miniere e consigliere economico del presidente, prigioniero numero 10, che di quella prigionia scriverà, una volta libero, dopo un lungo esilio. ■ DRAMMATICO; COL.; 117'; CILE, BRASILE, VENEZUELA, 2009.

ISOLA DI FERRO, L' *(Jazireh Ahani)* ★★
Regia di MOHAMMAD RASOULOF. Con HOSSEIN FARZI-ZADEH, ALI NASSIRIAN, NEDA PAKDAMAN. ■ Siamo nel Golfo Persico. Una piccola comunità di persone – non avendo né casa né mezzi di sussistenza e dopo aver chiesto il permesso alle autorità – decide di stabilirsi a bordo di una vecchia petroliera abbandonata. Su questa anomala isola le attività quotidiane del gruppo cominciano lentamente ad essere avviate come in una città qualunque. Ma, trascorso un certo periodo, il capitano e leader della nave – Nemat – inizia a vendere, a poco a poco, pezzo dopo pezzo, tutte le parti in ferro dell'imbarcazione. Questa rischia dunque di andare a picco, così come le speranze di tutti coloro che incominciavano a credere in una nuova vita. ■ DRAMMATICO; COL.; 90'; IRAN, 2005.

ISOLA DI MONTECRISTO, L' ★★
Regia di MARIO SEQUI. Con CLAUDIO GORA, FRANCA MARZI, CARLO NINCHI. ■ Paolo ha trascorso lunghi anni nel penitenziario di Montecristo per espiare la colpa commessa. Una volta scontata la pena l'uomo – che è medico – decide di dedicare la sua vita ad alleviare le pene dei condannati e torna sull'isola. ■ DRAMMATICO; B/N; 94'; ITALIA, 1948.

ISOLA DI NESSUNO, L' *(Submarine Base)* ★★
Regia di ALBERT KELLEY. Con ALAN BAXTER, JACQUELINE DELIA, JOHN LITEL. ■ Durante la seconda guerra mondiale, il proprietario di un peschereccio, Joe, si serve della sua imbarcazione per trafficare con i nazisti. Un ufficiale americano lo tiene d'occhio per poterlo cogliere sul fatto e farlo arrestare per tradimento. Ma Joe non è un traditore. ■ GUERRA; B/N; 79'; USA, 1943.

ISOLA DI PASCALI, L' *(Pascali's Island)* ★★★
Regia di JAMES DEARDEN. Con CHARLES DANCE, BEN KINGSLEY, HELEN MIRREN. ■ Nel 1908 su un'isola greca dell'Egeo, durante l'occupazione turca, un misterioso individuo, Basil Pascali, fa la spia per il sultano. Pascali entra in contatto con un tipo strano, un inglese, che si dice archeologo, ma in realtà è un ladro e sfruttatore truffatore. L'inglese viene trucidato dagli sgherri del pascià. Poco dopo l'Impero ottomano cade a pezzi. E Pascali pure. Bel film d'atmosfere, fra il giallo, la commedia di carattere e il dramma sul rapporto odio-amore. James Dearden, all'esordio nella regia, si dimostra degno allievo del padre Basil (*Victim*, *I giovani uccidono*). ■ DRAMMATICO; COL.; 105'; GRAN BRETAGNA, 1988.

ISOLA DI SMERALDO, L' ★★
Regia di ERMANNO LAVINO. ■ All'interno dell'isola di Ceylon vivono i discendenti di un'antichissima popolazione. Un gruppo di studiosi ne va alla ricerca. ■ DOCUMENTARIO; COL.; 90'; ITALIA, 1957.

ISOLA DI SUMMERFIELD, L' *(Summerfield)* ★★
Regia di KEN HANNAM. Con NICK TATE, CHARLES TINGWELL, JOHN WATERS. ■ Accadono misteriosi fatti sull'isola Summerfield. Se ne rende conto un insegnante che arriva da quelle parti per sostituire un collega sparito in circostanze nient'affatto chiare. ■ DRAMMATICO; COL.; 91'; AUSTRALIA, 1977.

ISOLA IN CAPO AL MONDO, L' ★★
(L'île au bout du monde)
Regia di EDMOND T. GRÉVILLE. Con DAWN ADDAMS, CHRISTIAN MARQUAND, MAGALI NOËL, ROSSANA PODESTÀ. ■ Su un'isola deserta si rifugiano quattro naufraghi: tre donne e un uomo. Le violente passioni che si scatenano eliminano una alla volta le tre donne. Soltanto l'uomo si salverà. ■ DRAMMATICO; B/N; 105'; FRANCIA, 1959.

ISOLA IN VIA DEGLI UCCELLI, L' ★★★
(The Island on Bird Street)
Regia di SOREN KRAGH-JACOBSEN. Con JORDAN KIZIUK. ■ Da un romanzo di Uri Orlev. Un ragazzino riesce, lui solo, a sopravvivere nel ghetto di Varsavia. Si porta dietro il *Robinson Crusoe* e gioca con un topolino di nome Neve. Vuole sopravvivere per ritrovare un giorno suo padre. Non si può non ricordare *Il diario di Anna Frank*. ■ DRAMMATICO; COL.; 107'; DANIMARCA, GERMANIA, GRAN BRETAGNA, 1998. ■ BERLINO 1 PR.

ISOLA MALEDETTA, L' *(Prisoner of Japan)* ★★
Regia di ARTHUR RIPLEY. Con ALAN BAXTER, ERNEST DORIAN, GERTRUDE MICHAEL. ■ Un giovane astronomo che vive da anni su un'isola del Pacifico si disinteressa completamente della guerra che è scoppiata tra il suo paese – gli Usa – e il Giappone e convive tranquillamente con i nipponici che hanno impiantato una base di intercettazione sull'isola. L'arrivo di una connazionale scuote l'indifferenza del giovane. ■ GUERRA; B/N; 74'; USA, 1942.

ISOLA MISTERIOSA, L' *(Mysterious Island)* ★★
Regia di LUCIEN HUBBARD. Con LIONEL BARRYMORE, JANE DALY, LLOYD HUGHES. ■ L'unico film di questo regista giunto in Italia. Il valore principale di questa pellicola sta nella fotografia e nell'interpretazione di Lionel Barrymore. ■ AVVENTURA; B/N; 90'; USA, 1929.

ISOLA MISTERIOSA, L' *(Mysterious Island)* ★★
Regia di CYRIL ENDFIELD. Con MICHAEL CALLAN, MICHAEL CRAIG, JOAN GREENWOOD, HERBERT LOM, GARY MERRILL. ■ Su un'isola abitata da stranissimi animali capitano un gruppo di evasi e due donne, scampate a un naufragio. Mentre cercano di costruire una imbarcazione devono affrontare anche i pirati, ma una esplosione li salva *in extremis*. ■ AVVENTURA; COL.; 101'; GRAN BRETAGNA, 1961.

ISOLA MISTERIOSA E IL CAPITANO NEMO, L' ★★★
Regia di JUAN ANTONIO BARDEM. Con JESS HAHN, OMAR SHARIF, GABRIELE TINTI. ■ Fuggendo da un campo di prigionia nel sud degli Stati Uniti – siamo in piena guerra di Secessione – cinque prigionieri evadono servendosi di una mongolfiera e approdano su un'isola disabitata. Dopo varie peripezie il gruppo riesce a organizzarsi per la sopravvivenza e fa la conoscenza del misterioso Capitano Nemo. Il sottomarino *Nautilus*, imbarcazione che suscita lo stupore dei cinque naufraghi, è la base mobile di Nemo. ■ AVVENTURA; COL.; 104'; ITALIA, 1972.

ISOLA NEL CIELO, L' *(Island in the Sky)* ★★
Regia di WILLIAM A. WELLMAN. Con WALTER ABEL, ANDY DEVINE, LLOYD NOLAN, JOHN WAYNE. ■ Cinque aviatori precipitano con il loro aereo in una zona dell'Antartide. Riescono a sopravvivere e a mettersi in contatto radio con altri aerei. ■ DRAMMATICO; B/N; 109'; USA, 1953.

ISOLA NELL'ASFALTO, L' *(Front Page Story)* ★★★
Regia di GORDON PARRY. Con ELIZABETH ALLAN, EVA BARTÒK, JACK HAWKINS. ■ Una giornata nella redazione di un quotidiano inglese: si alternano vicende umane drammatiche e liete. ■ DRAMMATICO; B/N; 99'; GRAN BRETAGNA, 1953.

ISOLA NEL SOLE, L' *(Island in the Sun)* ★★★
Regia di ROBERT ROSSEN. Con HARRY BELAFONTE, JOAN COLLINS, DOROTHY DANDRIDGE, JOAN FONTAINE, JAMES MASON. ■ In un'isola delle Antille gli odi razziali sono particolarmente accentuati. David, il "capo" ideologico dei neri, si innamora di una donna bianca. Maxwell, il più acceso sostenitore della supremazia bianca, nasconde un infamante segreto: nella sua famiglia c'è del sangue nero. Sua figlia teme di dover rinunciare per questo al matrimonio con il figlio del governatore, ma scopre di essere una illegittima e si sposa senza problemi. ■ DRAMMATICO; COL.; 119'; USA, 1957.

ISOLA NUDA, L' *(L'île nue)* ★★★
Regia di KANETO SHINDO. Con NOBUKO OTOWA, SHINKJI TANAKA, TAIJI TONOYAMA. ■ In un isolotto nei mari del Giappone, un'intera famiglia vive lottando quotidianamente con la natura ingrata. Quando uno dei figli muore per mancanza di cure adeguate, la madre ha un moto di ribellione, ma ben presto tutto rientra nella normalità. ■ DRAMMATICO; B/N; 96'; GIAPPONE, 1961.

ISOLA PERDUTA, L' *(The Island of Dr. Moreau)* ★★
Regia di JOHN FRANKENHEIMER. Con MARLON BRANDO, VAL KILMER, DAVID THEWLIS. ■ È il remake de *L'isola del dottor Moreau*. Nel ruolo che era stato di Burt Lancaster c'è Marlon Brando ma la storia è la stessa, solo con qualche effetto speciale in più. ■ AVVENTURA; COL.; 105'; USA, 1997.

ISOLA SCONOSCIUTA, L' *(Unknown Island)* ★★
Regia di JACK BERNHARD. Con VIRGINIA GREY, PHILIP REDD. ■ Una spedizione raggiunge un'isola del Pacifico per accertare la presenza di mostri preistorici. I terribili animali esistono e fanno strage dei portatori indigeni i quali fuggono lasciando nei guai gli incauti esploratori. ■ AVVENTURA; COL.; 76'; USA, 1948.

ISOLA STREGATA DEGLI ZOMBIES, L' ★★
(Voodoo Island)
Regia di REGINALD LE BORG. Con BORIS KARLOFF, BEVERLY TYLER. ■ Un gruppo di finanzieri vorrebbe costruire un albergo su un'isola. Agli incauti affaristi capitano disgrazie di vario genere. Alla fine, pur di andarsene, i finanzieri promettono di dimenticare l'esistenza del luogo maledetto. ■ AVVENTURA; B/N; 76'; USA, 1957.

ISOLA SULLA MONTAGNA, L' *(Hig Barbaree)* ★★
Regia di JACK CONWAY. Con JUNE ALLYSON, VAN JOHNSON, THOMAS MITCHELL. ■ Due naufraghi, per ingannare la terribile attesa dei soccorsi, si raccontano la propria vita. Uno dei due, Brooke, rievoca il suo amore per Nancy, nato tra i banchi di scuola e ancora vivo anche se da anni i due non si vedono. Quando i due vengono raccolti da una nave, Nancy, infermiera di bordo, ritrova Brooke. ■ DRAMMATICO; B/N; 91'; USA, 1947.

ISOLA SUL TETTO DEL MONDO, L' ★★★
(Island on the Top of the World)
Regia di ROBERT STEVENSON. Con DAVID HARTMAN, JACQUES MARIN, DONALD SINDEN. ■ In piena Antartide esiste un paese che, grazie ad alcuni vulcani, è perfettamente vivibile, come se fosse ai Tropici. Un nobile ci va per cercare suo figlio. ■ AVVENTURA; COL.; 93'; USA, 1974. ■ OSCAR 1 NOM.

ISOLE ★★
Regia di STEFANO CHIANTINI. Con ASIA ARGENTO, PAOLO BRIGUGLIA, GIORGIO COLANGELI, ANNA FERRUZZO, IVAN FRANEK. ■ Ivan si alza presto ogni mattina per prendere il traghetto che da Tirana lo porta alle isole Tremiti dove lavora come muratore. All'ennesimo giorno senza paga, fa pressioni per ottenere i suoi soldi e viene picchiato da tre abitanti locali. L'unica presente alla scena disposta a soccorrerlo è Martina, nota reietta dell'isola. ■ DRAMMATICO; COL.; 92'; ITALIA, 2011.

ISOLE DELL'AMORE, LE ★★
Regia di PINO DE MARTINO. ■ Un documentario sulla Polinesia. ■ DOCUMENTARIO; COL.; 90'; ITALIA, 1971.

ISOLE NELLA CORRENTE *(Islands in the Stream)* ★★
Regia di FRANKLIN J. SCHAFFNER. Con DAVID HEMMINGS, GILBERT ROLAND, GEORGE C. SCOTT, SUSAN TYRRELL. ■ Tratto da un romanzo di Hemingway, il film racconta la storia di un uomo, Thomas Hudson, che vive alle Bahamas con un vecchio servo negro. Giungono d'improvviso i tre figli dell'uomo a sconvolgere la sua vita. Hudson partirà dalle Bahamas per respingerli, ma morirà assistito dal vecchio servo. ■ DRAMMATICO; COL.; 105'; USA, 1977.

ISOTTA ★★
Regia di MAURIZIO FIUME. Con ROSA DI BRIGIDA, LUIGI DIBERTI, NICOLETTA MAGALOTTI, TERESA SAPONANGELO. ■ Isotta è una bambina che soffre di diabete ma che non rinuncia a ipernutrirsi con la connivenza della madre. L'aumento del glucosio nel sangue la conduce a frequenti crisi che si trasformano in fughe nei sogni che la portano a volare sopra la realtà. Film a metà strada tra realtà e dimensione surreale che tende a prendere la mano al regista. ■ COMMEDIA; COL.; 87'; GRECIA, ITALIA, SPAGNA, 1996.

ISPETTORE, L' *(Lisa)* ★★
Regia di PHILIP DUNNE. Con STEPHEN BOYD, DOLORES HART, LEO MCKERN, DONALD PLEASENCE. ■ Peter non è riuscito a salvare la vita della sua fidanzata, prigioniera in un lager nazista, ma riesce a salvare Lisa, giovane israelita. Aiuta la ragazza a raggiungere Israele, ma durante il difficile viaggio Lisa rimane gravemente ferita. È in quel momento che Peter si accorge di amarla. ■ DRAMMATICO; COL.; 112'; USA, 1962.

ISPETTORE BRANNIGAN, LA MORTE SEGUE LA TUA OMBRA *(Brannigan)* ★★★
Regia di DOUGLAS HICKOX. Con RICHARD ATTENBOROUGH, MEL FERRER, JUDY GEESON, JOHN WAYNE. ■ Ben Larkin, boss di Chicago, fugge a Londra e l'ispettore Jim Brannigan (John Wayne), suo implacabile persecutore, lo segue. Il poliziotto americano ha qualche problema con il suo collega inglese che non apprezza i suoi metodi, con gli uomini del gangster che cercano in ogni modo di sviare le sue indagini, con un killer che ha tutte le intenzioni di ucciderlo. Ma Brannigan, tipico duro senza paura, riesce ad avere ragione di tutti. ■ POLIZIESCO; COL.; 111'; USA, 1975.

ISPETTORE CALLAGHAN: IL CASO SCORPIO È TUO! *(Dirty Harry)* ★★★
Regia di DON SIEGEL. Con CLINT EASTWOOD, HARRY GUARDINO, JOHN MITCHUM, RENI SANTONI. ■ Harry Callaghan è famoso nella polizia di San Francisco per i suoi metodi poco ortodossi nel perseguire i criminali. Non va troppo per il sottile nemmeno quando si tratta di mettere le mani su un misterioso assassino, soprannominato Scorpio, che uccide giovani donne. Paradossalmente è proprio la polizia a creargli complicazioni, ma alla fine Callaghan riesce ad uccidere il pazzo criminale. ■ POLIZIESCO; COL.; 102'; USA, 1971.

ISPETTORE GADGET, L' *(Inspector Gadget)* ★★
Regia di DAVID KELLOGG. Con MATTHEW BRODERICK, ANDY DICK, RUPERT EVERETT, JOELY FISHER, MICHELLE TRACHTENBERG. ■ Il film è tratto da una fortunata serie di cartoni animati dove l'ispettore si scontra con il malvagio Scolex, che Everett si diverte visibilmente a interpretare. C'è molta tecnologia in questo film, per un divertimento per grandi e piccini (non troppo piccini, però). ■ AVVENTURA; COL.; 80'; USA, 1999.

ISPETTORE GENERALE, L' *(The Inspector General)* ★★★
Regia di HENRY KOSTER. Con BARBARA BATES, DANNY KAYE, WALTER SLEZACK. ■ Due zingari vagabondi capitano in un paese in grande agitazione perché gli amministratori locali, persone dalla coscienza poco pulita, attendono da un momento all'altro la visita di un ispettore dalla capitale. Si sa che il pubblico ufficiale ama travestirsi per cogliere di sorpresa le sue "vittime", e per questo uno dei due zingari viene scambiato per l'attesa autorità. ■ COMMEDIA; COL.; 102'; USA, 1949.

ISPETTORE KARATÈ CONTRO L'ANONIMA SEQUESTRI ★★
Regia di LI KUAN CHANG. Con CHAN CHIAO, KO MIN HSIUNG, KO SHUM HSIUNG. ■ Per calmare i bollenti spiriti di Karatè, un gangster gli rapisce il figlio. Karatè si scatena e ne uccide cinquanta, tra cui il gangster. ■ AVVENTURA; COL.; 91'; HONG KONG, 1973.

ISPETTORE LAVARDIN, L' *(L'inspecteur Lavardin)* ★★★
Regia di CLAUDE CHABROL. Con JEAN-CLAUDE BRIALY, BERNADETTE LAFONT, JEAN POIRET. ■ Chabrol e Jean Poiret riprendono il loro personaggio dell'ispettore Lavardin (collaudato in *Poulet au vinaigre*). Lavardin arriva in una città di provincia per investigare sulla morte di un noto scrittore cattolico e scopre che il defunto era implicato in molte losche attività. Ottimi attori e ottimo Chabrol, a suo agio, come al solito, con le storie di delitti e peccati in provincia. ■ GIALLO; COL.; 100'; FRANCIA, 1986.

ISPETTORE MARTIN HA TESO LA TRAPPOLA, L' *(The Laughing Policeman)* ★★★
Regia di STUART ROSENBERG. Con BRUCE DERN, LOUIS GOSSETT JR, WALTER MATTHAU. ■ Un poliziotto rimane vittima di una strage compiuta da un ignoto su un autobus carico di passaggeri e l'ispettore Martin cerca di risalire al motivo della strage. Martin è convinto che il collega ucciso fosse sulle tracce di un assassino e stesse per mettergli le manette. Ripercorrendo le tappe del suo predecessore corre gli stessi rischi, ma stavolta l'assassino non ha il vantaggio della sorpresa. ■ POLIZIESCO; COL.; 111'; USA, 1973.

ISPETTORE SPARA A VISTA, L' *(Le monocle rit jaune)* ★★★
Regia di GEORGES LAUTNER. Con MARCEL DALIO, OLIVIER DESPAX, PAUL MEURISSE, BARBARA STEELE. ■ Per difendere la pace nel mondo, gli appartenenti ad una misteriosa setta organizzano azioni illecite. Portaerei che saltano in aria con tutto l'equipaggio, laboratori atomici fortemente danneggiati con gravi rischi per la popolazione e altre simili imprese convincono l'ispettore Dromard a mettersi in azione. ■ COMMEDIA; B/N; 78'; FRANCIA, 1964.

ISPETTORE VARGAS, L' ★★
Regia di GIANNI FRANCIOLINI. Con GIULIO DONADIO, MARIELLA LOTTI. ■ L'ispettore Vargas riconosce in due donne sospettate di omicidio la moglie e la figlia, che aveva lasciato molti anni prima e delle quali non aveva avuto più notizie. Comprensibilmente turbato, l'ispettore non si lascia comunque fuorviare nelle indagini. ■ GIALLO; B/N; 92'; ITALIA, 1940.

ISPIRATRICE, L' *(The Great Man's Lady)* ★★
Regia di WILLIAM A. WELLMAN. Con BRIAN DONLEVY, JOEL MCCREA, BARBARA STANWYCK. ■ Una vecchia quasi centenaria racconta a una giovane giornalista la storia della sua difficile esistenza e del suo lungo e contrastato amore per l'uomo che fondò la città nella quale la donna ancora vive. L'omaggio alla statua che i cittadini hanno dedicato al suo uomo è l'ultimo atto d'amore della sua lunghissima vita. ■ DRAMMATICO; B/N; 90'; USA, 1942.

ISTANBUL ★★
Regia di JOSEPH PEVNEY. Con CORNELL BORCHERS, ERROL FLYNN. ■ Venuto in possesso di una partita di diamanti rubati in circostanze del tutto casuali, Jim decide di tenerseli e di raggirare polizia e contrabbandieri. Ci riesce ma nel frattempo perde Stefania, la fidanzata; la ritroverà sposata a un altro, completamente smemorata e in pericolo. Per salvare la ragazza Jim è costretto ad accettare l'aiuto della polizia. ■ AVVENTURA; COL.; 84'; USA, 1956.

ISTANBUL EXPRESS ★★
Regia di RICHARD IRVING. Con GENE BARRY, SENTA BERGER, JOHN SAXON, TOM SIMCOX. ■ I documenti di uno scienziato atomico sono il bottino del quale i servizi segreti di tutto il mondo vorrebbero impadronirsi. London, agente inglese incaricato di recuperarli, supera ogni ostacolo ma, quando finalmente riesce a mettere le mani sui preziosi fogli, si accorge che si tratta di un clamoroso falso. London non si scoraggia e riesce con un'azione spregiudicata a sabotare i piani delle nazioni nemiche. ■ SPIONAGGIO; COL.; 94'; USA, 1968.

ISTANTANEA DELL'ASSASSINO *(Killer Image)* ★
Regia di DAVID WINNNG. Con MICHAEL IRONSIDE, M. EMMER WALSH. ■ Un senatore americano ha una sorta di *alter ego* che si scatena in omicidi di ogni genere. Tutto ciò crea gravi problemi all'uomo politico. ■ THRILLER; COL.; 95'; USA, 1991.

ISTANTANEA PER UN DELITTO ★
Regia di MARIO IMPEROLI, A. SAXON. Con LINO LA TORRE, ERNA SCHURER, MONICA STRUBEL. ■ Due donne sono legate da una passione morbosa. Il loro idillio viene sconvolto da un omicidio apparentemente inspiegabile al quale, dopo un tentativo di ricatto, ne segue un altro. ■ GIALLO; COL.; 90'; ITALIA, 1975.

ISTANTANEE *(Proof)* ★★★
Regia di JOCELYN MOORHOUSE. Con RUSSELL CROWE, GENEVIÈVE PICOT, HUGO WEAVING. ■ Film d'esordio che mostra un

buon talento nella regia. Il protagonista si chiama Martin ed è cieco fin da quando è venuto al mondo. Tuttavia ha una grande passione per la fotografia e scatta decine di istantanee. Fa poi amicizia con un ragazzo che lava i piatti in un locale, Andy, che racconta a Martin che cosa mostrano le fotografie. C'è poi Cecilia, una governante che si occupa di lui e della casa, che gli è morbosamente attaccata. Sotto questo amore di Martin per le foto e il desiderio di sapere se le descrizioni di Andy corrispondono alla foto stessa c'è un richiamo lontano alla madre. ■ COMMEDIA; COL.; 86'; AUSTRALIA, 1991.

ISTINTO, L' *(My Son is a Guilty)* ★★
Regia di CHARLES C. COLEMAN JR. Con ALAN BAXTER, JACQUELINE WELLS. ■ Il padre di Tim vorrebbe che il figlio seguisse le sue orme arruolandosi nella polizia, ma il giovanotto trova molto più comodo e redditizio fare il ladro. Il vecchio genitore scopre la verità sorprendendo il figlio intento a svuotare una cassaforte ed è costretto a usare le armi. ■ GIALLO; B/N; 73'; USA, 1939.

ISTINTO OMICIDA *(Sunstroke)* ★★
Regia di JAMES KEACH. Con DON AMECHE, STEPHEN MEADOWS, STEVE REILSBACK, JANE SEYMOUR. ■ Teresa è divorziata e vuole incontrare la sua bambina, visto che il marito ha ottenuto l'affidamento. Viaggiando in auto dà un passaggio a un uomo che verrà poi trovato morto. Lei ha paura di essere incolpata e, brancolando nel buio, finisce nelle braccia del primo uomo che incontra e gli racconta l'accaduto. Un grande pericolo incombe su di lei. ■ GIALLO; COL.; 94'; USA, 1992.

ISTINTO OMICIDA *(With Hostile Intent)* ★★
Regia di PAUL SCHNEIDER. Con MELISSA GILBERT, MEL HARRIS, PETER ONORATI. ■ Nel reparto speciale della polizia di Long Beach militano due valide e preparate ragazze, Miranda e Kathy. Devono però scontrarsi con l'ostilità dei colleghi, gelosi del loro successo, che ostacolano con angherie e soprusi il lavoro delle due agenti. Dal momento che le sopraffazioni continuano anche nella vita privata, le due agenti decidono di difendersi.... ■ POLIZIESCO; COL.; 89'; USA, 1993.

ISTRUTTORIA, L' *(Voruntersuchung)* ★★
Regia di ROBERT SIODMAK. Con CHARLOTTE AUDER, GUSTAV FRÖHLICH. ■ Questo film narra di un intraprendente avvocato che difende un uomo accusato ingiustamente. ■ DRAMMATICO; B/N; 92'; GERMANIA, 1931.

ISTRUTTORIA È CHIUSA: DIMENTICHI – TANTE SBARRE, L' ★★★
Regia di DAMIANO DAMIANI. Con RICCARDO CUCCIOLLA, FERRUCCIO DE CERESA, TURI FERRO, FRANCO NERO, GEORGES WILSON. ■ L'architetto Vanzi è detenuto in attesa di giudizio. Durante la prigionia ha modo di verificare sulla propria pelle tutte le brutture del carcere: la mafia comanda anche lì. Vanzi si ripromette di lottare, appena ottenuta la libertà, per denunciare il crimine ma, una volta fuori dal carcere, la tranquillità e la comodità della sua vita ritrovata gli fanno dimenticare i buoni propositi. ■ DRAMMATICO; COL.; 106'; ITALIA, 1971.

IT ★★★
Regia di TOMMY LEE WALLACE. Con TIM CURRY, JOHN RITTER. ■ Diviso in due parti, è uno dei film televisivi più attesi perché è la trasposizione del lunghissimo best-seller dello scrittore Stephen King. Ci troviamo a Derry dove alcuni amici decidono di liberare la città da un assassino. Interpretato da attori di rango e ben diretto è senz'altro da consigliare agli appassionati del genere. ■ HORROR; COL.; 190'; USA, 1990.

ITAKER – VIETATO AGLI ITALIANI ★★
Regia di TONI TRUPIA. Con MONICA BIRLADEANU, PIETRO BONTEMPO, NICOLA NOCELLA, MICHELE PLACIDO, FRANCESCO SCIANNA. ■ Siamo nella fredda Germania industriale degli anni '60 con i suoi lavoratori multietnici. La fotografia dai toni decolorati tinge l'ambiente dell'immigrazione di quei tempi, non distante da quello di oggi. Protagonista Pietro, un bambino rimasto orfano a seguito della morte improvvisa della madre, che si ritrova in viaggio con uno sconosciuto di nome Benito. L'uomo ha promesso di riportarlo dal padre, mai visto prima, emigrato da anni in Germania. Scoprirà dopo poco che quella dell'uomo era solo una scusa per ottenere per sé un passaporto. ■ DRAMMATICO; COL.; 90'; ITALIA, 2012.

ITALIA A MANO ARMATA ★★
Regia di FRANCO MARTINELLI. Con MIRELLA D'ANGELO, MAURIZIO MERLI, RAYMOND PELLEGRIN, JOHN SAXON, TONI UCCI. ■ Giallo all'italiana modesto e confuso. I gangster, che si salvano prendendo in ostaggio dei bambini, saranno duramente puniti dal commissario di ferro. ■ POLIZIESCO; COL.; 100'; ITALIA, 1976.

ITALIA È DI MODA, L' ★★
Regia di GINO BRAMIERI. ■ Dagli ultimi anni di guerra al boom economico, il film ripercorre, in modo discontinuo e privo di un senso logico, la storia d'Italia. ■ DOCUMENTARIO; B/N; 92'; ITALIA, 1963.

ITALIA-GERMANIA 4 A 3 ★★
Regia di ANDREA BARZINI. Con FABRIZIO BENTIVOGLIO, NANCY BRILLI, GIUSEPPE CEDERNA, MASSIMO GHINI. ■ Si tratta, come per *La stazione* di Sergio Rubini, di un film tratto da una commedia di Umberto Marino. Tutto ruota intorno alla finale dei mondiali di Città del Messico del 1970. Tre amici che non si vedono da due decenni decidono di guardare insieme la replica della partita in tv a casa di Francesco. C'è anche Giulia, ora moglie di Francesco, un tempo corteggiata da tutti. Al di là di riferimenti al cinema di Salvatores, a *Compagni di scuola* di Verdone o a *Regalo di Natale* di Avati, il film regge bene solo quando la dialettica, su cose di poco conto, non diventa esagerata. ■ COMMEDIA; COL.; 80'; ITALIA, 1990.

ITALIA IN PIGIAMA, L' ★★
Regia di GUIDO GUERRASIO. ■ Guerrasio, ottimo documentarista, si occupa qui molto superficialmente della condizione femminile in Italia. ■ POLITICO; COL.; 92'; ITALIA, 1975.

ITALIA K2 ★★★
Regia di MARCELLO BALDI. ■ La conquista del K2, la vetta più alta del mondo dopo l'Everest, da parte della spedizione italiana capeggiata da Ardito Desio, fu un'impresa che fece parlare il mondo intero. ■ DOCUMENTARIO; COL.; 93'; ITALIA, 1954.

ITALIAN BOYS *(Liberate la scimmia)* ★★
Regia di UMBERTO SMAILA. Con ROSA FUMETTO, FRANCO OPPINI, UMBERTO SMAILA. ■ Alcuni conduttori di due radio locali si impegnano in un match musicale per guadagnare ascoltatori. In palio un sacco di soldi e un'auto nuova. La vince il più simpatico, anche se meno preparato musicalmente. ■ COMMEDIA; COL.; 94'; ITALIA, 1982.

ITALIAN DREAM ★
Regia di SANDRO BALDONI. Con TECO CELIO, SILVIA COEN, IVANO MARESCOTTI. ■ Antonio, un italiano sui 40, lavora ormai da diversi anni a Londra. È simpatico e spiritoso, ha una moglie italiana, due figli e una vita fatta di routine e lavoro. Ama scommettere su ogni cosa, dai cavalli al calcio e, nonostante non vinca mai, non smette di sperare e continua ad aspettare. Un giorno Antonio si accorge di essere seguito da un uomo all'apparenza distinto. I pedinamenti diventano sempre più frequenti ed Antonio è sempre più preoccupato e sospettoso, ma nessuno gli crede. Perdendo la pazienza, decide di affrontare l'uomo per scoprire quali siano le sue intenzioni, ma la risposta dello sconosciuto lo lascia a bocca aperta: l'uomo sostiene che lui lo pedina perché è sicuro che un giorno Antonio lo ucciderà. La vicenda si trasforma in un thriller. Scontato. ■ THRILLER; COL.; 97'; ITALIA, 2007.

ITALIANE E L'AMORE, LE ★★★
Regia di GIAN VITTORIO BALDI, MARCO FERRERI, GIULIO MACCHI, FRANCESCO MASELLI, LORENZA MAZZETTI, GIANFRANCO MINGOZZI, PIERO NELLI, GIULIO QUESTI. Con ANNA BRIGNOLE, MARIO COLLI, ASSUNTINA DEL SALENTO, MARIA DI GIUSEPPE, RICCARDO FELLINI, ANDREA GIORDANA, ROSALBA NERI, TANIA RAGGI, MARIELLA ZANETTI. ■ Dalle lettere al direttore dei settimanali femminili la scrittrice Gabriella Parca trasse un libro che dimostrò come negli anni Sessanta, in pieno boom economico, la condizione femminile fosse ancora, per la maggior parte della popolazione italiana, estranea all'evoluzione generale del costume e ancorata a valori tradizionali. ■ POLITICO; B/N; 107'; ITALIA, 1961.

ITALIAN FAST FOOD ★
Regia di Lodovico Gasparini. Con Luigi Cogliandro, Edoardo Romano, Mirko Setaro. ■ Intruglio di avventure e campionario di vari personaggi in un fast food. C'è Felice, aspirante manager, Enzo, sbruffone paninaro in lotta con i punk, un pittore e un lavoratore fanno le polpette e una delle ragazze che servono sogna di diventare una diva dello schermo. Punk e paninari finiranno al commissariato. ■ Farsesco; col.; 91'; Italia, 1986.

ITALIANI ★★
Regia di Maurizio Ponzi. Con Maria Grazia Cucinotta, Giuliana De Sio, Vanessa Gravina, Giulio Scarpati. ■ Le vicende di un gruppo di persone che viaggia su un treno, dalla Sicilia a Milano, negli anni Sessanta. Ecco che incrociano un altro treno che trasporta lo stesso gruppo trent'anni dopo. Da giovani tutto era meglio, non c'è dubbio. Il tema del passato, della nostalgia e della delusione svolto con diligenza non ispirata. Niente di nuovo. Cose già viste in *Sapore di mare*, *Rocco e i suoi fratelli* e *L'uomo delle stelle*. Superfluo. ■ Commedia; col.; 99'; Italia, 1996.

ITALIANI ALL'INFERNO ★★★
Regia di E. Novaro. ■ Con riprese dal vero, il documentario illustra vari episodi di guerra sui vari fronti, dal 1940 al 1943. ■ Documentario; b/n; 93'; Italia, 1960.

ITALIANI A RIO ★★
Regia di Michele Massimo Tarantini. Con Mauro Di Francesco, Leo Gullotta, Clelia Rondinella. ■ Tre impiegati vanno a Rio in viaggio premio. Il più anziano sogna avventure amorose, che non riuscirà ad avere. Il più giovane finalmente abbandonerà ogni inibizione sessuale. Il terzo riesce a ingaggiare per conto del suo principale una famosa giocatrice di pallacanestro, che però si rivelerà di sesso maschile. ■ Comico; col.; 92'; Italia, 1987.

ITALIANI BRAVA GENTE ★★★
Regia di Giuseppe De Santis. Con Andrea Checchi, Riccardo Cucciolla, Arthur Kennedy, Raffaele Pisu, Tatiana Samojlova. ■ Durante la campagna di Russia, quattro militari di diversa estrazione sociale e provenienza geografica esprimono le loro considerazioni sull'assurdità della guerra. I sovietici, teoricamente "i nemici", aiutano i soldati italiani dimostratisi "invasori" soltanto sulle mappe militari. ■ Drammatico; b/n; 107'; Italia, 1964.

ITALIANI COME NOI ★★★
Regia di Pasquale Prunas. ■ Documentario sull'Italia del boom. ■ Documentario; col.; 91'; Italia, 1963.

ITALIANI E LE DONNE, GLI ★★
Regia di Marino Girolami. Con Gino Bramieri, Walter Chiari, Aldo Fabrizi, Ennio Girolami, Alberto Lupo, Sandra Mondaini, Ave Ninchi, Raimondo Vianello, Lia Zoppelli. ■ Cinque episodi con unico comune denominatore: come sedurre le donne. ■ Commedia; b/n; 93'; Italia, 1962.

ITALIANI E LE VACANZE, GLI ★★
Regia di Filippo Walter Ratti. ■ Il documentario racconta alcuni episodi che illustrano le abitudini degli italiani in vacanza. ■ Documentario; b/n; 90'; Italia, 1963.

ITALIANI! È SEVERAMENTE PROIBITO SERVIRSI DELLA TOILETTE DURANTE LE FERMATE ★★
Regia di Vittorio Sindoni. Con Franco Acampora, Silvia Dionisio, Sandro Dori. ■ Benito è un rivoluzionario a tempo pieno che si è ripromesso di non fare l'amore con Patrizia, la sua fidanzata, finché il suo obiettivo politico non sarà raggiunto. Ma visto che il tempo passa e non succede nulla, Benito si lascia "integrare" dal sistema. ■ Commedia; b/n; 91'; Italia, 1969.

ITALIANI SI DIVERTONO COSÌ, GLI ★★
Regia di Gianni Vernuccio. ■ Dai più ricchi ai più poveri, tutti gli italiani amano divertirsi. ■ Documentario; b/n; 95'; Italia, 1961.

ITALIANI SONO MATTI, GLI ★★★
Regia di Duilio Coletti. Con Maurizio Arena, Folco Lulli, Victor McLaglen, Gabriella Pallotta, Memmo Carotenuto, Gerd Martienzen. ■ In un campo di prigionia tedesco, alcuni internati italiani scommettono con il comandante che riusciranno a costruire una chiesa in due ore di tempo. La posta è alta: la vita di un compagno che ha tentato la fuga e per questo è stato condannato a morte. ■ Commedia; b/n; 93'; Italia, 1957.

ITALIAN JOB, THE ★★
Regia di F. Gary Gray. Con Seth Green, Edward Norton, Charlize Theron, Mark Wahlberg, Fausto Callegarini. ■ Charlie Croker e la sua banda hanno messo a segno un colpo miliardario sottraendo lingotti d'oro da un palazzo veneziano. Ma qualcuno all'interno del gruppo ha deciso di tenersi tutto per sé, non esitando a eliminare il vecchio John, padre spirituale del gruppo, pur di mettere le mani sul malloppo. Urge vendetta: e quale vendetta migliore che riappropriarsi del maltolto, inscenando il più gigantesco ingorgo della storia per poter scappare indisturbati a bordo di tre Mini? Cast sulla carta notevole, ma decisamente sottoutilizzato: il regista viene dal video-clip, e purtroppo si vede benissimo. Smorto. ■ Avventura; col.; 104'; USA, 2003.

ITALIAN MOVIES ★★
Regia di Matteo Pellegrini. Con Neil D'Souza, Eriq Ebouaney, Aleksey Guskov, Anita Kravos, Michele Venitucci. ■ Negli studi di produzione di una soap televisiva la notte è degli addetti della pulizia, una variegata combriccola di etnia mista, tutti precari e sottopagati tra cui c'è anche un italiano, pure belloccio. Una sera l'indiano del gruppo, appassionato di fotografia, si intrufola nella stanza delle attrezzature e mette mano a una costosissima cinepresa digitale. Con la complicità di altri, tra cui il russo, Dilip inizia a fare il "regista di matrimoni". La cosa prende piede, il gruppo si allarga agli altri addetti e l'idea diventa un'impresa notturna parallela a quelle delle pulizie. *Italian Movies* è un esordio di lusso di un pubblicitario milanese che diversi anni fa ha avuto l'idea per il soggetto del film. Prendendo le mosse, sembrerebbe, dalla commedia all'italiana, il regista declina esigenze degli italiani anni Cinquanta con quelle degli immigrati d'oggi. ■ Commedia; col.; 99'; Italia, 2013.

ITALIANO, L' ★★★
Regia di Ennio De Dominicis. Con Sonia Aquino, Mehmet Gunsur, Luca Lionello, Barbara Valmorin. ■ Nel 1991 Giorgio, un giovane albanese con un po' di sangue italiano nelle vene (il nonno faceva parte delle truppe di occupazione fascista in Albania) sbarca, con migliaia di altri connazionali, sulle coste pugliesi. Ha sempre sognato di arrivare in Italia e spera che il fatto di avere un antenato italiano lo aiuti ad integrarsi meglio e più rapidamente nel nostro Paese. Ma le speranze muoiono in fretta, prima sull'Appennino abruzzese, dove continua a sentirsi un emarginato, e poi a Roma, dove entrerà a far parte di una banda di malavitosi. Il film è pervaso da una costante sensazione di ineluttabilità del destino, che sfocia in un amaro e rabbioso pessimismo. ■ Drammatico; col.; 88'; Italia, 2002.

ITALIANO A MOSCA, UN ★★
■ Un documentario sulle opere d'arte delle maggiori città russe con qualche numero del celebre circo di Mosca. ■ Documentario; col.; 91'; URSS, 1961.

ITALIANO HA CINQUANT'ANNI, L' ★★
Regia di Francamaria Trapani. Con Giorgio Albertazzi. ■ La voce di Giorgio Albertazzi commenta e riordina gli episodi più significativi della storia italiana. ■ Documentario; b/n; 94'; Italia, 1962.

ITALIANO IN AMERICA, UN ★★
Regia di Alberto Sordi. Con Alice Conden, Vittorio De Sica, Luke Perry, Alberto Sordi. ■ Il benzinaio romano Giuseppe riceve dal padre emigrato da tempo in America l'invito a raggiungerlo. Il giovane parte pieno di entusiasmo e di sogni di ricchezza, e in un primo tempo sembra che questi davvero si realizzino. Ma il padre è soltanto un giocatore pieno di debiti che finisce in prigione e Giuseppe, che ha perso tutti i suoi averi, è costretto a fare nel paese del mito lo stesso mestiere che faceva in Italia. ■ Commedia; col.; 118'; Italia, 1967.

ITALIANO PER PRINCIPIANTI ★★★
(Italiensk For Begyndere)
Regia di Lone Scherfig. Con Anders W. Berthelsen, Ann Eleonora Jorgensen, Lars Kaalund, Annette Stovelbaek.

■ In una cittadina danese arriva il nuovo pastore in sostituzione temporanea del titolare che ha qualche problema psicologico. Intorno a lui si intrecciano le vicende di vari personaggi. La commessa della pasticceria ha un padre iracondo. La parrucchiera ha una madre alcolizzata che entra e esce dall'ospedale. Il cameriere del Bar dello stadio è fissato con la Juventus e l'Italia. Il proprietario dell'albergo è impotente da 4 anni e teme un nuovo rapporto. La cameriera del Bar dello Sport è italiana. Si ritroveranno tutti, per motivi diversi, a partecipare a un corso di lingua italiana, tenuto dapprima da un insegnante madrelingua molto enfatico e poi, dopo la sua morte, dal tifoso juventino. Intanto il padre della pasticcera e la madre della parrucchiera muoiono e le due scopriranno di essere sorelle. La cameriera si innamora (ricambiata in silenzio) del proprietario dell'albergo. La pasticcera si innamorerà del pastore, vedovo da poco tempo, e la parrucchiera del barista. Tutto, a un certo punto, sembra peggiorare. Ma ci sarà il lieto fine. Commedia a sorpresa quella della regista danese al suo terzo lungometraggio. Una commedia con risvolti amari girata con lo stile Dogma seconda generazione che regge benissimo all'impatto visivo della scuola di von Trier. ■ COMMEDIA; COL.; 112′; DANIMARCA, 2000. ■ BERLINO 1 PR.

ITALIANS ★★
Regia di GIOVANNI VERONESI. Con SERGIO CASTELLITTO, RICCARDO SCAMARCIO, CARLO VERDONE. ■ Dopo una vita passata a trasportare Ferrari rubate negli Emirati Arabi per conto di una ditta romana, il candido Fortunato (Sergio Castellitto) ha deciso di ritirarsi e ha scelto il giovane Marcello (Riccardo Scamarcio) come suo successore. Per istruirlo al lavoro e avvezzarlo agli usi e costumi locali lo porta con sé nel suo ultimo viaggio per Dubai. Un inaspettato posto di blocco nel mezzo del deserto sarà solo la prima complicazione di un avventuroso on the road con finale a sorpresa. A migliaia di chilometri di distanza dalla "città dei mercanti", l'impacciato Giulio (Carlo Verdone), di professione dentista, è costretto a recarsi a San Pietroburgo per un convegno che lui stesso ha organizzato ma al quale non vorrebbe partecipare. Inconsolabile da quando è stato lasciato dalla moglie e in astinenza da oltre un anno è istigato da un amico e collega a mettersi in contatto con il promotore di una società russa che organizza viaggi extralusso a sfondo sessuale. Il regista sembra conformarsi all'idea diffusa all'estero sul popolo italiano, svincolando dagli stilemi della commedia all'italiana old school in favore di un ritratto stereotipato e a tratti irritante. ■ COMMEDIA; COL.; 116′; ITALIA, 2009.

ITALIAN SECRET SERVICE ★★
Regia di LUIGI COMENCINI. Con NINO MANFREDI, GEORGIA MOLL, GASTONE MOSCHIN, FRANÇOISE PRÉVOST, CLIVE REVILL. ■ I servizi segreti americani decidono di eliminare una spia nazista e, poiché quest'ultima si trova a Roma, incaricano l'ex partigiano Natalino dell'ingrato compito. Natalino passa l'incarico ad un altro, un deliquente spietato, il quale a sua volta si rivolge ad uno più feroce di lui. ■ COMMEDIA; COL.; 105′; ITALIA, 1968. ■ DAVID DI DONATELLO 1 PR, 1 NOM.

ITALIAN SOLDIERS ★★
Regia di FRANCESCO CABRAS. ■ Si narrano le storie degli attori ingaggiati per i ruoli di soldati italiani nel film di John Madden *Il mandolino del Capitano Corelli*. Il loro compito è quello di portare sullo schermo tutti gli stereotipi dell'italianità. Ma quanto c'è di vero nel modo in cui all'estero si rappresenta "l'italiano"? Un'idea interessante in cui il gioco del "cinema nel cinema" viene utilizzato, una volta tanto, per riflettere sull'immagine di un popolo. ■ DOC. MUSICALE; COL.; 80′; ITALIA, 2003.

ITALIA PICCOLA ★★
Regia di MARIO SOLDATI. Con ERMINIO MACARIO, NINO TARANTO, ENZO TORTORA. ■ Il piccolo Pierino non è figlio del ferroviere Sandrin e di sua moglie che lo hanno solo adottato, ma di Giuliana, figlia del capostazione locale che lo ha avuto da Alberto, giovane e scapestrato figlio di un ricco industriale. Alberto è fuggito in Mato Grosso ma dopo anni ritorna e la situazione si complica ulteriormente: Giuliana rivuole il figlio ma rifiuta di tornare con Alberto, il quale con l'esperienza è maturato e risolve ogni problema. ■ COMMEDIA; COL.; 90′; ITALIA, 1957.

ITALIA PROIBITA ★★
Regia di ENZO BIAGI. ■ Non tutti i documenti sull'Italia degli anni del boom economico sono ottimisti ed entusiastici: questo, firmato da Enzo Biagi, esamina gli aspetti più inquietanti della nostra realtà. ■ DOCUMENTARIO; B/N; 90′; ITALIA, 1963.

ITALIA S'È ROTTA, L' ★★
Regia di STENO. Con DUILIO DEL PRETE, DALILA DI LAZZARO, ALBERTO LIONELLO, CLELIA MATANIA, ENRICO MONTESANO, FRANCA VALERI. ■ Storia, in chiave satirica, delle disavventure di due giovani siciliani che decidono di lasciare Torino per tornare al Sud. ■ COMMEDIA; COL.; 105′; ITALIA, 1976.

ITALIA: ULTIMO ATTO? ★★
Regia di MASSIMO PIRRI. Con LOU CASTEL, ANDREA FRANCHETTI, LUC MERENDA, MARCELLA MICHELANGELI, INES PELLEGRINI. ■ Tre terroristi uccidono il ministro degli Interni italiano, anche se i grandi capi hanno deciso all'ultimo di non farne niente. ■ POLITICO; COL.; 92′; ITALIA, 1977.

ITALIA VILLAGE ★★
Regia di GIANCARLO PLANTA. Con CLAUDIO BOTOSSO, VINCENZO CROCITTI, PAOLO GRAZIOSI, IVANO MARESCOTTI, STEFANO MASCIARELLI, MARIA AMELIA MONTI, LEOPOLDO TRIESTE, MARIELLA VALENTINI. ■ Sta per sorgere un complesso residenziale alla periferia di una grande città. Sei personaggi che sono alla ricerca di un appartamento a prezzi accessibili avranno modo di conoscersi, di desiderarsi, di tradirsi e di farsi tradire. La casa resterà un miraggio inarrivabile. Planta cerca, riuscendovi almeno in parte, di restituirci un ritratto della mediocrità di questi nostri tempi attraverso le piccole storie dei suoi protagonisti. Squallore, meschinità, debolezze e nessun eroe. ■ COMMEDIA; COL.; 93′; ITALIA, 1993.

ITALIA VIVA, L' ★★
Regia di LUIGI TUROLLA. ■ S'immagina che una astronave aliena giunta nel nostro paese commenti severamente i guasti ecologici alle nostre bellezze paesaggistiche, di cui si ricostruisce la storia geologica. Documentario di circa novanta minuti, con intenti spettacolari-didattici. ■ DOCUMENTARIO; B/N; 93′; ITALIA, 1984.

ITALY: LOVE IT, OR LEAVE IT ★★
Regia di GUSTAV HOFER, LUCA RAGAZZI. ■ Dopo aver ricevuto la notifica di sfratto dal loro appartamento, l'altoatesino Gustav e il romano Luca sono davanti ad un bivio: se il primo è deciso a lasciare la Capitale per la più civile Berlino, il secondo vorrebbe rimanere in Italia, convinto com'è che sia ancora un paese da amare e in cui poter vivere. Prima di prendere una decisione tanto importante, la coppia si dà sei mesi di tempo per conoscere meglio e mettere sul piatto della bilancia contraddizioni e punti di forza di una nazione che percorreranno in lungo e in largo a bordo di una vecchia Cinquecento. Documentaristi già noti per l'interessante *Improvvisamente, l'inverno scorso* (2007), Gustav Hofer e Luca Ragazzi passano in rassegna i simboli usurati di un Paese legato a un passato glorioso, ma con un presente incerto. ■ DOCUMENTARIO; COL.; 75′; ITALIA, 2011.

ITINERARI DEL CINEMA – BASILICATA ★★★
Regia di ANDREA BELLATI. ■ La Fondazione Eni Enrico Mattei produce il documentario sui luoghi del cinema, dell'arte e della cultura della Basilicata. Testimone Pino Farinotti che attraversa la regione raccontando – a partire dalle radici, antichissime la civiltà locale, fino ai film, e ai libri più recenti. Ecco Vigliano, che ospitò Carlo Levi, confinato dal regime fascista e Craco, "location" del film di Francesco Rosi, tratto dal romanzo di Levi, *Cristo si è fermato a Eboli*. E poi titoli che fanno parte del corpus del cinema, come *Il vangelo secondo Matteo* di Pasolini, e la *Passione* di Gibson. E ancora *Io non ho paura* di Salvatores, da Ammanniti. E una visione del Redentore che domina Maratea. E poi i magnifici Sassi di Matera, pieni di sortilegio, al di là di Gibson e Pasolini. ■ DOCUMENTARIO, COL.; 37′, ITALIA, 2013.

IT'S ALL TRUE – È TUTTO VERO *(It's All True)* ★★★
Regia di BILL KROHN, MYRON MEISEL, RICHARD WILSON [e ORSON WELLES]. ■ Ritrovato nel 1985 negli archivi Paramount, questo è un film incompiuto girato da Welles su commissione. Nel primo episodio, mutuato da un racconto di Flaherty, un ragazzo

messicano diventa amico di un toro. Nel secondo assistiamo al carnevale di Rio. Nel terzo un gruppo di pescatori percorre più di duemila chilometri in mare a bordo di una zattera per presentare al presidente brasiliano le proprie rivendicazioni. Sotto la parvenza del documentario Welles dirige un film in cui la finzione è più vera del vero. Il lavoro di restauro dell'opera ci consente un ulteriore approfondimento sulla sua concezione del cinema. ■ DRAMMATICO; B/N; 85'; FRANCIA, USA, 1993.

IT'S WINTER *(Zemestan)* ★★

Regia di RAFI PITTS. Con HASHEM ABDI, MITRA HADJAR, ALI NICKSOLAT, SAID ORKANI. ■ Un film pittorico: il paesaggio iraniano sotto la neve, le inquadrature fisse sui personaggi, ritratti quasi sempre in primissimo piano, la descrizione della vita di tutti i giorni: il mercato, il dormitorio, i pasti, l'arrivo-partenza del treno. Pochi dialoghi, spesso coperti dai suoni della città. Al centro, la varia umanità con le stagioni che passano, il lavoro dell'officina, della fabbrica di vestiti, del lavavetri, del gestore di una locanda e quello di chi cerca un'occupazione. Un padre di famiglia decide di trovare lavoro all'estero. ■ DRAMMATICO; COL.; 86'; IRAN, 2005.

IVAN ★★★

Regia di ALEKSANDR DOVZHENKO. Con K. BONDAREVSKIJ, PETR MASOCHA. ■ Il contadino Ivan lascia il podere per partecipare alla costruzione di una diga sul fiume Dnieper. In principio ha delle difficoltà, ma poi si ambienta a contatto con gli operai e diventa un buon compagno. ■ DRAMMATICO; B/N; 92'; URSS, 1932.

IVANHOE ★★★★★

Regia di RICHARD THORPE. Con JOAN FONTAINE, ELIZABETH TAYLOR, ROBERT TAYLOR, GEORGE SANDERS. ■ Wilfred di Ivanhoe, convinto che re Riccardo non sia morto, lo cerca per mari e per terre, finché giunge in Austria e lo trova prigioniero in un castello. Ricevuto un messaggio dal re stesso, Ivanhoe torna in Inghilterra per raccogliere duecentomila pezzi d'argento che serviranno al riscatto del re. Deve prima di tutto superare la diffidenza di suo padre Cedric, ma soprattutto deve vedersela con Giovanni, fratello di Riccardo, usurpatore del trono. Confortato dalla dolce Lady Rowena e dalla bellissima figlia di un infedele, il cavaliere si batte contro molti normanni e viene ferito. Dopo essersi consegnato ostaggio a Giovanni in cambio della vita di suo padre, con l'aiuto di Robin Hood, riesce a preparare il terreno per il ritorno di Riccardo. La MGM, era specializzata in ricostruzioni storiche nella più squisita ottica cinematografica: grandi divi, colori nettamente più fulgidi della realtà, ricerca storica e linguistica non perfettamente filologica ma credibile, intervento musicale di Miklos Rosza, che diede suono al Medioevo dei film rielaborando arie dell'epoca e ottimizzandole con cospicui interventi nei toni della grandezza e del mito. Questi film vennero spesso sottovalutati, pur essendo capolavori – seppur di mestiere –, presenti nel ricordo degli spettatori con una memoria ben più intensa di moltissimi titoli santificati dalla critica. Hollywood aveva invece una percezione più nobile rispetto al valore, anche artistico, di questi film, tant'è vero che *Ivanhoe* ebbe la *nomination* nel 1952. ■ AVVENTURA; COL.; 106'; USA, 1952. ■ OSCAR 3 NOM.

IVAN: IL FIGLIO DEL DIAVOLO BIANCO ★★

Regia di GUIDO BRIGNONE. Con PAUL CAMPBELL, ARNOLDO FOÀ, NADIA GRAY. ■ Ivan ha il compito di sottrarre ai turchi un tesoro che appartiene allo zar. L'emiro Abdul non è ovviamente d'accordo e tenta in ogni modo di ostacolare Ivan. ■ AVVENTURA; COL.; 94'; ITALIA, 1953.

IVAN IL TERRIBILE *(Ivan Groznij)* ★★★★★

Regia di SERGEJ M. EISENSTEIN. Con SERAFINA BIRMAN, LUDMILLA CELICHOVSKAJA, NICOLAJ CERKASOV. ■ Il grande Eisenstein racconta l'ascesa al potere dello zar Ivan. Diventa imperatore nel 1547. Decide di unire la Russia ma si scontra coi Boiardi di cui vuole limitare il potere. Dopo aver trionfato su tutti i fronti si ritira in un convento. È uno dei grandi film della cinematografia russa e del mondo. Un'opera d'arte pittorica di altissima "espressione". Eisenstein trasferiva in questo lavoro, dal sapore di tragedia greca e anche shakespeariana, tutto il suo bagaglio di uomo di cinema e di immagine *tout court*. Alcune sequenze fanno storia del cinema, come l'incoronazione di Ivan, con le monete d'oro che gli scivolano addosso per un tempo che sembra infinito. ■ DRAMMATICO; B/N; 188'; URSS, 1944.

IVO IL TARDIVO ★★★

Regia di ALESSANDRO BENVENUTI. Con DAVIDE BECHINI, ALESSANDRO BENVENUTI, FRANCESCA NERI. ■ Più un *fool* shakespeariano che uno scemo del villaggio, Ivo il tardivo è l'ultimo di una simpatica stirpe di matti e l'unico abitante di un paesino abbandonato. Con il suo improbabile atteggiamento nei confronti della vita, riesce a risolvere i problemi di diversi personaggi, tra i quali una ragazza e un gruppo di malati di mente in licenza. ■ COMMEDIA; COL.; 106'; ITALIA, 1995.

I WANT TO BE A SOLDIER ★★

Regia di CHRISTIAN MOLINA. Con DANNY GLOVER, JO KELLY, FERGUS RIORDAN, ANDREW TARBET, BEN TEMPLE. ■ Alfa Centauri, stella luminosa nel buio della notte, promette ad Alex una gloriosa carriera da astronauta. I suoi genitori accontentano le richieste del bambino e gli riempiono la camera da letto di giochi "spaziali". Ma, nella stanza, vive anche il capitano Harry, l'amico immaginario di Alex. Quando la madre partorisce due gemelli, l'equilibrio della casa si spezza e Alex comincia a sentirsi messo da parte. Il padre, per attenuare il suo isolamento e sentirsi meno in colpa, gli compra un televisore. Sequenze e documentari di guerra, e la comparsa di un cattivo caporale (anche lui immaginario), trasformano il ragazzo in un bulletto con il sogno di diventare un militare. Un problema complesso che il film banalizza. ■ DRAMMATICO; COL.; 88'; SPAGNA, ITALIA, 2010.

IWO JIMA DESERTO DI FUOCO – MARINES ALL'ASSALTO *(Sands of Iwo Jima)* ★★★

Regia di ALLAN DWAN. Con JOHN AGAR, ADELE MARA, JOHN WAYNE. ■ Il sergente Stryke è odiato per la sua durezza e inflessibilità dalla squadra di marines che deve addestrare. Ma quando arriva il momento di sbarcare a Iwo Jima i suoi insegnamenti si rivelano preziosi. ■ GUERRA; B/N; 110'; USA, 1949. ■ OSCAR 4 NOM.

IZMENA ★★

Regia di KIRILL SEREBRENNIKOV. Con ALBINA DZHANABAEVA, DEJAN LILIC, FRANZISKA PETRI, ARTURS SKRASTINŠ. ■ Durante un controllo cardiaco di routine, il paziente viene a sapere dalla dottoressa che sua moglie lo tradisce con il marito di lei. Il tarlo della gelosia avvelena da questo momento in poi la sua mente e le prove che la complice gli porta aprono in lui una ferita non rimarginabile, che solo la dottoressa può capire e che li spinge a compiere a quattro mani una vendetta inedita. ■ DRAMMATICO; COL.; 115'; RUSSIA, 2012.

IZO ★

Regia di TAKASHI MIIKE. Con RYUHZI MATSUDA, RYOUSUKE MIKI, KAORI MOMOI, KAZUYA NAKAYAMA, BEAT TAKESHI. ■ Presentato a Venezia nella sezione "Orizzonti". Parlare di "trama" non vale per i film del cineasta nipponico. Il viaggio di Izo non è solo un percorso nel tempo e nello spazio, attraverso le epoche e i luoghi del mondo, ma è anche un viaggio psichedelico nell'irrazionalità. Duelli tra guerrieri su un'autostrada percorsa da Tir; samurai armati di pistola colt; un chitarrista che attacca canzoni nei momenti più improbabili: questi sono solo alcuni degli episodi che farciscono una carneficina di 128 minuti. ■ DRAMMATICO; COL.; 128'; GIAPPONE, 2004

J

JACK ★★★
Regia di Francis Ford Coppola. Con Bill Cosby, Diane Lane, Robin Williams. ■ I genitori scoprono che Jack cresce a velocità quadrupla del normale. Ogni anno ne compie quattro, a vent'anni ne avrà dunque ottanta. Così il poveretto è costretto a vivere la vita più intensamente, a concentrare tutto, a imparare, capire, esser felice nel tempo che gli è dato. Così, più degli altri si rende conto di quanto valga la vita. Lo esprime e ne rende partecipi quelli che gli sono vicini. Quando coi suoi compagni diciottenni festeggia la maturità, lui ha l'aspetto di un vecchio, ma è felice come gli altri. Storia edificante un po' fuori dalle corde di Coppola, che per una volta ha pensato anche al botteghino. ■ Sentimentale; col.; 83'; USA, 1996.

JACKAL *(The Jackal)* ★★
Regia di Michael Caton-Jones. Con Richard Gere, Mathilda May, Sidney Poitier, Diane Venora, Bruce Willis. ■ Sulle orme del classico *Giorno dello sciacallo* del 1975, diretto dal grande Fred Zinnemann. Solo sulle orme, appunto: quello era un capolavoro, questa è routine. Non è De Gaulle l'obiettivo dello sciacallo (Willis), e non è nemmeno il capo dell'Fbi come sembrerebbe, è la first lady americana. Il mandante è un arrogantissimo mafioso russo. Poitier è un agente Fbi, Gere un terrorista irlandese che conosce lo sciacallo e accetta di collaborare con le autorità. Lo sciacallo gira mezzo mondo, si organizza e tende l'agguato con una sorta di cannone mitragliatore. Alla fine ha la peggio, in metropolitana. Tutto già rivisto (non solo visto), i soliti passaggi al limite del ridicolo, ma grandi attori, anche se ognuno va per conto suo. ■ Thriller; col.; 124'; USA, 1997.

JACKASS: THE MOVIE ★
Regia di Jeff Tremaine. Con Dave England, Johnny Knoxville, Bam Margera, Chris Pontius. ■ Johnny Knoxville e il suo gruppo di matti escono dal piccolo schermo per trasferire sul grande le loro avventure impossibili. Il film, o presunto tale, altro non è che una versione allungata delle puntate in onda su MTV senza un briciolo di trama che colleghi i diversi episodi e senza che emerga un minimo sforzo per arricchire il prodotto che di fatto non offre allo spettatore niente che non si sia già visto in televisione. Due i "punti di forza" della serie: volgarità e violenza autolesionista, qui puntualmente ripresi e ingigantiti. ■ Commedia; b/n; 80'; USA, 2003.

JACKASS 3D ★★
Regia di Jeff Tremaine. Con Bam, Ryan Dunn, Johnny Knoxville, Margera, Chris Pontius, Steve-O. ■ Sparati con una fionda per centrare una piscina, intrappolati in un bagno chimico pieno di feci che viene scosso come uno shaker da cocktail, sottoposti alla forza dei reattori di un jet, caricati da una mandria di bufali o presi a cornate da un ariete cercando di ammansirlo suonando (male) la tromba, punti da migliaia di api mentre giocano a pallacorda con il loro alveare, vestiti da Babbo Natale sulla cima di un albero mentre questo viene segato e ancora placcati da un giocatore professionista di football, costretti a bere un bicchiere di sudore o a sopportare le punture di uno scorpione in volto, gli idioti di Jackass confermano sempre se stessi. Stavolta in tre dimensioni, o almeno per buona parte del film. Anche questa volta è l'inizio di *Jackass 3D*, un classico della serie, ad annunciare tutto quello che verrà come in una vera dichiarazione d'intenti. ■ Documentario; col.; 94'; USA, 2010.

JACK COLPO DI FULMINE *(Lightning Jack)* ★★
Regia di Simon Wincer. Con Beverly D'Angelo, Kamala Dawson, Cuba Gooding Jr., Pat Hingle, Paul Hogan. ■ Jack è un pistolero la cui età si fa sentire. La vista non è più quella di un tempo e per sparare ci vogliono gli occhiali. Si ritrova a fare coppia con un pistolero di colore muto con cui porta a termine le proprie imprese in puro stile Spencer-Hill. L'Australia fa da sfondo a un riciclaggio di Hogan-Crocodile Dundee che non riesce più ad azzeccare un film come quello che lo portò alla notorietà internazionale. ■ Commedia; col.; 96'; Australia, 1994.

JACK DEL CACTUS *(Cactus Jack)* ★★★
Regia di Hal Needham. Con Foster Brooks, Ruth Buzzi, Kirk Douglas, Jack Elam, Ann Margret, Arnold Schwarzenegger. ■ Farsa western su Cactus Jack Slade, un bandito pasticcione che continua a mettersi nei guai ma viene salvato dal suo cavallo, molto più intelligente di lui. Alla fine si consolerà con una ragazza. ■ Western; col.; 89'; USA, 1979.

JACK DIAMOND GANGSTER ★★
(The Rise and Fall of Legs Diamond)
Regia di Budd Boetticher. Con Ray Danton, Warren Oates, Karen Steele, Elaine Stewart. ■ Il film racconta la vita di un gangster. La moglie Alice cerca inutilmente di farlo uscire dal giro. Tradito da una donna, il gangster viene ucciso per vendetta. ■ Drammatico; b/n; 101'; USA, 1960. ■ Oscar 1 nom.

JACKET, THE ★★
Regia di John Maybury. Con Adrien Brody, Keira Knightley, Kris Kristofferson. ■ Il soldato americano Jack Stark, durante la guerra del Golfo, siamo nel 1991, viene ferito gravemente alla testa, gli rimane come conseguenza un'amnesia post-traumatica. Alcuni mesi dopo si reca nel Vermont, a casa sua. Mentre fa l'autostop un'auto in panne attira la sua attenzione. La conducente è in stato confusionale e la figlioletta si affida a lui, che ripara l'auto e aiuta la donna a riprendersi. Quel che seguirà sarà una misteriosa condanna per omicidio e la detenzione in un manicomio criminale. ■ Thriller; col.; 102'; USA, 2005.

JACK FROST ★
Regia di Troy Miller. Con Mark Addy, Joseph Cross, Michael Keaton, Kelly Preston. ■ Jack è un musicista che trascura la famiglia. Un giorno muore in un incidente stradale e il figlio ne soffre molto. Quando arriva Natale il bambino costruisce un pupazzo di neve a cui mette il cappello e la sciarpa del padre che, miracolosamente, lo anima ridandogli speranza nel futuro. Raimi ha rinunciato a dirigere e l'esordiente Miller riesce ad appiattire tutto. Anche il volenteroso Keaton. ■ Commedia; col.; 95'; USA, 1998.

JACK FRUSCIANTE È USCITO DAL GRUPPO ★★
Regia di Enza Negroni. Con Stefano Accorsi, Athina Cenci, Ivano Marescotti, Violante Placido. ■ La vita degli adolescenti: la discoteca, i discorsi infiniti in quel gergo, le prime storie d'amore, i genitori rincoglioniti dalla televisione e praticamente muti, gli studi, un minimo di speranza per il futuro. C'è anche un viaggio negli Usa come trasgressione. Enza Negroni tra-

duce il fortunato libro di Enrico Brizzi. Come al solito è meglio il libro. ■ COMMEDIA; COL.; 95'; ITALIA, 1996.

JACKIE BROWN ★★
Regia di QUENTIN TARANTINO. Con ROBERT DE NIRO, BRIDGET FONDA, ROBERT FORSTER, PAM GRIER, SAMUEL L. JACKSON, MICHAEL KEATON. ■ La vicenda gira intorno a un certo malloppo che la bella-attempata Jackie Brown deve portare al suo amico Louis (Jackson) che spaccia, vende armi, eccetera. Lo scrittore Elmore Leonard crea situazioni da noir apparentemente tradizionali con la *dark* che si destreggia nell'ambiente e alla fine infinocchia tutti, polizia compresa. Nel frattempo ecco De Niro fare il maturo delinquente rincoglionito, Bridget la pupa del gangster sesso-droga-e-capriccetti (tanto che De Niro le spara esasperato), Keaton il poliziotto (incredibilmente) onesto, e Jackson, appunto, il cattivone. Non ci sono le normali esplosioni di violenza di Tarantino (in film e sceneggiature) ma continuano ad esserci troppe parole e spiegazioni. A metà film si ha la sensazione che se ne uscirà a fatica. Alla fine 155 minuti risultano proprio indigesti. In *Jackie Brown* non c'è un solo momento di malignetta-finta-genialità, come succedeva in *Pulp Fiction*. Speriamo che il "fenomeno" Tarantino, film dopo film, finisca per appiattirsi e risultare quello che veramente è, una suggestione pruriginosa, già superata. ■ THRILLER; COL.; 155'; USA, 1998. ■ BERLINO 1 PR; GOLDEN GLOBES 2 NOM; OSCAR 1 NOM.

JACKIE – LA RAGAZZA DI GREENWICH VILLAGE ★★
(Believe in Me – Speed is of the Essence)
Regia di STUART HAGMAN. Con JACQUELINE BISSET, JON CYPHER, KURT DODENHOFF, ALLEN GARFIELD, MICHAEL SARRAZIN. ■ Un giovane medico, per sostenere il ritmo estenuante che gli impone la sua professione, inizia a far uso di amfetamine. Una ragazza che tenta di aiutarlo finisce anche lei col drogarsi. Troverà però la forza di disintossicarsi, mentre il medico, dopo aver perso il posto, passerà alle droghe pesanti. ■ DRAMMATICO; COL.; 90'; USA, 1971.

JACK IL BUCANIERE *(Big Jack)* ★★
Regia di RICHARD THORPE. Con WALLACE BEERY, RICHARD CONTE, MARJORIE MAIN. ■ All'inizio dell'Ottocento, un giovane medico compie degli esperimenti scientifici sui cadaveri, fra la diffidenza degli abitanti di un paese del Maryland. Solo il bandito Jack è dalla sua e lo salva a prezzo della propria vita quando dei fanatici lo vogliono far fuori. ■ AVVENTURA; B/N; 85'; USA, 1949.

JACK IL RICATTATORE *(Shakedown)* ★★
Regia di JOSEPH PEVNEY. Con BRIAN DONLEVY, PEGGY DOW, HOWARD DUFF. ■ Storia di un giornalista-fotografo senza scrupoli che si avvale di losche amicizie e di ricatti per fare una strepitosa carriera. La catena di intrighi in cui si è ficcato gli vale alla fine una morte per vendetta. Mentre sta spirando, però, fotografa il proprio assassino. ■ POLIZIESCO; B/N; 80'; USA, 1950.

JACK LONDON ★★
Regia di ALFRED SANTELL. Con SUSAN HAYWARD, OSA MASSEN, MICHAEL O'SHEA. ■ Il film racconta la prima parte della vita di Jack London che, dopo aver cambiato diversi lavori, intraprende il difficile mestiere di corrispondente di guerra. ■ DRAMMATICO; B/N; 94'; USA, 1943. ■ OSCAR 1 NOM.

JACK LONDON – LA MIA GRANDE AVVENTURA ★★
Regia di ANGELO D'ALESSANDRO. Con ARNALDO BELLOFIORE, ANDREA CHECCHI, HUSEIN COKIC, ORSO MARIA GUERRINI. ■ Un gruppo di uomini si avventura nella corsa all'oro nel Klondyke. I personaggi più importanti della spedizione sono però il vecchio Matt e il cane randagio Dog. Il cane ne fa di tutti i colori e Matt, per porre riparo ai danni del suo amico, muore. Dog lo assiste. ■ AVVENTURA; COL.; 90'; ITALIA, 1974.

JACK LONDON STORY *(Klondike Fever)* ★★★
Regia di PETER CARTER. Con ANGIE DICKINSON, JEFF EAST, LISA LANGLOIS, BARRY MORSE, ROD STEIGER. ■ Racconto, molto romanzato, delle avventure del giovane scrittore Jack London durante la corsa all'oro nello Yukon nel 1898. ■ WESTERN; COL.; 106'; CANADA, USA, 1979.

JACK LO SQUARTATORE *(Jack the Ripper)* ★★★
Regia di ROBERT S. BAKER. Con EDDIE BYRNE, BETTY MCDOWELL, LEE PATTERSON. ■ Alla fine dell'Ottocento, a Londra, un ignoto uccide un certo numero di donne con precise pugnalate al ventre. Questa "professionalità" nel delitto porta la polizia sulle tracce del chirurgo primario di un ospedale. ■ DRAMMATICO; B/N; 88'; GRAN BRETAGNA, 1958.

JACK LO SQUARTATORE *(Jack the Ripper)* ★★★
Regia di DAVID WICKES. Con MICHAEL CAINE, LEWIS COLLINS, JANE SEYMOUR. ■ Jack lo squartatore impazza nella Londra del 1888. Ha già sbudellato una mezza dozzina di prostitute e l'opinione pubblica reclama a gran voce la sua punizione. Un bravo poliziotto (molto sagace, nonostante sia alcolista e nevrotizzato) riesce dopo molte traversie a scoprire l'identità di Jack. Si tratta del medico della regina. La ragion di Stato obbligherà il commissario al *top secret*. ■ GIALLO; COL.; 120'; GRAN BRETAGNA, 1988.

JACKNIFE ★★
Regia di DAVID JONES. Con KATHY BAKER, ROBERT DE NIRO, ED HARRIS. ■ Storia di due reduci dal Vietnam. Uno s'è dato all'alcool e si fa mantenere dalla sorella. L'altro si rifà vivo dopo molti anni e diventa l'amante della donna. Esplode il dramma. Solido film nella tradizione naturalistica americana, con un Robert De Niro imprevedibilmente meno bravo dello *sparring partner* Ed Harris. ■ DRAMMATICO; COL.; 104'; USA, 1988. ■ GOLDEN GLOBES 1 NOM.

JACKPOT ★
Regia di MARIO OFLINI. Con SALVATORE CASCIO, ADRIANO CELENTANO. ■ «Se i bambini governassero il mondo non ci sarebbero più guerre, ingiustizie ed ineguaglianze». Questa l'ovvia morale espressa nel nuovo e raffazzonato film del poliedrico ma ripetitivo Adriano. Una sorta di Bignami del suo pensiero populista-dadaista, *Jackpot* è sostanzialmente un film inutile e scontato che non riesce a reggersi sulle poche *gag* e canzoni che fanno da contorno a una favola dove persino i giovani protagonisti si sentono fuori posto. ■ COMMEDIA; COL.; 90'; ITALIA, 1992.

JACK & JILL *(Jack and Jill)* ★★
Regia di DENNIS DUGAN. Con ALLEN COVERT, EUGENIO DERBEZ, KATIE HOLMES, AL PACINO, ADAM SANDLER. ■ Jack è un pubblicitario di successo, padre felice e marito innamorato di una bella famiglia in California. La sua unica ossessione è la sorella gemella Jill, praticamente identica a lui. Durante la festa del Ringraziamento, al problema di riuscire a convincere Al Pacino a diventare il testimonial di una catena di caffè, si somma l'arrivo di Jill in famiglia. L'invadente sorella si insedia a casa della famiglia di Jack e, nonostante i continui conflitti, non pare intenzionata e muoversi. COMMEDIA; COL.; 91'; USA, 2011.

JACK & SARAH *Nessuna stella*
Regia di TIM SULLIVAN. Con JUDI DENCH, RICHARD E. GRANT, SAMANTHA MATHIS, IAN MCKELLEN. ■ Al protagonista muore la moglie durante il parto e si ritrova con la figlia a cui pensare. Tutto però andrà bene in un'Inghilterra priva di problemi economici e di contrasti sociali. Un cast interessante al servizio di un film di troppo debole fattura. ■ COMMEDIA; COL.; 110'; FRANCIA, GRAN BRETAGNA, 1995.

JACK REACHER – LA PROVA DECISIVA ★★
(Jack Reacher)
Regia di CHRISTOPHER MCQUARRIE. Con TOM CRUISE, WERNER HERZOG, RICHARD JENKINS, DAVID OYELOWO, ROSAMUND PIKE. ■ Cinque persone vengono uccise apparentemente a caso da un cecchino, sulla banchina di un fiume. Le prove sono schiaccianti e incastrano un ex militare, un tiratore addestrato. Pestato brutalmente durante l'interrogatorio, prima di cadere in coma, l'accusato fa un solo nome: Jack Reacher. L'avvocato difensore non sa come soddisfare la richiesta. Reacher sembra non esistere, ma ecco che è lui stesso a presentarsi, con una teoria a dir poco spiazzante: il militare è colpevole, ma non di quell'eccidio. ■ THRILLER; COL.; 130'; USA, 2012.

JACK'S BACK ★★
Regia di ROWDY HERRINGTON. Con CYNTHIA GIBB, JAMES SPADER. ■ Jack lo squartatore torna a mietere vittime. Predilige sempre le prostitute, ma questa volta opera a Los Angeles. ■ THRILLER; COL.; 97'; USA, 1988.

JACK SLADE L'INDOMABILE *(Jack Slade)* ★★
Regia di HAROLD SCHUSTER. Con BARTON MACLANE, DOROTHY MALONE, MARK STEVENS. ■ L'ordine pubblico di una cittadina del West infestata dai banditi viene affidato a Jack Slade, tutore della legge troppo zelante. Jack si porta dietro i suoi traumi infantili e, nel desiderio folle di fare piazza pulita, uccide spesso per errore: alla fine lo faranno fuori. ■ WESTERN; B/N; 90'; USA, 1953.

JACK TAYLOR, BERSAGLIO MOBILE *(Cartel)* ★
Regia di JOHN STEWART. Con CRYSTAL CARSON, MILES O'KEEFFE, SUZANNE SLATER, WILL SMITH, DON STROUD. ■ Jack è un ex pilota di caccia che lotta contro una organizzazione di narcotrafficanti (il "Cartello" del titolo originale) che lo ha mandato in prigione e gli ha ucciso la sorella. ■ AVVENTURA; COL.; 88'; USA, 1989.

JACKY CHAN, LA MANO CHE UCCIDE ★★
Regia di JACKIE CHAN. Con JACKY CHAN, JAMES TIEN, TIEN SHIN. ■ Un ragazzo (Jacky Chan, regista, protagonista e sceneggiatore del film), non riesce a trovare la sua strada nella vita: tenta vari mestieri, ma senza risultati. Il vecchio nonno saggio gli suggerisce allora di impegnarsi nel kung-fu. ■ DRAMMATICO; COL.; 93'; HONG KONG, 1980.

JACQUELINE E GLI UOMINI ★★
(Moi et les hommes de 40 ans)
Regia di JACQUES PINOTEAU. Con PAOLO FERRARI, PAUL HUBSCHMID, PAUL MEURISSE, DANY SAVAL. ■ La piacente Jacqueline lascia un fidanzato non integrato per cercare un marito ricco e maturo. Le occasioni non le mancano. Dopo incontri deludenti, trova da sistemarsi, ma infine ritorna al primo amore. ■ COMMEDIA; B/N; 91'; FRANCIA, ITALIA, 1967.

JADE ★★★
Regia di WILLIAM FRIEDKIN. Con DAVID CARUSO, RICHARD CRENNA, LINDA FIORENTINO, CHAZZ PALMINTERI. ■ Sesso, politica e perversione sono gli ingredienti di questo ottimo thriller diretto da uno specialista del genere (*Il braccio violento della legge*, *Vivere o morire a Los Angeles*), ambientato nei quartieri alti di San Francisco, tra atmosfere torbide e sensuali. Il vice procuratore distrettuale David Corelli indaga sull'orrendo delitto di un collezionista di peli pubici affettato a colpi d'ascia. Al centro della storia vi è Jade (Giada), una misteriosa e sensuale prostituta d'alto bordo, che tutti cercano e amano, e una bella psicologa, di cui Corelli è da sempre innamorato, moglie di un potente avvocato. Con la nuova *dark lady* Linda Fiorentino, con il rosso David Caruso (*NYPD*) e con l'allora emergente Chazz Palminteri (*Bronx*, *Pallottole su Broadway*). ■ GIALLO; COL.; 96'; USA, 1995.

JADED – SCOPPIATI ★★★
Regia di OJA KODAR. Con RANDALL BRADY, ELIZABETH BROOKS, SCOTT KASKE, OJA KODAR. ■ Siamo in California, a Venice. Un travestito è stato picchiato a sangue e una ragazza viene sequestrata e malmenata dal marito. Si scopre che costui, dopo che la ragazza riesce a scappare dall'ex amante del marito, è l'autore anche del pestaggio al travestito. Da qui parte una serie di situazioni equivoche che danno uno spaccato della vita *underground* della città. Lussi e miserie con una matrice quasi warholiana. Un paio di citazioni anche per Tinto Brass. Buona opera d'esordio dell'ultima compagna e assistente di Orson Welles. ■ COMMEDIA; COL.; 91'; USA, 1989.

JAGODA: FRAGOLE AL SUPERMARKET ★★
(Jagoda u supermarketu)
Regia di DUSAN MILIC. Con MIRJANA KARANOVIC, BRANKA KATIC, DANILO LAZOVIC, ZORKA MANOJLOVIC, SRDJAN TODOROVIC. ■ A Belgrado Fragola lavora in un supermercato. La sua vita è fatta di casa-lavoro, con la speranza latente di un impossibile principe azzurro. Un giorno Marko, armato di tutto punto, prende in ostaggio i presenti nel supermarket, e dichiara che li terrà in ostaggio fino a quando non conoscerà il nome della persona che ha trattato male la sua nonnina che voleva comprare delle fragole, la sera precedente. Potrebbe trattarsi del principe azzurro. ■ COMMEDIA NERA; COL.; 83'; GERMANIA, ITALIA, REP. FED. JUGOSLAVA, 2004.

JAGUAR ★★
Regia di LINO BROCKA. Con AMY AUSTRIA, ANITA LINDA, PHILIP SALVADOR. ■ Un giovane filippino, per mantenere la sua famiglia, non trova di meglio che mettersi a fare il gorilla di un riccone. Ma il datore di lavoro è coinvolto in una guerra di gangster, e il giovane non può certo starne fuori. Ammazza molta gente e finisce in galera. ■ DRAMMATICO; COL.; 90'; FILIPPINE, 1980.

JAGUAR, PROFESSIONE SPIA ★★
(Corrida pour un Espion)
Regia di MAURICE LABRO. Con RAY DANTON, ROGER HANIN, PASCALE PETIT. ■ Un agente della Nato individua la base di una organizzazione di spie di un paese dell'Europa orientale, in una nave ferma fuori delle acque territoriali. Un suo collega lo tradisce, ma l'agente riesce a concludere la sua missione. ■ DRAMMATICO; COL.; 92'; FRANCIA, 1965.

JAIL BAIT ★★
Regia di EDWARD D. WOOD JR. Con TIMOTHY FARRELL, DOLORES FULLER, CLANCY MALONE. ■ Il mitico Ed Wood colpisce ancora. Un gangster si serve del figlio di un chirurgo di estetica facciale per costringere il genitore a operarlo. Meno divertente e più noioso di altri suoi film. ■ POLIZIESCO; B/N; 70'; USA, 1954.

JAKOB IL BUGIARDO *(Jakob the Liar)* ★★
Regia di PETER KASSOVITZ. Con ALAN ARKIN, BOB BALABAN, ROBIN WILLIAMS. ■ L'effetto *La vita è bella* si avverte in questo film con *Dead Poet* Williams che cerca di ridicolizzare la Shoà con un umorismo di seconda scelta. ■ COMMEDIA; COL.; 105'; USA, 1999.

JALLA! JALLA! ★★
Regia di JOSEF FARES. Con SOFI AHLSTRÖM HELLEDAY, FARES FARES, JAN FARES, TUVA NOVOTNY, TORKEL PETERSSON, LALEH POURKARIM. ■ Roro e Màns sono amici e lavorano come custodi al parco. Roro, figlio di immigrati libanesi, è fidanzato con una svedese, Lisa, ma la nasconde ai suoi che non vedrebbero di buon occhio la relazione. Quando si decide a parlarne trova la famiglia riunita che gli ha già combinato un matrimonio con Yasmine, una ragazza svedese di origini libanesi. Neppure lei vuole sottomettersi, ma lo invita a fingere per un po' al fine di evitare le ritorsioni del suo oppressivo fratello. Màns ha invece un altro tipo di problema: da qualche tempo è impotente e la sua ragazza non apprezza. Si dà allora da fare in tutti i modi (compresi quelli più astrusi) per ovviare all'inconveniente. Le occasioni per un divertimento volgarotto non mancano, ma ci si chiede: non bastava farsi prescrivere la pillolina azzurra? Mah! Commediola campione di incassi nel Nord Europa che fa sicuramente ridere anche il pubblico di Panariello. ■ COMMEDIA; COL.; 88'; SVEZIA, 2001.

JALOUSIE, LA ★★★
Regia di PHILIPPE GARREL. Con LOUIS GARREL, ARTHUR IGUAL, ANNA MOUGLAIS, EMANUELA PONZANO. ■ Louis ha trent'anni, una figlia e una compagna che lascia per un'altra. Attore di teatro, a cui piace flirtare e fare lunghe passeggiate, Louis è innamorato di Claudia, un'attrice che adora Majakovskij e da alcuni anni ha appeso la "maschera" al chiodo. Gelosa e imprevedibile, Claudia ama Louis di un amore libero che divide con amanti occasionali. Insofferente alla vita domestica e a un appartamento troppo piccolo per il suo ego, Claudia trova lavoro come archivista nello studio di un architetto che diventa molto presto il suo amante. Ignaro, Louis le dichiara ogni giorno il suo amore, camminando ore e ore per i parchi con lei e la figlioletta, a cui lo lega un amore tenero e infinito. Abbandonato bruscamente da Claudia, Louis è inconsolabile fino al (tentato) suicidio. Riusciranno a consolarlo la figlia, la sorella e il teatro. Girato letteralmente "in casa", *La Jalousie* attinge personaggi ed eventi dal vissuto biografico di Philippe Garrel. Coerente al suo discorso cinematografico, che combina la sperimentazione linguistica all'esperienzialità esistenziale, *La Jalousie* porta sullo schermo il tradimento del padre (Maurice Garrel), interpretato dal figlio Louis dentro le infinite tonalità del bianco e del grigio. ■ DRAMMATICO; 77'; FRANCIA, 2013.

JAMAICA COP *(The Mighty Quinn)* ★★
Regia di CARL SCHENKEL. Con JAMES FOX, MIMI ROGERS, ROGER TOWSEND, DENZEL WASHINGTON. ■ In Giamaica un poliziotto di colore, davvero bravo, indaga su un omicidio avvenuto in un grande albergo. Il colpevole sembra essere proprio un suo vec-

chio amico. Ma il poliziotto non ci crede e cerca il vero colpevole. Si trova immerso in un gioco misterioso e pericoloso. Film proposto da Rai Uno proprio nel momento più fortunato di Washington, presente in moltissime produzioni americane. ■ POLIZIESCO; COL.; 98′; USA, 1989.

J.A. MARTIN FOTOGRAFO ★★★
(J.A. Martin, Photographe)
Regia di JEAN BEAUDIN. Con JEAN LAPOINTE, MONIQUE MERCURE, MARCEL SABOURIN. ■ L'odissea di un pioniere della fotografia nell'Ottocento. Uno dei migliori film canadesi prodotti tra il 1960 e il 1980, superpremiato alla sua prima uscita (molti riconoscimenti andarono a Monique Mercure che impersona la paziente moglie del simpatico, ma certo maniacale, Martin). ■ DRAMMATICO; COL.; 100′; CANADA, 1978.

JAMBON D'ARDENNE ★★
Regia di BENOIT LAMY. Con CHRISTIAN BARBIER, ANNIE GIRARDOT, ANN PETERSEN. ■ Un paese delle Ardenne è messo in subbuglio dalla rivalità fra due albergatori. Tra i due litiganti, il turismo non gode. La donna di uno dei due li persuaderà alla convivenza pacifica. ■ COMMEDIA; COL.; 92′; FRANCIA, 1976.

JAMES BOND 007 – CASINO ROYALE ★★★
(Casino Royale)
Regia di VAL GUEST, KEN HUGHES, JOHN HUSTON, JOSEPH MCGRATH, ROBERT PARRISH. Con WOODY ALLEN, URSULA ANDRESS, CHARLES BOYER, WILLIAM HOLDEN, JOHN HUSTON, DEBORAH KERR, DALIAH LAVI, DAVID NIVEN, JOANNA PETTET, PETER SELLERS, ORSON WELLES. ■ Il film è una satira delle autentiche pellicole con 007. Sir James Bond, ricco e famoso, intraprende una nuova avventura insieme alla figlia avuta da una relazione con Mata Hari. Il capo di un'organizzazione spionistica internazionale è il suo stesso nipote, pasticcione e complessato, lo stesso che farà saltare in aria il Casino Royale insieme al vecchio e glorioso Bond. ■ COMMEDIA; COL.; 130′; GRAN BRETAGNA, 1967. ■ OSCAR 1 NOM.

JAMES BOND 007 OCTOPUSSY *(Octopussy)* ★★
Regia di JOHN GLEN. Con MAUD ADAMS, LOUIS JOURDAN, ROGER MOORE. ■ James Bond sventa un complotto sovversivo che vuol causare un disastro nucleare in Germania Ovest. Mentre sventa, trova il modo di evitare una serie di attentati alla sua persona, fra cui quello perpetrato dalla bella donna del titolo e da un malvagio rajah indiano. ■ AVVENTURA; COL.; 91′; GRAN BRETAGNA, USA, 1983.

JAMES BOND 007 SOLO PER I TUOI OCCHI ★★
(For your Eyes Only)
Regia di JOHN GLEN. Con CAROLE BOUQUET, ROGER MOORE, TOPOL. ■ Una nave britannica affonda. A bordo c'era un sofisticato tipo di trasmettitore da recuperare al più presto. James Bond inviato sul posto deve vedersela con i russi e con killer inviati da privati mascalzoni. C'è anche lo spazio per alcune evoluzioni sul ghiaccio e per una spettacolare scalata a una montagna in Grecia. È il dodicesimo James Bond. ■ AVVENTURA; COL.; 127′; GRAN BRETAGNA, 1981. ■ GOLDEN GLOBES 1 NOM; OSCAR 1 NOM.

JAMES CLINT SFIDA INTERPOL ★★
(Cartas boca arriba – Cartes sur la table)
Regia di JESUS FRANCO. Con FRANÇOISE BRION, EDDIE CONSTANTINE, DINA LOY, FERNANDO REY. ■ L'agente Clint sbaraglia un'organizzazione internazionale criminale che ha fatto di alcuni individui dei robot assassini per uccidere importanti uomini politici. ■ AVVENTURA; B/N; 92′; SPAGNA, 1966.

JAMES E LA PESCA GIGANTE ★★
(James and the Giant Peach)
Regia di HENRY SELICK. Con STEVEN CULP, JOANNA LUMLEY, MIRIAM MARGOYLES, PAUL TERRY. ■ Selick si ispira all'omonimo libro di Roald Dahl per realizzare una fiaba che rinvia al *Nightmare before Christmas* voluto da Tim Burton. Qui si narra di un bambino orfano che vorrebbe andare in America. Una pesca gigante diventerà il veicolo che gli permetterà di raggiungere la meta, grazie all'aiuto degli insetti antropomorfi del suo giardino. La commistione tra personaggi in carne ed ossa e pupazzi ripresi in *stop motion* non è sempre fluida e, a tratti, la narrazione si perde in un effettismo freddo. ■ FANTASTICO; COL.; 79′; USA, 1996. ■ OSCAR 1 NOM.

JAMES TONT OPERAZIONE D.U.E. ★★
Regia di BRUNO CORBUCCI. Con FRANCE ANGLADE, LANDO BUZZANCA, CLAUDIE LANGE. ■ L'operazione D.U.E. prevede la "Distruzione Urbe Eterna", ed è in mano a un'organizzazione capeggiata da Joe Street. La soluzione del caso è affidata al famoso James Tont che viene fatto uscire dall'ospedale in stato di ibernazione. ■ COMMEDIA; COL.; 91′; ITALIA, 1966.

JAMES TONT OPERAZIONE U.N.O. ★★
Regia di BRUNO CORBUCCI. Con LANDO BUZZANCA, LICIA LOMBARDI, EVI MARANDI, ALIGHIERO NOSCHESE, EVI RIGANO, GINA ROVERE. ■ Parodia del film di spionaggio; è in scena l'agente Tont che ha l'incarico di sventare il piano dell'industriale discografico Goldsinger. ■ COMMEDIA; COL.; 88′; ITALIA, 1965.

JAN AMOS COMENIUS *(Comenius)* ★★★
Regia di OTAKAR VÀVRA. Con JANA BREZINOV, LADISLAV CHUDIK. ■ A partire dal 1620, trent'anni di guerra tra gli Asburgo cattolici e i protestanti del Nord e trent'anni di vita di un tranquillo intellettuale, condannato a un perenne esilio per ragioni ideologiche e religiose. La vicenda vera di uno dei più rivoluzionari pedagogisti della storia, impreziosita da ricostruzioni accuratissime e appesantita dalla struttura a episodi imposta dalla tv. ■ STORICO; COL.; 92′; CECOSLOVACCHIA, 1984.

JANE B. PAR AGNÈS V. *(Jane B. par Agnès V.)* ★★★
Regia di AGNÈS VARDA. Con JANE BIRKIN, CHARLOTTE GAINSBOURG. ■ Il film, in lingua originale con sottotitoli, racconta la carriera e la vita di Jane Birkin, attrice decisamente insolita e donna anticonformista (ne è riprova lo "scandalo", sospirato col compagno Serge Gainsbourg). Nella pellicola appare anche la figlia di Jane, Charlotte, attrice di talento (*L'effrontée*). ■ BIOGRAFICO; COL.; 100′; FRANCIA, 1988.

♥ JANE EYRE ★★★
Regia di FRANCO ZEFFIRELLI. Con GERALDINE CHAPLIN, CHARLOTTE GAINSBOURG, WILLIAM HURT, ANNA PAQUIN, JOAN PLOWRIGHT, MARIA SCHNEIDER. ■ Dal romanzo di Charlotte Brontë. Inghilterra fine Ottocento: Jane Eyre, figlia illegittima, vive affidata a una famiglia che la odia. La terribile zia la affida a una scuola durissima. Entrata a tredici anni Jane ne esce a ventitré con la qualifica di insegnante. Assunta presso la famiglia di un nobile come istitutrice, si fa apprezzare e amare dal padrone. Lui la sposerebbe, ma ha già una moglie pazza, che vive in una soffitta. Alla fine il destino è benevolo. Jane eredita una fortuna e sposa l'uomo rimasto vedovo. Avranno figli e vivranno felici. Il miglior Zeffirelli da decenni Pulito, non ridondante, essenziale. Aderisce al tradizionale testo della Brontë persino con modestia. Il resto lo fanno la campagna, i castelli inglesi e William Hurt. ■ DRAMMATICO; COL.; 110′; ITALIA, 1996.

JANE EYRE ★★★
Regia di CARY FUKUNAGA. Con JAMIE BELL, JUDI DENCH, MICHAEL FASSBENDER, TAMZIN MERCHANT, MIA WASIKOWSKA. Jane Eyre è un'orfana affidata a Mrs. Reed, una zia crudele che la manda al collegio di Lowood. Dieci anni dopo ne uscirà temprata e desiderosa di cominciare una nuova vita come istitutrice a Thornfield, una tenuta immersa nella campagna dello Yorkshire. Tra una lezione di aritmetica e una di musica incontra l'inquieto Edward Rochester, signore della casa, di cui Jane Eyre si innamora. Non è facile ridurre il romanzo di Charlotte Brontë senza snaturarlo. Il regista si avvale di tutte le unità formali del cinema e di due attori capaci di "riscaldare" il freddo che affligge il contesto vittoriano. ■ DRAMMATICO; COL.; 120′; GRAN BRETAGNA, 2011.

JANE EYRE – L'ANGELO DELL'AMORE *(Jane Eyre)* ★★
Regia di WILLIAM CHRISTY CABANNE. Con VIRGINIA BRUCE, COLIN CLIVE. ■ Rimaneggiamento piuttosto approssimativo dell'omonimo romanzo della Brontë. ■ DRAMMATICO; B/N; 91′; USA, 1934.

JANE EYRE NEL CASTELLO DEI ROCHESTER ★★★
(Jane Eyre)
Regia di DELBERT MANN. Con IAN BANNEN, NYREE DAWN PORTER, RACHEL KEMPSON, GEORGE C. SCOTT, SUSANNAH YORK. ■

Jane Eyre accetta un posto di istitutrice al castello dell'autoritario Edward Rochester. Ben presto tra i due nasce l'amore e decidono di sposarsi. Durante la cerimonia nuziale un amico di Rochester rivela a Jane che Edward è già sposato con sua sorella che, divenuta pazza, vive segregata nel castello. Dapprima Jane fugge sconvolta, poi torna per restare definitivamente con Rochester. La povera psicopatica è infatti morta. ■ DRAMMATICO; COL.; 110'; GRAN BRETAGNA, 1971.

JANGAL *(The Big Hunt)* ★★
Regia di GEORGE SHERWOOD. ■ Il documentario, girato in India, mostra la cattura degli elefanti e delle tigri destinati ai giardini zoologici di tutto il mondo. ■ DOCUMENTARIO; COL.; 91'; USA, 1958.

JANICE BEARD: SEGRETARIA IN CARRIERA ★★
(Janice Beard 45 WPM)
Regia di CLARE KILNER. Con RHYS HANS, PATSY KENSIT, DAVID O'HARA, EILEEN WALSH. ■ Regista all'esordio con un soggetto che parte da uno spunto tragico (la morte del padre della protagonista) per sviluppi comico-grotteschi. Janice, per curare la madre, va a lavorare a Londra e qui cominciano incontri e scontri con i colleghi. ■ COMMEDIA; COL.; 80'; GRAN BRETAGNA, 1999.

JANIS – THE MOVIE *(Janis)* ★★★
Regia di SEATON FINDLAY, HOWARD HALK. Con BRAD CAMPBELL, JAMES GURLEY, JANIS JOPLIN, RICHARD KERMODE. ■ È un documentario musicale sulla celebre cantante rock Janis Joplin, morta per overdose. Per molti è stata un simbolo. Contiene estratti da concerti, apparizioni televisive (compreso il *Johnny Carson Show*), interviste alla cantante e alla gente per le strade. Nel suo genere un film costruito molto bene. ■ DOCUMENTARIO; COL.; 96'; USA, 1974.

JANOSIK IL BANDITO *(Janosik)* ★★★
Regia di MARTIN FRIC. Con ANDREJ BAGAR, PAOLO BIELIK, ZITA HAJDUKOVA. ■ Una specie di Robin Hood sulle montagne dei Carpazi nella prima metà del Settecento sobilla il popolo contro i signorotti che dominano incontrastati e compie, contro di essi, azioni di rappresaglia. Catturato e condannato alla forca, respinge la grazia e muore da eroe. ■ DRAMMATICO; B/N; 93'; CECOSLOVACCHIA, 1936.

JAPANESE STORY ★
Regia di SUE BROOKS. Con KATE ATKINSON, TONI COLLETTE, LYNETTE CURRAN, MATTHEW DYKTYNSKI, JOHN HOWARD, YUMIKO TANAKA, GOTARO TSUNASHIMA, BILL YOUNG. ■ Fra Iromitzu, figlio di un magnate dell'estrazione del ferro e Sandy, geologa australiana, nasce, complice il vincolo professionale, un'inaspettata passione. I due trascorrono insieme un breve ma intenso periodo che si concluderà, altrettanto inaspettatamente con la tragica morte di lui. ■ DRAMMATICO; COL.; 110'; AUSTRALIA, 2003.

JAR *(The Jar)* ★
Regia di BRUCE TOSCANO. Con KAREN SJOBEREG, GARY WALLACE. ■ Una notte come tante, Paul si imbatte in un vecchio sconosciuto che gli affida un oggetto misterioso. Da questo momento, per il protagonista ha inizio una storia da incubo. ■ HORROR; COL.; 90'; USA, 1986.

JARDIN DEL EDEN – MOTEL EDEN, EL ★★
Regia di MARIA NOVARO. Con BRUNO BICHIR, RENÉE COLEMAN, GABRIELA ROEL. ■ La regista di *Danzon* ambienta il film nella zona in cui passa il confine tra il Messico e gli Stati Uniti. Mette in scena un trittico al femminile in cui domina l'incomunicabilità, facendo della cultura messicana il punto di riferimento di una difficile ricerca dell'identità. ■ DRAMMATICO; COL.; 104'; CANADA, MESSICO, 1994.

JARHEAD ★★
Regia di SAM MENDES. Con LUCAS BLACK, CHRIS COOPER, JAMIE FOXX, JAKE GYLLENHAAL, DENNIS HAYSBERT, JOHN KRASINSKI, KATHERINE RANDOLPH, PETER SARSGAARD, SKYLER STONE, JACOB VARGAS, WADE WILLIAMS. ■ Tratto dal romanzo autobiografico di Anthony Swofford, il film racconta la storia dell'addestramento e successiva discesa sul campo di battaglia di un gruppo di marines degli Stati Uniti, impegnati nella prima Guerra del Golfo, durante l'operazione Tempesta nel deserto. Nonostante la presenza di elementi in potenza molto stimolanti (validi regista e cast, scenario di drammatica attualità, genere di appartenenza che ha dato tanto al cinema), all'atto pratico *Jarhead* non esce dal convenzionale. ■ AZIONE; COL.; 123'; USA, 2005.

JASMINUM ★★
Regia di JAN JAKUB KOLSKI. Con GRAZYNA BLECKA-KOLSKA, ADAM FRENKCY, JANUSZ GAJOS, BOGUSLAW LINDA, FRANCISZEK PIECZKA. ■ In un monastero la quiete è turbata dall'arrivo di una bella donna, inviata dalla curia per restaurare un antico dipinto (interpretata dalla moglie del regista, Grazyna Blecka-Kolska), e dalla sua figliola di cinque anni, Gienia. La restauratrice Natasza scoprirà un priore con una grande passione per il cinema (conosce a memoria le battute dei film di Fellini), un mistero legato a tre bare profumate e, grazie alla magica atmosfera del monastero, riuscirà a scoprire la formula di un "profumo magico". Non è l'opera migliore del maestro polacco, ma comunque strappa qualche sorriso per l'interpretazione della piccola Gienia. ■ COMMEDIA; COL.; 115'; POLONIA, 2006.

JASON X ★
Regia di JAMES ISAAC. Con CHUCK CAMPBELL, LEXA DOIG, KANE HODDER, PETER MENSAH, JONATHAN POTTS, LISA RYDER. ■ Jason Voorhees risorge su una astronave nel 2455, congelato, per un esperimento, attraverso un processo criogenico. Ed ecco che la morte acquista nuovamente un volto. ■ HORROR; COL.; 93'; USA, 2001.

JASSY LA ZINGARA *(Jassy)* ★★
Regia di BERNARD KNOWLES. Con MARGARET LOCKWOOD, DENNIS PRICE, PATRICIA ROC. ■ Un uomo alcolizzato e malato ha sposato la zingara Jassy che è stata cacciata dalla casa dell'antico padrone. Per errore, una cameriera muta gli somministra del veleno al posto della medicina. Jassy viene accusata del delitto; la muta, però, ritrova la parola e confessa la verità, liberando Jassy da ogni sospetto. ■ DRAMMATICO; B/N; 102'; GRAN BRETAGNA, 1947.

JAY AND SILENT BOB – FERMATE HOLLYWOOD ★
(Jay and Silent Bob strike back)
Regia di KEVIN SMITH. Con BEN AFFLECK, JEFF ANDERSON, MATT DAMON, ELIZA DUSHKU, SHANNON ELIZABETH, KEVIN SMITH. ■ Kevin Smith riprende due personaggi del suo precedente, fortunato *Clerks*. Sono Jay e Silent, due spacciatori dal diverso carattere e dalla diversa tecnica di vendita. Sanno di essere nel mirino della Miramax, che starebbe preparando una produzione ispirata alla loro storia. Naturalmente non gradiscono e partono per Hollywood per impedire il decollo della produzione. Il "precedente" era, se non ispirato, per lo meno originale. Qui ci sono solo banalità. ■ COMICO; COL.; 104'; USA, 2001.

JAZZ BAND ★★★
Regia di PUPI AVATI. Con LINO CAPOLICCHIO, GIANNI CAVINA, CARLO DELLE PIANE. ■ Film televisivo di oltre quattro ore del quale era stata realizzata una riduzione cinematografica di due ore mai distribuita. Ambientato a Bologna nel 1956, il film tratta del periodo in cui in Italia si era immersi ancora nella ricostruzione seguita alla seconda guerra mondiale e non ancora nel boom economico dei primi anni Sessanta. In questo clima alcuni ragazzi decidono di formare una piccola orchestra jazz per diventare famosi e avere successo con le ragazze. Avati in questo film percorre due dei suoi maggiori temi: la musica jazz, sua prima passione che ha tratteggiato nel film *Bix*, e l'amicizia, espressa più tardi in *Regalo di Natale*. ■ COMMEDIA; COL.; 218'; ITALIA, 1978.

JAZZ IN UN GIORNO D'ESTATE ★★
(Jazz on a Summer's Day)
Regia di BERT STERN. Con LOUIS ARMSTRONG, MAHALIA JACKSON, GERRY MULLIGAN, ANITA O'DAY. ■ Cronaca del festival del jazz che si svolge annualmente a Newport, negli Stati Uniti, grande richiamo di folle e punto di ritrovo dei più noti jazzisti del mondo. ■ DOCUMENTARIO; COL.; 92'; USA, 1959.

JAZZMEN, NOI DEL JAZZ *(Mye iz dzaca)* ★★★
Regia di KAREN AKNAZAROV. Con NIKOLAJ AVERJUSKIN, ALEKSANDR PANKRATOV CERNYI, IGOR SKLJAR. ■ Il giovane Kostya viene cacciato dalla scuola di musica di Odessa (siamo negli anni Venti) perché suona musica jazz ritenuta capitalista-borghese.

Kostya forma con due musicisti ambulanti una jazz-band e poi, finiti per un imprevisto in prigione, conoscono un vecchio sassofonista che si unisce a loro. I quattro però riusciranno a sfondare solo dopo tanti sacrifici e delusioni. Un film semplice ma apprezzabile e con buone musiche. ■ COMMEDIA; COL.; 88′; URSS, 1983.

♥ JEAN DE FLORETTE ★★★

Regia di CLAUDE BERRI. Con DANIEL AUTEUIL, GÉRARD DEPARDIEU, YVES MONTAND. ■ Dal romanzo *L'acqua delle colline* di Marcel Pagnol. Jean de Florette è un bonaccione di città che eredita un terreno in Provenza (siamo negli anni Venti) dove vuole allevare i conigli. Ma un possidente che vuole la sua terra ostruisce la sorgente e fa inaridire i suoi campi. Jean muore tentando di far saltare un pozzo con la dinamite per poter avere un po' d'acqua. Revival di un famoso romanzo naturalista, messo su con impegno e amore da un regista produttore, ammiratore da sempre di Pagnol. ■ DRAMMATICO; COL.; 121′; FRANCIA, 1986. ■ GOLDEN GLOBES 1 NOM.

JEAN E BARBARA UN FILM DA FINIRE ★★
(I'm Dancing as Fast as I Can)

Regia di JACK HOFSISS. Con JILL CLAYBURGH, DIANNE WEIST, NICOL WILLIAMSON. ■ Una brava regista è stremata dalle vicende professionali e private e fa troppo uso di psicofarmaci. Né il suo amante le è di grande aiuto (è alcolizzato cronico). La donna si affida a una dottoressa che la rimette in carreggiata. ■ DRAMMATICO; COL.; 91′; USA, 1982.

JEAN HARLOW, LA DONNA CHE NON SAPEVA AMARE *(Harlow)* ★★

Regia di GORDON DOUGLAS. Con CARROLL BAKER, MARTIN BALSAM, RED BUTTONS, MICHAEL CONNORS, ANGELA LANSBURY, PETER LAWFORD, RAF VALLONE. ■ Il film è la rivisitazione del mito di Jean Harlow e dell'ambiente in cui ebbe luogo la sua folgorante carriera. Esordio difficile, matrimonio traumatizzante con un gentiluomo che si uccide, inizio della decadenza di Jean, che muore a ventisei anni. ■ BIOGRAFICO; COL.; 125′; USA, 1965.

JEANNE DORÉ ★★

Regia di MARIO BONNARD. Con LEONARDO CORTESE, EMMA GRAMATICA, EVI MALTAGLIATI. ■ Un giovane uccide un ricco borghese perché ha insultato la donna che lui ama. Gli danno vent'anni di prigione e lei non va nemmeno a salutarlo perché teme lo scandalo. Allora la madre di lui, protetta dall'oscurità dei corridoi del carcere, mette in atto una pietosa finzione: facendosi passare per la donna amata dal figlio, gli giura eterno amore. ■ DRAMMATICO; B/N; 93′; ITALIA, 1938.

JEANS DAGLI OCCHI ROSA *(So Fine)* ★★

Regia di ANDREW BERGMAN. Con RICHARD KIEL, MARIANGELA MELATO, RYAN O'NEAL. ■ Costretto a lasciare la sua professione di docente universitario da un brutto ceffo che ricatta suo padre, Bobby diventa commerciante d'abbigliamento e fa breccia proprio nel cuore della moglie del cattivaccio. Il caso vuole che, durante un incontro galante con la signora, il nostro eroe debba darsela precipitosamente a gambe, infilando un paio di pantaloni troppo stretti, che si strappano all'altezza dei glutei: ecco i "jeans dagli occhi rosa", nuova moda destinata a ribaltare le sorti del racconto. ■ COMMEDIA; COL.; 91′; USA, 1981.

JEANS E UNA MAGLIETTA, UN ★

Regia di MARIANO LAURENTI. Con ENZO CANNAVALE, NINO D'ANGELO, ROBERTA OLIVIERI. ■ Nino, barista in un locale di Capri, s'innamora di una ricca e corteggiata ragazza, Annamaria, e riesce a conquistarla, ma vi è la difficoltà della differenza di classe. Il padre della ragazza le proibisce di rivedere il barista, ma nessuno può impedire l'amore. ■ COMMEDIA; COL.; 81′; ITALIA, 1983.

J. EDGAR ★★★

Regia di CLINT EASTWOOD. Con JUDI DENCH, LEONARDO DI CAPRIO, ARMIE HAMMER, JOSH LUCAS, NAOMI WATTS. ■ Nominato capo dell'Fbi dal presidente Calvin Coolidge, J. Edgar Hoover è un giovane uomo ambizioso nell'America proibizionista. Figlio di un padre debole e di una madre autoritaria, Edgar è ossessionato dalla sicurezza del Paese e dai criminali che la minacciano a suon di bombe e volantini. Avviata una lotta senza esclusione di colpi contro bolscevichi, radicali, gangster e delinquenti di ogni risma, il direttore federale attraversa la storia americana costruendosi una reputazione irreprensibile e inattaccabile. A farne le spese sono i suoi nemici, reali o supposti, tutti ugualmente ricattabili dai dossier confidenziali raccolti, archiviati e custoditi da Helen Gandy, fedele segretaria che rifiutò il suo corteggiamento e ne sposò la causa. Quarantotto anni di "azioni" (il)legali, otto presidenti e un sentimento dissimulato dopo, quello per il collaboratore Clyde Tolson, Edgar detterà la sua biografia e le sue imprese: la rivoluzione investigativa, la consolidazione del Bureau, la "deportazione" dei comunisti, la cattura di John Dillinger e George Kelly, le indagini lecite sui rapitori di Baby Lindbergh e quelle illecite sulle Pantere Nere o sul movimento per i diritti civili di Martin Luther King. Una vita romanzata e smascherata al tramonto dalla coscienza di Tolson e dall'incoscienza del peggiore dei presidenti. Il mondo è imperfetto e Clint Eastwood lo ribadisce ogni volta che può. Ad essere perfetto è il suo sguardo sul mondo. Un bravissimo Di Caprio. ■ BIOGRAFICO; COL.; 137′; USA, 2011.

JEEPERS CREEPERS – IL CANTO DEL DIAVOLO ★★
(Jeepers Creepers)

Regia di VICTOR SALVA. Con PATRICIA BELCHER, JONATHAN BRECK, JUSTIN LONG, GINA PHILIPS. ■ Due giovani, stanno viaggiando su una strada periferica quando si trovano coinvolti in una serie di vicende inquietanti. Il mistero ruota attorno a "the Creeper", misteriosa creatura malvagia che appare ogni 23 anni per nutrirsi di carne umana. I due scopriranno il mistero che si cela dietro la creatura. Nonostante l'impiego massiccio di costosi effetti speciali e le promesse del lancio pubblicitario, *Jeepers Creepers* resta un horror non troppo originale, che non riesce ad essere efficace quanto le pellicole più famose a cui dichiaratamente si ispira. ■ HORROR; COL.; 89′; GERMANIA, USA, 2001.

JEEPERS CREEPERS – IL CANTO DEL DIAVOLO 2 ★
(Jeepers Creepers 2)

Regia di VICTOR SALVA. Con JONATHAN BRECK, JUSTIN LONG, GARIKAYI MUTAMBIRWA, ERIC NENNINGER, RAY WISE. ■ Il Creeper ogni 23 primavere torna a vivere per nutrirsi di carne umana. Stavolta tocca ad una squadra di basket del college di ritorno da una partita. Asserragliati nel bus, giocatori resistono come possono alla creatura, in attesa che venga loro in aiuto un contadino, cui il demone alato ha rapito un figlio, assieme all'altro suo figlio. Mamma mia. ■ HORROR; COL.; 104′; USA, 2003.

JEFE – IL CAPO, EL ★★★

Regia di FERNANDO AYALA. Con ORESTES CAVIGLIA, ALBERTO DE MENDOZA, LEONARDO FAVIO. ■ Un giovane comincia la propria carriera di malvivente diventando capobanda dei ragazzi del quartiere. Finirà coll'uccidere una ragazza, tentando poi di addossarne la colpa a un altro. Ma gli andrà male: la polizia lo catturerà. ■ DRAMMATICO; B/N: 90′; ARGENTINA, 1958.

JEFF BLAIN, IL FIGLIO DEL BANDITO ★★
(Outlaw's Son)

Regia di LESLEY SELANDER. Con DANE CLARK, BEN COOPER, LORI NELSON. ■ Il piccolo Jeff, figlio di un fuorilegge, è allevato da una zia nel totale disprezzo del padre. Diventato adulto, apprende che il padre è in carcere innocente. Preso da un senso di ribellione, Jeff vorrebbe vendicarlo passando all'illegalità. Ma riuscirà a vincersi. ■ WESTERN; B/N; 89′; USA, 1957.

JEFF BOLT, L'URAGANO DI MACAO *(That Man Bolt)* ★

Regia di HENRY LEVIN. Con MIKE MAYAMA, BYRON WEBSTER, FRED WILLIAMSON. ■ Si devono trasferire capitali da Hong Kong al Messico, attraverso gli Stati Uniti. Se ne occupa un superagente di grande abilità. ■ AVVENTURA; COL.; 105′; USA, 1973.

JEFFERSON IN PARIS ★★

Regia di JAMES IVORY. Con NICK NOLTE, GWYNETH PALTROW, GRETA SCACCHI. ■ Film esageratamente ambizioso del pur collaudato sodalizio produttivo Ismail Merchant-James Ivory. Thomas Jefferson, già estensore della Costituzione americana e futuro presidente degli Stati Uniti, trascorre cinque giorni a Parigi. La minuziosa ricostruzione dell'epoca del suo soggiorno francese, all'approssimarsi della Rivoluzione, ha il sopravvento sullo sviluppo narrativo delle vicende familiari e sentimentali del protagonista. ■ DRAMMATICO; COL.; 139′; USA, 1995.

JEFF GORDON IL DIABOLICO DETECTIVE ★★
Regia di RAOUL ANDRÉ. Con EDDIE CONSTANTINE, NANDO GAZZOLO. ■ Tra due bande di gangster rivali si infiltra l'agente segreto Jeff Gordon che si spaccia per un bandito e riesce a condurre la polizia sulle tracce dei criminali, recuperando un bottino di diamanti. ■ AVVENTURA; B/N; 90′; ITALIA, 1963.

JEFF GORDON SPACCATUTTO ★★
(Ces dames s'en mêlent)
Regia di RAOUL ANDRÉ. Con EDDIE CONSTANTINE, JEAN GRAS, PATRICIA VITERBO. ■ L'agente Jeff Gordon con l'aiuto di un simpatico e abile maggiordomo dà la caccia a una banda di falsari. ■ AVVENTURA; B/N; 87′; FRANCIA, 1964.

JEFF, LO SCEICCO RIBELLE *(Flame of Araby)* ★★
Regia di CHARLES LAMONT. Con JEFF CHANDLER, MAUREEN O'HARA. ■ Avventure in Oriente: Tania, figlia di un re beduino, viene promessa ad un rozzo corsaro. Ma Jeff Rham, figlio di un re del deserto, montando un magnifico cavallo vince la corsa dei destrieri e ottiene la mano di Tania. ■ AVVENTURA; COL.; 77′; USA, 1952.

JEFFREY ★★★
Regia di CHRISTOPHER ASHLEY. Con IRMA ST PAULE, SIGOURNEY WEAVER, STEVEN WEBER, MICHAEL T. WEISS. ■ Jeffrey è un gay che vive a New York. Ha deciso di arrendersi dinanzi ai troppi rischi e di rinunciare all'amore. Proprio allora Steve si innamora di lui confessandogli anche di essere sieropositivo. Jeffrey è posto dinanzi a un bivio. Il film presenta la comunità gay newyorchese senza falsi moralismi e cogliendo sia la dimensione privata sia quella collettiva dei personaggi che mette in scena. ■ COMMEDIA; COL.; 92′; USA, 1995.

JEKYLL & HYDE ★★
Regia di DAVID WICKES. Con JOSS ARKLAND, MICHAEL CAINE, CHERYL LADD. ■ Il romanzo di Stevenson con leggeri ritocchi, come la nascita di un piccolo Mr. Hyde. Nonostante gli attori è un fallimento. ■ POLIZIESCO; COL.; 100′; GRAN BRETAGNA, 1990.

JENA DALLE ZANNE D'ACCIAIO, LA ★
Regia di LI GHENG. Con FENG HSING, CHIU LOU, MEN WANG. ■ Nell'antico Giappone cavalleresco il subdolo Amawari complotta per impossessarsi del potere che spetta al principe legittimo Fusamaru. Questi, con l'aiuto della nutrice Satoé e di un samurai, riesce a sconfiggere l'usurpatore. ■ AVVENTURA; COL.; 92′; HONG KONG, 1973.

JENA DEL MISSOURI, LA *(The Bushwackers)* ★★
Regia di ROD AMATEAU. Con JOHN IRELAND, DOROTHY MALONE, WAYNE MORRIS. ■ In una zona del West, battuta dagli scagnozzi della famigerata famiglia Taylor, il proprietario del giornale locale, spalleggiato dall'ex soldato Jeff Waring, denuncia le crudeltà dei banditi. Lo uccidono, ma Jeff organizza i contadini e sconfigge gli oppressori. ■ WESTERN; B/N; 70′; USA, 1951.

JENA DI BARLOW, LA *(Don't Turn Them Loose)* ★★★
Regia di BENJAMIN STOLOFF. Con BRUCE CABOT, BETTY GRABLE, LEWIS STONE. ■ Doppia vita di un giovane di buona famiglia, in realtà spietato criminale. Scoperto e portato davanti alla commissione d'inchiesta, scopre che di questa fa parte suo padre. Gli fa credere di essere pentito ma, quando viene scarcerato, riprende la sua attività criminale. Il padre lo ucciderà. ■ DRAMMATICO; B/N; 79′; USA, 1936.

JENA DI OAKLAND, LA *(Beware my Lovely)* ★★★
Regia di HARRY HORNER. Con TAYLOR HOLMES, IDA LUPINO, ROBERT RYAN, BARBARA WHITING. ■ Avventura allucinante di una donna chiusa in una casa con uno psicopatico soggetto a crisi di aggressività seguite da depressione e perdita della memoria. L'arrivo del tecnico dei telefoni mette fine all'incubo. Il pazzo torna in sé come se nulla fosse successo. ■ DRAMMATICO; B/N; 77′; USA, 1952.

JENA IN CASSAFORTE, UNA ★★
Regia di CESARE CANEVARI. Con MARIE LUISE CREISBERGER, CRISTINA GAIONI, KARINA KAR, ALEX MORRISON, DIMITRI NABOKOV, BEN SALVADOR. ■ Sei rapinatori si sono dati appuntamento in una villa fuori mano per spartirsi un bottino di diamanti. Ognuno è vittima e carnefice in una gara spietata per avere il tesoro tutto per sé. ■ DRAMMATICO; COL.; 94′; ITALIA, 1968.

JENA – L'UOMO DI MEZZANOTTE, LA ★★★
(The Body Snatcher)
Regia di ROBERT WISE. Con HENRY DANIELL, BORIS KARLOFF, BELA LUGOSI. ■ Edimburgo, diciannovesimo secolo: un medico si serve per i suoi esperimenti di cadaveri "ufficiali" e di quelli che il suo assistente ruba al cimitero. Ucciso l'uomo durante una lite ed avendo bisogno di un corpo, lo studioso provvede personalmente a dissotterrarne uno. Il pensiero dell'omicidio appena commesso, però, lo fa impazzire e provoca la sua morte. ■ HORROR; B/N; 90′; USA, 1945.

JENE DEL QUARTO POTERE, LE ★★★
(Deux hommes dans Manhattan)
Regia di JEAN-PIERRE MELVILLE. Con JEAN DARCANTE, PIERRE GRASSET, JEAN-PIERRE MELVILLE, JERRY MENGO. ■ Il giornalista Moreau e il fotografo Delmas apprendono che un noto uomo politico misteriosamente scomparso è morto d'infarto. Delmas non conosce scrupoli davanti alla possibilità di realizzare un servizio eccezionale, ma il giornalista lo frena. ■ DRAMMATICO; B/N; 84′; FRANCIA, 1959.

JENE DI CHICAGO, LE *(Narrow Margin)* ★★
Regia di RICHARD O'FLEISCHER. Con CHARLES MCGRAW, MARIE WINDSOR. ■ Su un treno viaggia in incognito, sotto la scorta dell'agente Walker, la vedova di un noto gangster americano a conoscenza di importanti segreti della mafia. Un gruppo di killer vuole ucciderla, ma morirà una poliziotta della scorta. La signora potrà così deporre in tribunale. ■ DRAMMATICO; B/N; 70′; USA, 1952. ■ OSCAR 1 NOM.

JENE DI EDIMBURGO, LE *(The Flesh and the Fiends)* ★★
Regia di JOHN GILLING. Con PETER CUSHING, JUNE LAVERICK, DONALD PLEASENCE. ■ Due turpi individui procurano cadaveri per gli esperimenti del dottor Knox. Scoperti, uno è linciato dalla folla, l'altro viene impiccato. Il dottor Knox riesce invece a salvarsi. ■ HORROR; B/N; 97′; GRAN BRETAGNA, 1960.

JENNIE *(Jennie Gerhardt)* ★★★
Regia di MARION GERING. Con EDWARD ARNOLD, MARY ASTOR, DONALD COOK, SYLVIA SYDNEY. ■ La drammatica vicenda di una ragazza madre si chiude felicemente, con un bel matrimonio. ■ DRAMMATICO; B/N; 85′; USA, 1933.

JENNIFER'S BODY ★
Regia di KARYN KUSAMA. Con ADAM BRODY, MEGAN FOX, AMANDA SEYFRIED, J. K. SIMMONS, JOHNNY SIMMONS. ■ Rinchiusa nella cella d'isolamento di un istituto psichiatrico la giovane Needy ricorda come tutto sia cominciato a Devil's Kettle, la cittadina di provincia dove abitava. Si parte quindi con un lungo flashback che costituisce il corpo del film: Needy è amica di Jennifer, la bomba sexy della scuola. Al Melody Lane, un localaccio, Jennifer è attratta da Nikolai, cantante di una sconosciuta rock band, i Low Shoulder. Uno strano e furibondo incendio si sviluppa mentre la band suona: è un massacro, ma Needy conduce in salvo Jennifer, che però scappa con Nikolai. Needy, tornata a casa, ritrova l'amica coperta di sangue e affamata di carne cruda. Occorre altro? ■ HORROR; COL.; 102′; USA, 2009.

JENNY LIND ★★
Regia di SIDNEY FRANKLIN. Con WALLACE BEERY, REGINALD DENNY, GRACE MOORE. ■ La vita di Jenny, una cantante d'opera che non disdegnò di comparire negli spettacoli circensi di T.P. Barnum. Wallace Beery "assaggia" il personaggio del famoso impresario (di cui porterà la vita sullo schermo qualche anno dopo). ■ BIOGRAFICO; B/N; 79′; USA, 1930.

JENNY, REGINA DELLA NOTTE *(Jenny)* ★★★
Regia di MARCEL CARNÉ. Con ALBERT PRÉJEAN, FRANÇOISE ROSAY. ■ Il primo film del regista de *Il porto delle nebbie* narra di una ragazza che, tornata dalla madre dopo un'assenza di anni, scopre che essa è direttrice di una casa equivoca. Innamoratasi di un giovane che è stato amante della madre, fuggono insieme e inizia così con lui una vita felice. ■ DRAMMATICO; B/N; 105′; FRANCIA, 1936.

JERICHO MILE *(The Jericho Mile)* ★★★
Regia di MICHAEL MANN. Con BRIAN DENNEHY, ED LAUTER, PETER STRAUSS. ■ Un ergastolano della prigione di Folsom scopre di avere un vero talento per la corsa. Vince gare importanti e sta per essere mandato alle Olimpiadi. Ma la commissione selezionatrice gli dà l'ostracismo. ■ DRAMMATICO; COL.; 100'; USA, 1979.

JERICHOW ★★
Regia di CHRISTIAN PETZOLD. Con KNUT BERGER, BENNO FÜRMANN, MARIE GRUBER, ANDRÉ HENNICKE, NINA HOSS, HILMI SÖZER. ■ Congedato dall'esercito con disonore, Thomas torna a Jerichow, un paese nel Nord-est della Germania. Ereditata la casa materna e deciso a trovare un'occupazione, si imbatte in Ali, imprenditore turco e marito geloso di Laura, malinconica moglie "trattenuta" al suo fianco col ricatto. Sulle rive bianche del Mar Baltico Ali, ebbro di vino, spinge Laura tra le braccia di Thomas. Obbligati a ballare allacciati sotto lo sguardo velato di Ali, Thomas e Laura si scopriranno perdutamente innamorati. Tra impetuosi amplessi e violenti attacchi di gelosia consumeranno il loro (melo)dramma e subiranno il loro destino. Ispirato ad un fatto di cronaca e alle atmosfere di *Qualcuno verrà* di Vincente Minnelli, *Jerichow* è un melodramma classico e misurato che mette in scena tre personaggi e la loro brama di vivere al di sopra dei propri mezzi, nella convinzione che ci sia una vita altra, migliore, romanzesca e irraggiungibile. ■ DRAMMATICO; COL.; 93'; GERMANIA, 2008.

JERRISSIMO! *(Hook Line and Sinker)* ★★★
Regia di GEORGE MARSHALL. Con ANNE FRANCIS, PEDRO GONZALES, PETER LAWFORD, JERRY LEWIS. ■ Un assicuratore apprende di avere pochi mesi di vita e decide di dedicarli alla pesca d'alto mare; poi il medico, che si finge suo amico, gli dice che ha sbagliato la diagnosi e che per poter pagare i debiti deve sparire per sempre. Il giovane si rende conto che il medico vuole godersi i soldi dell'assicurazione e la sua bella mogliettina, e gliela fa pagare cara. ■ COMMEDIA; COL.; 91'; USA, 1969.

JERRY & TOM *(Jerry and Tom)* ★★★
Regia di SAUL RUBINEK. Con MAURY CHAYKIN, CHARLES DURNING, WILLIAM H. MACY, JOE MANTEGNA, SAM ROCKWELL. ■ Jerry e Tom vendono auto usate ma, come secondo "lavoro", sono anche dei killer professionisti. I loro committenti sono dei paramafiosi che utilizzano l'autosalone come copertura. L'amicizia che progressivamente si instaura tra i due non è sempre un vantaggio per le operazioni che devono compiere. Film brillante diretto con abilità da un ex attore (era W. W. Beauchamp in *Gli spietati*). ■ COMMEDIA; COL.; 106'; USA, 1998.

JERRY IL GANGSTER *(Citade ameaçada)* ★★
Regia di ROBERTO FARIAS. Con JARDEL FILHO, REGINALDO RIVA FARIA, EVA WILMA. ■ Un giovane bandito, più ingenuo e sbandato che vero delinquente, diventa un mito grazie alla propaganda dei giornali, tanto che ogni crimine gli viene addossato. La fidanzata lo convince a scontare la pena in prigione. ■ DRAMMATICO; B/N; 91'; BRASILE, 1959.

JERRY LAND CACCIATORE DI SPIE ★★
Regia di JUAN DE ORDUÑA. Con ANTONIO DURAN, KAY FISHER, WAYDE PRESTON, HELGA SOMMERFELD, PAMELA TUDOR. ■ Gli agenti Nick e Land, indagando sull'assassinio di un loro collega, conoscono durante l'inchiesta un certo Parker, che li mette su una falsa pista (più tardi si rivelerà una spia). Finiscono a Beirut tra avventure e attentati. ■ SPIONAGGIO; COL.; 94'; ITALIA, 1966.

JERRY MAGUIRE ★★
Regia di CAMERON CROWE. Con INGRID BEER, TOM CRUISE, CUBA GOODING JR., BONNIE HUNT, JARED JUSSIM, BENJAMIN KIMBALL SMITH, REGINA KING, JONATHAN LIPNICKI, TODD LOUISO, JAY MOHR, JERRY O'CONNELL, MARK PELLINGTON, KELLY PRESTON, JEREMY SUAREZ, RENÉE ZELLWEGER. ■ Jerry è un procuratore sportivo, dunque riceve una percentuale dai contratti. È uno che non sa farsi amare, finisce con un solo cliente, un nero campione di football. Dopo difficoltà e miliardi di parole riesce a fargli ottenere un megacontratto. Film sbagliato. Cruise ha sempre la stessa faccia allarmata (non solo qui, sempre), e Cuba Gooding, che sembra un cartone animato, si è visto assegnare uno degli Oscar (non protagonista) più immeritati degli ultimi anni. ■ DRAMMATICO; COL.; 135'; USA, 1996. ■ GOLDEN GLOBES 1 PR, 3 NOM; OSCAR 1 PR, 4 NOM.

JERRY 8 E 3/4 *(The Patsy)* ★★
Regia di JERRY LEWIS. Con INA BALIN, JOHN CARRADINE, JERRY LEWIS, PETER LORRE, EVERETT SLOANE. ■ Scritto, diretto e interpretato da Jerry Lewis, racconta la storia di un imbecille che alcuni impresari vogliono trasformare in divo cinematografico. Diventerà invece un divo televisivo. ■ COMICO; COL.; 101'; USA, 1964.

JERSEY GIRL ★★
Regia di KEVIN SMITH. Con BEN AFFLECK, RAQUEL CASTRO, JENNIFER LOPEZ, STEPHEN ROOT, WILL SMITH, LIV TYLER. ■ New York. Ollie Trinke, *public relation man* di una grossa agenzia, sposa una ragazza ed è in attesa di una figlia. Al momento del parto, la moglie ha delle complicazioni e muore, lasciando l'uomo ad accudire la neonata. In un momento di stress Ollie, durante una conferenza stampa, perde il controllo e si sfoga contro i giornalisti presenti. Risultato, licenziamento in tronco. Si trasferisce dal padre nel New Jersey, vive sottotono, si occupa della figlia Gertie. Ma Manhattan è sempre presente nella sua mente. ■ SENTIMENTALE; COL.; 102'; USA, 2004.

JERUSALEM ★★
Regia di BILLE AUGUST. Con PERNILLA AUGUST, MARIE BONNEVIE, ULF FRIBERG, MAX VON SIDOW. ■ Dal romanzo di Selma Lagerlöf. Svezia fine Ottocento: una comunità protestante è sconvolta da due fatti, la storia d'amore fra Ingmar e Gertrud e l'arrivo di un predicatore vagamente esaltato. Le tensioni tradizionali di quella gente vengono esasperate. La "soluzione" sarà trovata forse in Terra Santa. I soliti temi cari agli autori nordici, che siano registi o scrittori. Ma quanto ci manca Bergman. ■ DRAMMATICO; COL.; 168'; SVEZIA, 1996.

JESSE & LESTER – DUE FRATELLI IN UN POSTO CHIAMATO TRINITÀ ★★
Regia di JAMES LONDON. Con RICHARD HARRISON, DONALD O'BRIEN, ANNA ZINNEMANN. ■ Jesse e Lester, fratelli, sono in disaccordo su cosa fare di un terreno avuto in eredità. Jesse vuol costruirvi una casa equivoca, Lester una chiesa; infine, dopo una serie di vicende che li vede insieme lottare e uccidere, i due decideranno, con motivazioni diverse, per la costruzione della chiesa. ■ WESTERN; COL.; 91'; ITALIA, 1972.

JESSICA – TUTTI VOGLIONO JESSICA ★★★
Regia di JEAN NEGULESCO. Con KERIMA, MAURICE CHEVALIER, ANTONIO CIFARIELLO, DANIELLE DE METZ, ANGIE DICKINSON, GABRIELE FERZETTI, SYLVA KOSCINA, AGNES MOOREHEAD, NOËL-NOËL. ■ La bellezza di Jessica, levatrice americana, provoca un putiferio nel piccolo centro siciliano dove la donna esercita la professione. ■ COMMEDIA; B/N; 90'; ITALIA, 1962.

JESS IL BANDITO *(Jesse James)* ★★★★
Regia di HENRY KING. Con JANE DARWELL, HENRY FONDA, NANCY KELLY, TYRONE POWER, RANDOLPH SCOTT. ■ I due figli della signora James, uccisa durante l'esproprio di un terreno, diventano banditi; il più giovane di questi, Jess, sposa una ragazza che invano tenta di ricondurlo sulla via del bene. Soltanto la nascita di un figlio farà sorgere nell'animo dell'uomo il desiderio di una vita diversa; ma le leggi della malavita non consentono voltafaccia e Jess verrà ucciso da uno dei suoi stessi uomini. Un film in origine a colori che arrivò da noi in bianco e nero. In America è considerato un capolavoro, in Italia è rimasto nei confini dell'ordinaria amministrazione. Henry Fonda (nella parte di Frank, fratello maggiore di Jess) diede un'interpretazione da antologia. ■ WESTERN; COL.; 105'; USA, 1939.

JESSI'S GUN, LA BANDA DELLE DONNE MALEDETTE *(Jessi's Gun)* ★
Regia di AL ADAMSON. Con REGINA CARROLL, SANDRA CURRIE, BEN FRANK, GEOFFREY LAND. ■ Jessica e suo marito vengono assaliti da una banda. Lui viene ucciso e lei violentata da tutti i componenti. Data per morta, si riprende e pensa a vendicarsi. Raccoglie tre disperate (che però la tradiscono) e alla fine, con l'aiuto di uno sceriffo, fa vendetta. ■ WESTERN; COL.; 85'; USA, 1973.

JESSY NON PERDONA... UCCIDE ★★
(Tierra de fuego – Vergeltung in Catano)
Regia di ALFONSO BALCAZAR GRANDA. Con MARIO ADORF, VIVIEN DODDS, MARIANNE KOCH, FRANK OLIVERAS, MARK STEVENS. ■ Quattro gangster ricattano un loro ex compagno diventato un apprezzato sceriffo; questi non osa reagire alle loro efferatezze per timore di perdere la stima conquistata con tanti sacrifici, ma quando gli uccidono la donna che ama rischia tutto e riconferma la sua fama di coraggioso tutore della legge. ■ WESTERN; COL.; 92′; SPAGNA, 1966.

JESUIT JOE ★★
Regia di OLIVIER AUSTEN. Con PETER TARTER, LAURENCE TREIL, JOHN WALSH. ■ Tratto dai fumetti di Hugo Pratt. Siamo in Canada nel secondo decennio del Novecento. Jesuit Joe è un pellerossa che ha trovato per caso la giubba rossa di un soldato ammazzato da alcuni banditi e da quel momento la indossa come la sua divisa. Sua sorella a suo tempo era stata costretta alla prostituzione da alcuni uomini di pelle bianca e la sua vendetta calerà implacabile. Sulla strada ci saranno però altre sorprese. ■ AVVENTURA; COL.; 100′; CANADA, FRANCIA, 1991.

♥ JESUS CHRIST SUPERSTAR ★★★★
Regia di NORMAN JEWISON. Con CARL ANDERSON, BOD BINGRAM, BARRY DENNEN, YVONNE ELLIMAN, TED NEELY. ■ Scritto da Andrew Webber (autore delle musiche) e da Tim Rice (autore delle parole) è, forse, la più famosa "opera rock" mai rappresentata. Nato come album e poi come musical, di successo immediato e planetario, racconta le vicende che caratterizzarono gli ultimi sette giorni della vita di Gesù Cristo, dal suo ingresso in Gerusalemme fino alla crocifissione. In esso dominano tre figure: Gesù Cristo, che sembra una star del rock ormai in declino e abbandonata dai suoi stessi seguaci, Maria Maddalena, attraente e ambigua, e infine Giuda, il traditore, qui rappresentato come una sorta di vittima costretto suo malgrado a portare fino in fondo il tradimento del suo maestro. Norman Jewison iniziò a girare in Israele il film, per cui erano stati stanziati ben 3,6 milioni di dollari. Webber e Rice volarono in Terra Santa, ma quando si resero conto che il regista non prendeva in nessuna considerazione il loro punto di vista, persero interesse al film. Jewison stava lavorando con lo scrittore e sceneggiatore Melvyn Bragg, che tra l'altro aveva lavorato ai film di tema epico diretti da Cecil B. De Mille. Fu scritturato nuovamente Carl Anderson, che era stato uno strepitoso interprete di Giuda nel tour d'esordio del musical, e che conferma qui le sue doti espressive: gli spettatori ricordano la scena in cui corre nel deserto inseguito dai carri armati e dagli aerei da guerra, cantando *Damned for all time*. La colonna sonora fu affidata ad André Previn. Il film ebbe una nomination all'Oscar come migliore colonna sonora adattata per il cinema. ■ MUSICAL; COL.; 103′; USA, 1973. ■ DAVID DI DONATELLO 1 PR, 1 NOM; GOLDEN GLOBES 3 NOM; OSCAR 1 NOM.

JESUS OF MONTREAL *(Jesus de Montréal)* ★★★
Regia di DENIS ARCAND. Con LOTHAIRE BLUTEAU, JOHANNE-MARIE TREMBLAY, CATHERINE WILKENING. ■ Daniel Coulombe mette in scena la passione di Cristo sulle colline di Montreal. Lo spettacolo ha successo, ma le autorità ecclesiastiche, che lo hanno commissionato, temono le troppo numerose varianti rispetto alla tradizione. Coulombe si identificherà progressivamente con il personaggio di Gesù fino a morire. In questo secondo film giunto da noi del regista de *Il declino dell'impero americano* si sente vibrare una ricerca di spiritualità intensa, pur se ingabbiata nel gioco un po' risaputo della rappresentazione nella rappresentazione. ■ DRAMMATICO; COL.; 120′; CANADA, FRANCIA, 1989. ■ CANNES 1 PR; GOLDEN GLOBES 1 NOM; OSCAR 1 NOM.

JESUS' SON ★★★
Regia di ALISON MACLEAN. Con BILLY CRUDUP, DENNIS HOPPER, HOLLY HUNTER, DENIS LEARY, SAMANTHA MORTON. ■ È la storia di un ventenne tossicodipendente (Billy Crudup) che trascorre la sua vita rubando, dedicandosi a piccoli lavori e inseguendo Michelle, l'amore della sua vita. A redimere il giovane (conosciuto negli ambienti poco raccomandabili che frequenta come "Fuckhead") e a trasmettergli valori come la pietà e la compassione per il prossimo, saranno degli incontri particolari, tra cui quello con una donna semiparalizzata. Umorismo surreale e situazioni paradossali caratterizzano questo film, tratto da una raccolta di racconti di Denis Johnson. ■ DRAMMATICO; COL.; 99′; USA, 1999.

JE T'AIME, JE T'AIME – ANATOMIA DI UN SUICIDIO *(Je t'aime je t'aime)* ★★★
Regia di ALAIN RESNAIS. Con ANOUK FERJAC, OLGA GEORGES-PICOT, GEORGE JAMIN, CLAUDE RICH. ■ Alcuni studiosi cercano un uomo disposto a sottoporsi a un esperimento che gli consentirà di rivivere nel passato. Ma non si tratta di un esperimento piacevole; il prescelto rivive in questo viaggio a ritroso nel tempo il suo amore infelice, la fine della propria donna, e sente, più forte di prima, la volontà d'annientarsi. ■ DRAMMATICO; B/N; 97′; FRANCIA, 1968.

JE T'AIME, MOI NON PLUS ★★
Regia di SERGE GAINSBOURG. Con JANE BIRKIN, JOE DALLESSANDRO, GÉRARD DEPARDIEU, REINHARD KOLLDEHOFF, HUGUES QUESTER, BORIS VIAN, JIMMY DAVIS. ■ È la storia di una coppia di amanti omosessuali tra i quali si insinua una donna dall'aspetto decisamente mascolino. Dopo un tentativo di tornare normali, i due diversi si rimettono insieme. ■ DRAMMATICO; COL.; 80′; FRANCIA, 1976.

JET GENERATION ★
Regia di ECKHART SCHMIDT. Con JURGEN DRAEGER, ROGER FRITZ, DGINN MOELLER. ■ Una giornalista statunitense cerca il fratello del quale non ha notizie da tempo. Trova un fotografo che è stato amico del giovane, si convince che lo ha ucciso, ma lo sposa. ■ DRAMMATICO; COL.; 91′; GERMANIA, 1968.

JET LAG ★★
Regia di DANIÈLE THOMPSON. Con JULIETTE BINOCHE, SERGI LÓPEZ, JEAN RENO. ■ Juliette Binoche e Jean Reno sono l'inedita coppia di protagonisti di questa commedia romantica. Rose è una donna in fuga: è in partenza per Città del Messico, dove ha deciso di rifarsi una vita e dimenticare un uomo. Felix, invece, è uno chef di successo, che si sta recando a Monaco per cercare di rimettere in piedi una storia importante. Bloccati all'aeroporto e costretti ad una convivenza forzata, Rose e Felix si confrontano con le proprie nevrosi e sofferenze e scopriranno una reciproca quanto inaspettata attrazione. ■ COMMEDIA; COL.; 91′; FRANCIA, GRAN BRETAGNA, 2003.

JE VOUS SALUE MARIE ★★★
Regia di JEAN-LUC GODARD. Con MYRIEM ROUSSEL, THIERRY RODE, PHILIPPE LACOSTE, JULIETTE BINOCHE. ■ Questo film è stato sequestrato per vilipendio alla religione e poi dissequestrato. Godard, da quel provocatore che è, ha voluto raccontare alla sua maniera la storia dell'Immacolata Concezione. Come personaggio principale c'è infatti una ragazza di nome Maria. Non completamente riuscito, il film è costruito con il classico montaggio "maledetto" che ha fatto amare il cineasta da parte della critica e odiare dalla gran parte del pubblico. Il lungometraggio è anticipato da un breve film di una collaboratrice di Godard che narra i piccoli problemi di una bambina che guarda caso si chiama Maria. Con abbinato il cortometraggio *Il libro di Maria* (*Le Livre de Marie*), regia di Anne-Marie Miéville. ■ DRAMMATICO; COL.; 105′; FRANCIA, 1985.

JFK – UN CASO ANCORA APERTO *(JFK)* ★★★★
Regia di OLIVER STONE. Con EDWARD ASNER, KEVIN BACON, KEVIN COSTNER, TOMMY LEE JONES, JACK LEMMON, GARY OLDMAN, SISSY SPACEK, DONALD SUTHERLAND. ■ Costner si è messo nei panni del famoso procuratore Garrison di New Orleans, che, insoddisfatto delle versioni accreditate sull'attentato di Dallas, che scaricavano tutte le responsabilità sul solo Lee Oswald, in anni di lavoro elaborò un rapporto che ribaltava tutto, trovando testimoni, facendo prove balistiche, ottenendo confessioni segrete, scoprendo clamorose negligenze nell'apparato di sicurezza. Dimostrò che i colpi sparati erano molti e non potevano provenire da una sola arma. Il complotto era stato organizzato dalle altissime gerarchie militari, dalla vicepresidenza, dalla mafia, da certi circoli anticastristi, dai costruttori di armi. Kennedy, con

la sua politica pacifista, aveva turbato equilibri abnormi e intoccabili. Per raccontarci tutto questo Costner si è sforzato di rimanere sottotono, di imbruttirsi addirittura, con misere giacchette da burocrate e strani occhiali che gli hanno quasi stravolto l'espressione. Nel suo discorso finale l'attore è davvero bravo e intenso, impegnato in un esercizio recitativo che sembrava non far parte delle sue corde. ■ DRAMMATICO; COL.; 189'; USA, 1991. ■ GOLDEN GLOBES 1 PR, 4 NOM; OSCAR 2 PR, 8 NOM.

JIAOYOU *(Stray Dogs)* ★★
Regia di TSAI MING-LIANG. Con LEE KANG-SHENG, YI-CHENG LEE, CHEN SHIANG-CHYI, LU YI-CHING. ■ Il nuovo film di Tsai Ming-Liang, summa della sua poetica visionaria e antinarrativa, affronta, ancora una volta, l'impossibilità di far convivere nel tempo l'eternità dei sentimenti con la caducità del corpo, frammentando la linearità del racconto in momenti di grande evocazione pittorica. Un uomo sulla quarantina, disoccupato, vive coi suoi due figli in un quartiere povero di Taipei. Abbandonato dalla moglie e senza lavoro, l'uomo è incapace di soddisfare i bisogni della sua famiglia. Al centro commerciale dove spesso accompagna i figli, incontra Xiao Lu, che inizia a affezionarsi ai bambini e a interessarsi all'uomo. Il protagonista inizierà a proiettare l'immagine dell'ex moglie sulla donna, che ricambia la sua attenzione con grande affetto e cura, fino a quando la situazione diventerà insostenibile e il ricordo dell'ex moglie troppo ingombrante. Gran premio della giuria alla Mostra di Venezia 2013. ■ DRAMMATICO; COL.; 138'; FRANCIA, CINA, 2013.

J. I. JOE – LA NASCITA DEI COBRA ★★
(G.I. Joe: The Rise of Cobra)
Regia di STEPHEN SOMMERS. Con ADEWALE AKINNUOYE-AGBAJE, CHRISTOPHER ECCLESTON, JOSEPH GORDON-LEVITT, BYUNG-HUN LEE. ■ Il magnate della multinazionale MARS vende armi ai governi e contemporaneamente fornisce le tecnologie di difesa da quelle armi, controllando così di fatto il mercato. Lo scoprono due soldati semplici attaccati mentre trasportano pericolose testate della MARS. L'unico rimedio lo offre una divisione militare segreta, i G.I. Joe: soldati altamente qualificati impiegati dal governo per missioni semi impossibili. Si cercherà di impedire alla società di poter ricattare tutti i governi del mondo. ■ AZIONE; COL.; 107'; USA, 2009.

JIM DELLA GIUNGLA E GLI UOMINI SCIMMIA ★★
(Jungle Jim in the Forbidden Land)
Regia di LEW LANDERS. Con ANGELA GREENE, JOHNNY WEISSMULLER, JEAN WILLES. ■ L'antropologa Linda chiede a Jim della Giungla di guidarla in una spedizione pericolosa. I due si imbattono in una coppia di esploratori che hanno lo scopo di distruggere una mandria di elefanti. Quando Jim viene accusato per la morte misteriosa del capo della spedizione, Linda riesce a scagionarlo. ■ AVVENTURA; B/N; 65'; USA, 1952.

JIM DELLA JUNGLA *(Jungle Jim)* ★★
Regia di WILLIAM BERKE. Con VIRGINIA GREY, JOHNNY WEISSMULLER. ■ Un giornalista apparentemente ingenuo mette più volte a repentaglio la vita di una carovana guidata da Jim, generoso e abile giovane, che deve raggiungere Zimbalù dove un prezioso tesoro è custodito da stregoni. Quando Jim si accorge che il giornalista gioca d'astuzia per avere la meglio, si dà da fare per sconfiggerlo. ■ AVVENTURA; B/N; 73'; USA, 1948.

JIM DI PICCADILLY *(Piccadilly Jim)* ★★
Regia di ROBERT Z. LEONARD. Con MADGE EVANS, ROBERT MONTGOMERY. ■ Un caricaturista si serve di alcuni soggetti interessanti per fare disegni che ottengono molto successo; nel frattempo conosce e si innamora di una ragazza che risulta essere parente di uno dei suoi soggetti. La ragazza, offesa, non vorrebbe più saperne di lui, ma l'artista riesce a convincerla a rimanere. ■ COMMEDIA; B/N; 100'; USA, 1936.

JIMI HENDRIX – LIVE CONCERT *(Live Concert)* ★★
Regia di BAIRD BRYANT. Con JIMI HENDRIX. ■ Un insolito personaggio del mondo della musica leggera americana si presenta con il suo complesso in brani che a suo tempo fecero epoca. Jimi Hendrix è morto nel 1970. ■ BIOGRAFICO; COL.; 103'; USA, 1972.

JIM IL PRIMO ★★
Regia di SERGIO BERGONZELLI. Con KETTY CARVER, CAMERON MITCHELL, CARL MONHER. ■ Jim, unico nel maneggiare la pistola, giura di non uccidere più; ma la sorte lo mette alla prova quando la sua cittadina viene assalita da una banda di criminali; lo sceriffo è inerme di fronte alla loro violenza quando interviene un uomo mascherato e fa piazza pulita; si tratta proprio di Jim. ■ WESTERN; COL.; 93'; ITALIA, 1964.

JIM, L'IRRESISTIBILE DETECTIVE ★★
(A Lovely Way to Die)
Regia di DAVID LOWELL RICH. Con KIRK DOUGLAS, SYLVA KOSCINA, ELI WALLACH. ■ Un poliziotto viene assunto da un famoso penalista per proteggere una donna sospettata dell'assassinio del marito; il giovane si innamora della indiziata e questo sentimento lo induce ad approfondire le indagini dalle quali emerge che la donna è innocente: conclusione rosa. ■ GIALLO; COL.; 103'; USA, 1968.

JIM LO SFREGIATO *(Hollow Triumph)* ★★
Regia di STEVE SEKELY. Con JOAN BENNETT, PAUL HENREID. ■ Un gangster braccato da una banda rivale uccide un medico che gli somiglia in modo perfetto, dopo essersi prodotto sulla guancia una cicatrice simile a quella dell'ucciso. ■ DRAMMATICO; B/N; 83'; USA, 1948.

JIMMY BOBO – BULLET TO THE HEAD ★★
(Bullet To the Head)
Regia di WALTER HILL. Con ADEWALE AKINNUOYA-AGBAJE, SUNG KANG, SARAH SHAHI, SYLVESTER STALLONE. ■ Jimmy Bobo è un sicario che non conosce le buone maniere. Dopo aver ucciso su commissione un poliziotto corrotto, Jimmy e collega aspettano la diaria. Ma le aspettative concordate vengono disattese da Keegan, un mercenario senza scrupoli che prova a suo modo a "liquidarli". Sopravvissuto al coltello letale del nemico e alla morte dell'amico, Jimmy si ritira nella sua casa a New Orleans a meditare vendetta. Lo aiuterà Taylor Kwon, un detective di Washington D.C. Diversamente bisbetici e competenti, Jimmy e Taylor metteranno le mani su documenti scottanti e su un politico corrotto. Walter Hill dirige un nuovo personaggio *imprendibile*, che si muove (agilmente) al di fuori della legalità e tra le *paludi* della Louisiana. Interpretato da Sylvester Stallone, Jimmy Bobo è un *hitman* armato e operativo sul registro dell'ironia. ■ AZIONE; COL.; 97'; USA, 2013.

JIMMY DEAN, JIMMY DEAN ★★★
(Come Back to the Five and Dime Jimmy Dean, Jimmy Dean)
Regia di ROBERT ALTMAN. Con KAREN BLACK, CHER, SANDY DENNIS. ■ Un patetico ritrovarsi, vent'anni dopo, di un gruppo di fans di James Dean, l'attore tragicamente scomparso nel 1955. Cinque donne, nel caldo di un emporio pieno di cianfrusaglie nella campagna texana, rievocano quelli che sembrano bei tempi. Ma in un penoso "carte in tavola' emergono sia la falsità di quei ricordi, sia gli squallori attuali. ■ DRAMMATICO; COL.; 110'; USA, 1982. ■ GOLDEN GLOBES 1 NOM.

JIMMY DELLA COLLINA ★★
Regia di ENRICO PAU. Con NICOLA ADAMO, VALENTINA CARNELUTTI, GIOVANNI CARRONI, MASSIMILIANO MEDDA, FRANCESCO ORIGO, CATERINA SILVA, GISELLA VACCA. ■ Jimmy vive in Sardegna e non ha un'occupazione, perché non intende piegarsi ai ritmi della raffineria. Tenta una rapina e viene catturato. Passa così dal carcere minorile a una comunità di recupero (che esiste realmente e che si chiama "La collina"). Qui incontra Claudia, una delle collaboratrici del sacerdote che ha fondato la comunità. Il rapporto tra i due è complesso, anche perché Claudia ha un passato da ex reclusa. Ispirato a un romanzo di Massimo Carlotto. ■ DRAMMATICO; COL.; 86'; ITALIA, 2006.

JIMMY GRIMBLE *(There's only One Jimmy Grimble)* ★★
Regia di JOHN HAY. Con ROBERT CARLYLE, JANE LAPOTAIRE, LEWIS MCKENZIE, RAY WINSTONE. ■ L'adolescente Jimmy Grimble, fan del Manchester City, sogna di diventare un bravo calciatore. Dovrà soffrire parecchio prima di coronare questo sogno. Un paio di scarpette magiche, comunque, verrà in suo soccorso. Il film affronta in chiave parodistica il mondo del pallone:

partite inverosimili si susseguono a tattiche di gioco strabilianti e a goal incredibili. Il tutto condito con gli ingredienti tipici della commedia inglese: risvolti sociali, ritratti di varia umanità proletaria, quartieri popolari. Film ben lontano dagli esiti del suo modello: *Billy Elliot*. ■ COMMEDIA; COL.; 105′; FRANCIA, GRAN BRETAGNA, 2000.

JIMMY HOLLYWOOD ★★

Regia di BARRY LEVINSON. Con VICTORIA ABRIL, JOE PESCI, CHRISTIAN SLATER, JOHN COTHRAN JR.. ■ Jimmy Alto sa tutto sui divi ma i suoi sogni di gloria si infrangono con le dure leggi della quotidianità. Quando però decide di diventare un vendicatore solitario (gli hanno rubato l'autoradio) ottiene l'attenzione dell'opinione pubblica e il suo momento di gloria. Levinson è di nuovo alle prese con un personaggio in attesa di un futuro migliore e dimostra di saperci fare. ■ COMMEDIA; COL.; 109′; USA, 1994.

JIMMY NEUTRON – IL RAGAZZO PRODIGIO ★★★
(Jimmy Neutron – Boy Genius)

Regia di JOHN A. DAVIS. ■ Film realizzato con l'animazione digitale in 3D. Racconta le avventure del giovane Jimmy Isaac Neutron che, per sfuggire alla noia del paesino in cui abita, si diverte ad inventare pupazzi e gadget quanto mai fantasiosi: da un cane più fedele e ubbidiente di uno in carne e ossa, alla bibita rinfrescante "tuttirutti", dalle piante mangiabambine ad un satellite costruito con un tostapane. Quando gli alieni rapiscono tutti i genitori dei suoi compagni di scuola, sarà proprio lui a guidare la spedizione per riportare tutti gli adulti a casa sani e salvi. Film semplice ma godibile, con alcune trovate divertenti e fantasiose, consigliato soprattutto a un pubblico di bambini. ■ ANIMAZIONE; COL.; 82′; USA, 2002.

JIMMY THE GENT ★★★

Regia di MICHAEL CURTIZ. Con JAMES CAGNEY, BETTE DAVIS, ALLEN JENKINS, ALICE WHITE. ■ Divertentissimo numero di James Cagney, nella parte di un intraprendente giovanotto che per mestiere va alla ricerca delle eredità con padrone vacante. Sembra interessato solo ai soldi, ma capitolerà di fronte a una graziosa fanciulla. ■ COMMEDIA; B/N; 67′; USA, 1934.

JOAN LUI – MA UN GIORNO NEL PAESE ARRIVO IO DI LUNEDÌ ★★

Regia di ADRIANO CELENTANO. Con ADRIANO CELENTANO, CLAUDIA MORI, FEDERICA MORO. ■ Celentano scrive, sceneggia, dirige, interpreta e monta questo delirante apologo sui mille mali di questa società preda del Maligno. Ma per fortuna un giorno nel paese arriva Joan Lui di lunedì, nei panni di un nuovo Redentore, ad aprire gli occhi e i cuori della gente ormai corrotta e priva di ideali. Film coraggioso (per non dire spudorato), frutto della megalomania e delle crisi mistiche di un cantante attore che ha saputo in altre e migliori occasioni dare prove di sé ben diverse da questa. Con il preoccupante *Joan Lui* Celentano dimostra come i tempi per dare vita in tv a quello scandaloso *Fantastico* fossero ormai maturi. ■ COMMEDIA; COL.; 163′; ITALIA, 1985.

JOANNA *(Carolina)* ★★★

Regia di HENRY KING. Con LIONEL BARRYMORE, JANET GAYNOR, ROBERT YOUNG. ■ Storia di un amore contrastato fra la bella figlia di un agricoltore nordista e il proprietario di una ricca piantagione del sud. ■ COMMEDIA; B/N; 85′; USA, 1934.

JOANNA ★★

Regia di MICHAEL SARNE. Con CHRISTIAN DOERMER, CALVIN LOCKHART, DONALD SUTHERLAND, GENEVIÈVE WAITE. ■ Storia di una donna che ama molti uomini e che alla fine si unisce a un nero braccato dalla polizia. ■ DRAMMATICO; COL.; 120′; GRAN BRETAGNA, 1968.

JOANNA LA FRANCESE *(Joanna francesa)* ★★

Regia di CARLOS DIEGUES. Con PIERRE CARDIN, JEANNE MOREAU, HELBER RANGEL. ■ Negli anni Trenta un'avventuriera francese diventa l'amante di un possidente brasiliano e s'installa nella sua fazenda. Rimarrà coinvolta nella sua caduta. Curiosa escursione brasiliana di Jeanne Moreau, finanziata dall'amico di sempre Pierre Cardin. ■ DRAMMATICO; COL.; 92′; BRASILE, 1978.

JOCELYN – LA GROTTA DELLE AQUILE *(Jocelyn)* ★★

Regia di JACQUES DE CASEMBROOT. Con JEAN DESAILLY, SIMONE VALÈRE, JEAN VILAR. ■ È la storia dell'amicizia tra un seminarista e un ragazzo, che poi si rivela femmina. La scoperta turba il giovane. Quando diventa parroco in un paesino, la fanciulla, che non lo ha mai dimenticato, morendo gli confessa il suo amore. ■ DRAMMATICO; B/N; 92′; FRANCIA, 1951.

JOCKS ★★

Regia di RICCARDO SESANI. Con TOM HOOKER, PATRICIA MOORE, RUSSEL RUSSEL. ■ Disco-dance in abbondanza per una storia di ragazze e ambizioni: "D.J.", disc-jokey rampante, coinvolge il più modesto "Hi-Fi" in un progetto faraonico, ma il losco figuro che lo deve finanziare sparisce prima di firmare l'assegno. Non resta che rivolgersi alla vecchia zia della ragazza che entrambi corteggiano. ■ COMMEDIA; COL.; 90′; ITALIA, 1983.

JOE ★★★

Regia di DAVID GORDON GREEN. Con RONNIE GENE BLEVINS, NICOLAS CAGE, HEATHER KAFKA, SUE ROCK, TYE SHERIDAN. ■ Gary Jones ha quindici anni e un padre alcolista che "picchia duro". Costretto a cambiare paese con la madre e la sorella per le intemperanze del genitore, il ragazzo arriva in una cittadina del Texas deciso a trovare lavoro e a proteggere la parte sana della sua famiglia. Assoldato da Joe Ransom, un uomo generoso coi deboli e aggressivo con gli arroganti, Gary trova pace e consiglio al suo fianco. Ex detenuto col vizio della birra e delle belle signore, Joe è noto alla polizia e inviso a un vecchio rivale che non smette di provocarlo rivelandone la natura collerica. Natura che sembra acquietarsi davanti allo sguardo azzurro e pulito di Gary, che non smette di sognare un futuro migliore. Accomunati dallo stesso cuore, crescono insieme, tra abeti "avvelenati" e dentro un pick-up. Ma il mondo fuori non smette di tormentarli e di chiedere loro il conto. Trasposizione del romanzo omonimo di Larry Brown, *Joe* è la storia di una scoperta. La messa in scena di uno sguardo accecato molto tempo prima che impara di nuovo a vedere, lo sguardo di un "padre" su un figlio ma pure, reciprocamente, lo sguardo di un figlio su un padre. ■ DRAMMATICO; COL.; 117′; USA, 2013.

JOE BASS L'IMPLACABILE *(The Scalphunters)* ★★★

Regia di SYDNEY POLLACK. Con BURT LANCASTER, TELLY SAVALAS, SHELLEY WINTERS. ■ Joe è un cacciatore che si vede portar via il carico di pelli da una banda di indiani. Li insegue e assiste alla loro decimazione da parte di alcuni bianchi, cacciatori di scalpi. Tenta a più riprese di riprendere le sue pelli ma riesce solo a uccidere un gran numero di banditi. Quando alla fine torna in possesso del suo carico, un indiano glielo ruba di nuovo. ■ WESTERN; COL.; 102′; USA, 1967.

JOE BUM BUM, UN VIAGGIO NELL'ALVEARE ★★
(Joe petit boum boum)

Regia di JEAN IMAGE. ■ Il buon Joe, un bravo bambino, diventa ape, visita un alveare e poi torna normale. ■ ANIMAZIONE; COL.; 94′; FRANCIA, 1972.

JOE BUTTERFLY ★★★

Regia di JESSE HIBBS. Con BURGESS MEREDITH, AUDIE MURPHY, GEORGE NADER, KEENAN WYNN. ■ Al termine della seconda guerra mondiale, due giornalisti americani, l'uno dell'esercito e l'altro civile, si contendono l'onore di pubblicare per primi la notizia della fine delle ostilità fra Stati Uniti e Giappone. Con l'aiuto di Joe Butterfly, simpatico giapponese trasferitosi in America che procura alla redazione una sede comoda e segretissima, i giornalisti in divisa vinceranno la gara. ■ COMMEDIA; COL.; 90′; USA, 1957.

JOE! CERCATI UN POSTO PER MORIRE ★★

Regia di GIULIANO CARNIMEO. Con JEFFREY HUNTER, GIANNI PALLAVICINO, PASCALE PETIT. ■ Il mucchio d'oro che Paul e Liza hanno messo insieme fa gola a molta gente, tanto che il giovanotto rimane vittima di un attentato organizzato dal bandito Chato. Liza chiede aiuto a persone che non sono migliori di Chato, ma con il suo candore riesce a scuotere coscienze addormentate. La ragazza recupera l'oro e trova anche l'amore. ■ WESTERN; COL.; 90′; ITALIA, 1968.

JOE CONTRO IL VULCANO *(Joe Versus the Volcano)* ★★

Regia di JOHN PATRICK SHANLEY. Con LLOYD BRIDGES, TOM HANKS, MEG RYAN, ROBERT STACK. ■ Commediola sul genere favola, che è un po' la tendenza dei primi anni Novanta hollywoodiani, con qualche spunto comico, ma in un contesto traballante. Joe Banks, newyorkese, lavora in una fabbrica di materiali chirurgici ma non è per niente felice. Scopre di avere una malattia mortale e così accetta, pur di passare gli ultimi momenti vitali in mezzo agli agi, di essere la vittima di un sacrificio al dio vulcano dei Waponi Woo. Si innamora della figlia dell'industriale che lo ha convinto all'impresa. Il sacrificio ci sarà, ma anche il lieto fine. Meg Ryan interpreta addirittura tre ruoli ed è la più brava di tutti. ■ COMMEDIA; COL.; 103'; USA, 1990.

JOE HILL ★★★
Regia di BO WIDERBERG. Con THOMMY BERGGREN, KELVIN MALAVE, ANIA SCHMIDT. ■ La storia di Joe Hill, immigrato agli inizi del Novecento dalla Svezia e divenuto famoso leader delle lotte operaie americane, è raccontata come una ballata, con accompagnamento di musiche e canzoni che la tradizione attribuisce allo stesso Hill. Perseguitato e accusato di omicidio, viene condannato a morte, diventando immediatamente leggenda. ■ DRAMMATICO; COL.; 107'; SVEZIA, 1971. ■ CANNES 1 PR.

JO E IL GAZEBO *(Jo)* ★★
Regia di JEAN GIRAULT. Con BERNARD BLIER, LOUIS DE FUNÈS, CLAUDE GENSAC, GUY TRÉJAN. ■ Un losco ricattatore muore per fatalità proprio nella casa della sua vittima, che ovviamente pensa subito al modo migliore per sbarazzarsi del cadavere. La cosa non è facile, perché un ispettore di polizia indaga e segue attentamente ogni mossa del malcapitato. Finalmente sembra arrivare il momento propizio, ma ancora una volta l'implacabile e irresoluto ispettore tende la sua trappola. ■ COMMEDIA; COL.; 85'; FRANCIA, 1971.

JOE IL PILOTA *(A Guy Named Joe)* ★★★
Regia di VICTOR FLEMING. Con IRENE DUNNE, VAN JOHNSON, SPENCER TRACY. ■ L'anima di un pilota caduto durante un'azione di guerra viene rispedita sulla Terra per fare da angelo custode ai piloti principianti e aiutarli con consigli e suggerimenti. Il caso porta l'anima accanto a quella che fu la sua fidanzata, nel bel mezzo di una pericolosissima missione. L'anima del pilota aiuta la ragazza a togliersi dai pasticci e le fa incontrare un nuovo amore. ■ FANTASTICO; B/N; 120'; USA, 1943. ■ OSCAR 1 NOM.

JOE IL ROSSO ★★
Regia di RAFFAELLO MATARAZZO. Con MARIA DENIS, ARMANDO FALCONI, BARBARA MONIS. ■ In una famiglia di nobili piomba un lontano parente, emigrato in America molti anni prima e divenuto un boss della malavita. Gli aristocratici arricciano il naso, ma ben presto la pecora nera si dimostra candida. ■ COMMEDIA; B/N; 75'; ITALIA, 1936.

JOE KIDD ★★★
Regia di JOHN STURGES. Con ROBERT DUVALL, CLINT EASTWOOD, JOHN SAXON, DON STROUD. ■ Tra i messicani e gli *stranieri* che arrivano dal Nord si svolge una lotta furibonda per il possesso di vasti appezzamenti di terreno. I *peones* si arrangiano come possono, i coloni sono molto più organizzati ed hanno dalla loro il terribile Joe Kidd. Ma quest'ultimo cambia bandiera quando lo informano che il suo aiutante, al quale era molto affezionato, non è stato ucciso dai messicani, ma dai bianchi. Le sorti della lotta si capovolgono completamente e i *peones* ottengono finalmente un po' di giustizia. ■ WESTERN; COL.; 88'; USA, 1972.

JOE – LA GUERRA DEL CITTADINO JOE *(Joe)* ★★★★
Regia di JOHN G. AVILDSEN. Con PETER BOYLE, AUDREY CAIRE, DENNIS PATRICK, SUSAN SARANDON. ■ Joe e Bill, accaniti razzisti, fanno lega quando Bill, in un attacco di rabbia, uccide un hippy legato a sua figlia Melissa. I due iniziano a frequentare certi ambienti e un giorno, essendo stati derubati, provocano una sparatoria durante la quale Bill uccide involontariamente la figlia. ■ DRAMMATICO; B/N; 107'; USA, 1970. ■ OSCAR 1 NOM.

JOE L'IMPLACABILE – DINAMITE JOE ★★
Regia di ANTONIO MARGHERITI. Con MERCEDES CASTRO, RIK VAN NUTTER, HALINA ZALEWSKA, RENATO BALDINI. ■ L'oro della banca nazionale viene rapinato ogni volta che viene trasferito. Le autorità affidano allora l'incarico della scorta a Joe Ford, il quale ha la bella idea di fondere l'oro e costruirci una carrozza. Qualche equivoco e l'oro arriva a destinazione. ■ WESTERN; COL.; 92'; ITALIA, 1967.

JOE L'INAFFERRABILE *(Invisible Agent)* ★★
Regia di JOE MAY. Con JON HALL, PETER LORRE, ILONA MASSEY. ■ C'è proprio bisogno di tutti per combattere il nazismo. Anche l'Uomo Invisibile viene reclutato. Un uomo dell'Fbi ingurgita la fatidica pozione e, inavvertibile alla vista altrui, riesce a trafugare i piani tedeschi per bombardare New York. Divertente avventura scritta dallo specialista Curt Siodmak, con un cast zeppo di ottimi caratteristi (fra cui Peter Lorre, ufficiale giapponese che fa harakiri). ■ SPIONAGGIO; B/N; 91'; USA, 1942.

JOE MITRA *(Lucky Joe)* ★★
Regia di MICHEL DEVILLE. Con FRANÇOISE ARNOUL, PIERRE BRASSEUR, EDDIE CONSTANTINE, JEAN-PIERRE DARRAS, GEORGES WILSON. ■ Quattro rapinatori, legati tra loro da fraterna amicizia, cominciano a pensare che gli sfortunati esiti dei loro colpi siano da attribuirsi a Joe, uno dei quattro, notoriamente uno iettatore. Cominciano quindi a lavorare senza di lui, ma le cose vanno anche peggio. ■ DRAMMATICO; B/N; 92'; FRANCIA, 1965.

JOE PANTERA *(Joe Panther)* ★★
Regia di PAUL KRASNY. Con ROBERT HOFFMAN, BRIAN KEITH, RICARDO MONTALBAN, CLIFF OSMOND. ■ Un indiano Seminole delle paludi della Florida diventa famoso come cacciatore di coccodrilli. Belle vedute degli acquitrini delle Everglades, una bella lotta finale e una buona interpretazione specie da parte di Ricardo Montalban, nel ruolo di un vecchio indiano rimbambito. ■ WESTERN; COL.; 94'; USA, 1976.

JOE VALACHI – I SEGRETI DI COSA NOSTRA ★★★
Regia di TERENCE YOUNG. Con CHARLES BRONSON, WALTER CHIARI, JILL IRELAND, PUPELLA MAGGIO, AMEDEO NAZZARI, LINO VENTURA. ■ È la storia vera del mafioso che percorse la sua carriera all'ombra dei grandi capi dell'organizzazione. Valachi diventa grande nemico di Vito Genovese, capo supremo, e quando viene arrestato dall'Fbi vuota il sacco. ■ DRAMMATICO; COL.; 127'; ITALIA, 1972.

JOEY ★
Regia di ROLAND EMMERICH. Con EVA KRYLL, JOSHUA MORRELL, TAMMY SHIELDS, JAN ZIEROLD. ■ Orfano di padre, il piccolo Joey vive insieme alla madre in una cittadina della provincia americana. Profondamente segnato dalla scomparsa del genitore, al quale era assai legato, Joey ha trovato il modo di restare in "contatto" con lui tramite il suo telefono-giocattolo. ■ FANTASTICO; COL.; 95'; GERMANIA, 1985.

JOGGING *(See How She Run)* ★★
Regia di RICHARD T. HEFFRON. Con JOHN CONSIDINE, BARNARD HUGHES, JOANNE WOODWARD. ■ Una casalinga dopo una vita dedicata alla famiglia decide di "realizzarsi". Come? Iscrivendosi a una massacrante maratona di trenta chilometri. La premessa è un po' ridicola, ma la storia offre egualmente a Joanne Woodward un'eccellente occasione interpretativa. ■ COMMEDIA; COL.; 91'; USA, 1978.

JOHAN PADAN E LA DESCOVERTA DE LE AMERICHE ★★★
Regia di GIULIO CINGOLI. ■ Johan Padan sfugge ai Lanzichenecchi e, dopo essere finito a Venezia, si trova successivamente a Siviglia. Qui si imbarca su una nave che salpa per il Nuovo Mondo. Arrivato in Florida fa la conoscenza degli Indios che aiuta nella ribellione agli spagnoli. Rimarrà con loro per sempre sentendosi profondamente trasformato: è diventato un uomo libero. Tratto dal testo teatrale di Dario Fo, che presta per qualche battuta la sua voce al personaggio. ■ ANIMAZIONE; COL.; 83'; ITALIA, 2002.

JOHN CARTER ★★
Regia di ANDREW STANTON. Con LYNN COLLINS, WILLEM DAFOE, TAYLOR KITSCH, MARK STRONG, DOMINIC WEST. ■ John Carter, cercatore d'oro ed ex soldato sudista, fuggendo dagli indiani e dall'esercito statunitense, incappa in una figura misteriosa, uccisa la quale viene involontariamente teletrasportato su Marte, dove la diversa gravità gli conferisce forza e agilità superiori a tutte le diverse specie del pianeta. Subito coinvolto nelle lotte tra tribù per la supremazia, a causa dell'inconsapevole salvataggio della prin-

cipessa del regno di Helium, l'alieno provenuto dalla Terra riuscirà, alla fine, a tornare sul pianeta d'origine. ■ AVVENTURA; COL; 132'; USA, 2012.

JOHN E MARY *(John and Mary)* ★★★
Regia di PETER YATES. Con MIA FARROW, SUNNY GRIFFIN, DUSTIN HOFFMAN, MICHAEL TOLAN. ■ Un ragazzo e una ragazza, dopo una festa in casa di amici, finiscono a casa di lui senza nemmeno conoscere i rispettivi nomi. L'imbarazzo e la diffidenza per l'intimità precipitosa li separa ma, dopo una lunga riflessione, entrambi capiscono che vale la pena di approfondire la loro conoscenza. ■ COMMEDIA; B/N; 92'; USA, 1969.

JOHN IL BASTARDO ★★
Regia di ARMANDO CRISPINO. Con CLAUDIO CAMASO, LUISA DELLA NOCE, JOHN RICHARDSON. ■ John è figlio illegittimo di un ricco proprietario terriero. Decide di vendicarsi per il disinteresse che il padre ha sempre dimostrato nei suoi confronti. Diventa l'amante della moglie del proprio fratellastro e quando questi lo sfida a duello lo uccide. La donna si suicida e John, soddisfatto, continua la sua esistenza cinica fino a quando i congiunti di altre donne da lui sedotte lo uccidono. ■ DRAMMATICO; COL.; 92'; ITALIA, 1967.

JOHNNY BANCO ★★
Regia di YVES ALLÉGRET. Con HORST BUCHHOLZ, SYLVA KOSCINA, MARIO PISU. ■ Johnny ha sposato un'americana credendola una milionaria e tenta di ucciderla per impossessarsi dell'eredità. Ma anche la ragazza lo crede ricco e tenta di eliminarlo. La drammatica gara si conclude con la morte della moglie, ma Johnny è innocente e a liberarlo dall'incomodo ci ha pensato un altro. Johnny deve solo trovare il sistema di fuggire con la ragazza che ama. Ci riuscirà. ■ COMMEDIA; COL.; 90'; USA, 1967.

JOHNNY BELINDA ★★★
Regia di JEAN NEGULESCO. Con LEW AYRES, CHARLES BICKFORD, AGNES MOOREHEAD, JANE WYMAN. ■ Una ragazza sordomuta viene violentata da un marinaio. La paternità del bimbo che le nasce viene attribuita al giovane medico che aveva dimostrato interesse per la giovane aiutandola a trovare un modo di esprimersi e comunicare con gli altri. Ma il vero colpevole si scopre quando tenta di sottrarre il bambino alla madre, che disperata lo uccide. Grazie ad una testimonianza, il tribunale le riconosce la legittima difesa e la sordomuta sposa finalmente il medico. ■ DRAMMATICO; B/N; 103'; USA, 1948. ■ OSCAR 1 PR, 12 NOM.

JOHNNY CONCHO ★★
Regia di DON MCGUIRE. Con WILLIAM CONRAD, WALLACE FORD, PHYLLIS KIRK, FRANK SINATRA. ■ Johnny non è forte, chiunque potrebbe atterrarlo con un pugno, ma nessuno osa farlo, perché Johnny ha un fratello, bandito terribile e sanguinario. Quando il fratello muore Johnny resta senza protezione e tutti si fanno beffe di lui. Ma se non ha muscoli, Johnny ha cervello e coraggio. ■ WESTERN; B/N; 84'; USA, 1956.

JOHNNY COOL MESSAGGERO DI MORTE ★★
(Johnny Cool)
Regia di WILLIAM ASHER. Con SAMMY DAVIS JR, ELIZABETH MONTGOMERY, TELLY SAVALAS, HENRY SILVA. ■ Un capo mafia, rispedito in Italia, convince un giovane siciliano ad uccidere tutti i boss americani che avevano provocato il suo allontanamento. Le uccisioni scatenano una serie di vendette. ■ DRAMMATICO; B/N; 101'; USA, 1963.

JOHNNY ENGLISH ★★
Regia di PETER HOWITT. Con ROWAN ATKINSON, NATALIE IMBRUGLIA, JOHN MALKOVICH, BEN MILLER. ■ Appena viene scoperto un complotto per rubare i gioielli della Corona, il numero uno dei servizi segreti di Sua Maestà viene mandato in missione. Numero 1, però, viene ucciso e, durante il suo funerale, un attentato elimina anche tutti i suoi colleghi. Ma ecco che entra in scena l'unico superstite English, un grigio impiegato che, suo malgrado, si ritrova proiettato nel mondo mirabolante delle missioni operative. ■ COMICO; COL.; 100'; GRAN BRETAGNA, 2003.

JOHNNY ENGLISH LA RINASCITA ★★
(Johnny English Reborn)
Regia di OLIVER PARKER. Con ROWAN ATKINSON, BURN GORMAN, TIM MCINNERNY, BEN MILLER, RICHARD SCHIFF. ■ Autoesiliatosi in un monastero shaolin in seguito al fallimento di un'importante missione di sicurezza internazionale, Johnny English è richiamato d'urgenza dall'MI5 perché, malgrado la nomea che si è fatto e l'antipatia dei suoi colleghi, è l'unico in grado di sventare l'attentato previsto contro il primo ministro cinese. A quasi otto anni di distanza dal primo, il nuovo film sulla spia inglese è più centrato sulla trama e meno dedicato alle gag. ■ COMMEDIA; COL.; 101'; GRAN BRETAGNA, 2011.

♥ **JOHNNY GUITAR** ★★★
Regia di NICHOLAS RAY. Con JOAN CRAWFORD, STERLING HAYDEN. ■ Stanco della sua errabonda vita di pistolero, Johnny torna dalla sua donna, Vienna, per fermarsi definitivamente. Ma Vienna è piena di guai: non intende cedere alla compagnia ferroviaria il terreno sul quale ha costruito un saloon. Gelosie e interessi mettono in pericolo la sua vita, ma Johnny riprende la pistola e la salva. I due abbandonano insieme il paese. Un western molto importante perché capovolse numerosi cliché del genere. Famosissimo il tema musicale. ■ WESTERN; COL.; 110'; USA, 1954.

JOHNNY IL BELLO *(Johnny Handsome)* ★★★
Regia di WALTER HILL. Con ELIZABETH MCGOVERN, MICKEY ROURKE, SCOTT WILSON. ■ Johnny, un rapinatore dal volto e dal corpo deformi, rimane ferito nel corso di una rapina alla banca che ha visto anche morire il suo miglior amico, tradito da due complici mascalzoni. Rinchiuso in galera, Johnny non ha altro scopo che la vendetta. E continua ad averlo anche quando il chirurgo del carcere (convinto che a un bell'aspetto corrisponde anche un animo buono), lo rifà completamente con un'operazione di plastica, trasformandolo in un fusto fascinoso. Johnny, col nuovo aspetto, avvicina i complici traditori e salda tutti i conti. ■ DRAMMATICO; COL.; 90'; USA, 1989.

JOHNNY L'INDIANO BIANCO ★★
(The Light in the Forest)
Regia di HERSCHEL DAUGHERTY. Con WENDELL COREY, JOANNE DRU, FIER PARKER. ■ Johnny è stato rapito dagli indiani in tenera età, è cresciuto con loro e non vuole saperne di ritornare nella casa del suo vero padre. Costretto con la forza, ha dei seri problemi di adattamento, tanto più che molti dei bianchi lo disprezzano per le sue abitudini da pellerossa. Soltanto dopo aver ucciso, in regolare duello, il più arrabbiato dei suoi denigratori, Johnny può cominciare a vivere. ■ AVVENTURA; COL.; 93'; USA, 1959.

JOHNNY LO SVELTO *(Black Belt Jones)* ★★
Regia di ROBERT CLOUSE. Con SCATMAN CROTHERS, GLORIA HENDRY, JIM KELLY, ERIC LANEUVILLE. ■ Per effettuare una speculazione edilizia un capomafia vorrebbe impadronirsi di un terreno sul quale sorge una scuola di karatè. Ma la giovanissima proprietaria, già esperta in quell'arte marziale, un poliziotto di colore e un ragazzo riescono a sconvolgere i piani dei banditi. ■ AVVENTURA; COL.; 87'; USA, 1974.

JOHNNY MNEMONIC ★★
Regia di ROBERT LONGO. Con ICE-T, DOLPH LUNDGREN, DINA MEYER, KEANU REEVES. ■ In una decadente società del futuro in mano alle multinazionali, Johnny è un corriere "mentale" alla cui memoria dà la caccia il gruppo Pharmakon. Costosi effetti speciali e scenari alla *Blade Runner* per una lettura piuttosto superficiale del complesso fenomeno "cyberpunk", la nuova frontiera della fantascienza tra antiutopia e realtà virtuale, di cui il racconto di William Gibson è uno dei punti di partenza. ■ FANTASCIENZA; COL.; 98'; USA, 1995.

JOHNNY ORO ★★
Regia di SERGIO CORBUCCI. Con MARK DAMON, FRANCO DEROSA, VALERIA FABRIZI, ETTORE MANNI, GIULIA RUBINI. ■ Ai fratelli Perez, che spadroneggiano su un intero paese, si oppone Johnny Oro, famoso pistolero che intende intascare la taglia posta sulle loro teste. Ci riuscirà dopo una lunga lotta, con l'aiuto di uno sceriffo coraggioso, di una donna e di qualche tubo di dinamite. ■ WESTERN; COL.; 92'; ITALIA, 1966.

JOHNNY RENO ★★
Regia di ROBERT G. SPRINGSTEEN. Con JOHN AGAR, DANA ANDREWS, LON CHANEY JR, JANE RUSSELL. ■ Un delinquente, che

lo sceriffo Johnny Reno sta conducendo in carcere, è accusato dagli abitanti di un paese di aver ucciso il figlio di un capo tribù pellerossa. Ma Johnny è perplesso, qualcosa non lo convince. Riesce ben presto a scoprire la verità: il giovane pellerossa è stato "giustiziato" perché aveva osato innamorarsi di una donna bianca. ■ WESTERN; COL.; 83'; USA, 1959.

JOHNNY STECCHINO ★★★
Regia di ROBERTO BENIGNI. Con ROBERTO BENIGNI, PAOLO BONACELLI, NICOLETTA BRASCHI, FRANCO VOLPI. ■ Johnny Stecchino, boss mafioso che vuole far credere di essere morto per vivere in pace, tenta di far uccidere al suo posto il povero Dante che è suo sosia. Sceneggiatura incollata col nastro adesivo. Sono divertenti molte situazioni ma ci sono molti vuoti che lasciano sconcertati: si arriva quindi a preferire il film precedente, più approssimativo per certe cose, ma più onesto. Il successo senza precedenti tributatogli è sicuramente esagerato. Al di là delle valutazioni sociologiche, speriamo in una crescita di Benigni come regista al livello della sua carica satirica. ■ COMICO; COL.; 117'; ITALIA, 1991. ■ DAVID DI DONATELLO 1 PR, 1 NOM.

JOHNNY SUEDE ★★★
Regia di TOM DICILLO. Con NICK CAVE, CATHERINE KEENER, ALISON MOIR, BRAD PITT. ■ Vincitore al Festival di Locarno del 1991. Tom DiCillo, che ha scritto e diretto la sua opera prima, si è fatto le ossa al Sundance Institute di Robert Redford. È inoltre stato direttore della fotografia per Jim Jarmush. Brad Pitt con questo film ha visto crescere la sua fama di attore, diventando per i giovani quasi un culto. Siamo negli anni Cinquanta e un ragazzo, che mitizza Ricky Nelson, decide di formare un suo gruppo. Si acconcia come il suo idolo di cartapesta ma con scarsi risultati. L'ambiente dove vive non è dei più facili. Vita di periferia e difficoltà per sbarcare il lunario. L'amore di una ragazza lo metterà coi piedi per terra. Pur trattandosi di una commedia, a volte molto divertente e delirante, il film riesce a rappresentare un certo fanatismo giovanile. ■ COMMEDIA; COL.; 105'; USA, 1991.

JOHNNY TIGER ★★
Regia di PAUL WENDKOS. Con GERALDINE BROOKS, CHAD EVERETT, BRENDA SCOTT, ROBERT TAYLOR. ■ Tra Johnny, nipote del capotribù Seminole che vive in una riserva, e Barbara, figlia del maestro locale, nasce l'amore. Il padre della ragazza osteggia questa unione ma quando il vecchio capo salva la vita al minore dei suoi figli, il maestro si rende conto che quella dei pellerossa non è una società primitiva. ■ DRAMMATICO; COL.; 102'; USA, 1966.

JOHNNY WEST IL MANCINO ★★
Regia di GIANFRANCO PAROLINI. Con MIKE ANTHONY, MARA CRUZ, DIANA GARSON, DICK PALMER. ■ Due feroci fuorilegge costringono un cercatore che ha appena scoperto un ricco filone d'oro a cedere loro la concessione di sfruttamento. Il prigioniero sta per cedere, costretto con la forza, ma Johnny West arriva in tempo. ■ WESTERN; COL.; 90'; ITALIA, 1965.

JOHNNY YUMA ★★
Regia di ROMOLO GUERRIERI. Con MARK DAMON, LAWRENCE DOBKIN, ROSALBA NERI, MIRELLA PAMPHILI, LUIGI VANNUCCHI. ■ Una donna uccide il proprio marito, ma per entrare in possesso dell'eredità deve eliminare anche il nipote, che però non muore. Chiama allora un killer da un paese vicino, ma il caso vuole che il nipote venga scambiato per colui che dovrebbe ucciderlo. In questo modo il giovanotto riesce facilmente ad avere la meglio. ■ WESTERN; COL.; 92'; ITALIA, 1966.

JOHN Q ★★
Regia di NICK CASSAVETES. Con ROBERT DUVALL, ANNE HECHE, RAY LIOTTA, DENZEL WASHINGTON, JAMES WOODS. ■ John vive una vita modestissima, anzi povera. Ha moglie e figlio. Scopre che il bambino soffre di un grave vizio cardiaco, che presto gli costerà le vita se non si interverrà con un trapianto. Il poveretto le prova tutte, subendo delusioni, inganni e arbitrii nei vari ospedali. Si rende conto che il figlio morirà, e lui non può farci niente. Allora decide di agire, con violenza. Prende in ostaggio alcune persone, compreso il chirurgo. Il suo diventa un "caso". Opera dunque di denuncia umano-burocratica, con la tesi che le cose funzionano talmente male che occorre provvedere da sé. Film corretto, decolla ma non si alza molto. ■ DRAMMATICO; COL.; 118'; USA, 2002.

JOHN RAMBO *(Rambo)* ★★★
Regia di SYLVESTER STALLONE. Con SYLVESTER STALLONE, JULIE BENZ, REY GALLEGOS, KEN HOWARD, TIM KANG, PAUL SCHULZE. ■ John Rambo non è più tornato a casa. L'ex reduce del Vietnam vive al confine tra la Tailandia e la Birmania e risale il fiume Salween per cacciare serpenti velenosi. L'ozio catartico del guerriero è turbato da un gruppo di missionari laici, guidati dalla bionda e idealista Sarah Miller, che vorrebbe raggiungere e soccorrere alcuni villaggi birmani vessati da un sadico regime militare. La missione di pace verrà duramente interrotta dai soldati di Burma. Messo insieme un esercito di mercenari, Rambo e compagni si imbarcheranno in un'impresa (apparentemente) suicida. «Non si può vivere tutta la vita sopra una sella, bisogna fermarsi da qualche parte...», e così anche John Rambo ha trovato un luogo fisico e una condizione dell'anima dove cominciare progressivamente a invecchiare. Ma poi Stallone lo ha stanato e lo ha motivato con nuovi sviluppi narrativi. Così Rambo è tornato, sempre più stanco, sempre più in crisi. ■ AZIONE; COL.; 93'; USA, 2008.

JOHNS ★★★
Regia di SCOTT SILVER. Con DAVID ARQUETTE, ELLIOTT GOULD, LUKAS HAAS, ARLISS HOWARD. ■ Presentato al Sundance Fest del 1996, il film racconta di una coppia di gigolò molto giovani che cercano di racimolare i soldi per poter organizzare una festa per il compleanno di uno dei due che coincide con il Natale. ■ DRAMMATICO; COL.; 97'; USA, 1996.

JOHN TRAVOLTO... DA UN INSOLITO DESTINO ★★
Regia di NERI PARENTI. Con FRANCO AGOSTINI, ENZO CANNAVALE, ANGELO INFANTI, GLORIA PIEDIMONTE, ADRIANA RUSSO, GIUSEPPE SPEZIA, ILONA STALLER. ■ Sulla scia del travoltismo, filmetto con un po' di musica appena passabile. ■ COMMEDIA; COL.; 91'; ITALIA, 1979.

JOINT SECURITY AREA ★
(Gong Dong Kyung Bi Gu Yuk Jsa)
Regia di PARK CHAN-WOOK. Con LEE BZUNG HEON, SONG KANG HO, LEE YUNG AE. ■ Confine tra Corea del Nord e Corea del Sud. Due nordcoreani vengono uccisi in un conflitto a fuoco e un terzo viene ferito. Un sudcoreano viene invece trovato ferito sul ponte che collega il Nord e il Sud del Paese. Il tenente Sophie Jean viene inviata dalla Commissione di Supervisone delle Nazioni neutrali a condurrre un'indagine. Nata in Svizzera da padre coreano, si trova per la prima volta nella Patria di suo padre come unica donna della Commissione. Si teme che la tensione salga ma le affermazioni dei militari coinvolti sono contraddittorie. Uno accusa il nemico di essere un terrorista mentre il secondo dice di essere stato aggredito. I due avevano anche passato la notte insieme da amici. Qualcosa non quadra. Si tratta di un film assolutamente fuori posto in un concorso internazionale come quello di Berlino. ■ STORICO; COL.; 110'; COREA, 2000.

JOKO INVOCA DIO... E MUORI ★★
Regia di ANTONIO MARGHERITI. Con CLAUDIO CAMASO, RICHARD HARRISON, WERNER POCHAT, SHEILA ROSIN. ■ Due bande rivali si contendono a colpi di fucile il possesso di un carico d'oro. Ad uno ad uno i fuorilegge si eliminano a vicenda e Joko, unico superstite, scopre che quello che credeva suo complice è in realtà un abile truffatore che ha gabbato lui e i suoi compagni. Tra i due litiganti il terzo gode. ■ WESTERN; COL.; 93'; ITALIA, 1968.

JOKO L'AUSTRALIANO *(The Man from Down Under)* ★★★
Regia di ROBERT Z. LEONARD. Con BINNIE BARNES, CHARLES LAUGHTON. ■ Rientrando in patria, un australiano che ha combattuto per l'Inghilterra durante la Grande Guerra porta con sé due bimbi orfani che crede fratello e sorella. I ragazzi crescono e il giovane si accorge di amare la ragazza. Sconvolto, abbandona la casa. Del tutto casualmente il padre adottivo scopre che i due non sono fratelli e richiama il figlio a casa. ■ COMMEDIA; B/N; 103'; USA, 1943.

JOLANDA E IL RE DELLA SAMBA ★★★
(Yolanda and the Thief)
Regia di VINCENTE MINNELLI. Con FRED ASTAIRE, LUCILLE BRE-

MER, FRANK MORGAN. ■ Un imbroglione approfitta dell'ingenuità di una giovane ereditiera fingendosi l'angelo custode della ragazza. Interviene però il vero angelo della fanciulla a mettere ogni cosa a posto, facendo anche innamorare i due. ■ MUSICAL; COL.; 108'; USA, 1945.

JOLANDA LA FIGLIA DEL CORSARO NERO ★★
Regia di MARIO SOLDATI. Con MAY BRITT, MARC LAWRENCE, RENATO SALVATORI. ■ Allevata come un autentico pirata dal padre adottivo, Jolanda decide di vendicare l'assassinio del suo vero padre, il famoso Corsaro Nero. Un amico di quest'ultimo, l'altrettanto famoso Morgan, si mette a sua disposizione. Il governatore Van Gould, oggetto delle bellicose attenzioni della fanciulla, muore durante una fuga e Jolanda può finalmente disporre del tesoro familiare. ■ AVVENTURA; B/N; 95'; ITALIA, 1952.

JOLI MAI, LE ★★★
Regia di CHRIS MARKER. ■ Un "documentario-verità" sui parigini girato nella primavera del 1962. I francesi dicono la propria opinione davanti alla cinepresa, mentre sta per finire la spossante guerra d'Algeria. ■ DOCUMENTARIO; B/N; 140'; FRANCIA, 1963.

JOLLY BLU ★
Regia di STEFANO SALVATI. Con NATALIA ESTRADA, LORENZO JOVANOTTI, MAX PEZZALI. ■ Il regista Salvati è uno specialista (bravo) di videoclip (*Basta guardare il cielo*, di Sting, fra gli altri) e porta la sua cultura nel lungometraggio. Intorno al locale Jolly Blu, che forse chiuderà, ecco le storie di cantanti e spettatori. Vicino come atmosfere e "cultura" a *Radiofreccia*. ■ COMMEDIA; COL.; 90'; ITALIA, 1998.

JOLLY DRIVER *(The Adventures of a Taxi Driver)* ★
Regia di STANLEY LONG. Con BARRY EVANS, STEPHEN LEWIS. ■ Ossessionato da una famiglia chiassosa, un giovane tassista in cerca d'avventure si trasferisce a casa di un amico. Nel frattempo non perde occasione per cacciarsi nei guai, salvando belle fanciulle e stuzzicando bande di rapinatori. Alla fine, tornerà dalla mamma. ■ AVVENTURA; COL.; 92'; GRAN BRETAGNA, 1981.

JOLLY È IMPAZZITO, IL *(The Joker is Wild)* ★★★
Regia di CHARLES VIDOR. Con EDDIE ALBERT, JACKIE COOGAN, JEANNE CRAIN, MITZI GAYNOR, FRANK SINATRA. ■ Biografia di Joe E. Lewis, uomo di spettacolo americano degli anni Venti. Persa la splendida voce per uno shock dopo un attacco di una banda di gangster, Joe diventerà un bravissimo attore. ■ DRAMMATICO; B/N; 123'; USA, 1957. ■ OSCAR 1 PR, 1 NOM.

JOLLY KILLER *(Slaughter High)* ★★
Regia di GEORGE DUGDALE. Con KENNY BAKER, SALLY CROSS, CAROLINE MUNRO, SIMON SCUDDAMORE. ■ Dieci ex compagni di scuola ricevono l'invito a recarsi a una festa che si svolgerà a Doddsville County High. La data è fissata per il primo aprile, ricorrenza del tragico scherzo in seguito al quale il giovane Marty rimase orribilmente sfigurato. Gli ospiti giungono senza alcun sospetto al loro ex college. ■ HORROR; COL.; 90'; USA, 1985.

JONA CHE VISSE NELLA BALENA ★★★
Regia di ROBERTO FAENZA. Con JEAN-HUGUES ANGLADE, JULIET AUBREY, JENNER DEL VECCHIO. ■ Viene narrata una storia familiare sullo sfondo della seconda guerra mondiale. Uno scienziato ebreo ricorda la sua infanzia coi genitori in un campo di concentramento. La psicologia del bambino protagonista e degli altri personaggi emerge in maniera molto credibile dalla sceneggiatura e dalle interpretazioni. Molto bella la sequenza in cui il bambino vede morire il padre in infermeria. Corre a cercare la madre con le scarpe del genitore, ma sbaglia più volte la strada. Poi gioca con le scarpe e si dimentica di avvertirla. Il padre è interpretato da Jean-Hughes Anglade, già apprezzato in *Betty Blue* e *Nikita*. ■ DRAMMATICO; COL.; 100'; FRANCIA, ITALIA, 1993. ■ DAVID DI DONATELLO 3 PR, 3 NOM.

JONAS ★★
Regia di OTTOMAR DOMNICK. Con ELISABETH BOHATY, DIETER EPPLER, ROBERT GRAF. ■ Una coincidenza risveglia nell'animo di Jonas un vecchio senso di colpa. Ossessionato da incubi e fantasmi, Jonas non riesce ad uscire dalla sua malattia. ■ DRAMMATICO; B/N; 92'; GERMANIA, 1957.

JONAS BROTHERS: THE 3D CONCERT EXPERIENCE ★★★
Regia di BRUCE HENDRICKS. Con JOE JONAS, KEVIN JONAS, NICK JONAS, JOHN LLOYD TAYLOR, CHRISTINE QUYNH NGUYEN. ■ Il *Burning Up Tour* è la serie di concerti che nell'estate del 2008 ha visto i Jonas Brothers calcare i palchi del Nord America per promuovere l'album *A Little Bit Longer* and *Camp Rock Soundtrack*. In occasione delle due date ad Anaheim, in California, una troupe di operatori guidata dal regista Bruce Hendricks ha immortalato i tre fratelli mentre eseguivano dal vivo le loro canzoni davanti a una platea di fan adoranti. Con qualche accorgimento tecnico il film concerto si è tramutato nel *The 3D Concert Experience*. ■ MUSICALE; COL.; 78'; USA, 2009.

JONAS CHE AVRÀ VENT'ANNI NEL 2000 ★★★
(Jonas qui aura 25 ans en l'an 2000)
Regia di ALAIN TANNER. Con JEAN-LUC BIDEAU, MYRIAM BOYER, ROGER JENDLY, MYRIAM MÉZIÈRES, MIOU-MIOU, RUFUS. ■ Un gruppo di persone considerano Jonas loro figlio. Per lui rubano ai ricchi, come Robin Hood. La trama è un pretesto per permettere al regista svizzero di ironizzare sulla società dei consumi. ■ COMMEDIA; COL. E B/N; 110'; FRANCIA, SVIZZERA, 1976.

JONATHAN DEGLI ORSI ★★
Regia di ENZO GIROLAMI CASTELLARI. Con FRANCO NERO, RODRIGO OBREGON, JOHN SAXON, FLOYD "RED CROW" WESTERMAN. ■ Jonathan, divenuto orfano, viene adottato prima da un orso e poi da un capo indiano. Da adulto difenderà il territorio indiano e vendicherà i genitori. Ecologia e antirazzismo stanno alla base di un film pensato per un pubblico di ragazzi. ■ AVVENTURA; COL.; 100'; ITALIA, RUSSIA, 1994.

JONATHAN: IL BAMBINO CHE NESSUNO VOLEVA ★★
(Jonathan: the Boy Nobody Wanted)
Regia di GEORGE KACZENDER. Con CRIS BURKS, JEFF DE MUNN, JO BETH WILLIAMS. ■ Un bambino handicappato vive in un orfanotrofio. Un'assistente sociale decide di adottarlo, ma sorge una complicazione al cuore. Per la televisione. ■ DRAMMATICO; COL.; 90'; USA, 1992.

JORY ★★★
Regia di JORGE FONS. Con ROBBY BENSON, CLAUDIO BROOK, JOHN MARLEY, B. J. THOMAS. ■ A Jory (quindici anni) uccidono il padre. Il ragazzo è costretto a provvedere a se stesso. Si fa assumere come cowboy e matura rapidamente. Uccide per difendersi e incontra la dolcissima Emy. Parrebbe il momento di vivere tranquillamente, quando Jory deve ripartire. ■ WESTERN; COL.; 96'; USA, 1972.

JOSELITO *(Escucha mi canciun)* ★★
Regia di ANTONIO DEL AMO ALGARA. Con BARTA BARRI, JOSELITO JIMENEZ, LUZ MARQUEZ. ■ Un ragazzino solo al mondo, dotato di voce straordinaria, fa fortuna, va in televisione e ritrova la mamma che si rivela la figlia di un marchese. ■ COMMEDIA; COL.; 91'; SPAGNA, 1959.

JOSELITO IN AMERICA ★★
(Aventuras de Joselito en Amèrica)
Regia di ANTONIO DEL AMO ALGARA. Con JOSÈ JIMEN, CESAREO QUESADA, ENRIQUE RAMBAL. ■ Un ragazzino spagnolo parte per l'America su una barchetta e viene raccolto da una nave da trasporto. Il piccolo Joselito racconta al comandante che intende ritrovare suo padre, emigrato molti anni prima. La vicenda commuove l'uomo di mare che decide di aiutarlo. ■ AVVENTURA; COL.; 90'; MESSICO, 1961.

JOSEPH ANDREWS ★★
Regia di TONY RICHARDSON. Con PETER FIRTH, MICHAEL HORDERN, ANN MARGRET. ■ Joseph Andrews è un garzone nell'Inghilterra del diciottesimo secolo. Ma forse non è destinato a esserlo per tutta la vita. Qualcuno gli rivela che alla nascita è stato scambiato con il figlio di un servo e che lui è di nobile lignaggio. Joseph parte alla ricerca della sua identità correndo mille avventure. Dal romanzo di Henry Fielding, che aveva già ispirato al regista Richardson il molto più riuscito *Tom Jones*. ■ AVVENTURA; COL.; 93'; GRAN BRETAGNA, 1977. ■ GOLDEN GLOBES 1 NOM.

JOSEPHINE *(Les demoiselles de Rochefort)* ★★
Regia di Jacques Demy. Con George Chakiris, Danielle Darrieux, Catherine Deneuve, Françoise Dorléac, Gene Kelly, Jacques Perrin, Michel Piccoli. ■ L'arrivo di una compagnia musicale nella cittadina di Rochefort scombussola la vita delle due gemelle Josephine e Solange. Oltre al padre, che le aveva abbandonate da bambine, entrambe trovano l'amore. ■ Musical; col.; 120'; Francia, 1966. ■ Oscar 1 nom.

JOSHUA ★★★
Regia di George Ratliff. Con Vera Farmiga, Jacob Kogan, Michael McKean, Dallas Roberts, Sam Rockwell, Celia Weston. ■ New York, Upper East Side. A casa Cain è nata la secondogenita, Lily. Papà Brad e mamma Abby sono molto felici. Lo è molto meno il fratello di nove anni, Joshua. Bambino che preferisce il pianoforte all'attività sportiva, Joshua è apparentemente educato e rispettoso, ma il sospetto che cerchi di liberarsi della sorella non è infondato. Lily comincia infatti a piangere in modo disperato sin dai primi giorni dopo l'arrivo a casa. Da qui prenderà il via un crescendo di tensione che porterà a una conclusione per molti inattesa. George Ratliff, alla sua opera seconda, affronta il filone "bambino malefico" proponendo una versione incentrata sull'approfondimento delle dinamiche all'interno della famiglia. ■ Thriller; col.; 105'; USA, 2007.

JOSIE AND THE PUSSYCATS ★
Regia di Harry Elfont, Deborah Kaplan. Con Alan Cumming, Rosario Dawson, Rachael Leigh Cook, Parker Posey, Tara Reid. ■ Il film si ispira ad una serie di fumetti molto popolari negli States. Trattasi di fumetti "normali": perché raccontano di tre amiche che cantano vestite da gatte. Sono brave, belle e simpatiche: ergo, arrivano in testa alle classifiche. Ma scoprono di essere state strumentalizzate da un produttore senza scrupoli, che le usa per fare un vero e proprio lavaggio del cervello ai giovani fans che le ascoltano con fiducia assoluta. Potere delle feline. ■ Commedia; col.; 98'; Canada, USA, 2001.

JOSS IL PROFESSIONISTA *(Le professionel)* ★★
Regia di Georges Lautner. Con Jean-Paul Belmondo, Jean Desailly, Jean Louis Richard. ■ Joss, agente super segreto, viene incaricato di uccidere lo scomodo presidente di una Repubblica africana. Sta per compiere la sua missione quando il vento politico cambia e la vita dell'africano torna a essere preziosa. Joss, colpevole solo di fare il suo mestiere, viene condannato ai lavori forzati, ma riesce a fuggire e fa uccidere il presidente africano da un poliziotto, lasciandoci poi a sua volta la pelle. ■ Poliziesco; col.; 105'; Francia, 1981.

JOVANKA E LE ALTRE *(Five Branded Women)* ★★★
Regia di Martin Ritt. Con Richard Basehart, Carla Gravina, Van Heflin, Silvana Mangano, Jeanne Moreau. ■ Cinque donne che sono state amanti dei tedeschi invasori vengono per punizione rapate a zero e cacciate dal paese dai partigiani jugoslavi. Le donne si uniscono successivamente a un gruppo di combattenti, sono coinvolte in varie storie sentimentali e umane. Alla fine Jovanka, la più coraggiosa, si sacrifica in una impresa disperata. ■ Drammatico; b/n; 115'; Italia, 1960.

JOYEUX NOËL *(Joyeux Noel)* ★★★
Regia di Christian Carion. Con Lucas Belvaux, Dany Boon, Daniel Brühl, Guillaume Canet, Benno Fürmann, Diane Kruger, Gary Lewis, Steven Robertson, Frank Witter. ■ Un soldato può indossare una divisa scozzese, tedesca o francese, ma resterà sempre un uomo: con una famiglia, dei sentimenti, delle speranze. È questa la morale del film di Christian Carion che, ispirandosi a un fatto realmente accaduto durante la prima guerra mondiale, racconta la storia di due cantanti lirici che si recano sul fronte tedesco la vigilia di Natale per allietare le truppe. Ma dopo la prima strofa di *Stille Nacht*, il "nemico" scozzese risponde accompagnando la canzone con la cornamusa. Basta poco perché i soldati escano dalle trincee per incontrarsi su quello che, fino ad allora, era il terreno di guerra. Anche il reggimento francese si unisce per festeggiare. Ma la guerra è una macchina inarrestabile, che non può perdonare la "disobbedienza". ■ Drammatico; col.; 115'; Belgio, Francia, Germania, Gran Bretagna, 2005. ■ Golden Globes 1 nom; Oscar 1 nom.

JOY IN THE MORNING ★★
Regia di Alex Segal. Con Richard Chamberlain, Yvette Mimieux. ■ Chamberlain è un giovane studente di legge tanto innamorato da volersi sposare senza troppo attendere. Ma le difficoltà matrimoniali sorgono ben presto, anche per le ristrettezze economiche che i novelli sposi devono comunque affrontare. Segal, per intenderci, ha diretto film come *Il ricatto più vile* e *Al di là della vita*. ■ Sentimentale; col.; 103'; USA, 1965.

JOY – SCHERZI DI GIOIA ★★★
Regia di Adriano Wajskol. Con Philippe Leroy, Catherine Spaak, Adriano Wajskol. ■ Il film mostra, tra realtà e fantasia, le vicende dei componenti di una famiglia. Il ritorno di Catherine Spaak al cinema dopo quasi un decennio. ■ Commedia; col.; 80'; Francia, Italia. 2002.

JUDAS KISS ★★
Regia di Sebastian Gutierrez. Con Simon Baker-Demy, Gil Bellows, Carla Gugino, Hal Holbrook, Alan Rickman, Emma Thompson. ■ Dei dilettanti sequestrano un magnate e uccidono la moglie di un cattivissimo senatore. Due poliziotti (che sono anche amanti) si occupano delle indagini. Le citazioni al vetriolo non mancano (vedi *Anatomia di un rapimento*) e la Gugino offre una scena hot che nella versione italiana è stata censurata. Peccato. ■ Commedia; col.; 97'; USA, 1998.

JUDE ★★
Regia di Michael Winterbottom. Con Christopher Eccleston, James Nashbitt, Kate Winslet. ■ Dal romanzo di Thomas Hardy. 1800, Inghilterra: la giovane Sue si innamora di Jude, che però non è quello che sembra. Ambiguità e sofferenze: tutto è complicato dalle convenzioni sociali. Il film si inserisce nell'onda lunga delle trasposizioni cinematografiche di romanzi delle grandi scrittrici ottocentesche come la Austen e la Wharton. ■ Drammatico; col.; 123'; USA, 1996.

JUDITH ★★★
Regia di Daniel Mann. Con Peter Finch, Jack Hawkins, Sophia Loren, Hans Verner, Frank Wolff. ■ Judith, ebrea, è la moglie di un generale nazista scampata miracolosamente al campo di Dachau. I fondatori del nuovo Stato di Israele le chiedono aiuto per rintracciare l'ex marito, colpevole di organizzare la resistenza degli arabi. La donna accetta. ■ Drammatico; col.; 109'; Gran Bretagna, 1965.

JU DOU ★★★★
Regia di Yang Fengliang, Zhang Yimou. Con Li Boatian, Gong Li, Wei Li. ■ Presentato al Festival di Cannes dove meritava la Palma e non ha vinto nulla, è un grandissimo esercizio nel melodramma a tinte fosche. Siamo ancora nella Cina, questa volta rurale, degli anni Venti. Qui una giovane donna è sposata a un vecchio, impotente e violento. Non le perdona di non potergli dare figli. E lei si consola con un impiegato della lavanderia del marito. Al contrario del padrone lui è buono e giovane. La donna dà alla luce un bambino, nato da questa relazione. Il figlio diventerà un vero e proprio assassino. ■ Drammatico; col.; 94'; Cina, 1990. ■ Oscar 1 nom.

JUDY BERLIN ★★★
Regia di Eric Mendelsohn. Con Barbara Barrie, Bob Dishy, Edie Falco, Madeline Kahn, Julie Kavner. ■ Da assistente costumista di Woody Allen a regista il passo non è brevissimo. Mendelsohn prova a compierlo e vince il premio per la miglior regia al Sundance. Racconta di un luogo periferico di New York, di un eclissi di sole e di un regista trentenne, tendente all'autocompatimento, che incontra un'attrice frustrata ma che non vuole arrendersi; la storia di una normale giornata di una cittadina di Long Island, Babylon, con la sua gente che va e che viene... Judy Berlin è una ragazza che vorrebbe diventare attrice ed è piena di entusiasmo. Una commedia piena di poesia, lenta come non se ne vedono più, struggente e divertente. Ultima grande interpretazione di Madeline Kahn (*Frankenstein Junior* di Mel Brooks) prima della sua scomparsa. Grande successo al Sundance Festival e premi ovunque. ■ Commedia; col.; 97'; USA, 1999.

JUDY LA PICCHIATELLA *(Honeychile)* ★★
Regia di ROBERT G. SPRINGSTEEN. Con JUDY CANOVA, EDDIE FOY JR. ■ La canzone scritta dalla giovane Judy viene attribuita dai discografici ad un famoso compositore. Quando la ragazza reclama i suoi diritti l'editore tenta di imbrogliarla, ma Judy ha l'appoggio di tutto il paese e riesce ad averla vinta. ■ COMMEDIA; COL.; 90'; USA, 1951.

JUGGERNAUT ★★
Regia di RICHARD LESTER. Con RICHARD HARRIS, DAVID HEMMINGS, ANTHONY HOPKINS, OMAR SHARIF. ■ Sul transatlantico *Britannia* un pazzo ha collocato degli esplosivi che un coraggioso artificiere tenta invano di disinnescare. Mentre la polizia arresta il criminale due delle bombe esplodono, ma il disastro totale viene evitato. ■ DRAMMATICO; COL.; 109'; USA, 1974.

JUHA ★★★
Regia di AKI KAURISMÄKI. Con KATI AUTINEN, SAKARI CUOSMANEN, MARKKU PELTOLA, ELINA SALO, ANDRÉ WILMS. ■ Il regista finlandese, meno attivo rispetto ai primi anni, ci regala sempre dei film piacevoli tra dramma e ironia. Questa volta uno straniero visita la casa di una donna infelice sposata a un impassibile marito più vecchio di lei. Quando l'uomo le propone di fuggire di casa, la poverina si affida a lui e finisce in un postribolo. Girato in bianco e nero e completamente privo di dialoghi, ma non di rumori, era dai tempi de *L'ultima follia* di Mel Brooks che non si tentava l'esperimento. Il film renderà felice il pubblico di nicchia che Kaurismäki si è creato, ma non piacerà a quello medio. ■ DRAMMATICO; COL.; 77'; FINLANDIA, FRANCIA, GERMANIA, 1999.

JUKE BOX ★★
Regia di CARLO CARLEI, ENZO CIVITAREALE, SANDRO DE SANTIS, ANTONELLO GRIMALDI, VALERIO JACONGO, DANIELE LUCHETTI, MICHELE SCURO. Con MADDALENA CRIPPA, BARBARA DE ROSSI, PHILIPPE LEROY. ■ Giovani registi alla loro opera prima si esibiscono in questo *collage* di cortometraggi legati da un esile filo conduttore. Ne esce un film gradevole e interessante, di una certa freschezza e sostenuto da un cast di tutto rispetto. ■ FILM A EPISODI; COL.; 120'; ITALIA, 1983.

JUKE-BOX, URLI D'AMORE ★★
Regia di MAURO MORASSI. Con KARIN BAAL, MARIO CAROTENUTO, MARISA MERLINI, AROLDO TIERI. ■ La proprietaria di una casa discografica vuole farsi sposare da Mario, un perdigiorno che non esita ad approfittare della situazione per gabbare molti cantanti alle prime armi. ■ COMMEDIA; B/N; 92'; ITALIA, 1960.

♥ **JULES E JIM** *(Jules et Jim)* ★★★
Regia di FRANÇOIS TRUFFAUT. Con MARIE DUBOIS, JEANNE MOREAU, HENRI SERRE, OSKAR WERNER. ■ Dal romanzo di Henri-Pierre Roché. Parigi 1907. Jules, francese, e Jim, austriaco, sono molto amici. Conoscono Catherine, ambigua, affascinante, imprevedibile. I tre diventano inseparabili. Il sentimento si evolve. A tre. Catherine sposa Jim e diventa amante di Jules. Le cose sembrano funzionare. Scoppia la guerra e i due si devono separare. Ma anche da lontano il collante Catherine funziona. I tre continuano a vivere quel legame. Finita la guerra la donna tenta la ricomposizione. Ma le cose sono cambiate, Jules ha ceduto, ha un'altra, addirittura. Catherine, che non si rassegna, alla fine decide di annegare in macchina insieme a Jules, che ha "tradito". Uno dei manifesti della Nouvelle Vague e della trasgressione femminile. La donna conduce sempre la situazione, è lei al centro del sistema e si permette tutto. Passeggia con i suoi due uomini vestita da uomo, coi baffi. La Moreau, che canta la canzone *Le tourbillon*, divenne uno dei grandi simboli della mitologia femminile di quel decennio. Nel 2002 *Jules e Jim* è stato ridistribuito nel circuito delle sale, con grande promozione. Davvero un'iniziativa inconsueta, che ha riguardato pochissimi titoli. La riproposta è servita a capire che il film è un magnifico esercizio grafico che ha smarrito quasi tutta la linfa vitale e la realtà. Catherine è un disegno, una proposta letteraria valida in quel momento. Il disegno è sbiadito, la letteratura manca della fase introspettiva, che rimane nel libro e lo rende un po' più credibile del film. Il tempo ha davvero giocato contro. *Jules e Jim* rimane soprattutto un riferimento di studio, di accademia, di nostalgia. Emerge la tendenza francese dell'originalità a oltranza, dell'imprevedibilità a tutti i costi, del terrore di essere normali. La Moreau fu personaggio antipatico, magari odioso ai non trasgressivi. Ma un'eroina. ■ DRAMMATICO; B/N; 100'; FRANCIA, 1961.

JULIA ★★
Regia di ERICK ZONCA. Con KATE DEL CASTILLO, AIDAN GOULD, SAUL RUBINEK, TILDA SWINTON. ■ Julia è una donna sola, senza amici né famiglia e che a quarant'anni suonati non ne vuole sapere di darsi una regolata. Ha scelto di vivere ogni notte e ogni giorno della sua vita al limite. È un'alcolizzata affetta da cinismo cronico e anche una gran bugiarda. Passa le sue nottate a ubriacarsi nei locali e a intrattenersi con uomini di cui il giorno dopo non ricorda nulla e, tra un lavoro saltuario e l'altro, tira avanti senza preoccuparsi minimamente del futuro. Il solo che sembra preoccuparsi per lei è Mitch, suo ex fidanzato nonché l'unico amico rimasto. È grazie al suo amico che Julia inizia a frequentare una sorta di comunità di recupero ed è proprio qui che una giovane sudamericana, più squilibrata di lei, la coinvolge in un piano diabolico per rapire il figlio, che vive con il ricchissimo nonno paterno. ■ DRAMMATICO; COL.; 138'; FRANCIA, 2007.

JULIE & JULIA ★★★
Regia di NORA EPHRON. Con AMY ADAMS, LINDA EMOND, CHRIS MESSINA, MERYL STREEP, STANLEY TUCCI. ■ 1949. Julia Child si è appena trasferita a Parigi per seguire il marito addetto culturale dell'ambasciata americana. Nella nuova città è conquistata dalla cucina francese e per combattere la noia inizia un corso professionale per diventare cuoca. La passione la travolgerà, tanto da scrivere un libro che, dopo le tortuose vicende per pubblicarlo, diventa una Bibbia per qualsiasi americano che voglia imparare a cucinare. Nel 2002, Julie Powell si è appena trasferita nel Queens, sopra una pizzeria. All'università era tra le più promettenti ma la sua vita, alla soglia dei 30 anni, è in un limbo da quando ha rinunciato a completare il suo romanzo. Riuscirà a trovare un senso alla sua esistenza grazie al libro di Julia Child, aprirà un blog e racconterà la sua sfida: completare le 524 ricette della sua eroina in 365 giorni. Nora Ephron realizza un film che segue in parallelo le esistenze di due personaggi che, benché separati da 50 anni, hanno molti punti di contatto, creando una commedia dai tempi comici perfetti, sostenuta da due interpretazioni sontuose. ■ COMMEDIA; COL.; 123'; USA, 2009.

JULIE *(Julie la rousse)* ★★
Regia di CLAUDE BOISSOL. Con DANIEL GÉLIN, MARGOT LION, PASCALE PETIT. ■ Il figlio di un industriale dai trascorsi piuttosto avventurosi è costretto, alla morte del padre, a lasciare il patrimonio a una ragazza sconosciuta. Per non perdere tutto la sposa, ma la vita coniugale risulta ben presto impossibile. Entrambi i giovani nutrono reciproci intenti di vendetta e, dopo essersi fatti la guerra, decidono di lasciarsi. Un incidente, all'ultimo minuto, farà loro cambiare idea. ■ COMMEDIA; B/N; 92'; FRANCIA, 1959.

JULIEN DONKEY-BOY ★★★
Regia di HARMONY KORINE. Con EWEN BREMNER, EDGAR ERIKKSON, BRIAN FISK, ROGER HARRIS, WERNER HERZOG, JOYCE KORINE, MIRIAM MARTINEZ, JAMES MOIX, EVAN NEUMANN, JOSSEPH PADILLA, CHLOE SEVIGNY, VICTOR VARNADO. ■ Julien è schizofrenico. Vaga nel bosco dove incontra un bambino con il quale litiga per una tartaruga. Lo uccide con un sasso e lo seppellisce nel fango, supplicando il perdono di Dio. Vaga da un marciapiede all'altro dei viali di periferia, con delle enormi cuffie funzionali ai suoi monologhi. E poi torna a casa, in famiglia. Che non è molto diversa da lui. Contesto suburbano della periferia americana, famiglia degradata, speranza nessuna. Film girato interamente a spalla, gli sono stati riconosciuti i requisiti imposti dal manifesto del Dogma '95, nonostante le continue distorsioni audiovisive. Notato il regista Werner Herzog, bravo in un ruolo, non semplice, di attore. ■ DRAMMATICO; COL.; 94'; USA, 1999.

JULIE PERCHÉ... NON VUOI? *(Crooks Anonymous)* ★★★
Regia di KEN ANNAKIN. Con STANLEY BAXTER, JULIE CHRISTIE, WILFRID HYDE-WHITE, LESLIE PHILLIPS, JAMES ROBERTSON JUSTICE. ■ Dandy ha il vizio del furto, ma Julie lo costringe a redimersi. Così, quando il giovanotto rimane chiuso in un negozio con

la cassaforte piena di quattrini, si trova in un amletico dubbio: rubare o no? Chiede aiuto ai compagni, ma il bottino fa gola e tutti dimenticano i buoni propositi. Tutti, tranne l'implacabile Julie. ■ COMMEDIA; B/N; 87'; GRAN BRETAGNA, 1962.

JULIETTE E JULIETTE *(Juliette & Juliette)* ★★★
Regia di REMO FORLANI. Con ANNIE GIRARDOT, MARLÈNE JOBERT, PIERRE RICHARD. ■ Amicizia e solidarietà femminista fra due donne di nome Juliette: una è giornalista, l'altra è una commessa. ■ COMMEDIA; COL.; 90'; FRANCIA, ITALIA, 1974.

JULIETTE O LA CHIAVE DEI SOGNI ★★
(Juliette ou la clé des songes)
Regia di MARCEL CARNÉ. Con JEAN ROGER CAUSSIMON, GÉRARD PHILIPE, MADELEINE SLOGNE. ■ Un giovane detenuto, che ha rubato per amore, sogna di andare in un paese favoloso dove tutti sono smemorati. Lì incontra la sua ragazza. Sono felici finché il giovane non si risveglia in carcere. Brutto risveglio. È vero che lo liberano, ma la ragazza intanto se n'è andata con un altro. *Fantasy* di Marcel Carné non privo di pregi (fra cui l'interpretazione di Gérard Philipe), ma ormai in ritardo (nel 1950) sulle mode e sulle correnti culturali che gli avevano consentito, qualche anno prima, l'exploit di *L'amore e il diavolo*. ■ FANTASTICO; B/N; 100'; FRANCIA, 1950.

JUMANJI ★★
Regia di JOE JOHNSTON. Con KIRSTEN DUNST, BONNIE HUNT, ROBIN WILLIAMS. ■ 1969: Alan Parrish sta giocando con la sua amica Sarah con un gioco da tavolo. Lancia i dadi e improvvisamente sparisce. L'amica non ha completato il gioco (regola fondamentale) e Alan è prigioniero di un sortilegio. Si trova nella giungla di Jumanji. Ventisei anni dopo, per una simile alchimia, una combinazione di dadi, due ragazzi fanno riapparire Alan, adulto. Per completare il gioco occorre ritrovare Sarah. Nel frattempo la casa è invasa dagli abitanti della giungla. Leoni, elefanti, serpenti, prendono possesso anche della città. Un altro nipotino di Spielberg. Speriamo che lo stampo tarocco si logori. ■ FANTASTICO; COL.; 100'; USA, 1996.

JUMPER ★★
Regia di DOUG LIMAN. Con JAMIE BELL, RACHEL BILSON, HAYDEN CHRISTENSEN, SAMUEL L. JACKSON, DIANE LANE, ANNA SOPHIA ROBB, MICHAEL ROOKER, MAX THIERIOT. ■ David scopre a 17 anni di avere il dono del teletrasporto. Può materializzarsi in qualsiasi parte del mondo guardando una semplice immagine. Ma non è il solo, i Jumpers esistono da secoli e vivono una lotta costante contro i Paladini, una setta che vuole sterminarli. Tratto da un romanzo di Steven Gould, inedito in Italia, *Jumper* mette in scena una trama superficiale per mostrare salti spaziali verso una serie di location da cartolina. Si balza dalla Sfinge, al Big Bang, a Tokyo. ■ AVVENTURA; COL.; 88'; USA, 2008.

JUMPIN' JACK FLASH ★★
Regia di PENNY MARSHALL. Con STEPHEN COLLINS, WHOOPI GOLDBERG, JOHN WOOD. ■ Vivace e simpatica giovane afroamericana, Terry Doolittle, che lavora ai computer di una banca, un giorno trova nel monitor una richiesta di aiuto da parte di un misterioso agente segreto, tale Jumpin' Jack Flash, che si trova all'Est in un mare di guai. Terry si ritrova coinvolta in intrighi della Cia e del Kgb. Dopo alterne avventure, anche esilaranti, J.J.F. riapparirà sano e salvo in patria grazie alla simpatica ragazza. ■ COMMEDIA; COL.; 99'; USA, 1986.

JUNGLA DEI TEMERARI, LA *(Tennessee's Partner)* ★★
Regia di ALLAN DWAN. Con RHONDA FLEMING, JOHN PAYNE, RONALD REAGAN. ■ Un giocatore professionista legato alla proprietaria di un saloon viene salvato da uno sconosciuto che si fa chiamare Cowboy. Tra i due nasce una solida amicizia tanto che il giocatore, per salvare Cowboy dalle mire di una donna avida e poco seria, compromette il suo legame con la proprietaria del saloon. Tutto viene chiarito ma a Cowboy rimane poco tempo per dimostrare la propria riconoscenza. ■ WESTERN; COL.; 87'; USA, 1955.

JUNGLA IN FIAMME *(La selva de fuego)* ★★
Regia di FERNANDO DE FUENTES. Con ARTURO DE CORDOVA, DOLORES DEL RIO. ■ Una donna giovane e bella capita in una fattoria nel cuore della giungla. La sua presenza dà il via ad una serie di violenze tra gli uomini che si contendono il diritto di possesso. ■ DRAMMATICO; B/N; 88'; MESSICO, 1945.

JUNGLA IN RIVOLTA, LA *(Der Dschungel ruft)* ★★
Regia di HARRY PIEL. Con URSULA GRABLEY, GERDA MAURUS, HARRY PIEL. ■ In una tranquilla isola del Pacifico due giovani vivono la loro storia d'amore in serenità, finché una compagnia di ricchi turisti non sbarca portando scompiglio. Saranno gli animali della foresta a costringere gli intrusi ad andarsene. ■ AVVENTURA; B/N; 76'; GERMANIA, 1936.

JUNGLA NERA ★★
Regia di JEAN-PAUL PAULIN. Con LUISA GARELLA, EGISTO OLIVIERI, GEORGES RIGAUD. ■ Un giovane parte per l'interno della Somalia in cerca di avventure, deluso e amareggiato per la sua storia d'amore finita male. Ha la sorpresa di vedersi raggiungere dalla ragazza che ama. ■ AVVENTURA; B/N; 79'; ITALIA, 1936.

JUNGLA TRAGICA *(Amazon Quest)* ★★
Regia di STEVE SEKELY. Con CAROLE MATHEWS, TOM NEAL. ■ Il giovane Tom parte per l'interno della giungla brasiliana alla ricerca del padre, scomparso alcuni anni prima. Trova la sua tomba ma anche il modo di far valere i propri diritti. ■ AVVENTURA; B/N; 81'; USA, 1949.

JUNGLE ASSALT *(Death Chase)* ★
Regia di DAVID A. PRIOR. Con TED PRIOR, PAUL SMITH, WILLIAM ZIPP. ■ In uno staterello dell'America centrale un gruppo di rivoltosi ha dichiarato una lotta senza quartiere a tutto quello che rappresenta l'imperialismo statunitense, in un continuo susseguirsi di assalti alle ambasciate, omicidi e attacchi alle basi militari. La reazione degli avversari non si fa attendere. ■ AVVENTURA; COL.; 85'; USA, 1988.

JUNGLE FEVER ★★
Regia di SPIKE LEE. Con OSSIE DAVIS, SAMUEL L. JACKSON, ANTHONY QUINN, ANNABELLA SCIORRA, WESLEY SNIPES, JOHN TURTURRO. ■ Dopo il meno riuscito *Mo' Better Blues*, Spike Lee ritorna con questo coinvolgente ritratto del razzismo visto attraverso un rapporto d'amore contrastato tra Flipper e Angie. Lui è un americano di colore, realizzato e di origine africana, lei è bianca e di origine italiana. ■ DRAMMATICO; COL.; 120'; USA, 1990.

JUNGLE JACK È IL GRANDE FILM DEL PICCOLO UGO *(Jungle Dyret 2 – Den Store Filmhelt)* ★★★
Regia di STEFAN FJELDMARK, JORGEN LERDAM, FLEMMING QUIST MØLLER. ■ L'animaletto Ugo viene catturato per soddisfare i capricci della moglie di un miliardario danese. Una volta a Copenhagen fa amicizia con una volpe con cui affronta i pericoli della città. Per i più piccoli. ■ ANIMAZIONE; COL.; 72'; DANIMARCA, FINLANDIA, NORVEGIA, SVEZIA, 1996.

JUNIOR ★★
Regia di IVAN REITMAN. Con DANNY DEVITO, PAMELA REED, ARNOLD SCHWARZENEGGER, EMMA THOMPSON. ■ Una coppia di ricercatori (si ripete il tandem di *Gemelli*), Alex e Larry, sta compiendo esperimenti genetici. Quando l'università mette loro i bastoni tra le ruote, i due rubano un ovulo. La cavia è Alex con conseguenti risultati equivoci. C'è stato un precedente film in cui il protagonista rimane incinto, diretto da Jacques Demy e interpretato da Mastroianni e la Deneuve. Qui Schwarzenegger non riesce a ripetere l'exploit comico di *True Lies* e sebbene il cast proponga attori di classe come Emma Thompson e il simpatico De Vito, la noia è alta e le risate scarse. ■ COMMEDIA; COL.; 110'; USA, 1994. ■ GOLDEN GLOBES 3 NOM; OSCAR 1 NOM.

JUNO ★★★
Regia di JASON REITMAN. Con JASON BATEMAN, MICHAEL CERA, JENNIFER GARNER, ALLISON JANNEY, ELLEN PAGE, J. K. SIMMONS, OLIVIA THIRLBY, RAINN WILSON. ■ Quella delle gravidanze non volute è una delle nuove tendenze hollywoodiane. Dopo *Waitress* e *Molto incinta*, un'altra pellicola affronta la difficile tematica con un tono assolutamente leggero. Un'adolescente, sicura di sé e dalla lingua affilata, riesce ad avere il controllo della situazione una volta che scopre di essere rimasta incinta di un suo coetaneo. Tutte le questioni trattate (l'amore, il matrimonio, la libertà) sono sollevate e mai giudicate. Sospesa tra le ingenuità dell'adolescenza e le responsabilità dell'essere adulti, la ragazza

è interpretata da una bravissima Ellen Page, dalla grande versatilità espressiva. La sceneggiatura si caratterizza per un linguaggio molto vicino a quello che usano i ragazzi di oggi. Anche le situazioni narrate riescono ad avere una tale verosimiglianza da escludere qualsiasi traccia di finzione. La pellicola trova il proprio equilibrio grazie anche a una serie di elementi di contorno. Il look di Juno, le candide musiche di sottofondo e le ambientazioni cariche di colori e di vita sono un valore aggiunto. ■ COMMEDIA; COL.; 92′; CANADA, UNGHERIA, USA, 2007.

JUNOST' MAKSIMA – LA GIOVINEZZA DI MASSIMO *(Junost' Maksima)* ★★★
Regia di GRIGORI KOSINTZEV, LEONID TRAUBERG. Con BORIS CIRKOV, STEPAN KAJUKOV. ■ Il film è il primo di una trilogia (gli altri sono *Il ritorno di Massimo* del 1937 e *Il quartiere di Viborg* del 1939). Massimo è un operaio che a poco a poco acquista una vera coscienza sociale, finisce in prigione e poi in esilio. ■ POLITICO; B/N; 92′; URSS, 1935.

JU-ON: RANCORE *(Ju-On: The Grudge)* ★★
Regia di TAKASHI SHIMIZU. Con YUI ICHIKAWA, MISAKI ITO, MEGUMI OKINA, KAYOKO SHIBATA, KANJI TSUDA, MISA UEHARA. ■ Adattamento cinematografico di un progetto televisivo dello stesso regista. Il film è diviso in capitoli, cronologicamente sfalsati. Chiunque entri in contatto con una casa maledetta sarà perseguitato fino alla morte. Ecco dunque una lunga catena di violente dipartite e misteriose scomparse. A differenza di pellicole nipponiche dello stesso genere questa non gioca tanto sul suggerimento, puntando decisamente su flash visivi, immersi dall'inizio alla fine in atmosfere inquietanti. ■ HORROR; COL.; 92′; GIAPPONE, 2003.

JU ON: RANCORE 2 *(Ju On: The Grudge 2)* ★★
Regia di TAKASHI SHIMIZU. Con KEI HORIE, YUI ICHIKAWA, SHINGO KATSURAYAMA, CHIHARU NÌYAMA, NORIKO SAKAI. ■ Il secondo episodio cinematografico della saga *Ju On* conferma la vena dell'horror nipponico e di Shimizu. Trascorsi tre anni dai tragici eventi che originarono la maledizione, la storia della casa stregata è divenuta famosa al punto da ispirare una serie di film, basati sulle misteriosi morti e sparizioni collegate ad essa. Ancora una volta sarà terrore, ma l'attrice protagonista delle fiction, incinta, apparirà misteriosamente immune al contagio mortale. ■ HORROR; COL.; 95′; GIAPPONE, 2003.

JU-ON: THE CURSE ★★
Regia di TAKASHI SHIMIZU. Con TAKAKO FUJI, CHIAKI KURIYAMA, ASUMI MIWA, HITOMI MIWA, YÛREI YANAGI. ■ Prodotto per il circuito televisivo e home video, il primo capitolo della saga *Ju On* si presenta come un titolo che si è meritato ben 4 discendenti, tra sequel e remake (fino al 2004). Si raccontano le storie di sfortunate persone che entrano in contatto con una casa su cui aleggia una maledizione, legata a tragici eventi consumatisi in essa. La struttura in capitoli scandisce le vittime della maledizione e contribuisce a creare una funzionale atmosfera cadenzata. ■ HORROR; COL.; 70′; GIAPPONE, 2000.

JURASSIC PARK ★★★
Regia di STEVEN SPIELBERG. Con RICHARD ATTENBOROUGH, LAURA DERN, JEFF GOLDBLUM, SAM NEILL, SAMUEL L. JACKSON. ■ Una zanzara, circa venti milioni di anni fa, ha succhiato il sangue di un dinosauro ed è giunta fino a noi fossilizzata nell'ambra. Uno studioso un po' imprenditore e un po' matto riesce, da quella minima quantità di sangue, a trarre il DNA e in sostanza a ricostruire in laboratorio i dinosauri. In un'isola costruisce il Jurassic Park per la gioia di tutto il mondo, ma ha bisogno dell'avallo di uno scienziato che viene trovato. Gli animali negli intenti dell'uomo dovrebbero essere buoni e controllabili, in realtà un po' per errore e presunzione, un po' perché c'è di mezzo un cattivo, diventano aggressivi e incontrollabili. A farne le spese è il gruppetto formato dallo scienziato, da sua moglie, un altro studioso e i due nipotini del padrone del parco. Ci sono morti e feriti e alla fine i superstiti lasciano l'isola in elicottero. I temi di Michael Crichton, autore del romanzo, sono solenni e affascinanti e Spielberg ne riprende la morale: lasciamo la natura com'è, ha già sopportato troppi abusi e non sopporterebbe di dividere l'esclusiva della vita con dei laboratori. ■ FANTASTICO; COL.; 126′; USA, 1993. ■ OSCAR 3 PR, 3 NOM.

JURASSIC PARK 3 *(Jurassic Park III)* ★★
Regia di JOE JOHNSTON. Con BLAKE MICHAEL BRYAN, LAURA DERN, JOHN DIEHL, MARK HARELIK, MICHAEL JETER, TÉA LEONI, SAM NEILL. ■ E siamo al trittico jurassico. Si mescolano i nomi della ditta e il prodotto cambia, innanzitutto perché Spielberg non è più alla regia ma alla produzione, e poi perché il processo di consunzione è automatico. Insomma non si sa più cosa inventare. Così la formula vuole essere parascientifica. Su un piatto c'è la teoria, più o meno preistoricamente accreditata, di una nuova specie di dinosauri, sempre più cattivi, veloci e intelligenti. Dall'altra la "fiction", dove un padre e una madre ingaggiano uno scienziato (Neill, che si era defilato nel secondo episodio) per sorvolare l'isola dei dinosauri. Hanno promesso un sacco di soldi, in realtà stanno solo cercando il figlio disperso. Il resto è davvero già visto. ■ AVVENTURA; COL.; 92′; USA, 2001.

JURJI ★★
Regia di STEFANO GABRINI. Con CHARLES DANCE, SARAH MILES, RAJMOND ONODJ, FABRIZIA SACCHI. ■ Dopo la morte della madre, violinista di grande talento, il piccolo Jurij, un bambino ipovedente, vive con il padre musicologo anch'egli, ossessionato dall'idea di farlo diventare un virtuoso del violino. Jurij viene costretto dall'uomo ad un rigido isolamento rivolto al perfezionamento del suo stile e della sua tecnica. Ma il bambino, spirito libero ed emancipato, rifiuta di collaborare con il padre e quando l'uomo lo ritiene pronto per un'audizione importante Jurij si blocca. Sulla via del ritorno il bambino si imbatte in una psichiatra infantile, Isabella, giovane medico italiano che lo porta con sé in Italia, seguendolo nel suo recupero alla vita. La natura circostante, l'affetto avvolgente di Isabella fanno scoprire a Jurij un mondo in cui è possibile comunicare, giocare e vivere. La crescita di Jurij viene purtroppo interrotta dall'arrivo del padre che lo riporta nell'oscuro labirinto in cui ha vissuto. Ma Jurij ormai ha conosciuto l'affetto e l'umanità, ha compreso un nuovo modo di comunicare e il violino è per lui un nuovo strumento di felicità nel quale il padre non può intromettersi. Film con tratti pregevoli, ma nel complesso freddo e lezioso. ■ DRAMMATICO; B/N; 85′; ITALIA, 2001.

JUS PRIMAE NOCTIS ★★
Regia di PASQUALE FESTA CAMPANILE. Con FELICE ANDREASI, LANDO BUZZANCA, RENZO MONTAGNANI, PAOLO STOPPA, MARILÙ TOLO. ■ Ariberto è il tiranno che domina una contea assillando gli infelici feudatari con tasse e soprusi di ogni genere. Un certo Gandolfo gli si ribella. Quando pretende di esercitare il diritto della prima notte sulla giovane sposa di Gandolfo, questi si solleva definitivamente contro di lui. ■ COMMEDIA; COL.; 109′; ITALIA, 1972.

JUST DESSERT – QUEL CHE MERITI *(Just Dessert)* ★★
Regia di MONICA PELLIZZARI. Con NICOLETTA BORIS, LYNETTE CURRAN, ANNE LOUISE LAMBERT, DINA PANOZZO. ■ Si tratta di un cortometraggio premiato a Venezia che è stato distribuito nelle sale cinematografiche insieme a un lungometraggio. Maria Stroppi è una ragazza australiana che vive gli anni Settanta con problemi sessuali notevoli, anche per la mentalità chiusa della famiglia. Viene perfino costretta a riposare nel letto con la pasta di pane che deve lievitare. ■ CORTOMETRAGGIO; COL.; 14′; GRAN BRETAGNA, ITALIA, 1993.

JUST FRIENDS ★★
Regia di MARC-HENRI WAJNBERG. Con JOSSE DE PAUW, ANN-GISEL GLASS, SYLVIE MILHAUD. ■ Siamo alla fine degli anni Cinquanta. Un musicista jazz di Anversa desidera andare a New York a suonare il sax. Trova invece lavoro, purtroppo, come scaricatore. Ha difficoltà a vivere di musica perché il suo genere non piace. La musica del film è del grande Archie Sheep. ■ DRAMMATICO; COL.; 95′; BELGIO, FRANCIA, OLANDA, 1994.

JUST FRIENDS – SOLO AMICI ★★
Regia di ROGER KUMBLE. Con CHRIS KLEIN, RYAN REYNOLDS, AMY SMART. ■ Chris Brander è un adolescente sovrappeso che si trova in una situazione per lui decisamente difficile da sostenere.

Consapevole della sua scarsa avvenenza è però da sempre il "migliore amico" della bella Jamie Palamino che non è nemmeno sfiorata dall'idea che Chris possa essere innamorato di lei. Umiliato pubblicamente da coetanei spacconi nel corso di una festa Chris prende una decisione definitiva: lasciare la città. Lo ritroveremo dieci anni dopo: è diventato un bel ragazzo che frequenta il jet set artistico di Los Angeles e che si diverte a prendere e gettare via le ragazze. Costretto da un produttore a viaggiare con una cantante dalla sensualità tanto prorompente quanto volgare, Chris si trova coinvolto in una sosta forzata proprio dalle parti di casa sua. Ritroverà sua madre, il fratello minore col quale è sempre stato in conflitto e... Jamie. ■ COMMEDIA; COL.; 96'; GERMANIA, USA, CANADA, 2005.

JUST LIKE A WOMAN ★

Regia di RACHID BOUCHAREB. Con GOLSHIFTEH FARAHANI, TIM GUINEE, SIENNA MILLER, BAHAR SOOMEKH, ROSCHDY ZEM. ■ Marilyn perde il lavoro e la fiducia nell'amore nello stesso giorno, scoprendo che il marito, che mantiene e sopporta, la tradisce con un'altra. Decide allora di salire in macchina e viaggiare da Chicago al New Mexico, dove un provino per danzatrici del ventre potrebbe cambiarle la vita. Contemporaneamente, Mona, una giovane araba che subisce da anni gli insulti della suocera perché non riesce ad avere figli, si fa prendere dalla paura e scappa di casa. Le due donne si ritrovano così a viaggiare insieme, sperimentando la sensazione di libertà ma anche la violenza razzista. Primo capitolo della trilogia pianificata dal regista, sceneggiatore e produttore Rachid Bouchareb sulle trasformazioni in atto nei rapporti tra l'America e il mondo arabo. Ma forse dimentica che lo spettatore cerca il coinvolgimento prima che l'indottrinamento. ■ DRAMMATICO; COL.; 106'; GRAN BRETAGNA, USA, FRANCIA, 2012.

JUST LIKE THE SON ★★

Regia di MORGAN J. FREEMAN. Con DYLAN BLUE, ANTONIO ORTIZ, ROSIE PEREZ, BRENDAN SEXTON, MARK WEBBER. ■ Daniel è condannato ai servizi sociali e viene impiegato in una scuola come bidello. Boone è uno sveglissimo ragazzino di sei anni, afroamericano, con una madre molto malata e una sorella che vive a centinaia di chilometri da lui. Dopo l'iniziale diffidenza della direttrice, Daniel si conquisterà a poco a poco la fiducia e la stima della donna, tanto da arrivare in classe puntuale – ogni giorno – per leggere le favole agli alunni. È qui che l'amicizia fra l'improvvisato professore e il ragazzino si intrecciano. La difficile situazione familiare di Boone costringe il piccolo a lasciare la scuola per trasferirsi in una casa famiglia. Nell'indifferenza che circonda l'ambiente scolastico, Daniel deciderà di compiere – per la prima volta in vita sua – un gesto utile e generoso: togliere Boone dall'orfanotrofio e portarlo dalla sorella, in Florida. Quello di Morgan J. Freeman (da non confondere con l'attore) è un road movie dai buoni sentimenti, una pellicola che sfrutta al meglio le doti recitative del piccolo Antonio Ortiz per portare a buon fine una narrazione spesso ingenua e poco curata. ■ DRAMMATICO; COL.; 86'; USA, 2006.

JUTRO L'ALBA DI UN GIORNO *(Jutro)* ★★★

Regia di MLADOMIR PURISA DJORDJEVIC. Con MIJA ALEKSIC, NEDA ARNERIC, MILENA DRAVIC, LJUBISA SAMARDZIC. ■ Terminata la crudele guerra partigiana, in un villaggio della Serbia gli abitanti tentano di dimenticare odi e vendette per ricominciare una esistenza di quotidiano lavoro e di collaborazione. ■ GUERRA; B/N; 101'; JUGOSLAVIA, 1967. ■ VENEZIA 1 PR.

JUVE CONTRO FANTOMAS *(Juve contre Fantômas)* ★★

Regia di LOUIS FEUILLADE. Con EDMOND BREON, RENÉE CARL, GEORGES MELCHIOR, RENÉ NAVARRE. ■ L'ispettore Juve cerca inutilmente di fermare Fantomas, il genio del male. Secondo episodio di una serie che prevedeva cinque parti. Rispetto al primo episodio l'azione e i caratteri dei protagonisti sono sviluppati con maggiore precisione. Il finale lasciava lo spettatore dell'epoca in attesa dello sviluppo degli eventi. ■ POLIZIESCO; B/N; 59'; FRANCIA, 1913.

JUVENTUDE EM MARCHA ★★★

Regia di PEDRO COSTA. Con MARIA DO CÉU BARBOSA, MARIO VENTURA MEDINA. ■ Il vecchio Ventura, operaio capoverdiano della periferia di Lisbona, è stato abbandonato dalla moglie Clotilde e vaga sperduto tra il quartiere degradato dove è vissuto tanti anni e il nuovo alloggio in un palazzone di recente costruzione. Trascorre la giornata visitando i tanti figli, reali e ideali, mentre scrive mentalmente una lettera d'amore alla moglie, aggiungendo ogni giorno una frase. Il tutto si svolge nella baraccopoli di immigrati a nord-ovest di Lisbona. In armonia con l'oscurità delle baracche senza energia elettrica di Fontainhas, la sagoma nera del protagonista si staglia invece come un'ombra viva nel bianco abbacinante delle nuove costruzioni a basso costo di Casal Boba. Costa disegna con la luce, per contrasto, accecandoci in una sequenza per insegnarci a scrutare nel buio nella successiva. Ci parla, col cinema, di ciò che dentro e fuori dagli schermi solitamente non vediamo e non chiediamo di vedere. ■ DRAMMATICO; COL.; 154'; FRANCIA, PORTOGALLO, 2004.

JUWANNA MANN ★

Regia di JESSE VAUGHAN. Con TOMMY DAVIDSON, VIVICA A. FOX, GINUWINE, LIL'KIM, MIGUEL A. NÚÑEZ JR., KEVIN POLLAK, KIM WAYANS. ■ Commediola a sfondo sportivo ambientata nel mondo del basket WNBA (dove la "W" sta per Women). Jamal Jeffries è un cestista talentuoso con fama da "bad boy" la cui indisciplina, sorpassato ogni limite, ne causa l'espulsione dalla lega dei professionisti. Incapace di procurarsi da vivere senza pallone da basket, si traveste da donna e comincia una nuova carriera nella lega femminile, nella vana speranza di poter tornare un giorno nell'NBA. ■ COMMEDIA; COL.; 91'; USA, 2002.

K

K ★★
Regia di ALEXANDRE ARCADY. Con PATRICK BRUEL, ISABELLA FERRARI, MARTHE KELLER. ■ Gli elementi sono: un poliziotto che indaga in una sorta di intrigo che viene da lontano, un vecchio commerciante che uccide un cliente credendo di riconoscere in lui il suo torturatore nazista, i servizi segreti israeliani e alcune preziosissime tele scomparse. Niente di memorabile. ■ THRILLER; COL.; 135′; FRANCIA, 1997.

KAAN PRINCIPE GUERRIERO *(The Beast Master)* ★★
Regia di DON COSCARELLI. Con TANYA ROBERTS, MARC SINGER, RIP TORN. ■ Le avventure di Kaan, figlio del re Zed, che insieme ai suoi fidi compagni (un'aquila, due furetti e una pantera nera) sconfigge il terribile sacerdote Max che aveva imprigionato sua padre e la bella Kiri. ■ FANTASTICO; COL.; 118′; USA, 1981.

KABEI ★★
Regia di YOJI YAMADA. Con TADANOBU ASANO, MITSUGORO BANDO, REI DAN, SAYURI YOSHINAGA. ■ 1940, Tokyo. Kayo e Shigeru sono sposati da tempo e hanno due figlie. Un giorno la polizia irrompe nella loro modesta abitazione per arrestare l'uomo con l'accusa di tradimento. Ora tocca a Kayo (che le figlie chiamano Kabei) far sì che le ragazze possano vivere una vita serena nonostante la detenzione del padre. Il nonno materno, ufficiale della polizia, aveva sempre contrastato il matrimonio della figlia e ora si vede anche posto sotto accusa dai colleghi perché ha un genero sovversivo. Kabei viene aiutata solo da un ex studente del marito, da sua sorella e da uno zio tanto rozzo quanto di buon cuore. Quando però la guerra con gli Stati Uniti esplode, la situazione si fa ancor più difficile. ■ DRAMMATICO; COL.; 132′; GIAPPONE, 2007.

KADOSH ★★★
Regia di AMOS GITAI. Con YAEL ABECASSIS, YORAM HATTAB. ■ Storia di Rivka (Abecassis) e Meir (Hattab), marito e moglie. Si amano, si comprendono, ma le condizioni sociali sono tali da non permettere rapporti sereni, di nessun genere. Si confrontano anche personalità femminili, sempre in quel contesto difficile, fatto di paure e di integralismo. La solita lettura intelligente e accorata di Gitai, che ha firmato, a brevissimo intervallo, due efficaci documenti contemporanei come *Kadosh* e *Kippur*. ■ DRAMMATICO; COL.; 100′; FRANCIA, ISRAELE, ITALIA, 1999.

KAGEMUSHA – L'OMBRA DEL GUERRIERO ★★★★🏆
(Kagemusha)
Regia di AKIRA KUROSAWA. Con KENICHI HAGIWARA, TATSUYA NAKADAI, TSUTOMU YAMAZAKI. ■ Giappone del sedicesimo secolo, nell'ambito delle lotte fra i grandi clan. Viene ucciso un grande, carismatico capo; la perdita è gravissima, i familiari e generali decidono di tenerla nascosta per tre anni mettendo sul trono un sosia. Costui, in tutto identico all'originale (tanto che riesce a sostituirlo anche nella vita privata), è un ladro, ma non manca di una certa intelligenza. Prende addirittura un paio di iniziative giuste. Poi un banale incidente lo smaschera. Viene allontanato, ma si vota alla morte sul campo di battaglia dove l'intero clan che lui ha comandato è stato distrutto. Kurosawa ha profuso tutte le sue energie in questo grande affresco. La scenografia è curatissima e il discorso storico è preciso e pulito, anche se mediato da un certo gusto un po' occidentale (del resto il film è stato finanziato da Coppola e Lucas, che hanno voluto mettersi al riparo dal punto di vista spettacolare, per garantire il successo anche popolare del film). ■ DRAMMATICO; COL.; 159′; GIAPPONE, 1980. ■ CANNES 🏆 1 PR; DAVID DI DONATELLO 🏆 1 PR, 1 NOM; GOLDEN GLOBES 🏆 1 NOM; OSCAR 🏆 2 NOM.

KAIN IL MERCENARIO *(The Warrior and the Sorcress)* ★★
Regia di JOHN BRODERICK. Con LUKE ASKEW, DAVID CARRADINE, HARRY TOWNES. ■ In un'epoca imprecisata (quella di Conan o di Mad Max) assistiamo alle avventure di un soldato di ventura. La sua invincibile spada elimina molti nemici, ma gli offre poco aiuto quando deve battersi con il più duro degli avversari, una strega. ■ AVVENTURA; COL.; 90′; USA, 1984.

KAIRO ★★
Regia di KIYOSHI KUROSAWA. Con KUMIKO ASO, HARUHIKO KATO, MASATOSHI MATSUO. ■ Il figlio di Akira Kurosawa è molto lontano dalle tematiche del padre e segue l'onda moderna. Il giovane Taguchi, esperto informatico, viene trovato suicida nel suo appartamento. Tutti si chiedono cosa possa averlo portato al suicidio, tuttavia trovano un dischetto lasciato da lui, che diffonde un virus: l'epidemia sembra inarrestabile. Interessante e ben diretto con un'ottima fotografia, anche se troppo lungo. ■ DRAMMATICO; COL.; 117′; GIAPPONE, 2001.

KAKKIENTRUPPEN ★★
Regia di FRANCO MARTINELLI. Con LINO BANFI, MARIO CAROTENUTO, GIANFRANCO D'ANGELO, GIAN, ORESTE LIONELLO, FRANCESCO MULÉ, RIC. ■ Sulla falsariga delle *Sturmtruppen* del fumettista Bonvi, vive questo racconto ambientato in un reparto della Wehrmacht dove succedono le cose più strane. ■ COMICO; COL.; 90′; ITALIA, 1977.

KALIFORNIA ★★★
Regia di DOMINIC SENA. Con DAVID DUCHOVNY, MICHELLE FORBES, JULIETTE LEWIS, BRAD PITT. ■ Un viaggio che si trasforma in incubo per un giornalista e una fotografa diretti a Pittsburgh. I guai comunque se li vanno a cercare. Pur di aver successo con un libro sui serial killer, i due vanno alla ricerca dei luoghi dei delitti. Quindi danno un passaggio a una coppia stile Bonnie & Clyde. I due non hanno nessun tipo di morale, lui violento e lei incapace di intendere e di volere. Il film non cerca di dare una ragione alla furia distruttiva del personaggio interpretato da Brad Pitt. Teso, molto violento e con un ritmo all'altezza del tema. Molto bravi tutti gli attori. ■ DRAMMATICO; COL.; 118′; USA, 1993.

KALÌ YUG, LA DEA DELLA VENDETTA ★★
Regia di MARIO CAMERINI. Con LEX BARKER, SENTA BERGER, SERGIO FANTONI, PAUL GUERS. ■ Un medico di stanza in India viene indiziato di omicidio. Egli non può discolparsi per non compromettere la donna che era con lui, moglie dell'accusatore. Sarà proprio costei a scagionare l'innocente. ■ AVVENTURA; COL.; 98′; ITALIA, 1963.

KAMASUTRA *(Kama Sutra: A Tale of Love)* ★★★
Regia di MIRA NAIR. Con NAVEEN ANDREWS, SARITA CHOUDHURY, RAMON TIKARAM, INDIRA VARMA. ■ Nessuna pretesa di mostrare un catalogo di posizioni amatorie in questo film di Mira Nair. Semmai il bisogno di raccontare un'antica tradizione di sensualità, leggendola con uno sguardo femminile. Maya non ha più l'amore del suo partner, uno scultore. Deve lasciare tutto alle pro-

prie spalle, anche il re, nel cui letto è entrata, alla vigilia delle nozze del sovrano, per vendicare umiliazioni subite nel passato. Grande abilità nella ricostruzione scenografica in un film a cui manca forse il coraggio di essere un po' più "sporco" (non sul piano erotico, ovviamente). ■ PSICOLOGICO; COL.; 114'; INDIA, 1996.

KAMASUTRA CINESE *(Chinese Kamasutra)* ★
Regia di JOE D'AMATO. Con GLORIA CHEN, GEORGIA EMERALD, MARC GOSÁLVEZ, LIEZL SANTOS. ■ Joan è occidentale, vuole conoscere la Cina e scopre un antico testo del *Kamasutra*. Si troverà a vivere le esperienze descritte nel libro finché il suo timido spasimante non la sottrarrà a una sorta di maleficio. ■ COMMEDIA; COL.; 92'; ITALIA, 1993.

KAMCHATKA *(Kamtchatka)* ★★★
Regia di MARCELO PIÑEYRO. Con HECTOR ALTERIO, RICARDO DARIN, MILTON DE LA CANAL, MATÍAS DEL POZO, TOMÁS FONZI, CECILIA ROTH. ■ Argentina, 1976, colpo di stato, dittatura militare. I genitori di Harry, 10 anni, hanno l'unica colpa di non appoggiare il regime autoritario, cosa che li costringe a lasciare la città per una più discreta campagna. Harry comincia lentamente a trovare i lati positivi di quella vita che all'inizio gli sembrava una reclusione. Trattasi però di felicità di breve durata perché la repressione dilaga. Un film che legge una dittatura con lo sguardo di un bambino. ■ DRAMMATICO; COL.; 105'; ARGENTINA, SPAGNA, 2003.

KAMIKAZE ATTACK! *(At Tokubetsu kogekitai)* ★★
Regia di YOSHIO INOUYE. Con KOJIRO HONGO, GEN MITAMURA, KEIJI NOGUCHI, HITOMI NOZOE. ■ Fine della seconda guerra mondiale. Un giovane giapponese viene arruolato come pilota e parte lasciando la sua ragazza. Questa muore in un bombardamento; lui è destinato ai kamikaze. ■ DRAMMATICO; B/N; 92'; GIAPPONE, 1960.

KAMIKAZE DEL KARATE, I *(Man of Iron)* ★
Regia di CHANG CHEN. Con CHEN KUAN-TAI, WANG CHUNG, CHING LI, CHU MU. ■ Cruenta lotta tra delinquenti a Hong Kong. Uno di essi fa prigioniero il figlio del boss rivale e ne riceve come premio l'amante. Gli avversari però sono più forti ed egli viene sopraffatto. Il suo nome entra nella leggenda. ■ AVVENTURA; COL.; 92'; HONG KONG, 1970.

KAMIKAZE 1989 ★★
Regia di WOLF GREMM. Con RAINER WERNER FASSBINDER, FRANCO NERO. ■ Uno strano esperimento cinematografico con tutto l'entourage di Fassbinder, che in questo caso è solo attore. Un film grottesco ambientato nel futuro, ma con una strana indagine da parte di un tenente di polizia. Diretto nello stesso anno di *Blade Runner*, ma con una storia meno spettacolare e soprattutto con meno mezzi, è forse troppo datato. Va visto comunque per la presenza del regista scomparso Rainer Werner Fassbinder. ■ DRAMMATICO; COL.; 106'; GERMANIA, 1982.

KAMIKAZEN – ULTIMA NOTTE A MILANO ★★
Regia di GABRIELE SALVATORES. Con PAOLO ROSSI, NANNI SVAMPA, MARA VENIER. ■ Un impresario imbroglione convoca gli attori che ha sotto contratto e promette loro uno spettacolo che sicuramente li lancerà nel mondo della tv. Prima però dovranno dargli centomila lire per uno. Il furbone intasca i soldi e scappa. Ma lo spettacolo ha veramente successo e qualcuno degli interpreti è scritturato per Canale 5. ■ COMMEDIA; COL.; 104'; ITALIA, 1987.

KAMIKAZE: TORPEDINI UMANE ★★
(Ningen gyorai shitsugeki su – Human Torpedos)
Regia di TAKUMI FURUKAWA. Con RYOJI HAYAMA, YÛJIRÔ ISHIHARA, MASAYUKI MORI. ■ Ottobre 1944. Alcune navi nemiche hanno bloccato sul fondo un sommergibile giapponese. Il comandante, terminate le munizioni, affida a quattro volontari votati alla morte il compito di liberare il cammino. ■ GUERRA; B/N; 90'; GIAPPONE, 1957.

KAMINSKY. TRAGEDIA AL 10° DISTRETTO ★
Regia di MICHAEL LAHN. Con KLAUS LÖWITSCH, ALEXANDER RADZUN. ■ Al 10° Distretto di polizia sono di turno due agenti che si detestano. L'odio latente tra i due uomini degenera con l'arrivo di una prostituta caduta nelle maglie di una retata. ■ DRAMMATICO; COL.; 80'; GERMANIA, 1984.

KANGARÙ *(Kangaroo)* ★★★
Regia di LEWIS MILESTONE. Con RICHARD BOONE, FINLAY CURRIE, PETER LAWFORD, MAUREEN O'HARA. ■ Due uomini uccidono il padrone di una bisca e lo derubano. Per sviare i sospetti della polizia, affidano il denaro ad un fattore ubriaco e si fanno ospitare nella sua casa. Uno dei ladri si innamora di sua figlia e sente il bisogno di cambiar completamente vita. ■ AVVENTURA; COL.; 84'; USA, 1952.

KANJUT SAR – LA MONTAGNA CHE HA IN VETTA UN LAGO ★★
Regia di GUIDO GUERRASIO. ■ A Milano viene preparata una spedizione che ha come meta la vetta dell'Himalaia: il film descrive tutti i preparativi, le fasi del lungo e difficoltoso viaggio e, naturalmente, la conquista della cima. ■ DOCUMENTARIO; B/N; 91'; ITALIA, 1961.

KANSAS ★★
Regia di DAVID STEVENS. Con MATT DILLON, ANDREW MCCARTHY. ■ Un giovanotto in viaggio verso New York s'accompagna a un coetaneo, che sembra simpatico e perbene. Ma lo sembra solamente. Giunti in una cittadina del Kansas il compare si rivela rapinatore di banche. Guai grossi si profilano per entrambi. ■ DRAMMATICO; COL.; 108'; USA, 1988.

KANSAS CITY ★★
Regia di ROBERT ALTMAN. Con HARRY BELAFONTE, JENNIFER JASON LEIGH, MIRANDA RICHARDSON. ■ I personaggi principali sono una poveraccia (Leigh) che crede di poter far liberare il suo ragazzo sequestrando la moglie di un vip. Poi c'è Belafonte, nel ruolo di un gangster che fa il bello e il cattivo tempo. Alla fine tutto precipita, i poveracci ci rimettono sempre. Il tutto con un sottofondo musicale jazz ossessivo. Come sempre Altman va dritto per la sua strada, col suo rigore e la sua amarezza definitiva. Dopo *Prêt-à-porter* un altro film sgradevole. ■ DRAMMATICO; COL.; 118'; USA, 1996.

KANSAS CITY MASSACRE ★★
(The Kansas City Massacre)
Regia di DAN CURTIS. Con SCOTT BRADY, BO HOPKINS, SALLY KIRKLAND, DALE ROBERTSON. ■ La vicenda si svolge in America, negli anni Trenta, all'epoca del proibizionismo. Non è facile la vita per i tutori della legge, tesi a impedire i grossi affari di malviventi senza scrupoli, che si arricchiscono con la prostituzione e lo spaccio illegale di alcolici. Poi arriva Melvin Purvis, agente federale intelligente e tenace, che scopre le tracce di un ingente contrabbando di whisky al quale fanno capo insospettabili uomini politici. ■ POLIZIESCO; COL.; 100'; USA, 1975.

KAOS ★★★
Regia di PAOLO TAVIANI, VITTORIO TAVIANI. Con OMERO ANTONUTTI, FRANCO FRANCHI, CICCIO INGRASSIA. ■ Trasposizione cinematografica di quattro racconti di Luigi Pirandello tratti da *Novelle per un anno*: *L'altro figlio*, *Mal di luna*, *La giara* e *Epilogo*, nel quale compare Pirandello stesso (interpretato da Omero Antonutti). I fratelli Taviani si confermano grandi autori del cinema italiano, firmando questa eccellente e rispettosa rilettura delle tematiche e delle atmosfere più care al grande drammaturgo siciliano. Splendidamente recitato, costruito con attenzione nei dettagli e girato nel suo insieme con mano maestra, *Kaos* si colloca tra i migliori prodotti del nostro cinema degli anni Ottanta. Nella versione televisiva del film è previsto un quinto capitolo: *Requiem*. ■ DRAMMATICO; COL.; 157'; ITALIA, 1984. ■ DAVID DI DONATELLO 3 PR, 3 NOM.

KAPÒ ★★★
Regia di GILLO PONTECORVO. Con DIDI PEREGO, EMMANUELLE RIVA, SUSAN STRASBERG, LAURENT TERZIEFF. ■ In un campo di concentramento, una giovanissima ebrea si schiera per paura dalla parte dei nemici e diventa guardiana delle proprie compagne di sventura. Le sue azioni sono guidate dall'istinto di sopravvivenza, ma un prigioniero russo, giunto al campo dopo qualche tempo, la fa innamorare. La ragazza si sacrifica per permettere a lui e ad altri di fuggire. ■ DRAMMATICO; B/N; 102'; ITALIA, 1959. ■ OSCAR 1 NOM.

KARAMAZOV *(The Brothers Karamazov)* ★★★
Regia di RICHARD BROOKS. Con RICHARD BASEHART, CLAIRE BLOOM, YUL BRYNNER, LEE J. COBB, MARIA SCHELL. ■ Dal romanzo di Fedor Dostoevskij. Dimitrij odia il padre per la sua avarizia e diventa amante della sua compagna. Un giorno il vecchio viene ucciso e i sospetti cadono su di lui. L'assassino invece è il figlio illegittimo del defunto, che più tardi si uccide. Un terzo figlio che involontariamente l'ha spinto al gesto se ne sente responsabile e si accusa; poiché non è creduto favorisce la fuga dal carcere dell'innocente. ■ DRAMMATICO; COL.; 146'; USA, 1957. ■ OSCAR 1 NOM.

KARAMURAT LA BELVA DELL'ANATOLIA ★
Regia di ERNST HOFBAUER. Con GEORGE ARKIN, PASQUALE BASILE, DANIELA GIORDANO. ■ Il prode Karamurat, agli ordini del sultano, sbaraglia gli uomini del governatore ribelle Mustafà. Fra una rissa e l'altra non mancheranno risvolti erotici. ■ AVVENTURA; COL.; 92'; ITALIA, TURCHIA, 1976.

KARATE A SHANGHAI ★
Regia di KUO NAN-HONG. Con WANG FEI LUNG, MEN ONG-LUNG, NANCY YEN. ■ Una sequela di duelli fra professionisti delle arti marziali, in cui tutti i personaggi si scontrano per i più svariati motivi, senza un preciso filo conduttore. ■ AVVENTURA; COL.; 94'; HONG KONG, 1976.

KARATE KID 2 *(The Karate Kid – Part II)* ★★
Regia di JOHN G. AVILDSEN. Con DANNY KAMEKONA, RALPH MACCHIO, NORIYUKI PAT MORITA. ■ Daniel, dopo aver appreso l'arte del karatè dall'anziano Miyagi nel precedente *Per vincere domani*, in questa seconda puntata accompagna il maestro giapponese in un viaggio nel suo paese natale, dal quale manca da quarant'anni. Anche in questo caso per conquistarsi l'immancabile lieto fine ci sarà da combattere. ■ AVVENTURA; COL.; 113'; USA, 1985. ■ OSCAR 2 NOM.

KARATE KID. LA LEGGENDA CONTINUA, THE ★★
(The Karate Kid)
Regia di HARALD ZWART. Con JACKIE CHAN, TARAJI P. HENSON, JADEN SMITH, RONGGUANG YU, ZHENSU WU. ■ Dre Parker è un ragazzino di dodici anni cresciuto a Detroit da una madre affettuosa e apprensiva. Lasciata loro malgrado l'America volano insieme alla volta della Cina e di una vita da inventare. Dre prova ad adattarsi, ma un gruppo di teppistelli, che praticano il kung fu, non sembra gradire la sua presenza. Umiliato e vessato quotidianamente, il ragazzo trova conforto nei sorrisi dolci di Mei Yin, compagna di classe col talento del violino. Bersaglio di un ennesimo attacco, viene soccorso e salvato dal signor Han. Incontro decisivo: impressionato dalla performance atletica dell'uomo, Dre ne diventa presto l'allievo prediletto. ■ AZIONE; COL.; 140'; USA, CINA, 2010.

KARATE KID – PER VINCERE DOMANI ★★★
(The Karate Kid)
Regia di JOHN G. AVILDSEN. Con RALPH MACCHIO, NORIYUKI PAT MORITA, ELISABETH SHUE. ■ Avildsen traspone in ambientazioni giovani le tematiche già espresse nel suo *Rocky* del 1976: in questo caso però sarà a colpi di karatè che il giovane Daniel, dopo un allenamento duro e non sempre gratificante, dovrà aprirsi la strada al successo e all'amore. Il risultato è un film commercialmente azzeccato, godibile nelle numerose e ben riuscite scene di lotta e nella caratterizzazione dei personaggi. ■ DRAMMATICO; COL.; 126'; USA, 1984. ■ GOLDEN GLOBES 1 NOM.

KARATE KID 4 *(The Next Karate Kid)* ★★
Regia di CHRISTOPHER CAIN. Con MICHAEL IRONSIDE, PAT MORITA, HILARY SWANK. ■ Licenziato per raggiunti limiti d'età il primo *Karate Kid* Ralph Macchio, subentra una nuova allieva dell'intramontabile maestro Myagi. Permane, pur con minore freschezza, la formula quasi disneyana della serie: il simpatico vegliardo di Okinawa insegna karatè e filosofia, unici mezzi per affrontare i cattivi americani di turno. ■ AVVENTURA; COL.; 108'; USA, 1994.

KARATE KID 3 *(The Karate Kid III)* ★★
Regia di JOHN G. AVILDSEN. Con RALPH MACCHIO, NORIYUKI PAT MORITA. ■ I due personaggi fatidici della saga di *Karate Kid*, il giovanissimo campione e il suo anziano e saggio mentore, si trovano di fronte un vecchio nemico, l'allenatore paranoico e fascistoide che nel capitolo primo aveva cercato con mille scorrettezze di far perdere il campionato al ragazzo. Ora ci riprova di nuovo a rendere la vita impossibile ai due eroi. ■ AVVENTURA; COL.; 110'; USA, 1989.

KARL E KRISTINA *(Nybyggarna-Utvandrarna)* ★★♉
Regia di JAN TROELL. Con AINA ALFREDSON, EDDIE AXBERG, LIV ULLMANN, MAX VON SIDOW. ■ Epopea avventurosa di una famiglia di poveri contadini svedesi che decide di emigrare negli Stati Uniti per sfuggire a una vita di stenti. Sarà dura, ma riusciranno a costruirsi un'esistenza migliore nel Minnesota. ■ DRAMMATICO; COL.; 191'; SVEZIA, 1970. ■ GOLDEN GLOBES ♉ 2 PR, 2 NOM; OSCAR ♉ 5 NOM.

KARZAN IL FAVOLOSO UOMO DELLA JUNGLA ★
Regia di DEMOFILO FIDANI. Con SIMONE BLONDELL, JOHNNY KISSMULLER JR, ETTORE MANNI, JERRY ROSS. ■ In Africa vive un essere primitivo; una spedizione lo ritrova e lo cattura. Liberato dalla compagna, il selvaggio si fa di nuovo imprigionare in cambio della libertà di quest'ultima. Poco dopo si sveglia; non è stato che un sogno. ■ AVVENTURA; COL.; 91'; ITALIA, 1972.

KAS-CEI L'IMMORTALE *(Ksсciei Bessmertnyi)* ★★
Regia di ALEKSANDER ROU. Con GALINA GRIGORIEVA, GEORGI MILLIAR, SERGHEI STALIAROV. ■ Il film prende spunto da una leggenda popolare: un ragazzo assiste impotente alla distruzione operata nel suo villaggio dagli invasori. Spinto dal desiderio di fare giustizia si avvale di un amuleto che lo rende invisibile. ■ AVVENTURA; B/N; 93'; URSS, 1944.

KASIM, FURIA DELL'INDIA *(Bandit of Zhobe)* ★★
Regia di JOHN GILLING. Con ANNE AUBREY, VICTOR MATURE, ANTHONY NEWLEY. ■ Siamo nell'India dominata dagli inglesi. Un ufficiale britannico fa arrestare un pericoloso ribelle che però riesce a fuggire. Più tardi l'uomo, di nome Kasim, perde moglie e figlia e si convince che i responsabili siano gli europei. A compiere l'eccidio invece è stata un'altra banda. ■ AVVENTURA; COL.; 81'; USA, 1959.

KASPA IL RE DELLA JUNGLA – IL RE DELLA JUNGLA ★★
Regia di BRUCE H. HUMBERSTONE. Con BUSTER CRABBE, FRANCES DEE. ■ Un bambino, unico superstite di una tragedia nella jungla, viene allevato dai leoni. Anni dopo viene catturato e venduto ad un circo che lo porta in giro per il mondo come attrazione. Il selvaggio, che sente una grande nostalgia per la sua foresta, salva alcune belve da un incendio, le riscatta, torna in Africa e ridona loro la libertà. ■ AVVENTURA; B/N; 65'; USA, 1933.

KATANGO ★★
Regia di ISHIRÔ HONDA. Con KUMI LIZUNO, KENJI SAHARA, RUSS TAMBLYN. ■ Dal mare giapponese emerge un mostro enorme che miete innumerevoli vittime. Nessun mezzo sembra adatto a ucciderlo né a ferirlo. Un giorno un altro mostro si aggiunge al primo. Mentre lotta col suo simile muore insieme a lui, durante un'eruzione vulcanica. ■ FANTASCIENZA; B/N; 91'; GIAPPONE, 1968.

KATARSIS ★
Regia di GIUSEPPE VEGEZZI. Con GIORGIO ARDISSON, BELLA CORTEZ, CHRISTOPHER LEE. ■ Storia piuttosto confusa di un gruppo di giovani che, capitato in un castello, aiuta un vecchio a ritrovare la sua anima che aveva venduto al diavolo. ■ HORROR; B/N; 92'; ITALIA, 1964.

KATE – LA BISBETICA DOMATA ★★★
Regia di ROBERTO LIONE. Con PINO AMMENDOLA, ALBERTO CANEVA, DANIELA CAVALLINI, NERI MARCORÈ, MARIO MILITA. ■ Kate è la versione animata de *La bisbetica domata* di Shakespeare, realizzata con la tecnica della stop-motion (riprendere i personaggi con movimenti successivi fino a dare l'illusione del movimento) e ambientata in un'epoca commista, che va dalla rinascimentale a quella di un futuribile Expo universale con tanto di striscione "Venice Expo MDLXIV", tra la città lagunare e il teatro di Padova, con topi e civette che parlano e leoni libidinosi. ■ ANIMAZIONE; COL.; 77'; ITALIA, 2003.

KATE & LEOPOLD ★★
Regia di James Mangold. Con Hugh Jackman, Natasha Lyonne, Breckin Meyer, Meg Ryan, Liev Schreiber. ■ Una sorta di scienziato scopre che proprio sotto il ponte di Brooklyn c'è un vuoto temporale. Insomma si trova in quello stesso luogo nel 1886, nel giorno dell'inaugurazione del ponte stesso. Conosce Leopold e grazie a un'altra alchimia lo porta nella New York dei nostri giorni. Inevitabile l'incontro del "gentiluomo dell'Ottocento" con la bella, nevrotica, carrierista Kate. Il rapporto subisce naturalmente tutte le gag del caso, ma alla fine l'amor trionfa. Si capisce come il film sia stato a bagnomaria per otto anni prima di essere realizzato. Hugh Jackman, l'"ottocentista", è bravino. Meg, ultraquarantenne, forse non è più la fidanzatina d'America. ■ Commedia; col.; 121'; USA, 2002. ■ Golden Globes 1 pr, 2 nom; Oscar 1 nom.

KATHERINE – STORIA DI UNA TERRORISTA ★★★
(Katherine)
Regia di Jeremy Paul Kagan. Con Art Carney, Sissy Spacek, Henry Winkler. ■ Katherine Alman si diploma al college e sceglie di andare a insegnare in Sudamerica. Qui la sua contestazione del sistema si trasformerà in lotta armata. ■ Drammatico; col.; 97'; USA, 1975.

KATIA ★★
Regia di Maurice Tourneur. Con Danielle Darrieux, John Loder. ■ Dopo la morte della regina, un sovrano si risposa con una principessa. Questa lo aiuta a migliorare le condizioni del popolo, ma si attira l'inimicizia dei potenti. Il re viene ucciso nel corso di un attentato e lei è costretta ad andarsene. ■ Drammatico; b/n; 91'; Francia, 1938.

KATIA, REGINA SENZA CORONA *(Katia)* ★★★
Regia di Robert Siodmak. Con Pierre Blanchar, Curd Jürgens, Romy Schneider. ■ Russia, seconda metà dell'Ottocento. Alessandro II si innamora di una collegiale e la incontra di nascosto: la zarina, per evitare al marito il pericolo di un attentato, installa la ragazza a corte. Lo zar vuole aiutare il popolo, ma i suoi consiglieri, non approvando il progetto, fanno uccidere alcuni ribelli. ■ Storico; b/n; 93'; Francia, 1959.

KATINKA ★★★
Regia di Max von Sydow. Con Ole Ernest, Tammi Oest, Kurt Ravn. ■ Dal romanzo di Herman Bang. Tardivo (a 57 anni) ma non indegno (del maestro) esordio registico dell'attore preferito di Ingmar Bergman. Katinka è la moglie trentenne di un capostazione di provincia che si fa coinvolgere in una love story "non" a lieto fine con uno straniero. Katinka, pur rispettando il marito, cede alle profferte del corteggiatore. Perché? Perché sa di essere gravemente malata e vuol concedersi almeno una piccola avventura prima di uscire di scena. ■ Drammatico; col.; 96'; Svezia, 1988.

KATIUSCIA *(Liebesnächte in der Taiga)* ★★
Regia di Harald Philipp. Con Thomas Hunter, Magda Konopka, Marie Versini. ■ Una spia americana in Siberia riesce a farsi passare per un ingegnere russo ma, scoperto, deve scappare. Con lui è una commissaria politica che lo ama. Prima del confine la donna distrugge alcuni documenti rubati dal compagno. ■ Avventura; col.; 90'; Germania, 1967.

KATMANDU *(Les chemins de Katmandou)* ★★
Regia di André Cayatte. Con Pascale Audret, Jane Birkin, Serge Gainsbourg, Elsa Martinelli, David O'Brien. ■ Uno studente, avendo ferito un poliziotto e temendo di essere arrestato, parte per l'India, dove intende ritrovare il padre. Durante il viaggio si innamora di una coetanea, che muore drammaticamente, e scopre che il genitore è un poveraccio con scarsi mezzi di sostentamento. ■ Avventura; col.; 100'; Francia, 1969.

KATRINA ★★
Regia di Gustaf Edgren. Con Marta Ekström, George Fant, Erik Faustman. ■ È un film quasi sconosciuto che venne proiettato in Italia solo per pochi giorni. ■ Drammatico; b/n; 92'; Svezia, 1943.

KATYN ★★★
Regia di Andrzej Wajda. Con Joachim Paul Assböck, Waldemar Barwinski, Stanislawa Celinska, Andrzej Chyra, Magdalena Cielecka, Alicja Dabrowska, Jan Englert. ■ Il 17 settembre 1939 la Polonia viene definitivamente occupata. Da ovest dalle truppe di Hitler e da est dall'Armata Rossa. 18.000 ufficiali dell'esercito, 230.000 soldati e 12.000 ufficiali di polizia vengono arrestati dai russi. Tutti i graduati vengono portati in campi di concentramento e nella primavera del 1940, su espresso ordine di Stalin, 15.000 di loro vengono uccisi con un colpo alla nuca e seppelliti in fosse comuni nella foresta vicino a Katyn. I tedeschi scopriranno le fosse nell'aprile del 1943 ma i russi scaricheranno su di loro la colpa del massacro. Solo nel 1990 per la prima volta ammetteranno la responsabilità. Wajda, che a Katyn perse il padre, racconta la vicenda attraverso la storia di Anna, la moglie di un capitano di Cavalleria che, pur non volendo accettarle, si troverà di fronte alle prove dell'esecuzione del marito, così come accadrà ad altre donne. Al termine del conflitto, con la Polonia sotto l'influenza sovietica, una cortina di silenzio verrà fatta calare sull'accaduto e chi cercherà di sollevarla rischierà il carcere. ■ Drammatico; col.; 92'; Polonia, 2007.

KAZAAM – IL GIGANTE RAP *(Kazaam)* ★
Regia di Paul Michael Glaser. Con James Acheson, Francis Capra, Marshall Manesh, Shaquille O'Neal, Fawn Reed, Ally Walker. ■ Max, mentre è inseguito da alcuni gangster, urta una scatola da cui esce il genio Kazaam pronto ad esaudire i suoi desideri. Il campione Nba di basket Shaquille O'Neal si esibisce anche nel rap. Come gli accade anche nella realtà. ■ Commedia; col.; 100'; USA, 1996.

K-19 THE WIDOWMAKER ★★★
Regia di Kathryn Bigelow. Con Harrison Ford, Liam Neeson, Peter Sarsgaard. ■ Anni Sessanta. Un sottomarino sovietico di nuova produzione viene inviato a sperimentare il lancio di una testata nucleare. Il natante ha qualche problema di costruzione e l'equipaggio non è dei più preparati. È per questo che il timone viene affidato a un comandante inviato da Mosca (Ford) che fa passare al ruolo di comandante in seconda il precedente responsabile (Neeson). I due hanno diverse concezioni del dovere e il conflitto esplode quando si verifica una perdita nel nucleo radiottivo che fa da propulsore al mezzo. Ancora un film claustrofobico sui sommergibili ma carico di implicazioni politicocronachistiche. Chernobyl, il sottomarino sovietico Kursk inabissatosi nel 2000, la caduta dei muri entrano a far parte di una storia che la Bigelow (con cast tutto maschile) conduce da par suo. Le retoriche del genere ci sono tutte, ma ci sono anche importanti pagine di cinema (una per tutte quella in cui i primi marinai vengono mandati a morte certa nell'area radioattiva). Film importante perché apre la strada a una nuova lettura degli ex sovietici da parte degli yankee: i russi sono così valorosi che sembrano americani. ■ Guerra; col.; 137'; USA, 2002.

K2 – L'ULTIMA SFIDA *(K2)* ★★
Regia di Franc Roddam. Con Michael Biehn, Matt Craven. ■ Come è già successo per *Grido di pietra* di Herzog, in questo film diretto dal regista di *Quadrophenia* l'alpinismo è spunto per una storia avventurosa. Un miliardario americano decide di finanziare una spedizione sul K2. Due amici alle prime armi riusciranno a superare in bravura gli altri esperti. Buone le riprese su roccia. ■ Avventura; col.; 109'; USA, 1991.

K2 – OPERAZIONE CONTROSPIONAGGIO ★★★
(Spy Hunt)
Regia di George Sherman. Con Robert Douglas, Howard Duff, Marta Toren. ■ Le prove dell'omicidio perpetrato da uno statista asiatico vengono raccolte in un microfilm e nascoste nel collare di una pantera. Durante il viaggio verso l'America, alcune spie provocano involontariamente la fuga degli animali che spargono il terrore nella zona circostante. Il microfilm, conteso da diverse potenze, torna nelle mani dell'emissario. ■ Spionaggio; b/n; 75'; USA, 1950.

KEAN ★★
Regia di Guido Brignone. Con Rossano Brazzi, Tao Ferrari, Mariella Lotti, Germana Paolieri. ■ Kean, famosissimo attore inglese, perde la testa per una donna sposata, che interessa

anche al principe di Galles. Tra i due uomini si accende un'aspra rivalità. Il marito della donna scopre tutto e vuole battersi con Kean; il principe, però, sistema le cose: pur di soffocare lo scandalo manda in esilio il celeberrimo artista. ■ DRAMMATICO; B/N; 79'; ITALIA, 1940.

KEAN – GENIO E SREGOLATEZZA ★★★

Regia di VITTORIO GASSMAN. Con ANNA MARIA FERRERO, VITTORIO GASSMAN, GÉRARD LANDRY, ELEONORA ROSSI DRAGO. ■ Il film, la cui trama è simile a quella precedente, è ispirato all'opera di Dumas padre. ■ BIOGRAFICO; COL.; 83'; ITALIA, 1956.

KEEP COOL *(Yon hua hao hao shuo)* ★★★

Regia di ZHANG YIMOU. Con LI BAOTIAN, WEN JIANG, YING QU, YMOU ZHANG. ■ Si tratta del primo film di Ymou ambientato al presente e senza la compagna Gong Li. Girato con la macchina da presa a mano, mette in primo piano il bisogno del regista di rinnovarsi e di sperimentare. La storia è molto semplice, di sapore pirandelliano. Xiao Shuai è innamorato di una ragazza che ha rapporti con un riccone molto potente. Un giorno viene picchiato dagli scagnozzi del rivale. Durante il pestaggio il computer portatile di un passante viene rotto e questi vuole il risarcimento da Xiao Shuai. Lui invece vuole tagliare la mano del riccone e così si arma di mannaia. Grande ironia e qualche risata. ■ COMMEDIA; COL.; 91'; TAIWAN, 1984.

KEEPER OF THE CITY ★★

Regia di BOBBY ROTH. Con PETER COYOTE, LOUIS GOSSETT JR, ANTHONY LA PAGLIA. ■ Un giornalista riceve lettere da un killer, un tempo giornalista a sua volta e ora deciso a ripulire la società. Un ispettore è della partita e cerca di catturarlo. ■ POLIZIESCO; COL.; 95'; USA, 1991.

KEN IL GUERRIERO – LA LEGGENDA DI RAOUL ★★

(Shin kyuseishu densetsu Hokuto no Ken: Rao den – Gekito no sho)

Regia di TOSHIKI HIRANO. Con HIROSHI ABE, DAISUKE NAMIKAWA, MAAYA SAKAMOTO, KOU SHIBASAKI, TAKASHI UKAJI. ■ Alla fine del Ventunesimo secolo la Terra è stata devastata da un conflitto nucleare. Le civiltà conosciute sono scomparse. La legge del più forte è tornata selvaggiamente a prevalere. Ci sono però tre fratelli (Kenshiro, Toki e Raoul) che potrebbero portare la salvezza e un nuovo ordine. ■ ANIMAZIONE; COL.; 90'; GIAPPONE, 2007.

KENNEDY ET MOI ★★★

Regia di SAM KARMANN. Con JEAN-PIERRE BACRI, PATRICK CHESNAIS, NICOLE GARCIA, SAM KARMANN. ■ Simon è un quasi cinquantenne in crisi. Scrittore senza più ispirazione. Padre senza più alcun interesse per i figli. Marito senza più desiderio. Incapace però di lasciare vivere agli altri la loro vita e quindi sempre pronto a intromettersi per cercare di condizionarne il corso. Inventandosi un'inesistente sordità per conoscere e mettere in imbarazzo l'amante della moglie. Mordendo il dentista presso cui la figlia fa pratica. Lasciando la tavola dopo la scelta del menù in presenza del suo editore. Simon è un bambino mai cresciuto ossessionato dall'idea di possedere il "giocattolo" di proprietà del suo analista, un orologio da polso un tempo appartenuto a John Kennedy, e Jean-Pierre Bacri è bravissimo nel conferirgli tutte le varianti di un'ossessività incapace di risolversi nel passaggio dall'"io" al "tu". Fino a che un'altrettanto brava e affascinante Nicole Garcia non riesce a mutare di segno questa sua incapacità a guardare il mondo con altri occhi che non siano i suoi. Ancora una nevrosi dunque, a France Cinéma, questa volta di segno maschile e con una sceneggiatura di quelle che hanno obiettivi chiari e li sanno raggiungere. ■ COMMEDIA; COL.; 86'; FRANCIA, 1999.

KEN PARK ★★★

Regia di LARRY CLARK. Con STEPHEN JASSO, TIFFANY LIMOS, AMANDA PLUMMER, JAMES RANSONE. ■ Ken Park, adolescente che vive in un ordinato sobborgo di Los Angeles, si suicida sparandosi alla tempia. Gli amici di Ken non vivono vite più felici: Shawn la mattina marina la scuola per avere incontri sessuali con la madre della propria fidanzata; Peaches è succube di un padre che la crede illibata; il sensibile Claude deve subire le pulsioni incestuose di un padre ubriacone; Tate vive con due nonni che sembrano usciti dalle pubblicità televisive e pratica una sorta di onanismo estremo. L'occhio implacabile di Larry Clark, pioniere di un esibito voyeurismo, già all'indice per film espliciti quali *Kids* e *Bully*, mostra le vite vuote di questi ragazzi, che non trovano dialogo e felicità se non nel sesso. Un film coraggioso, anche se non per tutti i palati. ■ DRAMMATICO; COL.; 96'; FRANCIA, OLANDA, USA, 2002.

KEOMA ★★

Regia di ENZO GIROLAMI CASTELLARI. Con WILLIAM BERGER, OLGA KARLATOS, FRANCO NERO, WOODY STRODE. ■ L'indiano sangue-misto Keoma torna, dopo aver combattuto nella guerra di Secessione, al suo paese natio. Purtroppo trova la situazione molto cambiata: tutti gli sono contro tranne il padre ed un vecchio amico nero. Con l'aiuto di questi ultimi, Keoma rimetterà le cose a posto. ■ WESTERN; COL.; 90'; ITALIA, 1976.

KERMESSE EROICA, LA *(La kermesse héroïque)* ★★★★★

Regia di JACQUES FEYDER. Con ANDRÉ ALERME, MICHELINE CHEIREL, JEAN MURAT, FRANÇOISE ROSAY. ■ Nel diciassettesimo secolo le Fiandre subiscono l'invasione degli spagnoli. In una cittadina posta sul loro cammino gli uomini, spaventati, decidono di chiudersi in casa temendo i massacri perpetrati in altre città. Le loro mogli, invece, muovono incontro al nemico e lo accolgono con gentilezza, invitandolo alla tradizionale festa cittadina. Evitano così il saccheggio e convincono il comandante a ripartire il giorno seguente. Uno dei capolavori assoluti del cinema. Feyder usò grandi mezzi, ispirandosi ai quadri di pittori fiamminghi come Bruegel e Vermeer, ma questo sfarzo, invece di togliere qualcosa alla robustezza del discorso, lo valorizza ulteriormente. ■ STORICO; B/N; 115'; FRANCIA, 1936. ■ VENEZIA 1 PR.

KEVIN E PERRY A IBIZA *(Kevin and Perry go large)* ★

Regia di ED BYE. Con KATHY BURKE, HARRY ENFIELD, JAMES FLEET, LAURA FRASER, RHYS IFANS. ■ Kevin è vergine e sta disperatamente cercando di liberarsi del fardello in compagnia dell'amico Perry. Vorrebbero anche diventare i due Dj più ricercati del mondo. Partono quindi per Ibiza, luogo dalle facili opportunità sia per quanto riguarda le ragazze che per la musica. Peccato che anche i genitori di Kevin abbiano prenotato le vacanze nella stessa isola. Il film è tutto qui. Il personaggio di Kevin (adolescente in lotta con i genitori, che vuole la propria indipendenza e pensa solo a sé) nasce in televisione con una caratterizzazione sopra le righe di Harry Enfield. L'unica cosa che si salva è la compilation tutta da ballare. ■ COMMEDIA; COL.; 82'; GRAN BRETAGNA, 2000.

KGB – ULTIMO ATTO *(Back in the USSR)* ★★

Regia di DERAN SERAFIAN. Con NATALIJA NEGODA, ROMAN POLANSKI, FRANK WHALEY. ■ Niente di nuovo sotto il sole. L'unica curiosità è rappresentata dalla presenza tra gli attori del regista Polanski. Siamo a Mosca e un ragazzo americano in vacanza finisce nei guai. Oltre al Kgb del titolo si scatenano nell'ordine: la polizia, alcuni loschi mafiosi e dei mercanti d'arte. ■ AZIONE; COL.; 89'; USA, 1992.

KHARTOUM ★★★

Regia di BASIL DEARDEN. Con CHARLTON HESTON, RICHARD JOHNSON, LAURENCE OLIVIER, RALPH RICHARDSON. ■ Alcune regioni africane sono sotto il controllo del Mahdi e dei suoi seguaci. Dall'Inghilterra viene inviato il generale Gordon che, sfumata l'alleanza con un capo indigeno, si reca dal nemico per cercare di trattare. Ogni sforzo è vano: non resta che asserragliarsi in Khartoum per l'estrema difesa. ■ STORICO; COL.; 134'; USA, 1966. ■ OSCAR 1 NOM.

KICK-ASS ★★

Regia di MATTHEW VAUGHN. Con NICOLAS CAGE, AARON JOHNSON, CHRISTOPHER MINTZ-PLASSE, CHLOE MORETZ, MARK STRONG. ■ Provare a fare l'eroe senza avere nessun potere ma solo un danno fisico (danni alle terminazioni nervose che impediscono di sentire dolore) e trovare che non si è il solo ad aver avuto questa idea. Gli eroi mascherati di *Kick-Ass*, non sono filantropi e neppure immacolati idealisti. Dave, l'eroe di questa storia, è un ragazzo anche più normale e privo di qualità di *Scott Pilgrim* (l'altro adolescente da fumetto che questa stagione ha portato in sala) ma contrariamente a Peter Parker non troverà riscatto nell'identità segreta, essendo pronto ad abbandonarla non appena trovi qualcosa a cui tenere davvero. Non capita spesso che il cinema decida di adattare un'opera molto recente (a meno che questa non sia reduce da un successo epocale), così stupisce la vicinanza delle date di uscita del primo numero di *Kick-Ass* fumetto (2008) e quella di *Kick-Ass* film (2010). ■ AZIONE; COL.; 117'; USA, GRAN BRETAGNA, 2010.

KICK – ASS 2 ★

Regia di JEFF WADLOW. Con NICOLAS CAGE, AARON JOHNSON, JOHN LEGUIZAMO, CHRISTOPHER MINTZ-PLASSE, CHLOE MORETZ. ■ Mentre Hit-Girl ha promesso al suo padrino di mettere la testa a posto, si ritrova alle prese con un altro tipo di delinquenza, quella delle bullette adolescenti a scuola. Kick-Ass è felice di aver trovato una squadra di supereroi a cui unirsi, quella del Colonnello Stars and Stripes. Ma l'uccisione di suo padre da parte di David e Mindy ha acceso in Red Mist il fuoco della vendetta. ■ AZIONE; COL.; 120'; USA, 2013.

KICKBOXER 2 *(Kickboxer 2: The Road Back)* ★★

Regia di ALBERT PYUN. Con PETER BOYLE, SASHA MITCHELL. ■ Un *kickboxer movie* senza Van Damme sembra quasi impossibile. Invece il regista sa utilizzare con maestria tutte le regole di quello che si avvia a diventare un minigenere. ■ AZIONE; COL.; 90'; USA, 1990.

KICKBOXER L'ULTIMO GUERRIERO ★★

(Kickboxer)

Regia di DAVID WORTH. Con DENIS ALEXIO, DENNIS CHAN, JEAN CLAUDE VAN DAMME. ■ Un campione di boxe thailandese fa un viaggio in Oriente e si scontra con un campione locale che lo riduce in fin di vita. Il fratello minore, sconvolto dalla crudeltà mostrata dall'avversario, vuol vendicarsi e chiede aiuto a un vecchio maestro di arti marziali. Il giovane affronterà il bruto e gli darà una memorabile lezione. ■ AVVENTURA; COL.; 98'; USA, 1989.

KICKED IN THE HEAD ★★

Regia di MATTHEW HARRISON. Con KEVIN CORRIGAN, LINDA FIORENTINO, MICHAEL RAPAPORT, LILI TAYLOR, JAMES WOODS. ■ Redmond è un mattoide irrequieto, velleitario sempre in cerca di qualcosa, che un giorno accetta di consegnare il pacchetto di un mafioso. Incontra la seducente Megan (Fiorentino), perde la testa, molla tutto. Velocità, violenza ironica, "tarantinite" maldigerita (e per giunta ormai sorpassata). ■ COMMEDIA; COL.; 89'; USA, 1998.

KICKING & SCREAMING – DERBY IN FAMIGLIA ★★

Regia di JESSE DYLAN. Con MIKE DIKTA, ROBERT DUVALL, WILL FERRELL, JOSH HUTCHERSON, DYLAN MCLAUGHLIN, MUSETTA VANDER, KATE WALSH. ■ Phil è un quarantenne succube del proprio egocentrico padre Buck, maniaco dell'agonismo e della filosofia del vincere a tutti i costi. Quando Buck escluderà dalla propria squadra di calcio il nipotino Sam, Phil deciderà di allenare a sua volta una squadra per far giocare il figlio e battere, finalmente, il padre. L'impresa si rivelerà drammaticamente proibitiva per Phil, imbranato per vocazione, e la sua squadra di schiappe. Dopo *Elf*, la commedia per famiglie incontra nuovamente Will Ferrell, ma questa volta non è Natale, e si fanno pochi sconti. *Kicking & Screaming* è una sorta di *Dodgeball* gentile, una folle iperbole positiva retta dallo show totalizzante di Ferrell, schizzato d'eccezione, che catalizza il catalizzabile facendo passare quasi in secondo piano gli innumerevoli messaggi su agonismo, machismo e rapporti familiari, espressi comunque in modo spassoso e fruibile per tutte le fasce d'età. ■ COMMEDIA; COL.; 96'; USA, 2005.

KICKING & SCREAMING – SCALCIANDO & STRILLANDO *(Kicking and Screaming)* ★★

Regia di NOAH BAUMBACH. Con OLIVIA D'ABO, JOSH HAMILTON, CARLOS JACOTT, ERIC STOLTZ. ■ Un gruppetto di ex studenti universitari, ottenuta la laurea, non si sa più cosa fare: la vita scorre nel tentativo di ingannare il tempo senza alcun costrutto. Si cerca di fare l'amore senza ottenere grandi risultati e si pensa a un amore del passato. Il film è tutto qui. Di calci e strilli neppure l'ombra. ■ COMMEDIA; COL.; 97'; USA, 1995.

KID BLUE ★★★

Regia di JAMES FRAWLEY. Con DENNIS HOPPER, BEN JOHNSON, WARREN OATES. ■ Un vagabondo che ha molti conti da regolare con la legge cerca di fare il bravo ragazzo andando a stabilirsi in uno sperduto villaggio del West. Ma un brutale sceriffo lo perseguita. E allora Kid Blue dà filosoficamente addio ai suoi propositi di vita quieta, ruba le paghe di una fabbrica locale e le distribuisce ai derelitti indiani della riserva. Poi scappa. ■ WESTERN; COL.; 100'; USA, 1973.

KIDCO ★★

Regia di RONALD RONALD F. MAXWELL. Con CLIFTON JAMES, SCOTT SCHWATZ. ■ Dickie Cesana, un furbo e intraprendente ragazzino di undici anni, si mette a capo di una banda di coetanei con i quali vive emozionanti avventure. ■ COMMEDIA; COL.; 105'; USA, 1983.

KIDD IL PIRATA ★★★

(Abbott and Costello Meet Captain Kidd)

Regia di CHARLES LAMONT. Con BUD ABBOTT, LOU COSTELLO, CHARLES LAUGHTON. ■ Un crudele pirata imprigiona le quattro persone, due innamorati e due camerieri, che crede gli abbiano rubato la mappa del tesoro e le porta con sé sull'isola nella quale il bottino è sepolto. Dopo averlo recuperato cerca di eliminare gli avversari, ma sarà lui stesso ad essere sopraffatto. ■ COMICO; COL.; 70'; USA, 1952.

KID IL MONELLO DEL WEST ★★

Regia di SERRANDO GONZALES. Con ANDREA BALESTRI, FLAVIO COLOMBAIONI, MIRKO ELLIS. ■ Un bambino dalla sbrigliata fantasia ascolta il piano di alcuni banditi e decide di portarlo a termine con gli indiavolati amichetti. La rapina riesce perfettamente e il direttore della banca svaligiata pone una taglia per il recupero della refurtiva. I ragazzini con l'aiuto dello sceriffo sbaragliano i banditi. ■ WESTERN; COL.; 94'; ITALIA, 1973.

KID RODELO ★★

Regia di RICHARD CARLSON. Con RICHARD CARLSON, BRODERICK CRAWFORD, JANET LEIGH, DON MURRAY. ■ Appena uscito di prigione, Kid Rodelo decide di recuperare una grossa quantità d'oro sepolta. Sulle sue tracce si mettono tre evasi e tre avventurieri tra i quali una donna. I sette personaggi sono costretti dalle circostanze a dividersi il bottino; lungo il cammino attraverso il deserto la rivalità prima e gli indiani poi ne eliminano cinque: a salvarsi sono Kid Rodelo e la donna. ■ WESTERN; B/N; 91'; USA, 1964.

KIDS ★★★

Regia di LARRY CLARK. Con ROSARIO DAWSON, LEO FITZPATRICK, SARAH HENDERSON, JUSTIN PIERCE, CHLOE SEVIGNY. ■ Presentato a Cannes 1995, questo film è l'opera prima del fotografo Larry Clark. Dopo un bacio che sembra non finire mai, la macchina da presa segue i propri personaggi nei meandri di New York in cui l'unica meta possibile è quella della sieropositività e della droga. Pornolalia che vuole colpire basso e fotografia che si fa sempre più sgranata caratterizzano un film coraggioso quanto disturbante. ■ DRAMMATICO; COL.; 91'; USA, 1995.

KIKA – UN CORPO IN PRESTITO *(Kika)* ★★★

Regia di PEDRO ALMODÓVAR. Con VICTORIA ABRIL, PETER COYOTE, ROSSY DE PALMA, VERÓNICA FORQUÉ. ■ Kika è una truccatrice che a volte lavora anche sui "cari estinti". Vive con un ragazzo più giovane di lei. Viene violentata dal fratello della cameriera e impietosamente ripresa e intervistata. Citazioni a non finire: da *La finestra sul cortile* a *L'occhio che uccide*, da *Profondo rosso* e *Tenebre* a *Blow-up*. In sintesi, se non ci si lascia scandalizzare, questo è il più almodovariano dei film di Almodóvar. ■ COMMEDIA; COL.; 111'; SPAGNA, 1994.

KIKI ★★

Regia di RAFFAELLO MATARAZZO. Con NINO BESOZZI, ARMANDO FALCONI, LOTTE MENAS, ENRICO VIARISIO. ■ La vivace guardarobiera di un teatro di varietà si innamora del giovane direttore e decide di soppiantare nel suo cuore una vanitosa soubrette. ■ COMMEDIA; B/N; 67'; ITALIA, 1934.

KIKI – CONSEGNE A DOMICILIO ★★

(Majo no Takkyuubin)

Regia di HAYAO MIYAZAKI. Con AKIO OHTSUKA, CHIKA SAKAMOTO, REI SAKUMA, MINAMI TAKAYAMA, KAPPEI YAMAGUCHI. ■ Pur non nascondendo mai la sua natura di opera minore nell'ambito del corpus miyazakiano, *Kiki – Consegne a domicilio* è indicativo per comprendere le tematiche fondanti della poetica dell'autore nipponico. Nella parabola della streghetta dagli umili abiti rivive il consueto viaggio iniziatico di Miyazaki, spesso condotto tra i cieli e spesso con una ragazzina come protagonista. Kiki raggiunge la fatidica età di passaggio, quella dei quattordici anni, per abbandonare la dimora natia e scoprire la vecchia Europa, ancora una volta coacervo ideale di stilemi miyazakiani. ■ ANIMAZIONE; COL.; 102'; GIAPPONE, 1989.

KILL ★★★
Regia di ROMAIN GARY. Con STEPHEN BOYD, DANIEL EMILFORK, CURD JÜRGENS, JAMES MASON, JEAN SEBERG. ■ Un ex funzionario della sezione narcotici americana ha assistito alla morte della figlia drogata e si è impegnato in una lotta privata contro i trafficanti. Avuto sentore di una grossa spedizione in partenza dal Marocco, collabora attivamente con un collega e riesce ad uccidere alcuni importanti mandanti. ■ DRAMMATICO; COL.; 108'; FRANCIA, 1971.

♥ **KILL BILL VOL. 2** ★★★★
Regia di QUENTIN TARANTINO. Con DAVID CARRADINE, SONNY CHIBA, VIVICA A. FOX, DARYL HANNAH, SAMUEL L. JACKSON, LUCY LIU, MICHAEL MADSEN, UMA THURMAN. ■ Ogni inizio ha una fine. Dopo aver consumato la sua vendetta "parziale", alla Sposa manca solo il capo, Bill, appunto. Missione compiuta. Solite citazioni, anche molto nobili e davvero poco tarantiniane, come *Sentieri selvaggi* di Ford. Viene accentuato l'aspetto grottesco: i duelli di Uma per esempio, e c'è un ritorno al "logorroico" alla Samuel Jackson di *Pulp Fiction*. E questa è solo una delle moltissime autocitazioni del regista. ■ AZIONE; COL.; 110'; USA, 2004. ■ GOLDEN GLOBES 2 NOM.

KILL BILL VOL. 1 *(Kill Bill – Volume 1)* ★★★
Regia di QUENTIN TARANTINO. Con MARO AKAJI, DAVID CARRADINE, SONNY CHIBA, JULIE DREYFUS, VIVICA A. FOX, DARYL HANNAH, SAMUEL L. JACKSON, KAZUKI KITAMURA, MICHAEL MADSEN, MICHAEL PARKS, UMA THURMAN. ■ Prolisso e geniale. È tornato Quentin. La Sposa sta per sposarsi, appunto. Sulla scena del matrimonio irrompe una schiera di assassini che uccidono tutti compreso il neomarito e il bimbo che la donna ha in grembo. La Sposa, ferita (quasi) a morte, si sveglia dal coma dopo quattro anni. Conosce bene l'identità degli assassini. Vivrà per vendicarsi. Il resto è un'espressione anarchica del cinema di Tarantino. Espressionismo-vuoto-da-pura-citazione-cinematografica. Una violenza talmente estrema e simbolica da diventare gioco e non dare neppure fastidio. Citazioni (fra le molte) del cinema trash italiano e di quello figlio degenere di Bruce Lee. Uno zibaldone di cartone colorato la cui sostanza viene decifrata solo da una categoria di cinefili vaccinati dal mattoide-genialetto Quentin. Ma dietro il cartone, pochissimo. ■ AZIONE; COL.; 110'; USA, 2003. ■ GOLDEN GLOBES 1 NOM.

KILLER *(Bullet Proof Heart/Killer)* ★
Regia di MARK MALONE. Con PETER BOYLE, ANTHONY LA PAGLIA, MIMI ROGERS. ■ Un killer si innamora della propria vittima che ha una malattia incurabile. La donna chiede di finirla e visto che lui è indeciso si fa avanti un altro killer. ■ POLIZIESCO; COL.; 99'; USA, 1994.

KILLER, THE *(Diexue shuangxiong)* ★★★
Regia di JOHN WOO. Con DANNY LEE, YEH, CHOW YUN-FAT. ■ Uno dei migliori lavori di John Woo con citazioni da *La magnifica illusione* e *Duello al sole*. Il killer del titolo durante una sparatoria acceca per errore una ragazza. Decide di rimediare proteggendola, all'insaputa di lei. ■ POLIZIESCO; COL.; 110'; HONG KONG, 1989.

KILLER ADIOS ★★
Regia di PRIMO ZEGLIO. Con ARMANDO CALVO, PETER LEE LAWRENCE, ROSALBA NERI, MARISA SOLINAS. ■ Dopo molto tempo un uomo fa ritorno alla città natale. Come vice sceriffo si impegna a scoprire l'autore di numerosi omicidi. ■ WESTERN; COL.; 92'; ITALIA, 1968.

KILLER BARBYS ★★
Regia di JESUS FRANCO. Con ANGIE BAREA, CHARLIE S. CHAPLIN, MARIANGELA GIORDANO, BILLY KING, PEPA LÓPEZ, ALBERTO MARTÍNEZ, ALDO SAMBRELL, SANTIAGO SEGURA, CARLOS SUBTERFUGE, SILVIA SUPERSTAR. ■ Durante una tournee, il gruppo rock dei Killer Barbys ha un incidente con il suo pulmino, ed è costretto a cercare riparo per la notte in un antico castello. I componenti del gruppo non sanno però che il castello è di proprietà della contessa Olga von Fiedermaus, un'anziana signora che ritrova la bellezza perduta nutrendosi con il sangue di giovani vittime. ■ HORROR; COL.; 87'; SPAGNA, 1996.

KILLER CALIBRO 32 ★★
Regia di ALFONSO BRESCIA. Con PETER LEE LAWRENCE, AICHÉ NANA, LUCY SCAY. ■ Un temibile killer accetta l'incarico di trovare la banda di rapinatori che durante l'ultima impresa hanno ucciso tutti i viaggiatori di una diligenza. Spargendo la voce che egli conosce l'identità degli assassini riesce ad eliminare i meno pericolosi; arriverà anche al capo. ■ WESTERN; COL.; 94'; ITALIA, 1967.

KILLER CLOWNS *(Killer Clowns from Outer Space)* ★
Regia di STEPHEN CHIODO. Con GRANT CRAMER, ROYAL DANO, JOHN ALLE NELSON, SUZANNE SNYDER, JOHN VERNON. ■ Un tendone da circo poco fuori da una cittadina in realtà cela un'astronave dentro la quale sono nascosti malvagi extraterrestri travestiti da clown che si cibano di esseri umani. Gli abitanti moriranno dal ridere? ■ FANTASTICO; COL.; 86'; USA, 1988.

KILLER CROCODILE ★
Regia di LARRY LUDMAN. Con ANTHONY CRENNA, ANN DOUGLAS, THOMAS MOORE. ■ Alcuni amici stanno viaggiando con una barca lungo un fiume. Trovano a un certo punto scarichi radioattivi lasciati dai contrabbandieri. C'è anche un famelico coccodrillo che fa alcune vittime. Dopo la sua uccisione si schiude però un uovo e nasce un piccolo coccodrillo. Le musiche sono di Riz Ortolani e in una parte minore troviamo Van Johnson. ■ AVVENTURA; COL.; 85'; ITALIA, 1988.

KILLER DAGLI OCCHI A MANDORLA, IL ★
(The Killer)
Regia di YUAN CHU. Con CHIN HAN, TSUNG HUA, CHING MIAO, WANG PING. ■ Ignorando le losche attività del proprio insegnante di arti marziali, un ragazzo si pone al suo fianco nella lotta contro un rivale. Aiutato dalla ragazza che ama a comprendere il suo sbaglio, si schiera con l'ex avversario e riesce a eliminare il crudele maestro e i suoi complici. ■ AVVENTURA; COL.; 92'; HONG KONG, 1970.

KILLER DELLA NOTTE, IL *(Terror Eyes)* ★★
Regia di KEN HUGHES. Con LEONARD MANN, DREW SNYDER, RACHEL WARD. ■ Misteriosi delitti avvengono tra le convittrici di un collegio per ragazze bene. La polizia sospetta un giovane professore che notoriamente aveva relazioni con parecchie delle uccise. E invece chi uccide è un'altra amante del professore, adepta dei riti pagani delle tribù selvagge. ■ GIALLO; COL.; 91'; GRAN BRETAGNA, 1980.

KILLER – DIARIO DI UN ASSASSINO ★★★
(Killer: A Journal of Murder)
Regia di TIM METCALFE. Con ELLEN GREENE, ROBERT SEAN LEONARD, JAMES WOODS. ■ Un poliziotto addetto alle carceri decide di non accettare più i soprusi compiuti dai suoi colleghi nei confronti di un carcerato. Lo aiuta quindi a scrivere un'autobiografia dalla quale apprenderà qualche utile lezione sulla vita e sul sistema carcerario che genera mostri. Un *prison-movie* prodotto da Oliver Stone che merita attenzione. ■ DRAMMATICO; COL.; 90'; USA, 1996.

KILLER DI NOME SHATTER, UN ★★
(Call him Mr. Shatter)
Regia di MICHAEL CARRERAS. Con PETER CUSHING, ANTON DRIFFING, TI LUNG, STUART WHITMAN. ■ Un killer elimina un capo di Stato africano. I suoi mandanti, contrariamente a quanto credeva, sono trafficanti di stupefacenti che l'uomo politico ostacolava; il killer, salvatosi da un certo numero di attentati, penetra nel centro operativo dell'organizzazione ed elimina i capi. ■ AVVENTURA; COL.; 90'; GRAN BRETAGNA, 1975.

KILLER DI SATANA, IL *(The Sorcerers)* ★★★
Regia di MICHAEL REEVES. Con VICTOR HENRY, BORIS KARLOFF,

CATHERINE LACEY, IAN OGILVY. ■ Uno scienziato ha inventato un macchinario col quale sostituisce la propria volontà a quella del giovane sul quale fa esperimenti. Sua moglie sfrutta la scoperta per imprese criminali, invano osteggiata dal consorte; questi, in un momento di grande concentrazione mentale, riesce a far suicidare il giovane. Anche a lui e alla moglie, tuttavia, spetta una morte orribile. ■ FANTASTICO; COL.; 87′; GRAN BRETAGNA, 1967.

KILLER ELITE *(The Killer Elite)* ★★★
Regia di SAM PECKINPAH. Con JAMES CAAN, ROBERT DUVALL, ARTHUR HILL, BO HOPKINS, MAKO, BURT YOUNG. ■ Critica feroce ai maneggi della Cia: due agenti sono amici, ma uno di loro, inaspettatamente, ferisce l'altro; questi, non appena è in grado di reggersi in piedi, ha il compito di proteggere un'alta personalità dalle manovre dell'ex amico. Scoprirà, più tardi, che i suoi mandanti in realtà fanno il doppio gioco. ■ DRAMMATICO; COL.; 122′; USA, 1975.

KILLER ELITE ★★★
Regia di GARY MCKENDRY. Con ROBERT DE NIRO, CLIVE OWEN, DOMINIC PURCELL, JASON STATHAM, ADEN YOUNG. ■ 1980, Danny Brice e il suo referente e modello Hunter sono due killer al massimo livello che operano nell'ambito dello spionaggio. Nel corso di un'azione Danny scopre di aver rischiato di uccidere un bambino e va in crisi ritirandosi dal servizio attivo. Dovrà però tornare ad uccidere quando uno sceicco, che vuole vendicare la morte di tre suoi figli uccisi nel corso del conflitto in Oman, prende in ostaggio Hunter. Gary McKendry è al suo esordio nel lungometraggio dopo aver diretto diversi spot pubblicitari e un cortometraggio che ha ricevuto la nomination per l'Oscar. Per questa sua opera prima si rifà a un libro scritto da Ranulph Fiennes. ■ AZIONE; COL.; 116′; USA, AUSTRALIA, 2011.

KILLER INSIDE ME, THE ★★★
Regia di MICHAEL WINTERBOTTOM. Con CASEY AFFLECK, JESSICA ALBA, NED BEATTY, KATE HUDSON, ELIAS KOTEAS. ■ Texas, primi anni '50. Lou Ford è il giovane sceriffo di una sperduta contea e, nonostante il salario basso e la prospettiva di una carriera non esaltante davanti a sé, non si risparmia in favori per la sua comunità. Quando su esplicita richiesta del più importante affarista della zona, Chester Conway, viene incaricato di sfrattare Joyce Lakeland, una prostituta che si intrattiene con il figlio del magnate, Lou si reca a casa della ragazza. Gli schiaffi e gli insulti con cui Joyce accoglie l'ingresso dello sceriffo risvegliano in lui un'indole aggressiva da tempo sopita che lo porta a percuoterla e possederla brutalmente. Da quel momento, i due intraprendono una relazione a base di sesso e violenza sadomaso, finché Joyce non propone a Lou di ricattare il figlio di Conway. Ma Lou decide di modificare il progetto a suo piacimento. Il vero *American psycho* non è uno yuppie dei rampanti anni Ottanta che abita in un attico dell'Upper East Side, ma uno sceriffo che amministra la legge nel profondo Texas dei prosperosi *Fifties*. ■ THRILLER; COL.; 109′; USA, SVEZIA, GRAN BRETAGNA, CANADA, 2010.

KILLER INSTINCT *(Eye of the Eagle)* ★★
Regia di CIRO SANTIAGO. Con BRETT CLARK, LYDIE DENIER, ROBERT DRYER, ROBERT PATRICK, WILLIAM STEIS. ■ La vicenda si svolge in Vietnam, nel 1975: ne è protagonista Johnny Ransom, un ufficiale superaddestrato che ha il compito, insieme con un gruppo scelto di compagni, di cercare e liberare i superstiti di una pattuglia che da qualche settimana non dà più segno di vita. Johnny è deciso a portare a termine la sua missione a qualunque prezzo. ■ GUERRA; COL.; 90′; USA, 1987.

KILLER IN VIAGGIO *(Sightseers)* ★★
Regia di BEN WHEATLEY. Con EILEEN DAVIES, ALICE LOWE, SEAMUS O'NEILL, STEVE ORAM, TONY WAY. ■ Tina vive con una madre opprimente che la ricatta con malesseri permanenti per non farla allontanare da casa. La donna ha però trovato l'amore in Chris, e, nonostante la contrarietà materna, parte con lui per un viaggio in caravan. Chris vuole farle visitare i luoghi delle Midlands che più ama, ma, l'incontro con uno sconosciuto che getta spazzatura per terra lo infastidisce a tal punto da investirlo "per errore" facendo manovra. Questo non è che l'inizio. Ben ama senza ombra di dubbio il lato oscuro delle psicologie umane (*Down Terrace* e *Kill List* lo dimostrano) e questa volta esercita la sua passione in quella che potremmo definire una dark romantic comedy. ■ COMMEDIA; COL.; 88′; GRAN BRETAGNA, 2012.

KILLER JOE ★★★
Regia di WILLIAM FRIEDKIN. Con GINA GERSHON, HADEN CHURCH, EMILE HIRSCH, MATTHEW MCCONAUGHEY, THOMAS JUNO TEMPLE. ■ Killer Joe è il poliziotto con l'hobby dell'omicidio a pagamento, assoldato da una famiglia di redneck del Texas per uccidere l'ex moglie ed ex-mamma, da tempo scappata con un altro uomo. Hanno scoperto che la sua morte frutterà 50.000 dollari di assicurazione, soldi con i quali verrà pagato il killer e la famiglia si tirerà fuori da diversi guai. Ma non è mai così semplice uccidere ed incassare e Joe non è il tipo che ammette ritardi o intoppi nel suo lavoro. Dopo aver firmato almeno una pietra miliare per ogni decennio di attività, William Friedkin arriva alle porte del secondo decennio del nuovo millennio con un film in pieno stile pulp. Prendendo le mosse dall'omonima opera teatrale di Tracy Letts, da lei riscritta, *Killer Joe* si assesta dalle parti dello stile tarantiniano, per quanto riguarda l'appeal, l'umorismo e la spiazzante stravaganza dei personaggi, e a quello dei fratelli Coen sul versante dei risvolti di trama e di una più generale visione nichilista del mondo. ■ COMMEDIA, COL.; 103′; USA, 2011.

KILLER KID ★★
Regia di LEOPOLDO SAVONA. Con LIZ BARRETT, FERNANDO SANCHO, ANTHONY STEFFEN. ■ Il governo americano incarica un suo ufficiale di debellare il commercio di armi dirette al Messico. Il militare in questione si fa passare per un pericoloso bandito e, muovendosi tra le due parti, ha modo di apprezzare la causa dei ribelli. Per questo e per amore di una bella ragazza si unisce a loro. ■ WESTERN; COL.; 98′; ITALIA, 1967.

KILLER MACHINE ★
Regia di STEVE CARVER. Con JUSTENE LAZZARD, RACHEL YORK. ■ Uno sbandato entra in un'organizzazione che lo prepara a essere un killer professionista. Ma il suo capo, che gioca sporco, cerca di eliminarlo nel corso di una missione. Il giovane riesce a vendicarsi grazie anche all'aiuto della donna che lo ha addestrato. ■ GIALLO; COL.; 87′; USA, 1991.

KILLER PARTY ★★
Regia di WILLIAM FRUET. Con MARTIN HEWITT, RALPH SEYMOUR, ELAINE WILKES. ■ Da vent'anni una casa è abbandonata (ha una fama spaventosa: vari delitti sono stati consumati fra le sue pareti). Ed è proprio lì che un gruppo di ragazze decide di dare la festa annuale degli studenti. Data la nomea della casa, hanno promesso un vero "party della morte". Spiritosone. Ma se ne pentiranno. ■ THRILLER; COL.; 93′; USA, 1986.

KILLER PER CASO *(The Good Bad Guy)* ★
Regia di EZIO GREGGIO. Con CARMINE CARIDI, RUDY DE LUCA, DOM DELUISE, EZIO GREGGIO, JESSICA LUNDY. ■ Ezio Greggio gira in inglese un film che ripropone la risaputa storia dell'italiano che fugge in America e viene coinvolto in avventure che ne mettono a nudo l'inadeguatezza più totale. La comicità dell'attore funziona sui tempi brevi della televisione, ma si disperde completamente in un film che cerca di fare il verso a troppi modelli senza centrare mai il bersaglio. ■ COMMEDIA; COL.; 102′; USA, 1997.

KILLER PER LO SCERIFFO, UN *(The Forty Niners)* ★★
Regia di THOMAS CARR. Con LANE BRADFORD, JOHN DOUCETTE, BILL ELLIOTT, VIRGINIA GREY, HENRY MORGAN. ■ Un uomo di legge, al fine di smascherare tre assassini, si finge uno dei loro e dopo varie peripezie riesce nell'intento. ■ WESTERN; B/N; 80′; USA, 1954.

KILLER PER SUA MAESTÀ, UN ★★
Regia di RICHARD OWENS. Con RICCARDO GARRONE, KERWIN MATHEWS, ANN SMYRNER, MARILÙ TOLO, VENANTINO VENANTINI. ■ Qualcuno vuole uccidere Faud, sovrano di un paese arabo immaginario, per salire sul trono e per impedirgli di firmare un contratto petrolifero con un paese straniero. Un agente della Cia ha l'incarico di salvarlo. ■ AVVENTURA; COL.; 91′; ITALIA, 1968.

KILLERS BOULEVARD *(Le boulevard des assassins)* ★★
Regia di BORAMY TIOULONG. Con STÉPHANE AUDRAN, VICTOR LANOUX, MARIE-FRANCE PISIER, JEAN-LOUIS TRINTIGNANT. ■

Reduce dal fallimento coniugale e dall'insuccesso del suo ultimo libro, uno scrittore si ritira a meditare in Costa Azzurra, nell'appartamento prestatogli da un amico. Appena giunto, però, viene incuriosito dalla misteriosa telefonata di una donna che, credendo di parlare con il padrone di casa, gli comunica un enigmatico messaggio. Pensando di sfruttare il mistero per il suo nuovo romanzo, lo scrittore si lancia in un'indagine che finirà con l'essergli fatale. ■ THRILLER; COL.; 107'; FRANCIA, 1984.

KILLERS DELLA LUNA DI MIELE, I ★★
(The Honeymoon Killers)
Regia di LEONARD KASTLE. Con MARY JANE HIGBY, TONY LO BIANCO, DORIS ROBERTS, SHIRLEY STOLER. ■ Ispirato a un fatto di cronaca nera, questo film narra la storia di un'infermiera che aiuta un attempato dongiovanni a irretire donne non più giovani e danarose con il pretesto di sposarle. Finiranno entrambi sulla sedia elettrica. ■ DRAMMATICO; B/N; 108'; USA, 1970.

KILLER STORY *(Walk a Tightrope)* ★★
Regia di FRANK NESBITT. Con DAN DURYEA, RICHARD LEECH, NEIL MCCALLUM, PATRICIA OWENS. ■ Una donna che vive felicemente con un uomo incarica un killer di uccidere l'ex marito che la perseguita con minacce e ricatti; ma il killer sbaglia persona. ■ POLIZIESCO; B/N; 77'; GRAN BRETAGNA, 1963.

KILLICO, IL PILOTA NERO *(The Wild Racers)* ★★
Regia di DANIEL HALLER. Con JUDY CORNWELL, FRANÇOISE FABIAN, MIMSY FARMER, WARWICK SIMS. ■ Un pilota d'auto non trova posto in nessuna scuderia a causa del suo carattere ribelle e attaccabrighe. Si trasferisce in un altro paese dove gli arride un po' di fortuna. ■ COMMEDIA; COL.; 79'; USA, 1968.

KILLING BIRDS – UCCELLI ASSASSINI ★
Regia di CLAUDIO LATTANZI. Con ROBERT VAUGHN, TIMOTHY W. WATT, LARA WENDEL. ■ Il dottor Brown, ornitologo reduce dal Vietnam, impazzisce e fa a pezzi tutta la famiglia, si salva solo il figlioletto. Vent'anni dopo il figlio Steve ricapita sul luogo dei delitti ove si verificano nuovi allucinanti episodi. ■ HORROR; COL.; 91'; ITALIA, 1988.

KILLING BOX, THE ★★
Regia di GEORGE HICKENLOOPER. Con CORBIN BERNSEN, ADRIAN PASDAR, MARTIN SHEEN, CINDY WILLIAMS. ■ Un particolare film dell'orrore. È ambientato negli anni della guerra di secessione. Un colonnello si salva mentre i suoi soldati sono rimasti uccisi. Tornano però come morti viventi e lui dovrà eliminarli di nuovo. Il montaggio è curato dal regista Monte Hellman. ■ HORROR; COL.; 90'; USA, 1994.

KILLING GAME *(The Killing Game)* ★★
Regia di JOSEPH MEHRI. Con CHARD HAYWARD, CYNTHIA KILLION, GEOFFREY SANDWITH. ■ Un killer a pagamento guadagna una cifra favolosa portando a compimento il suo ultimo "contratto". Ma qualcuno l'ha fotografato mentre uccideva. Il killer decide di eliminare il possibile ricattatore. Ha una rosa di sospetti e li fa fuori tutti per non sbagliare. ■ THRILLER; COL.; 93'; USA, 1986.

KILLING MACHINE ★
Regia di JUAN ANTONIO DE LA LOMA. Con WILLIE AAMES, MARGAUX HEMINGWAY, JORGE RIVERO, LEE VAN CLEEF. ■ Una potente organizzazione mafiosa ha messo le mani sul traffico dei camion che portano il loro carico dalla Spagna alla Germania. Poiché la situazione è diventata insostenibile qualcuno, addestrato a uccidere, si intromette nel pericoloso gioco per tentare di rimettere le cose a posto. ■ DRAMMATICO; COL.; 95'; SPAGNA, 1984.

KILLING ME SOFTLY ★★
Regia di CHEN KAIGE. Con JOSEPH FIENNES, HELEN GRACE, HEATHER GRAHAM, IAN HART, JASON HUGHES, KIKA MARKHAM, NATASCHA MCELHONE, ULRICH THOMSEN, RONAN VIBERT. ■ Alice (Heather Graham) vive tranquilla a Londra, dividendosi tra un lavoro stimolante e un fidanzato carino e affettuoso. Questo fino a che il suo passo e il suo sguardo non incrociano, ad un passaggio pedonale, il bel tenebroso Adam Tallis (Joseph). Alice però non ci trova niente da ridere, anzi, ci trova parecchio sesso, tant'è che molla lavoro e fidanzato, si sposa e, in luna di miele, si fa trascinare su per impervie colline dove, in un remoto rifugio, scopre che Adam le corde non le usa solo per arrampicare. Sesso torbido e inquietanti fantasmi dal passato cominciano a preoccupare Alice che inizia a indagare. Il film è un pasticcio poco convincente. ■ THRILLER; COL.; 102'; GRAN BRETAGNA, 2002.

KILLING MRS TINGLE ★★
Regia di KEVIN WILLIAMSON. Con MARISA COUGHLAN, KATIE HOLMES, HELEN MIRREN, BARRY WATSON. ■ Una "A" in Storia permetterebbe a Leigh Ann Watson, studentessa modello, di ottenere la borsa di studio e di trasferirsi nella prestigiosa università di Harvard. A metterle i bastoni tra le ruote c'è però la sua insegnante di Storia, la terribile Mrs Tingle, il cui passatempo preferito è quello di seminare terrore tra i suoi studenti. Cosa fare? I suoi allievi decidono di dare inizio ad un gioco al massacro che finirà per degenerare. Unica nota degna del film è Helen Mirren, perfetta nel ruolo della professoressa. ■ COMMEDIA NERA; COL.; 96'; USA, 2001.

KILLING WORDS *(Palabras encadenadas)* ★★
Regia di LAURA MAÑÁ. Con ERIC BONICATTO, DARÍO GRANDINETTI, FERNANDO GUILLÉN, GOYA TOLEDO. ■ Un killer e la sua ventesima vittima alla quale confessa i suoi precedenti omicidi obbligandola al gioco delle "parole incatenate". Un thriller troppo patinato e supponente per attirare l'attenzione degli appassionati che ormai, purtroppo, si aspettano qualcosa di ben diverso dal cinema del filone thriller. ■ THRILLER; COL.; 89'; SPAGNA, 2003.

KILLING ZOE ★★
Regia di ROGER AVARY. Con JEAN-HUGUES ANGLADE, JULIE DELPY, ERIC STOLTZ. ■ Film prodotto in Europa da Quentin Tarantino. *Killing Zoe* è la storia di una rapina, la più sanguinaria che si sia vista al cinema negli ultimi anni. È quindi un *gangster movie*; ma è anche un film a basso costo. Nel cinema le modalità di produzione influiscono sempre sullo stile di un film: *Killing Zoe* risente molto del suo status di film americano "indipendente". Ne risente positivamente e soprattutto negativamente. Il francese eroinomane Eric e il "tecnico" americano Zed progettano un colpo a Parigi. Il caso vuole che Zed trascorra una notte in compagnia di una bella ragazza che è in realtà impiegata nella banca scelta come bersaglio. Film duro e violento, ma non privo di ironia e di finezze per gli intenditori. ■ GIALLO; COL.; 100'; FRANCIA, 1994.

KILL ME AGAIN ★★
Regia di JOHN DAHL. Con VAL KILMER, MICHAEL MADSEN, JOANNE WHALLEY-KILMER. ■ Val Kilmer, che è stato il protagonista di *The Doors* di Stone nel ruolo del cantante Jim Morrison, non rende granché in questo thriller un po' manierato. Fay è una donna fatale che sta cercando di scappare dopo aver derubato il suo uomo di un milione di dollari. Architetta un piano per farsi credere morta e chiede l'aiuto di un detective privato. Le cose non saranno poi così semplici. ■ THRILLER; COL.; 94'; USA, 1989.

KILL ME PLEASE ★★
Regia di OLIAS BARCO. Con VIRGILE BRAMLY, DANIEL COHEN, VIRGINIE EFIRA, BOULI LANNERS, AURELIEN RECOING. ■ Il dottor Kruger gestisce una clinica che offre assistenza e qualche goccia di veleno a chi ha deciso di farla finita con questa vita. Il giuramento di Ippocrate lo obbliga a cercare di far desistere qualsiasi paziente dalla scelta estrema ma, se la volontà è forte e sicura, il primario, sostenuto da un contributo governativo, non può far altro che assecondarla, ultimo desiderio compreso. Nella villetta del suicidio medicalmente assistito sbarcano i personaggi più disparati, dal malato di cancro alla bella sfortunata, dal depresso con la fantasia del Vietnam alla cantante lirica che ha perso la voce. Eppure non è così facile spegnere l'umano interruttore quando la campanella della natura o del destino non è ancora suonata. ■ COMMEDIA; COL.; BELGIO, FRANCIA, 2010.

KILLSHOT ★★
Regia di JOHN MADDEN. Con ROSARIO DAWSON, JOSEPH GORDON-LEVITT, THOMAS JANE, DIANE LANE, MICKEY ROURKE. ■ L'assassino professionista Armand Degas, meglio noto come "Falco nero", segue da sempre certi metodi sicuri e ormai codificati, soprattutto da quando ha perso il fratello più giovane a causa di una sua leggerezza. Il suo approccio è spietato ma rigoroso: far fuoco solo quando si ha la certezza di uccidere a colpo sicuro e uccidere

chiunque incroci il tuo sguardo durante una missione. Durante un colpo a Detroit assieme al giovane balordo Richie Nix, il suo sguardo incrocia quello di Wayne e Carmen Colson, una coppia di coniugi in crisi che riesce a... sottrarsi al metodo. Sotto il programma di protezione testimoni dell'Fbi, Carmen e Wayne vengono trasferiti a St. Louis con una nuova identità, mentre i due killer restano sulle loro tracce. Nella mutua corrispondenza fra cinema e letteratura pulp, ci sono autori, come Madden, che riescono meglio di altri ad interpretare e continuamente ridefinire questa interconnessione. ■ AZIONE; COL.; 84'; USA, 2009.

KILMA, LA REGINA DELLA JUNGLA ★
Regia di MIGUEL IGLESIAS. Con TONI DURAN, MARINA FERRI, RICARDO MERINO, EVA MILLER. ■ Una giovane europea si salva da un disastro aereo e diventa regina della foresta; ma insieme a lei è piovuto dal cielo anche un carico di preziosi, ed è attorno a questo che si scatena una contesa. ■ AVVENTURA; COL.; 93'; ITALIA, SPAGNA, 1974.

KILOMÈTRE ZÉRO *(Kilometre zero)* ★★
Regia di HINER SALEEM. Con BELCIM BILGIN, EYAM EKREM, EHMED QELADIZEYI, NAZMI QUIRIX, NEZAR SELAMI. ■ Il primo film curdo-iracheno (apertura della competizione ufficiale a Cannes) delude le aspettative, anche perché il regista è lo stesso del sorprendente e vitale *Vodka Lemon* che aveva interessato tutti a Venezia nel 2003. Ora torna con una storia che racconta di un soldato curdo arruolato a forza nell'esercito di Saddam che si trova a dover trasportare la bara di un commilitone ucciso attraverso un territorio desertico per restituirla ai familiari. Saleem si perde in un film sciovinista che vorrebbe essere dalla parte dei curdi ma si limita a sommare delle scenette che dovrebbero, almeno nelle intenzioni, essere spiritose e corrosive nei confronti del regime del dittatore. Perde quindi quasi totalmente il surrealismo leggero ed efficace che aveva marcato la sua opera precedente in favore di un film che non è neppure possibile definire militante. È un peccato, perché il cinema di un popolo che ha da poco ritrovato la libertà non può permettersi occasioni mancate. ■ DRAMMATICO; COL.; 91'; FRANCIA, IRAQ, 2005.

KIM ★★★
Regia di VICTOR SAVILLE. Con ROBERT DOUGLAS, ERROL FLYNN, DEAN STOCKWELL. ■ Kim, orfano di entrambi i genitori, viene cresciuto dagli indù. Ancora ragazzo, dà prova di grande intelligenza e coraggio e viene usato come spia degli inglesi contro i ribelli indiani. ■ AVVENTURA; COL.; 113'; GRAN BRETAGNA, 1952.

KIMBERLY ★★
Regia di FRÉDÉRIC GOLCHAN. Con GABRIELLE ANWAR, SEAN ASTIN, JASON LEWIS, ROBERT MAILHOUSE, MOLLY RINGWALD. ■ Kimberly è un'istruttrice di canoa. Quattro amici la seducono. Resta incinta. Chi sarà il padre? Opera prima di un collaboratore di Claude Lelouch. ■ COMMEDIA; COL.; 106'; GERMANIA, USA, 2000.

KIMONO SCARLATTO, IL *(The Crimson Kimono)* ★★
Regia di SAMUEL FULLER. Con GLENN CORBETT, VICTORIA SHAW, JAMES SIGHETA. ■ Un agente giapponese e uno americano indagano sulla morte di una ballerina. Incontrano una bella ragazza che li aiuta nell'ingarbugliata faccenda. ■ POLIZIESCO; B/N; 82'; USA, 1959.

KINDAR L'INVULNERABILE ★★
Regia di OSVALDO CIVIRANI. Con MARK FORREST, ROSALBA NERI, MIMMO PALMERA. ■ Il nobile Kindar viene rapito da un'ancella e cresciuto dal capotribù Semut. Quando Semut attacca la città del padre di Kindar, costui sente il richiamo del sangue. ■ AVVENTURA; COL.; 94'; ITALIA, 1965.

KING, THE ★★★
Regia di JAMES MARSH. Con MOHAMMAD AHMED, DEREK ALVARADO, PAUL DANO, GAEL GARCÍA BERNAL, LAURA HARRING, WILLIAM HURT, PELL JAMES. ■ Elvis Valdarez, riformato dalla Marina americana, decide di tornare a casa. Una casa mai vista e mai abitata, dove vive suo padre, il pastore battista David Sandow, conosciuto attraverso i racconti della madre defunta. David Sandow è l'unico referente per Elvis, l'unica possibilità per scoprire il proprio passato. Ma la sua auto di seconda mano si fa presto notare a Corpus Christi, nel Texas, dove il padre vive e si accompagna a una moglie devota e ai figli Paul e Malerie. Padre di famiglia e padre (spirituale) della comunità, David non sembra gradire i rigurgiti di passato che Elvis gli prospetta. Allontanato e rifiutato bruscamente, Elvis diviene la nemesi della famiglia Sandow, che trascinerà con sé all'inferno. Presentato a Cannes 2005 nella sezione "Un certain regard", è il primo lungometraggio del blasonato documentarista James Marsh. ■ DRAMMATICO; COL.; 105'; GRAN BRETAGNA, USA, 2005.

KING ARTHUR ★
Regia di ANTOINE FUQUA. Con HUGH DANCY, SEAN GILDER, IOAN GRUFFUDD, PAT KINEVANE, KEIRA KNIGHTLEY, IVANO MARESCOTTI, CLIVE OWEN, STELLAN SKARSGÅRD, RAY STEVENSON, KEN STOTT, RAY WINSTONE. ■ Nel 460 dopo Cristo l'impero romano è in decadenza. In Britannia, re Artù, condottiero imperiale, sta tornando finalmente a Roma, portando con sé i suoi cavalieri sarmati: Lancillotto, Tristano e Mordred fra gli altri. Tutto il gruppo, dopo aver servito per quindici anni l'impero sarà finalmente libero. Ma l'arcivescovo Germanius non sancisce la fine del vincolo. Artù e i suoi saranno obbligati a salvare una famiglia nobile romana del nord. Ed è là che Artù, dopo aver preso coscienza dei delitti perpetrati in nome dell'impero, e del cristianesimo, conosce Ginevra. Una "contaminatio" storica suggestiva, niente di più. *Troy* lo è a sua volta, ma è anche ottima evasione. ■ AVVENTURA; COL.; 130'; IRLANDA, USA, 2004.

KING DAVID ★★
Regia di BRUCE BERESFORD. Con RICHARD GERE, ALICE KRIGE, EDWARD WOODWARD. ■ Kolossal sulla vita di David, il pastore destinato a diventare re di Israele dopo aver ucciso il gigante Golia. Filmone costoso e ambizioso, ma di scarso effetto anche a causa di Richard Gere, poco credibile nei panni del personaggio biblico. ■ RELIGIOSO; COL.; 114'; GRAN BRETAGNA, 1985.

KINGDOM, THE ★★
Regia di PETER BERG. Con JASON BATEMAN, CHRIS COOPER, JAMIE FOXX, DANNY HUSTON, JEREMY PIVEN. ■ Una squadra Fbi dell'anti-crimine viene spedita in Arabia Saudita con lo scopo di investigare sulle cause di un attentato che ha ucciso numerosi civili americani. Trovare i responsabili del massacro si rivelerà molto più difficile del previsto. I quattro agenti hanno, infatti, solo cinque giorni a disposizione per le indagini. I film sulla guerra in Iraq e sul terrorismo internazionale oramai costituiscono un vero e proprio genere. Le battaglie, le stragi dei civili, le conseguenze per chi è rimasto non rappresentano più un tabù. Ma soprattutto risulta quasi un obbligo rispettare una visione bipolare dei fatti narrati. ■ POLIZIESCO; COL.; 110'; USA, 2007.

KINGDOM – IL REGNO, THE *(Riget)* ★
Regia di LARS VON TRIER. Con ERNST HUGO JÄROGARD, BAARD OWE, KRISTEN ROLLFES. ■ Un film televisivo recuperato dal grande schermo dopo il successo del sopravvalutato *Le onde del destino* dello stesso Von Trier. In un ospedale danese si svolgono le storie di malati, medici, infermieri, visitatori. Ma non basta, si inseriscono anche dei fantasmi. Tutto questo per quasi cinque ore. Spettatori chiamati a durissima prova. Astratto, fumoso, disutile e noioso. "Criticato" benissimo, naturalmente. ■ FANTASTICO; COL.; 280'; DANIMARCA, 1996.

KING-FU L'INVINCIBILE *(Karatè du tonnerre)* ★
Regia di CHAN CHING PO. Con CHUNG CHENG, CHIN PEI, CHUNG PEI. ■ Morendo, un maestro di karatè incarica il suo miglior allievo di sorvegliare il figlio prediletto affinché non sperperi i suoi beni. ■ AVVENTURA; COL.; 91'; HONG KONG, 1972.

KING: IL MASSACRATORE DEL KUNG-FU ★★
Regia di LÈ GUAN JANG. Con TARNG LONG, OU YANG JONG, SHANG GUAN HORNGIGG. ■ Tanaka è incaricato da una grossa organizzazione di assicurarsi l'intera produzione di zenzero per la Cina. Avrà a che fare con personaggi violenti e dovrà superare avversità di ogni tipo. ■ AVVENTURA; COL.; 91'; HONG KONG, 1976.

KING KONG ★★★★
Regia di ERNEST BEAUMONT SCHOEDSACK, MERIAN C. COOPER. Con ROBERT ARMSTRONG, BRUCE CABOT, FAY WRAY. ■ Un film che ebbe uno strepitoso successo. La storia è tratta da un ro-

manzo di Edgard Wallace, più noto come giallista. Una spedizione di zoologi scopre in un'isola misteriosa King Kong, un gigantesco gorilla. Portato negli Stati Uniti per essere esibito al circo, King Kong fugge con una ragazza di cui si è, a modo suo, innamorato. Alla fine King Kong, arrampicatosi su un grattacielo, dopo una tremenda battaglia viene mitragliato e ucciso. ■ FANTASTICO; B/N; 100'; USA, 1933.

KING KONG ★★★

Regia di JOHN GUILLERMIN. Con JEFF BRIDGES, CHARLES GRODIN, JESSICA LANGE. ■ Spettacolare rifacimento del film del 1933. Per gli effetti speciali abbondantemente presenti nella pellicola, l'italiano Carlo Rambaldi è stato insignito con il premio Oscar. In questo remake il gorilla si arrampica sulle torri gemelle del World Trade Center di New York, dalle quali sfida l'aviazione americana. L'allusività presente nel film del 1933 lascia spazio alla spettacolarità di stampo hollywoodiano. ■ FANTASTICO; B/N; 134'; USA, 1976. ■ OSCAR 1 PR, 3 NOM.

♥ KING KONG ★★★

Regia di PETER JACKSON. Con JAMIE BELL, JACK BLACK, ADRIEN BRODY, COLIN HANKS, THOMAS KRETSCHMANN, ANDY SERKIS, NAOMI WATTS, KYLE CHANDLER. ■ Durante una tempesta una nave si incaglia sugli scogli dell'Isola del Teschio, una terra fuori da ogni mappa e governata da un colossale scimmione, Kong, a cui viene offerta in sacrificio la bella Ann. Gli uomini della nave, nel tentativo di salvare la fanciulla, catturano Kong e lo portano a Manhattan per esibirlo come fenomeno da fiera. Ma re Kong spezzerà le catene e scalerà l'Empire State Building ghermendo di nuovo la bella dai capelli d'oro. La storia viene da lontano, dal 1933, quando due avventurieri, Ernest Beaumont e Merian C. Cooper, crearono nei "laboratori" della RKO la più grande e spaventosa delle creature: King Kong. Da allora ecco le riedizioni più o meno evolute, secondo le esigenze temporali del cinema. ■ AZIONE; COL.; 180'; NUOVA ZELANDA, USA, 2005. ■ GOLDEN GLOBES 2 NOM; OSCAR 3 PR, 4 NOM.

KING KONG CONTRO GODZILLA ★

(Kingu Kongu Tai Gojira)

Regia di NORIAKI YUASA. Con MIYUKI AKIYAMA, YUKO HAMADA, CHRYSTOPHER MURPHY. ■ Due fanciulli provocano la partenza di un'astronave a bordo della quale raggiungono un pianeta popolato di mostri; due ragazze, che vivono in questo strano mondo, dapprima aiutano i due piccoli, poi tentano di annientarli per impadronirsi dell'astronave. Godzilla le abbatterà, e poi contro di lui si scatenerà King Kong. ■ FANTASTICO; COL.; 99'; GIAPPONE, 1969.

KING KONG 2 *(King Kong Lives)* ★★

Regia di JOHN GUILLERMIN. Con JOHN ASHTON, LINDA HAMILTON, BRIAN KERWIN. ■ Si scopre che King Kong non è morto e dopo dieci anni è in un ospedale della Georgia, dove la dottoressa Amy Franklin gli trapianta un grosso cuore di plastica. Una femmina della stessa razza, una gorilla trovata dall'esploratore Hank Mitchell, fornisce il sangue necessario all'intervento. Ad operazione riuscita i due gorilla fuggono, innamorati, sui monti. Tutti li inseguono, anche l'esercito. La femmina viene imprigionata e King Kong, dopo aver fatto un'ecatombe, la libera. I cannoni lo abbattono, non prima che egli abbia avuto il tempo di vedere il gorillino, frutto del suo amore. Madre e figlio verranno poi rispediti nel Borneo da Amy e Hank. ■ FANTASTICO; COL.; 105'; USA, 1986.

KING KONG, IL GIGANTE DELLA FORESTA ★

(Kingu Kongu no gyakusmu)

Regia di ISHIRÔ HONDA. Con EISEL AMAMOTO, MIE HAMA, LINDA MILLER, RHODES REASON, AKIRA TAKARADA. ■ King Kong viene usato da un professore cattivo per dominare il mondo. Ma a un certo punto lo scimmione si ribella. ■ FANTASTICO; COL.; 104'; GIAPPONE, 1967.

KING KONG, L'IMPERO DEI DRAGHI ★

(Gamera vs. Jiger)

Regia di ALAN KRAMER. Con PAUL COOPER, LOUIS REYNOLDS, GEORGE WILLIAM. ■ Alcuni studiosi decidono di portare a un'esposizione una statua che ha strani poteri. Tolta dal luogo dov'è da secoli, la statua si trasforma in un terribile mostro. I guai sarebbero enormi, se tre bambini non trovassero la maniera per neutralizzare la statua. ■ AVVENTURA; COL.; 89'; GIAPPONE, 1969.

KING LEAR ★★★

Regia di MICHAEL ELLIOT. Con COLIN BLAKELY, JOHN HURT, LAURENCE OLIVIER. ■ La tragedia scritta da William Shakespeare viene portata sullo schermo forte della superba interpretazione di Laurence Olivier. Essa narra le vicende di re Lear che, ormai vecchio, si trova a dover mettere alla prova l'amore filiale. Lo troverà solo in Cornelia, l'unica delle tre figlie che, per sfiducia, ha diseredato e cacciato da palazzo. Originariamente prodotto per la televisione. ■ DRAMMATICO; COL.; 150'; GRAN BRETAGNA, 1984.

KING OF NEW YORK ★★★

Regia di ABEL FERRARA. Con VICTOR ARGO, LAURENCE FISHBURNE, JAY JULIEN, CARRIE NIGRE, CHRISTOPHER WALKEN. ■ Frank White è un gangster newyorkese che fa spesso tappa in prigione. Nei periodi di libertà porta avanti una sorta di crociata alla Robin Hood: deruba trafficanti di droga per donare ai poveri. Ci si affeziona subito al protagonista, al suo animo nobile, ai suoi modi violenti; il finale lascia un po' di amaro in bocca, quando si vede il nostro eroe andare a morire in modo melanconico nel quartiere che l'ha visto crescere. Il ritmo è abbastanza teso, in alcuni momenti il regista calca volutamente la mano con scene di eccessiva crudezza. ■ DRAMMATICO; COL.; 103'; USA, 1990.

KINKY BOOTS – DECISAMENTE DIVERSI ★★

(Kinky Boots)

Regia di JULIAN JARROLD. Con LINDA BASSETT, JOEL EDGERTON, CHIWETEL EJIOFOR, NICK FROST, EWAN HOOPER, SARAH-JANE POTTS. ■ Nella grigia provincia a nord di Londra, Charlie Price eredita dal padre l'azienda di famiglia di scarpe, tipicamente inglesi, sobrie e classiche. Charlie però si rende ben presto conto che l'azienda è sull'orlo del fallimento. A Londra s'imbatte in una prorompente *drag queen* che gli darà l'idea per salvare l'impresa: fabbricare scarpe per uomini che si vestono da donna, ovvero scarpe con tacchi anche a spillo che riescano a sopportare il peso di un uomo. ■ COMMEDIA; COL.; 107'; GRAN BRETAGNA, 2005.

KINSEY ★★★

Regia di BILL CONDON. Con DYLAN BAKER, VERONICA CARTWRIGHT, KATHLEEN CHALFANT, TIM CURRY, HEATHER GOLDENHERSH, TIMOTHY HUTTON, LAURA LINNEY, JOHN LITHGOW, JOHN MCMARTIN, LIAM NEESON, JULIANNE NICHOLSON, CHRIS O'DONNELL, OLIVER PLATT, WILLIAM SADLER, PETER SARSGAARD. ■ Quando Alfred Kinsey pubblicò nel 1948 *Il comportamento sessuale del maschio* cambiò completamente il modo di guardare ai problemi legati alla sfera dell'eros. Non perché Freud non avesse già fatto la sua parte ma perché mancava uno strumento che rilevasse, nella società americana del secondo dopoguerra, l'effettivo stato della materia, in particolare dal punto di vista della rilevanza sociologica. Il film di Condon, grazie a un Liam Neeson come sempre "in parte", ne ricostruisce la vita con l'andamento di un biopic senza particolari colpi d'ala. Sa però far riflettere su come dei profondi mutamenti di costume possano trarre origine dai bisogni più profondi di una persona. Resta nella memoria alla fine il dialogo tra il padre (pastore sessuofobo) e il figlio, ormai adulto e famoso, che lo interroga sulla sua sessualità. Due scuole di attori (Neeson e Lithgow) si confrontano. ■ DRAMMATICO; COL.; 118'; USA, 2004. ■ GOLDEN GLOBES 3 NOM; OSCAR 1 NOM.

KINSHASA PALACE ★

Regia di ZEKA LAPLAINE. Con GASPARD LAPLAINE, IRIS LAPLAINE, ZEZE MOTTA. ■ Un uomo scompare nel nulla dopo aver abbandonato suo figlio in una stazione ferroviaria, lasciando in apprensione la propria famiglia. L'improvvisa mancanza (quasi una fuga) è l'occasione per rispolverare il passato e compiere un viaggio a ritroso alla ricerca non solo del parente scomparso, ma delle proprie tradizioni, abitudini, valori. Girato interamente in digitale, *Kinshasa Palace* affronta, con tono diretto e fare documentaristico, la vita quotidiana di una famiglia alle prese con la riscoperta dell'infanzia perduta. ■ DRAMMATICO; COL.; 75'; CONGO, FRANCIA, 2006.

KIPPUR ★★★
Regia di AMOS GITAI. Con GUY AMIR, YORAM HATTAB, RAN KLAUZNER, LIRON LEVO, TOMER RUSSO. ■ Guerra del Kippur, 1973. Un tenente dice a un ufficiale medico: «volevo parlarti della mia ragazza e tu mi parli di tua madre morta e dei campi nazisti...». Il medico risponde «...ho sempre la sensazione che siamo sospesi, e che ciò che temiamo prima o poi accadrà». Significa prima di tutto amicizia, sostegno a oltranza, senso del dovere e abitudine al senso del dovere. E significa dolore e paura, che non sono il segnale che il popolo israeliano, forte, vincente, vuol dare di sé. Le guerre vengono vinte ma vengono perse, è questo il discorso di Gitai, che conosce bene l'argomento perché quella guerra l'ha combattuta. Dopo una premessa stranissima, decisamente inutile, di sesso fra i colori (metafora di che cosa?) entriamo nella guerra, da dietro, dalle seconde linee, dove una squadra con medico cura e trasporta i feriti. Documento e iperrealismo. Davvero efficace, senza un solo orpello o una sola licenza. La realtà. Un tenente e un sergente che hanno voglia di combattere si trovano nel mezzo del primo attacco siriano in quella guerra. Cercano il loro reparto, non lo trovano ma si integrano subito con un altro. La macchina gira lo stesso, la solidarietà e l'amicizia scattano subito. È, appunto, la forza di questo popolo, circondato da nemici cento volte superiori in numero, che ha davvero bisogno di amicizia e solidarietà. ■ GUERRA; COL.; 123'; ISRAELE, 2000.

KIRA ★★
Regia di ENZO GIROLAMI CASTELLARI. Con LEONORA FANI, VINCENT GARDENIA, WOLFANGO SOLDATI. ■ La giovane Liliana rientra in Spagna per andare a vivere nel paese natale. Qui viene a conoscenza di alcune superstizioni che la lasciano perplessa, ma solo all'inizio, poi cambierà idea. ■ GIALLO; COL.; 100'; ITALIA, SPAGNA, 1989.

KIRIKÙ E LA STREGA KARABÀ ★★★
(Kirikou et la sorcière)
Regia di MICHEL OCELOT. ■ Ambientato nella savana africana, questo film d'animazione racconta le avventure di un bambino molto speciale: Kirikù. Piccolo e indifeso, toccherà a lui salvare il suo villaggio dai malefici della strega Karabà. Il regista francese Michel Ocelot, che per questa sua prima esperienza di lungometraggio ha tratto ispirazione dall'affascinante repertorio delle fiabe e delle leggende africane, è riuscito a realizzare un film coinvolgente per grandi e piccini. Merito anche della musica di Youssou N'Dour, capace di rendere ancora più particolari le atmosfere e i colori africani. ■ ANIMAZIONE; COL.; 75'; BELGIO, FRANCIA, LUSSEMBURGO, 1999.

KIRIKÙ E GLI ANIMALI SELVAGGI ★★★
(Kirikou et les bêtes sauvages)
Regia di BÉNÉDICTE GALUP, MICHEL OCELOT. ■ La storia di Kirikù e della strega Karabà era troppo breve per raccontare tutte le straordinarie avventure vissute dal piccolo e saggio africano che nel 1998, ansioso di nascere e di correre velocissimo sul grande schermo, ha conquistato il mondo con il suo straordinario coraggio. Scopriremo così che Kirikù divenne giardiniere, poi detective, vasaio, mercante, viaggiatore e persino dottore, senza mai perdere il suo infantile buonsenso. La qualità della grafica che rimanda alla pittura africana e a quella del Doganiere Rousseau resta intatta, così come la bellezza evocativa della musica di Youssou N'Dour. Si tratta però di un film decisamente per i più piccoli. Nel precedente c'erano più margini. ■ ANIMAZIONE; COL.; 73'; FRANCIA, 2005.

KIRSCHBLÜTEN – HANAMI ★★
Regia di DORIS DÖRRIE. Con MAXIMILIAN BRÜCKNER, HANNELORE ELSNER, AYA IRIZUKI, BIRGIT MINICHMAYR, NADJA UHL, ELMAR WEPPER. ■ Trudi e Rudi sono due sposi sulla sessantina. Trudi viene informata dai medici che il marito ha poco tempo da vivere a causa di un tumore. I sanitari suggeriscono che sia meglio non dirgli la verità e magari compiere un ultimo viaggio finché l'uomo è ancora in forze. Ma Rudi è un abitudinario restio a viaggiare. Accetta inizialmente solo di recarsi da due dei tre figli che vivono a Berlino e solo successivamente di andare sul Mare del Nord dove, improvvisamente, Trudi muore. L'uomo ora è solo e decide di recarsi in Giappone (dove vive il terzo figlio). ■ DRAMMATICO; COL.; 122'; GERMANIA, 2007.

KISMET ★★★
Regia di WILLIAM DIETERLE. Con EDWARD ARNOLD, RONALD COLMAN, MARLENE DIETRICH. ■ A Bagdad il re dei mendicanti vorrebbe sposare la bella figlia del califfo. Ci riuscirà dopo molte avventure e molti pericoli. ■ AVVENTURA; COL.; 100'; USA, 1944. ■ OSCAR 4 NOM.

KISS *(Living Out Loud)* ★★★
Regia di RICHARD LAGRAVENESE. Con DANNY DEVITO, MARTIN DONOVAN, HOLLY HUNTER, ELIAS KOTEAS, QUEEN LATIFAH. ■ Una donna abbandonata dal marito cerca, come si dice, di "rifarsi una vita". Trova solo solitudine e un amico non avvenente che l'ama, ma che lei non riesce ad amare. LaGravenese (sceneggiatore di *I ponti di Madison County* e *L'uomo che sussurrava ai cavalli*) sta per la prima volta dietro la macchina da presa e ci offre una commedia amara al punto giusto, ma perfettamente godibile. DeVito (è quasi superfluo sottolinearlo) è bravo come al solito. ■ COMMEDIA; COL.; 100'; USA, 1998.

KISSED ★★
Regia di LYNNE STOPKEWICH. Con JAY BRAZEAU, NATASHA MORLEY, PETER OUTERBRIDGE, MOLLY PARKER. ■ Debutto per una regista che dimostra di amare il cinema di Jane Campion, specie il periodo di *Sweetie*, ma non possiede la visionarietà necessaria a un argomento così truce e delicato. Una giovane abituata fin da bambina a giochi necrofili riesce da adulta a sperimentare l'amore con i cadaveri. Un giovane innamorato di lei si suiciderà per essere posseduto. Presentato a Cannes. ■ DRAMMATICO; COL.; 88'; CANADA, 1997.

KISS GAMES *(My Tutor)* ★
Regia di GEORGE BOWERS. Con CAREN KAYE, MATT LATTANZI, KEVIN MCCARTHY. ■ Un giovane liceale americano, appassionato di astronomia ma poco studioso, viene rimandato in francese e affidato alle cure di una procace insegnante... Passerà gli esami nonostante le numerose divagazioni. ■ COMMEDIA; COL.; 97'; USA, 1983.

KISSING JESSICA STEIN ★
Regia di CHARLES HERMAN-WURMFELD. Con BEN FELDMAN, TOVAH FELDSHUH, HILLEL FRIEDMAN, GREG TILLMAN, JENNIFER WESTFELDT, ESTHER WURMFELD. ■ La Jessica Stein del titolo è una scrittrice stufa di vedersi agganciare solo da seduttori da strapazzo. Un giorno incontra Helen, una gallerista con il cuore sentimentalmente instabile. Il caso vuole che si conoscano e si piacciano. Tratto da un testo teatrale del 1997. ■ COMMEDIA; COL.; 96'; USA, 2002.

KISS KISS BANG BANG ★★
Regia di DUCCIO TESSARI. Con ANTONIO CASAS, LORELLA DE LUCA, GIULIANO GEMMA, GEORGE MARTIN, NIEVES NAVARRO, GEORGES RIGAUD, DANIELE VARGAS. ■ A un agente del servizio segreto, che si è macchiato di tradimento, viene proposto di affrontare una pericolosa missione per impossessarsi di un documento molto importante prima che lo faccia Mister X. ■ COMMEDIA; COL.; 95'; ITALIA, 1966.

KISS KISS, BANG BANG ★★
Regia di SHANE BLACK. Con CORBIN BENSEN, ROBERT DOWNEY JR., DEANNA DOZIER, VAL KILMER, JOEL MICHAELY, MICHELLE MONAGHAN. ■ Harry Lockhart, un ladruncolo di New York, viene selezionato da un regista e spedito a Los Angeles per recitare in un film poliziesco. Qui, tra tanti attori mancati e party deprimenti, ritrova la sua ex fiamma del liceo, Harmony Faith Lane, ma subito cominciano i guai. Harry e Harmony vengono coinvolti in una torbida vicenda di relazioni incestuose, spartizione di cospicue eredità, e molti, troppi omicidi stile pulp. ■ COMMEDIA NERA; COL.; 102'; USA, 2005.

KISS ME *(She's All That)* ★★
Regia di ROBERT ISCOVE. Con RACHAEL LEIGH COOK, MATTHEW LILLARD, ANNA PAQUIN, FREDDIE PRINZE JR. ■ La fiaba (senza esclusione di colpi) di una ragazza che porta gli occhiali, non è ricca e ama lo studio. Viene ovviamente emarginata, ma avrà la sua rivincita. ■ COMMEDIA; COL.; 91'; USA, 1999.

KISS OF THE DRAGON ★★
Regia di CHRIS NAHON. Con BRIDGET FONDA, TCHÉKY KARYO, JET LI. ■ Il film è prodotto, e scritto, da Luc Besson, il più americano dei registi francesi. Gli appassionati di cinema sospetteranno, a ragione, una reminiscenza cinese che si chiama Takeshi Kitano, nello specifico il film *Brother*, che narrava una vicenda molto simile a questa. Là si trattava di Giappone, qui di Cina, intesa come patria di Liu Jiuan, agente segreto che arriva a Parigi per eliminare un boss locale. Ma si sa, la *ville lumière* è tentacolare e seducente. Oltre alle normali difficoltà di lavoro ci si mette anche Jessica, una prostituta americana. Ordinaria amministrazione. ■ AZIONE; COL.; 98′; USA, 2001.

KISS OR KILL ★★
Regia di BILL BENNETT. Con CHRIS HAYWOOD, FRANCES O'CONNOR. ■ Una coppia che assomiglia molto a quella di *Assassini nati* di Stone, gira per l'Australia facendo rapine e, forse, uccidendo. Alla fine emerge che facevano "solo" rapine. Droga, sesso, complicità, discreta violenza. Vincitore del "Noir in festival", con qualche velleità. Dimenticabile. ■ THRILLER; COL.; 95′; AUSTRALIA, 1997.

KISS PHANTOMS *(Kiss, Attack to the Phantoms)* ★★
Regia di GORDON HESSLER. Con CARMINE CARIDI, ANTHONY ZERBE. HORROR ■ Curioso *pastiche* di horror e musica, imperniato sul noto complesso dei Kiss. I Kiss fanno la parte di loro stessi. Debbono tenere un concerto in un fantascientifico parco divertimenti che però è minacciato di distruzione da uno scienziato folle. Costui fa catturare i musicisti e manda al loro posto quattro robot, identici nell'aspetto esteriore. Ma non nella bravura di rocchettari. Con i loro rumori infernali i robot stanno spingendo i giovani spettatori a distruggere il parco. Ma all'ultimo momento arrivano i veri Kiss e neutralizzano le copie conformi. ■ MUSICALE; COL.; 100′; USA, 1979.

KIT CARSON – LA GRANDE CAVALCATA ★★
(Kit Carson)
Regia di GEORGE BRACKETT SEITZ. Con DANA ANDREWS, LYNN BARI, JON HALL. ■ A Kit Carson, famoso eroe, viene affidato il compito di guidare, attraverso sconfinate regioni infestate dagli indiani, un drappello di soldati e un gruppo di donne e bambini. ■ AVVENTURA; B/N; 92′; USA, 1940.

KITCHEN ★★
Regia di YOSHIMITSU SUZUKI. Con ISAO HASHIZUME, AYAKO KAWAHARA, KENJI MATSUDA. ■ Uno dei successi e delle sorprese editoriali degli anni Novanta è diventato un film. In Italia è giunto con cinque anni di ritardo. Ma se la scrittrice Banana Yoshimoto ha intrapreso quasi per gioco la sua brillante carriera, e dunque le si possono perdonare le ingenuità degli esordi, l'operazione cinematografica non ha alibi. Orfana di padre e madre, Mikage rimane sola, dopo la morte della nonna. Viene aiutata da Yuichi che vive con la madre, una donna molto misteriosa. Nella storia assistiamo alla vita giapponese, la parte più interessante del film. Il titolo che significa "cucina" prende spunto dall'abitudine di Mikage di dormire vicino al frigorifero. ■ COMMEDIA; COL.; 106′; GIAPPONE, 1989.

KITCHEN TOTO IL COLORE DELLA LIBERTÀ ★★★
(The Kitchen Toto)
Regia di HARRY HOOK. Con PHILIPS LOGAN, BOB PECK, RONALD PIRIE. ■ Kenya anni Cinquanta. Durante una razzia notturna i Mau Mau, i rivoltosi contro il regime inglese, uccidono una famiglia della tribù dei Kykuyu. Unico scampato un ragazzino, che viene preso in casa del capo della polizia locale. Lì maturerà. Comprenderà l'altra faccia del colonialismo bianco e la ferocia dei rivoltosi. ■ DRAMMATICO; COL.; 100′; GRAN BRETAGNA, 1987.

KIT E L'OMICIDA – L'AMANTE DELL'ASSASSINO ★★★
(Lohngelder für Pittsville)
Regia di KRZYSZTOF ZANUSSI. Con HORST BUCHHOLZ, LOUISE CLARK, PATRICIA JOYCE, CHIP TAYLOR, ANN WEDGEWORTH. ■ Nella cittadina di Pittsville giunge Mark, un uomo rimasto solo dopo la fuga della moglie. Con l'aiuto dell'amante, la padrona dell'albergo dove alloggia, rapina la banca presso cui lavora. Ma ci scappa il morto e sorgono complicazioni. ■ DRAMMATICO; COL.; 91′; GERMANIA, 1974.

KITOSCH, L'UOMO CHE VENIVA DAL NORD ★★
Regia di JOSEPH MARVIN. Con ENRIQUE AVILA, GEORGE HILTON, PIERO LULLI, KRISTA NELL, GUSTAVO ROJO. ■ Kitosch, assai lesto con la pistola, ha l'incarico di trasportare un carico d'oro che fa gola agli uomini del Rinnegato, un misterioso capobanda. ■ AVVENTURA; COL.; 93′; ITALIA, 1967.

KITTY ★★★
Regia di MITCHELL LEISEN. Con CONSTANCE COLLIER, PAULETTE GODDARD, CECIL KELLAWAY, RAY MILLAND, REGINALD OWEN. ■ Un aristocratico inglese, nella Londra del diciottesimo secolo, trasforma una povera ragazza di strada in una elegante e compita duchessa. ■ COMMEDIA; B/N; 104′; USA, 1945. ■ OSCAR 1 NOM.

KITTY *(Kitty und die grosse Welt)* ★★
Regia di ALFRED WEIDENMANN. Con KARLHEINZ BÖHM, OTTO EDUARD HASSE, ROMY SCHNEIDER, ERNST SCHROEDER. ■ Kitty, bella ragazza inglese, è la causa involontaria di una serie di incidenti che, se dapprima mettono in cattiva luce un importante uomo politico, hanno poi il merito di farle conoscere il nipote di questi, del quale si innamora. ■ COMMEDIA; COL.; 90′; GERMANIA, 1957.

KITTY FOYLE ★★★
Regia di SAM WOOD. Con JAMES CRAIG, GINGER ROGERS. ■ Una bella ragazza di umili origini e molto sentimentale si innamora, ricambiata, del direttore di un giornale, che la sposa; ma i parenti di lui non sopportano l'intrusa. ■ COMMEDIA; B/N; 107′; USA, 1940. ■ OSCAR 1 PR, 5 NOM.

KITTY, LA MANICURE *(Kitty und die Weltkonferenz)* ★★
Regia di HELMUT KAUTNER. Con PAUL HÖRBIGER, FRITZ ODEMAR, HANNELORE SCHROTH. ■ Una manicure si innamora di un giornalista e, per non sfigurare ai suoi occhi, dice di essere la segretaria di un importante uomo politico presente nell'albergo dove lavora. ■ COMMEDIA; B/N; 92′; GERMANIA, 1939.

KITTY TIPPEL... QUELLE NOTTI PASSATE SULLA STRADA *(Keetje Tippel)* ★★★
Regia di PAUL VERHOEVEN. Con IAN BLAASER, EDDY BRUGMAN, HANNAH DE LEEVWE, ANDREA DOMBURG, MONIQUE VAN DE VEN. ■ Alla fine dell'Ottocento, una povera famiglia di contadini si trasferisce ad Amsterdam. Qui la miseria continua e la madre prostituisce la figlia Kitty. ■ BIOGRAFICO; B/N; 100′; PAESI BASSI, 1974.

KLEINHOFF HOTEL ★★★
Regia di CARLO LIZZANI. Con CORINNE CLÉRY, RODOLFO DAL PRÀ, MICHELE PLACIDO, BRUCE ROBINSON, KATIA RUPE. ■ Una giovane signora francese, ricca e snob, perde l'aereo e passa la notte al Kleinhoff Hotel. Qui incontra un terrorista. Fra i due nasce l'amore (almeno fisico). Al mattino lui si ucciderà e lei se ne andrà. L'aereo l'aspetta. ■ DRAMMATICO; COL.; 105′; ITALIA, 1977.

KLON ★
Regia di LINO DEL FRA. Con PAOLO BONACELLI, RAFFAELLO MANOCORDA, ISABELLA ROCCHIETTA. ■ Tre adolescenti si trovano in vacanza in campagna e scoprono l'esistenza dell'istituto Klon in cui il professor Zigote ha già realizzato esseri umani clonati. A questa scoperta sono interessati degli affaristi che vorrebbero far mangiare ai cloni tutte le sostanze inquinanti della Terra. Ma Zigote vuole gestire in prima persona l'operazione. Nonostante il lieto fine e il tema interessante, il film naufraga nella superficialità. ■ FANTASTICO; COL.; 90′; ITALIA, 1993.

KNIGHTS – I CAVALIERI DEL FUTURO *(Knights)* ★★
Regia di ALBERT PYUN. Con LANCE HENRIKSEN, KRIS KRISTOFFERSON, KATHY LONG. ■ Per un clamoroso errore tecnologico, la Terra viene invasa da orde di *cyborg* assetate di sangue (umano). Fortuna che interviene Gabriel, nome angelico per un eroe dalla struttura cibernetica: è infatti il nuovo robot che deve sconfiggere i cacciatori di uomini. Al suo fianco, comunque, c'è anche una donna in cerca di vendetta. ■ FANTASTICO; COL.; 91′; USA, 1992.

KNIGHTS OF THE CITY ★★
Regia di DOMINIC ORLANDO. Con NICHOLAS CAMPBELL, STONEY JACKSON, LEON ISAAC KENNEDY. ■ Due bande di un quartiere

malfamato si sono giurate la guerra a morte. Apparentemente fra loro c'è tregua. Ma dura solo una notte. All'alba la battaglia esplode e sarà delle più sanguinose. ■ THRILLER; COL.; 92'; USA, 1986.

KNOCK OUT – COME DIVENNI CAMPIONE ★★
(Knock Out)
Regia di KARL LAMAC. Con ANNY ONDRA, MAX SCHMELING. ■ Un giovane inserviente in un teatro si allena per diventare pugile, ma cade nel tranello tesogli da una società sportiva concorrente, e partecipa a un incontro senza essersi ben preparato. ■ DRAMMATICO; B/N; 94'; GERMANIA, 1935.

KNOCKOUT. LA RESA DEI CONTI *(Haywire)* ★★
Regia di STEVEN SODERBERGH. Con GINA CARANO, MICHAEL DOUGLAS, EWAN MCGREGOR, CHANNING TATUM. ■ Mallory Kane è una delle armi più pericolose in mano al governo degli Stati Uniti, spia con licenza d'uccidere, addestrata e letale con un passato nei Marines. Affidatale una missione pretestuosa, un collega tenta di farla fuori quando meno se lo aspetta; intuito il pericolo e sventato l'omicidio Mallory Kane scappa. La sua unica possibilità di salvezza è fare fuori tutta la catena del potere che la vuole morta. Attraverso un racconto di vendetta estremamente canonico, Sodebergh radicalizza la sua poetica di donne forti. ■ THRILLER; COL.; 93'; USA, IRLANDA, 2011.

KNOCK, OVVERO IL TRIONFO DELLA MEDICINA – DOTTOR KNOCK *(Knock)* ★★★
Regia di GUY LEFRANC. Con JEAN BROCHARD, LOUIS JOUVET, PIERRE RENOIR. ■ Tratto dalla famosa commedia di Jules Romains, racconta la storia di un medico (appunto il dottor Knock), splendidamente interpretato da Louis Jouvet, che apre una clinica privata in un piccolo paese di provincia e che fa un mucchio di denaro. ■ COMMEDIA; B/N; 98'; FRANCIA, 1950.

KNOWING ★★
Regia di ALEX PROYAS. Con ROSE BYRNE, NICOLAS CAGE, CHANDLER CANTERBURY. ■ Nel 1958 a un gruppo di studenti viene richiesto di fare alcuni disegni da inserire all'interno di un'ipotetica capsula del tempo. Una misteriosa ragazza, che dice di udire "voci", riempie il suo foglio di linee senza alcun apparente significato. 2008: altri studenti esaminano i contenuti della capsula del tempo, con quel criptico messaggio che finisce fra le mani del giovane Caleb Myles. Ma è il padre di Caleb, il Professor Ted Myles a scoprire che il messaggio contiene un codice che ha predetto con estrema precisione ogni catastrofe avvenuta nei cinquant'anni passati. Peccato che il messaggio predica altri tre avvenimenti, l'ultimo dei quali è una distruzione su scala globale che pare coinvolga sia Ted che suo figlio. ■ THRILLER; COL.; 121'; USA, 2009.

KNUT HAMSUN – INIZIO E FINE ERA GLACIALE ★★★
(Knut Hamsun)
Regia di PETER ZADEK. Con OTTO EDUARD HASSE, ANNELORE SCKHROTH, ELIZABETH STEPANECK. ■ Alla fine della seconda guerra mondiale un partigiano rimprovera allo scrittore Knut Hamsun la sua collaborazione con i nazisti. Da un dramma di Tancred Dordt e Peter Zadek. ■ DRAMMATICO; COL.; 92'; GERMANIA, 1975.

KOBRA *(SSSSSSS)* ★★
Regia di BERNARD L. KOWALSKI. Con DIRK BENEDICT, STROTHER MARTIN, RICHARD B. SHULL. ■ Un giovane assistente medico viene trasformato in cobra da uno studioso folle. Per difendere il proprio segreto, costui non arretrerà neppure di fronte al delitto, ma poi sarà egli stesso a morire per il morso del rettile. ■ HORROR; COL.; 99'; USA, 1973.

KOBRA FORCE – SQUADRA GIUSTIZIERI ★★
(Zebra Force)
Regia di JOE TORNATORE. Con TIMOTHY BROWN, ANTHONY CARUSO, MIKE LANE, RICHARD X. SLATTERY, ROKNE TARKINGTON, GLENN WILDER. ■ Un gruppo di reduci dal Vietnam fonda una *gang* di giustizieri per eliminare la delinquenza. Non è solo l'amore per la giustizia che li muove, bensì il fatto che con la pensione di guerra non sopravvivrebbero e così cercano di "arrotondare". ■ POLIZIESCO; COL.; 100'; USA, 1976.

KOCISS, L'EROE INDIANO ★★★
(The Battle of Apache Pass)
Regia di GEORGE SHERMAN. Con JEFF CHANDLER, BEVERLY TYLER. ■ Per scacciare gli indiani dalle terre dove vivono, un funzionario governativo cerca di trarre profitto dalla rivalità che esiste tra i capi tribù, Kociss e Geronimo. La distruzione di una carovana viene attribuita a Kociss, ma il maggiore Colton, con il quale l'indiano ha stretto un patto di amicizia, riesce a far conoscere e trionfare la verità. ■ AVVENTURA; COL.; 80'; USA, 1952.

KODA, FRATELLO ORSO *(Brother Bear)* ★★
Regia di AARON BLAISE, ROBERT WALKER. ■ Kenai viene trasformato in un orso: il ragazzo vivrà in questa nuova forma tante avventure, insieme al cucciolo di orso Koda e due strambi alci. ■ ANIMAZIONE; COL.; 85'; USA, 2003. ■ OSCAR 1 NOM.

KOENIGSMARK ★★
Regia di SOLANGE TÉRAC. Con JEAN-PIERRE AUMONT, ROLDANO LUPI, SILVANA PAMPANINI. ■ Un arciduca, con lo scopo di governare lo Stato, uccide il fratello e sposa la vedova a cui è passata di diritto la corona. ■ DRAMMATICO; B/N; 90'; FRANCIA, 1952.

KOENIGSMARK ★★★
Regia di MAURICE TOURNEUR. Con PIERRE FRESNAY, ELISSA LANDI. ■ Federico, arciduca di Germania (sta per scoppiare la prima guerra mondiale), uccide suo fratello e ne occulta il cadavere per usurpargli la corona. Il precettore di suo nipote, che si è innamorato della vedova, scopre il delitto. ■ DRAMMATICO; B/N; 115'; FRANCIA, 1955.

KOLOSSAL – I MAGNIFICI MACISTI ★★
Regia di ANTONIO AVATI. ■ Questo film di montaggio è tratto da un'idea di Enrico Lucherini. Avati ha montato degli spezzoni di cinegiornali dell'epoca fascista con alcune sequenze di film mitologici degli anni a cavallo fra il 1940 e il 1960. ■ FILM DI MONTAGGIO; B/N; 91'; ITALIA, 1977

KOLYA ★★★🏆
Regia di JAN SVĚRÁK. Con ANDREJ CHALIMON, ZDENĚK SVĚRÁK. ■ Louka, un violoncellista di talento di cinquantacinque anni, scapolo convinto, accetta di sposare per finta una ragazza russa scappata da Mosca, che però inaspettatamente gli lascia "in eredità" il figlioletto di cinque anni. Tra i due, è ovvio, non nasce certo la simpatia, ma poi con il passare dei giorni Louka imparerà a crescere come uomo, scoprendo nella "paternità" una nuova e più serena dimensione di vita. Il tutto sullo sfondo della fine del regime comunista a Praga nel 1988. ■ COMMEDIA; COL.; 105'; CSI, FRANCIA, GERMANIA, GRAN BRETAGNA, ITALIA, 1997. ■ GOLDEN GLOBES 🏆 1 PR, 1 NOM; OSCAR 🏆 1 PR, 1 NOM.

KOMA ★
Regia di LAW CHI-LEUNG. Con KAI CHI LIU, ANDY CHI-ON HUI, ANGELICA LEE, HO-YIN WONG, KAR YAN LAM. ■ Dopo una festa di nozze in un lussuoso hotel, Ching, damigella d'onore, si imbatte nel corpo straziato di una donna alla quale, si scoprirà, è stato sottratto un rene. Unica testimone oculare del crimine, la giovane indica alla polizia Ling, una donna che si aggirava con fare circospetto nei pressi della scena del delitto. Sullo sfondo, un traffico d'organi. ■ THRILLER; COL.; 88'; HONG KONG, 2004.

KONGA ★★
Regia di JOHN VIVIAN LEMONT. Con JESS CONRAD, MICHAEL GOUGH, MARGO JOHNS. ■ Un professore universitario trasforma un gorilla in un mostro sanguinario al quale ordina di commettere ogni sorta di delitti. ■ FANTASTICO; COL.; 95'; GRAN BRETAGNA, 1960.

KONG QUE ★★
Regia di GU CHANGWEI. Con ZHANG JINGCHU, FENG LI, LV YULAI. ■ Vincitore a Berlino dell'Orso d'Argento, l'esordio alla regia del cinese Gu Changwei (già direttore della fotografia di Zhang Yimou, Chen Kaige, Robert Altman) è il racconto della vita di una famiglia del villaggio di Anyang, dalla fase finale della Rivoluzione Culturale fino alla metà degli anni Ottanta. Di tre fratelli, il maggiore è ritardato. La sorella ne è gelosa e cerca una via di fuga nell'amore per un soldato. Il fratello minore, invece, si vergogna del parente handicappato e decide di ucciderlo con del

veleno per topi. ■ DRAMMATICO; COL.; 144′; CINA, 2004. ■ BERLINO 1 PR.

KONG URAGANO SULLA METROPOLI ★
Regia di ISHIRÔ HONDA. Con KIPP HAMILTON, GILL SIMON, RUSS TAMBLYN. ■ Un gruppo di scienziati crea un mostro benefico dal nome di Kong. Purtroppo da una cellula di questi si genera un secondo mostro ferocissimo che semina terrore e distruzione in tutto il Giappone. Il cattivo Kong sarà sistemato alla fine dallo stesso Kong buono. ■ FANTASCIENZA; COL.; 80′; GIAPPONE, USA, 1976.

KON-TIKI ★★★
Regia di THOR HEYERDAHL. ■ Per affermare le proprie teorie, secondo cui, in tempi remoti, i popoli peruviani hanno occupato lontane isole della Polinesia, un professore costruisce una imbarcazione con mezzi rudimentali e con cinque compagni rifà il cammino dei peruviani. ■ DOCUMENTARIO; B/N; 92′; USA, 1951.

KONTROLL ★★
Regia di NIMRÓD ANTAL. Con SÁNDOR BADÁR, ESZTER BALLA, SÁNDOR CSÁNYI, BENCE MÁTYÁSI, ZOLTÁN MUCSI, LÁSZLÓ NÁDASI, ZSOLT NAGY, CSABA PINDROCH, GYÖZÖ SZABÓ. ■ Sette suicidi sospetti nel giro di un mese nella metropolitana di Budapest non sembrano preoccupare i controllori, che continuano a vivere la propria routine fatta di inseguimenti ai contravventori e folli gare di corsa sui binari. Bulcsù, leader della più scalcinata squadra di controllori nonché campione incontrastato di corse clandestine, è l'anima nera che ha fatto dell'underground la propria casa: sospettato responsabile della misteriosa catena di morti, cerca di correre ai ripari. Ma il gioco non può durare in eterno. ■ THRILLER; COL.; 106′; UNGHERIA, 2003.

KOPS ★★★
Regia di JOSEF FARES. Con ERIK AHRNBOM, FARES FARES, CHRISTIAN FIEDLER, SISSELA KYLE, TORKEL PETERSSON, GORAN RAGNERSTAM, EVA ROSE. ■ In una minuscola cittadina svedese il tasso criminale è pari a zero. I quattro poliziotti della locale stazione, Jacob, Benny, Agneta e Lasse si occupano principalmente di bere caffè, giocare a carte e passare il tempo presso il chiosco dei wurstel. Un giorno arriva da Stoccolma una bella ispettrice che comunica loro una notizia: la stazione di polizia verrà chiusa perché inattiva. I quattro rimangono scioccati. Dovranno inventarsi qualcosa per rimanere insieme: inventarsi dei crimini. Dopo il successo di *Jalla!Jalla!* Fares raggiunge nuovamente il top del botteghino. ■ COMMEDIA; COL.; 90′; SVEZIA, 2003.

KORANG, LA TERRIFICANTE BESTIA UMANA ★★
(La horripilante bestia umana)
Regia di RICHARD GREEN. Con WILLIAM LAWRENCE, ANNE LEVINE, ROGER PARK. ■ Un medico famoso, nel tentativo di salvare la vita al figlio, lo opera dandogli il cuore e il sangue di un gorilla. Il giovane, trasformato in un mostro feroce, compie ogni sorta di delitti. ■ HORROR; COL.; 91′; SPAGNA, 1975.

KORA TERRY ★★
Regia di GEORG JACOBS. Con MARIKA RÖKK, JOSEF SIEBER, WILL QUADFLIEG. ■ Una ballerina si trova coinvolta suo malgrado in un'azione spionistica; la sorella gemella, tentando di proteggerla, la uccide e ne prende il posto. ■ GUERRA; B/N; 93′; GERMANIA, 1940.

KOSMOS ANNO 2000 *(Molchaniye doctora Ivensa)* ★★
Regia di BUDIMIR METALNIKOV. Con ZANNA BOBOTOVA, SERGEJ BONDARCIUK. ■ In seguito ad un incidente aereo due coniugi ed altre sei persone si trovano, invece che in fondo al mare, su un'isola deserta popolata da alcuni extraterrestri provenienti dal pianeta Zoraic. ■ FANTASTICO; COL.; 91′; URSS, 1973.

K.O. VA' E UCCIDI ★★
Regia di CARLO FERRERO. Con CLAUDIO BIAVA, MARIO CECCHI, LUCRETIA LOVE, PAUL HARDING MUELLER, ANTONELLA MURGIA, MAURO NICOLA PARENTI. ■ In combutta con tre soci, un giovane ruba preziosi per un ingente valore. Un impresario teatrale, al corrente dell'impresa, vorrebbe approfittarne per vendicarsi del giovane che gli ha portato via la donna. Scontro inevitabile fra i due. ■ DRAMMATICO; COL.; 90′; ITALIA, 1966.

KOYAANISQATSI ★★★★
Regia di GODFREY REGGIO. ■ Spettacolare volo della cinepresa attraverso panorami naturali di rara bellezza e ricercate immagini della civiltà dell'uomo. Il tutto rallentato o accelerato ad arte, in modo da contrapporre ancor più le due facce del mondo: quella incontaminata e quella che la nostra frenetica follia sta distruggendo. La colonna sonora "minimale" di Philip Glass completa un film straordinario, unico, raffinatissimo, nato dopo anni di faticose riprese e di montaggio. ■ DOCUMENTARIO; COL.; 87′; USA, 1984.

KOZARA, L'ULTIMO COMANDO *(Kozara)* ★★
Regia di VELJKO BULAJIC. Con MILENA DRAVIC, OLIVERA MARCOVIC, BERT SOTLAR. ■ Il film ripropone un episodio della lotta partigiana in Jugoslavia. Il capitano Vukscia, al comando di un esiguo drappello di uomini, si batte per la difesa dei soldati e dei civili. ■ GUERRA; B/N; 92′; JUGOSLAVIA, 1962.

K-PAX: DA UN ALTRO MONDO *(K-Pax)* ★★
Regia di IAIN SOFTLEY. Con JEFF BRIDGES, PETER GERETY, DAVID PATRICK KELLY, MARY MCCORMACK, KEVIN SPACEY, CELIA WESTON, SAUL WILLIAMS, ALFRE WOODWARD. ■ Alla Grand Central Station di New York viene fermato un uomo che afferma di essere giunto dallo spazio. Condotto in clinica psichiatrica viene affidato alle cure del dottor Mark Powell. L'uomo afferma di chiamarsi Prot e di venire da un altro pianeta. Powell è convinto che si tratti di un malato di mente, anche se la lucidità di alcune sue affermazioni lascia spazio a qualche dubbio. Ormai Kevin Spacey sembra in grado di sostenere qualsiasi ruolo. Il problema è che il film parte con una buona idea ma poi si sente in dovere di contornarla di troppi stereotipi, dai pazzi alla *Risvegli* al medico in crisi. ■ DRAMMATICO; COL.; 120′; USA, 2001.

KRAKATOA, EST DI GIAVA *(Krakatoa, East of Java)* ★★★
Regia di BERNARD L. KOWALSKI. Con DIANE BAKER, ROSSANO BRAZZI, BRIAN KEITH, SAL MINEO, MAXIMILIAN SCHELL, BARBARA WERLE. ■ Il film trae spunto dalla spaventosa eruzione che alla fine dell'Ottocento distrusse un gran numero di isole dell'Indonesia. Gli occupanti di una nave cercano uno scrigno colmo di perle e un bambino dichiarato disperso nell'affondamento di un battello. Il vulcano Krakatoa esplode e tra i superstiti che la nave prende a bordo c'è il bambino che ha con sé la cassetta con le perle. ■ AVVENTURA; COL.; 101′; USA, 1969. ■ OSCAR 1 NOM.

KRAMER CONTRO KRAMER ★★★★🏆
(Kramer vs. Kramer)
Regia di ROBERT BENTON. Con JANE ALEXANDER, JUSTIN HENRY, DUSTIN HOFFMAN, MERYL STREEP. ■ Ted rientra a casa e trova sua moglie Johanna che se ne sta andando. Cerca di trattenerla ma non ci riesce. La donna è talmente determinata da esser disposta a lasciare il piccolo Bill al papà. Ted è costretto ad affrontare quella situazione imprevista e fa del suo meglio, fra mille difficoltà. Inoltre l'uomo, ottimo pubblicitario, è molto impegnato dal lavoro. Le attenzioni verso il bambino lo distolgono da un progetto molto importante. Robert non riesce a consegnarlo in tempo e viene licenziato. Nel frattempo Johanna si è rifatta viva: vuole il bambino. I due vanno al processo. Ted deve dunque trovare un lavoro, in caso contrario non avrebbe nessuna possibilità di vincere la causa. Riesce a farsi assumere da una nuova agenzia pur guadagnando meno di prima. Bill naturalmente è diventato tutta la sua vita. Ted ha imparato anche il mestiere di madre. Gli ex coniugi Kramer in tribunale letteralmente si dilaniano. Il giudice, com'è tradizione, privilegia la madre, che pure si era dimostrata "indegna". Bimbo e papà, tristissimi, sono pronti a separarsi. Arriva Johanna. All'ultimo momento la donna non se la sente di stravolgere la vita del bambino, che aveva trovato il suo equilibrio. E rinuncia. Ottime regia e sceneggiatura, grandi interpreti e un tema che coinvolge milioni di famiglie in tutto il mondo. Quattro Oscar molto importanti: film, regista, Hoffman e Streep. ■ DRAMMATICO; COL.; 104′; USA, 1980. ■ DAVID DI DONATELLO 🏆 1 PR, 1 NOM; GOLDEN GLOBES 🏆 5 PR, 5 NOM; OSCAR 🏆 5 PR, 8 NOM.

KRAMPACK ★★
Regia di CESC GAY. Con CHISCO AMADO, ANA GARCIA, MYRIAM MÉZIERES, ESTHER NUBIOLA, MARIETA ORZOCO, FERNANDO RAMALLO, JORDI VILCHES. ■ Sedici anni, estate, due ragaz-

zi soli per le vacanze sperimentano le prime vicissitudini amorose. Giocano ai grandi: fumano, bevono, organizzano cene eleganti per le loro fidanzatine, e intanto si masturbano molto. La sessualità come gioco e come strada a più vie non entusiasma il pubblico, così come i protagonisti che vivono le proprie esperienze con una velata stanchezza, priva di emozioni. Pare la versione al maschile di *Fucking Åmål*, ma ne perde tutta la delicatezza. ■ SENTIMENTALE; COL.; 90′; SPAGNA, 2000.

KRAYS – I CORVI, THE *(The Krays)* ★★★
Regia di PETER MEDAK. Con TOM BELL, SUSAN FLEETWOOD, GARY KEMP, MARTIN KEMP, BILLIE WHITELAW. ■ I gemelli Kray vengono seguiti dalla nascita nel 1934 alla sconfitta nel 1982. Il loro è un viaggio all'interno del mondo del crimine in una storia vera riscritta con l'attenzione per la psicoanalisi e la mente rivolta alla tragedia greca. Ancora gemelli, ancora zone d'ombra, con uomini che si trovano più a loro agio con i rettili che con le donne. Film ben recitato da due appartenenti al complesso degli Spandau Ballet. ■ DRAMMATICO; COL.; 119′; GRAN BRETAGNA, 1990.

KRIMINAL ★★
Regia di UMBERTO LENZI. Con ANDREA BOSIC, HELGA LINÉ, DANTE POSANI, ESMERALDA RUSPOLI, GLENN SAXSON, IVANO STACCIOLI. ■ Evaso dalla galera, Kriminal viene a sapere che una certa Lady Gold sta per esportare in Turchia una grossa partita di diamanti. Cerca con ogni mezzo di impossessarsene. ■ AVVENTURA; COL.; 98′; ITALIA, 1966.

KRONOS, IL CONQUISTATORE DELL'UNIVERSO ★★
(Kronos)
Regia di KURT NEUMANN. Con JOHN EMERY, BARBARA LAURENCE, JEFF MORROW. ■ Radiazioni cosmiche annullano la volontà spingendo le persone ad agire secondo il volere di un essere misterioso. Il dottor Elliot, direttore di un laboratorio scientifico, si trova così a trasmettere dati segretissimi che vengono assorbiti da *Kronos*, un'astronave che avanza distruggendo tutto. ■ FANTASTICO; B/N; 78′; USA, 1957.

KRULL ★★★
Regia di PETER YATES. Con FRANCESCA ANNIS, FREDDIE JONES, KEN MARSHALL. ■ In un pianeta sconosciuto, una principessa viene rapita alla vigilia delle nozze dai feroci Massacratori. Ma il quasi sposo, l'intrepido principe Collwyn, non sopporta l'affronto e si mette alla ricerca, a capo di un piccolo gruppo di mercenari. La ritrova prigioniera di un mostro in un castello infernale e la libera. Bella favola, ben raccontata da Yates con effetti speciali di tutto rispetto. ■ AVVENTURA; COL.; 117′; USA, 1983.

KRUSH GROOVE ★
Regia di MICHAEL SCHULTZ. Con KURTIS BLOW, LISA GAY HAMILTON, DARRYL MCDANIELS, JOSEPH SIMMONS, BLAIR UNDERWOOD. ■ Russell è un giovane innamorato di New York e di tutto quello che la città offre musicalmente a chi ha talento e idee. Il suo più grande desiderio è quello di fondare una casa discografica nella quale riunire i più promettenti cantanti sulla piazza. Il sogno si avvera, ma la fame di soldi e di successo rischia di far fallire tutta l'operazione. Vi partecipano gruppi e cantanti del genere rap. ■ DRAMMATICO; COL.; 90′; USA, 1985.

KU-FANG, IL CICLONE DI HONG KONG ★
(The Avenger)
Regia di CHENG CHANG HO. Con KOU FAN, WANG FU, YUYU. ■ Due fratelli campioni di kung-fu combattono contro Yang, un temibile capo della malavita. ■ AVVENTURA; COL.; 98′; HONG KONG, 1974.

KU-FU? DALLA SICILIA CON FURORE ★
Regia di NANDO CICERO. Con GIANNI AGUS, ENZO ANDRONICO, FRANCO FRANCHI, IRINA MALEEVA, GINO PAGNANI. ■ Per diventare vigile urbano a Roma è necessario vincere una gara di karatè; con poca maestria e molta fortuna, Franco riesce nell'intento. ■ COMMEDIA; COL.; 93′; ITALIA, 1973.

KU-FUNG, LO STERMINATORE CINESE *(Gallant)* ★
Regia di CHEN CHAN YU. Con LEE SHEUNG, YUE, YUEN YEE. ■ Per potersi emendare dalle proprie colpe, Chen, campione di karatè, è condannato a reincarnarsi tre volte; il film si articola in tre episodi. ■ AVVENTURA; COL.; 90′; HONG KONG, 1974.

KU-KUNG, L'IMPLACABILE ASSASSINO ★
Regia di KUO NAN-HONG. Con CHING-CHING CHEUNG, CHIU HIU KWAN, MA KEI, JEUNG KWEN. ■ Spada di Fulmine, che rappresenta il bene, tenta invano di indurre al perdono il guerriero Ku-Kung che vuole vendicare la morte di suo padre. ■ AVVENTURA; COL.; 83′; HONG KONG, 1972.

KUKUSHKA – DISERTARE NON È REATO ★★
(Kukushka)
Regia di ALEKSANDR ROGOZHKIN. Con VIKTOR BYCHKOV, VILLE HAAPASALO, ANNI-CHRISTINA JUUSO. ■ Finlandia 1944. L'esercito finlandese combatte contro l'Unione Sovietica a fianco dei nazisti. Willi è un cecchino che cerca di disertare, mentre Ivan è un soldato dell'Armata Rossa scampato per un pelo alla morte. I due nemici, condannati a morte dai loro rispettivi superiori, si rifugiano nella fattoria di Anna, vedova di guerra. I due, pur così diversi, dovranno imparare a convivere. Messaggio pacifista. ■ DRAMMATICO; COL.; 99′; RUSSIA, 2002.

KULL IL CONQUISTATORE *(Kull the Conqueror)* ★★
Regia di JOHN NICOLELLA. Con TIA CARRERE, KEVIN SORBO. ■ Kull è uno schiavo diventato re. Governa con intelligenza e soprattutto coi muscoli. Sulla vecchia onda di Conan, con Sorbo, il protagonista della nota serie televisiva *Hercules*. ■ FANTASTICO; COL.; 95′; USA, 1998.

KUMA TZAI KUMA – TERRA MISTERIOSA ★★
(Mundo estranho – Die göttin vom Rio Beni)
Regia di FRANZ EICHHORN. Con ALEXANDER CARLOS, ANGELICA HAUFF, HELMUT SCHNEIDER. ■ Un giornalista cerca il padre nel Mato Grosso. Ne trova le ossa. ■ AVVENTURA; B/N; 89′; BRASILE, 1950.

KUNDUN ★★★
Regia di MARTIN SCORSESE. Con TENZIN LODOE, SONAM PHUNTSOK, TENZIN THUTHOB TSARONG. ■ Tenzin Gyatso, scoperto quattordicesimo Dalai Lama (Kundun appunto, in lingua tibetana), cresce e cerca di regnare come può. Quando arrivano i Cinesi nel 1949, dopo aver incontrato Mao Tse Tung (che annuncia a lui, divinità in Terra, che la religione è veleno), lascia la sua terra e va esule nel mondo (e continua a farlo fino ai nostri giorni). Assistiamo alla vocazione del bambino, alle manifestazioni spirituali, magiche, miracolose del ragazzo, e alla sua tristezza umana e generale: "sono solo un ragazzo, che posso fare?". Purtroppo il film prosegue faticosamente, è rigoroso ma greve in molti tratti: e non avremmo mai pensato di usare quell'aggettivo riferito a Scorsese, considerato in questa sede il massimo autore contemporaneo insieme a Wenders. All'uscita di *Sette anni in Tibet* si era detto: discreto e troppo hollywoodiano, aspettiamo il Tibet vero di Scorsese. Ebbene si prova nostalgia per il film di Annaud. La dichiarata qualità documentaristica del film non lo salva. Speriamo si tratti di un vuoto momentaneo e che Scorsese torni efficace e geniale come ci ha abituati. Può essere significativa la considerazione che la stagione 1996/1997 di film abbia visto l'involuzione (o vogliamo chiamarla crisi) di molti grandi autori: dallo stesso Wenders (*Crimini invisibili*), a Tarantino (*Jackie Brown*), a Stone (*U turn*), anche a Spielberg (*Amistad*) e Ferrara (*Blackout*), a Moretti (*Aprile*). Vien da chiedersene la ragione. Un'ipotesi potrebbe essere: colpa del mercato, del grande pubblico, che vuole *Titanic*, fantascienza e supereffetti. E gli autori ne sono (consciamente o meno) condizionati, cercano di adeguarsi non trovando alcune misure, o ribaltandole e comunque finendo per perdere le proprie. ■ BIOGRAFICO; COL.; 13?′; USA, 1997. ■ GOLDEN GLOBES 1 NOM; OSCAR 4 NOM.

KUNG-FU, FURIA, VIOLENZA E TERRORE ★
Regia di WU TIEN TEHE. Con PAI ING, LIN KIE, LIU LANG ING, TUNG PIN, KING TUN. ■ Un esperto di varie lotte orientali viene preso di mira da una banda che vorrebbe averlo con sé. ■ AVVENTURA; B/N; 92′; HONG KONG, 1973.

KUNG-FU, IL VENDICATORE SOLITARIO ★
(Story of Cheung Po Chai)
Regia di KYRAN CHIN-LIANG. Con KONG FAN, LIM SAM, PAK TIN. ■ Un villaggio vicino a Canton è teatro di ingiustizie e soprusi da

parte di un gruppo di loschi individui. A vendicare e riscattare gli abitanti del luogo ci pensano cinque simpatici giovani, esperti in arti marziali. ■ AVVENTURA; COL.; 94′; HONG KONG, 1973.

KUNG FU – LA LEGGENDA CONTINUA ★★
(Kung Fu: A Legend Reborn)
Regia di JUD TAYLOR. Con DAVID CARRADINE, CHRIS POTTER. ■ Tratto dal successo televisivo *Kung-Fu* con David Carradine alle prese con le arti marziali e spirituali. A dargli filo da torcere è il figlio dal quale si sente minacciato. Tutto si risolve. ■ AVVENTURA; COL.; 94′; USA, 1992.

KUNG-FU, L'ARTE DI UCCIDERE ★
Regia di SUNG CHIA WEN. Con LU CHUN, CHAN HOWE, CHIN HSIANG-LIN, INGRID HU. ■ Un gangster ha la cattiva idea di uccidere il padre di un giovane che si arrabbia facilmente. Il gangster e i suoi accoliti saranno eliminati a colpi di karatè. ■ AVVENTURA; COL.; 101′; HONG KONG, 1973.

KUNG FU MASTER ★★
Regia di AGNÈS VARDA. Con JANE BIRKIN, CHARLOTTE GAINSBOURG. ■ La Birkin e la Gainsbourg, madre e figlia nella realtà, lo sono anche sullo schermo, ma in una storia ispirata a quella della stessa regista Agnès Varda. Qui vediamo la madre innamorarsi di un compagno di scuola della figlia. Scoppia lo scandalo. ■ DRAMMATICO; COL.; 80′; FRANCIA, 1988.

KUNG FU PANDA ★★★
Regia di MARK OSBORNE. Con SETH ROGEN. ■ Po è un giovane panda il cui padre (un volatile) gestisce un piccolo ristorante la cui specialità sono i noodles cucinati secondo una ricetta segreta. Po fa il cameriere, ma intanto sogna di poter essere un eroe del kung fu. Finché un giorno, in seguito a una predizione che lo vedrebbe come l'eletto Guerriero Dragon, viene associato alla scuola del Maestro Shifu. Ha così modo di incontrare i suoi idoli. Sono i Furious Five: Tigress, Crane, Mantis, Viper e Monkey, i quali non sono particolarmente felici di vederlo nelle vicinanze. Le speranze di farne un vero guerriero si affievoliscono progressivamente e il giorno in cui Tai Lung, il vendicativo e fortissimo leopardo delle nevi, si libera dalla prigionia e parte alla ricerca di Shifu e del Guerriero le cose sembrano mettersi male. I Cinque sono pronti a sacrificarsi, ma Po riserverà loro delle sorprese. ■ ANIMAZIONE; COL.; 95′; USA, 2008.

KUNG FU PANDA 2 ★★★
Regia di JENNIFER YUH. CON JACK BLACK, DUSTIN HOFFMAN, ANGELINA JOLIE, LUCY LIU, SETH ROGEN. ■ Il kung fu forse è arrivato alla fine dei suoi giorni, l'era industriale incalza nella figura del perfido Shen, figlio dei reggenti, cacciato dal palazzo reale per aver voluto trasformare l'uso della polvere pirica dei fuochi d'artificio in quello della polvere da sparo dei cannoni. Ma il reietto non si arrende, e nell'oscurità accumula metallo per forgiare un esercito di cannoni, un'arma contro cui nemmeno i maestri kung fu possono fare nulla e che gli consentirà di avere la rivincita che cerca. A poco servirà lo sterminio di una villaggio di panda perché, come in una tragedia greca, nel tentativo di allontanare da sé il destino indesiderato Shen non farà che creare la sua nemesi: Po. *Kung fu panda* è stato un punto di svolta per la Dreamworks, il primo film a consentirgli di ambire alle inarrivabili vette dei rivali della Pixar, e per dirigerne il seguito con mossa oculata lo studio ha promosso alla regia Jennifer Yuh, che del precedente film aveva curato la storia e soprattutto la direzione della memorabile sequenza iniziale in due dimensioni. ■ ANIMAZIONE; COL.; 91′; USA, 2011.

KUNG-FU, URLO DI MORTE *(Darkest Sword)* ★
Regia di YU SHU NAU. ■ Tun-Shan, disperato per l'uccisione involontaria di un avversario, non vuole più battersi e distrugge la sua spada; ma la bella Su-Chen, innamorata di lui e in possesso della "spada d'oro", lo convince a combattere. ■ AVVENTURA; COL.; 90′; HONG KONG, 1974.

KUNG POW *(Kung Pow: Enter the Fist!)* ★★
Regia di STEVE OEDEKERK. Con LUNG FEI, LEO LEE, STEVE OEDEKERK, JENNIFER TUNG. ■ Steve Oedekerk firma questo film *trash*, che vuole essere un omaggio ai film di arti marziali degli anni Settanta. Si tratta infatti di un autentico film del genere, *I pugni del Drago e della Gru*, uscito originariamente nel '76: Oedekerk ne ha modificato alcune parti, ha doppiato nuovamente la pellicola e si è inserito tra i personaggi, realizzando un incredibile collage che entusiasmerà certamente gli appassionati. ■ AZIONE; COL.; 81′; USA, 2002.

KUNG TZE – L'UOMO DALLE MANI D'ACCIAIO ★
Regia di TANG HUANG. Con WANG FEI LUNG, LONG FING, SAN KIANG. ■ Di tutto un po': rivoluzione cinese, bische clandestine, fanciulle innamorate. Il tutto scandito da combattimenti di kung-fu, con consueto corredo di urlacci. ■ AVVENTURA; COL.; 83′; HONG KONG, 1973.

KURUSSÙ, LA BESTIA DELLE AMAZZONI ★★
(Curucu, Beast of the Amazon)
Regia di CURT SIODMAK. Con JOHN BROMFIELD, BEVERLY GARLAND. ■ Un piantatore e una dottoressa si avventurano in lontane regioni brasiliane per catturare un imprendibile mostro che semina sterminio e terrore tra le popolazioni. Riusciranno a salvarsi dopo una serie di pericolose avventure. ■ AVVENTURA; COL.; 76′; USA, 1956.

KWAIDAN *(Kaidan)* ★★★
Regia di MASAKI KOBAYASHI. Con RENTARO MIKUNI, MISAKO WATANABE. ■ Tre storie di fantasmi ispirate ai racconti di Lafcadio Hearn, un americano che visse in Giappone alla fine dell'Ottocento. Un samurai torna dalla moglie dopo molti anni e scopre che si è tramutata in uno spettro. Un musicista cieco diventa famoso quando racconta la storia della sua menomazione. Nella storia *La donna di neve* si racconta l'incubo di due taglialegna durante una terribile tempesta sulla montagna. ■ HORROR; COL.; 86′; GIAPPONE, 1965.

KYASHAN – LA RINASCITA *(Casshern)* ★
Regia di KAZUAKI KIRIYA. Con KUMIKO ASO, KANAKO HIGUCHI, YUSUKE ISEYA, JUN KANAME, FUMIYO KOHINATA. ■ Dopo cinquant'anni di guerra tra l'Europa e la Federazione degli stati orientali, che ha visto prevalere quest'ultima, nasce un nuovo macrostato. Il conflitto ha però indebolito l'umanità, che si trova a dover fronteggiare una minaccia letale data dalle precarie condizioni in cui si trova il pianeta. ■ FANTASCIENZA; COL.; 141′; GIAPPONE, 2004.

K.Z.9 LAGER DI STERMINIO ★
Regia di BRUNO MATTEI. Con RITA DE SIMONE, IVANO STACCIOLI, SONIA VIVIANI. ■ Nel lager di Rosehausen in Polonia arriva un gruppo di nuovi deportati che diventano le cavie degli esperimenti degli aguzzini tedeschi. ■ DRAMMATICO; COL.; 91′; ITALIA, 1977.

L

LÀ-BAS ★★
Regia di GUIDO LOMBARDI. Con KADER ALASSANE, ALASSANE DOULOUGOU, ESTHER ELISHA, MOUSSA MONE, BILLY SERIGNE FAYE. ■ Yssouf, giovane ragazzo africano con un animo da artista, è in cerca di denaro per acquistare un costoso macchinario con cui produrre le sue opere d'arte. Giunto a Napoli, trova ospitalità presso una comunità di immigrati accampata in una piccola villa a Castelvolturno. Mentre gli altri inquilini si guadagnano da vivere vendendo fazzoletti ai semafori o suonando musica per strada, Yssouf si rivolge a suo zio Moses, un potente boss del traffico di cocaina sul territorio. In francese, *là-bas* significa "lì", "laggiù", e indica la distanza che ci separa da qualcosa. Per molti africani è la lontananza dall'Europa e dalle sue prospettive. Al regista napoletano serve per rovesciare l'ordinaria prospettiva sulla distanza che separa gli italiani dagli immigrati, partendo dalla strage di Castelvolturno avvenuta nel settembre 2008. ■ DRAMMATICO; COL.; 100'; ITALIA, 2011.

LABBRA AVVELENATE *(Race Street)* ★★
Regia di EDWIN L. MARIN. Con WILLIAM BENDIX, GEORGE RAFT. ■ Il proprietario di una sala scommesse e di un night è osteggiato da una banda di fuorilegge che non tollera la concorrenza. Dan viene minacciato e picchiato ma non cede, tanto da rimetterci la vita. ■ POLIZIESCO; B/N; 79'; USA, 1948.

LABBRA PROIBITE *(Rockabje)* ★★
Regia di GEORGE CUKOR. Con CONSTANCE BENNETT, PAUL LUKAS. ■ Tra una famosa attrice e uno scrittore nasce il grande amore. Lui è sposato, ma è disposto a divorziare. Quando lei viene a sapere che c'è di mezzo anche una figlia, abbandona l'uomo. ■ DRAMMATICO; B/N; 67'; USA, 1932.

LABBRA PROIBITE *(Quand tu liras cette lettre)* ★★
Regia di JEAN-PIERRE MELVILLE. Con PHILIPPE LEMAIRE, YVONNE SANSON. ■ Teresa abbandona il convento per vivere con la sorella minore, Denise, rimasta sola. Denise viene violentata da un uomo di pochi scrupoli. ■ DRAMMATICO; B/N; 104'; FRANCIA, 1953.

LABBRA PROIBITE DI SUMURÙ, LE *(Sumurù)* ★★
Regia di LINDSAY SHONTEFF. Con FRANKIE AVALON, SHIRLEY EATON, MARIA HOLM, KLAUS KINSKI, GEORGE NADER. ■ Un agente americano che deve risolvere il mistero legato all'assassinio di un ministro, capita in un'isola dove regnano, novelle amazzoni, solo donne. La loro regina, Sumurù, intende instaurare un regime che esclude i maschi e l'agente viene fatto prigioniero. Ma una donna lo salva. ■ AVVENTURA; COL.; 85'; USA, 1967.

LABBRA ROSSE ★★
Regia di GIUSEPPE BENNATI. Con GIORGIO ALBERTAZZI, GABRIELE FERZETTI, CHRISTINE KAUFMANN, JEANNE VALÉRIE. ■ Un uomo, cercando di rintracciare la figlia fuggita di casa, chiede aiuto ad un'amica della ragazza che lo introduce in un ambiente giovanile cinico e corrotto. ■ COMMEDIA; B/N; 102'; ITALIA, 1960.

LABBRA SERRATE ★★
Regia di MARIO MATTOLI. Con ANNETTE BACH, ANDREA CHECCHI, FOSCO GIACHETTI. ■ Un giovanotto di famiglia alto-borghese perde la testa per una donna dal passato burrascoso. Un amico di famiglia, avvocato, si intromette per separare i due e dopo il suo intervento la donna viene trovata uccisa. ■ DRAMMATICO; B/N; 86'; ITALIA, 1942.

LABBRA SOGNANTI *(Dreaming Lips)* ★★
Regia di PAUL CZINNER. Con ELISABETH BERGNER, ROMNEY BRENT, RAYMOND MASSEY. ■ Una donna tradisce il marito e, pur ripromettendosi di troncare la relazione non riesce a trovare il coraggio per farlo. Il complesso di colpa cresce e la porta fatalmente al suicidio. ■ DRAMMATICO; B/N; 94'; GRAN BRETAGNA, 1937.

LABIRINTO *(The Maze)* ★
Regia di WILLIAM CAMERON MENZIES. Con RICHARD CARLSON, VERONICA HURST, MICHAEL PATE. ■ Un uomo si reca in un vecchio maniero inglese per prendere possesso del titolo e della proprietà nobiliare, ma eredita nel contempo anche una maledizione: viene tramutato in una grossa rana. Horror abbastanza orribile di un regista un tempo famoso (l'autore della *Vita futura*). ■ HORROR; B/N; 94'; GRAN BRETAGNA, USA, 1953.

LABIRINTO *(L'homme en colère)* ★★
Regia di CLAUDE PINOTEAU. Con ANGIE DICKINSON, LAURENT MALLET, HOLLIS MCLAREN, DONALD PLEASENCE, LINO VENTURA. ■ Un vecchio pilota francese viene convocato dalla polizia canadese a Montreal per riconoscere il cadavere del figlio. Ma c'è un equivoco: il ragazzo non è il figlio del pilota. ■ POLIZIESCO; COL.; 105'; CANADA, FRANCIA, 1978.

LABIRINTO DEI SENSI, IL ★
Regia di JOE D'AMATO. Con RICKY JONEZ, MURIEL LIM, LORA LUNA, MIKE MONTY, STEVEN ROGERS, MONICA SELLER. ■ Una volta tanto è la bella governante occidentale a scaldare l'ambiente di una ricca famiglia orientale. La trasgressiva Valerie, infatti, è la "tuttofare" di casa Chang Sun, impegnata a soddisfare sia le richieste del giovane padrone sia, per proprio tornaconto, quelle del vecchio e ricco vedovo. ■ EROTICO; COL.; 90'; ITALIA, 1994.

LABIRINTO DEL FAUNO, IL *(Pan's Labyrinth)* ★★
Regia di GUILLERMO DEL TORO. Con ALEX ANGULO, IVANA BAQUERO, ARIADNA GIL, DOUG JONES, SERGI LÓPEZ, MARIBEL VERDÚ. ■ Spagna, 1944. L'esercito franchista sta piegando le ultime frange di resistenza alla "normalizzazione" del paese, ormai quasi totalmente sotto il controllo di Franco. Carmen, una giovane vedova, ha sposato Vidal, un capitano dell'esercito, e lo raggiunge assieme alla figlia dodicenne Ofelia. La bambina soffre per la presenza dell'arrogante patrigno e cerca di aiutare la madre, che sta affrontando una gravidanza difficile. Il suo rifugio è costituito dal mondo delle fiabe che si materializza con la presenza di un fauno che le rivela la sua vera identità. Lei è la principessa di un regno sotterraneo. Per raggiungerlo dovrà superare tre prove pericolose. ■ HORROR; COL.; 112'; MESSICO, SPAGNA, USA, 2006.

LABIRINTO DI FERRO *(Iron Maze)* ★★
Regia di HIROAKI YOSHIDA. Con JEFF FAHEY, BRIDGET FONDA, HIROAKI MURAKAMI. ■ Pittsburgh. Barry Mikowski si accusa del tentato omicidio ai danni di Yunichi Sugita, erede di una ricca famiglia giapponese. Il poliziotto incaricato delle indagini non gli crede e scopre che in realtà si è trattato di un triangolo amoroso conclusosi con una resa dei conti, in cui elemento determinante è stato un bambino che cercava di conservare l'amicizia di Barry. I giapponesi sono, come quasi sempre nei film americani, misterio-

si e infidi. Hanno pronte molteplici verità, ognuna delle quali si rivela menzognera. Questo film non sfugge allo stereotipo. ■ POLIZIESCO; COL.; 102′; USA, 1991.

LABIRINTO DI PASSIONI *(Laberinto de Pasiones)* ★★★
Regia di PEDRO ALMODÓVAR. Con IMANOL ARIAS, HELGA LINÉ, CECILIA ROTH. ■ Questo è il secondo lungometraggio dell'estroso regista spagnolo. In questo caso più che estro c'è divertimento fine a se stesso. Tutto parte con Sexilia in cerca di maschi e Riza Niro, un gay intento a cercare la stessa cosa. Ognuno dei due incontra altre persone e via via lo spettatore si inoltra appunto in un labirinto. I due personaggi poi si innamoreranno. ■ COMMEDIA; COL.; 100′; SPAGNA, 1982.

LABIRINTO MORTALE *(House on Carroll Street)* ★★★
Regia di PETER YATES. Con JEFF DANIELS, KELLY MCGILLIS, MANDY PATINKIN. ■ Nel 1951 una fotografa è licenziata dalla sua rivista perché sospettata di avere simpatie comuniste. La ragazza scopre però che il politicante che l'ha accusata è anche a capo di un'organizzazione che favorisce l'immigrazione clandestina in America di gerarchi nazisti in fuga. Con l'aiuto di un agente dell'Fbi, la fotografa sventerà il traffico. ■ GIALLO; COL.; 100′; USA, 1988.

LABYRINTH – DOVE TUTTO È POSSIBILE ★★★
(Labyrinth)
Regia di JIM HENSON. Con DAVID BOWIE, JENNIFER CONNELLY, TOBY FROUD. ■ Sarah, adolescente sognatrice, una sera in cui rimane sola a casa con il fratellino e innervosita dai suoi pianti, invoca il re degli gnomi Jareth, pregandolo di portarlo via. Toby scompare. Sarah, pentita, corre a riprenderselo affrontando ogni sorta di pericoli: nani, paludi, porte magiche. Quando rivede finalmente Toby... si risveglia. ■ FANTASTICO; COL.; 101′; GRAN BRETAGNA, 1986.

LACCIO ROSSO, IL *(Quelqu'un a tué)* ★★
Regia di JACK FORRESTER. Con ANDRÉ BURGÈRE, MARCELLE GÉNIAT, PIERRE MAGNIER. ■ Un ispettore di Scotland Yard arriva in un vecchio castello scozzese per indagare su due misteriose uccisioni. Deve combattere contro la compatta resistenza degli abitanti del castello, camerieri e signori, ma tra questi ultimi scopre infine il colpevole. ■ GIALLO; B/N; 90′; FRANCIA, 1934.

LACCIO ROSSO, IL *(Das indische Tuch)* ★★
Regia di ALFRED VOHRER. Con HEINZ DRACHE, KLAUS KINSKI, HANS NIELSEN. ■ Ispirato al romanzo di Wallace. Nel castello sono riuniti, oltre all'ispettore, i presunti eredi del vecchio Lord che attendono l'apertura del testamento, ma cominciano ad essere assassinati molto prima di sapere se hanno ereditato o no. ■ GIALLO; B/N; 94′; GERMANIA, 1963.

LA CHIAMAVAN CAPINERA... ★★
Regia di PIERO REGNOLI. Con GINO BECHI, PIERRE CRESSOY, IRENE GALTER. ■ Una cantante di piazza detta "Capinera", in seguito ad un incidente, viene ospitata nella ricca casa di un affermato cantante lirico. Tra il figlio di quest'ultimo e la ragazza nasce l'amore. ■ DRAMMATICO; B/N; 91′; ITALIA, 1957.

LA CHIAMAVANO BILBAO *(Bilbao)* ★★★
Regia di JUAN JOSÉ BIGAS LUNA. Con FRANCISCO FALCON, ÁNGEL JOVÉ, MARIA MARTIN, ISABEL PISANO. ■ Un uomo, minorato mentale, rapisce una ragazza per tenerla rinchiusa a casa sua e averla sempre a disposizione. Ma la ragazza muore e l'uomo, spaventatissimo, ricorre all'aiuto dell'amante che fa sparire il cadavere e ogni traccia dell'accaduto. ■ DRAMMATICO; COL.; 92′; SPAGNA, 1978.

L.A. CONFIDENTIAL ★★★★
Regia di CURTIS HANSON. Con KIM BASINGER, RUSSELL CROWE, JAMES CROMWELL, DANNY DEVITO, GUY PEARCE, KEVIN SPACEY. ■ Da un romanzo di James Ellroy. Los Angeles anni Cinquanta. In un distretto di polizia lavorano agenti di ogni specie: chi pensa a fare arresti alla presenza della televisione, chi è violento, chi vuole far carriera. E poi c'è un ricco maniaco che gestisce un mercato di prostitute sosia di dive del cinema. Kim Basinger intepreta la sosia di Veronica Lake, la bionda compagna di Alan Ladd in tanti film. I nodi sono molti: la droga che scompare dai sotterranei della polizia, vecchie storie che tornano a galla, un boss della malavita che deve essere sostituito. Non ci sono poliziotti buoni, solo meno cattivi degli altri. Alla fine comunque i meno cattivi l'hanno vinta. Operazione riuscita, ottima regia anche se il grande Ellroy tutto facilita. Per chi ama i thriller con tanti cerchi concentrici che si aprono e si chiudono continuamente, per chi ha voglia di non perdere una battuta e un nome proprio (e sono tanti) questo è un film dai forti sapori antichi. Sì, la Los Angeles di Philiph Marlowe: c'è anche quella. ■ POLIZIESCO; COL.; 137′; USA, 1997. ■ GOLDEN GLOBES 1 PR, 5 NOM; OSCAR 2 PR, 9 NOM.

L.A. CRACK DOWN ★★
Regia di JOSEPH MERHI. Con PAMELA DIXON, RITA HARRISON, JEFFREY OLSEN, PATRICIA PARKS. ■ Karen, graziosa agente di polizia, ha l'incarico di indagare a Hollywood. L'entusiasmo iniziale sparisce ben presto quando la ragazza comincia a conoscere quell'ambiente, che esprime tutto il marcio possibile. Ben presto si accorge di essere al centro di un intrigo davvero troppo grande per lei. ■ POLIZIESCO; COL.; 95′; USA, 1985.

LACRIMA SUL VISO, UNA ★
Regia di ETTORE M. FIZZAROTTI. Con LUCY D'ALBERT, LAURA EFRIKIAN, BOBBY SOLO, NINO TARANTO. ■ In una Napoli tutta ad uso dei turisti si svolge la storia d'amore tra un cantante americano e la figlia di un maestro di musica partenopeo. ■ COMM. MUSICALE; B/N; 90′; ITALIA, 1964.

LACRIME AMARE DI PETRA VON KANT, LE ★★★★
(Die bitteren Tränen der Petra Von Kant)
Regia di RAINER WERNER FASSBINDER. Con MARGIT CARSTENSEN, KATRIN SCHAAKE, HANNA SCHYGULLA. ■ Un film molto doloroso, claustrofobico, permeato dal melodramma alla Sirk ma con accenti del teatro tedesco. Interpretazioni intense, supportate da una regia asciutta e da una fotografia magistrale. Petra, stilista, ha vissuto una grande passione d'amore per un'altra donna. Ora la gelosia e la consapevolezza del tradimento dell'amante con un militare americano le distruggono l'esistenza. Con la fedele e affezionata cameriera vive reclusa ascoltando i Platters. ■ DRAMMATICO; COL.; 124′; GERMANIA, 1972.

LACRIME D'AMORE ★★
Regia di PINO MERCANTI. Con KATINA RANIERI, UMBERTO SPADARO, ACHILLE TOGLIANI, OTELLO TOSO. ■ La moglie di un industriale genovese si innamora di un giovane cantante napoletano, il quale a sua volta abbandona per lei la fidanzata. La loro relazione dura poco. ■ COMM. MUSICALE; B/N; 91′; ITALIA, 1954.

LACRIME D'AMORE ★
Regia di MARIO AMENDOLA. Con SILVIA DIONISIO, MAL, FRANCESCO MULÉ, FERRUCCIO AMENDOLA. ■ Un famoso cantante viene coinvolto in un giro di droga e finisce in prigione a Londra. Il suocero, convinto della sua innocenza, gli organizza un'evasione e riesce a smascherare i veri colpevoli. ■ COMM. MUSICALE; COL.; 94′; ITALIA, 1970.

LACRIME DELLA TIGRE NERA, LE *(Fa talai jone)* ★★★
Regia di WISIT SARTSANATIENG. Con SUPAKORN KITSUWON, STELLA MALUCCHI, SOMBAT METANEE, CHARTCHAI NGAMSAN, ARAWAT RUANGVUTH. ■ I due giovani Rumpoey e Dum si conoscono fin da bambini, quando, a causa di un incidente, sono costretti a separarsi. Si ritroveranno nove anni dopo e tra loro sarà amore. La loro storia dovrà superare molte difficoltà. Dum, per vendicare il padre ucciso, si unirà ad una banda di fuorilegge e si meriterà il soprannome di "Tigre nera". Invece Rumpoey sarà costretta a fidanzarsi con un giovane ufficiale di polizia. L'ardita mescolanza di generi avviene entro un'atmosfera iperrealista e iperbolica. Molto rumore per nulla. ■ AZIONE; B/N; 110′; THAILANDIA, 2002.

LACRIME DI SANGUE ★★
Regia di GUIDO BRIGNONE. Con ANDREA CHECCHI, NEDA NALDI, CARLO NINCHI. ■ Una ragazza viene violentata dal proprio tutore e rimane incinta. L'uomo muore prima di poter regolarizzare la situazione e la famiglia scaccia di casa la ragazza. ■ DRAMMATICO; B/N; 92′; ITALIA, 1943.

LACRIME DI SPOSA ★★
Regia di SANTE CHIMIRRI. Con LUCIA BANTI, BARBARA SHELLEY, ACHILLE TOGLIANI. ■ Un giovane posteggiatore viene irretito

dalle grazie di un'impresaria. La donna però finisce assassinata dal suo socio che fa ricadere la colpa sull'imprudente e ingenuo posteggiatore. La fidanzata di quest'ultimo, per aiutarlo, sposa l'assassino e scopre importanti prove contro di lui. ■ DRAMMATICO; B/N; 90′; ITALIA, 1955.

LACRIME E SORRISI *(My Pal Wolf)* ★★
Regia di ALFRED L. WERKER. Con JILL ESMOND, SHARYN MOFFETT. ■ Gretchen è una bambina terribile che rende la vita difficile alla sua istitutrice. Raccoglie un cane, fuggito da un accampamento militare, e non appare intenzionata a restituirlo all'esercito. Per convincerla ci vorrà il ministro della guerra. ■ AVVENTURA; B/N; 91′; USA, 1944.

LACRIME NAPULITANE ★
Regia di CIRO IPPOLITO. Con ANGELA LUCE, PUPELLA MAGGIO, MARIO MEROLA. ■ Salvatore per lavoro fa la spola tra Napoli e Milano. Intanto, un camorrista gli stuzzica la moglie Angela, ex cantante di successo. Al ritorno da un viaggio, Salvatore crede di scoprirli in flagrante adulterio: ma è un tragico equivoco, organizzato dal camorrista. Angela viene ingiustamente cacciata di casa e Salvatore vola in America: a riunirli sarà la loro bambina, finita sotto la macchina del camorrista. ■ DRAMMATICO; COL.; 107′; ITALIA, 1981.

LADDY ALLA RISCOSSA *(Lad: A Dog)* ★★
Regia di ARAM AVAKIAN, LESLIE H. MARTINSON. Con PETER BRECK, PEGGY MCCAY, CARROLL O'CONNOR. ■ Tra una bambina paralitica e un cane c'è una grande amicizia che aumenta quando l'animale salva la vita alla piccola. ■ COMMEDIA; COL.; 100′; USA, 1962.

LADIES & GENTLEMEN ★★
Regia di TONINO PULCI. Con MASSIMO LOPEZ, MAURIZIO MICHELI, ANIA PIERONI, RENATO SCARPA. ■ Giornalista mediocre e bistrattato dai colleghi, Catello sogna il grande *scoop*. L'occasione della sua vita si presenta con la morte di un amico che, riapparsogli in sogno, gli promette di rivelargli in anteprima le notizie del giorno dopo. Decoroso remake dell'*Accadde domani* di René Clair ■ COMMEDIA; COL.; 97′; ITALIA, 1984.

LÀ DOVE IL FIUME È NERO ★★
(Where the River Runs Black)
Regia di CHRISTOPHER CAIN. Con CHARLES DURNING, CONCHATA FERRELL, PETER HORTON. ■ Un orfano cresce come un selvaggio nel Mato Grosso. Ma un vecchio sacerdote amico del padre lo recupera, si prende cura di lui, lo riporta allo stadio civile. Film più edificante che sincero, che però s'avvale di splendidi scenari naturali (filmato sui luoghi, in Brasile) e di una vigorosa interpretazione di Durning nella parte del prete. ■ DRAMMATICO; COL.; 91′; USA, 1986.

LÀ DOVE IL SOLE BRUCIA *(The Young Land)* ★★
Regia di TED TETZLAFF. Con YVONNE CRAIG, DENNIS HOPPER, PATRICK WAYNE. ■ Verso la metà dell'Ottocento, nella California appena annessa agli Stati Uniti, covano odi e risentimenti tra messicani e yankee. Il pretesto che minaccia di scatenare la rivolta è il processo ad un bianco che ha ucciso un messicano. ■ WESTERN; COL.; 89′; USA, 1957. ■ OSCAR 1 NOM.

LÀ DOVE NON BATTE IL SOLE ★★
Regia di ANTONIO MARGHERITI. Con FEMI BENUSSI, ERIKA BLANC, LEE VAN CLEEF. ■ Per rintracciare i capitali dello zio defunto, il giovane Wong-Kiang deve trovare quattro ragazze che hanno tatuate sul corpo le istruzioni necessarie. Gli si presentano non poche difficoltà. ■ WESTERN; COL.; 94′; ITALIA, 1974.

LÀ DOVE SCENDE IL FIUME *(Bend of the River)* ★★★★★
Regia di ANTHONY MANN. Con JULIE ADAMS, ROCK HUDSON, ARTHUR KENNEDY, JAMES STEWART. ■ Glyn, un bandito pentito, guida una carovana dal Missouri all'Oregon. Salva la vita a McCole (Kennedy), che sta per essere impiccato. Insieme i due conducono la carovana salvandola dagli indiani. I coloni acquistano i viveri per l'inverno pagandoli in anticipo, ma al momento della consegna i prezzi sono decuplicati perché nella zona è scoppiata la febbre dell'oro. Glyn, aiutato da McCole, recupera le provviste, ma durante il viaggio quest'ultimo decide di renderle ai minatori ad un prezzo maggiore. Neutralizza Glyn e lo abbandona sui monti ferito. Ma questi insegue McCole e i suoi complici, li raggiunge e rimette le cose a posto. L'antico bandito è proprio diventato un eroe, premiato anche con l'amore. Il più significativo dei western che compongono la serie diretta da Mann e interpretata da Stewart (gli altri titoli sono *Winchester '73*, *Terra lontana*, *L'uomo di Laramie*, *Lo sperone nudo*). Questi film rappresentavano un'evoluzione nei temi western, anche se la chiave morale era semplice e monolitica, e proponevano soluzioni anticipatrici, come il ricorso a una certa violenza dolorosa e reale, e all'uso degli esterni. James Stewart non era John Wayne, nemmeno fisicamente, le sue azioni erano più complesse, gli ostacoli meno prevedibili e l'eroismo non così manifesto, sempre che ci fosse. Stewart aveva più ironia e difetti di Wayne, dunque suggeriva maggiore identificazione. I suoi personaggi erano risolutori, ma solo alla fine, e con grande fatica. Nei primi anni Cinquanta, dunque nella più preziosa stagione del western (*Mezzogiorno di fuoco*, *Il cavaliere della valle solitaria*, *Il grande cielo*, *Rio Bravo*, *L'amante indiana*), le storie di James Stewart e Anthony Mann emersero proponendo una via del West forte e nuova, di qualità popolare e di più profonde implicazioni. Cinema grandissimo. ■ WESTERN; COL.; 91′; USA, 1952.

LÀ DOVE SCENDE IL SOLE ★★
(Winnetou und der Bärenjäger – Unter Gefahr)
Regia di ALFRED VOHRER. Con PIERRE BRICE, STEWART GRANGER, ELKE SOMMER. ■ Un giovane capo indiano, una ragazza e un gruppo di coloni si uniscono per combattere le malefatte di un gruppo di fuorilegge. ■ WESTERN; COL.; 91′; GERMANIA, 1964.

LÀ DOVE VOLANO I CORVI *(Goyokin)* ★★★
Regia di HIDEO GOSHA. Con TATSUYA NAKADAI, TETSURO TAMBA, YOKO TSUKASA. ■ Recitato come un classico del teatro Kabuki, questo film racconta la storia di un cavaliere coraggioso e leale che combatte le violenze e i soprusi dei potenti. ■ DRAMMATICO; COL.; 90′; GIAPPONE, 1974.

LADRA, LA ★★
Regia di MARIO BONNARD. Con LISE BOURDIN, FAUSTO TOZZI. ■ Nino, un delinquente di pochi scrupoli, coinvolge nelle sue losche attività un ragazzino orfano cresciuto sulla strada. La sua ex amante si commuove e quando il ragazzo viene ferito lo prende con sé. A causa delle malefatte di Nino, Anna viene arrestata senza colpa. ■ DRAMMATICO; COL.; 94′; ITALIA, 1955.

LADRA DI CUORI *(Heartbeat)* ★★
Regia di SAM WOOD. Con JEAN-PIERRE AUMONT, ADOLPHE MENJOU, GINGER ROGERS. ■ Dopo aver compiuto un furto ai danni di un vecchio signore, Arlette riceve dalla propria vittima un'altra "ordinazione". La ragazza, cresciuta in squallidi ambienti, si affeziona al suo vecchio "cliente" e, per evitargli un dolore, toglie dall'oggetto che l'uomo le ha chiesto di rubare una fotografia compromettente. ■ COMMEDIA; B/N; 102′; USA, 1946.

LADRA DI PARIGI, LA *(La voyageuse inattendue)* ★★
Regia di JEAN STELLI. Con GEORGES MARCHAL, DANY ROBIN. ■ Cristina è l'esca che una banda di delinquenti usa per abbindolare ricchi gentiluomini dal cuore tenero. Max è giovane, oltre che ricco, e si innamora della ragazza, ricambiato: sarà infatti l'ultima vittima. Fred, il capo della banda, non è d'accordo, ma nella colluttazione con Max rimane ucciso. ■ DRAMMATICO; B/N; 88′; FRANCIA, 1949.

LADRE E CONTENTE ★★
(How to Beat the High Cost of Living)
Regia di ROBERT SCHEERER. Con RICHARD BENJAMIN, JESSICA LANGE, SUSAN SAINT JAMES. ■ Protagoniste sono tre casalinghe americane, che stufe di lasciare tutti i loro soldi al supermarket decidono un giorno di rapinarne uno. Ma senza violenza. Una farà uno spogliarello davanti ai clienti e al personale e distrarrà l'attenzione, mentre le altre due saccheggeranno la cassa. Il piano riesce, il bottino è ingente (un milione di dollari) ma le ragazze perderanno il grisbi nella fuga. ■ COMMEDIA; COL.; 110′; USA, 1980.

LADRI, I ★★
Regia di LUCIO FULCI. Con ARMANDO CALVO, GIOVANNA RALLI, TOTÒ. ■ Un mafioso viene rispedito dall'America alla città

d'origine, Napoli. Anche tutti i suoi soldi partono per l'Italia, chiusi in scatolette che dovrebbero contenere marmellata. Uno scaricatore portuale se ne accorge e comincia la caccia al tesoro. ■ COMMEDIA; B/N; 95'; ITALIA, 1959.

LADRI D'AUTOMOBILI *(Running Wild)* ★★
Regia di ABNER BIBERMAN. Con WILLIAM CAMPBELL, MAMIE VAN DOREN. ■ Un giovane poliziotto si infiltra in una banda di ladri d'automobili. Le sue indagini stanno per arrivare alla conclusione quando il suo doppio ruolo viene scoperto. ■ DRAMMATICO; B/N; 81'; USA, 1955.

LADRI DI BARZELLETTE ★
Regia di BRUNO COLELLA, LEONARDO GIULIANO. Con BRUNO COLELLA, ANGELO DI GENNARO, AURELIO GRIMALDI, GUIA JELO, STEFANO MASCIARELLI, PABLO E PEDRO, ALEX PARTEXANO, LUCIA SARDO, ALVARO VITALI. ■ Produttore cinematografico alla ricerca di soldi per una trilogia sul caso Moro, trova invece il denaro per girare un imbarazzante "seguito" del film *Barzellette*, che ha riscosso un grande successo economico. Il problema adesso sarà convincere il suo rigorosissimo regista ad affrontare la becera operazione. ■ FARSESCO; COL.; 83'; ITALIA, 2004.

♥ **LADRI DI BICICLETTE** ★★★★★
Regia di VITTORIO DE SICA. Con ELENA ALTIERI, VITTORIO ANTONUCCI, LIANELLA CARELL, LAMBERTO MAGGIORANI, ENZO STAIOLA. ■ Antonio Ricci festeggia con la famiglia il lavoro che ha ottenuto faticosamente: attacchino di manifesti del cinema. La famiglia riscatta dal banco dei pegni la bicicletta e Antonio va a lavorare. Sta incollando il manifesto di *Gilda* quando gli rubano la bicicletta. Cerca di rincorrere il ladro ma inutilmente. Disperato inizia un'impossibile ricerca insieme a suo figlio Bruno. Il povero Antonio le tenta tutte, compresa la visita a una medium. Un giorno crede di vedere il ladro, lo blocca e chiama un carabiniere. Col militare perquisisce la poverissima casa del presunto ladro, che al momento cruciale ha un attacco di epilessia. Sempre più disperato Antonio decide di rubare a sua volta una bicicletta. Ma non è il suo mestiere: viene rincorso e preso dalla folla. Lo porterebbero in questura se non fosse per l'intervento di Bruno, che commuove la gente e si porta via il papà per mano. Ci fu una stagione in cui le classifiche nobili del cinema ponevano questo film al secondo posto a pari merito con *La Febbre dell'oro*, dietro l'immancabile *Potemkin*. Negli anni successivi, il suo fascino "populista" venne considerato suggestione e la verità venne considerata poesia. Poi venne "corretta" l'interpretazione di ciò che il film rappresentava, anche fuori dal nostro paese, con un'istantanea dell'Italia del dopoguerra ritenuta misera, persino squallida. Dunque nelle classifiche di volta in volta compilate il film scendeva continuamente. Era responsabilità di gran parte della critica che ha giudicato i film secondo il momento politico. Per molto tempo il sentimento è stato una sorta di veleno per la pellicola. Ora, al di là di tutto, *Ladri di biciclette* rimane un lavoro di bellezza assoluta, come manifesto sociale nel quadro del suo tempo, come opera cinematografica e come monumento della storia dell'arte generale. Nel film *I protagonisti* di Altman, un produttore cerca uno sceneggiatore e lo trova in un piccolo cinema di Pasadena che guarda *Ladri di biciclette* in edizione originale. In sostanza il film è davvero un mito generale, fa parte di tutte le memorie di comunicazione. Le scene da ricordare sono praticamente tutte quelle del film: dalla ricerca fra migliaia di biciclette di Porta Portese, al pasto di padre e figlio nella trattoria fino alla sequenza finale del bambino che tiene la mano del padre. ■ DRAMMATICO; B/N; 92'; ITALIA, 1948. ■ OSCAR 1 PR, 2 NOM.

LADRI DI CADAVERI *(Ladrón de cadáveres)* ★
Regia di FERNANDO MENDEZ. Con CROX ALVARADO, COLUMBA DOMINGUEZ, WOLF RUBINSKY. ■ Il solito scienziato pazzo rapisce giovanotti prestanti per sistemare nel loro cervello un meccanismo che li renderà simili ad automi. Santana, eroe coraggioso, si lascia rapire per smascherare il colpevole. ■ FANTASCIENZA; B/N; 91'; MESSICO, 1956.

LADRI DI CADAVERI *(Burke and Hare)* ★★★
Regia di JOHN LANDIS. Con ISLA FISHER, JESSICA HYNES, SIMON PEGG, ANDY SERKIS, TOM WILKINSON. ■ Nella Scozia del primo Ottocento, l'Illuminismo europeo si rifrange all'interno di una società in cui il popolo si entusiasma di fronte alle esecuzioni sommarie di piazza e i medici davanti alle dissezioni dei cadaveri negli atenei. I due più importanti anatomisti di Edimburgo, il dottor Knox e il dottor Monroe, hanno approcci scientifici e appoggi politici alquanto diversi. Quando il più tradizionalista Monroe impiega le sue conoscenze per far emanare un'ordinanza che gli accorda l'utilizzo di tutti i cadaveri "freschi" di esecuzione, il dottor Knox si trova costretto a tenere le sue lezioni con i corpi in putrefazione sottratti dai profanatori di tombe. Ma alla domanda di un mercato in crisi risponde l'offerta fornita da William Burke e William Hare, due truffatori provenienti dall'Irlanda del Nord che dapprima vendono a Knox dei conoscenti morti per cause naturali e, successivamente, si improvvisano assassini seriali. ■ COMMEDIA; COL.; 91'; GRAN BRETAGNA, 2010.

LADRI DI CINEMA ★
Regia di PIERO NATOLI. Con JOANNA CHATTON, VERA GEMMA, VALERIO MASTANDREA, CARLOTTA NATOLI, PIERO NATOLI. ■ La storia di un regista italiano che non riesce a sfondare per "colpa" degli americani. Alla fine del film, simpatia del protagonista a parte, ci viene il dubbio che la responsabilità sia soprattutto sua. ■ COMMEDIA; COL.; 94'; ITALIA, 1994.

LADRI DI FUTURO ★★
Regia di ENZO DE CARO. Con NINNI BRUSCHETTA, ANNA CAMPORI, PIETRO DE VICO. ■ Siamo in un quartiere di periferia. In un condominio si svolgono molte storie e piccoli drammi. I problemi sono tanti e le soluzioni poche. Enzo De Caro, ex Smorfia con Troisi, dopo il buon tentativo di *Io, Peter Pan*, si conferma qui regista sensibile. ■ COMMEDIA; COL.; 91'; ITALIA, 1991.

LADRI DI SAPONETTE ★★★
Regia di MAURIZIO NICHETTI. Con LELLA COSTA, MAURIZIO NICHETTI, RENATO SCARPA. ■ Due film in uno. Una famiglia tipo assiste in tv a un film in bianco e nero tipo *Ladri di biciclette*. Il film è interrotto spesso dagli spot pubblicitari. A un tratto i personaggi degli spot emigrano nel film. E viceversa. Un convincente pamphlet contro la pubblicità tv, ottimamente esposto da un Nichetti in gran forma. ■ COMICO; COL.; 89'; ITALIA, 1989.

LADRI IN GUANTI GIALLI *(Larceny)* ★★
Regia di GEORGE SHERMAN. Con JOHN PAYNE, SHELLEY WINTERS. ■ Un gruppo organizzatissimo di ladri che agisce nell'ambiente dell'alta società va in crisi quando uno di loro si innamora della propria vittima. ■ DRAMMATICO; B/N; 89'; USA, 1949.

LADRI PER AMORE *(Two If by Sea)* ★★
Regia di BILL BENNETT. Con SANDRA BULLOCK, STEPHEN DILLANE, YAPHET KOTTO, DENIS LEARY. ■ Sandra Bullock incappa in una storiella che vede al centro una coppia di ladri di alto livello che giungono su un'isoletta "in" del New England per consegnare un Matisse rubato. La consegna non può avvenire rapidamente e i due trascorrono un weekend cercando di ridare un senso al loro rapporto. ■ COMMEDIA; COL.; 96'; USA, 1996.

LADRI PER LA PELLE *(Thick as Thieves)* ★★
Regia di SCOTT SANDERS. Con ALEC BALDWIN, ANDRE BRAUGHER, REBECCA DE MORNAY, RICKY HARRIS, MICHAEL JAI WHITE. ■ Mackin ha un lavoro tranquillo e due passioni: la sua collezione di 33 giri e una cagnetta. Ogni tanto però offre i suoi servizi di ladro professionista alla mafia. Basato su un racconto di Patrick Quinn è un poliziesco che si fa seguire. ■ POLIZIESCO; COL.; 94'; USA, 1999.

LADRI SPRINT *(Fitzwilly)* ★★
Regia di DELBERT MANN. Con BARBARA FELDON, JOHN FIELDER, JOHN MCGIVER, HARRY TOWNES, DICK VAN DYKE. ■ Quelli di Lady Victoria, nobile ma senza un quattrino, sono domestici veramente preziosi: per permettere alla Lady di continuare a vivere da gran signora si son trasformati in abili ladri. La situazione precipita quando arriva una nuova segretaria. ■ COMMEDIA; COL.; 102'; USA, 1967.

LADRO, IL ★★
Regia di ANTON GERMANO ROSSI. Con GIOVANNI GRASSO, SILVANA JACHINO, ELIO STEINER. ■ Un giovane, mentre insegue un ladro per strada, viene scambiato per quest'ultimo e messo in pri-

gione. Evade con l'aiuto di un altro simpatico lestofante che alleggerisce le tasche degli amici e dei parenti del giovanotto. ■ COMMEDIA; B/N; 93'; ITALIA, 1939.

LADRO, IL *(The Wrong Man)* ★★★
Regia di ALFRED HITCHCOCK. Con HENRY FONDA, VERA MILES, ANTHONY QUAYLE. ■ Per una serie di incredibili coincidenze, Manny Ballister viene scambiato per un ladro che ossessiona un'intera città con i suoi furti. L'uomo deve provare la sua innocenza, ma le persone che potrebbero aiutarlo sembrano scomparse dalla circolazione. La moglie di Manny è quella che risente in modo più drammatico della situazione: si ammala di nervi ed è ricoverata in una clinica psichiatrica. L'arresto dell'autentico colpevole pone fine all'incubo. ■ DRAMMATICO; B/N; 105'; USA, 1957.

LADRO, IL *(Vor)* ★★★
Regia di PAVEL CHUKHRAY. Con VLADIMIR MASHKOV, MICHA PHILIPCHUK, EKATERINA REDNIKOVA. ■ Russia anni Quaranta. Una donna viaggia in treno col suo bambino. Incontra un ufficiale e scatta la scintilla. I due vanno a vivere insieme. Tutto procede bene fino a quando si scopre che l'uomo non è un militare ma un ladro, e viene arrestato. Così la vita deve essere riorganizzata, e non sarà semplice. Clima da cinema russo tradizionale: la povera gente, la fatica del quotidiano, gli spazi. Premiato a Venezia con la Medaglia d'oro del presidente del consiglio, *Il ladro* sembra ridar linfa al cinema russo, non più all'altezza della sua storia nelle ultime (e penultime) stagioni del Novecento. ■ DRAMMATICO; COL.; 97'; RUSSIA, 1997. ■ OSCAR 1 NOM; VENEZIA 1 PR.

LADRO CHE VENNE A PRANZO, IL ★★
(The Thief who Came to Dinner)
Regia di BUD YORKIN. Con JACQUELINE BISSET, JILL CLAYBURGH, WARREN OATES, RYAN O'NEAL. ■ Un abilissimo ladro amante degli scacchi fa impazzire il povero David, investigatore della società assicuratrice di gran parte dei preziosi rubati. La sfida tra i due continua fino a quando il colpevole, troppo sicuro di sé, compie un passo falso. ■ COMMEDIA; COL.; 105'; USA, 1972.

LADRO D'AMORE *(His Glorious Night)* ★★
Regia di LIONEL BARRYMORE. Con CATHERINE DALE OWEN, JOHN GILBERT, HEDDA HOPPER. ■ Dalla commedia *Olympia* di Ferenc Molnar (che fu ripresa trent'anni dopo a uso e consumo di Sophia Loren). Qui il beneficiato doveva essere John Gilbert, divo del muto (che però fallì miseramente alla prova del sonoro). Nel film è un proletario che si innamora di una principessa mitteleuropea e la convince a rinunciare al rango. ■ SENTIMENTALE; B/N; 93'; USA, 1930.

LADRO DELLA GIOCONDA, IL ★★
Regia di MICHEL DEVILLE. Con GEORGE CHAKIRIS, MARGARET LEE, RENZO PALMER, GIANRICO TEDESCHI, MARINA VLADY. ■ *La Gioconda* sparisce dalle sale del Louvre; incomincia la caccia al ladro. Non soltanto i poliziotti, ma altri malviventi meno abili dell'autore del clamoroso furto si mettono sulle tracce della *Gioconda*. ■ COMMEDIA; COL.; 110'; FRANCIA, ITALIA, 1966.

LADRO DELL'ARCOBALENO, IL ★★
(The Rainbow Thief)
Regia di ALEJANDRO JODOROWSKY. Con CHRISTOPHER LEE, PETER O'TOOLE, OMAR SHARIF. ■ Costato più di venti miliardi, il quinto film di Jodorowsky è una fiaba indolore. Distribuito in Italia dopo più di due anni dalla realizzazione, è stato un completo insuccesso. La grinta e gli artigli del regista sembrano essersi consumati, sperando forse di creare un prodotto di largo consumo. O'Toole rifà il personaggio perduto nelle fantasie, mentre il vero regalo del film è Omar Sharif, tornato grande attore. Due uomini coabitano nelle fogne. Meleagre è un ex nobile che filosofeggia e viene mantenuto da Dima, barbone e ladruncolo. ■ COMMEDIA; COL.; 100'; GRAN BRETAGNA, 1991.

LADRO DEL RE, IL *(The King's Thief)* ★★
Regia di ROBERT Z. LEONARD. Con ANN BLYTH, ROGER MOORE, DAVID NIVEN, EDMUND PURDOM, GEORGE SANDERS. ■ Il re Carlo II non si accorge che il duca di Brampton mira a sostituirlo sul trono e a questo scopo fa uccidere tutti i nobili del regno che potrebbero dargli fastidio. La figlia di una delle vittime, che trova un alleato in un giovane ufficiale della guardia reale, riesce a smascherare il perfido cospiratore. ■ AVVENTURA; COL.; 78'; USA, 1955.

LADRO DI BAGDAD, IL *(The Thief of Baghdad)* ★★★
Regia di RAOUL WALSH. Con DOUGLAS FAIRBANKS, JULIANNE JOHNSON, ANNA MAY WONG. ■ Prima versione cinematografica della fiaba tratta dalle *Mille e una notte*. Uno spettacolo riuscito che, sebbene muto, è godibilissimo anche per gli spettatori non cinefili. ■ AVVENTURA; B/N; 115'; USA, 1924.

LADRO DI BAGDAD, IL *(The Thief of Baghdad)* ★★★
Regia di LUDWIG BERGER, MICHAEL POWELL, TIM WHELAN. Con JUNE DUPREZ, SABÙ, CONRAD VEIDT. ■ Ahmed, sultano spodestato, e Abu, simpatico ladro, fuggono insieme da Jaffar, mago e visir. Quest'ultimo usa le sue arti per liberarsi dei due e sposare la bella principessa che invece ama Ahmed, ma Abu incontra un genio che gli fornisce un tappeto volante e un arco infallibile. ■ FANTASTICO; COL.; 106'; GRAN BRETAGNA, 1940. ■ OSCAR 3 PR, 4 NOM.

LADRO DI BAGDAD, IL ★★★
Regia di BRUNO VAILATI. Con GEORGIA MOLL, STEVE REEVES. ■ La principessa di Bagdad è ammalata; solo il profumo di una rosa azzurra potrà salvarla. Anche Karim, come molti altri giovani, si mette alla ricerca del prezioso fiore e lo trova, dopo aver superato molte difficoltà. Omar, invece, ha deciso di avere la principessa con la forza e assedia la città. Misteriose forze e esseri dotati di poteri soprannaturali aiutano Karim a sconfiggere Omar. ■ FANTASTICO; COL.; 100'; ITALIA, 1960.

LADRO DI BAGDAD, IL *(The Thief of Baghdad)* ★★
Regia di CLIVE DONNER. Con KABIR BEDI, FRANK FINLAY, RODDY MCDOWALL, TERENCE STAMP, PETER USTINOV, MARINA VLADY. ■ Un principe orientale va a Bagdad per recuperare i suoi averi, sottrattigli da un visir. Si unisce a un filosofo e i due arrivano alla reggia del califfo. Il principe riesce a sposarne la figlia. ■ COMMEDIA; COL.; 100'; FRANCIA, GRAN BRETAGNA, 1978.

LADRO DI BAMBINI, IL ★★★🏆
Regia di GIANNI AMELIO. Con GIUSEPPE IERACITANO, ENRICO LO VERSO, VALENTINA SCALICI. ■ Una donna viene accusata di prostituire la figlia adolescente. Due carabinieri devono condurla in un orfanotrofio insieme al suo fratellino. Uno dei due agenti è una brava persona e si lascia coinvolgere. Alla fine dovrà persino difendersi dall'accusa di aver rapito i bambini. Un film che ha sollevato grande dialettica e ha vinto una quantità di premi: Gran Premio speciale della giuria di Cannes e cinque David di Donatello. Si è parlato di sapori antichi: De Sica, Rossellini e persino di certe atmosfere alla Antonioni. Si è un po' esagerato. ■ DRAMMATICO; COL.; 100'; ITALIA, 1992. ■ CANNES 🏆 1 PR; DAVID DI DONATELLO 🏆 5 PR, 6 NOM.

LADRO DI CRIMINI, IL *(Le voleur des crimes)* ★★★
Regia di NADINE MARQUAND TRINTIGNANT. Con FLORINDA BOLKAN, ROBERT HOSSEIN, BERNADETTE LAFONT, SERGE MARQUAND, GEORGIA MOLL, JEAN-LOUIS TRINTIGNANT. ■ Un uomo apparentemente normale legge di un delitto rimasto impunito e, con una serie di lettere ai giornali, si proclama autore del misfatto. ■ DRAMMATICO; COL.; 91'; FRANCIA, 1968.

LADRO DI DAMASCO, IL ★★
Regia di MARIO AMENDOLA. Con FERRUCCIO AMENDOLA, LUCIANA GILLI, TONY RUSSELL. ■ Nella Siria conquistata dai Romani due simpatici ladri si mettono nei guai e, per sfuggire alle guardie, si rifugiano nella casa di un vecchio ebreo. La figlia di quest'ultimo si innamora di uno dei due, ma tutto il gruppo finisce in prigione. Sarebbero condannati a morte se il console romano non riconoscesse in uno dei ladruncoli il figlio rapito dai pirati quando era in tenera età. ■ AVVENTURA; COL.; 91'; ITALIA, 1963.

LADRO DI DONNE *(Thief of Hearts)* ★★
Regia di DOUGLAS DAY STEWART. Con STEVEN BAUER, JOHN GETZ, BARBARA WILLIAMS. ■ Scott ruba in casa di Ray e Mickey Davis, oltre la roba di valore, anche i diari segreti della donna. Leggendoli, s'innamora di lei e fra i due nasce una profondissima attrazione interrotta solo quando lei scopre la vera identità di Scott. Dopo questa esperienza, i coniugi Davis torneranno più uniti di prima e neppure lo scontro mortale tra Scott e un amico, proprio in

casa loro, li turberà più di tanto. ■ DRAMMATICO; COL.; 92'; USA, 1985.

LADRO DI DONNE, IL *(Voleur de femmes)* ★★
Regia di ABEL GANCE. Con JULES BERRY, ANNIE DUCAUX, GILBERT GIL. ■ Un uomo di pochi scrupoli trova lavoro nella casa di un famoso scrittore e seduce la sorella di quest'ultimo. Costretto a fuggire per vecchi problemi legali torna dopo qualche anno e ricatta la sua ex amante. ■ DRAMMATICO; B/N; 90'; FRANCIA, 1963.

LADRO DI ORCHIDEE, IL *(Adaptation)* ★★★
Regia di SPIKE JONZE. Con NICOLAS CAGE, CHRIS COOPER, MERYL STREEP, TILDA SWINTON. ■ Quattro personaggi: Susie ha scritto un libro sui ladri di piante di orchidea dalle quali si può ottenere un tipo di sostanza stupefacente. Johnny è il ladro segnato dalla vita. Charlie, timido e impacciato, deve adattare il romanzo di Susie per una sceneggiatura. E infine c'è Donald, fratello gemello di Charlie, anche lui sceneggiatore. Fin qui tutto risulta piuttosto semplice, ma le cose si complicano nel momento in cui i vari personaggi si adattano agli altri. Susie deve intervistare Johnny per proseguire con la pubblicazione dei suoi romanzi e finisce col rimanere coinvolta da lui e dalla sua attività e Charlie chiede aiuto al fratello per scrivere la sceneggiatura. I quattro si incontrano di nuovo tre anni dopo. Tutto si è evoluto, non in meglio. Temi importanti e non facili: il doppio, la creatività come stimolo per un arricchimento della realtà o come distruzione di un'identità. ■ COMMEDIA; COL.; 114'; USA, 2003. ■ BERLINO 1 PR; GOLDEN GLOBES 1 PR, 5 NOM; OSCAR 1 PR, 3 NOM.

LADRO DI PARIGI, IL *(Le voleur)* ★★★
Regia di LOUIS MALLE. Con JEAN-PAUL BELMONDO, GENEVIÈVE BUJOLD, MARIE DUBOIS, FRANÇOISE FABIAN, MARLÈNE JOBERT. ■ George compie il suo primo furto per vendicarsi del tutore che gli ha sottratto l'intero patrimonio, ma in breve diventa un autentico professionista. Si innamora di Carlotta che abbandona la famiglia per seguirlo nelle sue imprese e in pochi anni i due diventano ricchissimi. Si ritirano a vita privata, ma George si annoia mortalmente e Carlotta, per aiutare l'amato, organizza un ultimo, colossale colpo. ■ COMMEDIA; COL.; 120'; FRANCIA, 1967.

LADRO DI RAGAZZI, IL *(Le voleur d'enfants)* ★★
Regia di CHRISTIAN DE CHALONGE. Con DANIEL MARTIN, MARCELLO MASTROIANNI, ANGELA MOLINA, MICHEL PICCOLI. ■ Marcello Mastroianni nel ruolo di un uomo deluso dalla mancanza di discendenza. Arriva così a rapire i figli degli altri per colmare il vuoto. Quando incontra una bella ragazza l'antica patologia scompare e lascia posto a un sentimento decisamente più positivo. Per Mastroianni una buona occasione per non farsi coinvolgere in film senza nessuna nobiltà. ■ DRAMMATICO; COL.; 109'; FRANCIA, ITALIA, SPAGNA, 1990.

LADRO DI VENEZIA, IL ★★
Regia di JOHN BRAHM. Con PAUL CHRISTIAN, MARIA MONTEZ, MASSIMO SERATO. ■ Una potente personalità veneziana fa assassinare il Doge per prendere il suo posto. Contemporaneamente provoca il fallimento di un'azione bellica del suo più acerrimo avversario per screditarlo agli occhi del Consiglio. ■ AVVENTURA; B/N; 105'; ITALIA, 1951.

LADRO E GENTILUOMO *(Breaking In)* ★★★
Regia di BILL FORSYTH. Con SHEILA KELLEY, BURT REYNOLDS, CASEY SIEMASZKO. ■ Il regista è quello di *Local Hero*, un film del 1983. E il film testimonia un'ottima interpretazione di Burt Reynolds dopo *Un tranquillo week-end di paura*. Sceneggiata dal regista underground John Sayles, si tratta di una commedia poliziesca garbata e molto piacevole. Protagonista è un ladro sessantenne che fa tandem con un giovane assistente. Quest'ultimo però non segue fino in fondo i consigli della vecchia volpe e così finirà in prigione. Con citazioni dal cinema noir francese. ■ COMMEDIA; COL.; 91'; USA, 1990.

LADRO GENTILUOMO, IL *(Arsène Lupin, détective)* ★★★
Regia di HENRI DIAMANT-BERGER. Con JULES BERRY, SUZY PRIM, GABRIEL SIGNORET. ■ Arsenio Lupin si nasconde sotto le spoglie di un investigatore privato. Ha così modo di collaborare con la polizia nelle indagini sul furto di una collana di immenso valore. L'autore del furto uccide il detective che l'aveva scoperto, quindi, smascherato Lupin, lo denuncia. ■ AVVENTURA; B/N; 98'; FRANCIA, 1937.

LADRO IN PARADISO, UN ★★
Regia di DOMENICO PAOLELLA. Con HÉLÈNE REMY, NINO TARANTO. ■ Un ladruncolo compie qualche furtarello con un complice, ma viene scoperto e messo in prigione. Qui si affeziona all'immagine di San Giuseppe che, secondo lui, si è mossa per fargli comprendere che lo proteggerà. Appena fuori di galera il ragazzo riprende a rubare. ■ COMMEDIA; B/N; 92'; ITALIA, 1951.

LADRO LUI, LADRA LEI ★★★
Regia di LUIGI ZAMPA. Con ANITA DURANTE, SYLVA KOSCINA, ETTORE MANNI, MARIO RIVA, ALBERTO SORDI. ■ Un Sordi in piena forma tiene le redini del film: il suo ruolo è quello di un ladro discendente da una famiglia di ladri e orgoglioso di esserlo. La sua ragazza gli è complice fino a quando il giovanotto si innamora di una "vittima" e la sposa. ■ COMMEDIA; B/N; 100'; ITALIA, 1958.

LADRONE, IL ★★
Regia di PASQUALE FESTA CAMPANILE. Con CLAUDIO CASSINELLI, EDWIGE FENECH, BERNADETTE LAFONT, ENRICO MONTESANO, ENZO ROBUTTI. ■ Un "magliaro" palestinese ammira Gesù perché lo considera un imbroglione più abile di lui. Abbastanza divertente, ma, secondo molti critici, il libro è superiore alla pellicola che pensa troppo al successo di cassetta. ■ COMMEDIA; COL.; 112'; ITALIA, 1980. ■ DAVID DI DONATELLO 1 PR, 1 NOM.

LADRO SONO IO!, IL ★★
Regia di FLAVIO CALZAVARA. Con NELLY CORRADI, DINA PERBELLINI, CARLO TAMBERLANI. ■ Un'aspirante soubrette, per farsi pubblicità, finge di farsi derubare di un preziosissimo gioiello: in realtà la pietra è falsa e il ladro è d'accordo. ■ COMMEDIA; B/N; 91'; ITALIA, 1939.

LADY, THE ★★
Regia di LUC BESSON. CON WILLIAM HOPE, MARTIN JOHN KING, DAVID THEWLIS, MICHELLE YEOH, SUSAN WOOLDRIDGE. ■ La storia vera di Aung San Suu Kyi, Premio Nobel per la Pace 1991 e "orchidea d'acciaio" del movimento per la democrazia in Myanmar. Dopo l'assassinio del padre, il generale Aung San, leader della lotta indipendentista birmana, Suu cresce in Inghilterra e sposa il professore universitario Michael Aris. Quando nel 1988 il suo popolo insorge contro la giunta militare, Suu, tornata nel paese natale, inizia il suo lungo scontro diretto contro il potere assoluto dei generali. La figura di Aung San Suu Kyi è di certo una delle più toccanti fonti d'ispirazione politica e umana degli ultimi decenni. È comprensibile quindi che *The Lady* fosse per la scrittrice Rebecca Frayn, per il regista Luc Besson e per la sua interprete Michelle Yeoh, un vero e proprio progetto del cuore. ■ DRAMMATICO; COL.; 145'; FRANCIA, GRAN BRETAGNA, 2011.

LADY BARBARA ★★
Regia di MARIO AMENDOLA. Con PAOLO BONACELLI, RENATO BRIOSCHI, GIANFRANCO D'ANGELO, CARLO DELLE PIANE, ALBERTO SORRENTINO, PAOLA TEDESCO. ■ Un cantante ha dovuto rinunciare alla donna che ama perché il suo impresario, d'accordo con una parente della ragazza, ha fatto credere a questa che l'uomo fosse già sposato. Lei allora si sposa con un altro e, qualche tempo dopo, rivede il cantante. ■ COMM. MUSICALE; COL.; 93'; ITALIA, 1970.

LADYBIRD LADYBIRD ★★★★
Regia di KEN LOACH. Con SANDIE LAVELLE, CRISSY ROCK, VLADIMIR VEGA, MAURICIO VENEGAS. ■ Crissy Rock per questo film ha vinto un premio a Berlino. È la storia di Maggie, una quarantenne che ha vissuto con un marito manesco. La sua vita è sempre stata una lotta fra miseria e brutture. Ha dunque un carattere violento ma a modo suo vuole un gran bene ai quattro figli. Li ha avuti da quattro uomini diversi e li mantiene cantando nei pub. Per andare a lavorare è però costretta a chiuderli a chiave in casa e una sera c'è un incendio. Vengono salvati per miracolo, ma Maggie perde la tutela. Un film che lascia rabbia dentro per l'impietosa legge inglese. ■ DRAMMATICO; COL.; 102'; GRAN BRETAGNA, 1993. ■ BERLINO 1 PR.

LADY CHATTERLEY ★★
Regia di PASCAL FERRAN. Con HÉLÈNE ALEXANDRIDIS, JEAN-

LOUIS COULLOC'H, HÉLÈNE FILLIÈRES, HIPPOLYTE GIRARDOT, MARINA HANDS, SAVA LOLOV, BERNARD VERLEY. ■ 1917. Constance Reid ha 23 anni quando sposa Clifford Chatterley, che tornerà dalla guerra paralizzato dalla vita in giù. 1921. La coppia vive nella tenuta dei Chatterley dove Constance scopre l'esistenza di Parkin, che vive solitario nella sua casa in mezzo al bosco e non intende uscire dall'enclave di solitudine che si è costruito dopo la separazione della moglie. Constance lo vede come appartenente a una realtà e a un ambito sociale troppo distanti dalle sue. Nonostante ciò l'attrazione scatta e mentre il corpo di lui risveglia la sensualità rimossa di lei, Constance a sua volta lo riporta a contatto con il mondo. ■ DRAMMATICO; COL.; 168'; BELGIO, FRANCIA, GRAN BRETAGNA, 2006.

LADY CHATTERLEY JUNIOR ★★
(Young Lady Chatterley)
Regia di ALAN ROBERTS. Con WILLIAM BECKLEY, HARLEE MCBRIDE, PETER RATRAY. ■ Cynthia Chatterley diviene l'unica erede della sua famosa antenata che la lascia proprietaria di una meravigliosa tenuta di campagna. Pur essendo promessa a Philip, giovane timido e un po' effeminato, la giovane decide di ripercorrere le gesta dell'antenata divenendo l'amante del prestante giardiniere. ■ COMMEDIA; COL.; 90'; USA, 1977.

LADY DESIRÉE ★★
Regia di HARRY NEWMAN. Con JOHN HESTON, THOMAS NICHOLSON, MARGARET TAYLOR. ■ Un'americana in Grecia subisce un furto. Un poliziotto si finge un corteggiatore per indagare più comodamente tra le sue conoscenze. I più sospettati risultano innocenti; la vera colpevole è un'amica della derubata. ■ COMMEDIA; B/N; 92'; GRECIA, 1968.

LADY DRAGON ★★
Regia di DAVID WORTH. Con RICHARD NORTON, CYNTHIA ROTHROC. ■ Ludwig uccide, nel giorno delle nozze, il marito di Kathy. Questa, grande esperta di arti marziali, riesce ad acciuffare il criminale in Thailandia e dopo grandi combattimenti a fargli pagare il conto. ■ AVVENTURA; COL.; 88'; USA, 1992.

LADY EVA *(The Lady Eve)* ★★★★
Regia di PRESTON STURGES. Con CHARLES COBURN, HENRY FONDA, EUGENE PALLETTE, BARBARA STANWYCK. ■ Un'adescatrice di professione approfitta dei sentimenti che ha suscitato in un giovane per invitarlo a giocare a poker col padre baro. Sta per confessargli la verità perché si è innamorata ma lui, che l'ha scoperto da solo, la lascia. Mesi dopo la tenace ragazza riesce a farsi sposare presentandosi sotto mentite spoglie. Poi gli dice tutto. I due stanno per divorziare, ma si amano e restano uniti. ■ COMMEDIA; B/N; 97'; USA, 1941. ■ OSCAR 1 NOM.

LADY FRANKENSTEIN ★★
Regia di ERNEST VON THEUMER. Con JOSEPH COTTEN, HERBERT FUX, PAUL MÜLLER, ROSALBA NERI. ■ Il mostro creato da Frankenstein ammazza il barone e tutti coloro che tentano di fermarlo. La figlia del defunto convince un suo ex assistente a fargli da cavia per un trapianto simile al primo; in questo modo potrà affrontare il mostro e ucciderlo. ■ HORROR; COL.; 84'; ITALIA, 1973.

LADY GODIVA *(Lady Godiva of Coventry)* ★★
Regia di ARTHUR LUBIN. Con VICTOR MCLAGLEN, GEORGE NADER, MAUREEN O'HARA. ■ Inghilterra dell'XI secolo: Lady Godiva, una donna bella e tenace, sposa un nobile. Ferve la contesa tra sassoni e normanni. Il marito della protagonista vi si trova coinvolto, ma ne esce vittorioso. Godiva, accusata di adulterio, è costretta a cavalcare nuda per le strade. ■ AVVENTURA; COL.; 89'; USA, 1954.

LADY HAMILTON – IL GRANDE AMMIRAGLIO ★★★
(Lady Hamilton – The Hamilton Woman)
Regia di ALEXANDER KORDA. Con VIVIEN LEIGH, LAURENCE OLIVIER. ■ Una giovane inglese in visita a Napoli si fa sposare dall'anziano ambasciatore del suo paese. Tempo dopo si innamora di Nelson, semplice ufficiale di marina, e ne diventa l'amante. Fuggirà con lui quando la relazione sarà sulla bocca di tutti. A Trafalgar, però, Nelson muore; lei invecchierà in solitudine e povertà. ■ DRAMMATICO; B/N; 128'; GRAN BRETAGNA, 1941. ■ OSCAR 1 PR, 4 NOM.

LADYHAWKE ★★★
Regia di RICHARD DONNER. Con MATTHEW BRODERICK, RUTGER HAUER, MICHELLE PFEIFFER. ■ Una fiaba ambientata nel Duecento. Il cattivo signore di un borgo francese ha trasformato due innamorati in due animali: lui diventa un lupo di notte, quando lei è una bella fanciulla; lei è un falco di giorno, quando lui è un prode cavaliere. Insieme affrontano una fantastica avventura, finché durante un'eclisse solare il maleficio si dissolve. Girato interamente in Italia, il film si avvale dell'ottima fotografia di Vittorio Storaro. ■ FANTASTICO; COL.; 124'; USA, 1984. ■ OSCAR 2 NOM.

LADY HENDERSON PRESENTA ★★★
(Mrs. Henderson Presents)
Regia di STEPHEN FREARS. Con THELMA BARLOW, JUDI DENCH, CHRISTOPHER GUEST, BOB HOSKINS, KELLY REILLY, WILL YOUNG. ■ Londra 1937. Storia vera. Lady Henderson (Dench) rimane vedova. Possiede beni e ricchezze si annoia. Per caso incappa in un teatro in vendita. Lo compra. "Compra" anche tale Van Damme (Hoskins) operatore del settore. Il sodalizio sembra complicato, entrambi sono energici e ambiziosi. Sarebbe il direttore a comandare, ma la lady è presente, incombe. Il teatro si chiama Windmill, diventarà una leggenda. L'idea vincente ce l'ha lei: portare sul palcoscenico una bella schiera di donne nude. Impresa davvero difficile in quel tempo in Inghilterra, ma la Henderson convince il gran ciambellano. Piccolo compromesso: le modelle saranno nude ma immobili, comporranno dei quadri viventi, alla "Venere del Botticelli". Naturalmente c'è anche la musica, ma di contorno. Il successo è clamoroso. Ogni sera il pienone. Vivono i rapporti interni: sesso e amori. Scoppia la guerra. Il locale diventa un riferimento, un'oasi felice per tutti, a cominciare dai soldati che andranno al fronte e forse non torneranno. A fine spettacolo, all'uscita delle ragazze si forma una vero assembramento. Per prudenza la polizia vorrebbe chiudere, ma Mrs. Henderson arringa con intelligenza e sentimento. Ed emerge il suo segreto: suo figlio è morto nel 1918 in Francia, senza mai avere una donna, consolandosi con un nudo femminile, trovato dopo dalla mamma in un libro. Finale con ballo intimo fra il direttore e la padrona sul tetto, sullo sfondo i fari della contraerea a illuminare il cielo. Fantasia, sentimento, bella e attenta ricostruzione, un po' di calligrafismo. E Frears è un amico. ■ COMMEDIA; COL.; 103'; GRAN BRETAGNA, 2005. ■ DAVID DI DONATELLO 1 NOM; GOLDEN GLOBES 3 NOM; OSCAR 2 NOM.

LADY IN PARIS, A *(Une Estonienne à Paris)* ★★★
Regia di ILMAR RAAG. Con ITA EVER, CORENTIN LOBET, LAINE MÄGI, JEANNE MOREAU, PATRICK PINEAU. ■ Anne Rand ha divorziato da un marito ubriacone e vive in Estonia con una madre malata. La morte improvvisa del genitore la convince ad accettare un'offerta di lavoro a Parigi, dove dovrà prendersi cura di un'anziana signora. Convinta a partire dall'entusiasmo della figlia, Anne precipita in un mondo molto diverso dal suo, di cui prende le misure passeggiando ogni notte sola. L'incontro con Frida, fiera parigina ostinata a dimenticare le sue origini estoniane, non è dei migliori ma a convincerla a restare è Stéphane, gestore di una brasserie e amante della donna molti anni prima. La convivenza e la reciproca curiosità invitano presto al dialogo e alla comprensione. Ispirato dalla biografia materna e dalla passione per la capitale francese, Ilmar Raag alimenta la *mythologie* parigina, fiamma forte e viva nel buio della sala. Dichiarazione d'amore a Parigi e al cinema francese, *A Lady in Paris* è una storia di incontri, di sguardi, di *impasse*. ■ DRAMMATICO; COL.; 94'; FRANCIA, BELGIO, ESTONIA, 2012.

LADY IN THE WATER ★★★
Regia di M. NIGHT SHYAMALAN. Con BOB BALABAN, BILL IRWIN, SARITA CHOUDHURY, BRYCE DALLAS HOWARD, PAUL GIAMATTI, JARED HARRIS, DOUG JONES, FREDDY RODRIGUEZ, JEFFREY WRIGHT. ■ The Cove è un residence di Philadelphia costruito intorno a una piscina. Cleveland Heep ne è il custode tutto fare. Una notte dalle acque della piscina emerge una fanciulla dai capelli rossi; è una narf, una creatura acquatica del mondo azzurro. Story, il suo nome, ha una storia da raccontare a uno scrittore. Dopo aver annunciato agli uomini un futuro migliore deve fare ritorno nel regno azzurro, ma uno Scrunt, una creatura malvagia coperta di fili d'er-

ba, vuole impedirglielo. Cleveland e i suoi coinquilini, come cavalieri medievali, serviranno la causa di Story e della salvezza del mondo. ■ THRILLER; COL.; 110'; USA, 2006.

LADY JANE ★★

Regia di TREVOR NUNN. Con HELENA BONHAM CARTER, CARY ELWES. ■ La vicenda si sviluppa in Inghilterra sul finire del sedicesimo secolo. I nobili spadroneggiano ai danni degli ecclesiastici. Lady Jane Grey, ancora adolescente, ha come zio Enrico VIII e finisce regina per il breve periodo di nove giorni. Classico prodotto inglese curato ma a volte tedioso. ■ STORICO; COL.; 120'; GRAN BRETAGNA, 1985.

LADY JANE ★★

Regia di ROBERT GUÉDIGUIAN. Con ARIANE ASCARIDE, FREDERIQUE BONNAL, JACQUES BOUDET, CHRISTINE BRÜCHER, JEAN PIERRE DAROUSSIN, GERARD MEYLAN, PASCALE ROBERTS. ■ Robert Guédiguian è un po' il Ken Loach francese. Impegnato politicamente molto a sinistra, cantore della gente comune in un mix di commedia amara e di dramma con risvolti ironici. E soprattutto molto legato a un quartiere periferico di Marsiglia. Negli ultimi film il cineasta si è staccato dal suo universo poetico per raccontare Mitterand e l'Armenia. Guediguian mette tocchi di commedia su un intreccio noir, ma per una volta non ha mano felice soprattutto in sceneggiatura, con troppi elementi ripetuti e intrecci che non tornano. Soprattutto non riesce a emozionare come solitamente fa. I suoi attori abituali – Jean Pierre Daroussin e Gerard Meylan – funzionano poco in una storia dove chi dovrebbe sapere non sa e chi dovrebbe essere all'oscuro delle cose è informatissimo. ■ DRAMMATICO; COL.; 104'; FRANCIA, 2007.

LADY KILLER ★★

Regia di ROY DEL RUTH. Con JAMES CAGNEY, MAE CLARKE, MARGARET LINDSAY. ■ Uno dei film più famosi di Cagney, con la fatidica scena della battuta inferta alla sua partner Mae Clarke. Il film comincia come un thriller e finisce come una commedia. Cagney è una maschera di cinema che, per arricchirsi, sceglie la strada del gangsterismo. Quando l'aria si fa troppo calda per lui, traversa l'America e arriva a Hollywood dove trova lavoro in parti di gangster (che ovviamente sa fare molto bene). Alla fine diventa un divo. E tale rimane anche quando salta fuori il suo passato turbolento. ■ DRAMMATICO; B/N; 76'; USA, 1933.

LADYKILLERS *(The Ladykillers)* ★★★

Regia di ETHAN COEN, JOEL COEN. Con DIANE DELANO, IRMA P. HALL, TOM HANKS, RYAN HURST, TZI MA, J. K. SIMMONS, GEORGE WALLACE, MARLON WAYANS. ■ Premessa: i Coen sono i Coen. Tautologico ma vero. Perché qualsiasi materia tocchino, ivi compreso il remake come in questo caso, la trasformano in un oggetto prezioso per raffinatezza e cinefilia. *La Signora Omicidi*, un classico che però oggi è difficile poter rivedere, diventa l'occasione per raccontare con sottile ironia il Sud degli States rivisitandone la cultura musicale come era stato fatto in *Fratello dove sei?* Tom Hanks veste i panni di un sedicente letterato che intende introdursi in casa di un'anziana signora di colore e sfruttare la contiguità della sua cantina con il caveau del locale casinò. L'unico difetto dei Coen, perché ne hanno uno, è quello di sapere di essere colti e di non perdere occasione per dimostrarlo. ■ COMMEDIA; COL.; 104'; USA, 2004. ■ CANNES 1 PR.

LADY L ★★

Regia di PETER USTINOV. Con MARCEL DALIO, SOPHIA LOREN, PAUL NEWMAN, DAVID NIVEN, PHILIPPE NOIRET, CECILIA PARKER. ■ Una nobildonna ottantenne narra ad un amico il suo tumultuoso passato sentimentale. Ancora giovane si innamora di un ladro che però lascia per una vita più tranquilla. Un ricchissimo duca, pazzo di lei, protegge la fuga del suo uomo e la ragazza, per gratitudine, lo sposa. Il ladro, dopo essere stato graziato, continua a frequentare l'amante e diventa il padre dei suoi otto figli. ■ COMMEDIA; COL.; 107'; FRANCIA, 1965.

LADY LOU – LA DONNA FATALE ★★★★

(She Done him Wrong)

Regia di LOWELL J. SHERMAN. Con NOAH BEERY, CARY GRANT, OWEN MOORE, GILBERT ROLAND, MAE WEST. ■ La bella e dissoluta proprietaria di un saloon degli allegri anni Novanta si innamora di un assiduo frequentatore del suo locale, senza sapere che l'uomo che finge interesse per lei in realtà è un poliziotto incaricato di pedinarla. ■ COMMEDIA; B/N; 66'; USA, 1933. ■ OSCAR 1 NOM.

LADY OSCAR ★★

Regia di JACQUES DEMY. Con CHRISTINA BOHM, CATRIONA MCCOLL, BARRY STOKES. ■ Tratto dal fumetto *La rosa di Versailles* della giapponese Ryoko Ikeda. Dopo essere stato una serie a cartoni animati di vasto successo (specie presso le ragazzine), *Lady Oscar* arriva al cinema con la firma di Jacques Demy (*Les parapluies de Cherbourg*). Oscar è la figlia di un aristocratico della Francia pre-rivoluzionaria che viene costretta a vivere come un uomo dall'autoritario genitore. Pur arrivando al grado di capitano delle guardie del re, durante la Rivoluzione francese si schiera dalla parte del popolo e muore il giorno della presa della Bastiglia. ■ AVVENTURA; COL.; 124'; FRANCIA, GIAPPONE, 1979.

LADY TEXAS – I DOMINATORI DI FORT RALSTON *(Texas Lady)* ★★

Regia di TIM WHELAN. Con CLAUDETTE COLBERT, RAY COLLINS, BARRY SULLIVAN, GREGORY WALCOTT. ■ Un abilissimo giocatore perde una forte somma di denaro con una donna. Attratto da lei, la segue nella cittadina texana dove dirige un giornale. Qui affronta un bandito innamorato della donna che però viene eliminato da una vedova. Eletto sindaco, l'ex giocatore sposerà l'amata. ■ WESTERN; COL.; 86'; USA, 1955.

♥ **LADY VENDETTA** *(Sympathy for Lady Vengeance)* ★★

Regia di PARK CHAN-WOOK. Con BAE DU-NA, CHOI MIN-SIK, LEE SEUNG-SHIN, LEE YEONG-AE. ■ Geum-ja è una ragazza che ha trascorso in prigione tredici anni della propria vita per avere procurato la morte di un bambino di sei anni. Accusata ingiustamente, scontata la pena, si vuole vendicare con il vero autore del misfatto. Sensibilmente meno riuscito dei primi due film della trilogia per qualche sfilacciatura nella sceneggiatura, *Lady Vendetta* vorrebbe colpire allo stomaco, ma non ha forza né precisione. ■ THRILLER; COL.; 112'; COREA DEL SUD, 2005.

LAGAAN, ONCE UPON A TIME IN INDIA ★★★

Regia di ASHUTOSH GOWARIKER. Con PAUL BLACKTHORNE, AAMIR KHAN, SUHASINI MULAY, RACHEL SHELLEY, GRACY SINGH. ■ 1893. La siccità affligge gli abitanti del villaggio di Champaner, nel cuore dell'India vittoriana. Si avvicina il tempo del raccolto e, con questo, della tassa in natura (*lagaan*) che va pagata agli inglesi. Non solo essa non verrà risparmiata ma sarà addirittura raddoppiata perché il Rajah locale non ha voluto sottomettersi allo sprezzante capitano Russell che pretendeva di vederlo mangiare carne. Il militare fa anche di più: ai contadini venuti a protestare propone una sfida del tutto particolare. Dovranno battere la squadra inglese di cricket, sport ignoto agli indiani, e in tal caso vedranno abolire il pagamento del *lagaan* per tre anni. In caso di sconfitta la tassa verrà subito triplicata. Il giovane Bhuvan pensa che la sfida vada accolta e inizia a cercare giocatori da arruolare, favorito dalla fidanzata di Russell che è pronta a spiegargli le regole del gioco. Si tratta di un filmone come Hollywood ne sfornava una volta e ora non ha più coraggio di fare. ■ DRAMMATICO; COL.; 222'; INDIA, 2001. ■ OSCAR 1 NOM.

L.A. GANGS *(Broken Angel)* ★★

Regia di RICHARD T. HEFFRON. Con ROXANNE BIGGS, SUSAN BLAKELY, JASON HORST, WILLIAM SHATNER. ■ Nel corso di una sparatoria tra due gruppi di malviventi la giovane e saggia Jamie si trova tra i due fuochi e viene colpita a morte. I suoi genitori, all'obitorio, scoprono che la vittima non è Jamie, ma la sua amica Jenny. Allora, che fine ha fatto Jamie? ■ DRAMMATICO; COL.; 95'; USA, 1988.

LAGER SSADIS KASTRAT KOMMANDATUR ★

Regia di SERGIO GARRONE. Con GIORGIO CERIONI, PAOLA CORAZZI, ALMINA DE SANZIO. ■ In un campo di concentramento le SS sperimentano sulle detenute mostruosi metodi per migliorare la razza ariana. ■ DRAMMATICO; COL.; 97'; ITALIA, 1976.

LAGGIÙ NELLA GIUNGLA ★★

Regia di STEFANO REALI. Con ANDRÉA FERRÉOL, ROBERT POWELL, TONY VOGEL. ■ Un gruppo di turisti in viaggio da Roma per L'Aquila scende dall'autobus, che riparte senza di loro. I dieci sventurati sfortunati cercano di raggiungere un centro abitato ma s'infilano in una boscaglia che, per incantesimo, non è quella solita dei monti d'Abruzzo, ma una vera savana tropicale, infestata di serpenti e di selvaggi. Sarà dura sopravvivere. ■ AVVENTURA; COL.; 109′; ITALIA, 1986.

LAGHI PROFONDI ★★
Regia di BRUNO SOLDINI. Con ANTONIO BALLERIO, MANUELA BEILLARD. ■ I laghi profondi sono quelli svizzeri in cui fare scomparire le esportazioni illegali di capitali. Soldini omonimo anticipa di gran lunga Tangentopoli. ■ DRAMMATICO; COL.; 80′; SVIZZERA, 1985.

LAGO, IL *(Among the Cinders)* ★★
Regia di ROLF HAEDRICH. Con REBECCA GIBNEY, DEREK HARDWICK, PAUL O'SHEA. ■ Un ragazzo australiano ha come unico amico un coetaneo Maori. Durante una partita di caccia, il Maori rimane ucciso e l'australiano ferito. Quando esce dall'ospedale, il ragazzo è disperato per la perdita del compagno, ma il saggio nonno, con molta pazienza e comprensione, riesce a risollevarlo dalla sua depressione. ■ DRAMMATICO; COL.; 91′; AUSTRALIA, 1979.

LAGO DELLA PAURA, IL *(Fever Lake)* ★
Regia di RALPH PORTILLO. Con STAN ADAMS, CYNTHIA BAKER, COREY HAIM. ■ Anni Sessanta. Alcuni ragazzi vanno in vacanza a Fever Lake in una vecchia villa. Esseri maligni sono pronti a terrorizzare i malcapitati. ■ HORROR; COL.; 90′; USA, 1996.

LAGO DELLE VERGINI, IL *(Le lac aux dames)* ★★★
Regia di MARC ALLÉGRET. Con JEAN-PIERRE AUMONT, MICHEL SIMON, SIMONE SIMON. ■ Un inventore disoccupato accetta un posto di bagnino. Le donne in vacanza sul lago si innamorano di lui, compresa una ragazzina che egli respinge per corteggiare la figlia di un industriale. ■ COMMEDIA; B/N; 106′; FRANCIA, 1934.

LAGO DI SATANA, IL ★★
(Revenge of the Blood Beast – Sister of Satan – The She-Beast)
Regia di MICHAEL REEVES. Con JOHN KARLSEN, IAN OGILVY, BARBARA STEELE. ■ Dopo l'arrivo in un paese della Transilvania di una coppia di sposi, molte persone, discendenti degli uccisori di una strega, muoiono orribilmente. La colpevole è la donna, nella quale si è reincarnata l'anima della malvagia defunta. ■ HORROR; COL.; 80′; ITALIA, JUGOSLAVIA, 1965.

LAGUNA BLU *(Blue Lagoon)* ★★
Regia di RANDAL KLEISER. Con CHRISTOPHER ATKINS, LEO MCKERN, BROOKE SHIELDS. ■ Due ragazzini naufragano in un'isola del Pacifico. Riescono a sopravvivere, crescono. Lui comincia a sentire qualcosa per lei, lei per lui. Anche privi d'educazione sessuale, riusciranno a dare risposta agli interrogativi. Avranno anche un figlio. Poi una nave riesce a trovarli. Grosso successo commerciale (dovuto più che altro alle esibizioni dei giovani protagonisti in costume adamitico). ■ AVVENTURA; COL.; 104′; USA, 1980. ■ OSCAR 1 NOM.

LAGUNA DELLA MORTE, LA *(Captive Girl)* ★★
Regia di WILLIAM BERKE. Con BUSTER CRABBE, JOHNNY WEISSMULLER. ■ Uno stregone africano uccide due scienziati europei. Anni dopo una spedizione si propone di cercare la figlia degli scienziati allevata dagli animali della giungla. Inutilmente lo stregone si oppone, con alcuni avventurieri, al buon esito delle ricerche: la fanciulla viene ritrovata e i malvagi muoiono. ■ AVVENTURA; B/N; 73′; USA, 1950.

LAILA ★★
Regia di GEORGE SCHNEEVOIGT. Con PETER HOGLUNG, AKE OHBERG, AINO TAUBE. ■ Rifacimento di *Laila – La figlia del nord*, girato dal medesimo regista. ■ DRAMMATICO; B/N; 92′; GERMANIA, 1936.

LAILA, LA FIGLIA DELLA TEMPESTA ★★
Regia di ROLF USBERG. Con JOACHIM HANSEN, ERIKA REMBERG. ■ Ennesimo film sulla trovatella Laila che ignora la sua condizione e accetta di fidanzarsi col giovane che il padre le ha destinato. Si rassegnerebbe se non incontrasse un uomo di cui si innamora e che poco dopo è costretta a lasciare. ■ DRAMMATICO; COL.; 93′; GERMANIA, 1955.

LAILA – LA FIGLIA DEL NORD *(Laila)* ★★
Regia di GEORGE SCHNEEVOIGT. Con PETER MALBERG, MONA MARTENSON, ALICE O'FREDERICKS. ■ Un uomo trova una bimba abbandonata e la alleva. Saputo il nome dei genitori decide, nonostante l'affetto che nutre nei confronti della piccola, di restituirla alla legittima famiglia. ■ DRAMMATICO; B/N; 90′; DANIMARCA, 1930.

LAISSEZ PASSER ★★★
Regia di BERTRAND TAVERNIER. Con MARIE DESGRANGES, JACQUES GAMBLIN, MARIE GILLAIN, CHARLOTTE KADY, DENIS PODALYDES. ■ Tavernier si impegna in una storia in tempo di guerra. In *Capitan Conan* e *La vita è nient'altro* era di scena la prima guerra mondiale, qui è la volta della seconda. Parigi, 1942. Jean Devaivre è assistente alla regia e cerca di nascondere la sua attività in seno alla Resistenza. Lavora alla Continental, una società tedesca che da due anni produce film francesi. Jean Aurenche è invece sceneggiatore e poeta e si rifiuta di lavorare per i nazisti, cercando a modo suo di combatterli. Le esistenze di questi due personaggi sono destinate a incrociarsi. Presentato al Festival di Berlino. ■ DRAMMATICO; COL.; 170′; FRANCIA, 2002. ■ BERLINO 2 PR.

LAKE PLACID ★★
Regia di STEVE MINER. Con BRIDGET FONDA, BRENDAN GLEESON, OLIVER PLATT, BILL PULLMAN, BETTY WHITE. ■ Un omologo del mostro di Loch Ness agisce in America, in un lago del Maine. Rispetto al misterioso mostro inglese, questo è più feroce e molto meno misterioso. Un giochino con un cast persino sproporzionato. ■ COMMEDIA; COL.; 115′; USA, 1999.

LAMA ALLA GOLA *(Cry Terror)* ★★★
Regia di ANDREW L. STONE. Con JACK KLUGMAN, JAMES MASON, ROD STEIGER, INGER STEVENS. ■ Un buon film di suspense su soggetto e sceneggiatura dello stesso regista: un uomo piazza su un aereo una bomba per farsi consegnare una grossa somma di denaro. A ritirarla manda la moglie dell'uomo che gli ha fabbricato, all'oscuro dei suoi progetti, l'ordigno. Finale tragico. ■ POLIZIESCO; B/N; 96′; USA, 1958.

LAMA D'ACCIAIO *(Cold Steel)* ★★
Regia di DOROTHY PUZO. Con JAY ACAVENE, BRAD DAVIS, SHARON STONE. ■ Un poliziotto dà la caccia all'assassino del padre. Per quasi tutta la ricerca crede che sia uno spacciatore di droga, ma alla fine scoprirà che è un suo vecchio collega della polizia. Un poliziesco molto "duro" (per la prima volta un uomo muore soffocato da un pesce). ■ GIALLO; COL.; 90′; USA, 1987.

LAMA DI D'ARTAGNAN, LA ★★
(The Sword of D'Artagnan)
Regia di BUDD BOETTICHER. Con ROBERT CLARKE, JOHN HUBBARD, LYN THOMAS. ■ Trasposizione cinematografica del celeberrimo romanzo di Dumas: D'Artagnan, divenuto amico e compagno dei tre moschettieri, si mette al servizio della regina per riportarle i gioielli che costei ha donato all'innamorato. ■ AVVENTURA; B/N; 55′; USA, 1951.

LAMA DI TOLEDO, LA *(The Avengers)* ★★
Regia di JOHN H. AUER. Con JOHN CARROLL, ADELE MARA. ■ Un ragazzo giura di vendicarsi del bandito che ha assassinato suo padre. Divenuto adulto, lo ritrova quale aiutante del governatore. Fa innamorare di sé la figlia del governatore, ma la ragazza lo caccia credendolo insincero; quando l'amato si trova in pericolo a cusa del nemico, torna al suo fianco. ■ AVVENTURA; B/N; 95′; USA, 1950.

LAMA NEL BUIO, UNA *(Still of the Night)* ★★★
Regia di ROBERT BENTON. Con ROY SCHEIDER, MERYL STREEP, JESSICA TANDY. ■ Il dott. Rice, psichiatra, si trasforma in detective quando gli comunicano che un suo paziente è stato assassinato. Grazie al suo intuito e alle confidenze della fidanzata della vittima, riuscirà a scoprire l'assassino. Un buon giallo. ■ GIALLO; COL.; 91′; USA, 1982.

LAMA NEL CORPO, LA ★★
Regia di LIONELLO DE FELICE. Con WILLIAM BERGER, FRANÇOISE PRÉVOST, MARY YOUNG. ■ Il direttore di un manicomio si serve delle pazienti più giovani e attraenti, che uccide, per tentare di ridare la bellezza alla cognata sfigurata in un incidente d'auto. ■ HORROR; COL.; 90′; ITALIA, 1966.

LAMA NELLA NOTTE, UNA *(Sorority House Massacre)* ★
Regia di CAROL FRANK. Con WENDY MARTEL, ANGELA O'NEILL. ■ Un maniaco fugge dalla casa di cura e punta su un college pieno di splendide ragazze. Il titolo originale vorrebbe echeggiare il più noto *Texas Chainsaw Massacre*, cioè *Non aprite quella porta*. ■ DRAMMATICO; COL.; 80'; USA, 1986.

LAMA SCARLATTA *(The Scarlet Blade)* ★★
Regia di JOHN GILLING. Con JACK HEDLEY, OLIVER REED, JUNE THORBURN. ■ Un episodio della storia inglese raccontato con vivacità e ben interpretato: uno degli ufficiali di Cromwell uccide il nobile che offrì ospitalità al sovrano deposto. I suoi fedeli si alleano e riescono a sconfiggere le truppe del rivale. ■ AVVENTURA; COL.; 82'; GRAN BRETAGNA, 1963.

LAMA TAGLIENTE *(Sling Blade)* ★★★
Regia di BILLY BOB THORNTON. Con ROBERT DUVALL, JOHN RITTER, BILLY BOB THORNTON, J. T. WALSH, DWIGHT YOAKAM. ■ Karl è un portatore di handicap psichico che uccide la madre e il suo amante. Quando esce dalla clinica psichiatrica fa amicizia con un ragazzino orfano che subisce la violenza del convivente della madre. Karl uccide ancora. Billy Bob Thornton, oltre a essere un valido attore e un interessante regista, ha vinto l'Oscar per la sceneggiatura con questo film, che mette di fronte alla follia senza paraventi e non rinuncia a insinuare qualche domanda importante. Un flop al botteghino da recuperare in home video. ■ DRAMMATICO; COL.; 119'; USA, 1996.

LAMB ★★★
Regia di COLIN GREGG. Con LIAM NEESON, HUGH O'CONOR. ■ Una delicata vicenda, ottimamente raccontata (molti lo considerano uno dei migliori film inglesi degli anni Ottanta). È la storia dell'amicizia fra due esseri soli, un orfano undicenne e un giovane prete irlandese, che sta attraversando una grossa crisi (ha grossi dubbi sulla sua fede e sulle istituzioni in genere). Assieme i due intraprendono una "fuga" di qualche giorno a Londra. È solo un'innocente vacanza, ma i superiori del prete la prendono tragicamente. ■ DRAMMATICO; COL.; 110'; GRAN BRETAGNA, 1985.

LAMBADA ★
Regia di GIANDOMENICO CURI. Con CARLINHOS DE JESUS, ANDY J. FOREST, LANA FRANCIS, VYA NEGROMONTE, MARY SELLERS. ■ Una troupe americana si trova a Rio de Janeiro per girare scene del folclore locale. Nel bar di un certo Temistocles, boss del luogo, Michael si innamora di una ballerina tenuta dal proprietario in stato di semi-schiavitù, mentre Mary, la sua collaboratrice, si innamora dello stesso boss. Restano insieme, alla fine, brasiliano con brasiliana, e cineasta americano con collaboratrice americana. ■ COMMEDIA; COL.; 97'; ITALIA, 1990.

LAMENTO SUL SENTIERO, IL *(Pather Panchali)* ★★★
Regia di SATYAJIT RAY. Con KANU BANNERJE, KARUNA BANNERJE, SUBIR BANNERJE, UMA DAS GUPTA. ■ Il piccolo Apu è testimone della triste condizione della propria famiglia di origine bengalese. Il padre è disoccupato e la sorella muore. Saranno costretti ad andarsene. Uno dei titoli più noti del più grande regista indiano. Il primo di una trilogia neorealista, sarà seguito da *Aparajito* e da *Il mondo di Apu*. La storia di una famiglia bengalese che vive nella miseria più nera attirò la censura di Stato che lo considerò negativo per l'idea di un'India così povera. Qualche anno prima era successa una cosa analoga in Italia per *Umberto D* di Vittorio De Sica. ■ DRAMMATICO; B/N; 115'; INDIA, 1955.

LAMERICA ★★★
Regia di GIANNI AMELIO. Con ELIDA JANUSHI, ENRICO LO VERSO, PIRO MILKANI, MICHELE PLACIDO. ■ Un film non indispensabile. Un giovane va in Albania con un losco affarista che vuole aprire una fabbrica di calzature. Hanno bisogno di un prestanome e trovano un vecchio albanese. Ma questi fugge e il giovane lo insegue. Viaggiano insieme, ma nascono molti problemi. Oltre a essere dimenticato dal "socio", scopre che il vecchio è in realtà un italiano. Intorno a loro un paese allo sbando che campa di stenti e guarda la televisione italiana. Prenderanno una nave che li riporta in Italia. Per certi versi migliore di *Ladro di bambini* ma più dispersivo. Il film, pur avendo un suo valore, soffre di alcune forzature. Vuol fare sia denuncia che poesia, non riuscendo a fonderli fino in fondo. La scena finale della nave carica di albanesi (vista e stravista in tv) rischia di essere inutile e ridondante. Placido è bravo ma scompare presto. Lo Verso non è abbastanza duttile, mentre la vera sorpresa è Piro Milkani, il vecchio. In concorso alla Mostra di Venezia. ■ DRAMMATICO; COL.; 125'; ITALIA, 1994. ■ VENEZIA 2 PR.

LAMIEL ★★
Regia di JEAN AUREL. Con MICHEL BOUQUET, JEAN-CLAUDE BRIALY, ROBERT HOSSEIN, ANNA KARINA. ■ Dall'opera incompiuta di Stendhal: Lamiel è una bella contadina che, per l'interessamento di un medico, si trasferisce in città. Qui passa da un amante all'altro e, dopo essersi fatta adottare da un nobile, sposa un conte. ■ DRAMMATICO; COL.; 100'; FRANCIA, 1968.

L'AMORE PROBABILMENTE ★★★
Regia di GIUSEPPE BERTOLUCCI. Con SONIA BERGAMASCO, ROSALINDA CELENTANO, TECO CELIO, FABRIZIO GIFUNI. ■ La menzogna. Sofia frequenta, insieme all'amica Chiara, una scuola di recitazione. L'insegnante, Mariangela Melato, afferma che l'attore deve saper fingere e affinare questa sua capacità. Allora Sofia mente, con tutti, anche con il suo ragazzo, Cesare. Questo la porta a scoprire una verità scomoda: Chiara e Cesare si amano. La verità. Sofia fugge. Raggiunge la Svizzera e incontra un ferroviere. In treno ha letto una rivista su cui Stefania Sandrelli afferma che l'attore cinematografico è sempre sé stesso. Al ferroviere offre per simpatia una prestazione sessuale, salvo poi recarsi dalla moglie e dirle tutta la verità. L'illusione. Sofia torna a casa sconvolta e scopre che la relazione tra Cesare e Chiara è già finita. Parte per Roma per affrontare un provino cinematografico. Qui ha luogo un duetto seduttivo tra lei e il regista sulla base di quanto afferma Alida Valli e cioè che l'attrice è un'illusa che illude. Giuseppe Bertolucci non smette di sperimentare ma questa volta lo fa con un vigore maggiore rispetto a *Il dolce rumore della vita*. Interrogandosi nuovamente sul senso della vita e della sua rappresentazione, Bertolucci raggiunge un livello più elevato di maturità stilistica. ■ DRAMMATICO; COL.; 107'; ITALIA, SVIZZERA, 2001.

LAMP, THE *(The Outing – The Lamp)* ★
Regia di TOM DALEY. Con DANNY D. DANIELS, JAMES HUSTON, DEBORAH WINTERS. ■ Da centinaia di anni la Lampada, un oggetto dalla potenza soprannaturale, si affida a inconsapevoli guardiane che le permettono di scatenare crudeli potenze occulte. Tutto comincia con una ragazza posseduta dal demonio che convince le amiche a passare una notte nel vecchio museo del padre. Seguono ovviamente crudeli delitti. ■ HORROR; COL.; 90'; USA, 1986.

LAMPADA ALLA FINESTRA, UNA ★★★
Regia di GINO TALAMO. Con ANNA MAGNANI, RUGGERO RUGGERI, LAURA SOLARI, OSVALDO VALENTI. ■ Un padre, disperato per la morte del figlio che aveva accusato di furto, ogni notte mette una lampada alla finestra con la speranza di vederlo tornare. ■ DRAMMATICO; B/N; 91'; ITALIA, 1939.

LAMPADA ARDE, LA *(The Lamp still Burns)* ★★★
Regia di LESLIE HOWARD. Con STEWART GRANGER, ROSAMUND JOHN, GODFREY TEARLE. ■ Una giovane donna decide di dedicarsi alla cura dei malati. Il suo temperamento le rende difficile l'adattamento alle dure regole della vita ospedaliera al punto che pensa di ritirarsi. Nuovi avvenimenti e l'intercessione di un corteggiatore la inducono a tornare sulla sua decisione. ■ DRAMMATICO; B/N; 90'; GRAN BRETAGNA, 1943.

LAMPADA CINESE, LA *(Oil for the Lamps of China)* ★★
Regia di MERVYN LE ROY. Con JOSEPHINE HUTCHINSON, JEAN MUIR, PAT O'BRIEN. ■ Un giovane rappresentante di una compagnia petrolifera statunitense in Cina è talmente attaccato al suo lavoro da trascurare la giovane moglie. La lascia sola anche mentre sta per partorire e provoca involontariamente la morte del nascituro. La donna dapprima vuole lasciarlo, poi decide di rimanere al suo fianco. Fra i due coniugi torna l'armonia. ■ DRAMMATICO; B/N; 110'; USA, 1935.

LAMPADA DI ALADINO, LA *(Aladdin and his Lamp)* ★★
Regia di LEW LANDERS. Con JOHN DEHNER, RICHARD ERDMAN, PATRICIA MEDINA, JOHN SANDS. ■ Una versione prettamente

commerciale della fiaba di Aladino. Un giovane ladro, entrato in possesso di una magica lanterna, diventa ricco e fa innamorare la figlia del califfo di Bagdad. Un principe, che vorrebbe la ragazza in sposa, la fa rapire e tenta di piegarla con la forza. Fortunatamente Aladino, valendosi dell'aiuto del genio, può liberare l'amata. ■ FANTASTICO; COL.; 67′; USA, 1951.

LAMPADA DI WOOD, LA ★
Regia di LAVINIA CAPOGNA. Con FABRIZIO CERUSICO, FRANCESCO D'AMICO, BÉATRICE JOINET, SILVIO PIERSANTI, SOPHIE RENOIR. ■ Laura vive a Bologna e frequenta l'università. Ha una vita normale che viene movimentata dall'incontro con due personaggi. Una è l'ambigua Giulia e l'altro è Pietro, che fa il restauratore e sta lavorando a un affresco medievale. Tra Laura e Pietro nasce l'amore mentre negli spettatori in sala si fa largo il desiderio di dormire. ■ PSICOLOGICO; COL.; 97′; ITALIA, 1994.

LAMPI NEL SOLE *(Thunder in the Sun)* ★★
Regia di RUSSELL ROUSE. Con JACQUES BERGERAC, JEFF CHANDLER, SUSAN HAYWARD. ■ Prima metà dell'Ottocento: una carovana di europei si dirige in California. Il loro capo muore per un banale incidente e sua moglie ne prende il posto. Contesa tra il fratello del defunto e una guida, sceglierà quest'ultima. ■ WESTERN; COL.; 81′; USA, 1958.

LAMPI SUL MESSICO *(Thunder over Mexico)* ★★★★
Regia di SERGEJ M. EISENSTEIN. Con MARTÍN HERNÁNDEZ, ISABEL VILLASEÑOR. ■ Il film è una raccolta di spezzoni girati dal regista russo in Messico e rimasti poi inutilizzati; già nel 1935, oltretutto, un altro lungometraggio col medesimo titolo era stato distribuito nel nostro paese. La storia è quella di un *peone* a cui un ricco signorotto ruba la fidanzata. Invano egli tenta di strapparla a lui con la forza: viene preso con i compagni e barbaramente ucciso. La ragazza riesce a fuggire; la supplica di giustizia che rivolge a Dio verrà esaudita. ■ DRAMMATICO; B/N; 72′; USA, 1933.

LAMPO, IL *(The Phantom Express)* ★★
Regia di EMORY JOHNSON. Con LINA BASQUETTE, WILLIAM COLLIER. ■ Una società ferroviaria ha inventato un abile trucco per far credere ai macchinisti della società concorrente che un treno stia arrivando in direzione opposta alla loro. Queste illusioni provocano degli incidenti che screditano la linea nei riguardi dei passeggeri. ■ DRAMMATICO; B/N; 75′; USA, 1950.

LANCIA CHE UCCIDE, LA *(Broken Lance)* ★★★
Regia di EDWARD DMYTRYK. Con KATY JURADO, JEAN PETERS, SPENCER TRACY, ROBERT WAGNER, RICHARD WIDMARK. ■ Un ricco fattore tratta duramente tre figli, che lo detestano, mentre è più umano col quarto, nato da una sua relazione con un'indiana. Il suo carattere dispotico lo manderebbe in galera se il minore dei suoi figli non si assumesse la responsabilità di un incidente, finendo in prigione al posto suo. Quando esce, il padre è morto e i fratelli lo allontanano. Lui vorrebbe vendicarsi, ma la madre lo induce a desistere. Gli altri finiranno male. ■ WESTERN; COL.; 96′; USA, 1954. ■ OSCAR 1 PR, 2 NOM.

LANCIERI ALLA RISCOSSA, I *(Cavalry Scout)* ★★
Regia di LESLEY SELANDER. Con ROD CAMERON, JIM DAVIS, AUDREY LONG, JAMES MILLICAN. ■ La guerra di Secessione americana è finita, tuttavia continuano a scomparire armi dall'arsenale. Un ex militare si reca in un paese di frontiera e scopre che uno degli abitanti più rispettabili le vende agli indiani. Ha inizio una lotta durissima che termina con un accordo tra bianchi e pellirosse, la condanna del trafficante e il matrimonio dell'ex militare con una bella albergatrice. ■ WESTERN; COL.; 78′; USA, 1951.

LANCIERI DEL BENGALA, I ★★★
(The Lives of a Bengal Lancer)
Regia di HENRY HATHAWAY. Con RICHARD BARTHELMESS, GARY COOPER, RICHARD CROMWELL, FRANCHOT TONE. ■ Un principe indiano vuole impadronirsi di un carico d'armi destinato agli inglesi. Servendosi di una bellissima donna rapisce il figlio del comandante al quale ingiunge, pena la vita del ragazzo, di svelare il percorso del convoglio. L'uomo non si lascia corrompere, ma il giovane sì. Due soldati, allora, entrano travestiti nella città nemica dove sono raccolte le armi e fanno esplodere il deposito. ■ AVVENTURA; B/N; 109′; USA, 1935. ■ OSCAR 1 PR, 7 NOM.

LANCIERI DEL DAKOTA, I *(Oh Susanna!)* ★★
Regia di JOSEPH KANE. Con ADRIAN BOOTH, ROD CAMERON, JIM DAVIS, FORREST TUCKER. ■ Un ufficiale e il suo subalterno, entrambi posti a guardia del confine col territorio indiano, amano la stessa donna e nutrono sentimenti diversi nei confronti dei pellirosse. ■ WESTERN; COL.; 90′; USA, 1951.

LANCIERI DEL DESERTO, I *(Massacre River)* ★★
Regia di JOHN RAWLINS. Con RORY CALHOUN, GUY MADISON, JOHN SANDS. ■ Due militari amano la stessa donna; lei prende la sua decisione, ma qualche tempo dopo il prescelto si innamora di un'altra. ■ WESTERN; B/N; 75′; USA, 1949.

LANCIERI NERI, I ★★
Regia di GIACOMO GENTILOMO. Con MEL FERRER, YVONNE FURNEAUX, LETICIA ROMAN. ■ Sergio di Tula, recatosi a Dubno per liberare la principessa Mascia, prigioniera della regina Jassa, viene sedotto da questa che ne stimola l'ambizione mettendo al suo servizio il proprio esercito per ottenere il trono di re Stefano. Andrea, il fratello di Sergio, lo sconfigge in nome del re; torna la pace. ■ AVVENTURA; COL.; 91′; ITALIA, 1962.

LANCILLOTTO E GINEVRA *(Lancelot du Lac)* ★★★★
Regia di ROBERT BRESSON. Con HUMBERT BALSAM, LAURA DUKE, LUC SIMON. ■ Lancillotto del Lago e gli altri cavalieri della Tavola Rotonda ritornano alla corte di re Artù delusi per non aver trovato il Sacro Graal; il re intanto ha rinchiuso la regina Ginevra per sottrarla agli amori di Lancillotto. ■ DRAMMATICO; COL.; 85′; FRANCIA, 1974.

LAND GIRLS *(The Land Girls)* ★★★
Regia di DAVID LELAND. Con ANNA FRIEL, STEVEN MACKINTOSH, CATHERINE MCCORMACK, RACHEL WEISZ. ■ Nel 1941 l'Inghilterra ha bisogno che le donne rimpiazzino nel lavoro dei campi gli uomini impegnati in guerra. Tre ragazze si ritrovano così a lavorare nella fattoria dei Lawrence. Joe, il figlio dei contadini, corteggia due delle ragazze ma si innamora della terza. La guerra muta le prospettive di ognuno di loro, ma i due si ritroveranno successivamente trovando conferma ai loro sentimenti. Il romanticismo di Leland non guasta. ■ SENTIMENTALE; COL.; 110′; GRAN BRETAGNA, 1998.

LAND – LA TERRA, THE ★★★
Regia di ROBERT J. FLAHERTY. ■ Il film, commissionato al grande regista dal presidente Roosevelt, descrive la terribile "malattia della terra" che si abbatté su alcuni Stati americani e che minacciò di trasformare in deserto territori fertilissimi. ■ DOCUMENTARIO; B/N; 92′; USA, 1942.

LAND OF THE LOST ★
Regia di BRAD SILBERLING. Con WILL FERRELL, ANNA FRIEL, DENNY R. MCBRIDE, RAYMOND OCHOA, JORMA TACCONE. ■ Uno scienziato di basso calibro che scopre un varco spazio-temporale verso un'altra dimensione. Bloccato nel mondo parallelo si trova a lottare contro piante, dinosauri e alieni che vogliono dominare il mondo, tra le reliquie insabbiate della civiltà occidentale. *Land of the Lost* è tratto da una serie televisiva degli anni Settanta e ne ricostruisce l'atmosfera, con gag non divertenti, effetti speciali obsoleti e una serie di situazioni di cui si conosce il seguito ancor prima che inizino. ■ AVVENTURA; COL.; 101′; USA, 2009.

LANDRU ★★★
Regia di CLAUDE CHABROL. Con DANIELLE DARRIEUX, CHARLES DENNER, MICHÈLE MORGAN, HILDEGARDE NEFF. ■ Da un soggetto di Françoise Sagan. Il film racconta la storia del seduttore e assassino Landru che, all'inizio del Novecento, attirava le sue vittime e le cremava nel forno di casa. ■ COMMEDIA; COL.; 115′; FRANCIA, 1963.

LANGUIDI BACI... PERFIDE CAREZZE ★★★
Regia di ALFREDO ANGELI. Con ELISA CEGANI, CRISTIANO CENSI, LUIGI PROIETTI, GIOVANNA RALLI, GIACOMO RIZZO. ■ Un evaso di nome Orfeo si rifugia nella villa di una dama di carità che aveva precedentemente conosciuto in carcere. La donna è molto bella ed è la moglie di un famoso chirurgo. Ben presto i due diventano amanti. Orfeo però è troppo possessivo e finisce col guastare l'equilibrio della vita borghese della donna, la quale decide di eliminarlo. ■ COMMEDIA; COL.; 115′; ITALIA, 1976.

LANI LOA *(Lanai Loa)* ★★
Regia di SHERWOOD HU. Con LEO AKANA, RAY BUMATAI, CARLOTTA CHANG. ■ Questo thriller di ambientazione hawaiana racconta la storia di un poliziotto che rimane vedovo il giorno del suo matrimonio per una sparatoria di una gang malavitosa. È solo l'inizio di una serie di vicende che coinvolge il protagonista accusato, tra l'altro, di omicidio da un poliziotto corrotto. Suo unico scopo è quello di vendicarsi: solo così potrà liberarsi dagli incubi che lo perseguitano. ■ THRILLER; COL.; 90'; USA, 2001.

LANTANA ★★
Regia di RAY LAWRENCE. Con KERRY ARMSTRONG, BARBARA HERSHEY, ANTHONY LAPAGLIA, GEOFFREY RUSH. ■ La lantana è un'erba difficile da trovare: cresce nel sottobosco, ha un aspetto gradevole ma nasconde tante spine e può essere velenosa. La storia, una metafora sull'amore e il matrimonio tratta da una piece teatrale di Andrew Bovell, gira intorno a quattro coppie di mezz'età, alle loro nevrosi, fughe, tradimenti o sospetti tali. E si tinge di giallo quando la psichiatra Valerie Somers (Barbara Hershey) scompare misteriosamente. Il detective Leon (Anthony LaPaglia) viene chiamato ad indagare, e scopre di essere coinvolto nel caso più direttamente di quanto non creda. Il film è vagamente claustrofobico, effettivamente più adatto ad una rappresentazione teatrale che cinematografica. ■ DRAMMATICO; COL.; 121'; AUSTRALIA, 2002.

LANTERNA DEL DIAVOLO, LA ★★
Regia di CARLO CAMPOGALLIANI. Con MARIA BONORA, CARLO GUALANDRI, ALFREDO MARTINELLI, DONATELLA NERI. ■ È la seconda opera di questo prolificissimo regista, successiva a *Medico per forza* con Petrolini. ■ AVVENTURA; B/N; 93'; ITALIA, 1931.

LANTERNA VERDE *(Green Lantern)* ★★
Regia di MARTIN CAMPBELL. Con BLAKE LIVELY, TEMUERA MORRISON, RYAN REYNOLDS, PETER SARSGAARD, MARK STRONG. ■ Pilota d'aerei abile e spericolato, uomo inaffidabile ma affascinante e soprattutto temerario, Hal Jordan è l'ignaro prossimo Lanterna Verde, un'istituzione galattica che sceglie e arruola i migliori individui da tutti i pianeti del cosmo con il fine di tutelare l'universo. La minaccia stavolta è delle peggiori: Parallax, creatura creduta sconfitta per mano di una delle più grandi Lanterne Verdi mai esistite e invece ancora viva. Un mostro che si nutre della paura e che potrà essere sconfitto solo da quella Lanterna che saprà anteporre la forza della propria volontà al timore della morte. ■ AZIONE; COL.; 114'; USA, 2011.

LANTERNE ROSSE *(Dahong Denglong Gaogao Gua)* ★★★★
Regia di ZHANG YIMOU. Con HE CAIFEI, CAO CUIFENG, GONG LI, JIN SHUYUAN. ■ Può essere considerato senz'altro un capolavoro, questo di Zhang Yimou. Un regista che ha già realizzato due opere come *Sorgo rosso* e *Ju Dou* e che può essere confrontato, pur non essendo giapponese, al grande Akira Kurosawa. Siamo in Cina negli anni Venti. Un ricco cinese si sposa per la quarta volta. Tutte le mogli vivono nell'immensa dimora. La vita matrimoniale è scandita dalle lanterne rosse, che vengono accese davanti alla stanza della prescelta per la notte. Si innescano così gelosie e competizioni, anche mortali. Il film è da ritenersi un capolavoro soprattutto formale. Le riprese sono simmetriche, secondo lo stile dei grandi fotografi, quale, appunto, il regista è stato. ■ DRAMMATICO; COL.; 125'; CINA, 1991. ■ DAVID DI DONATELLO 1 PR, 1 NOM; OSCAR 1 NOM; VENEZIA 1 PR.

LAOS CROCEVIA DELLA VIOLENZA *(Highriders)* ★★
Regia di CLARK HENDERSON. Con JOHN CALVIN, JOHN ERICSON. ■ Un commando costituito da mercenari già assoldati per una missione in Vietnam finisce tra le paludi del Laos per una ennesima, pericolosa avventura. Il regista è uno specialista del genere. ■ GUERRA; COL.; 95'; USA, 1989.

♥ **L'APPARENZA INGANNA** *(Le Placard)* ★★★
Regia di FRANCIS VEBER. Con MICHEL AUMONT, DANIEL AUTEUIL, GÉRARD DEPARDIEU, MICHÈLE LAROQUE, THIERRY LHERMITTE, JEAN ROCHEFORT. ■ François Pignon è davvero in crisi: la moglie lo ha lasciato, il figlio diciassettenne lo ignora e la società per cui lavora sta per licenziarlo. Tenta il suicidio buttandosi dal balcone di casa, ma un vicino lo salva e gli suggerisce una soluzione: fingersi omosessuale. Tutti restano sorpresi e più di tutti il presidente della compagnia: non può più licenziarlo perché chi produce preservativi non può cacciare un omosessuale senza farsi una pessima pubblicità. Da qui in avanti gli equivoci si susseguono. Francis Veber è tornato a far centro in Francia dopo *La cena dei cretini*. ■ COMMEDIA; COL.; 84'; FRANCIA, 2001.

LAPUTA: CASTLE IN THE SKY ★★★
(Tenku no shiro Rapyuta)
Regia di HAYAO MIYAZAKI. ■ Ispirato a Swift e a Verne, il primo lungometraggio prodotto dallo Studio Ghibli (nato per volontà dello stesso Miyazaki e punto di riferimento per tutti gli appassionati di animazione del mondo) narra la vicenda di due ragazzi (Pazu e Sheeta) e della loro ricerca dell'isola/fortezza volante di Laputa. In questa rierca sono aiutati da una banda di pirati alquanto strampalati e guidati da una terribile nonnetta e dal ciondolo di Sheeta, una pietra magica contenente una straordinaria energia proveniente dall'isola stessa. Nonostante l'ambientazione tecnologica e avventurosa, anche in Laputa il tema ambientalista è dominante: la fortezza resta disabitata e accoglie al suo interno una natura selvaggia e incontaminata ed i cattivi di turno fanno una brutta fine. Come in tutti i film del regista colpisce l'approfondimento psicologico dei personaggi, la sublime tecnica realizzativa e l'abilità di Miyazaki nell'alternare scene drammatiche e momenti leggeri e divertenti. Il protagonista maschile è ricalcato sia nei tratti somatici che in quelli caratteriali sull'immagine di un altro eroe miyazakiano, Conan, protagonista di una serie animata di successo e più volte trasmessa anche in Italia. ■ ANIMAZIONE; COL.; 124'; GIAPPONE, 1986.

LARGO, PASSO IO! *(Excuse my Dust)* ★★
Regia di ROY ROWLAND. Con MACDONALD CAREY, SALLY FORREST, RED SKELTON. ■ Joe, inventore in erba, sorprende e irrita il vicinato con le sue non sempre felici trovate. Viene indetta una gara automobilistica cui il giovane partecipa e a cui prende parte anche il suo rivale in amore. ■ COMMEDIA; COL.; 82'; USA, 1951.

LARRY, AGENTE SEGRETO ★★
(The Treasure of San Teresa)
Regia di ALVIN RAKOFF. Con DAWN ADDAMS, EDDIE CONSTANTINE, MARIUS GORING. ■ Larry è una spia americana in Germania durante l'ultima guerra: gli capita di recapitare un pacco in un convento. A guerra finita viene a sapere che questo conteneva diamanti; insieme a un certo Sibert torna al convento per recuperarlo. ■ SPIONAGGIO; B/N; 81'; GRAN BRETAGNA, 1959.

LARRY FLINT. OLTRE LO SCANDALO ★★🏆
(Larry Flint)
Regia di MILOS FORMAN. Con WOODY HARRELSON, COURTNEY LOVE, EDWARD NORTON. ■ Larry Flint, personaggio vivente, è un editore di una rivista scandalistica che ha un sacco di guai con la giustizia. Gli sparano e finisce su una sedia a rotelle. Combatte la sua battaglia in nome della libertà. E la vince. Nel frattempo si racconta il suo rapporto con la moglie drogata e malata di Aids. Più fumo che arrosto, com'è caratteristica di Forman, autore che non ha più rispettato le promesse fatte al tempo del *Cuculo*. Si aspetta per oltre due ore che il profilo del film si alzi. Inutilmente. ■ BIOGRAFICO; COL.; 130'; USA, 1996. ■ BERLINO 🏆 1 PR; GOLDEN GLOBES 🏆 2 PR, 5 NOM; OSCAR 🏆 3 NOM.

LARSEN, IL LUPO *(Wolf Larsen)* ★★★
Regia di HARMON JONES. Con PETER GRAVES, GITA HALL, BARRY SULLIVAN. ■ Dal romanzo *The Sea Wolf* di Jack London. Un naufrago, Van Weyden, viene raccolto da una nave che caccia le foche. Il comandante Larsen, uomo abile e coraggioso ma anche molto crudele, suscita in Van Weyden e nell'equipaggio un sentimento contraddittorio di odio e ammirazione. Dopo mille avventure, avrà la peggio Larsen. ■ AVVENTURA; B/N; 83'; USA, 1958.

LARS E UNA RAGAZZA TUTTA SUA ★★
(Lars and the Real Girl)
Regia di CRAIG GILLESPIE. Con PATRICIA CLARKSON, DOUG LENNOX, KELLI GARNER, RYAN GOSLING, EMILY MORTIMER, NANCY BEATTY, PAUL SCHNEIDER. ■ Lars Lindstrom vive in un freddo paesino del Wisconsin. Sociofobico e patologicamente timido, un giorno si presenta a casa del fratello dichiarando di aver trovato

una fidanzata via internet, Bianca. Tutto normale, non fosse che la ragazza è una bambola di dimensioni umane. La famiglia e a breve l'intero villaggio finiranno per assecondare Lars nella sua follia, trattando Bianca come una ragazza reale. ■ COMMEDIA; COL.; 106'; USA, 2007.

LA SAI L'ULTIMA SUI MATTI? ★
Regia di MARIANO LAURENTI. Con GEGIA, BOMBOLO, ENZO CANNAVALE, GIORGIO PORCARO, ANNA MARIA RIZZOLI. ■ Barzellette, battute grossolane e avventurette piccanti ambientate in una clinica psichiatrica, gestita, naturalmente, da un'avvenente dottoressa. Volgare e insulso ai limiti della sopportabilità, e per giunta noioso. ■ COMMEDIA; COL.; 90'; ITALIA, 1982.

LASCIA CANTARE IL CUORE ★★
Regia di ROBERTO SAVARESE. Con VIVI GIOI, ELENA LUBER, ALBERTO RABAGLIATI. ■ Versione italiana del film *...Und die Musik spielt dazu* del regista tedesco Carl Boese, uscito in Germania nel 1943. Il film dà agio al protagonista di esibirsi nel canto. ■ COMM. MUSICALE; B/N; 90'; ITALIA, 1943.

LASCIA FARE A GIORGIO *(Let George Do it)* ★★
Regia di MARCEL VARNEL. Con PHYLLIS CALVERT, GEORGE MURPHY, GARRY MARSH. ■ Un chitarrista si imbarca con la sua orchestra su un piroscafo dove, scambiato per un agente segreto, si trova invischiato in un giro di spionaggio. Finito su un sottomarino dei nazisti, viene messo al posto del siluro e catapultato tra le braccia della sua innamorata. ■ COMICO; B/N; 92'; GRAN BRETAGNA, 1940.

LASCIAMI BACIARE LA FARFALLA *(I Love You)* ★★
Regia di HY AVERBACK. Con DAVID ARKIN, JANET CLARK, PETER SELLERS, JO VAN FLEET, JOYCE VAN PATTEN. ■ Un serio avvocato in procinto di sposare la sua segretaria Joyce, si innamora di Nancy, una hippy che gli invade la casa con i suoi spregiudicati amici. ■ COMMEDIA; COL.; 93'; USA, 1968.

LASCIAMI ENTRARE *(Låt den rätte komma in)* ★★
Regia di TOMAS ALFREDSON. Con KARE HEDEBRANT, LINA LEANDERSSON. ■ Svezia, 1982. A Blackeberg, un piccolo centro della periferia di Stoccolma, Oskar sogna di vendicarsi del mobbing che subisce ogni giorno da tre compagni di classe. Armato di un coltello immagina di infilarlo nello stomaco di Connie, che dei tre è il più arrogante. Una notte la tranquillità del quartiere in cui vive viene interrotta dall'arrivo di un uomo e di una dodicenne pallida e ambigua che sembra non conoscere freddo e paura. Con l'arrivo dei nuovi inquilini dell'appartamento di fianco al suo, una serie di efferati omicidi iniziano a macchiare il paesaggio innevato e ben presto Oskar scopre che Eli, con la quale nel frattempo ha stretto una tenera amicizia, altri non è che un vampiro imprigionato in eterno in un corpo da bambina. Il silenzio assordante e l'oscurità del gelido, immacolato inverno svedese con le sue pianure imbiancate offrono lo scenario ideale per il soft horror romantico di Tomas Alfredson. ■ HORROR; COL., 114'; SVEZIA, 2008.

LASCIAMI SOGNARE – IL CANTO DELL'UOMO SOLITARIO *(Meet Danny Wilson)* ★★
Regia di JOSEPH PEVNEY. Con BRIAN DONLEVY, PEGGY DOW, HOWARD DUFF. ■ Il cantante Danny e l'impresario Mike formano una coppia squattrinata. Insieme conoscono la ballerina Joy che fa loro ottenere una scrittura e di cui Danny si innamora. Joy invece ama Mike e questo ostacolo sembra separare i due amici. ■ COMMEDIA; B/N; 86'; USA, 1951.

LASCIAPASSARE PER IL MORTO ★★
Regia di MARIO GARIAZZO. Con HÉLÈNE CHANEL, LINDA CHRISTIAN, ERNO CRISA, ALBERTO LUPO. ■ Un malvivente scappa con il bottino di una rapina e, per varcare il confine, si fa chiudere in una cella frigorifera. Mancato l'appuntamento con la sua ragazza, fugge per le montagne dove si trova anche lei. Entrambi sono vinti dal gelo. ■ DRAMMATICO; B/N; 93'; ITALIA, 1962.

LASCIA PERDERE, JOHNNY! ★★
Regia di FABRIZIO BENTIVOGLIO. Con FABRIZIO BENTIVOGLIO, FLAVIO BONACCI, DARIA D'ANTONIO, ROBERTO DE FRANCESCO, UGO FANGAREGGI, VALERIA GOLINO, ERNESTO MAHIEUX, ANTIMO MEROLILLO, LUIGI MONTINI, LINA SASTRI, PEPPE SERVILLO, TONI SERVILLO. ■ Caserta, seconda metà degli anni Settanta. Il maestro d'orchestra – nonché bidello – Domenico Falasco, è autore di una singolare teoria che confida con sapienza a uno dei suoi giovani più promettenti, il diciottenne Faustino, in attesa di un contratto di lavoro per evitare la chiamata di leva. Più che teoria, in realtà, si tratta di un bizzarro consiglio: far valere il proprio talento e accettare solo "serate" nei luoghi di mare, perché è là che vanno davvero i bravi musicisti. Il giovane Faustino, però, continua a essere il tuttofare di Raffaele Niro, un impresario poco affidabile che un giorno torna nella sua Caserta con un ingaggio davvero straordinario: il famoso maestro Augusto Riverberi, eccezionale pianista, arriverà in città per esibirsi con la sua "piccola orchestra" di trenta elementi. Per il giovane talento, orfano di padre, è il momento di far sul serio. ■ COMMEDIA; COL.; 104'; ITALIA, 2007.

LASCIARSI *(Breking Up)* ★
Regia di ROBERT GREENWALD. Con RUSSELL CROWE, SALMA HAYEK. ■ Tallonando sequenza dopo sequenza la relazione tra Monica e Steve (parole, parole, piccoli fatti, liti, riconciliazioni), il regista avanza la tesi che... il rapporto amoroso è complicato. ■ COMMEDIA; COL.; 100'; USA, 1997.

LASCIA STARE MADDALENA *(Mr. Brown Comes down the Hill)* ★★
Regia di HENRY CASS. Con ERIC FLYNN, MARK HEATH, JOHN RICHMOND, LILLIAS WALKER, RICHARD WARNER. ■ Film allegorico: tre persone in crisi incontrano in forme diverse il loro salvatore. ■ DRAMMATICO; COL.; 90' GRAN BRETAGNA, 1936.

LASCIATECI CANTARE *(Land Without Music)* ★★
Regia di WALTER FORDE. Con JUNE CLYDE, JIMMY DURANTE, RICHARD TAUBER. ■ Gli abitanti di un paese immaginario passano il loro tempo suonando e cantando. Un decreto vieta ogni manifestazione musicale: c'è la crisi economica e bisogna rimboccarsi le maniche. Ma la ripresa avverrà proprio per merito delle doti musicali dei bravi cittadini. ■ COMM. MUSICALE; B/N; 80'; GRAN BRETAGNA, 1936.

LASCIATECI IN PACE ★★
Regia di MARINO GIROLAMI. Con FRANCA MARZI, UMBERTO SPADARO, ENRICO VIARISIO. ■ Achille Buongiorno, un semplice commesso di drogheria, è fagocitato dai partiti ed è eletto sindaco del suo paese dai comunisti che si impegnano per la costruzione di un acquedotto. Erano tuttavia solo promesse elettorali. ■ COMMEDIA; B/N; 92'; ITALIA, 1953.

LASCIATECI VIVERE! *(Let us Live!)* ★★★
Regia di JOHN BRAHM. Con HENRY FONDA, MAUREEN O'SULLIVAN. ■ Due taxisti americani vengono ingiustamente accusati di un delitto e condannati alla pena di morte. La fidanzata di uno dei due e un poliziotto convinto della loro innocenza lottano contro il tempo per raccogliere indizi di non colpevolezza. ■ DRAMMATICO; B/N; 68'; USA, 1939.

LASCIATE FARE ALLE DONNE – LASCIATECI CANTARE *(Glückskinder)* ★★
Regia di PAUL MARTIN. Con WILLY FRITSCH, LILIAN HARVEY. ■ Una vagabonda, che ha sposato un giornalista e il cui matrimonio non funziona, si finge figlia di un ricco rapita da una banda e riesce con questo espediente a liberare la vera prigioniera. ■ COMMEDIA; B/N; 94'; GERMANIA, 1936.

LASCIATELI VIVERE! *(Laissez les vivre)* ★★
Regia di CHRISTIAN ZUBER. ■ Documentario sulle specie animali in via di estinzione. ■ DOCUMENTARIO; B/N; 95'; FRANCIA, 1969.

LASCIATE OGNI SPERANZA ★★
Regia di GENNARO RIGHELLI. Con ROSINA ANSELMI, GIORGIO DE REGE, GUIDO DE REGE, MARIA DENIS, ANTONIO GANDUSIO, ELLI PARVO. ■ Un uomo sogna nella stessa notte i numeri del lotto e il giorno e l'ora esatti del suo decesso. Gioca i numeri e vince. ■ COMMEDIA; B/N; 95'; ITALIA, 1937.

LASCIATE SPARARE... CHI CI SA FARE *(Laissez tirer les tireurs)* ★★
Regia di GUY LEFRANC. Con EDDIE CONSTANTINE, DAPHNE DAYLE, MARIA SPINA. ■ Una nuova arma top secret è rubata da un certo Martin, in trattative per cederla ad agenti stranieri. L'agente Jeff Gordon dell'Fbi, superando vari ostacoli, libera la se-

gretaria dell'inventore rapita dai rivali e cattura la banda. ■ AVVENTURA; B/N; 90'; FRANCIA, 1964.

LASER X: OPERAZIONE UOMO *(The Projected Man)* ★★
Regia di IAN CURTEIS. Con RONALD ALLEN, BRYANT HALLIDAY, MARY PEACH, NORMAN WOOLAND. ■ Il professor Steiner ha inventato un apparecchio laser che estrae l'energia sia da un corpo vivente che da un corpo inanimato. ■ FANTASCIENZA; COL.; 77'; GRAN BRETAGNA, 1967.

LASSITER LO SCASSINATORE *(Lassiter)* ★★
Regia di ROBERT MALCOLM YOUNG. Con BOB HOSKINS, TOM SELLECK, JANE SEYMOUR. ■ Nella Londra del 1939 l'abilissimo ladro gentiluomo Lassiter (Selleck) viene reclutato dai servizi segreti anglo-americani per sottrarre un'ingente somma in diamanti all'ambasciata tedesca. Il colpo riesce, ma Lassiter vuole tenere i diamanti per sé. E il film prende quota, in equilibrio tra suspense e ironia. ■ AVVENTURA; COL.; 100'; USA, 1983.

LASSÙ QUALCUNO È IMPAZZITO ★★
(The Gods Must be Crazy II)
Regia di JAMIE UYS. Con ERICK BOWEN, LENA FARUGIA, NIXAU, HANS STRYDOM. ■ In Africa, due viaggiatori, una dottoressa americana e uno zoologo, si salvano da un incidente aereo planando dolcemente su un gigantesco baobab. Si imbattono in uno struzzo quasi umano, in una scimmia burlona, in un boscimano che cerca i figli rapiti da un bracconiere e in altri strani e coloriti personaggi. Tutti cercano qualcuno e l'andirivieni tra giungla e deserti è fonte di ilarità e divertimento. ■ AVVENTURA; COL.; 100'; USA, 1989.

LASSÙ QUALCUNO MI AMA ★★★★
(Somebody up There Likes me)
Regia di ROBERT WISE. Con PIER ANGELI, EILEEN HECKART, STEVE MCQUEEN, SAL MINEO, PAUL NEWMAN, EVERETT SLOANE. ■ È la storia romanzata del famoso boxeur italo-americano Rocky Graziano, che visse una giovinezza aspra tra un riformatorio e l'altro prima di divenire campione di fama mondiale. Il matrimonio con Norma e la nascita di una bambina non bastano a renderlo felice, quando in un mondo corrotto e mafioso come quello del pugilato arrivano a sbandierare il suo triste passato. Ma il pubblico fedele non lo abbandona. ■ BIOGRAFICO; B/N; 113'; USA, 1956. ■ OSCAR 2 PR, 3 NOM.

LASSÙ QUALCUNO MI ATTENDE *(Heavens above!)* ★★★
Regia di JOHN BOULTING. Con ISABEL JEANS, CECILIA PARKER, PETER SELLERS, IAN CARMICHAEL. ■ Nella provincia inglese un pastore protestante ostile ai ritrovati della tecnica manda in rovina l'economia della cittadina. ■ COMMEDIA; B/N; 118'; GRAN BRETAGNA, 1963.

LAST ACTION HERO – L'ULTIMO GRANDE EROE ★★
(Last Action Hero)
Regia di JOHN MCTIERNAN. Con F. MURRAY ABRAHAM, ART CARNEY, CHARLES DANCE, AUSTIN O'BRIEN, ANTHONY QUINN, ARNOLD SCHWARZENEGGER. ■ Un ragazzino di nome Danny è fanatico di Arnold Schwarzenegger e finisce per magia in un film del suo eroe. Così vediamo il personaggio interpretato da Schwarzenegger che incontra l'attore, cioè se stesso, e molti altri nomi famosi in comparsate. Costato molti miliardi e con incassi deludenti, si tratta di un pasticcio con rari momenti felici. ■ COMMEDIA; COL.; 131'; USA, 1994.

LAST DAYS ★★★
Regia di GUS VAN SANT. Con ASIA ARGENTO, KIM GORDON, LUKAS HAAS, RICKY JAY, HARMONY KORINE, RILEY G. MATTHEWS JR., MICHAEL PITT, COLLEEN STURTEVANT, ARI TOMAIS, NICOLE VICIUS. ■ Blake, musicista, trascorre le ultime ore prima del suicidio vagando allucinato in una villa di campagna. La macchina da presa lo segue nel bosco, sulla strada del lago e nelle stanze della casa che proteggono ma, contemporaneamente, soffocano. In questo labirinto, Blake percorre mille strade per non arrivare da nessuna parte, indossa mille vestiti senza trovare il suo, balbetta parole (forse) senza senso, suona una musica solo immaginata. Intorno a lui, come in un castello kafkiano, si muovono amici (fra cui Asia Argento) e persone che comunicano senza comprendersi, si muovono senza incontrarsi. Gus Van Sant ancora una volta impegnato a rappresentare il disagio giovanile, attraverso lunghe inquadrature fisse e piani sequenza. Quasi a voler sottolineare l'oppressione del tempo, che si ferma solo nel momento in cui Pitt inizia a suonare, e l'immagine si allontana con un lentissimo carrello all'indietro. ■ DRAMMATICO; COL.; 97'; USA, 2005.

LAST DAYS OF DISCO, THE ★★
Regia di WHIT STILLMAN. Con MACKENZIE ASTIN, KATE BECKINSALE, CHRIS EIGEMAN, CHLOE SEVIGNY. ■ Storia di un locale alla moda nella New York degli anni Ottanta. Si fa la coda per entrare, il buttafuori fa da padrone. Dentro si balla, ci si incontra, si esce e si va in cerca d'amore. Intanto c'è la solita fiera delle personalità. Una buona partenza che finisce per rallentare nelle sabbie mobili, fino a quasi fermarsi. ■ COMMEDIA; COL.; 113'; USA, 1998.

LAST DAYS OF EMMA BLANK ★★★
(De laatste dagen van Emma Blank)
Regia di ALEX VAN WARMERDAM. Con GENE BERVOETS, MARLIES HEUER, ANNET MALHERBE, GIJS NABER, EVA VAN DE WIJDEVEN. ■ In una grande casa nella campagna olandese vive Emma Blank. Servita da una cuoca, una cameriera, un assistente personale, un giardiniere e un uomo ai suoi piedi. Emma è malata e attende la propria morte. Ad attendere però sono anche i servitori i quali intrattengono con la signora uno strano rapporto. Raramente il cinema olandese trova riscontro internazionale, in questo caso però Alex van Warmerdam azzecca una commedia divertente. ■ DRAMMATICO; COL.; 90'; PAESI BASSI, 2009.

LAST EXORCISM – LIBERACI DAL MALE, THE *(The Last Exorcism Part II)* ★★
Regia di ED GASS-DONNELLY. Con ASHLEY BELL, JULIA GARNER, LOUIS HERTHUM, TARRA RIGGS, SPENCER TREAT CLARK. ■ Nell è sopravvissuta ai fatti del film precedente, *L'ultimo esorcismo*, ma è comprensibilmente traumatizzata. Dopo un ricovero in ospedale, viene accolta alla Devereux Hall di New Orleans, un rifugio per ragazze problematiche a cura del dottor Frank Merle. Questi le assicura che nessuno è sopravvissuto oltre a lei, ma Nell nega: anche il demone Abalam ce l'ha fatta. Come già *[Rec] La Genesi*, anche questo sequel abbandona il formato del *found footage* per un approccio più tradizionale. Senza l'estetica del reality horror e, soprattutto, senza il dubbio del primo film. ■ HORROR; COL.; 88'; USA, 2013.

LAST FOOD ★★
Regia di DANIELE CINI. Con GIGIO ALBERTI, LUDOVICA ANDÒ, SILVANA BOSI, MARIANNE COTTON, BRUNO GAMBAROTTA, FANNY LA MONICA, HAL YAMANOUCHI. ■ Un tragico incidente aereo lascia due soli superstiti, un cuoco giapponese, che ha nel cucinare il suo credo, e un francese, proprietario di un'azienda di catering, che considera l'atto di mangiare una fonte di business e di denaro. Durante il loro cammino verso la salvezza, i due uomini affrontano la fame e la lotta per la sopravvivenza, e si mettono alla prova l'uno contro l'altro, per capire, prima di tutto, se stessi. ■ COMMEDIA; COL.; 91'; ITALIA, 2003.

LAST MINUTE MAROCCO ★★
Regia di FRANCESCO FALASCHI. Con STEFANO DIONISI, DANIELE DE ANGELIS, MARIA GRAZIA CUCINOTTA, LORENZO BALDUCCI, GABRIELLA BARBUTI, VIRA CARBONE, BIANCA CIOCCA, VALERIO MASTANDREA, PAOLO SASSANELLI, PAOLO STELLA, NICOLAS VAPORIDIS. ■ Dopo la maturità si parte per le vacanze. Ecco dunque l'ideale seguito di *Notte prima degli esami*, ennesimo spensierato viaggio estivo giovanilista. La storia è quella di tre ragazzi romani in fuga verso il Marocco: il più giovane, Valerio, già nomade ribelle in *Ma che ci faccio qui*, Andrea, il tipico romanaccio sgamato in cerca di sesso e canne, e Giacomo, il brontolone del gruppo, serio e inquadrato, ma soltanto fino a un certo punto. ■ COMMEDIA; COL.; 88'; ITALIA, 2006.

LAST NIGHT ★★
Regia di DON MCKELLAR. Con DAVID CRONENBERG, DON MCKELLAR, SANDRA OH, SARAH POLLEY. ■ L'attore di *Exotica* diretto da Egoyan e *Existenz* da Cronenberg (che recita nel film) esordisce alla regia. Si tratta di una tesi sulla fine del mondo: si osserva il comportamento umano di fronte a un tale avvenimento. Un impiegato, una ragazza orientale e un insegnante sono alcuni dei personaggi che si alternano in questa pellicola premiata col

Prix de la jeunesse al Festival di Cannes. ■ FANTASCIENZA; COL.; 90′; CANADA, 1999.

LAST NIGHT ★★★
Regia di MASSY TADJEDIN. Con GUILLAUME CANET, DANIEL ERIC GOLD, KEIRA KNIGHTELY, EVA MENDES, SAM WORTHINGTON. ■ Michael progetta ristrutturazioni di immobili commerciali, Joanna è una freelance che prova a superare l'empasse del primo romanzo. Insieme da sempre e sposati da quattro anni, Michael e Joanna conducono una vita agiata e ideale in un appartamento newyorkese del tutto perfetto. Durante una cena di lavoro, osservando il marito e la sua nuova e avvenente collega, Joanna resta turbata dalla loro intesa. Decisa a chiarirsi quello che ha visto o che credo di avere visto, affronta Michael che le confessa incolpevole fascino e forza di attrazione di Laura. Una notte e due uova dopo, i coniugi ritrovano la serenità e si svegliano a una nuova giornata che li scoprirà geograficamente lontani ed emotivamente confusi. A Philadelphia per incontrare un cliente, Michael viaggia con Laura e con la fantasia di concedersi forse quell'infedeltà. Sull'immagine di sentimenti repressi e sull'intenzione di un dire senza mai dire, *Last Night* si sospende confinando nel fuoricampo tutto il pathos e le certezze svelate. ■ DRAMMATICO; COL.; 92′; USA, FRANCIA, 2010.

LAST OF ENGLAND – LA FINE DELL'INGHILTERRA, THE *(The Last of England)* ★★
Regia di DEREK JARMAN. Con DEREK JARMAN, SPENCER LEIGH, TILDA SWINTON. ■ È un film presentato fuori concorso alla Mostra di Venezia del 1989. Un ragazzo si droga fra le macerie di un palazzo (si allude all'Inghilterra), alcuni mimi e ballerini danzano al rumore di raffiche di pallottole, un ragazzo e un soldato fanno l'amore sulla bandiera britannica. Un lungo testo poetico di Jarman e musiche sperimentali rock fanno da corredo. Siamo di fronte a un altro film politico dell'autore di *Caravaggio* ed *Edoardo II*. ■ SPERIMENTALE; COL.; 91′; GRAN BRETAGNA, 1989.

LAST RESORT ★★
Regia di PAUL PAWLIKOVSKY. Con PADDY CONSIDINE, DINA KORZUN, IRINA SALTYKOVA, ARTYOM STRELNIKOV. ■ Tanya è una giovane donna che vive a Mosca con un figlio di dieci anni: quando incontra Mark, accetta la sua proposta di matrimonio e decide di trasferirsi in Inghilterra. Quando arriva all'aeroporto di Londra, però, Mark non è lì ad attenderla e le autorità britanniche non sanno che fare di lei e del figlio. L'uomo sembra sparito nel nulla e Tanya si rende conto di essere stata molto ingenua. ■ DRAMMATICO; COL.; 73′; GRAN BRETAGNA, 2002.

LAST SHOT, THE ★★
Regia di JEFF NATHANSON. Con ALEC BALDWIN, MATTHEW BRODERICK, TONI COLLETTE, CALISTA FLOCKHART, IAN GOMEZ, BUCK HENRY, RAY LIOTTA, TIM BLAKE NELSON, TONY SHALHOUB. ■ Un regista, dopo aver a lungo cercato un finanziatore per un suo progetto, alla fine lo trova. Il "produttore" non mostra particolari attitudini e il regista trova la conferma dei suoi sospetti quando scopre che si tratta di un agente dell'Fbi, e che il soggetto del film ha toccato un argomento delicato. Rivisto un Alec Baldwin in discreta forma. ■ COMMEDIA; COL.; 93′; USA, 2004.

LAST SEPTEMBER *(The Last September)* ★★★
Regia di DEBORAH WARNER. Con JANE BIRKIN, CATHERINE WALSH, MICHAEL GAMBON, KEELEY HAWES, TOM HICKEY, MAEVE KEARNEY, GARY LYDON, FRANCINE MULROONEY, EMILY NAGLE, RICHARD ROXBURGH, FIONA SHOW, JONATHAN SLINGER, MAGGIE SMITH, DAVID TENNANT, LAMBERT WILSON. ■ 1920. Contea di Cork. Le forze britanniche stanno per essere sconfitte dalla ribellione nell'Irlanda del Sud. Le famiglie aristocratiche anglo-irlandesi si sentono ormai più irlandesi che inglesi. Sir Richard Naylor vive con la moglie Lady Myra nella consapevolezza che le cose cambieranno, ma senza sapere bene come. Vivono con loro il diciannovenne nipote di Sir Richard, Lois e Laurence, nipote di Myra proveniente da Oxford. Giungono anche Hugo e Francie Montgomery, amici di famiglia. Tra queste persone si intrecciano storie sullo sfondo di questi eventi. Interni ed esterni sono ripresi come se fossimo in un film di Ivory ma la produzione di Jordan e la sensibilità della Warner marcano la differenza. ■ DRAMMATICO; COL.; 102′; FRANCIA, GRAN BRETAGNA, IRLANDA, 2001.

LAST SONG, THE ★
Regia di JULIE ANNE ROBINSON. Con BOBBY COLEMAN, MILEY CYRUS, LIAM HEMSWORTH, GREG KINNEAR, KELLY PRESTON. ■ Ronnie e il fratellino lasciano New York per trascorrere un'estate nella casa del padre, su una spiaggia della Georgia. Da quando i genitori hanno divorziato, Ronnie si è chiusa in se stessa e non ha più suonato il pianoforte, sprecando un talento che da piccola l'aveva già consacrata fuoriclasse. Mentre il recupero del rapporto col genitore è più problematico, l'incontro-scontro con un atletico ragazzo del posto procede sentimentalmente a gonfie vele. Un film che non riserva sorprese. ■ DRAMMATICO; COL.; 107′; USA, 2010.

LAST STAND – L'ULTIMA SFIDA, THE ★★
(The Last Stand)
Regia di KIM JEE-WOON. Con JAIMIE ALEXANDER, JOHNNY KNOXVILLE, GENESIS RODRIGUEZ, RODRIGO SANTORO, ARNOLD SCHWARZENEGGER. ■ Lo sceriffo Ray Owens, un tempo nella polizia di Los Angeles, conduce ora una vita tranquilla a Sommerton, al confine tra l'Arizona e il Messico. Quando però il pericoloso narcotrafficante Gabriel Cortez sfugge all'Fbi nel corso di un trasferimento, Owens torna in azione. I federali perdono colpi, mentre lo sceriffo e i suoi amici si preparano ad arrestare la corsa di Cortez, ricorrendo a qualsiasi mezzo. ■ AZIONE; COL.; 107′; USA, 2013.

LATINO BAR ★★
Regia di ANTONIETTA COLON, PAUL LEDUC, DOLORES PEDRO, ROBERTO SOSA. Con JUANA BACALLAO, CECILIA BELLORIN, MILAGROS CARIAS, PEDRO DURAN. ■ Un'opera particolare. La colonna sonora domina su tutto il film che può essere considerato un film musicale. Un operaio conosce una donna ballando e i due avranno un'avventura. ■ COMMEDIA; COL.; 80′; CUBA, SPAGNA, VENEZUELA, 1991.

LATITUDINE ZERO *(Ido zero daisakusen)* ★★
Regia di ISHIRÔ HONDA. Con JOSEPH COTTEN, PATRICIA MEDINA, MARI NAKAYAMA, CESAR ROMERO, AKIRA TAKARADA. ■ Viaggio avventuroso di due scienziati e un giornalista che finiscono in un avveniristico sottomarino che ha la sua base in un paese sotto il mare, chiamato Latitudine Zero. ■ FANTASCIENZA; COL.; 90′; GIAPPONE, 1969.

LATO COMICO DELLA VITA, IL ★★★
(Harold Lloyd's Funny Side of Life)
Regia di HAROLD LLOYD. Con HAROLD LLOYD. ■ Si tratta di una rassegna di sette comiche di Harold Lloyd. ■ COMICO; B/N; 92′; USA, 1963.

LATO POSITIVO – SILVER LININGS PLAYBOOK, IL *(Silver Linings Playbook)* ★★★
Regia di DAVID O. RUSSELL. Con BRADLEY COOPER, ROBERT DE NIRO, JENNIFER LAWRENCE, CHRIS TUCKER, JACI WEAVER. ■ Pat esce dall'ospedale psichiatrico dopo otto mesi di trattamento con una sola idea in testa: rimettersi in forma e riconquistare la moglie Nikki. Un divieto di avvicinamento lo costringe, però, nel frattempo, in casa con la madre e il padre, che ha perso il lavoro e si è dato alle scommesse, e gli impone degli incontri settimanali con il dottor Patel. A questo punto, la già precaria autodisciplina di Pat viene sconvolta dall'incontro con Tiffany, giovane vedova con una recente storia di dipendenza da sesso e psicofarmaci. In cambio della sua intercessione presso Nikki, Tiffany vuole infatti che Pat le faccia da partner per un bizzarro concorso. Il bilanciamento di dramma e commedia è ormai la norma. Ciò che eleva il film di Russell sopra la norma è proprio questo equilibrio, fatto di squilibri, di ricadute e continue ridefinizioni degli obiettivi e delle aspettative. Al di là del dato biografico del regista, ex caratterino indomabile, che può essersi mescolato o meno al romanzo di Quick che ha suggerito il film, la scommessa vincente di O. Russell è quella di restringere il campo ad un metaforico tratto di strada: si consuma infatti tra l'abitazione dei Solitano, il garage di Tiffany e l'agognata e proibita meta rappresentata dalla casa di Nikki,

la preparazione alla vita di Pat: una preparazione atletica ad una vita "ballerina". ■ COMMEDIA; COL.; 117'; USA, 2012.

LA TROVIAMO A BEVERLY HILLS *(Calendar Girl)* ★★
Regia di JOHN WHITESELL. Con JERRY O'CONNELL, GABRIEL OLDS, JASON PRIESTLEY. ■ Per le superfanatiche di Priestley, uno dei protagonisti di *Beverly Hills 90210*. Siamo nel Nevada, negli anni Sessanta. Tre giovanotti nell'anno della loro maturità, con tre strade diverse davanti a loro: lo studio, il servizio di leva e un matrimonio. Come "ultima corvée" decidono di andare nell'impero del cinema per conoscere Marylin Monroe. Ma non è così semplice. ■ COMMEDIA; COL.; 95'; USA, 1993.

LATTAIO BUSSA UNA VOLTA, IL *(The Milkman)* ★★
Regia di CHARLES BARTON. Con JIMMY DURANTE, PIPER LAURIE, DONALD O'CONNOR. ■ Breezy ha procurato un posto in una ditta concorrente all'amico Roger Bradley, figlio del proprietario d'una impresa distributrice di latte. Roger commette un errore dopo l'altro e viene persino incolpato di furto. Egli però, con l'aiuto di Breezy, riesce a scovare i veri colpevoli. ■ COMICO; COL.; 87'; USA, 1955.

LAURA *(Laura, del cielo llega la noche)* ★★
Regia di GONZALO HERRALDE. Con JUAN DIEGO, ANGELA MOLINA, TERELE PAVEZ. ■ Laura si sposa con un uomo ricco e va a vivere in campagna. La sua personalità sconvolge la mentalità dei paesani. Ambientato nella Meseta spagnola nei primi decenni del Novecento. ■ DRAMMATICO; COL.; 90'; SPAGNA, 1986.

LAURA *(Kiss Daddy Good Night)* ★★
Regia di PETER LLY HUEMER. Con STEVE BUSCEMI, PAUL DILLON, ARTO LINDSAY, UMA THURMAN. ■ Il primo film interpretato da Uma Thurman è tipicamente indipendente a cominciare dalla fotografia. Una ragazza adesca gli uomini nei bar, li fa bere, poi li droga e li deruba. Un giorno però ne trova uno che non sta al gioco. ■ DRAMMATICO; COL.; 90'; USA, 1987.

LAURA... A 16 ANNI MI DICESTI SÌ ★★
Regia di ALFONSO BRESCIA. Con BIAGIO PELLIGRA, MARIA ROMANO, CARMELO ZAPPULLA. ■ Un innamorato finisce in galera per aver rapito la sua bella. Lei per salvarlo sposa un altro. Dopo dieci anni si rincontrano, lui è vedovo, lei in crisi coniugale; il marito cerca di uccidere il rivale facendogli saltare in aria il negozio, ma nell'esplosione rimane ucciso lui. ■ DRAMMATICO; COL.; 90'; ITALIA, 1983.

LAURA NON C'È ★
Regia di ANTONIO BONIFACIO. Con AMADEUS, GIGLIOLA ARAGOZZINI, NICHOLAS ROGERS. ■ Diciamo subito che il cast propone apparizioni di Federica Panicucci e Marta Flavi. Un fatto compromettente per qualsiasi film, figuriamoci per questa storiella che si regge su un filo tanto sottile da essere invisibile. Un fumettista è alla ricerca di Laura, suo amore scomparso. ■ DRAMMATICO; COL.; 90'; ITALIA, 1998.

LAURA NUDA ★★
Regia di NICCOLÒ FERRARI. Con NINO CASTELNUOVO, RICCARDO GARRONE, TOMAS MILIAN, GEORGIA MOLL, ANNE VERNON. ■ Una giovane annoiata e viziata si sposa senza amore, si accompagna a molti uomini nella ricerca inquieta di qualcosa che lei stessa non sa e alla fine, in una spericolata fuga in auto, perde la vita. ■ DRAMMATICO; B/N; 94'; ITALIA, 1961.

LAUREATA... E ADESSO? *(Post Grad)* ★★
Regia di VICKY JENSON. Con FRED ARMISEN, ALEXIS BLEDEL, ZACH GILFORD, JANE LYNCH, RODRIGO SANTORO. ■ Ryden Malby si è finalmente laureata ma il futuro che si prefigurava non è esattamente simile a quello che si trova ad affrontare. Perché il posto che pensava di meritare presso un'importante casa editrice le viene soffiato dalla più supponente delle compagne di corso. Deve fare ritorno in famiglia dove le vogliono sì un gran bene ma prevalgono i caratteri un po' eccentrici (in particolare padre, nonna paterna e fratellino). A consolarla c'è il platonico amico del cuore di sempre e potrebbe esserci anche un nuovo vicino di casa di cui infatuarsi. ■ COMMEDIA; COL.; 88'; USA, 2009.

LAUREATI, I ★★★
Regia di LEONARDO PIERACCIONI. Con MARIA GRAZIA CUCINOTTA, ROCCO PAPALEO, LEONARDO PIERACCIONI, GIANMARCO TOGNAZZI. ■ Quattro trentenni fuori corso, per diverse ragioni, devono assolutamente prendere la laurea. I quattro amici vivono in un appartamento a Firenze. C'è un clima di insoddisfazione. Arriva la Cucinotta a dare un po' di adrenalina. Gli esami vanno tutt'altro che bene. Alla fine, anche se la laurea non arriverà ci si può sempre divertire con le piccole cose. Grande successo di pubblico, e può essere comprensibile: per una volta assistiamo a qualcosa di serenamente univoco, senza astrusi messaggi della provincia italiana. ■ COMMEDIA; COL.; 100'; ITALIA, 1995.

LAUREATO, IL *(The Graduate)* ★★★★
Regia di MIKE NICHOLS. Con ANNE BANCROFT, WILLIAM DANIELS, MURRAY HAMILTON, DUSTIN HOFFMAN, KATHARINE ROSS. ■ Benjamin Braddock, rampollo di una ricca famiglia americana, torna a casa dopo il conseguimento della laurea. Nutre un profondo rifiuto verso la società che lo circonda che considera ipocrita e corrotta. La signora Robinson, un'amica di famiglia, invaghitasi di lui, ne fa il proprio amante. Ma quando Benjamin avrà occasione di conoscere Elaine, la figlia della signora Robinson, non avrà un attimo di esitazione a lasciare la madre per la figlia. Se ne andrà con lei lasciando dietro di sé tutto e tutti. ■ DRAMMATICO; COL.; 105'; USA, 1967. ■ OSCAR 1 PR, 7 NOM.

LAUREL CANYON ★★
Regia di LISA CHOLODENKO. Con CHRISTIAN BALE, LOUIS KNOX BARLOW, KATE BECKINSALE, FRANCES MCDORMAND, NATASCHA MCELHONE, ALESSANDRO NIVOLA, RUSSELL POLLARD. ■ Sam, serio e conservatore, si è appena laureato in medicina. Con la sua fidanzata Alex si trasferisce a Laurel Canyon, Hollywood, la strada dei divi e degli eccessi, per la specializzazione in neuropsichiatria. Ad accoglierlo dovrebbe esserci un bell'appartamento vuoto, che è invece ancora occupato da sua madre Jane, magnate dell'industria discografica, che sta producendo l'album del suo giovane amante Ian. Lo scontro tra il serioso figlio e la dissoluta madre è inevitabile. Un film che potrebbe passare inosservato se non fosse per la presenza di Frances McDormand. ■ DRAMMATICO; COL.; 103'; USA, 2002.

LAUTA MANCIA ★★
Regia di FABIO DE AGOSTINI. Con SILVANO ORLANDO, POLIDOR. ■ Sodalizio tra due diseredati: la cagnetta Cita, scappata dalla casa della ricca padrona, e un povero monello. Il fratello del ragazzo consegna la cagnetta alla signora dietro lauta mancia, ma Cita torna dall'amico. ■ COMMEDIA; B/N; 94'; ITALIA, 1956.

♥ **LAUTARI, I** *(Leutary)* ★★★★
Regia di EMIL LOTIJANU. Con DMITRI CHEBESCHESKU, OLGA KYMPIANU, SERGHEI LUNKEVIC, SVETLANA TOMA, GALINA WODJNISKAJA. ■ Toma Alistar, un orfano dotato di un grande talento musicale, dimostra subito di essere un eccellente suonatore di violino. Si innamora di una giovane zingara e, malgrado gli enormi successi in campo musicale che lo obbligano a spostarsi continuamente dal suo paese natio, il suo pensiero fisso resta il suo primo amore. La cerca ovunque, la ritrova ormai sposata ad un ricco tzigano, la riperde e muore senza riuscire più a rincontrarla. Lo farà per lui un altro Toma che troverà la donna ormai anziana. ■ DRAMMATICO; COL.; 125'; RUSSIA, 1972.

LAUTREC ★★
Regia di ROGER PLANCHON. Con ANÉMONE, MICHA LESCOT, CLAUDE RICH, RÉGIS ROYER, ELSA ZYLBERSTEIN. ■ La vita del grande pittore Toulouse Lautrec nella Parigi della Belle époque. La vita non è facile per il giovane Hanri, che non ama la gente e non è amato. Per il resto belle ricostruzioni (fin troppo) e la Montmartre degli artisti. Il film percorre tutta la vita dell'artista in modo didattico e professionale ma senza dimenticare un incontro (Van Gogh, Degas ecc.), un amore (quello con Suzanne Valadon), una nota di *décor*. Consentendo così al simil-vero della ricostruzione di divorarsi il resto. Tra le pieghe dei tessuti e quelle della psicologia dell'artista la regia predilige le prime. Non si può non ricordare il classico (americano) *Moulin Rouge* di Huston, con José Ferrer premio Oscar nella parte di Lautrec, di gran lunga superiore. ■ BIOGRAFICO; COL.; 125'; FRANCIA, SPAGNA, 1998.

LAVAGNE *(Takhte siah)* ★★★
Regia di SAMIRA MAKHMALBAF. Con BAHMAN GHOBADI, BEH-

NAZ JAFARI, SAID MOHAMADI. ■ Dopo un esordio a diciotto anni sotto l'ala protettiva di papà Mohsen con il film *La mela*, Samira torna con la sua opera seconda a distanza di due anni. Il film racconta la storia di maestri del Kurdistan iraniano che vagano per i monti con le lavagne sulle spalle. Cercano allievi perché le scuole sono state bombardate e le popolazioni disperse. Uno di loro, Reboir, crede di averne trovati, ma sono troppo impegnati a sopravvivere per potersi interessare della cultura. Un altro, Said, si vede rifiutare qualsiasi proposta sia dai giovani che da un gruppo di anziani che cerca di ritornare nel proprio villaggio per morire in pace. La Makhmalbaf è capace di andare oltre la cronachistica proposizione di eventi per cercare uno stile più alto che, grazie anche a una fotografia drammaticamente lucida, trasmette la sofferenza di un popolo a cui si vuole togliere anche il piacere della scrittura. ■ DRAMMATICO; COL.; 85'; IRAN, 2000.

LAVANDAIE DEL PORTOGALLO, LE ★★
(Les lavandières du Portugal)
Regia di PIERRE GASPARD-HUIT. Con JEAN-CLAUDE PASCAL, PAQUITA RICO, ANNE VERNON. ■ I pubblicitari Jean-François e Caterina vanno in Portogallo per cercare la lavandaia più bella per la campagna di lancio di una lavatrice. Scovano la graziosa Marianna di cui Jean-François si innamora. ■ COMMEDIA; COL.; 110'; FRANCIA, 1957.

LAVORARE CON LENTEZZA RADIO ALICE 100.6 MHZ ★★
Regia di GUIDO CHIESA. Con VALERIO BINASCO, JACOPO BONVICINI, MASSIMO COPPOLA, MARCO LUISI, VALERIO MASTANDREA, MAX MAZZOTTA, CLAUDIA PANDOLFI, TOMMASO RAMENGHI. ■ Bologna, 1976. Radio Alice è la radio del movimento studentesco: fantasia, rifiuto del lavoro salariato, libertà sessuale e provocazioni culturali. Due ragazzi sui venti, Sgualo e Pelo, possono solo sognare una via d'uscita dal quotidiano. Bazzicano il bar del quartiere e per ovviare alla cronica mancanza di denaro, fanno qualche "lavoretto" per un ricettatore locale, che però questa volta propone loro di scavare un tunnel nel sottosuolo del centro. Obiettivo: la Cassa di Risparmio di Piazza Minghetti. Durante il "lavoro" fa loro compagnia l'ascolto di Radio Alice. ■ DRAMMATICO; COL.; 111'; ITALIA, 2004. ■ VENEZIA 1 PR.

LAVORI DI CASA ★★★
(Travaux, On Sait Quand Ça Commence...)
Regia di BRIGITTE ROÜAN. Con SHAFIK AHMAD, CAROLE BOUQUET, FRANÇOISE BRION, JEAN-PIERRE CASTALDI, FERDINAND CHESNAIS, MARCIAL DI FONZO BO, GIULIA DUSSOLIER, DIDIER FLAMAND, CARLOS GASCA, ALVARO LLANOS, ALDO MACCIONE, GEOVANNY TITUAÑA, LASSINA TOURÉ. ■ Carole Bouquet è Chantal Latellier, un avvocato di successo che non perde mai una causa. È la sua vita privata a essere un totale disastro. Divorziata, madre non proprio perfetta, accetta le insistenti avance di un suo cliente. Non l'avesse mai fatto. Per liberarsi di lui ha una sola soluzione, rendere la propria casa impraticabile assoldando un "distruttivo" architetto colombiano al quale aveva fatto ottenere la regolarizzazione per vivere in Francia, e un gruppo di volenterosi muratori clandestini. Fra il serio e il faceto, e qualche gag sopra le righe il film può valere qualche "sorriso intelligente". ■ COMMEDIA; COL.; 95'; FRANCIA, GRAN BRETAGNA, 2005.

LAVORO DA GIURATO, UN *(Jury Duty)* ★
Regia di JOHN FORTENBERY. Con TIA CARRERE, PAULY SHORE, ABE VIGODA, SHELLEY WINTERS. ■ Un idiota viene chiamato a far parte di una giuria che giudica un serial killer. L'idiota stravolge tutto, sentenza compresa. Storia, regia, attori: tutto scontato, povero e inutile. ■ COMMEDIA; COL.; 86'; USA, 1995.

LAVORO DA GRANDE, UN *(Little Big League)* ★★
Regia di ANDREW SCHEINMAN. Con TIMOTHY BUSFIELD, LUKE EDWARDS, JASON ROBARDS. ■ Un dodicenne eredita una bella somma e una squadra di baseball. Deciderà di gestirla conciliando l'attività di manager con quella scolastica. Troppi riferimenti alla storia del baseball limitano la comprensibilità della storia agli americani e agli appassionati. ■ COMMEDIA; COL.; 119'; USA, 1994.

LA VUOLE LUI... LO VUOLE LEI ★★
Regia di MARIO AMENDOLA. Con GIANNI AGUS, PIETRO DE VICO, RICCARDO GARRONE, LIUDMILA LIJULOVNA, GIULIO MARCHETTI, DOLORES PALUMBO, GISELLA SOFIO. ■ Una farsa imperniata sulle manovre disinvolte di Gisella tese a impedire il matrimonio di Andrea con la russa Ninotchka. ■ COMMEDIA; COL.; 91'; ITALIA, 1968.

LAWLESS ★★
Regia di JOHN HILLCOAT. Con TOM HARDY, SHIA LABEOUF, GARY OLDMAN, GUY PEARCE, MIA WASIKOWSKA. ■ Nella Virginia dei primi anni del proibizionismo i tre fratelli Bondurant distillano e vendono clandestinamente alcolici, prima fuori città, senza immischiarsi con i gangster che si ammazzano tra loro, poi alzando il rischio. L'arrivo da Chicago di Charlie Rakes, rappresentante della legge corrotto e feroce, mette però i fratelli Bondurant sulla strada di una guerra inevitabile e all'ultimo sangue. ■ DRAMMATICO; COL.; 120'; USA, 2012.

LAWRENCE D'ARABIA *(Lawrence of Arabia)* ★★★★★🏆
Regia di DAVID LEAN. Con JOSÉ FERRER, ALEC GUINNESS, JACK HAWKINS, PETER O'TOOLE, ANTHONY QUAYLE, ANTHONY QUINN, CLAUDE RAINS, OMAR SHARIF. ■ Nel 1917 l'Inghilterra aveva delle precise mire sull'Arabia e sull'Egitto. I disegni politici erano intralciati dai turchi e dall'incapacità delle tribù arabe di riuscire a far fronte comune. Thomas Edmund Lawrence, ufficiale inglese dal temperamento singolare e poco conforme ai tradizionali codici militari, innamorato dell'Arabia e del deserto, diventa amico di alcuni capi arabi e riesce a metter d'accordo popoli diversissimi fra loro e a conquistare Aqaba, porto strategico sul mar Rosso. È un'impresa enorme, e gli viene riconosciuta, ma al momento opportuno, quando si tratta di mantenere le promesse, i capi si tirano indietro. Lawrence, con la sua fede, il suo coraggio e il suo talento era soltanto servito come strumento per le strategie espansionistiche dell'impero britannico. Liquidato dall'esercito Lawrence muore, ancora giovane, in un banale incidente di moto. Peter O'Toole, attore inglese sconosciuto, fu una straordinaria rivelazione nel ruolo di Lawrence. Le immagini di grandissimo impatto servite da una fotografia perfetta, certe sequenze del deserto (la rincorsa dei cammelli mentre il sole tramonta), i rapporti dell'inglese coi vari capi arabi (impersonati da Sharif, Quinn e Guinness) sono scene indimenticabili, grazie anche alla musica di Jarre decisamente ispirato. Peter O Toole col turbante, gli intensi occhi azzurri e il volto seminascosto secondo l'usanza araba è un altro dei "segni" precisi e indiscutibili del cinema del mondo. David Lean, forse il massimo regista inglese, dopo essersi affermato con *Breve incontro* nel 1946, un altro cult popolarissimo, si era specializzato in produzioni capaci di coniugare il grande "budget" con la grana sottile dei contenuti, lo spettacolo con la qualità. Le sue misure in questo senso sono praticamente esclusive. Basti pensare a titoli come *Il ponte sul fiume Kwai*, *Zivago*, *La figlia di Ryan*, *Passaggio in India*. Una misura che gli ha permesso di raccogliere una messe di Oscar (sette per *Il ponte* e altrettanti per *Lawrence*). I film di Lean son fra i pochi che hanno sempre messo d'accordo critica e pubblico. ■ STORICO; COL.; 212'; GRAN BRETAGNA, 1962. ■ DAVID DI DONATELLO 🏆 1 PR, 1 NOM; OSCAR 🏆 7 PR, 10 NOM.

LAWS OF ATTRACTION ★★★
Regia di PETER HOWITT. Con PIERCE BROSNAN, NORA DUNN, FRANCES FISHER, JULIANNE MOORE, HEATHER ANN NURNBERG, PARKER POSEY, MICHAEL SHEEN. ■ Due avvocati (Brosnan e Moore), che sono soliti darsi battaglia in tribunale finiscono per innamorarsi e unirsi in matrimonio. Sarà però difficile evitare che anche la loro relazione si ritrovi prima o poi davanti a un giudice. ■ COMMEDIA; COL.; 87'; GERMANIA, USA, 2004.

LAWS OF GRAVITY – LEGGI DI GRAVITÀ ★★
(Laws of Gravity)
Regia di NICK GOMEZ. Con EDIE FALCO, ARABELLA FIELD, PETER GREENE, ADAM TRESE. ■ Un buon esempio di film indipendente di fine millennio. Brooklyn. Jon è in carcere e il suo amico Jimmy desidera pagargli la cauzione. Per questa ragione Jim si mette in seri guai, rubando al suo compare Frankie alcune pistole e rivendendole. È quasi ovvio pensare a Martin Scorsese. ■ DRAMMATICO; COL.; 100'; USA, 1991.

LAYTON... BAMBOLE E KARATE ★★
(Carré de dames pour un as)
Regia di JACQUES POITRENAUD. Con CATHERINE ALLÉGRET, ROGER HANIN, SYLVA KOSCINA. ■ L'agente Layton si reca in missione segreta a Malaga con la bella agente Petula. Scende allo stesso albergo Marion, la moglie di Layton, che accompagna un gruppo di turiste. ■ AVVENTURA; COL.; 95'; FRANCIA, 1966.

LAZARILLO DI TORMES *(El Lazarillo de Tormes)* ★★🏆
Regia di CÉSAR FERNANDEZ ARDAVÍN. Con MEMMO CAROTENUTO, CARLOS CASAVILLA, JUAN JOSÉ MENÉNDEZ, MARCO PAOLETTI. ■ È la vita avventurosa di un uomo sfortunato: da bambino è mendico insieme a un cieco; successivamente diventa assistente di un sacrestano, ladro, servo di un nobiluomo e, infine, comico al seguito di un gruppo di guitti. ■ AVVENTURA; B/N; 91'; SPAGNA, 1959. ■ BERLINO 🏆 1 PR.

LAZZARELLA ★★
Regia di CARLO LUDOVICO BRAGAGLIA. Con MARIO GIROTTI, ALESSANDRA PANARO. ■ L'amore tra Luciano, studente universitario di famiglia modesta e Sandra, ricca liceale, subisce una battuta d'arresto in seguito al tracollo finanziario della famiglia di lei. ■ COMMEDIA; B/N; 97'; ITALIA, 1957.

LEA ★★★
Regia di IVAN FÍLA. Con MIROSLAV DONUTIL, UDO KIER, CHRISTIAN REDL, HANNA SCHYGULLA, LENKA VASAKOVA. ■ Campagna della Slovenia. Lea si è vista uccidere la madre dal padre che ora è in carcere. Verrà venduta dai vicini di casa ad un restauratore che comincerà ad occuparsi veramente di lei. Ma Lea non è capace di essere veramente felice. Film intenso e "silente" alla maniera di Bresson ma con una sua indubbia originalità. ■ DRAMMATICO; COL.; 100'; GERMANIA, 1996. ■ GOLDEN GLOBES 1 NOM.

LEAFIE – LA STORIA DI UN AMORE ★★
Regia di OH SEONGYUN. ■ Una gallina di nome Leafie non sopporta la cattività del pollaio. Quando finalmente riesce a fuggire scopre che il mondo è un luogo ostile, popolato da predatori come la donnola One-Eye. Quando trova un anatroccolo, rimasto orfano a causa di One-Eye, Leafie decide di allevarlo come una madre. ■ ANIMAZIONE; COL.; 93'; COREA DEL SUD, 2011.

LEBANON ★★★
Regia di SAMUEL MAOZ. Con OSRI COHEN, MICHAEL COHEN, MICHAEL MOSHONOV, ITAY TIRAN, ZOHAR STRAUSS, REYMOND AMSALEM. ■ Libano, giugno 1982. Un carro armato carico di armi con a bordo quattro giovani soldati avanza solitario dentro un villaggio, bombardato dall'Aviazione israeliana. Assi è un comandante che non ha mai comandato, Shmuel un artigliere che non ha mai colpito, Herzl un servente al pezzo che non ha mai caricato una bomba e Yigal un pilota di un carro corazzato che non conosce destinazione. Impressionabili ed inesperti piangono e resistono dentro il «Rinoceronte» sferragliante, contro una guerra che non hanno voluto e un nemico che non vogliono condannare. Smarrita la direzione, mancata la posizione e assediati dalla paura, tenteranno una fuga disperata verso un campo di girasoli e una terra «promessa» (a tutti). Addestrato a vent'anni come artigliere, l'esordiente regista israeliano gira un film di guerra contro la guerra, riuscendo a mantenersi in equilibrio, a governare l'orizzonte del discorso e l'inferno della sua messa in scena, l'alto e il basso, la battaglia e l'annientamento umano. Claustrofobico e trincerato *Lebanon* guarda alla guerra attraverso il mirino-obiettivo di un artigliere che rifiuta in lacrime e indisciplinato di uccidere e di uccidersi. ■ DRAMMATICO; COL.; 92'; ISRAELE, 2009. ■ VENEZIA 🏆 1 PR.

LEBBRA BIANCA ★★
Regia di ENZO TRAPANI. Con LOIS MAXWELL, AMEDEO NAZZARI, ERMANNO RANDI. ■ Stefano arriva a Roma per cercare sua sorella di cui ha perso le tracce e viene in contatto, attraverso un'artista di varietà, con alcuni spacciatori di droga che hanno portato la donna alla disperazione e al suicidio. ■ DRAMMATICO; B/N; 90'; ITALIA, 1951.

LED ZEPPELIN: THE SONG REMAINS THE SAME ★★★
(The Song Remains the Same)
Regia di PETER CLIFTON, JOE MASSOT. Con JOHN BONHAM, PETER GRANT, JOHN PAUL JOHNES, JIMMY PAGE, ROBERT PLANT. ■ Il concerto di New York del mitico gruppo Led Zeppelin. ■ DOC. MUSICALE; COL.; 97'; USA, 1976.

LE FAREMO TANTO MALE ★
Regia di PINO QUARTULLO. Con RICKY MEMPHIS, PINO QUARTULLO, STEFANIA SANDRELLI. ■ Si definiscono "animalisti anonimi" e rapiscono una valletta-presentatrice di una televisione locale. Il riscatto consiste nel depennare lo sponsor pellicciaio. È davvero singolare la presunzione di questo attore-regista che ama moltissimo guardarsi. Ancora più singolare il fatto che trovi i soldi per i suoi film: siamo già a quattro, uno peggiore dell'altro. ■ COMMEDIA; COL.; 100'; ITALIA, 1997.

LE FARÒ DA PADRE ★★★
Regia di ALBERTO LATTUADA. Con BRUNO CIRINO, ISA MIRANDA, IRENE PAPAS, LINA POLITO, LUIGI PROIETTI, THERESE ANN SAVOY, MARIO SCACCIA. ■ Un avvocato romano cerca finanziamenti per realizzare il solito villaggio turistico per miliardari. Li trova diventando l'amante di una aristocratica e sposandone poi la figlia ritardata mentale. ■ COMMEDIA; COL.; 115'; ITALIA, 1974.

LEGA DELLA PRATERIA, LA *(Prairie Pals)* ★★
Regia di SAM NEWFIELD. Con BILL BOYD, ART DAVIS. ■ Una specie di Robin Hood del West libera dalle grinfie dei fuorilegge uno scienziato che ha scoperto una formula per trasformare un minerale in oro. ■ WESTERN; B/N; 60'; USA, 1943.

LEGAME MORTALE *(The Tie That Binds)* ★
Regia di WESLEY STRICK. Con KEITH CARRADINE, JULIA DEVIN, DARYL HANNAH, MOIRA KELLY, VINCENT SPANO. ■ Due vagabondi assassini, quando la loro figlia viene data in affido a una coppia normale, cercano di riprenderla con la violenza. La regia innesta su questa vicenda lo sguardo della piccola che vede svilupparsi intorno a sé una spirale di violenza sempre più inarrestabile. ■ DRAMMATICO; COL.; 98'; USA, 1995.

LÉGAMI *(Atame)* ★★★
Regia di PEDRO ALMODÓVAR. Con VICTORIA ABRIL, ANTONIO BANDERAS, FRANCISCO RABAL. ■ Un ragazzo psicologicamente instabile viene dimesso da un manicomio. Decide di sposare un ex attrice di film porno e la rapisce, legandola al letto di casa per convincerla. All'inizio lei si ribella, ma poi si lascia andare al gioco della passione. Quello di *Légami* è un Almodóvar meno convincente del solito, che prende in alcuni casi troppo sul serio la materia di cui si è sempre preso beffa nei precedenti lavori. ■ DRAMMATICO; COL.; 101'; SPAGNA, 1990.

LEGAMI DI FAMIGLIA *(Immediate Family)* ★★
Regia di JONATHAN KAPLAN. Con GLENN CLOSE, LINDA DARLOW, KEVIN DILLON, MARY STUART MASTERSON, JAMES WOODS. ■ Una parrucchiera minorenne rimane incinta del suo ragazzo, uno scombinato pseudomusicista che non può darle sostegno né una casa dove alloggiare con il bambino. La ragazza, allora, decide di cedere il nascituro in adozione a una coppia senza figli. Due agiati professionisti da questo momento entrano nella sua vita e cominciano a trepidare per l'attesa del bambino. Quando il piccolo viene al mondo, la giovane madre si pente dell'impegno preso e rivuole il bambino. Ma le difficoltà economiche e psicologiche della giovanissima coppia fanno sì che il bimbo venga riportato ai genitori adottivi. ■ DRAMMATICO; COL.; 102'; USA, 1990.

LEGAMI DI FAMIGLIA ★★
Regia di PIETRO SAGLIOCCO. Con CLAUDIO BIGAGLI, GIOVANNA CARCASCI, MASSIMO RANIERI. ■ Una famiglia napoletana retta in modo patriarcale dal padre Vincenzo, costruttore edile, e divisa dalla separazione dei genitori e dalle incomprensioni tra questi e i figli, si riunisce per la malattia della madre, Lucia. I tre figli reagiscono alla situazione drammatica in maniera diversa: Paola si rifugia in una sorta di follia attutita, Luca acuisce lo scontro con il padre, e Marco rivede i traumi della propria infanzia. La morte di Lucia risolve la situazione, ma nel frattempo i tre figli hanno scoperto un'identità più profonda e intima che credevano perduta. ■ DRAMMATICO; COL.; 95'; ITALIA, 2002.

LEGAMI DI SANGUE *(Blood Red)* ★★
Regia di PETER MASTERSON. Con GIANCARLO GIANNINI, DENNIS HOPPER, ERIC ROBERTS, JULIA ROBERTS. ■ California 1850. Un

emigrato siciliano deve difendere la propria terra dall'avanzata della ferrovia. Scontata la battaglia che ne segue. Un buon cast accompagna il debutto di Julia Roberts. ■ DRAMMATICO; COL.; 102'; USA, 1989.

LEGAMI DI SANGUE ★
Regia di PAOLA COLUMBA. Con GIOVANNI CAPALBO, CRISTINA CELLINI, ANDREA DUGONI, ARNOLDO FOÀ, PINO RUGIANO. ■ Giovanni torna a casa dopo tre anni di carcere per bancarotta fraudolenta. Non ha più un soldo, ma conta sulla vendita della sua parte di proprietà di famiglia. Nella masseria vivono i suoi tre fratelli: Peppe, una vita per il lavoro, Andrea, affetto da un ritardo mentale e da un'incolmabile carenza affettiva, e Luana, che ha rinunciato a se stessa per dedicarsi ad Andrea e al prete del paese. Il conflitto tra Giovanni e Peppe è viscerale: per entrambi, l'altro è simbolo di uno spreco, che per Peppe ha un valore economico e per Giovanni un valore esistenziale, il che fa di lui il protagonista del film, il motore di una ricerca forse vana. ■ DRAMMATICO; COL.; 92'; ITALIA, 2009.

LEGEND ★★★
Regia di RIDLEY SCOTT. Con TOM CRUISE, TIM CURRY, MIA SARA. ■ Il signore delle Tenebre vuole conquistare la terra e far trionfare per sempre il Male. Ma non ha fatto i conti con Jack che insieme ai folletti riesce ad avere la meglio e a salvare la sua bella principessa che era stata rapita dal Maligno. Una favola splendidamente raccontata (ma con una sensazione invincibile di "già visto"). Protagonista un Tom Cruise giovanissimo e non ancora "divo". ■ FANTASTICO; COL.; 94'; USA, 1985. ■ OSCAR 1 NOM.

LEGEND OF FONG SAI-YUK II, THE ★★★
(Fong Shi Yu II)
Regia di COREY YUEN. Con ADAM CHENG, CHI CHUEN-HUA, AMI KWOK, JET LI, MICHELLE REIS, JOSEPHINE SIAO. ■ Gli eventi riprendono in direttissima là dove erano terminati nel primo episodio: Fong Sai Yuk è entrato nella società segreta del Loto rosso ma trova difficoltà con il capo dell'organizzazione a causa della propria esuberanza. Il Loto rosso, nel tentativo di far cadere l'impero Ching e ristabilire quello Ming, cerca di infiltrarsi tra i ranghi imperiali, ma i pericoli maggiori arriveranno dal seno della stessa società ribelle. ■ AZIONE; COL.; 100'; HONG KONG, 1993.

LEGEND OF ZORRO, THE ★★
Regia di MARTIN CAMPBELL. Con ADRIAN ALONSO, ANTONIO BANDERAS, GIOVANNA ZACARÍAS, CATHERINE ZETA-JONES. ■ Nella nostra epoca gli eroi sono sempre più simili agli uomini comuni. Il film non sfugge a questa meccanica, narrando di Alejandro De La Vega e famiglia, sempre in bilico fra il salvare la patria e l'amore filiale. Zorro non può però dimenticare la sua natura e quando la California, che sta per diventare il trentunesimo stato dell'unione (siamo nel 1850), viene minacciata da un complotto di possidenti terrieri, dovrà intervenire rischiando di perdere l'amore della moglie Helena. Tante buone intenzioni, ma Tyrone Power era meglio, anche negli anni Quaranta. ■ AVVENTURA; COL.; 130'; USA, 2005.

♥ LEGGE, LA *(La loi)* ★★★
Regia di JULES DASSIN. Con PIERRE BRASSEUR, GINA LOLLOBRIGIDA, MARCELLO MASTROIANNI, YVES MONTAND. ■ In un villaggio della Corsica vige un'usanza secondo la quale nelle osterie si elegge un capo che, per la durata di una bevuta, ha il diritto di giudicare gli astanti senza che questi possano replicare. Allo stesso modo, in paese, un riccone locale detta legge sulla vita altrui scavalcando l'autorità costituita. ■ DRAMMATICO; B/N; 126'; FRANCIA, ITALIA, 1968.

LEGGE CALIBRO 32 *(Lu minile curate)* ★★
Regia di SERGIU NICOLAESCU. Con ILARION CIOHANU, ALEXANDRI DOBRESCU, SERGIU NICOLAESCU. ■ Il poliziotto romeno Miclovan ha un modo tutto personale di comportarsi con i delinquenti: invece di arrestarli li uccide. Giustificato in parte dal momento storico (l'immediato dopoguerra con tutti i suoi orrori e disordini), non trova d'accordo comunque il commissario Roman. Perciò, quando si tratta di affrontare i capi della banda più feroce, fa in modo che Roman arrivi a sterminio avvenuto. ■ DRAMMATICO; COL.; 90'; ROMANIA, 1978.

LEGGE CONTRO BILLY KID, LA ★★
(The Law vs. Billy the Kid)
Regia di WILLIAM CASTLE. Con SCOTT BRADY, BETTY JOHN. ■ Billy è un bandito dal cuore grande e dal profondo senso dell'amicizia. La legge è contro di lui perché ha fatto giustizia da sé di alcuni malviventi. Provocato, Billy arriva a uccidere l'ex sceriffo. ■ WESTERN; COL.; 73'; USA, 1954.

LEGGE CRIMINALE *(Criminal Law)* ★★★
Regia di MARTIN CAMPBELL. Con KEVIN BACON, GARY OLDMAN, KAREN YOUNG. ■ Un giovane, bravissimo avvocato, fa assolvere il suo cliente da un'accusa di omicidio. Dopodiché il cliente gli confessa candidamente di essere colpevole. Ha giurato di far fuori tutte le ragazze colpevoli d'interruzione di maternità. L'avvocato cerca di fermarlo, ma l'assassino continua a colpire... ■ GIALLO; COL.; 105'; USA, 1989.

LEGGE DEI BRUTI, LA *(Partners of the Plains)* ★★
Regia di LESLEY SELANDER. Con WILLIAM BOYD, HARWEY CLARK, RUSSELL HAYDEN. ■ Una ricca proprietaria terriera inglese si reca in America con la zia e il fidanzato a visitare le sue fattorie e incontra Hopalong Cassidy, limpido e saggio cowboy che è il sovrintendente delle proprietà. ■ AVVENTURA; B/N; 72'; USA, 1937.

LEGGE DEI FUORILEGGE, LA *(Law of the Lawless)* ★★
Regia di WILLIAM F. CLAXTON. Con WILLIAM BENDIX, BRUCE CABOT, YVONNE DE CARLO, DALE ROBERTSON. ■ A Stone Junction, mentre si tiene il processo contro Pete Stone, accusato di assassinio, l'austero e incorrotto giudice Clem Rogers incontra il bandito che uccise suo padre: si mostra ravveduto e deciso a cambiare vita. Clem emette verdetto di condanna contro Pete Stone e, assolto il suo compito, lascia la città. ■ WESTERN; COL.; 88'; USA, 1963.

LEGGE DEI GANGSTERS, LA ★★
Regia di SIRO MARCELLINI. Con HÉLÈNE CHANEL, FRANCO CITTI, KLAUS KINSKI, MAURICE POLI. ■ Alcuni malviventi finanziati da un boss francese organizzano un colpo a una banca. Dopo la rapina, nella quale uno dei gangster rimane ucciso, gli altri lottano per il possesso del bottino. ■ POLIZIESCO; COL.; 91'; ITALIA, 1969.

LEGGE DEI SENZA PAURA, LA *(Code of the Fearless)* ★★
Regia di RAYMOND K. JOHNSON. Con CLAIRE ROCHELLE, FRED SCOTT. ■ Nel Corpo dei Cacciatori, creato dal governo Usa per il controllo del banditismo, si insinuano degli infiltrati, in realtà d'accordo con i fuorilegge. Un ufficiale scopre i traditori e arresta tutti i banditi. ■ WESTERN; COL.; 56'; USA, 1939.

LEGGE DEL CAPESTRO, LA *(Tribute to a Bad Man)* ★★★
Regia di ROBERT WISE. Con JAMES CAGNEY, DON DUBBINS, IRENE PAPAS. ■ Jeremy Rodock è un allevatore del Wyoming uso a uccidere chi gli faccia dei torti. Per punire dei ladri di cavalli, li costringe a camminare scalzi attraverso il deserto. Questa ennesima crudeltà disgusta la sua donna che medita di fuggire con il buon cowboy Steve Miller; alla fine sceglie però di rimanere accanto a Jeremy. ■ WESTERN; COL.; 95'; USA, 1956.

LEGGE DEL CUORE, LA *(Big City)* ★★
Regia di NORMAN TAUROG. Con GEORGE MURPHY, MARGARET O'BRIEN, ROBERT PRESTON, DANNY THOMAS. ■ Tre scapoli, un cattolico, un ebreo e un protestante, si accordano per allevare una trovatella: secondo i patti, la bambina vivrà con quello dei tre che si sposerà per primo. ■ COMMEDIA; B/N; 103'; USA, 1948.

LEGGE DEL DESIDERIO, LA *(La ley del deseo)* ★★★
Regia di PEDRO ALMODÓVAR. Con CARMEN MAURA, MIGUEL MOLINA, EUSEBIO PONCELA. ■ Truce storia gay tra delitti, gelosie omosessuali, incesti ecc. Un regista che intrattiene una relazione con un giovane attore suscita le gelosie di un amante che uccide il rivale, sequestra la sorella dell'amato – che in realtà è il fratello travestito – e infine si uccide. ■ DRAMMATICO; COL.; 100'; SPAGNA, 1986.

LEGGE DEL DRAGO, LA *(Forced to Fight)* ★
Regia di OLEY SASSONE. Con RICHARD PAUL, RICHARD ROUNDTREE, DON THE DRAGON WILSON. ■ Il campione mondiale di WKA interpreta il ruolo di un carcerato accusato di aver ucciso un

uomo di colore. È innocente anche se i razzisti bianchi lo esaltano e i neri vorrebbero ucciderlo. ■ AZIONE; COL.; 85′; USA, 1992.

LEGGE DEL FUCILE, LA *(Day of the Badman)* ★★
Regia di HARRY KELLER. Con FRED MACMURRAY, JOAN WELDON. ■ Rudy Hayes, fratello di pericolosissimi banditi, è condannato alla pena di morte. Chi deve eseguire la sentenza è il giudice Jim, uomo giusto e d'onore. Nemico del giudice è invece lo sceriffo che ha paura della vendetta dei fratelli del condannato. ■ WESTERN; COL.; 81′; USA, 1958.

LEGGE DEL GIUSTIZIERE, LA *(Two Father's Justice)* ★★
Regia di ROD HOLCOMB. Con BROOKE BUNDY, ROBERT CONRAD, GEORGE HAMILTON. ■ Due innamorati vengono uccisi mentre festeggiano il fidanzamento. I rispettivi genitori, un operaio e un manager, uniscono le loro forze per dare la caccia agli assassini. ■ POLIZIESCO; COL.; 91′; USA, 1985.

LEGGE DELLA CAMORRA, LA ★
Regia di NEDO DE FIDA (pseud. di DEMOFILO FIDANI). Con RAFFAELE DI MARIO, MARCO GUGLIELMI, MARIANGELA MATANIA. ■ Due importanti famiglie di mafiosi, i Macaluso e i Liguori, si fanno la guerra per il controllo del traffico della droga. ■ DRAMMATICO; COL.; 90′; ITALIA, 1976.

LEGGE DELLA FORESTA, LA ★★
(God's Country and the Woman)
Regia di WILLIAM KEIGHLEY. Con ROBERT BARRAT, GEORGE BRENT, BARTON MACLANE, BEVERLY ROBERTS. ■ L'antica rivalità tra due imprese di disboscamento e uso del legname in Canada viene a cadere perché il proprietario di una delle due ditte si innamora della giovane padrona dell'impresa concorrente. ■ COMMEDIA; COL.; 92′; USA, 1936.

LEGGE DELL'AMORE, LA *(Drums of Love)* ★★
Regia di DAVID WARK GRIFFITH. Con DON ALVARADO, WILLIAM AUSTIN, LIONEL BARRYMORE, EUGENIE BESSERER, CHARLES HILL MAILES, TULLY MARSHALL, MARY PHILBIN. ■ Ispirato alla storia di Francesca da Rimini, si svolge nel Brasile del XVIII secolo. Un anziano duca, afflitto da una malformazione alla colonna vertebrale, sta per sposare la giovane figlia di un suo rivale politico. All'incontro con la giovane promessa sposa invia, in sua vece, il giovane e aitante fratello. I due giovani si innamorano. Un delatore informa il vecchio duca di quanto sta succedendo tra il fratello e la promessa sposa. Il duca allora li uccide entrambi e poi si toglie la vita. Temendo un insuccesso di pubblico Griffith girò nuovamente la scena finale. ■ DRAMMATICO; B/N; 100′; USA, 1928. ■ OSCAR 1 NOM.

LEGGE DELLA PISTOLA, LA *(Six-Gun Law)* ★★
Regia di CHRISTIAN NYBY. Con AUDREY DALTON, JAMES DUNN, PATRIC KNOWLES, ROBERT LOGGIA. ■ Un uomo per ben due volte prova che il colpevole di un crimine non è la persona su cui cadono i maggiori sospetti. ■ WESTERN; COL.; 94′; USA, 1962.

LEGGE DELLA STRADA, LA *(La loi des rues)* ★★
Regia di RALPH HABIB. Con LOUIS DE FUNÈS, SILVANA PAMPANINI, RAYMOND PELLEGRIN. ■ Due giovani sbandati, Yves e Dedé, e l'anziano gestore di un bar si destreggiano nell'ambiente della malavita parigina. Dedé si innamora di una prostituta e viene ucciso dal protettore di lei; tocca allora ad Yves far vendetta. ■ DRAMMATICO; B/N; 110′; FRANCIA, 1956.

LEGGE DELLA TROMBA, LA ★★
Regia di AUGUSTO TRETTI. Con MARIA BOTO, ANGELO PACCAGNINI, EUGENIA TRETTI. ■ Cinque teste matte capeggiate da Celestino trovano lavoro presso la fabbrica di trombe del prof. Liborio. Celestino conosce Marta e se ne innamora, ma questa sposa Liborio. Allora il giovanotto va a lavorare in una fabbrica di razzi, sale su uno di questi ma si ritrova a cavalcioni di un albero. ■ COMICO; B/N; 85′; ITALIA, 1962.

LEGGE DELLA VIOLENZA NEL BRONX, LA ★★
(Lesser Prophets)
Regia di WILLIAM DEVIZIA. Con MICHAEL BADALUCCO, AMY BRENNEMAN, JOHN TURTURRO. ■ Tre allibratori italoamericani conducono la loro attività in piccolo, ma non mancano di ambizioni. Il fatto è che si fanno troppo coinvolgere dai problemi dei clienti. Ennesima "opera prima". Con Turturro sempre più Mastroianni: negli anni Novanta davvero in troppi film. ■ COMMEDIA; COL.; 90′; USA, 1998.

LEGGE DELLA VIOLENZA – TUTTI O NESSUNO, LA ★★
Regia di GIANNI CREA. Con ANGEL ARANDA, MAURICE POLI, IGLI VILLANI. ■ Il pistolero Jack Sparrow torna a Red Rock e ammazza lo sceriffo. Il nuovo sceriffo è troppo mite per fronteggiare il bandito; ma una ragazza che ha un conto aperto con lui non esita a farlo fuori. ■ WESTERN; COL.; 91′; ITALIA, 1969.

LEGGE DELLE TRIADI, LA *(Soursweet)* ★★
Regia di MIKE NEWELL. Con SYLVIA CHANG, DENNIS DUN, JODI LONG. ■ Scritto da Ian McEwan, il film racconta la storia di due cinesi che giungono a Londra per aprire un ristorante. Si trovano immediatamente la mafia alle costole. ■ DRAMMATICO; COL.; 104′; GRAN BRETAGNA, 1988.

LEGGE DELL'OSPITALITÀ – ACCIDENTI CHE OSPITALITÀ, LA *(Our Ospitality)* ★★★
Regia di JOHN BLYSTONE, BUSTER KEATON. Con BUSTER KEATON, JOE KEATON, BUSTER KEATON JR, NATALIE TALMADGE KEATON. ■ A partire dal 1810 i Canfield e i McKay si sono tramandati un odio reciproco. Così gli assassinii sono all'ordine del giorno. Non mancano sequenze mozzafiato alla Keaton. ■ COMMEDIA; B/N; 69′; USA, 1923.

LEGGE DEL MARE, LA *(Fighting Coast Guard)* ★★★
Regia di JOSEPH KANE. Con BRIAN DONLEVY, ELLA RAINES, FORREST TUCKER. ■ Dopo l'entrata degli Stati Uniti nella seconda guerra mondiale, il nostromo Bill Rourk si arruola insieme agli uomini di un cantiere di mezzi da sbarco. Si distingue per eroismo e abnegazione: sarà nominato ufficiale e conquisterà l'amore di una ragazza. ■ GUERRA; B/N; 86′; USA, 1951.

LEGGE DEL MITRA, LA *(Machine Gun Kelly)* ★★★
Regia di ROGER CORMAN. Con MOREY AMSTERDAM, CHARLES BRONSON, SUSAN CABOT. ■ Un ladro abilissimo nell'usare il mitra porta felicemente a termine una grossa rapina. Durante un altro colpo, un suo momento di esitazione causa la morte di un complice; estromesso dal gruppo organizza il rapimento di un bambino con la complicità dell'amante. Tutto sembra filare liscio, ma il tradimento di un avversario metterà la polizia sulle sue tracce. ■ POLIZIESCO; B/N; 80′; USA, 1958.

LEGGE DEL NORD, LA *(La loi du Nord)* ★★★
Regia di JACQUES FEYDER. Con MICHÈLE MORGAN, RICHARD WILM. ■ Un industriale uccide l'amante della moglie e finisce in manicomio. Fuggito con l'aiuto della propria segretaria, si dirige con lei verso il Canada. Durante l'estenuante fuga i due vengono catturati, proprio quando sono a un passo dalla salvezza. La ragazza, priva di forze, muore. ■ DRAMMATICO; B/N; 110′; FRANCIA, 1930.

LEGGE DEL PIÙ FORTE, LA *(The Sheepman)* ★★★
Regia di GEORGE MARSHALL. Con GLENN FORD, SHIRLEY MACLAINE, LESLIE NIELSEN. ■ Un western comico pervaso di intelligente umorismo: un uomo si stabilisce in un paesino del West assieme al suo gregge di pecore. Gli allevatori di bovini, temendo un danno ai propri pascoli, tentano di mandarlo via prima con le buone, poi con le cattive. È tutto inutile. ■ WESTERN; COL.; 85′; USA, 1958. ■ OSCAR 1 NOM.

LEGGE DEL PIÙ FURBO, LA *(Ni vu... ni connu)* ★★
Regia di YVES ROBERT. Con MOUSTACHE, NOËLLE ADAM, LOUIS DE FUNÈS. ■ Un bracconiere riesce a farla sempre franca nonostante la continua sorveglianza di una guardia. Questi lo mette in galera perché è stato assalito, ma il vero responsabile, che voleva nascondere un incontro sentimentale, è preso dai rimorsi e si costituisce. ■ COMMEDIA; B/N; 95′; FRANCIA, 1958.

LEGGE DEL RICATTO – IL RUFFIANO, LA ★★
(El rufian)
Regia di DANIEL TINAYRE. Con CARLOS ESTRADA, EGLE MARTIN, OSCAR ROVITO. ■ Una donna denuncia l'amante che le ha ammazzato il marito. Poco dopo, persa la memoria in un incidente, viene rapita da due zingari che le fanno predire il futuro ai passanti. Passano alcuni anni e l'ex amante la ritrova; la protagonista lo riconosce e, poiché rifiuta di consegnargli del denaro, muore in-

sieme a lui nel tentativo di sfuggirgli. ■ Drammatico; b/n; 93′; Argentina, 1960.

LEGGE DEL SIGNORE – L'UOMO SENZA FUCILE, LA *(Friendly Persuasion)* ★★★★🏆
Regia di William Wyler. Con Walter Catlett, Gary Cooper, Dorothy McGuire, Robert Middleton, Anthony Perkins. ■ Storia di una famiglia quacchera involontariamente coinvolta nella guerra civile americana. Non è sempre facile difendersi senza fare uso della violenza come impone uno dei principi di quella religione; per una volta i componenti della famiglia dovranno trasgredirlo, ma poi riusciranno a trarsi d'impaccio anche senza armi. ■ Western; b/n; 140′; USA, 1956. ■ Cannes 🏆 1 pr; Oscar 🏆 6 nom.

LEGGE DEL SILENZIO, LA *(The Black Hand)* ★★★
Regia di Richard Thorpe. Con Teresa Celli, Gene Kelly, J. Carrol Naish. ■ Primi anni del Novecento: un ragazzo italiano emigrato negli Stati Uniti vuole vendicarsi degli assassini del padre; il suo informatore, però, viene eliminato. Un suo amico poliziotto entra poi in possesso dei nomi, ma paga con la vita questa scoperta. I banditi ricattano il ragazzo perché restituisca loro il compromettente elenco, ma inutilmente: finiranno in galera. ■ Drammatico; b/n; 93′; USA, 1949.

LEGGE DEL VIZIO, LA *(Filles de nuit)* ★★
Regia di Maurice Cloche. Con Renato Baldini, Kay Fisher, Scilla Gabel, Georges Marchal. ■ Un sacerdote ospita in una casa di rieducazione le ragazze di strada decise a cambiar vita. Un losco individuo che gli è nemico fa in modo però che le sue protette perdano tutti gli impieghi. ■ Drammatico; b/n; 99′; Francia, 1958.

LEGGE DI BUFFALO BILL, LA ★★★
Regia di Sam Newfield. Con Lona Andre, William Farnum, Rex Lease. ■ Buffalo Bill è inviato a ristabilire l'ordine e la legge in un paesino del West. Gli uomini che lo dominano ricorrono, per non perdere tale privilegio, all'aiuto degli indiani. Buffalo Bill però vigila. ■ Western; b/n; 60′; USA, 1943.

LEGGE DI GUERRA ★★
Regia di Bruno Paolinelli. Con Jean Desailly, Mel Ferrer, Magali Noël, Peter Van Eyck. ■ Secondo conflitto mondiale: trenta ostaggi saranno fucilati se il responsabile della morte di tre tedeschi non si consegnerà spontaneamente. L'uomo è sconsigliato a farlo dal comando partigiano che vuol tentare un'azione di forza per liberare i prigionieri. L'azione fallisce e i cittadini consegnano al nemico un capro espiatorio. Il responsabile non può permettere che un innocente venga fucilato al posto suo e si costituisce. ■ Guerra; b/n; 92′; Italia, 1961.

LEGGE DI MURPHY, LA *(Murphy's Law)* ★★
Regia di Jack Lee Thompson. Con Charles Bronson, Robert F. Lyon, Carrie Snodgress. ■ Jack Murphy, poliziotto rude, è l'indiziato numero per l'uccisione della moglie e del suo amante. Ma qualcuno gli ha sottratto auto e pistola. Arrestato, fugge dalla polizia con una ladruncola, Arabella. La vera assassina è una psicopatica, mandata in galera un tempo da Murphy, che ha deciso di uccidere tutti coloro che riteneva responsabili della sua detenzione. Nello scontro finale muoiono tutti tranne i nostri due, ormai innamorati. ■ Poliziesco; col.; 100′; USA, 1986.

LEGGE DI ROBIN HOOD, LA *(Rimfire)* ★★
Regia di B. Reeves Eason. Con Reed Hadley, Mary Beth Hughes, Henry Hull, James Millican. ■ Un agente americano deve recuperare l'oro sottratto al governo. Durante le indagini tutti gli individui da lui controllati vengono uccisi, apparentemente dal fantasma di un impiccato. Il vero colpevole è però il mandante della rapina. ■ Western; b/n; 60′; USA, 1943.

LEGGE DI SANGUE ★★
Regia di Luigi Capuano. Con Vera Bergman, Leonardo Cortese, Elli Parvo. ■ Una ragazza, benché fidanzata, si concede ad un corteggiatore. Quando il futuro sposo viene a saperlo sfida il rivale a duello. Ha la meglio su di lui, ma la fanciulla ama il perdente e lui la lascia. ■ Drammatico; b/n; 91′; Italia, 1947.

LEGGE E DISORDINE *(Law and Disorder)* ★★★
Regia di Ivan Passer. Con Karen Black, Ernest Borgnine, Carroll O'Connor. ■ Simpatica, intelligente commedia drammatica, piena di buoni personaggi, ben condotta da un regista in trasferta. Protagonisti due newyorkesi di mezza età che diventano "cittadini dell'ordine". Dapprima si tratta più che altro di un simpatico passatempo, poi la questione diviene maledettamente seria. Un apologo, fra il preoccupato e il divertito, sulla vocazione dell'americano medio a improvvisarsi "giustiziere della notte". ■ Commedia; col.; 103′; USA, 1974.

LEGGE È LEGGE, LA *(La loi c'est la loi)* ★★★
Regia di Christian-Jaque. Con Nino Besozzi, Fernandel, Leda Gloria, Noël Roquevert, Totò. ■ Tragicomica storia di un gendarme nato in una casa tagliata in due dal confine tra Italia e Francia. Un contrabbandiere approfitta della situazione e lo denuncia come apolide; gli fa annullare il matrimonio e perdere il posto. ■ Commedia; b/n; 95′; Francia, Italia, 1957.

LEGGE È UGUALE PER TUTTI, LA *(Bal cupidon)* ★★
Regia di Marc-Gilbert Sauvajon. Con Pierre Blanchar, Maria Mauban, Simone Renant. ■ Ad un investigatore privato appena scarcerato viene affidato l'incarico di trovare l'assassino di un ricco industriale. I suoi sospetti si concentrano sulla vedova difesa da una bella e brillante avvocatessa alla quale fa una corte serrata. ■ Drammatico; b/n; 100′; Francia, 1948.

LEGGE MI INCOLPA, LA *(Quai des illusions)* ★★
Regia di Emile Couzinet. Con Lise Bourdin, Gaby Morlay, Louis Seigner, Fausto Tozzi. ■ Una ragazza di provincia trasferitasi in città si innamora di un marinaio. Lui parte in seguito ad una rissa e sembra averla dimenticata; lei partorisce un figlio morto e, per non perdere l'amato, rapisce un orfanello. Quando il marinaio ritorna, lei viene assolta. ■ Drammatico; b/n; 85′; Francia, 1956.

LEGGENDA AZZURRA ★★
Regia di Giuseppe Guarino. Con Andrea Checchi, Osvaldo Genazzani, Talia Volpiana. ■ Una bella orfanella troppo attaccata ai sogni dell'infanzia è contesa tra un ex compagno di giochi e un ricco rampollo, ma aspetta il ritorno di un ufficiale. Una disgrazia la riporta finalmente alla realtà; sposerà il primo pretendente. ■ Drammatico; b/n; 90′; Italia, 1941.

LEGGENDA DEGLI UOMINI STRAORDINARI, LA ★★
(The League of Extraordinary Gentlemen)
Regia di Stephen Norrington. Con Sean Connery, Jason Flemyng, David Hemmings, Richard Roxburgh, Naseeruddin Shah, Stuart Townsend, Shane West, Peta Wilson. ■ Mostri e creature di ogni risma e da ogni tempo in un supergruppo capitanato da Allan Quatermain (quello delle *Miniere del Re Salomone*), che ha il volto di Sean Connery. Il Capitano Nemo, una vampira, l'uomo invisibile, l'agente dei servizi segreti americani Tom Sawyer, Dorian Gray, il Dottor Jekyll e Mister Hyde, votati alla causa del Bene per sconfiggere il malefico Phantom e sventare il suo folle piano di distruzione del mondo. ■ Azione; col.; 110′; Germania, USA, 2003.

LEGGENDA DEI SETTE VAMPIRI D'ORO, LA ★★★
(The Legend of the Seven Golden Vampires)
Regia di Roy Ward Baker. Con David Chiang, Peter Cushing, Julie Ege, Robin Stewart. ■ Un malvagio cinese è riuscito a impossessarsi dello spirito di Dracula e, con una intera legione di adepti, terrorizza gli abitanti di una sperduta regione orientale. Un secolo più tardi uno studioso inglese parte alla sua ricerca con un gruppo di campioni di arti marziali e lo uccide. ■ Horror; col.; 90′; Gran Bretagna, 1974.

LEGGENDA DEL CACCIATORE DI VAMPIRI, LA ★★
(Abraham Lincoln: Vampire Hunter)
Regia di Timur Bekmambetov. Con Dominic Cooper, Rufus Sewell, Jimmi Simpson, Alan Tudyk, Mary Elizabeth Winstead. ■ Prima di diventare presidente e di essere la bandiera della democrazia americana, il giovane Abraham Lincoln ha visto la propria madre morire per opera di una creatura della notte. Deciso a vendicarsi, il ragazzo ben presto si confronta con un mondo oscuro che si cela dietro la facciata: i vampiri sono ovunque, e per combatterli serve ben altra forza che la sola volontà di un individuo. Ecco che la battaglia senza quartiere contro le forze del

male si lega imprescindibilmente con quella di una nazione per trovare la propria identità. Secondo film hollywoodiano del portento visivo russo Timur Bekmambetov, *La leggenda del cacciatore di vampiri* è una miscela di generi con l'aggiunta del 3D. ■ HORROR; COL.; 90'; USA, 2012.

LEGGENDA DELLA FORTEZZA DI SURAM, LA ★★★★
(Legenda o Suramskoy kreposti)
Regia di DODO ABASCIDZE, SERGEI PARAJANOV. Con DODO ABASCIDZE. ■ Per proteggersi dalle invasioni, i georgiani innalzano fortezze imprendibili. Soltanto quella di Suram continua a cadere a pezzi. Ma un giovane riesce a apprendere da una veggente il sistema per non far crollare i bastioni. Ma gli ingrati abitanti di Suram lo mureranno vivo dentro le fondamenta. ■ AVVENTURA; COL.; 90'; URSS, 1984.

LEGGENDA DELL'ARCIERE DI FUOCO ★★★★★
– L'ARCIERE DI FUOCO, LA *(The Flame and the Arrow)*
Regia di JACQUES TOURNEUR. Con NICK CRAVAT, ROBERT DOUGLAS, BURT LANCASTER, ALINE MACMAHON, VIRGINIA MAYO. ■ Lombardia tredicesimo secolo. Un tiranno governa col pugno di ferro: il popolo è sottomesso. Solo l'intrepido Dardo (Lancaster), una sorta di Robin Hood, non si è sottomesso, anzi ha un atteggiamento di sfida nei confronti del tiranno, che gli ha anche portato via la perfida moglie. Per punizione Dardo si vede portar via il figlio, ma lui riesce a fuggire. Il popolo si stringe intorno a lui e anche una bella principessa si sente attratta dall'eroe popolare. In una ridda di tradimenti e colpi di scena (compresa una manifestazione di saltimbanchi in cui Lancaster si distingue come acrobata insieme all'amico attore Cravat), alla fine Dardo uccide con una freccia il tiranno che tiene un pugnale puntato alla gola di suo figlio. Un autentico classico dell'avventura, irresistibile e geniale, "gemello" dell'altro indimenticabile "avventuroso", *Il corsaro dell'isola verde*. Lancaster era diventato una star interpretando ruoli "neri", ma fu con questi due film che mostrò le sue straordinarie attitudini di atleta e di acrobata. I volteggi sui merli del castello sono proprio suoi, così come gli esercizi nello spettacolo degli acrobati. Anche Kevin Costner, nel suo Robin Hood, dedica una citazione a Lancaster, quando si lascia cadere da un ramo facendo una capriola: solo che Lancaster, a differenza di Costner, l'aveva eseguita davvero. Questo film rappresenta un genere di evasione di grande classe e impatto. L'avventura, il vigore, il cattivo punito, il buono che trionfa, l'ingenuità, la prevedibilità: tutto nel segno della grande qualità spettacolare. Erano film dei quali si sente la nostalgia. Il miglior Spielberg "avventuroso" viene da lì, dal grande mestiere di quei registi e produttori e dalle attitudini naturali di attori come Lancaster, che avrebbe dimostrato, negli anni a venire, di essere altrettanto bravo nei film di Visconti che come "arciere di fuoco". ■ AVVENTURA; COL.; 88'; USA, 1950. ■ OSCAR 2 NOM.

LEGGENDA DEL NARAYAMA, LA ★★★
(Narayama bushiko)
Regia di KEISUKE KINOSHITA. Con TEIJI TAKAHASHI, KINUYO TANAKA. ■ Anticamente in Giappone, in regioni particolarmente povere, era tradizione di portare i vecchi, divenuti ormai un peso, a morire su una montagna, il Narayama. C'è un giovane che non vorrebbe che sua madre facesse quella fine, ma lei lo convince che è giusto così. Gli dice solo di pregare perché venga la neve ad abbreviare la sua agonia. ■ DRAMMATICO; COL.; 93'; GIAPPONE, 1958.

♥ LEGGENDA DEL PIANISTA SULL'OCEANO, LA ★★★
Regia di GIUSEPPE TORNATORE. Con BILL NUNN, TIM ROTH, PRUITT TAYLOR VINCE. ■ Liberamente tratto dal racconto di Alessandro Baricco *Novecento*. Novecento è il nome che viene dato ad un trovatello abbandonato su una nave il primo mese del primo anno del secolo. Il bambino cresce sulla nave, non conosce altro. Finché scopre di avere un inverosimile talento per il piano. Cresce suonando e senza mai scendere a terra. La sua storia si propaga, diventa leggenda. Quando la nave – siamo nel dopoguerra – deve essere distrutta, Novecento decide di rimanere a bordo. È nato e cresciuto lì, non conosce altro, è giusto che finisca con la nave. Tornatore si è innamorato del linguaggio: sale e scende, si allontana, si diverte con la macchina da presa, con rimandi a Spielberg, Leone, e persino a Fellini. Ma non ci sarebbe niente di male. Le cadute sono soprattutto di sceneggiatura: visibilissima la differenza di scrittura fra Baricco e Tornatore, che è regista, non scrittore, e non "sente" quando è il momento di togliere o di chiudere: c'è una mezz'ora di troppo. Certo, con il "cinema" Tornatore ci sa fare. ■ FANTASTICO; COL.; 165'; ITALIA, 1998. ■ GOLDEN GLOBES 1 PR, 1 NOM.

LEGGENDA DEL PIAVE, LA ★★
Regia di RICCARDO FREDA. Con RENATO BALDINI, GIANNA MARIA CANALE, CARLO GIUSTINI, EDOARDO TONIOLO, ENRICO VIARISIO. ■ Prima guerra mondiale: un nobile approfitta della situazione per combinare loschi affari speculativi; sua moglie, patriota appassionata, decide di lasciarlo. A contatto con la triste realtà della guerra l'uomo perde l'abituale indifferenza. ■ GUERRA; B/N; 83'; ITALIA, 1952.

♥ LEGGENDA DEL RE PESCATORE, LA ★★★★
(The Fisher King)
Regia di TERRY GILLIAM. Con JEFF BRIDGES, AMANDA PLUMMER, MERCEDES RUEHL, ROBIN WILLIAMS. ■ Un dj di una stazione radiofonica commerciale è indirettamente causa di una strage compiuta da un suo ascoltatore in un locale frequentato da yuppie. Sgomento, lascia la radio e diventa aiutante in un negozio di videocassette. Una sera viene aggredito da due ragazzi che vogliono ucciderlo ma viene salvato da un gruppo di barboni guidato da Robin Williams. Costui era un medico che ha perso la memoria. Diventeranno amici e il dj per sdebitarsi cercherà di aiutarlo nella conquista di una ragazza e di un soprammobile che simboleggia nella sua fantasia il santo Graal. Dopo il pasticcio di *Le avventure del barone di Munchausen*, Gilliam crea una sorta di mediazione tra quelli che sono i canoni normali della commedia hollywoodiana e le esigenze visionarie del proprio stile personale. Vincitore del Leone d'Argento alla Mostra di Venezia. Mercedes Ruehl ha vinto un Oscar come attrice non protagonista. ■ DRAMMATICO; COL.; 127'; USA, 1991. ■ GOLDEN GLOBES 2 PR, 4 NOM; OSCAR 1 PR, 5 NOM; VENEZIA 2 PR.

LEGGENDA DEL RUBINO MALESE, LA ★★
Regia di ANTHONY DAWSON. Con CHRISTOPHER CONNELLY, MARINA COSTA, LEE VAN CLEEF. ■ A Yankee, un ex capitano che in Malesia fa i soldi organizzando false gite piene di imprevisti per i ricconi annoiati, viene proposto di accompagnare la direttrice di un museo e il suo assistente nella ricerca di un leggendario rubino dagli eccezionali poteri. L'avventura si fa pericolosa in quanto un trafficante d'armi e un suo socio malese vogliono impossessarsi della pietra preziosa. Ma dopo insidie e vari cadaveri, Yankee e la direttrice riusciranno nell'impresa. ■ AVVENTURA; COL.; 90'; ITALIA, 1985.

LEGGENDA DEL SANTO BEVITORE, LA ★★★♉
Regia di ERMANNO OLMI. Con SANDRINE DUMAS, RUTGER HAUER, ANTHONY QUAYLE. ■ Dal romanzo di Joseph Roth. Il primo film di Ermanno Olmi su soggetto altrui. Riuscito benissimo, peraltro (la cosa migliore del regista bergamasco dall'epoca dell'*Albero degli zoccoli*). Protagonista è un alcolizzato ex minatore che vive come un barbone a Parigi. Un giorno è toccato dalla Grazia (un misterioso signore l'aiuta a più riprese). Lo sventurato Andreas muore felice in chiesa davanti all'immagine di Santa Teresa di Lisieux. ■ DRAMMATICO; COL.; 125'; FRANCIA, ITALIA, 1988. ■ DAVID DI DONATELLO ♉ 4 PR, 4 NOM; VENEZIA ♉ 1 PR.

LEGGENDA DEL TITANIC, LA *(The Legend of Titanic)* ★★
Regia di KIM J. OK. ■ Sul Titanic non viaggiavano solo esseri umani o animali da compagnia. C'erano anche centinaia di topi. Uno di loro, Top Connors, racconta ai bisnipoti quello che accadde. La giovane Elizabeth, promessa a un uomo che non ama, riesce a parlare con loro. Non così brutto (per un pubblico di bambini) come si potrebbe pensare. ■ ANIMAZIONE; COL.; 88'; COREA, SPAGNA, USA, 1999.

LEGGENDA DI ALADINO, LA ★★
Regia di BORIS RIZAREV. Con BORIS BISTROV, DODO CJOGOBADZE, SARRY KARRYE. ■ La famosa fiaba per ragazzi che si svolge a Bagdad. Aladino, grazie alla lampada magica, vedrà

esauditi tutti i desideri e sposerà una bella principessa. ■ FANTASTICO; COL.; 91'; ITALIA, JUGOSLAVIA, 1977.

LEGGENDA DI AL, JOHN E JACK, LA ★★
Regia di ALDO BAGLIO, GIACOMO PORETTI, GIOVANNI STORTI, MASSIMO VENIER. Con ALDO BAGLIO, ANTONIO CATANIA, ALDO MACCIONE, IVANO MARESCOTTI, GIACOMO PORETTI, GIOVANNI STORTI. ■ Aldo, Giovanni e Giacomo questa volta nei panni dei tre killer mafiosi italo-americani Al, John e Jack, piuttosto maldestri: i pasticci che combinano sono una continua fonte di imbarazzo per il boss che li ha ingaggiati. Un giorno, però, commettono un errore di troppo e sono costretti a nascondersi per non essere uccisi dalla mafia, mentre Al ha persino perso la memoria. Una curiosità: i personaggi dei tre mafiosi sono apparsi nel prologo di *Tre uomini e una gamba*, il primo film del trio comico. Tentato un salto di qualità, un'evoluzione di genere. Non riuscito. ■ COMICO; COL.; 110'; ITALIA, 2002.

LEGGENDA DI BAGGER VANCE, LA ★★★★
(The Legend of Bagger Vance)
Regia di ROBERT REDFORD. Con MATT DAMON, JOEL GRETSCH, BRUCE MCGILL, WILL SMITH, CHARLIZE THERON. ■ L'incontro tra Redford e Damon fu una questione di talenti. Redford è sempre stato innamorato del talento, della dotazione iniziale, della vocazione che guardava all'eroismo. Damon è stato il fenomeno delle carte ne *Il Giocatore*, il genio della matematica in *Will Hunting* e il camaleonte capace di imitare tutti nel *Talento di Mr. Ripley*. In *Bagger Vance* – da un romanzo di Steven Pressfield – è Junuh, un giocatore di golf, che partito per la guerra, tornato senza speranze, si ubriaca per dieci anni (siamo alla fine degli anni Venti) fino a quando qualcuno si ricorda di lui. Viene organizzato infatti l'incontro fra i due più prestigiosi campioni d'America, ma occorre anche uno del luogo e qualcuno si ricorda appunto di Junuh. L'uomo accetta la sfida e vince, grazie ai consigli del caddy nero Bagger Vance (Smith), che diviene la sua guida spirituale. La grande partita è tutta una metafora: la voglia di lottare anche quando tutto sembra perduto, la solidarietà, l'onestà e l'eroismo. Questo è Redford, l'uomo dei principi: non fa molti film, ma possiede una magnifica misura di contenuti e di rappresentazione. Non si vergogna della favola e del sentimento. Il suo cinema ci è indispensabile.■ DRAMMATICO; COL.; 126'; USA, 2001.

LEGGENDA DI BEOWULF, LA *(Beowulf)* ★★★
Regia di ROBERT ZEMECKIS. Con BRENDAN GLEESON, CRISPIN GLOVER, ANTHONY HOPKINS, ANGELINA JOLIE, ALISON LOHMAN, JOHN MALKOVICH, COSTAS MANDYLOR, RAY WINSTONE, ROBIN WRIGHT PENN. ■ C'è del marcio in Danimarca: è Grendel, creatura mostruosa che mette a ferro e fuoco la terra governata dal Re Hrothgar. In aiuto di questo ultimo arriva il più valoroso tra tutti gli eroi, il giovane ed apparentemente invincibile Beowulf che, dopo un lunga lotta, ha la meglio sul mostro. Le fatiche dell'eroe però, sono appena cominciate: la madre di Grendel vuole vendicare il figlio morto e così pone Beowulf di fronte ad una scelta che avrà per lui e per il suo popolo conseguenze imprevedibili... Cosa poteva venire fuori dall'incontro di alcune tra le menti più brillanti di Hollywood (il regista Robert Zemeckis, gli sceneggiatori Neil Gaiman e Roger Avary), alle prese con la trasposizione cinematografica di uno dei personaggi più famosi della storia della mitologia nordica? Un film fuori dall'ordinario e certamente efficace. ■ AZIONE; COL.; 114'; USA, 2007.

LEGGENDA DI BILLIE JEAN, LA ★★
(The Legend of Billie Jean)
Regia di MATTHEW ROBBINS. Con PETER COYOTE, HELEN SLATER, DEAN SOTCKWELL. ■ Una bella bionda texana e il fratello sono coinvolti in una sparatoria. Come se non bastasse la polizia attribuisce loro altri crimini. I due sono costretti a fuggire attraverso il Texas. La loro fuga diviene presto leggenda e i fratelli assurgono a eroi popolari. ■ AVVENTURA; COL.; 90'; USA, 1985.

LEGGENDA DI ENEA, LA ★★
Regia di GIORGIO RIVALTA. Con GIANNI GARKO, LIANA ORFEI, STEVE REEVES, GIACOMO ROSSI STUART. ■ Enea giunge con la sua gente nel Lazio. La figlia del re di quelle terre si innamora di lui, ma il sovrano dei Rutuli riesce, con l'inganno, a renderlo inviso agli abitanti del luogo. Scoppia una lunga e drammatica guerra. ■ AVVENTURA; COL.; 93'; ITALIA, 1962.

LEGGENDA DI FAUST, LA ★★★
Regia di CARMINE GALLONE. Con NELLY CORRADI, GINO MATTERA, ITALO TAJO. ■ Un film per appassionati di musica operistica, basato essenzialmente sul *Mefistofele* di Boito ma anche con brani tratti dal *Faust* di Gounod. Faust, con l'aiuto del Diavolo, ritrova la giovinezza e l'amore di Margherita. ■ COMM. MUSICALE; B/N; 94'; ITALIA, 1948.

LEGGENDA DI FRA' DIAVOLO, LA ★★
Regia di LEOPOLDO SAVONA. Con MARIO ADORF, HAYA HARAREET, CLAUDIA MORI, TONY RUSSELL. ■ Storia e leggenda del popolare eroe napoletano. Fra' Diavolo lotta per i borbonici contro i francesi, ottiene un alto grado dal re Ferdinando ma è costretto a nascondersi. Quando Napoleone invade il territorio, Fra' Diavolo si arruola nell'esercito; la battaglia è impari, ed egli viene catturato e giustiziato. ■ AVVENTURA; COL.; 90'; ITALIA, 1962.

LEGGENDA DI GENOVEFFA, LA ★★
Regia di ARTHUR MARIA RABENALT. Con ROSSANO BRAZZI, GIANNI SANTUCCIO, ANNE VERNON. ■ Sigfrido sposa Genoveffa e parte per le Crociate. Il suo scudiero, che non riesce in alcun modo a possedere la donna, fa credere al suo padrone che ella gli è infedele. Sigfrido decreta la sua morte, ma i soldati preferiscono abbandonarla nel bosco. Anni più tardi egli scoprirà la verità e si riunirà a lei. ■ AVVENTURA; B/N; 95'; ITALIA, 1962.

LEGGENDA DI GOSTA BERLINGS, LA ★★
(Gosta Berlings saga)
Regia di MAURITZ STILLER. Con OTTO ELG-LUNDBERG, GRETA GARBO, LARS HANSON, GERDA LUNDEQUIST. ■ Un prete viene cacciato perché alcolista. Va a vivere in un castello dove si innamora di una giovane. Nell'ombra c'è un'altra ragazza, interpretata dalla Garbo, innamorata di lui. Dopo un incendio provocato dalla castellana il prete saprà dell'amore segreto e convolerà a giuste nozze. ■ DRAMMATICO; B/N; 100'; SVEZIA, 1924.

LEGGENDA DI HOLLISTER, LA *(Hollister's Law)* ★
Regia di VERN GILLUM. Con DAVID CARRADINE. ■ Zach è un veterano di guerra molto abile con la pistola. La cittadina di Spanish Gulch lo vedrà in azione contro un gruppo di banditi. ■ WESTERN; COL.; 86'; USA, 1991.

LEGGENDA DI KASPAR HAUSER, LA ★★
Regia di DAVIDE MANULI. Con SILVIA CALDERONI, VINCENT GALLO, FABRIZIO GIFUNI, MARCO LAMPIS, ELISA SEDNAOUI. ■ Il lunedì di Pentecoste del 26 maggio del 1828, un ragazzo malfermo e malvestito apparve nei pressi di Norimberga. Ripeteva poche parole e reagiva male alle sollecitazioni sensoriali. Aveva con sé una lettera indirizzata a un capitano del VI reggimento dei cavalieri di Norimberga. Quando gli diedero una penna, l'unica cosa che sapeva scrivere, era il suo nome: Kaspar Hauser. Rinchiuso nel carcere di Norimberga, divenne una curiosità cittadina, in particolare per il barone von Feuerbach, che attratto dal giovane selvatico, ne scrisse un libro: avanzò la tesi che il giovane fosse il figlio di una nobile famiglia fatto sparire in tenera età per escluderlo dall'asse ereditario. La storia di Kaspar Hauser, il cosiddetto bambino d'Europa, è stata analizzata e interpretata da una miriade di scritti (tremila libri e quattordicimila articoli), rappresentazioni teatrali e diversi film, di cui il più famoso, *L'enigma di Kaspar Hauser*, porta la firma di Werner Herzog. A questi ora si aggiunge la riscrittura cinematografica di Davide Manuli, regista e artista milanese indipendente. ■ DRAMMATICO; COL.; 95'; ITALIA, 2012.

LEGGENDA DI LILIOM, LA *(Liliom)* ★★★
Regia di FRITZ LANG. Con CHARLES BOYER, ODETTE FLORELLE, MADELEINE OZERAY. ■ È la storia fantastica di un uomo che ottiene di ritornare dall'aldilà per compiere una buona azione. ■ FANTASTICO; B/N; 120'; FRANCIA, 1943.

LEGGENDA DI LLAREGGUB, LA ★★
(Under the Milk Wood)
Regia di ANDREW SINCLAIR. Con RICHARD BURTON, PETER O'TOOLE, ELIZABETH TAYLOR. ■ Un cast di star (più alcune primedonne inglesi come Vivien Merchant, Glynis Johns, Angharad Rees e Sian Philips) per la commedia di Dylan Thomas (poco

adatta al cinema). Più che una storia vera e propria è una serie di bozzetti di vita paesana nel villaggio gallese di Llareggub. Peter O'Toole naturalmente dilaga come Dylan (o come caricatura dello stesso). ■ COMMEDIA; COL.; 92'; GRAN BRETAGNA, 1972.

LEGGENDA DI LOBO, LA *(The Legend of Lobo)* ★★★
Regia di JAMES ALGAR. ■ Lobo è un lupo forte e coraggioso, unico superstite della famiglia sterminata anni prima. Invano gli uomini tentano di catturarlo ponendo addirittura una taglia su di lui. ■ DOCUMENTARIO; COL.; 67'; USA, 1962.

LEGGENDA DI PARSIFAL, LA *(Parsifal)* ★★
Regia di DANIEL MANGRANE. Con CARMEN DE LIRIO, GUSTAVO ROJO, LUDMILLA TCHERINA. ■ La splendida musica di Wagner fa da sfondo a un film banale e retorico: Parsifal, figlio di un re ucciso a tradimento e dal quale ha ereditato un temibile arco, vive nella foresta. L'assassino di suo padre si impadronisce della Sacra Lancia, ma egli la riconquista e lo uccide. ■ AVVENTURA; B/N; 91'; SPAGNA, 1951.

LEGGENDA DI ROBIN HOOD, LA ★★★★★
(The Adventures of Robin Hood)
Regia di MICHAEL CURTIZ, WILLIAM KEIGHLEY. Con OLIVIA DE HAVILLAND, ERROL FLYNN, PATRIC KNOWLES, EUGENE PALLETTE, CLAUDE RAINS, BASIL RATHBONE. ■ Robin di Locksley, detto Robin Hood, vive nella foresta di Sherwood a capo di un gruppo di simpatici fuorilegge. Salva un poveraccio, che ha ucciso un cervo per fame, dalla spada dello sceriffo di Nottingham e poi irrompe col cervo sulle spalle proprio nel salone del banchetto dello sceriffo. Aggredito riesce a fuggire. Nella foresta fa prigioniera Lady Marian, cugina di re Riccardo, per il quale Robin Hood si batte contro l'usurpatore Giovanni Senza Terra. Lo sceriffo cerca in ogni modo di contrastare il ritorno del legittimo re, ricorrendo a ogni intrigo. Ma Robin vince su tutti i fronti, anche su quello amoroso. E alla fine, travestito, arriva Riccardo, che benedice le nozze dell'eroe con Marian. Film indispensabile al cinema, rimasto praticamente intatto a quasi sessant'anni di distanza. È uno dei capisaldi dell'avventura, con una costruzione talmente precisa ed equilibrata nelle scene d'azione, di raccordo, d'amore da rappresentare una sorta di "perfetto cerchio" inattaccabile dal tempo. Il ventinovenne Flynn, grandissima presenza, reinventò l'"avventura" riprendendo il filo d'oro di Douglas Fairbanks e portando una vitalità, simpatia, irruenza e fascino che nessuno riuscirà mai più ad eguagliare. I duelli con Basil Rathbone, le scene d'amore con Olivia De Havilland, i battibecchi col tiranno di turno sono istantanee insostituibili del cinema. Negli anni Ottanta la Rai rifece i dialoghi del film con un risultato disastroso. Alla Warner, mezzo secolo prima, conoscevano già tutto, e meglio. Ottima anche la colonna sonora di E. W. Korngold. In una scena di inseguimento i cavalli attraversano un fiume e le note di Korngold "compongono" il ritmo degli zoccoli e il rumore dell'acqua. ■ AVVENTURA; COL.; 102'; USA, 1938. ■ OSCAR 3 PR, 4 NOM.

LEGGENDA DI SLEEPY HOLLOW, LA ★★
(The Legend of Sleepy Hollow)
Regia di HENNING SCHELLERUP. Con MEG FOSTER, JEFF GOLDBLUM, PAUL SAND. ■ Da un famoso racconto di Washington Irving su un cavaliere senza testa che perseguita un giovanotto americano del XVIII secolo. Jeff Goldblum è il giovanotto, un insegnante sognatore che quando racconta la storia del cavaliere non viene creduto (appunto per la sua fama di acchiappanuvole). ■ COMMEDIA; COL.; 98'; USA, 1979.

LEGGENDA DI TOM DOOLEY, LA ★★
(Legend of Tom Dooley)
Regia di TED POST. Con JACK HOGAN, MICHAEL LANDON, JO MORROW. ■ Un soldato sudista non sa che la pace è stata conclusa e uccide quattro nemici. Poi si sposa e viene catturato da un rivale in amore. Liberato da un compagno, è di nuovo scoperto; nel conflitto a fuoco muoiono sua moglie e il rivale. Anch'egli sarà giustiziato. ■ AVVENTURA; B/N; 77'; USA, 1959.

LEGGENDA DI UN AMORE, LA ★★
(Ever After a Cinderella Story)
Regia di ANDY TENNANT. Con DREW BARRYMORE, ANJELICA HUSTON, JEANNE MOREAU, DOUGRAY SCOTT. ■ Una nuova versione di *Cenerentola*. Non più remissiva ma forte e aggressiva, addirittura femminista. L'operazione, condotta dal regista attore Tennant vuole essere un'originale contaminazione fra le versioni nelle varie stagioni. Bravi gli attori, a cominciare dalla Huston cattiva matrigna. ■ FANTASTICO; COL.; 100'; USA, 1998.

LEGGENDA DI ZANNA BIANCA, LA ★★
(White Fang II – Myth of the White Wolf)
Regia di KEN OLIN. Con SCOTT BAIRSTOW, CHARMAINE CRAIG, ALFRED MOLINA. ■ Ancora una volta il famoso cane ideato da Jack London rivive sullo schermo, questa volta resuscitato dalla Walt Disney. ■ AVVENTURA; COL.; 112'; USA, 1994.

LEGGENDARIO CONQUISTATORE, IL ★★
(La conquista del Pacifico)
Regia di JOSÉ MARIA ELORRIETA. Con FRANK LATIMORE, GEORGE MARTIN, BARBARA MCDONALD, MARIO MORALES. ■ Il film narra dell'esplorazione dell'oceano Pacifico, da parte degli europei, avvenuta nel settembre del 1511 grazie a Vasco Nùñez de Balboa, un avventuriero partito dalla Castiglia alla conquista di nuove terre per estendere il dominio spagnolo. ■ AVVENTURA; COL.; 91'; SPAGNA, 1964.

LEGGENDARIO X-15, IL *(X-15)* ★★
Regia di RICHARD DONNER. Con CHARLES BRONSON, JAMES GREGORY, DAVID MCLEAN. ■ Storia privata di Matt, Lee ed Ernie, collaudatori dell'X-15, il primo reattore supersonico. ■ DRAMMATICO; COL.; 100'; USA, 1961.

LEGGE 627 *(L. 627)* ★★★
Regia di BERTRAND TAVERNIER. Con DIDIER BEZACE, CHARLOTTE CADY, JEAN PAUL COMART. ■ Storia di Lucien Marguet, detto "Lulu", poliziotto parigino. All'inizio viene punito (gli fanno fare il dattilografo), poi torna a fare il suo mestiere in un altro dipartimento. Tra i suoi nuovi colleghi c'è chi non vuole guai, chi è troppo ambizioso, chi è burocrate, chi si fa corrompere. Conosciamo anche la moglie di "Lulu", trascurata e insoddisfatta. Marguet, alla fine, è il migliore di tutti, è onesto e riesce a credere in qualcosa nonostante il suo durissimo, e spesso squallido, mestiere. Un buon esercizio di Tavernier, che riesce a essere interessante nonostante gli stereotipi che propone. ■ POLIZIESCO; COL.; 145'; ITALIA, 1992.

LEGGE VIOLENTA DELLA SQUADRA ANTICRIMINE, LA ★★★
Regia di STELVIO MASSI. Con LEE J. COBB, ROSANNA FRATELLO, ANTONELLA LUALDI, RENZO PALMER, JOHN SAXON. ■ Un rapinatore uccide un poliziotto e ruba l'auto di un mafioso. Al suo inseguimento si pongono un commissario e i sicari del boss, incaricati di riprendere un documento compromettente nascosto nel veicolo. Il fuggitivo viene ucciso; il commissario, in compenso, può arrestare il mafioso. ■ POLIZIESCO; COL.; 92'; ITALIA, 1976.

LEGION ★
Regia di SCOTT STEWART. Con PAUL BETTANY, LUCAS BLACK, CHARLES S. DUTTON, TYRESE GIBSON, ADRIANNE PALICKI. ■ Los Angeles, 23 dicembre. Dio si è stancato delle malefatte umane e ha sguinzagliato sulla Terra una legione di angeli per portare l'Apocalisse. L'arcangelo Michael, però, non è d'accordo e vuole salvare l'umanità. In uno scalcinato locale ai margini del deserto, il *Paradise Falls*, un gruppo di persone vive i propri problemi. Nel locale entra Gladys, una vecchietta che annuncia la prossima morte di tutti. Una nube di insetti compare all'orizzonte. Che sia una vendetta biblica? ■ HORROR; COL.; 100'; USA, 2010.

LEGIONARI, I *(Madeleine und der Legionär)* ★★
Regia di WOLFGANG STAUDTE. Con HILDEGARDE KNEFF, HANNES MESSEMER, HELMUT SCHMIDT, BERNARD WICKI. ■ Quattro legionari disertori, di cui uno italiano, cercano di sfuggire al tribunale militare che li dovrà giudicare. Affrontano molti pericoli finché incontrano Maddalena, una ragazza che prima li denuncia, poi si innamora di uno di loro. ■ DRAMMATICO; B/N; 90'; GERMANIA, 1958.

LEGIONARY FUGA ALL'INFERNO, THE ★
(Legionnaire)
Regia di PETER MACDONALD. Con ADEWALE AKINNUOYE-AGBAJE, STEVEN BERKOFF, JIM CARTER, NICHOLAS FARRELL, JEAN

CLAUDE VAN DAMME. ■ Un pugile si arruola nella Legione Straniera per sfuggire a un boss che voleva che perdesse un incontro. Il film gronda stereotipi a ogni fotogramma e Van Damme non riesce più ad attrarre neppure il suo pubblico. Il regista è quello di *Rambo III*. Che non è una colpa ma neppure un merito. ■ AZIONE; COL.; 98′; GRAN BRETAGNA, 1998.

LEGIONE BIANCA *(The White Legion)* ★★
Regia di KARL BROWN. Con TALA BIRELL, DAN KEITH. ■ Il film trae spunto da una grave epidemia di febbre gialla che si sviluppò durante la costruzione del canale di Panama e dai sacrifici affrontati da un'équipe di medici accorsi per far fronte alla situazione. ■ DRAMMATICO; B/N; 75′; USA, 1936.

LEGIONE DEI CONDANNATI, LA *(Rogue's Regiment)* ★★
Regia di ROBERT FLOREY. Con DICK POWELL, VINCENT PRICE, MARTA TOREN. ■ Corbet, agente del servizio segreto, deve ritrovare Martin Brunner, ufficiale hitleriano. Corbet milita nella Legione straniera a Saigon, dove vi sono molti nazisti e, tra questi, il ricercato che si cela sotto falso nome; aiutato dalla cantante Lilì, il giovane porta a termine la sua pericolosa missione. ■ SPIONAGGIO; B/N; 86′; USA, 1948.

LEGIONE DEI DANNATI, LA ★★
Regia di UMBERTO LENZI. Con ROBERT HUNDAR, THOMAS HUNTER, CURD JÜRGENS, DIANA LORYS, JACK PALANCE, WOLFGANG PREISS. ■ Durante la seconda guerra mondiale, poco prima dello sbarco delle truppe alleate in Normandia, il colonnello inglese Anderson ha l'incarico di liberare dalle mine un tratto di mare lungo la costa francese. ■ GUERRA; COL.; 90′; ITALIA, 1969.

LEGIONE DELL'INFERNO, LA *(Joe Macbeth)* ★★
Regia di KEN HUGHES. Con PAUL DOUGLAS, RUTH ROMAN. ■ Trasposizione moderna della tragedia shakespeariana. Joe Macbeth, avido di potere e istigato dalla moglie Lily, uccide Dunc e diventa capo di una banda di delinquenti. Tutti gli altri gangster si piegano al suo volere, tranne Lenny che gli è nemico. Per riuscire a domarlo, Macbeth si affida a due sicari, che falliscono nell'impresa. ■ DRAMMATICO; B/N; 90′; GRAN BRETAGNA, 1955.

LEGIONE DEL SAHARA, LA *(Desert Legion)* ★★
Regia di JOSEPH PEVNEY. Con RICHARD CONTE, ARLENE DAHL, ALAN LADD, AKIM TAMIROFF. ■ Il legionario Paul Lartal, salvatosi da un'imboscata, viene curato dalla figlia del governatore di Madara; nel palazzo di costui vive, sotto mentite spoglie, il temibile Omar Ben Kalif, con il quale il giovane si batte. Finisce per avere la peggio. ■ AVVENTURA; COL.; 87′; USA, 1953.

LEGIONE NERA, LA *(Black Legion)* ★★★
Regia di ARCHIE MAYO. Con ROBERT BARRAT, HUMPHREY BOGART, DICK FORAN, ERIN O'BRIEN, ANN SHERIDAN. ■ Dramma sociale a tinte forti con denuncia nei confronti di organizzazioni xenofobe come il Ku Klux Klan. Frank Taylor, un operaio interpretato da Humphrey Bogart, vede sfumare una promozione a causa di un immigrato polacco, Dombrowski, che viene preferito a Frank per la sua maggiore capacità lavorativa. Frank allora si unisce all'organizzazione xenofoba Black Legion che combatte gli immigrati e le minoranze razziali con metodi violenti. Incappucciati in un saio nero, gli adepti del clan costringono Dombrowski ad abbandonare la fabbrica. Frank ottiene il suo posto. Ma il crescente coinvolgimento di Frank nell'organizzazione xenofoba spinge la moglie ad abbandonarlo. Frank inizia a bere e diventa sempre più violento e dissoluto fino al punto di denunciare all'organizzazione il suo migliore amico, Ed, a cui aveva confessato le sue attività poco pulite. L'organizzazione decide la condanna a morte di Ed. ■ THRILLER; B/N; 80′; USA, 1937. ■ OSCAR 1 NOM.

LEGIONE STRANIERA ★★
Regia di BASILIO FRANCHINA. Con ALBERTO FARNESE, IRENE GALTER, VIVIANE ROMANCE. ■ Alberto, che si crede abbandonato da Irene, diventa l'amante di Chérie, una donna di facili costumi; poi si arruola nella Legione straniera, e qui viene preso di mira da un sergente che gli contende la donna. Irene e Alberto si ritroveranno. ■ AVVENTURA; B/N; 92′; ITALIA, 1952.

LEGIONI DI CLEOPATRA, LE ★★★
Regia di VITTORIO COTTAFAVI. Con LINDA CRISTAL, ETTORE MANNI, GEORGES MARCHAL. ■ Gli eventi storici appaiono un pretesto rispetto all'intreccio amoroso. Della bellissima Cleopatra, da tempo legata a Marc'Antonio, si innamora il centurione Curridio, giunto ad Alessandria per evitare una guerra tra Antonio e Augusto. Il centurione fallisce nell'intento. Frattanto l'aspra battaglia che si è scatenata tra i due condottieri vede la totale sconfitta di Antonio. Nell'eccidio, Curricio riuscirà a evitare la morte di Marianna, una fanciulla che da tempo lo ama in silenzio. ■ STORICO; COL.; 98′; ITALIA, 1959.

LEGITTIMA DIFESA *(Quai des Orfèvres)* ★★★★
Regia di HENRI-GEORGES CLOUZOT. Con BERNARD BLIER, SUZY DELAIR, LOUIS JOUVET. ■ Un uomo profondamente legato alla propria donna decide di eliminare un attempato dongiovanni che tenta di irretirla; lo trova già morto e, ovviamente, egli è il primo a essere sospettato. Alla fine, però, la sua estraneità all'omicidio verrà dimostrata. ■ POLIZIESCO; B/N; 107′; FRANCIA, 1947. ■ VENEZIA 1 PR.

LEGITTIMA DIFESA *(Légitime violence)* ★★
Regia di SERGE R. LEROY. Con MICHEL AUMONT, CLAUDE BRASSEUR, CHRISTOPHER LAMBERT. ■ Un padre di famiglia, mentre torna in treno da una vacanza, assiste al massacro dei suoi cari da parte di un gruppo di sconosciuti teppisti. Passa qualche tempo e l'uomo ha solo uno scopo, vendicarsi. Entra allora in contatto con una misteriosa associazione specializzata appunto in "vendette" private. ■ GIALLO; COL.; 95′; FRANCIA, 1982.

LEGONG – LA DANZA DELLE VERGINI ★★
(La danse des vierges)
Regia di HENRI DE LA FALAISE. ■ Documentario sugli usi e costumi dell'isola di Bali. Prende spunto da una torbida storia d'amore tra un musicista e una fanciulla; la sorella di costei, anch'essa innamorata, si suiciderà. ■ DOCUMENTARIO; B/N; 90′; FRANCIA, 1935.

LEI *(Sie)* ★★
Regia di ROLF THIELE. Con WALTER GILLER, KURT A. JUNG, MARINA VLADY. ■ Un disegnatore, poco stimato dal suo datore di lavoro, si innamora della figlia di costui; dalla loro unione nasce un figlio che muore subito dopo. ■ DRAMMATICO; B/N; 91′; GERMANIA, 1954.

LEI È TROPPO PER ME *(She's Out of My League)* ★★
Regia di JIM FIELD SMITH. Con JAY BARUCHEL, ALICE EVE, T. J. MILLER, NATE TORRENCE, MIKE VOGEL. ■ Kirk Kettner è un ragazzo esile e impacciato, impiegato come agente della sicurezza in aeroporto. Esperto nel gestire l'ordine sul lavoro è un vero disastro nella vita privata, dove è piantato da una fidanzata petulante. Convinto di essere destinato a una vita senza amore, è folgorato al checkpoint da Molly, bella, bionda e decisa a dire sì proprio a lui. ■ COMMEDIA; COL.; 104′; USA, 2010.

LEI, IO E LUI *(Me and Him)* ★★
Regia di DORIS DÖRRIE. Con GRIFFIN DUNNE, ELLEN GREENE, CRAIG T. NELSON. ■ Dal romanzo di Moravia già portato sullo schermo con Buzzanca. Il protagonista è uno yuppie di New York che si sorprende a dialogare con il suo organo sessuale che gli propone una scalata al successo e alle donne, senza porsi più alcuna remora morale. Lo yuppie gli dà ascolto. E fa bene. Farà un monumento al suo "consigliere" (cioè un grattacielo a forma di membro). Dörrie non replica il suo successo di *Uomini* ma sfrutta accortamente la bravura e la simpatia del suo protagonista, Dunne. ■ COMMEDIA; COL.; 94′; USA, 1988.

LEI MI ODIA *(She Hate Me)* ★
Regia di SPIKE LEE. Con ELLEN BARKIN, MONICA BELLUCCI, JIM BROWN, JAMEL DEBBOUZE, BRIAN DENNEHY, WOODY HARRELSON, BAI LING, ANTHONY MACKIE, Q-TIP, DANIA RAMIREZ, JOHN TURTURRO, KERRY WASHINGTON. ■ La prima cosa che uno spettatore potrebbe domandarsi alla fine di questo film del più famoso regista afroamericano della storia del cinema americano è: ma l'autore di *Lei mi odia* è lo stesso autore de *La 25ª ora*? Già dopo i primi venti minuti non si capisce bene da che parte voglia parare il film: l'incipit fa pensare ad un thriller con spionaggio industriale a go-go ed annessa polemica politico sociale, poi si cambia totalmente registro e si affrontano tematiche delicate come l'o-

mosessualità femminile e il desiderio/possibilità per le coppie gay di avere figli, alla fine si piomba in un helzappoppin che riesce a coinvolgere la mafia, il Watergate, baci saffici, orge e che ha come disgustosa fine un happy end posticcio, ma che più posticcio non si può. ■ COMMEDIA DRAMMATICA; COL.; 138′; USA, 2004.

LEI NON BEVE, LEI NON FUMA, MA... ★★★
(Elle boit pas, elle fume pas, elle drague pas, mais... elle cause)
Regia di MICHEL AUDIARD. Con BERNARD BLIER, MIREILLE DARC, ANNIE GIRARDOT, JEAN LE POULAIN, MICHELINE LUCCIONI, SHEILA SIM. ■ Una donna di malaffare diventa domestica e, non senza stupore, si rende conto ben presto che tutte le persone del gran mondo con le quali ha a che fare hanno pecche ben più gravi delle sue. Si impegnerà moltissimo per trarre il massimo vantaggio dalla situazione. ■ COMMEDIA; COL.; 80′; FRANCIA, 1969.

LE MANS – SCORCIATOIA PER L'INFERNO ★★
Regia di OSVALDO CIVIRANI. Con MAURIZIO BONUGLIA, EDWIGE FENECH, LANG JEFFRIES, ERNA SCHURER. ■ In seguito a un grave incidente sul percorso di Le Mans, un corridore automobilistico decide di abbandonare l'attività, restando nell'ambiente con altre mansioni; i rapporti con sua moglie sono tesi e un allievo tenterà di trarre profitto dalla situazione, ma la donna ama ancora suo marito. ■ COMMEDIA; COL.; 90′; ITALIA, 1970.

LEMON SISTERS ★★
Regia di JOYCE CHOPRA. Con ELLIOTT GOULD, KATHRYN GRODY, CAROL KANE, DIANE KEATON. ■ Tre amiche e la loro voglia di vita. Cantano in un locale di Atlantic City e cercano di divertirsi senza troppi problemi. ■ COMMEDIA; COL.; 95′; USA, 1992.

LEMONY SNICKET'S – UNA SERIE DI SFORTUNATI EVENTI ★★★
(Lemony Snicket's A Series of Unfortunate Events)
Regia di BRAD SILBERLING. Con LIAM AIKEN, EMILY BROWNING, JIM CARREY, BILLY CONNOLLY, KARA HOFFMAN, SHELBY HOFFMAN, JUDE LAW, CATHERINE O'HARA, TIMOTHY SPALL, MERYL STREEP. ■ Tre fratelli, Violet, Klaus e Sunny rimangono soli dopo che la loro casa è andata a fuoco. Sarebbero ricchissimi, ma non possono toccare nulla fino alla maggiore età di Violet. Vengono ospitati da questo o quel parente, ma tutti mirano alla loro eredità. Il film conferma il talento di Jim Carrey e rilancia le quotazioni di un regista, Brad Silberling, passato più volte dalla polvere all'altare. Confezione curatissima, con scenografie e costumi quasi sontuosi, citazioni a raffica. Da ricordare Carrey che rifà il verso a *Viale del tramonto*. ■ FANTASTICO; COL.; 108′; USA, 2004. ■ OSCAR 1 PR, 1 NOM.

LEMORA, LA METAMORFOSI DI SATANA ★★
(The Legendary Curse of Lemora)
Regia di RICHARD BLACKBURN. Con LESLEY GILB, CHERYL SMITH, WILLIAM WHITTON. ■ In una tetra boscaglia popolata di lebbrosi vive Lemora, una reincarnazione del demonio; nello stesso luogo giungono prima Alvin Lee, assassino della moglie e dell'amante di questa, poi la figlioletta di costui; la fanciulla, spaventata dal demone, tenta di fuggire. ■ HORROR; COL.; 85′; GRAN BRETAGNA, 1963.

LENINGRAD COWBOYS GO AMERICA ★★★
Regia di AKI KAURISMÄKI. Con MATTI PELLONPÄÄ, NICKY TESCO, KARI VÄÄNÄNEN. ■ Si tratta di un omaggio di Kaurismäki a uno dei suoi registi preferiti, che interpreta qui un breve ruolo come venditore di auto usate, Jim Jarmusch. Un gruppo sovietico di musica rock chiamato Leningrad cowboys ha deciso di sfondare in America. I componenti hanno una caratteristica in comune, tutti infatti hanno i capelli con un ciuffo enorme e degli stivaletti a punta. Il loro manager li manda negli Stati Uniti e da lì in Messico dove devono accompagnare feste paesane e familiari. Il successo arriverà inaspettato. ■ COMMEDIA; COL.; 78′; FINLANDIA, SVEZIA, 1989.

LENIN NELL'OTTOBRE *(Lenin v 1918 godu)* ★★★
Regia di MIKHAIL ROMM. ■ La vita di Lenin nella sua fase più significativa. I grandi discorsi che preparano la rivoluzione, i primi fatti del 1917, l'insurrezione e il trionfo dei Soviet. ■ DOCUMENTARIO; B/N; 91′; URSS, 1937.

LENKA E IL PULEDRO SELVAGGIO *(Trápeni)* ★★
Regia di KAREL KACHYNA. Con MILAN JEDLICKA, ZORA JIRAKOVA, JAROSLAV NEKONLY. ■ Lenka, adolescente incompresa, fa amicizia con un puledro selvaggio; hanno le stesse difficoltà con il mondo degli adulti e si sentono dunque molto legati. ■ DRAMMATICO; B/N; 90′; CECOSLOVACCHIA, 1960.

LENNONNYC ★★
Regia di MICHAEL EPSTEIN. Con ROY CICALA, JACK DOUGLAS, ELTON JOHN, JOHN LENNON, YOKO ONO. ■ Partito come Beatles, la trasformazione di John Lennon ebbe inizio in Inghilterra ma fu a New York che l'autore di *Imagine* ebbe un'evoluzione umana e artistica. Dall'inizio degli anni Settanta fino al volontario allontanamento dalle scene dopo la nascita del figlio Sean, Lennon cominciò a dedicarsi sempre meno alla musica e sempre più all'attivismo politico appoggiando i movimenti pacifisti contro la guerra del Vietnam. *LennoNYC* è il ritratto di uno dei più grandi geni della musica nella sua tappa newyorkese. Il documentario ripercorre quegli anni Settanta, attraverso spezzoni di concerti, fotografie, immagini, video d'epoca, estratti audio rubati e interviste recenti. E poi c'è Yoko Ono, ovviamente, ad assicurarsi che le cose vengano dette nella maniera giusta. ■ BIOGRAFICO; COL.; 115′; USA, 2010.

LENNY ★★★
Regia di BOB FOSSE. Con STANLEY BECK, DUSTIN HOFFMAN, JAN MINER, GARY MORTON, VALERIE PERRINE. ■ Il film racconta la storia di Lenny Bruce, celebre attore e cabarettista che scandalizzò la società americana negli anni Cinquanta per il suo linguaggio estremamente crudo e per il suo atteggiamento di aperta critica alle abitudini e ai pregiudizi degli ambienti tradizionali. Bruce morì a soli quarant'anni. ■ BIOGRAFICO; B/N; 112′; USA, 1974. ■ CANNES 1 PR; GOLDEN GLOBES 3 NOM; OSCAR 6 NOM.

LENZUOLO NON HA TASCHE, UN ★★
(Un linceul n'a pas de poches)
Regia di JEAN-PIERRE MOCKY. Con JEAN CARMET, MICHEL GALABRU, DANIEL GÉLIN, MICHAEL LONSDALE. ■ Un giornalista amante della verità fonda un giornale sulle pagine del quale ogni giorno rivela i delitti e gli scandali di cui si macchiano cittadini apparentemente onesti. ■ DRAMMATICO; COL.; 135′; FRANCIA, 1974.

LENZUOLO VIOLA, IL *(Bad Timing)* ★★★
Regia di NICOLAS ROEG. Con DENHOLM ELLIOTT, ART GARFUNKEL, DANA GILLESPIE, HARVEY KEITEL, DANIEL MASSEY, THERESA RUSSELL. ■ A Vienna, un nevrotico e possessivo professore di psicologia americano ha un tempestoso amore con una ragazza. Quando costei gli annuncia telefonicamente il suicidio, lui tarda a portarle soccorso e ha un rapporto sessuale con lei ormai agonizzante. Un poliziotto scopre la verità e sta per arrestare il docente, ma giunge la notizia che la donna è fuori pericolo. ■ DRAMMATICO; COL.; 129′; GRAN BRETAGNA, 1980.

LEO, IL RE DELLA GIUNGLA *(Jungle Taitei)* ★★
Regia di AL BISBEY. ■ Quattro cartoni animati sulle straordinarie avventure di Leo, un leone bianco. ■ ANIMAZIONE; B/N; 90′; GIAPPONE, 1970.

LEOLO *(Lèolo)* ★★
Regia di JEAN-CLAUDE LAUZON. Con MAXIME COLLIN, GIUDITTA DEL VECCHIO, JULIEN GUIOMAR, GINETTE RENO. ■ Regista dallo stile scattante, Lauzon (in concorso a Cannes 1992) mette in scena le proprie ossessioni infantili senza risparmiare nulla a se stesso e al pubblico. ■ DRAMMATICO; COL.; 107′; CANADA, FRANCIA, 1992.

LEON *(Léon – The Professional)* ★★★
Regia di LUC BESSON. Con DANNY AIELLO, PETER APPEL, GARY OLDMAN, NATALIE PORTMAN, JEAN RENO. ■ New York, anni Novanta. Stansfield è un poliziotto spietato e perverso. Fa sterminare una famiglia mafiosa per mero interesse personale. Matilde, una ragazzina di dodici anni, scampata alla strage, affronta il futuro senza il compianto per la perdita e con tutto il suo carico di ingenuità e ostinazione. Il suo incontro con Leon è fatale. L'uomo, un assassino di professione, taciturno e semianalfabeta, diventa il protettore della bimba e i due vivranno in una ambigua complicità

che sembra promettere tutto, compreso il sesso. Solo lei sopravviverà e forse il suo futuro potrebbe rivelarsi addirittura benevolo. L'ineffabile Luc Besson rinforza le schiere dei suoi estimatori, film dopo film. Il diabolico pifferaio conduce i disgraziati verso un Olocausto cinematografico, puntuale come il cadere della notte. Considerato dai suoi adepti il sacerdote della violenza necessaria, una volta superato il vuoto delle sue sconnesse metafore, non resta che domandarsi come tutto ciò sia potuto accadere. Il fatto che i personaggi siano privi di qualunque senso morale e di ragionevolezza non può giustificare le loro azioni, sconsiderate come le invenzioni di un videoclip. Un esempio per tutti: Leon è un rozzo cinefilo, ama Gene Kelly e si commuove alla visione del grande ballerino che si esibisce sui pattini a rotelle in *È sempre bel tempo*. Jean Reno, pessimo attore, come ne *I visitatori*, è il perfetto interprete di un film zeppo di steroidi, che tra non più di qualche lustro sarà un patetico vecchio e sfibrato ex film. Con lo sguardo da batrace, lo stolido Leon non potrà mai essere nostro amico: ama l'esercizio sublime ma fine a se stesso di Kelly, piuttosto che una azione motivata dalle ragioni del cuore. Per la giovanissima Natalie Portman, una strada lastricata di successo a partire da questo film. ■ DRAMMATICO; COL.; 105′; FRANCIA, 1994.

LEONARD SALVERÀ IL MONDO *(Leonard Part 6)* ★★
Regia di PAUL WEILAND. Con BILL COSBY, TOM COURTENAY, MOSES GUNN. ■ Leonard, un ex agente dell'Fbi, ora tranquillo proprietario di ristorante, viene richiamato in servizio per debellare una minaccia per la pace (e la sopravvivenza) del mondo. Una misteriosa organizzazione avvelena gli animali tramutandoli (da quieti amici dell'uomo) in belve sanguinarie. Se non s'interviene l'intero globo sarà percorso (e distrutto) da branchi di bestie impazzite. Ma Leonard ha molte risorse e lo dimostrerà. ■ COMMEDIA; COL.; 85′; USA, 1987.

LEONE, IL *(The Lion)* ★★
Regia di JACK CARDIFF. Con CAPUCINE, PAMELA FRANKLIN, WILLIAM HOLDEN, TREVOR HOWARD. ■ Un'adolescente vive in Africa con la madre e il patrigno; la madre, temendo che la ragazza possa assuefarsi all'ambiente selvaggio, prega l'ex marito, un avvocato, di condurla in America con sé. L'arrivo dell'avvocato suscita la nostalgia nella donna. ■ AVVENTURA; COL.; 96′; GRAN BRETAGNA, 1962.

LEONE AFRICANO, IL *(The African Lion)* ★★
Regia di JAMES ALGAR. ■ Il documentario descrive le caratteristiche e le abitudini del leone africano. ■ DOCUMENTARIO; COL.; 92′; USA, 1955.

LEONE A SETTE TESTE, IL ★★
(Der leone have sept cabecas)
Regia di GLAUBER ROCHA. Con GIULIO BROGI, JEAN-PIERRE LÉAUD, RADA RASSIMOV, GLAUBER ROCHA, GIANCARLO SANTI, LUIGI SANTI, GABRIELE TINTI. ■ Pablo, italo-americano, viene a dare man forte agli abitanti di un Paese africano che fanno guerra ai colonialisti; viene fatto prigioniero da mercenari, i quali, dopo aver sterminato molti negri, verranno a loro volta uccisi da Pablo e da Zumbi, nei quali si sono reincarnati i vecchi capi defunti. ■ DRAMMATICO; COL.; 103′; FRANCIA, 1970.

LEONE DI AMALFI – IL RIBELLE DI AMALFI, IL ★★
Regia di PIETRO FRANCISCI. Con VITTORIO GASSMAN, ELVY LISSIACK, CARLO NINCHI, MILLY VITALE. ■ Mauro, figlio del capo della Repubblica di Amalfi, viene fatto prigioniero ancora fanciullo da Roberto il Guiscardo. Liberato, viene nascosto a Salerno da un gruppo di patrioti. Diventato adulto, parte per Amalfi per liberare la città da Ruggero, succeduto a Roberto. Conosce una fanciulla greca, Diana, e se ne innamora destando la gelosia di Eleonora, che rivela a Ruggero i suoi piani. ■ STORICO; B/N; 75′; ITALIA, 1950.

LEONE DI BABILONIA, IL *(Der Löwe von Babylon)* ★★
Regia di JOHANNES KAI, RAMÓN TORRADO. Con THEO LINGEN, HELMUT SCHNEIDER, GEORG THOMALLA. ■ Da un romanzo di Karl May. Ben Nemsi, imbattibile tiratore, e un suo compagno di avventure discendono l'Eufrate alla ricerca di un terzo compagno. ■ AVVENTURA; COL.; 92′; GERMANIA, 1959.

LEONE DI DAMASCO, IL ★★
Regia di CORRADO D'ERRICO, ENRICO GUAZZONI. Con CARLA CANDIANI, DORIS DURANTI, CARLO NINCHI, ADRIANO RIMOLDI. ■ Iniziato da Corrado D'Errico e terminato da Enrico Guazzoni, questo film è tratto dall'omonimo romanzo di Emilio Salgari. Si tratta del seguito di *Capitan Tempesta*, e racconta dell'assedio di Famagosta da parte dei turchi. ■ AVVENTURA; B/N; 90′; ITALIA, 1942.

♥ LEONE D'INVERNO, IL *(The Lion in Winter)* ★★★
Regia di ANTHONY HARVEY. Con JOHN CASTLE, KATHARINE HEPBURN, JANE MERROW, PETER O'TOOLE. ■ Il re d'Inghilterra, Enrico II, in occasione del Natale 1183 riunisce al castello i familiari per decidere chi tra i suoi tre figli gli succederà al trono. Egli propenderebbe per il minore, ma sua moglie è contraria. Fallito un intrigo ai suoi danni, il sovrano vorrebbe divorziare e risposarsi con l'amante per generare l'erede, ma non ha il coraggio di uccidere gli altri figli. La decisione sulla successione viene rimandata all'anno seguente. ■ STORICO; COL.; 135′; GRAN BRETAGNA, 1968. ■ OSCAR 3 PR, 7 NOM.

LEONE DI S. MARCO, IL ★★
Regia di LUIGI CAPUANO. Con RIK BATTAGLIA, GIANNA MARIA CANALE, GORDON SCOTT. ■ Venezia, XVII secolo. Il figlio del Doge, in seguito alla proibizione del genitore di combattere contro i pirati, si traveste da semplice capitano e con i suoi fedeli sconfigge i nemici a più riprese. ■ AVVENTURA; COL.; 93′; ITALIA, 1963.

LEONE DI TEBE, IL ★★
Regia di GIORGIO FERRONI. Con MARK FORREST, YVONNE FURNEAUX, ROSALBA NERI, MASSIMO SERATO. ■ La bella Elena di Troia miete altre vittime. Un faraone egiziano presso il quale lei e Menelao si sono rifugiati vuole farla diventare regina d'Egitto. Un suo avversario lo uccide e incolpa dell'assassinio gli spartani. ■ AVVENTURA; COL.; 91′; ITALIA, 1964.

LEONE L'ULTIMO *(Leo the Last)* ★★★
Regia di JOHN BOORMAN. Con GLENDA FORSTER JONES, CALVIN LOCKHART, MARCELLO MASTROIANNI, BILLIE WHITELAW. ■ In seguito ad una rivoluzione, l'ultimo discendente di una nobile famiglia va a vivere a Londra. Il suo palazzo è situato in un quartiere dove abita gente poverissima che lui dapprima osserva con curiosità, poi cerca di aiutare in tutti i modi, incompreso sia da loro che dai suoi seguaci. Costoro tentano di farlo credere pazzo. ■ COMMEDIA; COL.; 103′; GRAN BRETAGNA, 1970. ■ CANNES 1 PR.

LEONE NEL MIO LETTO, UN *(Fluffy)* ★★
Regia di EARL BELLAMY. Con EDWARD ANDREWS, SHIRLEY JONES, HOWARD MORRIS, TONY RANDALL. ■ Una commediola divertente e senza pretese: uno studioso tiene in casa, quasi fosse un cagnolino, un leone. Esasperato dai continui interventi della polizia, si trasferisce in albergo, dove ne succedono di tutti i colori. ■ COMMEDIA; COL.; 92′; USA, 1965.

LEONERA ★
Regia di PABLO TRAPERO. Con MARTINA GUSMAN, ELLI MEDEIROS. ■ Julia si sveglia nel suo appartamento di Buenos Aires. È coperta di sangue e a terra ci sono i corpi di due uomini. La giovane donna va al lavoro in stato di trance e quando fa ritorno a casa prende coscienza dell'accaduto chiedendo soccorso. Uno dei due è deceduto mentre l'altro, Ramiro, si salverà. Julia viene arrestata e accusata di omicidio. La giovane donna conviveva con i due uomini, che erano amanti e abusavano di lei. Ora è incinta e decide di far nascere il bambino... Mamma mia. ■ DRAMMATICO; COL.; 110′; ARGENTINA, COREA DEL SUD, 2008.

LEONESSA DI CASTIGLIA, LA *(La leona de Castilla)* ★★
Regia di JUAN DE ORDUÑA. Con ALFREDO MAYO, AMPARO RIVELLES, VIRGILIO TEIXEIRA. ■ La moglie di un rivoluzionario spagnolo giustiziato decide di proseguire la lotta contro Carlo I. ■ STORICO; B/N; 91′; SPAGNA, 1951.

LEONI AL SOLE ★★
Regia di VITTORIO CAPRIOLI. Con VITTORIO CAPRIOLI, PHILIPPE LEROY, FRANCA VALERI. ■ Una sequela di episodi sui "leoni", i dongiovanni che approfittano delle vacanze estive per allacciare fulminee relazioni sentimentali. ■ COMMEDIA; COL.; 105′; ITALIA, 1962.

LEONI DELLA GUERRA, I *(Raid on Entebbe)* ★★
Regia di IRVIN KERSHNER. Con MARTIN BALSAM, CHARLES BRONSON, HORST BUCHHOLZ, EDDIE CONSTANTINE, PETER FINCH. ■ È il terzo film prodotto sull'ormai leggendario blitz di Entebbe. ■ AVVENTURA; COL.; 130'; USA, 1976.

LEONI DI CASTIGLIA, I *(The Castillian)* ★★
Regia di JAVIER SETÒ. Con FRANKIE AVALON, BRODERICK CRAWFORD, CESAR ROMERO, ALIDA VALLI. ■ Un fatto storico in cui si inserisce una vicenda sentimentale: siamo in Spagna durante l'invasione araba. Un patriota vuole unire gli eserciti di Navarra e Castiglia per respingere il nemico, ma non viene ascoltato e finisce in prigione. Ne esce grazie alla sua innamorata. ■ AVVENTURA; COL.; 129'; SPAGNA, 1962.

LEONI DI PIETROBURGO, I ★★
Regia di MARIO SICILIANO. Con MARK DAMON, BARBARA O'NEIL, ERNA SCHURER, GARY WILSON. ■ In questo film un novello Robin Hood versione russa combatte per liberare il suo popolo dall'oppressione dei signorotti. ■ AVVENTURA; COL.; 92'; ITALIA, 1972.

LEONI PER AGNELLI *(Lions for Lambs)* ★★★
Regia di ROBERT REDFORD. Con PETER BERG, TOM CRUISE, ANDREW GARFIELD, DEREK LUKE, MICHAEL PEÑA, ROBERT REDFORD, MERYL STREEP. ■ All'interno di un'unica giornata, vengono narrati gli eventi che mettono in correlazione tre personaggi. Un ambizioso senatore di Washington pronto a prendere scelte importanti, una giornalista televisiva alla caccia di una storia importante e un maturo professore che si confronta con uno studente sveglio e capace. Robert Redford, dopo sette anni di silenzio come regista, torna dietro la macchina da presa utilizzando la guerra sia come sfondo narrativo che come struttura portante dell'intreccio. Al cineasta americano preme sgomitare lo spettatore spingendolo a farsi più domande rispetto a quelle che normalmente si fa; nello stesso tempo, induce ad avere un maggior spirito di partecipazione al destino pubblico di una nazione e, sullo stesso livello, a quello privato del singolo. In superficie, sembra che i destinatari principali di questa pellicola siano i giovani, per via delle forti responsabilità che hanno nei confronti del futuro. Nei fatti, però, tutti siamo coinvolti. La figura della giornalista, prossima ai sessant'anni, è testimone di come ciascun individuo possa vivere un conflitto interiore quando tutto volge verso la certezza e la rassicurazione. Interessante il fatto che ogni personaggio cerchi di influenzarne un altro, a dimostrazione che prendere una solida posizione in una democrazia è impresa non facile. ■ DRAMMATICO; COL.; 91'; USA, 2007.

LEONI SCATENATI, I *(Les lions sont lachés)* ★★
Regia di HENRI VERNEUIL. Con JEAN-CLAUDE BRIALY, CLAUDIA CARDINALE, MICHÈLE MORGAN, LINO VENTURA. ■ Una donna sposata con un provinciale si trasferisce a Parigi. Qui diventa l'amante di un romanziere che scrive un libro del quale è protagonista, e quindi di un medico che vorrebbe divorziare per unirsi a lei. ■ COMMEDIA; B/N; 111'; FRANCIA, 1961.

LEON MORIN, PRETE – LA CARNE E L'ANIMA ★★★
(Léon Morin, prêtre)
Regia di JEAN-PIERRE MELVILLE. Con JEAN-PAUL BELMONDO, MARIELLE GOZZI, PATRICIA GOZZI, EMMANUELLE RIVA, IRÈNE TUNC. ■ Dal romanzo di Beatrix Beck. Una donna, vedova e madre, rivela in confessione di aver perso la fede. Il sacerdote con cui parla, però, la persuade a riflettere; lei si ricrede e riesce anche a superare il momento di abbandono durante il quale aveva creduto di amare il religioso. ■ DRAMMATICO; B/N; 130'; FRANCIA, 1961.

LEONOR ★★★
Regia di JUAN BUÑUEL. Con ANTONIO FERRANDIS, ORNELLA MUTI, MICHEL PICCOLI, LIV ULLMANN, PIERO VIDA. ■ Un feudatario non riesce a dimenticare la prima moglie benché abbia sposato in seconde nozze una donna innamorata e tenera che gli ha dato due figli. Ossessionato dal ricordo, chiede e ottiene da Satana che gli venga restituita la donna. Questa, però, è un vampiro. ■ DRAMMATICO; COL.; 100'; FRANCIA, 1975.

LEOPARDI DI CHURCHILL, I ★★
Regia di MAURIZIO PRADEAUX. Con FRANK BRANA, RICHARD HARRISON, GIACOMO ROSSI STUART, PILAR VELASQUEZ. ■ Allo scoppio del secondo conflitto mondiale due gemelli di madre tedesca e padre inglese si separano per tener fede ai propri ideali. Il filonazista, che è a capo di un reparto tedesco destinato alla sorveglianza di una diga sulla Mosa, verrà ucciso in un'azione di guerra; il gemello ne prenderà il posto di comune accordo con i *maquis* francesi. ■ GUERRA; COL.; 91'; ITALIA, 1970.

LEOPARDO NELLA NEVE, IL *(Leopard in the Snow)* ★★
Regia di GERRY O'HARA. Con KEIR DULLEA, JEREMY KEMP, SUSAN PENHALIGON. ■ Un'aristocratica fanciulla si perde durante una tempesta di neve nel Northumberland. Trova rifugio nella casa abitata da un ex asso del volante (ora invalido), da un amico-maggiordomo e da un leopardo. Tra la fanciulla e l'asso nasce una difficile (però a lieto fine) love story. ■ DRAMMATICO; COL.; 94'; GRAN BRETAGNA, 1978.

LE PIACE BRAHMS? *(Aimez-vous Brahms?)* ★★★
Regia di ANATOLE LITVAK. Con INGRID BERGMAN, MICHÈLLE MERCIER, YVES MONTAND, ANTHONY PERKINS. ■ Dal celebre libro di Françoise Sagan. Una storia che si regge soprattutto sulla magistrale interpretazione dei protagonisti e sulla bravura del regista. Un'arredatrice, compagna da anni di un uomo che la tradisce, suscita la passione di un ragazzo. Dapprima lei, soprattutto a causa della differenza d'età, lo respinge poi, delusa dal comportamento dell'amante, accetta la relazione. ■ COMMEDIA; B/N; 120'; USA, 1961. ■ CANNES 1 PR; DAVID DI DONATELLO 1 PR, 1 NOM.

LESBO ★
Regia di EDOARDO MULARGIA. Con PETER HOWELLS, CARLA ROMANELLI, STEVEN TEDD. ■ Una donna sposata passa una vacanza nell'isola di Lesbo, dov'è tentata da una giornalista. Il marito la raggiunge e, temendo il peggio, spinge un playboy a portare a letto sua moglie. Lei accetta le avance e vuole lasciare il marito del quale ha scoperto il gioco, ma poi ci rinuncia. ■ COMMEDIA; COL.; 90'; ITALIA, 1970.

LE SEMBRA RAGIONEVOLE? ★★
(Est-ce bien raisonnable?)
Regia di GEORGES LAUTNER. Con MICHEL GALABRU, GÉRARD LANVIN, MIOU-MIOU. ■ Un piccolo malfattore, mentre viene processato, tenta l'evasione. Minacciando il giudice con una pistola, si fa dare i suoi vestiti e fugge. Ma poco dopo incontra una giornalista che lo scambia per il giudice a causa degli abiti. Il malfattore è costretto a fingersi il magistrato per non essere scoperto. Non sa che si sta cacciando in guai sempre più grossi. ■ COMMEDIA; COL.; 109'; FRANCIA, 1981.

L'ESPRESSO PER PLYMOUTH ★★
(The Plymouth Express)
Regia di ANDREW PIDDINGTON. Con JOHN ABBOTT, ALFREDO MICHELSON, MARION BAILEY, KENNETH HAIGH, HUGH FRASER, PHILIP JACKSON, DAVID SUCHET, JULIAN WADHAM. ■ È un mistero davvero fitto quello che circonda l'omicidio di Florence Carrington, figlia di un noto magnate australiano. Un lungo coltello dritto nel cuore: un delitto commesso con ferocia e audacia sul treno espresso diretto a Plymouth. C'era davvero bisogno di ucciderla per rubarle i gioielli che portava con sé? O forse il movente dell'assassino era un altro? ■ POLIZIESCO; COL.; 90'; GRAN BRETAGNA, 1991.

LEST ★★
Regia di GIULIO BASE. Con VALENTINA EMERI, CRISTINA PASTORELLI, GIANMARCO TOGNAZZI. ■ Gianni Amelio aveva fatto *Lamerica*, Base fa *Lest*, presentato nel 1993 a Venezia e non distribuito dal mercato. Una ragazza vede andare a monte il proprio matrimonio, così con la macchina e con l'autista del viaggio di nozze passa il confine per conoscere l'Europa dell'Est. Base comunque ci tramanda pochissimo di quei luoghi, a parte qualche fatterello minimale. Film di recupero estivo, domestico e superfluo. ■ COMMEDIA; COL.; 95'; ITALIA, 1996.

LET IT BE – UN GIORNO CON I BEATLES ★★
Regia di MICHAEL LINDSAY-HOGG. ■ Un carosello di canzoni per gli adoratori dell'indimenticabile complesso musicale. ■ COMM. MUSICALE; COL.; 80'; GRAN BRETAGNA, 1970. ■ OSCAR 1 PR, 1 NOM.

LET'S GET LOST – PERDIAMOCI *(Let's Get Lost)* ★★★
Regia di BRUCE WEBER. ■ La vita di Chet Baker, il musicista jazz tragicamente scomparso nel maggio del 1988 (cadde dal balcone di un albergo di Amsterdam). Fu disgrazia o suicidio? Il regista, il celebre fotografo Weber, ha raccontato la storia valendosi di ottimo materiale documentario. ■ DOCUMENTARIO; B/N; 119'; USA, 1989. ■ VENEZIA 1 PR.

LETTERA, LA *(A carta)* ★★★
Regia di MANOEL DE OLIVEIRA. Con PEDRO ABRUNHOSA, ANTOINE CHAPPEY, FRANÇOISE FABIAN, CHIARA MASTROIANNI, LEONOR SILVEIRA. ■ A partire dal testo di M.me de La Fayette *La principessa di Clèves*, de Oliveira continua la sua esplorazione nel territorio degli amori che non giungono a compimento. Il film è ambientato ai nostri giorni. La signorina di Chartes è sposata col signore di Clèves, ma si innamora di un cantante rock (Pedro Abrunhosa, star nella realtà). Non cederà però neppure dopo che è rimasta vedova a causa dello svelamento al consorte dei propri sentimenti. Teme che realizzare l'amore lo diminuisca. Riflessione coerente del regista portoghese sui temi dell'impossibilità d'amare veramente, del senso di colpa, della sublimazione dell'amore. ■ DRAMMATICO; COL.; 108'; FRANCIA, PORTOGALLO, SPAGNA, 1999. ■ CANNES 1 PR.

LETTERA, LA ★
Regia di LUCIANO CANNITO. Con DINO ABBRESCIA, VITTORIA BELVEDERE, GIOVANNI FEDERICO. ■ Margherita è una giovane donna che vede morire il padre, suicida in seguito a un'accusa di corruzione. In fuga dal dolore, la protagonista si reca in un paesino della Calabria, Pandimele, dove diventa l'insegnante di una classe elementare. Durante un esercizio di inglese, Margherita fa scrivere agli scolari una lettera a un condannato a morte, un indiano d'America. Gli alunni prendono molto sul serio il "compito in classe" e, all'insaputa della maestra, spediscono realmente la lettera al destinatario. ■ DRAMMATICO; COL.; 100'; ITALIA, 2003.

LETTERA A BREZNEV *(Letter to Brezhnev)* ★★★
Regia di CHRIS BERNARD. Con PETER FIRTH, ALFRED MOLINA, ALEXANDRA PIGG. ■ Due ragazze di periferia passano la notte con un paio di marinai russi conosciuti da poche ore. Per Teresa è soltanto una delle solite avventure, mentre Elaine si innamora veramente, tanto da pensare di raggiungere il suo Peter fino in Russia. Scrive quindi una lettera al presidente Breznev in persona, che le risponde entusiasta allegando addirittura il biglietto aereo per Mosca. Tutti cercano di dissuaderla, soprattutto i servizi segreti, ma Elaine parte per coronare oltre cortina il suo sogno d'amore. ■ COMMEDIA; COL.; 95'; GRAN BRETAGNA, 1985.

LETTERA ACCUSATRICE, LA *(Cause for Alarm)* ★★★
Regia di TAY GARNETT. Con BRUCE COWLING, BARRY SULLIVAN, LORETTA YOUNG. ■ Un uomo, costretto all'immobilità da un grave disturbo, è persuaso che la moglie lo tradisca con un ex innamorato. Per vendicarsi spedisce al procuratore distrettuale una lettera nella quale accusa la moglie di volerlo assassinare con la complicità dell'amante. Dopo aver rivelato la cosa alla moglie viene preso da un attacco e muore. Lei tenta invano di recuperare la lettera, che le tornerà indietro perché non correttamente affrancata. ■ DRAMMATICO; B/N; 74'; USA, 1951.

LETTERA AL KREMLINO *(The Kremlin Letter)* ★★
Regia di JOHN HUSTON. Con BIBI ANDERSSON, RICHARD BOONE, NIGEL GREEN. ■ Un gruppetto composto da quattro americani deve rientrare in possesso di una lettera inviata a Mosca e probabilmente intercettata dai cinesi. Nonostante manovre di ricatto e pressioni varie la missione fallisce; uno dei componenti è una spia sovietica che costringerà un collega ad uccidere la famiglia di un rosso residente in America. ■ SPIONAGGIO; COL.; 121'; GRAN BRETAGNA, 1970.

LETTERA ALL'ALBA, UNA ★★
Regia di GIORGIO BIANCHI. Con FOSCO GIACHETTI, LEA PADOVANI, JACQUES SERNAS, OLGA VILLI. ■ Un uomo viene a sapere dell'esistenza di un figlio quando la madre in fin di vita glielo affida. Il ragazzo è uno spacciatore di droga e l'uomo intima all'intermediario di non fornirgliene più. Quando questi viene trovato assassinato, il primo indiziato è proprio il ragazzo. Il padre ne dimostrerà l'innocenza. ■ DRAMMATICO; B/N; 91'; ITALIA, 1949.

LETTERA ANONIMA *(Super Sleuth)* ★★
Regia di BENJAMIN STOLOFF. Con JACK OAKIE, ANN SOTHERN. ■ Un attore, impiegato soprattutto in ruoli di detective, è talmente persuaso che potrebbe farlo anche come mestiere che qualcuno se ne convince e cerca di ucciderlo. Il divo è così obbligato a indagare. ■ AVVENTURA; B/N; 70'; USA, 1937.

LETTERA APERTA A UN GIORNALE DELLA SERA ★★★
Regia di FRANCESCO MASELLI. Con SILVERIO BLASI, DANIELE COSTANTINI, NINO DAL FABBRO, NANNI LOY, FRANCESCO MASELLI. ■ Un'opera impegnata del regista de *Gli sbandati* che appare anche come interprete. Alcuni intellettuali romani di sinistra, un po' per combattere la noia e un po' per placare la propria coscienza, scrivono una lettera ad un quotidiano in cui si dichiarano pronti a partire volontari per il Vietnam. La missiva desta un enorme scalpore e quegli uomini si vedono costretti a rispettare l'impegno. Fortunatamente poco prima della partenza arriva la notizia che Hanoi non accetta volontari stranieri. ■ COMMEDIA; COL.; 122'; ITALIA, 1970.

LETTERA A TRE MOGLI *(A Letter to Three Wives)* ★★★
Regia di JOSEPH L. MANKIEWICZ. Con JEANNE CRAIN, LINDA DARNELL, PAUL DOUGLAS, ANN SOTHERN. ■ Tre mogli devono trascorrere il pomeriggio fuori città. La mattina ciascuna di loro riceve una lettera dove una donna dichiara di essere scappata col rispettivo marito. Le mogli stanno in ansia per tutto il giorno; la sera, quando rientrano a casa, due trovano il marito, la terza lo vede arrivare in ritardo e crede di essere stata tradita. La scappatella, seppure breve, l'ha fatta invece un altro che se n'è subito pentito. ■ COMMEDIA; B/N; 103'; USA, 1949. ■ OSCAR 2 PR, 3 NOM.

LETTERA CON LE PIUME, LA ★★★
Regia di SHI HUI. Con CHIANG JUI, TIENG LUNG, CHOU POSHUN, YUAN-YUAN TAI. ■ Durante la guerra contro il Giappone, i militari cinesi usavano come corrieri alcuni pastorelli. Le lettere che questi bambini recavano erano contrassegnate con delle piume. Si racconta la storia di un dodicenne che riesce a portare a destinazione una lettera fra mille pericoli. ■ AVVENTURA; B/N; 95'; CINA, 1954.

LETTERE DA IWO JIMA *(Letters From Iwo Jima)* ★★★
Regia di Clint Eastwood. Con TAKUMI BANDO, TSUYOSHI IHARA, RYO KASE, SHIDO NAKAMURA, KAZUNARI NINOMIYA, HIROSHI WATANABE, KEN WATANABE. ■ Nel 1944 americani e giapponesi si combatterono nella decisiva battaglia di Iwo Jima. Qualche decennio più tardi vennero ritrovate centinaia di lettere mai spedite dei combattenti giapponesi È a partire da queste che Clint Eastwood realizza un film speculare a *Flags of Our Fathers*. Quelle feritoie che si aprivano nel film precedente per sparare sugli americani in questo film le conosciamo molto prima che entrino in azione. Il regista mostra la guerra con gli occhi degli altri, del "nemico". Seguiamo le vicende di soldati inviati al fronte con ben chiara in testa l'idea di "dover" morire, non senza aver prima eliminato quanti più nemici possibile. Si racconta anche dei loro comandanti, alcuni dei quali fanatici e talvolta velleitari e altri invece consapevoli delle loro responsabilità di guide dei loro uomini che, nella grande maggioranza, non vogliono perdere la propria vita inutilmente. Tra loro emerge il generale Tadamichi Kuribayashi, che aveva studiato negli Stati Uniti. Grazie a questo personaggio Eastwood riesce a portare sullo schermo, senza mai assumere atteggiamenti predicatori, un messaggio molto intenso. Se si conoscesse davvero chi si ha di fronte, forse non lo si odierebbe come invece accade in tutte le guerre. Attenzione però: non si tratta di un messaggio retoricamente pacifista. Eastwood è troppo consapevole della molteplicità degli elementi messi in gioco da un conflitto (e in particolare dalla seconda guerra mondiale) per ridurre tutto a un banale appello alla fratellanza umana. È proprio grazie alla differenza delle personalità descritte che può permettersi di uscire dall'immagine stereotipa fatta solo di "banzai" e kamikaze che tanto cinema ci ha propinato. È un cinema contro le facili illusioni ma anche contro le retoriche guerrafondaie. Le let-

tere che i soldati nipponici scrivono o ricevono da casa differiscono ben poco da quelle dei militari americani. Così come non bisogna mai pensare che il Male sia schierato tutto da una parte. ■ DRAMMATICO; COL.; 142′; USA, 2006.

LETTERE DALLA SICILIA ★★
Regia di MANUEL GILIBERTI. Con GUALTIERO BURZI, PIERA DEGLI ESPOSTI, LINDA GENNARI, ANDREA GIORDANA, GIULIA GULINO, LORENZO LORIMER, GALATEA RANZI. ■ Sicilia 1843. Gli inglesi Sir e Lady Warwick hanno acconsentito ad accompagnare la nipote Victoria nella fu Magna Grecia per quel Grand Tour che tanto affascinava i letterati dell'epoca. Del gruppo fanno parte anche la piccola Penelope e Morgan, il fidanzato di Victoria; quest'ultimo, individuo sensibile e curioso, fungerà da vero e proprio detonatore nel trasformare il viaggio d'istruzione in un'esperienza dopo la quale nessuno sarà più come prima. ■ Drammatico; COL.; 90′; Italia, 2005.

LETTERE DAL SAHARA ★★★
Regia di VITTORIO DE SETA. Con LUCA BARBENI, FIFI CISSE, DJBRIL KEBE, MADAWASS KEBE, TIHIERNO NDIAYE, PAOLA AJMONE RONDO, STEFANO SACCOTELLI. ■ Un giovane studente senegalese, dopo la morte del padre, emigra in Italia. Riesce a trovare un lavoro precario a Villa Literno, si trasferisce a Firenze da una cugina che fa l'indossatrice per poi giungere a Torino. Qui, grazie anche a un'insegnante di italiano, trova una situazione stabile. Ma un'aggressione razzista lo spinge a riconsiderare tutto. Lo spirito di De Seta non è cambiato dai tempi di *Banditi a Orgosolo* e, a 82 anni, presenta un film che ha avuto una lunga fase di gestazione. La storia del senegalese Assane si rifà indubbiamente a immigrati reali che subiscono nel nostro Paese discriminazioni inaccettabili. Il problema è che del protagonista si fa una sorta di icona di bontà, intelligenza, sensibilità assolute, che hanno tutti i tratti della retorica. L'apice si raggiunge quando il "buon" africano arriva nell'appartamento della "buona" insegnante di italiano per accudire il di lei fratello psicolabile, e riesce con un clic a far ripartire un computer in panne (non si sa perché lasciato acceso). È didascalismo allo stato puro, che purtroppo rischia di ottenere l'effetto contrario al voluto. Senza bisogno di vivere situazioni estreme, tutti sappiamo che l'integrazione richiede sforzi da ambedue le parti. Questo film è invece troppo schematico per risultare credibile ed efficace. Gli extracomunitari che vengono nel nostro Paese con il solo scopo di trovare un lavoro decente sono la stragrande maggioranza. Ma non è raccontandoli in forma idilliaca che se ne difendono al meglio i diritti. Tre stelle alla carriera. ■ DOCU-FICTION; COL.; 123′; Italia, 2004.

LETTERA DAL VENEZUELA ★★
Regia di RENZO RUSSO. ■ Mediocre documentario sul Venezuela, dalla sua scoperta ad opera di Cristoforo Colombo. ■ DOCUMENTARIO; COL.; 92′; ITALIA, 1961.

LETTERA D'AMORE, LA *(The Love Letter)* ★★
Regia di PETER CHAN. Con KATE CAPSHAW, ELLEN DEGENERES, TOM SELLECK. ■ Kate Capshaw, moglie di Steven Spielberg e interprete del film, ha deciso di trasporre il romanzo di Cathleen Shine al cinema. Un po' sdolcinato in alcuni punti, narra di una misteriosa lettera ritrovata nel proprio negozio da una bella libraia. Non è firmata e non è indicato il destinatario, ma si tratta di una missiva d'amore molto passionale. Così la donna comincia a indagare. ■ COMMEDIA; COL.; 87′; USA, 1999.

LETTERA DA PARIGI ★★
Regia di UGO FABRIZIO GIORDANI. Con FELICE ANDREASI, ROBERTO DE FRANCESCO, STEFANO DIONISI, LUCREZIA LANTE DELLA ROVERE, IRENE PAPAS. ■ Sergio Pagani vive con il padre e la governante. Ha vent'anni e una vita ormai priva di slanci. Conosce Cristina, se ne innamora e ha un figlio da lei. Cristina però lo lascia per seguire la sua carriera di cantante d'opera. Dopo qualche anno la donna si fa viva per riavere il figlio, ma Sergio glielo impedisce. Opera prima minimalista che sa di già visto, con uno scarso approfondimento delle motivazioni interiori. Le anime sono divise in due, ma non si conosce la lama che ha compiuto la scissione. ■ COMMEDIA; COL.; 97′; ITALIA, 1992.

LETTERA DA UNA SCONOSCIUTA ★★★
(Letter from an Unknown Woman)
Regia di MAX OPHULS. Con MADY CHRISTIANS, JOAN FONTAINE, LOUIS JOURDAN, MARCEL JOURNET, ART SMITH. ■ La lacrimosa storia di una donna che ritrova l'antico amore da cui ha avuto un figlio: l'uomo non la riconosce ma le fa la corte. La donna, intanto, si è sposata e il marito, vedendo l'uomo girare intorno alla moglie, lo sfida a duello. Lei fugge col figlio e muoiono di tifo. Prima di morire, però, scrive all'amato una lettera rivelatrice. Lui, distrutto dal dolore, si lascia uccidere. ■ DRAMMATICO; B/N; 90′; USA, 1948.

LETTERA DI LINCOLN, LA *(The Lady from Texas)* ★★
Regia di JOSEPH PEVNEY. Con HOWARD DUFF, MONA FREEMAN, JOSEPHINE HULL. ■ Il protagonista ha un carattere ostinato che lo costringe a cambiare vari posti di lavoro. Finalmente si installa nella fattoria di una vedova che un vicino vorrebbe far dichiarare incapace di intendere e volere per acquistarne i terreni. Lui la difende e la donna stessa può provare in tribunale di essere sana di mente. ■ WESTERN; COL.; 77′; USA, 1951.

LETTERA NAPOLETANA ★★
Regia di GIORGIO PASTINA. Con LIANELLA CARELL, VIRNA LISI, GIACOMO RONDINELLA, OTELLO TOSO. ■ Una storia passionale come tante: un impiegato si innamora della figlia del padrone. Un socio di questi prende dei soldi per tentare una speculazione che gli va male e per coprire il suo furto dà la colpa all'impiegato. Questo deve difendersi. ■ DRAMMATICO; B/N; 93′; ITALIA, 1954.

LETTERA NON SPEDITA, LA ★★★
(Neotpravlennoe Pismo)
Regia di MIKHEIL KALATOZOV. Con VASSILI LIVANOV, TATIANA SAMOJLOVA, INNOKENTIJ SMOKTUNOVSKIJ, GALINA KOZHAKINA. ■ Quattro geologi russi sono impegnati in Siberia alla ricerca dei diamanti. È un lavoro lungo e faticoso che tuttavia dà risultati positivi. Durante il viaggio di ritorno, le avversità naturali stroncano uno alla volta gli scienziati. ■ DRAMMATICO; B/N; 91′; URSS, 1960.

LETTERA PER EVA, UNA *(A Letter for Eve)* ★★★
Regia di JULES DASSIN. Con SPRING BYINGTON, JOHN CARROLL, HUME CRONYN, MARSHA A. HUNT. ■ Durante l'ultima guerra, una ragazza romantica infila una lettera d'amore nella giacca di un soldato. Ne entra in possesso un dongiovanni che la butta, ma viene poi raccolta da un timido giovane che risponde alla sconosciuta. La sua insicurezza lo spinge a spedirle la foto del dongiovanni dando inizio a una serie di equivoci. ■ COMMEDIA; B/N; 89′; USA, 1945.

LETTERA PER TETZUÒ, UNA *(Shjinomi Ganknen)* ★★★
Regia di HIROSHI SCIMIZU. ■ I genitori di due ragazzi poliomielitici aprono una scuola di rieducazione. Viene accolto il figlio di un industriale; è un ragazzo triste e chiuso che lentamente lega con gli altri. Un giorno i piccoli ricoverati scrivono, per gioco, una lettera al padre: tutti rispondono, tranne l'industriale. È l'istitutrice a scriverla al posto suo e a consegnarla al fanciullo poco prima che muoia. ■ DRAMMATICO; B/N; 93′; GIAPPONE, 1955.

LETTERA ROSSA, LA *(The Scarlet Letter)* ★★★
Regia di VICTOR SJÖSTRÖM. Con LILLIAN GISH, LARS HANSON, HENRY WALTHALL. ■ Tratto dal romanzo di Nathaniel Hawthorne. Boston, New England, diciottesimo secolo. È l'epoca dei Padri Pellegrini e del puritanesimo, ma anche della caccia alle streghe. Il marito di Hester, prigioniero dei pellerossa, non ha mai fatto ritorno a casa. La donna, credendolo ormai morto, ha una relazione e partorisce un bimbo. Non vuole fare il nome del padre, così viene messa alla gogna. Un film voluto con tutte le forze da Lillian Gish e ottenuto, nonostante la censura e l'audacia dell'assunto. Preludio al capolavoro dell'accoppiata Gish-Sjöström, *Il vento*. ■ DRAMMATICO; B/N; 95′; USA, 1926.

LETTERA SCARLATTA, LA ★★★
(Der Scharlachrote Buchstabe)
Regia di WIM WENDERS. Con SENTA BERGER, LOU CASTEL, HANS CHRISTIAN BLECH. ■ È il secondo lungometraggio realizzato dal regista tedesco. A parte una musica troppo in evidenza questa trasposizione del libro di Hawthorne è senz'altro superio-

re a quella diretta da Roland Joffé. ■ DRAMMATICO; COL.; 85′; GERMANIA, 1972.

LETTERA SCARLATTA, LA *(The Scarlet Letter)* ★
Regia di ROLAND JOFFÉ. Con ROBERT DUVALL, DEMI MOORE, GARY OLDMAN, ROBERT PROSKY. ■ Dal romanzo (stravolto) di Nathaniel Hawthorne. Inghilterra diciottesimo secolo. Una donna tradisce il marito con un pastore. Secondo la legge, la fedifraga viene punita e le viene imposto di portare sul petto la lettera A. Dopo avventure inenarrabili, arriva un impossibile lieto fine. Davvero tutto sbagliato, quasi ridicolo. ■ DRAMMATICO; COL.; 135′; USA, 1995.

LETTERE AL SOTTOTENENTE ★★
Regia di GOFFREDO ALESSANDRINI. Con ANDREA CHECCHI, BIANCA DORIA, LAURO GAZZOLO, SILVANA JACHINO, MARIO PISU. ■ Una fanciulla poco attraente scrive lettere d'amore ad un militare. Quando lui le chiede di conoscerla di persona, lei si spaventa e manda un'altra al suo posto. ■ COMMEDIA; B/N; 91′; ITALIA, 1943.

LETTERE AL VENTO ★
Regia di EDMOND BUDINA. Con BUJAR ASQERIU, EDMOND BUDINA. ■ Niko ha cinquant'anni e vive in Albania. È disoccupato e, per sopravvivere, può contare solo sui soldi che gli invia il figlio Mikel, emigrato in Italia. Anche se il denaro continua ad arrivare puntualmente, ad un certo punto il ragazzo smette di rispondere alle lettere del padre. L'uomo decide di partire per Torino e scoprire cosa sia accaduto al figlio. ■ DRAMMATICO; COL.; 84′; ITALIA, 2003.

LETTERE DAL FRONTE ★★
Regia di VITTORIO SCHIRALDI. ■ Moltissime lettere che la censura fascista non recapitò al destinatario, e che successivamente sono state raggruppate da Bino Bellomo, sono l'occasione per questo documentario sul secondo conflitto mondiale. ■ DOCUMENTARIO; B/N; 94′; ITALIA, 1975.

LETTERE D'AMORE *(Stanley and Iris)* ★★★
Regia di MARTIN RITT. Con FEODOR CHALIAPIN JR, HARLEY CROSS, ROBERT DE NIRO, JANE FONDA, SWOOSIE KURTZ, MARTHA PLIMPTON. ■ Un adulto analfabeta (De Niro) suscita tenerezza in un'operaia piena di problemi (Fonda). Lei gli insegna a scrivere e da lui impara un certo modo di intendere la vita. Tra i due nasce una relazione. Quando lui, non più analfabeta, trova un ottimo lavoro, la vita torna a sorridere a entrambi. Storia serena senza pretese, ma con due mostri sacri. ■ COMMEDIA; COL.; 105′; USA, 1989.

LETTERE D'AMORE DALL'ENGADINA ★★
(Die Liebesbriefe aus dem Engadin)
Regia di LUIS TRENKER. Con CARLA RUST, LUIS TRENKER. ■ Per procurare clienti al suo albergo un uomo scrive lettere d'amore a numerose donne con la firma e la foto del maestro di sci. Le clienti accorrono e si disputano il giovane. ■ COMMEDIA; B/N; 93′; GERMANIA, 1938.

LETTERE D'AMORE SMARRITE ★★★
(Die missbrauchten Liebesbriefe)
Regia di LEOPOLD LINDTBERG. Con ANNE-MARIE BLANC, PAUL HUBSCHMID, ALFRED RASSER. ■ Un maniaco della poesia obbliga la moglie, durante un suo viaggio, a scrivergli appassionate lettere d'amore. Lei, che non ne è capace, affida il compito ad un insegnante che l'ama in silenzio. Il marito sospetta qualcosa e chiede il divorzio; la donna si accasa col maestro. ■ COMMEDIA; B/N; 91′; SVIZZERA, 1940. ■ VENEZIA 1 PR.

LETTERE DI UNA NOVIZIA ★★★
Regia di ALBERTO LATTUADA. Con JEAN-PAUL BELMONDO, LILLA BRIGNONE, MASSIMO GIROTTI, PASCALE PETIT. ■ Dall'omonimo libro di Guido Piovene: una ragazza è in procinto di prendere i voti, ma un sacerdote la ferma perché ha appreso da una lettera anonima che lo fa contro il suo volere. ■ DRAMMATICO; B/N; 95′; ITALIA, 1960.

LETTERS TO JULIET ★★★
Regia di GARY WINICK. Con GAEL GARCIA BERNAL, CHRISTOPHER EGAN, FRANCO NERO, VANESSA REDGRAVE, AMANDA SEYFRIED. ■ Sophie è una brava giornalista, in cerca dello scoop per emergere e ottenere la fiducia del direttore. Quando decide di concedersi un viaggio in Italia con il futuro sposo, prossimo all'apertura del suo nuovo ristorante, si ritrova presto sola, a vagabondare per Verona mentre lui si cura solo di prosciutti e formaggi. Nel cortile della casa di Giulietta Capuleti, Sophie trova la lettera d'amore di una tale Claire per il suo Lorenzo, depositata 50 anni prima e rimasta nascosta tra le pietre del muro. Intenerita, l'americana risponde ed ecco presentarsi a Verona la vecchia Claire, in compagnia del bel nipote, Charlie. È l'occasione per il servizio che cercava, ma anche l'inizio di un'avventura romantica che non risparmierà niente e nessuno. Franco Nero e Vanessa Redgrave fanno praticamente se stessi. Grande amore fiction e grande amore vero. Cospicuo incasso in America. ■ COMMEDIA; COL.; 105′; USA, 2010.

LETTI GEMELLI *(Twin Beds)* ★★★
Regia di TIM WHELAN. Con MISCHA AUER, JOAN BENNETT, GEORGE BRENT. ■ Alcune donne hanno istituito un insolito comitato: distribuiscono baci agli uomini che lo richiedono in cambio di un'offerta a favore dei militari. La "direttrice" suscita la passione di un artista russo e la gelosia di sua moglie; nel contempo delude il marito che si sente trascurato. ■ COMICO; B/N; 91′; USA, 1942.

LETTI SBAGLIATI ★
Regia di STENO. Con LANDO BUZZANCA, ALDO GIUFFRÈ, MARGARET LEE, INGEBOR SCHOENER, RAIMONDO VIANELLO, FRANCO FRANCHI, CICCIO INGRASSIA. ■ Quattro episodi piuttosto mediocri: un viaggiatore viene adescato in treno per scommessa; un professionista vuole restare solo con una donna che gli piace, ma qualcosa va storto e sarà sua moglie a incontrarsi con un gran bel ragazzo; un avvocato diventa l'amante di un'avversaria; un uomo scopre dopo dieci anni l'infedeltà della consorte. ■ COMMEDIA; B/N; 90′; ITALIA, 1964.

LETTI SELVAGGI ★★
Regia di LUIGI ZAMPA. Con URSULA ANDRESS, LAURA ANTONELLI, ROBERTO BENIGNI, ENRICO BERUSCHI, SYLVIA KRISTEL, ORAZIO ORLANDO, MICHELE PLACIDO, MONICA VITTI. ■ Sei episodi maliziosi ma gustosi, sul tema del sesso: le disavventure di un venditore di tappeti, l'omicidio compiuto a fin di bene da una donna, gli amori furtivi fra una vedova e un fotoreporter. E ancora: i guai combinati da un terribile frugoletto, il disastro coniugale di un attempato professore, le peripezie di un'abile ladra. ■ COMMEDIA; COL.; 100′; ITALIA, 1979.

LETTI SEPARATI ★★★
(Separate Beds – The Wheeler Dealers)
Regia di ARTHUR HILL. Con JAMES GARNER, PHIL HARRIS, LEE REMICK, CHILL WILLS. ■ Una storia d'amore nel caotico mondo della Borsa newyorkese: un provinciale che ha destato la simpatia di un'impiegata compra alcune azioni che riesce abilmente a far salire. Ne vende una parte e, racimolato un notevole gruzzolo, può così ritornarsene al paese con la ragazza. ■ COMMEDIA; COL.; 106′; USA, 1963.

LETTO, IL *(Secrets d'alcôve)* ★★★
Regia di HENRI DECOIN. Con DAWN ADDAMS, MARTINE CAROL, VITTORIO DE SICA, JEANNE MOREAU, FRANÇOIS PÉRIER, RICHARD TODD. ■ Tre diplomatici, bloccati durante un viaggio dalla nebbia, si raccontano episodi che hanno come protagonista il letto. ■ COMMEDIA; B/N; 110′; FRANCIA, ITALIA, 1954.

LETTO A TRE PIAZZE ★★★
Regia di STENO. Con PEPPINO DE FILIPPO, NADIA GRAY, TOTÒ. ■ Un reduce dato per disperso torna dalla Russia e reclama la casa e la moglie risposata. I litigi tra i due mariti si fanno aspri a tal punto che la donna parte per una vacanza con l'avvocato di famiglia. ■ COMICO; B/N; 90′; ITALIA, 1960.

LETTO DELLA SORELLA, IL *(Syskonbädd 1782)* ★★
Regia di VILGOT SJÖMAN. Con BIBI ANDERSSON, TINA HEDSTROM, JARL KULLE, PER OSCARSSON. ■ Fratello e sorella sono legati da un rapporto incestuoso. Lei rimane incinta; il suo fidanzato, che l'ama appassionatamente, la perdona ed è pronto a dare il nome al bambino; la fidanzata del fratello, incapace di accettare la realtà, uccide la rivale. Una nutrice salverà il bambino. ■ DRAMMATICO; B/N; 91′; SVEZIA, 1966.

LETTO DEL RE, IL *(Abdulla the Great)* ★★
Regia di GREGORY RATOFF. Con MARINA BERTI, KAY KENDALL, GREGORY RATOFF. ■ Un sovrano si innamora di un'indossatrice che invece ama il suo aiutante. Il re fa di tutto per conquistarla, giungendo fino al punto di rapirla, ma lei non cede. ■ AVVENTURA; COL.; 103'; EGITTO, GRAN BRETAGNA, 1954.

LETTO DI ROSE *(Bed of Roses)* ★★★
Regia di GREGORY LA CAVA. Con CONSTANCE BENNETT, JOHN HALLIDAY, JOEL MCCREA. ■ Una donna di strada vuole trovare un uomo che la mantenga stabilmente. Ci riesce con il ricatto ma si innamora di una brava persona e si ravvede. Interessante e anticipatore di temi scottanti come molti film di La Cava. ■ SENTIMENTALE; B/N; 70'; USA, 1933.

LETTO DI SABBIA ★★
Regia di ALBINO PRINCIPE. Con ROSSELLA D'AQUINO, LAURA NUCCI, MILENA RAFFI. ■ Una giovane siciliana fugge a Roma per tentare la fortuna come attrice. A Cinecittà conosce bassezze e frustrazioni. Decisa a tornare a casa, accetta il passaggio in auto da uno sconosciuto: abbandonata sulla spiaggia muore per un attacco cardiaco. ■ DRAMMATICO; B/N; 92'; ITALIA, 1964.

LETTO DI SPINE, IL *(The Bramble Bush)* ★★
Regia di DANIEL PETRIE JR. Con RICHARD BURTON, JACK CARSON, BARBARA RUSH. ■ Un medico promette ad un amico d'infanzia in procinto di morire che sposerà sua moglie. Quindi affretta la morte dell'amico per evitargli una sofferenza inutile, ma viene processato. Ottenuta l'assoluzione si unisce alla vedova. ■ DRAMMATICO; COL.; 105'; USA, 1960.

LETTO, FORTUNA E FEMMINE *(Le bateau d'Émile)* ★★★
Regia di DENYS DE LA PATELLIÈRE. Con PIERRE BRASSEUR, ANNIE GIRARDOT, MICHEL SIMON, LINO VENTURA. ■ Un discreto film nonostante il titolo. Tornato a casa dopo molti anni di assenza, un uomo scopre di avere un figlio illegittimo che fa il pescatore. Suo fratello lo assume nella propria ditta e tenta di fargli sposare la figlia, affinché non vi sia una futura dispersione di capitali. L'uomo in un primo tempo accetta, poi torna alla sua barca e alla sua amante. ■ COMMEDIA; COL.; 98'; FRANCIA, 1962.

LETTO IN PIAZZA, IL ★★★
Regia di BRUNO A. GABURRO. Con GIUSEPPE ANATRELLI, JOHN IRELAND, RENZO MONTAGNANI, ROSSANA PODESTÀ. ■ Un dongiovanni impenitente salva dal suicidio una ragazza che si innamora di lui. Le personalità del paese lo invitano a sposarla perché vogliono speculare su quel matrimonio: lei, infatti, è figlia di un ricchissimo americano. Il dongiovanni non cade nel tranello. ■ COMMEDIA; COL.; 93'; ITALIA, 1975.

LETTO IN SOCIETÀ, UN *(Catherine et C.ie)* ★★
Regia di MICHEL BOISROND. Con JEAN-PIERRE AUMONT, JANE BIRKIN, VITTORIO CAPRIOLI, PATRICK DEWAERE. ■ Una giovane inglese si reca in Francia decisa a sfruttare la sua bellezza per far soldi. Divenuta prostituta di lusso per clienti benestanti, investe i soldi così guadagnati in giochi di Borsa. ■ COMMEDIA; COL.; 100'; FRANCIA, 1975.

LETTO MATRIMONIALE *(The Four Poster)* ★★★
Regia di IRVING REIS. Con REX HARRISON, LILLI PALMER. ■ Alla fine dell'Ottocento due giovani si sposano. Lui diventa un noto scrittore e, dopo qualche tempo, si invaghisce di un'altra donna. La moglie lo aiuta a ravvedersi. Più tardi è lei a innamorarsi di un altro, ma anche stavolta la solidità della loro unione è più forte di qualsiasi altro sentimento. Negli anni della vecchiaia i due ricordano insieme gli avvenimenti tristi e felici della loro vita. ■ COMMEDIA; B/N; 103'; USA, 1952. ■ OSCAR 1 NOM; VENEZIA 1 PR.

LETTO RACCONTA..., IL *(Pillow Talk)* ★★
Regia di MICHAEL GORDON. Con DORIS DAY, ROCK HUDSON, THELMA RITTER. ■ Una tipica commedia all'americana interpretata con grande professionismo: lei e lui hanno un apparecchio telefonico in duplex e pensano che l'altro ne abusi. Quando si conoscono si innamorano, poi lei scopre di essere stata avvicinata con l'inganno e decide di troncare il rapporto. Lui però non si arrende. ■ COMMEDIA; COL.; 105'; USA, 1959. ■ OSCAR 1 PR, 5 NOM.

LETTO ROSA, IL *(Das schwarz-weiss-rote Himmelbett)* ★★
Regia di ROLF THIELE. Con MARTIN HELD, DALIAH LAVI. ■ Ottima regia, bravi interpreti, eleganza di sceneggiatura e di fotografia non riescono ad ovviare alla banalità della storia: un orfano è allevato dalla matrigna. Diventato adulto, dopo una relazione con una ballerina si innamora di una brava ragazza. ■ DRAMMATICO; B/N; 90'; GERMANIA, 1963.

LETTRICE, LA *(La lectrice)* ★★★
Regia di MICHEL DEVILLE. Con MARIA CASARÉS, MIOU-MIOU. ■ Una graziosa biondina si offre come lettrice a domicilio di ciechi, di anziani, di persone che traggono conforto da una soave voce che legge loro i classici. La maggior parte dei clienti è alquanto strana (per non dire psicolabile). Raffinata, ben recitata metafora (molto francese) sulla magia della parola (per chi la pronuncia e chi l'ascolta). ■ COMMEDIA; COL.; 99'; FRANCIA, 1988.

LEVA LO DIAVOLO TUO DAL... CONVENTO ★★
Regia di FRANZ ANTEL. Con FEMI BENUSSI, GALLIANO SBARRA, GABRIELE TINTI. ■ Una ricchissima marchesa muore prima di aver rivelato al suo esecutore testamentario il nome dell'erede. Si sa solo che è una ragazza e che vive in un collegio; l'uomo si accorge che cinque delle ragazze ivi ospitate potrebbero essere figlie della defunta. ■ COMMEDIA; COL.; 92'; ITALIA, 1973.

LEVIATHAN ★★★
Regia di GEORGE PAN COSMATOS. Con RICHARD CRENNA, AMANDA PAYS, PETER WELLER. ■ Un laboratorio di ricerche marine è attaccato da un orribile mostro. La nave appoggio rifiuta di dare assistenza e l'equipaggio del laboratorio rischia di essere sterminato fino all'ultimo uomo. Due però si salvano. Il più duro e la più bella. ■ FANTASCIENZA; COL.; 100'; ITALIA, USA, 1989.

LEVY E GOLIATH *(Levy et Goliath)* ★★★
Regia di GÉRARD OURY. Con RICHARD ANCONINA, MICHEL BOUJENAH, JEAN-CLAUDE BRIALY. ■ Due fratelli ebrei conducono un'esistenza molto diversa: Moise, mite e moderato, lavora presso una ditta di diamanti ad Anversa, mentre Albert vive a Parigi una vita dissoluta. Un giorno Moise si reca a Parigi per consegnare due pacchetti di polvere di diamanti, ma una trafficante di cocaina conosciuta in treno gli infila in valigia, per passare la dogana, due sacchetti di droga. Da qui tutta una serie di tragicomiche avventure con Moise, aiutato dal fratello, braccato sia dai trafficanti che dalla polizia. ■ COMMEDIA; COL.; 105'; FRANCIA, 1987.

LEVITY ★★
Regia di ED SOLOMON. Con KIRSTEN DUNST, MORGAN FREEMAN, HOLLY HUNTER, BILLY BOB THORNTON. ■ Manual Jordan, condannato all'ergastolo per l'omicidio di un ragazzo commesso nel corso di una rapina, esce di galera per buona condotta dopo diciannove anni, passati perlopiù a fissare il volto della propria vittima su una foto appesa in cella. Il senso di colpa è tale che Manual vorrebbe restare in prigione, ma fuori c'è la possibilità di ricominciare. Adele, sorella dell'ucciso, poi Sofia, una ragazza alcolizzata che cerca di risalire la china, gli daranno una mano. ■ DRAMMATICO; COL.; 100'; USA, 2003.

LEZIONE D'AMORE *(En lektion I Kärleck)* ★★★
Regia di INGMAR BERGMAN. Con HARRIET ANDERSSON, GUNNAR BJÖRNSTRAND, AKE GRONBERG, EVA WAHLBECK. ■ Crisi matrimoniale con lieto fine: un medico ama la moglie, ma la tradisce. La donna accetta le attenzioni di un suo ex fidanzato, ma questi capisce che lei ama il marito. ■ COMMEDIA; B/N; 95'; SVEZIA, 1954.

LEZIONE DI TANGO *(The Tango Lesson)* ★★★
Regia di SALLY POTTER. Con CAROLINA IOTTI, GUSTAVO NAVEIRA, SALLY POTTER, PABLO VERON. ■ Dopo l'ottima prova di *Orlando* la Potter torna alla regia con un film meno impegnativo, ma non per questo meno interessante, nel quale interpreta se stessa. Il film è ambientato tra Parigi e Buenos Aires. Una regista in crisi creativa sta cercando di scrivere una sceneggiatura e decide di prendere lezioni di tango. Nasce un sentimento tra la donna e il suo maestro di ballo, ma entrambi sono abituati a guidare e non a lasciarsi guidare. La Potter, che è anche una bravissima ballerina, è riuscita a unire la meccanicità dei passi del tango argentino, con la passione che suscita in chi lo balla. Splendide musiche da Gardel a Piazzolla. ■ COMMEDIA; COL.; 102'; GRAN BRETAGNA, 1997.

LEZIONE PARTICOLARE, UNA ★★
(Une leçon particulière)
Regia di MICHEL BOISROND. Con KATIA CRISTINA, NATHALIE DELON, ROBERT HOSSEIN, MARTINE SARCEY, RENAUD VERLEY. ■ Lo studente Olivier diviene l'amante di una donna legata a un corridore automobilista mentre questi è lontano per una gara. Ma la relazione precedente prevale e il giovane dovrà ritirarsi. ■ COMMEDIA; COL.; 82'; FRANCIA, 1969.

LEZIONE 21 ★★
Regia di ALESSANDRO BARICCO. Con TIM BARLOW, JOHN HURT, CLIVE RUSSELL, NOAH TAYLOR, LEONOR WATLING. ■ Il Professor Mondrian Kilroy non era amato dai suoi colleghi all'Università ma molto apprezzato dagli studenti. Di lui era rimasta famosa la cosiddetta "Lezione 21" in cui smontava il mito della *Nona* di Beethoven con particolare riferimento all'*Inno alla Gioia*. Il 7 maggio 1824 si teneva a Vienna la prima esecuzione pubblica della *Nona* diretta da un ormai sordo ed esacerbato Beethoven. Nell'inverno di quello stesso anno venne trovato in un lago ghiacciato nei pressi di Vienna il cadavere di un violinista morto di assideramento mentre suonava. La sua mano stringeva con tale forza il manico dello strumento che non fu possibile staccarlo. Il professor Kilroy aveva una studentessa prediletta, Martha. Lei sa come trovarlo e fargli concludere la lezione 21. Alessandro Baricco regista: in questo caso non c'è un libro alle spalle ma una vera e propria sceneggiatura originale che sfiora l'esercizio di stile raffinato e colto riuscendo però a evitarne la sterilità. ■ DRAMMATICO; COL.; 92'; ITALIA, 2008.

LEZIONI D'AMORE *(Elegy)* ★★★
Regia di ISABEL COIXET. Con PATRICIA CLARKSON, PENELOPE CRUZ, DENNIS HOPPER, BEN KINGSLEY, PETER SARSGAARD. ■ David non è affatto simpatico, anzi. È un arzillo ultracinquantenne con una cattedra universitaria e il vizietto delle avventure facili. Cresciuto nella libertà sessuale dei campus americani degli anni Sessanta, da più di trent'anni sfrutta appieno le opportunità offertegli dalla sua posizione sociale e non intrattiene nessuna relazione stabile con l'altro sesso. Sono tante le belle ragazze che frequentano il suo corso di critica letteraria, ma un giorno entra in aula Consuela Castillo, una splendida studentessa cubana, poco più che ventenne, che attira le sue attenzioni e che ben presto diventa una vera ossessione. Lei ricambia e tra i due, oltre alla passione irrefrenabile, scatta qualcosa di molto più profondo. Il cinico professore si troverà, per la prima volta nella vita, faccia a faccia con ansie, gelosie e insicurezze, sentimenti sconosciuti che non gli permetteranno di vivere con serenità la prima vera storia d'amore della sua vita. ■ DRAMMATICO; COL.; 106'; USA, 2008.

LEZIONI D'AMORE ALLA SVEDESE ★★
(I'll Take Sweden)
Regia di FREDERICK DE CORDOVA. Con FRANKIE AVALON, BOB HOPE, TUESDAY WELD. ■ Il padre ricco mette i bastoni tra le ruote alla figlia che vuole sposare un giovane squattrinato. ■ COMMEDIA; COL.; 96'; USA, 1965.

LEZIONI DI ANATOMIA *(Milk Money)* ★★
Regia di RICHARD BENJAMIN. Con MELANIE GRIFFITH, ED HARRIS, MALCOLM MCDOWELL. ■ Una prostituta di buon cuore è impegnata a dare "lezioni" a un adolescente orfano di madre e a suscitare l'interesse del padre. Melanie Griffith tiene in piedi da sola la storia. ■ COMMEDIA; COL.; 108'; USA, 1994.

LEZIONI DI CIOCCOLATO ★★
Regia di CLAUDIO CUPELLINI. Con NERI MARCORÈ, IVANO MARESCOTTI, FRANCESCO PANNOFINO, VIOLANTE PLACIDO, MATTEO OLEOTTO, MONICA SCATTINI, HASSANI SHAPI. ■ Insensibile e senza scrupoli, Mattia è un cinico imprenditore edile votato alla fede del "risparmio come massimo guadagno". Dopo aver rinunciato a costruire i ponteggi di sicurezza per il suo cantiere, si ritrova improvvisamente a far fronte ai ricatti di uno sfortunato operaio egiziano, caduto da un tetto e costretto al gesso dalla vita in su. Ragione del ricatto, un concorso da cioccolataio da frequentare sotto mentite spoglie – quelle di Kamal appunto, impossibilitato a partecipare – in cambio di una mancata denuncia per le condizioni disumane del cantiere. Per Mattia si apriranno le porte di un mondo sconosciuto fatto di integrazione culturale e di dignitosa povertà, nel tentativo di redimersi dalla sua vita precedente ed evitare, al tempo stesso, una scottante denuncia alle autorità. ■ COMMEDIA; COL.; 99'; ITALIA, 2007.

LEZIONI DI CIOCCOLATO 2 ★★
Regia di ALESSIO MARIA FEDERICI. Con NABIHA AKKARI, LUCA ARGENTERO, ANGELA FINOCCHIARO, VINCENZO SALEMME, HASSANI SHAPI. ■ Mattia, lo sciupafemmine preso dalla scuola di cioccolato, non sta più con Cecilia e non è riuscito a sfondare nell'industria dolciaria, ma continua a lavorare controvoglia nell'edilizia. Di contro, quello che era diventato il suo sodale, l'egiziano Kamal, ha aperto una pasticceria in cui non entra nessuno. Entrambi hanno bisogno di una svolta, e a metterli di nuovo in affari sarà la figlia di Kamal, appena rientrata dall'Erasmus. ■ COMMEDIA; COL.; 80'; ITALIA, 2011.

LEZIONI DI FELICITÀ – ODETTE TOULEMONDE ★★
(Odette Toulemonde)
Regia di ERIC-EMMANUEL SCHMITT. Con ALAIN DOUTEY, NINA DRECQ, ALBERT DUPONTEL, JULIEN FRISON, CATHERINE FROT, CAMILLE JAPY, FABRICE MURGIA, JACQUES WEBER. ■ Odette Toulemonde è una deliziosa e solare quarantenne, un po' Cenerentola e un po' Mary Poppins. Vedova con due figli a carico, lavora come commessa nel reparto maquillage di un grande magazzino e, nel poco tempo libero che riesce a ritagliarsi, ama perdersi nelle pagine dei romanzi del suo scrittore preferito, l'uomo dei suoi sogni, l'artefice del suo smisurato ottimismo. Grazie a lui Odette riesce a dimenticare ogni problema, a fuggire in un'altra dimensione, a sentirsi la protagonista di una favola romantica d'altri tempi. ■ COMMEDIA; COL.; 100'; BELGIO, FRANCIA, 2006.

♥ **LEZIONI DI PIANO** *(The Piano)* ★★★🏆
Regia di JANE CAMPION. Con HOLLY HUNTER, HARVEY KEITEL, SAM NEILL, ANNA PAQUIN. ■ Leone d'Oro, *ex aequo*, al Festival di Cannes. L'originale regista di *Sweetie* e *Un angelo alla mia tavola* debutta nel grande cinema ufficiale. Ciò comporta co-produzioni, grandi nomi, capitali cospicui e una storia di buona presa per il pubblico. Ma la Campion mantiene intatta la sua personalità di autrice. Purtroppo la bravura tecnica questa volta sfiora il manierismo. Ancora una volta la protagonista è una donna con problemi di comunicazione con gli altri. È muta, vedova con una figlia, e per convenienza familiare deve sposare uno sconosciuto. Si trasferisce con lui in un'isola sperduta in Nuova Zelanda. Non le è concesso di suonare il piano, sua unica consolazione. Ma con l'aiuto di un uomo all'apparenza rozzo, in realtà molto sensibile, il suo desiderio sarà esaudito. Tra loro nasce un particolare idillio che farà uscire di senno il marito. Dopo colpi di scena degni di un melodramma, il lieto fine è d'obbligo. ■ DRAMMATICO; COL.; 119'; AUSTRALIA, FRANCIA, 1992. ■ CANNES 🏆 2 PR; GOLDEN GLOBES 🏆 1 PR, 6 NOM; OSCAR 🏆 3 PR, 8 NOM.

LEZIONI DI VIOLONCELLO CON TOCCATA E FUGA ★★
Regia di DAVIDE MONTEMURRI. Con CHRISTIAN BORROMEO, GABRIELE FERZETTI, CARLO GIUFFRÈ, MARINA MALFATTI, SANDRA MANTEGNA, MARIO SCACCIA, LEOPOLDO TRIESTE. ■ Il film è caratterizzato da elementi surreali, un simbolismo non sempre chiaro, una tesi vagamente anarcoide. Stella è un'aristocratica decaduta che vive in una famiglia ricca e scombinata: il padre nostalgico fascista, il figlio in rivolta, la madre avara, il maggiordomo fallito; il figlio fa saltare addirittura la basilica di San Pietro, Stella impazzisce. ■ COMMEDIA; COL.; 90'; ITALIA, 1975.

LEZIONI DI VOLO ★★★
Regia di FRANCESCA ARCHIBUGI. Con FLAVIO BUCCI, ROBERTO CITRAN, ANGELA FINOCCHIARO, ANNA GALIENA, ANGEL TOM KARUMATHY, GIOVANNA MEZZOGIORNO. ■ Pollo e Curry hanno diciotto anni e poca voglia di impegnarsi a scuola e nella vita. Pollo è ebreo e figlio di un padre intransigente e una madre svampita. Curry è indiano e figlio adottivo di una psicologa emotiva e di un giornalista fedifrago. Bocciati alla maturità, partono in vacanza "premio" per l'India dove, fuori dai circuiti turistici, incontreranno Chiara, ginecologa di una Onlus internazionale. Nel deserto del Thar proveranno finalmente interesse per la vita: Pollo si in-

namorerà di Chiara e del suo coraggio, Curry cercherà la madre naturale e le sue origini. Torneranno a casa e all'Occidente col "brevetto di volo". Se l'ultimo film di Francesca Archibugi non aggiunge molto alla sua poetica dell'adolescenza, aggiornata al 2007 e ai suoi giovani con nessuna pretesa di cambiare il mondo in cui vivono, la regista non manca di stupire perché sembra l'unica rimasta a raccontare con credibilità i ragazzi e tutto ciò che li riguarda: i gesti, il gergo e quel misto adolescenziale di vulnerabilità e sfacciataggine. ■ DRAMMATICO; COL.; 106'; ITALIA, 2006.

LEZIONI MALIZIOSE *(Private Lessons)* ★★
Regia di ALAN MYERSON. Con ED BEGLEY JR, HOWARD HESSEMAN, SYLVIA KRISTEL. ■ Un ragazzotto è imbranato con le donne, e il padre paga la cameriera (Sylvia Kristel) perché gli faccia da scuola. I "nudi" della Kristel non sono suoi (nelle sequenze più scabrose è stata "doppiata" dall'americana Judy Helden). ■ COMMEDIA; COL.; 93'; USA, 1981.

LEZIONI PRIVATE ★★
Regia di VITTORIO DE SISTI. Con CARROLL BAKER, FEMI BENUSSI, ROSALINO CELLAMARE, CARLO GIUFFRÈ, RENZO MONTAGNANI, LEOPOLDO TRIESTE. ■ Un giovane è in un primo tempo indifferente al sesso e dedito solo agli studi musicali. La sua iniziazione avviene con una cameriera, poi ha una relazione con l'insegnante di pianoforte e alla fine fa all'amore con la sua ragazza. ■ EROTICO; COL.; 95'; ITALIA, 1975.

L'HA FATTO UNA SIGNORA ★★
Regia di MARIO MATTOLI. Con MICHELE ABBRUZZO, ROSINA ANSELMI. ■ Il ritrovamento di un neonato in un taxi causa la gelosia della moglie del taxista che pensa a un'infedeltà del marito; l'autista gioca i numeri al lotto ricavandoli dall'episodio. ■ COMMEDIA; B/N; 90'; ITALIA, 1938.

LIAM ★★
Regia di STEPHEN FREARS. Con ANTHONY BORROWS, CLAIRE HACKETT, IAN HART, ANNE REID. ■ 1930. Irlanda. Liam, sette anni, cresce in un quartiere cattolico irlandese a Liverpool in cui le tensioni sono forti. Il padre viene licenziato e si riaccende in lui l'odio per tutti gli "stranieri". Liam subisce un'educazione religiosa estremamente formale ma il suo sguardo resta libero e curioso. La sorella maggiore, che è ancora una bambina, va a servizio presso una famiglia ebraica. I pregiudizi del suo confessore e l'intolleranza paterna avranno per lei gravi conseguenze. C'era una volta Stephen Frears, regista capace di raccontare in modo scanzonato, ma mai banale, le vicende di nuclei familiari un po' *sui generis*. La vita, insomma. Si ha l'impressione che si sia perso un talento e sia rimasto solo un professionista di qualità. ■ DRAMMATICO; COL.; 90'; GRAN BRETAGNA, 2000. ■ VENEZIA 1 PR.

LIANA, LA FIGLIA DELLA FORESTA ★★
(Liane, das Mädchen aus dem Urwald)
Regia di EDUARD VON BORSODY. Con IRENE GALTER, HARDY KRÜGER, MARION MICHAEL. ■ Un gruppo di esploratori in Africa trova una donna bianca che vive allo stato selvaggio. Scoprono che si tratta della figlia di un noto industriale. Riportano la donna in Germania; subito si scatena la caccia all'eredità. ■ AVVENTURA; COL.; 90'; GERMANIA, 1956.

LIANA, LA SCHIAVA BIANCA ★★
(Liane, die weisse Sklavin)
Regia di HERMAN LEITNER. Con RIK BATTAGLIA, ADRIAN HOVEN, MARISA MERLINI, MARION MICHAEL, SARO URZÌ. ■ È un po' il seguito di *Liana, la figlia della foresta*. La fama dell'ereditiera tornata fra i selvaggi si è sparsa dappertutto, sono in due a cercarla: Frank, animato da buoni propositi, e Frazer, che invece pensa solo al suo interesse. ■ AVVENTURA; COL.; 92'; GERMANIA, 1957.

LIANNA – UN AMORE DIVERSO *(Lianna)* ★★
Regia di JOHN SAYLES. Con JOHN DEVRIES, LINDA GRIFFITHS, JANE HALLAREN. ■ Lianna, madre e moglie infelice, si innamora di un'altra donna, Ruth, più anziana di lei. Lascia il marito e va a vivere con quest'ultima, ma presto Ruth si stanca di lei e la lascia. Lianna rimane sola e, profondamente turbata, si abbandona ad una vita viziosa. ■ DRAMMATICO; COL.; 110'; USA, 1982.

LIAR – BUGIARDO *(Deceiver)* ★★★
Regia di JONAS PATE, JOSH PATE. Con ROSANNA ARQUETTE, ELLEN BURSTYN, CHRIS PENN, MICHAEL ROOKER, TIM ROTH. ■ Jonas Pate è al suo secondo film, stavolta in co-regia con il fratello Joshua. Potrebbero essere una nuova coppia vincente di registi. Hanno scritto una buona sceneggiatura, piena di sfumature. Il figlio di un magnate dell'industria tessile, è sospettato di aver ucciso una prostituta. Viene sottoposto ad alcuni test della verità e in un crescendo di colpi di scena coinvolge i due poliziotti che lo esaminano. Un *kammerspiel* di buona tensione. ■ THRILLER; COL.; 95'; USA, 1997.

LIBERA ★★★
Regia di PAPPI CORSICATO. Con NINNI BRUSCHETTA, IAIA FORTE, MANRICO GOMMAROTA, VINCENZO PELUSO. ■ Esordio promettente per l'assistente di Almodóvar in *Légami*. Corsicato approda al cinema con una commedia sulla sua Napoli. In chiave di melodramma rovesciato mostra disagi, situazioni (in maniera paradossale) e controindicazioni della città. Il film è diviso in tre episodi, intitolati coi nomi delle protagoniste: Aurora, Carmela e Libera. Il più completo e riuscito è il primo. Assistiamo al dramma di Aurora che viene lasciata dal marito, spesso in bancarotta, fuggito con l'amante. Incontra dopo molto tempo l'uomo che aveva amato da giovane. Rimarrà sola, comunque. Carmela invece è un'infermiera con un figlio omosessuale. Il ragazzo scoprirà che la madre in realtà è stata suo padre. Infine Libera ha una rivendita di giornali e un marito pigrissimo. Quando scopre di essere tradita compra di nascosto una videocamera. Poi gira filmetti porno del marito con l'amante e li rivende. In breve, diventa ricchissima. Brava l'attrice protagonista, Iaia Forte. ■ COMMEDIA; COL.; 85'; ITALIA, 1993.

LIBERA, AMORE MIO ★★★
Regia di MAURO BOLOGNINI. Con TULLIO ALTAMURA, CLAUDIA CARDINALE, ADOLFO CELI, BRUNO CIRINO, BEKIM FEHMIU, PHILIPPE LEROY, ROSALBA NERI. ■ Una famiglia di antifascisti è presa di mira prima e durante la guerra da un potente gerarca: dopo la guerra, Libera, la madre, che è stata mandata al confino e poi in prigione, incontra in municipio il gerarca che ha assunto una carica pubblica. Vane sono le sue proteste; un fascista l'ammazza per strada. ■ DRAMMATICO; COL.; 110'; ITALIA, 1975.

LIBERACE ★★
Regia di BILLY HALE. Con RUE MCCLANAHAN, ANDREW ROBINSON. ■ Vita e morte di Walter Valentino Liberace, famoso pianista e showman, celebre tanto per i suoi spettacoli quanto per le eccentricità della sua vita privata. Afflitto da un grosso complesso materno, Liberace era omosessuale e finì col morire di Aids nel 1987. Poco prima aveva dato uno dei suoi spettacoli di maggior successo. ■ DRAMMATICO; COL.; 94'; USA, 1988.

LIBERATE I PESCI ★★
Regia di CRISTINA COMENCINI. Con LAURA MORANTE, FRANCESCO PAOLANTONI, MICHELE PLACIDO, LUNETTA SAVINO. ■ Lecce. Un boss della malavita decide di finanziare l'*Aida* di Verdi per l'amante, impresaria teatrale. La nipote di quest'ultima, figlia del fratello, che studia negli Usa torna e si scopre incinta. Il "colpevole" è il figlio del malavitoso che ha tutte le ragioni per cercare di arrivare a un matrimonio tra i due giovani. Garbata commedia nello stile della regista. ■ COMMEDIA; COL.; 90'; ITALIA, 2000.

LIBERATORI, I *(The Liberators)* ★★
Regia di KENNETH JOHNSON. Con ROBERT CARRADINE, LARRY B. SCOTT. ■ Nel periodo che precede la guerra civile americana due uomini, Bill Jackson e John Fairfield, si ribellano al giogo della schiavitù e combattono insieme per la parità dei diritti tra bianchi e neri. ■ AVVENTURA; COL.; 90'; USA, 1987.

LIBERA USCITA ★★
Regia di DUILIO COLETTI. Con CARLO CROCCOLO, NINO TARANTO. ■ Due soldati in visita alle loro fidanzatine, cameriere in una famiglia benestante, vengono scambiati per due ufficiali americani. ■ COMMEDIA; B/N; 92'; ITALIA, 1950.

LIBERA USCITA *(Hall Pass)* ★★
Regia di BOBBY FARRELLY, PETER FARRELLY. Con CHRISTINA APPLEGATE, JENNA FISCHER, RICHARD JENKINS, JASON SUDEIKIS,

OWEN WILSON. ■ Rick ha quarant'anni, una moglie, tre bambini e un amico con cui condivide la passione per le donne e la frustrazione di non poterle possedere (tutte). Immaturi e ossessionati dal sesso, consumano le loro esistenze tra i pannolini da cambiare e un gruppo di amici altrettanto infantili, che scommettono ipotetiche somme su immaginarie conigliette e miss maglietta bagnata. Esasperate dai loro atteggiamenti al limite del demenziale, le rispettive consorti decidono di concedere a Rick e Fred una vacanza dal matrimonio e dalle responsabilità, convinte in cuor loro di mettere fine una volta per tutte al loro indecente delirare. Ma la libera uscita, lunga sette giorni e sette notti, non darà ai degenerati coniugi i risultati sperati, appagandone il cuore prima che i genitali. ■ COMMEDIA; COL.; 105'; USA, 2011.

LIBERI ★★
Regia di GIANLUCA MARIA TAVARELLI. Con LUIGI MARIA BURRUANO, MYRIAM CATANIA, ELIO GERMANO, NICOLE GRIMAUDO, ROSA PIANETA, ANITA ZAGARIA. ■ Le storie e i destini incrociati: Cenzo viene buttato fuori dalla fabbrica; Vince, sogna di lasciare Bussi, il paesino, mentre Elena, la sua ragazza, la pensa diversamente. C'è Genny, che fa la cameriera in un ristorante a Pescara dove sua madre Anita fa la cuoca. Tra spiagge affollate, liti, amori, treni presi e treni persi, un'estate passa portando ai nostri la scoperta di cosa significhi essere (più o meno) liberi. ■ DRAMMATICO; COL.; 105'; ITALIA, 2003.

LIBERI, ARMATI, PERICOLOSI ★★
Regia di ROMOLO GUERRIERI. Con MAX DELYS, ELEONORA GIORGI, BENJAMIN LEV, TOMAS MILIAN, STEFANO PATRIZI. ■ Tre giovani e una ragazza della buona borghesia milanese si danno alle rapine assaltando banche, benzinai e supermercati. ■ POLIZIESCO; COL.; 91'; ITALIA, 1976.

LIBERI GIOCHI DELL'AMORE, I ★★
(Loving and Laughing)
Regia di JED JOHNSON. Con MIGNON ELIKNS, ANDRÉ LAWRENCE, MICHÈLE MERCURE. ■ Un giovane della buona borghesia e un hippy si scambiano le parti: Reggie andrà alla comunità hippy e Lucien andrà al posto di Reggie presso una famiglia americana. ■ COMMEDIA; COL.; 90'; CANADA, 1971.

LIBERO BURRO ★★
Regia di SERGIO CASTELLITTO. Con SERGIO CASTELLITTO, MARGARET MAZZANTINI. ■ Primo film dell'attore Castellitto dietro la macchina da presa. Libero si trasferisce dal centro al Nord Italia e si getta a capofitto in un grosso affare. Non tutto va per il verso giusto ma una donna entra nella sua vita. Acerbo. ■ COMMEDIA; COL.; 100'; ITALIA, 1999.

LIBERO DI CREPARE *(The Legend of Nigger Charley)* ★★
Regia di MARTIN GOLDMAN. Con DON PEDRO COLLEY, D'URVILLE MARTIN, FRED WILLIAMSON. ■ Un ex schiavo nero che ha ucciso per legittima difesa un razzista è costretto a fuggire con altri diseredati anch'essi di colore. Il gruppo si fa difensore di un agricoltore preso di mira da un bandito, ma purtroppo alcuni dei compagni moriranno. ■ WESTERN; COL.; 98'; USA, 1972.

LIBERTÀ DI REATO *(T Bone N Weasel)* ★★
Regia di LEWIS TEAGUE. Con NED BEATTY, GREGORY HINES, CHRISTOPHER LLOYD, RIP TORN. ■ Un gruppo di galeotti cerca di rifarsi una vita infilandosi continuamente in situazioni poco "legali". Un gruppo di professionisti del cinema al servizio di un *road movie* in cui la voglia di libertà è palpabile. ■ AVVENTURA; COL.; 90'; USA, 1992.

LIBERTAD, LA ★★
Regia di LISANDRO ALONSO. Con HUMBERTO ESTRADA, RAFAEL ESTRADA, MIZAEL SAAVEDMA. ■ Opera prima per questo regista argentino, che aveva all'epoca 26 anni. Il film segue, come in un documentario, la vita di un taglialegna della Pampa. È isolato da tutto e da tutti e vive in una tenda. La sua vita è fatta solo di lavoro. Da apprezzare il tentativo ma le basi per creare un film veramente equilibrato non ci sono. ■ COMMEDIA; COL.; 73'; ARGENTINA, 2001.

LIBERTÀ È IL PARADISO, LA *(S.E.R.)* ★★★
Regia di SERGEJ BODROV. Con ALEXANDER BUREYEV, VOLODIA KORYZEV. ■ Vincitore del Festival di Montreal. La storia si svolge nel primo periodo del rinnovamento russo. Sasha viene arrestato per furto e rinchiuso in un riformatorio. Dopo la morte della madre il suo più grande desiderio è di rivedere suo padre che si trova in Siberia. Tenta la fuga più volte. Prima di essere catturato per l'ennesima volta, il ragazzo riesce a vedere e a parlare col padre. Pur con qualche situazione didascalica è un buon film, ben diretto e interpretato. ■ DRAMMATICO; COL.; 98'; URSS, 1989.

LIBERTÀ VIGILATA *(No Way Home)* ★★
Regia di BUDDY GIOVINAZZO. Con TIM ROTH, JAMES RUSSO, DEBORAH UNGER. ■ Joey esce di prigione dove ha passato sette anni senza essere colpevole del delitto di cui era accusato. Non trova pace nemmeno a casa del fratello che ha sposato una spogliarellista e deve dei soldi alla malavita. Bravo Tim Roth. ■ POLIZIESCO; COL.; 100'; USA, 1996.

LIBERTINE, THE ★★
Regia di LAURENCE DUNMORE. Con FRANCESCA ANNIS, RICHARD COYLE, JACK DAVENPORT, JOHNNY DEPP, RUPERT FRIEND, TOM HOLLANDER, JOHN MALKOVICH, SAMANTHA MORTON, ROSAMUND PIKE, KELLY REILLY, JOHNNY VEGAS. ■ Il personaggio incarnato da Depp è John Wilmot, secondo conte di Rochester, poeta alla corte di Carlo II in Inghilterra, in un momento storico in cui il vizio e la lussuria regnano più del re. E Wilmot di tanta decadenza è non solo compiaciuto: ne è una vera e propria incarnazione, l'uomo "alla moda" del tempo. Il re confida in lui e gli commissiona una commedia teatrale che delizi i diplomatici francesi. Wilmot lo ripaga con un assurdo pastiche che manda in bestia il re. L'autore si dà alla macchia, lasciando la godereccia Londra e la giovane attrice di cui si è innamorato. Non sarà né il re, né la moglie dal cuore infranto, né la giovane artista a prenderselo, ma la sifilide. Chi ha mestiere ne ha messo, in questo esordio di Dunmore: Johnny Depp con la consueta dedizione, affiancato da un discreto John Malkovich (re Carlo) e da una Samantha Morton indigesta fin dalla prima apparizione. Il contesto è una Londra, città e campagna, fumosa ed ebbra di vizio e perdizione, fotografata in tinte fosche che ricercano la luce di candela, riuscendovi ma risultando opprimente alla lunga. ■ DRAMMATICO; COL.; 130'; INGHILTERRA, 2004.

LIBERTY HEIGHTS ★★★
Regia di BARRY LEVINSON. Con ADRIEN BRODY, BEN FOSTER, REBEKAH JOHNSON, JOE MANTEGNA, CAROLYN MURPHY, BEBE NEUWIRTH. ■ A Liberty Heights, un quartiere di Baltimora, vive una famiglia ebrea: la famiglia Kurtzman. Siamo nel 1954. I problemi razziali non dovrebbero esistere più, ma divieti di ingresso agli ebrei, ai cani e ai negri, affissi nei country club della città, sembrano dimostrare il contrario. Quando Ben, il figlio minore dei Kurtzman, si innamora di una ragazza negra, sua compagna di classe, egli stesso è costretto a scontrarsi con le insormontabili barriere di ceto e di razza esistenti. Film antirazziale, ben girato e accompagnato da un'efficace colonna sonora che spazia da Sinatra a James Brown. ■ DRAMMATICO; COL.; 127'; USA, 1999.

LIBERTY STANDS STILL ★★
Regia di KARI SKOGLAND. Con MARTIN CUMMINS, LINDA FIORENTINO, OLIVER PLATT, WESLEY SNIPES. ■ Una donna si trova in un parco pubblico incatenata a un carretto di hot dog e nel mirino di un cecchino che si trova in un edificio dinanzi a lei. I due comunicano mediante il cellulare parlando di armi e di responsabilità mentre nel carretto c'è una bomba pronta ad esplodere non appena la batteria del telefono si scaricherà. Film che cerca una nuova strada nel genere "pazzo che minaccia la società". ■ THRILLER; COL.; 92'; CANADA, GERMANIA, 2002.

LIBIDO ★★
Regia di ERNESTO GASTALDI. Con DOMINIQUE BOSCHERO, MARA MARYL, JOHN CHARLIE OHNS. ■ Un giovane torna nella casa paterna accompagnato dalla moglie e da un'altra coppia. Crede di sentire aleggiare nell'edificio lo spirito del padre, un maniaco sessuale che compì un tremendo crimine. Si tratta di una montatura terribile. ■ GIALLO; B/N; 92'; ITALIA, 1967.

LIBRO DELLA GIUNGLA, IL ★★★
(Rudyard Kipling's Jungle Book)
Regia di ZOLTAN KORDA. Con JOSEPH CALLEIA, ROSEMARY DE

CAMP, PATRICIA O'ROURKE, SABÙ. ■ Un film ispirato al romanzo di Kipling. Il piccolo Mowgli, allevato dagli animali, è al centro della storia: la sua grande nemica è la tigre Shere-Khan, ma la pantera nera e i lupi lo proteggono. ■ AVVENTURA; COL.; 109'; USA, 1942. ■ OSCAR 4 NOM.

LIBRO DELLA GIUNGLA, IL *(The Jungle Book)* ★★★
Regia di WOLFGANG REITHERMAN. ■ Un bel cartone animato dal libro di Kipling: Mowgli, un bambino allevato nella giungla dalla pantera Bagheera e dai lupi, è amico dell'orso Baloo ed è minacciato dalla tigre Shere-Khan. ■ ANIMAZIONE; COL.; 78'; USA, 1967. ■ OSCAR 1 NOM.

LIBRO DELLA GIUNGLA 2, IL *(The Jungle Book 2)* ★★
Regia di STEVE TRENBIRTH. ■ Mowgli abbandona il villaggio in cui vive e torna nella jungla con i suoi amici, dove però c'è la tigre Shere-Khan che lo attende per regolare i conti. ■ ANIMAZIONE; COL.; 75'; USA, 2003.

LICANTROPIA *(Ginger Snaps Back: The Beginning)* ★★
Regia di GRANT HARVEY. Con NATHANIEL ARCAND, JR BOURNE, HUGH DILLON, KATHARINE ISABELLE, EMILY PERKINS. ■ È il terzo episodio della serie *Ginger Snaps*, una sorta di prequel che cerca di spiegare le origini della storia delle due sorelle affette da licantropia. Nel 1815, due ragazze, Ginger e Brigitte, percorrono a cavallo le pianure del Canada finendo in un accampamento indiano disabitato. C'è solo una vecchia, che trasmette loro una strana profezia: «Dovete uccidere il ragazzo, altrimenti una di voi finirà per uccidere l'altra». Ma c'è dell'altro: Ginger, ferita da un giovane, che si rivelerà un lupo mannaro, incomincia a subire a sua volta strane mutazioni. ■ HORROR; COL.; 94'; CANADA, 2005.

LICANTROPIA EVOLUTION *(Ginger Snaps)* ★★
Regia di JOHN FAWCETT. Con JOHN BOURGEOIS, DANIELLE HAMPTON, KATHARINE ISABELLE, PETER KELEGHAN, LINDSAY LEESE, KRIS LEMCHE, JIMMY MACINNIS, JESSE MOSS, EMILY PERKINS, CHRISTOPHER REDMAN, MIMI ROGERS. ■ Ginger e Brigitte sono due adolescenti che vivono un'esistenza ai margini della società. Una sera Ginger viene morsa da un lupo mannaro e lentamente inizia a trasformarsi. Per la sorella Brigitte inizia una lotta contro il tempo per salvare Ginger prima della prossima luna piena. Horror di ambientazione adolescenziale che utilizza con efficacia la metafora della licantropia per raccontare le difficoltà del passaggio alla vita adulta con le inevitabili trasformazioni che esso comporta. ■ HORROR; COL.; CANADA, USA, 2000.

LICEALE, LA ★★
Regia di MICHELE MASSIMO TARANTINI. Con GIANFRANCO D'ANGELO, GLORIA GUIDA, GIUSEPPE PAMBIERI, GISELLA SOFIO. ■ Figlia di genitori separati e immaturi, Loredana, liceale giovane e acerba, eccita professori e compagni: ma arriva chi approfitta di lei e poi la pianta in asso. ■ EROTICO; COL.; 90'; ITALIA, 1976.

LICEALE AL MARE CON L'AMICA DI PAPÀ, LA ★★
Regia di MARINO GIROLAMI. Con MARISA MELL, RENZO MONTAGNANI, ALVARO VITALI. ■ Un uomo, afflitto da una consorte ricca e autoritaria, ha un'amante giovane. Un'estate la porta al mare con la famiglia, travestendola da suora per evitare sospetti. Un giorno la moglie viene rapita. L'uomo è contentissimo, ma l'allegria gli passa quando s'accorge che l'amante ha tendenze autoritarie come la consorte. ■ COMMEDIA; COL.; 92'; ITALIA, 1980.

LICEALE, IL DIAVOLO E L'ACQUASANTA, LA ★★
Regia di NANDO CICERO. Con LINO BANFI, GLORIA GUIDA, PIPPO SANTONASTASO, ALVARO VITALI. ■ Tre episodi, che vedono un angelo custode innamorato della ragazza sulla quale deve vegliare, un travestito che opta per le donne e ruba l'amica all'ex fidanzato, un pover'uomo convinto d'aver venduto l'anima al diavolo e che s'accorge invece d'aver ceduto il corpo. ■ COMMEDIA; COL.; 91'; ITALIA, 1979.

LICEALE NELLA CLASSE DEI RIPETENTI, LA ★
Regia di MARIANO LAURENTI. Con LINO BANFI, GIANFRANCO D'ANGELO, GLORIA GUIDA, ALVARO VITALI. ■ La Guida torna al suo consueto personaggio di liceale fintamente candida. ■ EROTICO; COL.; 90'; ITALIA, 1978.

LICEALE SEDUCE I PROFESSORI, LA ★
Regia di MARIANO LAURENTI. Con LINO BANFI, NINETTO DAVOLI, GLORIA GUIDA, FABRIZIO MORONI, ALVARO VITALI. ■ Il professore Carlo Casalotti è un tipo molto severo e Angela, che non ha voglia di studiare, trova più comodo sedurlo. Così, il giorno degli esami, l'allieva ha una lieta novella da annunciare all'insegnante: l'arrivo di un bebè. ■ EROTICO; COL.; 93'; ITALIA, 1979.

LICENZA D'AMORE *(No Leave, no Love)* ★★
Regia di CHARLES M. MARTIN. Con VAN JOHNSON, PAT KIRKWOOD, KEENAN WYNN. ■ La storia di due ufficiali americani veterani di guerra: Mick è un eroe schivo e modesto, Pat è turbolento e vanitoso. ■ AVVENTURA; B/N; 119'; USA, 1946.

LICENZA DI ESPLODERE *(Nous ne fâchons pas)* ★★
Regia di GEORGES LAUTNER. Con MIREILLE DARC, JEAN LEFEBVRE, LINO VENTURA. ■ L'ex agente segreto Tony Bernard con l'aiuto del collega Jeff protegge un disonesto che ha rubato una grossa somma di denaro. Questi è minacciato di morte da parte di una banda capeggiata da un gentiluomo inglese. Scampati a vari agguati, Tony e Jeff trionfano. ■ COMMEDIA; COL.; 93'; FRANCIA, 1966.

LICENZA DI GUIDA *(License to Drive)* ★★
Regia di GREG BEEMAN. Con COREY FELDMAN, COREY HAIM. ■ Les Anderson sta studiando per ottenere la patente. Agli esami viene bocciato, ma non si perde d'animo e si reca all'appuntamento con la ragazza del cuore a bordo dell'imponente berlina del nonno. ■ COMMEDIA; COL.; 90'; USA, 1988.

LICENZA DI MATRIMONIO *(License To Wed)* ★★
Regia di KEN KWAPIS. Con DERAY DAVIS, JOSH FLITTER, JOHN KRASINSKI, MANDY MOORE, ERIC CHRISTIAN OLSEN, CHRISTINE TAYLOR, ROBIN WILLIAMS. ■ Ben Murphy e Sadie Jones sono fidanzati, vogliono sposarsi subito e vivere insieme felicemente, ma c'è un problema: la chiesa frequentata dalla famiglia di Sadie, St. Augustine, è guidata dal reverendo Frank, che non intende benedire l'unione dei due giovani fino a che non avranno frequentato e superato il suo corso di preparazione al matrimonio. Il corso consiste in una serie di stravaganti lezioni, bizzarri compiti a casa e alcune intrusioni nella privacy che mettono a dura prova il rapporto tra i due ragazzi. ■ COMMEDIA; COL.; 90'; USA, 2007.

LICENZA PREMIO ★★
Regia di MAX NEUFELD. Con VIRGINIA BELMONT, CARLO CROCCOLO, NINO TARANTO. ■ Due soldati, un napoletano e un piemontese, devono trovare una cavalla per il loro ufficiale. La trovano ma gli zingari la rubano. ■ COMMEDIA; B/N; 91'; ITALIA, 1951.

LI CHIAMARONO...BRIGANTI! ★
Regia di PASQUALE SQUITIERI. Con GIORGIO ALBERTAZZI, ROBERTA ARMANI, CLAUDIA CARDINALE, ENRICO LO VERSO, BRANKO TESANOVIC. ■ Squitieri ha perso quel nerbo che lo qualificava come un regista "anarchico di destra" in film come *Gli invisibili* e *Il pentito*. Propone così una romanzesca versione del "dopo-Garibaldi" in cui un ex camicia rossa torna nel proprio paese e assiste alle vessazioni compiute dal governo sabaudo. Si dà alla macchia per ricostituire il dominio borbonico ma si scontra con il generale Cialdini che si allea con la mafia e reprime il tentativo. Gli attori ci sarebbero (compreso un Lo Verso assurdamente doppiato) ma manca la voglia di andare al di là della polemica spicciola. ■ STORICO; COL.; 129'; ITALIA, 1999.

LI CHIAMAVANO I TRE MOSCHETTIERI... INVECE ERANO QUATTRO ★
Regia di SILVIO AMADIO. Con STAN COOPER, TONY KENDALL, ETTORE MANNI, GINO SANTERCOLE, IVANO STACCIOLI, LUCIANA TURINA. ■ I moschettieri devono trovare un vaso da notte d'oro, opera del Cellini, per la regina di Francia. ■ COMMEDIA; COL.; 90'; ITALIA, 1973.

LIEBESLEBEN ★★
Regia di MARIA SCHRADER. Con TOVAH FELDSHUH, NETTA GARTY, ISHAI GOLAN, RADE SHERBEDGIA, CAROLINE SILHOL, STEPHEN SINGER. ■ Ya'ra è una figlia esemplare e una moglie affettuosa. Si divide tra gli studi universitari e una vita matrimonia-

le apparentemente serena. Quando conosce Arie – un amico di lunga data del padre, appena rientrato a Gerusalemme con la moglie francese dopo aver vissuto molti anni a Parigi – le certezze di Ya'ra si dissolvono e la ragazza inizia a comportarsi in maniera anomala. La presenza dell'uomo la inquieta e muove dentro di lei una curiosità che si trasforma presto in trasgressione. A nulla valgono le attenzioni del premuroso marito, per Ya'ra l'unico modo per infrangere gli obblighi di studentessa brillante, figlia devota e moglie (in)felice è quello di darsi anima e corpo a un altro uomo, maturo ed esperto. ■ DRAMMATICO; COL.; 104′; GERMANIA, ISRAELE, 2007.

LIEBESTRAUM ★★★
Regia di MIKE FIGGIS. Con KEVIN ANDERSON, PAMELA GIDLEY, KIM NOVAK, BILL PULLMAN. ■ Nick incontra Paul, un amico ingegnere che sta demolendo un edificio. Nick vorrebbe impedire l'abbattimento e trova la solidarietà di Jane, moglie dell'amico. I due si innamorano non sapendo di replicare una vicenda già verificatasi nel passato. La scenografia (la casa) diventa protagonista pur non essendo citata nei *credits*. ■ DRAMMATICO; COL.; 115′; USA, 1991.

LIENS – LEGAMI, LES *(Les liens)* ★
Regia di AYMERIC MESA-JUAN. Con DENIS DANIEL, NICOLE KAUFMAN, AYMERIC MESA-JUAN, AXEL MOUSSET, ANNE O'DOLAN, CHANTAL PATRON, MIREN PRADIER, PHILIPPE QUERCY. ■ Una donna soffoca suo figlio in un letto di ospedale: il giorno prima aveva scoperto di essere stata abbandonata dal marito. Il flash back ce la mostra serena, quando il marito l'amava e il figlio tetraplegico sopravviveva. Il dramma è innescato dal peggioramento della salute del ragazzo: occorre una grossa cifra per curarlo. ■ DRAMMATICO; COL.; 95′; FRANCIA, 2004.

LIFE ★
Regia di TED DEMME. Con OBBA BABATUNDE, NED BEATTY, MARTIN LAWRENCE, BERNIE MAC, EDDIE MURPHY. ■ Proibizionismo. Un cassiere indebitato e un piccolo imbroglione contrabbandano alcool e si ritrovano accusati di omicidio. Finiscono in un carcere duro. Sessant'anni di due vite con due personaggi che vorrebbero far ridere ma che (grazie agli attori) non ci riescono quasi mai. ■ COMMEDIA; COL.; 108′; USA, 1999. ■ OSCAR 1 NOM.

LIFE DURING WARTIME ★★★
Regia di TODD SOLONDZ. Con SHIRLEY HENDERSON, CIARÁN HINDS, GABY HOFFMANN, ALLISON JANNEY, ALLY SHEEDY. ■ Dieci anni dopo essere andata in frantumi, la famiglia Jordan sta ancora riassemblando i pezzi. Joy, messa in crisi dai problemi del marito Allen, va in Florida a cercare il consiglio della madre e delle sorelle; Trish è alle prese con tre figli e un nuovo incontro e Helen è incapace di godersi il successo raggiunto a Hollywood. L'assunto è che comicità e dolore non sono esperienze opposte ma accezioni dello stesso vocabolo, esperienze interne alla stessa sequenza, scena, battuta. La guerra che combattono i personaggi di Solondz è ancora quella per non morire schiacciati dalla vita. ■ COMMEDIA; COL.; 92′; USA, 2009. ■ VENEZIA 1 PR.

LIFE OF DAVID GALE, THE ★★
Regia di ALAN PARKER. Con LAURA LINNEY, KEVIN SPACEY, KATE WINSLET. ■ David Gale è un professore che, nel Texas, si oppone alla pena di morte, creando un movimento di protesta che dà fastidio al potere. Un giorno viene incastrato da una studentessa che lo seduce e poi lo accusa di stupro. Da quel momento la sua vita è in caduta libera: perde il lavoro e la moglie lo abbandona portandosi via il figlio. Tutto questo viene raccontato a una zelante giornalista che intervista David (che ha compiuto un omicidio) nel braccio della morte. ■ DRAMMATICO; COL.; 131′; USA, 2002.

LIFE SIZE – GRANDEZZA NATURALE ★★★
(Grandeur nature)
Regia di LUIS GARCIA BERLANGA. Con MICHEL AUMONT, MICHEL PICCOLI, LUCIENNE RAMON, RADA RASSIMOV. ■ Un dentista parigino fa arrivare dal Giappone una bambola di gomma a grandezza naturale anatomicamente perfetta. Si innamora sempre di più della bambola. ■ DRAMMATICO; COL.; 100′; FRANCIA, 1974.

LIFE WITHOUT PRINCIPLE *(Dyut meng gam)* ★★
Regia di JOHNNIE TO. Con DENISE HO, HOI-PANG LO, RICHIE REN, HANG SHUEN SO, CHING WAN LAU. ■ Storie di crisi. Ad Hong Kong nei giorni precedenti al crollo delle borse occidentali, dovuto al crack della Grecia, si incrociano vite, speranze e problemi di diverse persone che a modo loro devono confrontarsi con uno scenario economico in ribasso. La consulente finanziaria di una banca d'investimenti si trova di fronte alla possibilità di rubare 5 milioni di dollari senza che nessuno lo possa sapere, gli sgherri di un boss cercano di rimediare i soldi per tirare fuori di prigione un loro compare, un poliziotto e sua moglie devono acquistare un nuovo appartamento. La giornata di crollo della borsa sembrerà sconvolgere la vita di tutti e il rischio rientrato non placherà il senso di precarietà. Qualsiasi cosa debba dire Johnnie To la dice attraverso le sue figure archetipe, attraverso la sua passione per le storie di poliziotti e criminali e attraverso il suo contesto metropolitano. In *Life without principle* non viene sparato nemmeno un colpo di pistola e al centro delle tre storie c'è la borsa con i soldi, il mcguffin più tipico possibile, tuttavia il nuovo film del regista di *Election* non è un poliziesco, ha più i toni della commedia e utilizza quella cornice per concentrarsi su altro. ■ THRILLER; COL.; 107′; HONG KONG, 2011.

LIGABUE ★★★
Regia di SALVATORE NOCITA. Con FLAVIO BUCCI, ANDRÉA FERRÉOL, ALESSANDRO HABER, RENZO PALMER, GIUSEPPE PAMBIERI. ■ Il regista televisivo Salvatore Nocita ha realizzato per la Rai, su soggetto e sceneggiatura di Zavattini (suo collaboratore Arnaldo Bagnasco), la vita del pittore naïf Antonio Ligabue. ■ BIOGRAFICO; COL.; 120′; ITALIA, 1978.

LIGABUE CAMPOVOLO 2.0 3D ★★
Regia di MARCO SALOM. Con LUCIANO LIGABUE. ■ Per festeggiare vent'anni di carriera musicale, il 16 luglio 2011 il rocker Luciano Ligabue tiene un concerto con data unica nell'aeroporto di Reggio Emilia. L'esibizione è una lunga carrellata fra brani storici e nuove ballate che vede coinvolti su un enorme palco tutti i musicisti che hanno collaborato con Ligabue nel corso della sua storia musicale. Un'esperienza avvolgente, che per il cantautore diviene anche l'occasione per raccontare i luoghi dove è cresciuto e presentare gli amici di sempre. Non è la prima volta che Ligabue sconfina dal mondo musicale. ■ DOCUMENTARIO MUSICALE; COL.; 108′; ITALIA, 2011.

LIGHTNING IN A BOTTLE ★★★
Regia di ANTOINE FUQUA. ■ Il 7 febbraio 2003 più di cinquanta star del mondo musicale si sono riunite al Radio City Music Hall di New York per dare vita a un'eccezionale omaggio ai cento anni del blues. Il film offre un quadro complessivo molto interessante della storia di questo genere musicale. ■ MUSICALE; COL.; 103′; USA, 2003.

LILI ★★★
Regia di CHARLES WALTERS. Con JEAN-PIERRE AUMONT, LESLIE CARON, MEL FERRER. ■ Lili, povera, sola e disperata, tenta il suicidio, ma un pupazzo diventa suo amico e la distoglie dal nefasto proposito. Chi fa parlare il pupazzo è un famoso ballerino che si innamora di lei. Lili ama un altro, ma alla fine il ballerino la conquista. ■ COMMEDIA; COL.; 81′; USA, 1953. ■ CANNES 1 PR; OSCAR 1 PR, 6 NOM.

LILI MARLEEN ★★
Regia di RAINER WERNER FASSBINDER. Con MEL FERRER, GIANCARLO GIANNINI, HANNA SCHYGULLA. ■ Rievocazione (del tutto inventata) delle vicende della cantante di *Lili Marleen*, canzone feticcio delle truppe tedesche durante la seconda guerra mondiale. Vediamo la cantante Willi innamorarsi di un figlio di un ricco ebreo svizzero. La guerra li separa. Si ritroveranno dopo molti anni (ma lui è ormai sposato con prole). ■ DRAMMATICO; COL.; 115′; GERMANIA, 1983.

LILIOM ★★★
Regia di FRANK BORZAGE. Con CHARLES FARRELL, ROSE HOBART, ESTELLE TAYLOR. ■ Tratto dalla famosa commedia di Ferenc Molnár. Liliom, un brutale giostraio, si è ucciso dopo una fallita rapina. Dio gli concede di tornare sulla Terra e di compiere un

atto di bontà. Ma Liliom fallisce. ■ DRAMMATICO; B/N; 90'; USA, 1930.

LILITH – LA DEA DELL'AMORE *(Lilith)* ★★★
Regia di ROBERT ROSSEN. Con WARREN BEATTY, PETER FONDA, JEAN SEBERG. ■ Ritornato dalla guerra, Vincent, che ha trovato lavoro come assistente in una clinica psichiatrica, si lega a una ricoverata dal fascino singolare. Quando lei si innamora di un altro, Vincent spinge il rivale al suicidio. Lei precipita nella pazzia. ■ DRAMMATICO; B/N; 96'; USA, 1963.

LILJA 4-EVER ★★★
Regia di LUKAS MODYSSON. Con LYUBOV AGAPOVA, OKSANA AKINSHINA, ELINA BENENSON, ARTYOM BOGUCHARSKY, LILIYA SHINKARYOVA. ■ Ex-Urss: gente senza futuro farebbe di tutto per avere un'occasione di vita differente. Così Lilja viene abbandonata dalla madre che fugge negli Usa col suo compagno. Ma lei non si arrende e cerca comunque di costruirsi un futuro. Ha due amici: un bambino che morirà presto e un fidanzato che la tradirà fingendo di aiutarla. ■ DRAMMATICO; COL.; 109'; DANIMARCA, SVEZIA, 2002.

LILLÀ BIANCO *(Weisser Flieder)* ★★
Regia di ARTHUR MARIA RABENALT. Con HANS HOLT, HANNELORE SCHROTH. ■ Il figlio di un industriale si mette a fare la corte alla vedova di un concorrente, ma ne è impedito dalla figlia di lei. ■ COMMEDIA; B/N; 92'; GERMANIA, 1940.

LILLI E IL VAGABONDO *(Lady and the Tramp)* ★★★★
Regia di CLYDE GERONIMI, WILFRED JACKSON, HAMILTON LUSKE. ■ La cagnetta Lilli vive da padrona in casa di due giovani sposi. Ma la nascita di un bambino mette in crisi Lilli, che si sente trascurata. Fugge così di casa e incontra un cane randagio. Saranno proprio loro due a salvare il neonato in pericolo. Lilli ritornerà trionfalmente in casa accompagnata dal vagabondo. ■ ANIMAZIONE; COL.; 76'; USA, 1955.

LILLI E IL VAGABONDO 2 – IL CUCCIOLO RIBELLE *(Lady and the Tramp II: Scamp's Adventure)* ★★★
Regia di DARRELL ROONEY. ■ Protagonista di questo episodio è Zampa, figlio di Lilli e Biagio. Zampa è un ribelle e la sua aspirazione è quella di vivere libero e lontano dalla famiglia. Alla prima occasione scappa da casa e si unisce ad una banda di cani randagi. Nelle sue scorribande incontrerà il suo grande amore, Angel, con la quale scoprirà quanto è bello avere una famiglia. ■ ANIMAZIONE; B/N; 85'; AUSTRALIA, USA, 2001.

LILLI MARLENE *(Lili Marlene)* ★★
Regia di ARTHUR CRABTREE. Con LISA DANIELY, HUGH MCDERMOLT, RICHARD MURDOCH. ■ Lili Marlene canta per gli alleati in un caffè di una cittadina libica durante la guerra, ma i tedeschi la rapiscono e la portano a Berlino dove la costringono a cantare alla radio. Gli Alleati la considerano una traditrice, ma si scopre che in realtà la donna lavora per il controspionaggio inglese. ■ DRAMMATICO; B/N; 75'; GRAN BRETAGNA, 1952.

LILO & STITCH ★★★
Regia di DEAN DEBLOIS, CHRIS SANDERS. ■ Alcuni extraterrestri compiono un esperimento genetico, che purtroppo non ha gli esiti sperati: il risultato è Stitch, un buffo animaletto, che ben presto riuscirà a fuggire. Stitch atterra sul pianeta terra, più precisamente alle Hawaii, dove viene adottato dalla piccola Lilo e dalla sua famiglia, e imparerà l'importanza dell'amore e della solidarietà. Intanto però l'animaletto deve vedersela con gli alieni che lo hanno creato e che vogliono riprenderselo... Si tratta di un lungometraggio gradevole, che conquista grandi e piccini. Una particolarità: dopo diversi anni la Disney porta sullo schermo un cartone animato i cui sfondi non sono creati in digitale, bensì realizzati ad acquarello. ■ ANIMAZIONE; COL.; 94'; USA, 2002. ■ OSCAR 1 NOM.

LILY *(Lily was Here)* ★★
Regia di BEN VERBONG. Con THOM HOFFMAN, MONIQUE VAN DE VEN, MARION VAN THIJN. ■ Lily crede di trovare l'indipendenza. Si trova invece al centro di un giro di traffici loschi dinanzi ai quali dovrà trovare il modo di difendersi da sola. ■ THRILLER; COL.; 105'; OLANDA, USA, 1989.

LIMBO ★★
Regia di JOHN SAYLES. Con LEO BURMESTER, MICHAEL LASKIN, DAWN MCINTURFF, HERMÍNIO RAMOS. ■ Sayles affronta un tema conradiano, quello del marinaio ossessionato da una colpa passata. Ma questo Lord Jim ha scarso fascino. Finale aperto a diverse possibilità, per un prodotto decoroso e nulla più. ■ DRAMMATICO; COL.; 126'; USA, 1999.

LIMITE DELLA VERGOGNA, IL *(The Very Edge)* ★★
Regia di CYRIL FRANKEL. Con JEREMY BRETT, ANNE HEYWOOD, RICHARD TODD. ■ Una giovane indossatrice viene assalita da uno sconosciuto penetrato in casa in assenza del marito. Nella convinzione che l'uomo ritornerà, la polizia sorveglia la casa. ■ DRAMMATICO; B/N; 89'; GRAN BRETAGNA, 1962.

LIMITE ESTREMO *(Boiling Point)* ★★
Regia di JAMES B. HARRIS. Con SEYMOUR CASSEL, LOLITA DAVIDOVICH, DENNIS HOPPER, VIGGO MORTENSEN, VALERIE PERRINE, WESLEY SNIPES. ■ Un buon cast per un onesto film poliziesco. Due antagonisti, un poliziotto e un killer. Tutti e due hanno la scadenza di una settimana: il primo per acciuffare il secondo; il secondo per pagare un debito. Ma i problemi non si fermano qui. ■ POLIZIESCO; COL.; 90'; USA, 1993.

LIMITLESS ★★★
Regia di NEIL BURGER. Con BRADLEY COOPER, ABBIE CORNISH, ROBERT DE NIRO, ANNA FRIEL, ANDREW HOWARD. ■ Eddie Morra è uno scrittore in crisi depressiva, incapace di cominciare il primo romanzo che gli è stato commissionato. Per la sua tendenza all'autocommiserazione e al boicottaggio autoindotto, la fidanzata decide di lasciarlo. Lo stesso giorno incontra per caso Vernon, suo antico cognato. Per placarne i tormenti, Vernon offre a Eddie, un farmaco in grado di aumentare le capacità dei recettori neuronali e di attivare tutte le aree del cervello. Il farmaco ha subito un effetto incredibile su Eddie, facendogli non solo recuperare l'autostima perduta ma anche tutti i ricordi più lontani e reconditi. Quando l'effetto svanisce, decide di tornare subito da Vernon per farsi dare altre pillole, ma una volta raggiunto il suo appartamento, trova l'ex-cognato morto sul divano, ucciso da qualcuno interessato allo stesso farmaco. ■ THRILLER; COL.; 105'; USA, 2011.

LINCIAGGIO *(The Lawless)* ★★★
Regia di JOSEPH LOSEY. Con MACDONALD CAREY, JOHN HOYT, LEE PATRICK, GAIL RUSSELL, JOHN SANDS. ■ In una cittadina degli Stati Uniti, il giovane meticcio Paul Rodriguez, trascinato in una lite con dei bianchi, provoca una serie di incidenti che vengono abilmente sfruttati dai giornali per montare una campagna razzista. ■ DRAMMATICO; B/N; 83'; USA, 1950.

LINCOLN ★★★★
Regia di STEVEN SPIELBERG. Con DANIEL DAY-LEWIS, SALLY FIELD, JOSEPH GORDON-LEVITT, JAMES SPADER, DAVID STRATHAIRM. ■ Spielberg per il suo *Lincoln* ha sceneggiato il libro di Doris Kearns Goodwin, *Team of Rivals: The Political Genius of Abraham Lincoln*, che aveva profondamente studiato la vicenda del sedicesimo presidente degli Stati Uniti, cercando di avvicinarsi il più possibile alla verità. Come sempre accade nell'interpretazione di un grande personaggio, si passa dalla visione più accreditata, alla revisione, a volte al ribaltamento del carattere e del ruolo storico. La Goodwin ha probabilmente trovato le giuste mediazioni. E "mediazione" è un lemma che pare si addicesse al presidente. E così questo film realista, quasi un *kammerspiel* ultraparlato, che non fa prigionieri e concessioni allo spettacolo – c'è solo un indispensabile promemoria iniziale di battaglia secondo lo stile della Normandia del soldato Ryan – si pone come modello di verità su un uomo, uno dei pochi, che ha cambiato il mondo. In *A Royal Weekend* Franklin Delano Roosevelt (è proprio il momento dei presidenti al cinema) dice che è impossibile per un politico essere onesto. *Lincoln*, per il suo progetto deve naturalmente agire da politico, dunque compromesso, mediazione, accordi e sì, ricatti e corruzione. Ma ciò che conta, ed è la tesi primaria del film, è il carattere dell'uomo. E naturalmente il fatto che dopo la guerra civile la popolazione di colore americana divenne libera. Dunque Abraham Lincoln ha abolito la schiavitù, ha fatto la guerra al Sud per liberare i quattro milioni di schiavi neri. È una notizia risaputa da tutti, sembrerebbe un dato univoco, semplice.

Univoco lo è di certo, ma semplice proprio no. L'uomo dovette lottare mortalmente (termine davvero appropriato) per fare approvare alla Camera dei rappresentanti quel fatidico 13° emendamento che stabiliva la libertà e la parità umana di tutti gli americani e di tutte le razze. Il film narra della caccia a venti voti mancanti, con tutti i mezzi, secondo la "politica" detta sopra. Spielberg e Day-Lewis (che ha infatti vinto l'Oscar) entrano nella profondità di quell'uomo. Impossibile non citare Daniel/Abraham: una performance di verità impressionante, forse unica. Un grande film. ■ BIOGRAFICO; COL.; 150′; USA, INDIA, 2012.

LINDA ★★
Regia di NATHANIEL GUTMAN. Con LAURA HARRINGTON, VIRGINIA MADSEN, TED MCGINLEY, RICHARD THOMAS. ■ Una coppia, Linda e Paul, fa conoscenza con un'altra coppia, Stella e Jeff. Paul non vede di buon occhio l'amicizia tra Linda e Jeff. Quando Stella viene trovata misteriosamente uccisa le cose prendono una piega inquietante. ■ THRILLER; COL.; 85′; USA, 1993.

LINEA DEL FIUME, LA ★★★
Regia di ALDO SCAVARDA. Con RICCARDO CUCCIOLLA, VASCE DE CET, ANGELA GOODWIN, PHILIPPE LEROY, LEA MASSARI, ORAZIO ORLANDO. ■ Un bambino ebreo scampato a un rastrellamento delle SS nel quartiere ebraico di Roma (16 ottobre 1943) viene immesso nella "Linea del fiume" (un'organizzazione per l'espatrio clandestino) e avviato verso Londra attraverso la Francia. ■ DRAMMATICO; COL.; 92′; ITALIA, 1976.

LINEA DI FUOCO *(War Zone)* ★★★
Regia di NATHANIEL GUTMAN. Con HYWELL BENNETT, MARTITA MARSCHALL, CHRISTOPHER WALKEN. ■ Un reporter americano a Beirut crede di poter fare un favoloso scoop riprendendo con la telecamera un incontro fra alcuni famosi capi arabi. In realtà viene usato da una fazione estremista per arrivare a un leader moderato e ucciderlo. Il reporter dovrà assistere impotente al misfatto. ■ DRAMMATICO; COL.; 91′; GERMANIA, USA, 1986.

LINEA DI FUOCO *(Blood Warriors)* ★★
Regia di SAM FIRSTENBERG. Con DAVID BRADLEY, JENNIFER CAMPBELL, FRANK ZAGARINO. ■ Wes si reca a trovare l'amico Keith e ha una brutta sorpresa: è morto. Al suo funerale vede un losco personaggio, che si fa chiamare Jurgen, sputare sulla sua tomba. Intanto tra Wes e la sorella di Keith è nato l'amore. Ma quando decidono di partire insieme, Jurgen interviene rapendo Karen. Da questo momento iniziano i problemi per Wes, riuscirà a risolverli? ■ AZIONE; COL.; 95′; USA, 1993.

LINEA DIRETTA *(Straight Talk)* ★★
Regia di BERNET KELLMAN. Con GRIFFIN DUNNE, DOLLY PARTON, JAMES WOODS, MICHAEL MADSEN. ■ Shirlee è una chiacchierona. Perde il posto di maestra di ballo ma diventa conduttrice di una rubrica radiofonica di grande successo. Dolly Parton distribuisce simpatia e canzoni a piene mani. ■ COMMEDIA; COL.; 91′; USA, 1992.

LINEA DI SANGUE *(Sidney Sheldon's Bloodline)* ★★
Regia di TERENCE YOUNG. Con BEN GAZZARA, AUDREY HEPBURN, JAMES MASON, CLAUDIA MORI, IRENE PAPAS, MAURICE RONET, ROMY SCHNEIDER, OMAR SHARIF. ■ Insieme all'enorme industria farmaceutica, Elisabeth eredita dal padre una banda di parenti che non desiderano altro che ottenere denaro. Sospettando che il padre sia stato ucciso proprio da uno della famiglia, Elisabeth convince un ispettore a svolgere indagini in gran segreto. È proprio quello a salvarla, perché l'assassino del padre tenta di uccidere anche lei. ■ GIALLO; COL.; 116′; USA, 1979.

LINEA DI SANGUE *(Switchback)* ★★
Regia di JEB STUART. Con DANNY GLOVER, JARED LETO, DENNIS QUAID, IAN NELSON. ■ Un agente dell'Fbi alla caccia di un assassino psicopatico. Lo insegue per diversi stati, poi lo raggiunge. L'omicida è interpretato da Danny Glover, il poliziotto compagno di Mel Gibson in *Arma letale*. ■ THRILLER; COL.; 118′; USA, 1997.

LINEA D'OMBRA, LA *(Smuga ciena)* ★★★
Regia di ANDRZEJ WAJDA. Con MAREK KONDRAT, GRAHAM LINES, TOM WILKINSON. ■ Versione ad opera del grande regista polacco del noto racconto di Conrad *La linea d'ombra*, narrato da un attore che interpreta lo scrittore slavo di lingua inglese. ■ DRAMMATICO; B/N; 110′; POLONIA, 1974.

LINEA FRANCESE, LA *(The French Line)* ★★★
Regia di LLOYD BACON. Con MARY MCCARTHY, GILBERT ROLAND, JANE RUSSELL, ARTHUR HUNNICUTT. ■ Una giovane straniera molto ricca, stanca di essere amata dagli uomini per i suoi soldi, si imbarca su una nave per l'Europa fingendosi indossatrice. Un giovane ama l'ereditiera in incognito. ■ SENTIMENTALE; COL.; 102′; USA, 1953.

LINEA GENERALE, LA ★★
(General' naja Linija-Staroe i Novoe)
Regia di SERGEJ M. EISENSTEIN. Con M. IVANINE, MARFA LAPKINA. ■ Una contadina povera ma coraggiosa diventa la portavoce dei diritti e delle richieste di una fattoria. Il suo gesto provocherà reazioni spesso negative e mal celata ostilità, ma riuscirà ugualmente a vincere la sua battaglia. Un'opera misconosciuta del grande regista russo. ■ DRAMMATICO; B/N; 80′; URSS, 1929.

LINEA INTERROTTA *(End of the Line)* ★★
Regia di JAY RUSSELL. Con KEVIN BACON, WILFORD BRIMLEY, LEVON HELM, HOLLY HUNTER, MARY STEENBURGEN. ■ Era da tempo che negli Stati Uniti non veniva realizzato un film sulla classe operaia. Due anziani ferrovieri, non si rassegnano alla chiusura della ferrovia. Decidono di salire su una locomotiva e andare dritti a Chicago per poter parlare con il responsabile generale. ■ DRAMMATICO; COL.; 105′; USA, 1988.

LINEA MORTALE *(Flatliners)* ★★
Regia di JOEL SCHUMACHER. Con KEVIN BACON, JULIA ROBERTS, KIEFER SUTHERLAND. ■ L'idea iniziale non è male anche se si perde, già prima della metà, nel prevedibile. Cinque amici e studenti di medicina dopo una lezione di anatomia sposano, anche se con qualche tentennamento, un'idea di uno di loro. Si tratta di oltrepassare la soglia della vita per poco più di un minuto, morendo, e ritornando in vita da testimoni. Anche se le visioni non sono poi così entusiasmanti si sviluppa una gara a chi resiste di più. Tutto finirà in gloria con l'ateo di turno che si redime e una musica con organo da chiesa nei titoli di coda. ■ FANTASTICO; COL.; 108′; USA, 1990. ■ OSCAR 1 NOM.

LINEA ROSSA 7000 *(Red Line 7000)* ★
Regia di HOWARD HAWKS. Con JAMES CAAN, LAURA DEVON, GAIL HIRE. ■ La lingua di una bella ragazza è la protagonista del film. Si dimostra – se mai fosse necessario – che è utile come mezzo di comunicazione ma soprattutto per instaurare altri rapporti. ■ DRAMMATICO; COL.; 110′; ITALIA, 1987.

LINES OF WELLINGTON (*Linhas de Wellington*) ★★★
Regia di VALERIA SARMIENTO. Con CARLOTO COTTA, CATHERINE DENEUVE, ISABELLE HUPPERT, JOHN MALKOVICH, MICHEL PICCOLI. ■ 1810, l'esercito anglo-portoghese del generale Wellington sconfigge le truppe francesi del maresciallo Massena presso le montagne del Buçaco, ma deve comunque arretrare perché il nemico è superiore numericamente. Il piano è quello di attirare i francesi verso Torres Vedras, dove Wellington ha costruito in gran segreto una serie di invalicabili linee fortificate. Tutto il paese viene invitato a spostarsi verso quel luogo, lasciandosi il deserto alle spalle per affamare i nemici. Soldati, vecchie signore, prostitute, ragazzine, orfani, preti, spie, letterati e ladri: tutti riuniti da una guerra che deciderà chi è destinato a vivere e chi a morire. Preparato da Raul Ruiz prima di morire, il film di Valeria Sarmiento, sua compagna e montatrice, assomiglia a quelli del maestro in quella nostalgia per qualcosa che non è mai stato. *Linhas de Wellington* non sfrutta il conflitto bellico come strumento drammaturgico, ma come paesaggio e motivo. ■ STORICO; COL.; 150′; PORTOGALLO, FRANCIA, 2012.

LINGUA DEL SANTO, LA ★★★★
Regia di CARLO MAZZACURATI. Con ANTONIO ALBANESE, FABRIZIO BENTIVOGLIO, ISABELLA FERRARI, IVANO MARESCOTTI. ■ Con *La Lingua del santo* Mazzacurati ci dimostra come si possa fare cinema in Italia a partire dalla tradizione ma guardando in avanti. La commedia? C'è sia nel ritratto della provincia veneta, che nei volti dei due protagonisti, Willy/Fabrizio Bentivoglio e Antonio/Antonio Albanese. La comicità amara di tanto cinema

italiano passato? C'è pure quella: in Italia non siamo mai riusciti a riderci addosso senza (anche) piangerci addosso. Il tutto si fonde bene perché ci sono due nuovi elementi, sempre più presenti nel (futuro del) cinema italiano d'oggi: il gusto del grottesco e la voglia di comunicare sentimenti autentici, senza più nascondersi dietro le maschere di tanti passati cliché. Ed allora il *road-car&bike-movie* che i due protagonisti effettuano a partire dalla città di Padova, per poi finire nella collina veneta, ed infine nella laguna veneziana ci racconta sia il contesto fuori che quello dentro. Che è condensato nei volti di due simpatici falliti che, fra un furtarello e l'altro, un giorno si trovano quasi per caso a rubare un'importante reliquia, la lingua del santo. ■ COMMEDIA; COL.; 110'; ITALIA, 2000.

LINHA DE PASSE ★★
Regia di WALTER SALLES, DANIELA THOMAS. Con VINICIUS DE OLIVEIRA, ANA CAROLINA DIAS. ■ San Paolo del Brasile. Una città con 20 milioni di abitanti, 200 chilometri di ingorghi e 300.000 pony express in moto. Quattro fratelli (non figli dello stesso padre) cercano di affrontare la vita assieme alla loro non più giovanissima madre nuovamente incinta. Reginaldo, un bambino, cerca con ostinazione di incontrare suo padre. Dario sogna di diventare un calciatore avendo le qualità, ma ha ormai 18 anni e i club vogliono coltivare atleti più giovani. Dinho ha cercato rifugio in un gruppo religioso che frequenta con assiduità dopo il lavoro a una pompa di benzina. Dénis, già padre di un bambino, lavora come pony ma si lascia attrarre dalla malavita. Walter Salles torna a lavorare a fianco di Daniela Thomas e ritrova il proprio slancio di denuncia che sembra quasi documentaristica per quanto è capace di scavare a fondo nella realtà. Salles ha sempre avuto un'attenzione particolare per i diseredati. Quello che propone oggi è uno sguardo di partecipazione sofferente nei confronti del mondo dei giovani apparentemente privo di speranza, ma di fatto carico di un desiderio di denuncia che diviene esso stesso stimolo affinché qualcosa cambi. ■ DRAMMATICO; COL.; 108'; BRASILE, 2008.

LINK ★★
Regia di RICHARD FRANKLIN. Con ELISABETH SHUE, TERENCE STAMP. ■ Come in *Phenomena* di Argento e in *Monkey Shines* di Romero, scimpanzé obbedienti sono pronti a tutto per il proprio padrone. In questo caso sono al servizio di un professore etologo. Giunge la nuova collaboratrice e lui si comporta in maniera molto strana. ■ THRILLER; COL.; 100'; USA, 1986.

LIOLÀ ★★★
Regia di ALESSANDRO BLASETTI. Con ANOUK AIMÉE, PIERRE BRASSEUR, ELISA CEGANI, DOLORES PALUMBO, GIOVANNA RALLI, UGO TOGNAZZI. ■ Il film traspone ai nostri giorni la storia di Liolà, dall'omonima commedia di Luigi Pirandello. L'allegro Liolà mette incinte un mucchio di donne. ■ COMMEDIA; B/N; 100'; ITALIA, 1963.

LIONHEART: SCOMMESSA VINCENTE *(Lionheart)* ★★
Regia di SHELDON LETTICH. Con HARRISON PAGE, DEBORAH RENNARD, JEAN CLAUDE VAN DAMME. ■ Dopo i vari Schwarzenegger, Stallone, Chuck Norris ecco sugli schermi Van Damme, un belga che come lottatore non ha rivali ma come interpretazione arriva appena alla sufficienza. ■ AVVENTURA; COL.; 94'; USA, 1991.

LIONMAN ★★
Regia di MICHAEL ARSLAN. Con ERICK AKMAN, FRANK MORGAN, NIK STUART. ■ Sin da giovanissimo un futuro erede al trono vive nella foresta con i leoni. Abilissimo nella caccia e nella lotta per la sopravvivenza, si troverà ad usare queste sue doti per sconfiggere una splendida e spietata regina. ■ FANTASTICO; COL.; 100'; GRAN BRETAGNA, 1986.

LIQUID SKY ★★★
Regia di SLAVA TSUKERMAN. Con BOD BRADY, ANNE CARLISLE, PAULA E. SHEPPARD. ■ Un alieno, che si nutre di droga e di una misteriosa sostanza che l'uomo produce durante il rapporto sessuale, trova una perfetta "sistemazione" a casa di due sbandate cocainomani. Da quel momento ogni uomo che va a letto con le ragazze muore. Quando una delle due ragazze capirà che l'alieno è la causa di tutto preferirà scomparire nel nulla con lui. ■ FANTASTICO; COL.; 118'; USA, 1984.

LIQUIRIZIA ★★
Regia di SALVATORE SAMPERI. Con GIGI BALLISTA, BARBARA BOUCHET, CHRISTIAN DE SICA, GIANCARLO MAGALLI, STEFANO RUZZANTE, TINO SCHIRINZI, JENNY TAMBURI, TEO TEOCOLI. ■ La vicenda, ambientata in una città della provincia veneta, parte con il pretesto di una recita di fine anno scolastico e finisce con la scelta definitiva del protagonista di misurarsi in campo artistico. ■ COMMEDIA; COL.; 100'; ITALIA, 1979.

LISA DAGLI OCCHI BLU ★
Regia di BRUNO CORBUCCI. Con MARIO CAROTENUTO, VITTORIO CONGIA, CARLO DAPPORTO, SILVIA DIONISIO, PIERO MAZZARELLA, MARISA MERLINI, MARIO TESSUTO, BICE VALORI. ■ Storiella quasi senza senso pur di riempire il film di canzonette. ■ COMMEDIA; COL.; 92'; ITALIA, 1969.

LISA... SONO QUI PER UCCIDERTI *(Lisa)* ★★
Regia di GARY A. SHERMAN. Con CHERYL LADD, D. W. MOFFETT. ■ Ecco cosa può capitare a una ragazzina troppo spigliata e un po' immatura, anche se dotata di *savoir faire*. La fanciulla ha trovato un gioco con cui passare le sue noiose giornate: telefonare a ragazzi e uomini molto più grandi di lei. Un giorno incappa in un maniaco. ■ THRILLER; COL.; 95'; USA, 1989.

LISBON ★★★
Regia di RAY MILLAND. Con YVONNE FURNEAUX, RAY MILLAND, MAUREEN O'HARA, CLAUDE RAINS. ■ Il trafficante greco Mabros e il contrabbandiere americano Evans scortano Silvia Merrill il cui marito è stato sequestrato. Mabros cerca di convincere Silvia a lasciare morire il marito per ereditarne la fortuna. Evans si oppone al progetto, anche se a Silvia la cosa farebbe gola. ■ AVVENTURA; COL.; 90'; USA, 1956.

LISBON STORY ★★★★★
Regia di WIM WENDERS. Con PATRICK BAUCHAU, MANOEL DE OLIVEIRA, TERESA SALGUEIRO, RUDIGER VOGLER. ■ Philip (Vogler), tecnico del suono, risponde a un misterioso messaggio di un suo vecchio amico regista e parte da Parigi per Lisbona. Ma, giunto in città, non ha notizie dell'amico. Dopo qualche giorno passato nella sua casa, trova del materiale girato e inizia a lavorarci. Gira per la città a cercare suoni. Incontra la dolce cantante dei Madredeus (è il momento più bello del film). Quando trova finalmente l'amico, questi è in preda a una grottesca ossessione: ha ripreso centinaia di ore di pellicola, puntando la macchina dietro le spalle, per non vedere le immagini, e lasciarle incontaminate. Philip lo riporta con i piedi per terra, gli corregge filosofia e obiettivi. I due gireranno un film "normale" guardando le immagini. Insieme a *Smoke* è il titolo più importante del 1995. Profilo altissimo di regia, con quelle doti in più che hanno i fuoriclasse come Wenders, forse il massimo autore contemporaneo. Viene riproposto nel ruolo del regista grottesco lo stesso personaggio di un vecchio film di Wenders, *Lo stato delle cose*. Temi dunque che tornano e ritornano. L'autore tedesco non rinuncia ai suoi discorsi sul senso della vita, sempre tradotto dalla storia di un film nel film, che è forse l'unico limite del "maestro". A suggello di questo concetto, l'intervento del vecchio regista portoghese Oliveira, che detta le regole decisive sullo stile e sull'arte. Un film anche ottimista, in questo senso dunque nuovo rispetto al solito rigore drammatico. Nei titoli di testa il regista non dimentica una citazione per Fellini. ■ COMMEDIA; COL.; 105'; GERMANIA, PORTOGALLO, 1995.

LISCIO ★★
Regia di CLAUDIO ANTONINI. Con EDOARDO BAIETTI, GIORGIA BRUNACCINI, NINNI BRUSCHETTA, ANTONIO CATANIA, MASSIMO CIAVARRO, GIORDANO DI PIETRO, LAURA MORANTE, UMBERTO MORELLI. ■ Raul è un ragazzino vivace e appassionato che vive con la madre, Monica, e i suoi tanti amanti occasionali. Adora il liscio che il nonno suona e la madre canta nelle balere di provincia. Alle prese coi primi turbamenti adolescenziali, Raul sogna di trovare l'uomo giusto per la madre e lo individua presto nel suo insegnante di musica. Farà il diavolo a quattro per farli incontrare, ma le cose non andranno come previsto. Il professor Medri ama la bella professoressa Franchini e Monica un musicista jazz

che la farà debuttare nel genere. Raul imparerà presto che capricci e ripicche non condizionano sentimenti e inclinazioni. ■ DRAMMATICO; COL.; 80'; ITALIA, 2006.

LISSY – PRINCIPESSA ALLA RISCOSSA ★★
(Lissi und der wilde Kaiser)
Regia di MICHAEL HERBIG. ■ In un paese neanche troppo lontano e nell'epoca d'oro della dinastia asburgica, vive la principessa Lissy, consorte felice e svampita del Kaiser Franz. Tra canzoni stonate, banconote bruciate e siparietti licenziosi, la loro principesca vita matrimoniale procede spensierata. A interromperla provvederà uno yeti maldestro e gigante che rapirà Lissy per consegnarla a un (povero) diavolo dalla personalità dissociata. Ma l'indiscutibile fascino della principessa, l'ostinato amore di Franz, l'abnegazione del fedele feldmaresciallo e una consuetudine burocratica risolveranno l'*affaire* e restituiranno i principi, felici e contenti, ai loro valzer, al loro amore e al loro lieto fine. ■ ANIMAZIONE; COL.; 85'; GERMANIA, 2007.

LISTA D'ATTESA *(Lista de espera)* ★★★
Regia di JUAN CARLOS TABIO. Con TAHIMI ALVARIÑO, VLADIMIR CRUZ, JORGE PERUGORRIA, ANTONIO VALERO. ■ Una stazione, autobus strapieni e una lunga lista d'attesa. Ma l'attesa si trasforma in occasione di ritrovata solidarietà. Progressivamente le tensioni calano, risbocciano passioni sopite, nascono nuovi amori. E, soprattutto, si lavora insieme per migliorare quel piccolo mondo che è la fatiscente stazione d'autobus. Dopo *Fragola e cioccolato* e *Guantanamera*, girati con lo scomparso Tomas Gutiérrez Alea, Tabio realizza una piccola commedia che riconcilia con il cinema. ■ COMMEDIA; COL.; 102'; CUBA, FRANCIA, MESSICO, SPAGNA, 2000.

LISTEN ★★
Regia di GAVIN WILDING. Con SARAH BUXTON, GORDON CURRIE, BROOKE LANGTON, IRIS QUINN. ■ Sara ha il vizio di ascoltare le conversazioni telefoniche altrui e sospetta che una delle voci da lei intercettate appartenga a un pericoloso serial killer. Con l'amica Krist parte alla ricerca dell'uomo. ■ THRILLER; COL.; 101'; USA, 1996.

LISZTOMANIA ★★
Regia di KEN RUSSELL. Con IMOGEN CLAIRE, ROGER DALTREY, SARA KESTELMAN, FIONA LEWIS, PAUL NICHOLS, VERONICA QUILLIGAN, RINGO STARR. ■ Le vite di Liszt e Wagner ridotte a racconto fantastico: Wagner è un vampiro che poi si incarna in Hitler e viene ucciso da Liszt stesso con un missile. ■ GROTTESCO; COL.; 93'; GRAN BRETAGNA, 1975.

LITIGI D'AMORE *(The Upside of Anger)* ★★
Regia di MIKE BINDER. Con JOAN ALLEN, SUZANNE BERTISH, MIKE BINDER, DANE CHRISTENSEN, ERIKA CHRISTENSEN, KEVIN COSTNER, DAVID FIRTH, MAGDALENA MANVILLE, KERI RUSSELL, DANNY WEBB, ALICIA WITT, EVAN RACHEL WOOD. ■ Il titolo originale può essere tradotto "al culmine della collera", quella di una quarantenne che soffre di solitudine pur avendo quattro figlie, un paradosso di partenza che ha origine dalla scomparsa del marito, fuggito chissà dove e con chi. Tutti si attivano per aiutarla, compreso il mite Kevin Costner, nei panni di un ex giocatore di baseball. Alla fine, forse, è solo questione di (mancanza di) sesso. La quarantenne Terry (Joan Allen) è il paradigma di tutte le donne malmaritate e soprattutto incapaci di sollevarsi da uno stato di frustrazione, dovuto in realtà alla giovinezza che se ne va, alle aspettative inevase, alla mediocrità di un'esistenza ormai omologata. ■ COMMEDIA; COL.; 118'; USA, 2005.

LI TROVERÒ A OGNI COSTO *(Hide in Plain Sight)* ★★
Regia di JAMES CAAN. Con DANNY AIELLO, JAMES CAAN, KENNETH MCMILLAN. ■ Un operaio, divorziato dalla moglie, vede i suoi figli ogni week-end. Ma il nuovo marito della sua ex viene messo in galera perché affiliato a una cosca mafiosa, diventa subito un "pentito" cosicché la polizia per proteggerlo decide di trasferirlo con la famiglia in un'altra città. Ma l'operaio, vuole continuare a vedere i figli. Allora si mette alla loro ricerca, dribblando sia la polizia che i mafiosi. ■ DRAMMATICO; COL.; 98'; USA, 1980.

LITTLE CITY ★★
Regia di ROBERTO BENABIB. Con JON BON JOVI, PENELOPE ANN MILLER, ANNABELLA SCIORRA. ■ I personaggi sono un ex alcolizzato che lavora in un bar, un tassista innamorato di due donne contemporaneamente, una bella ragazza e una professoressa lesbica. Il teatro è San Francisco. Il tutto raccontato da un neoregista con attitudini letterarie. ■ COMMEDIA; COL.; 87'; USA, 1998.

LITTLE LAURA AND BIG JOHN ★★
(Little Laura & Big John)
Regia di LUKE MOBERLY. Con KAREN BLACK, FABIAN FORTE, KENNY MILLER. ■ John è ricercato per aver ucciso un indiano. Viene messo in prigione, ma suo fratello Bob lo fa evadere. John si rifugia nei boschi; dopo qualche tempo compie una rapina e viene di nuovo preso. Fugge ancora insieme a Laura, la sua donna, cambia città ma poi torna per incontrare suo padre. L'incontro è fatale a entrambi. ■ AVVENTURA; COL.; 82'; USA, 1973.

LITTLE MISS SUNSHINE ★★★★
Regia di JONATHAN DAYTON, VALERIE FARIS. Con ALAN ARKIN, ABIGAIL BRESLIN, STEVE CARELL, TONI COLLETTE, PAUL DANO, GREG KINNEAR, MARY LYNN RAJSKUB. ■ Sheryl, moglie e madre per vocazione, alle prese con il secondo matrimonio, fatica a reggere le fila di un nucleo familiare assemblato a suon di copia-incolla: Richard, marito/padre alla ricerca ossessiva di un improbabile successo editoriale, Dwayne e Olive, rispettivamente adolescente ribelle e mini-reginetta di bellezza di provincia, il nonno, cacciato dalla casa di cura perché cocainomane, e, ultimo in ordine di arrivo, lo zio Frank, fratello di Sheryl e reduce da un tentato suicidio. Una sgangherata famiglia, quella degli Hoover, che si ritroverà in viaggio su un cadente pulmino verso il concorso di bellezza per bambine più famoso della California, Little Miss Sunshine, per cui la piccola Olive è stata selezionata. Il viaggio, a dir poco movimentato, ridefinirà i rapporti, e darà occasione a ciascuno, in modo inatteso e imprevedibile, di riconciliarsi con se stesso prima che con gli altri. Due registi esordienti, un cast di tutto rispetto, una sceneggiatura brillante sostenuta da un concept temerario. Ci troviamo dinnanzi a qualcosa di raro: un'opera fresca, capace di intrattenere e al contempo canalizzare emozioni in modo naturale. Il passato nei videoclip dei neo-directors rischia l'invadenza, ma, se i tempi comici appaiono in principio tarati su tempistiche quasi pubblicitarie, il tiro viene prontamente raddrizzato, per un minutaggio che scorre fluido, scandito dal ritmo a tratti incalzante di passaggi e battute memorabili. Rigorosamente *on the road*, si celebra a tutto tondo l'eccentricità del paradosso umano, a passo spedito attraverso le potenziali paludi della tragicommedia. ■ Commedia; COL.; 101'; USA, 2006.

LITTLE NICKY – UN DIAVOLO A MANHATTAN ★
(Little Nicky)
Regia di STEVEN BRILL. Con PATRICIA ARQUETTE, RODNEY DANGERFIELD, RHYS IFANS, HARVEY KEITEL, TINY LISTER JR., ADAM SANDLER. ■ All'inferno non ci va più nessuno. La terra è diventata troppo buona. Allora il diavolo, Keitel, manda uno dei suoi figli per vedere di peggiorare le cose. Il giovane diavolo è davvero maldestro, incontra la Arquette e naturalmente il programma del padre viene stravolto del tutto Inutile, improponibile per gag e battute: poteva mancare il cane parlante? Figuriamoci quando fa la sua apparizione, breve per fortuna, il ghigno orrendo di Tarantino. Da perdere. ■ FANTASTICO; COL.; 100'; USA, 2001.

LITTLE ODESSA ★★★
Regia di JAMES GRAY. Con EDWARD FURLONG, VANESSA REDGRAVE, TIM ROTH, MAXIMILIAN SCHELL. ■ Leone d'Argento al Festival di Venezia. Un buon film, interessante soprattutto per l'argomento inedito: la mafia russa a Brighton Beach, New York. Joshua è stato ripudiato dal padre, ha un fratello e una madre paralizzata a letto. Killer di professione, deve tornare a Little Odessa, agglomerato di immigrati di origine russa. Qui vorrebbe rivedere sua madre e stare con suo fratello ma il padre glielo impedisce in tutti i modi. Joshua giunge quasi a uccidere il genitore ma *in extremis* ci ripensa. Molto bravi Tim Roth e Maximilian Schell. Brava anche la Redgrave nonostante piccole tentazioni di recita-

zione sopra le righe. ■ DRAMMATICO; COL.; 92'; USA, 1994. ■ VENEZIA 2 PR.

LITTLE RITA NEL FAR WEST ★
Regia di FERDINANDO BALDI. Con LUCIO DALLA, TERENCE HILL, RITA PAVONE, TEDDY RENO. ■ La pistolera Little Rita è il terrore dei banditi, ma soprattutto disprezza l'oro, perché pensa che sia la causa di ogni male. ■ WESTERN; COL.; 92'; ITALIA, 1967.

LITTLE SECRETS - SOGNI E SEGRETI ★★
(Little Secrets)
Regia di BLAIR TREU. Con MICHAEL ANGARANO, DAVID GALLAGHER, EVAN RACHEL WOOD. ■ Emily Lindstrom ha solo quattordici anni, ma le idee già chiare circa il suo futuro. Intende diventare una grande violinista. Durante l'estate, mentre le sue amiche partono per il campeggio, Emily resta in città ad esercitarsi e, per arrotondare, si fa pagare cinquanta centesimi per non spifferare tutti i peccatucci di cui è a conoscenza. All'orizzonte, l'arrivo di un fratellino ed un nuovo amico, Philip, che si è trasferito da poco nel suo quartiere. ■ COMMEDIA; COL.; 96'; USA, 2001.

LITTLE SENEGAL ★
Regia di RACHID BOUCHAREB. Con SHARON HOPE, SOTIGUI KOUYATE, ROSCHDY ZEM. ■ Il film è un viaggio all'interno di una tra le pagine peggiori della storia africana: il soggiogamento di una popolazione che brutalmente è stata costretta a perdere non soltanto la propria libertà e dignità, ma anche a dover lasciare il proprio paese. Un argomento quanto mai attuale, o meglio, senza tempo di cui è bene parlare. Peccato che, malgrado le migliori intenzioni, il risultato rischi di essere intollerabilmente didascalico. ■ DRAMMATICO; COL.; 97'; ALGERIA, FRANCIA, ITALIA, 2001.

LITTLE VOICE: È NATA UNA STELLA *(Little Voice)* ★★
Regia di MARK HERMAN. Con BRENDA BLETHYN, JIM BROADBENT, MICHAEL CAINE, JANE HORROCKS, EWAN MCGREGOR. ■ Una ragazza chiusa in una camera ad ascoltare dischi e una madre vedova che continua a parlare. La ragazza non le replica ma il suo canto viene apprezzato da un agente che le apre la strada del palcoscenico. Film che, come si dice a teatro, non passa la ribalta. ■ COMMEDIA; COL.; 96'; GRAN BRETAGNA, 1998. ■ GOLDEN GLOBES 1 PR, 3 NOM; OSCAR 1 NOM.

LIULIAN PIAO PIAO *(Durian Durian)* ★
Regia di FRUIT CHAN. Con QIN HAILU, MAK WAI FAN, YUNG WAI YIU, BIAO XIAO MING. ■ Nel seguire i percorsi paralleli delle due protagoniste femminili, una lavapiatti clandestina che vive ad Hong Kong e una prostituta giunta da un villaggio cinese del Nord, il film si serve di una scrittura ellittica piuttosto originale per raccontare le speranze e le disillusioni della vita in una grande metropoli. In un percorso a ritroso, il film segue il ritorno delle due donne nei loro reciproci villaggi cinesi. ■ DRAMMATICO; COL.; 116'; CINA, HONG KONG, 2000.

LIVE! ASCOLTI RECORD AL PRIMO COLPO ★★
(Live!)
Regia di BILL GUTTENTAG. Con ROB BROWN, KATIE CASSIDY, JAY HERNANDEZ, DAVID KRUMHOLTZ, EVA MENDES. ■ Katy Courbet è un'ambiziosa dirigente televisiva che ragiona in termini di audience e primati e sogna di toccare il 40% di share. Decisa a riportare alla competitività il network per il quale lavora, chiede ai suoi collaboratori di concepire un'idea per un reality che non abbia precedenti. Una battuta sulla roulette russa accende la mente della cinica dirigente che s'informa immediatamente sulla possibilità di mandare in onda uno show in cui i partecipanti devono puntarsi una pistola alla tempia e premere il grilletto. Superando innumerevoli ostacoli legali, con caparbietà e ingegno riesce nel suo intento. ■ THRILLER; COL.; 96'; USA, 2007.

LIVE VIRGIN ★
Regia di JEAN-PIERRE MAROIS. Con BOB HOSKINS, ROBERT LOGGIA, GABRIEL MANN, MENA SUVARI. ■ E se una ragazza perdesse la verginità in diretta tv? È quello che succede alla protagonista di questo film. Solo così, a suo avviso, potrà vendicarsi del suo fidanzatino, che l'ha tradita. Parodia della tv malriuscita, banale e inconcludente. Sprecato il bravo Bob Hoskins nei panni di colui che aiuta la giovane a realizzare "concretamente" il suo piano. ■ COMMEDIA; COL.; 105'; USA, 1999.

LIZZIE MCGUIRE *(The Lizzie McGuire movie)* ★★
Regia di JIM FALL. Con ROBERT CARRADINE, HILARY DUFF, ADAM LAMBERG, KATY LOUISE SAUNDERS, JAKE THOMAS, HALLIE TODD. ■ Versione cinematografica di una popolare sit-com americana per teen-ager. Dopo essersi diplomata al liceo, Lizzie McGuire, la protagonista, parte insieme ai compagni per una "vacanza romana". Appena arrivata in Italia, però, viene scambiata per una pop star locale. ■ COMMEDIA; COL.; 94'; USA, 2003.

LLOYDS DI LONDRA, I *(Lloyds of London)* ★★★
Regia di HENRY KING. Con FREDDIE BARTHOLOMEW, MADELEINE CARROLL, TYRONE POWER, GUY STANDING. ■ Bel film che racconta la storia di due amici d'infanzia: Gionata Blake, che diventerà uno dei soci più importanti della società di assicurazioni dei Lloyds di Londra, e Orazio Nelson il vincitore della decisiva battaglia di Trafalgar. ■ DRAMMATICO; B/N; 115'; USA, 1936. ■ OSCAR 2 NOM.

LO AMMAZZÒ COME UN CANE MA LUI RIDEVA ANCORA ★★
Regia di ELO PANNACCIÒ. Con CHET DAVIS, MICHAEL FOREST, SUSANNA LEVI, STEVEN TEDD. ■ A Nick hanno ucciso moglie e padre. L'uomo parte alla ricerca degli assassini e per caso, durante il viaggio, ne incontra uno e ne diviene amico. Portatolo al ranch dove è avvenuta la tragedia, la figlia riconoscerà nell'amico del padre uno degli assassini e farà vendetta lei stessa. ■ WESTERN; COL.; 93'; ITALIA, 1977.

LOCAL HERO ★★★
Regia di BILL FORSYTH. Con BURT LANCASTER, FULTON MACKAY, PETER RIEGERT. ■ Un petroliere texano appassionato di astrologia mette gli occhi su uno sperduto lembo di costa scozzese, sulla quale intende costruire una raffineria, e incarica un suo giovane dipendente di origine scozzese di occuparsi degli acquisti e delle trattative. Il giovanotto, presto conquistato dalla splendida natura della sua terra d'origine e dalle grazie di una bella subacquea, si scontra con un vecchio pazzo, che non ha nessuna intenzione di farsi incantare dai dollari texani. Alla fine anche il boss in persona si farà sedurre da quella strana atmosfera. ■ COMMEDIA; COL.; 111'; GRAN BRETAGNA, 1983.

LOCANDA DELLA FELICITÀ, LA *(Xingfu shiguang)* ★★
Regia di ZHANG YIMOU. Con JIE DONG, BENSHAN ZHAO, LIFAN DONG. ■ La storia di Zhao, cinese senza un soldo ma dalla fervida fantasia. Dire che non ha mai avuto fortuna nel lavoro è scontato, pure in un nuovo contesto economico di quel paese dove comincia ad aver senso il concetto "privato". Non ha avuto fortuna nemmeno in amore, e questo vale anche in Cina. Attraverso una rubrica tipo "cuori solitari" crede di incontrare l'amore vero e per sempre. Lei è una ragazza timida, credula e cieca. E questo aiuta un bugiardo come Zhao che cerca di vivere sopra le righe e chiede soldi a tutti. Fino a quando arriva la grande idea: trasformare un decrepito autobus in un locale, la locanda della felicità, appunto. ■ COMMEDIA; COL.; 95'; CINA, 2000.

LOCANDA DELLA SESTA FELICITÀ, LA ★★★
(The Inn of the Sixth Happiness)
Regia di MARK ROBSON. Con INGRID BERGMAN, ROBERT DONAT, CURD JÜRGENS. ■ Una giovane missionaria protestante si trova in Cina quando scoppia la seconda guerra mondiale. La donna, che si è guadagnata con la sua abnegazione la fiducia e l'affetto della gente e del mandarino locale, non abbandona il paese neppure quando si annuncia un assalto dei giapponesi. ■ DRAMMATICO; B/N; 158'; USA, 1958. ■ OSCAR 1 NOM.

LOCANDIERA, LA ★★★
Regia di LUIGI CHIARINI. Con PAOLA BORBONI, GINO CERVI, ELSA DE GIORGI, ARMANDO FALCONI, LUISA FERIDA, CAMILLO PILOTTO, OSVALDO VALENTI. ■ Il film conobbe incredibili difficoltà perché girato in piena guerra: lo si stava montando quando venne firmato l'armistizio dell'8 settembre. La protagonista, Luisa Ferida, venne fucilata dai partigiani con Osvaldo Valenti nell'aprile del '45. ■ COMMEDIA; B/N; 74'; ITALIA, 1944.

LOCANDIERA, LA ★★
Regia di PAOLO CAVARA. Con ADRIANO CELENTANO, CLAUDIA MORI, PAOLO VILLAGGIO. ■ Versione cinematografica della

commedia di Goldoni con i coniugi Celentano. Lei è Mirandolina, lui il cavaliere di Ripafratta. Mirandolina, dopo aver fatto innamorare di sé il misogino Ripafratta, sposerà il suo cameriere (Gianni Cavina). ■ COMMEDIA; COL.; 109′; ITALIA, 1980.

LO CHIAMAVANO BULLDOZER ★★

Regia di MICHELE LUPO. Con JOE BUGNER, RAIMUND HARMSTORF, BUD SPENCER. ■ Uno di quei film di Bud Spencer per cui i bambini vanno matti. Qui impersona un ex campione di football americano che ha lasciato il mondo agonistico disgustato dalla corruzione e che si guadagna da vivere come pescatore in Versilia. Torna però al suo vecchio amore quando gli chiedono di allenare una squadra di ragazzini sbandati: naturalmente li condurrà alla vittoria contro una formidabile compagine di marines. ■ COMMEDIA; COL.; 115′; GERMANIA, ITALIA, 1978.

LO CHIAMAVANO KING ★★

Regia di GIANCARLO ROMITELLI. Con RICHARD HARRISON, KLAUS KINSKI, ANNE PUSKIN. ■ King è un collaboratore della legge, tanto più che i trafficanti di armi sulle cui tracce egli si muove gli hanno ucciso il fratello e violentata la cognata. ■ AVVENTURA; COL.; 92′; ITALIA, 1971.

LO CHIAMAVANO MEZZOGIORNO ★★
(The Man Called Noon)

Regia di PETER COLLINSON. Con STEPHEN BOYD, RICHARD CRENNA, FARLEY GRANGER, HOWARD ROSS, ROSANNA SCHIAFFINO. ■ Thomas si nasconde dietro il falso nome di "Noon" per vendicare l'uccisione della moglie e del figlio; perde la memoria, viene aggredito da un bandito e salvato da un agente che cerca lo scomparso Thomas. Entra poi in possesso di un'eredità, ritrova la memoria e l'oro che gli avevano sottratto. ■ WESTERN; COL.; 97′; ITALIA, 1973.

LO CHIAMAVANO SERGENTE BLU ★★
(The Gatling Gun)

Regia di ROBERT GORDON. Con JOHN CARRADINE, ROBERT FULLER, BARBARA LUNA, GUY STOCKWELL, WOODY STRODE. ■ Il "Sergente blu" fa trasportare una mitragliatrice in un forte assediato dagli indiani del capo Falco Nero. Sarebbe impossibile non soccombere se uno degli uomini del sergente non riuscisse infine a fare funzionare la mitragliatrice. ■ WESTERN; COL.; 93′; USA, 1972.

LO CHIAMAVANO TRESETTE... GIOCAVA SEMPRE COL MORTO ★★

Regia di GIULIANO CARNIMEO. Con GEORGE HILTON, CHRIS HUERTA, EVELYN STEWART. ■ Il pacifico Tresette e il sedicente sceriffo Bamby trasportano su commissione un carico d'oro con un carrozzone, ma scoprono che l'oro non è altro che metallo colorato. ■ WESTERN; COL.; 90′; ITALIA, 1973.

♥ LO CHIAMAVANO TRINITÀ ★★★

Regia di E. B. CLUCHER. Con GISELA HAHN, TERENCE HILL, BUD SPENCER, STEFFEN ZACHARIAS. ■ Il pistolero Trinità arriva in paese e trova il proprio fratello che fa lo sceriffo. Ma costui è un furfante che ha architettato un piano ai danni del ricco Harrison. Trinità si trova a sventare contemporaneamente i piani del falso sceriffo e di Harrison che opprime una comunità di mormoni, e si innamora di una delle ragazze della setta. ■ WESTERN; COL.; 117′; ITALIA, 1970.

LO CHIAMAVANO VERITÀ ★★

Regia di LUIGI PERELLI. Con PIETRO CECCARELLI, MARK DAMON, PAT NIGRO. ■ Ecco un'imitazione di *Trinità*. Gesta di quattro avventurieri che cercano di sopravvivere in qualche modo. I loro nomi sono Verità, Yesael, Miserere e Gigante. ■ WESTERN; COL.; 91′; ITALIA, 1972.

LO CHIAMEREMO ANDREA ★★★

Regia di VITTORIO DE SICA. Con ANNA MARIA ARAGONA, MARIA PIA CASILIO, NINO MANFREDI, MARIANGELA MELATO. ■ Due maestri elementari, che non riescono ad avere un figlio, si rivolgono a un luminare della scienza che prescrive uno speciale regime di vita. Il marito si presta obbedientemente, ma non si arriva che a una gravidanza isterica. Consultano una chiromante che prescrive un rimedio specifico e ordina di fare all'amore nel plenilunio. Meglio la chiromante del medico. ■ COMMEDIA; B/N.; 104′; ITALIA, 1972.

LOCH NESS ★★★

Regia di JOHN HENDERSON. Con TED DANSON, IAN HOLM, JOELY RICHARDSON. ■ Gli americani organizzano una spedizione scientifica, con tanto di sonar e computer, per svelare finalmente il mistero di Nessie, il mostro di Loch Ness. Ted Danson, lo scienziato americano, viene accolto con ostilità da una comunità che vuol difendere la propria leggenda (e i turisti). La scienza non trova niente, ma una bambina del luogo porta lo scienziato in una grotta sotto il lago dove vivono tre dinosauri. L'uomo fotografa la scena, ma, al momento di rendere il mondo partecipe della scoperta, fa retromarcia e mostra un disegno della bambina invece delle immagini vere degli animali. Bella favola che porta avanti la sua brava tesi ecologico-cinematografica, con la morale finale che la leggenda è sempre meglio della scienza. Notato un Danson in pessima forma fisica. Joely è quasi identica a mamma Vanessa Redgrave. ■ FANTASTICO; COL.; 115′; USA, 1995.

LOCKE ★★

Regia di STEVEN KNIGHT. Con OLIVIA COLMAN, BEN DANIELS, TOM HARDY, ANDREW SCOTT RUTH WILSON. ■ Ivan Locke guida nella notte verso Londra. È un costruttore di edifici, ma questa notte si consuma la demolizione della sua vita. All'alba avrebbe dovuto presiedere alla più ingente colata di cemento di cui si sia mai dovuto occupare. Gli americani e i suoi capi hanno incaricato lui, perché per nove anni è stato un lavoratore impeccabile, il migliore: solido come il cemento, appunto. Ma la telefonata di una donna di nome Bethan riscrive l'esistenza di Locke. Prima di quella telefonata, e del viaggio che ha deciso di intraprendere di conseguenza, aveva un lavoro, una moglie, una casa. Ora, nulla sarà più come prima. Seconda opera di Steven Knight, sceneggiatore talentuoso, per Frears e Cronenberg: con *Locke* eccelle nell'esercizio di scrittura, ideando un percorso di quasi novanta minuti nel quale il tempo della storia e il tempo del racconto coincidono e non c'è altro luogo al di fuori dell'abitacolo della Bmw in movimento e nessun altro personaggio oltre a quello del titolo. ■ DRAMMATICO; COL.; 85′; USA, GRAN BRETAGNA, 2013.

♥ LOCK & STOCK – PAZZI SCATENATI ★★★
(Lock, Stock and Two Smoking Barrels)

Regia di GUY RITCHIE. Con JASON FLEMYNG, DEXTER FLETCHER, NICK MORAN, STING. ■ Acclamato dalla critica europea e americana, questo film si colloca sulla scia di *Trainspotting*. Il regista riesce a coinvolgere senza strafare, e non è poco. Quattro giovani vogliono battere al gioco un gangster, per questo raccolgono centomila sterline. Le cose si mettono male, ma i giovani non demordono anzi rilanciano, cercando di truffare altri pericolosi rapinatori. Nella parte del padre di uno dei ragazzi c'è Sting (*Dune*, *Stormy Monday* e *Quadrophenia*). ■ DRAMMATICO; COL.; 106′; GRAN BRETAGNA, 1998.

LOCKOUT *(Section 8)* ★

Regia di JAMES MATHER, STEPHEN ST. LEGER. Con JOSEPH GILGUN, MAGGIE GRACE, LENNIE JAMES, GUY PEARCE, PETER STORMARE. ■ Stati Uniti, 2079. Snow è un ex agente della Cia che non gode di una buona reputazione. Viene rimesso però in attività nel momento in cui si verifica un'emergenza. Emily, la figlia del presidente si è recata su una prigione in orbita in cui sono stati "congelati" i detenuti più pericolosi. Proprio in occasione del suo arrivo, un detenuto, che viene da lei intervistato, riesce a prendere in mano la situazione risvegliando gli altri. È necessario intervenire e la missione può essere affidata a un solo uomo: Snow. ■ FANTASCIENZA; COL.; 100′; FRANCIA, USA, 2012.

LOCOMOTIVA N. 2423 *(Whispering Smith Speaks)* ★★

Regia di DAVID HOWARD. Con GEORGE O'BRIEN, KENNETH THOMPSON, IRENE WARE. ■ Un magnate sottovaluta le doti imprenditoriali del figlio e lo esclude dagli affari. Quando il giovane viene a sapere che il padre sta per acquistare una miniera, si assicura il controllo dell'unica ferrovia che ne permette lo sfruttamento. ■ COMMEDIA; B/N; 92′; USA, 1935.

LO CREDEVANO UNO STINCO DI SANTO ★★

Regia di JUAN BOSCH. Con TANIA ALVARADO, DANIEL MARTIN,

ANTHONY STEFFEN. ■ Uscito Jonathan Carver di prigione dopo aver scontato vent'anni per un colossale furto d'oro, altri si mettono sulle tracce del bottino. Ma Carver, che ha custodito il segreto del nascondiglio per tanto tempo, muore. Chi trova l'oro se lo tiene. ■ WESTERN; COL.; 94'; ITALIA, 1974.

LOCUSTE, LE *(Locusts)* ★★
Regia di JOHN PATRICK KELLEY. Con KATE CAPSHAW, ASHLEY JUDD, VINCE VAUGHN. ■ Kansas anni Sessanta. Un affascinante sconosciuto arriva in un ranch dove ci sono tutte donne. A dominare è la matriarca vedova, pragmatica e decisa, che si prende quello che vuole. Con loro c'è anche un ragazzo muto. L'arrivo dello sconosciuto è traumatizzante per tutti. Persino il muto riprenderà a parlare. Un'opera prima sostenuta da buoni nomi. L'atmosfera ricorda la faulkneriana *Lunga estate calda*, con Paul Newman. ■ DRAMMATICO; COL.; 127'; USA, 1998.

LODGER – IL PENSIONANTE, THE *(The Lodger)* ★★★
Regia di ALFRED HITCHCOCK. Con JUNE, MARIE AULT, ARTHUR CHESNEY, MALCOLM KEEN, IVOR NOVELLO. ■ Il secondo film diretto dal grande Hitch. È una storia del mistero e ha già molti aspetti delle sue opere future. Un giovane abita a pensione da una coppia. Si innamora della loro figlia ma c'è un altro pretendente, un poliziotto. Costui per eliminare il rivale lo accusa di essere il maniaco che sta terrorizzando la città. Il pensionante rischia di perire in un linciaggio, ma il bene alla fine trionfa. ■ POLIZIESCO; B/N; 76'; GRAN BRETAGNA, 1926.

LOHENGRIN ★★
Regia di NUNZIO MALASOMMA. Con VITTORIO DE SICA, GIUDITTA RISSONE, SERGIO TOFANO. ■ Lohengrin è partito da molti anni per l'America lasciando dietro di sé una fama di irresistibile conquistatore. In attesa del suo ritorno, un cugino si ingelosisce della moglie che è impaziente di rivedere il famoso dongiovanni. Ma compare un signore grasso e poco attraente. ■ COMMEDIA; B/N; 92'; ITALIA, 1936.

LOHENGRIN ★★
Regia di MAX CALANDRI. Con ANTONIO CASSINELLI, JACQUELINE PLESSIS. ■ L'opera di Wagner trasposta integralmente in film. ■ COMM. MUSICALE; B/N; 91'; ITALIA, 1947.

LO IRRITARONO... E SANTANA FECE PIAZZA PULITA ★★
Regia di RAFAEL ROMERO MARCHENT. Con WILLIAM BOGART, GIANNI GARKO, CHRIS HUERTA. ■ Santana e Marcos compiono una rapina, ma il bottino viene rubato da due fratelli loro complici. Santana e socio recuperano il bottino, ma questa volta vine rubato da una bella ragazza. Riprendono lei e i soldi. ■ WESTERN; COL.; 95'; ITALIA, 1970.

LOIS & CLARK: LE NUOVE AVVENTURE DI SUPERMAN *(Lois & Clark: The New Adventures of Superman)* ★★
Regia di DEBORAH JOY LEVINE. Con DEAN CAIN, TERI HATCHER, TRACY SCOGGINS, JOHN SHEA, LANE SMITH. ■ L'interesse del pubblico, nei confronti del supereroe, è scemato. Così in questo primo episodio, di un telefilm che ricompone le gesta di Superman, si gioca la carta della commedia. ■ FANTASTICO; COL.; 93'; USA, 1993.

LOL. PAZZA DEL MIO MIGLIORE AMICO *(LOL: Laughing Out Loud)* ★
Regia di LISA AZUELOS. Con DOUGLAS BOOTH, MILEY CYRUS, ASHELY GREENE, DEMI MOORE, ADAM G. SEVANI. ■ Lola è inseparabile dagli amici del cuore, Emily e Kyle, e ha una cotta per Chad. Al rientro a scuola dopo le vacanze, si accorge che i suoi sentimenti non sono ricambiati. Si innesca una girandola da banale commedia dell'arte. ■ COMMEDIA; COL.; 97'; USA, 2012.

LOLA ★★★
Regia di RAINER WERNER FASSBINDER. Con MARIO ADORF, ARMIN MUELLER-STAHL, BARBARA SUKOWA, MATTHIAS FUCHS. ■ Germania, anni Cinquanta. Lola, prostituta e cantante, lavora in un bordello di provincia ed è l'amante di Schuckert, un uomo bieco e corrotto. L'arrivo di un onesto assessore sembra mettere fine ai loro loschi traffici e ai facili guadagni, ma Lola riesce a sedurlo e a farsi sposare, pur restando legata al suo amato sfruttatore. Una durissima accusa alla società borghese, che mostra gli anni della ricostruzione come un periodo di totale degrado morale e sociale. ■ DRAMMATICO; COL.; 113'; GERMANIA, 1981.

LOLA ★★
Regia di BIGAS LUNA. Con PATRICK BAUCHAU, PEPA LOPEZ, ANGELA MOLINA, ASSUMPTA SERNA. ■ Una donna vive con un amante che si ubriaca spesso e la picchia. Decide di andarsene e approda a Barcellona. Conosce un francese che, perdutamente innamorato, si separa da moglie e figlio. Ma l'amante ritorna con una bambina e la ricatta. Un melodramma tipico di Luna. ■ DRAMMATICO; COL.; 90'; SPAGNA, 1985.

LOLA COLT ★
Regia di SIRO MARCELLINI. Con GERMAN COBOS, LOLA FALANA, PETER MARTELL, ERNA SCHURER. ■ Un bandito, El Diablo, terrorizza un villaggio del West. Sarà una ballerina mulatta, Lola, a metterlo a posto. ■ WESTERN; COL.; 93'; ITALIA, 1968.

LOLA CORRE *(Run Lola Run)* ★
Regia di TOM TYKWER. Con MORITZ BLEIBTREU, FRANKA POTENTE. ■ Lola corre: ha venti minuti per trovare 100.000 marchi e salvare il suo fidanzato. La sua storia ci viene narrata per tre volte. Film sperimentale che forse non avrebbe nemmeno dovuto approdare nelle grandi sale. Un insieme di tentativi che arrivano dal nulla e nel nulla finiscono. ■ DRAMMATICO; COL.; 81'; GERMANIA, 1998.

LOLA DARLING *(She's Gotta Have it)* ★★
Regia di SPIKE LEE. Con REDMOND HICKS, TRACY CAMILLA JOHNS, SPIKE LEE. ■ Lola Darling, una bellissima donna, vitale e disponibile, conduce un ménage amorale. Dei tre uomini con i quali sta, non sa chi scegliere. Il fatuo Greer, il simpatico ciclista Mars o il tenero Jamie? Ne nascono momenti curiosi per Lola, la quale sceglie poi Jamie, che però la rifiuta disgustato dalla sua disponibilità eccessiva. Lei torna alla sua libertà. La pellicola in b/n ha una scena a colori, quella del balletto che è quasi un sogno per Lola e Jamie. ■ COMMEDIA; B/N; 84'; USA, 1986.

LOLA MONTES ★★★
Regia di MAX OPHULS. Con MARTINE CAROL, IVAN DESNY, PETER USTINOV, ANTON WALBROOK, OSKAR WERNER. ■ Ascesa e caduta di Lola Montes, celebre ballerina e cortigiana dell'Ottocento. Dall'amore di Franz Liszt a quello del maturo re di Baviera, dalla conquista dell'America fino allo squallido tramonto in un circo. ■ BIOGRAFICO; COL.; 95'; FRANCIA, GERMANIA, 1955.

LOLA NON FAR LA MATTA *(Lola)* ★★
Regia di MICHAL WASZYNSKI. Con ELENA BERCSZEWSKA, WALTER ZACAREW. ■ Una donna è messa a capo di un piccolo stato centro europeo e inizia una vigorosa campagna per la moralizzazione dei costumi. Ma la signora ha una gemella, artista di varietà che mentre sfila in passerella viene spesso scambiata per l'illustre sorella. Scoppia uno scandalo. ■ COMMEDIA; B/N; 94'; POLONIA, 1943.

LOLITA ★★★
Regia di STANLEY KUBRICK. Con SUE LYON, JAMES MASON, PETER SELLERS, SHELLEY WINTERS, GARY COCKRELL. ■ Un maturo professore, Humbert, s'innamora di una pepata adolescente, Lolita. Per averla, ne sposa la madre, che viene però a sapere della passione morbosa di Humbert. Ma la donna muore e Humbert è libero di mettersi con Lolita, ma la ragazza gli viene presto strappata da uno scrittore ambiguo. Dopo molti anni Humbert ritrova Lolita (trasformatasi in una banale casalinga) e lo scrittore. Humbert ucciderà quest'ultimo, ma finirà i suoi giorni in carcere. Il romanzo di Nabokov ridotto in immagini sontuose, ma non sempre ispirate, da Stanley Kubrick. È forse l'opera meno interessante dell'autore di *2001 Odissea nello spazio*, ridotto a fare l'illustratore, ancorché prestigioso. ■ DRAMMATICO; B/N; 152'; GRAN BRETAGNA, USA, 1962. ■ OSCAR 1 NOM.

LOLITA ★
Regia di ADRIAN LYNE. Con MELANIE GRIFFITH, JEREMY IRONS, FRANK LANGELLA, DOMINIQUE SWAIN. ■ Il professor Humbert si lascia sedurre dalla figliastra Lolita. Lolita non è gestibile. Il professore sfoga la rabbia uccidendo il rivale e finisce in prigione. Film inutile, artificioso, fasullo, noioso. Niente funziona. È quasi blasfemo citare in questa scheda i nomi di Nabokov, autore del ro-

manzo, e di Kubrick regista del primo *Lolita*. ■ DRAMMATICO; COL.; 133'; USA, 1997.

LOLLIPOP – DALLE NEVI D'AFRICA AI GRATTACIELI DI NEW YORK ★★
Regia di ASHLEY LAZARUS. Con JOSÉ FERRER, KEN GAMPU, KAREN VALENTINE. ■ Un orfanello bianco è adottato da una comunità nera del Sudafrica. Cresce libero e felice in compagnia di un coetaneo nero. Un giorno i due fuggono nella foresta (il bambino non vuole essere inserito nel mondo dei bianchi). Rischiano la vita. Vengono salvati, ma il ragazzo di colore ci rimette. ■ DRAMMATICO; COL.; 90'; SUDAFRICA, 1975.

LONDON BOULEVARD ★★★
Regia di WILLIAM MONAHAN. Con BEN CHAPLIN, COLIN FARREL, ANNA FRIEL, KEIRA KNIGHTLEY, DAVID THEWLIS. ■ Mitchell è appena uscito di prigione dove ha scontato tre anni per aggressione aggravata. Non ha alcuna intenzione di tornarci ma i suoi ex compagni del mondo del crimine fanno di tutto perché rientri nel giro. C'è però un'occasione che potrebbe tenerlo lontano dai guai. Riceve infatti l'incarico di proteggere una giovane attrice, Charlotte, che, al top del successo e con un marito tanto ricco quanto distante, ha deciso di lasciare il mondo del cinema. I paparazzi stazionano in massa dinanzi alla sua porta così come un boss del crimine, Gant, e i suoi accoliti assediano Mitchell. ■ THRILLER; COL.; 103'; USA, GRAN BRETAGNA, 2010.

LONDON RIVER ★★★
Regia di RACHID BOUCHAREB. Con BERNARD BLANCAN, BRENDA BLETHYN, SAMI BOUAJILA, SOTIGUI KOUYATÈ, ROSCHDY ZEM. ■ Luglio 2005. A Londra esplodono bombe sui mezzi pubblici causando numerose vittime. Mrs. Sommers, che vive in un paesino su un'isola della Manica, apprende la notizia dalla televisione e subito telefona alla figlia Jane che studia a Londra. Jane non risponde alle numerose chiamate. Ousmane è un africano che lavora alla tutela del patrimonio forestale. Anche suo figlio, che non vede da quando era piccolo, vive e studia a Londra. Sia Mrs. Sommers che Ousmane partono per la capitale britannica nella speranza di trovare i reciproci figli ancora vivi. Si incontrano e scoprono di essere i genitori di due ragazzi che si amavano. Ma dove sono ora? Rachid Bouchareb continua a perseguire un'idea di cinema che proponga il dialogo tra culture diverse ■ DRAMMATICO; COL.; 87'; COL.; GRAN BRETAGNA, FRANCIA, ALGERIA, 2009.

LONDRA A MEZZANOTTE *(Too Hot to Handle)* ★★
Regia di TERENCE YOUNG. Con KARLHEINZ BÖHM, LEO GENN, CHRISTOPHER LEE, JAYNE MANSFIELD. ■ Guerra fra i locali notturni. Un proprietario senza scrupoli tenta di impadronirsi di un night retto da un individuo quasi onesto. La sua donna gli testimonia contro. ■ GIALLO; COL.; 100'; GRAN BRETAGNA, 1960.

LONDRA CHIAMA POLO NORD ★★
Regia di DUILIO COLETTI. Con DAWN ADDAMS, CURD JÜRGENS, FOLCO LULLI, DARIO MICHAELIS. ■ In Olanda, durante la guerra, il servizio segreto tedesco trova il modo di carpire informazioni a un prigioniero alleato e di mandare a monte parecchie operazioni degli anglo-americani. Un giovane ufficiale, catturato, riesce a fuggire, torna in Inghilterra, svela l'espediente dei nazisti, ma non viene creduto. Lui stesso è trattato da traditore. Per salvarlo la sua ragazza si reca in Olanda. ■ GUERRA; COL.; 94'; ITALIA, 1956.

LONDRA MI FA MORIRE *(London Kills Me)* ★★
Regia di HANIF KUREISHI. Con JUSTIN CHADWICK, BRAD DOURIF, STEVEN MACKINTOSH, EMER MCCOURT. ■ Diretto dallo sceneggiatore di origine pakistana autore di *My Beautiful Laundrette*. Un giovane drogato vuole cambiare vita e diventare cameriere, ma per lavorare gli occorrono delle scarpe in ottimo stato. Per avere il posto ha quarantotto ore di tempo. ■ DRAMMATICO; COL.; 105'; GRAN BRETAGNA, 1991.

LONE RANGER, THE ★★
Regia di GORE VERBINSKI. Con HELENA BONHAM CARTER, JOHNNY DEPP, ARMIE HAMMER, TOM WILKINSON, RUTH WILSON. ■ Il film deriva da un serie radiofonica, e di fumetti, del 1933, nientemeno. Divenne poi un serial televisivo fra il 1949 e il '57. John Reid è un uomo di legge, educato in città e tornato nel vecchio west per consegnare alla giustizia il pluricriminale Butch Cavendish. Durante la spedizione, però, un'imboscata uccide suo fratello, il texas ranger Dan Reid, e gli altri uomini della compagnia. John viene salvato da Tonto, un indiano, e da un cavallo bianco. I tre diverranno inseparabili. Come inseparabili, per questo progetto cinematografico, sono stati Bruckheimer, Verbinski e Johnny Depp: produttore, regista e interprete dei *Pirati dei Caraibi*. Ma, se è innegabile che lo stile sia quello, in *The Lone Ranger* le derive più fracassone degli ultimi capitoli dei bucanieri restano fuori dai giochi e anche il personaggio di Depp ha una dignità di partner alla pari del ranger, non più sua semplice spalla. ■ AVVENTURA; COL.; 135'; USA, 2013.

LONE RUNNER ★★
Regia di RUGGERO DEODATO. Con SAVINA GERSAK, MILES O'KEEFFE. ■ L'avventura è ambientata nel deserto del Sahara, dove una bella fanciulla viene rapita dai banditi. Il suo fidanzato farà l'impossibile per liberarla e riportarla a casa sana e salva. ■ AVVENTURA; COL.; 95'; ITALIA, 1988.

LONESOME JIM ★★★
Regia di STEVE BUSCEMI. Con CASEY AFFLECK, MARK BOONE JR, SEYMOUR CASSEL, KEVIN CORRIGAN, MARY KAY PLACE, JACK ROVELLO, RACHEL STROUSE, SARAH STROUSE, LIV TYLER. ■ Jim torna a casa, nell'Indiana, dopo aver tentato la fortuna tra i grattacieli di Manhattan, dove si manteneva a stento come dog-sitter. Trova ad accoglierlo una madre fin troppo premurosa, un padre, ed un fratello divorziato che vive con i genitori. Apatico e disilluso, il giovane è costretto ad immergersi nuovamente nella realtà provinciale che aveva tentato di lasciarsi alle spalle. Vagando per pub semideserti incontra Anika, giovane infermiera, con cui comincerà una relazione in cui non crede. In una reazione a catena involontaria, il pessimismo del giovane influenza la sua vita e quella degli altri, costringendolo a riconsiderare se stesso ed i rapporti col mondo. ■ DRAMMATICO; COL.; 91'; USA, 2005.

LONE WOLF ★
Regia di JOHN CALLAS. Con DYANN BROWN, KEVIN HART, JAMIE NEWCOMB. ■ In una tranquilla cittadina della provincia americana accadono strani e inquietanti fatti: alcuni studenti scompaiono senza lasciare tracce e animali mai visti, forse esemplari di una nuova specie, si aggirano nei paraggi. Poi qualcuno scopre che il responsabile degli ultimi avvenimenti è un lupo mannaro. ■ HORROR; COL.; 100'; USA, 1987.

LONGARM, LA PISTOLA PIÙ VELOCE DEL WEST ★ *(Longarm)*
Regia di VERGIL W. VOGEL. Con JOHN TERLESKY. ■ Un bandito privo di scrupoli, Codie, vagabonda per il West dove è diventato un pericolo pubblico. Sulle sue tracce viene inviato Longarm, un affascinante aiuto-sceriffo, con l'incarico di catturarlo e renderlo inoffensivo. ■ WESTERN; COL.; 70'; USA, 1989.

LONG TIME DEAD ★★
Regia di MARCUS ADAMS. Con JOE ABSOLOM, TOM BELL, LARA BELMONT, MELANIE GUTTERIDGE, LUKAS HAAS, ALEC NEWMAN. ■ Durante un *rave party* nella Londra d'inizio millennio un gruppo di ragazzi intraprende una seduta spiritica. Viene richiamato uno spirito maligno che predice la morte a tutti. Come conseguenza uno dei ragazzi si ritrova in Marocco trent'anni prima in una cornice simile a quella della seduta spiritica: magia nera, torture, uccisioni... È un horror semiserio, con le relative controindicazioni: non è abbastanza divertente e non fa abbastanza paura. ■ HORROR; COL.; 94'; GRAN BRETAGNA, USA, 2002.

LONTANI PARENTI *(Distant Cousins)* ★
Regia di ANDREW LANE. Con MEL HARRIS, WILLIAM KATT, DAVID KEITH. ■ Un uomo scappa da un manicomio per criminali con un'altra detenuta e si sistema nell'abitazione di una coppia di coniugi presentandosi come un loro parente. L'intenzione dei due pericolosi evasi è quella di uccidere i padroni di casa e sostituirsi a loro. ■ THRILLER; COL.; 90'; USA, 1992.

LONTANO *(Loin)* ★★
Regia di ANDRÉ TÉCHINÉ. Con LUBNA AZAABAL, MOHAMED HAMAIDI, YASMINA REZA, STÉPHANE RIDEAU, JACK TAYLOR. ■

"Lontano" è il Marocco, è Tangeri, dove tre amici, Serge, Sarah e Said, si incontrano e cercano di fare esperienze diverse da quella della cosiddetta civiltà. Insomma la fuga. La figura centrale è Serge, che col camion trasporta un po' di tutto fra l'Africa e la Francia. Sarah è la sua donna e Said un abitante del luogo che vuole andare a Parigi. I loro progetti però si scontrano con la realtà e con l'incapacità, un po' di tutti, di riuscire a cambiare davvero. Reduce dalla Mostra di Venezia 2001. Forse non è una gran referenza. ■ DRAMMATICO; COL.; 120′; FRANCIA, 2002.

LONTANO DA CASA ★★
(Far from Home: The Adventures of Yellow Dog)
Regia di PHILLIP BORSOS. Con JESSE BRADFORD, BRUCE DAVISON, MIMI ROGERS. ■ Un cane e un ragazzino diventano amici e affrontano insieme un naufragio e le avventure che ne conseguono. Film per famiglie davanti alla tv. ■ AVVENTURA; COL.; 81′; USA, 1995.

LONTANO DA DIO E DAGLI UOMINI *(Few of Us)* ★★
Regia di SHARUNAS BARTAS. Con KATERINA GOLUBEVA, PIOTR KISHTEEV, SERGEI TULAYEV. ■ Nella lontanissima Siberia, bianca e triste, immensa e violenta, quasi mortale, arriva un'aliena che cerca di intervenire. Favola muta e allegorica. Qualcosa di particolare più che di nuovo. Ci voleva? ■ FANTASTICO; COL.; 105′; LITUANIA, 1996.

LONTANO DA DOVE ★★
Regia di STEFANIA CASINI, FRANCESCA MARCIANO. Con CLAUDIO AMENDOLA, VICTOR CAVALLO, MONICA SCATTINI. ■ Un giovane in viaggio a New York viene ospitato da un amico che lo introduce in un giro di artisti italiani, in cui si trova a suo agio, finché non si rende conto che si tratta di sradicati che soffrono in cuor loro di nostalgia. Sarà lui a tornare in patria portando con sé una ragazza che è la sua vera America. ■ COMMEDIA; COL.; 95′; ITALIA, 1983.

LONTANO DA ISAIAH *(Losing Isaiah)* ★★
Regia di STEPHEN GYLLENHAAL. Con HALLE BERRY, SAMUEL L. JACKSON, JESSICA LANGE. ■ Chicago. Un bambino di colore viene abbandonato dalla madre drogata vicino ai rifiuti. Una dottoressa si fa avanti e lo adotta, ma tre anni più tardi dovrà apparire in un processo perché la madre naturale ha cambiato idea. ■ DRAMMATICO; COL.; 110′; USA, 1995.

LONTANO DALLE STELLE *(Bad for Each Other)* ★★
Regia di IRVING RAPPER. Con DIANNE FOSTER, CHARLTON HESTON, LIZABETH SCOTT. ■ Tornando dalla guerra, un giovane dottore è incerto se dedicarsi con umiltà e dedizione alla sua missione oppure mettersi a fare il professionista alla moda. ■ COMMEDIA; B/N; 83′; USA, 1954.

♥ **LONTANO DAL PARADISO** *(Far from Heaven)* ★★★
Regia di TODD HAYNES. Con PATRICIA CLARKSON, DENNIS HAYSBERT, JULIANNE MOORE, DENNIS QUAID, JAMES REBHORN. ■ È l'autunno del 1957, ad Hartford, Connecticut. La famiglia Whitaker è una delle più in vista delle città: il marito Frank è il capo di un'azienda che fabbrica televisori, la moglie Cathy è una perfetta casalinga, i due figli sono dei simpatici bambini pestiferi. Ma la situazione non è così esemplare come sembra: Frank è in realtà bisessuale, e tradisce la moglie con uomini scovati in bar equivoci; Cathy, dal canto suo, sconvolta per aver scoperto le tresche del marito, si lega in affettuosa amicizia con il suo giardiniere di colore, subendo l'ostracismo della comunità: è costretta a fare una scelta, comunque dolorosa. Prendendo spunto dalle commedie romantiche di Sirk quali *Lo specchio della vita* o *Come le foglie al vento*, Haynes, che può permettersi di mostrare ciò che sino alla metà del secolo scorso non era lecito neppure immaginare, costruisce un melodramma efficace, puntiglioso nella riproposizione, anche visiva, degli stili dell'epoca e commovente nella sorprendente modernità dei suoi personaggi, ciascuno a suo modo inadeguato al tempo in cui vive. Ottima l'interpretazione della Moore (giustamente premiata a Venezia). ■ DRAMMATICO; COL.; 107′; FRANCIA, USA, 2002. ■ GOLDEN GLOBES 3 NOM; OSCAR 3 NOM; VENEZIA 2 PR.

LONTANO DAL PASSATO *(Raggedy Man)* ★★
Regia di JACK FISK. Con ERIC ROBERTS, WILLIAM SANDERSON, SISSY SPACEK. ■ Seconda guerra mondiale, in una città di provincia, negli Stati Uniti. La protagonista ha divorziato ed è rimasta con i due figlioletti. Si arrangia come può fino a quando un uomo entra nella sua vita. Tra gli attori c'è Sam Shepard, scrittore e regista, compagno nella vita di Jessica Lange. ■ DRAMMATICO; COL.; 100′; USA, 1981. ■ GOLDEN GLOBES 1 NOM.

LONTANO DAL VIETNAM *(Loin du Vietnam)* ★★
Regia di JORIS IVENS, WILLIAM KLEIN, CLAUDE LELOUCH, ALAIN RESNAIS, AGNÈS VARDA. Con ANNE BELLEC, VALÉRIE MAYOUX. ■ Sette registi (di cui almeno quattro degni senz'altro di stima) per un documentario che vorrebbe esprimere la cattiva coscienza occidentale nei confronti della guerra nel Vietnam. ■ DOCUMENTARIO; B/N; 120′; FRANCIA, 1967.

LONTANO IN FONDO AGLI OCCHI ★★
Regia di GIUSEPPE ROCCA. Con NUCCIA FUMO, MARIA GRAZIA GALASSO, ANTONIO PENNARELLA, ANDREA REFUTO, GIUSI SAIJA, MILENA VUKOTIC. ■ Provincia di Benevento, 1954. Un bambino di sette anni assiste, non visto, agli incontri sessuali della giovane cameriera di casa, Rafilina, con Carmine. Il rapporto progressivamente si deteriora e il piccolo, innamoratosi ormai di lei cerca di colpire l'uomo con scarso successo. Grazie a una sostanza sottratta a una suora erborista, riesce però ad avvelenarlo. Resta il dubbio se si tratti di un evento reale o di frutto della sua fantasia. Rocca, che è alla sua prima regia, è uno sceneggiatore molto attivo. Il film è tratto da una sua sceneggiatura, vincitrice del premio Solinas nel 1991 intitolata *Il bambino che impazzì d'amore*. Nella descrizione di questa passione infantile sembra però troppo legato alla pagina scritta finendo con il presentare un immaginario più folcloristico che psicologico. Presentato nella Settimana della Critica di Venezia 2000. ■ DRAMMATICO; COL.; 102′; ITALIA, 2000.

LOOK BOTH WAYS – AMORI E DISASTRI ★★
(Look Both Ways)
Regia di SARAH WATT. Con JUSTINE CLARKE, LISA FLANAGAN, ANTHONY HAYES, WILLIAM MCINNES. ■ Mentre su tutte le tv locali scorrono le immagini del deragliamento di un treno che ha causato la morte di molte persone, le vite di alcuni abitanti di Adelaide si confrontano con amore, morte e altre catastrofi. Nick è un fotoreporter cui viene diagnosticato un cancro ad una fase avanzata durante una visita di controllo; Meryl è una illustratrice che fa ritorno in città dopo aver sepolto il padre; Andy è uno scapestrato giornalista con due figli a carico ed un terzo in arrivo dalla sua compagna occasionale, Anna; Phil è il caporedattore di Andy e Nick, a cui la notizia della malattia dell'amico sconvolge completamente tutte le priorità. Nell'arco di un torrido week-end le vite di ognuno di loro si incroceranno e prenderanno nuove strade. ■ DRAMMATICO; COL.; 100′; AUSTRALIA, 2005.

LOOKER – TROPPO BELLE PER VIVERE *(Looker)* ★★
Regia di MICHAEL CRICHTON. Con JAMES COBURN, ALBERT FINNEY, LEIGH TAYLOR-YOUNG. ■ Il boss di una multinazionale si serve delle immagini pubblicitarie in tv di belle ragazze per lanciare messaggi politici che arrivano all'inconscio dello spettatore. Si serve delle immagini anche per uccidere personaggi scomodi per il suo trust. Un chirurgo, che s'è insospettito per i decessi di alcune sue clienti, scopre la verità. ■ THRILLER; COL.; 94′; USA, 1981.

LOONEY TUNES BACK IN ACTION ★★★
Regia di JOE DANTE. Con JOAN CUSACK, TIMOTHY DALTON, JENNA ELFMAN, BRENDAN FRASER, HEATHER LOCKLEAR, STEVE MARTIN. ■ La Warner Bros mette fine alle gelosie di Duffy Duck su Bugs Bunny in modo semplice e sbrigativo, cioè licenziando il papero. Duffy strepita e scalcia e finisce per far silurare anche il povero D. J., uno stuntman da cui poi non vuole più staccarsi, tanto da insediarsi in pianta stabile a casa sua. Qui il papero scopre che D. J. è il figlio di Damian Drake, celebre star dei film di James Bond che dopo quella cinematografica ha intrapreso una carriera da vera spia, attualmente rapito da Chairman, capo della Acme Corp. che vuole servirsene per i suoi turpi scopi. È solo l'inizio di un'incredibile, fragorosa e spassosa avventura. ■ ANIMAZIONE; COL.; 90′; USA, 2003.

LOOPER ★★★
Regia di RIAN JOHNSON. Con EMILY BLUNT, PAUL DANO, JOSEPH GORDON-LEVITT, NOAH SEGNA, BRUCE WILLIS. ■ Kansas 2044. Il viaggio nel tempo non esiste ancora, ma trent'anni più avanti è divenuto una realtà di cui è vietato l'utilizzo. Ma il crimine, attraverso un'organizzazione guidata da un capo spietato, "trasferisce" le proprie vittime trent'anni indietro dove un killer (detto "looper" traducibile in "uomo che si occupa del cerchio") lo attende per eliminarlo e farne sparire il cadavere. Joe è un looper con il sogno di trasferirsi in Francia. Ma dal futuro è iniziata una nuova campagna: tutti i looper ancora presenti sul territorio nel 2074 vanno spediti trent'anni indietro perché vengano uccisi. Joe dovrà scontrarsi con se stesso, con trent'anni in più. Quentin Tarantino ha collocato *Looper* nel ristretto elenco dei titoli del 2012 che considera veramente validi. Non gli si può dare torto perché il film di Rian Johnson si colloca su un livello decisamente elevato nell'ambito della sci-fiction. ■ FANTASCIENZA; COL.; 119'; USA, 2012.

LORAX – IL GUARDIANO DELLA FORESTA ★★★
(Dr. Seuss' The Lorax)
Regia di CHRIS RENAUD, KYLE BALDA. Con DANNY DE VITO, ZAC EFRON, ED HELMS, ROB RIGGLE, TAYLOR SWIFT. ■ Come tutti anche Ted è nato e cresciuto in una cittadina in cui tutto è di plastica, finto e non c'è vegetazione. In quel microambiente la vita scorre tranquilla e nessuno sente la mancanza del verde. Nessuno tranne la ragazza di cui Ted è perdutamente innamorato. Lei farebbe di tutto per trovare un albero, lui farà di tutto per procurarglielo. ■ ANIMAZIONE; COL.; 86'; USA, 2012.

LORD BRUMMEL *(Beau Brummel)* ★★
Regia di CURTIS BERNHARDT. Con STEWART GRANGER, ROBERT MORLEY, ELIZABETH TAYLOR, PETER USTINOV. ■ Storia romanzata di George Brummel, un ufficiale delle guardie che, nonostante gli oscuri natali, per via della sua amicizia con il principe di Galles (il futuro re Giorgio IV) diventa una potenza alla corte d'Inghilterra. Ma il ministro Pitt lo odia. Brummel cade in disgrazia: morirà povero ed esiliato in Francia. ■ BIOGRAFICO; COL.; 113'; GRAN BRETAGNA, 1954.

LORD BYRON *(The Bad Lord Byron)* ★★
Regia di DAVID MACDONALD. Con JOAN GREENWOOD, DENNIS PRICE, MAI ZETTERLING. ■ George Byron, il più famoso poeta romantico inglese, muore combattendo per la libertà della Grecia. Durante l'agonia compare davanti a un immaginario tribunale che lo deve giudicare per la sua vita libertina. Testimoniano le donne della sua vita. Tutte invocano la condanna, meno l'amante italiana. ■ BIOGRAFICO; COL.; 85'; GRAN BRETAGNA, 1950.

LORD FAUNTLEROY *(Little Lord Fauntleroy)* ★★★
Regia di JOHN CROMWELL. Con FREDDIE BARTHOLOMEW, DOLORES COSTELLO, C. AUBREY SMITH. ■ Cedric Errol, figlio di un'americana e dell'erede di un nobile casato inglese, alla morte del padre viene chiamato dal nonno in Inghilterra. Il vecchio lo vuole educare secondo le tradizioni dell'aristocrazia. Sarà invece il piccolo yankee a conquistare, con le sue semplici maniere d'oltreoceano, il burbero nonno. ■ COMMEDIA; B/N; 98'; USA, 1937.

LORD JIM ★★★
Regia di RICHARD BROOKS. Con CURD JÜRGENS, JAMES MASON, PETER O'TOOLE. ■ Jim è un ex ufficiale inglese che vive da vagabondo nei mari del Sud, non riuscendo a dimenticare un proprio atto di vigliaccheria. Cerca l'occasione di riscatto e crede di averla trovata quando riesce a sconfiggere nella giungla un famoso fuorilegge. Gli indigeni lo acclamano come un eroe. Ma il destino ancora una volta si accanisce contro di lui: Jim morirà, non senza aver redento con un volontario sacrificio tutte le sue colpe. ■ AVVENTURA; COL.; 154'; GRAN BRETAGNA, USA, 1965.

LORD OF WAR ★★
Regia di ANDREW NICCOL. Con NICOLAS CAGE, ETHAN HAWKE, IAN HOLM, JARED LETO, BRIDGET MOYNAHAN, SAMMI ROTIBI, STEVE J. TERMATH, EAMONN WALKER. ■ Yuri Orlov è un trentenne ucraino immigrato con la famiglia negli Stati Uniti con tanta voglia di emergere, ma pochi mezzo per farlo. Un giorno intuisce che il traffico d'armi può diventare il suo passaporto verso la vita agiata che ha sempre sognato e infatti, in breve tempo, ottiene tutto ciò che desidera: soldi, potere e la donna dei suoi sogni. Alla sua rapida ascesa si oppone però Jack Valentine, un giovane agente idealista dell'Interpol. ■ AZIONE; COL.; 122'; USA, 2005.

LORD'S LANTERN IN BUDAPEST, THE ★★
(Nekem lámpást adott kezembe az Úr, Pesten)
Regia di MIKLÓS JANCSÓ. ■ Film a episodi, caratterizzati dal ricorrere dei medesimi personaggi che assumono però, di volta in volta, ruoli diversi. Accade così che i due protagonisti, Pepe e Kapa, siano prima due becchini che cercano di aiutare un collega a trovare l'amore (ma dopo il matrimiono, celebrato nel cimitero, il marito ucciderà la moglie, spiegando che «non gli piaceva più»); poi un poliziotto e un suo vecchio compagno di scuola che ha appena saputo del massacro di famiglia compiuto dalla nipote; quindi un aspirante suicida e l'amico che cerca di farlo desistere, finendo però con l'essere lui quello che si toglie la vita; ancora, un inserviente ed un mafioso che dà la scalata ad un'importante compagnia... Chiusura nel cimitero del primo episodio, con un Pepe in versione angelo che si libra nel cielo per essere abbattuto a colpi di pistola da Kapa. Qualcuno ha voluto vedere nel film la metafora del caos che caratterizza l'Ungheria post-comunista, ma forse è meglio tornare alla semplice teoria del gioco: cioè ad un film il cui meccanismo dopo un'ora comincia un po' a mostrare la corda, ma che indubbiamente sorprende per la vitalità autoriale che ne promana – Jancsó era all'epoca settantottenne – e diverte per il suo humour cinico. ■ DRAMMATICO; COL.; 103'; UNGHERIA, 1999.

LORDS OF DOGTOWN ★★
Regia di CATHERINE HARDWICKE. Con REBECCA DE MORNAY, EMILE HIRSCH, JOHNNY KNOXVILLE, VINCENT LARESCA, HEATH LEDGER, WILLIAM MAPOTHER, JULIO OSCAR MECHOSO, VICTOR RASUK, NIKKI REED, JOHN ROBINSON. ■ Il film fotografa quel magico momento degli anni Settanta in cui, tre giovani surfer ebbero l'intuizione di trasferire il "volo sull'acqua" sull'asfalto di Venice Beach in California. L'epoca trasgressiva, la ribellione e la droga investono i tre ragazzi che subiscono il conformismo di un paese in crisi di identità che fagocita anche chi ha grandi idee. L'unica soluzione è liberare l'energia su una tavola di legno e quattro ruote. Viscerale, immerso nelle riprese acrobatiche sullo skate, il film della Hardwicke non riesce ad approdare a una tesi. Restano le immagini. ■ AZIONE; COL.; 107'; GERMANIA, USA, 2005.

LORENZACCIO ★★
Regia di RAFFAELLO PACINI. Con GIORGIO ALBERTAZZI, ANNA MARIA FERRERO, ARNOLDO FOÀ, FRANCA MARZI. ■ Lorenzino de' Medici, cugino del duca Alessandro, signore di Firenze, cova il proposito di prendere il potere. Si finge vigliacco, buffone e ruffiano per conquistare l'amicizia del tiranno, poi lo uccide. Ma il popolo non insorge e non lo riconosce come suo nuovo capo. ■ STORICO; B/N; 91'; ITALIA, 1954.

LORENZINO DE' MEDICI ★★★
Regia di GUIDO BRIGNONE. Con ALESSANDRO MOISSI, GERMANA PAOLIERI, CAMILLO PILOTTO. ■ Stessa trama del film precedente. Brignone è più bravo di Pacini. ■ STORICO; B/N; 92'; ITALIA, 1935.

LORENZO VA IN LETARGO ★
Regia di VINCENZO DE CAROLIS DI PROSSEDI. Con DEBORAH COCCO, FRANCESCA FENATI, MARCO MINETTI. ■ Lorenzo riceve in eredità una casa al mare e una macchina del tempo capace di ibernarlo per il tempo desiderato. Per un decennio decide così di saltare la stagione fredda e di vivere soltanto in primavera e in estate. Ha però modo di innamorarsi di Carolina alla quale concede di sperimentare la macchina. Riassaporerà così il divenire delle stagioni divenendo più saggio e maturo. Si tratta di un film privo di qualsiasi elemento che lo elevi dal territorio del dilettantismo puro a cui è confinato. Allo spettatore non restano che le spiagge e le canzoni. È un po' poco. ■ COMMEDIA; COL.; 85'; ITALIA, 1992.

LORNA DOONE ★★★
Regia di BASIL DEAN. Con VICTORIA HOPPER, MARGARET LOCKWOOD, JOHN LODER. ■ 1625: una contea del Galles è ti-

ranneggiata dalla famiglia dei Doone, ma l'amore trova il modo di fiorire lo stesso tra John Ridd, il nemico giurato del clan, e Lorna, la bella figlia del vecchio Doone. John Ridd batterà i suoi nemici, ma il re d'Inghilterra riuscirà a fare in modo che la love story fra John e Lorna possa essere coronata. ■ AVVENTURA; B/N; 90'; GRAN BRETAGNA, 1934.

LORNA: TROPPO PER UN UOMO SOLO *(Lorna)* ★★
Regia di JOHN SONG. Con MICHAEL KANE, ANDREW LAWRENCE, HELEN WHITE. ■ Lorna è una bella donna matura, troppo irrequieta per il marito pantofolaio. Si lasciano. E se ne va anche la figlia. ■ DRAMMATICO; COL.; 92'; GRAN BRETAGNA, 1973.

LO SAI CHE I PAPAVERI... ★★
Regia di MARCELLO MARCHESI, VITTORIO METZ. Con CARLO CAMPANINI, WALTER CHIARI, ANNA MARIA FERRERO. ■ Un giovane professore di giorno è austero fino al ridicolo, di notte invece gira per i night. Una sua allieva innamorata scopre la doppia vita. ■ COMICO; B/N; 90'; ITALIA, 1952.

LOS ANGELES-CANNES SOLO ANDATA ★
(Ballad of the Nightingale)
Regia di GUY GREVILLE MORRIS. Con SEYMOUR CASSEL, MARIA GRAZIA CUCINOTTA, ENRICO LO VERSO, MICHAEL MADSEN, VIRGINIA MADSEN, ROBERT MIANO. ■ Squitieri ha perso quel nerbo che lo qualificava come un regista "anarchico di destra" in film come *Gli invisibili* e *Il pentito*. Propone così una romanzesca versione del "dopo-Garibaldi" in cui un ex camicia rossa torna nel proprio paese e assiste alle vessazioni compiute dal governo sabaudo. Si dà alla macchia per ricostituire il dominio borbonico ma si scontra con il generale Cialdini che si allea con la mafia e reprime il tentativo. Gli attori ci sarebbero (compreso un Lo Verso assurdamente doppiato) ma manca la voglia di andare al di là della polemica spicciola. ■ COMMEDIA; COL.; 88'; ITALIA, 1999.

LOS ANGELES QUINTO DISTRETTO DI POLIZIA ★★★
(The Blue Knight)
Regia di ROBERT BUTLER. Con SAM ELLIOTT, WILLIAM HOLDEN, LEE REMICK. ■ Basato su un romanzo di Joseph Wambaugh, il cantore della polizia americana (*I nuovi centurioni*, *I ragazzi del coro*, *Il campo di cipolle*). Protagonista è un anziano poliziotto alla vigilia della pensione. Sta per andarsene quando l'assassinio di una confidente, una prostituta, lo richiama velocemente in servizio. ■ GIALLO; COL.; 103'; USA, 1973.

LOS ANGELES SQUADRA CRIMINALE *(Hangup)* ★★
Regia di HENRY HATHAWAY. Con MARKI BEY, BILL ELLIOTT, CLIFF POTTS. ■ Un giovane poliziotto salva dalla droga una ex compagna di scuola. Sta per arrestare l'uomo che le procurava la droga quando apprende proprio da costui che la ragazza si prostituiva. Dopo un momento di sbandamento, e dopo l'uccisione della giovane donna da parte dello spacciatore, l'agente si scatena: uccide il trafficante, ma viene espulso dalla polizia. ■ POLIZIESCO; COL.; 94'; USA, 1974.

LOSERS, THE ★
Regia di SYLVAIN WHITE. Con IDRIS ELBA, CHRIS EVANS, JEFFREY DEAN MORGAN, ZOE SALDANA, COLUMBUS SHORT. ■ Un gruppo militare in missione in Bolivia disobbedisce agli ordini della CIA per salvare dei bambini da un bombardamento preordinato. Questi però verranno comunque uccisi e la colpa sarà fatta ricadere su di loro, creduti morti nel medesimo "incidente". In realtà il gruppo cerca di ritornare in patria e rimettere a posto le cose. L'obiettivo ora diventa scoprire chi ha tradito. ■ AZIONE; COL., 97'; USA, 2010.

LOST ANGELS ★★
Regia di HUGH HUDSON. Con ADAM HOROVITZ, AMY LOCANE, DONALD SUTHERLAND. ■ Presentato a Cannes nel 1989 giunge sugli schermi con un ritardo di due anni. Il regista (*Momenti di gloria* e *Revolution*) sembra indeciso tra un remake di *Gioventù bruciata* e un film giovanilistico anni Ottanta. Il risultato è un ibrido che comunque può piacere. Tim Doolan, interpretato dal cantante dei Beastie Boys, finisce in un riformatorio con un'amica. A denunciarli è stata la madre di lei, visto che i due sono entrati con l'automobile direttamente nella piscina e per di più sotto l'effetto di stupefacenti. Da questo guazzabuglio si salva il ragazzo, Adam Horovitz, con una buona interpretazione. ■ DRAMMATICO; COL.; 114'; USA, 1988.

LOST CITY, THE ★★
Regia di ANDY GARCIA. Con LORENA FEIJÓO, ANDY GARCIA, DUSTIN HOFFMAN, TOMAS MILIAN, BILL MURRAY, ELIZABETH PEÑA, INES SASTRE. ■ 1958, Havana, Cuba. Durante la dittatura di Batista, Fico Fellove, proprietario di un locale notturno, apprezzato e rinomato dal jet-set, appartiene a una famiglia ricca, unita, tradizionale, che si ritrova a tavola per il pranzo della domenica. All'improvviso due dei suoi fratelli manifestano interessi per la rivoluzione castrista che sta prendendo piede sull'isola, gli equilibri si spezzano, e tra musica, balli, amore e morte, qualcosa inizia radicalmente a cambiare. ■ DRAMMATICO; COL.; 143'; USA, 2005.

LOST DINOSAURS, THE *(The Dinosaur Project)* ★★
Regia di SID BENNET. Con PETER BROOKE, RICHARD DILLANE, STEPHEN JENNINGS, MATT KANE, NATASHA LORING. ■ Un gruppo di esploratori della British Cryptozoological Society va nella giungla del Congo per scoprire la verità sugli avvistamenti di un plesiosauro. A capo della spedizione è il noto Jonathan Marchant, supportato dal suo braccio destro Charlie. In Africa sono affiancati da Amara, con la compagnia a sorpresa di Luke, il figlio di Jonathan. Urtato da uno strano animale volante, l'elicottero precipita nella giungla. Il pilota muore e i sopravvissuti devono cavarsela da soli. Il film è il risultato della riduzione di oltre 100 ore di filmati della British Cryptozoological Society: è quindi un altro prodotto che ha la bonaria pretesa di farci credere che tutto quanto vediamo è vero. ■ AVVENTURA; COL.; 83'; GRAN BRETAGNA, 2012.

LOST IN SPACE – PERDUTI NELLO SPAZIO ★★
(Lost in Space)
Regia di STEPHEN HOPKINS. Con LACEY CHABERT, HEATHER GRAHAM, WILLIAM HURT, GARY OLDMAN, MIMI ROGERS. ■ Nel 2058 si è ormai certi che la Terra diverrà presto un pianeta inabitabile. La famiglia Robinson viaggia nello spazio alla ricerca di nuovi pianeti abitabili. Il debito alla serie televisiva è palese così come il distacco ironico dell'ex star William Hurt. ■ FANTASCIENZA; COL.; 126'; USA, 1998.

LOST IN TRASLATION – L'AMORE TRADOTTO ★★★🏆
Regia di SOFIA COPPOLA. Con SCARLETT JOHANSSON, BILL MURRAY, ANNA FARIS, GIOVANNI RIBISI. ■ Bob Harris è un divo della tv americana sul viale del tramonto: è a Tokyo per girare lo spot di un whisky, non parla giapponese, è insonne. Charlotte è una donna carina ma delusa: è a Tokyo al traino di suo marito fotografo di moda che non vede mai, non parla giapponese, è insonne. Anime simili che non possono che incrociarsi. Accade nei corridoi di un albergo, e da quel momento i due iniziano a farsi compagnia e a conoscersi meglio. Sofia Coppola sta dimostrando che buon sangue non mente. Avrebbe potuto ripercorrere la strada già battuta con ottimo esito ne *Il giardino delle vergini suicide*, suo film d'esordio. Invece affronta una commedia romantica che opera su due fronti. Da un lato lo straniamento di chi si trova in un Paese di cui non conosce la lingua. Dall'altro il nascere di un sentimento che, una volta tanto al cinema, non arriva al rapporto sessuale. La Coppola ha girato in sequenza (cosa piuttosto rara) per far sì che i due protagonisti (che non si conoscevano come i personaggi da loro interpretati) compissero nella realtà un percorso analogo a quello della finzione. L'esito è raffinato e brillante al contempo. La seconda prova (da sempre la più difficile) è stata superata con successo. ■ SENTIMENTALE; COL.; 105'; USA, 2003. ■ DAVID DI DONATELLO 🏆 1 NOM; GOLDEN GLOBES 🏆 3PR, 5 NOM; OSCAR 🏆 1 PR, 4 NOM.

LOST SOULS ★★
Regia di JANUSZ KAMINSKI. Con PHILIP BAKER HALL, BEN CHAPLIN, JOHN HURT, ELIAS KOTEAS, WINONA RYDER. ■ Maya è stata posseduta dal demonio ed ora ne paga le conseguenze psicologiche. Ma il demonio torna e, decide di entrare in un ateo razionalista, lo scrittore newyorkese Peter. Questi comincia a credere nell'esistenza del Diavolo e cerca di farsi aiutare proprio da Maya. Il regista è stato direttore della fotografia di *Schindler's Li-*

st. La trama è complicata per nascondere le manchevolezze della sceneggiatura, Winona Ryder stava meglio sotto i canini di Dracula e al critico che non vuole infierire non resta che dire: bella la fotografia ■ HORROR; COL.; 97′; USA, 2000.

LOTTA DEL SESSO SEI MILIONI DI ANNI FA, LA ★★ *(Creatures the World Forgot)*
Regia di VAL GUEST. Con ROSALIE CRUCHTLEY, JULIE EGE, BRIAN O'SHAUGHNESSY. ■ Agli albori della storia, i cavernicoli amano, duellano, uccidono mostri antidiluviani. Al centro della vicenda due fratelli che si contendono le grazie di una bella ragazza bionda. ■ FANTASCIENZA; COL.; 95′; GRAN BRETAGNA, 1970.

LOTTA PER LA LIBERTÀ *(Fight for Us)* ★★★
Regia di LINO BROCKA. Con DINA BONNEVIE, BEMBOL ROCO, PHILIP SALVADOR. ■ Presentato al Festival di Cannes. Uno dei migliori film degli anni Ottanta. Il più importante regista delle Filippine si ispira alla relazione di Amnesty International del 1988 per raccontare una serie di vicende legate ai diritti civili calpestati dalla violenza. ■ DRAMMATICO; COL.; 95′; USA, 1989.

LOTTA PER LA VITA *(Samaritan)* ★★
Regia di RICHARD T. HEFFRON. Con ROXANNE HART, JOE SENECA, MARTIN SHEEN, CICELY TYSON. ■ In una grande città, dove alla ricchezza più sfrenata fa riscontro la povertà senza speranza, un uomo si prodiga per aiutare le persone più bisognose, che lottano quotidianamente per sopravvivere. ■ DRAMMATICO; COL.; 95′; USA, 1987.

LOTTA PER LA VITA *(Aftermath: A Test of Love)* ★★
Regia di GLENN JORDAN. Con RICHARD CHAMBERLAIN, MICHAEL LEARNED. ■ Una tragedia familiare. Un uomo lotta per costruire un futuro alla propria famiglia che ha subito un'incredibile dramma. La moglie dell'uomo infatti è stata assassinata nel mezzo di una rapina e uno dei tre figli è stato seriamente ferito. Film televisivo non molto interessante. ■ DRAMMATICO; COL.; 100′; USA, 1991.

LOTTATORE, IL *(Flesh)* ★★★
Regia di JOHN FORD. Con WALLACE BEERY, RICARDO CORTEZ, KAREN MOGLEY. ■ Storia insolita e melodrammatica di un lottatore tedesco negli Stati Uniti, che si innamora di una ragazza di umili origini. ■ DRAMMATICO; B/N; 95′; USA, 1932.

LOTTE DI GIGANTI *(Furia do Ring – Lucha libre)* ★★
Regia di TITO DAVISON. Con RAFAEL DEL RIO, TITO JUNCO, GERMAN ROBLES. ■ L'impresario di una palestra che ospita incontri di lotta libera sfrutta ignobilmente i lottatori alle sue dipendenze. Alla fine costoro gli si ribellano. ■ DRAMMATICO; B/N; 92′; MESSICO, 1960.

LOTTE DI SPIE *(The Great Impersonation)* ★★
Regia di ALAN CROSLAND. Con VERA HENGEL, VALERIE HOBSON, EDMUND LOWE. ■ Battaglia di spie durante la prima guerra mondiale. Un agente segreto tedesco è il sosia di un gentiluomo inglese. Ne approfitta per prendere il suo posto. ■ SPIONAGGIO; B/N; 71′; USA, 1936.

LOTTE NELLA GIUNGLA ★
Regia di FRANK BUCK. ■ L'esploratore Frank Buck ha ripreso una spedizione di caccia grossa a cui ha partecipato in passato. ■ DOCUMENTARIO; B/N; 90′; USA, 1948.

LOTTE NELL'OMBRA ★★
Regia di DOMENICO GAMBINO. Con PAOLA BARBARA, ANTONIO CENTA, RENATO CIALENTE. ■ Tentativo di film spionistico autarchico. Protagonisti sono un inventore che ha ideato un nuovo esplosivo e il suo aiutante. Quest'ultimo viene rapito da una banda di spie straniere assieme alla segretaria, ma riesce a liberarsi. ■ SPIONAGGIO; B/N; 93′; ITALIA, 1939.

LOTTERIA, LA *(La Tarea)* ★★★
Regia di JAIME HUMBERTO HERMOSILLO. Con JOSÉ ALONSO, MARIA ROJO. ■ Hermosillo, dopo *Doña Herlinda e suo figlio*, torna con questo film quasi interamente (a esclusione di due scene) girato a camera fissa. Questo per creare l'effetto di una telecamera posizionata da una donna per riprendere di nascosto le prodezze sessuali di due amanti. Ci sarà una sorpresa finale. ■ COMMEDIA; COL.; 99′; MESSICO, 1990.

LOTTE SUL MARE *(Western Approaches)* ★★
Regia di PATRICK JACKSON. ■ Il documentario rievoca un episodio realmente accaduto della guerra sui mari rivissuto da alcuni sopravvissuti, la battaglia fra un U-boat germanico e un incrociatore inglese. ■ DOCUMENTARIO; B/N; 83′; GRAN BRETAGNA, 1944.

LOUIS DE FUNÈS E IL NONNO SURGELATO ★★ *(Hibernatus)*
Regia di EDOUARD MOLINARO. Con LOUIS DE FUNÈS, ELIETTE DEMAY, MARTINE KELLY, JACQUES LEGRAS. ■ Spassose disavventure di un malcapitato industriale parigino che vede arrivare il nonno della moglie, apparentemente sulla ventina, rimasto ibernato al Polo. ■ COMICO; COL.; 84′; FRANCIA, 1970.

LOUISE MICHEL *(Louise-Michel)* ★★
Regia di BENOÎT DELÉPINE, GUSTAVE DE KERVERN. Con ROBERT DEHOUX, SYLVIE VAN HIEL, JACQUELINE KNUYSEN, BOULI LANNERS, YOLANDE MOREAU ■ Prima vessate con orari e turni infami e successivamente lasciate senza un lavoro dall'improvvisa chiusura fallimentare dello stabilimento tessile dove lavorano, un pugno di operaie riunitesi per decidere che fare con i soldi della liquidazione optano per la scelta più sensata: usarli per assoldare un killer che uccida il padrone. Ma in una multinazionale non è sempre semplice capire chi sia il vero padrone. Scalcinati, incompetenti, spietati ma incredibilmente determinati a portare a termine il lavoro, un killer della domenica e una delle impiegate saranno disposti anche a viaggiare fuori dalla Francia su una barca di clandestini pur di trovare il vero padrone e farlo fuori. Questa storia semi-seria (ma esilarante) di come un pugno di impiegate siano diventate committenti di una strage di funzionari è uno dei film più autenticamente anarchici e surreali dell'anno. ■ COMMEDIA; COL.; 90′; FRANCIA, 2008.

LOUISIANA STORY ★★★★
Regia di ROBERT J. FLAHERTY. Con JOSEPH BOUDREAUX, FRANK HARDY. ■ Uno dei documentari più belli della storia del cinema, dell'autore di *Nanook l'esquimese* e dell'*Uomo di Aran*. Finanziato da una società petrolifera, descrive con grande vigore e con eccezionale senso dell'immagine le trivellazioni avvenute nelle paludi. ■ DOCUMENTARIO; B/N; 70′; USA, 1948. ■ OSCAR 1 NOM; VENEZIA 1 PR.

LOULOU ★★
Regia di MAURICE PIALAT. Con GÉRARD DEPARDIEU, ISABELLE HUPPERT, GUY MARCHAND. ■ Loulou, "vitellone" di periferia, incontra in discoteca Nelly, moglie insoddisfatta, che lascia il marito per vivere con lui. Quando Nelly rimane incinta, lui promette di mettersi al lavoro, ma lei non ci crede e abortisce. ■ DRAMMATICO; COL.; 110′; FRANCIA, 1980.

LOURDES ★★★
Regia di JESSICA HAUSNER. Con ELINA LÖWENSOHN, LEA SEYDOUX, SYLVIE TESTUD, BRUNO TODESCHINI. ■ Christine è una giovane donna costretta sulla carrozzella dalla sclerosi multipla. Rassegnata alla sua condizione, partecipa a un pellegrinaggio a Lourdes, con la speranza di riacquistare almeno un po' di serenità. Sorride sempre, cerca la conversazione con i giovani volontari dell'organizzazione, si appiglia all'espressività del volto, l'unica parte del corpo che riesce a muovere. Quando i giorni di vacanza stanno per concludersi, accade il miracolo: Christine, piano piano, riacquista sensibilità alle dita, poi alle braccia e alle gambe, fino ad appoggiare i piedi a terra e cominciare a camminare. La guarigione improvvisa sorprende tutti e innesca sentimenti complessi. Nel frattempo Christine si gode il piccolo momento di felicità, in attesa di sicurezze maggiori. ■ DRAMMATICO; COL.; 99′; AUSTRIA, FRANCIA, GERMANIA, 2009.

LOU REED'S BERLIN ★★★
Regia di JULIAN SCHNABEL. Con LOU REED, EMMANUELLE SEIGNER. ■ Nel 1973 Lou Reed dà alla luce *Berlin*, un concept album che si rivela essere un fiasco commerciale. Nei successivi trentatré anni il disco non viene mai eseguito dal vivo finché, in una notte di dicembre del 2006, il cantante decide di offrirsi all'obiettivo di Julian Schnabel per documentarne la prima esecuzione nel concerto che lo vede protagonista al St. Ann's Wa-

rehouse di Brooklyn. L'opera di Schnabel non è un semplice film concerto. ■ DOCUMENTARIO; COL.; 85'; USA, 2007.

LOVE ★

Regia di VLADAN NIKOLIC. Con AL NAZ, ERIC FRANDSEN, DIDIER FLAMAND, KERRY ROSSI, GENO LECHNER, LIAT GLICK, MARIANO MEDEROS, MARIO PADULA, PETER GEVISSER, SERGEJ TRIFUNOVIC, VIJA VETRA. ■ Vanya (per gli amici "zio") è un giovane malavitoso balcanico che opera a New York e non ha dimenticato la sua ex, Anna. Lei nel frattempo si è sistemata con un poliziotto, e quando le strade del protagonista e della coppia si incrociano, i tre finiranno intrappolati in un gorgo di passione e violenza. ■ THRILLER; COL.; 90'; USA, 2005.

LOVE ACTUALLY – L'AMORE DAVVERO ★★★

(Love Actually)

Regia di RICHARD CURTIS. Con ROWAN ATKINSON, ELISHA CUTHBERT, COLIN FIRTH, HUGH GRANT, KEIRA KNIGHTLEY, MARTINE MCCUTCHEON, LIAM NEESON, DENISE RICHARDS, ALAN RICKMAN, EMMA THOMPSON, BILLY BOB THORNTON. ■ Pochi giorni a Natale in una Londra dove l'amore è dappertutto. Dieci storie di ogni risma si intrecciano a formarne una sola: Hugh Grant è il nuovo premier appena insediatosi e si innamora di una ragazza del suo staff; sua sorella (Emma Thompson) è convinta di essere cornificata dal marito (Alan Rickman) che in effetti è molto attratto da una collega, che già aveva fatto perdere la testa ad uno scrittore (Colin Firth), il quale fugge in Francia per dimenticarla e lì... Si avvicina il Natale, verso cui convergono tutte queste storie. Non è facile parlare d'amore al cinema affrontando l'argomento come base di un film che non voglia essere solo puro intrattenimento. Richard Curtis c'è riuscito grazie a un cast davvero ben selezionato e a una sceneggiatura che funziona. Due elementi di cui molte produzioni pensano di poter fare a meno. ■ COMMEDIA; COL.; 129'; GRAN BRETAGNA, 2003. ■ GOLDEN GLOBES 2 NOM.

LOVE AFFAIR – UN GRANDE AMORE *(Love Affair)* ★★

Regia di GLENN GORDON CARON. Con WARREN BEATTY, ANNETTE BENING, KATHARINE HEPBURN. ■ È la terza volta che la storia di *Love Affair* compare sullo schermo. In precedenza accadde nel 1939 e nel 1957. Ora tocca a Beatty e alla Bening misurarsi con un re-remake con tutte le conseguenze del caso. ■ COMMEDIA; COL.; 108'; USA, 1994.

LOVEBIRDS – UNA STRANA VOGLIA D'AMARE ★★

Regia di MARIO CAIANO. Con LYDIA ALFONSI, CLAUDINE AUGER, GIANCARLO SBRAGIA. ■ Due coppie sorprese da un temporale trovano riparo in una lussuosa casa di campagna abitata da due coniugi e da un misterioso maggiordomo. Turbati dalla strana atmosfera dell'abitazione, i viaggiatori si abbandonano ad una serie di giochi erotici. ■ DRAMMATICO; COL.; 93'; ITALIA, 1970.

LOVE BITES – IL MORSO DELL'ALBA ★★

(Les morsures de l'aube)

Regia di ANTOINE DE CAUNES. Con ASIA ARGENTO, GUILLAUME CANET, JOSÉ GARCIA, GÉRARD LANVIN, VINCENT PEREZ. ■ Tratto dall'omonimo romanzo di Tonino Benacquista, il film racconta di Antoine, un giovane che vive soprattutto la notte, girando tra i locali notturni: affascinato dal misterioso Etienne, che come lui ama la notte, e da sua sorella Violaine, il giovane cerca di capire cosa nasconde veramente l'amico, che sospetta essere un moderno vampiro. Il problema del film è che è francese e la distribuzione italiana (credendo maldestramente di attirare più pubblico) lo ha fatto uscire con un titolo inglese. Per il resto nulla da segnalare tranne la presenza, di Asia Argento in versione darkeggiante. ■ THRILLER; COL.; 95'; FRANCIA, 2001.

LO VEDI COME SEI? ★★

Regia di MARIO MATTOLI. Con CARLO CAMPANINI, ERMINIO MACARIO, CARLO RIZZO. ■ Uno dei film più noti interpretati da Macario nel suo periodo di massimo successo. La vicenda ruota attorno all'eredità di un milionario, che ha nominato eredi i cugini purché, prima, essi riescano a dilapidare tutte le loro sostanze. ■ COMICO; B/N; 75'; ITALIA, 1939.

LOVE DREAM ★★

Regia di CHARLES FINCH. Con CHRISTOPHER LAMBERT, DIANE LANE, FRANCESCO QUINN. ■ Un cantante rock di successo, depresso per la morte del fratello, si ritira in un'isola deserta. Un giorno il mare gli porta un'anfora da cui esce una bellissima incorporea sirena che esaudisce tutti i suoi desideri. ■ FANTASTICO; COL.; 89'; ITALIA, 1988.

LOVE, ETC. ★★★

Regia di MARION VERNOUX. Con YVAN ATTAL, CHARLES BERLING, CHARLOTTE GAINSBOURG. ■ Benoît conosce Marie mediante un'inserzione. Quando stanno per sposarsi, la donna si innamora dell'amico di lui Pierre. Il matrimonio va a monte. All'alba del nuovo millennio si ritroveranno tutti e tre insieme. Tratto da un libro di Julian Barnes il film è un interessante e non banale omaggio a Truffaut. ■ SENTIMENTALE; COL.; 105'; FRANCIA, 1996.

LOVE & UNA 45 *(Love and a 45)* ★

Regia di C. M. TALKINGTON. Con GIL BELLOWS, RORY COCHRANE, RENEE ZELLWEGER. ■ La classica storia di una coppia alla Bonnie & Clyde rivisitata secondo l'estetica di Tarantino e con un montaggio alla *Natural Born Killers* di Oliver Stone. Citazione, omaggio, imitazione tentano di amalgamarsi. ■ DRAMMATICO; COL.; 101'; USA, 1994.

LOVE & SECRETS *(All Good Things)* ★★

Regia di ANDREW JARECKI. Con KIRSTEN DUNST, RYAN GOSLING, FRANK LANGELLA, LILY RABE, KRISTEN WIIG. ■ David Marks è figlio di una facoltosa famiglia newyorkese occupata nell'immobiliare. Introverso e irrequieto, David sogna un'attività tutta sua e cova un segreto. Innamoratosi di Katie, affittuaria in uno dei tanti appartamenti fatiscenti dei Marks, David la sposa e dopo una breve fuga rientra in seno alla famiglia e ai suoi affari. L'amore di Katie non è sufficiente però a cacciare i fantasmi del passato: una madre morta suicida davanti ai suoi occhi. David in seguito all'evento sembra aver maturato un risentimento che sfoga con preoccupanti attacchi di violenza. A pagare il conto è la giovane moglie, che prova a sopravvivere ai soprusi e agli abusi. Un aborto e troppe botte dopo, Katie scompare per sempre. Vent'anni dopo, un procuratore in carriera politica riaprirà il caso e David verrà processato e chiamato a deporre la sua verità. Dentro una cornice giudiziaria, *Love & Secrets* è un film sui pericoli sotto il focolare domestico. Il David di Ryan Gosling è ispirato a Robert Durst, rampollo di una ricca famiglia di imprenditori immobiliari, sospettato di aver ucciso la giovane moglie, scomparsa nel 1982, e poi prosciolto dall'accusa. ■ DRAMMATICO; COL.; 101'; USA, 2010.

LOVE IS ALL YOU NEED ★★

Regia di SUSANNE BIER. Con KIM BODNIA, PIERCE BROSNAN, TRINE DYRHOLM, SEBASTIAN JESSEN, PAPRIKA STEEN. ■ Ida ha avuto un cancro al seno e, nonostante la chemioterapia sia terminata, le sue paure non sono finite. Alla vigilia del matrimonio di sua figlia Astrid in Italia, scopre che il marito, che credeva un sostegno sicuro e incrollabile, l'ha sostituita con una collega senza troppo cervello. Come se non bastasse, la sua auto si avventa in aeroporto contro l'auto del padre dello sposo, ammaccandola brutalmente e scatenando la sua ira. Ma Philip è un uomo che ha represso la rabbia troppo a lungo e Ida è la donna che sta per cambiarlo per sempre. *Love is all you need* s'inscrive nel genere "sentimentale" ma nel quale la commedia abbonda, a tratti ironica e a tratti usurata. La Bier racconta ancora il rapporto tra uomo e donna a modo suo. ■ COMMEDIA; COL.; 90'; DANIMARCA, SVEZIA, ITALIA, FRANCIA, GERMANIA, 2012.

LOVE IS THE DEVIL ★★

Regia di JOHN MAYBURY. Con DANIEL CRAIG, DEREK JACOBI, ANNE LAMBTON, ADRIAN SCARBOROUGH, TILDA SWINTON. ■ Il problema della biografia è quello di doversi confrontare con una realtà (la vita del personaggio) che richiede di essere interpretata. La vita di Francis Bacon e il suo amore per l'inadeguato George Dyer vengono raccontati con una commistione tra opere in decomposizione, circoli intellettuali omosessuali e voglia di mélo. La noia si insinua un po' troppo spesso tra le sequenze. ■ BIOGRAFICO; COL.; 90'; GRAN BRETAGNA, 1998.

LOVE KILLS ★★

Regia di BRIAN GRANT. Con ERICH ANDERSON, VIRGINIA MAD-

SEN, LENNY VON DOHLEN, MICHAEL FLYNN. ■ Rebecca è sposata con uno psicologo criminale. Si innamora di un fotografo, ma i due sono spiati e il pericolo incombe. ■ THRILLER; COL.; 84′; USA, 1991.

LOVELESS, THE ★★
Regia di KATHRYN BIGELOW. Con WILLEM DAFOE, J. DON FERGUSON, ROBERT GORDON, MARIN KANTER. ■ Il primo film della regista americana. Fine anni Cinquanta: una banda di motociclisti diretta in Florida per una gara si ferma per uno spuntino in un paesino del Sud. Il capo seduce una minorenne che ha un padre vendicativo. ■ DRAMMATICO; COL.; 84′; USA, 1981.

LOVELY RITA ★★★
Regia di JESSICA HAUSNER. Con CRISTOPH BAUER, KARINA BRANDLMAYR, WOLFGANG KOSTAL, BARBARA OSIKA. ■ Rita è un'adolescente che vive in una tranquilla cittadina austriaca. La sua vita è divisa tra una rigida scuola cattolica e una famiglia opprimente: una situazione difficile da sostenere per la giovane, che invece ha un carattere ribelle. Il rifiuto di questo mondo si concretizza prima in alcune piccole disobbedienze, poi con vere e proprie trasgressioni, in un crescendo che la porterà a fuggire da casa, il più lontano possibile, oltre la frontiera. Un film che presenta, senza compiacimento né sensazionalismo, la storia di un'adolescenza difficile e i drammi che possono essere generati all'interno della rassicurante "normalità" di una famiglia qualunque. ■ DRAMMATICO; COL.; 79′; AUSTRIA, 2000.

LOVEMAKER – L'UOMO PER FARE L'AMORE ★★
Regia di UGO LIBERATORE. Con CHRISTIANE KRUGER, DORIS KUNSTMANN, ANTONIO SABATO. ■ Un ingegnere italiano in Germania subisce i pregiudizi e il disprezzo dei tedeschi, ma si vendica facendo valere nei confronti delle ragazze locali il suo fascino latino. ■ DRAMMATICO; B/N; 99′; ITALIA, 1969.

LOVE + HATE ★★
Regia di DOMINIC SAVAGE. Con MIRIAM ALI, DEAN ANDREWS, SAMINA AWAN, ALIYA BHATTI, NICHOLA BURLEY, TOM HUDSON, RYAN LESLIE, PETER O'CONNOR, MOHAMMED RAFIQUE, WAS ZAKIR. ■ In una città industriale dell'Inghilterra del Nord degli anni Duemila un ragazzo inglese e una ragazza pakistana di fede musulmana s'innamorano. E iniziano ad affrontare un amore impossibile, ostacolato da amici, parenti e dalla società: tutti vedono nella differenza religiosa, nella diversità culturale e sociale un problema irrisolvibile, una bomba a orologeria pronta a esplodere in qualsiasi momento. Reduce da numerosi e pluripremiati documentari, approda così al suo primo lungometraggio di finzione per il grande schermo Dominic Savage: con un dramma razziale contemporaneo, intriso di passione e odio, di fede e sentimenti contrastanti. ■ DRAMMATICO; COL.; 86′; GRAN BRETAGNA, IRLANDA, 2005.

LOVERBOY ★★
Regia di KEVIN BACON. Con KEVIN BACON, SOSIE BACON, SANDRA BULLOCK, MATT DILLON, OLIVER PLATT, KYRA SEDGWICK, MARISA TOMEI. ■ Emily a trent'anni, non sposata, diventa madre di Paul. La donna ha idee particolari sulla vita, è una trasgressiva a oltranza, dunque decide che suo figlio dovrà crescere con dei modelli diversi, visto quelli che ci propone la società. Solo che il rapporto col bambino, isolato da tutto e da tutti, diventa morboso. Ma Paul, giunto in età da scuola, sente il bisogno di conoscere gli altri, e la "coppia" entra in crisi. ■ SENTIMENTALE; COL.; 83′; USA, 2005.

LOVERS – FRENCH DOGMA #1 *(Lovers)* ★★
Regia di JEAN-MARC BARR. Con ELODIE BOUCHEZ, IRINA DECERNIC, SERGEJ TRIFUNOVIC. ■ Parigi. Una francese e uno jugoslavo si incontrano e nasce una storia d'amore, ma lui non ha il permesso di soggiorno. Cercano di nascondersi ma la legge incombe. Girato secondo le regole del Dogma di Lars von Trier. ■ COMMEDIA; COL.; 96′; FRANCIA, 1999.

LOVER'S PRAYER ★★
Regia di REVERGE ANSELMO. Con KIRSTEN DUNST, NATHANIEL PARKER, NICK STAHL, JULIE WALTERS. ■ Vladimir è un giovane borghese nella Russia dell'Ottocento. Durante le vacanze estive si innamora della seducente e maliziosa Zinaide, figlia di una principessa spiantata e volgare. Nonostante l'opposizione della madre, Vladimir non rinuncia a corteggiarla cercando di rintuzzare le avances nei confronti della fanciulla portate da uomini ben più maturi di lui e della stessa Zinaide. Alla sua vicenda amorosa fa quasi da specchio quella tra una serva e uno stalliere. La donna è sposata ed ha un figlio: tutto per lei cambia quando il marito torna dalla guerra. ■ DRAMMATICO; COL.; 106′; GRAN BRETAGNA, USA, 2000.

LOVE SONG *(Monrak Transistor)* ★★
Regia di PEN-EK RATANARUANG. Con SUPAKORN KITSUWON, BLACK PHOMTONG, SIRIYAKORN PUKKAVESH. ■ Il sogno di Pan è diventare un famoso cantante. In un locale dove si esibisce conosce Sadaw, una ballerina. Superati alcune traversie, i due giovani riescono a sposarsi, ma presto arriva la guerra a separarli. Pan, però, non sopporta gli obblighi del servizio militare e riesce a disertare e a raggiungere Bangkok dove crede potrà coronare il suo sogno. Commedia tailandese da esportazione. Gradevole quanto basta per poter essere proiettata sulle linee aeree nazionali. ■ MUSICAL; COL.; 112′; THAILANDIA, 2003.

LOVEST ★
Regia di GIULIO BASE. Con GIULIO BASE, BARBARA DE PACE, MARIANGELA FREMURA, ALESSANDRO GASSMAN, GIANMARCO TOGNAZZI. ■ Due amici italiani si concedono una vacanza negli States. Percorrono tutti i luoghi canonici di un viaggio da costa a costa. Ogni elemento umano o paesaggistico viene coinvolto in una banalizzazione generalizzata. Privo di qualsiasi linea di lettura, si tratta di un viaggio verso il nulla cinematografico. ■ COMMEDIA; COL.; 96′; ITALIA, 1997.

LOVE STORY ★★★
Regia di ARTHUR HILLER. Con ALI MACGRAW, JOHN MARLEY, RAY MILLAND, RYAN O'NEAL. ■ Uno studente di buona famiglia in un college s'innamora di una ragazza di origine italiana. Si sposano. Lui continua a studiare e a litigare con il padre. Poi lei muore, a ventiquattro anni. ■ DRAMMATICO; COL.; 99′; USA, 1971. ■ DAVID DI DONATELLO 2 PR, 2 NOM; OSCAR 1 PR, 7 NOM.

LOVE STORY A BANGKOK *(Wenn du bei mir bist)* ★★
Regia di FRANZ JOSEF GOTTLIEB. Con ROY BLACK, ZENIA MERTON, ANGELICA OTT. ■ Un aereo di linea tedesco è in volo verso l'Oriente. A bordo ci sono il comandante, il suo vice, tre hostess e tre ladri che cercano di fuggire a Bangkok. Due hostess trovano l'amore, il comandante si dichiara alla terza, il vice seduce la figlia di un rajah e i ladri vengono puniti. ■ COMMEDIA; COL.; 93′; GERMANIA, 1973.

LOVE STREAMS – SCIA D'AMORE ★★★
Regia di JOHN CASSAVETES. Con DIAHNNE ABBOTT, JOHN CASSAVETES, SEYMOUR CASSEL, GENA ROWLANDS. ■ Robert è uno scrittore di successo con un matrimonio fallito alle spalle, che passa la vita tra donne e champagne. Sua sorella Sarah, sensibile e psicologicamente fragile, è reduce da un divorzio straziante e dalla perdita della figlia Susan, che ha scelto di vivere con il padre. Fratello e sorella, per un breve periodo, vivono insieme, unendo le loro solitudini e confortandosi a vicenda. Lei si riunirà alla sua famiglia, lui resterà più solo che mai, pur con tutte le sue amanti occasionali. Ottima interpretazione di Cassavetes e signora, premiata a Berlino con l'Orso d'Oro 1984. ■ DRAMMATICO; COL.; 141′; USA, 1983. ■ BERLINO 1 PR.

LOVING, GIOCO CRUDELE *(Loving)* ★★
Regia di IRVIN KERSHNER. Con STERLING HAYDEN, EVA MARIE SAINT, ROY SCHEIDER, GEORGE SEGAL. ■ Un disegnatore pubblicitario è in piena crisi, nel lavoro e negli affetti. Si trova a dover lavorare per un ex camionista, la moglie non gli dà tregua, il marito dell'amante sospetta qualcosa. ■ COMMEDIA; COL.; 90′; USA, 1969.

LO VOGLIO MASCHIO ★
Regia di UGO SAITTA. Con LEO GULLOTTA, TUCCIO MUSUMECI, UMBERTO SPADARO. ■ Un barone siciliano spera di esser nominato erede universale dalla ricchissima zia. Ma costei gli preferisce il cugino che ha saputo assicurare la discendenza maschile (il barone invece non riesce ad avere un figlio maschio). ■ COMMEDIA; COL.; 91′; ITALIA, 1971.

LO VOGLIO MORTO ★★
Regia di PAOLO BIANCHINI. Con ANDREA BASIC, CRAIG HILL, LEA MASSARI. ■ Un cowboy del Texas, Clayton, mentre è ancora in corso la guerra di Secessione, scopre, per caso, l'esistenza di un complotto per far fallire le trattative di pace fra nordisti e sudisti. Chi tira le fila è un mercante d'armi che vedrebbe i propri affari compromessi dalla fine delle ostilità. Il cowboy manderà a monte la macchinazione. ■ WESTERN; COL.; 90'; ITALIA, 1967.

LOWER CITY *(Cidade Baixa)* ★★
Regia di SERGIO MACHADO. Con ALICE BRAGA, HARILDO DEDA, JOSÉ DUMONT, WAGNER MOURA, LÁZARO RAMOS. ■ Deco e Naldinho sono amici sin dall'infanzia e tirano a campare trasportando merci a bordo della loro fatiscente barca a motore. In uno dei loro tragitti incontrano Karinna, una spogliarellista e prostituta diretta a Salvador in cerca di lavoro, e le offrono un passaggio in cambio di favori sessuali. Durante una sosta nella città di Cachoeira, dove assistono a una lotta tra galli, vengono coinvolti in una rissa dove ci scappa il morto. Costretti a darsi alla fuga, i tre raggiungono Salvador dove i loro destini s'intrecceranno indissolubilmente. ■ DRAMMATICO; COL.; 100'; BRASILE, 2005.

LSD ★★
Regia di MASSIMO MIDA. Con GUY MADISON, FRANCA POLESELLO, MARIO VALGOI. ■ Una potente banda intenderebbe sfruttare l'Lsd come arma da usare in guerra. Un agente speciale entra nel "giro" e si guadagna la fiducia dei capi. ■ SPIONAGGIO; B/N; 91'; ITALIA, 1966.

LUANA LA FIGLIA DELLA FORESTA VERGINE ★★
Regia di ROBERTO INFASCELLI. Con MEI CHEN, EVI MARANDI, GLENN SAXSON, PIETRO TORDI. ■ Una spedizione s'addentra nel cuore della giungla per ritrovare le tracce di un famoso scienziato scomparso molto tempo prima. Alla carovana s'aggrega anche il fratello dello scienziato, che in realtà vuole mettere fuori pista i ricercatori. Ma verrà scoperto e punito, anche per merito di Luana, una specie di Tarzan al femminile. ■ AVVENTURA; COL.; 90'; ITALIA, 1967.

LUANA LA VERGINE SACRA *(Bird of Paradise)* ★★
Regia di KING VIDOR. Con LON CHANEY JR, DOLORES DEL RIO, RICHARD SKEETS GALLAGHER, JOHN HALLIDAY, JOEL MCCREA, BERT ROACH. ■ Romanzesche avventure di un uomo che sposa una bella indigena delle isole della Polinesia. ■ AVVENTURA; B/N; 80'; USA, 1932.

LUCA BAMBINO MIO ★
Regia di RAMON FERNANDEZ. Con NINO DEL ARCO, PAUL STEVENS, PILAR VELASQUEZ. ■ Da quando il padre è scomparso in mare, Luca, ragazzino introverso, si è affidato non alla mamma, ma a Juan, un pescatore che lo alleva con notevoli sacrifici. Ma anche Juan scompare in un naufragio. Interviene allora un personaggio soprannaturale a ridargli fiducia. Luca ritrova la mamma. ■ DRAMMATICO; B/N; 94'; ITALIA, SPAGNA, 1972.

LUCA IL CONTRABBANDIERE ★★
Regia di LUCIO FULCI. Con GUIDO ALBERTI, MARCEL BOZZUFFI, SAVERIO MARCONI, IVANA MONTI, FABIO TESTI, VENANTINO VENANTINI, AJITA WILSON. ■ A Napoli Luca, "onesto" contrabbandiere, lotta contro un terribile boss marsigliese che giunge a rapirgli la moglie. Interverrà il suocero, boss della camorra, a fare giustizia. ■ POLIZIESCO; COL.; 92'; ITALIA, 1980.

LUCAS ★★
Regia di DAVID SELTZER. Con COREY HAIM, CHARLIE SHEEN. ■ Le disavventure sentimentali di un adolescente che vuole diventare scienziato. Per conquistare l'amata si cimenterà come giocatore di football, ma senza successo. Almeno gli altri lo prenderanno sul serio. Piacevole quando non cade nel manierato. Una delle prime interpretazioni di Charlie Sheen. ■ COMMEDIA; COL.; 96'; USA, 1986.

LUCCIOLA, LA *(The Firefly)* ★★★
Regia di ROBERT Z. LEONARD. Con ALLAN JONES, JEANETTE MACDONALD, WARREN WILLIAM. ■ Una ragazza spagnola, la cui casa è stata distrutta dalle truppe napoleoniche, decide di diventare una spia a favore del suo paese. Gira nelle taverne cantando canzoni popolari e intanto raccoglie preziose informazioni. Alla fine i francesi devono abbandonare la Spagna. La ragazza, salvatasi per miracolo, sposa un ufficiale. ■ COMM. MUSICALE; B/N; 131'; USA, 1938.

LUCE CHE SI SPENSE, LA *(The Light that Failed)* ★★
Regia di WILLIAM A. WELLMAN. Con RONALD COLMAN, WALTER HUSTON, IDA LUPINO. ■ Dal romanzo di Rudyard Kipling. È la storia di un giovane corrispondente di guerra che durante un combattimento riporta una grave ferita alla testa. Non muore ma diventa cieco. ■ DRAMMATICO; B/N; 97'; USA, 1939.

LUCE CHE TORNA, LA *(Marianela)* ★★
Regia di BENITO PEROJO. Con RAFAEL LUIS CALVO, MARIA MERCADER, JULIO PENA. ■ Una giovane ragazza orfana e poco avvenente accetta di prendersi cura di un giovane cieco. I due s'innamorano. Lui la crede bella, ma quando riacquista la vista le preferisce una cugina. La trovatella, disperata, si uccide. ■ DRAMMATICO; B/N; 90'; SPAGNA, 1940. ■ VENEZIA 1 PR.

LUCE DEI MIEI OCCHI ★★★
Regia di GIUSEPPE PICCIONI. Con TONI BERTORELLI, SANDRA CECCARELLI, LUIGI LO CASCIO, SILVIO ORLANDO. ■ Antonio è un autista al servizio di clienti importanti a Roma. Maria è proprietaria di un negozio di surgelati che non ha una grossa clientela. Maria ha un legame sbagliato alle spalle che le ha dato una figlia che ama ma che i nonni paterni vogliono sottrarle. Antonio la incontra casualmente, ma la donna si protegge e ne respinge l'amicizia. Finché instaura con lui un rapporto senza però considerarlo impegnativo. Antonio le resta accanto senza pretendere nulla in cambio, fino al punto di perdere il lavoro per mettersi al servizio dell'uomo che ricatta Maria. Dopo il successo non solo italiano di *Fuori dal mondo*, Piccioni torna sul grande schermo con un film che convince, continuando a proporre con costanza e profonda sensibilità, le derive sentimentali della gente comune. ■ DRAMMATICO; COL.; 120'; ITALIA, 2001. ■ VENEZIA 2 PR.

LUCE DEL CREPUSCOLO, LA *(In The Gloaming)* ★★
Regia di CHRISTOPHER REEVE. Con GLENN CLOSE, BRIDGET FONDA, WHOOPI GOLDBERG, ROBERT SEAN LEONARD. ■ Questo mediometraggio per la tv segna l'esordio alla regia dell'attore Reeve, ex-Superman. Il cast è di tutto rispetto,ma il risultato non va oltre la sufficienza. Danny è malato di Aids e torna a casa dai genitori e dalla sorella. Tutti cercano di evitare di parlare della sua malattia e vogliono che il ragazzo trascorra al meglio gli ultimi mesi di vita. Un'infermiera aiuterà la madre di Danny a superare il dolore e a recuperare un giusto rapporto con il figlio. ■ DRAMMATICO; COL.; 58'; USA, 1997.

LUCE DEL GIORNO, LA *(InThe Light of Day)* ★★★
Regia di PAUL SCHRADER. Con MICHAEL J. FOX, JOAN JETT, GENA ROWLANDS. ■ Fratello e sorella suonano in un complesso, ma le cose non vanno molto bene. Lui va a lavorare in fabbrica, lei, che ha avuto un figlio illegittimo, parte con un altro complesso dopo una violenta lite, lasciando il bambino al fratello e alla madre. Si riappacificano quando la madre muore di cancro. ■ DRAMMATICO; COL.; 104'; USA, 1987.

LUCE DEL LAGO, LA ★★
Regia di FRANCESCA COMENCINI. Con NICOLE GARCIA, FRANCESCA ROMANA PRANDI, WADECK STANCZAK. ■ Marco, per sfuggire alla malavita, si rifugia in un villaggio delle Prealpi francesi. Qui, vicino a un piccolo lago isolato, vive Carlotta, nota scrittrice. I due si innamorano, ma Marco viene ucciso da due killer e Carlotta risprofonda nella sua solitudine. ■ DRAMMATICO; COL.; 93'; ITALIA, 1989.

LUCE DEL MONDO, LA ★★
Regia di GENNARO RIGHELLI. Con CESARE BETTARINI, KIKI PALMER, CORRADO RACCA. ■ Da un romanzo di Lucio D'Ambra. Un giovane, figlio naturale di un nobile, fa la vita del playboy. Ignora che sua madre lavora al castello paterno come governante. ■ DRAMMATICO; B/N; 93'; ITALIA, 1935.

LUCE DI GLORIA *(Molly and Me)* ★★
Regia di ALBERT RAY. Con BELLE BENNETT, JOE E. BROWN. ■ Storia di una strana coppia: mentre lei è abile e intelligente, lui si dimostra un mediocre; ma un giorno il giovane si riabilita. Diventerà ricco e famoso. ■ COMMEDIA; B/N; 92'; USA, 1929.

LUCE NEL BUIO, UNA *(Love Leads the Way)* ★★
Regia di DELBERT MANN. Con TIMOTHY BOTTOMS, ARTHUR HILL, EVA MARIE SAINT. ■ Un ragazzo appassionato di boxe perde la vista nel corso di un incontro. Invece di arrendersi, il giovane seguita ad allenarsi grazie all'aiuto di un cane addestrato alla guida dei ciechi. Prodotto dalla Walt Disney. Bravo Timothy Bottoms. ■ COMMEDIA; COL.; 95′; USA, 1984.

LUCE NELLA PIAZZA *(Light in the Piazza)* ★★
Regia di GUY GREEN. Con ROSSANO BRAZZI, OLIVIA DE HAVILLAND, GEORGE HAMILTON, YVETTE MIMIEUX. ■ Due turiste americane, madre e figlia, in vacanza a Firenze. La ragazza s'innamora del figlio di un nobile fiorentino. Ma la love story è vista con preoccupazione dai genitori, per il fatto che la ragazza ha problemi psichici. L'amore troverà egualmente il modo di trionfare. ■ COMMEDIA; COL.; 101′; USA, 1963.

LUCE NELLE TENEBRE ★★
Regia di MARIO MATTOLI. Con CLARA CALAMAI, FOSCO GIACHETTI, ALIDA VALLI. ■ Due sorelle, una semplice e schietta, l'altra frivola, si contendono l'amore di un giovane ingegnere che fa innamorare la prima, ma si fidanza con la seconda. Quando lui rimane vittima di un incidente, che gli fa perdere la vista, la fidanzata lo tradisce, mentre l'altra lo assiste con devozione. Virtù e sacrifici vengono premiati. ■ DRAMMATICO; B/N; 91′; ITALIA, 1940.

LUCE NELL'OMBRA, UNA *(Nobody Lives for Ever)* ★★★
Regia di JEAN NEGULESCO. Con WALTER BRENNAN, GERALDINE FITZGERALD, JOHN GARFIELD. ■ Un proprietario di night, finito in galera per colpa del socio e dell'amante, quando esce si prende le sue vendette. Poi organizza un colpo grosso, prendendo come bersaglio una giovane e ricca signora. Ma s'innamora e si pente. ■ GIALLO; B/N; 100′; USA, 1945.

LUCE ROSSA, LA *(Red Light)* ★★
Regia di ROY DEL RUTH. Con RAYMOND BURR, VIRGINIA MAYO, GEORGE RAFT, GENE LOCKHART. ■ Un mascalzone, per vendicarsi dell'uomo che l'ha fatto condannare, s'accorda con un sicario per uccidere il fratello del suo nemico. ■ GIALLO; B/N; 83′; USA, 1950.

LUCERTOLA CON LA PELLE DI DONNA, UNA ★★
Regia di LUCIO FULCI. Con STANLEY BAKER, FLORINDA BOLKAN, LEO GENN, JEAN SOREL. ■ Una bella donna, moglie di un avvocato, confida al suo psichiatra di aver sognato che ammazzavano una sua vicina di casa. Qualche giorno dopo la vicina viene ammazzata davvero. ■ GIALLO; COL.; 91′; ITALIA, 1971.

LUCE SUL MONTE, LA ★★
Regia di MARIO COSTA. ■ Un documentario prodotto dalla Cei-Incom. Dura cinquanta minuti e mostra Roma coi suoi monumenti, che furono teatro delle storie dei papi. ■ DOCUMENTARIO; B/N; 50′; ITALIA, 1959.

LUCE VERDE, LA *(Green Light)* ★★
Regia di FRANK BORZAGE. Con ERROL FLYNN, SIR CEDRIC HARDWICKE, ANITA LOUISE. ■ Un giovane dottore rischia la vita per trovare un nuovo vaccino. Viene contagiato, ma si salva e conquista l'amore di una ragazza. ■ DRAMMATICO; B/N; 85′; USA, 1937.

LUCIA DI LAMMERMOOR ★★
Regia di PIERO BALLERINI. Con NELLY CORRADI, LORETTA DI LELIO, ITALO TAYO. ■ È la riduzione cinematografica della nota opera di Gaetano Donizetti del 1835. Lucia è costretta dal fratello a sposarsi per ragioni politiche. Il fidanzato reagisce molto male e la maledice. Lucia impazzisce ed il fidanzato si uccide. ■ MUSICALE; B/N; 93′; ITALIA, 1946.

LUCIANA, LA ★★
Regia di DOMENICO GAMBINO. Con CORRADO D'ALBA, ELLI PARVO, RITA ROSA, ACHILLE TOGLIANI. ■ Napoli. Maria eletta "Luciana", cioè reginetta del quartiere dove vive, ama Alberto, giovane musicista spiantato. L'amore è contrastato dal fratello di lei, Vincenzino, che traffica con loschi contrabbandieri. Vincenzino muore, e della sua morte viene accusato il musicista. La situazione disperata viene risolta da un provvidenziale "zio d'America". ■ DRAMMATICO; B/N; 90′; ITALIA, 1954.

LUCIANO SERRA PILOTA ★★★
Regia di GOFFREDO ALESSANDRINI. Con MARIO FERRARI, AMEDEO NAZZARI, GERMANA PAOLIERI, ROBERTO VILLA. ■ Luciano Serra è un padre di famiglia che per amore del volo rischia di alienarsi l'affetto dei suoi cari. La moglie infatti l'abbandona. Serra viene dato per morto in un incidente aereo. Invece è vivo e, dopo quasi vent'anni, si arruola volontario per la guerra d'Africa. Lì ritrova suo figlio e gli salva la vita a prezzo della propria. ■ AVVENTURA; B/N; 103′; ITALIA, 1938. ■ VENEZIA 1 PR.

LUCIANO, UNA VITA BRUCIATA ★★
Regia di GIAN VITTORIO BALDI. Con ANNA BRAGAGLIA, PAOLO CARLINI, LUCIANO MORELLI. ■ Luciano è un ragazzo di borgata che vive di espedienti, di piccoli furti e di prostituzione. ■ DRAMMATICO; B/N; 97′; ITALIA, 1963.

LUCIA Y EL SEXO *(Lucy y el sexo)* ★★
Regia di JULIO MEDEM. Con ELENA ANAYA, JAVIER CAMARA, DANIEL FREIRE, SILVIA LLANOS, DIANA SUÁREZ, TRISTÁN ULLOA, PAZ VEGA. ■ Lucia, cameriera madrilena, comincia una relazione di puro sesso con Lorenzo, scrittore in crisi. Tutto sembra andare per il meglio, fino a quando l'uomo scopre di essere padre di una bimba di quattro anni: entra in una crisi profonda, che non aiuta la nuova relazione. ■ DRAMMATICO; COL.; 128′; FRANCIA, SPAGNA, 2001.

LUCIDA FOLLIA *(Heller Wahn)* ★★★
Regia di MARGARETHE VON TROTTA. Con HANNA SCHYGULLA, PETER STRIEBECK, ANGELA WINKLER. ■ In Provenza, ospiti di comuni amici, si conoscono due coppie: Olga, donna indipendente e realizzata che vive con un musicista, e Ruth – creatura psicologicamente fragile e visionaria che dipinge solo in bianco e nero – sposata con Franz. Dopo un tentativo di suicidio di Ruth, Olga la conforta, la induce a dipingere a colori, le allestisce una mostra. Ma a quel punto Franz, geloso, le impone di allontanarsi da Olga. Ruth tenta nuovamente il suicidio e le due donne riunite fanno insieme un viaggio in Egitto. Film inquietante e sottilmente angoscioso, al confine tra amicizia femminile e omosessualità, di netto stampo femminista, teso a dimostrare la superiorità spirituale della donna. ■ DRAMMATICO; COL.; 105′; GERMANIA, 1983.

LUCI DEL CIRCO *(Rain or Shine)* ★★
Regia di FRANK CAPRA. Con JOE COOK, LOUISE FAZENDA, JOAN PEERS. ■ La pellicola è una storia leggera ambientata nel mondo del circo. ■ COMMEDIA; B/N; 90′; USA, 1930.

LUCI DELLA CITTÀ *(City Lights)* ★★★★★
Regia di CHARLIE CHAPLIN. Con CHARLIE CHAPLIN, VIRGINIA CHERRIL, HARRY MYERS. ■ Charlot, accattone dal cuore tenero, si prende cura di una piccola fioraia cieca e diventa amico di un milionario, cui salva la vita. Quando la giovanetta si ammala, lui accetta i lavori più umili pur di aiutarla e, intanto, se ne innamora, ricambiato. Al rientro dell'amico da un viaggio, un'operazione restituisce la vista alla ragazza, che può così vedere il volto del suo benefattore: Charlot si allontana per non intralciare la felicità della ragazza. ■ COMMEDIA; B/N; 86′; USA, 1931.

♥ **LUCI DELLA RIBALTA** *(Limelight)* ★★★★★
Regia di CHARLIE CHAPLIN. Con CLAIRE BLOOM, CHARLIE CHAPLIN, SIDNEY CHAPLIN, BUSTER KEATON. ■ Con *Luci della ribalta* Chaplin intese narrare una storia individuale, la storia di un declino e di una morte, e forse prefigurava se stesso, o voleva esorcizzare. Aveva sessantatré anni, pensava alla poesia e al sentimento e aveva finalmente accettato la parola nei film. Aveva capito che la parola non sarebbe servita, come nel *Grande dittatore*, a enunciare i grandi temi: il cinema non aveva necessariamente quel dovere e Chaplin non aveva quella capacità. Charlot aveva espresso i massimi valori e sentimenti col gesto e le azioni. Una bella storia individuale, capace di far ridere e sorridere, e anche commuovere, poteva essere altrettanto importante dei grandi messaggi sociali che aveva cercato di lanciare con immensa efficacia (*Tempi moderni*) o allarmante originalità (*Monsieur Verdoux*). È la vicenda di Calvero, vecchio artista del varietà nella Londra degli anni Dieci. Non ha più successo ed è malato. Salva la vita a una ballerina disperata, la cura e le dà fiducia. Ne fa un'artista e la porta alla sua "prima" trionfale. Nel frattempo chiede soltanto di fare un

ultimo spettacolo e, se proprio non sarà successo, che non sia almeno un insuccesso. Aiutato dal suo partner (Buster Keaton) ottiene un vero trionfo. Nell'ultima gag cade dentro un tamburo e vi muore. Ma prima assiste al trionfo della sua protetta. Parabola straordinaria sull'altruismo, la fiducia e il coraggio. Il film commosse il mondo e Chaplin, ancora una volta, ebbe ragione. Aveva voltato pagina e si era di nuovo imposto, aiutato dalla freschezza del ricordo e dell'esperienza diretta, se è vero che Calvero era un po' Charles, ma soprattutto era suo padre che aveva fatto la fame dando piccoli spettacoli sui marciapiedi di Londra. Il dialogo è pieno di considerazioni che sembrerebbero minime e banali, ma sono strumentali e rinviano a certi concetti naturali che in quegli anni sembravano sopraffatti dalle tante guerre fredde e cacce alle streghe. E fu proprio quella la stagione che rese più inviso il grande inglese agli americani, anzi, al loro governo. Molte le scene da ricordare: le lezioni di vita a Claire Bloom, l'incontro successivo in cui lui le chiede l'elemosina, infine il numero finale con Chaplin al violino e Keaton al piano. E non si può non citare la colonna sonora composta dallo stesso Chaplin, uno dei più bei temi di tutta la musica da film. ■ DRAMMATICO; B/N; 145′; USA, 1952. ■ OSCAR 1 PR, 1 NOM.

LUCI DELLA RIBALTA, LE ★★
(Feine Frau, die weiss, was sie will)
Regia di VIKTOR JANSON. Con LIL DAGOVER, ADOLF WOHLBRÜCK. ■ Una grande cantante torna a casa dopo molto tempo (è separata dalla famiglia). Vorrebbe vedere la figlia, ma il padre si oppone. Interviene un giovane che convince il padre ad esser meno intransigente e la figlia a sposarlo. Alla fine la cantante riparte tristemente. ■ DRAMMATICO; B/N; 91′; GERMANIA, 1934.

LUCI DELLA SERA, LE *(Laitakaupungin Valot)* ★★★
Regia di AKI KAURISMÄKI. Con MARIA HEISKANEN, JANNE HYYTIÄINEN, MARIA JÄRVENHELMI, ILKKA KOIVULA. ■ Koistinen, guardiano notturno di un importante centro commerciale, conduce una vita solitaria. Non ha mai avuto una compagna e quindi il giorno in cui una bionda avvenente lo avvicina e sembra interessata a lui, se ne innamora. La donna è però solo un'esca per consentire una rapina a una gioielleria, di cui Koistinen sarà involontario complice. Kaurismaki torna a fare l'unico cinema che sa fare. Il suo è uno sguardo costantemente alla ricerca di solitudini che cercano di colmare il vuoto della vita, non sapendo mai bene da che parte cominciare. Lo fa in quel modo rarefatto che ne connota lo stile e con un'attenzione al cinema del passato che trasuda da ogni fotogramma. ■ DRAMMATICO; COL.; 78′; FINLANDIA, FRANCIA, GERMANIA, 2006.

LUCI DEL VARIETÀ ★★★
Regia di FEDERICO FELLINI, ALBERTO LATTUADA. Con ALBERTO LATTUADA, PEPPINO DE FILIPPO, CARLA DEL POGGIO, GIULIETTA MASINA, CARLO ROMANO. ■ È la storia di una compagnia di guitti. Il capocomico (De Filippo) è innamorato della soubrette (Del Poggio). Glielo dice e la ricatta (bonariamente). Lei sarebbe pronta a cedergli, ma lui alla fine si vergogna di se stesso. ■ COMMEDIA; B/N; 93′; ITALIA, 1950.

LUCI D'INVERNO *(Nattvardsgaesterna)* ★★★★
Regia di INGMAR BERGMAN. Con GUNNAR BJÖRNSTRAND, INGRID THULIN, MAX VON SYDOW. ■ Un pastore protestante perde la moglie e con essa la fede. I parrocchiani per un po' rimangono perplessi ma non lo abbandonano, ma con il passare del tempo la chiesa si fa sempre più vuota. Il film finisce con il pastore che celebra la funzione in perfetta solitudine. ■ DRAMMATICO; B/N; 80′; SVEZIA, 1962.

LUCIGNOLO ★
Regia di MASSIMO CECCHERINI. Con TINTO BRASS, FLAVIO BUCCI, MASSIMO CECCHERINI, CLAUDIA GERINI, CARLO MONNI, ALESSANDRO PACI. ■ Ceccherini deve il suo successo a Leonardo Pieraccioni. Due partecipazioni ai suoi film dall'incasso debordante ne hanno fatto un divo trasgressivo a cui poter affidare il denaro per realizzare un film come questo che ha un solo scopo: rastrellare nel primo weekend tutti i soldi possibili per poi finire nel dimenticatoio non appena il passaparola di chi lo ha visto svuota le sale. Tutti i possibili richiami a un'etica da *Pinocchio* affogano in un mare di volgarità gratuita. ■ COMMEDIA; COL.; 93′; ITALIA, 1999.

LUCI LONTANE ★★
Regia di AURELIO CHIESA. Con WILLIAM BERGER, TOMAS MILIAN, LAURA MORANTE. ■ Dal romanzo *Venivano dalle stelle* di Giuseppe Pederiali. Un vedovo un giorno si ritrova davanti sua moglie. È identica alla consorte, ma non è lei. È un'extraterrestre che s'è reincarnata nel suo corpo, la rappresentante di una piccola pattuglia d'invasione (pacifica però). Il vedovo racconta la cosa, ma lo prendono per matto. Ma presto ritornano altri recenti defunti dello stesso paese. ■ FANTASCIENZA; COL.; 99′; ITALIA, 1988.

LUCI NEL CUORE *(Have a Heart)* ★★
Regia di DAVID BUTLER. Con JAMES DUNN, JEAN PARKER. ■ Una ragazza ha una gamba malata. Si innamora di un giovane e gli nasconde il suo difetto. Intanto la fanciulla raccoglie il denaro per l'operazione. Lui ha un brutto carattere, è nei guai e lei gli dà il denaro destinato all'operazione. Il ragazzo fa carriera e torna da lei che gli va incontro camminando. ■ DRAMMATICO; B/N; 92′; USA, 1934.

LUCI NELLA NOTTE *(Feux rouges)* ★★★
Regia di CÉDRIC KAHN. Con CAROLE BOUQUET, PAUL CHARLINE, JEAN-PIERRE DARROUSSIN, VINCENT DENIARD, JEAN-PIERRE GOS, ERIC MOREAU. ■ Una strada, un'automobile, una coppia. Antoine e Helene discutono mentre si dirigono verso la colonia dove raccoglieranno i figli. Antoine però ha bevuto. Uno, due, tre, quattro bicchieri e la mente se ne va immergendosi in discussioni di ogni tipo. Nel frattempo la radio annuncia l'evasione di un pericoloso criminale. Quando all'ennesima sosta sulla strada Antoine si ferma per un altro bicchiere, Helene se ne va, nel buio. Un film privo di colonna sonora (la musica appare e scompare) con due protagonisti in stato di grazia. La regia essenziale, scarna, lascia parlare la storia. ■ THRILLER; COL.; 106′; FRANCIA, 2003.

LUCI SOMMERSE – DON PABLO IL BANDITO ★★
Regia di ADELQUI MILAR. Con NELLY CORRADI, FOSCO GIACHETTI, LAURA NUCCI. ■ Un ladro ruba una collana, vede che è falsa e la restituisce dicendo di averla trovata. La proprietaria ha una simpatia per il giovane, ricambiata. Ma si intromettono i complici del ladro ormai pentito. ■ AVVENTURA; B/N; 91′; ITALIA, 1934.

LUCI SULL'ASFALTO *(The Mob)* ★★★
Regia di ROBERT PARRISH. Con ERNEST BORGNINE, BRODERICK CRAWFORD, RICHARD KILEY. ■ Un poliziotto si finge criminale per penetrare in seno a una organizzazione. Ci riesce perfettamente, tanto da diventar amico del capo. Poi la fortuna lo abbandona e viene scoperto. Gli rapiscono anche la ragazza, ma lui la libera e consegna l'intera banda alla legge. ■ POLIZIESCO; B/N; 87′; USA, 1951.

LUCKY BREAK ★★★
Regia di PETER CATTANEO. Con LENNIE JAMES, JAMES NESBITT, BILL NIGHY, CHRISTOPHER PLUMMER, TIMOTHY SPALL, OLIVIA WILLIAMS. ■ Carcere di Long Rudford. I detenuti hanno deciso di mettere in scena uno spettacolo. Costumi, parrucche, lezioni di ballo impegnano il loro tempo. La trasformazione in attori scalcinati è legata all'interessante possibilità di organizzare un'evasione in piena regola. Ma nasce l'amore tra uno degli aspiranti alla fuga, Jimmy, e una funzionaria della prigione. Come andrà a finire? Dopo il travolgente successo di *Full Monty* Peter Cattaneo ci riprova in modo convicente. Anche se poi per il simpatico regista inglese sarà inevitabile cambiare registro per non scadere nella clonazione di se stesso. ■ COMMEDIA; COL.; 112′; GERMANIA, GRAN BRETAGNA, 2001.

LUCKY LUCIANO ★★★★
Regia di FRANCESCO ROSI. Con SILVERIO BLASI, CHARLES CIOFFI, VINCENT GARDENIA, MAGDA KONOPKA, GIAN MARIA VOLONTÉ. ■ Salvatore Lucania (Lucky Luciano) fu il capo assoluto della mafia fra il 1931 e il 1945. Allontanato dagli Stati Uniti, giunse in Italia da dove diresse il traffico internazionale della droga. Morì d'infarto all'aeroporto di Capodichino. Rosi usa la tecnica del documentario. ■ DRAMMATICO; COL.; 112′; ITALIA, 1973.

LUCKY LUKE ★★★
Regia di PIERRE TCHERNIA. ■ È il famoso cowboy dei fumetti di Morris e Goscinny. Lucky prende in giro i film western. ■ ANIMAZIONE; COL.; 70′; FRANCIA, 1971.

LUCKY STAR ★★★
Regia di MAX FISCHER. Con LOUISE FLETCHER, BRETT MARX, ROD STEIGER. ■ Amsterdam, 1940. Sognatore e un po' pazzo, il tredicenne ebreo David è appassionato di film western e si convince che la stella giudaica che lo obbligano a portare sia, in realtà, il simbolo dello sceriffo giustiziere. La sua famiglia verrà deportata e lui finirà ucciso in un duello finale degno dei suoi sogni cinematografici. ■ DRAMMATICO; COL.; 110′; CANADA, 1980.

LUCREZIA ★★
Regia di OSVALDO CIVIRANI. Con LEON ASKIN, OLINKA BEROVA, LOU CASTEL, GIANNI GARKO. ■ Lucrezia Borgia, dopo vari amanti, s'innamora di un gentiluomo romano che fa il Robin Hood contro i soldati del papa. Ma il perfido fratello Cesare non vede di buon occhio la love story. ■ AVVENTURA; COL.; 92′; ITALIA, 1969.

LUCREZIA BORGIA ★★
Regia di HANS HINRICH. Con CARLO NINCHI, ISA POLA. ■ Il duca di Ferrara è gelosissimo della moglie Lucrezia, e non ne avrebbe motivo, anche se la donna è molto corteggiata. Durante un'assenza del duca, Lucrezia accetta un appuntamento ma poi si pente e manda un'amica a disdirlo. Il piccolo intrigo è scoperto, l'amica si assume tutte le colpe e Lucrezia rimane immacolata. ■ DRAMMATICO; B/N; 120′; ITALIA, 1940.

LUCREZIA BORGIA *(Lucrèce Borgia)* ★★
Regia di CHRISTIAN-JAQUE. Con PEDRO ARMENDARIZ, MARTINE CAROL, MASSIMO SERATO. ■ Cesare Borgia, per calcolo politico, dà la sorella Lucrezia in sposa ad Alfonso d'Este, il duca di Ferrara. Lucrezia però s'innamora del marito. Cesare, che nutre per la sorella un affetto morboso, farà uccidere il cognato. ■ STORICO; COL.; 120′; FRANCIA, ITALIA, 1953.

LUCREZIA GIOVANE ★★
Regia di LUCIANO ERCOLI. Con MASSIMO FOSCHI, ETTORE MANNI, SIMONETTA STEFANELLI. ■ Tutti gli uomini concupiscono Lucrezia Borgia, compresi il padre (il papa Alessandro VI) e il fratello Cesare. Tutti, tranne il primo marito. ■ STORICO; COL.; 92′; ITALIA, 1972.

LUCY GALLANT ★★
Regia di ROBERT PARRISH. Con CHARLTON HESTON, CLAIRE TREVOR, JANE WYMAN. ■ Lucy Gallant arriva in una città del Texas decisa a far carriera nel mondo dell'alta moda. Riesce nel suo intento, ma i compiti di manager la inducono a mettere in secondo piano la love story con un petroliere. I due si separano, ma l'uomo veglierà su di lei salvandola dalla bancarotta. ■ COMMEDIA; COL.; 104′; USA, 1955.

LUDWIG ★★★★
Regia di LUCHINO VISCONTI. Con HELMUT BERGER, TREVOR HOWARD, SILVANA MANGANO, ROMY SCHNEIDER. ■ A diciotto anni Ludwig sale al trono di Baviera. È un romantico, appassionato d'arte e delle cose belle, in un'epoca in cui le teste coronate cominciano a vacillare. Innamorato della cugina Elisabetta d'Austria (moglie dell'imperatore Francesco Giuseppe), ma non corrisposto, Ludwig si rivolgerà ben presto a passioni "particolari". Ammiratore del genio di Richard Wagner, dilapiderà le sostanze del regno per far da mecenate al musicista. Coinvolto in guerre perdute, circondato da cortigiani infidi, Ludwig verrà alla fine esautorato, dichiarato pazzo ed infine ucciso in circostanze misteriose. ■ STORICO; COL.; 264′; GERMANIA, ITALIA, 1973. ■ DAVID DI DONATELLO 3 PR, 3 NOM; OSCAR 1 NOM.

LUGER CALIBRO 9: MASSACRO PER UNA RAPINA *(Situation)* ★★
Regia di PETER PATZAK. Con WILLIAM BERGER, MICHAEL HAUSSERMAN, RITA TUSHINGHAM. ■ Rita diventa complice di un genio della rapina. L'uomo riesce a immobilizzare un'intera città con esplosivi radiocomandati. Il bottino è di tre milioni di sterline; i pesci piccoli vengono tolti di mezzo dal genio, ma l'uomo non ha fatto i conti con Rita. ■ DRAMMATICO; COL.; 92′; GRAN BRETAGNA, 1973.

LUI E L'ALTRO *(Twice Two)* ★★★
Regia di JAMES PARROTT. Con CHARLIE HALL, OLIVER HARDY, STAN LAUREL, CAROL TEVIS. ■ È una raccolta di comiche di Laurel e Hardy girate fra il 1932 e il 1933. ■ COMICO; B/N; 93′; USA, 1934.

LUI E LEI *(Pat and Mike)* ★★★
Regia di GEORGE CUKOR. Con KATHARINE HEPBURN, ALDO RAY, SPENCER TRACY. ■ Mike è un famoso allenatore e Pat una brava giocatrice di golf. Insieme farebbero grandi cose, ma la donna ha un fidanzato la cui presenza la manda in crisi ad ogni incontro. Pat decide di liberarsi dello scomodo innamorato mandandolo a quel paese e sostituirlo con il bravo Mike. ■ COMMEDIA; B/N; 95′; USA, 1952. ■ OSCAR 1 NOM.

LUI È MIO *(Partners)* ★★
Regia di JAMES BURROWS. Con JOHN HURT, KENNETH MCMILLAN, RYAN O'NEAL. ■ Uccidono un omosessuale. Occorre indagare negli ambienti gay. Il commissario capo della polizia incarica due agenti, un aitante donnaiolo e un timido mezzemaniche, che sotto sotto è un omosessuale. Infatti, facendo coppia con l'altro agente, finisce per innamorarsene. Ma con una certa tristezza verrà rifiutato. ■ DRAMMATICO; COL.; 98′; USA, 1983.

LUI È PEGGIO DI ME ★★
Regia di ENRICO OLDOINI. Con ADRIANO CELENTANO, RENATO POZZETTO, KELLY VAN DER VELDEN. ■ Leonardo e Luciano sono due amici per la pelle che noleggiano lussuose macchine d'epoca. Un giorno Leonardo s'improvvisa autista della sua amata Rolls-Royce per una ragazza che sta andando a sposarsi, ma tra i due scocca il colpo di fulmine. Luciano fa di tutto per impedire all'amico di sposarsi, ma inutilmente. Diventerà comunque l'amico fraterno dei due sposini. Tipica commedia banalotta che si affida a due attori campioni d'incasso. ■ COMMEDIA; COL.; 108′; ITALIA, 1984.

LUIGI... LA VOLPE *(Men of the North)* ★★
Regia di HAL ROACH. Con FRANCO CORSARO, BARBARA LEONARD, LILLIAN SAVIN. ■ Questo film, che narra la vicenda di un cacciatore dell'Alaska, risale agli albori del sonoro. ■ AVVENTURA; B/N; 81′; USA, 1930.

LUI, LEI E BABYDOG *(Heavy Petting)* ★★
Regia di MARCEL SARMIENTO. Con MALIN AKERMAN, SAM COPPOLA, JUAN CARLOS HERNANDEZ, BRENDAN HINES, STEVEN ROSEN, KEVIN SUSSMAN. ■ Quando Charlie incontra Daphne – la ragazza dei suoi sogni – non immagina neanche lontanamente che, per conquistarla, sarà costretto a misurarsi niente di meno che con il suo cane, Babydoll. E proprio quando sembra avere la peggio rispetto al cucciolo e tutto sembra perduto, accade l'impensabile: Charlie si affeziona talmente al cagnolino da capire di non aver mai veramente desiderato una ragazza! A questo punto, per poter continuare a uscire con il "migliore amico dell'uomo", Charlie dovrà barcamenarsi nella relazione con Daphne, oppure rischierà di perderli entrambi! ■ COMMEDIA; COL.; 98′; USA, 2007.

LUI, LEI E IL NONNO ★★
Regia di ANTON GIULIO MAJANO. Con WALTER CHIARI, YVONNE FURNEAUX, GILBERTO GOVI, LAURETTA MASIERO. ■ L'ambiente è quello di una fabbrica di conserve. Marito e moglie italiani hanno come soci una coppia americana. Quando questa arriva in Italia c'è un tentativo di scambio di moglie. ■ COMMEDIA; B/N; 91′; ITALIA, 1961.

LUI PORTAVA I TACCHI A SPILLO *(Tenue de soirée)* ★★
Regia di BERTRAND BLIER. Con MICHEL BLANC, GÉRARD DEPARDIEU, MIOU-MIOU. ■ Un triangolo amoroso inusuale. Antoine, uomo insignificante, è sposato con Monique, squallida prostituta. L'altro è Bob, omosessuale e scassinatore, che coinvolge nei suoi furti anche i due coniugi. Bob inizia a corteggiare Antoine che, travolto da insolita passione, cede. I tre vivono insieme, Monique assiste impotente, ma presto se ne va. Una sera li rincontra, i tre sono vestiti da donna. Monique spara ad Antoine e lo ferisce. Si riuniranno e faranno tutti e tre la professione. ■ COMMEDIA; COL.; 84′; FRANCIA, 1986. ■ CANNES 1 PR.

LUISA, CARLA, LORENZA E LE AFFETTUOSE LONTANANZE ★★★
Regia di Sergio Rossi. Con Giampiero Bianchi, Angela Finocchiaro, Fiorenza Marchegiani, Lina Sastri. ■ Scritto a quattro mani dal regista Sergio Rossi e dal famoso sceneggiatore Age, il film è una scommessa riuscita. Una trama semplice, ottima l'interpretazione, nessun orpello e solo qualche piccolo debito al cinema minimalista di Eric Rohmer. Tre donne: un'insegnante, una bibliotecaria e una ginecologa; tre amiche che passano i week-end insieme, ognuna col proprio problema d'amore e ognuna con la propria mentalità, ma comunque unite e solidali. Luisa, interpretata da una bravissima Lina Sastri, è il personaggio più emergente. ■ Commedia; col.; 89'; Italia, 1989.

LUISA SANFELICE ★★
Regia di Leo Menardi. Con Carlo Ninchi, Massimo Serato, Laura Solari, Osvaldo Valenti. ■ Storia della supposta eroina della Repubblica napoletana. ■ Storico; b/n; 92'; Italia, 1942.

LUISA... UNA PAROLA D'AMORE ★★★
(Louise, un mot d'amour)
Regia di Paul Collet, Pierre Drout. Con André Van den Heuvel, Roger Van Hool, Van Ammelrooy Willeke. ■ Pierre e Paul sono due giovani vagabondi che vivono noleggiando il loro pallone volante per feste e manifestazioni mondane. Durante una di queste, incontrano una piccola orfana e la figlia di un ricco borghese che si uniscono a loro. ■ Drammatico; col.; 94'; Belgio, Paesi Bassi, 1972.

LULÙ *(Die Buchse der Pandora)* ★★★
Regia di Georg Wilhelm Pabst. Con Louise Brooks, Carl Goetz, Fritz Kortner, Francis Lederer. ■ Un capolavoro del cinema ispirato alle due opere teatrali di Wedekind, *Il vaso di Pandora* e *Lo spirito della terra*. Lulù è un'attricetta affascinante che passa la sua esistenza tra il locale di cabaret dove lavora e i letti degli amanti. Nella sua completa amoralità commette un omicidio e viene rinchiusa in carcere. Riesce a scappare ma finisce tra gli artigli di Jack lo squartatore. Un film che, all'uscita, fece enorme scalpore per il tema e le situazioni. Grande bravura di Pabst nelle riprese e nella ricerca dei particolari. La pettinatura dell'attrice Louise Brooks, capelli corti e frangetta, ha segnato un'epoca. ■ Drammatico; b/n; 120'; Germania, 1928.

LULÙ ★★
Regia di Fernando Cerchio. Con Valentina Cortese, Marcello Mastroianni, Jacques Sernas. ■ Lulù, un'attricetta frivola, nutre una sincera passione per un giovane figlio di papà che la vuole sposare. Lulù accetta, abbandona le scene, va a vivere con lui, ma presto s'annoia. Tradisce il marito con un antico corteggiatore. Ma viene sorpresa e uccisa fortuitamente dall'amante. ■ Drammatico; b/n; 90'; Italia, 1953.

LULÙ ★★
Regia di Walerian Borowczyk. Con Anne Bennent, Udo Kier, Beate Kopp, Michele Placido. ■ Dal dramma di Wedekind, la versione erotica dal maestro polacco del genere. Inquietante Udo Kier nel ruolo di Jack lo squartatore. ■ Erotico; col.; 85'; Francia, Germania, Italia, 1980.

LULÙ BELLE *(Lulu Belle)* ★★
Regia di Leslie Fenton. Con Otto Kruger, Dorothy Lamour, Greg McClure, George Montgomery. ■ Lulù Belle, una ballerina di pochi scrupoli, passa attraverso vari amanti finché non trova l'amore con un giovane perbene. ■ Drammatico; b/n; 87'; USA, 1947.

LULÙ L'AMORE PRIMITIVO *(Lulù)* ★★
Regia di Rolf Thiele. Con Mario Adorf, Walter Giller, Otto Eduard Hasse, Hildegarde Kneff, Nadia Tiller. ■ Lulù è una selvaggia amante che passa di letto in letto senza remore, senza paure. Gli uomini s'ammazzano per lei, ma la ragazza rimane gioiosa, sensuale, indifferente al loro destino. La sua vicenda si conclude tragicamente a Londra dove la grande avventuriera verrà sventrata da uno sconosciuto. ■ Drammatico; b/n; 91'; Germania, 1972.

LULÙ L'ANGELO TRA I FIORI ★
(The Adventures of Angel)
Regia di Hananoko Run Run. ■ Lulù, figlia di uno spirito e di un mortale, è ardentemente desiderata dal re del pianeta dei fiori, e deve portargli il fiore dei sette colori: solo così potrà sposare il principe ereditario e diventare regina. L'aiuteranno due spiriti celesti trasformati in cane e gatto parlanti, e vari personaggi, fino a che, dopo tante peripezie, sarà incoronata regina. ■ Animazione; b/n; 92'; Giappone, 1982.

LULU ON THE BRIDGE ★★
Regia di Paul Auster. Con Willem Dafoe, Gina Gershon, Harvey Keitel, Mandy Patinkin, Vanessa Redgrave, Mira Sorvino. ■ Paul Auster da sceneggiatore a regista. Il sassofonista Izzy viene ferito nel corso di un concerto. Il film è il frutto del delirio che ha luogo sull'ambulanza che lo sta conducendo all'ospedale. Izzy trova una pietra magica che gli dona l'amore di Celia. Lei sta cercando lavoro come attrice ma la lotta per il possesso della pietra la porta al suicidio. Izzy riuscirà a sfuggire ma... Auster continua a dare il meglio di sé come sceneggiatore. ■ Drammatico; col.; 103'; USA, 1998.

LULÙ TRA GLI UOMINI *(Charmants garçons)* ★★
Regia di Henri Decoin. Con Daniel Gélin, François Périer, Henri Vidal, Jeanmarie Zizi. ■ Lulù, piccante ballerinetta, ha molti corteggiatori e qualcuno è fortunato. Tra gli altri, un pugile, un ladro in guanti gialli, un uomo sposato. ■ Commedia; col.; 113'; Francia, 1957.

LUMACONE, IL ★★
Regia di Paolo Cavara. Con Agostina Belli, Ninetto Davoli, Turi Ferro, Francesco Mulé. ■ Gianni è un pover'uomo che, abbandonato dalla moglie, va lentamente alla deriva. Vive in una baracca con Ginetto, ladruncolo bonaccione, e cerca di farne una persona onesta. Gianni organizza un piccolo ristorante in un vagone ferroviario in disuso, riuscendo a redimere il ragazzo. ■ Commedia; col.; 94'; Italia, 1974.

LUNA, LA ★★★
Regia di Bernardo Bertolucci. Con Matthew Barry, Roberto Benigni, Elisabetta Campeti, Jill Clayburgh, Fred Gwynne, Tomas Milian. ■ Una cantante lirica americana, trasferitasi da New York a Roma dopo l'improvvisa scomparsa del marito, scopre che il figlio adolescente, fino ad allora da lei piuttosto trascurato, si droga. Decide di abbandonare tutto, vita privata, teatro, per aiutare il ragazzo a uscire dal suo dramma. Non ci riesce da sola, perciò lo manda dal suo vero padre: un insegnante della provincia romana. ■ Drammatico; col.; 144'; Italia, USA, 1979. ■ Golden Globes 1 nom.

LUNA ARRABBIATA, LA *(The Raging Moon)* ★★
Regia di Bryan Forbes. Con Georgia Brown, Malcolm McDowell, Nanette Newman. ■ Colpito da una paralisi alle gambe, il giovane Bruce rifiuta la vita di famiglia e si fa ricoverare in un istituto religioso, dove vivono altri infelici come lui. Fra questi, una ragazza di trent'anni l'aiuta ad uscire dalla disperazione e dalla solitudine. Si innamorano, ma alla vigilia delle nozze lei muore. Il ricordo della ragazza lo sosterrà sempre. ■ Drammatico; b/n; 111'; USA, 1972.

LUNA DI FIELE *(Croisière/Bitter Moon)* ★★★
Regia di Roman Polanski. Con Peter Coyote, Hugh Grant, Kristin Scott Thomas, Emmanuelle Seigner. ■ Dal romanzo di Pascal Brukner. Due coppie si incontrano su una nave in crociera per l'India: Nigel e Fiona, Oscar e Mimì. Nigel è un manager piuttosto convenzionale; sua moglie sembrerebbe la sua perfetta omologa, almeno in apparenza. Oscar è su una sedia a rotelle: è un cinico e depravato scrittore americano fallito che vive a Parigi. Mimì è bellissima, parigina e magica, fa sparire le altre donne. Oscar si accorge che Nigel mira a sua moglie e lo incoraggia, ma "in cambio" dovrà ascoltare tutta la sua storia, come fosse un analista. ■ Drammatico; col.; 139'; Francia, Gran Bretagna, 1993.

LUNA DI MIELE ★★
Regia di Giacomo Gentilomo. Con Aldo Fiorelli, Assia Noris. ■ Un figlio di papà sposa una sartina. Il ménage è gradevo-

le solo per poco tempo, poi bisogna provvedere a tutto e lui è inetto. Ci pensa lei che lavora come indossatrice, ma lui è geloso e succede un piccolo dramma. Il padre del ragazzo farà ritornare la serenità. ■ COMMEDIA; B/N; 92′; ITALIA, 1941.

LUNA DI MIELE A TRE *(A Bride for Henry)* ★★
Regia di WILLIAM NIGH. Con WARREN HULL, ANNIE NAGEL. ■ Una ragazza ricca e sciocca sta per sposare Eric, ma alla cerimonia costui non si presenta. Allora lei sposa Henry, un invitato (che l'ama segretamente). I due partono per la luna di miele ma Eric li raggiunge. ■ COMMEDIA; B/N; 85′; USA, 1937.

LUNA DI MIELE FATALE *(Nightmare Honeymoon)* ★★
Regia di ELLIOT SILVERSTEIN. Con JOHN BECK, PAT HINGLE, DACK RAMBO. ■ Un giovane torna dal Vietnam e sposa la dolce fidanzata che l'ha aspettato. Dopo la cerimonia gli sposi si recano in un motel, dove per tradizione le coppie del posto vanno a festeggiare la prima notte. Ma nel motel accadono fatti terribili e raccapriccianti. I due assistono a un assassinio e subito dopo la donna è violentata dai killer. Non è finita. ■ DRAMMATICO; COL.; 93′; USA, 1973.

LUNA DI MIELE IN TRE ★★
Regia di CARLO VANZINA. Con STEFANIA CASINI, COCHI PONZONI, RENATO POZZETTO. ■ Un cameriere lombardo vince una vacanza-premio esotica con un'affascinante bionda. Nel frattempo però s'è sposato. Allora cerca di unire il viaggio di nozze alla scappatella. Si dimostrerà una pessima idea. ■ COMMEDIA; COL.; 96′; ITALIA, 1976.

LUNA DI MIELE PERDUTA *(Lost Honeymoon)* ★★
Regia di LEIGH JASON. Con TOM CONWAY, ANN RICHARDS, FRANCHOT TONE. ■ John parte per l'Inghilterra con la sua divisione. A Londra conosce una ragazza, se ne innamora e la sposa. Poi John sparisce. Nascono due gemelli, la guerra finisce e la donna muore dopo una breve malattia. Una crocerossina parte per l'America coi bambini, decisa a trovare il padre scomparso. ■ DRAMMATICO; B/N; 71′; USA, 1947.

LUNA DI MIELE STREGATA *(Haunted Honeymoon)* ★★
Regia di GENE WILDER. Con DOM DELUISE, GILDA RADNER, GENE WILDER. ■ Larry e Vichy, noti interpreti radiofonici esperti in drammi d'amore (qui sono fidanzati ma nella vita reale Wilder e la Radner sono stati sposati fino al 1989, anno della scomparsa dell'attrice), si recano al castello della zia Kate poiché essa ha designato come unico erede il nipote Larry, il quale appena arriva inizia a soffrire di strane visioni e paure. Il castello pullula di parenti che tramano omicidi e perfino zia Kate uccide per sbaglio il nipote Charles mentre questi cerca di uccidere Larry. Certi dell'eredità, i fidanzati convolano a nozze, mentre da lontano ulula un licantropo. Amena farsa horror con Wilder regista, interprete e sceneggiatore. ■ COMMEDIA; COL.; 83′; USA, 1986.

LUNA E L'ALTRA ★★
Regia di MAURIZIO NICHETTI. Con IAIA FORTE, IVANO MARESCOTTI, MAURIZIO NICHETTI. ■ Un certo giorno l'ombra di Luna, dopo esserle stata attaccata per trent'anni, decide di uscire dal suo ruolo e di essere autonoma. Diventa così una sorta di cattiva (o buona) coscienza della sua padrona. I film di Nichetti hanno la caratteristica della riconoscibilità, possono essere solo suoi e sono sempre molto simili a se stessi. Alla lunga hanno sempre meno da rappresentare. ■ FANTASTICO; COL.; 95′; ITALIA, 1996. ■ GOLDEN GLOBES 1 NOM.

LUNA E SEI SOLDI, LA *(The Moon and Six Pence)* ★★★
Regia di ALBERT LEWIN. Con STEVEN GERAY, HERBERT MARSHALL, GEORGE SANDERS. ■ Dal romanzo di Somerset Maugham, basato (e nemmeno troppo liberamente) sulla vita di Paul Gauguin. Qui Gauguin si chiama Strickland ed è inglese, ma la storia è identica. ■ BIOGRAFICO; B/N; 89′; USA, 1942. ■ OSCAR 1 NOM.

LUNA È TRAMONTATA, LA *(The Moon is Down)* ★★★
Regia di IRVING PICHEL. Con LEE J. COBB, SIR CEDRIC HARDWICKE, HENRY TRAVERS. ■ Dal romanzo sulla resistenza in Norvegia di John Steinbeck. I tedeschi invadono un paese. Dapprincipio spadroneggiano, ma a poco a poco la resistenza passiva degli abitanti finisce per stremarli. ■ GUERRA; B/N; 90′; USA, 1941.

LUNA NERA *(Black Moon)* ★★
Regia di LOUIS MALLE. Con JOE DALLESANDRO, THÉRÈSE GIEHSE, CATHRYN HARRISON, ALEXANDRA STEWART. ■ Una donna sta guidando l'automobile, investe un tasso, scende e si trova in un mondo particolarissimo, dove le donne vengono uccise, i bambini sono nudi e i vecchi si fanno cullare e allattare. ■ DRAMMATICO; COL.; 100′; FRANCIA, 1975.

LUNA NUOVA *(New Moon)* ★★
Regia di FRANK BORZAGE. Con NELSON EDDY, JEANETTE MACDONALD. ■ Un nobile francese ridotto in schiavitù viene deportato in Louisiana e acquistato da una giovane ricca. Lui le dice di amarla e lei si arrabbia di tanta tracotanza. Allora lui organizza una rivolta. ■ DRAMMATICO; B/N; 105′; USA, 1940.

LUNA NUOVA ★★
Regia di LUIGI CAPUANO. Con VIRNA LISI, BARBARA SHELLEY, ACHILLE TOGLIANI. ■ Giovanni è innamorato di Amira, una ragazza di facili costumi. Il padre di Giovanni vorrebbe che il figlio si dedicasse alla campagna e per un po' il ragazzo sembra mettere la testa a posto, grazie anche all'amore di una brava ragazza. Ma c'è un ritorno di fiamma verso Amira. ■ DRAMMATICO; B/N; 92′; ITALIA, 1955.

LUNA PAPA ★★
Regia di BAKHTIAR KHUDOJNAZAROV. Con MORITZ BLEIBTREU, CHULPAN KHAMATOVA, ATO MUKHAMEDSHANOV, MERAB NINIDZE. ■ Commedia dell'Est nello stile di Kusturica (che pare abbia apprezzato il film). Una ragazza vive col padre vedovo e il fratello reduce di guerra. Sogna di fare l'attrice e ingenuamente si fa sedurre da un giovane che si finge amico di Tom Cruise. Tra un tentativo di aborto e la caccia al seduttore una serie di discrete immagini visionarie. ■ COMMEDIA; COL.; 106′; AUSTRALIA, GERMANIA, RUSSIA, 1999.

LUNA PARK *(Are You with it)* ★★
Regia di JACK B. HIVELY. Con DONALD O'CONNOR, OLGA SAN JUAN. ■ Un uomo, fallito come assicuratore, capita in un Luna Park. Qui è costretto per vivere a fare il ballerino: è la sua fortuna. ■ DRAMMATICO; B/N; 90′; USA, 1947.

LUNA PARK ★★★
Regia di PAVEL LUNGIN. Con OLEG BORISOV, NATALIA EGOROVA, ANDREI GOUTINE. ■ Presentato al Festival di Cannes. Pur non arrivando all'intensità e ai risultati raggiunti con *Taxi blues* non ci sentiamo di liquidare questo film come hanno fatto alcuni critici. Si tratta di una visione apocalittica della Russia moderna con bande che si scontrano senza nessuna pietà. Il giovane Andrej fa parte di quella dei "ripulitori" che disprezzano gli ebrei. Vive con la madre in un luna park e non ha mai visto suo padre. Quando lo conosce e scopre che è ebreo e sa di esserlo a sua volta cambierà la sua indole violenta. Tutto si concluderà con la distruzione del luna park. Incredibilmente realistica la scena iniziale con lo scontro tra bande. ■ DRAMMATICO; COL.; 100′; FRANCIA, 1992.

LUNA ROSSA ★★
Regia di ARMANDO FIZZAROTTI. Con RENATO BALDINI, BARBARA FLORIAN, MARIA FRAU, LEDA GLORIA. ■ Dramma napoletano. Paolo ama Maria, lei non ci sta, lui la uccide. ■ DRAMMATICO; B/N; 90′; ITALIA, 1951.

LUNA ROSSA ★★
Regia di ANTONIO CAPUANO. Con DOMENICO BALSAMO, CARLO CECCHI, ITALO CELORO, ANTONINO IUORIO, LICIA MAGLIETTA, ANTONIO PENNARELLA, ENZO ROMANO, TONI SERVILLO. ■ Un pentito racconta al giudice che lo sta interrogando la storia della famiglia Cammarano. Profondamente radicata nei sentimenti camorristi fin dai primi anni Settanta espande il proprio potere. Determinazione, violenza e coesione di gruppo ne costituiscono la forza. L'ordine interno viene garantito grazie a una gerarchia rigida. I più giovani però a un certo punto non credono più a questa struttura e il gesto di Oreste insinua una crepa che porterà tutti alla distruzione. I riferimenti al teatro greco classico sono espliciti e gli attori sono bravi per virtù propria. Ma il gioco non riesce così come non era riuscito nel precedente *Polvere di Napoli*. ■ DRAMMATICO; COL.; 116′; ITALIA, 2001.

LUNA SENZA MIELE *(Thrill of a Romance)* ★★
Regia di RICHARD THORPE. Con VAN JOHNSON, ESTHER WILLIAMS. ■ Una campionessa di nuoto sposa un ricco uomo d'affari. Ma lui di affari ne ha troppi e lascia sola la giovane sposa. La consola uno spavaldo aviatore. ■ COMMEDIA; B/N; 105'; USA, 1947.

LUNA SORGE, LA *(Moonrise)* ★★
Regia di FRANK BORZAGE. Con LLOYD BRIDGES, DANE CLARK, GAIL RUSSELL, ETHEL BARRYMORE. ■ Un giovane, figlio di un delinquente che fu giustiziato, è inviso alla gente del suo paese a causa delle colpe del padre. ■ DRAMMATICO; B/N; 90'; USA, 1949. ■ OSCAR 1 NOM.

LUNA SPEZZATA, LA *(In a Shallow Grave)* ★★★
Regia di KENNETH BOWSER. Con MICHAEL BIEHN, PATRICK DEMPSEY, MAUREEN MÜLLER. ■ Un giovane torna dal Vietnam orrendamente sfigurato. Rifiuta di farsi vedere dalla fidanzata con la quale intrattiene solo rapporti epistolari. Il suo unico punto di contatto col mondo diviene un contadino nero che gli dà una mano nella vecchia fattoria di famiglia in Virginia. ■ DRAMMATICO; COL.; 94'; USA, 1988.

LUNA ZERO DUE *(Moon Zero-Two)* ★★
Regia di ROY WARD BAKER. Con ADRIENNE CORRI, JAMES OLSON, CATHERINE VON SCHELL. ■ Due ex astronauti ricevono da un ricco industriale di Moon City (sulla luna) l'incarico di catturare un asteroide di zaffiro. ■ FANTASCIENZA; B/N; 100'; GRAN BRETAGNA, 1969.

LUNCH *(Lønsj)* ★★
Regia di EVA SØRHAUG. Con NICOLAI CLEVE BROCH, ANE DAHL TORP, BJØRN FLOBERG, AKSEL HENNIE, PIA TJELTA, ANNEKE VON DER LIPPE. ■ In un quartiere residenziale di Oslo un gruppo di persone vive la propria giornata, scandita da inquietudini e solitudini esistenziali. Il giovane Christer, preoccupato dalla sua situazione economica, provoca un incidente elettrico che innesca a sua volta una serie di nuovi problemi; Leni, rimasta senza casa dopo la morte del padre, trova, in modo del tutto anomalo, lavoro in un elegante posto di ristoro; Heidi è una giovane madre distratta che, alle prese con un rapporto sentimentale tormentato, dimentica in terrazza la carrozzina col proprio bambino. Su tutto e tutti incombono gli uccelli, mai così minacciosi dai tempi di Hitchcock... ■ COMMEDIA; COL.; 105'; NORVEGIA, 2007.

LUNEDÌ AL SOLE, I *(Los lunes al sol)* ★★★★
Regia di FERNANDO LEÓN DE ARANOA. Con JAVIER BARDEM, NIEVE DE MEDINA, JOSÉ ÁNGEL EGIDO, LUIS TOSAR. ■ Spagna, una città del Nord che deve fronteggiare i problemi della crisi industriale. Santa, José, Lino, Reina, Amador, Serguei: amici da sempre, che dopo aver perso il lavoro ai cantieri navali, consumano i giorni tra bevute al bar, discorsi filosofici, e improbabili ricerche di nuove occupazioni. Fra le malinconie di un futuro difficile e le gioie momentanee che scrosciano all'improvviso. Sempre pronti a non dimenticare l'unico bene prezioso che è rimasto loro: la dignità. Il film è una godibile commedia che si avvale di un'ottima scrittura e di una recitazione magistrale. ■ DRAMMATICO; COL.; 115'; FRANCIA, ITALIA, SPAGNA, 2003.

LUNEDÌ MATTINA *(Lundi Matin)* ★★★★
Regia di OTAR IOSSELIANI. Con JACQUES BIDOUX, ARRIGO MOZZO, ANNE KRAVZ TARNAVSKY. ■ Grande prova del regista dell'Est. Difficile raccontare la trama del film senza impoverirlo: un operaio saldatore, che vive in un paesino in cui ognuno coltiva con cura la propria stranezza, decide di partire. A spingerlo è suo padre che lo manda a Venezia da un conte amico (lo stesso regista). L'uomo proseguirà per l'Egitto per fare poi ritorno al lavoro in fabbrica. Iosseliani dissemina il film di gag che fanno pensare a Tati, di elementi quasi surreali ma sempre motivati dalle esigenze narrative. Il tutto girato con una mano leggera che consente di offrire sullo schermo la vacuità del vivere, che si sposa con la freschezza del viaggio e dell'incontro inatteso. Riuscire a sfuggire alle trappole retoriche di un set come quello fornito da Venezia è difficile, ma Iosseliani ci riesce. Con quello scatto in più che neanche Soldini ha avuto. ■ COMMEDIA; COL.; 120'; FRANCIA, 2002. ■ BERLINO 1 PR.

LUNGA ATTESA, LA *(The Homecoming)* ★★★
Regia di MERVYN LE ROY. Con ANNE BAXTER, CLARK GABLE, JOHN HODIAK, LANA TURNER. ■ Un medico alla moda va in guerra, passa attraverso molte dolorose esperienze, conosce e s'innamora di una bionda ausiliaria che morirà prima della fine del conflitto. L'uomo torna a casa profondamente mutato. ■ DRAMMATICO; B/N; 113'; USA, 1948.

LUNGA CAVALCATA DELLA VENDETTA, LA ★★
Regia di AMERIGO ANTON. Con RIK BATTAGLIA, ANITA EKBERG, RICHARD HARRISON. ■ Banditi messicani gli hanno derubato, violentato e ucciso la sorella. Lui si vendica. ■ WESTERN; B/N; 91'; ITALIA, 1972.

LUNGA CORSA, LA *(The Long Ride)* ★★
Regia di PÁL GÁBOR. Con LAZLO MENZAROS, KELLY RENO, JOHN SAVAGE. ■ Un aviatore americano, costretto ad atterrare nell'Ungheria invasa dai nazisti, riesce a sfuggire alla cattura con una lunghissima cavalcata attraverso la puszta. ■ AVVENTURA; COL.; 95'; UNGHERIA, USA, 1985.

LUNGA DOMENICA DI PASSIONI, UNA ★★
(Un long dimanche de fiancailles)
Regia di JEAN-PIERRE JEUNET. Con MARION COTILLARD, JULIE DEPARDIEU, TICKY HOLGADO, CHANTAL NEUWIRTH, DOMINIQUE PINON, AUDREY TAUTOU, GASPARD ULLIEL. ■ La vicenda è quella della sognatrice Mathilde che non si rassegna alla condanna a morte del fidanzato ucciso dai commilitoni – durante la prima guerra mondiale – e in maniera ossessiva cerca gli indizi che la conducano a ritrovarlo. Si sposterà dal suo paesino alla scoperta di una Parigi favolosa, tra preti che conoscono mezze verità, prostitute vendicative e avvocati imbroglioni. ■ DRAMMATICO; COL.; 132'; FRANCIA, 2005. ■ GOLDEN GLOBES 1 NOM.

LUNGA ESTATE CALDA, LA *(The Long Hot Summer)* ★★★
Regia di MARTIN RITT. Con ANTHONY FRANCIOSA, PAUL NEWMAN, ORSON WELLES, JOANNE WOODWARD. ■ Un giovanotto, che da molti anni vagabonda nel Sud accompagnato da una sinistra (ma immeritata) fama di incendiario, trova lavoro presso un dispotico proprietario terriero. Nelle sue nuove mansioni suscita la simpatia del datore di lavoro, ma anche l'ostilità dei figli di questi, il complessato Jody e la bionda, altera Clara. In realtà la ragazza maschera in tal modo l'attrazione per il nuovo venuto. Si sposeranno. ■ DRAMMATICO; COL.; 117'; USA, 1958. ■ CANNES 1 PR.

LUNGA FILA DI CROCI, UNA ★★
Regia di SERGIO GARRONE. Con WILLIAM BERGER, NICOLETTA MACHIAVELLI, ANTHONY STEFFEN. ■ Due avventurieri danno la caccia a un messicano per incassare una grossa taglia. Si scopre però che uno dei due è d'accordo col messicano. L'altro diventa una furia e fa una strage. ■ WESTERN; COL.; 94'; ITALIA, 1969.

LUNGA FUGA, LA *(The Longest Hundred Miles)* ★★
Regia di DON WEIS. Con DOUG MCCLURE, RICARDO MONTALBAN, KATHARINE ROSS. ■ In un'isola del Pacifico, durante la seconda guerra mondiale, un prete filippino, una giovane infermiera e un marine, scampato per un pelo al massacro della sua compagnia, fuggono inseguiti dai giapponesi. ■ AVVENTURA; COL.; 93'; USA, 1967.

LUNGA LINEA GRIGIA, LA *(The Long Gray Line)* ★★★
Regia di JOHN FORD. Con ROBERT FRANCIS, MAUREEN O'HARA, TYRONE POWER. ■ Storia di Marthy Maher, un giovanotto irlandese che arriva all'accademia di West Point come lavapiatti e ci rimane cinquant'anni in qualità di istruttore atletico. ■ DRAMMATICO; COL.; 138'; USA, 1955.

LUNGA, LUNGA, LUNGA NOTTE D'AMORE, UNA ★★★
Regia di LUCIANO EMMER. Con MARINA CONFALONE, SILVIA DE SANTIS, GIANCARLO GIANNINI, YARI GUGLIUCCI, ORNELLA MUTI, ISABELLE PASCO, ELENA POPOVA, MARIE TRINTIGNANT. ■ La notte più lunga dell'anno. Mentre le ore passano, le storie di cinque donne alle prese con problemi amorosi si definiscono sempre più. La misteriosa Irene incontra casualmente l'elegante Marcello. Elena invece se n'è andata da casa e il marito non smette di chiamarla sul cellulare. Poi c'è Egle, prossima al matrimonio ma già pronta all'adulterio. Carla è la vicina di casa bisognosa, a cui

si è incapaci di dire di no per il fascino irresistibile con cui avanza le proprie richieste. Poi c'è la ventunenne Teresa che di notte si mette in contatto con il mondo con la sua ricetrasmittente a onde corte. Luciano Emmer torna dietro la macchina da presa dopo una lunga pausa (1991, *Basta! Adesso tocca a noi*). Il film è tanto complesso nell'articolazione delle cinque vicende quanto semplice nella loro esposizione. Emmer, anche se l'età si sente, è ancora un narratore che parla sottovoce. Quindi poco adatto agli schermi contemporanei. ■ COMMEDIA; COL.; 109'; ITALIA, 2000.

LUNGA MANO, LA *(The Long Arm)* ★★★

Regia di CHARLES FREND. Con JACK HAWKINS, GEOFFREY KEAN, JOHN STRATTON. ■ Un ispettore indaga su un furto avvenuto in una grande società. Una somma di denaro è stata rubata da una cassaforte senza che questa rechi segni di scasso. L'ispettore risale ad altri furti simili e, indizio dopo indizio, arriva al colpevole; gli tende un tranello e lo cattura. ■ POLIZIESCO; B/N; 96'; GRAN BRETAGNA, 1956.

LUNGA MARCIA, LA *(La longue marche)* ★★★

Regia di ALEXANDRE ASTRUC. Con WILLY BRAQUE, ROBERT HOSSEIN, MAURICE RONET, JEAN-LOUIS TRINTIGNANT. ■ Primavera 1944, Francia. Un gruppo di partigiani comandato dal duro Carnau, cui si contrappone il suo aiutante Philippe, umano e generoso, intraprende una marcia di cento chilometri per sfuggire ai tedeschi. Con loro ci sono un prigioniero ferito e un medico, che Philippe ha salvato dalla fucilazione ordinata da Carnau. In uno scontro a fuoco, seguito a un'azione di rappresaglia tedesca provocata da una leggerezza di Carnau, muoiono valorosamente il medico e Philippe. ■ GUERRA; B/N; 90'; FRANCIA, 1966.

LUNGA MARCIA PER PECHINO, LA ★★★

Regia di FERNALDO DI GIAMMATTEO. ■ La presa del potere da parte di Mao. Il film è formato da vari spezzoni montati con un interessante commento. ■ DOCUMENTARIO; B/N; 92'; ITALIA, 1962.

LUNGA NOTTE, LA *(The Long Wait)* ★★★

Regia di VICTOR SAVILLE. Con CHARLES COBURN, GENE EVANS, ANTHONY QUINN. ■ Dal romanzo di Mickey Spillane. Protagonista è un uomo che ha perso la memoria. Torna dopo molto tempo nella città da cui è fuggito, sospettato (a torto, ma lo scoprirà quasi alla fine) di aver rapinato una banca. ■ GIALLO; B/N; 93'; USA, 1954.

LUNGA NOTTE, UNA *(Stay the Night)* ★★

Regia di HARRY WINER. Con JANE ALEXANDER, BARBARA HERSHEY, MORGAN WEISSER. ■ Jimmie Sue è decisa a togliere di mezzo il marito. Corrompe un ragazzetto non ancora ventenne, amico della figlia, che si invaghisce di lei. Tutto finisce come previsto ma il ragazzo viene condannato al carcere a vita. La madre di quest'ultimo farà di tutto perché Jimmie Sue abbia ciò che si merita. ■ DRAMMATICO; COL.; 144'; USA, 1991.

LUNGA NOTTE DEI DISERTORI – I 7 DI MARSA MATRU, LA ★★

Regia di MARIO SICILIANO. Con MARCELLA MICHELANGELI, KIRK MORRIS, IVAN RASSIMOV, MONICA STREBEL. ■ Quattro soldati inglesi rimasti lontani dai loro reparti cercano di raggiungerli attraverso il deserto. Si uniscono a loro tre ausiliarie (una è medico). Il gruppo supera varie difficoltà. ■ GUERRA; COL.; 91'; ITALIA, 1970.

LUNGA NOTTE DELL'ORRORE, LA ★★

(The Plague of the Zombies)

Regia di JOHN GILLING. Con JOHN CARSON, DIANE CLARE, ALEX DAVION, ANDRÉ MORELL. ■ In un piccolo villaggio della Cornovaglia le bare si svuotano e gli occupanti se ne vanno a zonzo a uccidere i pacifici abitanti. La colpa è del diabolico castellano. ■ HORROR; COL.; 91'; GRAN BRETAGNA, 1966.

LUNGA NOTTE DEL '43, LA ★★★★

Regia di FLORESTANO VANCINI. Con GINO CERVI, ANDREA CHECCHI, GABRIELE FERZETTI, BELINDA LEE, ENRICO MARIA SALERNO. ■ Dopo l'8 settembre del 1943 il Partito fascista di Ferrara stringe le fila, ma è lacerato tra due diverse tendenze: quella del moderato federale Bolognesi e quella del fanatico Aretusi, che fa assassinare il primo e, attribuendo il delitto agli antifascisti, scatena una violenta rappresaglia, facendo fucilare undici ostaggi. Ma il tempo cancella molte cose: il figlio di una delle vittime, Franco, fuggito in Svizzera, torna a Ferrara dopo diciotto anni e incontrando Aretusi gli stringe cordialmente la mano. ■ DRAMMATICO; B/N; 100'; ITALIA, 1960. ■ VENEZIA 1 PR.

LUNGA NOTTE DI ENTEBBE, LA ★★

(Victory at Entebbe)

Regia di MARVIN J. CHOMSKY. Con HELMUT BERGER, THEODORE BIKEL, LINDA BLAIR, KIRK DOUGLAS. ■ Nel giugno del 1976 un gruppo di terroristi del Fronte di liberazione palestinese dirottò in Uganda un aereo francese. Israele organizzò una spedizione che riuscì a liberare gli ostaggi e a portarli in salvo, con pochissime perdite. Il film narra questa storia. ■ GUERRA; COL.; 150'; USA, 1976.

LUNGA NOTTE DI LOUISE, LA *(Chère Louise)* ★★★

Regia di PHILIPPE DE BROCA. Con JEANNE MOREAU, JULIAN NEGULESCO, DIDI PEREGO. ■ Una matura divorziata, rassegnata ormai alla solitudine, incontra un giovane emigrato bisognoso d'aiuto. La donna si attacca a lui, ne diviene insieme madre e amante. Ma è troppa la differenza d'età. ■ COMMEDIA; COL.; 105'; FRANCIA, 1972.

LUNGA NOTTE DI TOMBSTONE, LA ★★

(Cronica de un Atraco)

Regia di JAIME JESUS BALCAZAR. Con HUGO BLANCO, CLAUDIO CAMASO, ANITA EKBERG, TOMAS MILIAN, OSCAR PELLICER. ■ Il bandito Fulgencio si è ritirato a vita privata aprendo un bar in Messico con i proventi di una rapina. Ma l'ex capobanda lo rintraccia e lo ricatta. ■ WESTERN; COL.; 92'; ITALIA, SPAGNA, 1967.

LUNGA NOTTE DI VERONIQUE, LA ★★

Regia di GIANNI VERNUCCIO. Con ALEX MORRISON, WALTER POZZI, ALBA RIGAZZI. ■ Persi entrambi i genitori in un incidente d'auto, un ragazzo viene ospitato da un vecchio conte, che gli rivela essere frutto di un amore clandestino del figlio. Coinvolto nell'atmosfera morbosa della villa, il giovane aggredisce una ragazza e si uccide. ■ DRAMMATICO; COL.; 90'; ITALIA, 1966.

LUNGA OMBRA DEL LUPO, LA ★★

Regia di GIANNI MANERA. Con ALIZA ADAR, LUCY CHEVALIER, IVANO DAVOLI, JOHN MANERA, ELENA ZARESCHI. ■ Conflitto interiore di un tenente italiano costretto dai tedeschi durante la guerra a dare la caccia a un partigiano, suo amico d'infanzia. ■ DRAMMATICO; COL.; 93'; ITALIA, 1971.

LUNGA OMBRA GIALLA, LA *(Chairman)* ★★★

Regia di LEE J. THOMPSON. Con ALAN DOBIE, ANNE HEYWOOD, ARTHUR HILL, GREGORY PECK, FRANCISCA TU. ■ Il prof. Hathaway, premio Nobel per le scienze naturali, riceve dai servizi di controspionaggio russi e americani, alleati per l'occasione, l'incarico di riportare in patria una miracolosa formula scoperta da uno scienziato cinese che può risolvere il problema della fame nel mondo. ■ SPIONAGGIO; COL.; 102'; GRAN BRETAGNA, 1968.

LUNGA PISTA DEI LUPI, LA ★★

(Die blutigen Geier von Alaska)

Regia di HARALD REINL. Con HARALD LEIPNITZ, DOUG MCCLURE, ANGELICA OTT. ■ Jack Harper, cacciatore di orsi, raccoglie il figlio morente di un amico e lo affida a una carovana di cercatori d'oro, che viene però attaccata dai banditi aiutati da un infido vicesceriffo. Harper ritrova il ragazzo e cattura i banditi. ■ AVVENTURA; COL.; 92'; GERMANIA, 1972.

LUNGA SFIDA, LA ★★

Regia di ROBERT ANDREWS. Con GIORGIO ARDISSON, LUIGI PISTILLI, KATRIN SCHAAKE. ■ Un trafficante di droga rapisce a Beirut il figlioletto di un ingegnere minerario per costringerlo a un trasporto di droga. ■ GIALLO; COL.; 91'; ITALIA, 1967.

LUNGA STRADA DELLA VENDETTA, LA ★★

(Der letzte Ritt nach Santa Cruz)

Regia di ROLF OLSEN. Con MARIO ADORF, THOMAS FRITSCH, MARIANNE KOCH, MARISA MELL, EDMUND PURDOM. ■ Il bandito Pedro Ortis, uscito di galera, per vendicarsi dell'ex sceriffo che ve lo ha mandato e che ora fa l'impiegato di banca, lo costringe, dopo avergli rapito moglie e figlio, a svaligiare la banca stessa in cui sta lavorando. ■ WESTERN; COL.; 93'; GERMANIA, 1965.

LUNGA STRADA SENZA POLVERE, LA ★★
Regia di SERGIO TAU. Con FAUSTO DI BELLA, ISA MIRANDA, COLEA RAUTU. ■ Documentario sulla valle del Danubio, si appoggia a un labile pretesto: la storia del vecchio capitano Pop che per quarant'anni ha solcato col suo battello le acque del grande fiume. ■ DOCUMENTARIO; B/N; 92'; ITALIA, 1978.

LUNGA STRADA VERSO CASA, LA ★★
(The Long Walk Home)
Regia di RICHARD PEARCE. Con DYLAN BAKER, WHOOPI GOLDBERG, DWIGHT SCHULTZ, SISSY SPACEK. ■ Un film sul razzismo. Siamo nella metà degli anni Cinquanta nello Stato dell'Alabama. Odessa è una donna di colore, orgogliosa della sua razza e decisa a far valere i propri diritti. Così, visto che sui mezzi di trasporto pubblici non è consentito a una persona di colore scegliersi un posto, torna a casa a piedi. Miriam, la sua padrona, è molto comprensiva e non ha problemi a dibattere il problema col marito razzista. Niente da eccepire sulla confezione del film, solo sulla convenzionalità delle riprese. ■ DRAMMATICO; COL.; 110'; USA, 1991.

LUNGA VALLE VERDE, LA ★★
(Daniel Boone, Trail Blazer)
Regia di ALBERT C. GANNAWAY, ISMAEL RODRIGUEZ. Con BRUCE BENNETT, LON CHANEY JR. ■ Daniel Boone, il leggendario pioniere, tenta di evitare una guerra tra bianchi e pellirosse invitando al forte, in segno di amicizia, i due figli del capo Penna Nera. ■ WESTERN; COL.; 76'; USA, 1956.

LUNGA VITA ALLA SIGNORA ★★★★
Regia di ERMANNO OLMI. Con SIMONA BRANDALIVE, STEFANIA BUSARELLO, MARCO ESPOSITO. ■ Ogni anno una vecchia e potente signora riunisce a cena nel suo castello tra i monti i notabili del luogo, chiamati a riverirla. Una cerimonia sfarzosa alla quale assiste estasiato un giovane aiuto cameriere, Libenzio, candido figlio di contadini. Man mano che la cena procede, Libenzio si avvede però delle meschinità e delle umiliazioni cui i convitati sono costretti per conservare il loro potere; l'atmosfera del castello che gli sembrava invidiabile, gli appare ora soffocante, finché all'alba fugge per correre nei prati a respirare aria pura e libertà. Vigorosa metafora di Olmi contro il potere, a cui contrappone la genuinità del suo prediletto mondo contadino. ■ COMMEDIA; COL.; 105'; ITALIA, 1987. ■ VENEZIA 1 PR.

LUNGHE NAVI, LE *(The Long Ships)* ★★
Regia di JACK CARDIFF. Con SIDNEY POITIER, ROSANNA SCHIAFFINO, RICHARD WIDMARK. ■ Guerra (abbastanza improbabile) tra arabi e vichinghi intorno all'anno mille per il possesso di una campana d'oro. ■ AVVENTURA; COL.; 125'; USA, 1963.

LUNGHE VACANZE DEL '36, LE ★★★
(Las largas vacaciones del '36)
Regia di JAIME CAMINO. Con AMALIA GADÉ, FRANCISCO RABAL, JOSÉ SACRISTAN, CONCHITA VELASCO, JOSÉ VIVO. ■ Subito dopo lo scoppio della guerra civile, un gruppo di famiglie borghesi si rifugia nella campagna vicino a Barcellona. Per i bambini è semplicemente l'occasione per una insperata vacanza. ■ DRAMMATICO; COL.; 105'; SPAGNA, 1976.

LUNGHI ADDII *(Dolgie provody)* ★★★
Regia di KIRA MURATOVA. Con LIDIYA BRAZILSKAYA, LIDIVA DRANOVSKAYA, SVETLANA KABANOVA, YURI KAYUROV, TATYANA MYCHKO, ZINAIDA SHARKO, OLEG VLADIMIRSKY. ■ È davvero un lungo addio quello fra una madre tormentosa e opprimente, divorziata dal marito archeologo, e suo figlio Ustinov, silenzioso e solitario come uno spettro quando è in sua presenza. Lei vorrebbe penetrare nel complicato mondo del figlio, lui, dal canto suo, vorrebbe che non invadesse anche quello, tanto da costruire un muro di parole ripetute mille volte e di mutismi assordanti che si frappone nel loro rapporto, già parecchio alienante e tortuoso. Fino a quando non riemergerà la figura del padre, portando nella mente di Ustinov il pensiero di una nuova vita, lontano da gelosie, rimproveri e consigli materni inopportuni. Censurata fino alla Glasnost del 1987, la Muratova dimostra tutto il suo anticonvenzionale talento nel dirigere (in una Russia che deve fare ancora i conti con le revisioni dello stalinismo) una pellicola moderna e d'avanguardia, ben attenta a non compiere giri di boa, attorno a randagismi sentimentali banali. ■ DRAMMATICO; COL.; 97'; URSS, 1971.

LUNGHI CAPELLI DELLA MORTE, I ★★
Regia di ANTHONY DAWSON. Con GIORGIO ARDISSON, BARBARA STEELE, HALINA ZALEWSKA. ■ La maledizione di una strega bruciata sul rogo verso la fine del Cinquecento imperversa nel castello del conte Kurt, che l'ha condannata. ■ HORROR; COL.; 94'; ITALIA, 1965.

LUNGHI GIORNI DELLA VENDETTA - FACCIA D'ANGELO, I ★★
Regia di STAN VANCE. Con GIULIANO GEMMA, GABRIELLA GIORGELLI, FRANCISCO RABAL. ■ Un giovane, Ted Barnett, evade dal carcere, dove sta scontando la pena per un delitto non commesso, per scoprire chi lo ha fatto arrestare. Il responsabile è un tiranno locale, che, volendo impadronirsi della ferrovia del padre, lo ha fatto uccidere. Il regista, protetto da pseudonimo, è Florestano Vancini. ■ WESTERN; COL.; 123'; ITALIA, 1967.

LUNGHI GIORNI DELLE AQUILE, I ★★★
(The Battle of Britain)
Regia di GUY HAMILTON. Con HARRY ANDREWS, MICHAEL CAINE, TREVOR HOWARD, CURD JÜRGENS, LAURENCE OLIVIER. ■ La leggendaria resistenza dell'aviazione inglese contro quella tedesca durante l'ultima guerra. Il maresciallo dell'aria Goering scatenò 2500 aerei contro i seicento della Raf: per evitare una strage ogni aereo britannico avrebbe dovuto abbattere quattro aerei tedeschi. La Raf ci riuscì, aiutata dai polacchi. ■ GUERRA; B/N; 132'; GRAN BRETAGNA, 1969.

LUNGHI GIORNI DELL'ODIO, I ★★
Regia di GIANFRANCO BALDANELLO. Con RIK BATTAGLIA, LUCIENNE BRIDOU, GUY MADISON. ■ Durante l'assenza dei figli più grandi, una banda di fuorilegge assale la fattoria Benson e uccide tutti. Ma uno degli assalitori rimane a sua volta ferito e Martin Benson riconosce in lui un ex commilitone. ■ WESTERN; COL.; 89'; ITALIA, 1968.

LUNGO ADDIO, IL *(The Long Goodbye)* ★★★
Regia di ROBERT ALTMAN. Con ELLIOTT GOULD, STERLING HAYDEN, MARK RYDELL, NINA VAN PALLANDT. ■ Il detective Marlowe cerca di risolvere il caso di un suo amico accusato di uxoricidio. Scopre che questi ha davvero ucciso la moglie e riesce a smascherarlo. ■ DRAMMATICO; B/N; 112'; USA, 1973.

LUNGO COLTELLO DI LONDRA, IL ★★★
(Circus of Fear)
Regia di JOHN LLEWELLYN MOXEY. Con EDDI ARENT, LEO GENN, KLAUS KINSKI, CHRISTOPHER LEE, MARGARET LEE. ■ La sceneggiatura è tratta da un romanzo di Edgar Wallace. Un bandito che assieme ad alcuni complici ha rapinato una banca viene trovato ucciso nei pressi di un circo. ■ GIALLO; COL.; 65'; GERMANIA, GRAN BRETAGNA, 1964.

LUNGO DUELLO, IL *(The Long Duel)* ★★
Regia di KEN ANNAKIN. Con YUL BRYNNER, TREVOR HOWARD, VIRGINIA NORTH, CHARLOTTE RAMPLING. ■ In India un residente inglese imprigiona una tribù di ribelli, che però, guidata dal principe Sultan, riesce a fuggire, rifugiandosi sulle montagne. ■ AVVENTURA; COL.; 115'; GRAN BRETAGNA, 1966.

LUNGO GIORNO DEL MASSACRO, IL ★★
Regia di ALBERT CARDIFF. Con LIZ BARRETT, DANIELA GIORDANO, PETER MARTELL, GLENN SAXSON, MANUEL SERRANO. ■ Joe, sceriffo di Kansas City, esonerato dall'incarico per brutalità, viene anche accusato di un omicido commesso in realtà dal bandito messicano La Muerte. ■ WESTERN; COL.; 104'; ITALIA, 1968.

LUNGO GIORNO FINISCE, IL ★★★
(The Long Day Closes)
Regia di TERENCE DAVIES. Con LEIGHT MCCORMACK, ANTHONY WATSON, MARJORIE YATES. ■ Pur essendo un buon film, ha il difetto di arrivare dopo un capolavoro assoluto come *Voci distanti... sempre presenti* diretto dallo stesso regista nel 1988. Molte delle cose che rendevano originale quell'opera le ritroviamo qui ma, a parte alcuni momenti di grande cinema, sembra un tentativo non del tutto riuscito di emulare il primo. E i vuoti sono colmati dalle

canzoni che punteggiano, a volte con ironia e a volte con malinconia, i fatti e le vicende. È la storia di un ragazzo undicenne che vive gli albori della propria formazione adolescenziale, tra la passione per il cinema e i problemi familiari e personali. ■ COMMEDIA; COL.; 84′; GRAN BRETAGNA, 1992.

LUNGO GIORNO PER MORIRE, UN ★★
(The Long Day's Dying)
Regia di PETER COLLINSON. Con TONY BECKLEY, TOM BELL, DAVID HEMMINGS. ■ Tre paracadutisti inglesi, rimasti lontani dai loro reparti, tendono una serie di agguati ai tedeschi. Ma finiranno per errore vittime dei loro stessi commilitoni. ■ GUERRA; COL.; 93′; GRAN BRETAGNA, 1968.

LUNGO, IL CORTO, IL GATTO, IL ★
Regia di LUCIO FULCI. Con FRANCO FRANCHI, IVY HOLZER, CICCIO INGRASSIA, GIUSI RASPANI DANDOLO, IVANO STACCIOLI. ■ Ciccio e Franco cercano un gatto erede di un patrimonio milionario. ■ COMICO; COL.; 90′; ITALIA, 1967.

LUNGO IL FIUME ROSSO *(Raiders of Old California)* ★★
Regia di ALBERT C. GANNAWAY. Con JIM DAVIS, LEE VAN CLEEF, ARLEEN WHELAN. ■ Un gruppo di soldati americani, durante la guerra con il Messico, riesce ad impadronirsi di immensi territori appartenenti a un ricco proprietario terriero. Ma le autorità federali manderanno un giudice che rimetterà le cose a posto. ■ WESTERN; B/N; 72′; USA, 1957.

LUNGO I MARCIAPIEDI *(Le long des trottoirs)* ★★
Regia di LÉONIDE MOGUY. Con FRANÇOIS GUERIN, SIMONE PARIS, DANICK PATTISON, ANNE VERNON. ■ Lacrimosa storia sulle fanciulle ingenue e traviate: Cristina, orfana, viene sedotta prima da un rampollo borghese, poi da un protettore di prostitute. ■ DRAMMATICO; B/N; 100′; FRANCIA, 1956.

LUNGO INVERNO, IL ★★
Regia di IVO BARNABÒ MICHELI. Con LUCA BARBARESCHI, GIUSEPPE CEDERNA, BEATE JENSEN, GIULIO SCARPATI. ■ Due giovani sordomuti, David e Sara, si incontrano nell'istituto che li ospita e si innamorano. Il loro legame suscita non poche perplessità ed essi, per paura di essere separati, progettano la fuga. Riescono nel loro intento ma la polizia trova le loro tracce. ■ DRAMMATICO; COL.; 110′; ITALIA, 1984.

LUNGO SILENZIO, IL ★★
Regia di MARGARETHE VON TROTTA. Con CARLA GRAVINA, PAOLO GRAZIOSI, GIULIANO MONTALDO, JACQUES PERRIN, OTTAVIA PICCOLO, ALIDA VALLI. ■ La vita di Marco e di Carla non è facile perché lui è un magistrato alle prese con un'inchiesta delicatissima. Ben presto l'uomo verrà ucciso in un attentato e la moglie, una ginecologa, non si darà per vinta. Finirà anche lei con l'essere uccisa, ma le altre donne che hanno subito lutti a causa della violenza decidono di non tacere più. Film didascalico, come spesso è nello stile della von Trotta, con una sequenza di apertura che esemplifica uno dei grandi poteri del cinema: quello di escludere (o includere) degli elementi nell'inquadratura in modo da proporre situazioni che si rivelano diverse da come appaiono. ■ DRAMMATICO; COL.; 100′; ITALIA, 1993.

LUNGO VIAGGIO VERSO LA NOTTE, IL ★★★
(Long Day's Journey into Night)
Regia di SIDNEY LUMET. Con KATHARINE HEPBURN, RALPH RICHARDSON, JASON ROBARDS, DEAN STOCKWELL. ■ Spaccato d'una famiglia in disfacimento, i cui membri – padre taccagno, madre drogata, figlio malato e fratello alcolizzato – durante una simpatica riunione casalinga, si gettano l'un l'altro addosso tutto il veleno che hanno in corpo. ■ DRAMMATICO; B/N; 136′; USA, 1962. ■ CANNES 2 PR; OSCAR 1 NOM.

LUOGO DEL DELITTO, IL *(Le lieu du crime)* ★★
Regia di ANDRÉ TÉCHINÉ. Con DANIELLE DARRIEUX, CATHERINE DENEUVE, VICTOR LANOUX, WADECK STANCZAK. ■ Lili è la madre di Thomas con il quale vive un rapporto incestuoso. A casa loro arriva un evaso che rende l'atmosfera ancora più ambigua. ■ DRAMMATICO; COL.; 85′; FRANCIA, 1986.

♥ L'UOMO IN PIÙ ★★★
Regia di PAOLO SORRENTINO. Con NINNI BRUSCHETTA, ANGELA GOODWIN, NELLO MASCIA, ANDREA RENZI, TONI SERVILLO. ■ Napoli, anni Ottanta. Tony è un cantante all'apice del successo. Sprezzante e apparentemente sicuro di sé, ma cocainomane incallito e con la morte del fratello sulla coscienza. Antonio Pisapia è uno stopper integro che non si presta ai trucchi del calcio scommesse. Tony verrà messo fuori gioco da una minorenne che gli si offre e poi lo denuncia. I due cercano di risalire la china, ma se Tony sembra disilluso, Antonio è convinto di potere essere un valido allenatore. Film interessante e ispirato a due personaggi reali: il cantautore Califano e il calciatore De Bartolomei. Si svolge in una Napoli diversa, spietata e cinica senza mai essere folkloristica. ■ DRAMMATICO; COL.; 100′; ITALIA, 2001.

LUPA, LA ★★★
Regia di ALBERTO LATTUADA. Con KERIMA, MAY BRITT, ETTORE MANNI. ■ Una donna sui quarant'anni, passionale e libera, chiamata la "Lupa" per i suoi costumi poco castigati, diviene l'amante di un soldato, che però, innamoratosi di sua figlia Maricchia, la sposa. Gelosa, la Lupa tenta di dividerli, finché, odiata dalla figlia stessa e da tutto il villaggio, si lascia morire nel rogo di un edificio che lei stessa dà alle fiamme. ■ DRAMMATICO; B/N; 93′; ITALIA, 1953.

LUPA, LA ★★★
Regia di GABRIELE LAVIA. Con RAOUL BOVA, ALESSIA FUGARDI, GIANCARLO GIANNINI, MONICA GUERRITORE, MICHELE PLACIDO. ■ Dalla novella di Verga. Sicilia, fine Ottocento. Pina (Guerritore), sensuale, maledetta, sconvolge tutti gli uomini che incontra. Non viene risparmiato neanche il genero (Bova). Il dramma monta intorno a questa febbre e intorno alla "roba", secondo la cultura siciliana di allora. Finirà in tragedia. Film particolare, di impianto teatrale sul piano registico e recitativo: grande intensità da parte di tutti. Anche Giannini e Placido sono "teatranti". Davvero buona la ricerca d'ambiente. Un film che non avrà tutte le cadenze giuste, ma che almeno si sforza di cercare la qualità e ha un altro grande pregio: non si fa "omologare" nel quadro del cinema italiano anni Novanta. ■ DRAMMATICO; COL.; 95′; ITALIA, 1996.

LUPA MANNARA, LA ★
Regia di RINO DI SILVESTRO. Con ANNIQUE BOREL, TINO CARRARO, DAGMAR LASSANDER, HOWARD ROSS. ■ La contessina Daniela è una "divoratrice" di uomini nel senso letterale del termine: affetta infatti da licantropia, li sbrana dopo averli sedotti. Così, si mangia il cognato, poi uccide a forbiciate una lesbica, una dottoressa e una povera contadina. ■ HORROR; COL.; 92′; ITALIA, 1976.

LUPI ATTACCANO IN BRANCO, I *(Hornets' Nest)* ★★
Regia di FRANCO CIRINO, PHIL KARLSON. Con SERGIO FANTONI, ROCK HUDSON, SYLVA KOSCINA, JACQUES SERNAS. ■ Alcuni ragazzi sono decisi a vendicarsi della strage compiuta dai nazisti nel villaggio, ma non sanno usare le armi che hanno trovato in un deposito. Ad addestrarli ci pensa il tenente Turner. ■ GUERRA; COL.; 92′; ITALIA, USA, 1969.

LUPI DELLA PRATERIA, I *(Border Roundup)* ★★
Regia di SAM NEWFIELD. Con GEORGE HUSTON, SMOKY, AL ST. JOHN. ■ Il capo di una banda di fuorilegge (nella vita pubblica irreprensibile direttore di banca) rapisce un vecchio cercatore d'oro e sua figlia per far loro confessare l'ubicazione di una miniera d'oro. Ma arriva il vendicatore solitario, che sconfigge tutti i banditi. ■ WESTERN; B/N; 57′; USA, 1947.

LUPI DEL TEXAS, I *(Young Fury)* ★★
Regia di CHRISTIAN NYBY. Con RICHARD ARLEN, RORY CALHOUN, LON CHANEY JR, VIRGINIA MAYO. ■ Clint, un pistolero, è odiato dal figlio Tige, il quale crede che egli abbia abbandonato la madre. Ma, dopo una drammatica spiegazione, Tige si convince della sua lealtà. ■ WESTERN; COL.; 80′; USA, 1966.

LUPI DENTRO, I ★★★
Regia di RAFFAELE ANDREASSI. Con ADELE CASOLI, VANDINO DAOLIO, ELENA GUASTALLA, ANTONIO LIGABUE, GIOVANNI MIGLIOLI, BRUNO ROVESTI, UDO TONIATO, SERAFINO VALLA. ■ Con un intervista al pittore Giovanni Miglioli, che vive con la sua barca in un'ansa del Po, Andreassi inizia a raccontarci la storia della pittura naïf, dei suoi protagonisti e della loro terra, dagli anni Sessanta fino ad oggi. Attraverso i ricordi degli artisti e degli

abitanti dei paesi della bassa reggiana e tramite i loro quadri, le loro poesie e le loro fotografie, il regista riesce ad evocare un mondo ormai scomparso, in cui il fervore intellettuale si sposava con la rudezza della vita contadina. Pregevole documento su un mondo scomparso. ■ DOCUMENTARIO; COL.; 180′; ITALIA, 2000.

LUPI MANNARI, I *(The Devil Makes Three)* ★★★
Regia di ANDREW MARTON. Con GENE KELLY, ANNA MARIA PIERANGELI. ■ Un ex pilota americano torna in Germania dopo la guerra e incontra Wally, una ragazza che lo aveva aiutato e che adesso lavora in un locale notturno. La ragazza, inconsapevolmente, fa del contrabbando per conto di un gruppo di fanatici nazisti, detti "Lupi Mannari", che tentano di recuperare il tesoro di Hitler. Entrambi i giovani cadono nelle loro mani, ma la Military Police li salva. ■ DRAMMATICO; B/N; 96′; USA, 1952.

LUPIN 3 ★★
Regia di SOJI YOSHIKAWA. ■ Il nipote di Arsenio Lupin s'impossessa di una portentosa pietra nonostante gli sforzi che l'ispettore Zenigata fa per impedirglielo. ■ ANIMAZIONE; COL.; 90′; GIAPPONE, 1980.

LUPI NELL'ABISSO ★★★
Regia di SILVIO AMADIO. Con HORST FRANK, MASSIMO GIROTTI, FOLCO LULLI, ALBERTO LUPO, GIANCARLO SBRAGIA. ■ Un sommergibile duramente colpito in combattimento sprofonda in un abisso. Il comandante è messo presto di fronte alla dura realtà: solo un uomo potrà salvarsi. Chi scegliere fra i membri dell'equipaggio? ■ AVVENTURA; B/N; 88′; ITALIA, 1959.

LUPO, IL ★
Regia di STEFANO CALVAGNA. Con MASSIMO BONETTI, STEFANO CALVAGNA, MAURIZIO MATTIOLI, ENRICO MONTESANO, MIRCO PETRINI, ANTONELLA PONZIANI. ■ Franco Scattoni, detto il Lupo, ha ucciso un carabiniere durante un controllo di routine. Senza un motivo, senza pietà. Inizia così la sua breve latitanza tra Roma e l'Umbria dove vive sua sorella, orfana come lui di un padre malato e suicida. Il suo sogno è quello di raggiungere il Marocco e la giovane compagna incinta di suo figlio. Braccato dalle forze dell'ordine e dalla furia vendicativa del colonnello Franchini, padre del ragazzo ucciso, Scattoni viene riconosciuto e segnalato ai vigili urbani vicino al Circo Massimo. Raggiunto da Franchini, i due avranno un drammatico confronto prima che il Lupo tenti la fuga portando con sé un ostaggio. ■ DRAMMATICO; COL.; 89′; ITALIA, 2007.

LUPO DEI MALASORTE, IL *(Le loup des Malveneur)* ★★
Regia di GUILLAUME RADOT. Con GABRIELLE DORZIAT, PIERRE RENOIR, MADELEINE SOLOGNE. ■ Una famiglia di svitati – con il padre conte Reginaldo che fa impossibili studi sulle cellule, la sorella zitella e la moglie malata di cuore – vive in un cupo castello. ■ DRAMMATICO; B/N; 99′; FRANCIA, 1942.

LUPO DEI MARI, IL *(The Sea Wolf)* ★★
Regia di ALFRED SANTELL. Con MARY ASTOR, MILTON SILLS. ■ Dal romanzo di Jack London. Prima trasposizione sonora (ne seguiranno altre quattro). Qui, nei panni del tirannico capitano di baleniere Lupo Larsen, c'è Milton Sills, celebre "duro" del muto. ■ AVVENTURA; B/N; 90′; USA, 1930.

LUPO DEI MARI, IL *(The Sea Wolf)* ★★★★
Regia di MICHAEL CURTIZ. Con JOHN GARFIELD, ALEXANDER KNOX, IDA LUPINO, EDWARD G. ROBINSON. ■ Uno scrittore, Van Weyden, dopo il naufragio di una nave passeggeri, viene raccolto da un peschereccio comandato dal terribile capitano Larsen, un sadico che tiranneggia l'equipaggio per sfogare le sue velleità di superuomo. Larsen un giorno diventa cieco e non può far nulla contro l'ammutinamento del suo equipaggio. Morirà assieme a Van Weyden (che sacrifica la sua vita per salvare quella di due innamorati). ■ AVVENTURA; B/N; 90′; USA, 1941. ■ OSCAR 1 NOM.

LUPO DEI MARI, IL ★★
Regia di GIUSEPPE VARI. Con BARBARA BACH, RIK BATTAGLIA, CHUCK CONNORS, GIUSEPPE PAMBIERI. ■ Rifacimento del precedente (più esattamente la versione numero cinque di Curtiz). Piuttosto modesto, ma molto fedele al romanzo di Jack London. ■ AVVENTURA; COL.; 100′; ITALIA, 1974.

LUPO DELLA FRONTIERA, IL ★★
Regia di EDOARDO ANTON. Con MARIA FRAU, TAMARA LEES, PIERO LULLI, TONIO SELWART. ■ Agente segreto indaga su misteriosi sabotaggi a una ferrovia. Scopre che i colpevoli sono i proprietari di una fattoria, che intendono anche far saltare una diga. Affronta i due. ■ DRAMMATICO; B/N; 92′; ITALIA, 1951.

LUPO DELLA SILA, IL ★★★
Regia di DUILIO COLETTI. Con VITTORIO GASSMAN, SILVANA MANGANO, AMEDEO NAZZARI, JACQUES SERNAS. ■ Un giovane contadino viene ingiustamente incolpato d'un delitto, ma tace per non compromettere la ragazza con cui aveva trascorso la notte, Orsola. Condannato, evade ma viene ucciso sulla porta di casa. La sorella minore, Rosalia, medita vendetta e, cresciuta, fa innamorare di sé Rocco, il fratello di Orsola che le aveva impedito di testimoniare e poi fugge con il figlio di lui. Rocco li insegue e lei lo uccide. ■ DRAMMATICO; B/N; 95′; ITALIA, 1949.

LUPO DELLA STEPPA, IL *(Steppenwolf)* ★★
Regia di FRED HAINES. Con PIERRE CLÉMENTI, DOMINIQUE SANDA, MAX VON SYDOW. ■ Dal romanzo di Hermann Hesse. Un intellettuale cinquantenne ha sempre sofferto di uno sdoppiamento di personalità. È un uomo o un lupo? Come uomo è riuscito a esprimersi solo come affarista. Come lupo, è spaventato dalla forza primordiale, senza freni che sente in sé. Una prostituta lo farà uscire dal dilemma che lo stava portando alla follia. ■ DRAMMATICO; COL.; 105′; FRANCIA, SVIZZERA, 1973.

LUPO DI MARE, IL ★
Regia di MAURIZIO LUCIDI. Con KARA DONATI, ANDREA RONCATO, GIGI SAMMARCHI. ■ Gigi e Andrea indossano i panni di Marco e Silvestro, maître e cameriere dell'*Orient Express*, una nave che ospita numerose belle ragazze, rappresentanti di prodotti cosmetici. Fra una girandola di avvenenti clienti, i due s'innamorano di Lara e Marilù scatenando l'ira delle altre. Veleggiando verso la Grecia e la Turchia, tra equivoci e goliardie i due si accaseranno. ■ COMMEDIA; COL.; 98′; ITALIA, 1987.

LUPO E L'AGNELLO, IL ★★
Regia di FRANCESCO MASSARO. Con GIULIANA CALANDRA, OMBRETTA COLLI, ENRICO LUZI, TOMAS MILIAN, MICHEL SERRAULT. ■ Un bandito si rifugia in casa di un parrucchiere per signora che si finge omosessuale. I due s'alleano per sconfiggere l'avara suocera del secondo. ■ COMMEDIA; COL.; 97′; ITALIA, 1980.

LUPO MANNARO AMERICANO A LONDRA, UN ★★★
(An American Werewolf in London)
Regia di JOHN LANDIS. Con JENNY AGUTTER, GRIFFIN DUNNE, DAVID NAUGHTON. ■ Azzannato da un lupo mannaro in una brughiera inglese, Jack (Dunne) si rende conto di essere a sua volta diventato un licantropo che, nelle notti di plenilunio, si trasforma in mostro sanguinario. Landis si cimenta con successo in un film nel quale coniuga elementi classici del genere horror con uno spiccato senso dell'umorismo tipico di altri suoi lavori (*The Blues brothers*). Oscar per il make-up. ■ HORROR; COL.; 97′; USA, 1981. ■ OSCAR 1 PR, 1 NOM.

LUPO MANNARO AMERICANO A PARIGI, UN ★
(An American Werewolf in Paris)
Regia di ANTHONY WALLER. Con PIERRE COSSO, JULIE DELPY, TOM EVERETT SCOTT. ■ Un turista americano a Parigi incontra un uomo lupo e ne diventa amico. Le solite avventure del caso. Senza la qualità del precedente firmato da Landis. Tutto visto e stravisto. Forzato e inutile. ■ FANTASTICO; COL.; 98′; LUSSEMBURGO, 1997.

LUPO SCOMPARSO, IL *(The Case of the Howling Dog)* ★★
Regia di ALAN CROSLAND. Con MARY ASTOR, WARREN WILLIAM. ■ L'intervento del celebre avvocato Perry Mason viene richiesto per far cessare l'ululato di un cane. ■ POLIZIESCO; B/N; 95′; USA, 1934.

LUPO SOLITARIO *(The Indian Runner)* ★★
Regia di SEAN PENN. Con PATRICIA ARQUETTE, CHARLES BRONSON, SANDY DENNIS, VALERIA GOLINO, DENNIS HOPPER, DAVID MORSE, VIGGO MORTENSEN. ■ L'idea parte da una celebre canzone di Bruce Springsteen, *Highway Patrolman*. Nonostante le

buone intenzioni questo esordio dell'attore Penn dietro la macchina da presa serve solo a riaffermare la svogliatezza artistica della Golino e a darci un'immagine inedita di Bronson. È la storia di Joe, poliziotto, molto affezionato al fratello Frankie, ex soldato in Vietnam. Fa quindi di tutto per aiutarlo a reintegrarsi, dopo un periodo in carcere, nella società e nell'ambito familiare. Frankie si unisce in matrimonio con Dorothy e nasce un bambino ma i problemi non si risolvono e il finale è tragico. ■ DRAMMATICO; COL.; 126′; USA, 1991.

LURIDO E L'AMERICANO, IL ★

(Bamboo Gods and Iron Men)

Regia di CÉSAR GALLARDO. Con CHIQUITO, JAMES IGLEHART, SHIRLEY WASHINGTON. ■ Un campione di boxe nero ed un campione di kung-fu cinese si destreggiano con inaudite prove di abilità. ■ COMMEDIA; B/N; 90′; USA, 1973.

LUSSURIA – SEDUZIONE E TRADIMENTO ★★★

(Lust, Caution)

Regia di ANG LEE. Con JOAN CHEN, WANG LEEHOM, LEE-HOM WANG, TONY LEUNG, TANG WEI. ■ Hong Kong, anni Quaranta. Wang Jiazhi, giovane donna militante nella resistenza cinese, con le sue grazie deve sedurre Mr. Yee, potente politico che collabora con i giapponesi, per tendergli un'imboscata e ucciderlo. La ragazza non ha previsto però che giocare con la passione può essere pericoloso. Il dramma sentimentale di Ang Lee, che si immerge in un mondo, quello di Hong Kong e Shangai, trait d'union fra Oriente e Occidente (che rispecchia anche la doppia anima del regista), è una profonda analisi dell'amore e dell'educazione sessuale di una donna che si trova coinvolta in un intricato groviglio di obbligo e passione. In uno scenario di collaborazionismo e di dominio giapponese, le vicende accennano solo a una mera critica al periodo. Sono gli sguardi e la relazione impossibile fra Wang Jiazhi e Mr. Yee a coinvolgere e dare vita al film, dopo una primissima parte fredda e a tratti complessa da seguire. ■ DRAMMATICO; COL.; 156′; CINA, USA, 2007.

LUTERO *(Luther)* ★★

Regia di GUY GREEN. Con HUGH GRIFFITH, STACY KEACH, PATRICK MAGEE. ■ Dal dramma di John Osborne. Rievocazione della figura di frate Martin Lutero. Da inquieto seminarista a leader del movimento di riforma religiosa che sconvolse il sedicesimo secolo. Ottima interpretazione di Keach, ma eccessiva fedeltà del regista alla pièce di Osborne (che non è il più cinegenico dei drammi). ■ STORICO; COL.; 92′; GRAN BRETAGNA, USA, 1974.

LUTHER ★★★

Regia di ERIC TILL. Con CLAIRE COX, JOSEPH FIENNES, JONATHAN FIRTH, BRUNO GANZ, ALFRED MOLINA, PETER USTINOV. ■ La risposta vera a *The Passion* di Mel Gibson arriva, abbastanza in sordina nonostante la campagna pubblicitaria, con la vita di Martin Lutero. La vicenda ha inizio durante una tempesta tremenda, che convince il giovane Luther a consegnarsi a Dio pur di salvarsi. L'ingresso nella Chiesa, ai tempi distratta dalla vendita delle indulgenze, pone più di un perché al novizio monaco agostiniano, che decide di intraprendere una via personale, condotta da una forte ideologia al limite "dell'anticlericale", contro la tradizione classica. Ben recitato e a volte teatrale, *Luther* è un film didascalico, che narra il percorso ideologico del monaco nei più piccoli dettagli. La scrupolosità dei fatti, grazie anche al contributo della comunità luterana alla realizzazione, è certamente un elemento di forza del lungometraggio, che si regge per gran parte sulle interpretazioni degli attori che alleggeriscono il velo di freddezza che si crea nell'affrontare le ragioni per cui Martin Lutero si oppose alla Chiesa Cattolica. ■ STORICO; COL.; 121′; GERMANIA, 2003.

LUTTO SI ADDICE AD ELETTRA, IL ★★★

(Mourning Becomes Electra)

Regia di DUDLEY NICHOLS. Con RAYMOND MASSEY, KATINA PAXINOU, MICHAEL REDGRAVE, ROSALIND RUSSELL. ■ Strage familiare: il giovane Orin uccide l'amante della madre Cristina che a sua volta ha avvelenato il marito Ezra, e la madre si suicida dal dolore. Unito da un morboso affetto alla sorella, Orin si uccide a sua volta. ■ DRAMMATICO; B/N; 105′; USA, 1947. ■ OSCAR 2 NOM.

LUV, VUOL DIRE AMORE? *(Luv)* ★★★

Regia di CLIVE DONNER. Con PETER FALK, JACK LEMMON, ELAINE MAY, NINA WAYNE. ■ Harry sta per accomiatarsi dalla vita, che ritiene un fallimento, gettandosi nell'Hudson, a New York, ma viene salvato dal vecchio amico Milt che lo fa innamorare di sua moglie Ellen della quale vuole sbarazzarsi per sposare Linda. Il piano riesce, ma le nuove coppie non sono felici; alla fine Milt torna con Ellen, Harry finisce con Linda. ■ COMMEDIA; COL.; 95′; USA, 1967.

LYCANTHROPUS ★

Regia di RICHARD BENSON. Con CURT LENVENS, BARBARA ROSS, CARL SHELL. ■ Una collegiale viene sbranata accanto all'istituto, e una sua amica viene a sua volta aggredita da un mostro. Del delitto viene sospettato un professore già coinvolto in un caso di licantropia. ■ HORROR; B/N 90′; ITALIA, 1961.

LYDIA ★★

Regia di JULIEN DUVIVIER. Con JOSEPH COTTEN, MERLE OBERON, EDNA MAY OLIVER. ■ Una vecchia signora rievoca su un terrazzo di New York i suoi amori e la sua vita, insieme a tre suoi ex spasimanti. ■ COMMEDIA; B/N; 144′; GRAN BRETAGNA, 1941. ■ OSCAR 1 NOM.

M

M ★★★
Regia di JOSEPH LOSEY. Con LUTHER ADLER, STEVE BRODIE, HOWARD DA SILVA, MARTIN GABEL, DAVID WAYNE. ■ È il rifacimento del capolavoro di Fritz Lang, diretto da Losey esattamente vent'anni dopo: la storia del mostro di Düsseldorf che strangola le bambine e che viene processato da una banda di malviventi in un'autorimessa. Il criminale è difeso da un avvocato fallito che si scaglia contro gli stessi accusatori e contro la società. Ottimi gli attori. ■ DRAMMATICO; B/N; 88'; USA, 1951.

MAC ★★★
Regia di JOHN TURTURRO. Con MICHAEL BADALUCCO, ELLEN BARKIN, CARL CAPOPORTO, JOHN TURTURRO. ■ Premiato al Festival di Cannes come miglior esordio. Tratto da una commedia teatrale dedicata dal regista al padre muratore. John Turturro dirige con mano sicura e senza strafare questa interessante storia italo-americana. Dopo la morte del padre, tre fratelli continuano l'attività del genitore. Mettono in piedi un'impresa edile, finché cominciano a incrinarsi i rapporti. Bravi tutti gli attori. ■ COMM. DRAMMATICA; COL.; 118'; USA, 1992. ■ CANNES 1 PR.

MACABRO *(Macabre)* ★★
Regia di WILLIAM CASTLE. Con JIM BACKUS, WILLIAM PRINCE, JACQUELINE SCOTT. ■ Un medico abitante in una cittadina vede rovinata la propria reputazione professionale dalla morte della giovane moglie e della cognata; come se questo non bastasse, gli sparisce la figlioletta e si sospetta che sia stata addirittura sepolta viva. ■ HORROR; B/N; 92'; USA, 1958.

MACABRO ★★
Regia di LAMBERTO BAVA. Con STANKO MOLNAR, ROBERTO POSSE, BERNICE STEEGERS, VERONICA ZINNY. ■ Su una casa di New Orleans grava una maledizione dovuta alle nefande imprese di una ragazza che ha ucciso il fratellino per vendicarsi della madre che aveva un amante. ■ HORROR; COL.; 75'; ITALIA, 1980.

MACAO L'INFERNO DEL GIOCO ★★★
(Macao, l'enfer du jeu)
Regia di JEAN DELANNOY. Con MIREILLE BALIN, JEAN-LOUIS BARRAULT, SESSUE HAYAKAWA, PIERRE RENOIR, ERIC VON STROHEIM. ■ Un contrabbandiere di armi fa combutta con una ragazza che ha salvato dalla morte; insieme vivono delle avventure nella zona internazionale di Macao. ■ AVVENTURA; B/N; 90'; FRANCIA, 1939.

MA CAPITA TUTTO A ME? *(Out on a Limb)* ★★
Regia di FRANCIS VEBER. Con MATTHEW BRODERICK, JEFFREY JONES, HEIDI KLING. ■ Il protagonista viene rapinato e perde un numero di telefono così importante da valere 160 milioni di dollari. Dopo averlo cercato disperatamente, lo trova dove meno se lo aspettava. ■ COMMEDIA; COL.; 79'; USA, 1992.

MACARIO CONTRO ZAGOMAR ★★
Regia di GIORGIO FERRONI. Con NADA FIORELLI, ERMINIO MACARIO, OLGA VILLI. ■ Macario aiuta un vecchio professore a ritrovare la figlia rapita dal fuorilegge Zagomar, che ha pure rubato la formula di una scoperta scientifica dello scienziato. ■ COMICO; B/N; 91'; ITALIA, 1943.

MACARTHUR IL GENERALE RIBELLE ★★★
(MacArthur)
Regia di JOSEPH SARGENT. Con ED FLANDERS, DAN O'HERLIHY, GREGORY PECK. ■ Vittorie e sconfitte del generale Douglas MacArthur durante la seconda guerra mondiale. ■ DRAMMATICO; COL.; 130'; USA, 1977. ■ GOLDEN GLOBES 1 NOM.

MACBETH ★★★
Regia di ORSON WELLES. Con RODDY MCDOWALL, JEANETTE NOLAN, DAN O'HERLIHY, ORSON WELLES. ■ Secondo una profezia, Macbeth è destinato a diventare re di Scozia. Sobillato dalla moglie, uccide re Duncan e ne prende il posto; elimina anche Banquo. Sopraffatta dal rimorso, Lady Macbeth si suicida. Il protagonista verrà ucciso a sua volta da Macduff. Il film è noto quale estremo esercizio di cinema in povertà. Una vera scommessa di Welles, grande appassionato di Shakespeare, col sistema hollywoodiano che non lo amava. La Republic prestò gli studi al "genio" che si destreggiò con un budget di soli sessantamila dollari. Tutto povero, appunto: dalla scenografia ai costumi a gran parte dei caratteristi. Giocando su contrasti e luci scure, il regista riuscì, facendo di necessità virtù, a dare la sensazione di un linguaggio buio (per nascondere le magagne) e di grande espressività. ■ DRAMMATICO; B/N; 105'; USA, 1947.

MACBETH ★★★
Regia di ROMAN POLANSKI. Con FRANCESCA ANNIS, JON FINCH, MARTIN SHAW, JOHN STRIDE. ■ Anno Mille, Scozia. Macbeth assassina il re e prende il suo posto. Poi uccide tutti i testimoni, infine i parenti e gli amici. La spirale finisce soltanto quando Macbeth viene, a sua volta ucciso. Polanski cerca di non essere da meno di Welles. Pur perseguendo una certa filologia e il rispetto dovuto per Shakespeare, il regista polacco reinventa la coppia re-regina, attraverso due giovanissimi con tutti i normali difetti di quella generazione dei primi anni Settanta. C'è anche una grande attenzione alla verità storica del quotidiano e una violenza che fino ad allora pochi avevano esplorato. Si tratta di un'opera dall'impianto sobrio, filologicamente robusta e corretta. I bianchi mantelli raccolgono il fango delle aie, dei cortili di castelli-fattorie percorsi da oche e porci, in un ambiente tutto permeato della ruvida civiltà contadina medievale, dove l'incrociarsi delle lame nei duelli manda concreti bagliori, mentre le foreste si spostano e le streghe sogghignano muovendosi in un universo visionario dalla tensione irreale, ma verosimigliante. Memore della strage di Bel Air, in cui venne uccisa sua moglie, Sharon Tate, e altri amici, Polanski torna ossessivamente sul tema dell'assassinio, davvero centrale in questo dramma. ■ DRAMMATICO; COL.; 140'; GRAN BRETAGNA, 1971.

MACCHERONI ★★★
Regia di ETTORE SCOLA. Con JACK LEMMON, MARCELLO MASTROIANNI, DARIA NICOLODI. ■ Un anziano manager americano ritorna per affari a Napoli, la città nella quale, quarant'anni prima, giovane soldato della Quinta Armata, aveva vissuto un breve amore con una tale Maria. Ed è proprio il fratello della donna, Antonio, che lo va a cercare e gli ricorda i vecchi tempi. Attraverso l'antica amicizia, il pragmatico americano riscopre il fascino della magia napoletana e, dopo varie disavventure, arriva persino a sperare nei miracoli. Film intessuto di allegra malinconia. ■ COMMEDIA; COL.; 107'; ITALIA, 1985.

MACCHIA DELLA MORTE, LA *(The Mephisto Waltz)* ★★
Regia di PAUL WENDKOS. Con ALAN ALDA, JACQUELINE BISSET,

CURD JÜRGENS, BARBARA PARKINS. ■ Il pianista Myles assume magicamente la personalità di un grande musicista defunto. Paga questo dono con la vita della sua bambina, che viene sacrificata a Satana. ■ HORROR; COL.; 108′; USA, 1972.

MACCHIA UMANA, LA *(The Human Stain)* ★★★
Regia di ROBERT BENTON. Con JACINDA BARRETT, ED HARRIS, ANTHONY HOPKINS, NICOLE KIDMAN, ABBE LANE, GARY SINISE. ■ Chi è Coleman Sirk? È un insigne professore del New England College. La sua brillante carriera, però, viene rovinata da false accuse di razzismo. Inoltre nasconde un segreto. Incontrerà lo scrittore Zuckerman e una donna molto più giovane con cui inizierà una storia travolgente di sesso che esploderà fino alle estreme conseguenze. Il film è tratto dall'omonimo romanzo di Philip Roth ed è ambientato nel 1998, anno in cui l'America si occupava dell'*impeachment*. ■ DRAMMATICO; COL.; 103′; USA, 2003.

MACCHIA ROSA, UNA ★★
Regia di ENZO MUZII. Con GINEVRA BENINI, ORCHIDEA DE SANTIS, GIANCARLO GIANNINI, STEFANELLA GIOVANNINI, VALERIA MORICONI. ■ Un giovane tornato da un viaggio in India non si ritrova più nella vita caotica di tutti i giorni: ha davanti agli occhi la visione di un indiano morto per fame, coperto di un velo rosa e abbandonato alle acque del Gange. Tornerà infine al suo lavoro di documentarista. ■ DRAMMATICO; COL.; 98′; ITALIA, 1970.

MACCHIE SOLARI ★★
Regia di ARMANDO CRISPINO. Con MIMSY FARMER, RAY LOVELOCK, BARRY PRIMUS. ■ Muore un'americana: si potrebbe trattare di suicidio o di delitto. La polizia si muove con molta difficoltà in un ambiente familiare complicato. ■ GIALLO; COL.; 92′; ITALIA, 1974.

MACCHINA AMMAZZACATTIVI, LA ★★★
Regia di ROBERTO ROSSELLINI. Con GIOVANNI AMATO, MARILYN BUFERD, PIERO CARLONI, JOE FALLETTA, GIACOMO FURIA, WILLIAM TUBBS. ■ Un fotografo dilettante di paese di nome Celestino, devoto di Sant'Andrea, incontra un vecchio che sembra essere il suo santo protettore e che gli insegna come eliminare con la sua macchina fotografica tutti i cattivi. Ma il vecchio si rivela essere il diavolo. ■ COMMEDIA; B/N; 80′; ITALIA, 1948.

MACCHINA DELL'AMORE, LA *(The Love Machine)* ★★
Regia di JACK HALEY JR. Con DYAN CANNON, JACKIE COOPER, DAVID HEMMINGS, JOHN PHILIP LAW, ROBERT RYAN. ■ Un giovane ambizioso fa carriera in una rete televisiva americana grazie all'aiuto e all'amore della moglie del presidente. ■ COMMEDIA; COL.; 108′; USA, 1971.

MACCHINA DELLA VIOLENZA, LA *(The Big Game)* ★★
Regia di ROBERT DAY. Con STEPHEN BOYD, RAY MILLAND, CAMERON MITCHELL, FRANCE NUYEN. ■ Handler, uno scienziato, mette a punto una macchina che intervenendo sul cervello degli uomini ne blocca l'aggressività: verrebbero dunque sventate le guerre. ■ AVVENTURA; COL.; 95′; USA, 1974.

MACCHINA NERA, LA *(The Car)* ★★
Regia di ELLIOT SILVERSTEIN. Con JAMES BROLIN, KATHLEEN LLOYD, JOHN MARLEY. ■ Una macchina nera assassina investe ed uccide gli abitanti di un paesino americano. Alla fine, dopo una terribile lotta fra quest'ultima e lo sceriffo, si scopre che nessuno è al volante della vettura. ■ FANTASTICO; COL.; 95′; USA, 1976.

MACCHINA PER UCCIDERE *(Killing Machine)* ★★
Regia di JUAN ANTONIO DE LA LOMA. Con ANA OBREGON, JORGE RIVERO, LEE VAN CLEEF. ■ Protagonista è un "duro" e onestissimo camionista che fa la spola con il suo "bestione" fra Spagna e Germania. Ma deve fare i conti con un'organizzazione criminale che prende di mira gli autotrasportatori con una serie di attentati spesso mortali. I delinquenti sono naturalmente al soldo di un trust che vuole imporre le sue condizioni ai camionisti. ■ AVVENTURA; COL.; 92′; SPAGNA, 1984.

MACCHINA PER UCCIDERE 2 *(Goma 2)* ★★
Regia di JUAN ANTONIO DE LA LOMA. Con MARGAUX HEMINGWAY, JORGE RIVERO, LEE VAN CLEEF. ■ Un ex terrorista cerca di vivere in pace, ma i suoi antichi nemici non lo mollano. Gli bruciano la casa e gli uccidono la moglie. La vendetta dell'uomo sarà implacabile. ■ AVVENTURA; COL.; 93′; SPAGNA, 1984.

MACCHINA PIÙ PAZZA DEL MONDO, LA ★★
(Driving Me Crazy)
Regia di JON TURTLETAUB. Con DOM DELUISE, THOMAS GOTTSCHALK, BILLY DEE WILLIAMS. ■ Un tedesco della Germania Est inventa una vettura che fa il pieno con i vegetali e va a trecento all'ora. Tenta allora di sfondare sul mercato statunitense dell'auto. ■ COMMEDIA; COL.; 85′; USA, 1991.

MACCHINE CHE DISTRUSSERO PARIGI, LE ★★
(The Cars that Ate Paris)
Regia di PETER WEIR. Con TERRY CAMILLERI, JOHN MEILLON, KEVIN MILES. ■ Parigi non è la capitale francese, ma un minuscolo villaggio dell'Australia. Lì, da qualche tempo, il tasso della mortalità s'è parecchio elevato. Molta gente muore uccisa dalle auto. Che le macchine siano impazzite e stiano rivoltandosi all'uomo? Niente di così fantascientifico. Solo un mezzo un po' cervellotico e draconiano per risollevare le casse comunali con le spese dei funerali e la vendita dei rottami delle vetture. Uno dei primi film di Peter Weir. ■ HORROR; COL.; 91′; AUSTRALIA, 1974.

MACELLAI *(Bloodthirsty Butchers)* ★
Regia di ANDY MILLIGAN. Con JOHN MIRANDA, ANNABELLA WOOD. ■ Alcuni macellai, inconsciamente condizionati dalla loro professione, hanno uno sfrenato bisogno di veder scorrere il sangue. Non prima, però, di aver gustato un "aperitivo" a base di efferato sadismo. ■ HORROR; COL.; 80′; USA, 1970.

MACELLAIO, IL *(Out Cold)* ★★★
Regia di MALCOLM MOWBRAY. Con TERI GARR, JOHN LIGHTGOW, RANDY QUAID. ■ Il regista di *Pranzo Reale* torna alla carica con questo film minore ma ugualmente efficace in alcuni momenti. Una moglie gelosa chiama un detective maldestro per avere le prove dell'infedeltà del marito. Quest'ultimo ha un diverbio con il socio nella cella frigorifera della sua macelleria e rimane privo di sensi. La donna allora architetta un piano. Divertente. ■ COMMEDIA; COL.; 92′; USA, 1989.

MACELLAIO, IL
Regia di AURELIO GRIMALDI. Con GIULIO BASE, LORENZO MAJNONI, MIKI MANOJLOVIC, ALBA PARIETTI. ■ Dal romanzo di Alina Reyes. Alina avrebbe tutto, tranne un figlio, ed è triste. Frustrata anche da una pratica di adozione, è turbata da un macellaio che sa come (s)parlare alle donne. Il marito è lontano, e lei cede al macellaio, e come cede! L'ultima mezz'ora (più o meno) diventa qualcosa fra uno scherzo di Bergman e un impero dei sensi polaroid. Magnifico che Alba parli poco. A pieno diritto nel club, ristretto, dei "nessuna stella". ■ DRAMMATICO; COL.; 89′; ITALIA, 1998.

MACHAN ★★
Regia di UBERTO PASOLINI. Con GIHAN DE CHICKERA, DHARSHAN DHARMARAJ, DHARMAPRIYA DIAS. ■ Manoj e l'amico d'infanzia Stanley hanno provato più e più volte, invano, a ottenere il visto per trasferirsi in Germania e trovare lavoro in modo da poter mantenere le proprie famiglie nello Sri Lanka. Truffato da un "trafficante di uomini" responsabile della bancarotta di Suresh – il cognato che ha elargito il denaro occorrente per il viaggio clandestino – Stanley è oppresso dal senso di colpa e dal fallimento, soprattutto ora che la sorella è costretta a trasferirsi in Medio Oriente per sostenere, da lontano, marito e figlia. Venuto a sapere che la Germania sarebbe lieta di invitare la Nazionale di palla a mano dello Sri Lanka a un torneo in Baviera, Stanley si ingegna a mettere insieme la squadra tra le sue conoscenze – tutti uomini relegati ai margini della società – e man mano che la voce inizia a girare, si uniscono sempre più personaggi desiderosi di abbandonare una vita di stenti per la propria affermazione come individui. ■ COMMEDIA; COL.; 108′; ITALIA, SRI LANKA, GERMANIA, 2008.

MA CHE CI FACCIO QUI! ★★
Regia di FRANCESCO AMATO. Con DANIELE DE ANGELIS, ALINA NEDELEA, CHIARA NICOLA, PAOLO SASSANELLI. ■ Alessio è un giovane diciottenne con il sogno di attraversare l'Europa con i suoi amici. Purtroppo viene bocciato a scuola e i suoi genitori decidono di non farlo partire. Alessio non accetta la punizione e fug-

ge in motorino, deciso a raggiungere i compagni. Ma a causa di una serie di eventi resta bloccato sul litorale romano, dove inizia a lavorare in uno stabilimento balneare. Molte disavventure segneranno la sua estate, fughe, amori, incontri improbabili. L'esperienza acquisita servirà ad Alessio per imparare che a volte "viaggiare" non è solo una questione di chilometri. Il film prende in prestito il suo titolo da un classico della letteratura di viaggio di Bruce Chatwin, ma si adatta alla perfezione al volto spaesato del giovane Daniele De Angelis, protagonista un po' fuori posto di questo road movie nostrano. ■ COMMEDIA; COL.; 90'; ITALIA, 2006.

MA CHE COLPA ABBIAMO NOI ★★★
Regia di CARLO VERDONE. Con MARGHERITA BUY, ANTONIO CATANIA, CARLO VERDONE. ■ Spiazzati dalla morte della decrepita psichiatra che li seguiva, gli otto partecipanti a una terapia di gruppo – ciascuno affetto da un disturbo diverso – cercano un sostituto. Verificata l'inadeguatezza delle alternative, tutti tranne uno decidono di continuare l'esperienza facendo ricorso all'autogestione. Un discreto film corale, con qualche banalità di troppo (forse a causa di una sceneggiatura scritta da troppe mani) ma anche momenti – come la scena iniziale – autenticamente spassosi. ■ COMMEDIA; COL.; 116'; ITALIA, 2002.

MA CHE COS'È QUEST'AFRICA! *(So this is Africa)* ★
Regia di EDWARD F. CLINE. Con RAQUEL TORRES, BERT WHEELER, ROBERT WOOLSEY. ■ Due attori di cinema vanno in Africa a girare un film ma là passano la maggior parte del tempo correndo dietro alle bellezze locali. ■ COMICO; B/N; 93'; USA, 1933.

MA CHE MUSICA MAESTRO ★
Regia di MARIANO LAURENTI. Con AGOSTINA BELLI, FRANCO FRANCHI, CICCIO INGRASSIA, GIANNI NAZZARO, DIDI PEREGO, FRANCO SCANDURRA. ■ La lotta campanilistica tra gli abitanti di Santa Veronica Alta e quelli di Santa Veronica Bassa si accentua quando due giovani dei villaggi opposti si innamorano. ■ COMMEDIA; COL.; 92'; ITALIA, 1971.

MA CHE RAZZA DI AMICI! *(Such Good Friends!)* ★★★
Regia di OTTO PREMINGER. Con DYAN CANNON, JAMES COCO, JENNIFER O'NEILL. ■ Una donna trepida per la vita del marito, lo scrittore e giornalista Richard Messinger, ricoverato in ospedale con delle complicazioni post-operatorie. Gli amici intorno sono più disponibili alla curiosità che al vero affetto. Apprende proprio da costoro che Richard l'ha ripetutamente tradita. ■ COMMEDIA; COL.; 100'; USA, 1971. ■ GOLDEN GLOBES 1 NOM.

MA CHE SEI TUTTA MATTA? *(Main Event)* ★★★
Regia di HOWARD ZIEFF. Con PATTI D'ARBANVILLE, RICHARD LAWSON, WINTHAN MAYO, RYAN O'NEAL, PAUL SAND, BARBRA STREISAND. ■ La proprietaria di una ditta di profumi, ridotta sul lastrico da un amministratore disonesto, scopre di aver finanziato per anni l'attività di un pugile e decide di servirsi di lui per risollevare la sua situazione economica. Nonostante l'uomo abbia smesso di combattere, lo costringe ad allenarsi e a tornare sul ring. Ma durante il primo incontro si accorge di essere innamorata di lui e, anche se la vittoria sembra sicura, preferisce gettare la spugna. ■ COMMEDIA; COL.; 112'; USA, 1979.

MA CHE SIAMO TUTTI MATTI? ★★
(The Gods Must be Crazy)
Regia di JAMIE UYS. Con NIXAU, SANDRA PRINSLOO, MARIUS WAYERS. ■ In una repubblichetta dell'Africa equatoriale, un gruppo di rivoluzionari pasticcioni tenta inutilmente di assaltare il palazzo governativo, onde poi rifugiarsi nella foresta... Ma una bottiglia di Coca Cola piovuta dal cielo scompiglia le pacifiche esistenze dei boscimani. ■ COMMEDIA; COL.; 108'; SUDAFRICA, 1982.

MACHETE ★★
Regia di ROBERT RODRIGUEZ, ETHAN MANIQUIS. Con JEFF FAHEY, CHEECH MARIN, MICHELLE RODRIGUEZ, STEVEN SEAGAL, DANNY TREJO. ■ Machete è un agente federale che si pensa sia morto in uno scontro con la banda del pericolosissimo boss Torrez. Ma non è così. Machete ha cercato rifugio in Texas dove viene coinvolto nell'attentato a un senatore razzista. Scoprirà di essersi infilato in un machiavellico complotto che lo vede come capro espiatorio. ■ AZIONE; COL.; 105'; USA, 2010.

MA CHI MI HA FATTO QUESTO BEBÈ? ★★
(Mais qui donc m'a fait ce bebé?)
Regia di MICHEL GÉRARD. Con VINCENT GAUTHIER, DENISE GREY, NOËL ROQUEVERT. ■ Vincent è in un grande magazzino e si trova in braccio un bambino. Cerca la madre e non la trova, avverte la polizia e cominciano le indagini. Intanto Vincent ci rimette la fidanzata, convinta che sia figlio del ragazzo, e poi incomincia a sospettare lui stesso che il bambino sia davvero frutto di una sua fugace avventura. ■ COMMEDIA; COL.; 91'; LUSSEMBURGO, 1975.

MACHINE – UN CORPO IN PRESTITO, LA ★★
(La machine)
Regia di FRANÇOIS DUPEYRON. Con NATHALIE BAYE, DIDIER BOURDON, GÉRARD DEPARDIEU. ■ Ennesimo dottor Jekyll in sedicesimo che trasferisce le cellule del proprio cervello in quello di un maniaco omicida e viceversa. La storia è complicata dalla presenza di un bambino che viene a trovarsi coinvolto in questa trasmigrazione di cellule. Depardieu spreca il suo talento in un'operazione condotta con supponenza in cui il continuo succedersi di confronti, citazioni e rimandi non sortisce effetti. ■ DRAMMATICO; COL.; 93'; FRANCIA, GERMANIA, 1994.

MA CHI T'HA DATO LA PATENTE? ★★
Regia di NANDO CICERO. Con FRANCO FRANCHI, CICCIO INGRASSIA, ANGELA LUCE, WILLY VAN DER VALKE, RAIKA YURI. ■ Due istruttori di scuola guida spiantati e scalognati danno lezioni a due ragazze americane che, per non dovere lasciare l'Italia essendo scaduto il permesso di soggiorno, si fidanzano con loro. ■ COMMEDIA; COL.; 92'; ITALIA, 1970.

MACHO, EL ★
Regia di MARCELLO ANDREI. Con GEORGE HILTON, MALISA LONGO, CARLOS MONZON. ■ Il pugile Carlos Monzon fa il primattore in questo spaghetti-western di modesta fattura. È il solito film a base di avventura, bari, banditi. ■ WESTERN; COL.; 93'; ITALIA, 1977.

MACHO CALLAGHAN ★★
Regia di BERNARD L. KOWALSKI. Con PEDRO ARMENDARIZ, JAMES BOOTH, DAVID CARRADINE, LEE J. COBB, DAVID JANSSEN, JEAN SEBERG. ■ La vedova di un uomo ucciso da Macho Callaghan dopo una violenta lite fa mettere una taglia sul capo di questo avventuriero tanto temibile quanto sventurato. ■ WESTERN; COL.; 99'; USA, 1970.

MACHUCA ★★★
Regia di ANDRÉS WOOD. Con ALINE KÜPPENHEIM, FEDERICO LÜPPI, ERNESTO MALBRAN, MANUELA MARTELLI, ARIEL MATELUNA, MATÍAS QUER. ■ Cile, 1973. Gonzalo Infante e Pedro Machuca sono due bambini di 11 anni che vivono a Santiago, il primo in un quartiere agiato e il secondo in un sobborgo abusivo recentemente costruito poco distante: due mondi separati da una grande muraglia invisibile che alcuni, mossi dal sogno di un mondo migliore, vorrebbero abbattere. Uno di questi sognatori è il direttore di un collegio religioso privato, padre McEnroe, che con l'aiuto dei genitori accoglie nel collegio i bambini di entrambi i quartieri, insegnando loro a rispettarsi reciprocamente. Un film che sa parlare dei ragazzi e del contesto politico prendendo posizione ma con un profondo rispetto per i temi trattati. La lezione di *Arrivederci ragazzi* di Louis Malle non è passata invano. ■ DRAMMATICO; COL.; 120'; CILE, GRAN BRETAGNA, SPAGNA, 2004.

MACISTE ALLA CORTE DEL GRAN KHAN ★★
Regia di RICCARDO FREDA. Con HÉLÈNE CHANEL, GORDON SCOTT, YOKO TANI. ■ Il gigante Maciste combatte duramente contro il Gran Khan dei Mongoli che ha soppresso l'imperatore della Cina e ne ha usurpato il trono. Alla fine Maciste vince e libera la principessa Li Ling. ■ AVVENTURA; COL.; 94'; ITALIA, 1961.

MACISTE ALLA CORTE DELLO ZAR ★★
Regia di TANIO BOCCIA. Con OMBRETTA COLLI, GLORIA MILLAND, KIRK MORRIS, MASSIMO SERATO. ■ Sotto il regno dello spietato zar Nicolaiev, alcuni scienziati scoprono in una caverna il corpo del gigante Maciste che, portato alla luce, riacquista tutta la sua terribile forza. ■ AVVENTURA; COL.; 90'; ITALIA, 1964.

MACISTE ALL'INFERNO ★★★
Regia di Guido Brignone. Con Umberto Guarracino, Felice Minotti, Bartolomeo Pagano, Pauline Polaire. ■ Maciste contro Belzebù, in uno dei film più interessanti della produzione italiana ai tempi del muto. ■ Mitologico; col.; 95'; Italia, 1925.

MACISTE ALL'INFERNO ★★
Regia di Riccardo Freda. Con Andrea Bosic, Hélène Chanel, Gina Mascetti, Donatella Mauro, Kirk Morris, Angelo Zanolli. ■ Nel diciassettesimo secolo, in un villaggio della Scozia, Martha Gunt viene condannata al rogo per stregoneria. Un secolo dopo un'altra donna che porta lo stesso nome subisce la stessa condanna, ma Maciste scende all'inferno, distrugge il demonio, libera il villaggio dagli effetti della magia e salva Martha. ■ Avventura; col.; 90'; Italia, 1962.

MACISTE CONTRO ERCOLE NELLA VALLE DEI GUAI ★★
Regia di Mario Mattoli. Con Mario Carotenuto, Carlo Croccolo, Liana Orfei, Raimondo Vianello. ■ Due scalcinati impresari teatrali per sfuggire ai debiti entrano nella macchina del tempo e vengono portati indietro di migliaia di anni. Incontrano così Ercole e Maciste in lotta tra di loro. ■ Commedia; col.; 90'; Italia, 1962.

MACISTE CONTRO IL VAMPIRO ★★
Regia di Giacomo Gentilomo. Con Gianna Maria Canale, Gordon Scott, Jacques Sernas. ■ Maciste torna al suo villaggio e lo trova devastato: la gente uccisa, molte donne, tra cui la fidanzata, rapite. Si mette in cerca del mostruoso Kobrak. ■ Avventura; col.; 97'; Italia, 1961.

MACISTE CONTRO I MONGOLI ★★
Regia di Domenico Paolella. Con Ken Clark, Mark Forrest, José Greci, Maria Spina. ■ Maciste entra nella città di Tudela conquistata dai figli di Gengis Khan che hanno anche fatto prigioniera la figlia del re, Bianca, e si offre schiavo al posto di lei. ■ Avventura; col.; 89'; Italia, 1964.

MACISTE CONTRO I MOSTRI ★★
Regia di Guido Malatesta. Con Andrea Aureli, Margaret Lee, Reg Lewis, Luciano Marin. ■ Il film è ambientato in epoca preistorica. Maciste uccide un dinosauro che assale una tribù nomade. ■ Avventura; col.; 90'; Italia, 1963.

MACISTE CONTRO I TAGLIATORI DI TESTE ★★
Regia di Guido Malatesta. Con Laura Brown, Kirk Morris, Alfredo Zammi. ■ Fuggiti da un'isola sconvolta dall'eruzione di un vulcano, i superstiti con a capo Maciste giungono nel paese degli Urias, dove la regina Amoha e i suoi sudditi vivono nel terrore dei tagliatori di teste. ■ Avventura; col.; 80'; Italia, 1963.

MACISTE CONTRO LO SCEICCO ★★
Regia di Domenico Paolella. Con Gisella Arden, Mara Berni, Erno Crisa, Ed Fury, Piero Lulli. ■ Maciste si reca in Africa per conto di Antonio a liberare la fidanzata di costui, prigioniera di uno sceicco. ■ Avventura; col.; 106'; Italia, 1962.

MACISTE E LA REGINA DI SAMAR ★★
Regia di Giacomo Gentilomo. Con Jany Clair, Anna Maria Polani, Alan Steel, Nando Tamberlani. ■ La regina Samara domina su un regno fiabesco in contatto con degli extraterrestri, a cui promette di sacrificare la propria sorella Bilis. Entra in scena Maciste. ■ Avventura; col.; 92'; Italia, 1964.

MACISTE GLADIATORE DI SPARTA ★★
Regia di Mario Caiano. Con Elisabetta Fanti, Mark Forrest, Robert Hundar, Marilù Tolo. ■ Il gladiatore Maciste, idolo delle folle circensi, avendo aiutato una cristiana contro dei soldati romani deve superare la prova della lotta contro un gorilla. ■ Avventura; col.; 103'; Italia, 1965.

MACISTE IL GLADIATORE PIÙ FORTE DEL MONDO ★★
Regia di Michele Lupo. Con Erno Crisa, Mark Forrest, Scilla Gabel, Vittorio Sanipoli. ■ Nel favoloso regno di Mersabad, Oniris tenta di prendere il potere. Maciste sventa il complotto. ■ Avventura; col.; 95'; Italia, 1962.

MACISTE, L'EROE PIÙ GRANDE DEL MONDO ★★
Regia di Michele Lupo. Con Erno Crisa, Mark Forrest, Giuliano Gemma, José Greci. ■ Il popolo di Udor ha perso la guerra ed è costretto ad inviare ogni anno ventiquattro vergini alla città nemica perché vengano sacrificate alla divinità. L'intervento di Maciste salva le fanciulle. ■ Avventura; col.; 99'; Italia, 1963.

MACISTE, L'UOMO PIÙ FORTE DEL MONDO ★★
Regia di Antonio Leonviola. Con Mark Forrest, Gianni Garko, Moira Orfei, Paul Wynter. ■ Gli uomini talpa che vivono in una città sotterranea minano la città di Aran, uccidono il re e imprigionano suo figlio. Maciste fa crollare il perno che regge le volte del regno. ■ Avventura; col.; 99'; Italia, 1961.

MACISTE NELLA TERRA DEI CICLOPI ★★
Regia di Antonio Leonviola. Con Chelo Alonso, Aldo Bufi Landi, Gordon Mitchell, Vira Silenti. ■ L'ultimo degli eredi di Ulisse che vive nel villaggio di Coos viene catturato insieme alla madre per essere immolato all'ultimo dei Ciclopi. Maciste lotta contro il Ciclope. ■ Avventura; col.; 103'; Italia, 1961.

MACISTE NELLA VALLE DEI RE ★★
Regia di Carlo Campogalliani. Con Chelo Alonso, Mark Forrest, Vira Silenti. ■ Kenamun diviene faraone alla morte del padre, ma chi governa è in realtà la crudele Smedes. Gli oppressi si organizzano in un movimento capeggiato da Maciste. ■ Avventura; col.; 94'; Italia, 1960.

MACISTE NELLE MINIERE DI RE SALOMONE ★★
Regia di Piero Regnoli. Con Eleonora Bianchi, Wandisa Guida, Dan Harrison, Reg Park. ■ Una cricca di predoni capeggiata da Riad e da Fazira strappa il potere a re Namar, nel cui regno si trovano le famose miniere di re Salomone, e costringe gli abitanti a lavorarvi. Maciste, fatto prigioniero e costretto ai lavori nelle miniere, libera la città. ■ Avventura; col.; 90'; Italia, 1964.

MACISTE NELL'INFERNO DI GENGIS KHAN ★★
Regia di Domenico Paolella. Con Ken Clark, Mark Forrest, José Greci, Gloria Milland. ■ Maciste deve liberare la sua fidanzata Arminia prigioniera dei mongoli, aiutato da una certa Arias. ■ Avventura; col.; 95'; Italia, 1964.

MACK – IL MARCIAPIEDE DELLA VIOLENZA ★★
(The Mack)
Regia di Michael Campus. Con Don Gordon, Max Julien, Richard Pryor. ■ Un giovane spacciatore di droga nero viene arrestato. L'esperienza carceraria lo indurisce ulteriormente. ■ Drammatico; col.; 110'; USA, 1973.

MA COME FA A FAR TUTTO? ★★
(I Don't Know How She Does It)
Regia di Douglas McGrath. Con Pierce Brosnan, Kelsey Grammer, Christina Hendricks, Greg Kinnear, Sarah Jessica Parker. ■ Reddy, madre di due figli e moglie di un architetto, è anche una lavoratrice nel mondo degli investimenti finanziari, costretta a volare spesso fuori Boston. La prospettiva di un importante salto di carriera, che comporterebbe una spola tra casa e New York, arriva quando il marito si è messo in proprio cercando di farsi strada in tempi di crisi, la figlia maggiore comincia a lamentarsi dell'assenza materna e la suocera a farsi ostile. Ma Kate non può e non vuole rinunciare al nuovo contratto e prova a trasformarsi in una spericolata equilibrista. ■ Commedia; col.; 91'; USA, 2011.

MA COME SI PUÒ UCCIDERE UN BAMBINO? ★★★
(Quién puede matar a un niño?)
Regia di Narciso Ibañez Serrador. Con Lewis Flander, Antonio Iranzo, Prunella Ramsone. ■ Thomas arriva insieme a sua moglie in un'isola spagnola per trascorrere una vacanza. I due si accorgono che l'isola è popolata solo da bambini. In realtà, gli adulti sono stati uccisi dagli stessi bambini; per salvarsi occorre dunque uccidere i piccoli. È una cosa ripugnante, ma Thomas deve farsi forza. ■ Drammatico; col.; 92'; Spagna, 1976.

MACRÒ – GIUDA UCCIDE IL VENERDÌ ★★
Regia di Francesco Massaro. Con Franco Citti, Angelo Infanti, Sophia Kammara, Leonard Mann. ■ Una prostituta di alto bordo conosce il capo di un gruppo di hippy, ne subisce il fa-

scino gentile e lo fa liberare dalla prigione. ■ DRAMMATICO; COL.; 92′; ITALIA, 1975.

MACUMBA, JUNGLA INFUOCATA ★
(Conchita und Oder Ingenieur)
Regia di FRANZ EICHHORN. Con ROBERT FREYTAG, PAUL HARTMANN, VANIA ORICO, JOSEPH WITTLER. ■ Lotta all'ultimo sangue fra due colossi petroliferi per il possesso di una zona ricca di giacimenti. ■ DRAMMATICO; B/N; 93′; GERMANIA, 1954.

MACUMBA, L'ISOLA DEI VAMPIRI *(Macumba Love)* ★★
Regia di DOUGLAS FOWLEY. Con WALTER REED, ZIVA RODANN, WILLIAM A. WELLMAN JR. ■ Uno scrittore si reca in un'isola tropicale per studiare i riti vudù. Qui incontra Venus, una giovane indigena, che vuole distoglierlo da questi interessi; in realtà è magicamente sottomessa a una sacerdotessa. ■ AVVENTURA; COL.; 86′; USA, 1960.

MACUMBA STORY *(Les énragés)* ★
Regia di MIGUEL M. DELGADO. Con ALFREDO ALARIA, SANDRA LE BROCA, MANUEL MONROY. ■ Alfredo è un ballerino figlio di un borghese tradizionalista ma abbastanza comprensivo. Il fratello di Alfredo è invece in rotta con lui. Una sera il padre esce alla ricerca di Alfredo, che lavora in un locale malfamato, e muore in un incidente. ■ DRAMMATICO; COL.; 93′; SPAGNA, 1964.

MADADAYO ★★★★
Regia di AKIRA KUROSAWA. Con HISASHI IGAWA, KYÔKO KAGAWA, TATSUO MATSUMURA, GEORGE TOKORO. ■ Un anziano professore giapponese, poco prima dell'inizio della seconda guerra mondiale, va in pensione. Per tutto il periodo bellico e negli anni a venire fino alla sua morte, i suoi ex allievi si adoperano affinché l'anziano insegnante possa fare fronte alle piccole e grandi esigenze della vita. Ogni anno alunni e insegnante si danno convegno e in una sorta di rituale scacciano il pensiero della morte. Akira Kurosawa appartiene alla ristretta cerchia dei grandi registi di fronte ai quali è impossibile non provare ammirazione e rispetto. Alla pari di John Ford, Billy Wilder, Kubrick, Fellini e pochi altri non appartiene a una cultura settaria, ma è patrimonio di tutti, al di là delle incognite che la società giapponese presenta agli occhi degli occidentali. In Kurosawa ha il sopravvento lo strepitoso talento espresso con energia negli anni della giovinezza e da un pacifismo lirico e pacato negli anni che ogni uomo affronta sul finire della sua esistenza. Il pudore, la petulanza e la fragilità dell'insegnante, così autentica e toccante, viene mostrata in un trascinante crescendo dal quale è impossibile distaccarsi. Una salutare lezione di cinema con il suggerimento che una gemma di questo valore, per i suoi contenuti morali e per la mancanza di retorica, possa un giorno essere proiettata nelle scuole. Una lezione tenuta da un impagabile maestro con la discrezione di chi ha visto più in là di buona parte dell'umanità. Questo è il suo ultimo film da regista, ne scriverà altri. Muore il 6 settembre 1998. ■ COMMEDIA; COL.; 140′; GIAPPONE, 1993.

MADAGASCAR ★★★
Regia di ERIC DARNELL, TOM MCGRATH. ■ Piccolo miracolo di ironia surreale, *Madagascar* parte da un assunto comico molto elementare, quello del "pesce fuor d'acqua", del personaggio che si trova involontariamente catapultato in una realtà che non gli è propria, in questo caso un eterogeneo gruppetto di animali selvaggi che, imbolsiti dalla comoda vita da zoo, si ritrovano, senza volerlo, dalla giungla urbana di New York a quella, ancora più frenetica e pericolosa, dell'isola africana. ■ ANIMAZIONE; COL.; USA, 2005.

MADAGASCAR 2: VIA DALL'ISOLA ★★
(Madagascar 2: escape to Africa)
Regia di ERIC DARNELL, TOM MCGRATH. ■ Ritroviamo Alex il leone, Marty la zebra, Gloria l'ippopotamo e Melman la giraffa alla deriva nelle remote spiagge del Madagascar, pronti ad imbarcarsi sull'aereo riparato dalla squadra di terribili pinguini per tornare a Central Park. Un atterraggio di fortuna, però, ben prima di arrivare nei cieli americani, li catapulta nel bel mezzo di una pianura africana, ai piedi del Kilimangiaro. Tutto appare come la realizzazione di un sogno: Alex ritrova la famiglia, Marty il branco che ha sempre desiderato, Gloria le attenzioni del prestante Moto Moto e Melman l'opportunità di mostrare un po' di eroismo. L'Africa è dunque meglio di New York City? Di certo non è meno avventurosa. ■ ANIMAZIONE; COL.; 89′; USA, 2008.

MADAGASCAR 3. RICERCATI IN EUROPA ★★★
(Madagascar 3: Europe's Most Wanted)
Regia di TOM MCGRATH, CONRAD VERNON. Con FRANVCESC MCDORMAND, JADA PINKETT SMITH, CHRIS ROCK, DAVID SCHWIMMER, BEN STILLER. ■ Alex il leone, Marty la zebra, Melman la giraffa e Gloria l'ippopotamo, fuggiti dallo zoo di New York City e sbarcati prima in Madagascar e poi nell'Africa centrale, hanno nostalgia della Grande Mela e così nuotano fino a Montecarlo, alla ricerca dell'aeroplano dei pinguini. Sul suolo francese, però, una poliziotta pronta a tutto li elegge a nemico numero uno. Scappare con il treno di un circo è la loro unica speranza. ■ ANIMAZIONE; COL.; 93′; USA, 2012.

MADAMA, LA ★★
Regia di DUCCIO TESSARI. Con GIGI BALLISTA, CHRISTIAN DE SICA, ORESTE LIONELLO, ETTORE MANNI, INES PELLEGRINI, MARIA SPINA. ■ Vito Minchiello ha trovato un posto di poliziotto grazie a raccomandazioni e mene varie. Riesce comunque ad occuparsi di un caso, ma si mette nei pasticci, da cui lo tirerà fuori la Cia. ■ COMMEDIA; COL.; 95′; ITALIA, 1975.

MADAMA BUTTERFLY ★★★
Regia di CARMINE GALLONE. Con NICOLA FILACURIDI, KAURU JACIGUSA, MICICO TANAKA. ■ Versione integrale dell'opera di Puccini: la storia è quella della geisha Cio-Cio-San che s'innamora dell'ufficiale americano Pinkerton. I due stipulano un contratto di nozze ma, dopo qualche tempo, lui parte. Ritorna dopo tre anni con la moglie americana. Cio-Cio-San Butterfly fa harakiri. ■ MUSICALE; COL.; 110′; ITALIA, 1955.

MADAMA BUTTERFLY *(Butterfly)* ★★
Regia di FRÉDÉRIC MITTERAND. Con RICHARD COWAN, YING HUANG, NING LIANG, RICHARD TROXELL. ■ L'ennesima trasposizione della Butterfly di Puccini. Il bell'ufficiale americano seduce la povera, ingenua Butterfly. Tentativo immaginifico del regista francese. Quasi tutto è disutile. ■ DRAMMATICO; COL.; 129′; FRANCIA, 1996.

MADAME BOVARY ★★
Regia di JEAN RENOIR. Con DANIEL LECOURTOIS, PIERRE RENOIR, VALENTINE TESSIER, ALICE TISSOT. ■ Tratto dal famoso romanzo di Flaubert, è la storia di una giovane signora di provincia che, soffocata dall'ambiente chiuso e gretto in cui è costretta a vivere e annoiata dal marito, un medico privo di ambizioni, sogna il grande amore. Finirà suicida. ■ DRAMMATICO; B/N; 101′; FRANCIA, 1934.

MADAME BOVARY ★★
Regia di GERHARD LAMPRECHT. Con POLA NEGRI, ARIBERT WASCHER. ■ Altra versione, piuttosto infelice, del capolavoro di Flaubert. ■ DRAMMATICO; B/N; 92′; GERMANIA, 1937.

MADAME BOVARY ★★
Regia di VINCENTE MINNELLI. Con VAN HEFLIN, JENNIFER JONES, LOUIS JOURDAN, CHRISTOPHER KENT, JAMES MASON. ■ Versione hollywoodiana del romanzo di Flaubert con il tocco, senza magie, di un grande artigiano come Vincente Minelli. Ci saremmo attesi di più. ■ DRAMMATICO; B/N; 115′; USA, 1949. ■ OSCAR 1 NOM.

MADAME BOVARY ★★★
Regia di CLAUDE CHABROL. Con JEAN-FRANÇOIS BALMER, LUCAS BELVAUX, ISABELLE HUPPERT, JEAN YANNE, CHRISTOPHE MALAVOY. ■ È probabilmente, con il film di Jean Renoir del 1934, la migliore versione apparsa sullo schermo della storia di Madame Bovary. Quello che accade alla protagonista nel romanzo di Flaubert è cosa nota: in una borghese vita di provincia, Madame Bovary conduceva una esistenza noiosa, così non trovò di meglio che tradire il marito, quasi per gioco, per occupare la sua giornata. Le conseguenze per lei furono tragiche e la portarono al suicidio. Nel film di Chabrol il tema è affrontato con eleganza. Vero protagonista del film è il bovarismo, cioè la mentalità della provincia in una certa fascia sociale. La Huppert è brava, segue il suo destino con un'annoiata tranquillità (proprio quello che Flau-

bert voleva esprimere), quasi non sapesse a cosa va incontro; gli altri personaggi sono descritti con molta fedeltà al testo originale. ■ DRAMMATICO; COL.; 140′; FRANCIA, 1991. ■ GOLDEN GLOBES 1 NOM; OSCAR 1 NOM.

MADAME BUTTERFLY ★★★
Regia di MARION GERING. Con CARY GRANT, CHARLIE RUGGLES, SYLVIA SIDNEY. ■ La geisha Cio-Cio-San viene abbandonata da un ufficiale americano che l'ha resa madre: farà harakiri quando saprà che lui si è trovato un'altra donna. Ottima riduzione cinematografica del melodramma pucciniano con un Grant d'annata. ■ DRAMMATICO; B/N; 88′; USA, 1935.

MADAME CLAUDE ★★
Regia di JUST JAECKIN. Con FRANÇOISE FABIAN, DAYLE HADDON, MURRAY HEAD, KLAUS KINSKI, VIBEKE KNUDSEN, MAURICE RONET. ■ Protagonista è la raffinata tenutaria di un'altrettanto raffinata casa di tolleranza frequentata da esponenti del jet-set e del mondo politico internazionale. Ben presto le ragazze si troveranno coinvolte in pericolosi affari di Stato. Madame Claude verrà alla fine abbandonata dalle sue preziose "collaboratrici" e, per di più, finirà squallidamente ricattata dal solito profittatore. ■ DRAMMATICO; COL.; 110′; FRANCIA, 1976.

MADAME CURIE ★★★
Regia di MERVYN LE ROY. Con GREER GARSON, WALTER PIDGEON. ■ La storia di Maria Curie, da sconosciuta studentessa polacca a scopritrice del radio. Molto spazio, naturalmente, è dedicato alla sua vita coniugale. ■ BIOGRAFICO; B/N; 124′; USA, 1943. ■ OSCAR 7 NOM.

MADAME DUBARRY ★★★
Regia di ERNST LUBITSCH. Con EMIL JANNINGS, HARRY LIEDTKE, POLA NEGRI. ■ Jeanette è la favorita di re Luigi XIV e viene chiamata Madame Dubarry. Si innamora di Armand ma deve tenere nascosto il sentimento. Quando scoppia la Rivoluzione francese la donna viene tradita da Armand, ora sanculotto, e giustiziata sulla ghigliottina nel 1793. Un'ottima realizzazione di Lubitsch con grandi interpretazioni. Il film avrà altri rifacimenti nel tempo. ■ DRAMMATICO; B/N; 85′; GERMANIA, 1919.

MADAME DUBARRY ★★★
Regia di WILLIAM DIETERLE. Con DOLORES DEL RIO, REGINALD OWEN, DOROTHY TREE. ■ Il duca di Richelieu ritiene di aver trovato nella sfrontata Dubarry una compagna ideale per il vecchio re Luigi XV. Lavoro rimarchevole di Dieterle con una spumeggiamente Dolores del Rio. ■ STORICO; B/N; 106′; USA, 1934.

MADAME DUBARRY ★★★
Regia di CHRISTIAN-JAQUE. Con GIANNA MARIA CANALE, MARTINE CAROL, MASSIMO SERATO. ■ La vicenda della famosa cortigiana compagna di Luigi XV e pedina del perfido Richelieu filmata da uno specialista in film storici e d'avventura. Regge il confronto con il "vecchio" Dieterle e lo supera nella scenografia e nella fedeltà storica. ■ STORICO; COL.; 91′; FRANCIA, 1954.

MADAME P... E LE SUE RAGAZZE ★★
(A House is not a Home)
Regia di RUSSELL ROUSE. Con KAYE BALLARD, BRODERICK CRAWFORD, RALPH TAEGER, ROBERT TAYLOR, JESSE WHITE, SHELLEY WINTERS. ■ La proprietaria di una casa di tolleranza si innamora di un musicista, il quale, all'oscuro della sua losca attività, le chiede di sposarlo. La donna rifiuta, ma l'uomo, che non riesce a dimenticarla, insiste. ■ DRAMMATICO; B/N; 98′; USA, 1964. ■ OSCAR 1 NOM.

MADAME SANS-GENE ★★
Regia di ROGER RICHEBÉ. Con ARLETTY, ALBERT DIEUDONNÉ. ■ Madame Sans-Gêne, letteralmente "la signora senza soggezione", ex lavandaia sposata al sergente Léfèvre, che al fianco di Napoleone è diventato colonnello e poi duca, provoca il risentimento delle dame di corte con il suo contegno disinvolto. ■ COMMEDIA; B/N; 100′; FRANCIA, 1941.

MADAME SANS-GENE ★★★
Regia di CHRISTIAN-JAQUE. Con JULIEN BERTHEAU, MARINA BERTI, CARLO GIUFFRÈ, ROBERT HOSSEIN, SOPHIA LOREN, GIANRICO TEDESCHI. ■ Nota vicenda della libertina e parvenue, amica di Napoleone, interpretata da una straripante e incontenibile Sophia Loren. Ricostruzione accurate e regia di un grande maestro del film storico completano il quadro di questa imponente produzione, alla fine, però, eccessivamente prolissa e vacua. ■ COMMEDIA; COL.; 118′; ITALIA, 1961.

MADAME SATAN ★★
Regia di CECIL B. DE MILLE. Con REGINALD DENNY, KAY JOHNSON, ROLAND JOUNG, LILIAN ROTH. ■ La disastrosa situazione matrimoniale di una coppia in crisi si trascina stancamente di avvocato in avvocato, senza mai trovare una soluzione. Marito e moglie si riconcilieranno solo dopo aver partecipato a un party favoloso su un dirigibile. ■ COMMEDIA; B/N; 105′; USA, 1930.

MADAME SOUSATZKA ★★★
Regia di JOHN SCHLESINGER. Con PEGGY ASHCROFT, SHIRLEY MACLAINE, TWIGGY. ■ Un'anziana insegnante accetta di dare lezioni di piano a un adolescente di origine indù, fornito di grande talento naturale. Per ottenere il massimo dal ragazzo, lo allontana dalla madre, dagli amici, dagli agenti che vorrebbero lanciarlo anzitempo. Il ragazzo avrà successo, ma lascerà l'insegnante. Una prova superlativa di Shirley MacLaine (premiata a Venezia) e un altro bel film inglese sulle sconfitte della terza età. ■ DRAMMATICO; COL.; 122′; GRAN BRETAGNA, 1988. ■ GOLDEN GLOBES 1 PR, 2 NOM; VENEZIA 1 PR.

MADAME X ★★
Regia di LIONEL BARRYMORE. Con RUTH CHATTERTON, RAYMOND HACKETT, MITCHELL LEWIS, LEWIS STONE, SIDNEY TOLER. ■ Prima edizione sonora del drammone che negli anni Sessanta avrebbe ripescato anche Lana Turner. Protagonista è una signora-bene, che tradisce il marito, uccide l'amante e poi fugge. Si ritroverà col marito e il figlio dopo molti anni. Ma ormai è troppo tardi. ■ DRAMMATICO; B/N; 93′; USA, 1929. ■ OSCAR 2 NOM.

MADAME X ★★
Regia di DAVID LOWELL RICH. Con JOHN FORSYTHE, RICARDO MONTALBAN, LANA TURNER. ■ Sposata a Clay, esponente del gran mondo, Holly dà alla luce un figlio, poi si abbandona a una relazione extraconiugale. Quando la vuole interrompere, provoca involontariamente la morte dell'amante. ■ DRAMMATICO; COL.; 100′; USA, 1966. ■ DAVID DI DONATELLO 1 PR, 1 NOM.

MADAMIGELLA DI MAUPIN ★★★
Regia di MAURO BOLOGNINI. Con ROBERT HOSSEIN, TOMAS MILIAN, OTTAVIA PICCOLO, CATHERINE SPAAK. ■ Il film, tratto dal famoso libro di Théophile Gautier, narra la storia di una fanciulla realmente esistita tra il Seicento e il Settecento. Maddalena si traveste da uomo e diventa Teodoro per meglio conoscere gli uomini prima di sposarne uno. ■ AVVENTURA; COL.; 95′; ITALIA, 1966.

MAD BOMBER L'UOMO SPUTATO DALL'INFERNO *(The Mad Bomber)* ★★
Regia di BERT I. GORDON. Con NEVILLE BRAND, CHUCK CONNORS, VINCE EDWARDS. ■ Un uomo che ha visto la figlia morire di droga decide di vendicarsi facendo scoppiare diverse bombe in vari punti della città. Un giovane poliziotto, sulle tracce di un altro pazzoide maniaco sessuale, mette alle corde il vendicatore bombarolo che salta in aria. ■ DRAMMATICO; COL.; 95′; USA, 1972.

MADCAPS, IL FRONTE DELLA VIOLENZA ★★
(Angels from Hell)
Regia di BRUCE KESSLER. Con TED MARKLAND, ARLENE MARTEL, TOM STERN. ■ Mike è un componente di una banda di teppisti motorizzati. Il commissario Bingham li tiene d'occhio, ma non riesce a evitare che uno di essi muoia misteriosamente. ■ DRAMMATICO; COL.; 86′; USA, 1968.

MAD CITY – ASSALTO ALLA NOTIZIA *(Mad City)* ★★★
Regia di CONSTANTIN COSTA GAVRAS. Con ALAN ALDA, DUSTIN HOFFMAN, MIA KIRSHNER, JOHN TRAVOLTA. ■ Max Brackett (Hoffman), giornalista televisivo bravo e spregiudicato, relegato in provincia e in perenne attesa dello scoop che lo riporterà in auge, si trova in un museo proprio mentre Sam (Travolta), un guardiano licenziato, si barrica dentro con una scolaresca. Ha un fucile e della dinamite, rivuole il suo posto di lavoro. Sam non è un criminale, né un violento, è solo alterato e sprovveduto, e abusa di pillole

di caffeina. Incidentalmente gli parte un colpo e ferisce un'altra guardia (che poi morirà), fuori dal museo. Max prende l'occasione al volo, organizza una diretta, intervista l'uomo, ne fa un personaggio. Pilota l'opinione pubblica, prima favorevole al poveretto poi sfavorevole. Fuori naturalmente c'è il finimondo. Fbi, polizia, network. Arriva anche il grande anchorman (Alda) da New York, che stravolge di nuovo tutto. Anche Max alla fine è travolto: il meccanismo è sfuggito anche a lui che lo aveva messo in piedi. E Sam si suicida, non prima di aver detto "la televisione è bella". Costa Gavras porta i suoi ragionamenti sul ruolo abnorme e terribile dei media. Non esiste la verità: la tv può manipolare come vuole, e la gente le crede. La tesi era straconosciuta, fin dai tempi dell'*Asso nella manica* di Wilder, 1951, che aveva lo stesso impianto (là c'era l'uomo imprigionato nel cuore della montagna). Tutto già visto e conosciuto, ma Gavras merita sempre credito. ■ DRAMMATICO; COL.; 115'; USA, 1998.

MADDALENA ★★
Regia di AUGUSTO GENINA. Con GINO CERVI, MARTA TOREN, CHARLES VANEL. ■ Maddalena è una prostituta che accetta di fare la Madonna durante una funzione. Intende in questo modo punire la Vergine colpevole, secondo lei, della morte della figlioletta. Maddalena si ravvede quasi subito, ma la gente, che ha scoperto chi è, la lapida. ■ DRAMMATICO; COL.; 97'; ITALIA, 1953.

MADDALENA ★★★
Regia di JERZY KAWALEROWICZ. Con IVO GARRANI, LISA GASTONI, PAOLO GOZLINO, ERIC WOOFE. ■ Maddalena tenta in ogni modo, con la propria avvenenza, un giovane sacerdote. L'uomo si sforza di resisterle. Quando lei lo condurrà in riva al mare e gli confesserà di aver lasciato morire il marito per amor suo, il sacerdote, invece di cederle, s'annegherà. ■ DRAMMATICO; COL.; 116'; ITALIA, 1972.

MADDALENA: ZERO IN CONDOTTA ★★★
Regia di VITTORIO DE SICA. Con VERA BERGMAN, ARTURO BRAGAGLIA, VITTORIO DE SICA, CARLA DEL POGGIO, EVA DILIAN, PINA RENZI. ■ Un'insegnante di corrispondenza commerciale in tedesco fa scrivere ad un'allieva, per esercitazione, una lettera a un fantomatico signor Müller. Ma il destinatario esiste davvero. Si farà vivo di persona e sposerà l'insegnante. ■ COMMEDIA; B/N; 76'; ITALIA, 1940.

MAD DETECTIVE ★★
Regia di WAI KA-FAI, JOHNNY TO. Con CHING WAN LAU, JAY LAU, KELLY LIN, ANDY ON, KA TUNG LAM. ■ Empatico e folle, Bun è un investigatore in pensione che rientra in servizio per risolvere un misterioso caso di omicidio. Lasciato dalla moglie e in fuga dalle cure psichiatriche dettategli dallo psicanalista, l'investigatore stregone (come da traduzione italiana) utilizza metodi poco convenzionali per giungere alla soluzione degli intricati delitti cui si trova a far fronte. La necessità di immedesimarsi con le vittime per provarne le ultime sensazioni, lo porta a rotolare chiuso in una valigia per una rampa di scale oppure a farsi seppellire vivo in un bosco. ■ AZIONE; COL.; 89'; Cina, 2007.

MAD DOGS AND ENGLISHMEN ★★
Regia di PIERRE ADIDGE. Con JOE COCKER, JIM PRICE, LEON RUSSEL, CHRIS STAINTON. ■ Oltre alle riprese dal vivo di numerosi concerti di Joe Cocker, il film presenta interviste con i componenti del complesso. ■ DOCUMENTARIO; COL.; 91'; USA, 1971.

MADE IN AMERICA ★★
Regia di RICHARD BENJAMIN. Con TED DANSON, WHOOPI GOLDBERG, WILL SMITH, JENNIFER TILLY. ■ Un film tenuto in piedi dagli attori estremamente professionali. Benjamin non è all'altezza di altre prove precedenti e la sceneggiatura è da mediometraggio. Una donna di colore ha deciso di ricorrere all'inseminazione artificiale. La figlia è cresciuta e c'è un bianco che la corteggia. La donna pensa che l'uomo possa essere il donatore del seme. ■ COMMEDIA; COL.; 107'; USA, 1994.

MADE IN ITALY ★★★
Regia di NANNI LOY. Con LANDO BUZZANCA, NINO CASTELNUOVO, WALTER CHIARI, PEPPINO DE FILIPPO, ALDO FABRIZI, SYLVA KOSCINA, VIRNA LISI, ANNA MAGNANI. ■ Film a episodi, ognuno dedicato a personaggi e situazioni tipicamente nostrani. Vittime della burocrazia, dongiovanni a parole, ninfette finte spregiudicate e maturi spregiudicati sul serio. Povera Italia! ■ COMMEDIA; COL.; 132'; ITALIA, 1965.

MADE IN USA ★★
Regia di KEN FRIEDMAN. Con ADRIAN PASDAR, CHRISTOPHER PENN, LORI SINGER. ■ La vita in una cittadina americana può essere molto monotona. Per questo motivo Tuck e Dar, due amici che sognano di vivere sulle coste californiane, decidono di partire e attraversare il paese. Ben presto incontrano Annie, una ragazza smaniosa quanto loro di libertà e nuove esperienze. ■ AVVENTURA; COL.; 82'; USA, 1988.

MADELEINE – ANATOMIA DI UN INCUBO ★★
Regia di ROBERTO MAURI. Con CAMILLE KEATON, PIER MARIA ROSSI, RICCARDO SALVINO, PAOLA SENATORE, SILVANO TRANQUILLI. ■ Madeleine, paziente del dottor Schuman, si assoggetta alla terapia di questi, che prevede una vita del tutto libera affinché ella possa sottrarsi agli incubi che la ossessionano. Scoprirà di essere la moglie di un corridore automobilista e di aver perso sia la memoria che un figlio. ■ DRAMMATICO; COL.; 92'; ITALIA, 1974.

MADELINE – IL DIAVOLETTO DELLA SCUOLA ★★
(Madeline)
Regia di DAISY VON SCHERLER MAYER. Con STÉPHANE AUDRAN, BEN DANIELS, NIGEL HAWTHORNE, HATTY JONES, FRANCES MCDORMAND. ■ Madeline va a scuola a Parigi. Il futuro del suo istituto rischia di essere compromesso dalla morte della benefattrice. Suo marito vuole vendere l'immobile. Madeline farà di tutto per impedirglielo. Tratto da un libro di Ludwig Bemelmans si rivolge a un pubblico di bambini. ■ COMMEDIA; COL.; 90'; USA, 1998.

MADEMOISELLE ★★★
Regia di PHILIPPE LIORET. Con SANDRINE BONNAIRE, ISABELLE CANDELIER, JACQUES GAMBLIN, ZINEDINE SOUALEM. ■ Claire è moglie e madre "esemplare", come si sarebbe detto una volta. Passa un giorno dinanzi a un manifesto teatrale e ripensa all'incontro con l'attore protagonista, Pierre Cassini. A un convegno di rappresentanti di prodotti farmaceutici (lavoro di Claire) la serata era stata animata da un gruppo di attori che il giorno dopo le avevano dato un passaggio. Era nata una breve storia tra i due destinata a finire nell'arco di poche ore ma con una traccia profonda nel cuore di lei. Film come questi possono essere realizzati solo dai francesi che arrivano a immergersi nella retorica ma sono spesso capaci di ritrarsene al momento giusto. Anche perché hanno a disposizione degli attori come la Bonnaire capaci di "aprire" una storia che rischia altrimenti lo stereotipo. ■ DRAMMATICO; COL.; 85'; FRANCIA, 2002.

MADEMOISELLE DOCTEUR – SALONICCO, NIDO DI SPIE *(Mademoiselle Docteur)* ★★★
Regia di GEORG WILHELM PABST. Con PIERRE BLANCHAR, PIERRE FRESNAY, LOUIS JOUVET, DITA PARLO, VIVIANE ROMANCE. ■ Durante la prima guerra mondiale, Mademoiselle Docteur, spia tedesca, viene inviata a Salonicco per favorire un'azione di guerra e, al tempo stesso, sorprendere un agente che ha fatto i nomi dell'organizzazione. Riesce nel doppio intento. ■ DRAMMATICO; B/N; 75'; FRANCIA, 1937.

MADEMOISELLE DU BARRY *(Du Barry was a Lady)* ★★★
Regia di ROY DEL RUTH. Con LUCILLE BALL, AVA GARDNER, GENE KELLY, RED SKELTON. ■ Il film ripete, in chiave musicale, i noti amori fra Luigi XV e madame Du Barry. Un'affascinante danzatrice sostiene il ruolo della Du Barry ed è contesa tra un ballerino e diversi altri adoratori. ■ MUSICALE; B/N; 101'; USA, 1943.

MADEMOISELLE PIGALLE *(Cette sacrée gamine)* ★★★
Regia di MICHEL BOISROND. Con BRIGITTE BARDOT, JEAN BRETONNIÈRE, FRANÇOISE FABIAN. ■ Paul, padre integerrimo di Brigitte, possiede un tabarin preso di mira dalla polizia che lo sospetta sede di falsari. Deciso a sparire per qualche tempo, Paul incarica il cantante Jean di andare a prendere la figlia in collegio; per i due giovani è il colpo di fulmine. ■ COMMEDIA; B/N; 83'; FRANCIA, 1955.

MADEMOISELLE ZAZA *(Zaza)* ★★
Regia di GEORGE CUKOR. Con CLAUDETTE COLBERT, BERT

LAHR, HERBERT MARSHALL. ■ Zazà è una ballerina francese che s'innamora di un signore tanto per bene, ma sposato. È bello finché dura. Quando l'uomo torna in famiglia, Zazà per poco non impazzisce. Filmato anche in Italia, quasi contemporaneamente, da Renato Castellani con Isa Miranda. ■ COMMEDIA; B/N; 83'; USA, 1939.

MADLY, IL PIACERE DELL'UOMO *(Madly)* ★★
Regia di ROGER KAHANE. Con VALENTINA CORTESE, MIREILLE DARC, PASCALE DE BOYSSON, ALAIN DELON, VAN DOUDE, BILLY KEARNS, JEAN PAUL LE GOFF, MARIA SCHNEIDER. ■ Julien, giovane e irrequieto antiquario, sfoga nel suo castello, oltre alla passione per l'arte, anche quella per le belle donne. ■ COMMEDIA; COL.; 86'; FRANCIA, 1970.

MAD MAX OLTRE LA SFERA DEL TUONO ★★★
(Mad Max beyond Thunderdome)
Regia di GEORGE T. MILLER, GEORGE OGILVIE. Con MEL GIBSON, FRANK THRING, TINA TURNER. ■ In uno sconfinato deserto dell'era post-atomica, Mad Max deve recuperare il suo veicolo. Arriva nella città di Batser Town dove regna la cattiva Aunty Entity (Tina Turner) che lo obbliga ad affrontare in duello un gigante. Mad vince, ma è espulso. Ma mentre sta per morire di sete nel deserto, viene soccorso da una comunità di fanciulli che vive senza adulti sperando che un misterioso capitano li porti via guidandoli verso il "Domani". Mad diventa il loro capitano e li fa fuggire su un aereo difendendoli, a rischio della sua stessa vita, dai nemici che li inseguono. La regina lo grazia e Max riprende a peregrinare. Un film spettacolare e riuscito. ■ FANTASTICO; COL.; 106'; AUSTRALIA, 1985. ■ GOLDEN GLOBES 1 NOM.

MADNESS VACANZE PER UN MASSACRO ★
Regia di FERNANDO DI LEO. Con JOE DALLESANDRO, LORRAINE DE SELLE, GIANNI MACCHIA. ■ Un uomo evade dal carcere e cerca di recuperare il malloppo del suo ultimo colpo. Ma non è facile. Sul terreno dove nascose il grisbi c'è ora una lussuosa villa. I proprietari si trovano di fronte il galeotto che non arretra davanti a nulla pur di riprendersi il bottino. ■ DRAMMATICO; COL.; 93'; ITALIA, 1971.

MADOKA MAGICA – IL FILM ★★
(Gekijô-ban Mahou Shojo Madoka Magica Zenpen: Hajimari no Monogatari)
Regia di YUKIHIRO MIYAMOTO, AKIYUKI SHINBO. Con YUKO GOTO, MADOKA KANAME, ERI KITAMURA, KAORI MIZUHASHI, AI NONAKA, CHIWA SAITO. ■ Madoka Kaname e Sayaka Miki, amiche e compagne di classe delle scuole medie, incontrano una creatura di nome Kyubey che, con l'aiuto della maga Mami Tomoe, offre loro la possibilità di realizzare un desiderio a patto di diventare maghe per combattere le streghe che inducono i ragazzi al suicidio. Madoka scoprirà molto presto che essere una maga è molto più complesso di quanto potesse sembrare. Primo capitolo di una trilogia, *Madoka Magica – Il film* è sostanzialmente l'adattamento e ampliamento dei primi otto episodi della serie TV *Puella Magi Madoka Magica* (la serie è composta da dodici episodi), con aggiunta di texture grafiche e scene inedite, oltre a variazioni minori di trama e comportamento dei personaggi. ■ ANIMAZIONE; COL.; 130'; GIAPPONE, 2012.

MADONNA CHE SILENZIO C'È STASERA ★★
Regia di MAURIZIO PONZI. Con EDI ANGELILLO, FRANCESCO NUTI, MASSIMO SARCHIELLI. ■ Una giornata in compagnia di Francesco, giovane toscano di belle speranze, dal trillo della sveglia alla riconciliazione serale con la fidanzata, passando per un'inutile ricerca di lavoro e svariati incontri con bizzarri personaggi. ■ COMMEDIA; COL.; 93'; ITALIA, 1982.

MADONNA DELLE ROSE ★
Regia di ENZO DI GIANNI. Con MARIO FERRARI, GUGLIELMO INGLESE, EVA NOVA, MARCO VICARIO. ■ Renato e Maria navigano in cattive acque; si imbattono in un'altra coppia, Filippo e Irene, che vivono di espedienti. ■ DRAMMATICO; B/N; 94'; ITALIA, 1954.

MADONNA DELLE SETTE LUNE, LA ★★
(Madonna of Seven Moons)
Regia di ARTHUR CRABTREE. Con PHYLLIS CALVERT, STEWART GRANGER, PATRICIA ROC. ■ Violentata da ragazza, la giovane moglie di un nobile perde la memoria e lascia la casa. Dopo un anno, e senza alcun ricordo di come ha vissuto, ritorna, ma fugge nuovamente per andare in cerca di un uomo che ha amato e dal quale si sente tradita; ferirà il fratello di questi, che a sua volta la ucciderà. ■ DRAMMATICO; B/N; 110'; GRAN BRETAGNA, 1945.

MADONNINA DEL PORTO, LA ★★★
(Tess of the Storm Country)
Regia di ALFRED SANTELL. Con DUDLEY DIGGES, CHARLES FARRELL, JANET GAYNOR. ■ I due divi sentimentali della Fox nella storia dell'amore contrastato fra la figlia di un marinaio e il signorotto del luogo. ■ DRAMMATICO; B/N; 90'; USA, 1932.

MADONNINA D'ORO, LA ★★
Regia di LUIGI CARPENTIERI. Con PHYLLIS CALVERT, TULLIO CARMINATI. ■ Un'ereditiera inglese si stabilisce in un paese italiano dove viene accolta con gioia dai paesani, i quali fidano nel suo aiuto per ritrovare un quadro miracoloso, sparito durante la guerra. L'arrivo di un ufficiale inglese, che durante la guerra aveva dipinto maldestramente sul quadro un'altra immagine, ne permette il recupero. L'incontro fra i due si concluderà con l'inevitabile matrimonio. ■ COMMEDIA; B/N; 94'; ITALIA, 1949.

MA DOV'È ANDATA LA MIA BAMBINA? ★★
(My Father, the Hero)
Regia di STEVE MINER. Con GÉRARD DEPARDIEU, KATHERINE HEIGL, LAUREN HUTTON, DALTON JAMES. ■ È la versione americana di *Mio padre, che eroe!* di Lauzier. A parte la troupe americana che lavora con Depardieu e il ritmo più sostenuto tutto è rimasto intatto come nell'originale. Buon successo di pubblico negli Stati Uniti. ■ COMMEDIA; COL.; 90'; USA, 1994.

MADRA, IL TERRORE DI LONDRA ★★
(The Night Caller)
Regia di JOHN GILLING. Con ALFRED BURKE, MAURICE DENHAM, PATRICIA HAINES, STANLEY MEADOWS, JOHN SAXON. ■ Una sfera giunta dallo spazio è affidata a un laboratorio perché ne studi le caratteristiche; a bordo di essa è possibile trasportare esseri da un pianeta all'altro, e la polizia sospetta che Madra, una misteriosa entità, si sia appunto servita della sfera per far sparire ventitré giovani donne. ■ FANTASCIENZA; B/N; 84'; GRAN BRETAGNA, 1967.

MADRE *(The Midnight Lady)* ★★
Regia di RICHARD THORPE. Con SARAH PADDEN. ■ La tenutaria di un bordello vede la figlia, che non la conosce, accompagnarsi a un uomo di dubbia moralità; quando costui viene ucciso, la donna ritiene che l'autrice del delitto sia la ragazza. Allora si autodenuncia. ■ DRAMMATICO; B/N; 83'; USA, 1932.

MADRE, LA *(Mat)* ★★★
Regia di VSEVOLOD I. PUDOVKIN. Con VERA BARANOWSKAJA, NICOLAIJ BATALOV, IVAN KOVAL SAMBORSKIJ. ■ La storia di una madre in pena per il futuro del proprio figlio non è che un pretesto per il regista (in questo lavoro tratto dall'omonimo romanzo di Gorkij) per analizzare la storia del popolo sovietico, le sue aspirazioni e il malcontento sfociato nella rivoluzione ■ DRAMMATICO; COL.; 65'; URSS, 1926.

MADRE, LA *(Mama)* ★★
Regia di ANDRES MUSCHIETTI. Con MEGAN CHARPENTIER, JESSICA CHASTAIN, NIKOLAJ COSTER-WALDAU, ISABELLE NELISSE. ■ Jeffrey arriva trafelato a casa a prendere le figliolette di tre (Victoria) e un anno (Lilly), come se volesse portarle all'asilo. In realtà, improvvisamente impazzito ha appena ucciso prima due colleghi d'ufficio e poi la moglie. Con le figlie casualmente arriva a una casetta solitaria e abbandonata e vi si sistema, disperato. Non bada a Victoria che lo avvisa della presenza, fuori, di una donna che non tocca il terreno: intende uccidere anche le figlie, ma prima di farlo, qualcosa di mostruoso lo assale. Cinque anni dopo, le bambine vengono ritrovate, in condizioni animalesche. Lo psichiatra che le segue sostiene che le piccole, per superare il loro stato di abbandono, avevano creato una figura immaginaria che chiamavano mamma. Ma era davvero una figura immaginaria? La storia ha la tipica struttura delle ghost stories e alcuni elementi sono fin troppo classici. ■ HORROR; COL.; 100'; SPAGNA, 2013.

MADRE CORAGGIO *(Courage)* ★★
Regia di JEREMY PAUL KAGAN. Con HECTOR ELIZONDO, MI-

CHAEL GALARDI, SOPHIA LOREN, BILLY DEE WILLIAMS. ■ È la storia vera di Marianna Miraldo, un'italo-americana di New York la quale scopre con orrore che il figlio è dedito alla droga. In un calvario allucinante, fatto di disperazione e speranza, la donna riesce a liberare il ragazzo dal suo vizio e non esita ad aiutare i poliziotti newyorkesi a ricomporre le fila di una spietata gang di trafficanti di eroina, a rischio della propria vita. Punta tutto sull'interpretazione intensa di Sophia Loren. Regia e sceneggiatura di mestiere. ■ DRAMMATICO; COL.; 180'; USA, 1985.

MADRE DELLO SPOSO, LA *(The Mating Season)* ★★
Regia di MITCHELL LEISEN. Con JOHN LUND, THELMA RITTER, GENE TIERNEY. ■ Una madre invadente si inserisce nella vita coniugale del figlio con lo scopo di controllare la qualità della sposina. ■ COMMEDIA; B/N; 101'; USA, 1951. ■ OSCAR 1 NOM.

MADRE E FIGLIO *(Mother and Son)* ★★
Regia di ALEXANDR SOKUROV. Con ALEXEI ANANISHNOV, GUDRUN GEYER. ■ In una paese della Russia vivono madre e figlio. Lei è malata, lui la cura. Lei si fa domande sulla vita, lui guarda da lontano un treno e sogna di salirvi. Lirismo alla Tarkovskji. Cose conosciute. E ripetute. ■ DRAMMATICO; COL.; 75'; RUSSIA, 1997.

MADRE E OSSA ★★
Regia di ALESSANDRO CAPONE. ■ Danielle, 47 anni, parigina, è una donna ricoverata in una clinica privata dopo il terzo tentativo di suicidio. Autocondannatasi a un silenzio inviolabile, chiusa in un mondo senza più reazioni, bisogni, futuro, viene convinta dalla giovane psichiatra che l'ha in cura, e che non vuole rassegnarsi a perderla, a tentare almeno di mettere per iscritto alcuni pensieri. La storia vera di un devastante rapporto madre-figlia in cui si sfida il tabù dell'amore materno obbligatorio. Dall'omonimo romanzo di Daniele Girard. ■ DRAMMATICO; COL.; 90'; ITALIA, 2005.

MADRE GIOVANNA DEGLI ANGELI ★★★
(Matka Joanna od Aniolów)
Regia di JERZY KAWALEROWICZ. Con MARIA CHWALIBOG, ANNA CIEPIELEWSKA, MIECZYSLAW VOIT, LUCYNA WINNICKA. ■ Il demonio si installa in un monastero e si impossessa di tutte le suore. A nulla servono i vari esorcismi, e per questo viene inviato al convento un padre spirituale il quale, innamoratosi della superiora, riceve dal demonio l'ordine di uccidere due vittime innocenti. ■ DRAMMATICO; B/N; 110'; POLONIA, 1961. ■ CANNES 1 PR.

MADRE IGNOTA – LUCIANO, UNA VITA BRUCIATA ★★
Regia di GIAN VITTORIO BALDI. Con ANNA BRAGAGLIA, PAOLO CARLINI, ILEANA GHIONE, LUCIANO MORELLI. ■ Film confuso che racconta la storia di un giovane appena uscito dal carcere che odia la madre. ■ DRAMMATICO; B/N; 90'; ITALIA, 1963.

MADRE IN PRESTITO, UNA ★★
(Labor of Love: The Arlette Schweitzer Story)
Regia di JERRY LONDON. Con TRACEY GOLD, ANN JILLIAN, BILL SMITROVICH. ■ La storia vera di Arlette Schweitzer, che sceglie di portare in grembo il figlio di sua figlia quando quest'ultima scopre di non poterne avere. Un gesto che mette in pericolo la salute della stessa Arlette, ma soprattutto un caso umano che sconcerta l'opinione pubblica e solleva problemi di bioetica. ■ DRAMMATICO; COL.; 90'; USA, 1993.

MADRE RITORNA, UNA ★★
Regia di ROBERTO BIANCHI MONTERO. Con LINDA SINI, LEOPOLDO VALENTINI. ■ Elena, reduce dalla prigione, si mette alla ricerca del suo bambino; conosce un vetturino che vive con un trovatello, poi un giornalista che la mette sulle piste dell'assassino dell'ex amante. Costui tenta di intralciare le indagini del giornalista, ma non vi riesce. ■ DRAMMATICO; B/N; 91'; ITALIA, 1953.

MADRESELVA *(Madre Selva)* ★
Regia di LUIS CÉSAR AMADORI. Con HUGO DEL CARRIL, LIBERTAD LAMARQUE. ■ La figlia di un oste si innamora di un grande attore che non è libero; appresa la verità lo lascia, ma non lo dimentica. ■ COMMEDIA; B/N; 93'; ARGENTINA, 1938.

MADRI PERICOLOSE ★★
Regia di DOMENICO PAOLELLA. Con MINA, RICCARDO GARRONE, DELIA SCALA. ■ Uno studioso di statistica sperimenta di persona la pericolosità di certe madri che cercano affannosamente di sistemare le figlie. ■ COMMEDIA; B/N; 95'; ITALIA, 1960.

MADUNNELLA ★★
Regia di ERNESTO GRASSI. Con ALDO LANDI, EDMEA LARI. ■ Don Michele, guappo e contrabbandiere, socio del padre di Maria la "Madunnella", cerca di abusare della ragazza quando scopre che il padre ha rubato una cospicua somma per farle la dote. La ragazza, senza concedere nulla, riesce a salvare il padre. ■ DRAMMATICO; B/N; 92'; ITALIA, 1947.

MAESTRA DI SCI, LA ★
Regia di SANDRO LUCIDI. Con ANDY LUOTTO, SONIA OTERO, CARMEN RUSSO, DANIELE VARGAS. ■ Una fotomodella libertina erediterà un patrimonio a patto di poter dimostrare un comportamento moralmente ineccepibile. Con l'aiuto di un'amica trova quindi lavoro come maestra di sci, ma la sua esuberanza salta fuori lo stesso. ■ COMMEDIA; COL.; 80'; ITALIA, 1981.

MAESTRA SI DIVERTE, LA *(Laralinna Pävift)* ★★
Regia di BORJE LARSSON. Con ALLAN BOHLIN, KARIN EKELUND. ■ Una disinvolta maestrina, con lo scopo di togliere la direttrice del collegio da una situazione compromettente, vive una doppia vita: di giorno insegna, di notte canta in un locale. ■ COMMEDIA; B/N; 91'; SVEZIA, 1943.

MAESTRI DEL KUNG-FU, I ★
Regia di LO MAR. Con SHENG HOU CHAO, HSUNG KANG. ■ Un esperto di arti marziali del tutto esaltato provoca a destra e a manca. Litiga oggi, litiga domani, trova quello che gli rompe le ossa. ■ DRAMMATICO; COL.; 100'; CINA, 1979.

MAESTRI DI BALLO, I *(Dancing Masters)* ★★★
Regia di MALCOLM SAINT CLAIR. Con OLIVER HARDY, STAN LAUREL, TRUDY MARSHALL, ROBERT MITCHUM. ■ Stanlio e Ollio sono alle prese con l'arte tersicorea. ■ COMMEDIA; B/N; 63'; USA, 1943.

MAESTRINA, LA ★★★
Regia di GUIDO BRIGNONE. Con RENATO CIALENTE, JONE FRIGERIO, EGISTO OLIVIERI, ANDREINA PAGNANI. ■ La maestrina del paese nasconde un dramma segreto: ragazza madre, ha perso tragicamente la sua figlioletta. Ma tutto finirà bene: la bambina verrà miracolosamente ritrovata e le malelingue verranno messe a tacere quando il sindaco prenderà in moglie la protagonista. ■ DRAMMATICO; B/N; 60'; ITALIA, 1933.

MAESTRINA, LA ★★
Regia di GIORGIO BIANCHI. Con NINO BESOZZI, ELVIRA BETRONE, MARIA DENIS, VIRGILIO RIENTO, UMBERTO SACRIPANTE. ■ Tratto dal famoso lavoro teatrale di Dario Niccodemi, il film narra la storia di una maestrina che, giunta in un paese, suscita molti pettegolezzi a causa della sua riservatezza. ■ COMMEDIA; B/N; 92'; ITALIA, 1942.

MAESTRO, IL ★★★
Regia di ALDO FABRIZI. Con ALDO FABRIZI, MARY LAMAR, ALFREDO MAYO, EDOARDO NEVOLA. ■ Giovanni, maestro in un istituto, perde il figlio Antonio in un incidente stradale. L'abbattimento morale dell'uomo è tale da fargli perdere la fede; vorrebbe lasciare anche la scuola, ma a questo punto giunge un nuovo alunno, Gabriele, che con la sua dolcezza lo induce a restare. ■ FANTASTICO; B/N; 90'; ITALIA, 1958.

MAESTRO CAMBIA FACCIA, IL ★
(The Master of Disguise)
Regia di PERRY ANDELIN BLAKE. Con JAMES BROLIN, DANA CARVEY, JENNIFER ESPOSITO, HAROLD GOULD. ■ Film per bambini sulle avventure del simpatico Pistachio Disguisey, uno strampalato cameriere con incredibili abilità di trasformista. Il quale si ficca nei guai e si trova anche a dover salvare i genitori che, dotati delle stesse capacità, si sono cacciati in un pasticcio. Unica nota di qualche interesse l'attore protagonista. ■ COMMEDIA; COL.; 80'; USA, 2003.

MAESTRO DI DON GIOVANNI, IL *(Crossed Swords)* ★★
Regia di MILTON KRIMS. Con ERROL FLYNN, GINA LOLLOBRIGIDA. ■ Raniero, figlio del duca di Sidona, torna in patria con l'amico Renzo, che lo ha iniziato ai segreti dell'amore. Pavoncello, ministro che mira a impadronirsi del trono, li costringe a fuggire

imponendo il matrimonio a tutti i cittadini spagnoli. Nel frattempo Francesca si è innamorata di Renzo e al suo richiamo i due giovani tornano riuscendo a sfuggire ai soldati mercenari. ■ AVVENTURA; COL.; 92′; ITALIA, 1953.

MAESTRO DI MUSICA, IL *(Le maître de musique)* ★★★
Regia di GÉRARD CORBIAU. Con SYLVIE FENNEC, ANNE ROUSSEL, JOSÉ VAN DAM. ■ All'inizio del Novecento un cantante famoso si ritira dalle scene (si saprà poi che è gravemente malato). Si prende come allievi una giovane innamorata di lui e un ladruncolo salvato da un linciaggio. Ne farà due cantanti super che trionferanno a un concorso importantissimo. ■ MUSICALE; COL.; 95′; BELGIO, 1988. ■ OSCAR 1 NOM.

MAESTRO DI NUOTO, IL *(Le maître nageur)* ★★
Regia di JEAN-LOUIS TRINTIGNANT. Con JEAN-CLAUDE BRIALY, GUY MARCHAND, STEFANIA SANDRELLI. ■ Come il film precedente diretto da Trintignant, *Una giornata spesa bene*, questa opera seconda è una commedia "nera" piena di ironia, sempre sul filo del grottesco. Una vecchia signora (la Sandrelli) racconta al nipotino come fece la sua fortuna. Lei voleva a ogni costo diventare miliardaria. Perciò divenne l'amante di un riccone stravagante che un giorno mise in palio la sua fortuna per il vincitore di una gara di nuoto. Vinse il marito della donna. Ma morì per lo sforzo. Lei ereditò. Fine del racconto. Il nipotino che ha imparato la lezione affoga la nonna ed eredita i suoi miliardi. ■ COMMEDIA; COL.; 90′; FRANCIA, 1979.

MAESTRO DI VIGEVANO, IL ★★★
Regia di ELIO PETRI. Con CLAIRE BLOOM, VITA DE TARANTO, ALBERTO SORDI. ■ Al maestro Mombelli piace insegnare ai ragazzi. Ma la moglie non è d'accordo e lo convince a tentare la sorte impiantando un piccolo calzaturificio. I soldi sembrano arrivare, ma altrettanto facilmente se ne vanno, e al povero insegnante non rimane nulla, nemmeno la moglie che, dopo averlo abbandonato, muore. ■ COMMEDIA; B/N; 100′; ITALIA, 1963.

MAESTRO DI VIOLINO, IL ★★
Regia di GIOVANNI FAGO. Con DANIEL KLACHIN, JULIETTE MAYNIEL, DOMENICO MODUGNO, RENA NIEHAUS, ELISABETTA VIRGILI. ■ Un insegnante di violino nel conservatorio di una piccola città di provincia ha un passato misterioso che molte signore e signorine vorrebbero conoscere. Naturalmente una di loro ci riesce e salta fuori una storia drammatica di persecuzioni razziali, di grandi carriere stroncate. ■ COMMEDIA; COL.; 100′; ITALIA, 1976.

MAESTRO E LA PIETRA MAGICA, IL ★★
(Kniga Masterov)
Regia di VADIM SOKOLOVSKY. Con LIYA AKHEDZHAKOVA, MARIYA ANDREEVA, IRINA APEKSIMOVA, MIKHAIL EFREMOV. ■ Tanto tempo fa, la strega Baba Yaga e la sua figlioletta trovarono per caso in un prato una pietra magica, l'Alatyr, che stregò la ragazza trasformandola nella perfida Contessa di Pietra. Molti anni dopo, la Contessa comanda dall'alto di una torre situata nella Foresta Infinita un esercito di guerrieri rocciosi, gli Ardari, che ogni giorno invia a distruggere e saccheggiare i vari villaggi delle vicine contee. In uno di questi villaggi vive Ivan, giovane intagliatore sottoposto a un ricco e tracotante padrone e a sua figlia, la rotonda e viziata Klava. Un giorno, gli Ardari rapiscono dal villaggio sia Ivan che Klava e li rinchiudono nella casa di Baba Yaga. Là, Ivan, dopo aver fatto fuggire Klava, incontra la figlia della malvagia Contessa, Katya, e se ne innamora. Questa gli dona l'antico Libro dei Maestri, grazie al quale Ivan potrà diventare il più grande intagliatore di pietre e scolpire l'Alatyr, perché la Contessa possa esercitare un dominio incontrollato sul mondo intero. ■ RAGAZZI; COL.; 101′; RUSSIA, 2009.

♥ **MAESTRO E MARGHERITA, IL** ★★★
Regia di ALEKSANDAR PETROVIC. Con MIMSY FARMER, UGO TOGNAZZI, BATA ZIVOJINOVIC. ■ Il film narra le vicende di Nikolaj, scrittore povero e anarchico, e del suo amore per Margherita. I due amanti sono divisi e lo scrittore muore in un ospedale psichiatrico ma prima, con l'aiuto di un buon diavolo (e si tratta di un autentico satanasso), riesce ad assistere, presenza incorporea, all'allestimento della commedia che ha scritto. ■ DRAMMATICO; COL.; 100′; ITALIA, 1972.

MAESTRO LANDI ★★
Regia di GIOVACCHINO FORZANO. Con UGO CESERI, ODOARDO SPADARO, PIA TORRIANI. ■ Nella Toscana medievale, un campagnolo decide di andare a vivere a Firenze e accetta di fare il boia sapendo perfettamente che il granduca non condanna a morte mai nessuno. Ma c'è sempre una prima volta. ■ COMMEDIA; B/N; 91′; ITALIA, 1935.

MAFIA! *(Jane Austen's Mafia!)* ★
Regia di JIM ABRAHAMS. Con CHRISTINA APPLEGATE, LLOYD BRIDGES, BILLY BURKE, OLYMPIA DUKAKIS, JAY MOHR. ■ La famiglia Cortino è guidata da don Vincenzo, il padrino che da giovane dovette lasciare la Sicilia per raggiungere gli Stati Uniti. La parodia domina e le citazioni pure. Ma l'obiettivo di far ridere non è quasi mai raggiunto, a causa di attori fuori parte. ■ COMMEDIA; COL.; 84′; USA, 1998.

MAFIA ALLA SBARRA ★★
Regia di ORESTE PALELLA. Con JANY CLAIR, ALAN CURTIS, MASSIMO GIROTTI, CLAUDE LAYDU, WALTER MAESTOSI, CAMILLO PILOTTO. ■ Una serie di uccisioni rinnovate da una generazione all'altra colpisce il figlio adolescente di Giovanni, che si mette insieme al fratello a ricercare i colpevoli per ucciderli a sua volta. ■ DRAMMATICO; B/N; ITALIA, 90′; 1963.

MAFIA BIANCA, AFRICA NERA *(Le coup pour rien)* ★★
Regia di PIERRE LAMBERT. Con PIERRE BRICE, JEAN FRANVAL, ROLAND LESAFFRE, YANTI SOMER. ■ Paul e Abdul, un francese e un africano, vivono trasportando merci, ma la loro attività è messa in crisi dall'arrivo di una banda di contrabbandieri. Questi ultimi hanno corrotto anche le autorità locali e hanno vita facile. ■ AVVENTURA; COL.; 85′; FRANCIA, 1973.

MAFIA KID, THE *(Spike of Bensonhurst)* ★
Regia di PAUL MORRISSEY. Con ERNEST BORGNINE, SASHA MITCHELL. ■ Morrissey è noto per essere stato "allevato" sul piano della cultura da quello stravagante Pigmalione che è stato Andy Warhol. Qui lo troviamo alle prese con lo squallore delle palestre di boxe e con un cinema che di sperimentale non ha più nulla. ■ DRAMMATICO; COL.; 92′; USA, 1988.

MAFIA LO CHIAMAVA IL SANTO MA ERA UN CASTIGO DI DIO, LA *(Vendetta for the Saint)* ★★★
Regia di JAMES O'CONNOLLY. Con ROSEMARIE DEXTER, IAN HENDRY, AIMI MACDONALD, ROGER MOORE. ■ Simon Templar, detto "il Santo", è alle prese con la mafia siciliana; arrivato nell'isola per investigare sulla morte di un americano, si trova coinvolto nella lotta per la successione alla carica di capo mafia. Il vecchio don Pasquale deve designare il suo erede e Dino Cartelli, ufficialmente impiegato di banca, è il candidato numero uno. Con l'aiuto della nipote di Cartelli, del tutto ignara dell'attività mafiosa dello zio, il Santo riesce a far cadere pesci piccoli e pesci grossi nella rete della polizia. ■ GIALLO; COL.; 100′; GRAN BRETAGNA, 1973.

MAFIA MI FA UN BAFFO, LA ★★
Regia di RICCARDO GARRONE. Con RENATO CECILIA, YVONNE HARLOW, MIMMA MONTICELLI, ENZO PULCRANO, STEFANIA ROTOLO. ■ Un boss mafioso viene ucciso in un attentato e i suoi fedelissimi rimangono senza guida e facile preda di un concorrente. Per evitare questo prelevano un attore di avanspettacolo che somiglia al defunto e lo obbligano a continuare l'attività rimasta temporaneamente sospesa. ■ COMMEDIA; COL.; 92′; ITALIA, 1975.

MAFIA, UNA LEGGE CHE NON PERDONA ★
Regia di BOB GHISAIS. Con JACKIE BASEHART, MALISA LONGO. ■ Gli eredi dei "vecchi" mafiosi danno inizio a una lotta sanguinosa per controllare i traffici illegali più redditizi. Sotto i loro colpi non cadono solamente gli avversari, ma anche persone innocenti. ■ DRAMMATICO; COL.; 80′; ITALIA, 1980.

MAFIOSI, I ★★
Regia di ROBERTO MAURI. Con LUISELLA BONI, ERNO CRISA, WANDISA GUIDA, GISELLA SOFIO. ■ Una volta tanto la mafia è estranea ad un atroce delitto compiuto in Sicilia e alla potente organizzazione si rivolge un congiunto della vittima per avere giustizia. E l'avrà. ■ DRAMMATICO; B/N; 93′; ITALIA, 1960.

MAFIOSI A MARSIGLIA *(Les fortiches)* ★★
Regia di GEORGES COMBRET. Con LUCIANO BENETTI, DARRY

COWL, JACQUELINE DANNO, JEAN RICHARD. ■ Un meccanico somiglia come una goccia d'acqua al capo della malavita marsigliese e sfrutta la cosa per incontrare Odette, cronista giovane e molto carina. Ma il luogo dove i due si danno appuntamento è davvero il covo del bandito. ■ COMMEDIA; B/N; 85'; FRANCIA, 1961.

MAFIOSI DI MEZZA TACCA E UNA GOVERNANTE DRITTA *(Every Little Crook and Nanny)* ★★
Regia di CY HOWARD. Con MAGGIE BLYE, DOM DELUISE, VICTOR MATURE, LYNN REDGRAVE, PAUL SAND, LEOPOLDO TRIESTE. ■ Complicatissima storia di mafiosi e di una governante la quale, dopo aver ricevuto una "prepotenza", decide di vendicarsi sequestrando il figlio del boss. ■ COMMEDIA; COL.; 91'; USA, 1972.

MAFIOSO ★★★
Regia di ALBERTO LATTUADA. Con UGO ATTANASIO, NORMA BENGELL, ALBERTO SORDI. ■ Il siciliano Antonio è riuscito a tenersi fuori dal giro mafioso del suo paese, a trasferirsi al Nord, a trovare un ottimo impiego e una bella moglie milanese. Le ferie, naturalmente, va a trascorrerle in Sicilia ed è appunto in una di queste occasioni che la mafia lo constringe a compiere un delitto. L'alternativa è rinunciare alla sua tranquillità. Antonio è costretto ad accettare di essere spedito in America, chiuso in un baule. Compiuta la "missione", torna in Italia. ■ DRAMMATICO; B/N; 103'; ITALIA, 1962.

MAFÙ – UNA TERRIFICANTE STORIA D'AMORE ★★
(The Mafu Cage)
Regia di KAREN ARTHUR. Con WILL GEER, LEE GRANT, CAROL KANE. ■ Una scienziata vive con una sorella schizoide in una casa piena di ricordi di viaggio dei genitori, cacciatori in Africa. L'ammalata alterna momenti in cui è normalissima a crisi furibonde di pazzia ed è durante una di queste ultime che uccide il fidanzato della sorella e finisce col togliersi la vita. ■ DRAMMATICO; COL.; 102'; USA, 1977.

MAGA MARTINA E IL LIBRO MAGICO DEL DRAGHETTO ★★
(Hexe Lilli, der Drache und das magische Buch)
Regia di STEFAN RUZOWITZKY. Con PILAR BARDEM, ALINA FREUND, SAMI HERZOG, ANJA KLING, INGO NAUJOKS. ■ La vecchia strega Teodolinda ha urgenza di trovare una giovane erede. Il perfido mago Geronimo non si arrende e le tenta tutte per entrare in possesso del suo libro di incantesimi con cui potrà costruire la Macchina per il Dominio del Mondo. Per evitarlo, Teodolinda spedisce il fido draghetto Ettore in cerca della nuova super maga e l'animaletto incappa a colpo sicuro in Martina, una ragazzina normale che supera brillantemente la prova. Prima produzione tedesca ad uscire in sala col prestigioso marchio Disney, *Maga Martina e il libro magico del draghetto* nasce dalle pagine dei fortunati libri per ragazzi di Knister, anche se non vi si attiene alla lettera, preferendo elaborare un materiale narrativo nuovo. ■ AVVENTURA; COL.; 89'; GERMANIA, ITALIA, AUSTRIA, 2009.

MAGA MARTINA 2 ★
(Hexe Lilli: Die Reise nach Mandolan)
Regia di HARALD SICHERITZ. Con ALINA FREUND, ANJA KLING, MICHAEL MENDL, MICHAEL MITTERMEIER, LARS RUDOLPH. ■ Nel regno di Mandolan, il Gran Visir Guliman e il suo fido mago Abrasch non riescono a liberare il trono reale da una maledizione e chiedono aiuto alla maga Martina. Giunta in quella terra esotica, in compagnia del draghetto Ettore, Martina capisce che di Guliman e Abrasch non c'è da fidarsi e s'insospettisce per la sorte del legittimo re Nandi. Grazie ai suoi incantesimi e all'aiuto di un ragazzino locale di nome Musa, Martina si adopera per riportare la giustizia e fermare gli impostori. Questo secondo estratto dai fortunati libri di Knister delude chi aveva apprezzato la prima impresa. ■ AVVENTURA; COL.; 90'; GERMANIA, SPAGNA, AUSTRIA, 2011.

MAGDALENE *(Magdalene Sisters)* ★★★
Regia di PETER MULLAN. Con ANNIE-MARIE DUFF, DOROTHY DUFFY, GERALDINE MCEWAN, EILEEN WALSH. ■ 1964, Irlanda. Giovani donne, ragazze-madri, violentate, orfane o solo troppo "vivaci", vengono rinchiuse dai familiari in uno dei conventi Magdalene gestiti dalle sorelle della Misericordia. Le ragazze, per espiare i loro peccati, sono costrette a lavorare fino allo stremo delle forze e a subire percosse e ogni genere di violenza psicologica se non ubbidiscono agli ordini delle suore. Il film racconta la storia di quattro giovani vittime e sono, purtroppo, storie vere. Peter Mullan, dopo un film sopra le righe come *Orphans*, sceglie un registro molto più realistico e ci parla di ognuna di loro con lo stile di una camera a mano che rende ogni inquadratura cruda e dolorosa. Lo fa con la sensibilità e la partecipazione a un destino segnato dalle convenzioni sociali e morali che negano il rispetto, la fede e la libertà. ■ DRAMMATICO; COL.; 119'; GRAN BRETAGNA, 2002. ■ VENEZIA 1 PR.

MAGGIOLINO DUDÙ CONTRO LEONI, PANTERE E ZEBÙ, IL *(Ein Käfer geht aufs Ganze)* ★★★
Regia di RUDOLF ZEHETGRUBER. Con GERD DUWNER, RICHARD LYNN, KARINA ORGINSKI. ■ Questa volta l'automobile parlante si è trasferita in Africa con lo scopo di vincere un durissimo rally e consegnare i soldi del premio alla direttrice di un ospedale nella giungla. La gara non va secondo le previsioni, ma Dudù e il suo conducente trovano egualmente il modo di aiutare la generosa dottoressa. ■ COMICO; COL.; 90'; GERMANIA, 1973.

MAGGIOLINO TUTTO MATTO, UN *(The Love Bug)* ★★★
Regia di ROBERT STEVENSON. Con JOE FLYNN, BENSON FONG, DEAN JONES, MICHAEL LEE, DAVID TOMLINSON. ■ Jim si ritrova proprietario di una Volkswagen che parla, pensa ed è piena di emozioni: insomma, ha un'anima. Jim e il maggiolino formano un'accoppiata vincente in ogni gara di corsa e, quando un altro pilota vuole separare i due, l'automobile tenta di "suicidarsi". ■ FANTASTICO; COL.; 107'; USA, 1969.

MAGGIO MUSICALE ★★
Regia di UGO GREGORETTI. Con PIERANDREA BAGLIONI, MALCOLM MCDOWELL, ELISABETTA POZZI. ■ Dopo anni di lontananza dal cinema Ugo Gregoretti ha diretto questo film. I ricordi, le aspirazioni e le speranze rivivono per un regista nell'incontro con un ragazzo che gli ricorda se stesso. Una pellicola inutile farcita con arie del melodramma. Partecipano anche il tenore Chris Merritt e la soprano Shirley Verrett. ■ COMMEDIA; COL.; 100'; ITALIA, 1990.

MAGGIORATO FISICO, IL *(Vous Pigez)* ★★
Regia di PIERRE CHEVALIER. Con EDDIE CONSTANTINE, MARIA FRAU, LUISA RIVELLI. ■ Nemmeno in vacanza l'agente dell'Fbi Lemmy Caution può stare tranquillo: gli rapiscono un amico scienziato, inventore dei diamanti artificiali. Sulle tracce del professore scomparso si mettono in molti e con diverse motivazioni, ma l'unico che riesce a ritrovarlo è naturalmente Lemmy Caution. ■ GIALLO; B/N; 98'; FRANCIA, 1956.

MAGGIORDOMO, IL *(Ruggles of Red Gap)* ★★★
Regia di LEO MCCAREY. Con MARY BOLAND, CHARLES LAUGHTON, CHARLIE RUGGLES. ■ Un ricco americano vince a poker tutti gli averi di un nobile inglese, compreso il maggiordomo. Quest'ultimo, trasferito dalla compassata e sonnolenta Inghilterra alla rumorosa America, supera piuttosto bene lo shock iniziale. ■ COMMEDIA; B/N; 92'; USA, 1935. ■ OSCAR 1 NOM.

MAGGIORDOMO DEL CASTELLO, IL *(The château)* ★★
Regia di JESSE PERETZ. Con DIDIER FLAMAND, DONAL LOGUE, ROMANY MALCO, PAUL RUDD, SYLVIE TESTUD. ■ I fratelli Graham e Allen Granville partono per un paesino della Francia, dove hanno ereditato un castello da un lontano pro-zio, con l'intenzione di venderlo. Ad opporsi al loro progetto però c'è la servitù della tenuta, con in testa la bella Isabelle di cui entrambi si innamorano. Il dilemma della servitù è invece come possano essere fratelli i due, visto che uno è nero e l'altro è bianco... ■ COMMEDIA; COL.; 90'; USA, 2001.

MAGGIORDOMO NEL FAR WEST, UN ★★★
(The Adventures of Bullwhip Griffin)
Regia di JAMES NEILSON. Con HARRY GUARDINO, KARL MALDEN, RODDY MCDOWALL, SUZANNE PLESHETTE. ■ Jack, ragazzino terribile, si imbarca dall'Inghilterra per l'America con l'intento di fare il cercatore d'oro. Sulle sue tracce partono la sorella Arabella e il maggiordomo Griffin, che raggiungono il fuggitivo in California. I tre sono coinvolti in movimentatissime avventure. ■ COMMEDIA; COL.; 110'; USA, 1967.

MAGGIORE BARBARA, IL *(Major Barbara)* ★★
Regia di GABRIEL PASCAL. Con REX HARRISON, WENDY HILLER. ■ Dalla commedia di G. B. Shaw. Alla bella Barbara la carica di maggiore l'hanno data quelli dell'Esercito della Salvezza per la grinta dimostrata dalla fanciulla nelle opere di conversione. Barbara non è soltanto aggressiva, ma anche incorruttibile e quando i suoi superiori accettano i finanziamenti di suo padre, ricco costruttore di armi, abbandona la militanza. ■ COMMEDIA; B/N; 121'; GRAN BRETAGNA, 1941.

MAGGIORE BRADY, IL *(War Arrow)* ★★★
Regia di GEORGE SHERMAN. Con JEFF CHANDLER, MAUREEN O'HARA. ■ Per combattere contro la tribù dei Coways, il maggiore Brady chiede aiuto ai Seminole, che accettano in cambio di armi e viveri. L'antipatia che il comandante del forte prova nei confronti del giovane ufficiale complica un po' le cose a quest'ultimo che si ritrova all'ultimo momento senza i preziosi alleati. ■ WESTERN; COL.; 78'; USA, 1954.

MAGHI DEL TERRORE, I *(The Raven)* ★★★
Regia di ROGER CORMAN. Con HAZEL COURT, BORIS KARLOFF, PETER LORRE, VINCENT PRICE. ■ Tre maghi concorrenti si fanno la guerra e alla fine Scarabus, con l'aiuto di Bellog, tende un tranello al povero Raven. Gli fanno credere che Eleonora, la sua bella moglie, è tenuta prigioniera nel castello di Scarabus e, quando Raven si precipita per liberarla, scopre che la consorte ha liberamente scelto di restare con Scarabus. ■ FANTASTICO; COL.; 86'; USA, 1963.

MAGHI E VIAGGIATORI *(Travellers and Magicians)* ★★★
Regia di KHYENTSE NORBU. Con TSHEWANG DENDUP, LHAKPA DORJI, SONAM KINGA. ■ In Bhutan vive Dondup, un giovane e attraente funzionario del governo al quale è stato assegnato un incarico in una zona semideserta. Ma Dondup ha altri progetti: vuole andare in America dove crede che potrà trovare tutto ciò che sta cercando. Si mette in cammino, ma perde la corriera per la città e così si ritrova sulla strada insieme ad altri viaggiatori: un monaco buddista e una venditrice di mele. Devono passare la notte in attesa di un passaggio e il monaco inizia a raccontare una storia: la storia di Tashi, un ragazzo che studiava stregoneria e sognava belle donne. Norbu sceglie un ritmo più serrato, rispetto al suo film precedente *La coppa*, e una fotografia molto ricercata per raccontare questa bella storia sulle due facce dell'Amore: quello che distrugge e abbruttisce e quello che arricchisce. Ma non solo: questa parabola *on the road* parla anche delle emozioni di un'attesa, di compassione e di saggezza, senza retorica, ma col sorriso dolce di chi conosce e perdona le umane passioni. ■ AVVENTURA; COL.; 107'; AUSTRALIA, BUTHAN, 2003.

MAGIA DELLA MUSICA *(There's Magic in Music)* ★★
Regia di ANDREW L. STONE. Con SUSANNA FOSTER, ALLAN JONES. ■ Per amore il figlio di un serissimo direttore d'orchestra d'una scuola musicale porta nell'istituto paterno una cantante di night dotata di una gran bella voce. ■ COMMEDIA; B/N; 77'; USA, 1941.

MAGIA D'ESTATE *(Summer Magic)* ★★
Regia di JAMES NEILSON. Con BURL IVES, DOROTHY MCGUIRE, HAYLEY MILLS. ■ La famiglia di Nancy non può permettersi di pagare il salatissimo affitto di una bella casa di campagna sulla quale ha messo gli occhi, ma l'intraprendente ragazza riesce a commuovere il custode e a convincerlo a cederla per una cifra irrisoria. ■ COMMEDIA; COL.; 100'; USA, 1962.

MAGIA NEL LAGO *(Magic in the Water)* ★★
Regia di RICK STEVENSON. Con MARK HARMON, JOSHUA JACKSON, HARLEY JANE KOZAK. ■ In un lago del Canada del Nord vive, secondo una leggenda, un mostro di nome Orky. Non si tratta però di una pura fantasia. Jack Black, psicologo via etere e padre di due figli, avrà modo di verificarlo di persona. Orky non solo esiste ma lo aiuterà a riscoprire l'importanza di essere padre. ■ FANTASTICO; COL.; 98'; USA, 1995.

MAGIA NUDA ★★
Regia di ALFREDO CASTIGLIONI, ANGELO CASTIGLIONI. ■ Alla ricerca dei riti magici che sopravvivono nel nostro pianeta, i fratelli Castiglioni hanno girato in diverse zone ancora primitive. ■ DOCUMENTARIO; COL.; 91'; ITALIA, 1975.

MAGIA VERDE ★★★
Regia di GIAN GASPARE NAPOLITANO. ■ Il film documenta il viaggio compiuto dallo scrittore e giornalista Gian Gaspare Napolitano nell'America del Sud. ■ DOCUMENTARIO; COL.; 93'; ITALIA, 1952.

MAGICAL MISTERY TOUR ★★★
Regia di THE BEATLES. Con THE BEATLES. ■ Per i nostalgici dei Beatles un lungometraggio che li vede protagonisti di un tour canoro sullo sfondo del paesaggio inglese. Il film, del quale i i ragazzi di Liverpool sono anche autori e registi, era stato richiesto dalla televisione inglese nel 1967. Stupendo sul piano musicale ma un po' pretenzioso e maldestro per le riprese. Non mancano comunque momenti divertenti tra kitsch e visionarietà. ■ MUSICALE; COL.; 55'; GRAN BRETAGNA, 1967.

MAGIC CHRISTIAN ★★★
Regia di JOSEPH MCGRATH. Con RICHARD ATTENBOROUGH, CAROLINE BLAKISTON, LAURENCE HARVEY, ISABEL JEANS, CHRISTOPHER LEE, PETER SELLERS, RINGO STARR. ■ Il nobile e ricco Guy è troppo cinico ed egoista per sposarsi e far figli, ma, non sapendo a chi lasciare le sue sostanze, adotta un giovane vagabondo. Prima però gli fa un corso accelerato sulla potenza del denaro che corrompe fatalmente chiunque gli si avvicini. ■ COMMEDIA; COL.; 93'; GRAN BRETAGNA, 1969.

MAGIC – MAGIA *(Magic)* ★★★
Regia di RICHARD ATTENBOROUGH. Con ANTHONY HOPKINS, ANN MARGRET, BURGESS MEREDITH. ■ Un interessante caso di schizofrenia (un ventriloquo che si sdoppia nel pupazzo da lui animato) analizzato da Attenborough. ■ DRAMMATICO; COL.; 106'; USA, 1978. ■ GOLDEN GLOBES 1 NOM.

MAGIC MIKE ★★
Regia di STEVEN SODERBERGH. Con CODY HORN, JOE MANGANIELLO, MATTHEW MCCONAUGHEY, ALEX PETTYFER, CHANNING TATUM. ■ Mike sa cosa significa darsi da fare lavorando. Si occupa di tetti, di auto e anche di mobili dalla fattura originale. Tutto ciò di giorno perché di notte diventa Magic Mike che, nel club Xquisite fa lo stripper per la gioia di signore e signorine eccitate e divertite. Mike conosce un diciannovenne (che lui denomina The Kid) in cui vede le qualità necessarie per la professione e decide di insegnargli come stare sul palcoscenico e guadagnare soldi facili. ■ COMMEDIA; COL.; 110'; USA, 2012.

MAGIC MOMENTS ★★
Regia di LUCIANO ODORISIO. Con SERGIO CASTELLITTO, RODOLFO LAGANÀ, STEFANIA SANDRELLI. ■ Le speranze, le aspirazioni, i desideri, le delusioni di un gruppo di giovani alla ricerca della celebrità televisiva. Qualche buona caratterizzazione, ma in complesso un sapore di film parzialmente mancato. ■ COMMEDIA; COL.; 118'; ITALIA, 1984.

MAGIC NUMBERS *(Lucky Numbers)* ★★★
Regia di NORA EPHRON. Con LISA KUDROW, BILL PULLMAN, MICHAEL RAPAPORT, TIM ROTH, JOHN TRAVOLTA. ■ Russ Richards fa le previsioni del tempo in una tv locale. Lì è noto ma lui mira più in alto. Peccato che abbia fatto un investimento sbagliato per la vendita di gatti della neve. Infatti la cittadina deve fronteggiare l'inverno più caldo a memoria d'uomo. Russ è sull'orlo della bancarotta quando il caso sembra venirgli in aiuto nei panni di Crystal, la ragazza che estrae i numeri della lotteria di stato settimanale. Si potrebbe truccare qualcosa e fare la ricchezza di entrambi... Prendendo spunto da un fatto realmente accaduto in Pennsylvania negli anni Ottanta, Nora Ephron e lo sceneggiatore Adam Resnick portano sullo schermo una commedia vivace con un Travolta ormai rodato (è già stato l'angelo Michael per la stessa regista) e una Kudrow credibilmente sexy. ■ COMMEDIA; COL.; 105'; FRANCIA, USA, 2001.

MAGIC OF FELLINI, THE ★★★
Regia di CARMEN PICCINI. Con CLAUDIA CARDINALE, DINO DE LAURENTIS, ANITA EKBERG, FEDERICO FELLINI, TULLIO KEZICH, NICOLA PIOVANI, FIAMMETTA PROFILI, ANTHONY QUINN, NINO ROTA, GIUSEPPE ROTUNNO, MARTIN SCORSESE, GIUSEPPE TOR-

NATORE, LINA WERTMULLER. ■ Uno sguardo attento e appassionato su uno dei più celebrati maestri del cinema italiano: Federico Fellini. ■ DOCUMENTARIO; COL.; 55′; ITALIA, 2003.

MAGICO MONDO DI ELLA, IL *(Ella Enchanted)* ★★
Regia di TOMMY O'HAVER. Con HUGH DANCY, MINNIE DRIVER, CARY ELWES, ANNE HATHAWAY, JOANNA LUMLEY, AIDAN MCARDLE. ■ La storia di Ella, una giovane donna che al momento della nascita viene insignita, da una fata chiamata Lucinda, del "voto" dell'obbedienza; per questo motivo Ella non rifiuta nessun comando e viene sfruttata da tutti... Innocua favoletta capace di suscitare più di un occasionale sorriso. Semplice ma non banale. ■ FANTASTICO; COL.; 96′; GRAN BRETAGNA, IRLANDA, USA, 2004.

MAGICO NATALE, UN *(One Magic Christmas)* ★★
Regia di PHILLIP BORSOS. Con ARTHUR HILL, HARRY DEAN STANTON, MARY STEENBURGEN. ■ Una madre di famiglia non riesce più a sentire lo spirito del Natale. La sua bambina ne soffre e chiama in aiuto Babbo Natale. Torta natalizia disneyana troppo zuccherosa. Per fortuna c'è Stanton, il Santa Claus più strano della storia del cinema. ■ COMMEDIA; COL.; 88′; USA, 1985.

MAGICO NATALE DI RUPERT, IL ★★
Regia di FLAVIO MORETTI. Con GIANMARIA COROLLA, PIERA CRAVIGNANI, CLARA DROETTO, RENATO LIPRANDI, CARLO VALLI. ■ Come ogni anno Rupert trascorre il Natale con la terribile Nonna Porfilia che lo lascia solo in casa con l'incarico di trovare in soffitta il puntale per decorare l'albero di Natale. Ma in soffitta Rupert trova uno scatolone con le invenzioni abbandonate dall'ex inquilino, il geniale Rufus. Tra queste c'è una strana lampada che, attaccata alla corrente, emana segnali che raggiungono un'astronave aliena di passaggio intorno alla Terra. Rupert vede recapitarsi dal cielo un piccolo pacco. Pensa ad un regalo di Babbo Natale e si affretta ad aprirlo ma, con suo sommo stupore, ne escono dei piccoli micidiali alieni pronti a conquistare la casa. ■ FANTASTICO; COL.; 85′; ITALIA, 2004.

MAGI RANDAGI, I ★★
Regia di FRANCO CITTI. Con PATRICK BAUCHAU, GASTONE MOSCHIN, SILVIO ORLANDO, ROLF ZACHER. ■ Tre artisti di circo, senza circo e senza animali girano i paesi facendo uno spettacolino grottesco: ognuno di loro imita un animale coi relativi significati. Accettano di fare i Re Magi in un presepe vivente. Si immedesimano a tal punto nella parte che si mettono alla ricerca della stella cometa. Un soggetto poetico con qualche buon valore di partenza: non è casuale che questa fosse una vecchia idea di Pasolini. La metafora è chiara, il nostro paese così pieno di fantasia storica e naturale, travolto da falsi valori che non gli appartengono, sarebbe costretto al sogno. Apprezzamento per Bauchau, e anche per l'onnipresente Orlando, finalmente in un ruolo adatto. ■ COMMEDIA; COL.; 130′; ITALIA, 1996.

MAGISTRATO, IL ★★★
Regia di LUIGI ZAMPA. Con MAURIZIO ARENA, CLAUDIA CARDINALE, GERONIMO MEYNIER, FRANÇOIS PÉRIER, JACQUELINE SASSARD, MASSIMO SERATO, JOSÉ SUAREZ. ■ Il giudice Morandi si trova ad affrontare due casi che mettono in crisi la sua coscienza fino al punto di indurlo ad abbandonare la carriera. Tuttavia rinuncia alle dimissioni, pensando che qualche volta, per arginare mali maggiori, può servire anche una coscienza in crisi. ■ DRAMMATICO; B/N; 92′; ITALIA, 1959.

MAGLIARI, I ★★★
Regia di FRANCESCO ROSI. Con BELINDA LEE, RENATO SALVATORI, ALBERTO SORDI. ■ In Germania, un gruppo di napoletani si mette nel mercato delle stoffe. Un gruppo concorrente di esuli polacchi crea mille difficoltà obbligando gli italiani a fare e disfare alleanze con un ricco industriale tedesco. Tra tanti affari, una storia d'amore tra la bella moglie di Mayer e Mario, giovane operaio. I due, comunque, si lasciano quando Mario decide di abbandonare tutto e tornare in Italia. ■ DRAMMATICO; B/N; 107′; ITALIA, 1959.

MAGLIARO A CAVALLO, IL *(The Skin Game)* ★★★
Regia di PAUL BOGART. Con SUSAN CLARK, JAMES GARNER, LOUIS GOSSETT JR, BRENDA SYKES. ■ Drew è bianco e Jason è nero, ma entrambi sono accomunati da uno stato di povertà assoluta e da una buona dose di spavalderia. Escogitano un sistema per guadagnare soldi: Drew vende Jason a qualche proprietario terriero come schiavo, poi lo libera ed insieme "cambiano aria". ■ AVVENTURA; COL.; 102′; USA, 1971.

MAGNACCIO, IL ★★
Regia di FRANCO DE ROSIS. Con FRANCO CITTI, ELINA DE WITT, RICCARDO SALVINO. ■ Laura, di professione prostituta, ama talmente Sergio, il suo "protettore", che quando diventa cieca per le botte che l'uomo le ha dato preferisce sparire dalla circolazione piuttosto che complicargli la vita con la sua presenza di minorata. ■ DRAMMATICO; COL.; 90′; ITALIA, 1968.

MAGNATE, IL ★★
Regia di GIANNI GRIMALDI. Con LANDO BUZZANCA, JEAN-PIERRE CASSEL, ROSANNA SCHIAFFINO. ■ La fedelissima moglie di Furio, ingegnere e arrampicatore sociale disposto a tutto, piace troppo a un finanziatore che ha la possibilità di mettere nei guai la coppia. Furio è disposto a sopportare un tradimento pur di non perdere quattrini, ma la donna trova un altro rimedio. ■ COMMEDIA; COL.; 92′; ITALIA, 1973.

MAGNATE GRECO, IL *(The Greek Tycoon)* ★★★
Regia di JACK LEE THOMPSON. Con JACQUELINE BISSET, LUCIANA PALUZZI, ANTHONY QUINN, MARILÙ TOLO, RAF VALLONE. ■ Film che si ispira chiaramente alla figura dell'armatore greco Onassis e alla sua love story con la vedova del presidente Kennedy. ■ DRAMMATICO; COL.; 106′; USA, 1978.

MAGNIFICA AVVENTURA, UNA ★★★
(A Damsel in Distress)
Regia di GEORGE STEVENS. Con GRACIE ALLEN, FRED ASTAIRE, GEORGE BURNS, JOAN FONTAINE. ■ Lei è inglese, lui americano. Lei lo crede un amico del ragazzo che ha conosciuto qualche mese prima e che crede di amare, lui scambia la simpatia di lei per amore. La commedia degli equivoci è abilmente pilotata dal padre della ragazza. ■ COMMEDIA; B/N; 98′; USA, 1937. ■ OSCAR 1 PR, 2 NOM.

MAGNIFICA BAMBOLA, LA *(The Magnificent Doll)* ★★★
Regia di FRANK BORZAGE. Con ROBERT BARRAT, BURGESS MEREDITH, DAVID NIVEN, GINGER ROGERS. ■ Tra un politico che combatte per la libertà ed un altro che mira soltanto al potere, una giovane donna sceglie il primo. L'influenza positiva che l'uomo esercita su di lei convince la donna a togliere l'altro corteggiatore dai guai in cui lo ha cacciato la sua smania di dominio. ■ COMMEDIA; B/N; 95′; USA, 1946.

MAGNIFICA OSSESSIONE ★★★
(The Magnificent Obsession)
Regia di DOUGLAS SIRK. Con ROCK HUDSON, JANE WYMAN. ■ Bob causa, del tutto involontariamente, la morte di un medico. Anche la moglie di quest'ultimo ha un incidente e rimane cieca. Bob, sentendosi doppiamente colpevole, aiuta la donna senza farle sapere che è lui a fornirle i mezzi. ■ DRAMMATICO; COL.; 105′; USA, 1954. ■ OSCAR 1 NOM.

MAGNIFICA PREDA, LA *(River of no Return)* ★★★
Regia di OTTO PREMINGER. Con RORY CALHOUN, ROBERT MITCHUM, MARILYN MONROE. ■ La bella e conturbante May finisce con il suo amante in una fattoria dove vive Matt. Il confronto tra i due uomini, violento e prevaricatore il primo, onesto e leale il secondo, convince May ad abbandonare l'amante per stare con Matt. ■ WESTERN; COL.; 95′; USA, 1954.

MAGNIFICA PRESENZA ★★★
Regia di FERZAN OZPETEK. Con MARGHERITA BUY, ELIO GERMANO, PAOLA MINACCIONI, VITTORIA PUCCINI. ■ Pietro Ponte è un giovane che inforna cornetti di notte e sogna di fare l'attore di giorno. Lasciata Catania per la capitale, cerca e trova casa a Monteverde. Entusiasta dell'appartamento e di una vita ancora tutta da realizzare, si accorge presto di non essere solo e di condividere il suo spazio con misteriosi inquilini, che appaiono e scompaiono. Le presenze sono ombre di attori di un'altra epoca e di un'altra storia. Prigionieri di un passato nemmeno troppo remoto, la compagnia chiede a Pietro di aiutarli a recuperare la libertà perduta. Tra provini brillanti e cornetti fragranti, il ragazzo imparerà a convivere coi propri fantasmi. ■ COMMEDIA; COL.; 105′; ITALIA, 2012.

MAGNIFICA SFIDA, LA ★★
Regia di MIGUEL LLUCH. Con DINA LOY, KIRK MORRIS, RED ROSS, ALDO SAMBRELL. ■ L'usurpatore Atatur sta per sposare la bella Amar, ma, mentre questa viaggia per raggiungere il promesso sposo, viene rapita da una banda di predoni. Kadir, misterioso giovane messosi al servizio di Atatur, la libera ma successivamente si rivela come il figlio spodestato del legittimo sovrano dell'emirato. Vinto Atatur, Kadir riprende finalmente il suo posto sul trono. ■ AVVENTURA; COL.; 92'; ITALIA, 1965.

MAGNIFICAT ★★★★
Regia di PUPI AVATI. Con LUIGI DIBERTI, CONSUELO FERRARA, DALIA LAHAV, ARNALDO NINCHI, ANDREA SCORZONI. ■ Presentato in concorso a Cannes, è stato considerato da molti critici come il miglior film realizzato fino ad allora da Pupi Avati. E il giudizio era senz'altro fondato. Siamo nell'Alto Medioevo in un periodo precedente all'anno Mille. Il titolo prende spunto dalla preghiera di Maria a Dio, riportata dal Vangelo di San Luca. In un montaggio fluido e originale assistiamo a cinque episodi intessuti tra loro che hanno come temi la ricerca di Dio, l'ignoranza e la superstizione. Un boia, che non si dà pace per la morte del figlio, viaggia con un aiutante ancora inesperto. Devono compiere due esecuzioni: l'annegamento di una donna e lo squartamento di un uomo. Una concubina tenta, in tutti i modi, di avere un figlio maschio. Una bambina viene spedita dalla famiglia in un convento per iniziare come oblata la strada verso Dio. Un frate in pellegrinaggio prende nota dei confratelli passati a miglior vita. Una giovane coppia di sposi deve sottostare alla regola dello *ius primae noctis*. Il signore di Malfole chiama a raccolta i suoi figli per le ultime volontà. In uno stile originale che richiama anche le lezioni di Rossellini e Pasolini (non in senso politico), Avati si muove con semplicità e rigore in un mondo pervaso dalla crudeltà e dalla paura. ■ DRAMMATICO; COL.; 107'; ITALIA, 1993.

MAGNIFICHE FALENE DI GINZA, LE ★★★
(The Black Kitten)
Regia di YASUKE WATANABE. Con MICHIYO LOGURE, MAKO MIDORI, YOSHIKO MITA. ■ Aiutando la madre nella gestione di un locale notturno, la giovane Emiko si rende presto conto di quanto la vita sia difficile. ■ DRAMMATICO; B/N; 92'; GIAPPONE, 1965.

MAGNIFICHE SETTE, LE ★★
Regia di MARINO GIROLAMI. Con MARIO CAROTENUTO, CARLO DAPPORTO, VALERIA FABRIZI, SANDRA MONDAINI, PAOLA QUATTRINI. ■ Per smascherare uno degli organizzatori della tratta delle bianche, sette agenti dell'Interpol si mettono sulle tracce di quattro uomini molto ricchi e facoltosi. ■ COMMEDIA; COL.; 90'; ITALIA, 1961.

MAGNIFICI BRUTOS DEL WEST, I ★
Regia di MARINO GIROLAMI. Con I BRUTOS, ALFREDO MAYO, GIACOMO ROSSI STUART. ■ Ai Brutos, gestori di un'agenzia di pompe funebri, danno l'incarico di trasferire un "caro estinto". Ma nella bara, invece del morto, ci sono soldi sporchi. I Brutos fanno arrestare i ladri. ■ COMMEDIA; COL.; 92'; ITALIA, 1964.

MAGNIFICI IDIOTI – VIVA LE COLLINE, I ★★
(Hallelujah the Hills)
Regia di ADOLF MEKAS. Con PETER H. BEARD, SHEILA FINN, MARTY GREENBAUM. ■ Due giovanotti, dopo una delusione d'amore, si mettono a fare gli eremiti nel cuore di una foresta quasi inesplorata. Ma la solitudine non serve. ■ COMMEDIA; B/N; 85'; USA, 1963.

MAGNIFICI QUATTRO DI HONG KONG, I ★★
Regia di WU MIN HSIUNG. Con CHAN CIN CIN, CHEN HUNG LIEH, CHIANG MING. ■ Un bel mucchio d'oro di proprietà dello Stato è al centro della vicenda in cui si muovono buoni e cattivi. La lotta per il possesso del prezioso metallo è dura, ma sono i buoni a prevalere. ■ DRAMMATICO; B/N; 92'; HONG KONG, 1974.

MAGNIFICI SETTE, I *(The Magnificent Seven)* ★★★★★
Regia di JOHN STURGES. Con CHARLES BRONSON, YUL BRYNNER, HORST BUCHHOLZ, JAMES COBURN, BRAD DEXTER, STEVE MCQUEEN, ROBERT VAUGHN, ELI WALLACH. ■ Un gruppo di cowboy viene assoldato per difendere un villaggio messicano dalle scorrerie del bandito Calvera e della sua banda. Gli uomini, sette in tutto, compiono il loro mandato, sconfiggendo la banda dopo varie vicende e cruenti scontri. Quattro mercenari perdono la vita. Un sacrificio che vale la libertà di una intera comunità. Remake del magistrale *I sette samurai*, questo anomalo western è un parente non indegno del film di Kurosawa. La trama, quasi identica nella scansione degli episodi, ha una plausibile ambientazione e il villaggio messicano non è dissimile da quello del Giappone medievale rappresentato nel capostipite. Se nel film originale i caratteri e l'ambiente traevano giovamento dalla sorpresa causata dall'emergente cinema giapponese con tutto l'armamentario culturale imperniato sulla ritualità e l'impeto belluino dei personaggi, nel film di Sturges vengono riproposti gli archetipi di comportamento della liturgia western e non. Ma con un elemento innovativo: la coscienza di una sconfitta morale da parte dei mercenari. Un finale affatto consolatorio è la conferma di questa intenzione. Western adulto quindi, ma senza ombra di snobismo. Lo spirito di avventura che anima la pellicola è a tratti entusiasmante, come la miscela di attori, quasi tutti in odore di divismo, a parte il già affermato Yul Brynner. Sturges è per molti versi assimilabile nelle intenzioni a Raoul Walsh, con una tenuta tecnica forse superiore e una minore disinvoltura. Un regista dotato e sottovalutato, specie per la sua capacità di rendere giustizia al pubblico con prodotti ineccepibili sul piano dell'intrattenimento. Colpa gravissima negli anni in cui imperversava in Europa la cultura criptomarxista. *I magnifici sette* viene talvolta riproposto in televisione nell'aberrante versione "scannata", cioè a tutto schermo e con il taglio dei due lati del fotogramma. ■ WESTERN; COL.; 126'; USA, 1960. ■ OSCAR 1 NOM.

MAGNIFICI SETTE CAVALCANO ANCORA, I ★★★
(The Magnificent Seven Ride)
Regia di GEORGE MCCOWAN. Con MICHAEL CALLAN, STEFANIE POWERS, LEE VAN CLEEF. ■ Shelley violenta e uccide la moglie di Chris, lo sceriffo che lo aveva arrestato e più tardi liberato. Per vendicare l'assassinio Chris chiede e ottiene l'aiuto di un gruppo di detenuti scarcerati per l'occasione. ■ WESTERN; COL.; 100'; USA, 1972.

MAGNIFICI SETTE DELLO SPAZIO, I ★★
(Battle beyond the Stars)
Regia di JIMMY T. MURAKAMI. Con GEORGE PEPPARD, RICHARD THOMAS, ROBERT VAUGHN. ■ Remake fantascientifico de *I magnifici sette*. Un tiranno dello spazio vuol assoggettare tutti gli abitanti del globo (può farlo, ha a disposizione una terribile arma segreta). Gli abitanti del pianeta Akir chiedono l'aiuto a sette mercenari, famosi per il coraggio e la bravura di guerrieri delle galassie. I sette combattono strenuamente, ma muoiono tutti. Sarà invece un giovane di Akir a saldare il conto al tiranno. ■ FANTASCIENZA; COL.; 104'; USA, 1980.

MAGNIFICI SETTE PECCATI, I ★★
(The Magnificent Seven Deadly Sins)
Regia di GRAHAM STARK. Con BRUCE FORSYTH, ROY HUDD, JOAN SIMS. ■ Un divertente film a episodi (ciascuno dei quali verte su un peccato capitale, naturalmente non trattato troppo seriamente). Tra gli autori dei testi, Marty Feldman (il compianto interprete di *Frankenstein junior*) e Graham Chapman, del gruppo Monty Python. ■ COMICO; COL.; 92'; GRAN BRETAGNA, 1971.

MAGNIFICI TRE, I ★★
Regia di GIORGIO SIMONELLI Con WALTER CHIARI, AROLDO TIERI, UGO TOGNAZZI, RAIMONDO VIANELLO. ■ In un immaginario paese del Sud America tre uomini piuttosto corti di intelletto vengono scambiati per tre famosi pistoleros. ■ COMMEDIA; B/N; 105'; ITALIA, 1961.

MAGNIFICI TRE DI TRINITÀ, I ★★
Regia di PEDRO RAMIREZ. Con FANNY GREY, CHRIS HUERTA, MARGIT KOCSIS, DANIEL MARTIN. ■ Tre banditi spadroneggiano in un villaggio. Alan, aiutante sceriffo, perseguita la persona sbagliata. ■ WESTERN; COL.; 90'; ITALIA, SPAGNA, 1974.

MAGNIFICI UOMINI DELLA MANOVELLA, I ★★★
(Magicians of the Silver Screen)
Regia di JIRÍ MENZEL. Con VLASTA FABIANOVA, RUDOLF HRUSINSKY, JIRI MENZEL. ■ Protagonista del lungometraggio è il ci-

nema coi personaggi che hanno contribuito a renderlo popolare. Le sequenze hanno il ritmo dei primi, pionieristici film muti. Buona prova del regista di *Treni strettamente sorvegliati*. ■ AVVENTURA; COL.; 95'; CECOSLOVACCHIA, 1979.

MAGNIFICO AVVENTURIERO, IL ★★★
(Along Came Jones)
Regia di STUART HEISLER. Con GARY COOPER, DAN DURYEA, LORETTA YOUNG. ■ In un villaggio del Texas, il giovane Melody viene scambiato per un fuorilegge e per sfuggire alla cattura si rifugia nella casa di una donna, Cherry. Quest'ultima ha dato ospitalità ad un altro ricercato, Jarrad, che non accetta il nuovo venuto e lo sfida a duello. Melody è in difficoltà, ma è proprio Cherry, che si è innamorata di lui, ad uccidere Jarrad. Insieme, i due dimostrano l'innocenza di Melody allo sceriffo. ■ WESTERN; COL.; 90'; USA, 1947.

MAGNIFICO AVVENTURIERO, IL ★★
Regia di RICCARDO FREDA. Con BRETT ASHLEY, BERNARD BLIER, FRANÇOISE FABIAN, CLAUDIA MORI. ■ Il film racconta in maniera un po' spigliata la vita di Benvenuto Cellini, illustre artista che prima di affermarsi come scultore e cesellatore conia monete false. ■ AVVENTURA; COL.; 90'; ITALIA, 1963.

MAGNIFICO BOBO, IL *(The Bobo)* ★★★
Regia di ROBERT PARRISH. Con ROSSANO BRAZZI, ADOLFO CELI, BRITT EKLAND, DON LURIO, PETER SELLERS. ■ Il povero Bautista ha tentato la fortuna come cantante e come torero, ma gli è andata male in entrambi i casi. La sua occasione potrebbe essere la proposta dell'impresario Carbonel di esibirsi nei suoi locali, ma prima deve conquistare il cuore della bella Olimpia. ■ COMMEDIA; COL.; 105'; USA, 1967.

MAGNIFICO BRUTO, IL *(The Magnificent Brute)* ★★
Regia di JOHN BLYSTONE. Con BINNIE BARNES, RUTH DONNELLY, VICTOR MCLAGLEN. ■ In una fonderia si accende la rivalità tra due operai che aspirano ad assumere il comando sugli altri. Uno riesce a far accusare di furto l'altro, ma l'intervento di una donna innamorata fa trionfare la verità. La lezione è comunque servita ad entrambi. ■ COMMEDIA; B/N; 80'; USA, 1936. ■ OSCAR 1 NOM.

MAGNIFICO CALCIATORE, IL *(Libero)* ★★
Regia di WIGBERT WICKER. Con FRANZ BECKENBAUER, BEATRICE KESSLER, HARALD LEIPNITZ, KLAUS LÖTWITSCH. ■ È la biografia del calciatore Franz Beckenbauer. ■ BIOGRAFICO; COL.; 92'; GERMANIA, 1974.

MAGNIFICO CAMPIONE, IL *(The New Shaolin Boxer)* ★
Regia di MICHAEL LARCH. Con JOSEPH NORRES, ALEXANDER SENG, GEORGE SHAW, NORA WALL. ■ Un giovane cinese, dopo aver appreso le più raffinate tecniche marziali nel monastero di Shaolin, ritorna al suo villaggio e lo libera dai banditi. ■ DRAMMATICO; B/N; 106'; HONG KONG, 1978.

MAGNIFICO CEFFO DA GALERA, UN *(Scalawag)* ★★★
Regia di KIRK DOUGLAS. Con NEVILLE BRAND, KIRK DOUGLAS, GEORGE EASTMAN, MARK LESTER. ■ Un pappagallo parlante racconta al piccolo Jemy di un tesoro sepolto. Jemy, la sorella e il fidanzato partono per ritrovarlo; al gruppo si aggrega Peg, un pirata di pochi scrupoli ma piuttosto simpatico. ■ WESTERN; COL.; 93'; ITALIA, USA, 1973.

MAGNIFICO CORNUTO, IL ★★★
Regia di ANTONIO PIETRANGELI. Con BERNARD BLIER, CLAUDIA CARDINALE, SALVO RANDONE, UGO TOGNAZZI, GIAN MARIA VOLONTÉ. ■ Andrea ha la fissazione che la moglie lo tradisca. Maria Grazia, che invece è la donna più fedele del mondo, esasperata dagli interrogatori del marito, si inventa l'esistenza di un amante. Andrea supera la sua mania e si tranquillizza. ■ COMMEDIA; B/N; 124'; ITALIA, 1964.

MAGNIFICO DETECTIVE, IL *(Comment qu'elle est!)* ★★
Regia di BERNARD BORDERIE. Con FRANÇOISE BRION, EDDIE CONSTANTINE, ANDRÉ LUGUET, FRANÇOISE PRÉVOST. ■ Un agente americano, Lemmy Caution, arriva a Parigi per smascherare una spia. Con l'aiuto di Martine, la nipote di un colonnello che accetta di improvvisarsi spia per l'occasione, Lemmy compie con successo la sua missione. ■ SPIONAGGIO; B/N; 90'; FRANCIA, 1960.

MAGNIFICO EMIGRANTE, IL *(Ruf der Wälder)* ★★
Regia di FRANZ ANTEL. Con TERENCE HILL, HANS JÜRGEN, GERHARD RIEDMANN. ■ I successi amorosi di Marcello, italiano emigrato in Germania, suscitano la gelosia dei maschi locali, che una sera lo aggrediscono per picchiarlo. La rissa degenera e alla fine ci scappa il morto. ■ DRAMMATICO; COL.; 90'; GERMANIA, 1973.

MAGNIFICO FANNULLONE, IL ★★★
(The Magnificent Dope)
Regia di WALTER LANG. Con DON AMECHE, LYNN BARI, HENRY FONDA, EDWARD EVERETT HORTON. ■ Una scuola per la formazione di manager di successo organizza, a fini pubblicitari, una campagna per trovare l'uomo più inetto d'America e poter così dimostrare la straordinaria efficacia dei propri metodi di insegnamento. Il prescelto, uno sfaccendato ma geniale giovanotto di campagna, metterà nel sacco il promotore dell'iniziativa, convertendolo al proprio stile di vita. ■ COMMEDIA; B/N; 83'; USA, 1942.

MAGNIFICO FUORILEGGE, IL *(Best of the Badmen)* ★★★
Regia di WLLIAM D. RUSSELL. Con WALTER BRENNAN, JACK BUETEL, ROBERT PRESTON, ROBERT RYAN, CLAIRE TREVOR. ■ Jeff Clanton è un ufficiale incaricato dal governo di combattere le bande di fuorilegge che infestano gli Stati Uniti del Sud dopo la guerra di Secessione. Il tradimento di uno sporco affarista ha come conseguenza l'arresto di Clanton che però riesce a fuggire grazie all'aiuto di una donna, moglie dell'uomo che lo ha messo nei guai. Clanton diventa fuorilegge, ma soltanto per vendicarsi. ■ AVVENTURA; COL.; 84'; USA, 1951.

MAGNIFICO GLADIATORE, IL ★★
Regia di ALFONSO BRESCIA. Con MARK FORREST, PAOLO GOZLINO, ORESTE LIONELLO, MARILÙ TOLO. ■ La terribile forza di Ercole e l'ammirazione che nutre per lui la bella Velida suscitano la gelosia di Zuddo, comandante dei pretoriani romani di Galeno. Per sbarazzarsi del suo nemico, Zuddo sostituisce il vero imperatore con un sosia che accusa Ercole di tradimento e lo fa imprigionare. Ma i fedelissimi dell'eroe riescono a liberarlo e a rimettere sul trono Galeno. ■ AVVENTURA; COL.; 92'; ITALIA, 1964.

MAGNIFICO IRLANDESE, IL *(Young Cassidy)* ★★★
Regia di JACK CARDIFF, JOHN FORD. Con JULIE CHRISTIE, EDITH EVANSON, MICHAEL REDGRAVE, FLORA ROBSON, ROD TAYLOR. ■ Il film è tratto dall'autobiografia di Sean O'Casey: un irlandese lavora in fabbrica ma aspira a diventare scrittore. La sua prima opera viene pubblicata con discreto successo; una sua commedia desta poi grande scandalo per il modo veritiero e crudo con il quale descrive la società irlandese. L'autore rimarrà isolato; anche la donna che lo ama lo lascerà per non ostacolargli la carriera. ■ DRAMMATICO; COL.; 110'; GRAN BRETAGNA, 1965.

MAGNIFICO RIBELLE, IL *(The Magnificent Rebel)* ★★
Regia di GEORG TRESSLER. Con KARLHEINZ BÖHM, ERNST NADHERING, GIULIA RUBINI. ■ La vita di Ludwig van Beethoven, da studente a Monaco (e già rivale di Mozart) ai trionfi della maturità, al dramma della sordità. Prodotto dalla Walt Disney. ■ BIOGRAFICO; COL.; 95'; GERMANIA, USA, 1962.

MAGNIFICO ROBIN HOOD, IL ★★
Regia di ROBERTO BIANCHI MONTERO. Con FRANK BRANA, GEORGE MARTIN, SHEILA ROSIN. ■ I seguaci di Riccardo Cuor di Leone hanno raccolto i soldi necessari alla sua liberazione. Re Giovanni, che nel frattempo occupa abusivamente il trono, vuole impedire che la somma giunga a chi di dovere. Robin Hood e i suoi compagni riescono ad uccidere il tiranno. ■ AVVENTURA; COL.; 92'; ITALIA, 1971.

MAGNIFICO SCHERZO, IL *(Monkey Business)* ★★★
Regia di HOWARD HAWKS. Con CHARLES COBURN, CARY GRANT, MARILYN MONROE, GINGER ROGERS. ■ Uno scienziato è convinto di aver scoperto un elisir di lunga vita. La prova è stata eseguita su uno scimpanzé il quale, uscito dalla sua gabbia, mescola non visto alcune provette e ne butta il contenuto nella riserva d'acqua. Lo scienziato, dopo averla bevuta, si tramuta in un ragazzo pieno di vita. ■ COMMEDIA; B/N; 97'; USA, 1952.

MAGNIFICO STRANIERO, IL *(Rawhide)* ★★
Regia di JUSTUS ADDISS, HERSCHEL DAUGHERTY. Con PAUL BRI-

NEGAR, CLINT EASTWOOD, ERIC FLEMING, LOUIS HAYWARD. ■ Sono due telefilm realizzati per la televisione. Rowdy Yates è un cowboy che una casuale circostanza fa credere assassino. Sfuggito allo sceriffo, viene catturato da alcuni banditi; di nuovo riesce a scappare e a far avvisare tramite una donna gli occupanti di un fortino che sta per essere assalito. ■ WESTERN; B/N; 94′; USA, 1961.

MAGNIFICO TEXANO, IL ★★
Regia di LUIGI CAPUANO. Con JOHN BARRACUDA, BENY DEUS, BARBARA LOY, GLENN SAXSON. ■ Un giudice corrotto è a capo di una banda di malviventi che semina il terrore in una cittadina messicana. Un giovane, innamorato di sua figlia, rinuncia a vendicarsi dell'uomo ma non a far cessare le sanguinose scorribande. Con alcuni amici ristabilisce l'ordine. ■ WESTERN; COL.; 92′; ITALIA, 1967.

MAGNIFICO TONY CARRERA, IL ★★
Regia di JOSÉ ANTONIO DE LA LOMA. Con ERIKA BLANC, THOMAS HUNTER, GILA VON WEITERSHAUSEN. ■ Un ex bandito ruba alcuni documenti molto pericolosi per la reputazione di un politico. Questo è quanto gli è stato fatto credere dai mandanti; in realtà egli ha consegnato loro i piani di un prototipo di importanza capitale. Riuscirà a recuperarli giocando d'astuzia. ■ SPIONAGGIO; COL.; 94′; ITALIA, 1969.

MAGNIFICO WEST, IL ★★
Regia di GIANNI CREA. Con LORENZO FINESCHI, ITALO GASPERINI, VASSILI KARIS, DARIO PINO. ■ Un fallito tentativo di western comico: due fratelli di buon cuore salvano diverse persone dalle prepotenze di una banda di malviventi. Questi se la prendono con loro, ma vengono battuti a suon di cazzotti. Compiuta la missione, la coppia si avvia verso nuove avventure. ■ WESTERN; COL.; 93′; ITALIA, 1972.

MAGNOLIA ★★★🏆
Regia di PAUL THOMAS ANDERSON. Con PHILIP BAKER HALL, JEREMY BLACKMAN, MICHAEL BOWEN, TOM CRUISE, JULIANNE MOORE, JOHN C. REILLY, JASON ROBARDS. ■ San Ferdinando Valley, California. I personaggi sono: un vecchio malato di cancro che vuole rivedere il figlio (Robards), sua moglie giovane infedele e nevrotica (Moore), un conduttore televisivo disonesto (Baker Hall), un bambino prodigio dei quiz. I loro rapporti si intrecciano all'insegna dell'incomprensione, dell'odio, del rimorso e delle più o meno visibili "deviazioni". Alla fine, mentre i rapporti sono sospesi e le soluzioni ancora lontane ecco il grande evento, il grottesco miracolo del caso o di chissà chi: una tempesta di rane dal cielo. È il film di un regista allora trentenne che conosce benissimo la tecnica cinematografica e non resiste alla tentazione di mostrare tutta la sua padronanza e capacità di virtuosismi. Girando si diverte a stupire se stesso dimenticando un'equazione semplice e impietosa: più si diverte il regista, meno si diverte il pubblico. C'è anche un po' di lentezza e di terapeutica noia. Altman, per esempio, al quale il "talento" si ispira, queste cose le conosce. Questi giovani geni della camera serviranno, alla lunga, a determinare un riflusso che sentiamo sempre più necessario. ■ DRAMMATICO; COL.; 160′; AUSTRIA, 2000. ■ BERLINO 🏆 1 PR; GOLDEN GLOBES 🏆 1 PR, 2 NOM; OSCAR 🏆 3 NOM.

MAGNUM PER MCQUADE, UNA ★★
(Lone Wolf McQuade)
Regia di STEVE CARVER. Con DAVID CARRADINE, BARBARA CARRERA, CHUCK NORRIS. ■ Un ranger del Texas si mette alla caccia di un trafficante di droga, il quale per fermarlo gli rapisce la figlia e gli mette alle costole la bella Lola. Il ranger dà l'assalto al fortino del trafficante e libera la figlia, mentre nello scontro muore per difenderlo la bella Lola che si era innamorata di lui. ■ AVVENTURA; COL.; 107′; USA, 1983.

MAGNUM SPECIAL PER TONY SAITTA, UNA ★★
Regia di MARTIN HERBERT. Con TISA FARROW, MARTIN LANDAU, JOHN SAXON, STUART WHITMAN. ■ Un poliziotto scopre che sua sorella è morta avvelenata e fa incarcerare il presunto assassino. Alcuni avvenimenti provano l'innocenza di costui e il detective punta gli occhi sul maggiore indiziato. ■ GIALLO; COL.; 95′; CANADA, 1976.

MAGO DELLA PIOGGIA, IL *(The Rainmaker)* ★★★★
Regia di JOSEPH ANTHONY. Con LLOYD BRIDGES, WENDELL COREY, KATHARINE HEPBURN, BURT LANCASTER. ■ Siamo negli anni Dieci. Uno strano personaggio capitato presso una famiglia del Kansas perseguitata dalla siccità promette di far piovere in cambio di una somma di denaro. Una delle figlie gli confida di voler bene, ricambiata, al vicesceriffo, ma nessuno dei due tenta il primo passo. Intanto la situazione precipita: il vicesceriffo vuole arrestare lo straniero per truffa; la ragazza però si oppone e finalmente dichiara all'amato i suoi sentimenti. *Dulcis in fundo*, si mette anche a piovere. ■ COMMEDIA; COL.; 121′; USA, 1956. ■ OSCAR 2 NOM.

MAGO DI LUBLINO, IL *(The Magician of Lublin)* ★★★
Regia di MENAHEM GOLAN. Con ALAN ARKIN, MAIA DANZINGER, LOUISE FLETCHER, LOU JACOBI, VALERIE PERRINE. ■ Nella Varsavia del primo Novecento vive Yasha, un ebreo abilissimo illusionista, molto amato dalle donne, che sfrutta le sue doti acrobatiche per rubare ed è convinto di poter imparare a volare. Proprio mentre sta per debuttare nel più grande teatro della città, un colpo gli va male: Yasha, cercando di fuggire, si rompe una gamba. Tornato a casa, trova l'amante, una cristiana, impiccata. Deciso ad espiare si fa murare vivo, ma, dopo qualche tempo, scompare. Forse ha veramente imparato a volare. ■ FANTASTICO; COL.; 114′; GERMANIA, ISRAELE, 1978.

♥ **MAGO DI OZ, IL** *(Wizard of Oz)* ★★★★★
Regia di VICTOR FLEMING. Con RAY BOLGER, BILLIE BURKE, JUDY GARLAND, FRANK MORGAN. ■ Del libro di Frank L. Baum. Avventure della piccola Dorothy e del suo cagnolino Toto in un mondo fantastico in cui sono stati trasportati da un ciclone. In compagnia di tre simpatici amici, il leone, lo spaventapasseri e l'omino di ferro, Dorothy sconfiggerà una brutta strega e conoscerà la verità sul misterioso mago di Oz, prima di scoprire che si è trattato solo di un sogno e che la vera felicità sta nel cortile dietro casa. Uno dei più bei musical della storia del cinema. La Garland quindicenne canta la famosa *Over the Rainbow* e diventa la beniamina di tutte le famiglie americane. ■ MUSICALE; COL.; 101′; USA, 1939. ■ OSCAR 2 PR, 5 NOM.

MAGO HOUDINI, IL *(Houdini)* ★★★
Regia di GEORGE MARSHALL. Con TONY CURTIS, JANET LEIGH, TORIN THATCHER. ■ Vita e morte del famosissimo illusionista. Houdini ha sin da fanciullo la passione per la magia, alla quale si dedica con alterne fortune. La moglie lo convince a lavorare in fabbrica, ma egli non si rassegna e vince un concorso di magia. In Europa raggiunge finalmente la fama. ■ BIOGRAFICO; COL.; 106′; USA, 1953.

MAGO PER FORZA ★★
Regia di MARINO GIROLAMI, MARCELLO MARCHESI, VITTORIO METZ. Con ISA BARZIZZA, SOPHIA LOREN, TINO SCOTTI. ■ Un ladruncolo appena uscito di galera ricomincia a rubare e, durante una di queste imprese, è costretto a fuggire. Rifugiatosi in una villa temporaneamente deserta, viene scambiato per il mago che la abita e diventa famoso con alcuni giochi. Per sperimentare la propria bravura chiede di poter tornare indietro nel tempo e si ritrova in galera. ■ COMICO; B/N; 87′; ITALIA, 1951.

MA GUARDA UN PO' 'STI AMERICANI ★★
(National Lampoon's European Vacation)
Regia di AMY HECKERLING. Con JOHN ASTIN, CHEVY CHASE, BEVERLY D'ANGELO. ■ L'imbranatissimo Chevy Chase, autentica superstar in patria, cala in vacanza con famiglia al seguito nella vecchia Europa. Nulla si salva dall'involontaria furia distruttrice di questi Fantozzi d'oltre oceano, nemmeno un'Italia fastidiosamente stereotipata. Comicità fracassona di non eccelso livello. ■ COMICO; COL.; 94′; USA, 1985.

MAHABHARATA, IL *(The Mahabhrata)* ★★★
Regia di PETER BROOK. Con MIRIAM GOLDSCHMIDT, VITTORIO MEZZOGIORNO, BRUCE MYERS. ■ L'infinito poema indiano scritto in sanscrito, qui rivisitato dal regista teatrale e cinematografico Peter Brook. Esiste anche una versione televisiva molto più lunga ed esauriente. Presentato con successo alla Mostra di Venezia il lungometraggio narra della guerra tra i Pandava e i Kaurava.

Questi sono le filiazioni di due fratelli, Pandu e Dhritharashra. Nonostante i Pandava siano solo cinque mentre i Kaurava sono cento i primi vinceranno, affiancati da Krishna che simboleggia il dio Visnù. Un'opera girata interamente in interni, in studio, che riesce a coniugare il grande teatro col cinema. ■ DRAMMATICO; COL.; 190'; FRANCIA, GRAN BRETAGNA, USA, 1989.

MAHOGANY ★★
Regia di BERRY GORDY. Con JEAN-PIERRE AUMONT, NINA FOCH, MARISA MELL, DIANA ROSS, BILLY DEE WILLIAMS. ■ Un'impiegata nera lascia l'uomo che ama per fare la fotomodella. Il successo le arride subito e anche il suo desiderio di vedere indossati i modelli di sua creazione viene realizzato. ■ COMMEDIA; COL.; 109'; USA, 1975. ■ OSCAR 1 NOM.

MAIA, LA SIRENA DELLE HAWAII ★★
(Song of the Islands)
Regia di WALTER LANG. Con BETTY GRABLE, VICTOR MATURE, THOMAS MITCHELL, JACK OAKIE. ■ Due uomini d'affari sono proprietari in ragione di metà ciascuno di un'isola hawaiana. Uno di essi vorrebbe comprare la parte dell'altro per una speculazione commerciale; è l'amore tra i rispettivi figli che risolve la contesa. ■ MUSICAL; COL.; 75'; USA, 1942.

MAIAL COLLEGE *(Van Wilder)* ★
Regia di WALT BECKER. Con TIM MATHESON, TARA REID, RYAN REYNOLDS. ■ Van, che ha già trascorso sette anni al college, ne è diventato una specie di istituzione, al punto che la coscienziosa Gwen, studentessa di giornalismo, si interessa a lui per scriverne un articolo. In realtà Van è un furbo godereccio, che vive da anni all'ombra dei soldi del ricchissimo padre. Questi, quando si rende conto della verità riguardo al rampollo, gli taglia i viveri. Van organizzerà feste sempre più trasgressive per racimolare i soldi necessari al proprio mantenimento. Stupisce sempre la pervicacia della cinematografia statunitense, nel tentativo di far resuscitare un genere che ormai si considerava morto e sepolto. ■ COMMEDIA; COL.; 92'; USA, 2002.

MAI ARRENDERSI MAI *(No Surrender)* ★★
Regia di PETER SMITH. Con MICHAEL ANGELIS, ELVIS COSTELLO, MARK MULLHOLLAND. ■ Un terrorista si presenta a casa di un amico chiedendo ospitalità. Siamo a Liverpool ed è l'ultimo giorno dell'anno. L'anno nuovo non promette niente di buono. ■ DRAMMATICO; COL.; 100'; GRAN BRETAGNA, 1986.

MAICOL ★★★
Regia di MARIO BRENTA. Con GIOVANNI CRESPI, MARIA TERESA OLDANI, SABINA REGAZZI, MONICA SACCOMANDI, SIMONE TESSAROLO. ■ Anita fa l'operaia in una fabbrica di Milano. Ha un figlio, Maicol, di cinque anni, ma è troppo occupata dietro al compagno inaffidabile per preoccuparsi di lui. Una sera, mentre è in metropolitana con il figlio vede il fidanzato con un'altra donna e scende di corsa dal vagone senza prestare attenzione al figlio che infatti rimane sopra. Sarà la polizia a mettere fine all'odissea notturna di Maicol e a riportarlo alla madre. ■ DRAMMATICO; COL.; 90'; ITALIA, 1989.

MAI CON UNO SCONOSCIUTO ★★
(Never Talk to Strangers)
Regia di PETER HALL. Con ANTONIO BANDERAS, REBECCA DE MORNAY. ■ Il bell'Antonio abborda Rebecca al supermercato. Lei non riesce a resistere. Ma ci sono misteri. C'è un passato che preme. In sostanza lei è un po' Marnie. Invece che con la mamma ce l'ha col padre. Alla resa dei conti lei, oltre che pazza, è pure assassina. ■ DRAMMATICO; COL.; 90'; USA, 1995.

MAID ★★
Regia di YOUNGYOOTH THONGKONTHUN. Con JARUNEE BOONSAKE, PANALAK NA LUMPANG, JARUPUS PATTAMASIRI, PORNCHITA NA SONGKRA. ■ Quattro cameriere, Waew, Jim, Cut e Aey, vengono contattate da un agente segreto per spiare i loro datori di lavoro, sospettati di corruzione. Mentre cercano di mantenere il segreto e fanno del loro meglio per la missione, con stracci e spazzoloni, affrontano diversi problemi, dai conflitti lavorativi con altre cameriere, alle molestie sessuali dei datori di lavoro maschi, e ora questo obbligo di spionaggio. ■ COMMEDIA; COL.; 92'; TAILANDIA, 2004.

♥ **MAI DI DOMENICA** *(Pote tin kyriaki)* ★★★★
Regia di JULES DASSIN. Con JULES DASSIN, GEORGES FOUNDAS, MELINA MERCOURI, TITOS VANDIS. ■ Un film interessante liberamente tratto dal *Pigmalione* di G. B. Shaw; uno studioso americano in Grecia rimane affascinato dalla classica bellezza di una prostituta. La convince a cambiare mestiere per dedicarsi allo studio. ■ COMMEDIA; B/N; 97'; GRECIA, 1960. ■ CANNES 1 PR; OSCAR 1 PR, 5 NOM.

MAI DIRE MAI *(Never Say never Again)* ★★★
Regia di IRVIN KERSHNER. Con KIM BASINGER, KLAUS MARIA BRANDAUER, SEAN CONNERY. ■ James Bond, ingrassato e fuori forma, viene inviato in una clinica per dimagrire, dove rischia di essere ucciso da un sicario della Spectre, che è riuscita a impadronirsi di due missili nucleari uccidendo un ufficiale Usa. Con l'aiuto della sorella di questi, amante di un boss della Spectre, 007 riesce a recuperare i due missili. Il ritorno di Sean Connery nei panni di 007 dopo dodici anni. ■ AVVENTURA; COL.; 137'; GRAN BRETAGNA, 1983. ■ GOLDEN GLOBES 1 NOM.

MAI DIRE NINJA *(Beverly Hills Ninja)* ★
Regia di DENNIS DUGAN. Con CHRIS FARLEY, NICOLLETTE SHERIDAN, ROBIN SHOU. ■ Haru, un bambino abbandonato, dovrebbe diventare un ninja se non fosse per il suo corpo sgraziato. Una missione a Los Angeles dimostrerà il suo valore. Ultima prova di Chris Farley, già visto in *Tommy Boy*, morto a 37 anni. ■ AVVENTURA; COL.; 88'; USA, 1997.

MAIGRET A PIGALLE ★★★
Regia di MARIO LANDI. Con ALFRED ADAM, GINO CERVI, LILA KEDROVA, RAYMOND PELLEGRIN. ■ Maigret-Cervi, reduce dai successi televisivi, passa al cinema. Il famoso commissario aiuta un collega nelle indagini sull'assassinio di una spogliarellista e di una nobildonna. ■ POLIZIESCO; COL.; 108'; ITALIA, 1967.

MAIGRET DIRIGE L'INCHIESTA ★★
(Maigret dirige l'enquête)
Regia di STANY CORDIER. Con MAURICE MANSON, SACHA PITOËFF, PETER WALKER. ■ L'imminente arresto di un malvivente da parte di alcuni poliziotti li spinge a ricordare alcuni casi clamorosi risolti dal commissario Maigret. ■ POLIZIESCO; B/N; 95'; FRANCIA, 1955.

MAIGRET E I GANGSTERS *(Maigret voit rouge)* ★★★
Regia di GILLES GRANGIER. Con GUY DECOMBLE, FRANÇOISE FABIAN, JEAN GABIN, VITTORIO SANIPOLI. ■ Sicuramente il migliore tra i film realizzati fino ad allora sul personaggio di Simenon o almeno il più aderente allo spirito del libro. Il commissario ha qui a che fare con dei gangster americani che hanno ucciso un testimone pericoloso. ■ POLIZIESCO; B/N; 93'; FRANCIA, 1963.

MAIGRET E IL CASO SAINT FIACRE ★★★
(Maigret et l'affaire Saint Fiacre)
Regia di JEAN DELANNOY. Con MICHEL AUCLAIR, JEAN GABIN, VALENTINE TESSIER. ■ Una nobildonna invita Maigret nel suo castello: ha ricevuto infatti alcune lettere anonime secondo le quali morirà a una data prestabilita. Il commissario sorveglia, tuttavia il delitto viene commesso. Maigret, con la sua consueta abilità, riesce a scovare il colpevole. ■ AVVENTURA; B/N; 98'; FRANCIA, 1959.

MAI GRIDARE AL LUPO *(Never Cry Wolf)* ★★
Regia di CARROLL BALLARD. Con BRIAN DENNEHY, CHARLES MARTIN SMITH. ■ Un biologo viene inviato per sei mesi tra i ghiacci del Canada del Nord per studiare e cacciare i lupi bianchi, accusati di decimare i caribù. Ambientatosi con difficoltà e disagi nella tundra desolata, scopre che i responsabili della strage dei caribù non sono i lupi, ma cacciatori di frodo. Pian piano anzi si affeziona agli animali e si integra con la natura che lo affascina. Messaggio ecologico reso gradevole dagli splendidi paesaggi. ■ AVVENTURA; COL.; 105'; USA, 1983. ■ OSCAR 1 NOM.

MAI NATO, IL *(The Unborn)* ★★
Regia di DAVID S. GOYER. Con JANE ALEXANDER I, IDRIS ELBA, MEAGAN GOOD, GARY OLDMAN, ODETTE YUSTMAN. ■ Casey è tormentata da un incubo premonitore di infausti eventi. Quando le visioni cominciano a manifestarsi anche di giorno, temendo per la sua incolumità la giovane inizia a indagare sul suo passato e sulla morte della madre finendo per scoprire una terribile verità che

la riguarda. La dimensione parallela, che sia di carattere fumettistico o intesa come universo sospeso tra il mondo reale e quello extra-terreno, è il fil rouge che percorre la filmografia di David S. Goyer, sceneggiatore, fra gli altri, dei due *Batman* di Christopher Nolan. ■ HORROR; COL.; 87′; USA, 2009.

MAI PIÙ COME PRIMA ★★★
Regia di GIACOMO CAMPIOTTI. Con LIDIA BROCCOLINO, MARCO CASU, LAURA CHIATTI, NATALIA PIATTI, PINO QUARTULLO, MARCO VELLUTI. ■ Dopo l'esame di maturità sei compagni di classe partono per una vacanza insieme, vorrebbero andare al mare, ma finiscono quasi per caso in una baita tra le montagne delle Dolomiti. Questi ragazzi, il coatto cannaiolo, la versione adolescenziale di Siddharta, la barbie, il borghese finto ribelle, l'innamorata non corrisposta e un ragazzo disabile, sono stati compagni di banco per cinque anni, ma si conoscono solo superficialmente. In questa breve vacanza però hanno l'opportunità di confrontarsi e di compiere esperienze che li cambieranno profondamente una volta tornati a casa, in città. *Mai più come prima* è tutto sommato una bella storia, ambientata in un contesto molto suggestivo, ripresa con grande poesia dall'occhio della macchina da presa, anche in contesti proibitivi come l'alta montagna, ma che indugia talvolta con eccessiva insistenza su una simbologia banale, rallentando il ritmo del film. ■ DRAMMATICO; COL.; 106′; ITALIA, 2004. ■ DAVID DI DONATELLO 1 NOM.

MAI PIÙ DOLCE SORELLA *(Deine zärtlichen Bitten)* ★★
Regia di HERBERT VESELY. Con DORIS KUNSTMANN, ULLI LOMMEL, INES SODERBERGES. ■ Cristina e Stefano sono due fratelli che non si vedono da quindici anni (i genitori sono separati). Quando si incontrano si piacciono e si innamorano. ■ COMMEDIA; COL.; 92′; GERMANIA, 1972.

MAI PIÙ L'AMORE *(Nie wieder Liebe)* ★★
Regia di ANATOLE LITVAK. Con LILIAN HARVEY, HARRY LIEDTKE. ■ È uno dei primissimi lavori, del resto poco significativi, del regista, che ancora lavorava in Germania. ■ DRAMMATICO; B/N; 93′; GERMANIA, 1931.

MAI SENZA MIA FIGLIA *(Not Without my Daughter)* ★★
Regia di BRIAN GILBERT. Con SALLY FIELD, ALFRED MOLINA, SHEILA ROSENTHAL. ■ Storia vera di Betty Mahoomody che nel 1984 viveva in Michigan con suo marito, un medico iraniano, e la sua bambina. L'uomo perde il lavoro e conduce la famiglia a Teheran. L'impatto di Betty con quella civiltà (dove le donne contano meno di nulla) è quanto meno traumatico. Il marito annuncia che la famiglia rimarrà in Iran per sempre. Betty è disperata, subisce persino violenze, si rivolge al consolato americano per potersene andare. Niente da fare. Allora organizza, fra mille difficoltà, un piano di fuga, che le riesce. Lei e la figlioletta rivedono la sospirata America dopo due anni. Storia coinvolgente con Sally Field che, per una volta, per fortuna, non si è vista attribuire l'Oscar. ■ DRAMMATICO; COL.; 115′; USA, 1990.

MAI STATA BACIATA *(Never Been Kissed)* ★★
Regia di RAJA GOSNELL. Con DAVID ARQUETTE, DREW BARRYMORE, MICHAEL VARTAN. ■ Una commediola senza pretese. Una giovane giornalista del «Chicago Sun-Times» vorrebbe diventare inviata speciale. Sentimentalmente è sempre stata maldestra e sfortunata. Ma ecco che il lavoro le offre un'occasione per migliorare. ■ COMMEDIA; COL.; 120′; USA, 1999.

MAI STATI UNITI ★★
Regia di CARLO VANZINA. Con AMBRA ANGIOLINI, ANNA FOGLIETTA, RICKY MEMPHIS, VINCENZO SALEMME, GIOVANNI VERNIA. ■ Cinque fratelli che non sanno di esserlo sono in viaggio in America per spargere le ceneri del padre che ha sedotto e abbandonato le loro madri e mettere così le mani su una cospicua eredità. Il film appare più vitale delle ultime produzioni vanziniane, grazie, probabilmente, anche alla presenza come co-sceneggiatore di Edoardo Falcone. ■ COMMEDIA; COL.; 90′; ITALIA, 2013.

MAI TI SCORDERÒ ★★
Regia di GIUSEPPE GUARINO. Con PAOLO CARLINI, VERA CARMI, JACQUELINE COLARD, NYTA DOVER, MARCELLA MARIANI. ■ Una provinciale scelta per il ruolo principale di un film si innamora del primo attore. Lui le vuole bene, ma non abbastanza da lasciare la sua compagna. Al termine delle riprese l'aiuto regista apre gli occhi alla ragazza. Disperata, finisce sotto un'auto. ■ DRAMMATICO; B/N; 94′; ITALIA, 1954.

MAITRESSE *(Maîtresse)* ★★
Regia di BARBET SCHROEDER. Con GÉRARD DEPARDIEU, NATHALIE KÉRIAN, BULLE OGIER, ANDRÉ ROUYER. ■ Un giovane innamorato di una prostituta tenta di redimerla, ma deve fare i conti con l'organizzazione per la quale la ragazza lavora. ■ COMMEDIA; COL.; 112′; FRANCIA, 1977.

MAI TROPPO GIOVANE PER MORIRE ★★
(Never too Young to Die)
Regia di GIL BETTMAN. Con GENE SIMMONS, JOHN STAMOS, VANITY. ■ Il figlio di un agente segreto, alla morte del padre, dà la caccia all'uccisore con l'aiuto di una bella mulatta, collega del genitore. ■ AVVENTURA; B/N; 92′; USA, 1986.

MAI TROPPO TARDI *(Never too Late)* ★★
Regia di BUD YORKIN. Con PAUL FORD, JIM HUTTON, CONNIE STEVENS. ■ Dalla pièce di Sumner Arthur Long. Una coppia ormai anziana apprende con un certo spavento di aspettare un nuovo figlio. Questo mentre la figlia, sposata e quasi trentenne, non riesce ancora ad averne. Dopo equivoci, litigi, ubriacature (da parte del futuro babbo) tutto si aggiusta. I canuti coniugi aspetteranno in letizia il lieto evento e anche la figlia finalmente diventerà madre. ■ COMMEDIA; COL.; 105′; USA, 1965.

MAI UN AMORE COSÌ GRANDE *(Mary & Tim)* ★
Regia di GLENN JORDAN. Con CANDICE BERGEN, RICHARD KELLY. ■ Candice Bergen è una signora di mezza età che si innamora – ed è ricambiata – da un giovane aitante che però ha dei grossi problemi psicologici. La gente chiacchiera. ■ DRAMMATICO; COL.; 90′; USA, 1994.

MAJA *(Die verschleierte Maja)* ★★
Regia di GÉZA VON CZIFFRA. Con WILLY FRITSCH, MARIA LITTO. ■ Un uomo di severi principi non sa che la moglie e la figlia lavorano rispettivamente come ballerina e guardarobiera in un locale notturno. Tutto ciò dà origine ad una serie di equivoci e il poveraccio passerà addirittura per pazzo. La vicenda si chiuderà felicemente. ■ COMMEDIA; B/N; 92′; GERMANIA, 1951.

MAJA DESNUDA, LA *(The Naked Maja)* ★★★
Regia di HENRY KOSTER. Con GINO CERVI, ANTHONY FRANCIOSA, AVA GARDNER, AMEDEO NAZZARI, LEA PADOVANI. ■ Goya si innamora della bellissima duchessa d'Alba e non esita a raggiungerla in esilio. La donna teme la vendetta di un nemico sul suo innamorato e finge di tradirlo perché si allontani. Nel frattempo Napoleone invade la Spagna e lei aiuta i rivoluzionari: fatta avvelenare lentamente per ragioni politiche, la donna esala l'ultimo respiro fra le braccia del pittore. ■ DRAMMATICO; COL.; 95′; ITALIA, USA, 1958. ■ DAVID DI DONATELLO 1 PR, 1 NOM.

MAJESTIC, THE ★★★
Regia di FRANK DARABONT. Con BRUCE CAMPBELL, JIM CARREY, LAURIE HOLDEN, MARTIN LANDAU. ■ Siamo nel 1951, Luke ha un incidente in macchina che gli fa perdere la memoria. Si ritrova in una cittadina della costa californiana, Lawson. Viene riconosciuto dalla gente, ritrovato dal padre che quasi muore di felicità. Luke era stato dato disperso nel 1944, in Normandia. Scopre di esser stato un eroe di guerra. Recupera anche la sua bellissima ragazza. Tutti lo amano. L'unica cosa che non recupera è la memoria. Col padre ripristina il Majestic, un vecchio cinema. Guardando un film si accorge di conoscerne le battute, perché le aveva scritte lui. Ecco la memoria che torna. Luke è in realtà David, uno sceneggiatore accusato di comunismo dalla commissione per le attività antiamericane, la famosa caccia alle streghe. Riparte un altro film. L'Fbi lo trova, lo costringe a comparire. Ma davanti alla commissione, invece di accettare il compromesso propostogli fa un magnifico discorso sui diritti dell'uomo. Torna a Lawson per la felicità di tutti. ■ DRAMMATICO; COL.; 152′; USA, 2002.

MAJOR LEAGUE 2 – LA RIVINCITA ★★
(Major League II)
Regia di DAVID S. WARD. Con TOM BERENGER, CORBIN BERNSEN, CHARLIE SHEEN. ■ Puntata numero due e discreto successo, soprattutto negli Stati Uniti, dove il baseball è molto amato. L'al-

lenatore Temple, detto "Duck", deve portare la promettente squadra dei Cleveland Indians ai play-off. Ma i problemi non mancano. Intreccio prevedibile. Un film più adatto alla televisione che al cinema. ■ COMMEDIA; COL.; 105′; USA, 1994.

MAJOR LEAGUE – LA SQUADRA PIÙ SCASSATA DELLA LEGA *(Major League)* ★★
Regia di DAVID S. WARD. Con TOM BERENGER, CORBIN BERNSEN, CHARLES CYPHERS, JAMES GAMMON, RENE RUSSO, CHARLIE SHEEN, MARGARET WHITTON. ■ Una signora snob e assolutamente estranea all'ambiente dello sport eredita gli Indians, squadra di baseball di Cleveland. Vuole disfarsene e architetta un piano che dovrebbe portare la squadra a perdere una serie di partite. La donna avrebbe così l'alibi per venderla. L'allenatore scopre tutto e i ragazzi moltiplicando gli sforzi vanificano il disegno della cinica proprietaria. ■ COMMEDIA; COL.; 102′; USA, 1989.

MAKING LOVE ★★
Regia di ARTHUR HILLER. Con HARRY HAMLIN, KATE JACKSON, MICHAEL ONTKEAN. ■ Dopo otto anni di felice matrimonio, un medico si scopre tendenze omosessuali e si innamora di uno scrittore gay. La moglie si risposa e diventa madre di un bel bambino. Ben diretta e recitata, è una commedia drammatica, frenata un poco dalla paura di offendere qualcuno (gay o eterosessuali). ■ DRAMMATICO; COL.; 113′; USA, 1981. ■ GOLDEN GLOBES 1 NOM.

MAKO, LO SQUALO DELLA MORTE *(Mako: The Jaws of Death)* ★★
Regia di WILLIAM GREFE. Con JENNIFER BISHOP, RICHARD JAEKEL, HAROLD SAKATA. ■ Un sommozzatore salvatosi da un branco di squali riceve da un mago un amuleto che glieli renderà amici. La promessa si avvera: l'uomo permette ad una coppia di adottare uno degli animali, ma quando scopre che esso viene usato a scopi commerciali lo induce a sbranarli. ■ DRAMMATICO; COL.; 93′; USA, 1975.

MAK P 100 ★★
Regia di ANTONIO BIDO. Con ERIKA BLANC, ROSITA CELENTANO, RAY LOVELOCK. ■ Una bella ragazza è contesa fra un guardiamarina e un cadetto dell'accademia navale di Livorno. I due partecipano a una regata famosa e vincono. Ma il guardiamarina si attribuisce ingiustamente il merito della vittoria. La cattiva azione gli costa l'amore della ragazza, che sceglie l'altro. ■ COMMEDIA; COL.; 106′; ITALIA, 1988.

MALACARNE ★★
Regia di PINO MERCANTI. Con MARIELLA LOTTI, AMEDEO NAZZARI, OTELLO TOSO. ■ Un uomo, benché fidanzato, corteggia tutte le altre ragazze e, in seguito ad una scommessa, seduce una fanciulla appena uscita dal convento. Finisce in galera per averne ferito lo zio e, quando esce, saputo che l'amante gli ha dato un figlio, si dichiara pronto a sposarla. ■ DRAMMATICO; B/N; 94′; ITALIA, 1946.

MALADIE D'AMOUR – VOGLIA D'AMARE *(Maladie d'amour)* ★★
Regia di JACQUES DERAY. Con JEAN-HUGUES ANGLADE, NASTASSJA KINSKI, MICHEL PICCOLI. ■ Un medico famoso si mette con una ragazza più giovane di lui, ma costei, poco dopo, s'innamora di un giovane assistente. Il luminare, geloso, rovina la carriera al rivale che sarà presto abbandonato anche dalla ragazza, che si fa colpa di aver causato la sua rovina. La ragazza però s'ammala, deperisce. Nei suoi ultimi momenti però si vedrà accanto di nuovo il giovane, ancora innamorato di lei. ■ DRAMMATICO; COL.; 116′; FRANCIA, 1987.

MALA EDUCACIÓN, LA ★
Regia di PEDRO ALMÓDOVAR. Con GARCIA BERNAL, JAVIER CAMARA, DANIEL GIMÉNEZ, FELE MARTINEZ, PETRA MARTINEZ. ■ Almodóvar racconta la storia di due compagni di collegio che si ritrovano casualmente dopo diversi anni. Ignacio ed Enrique hanno condiviso i primi turbamenti adolescenziali e la scoperta della (omo)sessualità. Direttore era don Manolo, un sacerdote abbruttito da una passione pedofila per Ignacio; il ragazzo è rimasto profondamente segnato. Con un abile gioco di specchi, la vicenda è proiettata nel presente. Ignacio, attore in cerca di un ruolo, ed Enrique, regista in cerca di una storia, instaurano un ménage omosessuale cui fornisce il pretesto un soggetto cinematografico, intitolato *La visita*, scritto dallo stesso Ignacio e che racconta i loro anni passati in collegio. Come evocato da una terribile magia, ricompare anche don Manolo, ora ridotto allo stato laicale e sposato con figli. Nonostante ciò, l'ex prete nutre ancora una torbida passione per Ignatio. Ma chi si fa chiamare Ignacio (e/o Angel) non è Ignacio; è Juan, suo fratello. Ignacio è un travestito drogato, che per alimentare il suo vizio comincia a ricattare l'ex prete. La cattiva educazione di cui parla Almodóvar è quella che lascia il segno per tutta la vita e di cui non ci si può più liberare. Questa impalcatura, però, comincia paurosamente a scricchiolare quando tutta la colpa della "mala education" viene riversata sul prete e, indirettamente, sulla Chiesa. Immagini di sacri cuori, santi e madonne compaiono già nei titoli di testa e adornano i camerini dei travestiti. Una semplificazione che il regista si poteva risparmiare, visto che è il luogo comune ampiamente sfruttato dalla stampa e dai talk show televisivi, che vivono sugli scandali e i pettegolezzi. Abbandonata la delicatezza e la forte umanità di *Tutto su mia madre* e *Parla con lei*, Almodóvar torna ad essere debordante, eccessivo e perciò insincero. Il film non è la ricerca della verità, per quanto possa essere dolorosa e scomoda, ma sembra piuttosto una comoda normalizzazione della diversità omosessuale. Ed è questo che sconcerta di più: il fatto di raccontare l'omosessualità come normalità. «La gente è cambiata», grida più di una volta Enrique, un'affermazione fatta per la Spagna di oggi, che attribuisce sempre più spesso al passato gli smarrimenti e gli incubi del suo presente. Religione, gay: e se il film fosse solo uno spot a favore della politica e dei sentimenti di Zapatero? ■ DRAMMATICO; COL.; 110′; SPAGNA, 2004.

MALAFEMMENA ★★
Regia di ARMANDO FIZZAROTTI. Con ALDO BUFI LANDI, MARIA FIORE, NUNZIO GALLO, OLGA SOLBELLI. ■ Una bella ragazza causa, con la sua leggerezza, la morte di uno spasimante. Per nulla impressionata, accetta un favoloso contratto che nasconde in realtà una trappola e si salva a stento dall'essere venduta. Poco dopo si innamora e si sposa, ma non va d'accordo con i suoceri e lascia il marito. Un dramma la fa rinsavire e tornare a casa. ■ DRAMMATICO; B/N; 95′; ITALIA, 1957.

MALAFEMMINA *(La devoradora)* ★★
Regia di FERNANDO DE FUENTES. Con LUIS ALDAS, FELIPE DE ALBA, MARIA FELIX, JULIO VILLAREAL. ■ Un ragazzo innamorato della promessa sposa di un altro si suicida. La donna convince il futuro marito e suo nipote a nascondere il cadavere, quindi si concede al ragazzo. Lui vuole mettere in guardia il parente sulla natura della donna ma, poiché non è creduto dallo zio e nemmeno dai poliziotti, la uccide. ■ DRAMMATICO; B/N; 90′; MESSICO, 1946.

MALAGA – LA VIA DEL CONTRABBANDO *(Fire over Africa)* ★★
Regia di RICHARD SALE. Con BINNIE BARNES, MACDONALD CAREY, MAUREEN O'HARA. ■ Un'agente viene incaricata di debellare un'organizzatissima rete di contrabbando. Introdottasi in una casa da gioco, individua alcune persone sospette e si finge innamorata di quello che ritiene il capo della banda; costui viene ucciso e lei si salva grazie a un finto contrabbandiere, in realtà poliziotto. ■ AVVENTURA; COL.; 84′; USA, 1954.

MALAMONDO, I ★★
Regia di PAOLO CAVARA. ■ Una carrellata sui ragazzi europei e sui loro diversi modi di vita. ■ DOCUMENTARIO; COL.; 91′; ITALIA, 1964.

MALAMORE ★★
Regia di ERIPRANDO VISCONTI. Con JIMMY BRISCOE, REMO GIRONE, SERENA GRANDI, ANTONIO MARSINA, NATHALIE NELL. ■ 1915, scoppia la guerra. La villa dell'avvocato Giammarco viene adibita a ospedale militare. Per il figlio del proprietario, un povero nano deforme, è un'occasione per incontrare gente e scoprire la vita. Si innamora di una prostituta, che però vuole soltanto il suo denaro. Finale amarissimo. ■ DRAMMATICO; COL.; 99′; ITALIA, 1982.

MA L'AMORE... SÌ ★★
Regia di MARCO COSTA, TONINO ZANGARDI. Con LORENZO BAL-

DUCCI, ANNA MARIA BARBERA, ELENA BOURYKA, MARINA LIMOSANI, GIANNI PELLEGRINO, LAURA PESTELLINI, ANDREA TIDONA. ■ Diamante, campagna calabrese. Percepita una grossa eredità dal padre, Alfredo Jorio decide di trasferirsi a Roma per aprire un ristorante di specialità calabresi. La famiglia ha reazioni differenti: la moglie Annuccia, assediata dalla corte del dottor Porfirio, medico del paese, è favorevole al cambiamento; il figlio Carmelo non vede l'ora di lavorare nella moda; la figlia Angelina, timida studentessa universitaria, è al tempo stesso allettata e timorosa. La nuova vita porterà i genitori al benessere economico e i figli all'emancipazione sentimentale. ■ COMMEDIA; COL.; 95'; ITALIA, 2006.

MA L'AMOR MIO NON MUORE ★★★
Regia di MARIO CASERINI. Con MARIO BONNARD, LYDA BORELLI, MARIA CASERINI, GIAN PAOLO ROSMINO, VITTORIO ROSSI PIANELLI. ■ Elsa Holbein, figlia di un alto ufficiale del Granducato di Wallenstein, è corteggiata dal losco Moise Sthar, spione che, trafugati documenti segreti, scompare. Travolto dallo scandalo, il padre di Elsa si uccide, lei è costretta all'esilio. Diventa, con il nome di Diana Cadouleur, cantante acclamata. Questo intenso melodramma consacrò Lyda Borelli, già celeberrima attrice di teatro, diva cinematografica. All'epoca fu un successo trionfale.. ■ DRAMMATICO; COL.; 90'; ITALIA, 1913.

MALA ORDINA, LA ★★★
Regia di FERNANDO DI LEO. Con MARIO ADORF, ADOLFO CELI, FRANCO FABRIZI, LUCIANA PALUZZI, HENRY SILVA, WOODY STRODE. ■ Un boss americano vuole eliminare l'uomo che gli ha rubato un grosso quantitativo di eroina. Un complice italiano gli procura due killer che però vengono uccisi; egli, allora, ammazza moglie e figlia della mancata vittima che si infuria, elimina tutta la banda e lui stesso. ■ DRAMMATICO; COL.; 97'; ITALIA, 1972.

MALASPINA ★★
Regia di ARMANDO FIZZAROTTI. Con ALDO BUFI LANDI, RINO GENOVESE, VERA ROL. ■ Andrea finisce in prigione per avere ferito il rivale Gaetano. Quando torna in libertà viene a sapere che la ragazza del suo cuore accetta la corte di diversi uomini. Ma in realtà Malaspina non ha dimenticato il suo primo amore. ■ DRAMMATICO; B/N; 90'; ITALIA, 1947.

MALAS TEMPORADAS ★★
Regia di MANUEL MARTÍN CUENCA. Con PERE ARQUILLUÉ, JAVIER CÁMARA, FERNANDO ECHEVARRÍA, ANDREW MONTGOMERY. ■ Mikel, Ana e Carlos vivono nel cuore di Madrid. Tutti e tre cercano il loro posto nel mondo, un posto che ogni volta si allontana sempre più da quello che avevano idealizzato. Per loro non esiste altra soluzione che fuggire dal reale e costruire il loro mondo ideale all'interno dei pensieri. Sono persone il cui destino ha finito per prendere strade insperate e che ora condividono la possibilità di ricominciare. ■ DRAMMATICO; COL.; 115'; SPAGNA, 2005.

MALATA D'AMORE *(Dr. Holl)* ★★
Regia di ROLF HANSEN. Con DIETER BORSCHE, HEIDEMARIE HATHEYER, MARIA SCHELL. ■ Una ragazza in fin di vita viene salvata da un giovane medico e se ne innamora. Lui accetta di sposarla per evitarle un ritorno della malattia e non consuma il matrimonio. Dopo la scoperta di un prodigioso vaccino, la guarisce definitivamente. ■ DRAMMATICO; B/N; 92'; GERMANIA, 1951.

MALATO IMMAGINARIO, IL ★★★
Regia di TONINO CERVI. Con LAURA ANTONELLI, BERNARD BLIER, VITTORIO CAPRIOLI, CHRISTIAN DE SICA, GIULIANA DE SIO, ETTORE MANNI, STEFANO SATTA FLORES, ALBERTO SORDI. ■ Al ricco Argante fanno paura le violenze che imperversano nella Roma seicentesca, perciò si inventa malattie che lo costringono a restare ben chiuso in casa sua. Ma della situazione approfittano tutti, dalla avida moglie ai medici che gli ballano quotidianamente attorno. Le sole due persone che gli vogliono bene davvero sono la figlia Angelica e la serva Tonina. A loro Argante si rivolge quando decide di "guarire" e far piazza pulita dei parassiti che lo circondano; e solo loro beneficeranno del suo denaro. ■ COMMEDIA; COL.; 106'; ITALIA, 1979.

MALAVITA ★★
Regia di RATE FURLAN. Con ANGELO DASSY, ALDO NICODEMI, JACQUELINE PIERREUX. ■ Un ragazzo si innamora della fidanzata di un gangster la quale seduce suo fratello in vista di un colpo. Tra i due fratelli si accende una feroce rivalità che scoppia in tragedia: uno dei due rimane ucciso e lei per discolparsi accusa l'altro che finisce in galera. Il rimorso la tormenta, e prima di morire in un conflitto con la polizia, confessa la sua colpa. ■ DRAMMATICO; B/N; 95'; ITALIA, 1951.

MALAVITA ATTACCA, LA POLIZIA RISPONDE, LA ★★
Regia di MARIO CAIANO. Con CORRADO GAIPA, LEONARD MANN, ETTORE MANNI, MARIA ROSARIA OMAGGIO, JOHN STEINER. ■ Capo della malavita romana, un certo professor Salviati detto "il Principe" è osteggiato nelle sue gesta dal giovane commissario Baldi. Dopo innumerevoli sparatorie, botte e morti varie, il giovane riesce ad avere la meglio sul professore. ■ POLIZIESCO; COL.; 92'; ITALIA, 1977.

MALAVITA DEL PORTO, LA *(Rata de puerto)* ★★★
Regia di RENÉ MUJICA. Con ELIZABETH KILLIAN, BRENO MELLO, WOLF ROBINSKI. ■ Un ambizioso manovale si inserisce nell'ambiente sportivo e raggiunge popolarità e ricchezza. Questo lo spinge ad essere sempre più crudele e violento, tuttavia l'amore per una fanciulla lo convince a ritirarsi. ■ DRAMMATICO; B/N; 94'; ARGENTINA, 1962.

MALAVOGLIA ★
Regia di PASQUALE SCIMECA. Con ANTONIO CIURCA, GIUSEPPE FIRULLO, DORIANA LA FAUCI, OMAR NOTO, GRETA TOMASELLO. ■ I Malavoglia sono una famiglia di pescatori. Il nonno, Padron 'Ntoni, vive nella casa del Nespolo, con la figlia Maruzza e suo marito Bastianazzo e i loro 3 figli, il ventenne 'Ntoni e i più giovani Mena, Lia e Alessi. Presto Alef, detto Alfio, un tunisino immigrato clandestinamente, si unisce a loro, grazie alla generosità del giovane 'Ntoni, che lo raccoglie al momento dello sbarco dalla nave dei profughi e gli trova lavoro nelle serre. Ma un giorno la barca dei Malavoglia, la Provvidenza, fa naufragio: Bastianazzo muore e Maruzza perde il senno. Un secondo naufragio porta loro via la casa, ammala il cuore del nonno e riduce 'Ntoni a bere per dimenticare, ma sarà sua l'idea di trascrivere la voce del nonno che recita i suoi proverbi su una traccia musicale che diverrà il brano dell'estate e gli permetterà di ricomprarsi la casa del Nespolo e rimettere in mare la Provvidenza. Pasquale Scimeca si accosta una seconda volta a Verga, dopo *Rosso Malpelo*, ma con un portato più ingombrante, perché *I Malavoglia*, al cinema, ha voluto anche e soprattutto dire *La terra trema*. Pur nella siderale distanza che separa le due opere, c'è un'importante volontà comune di ridimensionare il ruolo del destino per investire di responsabilità anche la società e le sue politiche. Comunque, rapporto improprio e triste fra libro e film. ■ DRAMMATICO; COL.; 94'; ITALIA, 2010.

MALCOLM ★★
Regia di NADIA TASS. Con COLIN FRIELS, JOHN HARGREAVES, CHRIS HAYWOOD. ■ Malcolm è uno strampalato inventore che per le sue stravaganze si fa licenziare dalla società dei telefoni per cui lavora. Fa amicizia con un rapinatore e la sua ragazza e con loro progetta di rapinare una banca (servendosi di telecomandi inventati da lui stesso). Il colpo riesce. E riesce anche la fuga. Prima che la polizia di Melbourne riesca ad individuarli, i tre sono già in Europa. ■ COMMEDIA; COL.; 90'; AUSTRALIA, 1986.

MALCOLM X ★★★
Regia di SPIKE LEE. Con ANGELA BASSETT, AL FREEMAN JR, ALBERT HALL, DENZEL WASHINGTON. ■ Per anni si è sentito parlare di Martin Luther King. Come contraltare hanno sempre citato Malcolm X. Il primo contro la violenza e il secondo deciso a spezzare il razzismo bianco con le cattive E Spike Lee, che aveva accostato i proclami dei due politici nei titoli di coda di *Fa' la cosa giusta*, voleva coronare un sogno. Quello cioè di realizzare una biografia sul principe nero. Lo ha fatto, investendo di suo e aiutato da molti che hanno lavorato gratuitamente. Il risultato è discontinuo. Il film rievoca con passione la coerenza di un personaggio fondamentale. Tra le cose che si lasciano ricordare c'è il metodo doloroso con cui Malcolm da giovane si fa stirare i ricci per avere dei capelli lisci come i bianchi. ■ DRAMMATICO; COL.; 195'; USA, 1992. ■ BERLINO 1 PR; GOLDEN GLOBES 1 NOM; OSCAR 2 NOM.

MAL D'AFRICA ★★
Regia di STANIS NIEVO. ■ Film-documentario sull'Africa di buon livello tecnico. ■ DOCUMENTARIO; B/N; 90'; ITALIA, 1967.

MAL D'AFRICA... MAL D'AMORE! ★★
(Unser Haus in Kamerun)
Regia di ALFRED VOHRER. Con GOTZ GEORGE, HANS SÖHNKER, JOHANNA VON KOCZIAN. ■ Trasferitosi in Germania per un breve periodo di studio, un giovane residente in Africa si innamora di una ragazza e al ritorno la porta con sé. Poco dopo lei viene raggiunta dal primo amante al quale ha dato un figlio e che riesce a far cacciare la ragazza dal potenziale suocero. Il suo primo innamorato la raggiunge. ■ DRAMMATICO; COL.; 91'; GERMANIA, 1961.

MAL D'AMORE *(Love Hurts)* ★★
Regia di BUD YORKIN. Con JEFF DANIELS, AMY WRIGHT. ■ Il ritorno a casa dopo molti anni, in occasione del matrimonio della sorella, diventa l'occasione per ripensare al passato e scoprire che ciò che si credeva cancellato è stato solamente rimosso. ■ DRAMMATICO; COL.; 103'; USA, 1989.

MALDONNE ★★★
Regia di SERGIO GOBBI. Con ROSSELLA BERGAMONTI, ROBERT HOSSEIN, ELSA MARTINELLI, JEAN TOPART, PIERRE VANECK. ■ Un musicista accetta di prendere il posto di un ricco affarista scomparso durante un safari. In quei panni potrà così stilare il contratto di vendita di alcune proprietà. Durante la permanenza nella villa dello scomparso, si rende conto che qualcosa non quadra. La donna che vi abita, moglie dello scomparso, gli rivela che questi non è un affarista ma un nazista ricercato da un commando ebreo. ■ DRAMMATICO; COL.; 98'; FRANCIA, 1969.

MALE D'AMORE *(Un amour de pluie)* ★★
Regia di JEAN-CLAUDE BRIALY. Con BENEDICTE BUCHER, NINO CASTELNUOVO, SUZANNE FLON, MEHDI, ROMY SCHNEIDER. ■ Madre e giovanissima figlia in vacanza prendono una bella cotta per i rispettivi occasionali partner. La donna vorrebbe lasciare il marito e vivere col nuovo amore, ma lui non ne ha alcuna intenzione; la ragazzina parte prima di concedersi, come aveva stabilito, al coetaneo. ■ DRAMMATICO; COL.; 96'; FRANCIA, 1974.

MALEDETTA AMBIZIONE *(The Temp)* ★★
Regia di TOM HOLLAND. Con FAYE DUNAWAY, LARA FLYNN BOYLE, TIMOTHY HUTTON, OLIVER PLATT, DWIGHT SCHULTZ. ■ La nuova segretaria di Peter Derns non solo è molto sexy ma è anche efficiente, precisa e parecchio ambiziosa, tanto da riuscire in una rapida carriera nell'azienda. Anche troppo rapida (e forse troppo fortunata). Peter, infatti, comincia a sospettare degli "incidenti" che hanno eliminato uno alla volta i vari concorrenti della ragazza. ■ THRILLER; COL.; 93'; USA, 1993.

MALEDETTA ESTATE *(The Mean Season)* ★★★
Regia di PHILLIP BORSOS. Con MARIEL HEMINGWAY, RICHARD JORDAN, KURT RUSSELL. ■ Un giornalista, deluso dalla routine del suo giornale, accetta di andare a dirigere un quotidiano di provincia. Ma rimanda la partenza perché un assassino gli telefona; tra i due comincia un gioco tremendo: ogni omicidio, una telefonata. Alla fine però il maniaco rapisce la ragazza del giornalista perché vorrebbe ammazzarlo. Non ce la farà. Una buona parte per Kurt Russell (*Grosso guaio a Chinatown*) con una buona dose di suspense e qualche ingenuità. ■ THRILLER; COL.; 103'; USA, 1985.

MALEDETTA OCCASIONE, UNA *(A Occasional Hell)* ★
Regia di SALOME BREZINER. Con TOM BERENGER, VALERIA GOLINO, KARI WUHRER. ■ Una moglie di origine italiana scopre il tradimento del marito. Quando l'uomo viene trovato ucciso i sospetti cadono sulla moglie, naturalmente. Ad aiutarla arriva l'ex poliziotto Tom Berenger. Noioso, già visto e di bassissimo profilo. ■ GIALLO; COL.; 95'; USA, 1995.

MALEDETTA PICCOLA SQUAW – LA STRANA VENDETTA DI ROSALIE, UNA ★★
(The Strange Vengeance of Rosalie)
Regia di JACK STARRETT. Con BONNIE BEDELIA, KEN HOWARD, ANTHONY ZERBE. ■ Una giovanissima indiana riesce a fermare un automobilista, a portarlo nella sua squallida abitazione e a renderlo inoffensivo rompendogli una gamba. Uno strano individuo cerca di violentare la ragazza che finge di starci per ucciderlo. Alla polizia, però, dirà che è stato il suo occasionale compagno. ■ DRAMMATICO; COL.; 107'; USA, 1972.

MALEDETTE PISTOLE DI DALLAS, LE ★★
Regia di JOSÉ MARIA ZABALZA. Con FRED BEIR, JESUS FUENTES, EVI MARANDI. ■ Il figlio della vittima di una banda di fuorilegge ne cattura un membro. Il suo capo minaccia di uccidere una ragazza se non verrà liberato. Egli è costretto a subire il ricatto, ma avrà modo di rifarsi. ■ WESTERN; COL.; 90'; ITALIA, 1964.

MALEDETTI, I *(Les maudits)* ★★★
Regia di RENÉ CLÉMENT. Con FOSCO GIACHETTI, FLORENCE MARLY, HENRI VIDAL. ■ Siamo quasi al termine della seconda guerra mondiale. Un sommergibile tedesco parte in missione per il Sudamerica. Durante il tempo intercorso per raggiungere la meta è stipulata la pace; il fanatico comandante non vuole farlo sapere. ■ DRAMMATICO; B/N; 105'; FRANCIA, 1947. ■ CANNES 1 PR.

MALEDETTI DI HOLLYWOOD, I ★★
(The Bloodhounds of Broadway)
Regia di HOWARD BROOKNER. Con MATT DILLON, RUTGER HAUER, MADONNA, RANDY QUAID, JOSEF SOMMER. ■ Siamo a Broadway durante l'era del jazz, allo scadere del 1928. Una cantante, un gangster e un giocatore sono i protagonisti. Lo scrittore William Burroughs appare in un breve cameo. ■ DRAMMATICO; COL.; 93'; USA, 1989.

MALEDETTI FIGLI DEI FIORI, I ★★
(Jennifer on my Mind)
Regia di NOEL BLACK. Con MICHAEL BRANDON, STEVE VINOVICH, ELIZABETH TIPPY WALKER. ■ Un ricco e giovane americano si innamora di una ragazza dedita alla droga. I primi tempi, pur di tenerla vicina, gliela fornisce, poi cerca lentamente di disintossicarla. Tutto è inutile. ■ DRAMMATICO; COL.; 90'; USA, 1971.

MALEDETTI VI AMERÒ ★★★
Regia di MARCO TULLIO GIORDANA. Con FLAVIO BUCCI, AGNES DE NOBECOURT, ANNA MISEROCCHI, ALFREDO PEA, BIAGIO PELLIGRA, MICAELA PIGNATELLI. ■ Un reduce del 1968 torna a Milano dopo alcuni anni passati nell'America Latina e trova la società italiana e i compagni profondamente mutati dal terrorismo e dalla crisi degli ideali rivoluzionari. Diventa quasi amico di un commissario e, dopo avergli dato appuntamento a Roma con la promessa di svelargli trame eversive, si fa deliberatamente uccidere. ■ DRAMMATICO; COL.; 84'; ITALIA, 1980.

MALEDETTO IL GIORNO CHE T'HO INCONTRATO ★★★
Regia di CARLO VERDONE. Con MARGHERITA BUY, GIANCARLO DETTORI, CARLO VERDONE, ELISABETTA POZZI. ■ Bernardo è un giornalista romano che lavora a Milano. È deciso a scrivere una biografia sul cantante e chitarrista Jimi Hendrix morto, pare, di overdose nel 1970. Bernardo però avrebbe scoperto che in realtà Hendrix è stato assassinato e spera in un grande scoop. Frequenta intanto uno psicologo perché la sua donna l'ha lasciato. Qui incontra una ragazza complessata e preda dei tranquillanti come lui. Tra i due nasce un'amicizia carica di comprensione reciproca che, dopo alcuni tira e molla, tra Londra e la Cornovaglia, diventerà amore. Dovranno però rinunciare lei a un pomposo regista teatrale e lui alla ex donna che si è rifatta viva. E lo scoop? Non si farà. ■ COMMEDIA; COL.; 105'; ITALIA, 1991. ■ DAVID DI DONATELLO 5 PR, 5 NOM.

MALEDETTO IMBROGLIO, UN ★★★
Regia di PIETRO GERMI. Con FRANCO FABRIZI, CRISTINA GAIONI, PIETRO GERMI, CLAUDIO GORA, ELEONORA ROSSI DRAGO. ■ Nella medesima casa vengono commessi un grosso furto e un omicidio; il poliziotto incaricato di risolvere il primo caso deve così occuparsi anche del secondo. Gli indizi sono numerosi e confusi; l'assassino, comunque, viene scoperto. ■ DRAMMATICO; B/N; 110'; ITALIA, 1960.

MALEDETTO SORTILEGIO *(Cathy's Curse)* ★★
Regia di EDDY MATALON. Con RANDI ALLEN, BEVERLY MURRAY, ALAN SCARFE. ■ Nel corpo di una ragazzina si reincarna l'anima della cuginetta, morta qualche anno prima in circostanze drammatiche e decisa a vendicare le colpe della propria madre, infedele verso il marito. ■ HORROR; COL.; 91'; CANADA, FRANCIA, 1977.

MALE DI ANDY WARHOL, IL *(Andy Warhol's Bad)* ★★★
Regia di JED JOHNSON. Con CARROLL BAKER, STEFANIA CASINI, PERRY KING, SUSAN TYRRELL. ■ Apparentemente tranquilla casalinga, Hazel è invece una diabolica assassina che si circonda di ragazze le quali, a loro volta, uccidono su commissione. Tutto va bene (si fa per dire) all'organizzazione che le donne hanno messo in piedi, finché non si inserisce l'elemento maschile che manda tutto a rotoli. ■ GIALLO; B/N; 100'; USA, 1976.

MALEDIMIELE ★★
Regia di MARCO POZZI. Con ISA BARZIZZA, SONIA BERGAMASCO, BENEDETTA GARGARI, GIANMARCO TOGNAZZI. ■ Sara è un'adolescente affetta da disturbi "alimentari". In seguito a una delusione amorosa ha deciso di raggiungere il peso ideale di trentotto chili. I suoi genitori, un medico oculista e una gallerista che opera nel sociale, sono troppo coinvolti dal lavoro e da una crisi coniugale per rendersi conto dei problemi della figlia. Ma anche le due migliori amiche fanno fatica. È infatti nei lunghi momenti di solitudine che Sara confessa a se stessa e alle pagine di un blog i problemi legati soprattutto al bisogno di affetto. ■ DRAMMATICO; COL.; 106'; ITALIA, 2010.

MALEDIZIONE, LA *(And now the Screaming Starts)* ★★
Regia di ROY WARD BAKER. Con STEPHANIE BEACHAM, PETER CUSHING, HERBERT LOM. ■ La moglie di un nobile è tormentata da orrende visioni. Su di lei, infatti, pesa la maledizione di un fattore al quale un parente del marito aveva sedotto l'ingenua sposa. Orrori e delitti si susseguono. ■ HORROR; COL.; 87'; GRAN BRETAGNA, 1972.

MALEDIZIONE DEI RUBINI SCOMPARSI, LA ★★
(Revenge of the Stolen Stars)
Regia di ULLI LOMMEL. Con KLAUS KINSKI, SUZANNA LOVE, KITTY O'SHEA. ■ Nel Sudest asiatico, due avventurieri litigano ferocemente fra loro accusandosi reciprocamente della sparizione di tre pietre preziose. Finisce che s'ammazzano fra loro. I rubini li ritroverà il nipote di uno di essi. ■ AVVENTURA; COL.; 80'; USA, 1986.

MALEDIZIONE DELLA PRIMA LUNA, LA ★★★
(Pirates of the Caribbean: The Curse of the Black Pearl)
Regia di GORE VERBINSKI. Con ORLANDO BLOOM, JOHNNY DEPP, KEIRA KNIGHTLEY, GEOFFREY RUSH, BEN WILSON. ■ Caraibi, 1700. La figlia del governatore viene rapita dal malvagio pirata Barbossa. Will Turner, amico d'infanzia della ragazza e segretamente innamorato di lei, si unisce a Jack Sparrow, un pirata vagabondo e per cui la parola strano suona eufemistica, per portare in salvo la fanciulla. Ma per riuscirci, dovranno affrontare misteriose e sinistre forze del male che risalgono addirittura a una maledizione azteca. *La maledizione della prima luna*, considerevole blockbuster, vale la visita. Verbinski padroneggia la materia con sufficiente energia e ironia, non risparmiandosi citazioni e ammicchi al passato ma non perdendo mai di vista lo svolgersi del racconto. Le due ore e venti scorrono con una certa facilità, anche grazie a una compagnia d'attori – Depp su tutti – che fa di una divertita gigioneria un manifesto programmatico. ■ AVVENTURA; COL.; 143'; USA, 2003. ■ GOLDEN GLOBES 1 NOM; OSCAR 5 NOM.

MALEDIZIONE DELLA VEDOVA NERA, LA ★★
(Curse of the Black Widow)
Regia di DAN CURTIS. Con SID CAESAR, PATTY DUKE ASTIN, ANTHONY FRANCIOSA, DONNA MILLS. ■ I poliziotti privati credono soprattutto ai mostri umani, agli assassini cioè che mietono vittime tra i loro simili. Un brutto giorno, però, uno di loro si trova coinvolto in una sanguinosa vicenda che ha per protagonista un mostruoso e orribile ragno deciso a nutrirsi dei poveretti che finiscono nella sua rete. ■ HORROR; COL.; 100'; USA, 1985.

MALEDIZIONE DELLO SCORPIONE DI GIADA, LA *(The Curse of the Jade Scorpion)* ★★★
Regia di WOODY ALLEN. Con WOODY ALLEN, DAN AYKROYD, HELEN HUNT, BRIAN MARKINSON, DAVID OGDEN STIERS, JOHN SCHUCK, WALLACE SHAWN, GREG STEBNER, CHARLIZE THERON. ■ New York. Anni Quaranta. C. W. Briggs è un investigatore di una grossa compagnia di assicurazioni in costante rotta di collisione con Betty Ann Fitzgerald, amante del capo e assunta al fine di rendere razionale ed efficiente l'attività della compagnia. Entrambi vengono ipnotizzati nel corso di uno spettacolo. Briggs verrà così costretto dall'ipnotista a compiere per suo conto e senza conservarne memoria furti considerevoli nelle abitazioni di clienti della sua compagnia. Ben presto i sospetti convergono su di lui mentre sta a sua volta indagando su Betty Ann. L'intrigo non va rivelato oltre mentre va detto che, dopo quel film risolto solo a metà che è stato *Criminali da strapazzo*, qui Allen torna alla grande mescolando ammiccamenti al cinema dell'epoca a battute ad alto tasso di comicità intelligente. Woody riprende i temi che gli sono più cari e ci ricorda che sempre, ma forse oggi più che mai, tra uomini e donne il gioco della complessità dei sentimenti passa attraverso la dissimulazione. Che abbiamo bisogno di non essere noi stessi per esserlo autenticamente. Perché accettare la realtà di ciò che proviamo può essere molto più complesso che celarla. L'investigazione più difficile da realizzare è quella su noi stessi. ■ COMMEDIA; COL.; 104'; USA, 2001.

MALEDIZIONE DEL SERPENTE GIALLO, LA ★★
(Der Fluch der gelben Schlange)
Regia di FRANZ JOSEF GOTTLIEB. Con PINKAS BRAUN, JOACHIM FUCHSBERGER, BRIGITTE GROTHUM. ■ Nella capitale inglese opera un'organizzazione orientale il cui scopo è assoggettare il mondo intero. Il suo capo ruba un serpente giallo che però è maledetto e comincia a causare disgrazie e contrasti. I criminali finiscono al fresco. ■ GIALLO; B/N; 92'; GERMANIA, 1963.

MALEDIZIONE DI DAMIEN, LA *(Damien – Omen II)* ★★
Regia di DON TAYLOR. Con LEW AYRES, LEE GRANT, WILLIAM HOLDEN, JONATHAN SCOTT-TAYLOR. ■ Un film del filone demoniaco. Il diabolico fanciullo Damien, dopo la morte del padre, viene adottato dagli zii Richard e Ann. In apparenza normale, egli uccide inesorabilmente quanti vengono in qualche modo a conoscenza della sua diabolica natura, non risparmiando, da ultimo, neppure gli zii. ■ DRAMMATICO; COL.; 107'; USA, 1978.

MALEDIZIONE DI ERIKA, LA *(Lady Terminator)* ★
Regia di JALIL JACKSON. Con BARBARA CONSTABLE, CHRISTOPHER HART, CLAUDIA RADEMAKER. ■ Ridicolo e noioso. Siamo in Indonesia dove una maledizione incombe su un discendente del consorte di una regina. Tania, che si occupa di antropologia, si mette nei guai. ■ HORROR; COL.; 90'; USA, 1988.

MALEDIZIONE DI FRANKENSTEIN, LA ★★★
(Frankenstein Created Woman)
Regia di TERENCE FISHER. Con PETER CUSHING, SUSAN DENBERG, THORLEY WATERS. ■ Tre loschi individui uccidono un taverniere e lasciano che venga giustiziato al loro posto un innocente. La fanciulla che lo amava si uccide; interviene il dottor Frankenstein che ricostruisce il corpo della ragazza nel quale trapianta il cervello dell'amato. Il mostro compie orrende vendette e poi si suicida. ■ HORROR; COL.; 92'; GRAN BRETAGNA, 1966.

MALEDIZIONE DI JANICE, LA *(Eternal Evil)* ★★
Regia di GEORGE MIHALKA. Con KAREN BLACK, WINSTON REKERT. ■ Storia di Paul, regista televisivo annoiato, e di Janice, velleitaria che pratica la magia nera. Quando i due si incontrano le premesse sembrano le migliori, ma poi tutto precipita. ■ HORROR; COL.; 85'; USA, 1986.

MALEFEMMENE ★
Regia di FABIO CONVERSI. Con SABINA BEGAN, FEDERICA BONAVOLONTÀ, CLOTILDE DE SPIRITO, ANA FERNANDEZ, GIOVANNA MEZZOGIORNO, ANGELA MOLINA, ROSA PIANETA. ■ Francesca, attrice nota, viene arrestata per una faccenda di droga da cui risulterà estranea. L'impatto con il carcere non è facile ma progressivamente si farà coinvolgere da un campionario di varia umanità femminile. Ispirato alle vicende processuali di Gioia Scola (qui produttrice e sceneggiatrice) il film si avvale della semplicità della protagonista abilmente costruita da una sempre valida Giovanna Mezzogiorno. Peccato però che la sceneggiatura navighi costantemente nell'arcipelago del folklorismo più scontato e della novela con connotazioni sociali. ■ DRAMMATICO; COL.; 90'; ITALIA, 2001.

MALÈNA ★★★
Regia di GIUSEPPE TORNATORE. Con MONICA BELLUCCI, LUCIA-

NO FEDERICO, GIUSEPPE SUITARO. ■ Ricordate l'adolescente De Niro che spiava Elizabeth McGovern che ballava *Amapola* in *C'era una volta in America*, oppure il casino della *Roma* di Fellini, o il popolo di piazza di *Divorzio all'italiana* di Germi? Sono solo alcune delle decine di citazioni di questo film. Quasi tutto è luogo comune, è già visto ed è previsto. Poi c'è il cinema e quello Tornatore lo sa fare. Peccato che il regista, che conosce bene il mestiere della macchina, insista nello scrivere e non si affidi a uno specialista vero di storia e di sceneggiature. Ne guadagnerebbe. Potrebbe diventare grande, con e senza metafora. Vista una Bellucci molto bella e, aiutata dai lunghi silenzi, anche migliorata come attrice. Morricone, come sempre è un gran bel sostegno. ■ DRAMMATICO; COL.; 115'; ITALIA, 2000. ■ DAVID DI DONATELLO 1 PR, 1 NOM; GOLDEN GLOBES 2 NOM; OSCAR 2 NOM.

MALENKA LA NIPOTE DEL VAMPIRO ★
Regia di ARMANDO DE OSSORIO. Con ADRIANA AMBESI, MARIA LUISA DE BENEDICTIS, ANITA EKBERG, JOHN HAMILTON. ■ L'erede di un castello lascia il fidanzato per dedicarsi a pratiche capaci di renderla immortale. L'uomo, invece di rassegnarsi, decide di conoscere meglio la situazione. Arrivato in paese scopre il cadavere di una ragazza vampirizzata; al castello evita per un pelo di subire la stessa sorte. ■ HORROR; COL.; 91'; ITALIA, 1969.

MALE OSCURO, IL ★★★
Regia di MARIO MONICELLI. Con VITTORIO CAPRIOLI, GIANCARLO GIANNINI, STEFANIA SANDRELLI, EMMANUELLE SEIGNER. ■ Tratto da un romanzo di Giuseppe Berto. Un uomo rivive gli ultimi dieci anni attraverso la classica cura psichiatrica del lettino. Tutto è cominciato dopo la morte del padre, che aveva perso la testa per una ragazzina. L'uomo è afflitto dalla sindrome del fallito, perché non è riuscito a diventare né un grande scrittore né un grande sceneggiatore. La moglie poi lo tradisce e lui si chiuderà sempre di più in se stesso, come in un guscio senza uscita. Il film pur drammatico ha una grande dose di ironia e di episodi grotteschi. In certi momenti però il manierismo è lì in agguato e per fortuna viene smussato dalla consueta bravura di Giannini. Vittorio Caprioli è da citare nella parte dello psicanalista. Monicelli per questo film ha vinto il David di Donatello per la migliore regia. ■ DRAMMATICO; COL.; 114'; ITALIA, 1990. ■ DAVID DI DONATELLO 1 PR, 1 NOM.

MALERBA *(City across the River)* ★★★
Regia di MAXWELL SHANE. Con TONY CURTIS, STEPHEN MCNALLY, THELMA RITTER, LUIS VAN ROOTEN. ■ Un ragazzo messosi alle dipendenze di alcuni gangster uccide incidentalmente un professore. I poliziotti si muovono alla ricerca dell'assassino, protetto da alcuni compagni asserviti, come lui, ai banditi. In seguito ad alcune circostanze, uno dei giovani sta per essere accusato del delitto e per evitarlo fa una telefonata anonima svelando alla polizia il nome del vero responsabile. Questi lo affronta e muore. ■ DRAMMATICO; B/N; 84'; USA, 1949.

MALESH – LASCIA CHE SIA ★★
Regia di ANGELO CANNAVACCIUOLO. Con EMILIO BONUCCI, IDA DI BENEDETTO, GIGI SAVOIA, MARINA SUMA. ■ Film d'esordio in cui si raccontano storie minime ambientate in una Napoli osservata con misura e affetto. ■ COMMEDIA; COL.; 98'; ITALIA, 1993.

MALESIA ★★★
Regia di RICHARD THORPE. Con LIONEL BARRYMORE, VALENTINA CORTESE, JAMES STEWART, SPENCER TRACY. ■ L'America, all'inizio delle ostilità col Giappone, decide di inviare due agenti in Malesia per recuperare grossi quantitativi di gomma. Sul posto i due contattano alcuni complici che facilitano l'impresa. Poco prima della partenza del carico, i nipponici, avvertiti da un traditore, li assalgono e li uccidono. La merce, tuttavia, è già in viaggio per gli Usa. ■ DRAMMATICO; B/N; 98'; USA, 1949.

MALESIA MAGICA ★★
Regia di LIONETTO FABBRI. ■ Buon documentario su vita sociale e tradizioni della penisola malese. ■ DOCUMENTARIO; COL.; 94'; ITALIA, 1961.

MALEVIL ★★
Regia di CHRISTIAN DE CHALONGE. Con ROBERT DHÉRY, JACQUES DUTRONC, MICHEL SERRAULT. ■ Un paesino della Francia viene distrutto da una bomba atomica. I sopravvissuti rimangono isolati dal resto del mondo e vivono solo dei prodotti della terra. Ma a turbare la loro pace arrivano altri sopravvissuti per rubare i loro raccolti. Sarà la guerra, e gli esseri umani riprenderanno ad ammazzarsi e a odiarsi come prima. ■ DRAMMATICO; COL.; 119'; FRANCIA, 1980.

MALFATTORI, I *(Los atracadores)* ★★
Regia di FRANCISCO ROVIRA-BELETA. Con PIERRE BRICE, MANUEL GIL, AGNÈS SPAAK. ■ Tre ragazzi formano un affiatato gruppetto di ladruncoli. Nel corso di un'impresa uccidono una delle loro vittime. ■ DRAMMATICO; B/N; 92'; SPAGNA, 1962.

MALIA ★★
Regia di GIUSEPPE AMATO. Con ROSSANO BRAZZI, GINO CERVI, MARIA DENIS, ROLDANO LUPI, ANNA PROCLEMER. ■ Tratto da un racconto di Capuana. Una donna fa preparare una fattura per assicurare la felicità matrimoniale alla sorella. A causa di uno sbaglio è lei ad esserne preda e a cedere al cognato. Il suo fidanzato finirà con l'ammazzarlo. ■ DRAMMATICO; B/N; 94'; ITALIA, 1946.

MALIARDA, LA *(La noche del sabado)* ★★
Regia di RAFAEL GIL. Con RAFAEL DURAN, MARIA FELIX, LUIS HURTADO, VIRGILIO TEXEIRA. ■ Un nobile si innamora della donna che ha fatto da modella per una statua. Il carattere di lui, possessivo e violento, convince però la donna a fuggire e a sposare un altro. ■ DRAMMATICO; B/N; 91'; SPAGNA, 1950.

MALIA, VERGINE E DI NOME MARIA ★★
Regia di SERGIO NASCA. Con CINZIA DE CAROLIS, TINO CARRARO, ANDRÉA FERRÉOL, TURI FERRO, LEOPOLDO TRIESTE. ■ In un quartiere di baraccati della periferia torinese, dominato da vizi, superstizione e prostituzione, la quattordicenne Maria rimane incinta apparentemente senza aver avuto rapporti sessuali. Si grida subito al miracolo e la ragazza viene fatta oggetto di culto religioso. Ma la verità è ben diversa e la vicenda avrà un tragico epilogo. ■ DRAMMATICO; COL.; 95'; ITALIA, 1975.

MALIBU COLLEGE CALIFORNIA – QUALSIASI COSA *(Nobody's Perfect)* ★★
Regia di ROBERT KAYLOR. Con PATRICK BREEN, KIM FLOWERS, CHAD LOWE, GAIL O'GRADY. ■ Stephen, innamorato di Shelly, riesce a introdursi nel college di lei e, in abiti femminili, ad acquistare la sua simpatia. I due fanno un ottimo doppio a tennis. Dopo un susseguirsi di gag relative Stephen conquista l'amore della contesissima Shelley. Filmetto insignificante sull'onda di una situazione che aveva fatto la leggenda di *A qualcuno piace caldo*. ■ COMMEDIA; COL.; 89'; USA, 1992.

MALICE – IL SOSPETTO *(Malice)* ★★★
Regia di HAROLD BECKER. Con ALEC BALDWIN, ANNE BANCROFT, NICOLE KIDMAN, BILL PULLMAN. ■ All'inizio siamo in presenza del solito serial killer. Ma ben presto l'attenzione si sposta su Tracy, una Nicole Kidman abilissima nel delineare un personaggio ambiguo che si confronta senza falsi pudori con le *dark lady* del noir riuscendo a non sfigurare. ■ THRILLER; COL.; 107'; USA, 1993.

MALIGNO, IL *(The Devil's Rain)* ★★★
Regia di ROBERT FUEST. Con EDDIE ALBERT, ERNEST BORGNINE, IDA LUPINO, WILLIAM SHATNER. ■ Un cast di vecchie glorie per la storia di uno stregone che torna dal mondo dei morti per vendicarsi sui discendenti del traditore che mandò al rogo la sua setta. ■ HORROR; COL.; 85'; USA, 1975.

MALINA ★★
Regia di WERNER SCHROETER. Con MATHIEU CARRIÈRE, ISABELLE HUPPERT, CAN TOGAY. ■ Storia della crisi psicologica di una donna, divisa tra due uomini e i fantasmi del passato (il padre era nazista). Grande, anche se volutamente sopra le righe, l'interpretazione della Huppert. ■ DRAMMATICO; COL.; 121'; AUSTRIA, GERMANIA, 1991.

MALINCONICO AUTUNNO ★★
Regia di RAFFAELLO MATARAZZO. Con MIGUELITO GIL, AMEDEO NAZZARI, YVONNE SANSON. ■ Un bambino deve rifondere i danni di un guaio che ha combinato; un marinaio, commosso dalla sua storia, gli dà il denaro necessario. ■ COMMEDIA; B/N; 98'; ITALIA, 1958.

MALIZIA ★★★
Regia di SALVATORE SAMPERI. Con LAURA ANTONELLI, TINA AUMONT, LILLA BRIGNONE, TURI FERRO, ALESSANDRO MOMO. ■ Un vedovo con tre figli si innamora di una procace cameriera e vuole sposarla; lei accetta a patto che anche i figli acconsentano al loro matrimonio. ■ COMMEDIA; COL.; 99′; ITALIA, 1973. ■ DAVID DI DONATELLO 1 PR, 1 NOM.

MALIZIA DUEMILA ★★
Regia di SALVATORE SAMPERI. Con ROBERTO ALPI, LAURA ANTONELLI, LUCA CECCARELLI, TURI FERRO, BARBARA SCOPPA. ■ Nel 1973 il film *Malizia* fece molto scalpore. La sensualità di Laura Antonelli doveva confrontarsi con gli scalpitanti desideri del giovane di casa. Ora sono passati vent'anni, l'Antonelli, non più giovane, pregiudica in parte l'efficacia del film, e una trama del tutto simile a quella di *Malizia* ci fa assistere solo ad un noioso remake. ■ COMMEDIA; COL.; 105′; ITALIA, 1991.

MALIZIOSAMENTE *(L'étreinte)* ★★
Regia di PAUL COLLET. Con BRIGITTE KOWALTCHUK, LAETITIA SOREL, NATHALIE VERNIER, DANIELLE VIGOT. ■ Un'orfana ospite da una zia viene allontanata di casa perché si è portata a letto il suo amante. Stabilitasi a Parigi come cameriera, attira le voglie di una nera che le fa scoprire la sua vera natura. ■ DRAMMATICO; B/N; 90′; BELGIO, 1969.

MALIZIOSE, LE *(Les félines)* ★★
Regia di DANIEL DAERT. Con JACQUES INSERMINI, PAULINE LARRIEU, JEANINE REYNAUD. ■ La direttrice di una casa di mode, sconvolta perché si sente diventare vecchia e perché il marito la tradisce con una delle sue indossatrici, si vendica in maniera crudelissima: fa conoscere al coniuge una ragazza ancora più giovane e più bella dell'amante in carica e assiste trionfante al declino della rivale numero uno. ■ DRAMMATICO; COL.; 80′; FRANCIA, 1972.

MALOCCHIO ★★
Regia di MARIO SICILIANO. Con RICHARD CONTE, ANTHONY STEFFEN, PILAR VELASQUEZ. ■ Peter è un playboy che un giorno, improvvisamente e senza ragione, uccide un uomo, poi un secondo. La polizia indaga, ma brancola nel buio. Peter frequenta un certo "dottore" che fa strane pratiche. Intanto le uccisioni continuano. Alla fine si scopre che il povero Peter non agiva di sua volontà, ma spinto dal diabolico potere del "dottore". ■ HORROR; COL.; 91′; ITALIA, 1975.

MALOMBRA ★★★★
Regia di MARIO SOLDATI. Con ANDREA CHECCHI, IRASEMA DILIAN, ISA MIRANDA, GUALTIERO TUMIATI. ■ Adattamento del romanzo di Antonio Fogazzaro con un cast di eccezione e una misurata e sapiente regia dello scrittore torinese Mario Soldati. Soldati riesce a ricreare magistralmente il crepuscolarismo di Fogazzaro tingendolo di sfumature surreali che imprimono al film un misterioso incanto, determinato anche dalle continue citazioni alla figurazione impressionista e macchiaiola. Vetta indiscussa del cinema di Soldati che reinterpreta il grande cinema europeo di Feyder. Malombra vive in una lugubre villa sul lago di Como. Impazzisce e crede che in lei sia reincarnata una parente suicida. Ucciderà il marito della defunta e un ammiratore in procinto di lasciarla. Quindi si toglierà la vita nello stesso modo della parente. ■ DRAMMATICO; B/N; 132′; ITALIA, 1942.

MALONE UN KILLER ALL'INFERNO *(Malone)* ★★
Regia di HARLEY COKLISS. Con LAUREN HUTTON, BURT REYNOLDS, CLIFF ROBERTSON. ■ Un ex agente della Cia trova rifugio in una sperduta valle dell'Oregon. Ma lì deve vedersela con un possidente paranoico che prepara un colpo di Stato e crede che Malone sia un killer mandato per uccidere. ■ AVVENTURA; COL.; 92′; USA, 1986.

MALOU ★★
Regia di JEANINE MEERAPFEL. Con INGRID CAVEN, HELMUT GRIEM, GRISCHA HUBER. ■ Una donna in crisi di identità e con problemi di incomprensione con il marito cerca di capirsi ricostruendo la vita di sua madre Malou, che lei conobbe appena prima della morte. Ma forse neppure l'aver ritrovato le sue radici la aiuterà a superare la crisi. ■ DRAMMATICO; COL.; 91′; GERMANIA, 1981.

MALPERTIUS ★★
Regia di HARRY KUMEL. Con MATHIEU CARRIÈRE, SUSAN HAMPSHIRE, ORSON WELLES. ■ Dal romanzo di Jean Ray. Ambiziosissimo horror fantasy (che in realtà si galvanizza solo quando è in scena Orson Welles, favoloso burattinaio). Le anime dei personaggi della mitologia greca (Prometeo, la Gorgone) rivivono sotto le spoglie degli ospiti di un vecchio castello. Un giovane marinaio s'innamora di una donna che purtroppo è la reincarnazione della terribile Gorgone. Il giovanotto rimarrà pietrificato. ■ HORROR; COL.; 124′; FRANCIA, 1972.

MALQUERIDA, COLEI CHE NON SI DEVE AMARE, LA *(La Malquerida)* ★★
Regia di EMILIO FERNANDEZ. Con PEDRO ARMENDARIZ, DOLORES DEL RIO, COLUMBA DOMINGUEZ. ■ La figlia di una vedova si innamora del secondo marito di lei. Ha la prova di essere ricambiata quando lui uccide un rivale che voleva rapirla. L'uomo si allontana perché teme la vendetta dei parenti del defunto, ma torna alla notizia che la ragazza vuole prendere i voti. ■ DRAMMATICO; B/N; 94′; MESSICO, 1949. ■ VENEZIA 1 PR.

MALVAGITÀ *(Tag 56)* ★★
Regia di ANDERS HENRIKSON. Con GEORGE FANT, ANDERS HENRIKSON, AINO TAUBE. ■ Una moglie trascurata si sente rifiutare la proposta di separazione e decide di uccidere il marito. Fallito il tentativo, diventa l'amante di un suo collega. Scoprirà che fa la spia a favore di un'altra nazione. L'uomo, durante la fuga precipitosa, muore accidentalmente. ■ DRAMMATICO; B/N; 92′; SVEZIA, 1944.

MAMÀ COMPIE CENTO ANNI ★★★
(Mamá cumple cien años)
Regia di CARLOS SAURA. Con GERALDINE CHAPLIN, FERNANDO FERNÁN GÓMEZ, AMPARO MUÑOZ. ■ Apologo sulla Spagna degli anni Settanta (ancora sospesa tra vecchio e nuovo) raccontato prendendo lo spunto da una riunione di famiglia altoborghese per festeggiare i cento anni della matriarca. La nuora della vecchia vuol vendere i terreni circostanti la villa. Ma non può finché la suocera è viva. Allora cerca di farla fuori. Ma l'ex istitutrice della famiglia sventa il suo piano. ■ DRAMMATICO; COL.; 105′; SPAGNA, 1979. ■ OSCAR 1 NOM.

MAMAN COLIBRI ★★
Regia di JEAN DRÉVILLE. Con JEAN-PIERRE AUMONT, HUGUETTE DUFLOS, JEAN WORMS. ■ Una donna trascurata dal marito diventa amante di un ufficiale che dopo qualche tempo, perde la testa per un'altra e la lascia. Lei allora decide di ritornare dal marito. Il reinserimento nella famiglia non è facile. ■ COMMEDIA; B/N; 99′; FRANCIA, 1937.

M'AMA NON M'AMA *(À la folie... pas du tout)* ★★
Regia di LAETITIA COLOMBANI Con ISABELLE CARRÉ, SAMUEL LE BIHAN, AUDREY TAUTOU. ■ Angelica è innamorata di un cardiologo sposato e le cose non vanno come lei vorrebbe. Il film gioca sull'appeal nei confronti del pubblico della protagonista di *Amelie* senza però sviluppare a sufficienza le difficoltà del nuovo personaggio adattandole all'attrice. È difficile portare con sé il peso di un film vincente al botteghino. La Colombani non aiuta la Tautou. ■ SENTIMENTALE; COL.; 92′; FRANCIA, 2002.

MAMBA ★★
Regia di MARIO ORFINI. Con GREGG HENRY, TRUDIE STYLER. ■ Un marito vuol uccidere la moglie e la chiude nel suo appartamento sola con un mamba (il più velenoso e pericoloso dei serpenti). Ma la donna non si lascia ammazzare dal rettile. Anzi architetta una trappola per far fuori il consorte mascalzone. ■ THRILLER; COL.; 74′; ITALIA, 1988.

MAMBO ★★★
Regia di ROBERT ROSSEN. Con VITTORIO GASSMAN, SILVANA MANGANO, MICHAEL RENNIE, SHELLEY WINTERS. ■ Una ragazza, spinta dall'amante ad accettare la relazione con un ricco nobile, preferisce abbandonare tutto e diventare ballerina. Tempo dopo, reduce da grandi successi ma in contrasto con la compagnia, riprende a vivere con l'amante. Il nobile intanto le chiede di diventare sua moglie; lei accetta e si innamora di lui. Quando lui muore ne rifiuta l'eredità e riprende a ballare. ■ DRAMMATICO; B/N; 110′; ITALIA, 1954.

MAMBO ITALIANO ★★
Regia di ÉMILE GAUDREAULT. Con CLAUDIA FERRI, LUKE KIRBY, SOPHIE LORAIN, PETER MILLER, TIM POST, GINETTE RENO, PAUL SORVINO. ■ Angelo è figlio di genitori italiani all'antica, emigrati a Montreal, in Canada. Il ragazzo shockerà la famiglia, quando deciderà di andare a vivere da solo, senza essere sposato. Lo shock sarà ancora più grande quando i genitori scopriranno che il loro amato figlio è gay. Commedia dai toni vivaci ed ironici, ritratto della tipica famiglia italiana che la regista canadese ritrae con leggerezza, evitando con stile i luoghi comuni. ■ COMMEDIA; COL.; 90'; CANADA, 2003.

MAMBO KINGS, THE ★★
Regia di ARNE GLIMCHER. Con ARMAND ASSANTE, ANTONIO BANDERAS, CATHY MORIARTY. ■ Un drammone in piena regola sostenuto, ma nemmeno troppo, dai ritmi frenetici del mambo, la danza proveniente da Cuba. È la storia di due fratelli molto diversi tra loro. Il più introverso ha problemi esistenziali e non potendo realizzare i propri sogni si lascia cadere nell'alcolismo. Banderas, l'attore preferito da Almodóvar, è alla sua prima esperienza statunitense. ■ DRAMMATICO; COL.; 105'; USA, 1992. ■ GOLDEN GLOBES 1 NOM; OSCAR 1 NOM.

MAME ★★★
Regia di GENE SAKS. Con BEATRICE ARTHUR, LUCILLE BALL, JANE CONNELL, BRUCE DAVISON, KIRBY FURLONG, ROBERT PRESTON. ■ Questo spumeggiante musical, trasposizione cinematografica dello spettacolo teatrale di Jerome Lawrence e Robert E. Lee, tratto a sua volta dal romanzo di Patrick Dennis, è ambientato nell'America a cavallo tra gli anni Venti e gli anni Trenta, e ruota attorno al personaggio di Mame Dennis, una ricca donna di mezza età, eccentrica e piena di gioia di vivere, con un grande senso dell'umorismo. La sua vita cambia quando le viene affidato il suo nipotino orfano di dieci anni, Patrick. Cosa questa che le fa avere non poche noie con la sua migliore amica, Vera, una donna dell'alta società dedita ad organizzare party e al consumo di martini, che non sopporta i bambini e non concepisce l'idea di avere una famiglia. Si tratta di una gradevole e vivace commedia musicale (portata in teatro con grande successo qualche anno prima da Angela Lansbury), che vanta ottime musiche e una splendida interpretazione da parte di Lucille Ball. All'epoca il film venne però fortemente attaccato dalla critica, che considerava la Ball troppo in là con gli anni per la parte, e dotata di scarse doti canore. Anche il pubblico non sembrò gradire troppo la pellicola, e la Ball ne rimase fortemente turbata, tanto da abbandonare per sempre il cinema. ■ MUSICAL; COL.; 132'; USA, 1974.

MA MÈRE ★
Regia di CHRISTOPHE HONORÉ. Con EMMA DE CAUNES, PHILIPPE DUCLOS, LOUIS GARREL, ISABELLE HUPPERT. ■ Rifiutato dal Festival di Cannes, il film ripercorre una morbosa vicenda edipica irrisolta. La storia, ispirata da un romanzo di Georges Bataille, ha come oggetto l'amore di un figlio per la madre la quale lo porta per mano nella perdizione della propria vita. Il regista Christophe Honoré ha dichiarato di essersi ispirato a Sofocle e di unire realtà e finzione per alleggerire i contenuti che sono duri ed espliciti, molto più di quanto risultino sulle pagine scritte da Bataille. Il film è invece un inno alla bravura di Isabelle Huppert ma delude per la lentezza eccessiva e per la ricerca dello scandalo fine a se stessa. ■ DRAMMATICO; COL.; 110'; FRANCIA, 2004.

MAMI IL FIGLIO DELLA GIUNGLA ★★
(It Happened at Lakewood Manor)
Regia di ROBERT SCHEERER. Con JOHN AMOS, TIM CONWAY, ROSCOE LEE BROWNE, JEAN-MICHAEL VINCENT. ■ Milo e Sam, due preparatori atletici, partono per una vacanza in Africa. Qui scoprono un giovane capace di correre a velocità da primato e decidono di portarlo in America per allenarlo e farne un atleta di prima grandezza. Il ragazzo non vuole assecondarli, subito perlomeno. ■ AVVENTURA; COL.; 90'; USA, 1977.

MAMMA *(Over the Hill)* ★★
Regia di HENRY KING. Con JAMES DUNN, JAMES KIRKWOOD, MAE MARSH. ■ Una madre di numerosa prole è stata confinata da uno dei figli all'ospizio dei poveri. Un altro figlio torna a casa dopo molti anni, dà una lezione al fratello e riporta la mamma a casa con tutti gli onori. ■ DRAMMATICO; COL.; 92'; USA, 1931.

MAMMA ★★
Regia di GUIDO BRIGNONE. Con CARLO CAMPANINI, BENIAMINO GIGLI, EMMA GRAMATICA, CAROLA HÖHN. ■ Un celebre tenore torna a casa con la donna che ha appena sposato. Lei non sopporta la vita di provincia e si lascia tentare da un corteggiatore. La suocera, saputo che la nuora ha intenzione di fuggire con lui, supplica il seduttore di desistere e questi accetta. Poco dopo muore serena perché ha raggiunto lo scopo. ■ DRAMMATICO; B/N; 90'; ITALIA, 1940.

MAMMA DI UN ANGELO ★
(A Mother's Day: All She Ever Wanted)
Regia di MICHAEL SCOTT. Con MARCIA CROSS, LEILA KENZIE, JAMES MARSHALL. ■ Una ragazza neurologicamente compromessa deve curarsi con il litio. Questa tragica circostanza non le permette di diventare madre. Decisa però ad avere un bambino smette la cura pregiudicando la propria salute. ■ DRAMMATICO; COL.; 110'; USA, 1996.

MAMMA EBE ★★
Regia di CARLO LIZZANI. Con BARBARA DE ROSSI, IDA DI BENEDETTO, CASSANDRA DOMENICA. ■ Carlo Lizzani ricostruisce a "botta calda" (il processo a "Mamma Ebe" era appena concluso) la vicenda di Ebe Giorgini, detta Mamma Ebe dai suoi adepti, santona accusata di truffa e di plagio, attraverso diverse testimonianze. La giovane Laura continua a ritenerla una santa, una prostituta ha capito di essere stata imbrogliata e cerca vendetta. Le accuse sono pesanti, la condanna da dieci anni si riduce a sei con gli arresti domiciliari. Qualche morbosità in più del necessario. ■ DRAMMATICO; COL.; 103'; ITALIA, 1985. ■ VENEZIA 1 PR.

MAMMA HO PERSO L'AEREO *(Home Alone)* ★★
Regia di CHRIS COLUMBUS. Con MACAULAY CULKIN, JOE PESCI, DANIEL STERN. ■ Diretto dallo sceneggiatore di *Goonies* e *Gremlins*, il film ha rubacchiato l'idea dal francese *Un minuto a mezzanotte* (1989). Due famiglie decidono di andare in vacanza in Francia, così i componenti se ne partono allegri, pimpanti e un po' nervosi. La madre di Kevin però ha rinchiuso il bambino in soffitta, in castigo. Così nella fretta Kevin viene dimenticato a casa. All'inizio si diverte un mondo ma poi comincia a preoccuparsi, soprattutto quando giungeranno a fargli visita due ladri alquanto maldestri. Li sistemerà per le feste (siamo a Natale). Dopo un ottimo inizio il film perde un po' di ritmo per poi riprenderlo verso il finale. Tra Disney e Spielberg il film annota anche la piccola partecipazione di John Candy. Il bambino protagonista è diventato subito una star. ■ COMMEDIA; COL.; 106'; USA, 1990. ■ GOLDEN GLOBES 2 NOM; OSCAR 2 NOM.

MAMMA HO PRESO IL MORBILLO *(Home Alone 3)* ★
Regia di RAJA GOSNELL. Con OLEK CRUPA, KEVIN KILNER, ALEX LINZ. ■ Alex è a letto col morbillo. In un suo giocattolo è finito un chip che un paio di delinquenti vogliono assolutamente recuperare. Ma Alex li concia per le feste. Clone della serie *Mamma ho perso l'aereo*. Macaulay ormai è un adolescente, Alex dovrebbe sostituirlo. Film per bambini e spiriti semplici. ■ COMMEDIA; COL.; 102'; USA, 1997.

♥ MAMMA HO RIPERSO L'AEREO: MI SONO SMARRITO A NEW YORK ★★★
(Home Alone 2 – Lost in New York)
Regia di CHRIS COLUMBUS. Con MACAULAY CULKIN, TIM CURRY, JOE PESCI, DANIEL STERN. ■ Seguito di *Mamma ho perso l'aereo*. Tutto sembra apparentemente come nel primo episodio e infatti il canovaccio si ripete. In realtà il ritmo è più sostenuto, non ci sono cadute di tono, le cose sono esagerate a livelli di *cartoon*. I cattivi vengono torturati all'infinito ma si rialzano sempre come Willie Coyote e Bip Bip. Kevin, il piccolo protagonista, questa volta non perde l'aereo. Semplicemente decolla con quello sbagliato. E mentre la sua famiglia parte per la Florida, dove trova acquazzoni e temporali, lui si diverte nel più costoso albergo di New York usando la carta di credito di papà. Nel frattempo però sono fuggiti di prigione i due loschi figuri del primo episodio. Da sottolineare, oltre all'interpretazione "fuori" di Joe Pesci, le esilaranti moine e le

smorfie ambigue di Tim Curry (*Rocky Horror Picture Show*) nel ruolo del portiere d'albergo. Grande campione d'incassi, soprattutto negli Usa. ■ COMMEDIA; COL.; 114'; USA, 1992.

MAMMA, HO TROVATO UN FIDANZATO ★
(Son in Law)
Regia di STEVE RASH. Con CARLA GUGINO, PAULY SHORE, LANE SMITH. ■ Ovvero, quando la titolistica italiana ricorre a comodi fenomeni di sfruttamento. Una ragazza torna dal college con il tipico californiano "fuso di testa" da presentare ai suoi, una normalissima famiglia di agricoltori. Mentre il giovane grullo si cimenta nella vita di campagna, anche i genitori di lei hanno modo di superare lo sconcerto iniziale. ■ COMMEDIA; COL.; 91'; USA, 1992.

MAMMA, I LADRI! *(Remote)* ★
Regia di TED NICOLAOU. Con JESSICA BOWMAN, CHRIS CARRARA, JOHN DIEHL, TONY LONGO. ■ Fin dal titolo è evidente il richiamo al prototipo *Mamma, ho perso l'aereo!* Il protagonista è un tredicenne esperto in giocattoli elettronici e telecomandati a distanza che, rimasto solo in casa, deve far fronte a tre rapinatori in fuga. Come da repertorio, la tecnologica difesa del ragazzino mette in scacco gli sprovveduti furfanti. ■ COMMEDIA; COL.; 77'; USA, 1993.

MAMMA MIA! ★★★★
Regia di PHYLLIDA LLOYD. Con PIERCE BROSNAN, COLIN FIRTH, STELLAN SKARSGARD, MERYL STREEP, JULIE WALTERS. ■ Grecia, 1999. La giovane Sophie ha un sogno: conoscere suo padre e farsi condurre all'altare nell'incantevole isola di Kalokairi. Alla vigilia delle sue nozze con Sky ha scoperto il diario segreto e i segreti del cuore della madre, una figlia dei fiori che praticava il sesso e l'amore ieri, una donna indipendente e piena di vita che gestisce un piccolo hotel sul mare di Afrodite, oggi. All'insaputa di Donna, Sophie invita alle nozze i suoi potenziali padri: un uomo d'affari, un avventuriero e un banchiere impacciato. Scoperta molto presto la loro presenza sull'isola, Donna li invita "amabilmente" a rimettersi in mare ma niente andrà come previsto. A ragione *Mamma mia!* è ambientato nel Mediterraneo perché l'acqua, nel musical di Phillida Lloyd, è il filtro deformante che veicola gli sguardi dei protagonisti e spuma l'amore fino ai cuori. Il tutto cadenzato dalle canzoni degli Abba. ■ MUSICAL; COL.; 108'; USA, GRAN BRETAGNA, GERMANIA, 2008.

MAMMA MIA, CHE IMPRESSIONE! ★★
Regia di ROBERTO SAVARESE. Con CARLO GIUSTINI, GIOVANNA PALA, ALBERTO SORDI. ■ Un film discreto in cui Sordi la fa da padrone: è un giovane insicuro che cerca senza successo di farsi amare dalla fanciulla che ha scelto. ■ COMMEDIA; B/N; 98'; ITALIA, 1951.

MAMMA MI COMPRI UN PAPÀ? *(The Maid)* ★★
Regia di IAN TOYNTON. Con JACQUELINE BISSET, JEAN-PIERRE CASSEL, MARTIN SHEEN. ■ Un uomo d'affari americano smette di fare il *tombeur de femmes* proprio a Parigi, quando decide di lasciarsi irretire da una sola donna, sua collega. ■ COMMEDIA; COL.; 87'; FRANCIA, USA, 1990.

MAMMA NON TI SPOSARE *(Three Daring Daughters)* ★★
Regia di FRED MCLEOD WILCOX. Con JOSÉ ITURBI, JEANETTE MACDONALD, JANE POWELL. ■ Le tre figlie di una divorziata vorrebbero che la madre si riunisse al marito. Lei, però, durante un viaggio, si innamora di Iturbi, famoso musicista, e lo sposa. ■ MUSICAL; COL.; 115'; USA, 1948.

MAMMA NON TORNA PIÙ, LA *(Little Mister Jim)* ★★
Regia di FRED ZINNEMANN. Con JAMES CRAIG, FRANCES GIFFORD, JACK BUTCH JENKINS. ■ Un soldato, al quale è morta la moglie di parto, non trova conforto al dolore e si ubriaca perennemente. Il piccolo figlio viene così allevato da un cuoco cinese con grande scandalo nell'ambiente militare. Si scoprirà che l'orientale ha il grado di generale e perciò dovrà partire. ■ DRAMMATICO; B/N; 89'; USA, 1946.

MAMMA, PERDONAMI! ★★
Regia di GIUSEPPE VARI. Con LIA AMANDA, PAOLA BORBONI, GIACOMO RONDINELLA. ■ Una ragazza di campagna rimane incinta durante una vacanza in città e preferisce nascondere il segreto ai genitori. Dopo il parto viene ospitata da un'amica e si mette a cantare in un locale. Costretta a vendere un anello per curare il piccolo ammalato, la ragazza viene accusata di furto, ma il vero ladro la discolpa. ■ COMMEDIA; B/N; 91'; ITALIA, 1954.

MAMMA PER DUE PAPÀ, UNA ★
(Les deux papas et la maman)
Regia di JEAN-MARC LONGVAL, FAIROUZE SMAÏN. Con ANTOINE DE CAUNES, ARIELLE DOMBASLE, SMAÏN. ■ Una coppia vuole un figlio ma lui è sterile. Decidono allora per l'inseminazione artificiale. Il donatore sarà uno yuppie arabo che però metterà a rischio la propria virilità. Commediola francese più volgare che multietnica. ■ COMMEDIA; COL.; 90'; FRANCIA, 1996.

MAMMA ROMA ★★★
Regia di PIER PAOLO PASOLINI. Con FRANCO CITTI, ETTORE GAROFALO, ANNA MAGNANI. ■ Una prostituta, Mamma Roma, abbandona il marciapiede dopo il matrimonio del suo protettore e inizia una attività onesta. Suo figlio non l'ama, la donna tuttavia vuole assicurargli un futuro senza problemi e gli trova un impiego. Ma il ragazzo preferisce rubare. ■ DRAMMATICO; B/N; 114'; ITALIA, 1962.

MAMMASANTISSIMA, IL ★★
Regia di ALFONSO BRESCIA. Con MALISA LONGO, MARIO MEROLA, BIAGIO PELLIGRA. ■ Don Vincenzo, un potente contrabbandiere partenopeo, fa uno "sgarbo" a due rivali che si vendicano violentandone e uccidendone la figlia. Moriranno a loro volta per mano di don Vincenzo che, compiuta la sua vendetta, si consegnerà alla legge. ■ DRAMMATICO; COL.; 88'; ITALIA, 1979.

MAMMA SCONOSCIUTA ★★
Regia di CARLO CAMPOGALLIANI. Con ALBERTO FARNESE, CLELIA MATANIA, JANET VIDOR. ■ Una vedova si risposa, ma il primo marito, dato per morto con la figlia, le ricompare davanti. La donna lo paga perché scompaia: lui, però, non mantiene i patti. Il secondo marito crede di essere stato tradito e la caccia; poi, pentito, la salva appena in tempo dalle ire dell'ex coniuge. Questi finisce sotto un treno. ■ DRAMMATICO; B/N; 93'; ITALIA, 1956.

MAMMA TI RICORDO! *(I Remember Mama)* ★★★
Regia di GEORGE STEVENS. Con BARBARA BEL GEDDES, ELLEN CORBY, IRENE DUNNE, OSCAR HOMOLKA. ■ Una ragazza scrive una novella basata sulla sua vita familiare, in cui si narra specialmente la storia della sua straordinaria mamma, che è riuscita ad ottenere una raccomandazione per la figlia e ad assicurarle così il successo letterario. ■ COMMEDIA; B/N; 134'; USA, 1948. ■ OSCAR 4 NOM.

MAMMINA CARA *(Mommie Dearest)* ★★
Regia di FRANK PERRY. Con FAYE DUNAWAY, STEVE FORREST, DIANA SCARWID. ■ Tratto dal romanzo autobiografico di Christine Crawford, il film narra le presunte crudeltà materne della diva Joan Crawford, dipinta come una nevrotica alcolizzata. Un film crudo sempre sopra le righe. Forse Christine racconta la verità, ma a una Crawford vista esclusivamente come un prontuario di miserie umane è difficile credere, nonostante l'innegabile impegno della Dunaway. ■ DRAMMATICO; COL.; 129'; USA, 1981.

MAMMUTH ★★
Regia di BENOIT DELEPINE, GUSTAVE DE KERVERN. Con ISABELLE ADJANI, BLUTCH, GERARD DEPARDIEU, YOLANDE MOREAU, BENOIT POELVOORDE. ■ Mammuth, così soprannominato dal nome della moto degli anni '70 che non usa più da tempo, va in pensione a 60 anni. Ha lavorato da quando ne aveva 16 e l'ultimo datore di lavoro (in un mattatoio) gli riconosce di non aver mai fatto un giorno di assenza. Ora Mammuth non sa come trascorrere le giornate, ma una soluzione gli arriva dalla ricostruzione dei contributi pensionistici. Nel passato l'uomo ha lavorato in diversi luoghi e molti si sono "dimenticati" di versare il dovuto. Mammuth sale allora sulla moto e parte alla ricerca di documenti ripercorrendo così le strade della sua gioventù. ■ COMMEDIA; COL.; 92'; FRANCIA, 2010.

MANAOS ★★
Regia di ALBERTO VASQUEZ FIGUEROA. Con AGOSTINA BELLI, FLORINDA BOLKAN, JORGE RIVERO, FABIO TESTI. ■ Alla fine dell'Ottocento, i piantatori di gomma nei pressi di Manaos, in Amazzonia, trattano come schiavi i loro dipendenti per poter fronteggiare la concorrenza inglese, ma gli sfruttati si ribellano san-

guinosamente. ■ AVVENTURA; COL.; 92′; ITALIA, MESSICO, SPAGNA, 1980.

MANCHURIAN CANDIDATE, THE ★★
Regia di JONATHAN DEMME. Con KIMBERLY ELISE, VERA FARMIGA, SAKINA JAFFREY, DAVID KEELEY, LIEV SCHREIBER, MERYL STREEP, JON VOIGHT, DENZEL WASHINGTON, JEFFREY WRIGHT. ■ Jonathan Demme si confronta con John Frankenheimer nel remake di *Va' e uccidi* (in originale *The Manchurian Candidate*) del 1962, per affrontare il tema caldo delle elezioni presidenziali. Il capitano dell'esercito degli Stati Uniti Bennet Marco viene salvato dal sergente Raymond Shaw nel corso di un'imboscata durante la guerra del Golfo in cui perdono la vita due uomini. Shaw, eroe di guerra, prosegue la sua ascesa fino ad arrivare a candidarsi per la vicepresidenza degli Stati Uniti ma nella mente di Marco ci sono dei punti oscuri. Lentamente i dubbi affiorano e si delineano le certezze. Costruito con un climax drammatico, come se fosse una bomba a orologeria, il film di Demme soffre per la lunghezza e per l'approfondimento dei dettagli della storia. Denzel Washington, nel ruolo che era di Sinatra, si muove bene e interpreta il dramma di un uomo che vede i valori in cui crede ciecamente disintegrarsi davanti agli occhi; Meryl Streep, madre del candidato, è perfida al punto giusto. Una citazione per il montaggio serrato della sequenza finale. Incessante, denso di tensione, un vero *countdown*. ■ THRILLER; COL.; 132′; USA, 2004. ■ GOLDEN GLOBES 1 NOM.

MANCIA COMPETENTE *(Trouble in Paradise)* ★★★★
Regia di ERNST LUBITSCH. Con KAY FRANCIS, MIRIAM HOPKINS, EDWARD EVERETT HORTON, HERBERT MARSHALL, CHARLES RUGGLES. ■ Una coppia di simpatici e abilissimi ladri di gioielli si intrufola nella casa di una ricca signora parigina; l'uomo si spaccia per segretario, la ragazza per dattilografa. Il giovanotto e la signora finiranno per innamorarsi, ma la loro storia finirà malinconicamente nel nulla. ■ COMMEDIA; B/N; 83′; USA, 1932.

MANCIATA D'ODIO, UNA *(Short Grass)* ★★
Regia di LESLEY SELANDER. Con ROD CAMERON, CATHY DOWNS, JOHNNY MACK BROWN. ■ Alcuni banditi perseguitano gli allevatori di bestiame dai quali pretendono grosse tangenti, pena la vita. Un pistolero buono uccide uno dei capi e fugge dopo aver restituito il maltolto. ■ WESTERN; B/N; 90′; USA, 1950.

MANDARINA, LA *(La mandarine)* ★★★
Regia di EDOUARD MOLINARO. Con MARIE-HÉLÈNE BREILLAT, ANNIE GIRARDOT, PHILIPPE NOIRET, MADELEINE RENAUD. ■ Mémé ha un albergo a Parigi e ci vive contenta con le sue tre nipoti. Un giorno arriva un ragazzo inglese. Due nipotine si innamorano di lui e Mémé non protesta nemmeno. Ci rimane un po' male quando una delle ragazze rimane incinta. L'inglese la sposa, ma può sposarne una sola. ■ COMMEDIA; COL.; 84′; FRANCIA, 1973.

MANDARINO PER TEO, UN ★★★
Regia di MARIO MATTOLI. Con RICCARDO BILLI, ALBERTO BONUCCI, WALTER CHIARI, SANDRA MONDAINI, AVE NINCHI. ■ Due strani personaggi consegnano ad una comparsa un bottone: gli basterà schiacciarlo per arricchirsi, anche se quel gesto costerà la vita ad un mandarino cinese. La comparsa ci prova ed effettivamente entra in possesso di una grossa somma. Più tardi scoprirà che uno dei due sconosciuti è il diavolo, ma rifiuterà le sue proposte. ■ COMMEDIA; COL.; 94′; ITALIA, 1960.

MANDATO DI CATTURA *(Dragnet)* ★★
Regia di JACK WEBB. Con BEN ALEXANDER, RICHARD BOONE, ANN ROBINSON, JACK WEBB. ■ Un malvivente viene ucciso perché non ha restituito del denaro ai suoi capi. I due poliziotti ai quali viene affidato il caso hanno difficoltà a scoprire indizi. ■ POLIZIESCO; B/N; 89′; USA, 1954.

MANDATO DI UCCIDERE *(Assignment to Kill)* ★★★
Regia di SHELDON REYNOLDS. Con JOAN HACKETT, OSCAR HOMOLKA, HERBERT LOM, PATRICK O'NEAL, ERIC PORTMAN. ■ Un bravo detective privato deve trovare le prove di un naufragio doloso. L'uomo che si è fatto risarcire dall'assicurazione, però, uccide la persona in grado di fornirgliele. Il poliziotto si trova in un vicolo cieco, ma una sua amica lo mette di nuovo sulla giusta pista. ■ POLIZIESCO; COL.; 102′; USA, 1969.

MANDERLAY ★★★
Regia di LARS VON TRIER. Con LAUREN BACALL, WILLEM DAFOE, BRYCE DALLAS HOWARD, ISAACH DE BANKOLÉ, DANNY GLOVER, UDO KIER, CHLOË SEVIGNY. ■ Trilogia di von Trier sugli Usa capitolo secondo. Stessa struttura scenografica ma fondamentali cambiamenti degli attori: Bryce Dallas Howard al posto di Nicole Kidman e Willem Dafoe in sostituzione di James Caan. Stessa impronta polemica ma senza calcare sul pedale dell'emozione. Questa in sintesi l'impronta complessiva di *Manderlay* su un tema tabù (anche per il cinema americano e non, che lo ha trattato non a sufficienza e spesso annegandolo in sovrabbondanti dosi di melassa e stereotipi): lo schiavismo. Questa volta Grace si ferma in Alabama dove trova una cittadina, Manderlay, in cui le regole della schiavitù regnano sovrane. Grace ne "libera" gli abitanti e impone la democrazia. Che ha inizio dal decidere a maggioranza che ore sono. Ma la democrazia non si sviluppa per imposizione. Soprattutto con chi non ci è mai stato abituato. Essa richiede poi (in Usa) delle scelte dure. Grace evita la vendetta collettiva nei confronti di una donna che ha rubato il cibo a una bambina malata ma le deve dare la morte "legale" di persona. Von Trier è assolutamente *politically uncorrect* e se ne vanta, affermando che in politica non si può essere *correct*, che non ci debbono essere argomenti tabù altrimenti il dibattito muore. Lo è grazie anche al contributo di due bravi attori neri come Danny Glover e Isaak De Bankolé i quali, pur affermando che si tratta della lettura di un bianco, si dichiarano orgogliosi di avere partecipato a questo film che, frenando sul versante emotivo, riesce a provocare in modo ancora più lucido del solito. ■ DRAMMATICO; COL.; 139′; DANIMARCA, 2005.

MANDINGA ★
Regia di MARIO PINZAUTI. Con ANTONIO GISMONDO, SERAFINO PROFUMO, MARIA ROSARIA RIUZZI. ■ Non l'America, né l'Africa, ma la campagna laziale fa da sfondo a questa intricata storia di morte e di amori più o meno incestuosi, ispirati al successo del film americano *Mandingo*. ■ DRAMMATICO; COL.; 92′; ITALIA, 1976.

MANDINGO ★★★
Regia di RICHARD FLEISCHER. Con SUSAN GEORGE, LILIAN HAYMAN, PERRY KING, JAMES MASON, KEN NORTON, RICHARD WARD. ■ Il Mandingo è un nero che un ricco proprietario dell'Alabama compra con l'intento di farlo accoppiare. Sua moglie, che egli disprezza perché ha avuto altri uomini, per vendetta ci va a letto e ne rimane incinta. Il medico uccide il neonato mulatto, ma il marito scopre ugualmente il tradimento e ammazza sia la moglie che il nero. Nel drammatico finale ci lascia la pelle anche il marito. ■ DRAMMATICO; COL.; 127′; USA, 1975.

MANDOLINO DEL CAPITANO CORELLI, IL ★★★
(Captain Corelli's mandolin)
Regia di JOHN MADDEN. Con JOANNA-DARLA ADRAKTAS, CHRISTIAN BALE, NICOLAS CAGE, PENELOPE CRUZ, JOHN HURT, ASPASIA KRALLI, PATRICK MALAHIDE, VICKY MARAGAKI. ■ Dal romanzo di Louis de Bernières. Il quadro storico è quello della nota vicenda dell'8 settembre del 1943 quando i soldati italiani consegnarono le armi e furono poi trucidati dai nazisti. La vicenda, ambientata in Grecia, vuole che l'unico a salvarsi sia Corelli, il capitano mandolinista che si era innamorato, ricambiato, della bella indigena, già promessa a un pescatore, diventato poi partigiano. Sentimento, amore, separazione e accorato-strappalacrime ritorno finale. Con padre medico saggio e italiani che girano sui camion sempre cantando: *La donna è mobile*, *Giovinezza giovinezza*, *Santa Lucia*. Pur in un contesto edulcorato e fasullo (nessuno, per esempio, è meno italiano del monoespressivo Cage) sempre teso all'occhio e al cuore (e naturalmente all'orecchio) ci sentiamo di salvare il film per una semplice ragione, da non sottovalutare mai: esci e stai meglio. ■ SENTIMENTALE; COL.; 127′; USA, 2001.

MANDRAGOLA, LA ★★★
Regia di ALBERTO LATTUADA. Con JEAN-CLAUDE BRIALY, PHILIPPE LEROY, NILLA PIZZI, ROSANNA SCHIAFFINO, TOTÒ, ROMOLO VALLI. ■ Un notaio fiorentino cerca inutilmente di ingravidare la moglie e la costringe a dolorosi quanto inutili rimedi. Una

specie di gaudente, attratto dalla bellissima donna, si spaccia per medico e, con un abile stratagemma, finisce nel suo letto. Lei ne farà il suo abituale amante. ■ COMMEDIA; B/N; 103'; ITALIA, 1965. ■ DAVID DI DONATELLO 1 PR, 1 NOM; OSCAR 1 NOM.

MANDRAGORA, LA *(Alraune)* ★★★
Regia di HENRIK GALEEN. Con BRIGITTE HELM, IVAN PETROVICH, PAUL WEGENER. ■ Una vecchia leggenda adattata in un romanzo da Hans Heinz Ewers è ripresa in questo film del regista tedesco Galeen. Il dottor Brinken compie un'operazione abietta quanto sorprendente. Preleva il seme di un delinquente impiccato e lo inietta a una prostituta. Nasce così una bimba che deve incarnare il male. Interessante e piuttosto avanti coi tempi sia come tematica scandalosa che come intuizioni futuristiche. ■ FANTASTICO; B/N; 102'; GERMANIA, 1927.

MANDRAGORA, LA *(Alraune)* ★★★
Regia di ARTHUR MARIA RABENALT. Con HILDEGARDE KNEFF, ERIC VON STROHEIM. ■ La figlia di un assassino e di una prostituta dimostra, come aveva previsto il professore, suo padre adottivo, istinti criminali e grande ascendente sul sesso forte. Tutti i suoi corteggiatori muoiono tragicamente. ■ DRAMMATICO; B/N; 91'; GERMANIA, 1952.

MANDRILLO, IL *(Bengelchen liebt kreuz und quer)* ★★
Regia di MARRAN GOSOV. Con HARALD LEIPNITZ, SYBILLE MAAR, BRIGITTE SKAY. ■ Un uomo di mezza età dagli incontenibili appetiti sessuali ha un infarto. I genitori sperano che si decida a mettere su casa. ■ COMMEDIA; COL.; 93'; GERMANIA, 1968.

MANDY, LA PICCOLA SORDOMUTA ★★★
(Mandy – The Crash of Silence)
Regia di ALEXANDER MACKENDRICK. Con PHYLLIS CALVERT, JACK HAWKINS, MANDY MILLER, TERENCE MORGAN. ■ I genitori di una bimba sordomuta hanno opinioni diverse circa la sua educazione: il padre tenta di isolarla per proteggerla, la madre vuole mandarla a una scuola di rieducazione. Tanto lotta e strepita che la spunta. Il miracolo lentamente si compie. ■ DRAMMATICO; B/N; 93'; GRAN BRETAGNA, 1952.

MANET – RITRATTI DI VITA *(Exhibition – Manet)* ★★★
A cura della ROYAL ACADEMY OF ARTS. La mostra di Manet a Londra raccoglie più di cinquanta volti, tra cui quelli della moglie Suzanne Leenhoff e di molti luminari del periodo: Antonin Proust, Zola, Mallarmé, Monet... Ma soprattutto la mostra racconta scene della vita di ogni giorno che rivelano l'approccio moderno e unico nel suo genere di Manet. La critica inglese ha già premiato a pieni voti l'esposizione: il «Times» l'ha definita «Una rara opportunità per vedere alcuni dei più raffinati lavori dell'artista», «The Daily Telegraph» ha parlato di «uno spettacolo indimenticabile», mentre «The Independent» l'ha descritta come «stupefacente, imperdibile». Il produttore Phil Grabsky spiega: «Sono stato spinto dal desiderio di condividere l'emozione di queste grandi mostre con un pubblico più vasto, da Kansas City ad Adelaide, da Osaka a Napoli, da Glasgow a Città del Capo. Per questo per partire abbiamo pensato a tre mostre straordinarie e di altissimo livello. E mi sento di consigliare il film a tutti coloro che non possono raggiungere la Royal Academy ma anche a tutti i visitatori della mostra, perché l'evento al cinema sarà un esperienza che permetterà di entrare ancora di più nel cuore delle opere di Manet». ■ DOCUMENTARIO; COL.; 90'; GRAN BRETAGNA, 2013.

MANETTE E FIORI D'ARANCIO ★★★
(The Amazing Mr. Williams)
Regia di ALEXANDER HALL. Con JOAN BLONDELL, MELVIN DOUGLAS, CLARENCE KOLB. ■ Una simpatica e allegra commedia giallo-rosa: una ragazza teme per l'incolumità del fidanzato poliziotto e spera sempre che si decida a cambiare mestiere. Il caso la coinvolgerà in una avventura a tal punto che si offrirà di entrare nella polizia. ■ COMMEDIA; B/N; 80'; USA, 1939.

MAN FROM LONDON, THE ★★
Regia di BELA TARR. ■ Mainon conduce una vita semplice e senza prospettive ai bordi del mare. Non si accorge quasi della realtà che lo circonda e ha ormai accettato la solitudine in cui è immerso. Finché un giorno diviene testimone di un omicidio. La sua vita subisce uno sconvolgimento. È costretto a chiedersi cosa separi il bene dal male e quale sia la sottile linea che divide l'innocenza dalla complicità. È costretto a porsi domande, che aveva sempre rimosso, sul senso ultimo della vita. Il film è tratto da un romanzo di Georges Simenon. Da un punto di vista estetico si ammirano i lenti movimenti di macchina, ma ci si chiede se siano funzionali alla narrazione. ■ DRAMMATICO; COL.; 132'; FRANCIA, GERMANIA, UNGHERIA, 2007.

MANGANINNIE ★★
Regia di JOHN HONEY. Con PHILIP HINTON, ANNA RALPH, MAWUYUL YANTHALAWUY. ■ Siamo in Tasmania nell'Ottocento. Un'aborigena salva da sicura morte una bambina che si è perduta. ■ DRAMMATICO; COL.; 90'; AUSTRALIA, 1980.

MANGIAGUARDIE, IL *(Themroc)* ★★
Regia di CLAUDE FARALDO. Con FRANCESCA ROMANA COLUZZI, PATRICK DEWAERE, MIOU-MIOU, MICHEL PICCOLI, BEATRICE ROMAND, MARILÙ TOLO. ■ Un operaio resta sconvolto da un diverbio ideologico avuto con un superiore. Una volta a casa, attua una sua personale rivoluzione totale Va a letto con la sorella, trasforma la casa in una caverna, parla a grugniti. La polizia cerca di arrestarlo. È tutto inutile, anzi, il suo modo di essere si propaga rapidamente a tutta la città. ■ COMMEDIA; COL.; 105'; FRANCIA, 1973.

MANGIA IL RICCO *(Eat the Rich)* ★★
Regia di PETER RICHARDSON. Con RONALD ALLEN, PAUL MCCARTNEY, FIONA RICHMOND. ■ Un *pastiche* di commedia e horror che ha come bersaglio la classe dirigente inglese, tanto arrogante quanto sciocca (e di moralità a dir poco elastica). Un cameriere di colore si trova preso in mezzo nella guerra privata fra il primo ministro (un "duro" che picchia personalmente gli oppositori) e il capo del controspionaggio che cerca in tutti i modi di rovinarlo. Non riuscendoci lo uccide. Purtroppo non prima che il cameriere ci sia andato di mezzo. ■ COMMEDIA; COL.; 87'; GRAN BRETAGNA, 1987.

MANGIARE BERE UOMO DONNA ★★★
(Eat Drink Man Woman)
Regia di ANG LEE. Con LESTER CHEN, SIHUNGLUNG, YU-WEN WANG, WU CHIEN-LIEN, YANG KUEI-MEI. ■ Dopo il gradevole *Il banchetto di nozze* torna il regista taiwanese Ang Lee con un buon film. Un cuoco ormai anziano e pensionato vuole riconquistare le sue tre figlie. Così cucina di giorno in giorno molti cibi stuzzicanti. Le figlie, una piena di problemi, una testarda e disobbediente, una con una vita intensa, non gli danno soddisfazione. Successo negli Stati Uniti. ■ COMMEDIA; COL.; 95'; TAIWAN, 1994. ■ GOLDEN GLOBES 1 NOM; OSCAR 1 NOM.

MANGIATI VIVI ★★
Regia di UMBERTO LENZI. Con JANET AGREN, MEL FERRER, ROBERT KERMANN, IVAN RASSIMOV, PAOLA SENATORE. ■ Un'americana, accompagnata da un rude avventuriero, cerca di liberare la sorella che, affascinata da un losco santone, lo ha seguito nella giungla infestata dai cannibali. La missione non avrà successo: la ragazza ricercata verrà mangiata dagli antropofagi e il santone ordinerà il suicidio collettivo ai suoi seguaci. ■ HORROR; COL.; 94'; ITALIA, 1980.

MANGIA UNA TAZZA DI TÈ *(Eat a Bowl of Tea)* ★★
Regia di WAYNE WANG. Con LEE SAN KEE, VICTOR WONG, YUEN YAT FAI. ■ Di ritorno dalla Cina, dove si è sposato, un giovane che lavora in un ristorante di Chinatown a New York ha dei problemi sessuali. Moglie e famiglia ne sono indignati. Annoiata lei passa le ore davanti al televisore e poi, tanto per gradire, lo tradisce. L'attività sessuale poi riprenderà il suo corso. ■ COMMEDIA; COL.; 100'; USA, 1989.

MANGLER, LA MACCHINA INFERNALE ★★
(The Mangler)
Regia di TOBE HOOPER. Con ROBERT ENGLUND, TED LEVINE, DANIEL MATMOR. ■ Dall'ennesimo racconto di Stephen King, una trascrizione cinematografica piuttosto di routine a opera di Tobe Hooper. Il collaudato Robert Englund di *Nightmare* interpreta il diabolico proprietario di una lavanderia equipaggiata con una malefica pressa che predilige gli esseri umani. Un detective indaga, a proprio rischio e pericolo. ■ HORROR; COL.; 105'; USA, 1995.

MANGUSTA PER TRE CAMALEONTI, UNA ★★
(Mil millones para una rubia)
Regia di PEDRO LAZAGA. Con AMALIA GADÉ, ESPARTACO SANTONI, JEAN SOREL. ■ Desirée è un'avventuriera ladra. Riesce a rubare gioielli per un miliardo, ma poi si accorge che sono falsi. Entrano in azione un poliziotto disonesto e un marito (di Desirée) tenuto nascosto. Tutti insieme ritentano un colpo. ■ COMMEDIA; COL.; 91'; SPAGNA, 1973.

MANHATTAN ★★★★★
Regia di WOODY ALLEN. Con WOODY ALLEN, MARIEL HEMINGWAY, DIANE KEATON, MICHAEL MURPHY, MERYL STREEP. ■ Woody incontra Diane Keaton, intellettuale intollerabile, frequentatrice di party e di musei (dice: «Ho incontrato Borges, sembra abbia detto che stavamo bene insieme»), legata sentimentalmente al suo migliore amico, sposato. Woody ha una ragazza di diciassette anni che «deve tornare a casa perché ha i compiti da fare». Si sente attratto dall'intellettuale e cade nella sua rete. Rapporto disastroso. Ritorna dalla ragazzina, che aveva sofferto, ma nemmeno tanto, ma lei sta partendo per l'Inghilterra per studiare. Starà via sei mesi. Woody le dice che sono tanti, che possono succedere molte cose. Lei gli risponde che bisogna avere fiducia negli esseri umani. Lui la guarda in un certo modo. Il film è attraversato dalle musiche di George Gershwin. Allen, sul suo divano, detta in un microfono le ragioni per cui, nonostante tutto, e oltre i fatti personali, valga la pena di vivere: «Per il vecchio Groucho Marx, Joe DiMaggio, il secondo movimento della sinfonia *Juppiter*, Louis Armstrong... il suo *Potato blues*, naturalmente i film svedesi... L'*Educazione sentimentale* di Flaubert, Marlon Brando e Frank Sinatra». ■ COMMEDIA; B/N; 96'; USA, 1979. ■ GOLDEN GLOBES 1 NOM; OSCAR 2 NOM.

MANHATTAN BABY ★★
Regia di LUCIO FULCI. Con CHRISTOPHER CONNELLY, GIOVANNI FREZZA, MARTHA TAYLOR. ■ Una bimba newyorkese si reca in Egitto con la mamma giornalista e il papà archeologo. Rimasta sola in una moschea, viene avvicinata da una strega, che le dà un amuleto maledetto: tornata in America, la bambina incomincia a seminare la morte. ■ HORROR; COL.; 93'; ITALIA, 1982.

MANHATTAN WARRIORS *(Enemy Territory)* ★★
Regia di PETER MANOOGIAN. Con GARY FRANK, RAY PARKER JR, JEAN-MICHAEL VINCENT. ■ Mentre stanno visitando Manhattan, due turisti non si accorgono del trascorrere del tempo e rimangono nelle "torri di Lincoln", enormi edifici alla periferia cittadina, fino a sera inoltrata. Per loro sfortuna, non sanno che quel luogo è territorio dei "vampiri", una sanguinaria gang di adolescenti. Il film soffre di cali di tensione. Ray Parker jr. è un famoso cantante di *soul music*. ■ FANTASTICO; COL.; 90'; USA, 1986.

♥ MANHUNTER – FRAMMENTI DI UN OMICIDIO *(Manhunter)* ★★★
Regia di MICHAEL MANN. Con BRIAN COX, KIM GREIST, WILLIAM L. PETERSEN. ■ Ex agente dell'Fbi, Will Graham, ritiratosi dopo la risoluzione di un caso (uno psichiatra assassino, il dott. Lektor), aiuta un collega alle prese con una terribile indagine; un pazzo omicida stermina intere famiglie. Diviene una ossessione per Will capire le mosse dello psicopatico, si consulta perfino con Lektor, il quale riesce a far sapere al criminale dove abitano Will e la moglie. Diviene quasi un duello, fin quando l'omicida viene scoperto nella sua abitazione mentre tortura una ragazza cieca. Sparatoria e morte del maniaco. ■ GIALLO; COL.; 117'; USA, 1986.

MANIA ★★
Regia di RALPH BROWN. Con BRAD EUSTON, IVANA GIORDAN, ISARCO RAVAIOLI. ■ Il professor Brecht approfitta dei suoi intricati esperimenti per punire il fratello gemello che se la intende con sua moglie: infatti uccide il primo e fa impazzire la seconda. ■ DRAMMATICO; COL.; 91'; ITALIA, 1973.

MANIAC ★★
Regia di WILLIAM LUSTIG. Con CAROLINE MUNRO, TOM SAVINI, JOE SPINELL. ■ Un killer psicopatico uccide le donne e poi le scalpa. Poi agghinda un gruppo di manichini nascosti in casa sua con parrucche ricavate dalle chiome delle sue vittime. Sta per fare la stessa cosa con una fotografa di moda, quando va completamente in tilt, credendo di vedere, nelle sue allucinazioni, i manichini che si animano e lo aggrediscono. ■ HORROR; COL.; 87'; USA, 1981.

MANIAC COP ★★★
Regia di WILLIAM LUSTIG. Con TOM ATKINS, BRUCE CAMPBELL, LAURENE LANDON, RICHARD ROUNDTREE. ■ Horror con punte sofisticate questo di Lustig che ha al suo attivo un *Maniac* del 1981. Siamo a New York dove è meglio seguire le regole del codice della strada se non si vuole incorrere nelle sanzioni di Maniac Cop dai modi tutt'altro che gentili. Non è un essere vivente ma un cadavere vagante che si vuole vendicare per come è stato trattato dai colleghi quando era vivo. ■ HORROR; COL.; 85'; USA, 1988.

MANIACI, I ★★
Regia di LUCIO FULCI. Con VITTORIO CAPRIOLI, WALTER CHIARI, ENRICO MARIA SALERNO, RAIMONDO VIANELLO. ■ Il film è una carrellata umoristica sulle manie dell'uomo moderno: le collezioni, lo sport, la lettura, la politica eccetera. ■ COMICO; B/N; 90'; ITALIA, 1964.

MANIAC IL VIRUS CHE UCCIDE *(Hidden Rage)* ★★
Regia di SHUKI LEVY. Con TOM DUGAN, NICOLETTE SCORSESE, DEBOR SHELTON, LYMAN WARD. ■ Le fotomodelle Carrie e Melissa arrivano a Los Angeles in cerca di lavoro e vengono aiutate da Liz che dirige un'agenzia. Sfortunatamente vengono prese di mira da Brandon maniaco psicopatico che, affetto da Aids, sfoga la sua rabbia drogando le sue vittime prima di violentarle. ■ THRILLER; COL.; 99'; USA, 1988.

MANIACI SENTIMENTALI ★★
Regia di SIMONA IZZO. Con ALESSANDRO BENVENUTI, BARBARA DE ROSSI, RICKY TOGNAZZI, MONICA SCATTINI. ■ Primo film di Simona Izzo come regista, dopo sceneggiature e doppiaggio. Situazioni prevedibili o già viste. Periferia di Roma, una vecchia casa di campagna. Due sorelle gemelle festeggiano la prima comunione con la famiglia. Ma l'atmosfera non è delle migliori: il padre vuole separarsi e un caro amico ama la madre. Un prodotto del "clan Tognazzi" di cui si poteva fare a meno. ■ COMMEDIA; COL.; 100'; ITALIA, 1994. ■ DAVID DI DONATELLO 2 PR, 2 NOM.

MANIACO, IL *(Maniac)* ★★
Regia di MICHAEL CARRERAS. Con LILIANE BROUSSE, NADIA GRAY, KERWIN MATHEWS, NORMAN BIRD. ■ George finisce in manicomio criminale per aver ucciso un maniaco che aveva tentato di violentare sua figlia. La moglie, con la complicità di un infermiere divenuto suo amante, uccide George e poi progetta di fuggire. Non vi riesce. ■ DRAMMATICO; B/N; 86'; GRAN BRETAGNA, 1963.

MANIA DI GRANDEZZA *(Folie de grandeurs)* ★★★
Regia di GÉRARD OURY. Con LOUIS DE FUNÈS, YVES MONTAND, ALICE SAPRITCH, KARIN SCHUBERT, LEOPOLDO TRIESTE. ■ Il ministro degli Esteri del re di Spagna, deposto per volere della regina, incarica un suo servitore di diventarne l'amante per screditarla agli occhi del consorte. Il piano riesce ma il servitore, anziché con la regina, si fa sorprendere con una zitella. Il ministro andrà in esilio e lui lo seguirà pur di non sposare la zitella. ■ COMMEDIA; COL.; 108'; FRANCIA, 1971.

MANI CHE STRITOLANO *(Lady Whirlwind)* ★
Regia di HUANG FUNG. Con YI CHANG, YING MAO, YING PAI. ■ Una ragazza è la protagonista di questa banale storia a base di karate: affronta ostacoli di ogni genere pur di rintracciare l'uomo che, dopo aver sedotto sua sorella, l'ha spinta al suicidio. ■ AVVENTURA; COL.; 90'; HONG KONG, 1972.

MANICHINO ASSASSINO, IL ★★
(Terror in the Wax Museum)
Regia di GEORG FENADY. Con JOHN CARRADINE, MAURICE EVANS, ELSA LANCHESTER, RAY MILLAND, MARK EDWARDS. ■ Un americano vorrebbe comprare il Museo delle cere di Londra. Il suo proprietario, però, viene assassinato. La polizia scopre che l'omicida è un negoziante che si nascondeva sotto le sembianze del manichino di Jack lo Squartatore. ■ HORROR; COL.; 93'; GRAN BRETAGNA, 1974.

MANI COLPEVOLI *(Guilty Hands)* ★★★
Regia di Woodbrige Strong Van Dyke. Con Lionel Barrymore, Madge Evans, Kay Francis, C. Aubrey Smith. ■ Complicato giallo basato sulla vicenda di un padre accusato di aver ucciso l'amante della figlia. Pezzo di bravura di Lionel Barrymore. ■ Giallo; b/n; 94'; USA, 1931.

MANI D'ACCIAIO: FURIA CINESE *(Tough Duel)* ★
Regia di Hsiung Ting Wu. Con Chen Hung Lieh, Wang Jing Jun, Tien Peng. ■ Un ragazzo rimane vittima di una rapina. Scoperto il nascondiglio dei ladri, ne ammazza più che può attirandosi la loro vendetta. Il capo dei malviventi cercherà in ogni modo di eliminarlo, ma verrà sterminato con tutta la banda. ■ Avventura; col.; 91'; Hong Kong, 1972.

MANI DELL'ALTRO, LE ★★★
(Les mains d'Orlac – The Hands of Orlac)
Regia di Edmond T. Gréville. Con Dany Carrel, Mel Ferrer, Christopher Lee, Lucille Saint-Simon. ■ Tratto dal romanzo di Maurice Renard, il film ha il pregio di rialzarne il tono: un pianista, dopo un grave incidente, viene operato alle mani. Egli si convince che quei nuovi arti siano appartenuti ad un assassino, anche perché spesso sente l'istinto di uccidere. ■ Drammatico; b/n; 105'; Francia, Gran Bretagna, 1960.

MANI DELLA NOTTE, LE *(Past Midnight)* ★
Regia di Jan Eliasberg. Con Clancy Brown, Rutger Hauer, Kibibi Monie, Natasha Richardson. ■ Ben Jordan si trova in libertà vigilata perché accusato di aver ucciso la propria moglie incinta accoltellandola. C'è una ripresa in Super 8 a inchiodarlo. Ma Laura Matthews, assistente sociale a cui è stato assegnato il suo reinserimento, è convinta che l'uomo sia stato accusato ingiustamente. Finirà con l'innamorarsene. Storia già vista con una sceneggiatura che fa acqua da tutte le parti (lieto fine compreso). ■ Thriller; col.; 100'; USA, 1992.

MANI DELL'ASSASSINO, LE *(Hands of a Stranger)* ★★
Regia di Newton Arnold. Con Jean Harvey, Paul Lukather, James Stapleton. ■ Un musicista dalle mani deturpate si fa operare e subisce il trapianto di quelle di un omicida. Invece di suonare comincia ad uccidere. ■ Drammatico; b/n; 86'; USA, 1960.

MANI DI FATA ★★
Regia di Steno. Con Eleonora Giorgi, Sylva Koscina, Renato Pozzetto. ■ La vita di due coniugi è sconvolta dal licenziamento di lui e dalla (contemporanea) promozione di lei. I ruoli s'invertono. Lei lavora, lui è obbligato a svolgere le faccende domestiche. Per guadagnare di più della moglie, lui un giorno accetta un lavoro di colf nella casa di una contessa. ■ Commedia; col.; 92'; Italia, 1983.

MANI DI FERRO *(Crush)* ★
Regia di Doo Kwang Gee. Con Chang Hung Lin, Pai Piau, Ingrid Wu. ■ In un villaggio della Corea alcuni banditi la fanno da padroni. A contrastarli è una scuola di arti marziali i cui allievi verrebbero uccisi senza l'aiuto di un campione di karatè. ■ Avventura; col.; 93'; Hong Kong, 1972.

MANI DI PISTOLERO ★
Regia di Rafael Romero Marchent. Con Craig Hill, Piero Lulli, Gloria Milland. ■ Un ex pistolero al quale lo sceriffo ha ucciso il figlio rapisce il pargolo del nemico e cambia città. Qui deve affrontare alcuni banditi e un uomo che, su incarico dello sceriffo, gli riprende il piccolo. ■ Western; col.; 95'; Italia, 1965.

MANI DI VELLUTO ★★
Regia di Franco Castellano, Pipolo. Con Adriano Celentano, Eleonora Giorgi, Olga Karlatos, Gino Santercole. ■ Un inventore e industriale ricchissimo, Guido, abbandonato dalla moglie, incontra Tilli, borseggiatrice e ultima rampolla di una simpatica famiglia di ladruncoli. Se ne innamora e per conquistarla ruba anche lui, salvo restituire poi il malloppo alle sue vittime. Il gioco regge finché non salta fuori che Guido è ricco e i soldi li ha fatti brevettando un vetro antifurto, incubo di ogni onesto criminale. Per farsi perdonare Guido ridiventa povero donando tutti i suoi capitali alla avida ex moglie. ■ Commedia; col.; 100'; Italia, 1979. ■ David di Donatello 2 pr, 2 nom.

MANIDÙ – UNO SQUALO RIBELLE, UN INDIGENO SELVAGGIO, UN FIORE DI RAGAZZA *(Sea Killer)* ★★
Regia di Frank C. Clark. Con Maren Jensen, Dayton Ka'ne, David Nakuna. ■ Dal romanzo *Tikoyo e il suo pescecane* di Richer (che ispirò nel 1972 un film di Folco Quilici). È la storia dell'amicizia fra un giovane polinesiano e un piccolo squalo tigre. Lo squaletto è un pacioccone che diventa pericoloso quando il padrone è minacciato di morte. Allora uccide. Si scatena la caccia all'animale, che però riuscirà a fuggire verso un'isola lontana con il padrone e la sua ragazza. ■ Avventura; col.; 91'; USA, 1980.

MANIE DI MR. WINNINGER, OMICIDA SESSUALE, LE *(El vampiro de la autopista)* ★
Regia di José Luis Madrid. Con Barta Barry, Patricia Loran, Waldemar Wohlfahrt. ■ L'erede di un antico castello di cui è da poco entrato in possesso è sospettato di alcuni omicidi. Una notte un suo vecchio avo gli appare svelandogli che, a causa di una maledizione, è obbligato ad uccidere. ■ Horror; col.; 92'; Spagna, 1970.

MANIERA D'AMARE, UNA *(A Kind of Loving)* ★★★♉
Regia di John Schlesinger. Con Alan Bates, Thora Hird, Bert Palmer, June Ritchie. ■ Un uomo sposa l'amante incinta. I due non vanno d'accordo soprattutto a causa della madre di lei che lo tiene in scarsa considerazione. Quando la donna perde il figlio lui la lascia, ma la sorella che lo ospita gli farà comprendere i suoi doveri e i suoi errori. ■ Commedia; b/n; 112'; Gran Bretagna, 1962. ■ Berlino ♉ 1 pr.

MANIERA DI AMARE, LA *(The Way to Love)* ★★★
Regia di Norman Taurog. Con Maurice Chevalier, Ann Dvorak, Edward Everett Horton. ■ A Parigi, un simpatico venditore ambulante salva una ragazza dall'amante lanciatore di coltelli. Pretesto per la briosa recitazione e le belle canzoni di Chevalier. ■ Commedia; b/n; 92'; USA, 1933.

MANIFESTO ★★★
Regia di Dusan Makavejev. Con Simon Callow, Alfred Molina, Camilla Soeberg, Eric Stoltz. ■ Il regista di *Montenegro tango* con un film presentato alla Mostra di Venezia. Tra gli interpreti Eric Stoltz alle prime armi. Siamo negli anni Venti tra rivoluzioni e intrighi di sesso. Sarcastico e anarchico. ■ Commedia; col.; 96'; Jugoslavia, USA, 1988.

MANI FORTI, LE ★★
Regia di Franco Bernini. Con Claudio Amendola, Enzo De Caro, Francesca Neri. ■ Un uomo che lavora da molti anni per i servizi segreti e in forte crisi di coscienza, si presenta come l'inviato di un'agenzia di stampa a una giovane psicoanalista, la cui sorella è stata uccisa molti anni prima durante un attentato terroristico. Tra i due si instaura un rapporto difficile, ma poi entrambi si trasformano in testimoni a rischio, inseguiti da chi cercherà di eliminarli per impedire la riapertura del processo sulla strage terroristica. Buon esempio di cinema civile per l'esordio alla regia dello sceneggiatore Franco Bernini. ■ Drammatico; col.; 95'; Italia, 1997.

MANI IN ALTO! *(Gun Belt)* ★★
Regia di Ray Nazarro. Con John Delmer, Tab Hunter, George Montgomery, Helen Westcott. ■ Un pistolero appende le armi al chiodo per vivere con la donna che ama. Suo fratello tenta inutilmente di farlo entrare in una banda e rimane ucciso accidentalmente. L'ex pistolero finge di allearsi con gli ex complici del defunto mentre lascia tracce per lo sceriffo. ■ Western; col.; 77'; USA, 1953.

MANI IN ALTO! È UNA RAPINA *(Le dingue)* ★★
Regia di Daniel Daert. Con Christian Baltauss, Michel Créton, Catherine Daërt. ■ Un matto e un ladro evadono di prigione. Attraversando la Francia ne fanno di tutti i colori (uno mette persino incinta una ragazza e la sposa costringendo il prete con la pistola). Finisce che il matto viene ucciso dalla polizia e l'altro piange tenendolo fra le braccia. ■ Commedia; col.; 85'; Francia, 1972.

MANI IN ALTO – INTERPOL STRIP-TEASE ★★
Regia di Giorgio Bianchi. Con Eddie Constantine, Dorian Gray, Renato Rascel. ■ Un investigatore privato, sciocco so-

lo in apparenza, e un bandito (che in realtà è un agente segreto) collaborano attivamente per mandare in galera una banda di trafficanti di droga. ■ COMMEDIA; B/N; 90'; ITALIA, 1961.

MANI INSANGUINATE *(Sierra Passage)* ★★
Regia di FRANK MCDONALD. Con LOLA ALBRIGHT, LLOYD CORRIGAN, WAYNE MORRIS. ■ Un pistolero, rimasto orfano in tenera età, è sempre intenzionato a vendicare l'assassinio del padre. Gli uccisori però sono introvabili ed egli si rassegna fino a quando, una sera, si trova casualmente di fronte il loro capo. Sta per ucciderlo poi, memore dei consigli di chi lo ama, si limita a rendergli le mani inservibili. ■ WESTERN; COL.; 81'; USA, 1950.

MANILA PALOMA BIANCA ★★
Regia di DANIELE SEGRE. Con LOU CASTEL, CARLO COLNAGHI, LAURA PANTI, BARBARA VALMORIN. ■ Carlo Carbone è un ex attore che soffre di disturbi psichici. Tenta il reinserimento nella vita normale ma gli ostacoli sono insormontabili. Carlo Colnaghi presta la sua maschera scavata a un personaggio molto vicino alla realtà. ■ DRAMMATICO; COL.; 90'; ITALIA, 1992.

MANI LEGATE, LE *(Les mains liées)* ★★
Regia di ALOYSIUS VACHET. Con NADINE ALARI, CLAUDE ALBERS, PAUL VANDENBERGH. ■ Un seminarista sente prima vacillare e, poi, tornare la vocazione. ■ DRAMMATICO; B/N; 110'; FRANCIA, 1955.

MANI LIBERATE *(Befreite Hände)* ★
Regia di HANS SCHWERKART. Con BRIGITTE HORNEY, CARL RADDATZ. ■ Una scultrice si trasferisce nella capitale tedesca. La sua insegnante si appropria di alcuni suoi lavori per sedurre un giovane, ma questi se ne rende conto e corteggia l'altra. Durante un viaggio di piacere, la ragazza incontra un altro giovane. ■ COMMEDIA; B/N; 92'; GERMANIA, 1939.

MANI LORDE – IL CAPO DELLA GANG ★★★
(The Undercover Man)
Regia di JOSEPH H. LEWIS. Con NINA FOCH, GLENN FORD, JAMES WHITMORE. ■ Bella storia di un poliziotto che con pazienza e coraggio riesce a incastrare un boss della malavita. ■ POLIZIESCO; B/N; 85'; USA, 1949.

MANINA, RAGAZZA SENZA VELI ★★
(Manina, la fille sans voiles)
Regia di WILLY ROZIER. Con BRIGITTE BARDOT, HOWARD VERNON. ■ Uno studente di Parigi cerca il tesoro contenuto in una nave fenicia affondata nel VI secolo avanti Cristo nei pressi di Tangeri. La trova, ma un losco individuo glielo ruba. Per un incidente l'oro torna in fondo al mare. Lo studente resta con un palmo di naso, ma sposerà Manina, la figlia del guardiano del faro. ■ AVVENTURA; B/N; 86'; FRANCIA, 1952.

MANI SPORCHE *(Les mains sales)* ★★★
Regia di FERNAND RIVERS. Con PIERRE BRASSEUR, DANIEL GÉLIN. ■ Hugo riceve l'incarico di sopprimere Hoederen che segue una politica contraria alle direttive della parte più dogmatica del Partito comunista. In realtà, Hugo ammazza Hoederen per gelosia (è l'amico di sua moglie). Viene imprigionato e, quando esce dal carcere, la linea del partito è cambiata. È Hugo ora che deve essere soppresso. Non tenta nemmeno di salvarsi: si consegna ai sicari. ■ DRAMMATICO; B/N; 103'; FRANCIA, 1951.

MANI SPORCHE SULLA CITTÀ *(Busting)* ★★★
Regia di PETER HYAMS. Con ROBERT BLAKE, ANTONIO FARGAS, ALLEN GARFIELD, ELLIOTT GOULD. ■ Due agenti di polizia lottano come cavalieri solitari contro il malcostume generalizzato nelle alte sfere, ma ogni volta sono sconfitti da una rete di omertà: i malviventi sono protetti dall'alto, i giudici danno miti condanne, gli incartamenti scompaiono. Malinconicamente l'agente Keneely cambia mestiere. ■ POLIZIESCO; COL.; 92'; USA, 1974.

MANI SULLA CITTÀ ★★★★
Regia di FRANCESCO ROSI. Con GUIDO ALBERTI, MARCELLO CANNAVALE, ALBERTO CANOCCHIA, SALVO RANDONE, ROD STEIGER. ■ Il costruttore edile Eduardo Nottola vede compromesso il suo prestigio a causa del crollo di un suo palazzo nella Napoli degli anni Sessanta. Ma riesce a cavarsela, passando dal partito di destra per cui è consigliere comunale a un partito di centro. Grazie all'appoggio di amici e a intrallazzi politici, diventa addirittura assessore all'edilizia. ■ DRAMMATICO; B/N; 110'; ITALIA, 1963. ■ VENEZIA 1 PR.

MANI SULLA LUNA *(The Mouse in the Moon)* ★★★
Regia di RICHARD LESTER. Con BERNARD CRIBBINS, RON MOODY, MARGARET RUTHERFORD. ■ Il piccolo ducato di Grand Fenwick lancia un razzo interplanetario con le sovvenzioni degli Stati Uniti e dell'Unione Sovietica. Il razzo funziona con il vino locale che ha la potenza di un esplosivo. ■ COMMEDIA; COL.; 85'; USA, 1963.

MANITÙ LO SPIRITO DEL MALE *(The Manitou)* ★★
Regia di WILLIAM GIRDLER. Con MICHAEL ANSARA, TONY CURTIS, STELLA STEVENS, SUSAN STRASBERG. ■ San Francisco, ai nostri giorni. Alla ragazza di un cartomante un po' ciarlatano spunta un'escrescenza sul collo, che ben presto si rivela essere la mostruosa reincarnazione di uno stregone indiano vissuto nel sedicesimo secolo. Ma la scienza riesce a debellare anche gli spiriti maligni. ■ FANTASTICO; COL.; 104'; USA, 1978.

MAN – LA TALPA, THE ★★
Regia di LES MAYFIELD. Con RACHAEL CRAWFORD, SUSIE ESSMAN, MIGUEL FERRER, LUKE GOSS, SAMUEL L. JACKSON, EUGENE LEVY, ANTHONY MACKIE, GIGI RICE, HORATIO SANZ. ■ Andy Fiddler è un rappresentante di forniture per dentisti in viaggio di lavoro a Detroit. Derrick Vann un agente federale poco ortodosso a caccia dei killer che hanno assassinato il suo collega. Nella città delle macchine l'improbabile diventa plausibile quando Derrick incontra Andy, finendo invischiato in un traffico di armi rubate. Scambiato per "la talpa" al posto di Derrick, agente sottocopertura, Andy diventa suo malgrado partner di quest'ultimo, infiltrandosi in traffici illeciti e sgominando la pericolosa gang con la sua implacabile logorrea. Diversa per mestiere e carattere, la coppia Fiddler/Vann troverà nella famiglia e nella giustizia una curiosa e appassionata affinità. ■ AZIONE; COL.; 83'; USA, 2005.

MANNAJA ★★
Regia di SERGIO MARTINO. Con MARTINE BROCHARD, PHILIPPE LEROY, MAURIZIO MERLI, JOHN STEINER. ■ Un cowboy rinuncia a vendicarsi dell'uomo che gli ha ucciso il padre per aiutarlo a liberare la figlia dalle mani dei banditi. ■ WESTERN; COL.; 110'; ITALIA, 1977.

MANNEQUIN ★★
Regia di GEORGE A. COOPER. Con DIANA BEAUMONT, HAROLD FRENCH. ■ Una mannequin si lascia corteggiare da un ricco ammiratore per ripicca perché il suo fidanzato pugile si è invaghito di una rivale. Il pugile, benché sfatto dall'alcool e in condizioni morali pessime, vince sul ring. ■ COMMEDIA; B/N; 89'; GRAN BRETAGNA, 1933.

MANNEQUIN ★★
Regia di MICHAEL GOTTLIEB. Con KIM CATTRALL, ANDREW MCCARTHY, JAMES SPADER. ■ Un ragazzo di molta fantasia fa carriera in un grande magazzino perché costruisce manichini molto belli e originali. Uno di questi, che ha la forma di un'antica principessa egiziana, quando è solo con lui, si anima, parla e gesticola. Al punto che il giovane si innamora di lui. L'amore fa miracoli. Il bambolotto si tramuta in una donna vera. ■ COMMEDIA; COL.; 94'; USA, 1987. ■ OSCAR 1 NOM.

MANNEQUIN FRAMMENTI DI DONNA ★★
(Puzzle of a Downfall Child)
Regia di JERRY SCHATZBERG. Con FAYE DUNAWAY, VIVECA LINDFORS, ROY SCHEIDER. ■ Fulminea ascesa di una giovane modella. E fulminea caduta, quando, per le vicissitudini della vita privata, precipiterà in una crisi di follia. Jerry Schatzberg vuol dire la parola definitiva sull'argomento delle top model, ma rimane in superficie. Interessante solo per la descrizione ambientale e la convincente interpretazione della Dunaway. ■ COMMEDIA; COL.; 91'; USA, 1970.

MANNEQUINS DE PARIS ★★
Regia di ANDRÉ HUNEBELLE. Con IVAN DESNY, FABIENNE, MADELEINE ROBINSON. ■ Dissapori coniugali fra Veronique, direttrice di un atelier, e Pierre, disegnatore di moda. Lui scappa con una bella cantante poi, rovinato per le troppe spese dell'amante e ancora innamorato della moglie, torna alla base. ■ COMMEDIA; COL.; 89'; FRANCIA, 1956.

MANO, LA *(La main)* ★★
Regia di HENRI GLAESER. Con PINO CARUSO, NATHALIE DELON, MICHEL DUCHAUSSOY, ROGER HANIN, HENRI SERRE. ■ Uno studioso tenta di liberarsi delle proprie nevrosi scrivendo la sceneggiatura di un film: immagina che una donna e l'amante uccidano il marito di lei e, per far entrare il cadavere in un baule, siano costretti a tagliargli una mano. L'allucinante fantasia si trasforma in realtà. ■ DRAMMATICO; COL.; 90'; FRANCIA, 1969.

MANO, LA *(The Hand)* ★★
Regia di OLIVER STONE. Con MICHAEL CAINE, VIVECA LINDFORS, ANDREA MARCOVICCI. ■ Un incidente d'auto mutila una mano a un disegnatore di fumetti. Ma la mano tranciata va in giro da sola (almeno così sembra) commettendo delitti vagheggiati dal suo ex proprietario. Un horror film non più che medio nonostante la stimabile gente coinvolta. Oliver Stone come regista doveva ancora imparare qualcosa. E Michael Caine arranca allucinato (non solo per ragioni di copione). ■ HORROR; COL.; 104'; USA, 1981.

MANO CALDA, LA *(La main chaude)* ★★
Regia di GÉRARD OURY. Con FRANCA BETTOJA, JACQUES CHARRIER, MACHA MÉRIL. ■ Episodi legati da un labile pretesto: una somma di denaro estorta con un inganno a una donna matura da parte di un mascalzone passa di mano in mano: da una ragazzina bugiarda a un poco di buono, a un'altra ingannatrice. Alla fine, però, i soldi serviranno a finanziare il desiderio di una buona vecchina. ■ DRAMMATICO; B/N; 94'; FRANCIA, ITALIA, 1960.

MANO CHE UCCIDE, LA *(Shake Hands with Murder)* ★
Regia di AL HERMAN. Con IRIS ADRIAN, DOUGLAS FOWLEY, FRANK JENKS. ■ Una bionda e un tipo svelto, ma pasticcione, gestiscono un'agenzia di investigazione. Stanno indagando su un tale accusato di truffa dal socio. Il socio viene ucciso. Il sospetto truffatore diventa sospetto di omicidio. Ma saranno proprio i due detective a scagionarlo. ■ GIALLO; B/N; 92'; USA, 1944.

MANO CHE UCCIDE, LA *(Danger Route)* ★★
Regia di SETH HOLT. Con HARRY ANDREWS, BARBARA BOUCHET, DIANA DORS, RICHARD JOHNSON, CAROL LYNLEY, SYLVIA SYMS. ■ Qualcuno cerca di far fuori l'agente segreto Jonas Wilde: è nientemeno che il suo collega Brian Stern che si rivela per un traditore; eliminato Brian, la fidanzata di Jonas gli tende una trappola (anche lei stava dall'altra parte). Jonas scampa al pericolo anche questa volta. ■ SPIONAGGIO; COL.; 92'; GRAN BRETAGNA, 1967.

MANO DEFORME, LA *(Scene of the Crime)* ★★
Regia di ROY ROWLAND. Con ARLENE DAHL, GLORIA DE HAVEN, TOM DRAKE, VAN JOHNSON. ■ Il poliziotto Mike è incaricato di scoprire l'assassino di un uomo dal passato che sembra non limpido. Cerca negli ambienti della malavita una persona con una mano deforme e, attraverso un'*entraîneuse*, riesce ad arrivare alla verità. ■ POLIZIESCO; B/N; 94'; USA, 1949.

MANO DEL DESTINO, LA *(Fickle Finger of Fate)* ★★
Regia di RICHARD RUSH. Con FERNAND HILBECK, TAB HUNTER, LUIS PRENDES, GUSTAVO ROJO. ■ Un americano viene fermato dalla polizia mentre sta rientrando negli Stati Uniti dalla Spagna perché nella sua valigia viene ritrovato un prezioso candelabro a forma di mano che è stato rubato da una chiesa. ■ GIALLO; COL.; 92'; USA, 1967.

MANO DEL DIAVOLO, LA *(La main du diable)* ★★
Regia di MAURICE TOURNEUR. Con PIERRE FRESNAY, JOSELINE GAËL. ■ Un artista di scarso successo entra in possesso di una mano misteriosa che dona successo, ricchezza e amore, a patto che chi la possieda ceda l'anima al diavolo. ■ DRAMMATICO; B/N; 82'; FRANCIA, 1942.

MANO DELLA MORTA, LA ★
Regia di CARLO CAMPOGALLIANI. Con MARIA MARTIN, ADRIANO RIMOLDI. ■ Da una villa in fiamme un uomo a cavallo fugge nella notte. Lo zingaro Marco vede tutto, entra nella casa e trova una bambina in lacrime; lì accanto c'è una mano femminile recisa. La bambina cresce con lo zingaro e diventa la bellissima Satanella, desiderosa di vendetta. ■ DRAMMATICO; B/N; 90'; ITALIA, 1949.

MANO DELLA VENDETTA, LA *(Joaquin Murieta)* ★★
Regia di EARL BELLAMY. Con ROOSEVELT GRIER, RICARDO MONTALBAN, SLIM PICKENS. ■ La missione di quattro avventurieri capeggiati da Joaquin Murieta per portare in salvo la moglie del loro padrone Miguel Ruiz si rivela una copertura, perché nella carrozza in realtà c'è una statua d'oro sottratta ai popolani. ■ AVVENTURA; COL.; 97'; USA, 1968.

MANO DELLO STRANIERO, LA ★★
Regia di MARIO SOLDATI. Con RICHARD BASEHART, TREVOR HOWARD, RICHARD O'SULLIVAN, ALIDA VALLI. ■ Roger è un bambino inglese che arriva a Venezia per rivedere il padre, un ufficiale britannico di stanza in Italia. All'appuntamento in un albergo l'uomo non si presenta. La polizia inizia le ricerche, cui partecipa anche Roger. Ritrovano il padre, lo perdono, lo ritrovano definitivamente. ■ DRAMMATICO; B/N; 98'; ITALIA, 1953.

MANO DI VELLUTO ★★★
Regia di ETTORE FECCHI. Con DOMINIQUE BOSCHERO, WILFRID BRAMBELL, PAOLO FERRARI, FRANCESCO MULÉ, DIDI PEREGO, GIUSI RASPANI DANDOLO, TONI UCCI. ■ Il ladro internazionale "Mano di velluto" torna a casa; la sorella gli mette accanto due complici inetti, che rovinano i piani. Tentano di raggirare una famiglia di patrizi inglesi, ma una sciocchella mette i bastoni tra le ruote a "Mano di velluto". ■ COMMEDIA; COL.; 91'; ITALIA, 1967.

MANO INVISIBILE, LA *(Timetable)* ★★★
Regia di MARK STEVENS. Con KING CALDER, FELICIA FARR, MARK STEVENS. ■ Il detective di una compagnia d'assicurazioni finge di indagare su una rapina che lui stesso ha commesso e coinvolge nella sua rovina anche la moglie innocente. ■ POLIZIESCO; B/N; 79'; USA, 1956.

MANOLESTA ★★
Regia di PASQUALE FESTA CAMPANILE. Con TOMAS MILIAN, GIOVANNA RALLI, ADRIANA RUSSO. ■ Un poveraccio che vive di furti e di espedienti è adorato dal figlioletto. Ma un'assistente sociale teme che il padre possa tirare il piccolo sulla sua strada e pensa di togliergli la patria potestà. L'uomo promette che righerà dritto, ma non mantiene. Tuttavia la situazione sarà salvata dalla bella assistente sociale che s'è innamorata dell'uomo. Lo sposerà e lo farà rigare dritto. ■ COMMEDIA; COL.; 95'; ITALIA, 1981.

MANOLETE ★★
Regia di MENNO MEYJES. Con ADRIEN BRODY, PENELOPE CRUZ, JUAN ECHANOVE, JOSEP LINUESA, SANTIAGO SEGURA. ■ Il 28 agosto 1947 il torero Manuel Laureano Rodríguez Sánchez, noto in tutta la Spagna come Manolete, deve affrontare la più importante sfida della sua carriera: una corrida in cui è chiamato a competere con il più giovane e arrogante Luis Miguel Dominguin e a riconquistare l'amore del popolo delle *plazas de toros*. Nelle ore che lo separano dall'evento, Manolete ripercorre tutti i ricordi della sua intensa storia d'amore con Lupe Sino, la donna che gli ha fatto scoprire la passione e la vita al di fuori dalle arene. ■ DRAMMATICO; COL.; 92'; SPAGNA, GRAN BRETAGNA, USA, FRANCIA, 2007.

MANO LUNGA DEL PADRINO, LA ★★
Regia di NARDO BONOMI. Con ERIKA BLANC, ADOLFO CELI, PETER LEE LAWRENCE. ■ Vincenzo detto "il Raffica" vuole fare il furbo e sottrarre uno stock di fucili al suo boss, Don Carmelo, per venderli a un emiro arabo. Dopo alcune vicende, Don Carmelo morirà, Vincenzo se la caverà. ■ DRAMMATICO; COL.; 93'; ITALIA, 1972.

MANON ★★★
Regia di HENRI-GEORGES CLOUZOT. Con CÉCILE AUBRY, MICHEL AUCLAIR, SERGE REGGIANI. ■ Vagamente ispirato al celebre romanzo di Prévost. Durante l'occupazione nazista della Francia, la giovane Manon fa l'amore coi soldati tedeschi. Dopo la liberazione, il patrigno Robert Des Grieux la porta con sé a Parigi. I due si industriano in traffici di vario genere; la ragazza continua ad accompagnarsi a molti uomini, fino a quando non si trasferisce con Robert in Palestina, dove verrà uccisa dagli arabi. ■ DRAMMATICO; B/N; 110'; FRANCIA, 1948. ■ VENEZIA 2 PR.

MANON DELLE SORGENTI *(Manon des sources)* ★★★
Regia di MARCEL PAGNOL. Con MARCELLE GÉNIAT, JACQUELINE PAGNOL, RAYMOND PELLEGRIN. ■ Manon vive in una caverna perché la famiglia è stata truffata da Ugolino. Da allora la fonte

del paese si è seccata. Quando Ugolino si suicida la fonte torna a dare acqua. ■ DRAMMATICO; B/N; 200'; FRANCIA, 1952.

MANON DELLE SORGENTI *(Manon des sources)* ★★★
Regia di CLAUDE BERRI. Con DANIEL AUTEUIL, EMMANUELLE BÉART, YVES MONTAND. ■ Seguito di *Jean de Florette* girato da Claude Berri con la stessa troupe. Dieci anni dopo la morte di Jean, la figlia si vendica dei responsabili della morte, togliendo loro l'acqua. Anche il villaggio vicino ne rimane privo e i paesani danno la colpa ai responsabili, i possidenti Papet e suo nipote. Il nipote si suicida. E Papet viene a sapere che Jean, l'uomo che aveva condotto alla disperazione (e alla morte), era suo figlio. ■ DRAMMATICO; COL.; 113'; FRANCIA, 1986.

MANONE ALL'ATTACCO ★
Regia di GEORGE OVADIA. Con GABI AMRHANI, PAUL SMITH, MOSHE SOLO. ■ Farsaccia militare ambientata in Israele. ■ COMMEDIA; B/N; 90'; ITALIA, 1976.

MANONE IL LADRONE ★★
Regia di ANTHONY DAWSON. Con FLAVIO COLOMBAIONI, ROSALBA GROTTESI, FRED HARRIS. ■ Manone è un ladro bonaccione che protegge Calimero, un bambino che in realtà sa benissimo proteggersi da solo. Fanno piccoli furti (il bambino fa accorrere la gente e nella confusione ruba i portafogli). Quando si mettono in società con ladri "seri" si trovano in un mare di guai. Ci pensa una brava poliziotta a salvarli. ■ COMMEDIA; COL.; 100'; ITALIA, 1974.

MAN ON FIRE – IL FUOCO DELLA VENDETTA ★★
(Man on Fire)
Regia di TONY SCOTT. Con DENZEL WASHINGTON, MARC ANTHONY, DAKOTA FANNING, GIANCARLO GIANNINI, RADHA MITCHELL, MICKEY ROURKE, RACHEL TICOTIN, CHRISTOPHER WALKEN. ■ John Creasy è un ex-agente della Cia con un passato che fa male. Alcolizzato e depresso, non ha più uno scopo nella vita e nemmeno un lavoro. L'unica salvezza è uscire dal proprio mondo. Un caro amico gli trova un posto in Sudamerica come guardia del corpo di una bambina figlia di una ricca famiglia del luogo e fra loro nasce lentamente un'amicizia che rompe le barriere del freddo animo del protagonista, riportandolo a sentimenti dimenticati da tempo. Un giorno, purtroppo, Creasy non può evitare il rapimento della bambina da parte di un gruppo di terroristi. I *vengeance movies* o *revenge movies*, come si vogliano definire, sono film in cui il protagonista, per vendicare un torto fatto nei propri confronti o verso persone a lui care, intraprende una strada di morte fino ad arrivare al mandante e al nocciolo della questione. *Man on fire* appartiene di diritto a questo genere, con la differenza di potersi avvalere di un grande attore, Denzel Washington. ■ AZIONE; COL.; 146'; MESSICO, USA, 2004.

MANO NELL'OMBRA, UNA *(The Man in the Attic)* ★★
Regia di HUGO FREGONESE. Con JACK PALANCE, BYRON PALMER, CONSTANCE SMITH. ■ A Londra imperversa un maniaco che uccide le belle ragazze. La gente lo chiama "Jack lo Squartatore". Il cupo Slade prende alloggio in una famiglia dove desta l'interesse della graziosa Lily Bonner. Slade è l'assassino. ■ DRAMMATICO; B/N; 82'; USA, 1954.

MANO NERA, LA *(The Black Hand)* ★★
Regia di RICHARD THORPE. Con TERESA CELLI, GENE KELLY, J. CARROL NAISH. ■ Un'organizzazione criminale detta "Mano nera" semina il terrore a New York nel quartiere italiano. Chi non paga la tangente viene ucciso. Johnny vuole vendicare il padre ammazzato. ■ DRAMMATICO; B/N; 93'; USA, 1950.

MANO NERA, LA *(La main noire)* ★★
Regia di MAX PÉCAS. Con JAMES HARRIS, ANNIE NELSON, JEANINE REYNAUD. ■ La "Mano nera" è un'organizzazione criminale che intende impadronirsi del mondo. Il gran capo vive in un castello normanno. La Cia manda un agente, che però viene scoperto e imprigionato. Poi si libera e debella l'organizzazione. ■ SPIONAGGIO; COL.; 89'; FRANCIA, 1970.

MANO NERA – PRIMA DELLA MAFIA... PIÙ DELLA MAFIA, LA ★★
Regia di ANTONIO RACIOPPI. Con ROSANNA FRATELLO, PHILIPPE LEROY, LUIGI PISTILLI, MICHELE PLACIDO, LIONEL STANDER. ■ Un giovane siciliano arriva in America e viene subito irretito dai criminali della "Mano nera", l'organizzazione mafiosa che opera grazie alla connivenza di uomini politici corrotti. Quando si rifiuta di eseguire un mandato l'uomo paga con la vita. ■ DRAMMATICO; COL.; 94'; ITALIA, 1973.

MA NON È UNA COSA SERIA ★★
Regia di MARIO CAMERINI. Con ELISA CEGANI, VITTORIO DE SICA. ■ Storia del dongiovanni e briccone Memmo Speranza che promette a tutte le sue fidanzate di sposarle. Il fratello di una di queste perde la pazienza e lo ferisce con la pistola. ■ COMMEDIA; B/N; 81'; ITALIA, 1936.

MANON LESCAUT ★★★
Regia di CARMINE GALLONE. Con VITTORIO DE SICA, LAMBERTO PICASSO, ALIDA VALLI. ■ Una ragazza francese fuggita dal collegio incontra il cavaliere Des Grieux e va a vivere con lui a Parigi. Quando l'amante la lascia perché costretto dal padre, lei diventa la mantenuta di un potente uomo di corte; poi viene mandata nelle colonie d'America insieme alle prostitute, dove verrà raggiunta da Des Grieux che la vedrà morire. ■ DRAMMATICO; B/N; 95'; ITALIA, 1939.

MA NON PER ME *(But not for Me)* ★★★
Regia di WALTER LANG. Con CARROLL BAKER, LEE J. COBB, CLARK GABLE, LILLI PALMER. ■ L'impresario teatrale Russ Ward è in piena crisi perché non crede più nel suo lavoro. Chiude l'agenzia e licenzia la segretaria Ellie. Lei lo ama e il maturo impresario, folgorato da questa rivelazione, modifica la commedia che aveva in corso. ■ COMMEDIA; B/N; 105'; USA, 1959.

MA NON PER SEMPRE ★★
Regia di MARZIO CASA. Con NICOLETTA BORIS, ROBERTO CAVOSI, MASSIMO DAPPORTO, MARIELLA DI LAURO, ELENA SOFIA RICCI. ■ Fine dell'Ottocento nell'Italia agricola. Ci sono contraddizioni sul piano sociale alternate al timore per la tecnologia. Il tutto filtrato da una storia d'amore condita con istanze di liberazione femminile. Siamo nella linea di *Domani accadrà* di Luchetti con qualche compiacimento di troppo che smussa gli angoli di una storia altrimenti ben costruita. ■ COMMEDIA; COL.; 95'; ITALIA, 1990.

MANON 70 ★★★
Regia di JEAN AUREL. Con JEAN-CLAUDE BRIALY, CATHERINE DENEUVE, BARBARA FREY, JEAN GORINI, ELSA MARTINELLI. ■ Il film traspone, in chiave moderna, la storia di Manon Lescaut. Manon è innamorata di un giornalista, ma si accompagna a uomini facoltosi per non rinunciare a un livello di vita elevato. ■ COMMEDIA; COL.; 101'; FRANCIA, 1968.

MAN ON THE MOON *(Man of the Moon)* ★★★
Regia di MILOS FORMAN. Con JIM CARREY, DANNY DEVITO, PAUL GIAMATTI, COURTNEY LOVE. ■ La storia di Andy Kaufman, una sorta di comico di rottura, forse geniale, forse idiota, forse dotato, forse cialtrone. Passava dall'imitazione di Elvis alla lettura integrale, davanti a un pubblico letteralmente addormentato, de *Il Grande Gatsby* di F. S. Fitzgerald. Morì di cancro dopo aver inutilmente visitato quei guaritori orientali cialtroni come lui. Davvero bravo Carrey, che non sarà simpatico a tutti, ma è ormai un attore vero. Forman ci sa sempre fare, anche se è lontano dalla qualità dei suoi copolavori: *Il cuculo*, *Amadeus*. ■ BIOGRAFICO; COL.; 118'; USA, 1999. ■ BERLINO 1 PR; GOLDEN GLOBES 1 PR, 2 NOM.

MANO PERICOLOSA *(Pick-up on South Street)* ★★
Regia di SAMUEL FULLER. Con JEAN PETERS, THELMA RITTER, RICHARD WIDMARK. ■ La graziosa Candy lavora in uno studio legale che copre in realtà un traffico losco. Le mettono nella borsetta un microfilm e lei va nella metropolitana, dove un borsaiolo la deruba. Le spie si mettono sulle tracce del microfilm. ■ POLIZIESCO; B/N; 83'; USA, 1952. ■ OSCAR 1 NOM; VENEZIA 1 PR.

MANO ROSSA, LA *(Die rote Hand)* ★★
Regia di KURT MEISEL. Con PAUL CHRISTIAN, HANNES MESSEMER, ELEONORA ROSSI DRAGO. ■ Il diplomatico Mohara Khan attira su di sé i sospetti per una catena di attentati contro personaggi pubblici ad opera della "Mano rossa". Un agente segreto tedesco si infiltra, entra nelle simpatie di Mohara, conquista la sua donna e tende ai due una trappola. ■ POLIZIESCO; B/N; 91'; GERMANIA, 1960.

MANOSCRITTO DEL PRINCIPE, IL ★★★
Regia di Roberto Andò. Con Michel Bouquet, Paolo Briguglia, Giorgio Lupano, Jeanne Moreau, Laurent Terzieff. ■ La storia de *Il Gattopardo*, il romanzo del principe Giuseppe Tomasi di Lampedusa, capolavoro della nostra letteratura del Novecento, bocciato in prima istanza nientemeno che da Vittorini. La figura del principe emerge attraverso il rapporto fra due suoi allievi, un borghese ricco e uno... solo dotato. Davvero accattivante e preziosa la ricostruzione del quotidiano del principe, costretto a vendere gioielli di famiglia per sopravvivere. Coraggiosi anche molti dialoghi in chiave squisitamente accademica: Lampedusa era uno dei massimi esperti di letteratura inglese. Gradito, da sostenere. ■ Biografico; col.; 90′; Italia, 2000.

MANOSCRITTO SCOMPARSO, IL *(Fast and Loose)* ★★
Regia di Edwin L. Marin. Con Robert Montgomery, Rosalind Russell. ■ Un poliziotto privato si è dedicato al recupero di libri preziosi rubati. Viene incaricato di ricercare un manoscritto di Shakespeare che il figlio del proprietario ha venduto insieme a delle pubblicazioni rare perché a corto di quattrini. ■ Commedia; b/n; 80′; USA, 1939.

MANOSCRITTO TROVATO A SARAGOZZA, IL ★★★
(Rekopis znaleziony w Saragossie)
Regia di Wojciech Has. Con Iga Cembrzynska, Zbigniew Cybulski, Joanna Jedryka. ■ Film in lingua originale con i sottotitoli. Ispirata al romanzo dello scrittore polacco Jan Potocki la pellicola narra le gesta del capitano van Worden. Dovrà superare parecchi pericoli compreso quello di perdere la propria anima. ■ Avventura; b/n; 180′; Polonia, 1965.

MANO SINISTRA DELLA VIOLENZA, LA ★★
Regia di Chang Chen. Con David Chiang, Li Ching, Ti Lung. ■ Lei-Lee si taglia il braccio destro perché ha perso un duello con alcuni delinquenti. Ma quando questi la fanno troppo grossa, torna a combattere. Un braccio gli basterà. ■ Avventura; b/n; 90′; Hong Kong, 1972.

MANO SINISTRA DI DIO, LA *(The Left Hand of God)* ★★★
Regia di Edward Dmytryk. Con Humphrey Bogart, Lee J. Cobb, E. G. Marshall, Agnes Moorehead, Gene Tierney. ■ Un soldato americano caduto nelle mani di un generale cinese che vive di rapine e saccheggi riesce a fuggire dopo qualche anno travestendosi da prete. Arrivato in una missione si conquista l'affetto della gente. Si sottopone al giudizio dell'autorità ecclesiastica che gli permette di mantenere il suo segreto. Solo la donna che lo ama conosce tutta la verità. ■ Avventura; b/n; 87′; USA, 1955.

MANO SPIETATA DELLA LEGGE, LA ★★★
Regia di Mario Gariazzo. Con Guido Alberti, Maria Pia Giancaro, Klaus Kinski, Philippe Leroy, Silvia Monti, Tony Norton, Fausto Tozzi. ■ Un buon poliziesco che racconta dell'inutile lotta del commissario De Carmine contro la mafia. ■ Poliziesco; b/n; 100′; Italia, 1973.

MANO SPIETATA DI BRUCE LEE COLPISCE ANCORA, LA *(On the Waterfront)* ★
Regia di Tsen Hon. Con Bruce Bond, Chen Lee, Susan Wong, Yen Chang. ■ Bruce Lee era morto da un pezzo quando fu girato questo film, ma il filone del kung-fu rendeva bene ed era un peccato lasciar perdere. Così a Hong Kong hanno pensato bene di sfruttare il suo fantasma, che in questa storia di droga e violenza appare due o tre volte. ■ Avventura; col.; 90′; Hong Kong, 1977.

MANO SUL FUCILE, LA ★★
Regia di Luigi Turolla. Con Giancarlo Garbelli. ■ Un gruppo di partigiani si trova di fronte ad alcuni militi della Repubblica di Salò in una gola fra le montagne: gli uomini combattono allo stremo delle forze finché restano solo due superstiti. ■ Guerra; b/n; 91′; Italia, 1963.

MANO SULLA CULLA, LA ★★★
(The Hand that Rocks the Cradle)
Regia di Curtis Hanson. Con Rebecca De Mornay, Matt McCoy, Annabella Sciorra. ■ Dopo *La finestra della camera da letto* e *Cattive compagnie*, il regista Hanson confeziona questo film senza infamia e senza lode, comunque sotto le aspettative. Tuttavia evoca atmosfere alla Hitchcock. Peyton, alterata psicologicamente a causa della perdita del marito e del proprio bambino, viene assunta in casa Bartel come governante. Dietro questa assunzione però c'è di mezzo una vendetta: la signora Bartel infatti ha portato indirettamente al suicidio il marito di Peyton. ■ Thriller; col.; 111′; USA, 1992.

MANO SULLA... PSICHE!, LA *(Psexonalisis)* ★★
Regia di Hector Olivera. Con Jorge Barreiro, Elsa Daniel, Libertad Leblanc, Malvina Pastorino, Enzo Viena. ■ Lo psicanalista Sigmund esercita abusivamente. I vicini, infastiditi dal via vai di clienti, chiamano la polizia. Anche il commissario si farà psicanalizzare. ■ Commedia; col.; 92′; Argentina, 1967.

MANO VENDICATRICE, LA *(Ride Clear of Diablo)* ★★
Regia di Jesse Hibbs. Con Susan Cabot, Dan Duryea, Abbe Lane, Audie Murphy. ■ Clay O'Hara torna dalla città dove vive alla fattoria per vendicare il padre e il fratello trucidati dai ladri di bestiame. Si fa nominare vicesceriffo, ma lo sceriffo (che è d'accordo con i malviventi) si sbarazza di lui mettendolo sulla traccia di un pistolero. Alla fine Clay fa fuori tutti i cattivi. ■ Western; col.; 80′; USA, 1954.

MANO VENDICATRICE CONTINUA A UCCIDERE, LA *(The Swordsman of All Swordsmen)* ★
Regia di Kao Non Hung. Con Ling Feng, Shang Kuan, Yang Mon Hua, Yeh Tien. ■ Vendetta dell'eroe contro gli uccisori dei propri genitori ■ Drammatico; col.; 91′; Hong Kong, 1973.

MANO VIOLENTA DEL KARATE, LA ★
(Saolin Archers)
Regia di Chang Chen. Con Kuo Chui, Sheng Hiu, Alexander Seng. ■ Una giovane coppia in procinto di sposarsi deve lasciare l'isola in cui abita invasa da una banda di manigoldi e affrontare una lunga serie di peripezie. Alla fine riescono a riportare la pace sull'isola. ■ Avventura; col.; 93′; Hong Kong, 1976.

MANOVRE D'AMORE ★★
Regia di Gennaro Righelli. Con Clara Calamai, Antonio Centa, Antonio Gandusio, Jole Valeri. ■ Un gruppo di ufficiali viene alloggiato durante le manovre militari in una villa di campagna. Le signorine di casa sono in subbuglio per la presenza dei bei cavalieri. ■ Commedia; b/n; 92′; Italia, 1940.

MANSFIELD PARK ★★★
Regia di Patricia Rozema. Con Embeth Davidtz, Johnny Lee Miller, Alessandro Nivola, Frances O'Connor, Harold Pinter. ■ Interessante esperimento di Rozema che fonde il terzo romanzo di Jane Austen con brani tratti dai suoi diari e dalle sue lettere. Così le vicende di Fanny che, nata in una famiglia povera, viene accolta dalla zia che ha fatto un matrimonio d'interesse, vengono intrecciate con la reale esistenza dell'autrice. La sceneggiatura vale la visione. ■ Drammatico; col.; 110′; Gran Bretagna, USA, 1999.

MANSON E LA FAMIGLIA DI SATANA *(Manson)* ★★
Regia di Laurence Merrick, Robert Hendrickson. Con Mary Brunner, Vincent Bugliosi, Bruce Davis, Lynette Fromme, Charles Manson. ■ Si tratta di un film di montaggio sul processo a Manson per l'assassinio dell'attrice Sharon Tate. I protagonisti sono quelli autentici. ■ Documentario; col.; 94′; USA, 1972.

MANTELLO ROSSO, IL ★★
Regia di Giuseppe Maria Scotese. Con Bruce Cabot, Patricia Medina, Domenico Modugno, Lyla Rocco, Fausto Tozzi. ■ Cosimo de' Bardi viene assassinato da un signorotto detto "il Fiammingo". Passa il tempo e a un certo punto entra in scena un cavaliere mascherato che porta un mantello rosso. È il figlio dell'ucciso. Questi e "il Fiammingo" sono anche rivali in amore. Nel duello finale "il Fiammingo" sarà fatto fuori. ■ Avventura; col.; 92′; Italia, 1955.

MANTENUTO, IL ★★
Regia di Ugo Tognazzi. Con Armando Bandini, Aldo Berti, Margarete Robsahm, Mario Carotenuto, Renato Castellani, Marisa Merlini, Pinuccia Nava, Ilaria Occhini. ■ L'impiegato Gardelli diviene per una serie di circostanze protettore di una ragazza squillo. Da qui gli derivano delle grane. Inol-

tre una ricca vedova lo vorrebbe accanto a sé come appoggio professionale. Ma Gardelli rifiuta la posizione di dipendenza e rimane solo. ■ COMMEDIA; B/N; 98'; ITALIA, 1961.

MAN-THING ★

Regia di BRETT LEONARD. Con MATTHEW LE NEVEZ, ROBERT MAMMONE, ALEX O'LOUGHLIN, RAWIRI PARATENE, STEVE BASTONI, RACHAEL TAYLOR, JACK THOMPSON. ■ Tratto da un fumetto. Il film inizia in una palude verde e stagnante, una voce fuori campo spiega come questo luogo meraviglioso sia stato distrutto dall'avidità umana, e proprio qui, come nella miglior tradizione horror americana, due adolescenti vengono massacrati subito dopo aver fatto sesso. A investigare sul caso c'è Kyle Williams, nuovo sceriffo di Bywater insediatosi dopo la scomparsa del suo predecessore. Morti e sparizioni in città sono all'ordine del giorno e Kyle non tarderà a capire che tutto ruota intorno alla palude e a un'antica leggenda degli indiani Seminole. ■ HORROR; COL.; 97'; AUSTRALIA, USA, 2005.

MANTIDE *(M.A.N.T.I.S.)* ★★

Regia di ERIC LANEUVILLE. Con BOBBY HOSEA, CARL LUMBLY, GINA TORRES. ■ Si tratta del *pilot* di una serie di telefilm americani, recitato in prevalenza da attori di colore. Uno scienziato, tale Hawkins, si diletta in azioni da super-eroe e il nome di battaglia dà il titolo al film e alla serie. Qualcuno vuole strumentalizzare, in vista di elezioni, due gang di ragazzi. ■ FANTASCIENZA; COL.; 85'; USA, 1991.

MANTIDE, LA *(Mantis in Lace)* ★★

Regia di WILLIAM ROSTLER. Con PAT BARRINGTON, VIC LANCE, SUSAN STEWART. ■ Una starlet di locali notturni compie tre orribili delitti: sotto l'effetto dell'Lsd scanna tre uomini con cui si è accompagnata. Sulle tracce dell'omicida, i poliziotti arrivano al night dove la donna lavora. ■ DRAMMATICO; COL.; 89'; USA, 1971.

MANTIDE OMICIDA, LA *(The Deadly Mantis)* ★★

Regia di NATHAN J. JURAN. Con CRAIG STEVENS, ALIX TALTON. ■ In seguito alla sparizione di alcuni aerei di ricognizione e del loro equipaggio in una base americana al Polo Nord, uno scienziato capisce che la colpa è di una gigantesca mantide. L'ipotesi si rivela fondata. ■ FANTASCIENZA; B/N; 78'; USA, 1957.

MANTIENI L'ODIO PER LA TUA VENDETTA ★★
(The One Armed Swordsman)

Regia di CHANG CHEUH. Con CHEN YEN YEN, LINA CHIAO, PAN YING TZU, YU WANG. ■ Anche se ha perso il braccio destro in combattimento, gli basterà il sinistro per far fuori i cattivoni. ■ AVVENTURA; COL.; 92'; HONG KONG, 1969.

MAN, THE ★★

Regia di LES MAYFIELD. Con RACHAEL CRAWFORD, SUSIE ESSMAN, MIGUEL FERRER, LUKE GOSS, SAMUEL L. JACKSON, EUGENE LEVY, ANTHONY MACKIE, GIGI RICE, HORATIO SANZ. ■ Un agente federale trova un cadavere in una malfamata strada di Detroit. Quando si scopre che l'agente era coinvolto nel furto in una ditta multi-milionaria di armi, tutti gli occhi puntano sul suo partner Derrick Vann, un agente segreto sotto controllo per i suoi modi spicci. Vann ha ventiquattro ore per recuperare la refurtiva e trovare il killer ma incontrerà un improbabile alleato... ■ AZIONE; COL.; 83'; USA, 2005.

MANSLAUGHTER – INNOCENTI *(Drabet)* ★★

Regia di PER FLY. Con PERNILLA AUGUST, BEATE BILLE, JESPER CHRISTENSEN, CHARLOTTE FICH, VIBEKE HASTRUP. ■ La storia di due famiglie danesi: una risiede a Copenaghen, l'altra nella campagna. Un giorno la figlia di una famiglia provoca la morte della figlia dell'altra. ■ DRAMMATICO; COL.; 100'; DANIMARCA, 2005.

MAN TO MAN ★

Regia di RÉGIS WARGNIER. Con CÉCILE BAYIHA, HUGH BONNEVILLE, LOMAMA BOSEKI, JOSEPH FIENNES, IAIN GLEN, KRISTIN SCOTT THOMAS. ■ Africa Centrale, 1840. L'antropologo scozzese Jamie Dodd è alla ricerca dell'anello mancante nell'evoluzione umana. Vuole quindi individuare dei nativi capaci di dare risposte agli interrogativi di Darwin. Il film di Wargnier vorrebbe raccontarci un incontro interculturale *ante litteram* aggiungendo una critica *politically correct* al neocolonialismo. Lo fa, come al solito, in modo pretenzioso sprecando le opportunità offerte dal soggetto. La musica ridondante, la fotografia inadeguata, la retorica sparsa a piene mani ne fanno un film ricco di buone intenzioni. Ma solo di quelle. ■ DRAMMATICO; COL.; 122'; FRANCIA, GRAN BRETAGNA, SUDAFRICA, 2005.

MANTO NERO *(Black Robe)* ★★

Regia di BRUCE BERESFORD. Con LOTHAIRE BLUETEAU, SANDRINE HOLT, ADEN YOUNG. ■ Nel 1634 un padre gesuita raggiunge il Quebec e costruisce una missione fra gli indiani. I problemi che deve affrontare sono enormi ma, si sa, la fede smuove le montagne. La suggestione del panorama non basta per attribuire al film la sufficienza. ■ AVVENTURA; COL.; 110'; CANADA, 1991.

MANTO ROSSO – SOTTO IL MANTELLO ROSSO, IL *(Under the Red Robe)* ★★★

Regia di VICTOR SJÖSTRÖM. Con ANNABELLA, RAYMOND MASSEY, CONRAD VEIDT. ■ Un gentiluomo penetra sotto falso nome nella residenza di un cospiratore per arrestarlo su ordine di Richelieu. Ma, innamoratosi della sorella del ribelle, non ha animo di compiere il suo dovere e lo lascia libero. Poi va a costituirsi. Richelieu perdona il gentiluomo che sposerà la bella. ■ AVVENTURA; B/N; 82'; USA, 1937.

MANUALE D'AMORE *(Manuale d'amore)* ★★

Regia di GIOVANNI VERONESI. Con MARGHERITA BUY, SABRINA IMPACCIATORE, LUCIANA LITTIZZETTO, SILVIO MUCCINO, SERGIO RUBINI, JASMINE TRINCA, CARLO VERDONE. ■ ■ *Manuale d'amore* è un film a episodi, collegati dall'interagire dei vari personaggi, che rappresenta, intrattenendoci, il percorso di dieci, cento, mille coppie. Ripercorrendo i modi di essere dei singoli attori, *Manuale d'amore* vorrebbe rappresentare un bigino semiserio sui percorsi classici del sentimento principe della nostra vita. La sua ovvia circolarità (il film inizia con la recitazione di Anita Caprioli del manuale, e si conclude con l'attrice che passeggia sulla spiaggia) è asservita alla trama che può ispirarsi idealmente a *CinqueperDue* di François Ozon, senza possederne l'inventiva. Gli episodi prendono spunto dai film più disparati fra cui *La signora in rosso* ed è agli interpreti che è quindi assegnato il compito di reggere le sorti delle storie, indurre qualche sana risata, attirare il pubblico. L'amore non cambia mai. ■ COMMEDIA; COL. 105'; ITALIA, 2006.

MANUALE D'AMORE 2 (CAPITOLI SUCCESSIVI) ★★★

Regia di GIOVANNI VERONESI. Con ANTONIO ALBANESE, MONICA BELLUCCI, CLAUDIO BISIO, BARBORA BOBULOVA, VALENTINA CARNELUTTI, ELSA PATAKI, SERGIO RUBINI, RICCARDO SCAMARCIO, CARLO VERDONE, FABIO VOLO. ■ Un ragazzo semiparalizzato per un incidente (Scamarcio) e la bella fisioterapista (Bellucci), una giovane coppia che si affida alla fecondazione assistita per avere un figlio, due gay che decidono di sposarsi tra mille complicazioni, un uomo nel pieno della maturità che si innamora di una giovane spagnola. Queste sono le quattro storie introdotte dal Dj Claudio Bisio che si limita a dare il la al fluire dell'amore. L'episodio "Il matrimonio" con Albanese e Rubini nelle vesti di due omosessuali, intenso e vero, sia nelle interpretazioni (non troppo caricate) che nei dialoghi, è il manifesto di questo film, che dimostra come sia ancora possibile far rivivere la nostra commedia con risate intelligenti, raccontando il sentimento che più ci appartiene, e che sfugge alle regole di ogni manuale. ■ COMMEDIA; COL.; 120'; ITALIA, 2007.

MANUALE D'AMORE 3 ★★

Regia di GIOVANNI VERONESI. Con MONICA BELLUCCI, ROBERT DE NIRO, MICHELE PLACIDO, RICCARDO SCAMARCIO, CARLO VERDONE. ■ Roberto e Sara prendono le misure della nuova casa e di una nuova vita che li vedrà presto sposi. A pochi giorni dal lieto evento, Roberto è incaricato dal suo studio legale di "liquidare" un agricoltore nella provincia Toscana. Ambizioso e affamato di successo, il giovane avvocato viene precipitato in un "altrove" che ha il sorriso aperto di una zingarata e il volto dolce di Micol. Travolto da insolita passione nell'azzurra piscina della ragazza, Roberto cede alla tentazione e a un residuo di giovinezza. Ubriaco di vino e di amore pregherà la luna di "prenderlo" o di farne finalmente un uomo. ■ COMMEDIA; COL.; 100'; ITALIA, 2011.

MANUALE DEL GIOVANE AVVELENATORE, IL ★★
(The Young Poisoner's Handbook)
Regia di BENJAMIN ROSS. Con HUGH O'CONOR, ANTHONY SHEA. ■ A Londra, nel 1961 comincia la storia (vera) di un ragazzo, genietto della chimica e discretamente matto, che comincia con l'avvelenare la madre e continua in grande con tutti quelli che attraversano la sua strada. Film a basso costo, proposto al Festival di Locarno nel 1995, opera prima del regista. ■ DRAMMATICO; COL.; 97'; GRAN BRETAGNA, 1996.

MANUALE D'INFEDELTÀ PER UOMINI SPOSATI *(I Think I Love My Wife)* ★★
Regia di CHRIS ROCK. Con STEVE BUSCEMI, CASSANDRA FREEMAN, EDWARD HERRMANN, MILAN HOWARD, SAMANTHA IVERS, CHRIS ROCK, STEPHEN A. SMITH, GINA TORRES, KERRY WASHINGTON, WELKER WHITE, MICHAEL K. WILLIAMS. ■ Richard Cooper è un uomo sposato, ha due figli, e un ottimo lavoro. Il problema è che la vita con sua moglie Brenda è noiosa. Il sesso è ormai una cosa dimenticata da tempo e la routine tocca ogni momento della giornata. Il sopraggiungere di una vecchia amica, Nikki, bellissima e affascinante, rompe però l'equilibrio di Richard, che si sente rispettoso della moglie e attratto dalla novità. Ora qualcosa può cambiare. Se Richard lo vuole. ■ COMMEDIA; COL.; 90'; USA, 2007.

MANUELA ★★
Regia di GUY HAMILTON. Con PEDRO ARMENDARIZ, TREVOR HOWARD, ELSA MARTINELLI, DONALD PLEASENCE. ■ Capitano si innamora di passeggera clandestina (una fatale meticcia). Prima si rovina la carriera, poi perde la vita. ■ DRAMMATICO; B/N; 87'; GRAN BRETAGNA, 1957.

MANUELITA *(Romance of the Rio Grande)* ★
Regia di ALFRED SANTELL. Con WARNER BAXTER, MARY DUNCAN, MONA MARIS, ANTONIO MORENO. ■ Manuelita è una ragazza della quale si innamora un cowboy del Colorado. Ingenuità e lieto fine. ■ COMMEDIA; B/N; 93'; USA, 1929.

MANÙ IL CONTRABBANDIERE ★★★
Regia di LUCIO DE CARO. Con ADRIANA BENETTI, PAUL MEURISSE, SERGE REGGIANI, MADELEINE SOLOGNE. ■ Fugge per bancarotta aiutato da un contrabbandiere. Si suicida quando sa che la moglie lo ha abbandonato. La perfidona cerca di accusare il contrabbandiere per incassare l'assicurazione. ■ POLIZIESCO; B/N; 91'; ITALIA, 1947.

MAN WHO LAUGHS,THE *(L'homme qui rit)* ★★
Regia di JEAN-PIERRE AMERIS. Con SWANN ARLAUD, GERARD DEPARDIEU, MARC-ANDRE' GRONDIN, EMMANUELLE SEIGNER, FANIE ZANINI. ■ In una notte di tempesta una nave salpa lasciando a terra un bambino disperato. Costui vaga nella tormenta e incontra una donna morente che ha in braccio una bambina piccola. La prende e la riscalda come può finché trova asilo presso Ursus, un po' imbonitore e un po' medico. La bambina, battezzata da Ursus con il nome di Dea, è cieca, mentre Gwynplaine, il bambino, ha il volto deturpato da una lunga ferita che lo fa sembrare impegnato in un eterno sorriso. Anni dopo il trio girerà per le fiere mettendo in scena una drammatica storia che appassiona le folle e interessa anche la lasciva duchessa Josiane. Victor Hugo scrisse il romanzo mentre si trovava esiliato dalla Francia per motivi politici ambientandolo in Inghilterra. In questa versione francese si trasforma in una fiaba dai toni enfatici. ■ DRAMMATICO; COL.; 95'; FRANCIA, 2012.

MA PAPÀ TI MANDA SOLA? *(What's up Doc?)* ★★★
Regia di PETER BOGDANOVICH. Con MADELINE KAHN, KENNETH MARS, RYAN O'NEAL, AUSTIN PENDLETON, BARBRA STREISAND. ■ Giunto a San Francisco per una riunione della Federazione dei musicologi insieme alla insignificante fidanzata, il professor Howard s'imbatte nella dolce e svitata Judy Marwell, che gli si mette alle costole. Incidenti, *qui pro quo* e botte con intrusione di ladri e poliziotti. ■ COMMEDIA; COL.; 94'; USA, 1972.

MA POMME – VAGABONDO MILIONARIO ★★
(Ma Pomme)
Regia di MARC-GILBERT SAUVAJON. Con MAURICE CHEVALIER, SOPHIE DESMARETS, JEAN WALL. ■ Il vagabondo "Ma Pomme" riceve una grossa eredità. Ma i soldi non portano fortuna. ■ COMMEDIA; B/N; 100'; FRANCIA, 1950.

MAPPA DEL MONDO, LA *(A Map of The World)* ★★★
Regia di SCOTT ELLIOTT. Con RON LEA, JULIANNE MOORE, DAVID STRATHAIRN, SIGOURNEY WEAVER. ■ Alice è una vigilatrice dell'infanzia che è andata a vivere in campagna con il marito e le due figlie. Il suo rapporto con la realtà scolastica è causa di qualche tensione, in particolare con la madre di Robert a cui rimprovera una scarsa attenzione al figlio. Un giorno l'amica Theresa le affida, come fa spesso, le proprie figlie. Una finisce nel laghetto antistante la casa e muore. Di lì a poco anche la madre di Robert la accuserà di molestie a minore ottenendone l'arresto. Tutto sembra precipitare. Il marito si trova costretto a vendere la fattoria a cui teneva moltissimo e la vita in prigione non è delle più facili. Anche al processo le cose non sembrano andare per il verso giusto. Fino a che... Film di attrici, con più spazio concesso a Sigourney, quello del regista teatrale Elliott (Mendes di *American Beauty* stimola proseliti?). Parzialmente risolto e parzialmente mancato. Perché se in tutta la prima parte si costruisce la complessa personalità di Alice, nel finale si cade nel film processuale con esito banale. ■ DRAMMATICO; COL.; 125'; USA, 2000. ■ GOLDEN GLOBES 1 NOM.

MA QUANDO ARRIVANO LE RAGAZZE? ★★
Regia di PUPI AVATI. Con PAOLO BRIGUGLIA, JOHNNY DORELLI, VITTORIA PUCCINI, CLAUDIO SANTAMARIA. ■ Bologna, il jazz, l'amicizia virile, le buone maniere. I nomi dei due protagonisti, Nick e Gianca, già denotano la propensione per un vacuo intellettualismo di maniera. Sono due musicisti ventenni, siamo all'inizio degli anni Novanta, che devono affrontare il futuro partendo da posizioni sociali differenziate, dove il povero ha talento, il borghese no. I due giovani protagonisti non hanno mai un soprassalto di rabbia giovanile. Sono due giovani vecchi. Ma il tocco alla Avati si fa sentire come sempre. ■ COMMEDIA; COL.; 146'; ITALIA, 2004. ■ DAVID DI DONATELLO 1 PR, 1 NOM.

MARACAIBO ★★
Regia di CORNEL WILDE. Con ABBE LANE, JEAN WALLACE, CORNEL WILDE. ■ In una villa a Maracaibo si ritrovano il proprietario di pozzi di petrolio Orlando (diventato muto in seguito a un incidente), Elena, la donna che diventerà sua moglie, Vic Scott, che è stato chiamato a spegnere l'incendio di alcuni pozzi, la fidanzata di quest'ultimo. Gelosie e malintesi vengono risolti. ■ DRAMMATICO; COL.; 88'; USA, 1958.

MARADONA – LA MANO DE DIOS ★★
Regia di MARCO RISI. Con GONZALO ALARCON, NORMA ARGENTINA, ABEL AYALA, JULIETA DIAZ, ELIANA GONZALEZ, EMILIANO KAZKA, MARCO LEONARDI, JUAN LEYRADO, ROLY SERRANO, PIETRO TARICONE. ■ La vita di Diego Armando Maradona viene ripercorsa nei suoi momenti salienti. Dal recente presente si passa, con rapidi flashback, alle prime gesta del piccolo campione argentino. Il successo arriva, ma anche la cocaina, mettendo in luce il genio e la sregolatezza del (forse) più grande giocatore che il calcio abbia avuto. L'uomo e il calciatore sono cosa diversa, e come viene dichiarato, Maradona non ha mai fatto uso di droga per migliorare le proprie prestazioni. ■ BIOGRAFICO; COL.; 113'; ARGENTINA, ITALIA, 2006.

MARAKATUMBA, MA NON È UNA RUMBA ★★
Regia di ENZO TRAPANI. Con MARILYN BUFERD, FRANCA MARZI, RENATO RASCEL, PAOLO STOPPA. ■ Un impiegato ama una ballerinetta. La compagnia dell'innamorata si stabilisce nei pressi della sua abitazione e un giorno lui, improvvisandosi attore, ottiene molti consensi. ■ COMICO; B/N; 84'; ITALIA, 1949.

MARAMAO ★★
Regia di GIOVANNI VERONESI. Con MAURIZIO BIGOTTI, ALBERTO FRASCA, VANESSA GRAVINA. ■ Un ragazzino, durante una vacanza estiva, capisce che la sua infanzia sta per finire. Purtroppo sta per finire anche la sua vita. Durante un bagno ha una congestione e annega. Film interessante ma irrisolto per l'esordio alla regia di Veronesi, sceneggiatore, patrocinato da Francesco Nuti. ■ DRAMMATICO; COL.; 95'; ITALIA, 1987.

MARANA SIMHASANAM ★★★
Regia di MURALI NAIR. Con VISHWAS NJAVAKKAL, LAKSHMI

RAMAN, SUHAS THAYAT. ■ Vincitore della Camera d'Or a Cannes, per l'opera prima. India: Krishnan fa parte di una famiglia di agricoltori e vive in una piccola isola. Disperato e senza lavoro ruba delle noci di cocco al suo padrone. Catturato e messo in carcere viene poi accusato di un omicidio avvenuto prima. È tempo di elezioni e i politici usano strumentalmente il suo caso. La sedia è da poco stata introdotta e viene considerata simbolo di una morte gloriosa. Krishanan dovrebbe essere la prima vittima. ■ DRAMMATICO; COL.; 60'; INDIA, 1999.

MARATHON ★★
Regia di TERENCE YOUNG. Con DAVID CARRADINE, LAUREN HUTTON, GEORGE SEAGAL. ■ Un maggiore della NATO distaccato a Roma, cultore della forma fisica e buon maratoneta, trova proprio nell'ambiente sportivo un rivale sia nello sport che in amore. ■ DRAMMATICO; COL.; 86'; USA, 1988.

MARATHON ★★
Regia di AMIR NADERI. Con SARA PAUL. ■ Gretchen ha un obiettivo: in un'intera giornata, deve battere il proprio record personale di risoluzione di cruciverba, attualmente fermo a quota settantasette. Ma non sa concentrarsi nel silenzio, e perciò si infila nella metropolitana della sua città, New York, e si accinge a risolvere i giochi enigmistici che ha portato con sé. Susciterà la curiosità e l'ilarità dei passanti. Riuscirà Gretchen a battere il suo record? In un bianco e nero contrastatissimo, Amir Naderi, figura di punta del cinema iraniano trasferitosi a New York all'inizio degli anni Novanta, chiude una sua personale trilogia su Manhattan iniziata nel 1993 con *Manhattan by numbers*. L'elemento di sfida della protagonista alla città tentacolare è interessante, ma il film si arrotola ben presto su se stesso, divenendo un autocompiaciuto esercizio di stile. ■ DRAMMATICO; COL.; 74'; USA, 2002.

MARATONETA, IL *(The Marathon Man)* ★★★
Regia di JOHN SCHLESINGER. Con WILLIAM DEVANE, DUSTIN HOFFMAN, MARTHE KELLER, LAURENCE OLIVIER, ROY SCHEIDER. ■ Bella e complessa storia di un giovane studente ebreo (Babe) che prepara la tesi sul maccartismo e si allena per la maratona. La sua vita tranquilla è sconvolta dall'assassinio del fratello che aiutava un gruppo di vecchi nazisti. Babe si mette a indagare. ■ DRAMMATICO; COL.; 125'; USA, 1976. ■ DAVID DI DONATELLO 1 PR, 1 NOM; GOLDEN GLOBES 1 PR, 5 NOM; OSCAR 1 NOM.

MARAT-SADE ★★★
Regia di PETER BROOK. Con GLENDA JACKSON, PATRICK MAGEE, IAN RICHARDSON, CLIFFORD ROSE, MICHAEL WILLIAMS. ■ Dal dramma di Peter Weiss. De Sade si trova in un manicomio dove allestisce la tragedia di Marat. Spiega al pubblico che egli era costretto, a causa di un morbo cutaneo, a restare immerso nell'acqua del bagno e da lì dirigeva i moti rivoluzionari. Carlotta Corday riuscì a farsi ricevere e ad ucciderlo. La rappresentazione è finita: i pazzi, eccitati dal racconto, si ribellano e picchiano i presenti. ■ DRAMMATICO; COL.; 116'; GRAN BRETAGNA, 1967.

MARCELLA ★★★
Regia di GUIDO BRIGNONE. Con ANTONIO CENTA, EMMA GRAMATICA. ■ Una fanciulla francese che si è compromessa per salvare il fratello fugge in Italia e diventa accompagnatrice di una nobildonna. Il figlio della vecchia vorrebbe sposarla, ma l'eco dello scandalo è giunto in Italia e la ragazza, benché si dichiari innocente, preferisce andarsene. La nobildonna, però, scopre le prove della sua onestà. ■ COMMEDIA; B/N; 91'; ITALIA, 1937.

MARCELLINO E PADRE JOHNNY *(Johnny Raton)* ★★
Regia di VICENTE ESCRIVA. Con JULIO ARA, LUIS DAVILA, ROBERT PACKER, GEORGES RIGAUD. ■ Un giovane prete di colore viene trasferito dall'America in Spagna e assegnato ad un istituto di ragazzi ritardati. La sua opera si rivela subito preziosa e tutti cominciano ad amarlo. ■ COMMEDIA; COL.; 93'; SPAGNA, 1969.

MARCELLINO PANE E VINO *(Marcelino pan y vino)* ★★★
Regia di LADISLAO VAJDA. Con PABLITO CALVO, ISABEL DE POMES, RAFAEL RIVELLES, ANTONIO VICO. ■ Marcellino, raccolto in fasce da alcuni frati, fa amicizia con il Cristo riposto tra le cose vecchie del convento: tutti i giorni gli porta di che bere e nutrirsi e parla con lui. Un giorno gli domanda di vedere la madre, che è morta, e viene accontentato: muore dolcemente tra le braccia del Redentore. ■ DRAMMATICO; B/N; 90'; SPAGNA, 1955.

MARCELLINO PANE E VINO ★★
Regia di LUIGI COMENCINI. Con FERNANDO FERNÁN GÓMEZ, NICOLÒ PAOLUCCI. ■ Rifacimento del popolarissimo e lacrimevole film diretto da Vajda nel 1955 e interpretato in quell'edizione da Pablito Calvo. La favoletta del trovatello però funziona più in televisione che al cinema. Comencini, grande esperto di storie con bambini, confeziona un prodotto dignitoso con doverosi ritocchi. Marcellino viene accolto in un convento di frati ancora in fasce e poi "passato" a un nobile. Il bambino fugge dal castello dove è ospitato e si rifugia in una soffitta. Qui avrà il colloquio con il crocefisso e salirà in cielo a incontrare sua madre. ■ COMMEDIA; COL.; 97'; FRANCIA, ITALIA, SPAGNA, 1991.

MARCELLO MASTROIANNI: MI RICORDO SÌ IO MI RICORDO ★★★
Regia di ANNA MARIA TATÒ. Con MARCELLO MASTROIANNI. ■ La morte di Marcello Mastroianni ha prodotto lacrime di coccodrillo in quantità industriale. L'attore, che non riusciva più a lavorare in Italia perché ritenuto non remunerativo per il botteghino, è stato osannato *post mortem*. È un destino comune a molti, purtroppo. Anche questo documentario non sfugge ai sospetti e alle recriminazioni all'interno delle "famiglie" di Marcello. Anna Maria Tatò ha avuto comunque riconosciuti i diritti di sfruttamento dell'immagine dell'attore e ci propone un film che resta, al di là delle polemiche, un documento prezioso. Sia nella versione breve (priva di molto materiale da cineteca) sia in quella più ampia Mastroianni gioca con il proprio personaggio con la sorniona abilità che gli era congeniale. Parla di memoria, di vecchiaia, di amore e di interrogativi esistenziali come se la macchina da presa venisse messa tra parentesi. Sta dialogando, al contempo, con noi, con se stesso, con un mondo che gli sta ormai alle spalle. L'ombra che apre il film è un segno tangibile della presenza impalpabile dell'attore. Una presenza che si colloca di diritto nella storia del cinema e alla cui esplorazione questo film dà un importante contributo. ■ DOCUMENTARIO; COL. 198'; ITALIA, 1997.

MARCHESA VON..., LA ★★★
(La marquise d'O – Die Marquise von O)
Regia di ERIC ROHMER. Con EDITH CLEVER, BRUNO GANZ, OTTO SANDER, EDDA SEIPPEL. ■ Siamo verso la fine del secolo diciottesimo, nell'Italia del Nord. I cosacchi attaccano un castello e tentano di violentare la marchesina Giulietta, che viene salvata all'ultimo momento da un conte. Giulietta rifiuta insistentemente di sposarlo, poi accetta quando si scopre incinta: il padre del nascituro è proprio il conte, che ha approfittato di lei mentre era svenuta, subito dopo l'aggressione. Chiede però al marito di lasciarla dormire sola. Poi la devozione dell'uomo la commuove. ■ DRAMMATICO; COL.; 107'; FRANCIA, GERMANIA, 1976. ■ CANNES 1 PR.

♥ MARCHESE DEL GRILLO, IL ★★★
Regia di MARIO MONICELLI. Con FLAVIO BUCCI, ALBERTO SORDI, PAOLO STOPPA. ■ Il marchese del Grillo, degno esponente della nobiltà romana ottocentesca, è cameriere segreto di papa Pio VII, ma, per sfuggire alla noia, spesso frequenta bettole e osterie. Una sera, proprio in uno di questi locali poco raccomandabili, il marchese incontra un umile carbonaio che gli assomiglia come una goccia d'acqua. È l'inizio di una divertente serie di equivoci. ■ COMMEDIA; COL.; 133'; FRANCIA, ITALIA, 1981. ■ BERLINO 1 PR; DAVID DI DONATELLO 2 PR, 2 NOM.

MARCHESE DI RUVOLITO, IL ★★
Regia di RAFFAELLO MATARAZZO. Con EDUARDO DE FILIPPO, PEPPINO DE FILIPPO, LEDA GLORIA, ELLI PARVO. ■ Napoli, primi del Novecento. Un anziano marchese decaduto è incaricato di combinare il matrimonio tra un nobile in miseria e la ricca figlia di un commerciante. Acconsente solo quando ha la prova che i due giovani si amano. ■ COMMEDIA; B/N; 91'; ITALIA, 1938.

MARCHIO, IL *(The Mark)* ★★★
Regia di GUY GREEN. Con BRENDA DE BANZIE, MARIA SCHELL, ROD STEIGER, STUART WHITMAN. ■ Un ex galeotto maniaco sessuale, guarito dalle amorose cure di uno psichiatra, trova lavoro e si innamora di una vedova. Il brutale assassinio di una fanciulla,

eseguito secondo i suoi antichi metodi, provoca il suo arresto. Riconosciuto innocente viene rilasciato. ■ DRAMMATICO; B/N; 127'; GRAN BRETAGNA, 1961. ■ OSCAR 1 NOM.

MARCHIO DEL BRUTO, IL *(Raw Edge)* ★★
Regia di JOHN SHERWOOD. Con RORY CALHOUN, YVONNE DE CARLO. ■ Un marito geloso fa uccidere un presunto rivale: il fratello di questi vuole vendicarlo, ma è preceduto dagli indiani (il defunto aveva sposato una di loro). La vedova, contesa tra due uomini, viene difesa dal fratello dell'ucciso. ■ WESTERN; COL.; 76'; USA, 1956.

MARCHIO DEL COBRA, IL *(Forbidden Cargo)* ★★
Regia di HAROLD FRENCH. Con TERENCE MORGAN, NIGEL PATRICK, ELIZABETH SELLARS. ■ La morte violenta di un trafficante di droga porta alla scoperta della banda che effettua il commercio. La merce viene trasportata con un sistema geniale che rende vana ogni perquisizione. Il poliziotto incaricato del caso riesce comunque a scovarla. ■ DRAMMATICO; B/N; 85'; GRAN BRETAGNA, 1953.

MARCHIO DELL'ODIO, IL *(The Halliday Brand)* ★★★
Regia di JOSEPH H. LEWIS. Con BETSY BLAIR, WARD BOND, JOSEPH COTTEN, VIVECA LINDFORS. ■ Uno sceriffo dispotico provoca la morte di un meticcio innamorato della figlia. Suo figlio, poi, si innamora della sorella del defunto il cui padre viene eliminato in duello dall'uomo di legge. Il ragazzo, indignato, se ne va di casa; vi fa ritorno solo per assistere alla morte del padre finalmente pentito. ■ WESTERN; B/N; 77'; USA, 1957.

MARCHIO DEL RINNEGATO, IL ★★
(The Mark of the Renegade)
Regia di HUGO FREGONESE. Con CYD CHARISSE, RICARDO MONTALBAN. ■ Un ricco messicano ostacola l'alleanza tra il suo paese e la California che vorrebbe sottomettere al suo dominio. A tale scopo prende prigioniero un emissario del suo governo per obbligarlo a sposare la figlia di un ribelle e quindi ricattarlo. Il losco progetto però va in fumo. ■ AVVENTURA; COL.; 81'; USA, 1951.

MARCHIO DI CAINO, IL *(The Mark of Cain)* ★★
Regia di BRIAN DESMOND HURST. Con SALLY GRAY, PATRICK HOLT, ERIC PORTMAN. ■ L'inglese Richard si innamora di una francese che però sposa suo fratello John. La vita dei due non è delle più serene; un giorno John si ammala e Richard ne approfitta per ucciderlo lentamente. Alla sua morte la donna viene accusata di omicidio, ma un suo discreto corteggiatore riesce a dimostrare la responsabilità di Richard. ■ DRAMMATICO; B/N; 88'; GRAN BRETAGNA, 1948.

MARCHIO DI DRACULA, IL *(Scars of Dracula)* ★★
Regia di ROY WARD BAKER. Con JENNY HANLEY, CHRISTOPHER LEE, DENNIS WATERMAN. ■ Un ragazzo e la sua fidanzata si mettono alla ricerca del fratello di lui scomparso. Arrivano così al castello del conte Dracula che, dietro un'apparente accoglienza ospitale, nasconde il desiderio di vampirizzare la ragazza. Un domestico aiuta i giovani a fuggire. ■ HORROR; COL.; 94'; GRAN BRETAGNA, 1970.

MARCHIO DI KRIMINAL, IL ★
Regia di FERNANDO CERCHIO. Con ANDREA BOSIC, HELGA LINÉ, GLENN SAXSON. ■ Kriminal e due avventurieri, ciascuno in possesso delle due diverse parti di una mappa, decidono di unire i loro sforzi per cercare il tesoro. I due avversari tentano di ingannare Kriminal ma lui li uccide dopo aver recuperato il bottino. ■ AVVENTURA; COL.; 92'; ITALIA, 1967.

MARCHIO DI SANGUE, IL *(Branded)* ★★★
Regia di RUDOLPH MATÉ. Con CHARLES BICKFORD, MONA FREEMAN, ALAN LADD. ■ Un bandito si fa tatuare una spalla per far credere a un ricco proprietario terriero, che lo ha assunto come operaio, di essere il figlio rapitogli molti anni prima. Quando il suo mandante (che è anche il responsabile del rapimento) gli ingiunge di uccidere il falso padre, il bandito si rifiuta. Anzi, sfidando innumerevoli pericoli, troverà e riporterà ai genitori il figlio rapito. ■ WESTERN; COL.; 95'; USA, 1950.

MARCHIO SULLA CARNE, IL ★★★
(La duchesse de Langeais)
Regia di JACQUES DE BARONCELLI. Con AIMÉ CLARIOND, EDWIGE FEUILLÈRE, PIERRE-RICHARD WILM. ■ Una bella nobildonna malmaritata rifiuta qualsiasi amante benché non le manchino i corteggiatori. Un militare si innamora pazzamente di lei, ricambiato, ma le malignità che circolano sui loro sentimenti spingono la donna a prendere i voti. ■ DRAMMATICO; B/N; 99'; FRANCIA, 1942.

MARCIA DEI PINGUINI, LA ★★★
(La marche de l'empereur)
Regia di LUC JACQUET. ■ Toccante e commovente la lotta per la vita del pinguino imperatore. Una lotta in cui l'elemento determinante perché a vincere sia la vita – e non l'inverno, spietato avversario – è l'amore. E proprio come un film sentimentale è costruito questo documentario francese campione d'incassi: la prassi riproduttiva del pinguino ha infatti un'incredibile presa emotiva, almeno per cuori duri come quelli umani di questi tempi. Sospeso nel silenzio visivo e sonoro del Mare Antartico, il film segue l'annuale avventura di questi teneri e (apparentemente) goffi animali che per riprodursi devono compiere un va e vieni continuo tra il nord (dove sfocia l'oceano e il cibo abbonda) e il sud (dove la banchisa è deserta ma stabile). Maschi e femmine si uniscono nel canto, e formano delle coppie fisse che stringono un patto d'amore che è l'unica speranza di sopravvivenza per i piccoli a -40°. La voce di Fiorello ci accompagna lungo questo viaggio e lo fa con garbo e senza lasciarsi andare a facili scimmiottature. ■ DOCUMENTARIO; COL.; 80'; FRANCIA, USA, 2005. ■ DAVID DI DONATELLO 1 NOM; OSCAR 1 PR, 1 NOM.

MARCIA DEL DISONORE, LA *(Rogue's March)* ★★
Regia di ALLAN DAVIS. Con RICHARD GREENE, PETER LAWFORD, JANICE RULE. ■ Un ufficiale, sulla cui presunta colpevolezza un traditore ha costruito false prove, viene accusato di spionaggio e deferito al tribunale. Fuggito, parte come volontario per l'India dove si distingue per coraggio. Lì, fra un gruppo di prigionieri, trova anche l'uomo che può discolparlo. Una volta provata la sua innocenza, riconquista i gradi. ■ GUERRA; B/N; 84'; USA, 1953.

MARCIANDO NEL BUIO ★
Regia di MASSIMO SPANO. Con FLAVIO ALBANESE, JEAN-MARC BARR, ROBERTO CITRAN. ■ Nel quadro della vita militare l'omosessuale Gianni coinvolge il suo amico, quasi etero e ingenuo, nella solita tragedia fra indecisione, dramma e violenza. Film inutile, strampalato e sgradevole. ■ DRAMMATICO; COL.; 105'; ITALIA, 1996.

MARCIANO ★★
Regia di BERNARD L. KOWALSKI. Con VINCENT GARDENIA, TONY LO BIANCO, BELINDA MONTGOMERY, MICHAEL O'HARE. ■ La storia romanzata di Rocky Marciano, campione mondiale di pugilato nella categoria dei massimi dal 1952 al 1955. Il boxeur italo-americano, disgustato dal "sottobosco" di quello sport, si ritira imbattuto dopo aver disputato quarantanove match. ■ BIOGRAFICO; COL.; 100'; USA, 1980.

MARCIA NUZIALE ★★
Regia di MARIO BONNARD. Con TULLIO CARMINATI, KIKI PALMER. ■ Una ricca fanciulla rinuncia ad un matrimonio di interesse per sposare l'uomo che ama. Questi ha un modesto impiego che basta appena a entrambi per vivere; il suo datore di lavoro corteggia la fanciulla che esasperata pensa di uccidersi. Il marito però le impedisce questo gesto estremo. ■ COMMEDIA; B/N; 94'; ITALIA, 1934.

MARCIA NUZIALE ★★★
Regia di MARCO FERRERI. Con SHIRLEY ANN FIELD, GAIA GERMANI, ALEXANDRA STEWART, UGO TOGNAZZI. ■ Quattro episodi sul tema della crisi del matrimonio. ■ COMMEDIA; B/N; 82'; ITALIA, 1966.

MARCIA O CREPA – COMMANDO ★★
Regia di FRANK WISBAR. Con MAURIZIO ARENA, IVO GARRANI, RICCARDO GARRONE, STEWART GRANGER, DORIAN GRAY, FAUSTO TOZZI. ■ Un ufficiale della Legione straniera in missione riesce a far prigioniero uno dei capi rivoluzionari algerini. Il ritorno al campo è ostacolato dagli attacchi degli indigeni che uccidono tutti i componenti del plotone. Egli rimane solo col nemico che porta a destinazione. ■ GUERRA; B/N; 90'; ITALIA, 1962.

MARCIAPIEDI DELLA METROPOLI, I ★★★
(St. Martin Lane)
Regia di TIM WHELAN. Con LARRY ADLER, TYRONE GUTHRIE, REX HARRISON, CHARLES LAUGHTON, VIVIEN LEIGH. ■ A Londra, molti artisti ambulanti vivono alla giornata. Uno di essi fa coppia con una fanciulla vivacissima e ambiziosa che, grazie al suo aiuto, arriva ben presto a calcare le scene del teatro. Lui è nella miseria più nera; lei cerca di portarlo con sé, ma il dislivello artistico che li separa è tale da persuadere l'uomo a tornarsene per le strade. ■ DRAMMATICO; B/N; 84'; GRAN BRETAGNA, 1938.

MARCIAPIEDI DI NEW YORK, I ★★★★
(East Side – West Side)
Regia di MERVYN LE ROY. Con CYD CHARISSE, AVA GARDNER, VAN HEFLIN, JAMES MASON, BARBARA STANWYCK. ■ Benché sposato a una donna di cui è innamorato, un uomo non riesce a dimenticare l'ex amante, che cerca di riportarlo a sé in tutti i modi. Proprio mentre i coniugi stanno per partire quest'ultima viene trovata uccisa; l'uomo viene accusato di omicidio, ma riesce a dimostrare la sua innocenza. Sua moglie, incapace di dimenticare lotte e tensioni sostenute fino a quel momento, lo lascia per un altro. ■ DRAMMATICO; B/N; 108'; USA, 1950.

MARCIAPIEDI DI NEW YORK, I ★★★
(Side Walks Stories)
Regia di CHARLES LANE. Con NICOLE ALYSIA, CHARLES LANE, SANDYE WISON. ■ Apologo dolceamaro tra i vagabondi della metropoli americana girato da un giovane autore nero che guarda a Chaplin. Gli ambienti sono quelli degli emarginati, la fotografia è in bianco e nero e non ci sono dialoghi. ■ COMMEDIA; B/N; 97'; USA, 1989.

MARCIAPIEDI DI NEW YORK, I ★★★
(Sidewalks of New York)
Regia di EDWARD BURNS. Con EDWARD BURNS, HEATHER GRAHAM, STANLEY TUCCI. ■ Regista, produttore, sceneggiatore e anche attore, Edward Burns ci regala una piacevole commedia alla Woody Allen, sullo sfondo di una New York vera protagonista del film. Tra il Queens, Manhattan e il Greenwich si incontrano e scontrano le diverse anime della città e quelle dei protagonisti, sei trentenni più o meno single, alla ricerca dell'amore e del senso della vita. Girato con una telecamera manuale, che indaga in maniera ironica e indiscreta all'interno delle storie, i protagonisti ci vengono presentati attraverso brevi e fulminanti interviste *on the road*. Piacevole girotondo di storie e situazioni, retto da dialoghi brillanti, è un film che parla molto di sesso (e ne mostra poco) e d'amore: tutti lo cercano, ma in quanto a trovarlo... E la grande domanda «Ma è l'amore o il sesso a confondere la vita?» rimane, giustamente, senza risposta. ■ COMMEDIA; COL.; 107'; USA, 2001.

MARCIA SU ROMA, LA ★★★
Regia di DINO RISI. Con MARIO BREGA, VITTORIO GASSMAN, ROGER HANIN, UGO TOGNAZZI. ■ Al termine della prima guerra mondiale, due ex commilitoni, prima per caso poi per convinzione, militano nelle squadracce fasciste. Stanno per partecipare alla Marcia su Roma ma, dopo un tafferuglio, spariscono misteriosamente. Proclamati eroi dalla popolazione vengono esiliati dal prudente governo fascista. ■ COMMEDIA; B/N; 94'; ITALIA, 1962.

MARCIA TRIONFALE ★★★
Regia di MARCO BELLOCCHIO. Con NINO BERGAMINI, PATRICK DEWAERE, MIOU-MIOU, FRANCO NERO, MICHELE PLACIDO. ■ Un giovane laureato, destinato al servizio di leva benché abbia fatto di tutto per essere ammesso all'accademia, si trova a disagio nell'ambiente rozzo tanto lontano dalla sua sensibilità. Il suo superiore, in crisi depressiva, ne fa il proprio confidente e, senza saperlo, l'amante della moglie. ■ DRAMMATICO; COL.; 125'; ITALIA, 1976. ■ DAVID DI DONATELLO 1 PR, 1 NOM.

MARCO IL RIBELLE *(Blockade)* ★★
Regia di WILLIAM DIETERLE. Con LEO CARRILLO, MADELEINE CARROLL, HENRY FONDA. ■ Spagna, durante la guerra civile. Un contadino si innamora di una fanciulla della buona società, ma allo scoppio della guerra la ritrova in campo avversario. Lei, come agente dello spionaggio, porta a termine alcuni incarichi pericolosi e ha modo di convincersi che la causa dei rivoluzionari sia giusta. Salta la barricata e, con le sue rivelazioni, permette all'innamorato di conquistare una città assediata. ■ DRAMMATICO; B/N; 85'; USA, 1938. ■ OSCAR 2 NOM.

MARCO, NICOLA E BATTICUORE ★
Regia di FRANCO VILLA. Con TERESA GATTA, EUGENIO MASCIARI, RENZO ROSSI. ■ Marco, un ragazzino adottato, scappa da casa. Viene derubato da Nicola e fa così conoscenza della vita degli emarginati. Una simpatica *clochard*, Batticuore, si prenderà cura di lui che, alla fine, tornerà dai genitori adottivi. ■ COMMEDIA; COL.; 90'; ITALIA, 1992.

MARCO POLO ★★
Regia di HUGO FREGONESE. Con RORY CALHOUN, PIERRE CRESSOY, ROBERT HUNDAR, CAMILLO PILOTTO, YOKO TANI. ■ Il film racconta l'avventuroso viaggio di Marco Polo: l'eroe giunge a Pechino dopo molteplici avventure e viene ricevuto dal Gran Khan; il suo ministro, contro il quale ha mosso le accuse dei ribelli rifugiati tra le montagne, lo fa imprigionare, ma lui fugge. ■ AVVENTURA; COL.; 100'; ITALIA, 1961.

MARCO POLO JUNIOR *(Marco Polo Jr.)* ★★
Regia di ERIC PORTER. ■ Il quarantanovesimo discendente del famoso navigatore veneziano deve portare a Xanadù la metà di un amuleto; il perfido primo ministro tenta, inutilmente, di ostacolarlo: egli riuscirà a liberare la principessa. ■ ANIMAZIONE; COL.; AUSTRALIA, 1972.

MARCO VISCONTI ★★
Regia di MARIO BONNARD. Con MARIELLA LOTTI, CARLO NINCHI, ROBERTO VILLA. ■ Marco Visconti, nobile lombardo, perde la testa per una nobildonna che assomiglia in maniera straordinaria alla madre, da lui amata e perduta tanti anni prima. Anche suo cugino se ne innamora e vorrebbe sposarla. Marco, dopo una violenta lotta con i propri sentimenti, si tira in disparte. ■ DOC. MUSICALE; B/N; 110'; ITALIA, 1940.

MARE ★★
Regia di MARIO BAFFICO. Con VIRGINIA BALISTRIERI, CESCO BASEGGIO, LUISELLA BEGHI, UGO CESERI, LAURO GAZZOLO. ■ Tornati dagli Stati Uniti, tre pescatori, nonostante la diffidenza dei compagni, prendono il largo con la loro barca. Al ritorno da una pesca fruttuosa fanno naufragio; muore un bambino che era salito nascostamente a bordo. ■ DRAMMATICO; B/N; 90'; ITALIA, 1940.

MARE, IL ★★
Regia di GIUSEPPE PATRONI GRIFFI. Con DINO MELE, UMBERTO ORSINI, FRANÇOISE PRÉVOST. ■ A Capri, d'inverno, due uomini e una donna si amano e si lasciano. Il moto incessante delle onde simboleggia le loro tormentate passioni. ■ DRAMMATICO; B/N; 92'; ITALIA, 1963.

MARE, IL *(Hafid/The Sea)* ★★
Regia di BALTASAR KORMÁKUR. Con HÉLÈNE DE FOUGEROLLES, GUNNAR EYJÓLFSSON, KRISTBJÖRG KJELD, HILMIR SNÆR GU'–NASON. ■ In uno sperduto villaggio islandese i vecchi pescatori stanno cedendo il passo alle multinazionali per lo sfruttamento del fondale marino. Thordur, vecchio patriarca di una delle compagnie locali, rifiuta di arrendersi. Il regista è famoso in patria in ambito teatrale. Qui mescola con mestiere malinconia e umorismo "nordici". ■ DRAMMATICO; COL.; 109'; NORVEGIA, 2002.

MAREBITO ★★
Regia di TAKASHI SHIMIZU. Con TOMOMI MIYASHITA, KAZUHIRO NAKAHARA, MIHO NINAGAWA, SHINYA TSUKAMOTO. ■ Un cameraman, all'ossessiva ricerca della comprensione del significato della paura, vive una simbiosi morbosa con la sua telecamera e finisce con l'impazzire straripando nella follia. Se vi chiamate Michael Powell, passate il soggetto al fido e geniale Leo Marks, gli fate scrivere una sceneggiatura che è un trattato di psicologia da pubblicazione, mettete su una troupe e girate un capolavoro che si chiama *L'occhio che uccide* (*Peeping Tom*). Shimizu invece, più semplicemente, copia. I primi venti minuti di *Marebito*, infatti, fanno urlare al plagio nei confronti del grande cineasta inglese. Poi, in perfetto stile nipponico, il film prende una china del tutto inattesa. ■ HORROR; COL.; 92'; GIAPPONE, 2004.

♥ MARE DENTRO *(Mar adentro)* ★★★★🏆
Regia di ALEJANDRO AMENÁBAR. Con JAVIER BARDEM, CELSO BUGALLO, JOAN DALMAU, LOLA DUEÑAS, ALBERTO JIMÉNEZ, MABEL RIVERA, BELEN RUEDA. ■ Chi scrive, nel tentativo forse inutile di evitare grossolane stilizzazioni, vorrebbe astenersi dall'emettere un qualsiasi giudizio etico sul film di Amenábar in concorso a Venezia 2004. Premessa fondamentale perché *Mar adentro* passa su un tema troppo delicato e fragile per essere qui discusso: l'eutanasia, ciò cui Ramón, il protagonista del film, ambisce da ventotto lunghi anni, da quel giorno maledetto in cui un tuffo mal calcolato lo ha reso tetraplegico, costretto per sempre dentro quattro mura, su un letto, tagliato fuori della sua stessa vita. Il ritorno in Spagna di Amenábar è un'opera che si avvale di una grande prova d'attore di Javier Bardem, tra i migliori in circolazione oggi. In *Mar adentro* l'uomo/la storia si racconta da sé, attraverso i profumi, i colori e i suoni della vita che materializza con efficacia sublime. Amenábar scansa verbosità e moralismi sempre abusati dai film che trattano di handicap, e ci regala un gioiello che sa parlare al cuore e alla testa, capace di infondere nuova speranza che il cinema possa tornare a narrare l'uomo con toni epici. ■ DRAMMATICO; COL.; 125'; SPAGNA, 2004. ■ DAVID DI DONATELLO 🏆 1 PR, 1 NOM; GOLDEN GLOBES 🏆 1 PR, 2 NOM; OSCAR 🏆 1 PR, 1 NOM; VENEZIA 🏆 2 PR.

MAREA DELLA MORTE, LA *(Jeopardy)* ★★★
Regia di JOHN STURGES. Con RALPH MECKER, BARBARA STANWYCK, HARRY SULLIVAN. ■ Una famiglia trascorre una breve vacanza sulla costa messicana. Un giorno il padre, per salvare il figlioletto, resta impigliato con una gamba nell'asse di un ponte pericolante. La moglie deve liberarlo entro un certo tempo per evitare l'alta marea che lo ucciderebbe. La sola persona che le dà una mano è un evaso. ■ DRAMMATICO; B/N; 69'; USA, 1953.

MARE BLU, MORTE BIANCA ★★
(Blue Water, White Death)
Regia di PETER GIMBEL. Con TOM CHAPIN, PHIL CLARKSON. ■ "Morte bianca" è il soprannome dato al crudele squalo che alcuni esperti sommozzatori si accingono a filmare nei diversi momenti della sua giornata. ■ DOCUMENTARIO; COL.; 92'; USA, 1971.

MARE CALDO *(Run Silent, Run Deep)* ★★★
Regia di ROBERT WISE. Con CLARK GABLE, BURT LANCASTER, JACK WARDEN. ■ Secondo conflitto mondiale: il comandante di un sottomarino nel Pacifico e il suo secondo discutono animatamente su come condurre un'azione di guerra. Quando il comandante morirà, sarà il vice a prendere il suo posto. ■ GUERRA; B/N; 93'; USA, 1958.

MARECHIARO ★★
Regia di GIORGIO FERRONI. Con SILVANA PAMPANINI, MASSIMO SERATO. ■ Un marinaio sbarca a Napoli per ritrovare l'innamorata; ma tra i due si intromette la giovane e bella matrigna di lei. Il marinaio le dà spago e quando, stanco, vuole abbandonarla, ne provoca incidentalmente la morte. ■ DRAMMATICO; B/N; 90'; ITALIA, 1949.

MARE CRUDELE *(The Cruel Sea)* ★★
Regia di CHARLES FREND. Con DENHOLM ELLIOTT, JACK HAWKINS, DONALD SINDEN. ■ Il film, che si svolge durante la seconda guerra mondiale, racconta le tragiche giornate del capitano Ericson e del suo aiuto sulla nave *Compass Rose*. ■ GUERRA; B/N; 126'; GRAN BRETAGNA, 1953. ■ OSCAR 1 NOM.

MARE DEI VASCELLI PERDUTI, IL ★★
(Sea of Lost Ships)
Regia di JOSEPH KANE. Con WALTER BRENNAN, JOHN DEREK, WANDA HENDRIX. ■ Grad e Hap, cresciuti come fratelli e allievi guardiamarine, vengono divisi da Pat, di cui entrambi si innamorano. Per aver subìto un incidente in stato di ubriachezza, Grad deve lasciare l'accademia e diventa semplice marinaio. Quando i due prenderanno parte insieme a un'azione pericolosa, ritroveranno l'antica amicizia. ■ AVVENTURA; B/N; 85'; USA, 1954.

MARE D'ERBA, IL *(The Sea of Grass)* ★★★
Regia di ELIA KAZAN. Con MELVIN DOUGLAS, KATHARINE HEPBURN, PHYLLIS THAXTER, SPENCER TRACY, ROBERT WALKER. ■ Un ricco proprietario terriero sposa una ragazza di città, Lucia; questa, irretita da un nemico di suo marito, gli cede e ha un figlio; il marito la scaccia e si tiene il bambino. Ma quando, una ventina di anni più tardi, si ritroveranno insieme, uniti dal dolore per la perdita del ragazzo, scopriranno di amarsi ancora, e di non volersi più separare. ■ DRAMMATICO; B/N; 131'; USA, 1947.

MARE DI GUAI, UN ★
Regia di CARLO LUDOVICO BRAGAGLIA. Con JUNIE ASTOR, UMBERTO MELNATI. ■ Due furboni fanno pagare il biglietto per assistere da un balcone al coreografico passaggio di un principe indiano col suo seguito. Fra gli spettatori c'è un ex amico della loro zia. Si creano complicazioni a non finire. ■ COMMEDIA; B/N; 93'; ITALIA, 1939.

MARE DI GUAI, UN ★★★
Regia di CHARLIE CHAPLIN. Con CHARLIE CHAPLIN, EDNA PURVIANCE, BEN TURPIN. ■ Il film comprende alcune tra le comiche più note di Chaplin. ■ COMICO; B/N; 94'; USA, 1966.

MARE DI SABBIA *(Sea of Sand)* ★★
Regia di GUY GREEN. Con RICHARD ATTENBOROUGH, JOHN GREGSON. ■ Uno scarno drappello di uomini, comandato da due ufficiali, deve attraversare il deserto per distruggere il più importante deposito di carburante di Rommel. ■ GUERRA; B/N; 97'; GRAN BRETAGNA, 1958.

MARE E VOGLIA DI... ★
Regia di JAMES INGRASSIA. Con RICHARD STEELE, RICHARD STEINMETZ, REBECCA THOMPSON, JEREMY WHELAN. ■ In America si svolge il Festival internazionale del surf. Come in ogni manifestazione sportiva che si rispetti, avventure e disavventure tragicomiche movimentano le giornate dei nostri protagonisti. ■ COMMEDIA; COL.; 90'; USA, 1988.

MARE INTORNO A NOI, IL *(The Sea Around us)* ★★★
Regia di IRWIN ALLEN. ■ Due documentari cuciti insieme. Il primo sulla vita degli animali marini, il secondo sulla famiglia di un eschimese. ■ DOCUMENTARIO; COL.; 92'; USA, 1953.

MARE LARGO ★★
Regia di FERDINANDO VICENTINI ORGNANI. Con CLAUDIO AMENDOLA, ISABELLA FERRARI, LIBERTO RABAL, RADE SERBEDZIJA, CATHERINE WILKENING. ■ Tratto dal romanzo *Attesa sul mare* di Francesco Biamonti. 1994, guerra in Bosnia, un comandante di cargo trasporta in Jugoslavia un carico d'armi. Più che la vicenda avventurosa va e la varia umanità che popola la barca: una ragazza innamorata del comandante, un armatore cinico con amante, e un ragazzo curioso. Molte chiacchiere. ■ DRAMMATICO; COL.; 90'; ITALIA, 1998.

MARE, MARE, MARE, VOGLIA DI... ★
(Comment draguer toutes les filles)
Regia di MICHEL VOCORET. Con EMMANUEL KARSEN, MARCO PERRIN, YVES THUILLER. ■ Tre ragazzi trascorrono un week-end sulla costa francese spassandosela con tante ragazze e decisi a non sposarsi mai. Tempo dopo si ritrovano in un parco con mogli e prole. ■ COMMEDIA; COL.; 95'; FRANCIA, 1981.

MARE MATTO ★★
Regia di RENATO CASTELLANI. Con JEAN-PAUL BELMONDO, GINA LOLLOBRIGIDA, TOMAS MILIAN, ODOARDO SPADARO. ■ Un vecchio lupo di mare prende il comando di un'imbarcazione assieme a un tipo vecchio e strambo, che si caccia sempre nei guai. Ha l'incarico di portare in un'altra città un carico di vino, che però il suo compare getterà in mare. ■ COMMEDIA; B/N; 100'; ITALIA, 1963.

MARE NERO ★
Regia di ROBERTA TORRE. Con ROSSELLA D'ANDREA, MAURIZIO DONADONI, LUIGI LO CASCIO, ANNA MOUGLALIS, ANDREA OSVART, MASSIMO POPOLIZIO, MONICA SAMASSA. ■ L'ispettore Luca Moccia, che da poco ha avviato una relazione con Veronica, un'agente immobiliare francese, si occupa di un'indagine relativa all'uccisione di una giovane studentessa, trovata nuda e massacrata in seguito a una pratica sessuale estrema. Luca comincia a frequentare gli ambienti in cui si praticano scambi di coppie o si ricercano prestazioni particolari. Finirà con il venire coinvolto da un'ossessione sessuale che rischierà di fargli perdere la ragione. ■ DRAMMATICO; COL.; 82'; FRANCIA, ITALIA, 2005.

MARE NON C'È PARAGONE, IL ★★
Regia di Eduardo Tartaglia. Con Regina Bianchi, Carlo Buccirosso, Aldo Giuffrè, Sabrina Impacciatore, Giuliana Lojodice, Eduardo Tartaglia. ■ Costa amalfitana, il pescatore Luciano Guarracino ha i suoi problemi a campare col poco che gli offre la pesca. Quando diventa impossibile pescare in quelle acque è dunque pronto a qualsiasi cosa pur di sopravvivere. Così decide di dedicarsi al mercato dei clandestini. Il soggetto cade troppo prevedibilmente nell'*instant movie*. Anche se non mancano alcuni canonici "caratteri" partenopei. Quelle storie, clandestini, disperati, espedienti ecc., le vediamo tutti i giorni in tivù. In questo senso il cinema non solo è superfluo, ma proprio inutile. ■ Drammatico; col.; 87'; Italia, 2002.

MARGARET ★★
Regia di Kenneth Lonergan. Con Matthew Broderick, Matt Damon, Allison Jannery, Anna Paquin, Mark Ruffalo. ■ Lisa è una studentessa che frequenta una scuola privata a New York. Un giorno, incuriosita dal cappello da cowboy del conducente di un bus, lo distrae dalla guida provocando così la morte di una passante. Invitata a testimoniare dalla polizia Lisa afferma il falso per evitare la perdita di lavoro dell'autista ma da quel momento si sente doppiamente in colpa. La sua tensione si riversa sulla madre Joan, attrice di teatro, che ha già problemi personali sia per lo spettacolo con cui andrà in scena sia con il nuovo compagno. Lisa finisce per coinvolgere in questo suo malessere tutti quelli che le sono più vicini a partire dai compagni di scuola e dagli insegnanti. Non le resta che decidere se ritrattare oppure no la sua testimonianza. ■ Drammatico; col.; 110'; USA, 2011.

MARGHERITA DA CORTONA ★★
Regia di Mario Bonnard. Con Tino Buazzelli, Maria Frau, Aldo Niccodemi, Isa Pola. ■ Biografia della celebre santa. La pastorella Margherita, perseguitata dall'amante della matrigna che la insidia senza successo, è minacciata anche dai paesani, che diffidano dei suoi miracoli. ■ Biografico; b/n; 93'; Italia, 1950.

MARGHERITA DELLA NOTTE ★★★
(Marguerite de la nuit)
Regia di Claude Autant-Lara. Con Yves Montand, Michèle Morgan. ■ Il film ripete la nota leggenda del dottor Faust che vende l'anima al diavolo per ritornare giovane e aver l'amore della bella Margherita. Quando lo saprà Margherita vorrà sacrificarsi al posto dell'amante, e riuscirà a commuovere Satana, che straccerà il contratto. ■ Fantastico; col.; 100'; Francia, 1955.

MARGHERITA E LA STRANA FAMIGLIA ★★
(Maribel y la estraña familia)
Regia di José María Forqué. Con Adolfo Marsillach, Silvia Pinal, Guadalupe M. Sampedro. ■ Una ragazza dal torbido passato gioca a fare la fanciulla timida e inesperta con un giovane che la vuole sposare; ma costui non ispira alcuna fiducia a tre ex colleghe della ragazza. Esse scoprono che il tizio è vedovo di una donna morta in circostanze misteriose. ■ Commedia; b/n; 93'; Spagna, 1960.

MARGHERITA FRA I TRE ★★
Regia di Ivo Perilli. Con Aldo Fiorelli, Assia Noris. ■ Per ottenere il consenso al suo matrimonio con l'amato Paolo, Margherita decide di corteggiare i tre zii e tutori di questo, irriducibili sostenitori del celibato. Si trasforma in tre tipi di donne diverse, in tutto aderenti agli ideali dei tre zii che la chiedono in moglie. ■ Commedia; b/n; 91'; Italia, 1941.

MARGHERITA GAUTHIER *(Camille)* ★★★★
Regia di George Cukor. Con Lionel Barrymore, Greta Garbo, Robert Taylor. ■ Armando Duval si innamora della "Signora dalle Camelie" di dubbia reputazione e lei lo ricambia appassionatamente. Il padre di Duval si reca da lei e la scongiura di lasciare suo figlio. Margherita finge allora di accettare le attenzioni di un rivale e Armando si allontana deluso. Appresa la verità, alla fine Armando ritorna, in tempo per assistere Margherita mentre si spegne minata dalla tisi. ■ Drammatico; b/n; 108'; USA, 1936. ■ Oscar 1 nom.

MARGIE ★★★
Regia di Henry King. Con Lynn Bari, Jeanne Crain, Glenn Langan, Alan Young. ■ Riordinando il solaio di casa, Margie e sua figlia Joyce trovano dei ricordi di quando Margie era al liceo. Comincia quindi una sorridente rievocazione di quegli anni. Alla fine appare il padre, ripetutamente rievocato nel racconto. ■ Commedia; col.; 94'; USA, 1946.

MARGIN CALL ★★★
Regia di J.C. Chandor. Con Penn Bagdley, Paul Bettany, Jeremy Irons, Demi Moore, Zachary Quinto, Kevin Spacey, Stanley Tucci. ■ Wall Street. Eric Dale, uno dei capi settore di una grossa banca di credito finanziario, viene licenziato in tronco. Ha solo pochissimo tempo per prendere i suoi effetti personali e andarsene. Fa in tempo però a consegnare una chiavetta di computer al giovane analista Peter Sullivan dicendogli di fare attenzione. Peter, dopo che i suoi compagni di lavoro sono usciti, scopre che i dati che emergono dai file di Eric dicono che la banca, appoggiandosi su azioni virtuali, ha le ore contate. Sullivan mette in allarme le alte sfere e si convoca nella notte una riunione di emergenza. Bisogna decidere in tempi rapidissimi il da farsi o il crollo dell'istituto sarà verticale. Le scelte da compiere dovranno fare (o non fare) i conti con l'etica. È una storia nota quella che il film dell'esordiente J.C. Chandor ci racconta. Una storia di cui paghiamo e pagheremo a lungo le conseguenze. Cast di alto livello. ■ Thriller; col.; 109'; USA, 2011.

MARGINE, IL *(La marge)* ★★★
Regia di Walerian Borowczyk. Con Mireille Audibert, Joe Dallesandro, André Falcon, Sylvia Kristel, Denise Manuel. ■ La morte accompagna i due giovani protagonisti della storia dall'inizio alla fine. È un elemento determinante in tutti i film di Borowczyk, in questo particolarmente. Muore il piccolo figlio dei due, cadendo in piscina. Muore la donna che ha scoperto di essere tradita dal marito. Muore lui alla fine. ■ Drammatico; col.; 90'; Francia, 1976.

MARIA ANTONIETTA *(Marie Antoinette)* ★★
Regia di Woodbrige Strong Van Dyke. Con John Barrymore, Robert Morley, Tyrone Power, Norma Shearer. ■ Maria Antonietta diventa la moglie del delfino di Francia, il futuro Luigi XVI, e conduce vita brillante. Alla fine i due coniugi finiscono sulla ghigliottina. Un film condotto con grande sfarzo. ■ Drammatico; b/n; 149'; USA, 1938. ■ Oscar 4 nom; Venezia 1 pr.

MARIA ANTONIETTA REGINA DI FRANCIA ★★
(Marie Antoinette)
Regia di Jean Delannoy. Con Marina Berti, Claudio Gora, Jacques Morel, Michèle Morgan, Richard Todd. ■ Il conte di Fersen diventa l'amante della regina di Francia ed organizza la fuga dei sovrani quando scoppia la rivoluzione. Il re e la regina, tuttavia, sono riconosciuti e catturati a Varennes, processati e condannati alla ghigliottina. ■ Drammatico; col.; 110'; Francia, 1956.

MARIACHI, EL ★★★
Regia di Roberto Rodriguez. Con Jamie De Hoyos, Carlos Gallardo, Consuelo Gomez, Peter Marquardt. ■ Un film che è costato ai tempi poco più di ottanta milioni di lire e che ha incassato svariati miliardi nel mondo. Le majors americane in seguito si sono contese il regista. Tutto è nato dalla scommessa di un giovane regista texano, Rodriguez, riuscita con l'aiuto di parenti e amici. Il talento c'è. Siamo ai confini del Messico. Un tranquillo chitarrista che veste di nero viene scambiato per un killer atteso in città. Si innamora di una ragazza che lavora come barista. Dovrà però misurarsi col killer. ■ Avventura; col.; 80'; USA, 1992.

MARIA DEL VILLAGGIO DELLE FORMICHE ★★★
(Ari no machi no Maria)
Regia di Heinosuke Gosho. Con Kakuko Chino, Shinji Nambara, Shinji Sano. ■ In una bidonville di Tokyo, detta "il villaggio delle formiche", vivono degli straccioni che campano di mille lavoretti. Satoko, una ragazza divenuta cristiana col nome di Maria, si occupa dei bambini della comunità. ■ Drammatico; b/n; 92'; Giappone, 1967.

MARIA DI MAGDALA *(Maria Magdalena)* ★★
Regia di Miguel Torres Contreras. Con Luis Alcoriza, Me-

DEA DE NOVARA. ■ Maria Maddalena vive in una reggia presso il lago di Tiberiade. Non le mancano fascino e bellezza, ed è circondata da ricchi ammiratori. Quando incontra Gesù di Nazareth, Maria è conquistata dalla sua figura e dalla sua predicazione: abbandona ogni agio. ■ DRAMMATICO; B/N; 94'; MESSICO, 1946.

MARIA DI SCOZIA *(Mary of Scotland)* ★★★

Regia di JOHN FORD. Con JOHN CARRADINE, FLORENCE ELDRIDGE, KATHARINE HEPBURN, FREDRIC MARCH, DOUGLAS WALTON. ■ La rivalità tra Maria Stuarda, incoronata regina di Scozia nel 1542, e la grande Elisabetta I ha il suo epilogo nell'arresto di Maria ordinato dalla regina d'Inghilterra, che l'accusa di aver ucciso il primo marito con l'aiuto di Lord Bothwell, suo secondo sposo, e infine nella condanna di Maria al patibolo. ■ STORICO; B/N; 123'; USA, 1936. ■ VENEZIA 1 PR.

MARIA FULL OF GRACE ★★★

(Maria, Llena Eres de Gracia)

Regia di JOSHUA MARSTON. Con GUILIED LÓPEZ, CATALINA SANDINO MORENO, YENNY PAOLA VEGA. ■ Maria è una giovane ragazza colombiana che lavora in una fabbrica che confeziona rose. Dotata di un carattere volitivo decide di non sottostare ai soprusi sul posto di lavoro e cerca un modo per guadagnare avendo anche scoperto di essere incinta e volendo tenere il bambino. Finisce così con l'accettare di esportare droga negli Stati Uniti trasportandola nel proprio stomaco. L'impresa ha un esito complesso perché a una delle due ragazze che viaggiano con lei esplode un contenitore nello stomaco e viene uccisa e sventrata per asportare la droga rimasta. Maria dovrà decidere che fare della vita sua e del nascituro. Film didascalico se si vuole ma efficace nel mostrare un percorso purtroppo reale utilizzando una giovane attrice il cui volto davvero giustifica il titolo. Che non vuole essere provocatorio nonostante il contenuto. Perché ci vuole ricordare quanto sia difficile (e Maria ci riesce) conservare la grazia interiore in un mondo che sta facendo di tutto una merce. ■ DRAMMATICO; COL.; 101'; COLOMBIA, USA, 2003. ■ BERLINO 2 PR; OSCAR 1 NOM.

MARIA GALANTE ★★

Regia di HENRY KING. Con KETTY GALLIAN, SPENCER TRACY. ■ Maria viene portata in America da un comandante di nave che l'ha rapita. Qui, per sopravvivere, canta in un locale notturno frequentato da una banda e da alcuni poliziotti che danno la caccia ai gangster. Alla fine Maria si allontana da questo squallido ambiente. ■ DRAMMATICO; B/N; 88'; USA, 1934.

MARIA ILONA ★★

Regia di GÉZA VON BOLVÀRY. Con WILLY BIRGEL, PAUL HÖRBIGER, PAULA WESSELY. ■ È la storia di una patriota ungherese vissuta nel secolo scorso, quando l'Ungheria era sottomessa alla monarchia asburgica. Questa signora aristocratica viene inviata dal proprio amante, un ministro austriaco, a trattare con i partigiani dell'indipendenza magiara. ■ DRAMMATICO; B/N; 92'; GERMANIA, 1939.

MARIA, LEGGENDA UNGHERESE ★★★

(Tav aszi zápor)

Regia di PAUL FEJÓS. Con ANNABELLA, GERMAINE AUSSEY, ILONA DAJBUKÁT. ■ Una fiaba che racconta come una madre fa cadere dal cielo un secchio d'acqua con cui essa, che era stata in vita una sguattera, lava il pavimento del paradiso. La doccia fredda fa fuggire un uomo che le stava insidiando la figlia. ■ FANTASTICO; B/N; 70'; FRANCIA, 1932.

MARIA LUISA *(Marie-Louise)* ★★

Regia di LEOPOLD LINDTBERG. Con HEINRICH GRETLER, JOSYANNE HEGG, ANNE MARIE. ■ Marie-Louise è una bimba che, come tanti bambini francesi durante l'ultima guerra, viene accolta in Svizzera da un industriale che ha due figlie grandi. La famiglia si affeziona alla piccola. ■ DRAMMATICO; B/N; 91'; SVIZZERA, 1944. ■ OSCAR 1 PR, 1 NOM.

MARIA MALIBRAN ★★

Regia di GUIDO BRIGNONE. Con ROSSANO BRAZZI, MARIA CEBOTARI. ■ È la storia della famosa cantante Maria Malibran ■ DRAMMATICO; B/N; 94'; ITALIA, 1942.

MARIANNA, FUGA DALLA MORTE ★

(Die Screaming, Marianne)

Regia di PETER WALKER. Con BARRY EVANS, SUSAN GEORGE, JUDY HUXTABLE, CHRISTOPHER SANDFORD. ■ Si avvicina il ventunesimo compleanno di Marianna e con esso il giorno in cui potrà ereditare l'ingente patrimonio della madre e scoprire il mistero che cela l'identità del padre. Ma qualcuno vuole impedire che tutto questo avvenga e tenta di uccidere la giovane. ■ HORROR; COL.; 100'; USA, 1972.

MARIANNA UCRÌA ★★★

Regia di ROBERTO FAENZA. Con LAURA BETTI, BERNARD GIRAUDEAU, ROBERTO HERLITZKA, EMMANUELLE LABORIT, LAURA MORANTE, PHILIPPE NOIRET. ■ Marianna è muta in seguito a una violenza subìta da parte di uno "zio" che le diventerà marito. La sua crescita esistenziale passerà attraverso diverse fasi, ognuna carica di pathos. Faenza, dopo la fedele messinscena di *Sostiene Pereira* porta sullo schermo un altro film tratto da un romanzo. Questa volta si tratta di un libro della Maraini che Faenza in qualche modo prosciuga e rende essenziale facendo emergere il peso dell'oppressione ma anche la possibilità del riscatto. ■ DRAMMATICO; COL.; 105'; FRANCIA, ITALIA, PORTOGALLO, 1997.

MARIA R. E GLI ANGELI DI TRASTEVERE ★★

Regia di DIANA THERMES. Con BARBARA BETTI, NICOLÒ PICCOLOMINI, ALBERTO TARALLO. ■ In un quartiere della Roma trasteverina, la prostituta Maria è divenuta per gli abitanti quasi una istituzione. Poi arriva Michele, un operaio del Nord che la sposa. ■ DRAMMATICO; COL.; 92'; ITALIA, 1975.

MARIA ROSA LA GUARDONA ★

Regia di FRANCO MARTINELLI. Con ISABELLA BIAGINI, NINETTO DAVOLI, RICCARDO GARRONE, ROSEMARIE LINDT. ■ In un albergo di infimo ordine, Maria Rosa fa la cameriera assieme a Romolo. Entrambi si divertono a spiare i clienti nell'intimità e la ragazza ha il suo bel da fare per tenere a bada quelli più intraprendenti. Tutto finisce quando Romolo propone a Maria Rosa il matrimonio. ■ COMMEDIA; COL.; 93'; ITALIA, 1973.

MARIA'S LOVERS ★★★

Regia di ANDREJ KONCHALOVSKY. Con KEITH CARRADINE, NASTASSJA KINSKI, JOHN SAVAGE. ■ A causa di un trauma psicologico subito in guerra, Ivan (Savage) non riesce a consumare il matrimonio con l'adorata Maria (Kinski). Delusa e irrequieta, Maria cadrà tra le braccia di Clarence (Carradine), vagabondo seduttore da strapazzo, restandone incinta: sarà questo nuovo trauma a sbloccare la sessualità frustrata di Ivan. Film emotivamente ricco e coinvolgente. Nel cast anche un sempre grande Robert Mitchum. ■ DRAMMATICO; COL.; 100'; USA, 1984.

MARIA STUARDA REGINA DI SCOZIA ★★★

(Mary Queen of Scots)

Regia di CHARLES JARROTT. Con NIGEL DAVENPORT, GLENDA JACKSON, PATRICK MCGOOHAN, VANESSA REDGRAVE. ■ Mary Stuart, regina di Scozia e cattolica, ha nella cugina Elisabetta I un'accanita rivale. Ufficialmente la regina d'Inghilterra le concede il suo appoggio, in realtà attende l'occasione per liberarsi di lei. Quando i baroni protestanti di Scozia costringono Maria all'esilio, Elisabetta, invece di aiutarla, fa arrestare Maria. ■ DRAMMATICO; COL.; 128'; GRAN BRETAGNA, 1971. ■ DAVID DI DONATELLO 1 PR, 1 NOM; GOLDEN GLOBES 2 NOM; OSCAR 5 NOM.

MARIA WALEWSKA *(Conquest)* ★★★★

Regia di CLARENCE BROWN. Con CHARLES BOYER, GRETA GARBO, REGINALD OWEN. ■ Maria Walewska, nobile polacca, incontra Napoleone per chiedergli l'indipendenza per il proprio paese. Tra i due nasce un grande amore che tuttavia non è sufficiente ad evitare all'imperatore dei francesi il tragico destino che lo attende. Maria, dopo averlo scongiurato di abbandonare la vita politica, si incontra con lui prima del definitivo e solitario esilio a Sant'Elena. ■ DRAMMATICO; B/N; 112'; USA, 1937. ■ OSCAR 2 NOM.

MARI DEL SUD ★★

Regia di MARCELLO CESENA. Con DIEGO ABATANTUONO, VICTORIA ABRIL, CHIARA SANI, STEFANO SCANDALETTI, GIULIA STEIGERWALT, ANTONIO STORNAIOLO. ■ Si capisce subito che il "giro" di Alberto è di gente competitiva, esibizionista. Guai a rimanere indietro. Le carte di credito non funzionano. Non è un errore, semplicemente il consulente finanziario Tombolini è scappato in Australia coi soldi dei clienti, compresi quelli di Alberto (Abatantuono). Con moglie e figlia dovrebbe andare in vacanza ai Caraibi, ma senza soldi non si può, però non si può nemmeno fare la figuraccia con gli amici. La soluzione è dunque chiudersi in cantina e far finta di essere partiti. Sapore di vecchia commedia italiana (il Sordi del boom) e di *Mamma ho perso l'aereo*. A volte si sorride. ■ COMMEDIA; COL.; 100'; ITALIA, 2001.

MARIE ★★
Regia di MARIAN HANDWERKER. Con AURORE CLÉMENT, STÉPHANE FERRARA, MARIE GILLAIN, ALESSANDRO SIGONA. ■ Vincitore al Festival di Giffoni 1993, questo film propone la storia di un'adolescente belga che non si sente amata. La ragazza compie un lungo viaggio dalla sua terra al Portogallo in compagnia di Tonio, figlio dell'unica persona che abbia avuto fiducia in lei. Film boicottato dalla distribuzione che merita di essere visto. ■ DRAMMATICO; COL.; 89'; BELGIO, FRANCIA, PORTOGALLO, 1993.

MARIE ANTOINETTE ★★★
Regia di SOFIA COPPOLA. Con ASIA ARGENTO, ROSE BYRNE, STEVE COOGAN, JUDY DAVIS, KIRSTEN DUNST, MARIANNE FAITHFULL, SHIRLEY HENDERSON, DANNY HUSTON, JASON SCHWARTZMAN, MOLLY SHANNON, RIP TORN. ■ Maria Antonietta nasce a Vienna il 2 novembre 1755. Nel 1770 raggiunge a Versailles il suo promesso sposo, il delfino di Francia e futuro Luigi XVI. Il 16 ottobre 1793 viene ghigliottinata. Si può racchiudere in queste tre date la vicenda storica di una delle regine più note della Storia. Non è però a questo che guarda Sofia Coppola, nella terza opera di una filmografia dedicata alla difficoltà di crescere per una giovane donna, quale che sia il luogo o l'epoca. Aiutata da costumi straordinari (Milena Canonero) e da una colonna sonora che mescola musica d'epoca a brani di Bow Wow Wow, New Order e Phoenix, la Coppola ci fa "sentire" moderna una storia antica, evitando i cliché storici e la ricostruzione politica. Antonietta è una donna che soffre per la disattenzione sessuale del marito, una donna-bambina che compensa le frustrazioni giocando con scarpe, cibi, cani come una ricca signora di Beverly Hills. ■ BIOGRAFICO; COL.; 123'; FRANCIA, GIAPPONE, USA, 2006.

MARIE CHANTAL CONTRO IL DR. KHA ★★★
(Marie-Chantal contre le docteur Kha)
Regia di CLAUDE CHABROL. Con MARIE LAFORÊT, FRANCISCO RABAL, SERGE REGGIANI, AKIM TAMIROFF. ■ Una ragazza dell'alta società incontra durante una vacanza un uomo che le affida un gioiello: da quel momento la sua vita diventa una serie di avventure, tutte pericolose. Recatasi in Africa del Nord per consegnare il gioiello alla persona che le è stata indicata, Marie Chantal è fatta prigioniera dal terribile dottor Kha. ■ SPIONAGGIO; COL.; 114'; FRANCIA, 1965.

MARIE DELLA BAIA DEGLI ANGELI ★
(Marie Baie des anges)
Regia di MANUEL PRADAL. Con VAHINA GIOCANTE, FREDRIC MALGRAS. ■ Fra la costa azzurra, la Liguria e lo stadio olimpico di Roma (chissà perché?) viene narrata la storia d'amore di un giovane corso e di una ragazzina che va a letto più o meno con tutti. ■ DRAMMATICO; COL.; 90'; FRANCIA, 1997.

MARIE-JO ET SES DEUX AMOURS ★★★
Regia di ROBERT GUÉDIGUIAN. Con ARIANE ASCARIDE, JEAN-PIERRE DARROUSSIN, GÉRARD MEYLAN. ■ Marie-Jo (che si avvia verso i cinquant'anni) vive a Marsiglia e lavora presso una struttura ospedaliera come accompagnatrice di malati. Collabora poi anche con la piccola azienda edile del marito, Daniel. Che ama profondamente così come, da qualche tempo ama Marco, un pilota di rimorchiatori. La donna non può decidere tra i due e soffre profondamente per l'impossibilità di poter condividere con il marito (con il quale fino ad ora ha partecipato gioie e dolori) anche questa sua doppia felicità. Ma l'uomo verrà comunque a sapere quanto accade. Robert Guediguian, il regista della classe operaia marsigliese, fedele da sempre al proprio quartiere e ai propri attori, questa volta sembra voler tradire i propri sostenitori. Il sociale sta apparentemente sullo sfondo e ciò che emerge sono i corpi e i sentimenti che non riescono a districarsi dalle convenzioni sociali per liberarsi nei confronti di un'utopia che non preveda la proprietà. ■ DRAMMATICO; COL.; 124'; FRANCIA, 2002.

MARIE OCTOBRE ★★★
Regia di JULIEN DUVIVIER. Con BERNARD BLIER, ROBERT DALBAN, DANIELLE DARRIEUX, SERGE REGGIANI. ■ Un gruppo di ex partigiani francesi si riunisce, dopo molti anni dalla fine della guerra, per scoprire il traditore che causò la morte del loro capo. Le persone, dopo tanto tempo, sono cambiate e nessuno trova giusto eseguire la condanna a morte che il colpevole, costretto a confessare, merita secondo le regole valide in guerra. Soltanto Marie ha il coraggio di puntare la pistola e sparare. ■ DRAMMATICO; B/N; 90'; FRANCIA, 1959.

MARIGOLD HOTEL *(The Best Exotic Marigold Hotel)* ★★
Regia di JOHN MADDEN. Con JUDI DENCH, CELIA IMRIE, BILL NICHY, DEV PATEL, PENELOPE WILTON. ■ Una vedova sensibile in cerca di indipendenza, una casalinga scontrosa, un giudice benestante sulle orme del passato, un funzionario governativo mite e vessato da una moglie eternamente insoddisfatta, una pluridivorziata a caccia del successivo consorte e del vero amore, un single impenitente col vizio delle donne e della solitudine, hanno in comune la stessa destinazione: l'hotel Marigold in India. Gestito con zelo e passione da Sonny Kapoor, un giovane sospeso tra una madre conservatrice e una fidanzata decisamente moderna, il Marigold è strutturalmente impreparato a ricevere ospiti. John Madden ambienta in Rajastan la sua commedia "senile", dove tutto scorre piano e fluido. ■ DRAMMATICO; COL.; 123'; USA, 2012.

MARIJUANA *(Big Jim McLain)* ★★
Regia di EDWARD LUDWIG. Con NANCY OLSON, JOHN WAYNE. ■ Tim e Mike, poliziotti americani, partono per le Hawaii per seguire una pista di grandi trafficanti di droga. Trovano un indigeno, piccola pedina del grande giro, in un ospedale. Risalgono ai nomi dei capi ma Mike, durante l'indagine, rimane ucciso. Tim, rimasto solo a combattere, riesce a sconfiggere i trafficanti. ■ POLIZIESCO; B/N; 90'; USA, 1952.

MARIKA DEGLI INFERNI ★★★
(Marikan van Nieumeghen)
Regia di JOS STELLING. Con SANDER BAIS, RONNIE MONTAGNE, DIET VAN DE HULST. ■ Olanda, Medioevo. Marika è una contadina che raggiunge la città di Nimega. La donna è del tutto indifesa e si fa proteggere da un attore (specialista nell'interpretare il diavolo). Ai due capitano molte avventure (commettono anche un assassinio e si trovano in una città appestata). Marika salva la pelle a stento, mentre il suo protettore viene ucciso. Ma ecco apparire una compagnia di attori, disposta ad accogliere la ragazza. ■ DRAMMATICO; COL.; 85'; PAESI BASSI, 1975.

MARILYN – IL MITO DI UN'EPOCA *(Marilyn)* ★★
Regia di DON MEDFORD. Con MARILYN MONROE. ■ Il film è un'antologia di brani che la Fox ha messo insieme scegliendo le scene più significative dei film interpretati dalla Monroe. Narrato da Rock Hudson. ■ FILM DI MONTAGGIO; COL.; 83'; USA, 1963.

MARILYN – UNA VITA UNA STORIA ★★
(Marilyn – The Untold Story)
Regia di JACK ARNOLD, JOHN P. FLYNN, LAWRENCE SCHILLER. Con RICHARD BASEHART, CATHERINE HICKS, JOHN IRELAND. ■ Tratto dalla biografia di Norman Mailer, il film analizza la personalità e il mito di Marilyn Monroe, dalla sofferta infanzia al successo, attraverso i matrimoni con Joe DiMaggio e Arthur Miller fino alla morte prematura. Originariamente prodotto per la televisione in versione più lunga. ■ BIOGRAFICO; COL.; 120'; USA, 1980.

MARINA ★★
Regia di PAUL MARTIN. Con ROCCO GRANATA, GEORGIA MOLL, BUBI SCHOLZ. ■ La figlia di un celebre direttore d'orchestra fugge di casa e viene ospitata da un gruppo di ragazzi musicisti dilettanti. Uno dei giovanotti si innamora della ragazza e la convince a rientrare in famiglia. ■ MUSICALE; B/N; 90'; GERMANIA, 1960.

MARINA ABRAMOVIC. THE ARTIST IS PRESENT ★★★
Regia di MATTHEW AKERS. Con MARINA ABRAMOVIC. ■ Icona

della performance e della body art, da quarant'anni Marina Abramovic lavora sulla propria pelle, spingendo il corpo a misurarsi con i propri limiti, fino a oltrepassarli. Nata a Belgrado, figlia di due partigiani, Marina si trasferisce nel 1976 ad Amsterdam e qui incontra il performer tedesco Ulay (Uwe Laysiepen), che diventa suo partner nella vita e nel lavoro. Nati lo stesso giorno, i due sono anime gemelle che mettono alla prova i reciproci ego traboccanti sulla scena e intrattengono una relazione simbiotica fortissima, che dura più di un decennio. Il documentario di Matthew Akers segue l'artista nella preparazione della grande retrospettiva che il Museum of Modern Art di New York ha dedicato alla Abramovic nel 2010, la più grande esibizione che il MoMA abbia mai dedicato all'arte della performance. Ancora dotata di un'energia fuori del comune (il curatore della retrospettiva, Klaus Biesenbach, dice giustamente di lei nel film: "She's never not performing"), Marina lavora con instancabile impegno, mostrando l'enorme carico amministrativo che sta dietro un'opera d'arte. Ma quella professionale e cinematografica è anche l'occasione di un rincontro, a distanza di anni, con l'amato Ulay. Chiamato in causa dalla sua presenza nelle installazioni del passato, che la mostra ricrea con nuovi giovani artisti, selezionati da Marina in persona, Ulay partecipa anche alla performance principale dell'evento: *The artist is present*, in un frangente di fortissima commozione, che la lente della videocamera riprende con grande rispetto, nonostante la vicinanza massima. Dal 14 marzo al 31 maggio, infatti, Marina Abramovic si è messa a disposizione del pubblico, in una grande sala vuota, dove è stata seduta immobile per sei giorni alla settimana, dall'apertura alla chiusura delle porte del museo, ospitando uno alla volta gli spettatori nella sedia posta di fronte a lei. Il film riprende l'artista, animata dalla convinzione che la cosa più difficile sia fare qualcosa che si avvicini al niente, mentre alza lo sguardo ogni volta sulla persona che ha di fronte e gli si dedica, senza distrazione alcuna, per tutto il tempo che l'altro desidera. ■ DOCUMENTARIO; COL.; 99'; USA, 2012.

MARINA È VITTORIOSA, LA ★★
(The Navy Comes Through)
Regia di EDWARD SUTHERLAND. Con GEORGE MURPHY, PAT O'BRIEN. ■ Un ufficiale di marina, degradato a marinaio semplice, dimostra, durante la guerra, di non essere il vigliacco che tutti credono ma, al contrario, un eroe. Il suo comandante, che lo disprezzava e aveva impedito alla propria sorella di fidanzarsi con l'ex ufficiale, dopo la revisione del processo lo riabilita. ■ GUERRA; B/N; 82'; USA, 1942. ■ OSCAR 1 NOM.

MARINAI ALLEGRI *(A Girl, a Guy and a Gob)* ★★
Regia di RICHARD WALLACE. Con LUCILLE BALL, GEORGE MURPHY. ■ Una ragazza, fidanzata ad un marinaio, coinvolge il proprio principale nelle sue vicende affettive. Ma ad un certo punto lei si accorge di essersi innamorata del capo e non vuole più sposare il marinaio. Quest'ultimo, compresa la situazione, si imbarca. ■ COMMEDIA; B/N; 91'; USA, 1941.

MARINAI ALL'ERTA *(Here Comes the Navy)* ★★
Regia di LLOYD BACON. Con JAMES CAGNEY, PAT O'BRIEN, GLORIA STUART. ■ Per togliersi da un pasticcio con una donna, un giovanotto piuttosto scapestrato si arruola in marina. Inizialmente fatica ad adattarsi alla rigida disciplina, ma alla fine il suo senso del dovere prevale e diventa addirittura un eroe. ■ COMMEDIA; B/N; 86'; USA, 1934. ■ OSCAR 1 NOM.

MARINAI A TERRA *(Sailor's Luck)* ★★
Regia di RAOUL WALSH. Con JAMES DUNN, SALLY EILERS, VICTOR JORY. ■ Amore a prima vista tra un marinaio e una ragazza disoccupata. La loro love story ha parecchi imprevisti poco piacevoli, ma tutto si risolve in una spettacolare maratona di danza, dove i due sono riuniti per sempre. ■ COMMEDIA; B/N; 80'; USA, 1933.

MARINAI A TERRA *(All Ashore)* ★★
Regia di RICHARD QUINE. Con DICK HAYMES, MICKEY ROONEY, PEGGY RYAN. ■ Tre marinai in licenza e senza un quattrino non rinunciano per questo alla sospirata vacanza nell'isola di Catalina. ■ COMMEDIA; COL.; 92'; USA, 1953.

MARINAI DEL RE *(Sailor of the King)* ★★
Regia di ROY BOULTING. Con JEFFREY HUNTER, MICHAEL RENNIE. ■ L'ammiraglio Saville, della marina inglese, comanda un sommergibile e, durante una missione di guerra, ha modo di constatare l'eroismo di un giovane marinaio che da solo affronta un sommergibile tedesco. Ammiraglio e marinaio vengono decorati per il loro valore. ■ GUERRA; B/N; 83'; GRAN BRETAGNA, 1951.

MARINAI, DONNE E GUAI ★★
Regia di GIORGIO SIMONELLI. Con MAURIZIO ARENA, ABBE LANE, LAURETTA MASIERO, UGO TOGNAZZI. ■ Quattro marinai italiani con ampia fama di dongiovanni sbarcano in Spagna. Si cacciano in seri guai con un gruppo di contrabbandieri proprio per una ragazza. ■ COMICO; B/N; 90'; ITALIA, 1958.

MARINAI, DONNE E HAWAII *(The Bulldog Breed)* ★★
Regia di ROBERT ASHER. Con IAN HUNTER, DAVID LODGE, NORMAN WISDOM. ■ Norman si è arruolato in marina per dimenticare una donna, ma non ha molta predisposizione per la vita militare. Malgrado ciò, scelgono proprio lui per un viaggio spaziale. I guai che combina fanno ricredere i suoi superiori che lo degradano a baby-sitter di un simpatico bulldog. Proprio inseguendo il cane che gli è sfuggito, Norman finisce nel razzo che sta per partire. ■ COMMEDIA; B/N; 98'; USA, 1964.

MARINAI IN COPERTA ★★
Regia di BRUNO CORBUCCI. Con LUCIO FLAUTO, SHEILA ROSIN, TINO SCOTTI, LITTLE TONY. ■ Tre ragazzi compiono il servizio militare in marina. Antonio è un cantante, Lucio un ricco rampollo di famiglia di industriali, Ferruccio uno spiantato in attesa di un'eredità che cambierà la sua vita. ■ COMMEDIA; COL.; 98'; ITALIA, 1967.

MARINAIO DEL "GIBILTERRA", IL ★★★
(The Sailor from Gibraltar)
Regia di TONY RICHARDSON. Con IAN BANNEN, ARNOLDO FOÀ, TREVOR HOWARD, JEANNE MOREAU, UMBERTO ORSINI, VANESSA REDGRAVE, ORSON WELLES. ■ Alan e Anna si incontrano in Italia e si innamorano, ma la donna non riesce ad abbandonarsi al sentimento perché costantemente tormentata dal ricordo di un uomo conosciuto qualche anno prima. ■ DRAMMATICO; B/N; 89'; GRAN BRETAGNA, 1967.

MARINAI SENZA STELLE ★★
Regia di FRANCESCO DE ROBERTIS. Con ANTONIO GANDUSIO. ■ Una gita scolastica sul mare viene interrotta per l'imminenza della guerra. Due dei ragazzi riescono a salire su una nave da combattimento e finiscono nel bel mezzo di una battaglia. ■ AVVENTURA; B/N; 90'; ITALIA, 1943.

MARINAI, TOPLESS E GUAI *(McHale's Navy)* ★★
Regia di EDWARD J. MONTAGNE. Con ERNEST BORGNINE, TIM CONWAY, JOE FLYNN. ■ L'intero equipaggio di una nave da guerra americana contrae un debito per scommesse sui cavalli. La somma è rilevante e i marinai, nel tentativo di metterla insieme, combinano guai ancora più grossi. ■ COMMEDIA; COL.; 93'; USA, 1964.

MARINES ALL'INFERNO *(Iron Angel)* ★★
Regia di ALBERT YOUNG. Con DONALD BARRY, JIM DAVIS, PETER FLAMMING, JOHN MASON. ■ Un sergente, che ha sempre dimostrato poco coraggio, durante la guerra del Vietnam si trova a comandare una pattuglia con il difficile incarico di individuare ed eliminare una postazione vietcong. Il sottufficiale ci riesce, ma solo grazie all'aiuto di una donna. ■ GUERRA; B/N; 85'; USA, 1966.

MARINES BATTLEGROUND ★★
Regia di LEE MAN-LI. Con SUN JUN, JOCK MAHONEY, PAT LI YOUNG. ■ Una ragazza coreana racconta la sua vita ad un giornalista americano. Dall'infanzia, segnata dai guerriglieri comunisti che sterminano la sua famiglia, alla vita di caserma come mascotte di una divisione di marines, fino all'età adulta e alla decisione di diplomarsi infermiera. ■ GUERRA; B/N; 91'; USA, 1965.

MARINES DELLE ISOLE SALOMONE, I ★★
(Tarawa Beachhead)
Regia di PAUL WENDKOS. Con JULIE ADAMS, RAY DANTON, KERWIN MATHEWS. ■ Durante l'avanzata nipponica (siamo nel 1941), un gruppo di marines compie una missione al limite dell'impossibile a Tarawa, nelle Salomone. Il successo dell'azione darà respiro alle forze alleate che si stanno organizzando. ■ GUERRA; B/N; 77'; USA, 1958.

MARINES: SANGUE E GLORIA *(Ambush Bay)* ★★
Regia di RON WINSTON. Con JAMES MITCHUM, HUGH O'BRIAN, MICKEY ROONEY. ■ Un gruppo di marines è incaricato di compiere un'incursione spionistica in un'isola giapponese, durante l'ultima guerra. ■ GUERRA; COL.; 109'; USA, 1966.

MARIO IL MAGO *(Márió, a varázsló)* ★★
Regia di TAMÁS ALMÁSI. Con NYAKO JULIA, VITTORIO MARSIGLIA, FRANCO NERO. ■ All'alba della caduta del muro di Berlino, la noiosa e lenta quotidianità di un piccolo villaggio ungherese viene ravvivata dall'arrivo di Gerardo, un imprenditore italiano mandato a Est per aprire uno stabilimento e sfruttare l'economica manodopera locale. Arrivato in paese ascoltando Celentano e Toto Cotugno a bordo di un'Alfa Romeo, Gerardo attira subito l'attenzione degli abitanti conquistando le simpatie delle donne che vedono in lui la possibilità di un lavoro lontano dagli obblighi domestici. Offrendo alle casalinghe della piccola comunità un impiego sicuro, per quanto sottopagato, dà alle sue lavoranti il miraggio dell'emancipazione e uno stimolo a femminilizzarsi (con l'acquisto di abiti e trucchi) e a cambiare visibilmente a discapito dei loro mariti. Basato su fatti realmente accaduti, il film del documentarista Tamás Almási prende in prestito il titolo di una novella di Thomas Mann per raccontare l'avvento del capitalismo nei paesi dell'Est Europa, e nello specifico in Ungheria, in seguito alla caduta del regime comunista. ■ COMMEDIA; COL.; 100', UNGHERIA, ITALIA, 2008.

MARIO, MARIA E MARIO ★★
Regia di ETTORE SCOLA. Con LAURA BETTI, VALERIA CAVALLI, ENRICO LO VERSO, GIULIO SCARPATI. ■ Film a basso costo per Ettore Scola e del tutto inutile. Metafora non riuscita del momento di cambiamento del vecchio Partito comunista italiano. Crisi coniugale tra i coniugi Mario e Maria Boschi, lui è per il nuovo nome (Pds) mentre lei non è d'accordo. Maria, in una sezione del partito, rimane colpita da un tesserato di nome Mario. L'uomo la pensa come lei. Ci sarà allora una breve separazione ma la coppia finirà col tornare insieme. Sullo stesso tema risulta più interessante il documentario di Moretti, *La cosa*. ■ DRAMMATICO; COL.; 111'; ITALIA, 1993.

MARIONETTE ★★
Regia di CARMINE GALLONE. Con BENIAMINO GIGLI, CARLA RUEST. ■ Lui è un famoso tenore americano che ha deciso di vivere in incognito una vacanza ma lei, giornalista curiosa e ficcanaso, non lo sa e lo scambia per un semplice contadino. La ragazza, entusiasmata dalla voce di lui, si dà da fare per lanciarlo nel mondo della lirica e solo al momento del debutto si accorge di essere stata giocata. ■ COMMEDIA; B/N; 95'; ITALIA, 1938.

MARISA *(Music for Millions)* ★★
Regia di HENRY KOSTER. Con JOSÉ ITURBI, MARGARET O'BRIEN. ■ Barbara è in attesa di un figlio, ma è angosciata perché il marito, in Europa per la guerra, non dà notizie da mesi. La sorella, Marisa, tenta in ogni modo di risollevarle lo spirito fino al momento della nascita del bimbo. ■ COMMEDIA; B/N; 120'; USA, 1944. ■ OSCAR 1 NOM.

MARISA LA CIVETTA ★★
Regia di MAURO BOLOGNINI. Con MARISA ALLASIO, ETTORE MANNI, FRANCISCO RABAL, RENATO SALVATORI. ■ Marisa è la ragazza più corteggiata del paese, ma scherza con tutti e non sa decidere chi scegliere per un eventuale matrimonio. Quando arriva Antonio, marinaio, Marisa capisce cos'è l'amore, ma il caratteraccio di entrambi li tiene separati per qualche tempo. ■ COMMEDIA; B/N; 88'; ITALIA, 1957.

MARISOL CONTRO I GANGSTER *(Tombola)* ★★
Regia di LUIS LUCIA. Con RAFAEL ALONSO, ROBERTO CAMARDIEL, JOSÉ MARCO DAVÒ, MARISOL. ■ La piccola Marisol ama dipingere con i colori della sua fervida fantasia anche gli avvenimenti più banali. Così, quando si mette a raccontare d'aver assistito al furto di un quadro nel museo del Prado, nessuno le crede e i ladri, impauriti dalle sue chiacchiere, la rapiscono. Per fortuna non si tratta di autentici delinquenti. ■ COMMEDIA; B/N; 92'; SPAGNA, 1962.

MARISOL LA PICCOLA MADRILENA ★★
(Un rayo de luz)
Regia di LUIS LUCIA. Con ANSELMO DUARTE, MARIA MAHOR, MARISOL. ■ Il giovane rampollo di una nobile famiglia sposa una ragazza qualunque senza chiedere l'autorizzazione al vecchio padre che si offende e non vuole conoscere la nuora nemmeno dopo che il figlio muore. Gli anni passano e il vecchio burbero, saputo dell'esistenza di una nipotina, vuole conoscerla. La bambina è tanto graziosa che il vecchio nobiluomo accoglie finalmente in casa lei e la madre. ■ COMMEDIA; COL.; 97'; SPAGNA, 1960.

MARITI *(Husbands)* ★★★
Regia di JOHN CASSAVETES. Con JOHN CASSAVETES, PETER FALK, BEN GAZZARA. ■ Tre amici vanno al funerale di un altro amico e subito dopo, per risarcirsi psicologicamente, decidono di fare qualcosa di diverso: girano per New York rincorrendosi come ragazzini. Poi vanno a Londra, a continuare il gioco. Infine si trovano una donna. Quando arriva il momento di tornare a casa, uno di loro (quello che ha la situazione familiare più infelice) rimane a Londra, gli altri comprano regali per mogli e figli e prendono l'aereo. ■ DRAMMATICO; COL.; 95'; USA, 1970.

MARITI, I ★★
Regia di CAMILLO MASTROCINQUE. Con MARIELLA LOTTI, AMEDEO NAZZARI. ■ Fabio ha sposato la nobile Emma per amore, ma altrettanto non si può dire di lei, obbligata al matrimonio dal padre. Fabio si accorge presto che la moglie non lo ama, ma il suo comportamento nobile e generoso alla lunga vince. ■ COMMEDIA; B/N; 90'; ITALIA, 1941. ■ VENEZIA 1 PR.

MARITI A CONGRESSO *(Napoleon ist an allem schuld)* ★★
Regia di CURT GOETZ. Con CURT GOETZ, VALERIE VON MARTENS, ELSE VON MÖLLENDORFF. ■ Appassionato cultore della figura di Napoleone, un nobile inglese organizza un congresso a Parigi. La cosa fa scalpore e i giornalisti che se ne occupano fotografano il Lord in compagnia di una ballerinetta. Per giustificare la fotografia alla moglie, il nobiluomo inventa una storia di paternità dimenticata. ■ COMMEDIA; B/N; 92'; GERMANIA, 1938.

MARITI A CONGRESSO ★★
Regia di LUIGI FILIPPO D'AMICO. Con WALTER CHIARI, ALBERTO LIONELLO, JACQUELINE SASSARD, BICE VALORI. ■ I vari congressi di lavoro servono ad Alberto per mascherare le sue numerose scappatelle coniugali. In una di queste circostanze scoppia uno scandalo che mette in allarme tutte le mogli, compresa quella di Alberto. ■ COMMEDIA; B/N; 91'; ITALIA, 1961.

MARITI DI LADY CLARA, I *(Portrait of Clare)* ★★
Regia di LANCE COMFORT. Con MARGARET JOHNSTON, RICHARD TODD. ■ Una nobildonna inglese rievoca la sua vita sentimentale alla nipote che sta per sposare un uomo che non ama. Dopo un primo matrimonio d'amore finito tragicamente, Lady Clara sposa un avvocato per il quale prova soltanto stima e rispetto. Sentimenti che cambiano mano a mano che l'uomo rivela la sua natura gretta e interessata. Un crack finanziario porta anche il secondo marito alla tomba. ■ COMMEDIA; B/N; 98'; GRAN BRETAGNA, 1950.

MARITI E MOGLI *(Husbands and Wives)* ★★★★
Regia di WOODY ALLEN. Con WOODY ALLEN, JUDY DAVIS, MIA FARROW, JULIETTE LEWIS, LIAM NEESON, SIDNEY POLLACK. ■ Woody e Mia sono marito e moglie apparentemente senza problemi sentimentali. Una sera ricevono i loro due migliori amici Jack e Sally, coppia a prova di bomba. I due, sorridendo, annunciano che stanno per separarsi, ma va tutto bene, lo hanno deciso insieme, non ci saranno drammi, è la scelta migliore per tutti. Ma gli "Allen" precipitano nello sconforto. In realtà la separazione è dolorosissima. Lei, Sally, litiga continuamente con l'ex marito, lo controlla e non riesce a frequentare nessuno decentemente. Lui, Jack, fa quello che fanno tutti i separati di mezza età, si trova una ragazzina. Woody dal canto suo viene coinvolto da una sua allieva diciottenne, un vero demonietto di intelligenza e squisita perversione. Mia a sua volta finge di ignorare un intellettuale inglese ma, da brava gattina morta e finta acqua cheta, medita il tradimento. I rapporti si intrecciano e alla fine la coppia che si era separata si ricompone e gli "Allen" si separano. ■ COMMEDIA; COL.; 107'; USA, 1992. ■ GOLDEN GLOBES 1 NOM; OSCAR 2 NOM.

MARITI IMPERFETTI *(Bye Bye Love)* ★★
Regia di SAM WEISMAN. Con MATTHEW MODINE, RANDY QUAID, ROB REINER, PAUL REISER. ■ In un fast-food si riuniscono periodicamente tre divorziati per sviscerare i loro problemi: amanti, alimenti alle ex mogli, soprattutto i figli. Ecco, questi ultimi sono da privilegiare. Edificante parabolina che tocca alcuni aspetti della morale americana. ■ COMMEDIA; COL.; 108′; USA, 1995.

MARITI IN AFFITTO ★
Regia di ILARIA BORRELLI. Con CHEVY CHASE, MARIA GRAZIA CUCINOTTA, PIERFRANCESCO FAVINO, DIEGO SERRANO, BROOKE SHIELDS. ■ Maria vive a Procida con due figli, e da tre anni è in attesa del marito Vincenzo andato negli Stati Uniti in cerca di fortuna. Insoddisfatta della propria vita, e in stato di indigenza, Maria decide di partire per New York alla ricerca del compagno dal quale non ha notizie da diversi mesi. Avrà delle belle sorprese. Girato con mezzi di tutto rispetto, il film di Ilaria Borrelli è purtroppo un esempio di commedia che non diverte quasi mai. E allora che commedia è? ■ COMMEDIA; COL.; 90′; ITALIA, 2003.

MARITI IN CITTÀ ★★
Regia di LUIGI COMENCINI. Con FRANCO FABRIZI, GEORGIA MOLL, RENATO SALVATORI, NINO TARANTO. ■ Mentre le mogli sono in vacanza, i mariti in città cambiano modo di vivere. ■ COMMEDIA; B/N; 90′; ITALIA, 1958.

MARITI IN PERICOLO *(The Goose and the Gander)* ★★
Regia di ALFRED E. GREEN. Con GEORGE BRENT, KAY FRANCIS, GENEVIÈVE TOBIN. ■ Una donna, che non ha superato lo shock da divorzio, tende un tranello alla seconda moglie del suo ex per dimostrare a quest'ultimo l'errore commesso preferendole un'altra. Ma il giovanotto che dovrebbe sedurre la seconda moglie dell'ex marito fa invece innamorare la machiavellica signora. ■ COMMEDIA; B/N; 65′; USA, 1935.

MARITI IN PERICOLO ★★
Regia di MAURO MORASSI. Con MARIO CAROTENUTO, MEMMO CAROTENUTO, SYLVA KOSCINA, PUPELLA MAGGIO, FRANCA VALERI. ■ Mario tradisce la moglie con la bella Silvana, ma quando l'inghippo salta fuori la consorte non fa alcuna tragedia e questo mette in crisi l'infedele. Se la moglie non dimostra dispiacere, significa che ha un amante. Questa convinzione provoca una serie di equivoci. ■ COMMEDIA; B/N; 90′; ITALIA, 1960.

MARITI, LE MOGLI, GLI AMANTI, I ★★
(Les maris, les femmes, les amants)
Regia di PASCAL THOMAS. Con DANIEL CECCALDI, GUY MARCHAND, JEAN-FRANÇOIS STÉVENIN. ■ Un gruppo di mariti porta la figliolanza al mare durante le vacanze. Un compito che una volta spettava alle mogli che invece ora rimangono in città a lavorare e a subire qualche tentazione. ■ COMMEDIA; COL.; 107′; FRANCIA, 1988.

MARITI SU MISURA ★★★
(The Model and the Marriage Broker)
Regia di GEORGE CUKOR. Con SCOTT BRADY, JEANNE CRAIN. ■ Mae si occupa di cuori solitari ma non per senso affaristico bensì per autentico interesse umano. Di solito le accoppiate le riescono bene, ma con Kitty, giovane indossatrice, e Matt, medico, sorge qualche problema. Kitty pensa d'essere considerata una merce di scambio e abbandona l'amica e il fidanzato; Mae, delusa e amareggiata, si rifugia in casa di cura. Solo quando apprende della malattia di Mae, Kitty si pente e torna. ■ COMMEDIA; B/N; 103′; USA, 1951. ■ OSCAR 1 NOM.

MARITO, IL ★★★
Regia di NANNI LOY, GIANNI PUCCINI. Con AURORA BAUTISTA, ALBERTO DE AMICIS, CARLO NINCHI, ALBERTO SORDI, LUIGI TOSI. ■ Sordi fa il palazzinaro, ma gli affari gli vanno male. Potrebbe forse aggiustarli se la giovane moglie, una vera e propria arpia, non gli mandasse a monte un affare. Alberto (il personaggio interpretato da Sordi) deve cambiare mestiere. ■ COMMEDIA; B/N; 90′; ITALIA, SPAGNA, 1958.

MARITO A MODO MIO, IL *(Der Mustergatte)* ★★
Regia di WOLFGANG LIEBENEINER. Con LENI MARENBACH, HEINZ RÜHMANN. ■ Per movimentare un matrimonio un tantino noioso, un marito, d'accordo con la consorte di un amico, recita la parte dell'infedele. ■ COMMEDIA; B/N; 90′; GERMANIA, 1937. ■ VENEZIA 1 PR.

MARITO A PREZZO FISSO, UN *(Un mari à prix fixe)* ★★
Regia di CLAUDE DE GIVRAY. Con CHRISTIAN DE TILLIERE, ROGER HANIN, ANNA KARINA, GREGOR VON REZZORI. ■ Berenice è stata ingannata da un bellimbusto che le aveva promesso il matrimonio e, trovandosi nella necessità di presentare un marito alla famiglia, propone ad uno sconosciuto di sostenere la parte. Berenice crede di avere contrattato con un ladro, ma allo scadere del periodo convenuto si accorge che il finto marito è un brillante professionista. ■ COMMEDIA; B/N; 82′; FRANCIA, 1965.

MARITO A SORPRESA *(Holy Matrimony)* ★★
Regia di LEONARD NIMOY. Con PATRICIA ARQUETTE, JOSEPH GORDON-LEVITT, ARMIN MUELLER-STAHL. ■ Havana e Peter trovano rifugio, dopo una rapina, presso una comunità degli Hutteriti. Costoro pretendono che i due si sposino ma il ragazzo morirà di lì a poco. Havana dovrà ora sottostare a un ulteriore matrimonio, davvero "a sorpresa". Alla regia il Mr. Spook della saga tv *Star Trek*. ■ DRAMMATICO; COL.; 93′; USA, 1994.

MARITO DELLA PARRUCCHIERA, IL ★★★
(Le mari de la coiffeuse)
Regia di PATRICE LECONTE. Con ANNA GALIENA, JEAN ROCHEFORT. ■ Secondo film di Patrice Leconte distribuito in Italia dopo *L'insolito caso di Mr. Hire* e la conferma che dovrebbero essere conosciute anche tutte le sue opere precedenti. Un bambino è innamorato dell'immagine tranquilla e rassicurante della parrucchiera. Da adulto riesce a coronare il suo sogno: sposarne una. Molto bella la musica di Michael Nyman, collaboratore, oltre che di Leconte, di Peter Greenaway. ■ COMMEDIA; COL.; 80′; FRANCIA, 1990.

MARITO DI MIA MOGLIE, IL *(Der Storck streikt)* ★★
Regia di E. W. EMO. Con SIGFRID ANRUO, FRITZ SCHULZ. ■ È la storia di una donna che si inventa un amante per ingelosire il marito. ■ COMMEDIA; B/N; 92′; GERMANIA, 1931.

MARITO DI TROPPO, UN ★★
(The Accidental Husband)
Regia di GRIFFIN DUNNE. Con COLIN FIRTH, JEFFREY DEAN MORGAN, ISABELLA ROSSELLINI, SAM SHEPARD, UMA THURMAN. ■ La dottoressa Emma Lloyd è in procinto di sfondare sul mercato con il libro *Amore vero* e di sposare il suo editore, Richard. La trasmissione radiofonica che tiene quotidianamente ha riscosso un successo incredibile, i consigli sentimentali che ha dispensato hanno rincuorato centinaia di donne e impedito unioni ad alto tasso d'incompatibilità. Come quella tra Sophia e Patrick Sullivan, un vigile del fuoco. Determinato a vendicarsi della donna che ha mandato all'aria la sua storia d'amore, Patrick mette mano all'archivio online del municipio di New York e fa sì che Emma e Richard non possano convolare a giuste nozze: dopo il suo intervento, infatti, la dottoressa dell'amore risulta già sposata, niente meno che con Patrick stesso. Siamo nel regno della commedia sentimentale senza contaminazioni di genere, dove i Quaranta (anni) sono i nuovi Trenta, ma le geometrie sono rimaste quelle. ■ COMMEDIA; COL.; 90; USA, 2008.

MARITO È MIO E L'AMMAZZO QUANDO MI PARE, IL ★★★
Regia di PASQUALE FESTA CAMPANILE. Con HYWELL BENNETT, VITTORIO CAPRIOLI, FRANCESCO MULÉ, CATHERINE SPAAK, GIANRICO TEDESCHI, ROMOLO VALLI, MILENA VUKOTIC. ■ Ignazio, uomo di una certa età è sposato con una ragazza molto più giovane di lui che si è innamorata di un bel giovanotto. I giovani amanti escogitano quotidianamente vari sistemi per uccidere Ignazio ma quest'ultimo, protetto da una buona dose di fortuna, riesce sempre a cavarsela. ■ COMMEDIA; COL.; 97′; ITALIA, 1968.

MARITO E MOGLIE ★★★
Regia di EDUARDO DE FILIPPO. Con VITTORIO CAPRIOLI, EDUARDO DE FILIPPO, TITINA DE FILIPPO, TINA PICA. ■ Due episodi che vedono protagonista, oltre che regista, il grande Eduardo. Nel primo un uomo paralizzato è alle prese con una moglie avarissima che lo obbliga a covare le uova in mancanza della chioccia. Nel secondo episodio un brav'uomo fantasioso cerca di evadere dal

grigio ambiente che lo circonda. ■ COMMEDIA; B/N; 90′; ITALIA, 1952.

MARITO È SEMPRE UN MARITO, UN ★★
(Un mari c'est un mari)
Regia di SERGE FRIEDMAN. Con FRÉDERIQUE HÉBRARD, DANIEL PRÉVOST, LOUIS VELLE. ■ Storia di una madre di famiglia della quale marito e figli vari (e anche un genero) approfittano. La donna si prende allora una vacanza abbandonando tutti. E tutti si accorgeranno che un marito è sì importante, ma una moglie è proprio indispensabile. ■ COMMEDIA; COL.; 95′; FRANCIA, 1976.

MARITO FUORI POSTO, UN *(This Modern Age)* ★★
Regia di NICK GRINDE. Con JOAN CRAWFORD, PAULINE FREDERICK, NEIL HAMILTON. ■ Una bella ragazza figlia di genitori divorziati va a Parigi a trovare la madre che non vede da molti anni. La madre è una donna dalla reputazione nient'affatto cristallina, il che procura non poche difficoltà alla figliola che sta per entrare con un matrimonio in una famiglia di borghesi altolocati e conformisti. ■ DRAMMATICO; B/N; 92′; USA, 1931.

MARITO IDEALE, IL *(Ein idealer Gatte)* ★★
Regia di HERBERT SELPIN. Con BRIGITTE HELM. ■ C'è un'unica macchia nel passato del ricco industriale e di quella si serve una ricattatrice per ottenere il suo appoggio in un affare poco pulito. Ma l'industriale ha una moglie eccezionale che riesce a farsi consegnare le prove dell'antico errore e salvare il marito. ■ DRAMMATICO; B/N; 96′; GERMANIA, 1935.

MARITO IDEALE, UN *(An Ideal Husband)* ★★
Regia di ALEXANDER KORDA. Con PAULETTE GODDARD, MICHAEL WILDING. ■ Anche questo secondo *Marito ideale* è ispirato alla commedia di Oscar Wilde. ■ COMMEDIA; COL.; 96′; GRAN BRETAGNA, 1949.

MARITO IDEALE, UN *(An ideal husband)* ★★★
Regia di OLIVER PARKER. Con CATE BLANCHETT, MINNIE DRIVER, RUPERT EVERETT, JULIANNE MOORE, JEREMY NORTHAM. ■ Tratto da una commedia di Oscar Wilde, il film è ambientato a Londra nel 1890. Sir Robert Chiltern è un uomo politico di successo e un marito ideale per la seducente Lady Chiltern. Tutto procede per il meglio fino a quando compare la signora Cheveley che è a conoscenza di alcuni segreti riguardanti il passato del gentiluomo. Timoroso di perdere la sua reputazione e soprattutto l'amore della sua bella moglie, Sir Chilthern si rivolge a Lord Arthur Goring, donnaiolo amante della libertà e della vita mondana. Quest'ultimo si troverà al centro di una rete di bugie, inganni e convegni amorosi che metterà a repentaglio ciò a cui crede di più: il celibato. In fondo anche lui potrebbe diventare un marito ideale proprio come il suo amico. Bravissimi gli attori e perfetta la ricostruzione d'epoca. ■ COMMEDIA; B/N; 96′; GRAN BRETAGNA, 1999. ■ GOLDEN GLOBES 2 NOM.

MARITO IN COLLEGIO, IL ★
Regia di MAURIZIO LUCIDI. Con SILVIA DIONISIO, ENRICO MONTESANO, ANNA PROCLEMER. ■ Camillo sposa una nobile spiantata e va in collegio a imparare le belle maniere. Solo quando sarà diventato un vero gentiluomo potrà consumare il matrimonio. ■ COMMEDIA; COL.; 90′; ITALIA, 1977.

MARITO IN PROVA *(Lost and Found)* ★★
Regia di MELVIN FRANK. Con GLENDA JACKSON, HOLLIS MCLAREN, GEORGE SEGAL, MAUREEN STAPLETON. ■ Adam e Patricia (lui americano e lei inglese) si conoscono grazie a un piccolo incidente d'auto. Lui è fresco vedovo, lei fresca divorziata. Finisce che si sposano. Adam porta la moglie nel suo ambiente, che è quello universitario. La donna si accorge di aver sposato un uomo del tutto immaturo e completamente condizionato dalla madre e sta per lasciarlo. Ma lui capisce l'antifona, relega la madre nel suo giusto ruolo e riconquista la moglie. ■ COMMEDIA; COL.; 112′; GRAN BRETAGNA, 1979.

MARITO IN VACANZA, IL ★
Regia di MAURIZIO LUCIDI. Con ENZO CANNAVALE, LILLI CARATI, RENZO MONTAGNANI. ■ Un direttore di scuola e il suo amico bidello vanno a un congresso di insegnanti e personale scolastico. Naturalmente il raduno, lontano dalle rispettive famiglie, è un'occasione per qualche avventura galante. ■ COMMEDIA; COL.; 92′; ITALIA, 1981.

MARITO INVISIBILE, IL *(Der Unsichtbare)* ★★
Regia di ULF MIEHE. Con BENEDIKT FREITAG, CAMILLA HORN, BARBARA RUDNIK, KLAUS WENNEMANN. ■ Benjamin, divenuto invisibile grazie a un berretto magico avuto in eredità, scopre che i suoi tradimenti vengono ripagati dalla moglie che ha una relazione con il suo migliore amico. Si tratta di una commediola teutonica condotta con una sufficiente leggerezza anche se il soggetto è scontato. ■ COMMEDIA; COL.; 90′; GERMANIA, 1987.

MARITO LATINO, IL *(Count your Blessings)* ★★
Regia di JEAN NEGULESCO. Con ROSSANO BRAZZI, MAURICE CHEVALIER, DEBORAH KERR. ■ Un ragazzino terribile, figlio di una americana e di un francese, cerca in ogni modo di favorire la separazione tra i genitori perché lo entusiasma l'idea di vivere un po' a Londra, residenza materna, e un po' a Parigi, dove vive il padre. Quando si rende conto che i genitori soffrono per la separazione, fa in modo che tutto torni come prima. ■ COMMEDIA; COL.; 102′; USA, 1959.

MARITO PER ANNA ZACCHEO, UN ★★
Regia di GIUSEPPE DE SANTIS. Con MASSIMO GIROTTI, AMEDEO NAZZARI, SILVANA PAMPANINI, UMBERTO SPADARO. ■ Anna, ragazza giovane e molto bella, finisce tra le braccia di un tipo senza scrupoli mentre il fidanzato è in viaggio. Malgrado l'amore, il fidanzato non riesce a perdonare alla ragazza quello sbaglio. ■ DRAMMATICO; B/N; 95′; ITALIA, 1953.

MARITO PER CINZIA, UN *(Houseboat)* ★★★
Regia di MELVILLE SHAVELSON. Con CARY GRANT, HARRY GUARDINO, MARTHA HYER, SOPHIA LOREN. ■ Cinzia è la figlia di un celebre direttore d'orchestra italiano che, seguendo il padre in una tournée americana, incontra Tom, diplomatico e vedovo, e i suoi tre figli. Cinzia viene assunta come governante perché piace ai bambini, ma in realtà tra lei e Tom è già scoccata la scintilla d'amore. ■ COMMEDIA; COL.; 110′; USA, 1958. ■ OSCAR 2 NOM.

MARITO PER FORZA *(Love is Better than Ever)* ★★★
Regia di STANLEY DONEN. Con GENE KELLY, LARRY PARKS, ELIZABETH TAYLOR. ■ Una giovane maestra di ballo di nome Anastasia si reca a New York dalla provincia e qui incontra un agente teatrale, di cui si innamora. ■ COMMEDIA; B/N; 81′; USA, 1951.

MARITO PER IL MESE D'APRILE, UN ★★
Regia di GIORGIO SIMONELLI. Con CARLO ROMANO, VANNA VANNI. ■ Una ereditiera ingaggia un giovane che ha perso tutte le sue fortune al gioco affinché si finga suo marito per scoraggiare le mire di un corteggiatore a lei sgradito. L'impegno dura per tutto il mese di aprile. ■ COMMEDIA; B/N; 90′; ITALIA, 1941.

MARITO PER MIA MADRE, UN ★★★
(Miquette et sa mére)
Regia di HENRI-GEORGES CLOUZOT. Con ANDRÉ BOURVIL, LOUIS JOUVET. ■ Due donne, madre e figlia, vengono invogliate ad andare a Parigi e ad entrare in una compagnia di attori girovaghi dal marchese proprietario del castello del loro villaggio. Il marchese vuole togliersele d'attorno perché Urbano, nipote del marchese, è innamorato della figlia, che il marchese considera socialmente inferiore. Alla fine, invece, il marchese sposa la madre e Urbano la figlia. ■ COMMEDIA; B/N; 96′; FRANCIA, 1949.

MARITO PER TILLIE, UN *(Pete and Tillie)* ★★★
Regia di MARTIN RITT. Con CAROL BURNETT, WALTER MATTHAU, GERALDINE PAGE. ■ Una zitella sposa uno scapolone. L'unione ha degli alti e bassi, poi viene allietata dall'insperata nascita di Robbie. Il bimbo muore di leucemia e il matrimonio si sfalda. La donna riprende a poco a poco il suo equilibrio, e così l'uomo. Si ritrovano e si rimettono insieme. ■ COMMEDIA; COL.; 100′; USA, 1972. ■ GOLDEN GLOBES 3 NOM; OSCAR 2 NOM.

MARITO POVERO, IL ★★
Regia di GAETANO AMATA. Con LEONARDO CORTESE, VIVI GIOI, CLELIA MATANIA, PAOLO STOPPA. ■ Un industriale ha due figlie che sposano due modesti impiegati. Dei due mariti, uno è un fannullone, ma l'altro riesce a mettere su una sua impresa con la quale manterrà adeguatamente tutta la famiglia. ■ COMMEDIA; B/N; 92′; ITALIA, 1946.

MARITO RICCO, IL *(Tarnished Lady)* ★★
Regia di GEORGE CUKOR. Con TALLULAH BANKHEAD, CLIVE BROOK, OSGOOD PERKINS. ■ Una regina dei salotti newyorkesi sposa un ricco corteggiatore (non lo ama, ma i soldi di lui le permetteranno di continuare a primeggiare nel gran mondo). Il matrimonio non dura molto. Lei si separa e si mette a lavorare. Arriva il crollo di Wall Street, che travolge le finanze del marito. Lei, che ha scoperto di amarlo, si riavvicina a lui. ■ DRAMMATICO; B/N; 85′; USA, 1931.

MARITO SCOMPARSO, UN *(Un de la Légion)* ★★★
Regia di CHRISTIAN-JAQUE. Con FERNANDEL, SUZY PRIM. ■ Un tizio viene arruolato a forza nella Legione straniera, perché completamente ubriaco. Però ci prende gusto, e quando la moglie lo raggiunge per salvarlo, lui rimane per amore dell'avventura. ■ COMMEDIA; B/N; 91′; FRANCIA, 1936.

MARITO SERVIZIEVOLE, UN *(Hog Wild)* ★★★
Regia di JAMES PARROTT. Con DOROTHY GRANGER, OLIVER HARDY, FAY HOLDERNESS, STAN LAUREL. ■ Ollio è costretto dalla moglie a montare l'antenna della radio sul tetto e Stanlio decide di aiutarlo. Naturalmente gli esiti saranno disastrosi. Uno dei primi cortometraggi completamente sonori interpretati dalla coppia. ■ COMICO; B/N; 19′; USA, 1930.

MARIUS ★★
Regia di ALEXANDER KORDA. Con PIERRE FRESNAY, RAIMU, ALIDA ROUFFE. ■ È il primo atto della trilogia di Pagnol a cui seguiranno *Fanny* e *Cesar*. Cesar è un barista vedovo, suo figlio Marius lavora con lui. Il sogno di Marius è il mare ma al momento di imbarcarsi lascerà nelle peste la bella Fanny che ha in grembo suo figlio. ■ COMMEDIA; B/N; 126′; FRANCIA, 1931.

MARIUS E JEANNETTE *(Marius et Jeannette)* ★★
Regia di ROBERT GUÉDIGUIAN. Con ARIANE ASCARIDE, GÉRARD MEYLAN. ■ Il teatro è Marsiglia. Un gruppo di amici si raduna in un cortile, parla, parla, e incrocia le proprie storie. Politica, passioni, la vita scorre, poco cambia. Il solito prodottino francese "autocompiacente". ■ COMMEDIA; COL.; 102′; FRANCIA, 1998.

MARK COLPISCE ANCORA ★★
Regia di STELVIO MASSI. Con GIAMPIERO ALBERTINI, FRANCO GASPARRI, MARCELLA MICHELANGELI, JOHN SAXON, JOHN STEINER. ■ Il poliziotto Mark è coinvolto in un fatto di terrorismo. Va in Germania, si finge membro di una organizzazione e risale a nomi grossissimi della politica e della finanza. Non riesce tuttavia a dipanare del tutto la matassa. ■ POLIZIESCO; COL.; 95′; ITALIA, 1976.

MARK DONEN AGENTE ZETA 7 ★★
Regia di GIANCARLO ROMITELLI. Con CARLO HINTERMANN, LANG JEFFRIES, LAURA VALENZUELA. ■ L'agente Zeta 7 arriva in Brasile e cattura il professor Liebrich, uno scienziato tedesco che ha scoperto una terribile arma: un raggio che disintegra la materia. Ma l'arrestato è il sosia di Liebrich. La battaglia continua. ■ SPIONAGGIO; COL.; 92′; ITALIA, 1966.

MARK IL POLIZIOTTO ★★★
Regia di STELVIO MASSI. Con GIORGIO ALBERTAZZI, GIAMPIERO ALBERTINI, LEE J. COBB, FRANCO GASPARRI, SARA SPERATI. ■ Un giovane commissario milanese chiamato Mark ha sentore che un noto professionista sia in realtà un grosso trafficante di droga. Non gli danno libertà d'azione, ma lui è tenace e alla fine scopre la base dello spacciatore di eroina e lo consegna alla polizia. ■ POLIZIESCO; COL.; 97′; ITALIA, 1975.

MARK IL POLIZIOTTO SPARA PER PRIMO ★★★
Regia di STELVIO MASSI. Con NINO BENVENUTI, LEE J. COBB, FRANCO GASPARRI. ■ Ancora il poliziotto del film precedente. Stavolta è a Genova e combatte nelle viuzze e nei carrugi contro gli scagnozzi di un'anonima sequestri. ■ POLIZIESCO; COL.; 98′; ITALIA, 1975.

MARLENE DE SOUSA ★★
Regia di TONINO DE BERNARDI. Con CRISTINA CAVALCANTI, JOANA CURVO, BETTY FARIA, GIULIETTA DE BERNARDI, MARIA MEDEIROS, FILIPPO TIMI. ■ De Bernardi realizza una opera scabrosa, scioccante, un vero pugno nello stomaco per gli amanti delle storie lineari, della chiarezza e coerenza. Vi è un realismo estremo che coinvolge non solo storia e personaggi, ma anche gli attori e la troupe, in un continuo sconfinamento nel vissuto della città di Sao Paulo. Betty, famosa attrice di telenovelas, è alla ricerca della sorella gemella Marlene, scomparsa all'età di quattro anni, che ora è una prostituta. ■ DRAMMATICO; COL.; 95′; ITALIA, 2004.

MARLENE DIETRICH – HER OWN SONG ★★★
Regia di J. DAVID RIVA. Con MARLENE DIETRICH. ■ Il regista J. David Riva per realizzare questo documentario ha deciso di soffermarsi non sulla Dietrich attrice e mito del cinema, né sui pettegolezzi che ancora oggi circolano sulla sua vita privata, ma su un aspetto molto particolare della sua vita e della sua carriera: l'impegno civile contro il nazismo che la spinse prima a vivere e lavorare lontano dalla Germania, a Hollywood, e poi ad abbandonare il mondo dorato del cinema per dedicarsi agli spettacoli in sostegno alle truppe alleate e, in definitiva, contro la sua stessa patria: una scelta radicale per una diva che all'epoca era all'apice della carriera. L'opera di Riva cerca di ricostruire questo percorso, certamente non privo di lacerazioni e contraddizioni; ciò che il documentario mostra è, in ultima analisi, il percorso di un'artista che, nonostante l'atteggiamento freddo che l'ha resa celebre, non ha esitato ad abbandonare il suo mondo dorato per scendere in campo e combattere per i propri ideali in prima persona. ■ DOCUMENTARIO; B/N. 100′; GERMANIA, 2002.

MARLEY ★★
Regia di KEVIN MCDONALD. Con BOB MARLEY. ■ La vita, le dichiarazioni, la musica, le donne, i figli, l'impegno e le contraddizioni del più grande interprete della musica reggae giamaicana. Attraverso le dichiarazioni delle persone a lui più vicine, Bob Marley viene descritto e raccontato da chi lo conosceva con pochi ancoraggi all'oggettività di dati, numeri o fatti documentati. Quella che gira intorno a Bob Marley è una storia priva di misteri, ma colma di bugie. Di tutti questi contributi eterogenei Kevin MacDonald fa l'uso migliore: il risultato è il feeling della fine degli anni Sessanta nella baraccopoli di Trench Town o quello degli anni Settanta a Kingston, del Marley re del mondo del reggae ma anche del Marley fine politico, che accetta di diventare spalla dei Commodores (quando era all'apice della sua fama) per conquistare il mercato del pubblico afroamericano. ■ DOCUMENTARIO; COL.; 144′; USA, GRAN BRETAGNA, 2012.

MARLOWE, IL POLIZIOTTO PRIVATO ★★★
(Farewell, my Lovely)
Regia di DICK RICHARDS. Con JOHN IRELAND, SYLVIA MILES, ROBERT MITCHUM, JACK O'HALLORAN, CHARLOTTE RAMPLING. ■ Il detective privato Philip Marlowe accetta l'incarico di cercare l'amica di un gangster e, nello stesso tempo, segue un altro caso: quello di un ricatto compiuto ai danni di un certo Lindsay Marriot, che viene ucciso. La donna che Marlowe cerca e la ricattatrice sono la stessa persona. ■ DRAMMATICO; COL.; 97′; USA, 1975. ■ OSCAR 1 NOM.

MARLOWE INDAGA *(The Big Sleep)* ★★★
Regia di MICHAEL WINNER. Con RICHARD BOONE, CANDY CLARK, JOAN COLLINS, SARAH MILES, ROBERT MITCHUM, JAMES STEWART. ■ Un generale affida a Marlowe il compito di trovare un ricattatore. Marlowe affronta innanzitutto le sue due terribili figlie. La pista lo conduce sulle orme del genero del generale. L'investigatore rifiuta di farsi sedurre dalla più giovane delle sorelle: da qui si giunge alla soluzione finale. ■ POLIZIESCO; COL.; 100′; GRAN BRETAGNA, 1978.

MARLOWE: OMICIDIO A POODLE SPRINGS ★★★
(Poodle Springs)
Regia di BOB RAFELSON. Con TOM BOWER, JAMES CAAN, JULIA CAMPBELL, BRIAN COX, JOE DON BAKER, DAVID KEITH, DINA MEYER. ■ Grande ritorno per Philip Marlowe, l'investigatore creato dalla fantasia dello scrittore americano Raymond T. Chandler. Il film, tratto dall'ultimo romanzo di Chandler (rimasto incompiuto alla sua morte e completato da Parker), è ambientato nel 1963. Marlowe si è intanto sposato con una ricca ereditiera e vive a Poodle Springs, una cittadina sperduta e deserta. La morte misteriosa di un suo amico investigatore lo spinge all'azione. Un Marlowe invecchiato ma pur sempre capace di trasmettere grandi

emozioni. Merito soprattutto dell'interpretazione del bravo attore James Caan. ■ GIALLO; COL.; 100'; USA, 1999.

MARMITTONE, IL *(The Sad Sack)* ★★★
Regia di GEORGE MARSHALL. Con JERRY LEWIS, PETER LORRE, DAVID WAYNE. ■ Il soldato Bisby è distratto e pasticcione: con le sue continue malefatte provoca lo scompiglio nel campo. ■ COMICO; B/N; 98'; USA, 1957.

MARMITTONI AL FRONTE *(Up Front)* ★★
Regia di ALEXANDER HALL. Con MARINA BERTI, TOM EWELL, DAVID WAYNE. ■ Due soldati americani combattono in Italia. Willie e Joe sono inseparabili in ogni avventura. ■ COMMEDIA; B/N; 92'; USA, 1951.

MAR NERO ★★
Regia di FEDERICO BONDI. Con VLAD IVANOV, MAIA MORGENSTERN, ILARIA OCCHINI, DOROTHEEA PETRE, CORSO SALANI. ■ Angela è appena giunta in Italia dalla Romania avendo trovato un posto come badante a Firenze. La donna anziana di cui si deve occupare è Gemma che ha un figlio sposato che vive a Trieste. Il marito le è appena morto e ha bisogno di aiuto. È però una donna dal carattere molto rigido e autoritario e fa fatica ad accettare che una sconosciuta le giri per casa. Progressivamente però si affeziona alla giovane romena che desidera mettere da parte un po' di soldi per poi poter avere un figlio dal marito Adrian. ■ DRAMMATICO; COL.; 95'; ITALIA, FRANCIA, ROMANIA, 2008.

MARNIE ★★★
Regia di ALFRED HITCHCOCK. Con DIANE BAKER, SEAN CONNERY, TIPPI HEDREN. ■ Mark Rutland sposa Marnie, ma scopre che è cleptomane e frigida. Quando poi vede il color rosso viene presa da violenti attacchi di nervi. Con una lenta analisi di tipo psicanalitico (ma in realtà solo spettacolare) Mark scopre tutto. Lieto fine. ■ GIALLO; COL.; 129'; USA, 1964.

MAROCCO ★★★
Regia di JOSEF VON STERNBERG. Con GARY COOPER, MARLENE DIETRICH, ADOLPHE MENJOU. ■ Una cantante fatalona, piena di amanti che le offrono gioielli e pellicce, si innamora di un legionario che invece la tratta malissimo. Finisce che lo segue a piedi scalzi nel deserto insieme alle altre donne del luogo che seguono i loro uomini. Amanti, gioielli e pellicce vengono abbandonati. ■ DRAMMATICO; B/N; 97'; USA, 1930. ■ OSCAR 4 NOM.

MAROCCO *(La canción di Aixa)* ★
Regia di FLORIAN REY. Con IMPERIO ARGENTINA, MANUEL LUNA. ■ Antica faida tra due famiglie arabe del Marocco che un matrimonio deve sanare: la faccenda è complicata dal fatto che il futuro sposo era già fidanzato con una cantante. Un rappresentante della parte avversa va a sfidarlo: ma l'uomo rifiuta di battersi. ■ DRAMMATICO; B/N; 92'; SPAGNA, 1939.

MAROCCO *(Outpost in Marocco)* ★★
Regia di ROBERT FLOREY. Con GEORGE RAFT, MARIE WINDSOR. ■ Il capitano Reinhard scorta la figlia dell'emiro, Sara, fino a Bel-Rashad. Intanto a Bel-Rashad sta maturando un tradimento e la vita di Reinhard è in pericolo. Sara, che lo ama, interviene in suo aiuto. Arrivano i rinforzi e si inizia la battaglia. Muore l'emiro, ma muore anche la dolce fanciulla. ■ AVVENTURA; B/N; 90'; FRANCIA, 1949.

MARPICCOLO ★★★
Regia di ALESSANDRO DI ROBILANT. Con GIULIO BERANEK, ROBERTO BONVEGA, ANNA FERRUZZO, SELENIA ORZELLA, MICHELE RIONDINO. ■ Quartiere Paolo VI, Taranto, Italia. Tiziano vive nel lato sbagliato di una città: è il capofamiglia, a dispetto dei suoi 16 anni: il padre ha abbandonato moglie e figli per un'esistenza disperata cercando il colpo al videopoker; la madre è una popolana impreparata a crescere due figli da sola ma determinata a tenerli fuori dalla malavita e a proteggerli dalle prepotenze di chi vuole installare un'antenna per telefonia cellulare davanti alla scuola della sua piccola. Tiziano è troppo sveglio per andare a scuola, ma non abbastanza da restare lontano dai guai. Vuole diventare un gangster e cerca di derubare il boss di zona. Questo, in cambio del perdono, gli ordina un omicidio. Il destino pare segnato. ■ DRAMMATICO; COL.; 93'; ITALIA, 2009.

MARQUISE ★★
Regia di VERA BELMONT. Con BERNARD GIRAUDEAU, THIERRY LHERMITTE, SOPHIE MARCEAU, PATRICK TIMSIT, LAMBERT WILSON. ■ Tolte le interpretazioni di Sophie Marceau e Bernard Giraudeau un film piuttosto spento. Grandi mezzi e il fior fiore degli attori di successo in Francia per il ritorno alla regia, dopo otto anni, della Belmont. Marquise è una prostituta-ballerina che viene scoperta da Molière per danzare al cospetto di Luigi XIV. Col tempo lei desidera recitare non solo commedie ma anche drammi. Riesce nell'intento ma una rivale è dietro l'angolo. ■ COMMEDIA; COL.; 120'; FRANCIA, 1997.

♥ **MARRAKESCH EXPRESS** ★★★
Regia di GABRIELE SALVATORES. Con DIEGO ABATANTUONO, FABRIZIO BENTIVOGLIO, CRISTINA MARSILLACH. ■ Quattro trentenni partono per l'Africa alla ricerca di un amico tenuto prigioniero a Marrakesch perché trovato in possesso di droga. I quattro portano trenta milioni per riscattare la libertà dell'amico. Ma l'amico non si fa trovare e i quattro devono continuare a cercarlo per il Sahara, in una ricerca forse inutile. Gabriele Salvatores (prima di passare al cinema era un noto regista teatrale) cerca di coniugare le malinconie postsessantottine con l'angoscia dei romanzi di Conrad. E non di rado ci riesce. ■ AVVENTURA; COL.; 110'; ITALIA, 1989.

MARS ATTACKS! ★★★
Regia di TIM BURTON. Con ANNETTE BENING, PIERCE BROSNAN, GLENN CLOSE, DANNY DEVITO, MICHAEL J. FOX, TOM JONES, JACK NICHOLSON, SARAH JESSICA PARKER, ROD STEIGER. ■ Una flotta di dischi volanti raggiunge gli Stati Uniti. Il presidente organizza un comitato di accoglienza mentre c'è già chi pensa di fare affari con loro. Il primo impatto è devastante: basta il volo di una colomba, simbolo di pace, per scatenare un massacro ad opera dei marziani. Dopo le scuse di rito, c'è l'invito al Congresso dove gli alieni si preoccupano di eliminare gran parte dei rappresentanti. Ormai lo scontro è aperto. Anche il presidente viene ucciso ma gli States verranno salvati da un ragazzino e dai dischi ascoltati da sua nonna. Tim Burton mette in piedi un luna park sugli "alieni al cinema" prendendo spunto da una raccolta di figurine degli anni Cinquanta messe al bando all'epoca perché troppo "violente". Marziani e terrestri sono grotteschi ma gli abitanti del nostro pianeta sono anche squallidi. Il presidente degli Stati Uniti, affidato a un Nicholson in gran vena, diventa emblema di una "civiltà" così mistificante da non avere più neanche il coraggio della brutalità. ■ COMMEDIA; COL.; 110'; USA, 1996.

MARS – DOVE NASCONO I SOGNI *(Mars)* ★★
Regia di ANNA MELIKIAN. Con YEVGENIYA DOBROVOLSKAYA, YANA ESIPOVITCH, NANA KIKNADZE, GOSHA KUTSENKO, ELENA MOROZOVA, ARTUR SMOLYANINOV. ■ Marks è una cittadina situata da qualche parte dell'ex impero sovietico. Il suo nome era dedicato al fondatore del comunismo, ma ora ha perso la K. Così come per i suoi abitanti molte cose sono cambiate ma muteranno ancor di più quando arriva Boris, un pugile in fuga da una serie di sconfitte sul ring e costretto a fermarsi per una sosta che lui spera sia breve. Boris viene da Mosca e questo fatto di per sé lo rende importante agli occhi di chi ha l'occasione di conoscerlo. Il giovane e intraprendente Grigorji, in particolare, ci tiene ad esibire la sua compagnia e gli presenta la bibliotecaria Greta di cui è innamorato. Ma Greta sceglie diversamente. ■ COMMEDIA; COL.; 100'; RUSSIA, 2004.

MARSIGLIESE, LA *(La Marseillaise)* ★★★★
Regia di JEAN RENOIR. Con LISE DELAMARE, LOUIS JOUVET, PIERRE RENOIR, ELISA RUIS. ■ 1789. Tre marsigliesi, condannati ingiustamente dagli aristocratici, fuggono sulle montagne. Ne scendono quando comincia la rivoluzione. A capo di un gruppo di concittadini puntano su Parigi cantando l'inno di Rouget de Lisle, che diventerà poi *La Marsigliese*. Il gruppo prende parte al famoso assalto alle Tuileries. La rivoluzione trionfa. ■ STORICO; B/N; 100'; FRANCIA, 1937.

MARSIGLIESE: STORIA DEL RE DELLO SCASSO, IL *(Le solitaire)* ★★
Regia di ALAIN BRUNET. Con HARDY KRÜGER, JEAN LEFEBVRE, RAYMOND PELLEGRIN. ■ Un galeotto viene ricattato dal capo-

carcere che lo costringe a scassinare una cassaforte in cambio della libertà. Non avendo possibilità di altra scelta, esegue. Ciò che gli preme è raggiungere la sua giovane figlia e con lei fuggire all'estero. La ragazzina però preferisce rimanere con colui che l'ha allevata. ■ DRAMMATICO; COL.; 95'; FRANCIA, 1962.

MARSUPILAMI *(Sur la piste du Marsupilami)* ★★
Regia di ALAIN CHABAT. Con ALAIN CHABAT, JAMEL DEBBOUZE, LIYA KEBEDE, FRED TESTOT, LAMBERT WILSON. ■ Dan Geraldo, reporter in cerca di uno scoop per salvare la sua trasmissione dalla chiusura, è inviato in Palombia sulle tracce della tribù dei Paia. Finisce invece sulle tracce del Marsupilàmi, un oviparo leggendario, mezzo leopardo e mezzo koala, alla cui esistenza non crede nessuno, ad eccezione della sua guida, Pablito. Lungo quella pista nella giungla, si muove anche il professor Hermoso, vecchio botanico. Vero e proprio one-man-show di André Chabat, sceneggiatore-regista-attore e produttore, *Marsupilami* è però un bel prodotto tra la fiaba, la satira, il grottesco e il demenziale. ■ COMMEDIA; COL.; 105'; FRANCIA, BELGIO, 2012.

MARTA ED IO *(Martha und ich)* ★★★
Regia di JIRI WEISS. Con VACLAV CHALUPA, MICHEL PICCOLI, MARIANNE SÄGEBRECHT. ■ Premiato a Venezia col Ciak d'Oro. Un buon film di impianto tradizionale, diretto dall'ottantenne Jiri Weiss (questo fu il suo ultimo film) e interpretato con grande partecipazione da entrambi i protagonisti. Siamo nella Germania degli anni Trenta. Il ginecologo Ernst Fuck, di origine ebrea, viene tradito dalla moglie spesso e volentieri e decide di lasciarla. Marta, la fedele governante, diventa la nuova signora Fuck. La guerra però incombe ed Ernst è in pericolo. Così divorzia anche dalla seconda moglie per non coinvolgerla nei gravi pericoli che stanno per sopraggiungere. ■ DRAMMATICO; COL.; 107'; FRANCIA, GERMANIA, ITALIA, 1990. ■ VENEZIA 1 PR.

MARTEDÌ GRASSO *(Mardi gras)* ★★
Regia di EDMUND GOULDING. Con PAT BOONE, CHRISTINE CARÈRE, TOMMY SANDS. ■ Durante il carnevale di New Orleans, alcuni cadetti dell'accademia militare predispongono una lotteria, il cui premio sarà una giornata con la famosa attrice Michèle Marton di passaggio in città. ■ COMMEDIA; B/N; 107'; USA, 1958. ■ OSCAR 1 NOM.

MARTE, DIO DELLA GUERRA ★★
Regia di MARCELLO BALDI. Con ROGER BROWNE, DANTE DI PAOLO, JACKIE LANE, MASSIMO SERATO, LINDA SINI, RENATO SPEZIALI. ■ Il dio Marte, che ha partecipato a una guerra, resta sulla Terra perché si è innamorato di una fanciulla. ■ AVVENTURA; COL.; 93'; ITALIA, 1962.

MARTE DISTRUGGERÀ LA TERRA ★★
(The Angry Red Planet)
Regia di IB MELCHIOR. Con NORA HAYDEN, GERALD MOHR, LES TREMAYNE. ■ Quattro scienziati, tre uomini e una donna, arrivano su Marte con un razzo. Dopo molte avventure, riescono a sfuggire dalle grinfie di un mostro. ■ FANTASCIENZA; COL.; 83'; USA, 1960.

MARTELLO MACCHIATO DI SANGUE, IL ★
(Blood and Lace)
Regia di PHILIP GILBERT. Con GLORIA GRAHAME, LEN LESSER, MILTON SELZER. ■ Storia raccapricciante che si svolge in un pensionato per giovani tenuto da una donna dalla mente sconvolta; i giovani che tentano di scappare sono uccisi e messi in un frigorifero. Un detective indaga. ■ GIALLO; COL.; 87'; USA, 1971.

MARTHA *(Die letzte Rose Martha)* ★★
Regia di KARL ANTON. Con FRITZ KAMPERS, CARLA SPLETTER. ■ Una Lady si traveste da donna del popolo e si reca alla fiera di Richmond, dove viene messa in palio; un fattore se la porta via diventando il suo padrone. La regina Anna viene a sapere del fatto. Recatasi sul posto, vede i soprusi dei nobili contro gli agricoltori: li libera dalle corvée e dona delle terre alla dama. ■ DRAMMATICO; B/N; 90'; GERMANIA, 1936.

MARTHA ★★★★
Regia di RAINER WERNER FASSBINDER. Con KARLHEINZ BÖHM, MARGIT CARSTENSEN, INGRID CAVEN, GISELA FACKELDEY. ■ Si tratta di un film mai uscito nelle sale cinematografiche per cause legali. Dopo ventitré anni la Mostra di Venezia lo ha presentato con successo. È un melodramma con un'atmosfera nel miglior stile del regista. Martha, bibliotecaria, è a Roma col padre che muore d'infarto. Senza il riferimento del genitore la donna finisce con lo sposare Helmut, possessivo e sadico. La donna cerca l'aiuto di un ex collega di lavoro ma in un incidente d'auto perde l'uso delle gambe, e lui muore. Martha è quindi destinata a vivere dominata da Helmut. ■ DRAMMATICO; COL.; 116'; GERMANIA, 1974.

MARTHA DA LEGARE ★★★
(Martha Meets Frank, Daniel & Laurence)
Regia di NICK HAMM. Con JOSEPH FIENNES, TOM HOLLANDER, MONICA POTTER, RUFUS SEWELL. ■ Martha è un'americana delusa che arriva a Londra piena di speranze. Le aspettative non sono deluse, si rende subito conto che gli inglesi hanno molta più inventiva e fantasia, e prendono iniziative quasi dimenticate. Già in aeroporto c'è subito l'incontro importante e gli sviluppi sono ricchi e imprevedibili. Un buon film, arrivato dal cinema inglese in uno dei suoi momenti migliori. ■ COMMEDIA; COL.; 88'; GRAN BRETAGNA, 1998.

MARTIN EDEN *(The Adventures of Martin Eden)* ★★★
Regia di SIDNEY SALKOW. Con GLENN FORD, CLAIRE TREVOR. ■ Martin Eden è un marinaio che vuole diventare scrittore: puntualmente annota la dura vita dei marinai del piroscafo su cui è in navigazione. Un marinaio viene processato per insubordinazione. Martin, che nel frattempo è diventato famoso grazie alla pubblicazione di un libro, approfitta della sua fama per aiutare l'accusato. ■ DRAMMATICO; B/N; 87'; USA, 1942.

MARTIN IL MARZIANO *(My Favorite Martian)* ★★
Regia di DONALD PETRIE. Con JEFF DANIELS, DARYL HANNAH, ELIZABETH HURLEY, CHRISTOPHER LLOYD, WALLACE SHAWN. ■ Martin è un marziano che giunge sulla Terra assumendo sembianze umane e che non sa come comportarsi con la vita di una cittadina americana di provincia. La Disney organizza un film per famiglie che, forse, non ci sono più. Cioè pronte a gustarsi un film all'acqua di rose con due gag divertenti. ■ FANTASCIENZA; COL.; 93'; USA, 1999.

MARTINS, THE ★★★
Regia di TONY GROUNDS. Con LINDA BASSETT, KATHY BURKE, ERIC BYRNE, LEE EVANS. ■ Film agrodolce ambientato nei sobborghi proletari inglesi, tra ciminiere che oscurano il cielo e scialbe villette a schiera dove anche i sogni fanno fatica a sopravvivere. Ed è proprio il sogno di riuscire a vincere, un giorno, una grossa lotteria che permette a Robert Martin di tirare avanti. Intanto la realtà è ben altra: Robert è disoccupato, ha una moglie che lo vorrebbe un po' più con piedi per terra, una suocera pesante e impicciona, e due figli di quattordici e otto anni, praticamente due bambini, se non fosse che Katie, la maggiore, è già incinta. Sempre in bilico tra commedia e tragedia, tra farsa e grottesco, il film, pur con qualche squilibrio, ha il merito di riuscire a raccontare in maniera convincente una classe sociale fatta forse di brutti, sporchi, ignoranti ma non cattivi. Certo, non ci dice niente di particolarmente nuovo, ma è un film intelligente, ben fatto e a basso costo, con una buona regia e dei buoni attori. E non è poco. ■ COMMEDIA; COL.; 100'; GRAN BRETAGNA, 2002.

MARTIN TOCCAFERRO ★★
Regia di LEONARDO DE MITRI. Con PEPPINO DE FILIPPO, TITINA DE FILIPPO. ■ Martino diventa per tutti "Toccaferro" perché si dice porti jella. Rimasto solo con intorno il vuoto, rovescia la situazione: apre uno studio dove garantisce di portare fortuna su ordine dei clienti. ■ COMMEDIA; B/N; 92'; ITALIA, 1952.

MARTY, VITA DI UN TIMIDO *(Marty)* ★★★★
Regia di DELBERT MANN. Con BETSY BLAIR, ERNEST BORGNINE, AUGUSTA CIOLLI, JOE MANTELL, ESTHER MINCIOTTI, KAREN STEELE. ■ Marty è un italo-americano grosso, goffo e complessato che non trova moglie e vive con la madre che invece vorrebbe vederlo fidanzato. Un giorno va a ballare con degli amici e nota una ragazza bruttina dall'aria smarrita. Questa ragazza gli piace, ma la madre diventa gelosa e gli amici la criticano. Ma trova la forza di sposarla lo stesso. Il film fu premiato a Cannes nel 1955. Rappresentava una svolta del cinema americano, attento a un certo

realismo e a una fascia popolare e piccolo borghese fino allora tagliata fuori dalle storie raccontate nei film. ■ COMMEDIA; B/N; 91′; USA, 1955. ■ CANNES 🏆 3 PR; OSCAR 🏆 4 PR, 8 NOM.

MARUSKA *(Revenge)* ★★
Regia di EDWIN CAREWE. Con DOLORES DEL RIO, LEROY MASON. ■ Carewe è noto per aver fatto tre film discreti, tutti interpretati da Dolores del Rio e tutti girati nel biennio 1928-29. Si trattava di storie d'amore un po' lacrimose. ■ COMMEDIA; B/N; 90′; USA, 1928.

MARUZZELLA ★★
Regia di LUIGI CAPUANO. Con MARISA ALLASIO, MASSIMO SERATO. ■ Maruzzella è innamorata di Salvatore, l'amante della sua matrigna, cosa che lei ignora. Quando apprende come stanno le cose, fugge di casa e va a Roma con due giovani musicisti. Salvatore allora si accorge di amare Maruzzella. ■ MUSICALE; COL.; 92′; ITALIA, 1965.

MARY ★★★
Regia di ABEL FERRARA. Con JULIETTE BINOCHE, KATE CONNER, MARION COTILLARD, HEATHER GRAHAM, MATTHEW MODINE, STEFANIA ROCCA, FOREST WHITAKER. ■ Che un film che parla di Gesù sia destinato ad attirarsi critiche feroci da ogni dove, ci pensa lo stesso Ferrara a chiarirlo per bocca del suo *alter ego* nel film, Matthew Modine, che veste i panni di un regista che ha appena ultimato un film proprio sulla vita di Gesù e si appresta a presentarlo nell'ultima puntata di uno show sullo stesso argomento. Ma Ted Younger (un immenso Forest Whitaker), l'anchorman di successo che lo conduce, vuole scavare a fondo sia per motivi professionali, che per una tragedia che sta vivendo in famiglia: perciò si batte per un intervento nello show anche di Marie Palesi, che dopo aver interpretato Maria Maddalena nel film, preda di una crisi mistica, è fuggita a Gerusalemme. Corre parallelo l'altro binario, quello della dimensione più intima e personale della fede, che è un rifugio dal male del mondo (la scena di Ted al telefono che chiede perdono alla moglie, con alle sue spalle un monitor dove scorrono le scene di un attentato palestinese, è folgorante) e che può divenire il faro della nostra vita anche quando non lo abbiamo tenuto in conto. Tutto narrato con la semplicità e la fluidità di chi ha imparato, finalmente, a parlare perfettamente la lingua del cuore, quella del cervello e quella dello stomaco. ■ DRAMMATICO; COL.; 83′; USA, 2005. ■ VENEZIA 1 PR.

MARYLIN *(My Week with Marilyn)* ★★
Regia di SIMON CURTIS. Con KENNETH BRANAGH, JULIA ORMOND, EDDIE REDMAYNE, PIP TORRENS, MICHELLE WILLIAMS. ■ È l'estate del 1956 e il ventitreenne Colin Clark, fresco di laurea, vuole a tutti i costi lavorare nel cinema. Riesce a farsi assumere come terzo assistente alla regia sul set del "Principe e la ballerina". Laurence Olivier lo prende sotto la sua ala, Vivien Leigh gli chiede di controllare il marito in sua assenza, ma Colin si ritroverà presto da una parte e una soltanto: quella di Marilyn Monroe. Simon Curtis adatta il memoir di Clark, catalogabile alla voce "realtà che supera la fantasia", che è appunto la favola vera di quando, ragazzo qualunque o quasi, lo scrittore si ritrovò a passare una settimana con la donna più desiderata del mondo, fianco a fianco, in giro per l'Inghilterra e persino nello stesso letto. Ma è una favola venata di malinconia fin dall'inizio ed è proprio quel romanticismo color ocra che Curtis insegue, in fondo, con discreti risultati. ■ BIOGRAFICO; COL.; 99′; GRAN BRETAGNA, USA, 2011.

MARY NEL MIO CUORE *(My Best Girl)* ★★★
Regia di SAM TAYLOR. Con HOBART BOSWORTH, CARMELITA GERAGHTY, EVELYN HALL, SUNSHINE HART, LUCIEN LITTLEFIELD, MARY PICKFORD, CHARLES BUDDY ROGERS, MACK SWAIN. ■ Mary Pickford gira con il suo futuro marito Buddy Rogers una delle più delicate commedie hollywoodiane dell'epoca del muto. Lei, Maggie, è commessa in un magazzino popolare e si innamora del figlio milardiario del proprietario, Buddy Rogers appunto, il quale si cela sotto mentite spoglie come modesto impiegato. Quando lui lascia la spasimante per Maggie, il padre cerca di comprare la ragazza in cambio della rinuncia al figlio. Il risoluto e motivato rifiuto gli apre gli occhi: la ragazza è onesta e ha una personalità non comune. Può sposare suo figlio. ■ COMMEDIA; B/N; 88′; USA, 1927. ■ OSCAR 1 NOM.

MARY POPPINS ★★★
Regia di ROBERT STEVENSON. Con JULIE ANDREWS, DAVID TOMLINSON, DICK VAN DYKE, ED WYNN. ■ Dopo che la governante di casa Banks ha dato le dimissioni, la famiglia fa un annuncio sul «Times» per trovare una sostituta. Varie candidate si presentano ma una ragazza scende dal cielo e fa la gioia dei bambini. La famiglia si ridimensiona e trova la serenità. Poi Mary Poppins torna su in cielo. ■ FANTASTICO; COL.; 140′; USA, 1964. ■ OSCAR 5 PR, 13 NOM.

MARY REILLY ★★
Regia di STEPHEN FREARS. Con GLENN CLOSE, JOHN MALKOVICH, JULIA ROBERTS. ■ Il romanzo di Stevenson portato per l'ennesima volta sullo schermo. Mary (Roberts) è la cameriera del dr. Jekyll e al principio non sa della nota trasformazione. Poi ne sarà dolorosamente coinvolta. Così la doppia anima di Jekyll-Hyde diventa tripla. Chissà se ce n'era proprio bisogno. Nel frattempo Frears, che ha talento, ci spiega la Gran Bretagna (siamo a Edimburgo) vittoriana e non dimentica di esibire il suo riconosciuto talento per l'ambiente e la scenografia. ■ DRAMMATICO; COL.; 118′; USA, 1996.

MARYSA ★★
Regia di JOSEF ROVENSKY. Con JIRINA STEPHNICKOVA, JAROSLAV VOJTA. ■ Una giovane contadina di un villaggio della Boemia viene costretta alle nozze con il ricco mugnaio. Torna dalla guerra l'innamorato di lei e subito nasce l'odio tra i due uomini, al punto che il mugnaio spara all'altro (ma non lo uccide). Marysa allora avvelena il marito. ■ COMMEDIA; B/N; 91′; CECOSLOVACCHIA, 1935. ■ VENEZIA 1 PR.

MARZIANI HANNO 12 MANI, I ★★
Regia di FRANCO CASTELLANO, PIPOLO. Con CARLO CROCCOLO, FRANCO FRANCHI, ENZO GARINEI, CICCIO INGRASSIA, MAGALI NOËL, PAOLO PANELLI. ■ Arrivano i marziani a Roma in missione speciale. Ma il clima romano, le mollezze della vita, il guadagno facile li attirano e li coinvolgono. ■ COMMEDIA; B/N; 90′; ITALIA, 1964.

MARZIANO SULLA TERRA, UN ★★★
(Visit to a Small Planet)
Regia di NORMAN TAUROG. Con JOAN BLACKMAN, FRED CLARK, JEROME COWAN, EARL HOLLIMAN, JERRY LEWIS, JOHN WILLIAMS. ■ Il marziano Kreton viene sulla Terra a vedere usi e costumi. Lo ospita tale Spelding che fa il giornalista tv e nega l'esistenza di extraterrestri. Kreton lo convince del contrario. Poi si innamora della figlia del suo ospite: ma un fidanzato forzuto lo picchia. Il povero marziano deve tornarsene a casa. ■ COMICO; B/N; 85′; USA, 1960. ■ OSCAR 1 NOM.

MAS ★★
Regia di ROMOLO MARCELLINI. Con VERA BERGMAN, ANDREA CHECCHI, NINO CRISMAN, LUIGI PAVESE, GUGLIELMO SINAZ. ■ Film di propaganda bellica che racconta le storie di quattro comandanti di Mas. ■ GUERRA; B/N; 90′; ITALIA, 1942.

MASADA ★★
Regia di BORIS SAGAL. Con RICHARD BASEHART, JOHN TERRY BELL, NICK BRIMBLE, BARBARA CARRERA, WARREN CLARKE, VERNON DOBTCHEFF, MICHAEL ELPHICK, PETER O'TOOLE, GIULIA PAGANO, ANTHONY QUAYLE, PETER STRAUSS, DAVID WARNER. ■ Un gruppo di ribelli si ritira a Masada per organizzare una offensiva contro i Romani. Versione cinematografica di un prodotto televisivo di qualità. ■ STORICO; COL.; 90′; USA, 1981.

MASAI BIANCA, LA *(Die weisse Massai)*
Regia di HERMINE HUNTGEBURTH. Con KATJA FLINT, NINA HOSS, JACKY IDO, NINO PRESTER, JANEK RIEKE. ■ Tratto da un romanzo della scrittrice svizzera Corinne Hofmann, il film parla di Carola, che di ritorno da un viaggio in Africa si innamora di un guerriero Masai. Carola lascia fidanzato e famiglia per restare definitivamente in Africa. ■ DRAMMATICO; COL.; 131′; GERMANIA, 2005.

MASCALZONE, IL *(Villain)* ★★★
Regia di MICHAEL TUCHNER. Con RICHARD BURTON, NIGEL DAVENPORT, FIONA LEWIS, IAN MACSHANE, DONALD SINDEN, T. P. MCKENNA. ■ L'ispettore Mathes della polizia britannica cerca da

tempo prove di colpevolezza contro un grosso boss del gioco, dello spaccio di droga e della prostituzione. Ma lui non si fa prendere con le mani nel sacco. ■ GIALLO; COL.; 98′; GRAN BRETAGNA, 1971.

MASCHERA, LA *(The Masquerader)* ★★
Regia di RICHARD WALLACE. Con RONALD COLMAN, ELISSA LANDI. ■ Wallace era un ottimo artigiano che diresse molti divi degli anni Trenta e Quaranta. Fu tra l'altro uno degli scopritori di Katharine Hepburn (*Amore tzigano*, 1934). Aveva una predilezione per le storie romantiche. *La maschera* è una di queste. ■ DRAMMATICO; B/N; 78′; USA, 1933.

MASCHERA, LA ★★★
Regia di FIORELLA INFASCELLI. Con HELENA BONHAM CARTER, ROBERTO HERLITZKA, MICHAEL MALONEY. ■ Un gentiluomo veneziano, giocatore e ubriacone, si innamora imprevedibilmente di una giovanissima attrice. Tenta di sedurla ma è respinto con disprezzo. Allora si presenta a lei con il volto coperto da una maschera. La ragazza s'innamora, ma resisterà il sentimento alla rivelazione della verità? ■ DRAMMATICO; COL.; 90′; ITALIA, 1988.

MASCHERA BLU *(Maske in Blau)* ★★
Regia di PAUL MARTIN. Con WOLF ALBACH-RETTY, HANS MOSER, CLARA TABODY, ERNST WALDOW. ■ Una ragazza che ha l'aspirazione di fare l'attrice di teatro accetta l'invito a Hollywood da parte di un impresario. Purtroppo l'invito si rivela una falsa carta e lei deve mettersi a fare la cameriera per vivere. Ma ecco che viene assunta per la parte della protagonista dell'operetta *Maschera blu*. ■ MUSICALE; B/N; 91′; GERMANIA, 1942.

MASCHERA CHE UCCIDE, LA ★★
(Der Frosch mit der Maske)
Regia di HARALD REINL. Con EVA ANTHES, JOACHIM FUCHSBERGER, SIEGFRIED LOWITZ. ■ Film tratto da un romanzo di Edgar Wallace, narra di un criminale misterioso e mascherato che la polizia cerca senza successo. ■ POLIZIESCO; B/N; 92′; GERMANIA, 1959.

MASCHERA DEI BORGIA, LA *(Bride of Vengeance)* ★★
Regia di MITCHELL LEISEN. Con PAULETTE GODDARD, JOHN LUND. ■ Film in cui si manipola la storia di Lucrezia e Cesare, figli del papa Alessandro VI Borgia. Cesare ha organizzato l'assassinio del marito di Lucrezia e incolpa il nuovo marito di lei, Alfonso d'Este. Ma Lucrezia scopre che l'assassino è il suo ambizioso fratello. Intanto però lei (forse) ha ucciso Alfonso. ■ AVVENTURA; B/N; 91′; USA, 1949.

MASCHERA DEL DELITTO, LA ★★
(Je suis un mouchard)
Regia di RENÉ CHANAS. Con PAUL MEURISSE, MADELEINE ROBINSON. ■ Un giovane debole è stato trascinato in un'impresa criminosa da due delinquenti, ha fatto poi i loro nomi alla polizia e questi scontano il carcere a vita. Riescono a evadere con l'intento di vendicarsi. ■ DRAMMATICO; B/N; 95′; FRANCIA, 1953.

MASCHERA DEL DEMONIO, LA ★★★
Regia di MARIO BAVA. Con CLARA BINDI, ANDREA CHECCHI, ARTURO DOMINICI, IVO GARRANI, ANTONIO PIERFEDERICI, JOHN RICHARDSON, BARBARA STEELE. ■ Ai primi dell'Ottocento, due scienziati russi diretti a Mosca attraversano un bosco, dove, in una cappella abbandonata, trovano una strega impietrita. Questa si risveglia dal sonno mortale e compie una serie di orrendi delitti. Ma si trova un antidoto per eliminare definitivamente la tremenda creatura. ■ HORROR; B/N; 84′; ITALIA, 1960.

MASCHERA DEL DIAVOLO, LA ★★
Regia di VICTOR SJÖSTRÖM. Con JOHN GILBERT, EVA VON BERNE. ■ Storia di un dongiovanni che alla fine viene punito. ■ DRAMMATICO; B/N; 90′; USA, 1928.

MASCHERA DELLA MORTE, LA *(The Mask of Death)* ★★
Regia di ROY WARD BAKER. Con ANNE BAXTER, PETER CUSHING, JOHN MILLS. ■ Uno Sherlock Holmes invecchiato ma non per questo meno perspicace indaga, nella Londra del 1913, su alcune inspiegabili morti. Fedelmente accompagnato dall'immarcescibile dottor Watson, smaschera un complotto ordito dai tedeschi per distruggere la capitale inglese allo scoppio della guerra ormai imminente. ■ POLIZIESCO; COL.; 90′; GRAN BRETAGNA, 1984.

MASCHERA DELLA MORTE ROSSA, LA ★★★
(Mask of the Red Death)
Regia di ROGER CORMAN. Con JANE ASHER, HAZEL COURT, VINCENT PRICE. ■ Dal suo castellaccio, un tiranno che ha legami con Satana opprime la popolazione. Due ribelli vengono condannati a morte. La giovane Francesca chiede grazia; il turpe despota le ingiunge di scegliere la salvezza di uno dei due uomini (uno è il padre, l'altro l'amore). Prima della decisione arriva la morte rossa che stermina i villici e il principotto con i suoi. ■ HORROR; COL.; 86′; USA, 1964.

MASCHERA DELL'ONESTÀ, LA *(Kennwort Machin)* ★★
Regia di ERICH WASCHNECK. Con PAUL DAHLKE, VIKTORIA VON BALLASKO. ■ Un uomo conduce una doppia vita: di giorno lavora onestamente, di notte invece frequenta loschi ambienti di criminali. Segretamente un agente di polizia si occupa di lui. ■ POLIZIESCO; B/N; 92′; GERMANIA, 1939.

MASCHERA DEL PECCATO, LA *(Virtue)* ★★
Regia di EDWARD BUZZELL. Con JACK LARUE, CAROLE LOMBARD, PAT O'BRIEN. ■ Una prostituta si mette con un tassista. Si sposano e lui è ben deciso a mettere una pietra sul passato di lei. Ma ci ripensa quando la trovano in un albergo dove un uomo è stato ucciso (pare) durante un incontro d'amore. La polizia accusa la donna, il marito crede alla polizia. Ma la donna è completamente innocente. Il consorte si dovrà ricredere sul suo conto. ■ DRAMMATICO; B/N; 91′; USA, 1932.

MASCHERA DEL TERRORE, LA *(Curtains)* ★★
Regia di JONATHAN STRYKER. Con ANNE DITCHBURN, SAMANTHA EGGAR, JOHN VERNON. ■ Un regista convoca sei attrici per un provino nella sua casa di campagna. Sembra si diverta a mettere le donne una contro l'altra (una sola di esse avrà una parte). Ma non è il solo a divertirsi (pare). Un misterioso assassino s'aggira nei paraggi e opera una personale selezione delle concorrenti, uccidendole a una a una. ■ HORROR; COL.; 92′; CANADA, 1983.

MASCHERA DEL VENDICATORE, LA ★★
(Masks of the Avenger)
Regia di PHIL KARLSON. Con JODY LAWRENCE, ANTHONY QUINN. ■ Prima guerra d'indipendenza del nostro Risorgimento: un capitano torna a casa in licenza e trova suo padre morto. Voci dicono che egli fu un traditore Il capitano sa chi è invece il vero traditore che è anche l'assassino di suo padre; compie la sua vendetta, con l'aiuto della spada del conte di Montecristo. ■ DRAMMATICO; COL.; 83′; USA, 1951.

MASCHERA DI CERA, LA ★★★
(Mystery of the Wax Museum)
Regia di MICHAEL CURTIZ. Con LIONEL ATWILL, GLENDA FARRELL, FAY WRAY. ■ Uno scultore aveva allestito un museo di maschere di cera a Londra che è andato distrutto in un incendio doloso. Sconvolto, si trasferisce in America dove continua a fare maschere di cera, ma ricalcandole su cadaveri che si procura. Poi gli viene l'idea di colare la cera sulle persone vive. ■ HORROR; B/N; 77′; USA, 1933.

MASCHERA DI CERA, LA *(House of Wax)* ★★★
Regia di ANDRÉ DE TOTH. Con PHYLLIS KIRK, VINCENT PRICE. ■ È la stessa storia del film precedente (1933). Uno dei proprietari dà fuoco al museo delle maschere di cera per riscuotere l'assicurazione. Lo scultore delle maschere impazzisce e va in America dove continua la sua attività. Ma ora è diventato un criminale. ■ DRAMMATICO; COL.; 88′; USA, 1953.

MASCHERA DI CERA, LA *(House of Wax)* ★★
Regia di JAUME COLLET-SERRA. Con JON ABRAHAMS, ELISHA CUTHBERT, PARIS HILTON, CHAD MICHAEL MURRAY, JARED PADALECKI, ROBERT RICHARD, BRIAN VAN HOLT. ■ Teen-horror costruito appositamente per lanciare la prezzemolina d'America Paris Hilton nel magico e meraviglioso mondo del cinema, *La maschera di cera* (remake di una discreta pellicola del 1953, diretta dal regista André De Toth) riesce a risultare perlomeno sufficiente, grazie ad una messa in scena curata e alcune sequenze di notevole impatto visivo. ■ HORROR; COL.; 113′; AUSTRALIA, 2005.

MASCHERA DI CESARE BORGIA, LA ★★
Regia di DUILIO COLETTI. Con ELSA DE GIORGI, OSVALDO VALENTI. ■ Cesare Borgia, il duca Valentino, fa uccidere alcuni amici durante un banchetto. Jacopo, figlio di una delle vittime, attenta alla vita del duca Valentino, per vendetta. ■ DRAMMATICO; B/N; 90'; ITALIA, 1941.

MASCHERA DI DIMITRIOS, LA ★★
(The Mask of Dimitrios)
Regia di JEAN NEGULESCO. Con SIDNEY GREENSTREET, ZACHARY SCOTT. ■ Uno scrittore di libri di suspense è ad Istanbul quando viene trovato assassinato un avventuriero. Allo scrittore viene la curiosità di ricostruire la vita della vittima. Scopre che la vittima è ancora viva. Sorpresa finale. ■ POLIZIESCO; B/N; 95'; USA, 1944.

MASCHERA DI FANGO, LA *(Springfield Rifle)* ★★★
Regia di ANDRÉ DE TOTH. Con DAVID BRIAN, LON CHANEY JR, GARY COOPER, PAUL KELLY, PHYLLIS THAXTER. ■ Un episodio della guerra civile americana. Il maggiore Kearny, che scorta dei cavalli che servono ai suoi, viene attaccato dalle truppe della parte avversaria: cede i cavalli per salvare i suoi uomini. Viene espulso dall'esercito, ma riesce a provare la sua innocenza e a riabilitarsi. ■ WESTERN; COL.; 93'; USA, 1952.

MASCHERA DI FERRO, LA *(The Iron Mask)* ★★
Regia di ALLAN DWAN. Con LÉON BARY, BELLE BENNETT, MARGUERITE DE LA MOTTE, DOUGLAS FAIRBANKS, DOROTHY REVIER. ■ Tratto dal romanzo di Dumas, racconta la storia del fratello di re Luigi XIV che, quando questi sale al trono, viene rinchiuso in una cella coprendogli il volto con una maschera di ferro. ■ DRAMMATICO; B/N; 93'; USA, 1929.

MASCHERA DI FERRO, LA ★★★
(The Man in the Iron Mask)
Regia di JAMES WHALE. Con JOAN BENNETT, LOUIS HAYWARD. ■ Dal romanzo di Dumas. Luigi XIII di Francia ha due gemelli: uno è il Delfino, mentre l'altro, Filippo, viene fatto sparire sotto la custodia del moschettiere D'Artagnan. Appena Luigi XIV sale al trono, rinchiude il fratello in una cella con una maschera di ferro sulla testa. I moschettieri liberano Filippo e lo mettono sul trono: è il vero Re Sole. ■ AVVENTURA; B/N; 110'; USA, 1939. ■ OSCAR 1 NOM.

MASCHERA DI FERRO, LA *(The Man in the Iron)* ★★★
Regia di RANDALL WALLACE. Con EDWARD ATTERTON, KARINE BELLY, BRIGITTE BOUCHER, GABRIEL BYRNE, GÉRARD DEPARDIEU, LEONARDO DICAPRIO, JUDITH GODRÈCHE, EMMANUEL GUTIERREZ, JEREMY IRONS, DAVID LOWE, JOHN MALKOVICH. ■ Re Luigi XIV è inetto e crudele. Il suo gemello è tenuto prigioniero ed è costretto a portare una maschera di ferro. Ma i tre moschettieri più D'Artagnan rimettono le cose a posto. Ennesimo rifacimento dell'eterno romanzo di Dumas. Film d'attori (oltre che di plot naturalmente) che funziona esattamente come vuole funzionare. Un bell'intrattenimento d'avventura che va difeso, perché questi film diventano sempre più preziosi. Gran parte della critica ne ha parlato male, perché... è solo avventura appunto. ■ AVVENTURA; COL.; 132'; USA, 1998.

MASCHERA DI FRANKENSTEIN, LA ★★
(The Curse of Frankenstein)
Regia di TERENCE FISHER. Con HAZEL COURT, PETER CUSHING, CHRISTOPHER LEE, ROBERT URQUHART. ■ Rifacimento del celebre *Frankenstein* di James Whale del 1932: il barone Frankenstein compie tremendi esperimenti su cadaveri, finché il gioco gli sfugge di mano. Uno dei suoi mostri uccide la governante di casa e quasi fa lo stesso con la fidanzata del barone. ■ HORROR; COL.; 83'; GRAN BRETAGNA, 1957.

MASCHERA DI FU-MANCHU, LA ★★★
(The Mask of Fu-Manchu)
Regia di CHARLES BRABIN, CHARLES VIDOR. Con BORIS KARLOFF, MYRNA LOY, KAREN MORLEY, CHARLES STARRETT, LEWIS STONE. ■ Le avventure del criminale dr. Fu-Manchu, in un film piacevole e divertente. ■ AVVENTURA; B/N; 72'; USA, 1932.

MASCHERA DI MEZZANOTTE, LA ★★
(Star of Midnight)
Regia di STEPHEN ROBERTS. Con WILLIAM POWELL, GINGER ROGERS. ■ Un giornalista viene ucciso in casa di un avvocato da cui era andato per incaricarlo di ritrovare una donna scomparsa. Malgrado le prove contro di lui l'avvocato non è l'assassino. ■ DRAMMATICO; B/N; 90'; USA, 1935.

MASCHERA DI PORPORA, LA *(The Purple Mask)* ★★
Regia di BRUCE H. HUMBERSTONE. Con GENE BARRY, TONY CURTIS, ANGELA LANSBURY, COLLEEN MILLER. ■ Il ribelle conte René de Trevières, col volto mascherato da una maschera di porpora, dà del filo da torcere a Napoleone. Lo scaltro Brisquet, uomo dell'imperatore, lo vorrebbe vedere morto, ma René lo batte in un duello finale. ■ AVVENTURA; COL.; 82'; USA, 1955.

MASCHERA DI SANGUE, LA *(Miroir)* ★★
Regia di RAYMOND LAMY. Con BERVAL, GABRIELLE DORZIAT, JEAN GABIN, COLETTE MARS. ■ Un ricco signore con famiglia ha un passato di anarchico. Adesso spregiudicatamente conduce una doppia vita: quella di un abile uomo d'affari e contemporaneamente quella losca del malfattore. ■ DRAMMATICO; B/N; 90'; FRANCIA, 1946.

MASCHERA DI SCIMMIA, LA *(The monkey's mask)* ★★
Regia di SAMANTHA LANG. Con ABBIE CORNISH, BRENDAN COWELL, MARTON CSOKAS, CAROLINE GILLMER, DEBORAH MAILMAN, KELLY MCGILLIS, JEAN-PIERRE MIGNON, SUSIE PORTER. ■ Sidney, Australia. La ventottenne Jill Fitzpatrick è una detective privata incaricata di indagare sulla misteriosa scomparsa di Mickey, una giovane studentessa che amava scrivere poesie. Durante le sue ricerche, Jill conosce Diana, l'insegnante di poesia di Mickey, e instaura con lei una relazione sentimentale appassionante, nonostante la donna sia già sposata con un avvocato, Nick, molto più giovane di lei. Dopo poco, il corpo di Mickey viene ritrovato esanime in seguito ad uno strangolamento e per Jill scoprire l'autore di questo terribile assassinio sarà tutt'altro che facile. Pretenzioso tentativo di riscrivere le classiche traiettorie del noir. Il film si fonda su una sceneggiatura inutilmente esibizionista e grondante di luoghi comuni parafemministi e s'innerva in percorsi visivi inconsistenti. Il linguaggio d'amore femminile serve solo a compiacere il voyeurismo degli uomini. ■ DRAMMATICO; COL.; 94'; AUSTRALIA, 2000.

MASCHERA DI ZORRO, LA *(Zorro Rides Again)* ★★
Regia di WILLIAM N. WITNEY. Con NOAH BEERY, JOHN CARROLL. ■ Un bieco affarista ingaggia dei delinquenti per impedire con la violenza la costruzione d'una ferrovia iniziata dal conte Vega, pronipote di Zorro. Un nuovo Zorro compare e sventa le azioni dei bravacci. Alla fine si leva la maschera: è il giovane nipote di Vega. ■ AVVENTURA; B/N; 68'; USA, 1937.

MASCHERA DI ZORRO, LA *(The Mask of Zorro)* ★★★
Regia di MARTIN CAMPBELL. Con ANTONIO BANDERAS, ANTHONY HOPKINS, STUART WILSON, CATHERINE ZETA-JONES. ■ Da quando nel 1919 venne scritto, da un cronista di nera, il primo romanzo dedicato a Zorro, il cinema si è impadronito del personaggio. Già nel 1920 Douglas Fairbanks indossava i panni del giustiziere mascherato. Gli sono succeduti Tyrone Power e Alain Delon, per citare i più importanti. La sua fama presso i ragazzi è però più dovuta alla sua ripetuta presenza nei telefilm. Al suo fianco il sergente Garcia che questa volta è assente. Ma non è importante perché a interessare il pubblico femminile ci sono Banderas e Hopkins. Per le feste natalizie 1998 sono le mamme a portare i figli a vedere il film d'avventura. Ma anche i padri hanno materiale a disposizione. Oltre all'indubbia bellezza di Catherine Zeta-Jones, il pubblico adulto di entrambi i sessi può ritrovare un'ampia serie di ammiccamenti e citazioni al cinema di tutti i tempi (da Valentino ad Indiana Jones). C'è poi un costante lavoro di raddoppiamento (due Zorro, il vecchio e il giovane) e due "cattivi" (il governatore spagnolo e il capitano americano), che viene sostenuto fino alla fine e che rivitalizza i personaggi. L'autoironia non manca e la bravura degli attori pure. ■ AVVENTURA; COL.; 136'; USA, 1998. ■ GOLDEN GLOBES 2 NOM; OSCAR 2 NOM.

MASCHERA E IL CUORE, LA *(Torch Song)* ★★
Regia di CHARLES WALTERS. Con JOAN CRAWFORD, MARJORIE RAMBEAU, MICHAEL WILDING. ■ Storia d'amore tra l'orgogliosa e contraddittoria Jenny Stewart, attrice di successo, e il piani-

sta cieco Tyl Graham. Hanno un rapporto tempestoso. ■ COMMEDIA; COL.; 90′; USA, 1954. ■ OSCAR 1 NOM.

MASCHERA E IL VOLTO, LA ★★
Regia di CAMILLO MASTROCINQUE. Con LAURA SOLARI, SERGIO TOFANO, ENRICO VIARISIO. ■ Un uomo dichiara ai quattro venti che, qualora la moglie dovesse tradirlo, non esiterebbe ad ucciderla. Pare a un certo momento che l'ipotesi divenga realtà: per non ucciderla e per non venire meno alle sue dichiarazioni, la nasconde fingendo di aver fatto "giustizia". Tutto si risolverà per il meglio. ■ COMMEDIA; B/N; 92′; ITALIA, 1952.

MASCHERA E L'INCUBO, LA *(The Mask)* ★★
Regia di JULIEN ROFFMAN. Con CLAUDETTE NEVINS, PAUL STEVENS, BILL WALKER. ■ Chi indossa la maschera totemica di un'antica civiltà viene colto da angosce e paure, nonché da crisi omicide. Così è stato per Michael Radin, che è finito suicida. Così ora avviene per il suo psichiatra, dr. Barners. Ma il tenente Martin giunge in tempo. ■ HORROR; B/N; 94′; CANADA, 1961.

MASCHERA ETERNA, LA *(Die ewige Maske)* ★★
Regia di WERNER HOCHBAUM. Con THEKLA AHRENS, OLGA TSCHECHOWA. ■ Uno psichiatra prova un farmaco da lui scoperto su un malato che ha in cura. Questi muore; il medico, aspramente criticato dalla stampa, impazzisce. ■ DRAMMATICO; B/N; 95′; AUSTRIA, 1935.

MASCHERA NERA ★★
Regia di M. JOKAI. Con ZITA SZELECZKY, TIVADAR URAY. ■ Un giovane è sospettato di essere il bandito "Maschera Nera"; riesce a dimostrare la propria innocenza, costringe al suicidio il vero fuorilegge e gli porta via la donna. ■ DRAMMATICO; B/N; 90′; UNGHERIA, 1942.

MASCHERA NERA ★★
Regia di FILIPPO WALTER RATTI. Con CESARE DANOVA, FRANCA MARZI, NINO PAVESE. ■ Villeneuve, alias "Maschera Nera", decide di agire per difendere l'amico Lovier dall'accusa di omicidio. Egli sospetta che il vero responsabile sia il giudice Dufant e i fatti gli danno ragione. ■ DRAMMATICO; B/N; 92′; ITALIA, 1951.

MASCHERA NERA DI CEDAR PASS, LA ★★
(Last Stagecoach West)
Regia di JOSEPH KANE. Con MARY CASTLE, JIM DAVIS, VICTOR JORY. ■ Un solerte poliziotto viene inviato a Silver City dove imperversa una banda di fuorilegge; gli occorrono buon senso e coraggio per far fronte alle spie disseminate in tutto il territorio. ■ WESTERN; B/N; 67′; USA, 1957.

MASCHERA ROSSA CONTRO IL GIGANTE D'ARGILLA *(Akak Age)* ★★
Regia di ALLAN FLOYD. Con OLGA BERVILLE, FRANK GABLE, ADAM PRICE. ■ Si tratta di una fiaba che vede gli uni contro gli altri i geni del bene e del male. Maschera blu, Maschera rossa e Maschera bianca debbono superare prove immani per liberare una valle da una setta malvagia. ■ FANTASTICO; B/N; 93′; GIAPPONE, 1975.

MASCHERA SUL CUORE, LA *(Le capitaine Fracasse)* ★★
Regia di ABEL GANCE. Con MONA GOYA, FERNAND GRAVEY, ASSIA NORIS. ■ Il nobile Sigognac si unisce a una compagnia di artisti girovaghi e si innamora di Isabella, la prima attrice, che viene rapita dal duca di Vallombrosa, anche questi innamorato di lei. Per fortuna, si verrà a sapere in tempo che Isabella e il duca sono fratelli. ■ AVVENTURA; B/N; 108′; FRANCIA, 1942.

MASCHERATA *(Maskerade)* ★★
Regia di WILLI FORST. Con OLGA TSCHECHOWA, PAULA WESSELY, ADOLF WOHLBRÜCK. ■ Un pittore ritrae una bella signora in costume succinto; ai mariti delle due probabili modelle dice che si tratta di una ipotetica signorina Dur. Costei, però, esiste realmente, e il pittore se ne innamora suscitando l'ira della donna che ha posato, che gli spara riducendolo in fin di vita. Sarà il marito di questa, chirurgo, che lo salverà consentendogli di sposare la signora Dur. ■ COMMEDIA; B/N; 97′; AUSTRIA, 1934.

MASCHERATA AL MESSICO *(Masquerade in Mexico)* ★★
Regia di MITCHELL LEISEN. Con ARTURO DE CORDOVA, DOROTHY LAMOUR. ■ L'affascinante amica di un ladro nasconde un gioiello nelle tasche di un compagno di viaggio; costui è un riccone e, quando rivede la donna che lo ha messo nei guai, le dice che farà a meno di denunciarla se lo aiuterà a far tornare all'ovile la moglie che ha perso la testa per un tale. La ragazza riuscirà nell'intento. ■ COMMEDIA; B/N; 96′; USA, 1945.

MASCHERE DI CELLULOIDE *(Show People)* ★★★
Regia di KING VIDOR. Con CHARLIE CHAPLIN, MARION DAVIES, JOHN GILBERT, DELL HENDERSON, PAUL RALLI. ■ Un film sul cinema con lo sguardo affettuoso e ironico di King Vidor e con alcuni attori e attrici nella parte di loro stessi. Si susseguono infatti Charlie Chaplin, John Gilbert, Norma Talmadge e altri. L'idea, alla lontana, ha anticipato di oltre sessant'anni *I protagonisti*. ■ COMMEDIA; B/N; 81′; USA, 1928.

MASCHERE DI LUSSO *(We Were Dancing)* ★★★
Regia di ROBERT Z. LEONARD. Con LEE BOWMAN, MELVIN DOUGLAS, NORMA SHEARER. ■ Vicky e Nicky, entrambi avventurieri, si sposano e vivono felici finché incontrano Roberto e Linda, che appartengono al loro passato. Roberto, avvocato, ancora innamorato di Vicky, riesce a far divorziare la donna, mentre Linda civetta con Nicky. Alla fine però i due coniugi ritorneranno insieme. ■ COMMEDIA; B/N; 96′; USA, 1942.

MASCHERE E PUGNALI *(Cloak and Dagger)* ★★★
Regia di FRITZ LANG. Con ROBERT ALDA, GARY COOPER, LILLI PALMER. ■ La vicenda si svolge verso la fine della seconda guerra mondiale. Malgrado la stretta sorveglianza dei fascisti, che sono stati informati da una spia, uno studioso americano e uno italiano, protetti da un gruppo di partigiani, riescono a raccogliere dati sull'attività atomica dei nazisti e a raggiungere l'Italia libera. ■ DRAMMATICO; B/N; 106′; USA, 1947.

MASCHI CONTRO FEMMINE ★
Regia di FAUSTO BRIZZI. Con PAOLA CORTELLESI, FABIO DE LUIGI, SARAH FELBERBAUM, CHIARA FRANCINI, LUCIA OCONE. ■ Walter e Monica sono alle prese con il primo figlio e non fanno l'amore da quasi un anno. Anche se gli amici lo spingono altrove, Walter è un marito fedele, ma non abbastanza per resistere alle avances della bionda pallavolista Eva. Intanto, i vicini di casa Chiara e Diego non perdono un'occasione per insultarsi a vicenda, lui playboy senza scrupoli e lei infermiera solitaria, dedita fino in fondo alla causa ambientalista. Ma destino vuole che, in seguito a un fortuito incontro ravvicinato, Diego sprofondi in uno stato d'impotenza psicosomatica. Marta e Andrea, invece, sono due studenti universitari che condividono un appartamento e una ragazza, tanto carina quanto sessualmente confusa, proprio nel momento in cui la madre di Andrea sta attraversando una disastrosa crisi di mezza età. *Maschi contro Femmine* è la prima tavola di un dittico che prevede la controparte *Femmine contro Maschi*. ■ COMMEDIA; COL.; 113′; 2010.

MASCHI E FEMMINE ★★
Regia di AUGUSTO CAMINITO, FRANCESCO SCARDAMAGLIA. ■ Il film è composto da diversi episodi che si svolgono nelle varie parti del mondo e vogliono essere una testimonianza delle diverse reazioni di quegli strani animali che sono l'uomo e la donna di fronte alle più svariate situazioni. ■ DOCUMENTARIO; COL.; 92′; ITALIA, 1972.

MASCHIO E LA FEMMINA, IL *(Masculin, féminin)* ★★★
Regia di JEAN-LUC GODARD. Con BRIGITTE BARDOT, ANTOINE BOURSEILLER, EVA BRITT, CHANTAL GOYA, FRANÇOISE HARDY, JEAN-PIERRE LÉAUD. ■ Tratto da due novelle di Guy de Maupassant, il film racconta di due giovani amici che utilizzano il loro tempo libero per scoprire il mondo delle donne e per approfondire le loro idee politiche; uno dei due giovani morirà per un incidente, proprio quando sta per diventare padre. ■ DRAMMATICO; B/N; 103′; FRANCIA, 1966. ■ BERLINO 1 PR.

MASCHIO, FEMMINA, FIORE, FRUTTO ★★
Regia di RUGGERO MITI. Con MASSIMO BOLDI, GIOVANNI CRIPPA, CHIARA MORETTI, ANNA OXA. ■ Protagonisti sono i gemelli Anna e Tony (interpretati da Anna Oxa). Lasciano il paese per andare a Roma a far fortuna. Anna sa cantare e Tony ballare. I contrattempi sono molti, ma alla fine i due vengono notati da un produttore. ■ COMMEDIA; COL.; 97′; ITALIA, 1979.

MASCHIO INTERNAZIONALE, IL *("...Aber Jonny!")* ★★
Regia di ALFRED WEIDENMANN. Con HORST BUCHHOLZ, HANNELORE ELSNER, HERBERT FLEISCHMANN, GISELLA TROWE. ■ Per sbarcare il lunario, un laureando sceglie un mestiere insolito per un uomo, quello del ragazzo-squillo. Gli affari vanno a gonfie vele, finché un'avvenente giornalista, innamorata di lui, non tenta di mettergli i bastoni tra le ruote. ■ COMMEDIA; COL.; 91'; GERMANIA, 1974.

MASCHIONI, I *(Les mâles)* ★★★
Regia di GILLES CARLE. Con RENÉ BLOUIN, KATERINE MOUSSEAU, ANDRÉE PELLETIER, DONALD PILON. ■ Due giovani amici si rifugiano in un bosco per vivere lontano dalla civiltà, ma alla lunga il richiamo della carne si fa sentire imperioso. Essi attentano alla virtù di una ragazza ma questa è la figlia di un tutore della legge e i due finiscono in galera. Dimessi, ritornano nel loro Eden e qui hanno la sorpresa di trovare una ragazza molto disponibile, che finisce per metterli l'uno contro l'altro e poi se ne va. I due la cercheranno a lungo, senza più ritrovarla. ■ DRAMMATICO; COL.; 113'; CANADA, FRANCIA, 1970.

MASCHIO RUSPANTE, IL ★★
Regia di ANTONIO RACIOPPI. Con FRANCESCA ROMANA COLUZZI, NINETTO DAVOLI, GIULIANO GEMMA, JACQUES HERLIN, MARISA MERLINI, DIDI PEREGO. ■ Un giovane campagnolo ritrova un'amica di infanzia di cui è da sempre innamorato e poiché lei gli cede, convinto di essere amato, la segue in città. Si rende presto conto di essere stato un capriccio e non si assoggetta al ruolo di domestico che lei gli ha assegnato. ■ COMMEDIA; COL.; 93'; ITALIA, 1972.

MASCOTTE, LA ★★
Regia di LÉON MATHOT. Con LUCIEN BAROUX, GERMAINE ROGER. ■ Per propiziarsi la fortuna, il re di un ipotetico paese assume una ragazza come mascotte; c'è però un limite al benefico influsso che la ragazza esercita: durerà fino a quando costei non prenderà marito. Il re cerca di evitare che questo avvenga. ■ COMMEDIA; B/N; 100'; FRANCIA, 1935.

MASCOTTE, LA *(The Kid from Left Field)* ★★
Regia di ADELL ALDRICH. Con GARY COLEMAN, ROBERT GUILLAUME, TAB HUNTER. ■ La mascotte di una squadra di baseball (Gary Coleman, alias Arnold) con i suoi consigli riesce a portare la sua compagine (i San Pedro Padres) da una divisione minore al campionato nazionale. Ma il merito è quasi tutto del padre del piccolo, un ex giocatore ora ridotto a vendere panini allo stadio. ■ COMMEDIA; COL.; 92'; USA, 1979.

MASCOTTE DEI DIAVOLI BLU, LA ★★
Regia di CARLO ALBERTO BALTIERI. Con GIULIANO GABBÌA, NICO PEPE, DINA SASSOLI. ■ Giuliano, un ragazzo diventato cieco durante la fuga dei tedeschi dall'Italia settentrionale, diventa la mascotte delle truppe americane, i diavoli blu; il suo stato suscita l'interessamento di un comandante che, alla fine del conflitto, lo conduce con sé in America e lo aiuta a recuperare la vista. ■ DRAMMATICO; B/N; 90'; ITALIA, 1948.

MASCOTTE DEI FUORILEGGE, LA ★★
(Butch Minds the Baby)
Regia di ALBERT S. ROGELL. Con CHARLES BICKFORD, VIRGINIA BRUCE, BRODERICK CRAWFORD. ■ Un ex carcerato conosce una vedova con un figlio di tenera età. Per aiutare i due, che vivono nell'indigenza, l'uomo infrange di nuovo la legge e per questo torna in galera; ma ne uscirà presto. ■ COMMEDIA; B/N; 93'; USA, 1942.

MASCOTTE DELL'AEROPORTO, LA *(Bright Eyes)* ★★★
Regia di DAVID BUTLER. Con JAMES DUNN, SHIRLEY TEMPLE. ■ Un ricco signore, del quale i nipoti attendono la morte per entrare in possesso dell'eredità, e un asso dell'aviazione si contendono le simpatie e l'affetto di Shirley, una graziosa orfanella che vive all'aeroporto. Dopo una serie di vicende, a volte comiche a volte drammatiche, la bambina riuscirà ad assicurarsi l'affetto dei due e l'eredità. ■ COMMEDIA; B/N; 83'; USA, 1934.

MASH *(M.A.S.H.)* ★★★★
Regia di ROBERT ALTMAN. Con ROGER BOWEN, ROBERT DUVALL, ELLIOTT GOULD, SALLY KELLERMAN, TOM SKERRITT, DONALD SUTHERLAND. ■ Il film racconta la storia di un'équipe di chirurghi in un ospedale militare che se la ridono della disciplina e non si preoccupano di andare incontro a sanzioni previste dal codice militare, dimostrando tutto il loro disprezzo per la guerra. Commedia satirica, graffiante che, andando al di là delle intenzioni stesse della sceneggiatura, mette a nudo l'ipocrisia ufficiale durante la guerra di Corea. Dissacra tutto, anche i caduti in quella sporca guerra. Sul piano formale si tratta di uno dei grandi capolavori del cinema. Altman stupisce per la capacità di adoperare un linguaggio realistico e per l'abilità nel montare insieme realismo e satira, lasciando il pubblico incerto sulla natura di quello che sta vedendo. ■ COMMEDIA; COL.; 116'; USA, 1970. ■ CANNES 1 PR; OSCAR 1 PR, 5 NOM.

MA SHAMAL – RITORNO AL DESERTO ★★
Regia di PAOLO FONDATO. Con KABIR BEDI, ROBERTO BISACCO, DAVID BRANDON, DALILA DI LAZZARO, ISABEL RUSSINOVA. ■ Un'organizzazione spionistica internazionale mira a ottenere la formula di un gas letale. Per raggiungere lo scopo rapisce la figlia del responsabile del progetto. Intanto però la guida delle ricerche è stata affidata a un professore di origine marocchina che si è recato in patria per i funerali del padre. Entra nel centro del mirino. ■ AVVENTURA; COL.; 106'; ITALIA, 1997.

MASH – LA GUERRA PRIVATA DEL SERGENTE O'FARRELL *(The Private Navy of Sgt. O'Farrell)* ★★★
Regia di FRANK TASHLIN. Con MYLÈNE DEMONGEOT, PHYLLIS DILLER, BOB HOPE, JEFFREY HUNTER, GINA LOLLOBRIGIDA. ■ Ai soldati mancano donne e birra: la sola ausiliaria disponibile è tale da smorzare ogni desiderio mentre, per quanto riguarda la birra, il sergente O'Farrell trova il modo di sfruttare da par suo la notizia che un carico della bevanda è affondato. L'eroico comandante farà molte altre cose per sollevare il morale dei suoi uomini. ■ COMMEDIA; COL.; 92'; USA, 1968.

MASK, THE ★★★
Regia di CHARLES RUSSELL. Con JIM CARREY, CAMERON DIAZ, PETER GREENE, PETER RIEGERT. ■ Con reminescenze dal libro di Stevenson *Dr. Jekyll e Mr. Hyde* e trucchi speciali pari solo, e forse superiori, a *Roger Rabbit*, questo film è una scommessa vinta. Non solo riesce a fare spettacolo e a creare divertimento, ma, cosa importante, evita tutti i luoghi comuni. Dalle sdolcinature sentimentali ai personaggi prevedibili. Stanley, un impiegato di banca sfortunato, trova per caso un oggetto di legno che galleggia sull'acqua. Si tratta di un'antica maschera voodoo che trasforma completamente il possessore e gli permette di essere ciò che vuole. Così, per vendicarsi delle passate angherie e per conquistare una bionda superdotata, il giovane decide di sconfiggere una banda di gangster. Una giornalista sembra volerlo aiutare ma è interessata. Il fido cagnetto di Stanley invece risolverà *in extremis* una situazione apparentemente senza uscita. Un film costruito sulla bravura mimica di Jim Carrey. Con una citazione affettuosa, tra le molte, ai cartoni animati di Tex Avery coi lupi in cerca di bellezze da night-club. Successo in tutto il mondo. ■ FANTASTICO; COL.; 101'; USA, 1994. ■ GOLDEN GLOBES 1 NOM; OSCAR 1 NOM.

MASNADIERI, I *(Friedrich Schiller)* ★★
Regia di HERBERT MAISCH. Con HORST CASPAR, LIL DAGOVER, HEINRICH GEORGE, HANNELORE SCHROTH. ■ Il film racconta l'esistenza tormentata del giovane poeta Friedrich Schiller, la nascita del suo genio in contrasto con le idee filosofiche e politiche del suo tempo, infine la difficile stesura del dramma. ■ DRAMMATICO; B/N; 92'; GERMANIA, 1940.

MASNADIERI, I ★★
Regia di MARIO BONNARD. Con ANTONIO CIFARIELLO, FOLCO LULLI, SALVO RANDONE, DANIELA ROCCA. ■ Il duca di Bolsena, aspirante al trono, rapisce Alba, figlia del suo rivale. Con l'aiuto di alcuni avventurieri, Leonetto, un giovane nobile, libera la fanciulla, che poi accetta di sposare il duca con la speranza di salvare suo padre. Nel frattempo papa Sisto V ha vietato l'uso delle armi: ma Leonetto, per sottrarre la fanciulla al sacrificio, irrompe nel castello e uccide il duca. Per lui giunge la grazia quando è sul punto di essere impiccato. ■ AVVENTURA; COL.; 110'; ITALIA, 1961.

MASNADIERO, IL *(The Beggar's Opera)* ★★★
Regia di PETER BROOK. Con GEORGE DEVINE, LAURENCE OLI-

VIER, DOROTHY TUTIN. ■ È la storia di un simpatico furfante, Macheath, il quale, dopo aver rubato e fatto la bella vita per anni, finisce in galera; qui riuscirà ancora a far innamorare di sé la figlia del carceriere inducendola a restituirgli la libertà. Sarà ripreso e andrà al patibolo acclamato dalla folla. ■ COMMEDIA; COL.; 94'; GRAN BRETAGNA, 1953.

MASOCH ★★★
Regia di FRANCO BROGI TAVIANI. Con INGA ALEXANDROWA, FABRIZIO BENTIVOGLIO, FRANCESCA DE SAPIO, PAOLO MALCO, DARIO MAZZOLI, CLAUDIO SORRENTINO. ■ Nella Vienna di fine Ottocento, Aurora Rumelin, donna di umile condizione, è felice perché il nobile scrittore Leopold Sacher-Masoch ha chiesto la sua mano. A poco a poco, però, il matrimonio entra in crisi soprattutto perché Masoch chiede alla moglie di essere percosso prima dei rapporti sessuali e di essere trattato come uno schiavo. Entrambi i coniugi hanno degli amanti e, alla fine, il matrimonio si conclude con un divorzio. ■ DRAMMATICO; COL.; 109'; ITALIA, 1980.

MASQUERADE *(The Honey Pot)* ★★★
Regia di JOSEPH LEO MANKIEWICZ. Con CAPUCINE, ADOLFO CELI, REX HARRISON, SUSAN HAYWARD, CLIFF ROBERTSON. ■ Un miliardario, dicendosi gravemente ammalato, chiama al suo capezzale tre ex amanti per scegliere quella che erediterà. Una delle tre, la più ricca, viene trovata uccisa e la polizia scopre che è stato lo stesso falso malato e falso riccone a farla fuori per impossessarsi dell'eredità. Un ulteriore colpo di scena svelerà l'imprevedibile finale. ■ GIALLO; B/N; 125'; USA, 1967.

MASQUERADE ★★
Regia di BOB SWAIM. Con KIM CATTRALL, ROB LOWE, MEG TILLY. ■ Un playboy da spiaggia sposa una giovanissima e ricca ereditiera. Forse per ucciderla. Anzi senza forse. Poi l'aspirante vedovo s'innamora e non ci sta più. Ci stanno invece i suoi complici che portano avanti il loro piano che prevedeva l'eliminazione della sposina. ■ GIALLO; COL.; 91'; USA, 1988.

MASSACRATORE CINESE, IL ★
Regia di WU MIN HSIUNG. Con KUN CHAO CHUN, LO CHI SHIH, PAI YU FENG, WEN CHEN TIEN. ■ Dragon Li uccide tutti i componenti della famiglia Chin per vendicarsi di Siu Wen che gli ha ucciso il figlio. Si scatena un'altra vendetta. ■ DRAMMATICO; COL.; 92'; HONG KONG, 1975.

MASSACRO A CONDOR PASS *(Potato Fritz)* ★★
Regia di PETER SCHAMONI. Con STEPHEN BOYD, ANTON DIFFRING, HARDY KRÜGER. ■ La vicenda ruota attorno a un carico d'oro scomparso mentre una pattuglia dell'esercito nordista lo portava a destinazione. Si scopre che a nasconderlo è stato un certo "patata Fritz", che si rivela essere un capitano in incognito. ■ WESTERN; COL.; 93'; GERMANIA, 1977.

MASSACRO AI GRANDI POZZI ★★
(Dragon Wells Massacre)
Regia di HAROLD SCHUSTER. Con SEBASTIAN CABOT, MONA FREEMAN, KATY JURADO, DENNIS O'KEEFE, BARRY SULLIVAN. ■ Linck e Tioca, fuorilegge, sono scortati da uno sceriffo attraverso il deserto dell'Arizona, dove si uniscono a una carovana di cui fa parte Jonah, losco trafficante in contatto con gli indiani. Dopo aver subìto ripetuti attacchi da parte delle tribù che infestano la zona, i superstiti riescono a salvarsi. ■ WESTERN; COL.; 88'; USA, 1957.

MASSACRO AL CENTRAL COLLEGE ★★
(Massacre at Central High)
Regia di RENÉE DAALDER. Con KIMBERLY BECK, ROBERT CARRADINE, ANDREW STEVENS. ■ Un giovanotto arriva come matricola in un college universitario californiano e trova i suoi colleghi perseguitati da una gang di delinquenti. Bisogna fare qualcosa. Ma la matricola eccede con le reazioni, improvvisandosi giustiziere della notte e dedicandosi al massacro sistematico degli uomini della gang. Col risultato che, presto, all'università è più temuto lui dei teppisti. ■ DRAMMATICO; COL.; 85'; USA, 1976.

MASSACRO AL GRANDE CANYON ★
Regia di STANLEY CORBETT (pseud. di SERGIO CORBUCCI), ALBERT BAND (pseud. di ALFREDO ANTONINI). Con GIORGIO ARDISSON, ANDREA GIORDANA, JAMES MITCHUM, MILLA SANNONER. ■ Wes Evans, tornato al paese per vendicare la morte del padre, si trova coinvolto nella guerriglia per il possesso di alcune terre. A conflitto finito, potrà riunirsi alla donna che ama. ■ WESTERN; COL.; 90'; ITALIA, 1963.

MASSACRO ALLE COLLINE NERE ★★
(Requiem to Massacre)
Regia di GEORGE WAGGNER. Con EDWARD KEMMER, ANDRA MARTIN, LIAM SULLIVAN, CLINT WALKER. ■ Per allontanare gli indiani dalle Colline Nere, ricche d'oro, il generale Custer li attacca, ma ci rimette la pelle. I veri responsabili del massacro tentano, senza successo, di far ricadere la colpa su altri. ■ WESTERN; B/N; 110'; USA, 1960.

MASSACRO A PHANTOM HILL ★★
(Incident at Phantom Hill)
Regia di EARL BELLAMY. Con DAN DURYEA, ROBERT FULLER, JOCELYN LANE. ■ Matt Martin ha l'incarico di ritrovare con i suoi uomini un carico d'oro misteriosamente scomparso negli ultimi mesi della guerra di Secessione. Incontra molte difficoltà (inspiegabilmente scompare anche la scorta d'acqua), ma l'intervento di un medico salva la situazione. Dopo molte peripezie, l'oro viene ritrovato e il traditore ucciso. ■ WESTERN; COL.; 88'; USA, 1966.

MASSACRO DEGLI INNOCENTI, IL ★
(Slaughter of the Innocents)
Regia di JAMES GLICKENHAUS. Con DARLANNE FLUEGEL, JAN GARDNER, SCOTT GLENN. ■ Vengono massacrate due bambine e viene incolpato un ragazzo semideficiente, Bobby Martel. Costui si proclama innocente e le indagini di un poliziotto, convinto delle sue affermazioni, non servono a nulla. Il direttore del carcere, infatti, lo fa giustiziare. Mentre in giro c'è il vero criminale. ■ THRILLER; COL.; 102'; USA, 1993.

MASSACRO DEI MAORI, IL *(Utu)* ★★
Regia di GEOFF MURPHY. Con TIM ELLIOT, BRUNO LAWRENCE, ANZAC WALLACE. ■ Un film sulla popolazione indigena della Nuova Zelanda attraverso le imprese di un ribelle maori che, sul finire dell'Ottocento, lotta contro il colonialismo inglese e non rinnega le proprie origini. Lo stile di Murphy, che ha poi girato *Young Guns II*, richiama certi western sugli indiani d'America. ■ DRAMMATICO; COL.; 100'; NUOVA ZELANDA, 1984.

MASSACRO DEI SIOUX, IL ★★
(The Great Sioux Massacre)
Regia di SIDNEY SALKOW. Con PHILIP CAREY, JOSEPH COTTEN, DARREN MCGAVIN, JULIE SOMMARS. ■ La vera storia del generale Custer viene raccontata, in flash-back, durante il processo del maggiore Reno, disertore. Morto con il suo reggimento nel massacro di Little Big Horn, Custer non viene presentato come il leggendario eroe, ma come un opportunista. ■ WESTERN; COL.; 91'; USA, 1965.

MASSACRO DEL GIORNO DI S. VALENTINO, IL ★★★
(St. Valentine's Day Massacre)
Regia di ROGER CORMAN. Con JEAN HALE, RALPH MEEKER, CLINT RITCHIE, JASON ROBARDS, GEORGE SEGAL. ■ È la cronaca romanzata del famoso massacro del 14 febbraio 1929, in pieno Proibizionismo, che vide eliminarsi a vicenda le organizzazioni di Al Capone e Bugs Moran. Il giorno della strage, mentre ben sette uomini di Bugs morivano uccisi da falsi poliziotti, Al Capone, il mandante, se ne stava in Florida a prendere il sole. ■ DRAMMATICO; B/N; 100'; USA, 1967.

MASSACRO DELLA FORESTA NERA, IL ★★
Regia di FERDINANDO BALDI. Con BEBA LONCAR, ANTONELLA LUALDI, CAMERON MITCHELL, HANS VON BORSODY. ■ Siamo nel primo secolo dopo Cristo: imperversa la guerriglia tra le truppe germaniche e i romani. Augusto, venuto a conoscenza di una grave sconfitta, manda rinforzi al comando di Aulo Cecina, il quale, con uno stratagemma, riesce ad assaltare i germani alle spalle. Arminio, vecchio compagno di Cecina, resta ucciso nel massacro. ■ AVVENTURA; COL.; 91'; ITALIA, 1966.

MASSACRO DELLA GUYANA, IL ★★
(Guyana: Cult of the Damned)
Regia di RENÉ CARDONA JR. Con GENE BARRY, JOSEPH COTTEN, YVONNE DE CARLO, JOHN IRELAND, STUART WHITMAN. ■ Un regista messicano, specializzato in film su avvenimenti di cro-

naca che hanno colpito l'opinione pubblica, dà la sua versione del suicidio collettivo degli aderenti alla setta "Tempio del Popolo", avvenuto in Guyana nel 1978. ■ DRAMMATICO; COL.; 90'; MESSICO, PANAMA, SPAGNA, 1980.

MASSACRO DI FORT APACHE, IL *(Fort Apache)* ★★★★
Regia di JOHN FORD. Con JOHN AGAR, WARD BOND, HENRY FONDA, ANNA LEE, IRENE RICH, SHIRLEY TEMPLE, JOHN WAYNE. ■ Un generale, retrocesso al grado di colonnello e mandato al comando di Fort Apache, cerca ad ogni costo di rivalutarsi sfidando un capo pellerossa, che comunque ha la meglio su di lui. Un giovane, tra i pochi superstiti, sposa la figlia dell'ostinato colonnello, che ci ha rimesso la pelle. Una delle moltissime rivisitazioni della storia di Custer (anche se qui il protagonista si chiama Thursday). È considerato uno dei capolavori western di Ford, superato forse soltanto da *Ombre rosse* e da *Sfida infernale*. Henry Fonda fa il colonnello e toglie quasi tutto lo spazio a Wayne, relegato in una parte quasi da caratterista. Ruolo determinante ha invece la famosa "Valle dei monumenti". ■ WESTERN; B/N; 127'; USA, 1947.

MASSACRO DI TOMBSTONE, IL ★★
(The Toughest Man in Arizona)
Regia di ROBERT G. SPRINGSTEEN. Con EDGAR BUCHANAN, JOAN LESLIE, VAUGHN MONROE. ■ Scampata agli indiani con due orfanelli, Mary viene ospitata dallo sceriffo che ha in consegna un temibile bandito. Verne, telegrafista e marito di Mary, intercettando le comunicazioni dello sceriffo, ostacola il corso della giustizia e favorisce l'attacco di una banda di gangster. Dopo alterne vicende, la banda verrà sgominata. ■ WESTERN; COL.; 90'; USA, 1952.

MASSACRO DI UOMINI VIOLENTI ★★
Regia di CHANG CHEN. Con DAVID CHIANG, CHING LI, LIU LAN YING, TI LUNG. ■ Wan Lei, campione di karatè, apprende di avere un fratello in Thailandia; va alla sua ricerca e lo trova, pugile, in un'organizzazione sportiva che si arricchisce con incontri truccati. I due rifiutano di prestarsi al losco gioco. ■ DRAMMATICO; B/N; 90'; HONG KONG, 1975.

MASSAGGIATRICI, LE ★
Regia di LUCIO FULCI. Con ERNESTO CALINDRI, VALERIA FABRIZI, CRISTINA GAJONI, SYLVA KOSCINA, MARISA MERLINI, PHILIPPE NOIRET, NINO TARANTO. ■ Due ricchi milanesi, con il pretesto di investire i loro soldi in un'opera di pubblica utilità, vengono a Roma per spassarsela con donnine allegre; ci scapperà anche il morto. ■ COMMEDIA; B/N; 95'; ITALIA, 1962.

MASSERIA DELLE ALLODOLE, LA ★★★
Regia di PAOLO TAVIANI, VITTORIO TAVIANI. Con MOHAMMED BAKRI, MORITZ BLEIBTREU, ANDRÉ DUSSOLLIER, UBALDO LO PRESTI, ANGELA MOLINA, ALESSANDRO PREZIOSI, YVONNE SCIÒ, PAZ VEGA. ■ Turchia, 1915. In una cittadina vive la benestante famiglia armena degli Avakian. Nel giorno in cui vengono colpiti dal lutto per la morte del patriarca, anche il generale Arkan, capo della guarnigione turca, è presente alle esequie. È il segno di un rapporto, se non di amicizia, di reciproco rispetto tra le due comunità. Ma i Giovani Turchi hanno già pronto un piano per creare la Grande Turchia, in cui non ci sarà posto per i ricchi e "traditori" Armeni. Nessuna mediazione si rivela possibile. Dalla capitale partono per ogni dove gruppi di militari con l'ordine di uccidere sul posto i maschi (di qualunque età essi siano) e di deportare le donne e le bambine per poi massacrarle nei pressi di Aleppo. La famiglia Avakian viene smembrata e la giovane e vitale Nunik farà di tutto per salvaguardare la vita delle più piccole. I fratelli Taviani non hanno mai smesso di occuparsi del rapporto tra gli individui e la Storia. Questa volta lo fanno adattando liberamente l'omonimo romanzo di Antonia Arslan, occupandosi della ferita ancora aperta dell'eliminazione fisica degli Armeni in Turchia. ■ DRAMMATICO; COL.; 122'; BULGARIA, FRANCIA, ITALIA, SPAGNA, 2007.

MASSIMA COPERTURA *(Deep Cover)* ★★
Regia di BILL DUKE. Con VICTORIA DILLARD, LAURENCE FISHBURNE, JEFF GOLDBLUM, CHARLES MARTIN SMITH. ■ John è entrato nella polizia per altruismo. Viene utilizzato dalla Dea per sgominare una banda di spacciatori. Riesce nell'impresa nonostante l'ostilità del suo superiore. Film in bilico tra il black e il noir, riscatta una sceneggiatura scontata grazie al ritmo che viene impresso alla vicenda. Per il resto siamo nello stereotipo più puro. ■ POLIZIESCO; COL.; 108'; USA, 1993.

MASSIMAMENTE FOLLE ★
Regia di MARCELLO TROIANI. Con FRANCESCA ROMANA COLUZZI, CARLO CROCCOLO, ORESTE LIONELLO, GIAN LUIGI MARIANINI, PAMELA PRATI. ■ Un commissario alle prese con quattro frati nudi; una professoressa dissenterica; un arbitro inseguito dai tifosi; un "club dei brindanti" e una sfortunata commissione di censura. Questi e altri ancora i quadretti di un film satirico soltanto nelle intenzioni. ■ COMMEDIA; COL.; 93'; ITALIA, 1984.

MASTER, THE ★★
Regia di PAUL THOMAS ANDERSON. Con LAURA DERN, PHILIP SEYMOUR HOFFMAN, RAMI MALEK, KEVIN J. O'CONNOR, JESSE PLEMONS. ■ A Freddie Quell, soldato uscito dalla seconda guerra mondiale con il sistema nervoso a pezzi, le cure dell'esercito servono solo a rendere esplicita un'ossessione per il sesso. A ciò si aggiunge una forte dipendenza dell'alcol l'alcol. Finché un giorno, in modo del tutto casuale, Freddie incontra Lancaster Dodd, che ha inventato un metodo di introspezione che sperimenta su Freddie. Da quel momento ha inizio un sodalizio che li vedrà percorrere insieme un lungo tratto di strada. Anche se il loro viaggio finirà con l'offrire loro esiti diversi. Il film, tra i più attesi alla 69ª Mostra Internazionale del Cinema di Venezia, è in linea con l'autorialità di un regista che ha sempre cercato di scrutare il lato oscuro della psiche e dei comportamenti umani, comprendendone le ragioni. Che si traducono nel suo cinema con un solo termine: solitudine. Soli erano i protagonisti di *Magnolia*, solo era *Il petroliere*. Soli sono Freddie e Lancaster in *The Master*. L'ultima inquadratura poi riapre il film e chiude l'analisi di una psiche. ■ DRAMMATICO; COL.; 100'; USA, 2012.

MASTER & COMMANDER: SFIDA AI CONFINI DEL MARE ★★★★
(Master and Commander: The Far Side of the World)
Regia di PETER WEIR. Con PAUL BETTANY, BILLY BOYD, RUSSELL CROWE, JAMES D'ARCY, RICHARD STROH. ■ Costa del Brasile, 1805: a migliaia di leghe lontano dall'Europa, infuria un'epica battaglia che può cambiare le sorti della guerra di Napoleone alla conquista dell'Inghilterra. La *Surprise*, vascello della Royal Navy guidato dal Capitano Jack "Lucky" Aubrey, e la *Acheron*, nave francese di stazza e potenza di fuoco estremamente superiori, si sfuggono e si inseguono, a viso aperto o col favore della nebbia, si scambiano di ruolo da preda a predatore. A bordo della *Surprise*, la patriottica devozione di Aubrey si scontra con l'etica scientifica del suo amico e medico di bordo Maturin, ma sapranno trovare una nell'altra la chiave per il successo dei propri scopi. Mettete una montagna di soldi in mano a molti dei registi di Hollywood e state certi che, dopo averla resa poco più che una collinetta per onorare i cachet dei maggiori divi del momento, nove su dieci faranno un film mediocre, che farà storcere il naso ai critici, che avrà il sapore del "già visto", eccetera. Peter Weir è il decimo tra questi registi. La sua montagna d'oro si trasforma nel sontuoso *Master & Commander*, un film compatto come un megalite. Se questo non bastasse, in *M&C* c'è anche il sentimento – e non certo l'amore, visto che la presenza delle donne è ridotta ad una ventina di secondi di bellezze caraibiche. Cuore e testa (quello del Capitano Crowe che si fa travolgere dall'orgoglio e dal fervore patriottico e questa del dottor Maturin che sacrificherebbe la sua stessa vita nel nome della scienza) possono convivere senza dover sacrificare il "terzo incomodo", l'amicizia: e come, se non traendo forza l'uno dall'altra? Connubio creativo meravigliosamente sottolineato, in chiave metaforica, da Capitano e Dottore che, al riparo della cabina, danno vita col mescolarsi dei loro strumenti da camera ad una creatura armoniosa e magica come solo la musica è. E quando i due si scambiano le partiture, cambia la musica ma la magia resta la stessa. Anzi, si fa più bella di prima. Con questo film che sa di *Ben Hur* più che di *Titanic*, diamo un caloroso bentornato al Kolossal con la K maiuscola. ■ AVVENTURA; COL.; 140'; USA, 2003. ■ DAVID DI DONATELLO 1 NOM; GOLDEN GLOBES 3 NOM; OSCAR 2 PR, 9 NOM.

MASTERMINDS – LA GUERRA DEI GENI ★
(Masterminds)
Regia di ROGER CHRISTIAN. Con MATT CRAVEN, BRENDA FRICKER, VINCENT KARTHEISER, PATRICK STEWART, BRAD WITHFORD. ■ Un adolescente esperto di computer commercia con i compagni in software. Ma c'è qualche problema con una banda di criminali che vuole rapire gli allievi più ricchi per ricattare le famiglie. Sembra un film pubblicitario per incrementare la vendita di software. Forse lo è. ■ FANTASTICO; COL.; 105′; USA, 1997.

MASTERS OF HORROR: SICK GIRL ★
Regia di LUCKY MCKEE. Con MARCIA BENNETT, CHANDRA BERG, ANGELA BETTIS, ERIN BROWN, JESSE HLUBIK, MIKE MCKEE. ■ Ida è un'entomologa omosessuale che vede fallire le proprie relazioni perché le sue compagne fuggono disgustate dagli insetti che tiene in casa. Un giorno le arriva un pacco che contiene un aracnide di specie mai vista. Quasi contemporaneamente avvia un rapporto con una giovane disegnatrice, Misty, che va a vivere da lei e non mostra alcuna repulsione nei confronti degli insetti. Finché un giorno verrà punta proprio dal misterioso aracnide... ■ HORROR; COL.; 60′; CANADA, USA, 2006.

MASTINI DEL DALLAS, I *(North Dallas Forty)* ★★★
Regia di TED KOTCHEFF. Con CHARLES DURNING, DAYLE HADDON, DAVIS MAC, NICK NOLTE, BO STEVENSON. ■ Denuncia della commercializzazione dello sport americano. Un giocatore della squadra di football North Dallas Bull è un immaturo ragazzone in piena crisi. I dirigenti, dopo averlo spremuto riducendolo a uno straccio, lo tengono in panchina. Nel corso di una partita disastrosa viene richiamato in campo, ma l'errore di un compagno rovina tutto e il nostro viene ritenuto responsabile della sconfitta. Riuscirà a trovare la forza di seguire i consigli della sua ragazza e di abbandonare l'agonismo. ■ DRAMMATICO; COL.; 112′; USA, 1979.

MASTINI DELLA GUERRA, I *(The Dogs of War)* ★★
Regia di JOHN IRVIN. Con TOM BERENGER, PAUL GREEMAN, CHRISTOPHER WALKEN. ■ Un capitano dei mercenari accetta di capeggiare un colpo di mano per detronizzare il dittatore di uno staterello africano. Prima però si vuol rendere conto della situazione. Scopre che il dittatore è sì un odioso aguzzino, ma l'uomo che i suoi datori di lavoro vorrebbero mettere al suo posto, anche peggio. Comunque compie la missione, ma al potere metterà un politico onesto (con cui nel frattempo ha fatto conoscenza). ■ AVVENTURA; COL.; 118′; USA, 1980.

MASTINI DEL WEST, I *(Gunfighters of Abilene)* ★★
Regia di EDWARD L. CAHN. Con JUDY AMES, BUSTER CRABBE, BARTON MACLANE. ■ Un cowboy giunge ad Abilene, chiamato da una lettera del fratello che si dice in difficoltà. Scoprirà che quest'ultimo è stato ucciso da una banda di fuorilegge. I banditi tentano anche di coinvolgerlo in un caso di omicidio e di farlo linciare, ma naturalmente saranno completamente debellati. ■ WESTERN; B/N; 73′; USA, 1959.

MASTINO DEI BASKERVILLE, IL ★★
(The Hound of the Baskervilles)
Regia di DOUGLAS HICKOX. Con DONALD CHURCHILL, IAN RICHARDSON, MARTIN SHAW. ■ Una delle versioni di uno dei più noti romanzi di Conan Doyle. Sherlock Holmes stavolta è impersonato dal bravo, ma poco simpatico Ian Richardson. La storia è sempre la stessa. La maledizione che pesa sulla famiglia Baskerville (ogni discendente muore di morte prematura) in realtà sono veri e propri assassinii pianificati da un discendente bastardo della stirpe (qui, per la prima volta, la chiave del mistero è suggerita dalla somiglianza fra il Baskerville del 1700 e l'assassino nell'ombra). ■ GIALLO; COL.; 101′; GRAN BRETAGNA, 1983.

MASTRO DI POSTA – ANGOSCIA DI PADRE ★★
(Nostalgie)
Regia di VICTOR TOURJANSKY. Con HARRY BAUR, JEANINE CRISTIN, GEORGES RIGAUD. ■ Russia fine Ottocento: la figlia di un postiglione si innamora di un ufficiale e lo segue a Pietroburgo. L'ufficiale rifiuta di sposare la ragazza; arriva dunque il papà a levarla dai guai. E infatti ecco che l'ufficiale si fa ancora vivo, ma questa volta è animato dai migliori propositi. ■ AVVENTURA; B/N; 97′; FRANCIA, 1937.

MASUCCIO SALERNITANO ★
Regia di SILVIO AMADIO. Con ROMANO BERNARDI, GIULIO DONNINI, GIORGIO FAVRETTO, BARBARA MARZANO. ■ Due lestofanti con molta faccia tosta e notevole inventiva sfruttano alcuni creduloni. ■ COMICO; COL.; 90′; ITALIA, 1972.

MATADOR ★★★
Regia di PEDRO ALMODÓVAR. Con CARMEN MAURA, EUSEBIO PONCELA, ASSUMPTA SERNA. ■ Un matador costretto a ritirarsi scopre che non tanto gli mancano i tori e il successo, quanto la possibilità di uccidere (la cosa che evidentemente lo divertiva di più nella corrida). Perciò uccide tutte le donne alla fine degli amplessi. Un giorno trova l'anima gemella in una bella signora che ha i suoi stessi problemi (e li sfoga ai danni degli occasionali amanti). ■ GROTTESCO; COL. 96′; SPAGNA, 1986.

MATADOR, THE ★★
Regia di RICHARD SHEPARD. Con DYLAN BAKER, PHILIP BAKER HALL, PIERCE BROSNAN, HOPE DAVIS, GREG KINNEAR, ADAM SCOTT. ■ Julian Noble è un killer giramondo che ama le belle donne e i cocktails. Danny Wright invece è un marito e un uomo d'affari integerrimo ma tutto sommato frustrato dalla sua condizione di vita. Un incontro fortuito in un bar di Città del Messico, dove entrambi hanno "degli affari da svolgere", cambierà per sempre le loro vite. Brosnan e Kinnear permettono al film, gradevole ma non eccezionale, di uscire dall'anonimato. ■ COMMEDIA; COL.; 90′; GERMANIA, IRLANDA, USA, 2005.

MATADORA, LA *(Fiesta)* ★★★
Regia di RICHARD THORPE. Con AKIM TAMIROFF, ESTHER WILLIAMS. ■ Per accontentare il padre, che vorrebbe vedere ripetute dal figlio le proprie imprese nell'arena, Maria si sostituisce al fratello. ■ MUSICALE; COL.; 104′; USA, 1947. ■ OSCAR 1 NOM.

MATA HARI ★★★
Regia di GEORGE FITZMAURICE. Con LIONEL BARRYMORE, GRETA GARBO, RAMON NOVARRO, LEWIS STONE. ■ È la nota storia della bellissima spia e ballerina, che durante la prima guerra mondiale si innamorò, ricambiata, di un pilota russo, e per amor suo uccise e venne condannata a morte. ■ SPIONAGGIO; B/N; 90′; USA, 1932.

MATA HARI, AGENTE SEGRETO H21 ★★★
(Mata Hari, agent H21)
Regia di JEAN-LOUIS RICHARD. Con JEANNE MOREAU, CLAUDE RICH, JEAN-LOUIS TRINTIGNANT, FRANK VILLARD. ■ È una ripetizione, ritoccata in alcuni punti non salienti, della nota vicenda di Mata Hari e del suo amore infelice per un pilota russo. ■ DRAMMATICO; B/N; 93′; FRANCIA, 1965.

MATALO! ★★
Regia di CESARE CANEVARI. Con LOU CASTEL, CLAUDIA GRAVY, CORRADO PANI, ANTONIO SALINES. ■ Quattro malviventi, fra cui una donna, rapinano una diligenza. Uno di loro ci rimette la pelle; i superstiti si rifugiano in un villaggio abbandonato. Ma il compare, che non è morto torna per la resa dei conti, che non ci sarà perché un'arzilla vecchietta lo spedirà al Creatore. ■ WESTERN; COL.; 92′; ITALIA, 1970.

MATANGO, IL MOSTRO *(Matango)* ★★
Regia di ISHIRÔ HONDA. Con HIROSHI KOIZUMI, AKIRA KUBO, YASHIO TSUCHIYA. ■ Per sfuggire alla soffocante atmosfera di Tokyo, sette persone approdano su un'isola deserta e, tra mille difficoltà quotidiane, debbono anche fronteggiare una mostruosa creatura che una volta era un uomo. Cinque di loro subiranno la stessa metamorfosi. ■ FANTASTICO; COL.; 91′; GIAPPONE, 1964.

MATANZA, IL VOLTO DELLA MORTE ★
(Koya no Toseinin)
Regia di ALLAN FLOYD. Con KENNETH GOODRED, KEN RANDALL, JUDITH ROBERTS. ■ Ken è figlio di un samurai e vive nel West. Alcuni banditi gli hanno ucciso i genitori e Ken vive solo per vendicarsi. Sa usare benissimo la spada del padre e la colt. Uno dopo l'altro i suoi nemici ci lasciano la pelle. ■ WESTERN; COL.; 95′; GIAPPONE, 1969.

MATASSA ★★
Regia di GIAMBATTISTA AVELLINO, SALVATORE FICARRA, VALENTINO PICONE. Con SALVATORE FICARRA, CLAUDIO GIOÈ, VA-

LENTINO PICONE, MARIO PUPELLA, ANNA SAFRONCIK. ■ C'è chi eredita denaro e chi la casa o la terra. Gaetano e Paolo, dai loro padri, hanno ereditato una lite. Per vent'anni i due cugini hanno vissuto nel rispetto di questo lascito, senza mai metterlo in discussione e anzi perpetuandolo, ma un giorno il caso li ha riuniti sotto lo stesso tetto, quello della chiesa di don Gino, e li ha costretti a un gesto di pace. Per i novelli Caino e Abele è solo l'inizio della corsa ed è già tutto uno sgambetto. ■ COMMEDIA; COL.; 98'; ITALIA, 2009.

MATCH CONTRO LA MORTE *(Match contre la mort)* ★★
Regia di CLAUDE BERNARD AUBERT. Con GÉRARD BLAIN, FRANCIS BLANCHE, FRANCO INTERLENGHI, ANTONELLA LUALDI. ■ Una coppia, alla quale hanno rapito il figlio, partecipa a un telequiz seguendo un'idea del commissario di polizia; la madre dal video indica al figlioletto come fuggire, e il bimbo ce la fa. Tutta la gente che ha seguito la trasmissione, carica di suspense, accorre per salvare il bambino mentre il rapitore fugge. ■ DRAMMATICO; B/N; 77'; FRANCIA, 1959.

MATCHLESS ★★
Regia di ALBERTO LATTUADA. Con IRA FÜRSTENBERG, NICOLETTA MACHIAVELLI, PATRICK O'NEAL, DONALD PLEASENCE, HENRY SILVA. ■ A un giornalista in procinto di essere giustiziato un vecchio cinese regala un anello che ha il potere di rendere invisibili, e che lo salva. Il giovane, che ora si fa chiamare Matchless, riceve l'ordine di rubare una sostanza contesa da tutte le nazioni; gli tiene mano Arabella, un'affascinante spia, ma il giovane, una volta in possesso del prezioso liquido, per evitare una guerra pensa bene di distruggerlo. ■ FANTASTICO; COL.; 104'; ITALIA, 1967.

MATCH POINT ★★★
Regia di WOODY ALLEN. Con BRIAN COX, MATTHEW GOODE, SCARLETT JOHANSSON, EMILY MORTIMER, JONATHAN RHYS-MEYERS, PENELOPE WILTON. ■ Chris Wilton è un tennista che ha rinunciato alla sua carriera e ora fa il maestro di tennis a Londra in un club di alto livello. Qui conosce il ricco Tom Hewett e sua sorella Chloe che si innamora subito di lui e del suo apparente interesse per la cultura. Il ricco padre dei due lo inserisce nella sua attività finanziaria e il matrimonio tra Chris e Chloe si avvicina. Ma Chris, che ha conosciuto la fidanzata di Tom (l'aspirante attrice americana Nola) e ne è rimasto irrimediabilmente attratto, quando la reincontra libera dal legame con il quasi cognato inizia con lei una relazione basata sulla passione. Il matrimonio avviene e Chloe desidera a tutti costi la maternità. A rimanere incinta è invece Nola che vuole che Chris lasci la moglie. Incapace di resistere alla pressione Chris escogita una via di fuga. Non è bene raccontare altro del più articolato e fluido dei film recenti di Allen. Liberato ormai dal contratto spielberghiano e probabilmente costretto dalla difficoltà di trovare finanziamenti per i suoi film negli Usa, Woody compie un doppio salto mortale rispetto alla sua ormai più che consolidata tradizione narrativa. Lascia Manhattan per l'Upper Class londinese e (udite, udite) non ha nessun personaggio di origine ebraica nella sua sceneggiatura. Torna invece con forza sul tema dell'omicidio affrontato in modo magistrale ai tempi di *Crimini e misfatti*, ma soprattutto affronta con genialità anche visiva la questione della assoluta casualità del vivere umano. La sequenza che apre il film (e una sorpresa che non va svelata collocata molto più avanti) offrono, in modo estremamente simbolico e concreto al contempo, un'occasione di riflessione in materia. Woody Allen, come l'Araba Fenice, risorge ancora una volta dalle ceneri che detrattori troppo frettolosi gli avevano di recente e irrevocabilmente attribuito. ■ DRAMMATICO; COL.; 124'; GRAN BRETAGNA, USA, 2005. ■ DAVID DI DONATELLO 1 PR, 1 NOM; GOLDEN GLOBES 4 NOM; OSCAR 1 NOM.

MATER DEI ★★
Regia di EMILIO CORDERO. Con GIORGIO COSTANTINI, MYRIAM DE MAJO. ■ Il film ripercorre con sufficiente esattezza storica tutta la vita della Madonna fino all'assunzione in cielo. ■ STORICO; B/N; 90'; ITALIA, 1950.

MATER DOLOROSA ★★
Regia di ABEL GANCE. Con ANTONIN ARTAUD, JEAN GALLAND, LINE NORO. ■ Una donna sposata confessa il suo amore al cognato. Costui la respinge. Ma una lettera viene scoperta dal marito, che crede che sua figlia non sia sua, ma del fratello. Scaccia moglie e figlia. Poi l'innocenza (relativa) della donna viene dimostrata. ■ DRAMMATICO; B/N; 92'; FRANCIA, 1932.

MATER DOLOROSA ★
Regia di GIACOMO GENTILOMO. Con CLAUDIO GORA, MARIELLA LOTTI, ANNELISE UHLIG. ■ Una donna rinuncia all'uomo amato da sempre per amore della figlia. In seguito, per salvare l'unione dei due minacciata da un losco figuro, si finge amante di questi. Morirà stroncata dalle sofferenze. ■ DRAMMATICO; B/N; 115'; ITALIA, 1942.

MATERIAL GIRLS ★★
Regia di MARTHA COOLIDGE. Con JOANNE BARON, COLLEEN CAMP, HAYLIE DUFF, HILARY DUFF, LUKAS HAAS, ANJELICA HUSTON, BECKIE KING, NATALIE LANDER, BRENT SPINER. ■ Ava e Tanzie Marchetta sono le ricchissime e alquanto stupidotte eredi di un impero miliardario. Il padre infatti, Victor Marchetta, è un boss dell'industria dei cosmetici e permette loro di vivere nell'ozio, tra shopping sfrenato, feste galattiche e fidanzati fascinosi. Quando la loro situazione cambia drasticamente, però, le due ragazze dimostrano di non essere solo belle senza cervello, ma capaci di districarsi tra le numerose insidie della vita "vera". ■ COMMEDIA; COL.; 97'; USA, 2006.

MATERNALE ★★★
Regia di GIOVANNA GAGLIARDO. Con ANNA MARIA GHERARDI, CARLA GRAVINA, MARINO MASÉ, FRANCESCA MUZIO. ■ Siamo nel 1960. Sono protagoniste mamma e figlia e lo sviluppo dei loro rapporti. Quando la ragazza prende la maturità ecco che canonicamente si sente grande e in competizione con la madre. Il tutto è espresso nella vicenda quotidiana, minimalista si direbbe ora, delle due protagoniste. Si prepara la cena, si parla, si affrontano i problemi, uno dei quali è la zoppia della giovane. Per fortuna le gambe guariscono e la ragazza potrà camminare, in senso reale e figurato, da sola. Una menzione per Carla Gravina. ■ DRAMMATICO; COL.; 95'; ITALIA, 1979.

MATER NATURA ★★
Regia di MASSIMO ANDREI. Con FABIO BRESCIA, MARIA PIA CALZONE, TERESA DEL VECCHIO, VALERIO FOGLIA MANZILLO, FRANCO JAVARONE, VLADIMIR LUXURIA, ENZO MOSCATO, LUCA WARD. ■ Desiderio è un giovane transessuale napoletano che si innamora, ricambiato, di Andrea. Tutto sembra andare per il verso giusto, Desiderio abbandona la vita di strada e inizia a fare progetti per il futuro ma, inaspettatamente, Andrea lo lascia per sposarsi con Maria. Andrei costruisce una storia armonica e conflittuale, in cui la vicenda individuale e quelle collettive finiscono per fondersi. ■ COMMEDIA; COL.; 90'; ITALIA, 2004.

MATERNELLE, LA ★★★
Regia di JEAN BENOIT-LÉVY. Con MADY BERRY, HENRI DEBAIN, PAULETTE ELAMBERT, MADELEINE RENAUD, ALICE TISSOT. ■ Una bambina abbandonata dalla madre si affeziona profondamente alla propria maestra, ma il ricordo traumatico dell'abbandono subìto ha lasciato in lei tracce profonde. ■ DRAMMATICO; B/N; 100'; FRANCIA, 1933.

MATERNITÀ *(Maternité)* ★★
Regia di JEAN CHOUX. Con ELISABETH MÜLLER, FRANÇOISE ROSAY. ■ Una ragazza madre accetta che i suoi datori di lavoro adottino il figlio a patto di lasciarlo per sempre. Diversi anni dopo, quando è sul punto di rivederlo, ricco e importante, muore per disgrazia sotto le ruote dell'auto di lui. ■ DRAMMATICO; B/N; 87'; FRANCIA, 1935.

MATERNITÀ PROIBITA *(L'étrange Madame X)* ★★
Regia di JEAN GRÉMILLON. Con MAURICE ESCANDE, MICHÈLE MORGAN, HENRI VIDAL. ■ Irene, sposata, ha una figlia dall'amante; questi vorrebbe vivere con lei, ma la donna, trattenuta dal marito che non vuole uno scandalo, temporeggia. Sarà la morte della bambina a dare una svolta decisiva a tutta la vicenda. ■ DRAMMATICO; B/N; 91'; FRANCIA, 1950.

MATERNITY BLUES. IL BENE DEL MALE ★★
Regia di FABRIZIO CATTANI. Con MONICA BARLADEANU, CHIARA MARTEGNANI, ANDREA OSVART, DANIELE PECCI, MARINA

PENNAFINA. ■ Clara è una giovane donna che, come estrema conseguenza di una depressione post-parto, ha annegato i suoi due figli. Ricoverata in un ospedale psichiatrico in Toscana, entra in contatto con una comunità di donne-Medee che hanno tutte affrontato il gesto estremo dell'infanticidio. In modo particolare, stringe rapporti con le tre compagne di stanza Eloisa, Rina e Vincenza, ognuna con caratteri diversi e di una complessa fragilità. Mentre la vita nell'istituto procede, fuori, Luigi, il marito di Clara, cerca lentamente di ricostruirsi un'esistenza serena pur senza riuscire a smettere di amare la donna che gli ha dato e poi portato via i suoi figli. La forza dell'indicibilità del messaggio rimane intatta, ma c'è un eccesso di sovrapposizione fra irrazionale e razionale. ■ DRAMMATICO; COL.; 95'; ITALIA, 2011.

MATEWAN ★★★
Regia di JOHN SAYLES. Con CHRIS COOPER, JOE GRIFASI, JAMES EARL JONES. ■ La rievocazione delle agitazioni sindacali nelle miniere di Matewan, West Virginia, durante gli anni Venti. Un lungo sciopero rischia di fallire per la presenza tra i minatori di spie e infiltrati. Il finale è tragico. ■ DRAMMATICO; COL.; 130'; USA, 1987. ■ OSCAR 1 NOM.

MATILDA ★★
Regia di ANTONIETTA DE LILLO, GIORGIO MAGLIULO. Con GIANNI AGUS, CARLA BENEDETTI, SILVIO ORLANDO, LUIGI PETRUCCI, MILENA VUKOTIC. ■ Matilda Punzo ha perso (morti) tre fidanzati uno dopo l'altro. Ma non si arrende e punta su Torquato che, dopo una giustificata indecisione, accetta il ruolo. Quando viene a sapere che i decessi non erano casuali Torquato cerca di non seguire lo stesso destino degli altri. ■ COMMEDIA; COL.; 90'; ITALIA, 1990.

MATILDA 6 MITICA *(Matilda)* ★★★
Regia di DANNY DEVITO. Con EMBETH DAVIDTZ, DANNY DEVITO, RHEA PERLMAN, MARA WILSON. ■ Tratto dall'omonimo libro di Roald Dahl, il film diretto da DeVito mette al centro una bambina capace di autogestirsi perfettamente. Matilda sa cucinare, è una grande lettrice ed è sensibile. Peccato che abbia dei genitori decisamente odiosi. Diventa allora indispensabile cercare di allontanarli da sé. Come diventare orfani volontariamente. ■ COMMEDIA; COL.; 93'; USA, 1996.

MATILDE MANZONI ★★
Regia di LINO CAPOLICCHIO. Con LUDOVICA ANDÒ, URBANO BARBERINI, LAURA BETTI, LINO CAPOLICCHIO, CORINNE CLÉRY. ■ Matilde Manzoni, giovane sensibilissima, a suo tempo abbandonata in modo traumatico dal padre, si innamora di un ingegnere davvero poco affidabile. Matilde è tisica, sa che non vivrà a lungo. L'amore per il giovane finisce per essere semplicemente una sorta di sostitutivo dell'affetto paterno che gli è mancato. Capolicchio cerca di percorrere una via diversa, attribuendo alla storia d'amore i toni quasi disperati di *Adele H.* ■ BIOGRAFICO; COL.; 100'; ITALIA, 2002.

MATINÉE ★★★
Regia di JOE DANTE. Con SIMON FENTON, JOHN GOODMAN, OMRI KATZ, CATHY MORIARTY. ■ Ambientato in Florida ecco un buon film del regista de *L'ululato*. Il personaggio principale è ispirato a uno dei registi di serie B più sottovalutati, William Castle. Siamo agli inizi degli anni Sessanta. La prima del film di fantascienza *Mant* fa da scenario a una serie di trovate comiche di buon ritmo. Si fa riferimento anche ai problemi degli Stati Uniti con Cuba e non mancano i ragazzi stile *American graffiti*. John Goodman riempie lo schermo, in tutti i sensi. ■ COMMEDIA; COL.; 95'; USA, 1993.

MATLOSA ★★
Regia di VILLI HERMANN. Con OMERO ANTONUTTI, FLAVIO BUCCI, FRANCESCA DE SAPIO, WALTER VALDI. ■ Un impiegato si rifugia per il fine settimana nella casa dove è nato. Spera di avere ottenuto la tanto sospirata promozione e intanto ripensa al passato. Il bilancio della sua vita è disastroso. ■ DRAMMATICO; COL.; 90'; SVIZZERA, 1981.

MATO GROSSO *(The Medicine Man)* ★★
Regia di JOHN MCTIERNAN. Con LORRAINE BRACCO, SEAN CONNERY. ■ Dopo *Caccia a Ottobre Rosso* McTiernan parte dal problema della foresta amazzonica per costruire una storia d'amore e di sopravvivenza. Tutto ciò però senza nerbo e con l'aiuto parziale dei due protagonisti. Campbell è un medico-scienziato che coabita con gli indios amazzonici e che pare aver trovato la cura per combattere i tumori. Giunge così da lui la dottoressa Craine per aiutarlo nella ricerca scientifica. Tra alti e bassi si sviluppa il loro amore. ■ AVVENTURA; COL.; 107'; USA, 1991.

MATRIARCA, LA ★★★
Regia di PASQUALE FESTA CAMPANILE. Con VITTORIO CAPRIOLI, PHILIPPE LEROY, RENZO MONTAGNANI, LUIGI PROIETTI, NORA RICCI, CATHERINE SPAAK, PAOLO STOPPA, JEAN-LOUIS TRINTIGNANT. ■ Una giovane vedova consuma una vendetta postuma nei confronti del marito che la tradiva facendosi una lunga serie di amanti. La madre, preoccupata, la porta da un medico, che viene puntualmente sedotto. Ma questa volta c'è di mezzo l'amore e, dopo reiterati dinieghi, l'intemperante vedova accetterà il dottore per marito. ■ COMMEDIA; COL.; 92'; ITALIA, 1968.

MATRIGNA *(Aus erster Ehe)* ★★
Regia di PAUL VERHOEVEN. Con FRANZISKA KINZ, FERDINAND MARIAN, MARIA LANDROCK. ■ I due figli di un vedovo (un maschio e una femmina) mal sopportano la matrigna, che invece li ama come fosse la madre vera. L'abnegazione della donna finirà per conquistarli completamente. ■ DRAMMATICO; B/N; 90'; GERMANIA, 1940.

MATRIGNA, LA *(The Stepmother)* ★★
Regia di HIKMET L. AVEDIS. Con JOHN ANDERSON, KATHERINE JUSTICE, LARRY LINVILLE. ■ Il professionista Delgado non sopporta le corna: lo provano i due delitti che compie in nome dell'onore. Starebbe per compierne un terzo se la polizia non lo fermasse uccidendolo. ■ DRAMMATICO; COL.; 92'; USA, 1974. ■ OSCAR 1 NOM.

MATRIMONI ★★
Regia di CRISTINA COMENCINI. Con DIEGO ABATANTUONO, FRANCESCA NERI, STEFANIA SANDRELLI. ■ Un banale incidente natalizio (un centrotavola che si rompe) è lo spunto per Giulia (Neri) di rimettere in discussione il matrimonio con Paolo (Abatantuono) che sembrava felice. Si innesca un intreccio di rapporti che stravolge la vita di molte coppie. Un compitino discretamente eseguito da Cristina, che si ricorda, lontanamente, di chiamarsi Comencini. ■ COMMEDIA; COL.; 98'; ITALIA, 1998.

MATRIMONI A SORPRESA *(We're not Married)* ★★★
Regia di EDMUND GOULDING. Con FRED ALLEN, PAUL DOUGLAS, ZSA ZSA GABOR, MARILYN MONROE, VICTOR MOORE, GINGER ROGERS, DAVID WAYNE. ■ Un vecchio giudice un po' rimbambito, senza aver la licenza, celebra alcuni matrimoni. L'irregolarità viene scoperta e comunicata agli interessati. A tutti è offerta la chance di "ripensarci". Solo uno però, un maturo signore turlupinato da una frivola bionda, opterà per l'annullamento. ■ COMMEDIA; B/N; 75'; USA, 1952.

MATRIMONI E ALTRI DISASTRI ★★★
Regia di NINA DI MAJO. Con MARISA BERENSON, MARGHERITA BUY, FRANCESCA INAUDI LUCIANA LITTIZZETTO, FABIO VOLO. ■ Nanà è la primogenita di una ricca famiglia fiorentina e, al contrario della sorella, non è mai stata fortunata con gli uomini. Dapprima un'adolescenza da bruttina studiosa e poi un lungo rapporto culminato con la presa dei voti da parte del partner. Ora è una cinquantenne insoddisfatta. E come se non bastasse la frustrazione, dovrà anche organizzare il matrimonio della sorella minore. I giorni che la separano dalla cerimonia saranno un'unica lunga presa di coscienza. ■ COMMEDIA; COL.; 102'; ITALIA, 2010.

MATRIMONI E PREGIUDIZI *(Bride & Prejudice)* ★★
Regia di GURINDER CHADHA. Con NAVEEN ANDREWS, ASHANTI, NITIN GANATRA, DANIEL GILLIES, MARTIN HENDERSON, ANUPAM KHER. ■ La trama di *Matrimoni e Pregiudizi* è una raffica di mitra sulla Croce Rossa, poiché trattasi dell'ennesima riduzione di *Orgoglio e pregiudizio* di Jane Austen, canovaccio sentimentale col quale è davvero difficile non colpire al cuore. La retorica imporrebbe di aggiungere "in salsa curry", se non fosse che il quarto lungometraggio di Chadha ha un retrogusto difficilmente individuabile: denuncia sociale, polpettone amoroso, balletti bol-

lywoodiani, commedia anglosassone e tanto altro si spiaccicano uno sull'altro, finendo per confondere non poco il gusto di chi guarda. Il limite del film è che la sua denuncia sociale è retorica, la storia d'amore posticcia, i balletti ben lontani dai fasti degli originali di Mumbay, l'umorismo non abbastanza "humour", e via discorrendo. Troppi temi e nessuno veramente convincente. Senza contare che la regista calca spesso la mano sullo sguardo "da turista" che gli occidentali hanno sull'India di oggi, mentre è proprio il suo film a guardare a Bollywood con occhi "da turista". Spicca la bellezza da infarto di Aishwarya Rai, superdiva bollywoodiana che si appresta ad invadere il West. ■ COMMEDIA; COL.; 105′; INDIA, USA, 2004.

MATRIMONIO, IL ★★
Regia di ANTONIO PETRUCCI. Con VITTORIO DE SICA, SILVANA PAMPANINI, RENATO RASCEL, ALBERTO SORDI. ■ Sul tema comune del matrimonio, una serie di episodi tratti da altrettanti atti unici di Cechov. ■ COMMEDIA; B/N; 64′; ITALIA, 1953.

MATRIMONIO, IL *(Mariage)* ★★★
Regia di CLAUDE LELOUCH. Con MARIE DÉA, BERNARD LE COQ, BULLE OGIER, RUFUS. ■ Quando sono giovani i coniugi passano il tempo a litigare; in maturità non si parlano e addirittura si lasciano. Ritorneranno insieme da vecchi. ■ COMMEDIA; COL.; 100′; FRANCIA, 1974.

MATRIMONIO, UN *(A Wedding)* ★★★★
Regia di ROBERT ALTMAN. Con CAROL BURNETT, GERALDINE CHAPLIN, PAUL DOOLEY, MIA FARROW, VITTORIO GASSMAN, LILLIAN GISH, LUIGI PROIETTI, AMY STRYKER. ■ Dino e Meringa, i rampolli di due famiglie di arricchiti, si sposano. Il matrimonio è organizzato sontuosamente, con tanto di poliziotti privati e cardinale, ma ognuno è perfettamente estraneo a quanto accade. Dopo una serie di incredibili imprevisti il padre di Dino, deluso e disgustato, decide di tornare a Roma insieme al fratello. ■ COMMEDIA; COL.; 125′; USA, 1978. ■ GOLDEN GLOBES 1 NOM.

MATRIMONIO ALLA FRANCESE ★★
(La tonnerre de Dieu)
Regia di DENYS DE LA PATELLIÈRE. Con JEAN GABIN, ROBERT HOSSEIN, MICHÈLLE MERCIER, LILLI PALMER. ■ Un medico di campagna, famoso per il suo carattere non propriamente socievole, prende sotto la sua protezione una bella ragazza parigina di opinabile virtù. La cosa gli attira le malignità dei paesani, i rimbrotti della moglie, le ire del "papà" della fanciulla. Lui rintuzza tutti e procura infine un marito per bene alla bella. ■ COMMEDIA; B/N; 90′; FRANCIA, ITALIA, 1965.

MATRIMONIO ALL'ALBA *(Strictly Dishonourable)* ★★
Regia di MELVIN FRANK. Con JANET LEIGH, MILLARD MITCHELL, EZIO PINZA. ■ Un giornale sta montando una campagna scandalistica contro un cantante di origine italiana. Il cantante prende per un'inviata del foglio incriminato una bella biondina che in realtà è una sua ammiratrice. Le dà corda, per poi avere un'arma nei confronti degli avversari. Alla fine l'equivoco viene chiarito. ■ COMMEDIA; B/N; 86′; USA, 1951.

MATRIMONIO ALLE BAHAMAS ★★
Regia di CLAUDIO RISI. Con MASSIMO BOLDI, ANNA MARIA BARBERA, DONALD FRENCH, I FICHI D'INDIA, VALENTINA IDINI, BIAGIO IZZO, LUIGI PETRAZZUOLO. ■ Cosa ci fa Cristoforo Colombo, un milanese a Roma (per di più tassista), in trasferta con tutta la famiglia alle Bahamas? Valentina Colombo, figlia di Cristoforo (alias Massimo Boldi) vince una borsa di studio per un master in America, dove si innamora di Bob, un ricchissimo italoamericano figlio di un emigrante napoletano e di una spocchiosa, quanto irritante, americana. Presa la decisione di sposarsi, i due voleranno insieme alle rispettive famiglie alle Bahamas, dove equivoci e pentimenti li traghetteranno fino al più classico dei lieto fine. ■ COMMEDIA; COL.; 92′; ITALIA, 2007.

MATRIMONIO ALL'INGLESE *(Easy virtue)* ★★
Regia di STEPHEN ELLIOTT. Con JESSICA BIEL, COLIN FIRTH, KRISTIN SCOTT THOMAS. ■ Il giovane John Witthaker s'innamora perdutamente di un'elegante e indipendente americana di nome Larita e la sposa. Viene quindi il momento di presentarla alla famiglia, che vive imbalsamata e preda dei debiti in una splendida villa della campagna inglese. Nonostante Larita faccia buon viso a cattivo gioco, è presto chiaro che la suocera non può vederla e che anche le sorelle di John sono più che mai diffidenti nei suoi confronti. Lo stesso non si può dire, invece, del capofamiglia, un uomo allergico all'ipocrisia ma non insensibile all'intelligenza e all'ironia involontaria. ■ COMMEDIA; COL.; 96′; GRAN BRETAGNA, 2008.

MATRIMONIO ALL'ITALIANA ★★★
Regia di VITTORIO DE SICA. Con SOPHIA LOREN, MARCELLO MASTROIANNI, ALDO PUGLISI, MARILÙ TOLO. ■ Versione libera (adattata sulla misura del duo Loren-Mastroianni) della *Filumena Marturano* di Eduardo De Filippo. ■ COMMEDIA; COL.; 104′; ITALIA, 1964. ■ DAVID DI DONATELLO 4 PR, 4 NOM; OSCAR 2 NOM.

MATRIMONIO A PARIGI ★
Regia di CLAUDIO RISI. Con ANNA MARIA BARBERA, MASSIMO BOLDI, MASSIMO CECCHERINI, BIAGIO IZZO, PAOLA MINACCIONI. ■ Un imprenditore del Nord che vende i suoi prodotti direttamente in una tv minore senza pagare le tasse, e un finanziere del Sud, ligio al dovere e sempre a caccia di evasori, entrano in contatto perché i loro figli, entrambi artisti, condividono un appartamento a Parigi. Il giorno della consegna dei diplomi dell'istituto d'arte frequentato dai due sarà la scusa per un viaggio nella capitale francese in cui si incroceranno vite, destini e amori di due famiglie apparentemente inconciliabili. Adulti che si comportano come bambini contrapposti a ragazzi dai sentimenti maturi. Un cinema ormai anacronistico. ■ COMMEDIA; COL.; 110′; ITALIA, 2011.

MATRIMONIO A 4 MANI *(It Takes Two)* ★★
Regia di ANDY TENNANT. Con KIRSTIE ALLEY, STEVE GUTTENBERG, MARY-KATE OLSEN. ■ Due bambine nascono nello stesso momento in due diversi continenti. All'età di nove anni si trovano a vivere vite molto diverse. Alyssa vive nell'agiatezza con un padre uomo d'affari premuroso. Amanda si trasferisce da una famiglia adottiva all'altra. Si incontreranno e vivranno felici e contente. ■ COMMEDIA; COL.; 101′; USA, 1995.

MATRIMONIO CHE VORREI, IL *(Hope Springs)* ★★
Regia di DAVID FRANKEL. Con STEVE CARELL, TOMMY LEE JONES, ELISABETH SHUE, JEAN SMART, MERYL STREEP. ■ Kay e Arnold sono sposati da più di trent'anni. Le loro abitudini di vita sono ben radicate, ma a dirla tutta soddisfano più lui che lei. Ora che i figli sono fuori di casa, Kay si sente più sola di prima, si scopre infelice e decide di prendere in mano la situazione. Venuta a sapere della settimana intensiva di terapia di coppia che il rinomato dottor Feld tiene ogni anno nel Maine, trascina là lo scettico Arnold, in cerca della miccia che possa riaccendere tra loro la scintilla che si è spenta con gli anni (o che potrebbe anche non esserci mai stata). ■ COMMEDIA; COL; 100′; USA, 2012.

MATRIMONIO COLLETTIVO *(Collective Marriage)* ★★
Regia di SVEN OLSEN. Con CHRISTOPHER BRO, PIA GRONING, CLAUS NISSEN. ■ Un marito, tradito dalla moglie, si fa persuadere da lei a conoscere l'amante che vive in una "comune" dove abitualmente usa scambiarsi le compagne. I due coniugi ci provano con il "matrimonio collettivo", ma non ce la fanno. Si divideranno. ■ COMMEDIA; COL.; 92′; DANIMARCA, 1970.

MATRIMONIO CON VIZIETTO *(Il vizietto 3)* ★★
Regia di GEORGES LAUTNER. Con ANTONELLA INTERLENGHI, MICHEL SERRAULT, UGO TOGNAZZI. ■ Terzo episodio dedicato alla simpatica coppia di gay che gestisce La cage aux folles: questa volta, per risolvere la disastrosa situazione economica del locale mettendo le mani sull'eredità di uno zio, Albin, il più femmineo dei due, dovrà non soltanto sposarsi, ma addirittura mettere al mondo un erede. Non c'è due senza tre, ma il "vizietto" ha perso smalto. ■ COMMEDIA; COL.; 100′; ITALIA, 1985.

MATRIMONIO DEL MIO MIGLIORE AMICO, IL ★★★
(My Best Friend's Wedding)
Regia di PAUL J. HOGAN. Con CAMERON DIAZ, RUPERT EVERETT, DERMOT MULRONEY, JULIA ROBERTS. ■ Julianne si sente annunciare dal suo grande amico «mi sposo». Si accorge di essere gelosa, di soffrire. Dunque cercherà in tutti i modi di impedire le nozze. Gara di fascino fra Julia e Cameron, nel plot vince Ca-

meron. Commedia nel segno della bella tradizione hollywoodiana. Si sorride di vicende scontate ma proposte in buon stile. Ogni tanto c'è un opportuno intermezzo musicale. ■ COMMEDIA; COL.; 105'; USA, 1997. ■ GOLDEN GLOBES 3 NOM; OSCAR 1 NOM.

MATRIMONIO DI BETSY, IL *(Betsy's Wedding)* ★★★
Regia di ALAN ALDA. Con ALAN ALDA, JOE PESCI, MOLLY RINGWALD. ■ In Italia, conosciuto esclusivamente per la serie televisiva *M.A.S.H.*, l'attore-regista Alan Alda non ha mai raggiunto la piena popolarità mentre negli Stati Uniti i suoi film sono sempre successi. C'è di mezzo un matrimonio difficile, vuoi per i problemi finanziari del padre della sposa e vuoi per quest'ultima, indecisa sul fatto di sposare o meno il rampollo ebreo futuro consorte. Oltretutto c'è pure Connie, sorella di Betsy, che ha problemi di bellezza. Da qui una serie di situazioni più o meno divertenti. Tra gli attori troviamo Joe Pesci e tra le attrici Madeline Kahn, assidua frequentatrice dei film di Mel Brooks. ■ COMMEDIA; COL.; 109'; USA, 1990.

MATRIMONIO DI BULLDOG DRUMMOND, IL ★★
(Bulldog Drummond's Bride)
Regia di JAMES HOGAN. Con HEATHER ANGEL, REGINALD DENNY, EDUARDO GIANNELLI, JOHN HOWARD. ■ Bulldog Drummond (sempre interpretato da John Howard) decide di sposarsi. Prima, però, arresterà una banda di rapinatori. ■ GIALLO; COL.; 55'; USA, 1939.

MATRIMONIO DI LADY BRENDA, IL ★★★
(A Handful of Dust)
Regia di CHARLES STURRIDGE. Con ALEC GUINNESS, ANJELICA HUSTON, JAMES WILBY. ■ Un'aristocratica coppia si divide dopo la morte del figlio e il tradimento di lei con un playboy. Il giovane Lord allora, per voltar pagina, si aggrega a una spedizione nella foresta amazzonica. Da dove non uscirà mai, preso prigioniero da un avventuriero analfabeta. Ottima trasposizione da Evelyn A. Waugh, con una dose (giusta al millimetro) di humour, di dramma e di ironia tagliente come un rasoio. ■ DRAMMATICO; COL.; 118'; GRAN BRETAGNA, 1988. ■ OSCAR 1 NOM.

MATRIMONIO DI LORNA, IL *(Le silence de Lorna)* ★★★
Regia di JEAN-PIERRE DARDENNE, LUC DARDENNE. Con ARTA DOBROSHI, OLIVIER GOURMET, MORGAN MARINNE, JÉRÉMIE RENIER, FABRIZIO RONGIONE. ■ Lorna è una giovane immigrata albanese a Liegi. Per ottenere la cittadinanza si è messa nelle mani del malavitoso Fabio. Costui le ha procurato un matrimonio con Claudy (un tossicodipendente) e Lorna ha ottenuto ciò che desiderava. Ora vorrebbe poter aprire un bar con il suo fidanzato Sokol che fa il pendolare da una frontiera all'altra. Per ottenere la somma necessaria deve però portare a compimento il piano di Fabio. Deve cioè poter ottenere un rapido divorzio per poter così sposarsi nuovamente. Questa volta con un mafioso russo che ha, a sua volta, bisogno della cittadinanza belga. Le procedure rischiano però di essere troppo lente e allora Fabio mette in atto la soluzione che già aveva in mente: elimina Claudy con un'overdose. Lorna mantiene il silenzio ma c'è qualcosa di nuovo nella sua vita. Qualcosa è cambiato anche nel cinema dei Dardenne. Noti agli appassionati (e vincitori di ben due Palme d'oro con *Rosetta* e *L'enfant*) per il rigore di un cinema da sempre attento a scavare nelle cause del dolore delle persone più vulnerabili. ■ DRAMMATICO; COL.; 105'; BELGIO, GRAN BRETAGNA, FRANCIA, ITALIA, GERMANIA, 2008.

MATRIMONIO DI MARA, IL *(Szüts Mara Házassága)* ★★
Regia di LASZLO KALMAR. Con ANTAL PAGER, ERSZI SIMOR, MARKA VISZARI. ■ Mara è innamorata di un giovane, ma costui è gelosissimo: un giorno vede una donna recarsi a casa di un nobile che ha la fama del dongiovanni e la scambia per la morosa (in realtà è la sorella di lei). Duello fra il fidanzato e l'aristocratico che rimane ferito. Alla fine tutto si chiarisce. ■ COMMEDIA; B/N; 92'; UNGHERIA, 1941.

MATRIMONIO DI MARIA BRAUN, IL ★★★★
(Die Ehe der Maria Braun)
Regia di RAINER WERNER FASSBINDER. Con IVAN DESNY, GOTTFRIED JOHN, GÜNTER LAMPRECHT, KLAUS LÖWITSCH, HANNA SCHYGULLA, GISELA UHLEN. ■ Nel 1943, Maria Braun sposa frettolosamente un sergente destinato al fronte russo. L'uomo è dato per disperso e la moglie, per sopravvivere negli anni miseri del dopoguerra, diventa l'amante di un nero, sergente dell'esercito d'occupazione americano. Il marito inaspettatamente ritorna e Maria, per difenderlo, uccide l'amante. L'ex sergente s'accusa del delitto e finisce in galera, mentre la moglie diventa la compagna di un dirigente industriale e, grazie alla sua conoscenza dell'inglese, imparato frequentando gli americani, si trasforma in un'ottima manager. Maria ha un unico scopo vissuto come una missione: realizzare, insieme al marito, il proprio ideale privato di felicità coniugale e di benessere. Per questa missione Maria è disposta a tutto: all'adulterio, alla prostituzione e persino all'omicidio. Ma la felicità non arriverà. Il personaggio di Maria è un'allegoria esplicita della Germania uscita dalla tragedia della guerra. Se i danni materiali si possono riparare, quelli della coscienza sono lunghi da guarire. Uno dei film più rappresentativi del nuovo cinema tedesco. ■ DRAMMATICO; COL.; 120'; GERMANIA, 1978. ■ BERLINO 2 PR; DAVID DI DONATELLO 1 PR, 1 NOM.

MATRIMONIO DI TUYA, IL *(Tuya de hun shi)* ★★
Regia di WANG QUANAN. Con YU NAN. ■ Tuya è una giovane donna della Mongolia che, vive con Barter (il marito paralizzato) e i due figli in una zona semidesertica. La loro fonte di sostentamento è la pastorizia. Tuya però non riesce più a reggere la fatica e le responsabilità. Accetta quindi di divorziare e risposarsi, ma con un uomo che si prenda cura non solo dei suoi figli ma anche di Barter. C'è un vicino interessato a lei ma le sue iniziative velleitarie (compreso il timore che nutre nei confronti di una moglie vessatrice da cui vorrebbe separarsi) lo rendono inaffidabile. Tutto sembra sistemarsi quando fa la sua comparsa un ex compagno di scuola di Tuya, tornato a casa dopo essersi arricchito con il petrolio. L'uomo è pronto a prendersi carico di tutto. Il film ci ricorda poi (anche se non tematizza la questione) che oggi l'immagine di Mao continua a campeggiare. ■ DRAMMATICO; COL.; 96'; CINA, 2006.

MATRIMONIO D'OCCASIONE *(As Good as Married)* ★★
Regia di EDWARD BUZZELL. Con TALA BIRELL, JOHN BOLES, LLOYD NOLAN, WALTER PIDGEON. ■ Una segretaria è innamorata del suo capufficio. Un giorno le propone di sposarla, ma non è per amore. Solo per poter avere una facilitazione fiscale. La donna accetta perché spera di farlo innamorare. Difatti ci riesce. ■ COMMEDIA; B/N; 93'; USA, 1937.

MATRIMONIO E STUPRO ★★
(Rape and Marriage: The Rideout Case)
Regia di PETER LEVIN. Con LINDA HAMILTON, MICKEY ROURKE, RIP TORN. ■ Interpretato da un giovane Mickey Rourke, il film è la trasposizione di un caso giudiziario svoltosi negli Stati Uniti sul finire degli anni Settanta. Greta Rideout accusò il marito di violenza carnale e ne seguì un processo in tribunale. Film di taglio televisivo, è diretto e interpretato con poca convinzione. ■ DRAMMATICO; COL.; 95'; USA, 1980.

MATRIMONIO È UNA COSA SERIA, IL ★★
(Look Before You Love)
Regia di HAROLD HUTH. Con GRIFFITH JONES, MARGARET LOCKWOOD, NORMAN WOOLAND. ■ Durante la seconda guerra mondiale, una ragazza inglese conosce a Rio de Janeiro un truffatore e lo sposa ignorando le sue losche attività. Quando le scopre, cerca di redimerlo, ma invano. L'uomo anzi la spinge tra le braccia di un riccone per potergli estorcere dei quattrini. Pessima idea: la moglie si innamora del riccone. ■ COMMEDIA; B/N; 96'; GRAN BRETAGNA, 1946.

MATRIMONIO È UN AFFARE DI FAMIGLIA, IL ★★★
(Clubland)
Regia di CHERIE NOWLAN. Con BRENDA BLETHYN, EMMA BOOTH, KHAN CHITTENDEN, RUSSELL DYKSTRA, REBECCA GIBNEY, FRANKIE J. HOLDEN, RICHARD WILSON [II]. ■ Jean Dwight in passato è stata sul punto di diventare famosa come cabarettista. Il matrimonio con un cantante e la nascita di due figli (uno dei quali affetto da handicap) hanno interrotto il suo percorso di artista. Ora lavora come cuoca, ha divorziato e si esibisce in locali di seconda categoria. La sua vita potrebbe scorrere in una malinco-

nica tranquillità se non fosse che il figlio adolescente Tim conosce l'avvenente Jill, della quale si innamora con troppa... intensità. Jean non riesce a non intromettersi nella vita amorosa dei due ragazzi, rischiando in più di un'occasione di provocare una rottura. Dopo che avrà conosciuto la possibile futura nuora, la situazione si farà ancora più complessa. Il tutto è raccontato con leggerezza. ■ COMMEDIA; COL.; 109'; AUSTRALIA, 2007.

MATRIMONIO È UN AFFARE PRIVATO, IL ★★
(Marriage is a Private Affair)
Regia di ROBERT Z. LEONARD. Con JAMES CRAIG, JOHN HODIAK, LANA TURNER. ■ Matrimonio d'amore fra un giovane ufficiale e una bella bionda. Poi lui viene smobilitato, passa il tempo delle romanticherie, crescono i dissapori. I due divorziano, ma la donna, dopo qualche esperienza sentimentale fallimentare, sente il richiamo della famiglia. Si riconcilierà con il marito. ■ COMMEDIA; B/N; 116'; USA, 1946.

MATRIMONIO IDEALE, UN *(The Perfect Marriage)* ★★★
Regia di LEWIS ALLEN. Con BRODERICK CRAWFORD, DAVID NIVEN, LORETTA YOUNG. ■ Una coppia di coniugi, considerata ideale per i dieci anni di perfetta armonia, naviga verso una grave crisi: per via del nervosismo di lui (troppo stressato dal lavoro) e della credulità di lei (che presta fede alle troppe lingue maligne). Finisce che si lasciano e si cercano nuovi amori. Ma presto lui è preso dalla nostalgia di lei. ■ COMMEDIA; B/N; 87'; USA, 1947.

MATRIMONIO IMPOSSIBILE *(The In-Laws)* ★★
Regia di ANDREW FLEMING. Con CANDICE BERGEN, ALBERT BROOKS, MICHAEL DOUGLAS, RYAN REYNOLDS, LINDSAY SLOANE. ■ Un agente della Cia sotto copertura deve presenziare assolutamente al matrimonio del figlio. Prima del lieto evento, assecondando il rito comune, conosce il suocero pignolo e rompiscatole che inevitabilmente viene coinvolto contro volontà in intricate vicende di traffici d'armi. Fra boss dall'anima gay e belle donne poco affidabili, i due impavidi padri hanno un solo obiettivo, portare all'altare i loro figli. Ispirato a un modello inarrivabile come *Una strana coppia di suoceri*, *Matrimonio impossibile* si inserisce nel filone della commedia americana dalla risata facile. Bisogna ammettere che Michael Douglas nei panni dell'agente segreto è a tratti irresistibile. ■ COMMEDIA; COL.; 97'; GERMANIA, USA, 2003.

MATRIMONIO IN FAMIGLIA *(Our Family Wedding)* ★★
Regia di RICK FAMUYIAWA. Con AMERICA FERRERA, LANCE GROSS, REGINA KING, CARLOS MENCIA, FOREST WHITAKER. ■ Lucia e Marcus si sono conosciuti al college, si sono piaciuti e ora stanno insieme. Hanno deciso di sposarsi ed è quindi tempo di tornare a casa e di annunciare le prossime nozze alle rispettive famiglie. Ma... c'è un ma. Lucia proviene da una famiglia messicana e Marcus è un afroamericano. Per di più i loro reciproci padri hanno già avuto occasione di incontrarsi e scontrarsi. Quando i genitori apprendono la bella notizia non decidono di fare buon viso a cattivo gioco ma confermano le reciproche diffidenze. ■ COMMEDIA; COL.; 90'; USA, 2010.

MATRIMONIO IN QUATTRO *(The Marriage Circle)* ★★
Regia di ERNST LUBITSCH. Con MONTE BLUE, CREIGHTON HALL, ADOLPHE MENJOU, MARIE PREVOST, FLORENCE VIDOR. ■ Tra le sue commedie più efficaci, *Matrimonio in quattro* (1924) è un esempio classico della produzione del regista berlinese, approdato negli Stati Uniti. Il famoso "tocco alla Lubitsch", ciò che Billy Wilder descrisse come la singolare capacità di dare anche ai particolari minimi la brillantezza e la leggerezza dell'arguzia, avvolge tutta la pellicola, interpretata da attori del calibro di Monte Blue, Florence Vidor, Marie Prevost e Adolphe Menjou. ■ COMMEDIA; B/N; 77'; USA, 1924.

MATRIMONIO MOVIMENTATO, UN ★★
(Der Florentiner Hut)
Regia di WOLFGANG LIEBENEINER. Con HERTI KIRCHNER, HEINZ RÜHMANN. ■ Il cavallo di un giovane che sta recandosi al proprio matrimonio mangia il cappello di paglia di una signora. Il giovanotto deve trovare subito un cappello uguale per salvare l'onore della donna. L'affannosa ricerca continua durante e subito dopo il matrimonio. ■ COMMEDIA; B/N; 92'; GERMANIA, 1939.

MATRIMONIO PER COLPA ★
(Getting Away with Murder)
Regia di HARVEY MILLER. Con DAN AYKROYD, BONNIE HUNT, JACK LEMMON, LILY TOMLIN. ■ Un professore di etica si convince che il suo tranquillo vicino di casa sia un un criminale di guerra nazista. Cerca di eliminarlo ma nasce l'interesse per la figlia del vicino. Commedia insulsa nonostante il cast di richiamo. ■ COMMEDIA; COL.; 92'; USA, 1996.

MATRIMONIO PERFETTO, UN ★★
(Die volkommene Ehe)
Regia di FRANZ JOSEF GOTTLIEB. Con INGRID BACK, REINER BRANDT, FRANZ NOSSAK. ■ Finto documentario tratto dall'opera del professor Van der Velde. La tesi è che per un matrimonio perfetto l'intesa spirituale e fisica deve essere completa. ■ DOCUMENTARIO; COL.; 91'; GERMANIA, 1968.

MATRIMONIO SOTTO ASSEDIO *(Mr. Reliable)* ★★
Regia di NADIA TASS. Con COLIN FRIELS, JACQUELINE MCKENZIE, GEOFF MORRELL. ■ Un bentornato alla coppia Tass-Friels, regista e attore di *Malcolm*, un divertente film degli anni Ottanta. In questo nuovo film un uomo esce dal carcere e decide dapprima di rapire e poi sposare una donna con bambina. Ambientato nel 1968 a Sydney. ■ COMMEDIA; COL.; 112'; AUSTRALIA, 1996.

MATRIMONIO TARDIVO *(Hatuna Meuheret)* ★★★
Regia di DOVER KOSHASHVILI. Con LIOR LOUIE ASHKENAZI, ROZINA CAMBOS, RONIT ELKABETZ, MONI MOSHONOV. ■ Israele. Zaza, ebreo di origine georgiana, ha trentadue anni e non è ancora sposato. Questo è un problema per la sua famiglia che vorrebbe per lui una fanciulla vergine, di buona famiglia e ricca. I suoi genitori non smettono di proporgli ragazze da marito ma l'uomo trova sempre una scusa per sottrarsi. Perché lui una compagna ce l'ha già: Judith, divorziata e con una figlia di sei anni. Ma il momento della scelta non può essere ulteriormente procrastinato. Opera prima di un regista anche lui scapolo e che ne ammette la semiautobiografia. *Matrimonio tardivo* si segnala per la più lunga e più giocosa scena di sesso vista al cinema che nella copia italiana sembra più corta dell'originale. ■ COMMEDIA; COL.; 102'; FRANCIA, ISRAELE, 2002.

MATRIX ★★★
Regia di ANDY WACHOWSKI, LARRY WACHOWSKI. Con LAURENCE FISHBURNE, GLORIA FOSTER, CARRIE ANNE MOSS, JOE PANTOLIANO, KEANU REEVES. ■ Un mondo che sembra reale ed è invece solo un paravento per nascondere la realtà vera. Seguendo un tatuaggio sulla spalla di una ragazza, l'hacker Neo scopre che la cosiddetta "realtà" è solo un impulso elettrico fornito al cervello degli umani da un'intelligenza artificiale. La Terra era sopravvissuta alla catastrofe ma l'umanità ha avuto bisogno delle macchine per sopravvivere. E queste hanno vinto. Ma le macchine necessitano degli uomini e della loro energia. L'illusione in cui li fanno vivere è finalizzata a "coltivarli" meglio. Nessuno è a conoscenza del tempo che è passato da quando il neurosimulatore ha assegnato una data fittizia al tempo. Solo Neo, con l'aiuto del pirata informatico Morpheus e della bella Trinity, può tentare di scoprire la verità. Ma non sarà facile. I fratelli Wachowski al loro secondo lungometraggio (dopo *Bound, Torbido inganno*) fanno centro al box office (solo nelle prime due settimane di programmazione settantatré milioni di dollari negli Usa) e dividono il pubblico in due fasce nettamente distinte. Chi ha più di trent'anni fatica ad entrare nella "logica" del film. Chi ne ha meno replica: «è la logica del computer». Inserita in un mixer abilmente shakerato di filosofia orientale e arti marziali, di mitologia e di *science fiction* in cui il percorso che condurrà "oltre lo specchio" vede in Neo (vistoso anagramma di One) la neo-Alice travestita da Ulisse. Chi non ama gli effetti speciali ne trova troppi in questo film. Cinema *patchwork* quello dei Wachowski? Forse. Ma anche cinema capace di rappresentare un futuro che è già presente nella sua mescolanza (che non è amalgama) di dati, di esperienza e di cultura lontanissimi tra loro. Con un solo difetto di fondo. L'inevitabile, annunciato seguito di un'opera che dovrebbe invece restare un *unicum*. ■ FANTASCIENZA; COL.; 133'; USA, 1999. ■ OSCAR 4 PR, 4 NOM.

MATRIX RELOADED ★★★
Regia di ANDY WACHOWSKI, LARRY WACHOWSKI. Con RAY ANTHONY, MONICA BELLUCCI, LAURENCE FISHBURNE, CARRIE ANNE MOSS, JADA PINKETT, KEANU REEVES, HUGO WEAVING. ■ La Profezia vuole che la guerra tra uomini e macchine possa avere fine ma Neo vuole andare a fondo, oltre la fede che pervade Morpheus. Si trova così dinanzi a risposte impreviste e a una nuova lotta per liberare la propria mente da Matrix. Un film dal successo garantito grazie a un attento dosaggio degli elementi di cui sopra, ma altrettanto sicuramente fastidioso per quella parte di pubblico che alla terza esibizione coreografica di combattimento aereo non ne può più e non si fa recuperare dalla successiva riflessione parafilosofica sui destini dell'umanità. ■ FANTASCIENZA; COL.; 138′; USA, 2003.

MATRIX REVOLUTIONS *(The Matrix Revolutions)* ★★
Regia di ANDY WACHOWSKI, LARRY WACHOWSKI. Con MONICA BELLUCCI, LAURENCE FISHBURNE, CARRIE ANNE MOSS, JADA PINKETT, KEANU REEVES, HUGO WEAVING. ■ Neo, in coma dall'episodio precedente, è stato intrappolato dal Merovingio in una sorta di terra di mezzo tra la matrice e il mondo reale. Smith impazza dentro e fuori la Matrice a suo piacimento mentre Zion, avamposto della resistenza umana, si prepara allo scontro diretto – e finale – con le macchine. Nel terzo capitolo della saga, Zion diviene il campo di battaglia tra i risorti umani e i loro tiranni, mentre Neo, Trinity e Morpheus decidono di giocarsi l'ultima carta: andare a colpire il nemico nella sua tana, la città delle macchine. Inutile dire che trattasi di impresa da compiere al costo della vita stessa. *The matrix revolutions* dimostra una volta di più come un buon – anzi, ottimo – *concept* possa svilirsi a forza di ripetizioni non richieste, giustificate solo dalla voglia di guadagnare il proverbiale dollaro in più. La minaccia appena adombrata di un ulteriore seguito non lascia tranquilli. ■ FANTASCIENZA; COL.; 128′; USA, 2003.

MATTA MATTA MATTA CORSA IN RUSSIA, UNA ★★
Regia di FRANCO PROSPERI, ELDAR RJAZANOV. Con GIGI BALLISTA, TANO CIMAROSA, NINETTO DAVOLI, ALIGHIERO NOSCHESE. ■ Una vecchia signora morente in un ospedale romano rivela durante l'agonia di aver lasciato un tesoro sotto uno dei leoni di Leningrado. È il segnale per una caccia al tesoro che coinvolge una mezza dozzina di persone (fra cui gli infermieri romani). Alla fine il grisbi viene ritrovato. Ma sotto un leone vivo. ■ COMICO; COL.; 90′; ITALIA, URSS, 1973.

MATTATOIO 5 *(Slaughterhouse Five)* ★★★
Regia di GEORGE ROY HILL. Con RON LEIBMAN, VALERIE PERRINE, MICHAEL SACKS. ■ Protagonista è un giovane americano di nome Pilgrim che passa un mucchio di amarissime esperienze (catturato dai tedeschi durante la guerra si fa quattro anni in un lager). Quando torna a casa, le disgrazie non sono finite. La moglie muore. Pilgrim si rinchiude sempre più in se stesso e sviluppa sconcertanti fantasie durante le quali crede di vivere su un altro pianeta. ■ DRAMMATICO; COL.; 104′; USA, 1972. ■ CANNES 1 PR.

MATTATORE, IL ★★★
Regia di DINO RISI. Con MARIO CAROTENUTO, PEPPINO DE FILIPPO, ANNA MARIA FERRERO, VITTORIO GASSMAN, DORIAN GRAY. ■ Un tranquillo impiegato, coniugato e pantofolaio, coglie sul fatto un ladruncolo introdottosi con l'astuzia in casa sua. Invece di farlo arrestare, gli racconta la sua vita. In passato è stato un suo collega, un grande truffatore (lo vediamo imbrogliare alti ufficiali, giornalisti, gioiellieri). ■ COMMEDIA; B/N; 104′; ITALIA, 1960.

MATTATORE DI HOLLYWOOD, IL *(The Errand Boy)* ★★
Regia di JERRY LEWIS. Con BRIAN DONLEVY, JERRY LEWIS, RENÉE TAYLOR, DICK WESSON. ■ Jerry Lewis ha la parte di un fattorino impiegato presso una casa cinematografica. Per le sue mille sbadataggini sta per essere licenziato. Ma un giorno, con una gaffe più clamorosa delle altre, suggerisce al regista di impiegarlo come attore nei film comici. ■ COMICO; COL.; 92′; USA, 1961.

MATTA VOGLIA DI DONNA, UNA *(Les baisers)* ★★
Regia di CLAUDE BERRI, CHARLES L. BITSCH, JEAN-FRANÇOIS HAUDUROY, BERTRAND TAVERNIER. Con MARIE-FRANCE BOYER, LOREDANA NUSCIAK, LETICIA ROMAN, BARBARA STEELE. ■ Cinque episodi sul tema unico dei baci. Tutti vogliono baciare. Una giovane signora per tradire il marito, tre sedicenni che da lì vogliono iniziare le loro esperienze sessuali, un giovanotto che nonostante l'età non più adolescenziale non ha ancora cominciato, un vitellone per vincere una scommessa. C'è infine la donna di un gangster che promette (con una specie di "bacio di Giuda") di denunciare in tal modo il suo uomo alla polizia. ■ COMMEDIA; B/N; 90′; FRANCIA, ITALIA, 1964.

MATT HELM IL SILENZIATORE *(The Silencers)* ★★★
Regia di PHIL KARLSON. Con CYD CHARISSE, JAMES GREGORY, DEAN MARTIN, STELLA STEVENS. ■ Il primo episodio di una fortunata serie giallo-spionistica. Matt Helm qui ha l'incarico di scoprire e neutralizzare una terribile associazione segreta che minaccia di distruggere la Terra. Vi riesce. ■ AVVENTURA; COL.; 102′; USA, 1966.

MATT HELM NON PERDONA *(Murderers' Row)* ★★★
Regia di HENRY LEVIN. Con JAMES GREGORY, KARL MALDEN, ANN MARGRET, DEAN MARTIN, CAMILLA SPARV. ■ Stavolta Matt Helm ha a che fare con un miliardario assetato di dominio che è in possesso di un terribile raggio in grado di incenerire intere città. Per far funzionare l'arma il criminale però ha bisogno di un celebre scienziato che fa rapire. Matt Helm, aiutato dalla figlia del professore, s'introduce nel covo del miliardario e libera lo scienziato. ■ AVVENTURA; COL.; 108′; USA, 1966.

MATTI A HONG KONG *(Crazy Hong Kong)* ★
Regia di WELLSON CHIN. Con CARINA LAU, NIXAU, CECILIA YIP. ■ Una donna in carriera di Hong Kong si reca in Africa per occuparsi di uno spot sugli hamburger. Qui incontra un giovane indigeno che si innamora di lei, la salva con l'aiuto di un leone e resta intrappolato nel suo aereo per il volo di ritorno. L'africano si ritrova così nella giungla d'asfalto di Hong Kong. I guai non tardano ad arrivare. Quelle che non arrivano sono invece le risate che il regista sembra aspettarsi. ■ COMICO; COL.; 98′; USA, 1994.

MATTI DA SLEGARE – NESSUNO O TUTTI ★★★
Regia di SILVANO AGOSTI, MARCO BELLOCCHIO, SANDRO PETRAGLIA, STEFANO RULLI. ■ Documentario girato all'interno dell'istituto psichiatrico di Colorno in provincia di Parma, per sottolineare l'intento dello psichiatra Franco Basaglia di non emarginare i malati mentali in ghetti costrittivi. ■ DOCUMENTARIO; B/N; 140′; ITALIA, 1975.

MATTINO DI PRIMAVERA ★★
Regia di GIACINTO SOLITO. Con LAURA CARLI, BRUNO CAROTENUTO, MEMMO CAROTENUTO, ANDREA CHECCHI. ■ Filmetto sentimentale. I protagonisti sono due liceali fidanzatini platonici. Un giorno marinano la scuola, trascorrono il pomeriggio ad Ostia, ma si guasta la moto e i due sono costretti a passare la notte fuori. I genitori quando arrivano a casa non la prendono bene. ■ COMMEDIA; B/N; 92′; ITALIA, 1957.

MATTINO DOPO, IL *(The Morning After)* ★★★
Regia di SIDNEY LUMET. Con JEFF BRIDGES, JANE FONDA, RAUL JULIA. ■ Ad Alex, attrice fallita e spesso ubriaca, maritata a Manero, parrucchiere di lusso, capita spesso di ritrovarsi in letti ignoti, ma questa volta quando si risveglia, si trova accanto al cadavere di un produttore di foto osé. Lo ha ucciso lei o qualcuno vuole incastrarla? Le dà una mano Turner Kendall, ex poliziotto, facendo qualche indagine. Scopre che il marito di Alex vuole divorziare per sposare una ricca giovane, Isabel, che egli stesso ricatta per delle foto scattatele dal produttore. Per evitare lo scandalo Isabel aveva architettato l'assassinio facendo ricadere la colpa su Alex. Un intricato e dinamico giallo con ottimi interpreti. ■ GIALLO; COL.; 103′; USA, 1986. ■ OSCAR 1 NOM.

MATTINO HA L'ORO IN BOCCA, IL ★★
Regia di FRANCESCO PATIERNO. Con GERARDO AMATO, FRANCESCO CASISA, LAURA CHIATTI, PIETRO FORNACIARI, ELIO GERMANO, UMBERTO ORSINI, FIORENZA PIERI, DONATO PLACIDO, MARTINA STELLA, GIANMARCO TOGNAZZI, DARIO VERGASSOLA. ■ Marco Baldini ha una fidanzata e un sogno: lavorare in un programma radiofonico. Aniello Apicello, direttore dell'emittente privata "Fantasy", gli affida un programma del mattino, ini-

ziandolo all'arte radiofonica e al gioco d'azzardo. Ascoltato e contattato da Renato Cecchetto, Marco ottiene un contratto a Radio Deejay. Lasciata Firenze, parte alla volta di Milano, dimenticando amici e debiti. Nonostante i successi raccolti dietro al microfono della più celebre radio nazionale, Marco non mancherà di mettersi nuovamente nei guai, giocando ai cavalli e accumulando un considerevole passivo. Spetterà alla famiglia, ai colleghi e ad un'inflessibile cassiera restituirgli il senno e la serenità. Patierno adatta per lo schermo il romanzo autobiografico di Marco Baldini. ■ COMMEDIA; COL.; 100'; ITALIA, 2007.

MATTO, IL ★★
Regia di FRANCO GIORNELLI. Con FAUSTA AVELLI, VALERIA CIANGOTTINI, FRANCO GIORNELLI, MICHELE MARIOLI. ■ Il vecchio Luca vive isolato nel bosco meditando per anni su una tragedia familiare. Soltanto due bambini riescono a scalfire la sua scontrosità, ma l'innocenza non è di questo mondo e Luca paga con la vita questa scoperta. ■ DRAMMATICO; COL.; 91'; ITALIA, 1979.

MATTO DUE MATTI TUTTI MATTI, UN ★★
Regia di PHILIPPE CLAIR. Con FRANCIS BLANCHE, SIDNEY CHAPLIN, NICOLA DEL GRANDE, ALDO MACCIONE. ■ Modesto impiegato di banca, al quale viene trapiantato il cuore di un potente boss mafioso, si improvvisa bandito. ■ COMMEDIA; COL.; 80'; FRANCIA, 1974.

MA TU MI AMI? *(M'agapas?)* ★
Regia di GEORGE PANOUSSOPOULOS. Con ANDREAS BARCOULIS, BETTY LIVANOU, ANTONIS THEODORAKOPOULOS. ■ Un film davvero brutto dalla Grecia. Presentato alla Mostra di Venezia. All'uscita al cinema aveva attirato i curiosi che credevano di vedere un film d'arte. Provocatorio sì ma girato male e con bassezze voyeuristiche. Un cinquantenne finisce all'ospedale dopo essere precipitato dalla terrazza mentre guardava una bella ragazza nuda. Pensa al passato. Alla morte c'è un trapianto di cuore e il fortunato ricevente prende il vizio di voyeur. ■ COMMEDIA; COL.; 95'; GRECIA, 1989.

MATZU QUELLO SPORCO ONESTO SBIRRO ★★
(Matzu)
Regia di YASUZO MASUMURA. Con SHINTARO KATSU, AKIRA NISHIMURA. ■ Matzu indaga sulla morte misteriosa di una ragazza. Scopre ben presto l'esistenza di un convento dove le monache vengono avviate alla prostituzione. Chi organizza il traffico è un losco individuo che s'atteggia ad antico samurai. ■ DRAMMATICO; COL.; 93'; GIAPPONE, 1966.

MAURICE ★★★
Regia di JAMES IVORY. Con DENHOLM ELLIOTT, HUGH GRANT, JAMES WILBY. ■ Dal romanzo (postumo) di E. M. Forster. Due compagni di università si legano di un'amicizia "particolare". Dopo la scuola, uno, timoroso della dura morale vittoriana, si sposa e cerca di dimenticare il suo passato omosessuale. Per l'altro è più difficile. Dopo essersi tormentato a lungo, finisce per accettare la propria condizione di "diverso". Ivory soddisfa la sua ambizione di portare in cinema il romanzo "proibito" di Forster, ma la tematica ormai suona un tantino scontata (dopo molti film sull'argomento). ■ DRAMMATICO; COL.; 140'; GRAN BRETAGNA, 1987. ■ OSCAR 1 NOM; VENEZIA 3 PR.

MAURIZIO, PEPPINO E LE INDOSSATRICI ★★
Regia di FILIPPO WALTER RATTI. Con MAURIZIO ARENA, MARA BERNI, PEPPINO DI CAPRI, GIUSEPPE PORELLI. ■ Tre indossatrici partono per una vacanza prendendo in prestito alcuni vestiti della sartoria per la quale lavorano. Ma il nipote del proprietario le insegue, deciso a strappare loro il maltolto. Naturalmente finirà per innamorarsi di una delle tre. ■ COMMEDIA; B/N; 92'; ITALIA, 1961.

MAVERICK ★★
Regia di RICHARD DONNER. Con JODIE FOSTER, JAMES GARNER, MEL GIBSON, GRAHAM GREENE. ■ Si tratta della trasposizione cinematografica di un famoso telefilm americano che originariamente era interpretato da James Garner, che qui fa la parte dello sceriffo. Maverick è un baro che ispira simpatia e fiducia. Girovaga tra un saloon e l'altro con Annabelle, anche lei ladra. I due incontrano a St. Louis uno sceriffo di pochi scrupoli. Nella ridente cittadina si tiene un torneo di poker. Mel Gibson fa troppe smorfie e la regia di Richard Donner non riesce a esaltare la vicenda. ■ WESTERN; COL.; 129'; USA, 1994. ■ OSCAR 1 NOM.

MA VIE EN ROSE ★★♉
Regia di ALAIN BERLINER. Con GEORGES DU FRESNE, JEAN-PHILIPPE ECOFFEY, MICHÈLE LAROQUE, HÉLÈNE VINCENT. ■ Un bambino dichiara «adesso sono un bambino, ma un giorno sarò una ragazza». L'affermazione, naturale in un piccolo, proiettata nel mondo adulto diventa dibattito e scandalo. I genitori, apertissimi, si pongono domande, gli estranei sono più cattivi. La tesi del regista, alla sua prima opera è «le frontiere fra maschile e femminile sono sempre più labili». Noi aggiungiamo: «però esistono e la nostra speranza è che continuino ad esistere». Ha vinto il Golden Globe come miglior film straniero. ■ COMMEDIA; COL.; 88'; BELGIO, FRANCIA, 1997. ■ GOLDEN GLOBES ♉ 1 PR, 1 NOM.

MAX AMORE MIO *(Max mon amour)* ★★★
Regia di NAGISA OSHIMA. Con VICTORIA ABRIL, ANTHONY HIGGINS, CHARLOTTE RAMPLING. ■ Un diplomatico inglese a Parigi sospetta che la moglie lo tradisca. È vero, ma il rivale non è un uomo, bensì uno scimpanzé. A nulla valgono i suoi tentativi per distogliere la moglie da quell'assurda infatuazione; anzi, deve perfino accettare che l'animale venga ospitato in casa. Un giorno lo scimpanzé fugge, la moglie si dispera, ma l'animale torna, e con esso la pace familiare. ■ GROTTESCO; COL.; 98'; FRANCIA, 1986.

MAX E HELEN *(Max and Helen)* ★★
Regia di PHILIP SAVILLE. Con ALICE KRIGE, MARTIN LANDAU, TREAT WILLIAMS. ■ Film che denuncia duramente gli orrori e le torture dei lager tedeschi. Due fidanzati ebrei sopravvivono ai campi di concentramento e si ritrovano una volta finita la guerra. Solo dopo diversi anni lui si presenta da Wiesenthal, il nemico dei criminali nazisti, per narrare il suo incubo. ■ DRAMMATICO; COL.; 79'; USA, 1990.

MAX & JÉRÉMIE DEVONO MORIRE ★★
(Max et Jérémie)
Regia di CLAIRE DEVERS. Con CHRISTOPHER LAMBERT, JEAN-PIERRE MARIELLE, PHILIPPE NOIRET. ■ Un killer giovane e un po' fuori di testa (Jerémie) deve uccidere un vecchio professionista del crimine (Max): finiranno col ritrovarsi dalla stessa parte. La regista cambia stile ma è troppo incerta tra l'omaggio a Melville e gli intellettualismi del cinema francese dell'epoca. Noiret e Lambert la fanno da padroni. ■ THRILLER; COL.; 100'; FRANCIA, 1992.

MAX HEADROOM ★★
Regia di ANNABEL JANKEL, ROCKY MORTON. Con MATT FREWER, NICKOLAS GRACE, AMANDA PAYS. ■ Max Headroom si adopera con ogni mezzo per scoprire la verità sui misteriosi decessi accaduti a certe persone che stavano assistendo ai programmi del piccolo schermo. Interessante esperimento computerizzato con un robot-idolo, presentatore in televisione. ■ FANTASTICO; COL.; 60'; GRAN BRETAGNA, 1986.

MAXIE ★★
Regia di PAUL AARON. Con GLENN CLOSE, RUTH GORDON, MANDY PATINKIN. ■ Una bravissima Glenn Close, in un ruolo comico a lei insolito, interpreta il doppio ruolo della timida bibliotecaria Jan e di Maxie, diva del muto morta negli anni Trenta, che la "possiede" con il suo spirito inquieto trasformandola temporaneamente in affascinante vamp e attrice di successo. Scoppiettante commedia a lieto fine. ■ COMMEDIA; COL.; 90'; USA, 1985. ■ GOLDEN GLOBES 1 NOM.

MAXIMUM RISK ★
Regia di RINGO LAM. Con JEAN-HUGUES ANGLADE, ZACH GRENIER, NATASHA HENSTRIDGE, JEAN CLAUDE VAN DAMME. ■ Van Damme nei panni di un poliziotto di Nizza che scopre di avere un fratello gemello legato alla mafia di New York. L'uomo è stato ammazzato e il Nostro vuole vendicarlo. Si reca quindi negli Stati Uniti e affronta le inevitabili lotte corpo a corpo esibendo le proprie doti muscolari. Niente di nuovo sotto il sole. ■ AVVENTURA; COL.; 100'; USA, 1996.

MAXIMUM THRUST ★★
Regia di TIM KINCAID. Con RICK GIANASI, JENNIFER KANTER, MATT MITLER. ■ Possiede le armi più sofisticate ed è addestrato per la difesa delle personalità: è Waldo Warren, una guardia del

corpo che presta la sua professionalità a chiunque sia in grado di pagarla. Un giorno, mentre si trova a proteggere la vita di una temuta dittatrice, si scopre innamorato della figlia di quest'ultima. La ragazza, purtroppo, guida anche i rivoltosi che Waldo è incaricato di sterminare. ■ AZIONE; COL.; 90'; USA, 1987.

MAX KEEBLE ALLA RISCOSSA ★★★
(Max Keeble's Big Movie)
Regia di TIM HILL. Con JUSTIN BERFIELD, ORLANDO BROWN, ROBERT CARRADINE, CLIFTON DAVIS, NORA DUNN, JOSH GREY, ZENA GREY, ALEX LINZ, LARRY MILLER, AMBER VALLETTA. ■ Quando i genitori, Lily e Don, gli comunicano che la famiglia è in procinto di partire per delle possibili svolte professionali nel mestiere del padre, l'undicenne Max Keeble, stanco delle angherie che ha dovuto subire da presidi corrotti, insegnanti troppo severe, bulli della scuola e gelatai psicopatici, decide di mettere in atto terribili vendette trasformando la scuola elementare in un teatro machiavellico che vedrà puniti i suoi instancabili vessatori, ma che gli procurerà una notevole popolarità. ■ COMMEDIA; COL.; 86'; USA, 2001.

MAX PAX OLTRE I CONFINI DEL TEMPO ★★
(Ogú y Mampato en Rapa Nui)
Regia di ALEJANDRO ROJAS TÉLLEZ. ■ Mampato è un bambino come tanti, ma ha qualcosa che lo rende molto speciale: può viaggiare attraverso il tempo e lo spazio grazie ad un cinturone magico. Affascinato dalle storie che suo padre gli racconta riguardo l'isola di Pasqua (Rapanui), Mampato decide di andare sull'isola col suo amico Ogù e scoprirne i misteri. Lì conoscerà Marama, una simpatica bambina pasquense, e insieme sveleranno gli incredibili misteri dell'isola e vivranno emozionanti avventure. ■ ANIMAZIONE; COL.; 78'; CILE, 2002.

MAX PAYNE ★★
Regia di JOHN MOORE. Con BEAU BRIDGES, MILA KUNIS, DONALD LOGUE, LUDACRIS, MARK WAHLBERG. ■ Max Payne è un poliziotto arrabbiato e determinato a vendicare la morte violenta della sua famiglia. Emotivamente instabile, Payne lavora all'archivio casi irrisolti, alimentando il suo dolore e la sua collera. La morte del suo ex collega e di una spregiudicata bellezza russa, lo induce a investigare nei bassifondi della città, armato di una doppia Beretta. Ossessionato dalla vendetta e perseguitato da demoni e angeli neri, scoprirà presto un legame tra gli omicidi. La verità farà male, il castigo sarà impietoso, la vendetta definitiva. ■ AZIONE; COL.; 100'; USA, 2008.

MAYA ★★★
Regia di JOHN BERRY. Con L. S. JOHAR, JAY NORTH, CLINT WALKER. ■ In India un ragazzino attraversa il paese, assieme a un coetaneo e a un'elefantessa, per ritrovare il padre, celebre cacciatore. Il padre però è in crisi. Le ferite riportate durante l'agguato di una tigre gli hanno fatto conoscere la paura. Si riprenderà quando dovrà battersi per difendere il figlio. ■ AVVENTURA; COL.; 91'; USA, 1965.

MAYA ★★
Regia di MARCELLO AVALLONE. Con WILLIAM BERGER, CYRUS ELIAS, MARIELLA VALENTINI. ■ Un vecchio archeologo trova la morte ai piedi della piramide del dio Xibalbay nello Yucatán. La figlia del morto arriva da quelle parti per conoscere le cause del decesso. L'assassino non è un uomo, ma l'incarnazione dell'antico dio che si manifesterà durante la difesa dei morti (non prima d'aver eliminato con i suoi oscuri poteri un'altra mezza dozzina di persone). ■ HORROR; COL.; 100'; ITALIA, 1988.

MAYBE BABY ★★
Regia di BEN ELTON. Con HUGH LAURIE, ADRIAN LESTER, JAMES PUREFOY, JOELY RICHARDSON, EMMA THOMPSON. ■ Una coppia felicemente sposata: lui, Sam, valuta copioni per la BBC, lei, Lucy, lavora in un'agenzia di casting. Ma c'è un problema: i due non riescono ad avere figli. Quando a Sam (Hugh Laurie) viene la "brillante" idea di scrivere un libro sul suo matrimonio e sulla sterilità prendendo spunto dal diario della moglie, Lucie (Joely Richardson) si indigna, e comincia la crisi. Anche se la trama finisce per complicarsi troppo, a rendere divertente il film contribuiscono, oltre alla simpatia dei due protagonisti (Laurie è il celebre Dr. House televisivo), anche la breve partecipazione del bravissimo Rowan Atkinson (più conosciuto come Mr. Bean) nei panni del ginecologo. ■ COMMEDIA; COL.; 104'; GRAN BRETAGNA, 1999.

MAYERLING ★★★
Regia di ANATOLE LITVAK. Con CHARLES BOYER, DANIELLE DARRIEUX, GABRIELLE DORZIAT. ■ La prima (e la migliore) delle versioni cinematografiche sulla tragedia di Mayerling. Rodolfo all'inizio contesta il padre, l'imperatore Francesco Giuseppe, e capeggia anche una dimostrazione di studenti contro di lui. Per le sue idee libertarie, il principe è avversato a corte, e il suo amore con la Vetsera, se reso pubblico, provocherebbe uno scandalo che forse travolgerebbe la monarchia. Stretto nella morsa delle sue idee e dei suoi doveri, Rodolfo sceglie il suicidio e assieme all'amata Vetsera si toglie la vita nel capanno di caccia della tenuta di Mayerling. ■ STORICO; B/N; 101'; FRANCIA, 1936.

MAYERLING ★★
Regia di TERENCE YOUNG. Con CATHERINE DENEUVE, AVA GARDNER, JAMES MASON, OMAR SHARIF. ■ Remake dell'omonimo film di Anatole Litvak. ■ STORICO; COL.; 130'; GRAN BRETAGNA, 1967.

MAYFLOWER MADAM ★★
Regia di LOU ANTONIO. Con CANDICE BERGEN, CHITA RIVERA, CHRIS SARANDON. ■ La storia di Sydney Biddle Barrows, una fanciulla aristocratica (discendente persino da uno dei pionieri della nave *Mayflower*) che divenne la proprietaria di uno dei più famosi (anzi famigerati) bordelli di lusso di New York. La stessa Barrows (oltreché consulente "tecnica" del film) compare come interprete, nella parte di un'anziana amica di se stessa (interpretata con encomiabile impegno dalla Bergen). ■ DRAMMATICO; COL.; 100'; USA, 1987.

MAYHEM ★
Regia di JOSEPH MERHI. Con PAMELA DIXON, RAYMOND MARTINO. ■ Due uomini sono sulle tracce delle loro donne, misteriosamente scomparse. Le loro ricerche li porteranno in ambienti dove l'uso di droghe e lo sfruttamento della prostituzione sono sovrani. ■ DRAMMATICO; COL.; 85'; USA, 1987.

MAZEPPA ★★
Regia di GUSTAV HOLUBEK. Con JERZY BONZAK, ZBIGNEW ZAKORIEWICZ, MAGDALINE ZAWADAKA. ■ Dal drammone (rappresentatissimo dalle filodrammatiche ottocentesche) di Julius Slokaki. Mazeppa è un giovane paggio innamorato della moglie di un castellano. La donna non ha ceduto alle sue profferte d'amore, ma non ha voluto per fierezza offrire spiegazioni al geloso marito. Il paggio è condannato a morire legato sul dorso di un cavallo al galoppo. ■ DRAMMATICO; COL.; 92'; CECOSLOVACCHIA, 1980.

MAZINGA CONTRO GLI UFO ROBOT ★★
(Great Mazinger Z vs. Devilman, Ufo Robot gredizer vs. Great Mazinger, Great Mazinger vs. Getter Robot)
Produzione TOEI DOGA. ■ Tre episodi, tre vittorie di Mazinga, robot gigante. ■ ANIMAZIONE; COL.; 93'; GIAPPONE, 1978.

MAZINGA CONTRO GOLDRAKE ★★
(Adventure of Tora-Jan)
PRODUZIONE TOEI DOGA. ■ Cinque episodi della serie televisiva cuciti insieme, nei quali il grande Mazinga, aiutato dall'amico Goldrake, combatte i nemici che vorrebbero distruggere la Terra. ■ ANIMAZIONE; COL.; 91'; GIAPPONE, 1979.

MAZURKA DEL BARONE, DELLA SANTA E DEL FICO FIORONE, LA ★★
Regia di PUPI AVATI. Con DELIA BOCCARDO, GIANNI CAVINA, UGO TOGNAZZI, PAOLO VILLAGGIO. ■ Un albero di fichi situato nelle terre di un barone della bassa padana è da molti secoli oggetto di venerazione. Il barone, storpio e ateo, un giorno vede una ragazza issata sul fico in atteggiamento benedicente e la scambia per la santa venerata dai suoi paesani. Subito l'aristocratico si converte e decide di dare i suoi beni a un istituto religioso. In realtà è stato vittima di un imbroglio e la santa è una prostituta che s'è prestata al raggiro. ■ COMMEDIA; COL.; 110'; ITALIA, 1975.

MAZURKA DI PAPÀ, LA ★★
Regia di ORESTE BIANCOLI. Con ELSA DE GIORGI, VITTORIO DE

SICA, UMBERTO MELNATI, GIUSEPPE PORELLI. ■ È la storia di due amici nel periodo a cavallo fra diciannovesimo e ventesimo secolo. Uno è ufficiale, tutto dovere e famiglia, l'altro è un playboy amante della bella vita, delle attività avventurose (come la nascente industria del cinema) e delle sciantose. Alla fine il figlio dell'ufficiale sposerà la figlia del playboy. ■ COMMEDIA; B/N; 91'; ITALIA, 1938.

MAZURKA LE SVEDESI LA BALLANO A LETTO, LA *(Mazurka på Sengekanten)* ★★
Regia di JOHN HILBARD. Con ANNIE BIRGIT, NADIA GUNILLA, PAUL HAGEN. ■ Un giovanotto che ha fatto brillante carriera nell'insegnamento ha buone probabilità di diventare preside. Ma la nomina dipende molto dal suo stato civile: il candidato non è sposato. Il giovane cerca in fretta una compagna. ■ COMMEDIA; COL.; 85'; DANIMARCA, 1970.

MAZURKA TRAGICA *(Mazurka)* ★★
Regia di WILLI FORST. Con POLA NEGRI, ALBRECHT SCHOENHALS, INGEBORG TEEK. ■ Una bella donna, cantante di cabaret, uccide un compositore. Al processo rivela il movente. L'uomo stava per sedurre una ragazzina. La quasi sedotta non lo sa ma è la figlia della cantante. I giudici commossi condannano la donna a una pena molto mite. ■ DRAMMATICO; B/N; 90'; AUSTRIA, 1935.

MAZZABUBÙ... QUANTE CORNA STANNO QUAGGIÙ? ★
Regia di MARIANO LAURENTI. Con ISABELLA BIAGINI, MARIOLINA CANNULI, NADIA CASSINI, CARLO GIUFFRÈ. ■ Un uomo parla delle corna altrui e scopre di essere cornuto. ■ COMMEDIA; COL.; 91'; ITALIA, 1971.

MAZZATA, LA *(Thunderbolt)* ★★★
Regia di JOSEF VON STERNBERG. Con RICHARD ARLEN, GEORGE BANCROFT, FAY WRAY. ■ La tragica vicenda di un gangster, rivale in amore di un impiegato, che finirà per pentirsi. ■ POLIZIESCO; B/N; 92'; USA, 1929. ■ OSCAR 1 NOM.

MAZZETTA, LA ★★★
Regia di SERGIO CORBUCCI. Con MARISA LAURITO, NINO MANFREDI, IMMA PIRO, PAOLO STOPPA, UGO TOGNAZZI. ■ Sasà, finto avvocato napoletano, ha l'incarico di trovare la figlia di un industriale scomparsa. Il compenso sarà una "mazzetta" di banconote. La mazzetta si ingrossa col procedere delle indagini (e proporzionalmente al "marcio" che Sasà si trova a scoprire). Saltano fuori importanti connivenze e una corruzione che ha le sue radici molto in alto. Morti a non finire e finale che lascia tutto come prima. ■ GIALLO ROSA; COL.; 115'; ITALIA, 1978.

M. BUTTERFLY ★★★
Regia di DAVID CRONENBERG. Con JEREMY IRONS, JOHN LONE, IAN RICHARDSON. ■ Un diplomatico francese in Cina si innamora di una cantante d'opera. È convinto di aver trovato la propria Butterfly ma non si rende conto che si tratta di un uomo che, oltre a tutto, comunica quanto lui rivela al proprio governo. Cronenberg si conferma indagatore di corpi e anime e dell'ambiguità della loro interazione anche se, quando pretende di fare cronaca (un caso analogo è realmente accaduto), rischia delle incongruenze. Come nella scena rivelatrice sul furgone cellulare in cui i due detenuti possono stare insieme senza neppure una guardia che li controlli. ■ DRAMMATICO; COL.; 100'; USA, 1993.

MCBAIN ★★
Regia di JAMES GLICKENHAUS. Con MARIA CONCHITA ALONSO, MICHAEL IRONSIDE, CHRISTOPHER WALKEN. ■ Ex prigioniero americano in Vietnam viene contattato dalla sorella del commilitone che gli salvò la vita diciotto anni prima; dovrà vendicare l'amico, ucciso dai narcotrafficanti colombiani durante un colpo di Stato. In cento contro uno, alla fine (inevitabilmente) vincerà lui. Lo sguardo gelido di Christopher Walken (*La zona morta*, *Pulp Fiction*, *Batman – Il ritorno*) e un cast di rilievo non bastano a risollevare le sorti di questo b-movie: solo per *aficionados*. ■ GUERRA; COL.; 102'; USA, 1991.

M5 CODICE DIAMANTI *(A Man Could Get Killed)* ★★★
Regia di RONALD NEAME. Con SANDRA DEE, ANTHONY FRANCIOSA, JAMES GARNER, MELINA MERCOURI. ■ Un banchiere americano di passaggio a Lisbona viene scambiato per un agente segreto. La capitale portoghese è in quel momento teatro di un grosso traffico di diamanti. Coinvolto suo malgrado in una lotta senza esclusione di colpi per il possesso delle pietre preziose, l'americano si destreggia con imprevista abilità. Recupera i diamanti, fa arrestare i contrabbandieri e sposa una bella vedova. ■ SPIONAGGIO; COL.; 90'; USA, 1966.

MCKLUSKY METÀ UOMO E METÀ ODIO ★★★
(White Lightning)
Regia di JOSEPH SARGENT. Con NED BEATTY, MATT CLARK, BO HOPKINS, BURT REYNOLDS. ■ Gator McKlusky, contrabbandiere della Florida, è messo in galera per i suoi traffici. Gli viene però offerta la libertà a patto che collabori con gli agenti federali per smascherare le illecite attività dello sceriffo della contea. Gator accetta di buon grado, anche perché lo sceriffo è l'assassino di suo fratello. Dopo molte peripezie porterà a termine la missione. ■ AVVENTURA; COL.; 101'; USA, 1973.

MCLINTOCK *(McLintock!)* ★★★
Regia di ANDREW V. MCLAGLEN. Con YVONNE DE CARLO, MAUREEN O'HARA, JOHN WAYNE, PATRICK WAYNE. ■ McLintock è un allevatore texano amato e rispettato da tutti. Tranne che dalla propria moglie, una rossa grintosa che non gli ha perdonato un'avventuretta di molti anni prima. I due coniugi si rivedono in occasione del ritorno al villaggio natio della figliola, ormai donna fatta. Sarà l'occasione per un'ennesima battaglia fra marito e moglie che questa volta si concluderà con la riappacificazione. ■ WESTERN; COL.; 122'; USA, 1963.

MCVICAR ★★
Regia di TOM CLEGG. Con STEVEN BERKOFF, CHERYL CAMPBELL, ROGER DALTREY, ADAM FAITH. ■ Dal romanzo autobiografico di John McVicar: condannato a ventitré anni di carcere, McVicar evade soltanto per essere tradito e nuovamente imprigionato. Umiliato nel corpo e nello spirito, troverà dentro di sé la forza per elevarsi moralmente fino a riuscire a laurearsi in sociologia. Film duro, realistico e crudo, con in più la curiosità della rock-star Roger Daltrey, la voce solista dei gloriosi Who, nel ruolo principale. ■ DRAMMATICO; COL.; 111'; GRAN BRETAGNA, 1980.

M.D.C. – MASCHERA DI CERA ★★
Regia di SERGIO STIVALETTI. Con GABRIELLA GIORGELLI, ROBERT HOSSEIN, ROMINA MONDELLO, RICCARDO SERVENTI LONGHI. ■ Roma di fine diciannovesimo secolo. Il professor Boris è il direttore del Museo delle cere. Sonia viene assunta per preparare i costumi delle statue. Intanto in città un assassino semina morte. Un giornalista de «Il Messaggero» riuscirà a sistemare le cose e, in chiusura, l'inquietante museo farà la fine che merita. Un mago dei trucchi cinematografici made in Italy, si dà alla regia. Il risultato non è esaltante. ■ HORROR; COL.; 95'; FRANCIA, ITALIA, 1997.

MEA MAXIMA CULPA – SILENZIO NELLA CASA DI DIO ★★
(Mea Maxima Culpa: Silence in the House of God)
Regia di ALEX GIBNEY. Con AARON BALLARD, CHRIS COOPER, KYLE DONNERY, JAMEY SHERIDAN, JOHN SLATTERY. ■ Terry Kohut, Gary Smith, Pat Kuehn e Arthur Budzinski a dispetto delle apparenze, in comune hanno il fatto di essere tutti quanti *taken*. Con la serie fantascientifica spielberghiana, il documentario di Alex Gibney condivide l'idea che le quattro persone intervistate siano state segnate indelebilmente da un contatto "alieno". ■ DOCUMENTARIO; COL.; 106'; USA, 2012.

ME AND YOU AND EVERYONE WE KNOW ★★
Regia di MIRANDA JULY. Con HECTOR ELIAS, JOHN HAWKES, MIRANDA JULY, BRANDON RATCLIFF, NATASHA SLAYTON, MILES THOMPSON, NAJARRA TOWNSEND, CARLIE WESTERMAN, TRACY WRIGHT. ■ Il commesso di un negozio di calzature si separa dalla moglie; i due figlioletti sono spettatori innocenti di un gioco crudele. Una ragazza, Christine, che si sente un'artista, si innamora dell'uomo e cerca di averlo per sé. Due adolescenti provocano un adulto. Un mondo privo di amore e al limite della volgarità e dell'assurdo quello della July. Con alcune buone intuizioni che rischiano però di farsi soffocare dalla voglia (troppo esplicita) di stupire. ■ COMMEDIA; COL.; 90'; USA, GRAN BETAGNA 2005.

MEAN CREEK ★★★
Regia di JACOB AARON ESTES. Con RORY CULKIN, RYAN KELLEY, SCOTT MECHLOWICZ, TREVOR MORGAN, JOSH PECK, CARLY SCHROEDER. ■ Timido e minuto, Sam è vittima dell'attacco immotivato dell'arrogante George, bullo della scuola. In seguito al pestaggio, Rocky, fratello maggiore di Sam, escogiterà insieme ad altri due amici un piano per punire ed umiliare il corpulento bullo: con la scusa di un falso compleanno, il gruppo inviterà George a fare una gita, nel corso della quale dovrebbe consumarsi la vendetta. Resosi conto che George è in realtà un ragazzo solo e disadattato, Sam chiederà al fratello Rocky di abortire il piano, ma saranno le dinamiche del gruppo a determinare gli eventi, tra pulsioni adolescenziali e dolorosa acquisizione del senso di responsabilità. Regista e sceneggiatore qui al suo primo lungometraggio, Jacob Aaron Estes sviluppa con piglio realista e notevole sensibilità un racconto incentrato sul tema della crescita. ■ DRAMMATICO; COL.; 87′; USA, 2003.

MEAN GIRLS ★★★
Regia di MARK S. WATERS. Con LIZZY CAPLAN, LACEY CHABERT, TINA FEY, LINDSAY LOHAN, RACHEL MCADAMS, AMANDA SEYFRIED. ■ La quindicenne Candy Heron è una ragazza tenace e determinata, cresciuta in Africa e convinta di potersela cavare in ogni situazione. A farla convincere del contrario saranno le sprezzanti, superficiali e vanitose compagne di liceo che la ragazza conoscerà una volta tornata in America. Il regista Mark Waters, dopo *Quel Pazzo Venerdì*, dirige nuovamente la giovane stella di Hollywood Lindsay Lohan in questo brillante *teen-movie*. ■ COMMEDIA; COL.; 97′; USA, 2004.

MEAN MACHINE ★★
Regia di BARRY SKOLNICK. Con VAS BLACKWOOD, RALPH BROWN, VINNIE JONES, DAVID KELLY, JASON STATHAM, DAYN WILLIAMS. ■ Una volta c'era Burt Reynolds, campione galeotto di calcio americano (quello con la palla ovale). Adesso c'è David Kelly, nei panni di Dany, giocatore di football europeo, diciamo così. Viene accusato di aver truccato una partita, addirittura fra Germania e Inghilterra, e messo dentro. Il carcere vanta un'importante squadra di secondini. Quando Dany propone al direttore di formare una squadra di detenuti ecco che prende corpo una sfida che, com'è comprensibile, andrà ben oltre il nudo risultato sportivo. Dunque una sorta di remake di *Quella sporca ultima meta* (di Aldrich, con Reynolds appunto) con una forte memoria di *Fuga per la vittoria*. ■ DRAMMATICO; COL.; 98′; GRAN BRETAGNA, USA, 2001.

♥ MEAN STREETS ★★★★
Regia di MARTIN SCORSESE. Con ROBERT CARRADINE, CESARE DANOVA, ROBERT DE NIRO, HARVEY KEITEL. ■ Splendido spaccato della Little Italy. Terzo film di Martin Scorsese (ma in Italia si è visto dopo *Taxi driver* e *Alice non abita più qui*). Robert De Niro è un mattoide scroccone di professione che s'è indebitato per una forte somma e non può fare altro che chiedere aiuto al suo amico d'infanzia, noto mafioso. Finisce male per De Niro, per l'amico mafioso e per la sorella epilettica di De Niro, amante del mafioso. ■ DRAMMATICO; COL.; 110′; USA, 1972.

MEATBALLS 2 *(Meatballs II)* ★★
Regia di KEN WIEDERHORN. Con HAMILTON CAMP, JOHN MENGATTI, RICHARD MULLIGAN. ■ Un giovanotto turbolento s'è messo nei guai con la giustizia e ha passato qualche tempo in galera. Ora deve concludere il periodo di libertà sulla parola lavorando in un campo estivo. Lì si innamora di una bella ragazza e trova il modo di mettere a posto gli sgherri al soldo del proprietario di un campus vicino, che cercavano di scoraggiare i turisti con metodi intimidatori. ■ COMMEDIA; COL.; 87′; USA, 1984.

MEATBALLS 3 – PORCELLONI IN VACANZA ★★
(Meatballs III)
Regia di GEORGE MENDELUK. Con PATRICK DEMPSEY, SALLY KELLERMAN, SHANNON TWEED, ISABELLE MEJIAS. ■ Un adolescente timido con le donne sogna di portarsi a letto la ragazza più sexy del college. Sta per riuscirci con l'aiuto del fantasma di un'attrice, ma poi rinuncia alla grande conquista optando per una coetanea di cui è veramente innamorato. ■ COMMEDIA; COL.; 94′; USA, 1987.

MEATEATER, THE ★
Regia di DEREK SAVAGE. Con DIANNE DAVIS, ARCH JOBOULIAN. ■ Nei sobborghi di Los Angeles, in un cinematografo in rovina di nome Grest, ha posto la sua dimora un vecchio uscito di senno che ama alla follia Jean Harlow e proietta continuamente i film da lei interpretati. Il vecchio è inoffensivo fino al giorno in cui qualcuno compra la palazzina per riaprirla al pubblico. ■ HORROR; COL.; 85′; USA, 1979.

M'È CADUTA UNA RAGAZZA NEL PIATTO ★★★
(There's a Girl in my Soup)
Regia di ROY BOULTING. Con TONY BRITTON, GOLDIE HAWN, PETER SELLERS. ■ Da una commedia di Terence Frisby. Un dongiovanni quarantenne, presentatore della tv, fa girare la testa a una bella americana con vent'anni meno di lui. Lei però, esaurita la cotta, vorrebbe rimettersi con un suo coetaneo. Il dongiovanni le propone allora il matrimonio. Lei è perplessa. Ma un amico del presentatore le suggerisce la soluzione; perché non tenersi tutt'e due gli uomini? ■ COMMEDIA; COL.; 95′; GRAN BRETAGNA, 1970.

MECANIQUES CELESTES – MECCANICHE ★
CELESTI *(Mecanicas celestes)*
Regia di FINA TORRES. Con EVELYNE DIDI, ARIELLE DOMBASLE, ARIADNA GIL. ■ Venezuela. Una donna che studia canto vorrebbe andare in Francia e diventare celebre. Rinuncia al matrimonio durante il fatidico sì e pur di avere il permesso di soggiorno a Parigi sposa un omosessuale. ■ COMMEDIA; COL.; 85′; BELGIO, FRANCIA, SPAGNA, VENEZUELA, 1995.

MECHANIK, THE ★
Regia di DOLPH LUNDGREN. Con BEN CROSS, OLIVIA LEE, DOLPH LUNDGREN, IVAN PETRUSHINOV. ■ Nicholaj Cherenko è un ex appartenente alle forze speciali sovietiche che hanno combattuto in Afghanistan. La sua tranquilla vita familiare viene sconvolta dall'uccisione di moglie e figlio da parte di un commando mafioso impegnato in un regolamento di conti. Dopo aver attuato una parziale vendetta, Nic si trasferisce negli Stati Uniti dove lavora come riparatore di auto. Qui però gli verrà proposto di salvare una ragazza rapita dallo stesso gruppo mafioso. Non potrà rifiutare l'offerta. ■ AZIONE; COL.; 94′; GERMANIA, USA, 2005.

MEDAGLIA, LA ★★
Regia di SERGIO ROSSI. Con FRANCO NERO, ANTONELLA PONZIANI, TRESY TADDEI. ■ Torino, 1953. Anna ha una madre, Lidia, impegnata in politica a sinistra. Anna vorrebbe tanto meritare a scuola la medaglia della migliore e le piacerebbe poter ricevere la Prima Comunione. Sua madre si innamora di un ingegnere e, per amore, lascia la militanza. Scoprirà di essere stata raggirata e la medaglia ottenuta da Anna costituirà l'occasione di una prima scelta di campo. ■ DRAMMATICO; COL.; 112′; ITALIA, 1997.

MEDAGLIA PER IL PIÙ CORROTTO, UNA ★★★
(The Take)
Regia di ROBERT HARTFORD-DAVIS. Con EDDIE ALBERT, VIC MORROW, ALBERT SALMI, BILLY DEE WILLIAMS. ■ Sneed è un poliziotto nero furbo ed efficiente, ma avido di denaro. Per far soldi è entrato nel foglio paga di un boss della malavita. A un dato punto arriva ai ferri corti con il capobanda. Questi tenta di eliminarlo fornendo al superiore di Sneed le prove della sua corruzione. Ma Sneed riesce a ribaltare la situazione; elimina il boss e disperde le prove. ■ GIALLO; COL.; 90′; USA, 1974.

MEDAGLIONE INSANGUINATO – PERCHÉ?, IL ★★
Regia di MASSIMO DALLAMANO. Con JOANNA CASSIDY, RICHARD JOHNSON, LILA KEDROVA, EDMUND PURDOM. ■ Un regista televisivo inglese, vedovo recentissimo, si butta nel lavoro per soffocare il dolore. Lo incaricano di girare in Italia, a Spoleto, un documentario sul tema del diavolo nella pittura rinascimentale. Il regista porta con sé la figlioletta e s'installa in un'antica casa che lo ispira. Troppo. L'atmosfera opprimente dell'abitazione ha conseguenze deleterie sulla psiche di tutti gli occupanti. ■ HORROR; COL.; 91′; ITALIA, 1974.

MEDALLION, THE ★★★
Regia di GORDON CHAN. Con ALEX BAO, JACKIE CHAN, CHRI-

STY CHUNG, LEE EVANS, CLAIRE FORLANI, JOHANN MYERS, JOHN RHYS-DAVIES, JULIAN SANDS. ■ Eddie Yang è un poliziotto di Hong Kong che preferisce le arti marziali alle pistole. In collaborazione con la squadra dell'Interpol guidata dall'agente irlandese Watson, sta per mettere le mani su Snakehead, un criminale che si trova in Cina per rapire un ragazzo con lo scopo di estorcergli un medaglione che racchiude misteriosi poteri. Yang sventa il rapimento ed entra in possesso dell'oggetto magico che lo rende invincibile. Jackie Chan è un marchio di qualità per il cinema d'azione, e non si smentisce in questa sua ultima prova che sconfina con successo nel fantasy. Ironia e azione sono dosati perfettamente come al solito. ■ AZIONE; COL.; 88'; HONG KONG, USA, 2003.

MEDEA ★★★
Regia di PIER PAOLO PASOLINI. Con MARIA CALLAS, GIUSEPPE GENTILE, MASSIMO GIROTTI. ■ La maga Medea ha aiutato Giasone nella conquista del Vello d'Oro e gli ha dato due figli. Ma Giasone, dopo qualche anno, mostra di volerla lasciare per sposare Glauce, la figlia del re di Corinto. Medea sembra rassegnarsi, in realtà provoca subito dopo, con la magia, la morte della rivale. Poi uccide i suoi figli. Pier Paolo Pasolini ritenta il colpo di *Edipo re* (cioè la ripresa del vecchio mito come allegoria della realtà odierna). Questa volta però molti riferimenti non risultano pertinenti. L'interesse dell'opera si limita alla resa figurativa (splendide immagini esotiche) e alla prova cinematografica della Callas. ■ DRAMMATICO; COL.; 118'; ITALIA, 1969.

MÉDÉE MIRACLE ★★
Regia di TONINO DE BERNARDI. Con GIULIETTA DE BERNARDI, ISABELLE HUPPERT, TOMMASO RAGNO. ■ Iréne passa ogni notte in compagnia di un uomo diverso per fuggire la solitudine e l'amarezza di una vita andata in frantumi. Continua a esibirsi in uno squallido locale notturno, dove intona sempre la stessa canzone: «l'amore è folle, l'amore è cieco». Madre di due figli e abbandonata brutalmente dal marito Jason, vaga per la città alla ricerca di se stessa e di un posto dove fermarsi finalmente a riflettere. Tonino De Bernardi, regista torinese con più di quarant'anni di cinema alle spalle, ha solcato con gli anni tutti i palcoscenici del sottosuolo culturale senza mai raggiungere il cuore del grande pubblico. ■ DRAMMATICO; COL.; 80'; FRANCIA, ITALIA, 2007.

MEDIATORE, IL *(The Nickel Ride)* ★★★
Regia di ROBERT MULLIGAN. Con VICTOR FRENCH, JOHN HILLERMAN, BO HOPKINS, JASON MILLER. ■ Il protagonista è l'uomo di fiducia di una cosca mafiosa. Dopo anni di fedeltà alla "famiglia", però, sembra che lo vogliano defenestrare. Lui se ne accorge quando lo tagliano fuori da un grosso affare. Difatti, poco dopo, gli mandano il killer. Lui riesce ad ammazzarlo, ma rimane ferito. Dopo aver allontanato la sua amante, va a morire davanti al solito bar. ■ GIALLO; COL.; 99'; USA, 1976.

MEDICI CON L'AFRICA ★★
Regia di CARLO MAZZACURATI. ■ Padova, sede del CUAMM Medici con l'Africa. Don Luigi Mazzucato, direttore dell'associazione dal 1955 al 2008 spiega il perché della preposizione "con" nella denominazione. Perché sin dall'inizio il proposito è stato quello di lavorare insieme alle istituzioni sanitarie africane con un duplice obiettivo: gestire strutture sanitarie nel territorio subsahariano e creare percorsi di studio che consentano di far crescere una nuova generazione di medici africani. Il documentario raccoglie numerose testimonianze di chi ha operato o tuttora opera in questo ambito. Carlo Mazzacurati ha fatto ancora una volta, nonostante quell'aspetto ritroso che gli fa un po' da schermo, un film coraggioso: ci ricorda che la Chiesa è anche una realtà a cui appartengono figure come i sacerdoti, le religiose e i laici che incontriamo in questo film. ■ DOCUMENTARIO; COL.; 80';ITALIA, 2012.

MEDICO DEI PAZZI, IL ★★★
Regia di MARIO MATTOLI. Con MARIO CASTELLANI, ALDO GIUFFRÈ, FRANCA MARZI, TOTÒ. ■ Dalla commedia di Eduardo Scarpetta. Totò è il generoso zio di uno scapestrato nipote, che l'ha ingannato dicendo di essersi laureato e di dirigere una clinica psichiatrica (in realtà la clinica non esiste, è solo un mezzo per spillar quattrini). Totò un giorno arriva a Napoli per controllare la vita del nipotastro. Capita nella pensione di questi e prende i pensionanti per matti. ■ COMICO; COL.; 85'; ITALIA, 1954.

MEDICO DELLA MUTUA, IL ★★★
Regia di LUIGI ZAMPA. Con SARA FRANCHETTI, ALBERTO SORDI, EVELYN STEWART, BICE VALORI. ■ Il protagonista è un giovane dottore, deciso a (quasi) tutto per fare soldi e carriera. Circuisce la vedova di un collega per poter mettere le mani sullo stock di mutuati della buonanima. Lascia la dolce fidanzata per sposare la figlia di un pezzo grosso. Otterrà quello che voleva. ■ COMMEDIA; COL.; 98'; ITALIA, 1967. ■ DAVID DI DONATELLO 1 PR, 1 NOM.

MEDICO DELLE DONNE, IL ★★
Regia di GIORGIO SIMONELLI. Con GINO BRAMIERI, VALERIA FABRIZI, FLORA LILLO, ROBERTO VILLA. ■ È la vecchia farsa di Alfredo Bracchi, ricucita sulla misura di Bramieri. Qui ha la parte di uno studente di medicina fuori corso che per una serie di circostanze (una promessa strappatagli da un amico medico in cambio di un urgente favore) si fa passare per ginecologo. Da qui una sarabanda di disavventure. ■ COMICO; B/N; 92'; ITALIA, 1962.

MEDICO DI CAMPAGNA, IL *(The Country Doctor)* ★★★
Regia di HENRY KING. Con JEAN HERSHOLT, JUNE LANG. ■ La vita di un medico condotto e i suoi casi giornalieri in una piccola comunità nel Sud del Canada. Tra i casi figura anche la nascita delle cinque celebri sorelle Dionne. ■ DRAMMATICO; B/N; 116'; USA, 1937.

MEDICO E LO STREGONE, IL ★★★
Regia di MARIO MONICELLI. Con VITTORIO DE SICA, MARCELLO MASTROIANNI, MARISA MERLINI, ALBERTO SORDI. ■ Un giovane dottore arriva ad esercitare in un paese dove nessuno si fida dei medici, ma tutti preferiscono ricorrere per i propri problemi di salute a uno stregone. Costui fa fare una serie di brutte figure al dottorino, ma alla fine deve cedere il campo. ■ COMMEDIA; B/N; 100'; ITALIA, 1957.

MEDICO... LA STUDENTESSA, IL ★
Regia di SILVIO AMADIO. Con PINO COLIZZI, JACQUES DUFILHO, GLORIA GUIDA, SUSAN SCOTT. ■ Una pimpante diciottenne vuol andare in vacanza a Londra. Ma la matrigna la ostacola. La ragazza si vendica scoprendo gli altarini della donna che tradisce il marito con un giovane medico. ■ COMMEDIA; COL.; 92'; ITALIA, 1976.

MEDICO PER FORZA *(Foreign Body)* ★★★
Regia di RONALD NEAME. Con VICTOR BANERJEE, AMANDA DONOHOE, TREVOR HOWARD, WARREN MITCHELL. ■ Il regista di *Gambit* e di *Dossier Odessa* alle prese con una commedia leggera. Il protagonista è Ram, di origine indiana, un immigrato che per sbarcare il lunario si finge medico. Diventa così importante da curare anche grosse personalità e per un po' le cose vanno per il verso giusto. Divertente l'interpretazione di Victor Banerjee che era tra gli attori di *Passaggio in India* di Lean. ■ COMMEDIA; COL.; 107'; USA, 1986.

MEDICO PER FORZA, IL ★★★
Regia di CARLO CAMPOGALLIANI. Con ETTORE PETROLINI, LETIZIA QUARANTA, SERGIO ROVIDA. ■ La commedia di Molière adattata sulla misura di Petrolini. Pregevole pellicola confezionata dal duo Petrolini-Campogalliani. ■ COMMEDIA; B/N; 93'; ITALIA, 1931.

MEDICO, UN UOMO, UN *(The Doctor)* ★★
Regia di RANDA HAINES. Con WILLIAM HURT, CHRISTINE LAHTI. ■ Dopo il lacrimevole e manieristico *Figli di un Dio minore* ecco che Randa Haines cala implacabile per riportarci il William Hurt più smorfioso e farci dimenticare il grande attore che sa essere. Quando Hollywood tratta un argomento con un film poi si può star certi che altri dieci ne riparleranno. E così dopo *A proposito di Henry*, dove si parlava di un avvocato pentito, qui si parla di un medico. Jack è un chirurgo senza un minimo di umanità e pensa che per fare il proprio lavoro si debba alzare un muro con i pazienti per non affezionarsi troppo a loro. Ovvio che un tipo così è destinato ad essere punito, e infatti cadrà ammalato e subirà ciò che ha fatto subire. Pentimento finale. ■ DRAMMATICO; COL.; 124'; USA, 1991.

♥ MEDITERRANEO ★★★

Regia di GABRIELE SALVATORES. Con DIEGO ABATANTUONO, CLAUDIO BIGAGLI, CLAUDIO BISIO, GIUSEPPE CEDERNA. ■ Quinto film di Gabriele Salvatores, terzo di successo, dopo *Marrakesh Express* e *Turnè*. Un manipolo di soldati italiani ha l'ordine di presidiare un'isola greca, apparentemente deserta. C'è il tenente Montini col suo attendente Farina, ci sono il sergente Lo Russo (Abatantuono), il marconista Colasanti e Strazzabosco, legatissimo a una mula. I soldati si trascinano nell'ozio finché ricompaiono gli abitanti, tutti vecchi e donne. C'è anche la bella prostituta Vassilissa che fa l'amore con tutti ma ama soltanto il timido Farina. Nel frattempo qualcuno ha rotto la radio, così l'isolamento è totale. Ecco che atterra un ricognitore in avaria e il pilota informa il gruppo che Mussolini è caduto e che gli alleati adesso sono gli americani, cioè i nemici di prima. Tutti, meno Farina, che sposa Vassilissa, tornano a casa malvolentieri. Un buon film, un passo avanti nello stile di Salvatores che ha raggiunto un suo riconoscibile gergo artistico, cosa davvero inusuale per un regista italiano. *Mediterraneo* ha addirittura ottenuto l'Oscar quale miglior film straniero, un riconoscimento che (è opinione comune) gli sta senz'altro largo. ■ COMMEDIA; COL.; 100'; ITALIA, 1990. ■ DAVID DI DONATELLO 3 PR, 3 NOM; OSCAR 1 PR, 1 NOM.

MEDITERRANEO IN FIAMME ★★

Regia di DIMIS DADIRAS. Con COSTA CARRAS, OLGA POLITOU, COSTAS PRECAS. ■ Una bella greca, Marina, accetta di lavorare come segretaria (e di divenire l'amante) di un ufficiale tedesco, durante l'ultima guerra, onde carpirgli segreti. Il fratello partigiano, che ignora il vero scopo, ci resta male. ■ SPIONAGGIO; COL.; 92'; GRECIA, 1980.

MEDIUM, IL ★★

Regia di SILVIO AMADIO. Con MARTINE BROCHARD, SUSAN BUCHANAN, PHILIPPE LEROY. ■ Un musicista americano, vedovo con un figlio di cinque anni, si stabilisce a Roma per lavoro. Ma nella villa dove è andato ad abitare una misteriosa entità sembra impadronirsi del figlioletto. Incapace di far fronte alla faccenda, il padre consulta famosi psichiatri. Uno di essi scopre che l'essere misterioso sta tentando di indurre il figlio a commettere un omicidio. ■ THRILLER; COL.; 91'; ITALIA, 1980.

MEDLEY BRANDELLI DI SCUOLA ★

Regia di GIONATA ZARANTONELLO. Con GAIA CANDIOLIO, ENEA LENDARO, ULISSE LENDARO. ■ La scuola secondo Zarantonello. Contestazione, violenza, professori idioti. Zavorra. ■ DRAMMATICO; COL.; 75'; ITALIA, 1999.

MEDUSA, LA *(L'année des méduses)* ★★

Regia di CHRISTOPHER FRANK. Con CAROLINE CELLIER, BERNARD GIRAUDEAU, VALERIE KAPRISKY. ■ Chris (Valerie Kaprisky) è una splendida diciottenne decisamente disinvolta che trascorre le vacanze estive a Saint Tropez con la madre. Le piace sedurre gli uomini maturi e ci riesce: l'unico che le resisterà, poveretto, finirà in mezzo ad un branco di meduse. ■ COMMEDIA; COL.; 110'; FRANCIA, 1984.

MEDUSE *(Meduzot)* ★★★

Regia di SHIRA GEFFEN, ETGAR KERET. Con SARAH ADLER, MANENITA DE LATORRE, ZAHARIA HARIFAI, NOA KNOLLER, NIKOL LEIDMAN, GERA SANDLER, ILANIT BEN YAAKOV. ■ Tel-Aviv, oggi. Al suo matrimonio, mentre il marito e gli invitati sono occupati a divertirsi e si dimenticano temporaneamente di lei, Keren si rompe una gamba e il gesso che ne consegue fa saltare la luna di miele ai Caraibi. Batya, invece, fa la cameriera al ricevimento di nozze e, la mattina successiva, incontra sulla spiaggia una misteriosa bambina che sembra essere uscita dalle onde: tra le due nasce uno strano legame, che cambia la vita della ragazza in modo decisamente drastico. Poetico, tristemente dolce, malinconico eppure colorato: il primo film della coppia esordiente Keret-Geffen. ■ DRAMMATICO; COL.; 78'; FRANCIA, ISRAELE, 2007.

MEEK'S CUTOFF ★★★

Regia di KELLY REICHARDT. Con PAUL DANO, BRUCE GREENWOOD, SHIRLEY HENDERSON, WILL PATTON, MICHELLE WILLIAMS. ■ 1845, sono i primi giorni dell'Oregon Trail e una carovana di tre famiglie ha assunto Stephen Meek perché li accompagni fino alle montagne di Cascade. Affermando di conoscere una scorciatoia, Meek guida il gruppo su un sentiero non tracciato, attraverso un deserto sugli altipiani. Quando un nativo americano incrocia la loro via, i pionieri si troveranno a dover decidere se riporre ancora fiducia nella loro guida oppure, affidarsi al "nemico". Firmato da una poetessa del cinema indipendente statunitense, *Meek's Catoff* è una singolarissima rivisitazione del mito della frontiera che ne scardina alcuni elementi costitutivi, per creare invece un West tutto al femminile, composto di silenzi e spazi vuoti. ■ WESTERN; COL.; 105'; USA, 2010.

MEET THE FEEBLES ★★★

Regia di PETER JACKSON. ■ Alla vigilia del ritorno in scena del più famoso spettacolo di varietà del mondo, il *Meet The Feebles Variety Hour*, la prima donna Heidi, ippopotamessa, ha un crollo psicologico quando scopre che Bletch, tricheco, suo amore oltre che agente e direttore dello spettacolo, la tradisce con una micetta. Attorno a loro, i vari co-protagonisti dello show vivono i loro drammi, mentre si avvicina l'ora di andare in scena. Il film è interamente recitato da pupazzi, nello stile del celebre *Muppet Show* della tv, di cui è una esplicita e dissacrante parodia. Jackson mette in scena una parata di animali antropomorfi disgustosi e "malati", ognuno dei quali fa in qualche modo il verso ad uno dei protagonisti del *Muppet Show*: Heidi, ippopotamessa psicotica (Miss Piggy); Trevor il Topo, maniaco e sicario senza scrupoli (Gonzo); ma soprattutto è raccapricciante la sorte toccata a Kermit, star dei Muppets, che nei Feebles diventa Wynyard la Rana: reduce dal Vietnam e tossicodipendente all'ultimo stadio. Film di animazione decisamente per adulti. ■ ANIMAZIONE; COL.; 94'; NUOVA ZELANDA, 1989.

MEFISTO *(Mephisto)* ★★★

Regia di ISTVÁN SZABÓ. Con KLAUS MARIA BRANDAUER, GYORGY CZERALMY, KRYSTYNA JANDA. ■ Dal romanzo di Klaus Mann. È la storia (con i nomi cambiati) di Gustav Grundgens, attore di teatro famoso per la parte di Mefistofele, nelle rappresentazioni del *Faust*. Pur essendo di sentimenti antinazisti, si assoggetta a ogni compromesso pur di continuare ad essere una stella del palcoscenico (denuncia colleghi, fa pubbliche dichiarazioni di stima a Hitler). Ma la via del compromesso sembra non avere mai fine. Maiuscola prova di Brandauer che con questo film s'affermò a livello internazionale. ■ DRAMMATICO; COL.; 138'; GERMANIA, UNGHERIA, 1981. ■ CANNES 1 PR; DAVID DI DONATELLO 2 PR, 2 NOM; OSCAR 1 PR, 1 NOM.

MEFISTO FUNK ★★

Regia di MARCO POMA. Con FLAVIO BONACCI, SILVIA COHEN, LAURA FERRARI. ■ Una specie di *Faust* trasportato in era tecnologica. Un giovane disoccupato vende l'anima al diavolo (sotto le spoglie di un mezzobusto televisivo) e in cambio ha lavoro, successo e l'amore della bella Margherita. Ambizioso ma velleitario apologo sulle diavolerie odierne (ovviamente, il demonio è un campione dell'informatica). ■ FANTASTICO; COL.; 70'; ITALIA, 1986.

MEGAFORCE ★★

Regia di HAL NEEDHAM. Con MICHAEL BECK, BARRY BOSTWICK, PERSIS KHAMBATTA. ■ Un esercito di atleti superdotati, e con l'armamento più efficiente mai prodotto, al comando del capitano Laser, si mette al servizio della giustizia contro ogni forma di tirannia. ■ FANTASTICO; COL.; 99'; USA, 1982.

MEGAMIND ★★

Regia di TOM MCGRATH. Con DAVID CROSS, WILL FERRELL, TINA FEY, JONAH HILL, BRAD PITT. ■ Entrambi sparati via da un pianeta prossimo all'autodistruzione quando ancora erano bambini ed atterrati sulla Terra in contesti diversi, Metro Man e Megamind sono l'uno lo specchio dell'altro. Il primo bello, atletico e pieno di tutte le virtù è l'idolo delle folle già da piccolo, il secondo, cresciuto in un penitenziario, di attitudine curiosa ma molto più imbranato, non può che dedicarsi al male per poter riuscire in qualcosa, per essere qualcuno. Nascono così il supereroe e il supercattivo di Metro City. Uno mette in pericolo la città, l'altro salva le persone. ■ ANIMAZIONE; COL.; 95'; USA, 2010.

MEGLIO BACIARE UN COBRA ★
Regia di MASSIMO PIRRI. Con MICHAEL FOREST, ANDY J., DANILO MATTEI. ■ Phil Stone è un personaggio davvero interessante. Nessuno può dire di conoscerlo realmente, ma di lui si sa che non disdegna le avventure, di tutti i generi. Scopriamo che si tratta di un vero Arsenio Lupin e che nel tempo libero è addirittura ufficiale di marina. Ma è anche pericoloso, come il cobra del titolo. ■ AVVENTURA; COL.; 95′; ITALIA, 1986.

MEGLIO GIOVENTÙ, LA ★★★🏆
Regia di MARCO TULLIO GIORDANA. Con ADRIANA ASTI, SONIA BERGAMASCO, ALESSIO BONI, VALENTINA CARNELUTTI, GRETA CAVUOTI, CAMILLA FILIPPI, FABRIZIO GIFUNI, LUIGI LO CASCIO, MAYA SANSA, RICCARDO SCAMARCIO, ANDREA TIDONA, JASMINE TRINCA, LIDIA VITALE. ■ Quaranta anni della Storia italiana (dal 1960 al 2000) sono raccontati attraverso le vicende di una famiglia. Il protagonista principale è Nicola (da cui parte il racconto) il quale, durante l'alluvione a Firenze del 1966, incontra e si innamora di una donna e la segue per vivere nella città di lei, Torino. È la Torino degli anni Settanta, sullo sfondo del terrorismo, dei problemi operai e dell'immigrazione dal Sud. Questo è l'incipit che prosegue fino alla fine del Novecento per chiedersi e chiederci che cosa sia cambiato e cosa sia rimasto uguale. Un film per il quale era previsto solo il passaggio in televisione presente invece a Cannes nella sezione *Un Certain Regard*. Un'opera storica raccontata in sei ore, ma non solo: un affresco che descrive l'evoluzione dei costumi, dei rapporti familiari e le trasformazioni sociali, con qualche riflessione pungente sulla politica del nostro Paese. Dopo tanta televisione che si spaccia per cinema troviamo un film che può anche passare in televisione ma che soprattutto consente al pubblico di rivisitare passioni, lotte, errori e speranze di una generazione e di quella che è venuta dopo. ■ DRAMMATICO; COL.; 360′; ITALIA, 2003. ■ DAVID DI DONATELLO 🏆 6 PR, 9 NOM.

MEGLIO MORTO CHE VIVO *(More Dead than Alive)* ★★
Regia di ROBERT SPARR. Con ANNE FRANCIS, MIKE HENRY, VINCENT PRICE, CLINT WALKER. ■ Un pistolero, Cain, sconta la pena per aver ucciso sette persone, trova lavoro come tiratore in un circo, suscitando l'invidia del precedente titolare, finché si ritira a vita privata. Ma si sbaglia se crede di restar tranquillo. ■ DRAMMATICO; COL.; 101′; USA, 1968.

MEGLIO UN MERCOLEDÌ DA LEONE... ★★★
(Mad Wednesday)
Regia di PRESTON STURGES. Con HAROLD LLOYD, FRANCES RAMSDEN. ■ Oscuro archivista d'una società pubblicitaria, Harold, licenziato, vive un ruggente mercoledì passando da un locale all'altro e prendendo una solenne sbronza. Si risveglia padrone d'un circo, comprato da ubriaco. Fugge un leone e si scatena un'esilarante caccia alla fiera. ■ COMICO; B/N; 89′; USA, 1946.

MEGLIO VEDOVA ★★
Regia di DUCCIO TESSARI. Con LANDO BUZZANCA, GABRIELE FERZETTI, VIRNA LISI, PETER MCENERY, JEAN SERVAIS, AGNÈS SPAAK. ■ Un ingegnere inglese che intende impiantare una raffineria in Sicilia incontra l'opposizione della mafia, e per di più si vede portar via la ragazza da un barone che l'ha compromessa, facendola rapire. L'ingegnere è disperato, ma lo sposo ha vita breve e lui può impalmare la bella vedova. ■ COMMEDIA; COL.; 105′; ITALIA, 1968.

MEIN KAMPF ★★★
Regia di TORE SJOBERG. ■ Le immagini del processo di Norimberga al regime nazista. ■ DOCUMENTARIO; B/N; 92′; SVEZIA, 1962.

MELA, LA *(The Apple)* ★
Regia di MENAHEM GOLAN. Con ALLAN LOVE, CATHERINE MARY STEWART. ■ Fanta-lotta tra il rock e la musica melodica, con Mefistofele travestito da impresario discografico senza scrupoli. Suoni e coreografie assolutamente mediocri. ■ COMM.MUSICALE; COL.; 90′; USA, 1980.

MELA, LA *(La pomme)* ★
Regia di SAMIRA MAKHMALBAF. Con GHORBANALI NADERI, MASSOUMEH NADERI, ZAHRA NADERI. ■ Due ragazzine iraniane dodicenni scoprono la curiosità attraverso una mela appesa e un filo. La regista Samira è giovanissima ed è figlia di Mohsen, regista a sua volta. Il film è stato presentato a Cannes. ■ COMMEDIA; COL.; 85′; IRAN, 1998.

MELANCHOLIA ★★
Regia di ANDI ENGEL. Con JANE GURNETT, KATE HARDIE, JEROEN KRABBE, SAUL REICHLIN, ULRICH WILDGRUBER, SUSANNAH YORK. ■ Un ex sessantottino tedesco, David Keller, riceve una telefonata da un antico compagno rivoluzionario che gli chiede di uccidere un ex nazista rifugiatosi in Cile, dove ha torturato gli oppositori del regime fascista. Keller si convince all'impresa, si introduce nell'albergo dell'aguzzino tedesco e lo ammazza con una sbarra di ferro. ■ DRAMMATICO; COL.; 88′; GRAN BRETAGNA, 1989.

MELANCHOLIA ★★
Regia di LARS VON TRIER. Con KIRSTEN DUNST, CHARLOTTE GAINSBOURG, CHARLOTTE RAMPLING, ALEXANDER SKARSGARD, KIEFER SUTHERLAND. ■ Justine giunge con il neomarito alla festa delle nozze che il cognato e la sorella Claire le hanno organizzato. Justine sorride molto, ma per celare un profondo disagio spesso si allontana dai festeggiamenti, provocando lo sconcerto di molti, marito compreso. Un malessere esistenziale privato? Non solo. Una grave minaccia incombe sulla Terra: il pianeta Melancholia si sta avvicinando e, nonostante gli inviti all'ottimismo, il rischio di collisione e di distruzione totale del globo terrestre è reale. Tempo dopo, con Melancholia sempre più vicino, sarà Claire a invitare a casa sua la sorella. Dopo *Antichrist* Lars Von Trier decide di rinunciare a colpire lo spettatore offrendogli, in versione apocalittica e con un prologo wagneriano (Tristano e Isotta), la sua visione delle sorti dell'umanità su questa Terra. ■ FANTASCIENZA; COL.; 130′; DANIMARCA, SVEZIA, FRANCIA, GERMANIA, 2011.

MELANIE *(Melanie. Shadow in the Storm)* ★★
Regia di TERREL TANNEN. Con NED BEATTY, MICHAEL MADSEN, MIA SARA. ■ Un uomo in cerca di solitudine va ad abitare sulle montagne del Vermont. A turbare la sua tranquillità giunge Melanie, una donna affascinante e sensuale che lo rende complice dei suoi giochi sanguinari. ■ THRILLER; COL.; 90′; USA, 1989.

MELE DI ADAMO, LE *(Adams æbler)* ★★
Regia di ANDERS THOMAS JENSEN. Con NICOLAS BRO, ALI KAZIM, NIKOLAJ LIE KAAS, MADS MIKKELSEN, PAPRIKA STEEN, OLE THESTRUP, ULRICH THOMSEN. ■ Adam, neonazista appena uscito di prigione, deve trascorrere un periodo di recupero in un vicariato di campagna, sotto la tutela di padre Ivan, curioso e inquieto parroco protestante. Dovendo indicare un obiettivo finale della sua permanenza, Adam dichiara di voler realizzare una torta di mele con i frutti di un albero che cresce vicino alla chiesa. Commedia nera e grottesca di stampo danese, *Le mele di Adamo* è un piccolo film che, sulla base di una storia gracile quanto assurda, utilizza i personaggi di contorno (con Adam ci sono un terrorista islamico, un cleptomane ex campione di tennis, una donna incinta) per suscitare divertimento e riflessioni. ■ COMMEDIA; COL.; 94′; DANIMARCA, 2005.

MELE E TEQUILA – UNA PAZZA STORIA D'AMORE CON SORPRESA *(Fools Rush In)* ★★
Regia di ANDY TENNANT. Con SALMA HAYEK, TOMAS MILIAN, MATTHEW PERRY, JON TENNEY. ■ Alex Withman lascia New York per recarsi a Las Vegas dove deve costruire un night club. Qui conosce una messicana tutto pepe di cui si innamora subito. I due fanno l'amore fin dall'inizio del film e ci mostrano quali siano le conseguenze del più classico dei "colpi di fulmine". ■ COMMEDIA; COL.; 108′; USA, 1997.

MELE MARCE, LE *(Open Season)* ★★★
Regia di PETER COLLINSON. Con PETER FONDA, WILLIAM HOLDEN, JOHN PHILIP LAW, RICHARD LYNCH, CORNELIA SHARPE. ■ Tre "rispettabili" cittadini che nascondono in sé violenza e sadismo sequestrano una coppia di fidanzati durante una battuta di caccia e li usano crudelmente come selvaggina umana, uccidendoli entrambi. Il padre di una delle vittime farà da giustiziere. ■ DRAMMATICO; COL.; 91′; SPAGNA, USA, 1973.

MELE SONO MATURE, LE ★★
(On s'en fout... Nous on s'aime)
Regia di IAN SHARP. Con ARIEL BESSE, DIDIER CLERC, DARRY COWL. ■ Julien si prende una cotta per Nathalie che, dopo un po', cede. Ma i due adolescenti non sanno mai dove poter stare tranquilli per distribuirsi reciproche effusioni. Le "mele matureranno" in una notte d'amore. ■ COMMEDIA; COL.; 91'; FRANCIA, 1982.

ME LI MANGIO VIVI! *(Le boulanger de Valorgue)* ★★★
Regia di HENRI VERNEUIL. Con FERNANDEL, LEDA GLORIA, LUIGI RUMBO, JOLE SILVANI. ■ Il figlio del fornaio di un paesino della Provenza mette incinta una ragazza. La cosa fa rumore e il paese si divide in due fazioni, pro e contro l'innocenza del giovane. Il fornaio non vende pane ai parteggiatori della ragazza, mentre la madre di questa lascia senza caffè e senza zucchero gli amici del seduttore. La riconciliazione dei due giovani porta la pace in paese. ■ COMICO; B/N; 107'; FRANCIA, ITALIA, 1953.

MELINA – CON RABBIA E CON SAPERE ★★
Regia di DEMETRIO CASILE. Con ANTONIO AVATI, GIOVANNA CACCIOLA, GIADA DESIDERI, ALESSIO DI CLEMENTE, ANTONIO FAA. ■ Melina è una sedicenne che sogna di diventare una scrittrice di successo, malgrado le avversità del mondo in cui vive. Parallelamente alla sua vicenda, si intrecciano le sfide del giovane cinefilo Giuseppe (Davide Bruno) e del piccolo Ciccio (Giando Gattuso), che si allena nella speranza di poter un giorno partecipare alle Olimpiadi. Riusciranno questi giovani "eroi" a sconfiggere i pregiudizi delle tradizioni locali e a farsi portatori di un messaggio di speranza? ■ DRAMMATICO; COL.; 88'; ITALIA, 2012.

MELINDA ★★
Regia di HUGH A. ROBERTSON. Con ROSALIND CASH, CALVIN LOCKHART, VONETTA MCGEE. ■ Melinda, una bella mulatta, viene trovata uccisa e del delitto è accusato il suo amante, il disc-jockey nero Joy Parker. Questi, aiutato da Terry, una ragazza innamorata di lui, dipana il caso e sbaraglia una banda di gangster bianchi spalleggiato da un gruppo di esperti judoisti neri. ■ GIALLO; COL.; 109'; USA, 1972.

MELINDA E MELINDA *(Melinda and Melinda)* ★★
Regia di WOODY ALLEN. Con RADHA MITCHELL, JOSH BROLIN, CHIWETEL EJIOFOR, WILL FERRELL, SHALOM HARLOW, AMANDA PEET, NEIL PEPE, STEPHANIE ROTH HABERLE, CHLOË SEVIGNY. ■ Come per tutti i suoi ultimi lavori anche per *Melinda & Melinda*, che racconta la duplice storia di una ragazza con qualche "problemuccio" personale, vista ed immaginata da punti di vista diametralmente opposti, alla fine della proiezione è pronta e scontata la solita domanda: non sarebbe il caso di fare un film eccezionale ogni lustro invece di propinarcene di "solo" carini ogni anno? Anche *Melinda & Melinda* infatti, si caratterizza per la presenza dei classici punti di forza e debolezza cui siamo abituati da tempo. Ottimi personaggi, qualche battuta fulminante, un senso di tristezza e disagio che anno dopo anno si fa sempre più accentuato, un plot sulla carta interessante, ma che, all'atto pratico mostra segni di cedimento, momenti di pausa eccessivamente dilatati e dialoghi un po' troppo compiaciuti. Il cast si muove a proprio agio anche se stavolta, la scelta di Ferrell come pseudo-*alter ego* del protagonista lascia un po' a desiderare. ■ COMMEDIA; COL.; 105'; USA, 2004.

MELISSA P.
Regia di LUCA GUADAGNINO. Con GERALDINE CHAPLIN, MARCELLO MAZZARELLA, CLAUDIO SANTAMARIA, MARIA VALVERDE. ■ Il film si ferma un centimetro prima di tutto. Nel senso che sfiora tutto, rappresentazioni e sentimenti estremi (leggi orrendi); metafore ritrite. Quel "centimetro" simbolico, che poi simbolico non è, è la distanza della bocca della quindicenne Melissa, impegnata in un poderoso rapporto orale, dal pene del suo compagno. Un centimetro più sotto e l'obiettivo avrebbe inquadrato il pene, appunto. E il film sarebbe diventato ufficialmente pornografia. E così "ufficialmente" non lo è. L'inizio è già indicativo: l'adolescente sta per masturbarsi ma viene interrotta dall'arrivo di mammà. Si arrabbia molto. Fatti e caratteri: lei ha un diario su cui scrive tutto. Ha una nonna saggia e progressista, che sarebbe il riferimento solido della piccola; una madre giovane disinteressata alla figlia; un'amica grassa e brutta, per forza di cose, meno attiva: sarebbe la coscienza della piccola. Quando Melissa è impegnata nell'azione descritta all'inizio la sappiamo illibata. Poverina, lei sarebbe anche innamorata del ragazzo bello e ricco, ma il primo impatto è così poco romantico: lei starebbe baciandolo sulla bocca ma lui le dice «baciami qui» calandosi i pantaloni. Seguono: un amico del ragazzo bello&ricco: la piccola, bendata per gioco, ci mette un po' a capire che è un altro; un altro amico del ragazzo bello&ricco; due amici dell'amico del ragazzo bello&ricco; il bidello della scuola; tre generici non identificati – vediamo solo i corpi aggrovigliati; altri quattro generici tutti insieme che il letto fatica a contenere; un quarantenne sadomaso, forse a pagamento, con frusta. La tesi sarebbe: mi volete prostituta, eccomi qui! Caduti in fondo al baratro non si può che risorgere (citazione di film con Bogart). Così torna buona l'amica grassa, che era stata abbandonata, con la sua forzata saggezza. Ed è perfetta la morte della nonna, che deve lasciare il vuoto attonito necessario per comprensione-et-purificazione di tutto. E vale la presa di coscienza della madre che ha letto il terribile diario. Gli autori ammiccano benemerenza, che non ci sentiamo di attribuire, perché non c'è omosex e non c'è droga. Sì, il fatto è singolare ma è strumentale a fortificare la tesi: la vita è sesso, il resto sarebbe dettaglio. Ma lo diceva un austriaco che sapeva. E lo dicevano la Fenech e la Guida tanti anni fa in film che *Melissa P.* ci fa rimpiangere. La vita dei giovani oggi è tutto meno che questo sesso. Lo sappiamo tutti. E qui l'unico giovane coinvolto è Melissa. Gli altri che vedranno il film non si riconosceranno. *Melissa P.*: perfetto per guardoni. Tratto da un romanzo di successo, naturalmente. ■ EROTICO; COL.; 100'; ITALIA, 2005.

MÉLO *(Melo)* ★★★
Regia di ALAIN RESNAIS. Con FANNY ARDANT, PIERRE ARDITI, ANDRÉ DUSSOLLIER. ■ Un mélo con tutti i crismi in quest'intricata storia d'amore e morte. Due amici violinisti, Marcel Blanc e Pierre Bellecroix, si ritrovano a Parigi negli anni Trenta, dopo parecchio tempo che non si vedevano. Pierre è sposato con Maniche e Marcel, violinista di successo, soffre per un amore perduto. Maniche s'innamora di lui e tra i due nasce una violenta passione. Marcel parte per una tourrée, lei gli promette che al suo ritorno sarà sua, poi inizia ad avvelenare il marito. Ma un'amica di costui sventa involontariamente il tentativo di omicidio. Maniche corre da Marcel, ma poi, vinta dai rimorsi, si toglie la vita. Dopo qualche anno i due amici si rivedono. ■ DRAMMATICO; COL.; 112'; FRANCIA, 1986.

MELODIA SEGRETA *(À l'ombre du deuxième Bureau)* ★★
Regia di CLAUDE ORVAL. Con LUCAS GRIDOUX, MIREILLE PERREY, PIERRE RENOIR. ■ Nadia, esiliata russa a Parigi, suona il violino in un locale notturno. Ricattata dal losco Daminof per via di certi documenti custoditi dal suo amante Andrea, passa un sacco di guai. ■ DRAMMATICO; B/N; 92'; FRANCIA, 1939.

MELODIE CELESTI *(Les musiciens du ciel)* ★★
Regia di GEORGES LACOMBE. Con MICHÈLE MORGAN, MICHEL SIMON. ■ Un piccolo imbroglione, che si finge cieco, viene redento da una ufficialessa dell'Esercito della salvezza che muore la notte di Natale. ■ DRAMMATICO; B/N; 98'; FRANCIA, 1940.

MELODIE DELLA VITA *(Symphony of six Millions)* ★★
Regia di GREGORY LA CAVA. Con RICARDO CORTEZ, IRENE DUNNE, GREGORY RATOFF. ■ Un dottore fa carriera e passa dai quartieri poveri a Park Avenue, con la clientela più chic di New York. Crede di essere diventato chissà che cosa e invece ne sa meno di prima. ■ COMMEDIA; B/N; 94'; USA, 1932.

MELODIE ETERNE ★★
Regia di CARMINE GALLONE. Con LUISELLA BEGHI, GINO CERVI, CONCHITA MONTENEGRO, PAOLO STOPPA. ■ Biografia di Wolfgang Amadeus Mozart (fatta dallo specialista in opere liriche filmate Carmine Gallone). ■ BIOGRAFICO; B/N; 101'; ITALIA, 1940.

MELODIE IMMORTALI – MASCAGNI ★★
Regia di GIACOMO GENTILOMO. Con PIERRE CRESSOY, MARIO DEL MONACO, CARLA DEL POGGIO. ■ Biografia di Pietro Mascagni. ■ BIOGRAFICO, B/N; 100'; ITALIA, 1952.

MELODIE IMPERIALI *(Kaiserwalzer)* ★★
Regia di FRIEDERICH ZELNIK. Con MARTHA EGGERTH, PAUL HÖRBIGER. ■ Filmetto musicale che si svolge nella Vienna imperiale. ■ MUSICALE; B/N; 92′; GERMANIA, 1932.

MELODRAMMA ★★
Regia di ROBERTO LAND, GIORGIO SIMONELLI. Con RENATO CIALENTE, NINO MARCHETTI, ELSA MERLINI, CORRADO RACCA. ■ Protagonista è la moglie di un orchestrale che s'innamora di un celebre violinista. Ma il marito s'ammala e il dovere tiene la donna vicino a lui. Però il suo subconscio si ribella. Una notte, in preda agli incubi, si mette a correre al buio e annega. ■ DRAMMATICO; B/N; 66′; ITALIA, 1934.

MELODRAMMORE – E VISSERO FELICI E CONTENTI ★★
Regia di MAURIZIO COSTANZO. Con MONI BELLEY, FRAN FULLENWIDER, ENRICO MONTESANO, AMEDEO NAZZARI, NILLA PIZZI, JENNY TAMBURI, CLAUDIO VILLA. ■ Un attore che deve girare un film strappalacrime chiede consiglio ad Amedeo Nazzari. Poi interpreta il film, dalla storia aggrovigliata e melodrammatica. ■ COMMEDIA; COL.; 109′; ITALIA, 1978.

MEMENTO ★★★
Regia di CHRISTOPHER NOLAN. Con CARRIE ANNE MOSS, JOE PANTOLIANO, GUY PEARCE. ■ Leonard Shelby si sveglia ogni mattina nella stanza anonima dell'Icann Motel con la stessa domanda: dov'ero rimasto? Ad aiutarlo una serie di polaroid "personalizzate" dal suo inchiostro, tatuaggi indelebili incisi sulla pelle, dossier e appunti scritti di suo pugno. Lenny non soffre di amnesia, ricorda perfettamente chi è, il suo passato più lontano, ma dimentica di ricordare la sua "memoria" breve. Una cosa, però, è certa (forse!), sua moglie è stata violentata e uccisa da uno sconosciuto a cui lui vuole dare un volto, un nome e una "sepoltura". La ricerca di Lenny comincia dalla fine, dalla polaroid che "congela" la morte di Teddy. Ma come si è giunti fino a lì? Lo spettatore e Lenny avranno due ore per scoprire l'origine, l'incipit... Lenny vive il presente agendo e il passato scrivendo. Entrambi i sistemi di decodificazione si riveleranno illusori e totalmente superflui all'esistenza dell'io, che precedente o antecedente al fatto dato, gli sopravvive. ■ THRILLER; COL.; 114′; USA, 2000. ■ GOLDEN GLOBES 1 NOM; OSCAR 2 NOM.

MEMORIA ★★
Regia di RUGGERO GABBAI. ■ Un buon documentario con le testimonianze degli italiani sopravvissuti ai campi di sterminio tedeschi. Giancarlo Giannini presta la propria voce. ■ DOCUMENTARIO; B/N; 90′; ITALIA, 1997.

MEMORIA DEL CUORE, LA *(The Vow)* ★★★
Regia di MICHAEL SUCSY. Con JESSICA LANGE, RACHEL MCADAMS, SAM NEILL, SCOTT SPEEDMAN, CHANNING TATUM. ■ Il matrimonio tra Leo e Paige sembra perfetto, finché un incidente automobilistico toglie alla donna la più solida delle basi vitali: la memoria. Al risveglio dal coma non ricorda chi sia l'uomo che le sta accanto e che dice di amarla. La volontà di Leo di ricostruire la loro vita insieme in attesa che i ricordi riaffiorino si scontra immediatamente con le paure della moglie e soprattutto con la famiglia di lei, diventata invasiva. Può una storia d'amore sopravvivere a un trauma così forte e a tutte le difficoltà che ne conseguono? Primo film del 2012 a superare la fatidica soglia dei 100 milioni di dollari d'incasso in America, esordio alla regia di Michael Sucsy, si presenta come il più classico dei dramedy contemporanei. ■ DRAMMATICO; COL.; 104′; USA, BRASILE, FRANCIA, AUSTRALIA, GRAN BRETAGNA, GERMANIA, 2012.

MEMORIA DEL SAQUEO – SOCIAL GENOCIDE ★★★
Regia di FERNANDO EZEQUIEL SOLANAS. ■ Fernando Solanas ha realizzato questo documentario con lo scopo di mostrare come la sua patria (l'Argentina) sia giunta alle condizioni economiche disastrose in cui versa attualmente. Punta il dito contro il liberismo sfrenato e la globalizzazione da una posizione, come sempre, chiaramente delineata. ■ DOCUMENTARIO; COL.; 118′; ARGENTINA, FRANCIA, 2003.

MEMORIE DI UNA GEISHA *(Memoirs of a Geisha)* ★★★
Regia di ROB MARSHALL. Con YOUKI KUDOH, GONG LI, KAORI MOMOI, KENNETH TSANG, KEN WATANABE, KÔJI YAKUSHO, MICHELLE YEOH, ZHANG ZIYI. ■ Dopo l'acclamato *Chicago*, Rob Marshall getta uno sguardo ad oriente, o meglio sarebbe dire una sbirciata. Lo fa protetto dietro i paraventi della camera di Chiyo, venduta a nove anni ad una scuola di geishe e destinata a finire i suoi giorni nell'Uki-o, il "mondo che fluttua", col nome di Sayuri, per deliziare i ricchi signori giapponesi con le sue arti. Il suo destino sarà segnato dall'incontro con un bell'uomo d'affari che non smetterà mai di amare, dalla gelosa Hatsumomo che la umilierà di continuo, dalla gentile Mameha che la farà diventare la più leggendaria geisha di Kyoto, e infine dalla guerra che tutto spazza via. È palese la volontà degli autori di raccontare un mondo esotico come visto da occhi occidentali, e nell'esotismo il film trova il suo pregio maggiore, ma anche il suo limite. A tratti sembra di assistere ad una versione al femminile e dagli occhi a mandorla di *Rocky*, ma gli occhi di Stallone erano poca roba in confronto a quelli di Ziyi Zhang. ■ DRAMMATICO; COL.; 137′; USA, 2005. ■ GOLDEN GLOBES 1 PR, 2 NOM; OSCAR 3 PR, 6 NOM.

MEMORIE DI UNA SOPRAVVISSUTA ★★
(Memoirs of a Survivor)
Regia di DAVID GLADWELL. Con JULIE CHRISTIE, MARK DIGNAM, NIGEL HAWTHORNE. ■ Dal romanzo di Doris Lessing. Una donna è sopravvissuta alla catastrofe nucleare. Per fuggire l'orrore del presente, si rifugia nel passato, nelle fantasie. Immagina se stessa mentre vive in un'epoca, quella vittoriana, dove tutte le certezze sembravano assolute. ■ DRAMMATICO; COL.; 117′; GRAN BRETAGNA, 1981.

MEMORIE DI UN DON GIOVANNI, LE *(Love Nest)* ★★
Regia di JOSEPH M. NEWMAN. Con FRANK FAY, JUNE HAVER, WILLIAM LUNDIGAN, MARILYN MONROE. ■ Un soldato appena smobilitato e la moglie mettono su una pensione. Ma la clientela è molto irrequieta. ■ COMMEDIA; B/N; 84′; USA, 1951.

MEMORIES OF ME ★★
Regia di HENRY WINKLER. Con BILLY CRYSTAL, ALAN KING, JO BETH WILLIAMS. ■ Uno specialista in cardiologia si è sempre comportato molto correttamente con i suoi pazienti. Il solo uomo che riesce a fargli perdere l'abituale flemma è suo padre, soprattutto quando riappare dopo tre anni. Tentativo mal riuscito di ricreare le situazioni di *Voglia di tenerezza*. Il regista è il Fonzie di *Happy Days* e Billy Crystal era in odore di *Harry ti presento Sally*. ■ COMMEDIA; COL.; 100′; USA, 1988.

MEMORY & DESIRE – MEMORIE E DESIDERI ★★
(Memory & Desire)
Regia di NIKI CARO. Con YURI KINUGAWA, YOKO NARAHASHI, EUGENE NOMURA. ■ Un manager giovane sposa una collega non particolarmente bella nonostante l'opposizione di sua madre. I due vanno in viaggio di nozze in Oceania ma lui è impotente e si suicida in mare con un surf. La moglie diventerà un'eremita con i feticci del marito per poi reintegrarsi nella società. Fotografia patinata per un film in bilico tra passione e retorica. ■ DRAMMATICO; COL.; 89′; NUOVA ZELANDA, 1998.

MEMPHIS ★★
Regia di YVES SIMONEAU. Con JOHN LAUGHLIN, CYBILL SHEPHERD. ■ Siamo sul finire degli anni Cinquanta a Memphis. C'è di mezzo il rapimento di un bambino. Suo zio è infatti una persona molto influente e ricca. La banda di rapitori è composta da una donna e due uomini. Accade però un imprevisto dopo il rapimento: la donna comincia a provare dell'affetto per il rapito. ■ DRAMMATICO; COL.; 93′; USA, 1991.

MEMPHIS BELLE ★★★
Regia di MICHAEL CATON-JONES. Con TATE DONOVAN, MATTHEW MODINE, ERIC STOLTZ. ■ Niente a che vedere col documentario di propaganda bellica degli anni Quaranta diretto da William Wyler, se non per l'aereo denominato *Memphis Belle* e comune anche a questo nuovo lungometraggio. La storia del famoso bombardiere è raccontata durante il suo venticinquesimo volo, ultima missione. Si intrecciano intanto le storie dei componenti l'equipaggio. Film senza infamia né lode: un compitino, anzi una piccola missione, ben fatto. Tra gli attori anche Harry Con-

nick jr., cantante swing, successore ideale di Frank Sinatra. ■ GUERRA; COL.; 107′; GRAN BRETAGNA, 1990.

MENA FORTE, PIÙ FORTE... CHE MI PIACE ★
(Es knallt – Und die Engel singen)
Regia di BUTCH LION. Con MARK DAMON, GISELA HAHN, CHRIS HUERTA, TIN LONG, PONZIANO ALNARTE. ■ Storia assolutamente cretina di un gruppo di allegri malviventi che non riescono mai a portare a termine un colpo. ■ AVVENTURA; COL.; 95′; GERMANIA, SPAGNA, 1974.

MÉNAGE ALL'ITALIANA ★★
Regia di FRANCO INDOVINA. Con MARIA GRAZIA BUCCELLA, DALIDA, ROMINA POWER, UGO TOGNAZZI. ■ Nell'Italia del 1965, quando il divorzio sembrava lontanissimo, Tognazzi diventa poligamo per amore. Infatti sposa tutte le donne di cui si innamora (senza mai rompere i precedenti legami). Dopo la cantante lirica Giovanna c'è la giovane svedese Ana, poi la tedesca Erika, la brutta possidente Carmelina. Infine l'anziana Egle e la ninfetta Stella. Saranno tutte rese, almeno a turno, felici. ■ COMMEDIA; B/N; 95′; ITALIA, 1965.

MENDICANTE DI BAGDAD, IL *(Kismet)* ★★
Regia di JOHN FRANCIS DILLON. Con MONTAGU LOVE, OTIS SKINNER, LORETTA YOUNG. ■ Un poeta vagabondo mette le mani su una grossa somma e va alla conquista di Bagdad. Crede di andarvi, in realtà è coinvolto in un complotto che il visir locale sta ordendo contro il giovane califfo. Per il poeta andrà comunque bene. ■ FANTASTICO; B/N; 90′; USA, 1930.

MENINAS ★★★
Regia di GISELA CAMARA, SANDRA WERNECK. ■ Una tredicenne con il pancione? È Evelin, una delle tante ragazze madri che vivono nelle periferie di Rio de Janeiro. Guarda sorridente la camera e racconta: «Sono felice di essere una mamma così giovane: potrò crescere insieme a mio figlio, giocare con lui e, fra un po' di anni, andremo insieme alle feste!». Edilene di anni ne ha quattordici ed è incinta, così come lo è sua madre. Allo stesso tempo emerge il ritratto di un popolo cattolico fortemente legato alla vita, che affronta le difficoltà quotidiane con la pacata rassegnazione di chi combatte giorno per giorno per tirare avanti. ■ DOCUMENTARIO; COL.; 71′; BRASILE, 2005.

MEN IN BLACK ★★
Regia di BARRY SONNENFELD. Con VINCENT D'ONOFRIO, LINDA FIORENTINO, TOMMY LEE JONES, WILL SMITH. ■ Sulla Terra arrivano extraterrestri di ogni tipo. Sul loro andirivieni sorvegliano discretamente i MIB (Men in Black). Quando però le cose non vanno più lisce e un contadino viene "invaso" da un essere mostruoso, minacciando di distruggere il pianeta, due degli agenti entreranno in azione. Il risultato, dopo effetti speciali senza risparmio, è la salvezza della Terra. Gli spettatori possono divertirsi, purché non cerchino di trovare un senso a un'operazione di superficie, raffinata e "colta" ma priva di anima. ■ FANTASTICO; COL.; 98′; USA, 1997. ■ GOLDEN GLOBES 1 NOM; OSCAR 1 PR, 3 NOM.

MEN IN BLACK II ★★
Regia di BARRY SONNENFELD. Con LARA FLYNN BOYLE, TOMMY LEE JONES, WILL SMITH, RIP TORN. ■ Seguito del fortunato *Men in Black*. L'agente K. è tornato a fare una vita normale, dopo che la sua memoria è stata cancellata alla fine del film precedente: il suo compagno, l'agente J., ha preso il suo posto. Questi scopre che Serleena, un pericoloso alieno che ha assunto le sembianze di una sexy modella di lingerie, sta mettendo in atto un piano per distruggere la Terra. L'unica speranza per evitare il peggio è trovare K., restituirgli la memoria e convincerlo a riprendere il servizio. Stesso cast e stesso regista per un film che offre gag e risate nello stile che ha reso popolare i due personaggi principali. ■ FANTASCIENZA; B/N; 88′; USA, 2002.

MEN IN BLACK 3 ★★
Regia di BARRY SONNENFELD. Con JOSH BROLIN, JEMAINE CLEMENT, TOMMY LEE JONES, WILL SMITH, MICHAEL STUHLBARG. ■ Boris è un alieno brutto, sporco e cattivo. Rinchiuso in un carcere di massima sicurezza, ubicato addirittura sulla luna, riesce a fuggire e a scatenare il panico sulla Terra, a cui dichiara guerra. Ma il suo vero obiettivo è uccidere l'agente K, che quarant'anni prima lo avevo sbattuto in prigione e mutilato di un braccio durante un conflitto armato. Veste di vintage e naturalmente di nero il terzo episodio di Barry Sonnenfeld, che riporta sullo schermo i *men in black* e i loro alieni grotteschi, la fantascienza anni Novanta e le storie di immigrazione irregolare. ■ FANTASCIENZA; COL.; 103′; USA, 2012.

MEN OF HONOR – L'ONORE DEGLI UOMINI ★★★
(Men of Honor)
Regia di GEORGE TILLMAN JR. Con ROBERT DE NIRO, CUBA GOODING JR., MICHAEL RAPAPORT, CHARLIZE THERON, AUNJANUE ELLIS. ■ Una storia vera per il cinema. Stati Uniti. Anni Cinquanta. Carl Brashear promette a suo padre che entrerà nella Marina. Ma quando si arruola ha tre possibilità: fare il cuoco, l'attendente oppure rinunciare. Carl è un nero che non molla nonostante il razzismo più o meno celato. Dopo aver atteso due anni e aver inviato un centinaio di lettere viene accolto alla scuola di sub. Il suo istruttore, Billy Sunday, fa di tutto per farlo desistere dal suo proposito ma non ci riesce. I due si incontreranno nuovamente dopo qualche anno. Carl è ora invalido e Sunday è al suo fianco in una nuova lotta: quella contro la burocrazia. Film biografico con forti iniezioni di fiction quello che racconta le vicende del primo sommozzatore afroamericano nella storia della Marina degli Stati Uniti. Con due star pronte al confronto e con il pubblico che si dividerà in due schieramenti nettamente distinti. Chi ama i film "di una volta" ricchi di conflitti ma pacificati da sani e virili sentimenti (il tutto detto senza ironia) apprezzerà il lavoro di George Tillman Jr. Chi ritiene questo un tipo di cinema da mettere in soffitta farà meglio a recarsi altrove. ■ DRAMMATICO; COL.; 128′; USA, 2000.

MENO MALE CHE CI SEI ★★
Regia di LUIS PRIETO. Con GUIDO CAPRINO, CLAUDIA GERINI, MARCO GIALLINI, CHIARA MARTEGIANI, ALESSANDRO SPERDUTI. ■ Allegra è una diciassettenne timida e introversa, trascurata dai genitori ed emarginata dai compagni di scuola. Suo padre, un uomo d'affari sempre in partenza, ha una *liaison* con Luisa, una collega di trentacinque anni, che lo ama profondamente e sogna un giorno di legittimare il suo amore. Un terribile incidente aereo schianta il cuore e i genitori di Allegra, che cercherà rifugio nella casa fuori Roma dei nonni Rimasta sola coi loro oggetti personali, Allegra scopre l'amore clandestino del padre e decide di fare visita alla sua amante. Scattata tra le due donne empatia e simpatia, Allegra si trasferirà a casa di Luisa, avviando una relazione amicale profonda che conoscerà inquietudini e serenità. ■ DRAMMATICO; COL.; 106′; ITALIA, 2009.

MEN'S CLUB ★★★
Regia di PETER MEDAK. Con DAVID DUKES, RICHARD JORDAN, HARVEY KEITEL, ROY SCHEIDER. ■ Sette amici oltre i quaranta si ritrovano in casa di uno di essi. Arriva la moglie del padrone di casa e rovina la festa. Gli ospiti se ne vanno a finire la serata in un postribolo di lusso. Psicodramma con qualche momento felice (soprattutto nelle scene di bordello) tratto da un romanzo di Leonard Michaels, che ha goduto un certo successo in Usa presso gli ultraquarantenni in crisi esistenziale. Dei sette attori, il migliore è forse il meno noto, David Dukes. ■ COMMEDIA; COL.; 100′; USA, 1986.

MENTE CHE UCCIDE, LA *(Los peces rojos)* ★★
Regia di JOSÉ ANTONIO NIEVES CONDE. Con ARTURO DE CORDOVA, EMMA PENELLA. ■ Uno scrittore fallito fa credere a una vecchia zia molto ricca di avere avuto un figlio illegittimo per spillare più quattrini. Le cose si complicano quando la vecchia signora muore, lasciando erede universale proprio l'inesistente giovinetto. Il protagonista decide di "farlo morire", ma otterrà soltanto di venir accusato di omicidio. Dopo i consueti equivoci, tutto si risolverà per il meglio. ■ COMMEDIA; B/N; 90′; SPAGNA, 1955.

MENTE CRIMINALE *(Mood Indigo)* ★★
Regia di JOHN PATTERSON. Con GIANCARLO ESPOSITO, TIM MATHESON, ALBERTA WATSON. ■ Uno psicologo si ritrova vedovo a causa di un suo paziente affetto da follia omicida. Si trova poi anche accusato di complicità nell'omicidio. ■ THRILLER; COL.; 86′; USA, 1992.

MENTRE ADAMO DORME *(The Pleasure Seekers)* ★★
Regia di JEAN NEGULESCO. Con ANTHONY FRANCIOSA, BRIAN KEITH, ANN MARGRET, GARDNER MCKAY, GENE TIERNEY. ■ Tre ragazze americane in vacanza in Spagna cercano bei fusti con cui divertirsi. ■ COMMEDIA; COL.; 107′; USA, 1964. ■ OSCAR 1 NOM.

MENTRE LA CITTÀ DORME *(The Sleeping City)* ★★
Regia di GEORGE SHERMAN. Con RICHARD CONTE, COLEEN GRAY, ALEX NICOL. ■ Un giovane poliziotto, che in passato ha studiato medicina, deve indagare sulla morte di un chirurgo. Perciò si introduce nell'ospedale dove è avvenuto l'omicidio fingendosi un nuovo medico. Pesterà un nido di vipere, scoprendo un traffico di droga e un'anonima ricatti. ■ GIALLO; B/N; 85′; USA, 1950.

MENTRE PARIGI DORME *(Les portes de la nuit)* ★★★
Regia di MARCEL CARNÉ. Con PIERRE BRASSEUR, YVES MONTAND, SERGE REGGIANI, JEAN VILAR. ■ È la storia di un gruppo di reduci che si ritrovano una sera a Parigi. Uno s'innamora della figlia del padrone di casa, ma il fratello di lei è un fior di mascalzone. Sarà punito e con lui un altro cattivo soggetto che aveva tradito i protagonisti durante l'occupazione. ■ DRAMMATICO; B/N; 120′; FRANCIA, 1946.

MENZOGNA *(Die barmherzige Lüge)* ★★
Regia di WERNER KLINGLER. Con ERNST KLIPSTEIN, HILDE KRAHL, ELISABETH FLICKENSCHILDT. ■ Un dottore tedesco conosce in Manciuria una bella ragazza. Poi se ne va lasciandola con un figlio (di cui la donna non gli rivela l'esistenza). Passano gli anni. Il medico, sposatosi con un'altra, vien dato per morto. L'antica amante si presenta allora ai genitori di lui come la legittima nuora. L'inganno viene scoperto. ■ DRAMMATICO; B/N; 91′; GERMANIA, 1939.

MENZOGNA ★★
Regia di UBALDO MARIA DEL COLLE. Con ALBERTO FARNESE, FOLCO LULLI, YVONNE SANSON, EMMA BARON. ■ Una bella donna in vacanza s'innamora di un pescatore soffiandolo alla dolce fidanzata. Un giorno però la donna viene raggiunta da un antico amante che, respinto, la uccide. Del delitto viene imputato il pescatore. Ma la verità verrà a galla. ■ DRAMMATICO; B/N; 93′; ITALIA, 1952.

MEO PATACCA ★★
Regia di MARCELLO CIORCIOLINI. Con ENZO CERUSICO, LUIGI PROIETTI, MARILÙ TOLO. ■ Il film riprende alcune macchiette della tradizione popolare romanesca. Meo Patacca è un bravaccio di quartiere sbruffone, ma non vile. La sua fama raggiunge il vertice quando infligge un'ignominiosa sconfitta al rivale in amore Marco Pepe. Ma una figuraccia attende Meo quando lo mettono alla testa dell'esercito romano e lo mandano in guerra contro i "barbari". ■ COMMEDIA; COL.; 124′; ITALIA, 1973.

MERAVIGLIA DELLE ALPI – EUROPA DALL'ALTO, LA ★★
Regia di SEVERINO CASARA. ■ È un lungo documentario sulle Alpi. ■ DOCUMENTARIO; COL.; 91′; ITALIA, 1957.

MERAVIGLIE DI ALADINO, LE ★★
Regia di MARIO BAVA, HENRY LEVIN. Con VITTORIO DE SICA, ALDO FABRIZI, MICHÈLLE MERCIER, DONALD O'CONNOR. ■ Ancora la storia di Aladino e della sua lampada meravigliosa. Dalla lampada schizza fuori un genio che esaudisce tutti i desideri del giovane popolano di Bagdad. Come quello di sposare la figlia del califfo della città. ■ AVVENTURA; COL.; 99′; ITALIA, 1962.

MERAVIGLIOSA ★★
Regia di CARLOS ARÉVALO, SIRO MARCELLINI. Con CARLO CROCCOLO, NUNZIO GALLO, RITA GIANNUZZI, LUCIANO TAJOLI. ■ Una bella rossa, cantante di talento, è innamorata di un collega, ma l'impresario geloso le confida che il giovanotto ha un'altra relazione. La rossa lascia il giovane. Ma è lo stesso impresario a riunirli. ■ COMM. MUSICALE; B/N; 91′; ITALIA, 1960.

MERAVIGLIOSA AMANTE DI ADOLPHE, LA ★★
(Adolphe)
Regia di BERNARD T. MICHEL. Con JEAN-CLAUDE DAUPHIN, ULLA JACOBSSON, MARIA MAUBAN, PHILIPPE NOIRET. ■ Un giovanotto vorrebbe trarre un film dal romanzo *Adolphe* di Benjamin Constant. Trova anche l'interprete ideale, ma presto s'accorge di star vivendo assieme alla bella Hélène una storia per molti aspetti simile a quella del libro. ■ COMMEDIA; COL.; 95′; FRANCIA, 1968.

MERAVIGLIOSA ANGELICA, LA ★★
(Merveilleuse Angélique)
Regia di BERNARD BORDERIE. Con BARBARA FREY, ROBERT HOSSEIN, MICHÈLLE MERCIER. ■ Terzo episodio delle avventure di Angelica, l'avventuriera francese alla corte del Re Sole. Rimasta vedova per la seconda volta, Angelica starebbe per cedere alla corte pluriennale di re Luigi XIV, ma non vuole diventare l'amante di chi le ha messo al rogo il primo marito. Il re però le confida che il conte di Péyrac non è morto, ma solo fatto sparire. Difatti Péyrac ricompare per salvare la vita alla moglie. ■ AVVENTURA; COL.; 110′; FRANCIA, 1965.

MERAVIGLIOSA AVVENTURA, LA ★★
(Der Stora äventiret)
Regia di ARNE SUCKSDORFF. ■ È un documentario sulla vita degli animali in una zona selvaggia e bellissima della Svezia. ■ DOCUMENTARIO; B/N; 92′; SVEZIA, 1953. ■ CANNES 1 PR.

MERAVIGLIOSA AVVENTURA DI SAM E L'ORSETTO LAVATORE, LA *(My Side of the Mountain)* ★★
Regia di JAMES B. CLARK. Con THEODORE BIKEL, TEDDY ECLES, TUDI WIGGINS. ■ Un ragazzino, appassionato naturalista, un giorno scappa di casa per andare a vivere in montagna. Ci riesce, anche per l'aiuto di un piccolo orso e di un falco che gli procurano il cibo. Il piccolo si costruisce persino una baita per passare l'inverno. Ma al cadere della neve resta bloccato e morirebbe se non lo salvasse un amico girovago. ■ AVVENTURA; COL.; 100′; USA, 1969.

MERAVIGLIOSA FAVOLA DI BIANCANEVE, LA ★★
Regia di E. GOREC. ■ Una versione tedesca della fiaba di Biancaneve molto inferiore a quella di Disney (nonostante l'imitazione sia anche troppo scoperta). ■ ANIMAZIONE; COL.; 92′; GERMANIA, 1970.

MERAVIGLIOSA FAVOLA DI CENERENTOLA, LA ★★
Regia di STEFANYI PERRI. ■ Una versione turca, volonterosa ma scialba, della favola di Cenerentola. ■ FANTASTICO; COL.; 91′; TURCHIA, 1972.

MERAVIGLIOSA ILLUSIONE, LA *(That's the Spirit)* ★★
Regia di CHARLES LAMONT. Con BUSTER KEATON, JACK OAKIE, IRENE RYAN, PEGGY RYAN, JUNE VINCENT. ■ Lo spirito di un uomo che è morto quando il suo bambino era appena nato chiede il permesso di tornare sulla terra. Permesso accordato: lo spirito farà da angelo custode al suo rampollo. ■ COMMEDIA; B/N; 93′; USA, 1945.

MERAVIGLIOSA REALTÀ, UNA ★★★
(What's so Bad about Feeling Good?)
Regia di GEORGE SEATON. Con DOM DELUISE, MARY TYLER MOORE, GEORGE PEPPARD, SUSAN ST. JAMES. ■ Un tucano plana nel quartiere degli artisti e viene accolto da un barbuto hippy e dalla sua ragazza. Non sanno che l'uccello dal lungo becco è portatore di un virus che dà la felicità. Saranno i primi a esserne contagiati. Presto il "morbo" si diffonde e l'Fbi si preoccupa. ■ COMMEDIA; COL.; 94′; USA, 1968.

MERAVIGLIOSA STUPENDA STORIA DI CARLOTTA E DEL PORCELLINO WILBUR, LA ★★
(Charlotte's Web)
Regia di CHARLES NICHOLS, IWAO TAKAMOTO. ■ Un porcellino, Wilbur, ha come destino quello di essere tramutato in salsicce dal suo famelico padrone. In aiuto del maialetto arriva Carlotta, ragno femmina. Grazie a lei, Wilbur diverrà una specie di caso nazionale. ■ ANIMAZIONE; COL.; 90′; GIAPPONE, USA, 1973.

MERAVIGLIOSE AVVENTURE DI CHU MIN, LE ★★
(The Man from Button Willow)
Regia di DAVID DETIEGE. ■ Le avventure del primo agente federale americano. Lo vediamo indagare sul rapimento di un senatore nel West dell'Ottocento. ■ ANIMAZIONE; COL.; 87′; USA, 1965.

MERAVIGLIOSE AVVENTURE DI GUERIN MESCHINO, LE ★★
Regia di PIETRO FRANCISCI. Con ALDO FIORELLI, TAMARA LEES,

GINO LEURINI, ELEONORA RUFFO. ■ Guerrino è un trovatello che vive come scudiero alla corte di Costantinopoli. Ama la principessa Elisenda, ma non può sposarla date le sue oscure origini. Va alla ricerca dei genitori e scopre che sono stati fatti (molti anni prima) prigionieri dai turchi. Li libera e libera anche Elisenda che era stata a sua volta catturata da uno spasimante musulmano. ■ AVVENTURA; B/N; 93′; ITALIA, 1953.

MERAVIGLIOSE AVVENTURE DI MARCO POLO – LO SCACCHIERE DI DIO, LE ★★★
(La fabuleuse aventure de Marco Polo)
Regia di DENYS DE LA PATELLIÈRE. Con HORST BUCHHOLZ, ELSA MARTINELLI, ANTHONY QUINN, OMAR SHARIF, ORSON WELLES. ■ Ancora il *Milione* di Marco Polo. Questa volta l'esploratore veneziano non va a Oriente perché ci vuole andare, ma per portare un messaggio "conciliare" del papa a Kublai Kahn. Kublai però ha altro per la testa: il figlio sta rivoltandosi contro di lui aiutato da un buon numero di seguaci. Marco interviene nella contesa ■ AVVENTURA; COL.; 110′; FRANCIA, ITALIA, 1965.

MERAVIGLIOSE AVVENTURE DI POLLICINO, LE ★★
(Tom Thumb)
Regia di GEORGE PAL. Con PETER SELLERS, RUSS TAMBLYN, TERRY THOMAS, ALAN YOUNG. ■ È la fiaba dei fratelli Grimm raccontata da Pal, lo specialista in modellini dei film di fantascienza degli anni Cinquanta. Pollicino è un bambino piccolissimo, adottato da un buon guardiaboschi. Un giorno per la sua semplicità viene raggirato da due furfanti che lo inducono a rubare una parte del tesoro del paese. Poiché per il furto è accusato il guardiaboschi, Pollicino, per salvare il padre, si mette alla ricerca dei furfanti. E, approfittando delle sue microscopiche dimensioni, riesce a recuperare il malloppo. ■ FANTASTICO; COL.; 98′; GRAN BRETAGNA, 1958. ■ OSCAR 1 PR, 1 NOM.

MERAVIGLIOSE AVVENTURE DI SINBAD, LE ★★
(Adventure of Sinbad the Sailor)
Regia di TAJI YABUSHITA. ■ Sinbad e i suoi amici sono alla ricerca di un tesoro, concupito però anche dal solito perfido gran visir. Arriva primo vicino al bottino il visir, ma è fermato da un gigantesco uccellaccio. ■ ANIMAZIONE; COL.; 91′; GIAPPONE, 1962. ■ VENEZIA 1 PR.

MERAVIGLIOSE FAVOLE DI ANDERSEN, LE ★★
(Andersen Monagotari)
Regia di KIMYO YABUKI. ■ Sono cartoni animati giapponesi (della Toei, la stessa fucina di *Heidi* e *Remi*) ispirati alle più celebri favole di Hans Christian Andersen. ■ ANIMAZIONE; COL.; 94′; GIAPPONE, 1967.

MERAVIGLIOSE STORIE DI WALT DISNEY, LE ★★★
Regia di WALT DISNEY. ■ Il film è costituito da una serie di cortometraggi a colori con protagonisti i più celebri personaggi della Disney: Pippo, Pluto, Paperino e Topolino. ■ ANIMAZIONE; COL.; 90′; USA, 1948.

MERAVIGLIOSO AMORE *(Cuando me vaya)* ★★
Regia di TITO DAVISON. Con LIBERTAD LAMARQUE, ANDRÉS SOLER, JULIO VIRRAEAL, NORMA ANCIRA. ■ Storia della cantautrice messicana Maria Grever. Già celebre, sposa un petroliere americano e abbandona la carriera. Da quel momento tutto le va male: il primo figlio muore, il marito si rovina finanziariamente, una paralisi le impedisce di riprendere la carriera. Tuttavia le sue canzoni girano nel mondo. ■ DRAMMATICO; B/N; 92′; MESSICO, 1953.

MERAVIGLIOSO BATTICUORE, UN ★★
(Some Kind of Wonderful)
Regia di HOWARD DEUTCH. Con MARY STUART MASTERSON, CRAIG SHEFFER, ERIC STOLTZ. ■ Un adolescente che frequenta l'ultimo anno di liceo e occupa il tempo libero lavorando è oggetto delle fantasticherie amorose di quella che è sempre stata la sua migliore amica e che improvvisamente si è accorta di essersi presa una bella cotta per lui. Ma il giovane non ricambia questo sentimento: ha preso infatti una sbandata per la bella Amanda, già impegnata col facoltoso Hardy Jones. ■ COMMEDIA; COL.; 95′; USA, 1987.

MERAVIGLIOSO PAESE, IL *(Wonderful Country)* ★★★
Regia di ROBERT PARRISH. Con PEDRO ARMENDARIZ, JULIE LONDON, GARY MERRILL, ROBERT MITCHUM. ■ Un pistolero americano che ha venduto la sua pistola a un signorotto messicano varca il confine, preso dalla nostalgia degli Stati Uniti. Ma lì si innamora di una donna sposata e uccide un uomo che l'ha insultata. Deve tornare in Messico, dove si mette in urto con i suoi antichi padroni. Ma avrà il modo di salvare il marito della sua amante e di stabilirsi con lei, questa volta definitivamente, negli Stati Uniti. ■ WESTERN; COL.; 96′; USA, 1959.

MERCANTE DELLA MORTE *(The Delphi Bureau)* ★★
Regia di PAUL WENDKOS. Con CELESTE HOLM, DEAN JAGGER, LAURENCE LUCKINBILL. ■ Il governo deve indagare sulla misteriosa scomparsa di alcuni aerei in dotazione all'Air Force. Dello strano caso viene incaricato un famoso agente segreto che già in passato è riuscito a risolvere casi complicati grazie a un'eccezionale memoria fotografica. Al film farà seguito un serial televisivo sempre con Laurence Luckinbill nella parte del protagonista. ■ SPIONAGGIO; COL.; 120′; USA, 1972.

MERCANTE DELLE QUATTRO STAGIONI, IL ★★★★
(Der Händler der vier Jahreszeiten)
Regia di RAINER WERNER FASSBINDER. Con IRM HERMANN, HANS HIRSCHMÜLLER, HANNA SCHYGULLA. ■ Uno dei capolavori del regista tedesco scomparso nel 1982. Un grande melodramma nel suo stile mediato col grande amore per il cinema di Douglas Sirk. È la crisi di un uomo che non ha avuto vita facile in famiglia e per di più è stato deluso sentimentalmente. Nemmeno il presente con la moglie è dei migliori e l'unico conforto gli viene dalla sorella. Dopo un infarto e la scoperta del tradimento della moglie, entrerà definitivamente in un tunnel senza uscita. ■ DRAMMATICO; COL.; 89′; GERMANIA, 1971.

MERCANTE DI ILLUSIONI, IL *(Upper World)* ★★
Regia di ROY DEL RUTH. Con MARY ASTOR, CONSTANCE CUMMINGS, GINGER ROGERS, WARREN WILLIAM. ■ Un avvocato dà la scalata ai quartieri alti. Ma presto la sua ascesa si ferma. Muoiono ammazzati una bella bionda e un losco individuo. L'avvocato sta per finire in galera. Si salverà. ■ DRAMMATICO; B/N; 72′; USA, 1934.

MERCANTE DI PIETRE, IL ★★
Regia di RENZO MARTINELLI. Con F. MURRAY ABRAHAM, HARVEY KEITEL, JANE MARCH, JORDI MOLLÀ. ■ Un mercante di pietre preziose commercia tra l'Italia, l'Afghanistan e la Turchia. La sua attività cela, però, un terribile segreto. C'è un uomo, il mercante, che per sua natura non può fare altro che seguire il suo credo integralista, c'è uno studioso, o presunto tale, che è convinto che «tutti i musulmani non sono terroristi, ma è un fatto che gran parte dei terroristi siano musulmani», c'è una donna, moglie e amante, che non vede e non sa. Queste sono le marionette che il regista muove all'interno di un film che non conosce mezze misure. La messa in scena non sfugge allo stesso meccanismo. Movimenti di macchina eccessivi, sequenze rallentate, flash, colonna sonora e sound design roboante, recitazione sopra le righe, sequenze surreali (come quella dell'inseguimento sul soffitto di casa) *Il mercante di pietre* è un'espressione (seppure raccontata con energia) provocatoria su un argomento, il terrorismo, che necessiterebbe di approfondimenti che vanno ben oltre la religione e la politica. ■ DRAMMATICO COL.; 107′; ITALIA, 2005.

MERCANTE DI SCHIAVE, IL ★★
Regia di DUILIO COLETTI. Con ANNETTE BACH, AUGUSTO DI GIOVANNI, ENZO FIERMONTE, ELENA ZARESCHI. ■ Love story tra una fanciulla siciliana figlia di un pescatore e un giovane pirata saraceno. Cominciato sotto i peggiori auspici, il romanzetto avrà lieto fine. ■ AVVENTURA; B/N; 92′; ITALIA, 1942.

MERCANTE DI SCHIAVI, IL *(The Slave Ship)* ★★★
Regia di TAY GARNETT. Con ELIZABETH ALLAN, WARNER BAXTER, WALLACE BEERY, MICKEY ROONEY, GEORGE SANDERS. ■ Protagonista è il capitano di una nave negriera. L'uomo ha fatto lo schiavista tutta la vita, ma un giorno incontra una bella fanciulla, s'innamora, decide di cambiar strada. Non è facile farlo capire ai membri del suo equipaggio che, con il ritiro del comandante a vita privata, rischiano di vedere sfumare i lauti guadagni della tratta. Il capitano deve fronteggiare un ammutinamento condotto dal suo secondo. Si salverà. ■ AVVENTURA; B/N; 92′; USA, 1937.

MERCANTE DI STOFFE, IL ★★
Regia di ANTONIO BAIOCCO. Con MARTA BIFANO, ANTONIO CAMPOBASSO, EMANUELA GARUCCIO, NADIA KIBOUT, SEBASTIANO SOMMA. ■ Alessandro, un ricco e anziano commerciante di tessuti, si affida al nipote e a una giovane archeologa per ritrovare un vecchio medaglione perduto in un piccolo villaggio del Sud del Marocco. Durante gli scavi, i due riesumano anche i ricordi della storia d'amore che avvenne in quello stesso deserto fra il mercante e una donna locale. Molti anni prima, infatti, durante uno dei suoi numerosi viaggi alla ricerca di stoffe pregiate, Alessandro si era innamorato della seta lavorata dal filatore Omar, così come della giovane promessa sposa di suo figlio. ■ DRAMMATICO; COL.; 90'; ITALIA, MAROCCO, 2009.

MERCANTE DI VENEZIA, IL ★★
Regia di PIERRE BILLON. Con ANDRÉE DEBAR, ARMANDO FRANCIOLI, MASSIMO SERATO, MICHEL SIMON. ■ Nella Venezia cinquecentesca, un vecchio usuraio ebreo vuole vendicarsi del nobile Antonio e stringe con lui un terribile accordo. Se questi non salderà un suo debito dovrà regalargli una libbra di carne. Non salda il conto e il poverino sembra non avere scampo, ma la bella Porzia, con un trucco legale, riuscirà a salvarlo. ■ COMMEDIA; B/N; 100'; ITALIA, 1952.

MERCANTE DI VENEZIA, IL ★★★
(The Merchant of Venice)
Regia di MICHAEL RADFORD. Con LYNN COLLINS, MACKENZIE CROOK, JOSEPH FIENNES, JEREMY IRONS, JULIAN NEST, AL PACINO. ■ Questa nuova versione del celeberrimo testo shakespeariano arriva dopo oltre cinquant'anni la precedente, quella italiana con Michel Simon nei panni del vendicativo Shylock. Il motivo della lunga consegna all'oblio (cinematografico) de *Il Mercante di Venezia* è facilmente intuibile, essendone protagonista l'odio profondo tra "gentili" e "giudei", sebbene raccontato col garbo, la profondità e la suprema genialità del bardo. Radford decide di infischiarsene dei rischi connessi ad un adattamento per il grande schermo della superba opera di fine Cinquecento, e fa bene. Ci sono delle ovvie considerazioni da fare: con un testo del genere, avvalendosi della partecipazione di due mostri di bravura quali Al Pacino e Jeremy Irons, con le porte della città di Venezia spalancate per le riprese sarebbe stato veramente difficile sbagliare il colpo. Certo, alcune parti del film non reggono la parabola di tensione e pathos che il testo disegna (soprattutto l'ultima mezz'ora), così come si avverte la mancanza di un vero affiatamento tra Pacino e Irons (i due fanno splendidi assolo, ma sembrano ignorarsi a vicenda). Ma sono dettagli in un'opera ben realizzata sotto tanti punti di vista (costumi, fotografia, scenografia), che ne fanno un ottimo sostituto per chi non ha avuto ancora occasione di vedere *Il Mercante di Venezia* in teatro, dove meglio si apprezzano i dialoghi di Shakespeare. ■ DRAMMATICO; COL.; 124'; GRAN BRETAGNA, ITALIA, 2004.

MERCANTI D'AVORIO *(Queen of Amazons)* ★★
Regia di EDWARD FINNEY. Con PAUL CAVANAGH, ROBERT LOWERY, PATRICIA MORISON. ■ Una ragazza è decisa a ritrovare a ogni costo il suo fidanzato, scomparso in una foresta tropicale. E infatti lo trova un giorno, prigioniero di una tribù di amazzoni. ■ AVVENTURA; B/N; 92'; USA, 1947.

MERCANTI DI DONNE *(Marchants de filles)* ★★
Regia di MAURICE CLOCHE. Con AGNÈS LAURENT, GEORGES MARCHAL, PASCALE ROBERTS, DANIELA ROCCA. ■ Giovane provinciale sprovveduta cade nella rete di un'organizzazione di tratta delle bianche. Un coraggioso agente dell'Interpol la salva, ma le sue sfortunate compagne faranno una brutta fine. ■ DRAMMATICO; B/N; 91'; FRANCIA, 1957.

MERCANTI DI UOMINI *(Border Incident)* ★★★
Regia di ANTHONY MANN. Con RICARDO MONTALBAN, GEORGE MURPHY. ■ Anni Quaranta, frontiera Messico-Stati Uniti. Una banda di loschi individui ingaggia clandestinamente, sfruttandoli in modo ignobile, braccianti messicani in cerca di lavoro negli Usa. Due investigatori si infiltrano nell'organizzazione. ■ AVVENTURA; B/N; 92'; USA, 1949.

MERCATO DI DONNE *(A Perilous Journey)* ★★
Regia di ROBERT G. SPRINGSTEEN. Con SCOTT BRADY, DAVIS BRIAN, VERA RALSTON. ■ Imbarcatasi a New York per la California dove ferve la corsa all'oro, la bella Francie va alla ricerca del marito, che l'ha abbandonata per aprire una casa da gioco a Panama. Qui trova invece Shard, un giocatore col quale continua il viaggio. A Sacramento, Francie accetta di lavorare nel locale di Monty, losco biscazziere che la corteggia. Sopraggiunge il marito e fra i tre uomini, tutti innamorati di Francie, si scatena la lotta mortale per la bella del saloon. La spunta Shard. ■ AVVENTURA; B/N; 90'; USA, 1952.

MERCENARI 2, I *(The Expendables 2)* ★★
Regia di SIMON WEST. Con TERRY CREWS, JET LI, DOLPH LUNDGREN, SYLVESTER STALLONE, JASON STATHAM, BRUCE WILLIS. ■ È un lavoro apparentemente facile quello che Mr Church impone, col ricatto, a Barney Ross e ai suoi uomini: con l'aiuto della combattente esperta Maggie, devono recuperare un documento contenuto in un aereo schiantatosi tra i monti dell'Est europeo. Durante l'operazione, però, un membro della squadra viene ucciso da Vilain, capo di un'organizzazione criminale che riesce, inoltre, a strappare dalle mani di Ross la preziosa "scatoletta", una piantina in cui è indicata la localizzazione di tonnellate di plutonio. Vendicare il proprio compagno e impedire a Vilain di cambiare gli equilibri mondiali per i mercenari, adesso, diventano tutt'uno. A distanza di due anni dal primo capitolo, gli eroi sacrificabili (l'expendable del titolo originale) capitanati da Sly tornano a mettere in mostra i muscoli con altra consapevolezza. AZIONE; COL.; 102'; USA, 2012.

MERCE BIONDA ★★
(Endstation Rote Laterne – Blonde Mädchen für Havanna)
Regia di RUDOLF JUGERT. Con JOACHIM FUCHSBERGER, CRISTINE GORNER, WERNER PETERS. ■ Si suicida una ballerina olandese in un night malfamato dell'Avana. Da Amsterdam partono le indagini di un detective, di un giornalista, di vari loschi individui. Viene così alla luce una organizzazione per la tratta delle bianche. ■ GIALLO; B/N; 90'; GERMANIA, 1960.

MERCENARI DI MACAO, I *(Kill a Dragon)* ★★
Regia di MICHAEL MOORE. Con FERNANDO LAMAS, JACK PALANCE, ALDO RAY. ■ Un grosso quantitativo di esplosivo ad alto potenziale (Nitra 2) viene trovato sull'imbarcazione abbandonata di un contrabbandiere, nel mare cinese meridionale. Tre avventurieri accettano di trasportarlo a Hong Kong dietro compenso. Con una trovata geniale, riescono a eludere la banda del contrabbandiere. ■ AVVENTURA; B/N; 91'; USA, 1967.

MERCENARI MUOIONO ALL'ALBA, I ★★
(Captain Sigrid)
Regia di JEAN LEDUC. Con ELGA ANDERSEN, JEAN-CLAUDE BERCQ, ROBERT WOODS. ■ Una banda di uomini senza scrupoli guidata da una bionda intraprendente vuol mettere le mani sui diamanti di cui si è impadronito un piccolo esercito di mercenari. Si inizia una trattativa, ma la situazione degenera rapidamente in conflitto fra gli uomini delle opposte organizzazioni. Il gruppo mercenario viene distrutto. ■ AVVENTURA; COL.; 92'; ITALIA, 1967.

MERCENARI RACCONTANO, I ★
Regia di SERGIO PASTORE. Con GIORGIO ARDISSON, ALBERTO FARNESE, JEANNETTE LEN, LAURA TROSCHEL, TONY VALENTE, GIOVANNA LENZI. ■ L'Afghanistan in cui la vicenda è ambientata assomiglia molto da vicino agli Appennini. I mercenari spasimano per donne non eccessivamente attraenti e il regista si rifà a un proprio testo letterario. Se non fosse per il montaggio, che è abbastanza serrato, in questo film non ci sarebbe proprio nulla di positivo. ■ DRAMMATICO; COL.; 85'; ITALIA, 1986.

MERCENARIO, IL ★★
Regia di SERGIO CORBUCCI. Con TONY MUSANTE, FRANCO NERO, JACK PALANCE, GIOVANNA RALLI. ■ Sudamerica, alla vigilia dell'immancabile rivoluzione. Paco ama l'avventura, i *dineros* e la rivoluzione. Il suo socio Serghiei "il polacco" ama i soldi, l'avventura e assai meno la rivoluzione, anche se ha promesso all'amico di aiutarlo contro i governativi. Dopo imprese avventurose (e

anche malandrine) i due si separano. ■ AVVENTURA; COL.; 105'; ITALIA, 1968.

MERCENARIO DELLA MORTE, IL *(The Gunslinger)* ★
Regia di ROGER CORMAN. Con BEVERLY GARLAND, JOHN IRELAND. ■ Rose, forte donna del West, vuole scoprire l'assassino del marito sceriffo. Sospetta di Erica, la proprietaria del saloon. Questa ingaggia un killer per far fuori Rose. Ma il killer s'innamora di Rose: finisce per salvarle la vita e ammazzare Erica. ■ WESTERN; B/N; 83'; USA, 1956.

MERCENARI. THE EXPENDABLES, I ★★
(The Expendables)
Regia di SYLVESTER STALLONE. Con JET LI, DOLPH LUNDGREN, ERIC ROBERTS, SYLVESTER STALLONE, JASON STATHAM. ■ Gli *Expendables* sono un gruppo di mercenari professionisti dell'artiglieria e del combattimento corpo a corpo, chiamati ad assolvere solo missioni ad alto rischio. In seguito a un blitz su di un cargo di terroristi somali finito in carneficina, il capo della banda, Barney Ross, decide di espellere il tiratore scelto Gunnar a causa del suo temperamento imprevedibile. Barney e i suoi uomini dovranno uccidere il dittatore di un'isola del Centro America in affari con un americano per gestire il traffico della droga. Con *I mercenari*, Stallone riesce a consacrare le sue ossessioni di sempre (il mito e la forza fisica) dentro ad un nucleo instabile di umorismo un po' ruvido e di violenza. ■ AZIONE; COL.; 103'; USA, 2010.

MERCI LA VIE ★★
Regia di BERTRAND BLIER. Con MICHEL BLANC, GÉRARD DEPARDIEU, CHARLOTTE GAINSBOURG, ANOUK GRIMBERG. ■ Questa volta Blier forse ha esagerato, attaccato dalla critica ha voluto strafare. Così ha cercato appositamente di rimestare in un enorme pentolone tutti i generi, tutte le situazioni, le sue manie e i suoi viaggi nel grottesco. Ha usato il colore, il bianco e nero, stramberie alla Godard. Le due ragazze protagoniste passano attraverso tante storie e incontrano tra l'altro uno strano dottore, interpretato da Gerard Depardieu, che si autoprocura i pazienti. ■ COMMEDIA; COL.; 117'; FRANCIA, 1991.

♥ MERCOLEDÌ DA LEONI, UN *(Big Wednesday)* ★★★
Regia di JOHN MILIUS. Con GARY BUSEY, PATTI D'ARBANVILLE, WILLIAM KATT, JEAN-MICHAEL VINCENT. ■ È la storia di tre campioni del surf. Il teatro delle loro imprese sono le lunghe onde del mare californiano. I tre hanno problemi sentimentali e di vita, poi arriva il Vietnam e uno è costretto ad andarci. Dopo alcuni anni si ritrovano insieme su una spiaggia per la loro ultima esibizione, che è trionfale. Ma il tempo del surf è ormai finito. Milius, all'epoca tra i più pagati sceneggiatori americani (ha scritto fra l'altro *Apocalypse Now*), fa parte della "nuova mafia" dei cineasti hollywoodiani, coloro cioè che scrivono, dirigono e producono i propri film (Coppola, Lucas, Spielberg). ■ DRAMMATICO; COL.; 120'; USA, 1978.

MERCOLEDÌ DELLE CENERI *(Ash Wednesday)* ★★
Regia di LARRY PEERCE. Con KEITH BAXTER, HELMUT BERGER, HENRY FONDA, ELIZABETH TAYLOR. ■ Una moglie sfiorita, per riconquistare il marito, si affida a un chirurgo estetico. Ritorna bellissima, ma il marito non la vuole più: divorzio. ■ DRAMMATICO; B/N; 99'; USA, 1973. ■ GOLDEN GLOBES 1 NOM.

MERCY – SENZA PIETÀ *(Mercy)* ★
Regia di DAMIAN HARRIS. Con ELLEN BARKIN, WENDY CREWSON, JULIAN SANDS, PETA WILSON. ■ La detective Catherine Palmer (Ellen Barkin) indaga su una serie di efferati omicidi. Si tratta di giovani donne i cui corpi, distesi su un letto con le mani giunte, presentano orribili segni di violenza. Sarà l'amica di una delle vittime a far scoprire alla detective l'esistenza di una setta segreta di cui facevano parte tutte le donne uccise. Neanche Ellen Barkin riesce a risollevare le sorti di un film noioso, lento e diretto in modo confuso da Damian Harris. ■ THRILLER; COL.; 105'; USA, 2000.

MERLETTAIA, LA *(La dentellière)* ★★★
Regia di CLAUDE GORETTA. Con YVES BENEYTON, FLORENCE GIORGETTI, ISABELLE HUPPERT. ■ Una ragazza semplice, intelligente e sensibile ha la sfortuna di innamorarsi di uno studente, superiore a lei per ceto sociale. Il giovane la sfrutta portando avanti la relazione fino a che gli fa comodo, dopo di che l'abbandona con la scusa della pretesa "inferiorità culturale" della ragazza. Lei, disperata, impazzisce e finisce rinchiusa in un ospedale psichiatrico. ■ DRAMMATICO; COL.; 107'; SVIZZERA, 1977. ■ DAVID DI DONATELLO 1 PR, 1 NOM.

MERLETTO DI MEZZANOTTE *(Midnight Lace)* ★★★
Regia di DAVID MILLER. Con DORIS DAY, JOHN GAVIN, REX HARRISON, MYRNA LOY. ■ Oscure minacce di morte, profferite per telefono o nella nebbia di Londra, sconvolgono la vita di una giovane donna americana sposata a un ricco inglese. Proprio quando l'ossessione diventa insopportabile, il mistero viene svelato. ■ GIALLO; B/N; 108'; USA, 1960. ■ OSCAR 1 NOM.

MERLO MASCHIO, IL ★★★
Regia di PASQUALE FESTA CAMPANILE. Con LAURA ANTONELLI, LANDO BUZZANCA, FERRUCCIO DE CERESA, LINO TOFFOLO. ■ Vorrebbe sfondare come violoncellista, ma il successo rimane una chimera e nessuno si accorge di lui. Si accorgono semmai della bella moglie che suscita ammirazione incondizionata e invidia. È proprio questa invidia che gli dà un senso di appagamento e gli permette di imporsi all'attenzione della gente. Così si serve delle belle forme della moglie, fotografate e mostrate in tutte le salse, per ottenere sempre maggior successo. ■ COMMEDIA; B/N; 113'; ITALIA, 1970.

MERRY CHRISTMAS ★★
Regia di NERI PARENTI. Con BRUNO ARENA, MASSIMO BOLDI, MASSIMILIANO CAVALLARI, CHRISTIAN DE SICA, EMANUELA FOLLIERO, BIAGIO IZZO, ENZO SALVI, PAULA VAZQUEZ. ■ Implacabili arrivano i comici tivù-natalizi. C'è anche la new entry, la pettoruta retequattrina "sempre-da-sera-vestita" Emanuela Folliero. La storia gira intorno al pilota Trivellone che ha due famiglie. Poi c'è il ricco milanese che odia il fidanzato della figlia. Poi ci sono i Fichi d'India che fanno i becchini. Soprattutto c'è la solita "comicità". Uffa! Ma c'è di più: pare che nel week end natalizio del 2001 *Merry* abbia superato persino *Harry Potter.* ■ COMICO; COL.; 100'; ITALIA, 2001.

MERY PER SEMPRE ★★
Regia di MARCO RISI. Con CLAUDIO AMENDOLA, FRANCESCO BENIGNO, MICHELE PLACIDO. ■ Un insegnante di quarant'anni appena divorziato accetta di lavorare nel carcere minorile Malaspina. L'uomo cerca di instaurare un nuovo rapporto con i giovani detenuti, ma i suoi sforzi vengono ostacolati dai più riottosi di essi e dal direttore della prigione che non approva i metodi permissivi del nuovo venuto. Alla fine però i fatti danno ragione all'insegnante. ■ DRAMMATICO; COL.; 100'; ITALIA, 1989.

MESE AL LAGO, UN *(A Month by the Lake)* ★★★
Regia di JOHN IRVIN. Con JAMES FOX, ALESSANDRO GASSMAN, VANESSA REDGRAVE, UMA THURMAN, ALIDA VALLI. ■ Lago di Como. Anni Trenta. L'ormai attempata Miss Bentley torna a visitare i luoghi in cui è stata bambina. Viene corteggiata da un aitante giovanotto ma è invece attratta dal maggiore Wilshaw. Il tutto accade sotto gli occhi del personale dell'albergo in cui è scesa, sempre vigile. Chi per sorvegliare (l'albergatrice), chi per ordire intrighi (la governante). L'ambiente e l'amore prevalgono sul tentativo di descrivere la fine di un'epoca. ■ DRAMMATICO; COL.; 92'; USA, 1995. ■ GOLDEN GLOBES 1 NOM.

MESE D'ONESTÀ, UN ★★
Regia di DOMENICO GAMBINO. Con OLGA GORGONI, CARLO NINCHI. ■ Un evaso, con un passato di omicida sulle spalle, salva la figlia di un magistrato dall'annegamento. Impiegato come guardiano nella villa del giudice, si riscatta fino in fondo accusandosi dell'omicidio cui la giovane è costretta per salvarsi da un turpe ricatto. ■ DRAMMATICO; B/N; 90'; ITALIA, 1947.

MESE IN CAMPAGNA, UN *(A Month in the Country)* ★★★
Regia di PAT O'CONNOR. Con COLIN FIRTH, NATASHA RICHARDSON, RICHARD VERNON. ■ Nello Yorkshire poco dopo la fine della prima guerra mondiale vanno ad abitare per circa un mese due reduci di guerra. Uno (ancora traumatizzato dal conflitto) cerca dentro un campanile di una chiesa le tracce di un favoloso affresco. L'altro, un archeologo, vuol trovare una tomba leggendaria. Riusciranno nei rispettivi intenti, poi ognuno ripartirà, più solo e tormentato che mai (il primo s'è innamorato della moglie

del parroco locale, ma non è riuscito a dichiararle il suo affetto). ■ DRAMMATICO; COL.; 96′; GRAN BRETAGNA, 1987.

MESSA È FINITA, LA ★★★
Regia di NANNI MORETTI. Con FERRUCCIO DE CERESA, MARCO MESSERI, NANNI MORETTI. ■ Di ritorno da una parrocchia sperduta, un giovane sacerdote viene destinato a una chiesa della periferia romana. Nella capitale, oltre all'indifferenza ostile dei presunti fedeli, trova gli amici di un tempo trasformati in terroristi, omosessuali o misantropi maniacali. In famiglia le cose vanno anche peggio: il padre se ne va con un'altra donna, la madre si suicida e la sorella vuole abortire. Disgustato e impotente di fronte a tanto squallore, il giovane prete parte per una missione del Sudamerica. ■ DRAMMATICO; COL.; 94′; ITALIA, 1985. ■ BERLINO 1 PR.

MESSAGGERA DEL DIAVOLO, LA ★
(The Devil's Messenger)
Regia di HERBERT L. STROCK. Con RALPH BROWN, LON CHANEY JR, KAREN KADLER. ■ Suicidatasi per amore e condannata all'inferno, la sciagurata Satanya riceve dal diavolo l'incarico di recapitargli altre anime. Quando gli porta colui per il quale Satanya si suicidò, il diavolo dà alla coppia così ricostituita la formula della bomba H da portare sulla Terra. ■ HORROR; B/N; 90′; USA, 1962.

MESSAGGERO D'AMORE *(The Go-Between)* ★★★★
Regia di JOSEPH LOSEY. Con ALAN BATES, JULIE CHRISTIE, MARGARET LEIGHTON. ■ Primi anni del Novecento. Ospite di una ricca famiglia in una villa inglese, un ragazzino di modeste origini, Leo, si affeziona a Marian, una bella donna che è l'unica a trattarlo con affetto. Marian è fidanzata a un suo pari, però ha una appassionata relazione con Ted, il fattore. Marian affida a Leo le lettere da portare in gran segreto a Ted: un segreto che pesa, anche perché il ragazzino nutre per la donna un sentimento vicino all'amore. Il segreto viene scoperto, lo scandalo è grande, Ted si uccide. Divenuto adulto, Leo riceve ancora una volta da Marian l'incarico di portare un messaggio: dovrà far capire al nipote discendente dall'unione di Ted e Marian che l'amore non va soffocato. ■ DRAMMATICO; COL.; 110′; GRAN BRETAGNA, 1971. ■ CANNES 1 PR; OSCAR 1 NOM.

MESSAGGERO DELLA MORTE, IL *(The Sender)* ★
Regia di ROGER CHRISTIAN. Con PAUL FREEMAN, KATHRYN HARROLD. ■ Il protagonista tenta ripetutamente di suicidarsi ma è posto sotto osservazione in un ospedale psichiatrico. Cerca allora di attivarsi sul piano telepatico creando più di uno squilibrio negli altri. ■ DRAMMATICO; COL.; 93′; USA, 1982.

MESSAGGERO DEL RE, IL *(Correo del Rey)* ★★
Regia di RICARDO GASCÓN. Con CESARE DANOVA, ISABEL DE POMES, JUNY ORLY. ■ Un Grande di Spagna e tre marinai scampati al naufragio nel corso della guerra con l'Inghilterra vengono fatti prigionieri a Minorca. Il dignitario spagnolo, che deve portare un messaggio al suo re, si fa passare per marinaio per dare meno nell'occhio, ma viene ferito. Sarà il marinaio, che a sua volta si spaccia per Grande di Spagna, a fuggire e a recapitare il messaggio. ■ AVVENTURA; B/N; 92′; SPAGNA, 1953.

MESSAGGERO – THE HAUNTING IN CUNNECTICUT, IL *(The Haunting in Connecticut)* ★
Regia di PETER CORNWELL. Con AMANDA CREW, MARTIN DONOVAN, KYLE GALLNER, ELIAS KOTEAS, VIRGINIA MADSEN. ■ Sara è una madre provata dalla vita. Il marito ha dei problemi con l'alcol e il figlio maschio, Matt, è affetto da un cancro per il quale necessita di cure speciali. La famiglia decide di affittare una casa nella zona vicina all'ospedale in cui Matt viene sottoposto a terapie particolari. Ben presto il ragazzo comincia a percepire strane presenze per combattere le quali chiede l'intervento di un misterioso compagno di terapie esperto in fenomeni paranormali. Siamo di fronte all'ennesimo film sulla casa infestata di cui *Amityville Horror* costituisce il punto di riferimento. ■ HORROR; COL.; 92′; USA, 2009.

MESSAGGI DA FORZE SCONOSCIUTE ★★★
(The Silent Flute)
Regia di RICHARD MOORE. Con DAVID CARRADINE, JEFF COOPER, CHRISTOPHER LEE, ELI WALLACH. ■ Cord supera le prove per poter raggiungere il santone Zetan, che possiede il libro della verità. Fa i più strani incontri e poi arriva alla meta. Zetan gli mostra il libro, che invece delle pagine ha degli specchi. Cord vede solo se stesso; ed è in se stesso che deve cercare la verità. ■ AVVENTURA; COL.; 95′; USA, 1978.

MESSAGGI QUASI SEGRETI ★★
Regia di VALERIO JALONGO. Con GIULIO DI MAURO, BRENDAN GLEESON, IVANO MARESCOTTI. ■ Un ragazzo viene spedito dal padre in Irlanda per una vacanza studio. La famiglia che ospita il giovane ha dei problemi: il padre sta perdendo il lavoro, la figlia è un'infelice cronica. Padre e figlio italiani alla fine si ritroveranno e scopriranno di aver in comune molte più cose di quante credessero. ■ DRAMMATICO; COL.; 90′; ITALIA, 1998.

MESSAGGIO, IL *(Le messager)* ★★★
Regia di GEORG WILHELM PABST. Con JEAN GABIN, GABY MORLAY. ■ Un ingegnere che ha sposato la propria segretaria deve separarsi da lei per molti mesi, per lavorare in Africa. Il suo aiutante, colpito da una grave malattia, deve però tornare in patria: qui incontra la moglie dell'ingegnere, con la quale intreccia una relazione. Scoppia il dramma quando l'ingegnere torna. L'aiutante finisce per suicidarsi, i due coniugi si ricongiungono. ■ DRAMMATICO; B/N; 98′; FRANCIA, 1938.

MESSAGGIO, IL *(Mohammad, Messenger of God)* ★★
Regia di MOUSTAPHA AKKAD. Con IRENE PAPAS, ANTHONY QUINN, JOHNNY SEKKA. ■ Moustapha Akkad, il regista preferito del colonnello Gheddafi, racconta la storia della religione musulmana, almeno quella delle sue contrastate origini, quando Maometto venne duramente attaccato dall'aristocrazia araba. Maometto non si vede mai. Il film segue le azioni del suo più bellicoso seguace, il vecchio zio che viene ucciso nella battaglia finale. ■ STORICO; COL.; 180′; LIBIA, 1977. ■ OSCAR 1 NOM.

MESSAGGIO DEL RINNEGATO, IL ★★★
(The Redhead and the Cowboy)
Regia di LESLIE FENTON. Con RHONDA FLEMING, GLENN FORD, EDMOND O'BRIEN. ■ Coinvolto negli ultimi sussulti della guerra civile americana, un pacifico cowboy viene ingiustamente accusato di aver ucciso un messaggero confederato. Aiutato da un ufficiale del controspionaggio nordista che si spaccia per mercante di bestiame, riesce a scoprire una banda di razziatori ■ WESTERN; B/N; 95′; USA, 1950.

MESSAGGIO DI MORTE *(Messenger of Death)* ★
Regia di JACK LEE THOMPSON. Con CHARLES BRONSON, TRISH VAN DEVERE. ■ Il regista del primo *Cape Fear* dirige Charles Bronson in una vicenda che ricalca il solito cliché della vendetta da perseguire contro il cattivo di turno. ■ THRILLER; COL.; 92′; USA, 1988.

MESSAGGIO SEGRETO – MESSAGGIO A GARCIA ★★★
(Message to Garcia)
Regia di GEORGE MARSHALL. Con WALLACE BEERY, BARBARA STANWYCK. ■ 1898. I rivoluzionari cubani insorti contro la Spagna sono aiutati dagli Stati Uniti che mandano un ufficiale con un messaggio per il generale Garcia, comandante delle forze rivoluzionarie. Catturato e torturato, l'ufficiale americano viene liberato dall'intervento delle truppe dei patrioti. La missione sarà infine compiuta. ■ AVVENTURA; B/N; 77′; USA, 1948.

MESSAGGIO SPECIALE *(Un ami viendra ce soir)* ★★
Regia di RAYMOND BERNARD. Con LOUIS SALOU, MICHEL SIMON, MADELEINE SOLOGNE. ■ Siamo nella Francia occupata dai nazisti. In una casa di cura sono rifugiati alcuni partigiani che si fingono malati di mente. Ma il nemico è anche nella clinica: un ufficiale della Gestapo che si è presentato come medico svizzero. Tuttavia i resistenti saranno salvi per merito di una ragazza ebrea. ■ GUERRA; B/N; 125′; FRANCIA, 1946.

MESSALINA ★★★
Regia di ENRICO GUAZZONI. Con RINA DE LIGUORO, AUGUSTO MASTRIPIETRI, GIANNA TERRIBILI-GONZALES. ■ Un kolossal sull'affascinante Messalina, vissuta nella Roma antica, interpretato da una delle ultime dive del muto. Girato con grande bravu-

ra da Guazzoni contiene una corsa tra bighe che non sfigura di fronte a quella di *Ben-Hur*. ■ STORICO; B/N; 85′; ITALIA, 1923.

MESSALINA ★★
Regia di CARMINE GALLONE. Con MEMO BENASSI, MARIA FELIX, JEAN TISSIER. ■ La dissoluta Messalina trama per portare sul trono imperiale un suo giovane favorito. Ma dopo un ennesimo delitto dell'imperatrice, un cortigiano fa sì che la trama venga scoperta. Il favorito viene ucciso e Messalina si dà la morte. ■ STORICO; B/N; 105′; ITALIA, 1951.

MESSALINA MESSALINA! ★★
Regia di BRUNO CORBUCCI. Con VITTORIO CAPRIOLI, ANNEKA DI LORENZO, GIANCARLO PRETE. ■ Messalina, moglie dell'imperatore romano Claudio, va a letto con tutti. L'unico che le sfugge è il console Gaio Silvio che prima vuole sposarla. Essendo lei già maritata, decide di eliminare il consorte che però riesce a salvarsi. Messalina finisce in un postribolo. ■ COMMEDIA; COL.; 95′; ITALIA, 1971.

MESSALINA VENERE IMPERATRICE ★★
Regia di VITTORIO COTTAFAVI. Con SPIROS FOCAS, BELINDA LEE, GIANCARLO SBRAGIA. ■ Salita sul trono imperiale, la dissoluta Messalina non esita a ordinare delitti e infamità pur di portare a termine i suoi intrighi. Chi vuol porvi fine, cade vittima della bellezza dell'imperatrice: anche Lucio, un centurione di cui lei si è invaghita. Ma quando Messalina ordisce una congiura per assassinare l'imperatore Claudio, Lucio reagisce e sventa la minaccia. ■ STORICO; COL.; 93′; ITALIA, 1959.

MESSA PER DRACULA, UNA ★
(Taste the Blood of Dracula)
Regia di PETER SASDY. Con ANTHONY CORLAN, LINDA HAYDEN, CHRISTOPHER LEE. ■ Per il diletto di tre aristocratici annoiati, un cultore di Dracula lo fa tornare sulla terra. Folli di paura i tre uccidono il discepolo. Non l'avessero mai fatto: Dracula scatena la sua vendetta. ■ HORROR; COL.; 95′; GRAN BRETAGNA, 1970.

MESSE NERE DELLA CONTESSA DRACULA, LE ★
(Die Nacht der Vampir)
Regia di LEON KLIMOVSKY. Con GABY FUCHS, PAUL NASCHY, PATTY SHEPARD. ■ Gran scemenza con vampira e licantropo che vorrebbe tornare normale. ■ HORROR; COL.; 92′; GERMANIA, SPAGNA, 1970.

MESSE NERE PER LE VERGINI SVEDESI ★
(Virgin Witch)
Regia di RAY AUSTIN. Con KEITH BUCKLEY, PATRICIA HAINES, ANN MICHELLE. ■ Due sorelle capitano in casa di un nobiluomo che le coinvolge nelle sue pratiche stregonesche. La maggiore ci sta e diventa l'amante del nobilastro. Ma durante un sabba ci rimette la pelle. ■ HORROR; COL.; 90′; GRAN BRETAGNA, 1970.

MESSENGER, THE ★★
Regia di FRED WILLIAMSON. Con CHRISTOPHER CONNELLY, CAMERON MITCHELL, FRED WILLIAMSON. ■ Un superduro torna dopo molti anni dalla ragazza del cuore e scopre che ha gravi problemi di droga. Quando la donna muore per una overdose, il duro dichiara una guerra senza quartiere agli spacciatori. ■ THRILLER; COL.; 95′; USA, 1987.

MESSENGERS, THE ★★
Regia di DANNY PANG, OXIDE PANG CHUN. Con JOHN CORBETT, DYLAN MCDERMOTT, PENELOPE ANN MILLER, KRISTEN STEWART. ■ Metti una sera, lontano dalla città, una famiglia medioborghese senza più sogni nel cassetto e due figli da crescere, ed ecco che i gemelli Pang confezionano un film horror la cui croce e delizia è l'assenza pressoché assoluta di qualsiasi innovazione narrativa o di genere. La famiglia Salomon – moglie, marito, figlia adolescente e bambino piccolo – scappa dalla vicina Chicago per acquistare una fattoria in campagna, cercando di ricostruirsi una vita nel commercio dei girasoli e tentando allo stesso tempo di rimediare agli errori del passato. Errori che rischiavano di compromettere gravemente il tranquillo menage familiare. Una volta arrivati nell'enorme tenuta, alcune strane presenze cominciano a manifestarsi all'interno della casa, fantasmi di una vita passata che cercano vendetta. ■ HORROR; COL.; 87′; USA, 2007.

MESSIA, IL ★★★
Regia di ROBERTO ROSSELLINI. Con TINA AUMONT, VITTORIO CAPRIOLI, JEAN MARTIN, PIER MARIA ROSSI. ■ Il Vangelo di Roberto Rossellini: è l'ultimo lungometraggio del regista scomparso il 3 giugno del 1977. ■ STORICO; COL.; 145′; ITALIA, 1975.

MESSIA DEL DIAVOLO, IL *(Messiah of Evil)* ★
Regia di WILLARD HUYCK, GLORIA KATZ. Con ROYAL DANO, MICHAEL GREER, MARIANNA HILL. ■ Una ragazza va a cercare suo padre in una cittadina della California. Casca male; il posto è in mano a strani individui che si rivelano altrettanti zombi. ■ HORROR; COL.; 92′; USA, 1975.

MESSIA SELVAGGIO *(Savage Messiah)* ★★★
Regia di KEN RUSSELL. Con SCOTT ANTHONY, LINDSAY KEMP, DOROTHY TUTIN. ■ Ken Russell attacca con le consuete punte eterodosse un artista non molto conosciuto fuori dai paesi anglosassoni, lo scultore Henri Gaudier. La storia è imperniata soprattutto sul suo difficile rapporto con la quarantenne polacca Sophie che si rifiuta a lui, pur assistendolo nei momenti più oscuri della carriera. Il povero Gaudier morrà senza aver assaporato né la gloria dell'arte né l'affetto della sua donna. ■ BIOGRAFICO; COL.; 100′; GRAN BRETAGNA, 1972

MESSICANO, IL *(Right Cross)* ★★★
Regia di JOHN STURGES. Con JUNE ALLYSON, LIONEL BARRYMORE, RICARDO MONTALBAN, DICK POWELL. ■ Il campione del mondo dei medi si rende conto di essere alla fine della carriera e vuole a tutti i costi accelerare l'organizzazione di match vantaggiosi. Lascia quindi il suo manager, il padre della sua fidanzata. Il campione, abbandonato dalla fidanzata e da un amico giornalista, viene sconfitto sul ring. Negli spogliatoi, dopo una scazzottata col giornalista, si frattura la mano. Smaltita la rabbia, farà la pace sia con l'amico, sia con la fidanzata. ■ AVVENTURA; B/N; 90′; USA, 1950.

MESSICANO, IL *(Emiliano Zapata)* ★★
Regia di FELIPE CAZALS. Con ANTONIO AGUILAR, JAIME FERNANDEZ, ENRIQUE LUCERO. ■ Biografia di Emiliano Zapata che assieme a Pancho Villa e Francisco Madero capeggiò la rivolta dei peones contro la dittatura di Porfirio Diaz. ■ BIOGRAFICO; COL.; 92′; MESSICO, 1970.

MESSICO IN FIAMME *(Krasnie kala kala)* ★★
Regia di SERGEI FYODOROVICH BONDARCHUK. Con URSULA ANDRESS, JORGE LUKE, FRANCO NERO. ■ La storia quasi vera di John Reed e del suo reportage sul *Messico insorto*, a contatto con la leggenda vivente di Pancho Villa. È la prima parte di un maxisceneggiato su Reed, di coproduzione italo-sovietica. Titolo della parte seconda *I dieci giorni che sconvolsero il mondo*. ■ BIOGRAFICO; COL.; 130′; ITALIA URSS, 1981.

MESSICO INSANGUINATO *(Flor Silvestre)* ★★
Regia di EMILIO FERNANDEZ. Con PEDRO ARMENDARIZ, DOLORES DEL RIO. ■ Quando la rivoluzione divampa nel Messico, il figlio di un possidente, di idee democratiche, abbraccia la causa dei peones contro la volontà del padre. Quando però i genitori del giovane sono massacrati dai banditi aggregatisi alla rivolta, il protagonista corre a vendicarsi. ■ DRAMMATICO; B/N; 91′; MESSICO, 1946.

MESTIERE DELLE ARMI, IL ★★½
Regia di ERMANNO OLMI. Con SANDRA CECCARELLI, SERGIO GRAMMATICO, HRISTO JIVKOV, DESSY TENEKEDJIEVA. ■ Filologico, iperrealista, e tanto rigoroso da essere arrogante, questo è *Il mestiere delle armi*. Ecco a grandi linee la vicenda. Nel 1526 le armate lanzichenecche, cioè tedesche, di Carlo V, scendono attraverso l'Italia per minacciare lo Stato pontificio, che è difeso dal leggendario Joanni de' Medici, noto come "Giovanni delle bande nere". L'eroe è tradito dal duca di Ferrara, che omaggia il generale Frundsberg di quattro cannoni modernissimi, capaci di condizionare una battaglia. Giovanni viene ferito proprio da uno dei cannoni, a una gamba. La cancrena avanza, le cure sono inutili e il generale pontificio muore. La fase della sofferenza di Joanni è la parte migliore del film, anche se incredibilmente dilatata. Olmi si ispira al Rossellini dell'ultima età, non più quella dell'oro, quando la grazia era... appannata. I tentativi pittorici di Olmi

(sempre buio, sempre neve, mai un'ora di sole) diventano purtroppo calligrafia. I personaggi sono tutti inverosimilmente tristi, lenti e solenni. ■ STORICO; COL.; 105'; ITALIA, 2001. ■ DAVID DI DONATELLO 8 PR, 8 NOM.

MESTIERE DIFFICILE, UN *(The Hard Way)* ★★

Regia di MICHAEL DRYHURST. Con PATRICK MCGOOHAN, EDNA O'BRIEN, LEE VAN CLEEF. ■ Un famoso killer a pagamento va in crisi, vuol mollare tutto e rifugiarsi nella natia Irlanda. Ma il suo abituale datore di lavoro lo obbliga a rispettare un contratto (un assassinio a Dublino) minacciando la vita dei suoi familiari. Il killer finge di starci, poi mette al sicuro i suoi e scappa. Ma il suo capo gli dà una caccia spietata. ■ THRILLER; COL.; 90'; GRAN BRETAGNA, 1980.

METALMECCANICO E PARRUCCHIERA IN UN TURBINE DI SESSO E POLITICA ★★

Regia di LINA WERTMÜLLER. Con GENE GNOCCHI, VERONICA PIVETTI, TULLIO SOLENGHI. ■ Durante le elezioni dell'aprile '94 un metalmeccanico di Rifondazione (Solenghi) e una parrucchiera leghista (Pivetti) si insultano, ma si piacciono. La storia vive sulle loro rincorse, con in mezzo Gene Gnocchi specialista in buon senso. Film trascurabile, davvero troppo lontano dai titoli seppur controversi degli anni Settanta firmati dalla regista. Giannini e la Melato erano attori veri, da cinema. Adesso sembra proprio non si possa fare a meno di attingere dai personaggi del piccolo schermo se si vuol vendere qualche biglietto. Che malinconia. ■ COMMEDIA; COL.; 95'; ITALIA, 1996.

METÀ OSCURA, LA *(The Dark Half)* ★★

Regia di GEORGE A. ROMERO. Con JULIE HARRIS, TIMOTHY HUTTON, AMY MADIGAN, MICHAEL ROOKER. ■ Ancora una volta, lontano dai suoi temi, Romero sembra aver perso la grinta dei primi film. Tratto da un romanzo di Stephen King. Uno scrittore, con moglie e figli, usa due nomi per firmare i suoi romanzi. Col nome reale scrive quelli impegnati e di scarso successo, con lo pseudonimo quelli più popolari e carichi di violenza. Inoltre ha un trauma dell'infanzia che lo perseguita e lo sdoppia in due personalità. Sul set c'è stato un vero e proprio scontro tra l'attore Hutton e il regista. ■ HORROR; COL.; 124'; USA, 1992.

METELLO ★★★

Regia di MAURO BOLOGNINI. Con TINA AUMONT, LUCIA BOSÉ, OTTAVIA PICCOLO, MASSIMO RANIERI. ■ A Firenze agli inizi del Novecento, il giovane operaio Metello Salani partecipa alle lotte per ottenere migliori condizioni di lavoro. Tra la dura fatica in fabbrica, gli scioperi e le dimostrazioni, trova il modo di sposarsi con la dolce figlia di un anarchico e di prendersi una breve vacanza con una bella borghesuccia vicina di casa. La nascita del socialismo serve naturalmente da pretesto al raffinato Bolognini per uno squisito quadretto inizio Novecento. ■ DRAMMATICO; COL.; 111'; ITALIA, 1970. ■ CANNES 1 PR; DAVID DI DONATELLO 3 PR, 3 NOM.

METEMPSYCO ★

Regia di ANTONIO BOCCACCI. Con ANNIE ALBERTI, MARCO MARIANI, ADRIANO MICANTONI. ■ In un pauroso castellaccio, un essere misterioso uccide due incaute visitatrici. Intanto nel villaggio vicino una ragazza, in un incubo, rivive l'ammazzamento (e altri precedenti). Il padre la porta al castello, dove il mistero verrà chiarito. ■ HORROR; B/N; 90'; ITALIA, 1963.

METEOR ★★★

Regia di RONALD NEAME. Con SEAN CONNERY, HENRY FONDA, TREVOR HOWARD, BRIAN KEITH, MARTIN LANDAU, KARL MALDEN, NATALIE WOOD. ■ La Terra è minacciata da un meteorite gigante che sta precipitando. Uno scienziato americano, nominato dal presidente Usa responsabile della difesa, chiede aiuto all'Unione Sovietica. I russi rispondono alla chiamata, ma un generale americano si oppone a quella alleanza finché i primi disastri in varie parti del globo costringono l'ufficiale a desistere. Lo scienziato può dare il via all'operazione difesa. ■ AVVENTURA; COL.; 103'; USA, 1979. ■ OSCAR 1 NOM.

METEORA INFERNALE, LA *(The Monolith Monster)* ★★

Regia di JOHN SHERWOOD. Con LOLA ALBRIGHT, LES TREMAYNE, GRANT WILLIAMS. ■ Una meteora cade nel deserto della California. Invece di fare un buco e basta, lo strano minerale di cui è composto il corpo celeste sembra trarre nutrimento dai corpi umani. Ben presto si formano giganteschi monoliti che minacciano di spazzare via tutto il paese. Il protagonista allora provoca un'inondazione. ■ FANTASCIENZA; B/N; 77'; USA, 1957.

METEOR MAN ★★

Regia di ROBERT TOWNSEND. Con BILL COSBY, EDDIE GRIFFIN, JAMES EARL JONES, ROBERT TOWNSEND. ■ Jefferson Reed è un professore introverso e mite. Come vuole la tradizione di Superman e Uomo ragno l'uomo diventa un super eroe per un incidente. Gli capita addosso una meteora. Sarà condannato così a sgominare bande e malfattori. ■ COMMEDIA; COL.; 91'; USA, 1993.

METICCIA DI FUOCO, LA *(Apache Woman)* ★★

Regia di ROGER CORMAN. Con LLOYD BRIDGES, LANCE FULLER, JOAN TAYLOR. ■ Un commissario governativo arriva nell'Oklahoma per indagare su una serie di omicidi. I maggiori indiziati sono due fratelli meticci. La ragazza è innocente, ma il giovanotto no. Verrà ucciso e la sorellina sposerà il commissario. ■ WESTERN; COL.; 86'; USA, 1957.

METICCIA DI SACRAMENTO, LA *(The Man Behind the Gun)* ★★

Regia di FELIX E. FEIST. Con PHILIP CAREY, LINA ROMAY, RANDOLPH SCOTT, PATRICE WYMORE. ■ A Los Angeles, durante la guerra civile, capita un gruppo di persone a contendersi l'oro di una miniera: un agente segreto sudista, un capitano nordista, una ricca e poco scrupolosa meticcia. Vince il nordista ma, grato al confederato per l'aiuto prestato contro alcuni criminali comuni, lo lascia andare. ■ WESTERN; COL.; 82'; USA, 1952.

METISSE ★★

Regia di MATHIEU KASSOVITZ. Con JEAN-PIERRE CASSEL, MATHIEU KASSOVITZ, HUBERT KOUNDÉ, JULIE MADUECH. ■ È il film d'esordio del regista di *L'odio*. Lola è incinta e si chiede chi sia il padre, visto che ha avuto rapporti sessuali sia con Felix che con Jamal. Il primo è bianco, ebreo e spacciatore; il secondo è di colore, figlio di un ambasciatore. Il quesito non verrà mai risolto. ■ COMMEDIA; COL.; 90'; FRANCIA, 1993.

METROLAND ★★

Regia di PHILIP SAVILLE. Con CHRISTIAN BALE, LEE ROSS, EMILY WATSON. ■ Tratto da un romanzo di Julian Barnes. Inghilterra primi anni Sessanta, prima del nuovo corso culturale "rivoluzionario" incarnato dai Beatles per esempio. Due amici decidono di vivere ed emanciparsi. Uno se ne va in Africa, l'altro a Parigi, in pieno fermento di nuove cose, a comiciare dalla libertà sessuale. C'è poi il ritorno in Inghilterra. Vien detto che essere giovani è meglio che essere vecchi. Tesi conosciuta. ■ COMMEDIA; COL.; 106'; FRANCIA, GRAN BRETAGNA, 1997.

METRONOTTE ★★

Regia di FRANCESCO CALOGERO. Con DIEGO ABATANTUONO, UGO CONTI, FLAVIO INSINNA, ANDREI KLIMENKO, ANTONELLA PONZIANI, ANNA SAFRONCIK, MASSIMO TARDUCCI. ■ Paolo (Diego Abatantuono) fa il metronotte a Lucca da vent'anni. La sua vita si complica quando trova, nei pressi di un calzaturificio in cui è solito trascorrere gran parte del suo tempo, il suo collega Alcide che giace a terra, gravemente ferito. Paolo diventerà uno degli indagati e dovrà spiegare i motivi della sua presenza nel posto dell'aggressione. In realtà a spingere spesso Paolo in quel posto è Nadia, ragazza russa che vive in una villa accanto allo stabilimento in quanto moglie del proprietario. Film piatto e superficiale. Ci si sarebbe aspettati di più da un regista capace, in genere, di sorprendere. ■ DRAMMATICO; COL.; 105'; ITALIA, 2000.

METROPOLI ★★

Regia di MARIO FRANCO. Con ROSANNA BENVENUTO, FERDINANDO DI LENA. ■ Un autore televisivo è impegnato nel rifacimento per il piccolo schermo del *Metropolis* di Fritz Lang. Per evitare distrazioni decide di continuare il lavoro in un villaggio turistico nel Cilento, diretto dalla sua ex moglie. ■ COMMEDIA; COL.; 85'; ITALIA, 1983.

♥ METROPOLIS ★★★★★

Regia di FRITZ LANG. Con ALFRED ABEL, GUSTAV FRÖHLICH, BRIGITTE HELM. ■ Questo film muto è uno dei capolavori assoluti della storia del cinema. Esiste una versione colorizzata curata da Giorgio Moroder con colonna sonora rock. La storia si svolge nel ventunesimo secolo. Nella tentacolare città di Metropolis, il proletariato vive e lavora sottoterra, ridotto a una condizione subumana e invitato alla calma e alla rassegnazione da una mite donna, Maria. Uno scienziato, però, dopo che della ragazza si è innamorato il figlio dell'industriale che è a capo della città, costruisce un robot somigliante a Maria che dovrebbe dividere gli operai, ma che in realtà li spinge alla rivolta. ■ FANTASTICO; B/N; 87'; GERMANIA, 1926.

METROPOLIS ★★★
Regia di RINTARO. ■ Sì, avete letto bene. Il titolo è quello dell'omonimo capolavoro di Fritz Lang ma il contesto è quello del cinema giapponese di animazione di alto livello. Ispirandosi al manga di un maestro del genere, Osamu Tezuka, il film racconta una vicenda che si svolge in una gigantesca e futuristica città-stato in cui gli uomini si limitano a dominare robot e androidi ridotti in schiavitù e costretti a vivere nei livelli inferiori dal terribile Duca Red, che aspira al dominio totale. Costui ha fatto costruire una giovane androide che sfuggirà al suo controllo e lo ostacolerà con l'aiuto del piccolo Kenichi, giunto in città con lo zio investigatore che indaga su un misterioso scienziato. Potete non amare il Giappone e la sua animazione televisiva ma la genialità che innerva questo film va riconosciuta. A partire dalla complessità della trama per approdare alle scenografie più intricate e fantasiose che un film di animazione abbia mai osato. Per giungere a un finale dove non ci sono vincitori ma da cui la speranza non esce sconfitta. ■ ANIMAZIONE; COL.; 107'; GIAPPONE, 2002.

METROPOLITAN ★★★
Regia di WHIT STILLMAN. Con EDWARD CLEMENTS, CAROLYN FARINA, ALLISON RUTLEDGE-PARISI. ■ Un film minimalista e sofisticato dell'esordiente Whit Stillman. Presentato a Cannes, il film è elegante e ben costruito. Ambientato a cavallo tra gli anni Settanta e Ottanta durante balli, riunioni, party. Sono tutti intellettuali borghesi tranne Tom che solo per caso è finito in una di queste serate. Lui è un giovanotto piuttosto squattrinato e di sinistra. Viene convinto a vestirsi in frac per entrare meglio nell'ambiente elitario. ■ COMMEDIA; COL.; 99'; USA, 1990. ■ OSCAR 1 NOM.

METTI CHE TI ROMPO IL MUSO ★★
Regia di GIUSEPPE VARI. Con MARGARET ROSE KEIL, MASSIMO MOLLICA, SILVIA MONTI, FREDERICK STAFFORD. ■ Una specie di ladro gentiluomo ruba dalla cassaforte di un capo-mafia, don Calogero, una bella somma di denaro e una partita di eroina. Subito dopo deve però vedersela con i sicari di don Calogero e con una banda di donne delinquenti che si fanno chiamare le amazzoni. Alla fine vince lui. ■ AVVENTURA; COL.; 90'; ITALIA, 1973.

METTI I PANTALONI A PHILIP ★★★
(Putting Pants on Philip)
Regia di CLYDE BRUCKMAN. Con HARVEY CLARK, DOROTHY COBURN, OLIVER HARDY, STAN LAUREL, SAM LUFKIN, LEE PHELPS. ■ Lo stimato e distinto onorevole Piedmont Mumblethunder, giunge al porto per accogliere suo nipote Philip, arrivato dalla Scozia. Si trova di fronte un ragazzo bizzarro e libertino, con una grande passione per le donne, che non si fa scrupoli a rincorrere per la strada, suscitando così l'ilarità e lo sbeffeggiamento dei passanti. Anche il suo kilt desta non poche risate, tanto che lo zio Piedmont, convinto a fargli indossare i pantaloni, decide di portarlo da un sarto. È uno dei primissimi cortometraggi muti che Laurel & Hardy girarono in coppia, e il primo in cui i due facciano davvero "coppia". ■ COMICO; B/N; 19'; USA, 1927.

METTI, UNA SERA A CENA ★★★
Regia di GIUSEPPE PATRONI GRIFFI. Con FLORINDA BOLKAN, LINO CAPOLICCHIO, ANNIE GIRARDOT, TONY MUSANTE, JEAN-LOUIS TRINTIGNANT. ■ Michele, uno scrittore annoiato, e sua moglie Nina concepiscono la famiglia in modo anticonvenzionale. Ricevono spesso a casa l'attore Max e la bella e ricca Giovanna. Quest'ultima è innamorata di Michele, mentre Nina tradisce il marito con Max. Ma alla lunga anche questi scambi annoiano, e Max offre a Nina un amante a pagamento, l'intellettuale Ric. Questi prende sul serio il rapporto con Nina fino a innamorarsene e a tentare il suicidio. Nemmeno l'amore esclusivo della coppia Ric-Nina dura a lungo. Finché, quando Ric riporta la moglie a Michele, questi lo fa entrare nel "giro" di casa, nella sua annoiata famiglia degenerata in clan. ■ COMMEDIA; COL.; 123'; ITALIA, 1968.

METTI UN FORMAGGINO A CENA ★★★
(Festival Cartoons n. 14)
Regia di CHUCK JONES, FRED QUIMBY. ■ È una serie di cortometraggi animati sui personaggi proverbiali della Metro Goldwyn Mayer. ■ ANIMAZIONE; COL.; 91'; USA, 1965.

MEXICAN, THE ★★
Regia di GORE VERBINSKI. Con BOB BALABAN, JAMES GANDOLFINI, BRAD PITT, JULIA ROBERTS, J. K. SIMMONS. ■ Dopo l'arresto del potente Margolis (un cameo di Gene Hackman) Jerry Welbach è costretto da un boss mafioso a ricuperare un'antica pistola, chiamata appunto The Mexican. La fidanzata Samantha vuole che molli tutto e lo segue a Los Angeles ma il giovane non ha scelta: o ritrova la pistola o è un uomo morto. La ragazza rimane così coinvolta nella vicenda e dopo aver rischiato la vita viene rapita. Julia Roberts, fresca di vittoria agli Oscar (per *Erin Brockovich*), è quanto mai a suo agio nei ruoli da commedia (anche se rischia di fare personaggi ripetitivi) e anche Brad Pitt se la cava bene. Il problema non sono gli attori ma la storia e la caduta di ritmo. Il film parte molto bene e in maniera divertente ma nella seconda parte c'è un abbassamento del livello di guardia. Il lato romantico della storia non mancherà comunque di soddisfare i fan delle due star. ■ COMMEDIA; COL.; 123'; USA, 2001.

MEXICO AMORE E SANGUE PER UN GRINGHERO ★★
(Un Dorado de Pancho Villa)
Regia di EMILIO FERNANDEZ. Con EMILIO FERNANDEZ, JORGE PEREZ HERNANDEZ, TRINIDAD VILLA. ■ Un valoroso messicano che fu tra i *dorados* di Pancho Villa ritorna al suo paese natale. Ma la sua innamorata ha sposato un latifondista che non gradisce la presenza del rivale. Il *dorado* lo mette a posto. ■ AVVENTURA; COL.; 95'; MESSICO, 1965.

ME WITHOUT YOU ★★
Regia di SANDRA GOLDBACHER. Con ANNA FRIEL, KYLE MACLACHLAN, TRUDIE STYLER, MICHELLE WILLIAMS. ■ Agli inizi degli anni Settanta, in un assolato pomeriggio della periferia londinese, Marina e Holly si giurano amicizia eterna. Sono solo bambine, ma il giuramento viene mantenuto nel tempo, e passa indenne attraverso le vicissitudini familiari (soprattutto della madre di Marina, soggetta a continue crisi depressive), la scoperta del sesso e della droga, la rivoluzione del punk, ed il riflusso della fine anni Ottanta. Al termine di un tourbillon di eventi, che hanno più volte rischiato di dividerle, Marina e Holly potranno guardare in faccia la vita con la stessa sfrontatezza di sempre, anche se con meno ingenuità. ■ DRAMMATICO; COL.; 107'; USA, 2001.

MEZZANOTTE *(Media noche)* ★★
Regia di TITO DAVISON. Con ELSA AGUIRRE, ARTURO DE CORDOVA, MARGA LOPEZ. ■ Il capo di una banda di contrabbandieri, per sfuggire alle ricerche della polizia, assume la personalità d'un maestro di scuola. Presto prende gusto alla vita onesta, s'innamora di una graziosa collega, non vuol più saperne del suo passato, che però lo viene a cercare. ■ AVVENTURA; B/N; 91'; MESSICO, 1948.

MEZZANOTTE A BROADWAY ★★
(Charlie Chan on Broadway)
Regia di EUGENE FORDE. Con KEYE LUKE, JOAN MARSH, WARNER OLAND. ■ Una delle avventure cinematografiche di Charlie Chan, il detective cinese creato da Earl Derr Biggers. Qui deve indagare sull'assassinio di una ragazza autrice di un diario molto compromettente su alcuni divi del teatro che intendeva vendere ai giornali a peso d'oro. ■ GIALLO; B/N; 68'; USA, 1936.

MEZZANOTTE A SAN FRANCISCO ★★
(The Midnight Story)
Regia di JOSEPH PEVNEY. Con TONY CURTIS, TED DE CORSIA, MARISA PAVAN, GILBERT ROLAND. ■ Un giovane poliziotto indaga sull'assassinio di un prete. Il maggiore indiziato però è, almeno in apparenza, un gran brav'uomo che accoglie in casa il detective come un fratello. Invece l'assassino è proprio lui. Morirà. ■ GIALLO; B/N; 89'; USA, 1956.

MEZZANOTTE D'AMORE ★★
Regia di Ettore M. Fizzarotti. Con Al Bano, Dolores Palumbo, Romina Power, Nino Taranto. ■ Un giovane marinaio di Capri sposa la figlia di un nobiluomo napoletano. I due si amano e arrivano al primo anno di matrimonio senza nubi. Ma un giorno il giovanotto s'assenta e, quando torna a casa, scorge la moglie in atteggiamento compromettente con il figlio della matrigna. Crede che la consorte lo tradisca ma si sbaglia. L'equivoco è presto chiarito. ■ Musicale; col.; 90'; Italia, 1970.

MEZZANOTTE DI MORTE ★
Regia di Lee Madden. Con Jeanne Crain, Daniel Spelling, Michael Sugich. ■ Billy Joe, capo di una banda di fanatici, uccide un predicatore dopo averlo derubato. La moglie della vittima, che ha assistito impotente all'omicidio, denuncia l'assassino che finisce dietro le sbarre. I suoi compagni giurano di far pagare caro alla donna il suo gesto. ■ Horror; col.; 95'; USA, 1987.

MEZZANOTTE E 15, STANZA 9 *(Uhr 15 Zimmer 9)* ★★
Regia di Arthur Maria Rabenalt. Con Cornell Borchers, Walter Frank, Peter Pasetti. ■ Una banda di malfattori s'è installata in un albergo la cui direttrice è l'ignara fidanzata di uno di essi. Un giorno però arriva travestito da cameriere un agente di polizia, che apre gli occhi alla ragazza. ■ Drammatico; b/n; 90'; Germania, 1950.

MEZZANOTTE NEL GIARDINO DEL BENE E DEL MALE *(Midnight in the Garden of Good and Avil)* ★★★
Regia di Clint Eastwood. Con John Cusack, Alison Eastwood, Jude Law, Kevin Spacey, The Lady Chablis, Jack Thompson. ■ Dal romanzo di John Berendt. Savannah 1981. John, giovane scrittore arriva per celebrare la favolosa festa di Williams, arricchito locale. Quando il ricco uccide (per legittima difesa dice lui) un gay "marchettaro", John si schiera dalla sua parte. La città del Sud ha regole e pregiudizi particolari. Il processo ne risente. Williams va assolto, ma John forse conosce la verità. Tutto è comunque ristabilito dalla vita, anzi, dalla morte, che coglie il ricco attraverso un infarto misterioso, di matrice voodoo. Forse a tirare le fila è una vecchia barbona che parla coi morti. Solita regia pignola di Eastwood spesso incapace di dare ritmo e fine alle scene. Cusack è più bravo di Spacey. ■ Drammatico; col.; 155'; USA, 1997.

MEZZANOTTE TRAGICA *(À Minuit le 7)* ★★
Regia di Maurice De Canonge. Con Paul Bernard, Colette Broldo, Raymond Cordy. ■ Un giovane giornalista, per far carriera, "monta" un caso sensazionale. Fa cioè in modo che la polizia lo creda colpevole di un delitto commesso da altri. Viene processato e condannato. Allora svela tutto l'imbroglio, ma non viene creduto. Sarebbe giustiziato se la sua fidanzata non intervenisse. ■ Drammatico; b/n; 98'; Francia, 1936.

MEZZO DESTRO MEZZO SINISTRO – 2 CALCIATORI SENZA PALLONE ★
Regia di Sergio Martino. Con Leo Gullotta, Andrea Roncato, Gigi Sammarchi. ■ Promossa in serie A grazie a un colpo di fortuna, la squadra di calcio Marchigiana, sponsorizzata dalla vogliosa proprietaria della catena Pollo ruspante, lotta goffamente per mantenere le posizioni. ■ Comico; col.; 93'; Italia, 1985.

MEZZO DOLLARO D'ARGENTO *(The Son of a Gunfighter)* ★★
Regia di Paul Landres. Con Kieron Moore, James Philbrook, Fernando Rey, Russ Tamblyn. ■ Nel Messico, un giovane pistolero cerca il padre, famoso capo di una banda di fuorilegge. Lo trova, ma per poco. I due devono lottare contro una banda di *desperados* messicani. Vincono, ma il padre muore. Il figlio appende la pistola al chiodo e rimane in Messico. ■ Western; col.; 92'; USA, 1966.

MEZZOGIORNO... DI FIFA *(Pardners)* ★★★
Regia di Norman Taurog. Con Jerry Lewis, Dean Martin, Jeff Morrow, Lori Nelson. ■ Jerry Lewis nel West. Lui e Dean Martin fanno le parti dei figli di due eroici cowboy assassinati. Ora il loro ranch è minacciato da alcuni banditi. I due discendenti sono chiamati a imprese analoghe a quelle dei loro vecchi. Le ripeteranno. ■ Comico; col.; 90'; USA, 1957.

MEZZOGIORNO DI FUOCO *(High Noon)* ★★★★★
Regia di Fred Zinnemann. Con Lloyd Bridges, Gary Cooper, Katy Jurado, Grace Kelly, Thomas Mitchell. ■ Lo sceriffo Will Cane, proprio nel giorno del suo matrimonio, si vede recapitare una brutta notizia: «Hanno graziato Frank Miller». Miller, un assassino arrestato anni prima dallo sceriffo, aveva giurato di ucciderlo. La cittadina si schiera subito con Cane. Il sindaco lo induce a partire ma Will, che «non è mai fuggito una volta in tutta la sua vita», decide di rimanere e di organizzare l'accoglienza al bandito, che arriverà col treno di mezzogiorno, aiutato da tre complici già sul luogo. A poco a poco tutti gli amici dello sceriffo, chi per una ragione chi per un'altra, si tirano indietro, compreso il suo aiutante, compresa la stessa giovane moglie. Cane rimane dunque solo ad affrontare i nemici, ma riesce a farcela lo stesso, grazie anche all'aiuto della moglie che ha avuto un ripensamento all'ultimo momento. Il film dura 85 minuti, che è il tempo esatto dell'azione, scandita minuto dopo minuto dagli orologi. Il regista Zinnemann non era uno specialista del genere e infatti *Mezzogiorno* non è una normale storia di frontiera, la sua è una comunicazione (senza indiani, senza praterie, senza cavalli) che potremmo definire "intellettuale". Determinante per il suggestivo sostegno che trasmette è la colonna sonora di Dimitri Tiomkin che compose la memorabile canzone cantata da Tex Ritter. Gary Cooper (premio Oscar) che cammina solo, vestito di scuro, col passo cadenzato dalla musica, in cerca di aiuto, è un altro dei grandi, perfetti disegni che fanno parte del patrimonio iconografico che non è solo dei film. A *Mezzogiorno* furono attribuite implicazioni particolari, forse complicate, come quella che lo vuole un'opera contro il maccartismo: il produttore Stanley Kramer si affidò a sceneggiatori iscritti nelle famigerate liste nere e Gary Cooper (che comunque non aveva manifestato sentimenti libertari, in quel senso) avrebbe rappresentato l'uomo solo e innocente tradito, incomprensibilmente, da tutti: nemici, amici, congiunti. Il film non entusiasmò tutti, proprio per quello che poteva apparire artificio, ma abbiamo già notato (nelle "ricostruzioni" di *Casablanca*, per esempio) che l'artificio spesso finisce per trasformarsi in uno strumento valorizzatore, una sorta di plusvalore espressivo. È una delle tante licenze del cinema, che brilla di una sua particolare illogicità. Gary Cooper alla fine, abbracciando dolorosamente sua moglie, getta a terra la stella di sceriffo, sale sul carro e abbandona i traditori. Ben vengano artifici come questo. ■ Western; b/n; 85'; USA, 1952. ■ Oscar 4 pr, 7 nom.

MEZZOGIORNO E MEZZO DI FUOCO *(Blazing Saddles)* ★★★
Regia di Mel Brooks. Con Madeline Kahn, Cleavon Little, Slim Pickens, Gene Wilder. ■ Parodia del genere *Dollaro d'onore* e *Mezzogiorno di fuoco* ad opera dello scatenato Mel Brooks. Qui lo sceriffo che si batte da solo contro una città è un nero dall'apparenza inoffensiva, però ingegnoso e coraggiosissimo. I banditi le tentano tutte contro di lui (prima gli mandano contro un ferocissimo Ercole, poi una vamp da saloon, infine un intero esercito di mercenari). Invano: il nero vincerà su tutta la linea. ■ Comico; col.; 93'; USA, 1974. ■ Oscar 3 nom.

MEZZO LITRO DI ROSSO PER IL CONTE DRACULA *(Gebissen wird nur Nachts – Happening der Vampire)* ★★
Regia di Freddie Francis. Con Pia Degermark, Thomas Hunter, Ferdy Mayne, Yvor Murillo. ■ Freddie Francis, autore di alcuni Dracula "seri", ora mette in burletta il genere vampiristico. Protagonista è una ragazza che ritorna al castello degli avi dove da secoli imperversano i vampiri. Alla fine diverrà una Dracula in gonnella. ■ Horror; col.; 91'; Germania, Gran Bretagna, 1971.

MEZZO PROFESSORE TRA I MARINES *(Renaissance Man)* ★★
Regia di Penny Marshall. Con Danny DeVito, Gregory Hines. ■ La regista di *Big* e l'attore di *Il gioiello del Nilo* insieme per una parodia delle accademie militari degli Stati Uniti. Il protagonista più che un istruttore dal pugno di ferro è un professore

che cerca di curare le nevrosi dei soldati. ■ COMMEDIA; COL.; 100'; USA, 1994.

MIA ADORABILE NEMICA, LA *(Anyhwere But Here)* ★★
Regia di WAYNE WANG. Con BONNIE BEDELIA, NATALIE PORTMAN, SUSAN SARANDON. ■ Il rapporto fra madre e figlia, caratteri completamente diversi. La più affidabile è la figlia. Un discreto prodotto di un regista cha ha dimostrato di sapersi accreditare (*Smoke*) anche senza grandi budget. ■ DRAMMATICO; COL.; 104'; USA, 1999.

MIA AFRICA, LA *(Out of Africa)* ★★★
Regia di SYDNEY POLLACK. Con KLAUS MARIA BRANDAUER, ROBERT REDFORD, MERYL STREEP. ■ Intelligente, romantico film che ripercorre la vita di Karen Blixen (una superlativa Meryl Streep). Sposata per convenienza con un nobile rozzo e fatuo, nel 1913 lascia la natia Danimarca alla volta di Nairobi, dove si innamora di un avventuriero inglese (Robert Redford). Ma l'Africa le offrirà alterne fortune e drammi profondi. Pollack ci offre l'immagine di un'Africa patinata e affascinante, pervasa da atmosfere d'epoca perfettamente ricostruite e splendidamente fotografata. Qualche lungaggine qua e là ma soprattutto una splendida prova di recitazione e ben cinque premi Oscar: al film, al regista e a sceneggiatura, fotografia e colonna sonora. ■ DRAMMATICO; COL.; 160'; USA, 1985. ■ DAVID DI DONATELLO 2 PR, 2 NOM; GOLDEN GLOBES 3 PR, 6 NOM; OSCAR 7 PR, 11 NOM.

MIA AMICA IRMA, LA *(My Friend Irma)* ★★★
Regia di GEORGE MARSHALL. Con JERRY LEWIS, JOHN LUND, DIANA LYNN, DEAN MARTIN, MARIE WILSON. ■ Irma è una scioccona aspirante attricetta che vive con un'amica assennata e tre giovanotti aspiranti astri di Broadway in un appartamentino del Greenwich Village. Uno dei giovanotti, che crede di essere un eccezionale talent scout, vuol lanciare tutti gli amici. Non gliene va bene una, ma in compenso Irma vince a un concorso radiofonico una bella somma. ■ COMICO; B/N; 103'; USA, 1950.

MIA BELLA POLLASTRELLA *(My Little Chickadee)* ★★
Regia di EDWARD F. CLINE. Con JOSEPH CALLEIA, W. C. FIELDS, MAE WEST. ■ Film divertentino, anche se non tira fuori il meglio dell'accoppiata Mae West-W. C. Fields. Lei è una ballerina di saloon, lui un maldestro baro. Capitano in una città del West dove fa il bello e il cattivo tempo un mascalzone in guanti gialli. La coppia riesce a metter fine ai suoi imbrogli e prevaricazioni. ■ COMMEDIA; B/N; 83'; USA, 1940.

MIA BRILLANTE CARRIERA, LA ★★★
(My Brillant Career)
Regia di GILLIAN ARMSTRONG. Con MAX CULLEN, JUDY DAVIS, ROBERT GRUBB, WENDY HUGHES, SAM NEILL. ■ Agli inizi del XX secolo, una ragazza di umile famiglia scandalizza tutti perché vuole sfondare in campo letterario. A tal fine rinuncia a un buon matrimonio e si adatta a far da maestra a dei rozzi ragazzi di campagna. Tanta costanza verrà premiata, perché il suo primo libro verrà pubblicato da un editore inglese. ■ COMMEDIA; COL.; 101'; AUSTRALIA, 1978. ■ GOLDEN GLOBES 1 NOM; OSCAR 1 NOM.

MIA BRUNETTA PREFERITA, LA ★★
(My Favorite Brunette)
Regia di ELLIOTT NUGENT. Con BOB HOPE, DOROTHY LAMOUR, PETER LORRE. ■ Un fotografo s'improvvisa detective per aiutare una bella bruna che si trova negli impicci. Lo zio della ragazza (sembra) è stato rapito da una banda di malviventi. Il fotografo affronta i mascalzoni ma ne ricava solo botte e poi una bella denuncia per omicidio. Se la caverà per il rotto della cuffia. ■ COMICO; B/N; 82'; USA, 1947.

MIA CANZONE AL VENTO, LA ★★
Regia di GUIDO BRIGNONE. Con GIUSEPPE LUGO, LAURA NUCCI, DRIA PAOLA, PINA RENZI. ■ Un famoso cantante lirico è messo come premio a una festa di beneficenza. Chi lo vince passa un weekend con lui. Due belle fanciulle se lo contendono (una riccona e una proletaria). Vince la seconda. ■ COMMEDIA; B/N; 95'; ITALIA, 1938.

MIA CARA SCONOSCIUTA *(Chère inconnue)* ★★★
Regia di MOSHÉ MIZRAHI. Con JEAN ROCHEFORT, DELPHINE SEYRIG, SIMONE SIGNORET. ■ Due maturi fratelli: lei zitella, lui paralizzato alle gambe. Invecchiano tristemente fino al giorno in cui lei, per gioco, scrive a una rubrica di "cuori solitari". Riceve la risposta. E il corrispondente è il fratello che ignora chi sia la mittente della lettera. Ha inizio una love story epistolare vagamente incestuosa. Solo dopo molto tempo, quando l'uomo s'è sposato con un'amica di famiglia, viene a sapere del segreto custodito dalla sorella. ■ DRAMMATICO; COL.; 96'; FRANCIA, 1980.

MIA CENA CON ANDRÉ, LA *(My Dinner with André)* ★★★
Regia di LOUIS MALLE. Con ANDRÉ GREGORY, WALLACE SHAWN. ■ Un esperimento cinematografico del regista francese. Si tratta di una cena tra due amici che parlano della vita e si raccontano a vicenda alcune storielle. I due attori interpretano se stessi, e cioè Wallace Shawn, che oltre a essere un famoso caratterista è anche scrittore, e André Gregory, che è un regista di teatro. Un'idea interessante ma per una platea ristretta. ■ COMMEDIA; COL.; 90'; USA, 1981.

MIA COLT TI CERCA... QUATTRO CERI TI ATTENDONO, LA ★
Regia di IGNACIO F. IQUINO. Con INDIO GONZALES, MOLINO ROJO, FERNANDO RUBIO. ■ In un villaggio del West viene commessa una rapina. Lo sceriffo individua i colpevoli, ma viene catturato dal più temibile di essi. Per fortuna all'ultimo momento arriva a salvarlo un reggimento di Rangers. ■ WESTERN; COL.; 90'; ITALIA, SPAGNA, 1974.

MIA COMPAGNA DI CLASSE, LA ★
(The Best Legs in the 8th Grade)
Regia di TOM PATCHETT. Con JAMES BELUSHI, KATHRYN HARROLD, TIM MATHESON, ANNETTE O'TOOLE. ■ La durata non è stata trascritta in modo erroneo. Si tratta infatti di una storiella in cui uno yuppie senza molte risorse riesce a conquistare le "migliori gambe" in circolazione. Quarantotto minuti sono anche troppi. ■ COMMEDIA; COL.; 48'; USA, 1984.

MIA CUGINA RACHELE *(My Cousin Rachel)* ★★★
Regia di HENRY KOSTER. Con RICHARD BURTON, AUDREY DALTON, OLIVIA DE HAVILLAND, JOHN SUTTON. ■ Un giovane possidente della Cornovaglia s'innamora di una cugina dall'oscuro passato, senza dar troppo retta a chi lo mette in guardia elencandogli i torbidi trascorsi di Rachele. Presto però una serie di fatti e il deperimento fisico e psichico del giovane vengono a confermare anche le voci più cattive. Rachele a questo punto muore per un incidente. Il giovane rimarrà sempre con il dubbio: Rachele era un angelo o un demonio? ■ DRAMMATICO; B/N; 98'; USA, 1953. ■ OSCAR 4 NOM.

MIA DOLCE ASSASSINA *(Mortelle randonée)* ★★★
Regia di CLAUDE MILLER. Con ISABELLE ADJANI, GUY MARCHAND, MICHEL SERRAULT. ■ Un eccentrico detective è incaricato da una ricca famiglia di indagare sull'amante del figlio, una bella bruna dalla dubbia fama. Il detective scopre presto che la ragazza non è affatto una prostituta come credono i suoi datori di lavoro. In compenso è un'assassina. ■ GIALLO; COL.; 120'; FRANCIA, 1983.

MIA DONNA È UN ANGELO, LA ★★
(Darling, How Could You!)
Regia di MITCHELL LEISEN. Con JOAN FONTAINE, JOHN LUND. ■ Un medico e la moglie debbono, per lavoro, stare cinque anni lontani dai figli. Al loro ritorno la maggiore, una quindicenne dalla fantasia esaltata, sospetta la madre di tradimento coniugale. Ne nasce una serie di equivoci. ■ COMMEDIA; B/N; 96'; USA, 1952.

MIA DROGA SI CHIAMA JULIE, LA ★★★
(La sirène du Mississippi)
Regia di FRANÇOIS TRUFFAUT. Con JEAN-PAUL BELMONDO, NELLY BORGEAUD, CATHERINE DENEUVE. ■ Un industriale dell'isola di La Réunion s'innamora follemente d'una ragazza che arriva dalla Francia in seguito a un'inserzione matrimoniale e che è molto più bella del previsto. La donna si rivelerà presto una truffatrice ma l'industriale, pur di rimanere con lei, diventerà suo complice non esitando neppure di fronte all'omicidio. ■ DRAMMATICO; COL.; 120'; FRANCIA, 1969.

MIÀ E IL MIGÙ *(Mia et le Migou)* ★★
Regia di JACQUES-REMY GIRERD. Con DANY BOON, LAURENT

GAMELON, CHARLIE GIRERD, GARANCE LAGRAA, PIERRE RICHARD. ■ Mià è una bambina di 10 anni che vive in un villaggio dell'America del Sud, sotto la tutela di tre piccole vecchiette centenarie. La madre è morta da tempo mentre il padre, Pedro, è stato costretto a partire per lavorare come operaio in un cantiere. Una notte, svegliata di soprassalto da un brutto presentimento, la bambina decide di mettersi alla ricerca del genitore, con il timore che gli sia successo qualcosa e che possa avere bisogno di lei. ■ ANIMAZIONE; COL.; 92'; FRANCIA, ITALIA, 2008.

MIA FIGLIA JOY *(My Daughter Joy)* ★★
Regia di GREGORY RATOFF. Con PEGGY CUMMINGS, EDWARD G. ROBINSON. ■ Un milionario, che si è fatto da solo, stravede per la figlia che vorrebbe far sposare a un nobile orientale mentre lei ama un giornalista. La rivelazione che la ragazza è il frutto d'un adulterio della moglie lo farà impazzire. ■ DRAMMATICO; B/N; 79'; GRAN BRETAGNA, 1950.

MIA FLOTTA PRIVATA, LA *(McHale's Navy)* ★
Regia di BRYAN SPICER. Con ERNEST BORGNINE, TIM CURRY, TOM OMOLD, DEAN STOCKWELL. ■ Il figlio di Ernest Borgnine vive a San Moreno, isola dei Caraibi. Fa il commerciante, ma torna in marina quando un terrorista costruisce, proprio in quell'isola, una base per distruggere i satelliti americani. Vuole essere demenziale e grottesco, è solo intollerabile. Pena per il fantasma di Borgnine. ■ COMMEDIA; COL.; 109'; USA, 1997.

MIA GEISHA, LA *(My Geisha)* ★★★
Regia di JACK CARDIFF. Con SHIRLEY MACLAINE, YVES MONTAND, EDWARD G. ROBINSON. ■ Un regista, insoddisfatto perché tutti i suoi film hanno avuto successo anche per la presenza della moglie attrice, parte per il Giappone per girare una versione della *Madama Butterfly* senza l'amata ma ingombrante consorte. Questa, a sua insaputa, lo segue e, truccata da giapponese, riesce ancora una volta a farsi scritturare dal marito come protagonista. Il regista scopre l'inganno ma riesce a perdonare. ■ COMMEDIA; COL.; 120'; USA, 1962. ■ OSCAR 2 NOM.

MIA GENERAZIONE, LA ★★
Regia di WILMA LABATE. Con CLAUDIO AMENDOLA, FRANCESCA NERI, SILVIO ORLANDO. ■ 1983. Braccio (Amendola), detenuto politico (è stato terrorista) viene portato dalla Sicilia a Milano da un capitano dei carabinieri (Orlando). Gli sono stati concessi dei colloqui con la sua ragazza. Durante il viaggio il capitano si mostra gentile, aperto, dalla sua parte. Arrivati quasi a destinazione l'ufficiale getta la maschera. Era tutto un trucco, il detenuto potrà avere dei privilegi, e forse presto la libertà, se parlerà e denuncerà un suo compagno latitante, probabilmente assassino di un poliziotto. Braccio rifiuta. Film perfetto nel panorama italiano dell'epoca: cupo, buio, triste e pessimista. Argomenti che forse hanno fatto il loro tempo. Ne esce l'istantanea di un'Italia senza speranza che sembra un ex paese dell'Est. In questo contesto non può naturalmente mancare l'onnipresente Orlando. Certo, strutturalmente il film è abbastanza corretto. Con una menzione per Vincenzo Peluso (*I buchi neri*), bravissimo nel ruolo di un estroverso detenuto napoletano. ■ DRAMMATICO; COL.; 95'; ITALIA, 1996.

MIA GUARDIA DEL CORPO, LA *(My Bodyguard)* ★★
Regia di TONY BILL. Con ADAM BALDWIN, MATT DILLON, RUTH GORDON. ■ In un liceo un gruppo di prepotenti sottomette i compagni a ogni angheria. Uno sveglio quindicenne si ribella e, non avendo un fisico molto adatto alle risse corpo a corpo, si prende una guardia del corpo: un compagno di scuola grande e grosso che con la sua sola presenza tiene a debita distanza i prepotenti. Fra il ragazzino e il ragazzone si instaura una bella amicizia, che consentirà a ognuno di superare i rispettivi problemi. ■ COMMEDIA; COL.; 96'; USA, 1980.

MIA LEGGE, LA *(I, the Jury)* ★★
Regia di HARRY ESSEX. Con BIFF ELLIOT, PRESTON FOSTER. ■ Il poliziotto privato Mike Hammer vendica la morte d'un amico con metodi bruschi e sbrigativi. ■ POLIZIESCO; B/N; 87'; USA, 1954.

MIA LEGGE, LA *(Les granges brûlées)* ★★★
Regia di JEAN CHAPOT. Con ALAIN DELON, MIOU-MIOU, RENATO SALVATORI, SIMONE SIGNORET. ■ Duello tra un giudice istruttore e una vecchia contadina: il magistrato pensa che il figlio della donna abbia ucciso una ragazza, la donna sa che il sospettato è un ladro ma non un assassino. ■ DRAMMATICO; COL.; 100'; FRANCIA, 1973.

MIA MAMMA SUONA IL ROCK, LA ★
Regia di MASSIMO CECCHERINI. Con MASSIMO CECCHERINI, LALLO CIRCOSTA, CRISTINA DEL BASSO, ANTONIO FIORILLO, ALESSANDRO PACI. ■ Cristiano e Franco sono una coppia di omosessuali di circa quarant'anni. Sono titolari di un'affermata casa di moda. Cristiano ha un problema che lo angoscia profondamente: vorrebbe avere un figlio. Esasperato dalla situazione, che in Italia non ha vie d'uscita, Franco gli volta le spalle facendogli passare mesi di solitudine e depressione. ■ COMMEDIA; COL.; 90'; ITALIA, 2013.

MIAMI BLUES ★★
Regia di GEORGE ARMITAGE. Con ALEC BALDWIN, JENNIFER JASON LEIGH, FRED WARD. ■ Incredibilmente il film riesce ancora a dire qualcosa di nuovo in uno dei generi più sfruttati qual è il poliziesco. La storia è strana, diversa, vivace. Il protagonista questa volta è un ladro, appena uscito di prigione, che fa un gioco sottile con il sergente di polizia che gli sta alle calcagna: lo stuzzica, lo ridicolizza, fino ad arrivare a sostituirsi a lui, rubandogli pistola e distintivo. Il tutto in una Miami inusuale e, solitamente, nascosta alle cineprese. La storia non manca ovviamente di risvolti passionali, ed ecco allora Jennifer Jason Leigh, ragazza a ore, intrecciare rapporti amorosi con il ladro tra un furto e l'altro, fino al tragico finale. ■ POLIZIESCO; COL.; 99'; USA, 1989.

MIAMI COPS ★★
Regia di ALFONSO BRESCIA. Con MICHAEL ARONIN, HARRISON MULLER, RICHARD ROUNDTREE, DAWN BAKER. ■ Due poliziotti in Florida, uno maturo e nero di pelle, l'altro bianco e novellino. Sono sulle tracce dell'uccisore di un amico del padre del novellino. Lo prenderanno i complici. ■ POLIZIESCO; COL.; 90'; ITALIA, 1988.

MIAMI SUPERCOPS – I POLIZIOTTI DELL'OTTAVA STRADA ★★
Regia di BRUNO CORBUCCI. Con JACKIE CASTELLANO, TERENCE HILL, BUD SPENCER. ■ Tentativo, in parte riuscito, di rilanciare la celebre coppia degli spaghetti-western, questo film formato famiglia racconta le avventure e le scazzottate di un agente dell'Fbi e di un suo ex collega. ■ AVVENTURA; COL.; 97'; ITALIA, 1985.

MIAMI VICE ★★★
Regia di THOMAS CARTER. Con DON JOHNSON, SAUNDRA SANTIAGO, MICHAEL TALBOTT, PHILIP MICHAEL THOMAS. ■ Episodio pilota della fortunata serie televisiva che porta lo stesso titolo. Ne sono protagonisti il biondo Sonny Crockett, che abita su uno yacht col coccodrillo Elvis e lavora per il Miami Vice Department, e Ricardo Tubbs, un poliziotto di colore newyorkese che accetta di giocarsi il posto pur di vendicare l'uccisione di suo fratello. I destini dei due uomini, tanto diversi per temperamento ed estrazione sociale, si incroceranno in mille avventure sotto il sole della Florida. ■ POLIZIESCO; COL.; 90'; USA, 1984.

MIAMI VICE ★★
Regia di MICHAEL MANN. Con COLIN FARRELL, JAMIE FOXX, NAOMIE HARRIS, CIARÁN HINDS, GONG LI, BARRY SHABAKA HENLEY, JUSTIN THEROUX, LUIS TOSAR. ■ Ispirato alla serie che ottenne un grande successo in tutto il mondo tra il 1984 e il 1994, il ritorno di *Miami Vice* firmato da Michael Mann si permette oggi ciò che la televisione di allora non poteva proporre al proprio pubblico. Quindi nella vicenda di Sonny e Tubbs, i due poliziotti abilissimi a infiltrarsi in un grosso giro di droga, inserisce violenza ad alta intensità di decibel e una storia di passione che non concede più di tanto alla vista ma offre comunque un buon grado di calor bianco. Michael Mann è un maestro accreditato del genere e con questo remake è consapevole di prendersi un bel rischio. Colin Farrell (bello e inespressivo più di quanto basta) e Jamie Foxx rilevano Don Johnson e Philip Michael Thomas. ■ THRILLER; COL.; 134'; USA, 2006.

MIAMI VICE – IL FIGLIOL PRODIGO ★★★
(Miami Vice – The Prodigal Son)
Regia di PAUL MICHAEL GLASER. Con DON JOHNSON, SAUNDRA

SANTIAGO, MICHAEL TALBOTT, PHILIP MICHAEL THOMAS. ■ Sonny Crockett e Ricardo Tubbs vengono inviati in Colombia per controllare l'attività di un'industria. Giunti sul luogo, scoprono un lucroso contrabbando e mettono a punto un piano per stroncare l'organizzazione che ne è a capo. Ma la soffiata di un collega corrotto manda tutto all'aria e la coppia si ritrova a proseguire le indagini a New York. ■ POLIZIESCO; COL.; 95'; USA, 1985.

MIAMI VICE – IL RITORNO DI CALDERONE ★★★
(Miami Vice – The Cauldron's Return)
Regia di RICHARD A. COLLA, PAUL MICHAEL GLASER. Con DON JOHNSON, PHILIP MICHAEL THOMAS. ■ Calderone è un gangster colombiano che ha già dato del filo da torcere a Tubbs e a Crockett. Quest'ultimo, perciò, non si stupisce più di tanto scoprendosi sulla lista delle persone da eliminare compilata proprio da Calderone. ■ POLIZIESCO; COL.; 100'; USA, 1985.

MIAMI VICE – STORIE DI BOXE ★★
Regia di RICHARD COMPTON. Con DON JOHNSON, PHILIP MICHAEL THOMAS. ■ Le indagini di Crockett e Tubbs vertono su un importante trafficante di droga che va matto per il pugilato. Per poterlo avvicinare senza destare la sua diffidenza, i due detective gli si presentano in qualità di finanziatori sportivi di una grossa rete televisiva. ■ POLIZIESCO; COL.; 95'; USA, 1987.

MIA MOGLIE CAPITANO *(Suddenly it's Spring)* ★★
Regia di MITCHELL LEISEN. Con PAULETTE GODDARD, FRED MACMURRAY. ■ La protagonista è capitano delle ausiliarie e avvocato. Ha il compito di risolvere le difficoltà coniugali dei soldati, ma si trova nei guai per salvare il suo matrimonio. ■ COMMEDIA; B/N; 87'; USA, 1950.

MIA MOGLIE CERCA MARITO *(Second Honey Moon)* ★★
Regia di WALTER LANG. Con TYRONE POWER, LORETTA YOUNG. ■ Due divorziati si rincontrano e tornano insieme benché lei si sia fidanzata con un altro uomo. ■ COMMEDIA; B/N; 79'; USA, 1937.

MIA MOGLIE, CHE DONNA! *(I Married a Woman)* ★★
Regia di HAL KANTER. Con DIANA DORS, GEORGE GABEL, ADOLPHE MENJOU. ■ Una coppia è in crisi. Lui è un banale agente pubblicitario, lei, che da giovane è stata miss in un concorso bandito da una ditta di birra, vorrebbe un marito romantico. Le difficoltà s'appianeranno quando i due dovranno fingere l'accordo per una campagna pubblicitaria. ■ COMMEDIA; B/N; 85'; USA, 1958.

MIA MOGLIE CI PROVA *(Critic's Choice)* ★★
Regia di DON WEIS. Con LUCILLE BALL, BOB HOPE. ■ Un critico teatrale si trova in mezzo ai guai perché la moglie vuole rappresentare una commediola da lei scritta. ■ COMMEDIA; COL.; 100'; USA, 1963.

MIA MOGLIE È DI LEVA *(The Lieutenant Wore Skirts)* ★★
Regia di FRANK TASHLIN. Con TOM EWELL, RITA MORENO, SHEREE NORTH. ■ Un eroe della seconda guerra mondiale viene richiamato e la moglie si arruola nelle ausiliarie per seguirlo, ma, alla visita di controllo, lui viene scartato. I tentativi del marito di far congedare la moglie non avranno esito. ■ COMMEDIA; COL.; 99'; USA, 1956.

MIA MOGLIE È FATTA COSÌ *(Mein Frau Teresa)* ★★
Regia di ARTHUR MARIA RABENALT. Con ELSE MAIERHOFER, HANS SÖNHKER, JEANETTE BETHGE. ■ Uno scrittore non riesce più a scrivere romanzi drammatici perché il matrimonio l'ha reso felice. Si dedica ad opere umoristiche. ■ COMICO; B/N; 91'; GERMANIA, 1943.

MIA MOGLIE È UNA BESTIA ★★
Regia di FRANCO CASTELLANO, PIPOLO. Con MASSIMO BOLDI, VALERIA D'OBICI, EVA GRIMALDI. ■ Massimo Boldi, pubblicitario milanese, durante una gita in montagna scopre una donna delle caverne prigioniera nel ghiaccio. È rimasta come nuova. Ma i suoi modi sono quelli della troglodita. Morale, procurerà un sacco di guai al povero yuppie di cui s'è follemente innamorata. ■ COMMEDIA; COL.; 103'; ITALIA, 1988.

MIA MOGLIE È UN'ATTRICE ★★
(Ma femme est une actrice)
Regia di YVAN ATTAL. Con YVAN ATTAL, CHARLOTTE GAINSBOURG, TERENCE STAMP. ■ Yvan, giornalista sportivo, vive con Charlotte, un'attrice. Tutto sembra andare bene, finché in Yvan non si instilla un'immotivata gelosia per il mestiere della compagna, che la porta a fingere di baciare ed avere rapporti fisici con altri uomini. La situazione precipita quando anche i suoi amici cominciano a stuzzicarlo sulla questione, e soprattutto quando Charlotte si deve trasferire per qualche tempo a Londra, per girare un film con un famoso sex-symbol. L'esordio alla regia di Attal, che fa coppia con la Gainsbourg anche nella realtà, si inserisce nel tipico filone della commedia degli equivoci transalpina. ■ COMMEDIA; COL.; 95'; FRANCIA, 2003.

MIA MOGLIE È UNA PAZZA ASSASSINA? ★★
(So I Married an Axe Murderer)
Regia di THOMAS SCHLAMME. Con BRENDA FRICKER, ANTHONY LAPAGLIA, MIKE MYERS, AMANDA PLUMMER, NANCY TRAVIS. ■ Siamo a San Francisco. Charlie è felice. Infatti, sfortunato con le donne, ha sposato una bella ragazza. I problemi arrivano quando Charlie comincia a sospettare che la moglie, padrona di una macelleria, abbia una doppia vita e sia un'assassina. ■ COMMEDIA; COL.; 97'; USA, 1994.

MIA MOGLIE È UNA STREGA ★★
Regia di FRANCO CASTELLANO, PIPOLO. Con HELMUT BERGER, ELEONORA GIORGI, ENRICO PAPA, RENATO POZZETTO, RENZO RINALDI. ■ Una strega seicentesca ottiene da un diavolo di poter rivivere ai giorni nostri per potersi vendicare del discendente del cardinale che l'ha condannata al rogo. Finirà però per innamorarsene. ■ COMMEDIA; COL.; 93'; ITALIA, 1980.

MIA MOGLIE HA SEMPRE RAGIONE ★★★
(George Washington Slept Here)
Regia di WILLIAM KEIGHLEY. Con JACK BENNY, CHARLES COBURN, ANN SHERIDAN. ■ Tratto da una commedia di successo e interpretato da buoni attori, il film narra le peripezie d'una coppia che dilapida un patrimonio per rendere abitabile una casa antica. Il ritrovamento d'un documento autografo di Washington riporterà loro il denaro speso. ■ COMMEDIA; B/N; 93'; USA, 1946.

MIA MOGLIE, LE MODELLE ED IO ★★
(Ma femme, mon gosse et moi)
Regia di MARC ALLÉGRET. Con ANNIE GIRARDOT, ROBERT LAMOUREUX. ■ Una coppia, lui pittore, lei antiquaria, si divide. Il loro bambino deve passare una settimana con ciascuno dei genitori. Essi, rendendosi conto del trauma che producono sul piccino e accorgendosi d'amarsi ancora, tornano insieme. ■ COMMEDIA; B/N; 90'; FRANCIA, ITALIA, 1958.

MIA MOGLIE PER FINTA *(Just Go With It)* ★★
Regia di DENNIS DUGAN. Con JENNIFER ANISTON, BROOKLYN DECKER, DAVE MATTHEWS, ADAM SANDLER, NICK SWARDSON. ■ Danny è un rinomato chirurgo plastico di Beverly Hills. Dopo che il suo matrimonio è finito ancora prima di cominciare, ha imparato a fare della fede al dito un'esca per attrarre le belle donne per una notte, impietosendole con i suoi falsi racconti di come la moglie lo maltratti o lo tradisca. Quando, però, incontra Palmer e s'invaghisce seriamente, non dimentica certo di togliersi l'anello. Peccato che lei lo scovi comunque, nella tasca dei pantaloni. Danny, a questo punto, può trarsi d'impaccio solo in un modo: inventando un'ex moglie e cedendo alla richiesta di Palmer di fare la sua conoscenza. ■ COMMEDIA; COL.; 116'; USA, 2011.

MIA MOGLIE PREFERISCE SUO MARITO ★★
(Three for the Show)
Regia di HENRY C. POTTER. Con GOWER CHAMPION, MARGE CHAMPION, BETTY GRABLE, JACK LEMMON. ■ Un famoso divo di Broadway muore in guerra. La moglie trova conforto nell'attore che faceva da spalla al marito e finisce per sposarlo. La coppia sta preparando uno spettacolo di varietà quando riappare il supposto caduto; ne nascono vari contrasti che però saranno appianati. ■ MUSICALE; COL.; 93'; USA, 1955.

MIA MOGLIE SI DIVERTE *(Unsere kleine Frau)* ★
Regia di PAUL VERHOEVEN. Con ALBERT MATTERSTOCK, KATHE VON NAGY. ■ Una moglie, scoperto il passato spregiudicato del marito, lo ingelosisce per vendicarsi e suscita una serie di equivoci. ■ COMMEDIA; B/N; 93'; GERMANIA, 1938.

MIA MOGLIE SI SPOSA *(Let's Make it Legal)* ★★
Regia di RICHARD SALE. Con MACDONALD CAREY, CLAUDETTE

COLBERT, ZACHARY SCOTT. ■ Dopo un lungo matrimonio, una signora decide di divorziare, tanto più che è venuta a sapere che, anni prima, il marito l'ha vinta in una partita a dadi con un altro corteggiatore. Rinuncerà al progetto scoprendo che lui aveva barato. ■ COMMEDIA; B/N; 77'; USA, 1952.

MIA MOGLIE TORNA A SCUOLA ★
Regia di GIULIANO CARNIMEO. Con RENZO MONTAGNANI, ENZO ROBUTTI, CARMEN RUSSO. ■ La prosperosa Carmen Russo, insoddisfatta della propria scarsa cultura, abbandona il marito salumiere (Montagnani) e si iscrive in un collegio che sembra serio ma che serio non è. ■ COMMEDIA; COL.; 94'; ITALIA, 1981.

MIA NONNA POLIZIOTTO ★★
Regia di STENO. Con RICCARDO BILLI, ALBERTO LIONELLO, TINA PICA, MARIO RIVA, UGO TOGNAZZI. ■ Una terribile vecchietta si mette nei guai per ritrovare un medaglione che le è stato rubato. Riuscirà nell'intento scoprendo anche una banda di pericolosi banditi. ■ COMICO; B/N; 96'; ITALIA, 1958.

MIA NOTTE CON MAUD, LA *(Ma nuit chez Maud)* ★★★
Regia di ERIC ROHMER. Con MARIE-CHRISTINE BARRAULT, FRANÇOISE FABIAN, JEAN-LOUIS TRINTIGNANT. ■ Si racconta d'un giovane ingegnere di provincia che non osa rivelare il proprio amore a una ragazza. Alla fine riuscirà a sposarla, ma capirà che lei gli nasconde qualcosa e scoprirà nel suo passato un amore difficile per un uomo sposato. Nonostante tutto la coppia avrà una vita serena. ■ DRAMMATICO; B/N; 110'; FRANCIA, 1970. ■ OSCAR 2 NOM.

MIAO, MIAO... ARRIBA, ARRIBA ★★
(Merrie Melodies – Looney Tunes)
Regia di CHUCK JONES. ■ Il programma comprende alcuni cortometraggi delle serie a cartoni animati *Looney Tunes* e *Merrie Melodies*. ■ ANIMAZIONE; COL.; 90'; USA, 1967.

MIA PEGGIORE AMICA, LA *(Poison Ivy)* ★★
Regia di KATT SHEA. Con DREW BARRYMORE, CHERYL LADD, TOM SKERRITT. ■ Sembra quasi la storia di *Teorema* di Pasolini, con le dovute differenze e distanze. Una ragazza bionda molto attraente ed estroversa riesce a farsi accogliere in una tranquilla famiglia americana. Riesce a coinvolgere tutti (padre, madre e figlia) nel suo gioco che prevede anche un omicidio. ■ DRAMMATICO; COL.; 97'; USA, 1992.

MIA PISTOLA PER BILLY, LA *(Billy Two Hats)* ★★★
Regia di TED KOTCHEFF. Con SIAN BARBARA ALLEN, DESI ARNAZ JR, GREGORY PECK, JACK WARDEN. ■ Un anziano bandito potrebbe sfuggire a un implacabile sceriffo, ma si fa uccidere per salvare il suo giovane complice, un ingenuo meticcio. ■ WESTERN; COL.; 99'; USA, 1974.

MIA REGINA, LA *(Mrs. Brown)* ★★
Regia di JOHN MADDEN. Con BILLY CONNOLLY, JUDI DENCH, ANTHONY STEPHEN. ■ Un altro film che si colloca nel nuovo corso inglese in costume. Questa volta una storia vera seppure con qualche tocco di leggenda. La regina Vittoria aveva uno stalliere, tale John Brown col quale aveva un rapporto particolare. Lei lo ascoltava, lui non la temeva. Il contorno sono i grandi avvenimenti politici di quegli anni. Presentato al Festival di Cannes. ■ DRAMMATICO; COL.; 103'; GRAN BRETAGNA, 1997. ■ GOLDEN GLOBES 1 PR, 1 NOM.

MI ARRENDO... E I SOLDI? *(Surrender)* ★★
Regia di JERRY BELSON. Con PETER BOYLE, MICHAEL CAINE, SALLY FIELD, STEVE GUTTENBERG. ■ Commediola di ben poco valore, causa una poco significativa e deludente sceneggiatura, che vorrebbe descrivere in chiave umoristica quello che si nasconde nelle fatate ville di Beverly Hills, tra amori, stramberie e vizi vari: la trama è tutta qui. Ciliegina sulla torta, la regia di Jerry Belson si trascina poco curata, andando in sintonia con la sceneggiatura scritta dal regista stesso. ■ COMMEDIA; COL.; 95'; USA, 1989.

MIA SECONDA VITA, LA *(Shirley Valentine)* ★★★
Regia di LEWIS GILBERT. Con PAULINE COLLINS, TOM CONTI. ■ La mezza età con le sue crisi e incertezze viene esplorata attraverso una storia di separati in casa. Pauline Collins ha ricevuto la nomination per l'Oscar. ■ DRAMMATICO; COL.; 108'; GRAN BRETAGNA, 1989. ■ GOLDEN GLOBES 3 NOM; OSCAR 2 NOM.

MIA SIGNORA, LA ★★
Regia di MAURO BOLOGNINI, TINTO BRASS, LUIGI COMENCINI. Con CLAUDIO GORA, SILVANA MANGANO, ALBERTO SORDI. ■ Una serie di cinque episodi, alcuni molto brevi, tutti interpretati da Sordi e dalla Mangano. Nel migliore, l'attore si preoccupa più della propria automobile rubata che della moglie adultera. ■ COMMEDIA; B/N; 115'; ITALIA, 1964.

MIA SORELLA EVELINA *(My Sister Eileen)* ★★
Regia di ALEXANDER HALL. Con JANET BLAIR, ROSALIND RUSSELL. ■ Due sorelle, l'una scrittrice, l'altra ballerina, tentano di sfondare a New York. La prima scrive un racconto sull'altra spacciandola per grande seduttrice. Ne nascono equivoci. ■ COMMEDIA; B/N; 96'; USA, 1944. ■ OSCAR 1 NOM.

MIA SORELLA EVELINA *(My Sister Eileen)* ★★
Regia di RICHARD QUINE. Con BETTY GARRETT, JANET LEIGH, JACK LEMMON. ■ Rifacimento della pellicola precedente, a colori, su grande schermo e con un giovanissimo Jack Lemmon. ■ COMMEDIA; COL.; 108'; USA, 1955.

MIA SPIA DI MEZZANOTTE, LA ★★
(The Glass Bottom Boat)
Regia di FRANK TASHLIN. Con DORIS DAY, ROD TAYLOR. ■ Una delle molte commedie all'acqua di rose interpretate da Doris Day: il funzionario d'un laboratorio spaziale fa credere alla donna di cui si è innamorato che entrambi debbano lavorare a un progetto in realtà inesistente. Per una serie di equivoci lei viene creduta una spia, ma saprà trovare i veri colpevoli. ■ COMMEDIA; COL.; 110'; USA, 1967.

MIA SUPER EX-RAGAZZA, LA ★★
(My Super Ex-Girlfriend)
Regia di IVAN REITMAN. Con UMA THURMAN, ANNA FARIS, EDDIE IZZARD, WANDA SYKES, LUKE WILSON, RAINN WILSON. ■ G-Girl è la supereroina che difende i newyorkesi dalla criminalità. G-Girl, come prevede il genere, è anche, nella vita quotidiana, Jenny Johnson. Si occupa di arte contemporanea e non è particolarmente attraente. L'architetto Matt se ne invaghisce ugualmente e ne scoprirà le super capacità amatorie (i suoi impeti nel talamo provocano danni alle strutture dell'edificio) ma anche l'ipersensibilità. Infatti quando G-Girl/Jane sospetterà che l'attenzione del suo partner si stia rivolgendo verso la collega di studio Hannah, nulla potrà più trattenerla dal cercare una "tremenda vendetta". ■ COMMEDIA; COL.; 95'; USA, 2006.

MIA TERRA, LA *(This Earth is Mine)* ★★★
Regia di HENRY KING. Con ROCK HUDSON, DOROTHY MCGUIRE, CLAUDE RAINS, JEAN SIMMONS. ■ L'intreccio di interessi d'una grande famiglia che ha come protagonista Rock Hudson e uno stuolo di famosi attori. Non si tratta, però, di petrolieri del Texas ma di viticoltori della California. Tratto da un romanzone di successo. ■ DRAMMATICO; COL.; 125'; USA, 1959.

MIA VIA, LA *(Going my Way)* ★★★🏆
Regia di LEO MCCAREY. Con BING CROSBY, BARRY FITZGERALD. ■ Il famoso cantante confidenziale interpreta un giovane e dinamico prete cattolico; Barry Fitzgerald è invece un vecchio sacerdote che alla fine deve riconoscere la validità dei metodi del collega. ■ COMMEDIA; B/N; 130'; USA, 1944. ■ OSCAR 🏆 7 PR, 9 NOM.

MIA VITA A GARDEN STATE, LA *(Garden State)* ★★★
Regia di ZACH BRAFF. Con ZACH BRAFF, IAN HOLM, NATALIE PORTMAN, PETER SARSGAARD. ■ Andrew Largeman torna dopo nove anni alla sua cittadina natia, Garden State, per i funerali della madre. Fino a quel momento aveva vissuto imbottito di psicofarmaci prescritti dal padre psichiatra. Il tuffo nel passato, reincontrare i vecchi amici, respirare l'aria di campagna, vivere l'amore, gli apre gli occhi. Una nuova vita è davanti a lui. Ideato, diretto e interpretato da uno dei protagonisti della serie tv *Scrubs*, *Garden State* commuove e diverte supportato da attori bravi e non troppo noti (Natalie Portman a parte). ■ COMMEDIA; COL.; 109'; USA, 2004.

MIA VITA A QUATTRO ZAMPE, LA ★★★🏆
(Mitt liv som hund)
Regia di LASSE HALLSTRÖM. Con ANTON GLANZENIUS, AKKI

LIDEN, TOMAS VON BROMSSEN. ■ Dal romanzo di Reidar Jonsson. Negli anni Cinquanta, un ragazzino di dodici anni vive le gioie e le scoperte della sua età, nonostante i drammi familiari (la madre muore, il suo cagnetto deve essere abbandonato). ■ DRAMMATICO; COL.; 101′; SVEZIA, 1985. ■ GOLDEN GLOBES 1 PR, 1 NOM; OSCAR 2 NOM.

MIA VITA A STELLE E STRISCE, LA ★

Regia di MASSIMO CECCHERINI. Con MASSIMO CECCHERINI, DAVID CORBETT, CYRUS ELIAS, JAMES HOLLY, MANUELA MAGHERINI, NOVELLO NOVELLI, VICTORIA SILVSTEDT. ■ Lando conduce la sua placida esistenza in un casolare toscano, dedicandosi alla terra e all'allevamento. Improvvisa come un ciclone arriva la mitica zia americana a scombussolare tutto. Zia July, 150 chili ed un inestinguibile desiderio di cibo, ha al seguito il marito, ex-colonnello dei Marines che ha mantenuto le abitudini da caserma, un nipotino pestifero e una figlia che è un'esplosione di bellezza. Nonostante le resistenze di Lando, la cascina comincia pian piano a tingersi di bianco rosso e blu. Il resto è silenzio (in attesa di una "riscoperta" prima o poi da parte di qualche critico a corto di argomenti su cui scrivere). ■ COMMEDIA; COL.; 91′; ITALIA, 2003.

MIA VITA COMINCIA IN MALESIA, LA ★★
(A Town Like Alice)

Regia di JACK LEE. Con PETER FINCH, VIRGINIA MCKENNA. ■ Peripezie d'una dattilografa inglese in Malesia al tempo dell'invasione giapponese durante la seconda guerra mondiale. La poveretta, che deve anche badare ai figli del suo capufficio, viene fatta prigioniera dai nemici e trova aiuto nella popolazione locale e in un simpatico camionista suo compatriota che viene addirittura crocifisso dai nipponici. Finita la guerra, la ragazza tornerà in Asia. ■ GUERRA; B/N; 117′; GRAN BRETAGNA, 1956.

MIA VITA È TUA, LA ★★

Regia di GIUSEPPE MASINI. Con ALBA ARNOVA, PATRICIA ROC, ACHILLE TOGLIANI. ■ Il protagonista studia musica classica ma poi preferisce comporre canzonette che hanno grande successo. Gli muore però l'unico figlio e il poverino si dà al bere, finché la fedele moglie non gli darà, a rischio della vita, un nuovo erede. ■ MUSICALE; B/N; 90′; ITALIA, 1955.

MIA VITA È UNO ZOO, LA *(We Bought a Zoo)* ★★

Regia di CAMERON CROWE. Con MATT DAMON, ELLE FANNING, PATRICK FUGIT, THOMAS HADEN CHURCH, SCARLETT JOHANSSON. ■ Benjamin Mee, giornalista temerario, scrive di avventure e di esperienze estreme. Padre appassionato di una bambina e di un adolescente ha perso la moglie da pochi mesi e prova a conciliare lavoro e questioni domestiche. Il dolore dei suoi figli e l'incapacità di vivere una casa e una città che lo hanno visto felice lo convincono a licenziarsi e a comprarne una in campagna, a nove miglia dalla civiltà. Il nuovo alloggio comprende sette ettari di terreno e uno zoo affollato di animali e dei loro zelanti custodi. Deciso a cambiare vita e intenerito dall'entusiasmo della sua bambina, investe sul futuro e acquista l'intero pacchetto. Inizia per Benjamin una straordinaria avventura, questa volta da vivere. ■ COMMEDIA; COL.; 100′; USA, 2011.

MIA VITA PER LA TUA, LA *(Les hommes sans peur)* ★★

Regia di YVAN NOÉ. Con JEAN MURAT, MADELEINE SOLOGNE. ■ Un giovane scienziato ottocentesco studia l'applicazione dei raggi X e, preoccupato per gli effetti che essi possono avere sull'organismo, trascura una tenera storia d'amore. Più tardi, però, riuscirà a scoprire una cura contro le infezioni e tornerà dalla sua bella. ■ DRAMMATICO; B/N; 105′; FRANCIA, 1943.

MIA VITA PER L'IRLANDA, LA ★★
(Mein Leben für Irland)

Regia di MAXIMILIAN W. KIMMICH. Con ANNA DAMMAN, WERNER HINZ. ■ Film hitleriano di propaganda anti-inglese. La vicenda si svolge in un collegio dove gli studenti imparano ad amare la loro patria oppressa. ■ DRAMMATICO; B/N; 92′; GERMANIA, 1942.

MIA VITA PER TUO FIGLIO, LA *(Paid in Full)* ★★

Regia di WILLIAM DIETERLE. Con ROBERT CUMMINGS, DIANA LYNN, LIZABETH SCOTT. ■ Una donna che non può più avere figli ha un affetto morboso per la sua bambina e ciò mette in crisi i rapporti col marito. La sorella di lei ama il cognato, ma preferisce stare discretamente nell'ombra. Un giorno, però, causa involontariamente la morte della nipotina. Sposerà il cognato che ha divorziato e morirà di parto. ■ DRAMMATICO; B/N; 105′; USA, 1951.

MIA VITA SEI TU, LA ★★

Regia di PIETRO FRANCISCI. Con MARIA DENIS, GIANFRANCO GIACHETTI. ■ Un commesso di Milano viene scambiato per una personalità e corteggia con successo una signorina di buona famiglia che però, scoperta la verità, gli preferisce un cacciatore di dote. Un provvidenziale disastro finanziario della ragazza ricca farà sì che amore trionfi. ■ COMMEDIA; B/N; 91′; ITALIA, 1934.

MIA VITA SENZA ME, LA *(Mi vida sin mi)* ★★★

Regia di ISABEL COIXET. Con MARIA DE MEDEIROS, DEBORAH HARRY, ALFRED MOLINA, AMANDA PLUMMER, SARAH POLLEY, SCOTT SPEEDMAN, LEONOR WATLING. ■ Ann vive una vita misera, opaca e senza speranza, con una famiglia disastrata. Tutto cambia dopo un controllo medico che la spinge a riscoprire il piacere di vivere. La morte come spinta alla vita. È una provocazione che Pedro Almodóvar (qui nelle vesti di produttore) non poteva lasciar cadere. Ecco allora che la protagonista di questo intelligente film al femminile trova una ragione di vivere proprio negli esiti infausti di alcuni esami. Deve preparare la sua dipartita lasciando ai suoi cari il meglio. Tema mélo di quelli che piacciono a Pedro. Sempre però con la realtà sotto stretto controllo. ■ DRAMMATICO; COL.; 106′; CANADA, SPAGNA, 2003.

MICA SCEMA LA RAGAZZA! ★★★
(Une belle fille comme moi)

Regia di FRANÇOIS TRUFFAUT. Con CLAUDE BRASSEUR, CHARLES DENNER, BERNADETTE LAFONT, PHILIPPE LÉOTARD. ■ Un ingenuo sociologo conosce, nel corso di una intervista, una ragazza dall'aria innocente di cui s'innamora. Ben presto scoprirà non solo che la giovane ha numerosi amanti, ma che è anche responsabile di diversi omicidi; anzi, il poveretto finirà in carcere al posto della ragazza. ■ COMMEDIA; COL.; 98′; FRANCIA, 1974.

MICHAEL ★★★

Regia di NORA EPHRON. Con TERI GARR, BOB HOSKINS, WILLIAM HURT, ANDIE MACDOWELL, JOHN TRAVOLTA. ■ Travolta è ormai risalito così in alto da diventare un angelo. Michael è infatti un angelo sceso sulla Terra. Ha pregi e difetti di un uomo anche se le ali ne indicano la provenienza. La sua missione è quella di far tornare a palpitare il cuore dell'ormai inaridito Frank Quinlan per la bella di turno: Dorothy Winters. Il giudizio sarà inficiato dal fatto che Travolta è un adepto di Scientology, ma questa commedia riuscita a metà sembra proprio costruita su misura per propagandare le nuove "religioni" occidentali. ■ COMMEDIA; COL.; 105′; USA, 1996.

MICHAEL CLAYTON ★★★★

Regia di TONY GILROY. Con GEORGE CLOONEY, DAVID LANSBURY, KEN HOWARD, MICHAEL O'KEEFE, SYDNEY POLLACK, BILL RAYMOND, SEAN CULLEN, TILDA SWINTON, MERRITT WEVER, TOM WILKINSON, AUSTIN WILLIAMS. ■ Michael Clayton è un ex pubblico ministero che lavora da anni per un importante studio legale. Il suo compito è quello di "aggiustare" la verità coprendo i guai dei clienti più facoltosi. La falsificazione dei fatti è la sua specialità. Pur lavorando per lo studio da 15 anni non ne è diventato socio, ma è legato a filo doppio al suo impiego a causa anche della sua passione per il gioco d'azzardo; inoltre deve saldare un debito per un investimento nel settore della ristorazione fallito, non per colpa sua. Il giorno in cui si trova a dover affrontare il caso di una grossa società che opera nel settore dei prodotti chimici, che è stata chiamata in causa per l'immissione sul mercato di un prodotto altamente cancerogeno, per lui giunge la resa dei conti con se stesso. Ne nasce un film dall'impianto estremamente classico: il protagonista stufo del proprio lavoro sporco che cerca un'occasione di riscatto e, forse, la trova. Potrebbe trattarsi dell'ennesimo deja vu. Ma ha due frecce al suo arco che lo rendono un'opera interessante. Innanzitutto lo sfruttamento della documentazione (anche aneddotica o rivelata da "gole profonde") raccolta da Gilroy: il regista ha toccato con mano vicende processuali in cui l'occultamento di documenti compromettenti è stato fondamentale per far vincere cause a grandi corporation. Se a questo si aggiunge la presenza di Clooney, il gioco è fatto. Dopo questo film ci sentiamo di poter affermare che solo un attore come lui può affrontare il ritorno del legal thriller legato a schemi talvolta abusati (che le serie tv hanno ampiamente destrutturato e ricomposto in nuova veste) offrendogli una credibilità da altri non raggiungibile. ■ DRAMMATICO; COL.; 125'; USA, 2007.

MICHAEL COLLINS ★★★♉

Regia di NEIL JORDAN. Con LIAM NEESON, AIDAN QUINN, ALAN RICKMAN, JULIA ROBERTS. ■ Michael Collins è uno degli uomini storicamente più importanti dell'IRA, il movimento di liberazione irlandese. Comincia parlando nelle piazze, poi con gli attentati, sempre più importanti. Nel 1921 negozia il trattato con l'Inghilterra. Successivamente è il primo capo del governo provvisorio dello Stato libero d'Irlanda. L'anno dopo viene ucciso in un'imboscata da un "dissidente". Tutto questo propone il film con una certa passione e una buona attenzione alla verità. Passando dall'avventura al thriller, attraverso momenti di grande violenza. Michael ama Kitty e ama-odia De Valera, lo stratega dell'IRA, suo amico-rivale. Manca un po' d'invenzione. Insomma, prodotto onestamente efficace. ■ BIOGRAFICO; COL.; 132'; GRAN BRETAGNA, 1996. ■ GOLDEN GLOBES ♉ 2 NOM; OSCAR ♉ 2 NOM; VENEZIA ♉ 2 PR.

MICHAEL JACKSON'S THIS IS IT ★★★

Regia di KENNY ORTEGA. Con NICK BASS, MICHAEL BEARDEN, DANIEL CELEBRE, MEKIA COX, MICHAEL JACKSON. ■ Michael Jackson muore in scena come in un dramma shakespeariano. Suicidio, overdose, arresto cardiaco? Il sesso, le (presunte) molestie, la fama. C'è tutto, come in un film hollywoodiano. C'è una grande villa, una stanza piena di indizi, un corpo nudo sul letto, la polizia che indaga, la folla che spinge fuori e oltre i nastri, l'autopsia, le (inverosimili) ipotesi del decesso, le esequie, quelle pubbliche e quelle private. Muore così il 25 giugno a Los Angeles e a un mese dal suo concerto londinese, Michael Jackson, re del Pop. ■ DOCUMENTARIO; COL.; 112'; USA, 2009.

MICHAEL SHAYNE DETECTIVE PRIVATO ★★
(Michael Shayne, Private Detective)

Regia di EUGENE FORDE. Con WALTER ABEL, LLOYD NOLAN, MARJORIE WEAVER. ■ Uno degli eroi fatidici del giallo negli anni intorno alla guerra (l'occhio privato dai capelli rossi) arriva sugli schermi nell'interpretazione del bravo Lloyd Nolan (che però era solo castano scuro). Qui Shayne, mentre sorveglia la figlia di un amico (una maniaca del gioco), è implicato nell'assassinio di un losco individuo. ■ GIALLO; B/N; 92'; USA, 1940.

MICHAEL SHAYNE E IL MISTERO DEI DIAMANTI ★★
(Blue White and Perfect)

Regia di HERBERT I. LEEDS. Con MARY BETH HUGHES, LLOYD NOLAN, GEORGE REEVES. ■ Michael Shayne scopre un contrabbando di diamanti fra gli Stati Uniti e Honululu. I diamanti sono nascosti in una serie di bottoni. L'acquirente è il governo giapponese (che da appena due settimane era diventato il "nemico"). ■ GIALLO; B/N; 91'; USA, 1941.

MICHAEL SHAYNE E LE FALSE MONETE ★★
(Time to Kill)

Regia di HERBERT I. LEEDS. Con HEATHER ANGEL, MORRIS ANKRUM, LLOYD NOLAN. ■ La storia è vagamente ispirata al classico *High Window* di Raymond Chandler (con Michael Shayne al posto di Philip Marlowe). Shayne deve recuperare una preziosa moneta appartenente a una vecchia riccona. Mentre la cerca, si imbatte in tre omidici. Ritrova alla fine la moneta e l'assassino. Inoltre scagiona una ragazza, su cui la riccastra voleva scaricare le responsabilità. ■ GIALLO; B/N; 90'; USA, 1942.

MICHAEL SHAYNE E L'ENIGMA DELLA MASCHERA *(Dressed to Kill)* ★★

Regia di EUGENE FORDE. Con MARY BETH HUGHES, LLOYD NOLAN, SHEILA RYAN. ■ Nell'albergo dove alloggia la fidanzata di Michael Shayne viene commesso un duplice delitto. Tutte le vittime sono attori e vengono rinvenute con indosso gli abiti indossati a suo tempo in una recita. Il film non è tratto da un romanzo di Brett Halliday (inventore di Shayne) ma da un libro di Richard Burke. ■ GIALLO; B/N; 93'; USA, 1941.

MICHAEL SHAYNE E L'UOMO CHE NON VOLEVA MORIRE *(The Man Who Wouldn't Die)* ★★

Regia di HERBERT I. LEEDS. Con LLOYD NOLAN, MARJORIE WEAVER, HENRY WILCOXON. ■ Un fantasma (o presunto tale) attenta alla vita degli ospiti della villa di un miliardario. Ma fra gli ospiti c'è Michael Shayne. Scoprirà che sotto c'è una macchinazione fra la moglie del riccone e un diabolico indù. ■ GIALLO; B/N; 94'; USA, 1942.

MICHAEL SHAYNE VA A BROADWAY ★★
(Just off Broadway)

Regia di HERBERT I. LEEDS. Con JANIS CARTER, LLOYD NOLAN, MARJORIE WEAVER. ■ Michael Shayne è giurato in un processo per omicidio. Ma qualcosa nell'alibi dell'accusato non lo convince e diserta le udienze per indagare sulla faccenda. Infatti scopre il vero assassino. Ma si fa sessanta giorni di prigione per essere venuto meno ai suoi compiti di giudice popolare. ■ GIALLO; B/N; 95'; USA, 1942.

MICHAEL SHAYNE VA ALL'OVEST *(Sleepers West)* ★★

Regia di EUGENE FORDE. Con LYNN BARI, MARY BETH HUGHES, LLOYD NOLAN. ■ Michael Shayne scorta su un treno, diretto in California, una ragazza che è la testimone chiave di un processo (può scagionare un uomo accusato di omicidio). Ma sul treno ci sono alcuni loschi individui che vogliono impedire che la ragazza arrivi a destinazione. ■ GIALLO; B/N; 91'; USA, 1942.

MICHELANGELO *(Das Leben eines Titanen)* ★★

Regia di CURT OERTEL. ■ Tra i prodotti dell'asse Roma-Berlino c'è anche questo documentario in cui i tedeschi rendono omaggio al superuomo del paese alleato. ■ DOCUMENTARIO; B/N; 90'; GERMANIA, 1942.

MICHELE STROGOFF *(The Soldier and the Lady)* ★★

Regia di GEORGE NICHOLS JR. Con ELIZABETH ALLAN, AKIM TAMIROFF, ANTON WALBROOK. ■ È un remake (fatto a un solo anno di distanza) del film francese *Il corriere dello zar* di Jacques de Baroncelli. La RKO comprò i diritti di quel film, tenne le scene di battaglia e fece rifare ad Anton Walbrook tutte le sue sequenze affiancandogli altri attori. La storia è quella del romanzo di Giulio Verne con Strogoff che porta un messaggio dello zar nella Siberia invasa dai tartari. ■ AVVENTURA; B/N; 91'; USA, 1937.

MICHELE STROGOFF ★★★

Regia di CARMINE GALLONE. Con CURD JÜRGENS, SYLVA KOSCINA, GENEVIÈVE PAGE. ■ La storia è tratta dal noto romanzo di Verne: nella Russia di fine Ottocento il corriere dello zar, Michele Strogoff, deve portare un importante messaggio a un granduca che si trova nella Siberia sconvolta dalla rivolta dei tartari. ■ AVVENTURA; COL.; 113'; FRANCIA, ITALIA, 1957.

MICHELINO CUCCHIARELLA ★

Regia di TIZIANO LONGO. Con CELSO FARIA, MAURIZIO MAZZEI. ■ Pellicola lacrimosa su un bambino che fugge da un orfanotrofio per ritrovare la mamma e, dopo scontate avventure in un circo e tra i mendicanti, muore sulla tomba della genitrice. ■ DRAMMATICO; B/N; 93'; ITALIA, 1964.

MICHEL PETRUCCIANI, BODY & SOUL ★★★

Regia di MICHAEL RADFORD. Con MICHEL PETRUCCIANI. Radford racconta Michel Petrucciani, virtuoso del jazz, pianista dal tocco irrepetibile, che ha trasformato il destino ingrato che lo ha fatto nascere con una malattia genetica invalidante in un'occasione di applicazione appassionata alla tastiera e di espressione totale di sé. Francese, affetto da osteogenesi imperfetta e nanismo (per cui occorreva portarlo in braccio come un bambino), figlio di un padre che lo crebbe nel mito di Wes Montgomery, Art Tatum e dei grandi classici del jazz, Michel a 13 anni era già un prodigio in grado di lasciare ogni pubblico e collega di stucco e a 19 si trasferiva a Big Sur, arruolato nel quartetto del sassofonista Charles Lloyd. Esuberante, desideroso di gustare la vita fino all'ultimo, girò instancabilmente il mondo assaporandone i cibi, le droghe e le donne senza freni. Il figlio Alexandre ereditò la sua malattia. Vendette un milione e mezzo di album, suonò per il Papa, sopravvisse (con un certo orgoglio) a Charlie Parker e morì a 36 anni, a New York, per non essersi risparmiato mai nemmeno per sbaglio. ■ DRAMMATICO; COL.; FRANCIA, GERMANIA, ITALIA, 2011.

MI CHIAMANO RADIO *(Radio)* ★★
Regia di MICHAEL TOLLIN. Con SARAH DREW, CUBA GOODING JR., ED HARRIS, S. EPATHA MERKERSON, CHRIS MULKEY, BRENT SEXTON, DEBRA WINGER, ALFRE WOODARD. ■ Un ragazzo ritardato ha una grande passione per le radio d'epoca, tanto che lo hanno soprannominato "Radio". La gente lo evita, lo trova un tipo strano. L'allenatore della squadra locale di football lo adotta come mascotte e, nonostante le difficoltà, "Radio" riesce a farsi amare dai compagni e dall'intera comunità. ■ DRAMMATICO; COL.; 109'; USA, 2003.

MI CHIAMAVANO REQUIESCAT...MA AVEVANO SBAGLIATO ★★
Regia di FRANK BRONSTON. Con WILLIAM BERGER, ALAN STEEL. ■ È la solita storia della caccia a un tesoro da parte dell'eroe e d'un gruppo di feroci banditi, suoi nemici. L'eroe, naturalmente, riuscirà a sterminarli. ■ WESTERN; B/N; 92'; ITALIA, SPAGNA, 1974.

MI CHIAMERÒ GIOVANNI ★★
Regia di PIER PAOLO ZANONI. Con GIUSY LUSSIGNOLI, RENZO PALMER, MARIOLINO RONCALLI, BRUNO TIZIANO TESTI. ■ La vita di Giovanni XXIII, il "Papa buono", dagli anni della fanciullezza a Sotto il Monte e via via nel corso delle più importanti vicende. Seguiamo la sua attività a Bergamo, Sofia, Atene, Instanbul, Parigi, Venezia e infine Roma. ■ BIOGRAFICO; COL.; 90'; ITALIA, 1975.

MI CHIAMO GIULIA ROSS *(My Name is Julia Ross)* ★★★
Regia di JOSEPH H. LEWIS. Con NINA FOCH, GEORGE MCREADY, DAME MAY WHITTY. ■ A Londra una ragazza viene assunta come segretaria da una vecchia signora e da suo figlio, ma scopre ben presto che il suo datore di lavoro è in realtà un pazzo uxoricida. Dopo diverse peripezie, la vittima designata riuscirà a cavarsela. ■ POLIZIESCO; B/N; 64'; USA, 1950.

MI CHIAMO SAM *(I am Sam)* ★★★
Regia di JESSIE NELSON. Con DAKOTA FANNING, SEAN PENN, MICHELLE PFEIFFER, DIANNE WIEST. ■ Sam è il padre di una bambina e la sua intelligenza è proprio quella di un bambino di sette anni. Significa che sua figlia, fra poco, sarà più matura di lui. La bimba gli viene tolta dagli assistenti sociali ed è affidata a una famiglia "normale". Ma Sam decide di non arrendersi e di combattere la dura battaglia col sistema per riavere la figlia. Lo aiuterà l'avvocatessa Michelle Pfeiffer, a sua volta madre... provata. Il film non si vergogna di rappresentare la vicenda in chiave sociale ma soprattutto sentimentale. Si sa che questo tipo di ruoli è irresistibile per il cinema. Più volte l'Oscar ha premiato i disabili, da Daniel Day Lewis (*Il mio piede sinistro*), a Marlee Matlin (*Figli di un dio minore*) a Dustin Hoffman (*Rain Man*). Lo stesso Penn ha ottenuto la nomination. Comunque, tutto "già visto". ■ DRAMMATICO; COL.; 132'; USA, 2001. ■ OSCAR 1 NOM.

MICKEY E NICKY *(Mickey and Nicky)* ★★
Regia di ELAINE MAY. Con NED BEATTY, JOHN CASSAVETES, PETER FALK. ■ Da sempre grandi amici, Nicky e Mickey hanno preso strade diverse: il primo è un "duro" che vive ai margini della legalità, il secondo ha messo su famiglia. Cacciatosi in un pasticcio, Nicky tenta di rispolverare l'antica amicizia, ma Mickey fa il doppio gioco e lo condanna a morte. ■ DRAMMATICO; COL.; 119'; USA, 1975.

MICKEY OCCHI BLU *(Mickey Blue Eyes)* ★★
Regia di KELLY MAKIN. Con JAMES CAAN, JAMES FOX, HUGH GRANT, JEANNE TRIPPLEHORN, BURT YOUNG. ■ L'elegante, timido, innocuo Hug, per sposare la bella figlia del boss deve mostrarsi all'altezza della situazione e diventare mafioso a sua volta, parlare siciliano, essere violento, onorare la "famiglia". Dopo un buon inizio, il film non riesce a decollare. Caan e Young sono ottimi caratteristi, ma non sono aiutati dalla storia. Un insuccesso. ■ COMMEDIA; COL.; 103'; USA, 1999.

MICKEY ONE ★★
Regia di ARTHUR PENN. Con WARREN BEATTY, JEFF COREY, HURD HATFIELD, ALEXANDRA STEWART, FRANCHOT TONE. ■ Un cabarettista americano di successo, angosciato da una grave nevrosi, abbandona il palcoscenico e si rifugia in provincia. L'amore di una ragazza lo aiuterà a guarire e a tornare alla ribalta. ■ DRAMMATICO; B/N; 93'; USA, 1965.

MICKI & MAUDE ★★★
Regia di BLAKE EDWARDS. Con AMY IRVING, DUDLEY MOORE, ANN REINKING. ■ Giornalista televisivo di serie C, Bob ha un sogno: diventare padre. Sua moglie, avvocatessa in carriera e aspirante giudice, in sette anni di matrimonio non ha mai trovato tempo per accontentarlo. È così che Bob finisce tra le braccia di una giovane violoncellista e la mette incinta, proprio quando anche la legittima consorte gli annuncia di essere finalmente in attesa di un bebè. ■ COMMEDIA; COL.; 118'; USA, 1984. ■ GOLDEN GLOBES 1 PR, 2 NOM.

MICROCOSMOS ★★★
Regia di CLAUDE NURIDSANY. ■ Il film è opera, oltre che di Nuridsany, che lo firma, anche di Marie Pérennou. Sono due biologi di Parigi che hanno abbandonato l'insegnamento per dedicarsi allo studio della vita animale attraverso tecniche particolari di ripresa. Hanno girato venti chilometri di pellicola per ottenere questo mediometraggio di poco più di un'ora. La loro tesi è che, esaminando al microscopio la vita degli organismi, ci si trova immersi in una magnifica favola, e non c'è nemmeno bisogno di andare tanto lontano, basta il giardino di casa propria. Una goccia di pioggia ristagnante, una foglia: sono tutto un mondo. ■ DOCUMENTARIO; COL.; 65'; FRANCIA, 1996. ■ CANNES 1 PR.

MICROFONO È VOSTRO, IL ★★
Regia di GIUSEPPE BENNATI. Con ENRICO LUZI, GISELLA SOFIO, AROLDO TIERI. ■ La trama racconta le disavventure di una signorina di buona famiglia che non vuol far sapere al fidanzato d'essere diventata la cantante d'un complesso invitato a un'audizione alla Rai. ■ COMMEDIA; B/N; 91'; ITALIA, 1952.

MICROFONO PER DUE, UN ★★
(The Marc Pease Experience)
Regia di TODD LOUISO. Con ZACHARY BOOTH, ANNA KENDRICK, EBON MOSS-BACHRACH, JASON SCHWARTZAM, BEN STILLER. ■ Marc Pease è tra le star del *Mago di Oz*, il musical che il suo liceo porta in scena sotto la guida del talentuoso signor Gribble. La sera della prima, però, Marc viene colto dal panico da palcoscenico e se la dà a gambe. Per otto anni vive nel sogno di sfondare, grazie alla promessa strappata quella sera ad un disperato Gribble di averlo come manager e produttore del disco d'esordio del suo gruppo, i Meridian 8, ora ridottisi a 4. Gribble scappa, evita, non risponde, Marc lo insegue e lo venera senza riserve. La delusione sarà grande, improvvisa e terapeutica. ■ COMMEDIA; COL.; 84'; USA, 2009.

MIDNIGHT *(O Primero Dia)* ★★
Regia di WALTER SALLES JR, DANIELA THOMAS. Con MATHEUS NACHTERGAELE, NELSON SARGENTO, FERNANDA TORRES, LUÍS CARLOS VASCONCELOS. ■ Il regista di *Central do Brasil* è qui affiancato dalla Thomas per raccontare di un detenuto, Vasconcelos, che non vuol passare l'ultima notte dell'anno in carcere. Sta cambiando il millennio e si fanno follie di ogni genere. Film non memorabile. ■ DRAMMATICO; COL.; 75'; BRASILE, 1999.

MIDNIGHT IN PARIS ★★★★★
Regia di WOODY ALLEN. Con NINA ARIANDA, KURT FULLER, RACHEL MCADAMS, MICHAEL SHEEN. ■ Negli anni Venti Parigi era la sede dell'intelligenza e dell'incanto del mondo. I nomi, molti, li fa Woody Allen nel suo film. Gil è uno sceneggiatore hollywoodiano di successo ma insoddisfatto che sta scrivendo un romanzo. È a Parigi con la fidanzata e la famiglia di lei, "repubblicani di destra", insopportabili. Gil ama quella città, camminare sotto la pioggia, i monumenti, i bistrot e i musei, insomma la Parigi con la sua tradizione e cultura. È mezzanotte, è solo, gli si ferma davanti un taxi antico, qualcuno lo invita a salire, sale, viene portato a una festa. Gli si fa incontro Zelda Fitzgerald, poi arriva suo marito Scott, seduto al piano c'è Cole Porter che suona *Let's fall in love*. E là in fondo circondata da un capannello di uomini, Josephine Baker canta e balla la Conga. Gil naturalmente è stravolto, si trova dove avrebbe proprio sognato di essere, nel momento dell'oro del secolo. Scott gli presenta Ernest (Hemingway,

naturalmente) che sembrerebbe persino disposto a leggere il suo romanzo. Non manca una visita a Gertrud Stein, protagonista del leggendario "salotto" che accoglieva tutte le leggende, e lì ci sono Picasso, Matisse, Belmonte il torero. La mattina Gil ritrova quella fidanzata viziata e indisponente, che odia la pioggia, con la quale ha sempre meno in comune, e tutto il quotidiano che ormai gli è intollerabile. A mezzanotte riparte il sogno e il rito. Arriva il taxi, sale e siede vicino a Thomas Eliot e poi ecco Dalì, Man Ray e Buñuel e tanti altri eroi. C'è anche Adriana, fascinosa seduttrice di tutti. Con lei Gil si trova a ripetere il sortilegio, ed è una carrozza questa volta a passare e a portare i due da Maxim's, e siamo indietro di una generazione nella Belle Époque. C'è il can can e gli avventori sono Toulouse Lautrec, Degas e Gauguin. E sono due le età dell'oro e Gil non se la sente più di accettare la mediocrità della sua epoca. Così decide: non tornerà più in America, rimarrà a Parigi, la città che più gli assomiglia. Rimarrà lì, solo. Il grande trucco di Allen è per lui magnificamente liberatorio. Agile e leggero è il racconto, e Woody ha la possibilità di sciogliere il suo sogno radicato, comunicare con quella gente che tanto lo ha segnato. E ritocca anche i caratteri secondo la sua attitudine, meglio, l'attitudine del suo cinema. E così Hemingway, sempre in cerca di qualcuno con cui fare a pugni, diventa un tormentato ombroso e litigioso "Hai mai guardato negli occhi un leone che stava per aggredirti, senza averne paura?", domanda a Gil. E ancora: "Leggerò il tuo libro e comunque ti odierò, se non mi piace perché non sei bravo e se mi piace perché sei bravo". Gil parla con Buñuel: "Voglio darti un'idea per un film, un gruppo di persone si trova a cena in una villa, ma quando tutti cercano di uscire non ci riescono". "Perché?", domanda il giovane regista. "Perché una forza glielo impedisce". "Quale forza?" "Ma è una metafora, Luis". "Quale metafora?". Così Buñuel riceve, inconsapevole, e certo ottuso, l'indicazione per il capolavoro che girerà alcuni decenni dopo, *L'angelo sterminatore*. Ma Woody ama troppo se stesso e la gente che vive adesso, così Gil incontra al mercato delle pulci una ragazza che vende musica e ascolta *De-Lovely* di Porter. Lei è dolce e "parigina", si scambiano qualche battuta e si incamminano sotto la pioggia. Il rimpianto di un passato che non c'è più viene così risolto e compensato. Anche il presente offre qualcosa di buono. Film felicissimo, Allen, a 76 anni, mantiene energia e incanto. E continua a soccorrersi. Meno male che Woody c'è. ■ COMMEDIA; COL.; 94'; USA, SPAGNA, 2011.

MIDNIGHT RUN AROUND – PRIMA DI MEZZANOTTE *(Midnight Run Around)* ★★
Regia di FRANK DE PALMA. Con CHRISTOPHER MACDONALD, ED O'ROSS. ■ Jack deve catturare un delinquente. Scopre che l'altro non è poi così malvagio. ■ AVVENTURA; COL.; 85'; USA, 1994.

MI DOVRAI UCCIDERE *(Please Murder Me!)* ★★
Regia di PETER GODFREY. Con RAYMOND BURR, DICK FORAN, ANGELA LANSBURY. ■ Un avvocato ama una bionda che però sposa un industriale, ma un giorno la donna confessa al marito d'essersi innamorata dell'altro. Fra i coniugi nasce una discussione che termina con la morte dell'uomo. L'avvocato difende l'uxoricida, lo fa assolvere e la sposa; scoprirà però, a sue spese, che la verità è più complessa. ■ POLIZIESCO; B/N; 78'; USA, 1957.

MIDWAY – TRA LA VITA E LA MORTE ★
Regia di JOHN REAL. Con ELAINE BONSANGUE, RICCARDO FLAMMINI, SALVATORE LAZZARO, ELISABETTA PELLINI, MATTEO TOSI. ■ Sara e Alex attraversano un periodo duro: hanno perso il figlio atteso da tempo a causa di un aborto spontaneo e da quel giorno la loro vita è cambiata. Inaspettatamente Sara scopre di essere incinta, ma decide di aspettare il terzo mese di gravidanza prima di dirlo ad Alex, che, soffocato dalle difficoltà sul lavoro, organizza un fine settimana tra i boschi insieme ad un gruppo di amici. Sara va con lui, ma tra presenze inquietanti e fenomeni EVP capiranno presto che quel posto non è per nulla tranquillo come immaginavano. ■ THRILLER; COL.; 80'; ITALIA, 2013.

MIE DUE MOGLI, LE *(My Favorite Wife)* ★★★
Regia di GARSON KANIN. Con IRENE DUNNE, CARY GRANT, GAIL PATRICK, RANDOLPH SCOTT. ■ Un uomo che ha perduto la moglie in un naufragio sette anni prima sta per risposarsi quando la defunta ricompare. La situazione si fa ancora più imbarazzante per il bigamo involontario quando si scopre che la rediviva ha dovuto passare tutto quel tempo in un'isola deserta in compagnia di un altro superstite. ■ COMMEDIA; B/N; 88'; USA, 1940. ■ OSCAR 3 NOM.

MIE GROSSE GRASSE VACANZE GRECHE, LE ★★
(My Life in Ruins)
Regia di DONALD PETRIE. Con MARIA ADANEZ, RACHEL DRATCH, RICHARD DREYFUSS, ALEXIS GEORGOULIS, NIA VARDALOS. ■ Georgia è una piacente single dalla doppia nazionalità, greca e americana, trapiantata ad Atene per la forte passione che la lega all'arte ellenica. Non potendo insegnare in università a causa dei numerosi tagli, lavora come guida turistica per un'agenzia di viaggi, proponendo un tour del Peloponneso alla scoperta delle antiche rovine. La sua erudita sensibilità e i suoi modi piuttosto rigidi si scontrano abitualmente sia con la rozzezza dei turisti che con i ritmi rilassati della vita dei greci. In quello che intende essere il suo ultimo viaggio organizzato, ritrova all'improvviso, complice un simpatico vedovo e un amore a portata di mano, quello che i greci chiamano *kefi*, gioia di vita istintiva. ■ COMMEDIA; COL.; 95'; USA, SPAGNA, 2009.

MIEI PIÙ CARI AMICI, I ★★★
Regia di ALESSANDRO BENVENUTI. Con ALESSANDRO BENVENUTI, ATHINA CENCI, MARCO MESSERI, EVA ROBIN'S, DANIELE TRAMBUSTI. ■ L'atmosfera è quella dell'invito a cena con delitto o dei dieci piccoli indiani. Infatti nella sceneggiatura c'è lo zampino di un vero giallista, Alberto Ongaro. Alessio raccoglie dunque i suoi amici che non vede da quindici anni. Il resto non sono solo chiacchere toscane, come va di moda nel cinema, ma c'è anche un vero plot giallo. Come già detto è il trionfo di Firenze e Benvenuti cerca in tutti i modi di star lontano dalle frequenze alla Pieraccioni. C'era riuscito prima, ci riesce anche adesso. ■ COMMEDIA; COL.; 90'; ITALIA, 1998.

MIEI PRIMI QUARANT'ANNI, I ★★
Regia di CARLO VANZINA. Con CAROL ALT, ELLIOTT GOULD, JEAN ROCHEFORT. ■ La vita e le opere di Marina Ripa di Meana, raccontate senza pudori da lei stessa nel libro omonimo. Dalle prime esperienze con la cameriera a quelle con i ragazzi di piazza Navona, sino a diventare l'amante d'un anziano principe, e poi via via di... lettando. ■ COMMEDIA; COL.; 109'; ITALIA, 1987.

MIEI PROBLEMI CON LE DONNE, I ★★
(The Man Who Loved Women)
Regia di BLAKE EDWARDS. Con JULIE ANDREWS, KIM BASINGER, BURT REYNOLDS. ■ Un giovane scultore amato dalle donne, ma tuttavia complessato e inibito, s'innamora, ricambiato, della sua psicanalista, ma è troppo immaturo, e dopo qualche tempo lei lo lascia. Lui riprende la vita randagia, a cui mette fine un incidente d'auto. ■ COMMEDIA; COL.; 110'; USA, 1983.

MIEI SEI AMORI, I *(My Six Loves)* ★★
Regia di GOWER CHAMPION. Con DAVID JANSSEN, DEBBIE REYNOLDS, CLIFF ROBERTSON. ■ Un'attrice di cinema se ne va in vacanza che però non è di tutto riposo. In una cittadina di provincia trova sei orfani che smaniano dalla voglia di essere adottati. Scelgono come mamma la stella del cinema e lei non riesce a toglierseli di torno. Per fortuna trova anche un marito (un pastore protestante) con cui dividere l'impegno dei diavoletti. ■ COMMEDIA; COL.; 101'; USA, 1963.

MIEI SEI FORZATI, I *(My Six Convicts)* ★★★
Regia di HUGO FREGONESE. Con JOHN BEAL, MILLARD MITCHELL, GILBERT ROLAND. ■ Ispirato a un caso realmente accaduto, descritto dal protagonista in un libro, il film narra dei tentativi d'uno psicologo per riabilitare alcuni forzati col metodo della dolcezza. Uno dei carcerati tenta la fuga, ma gli altri intervengono per impedirglielo a rischio della vita. L'esperienza è dunque un successo. ■ DRAMMATICO; B/N; 104'; USA, 1953.

MIEI VICINI SONO SIMPATICI, I *(Des enfants gâtés)* ★★★
Regia di BERTRAND TAVERNIER. Con GÉRARD JUGNOT, CHRISTINE PASCAL, MICHEL PICCOLI. ■ Un regista in crisi cambia appartamento per poter lavorare in santa pace. Invece trova dei vicini rissosissimi e petulanti. Invece di scrivere la sceneggiatura, il cineasta perde tempo a interessarsi delle grane dei condomini (tra

cui c'è una bella ragazza di cui s'è innamorato). Opera minore, ma tutt'altro che invedibile di Tavernier. ■ COMMEDIA; COL.; 113'; FRANCIA, 1977.

MIELE ★★
Regia di VALERIA GOLINO. Con CARLO CECCHI, LIBERO DE RIENZO, IAIA FORTE, VINICIO MARCHIONI, JASMINE TRINCA. ■ Irene, con il nome fittizio di Miele, si occupa di suicidi assistiti in una società in cui la sua attività è un reato. Chiamata al capezzale di persone a un passo dalla morte somministra Lamputal, un farmaco letale a uso veterinario. Un giorno, a chiedere l'intervento di Irene è l'ingegner Grimaldi, un intellettuale sulla settantina al quale consegna il barbiturico dando per scontata la criticità della sua situazione. Quando scoprirà che è in piena salute, si affretterà a tornare sui propri passi. Liberamente tratto da *A nome tuo* di Mauro Covacich. ■ DRAMMATICO; COL.; 96'; ITALIA, 2013.

MIELE DEL DIAVOLO, IL ★★
Regia di LUCIO FULCI. Con CORINNE CLÉRY, BRETT HALSEY, BLANCA MARSILLACH. ■ Un giovanotto, che ha un rapporto sadomasochistico con la sua ragazza, è coinvolto in un incidente stradale e muore sotto i ferri del chirurgo che cerca di salvarlo. La sua fidanzata dà la colpa al chirurgo e lo sequestra. Si mette a torturare, umiliare, offendere il poveraccio (cercando evidentemente di infliggergli le stesse sofferenze patite col fidanzato). Quando è stufa, si accorge di amare la sua vittima che, incredibilmente, la corrisponde. ■ EROTICO; COL.; 90'; ITALIA, 1986.

MIELE DI DONNA ★★
Regia di GIANFRANCO ANGELUCCI. Con CLIO GOLDSMITH, FERNANDO REY, CATHERINE SPAAK. ■ Una scrittrice obbliga un editore sotto la minaccia di una pistola a leggere un suo manoscritto. Nel libro si racconta la storia della giovane Anny e dei suoi strani incontri in una misteriosa pensione. Alla fine della lettura, l'editore conclude che la storia gli piace (anche senza minaccia di pistola). E la scrittrice pure. ■ DRAMMATICO; COL.; 91'; ITALIA, 1981.

MIE NOTTI SONO PIÙ BELLE DEI VOSTRI GIORNI, LE *(Mes nuits sont plus belles que vos jours)* ★★
Regia di ANDRZEJ ZULAWSKI. Con JACQUES DUTRONC, VALÉRIE LAGRANGE, SOPHIE MARCEAU. ■ L'ennesimo film di Zulawski da sempre combattuto tra il voyeurismo e l'intelletto. Girato a Biarritz e a Parigi, narra di due vite difficili unite dall'amore. L'uomo, di sangue nobile, segnato durante l'infanzia dal comportamento della madre e la donna che è stata maltrattata dal padre. ■ DRAMMATICO; COL.; 110'; FRANCIA, 1989.

MIE UNIVERSITÀ, LE *(Moi universitety)* ★★
Regia di MARK DONSKOY. Con NICOLAJ DOROCHIN, STEPAN KAJUKOV, N. VAL'BERT. ■ L'ultimo atto della trilogia di Gorky, gli altri sono *Fra la gente* e *L'infanzia di Gorky*. Aleksej ora vive a Kazan e lavora per mantenersi agli studi. Sfugge all'arresto e poi sopravvive a un tentato suicidio. Infine vagabonderà per la Russia per aiutare la gente. ■ DRAMMATICO; B/N; 102'; URSS, 1940.

MI FACCIA CAUSA ★★
Regia di STENO. Con CHRISTIAN DE SICA, LUIGI PROIETTI, STEFANIA SANDRELLI. ■ Davanti al pretore Pannisi, indulgente e paziente giudice delle malefatte altrui, sfilano i rappresentanti di un'umanità di sfortunati e piccoli delinquenti. Tanti episodi con l'attore di turno (c'è anche Montesano, la Laurito, Franco Fabrizi ecc.) sorretti dalla regia di un veterano della commedia all'italiana. Non tutti gli sketch, però, sono riusciti. ■ COMMEDIA; COL.; 108'; ITALIA, 1984.

MI FACCIO LA BARCA ★★
Regia di SERGIO CORBUCCI. Con LAURA ANTONELLI, CHRISTIAN DE SICA, JOHNNY DORELLI. ■ Un dentista separato con due figli piccoli decide un'estate di farsi una crociera sulla barca (acquistata a rate) assieme ai figlioli. Ma è talmente imbranato che la moglie decide di imbarcarsi anche lei per evitare che i figli affoghino. La crociera si rivela comunque disastrosa: la famiglia è presa in ostaggio da due evasi, il cabinato affonda. Ma intanto è rinato l'amore fra i due coniugi, con gran sollievo dei ragazzi. ■ COMMEDIA; COL.; 120'; ITALIA, 1980.

MI FAI UN FAVORE ★★
Regia di GIANCARLO SCARCHILLI. Con CLAUDIO BIGAGLI, ALESSANDRO GASSMAN, MARIA AMELIA MONTI, ORNELLA MUTI. ■ Stella, una cameriera di ristorante con aspirazioni da attrice, tiene molto alla sua autonomia. Quando scopre di essere incinta di un fidanzato che vede una volta a settimana, decide di abortire. Le capita però, del tutto inopinatamente, di trovarsi fra capo e collo una bambina di cui occuparsi. Il confronto con i problemi e le gioie che un bambino introduce nella vita di un adulto la farà ripensare alle proprie scelte. Scarchilli passa dalla sceneggiatura alla macchina da presa senza particolari slanci, realizzando un film corretto in cui emerge la recitazione surreale della Monti. ■ COMMEDIA; COL.; 115'; ITALIA, 1997.

MI FAMIGLIA *(My Family/Mi Familia)* ★★★
Regia di GREGORY NAVA. Con ELPIDIA CARRILLO, EDWARD JAMES OLMOS, JIMMY SMITS. ■ Paco vive a Los Angeles. Un aspirante scrittore messicano e la metropoli in cui vive vengono raccontati a partire dagli anni Venti. Ne esce un ritratto visto da un'ottica particolare. Come in tutti i film del genere familiar-biografico che si rispettino, le generazioni si succedono con un susseguirsi di avvenimenti e colpi di scena. Nava riesce a tenersi a distanza dai cliché e mostra un'insolita capacità di descrizione delle psicologie già a partire dalla sceneggiatura che privilegia il quotidiano conferendogli una dimensione metanarrativa. Edward James Olmos si conferma attore di valore. ■ COMMEDIA; COL.; 125'; USA, 1995.

MI FIDO DI TE ★★
Regia di MASSIMO VENIER. Con ALESSANDRO BESENTINI, ROBERTO CITRAN, MADDALENA MAGGI, ERNESTO MAHIEUX, LUCIA OCONE, PAOLO PIEROBON, FRANCESCO VILLA. ■ La mattina di Francesco inizia con leggerezza, quasi fosse la pubblicità di un famoso biscotto, ma nasconde un drammatico retroscena non appena l'ignara moglie gira l'angolo con la macchina familiare. Francesco è stato licenziato da più di un mese dalla multinazionale per la quale lavorava, ma non sa come raccontarlo a casa. Ogni mattina, tolti gli abiti eleganti da manager in carriera, indossa quelli da benzinaio nella speranza di trovare presto un nuovo impiego alla sua altezza. Poco distante, Alessandro, un piccolo truffatore, è perseguitato dagli strozzini ai quali deve ancora 500 euro pena la morte; o, ancor peggio, il coinvolgimento della fidanzata, come minacciano i suoi aguzzini. Il destino li farà incontrare e i due diverranno partner in affari (poco puliti); ma per lavorare in coppia, quando la posta in gioco è alta bisogna fidarsi l'uno dell'altro. ■ COMMEDIA; COL.; 100'; Italia, 2006.

MIFUNE DOGMA 3 *(Mifunes Sidste Sang)* ★★
Regia di SOREN KRAGH-JACOBSEN. Con JESPER ASHOLT, ANDERS W. BERTHELSEN, IBEN HJEJLE, EMIL TARDING. ■ Dogma colpisce ancora. Il riferimento a Kurosawa riguarda il ritorno di uno yuppie nel suo paese natale, come Mifune. Tutto sommato, un filmetto. ■ COMMEDIA; COL.; 95'; DANIMARCA, 1999. ■ BERLINO 1 PR.

MIGHTY HEART, A – UN CUORE GRANDE *(A Mighty Heart)* ★★★
Regia di MICHAEL WINTERBOTTOM. Con DAN FUTTERMAN, ANGELINA JOLIE, IRRFAN KHAN, DENIS O'HARE, ARCHIE PANJABI, WILL PATTON. ■ Il 23 gennaio 2002 Daniel Pearl, il responsabile per il Sud dell'Asia del «Wall Street Journal» esce da casa a Karachi per andare a fare l'ultima intervista prima di lasciare la città. L'incontro è con uno dei capi del movimento integralista musulmano. Daniel non farà più ritorno perché l'intervista si rivela essere una trappola. Sarà sua moglie, incinta di sei mesi all'epoca dei fatti, a tramandarne la memoria nel libro *Un cuore grande: la vita e morte coraggiose di mio marito Danny Pearl*. ■ DRAMMATICO; COL.; 108'; USA, 2007.

MI GIOCO LA MOGLIE A LAS VEGAS *(Honeymoon in Las Vegas)* ★★
Regia di ANDREW BERGMAN. Con JAMES CAAN, NICOLAS CAGE, SARAH JESSICA PARKER. ■ Jack fa il detective privato. I suoi clienti sono tutti coniugi gelosi che vogliono sapere se vengono traditi dall'altra metà. È uno scapolo convinto. Betsy è la sua fidanzata e spera di poterlo sposare presto. Quando Jack si convince, vanno a Las Vegas per il matrimonio. Ma lui conosce il tipo sba-

gliato, un certo Tommy, che lo trascina nel gioco del poker. Commediola passabile ma scontata. ■ COMMEDIA; COL.; 95'; USA, 1993. ■ GOLDEN GLOBES 2 NOM.

MIGLIOR DIFESA È... LA FUGA, LA *(Best Defense)* ★★
Regia di WILLARD HUYCK. Con KATE CAPSHAW, DUDLEY MOORE, EDDIE MURPHY. ■ Due comici di successo, Dudley Moore e Eddie Murphy, riuniti in un'assurda storia di spionaggio. Nell'intrigo si trova coinvolto un ingegnere che lavora con scarso successo alla progettazione di un sistema di guida per missili. I suoi guai cominciano quando riesce ad elaborare il progetto. ■ COMMEDIA; COL.; 94'; USA, 1984.

MIGLIORE, IL *(The Natural)* ★★★
Regia di BARRY LEVINSON. Con KIM BASINGER, GLENN CLOSE, ROBERT REDFORD. ■ Dal romanzo di Bernard Malamud. Roy Hobbs (Redford), un talento naturale per il baseball, ha avuto la carriera stroncata da un incidente in giovane età. Trentacinquenne, viene ingaggiato nella squadra dei Knights dove ben presto, tra lo stupore generale, si dimostra un campione. Tra loschi intrallazzi a suo danno e ombre del passato risulterà vincente nella gara e nella vita. Film di atmosfere favolistiche, volutamente sopra le righe, splendidamente fotografato e sorretto da una colonna sonora di Randy Newman dai toni epici. Straordinaria la prova di Redford, a suo agio sia nei panni di Roy ventenne che in quelli di Roy quasi quarantenne. ■ DRAMMATICO; COL.; 134'; USA, 1983. ■ GOLDEN GLOBES 1 NOM; OSCAR 4 NOM.

MIGLIORE OFFERTA, LA *(The Best Offer)* ★★★🏆
Regia di GIUSEPPE TORNATORE. Con SYLVIA HOEKS, PHILIP JACKSON, GEOFFREY RUSH, JIM STURGESS, DONALD SUTHERLAND. ■ Virgil Oldman è un sessantenne antiquario e battitore d'aste di elevata professionalità. Conduce una vita tanto lussuosa quanto solitaria. Non ha mai avuto una donna al suo fianco e tutta la sua passione è rivolta all'arte. Fino a quando riceve un incarico telefonico da Claire, giovane erede di una ricca famiglia. La ragazza, che vuole venga fatta una valutazione degli oggetti preziosi che arredano la sua villa e di cui vuole liberarsi, non si presenta mai agli appuntamenti. Virgil viene così attratto da questa committente nascosta fino al punto di scoprire il suo segreto. Intanto, nel corso dei sopralluoghi, trova nei sotterranei dell'abitazione parti di un meccanismo che si rivela essere di produzione molto antica. Jacques de Vaucanson è il primo artista a cui viene riconosciuta la realizzazione di un automa meccanico perfettamente funzionante. È il riferimento alla sua creatività che costituisce lo scheletro di questo film di Giuseppe Tornatore che si presenta al contempo come fruibile da un vasto pubblico e come forse il più teorico tra tutti quelli girati dal regista. Tornatore riesce a mostrare tutte le sue doti di regista, un po' meno di sceneggiatore, ed esce bene dalla gabbia della sicilianità. Il rigore narrativo prende il sopravvento sul rischio, spesso in agguato nel suo cinema, dell'enfasi e della sovrabbondanza. ■ DRAMMATICO; COL.; 124'; ITALIA, 2012.

MIGLIORE VENDETTA È IL SUCCESSO, LA ★★
(Success is the Best Revenge)
Regia di JERZY SKOLIMOWSKI. Con MICHAEL LYNDON, JOANNA SCZERBIC, MICHAEL YORK. ■ Uno dei tentativi negli anni Ottanta, peraltro non molto riusciti, del regista Skolimowski di ritrovare le proprie radici polacche. Siamo a Londra, dove Michael York è un regista in esilio dalla Polonia che sta preparando un lavoro simbolista. Tra gli attori anche Michel Piccoli e Anouk Aimée. ■ DRAMMATICO; COL.; 100'; GRAN BRETAGNA, 1984.

MIGLIORI, I *(Best of the Best)* ★★
Regia di BOB RADLER. Con LOUISE FLETCHER, JAMES EARL JONES, SALLY KIRKLAND, ERIC ROBERTS. ■ Alex è appassionato di karatè e gli piacerebbe praticarlo da professionista. Riesce a entrare nella squadra nazionale americana ma non è facile rimanerci, perché occorre un certo tipo di disciplina. Tipico prodotto televisivo molto di maniera. ■ DRAMMATICO; COL.; 100'; USA, 1989.

MIGLIORI ANNI DELLA NOSTRA VITA, I ★★★★★🏆
(The Best Years of Our Lives)
Regia di WILLIAM WYLER. Con DANA ANDREWS, MYRNA LOY, FREDRIC MARCH, VIRGINIA MAYO, HAROLD RUSSELL, TERESA WRIGHT. ■ Film determinante e riformatore: girava la pagina della guerra. Il problema dei reduci era colossale. I giovani tornavano dal Pacifico e dall'Europa e portavano cambiamenti. Avevano visto cose diverse e rientravano in un paese diverso. Il reinserimento era difficile, per i soldati e per chi era rimasto a casa. Il produttore Samuel Goldwyn, attentissimo ai grandi fatti, e il regista William Wyler, la firma più sicura di Hollywood, affrontarono un tema davvero ricco: i milioni di storie individuali, vere e proprie sceneggiature bell'e pronte, e il grande desiderio di cambiamento che si porta una guerra. Lavorando febbrilmente per non farsi sorpassare dai fatti reali, e prendendo spunto da un libro di Mackinlay Kantor non eccelso, la produzione costruì un film che rappresentò quel problema come nessun altro titolo sarebbe mai riuscito a fare. È la storia di un caporale (March), un soldato (Russell) e un ufficiale (Andrews) che tornano nella loro cittadina di provincia. March è accolto dalla moglie (uno dei più begli abbracci del cinema) e dai due figli. Ma tutto sommato il trauma che vive è superabile, è stato soprattutto un problema di lontananza. Il resto è rimasto quasi com'era. Dana Andrews aveva sposato una ragazza appena conosciuta, irrequieta e capricciosa. Al ritorno il matrimonio va subito a rotoli. Ma non era vero amore se lui si innamora della figlia di March. Il terzo reduce era un autentico mutilato di guerra, Harold Russell, che aveva due protesi invece delle mani. Wyler lo aveva visto in un documentario, *Diario di un sergente*, e aveva intuito le sue qualità di attore. Russell si rivelò talmente bravo da meritare l'Oscar, che all'inizio degli anni Novanta è stato costretto a mettere all'asta per necessità. Il suo personaggio riesce, con grandi sofferenze, a reinserirsi, grazie anche alla buona volontà di tutti, soprattutto della sua fidanzata. Il film commosse il mondo e ottenne ben sette Oscar (fra gli altri al film, al regista, a March e al compositore Friedhofer). Il romanzo di Kantor non prevedeva il lieto fine e Wyler era orientato ad aderire allo storia originale, ma, come spesso accadeva, da Washington arrivò l'invito per il lieto fine: non era davvero il caso di demoralizzare ulteriormente tutti quei giovani già carichi di problemi. Inaspettatamente l'ottimista e spensierata Hollywood si trovava immersa in problemi veri e dolorosi. Il cinema stava per diventare qualcosa di più di una spensierata evasione. ■ DRAMMATICO; B/N; 172'; USA, 1946. ■ OSCAR 🏆 8 PR, 9 NOM.

MIGLIORI COSE DEL MONDO, LE ★★
(As Melhores Coisas do Mundo)
Regia di LAÍS BODANZKY. Con CAIO BLAT, FIUK, DENISE FRAGA, GUSTAVO MACHADO, PAULO VILHENA. ■ Hermano ha quindici anni e una chitarra scordata. Fratello di Pedro, ventenne fragile e sensibile, Hermano deve affrontare la sua prima volta e il divorzio improvviso dei genitori. Lo accompagnano gli esuberanti amici e l'inseparabile Carol, adolescente impegnata e invaghita del giovane professore di fisica. Dopo aver scoperto l'omosessualità del padre e averne incontrato il nuovo partner, Hermano scivola in una profonda crisi da cui uscirà maturato e trasformato. Lezione dopo lezione accorderà la chitarra e suonerà finalmente la sua musica, stringendo tra le braccia la ragazza del cuore. ■ COMMEDIA; COL.; 104'; BRASILE, 2010.

MIGLIORI DEL BRONX, I *(Hangin' with the Homeboys)* ★★
Regia di JOSEPH B. VASQUEZ. Con DOUG. E. DOUG, MARIO JOYNER, JOHN LEGUIZAMO, NESTOR SERRANO. ■ Il film racconta la storia di quattro amici che vivono in un quartiere di New York. I quattro sono accomunati dal gusto per la finzione (simulano risse inesistenti) ma le loro aspirazioni si scontrano con un mondo ostile. Nonostante tutto però trovano la forza per non lasciarsi andare. Un messaggio di speranza da un film che esplora l'amicizia virile mescolando con abilità dramma e commedia. ■ DRAMMATICO; COL.; 88'; USA, 1991.

MIGLIO VERDE, IL *(The Green Mile)* ★★★
Regia di FRANK DARABONT. Con MICHAEL CLARKE DUNCAN, TOM HANKS, MICHAEL JETER, DAVID MORSE. ■ Da un romanzo di Stephen King. Il miglio verde è il percorso dei condannati a morte. A percorrerlo dovrà essere un gigantesco nero accusato dell'assassinio di due bambine (ma è innocente). L'uomo ha poteri quasi divini. Guarisce malati gravissimi e, in un caso, ripor-

ta alla vita un morto. La storia vive nella memoria del capo dei secondini (Hanks), che era stato a sua volta "miracolato" dal condannato. Tutto gira bene, del resto King ha spalle talmente robuste da sostenere anche qualche lentezza di troppo. Hanks, come sempre, è un protagonista credibile, appassionato e appassionante. ■ FANTASTICO; COL.; 188'; USA, 1999. ■ GOLDEN GLOBES 1 NOM; OSCAR 4 NOM.

MIGNON È PARTITA ★★★
Regia di FRANCESCA ARCHIBUGI. Con MICHELINE PRESLE, LEONARDO RUTA, STEFANIA SANDRELLI, MASSIMO DAPPORTO. ■ Una famiglia romana è scombussolata dall'arrivo di una bella cuginetta parigina che fa innamorare il terzogenito. Piacevole esordio nella regia di un'ex attrice. Non una notazione fuori posto. È tanto, per un epigono della vecchia commedia all'italiana. ■ COMMEDIA; COL.; 95'; ITALIA, 1988. ■ DAVID DI DONATELLO 5 PR, 5 NOM.

MIGNONNES, LES ★
Regia di JESUS FRANCO. Con EDDIE CONSTANTINE, ANITA HÖFER, DIANA LORYS. ■ La trama, spesso confusa, riguarda un agente della Cia in missione a Istanbul. ■ POLIZIESCO; COL.; 72'; SPAGNA, 1970.

MIGUELIN ★★
Regia di HORACIO VARCARCEL. Con LUIS MARIA HIDALGO, FRANCISCO JOSÉ HUERTOS. ■ Edificante raccontino d'un ragazzo povero che si priva dell'amato somarello affinché il parroco possa nutrire, con il ricavato della vendita, i poveri del paese provati dalla carestia. Un altro ragazzo, ricco e buono, glielo ricomprerà, mentre sulla campagna riarsa cade finalmente la pioggia tanto attesa. ■ COMMEDIA; B/N; 81'; SPAGNA, 1968.

MI HAI ROVINATO LA VITA *(You Ruined my Life)* ★★★
Regia di DAVID ASHWELL. Con SOLEIL MOON FRYE, PAUL REISER, MIMI ROGERS. ■ Minerva, una ragazzina vivace ma un po' grezza, è stata allevata da uno zio, proprietario di un lussuoso albergo di Las Vegas. La sua educazione ne ha risentito, tanto che si rende necessaria la presenza di qualcuno, capace di insegnarle quanto è necessario per non sfigurare nel bel mondo. Prodotto dalla Walt Disney. ■ COMMEDIA; COL.; 95'; USA, 1989.

MILADY *(The Revenge of Milady)* ★★
Regia di RICHARD LESTER. Con RICHARD CHAMBERLAIN, GERALDINE CHAPLIN, FRANK FINLAY, CHRISTOPHER LEE, OLIVER REED, RAQUEL WELCH. ■ La famigerata Milady, che fu moglie del moschettiere Athos, va in Inghilterra per uccidere Lord Buckingham su ordine di Richelieu. Ci riesce, poi uccide Costanza, amata da D'Artagnan. Il quale però non glielo perdona. Milady finisce decapitata dal boia. ■ AVVENTURA; COL.; 95'; SPAGNA, 1975. ■ OSCAR 1 NOM.

MILAGRO *(The Milagro Beanfield War)* ★★★
Regia di ROBERT REDFORD. Con SONIA BRAGA, MELANIE GRIFFITH, CHRISTOPHER WALKEN. ■ Un povero agricoltore del Nuovo Messico invade provvisoriamente un campo di proprietà di un latifondista. Tra i due è subito guerra (e anche i cittadini di Milagro sono coinvolti). Simpatica commedia agreste, più gradevole che interessante, benissimo confezionata, ma che non sfugge a un'impressione di artificiosità. ■ COMMEDIA; COL.; 118'; USA, 1987. ■ GOLDEN GLOBES 1 NOM; OSCAR 1 PR, 1 NOM.

MILANESE A ROMA, UNA ★★★
Regia di DIEGO FEBBRARO. Con FANNY CADEO, BARBARA LIVI, ANNA LONGHI, NINO MANFREDI, KATIA NOVENTA, NADIA RINALDI. ■ Un film sulla romanità: e infatti quale simbolo è più efficace in questo senso, del celeberrimo ristorante Sora Lella, sull'isola Tiberina? Febbraro immagina che proprio lei, Sora Lella (che non c'è più ma... c'è sempre, interpretata da Anna Longhi, la storica, grassoccia "moglie" di Alberto Sordi) abbia una figlia che vive a Milano, madre a sua volta di una ragazza tutta efficienza milanese, appunto. A riorganizzare il ristorante, Lella chiama appunto la nipote, la quale ben presto si scontra con la romanità, con quel modo cioè più "tranquillo", diciamo così, di prendere la vita. Fra i clienti del ristorante spicca Giordano, cui dà corpo e volto Nino Manfredi (qui in una delle sue ultime apparizioni). Un uomo sereno, un poeta, che gira la notte e ama tutti. E sarà proprio lui a mediare, a dare i consigli giusti, a stemperare le situazioni. Febbraro, per fortuna, è un regista cui interessa più la storia del linguaggio. La camera si preoccupa di raccontare, non di salire e scendere o di girare attorno. È un bel sollievo. La domanda è: ma c'è ancora questa diatriba Milano-Roma? Al di fuori del calcio naturalmente. E comunque, un autore che resuscita Sora Lella può ben far rivivere un antico, colorato antagonismo. ■ COMMEDIA; COL.; 90'; ITALIA, 2001.

MILANESI A NAPOLI ★
Regia di ENZO DI GIANNI. Con CARLO CAMPANINI, EVA NOVA, DOLORES PALUMBO, NINO TARANTO, UGO TOGNAZZI. ■ Si tratta del tentativo d'alcuni industriali milanesi d'impiantare a Napoli fabbriche che producano tipici oggetti artigianali partenopei. L'ingegnosità campana avrà la meglio sull'organizzazione lombarda. ■ COMICO; B/N; 92'; ITALIA, 1955.

MILANO CALIBRO 9 ★★
Regia di FERNANDO DI LEO. Con MARIO ADORF, BARBARA BOUCHET, PHILIPPE LEROY, GASTONE MOSCHIN, LIONEL STANDER, FRANK WOLFF. ■ È la storia d'un piccolo delinquente che cerca vanamente di superare in furbizia i capi della malavita. ■ POLIZIESCO; COL.; 101'; ITALIA, 1972.

MILANO... DIFENDERSI O MORIRE ★★
Regia di GIANNI MARTUCCI. Con AL CLIVER, GEORGE HILTON, GUIDO LEONTINI, MARC POREL, ANNA MARIA RIZZOLI. ■ Pino Scalise, dimesso dalla prigione in cui si trovava per rapina, si rifugia a Milano a casa di uno zio. Si innamora di una delle due figlie di quest'ultimo, che è diventata una prostituta per colpa di Don Ciccio, capo di una banda che traffica nella droga. Pino, divenuto informatore del commissario Morani, smaschererà il boss prima che questi riesca a varcare il confine. ■ POLIZIESCO; COL.; 94'; ITALIA, 1976.

MILANO: IL CLAN DEI CALABRESI ★★
Regia di GIORGIO STEGANI CASORATI. Con SILVIA MONTI, ANTONIO SABÀTO. ■ Antonio Sabàto in una delle sue solite parti da gangster all'italiana. Qui è particolarmente truculenta la fine dove il protagonista, già moribondo per colpa del morso datogli da una cavia da laboratorio a cui è stato inoculato un germe micidiale, viene lapidato. ■ POLIZIESCO; COL.; 92'; ITALIA, 1975.

MILANO MILIARDARIA ★★
Regia di MARCELLO MARCHESI, VITTORIO METZ. Con ISA BARZIZZA, DANTE MAGGIO, TINO SCOTTI. ■ Si narra d'un tifoso dell'Inter che, convinto della vittoria della sua squadra, scommette la propria moglie con un tifoso del Napoli. La moglie, offesa, promette al consorte che, se sarà la compagine milanese a vincere, lo tradirà: così avviene. ■ COMICO; B/N; 90'; ITALIA, 1951.

MILANO ODIA: LA POLIZIA NON PUÒ SPARARE ★★
Regia di UMBERTO LENZI. Con LAURA BELLI, TOMAS MILIAN, MARIO PIAVE, HENRY SILVA. ■ Un bandito, d'una ferocia così esagerata da apparire quasi comica, rapisce una ragazza che rimane uccisa. Un commissario, altrettanto violento, non riuscendo ad incriminarlo, si dimette e lo uccide. ■ POLIZIESCO; COL.; 100'; ITALIA, 1974.

MILANO PALERMO – IL RITORNO ★★
Regia di CLAUDIO FRAGASSO Con RAOUL BOVA, SIMONE CORRENTE, LIBERO DE RIENZO, GIANCARLO GIANNINI, ENRICO LO VERSO, RICKY MEMPHIS, ROMINA MONDELLO, GABRIELLA PESSION. ■ Turi Arcangelo Leofonte, il ragioniere della mafia che collaborò con la giustizia facendo arrestare molti componenti del clan Scalia, esce di galera dopo undici anni di detenzione. Rocco Scalia, il figlio del boss morto in carcere, è deciso a vendicare il tradimento di Leofonte e a recuperare il denaro di suo padre. Per raggiungere il suo scopo rapisce il nipote del ragioniere, conducendolo a forza in Sicilia. Ricomposta la squadra del questore aggiunto Nino Venanzio, gli agenti intraprenderanno un lungo viaggio verso sud. Sbarcati sull'isola, chiuderanno i conti con Scalia e col passato. ■ AZIONE; COL.; 95'; ITALIA, 2007.

MILANO ROVENTE ★★
Regia di UMBERTO LENZI. Con TANO CIMAROSA, PHILIPPE LEROY, MARISA MELL, ANTONIO SABÀTO. ■ Ancora una volta Antonio Sabàto nella parte d'un gangster milanese d'origine meri-

dionale che, immischiato in una trama d'inganni, perde il controllo sul mercato della prostituzione e finisce ucciso. ■ POLIZIESCO; COL.; 101'; ITALIA, 1973.

MILANO TREMA: LA POLIZIA VUOLE GIUSTIZIA ★★★
Regia di SERGIO MARTINO. Con MARTINE BROCHARD, RICHARD CONTE, LUC MERENDA, SILVANO TRANQUILLI. ■ Solito poliziesco all'italiana. La trama ricorda molto il capostipite del genere, *La polizia ringrazia*, girato l'anno prima: il commissario, alla fine, viene ucciso perché scopre che dietro i delitti comuni c'è un complotto fascista. ■ POLIZIESCO; B/N; 104'; ITALIA, 1973.

MILANO VIOLENTA ★★
Regia di MARIO CAIANO. Con CLAUDIO CASSINELLI, SILVIA DIONISIO, JOHN STEINER. ■ Il protagonista non è un commissario tutto d'un pezzo ma un bandito che, dopo essersi vendicato dei complici traditori, viene abbattuto dalla polizia. ■ POLIZIESCO; COL.; 100'; ITALIA, 1976.

MILAREPA ★★★
Regia di LILIANA CAVANI. Con LAJOS BALÁSZOVITIS, PAOLO BONACELLI, MARISA FABBRI. ■ La vita d'un famoso monaco tibetano è raccontata da un giovane d'oggi che si identifica in lui: dopo un difficile cammino, il santo buddista giungerà finalmente al nirvana, al distacco dal mondo. ■ DRAMMATICO; COL.; 108'; ITALIA, 1974.

MILDRED PIERCE ★★★
Regia di TODD HAYNES. Con JAMES LEGROS, MELISSA LEO, BRIAN F. O'BYRNE, MARE WINNINGHAM, KATE WINSLET. ■ Mildred Pierce è mamma, moglie e casalinga nell'America della Grande Depressione. Tradita e abbandonata dal marito, tra una torta e l'altra cerca lavoro a Los Angeles per garantire futuro e privilegi alle sue bambine, Ray e Veda. Assunta come cameriera in una tavola calda, Mildred rivela presto il suo talento di cuoca e pasticcera, che mette in pratica aprendo un ristorante. Rialzata la testa ma segnata da un lutto profondo, Mildred prende letteralmente in mano il suo futuro e quello di Veda, musicalmente dotata e in evidente conflitto con lei. Tra una mamma indefessa e una figlia insidiosa si insinua Monty Beragorn, giocatore di polo ricco e viziato che pratica il dolce far niente. Ambientato negli anni Trenta e nell'America in crisi del repubblicano Herbert Hoover, *Mildred Pierce* è un dramma in cinque atti prodotto dalla HBO e magnificamente diretto da Todd Haynes. *Mildred Pierce*, come *Lontano dal paradiso* nove anni prima, mostra un'ossessiva fedeltà formale nei confronti di un genere che viene nondimeno attualizzato e modificato. Haynes di fatto trasforma l'infiammabilità inesplosa e trattenuta dei mélo americani in un film (a puntate) che divampa sotto i nostri occhi. ■ SERIE TV; DRAMMATICO; COL.; USA, 2011.

MILESTONES ★★
Regia di JOHN DOUGLAS, ROBERT KRAMER. Con MARY CHAPELLE, SHARON KREBS, JIM NOLFI, GRACE PALEY, SUSIE SOLF, DAVID C. STONE, JOE STORK, PAUL ZIMET. ■ Fuoco, Acqua, Terra, Uomo. *Milestones* è una visione dell'America negli anni Settanta. Ma è anche un viaggio nel passato e nel futuro. Un film con molti personaggi: individui che hanno ricevuto in eredità il peso del genocidio dei nativi americani e la schiavitù dei neri, e che perciò studiano il passato per correggere gli errori del presente: il Vietnam. *Milestones* è un mosaico alla maniera di Proust, con personaggi e paesaggi che si intrecciano formando la trama del film. ■ DRAMMATICO; COL.; 195'; USA, 1975.

MILIARDARI, I ★★
Regia di GUIDO MALATESTA. Con MIKE BONGIORNO, CARLO NINCHI, GIULIA RUBINI. ■ Storia strappalacrime d'un burbero industriale che vorrebbe far sposare il figlio con una ragazza ricca benché questi ami una dattilografa. Quando, però, si scoprirà che la giovane impiegata vive miseramente con un bambino malato frutto del suo amore, l'industriale darà il consenso alle nozze e farà venire uno specialista dall'America per salvare il nipotino. ■ DRAMMATICO; B/N; 92'; ITALIA, 1956.

MILIARDARIA, LA *(The Millionairess)* ★★★
Regia di ANTHONY ASQUITH. Con VITTORIO DE SICA, SOPHIA LOREN, PETER SELLERS, ALASTAIR SIM. ■ Una ragazza ricchissima s'innamora d'un medico altruista, ma prima di sposarsi entrambi debbono sottoporsi a una prova: in tre mesi lui dovrà triplicare una forte somma, lei dovrà vivere con un piccolissimo gruzzolo. Il dottore non riuscirà nell'intento, ma il matrimonio avrà ugualmente luogo. ■ COMMEDIA; COL.; 90'; GRAN BRETAGNA, 1961.

MILIARDARIO... MA BAGNINO *(Clambake)* ★★★
Regia di ARTHUR H. NADEL. Con BILL BIXBY, SHELLEY FABARES, GARY MERRILL, ELVIS PRESLEY. ■ Un po' annoiato dai milioni di papà, un giovane si finge povero in canna e si fa assumere come bagnino in una località turistica. Qui perde la testa per una bella ragazza in cerca di un buon partito. Per riuscire a conquistarla partecipa ad una gara in motoscafo e la vince; lei si arrende e lui le svela la sua autentica identità. ■ COMMEDIA; COL.; 97'; USA, 1967.

MILIARDI ★
Regia di CARLO VANZINA. Con CAROL ALT, FLORINDA BOLKAN, LAUREN HUTTON, BILLY ZANE. ■ Il giovane Maurizio si trova a gestire casualmente molto denaro e molto potere. Cerca di approfittarne. Poche parole di trama, scontatissima. Inteso come parodia di soap come *Dallas* o *Dynasty* potrebbe anche far sorridere, come tentativo serio frana dovunque. È la solita, inveterata abitudine di un certo cinema italiano che rincorre disperatamente il filone del "lucro a buon mercato". Certo, in carta patinata. ■ DRAMMATICO; COL.; 105'; ITALIA, 1990.

MILIARDI CHE FOLLIA ★★
Regia di GUIDO BRIGNONE. Con MARA LANDI, GIUSEPPE LUGO, ARMANDO MIGLIARI. ■ Un ricchissimo industriale sfugge per caso ai suoi rapitori e si unisce ad un gruppo di attori girovaghi. Ne diviene ben presto il divo e si innamora di una collega. ■ COMMEDIA; B/N; 91'; ITALIA, 1942.

MILIARDO L'EREDITO IO, IL ★★
(Certains l'aiment... froide)
Regia di JEAN BASTIA. Con FRANCIS BLANCHE, LOUIS DE FUNÈS, PIERRE DUDAN, JEAN RICHARD. ■ Un bizzarro nobile defunto da due secoli aveva stabilito che il suo patrimonio rimanesse intatto per questo periodo e che poi andasse a un discendente colpito da una malattia mortale. Tutti i possibili eredi inventano mille trucchi, per fingersi tali, ma l'ingente somma di denaro finisce nelle mani di un fornitore i cui antenati hanno fatto credito per duecento anni ai parenti del defunto. ■ COMMEDIA; B/N; 91'; FRANCIA, 1960.

MILIONARI, I *(Ma and Pa Kettle)* ★★★
Regia di CHARLES LAMONT. Con PERCY KILBRIDE, RICHARD LONG, MARJORIE MAIN, MEG RANDALL. ■ In una cittadina americana vivono in miseria due coniugi con numerosi figli. Il loro sfratto è già stato deciso quando giunge la notizia che il capofamiglia, grazie ad un indovinato slogan pubblicitario, ha vinto una casa modernissima. Una vicina invidiosa inventa un plagio per farli cacciare ma una giornalista, innamorata di uno dei ragazzi, scopre la verità e si accasa con l'amato. ■ COMMEDIA; B/N; 90'; USA, 1949.

MILIONARI A NEW YORK, I ★★★
(Ma and Pa Kettle Go to Town)
Regia di CHARLES LAMONT. Con PERCY KILBRIDE, RICHARD LONG, MARJORIE MAIN. ■ Una nuova avventura dei coniugi de *I milionari*. I Kettle vanno a New York dopo aver affidato i propri figli ad una sorta di poeta vagabondo. Questi in realtà è un ladro che consegna loro una valigetta contenente la refurtiva da passare ad un complice. La valigetta è persa e ritrovata dopo varie avventure e consegnata dalla coppia, assieme ai malviventi, alla polizia. ■ COMMEDIA; B/N; 91'; USA, 1950.

MILIONARIO, IL *(Sidewalks of New York)* ★★★
Regia di ZION MYERS, JULES WHITE. Con CLIFF EDWARDS, BUSTER KEATON, ANITA PAGE. ■ Un film abbastanza sfortunato del grande comico del muto. Qui ha la parte di un ricco filantropo che tenta di recuperare i ragazzi poveri di New York. ■ COMICO; B/N; 78'; USA, 1931.

MILIONARIO PER CASO *(Money for Nothing)* ★★
Regia di RAMON MENENDEZ. Con JOHN CUSACK, MICHAEL

MADSEN. ■ Il protagonista di questo film entra in possesso, per puro caso, di un milione di dollari. La sua vita potrebbe cambiare ma i veri proprietari e la polizia non sono d'accordo. ■ AVVENTURA; COL.; 96'; USA, 1993.

MILIONARIO SU MISURA *(The Perfect Specimen)* ★★★
Regia di MICHAEL CURTIZ. Con JOAN BLONDELL, ERROL FLYNN, HUGH HERBERT, EDWARD EVERETT HORTON. ■ Il futuro proprietario di un incalcolabile patrimonio viene tenuto quasi segregato nella lussuosissima villa dalla severa nonna. Un pomeriggio, conosce casualmente una ragazza e con lei passa alcuni giorni pieni di interessanti esperienze. La nonna crede che il suo protetto sia stato rapito e mobilita la polizia; dopo diverse avventure lui torna a casa con la graziosa guida, che ha deciso di sposare. ■ COMMEDIA; B/N; 97'; USA, 1937.

MILIONE, IL *(Le million)* ★★★★
Regia di RENÉ CLAIR. Con LOUIS ALLIBERT, ANNABELLA, VANDA GRÉVILLE, PAUL OLIVIER. ■ Un pittore parigino povero in canna vince alla lotteria, ma scopre di non aver più la giacca dove aveva messo il biglietto vincente. Il film racconta le peripezie vissute dal protagonista e dai suoi amici alla ricerca del fantomatico indumento che passa da una mano all'altra. Si scoprirà che il biglietto era stato tolto dalla tasca molto in anticipo, e che tutta la caccia è stata inutile; il lieto fine è comunque assicurato. ■ COMMEDIA; B/N; 91'; FRANCIA, 1931.

MILIONE DI GIORNI, UN ★★★
Regia di EMANUELE GILIBERTI. Con CHIARA CASELLI, PIERA DEGLI ESPOSTI, NINO FRASSICA, MITA MEDICI, GALATEA RANZI. ■ Sicilia 1966. Un duchino un po' svanito si è messo in testa di adempiere un voto paterno: raggiungere a piedi Gerusalemme. Non potendolo fare realmente, cammina ogni giorno nel giardino di casa contando il percorso compiuto seguito da Carmelina, una servetta dallo spirito brillante. Camminando le racconta delle storie che sono legate dalla presenza di un anello. Nella prima siamo nel 1197 e Costanza d'Altavilla racconta del proprio amore per il figlio Federico II pari solo al disprezzo che nutriva per il marito. Nella seconda (1608) il Caravaggio dipinge una prostituta nei panni di una santa. Nella terza (1920) Franca Florio riflette amaramente sul passato e sulla decadenza della famiglia. L'ultima storia è opera di Carmelina la quale racconta dell'inizio degli anni '60 e di una santa sull'altare impegnata ad ascoltare fatti e misfatti dei fedeli che a lei si rivolgono. ■ DRAMMATICO; COL.; 133'; ITALIA, 2012.

MILIONI CHE SCOTTANO *(Hot Millions)* ★★★
Regia di ERIC TILL. Con KARL MALDEN, MAGGIE SMITH, BOB STEWART, PETER USTINOV. ■ Un simpatico mascalzone, spacciandosi per un mago dei cervelli elettronici, organizza un'enorme truffa ai danni di un colosso industriale. I titolari della multinazionale che sospettano qualcosa lo seguono ma lui, più veloce, ritira tutto il denaro dalle banche in cui era depositato e parte con la moglie per le isole del Sud. ■ COMMEDIA; COL.; 109'; GRAN BRETAGNA, 1969. ■ OSCAR 1 NOM.

MILIONI DELLA MANICURE, I ★★★
(Hands across the Table)
Regia di MITCHELL LEISEN. Con ASTRID ALLWYN, RALPH BELLAMY, CAROLE LOMBARD, FRED MACMURRAY. ■ Una giovane estetista è ben decisa a sposare un uomo ricco. Finalmente le capita l'occasione buona col figlio di un industriale. È lui stesso però che le comunica il suo prossimo matrimonio con una ricca ereditiera a causa del fallimento dell'industria paterna. Ciò non impedisce ai due giovani di innamorarsi. ■ COMMEDIA; B/N; 80'; USA, 1935.

MILIONI IN CORSA *(Milionenerbschaft)* ★★
Regia di ARTHUR MARIA RABENALT. Con FRIEDL CZEPA, INGE LEST, HANS STÜWE. ■ Il fidanzato di una ricca americana deve trattare l'acquisto di un terreno petrolifero di proprietà di una nobile fanciulla quasi in miseria. Innamoratosi di lei, le procura notevoli vantaggi economici e poi la sposa. ■ COMMEDIA; B/N; 94'; AUSTRIA, 1937.

MILIONI IN PERICOLO *(Brewster's millions)* ★★
Regia di ALLAN DWAN. Con MISCHA AUER, DENNIS O'KEEFE, HELEN WALKER. ■ Un ex militare potrà ereditare una somma favolosa solo se riuscirà a spendere un milione di dollari prima di una data prestabilita. Comincia dunque a spendere pazzamente e impianta una ditta i cui impiegati sono pagati più che profumatamente. La solerzia di due amici rischia di far naufragare la sospirata eredità, ma poi anche l'ultimo centesimo è speso. ■ COMMEDIA; B/N; 79'; USA, 1945. ■ OSCAR 1 NOM.

MILITARE E MEZZO, UN ★★
Regia di STENO. Con ALDO FABRIZI, MARIO GIROTTI, VIRNA LISI, RENATO RASCEL. ■ Un emigrato (Rascel) torna in Italia dopo trent'anni. Le autorità scoprono che non aveva fatto il servizio militare e lo prelevano con la forza. Il cinquantenne deve proprio sorbirsi la caserma con tanto di esercitazioni. ■ COMICO; COL.; 114'; ITALIA, 1959.

MILIZIA TERRITORIALE ★★
Regia di MARIO BONNARD. Con ANTONIO GANDUSIO, LEDA GLORIA, ENRICO VIARISIO. ■ Un impiegato timido e sottomesso allo scoppio della prima guerra mondiale prova il piacere del comando. Tornato all'impiego e alla solita vita perde qualsiasi velleità, ma infine trova il coraggio di ribellarsi a chi l'ha sempre umiliato e preso in giro. ■ COMMEDIA; B/N; 92'; ITALIA, 1935.

MILK ★★★
Regia di GUS VAN SANT. Con JOSH BROLIN, EMILE HIRSCH, DIEGO LUNA, SEAN PENN. ■ È la storia vera di Harvey Milk, primo candidato omosessuale per una carica pubblica negli Stait Uniti. È laureato in matematica e lavora presso una Società di Investimenti a Wall Street. A un soffio dagli anni Settanta e dal suo quarantesimo compleanno, Harvey incontra e ama (per sempre) Scott Smith. Trasferitisi a San Francisco con un sogno di amore e di emancipazione, Harvey e Scott aprono un negozio di fotografia nel quartiere Castro. Davanti e dentro il *Castro Camera* si raccoglierà presto un gruppo di giovani attivisti omosessuali, emarginati (dalla società) e diseredati (dalle famiglie) alla ricerca di un sogno promesso e dei loro diritti contro la campagna di intolleranza avviata dagli ultraconservatori. Sostenuto dai suoi *guys* e da eterosessuali illuminati, Harvey si candida alla carica di consigliere comunale per una, due e tre volte. La sua terza campagna gli regala l'agognato incarico. Promotore della storica ordinanza sui diritti dei gay e trionfatore sulla *Proposition 6*, che voleva bandire gli omosessuali dall'insegnamento nelle scuole pubbliche della California, Milk verrà assassinato dal livore e dalla frustrazione di un ex consigliere. Trentamila persone marceranno da Castro al Municipio in una veglia pacifica che dal Settantotto alimenta e sostiene il sogno di Harvey. ■ BIOGRAFICO; COL.; 128'; USA, 2008.

MILLE AQUILE SU KREISTAG *(The 1000 Plane Raid)* ★★
Regia di BORIS SAGAL. Con J. D. CANNON, MICHAEL EVANS, CHRISTOPHER GEORGE, GARRY MARSHALL, LORAINE STEPHENS. ■ Seconda guerra mondiale. Dopo molte insistenze, un ufficiale americano convince i superiori a consentire un attacco aereo diurno su un'importantissima città tedesca. L'operazione ha pieno successo. ■ GUERRA; COL.; 94'; USA, 1969.

MILLE BOLLE BLU ★★
Regia di LEONE POMPUCCI. Con CLAUDIO BIGAGLI, ANTONIO CATANIA, STEFANO DIONISI, STEFANIA MONTORSI. ■ Opera prima di Leone Pompucci, prodotta dalla Sorpasso Film di Marco Risi. Durante un'eclissi del 1961 a Roma assistiamo ad alcune vicende parallele che succedono in un condominio. Nonostante il clima spensierato di quegli anni le storie, seppur venate di ironia, sono tutte molto serie. Un giovane ha avuto un'operazione agli occhi e deve togliersi le bende, un evaso torna dalla sua donna per far l'amore secondo lo spirito della canzone di Mina che dà il titolo al film; i figli, alla morte del padre, litigano per l'eredità; un bambino narra gli avvenimenti allo spettatore con innocente curiosità. Purtroppo dopo un avvio promettente, il film prende una piega troppo prevedibile. Il più bravo sul campo è Antonio Catania, nel ruolo dell'evaso sembra uscito da un film di Pedro Almodóvar. ■ COMMEDIA; COL.; 84'; ITALIA, 1993. ■ DAVID DI DONATELLO 1 PR, 1 NOM.

MILLE DOLLARI AL MINUTO *(1000 à minute)* ★★
Regia di AUBREY SCOTTO. Con LEILA HYAMS, ROGER PRYOR. ■

Due ricchi magnati americani incaricano un giornalista senza lavoro di provare a spendere mille dollari in un solo minuto. Uno di essi è sicuro che non sarà possibile, l'altro è certo del contrario. Il prescelto porta a termine la singolare prova nonostante incidenti e disavventure e, col premio guadagnato, si accasa. ■ COMMEDIA; B/N; 92′; USA, 1935. ■ OSCAR 1 NOM.

MILLE DOLLARI PER UN WINCHESTER ★★
(Blood on the Arrow)
Regia di SIDNEY SALKOW. Con WENDELL COREY, MARTHA HYER, DALE ROBERTSON. ■ Un'ingenua vicenda tra indiani cattivi e un fuorilegge dal cuore tenero che penetra nel loro campo per liberare un bambino. Il padre di questi viene ucciso dai feroci pellerosse e il buon bandito sposa la vedova, dopo aver provveduto a sconfiggere i nemici. ■ WESTERN; COL.; 91′; USA, 1964.

MILLE DONNE UN CAPORALE ★★
(The Sergeant Was a Lady)
Regia di BERNARD GLASSER. Con CATHERINE MCLEOD, VENETIA STEVENSON, MARTIN WEST, BILL WILLIAMS. ■ Una commedia senza eccessive pretese: un soldato viene inviato per sbaglio in una base aerea composta di sole donne. Molte si innamorano di lui e ne succedono di tutti i colori; prima di andarsene il nostro protagonista la spunta, con le sue "protette", sugli avversari maschi durante un'esercitazione. ■ COMMEDIA; B/N; 75′; USA, 1961.

MILLE E UNA DONNA, LE ★
Regia di MINO LOY. ■ Sfilata di strip-tease e numeri di varietà con un commento più che banale. ■ DOCUMENTARIO; COL.; 93′; ITALIA, 1964.

MILLE E UNA NOTTE, LE *(Gül Babà)* ★★
Regia di FRIGYES BAN. Con PÁL JÁVOR, SANDOR KOMUVER, ZOLTAN MAKLÈRI, ZITA SZELECZKY. ■ Siamo in Ungheria, durante il dominio turco. Un giovane studente penetra nel giardino di un ricchissimo nemico per tentare di scovare il tesoro. Catturato, viene condannato alla pena capitale. La bellissima figlia del potente si è però innamorata di lui e lo fa fuggire. ■ COMMEDIA; B/N; 95′; UNGHERIA, 1940.

MILLE E UNA NOTTE, LE *(Arabian Nights)* ★★
Regia di JOHN RAWLINS. Con LEIF ERICKSON, JON HALL, MARIA MONTEZ, SABÙ. ■ Il guardiano di un harem racconta alle fanciulle la leggenda di una danzatrice che vuole diventare moglie di un re: c'è chi vuol far scoppiare una guerra per diventare sovrano e poterla sposare, ma alla fine ad averla vinta è un re spodestato. ■ FANTASTICO; COL.; 86′; USA, 1942. ■ OSCAR 4 NOM.

MILLE E UNA NOTTE, LE *(Sheherazade)* ★★
Regia di PHILIPPE DE BROCA. Con VITTORIO GASSMAN, GÉRARD JUGNOT, THIERRY LHERMITTE. ■ Il califfo di Bagdad ogni sera si sposa e uccide la consorte dopo averla posseduta. Gli uomini si ribellano aiutati dal genio della lampada e da una coraggiosa fanciulla. ■ AVVENTURA; COL.; 93′; FRANCIA, 1990.

MILLE E UNA NOTTE... E UN'ALTRA ANCORA, LE ★
Regia di ENRICO BOMBA. Con ANGELA BO, DADA GALLOTTI, STEFANO LO CURCIO, VINICIO SOFIA. ■ Un sultano fa regolarmente uccidere, dopo averle possedute, le sue amanti di una notte. Due sorelle evitano la triste fine raccontando ogni notte al crudele monarca una favola stuzzicante. Dopo un certo tempo l'uomo, soddisfatto, sposa una di esse e licenzia il suo carnefice. ■ COMMEDIA; COL.; 92′; ITALIA, 1972.

MILLE FRECCE PER IL RE ★★
(A Challenge for Robin Hood)
Regia di C.M. PENNINGTON-RICHARDS. Con PETER BLYTHE, LEON GREENE, JAMES HAYTER, BARRIE INGHAM. ■ Un ragazzo, accusato dal fratellastro avido dell'omicidio del padre che egli stesso ha ucciso, fugge nella foresta di Sherwood e costituisce una banda. Alla sua testa combatte i soprusi del potente signore di quelle terre ed elimina il proprio accusatore dalle cui mani toglie la donna che ama. ■ AVVENTURA; COL.; 96′; GRAN BRETAGNA, 1967.

MILLE KM AL MINUTO ★★
Regia di MARIO MATTOLI. Con NINO BESOZZI, AMELIA CHELLINI, ANTONIO GANDUSIO, VIVI GIOI, AROLDO TIERI. ■ Due amici, seguendo una ragazza per restituirle la borsetta, capitano nel laboratorio scientifico di suo padre e sono costretti a entrare con lui nel razzo diretto su Marte. A causa di uno sbaglio dopo poche ore ritornano sulla Terra. Ormai sono famosi in tutto il mondo. Uno di essi sposerà la ragazza. ■ COMMEDIA; B/N; 90′; ITALIA, 1939.

MILLE LIRE AL MESE ★★★
Regia di MAX NEUFELD. Con RENATO CIALENTE, UMBERTO MELNATI, OSVALDO VALENTI, ALIDA VALLI. ■ A causa di un equivoco un uomo prende a sberle il futuro (e sconosciuto) datore di lavoro. La sua fidanzata convince un amico a prendere il posto del malcapitato fino al momento dell'assunzione, ma le cose si complicano. ■ COMMEDIA; B/N; 81′; ITALIA, 1938.

MILLE LUCI DI NEW YORK, LE ★★
(Bright Lights, Big City)
Regia di JAMES BRIDGES. Con PHOEBE CATES, MICHAEL J. FOX, KIEFER SUTHERLAND. ■ Dal romanzo di Jay McInerney, piccola Bibbia degli yuppie newyorkesi. Anche se lo yuppie protagonista non è precisamente un vincente. Depresso per la morte della madre e l'abbandono della moglie, indulge alla droga e trascura il lavoro. Sul punto di dare forfait come uomo e come professionista avrà la forza di riprendersi. Film messo su con fatica e passato nelle mani di troppi sceneggiatori. Ma non privo d'interesse sociologico e di qualche personaggio azzeccato (come lo scrittore ormai rimbambito di Jason Robards). ■ COMMEDIA; COL.; 110′; USA, 1988.

MILLE MESI *(Mille mois)* ★★★
Regia di FAOUZI BENSAÏDI. Con MOHAMED BASTAOUI, FOUAD LABIED, ABDELATI LAMBARKI, MOHAMMED MAJD, NEZHA RAHIL. ■ Medhi è affidato alle cure della mamma Amina e del nonno Ahmed, perché suo padre lavora in Francia. O meglio, questo è quello che i due gli fanno credere per non turbare il suo fragile equilibrio – suo padre è in prigione. Medhi ha il "difficile" compito, a scuola, di custodire la sedia del maestro, e le sue relazioni con gli altri bambini ruotano attorno a questo compito. ■ DRAMMATICO; COL.; 124′; BELGIO, FRANCIA, MAROCCO, 2003.

MILLE MIGLIA... LONTANO *(Qian li zou dan qi)* ★★
Regia di ZHANG YIMOU. Con KIICHI NAKAI, KEN TAKAKURA, SHINOBU TERAJIMA. ■ Takata lascia il suo villaggio di pescatori – dove è sempre vissuto – per raggiungere Tokio e incontrare il figlio gravemente malato. Giunto nella capitale, scopre che la nuora non è stata del tutto sincera con lui e che Ken-ichi, anche se in fin di vita, non vuole saperne del padre e di un rapporto interrotto bruscamente anni prima. Dopo aver visto una videocassetta, Takata scopre l'ultimo desiderio di suo figlio: tornare nella provincia dello Yunnan, in Cina Meridionale, per fare le riprese di un antico dramma e ascoltare Li Jamin – un famoso attore di teatro – mentre intona *Mille miglia lontano*, canzone tratta da un classico della letteratura cinese. Per colmare il vuoto che da anni li separa, Takata intraprende un lungo viaggio per sostituire il figlio nelle riprese ed esaudire, tardivamente, il suo volere. Ma la vera scoperta, una volta giunto a destinazione, è la gentilezza di un popolo che lo invita a riscoprire i sentimenti e l'amore per i legami di sangue che credeva di avere ormai perso. ■ DRAMMATICO; COL.; 107′; CINA, GIAPPONE, 2005.

MILLE MILIARDI DI DOLLARI ★★
(1000 milliards de dollars)
Regia di HENRI VERNEUIL. Con PATRICK DEWAERE, MEL FERRER, JEAN MERCURE, JEANNE MOREAU. ■ Un giornalista attacca un industriale che ha dei contatti poco chiari con una multinazionale. L'industriale si suicida. Il giornalista indaga sulle cause della morte. Il vecchio Verneuil, alle soglie della morte, tenta il thriller fantapolitico, un genere però che quando riesce, riesce solo agli americani. Nemmeno gli attori funzionano troppo (l'unico ben servito è il decrepito Jean Mercure). ■ DRAMMATICO; COL.; 132′; FRANCIA, 1981.

MILLE MODI PER NASCONDERE UN CADAVERE ★★
(Over her Dead Body)
Regia di MAURICE PHILLIPS. Con JEFFREY JONE, ELIZABETH PERKINS, JUDGE REINHOLD. ■ New Mexico. Un uomo, che vorrebbe solo starsene tranquillo, si vede uccidere la moglie dalla cognata. In realtà la consorte avrebbe voluto uccidere lui. ■ COMMEDIA; COL.; 92′; USA, 1990.

MILLENNIUM ★★
Regia di Michael Anderson. Con Kris Kristofferson, Cheryl Ladd, Daniel J. Travanti. ■ Arriva dal terzo millennio e si trova nel 1989. Vuole rimediare a un errore che potrebbe cambiare profondamente il futuro dell'umanità. Sistemata la cosa torna nel suo tempo. ■ Fantastico; col.; 108'; USA, 1989.

MILLENNIUM MAMBO ★★★★
Regia di Hou Hsiao-Hsien. Con Tuan Chung-Hao, Jack Kao, Shu Qi. ■ Vicky è una bella ragazza che lavora in un locale notturno. Nella sua vita ci sono due uomini. Hao-hao, suo coetaneo privo di qualsiasi intenzione lavorativa e occupato a drogarsi e a controllarla in modo asfissiante e Jack, un uomo d'affari molto generoso. Si ritroverà sola senza entrambi ma con, forse, qualche speranza di vita vera, lontano da Taiwan. Hou-Hsiao-Hsien conferma ancora una volta il rigore del suo cinema e la passione raggelante con cui guarda alle nuove generazioni. Questo film in cui apparentemente non accade nulla per due ore è la sintesi di uno sguardo morale sul mondo di una gioventù globalizzata apparentemente destinata al nulla profondo. Girato quasi totalmente in locali in cui la luce naturale non entra, il film assorbe come un morbo universalmente diffuso in cui malati sono i protagonisti ma lo sguardo del regista resta così puro da riuscire a redimere senza ombra di retorica il principale personaggio femminile. ■ Drammatico; col.; 119'; Taiwan, 2001. ■ Cannes 1 pr.

MILLENNIUM. UOMINI CHE ODIANO LE DONNE *(The Girl with the Dragon Tattoo)* ★★★
Regia di David Fincher. Con Steven Berkoff, Daniel Craig, Rooney Mara, Christopher Plummer, Stellan Skarsgård. ■ Mikael Blomkvist è un giornalista celebre per il suo impegno e per una condanna di diffamazione per aver attentato alla reputazione di un infido uomo d'affari. La sua scrupolosità zelante e il recente rovescio gli attirano le simpatie di Henrik Vanger, potente industriale svedese che da quarant'anni cerca la verità e il corpo della giovane nipote, probabilmente assassinata da un membro della sua famiglia. Lasciata Stoccolma alla volta di Hedestad, cittadina invernale, Mikael si avvale della collaborazione di Lisbeth Salander, agente investigativo intuitiva e hacker virtuosa con un passato abusato. Selvatica e bellicosa Lisbeth è attratta dalla riservatezza e dall'integrità di Mikael, che seduce, corteggia e prova a innamorare. Dai romanzi gialli dello svedese Stieg Larsson, il *Millennium* di David Fincher avvia un'indagine più importante della soluzione. ■ Drammatico; col.; 160'; USA, 2011.

1919 *(Nineteen Nineteen)* ★★
Regia di Hugh Brody. Con Frank Finlay, Maria Schell, Paul Scofield. ■ Nel 1919 Sophie e Alexander erano stati in cura da Freud. Vedendo una trasmissione televisiva sul padre della psicoanalisi fanno nuove scoperte su se stessi. ■ Storico; col.; 97'; Gran Bretagna, 1984.

1918 ★★
Regia di Ken Harrison. Con Matthew Broderick, William Converse-Roberts, Hallie Foote, Jeannie McCarthy, Rochelle Oliver. ■ Horace ed Elizabeth vivono la loro vita in una sonnolenta cittadina del Texas mentre in Europa i connazionali muoiono nelle trincee. Da un dramma di Horton Foote un film che fa seguito a *Nel giorno di San Valentino*. In entrambi i film il regista dimostra la sua propensione per il teatro e la sua scarsa attenzione per le esigenze del cinema. ■ Drammatico; col.; 94'; USA, 1985.

1990 – I GUERRIERI DEL BRONX ★★
Regia di Enzo Girolami Castellari. Con Stefania Girolami, Mark Gregory, Vic Morrow. ■ Finirà male per le bande che popolano il Bronx e per Ann, una ragazza perbene di Manhattan che è finita tra di loro. Il tenente Hammer deve eliminare tutte le gang e con un gruppo speciale (e violento) ci riesce. ■ Drammatico; col.; 92'; Italia, 1982.

1999: CONQUISTA DELLA TERRA *(Conquest of the Planet of the Apes)* ★★★
Regia di Jack Lee Thompson. Con Severn Darden, Roddy McDowall, Don Murray, Hari Rhodes, Natalie Trundy. ■ Quarto prodotto di una serie iniziata con *Il pianeta delle scimmie*. Anche stavolta questi animali sono i veri protagonisti della pellicola e sono costretti dall'uomo ai più umili servizi. Uno di loro, dotato di un'intelligenza superiore, organizza la rivolta dei compagni e, destreggiandosi tra ostacoli vari, li conduce al potere. ■ Fantascienza; col.; 87'; USA, 1972.

1997 – FUGA DA NEW YORK *(Escape from New York)* ★★★
Regia di John Carpenter. Con Ernest Borgnine, Kurt Russell, Lee Van Cleef. ■ Nel 1997 l'intera isola di Manhattan è stata trasformata in un gigantesco penitenziario nel quale i detenuti la fanno da padroni. È in questa sub-città che il presidente, precipitato con il suo aereo, viene tenuto in ostaggio. Per liberarlo viene inviato il truce Jena Plissken (Russell), che vedrà la sua chilometrica fedina penale ripulita in caso di successo. La sua missione avrà il tono di una sconvolgente discesa agli inferi. Senza smentire la sua vocazione all'horror Carpenter scrive, dirige e compone le musiche (bellissime) di questo film notturno e allucinante, ricco di trovate, di azione e di eccellenti caratterizzazioni. ■ Avventura; col.; 99'; USA, 1981.

1997: IL PRINCIPIO DELL'ARCA DI NOÈ *(Das Arche Noah Prinzip)* ★★
Regia di Roland Emmerich. Con Franz Buchrieser, Aviva Jael, Ricky Muller. ■ Nel 1997 gli Stati Uniti e l'Europa hanno messo in orbita un'enorme piattaforma per esperimenti su animali e sul clima terrestre. Due europei sono incaricati di sottoporre ad irradiazioni parte dell'Arabia. I due scienziati, consci delle funeste conseguenze, si oppongono e danneggiano il reattore. Ne arriveranno altri due per portare a termine la missione: i contrasti non mancano, ma il reattore è messo in funzione. I superstiti (la piattaforma esplode) sono eliminati come scomodi testimoni: nessuno dovrà sapere cosa ha causato le inondazioni apocalittiche in Oriente. Sul filone fantascientifico ma poco intrigante e privo di ritmo. ■ Avventura; col.; 96'; Germania, 1985.

1942: I 15 ANNI DI EMMA *(Emma's War)* ★★★
Regia di Clytie Jessop. Con Terence Donovan, Miranda Otto, Lee Remick. ■ Gli anni dell'adolescenza di una ragazza, Emma, in Australia durante la seconda guerra mondiale. Il padre combatte in Nuova Guinea, la madre lavora in fabbrica. I giorni più drammatici sono quelli dell'attacco giapponese a Sydney. Alla fine della guerra, Emma sarà donna. ■ Drammatico; col.; 91'; Australia, 1985.

1940, FUOCO NEL DESERTO ★★★
Regia di Giorgio Ferroni. ■ Un documentario che cerca di essere imparziale su un episodio della guerra d'Africa nell'ultimo conflitto. ■ Documentario; b/n; 92'; Italia, 1958.

1941 – ALLARME A HOLLYWOOD *(1941)* ★★★
Regia di Steven Spielberg. Con Dan Aykroyd, Ned Beatty, John Belushi, Christopher Lee, Toshiro Mifune. ■ Un sottomarino giapponese, comandato da un ammiraglio pasticcione, ha il compito di silurare Hollywood, scelta come simbolo della civiltà americana. È passata soltanto una settimana dall'attacco di Pearl Harbor e gli abitanti della California sono prossimi all'isteria: perciò si abbandonano a ogni genere di follia mentre il sottomarino giapponese, sbagliato il bersaglio, riparte. ■ Comico; col.; 117'; USA, 1979. ■ Oscar 3 nom.

1969, I GIORNI DELLA RABBIA *(1969)* ★★
Regia di Ernest Thompson. Con Bruce Dern, Robert Downey Jr., Kiefer Sutherland. ■ Si tratta di un discreto film ambientato durante un anno di fuoco per gli universitari statunitensi. La guerra in Vietnam, le manifestazioni di protesta, la droga, la musica di contestazione, gli scontri con la polizia e la gioventù ribelle. Tutti questi temi a sfondo di una storia tra un ragazzo e una ragazza. Lui a suo modo impegnato politicamente e lei con una madre che non la capisce. ■ Drammatico; col.; 100'; USA, 1988.

1964: ALLARME A NEW YORK – ARRIVANO I BEATLES *(I Wanna Hold Your Hand)* ★★
Regia di Robert Zemeckis. Con Nancy Allen, Theresa Saldana, Wrender Jo Sperber. ■ Sei fans dei Beatles, tre ragazze e tre ragazzi, si mettono in viaggio verso New York per assistere al primo concerto americano dei loro idoli. Una di loro riuscirà persino a passare la notte sotto il letto dei "quattro ragazzi di

Liverpool". Commediola gradevole, senza troppe pretese: un bel quadretto dei favolosi anni Sessanta. ■ COMMEDIA; COL.; 104′; USA, 1978.

1960 TERZA LICEO... E FU TEMPO DI ROCK AND ROLL *(Surprise Party)* ★★
Regia di ROGER VADIM. Con CAROLINE CELLIER, MICHEL DUCHAUSSOY, PHILIPPINE LEROY-BEAULIEU, CHRISTIAN VADIM. ■ Scherzi adolescenziali, amorazzi e pasticci, nella pretesa di raccontare un'epoca e una generazione. Grande riunione di "figli d'arte" per un Vadim svogliato e distratto. ■ COMMEDIA; COL.; 100′; FRANCIA, 1982.

1975: OCCHI BIANCHI SUL PIANETA TERRA *(The Omega Man)* ★★★
Regia di BORIS SAGAL. Con ROSALIND CASH, CHARLTON HESTON, ANTHONY ZERBE. ■ Da un racconto di Richard Matheson un film spettacolare a sfondo realistico: gli effetti della guerra batteriologica hanno ucciso quasi tutta l'umanità. Fra i sopravvissuti, uno studioso che prepara un vaccino capace di neutralizzare il morbo che ha trasformato molti esseri viventi in mostruose creature. Queste riescono ad ucciderlo, ma nel frattempo il prezioso vaccino è giunto a destinazione. ■ FANTASCIENZA; COL.; 98′; USA, 1971.

1972: DRACULA COLPISCE ANCORA! *(Dracula A.D. 1972)* ★★★
Regia di ALAN GIBSON. Con STEPHANIE BEACHAM, PETER CUSHING, CHRISTOPHER LEE, CHRISTOPHER NEAME. ■ Un secolo dopo la sua morte, Dracula viene riportato in vita nel corso di una misteriosa cerimonia. La persona che lo ha resuscitato lo aiuta prima a procurarsi vittime per placare la sua sete di sangue, poi a catturare la discendente dell'uomo che cent'anni prima lo uccise. La ragazza viene salvata appena in tempo. ■ HORROR; COL.; 98′; GRAN BRETAGNA, 1971.

1925: L'ANNO DELLA SCIMMIA *(Inherit the Wind)* ★★★
Regia di DAVID GREENE. Con KIRK DOUGLAS, DARREN MCGAVIN, JASON ROBARDS, JEAN SIMMONS. ■ Un maestro elementare di una piccola cittadina del Nebraska viene accusato di incoraggiare l'ateismo nei bambini. Questo perché ha spiegato in classe le teorie evoluzioniste di Darwin. C'è un processo in cui il pubblico ministero è il colonnello Brady, che ha più volte tentato di diventare presidente degli Stati Uniti. L'insegnante viene sostanzialmente assolto. Il colonnello ha un attacco di cuore e muore. Kirk Douglas è Brady, tenacemente cattolico e come l'intero paese è bigotto e di mentalità stretta, Jason Robards è l'acceso difensore. Film di taglio televisivo con una grande interpretazione dei protagonisti. Remake di *E l'uomo creò Satana* di Stanley Kramer, con Spencer Tracy e Fredric March. ■ DRAMMATICO; COL.; 95′; USA, 1988.

1921: IL MISTERO DI ROOKFORD *(The Awakening)* ★★
Regia di NICK MURPHY. Con LUCY COHU, REBECCA HALL, JOHN SHRAPNEL, IMELDA STAUNTON, DOMINIC WEST. ■ Siamo nel 1921, e l'Inghilterra è appena uscita dalla prima guerra mondiale. Nel Paese prolifera la tendenza all'evocazione degli spiriti dei caduti durante il conflitto, e la scrittrice Florence Cathcart si prodiga per smascherare i numerosi truffatori che tentano di lucrare sul dolore dei famigliari degli scomparsi. A casa della donna si presenta però un certo Robert Mallory, che la convince a visitare un vecchio collegio di campagna dove pare aleggiare il fantasma di un bambino. Dopo pochi giorni di indagini nella tenuta, Florence sembra aver risolto il mistero, proprio nel momento in cui fatti inspiegabili cominciano ad ossessionare lei e tutti i piccoli studenti del collegio. ■ THRILLER; COL.; 104′; GRAN BRETAGNA, 2011.

1855. LA PRIMA GRANDE RAPINA AL TRENO *(The First Great Train Robbery)* ★★★
Regia di MICHAEL CRICHTON. Con SEAN CONNERY, LESLEY-ANNE DOWN, DONALD SUTHERLAND. ■ Due ladri di gran classe progettano di rapinare un treno che trasporta l'oro destinato a pagare i soldati inglesi che combattono in Crimea. Grazie a mille trucchi e travestimenti il colpo riesce. Uno dei ladri viene arrestato, ma l'altro lo salva. ■ AVVENTURA; COL.; 108′; USA, 1978.

1860 – I MILLE DI GARIBALDI ★★★★
Regia di ALESSANDRO BLASETTI. Con AIDA BELLÌA, MARIA DENIS, GIANFRANCO GIACHETTI, GIUSEPPE GULINO, OTELLO TOSO. ■ Questo film venne girato da Blasetti nel 1933 con l'impiego di molti interpreti non professionisti. Narra i giorni che precedettero la partenza da Quarto di Garibaldi e delle sue camicie rosse e l'attesa spasmodica e sempre più difficile dei ribelli siciliani. Finalmente il generale sbarca a Marsala e batte le truppe borboniche. ■ DRAMMATICO; B/N; 81′; ITALIA, 1934.

MILLE PECCATI... NESSUNA VIRTÙ ★
Regia di SERGIO MARTINO. ■ Una pseudoindagine sulla trasformazione operata negli Stati nordeuropei dalla liberalizzazione sessuale. ■ DOCUMENTARIO; COL.; 91′; ITALIA, 1969.

MILLE PEZZI DI UN DELIRIO *(Track 29)* ★★★
Regia di NICOLAS ROEG. Con CHRISTOPHER LLOYD, GARY OLDMAN, THERESA RUSSELL. ■ Una casalinga americana è frustrata dalla mancanza di figli (il marito fa orecchie da mercante, preferisce baloccarsi con i trenini). Un giorno si presenta un giovane misterioso che asserisce di essere il figlio della donna (frutto di una relazione fuggevole). Ma il giovane è vero oppure un prodotto della fantasia frustrata della casalinga? ■ THRILLER; COL.; 90′; USA, 1987.

1492: LA SCOPERTA DEL PARADISO *(1492: The Conquest of Paradise)* ★★★
Regia di RIDLEY SCOTT. Con ARMAND ASSANTE, GÉRARD DEPARDIEU, SIGOURNEY WEAVER. ■ Un grande film sbagliato. La vicenda di Cristoforo Colombo. Le terribili fatiche per le pubbliche relazioni presso i reali di Portogallo e poi di Spagna (con la splendida Sigourney Weaver, nei panni di Isabella di Castiglia) del navigatore genovese. Riesce a partire, scopre le Americhe e cominciano i suoi guai. I nobili spagnoli che si è portato dietro non gli riconoscono la leadership, e lui, Colombo, forse sa solo navigare e non governare. ■ AVVENTURA; COL.; 150′; FRANCIA, GRAN BRETAGNA, 1992. ■ GOLDEN GLOBES 1 NOM.

1408 ★★
Regia di MIKAEL HAFSTRÖM. Con JASMIEN JESSICA ANTHONY, JOHN CUSACK, SAMUEL L. JACKSON. ■ Tratto da un racconto di Stephen King *1408* ha come protagonista Mike Enslin, scrittore di successo specializzatosi nella ricerca di fenomeni paranormali dopo la prematura morte della figlioletta che ha provocato anche il suo distacco dalla moglie. Mike non crede più in nulla anche perché non ha mai avuto una prova tangibile dell'esistenza degli spiriti. Finché un giorno non riceve una cartolina che gli suggerisce di prendere alloggio nella stanza 1408 (il totale delle cifre dà 13) dell'Hotel Dolphin a New York. Lo scrittore deve superare non poche difficoltà frapposte dal direttore dell'albergo (un Samuel L. Jackson più che mai luciferino) il quale non vuole assolutamente permettergli l'ingresso in quella camera in cui sono morte, nel corso degli anni, ben 56 persone, molte delle quali per morte violenta. Enslin vince le resistenze ma viene messo al corrente che nessuno ha mai resistito più di un'ora vivo tra quelle mura. ■ HORROR; COL.; 104′; USA, 2007.

1789 ★★★
Regia di ARIANE MNOUCHKINE. Con DANIA LAVARENNE, MAXIME LOMBARD, RENÉ PETRIGNIANI. ■ Viene filmato l'omonimo lavoro teatrale. Il testo narra gli episodi più significativi della Rivoluzione francese. ■ STORICO; B/N; 150′; FRANCIA, 1973.

MILLIE *(Thoroughly Modern Millie)* ★★★
Regia di GEORGE ROY HILL. Con JULIE ANDREWS, CAROL CHANNING, JAMES FOX, JOHN GAVIN, MARY TYLER MOORE. ■ Una ragazza di provincia si trasferisce nella capitale americana e va ad abitare con un'amica in una pensione la cui proprietaria si arricchisce con la tratta delle bianche. Un ragazzo si innamora di lei ma la giovane, credendo che la tradisca con l'amica, cerca di conquistare il suo principale che a sua volta ha preso una cotta per la sua compagna. Questa un giorno scompare e i tre personaggi la cercano finché la trovano, smascherano il losco commercio e dichiarano reciprocamente i propri sentimenti. ■ MUSICALE; COL.; 137′; USA, 1967. ■ OSCAR 1 PR, 7 NOM.

MILLIONAIRE, THE *(Slumdug Millionaire)* ★★★★🏆
Regia di DANNY BOYLE. Con ANIL KAPOOR, IRFAN KHAN, MADHUR MITTAL, DEV PATEL, FREIDA PINTO. ■ Una domanda e venti milioni di rupie separano Jamal Malik da Latika, amore infantile e mai dimenticato. Dopo averla incontrata, persa, ritrovata e perduta di nuovo Jamal, un diciottenne cresciuto negli slum di Mumbai, partecipa all'edizione indiana di "Chi vuol essere Milionario" per rivelarsi alla fanciulla e riscattarla (con la vincita) dalla "protezione" di un pericoloso criminale. L'acquisita popolarità mediatica, la scalata trionfale al milione e alle caste sociali infastidiscono il vanesio conduttore che cerca di boicottarne la vittoria, ingannandolo e facendolo arrestare. Sospettato di avere imbrogliato e torturato inutilmente, Jamal rivelerà al commissario di polizia soltanto la verità: conosceva le risposte perché ciascuna di quelle domande ha interrogato la sua straordinaria vita, devota a Latika e votata all'amore. I personaggi del cinema di Danny Boyle contemplano tutti una magnifica ossessione, correndo a perdifiato per realizzarla. Il consumo di eroina, di sterline, di sole o di amore crea ai suoi boys una forte dipendenza e il bisogno impellente di averne ancora. Dopo i tossici *friends* di *Trainspotting* e dopo le *odissee* solari, dopo le spiagge incontaminate e dopo le sterline piovute dal cielo, il regista scozzese entra nello studio televisivo di Mumbai per osservare la vita di Jamal Malik, fino a svelarla nelle domande, fino a comprenderla nelle risposte. ■ COMMEDIA; COL.; 120'; GRAN BRETAGNA, USA, 2008.

♥ MILLION DOLLAR BABY ★★★★🏆
(A Million Dollar Baby)
Regia di CLINT EASTWOOD. Con MIKE COLTER, CLINT EASTWOOD, MORGAN FREEMAN, RIKI LINDHOME, ANTHONY MACKIE, BRUCE MACVITTIE, MARGO MARTINDALE, BENITO MARTINEZ, BRIAN F. O'BYRNE, MICHAEL PENA, DAVID POWLEDGE, LUCIA RIJKER, HILARY SWANK. ■ Clint Eastwood è il caso più singolare dell'intera storia del cinema. Un westerner segaligno e laconico, un prodotto della televisione di mezzo secolo fa è oggi il regista americano più ammirevole. *Million Dollar Baby*, un titolo che poteva suscitare qualche timore, è una delle prove più convincenti di questo californiano pacato e lungimirante. Ispirato ai racconti dello scomparso F. X. Toole, il film mostra la trentenne Maggie Fitzgerald irrompere nella vita dell'anziano manager di pugilato Frankie Dunn, un uomo senza illusioni, ma privo di rancori. L'energia vitale della donna riesce a contagiare il riluttante Frankie, visto che la giovane vuole ad ogni costo diventare campionessa di pugilato. Non più tanto giovane per quello sport violento, Maggie ha una spinta interiore capace di travolgere ogni resistenza. Frankie trova in lei, pur senza ammetterlo, la figlia che non vede ormai da troppi anni. Inizia così il loro sodalizio, che comprende la totale dedizione della donna per quell'uomo che sembra essere l'ultimo legame tra lei ed il resto dell'umanità. Anche il vecchio ex-pugile Scrap (Morgan Freeman), che è diviso tra amicizia e risentimento per Frankie, si unisce al progetto di trasformare la ragazza in un pugile di qualità, in un lasso di tempo proibitivo. L'alchimia che unisce i tre darà risultati insperati. Maggie combatterà con onore, fino alla svolta tragica che consente a ciascuno di dare il meglio di sé. Tutto apparentemente molto semplice. Ma il regista Eastwood ci parla di sentimenti, di coraggio e di paura con un pudore, una grazia e quella pacatezza registica che è di fatto uno stile consolidato. La spietatezza di William Munny, il malinconico cowboy de *Gli spietati*, è stata rimossa, Frankie Dunn riflette sul suo passato con amarezza, con ironia, con l'amore paterno per questa giovane creatura. Ed a questi temi si aggiunge quello forse più inquietante, che riguarda l'eutanasia e che Eastwood affronta con consapevole fermezza. L'ortodossia della religione viene sfidata senza spocchia, mostrando quanto siano differenti in ogni essere umano i temi della vita e le scelte che da essi derivano. Ed il pugilato, con sequenze magistrali, non è il tema centrale, quanto lo sono quelli riguardanti la crudelta dell'esistenza, la generosità e l'amore ritrovato. E non solo. Clint Eastwood attore, Hilary Swank e Morgan Freeman, fondono mirabilmente i loro stili di recitazione commuovendoci senza colpire basso. ■ DRAMMATICO; COL.; 137'; USA, 2004. ■ DAVID DI DONATELLO 🏆 1 PR, 1 NOM; GOLDEN GLOBES 🏆 3 PR, 5 NOM; OSCAR 🏆 4 PR, 5 NOM.

MILLION DOLLAR HOTEL, THE ★★★
Regia di WIM WENDERS. Con JEREMY DAVIES, MEL GIBSON, MILLA JOVOVICH, JIMMY SMITS. ■ Il *Million Dollar* è un albergo con un passato prestigioso, adesso è frequentato da strani, vagabondi pazzoidi. Uno di questi, Izzy (Davies) si butta dal tetto senza un'apparente ragione. A indagare arriva il detective Skinner (Gibson). Naturalmente, con sospettati come quelli, l'indagine non può procedere secondo la normale logica. Inoltre l'agente si innamora della stranissima Eloise (Jovovich), una complicazione in più. Purtroppo la regola è diventata ferrea, Wenders (che continuiamo a ritenere uno dei massimi autori contemporanei) fa seguire un film brutto a uno bello. *Buena vista social club* era un capolavoro, questo è un accumulo di disordine fastidioso che non ha neppure un residuo di creatività alla Wenders: solo un grigio intrecciarsi di storie e linguaggio astrusi col sapore (pessimo) della sperimentazione. Ribadiamo, il Wenders migliore è quello del rigore e dell'essenza, quando deborda vuol dire che non ha le idee chiare. E come poteva averle chiare se il suo consigliere era Bono, cantante che ha certamente una sua particolare ispirazione ma di certo non in sintonia con quella di Wenders. Tuttavia è storicamente impossibile non dare a Wenders la sufficienza. È la sola ragione del numero delle stelle. ■ DRAMMATICO; COL.; 121'; GERMANIA, USA, 2000. ■ BERLINO 1 PR.

♥ M, IL MOSTRO DI DÜSSELDORF ★★★★★
("M" – Eine Stadt sucht einen Mörder)
Regia di FRITZ LANG. Con RUDOLF BLUMMER, PAUL FALKENBERG, GUSTAF GRÜNDGENS, PETER LORRE, ELLEN WIDMAN. ■ A Düsseldorf, un imprendibile assassino ha già soppresso molte bambine. Oltre alla polizia si mettono sulle sue tracce anche i malviventi cui non va a genio la strettissima sorveglianza instaurata dappertutto dalle forze dell'ordine. È proprio la malavita a catturare il "mostro" e a condannarlo a morte dopo un processo sommario. Prima che venga eseguita la condanna interviene la polizia che porta l'uomo in prigione dove sarà giudicato. ■ DRAMMATICO; B/N; 117'; GERMANIA, 1931.

MILONGA ★
Regia di EMIDIO GRECO. Con CARLO CECCHI, IRENE FERRI, GIANCARLO GIANNINI, CLAUDIA PANDOLFI, GIANNI SPERTI. ■ Il commissario interpretato da Giannini sta cercando di incastrare una coppia di serial killer ballerini di tango. È anche un gay non dichiarato. Cerca gli indiziati a Roma mentre sta inseguendo il suo amore che fugge. Emidio Greco si lascia attrarre da un filosofeggiare astratto e decisamente non cinematografico che trascina il film verso la banalità. Peccato perché in passato ha saputo darci di meglio di nove minuti continuativi di tango per chiudere una storia. ■ DRAMMATICO; COL.; 89'; ITALIA, 1999.

MILOU A MAGGIO *(Milou à Mai)* ★★★
Regia di LOUIS MALLE. Con MIOU-MIOU, MICHEL PICCOLI, HARRIET WALTER. ■ Una famiglia borghese si riunisce alla morte della vecchia madre di Milou. Arriva il fratello di quest'ultimo con la moglie e la figlia e molti altri. Ovviamente verranno a galla le negatività dei personaggi proprio mentre si apprende la notizia dei disordini parigini del maggio 1968. Dopo essersi lasciati andare al nuovo corso, nel momento di crisi politica scapperanno in montagna. Un tentativo poco riuscito di voler identificare i personaggi nella maggioranza che si fece prendere dall'impeto di novità e che poi si dileguò appena nacquero dei problemi. ■ DRAMMATICO; COL.; 108'; FRANCIA, 1990.

MI MANDA PICONE ★★★
Regia di NANNI LOY. Con CARLO CROCCOLO, GIANCARLO GIANNINI, LEO GULLOTTA, LINA SASTRI. ■ Minacciato di licenziamento, un operaio dell'Italsider si dà fuoco come un bonzo, ma il suo cadavere scompare misteriosamente. La vedova chiede aiuto a Salvatore, piccolo genio dell'arte di arrangiarsi, il quale scopre che il defunto Picone non era affatto un operaio e che basta pronunciare il suo nome per ritrovarsi inspiegabilmente ricchi. Ma è poi morto Picone? E, soprattutto, è mai esistito? Film ironico e intelligente, pervaso di "napoletanità". ■ COMMEDIA; COL.; 120'; ITALIA, 1983. ■ DAVID DI DONATELLO 3 PR, 3 NOM.

MIMÌ BLUETTE... FIORE DEL MIO GIARDINO ★★
Regia di CARLO DI PALMA. Con HELLA PETRI, GIANRICO TEDESCHI, TOMMY TUNE, MONICA VITTI, SHELLEY WINTERS. ■ Una celeberrima ballerina, figlia di una prostituta, sta per sposare un ricchissimo uomo d'affari quando si innamora di un avventuriero. Per lui lascia le scene e quando scompare, ne segue le tracce fino in Africa. Perduta ogni speranza di ritrovarlo, torna al teatro. ■ COMMEDIA; COL.; 105'; ITALIA, 1976.

MIMIC ★
Regia di GUILLERMO DEL TORO. Con GIANCARLO GIANNINI, JEREMY NORTHAM, MIRA SORVINO. ■ Il solito esperimento genetico dà vita a mostri ed enormi insetti che infestano le fogne della città divorando gli umani. Un *Alien* in tono minore. ■ HORROR; COL.; 95'; USA, 1997.

MIMÌ METALLURGICO FERITO NELL'ONORE ★★★
Regia di LINA WERTMÜLLER. Con LUIGI DIBERTI, TURI FERRO, GIANCARLO GIANNINI, MARIANGELA MELATO. ■ Un siciliano, licenziato a causa delle sue idee politiche, grazie all'intervento della mafia trova lavoro come metallurgico in una fabbrica di Torino. Qui diventa amante di una ragazza che gli dà un figlio; al suo ritorno a casa, scoprendo che la consorte è incinta di un brigadiere, ne seduce la moglie per vendetta. La sua amante lo abbandonerà quando egli si metterà al servizio di un mafioso in lizza per le elezioni. ■ COMMEDIA; COL.; 121'; ITALIA, 1972. ■ DAVID DI DONATELLO 1 PR, 1 NOM.

MIMI PINSON ★★
Regia di ROBERT DARÈNE. Con MIREILLE GRANELLI, RAYMOND PELLEGRIN, DANY ROBIN. ■ Una sartina fa per caso la conoscenza di un affascinante e ricco giovanotto che si rivela poi essere precisamente la persona che vuole cacciarla di casa (è il nuovo proprietario del palazzo). Dopo equivoci e battibecchi, tutto si aggiusterà. ■ COMMEDIA; B/N; 95'; FRANCIA, 1957.

MIMZY – IL SEGRETO DELL'UNIVERSO ★★
(The Last Mimzy)
Regia di ROBERT SHAYE. Con MICHAEL CLARKE DUNCAN, KATHRYN HAHN, TIMOTHY HUTTON, RHIANNON LEIGH WRYN, CHRIS O'NEIL, JOELY RICHARDSON, RAINN WILSON. ■ Che cosa sono e da dove provengono i misteriosi oggetti che i due fratellini Noah ed Emma trovano casualmente fra le onde? E soprattutto come mai il loro uso porta i due fanciulli a sviluppare una straordinaria erudizione ed eccezionali doti di applicazione intellettiva, tali da aprire varchi spazio-temporali e salvare il lontano futuro? ■ FANTASTICO; COL.; 90'; USA, 2007.

MINA, LA ★★
Regia di GIUSEPPE BENNATI. Con FELIX ACASO, ANTONIO CIFARIELLO, ELSA MARTINELLI. ■ Stefano è un pescatore che arriva in un porticciolo per vendere la sua barca. Conosce Lucia, la bella del luogo, e se ne innamora. Ma ci sono di mezzo un potente rivale e un pescatore di frodo a complicare la vita ai due giovani. Il rivale si arrende e il pescatore di frodo finisce ucciso da una mina che cercava di smontare. Stefano e Lucia saranno felici. ■ AVVENTURA; COL.; 92'; ITALIA, 1957.

MINACCIA *(Notorius Sophie Lang)* ★★
Regia di RALPH MURPHY. Con PAUL CAVANAGH, GERTRUDE MICHAEL, ANN SHERIDAN. ■ Una trama complessa con tutti gli ingredienti classici del giallo: ci sono le vittime, c'è un indiziato che risulterà essere innocente, c'è uno strano maggiordomo che coglie le rose a colpi di pistola. L'intervento finale della polizia scioglierà il mistero. ■ GIALLO; B/N; 64'; USA, 1934.

MINACCIA, LA *(The Red Menace)* ★★
Regia di ROBERT G. SPRINGSTEEN. Con HANNE AXMAN, BARBARA FULLER, ROBERT ROCKWELL. ■ Un film di propaganda anticomunista: un reduce privo di mezzi e di assistenza si iscrive al partito. Ha subito modo di constatare quanto le idee che gli vengono propinate siano irreali e quanto sia difficile uscire da quella morsa senza mettere a repentaglio la propria vita. Il suicidio di un poeta e la defezione di un giornalista, entrambi oppositori del sistema, sconvolgono una ragazza della quale il reduce è innamorato: insieme fuggiranno in un altro Stato. ■ DRAMMATICO; B/N; 93'; USA, 1949.

MINACCIA, LA *(La ménace)* ★★
Regia di GÉRARD OURY. Con ROBERT HOSSEIN, ELSA MARTINELLI, MARIE JOSÉ NAT, PAOLO STOPPA. ■ Una provinciale annoiata dalla sua esistenza tanto fa che riesce ad entrare in una banda di scapestrati. Una delle ragazze che la compongono è trovata assassinata e lei, per rendersi interessante, afferma di conoscere il nome dell'assassino. Quando però la polizia arresta l'indiziato la ragazza confessa di aver mentito. ■ DRAMMATICO; B/N; 84'; FRANCIA, 1960.

MINACCIA, LA *(La ménace)* ★★
Regia di ALAIN CORNEAU. Con JEAN-FRANÇOIS BALMER, MARIE DUBOIS, CAROLE LAURE, YVES MONTAND. ■ Henri è amante di Dominique, ma la lascia per Julie, più giovane e più bella. Dominique cerca di riprendersi l'amante offrendo soldi all'altra, ma le va male e si suicida. Il commissario accusa Julie, ma Henri fa in modo che la colpa ricada su di lui. Julie viene liberata e Henri fugge in Canada dove viene raggiunto poco dopo anche dalla sua donna. ■ DRAMMATICO; COL.; 113'; CANADA, FRANCIA, 1977.

MINACCIA ATOMICA *(Seven Days to Noon)* ★★★
Regia di JOHN BOULTING. Con BARRY JONES, ANDRÉ MORELL, OLIVE SLOANE. ■ Uno scienziato inglese sparisce dopo aver dichiarato che farà esplodere una bomba atomica a Londra a meno che il governo non sospenda la fabbricazione delle armi. Le ricerche dell'uomo non danno risultati positivi e la città viene abbandonata; pochi minuti prima dell'ora fatale lo scienziato viene ritrovato. ■ DRAMMATICO; B/N; 94'; GRAN BRETAGNA, 1951. ■ OSCAR 1 PR, 1 NOM.

MINACCIA DA UN MILIARDO DI DOLLARI ★★
(Billion Dollar Threat)
Regia di BARRY SHEAR. Con RALPH BELLAMY, DALE ROBINETTE, BERTH SPECHT, KAREN SPECHT, ROBERT TESSIER, KEENAN WYNN. ■ Un agente segreto americano lotta con un supercriminale che minaccia il mondo da un deserto dello Utah. ■ AVVENTURA; COL.; 100'; USA, 1979.

MINA... FUORI LA GUARDIA ★
Regia di ARMANDO W. TAMBURELLA. Con MINA, VITTORIO CONGIA, CARLO CROCCOLO, ARTURO TESTA, AROLDO TIERI. ■ Un cantante in servizio di leva si innamora di una ragazza che detesta quelli come lui solo perché nessuno le ha fornito l'opportunità di dimostrare le sue notevoli doti vocali. Un avvenimento inaspettato le offrirà questa occasione: avrà successo nella carriera e in amore. ■ COMMEDIA; B/N; 85'; ITALIA, 1961.

MINDHUNTERS – NELLA MENTE DEL SERIAL KILLER *(Mindhunters)* ★★
Regia di RENNY HARLIN. Con EION BAILEY, CLIFTON COLLINS JR., LL COOL J, WILL KEMP, VAL KILMER, JONNY LEE MILLER, KATHRYN MORRIS, CHRISTIAN SLATER. ■ Sette allievi dell'Fbi devono trascorrere un certo periodo su un'isola deserta al largo della Carolina. Devono superare un test basato sulla loro specializzazione: tracciatori di profili psicologici. In questo caso la prova sembra essere virtuale, vale a dire che devono smascherare un ipotetico serial killer. Ma come in un macabro scherzo i "giocatori" sono giocati da un avversario che uccide davvero. Un modesto thriller, con le solite incursioni nell'horror, che non approda a nulla, ma che tiene desta l'attenzione barando sulla logica. ■ THRILLER; COL.; 106'; FINLANDIA, GRAN BRETAGNA, OLANDA, USA, 2004.

MINDKILLER *(Mind Killer)* ★★
Regia di MICHAEL KRUEGER. Con JOE MCDONALD, SHIRLEY ROSS, CHRISTOPHER WADE. ■ Warren lavora in una biblioteca ed è un uomo del tutto insignificante: impacciato, non bello, timido con l'altro sesso. È proprio l'opposto di Brad, un collega che con le donne non ha mai avuto problemi e che non esita a prendere in giro Warren per le sue inibizioni. Ma le cose cambiano quando Warren scopre un misterioso libro nel quale l'autore spiega come sia possibile ottimizzare le proprie qualità. ■ FANTASTICO; COL.; 85'; USA, 1987.

MINESTRONE, IL ★★
Regia di SERGIO CITTI. Con ROBERTO BENIGNI, FRANCO CITTI, NINETTO DAVOLI. ■ Due morti di fame si aggregano a un tipo stravagante, sedicente campione nel mangiare senza pagare. Ma

anche con lui le cose van male. I tre vagabondano per l'Italia sempre a caccia di cibo, e per strada incontrano tante persone con lo stesso problema (aristocratici decaduti, un cameriere licenziato, impresari di pompe funebri). Grottesco di Sergio Citti non immemore, anzi fin troppo memore, dei copioni populisti da lui scritti per Pasolini negli anni Sessanta. ■ COMMEDIA; COL.; 104′; ITALIA, 1981.

MINEURS ★★
Regia di FULVIO WETZL. Con COSIMO FUSCO, ANTONINO IUORIO, FRANCO NERO, ULDERICO PESCE, VALERIA VAIANO. ■ Lucania, 1961. Quattro bambini e la loro vita quotidiana in un piccolo paese. Armando ed Egidio sono di modeste condizioni economiche, Mario è il figlio del dottore e Vito ha come padre un restauratore di oggetti sacri. I bambini imparano a crescere a scuola (dove hanno un maestro capace di appassionarli) e nei giochi all'aperto. C'è però un'"altrove" che incombe. È il Belgio, con le telefonate degli emigrati che chiamano al posto pubblico. Sono i lucani andati a fare i minatori in un luogo lontano che diventerà vicino per Armando ed Egidio, costretti a lasciare la loro terra e a dover iniziare il non facile percorso di integrazione in una nuova realtà. ■ DRAMMATICO; COL.; 123′; ITALIA, 2007.

MINE VAGANTI ★★
Regia di FERZAN OZPETEK. Con ENNIO FANTASTICHINI, NICOLE GRIMAUDO, ALESSANDRO PREZIOSI, LUNETTA SAVINO, RICCARDO SCAMARCIO. ■ La famiglia Cantone è proprietaria di uno dei più importanti pastifici del Salento. La nonna aprì l'azienda assieme al cognato, di cui è stata segretamente innamorata per tutta la vita, e ora quegli impulsi sopiti ricadono sulle abitudini di una famiglia schiava del perbenismo alto-borghese. Il rientro a casa del rampollo più giovane Tommaso, trasferitosi a Roma per studiare economia e commercio, è il momento per la famiglia di sancire ufficialmente il passaggio della gestione aziendale ai due figli maschi. Tommaso è pronto a sconvolgere i piani del pater familias dichiarando apertamente la propria omosessualità e il desiderio di seguire aspirazioni letterarie, ma durante la cena ufficiale per festeggiare il nuovo corso aziendale, viene anticipato dal fratello maggiore Antonio che, dopo tanti anni di fedele servizio agli affari di famiglia, si dichiara omosessuale prima di lui e viene per questo espulso dalla casa e dalla direzione dell'azienda. Per non distruggere definitivamente l'orgoglio del padre, già colto da un collasso al momento della rivelazione, a Tommaso non resta altro che dissimulare le proprie preferenze sessuali e assecondare momentaneamente gli oneri familiari. Ozpetek fa Ozpetek. Sarebbe il momento per un'evoluzione. ■ COMMEDIA; COL.; 110′; ITALIA, 2010.

MING, RAGAZZI ★
Regia di ANTONIO MARGHERITI. Con FRED HARRIS, CHAI LEE, JOLINA MITCHELL, TOM SCOTT. ■ Mediocre farsa delle pellicole di kung-fu: due amici si mettono al servizio di un cinese al quale devono riportare il figlio rapitogli dalla ex moglie. ■ AVVENTURA; COL.; 90′; ITALIA, 1973.

MINIERA DEL DIAVOLO, LA *(Hidden Gold)* ★★
Regia di LESLEY SELANDER. Con WILLIAM BOYD, RUSSELL HAYDEN, MINOR WATSON. ■ Hopalong Cassidy e il suo amico Lucky Lee stavolta vengono in soccorso del proprietario di una miniera d'oro. La miniera è minacciata da una banda di fuorilegge. Ma il giorno dell'assalto, i banditi trovano sulla loro strada Cassidy che riesce a batterli dopo un'epica sparatoria. ■ WESTERN; B/N; 92′; USA, 1940.

MINIERA MALEDETTA – INFERNO NERO, LA ★★
(Draegerman Courage)
Regia di LOUIS KING. Con BARTON MACLANE, JEAN MUIR, HENRY O'NEILL. ■ Il dottore di una cittadina mineraria, preoccupato per i numerosi incidenti sul lavoro ai quali non può provvedere con mezzi adeguati, tenta di ottenere la costruzione di una moderna e funzionale clinica. Riesce nell'intento. ■ DRAMMATICO; B/N; 91′; USA, 1937.

MINIERA MISTERIOSA, LA *(Trapped by G. Men)* ★★
Regia di LEWIS D. COLLINS. Con WYNNE GIBSON, JACK HOLT. ■ Per smascherare una pericolosa banda, un poliziotto si finge gangster. Si infiltra nell'organizzazione e, con l'aiuto di una collega, la sgomina. ■ POLIZIESCO; B/N; 94′; USA, 1937.

MINIERE DEL KILIMANGIARO, LE ★
Regia di MINO GUERRINI. Con CHRISTOPHER CONNELLY, TOBIAS HOESL, ELENA POMPEI. ■ Negli anni in cui impera Hitler, un professore appura l'esistenza di una favolosa miniera di diamanti. Egli vorrebbe sfruttare la sua scoperta, ma invece sarà preceduto da Barclay, uno studente sveglio e intraprendente. ■ AVVENTURA; COL.; 90′; ITALIA, 1986.

MINIERE DI RE SALOMONE, LE ★★★
(King Solomon's Mines)
Regia di COMPTON BENNETT. Con RICHARD CARLSON, STEWART GRANGER, HUGO HAAS, DEBORAH KERR. ■ La moglie di un esploratore scomparso, suo fratello e un cacciatore si trovano in Africa alla ricerca dell'uomo che si era impegnato a scoprire le favolose miniere diamantifere di re Salomone. Il viaggio è costellato di pericoli, anche perché uno dei portatori è un principe spodestato e deve vedersela con diverse tribù. Finalmente la meta è raggiunta, ma rischia anche di diventare la loro tomba. I quattro però si salvano; la vedova (il corpo dell'esploratore è stato rinvenuto) e il cacciatore scoprono di amarsi. ■ AVVENTURA; COL.; 102′; USA, 1950. ■ OSCAR 2 PR, 3 NOM.

MINIGONNA PROIBITA DELLA COMPAGNA SCHULTZ, LA *(Wicked Dreams of Paula Schultz)* ★★
Regia di GEORGE MARSHALL. Con BOB CRANE, JOEY FORMAN, WERNER KLEMPERER, ELKE SOMMER. ■ Una bella ginnasta della Germania orientale attira l'attenzione di un ministro del proprio paese. Poiché le sue attenzioni si fanno sempre più pressanti, lei decide di nascondersi. Il ministro, incapace di spiegarsi la diserzione della ragazza dalle competizioni olimpiche, invia un assistente sulle sue tracce. ■ COMMEDIA; COL.; 113′; USA, 1968.

MINIS... NANI A CANESTRO!, THE *(The Minis)* ★★
Regia di VALERIO ZANOLI. Con JOE GNOFFO, BRADLEY LAISE, GABRIEL PIMENTEL, RICHARD PORTNOW, DENNIS RODMAN, DANA WOODS. ■ Roger e Chevy hanno un grande sogno: quello di partecipare al primo torneo di basket di Venice Beach. A ostacolare il progetto c'è la loro altezza, non proprio rimarchevole. I due, infatti, sono nani e così pure Nick e George, che condividono con loro la folle idea. Ad aiutare il quartetto penserà il bizzarro campione dell'Nba Dennis Rodman, il cui agente trasformerà il quartetto di amici in star della televisione. ■ COMMEDIA; COL.; 82′; ITALIA, USA, 2007.

MINISTRO, IL *(Ministern)* ★★★
Regia di JARL KULLE. Con MATS AHLFEDT, MARGARETHA KROOK, JARL KULLE, ANNE NORD. ■ Il figlioletto di un uomo di governo ama la sua allegra governante e detesta il padre, preoccupato solamente che lui figuri bene con i colleghi e con la stampa. Quando la ragazza muore accidentalmente, lui si allontana del tutto dai genitori e si lega a due coniugi che gli vogliono bene e lo capiscono. Alla notizia che papà e mamma devono partire per l'Africa il fanciullo scappa di casa. ■ COMMEDIA; COL.; 90′; SVEZIA, 1971.

MINISTRO – L'ESERCIZIO DELLO STATO, IL ★★
(L'exercice de l'Etat)
Regia di PIERRE SCHOELLER. Con MICHEL BLANC, ZABOU BREITMAN, SYLVAIN DEBLÉ, OLIVIER GOURMET, LAURENT STOCKER. ■ Il ministro dei Trasporti francese Bertrand Saint-Jean viene svegliato nel cuore della notte dal suo segretario personale. Un bus carico di studenti è precipitato in un burrone e ci sono numerosi morti. Il ministro non può esimersi dal recarsi sul luogo in rappresentanza del governo. È questo l'inizio di un film che cerca di affrancarsi dalla scontata rappresentazione della vita dei politici grazie alla straordinaria prova di un attore come Olivier Gourmet. Bertrand cerca un rimedio alla profonda solitudine che avverte provando a conoscere un po' meglio la vita del suo riservato autista. Un giorno, però, sarà proprio una sua decisione azzardata a far saltare drammaticamente questa tenue relazione e, al contempo, a far ripartire la sua sindrome di potere. ■ DRAMMATICO; COL.; 112′; FRANCIA, BELGIO, 2011.

MINNESOTA *(Woman of the North Country)* ★★
Regia di JOSEPH KANE. Con JOHN AGAR, ROD CAMERON, JIM

DAVIS, RUTH HUSSEY. ■ Una ragazza, per vendicarsi dell'uomo che le ha ucciso il fratello per legittima difesa e che le ha soffiato un affare, finge di amarlo e, poiché lui la ricambia sinceramente, lo sposa. Non appena divenuta sua moglie, lo maltratta in ogni modo e cerca di rovinarlo: pagherà con la vita la sua perfidia, mentre il vedovo si consolerà con un'altra. ■ WESTERN; COL.; 90'; USA, 1952.

MINNESOTA CLAY ★★
Regia di SERGIO CORBUCCI. Con CAMERON MITCHELL, GEORGES RIVIÈRE, ETHEL ROJO. ■ Minnesota fugge dal penitenziario alla ricerca del testimone che potrebbe scagionarlo ed evitargli la condanna all'ergastolo. Trova che il suo uomo è diventato il capo di una banda di fuorilegge che contende ad un altro delinquente il dominio di un'intera città messicana. Abilissimo tiratore, Minnesota affronta entrambi i capobanda. ■ WESTERN; COL.; 90'; ITALIA, 1965.

MINNIE & MOSKOWITZ *(Minnie and Moskowitz)* ★★★
Regia di JOHN CASSAVETES. Con VAL AVERY, TIMOTHY CAREY, KATHERINE CASSAVETES, SEYMOUR CASSEL, GENA ROWLANDS. ■ Moskowitz è un giovane molto strano che ha la mania delle automobili. Minnie è una donna altrettanto stravagante (un po' meno giovane), con un amante che non la tratta benissimo. I due si conoscono e si innamorano. Ci si mette di mezzo molta gente a cercar di separarli, ma loro tirano dritti per la loro strada e finiscono per sposarsi. ■ COMMEDIA; COL.; 114'; USA, 1971.

MINO ★★
Regia di GIANFRANCO ALBANO. Con MARIO ADORF, GUIDO CELLA, PIERRE COSSO, RAY LOVELOCK. ■ Dal romanzo di Salvator Gotta, scritto nel 1929, la commovente storia di Mino, il "piccolo alpino" costretto a subire gli orrori della guerra, da lui vissuta negli avamposti come un qualsiasi soldato. Girato per la televisione. ■ DRAMMATICO; COL.; 180'; ITALIA, 1984.

MINORENNI, LE *(La cage aux filles)* ★★
Regia di MAURICE CLOCHE. Con DANIÈLE DELORME, JACKIE FLYNT. ■ Incompresa in famiglia, Micheline, diciassettenne romantica e assetata d'affetto, fugge di casa con un uomo che la abbandona molto presto. Dopo molti incontri sbagliati, la ragazza finisce in un riformatorio, dove finalmente una giovane assistente sociale prende a cuore il suo caso e l'aiuta a rifarsi una vita. ■ DRAMMATICO; B/N; 120'; FRANCIA, 1949.

MINORENNI BRUCIATE *(Détournement de mineurs)* ★★
Regia di WALTER KAPPS. Con HÉLÈNE CHANEL, NATHALIE NATTIER, LOUIS SEIGNER, FRANK VILLARD. ■ Una sprovveduta studentessa finisce in un giro di squillo e viene mandata nell'Africa del Nord. Diventata *entraîneuse* in uno squallido night di Tangeri, la ragazza perde ogni speranza di riscatto, ma arriva il coraggioso fidanzato della sorella che da solo riesce ad avere ragione della banda. ■ DRAMMATICO; B/N; 82'; FRANCIA, 1959.

MINORENNI PERICOLOSI *(Boy's Ranch)* ★★★
Regia di ROY ROWLAND. Con JAMES CRAIG, JACK BUTCH JENKINS. ■ Due ragazzini terribili vengono presi in custodia da Walker, un giovanotto che intende organizzare una fattoria dove far lavorare i difficili ospiti di un riformatorio per riportarli sulla retta via attraverso il sano lavoro dei campi. Uno dei ragazzini è un caso quasi disperato e rischia di compromettere l'organizzazione della fattoria modello. Soltanto una situazione di grave pericolo riuscirà a mettere in luce i suoi buoni sentimenti. ■ DRAMMATICO; B/N; 94'; USA, 1946.

MINORITY REPORT ★★★
Regia di STEVEN SPIELBERG. Con TOM CRUISE, COLIN FARRELL, SAMANTHA MORTON, MAX VON SYDOW. ■ I nomi in gioco sono certo "garanti di cinema", livello altissimo. Per cominciare Philip K. Dick, scrittore-culto di fantascienza (ha firmato *Blade Runner* e *Atto di forza*, fra gli altri), poi c'è Spielberg dietro alla macchina e Cruise davanti. Più di così... Siamo nel 2054, a Washington, dove è stato messo a punto un sistema capace di prevedere i crimini, dunque prevenirli. Niente di particolarmente tecnologico: semplicemente tre umani dotati di capacità paranormali. Si chiamano pre-cog, da *precognitives*. I loro nomi sono un inno al "giallo": Agatha come Christie, Dashiell come Hammett e Arthur come Conan Doyle. Vivono in una piscina e hanno visioni che poi trasmettono a un secondo livello, a un'unità di pronto intervento, il cui eroe è John Anderton (Cruise). Ma ecco che i veggenti a un certo punto indicano proprio John come futuro omicida di un tale che non conosce. Dunque il detective comincia la caccia a se stesso, naturalmente c'è la possibilità di qualche trucco, qualcuno per esempio potrebbe fabbricare non false prove, ma false visioni. Da qui una corsa contro il tempo, che è breve, con azioni alla Cruise-Spielberg, dunque esagerate e accattivanti. Sia chiaro che l'azione prevale, come prevale la ricerca del successo di pubblico rispetto ai significati letterari, anche se Spielberg ha detto di averne avuto abbastanza di "quel" successo e di aver finalmente costruito una storia perfettamente a propria misura. Chi ha praticato Dick (morto nell'82, giusto l'anno di *Blade Runner*) trova che la grande attitudine critica e dolorosa dello scrittore, principe delle metafore fantastiche, lascia troppo spazio al Cruise delle missioni impossibili e al regista sublimatore di effetti speciali. Anche se la storia, e il film, "ci sono". ■ FANTASCIENZA; COL. 145'; USA, 2002.

MINUTI CONTATI *(Nick of Time)* ★★
Regia di JOHN BADHAM. Con JOHNNY DEPP, CHARLES DUTTON, MARSHA MASON, PETER STRAUSS, CHRISTOPHER WALKEN. ■ A Nick rapiscono la figlia. La rivedrà viva se ucciderà la governatrice dello Stato. Buona tensione fra una manifestazione e l'altra, con Walken che fa il cattivo e Depp un personaggio molto vicino a certi uomini della strada coinvolti in vicende enormi, che tanto piacevano a Hitchcock. Decoroso, buona tensione. ■ GIALLO; COL.; 105'; USA, 1996.

MINUTO PER MINUTO SENZA RESPIRO ★★★
(Daddy's Gone a Hunting)
Regia di MARK ROBSON. Con PAUL BURKE, SCOTT HYLAND, MALA POWERS, CAROL WHITE. ■ Dopo una burrascosa relazione, Kathy e Kenneth si lasciano e la ragazza, incinta, trova un medico che le procura un aborto. Quando Kathy, regolarmente sposata, mette al mondo un figlio, Kenneth rapisce il bambino minacciando d'ucciderlo per punire l'ex amante della precedente mancata maternità. Sono giorni d'angoscia per la donna che, con la forza della disperazione, insegue il rapitore e riesce a riprendersi il figlio un attimo prima che Kenneth si butti dall'alto di un edificio. ■ DRAMMATICO; COL.; 108'; USA, 1969.

MINUZZOLO – IL CAVALLINO ROSSO ★★★
(The Red Pony)
Regia di LEWIS MILESTONE. Con LOUIS CALHERN, MYRNA LOY, PETER MILES, ROBERT MITCHUM. ■ Minuzzolo è il cavallino di Tom, che lo adora. Una fatale distrazione del padre di Tom ha come conseguenza la morte dell'animale e il triste avvenimento incrina la bella intesa fra genitori e figlio. Il padre, per rimediare, regala al ragazzino un nuovo cavallino che restituisce a Tom serenità e amicizia. ■ AVVENTURA; COL.; 89'; USA, 1949.

MIO AMANTE È UN BANDITO, IL ★★★
(The Maverick Queen)
Regia di JOSEPH KANE. Con SCOTT BRADY, BARBARA STANWYCK, BARRY SULLIVAN. ■ Jeff e Lucy arrivano in una cittadina dell'Ovest dopo aver respinto un attacco di banditi. Il capo di questi è l'amante di Kit, proprietaria del saloon locale, la quale perde la testa per Jeff tanto da decidere di farne il nuovo capobanda. Jeff asseconda la donna con l'intento di sconfiggere tutta l'organizzazione criminosa, ma farebbe una brutta fine se gli agenti di polizia arrivati dall'Est non lo salvassero. ■ WESTERN; COL.; 92'; USA, 1956.

MIO AMICO A QUATTRO ZAMPE, IL ★★
(Because of Winn-Dixie)
Regia di WAYNE WANG. Con LUKE BENWARD, JEFF DANIELS, DAVE MATTHEWS, ANNASOPHIA ROBB, EVA MARIE SAINT, CICELY TYSON. ■ Basato sul bestseller *Il cane di Kate*. Si racconta la storia di una bambina di dieci anni che abbandonata da sua madre quando ne aveva tre, trasloca con suo padre in una città della Florida. Una volta là, adotta un cagnolino, Winn-Dixie, (chiamato così perché è il nome del supermercato dove lo ha trovato), e grazie a questo amico a quattro zampe farà delle nuove amicizie e mi-

gliorerà anche il rapporto con il padre. ■ COMMEDIA; COL.; 106′; USA, 2005.

MIO AMICO BENITO, IL ★★★
Regia di GIORGIO BIANCHI. Con MARIO CAROTENUTO, ANDREA CHECCHI, LUIGI DE FILIPPO, PEPPINO DE FILIPPO, FRANCO FRANCHI, CICCIO INGRASSIA, LUIGI PAVESE, DIDI PEREGO. ■ Un poveraccio possiede una foto che lo ritrae in una trincea sul fronte della Grande Guerra in compagnia di Benito Mussolini, che nel frattempo ha fatto carriera. L'uomo intende recarsi dal Duce con il documento per ottenere una promozione nel lavoro, ma quando finalmente riesce ad entrare nell'ufficio di Mussolini questi è affacciato al balcone per annunciare la seconda guerra mondiale. L'ex commilitone se ne va amareggiato. ■ COMMEDIA; B/N; 100′; ITALIA, 1962.

MIO AMICO DELFINO, IL *(Flipper)* ★★
Regia di JAMES B. CLARK. Con CHUCK CONNORS, LUKE HALPIN, KATHLEEN MAGUIRE. ■ Un ragazzo trova un delfino ferito da un pescatore, lo cura e lo guarisce. L'animale salva a sua volta la vita al ragazzo aggredito da un pescecane e, per completare l'opera, indica ai pescatori della zona i punti più ricchi di fauna ittica. ■ AVVENTURA; COL.; 90′; USA, 1963.

MIO AMICO ERIC, IL *(Looking for Eric)* ★★★
Regia di KEN LOACH. Con STEPHANIE BISHOP, ERIC CANTONA, STEVE EVETS, JOHN HENSHAW, LUCY-JO HUDSON. ■ Eric, impiegato delle Poste britanniche vede la sua vita andare sempre peggio. Abbandonato dalla compagna vive con i due figliastri che detesta. Eric, che cerca di rimuovere il passato, ha un solo rifugio in cui cercare un po' di consolazione: il tifo per il Manchester e la venerazione per quello che nel passato è stato il suo più grande campione, Eric Cantona. Ora però Eric ha un nuovo e per lui non secondario problema: la figlia che aveva abbandonato ancora in fasce, si rifà viva e gli chiede di occuparsi per un'ora al giorno della sua bambina. Tutte le prospettive cambiano. ■ COMMEDIA; COL.; 116′; GRAN BRETAGNA, ITALIA, FRANCIA, BELGIO, 2009.

MIO AMICO FRANK, IL ★
(Frankenstein – The College Years)
Regia di TOM SHADYAC. Con WILLIAM RAGSDALE. ■ La vicenda di Frankenstein colpisce ancora sul versante comico. Due studenti in medicina scoprono che c'è qualcuno pronto a far rivivere il mostro e si danno da fare. ■ COMICO; COL.; 90′; USA, 1991.

MIO AMICO GIARDINIERE, IL ★★
(Dialogue avec mon jardinier)
Regia di JEAN BECKER. Con DANIEL AUTEUIL, HIAM ABBASS, ALEXIA BARLIER, FANNY COTTENCON, JEAN-PIERRE DARROUSSIN, ELODIE NAVARRE. Un pittore parigino si trasferisce in campagna, dove incontra un vecchio amico di scuola che assume come giardiniere. Nascerà un grande affiatamento, fatto di ricordi e discussioni su due visioni opposte del mondo, quella urbana e sofisticata e quella naif del *campagnard* incolto ma sincero. Jean Becker, figlio del grande Jacques, porta in scena senza pretese una semplice storia di amicizia, fondata quasi esclusivamente sulla bravura di due attori. La profondità che Auteuil e Darroussin danno ai personaggi, con una serie di dialoghi dalla verosimiglianza toccante, non riesce però, e purtroppo, a nascondere una filosofia un po' banale. ■ COMMEDIA; COL.; 109′; FRANCIA, 2007.

MIO AMICO IL DIAVOLO, IL *(Bedazzled)* ★★★
Regia di STANLEY DONEN. Con PETER COOK, DUDLEY MOORE, RAQUEL WELCH. ■ Il diavolo fa un patto con il giovane cuoco Stanley: gli permetterà di diventare di volta in volta un Lord, un cantante famoso, un playboy del jet set. Tutto perché il giovanotto possa conquistare la bella Margaret. In cambio, naturalmente, Stanley cederà la sua anima. Ma il diavolo è in fondo un buon diavolo; è anche un po' distratto e dimentica di incassare la "taglia". ■ COMMEDIA; COL.; 107′; GRAN BRETAGNA, 1967.

MIO AMICO JEKYLL, IL ★★
Regia di MARINO GIROLAMI. Con CARLO CROCCOLO, UGO TOGNAZZI, RAIMONDO VIANELLO. ■ Un serissimo professore di un collegio femminile diventa la vittima preferita del dottor Jekyll, che lo trasforma in un perverso vizioso. Lo scandalo scoppia inevitabilmente, finché l'ignaro professore viene salvato da un poliziotto che smaschera il medico folle. ■ COMMEDIA; B/N; 100′; ITALIA, 1960.

MIO AMICO KELLY, IL *(Kelly and me)* ★★
Regia di ROBERT Z. LEONARD. Con MARTHA HYER, VAN JOHNSON, PIPER LAURIE. ■ Len è un cantante e Kelly un cane dotato di straordinarie doti artistiche. Il vero divo è l'animale, anche se il presuntuoso Len è convinto del contrario. Se ne rende conto quando l'antico proprietario di Kelly si rifà vivo per reclamare il suo diritto di proprietà sull'animale, nel frattempo diventato una stella del cinema. ■ COMMEDIA; COL.; 86′; USA, 1956.

MIO AMICO MAC, IL *(Mac and me)* ★★
Regia di STEWART RAFFILL. Con KATRINA CASPARY, CHRISTINE EBERSOLE, JONATHAN WARD. ■ Mac è una specie di cuginetto di E.T., un alieno simpatico e graziosamente bruttarello che, giunto sulla Terra, stringe amicizia con un ragazzino paraplegico. Morale: Mac e la sua famiglia concludono che l'America è il migliore dei mondi (della galassia) possibili e decidono di rimanerci. ■ COMMEDIA; COL.; 93′; USA, 1988.

MIO AMICO MILIONARIO, IL ★
(Mein Freund der Millionär)
Regia di HANS BEHRENDT. Con MARIA MEISSNER, LISELOTTE SCHAAK, HERMANN THIMIG. ■ È una commedia leggera, ed è l'ultimo film di Behrendt giunto in Italia. ■ COMMEDIA; B/N; 91′; GERMANIA, 1931.

MIO AMICO MUNCHIE, IL *(Munchie)* ★
Regia di JIM WYNORSKI. Con LONI ANDERSON, DOM DELUISE, JAIME MCENNAN, ANDREW STEVENS. ■ Prodotto da Roger Corman. Una storia fantascientifica con un alieno che viene sulla terra per consolare un bambino incompreso. La mamma infatti pensa solo al proprio piacere. ■ FANTASTICO; COL.; 78′; USA, 1992.

MIO AMICO NINJA, IL *(Ninja Dragons)* ★★
Regia di JOSEPH MERHI. Con STEPHEN KURST, SHONDA WHIPPLE. ■ Un ragazzino di dodici anni, esperto di arti marziali, scopre che lo zio è ricattato da una banda di malviventi. Decide così di aiutarlo, e gli riuscirà bene. ■ AVVENTURA; COL.; 90′; USA, 1993.

MIO AMICO SCONGELATO, IL *(Encino Man)* ★
Regia di LES MAYFIELD. Con SEAN ASTIN, BRENDAN FRASER, PAULY SHORE. ■ Due studenti incapaci trovano un uomo preistorico congelato, lo riportano in vita e, grazie a lui, ottengono il successo. Pauly Shore, una star della MTV, avrebbe dovuto sfondare il *box office* con questo film. Si è limitato a far sbadigliare il pubblico. ■ COMICO; COL.; 89′; USA, 1992.

MIO AMICO VAMPIRO, IL *(The little Vampire)* ★★
Regia di ULI EDEL. Con JIM CARTER, DEAN COOK, JAKE D'ARCY, PAMELA GIDLEY, RICHARD E. GRANT, TOMMY HINKLEY, ALICE KRIGE, JONATHAN LIPNICKI. ■ Tratto dal libro di Angela Sommer-Bodenburg, il film narra le avventure del piccolo Tony che, trasferitosi da New York ad un piccolo paesino della Scozia, per ingannare il tempo studia tutto su vampiri e affini. Fino a che una sera un pipistrello, appollaiato sul davanzale di casa, si trasforma sul serio in un vampiro. Niente di spaventoso, tranquilli, sarà proprio Tony ad aiutare le creature notturne a tornare comuni mortali. Il regista tedesco Uli Edel sta attento a non varcare mai i veri confini dell'horror, ed il risultato è un film simpatico e gradevole, adatto ad un pubblico di adolescenti. ■ COMMEDIA; COL.; 95′; GERMANIA, OLANDA, USA, 2001.

MIO AMICO ZAMPALESTA, IL *(Monkey Trouble)* ★
Regia di FRANCO AMURRI. Con THORA BIRCH, HARVEY KEITEL, MIMI ROGERS. ■ Un ladruncolo ha addestrato una scimmietta a rubare. L'animale viene adottato da una bambina che finirà col trovarsi nei guai. Ancora una volta il mondo degli adulti e quello dei bambini si confrontano in un film di Amurri, ma il film è inferiore a *Da grande*. Ci si chiede poi che cosa ci faccia, in una storia come questa, Harvey Keitel. ■ COMMEDIA; COL.; 96′; USA, 1994.

MIO AMORE CON SAMANTHA, IL ★★★
(A New Kind of Love)
Regia di MELVILLE SHAVELSON. Con MAURICE CHEVALIER, PAUL NEWMAN, THELMA RITTER, JOANNE WOODWARD. ■ Spedito a

Parigi dal direttore del suo giornale che voleva toglierselo dai piedi, Steve incontra Samantha, disegnatrice di moda, che si innamora di lui. L'atmosfera parigina compie un miracolo su Samantha che, da ragazza scialba, si trasforma in una donna piena di fascino. Steve è cotto e fortunato: alcuni articoli azzeccati gli procurano il perdono del direttore e il giovanotto può tornare in America in compagnia dell'amata. ■ COMMEDIA; COL.; 110′; USA, 1963. ■ OSCAR 2 NOM.

MIO AMORE ERI TU, IL *(Suzy)* ★★★
Regia di GEORGE FITZMAURICE. Con CARY GRANT, JEAN HARLOW, BENITA HUME, LEWIS STONE, FRANCHOT TONE. ■ Un asso dell'aviazione militare, all'alba della prima guerra mondiale, viene creduto morto in seguito ad un attentato di una donna, spia al servizio dei tedeschi. La moglie si risposa con un altro pilota francese, ma anche il secondo marito è vittima delle arti subdole della bella spia. È il primo pilota che, ricomparso misteriosamente nel bel mezzo di una battaglia, salva la faccia al marito di sua moglie. ■ DRAMMATICO; B/N; 99′; USA, 1936. ■ OSCAR 1 NOM.

MIO AMORE È SCRITTO SUL VENTO, IL ★★
(Pecado de amor)
Regia di LUIS CÉSAR AMADORI. Con MARIO GIROTTI, SARA MONTIEL, ALESSANDRA PANARO. ■ Tra una cantante di night e un serio magistrato nasce l'amore. Immediatamente un ex amico della donna si mette in testa di ricattarli. Nella lite che segue, il ricattatore rimane ucciso e la cantante viene processata. La testimonianza del magistrato la scagiona da ogni accusa, ma il loro legame è compromesso. I due si ritrovano dopo molti anni, ma è di nuovo un breve incontro. ■ DRAMMATICO; COL.; 91′; ITALIA, 1962.

MIO AMORE VIVRÀ, IL *(Fanny by Gaslight)* ★★
Regia di ANTHONY ASQUITH. Con PHYLLIS CALVERT, STEWART GRANGER, JAMES MASON. ■ Fanny è figlia illegittima e questo è un ostacolo insormontabile per la famiglia del giovanotto che vorrebbe sposarla. Dopo diverse vicissitudini, l'amore sarà più importante delle convenzioni sociali. ■ COMMEDIA; B/N; 108′; GRAN BRETAGNA, 1944.

MIO ANGOLO DI PARADISO, IL ★★
(A Little Bit of Heaven)
Regia di NICOLE KASSELL. Con KATHY BATES, GAEL GARCIA BERNAL, PETER DINKLAGE, KATE HUDSON, WHOOPI GOLDBERG. ■ Marley Corbett è una pubblicitaria di successo che non vuole legami importanti. Un giorno le arriva la notizia che cambia per sempre la sua vita: un tumore al colon inoperabile. A formulare la diagnosi è il giovane medico di origine ebraico-messicana Julian Goldstein, del quale Marley si innamora anche se non vuole accettarlo. Trasferita brevemente in Paradiso e incontrato Dio che ha l'aspetto di Whoopy Goldberg, Marley potrà esprimere tre desideri. ■ COMMEDIA; COL.; 106′; USA, 2011.

MIO AVVENTURIERO, IL *(A Yank in the Raf)* ★★★
Regia di HENRY KING. Con BETTY GRABLE, TYRONE POWER, JOHN SUTTON. ■ Seconda guerra mondiale. Un pilota americano arruolatosi nella Raf incontra a Londra la sua ex fidanzata. Riprende a corteggiarla, ma la ragazza sembra preferirgli un ufficiale inglese. L'americano, per dimenticare, si butta a capofitto nelle imprese aviatorie più impossibili, diventando un eroe. Al rientro da una di queste imprese disperate trova la ragazza che lo aspetta e gli confessa il suo amore. ■ GUERRA; B/N; 98′; USA, 1941. ■ OSCAR 1 NOM.

MIO BACIO TI PERDERÀ, IL *(Belle Le Grand)* ★★★
Regia di ALLAN DWAN. Con JOHN CARROLL, VERA RALSTON. ■ Uscita di prigione dopo aver scontato cinque anni benché innocente, una donna entra nel mondo del gioco e diventa in breve Belle Le Grand, proprietaria di case da gioco. I soldi guadagnati le permettono di far studiare la sorella minore, della quale si innamorano sia Luke, socio di Belle, che Montgomery, ex marito della donna, per colpa del quale era finita in prigione. Montgomery è disposto a tutto per rovinare il rivale e incendia una miniera di proprietà di Luke, ma questi riesce a salvarsi mentre Belle affronta il colpevole che durante lo scontro si ferisce a morte. Finalmente libero, Luke si rende conto che è Belle la donna che ama. ■ DRAMMATICO; B/N; 90′; USA, 1951.

MIO BAMBINO NASCERÀ, IL ★★
(I Want to Keep my Baby)
Regia di JERRY THORPE. Con SUSAN ANSPACH, MARIEL HEMINGWAY, JACK RADER. ■ Una ragazza, appena adolescente, partorisce un bambino. La vita di ragazza madre la obbliga a rinunce e a difficili rapporti con gli altri. Alla fine, dopo indecisioni e sensi di colpa dovrà arrendersi e affidare a una coppia il piccolo. Piuttosto prevedibile. ■ DRAMMATICO; COL.; 90′; USA, 1976.

MIO CAMPIONE, IL *(A Cool, Dry Place)* ★★
Regia di JOHN N. SMITH. Con JOEY LAUREN ADAMS, MONICA POTTER, VINCE VAUGHN. ■ Russ è un giovane avvocato, allenatore di basket nel tempo perso, che, abbandonato improvvisamente dalla moglie, si trova ad accudire, da solo, suo figlio Calvin, bambino vivace e combinaguai. L'incontro con la sorella di un giocatore e il ritorno inaspettato della moglie porteranno scompiglio nella vita del nostro "mammo". Anche se la sceneggiatura presenta qualche pecca, divertenti sono i dialoghi tra il giovane padre e il suo "piccolo campione". ■ DRAMMATICO; COL.; 97′; USA, 1998.

MIO CANE SKIP, IL *(My dog Skip)* ★★
Regia di JAY RUSSELL. Con KEVIN BACON, CLINT HOWARD, DIANE LANE, CAITLIN WACHS, LUKE WILSON. ■ Tratto dal romanzo di Willie Morris, il film racconta le vicende di un bambino timido che vince i suoi problemi grazie ad un cagnolino, il simpatico Skip che diventerà suo compagno d'avventura sullo sfondo tragico della seconda guerra mondiale. Il film è ambientato nello stato del Mississippi negli Stati Uniti d'America. ■ DRAMMATICO; COL.; 95′; USA, 2000.

MIO CARO ASSASSINO ★★
Regia di TONINO VALERI. Con WILLIAM BERGER, GEORGE HILTON, DANTE MAGGIO, SALVO RANDONE, MARILÙ TOLO. ■ Il commissario di polizia Luca Peretti è alle prese con una serie di delitti apparentemente senza alcun collegamento tra loro ma che in seguito alle sue accurate indagini risultano strettamente legati da un filo logico. Alla base c'è il sequestro e il conseguente assassinio di una bimba. Peretti scopre movente e assassino. ■ GIALLO; COL.; 92′; ITALIA, 1972.

MIO CARO DOTTOR GRASLER ★★★
Regia di ROBERTO FAENZA. Con MARIO ADORF, KEITH CARRADINE, MIRANDA RICHARDSON, KRISTIN SCOTT THOMAS, MAX VON SYDOW. ■ Un medico avanti con gli anni cerca l'anima gemella tra varie donne molto dissimili l'una dall'altra. In realtà non è riuscito a staccarsi dalla sorella autoritaria e austera. Costei si uccide e anche l'ultima amante del medico muore. Egli finirà con l'accasarsi con una donna simile alla sorella persino fisicamente, accollandosi la figlia di lei viziata e irritante. Da un racconto di Arthur Schnitzler sullo sfondo dell'Ungheria asburgica di fine secolo scorso. ■ DRAMMATICO; COL.; 121′; ITALIA, UNGHERIA, 1989. ■ DAVID DI DONATELLO 1 PR, 1 NOM.

MIO CARO JOHN, IL *(Käre John)* ★★★
Regia di LARS – MAGNUS LINDGREN. Con JARL KULLE, HELENE NILSSON, CHRISTINE SCHOLLIN. ■ In un paesino della costa svedese si incontrano John, capitano di lungo corso, e Anna, ragazza madre. Anna teme d'essere la solita avventura per John, ma l'uomo le dimostra che i suoi propositi sono serissimi. ■ COMMEDIA; B/N; 92′; SVEZIA, 1964. ■ OSCAR 1 NOM.

MIO COGNATO ★★
Regia di ALESSANDRO PIVA. Con MARIANGELA ARCIERI, CAROLINA FELLINE, LUIGI LO CASCIO, SERGIO RUBINI, ALESSANDRA SARNO. ■ Vito ha sposato Anna, sorella di Toni, un cognato che proprio non vuol farsi venire in simpatia, strafottente e spensierato com'è ai suoi occhi. Alla cena del battesimo del figlio di Toni, a Vito viene rubata la macchina appena ritirata in concessionaria. La festa è sfumata e Toni, solo per dovere familiare, si convince ad accompagnare Vito nella ricerca dell'automobile. Inizia per i due "parenti acquisiti" un viaggio allucinante per i quartieri di una Bari di cui Vito nemmeno sospettava l'esistenza, a bordo della fiammante "macchinona" di Toni, che al contrario del cognato sembra muoversi con una certa disinvoltura tra i codici non scritti della malavita locale. I due avranno modo di conoscersi meglio. ■ COMMEDIA NERA; COL.; 90′; ITALIA, 2002.

MIO CORPO CON RABBIA, IL ★★
Regia di ROBERTO NATALE. Con MASSIMO GIROTTI, PETER LEE LAWRENCE, SILVANO TRANQUILLI. ■ Silvia è la classica ragazza borghese insoddisfatta e annoiata che rifiuta la famiglia e si rifugia nella droga. Spedita frettolosamente in una clinica svizzera, si libera solo apparentemente del suo vizio e si mette a vivere con Paolo, giovane ribelle e rivoluzionario (almeno a parole). L'ennesimo scontro con i genitori è l'occasione, per la ragazza, di abbandonare definitivamente il suo ambiente per seguire Paolo. ■ DRAMMATICO; COL.; 90'; ITALIA, 1975.

MIO CORPO TI SCALDERÀ, IL *(The Outlaw)* ★★★
Regia di HOWARD HUGHES. Con JACK BUETEL, WALTER HUSTON, THOMAS MITCHELL, JANE RUSSELL. ■ Doc Holliday, veterano della delinquenza, ha molta simpatia per Billy the Kid, fuorilegge alle prime armi. La simpatia si trasforma in odio quando si accorge che Billy ha una relazione con Rio, amante di Doc da molto tempo. Doc ha cattive intenzioni nei confronti dei due, ma prima gli indiani e poi lo sceriffo lo costringono a rimandare la vendetta. È proprio lui a rimetterci la pelle, mentre Billy e Rio se ne vanno insieme. ■ WESTERN; B/N; 123'; USA, 1943.

MIO CUGINO, IL REVERENDO BOBBY ★★
(Cousin Bobby)
Regia di JONATHAN DEMME. ■ Dopo *Il silenzio degli innocenti* Demme si prese una vacanza e realizzò questo simpatico film, presentato al Festival di Cannes. Il "cugino" è un prete della chiesa battista di New York. Aiuta la gente di colore fin dagli anni in cui le Black Panthers lo accettarono come cappellano. Harlem non è un posto facile da gestire ma Bobby se la cava egregiamente. ■ DOCUMENTARIO; COL.; 62'; USA, 1992.

MIO CUGINO VINCENZO *(My Cousin Vinny)* ★★
Regia di JONATHAN LYNN. Con RALPH MACCHIO, JOE PESCI, MARISA TOMEI. ■ Joe Pesci, caratterista assurto a star, veste i panni di un avvocato alle prime armi che deve difendere Stan e Bill, accusati ingiustamente di omicidio. Il novellino è impacciato, poco credibile e rischia di perdere la causa ma la sua donna l'aiuterà. Commediola esile, con grande successo in Usa e in Italia, resa godibile dalla simpatica performance di Pesci. ■ COMMEDIA; COL.; 118'; USA, 1992. ■ OSCAR 1 PR, 1 NOM.

MIO DIO, COME SONO CADUTA IN BASSO! ★★★
Regia di LUIGI COMENCINI. Con LAURA ANTONELLI, ROSEMARIE DEXTER, ALBERTO LIONELLO, UGO PAGLIAI, MICHELE PLACIDO. ■ Dopo essersi regolarmente sposati, Eugenia e Raimondo scoprono di essere figli dello stesso padre. Decidono di nascondere al mondo la grave onta e vivere come fratello e sorella, appunto, nella stessa casa. Ma le esigenze carnali della bella Eugenia si fanno impellenti. Chi ne approfitta è il giovane autista di casa, povero e di modi poco chic ma bello e aitante. ■ COMMEDIA; COL.; 110'; ITALIA, 1974.

MIO DOMANI, IL ★★
Regia di MARINA SPADA. Con CLAUDIA COLI, CLAUDIA GERINI, LINO GUANCIALE, PAOLO PIEROBON, RAFFAELE PISU. ■ Monica è consulente presso una società di formazione aziendale. Single e amante del suo capo, vive a Milano e frequenta nel tempo libero un corso di fotografia. Ogni fine settimana visita il suo vecchio padre, fervente cattolico che vive aspettando soltanto di morire. Nella bassa padana risiedono anche il nipote, un adolescente sensibile e depresso, e la sorellastra, figlia illegittima di una scappatella materna. Dentro una città in trasformazione e a quattro anni dall'Expo, si muove muta e uguale a se stessa la vita di Monica, incapace di vedere il mondo e di vedersi. Almeno fino a quando il padre viene a mancare e con lui il legame con un passato rimosso e doloroso. In sintonia con la sua città e coi suoi progetti di "riqualificazione", Monica comincerà a riempire i vuoti e a ripartire da zero. ■ DRAMMATICO; COL.; 88'; ITALIA, 2011.

MIO FIGLIO *(Rue des Prairies)* ★★
Regia di DENYS DE LA PATELLIÈRE. Con CLAUDE BRASSEUR, ROGER DUMAS, JEAN GABIN, MARIE JOSÉ NAT. ■ Vicissitudini familiari del vecchio Henri, che, vedovo, deve allevare due figli suoi e un ragazzo che la moglie ha avuto da un altro uomo. Ma è proprio quest'ultimo, forse, il più amato dei tre: il padre adottivo lo salverà dal riformatorio e lo terrà per sempre con sé. ■ COMMEDIA; B/N; 87'; FRANCIA, 1959.

MIO FIGLIO IL FANATICO *(My Son the Fanatic)* ★★
Regia di UDAYAN PRASAD. Con AKBER KURTHA, OM PURI, STELLAN SKARSGARD. ■ Il conflitto fra un tassista indiano che si trova benissimo in Inghilterra e il figlio assolutamente integralista. Ne esce il confronto fra le due culture con qualche sorriso e molti pregiudizi, soprattutto da parte del giovane. ■ COMMEDIA; COL.; 88'; GRAN BRETAGNA, 1997.

MIO FIGLIO IL FORZATO *(Der Bagnosträfling)* ★★
Regia di GUSTAV FRÖHLICH. Con KATHE DORSCH, WINNIE MARKUS. ■ Siamo in Francia in pieno secondo impero. Due nobili rampolli, perduto il patrimonio familiare, prendono strade diverse: uno diventa il capo di una banda di ladri, l'altro fa carriera nella polizia. Il ladro finisce nelle carceri ad opera del cugino che gli soffia anche la moglie. Gli amanti sono tranquilli perché difficilmente si esce vivi dalle segrete; invece la vendetta del prigioniero arriva dopo anni, implacabile. ■ DRAMMATICO; B/N; 91'; GERMANIA, 1949.

MIO FIGLIO NERONE ★★★
Regia di STEFANO VANZINA. Con FURLANETTO, BRIGITTE BARDOT, ARTURO BRAGAGLIA, MARIO CAROTENUTO, VITTORIO DE SICA, SANDRA MILO, ALBERTO SORDI, GLORIA SWANSON. ■ Nerone tenta di far uccidere la madre Agrippina, unica persona che riesca a tenergli testa. Anche Seneca e Poppea si danno da fare per eliminare la vecchia imperatrice, che però sembra avere cento vite. Alla fine Nerone ce la fa, e insieme alla madre fa uccidere tutti quelli che lo hanno aiutato e che gli sono venuti a noia, moglie compresa. ■ COMICO; COL.; 90', ITALIA, 1956.

MIO FIGLIO PROFESSORE ★★★
Regia di RENATO CASTELLANI. Con GIORGIO DE LULLO, ALDO FABRIZI, LISETTA NAVA, PINUCCIA NAVA, MARIO PISU, MARIO SOLDATI. ■ La moglie di Orazio muore dando alla luce un bambino. Orazio fa studiare il figlio e, grazie ai suoi piccoli intrighi, gli fa avere l'incarico di insegnare nella stessa scuola dove lui lavora come custode da tanti anni. Il giovanotto non è per nulla soddisfatto delle facilitazioni paterne e lo rimprovera di complicargli la vita. Per rimediare, il vecchio bidello decide di abbandonare la scuola. ■ DRAMMATICO; B/N; 100'; ITALIA, 1946.

MIO FRATELLO È FIGLIO UNICO ★★★
Regia di DANIELE LUCHETTI. Con ANNA BONAIUTO, CLAUDIO BOTOSSO, NINNI BRUSCHETTA, ASCANIO CELESTINI, ANGELA FINOCCHIARO, DIANE FLERI, ELIO GERMANO, MASSIMO POPOLIZIO, ALBA ROHRWACHER, RICCARDO SCAMARCIO, LUCA ZINGARETTI. ■ Negli anni Sessanta a Latina la vita non era facile. Le famiglie dovevano far crescere i figli con quello che avevano, dando loro una buona educazione. Accio è il più giovane di tre fratelli, e la sua vita si svolge fra ideali ora vivi e poi dimenticati. Lottando con il fratello, con il quale condivide gioia e miseria. Uno sguardo, un primo piano. Il movimento degli occhi, ora persi, ora accesi per reagire a una situazione che in quel momento è la più importante. Luchetti sa che il suo cinema è personale, tocca la politica, la affronta, ma ciò che gli importa veramente sono le persone, perché sono loro che fanno il mondo. Ieri, oggi, domani. Mentre racconta la storia dell'Italia del '68 (che a Latina non arriva) fra nero e rosso, due uomini legati dallo stesso sangue si confrontano, e Accio, sempre alla ricerca di una fede, da quella cristiana a quella fascista, per poi quasi perdersi nella sinistra, è la rappresentazione dell'evidente incertezza di un paese allo sbando. ■ COMMEDIA; COL.; 100'; FRANCIA, ITALIA, 2007.

MIO GROSSO GRASSO AMICO ALBERT, IL ★★
(Fat Albert)
Regia di JOEL ZWICK. Con SHEDRACK ANDERSON III, BILL COSBY, AARON FRAZIER, OMARI GRANDBERRY, MARQUES HOUSTON, ALPHONSO MCAULEY, KYLA PRATT, DANIA RAMIREZ, RAVEN-SYMONE, KEITH ROBINSON, J. MACK SLAUGHTER, JEREMY SUAREZ, KENAN THOMPSON, JERMAINE WILLIAMS. ■ Ve lo ricordate? «Hey hey hey, Albertone il ciccione» dai cartoni animati raggiunge la terza dimensione e diventa di carne, ossa... e soprattutto ciccia! Uscito dalla tv insieme ai Cosby kids, Fat Albert

è determinato a risolvere i problemi di Doris, ragazza triste le cui lacrime hanno compiuto il prodigio. Innamoratosi di Lauri, sorella di Doris, il simpatico ciccione deciderà di rimanere nel mondo reale, ma tra una lezione di vita impartita e l'altra ne imparerà una anche lui, capendo che deve tornare al mondo a cui appartiene. ■ COMMEDIA; COL.; 93'; USA, 2005.

MIO GROSSO GRASSO MATRIMONIO GRECO, IL ★★
(My Big Fat Greek Wedding)
Regia di JOEL ZWICK. Con MICHAEL CONSTANTINE, JOHN CORBETT, JOEY FATONE, NIA VARDALOS. ■ Toula è bruttina, goffa e prigioniera della "grecità" della sua famiglia: il padre teorizza che tutte le parole del mondo hanno radice greca e che «esistono solo due categorie di persone: i greci e tutti quelli che vorrebbero esserlo». Quando Toula incredibilmente attira le attenzioni di Ian, bello, alto, intelligente, benestante, non crede ai suoi occhi. Invece "lo straniero" si innamora davvero. E qui cominciano i "riti". Per farsi accettare Ian subisce tutto, a cominciare dal battesimo con rito ortodosso. Nonostante i pregiudizi iniziali di tutti, compresi i genitori "americanissimi", alla fine l'amore trionfa. La Vardalos (Toula) è anche sceneggiatrice. Dice di aver semplicemente raccontato la propria famiglia. Fra i produttori c'è Tom Hanks. ■ COMMEDIA; COL.; 96'; USA, 2002.

MIO MAO – FATICHE ED AVVENTURE DI ALCUNI GIOVANI OCCIDENTALI PER INTRODURRE IL VIZIO IN CINA ★★
Regia di NICCOLÒ FERRARI. Con LIVIO BARBO, YVES BENEYTON, FRANCESCA ROMANA COLUZZI, ROSEMARIE DEXTER. ■ Un gruppo di giovani rivoluzionari parte per la Cina, paese che a loro sembra aver realizzato quasi completamente il loro ideale socialista. Giuda, il rompiscatole della compagnia, finisce alla lunga per stancare i compagni che, uno alla volta, lo abbandonano. Nemmeno lui riesce comunque a varcare il confine, perché le solerti Guardie Rosse lo rispediscono indietro senza tanti complimenti. ■ COMMEDIA; COL.; 103'; ITALIA, 1970.

MIO MARITO È SCOMPARSO ★★
(My Husband is Missing)
Regia di RICHARD MICHAELS. Con JEFF DAVID, JAMES HONG, TONY MUSANTE, SALLY STRUTHERS. ■ Una donna parte per il Vietnam alla ricerca del marito, dato per disperso dalle autorità. Superati ostacoli di ogni tipo, noncurante delle avversità e dei problemi che le si presentano quotidianamente, la protagonista scopre di essersi innamorata, ricambiata, del giornalista che l'accompagna nel suo viaggio e che deve scrivere la storia della sua "odissea". ■ DRAMMATICO; COL.; 95'; USA, 1978.

MIO MIGLIORE AMICO, IL *(Mon meilleur ami)* ★★★
Regia di PATRICE LECONTE. Con DANIEL AUTEUIL, DANY BOON, JULIE DURAND, JULIE GAYET, JACQUES MATHOU, MOLLY PICON, MARIE PILLET. ■ François è un antiquario, ha una socia nel business, e ha quindici appuntamenti al giorno. Ha un solo problema: non ha un amico. Per provare il contrario fa una scommessa: entro dieci giorni dovrà presentare alla sua socia il suo migliore amico. Leconte, sulla base di un soggetto di Olivier Dazat, non si limita a raffigurare il senso dell'amicizia, ma parte dall'ipotesi di negarla, dichiarando, nella figura di François, come sia possibile vivere solo per il lavoro. Il problema del protagonista è quello di non sapere realmente cosa sia un amico. Tutte le conoscenze, le relazioni d'affari, fredde e fugaci, sono l'unica sua fonte di vita sia umana che professionale. Anche la sua donna (incredibile che ne abbia una), è probabilmente presente per questioni sociali, vittima di una precarietà affettiva («L'amore si può anche vendere, l'amicizia no»). In questo il ruolo di Auteuil ricorda alla lontana *Un cuore in inverno*, dove interpretava un uomo incapace di amare. ■ COMMEDIA; COL.; 95'; FRANCIA, 2006.

MIO MIGLIORE INCUBO, IL *(Mon pire cauchemar)* ★★
Regia di ANNE FONTAINE. Con CORENTIN DEVROEY, ANDRÉ DUSSOLLIER, VIRGINIE EFIRA, ISABELLE HUPPERT, BENOÎT POELVOORDE. ■ Agathe dirige una prestigiosa fondazione per l'arte contemporanea, vive col marito editore e il figlio in un appartamento di duecento metri nel centro di Parigi, è snob, sarcastica, spesso insopportabile. Patrick è il padre del miglior amico del figlio di Agathe, sbarca il lunario con lavoretti da muratore, è un alcolizzato con la fissazione per il sesso. Agathe e Patrick non potrebbero essere più lontani, ma, una volta incontrati, le loro vite cambiano radicalmente. Curiosa coppia di attori. ■ COMMEDIA; COL.; 99'; FRANCIA, BELGIO, 2010.

MIO MIGLIOR NEMICO, IL *(Mein Ideal Husband)* ★★
Regia di WERNER HERZOG. Con CLAUDIA CARDINALE, WERNER HERZOG, KLAUS KINSKI, EVA MATTES. ■ Un ritratto di Klaus Kinski (scomparso il 23 novembre 1991) visto attraverso le immagini dei film, le interviste e le scene sui set dell'amico amato-odiato Werner Herzog. Claudia Cardinale ed Eva Mattes parlano di lui. ■ DOCUMENTARIO; COL.; 98'; GERMANIA, GRAN BRETAGNA, 1999.

MIO MIGLIOR NEMICO, IL ★★★
Regia di CARLO VERDONE. Con SARA BERTELÀ, CORINNE JIGA, ANA CATERINA MORARIU, SILVIO MUCCINO, AGNESE NANO, LEONARDO PETRILLO, PAOLO TRIESTINO, CARLO VERDONE. ■ La struttura poggia sullo scontro/incontro tra due personaggi: Achille, un padre di famiglia che ha perso nel tempo il contatto coi propri cari, e Orfeo, un ragazzo che, convinto di aver subito un torto dal primo, decide di vendicarsi, rovinandogli l'esistenza. Se i loro nomi rimandano a gesta eroiche e ad amori intensi e disperati, le loro azioni sono invece sanguigne e pragmatiche. Il ritmo è scorrevole, le sequenze fluiscono alternando una comicità mai volgare a momenti maggiormente riflessivi – forse soltanto con qualche indugio eccessivo verso la parte finale del film – e la trama, anche se non originale, funziona piuttosto bene. Con l'unica eccezione di una condivisione non sempre ben bilanciata sul piano recitativo, con picchi verso l'alto quando nelle scene è presente Verdone e con qualche vuoto di presenza – scusate il gioco di parole – in sua assenza. ■ COMMEDIA; COL.; 100'; ITALIA, 2005. ■ DAVID DI DONATELLO 12 NOM.

MIO MONDO MUORE URLANDO, IL ★★
(My World dies Screaming)
Regia di HAROLD DANIELS. Con WILLIAM CHING, GERALD MOHR, CATHY O'DONNELL. ■ Una giovane donna riconosce nella casa in cui il marito l'ha portata ad abitare per distoglierla da ossessionanti fantasie proprio lo scenario dei suoi incubi. ■ GIALLO; B/N; 83'; USA, 1958.

MIO NEMICO, IL *(Enemy Mine)* ★★★
Regia di WOLFGANG PETERSEN. Con LOUIS GOSSETT JR, BRION JAMES, DENNIS QUAID. ■ Siamo nella seconda metà degli anni Duemila. Il terrestre Davidge, incurante degli ordini, si scaglia con la sua astronave all'attacco di una navetta entrata nell'orbita della stazione spaziale, ma dopo un furibondo scontro, precipita con il suo nemico sul pianeta Fyrine IV, abitato da mostriciattoli carnivori. Il nemico di Davidge è un Dracon, essere unisex proveniente da una lontana galassia: ben presto i due naufraghi dello spazio capiscono che l'unico modo per sopravvivere è cessare le ostilità e allearsi. Dopo essersi salvati la vita a vicenda, Davidge e il Dracon si rifugiano in una grotta, nella quale il Dracon muore dopo aver partorito un piccolo Drac. ■ FANTASTICO; COL.; 108'; USA, 1985.

MIO NOME È KHAN, IL *(My Name Is Khan)* ★★★
Regia di KARAN JOHAR. Con KENTON DUTY, KAJOL KATIE, A. KEANE, SHAH RUKH KHAN, BENNY NIEVES. ■ Rizvan Khan soffre sin dalla nascita di una particolare forma di autismo, la Sindrome di Asperger, che gli consente di comunicare meglio in forma scritta che orale e che gli impedisce di intuire le reazioni altrui. Cresciuto con la madre e un fratello geloso delle attenzioni che gli venivano dedicate ha sviluppato una particolare abilità nel riparare guasti meccanici. Dopo la morte della genitrice il fratello, emigrato e in carriera da tempo, gli trova un lavoro come rappresentante di prodotti cosmetici negli Stati Uniti. Qui Khan conosce Mandira Rathore, madre single di un ragazzino a cui l'uomo si affeziona e che prenderà il suo cognome. Proprio dal cognome musulmano (Mandira è Hindu) inizieranno i problemi per il ragazzino dopo l'11 settembre 2001. La tragedia è in agguato.«Il mio cognome è Khan ma non sono un terrorista»: questa è la frase che

Rizvan Khan (novello Forrest Gump concepito a Bollywood) "deve" dire al Presidente degli Stati Uniti dopo che il senso di colpa di essere musulmano è stato scaricato sulle sue spalle con forza. Il cinema indiano ha ormai saputo trovare in se stesso quella forza narrativa che alle latitudini italiche si vorrebbe avere ma che troppo raramente si riesce a concentrare. Riuscire a produrre e girare dei film che coniughino la spettacolarità sotto forma di grande mélo con la volontà di affrontare importanti temi della contemporaneità non è sempre impresa facile. ■ DRAMMATICO; COL.; 165′; INDIA, 2010.

MIO NOME È MALLORY – "M" COME MORTE, IL ★★
Regia di MARIO MORONI. Con RENATO BALDINI, GABRIELLA GIORGELLI, ROBERT WOOD. ■ I due proprietari di un ranch debbono combattere contro due fuorilegge che intendono impadronirsi dei loro averi. La sorella di uno dei banditi avverte in tempo una delle vittime dandole il tempo di organizzare una difesa. Tutto va bene, anche perché i banditi, venuti a diverbio, si eliminano a vicenda. ■ WESTERN; COL.; 91′; ITALIA, 1971.

MIO NOME È NESSUNO, IL ★★
Regia di TONINO VALERI. Con HENRY FONDA, TERENCE HILL, PIERO LULLI, JEAN MARTIN. ■ Jack, eroe del vecchio West ormai tramontato, sogna di partire per l'Europa. Nessuno, giovane rappresentante dei nuovi eroi, non può permettere che un mito sparisca in modo così anonimo e trascina Jack in un'impresa quasi folle: battere una banda di centocinquanta uomini tutti dediti al brigantaggio. I due vincono e Jack, pur di poter partire, si finge morto dopo un duello con il suo giovane emulatore. Nessuno si mette l'animo in pace e Jack finalmente può imbarcarsi. ■ WESTERN; COL.; 130′; ITALIA, 1973.

MIO NOME È REMO WILLIAMS, IL ★★★
(Remo Williams, the Adventure Begins)
Regia di GUY HAMILTON. Con JOEL GREY, KATE MULGREW, FRED WARD. ■ Un poliziotto di New York viene reclutato da una fantomatica organizzazione ed addestrato a mantenere la legge e l'ordine utilizzando una antichissima arte marziale coreana (il *sinanju*) che gli consente, tra l'altro, di schivare le pallottole, compiere inauditi atti di equilibrismo e correre sull'acqua. Di fronte a tali prestazioni per i supercattivi di turno, nella fattispecie militari corrotti, non ci sarà naturalmente alcuno scampo.Volutamente eccessivo, autoironico e divertente, il film è ricco di originali e acrobatiche scene d'azione. Da notare, nel ruolo del maestro coreano, un redivivo e bravissimo Joel Grey, già premio Oscar per *Cabaret*. ■ AVVENTURA; COL.; 121′; USA, 1986. ■ GOLDEN GLOBES 1 NOM; OSCAR 1 NOM.

MIO NOME È SCOPONE E FACCIO SEMPRE CAPPOTTO, IL *(Dallas)* ★★
Regia di JUAN BOSCH. Con GILLIAN HILLS, FERNANDO SANCHO, ANTHONY STEFFEN. ■ Dallas e Lumacone aiutano una ragazza a liberarsi di tutti gli aspiranti ladri che intendono appropriarsi della sua fattoria. Dallas potrebbe vantare dei diritti legali su quella proprietà, sarebbe sufficiente giocare una partita a poker con la fanciulla. Ma quest'ultima non sa giocare e Dallas, cavaliere fino in fondo, rinuncia ad ogni pretesa e se ne va. ■ WESTERN; COL.; 91′; SPAGNA, 1972.

MIO NOME È SHANGHAI JOE, IL ★★
Regia di MARIO CAIANO. Con KLAUS KINSKI, CHEN LEE, PIERO LULLI, CARLA ROMANELLI, GIACOMO ROSSI STUART. ■ Joe, piccolo ma fortissimo, lavora per Spencer, ufficialmente per trasferire del bestiame, in realtà per contrabbandare uomini da una parte all'altra del confine Usa-Messico. Quando Joe si ribella, Spencer gli mette alle calcagna una squadra di killer, ma il piccolo cinese è imbattibile. ■ WESTERN; COL.; 92′; ITALIA, 1973.

MIO NUOVO STRANO FIDANZATO, IL ★★
(Only Human – Seres Queridos)
Regia di TERESA DE PELEGRÍ, DOMINIC HARARI. Con MARIÁN AGUILERA, NORMA ALEANDRO, MARIA BOTTO, MARIO MARTIN, ALBA MOLINERO, FERNANDO RAMALLO, GUILLERMO TOLEDO. ■ Madrid. Leni Dalinski è una ragazza ebrea tornata a casa per presentare il fidanzato Rafi alla famiglia. Tutto va a meraviglia, finché l'uomo non rivela di essere palestinese. ■ DRAMMATICO; COL.; 89′; ARGENTINA, GRAN BRETAGNA, PORTOGALLO, SPAGNA, 2004.

MIO PADRE, CHE EROE *(Mon père, ce heros!)* ★★
Regia di GERARD LAUZIER. Con GÉRARD DEPARDIEU, MARIE GILLAIN. ■ André, separato dalla moglie, si trova a dover dividere la sua vita con la figlia adolescente. Lei non sarebbe male se solo non raccontasse a destra e a manca una serie di pericolose bugie. Ad esempio si fa passare per la fidanzata del padre che sarebbe un avventuriero. Da qui una serie di situazioni ed equivoci nei limiti ristretti della commedia francese. Depardieu si limita a gigioneggiare mentre è da apprezzare l'interpretazione di Marie Gillain. ■ COMMEDIA; COL.; 103′; FRANCIA, 1991.

MIO PADRE MONSIGNORE ★★
Regia di ANTONIO RACIOPPI. Con BARBARA BACH, LINO CAPOLICCHIO, GIANCARLO GIANNINI, MARISA MERLINI, MINNIE MINOPRIO. ■ Mentre si tenta di unificare l'Italia, un piemontese e un romano diventano amici. Entrambi hanno la stessa illusione, quella di essere un giorno riconosciuti dai rispettivi padri naturali: un vescovo per il romano, addirittura il re per il piemontese. Il sogno non si realizza, mentre la vita con le sue piccole e drammatiche realtà separa i due. Si ritrovano per caso: il piemontese è gravemente ferito e il romano lo porta con sé per curarlo. ■ COMMEDIA; COL.; 90′; ITALIA, 1971.

MIO PAPÀ È IL PAPA *(The Pope Must Die)* ★★
Regia di PETER RICHARDSON. Con PAUL BARTEL, ROBBIE COLTRANE, BEVERLY D'ANGELO, HERBERT LOM. ■ Un prete di campagna diventa pontefice e si trova immerso negli intrighi della curia romana. Riuscirà a sopravvivere? Gli inglesi sono antipapisti per eccellenza e qui confermano questa loro tendenza. ■ COMMEDIA; COL.; 99′; GRAN BRETAGNA, 1991.

MIO PARADISO, IL *(Wenn der Vater mit dem Sohn)* ★★
Regia di HANS QUEST. Con OLIVER GRIMM, WALTRAUT HAAS, HEINZ RÜHMANN. ■ Teddy ha lasciato la vita del circo dopo che suo figlio è morto, ma il suo destino si incrocia con quello di un altro bambino, affidato ad una governante dalla madre partita per l'America. Tra l'uomo e il ragazzino nasce un profondo affetto e, quando la madre scrive al figlio di raggiungerla oltre oceano, il piccolo Uli fugge con Teddy. Più tardi Teddy comprende che non è possibile togliere il bambino alla donna e lo riporta a casa. ■ COMMEDIA; COL.; 92′; GERMANIA, 1955.

MIO PICCOLO GENIO, IL *(Little Man Tate)* ★★★
Regia di JODIE FOSTER. Con JODIE FOSTER, ADAM HANN-BYRD, DIANNE WIEST. ■ Dopo aver interpretato per Jonathan Demme *Il silenzio degli innocenti*, Jodie Foster è approdata alla regia con questo ritratto ben riuscito di un bambino prodigio. Fred ha sette anni e oltre ad essere un genio matematico si diletta di pittura e musica. La madre non vede di buon occhio l'aiuto che viene da una professoressa molto distante da lei come cultura. Alla fine capirà che il bambino ha bisogno di integrarsi nel mondo come tutti i bambini. ■ COMMEDIA; COL.; 99′; USA, 1991.

MIO PICCOLO VILLAGGIO, IL ★★★
(Vesnicko Ma Strediskova)
Regia di JIRÍ MENZEL. Con JANOS BAN, PETR CEPEK, RUDOLF HRUSINSKY, MARIAN LABUDA. ■ Il film, diretto magistralmente da Jirí Menzel, narra la storia di gente comune in un villaggio altrettanto comune. Tutta la vita del villaggio ruota intorno ad una fattoria: Driver Pavek (Marian Labuda), camionista della fattoria, è anche socio e protettore di Otik Rakosnik (Janos Ban), lo "scemo del villaggio". Driver, in una fase iniziale, si mostra sempre pronto a riparare agli errori di Otik; ma quando la situazione comincia a peggiorare e a diventare insostenibile, egli decide di richiedere un nuovo socio. Quando Otik ritorna a Praga, accadono una serie di vicende che portano tutte ad una stessa conclusione: l'infelice Otik è sempre stato, in realtà, l'elemento che ha tenuto insieme l'intero villaggio e di cui il villaggio non può fare a meno. Rendendosi conto del suo errore, il pentito Driver si reca a Praga e invita Otik a ritornare a casa. Film molto bello, a volte divertente a volte amaro, proprio come la vita... ■ COMMEDIA; COL.; 100′; CECOSLOVACCHIA, 1985.

MIO PIEDE SINISTRO, IL *(My Left Foot)* ★★★★
Regia di JIM SHERIDAN. Con DANIEL DAY-LEWIS, BRENDA FRICKER, RUTH MCCABE. ■ Dublino, anni Trenta. Nasce Christy Brown, un bambino cerebroleso. Il padre è un iroso frequentatore di pub e la madre ha passato quasi tutta la vita incinta. Il bambino sembra non avere speranze, ma un giorno riesce a scrivere qualcosa tenendo un gesso fra le dita del piede sinistro (scrive "mamma"). Da quel momento tutta la sua vita sarà un progredire, intellettuale e della volontà. Diventa pittore e addirittura scrittore di successo. Ma nel frattempo quali sofferenze... Si innamora non riamato ma alla fine vince anche quella lotta. Almeno due scene sono da "memoria sentimentale" del cinema: quando si prepara il cemento per costruirsi una stanza e quando riesce, con enorme sforzo, a regalare un fiore alla donna che ama. Una menzione al regista esordiente e a Day Lewis, premio Oscar, meritato. ■ DRAMMATICO; COL.; 100′; IRLANDA, 1989. ■ GOLDEN GLOBES 2 NOM; OSCAR 2 PR, 5 NOM.

MIO PRIMO AMORE, IL ★★
Regia di HAROLD BRAUN. Con RUDOLF FORSTER, ROMY SCHNEIDER. ■ Una giovane rimane orfana e la gestione dell'albergo di famiglia viene affidata a un parente che cercherà subdolamente un matrimonio d'interesse. ■ COMMEDIA; B/N; 105′; AUSTRIA, GERMANIA, 1955.

MIO PRIMO BACIO, IL *(My Girl 2)* ★★
Regia di HOWARD ZIEFF. Con DAN AYKROYD, ANNA CHLUMSKY, JAMIE LEE CURTIS. ■ Dopo la prima vicenda, che finiva tristemente, la protagonista si trova ora alle prese con il ricordo della madre morta prematuramente. L'analisi dei rapporti tra adolescenti e tra questi e i genitori è seria ma un po' troppo didascalica. ■ COMMEDIA; COL.; 99′; USA, 1994.

MIO PRIMO UOMO, IL *(La joven casada)* ★★
Regia di MARIO CAMUS. Con PEDRO DEL CORRAL, MARK EDWARDS, ORNELLA MUTI, MAIRATA O'WISIEDO. ■ Una bella e giovane infermiera diventa l'amante del figlio del primario della clinica in cui lavora. Il giovane viene allontanato dal padre che lo spedisce in Africa e che, liberatosi del figlio, sposa la giovane. Il ragazzo ritorna e naturalmente la matrigna riprende il rapporto interrotto. La ragazza alla fine si stanca di questa situazione e fra i due litiganti (padre e figlio) il terzo (un ex amico della ragazza) gode. ■ DRAMMATICO; COL.; 100′; SPAGNA, 1976.

MIO RAGAZZO, IL *(Young Donovan's Kid)* ★★
Regia di FRED NIBLO. Con JACKIE COOPER, RICHARD DIX, BORIS KARLOFF. ■ Un gangster adotta un ragazzino, figlio di un suo compagno di rapine morto in una sparatoria. ■ WESTERN; B/N; 91′; USA, 1931.

MIO RAGAZZO È UN BASTARDO, IL ★★
(John Tucker Must Die)
Regia di BETTY THOMAS. Con PENN BADGLEY, SOPHIA BUSH, ARIELLE KEBBEL, JENNY MCCARTHY, JESSE METCALFE, BRITTANY SNOW, THIERRY ASHANTI. ■ Le ragazze della scuola non hanno più nessun dubbio: John Tucker deve morire. Troppo bello per essere ignorato, troppo affascinante per passare inosservato fra i corridoi del college, dove frotte di studentesse vorrebbero sedurlo. John è l'asso della squadra di basket, sicuro di sé e premuroso nei confronti del gentilsesso fino a quando, dopo un incontro fortuito, alcune ragazze si accorgono che il dongiovanni altro non è che un doppiogiochista che promette a tutte amore eterno. C'è chi decide di vendicarsi. L'altra faccia dei college americani, nel filone iniziato con *Animal House* e proseguito con la saga di *American Pie*. ■ COMMEDIA; COL.; 89′; USA, 2006.

MIO SCOPO È LA VENDETTA, IL ★★
(Search and Destroy)
Regia di WILLIAM FRUET. Con GEORGE KENNEDY, PERRY KING, DON STROUD. ■ I componenti di una pattuglia di soldati americani in Vietnam sono, a guerra ormai finita, nel mirino di un misterioso assassino. Dopo le prime vittime i superstiti capiscono chi è. Si tratta di un sudvietnamita che vuole punirli per averlo abbandonato in balia del nemico durante un'azione di guerra. La punizione arriva implacabile su tutti. Tranne uno che riesce ad avere la meglio sul killer. ■ THRILLER; COL.; 94′; CANADA, 1981.

MIO SOCIO, IL *(L'associé)* ★★★
Regia di RENÉ GAINVILLE. Con CATHERINE ALRIC, CLAUDINE AUGER, BERNARD HALLER, JUDITH MAGRE, MARCO PERRIN, MICHEL SERRAULT. ■ Un uomo d'affari che non riesce a sfondare s'inventa, quasi per caso, un socio inglese e ottiene il successo. La fortuna dell'immaginario individuo l'ingelosisce e lui dichiara che è morto, ma sarà costretto a risuscitarlo. Un film francese abbastanza divertente, con un buon cast. ■ COMMEDIA; COL.; 95′; FRANCIA, 1979.

MIO SOGNO PIÙ GRANDE, IL *(Gracie)* ★★
Regia di DAVIS GUGGENHEIM. Con DERMOT MULRONEY, CARLY SCHROEDER, ANDREW SHUE, ELISABETH SHUE, JESSE LEE SOFFER. ■ Gracie ha sedici anni, tre fratelli maschi e un padre che pensa solo al calcio. Quando il fratello Johnny, suo unico alleato in famiglia, muore improvvisamente in un incidente stradale, la ragazza decide di prendere il suo posto nella squadra di calcio del liceo e si sottopone ad un duro allenamento, osteggiata da tutti, in casa e fuori. *Il mio sogno più grande* si basa su fatti realmente accaduti all'attrice Elisabeth Shue (qui nel ruolo della madre di Gracie) e a suo fratello Andrew, co-interprete e produttore. ■ DRAMMATICO; COL.; 93′; USA, 2007.

MIO UOMO, IL *(My Man and I)* ★★★
Regia di WILLIAM A. WELLMAN. Con WENDELL COREY, RICARDO MONTALBAN, CLAIRE TREVOR, SHELLEY WINTERS. ■ Un immigrato messicano viene assunto nel ranch di Ames. La moglie di quest'ultimo si prende una cotta, ma il giovanotto la respinge. La donna, per vendicarsi dell'affronto, lo coinvolge in una serie di imbrogli e tentati omicidi. Per fortuna il messicano ha molti amici sinceri che non si danno pace finché non riescono a dimostrare la sua innocenza. ■ WESTERN; B/N; 99′; USA, 1952.

MIO UOMO È UN SELVAGGIO, IL *(Le sauvage)* ★★★
Regia di JEAN-PAUL RAPPENEAU. Con CATHERINE DENEUVE, YVES MONTAND, LUIGI VANNUCCHI, DANA WYNTER. ■ Martin ha abbandonato moglie e affari per ritirarsi a vivere in un'isola deserta del Sud America. A turbare la sua solitudine arriva la bella Nelly, poi il fidanzato di questa che se la riporta via, non prima di aver picchiato Martin per gelosia. Riportato in America dagli uomini della sua ex moglie, Martin deve scontare qualche mese di prigione per irregolarità negli affari, ma quando esce trova ad aspettarlo Nelly. ■ COMMEDIA; COL.; 105′; FRANCIA, 1975.

MIO UOMO È UNA CANAGLIA, IL *(Born to Win)* ★★★
Regia di IVAN PASSER. Con KAREN BLACK, ROBERT DE NIRO, PAULA PRENTISS, GEORGE SEGAL. ■ Jay è bianco, Billy è nero: entrambi hanno lo stesso terribile vizio, la droga. I due hanno dato fastidio ad un potente boss del giro, per questo Billy muore dopo essersi iniettato stricnina nelle vene e anche Jay sa che presto arriverà il suo turno. Non tenta nemmeno di fuggire o di nascondersi e nemmeno Parm, una ragazza che lo ama, riesce a salvarlo. ■ DRAMMATICO; COL.; 90′; USA, 1971.

MIO UOMO SEI TU, IL *(Julie de Carneilhan)* ★★
Regia di JACQUES MANUEL. Con PIERRE BRASSEUR, MARCELLE CHANTAL, EDWIGE FEUILLÈRE. ■ Julie è stata abbandonata dal marito per una donna più ricca, eppure le resta ancora qualche illusione sull'uomo che suo malgrado continua ad amare. Lui lo sa e tenta di coinvolgere Julie in un imbroglio ai danni della nuova moglie. Finalmente Julie apre gli occhi. ■ DRAMMATICO; B/N; 95′; FRANCIA, 1949.

MIO XX SECOLO, IL *(Az en XX Szazadom)* ★★
Regia di ILDIKÒ ENYEDI. Con PETER ANDORAI, OLEG JANKOWSKI, DOROTHA SEGDA. ■ Due stelle si sono trasformate in bambine, scendendo nel cielo di Budapest. Qui la loro vita prenderà strade differenti. Molti anni dopo si incontreranno sull'Orient-Express e una di loro avrà il compito di far saltare il treno. ■ COMMEDIA; COL.; 100′; UNGHERIA, 1988.

MIO VIAGGIO IN ITALIA, IL ★★★★
Regia di MARTIN SCORSESE. ■ Segue *A personal journey with Martin Scorsese through American movies*, questo film-racconto sul cinema italiano. Ma se quello era un lavoro che ritraeva in maniera piuttosto documentaristica il cinema americano preferito dal regista di *Taxi driver*, *Il mio viaggio in Italia* è il racconto della sua

vita, della sua infanzia. Attraverso il cinema italiano classico, infatti, Scorsese ha imparato a conoscere le sue origini italiane quando era ragazzino a New York. Il film dura più di quattro ore, ma si tratta di un tempo che scivola via come acqua leggera, ed è composto da tutta una serie di celebri spezzoni di grandi film italiani (di Rossellini, di De Sica, di Visconti) splendidamente (ed emotivamente) uniti dal cuore di Scorsese, dal suo amore per il cinema e per la vita. Le immagini sembrano tratte dagli occhi di uno spettatore qualunque, che rivive le sensazioni generate dalla visione di un film. Con innocenza e voglia di comunicare: ed infatti la sua voce fuori campo è come quella di un bambino pieno d'entusiasmo, di capacità di stupirsi, di voglia di conoscere e conoscersi. Nulla di accademico, dunque: anzi, *Il mio viaggio in Italia* sembra una specie di mappa per accostarsi al grande cuore del cinema. Per imparare a vederlo in profondità, non nozionisticamente. ■ STORICO-BIOGRAFICO; COL.; 245'; USA, 2000.

MIO WEST, IL ★

Regia di GIOVANNI VERONESI. Con DAVID BOWIE, HARVEY KEITEL, YUDII MERCREDI, ALESSIA MARCUZZI, LEONARDO PIERACCIONI. ■ Indispone già nei titoli, quando il nome Leonardo Pieraccioni entra trionfante e precede quello di Harvey Keitel. Nel suo west il regista cita Leone (i lunghi duelli), Pollack (le montagne di *Corvo Rosso*), Costner (gli indiani e la lingua) e altri. Tocca persino i classici alla Ford, con qualche tentativo di mito di frontiera (il pistolero solitario Keitel che arriva da lontano). Sì, davvero diligente Veronesi, ha esplorato proprio tutto. Pieraccioni è Doc, ben visto nel villaggio. Arriva Johnny, suo padre, che ha un passato, e cominciano i guai. C'è naturalmente il killer che vuole ucciderlo per farsi una reputazione. Pieraccioni è esattamente lo stesso personaggio del *Ciclone* e dei *Fuochi d'artificio*, raccapricciante in quel contesto. Il tutto narrato da un bambino, figlio di Doc, che fa anche discorsi ecologici. Risolviamo il giudizio con un quesito: come avrebbe commentato John Ford (ma vale per Hawks, Mann, Sturgess, De Mille e altri) la facciotta furbesca e borghesina e le spallucce spioventi di Leonardo se qualcuno gliele avesse proposte per un casting? ■ WESTERN; COL.; 110'; ITALIA, 1998.

MIO ZIO *(Mon oncle)* ★★★★

Regia di JACQUES TATI. Con ADRIENNE SERVANTIE, JACQUES TATI, JEAN-PAUL ZOLA. ■ Il piccolo Gérard ha un padre molto ricco e molto impegnato negli affari. Anche la madre è sempre presa da mille impegni e non ha tempo di occuparsi di lui. Al bambino rimane la compagnia dello zio Hulot, simpaticissimo personaggio anticonformista. ■ COMICO; COL.; 120'; FRANCIA, 1959. ■ CANNES 1 PR; OSCAR 1 PR, 1 NOM.

MIO ZIO BENIAMINO – L'UOMO DAL MANTELLO ROSSO *(Mon oncle Benjamin)* ★★

Regia di EDOUARD MOLINARO. Con BERNARD BLIER, JACQUES BREL, ROBERT DALBAN, CLAUDE JADE, ROSY VARTE. ■ Beniamino è pieno di debiti e deve sposare la ricca Arabella, ma l'idea del matrimonio lo atterrisce. Il caso vuole che Arabella si innamori di un altro. Beniamino sta già tirando un sospiro di sollievo quando arriva il ricatto di Nanette, ragazza lungamente corteggiata: o il matrimonio o l'abbandono. E così Beniamino finisce davanti al prete. ■ COMMEDIA; COL.; 90'; FRANCIA, 1969.

MI PERMETTE BABBO? ★★

Regia di MARIO BONNARD. Con ALDO FABRIZI, ALBERTO SORDI. ■ Rodolfo vive alle spalle della famiglia della moglie e trascorre le giornate studiando canto con un maestro di musica spiantato e imbroglione almeno quanto lui. Quando il suocero gli dà l'ultimatum, Rodolfo è costretto a darsi da fare per avere una particina in un'opera lirica allestita nel teatro cittadino. Convinti di assistere all'inizio di una folgorante carriera, i parenti di Rodolfo gli concedono di continuare a vivere come sempre. ■ COMMEDIA; B/N; 90'; ITALIA, 1956.

MI PIACE LAVORARE – MOBBING ★★

Regia di FRANCESCA COMENCINI. Con NICOLETTA BRASCHI, CAMILLE DUGAY COMENCINI. ■ Lo scenario è assolutamente asettico: un'azienda anonima, di cui non si conosce l'attività, il fatturato, lo scopo. La discesa agli inferi della bravissima signora Benigni è raccontata senza enfasi, né scene madri: giorno dopo giorno, alla inconsapevole contabile vengono tolte dignità e speranze, tramite un continuo, spossante, cambiamento di mansioni e piccole meschinità che minano l'autostima di quella che appare una vera e propria vittima sacrificale. Efficace la performance della Braschi, sempre sul punto di cedere, ma pronta, alla fine, ad alzare la testa e reagire, dopo l'ultimo, inaccettabile sopruso. ■ DRAMMATICO; COL.; 89'; ITALIA, 2004.

MI PIACE QUELLA BIONDA *(Hold that Blonde)* ★★★

Regia di GEORGE MARSHALL. Con EDDIE BRACKEN, ALBERT DEKKER, VERONICA LAKE. ■ Ogden è un cleptomane, ma non un delinquente. Così, quando per corteggiare una bella bionda finisce invischiato in un giro di ladri molto ben organizzati, si rivolge immediatamente alla polizia facendo finire tutti in galera. Resta la sua malattia. Uno psichiatra gli consiglia di occupare le sue giornate corteggiando la bionda: sicuramente non avrà tempo per le ricadute. ■ COMMEDIA; B/N; 76'; USA, 1945.

MI PORTI A CENA FUORI QUESTA SERA? ★★ *(La jumente vapeur)*

Regia di JOYCE BUÑUEL. Con CAROLE LAURE, LILIANE ROVEYERE, PIERRE SANTINI. ■ La crisi di una casalinga, portata all'esasperazione dal comportamento di tutti gli uomini con i quali viene a contatto: il marito, il parrucchiere, il vicino di casa, l'impiegato dell'ufficio di collocamento. Quando il paniere delle delusioni è al colmo, il marito si accorge che qualcosa non va nella sua compagna. ■ DRAMMATICO; COL.; 97'; FRANCIA, 1978.

MI PRESENTI I TUOI? *(Meet the Fockers)* ★★

Regia di JAY ROACH. Con BLYTHE DANNER, ROBERT DE NIRO, DUSTIN HOFFMAN, TIM BLAKE NELSON, TERI POLO, BEN STILLER, BARBRA STREISAND, OWEN WILSON. ■ Jack Byrnes ha acconsentito al matrimonio di sua figlia con Greg Fotter. Ora parte con la consorte per la Florida per conoscere i consuoceri. Le sorprese non mancheranno. Il 99% delle gag è basato sul sesso o su argomenti scatologici, che alla lunga sono abbastanza stancanti. Sembra che nessuno sceneggiatore americano si prenda più la briga di cercare soluzioni alternative. È però bello vedere Hoffman tornare a lavorare a pieno regime e sottolineare che la migliore del gruppo è la Streisand. Per questo le due stelle. ■ COMMEDIA; COL.; 115'; USA, 2004.

MIRABILI AVVENTURE DI ELIZA FRAZER, LE ★★ *(Eliza Frazer)*

Regia di TIM BURSTALL. Con JOHN CASTLE, TREVOR HOWARD, SUSANNAH YORK. ■ Da una storia vera. Eliza Frazer è una dama inglese in Australia nel secolo diciottesimo che fa naufragio assieme a un compagno e viene catturata da una banda di indigeni. Verranno liberati dopo qualche tempo (nel corso del quale Eliza non s'è comportata precisamente come una signora britannica di alto lignaggio). La vera Eliza passò i suoi anni successivi a raccontare, dietro pagamento, la sua vicenda con gli aborigeni. ■ COMMEDIA; COL.; 90'; AUSTRALIA, 1977.

MIRACLE ★★★

Regia di GAVIN O'CONNOR. Con EDDIE CAHILL, PATRICIA CLARKSON, NOAH EMMERICH, SEAN MCCANN, KURT RUSSELL, KENNETH WELSH, NATHAN WEST. ■ Ispirato alla vera storia di Herb Brooks, allenatore della squadra di hockey su ghiaccio della nazionale degli Stati Uniti negli anni Ottanta che, alla vigilia dei Giochi Olimpici di Lake Placid, provinò migliaia di liceali alla ricerca dei componenti ideali del team a stelle e strisce. Ma, oltre che battere la squadra campione russa, dovrà vedersela anche con i litigi e gli screzi fra compagni di squadra, la difficoltà di amalgamare ragazzi con un differente background alle spalle, le tattiche di gioco e le pressioni esercitate dall'esterno. Da parte del coach esiste solo una certezza: la fede nei miracoli. ■ DRAMMATICO; COL.; 135'; USA, 2004.

MIRACLE MAKER, THE ★★

Regia di DEREK HAYES, STANISLAV SOKOLOV. ■ Ancora una vita di Gesù. Un film di animazione completamente realizzato in digitale. Come al solito ne risente la personalità del film. Che non c'è. ■ ANIMAZIONE; COL.; 91'; GRAN BRETAGNA, RUSSIA, 2000.

MIRACLES ★★

Regia di JIM KOUF. Con TOM CONTI, TERI GARR, PAUL RODRI-

GUEZ. ■ Roger e Jean, appena divorziati, si ritrovano coinvolti a New York nella fuga di un criminale che li prende come ostaggi. Le mille avventurose peripezie per salvarsi li convinceranno che in fondo sono fatti l'uno per l'altra, e si risposeranno. ■ COMMEDIA; COL.; 91'; USA, 1985.

MIRACOLI ACCADONO ANCORA, I ★★

Regia di GIUSEPPE MARIA SCOTESE. Con GRAZIELLA GALVANI, PAUL MÜLLER, SUSAN PENHALIGON. ■ Una ragazza di diciassette anni è l'unica superstite di un disastro aereo. Accadde veramente circa vent'anni fa la notte di Natale mentre l'aereo sorvolava la giungla amazzonica. La ragazza riuscì miracolosamente a uscir viva dai rottami. E ancor più miracolosamente a salvarsi. ■ DRAMMATICO; COL.; 94'; ITALIA, 1974.

MIRACOLI NON SI RIPETONO, I ★★

(Les miracles n'ont lieu qu'une fois)

Regia di YVES ALLÉGRET. Con JEAN MARAIS, ALIDA VALLI. ■ Claudia, studentessa italiana trapiantata a Parigi, si innamora di Jerome. I due hanno un breve periodo di felicità in Toscana, ma la guerra li divide. Jerome si è sposato, ha divorziato, ma pensa continuamente a Claudia. Lei vive con un uomo, ma pensa a Jerome. Quando finalmente si incontrano, l'amore vince ogni incertezza. ■ COMMEDIA; B/N; 98'; FRANCIA, 1951.

MIRACOLI – STORIE PER CORTI ★★

Regia di MARIO MARTONE, PAOLO ROSA, SILVIO SOLDINI. Con SONIA BERGAMASCO, ANTONIO MASTRONUNZIO, MONI OVADIA, EDMONDO SANNAZZARO. ■ Insolito progetto, approdato anche in alcune sale cinematografiche. Tre registi e tre storie in forma di cortometraggio sul tema dei miracoli. *Dov'è Yankel?*, di Paolo Rosa, nel quale musicisti e spettatori riappaiono dopo essere scomparsi da un racconto. *D'estate*, di Soldini, in cui una ragazzina legge dei libri a un vecchio, dietro compenso. *Antonio Mastronunzio pittore sannita* è invece l'episodio di Martone che ragiona sul rapporto tra arte e natura. È quest'ultimo il migliore dei tre. ■ COMMEDIA; COL.; 43'; ITALIA, 1994.

MIRACOLO, IL *(Le miraculé)* ★★

Regia di JEAN-PIERRE MOCKY. Con JEANNE MOREAU, JEAN POIRET, MICHEL SERRAULT. ■ Un tale ha un incidente d'auto. Guarisce, ma si finge paralizzato per prendere i soldi dell'assicurazione. Poi accetta di fare un viaggio a Lourdes in modo da simulare una guarigione senza dover rendere il denaro. Ma durante il trasferimento, si trova sempre appiccicato alle costole un ispettore d'assicurazione che sospetta la verità. Anche l'assicuratore ha bisogno di Lourdes (qualche tempo prima ha perduto la voce sempre per un incidente). ■ COMMEDIA; COL.; 87'; FRANCIA, 1986.

MIRACOLO, IL ★★★

Regia di EDOARDO WINSPEARE. Con CARLO BRUNI, STEFANIA CASCIARO, CLAUDIO D'AGOSTINO, ANNA FERRUZZO, ANGELO GAMARRO. ■ Tonio ha soltanto dodici anni quando viene investito da un'auto in corsa. Cinzia, l'automobilista che lo ha investito, non si ferma a prestargli soccorso ed il bambino si risveglia in ospedale scoprendo di avere, a quanto sembra, il potere di guarire gli ammalati. Questo acuisce il conflitto già in atto fra i suoi genitori e scatena l'interesse del mondo della comunicazione. Edoardo Winspeare, alla sua opera terza, realizza un film molto più compiuto sul piano formale ma, per assurdo ma non tanto, proprio per questo meno emotivamente "forte" rispetto al suo precedente *Sangue vivo*. Si sente che Winspeare aderisce laicamente al tema che sta trattando con grande rispetto ma anche con il giusto disincanto. I miracoli nascono dall'amore e in un'epoca di maghi e cartomanti a pagamento sembra sempre più difficile poter contare sulla gratuità di un gesto che vuole essere solo solidale e con il pudore del non chiedere nulla in cambio. ■ DRAMMATICO; COL.; 92'; ITALIA, 2003.

MIRACOLO A LE HAVRE *(Le Havre)* ★★★★

Regia di AKI KAURISMÄKI. Con JEAN-PIERRE DARROUSSIN, BLONDIN MIGUEL, KATI OUTINEN, ELINA SAL. ■ Per fortuna che Aki c'è. Semplicemente gli bastano esseri umani che fanno piccole cose, che con lui diventano grandi cose. Trasforma l'apparentemente banale in profondità di significati e poetiche. L'eroe non è un super con pettorali tecnologici, ma il lustrascarpe Marcel, che gira per Le Havre, si guadagna il pane e rincasa accolto dalla moglie Arletty. I due vivono l'uno per l'altra. La povertà è grande, naturalmente. E poi c'è il quartiere, si conoscono tutti, si sostengono, amici sicuri: la proprietaria del caffé, la boulangère, il fruttivendolo. Ci sono gli avventori dei bistrot, col loro bicchiere davanti, che sembrano lì immobili dagli anni Cinquanta, malinconici come il quadro di un pittore del nord. Arletty – chi sa di cinema coglie il significato di quel nome – si ammala gravemente, viene ricoverata, servirebbe un miracolo, appunto. Poi arriva il ragazzo del Gabon, scampato a un container stipato di immigrati. Marcel lo trova e lo accoglie, e con Marcel tutti gli altri sono coinvolti. Kaurismäki penetra benissimo lo spirito francese e naturalmente conosce alla perfezione "quel" cinema degli anni d'oro. È gradevolmente furbo, con inserti irresistibili, come una Edith Piaf che suggella certe scene col suo incanto parigino. Oppure le amiche di Arletty, che sedute vicino al suo letto in ospedale, le leggono stralci dei racconti di Kafka. Tante belle culture tenute in pugno. Il ragazzo dovrà raggiungere la mamma che lavora in una lavanderia cinese a Londra. Marcel e la comunità si impegnano in quel senso. Occorrono soldi, molti, per attraversare la manica, e il lustrascarpe li trova, organizzando un concerto rock, scovando un vecchio artista, copia sbiaditissima di Johnny Hallyday, che sembra un'opera di pop art. L'autore finlandese da anni ci dà buone notizie. Emerge, con forza, il suo amore per i suoi personaggi, e di riflesso per chi va nelle sale a vederli. Kaurismäki ama la gente. Nel cinema contemporaneo è un'eccezione. Racconta la vicenda del migrante secondo sentimento e cultura che devono fare testo. Siamo persino troppo abituati a quell'argomento, ci sono molti film anche da noi. Ma in *Miracolo a le Havre* la chiave è umana ed è potente, si fa accettare, come racconto e come verità. È assente la cifra nostrana, ideologica, deprimente e senza qualità. Per finire la miracolosa soluzione finale, che può essere omologata a un altro mitologico finale, che appartiene a uno dei titoli di vertice del cinema di ogni tempo, *La grande illusione*, di un autore, Jean Renoir, col quale Kaurismäki ha certo grande famigliarità. Il regista finlandese ignora tutte le regole del tempo e del racconto, la città portuale dell'alta Normandia, collocata sulla riva della Senna che si allarga nel mare, legittima tutto in quel senso. Non sono solo gli avventori dei bistrot ad essere lì immobili, è quasi tutto il resto. Il tutto sotto la giurisdizione del cielo e del mare del Nord, grigi ma pittorici, che rifrangono l'uno nell'altro. ■ COMMEDIA; COL.; 93'; FINLANDIA, FRANCIA, GERMANIA, 2011.

MIRACOLO A MILANO ★★★★

Regia di VITTORIO DE SICA. Con ALBA ARNOVA, GUGLIELMO BARNABÒ, BRUNELLA BOVO, EMMA GRAMATICA, PAOLO STOPPA. ■ Proprio come nelle favole, Totò nasce sotto un cavolo e viene adottato da una buona vecchina che purtroppo muore troppo presto. Però il suo spirito non abbandona mai il buon Totò e gli viene in aiuto nei momenti più difficili. Soprattutto quando un ricco commendatore tenta di scacciare Totò e i suoi amici dal terreno sul quale vivono perché vi ha trovato il petrolio. Per merito della colomba magica che gli ha donato lo spirito della madrina, Totò compie molti miracoli e chiude in bellezza organizzando un esodo di tutti i poveri e gli sfrattati che partono alla ricerca di un mondo più giusto a cavallo delle scope. ■ FANTASTICO; B/N; 100'; ITALIA, 1950. ■ CANNES 1 PR.

MIRACOLO A PALERMO! ★★

Regia di BEPPE CINO. Con LUIGI MARIA BURRUANO, MARIA GRAZIA CUCINOTTA, VINCENT SCHIAVELLI, TONY SPERANDEO. ■ Il dodicenne Totò vive con la mamma e il fratello maggiore. Il giovane è tormentato dalla morte del padre ucciso in un regolamento di conti mafioso. Durante il giorno cerca di aiutare la mamma costretta a duri lavori per portare avanti la famiglia. Sotto la camicia porta sempre una pistola nel caso dovesse imbattersi negli assassini del padre che dice di aver visto in faccia. ■ COMMEDIA; COL.; 89'; ITALIA, 2005.

MIRACOLO A SANT'ANNA *(Miracle at St. Anna)* ★★

Regia di SPIKE LEE. Con LAZ ALONSO, MICHAEL EALY, DEREK LUKE, OMAR BENSON MILLER, MATTEO SCIABORDI. ■ Toscana

1944. Quattro soldati neri americani della 92a Divisione "Buffalo Soldiers", composta da militari di colore, vengono isolati dai commilitoni e si ritrovano in un paesino degli Appennini dopo che uno di loro, Train, ha rischiato di morire per salvare Angelo, un bambino italiano. Costretti in quello spazio limitato, con i tedeschi in arrivo e i superiori incapaci di comprendere le dinamiche della situazione i quattro entrano in contatto con la vita degli abitanti del paese e con la guerra partigiana. ■ DRAMMATICO; COL.; 160′; USA, 2008.

MIRACOLO A VIGGIÙ ★
Regia di LUIGI M. GIACHINO. Con MARIO CAROTENUTO, ANTONELLA LUALDI, SILVANA PAMPANINI, TEDDY RENO. ■ Sonny Boy ha completamente dimenticato il proprio passato, ma l'immagine di una ragazza su un manifesto pubblicitario sembra ricordargli qualcosa. Il suo amico Carlo lo aiuta ad entrare nell'industria finanziatrice dell'immagine pubblicitaria e da quel momento il passato ritorna chiarissimo. Sonny Boy ritrova il proprio nome e l'amore. ■ COMICO; B/N; 92′; ITALIA, 1951.

MIRACOLO DELLA 34ª STRADA ★★★
(Miracle of the 34th Street)
Regia di GEORGE SEATON. Con EDMUND GWENN, MAUREEN O'HARA, JOHN PAYNE, NATALIE WOOD. ■ Un vecchio, in occasione delle feste, viene assunto da un grande magazzino come Babbo Natale. I modi affabili dell'uomo e le sue premure disinteressate verso i piccoli lo fanno diventare il loro idolo. Un suo avversario, però, riesce a farlo passare per pazzo, ma una vedova e un avvocato prendono a cuore il suo caso e al processo riescono a farlo assolvere. ■ COMMEDIA; B/N; 96′; USA, 1947. ■ OSCAR 3 PR, 4 NOM.

MIRACOLO DELLE CAMPANE, IL ★★★
(The Miracle of the Bells)
Regia di IRVING PICHEL. Con LEE J. COBB, FRED MACMURRAY, FRANK SINATRA, ALIDA VALLI. ■ Un'attrice muore dopo aver interpretato il suo primo film importante; il produttore, che non crede in quella pellicola, rinuncia a distribuirla. Un innamorato della defunta si reca al suo paese natale e fa suonare le campane per tre giorni di seguito; il fenomeno interessa la stampa e il film, preceduto da un così insolito battage pubblicitario, viene messo in circuito. ■ DRAMMATICO; B/N; 120′; USA, 1948.

MIRACOLO DELLE CAMPANE – IL RICHIAMO DELLE CAMPANE, IL *(Cielo negro)* ★
Regia di MANUEL MUR OTI. Con SUSANNA CANALES, LUIS PRENDES, FERNANDO REY. ■ Vicende lacrimevoli di una sartina licenziata che sta, oltretutto, per perdere la vista. ■ DRAMMATICO; B/N; 90′; SPAGNA, 1951.

MIRACOLO DEL VILLAGGIO, IL ★★★
(The Miracle of Morgan's Creek)
Regia di PRESTON STURGES. Con EDDIE BRACKEN, WILLIAM DEMAREST, BRIAN DONLEVY, BETTY HUTTON, DIANA LYNN, AKIM TAMIROFF. ■ Una ragazza che ha partecipato ad un ballo di militari (durante il quale si è ubriacata) si accorge di aspettare un figlio. Tenta così di sposare l'uomo che ama senza riuscirvi per una serie di disavventure. Divenuta madre di sei pargoli conquista fama in tutti gli Stati Uniti. ■ COMMEDIA; B/N; 99′; USA, 1944. ■ OSCAR 1 NOM.

MIRACOLO DI BERNA, IL *(Das Wunder von Bern)* ★★
Regia di SÖNKE WORTMANN. Con PETER FRANKE, JOHANNA GASTDORF, LUCAS GREGOROWICZ, LOUIS KLAMROTH. ■ Alla vigilia della Coppa del Mondo di calcio, che nel 1954 si tiene a Berna, l'undicenne Matthias è molto legato ad un calciatore della nazionale tedesca che lo ritiene il suo portafortuna. Il padre di Matthias, invece, segnato dalla guerra, odia il calcio e maltratta la sua famiglia. Un miracolo è dietro l'angolo: la Germania batterà l'Ungheria in una contrastata partita. Film didascalico che ha vinto il premio del pubblico al Festival di Locarno. ■ SPORTIVO; COL.; 118′; GERMANIA, 2003.

MIRACOLO DI NOME DADDY, UN ★
Regia di MARCUS COLE. Con GERALD MCRANEY, RICHARD THOMAS. ■ Una missione imprevista coinvolge un equipaggio militare di ritorno dalla guerra in Corea. Devono salvare alcuni prigionieri e un bambino trovato in un deposito. ■ DRAMMATICO; COL.; 90′; USA, 1997.

MIRACOLO ITALIANO ★
Regia di ENRICO OLDOINI. Con ATHINA CENCI, ANNA FALCHI, NINO FRASSICA, EZIO GREGGIO, RENATO POZZETTO. ■ Sette episodi confezionati per Natale secondo i più banali cliché della pseudocomicità televisiva. Anna Falchi fa il transessuale. È detto tutto. ■ COMICO; COL.; 104′; ITALIA, 1994.

MIRACOLO NELLA 34ª STRADA ★★
(Miracle on 34th Street)
Regia di LES MAYFIELD. Con RICHARD ATTENBOROUGH, DYLAN MCDERMOTT, ELIZABETH PERKINS, J. T. WALSH. ■ Dorey Walker è una giovane donna abbandonata alcuni anni prima dal marito. Ha un figlia di otto anni ed è direttrice dei servizi speciali di un grande magazzino di New York. In occasione del Natale sostituisce l'uomo, un ubriacone, che interpreta il ruolo di Babbo Natale per promuovere le vendite del grande negozio. Il prescelto è un vecchio signore, Kriss Kringle, che prende molto sul serio il suo ruolo. È convinto infatti di essere il vero Babbo Natale. ■ COMMEDIA; COL.; 113′; USA, 1994.

MIRACOLO SULL'8ª STRADA ★★★
(Batteries not Included)
Regia di MATTHEW ROBBINS. Con MICHAEL CARMINE, HUME CRONYN, JESSICA TANDY. ■ Uno speculatore edilizio vuol rifare mezzo quartiere in una vecchia zona di New York. Ma gli abitanti di una casa resistono, nonostante le intimidazioni di un arrogante mafioso pagato dallo speculatore. In soccorso dei resistenti arrivano due piccoli extraterrestri, campioni di bontà e di efficienza che mettono tutto a posto (compreso il mafioso e i pezzi di casa distrutti dal mafioso stesso). Una simpatica favola di produzione Spielberg, un po' troppo svaporata, ma con effetti speciali al di sopra della media. ■ COMMEDIA; COL.; 106′; USA, 1987.

MIRACOLONI ★
Regia di FRANCESCO MASSARO Con BENEDETTO CASILLO, NADIA CASSINI, MAURO DI FRANCESCO. ■ In un quartiere periferico romano sembra sia giunto il nuovo Messia, nei panni del borgataro Giosuè, dotato di straordinari poteri. Intorno a lui si raccoglie un gruppo di amici che ricalcano i personaggi evangelici nonché vari approfittatori, finché un intervento del Paradiso (quello vero) non pone fine alla bagarre. ■ COMMEDIA; COL.; 88′; ITALIA, 1981.

MIRACOLOSA TRAGEDIA DI LOURDES, LA ★★
(La merveilleuse tragédie de Lourdes)
Regia di HENRI FABERT. Con SUZANNE DEPRES, PIERRE DUMONT. ■ Una ragazza resta gravemente ferita in un incidente d'auto. Il suo fidanzato, invece di farla ricoverare, preferisce portarla in pellegrinaggio a Lourdes. Lei guarisce e suo padre, ateo da sempre, abbraccia la fede. ■ DRAMMATICO; B/N; 75′; FRANCIA, 1933.

MIRAGE ★★★
Regia di EDWARD DMYTRYK. Con DIANE BAKER, LEIF ERICKSON, WALTER MATTHAU, KEVIN MCCARTHY, GREGORY PECK. ■ Uno scienziato ha fatto un'importantissima scoperta, ma ne brucia la formula per impedire che venga venduta. Poiché l'uomo che cercava di impossessarsene muore davanti ai suoi occhi, subisce uno choc e perde la memoria. Un socio del defunto e una complice tentano con ogni mezzo di riavere la preziosa formula; poi la ragazza, pentita, salva lo studioso da un attentato. ■ DRAMMATICO; B/N; 109′; USA, 1965.

MIRAGGIO *(Mirage)* ★★★
Regia di ALEXANDRE RYDER. Con ARLETTY, JEANNE AUBERT, JEAN-LOUIS BARRAULT, MICHEL SIMON. ■ Lui è un professionista momentaneamente senza impiego; lei si mette a cantare e conquista lentamente la celebrità. L'amante allora va a lavorare in Africa e la ragazza lo raggiunge: l'idillio dura poco: il rimpianto per le serate parigine la spinge a ripartire alla chetichella. ■ COMMEDIA; B/N; 98′; FRANCIA, 1937

MIRAL ★★
Regia di JULIAN SCHNABEL. Con HIAM ABBASS, YASMINE AL MASSRI, RUBA BLAL, FREIDA PINTO, ALEXANDER SIDDIG. ■ Ge-

rusalemme 1948. Hindi Hussein incontra nella strada 55 bambini palestinesi orfani che hanno perso i loro cari in un attacco israeliano. Li porta a casa sua e offre loro rifugio. Nel giro di pochi mesi gli orfani diventano duemila. La casa di Hindi si trasforma nell'Istituto Al-Tifl Al-Arabi (La Casa dei Bambini) divenendo simbolo di speranza e di istruzione per i più piccoli travolti dal conflitto. Trent'anni dopo sarà ospite della Casa un bambina di sette anni la cui madre si è suicidata. Si tratta di Miral che, una volta divenuta una ragazza decide di impegnarsi attivamente a favore del suo popolo rischiando in prima persona e vivendo sulla sua pelle le contraddizioni di quella complessa condizione politica e sociale. ■ DRAMMATICO; COL.; 112'; INDIA, ISRAELE, FRANCIA, ITALIA, 2010.

MIRANDA ★★
Regia di TINTO BRASS. Con FRANCO BRANCIAROLI, ANDY J. FOREST, SERENA GRANDI, FRANCO INTERLENGHI, ANDREA OCCHIPINTI. ■ Molto liberamente ispirata alla *Locandiera* di Goldoni, ecco una Mirandolina degli anni Cinquanta, in trepida attesa del marito disperso in guerra. Tra amanti fissi e occasionali, e non prima di essersi concessa svariati passatempi erotici, la formosa locandiera convolerà a giuste nozze con il cameriere follemente innamorato di lei. ■ EROTICO; COL.; 103'; ITALIA, 1985.

MIRCALLA L'AMANTE IMMORTALE ★★
(Lust for a Vampire)
Regia di JIMMY SANGSTER. Con RALPH BATES, BARBARA JEFFORD, SUZANNA LEIGH. ■ Uno scrittore giunge nel paesino dove sono scomparse alcune ragazze. Si innamora di una bella fanciulla nonostante un professore gli dica che è una vampira ed egli stesso possa constatarlo. Dopo molte morti tutto il villaggio insorge e uccide la diabolica creatura. ■ HORROR; COL.; 95'; GRAN BRETAGNA, 1971.

MIRCHA IL MONELLO ★★
(Mircha, oder kleine Strassensanger)
Regia di BÉLA GAÀL. Con MIRKA-OTTO WALLBURG. ■ Un orfanello ha come unico amico un tassista. Un giorno mostra le proprie doti canore alla persona adatta che lo ingaggia nel suo locale. Il piccolo ottiene un notevole successo, trova una sorellina che credeva perduta e, con i soldi che ha guadagnato, può comprare un'auto nuova e modernissima al suo protettore. ■ COMMEDIA; B/N; 91'; UNGHERIA, 1937.

MIRIAM SI SVEGLIA A MEZZANOTTE ★★★
(The Hunger)
Regia di TONY SCOTT. Con DAVID BOWIE, CATHERINE DENEUVE, SUSAN SARANDON. ■ Miriam è una vampira che trecento anni prima aveva sposato un giovane promettendogli l'eterna giovinezza. Ma questi un giorno inizia ad invecchiare velocemente e muore. La dottoressa che l'aveva in cura, Sarah, incuriosita va a trovare Miriam, che la vampirizza a sua volta e ne diventa l'amante. ■ HORROR; COL.; 97'; USA, 1983.

MI RICORDO DI ANNA FRANK ★★
Regia di ALBERTO NEGRIN. Con JASZBERENYI GABOR, ROSABEL LAURENTI SELLERS, MONI OVADIA, SZURDI PANNA, EMILIO SOLFRIZZI. ■ Il film è tratto dal libro di Alison Leslie Gold, la scrittrice americana che ha raccolto, quarant'anni dopo la fine della guerra, la lunga testimonianza di Hanneli Goslar, una delle migliori amiche di Anna Frank. Hanneli racconta il loro primo incontro ad Amsterdam, la vita quotidiana, i primi amori, l'inizio delle leggi antisemite, l'occupazione tedesca, la sparizione di amici e parenti, la separazione improvvisa da Anna quando tutta la famiglia Frank decide di nascondersi nell'alloggio segreto ricavato dietro gli uffici della ditta del padre, gli inutili tentativi di Hanneli di mettersi in contatto con Anna che lei crede scappata in Svizzera, la delusione per non essere stata informata dalla sua amica. ■ DRAMMATICO; COL.; 100'; ITALIA, 2009.

MI RIFACCIO VIVO ★★
Regia di SERGIO RUBINI. Con VANESSA INCONTRADA, NERI MARCORÉ, PASQUALE PETROLO, SERGIO RUBINI, EMILIO SOLFRIZZI. ■ Biagio Bianchetti è un imprenditore con una moglie, un cane e un complesso di inferiorità. A provocarlo è Ottone Di Valerio, ex compagno di scuola sempre un passo davanti a lui, che gli gioca un brutto scherzo, proponendogli un affare destinato a naufragare come la sua esistenza, a cui Biagio decide di mettere fine affogandosi nel lago. Ma diversamente dalla terra, lassù qualcuno lo ama e gli concede una seconda possibilità. Reincarnato nei panni di Dennis Rufino, un brillante manager a cui Ottone ha affidato le sorti della sua azienda, Biagio infila la via della vendetta. Ma questo nuovo punto di vista sposta la sua prospettiva, rivelandogli il mondo e le persone, e deciderà di essere migliore. Sergio Rubini scambia i corpi dei suoi protagonisti, giocando sul confine sogno-realtà, vero-falso. Come ne *L'anima gemella* il protagonista incarna l'altro da sé per ottenere qualcosa o qualcuno che lo farà davvero felice. O almeno così credono i personaggi di Rubini ossessionati dall'essere secondi. ■ COMMEDIA; COL.; 105'; ITALIA, 2013.

MIRINO DELLA MORTE ★
Regia di VIVIAN PIETERS. Con MAAYKE BOUTEN, MARCOS FLUITSMA, JOHAN LEYSEN. ■ La vita della diciannovenne Valeria viene improvvisamente sconvolta dalla notizia, recatale dalla polizia, che sua madre è morta dopo essere stata travolta dall'auto guidata da uno sconosciuto. Poco dopo, Valeria scopre che sua madre non ha mai avuto figli e che lei è nel mirino di un misterioso assassino. ■ HORROR; COL.; 95'; OLANDA, 1987.

MIRKA *(Mirka)* ★★
Regia di RACHID BENHADJ. Con BARBORA BOBULOVA, GÉRARD DEPARDIEU, VANESSA REDGRAVE, SERGIO RUBINI. ■ Una considerazione dolorosa sulla guerra. Lo spunto è la Jugoslavia, con le sue atrocità, i massacri e gli stupri. La tesi è che la guerra è sempre stata così, dovunque si combattesse. Benhadj, algerino, più attratto dalla suggestione che dalla sostanza finisce per smarrirsi in troppi luoghi comuni e astrazioni. Buona la fotografia. ■ DRAMMATICO; COL.; 103'; FRANCIA, GRAN BRETAGNA, ITALIA, SPAGNA, 2000.

MIRROR – CHI VIVE IN QUELLO SPECCHIO? ★★
(The Boogeyman)
Regia di ULLI LOMMEL. Con JOHN CARRADINE, RON JAMES, SUZANNA LOVE. ■ I frammenti di uno specchio, nel quale in passato si è riflessa la scena di un assassinio, racchiudono l'immagine stessa del male e causano una serie di barbare uccisioni. Il regista tedesco Lommel confeziona un discreto film horror. Con richiami a *L'esorcista* e *Halloween*. ■ HORROR; COL.; 86'; USA, 1980.

MI SCAPPA LA PIPÌ PAPÀ *(La guerra de papá)* ★
Regia di ANTONIO MERCERO. Con HECTOR ALTERIO, LOLO GARCIA, TERESA GIMPERA. ■ Chicco è l'ultimo nato dopo altri quattro in famiglia e, come tale, è il cocco di tutti. Malauguratamente nasce la piccola Cristina che lo detronizza. Da questo istante il piccolo ne inventa di tutti i colori per attirare l'attenzione su di sé. I disastri si susseguono senza sosta; alla fine, il piccolo fa credere a tutti di aver ingoiato un chiodo. Attimi di panico in casa, ma alla fine, quando si scopre la verità, Chicco ritorna al centro di tutte le attenzioni domestiche. ■ COMMEDIA; COL.; 90'; SPAGNA, 1977.

MISCHA IL FACHIRO *(Merry-Go-Round)* ★★
Regia di IRVING CUMMINGS. Con MISCHA AUER, ALICE BRADY. ■ L'orfana di un'artista morta sul lavoro viene allevata dai colleghi della madre. Divenuta grande vorrebbe sposare il ragazzo che ama, ma la zia di lui non dà il consenso perché detesta la gente di teatro. I suoi protettori tanto fanno che le sospirate nozze hanno luogo. ■ COMMEDIA; B/N; 87'; USA, 1937.

MISCHIA DEI FORTI, LA *(Joe Palooka Champ)* ★★
Regia di REGINALD LE BORG. Con HENRY ARMSTRONG, JOE KIRKWOOD, ELYSE KNOX, JOE LOUIS. ■ Un ragazzo appassionato di boxe riesce, grazie alle sue naturali attitudini per questo sport, a disputare incontro su incontro fino a presentarsi per il titolo mondiale. Inutilmente il manager del suo avversario tenta prima di comprarlo e poi di impedirgli di salire sul ring: il ragazzo ottiene una splendida vittoria e l'amore di una bella ragazza. ■ AVVENTURA; B/N; 92'; USA, 1946.

MI SDOPPIO IN QUATTRO *(Multiplicity)* ★★
Regia di HAROLD RAMIS. Con ZACK DUHAME, MICHAEL KEATON, ANDIE MACDOWELL. ■ Uno scienziato riesce a costruire altre tre copie di se stesso, per poter tener testa a tutti i doveri e funzioni della vita: far l'amore, lavorare, divertirsi. La solita com-

media degli equivoci. Prodotto professionale di buon successo commerciale. ■ COMMEDIA; COL.; 100′; USA, 1996.

MI SEI ENTRATA NEL CUORE COME UN COLPO DI COLTELLO ★★

Regia di CECILIA CALVI. Con GAIA DE LAURENTIS, FRÉDÉRIC DEBAN, GIANNI IPPOLITI. ■ Debutto cinematografico della bella e brava conduttrice e attrice televisiva Gaia De Laurentis che interpreta una contrabbassista che si inventa un amante per liberarsi del fidanzato, un giornalista interpretato da Gianni Ippoliti che impersona se stesso. Commediola di taglio televisivo poco adatta al grande schermo che dimostra quanto sia difficile il passaggio dal piccolo schermo al cinema. ■ COMMEDIA; B/N; 93′; ITALIA, 2000.

MISERABILI, I *(Les miserables)* ★★★

Regia di RAYMOND BERNARD. Con HARRY BAUR, ODETTE FLORELLE, CHARLES VANEL. ■ Dal celebre romanzo di Victor Hugo: la vicenda dell'ex forzato Jean Valjean e della sua figlia adottiva, Cosetta. ■ DRAMMATICO; B/N; 305′; FRANCIA, 1934.

MISERABILI, I *(Los miserables)* ★★

Regia di FERNANDO A. RIVERO. Con ANDRÉS SOLER, DOMINGO SOLER. ■ Versione messicana, molto sentimentale, del romanzo di Victor Hugo. ■ DRAMMATICO; B/N; 94′; MESSICO, 1943.

MISERABILI, I ★★★

Regia di RICCARDO FREDA. Con GINO CERVI, VALENTINA CORTESE, GIOVANNI HINRICH, ANDREINA PAGNANI. ■ Il film è diviso in due parti: *Caccia all'uomo* e *Tempesta su Parigi*. Più che sulla storia di Jean Valjean il regista punta sulle idee politico-sociali di Victor Hugo. ■ DRAMMATICO; B/N; 187′; ITALIA, 1947.

MISERABILI, I *(Les miserables)* ★★★

Regia di LEWIS MILESTONE. Con ROBERT NEWTON, DEBRA PAGET, MICHAEL RENNIE. ■ Un'altra versione cinematografica del libro di Victor Hugo. ■ DRAMMATICO; B/N; 104′; USA, 1952.

MISERABILI, I *(Les miserables)* ★★★★

Regia di JEAN-PAUL LE CHANOIS. Con BERNARD BLIER, ANDRÉ BOURVIL, DANIÈLE DELORME, JEAN GABIN, SERGE REGGIANI. ■ Versione spettacolare del famoso romanzo francese di Victor Hugo che vanta l'invidiabile record di ben trentaquattro trasposizioni cinematografiche. Questa di Jean-Paul Le Chanois, se non è forse la migliore per i critici, è certamente la più conosciuta dal grande pubblico che la ricorda per i suoi bravissimi interpreti e per le belle scene di massa. Jean Gabin è un eccellente Jean Valjean. Serge Reggiani è Bourvil e Bernard Blier è Javert. Tutto il meglio del cinema francese dell'epoca vi è schierato. ■ DRAMMATICO; COL.; 217′; FRANCIA, 1957.

MISERABILI, I *(Les miserables)* ★★

Regia di GLENN JORDAN. Con CYRIL CUSACK, JEAN-CLAUDE DAUPHIN, JOHN GIELGUD, IAN HOLM, RICHARD JORDAN, ANTHONY PERKINS. ■ Una versione televisiva del celebre romanzo di Victor Hugo. Non ci sono idee particolarmente brillanti ma si lascia vedere. ■ DRAMMATICO; COL.; 123′; FRANCIA, GRAN BRETAGNA, 1978.

MISERABILI, I *(Les miserables)* ★★

Regia di ROBERT HOSSEIN. Con EVELYNE BOUIX, MICHEL BOUQUET, LINO VENTURA. ■ Trentatreesima versione cinematografica del classico romanzo di Victor Hugo. Ma, in questo caso, le avventure di Jean Valjean (Ventura) in una Parigi stracciona e rivoluzionaria soffrono eccessivamente dei tagli subiti per adattare lo sceneggiato televisivo originario di cinque ore a questa versione cinematografica di meno di due. Il risultato è un prodotto slegato e confuso, del quale non si sentiva davvero il bisogno. ■ DRAMMATICO; COL.; 183′; FRANCIA, 1982.

MISERABILI, I *(Les misérables)* ★★★ 8

Regia di CLAUDE LELOUCH. Con JEAN-PAUL BELMONDO, MICHEL BOUJENAH, ANNIE GIRARDOT, PHILIPPE LÉOTARD, ALESSANDRA MARTINES. ■ Lelouch si misura col grande romanzo di Hugo (e con le illustrazioni delle edizioni popolari approvate dall'autore) nonché con le sue varie edizioni cinematografiche. Percorre l'odissea del pugile Henri Fortin (soprannominato Jean Valjean) e quella di una famiglia ebrea perseguitata dai nazisti. Belmondo affronta diversi ruoli con grande capacità interpretativa consentendo a Lelouch di dimostrare come anche il nostro sia un tempo che ha in sé molto di "miserabile". ■ DRAMMATICO; COL.; 169′; FRANCIA, 1995. ■ GOLDEN GLOBES 8 1 PR, 1 NOM.

MISERABILI, I *(Les Miserables)* ★★★

Regia di BILLE AUGUST. Con CLAIRE DANES, HANS MATHESON, LIAM NEESON, GEOFFREY RUSH, UMA THURMAN, PETER VAUGHAN. ■ Le vicende di Jean Valjean vengono proposte ancora una volta sul grande schermo. Dal carcere alla città di Vigau. Dalla carica di sindaco alle barricate a Parigi nel 1832 fino al confronto con l'implacabile Javert. August sembra un po' intimidito dal testo letterario anche se i suoi temi favoriti (giustizia e rispetto per tutti gli uomini) sono sempre presenti. ■ DRAMMATICO; COL.; 133′; USA, 1998.

MISERABLES, LES ★★

Regia di TOM HOOPER. Con HELENA BONHAM CARTER, RUSSELL CROWE, ANNE HATHAWAY, HUGH JACKMAN, AMANDA SEYFRIED. ■ Toulon, 1815. Jean Valjean è il prigioniero numero 24601, condannato a diciannove inverni di lavori forzati per aver rubato un pezzo di pane per un nipote affamato. Rilasciato a seguito di un'amnistia prova a ricostruirsi una vita e una dignità nel mondo, nonostante gli avvertimenti e le intimidazioni di Javert, integerrimo secondino della prigione. Convertito al bene dall'atto caritatevole di Monsignor Myriel, Valjean prende coscienza dei suoi peccati e decide di mondare il suo destino, assumendo il nome di Monsieur Madeleine. Sindaco e imprenditore arricchito a Montreuil sur Mer, l'uomo salva una ragazza dalla prigione, promettendole di proteggere Cosette, la sua bambina, affidata alle cure di due malandrini locandieri. Alla morte della donna riscatta Cosette. Gli anni passano e Cosette cresce come l'ossessione di Javert per Valjean, smascherato dietro la maschera del gentiluomo. La Storia poi si mette in mezzo conducendo i due avversari dietro le barricate dei rivoluzionari repubblicani contro la monarchia. Mentre a Parigi l'insurrezione insorge, le "stelle" in cielo vegliano misericordiose le sorti di Valjean e Javert. Dopo aver dato voce al re (*Il discorso del re*), Tom Hooper dà voce ai *miserabili* di Victor Hugo, affrancandoli col canto dallo stato di minorità in cui versano. Operazione temeraria, *Les Misérables* è un inseguimento infinito concepito come un musical e imbastito come un'opera. Ma senza il sortilegio che hanno i grandi musical. ■ MUSICAL; COL.; 152′; GRAN BRETAGNA, 2013.

MISERIA E NOBILTÀ ★★

Regia di CORRADO D'ERRICO. Con LUIGI ALMIRANTE, MARIA DONATI, ELLI PARVO, VIRGILIO RIENTO, DINA SASSOLI. ■ Un nobile partenopeo non riesce a sposare la ragazza che ama perché costei non ha blasone e i suoi parenti rifiutano il consenso. L'innamorato allora recluta alcuni vagabondi che fingono di essere i suoi congiunti. L'inganno viene scoperto, tuttavia i parenti veri danno finalmente la loro approvazione. ■ COMMEDIA; B/N; 63′; ITALIA, 1941.

MISERIA E NOBILTÀ ★★★

Regia di MARIO MATTOLI. Con CARLO CROCCOLO, SOPHIA LOREN, GIUSEPPE PORELLI, TOTÒ. ■ È la medesima storia del precedente film, dalla commedia di Scarpetta. A renderla più vivace è la vena comica di Totò. ■ COMMEDIA; COL.; 95′; ITALIA, 1954.

MISERIE DEL SIGNOR TRAVET, LE ★★★

Regia di MARIO SOLDATI. Con CARLO CAMPANINI, VERA CARMI, GINO CERVI, ALBERTO SORDI. ■ Un impiegato dal carattere mite e remissivo deve subire le angherie del suo principale e le sfuriate della giovane e bella moglie. Questa si lascia corteggiare da un superiore del marito che, per reazione, si ribella alle insinuazioni dei colleghi e viene licenziato. Facendo tacere i pregiudizi si adatterà a lavorare in una panetteria. ■ COMMEDIA; B/N; 104′; ITALIA, 1945.

MISERY NON DEVE MORIRE *(Misery)* ★★★

Regia di ROB REINER. Con LAUREN BACALL, KATHY BATES, JAMES CAAN, RICHARD FARNSWORTH. ■ Tratto da un romanzo di Stephen King. Misery è la creatura letteraria di uno scrittore che ha avuto enorme successo proprio in virtù di quel personaggio. Lo scrittore sta raggiungendo la sua villa in montagna e ha un incidente d'auto. Così deve ricorrere all'aiuto di un'infermiera, Annie. La donna è semplicemente una pazza e quando viene a sapere che il personaggio di Misery sta per morire, comincia a boicottare l'uomo in tutti i modi, arrivando anche alle più crudeli forme di violenza. Un film di ottima tensione e di buon successo con Kathy Bates (l'infermiera) che ha vinto l'Oscar come miglior attrice non protagonista. ■ HORROR; COL.; 105'; USA, 1990. ■ GOLDEN GLOBES 1 PR, 1 NOM; OSCAR 1 PR, 1 NOM.

MISFATTO BIANCO *(White Mischief)* ★★★
Regia di MICHAEL RADFORD. Con JOSS ACKLAND, CHARLES DANCE, GRETA SCACCHI. ■ È la rievocazione di un fatto di cronaca nera che sconvolse la colonia inglese in Kenya negli anni di guerra. Un anziano e ricco Lord venne processato per l'omicidio dell'amante della giovane moglie, un ufficiale squattrinato e donnaiolo. Ma vere prove contro di lui non ci sono (solo indizi). Il Lord viene assolto. La moglie però continua a sospettare di lui. Dopo una scenata, il Lord si uccide. La donna si sposerà più tardi con un altro ricco del luogo. Ottimo melodramma di Radford che coniuga molto bene la rievocazione d'epoca con il tema, assai frequente nel cinema inglese anni Ottanta, della decadenza della società britannica. ■ DRAMMATICO; COL.; 106'; GRAN BRETAGNA, 1987.

MISHIMA ★★★★
Regia di PAUL SCHRADER. Con YASOSUKE BRANDO, KEN OGATA, KENJI SAWADA. ■ Biografia del grande scrittore giapponese Yukio Mishima, epigono delle tradizioni millenarie del proprio paese, esteta estremo, esibizionista raffinato e paranoico, idealizzatore della "bella morte" (che infatti ottenne suicidandosi in modo teatrale quanto clamoroso). Con lo zampino nientemeno che di George Lucas e Francis Coppola, Schrader firma una raffinata rilettura di tre fra i più noti romanzi di Mishima (*La casa di Kyoko*, *Il padiglione d'oro* e *Cavalli in fuga*), lasciando al quarto capitolo la descrizione del gesto finale dell'autore. Il risultato è un film affascinante e folle (almeno per un occidentale) nei suoi contenuti. ■ DRAMMATICO; COL.; 120'; GIAPPONE, USA, 1985. ■ CANNES 1 PR.

MISMA LUNA, LA ★★
Regia di PATRICIA RIGGEN. Con ADRIAN ALONSO, KATE DEL CASTILLO, EUGENIO DERBEZ, CARMEN SALINAS, MAYA ZAPATA. ■ Il film ripercorre le storie parallele di Carlitos (9 anni) e di sua madre, Rosario. Nella speranza di dare una vita migliore a suo figlio, la donna lavora illegalmente negli States, mentre sua madre si occupa del ritorno di Carlitos in Messico. Inaspettate circostanze fanno sì che Carlitos e Rosario si imbarchino in un viaggio nel tentativo disperato di riunirsi. Per via, madre e figlio fronteggiano sfide ed ostacoli: nulla, però, può far perdere la speranza che continua a sorreggerli, giorno per giorno. Il film non è solo una commovente storia di famiglia, ma offre un penetrante commentario della molto dibattuta questione dell'immigrazione illegale. ■ DRAMMATICO; COL.; 107'; MESSICO, USA, 2007.

MISS ARIZONA ★★
Regia di PAL SANDOR. Con ALESSANDRA MARTINES, MARCELLO MASTROIANNI, HANNA SCHYGULLA. ■ È la storia di Sandor e Mitzi artisti di cabaret, proprietari e vedette dell'Arizona, locale notturno nella Budapest negli anni precedenti la seconda guerra mondiale. Durante il conflitto Sandor è deportato e ucciso. Mitzi scompare. ■ DRAMMATICO; COL.; 130'; ITALIA, UNGHERIA, 1987.

MISS DETECTIVE *(Miss Congeniality)* ★★
Regia di DONALD PETRIE. Con BENJAMIN BRATT, SANDRA BULLOCK, MICHAEL CAINE. ■ L'agente Fbi Gracie Hart (Sandra Bullock), donna temeraria, scopre che il concorso Miss Usa è minacciato da alcuni terroristi. A Gracie non resta che diventare una vera Miss. Il suo pigmalione è Victor (Michael Caine), perfetto nel ruolo di consulente delle ragazze, che riuscirà a trasformare Gracie in una "lady". La trama semplice e il finale scontato non oscurano le doti di attrice di Sandra Bullock: le battute umoristiche, le espressioni buffe e la risata personalissima, la rendono simpatica. Impegnata per la prima volta anche come produttrice la Bullock esegue il compitino con diligenza. ■ COMMEDIA; COL.; 109'; USA, 2000. ■ GOLDEN GLOBES 2 NOM.

MISS EUROPA *(Prix de beauté)* ★★★★
Regia di AUGUSTO GENINA. Con JEAN BRADIN, LOUISE BROOKS. ■ Film del periodo francese di Genina che si avvalse di due contributi d'eccezione, quello di G. W. Pabst al soggetto e quello di René Clair alla sceneggiatura. Una ragazza bella e spregiudicata (Louise Brooks al posto di Carmen Boni, l'attrice prediletta da Genina) viene eletta Miss Europa, ma viene uccisa dall'amante geloso. La banalità della trama e un sentimentalismo accentuato renderebbero il film noioso se la recitazione degli attori non lo riscattassero pienamente. Bravissima la Brooks nel ruolo di Lucienne Garnier. La folla si agita attorno a lei. Gli avvenimenti si succedono cambiando la sua vita, le sue abitudini. Da fremiti impercettibili, da un gioco delicato di sguardi, si indovinano i suoi pensieri. È una donna perduta, bella ed immobile. Soffre e rimane impassibile. È appunto questo ciò che più conta: con una quasi totale "assenza di recitazione", la Brooks ha saputo creare attorno a sé un'atmosfera densa di intense emozioni. Sullo sfondo il clima torbido del dopoguerra tedesco, con i suoi vizi, i suoi problemi e i suoi squallidi personaggi. ■ DRAMMATICO; B/N; 109'; FRANCIA, GERMANIA, ITALIA, USA, 1930.

MISS EUROPA *(Johannes und die Dreizehn)* ★★
Regia di ALFRED STOGER. Con RUDOLF PRACK, HANS RICHTER, SONJA ZIEMANN. ■ Un giornalista tedesco organizza in Francia l'elezione di Miss Europa. Le concorrenti vengono affidate ad un uomo e ad una donna che è decisa a ritrovare il proprio coniuge. Al gruppo si unisce anche la fidanzata sospettosa del primo. Il viaggio ha inizio tra contrattempi e incidenti vari. Nonostante ciò, la vicenda si conclude nel migliore dei modi per tutti. ■ COMMEDIA; COL.; 92'; GERMANIA, 1953.

MISS FBI – INFILTRATA SPECIALE ★★
(Miss Congeniality 2: Armed and Fabulous)
Regia di JOHN PASQUIN. Con DIEDRICH BADER, SANDRA BULLOCK, HEATHER BURNS, ERNIE HUDSON, REGINA KING, ENRIQUE MURCIANO, WILLIAM SHATNER, TREAT WILLIAMS. ■ Divenuta famosa in seguito alle imprese poliziesche del precedente capitolo, Gracie Hart, allo scopo di mostrare il volto rassicurante del celebre dipartimento, viene nominata ambasciatrice del Federal Bureau of Investigation. Tra interviste, apparizioni sui più importanti *magazine* e incombenze mondane, la poliziotta non è più tale per i suoi superiori. Ma la sua migliore amica viene rapita e l'animosa Bullock, poliziotta per vocazione, segue le tracce dei rapitori, contro la volontà del Bureau. ■ COMMEDIA; COL.; 115'; USA, 2005.

MISSILI IN GIARDINO *(Rally Round the Flag, Boys!)* ★★★
Regia di LEO MCCAREY. Con JACK CARSON, JOAN COLLINS, PAUL NEWMAN, JOANNE WOODWARD. ■ In una cittadina americana viene installata una base missilistica. Uno degli abitanti porta la protesta della comunità a Washington, ma senza successo. La moglie, che l'ha scoperto in compagnia di un'ammiratrice, lo butta fuori casa e lui, per colmo di sventura, è assegnato ai lavori della base. Ciò non impedisce ai due sposi, dopo tumultuosi avvenimenti, di riconciliarsi. ■ COMMEDIA; COL.; 106'; USA, 1958.

MISSILI SULLA LUNA *(Missile to the Moon)* ★★
Regia di RICHARD CUNHA. Con TOMMY COOK, CATHY DOWNS, KAY T. STEVENS, RICHARD TRAVIS. ■ Due evasi si nascondono su un razzo su cui già si trovano due astronauti, un uomo e una donna, e partono per la Luna. Qui vengono catturati da alcune indigene che li portano al cospetto della loro regina. ■ FANTASTICO; B/N; 80'; USA, 1959.

MISSILI UMANI *(High Flight)* ★★
Regia di JOHN GILLING. Con KENNETH HAIGH, SEAN KELLY, BERNARD LEE, RAY MILLAND. ■ Un pilota della Raf ambizioso e spericolato è in contrasto col suo superiore che lo vorrebbe disciplinato. Durante un'esercitazione importante, il giovane si trova in difficoltà col suo reattore e il comandante lo salva *in extremis*. ■ AVVENTURA; COL.; 101'; GRAN BRETAGNA, 1957.

MISSING, THE ★★
Regia di RON HOWARD. Con CATE BLANCHETT, JENNA BOYD, AARON ECKHART, VAL KILMER, TOMMY LEE JONES, EVAN RACHEL WOOD. ■ West degli Stati Uniti. Samuel ha lasciato la sua famiglia da vent'anni per vivere con gli indiani. Ora desidera riconciliarsi con la figlia che è diventata una contadina e ha una sua

famiglia. La donna lo respinge ma quando uno dei suoi figli diviene succube di uno stregone indiano scopre di avere bisogno del padre. Samuel mette a disposizione le sue conoscenze e cerca, al contempo, di aiutare figlia e nipote. Ron Howard, dopo *A Beautiful Mind*, si lascia tentare dal western o, meglio, da quel filone del genere che vede come protagonisti dei bianchi integrati nelle comunità dei nativi. ■ DRAMMATICO; COL.; 137′; USA, 2003.

MISSING GUN, THE *(Xun Qiang)* ★★
Regia di LU CHUAN. Con NING JING, SHI LIANG, JIANG WEN, WU YUJUAN. ■ Il poliziotto Ma Shan si risveglia dopo l'ubriacatura per il matrimonio della sorella e non trova più la sua pistola. In Cina, dove il porto d'armi per i cittadini è proibito, un poliziotto privo della propria pistola è destinato a umiliazioni a non finire. L'uomo si mette così alla ricerca dell'arma con la quale, nel frattempo, viene commesso un omicidio. Lu Chuan ha ben chiara la lezione del cinema occidentale alla *Trainspotting* e lo dimostra sin dai titoli di testa. ■ THRILLER; COL.; 90′; CINA, 2001.

MISSING IN ACTION *(Missing in Action II)* ★★
Regia di LANCE HOOL. Con CHUCK NORRIS, OH SOON-TECK, STEVEN WILLIAMS. ■ Dieci anni dopo la guerra del Vietnam, un colonnello e alcuni suoi uomini sono ancora prigionieri di un lager vietnamita. Il comandante del campo è un sadico che li tortura fisicamente e psicologicamente. Un giorno, finalmente, la fuga degli americani riesce grazie al coraggio del colonnello. Violenza gratuita in un film razzista. ■ AVVENTURA; COL.; 96′; USA, 1984.

MISSING PARENTS ★★
Regia di MARTIN NICHOLSON. Con BRIGID CONLEY WALSH, MATT FREWER, BOBBY JACOBY. ■ Due genitori si rendono conto di aver viziato troppo il figlio sedicenne Matt. Per correre ai ripari la coppia decide di lasciarlo solo per renderlo responsabile. Il ragazzo, avendo una casa e una carta di credito, crede sia tutto facile. Invece è tutto difficile ■ COMMEDIA; COL.; 91′; USA, 1995.

MISSION *(The Mission)* ★★★🏆
Regia di ROLAND JOFFÉ. Con ROBERT DE NIRO, JEREMY IRONS, RONALD PICKUP. ■ Nel XVII secolo, in piena fase di colonizzazione del Nuovo Mondo, i gesuiti sfidano lo strapotere dei regni di Spagna e Portogallo creando delle zone franche, nelle quali gli indios sfruttati dagli europei vengono convertiti al cristianesimo e vivono come gli unici padroni di se stessi. È qui che il missionario Irons e l'ex avventuriero e fratricida De Niro, roso dai rimorsi, si dedicano alla cura e all'assistenza materiale e spirituale degli indigeni, suscitando le ire e la violenta reazione dei potenti. Film vigoroso e struggente, con splendidi paesaggi e una colonna sonora di Ennio Morricone al suo meglio. ■ DRAMMATICO; COL.; 125′; GRAN BRETAGNA, 1986. ■ CANNES 🏆 1 PR; GOLDEN GLOBES 🏆 2 PR, 5 NOM; OSCAR 🏆 1 PR, 7 NOM.

MISSION, THE *(Cheong Feng)* ★★★
Regia di JOHNNIE TO. Con ROY CHEUNG, SUET LAM, JACKIE LUI CHUNG-YIN, KEIJI SATO, ANTHONY WONG, FRANCIS WONG, SIMON YAM. ■ Scampato ad un attentato organizzato da una gang rivale, il capo di una banda criminale assumerà le cinque migliori guardie del corpo sul mercato, tutte ovviamente con la fedina penale ben sporca. La task-force, formata da esperti gangster con peculiarità differenti, svolgerà il proprio compito ed allo stesso tempo svelerà l'identità degli attentatori. ■ AZIONE; COL.; 81′; HON KONG, 1999.

MISSIONARIO, IL *(The Missionary)* ★★
Regia di RICHARD LONCRAINE. Con DENHOLM ELLIOTT, MICHAEL PALIN, MAGGIE SMITH. ■ Un prete che è stato missionario per alcuni anni in Africa vuole prendere moglie. Viene però incaricato dal vescovo di redimere le anime bisognose delle prostitute di un quartiere di Londra. Qualche risata, anche se tutto rimane nel convenzionale. ■ COMMEDIA; COL.; 90′; GRAN BRETAGNA, 1982.

MISSIONE ALL'ALBA *(The Dawn Patrol)* ★★★
Regia di EDMUND GOULDING. Con ERROL FLYNN, DAVID NIVEN, BASIL RATHBONE. ■ Un film inedito in Italia, trasmesso e doppiato dalla televisione di Stato. Si tratta del remake del film che fu girato nel 1930 da Howard Hawks col titolo italiano di *La squadriglia dell'aurora*. Ambientato durante la prima guerra mondiale, è la storia di alcuni piloti inglesi e del loro comandante. Nella parte principale Errol Flynn, estremamente efficace. ■ GUERRA; B/N; 120′; USA, 1938.

MISSIONE APOCALISSE ★★
Regia di GUIDO MALATESTA. Con EDUARDO FAJARDO, ARTHUR HANSEL, GEORGES RIGAUD, MOA TAHI, PHILIP TERRY, PAMELA TUDOR. ■ Una potente banda di criminali minaccia di distruggere l'America se il governo degli Stati Uniti non consegnerà una grossa quantità d'oro. Un agente segreto pedina un sospetto e ricchissimo uomo d'affari che scoprirà essere il capo dei malviventi. Con l'aiuto della sua segretaria potrà penetrare nella base nemica e distruggerla. ■ SPIONAGGIO; COL.; 92′; ITALIA, 1965.

MISSIONE CARACAS *(Mission spéciale à Caracas)* ★★
Regia di RAOUL ANDRÉ. Con ROD CARTER, JANY CLAIR, ALAIN GOTTVALLES, MIRELLA MANNI. ■ Lotta senza quartiere tra agenti francesi e russi per il possesso delle formule di un micidiale esplosivo e di alcuni diamanti. Un gruppo di belle ragazze ci mette lo zampino, fortunatamente per il francese che con il loro aiuto può sfuggire ai nemici e recuperare il malloppo. ■ SPIONAGGIO; COL.; 84′; FRANCIA, 1965.

MISSIONE COCCODRILLO ★
(The Crocodile Hunter – Collision Course)
Regia di JOHN STAINTON. Con STEVE IRWIN, TERRI IRWIN, MAGDA SZUBANSKI. ■ Steve Irwin è un cacciatore di coccodrilli; li cattura e li mette al riparo dai fucili dei cacciatori di frodo. L'ultimo esemplare che ha salvato, però, ha ingoiato un faro satellitare americano e agenti dei servizi segreti sono sulle sue tracce. L'unico elemento di interesse sono le *location* australiane. Ma questo può essere utile per un documentario. Per un film ci vorrebbe qualcosa in più. ■ AVVENTURA; COL.; 90′; AUSTRALIA, USA, 2002.

MISSIONE COMPIUTA STOP, BACIONI – MATT HELM *(The Wrecking Crew)* ★★★
Regia di PHIL KARLSON. Con NANCY KWAN, DEAN MARTIN, ELKE SOMMER, SHARON TATE. ■ Matt Helm è incaricato di ritrovare una fortissima somma di denaro rubata allo Stato. Il capo dei ladri tenta dapprima di far eliminare il pericoloso avversario, quindi di corromperlo, ma invano; una bella poliziotta lo aiuta a sopprimere i malviventi e a consegnare la refurtiva al suo destinatario. ■ SPIONAGGIO; COL.; 104′; USA, 1968.

MISSIONE DIABOLICA *(Der Fuchs von Paris)* ★★
Regia di PAUL MAY. Con MICHEL AUCLAIR, MARIANNE KOCH, HARDY KRÜGER. ■ Poco prima dello sbarco in Normandia, un gruppo di ufficiali tedeschi tenta di consegnare agli Alleati attraverso i canali della Resistenza francese un piano strategico per stornare Hitler da un folle progetto. La Gestapo arresta uno degli ufficiali, che, per non tradire i compagni, si lascia condannare a morte. ■ GUERRA; B/N; 93′; GERMANIA, 1957.

MISSIONE DI MORTE *(Cornered)* ★★★
Regia di EDWARD DMYTRYK. Con MORRIS CARNOVSKY, MICHELINE CHEIREL, JACK LARUE, DICK POWELL, WALTER SLEZAK, NINA VALE. ■ Gérard insegue l'assassino della moglie, un collaborazionista francese, fino in Argentina, dove operano degli agenti nazisti: lo scova e lo ammazza. ■ DRAMMATICO; B/N; 102′; USA, 1945.

MISSIONE DI PACE ★★
Regia di FRANCESCO LAGI. Con ANTONELLA ATTILI, FRANCESCO BRANDI, SILVIO ORLANDO, ALBA ROHRWACHER, FILIPPO TIMI. ■ Al capitano Vinciguerra, veterano di missioni di pace, viene assegnato l'incarico di catturare un criminale di guerra in una *no man's land* dell'area balcanica. È la sua occasione per veder riconosciuti ufficialmente i suoi meriti. Insieme al figlio, acceso pacifista, si trova ad affrontare la non facile missione. È una commedia farsesca su un tema di grande importanza quella del primo lungometraggio di Francesco Lagi. ■ COMMEDIA; COL.; 90′; ITALIA, 2011.

MISSIONE EROICA *(Public Hero N. 1)* ★★★
Regia di J. WALTER RUBEN. Con LIONEL BARRYMORE, CHESTER MORRIS. ■ Un agente di polizia si infiltra in una banda di gangster spacciandosi per un fuorilegge egli stesso, in modo da arrivare

al covo e all'arresto di tutti. Si innamora della sorella del boss e la sposa anche se è costretto a ucciderle il fratello. ■ AVVENTURA; B/N; 81'; USA, 1935.

MISSIONE EROICA *(The Flemish Farm)* ★★
Regia di JEFFREY F. DELL. Con JANE BAXTER, CLIFFORD EVANS, PHILIP FRIEND. ■ Un ufficiale belga si incarica di recuperare la bandiera del suo plotone che era stata gettata a mare al momento dell'aggressione tedesca del Belgio. ■ GUERRA; B/N; 82'; GRAN BRETAGNA, 1943.

MISSIONE EROICA – MISSIONE PERICOLOSA ★★
(Seine offizielle Frau Eskapade)
Regia di ERICH WASCHNECK. Con GEORG ALEXANDER, RENATE MÜLLER, GRETA WEISER. ■ Una patriota tiene i collegamenti tra gli oppositori interni polacchi al regime zarista e i fuorusciti. Entra in Russia in incognito, compie la sua missione e riattraversa la frontiera, pur ricercata dalla polizia. ■ DRAMMATICO; B/N; 91'; GERMANIA, 1936.

MISSIONE EROICA – POMPIERI 2 ★★
Regia di GIORGIO CAPITANI. Con LINO BANFI, MASSIMO BOLDI, PAOLO VILLAGGIO. ■ Cinque maldestri pompieri stanno per essere cacciati dal corpo per i troppi pasticci combinati. Invece di buttarli fuori i superiori decidono di affidarli a un duro ufficiale americano per un corso di addestramento dal quale usciranno morti oppure eroi. Usciranno come eroi (anche se nel frattempo l'americano si rivela matto come un cavallo). ■ COMMEDIA; COL.; 90'; ITALIA, 1986.

MISSIONE IN MANCIURIA *(Seven Women)* ★★★
Regia di JOHN FORD. Con ANNE BANCROFT, BETTY FIELD, ANNA LEE, MARGARET LEIGHTON, SUE LYON, MIKE MAZURKI, FLORA ROBSON. ■ Una dottoressa, missionaria laica, arriva verso il 1935 in Manciuria per lavorare in una comunità religiosa molto tradizionale, composta da sei donne e da un solo uomo. Dapprima il suo comportamento anticonvenzionale e la sua apparente durezza la isolano, poi, a poco a poco, verrà accettata dal gruppo. Durante un attacco di briganti sacrificherà la sua vita per salvare le compagne. ■ DRAMMATICO; COL.; 100'; USA, 1966.

MISSIONE IN ORIENTE – IL BRUTTO AMERICANO *(The Ugly American)* ★★★
Regia di GEORGE ENGLUND. Con MARLON BRANDO, SANDRA CHURCH, PAT HINGLE, EIJI OKADA. ■ In uno Stato dell'Estremo Oriente non ben precisato, la fazione comunista si scontra con il governo fantoccio degli Stati Uniti. ■ DRAMMATICO; COL.; 120'; USA, 1963.

MISSIONE PERICOLOSA *(Littel Red Monkey)* ★★
Regia di KEN HUGHES. Con RONA ANDERSON, RICHARD CONTE, COLIN GORDON, ARNOLD MARLE, RUSSELL NAPIER. ■ Un agente dell'Fbi è incaricato di proteggere la vita di uno scienziato russo a Londra in seguito alla morte misteriosa di alcuni professori di fama. L'agente smaschera la banda, salva lo studioso e uccide il capo dei rapitori. ■ SPIONAGGIO; B/N; 90'; GRAN BRETAGNA, 1955.

MISSIONE SABBIE ROVENTI ★★
Regia di ALFONSO BRESCIA. Con ROBERTO CARMARDIEL, HOWARD ROSS, ANN SHERMANN. ■ Un agente segreto partecipa alla resistenza dello Yemen contro l'aggressione dei turchi, smaschera un traditore della causa dei ribelli e riporta la pace. ■ AVVENTURA; COL.; 94'; ITALIA, 1966.

MISSIONE SEGRETA *(Thirty Seconds over Tokyo)* ★★★
Regia di MERVYN LE ROY. Con VAN JOHNSON, SPENCER TRACY, ROBERT WALKER. ■ Vicenda edificante di un pilota americano che, durante i bombardamenti sul Giappone, in seguito a un atterraggio di fortuna perde una gamba. In patria la moglie lo attende: potrà amare un invalido? L'amore coniugale è forte. ■ GUERRA; B/N; 138'; USA, 1945. ■ OSCAR 1 PR, 2 NOM.

MISSIONE SENZA NOME *(Red Scorpion 2)* ★
Regia di MICHAEL KENNEDY. Con MICHAEL IRONSIDE, MATT MCCOLM, JENNIFER RUBIN, JOHN SAVAGE. ■ Un gruppo di neonazisti cerca di impadronirsi dell'America per vie legali e illegali. Una squadra governativa, guidata da un ex agente del Kgb, riesce a neutralizzarli. Sequel di un film che aveva Lundgren come protagonista. ■ SPIONAGGIO; COL.; 90'; USA, 1994.

MISSIONE SPAZIO, TEMPO ZERO ★★
Regia di MARCELLO BERNARDI, ROBERTO GAVIOLI. ■ Documentario scientifico realizzato in parte con un collage di brani di repertorio sull'avventura dell'uomo nella dimensione spazio, dal lancio dello Sputnik allo sbarco dell'uomo sulla Luna. ■ DOCUMENTARIO; COL.; 90'; ITALIA, 1969.

MISSIONE SPECIALE LADY CHAPLIN ★★
Regia di ALBERTO DE MARTINO. Con JACQUES BERGERAC, DANIELA BIANCHI, KEN CLARK. ■ A capo di un'organizzazione spionistica sta una donna, Lady Arabella Chaplin. L'agente Malloy la tallona, scende in fondo al mare per una faccenda di sommergibili in cui lei è coinvolta, sfugge a tranelli di ogni tipo e, quando il complice di Lady Chaplin sta per ucciderla, salva l'affascinante spia. ■ SPIONAGGIO; COL.; 91'; ITALIA, 1966.

MISSIONE SUBLIME *(The Healer)* ★★
Regia di REGINALD BARKER. Con RALPH BELLAMY, KAREN MORLEY, MICKEY ROONEY. ■ Un medico di una comunità rurale canadese cura i bambini affetti da paralisi e li assiste anche da un punto di vista affettivo. Convinto in un primo tempo da una ragazza ricca che ha curato con successo ad aprire una clinica specializzata, ritorna quasi subito sui suoi passi: al paese hanno bisogno di lui. ■ DRAMMATICO; B/N; 92'; USA, 1935.

MISSIONE SUICIDIO *(Beach Head)* ★★
Regia di STUART HEISLER. Con TONY CURTIS, FRANK LOVEJOY, MARY MURPHY. ■ Missione dei marines in un'isola controllata dai giapponesi durante l'ultima guerra. A due marines sopravvissuti all'attraversamento della foresta si aggiungono il francese Bonchard e sua figlia. Uno dei soldati si innamora della ragazza. ■ GUERRA; COL.; 89'; USA, 1954.

MISSIONE TATA *(The Pacifier)* ★★
Regia di ADAM SHANKMAN. Con VIN DIESEL, FAITH FORD, LAUREN GRAHAM, CAROL KANE, CHRIS POTTER, BRITTANY SNOW, MAX THIERIOT. ■ Shane Wolfe, marine super-tosto, viene assegnato alla protezione della casa di uno scienziato ucciso dai terroristi. La casa, che ancora nasconde progetti top-secret, è abitata dai cinque giovanissimi e turbolenti figli dello stesso scienziato e, dopo la fuga della baby-sitter, il navigato *navy seal* si troverà ad affrontare una missione ben più ardua: cambiare pannolini, cantare filastrocche della buona notte e risolvere problemi da teen-ager. La partenza è disastrosa: scene d'azione raffazzonate (anche per un film per famiglie), banalità come se piovesse e un Vin Diesel poco credibile come sergente di ferro. Paradossalmente il protagonista appare più a proprio agio come papà-pesce-fuor-d'acqua. Parabola non particolarmente ispirata sull'importanza della famiglia, l'opera riesce comunque a strappare qualche sorriso. Banale ma sorprendentemente "quasi carino". ■ COMMEDIA; COL.; 91'; CANADA, USA, 2005.

MISSION IMPOSSIBLE ★★★
Regia di BRIAN DE PALMA. Con EMMANUELLE BÉART, TOM CRUISE, HENRY CZERNY, VANESSA REGDRAVE, JEAN RENO, JON VOIGHT. ■ Il gruppo di *Mission impossible* è impiegato in un incarico impossibile, appunto. Muoiono tutti meno il bel Cruise, che scopre essersi trattato di un grande trucco solo per scoprire un traditore interno. Fra Praga, Londra, Langley (sede della Cia) vive l'intreccio misto fra James Bond, *Die Hard* e...il *M.I.* televisivo. Elettronica, Internet, elicotteri che entrano in gallerie. Insomma gli immancabili effetti speciali col valore aggiunto di un regista che ha sempre avuto qualcosa in più. Destinato a un grande successo già prima dell'approdo nelle sale. Gradevole anche se sopravvalutato. Tutto sommato Cruise non vale Connery. Registriamo il passaggio della Béart attraverso il film: a disagio come un fantasma al sole, monocorde e monoespressiva. ■ SPIONAGGIO; COL.; 110'; USA, 1996.

MISSION IMPOSSIBLE 2 ★★
Regia di JOHN WOO. Con TOM CRUISE, ANTHONY HOPKINS, THANDIE NEWTON, VING RHAMES. ■ Dopo l'equilibrio spettacolar-fantastico di De Palma, che firmava *MI1*, ecco John Woo principe dell'effimero. Tutto deve essere (iper)spettacolo, anche una semplice passeggiata per le vie di Siviglia deve promettere qualcosa di straordinario che non c'è: attraverso il rallenty, per fa-

re un esempio. È il solito cinema esasperato da tensioni e scene madri, che la fa da padrone nel nostro tempo. La prima parte di *MI2* è tutta una perdita di tempo. Trucchi e orpelli senza sostanza. Poi il racconto prende a ispirarsi a due fra le più belle storie del cinema, *Notorious* e *Intrigo internazionale*. E naturalmente comincia a funzionare. Si tratta di recuperare un virus terribile e il suo antidoto. Entra in azione Ethan Hunt-Cruise, agente dell'impossibile. Il suo *passepartout* è una ladra internazionale. C'è il cattivone e il suo assistente. Alla fine tutto bene. Cruise è sempre più innamorato di se stesso. Risulta davvero incomprensibile la presenza di questa Thandie (bertolucciana), mulatta senza naso. ■ AVVENTURA; COL.; 123′; USA, 2000.

MISSION IMPOSSIBLE 3 ★★★
Regia di J.J. ABRAMS. Con BILLY CRUDUP, TOM CRUISE, LAURENCE FISHBURNE, MICHELLE MONAGHAN, MAGGIE Q, VING RHAMES, JONATHAN RHYS-MEYERS, KERI RUSSELL, NICCOLÒ SENNI, PHILIP SEYMOUR HOFFMAN. ■ Prodotto dalla Cruise/Wagner, interpretato da Tom Cruise e diretto dall'autore rivelazione J.J. Abrams, la terza missione dell'agente Ethan Hunt è servita: il "buono e il cattivo" coesistono per rendere appetibile la visione. Ma il manicheismo del film non si limita alla sola produzione commerciale: per l'agente Hunt, Abrams concepisce un cattivo mai così cattivo. Ethan si è ritirato a vita privata per sposare Julia, che ignora la sua vera identità. Ma certi vizi sono duri a morire e alla vigilia della cerimonia di fidanzamento è chiamato dall'Impossible Mission Force a soccorrere una collega scomparsa. Sarà l'inizio della fine della tranquillità domestica, abbandonata per mete esotiche: Berlino, Roma, Shangai, che prestano la loro bellezza architettonica alle evoluzioni funamboliche della squadra di Hunt. ■ AVVENTURA; COL.; 126′; USA, 2006.

MISSION IMPOSSIBLE. PROTOCOLLO FANTASMA *(Mission: Impossible - Ghost Protocol)* ★★★
Regia di BRAD BIRD. Con TOM CRUISE, MICHAEL NYQVIST, PAULA PATTON, SIMON PEGG, JEREMY RENNER. ■ Implicati loro malgrado in un gravissimo attentato terroristico al Cremlino, l'agente Ethan Hunt e i suoi collaboratori sono messi al bando dal governo americano. Il presidente lancia l'operazione "Protocollo Fantasma". Siamo ormai alla quarta *Mission Impossible* e ogni volta abbiamo assistito a una conferma della continuità, unita però a un'incessante variazione di stile. ■ AZIONE; COL.; 132′; USA, 2011.

MISSION KILL *(Mission to Kill)* ★★
Regia di DAVID WINTERS. Con HENRY DARROW, ROBERT GINTY, CAMERON MITCHELL. ■ Un mercenario americano è coinvolto nella guerriglia contro un dittatore americano. Riesce a catturare il *caudillo*, ma piuttosto che riconsegnarlo lo uccide. È un gesto inutile. Il potere non sarà preso dal popolo ma dalla donna del dittatore. ■ AVVENTURA; COL.; 92′; USA, 1985.

MISSION TO MARS ★★★
Regia di BRIAN DE PALMA. Con DON CHEADLE, CONNIE NIELSEN, TIM ROBBINS, GARY SINISE. ■ Stati Uniti, 2020. Si fa festa per la partenza del primo terzetto di astronauti diretto a Marte. Su una piattaforma orbitante Woody e Jim osserveranno il lavoro di Luke e della sua squadra. Tredici mesi dopo solo Luke sopravvive a una tempesta di sabbia scaturita da una montagna che il gruppo voleva esplorare alla ricerca di acqua. Woody, sua moglie Terri, Jim e il tecnico Phil scendono sul pianeta quasi un anno dopo. Ma una serie di piccole falle conduce all'abbandono dell'astronave e al sacrificio di Woody. Su Marte i sopravvissuti trovano uno scarmigliato Luke che li conduce dinanzi a un'enorme scultura di un volto. Segno inequivocabile della presenza di un'altra civiltà. Non si deve raccontare molto di più della vicenda ma non ci si può esimere dal commento. Brian De Palma, il maestro del manierismo cinematografico, colto e spettacolare insieme, questa volta ha mancato l'obiettivo per metà. Se infatti ha realizzato un film che "tiene" sul piano degli effetti speciali, non altrettanto è riuscito a fare per quanto riguarda la storia. ■ FANTASCIENZA; COL.; 130′; USA, 2000.

MISSISSIPPI *(Showboat)* ★★★
Regia di HARRY POLLARD. Con OTIE HARLAM, LAURA LA PLANTE, ALMA RUBENS. ■ Un giocatore si innamora della figlia di un capocomico che, con la sua compagnia, si esibisce su un battello del Mississippi. La vita è bella e spensierata per un po', poi i due litigano, ma fanno pace prima che finisca il film. ■ AVVENTURA; B/N; 94′; USA, 1929.

MISSISSIPPI ADVENTURE *(Cross Roads)* ★★★
Regia di WALTER HILL. Con JAMI GERTZ, RALPH MACCHIO, JOE SENECA. ■ Un ragazzo, bravo suonatore di chitarra, innamorato del blues decide di andare sul Mississippi a ricercare le tracce di un famoso suonatore, autore di famose ballate, scomparso nel 1938. Gli è compagno un vecchio nero che fu amico del suonatore. Alla fine del viaggio, il giovane ha deciso cosa farà nella vita. Rimarrà sul Mississippi a commentare con nuove ballate la vita della gente del posto, come fece il suo antico idolo. ■ COMMEDIA; COL.; 96′; USA, 1986.

MISSISSIPPI BLUES ★★★
Regia di BERTRAND TAVERNIER. ■ L'ideale viaggio sul Mississippi alla scoperta del blues e delle sue origini. Il regista e il suo collaboratore percorrono le rive del mitico fiume che ha unito per primo le voci e le note scaturite dalla cultura musicale dei neri d'America, che hanno reso grande il jazz. Un'opera particolare del regista di *Round Midnight*. ■ DOC. MUSICALE; COL.; 110′; FRANCIA, 1986.

MISSISSIPPI BURNING – LE RADICI DELL'ODIO *(Mississippi Burning)* ★★★
Regia di ALAN PARKER. Con WILLEM DAFOE, BRAD DOURIF, GENE HACKMAN. ■ Nel 1964 nel Mississippi vennero uccisi tre attivisti per i diritti civili (uno era nero). Il film è la storia dell'indagine compiuta da due agenti dell'Fbi (uno giovane e idealista, l'altro maturo e disincantato), indagine che portò alla scoperta degli assassini (membri del Ku Klux Klan in combutta con la polizia locale). Un film robusto e teso, che riesce a fare, tra le pieghe del racconto d'azione, un discorso netto, senza equivoci sul razzismo nel profondo Sud. ■ DRAMMATICO; COL.; 125′; USA, 1988. ■ BERLINO 1 PR; GOLDEN GLOBES 4 NOM; OSCAR 1 PR, 7 NOM.

MISSISSIPPI MASALA ★★★
Regia di MIRA NAIR. Con SARITA CHOUDHURY, ROSHAN SETH, DENZEL WASHINGTON. ■ Dopo *Salaam Bombay* e prima di mandare in porto il progetto sulla vita di Gandhi, la regista indiana ha costruito questa storia d'amore disturbata da umori razzisti. Una famiglia indiana estromessa dall'Uganda del regime di Amin e una famiglia di colore americana finiscono col confrontarsi con i problemi dei Montecchi e Capuleti. Perché la figlia della prima e il figlio della seconda si amano Quindi un incrocio di plurirazzismo. Alla fine i due giovani decidono, più opinatamente dei predecessori che si suicidavano, di fuggire. Pur non avendo il vigore della prima opera della regista il film è condotto bene. ■ DRAMMATICO; COL.; 115′; INDIA, USA, 1990. ■ VENEZIA 2 PR.

MISS ITALIA ★★★
Regia di DUILIO COLETTI. Con CARLO CAMPANINI, CONSTANCE DOWLING, GINA LOLLOBRIGIDA. ■ Un giornalista compie un'inchiesta fra le cinque finaliste del concorso di Miss Italia per conoscere i motivi della loro partecipazione. Una delle cinque ragazze uscirà di strada con l'auto per far morire con sé un losco figuro, causa della sua rovina e apportatore di miseria per un'altra candidata a lei cara. ■ COMMEDIA; B/N; 88′; ITALIA, 1950.

MISS JULIE ★★
Regia di MIKE FIGGIS. Con SAFFRON BURROWS, MARIA DOYLE KENNEDY, PETER MULLAN. ■ Tratto dalla *Signorina Giulia* di Strindberg. Figgis ancora una volta è alla ricerca di un soggetto "forte" da sottoporre allo stile del suo cinema visionario e sempre sotto pressione. Troppo per un testo che avrebbe meritato maggior capacità di contenersi. ■ DRAMMATICO; COL.; 103′; GRAN BRETAGNA, 1999.

MISS MAGIC *(Rough Magic)* ★★
Regia di CLARE PEPLOE. Con JIM BROADBENT, RUSSELL CROWE, BRIDGET FONDA. ■ L'illusionista Myra sta per sposare il potente ereditiere Wyatt quando lo fotografa mentre uccide accidentalmente il suo maestro d'arte nonché padre spirituale. Fugge allora in Messico dove apprende i segreti della magia maya e si innamora di uno sbandato reporter che le è stato messo alle calcagna

dal mancato marito. Tra fughe, equivoci, bugie e strabilianti magie Myra cede definitivamente ad Alex Ross mentre una pozione fa scoprire a Wyatt la sua profonda natura di gay. Simpatico. ■ COMMEDIA; COL.; 120′; USA, 1995.

MISS MARY ★★★
Regia di MARIA LUISA REMBERG. Con GUILLERMO BATTAGLIA, LUISANA BRANDO, JULIE CHRISTIE. ■ Miss Mary è una signorina inglese che va a fare l'istitutrice dei tre figli (un maschio e due femmine) di un possidente argentino (siamo alla fine degli anni Trenta). Quando si scopre che il ragazzo s'è innamorato della donna, costei viene scacciata. Un interessante quadro della borghesia bigotta e nevrotica argentina negli anni a cavallo della guerra. ■ DRAMMATICO; COL.; 100′; ARGENTINA, 1986.

MISS MARZO *(Miss March)* ★★
Regia di ZACH CREGGER, TREVOR MOORE. Con RAQUEL ALESSI, ZACH CREGGER, TREVOR MOORE, CRAIG ROBINSON, MOLLY STANTON. ■ La "strana coppia" di adolescenti Eugene e Tucker ha in comune solo un'amicizia di lunga data. Tanto è casto e strenuo promotore dell'astinenza sessuale il primo, quanto il secondo è un erotomane pazzoide assuefatto alla carta patinata di Playboy. La sera del ballo scolastico, dopo aver deciso di consumare la prima volta con la sua ragazza Cindy, Eugene si ubriaca e cade dalle scale. Si risveglia dopo quattro anni di coma e il suo primo e unico pensiero è ritrovare Cindy, che d'improvviso appare nel paginone centrale del nuovo numero di Playboy. La *Playboy Enterprises* è in crisi nera. A dircelo non sono solo i dati editoriali a parabola discendente o le recenti notizie di messa in vendita dello storico marchio con il coniglio in smoking, ma anche i suoi più occasionali incontri con il cinema. ■ COMMEDIA; COL.; 90′; USA, 2009.

MISS MEND ★
Regia di BORIS BARNET, FEDOR OZEP. Con BORIS BARNET, VLADIMIR FOGEL, NATALJA GLAN, IGOR ILINSKIJ. ■ È diviso in tre parti ed è tratto dal romanzo di Marietta Saginjan. Siamo a Littletown. Gordon Storn viene rapito da un malvivente russo che vuol far ricadere la colpa sui comunisti. ■ DRAMMATICO; COL.; 265′; URSS, 1926.

MISS MILIARDO: UNA FAVOLA MODERNA ★★
(Rich Girl)
Regia di JOEL BENDER. Con SEAN KANAN, DON MICHAEL PAUL, JILL SCHOELEN. ■ Una giovane ricchissima di famiglia snobba i soldi e la villa paterna andandosene a vivere da sola nonostante l'opposizione dei suoi. Prima trova lavoro come cameriera; dopodiché diventa la compagna di un coetaneo rockettaro. Ma babbo si infuria e grazie alle proprie conoscenze fa arrestare il poco appetibile genero. La storia avrà lo stesso l'inevitabile lieto fine. ■ COMMEDIA; COL.; 96′; USA, 1991.

MISS MONDAY ★★★
Regia di BENSON LEE. Con JULIE ALANAGH-BRIGHTEN, LOUISE BARRETT, ALEX GIANNINI, ANDREA HART, JAMES HICKS. ■ Uno sceneggiatore londinese in crisi creativa si mette a seguire una donna che corrisponde ai tratti del personaggio su cui sta lavorando. Viene così a conoscenza, non visto, dei suoi problemi. Se ne innamora e ne ricava materiale per il suo lavoro. Ma potrà aiutarla in qualche modo? Film da vedere, se non altro per la bravura dei due protagonisti. ■ PSICOLOGICO; COL.; 90′; GIAPPONE, GRAN BRETAGNA, USA, 2000.

MISSOURI *(Missouri Breaks)* ★★★
Regia di ARTHUR PENN. Con MARLON BRANDO, FREDERIC FORREST, KATHLEEN LLOYD, JACK NICHOLSON, RANDY QUAID. ■ Nel Montana, la banda del ladro di cavalli Tom Logan si scontra con l'allevatore Braxton, sadico giustiziere dei fuorilegge. La figlia di Braxton prende posizione contro il padre e si lega a Tom. ■ WESTERN; COL.; 126′; USA, 1976.

MISS POTTER ★★
Regia di CHRIS NOONAN, RENÉE ZELLWEGER. Con BARBARA FLYNN, MATYELOK GIBBS, EWAN MCGREGOR, BILL PATERSON, EMILY WATSON. ■ Circa un centinaio d'anni or sono, Miss Beatrix Potter era una donna inglese che aveva passato i trent'anni e alla quale la madre si era stancata di presentare inutilmente gli uomini del nobil mondo. A Beatrix non interessavano affatto, preferiva sedere nella sua stanza, acquerelli alla mano, e disegnare conigli, anatre e topolini. Questo finché non conobbe l'uomo che vide in quei disegni un'arte e lottò per pubblicarli. A lui, l'editore Norman Warne, Beatrix avrebbe promesso volentieri il suo amore, se non ci si fosse messo di mezzo il destino. *Miss Potter* è la biografia per immagini della vita della donna che s'impose sul mercato dei libri per bambini con personaggi oggi arcinoti quali Peter Rabbit, Jeremy Fisher e Mrs Tiggy-Winkle. ■ BIOGRAFICO; COL.; 92′; GRAN BRETAGNA, USA, 2006.

MISS PRIMA PAGINA *(Front Page Woman)* ★★
Regia di MICHAEL CURTIZ. Con GEORGE BRENT, BETTE DAVIS, ROSCOE KARNS. ■ Amore fra giornalisti. Ma lui, un redattore capo, vorrebbe lei ridotta al ruolo di moglie e di madre e scoraggia le sue velleità professionali. Quando lei sta per fare uno scoop per un altro giornale, lui fa in modo che faccia una brutta figura. Ma lei non s'arrende. Farà arrestare un assassino e dimostrerà all'innamorato (e al mondo) che ha la stoffa della grande cronista. ■ COMMEDIA; B/N; 82′; USA, 1935.

MISS SPOGLIARELLO *(En effeuillant la marguerite)* ★★★
Regia di MARC ALLÉGRET. Con BRIGITTE BARDOT, DANIEL GÉLIN. ■ Una giovane di provincia va a Parigi e, per vivere, ruba un prezioso manoscritto di Balzac che rivende. Poi si iscrive a un concorso di spogliarello, dove è in palio una notevole somma. Per non farsi riconoscere mette una maschera: nemmeno Daniel, il suo uomo, la identifica. Alla fine l'equivoco si chiarisce. ■ COMMEDIA; B/N; 100′; FRANCIA, 1956.

MISS VIOLENCE ★
Regia di ALEXANDROS AVRANAS. Con THEMIS PANOU, ELENI ROUSSINOU. ■ Nella famiglia di Angeliki tutto sembra andare per il verso migliore se non fosse che la bambina, il giorno del suo undicesimo compleanno, a sorpresa si suicida buttandosi dalla finestra. Lo smarrimento che segue è inusualmente cauto, l'annuncio di una serie di altre stranezze che lentamente riveleranno l'inferno familiare vissuto dalla bambina e che ora vivono gli altri membri della famiglia. Il massimo della pulizia del perbenismo borghese che il patriarca mantiene infatti è solo una patina. Il vecchio ha sistematicamente abusato di tutte, figlie e nipoti, anche molto piccole. Il finale di una storia che sembra non avere speranze sceglie una via peculiare, asseconda il titolo, non concilia né terrorizza davvero ma riesce solo a rendere ancor più fastidiosi e insulsi i personaggi. Vista la situazione economica della Grecia non è difficile trovare paragoni, metafore o possibili allegorie con la storia del film, tuttavia l'impressione è che tali allusioni esistano più negli occhi di chi vuole vederle che nel film. Tuttavia: Mostra di Venezia 2013, Leone d'Argento per la miglior regia a Alexandros Avranas, Coppa Volpi a Themis Panou. ■ DRAMMATICO; COL.; 99′; GRECIA, 2013.

MIST, THE ★
Regia di FRANK DARABONT. Con ANDRE BRAUGHER, MARCIA GAY HARDEN, LAURIE HOLDEN, THOMAS JANE, TOBY JONES. ■ Dave Drayton vive con la moglie e il figlioletto Billy in una casa fuori città. Subito dopo una tempesta particolarmente violenta inizia a diffondersi una nebbia che non sembra avere ragioni meteorologiche. Insieme al vicino di casa Brent Norton (col quale non ha buoni rapporti) e a Billy Dave si dirige con il suo fuoristrada verso il supermercato locale. Lungo il percorso incontrano mezzi militari che si dirigono verso la nebbia. Brent fa allora riferimento a un misterioso Progetto. Ben presto tutti gli occupanti del supermercato si troveranno avvolti dalla nebbia all'interno della quale si muovono creature mostruose. L'incubo ha inizio. Stephen King è un autore tanto fortunato sul piano letterario quanto poco accorto nell'assegnare al cinema i diritti delle proprie opere. ■ HORROR; COL.; 127′; USA, 2007.

MR. BEAN L'ULTIMA CATASTROFE ★★★
(Bean the Ultimate)
Regia di MEL SMITH. Con ROWAN ATKINSON, PETER MACNICOL. ■ Mr. Bean a Los Angeles. Parla. È ospite dell'assistente di un museo che acquista, per cinquanta milioni di dollari, *La madre* di Whistler, il più importante dipinto americano. Naturalmente Bean lo distrugge, per poi rimediare alla sua maniera. Atkinson è

davvero un grande talento. Si temeva che non riuscisse a passare dai suoi "corti" a un film vero, invece regge benissimo. Davvero un grande. ■ COMICO; COL.; 90'; GRAN BRETAGNA, 1997.

MR. BEAN'S HOLIDAY ★★

Regia di STEVE BENDELACK. Con ROWAN ATKINSON, MAX BALDRY, WILLEM DAFOE, EMMA DE CAUNES, JEAN ROCHEFORT, KAREL RODEN. ■ Mr. Bean è tornato. A dieci anni di distanza dalle sue ultime avventure su grande schermo, l'inglese più catastrofico della celluloide continua a combinare disastri. Mr. Bean ha vinto la lotteria della parrocchia del suo quartiere: i premi sono una vacanza nel Sud della Francia e una telecamera. Parte così il suo rocambolesco viaggio via Eurostar per Parigi, che si concluderà niente di meno che a Cannes proprio nei giorni del rinomato festival cinematografico. ■ COMMEDIA; COL.; 90'; GRAN BRETAGNA, 2007.

MR. BEAVER *(The Beaver)* ★★★

Regia di JODIE FOSTER. Con ZACHARY BOOTH, JODIE FOSTER, MEL GIBSON, JENNIFER LAWRENCE, ANTON YELCHIN. ■ Walter Black ha diretto con successo la sua industria di giocattoli e la sua famiglia fino a quando la depressione non lo ha preso in un vortice che gli ha tolto progressivamente ogni piacere di vivere e persino la parola. La moglie ha resistito finché ha potuto, poi è venuto per lei il momento di preservare i figli e spingerlo a cavarsela da sé. Sembrava che Walter non ce l'avrebbe fatta e invece, parlando tramite la buffa marionetta di un castoro nella quale ha infilato il braccio, è tornato in vetta alle vendite aziendali e all'immagine che il figlio più piccolo ha di lui. Ma è davvero Walter che parla, che agisce e reagisce? Jodie Foster regista ha una carriera breve ma di tutto rispetto, però è con questo film che le cose si fanno interessanti. Costruito come un film classico americano, con i suoi tre atti e i suoi colpi di scena al posto giusto, in realtà *The Beaver* contiene una materia coraggiosa e perturbante, che quel tipo di cinema raramente esplora, specie così esplicitamente. ■ COMMEDIA; COL.; 91'; USA, 2011.

MR. BELVEDERE SUONA LA CAMPANA ★★★
(Mr. Belvedere Rings the Bell)

Regia di HENRY KOSTER. Con JOANNE DRU, HUGH MARLOWE, CLIFTON WEBB. ■ Mr. Belvedere crede nella possibilità per tutti di invecchiare serenamente e propaganda la sua idea girando gli Stati Uniti e facendo delle conferenze, finché arriva in una casa per anziani dove inizia la sua pratica di ottimismo e di fiducia. Dopo attriti iniziali con il direttore e i ricoverati, trasforma l'ambiente dando a tutti una nuova ragione di vita. ■ COMMEDIA; B/N; 87'; USA, 1951.

MR. BELVEDERE VA IN COLLEGIO, IL ★★★
(Mr Belvedere Goes to College)

Regia di ELLIOTT NUGENT. Con TOM DRAKE, SHIRLEY TEMPLE, CLIFTON WEBB, ALAN YOUNG. ■ Un maturo scrittore si iscrive all'università per partecipare ad un premio letterario che mette in palio 10.000 dollari, ma per il quale occorre la laurea. Diventa così matricola, con la conseguenza di dover sottostare agli scherzi degli anziani. Ma oltre alla goliardia incontra l'amore, nei panni di una giovane giornalista della gazzetta del College. ■ COMMEDIA; B/N; 83'; USA, 1949.

MR. BROOKS ★★

Regia di BRUCE A. EVANS. Con DANE COOK, KEVIN COSTNER, MARG HELGENBERGER, WILLIAM HURT, DEMI MOORE, DANIELLE PANABAKER, RUBEN SANTIAGO-HUDSON. ■ Sono due anni che Mr. Brooks non uccide nessuno e fila diritto. Con l'aiuto di Dio e di un gruppo terapeutico, a cui tace la vera natura della sua dipendenza, è riuscito a reprimere l'altro sé: Marshall, proiezione criminale del suo io, che lo spinge a commettere efferati delitti. Il "killer delle impronte", fuori servizio, è un padre amabile, un marito fedele e un imprenditore di successo. Ossessionato dal controllo e dalla pulizia, la scena dei suoi crimini non rivela mai un indizio. Ma una notte, mentre consuma un duplice omicidio, qualcuno lo osserva e lo fotografa. Il voyeur non sembra però ansioso di consegnarlo alla giustizia. ■ DRAMMATICO; COL.; 120'; USA, 2007.

MISTER BROWNE CONTRO L'INGHILTERRA ★★★
(Carlton-Browne of the F.O.)

Regia di JEFFREY F. DELL. Con LUCIANA PALUZZI, PETER SELLERS, TERRY THOMAS. ■ Divertente presa in giro della diplomazia inglese. Nell'isoletta di Gagliardia ci sono grandi miniere. Il governo inglese invia sul posto l'ambasciatore Carlton-Browne che combina un sacco di guai. Tutto finirebbe male se il re di Gagliardia non si innamorasse di Ilyene, principessa che capeggia la fazione avversa al re. Il matrimonio mette tutto a posto. ■ COMMEDIA; B/N; 90'; GRAN BRETAGNA, 1959.

MR. CROCODILE DUNDEE *("Crocodile" Dundee)* ★★★

Regia di PETER FAIMAN. Con MARK BLUM, PAUL HOGAN, LINDA KOZLOWSKI. ■ Avventura e commedia si sovrappongono in questo film di produzione australiana che ha decretato il successo di Paul Hogan, che interpreta *Mr. Crocodile* (Mick Dundee), un selvaggio e simpatico cacciatore di coccodrilli. Siamo in Australia, una giovane giornalista newyorkese giunge nella savana per conoscere il cacciatore di cui ha sentito parlare per fare un servizio per il suo giornale. Il genuino cacciatore non finisce mai di stupirla e lei, dopo un viaggio ricco di sorprese, se lo porta a New York. Qui, Dundee continua a vivere nella metropoli come viveva nelle savane creando una serie di divertenti incidenti. Naturalmente i due si innamorano. ■ COMMEDIA; COL.; 111'; AUSTRALIA, 1986. ■ GOLDEN GLOBES 1 PR, 3 NOM; OSCAR 1 NOM.

MR. CROCODILE DUNDEE II *("Crocodile" Dundee II)* ★★

Regia di JOHN CORNELL. Con PAUL HOGAN, LINDA KOZLOWSKI, JOHN MEILLON. ■ Seguito (decisamente inferiore) di uno dei più vistosi successi commerciali della stagione 1986/1987. Una banda di contrabbandieri rapisce la ragazza di Crocodile (la bella bionda è in possesso di una prova che può eliminare il capo della cricca). Dundee libera la donna e fugge con lei in Australia, dove sistemerà una volta per tutte i malviventi, che l'hanno inseguito fin là. ■ AVVENTURA; COL.; 110'; AUSTRALIA, USA, 1988.

MR. DEEDS ★

Regia di STEVEN BRILL. Con STEVE BUSCEMI, WINONA RYDER, ADAM SANDLER, JOHN TURTURRO. ■ Remake di un classico di Frank Capra, *È arrivata la felicità* (1936): è la storia di un ragazzo di provincia, dalla vita semplicissima, che diventa inaspettatamente erede di un'immensa fortuna e si trova all'improvviso catapultato nell'alta società di New York. Naturale che qualcuno trami per impossessarsi del malloppo, mettendogli alle costole anche la tradizionale tentatrice. Quando ci si rifà a un classico bisognerebbe avere almeno l'accortezza di scegliere decentemente il cast. Qui Sandler si intorcina sul suo solito personaggio di mite capace di rabbie distruttive, la Ryder è sì e no decorativa. E anche le comparsate illustri (come quella di Turturro, maggiordomo con grossi problemi nervosi) lasciano il tempo che trovano. ■ COMMEDIA; COL.; 91'; USA, 2002.

MR. DESTINY ★★

Regia di JAMES ORR. Con JAMES BELUSHI, MICHAEL CAINE, LINDA HAMILTON. ■ Un uomo è ossessionato da un antico trauma: quando giocava nella sua squadra di baseball aveva causato, con un errore, la sconfitta in una partita decisiva. Il trauma si era esteso a tutte le manifestazioni della sua vita. Quando pensa al suicidio ecco che dall'"alto" qualcuno gli invia questo Mr. Destiny che gli mostra altri aspetti della vita. Può essere considerato un figlio degenere di *La vita è meravigliosa*, il capolavoro di Frank Capra. ■ COMMEDIA; COL.; 110'; USA, 1990.

MISTER DESTINY *(Destiny Turns on the Radio)* ★

Regia di JACK BARAN. Con JAMES BELUSHI, JAMES LEGROS, DYLAN MCDERMOTT, QUENTIN TARANTINO, NANCY TRAVIS. ■ Si è a caccia di denaro, frutto di una rapina del passato, e di un evaso. I poliziotti sono imbranati come da regolamento e gran parte del gioco a nascondino ha luogo in un motel chiamato Marilyn. Siamo a Las Vegas e ogni stanza ha il nome di un film della diva. Tarantino benedice un'operazione decisamente poco convincente. ■ FANTASTICO; COL.; 101'; USA, 1995.

MR. & MRS. BRIDGE ★★★

Regia di JAMES IVORY. Con ROBERT SEAN LEONARD, PAUL NEWMAN, JOANNE WOODWARD. ■ Dal romanzo di Evan S. Connell. È la storia dei coniugi Bridge in un arco di circa vent'anni. All'inizio si sono amati e capiti, poi sono cambiati. Lui è diventato sempre più chiuso, impenetrabile e severo, e lei sempre più triste.

Da anziani l'incomprensione è totale. Hanno tre figli che però non hanno portato niente di buono nel rapporto. Più che un film di Ivory è il film di Paul Newman e di sua moglie Joanne Woodward (i due sono sposati dal 1958) che con la loro misura tolgono a Ivory il suo tradizionale e presentissimo autocompiacimento. E forse è bene così. ■ COMMEDIA; COL.; 120'; USA, 1990. ■ GOLDEN GLOBES 1 NOM; OSCAR 1 NOM; VENEZIA 2 PR.

MR. & MRS. SMITH ★★

Regia di DOUG LIMAN. Con ELIJAH ALEXANDER, THERESA BARRERA, ANGELA BASSETT, ADAM BRODY, KEITH DAVID, WILLIAM FICHTNER, ANGELINA JOLIE, JENNIFER MORRISON, BRAD PITT, VINCE VAUGHN, KERRY WASHINGTON. ■ John e Jane Smith sono sposati da cinque anni, forse sei e non ricordano l'ultima volta che hanno fatto l'amore. Lei adora le tende verdi, lui le detesta, lui adora accompagnarsi ai vicini, lei li rifugge con diplomazia. I coniugi Smith sono in crisi, non si sopportano ma come ogni coppia sposata convivono garbatamente. Dentro un'inquadratura frontale, gli Smith confessano al loro analista e ai loro spettatori le reciproche ostilità. Le omissioni riguardano invece il loro lavoro: John e Jane sono due efficientissimi killer assoldati da due agenzie rivali. La pellicola in questione è una cerimonia, studiata e confezionata, di seduzione. La fotogenia spiccata, a voler essere moderati, di Brad e Angelina raddoppia la vertigine dello spettatore da una parte e dall'altra del cielo. Eppure tutta questa bellezza esaltata dai costumi e dagli accessori, caricata dai gioielli e dal trucco alla lunga finisce per risultare stucchevole. ■ AZIONE; COL.; 122'; USA, 2005.

MISTER FLOW ★★★

Regia di ROBERT SIODMAK. Con EDWIGE FEUILLÈRE, FERNAND GRAVEY. ■ Un avventuriero ricercato per furti aggravati riesce a infiltrarsi in casa di un aristocratico inglese come maggiordomo, grazie alle nozze di questi con una sua complice, e qui tenta di arraffare il patrimonio del ricco signore. Un giovane avvocato libera la complice dalla totale dipendenza dal fuorilegge. ■ DRAMMATICO; B/N; 100'; FRANCIA, 1936.

MISTER HOBBS VA IN VACANZA ★★★
(Mr. Hobbs Takes a Vacation)

Regia di HENRY KOSTER. Con FRANÇOISE FABIAN, REGINALD GARDINER, MAUREEN O'HARA, JOHN SAXON, JAMES STEWART, MARIE WILSON. ■ Mr. Hobbs si pregusta una tranquilla vacanza con la moglie nella sua villetta al mare. Ma lei gli fa trovare tutti i figli, quelli non accasati e le due figlie sposate con relativi mariti e pargoli. La vacanza è un inferno: scenate e litigi si susseguono, niente funziona in casa. Finalmente le vacanze finiscono. ■ COMMEDIA; B/N; 116'; USA, 1962. ■ BERLINO 1 PR.

MISTER HULA HOOP *(The Hudsucker Proxy)* ★★★

Regia di JOEL COEN. Con CHARLES DURNING, JENNIFER JASON LEIGH, PAUL NEWMAN, TIM ROBBINS. ■ Ascesa al potere economico di un piccolo impiegato che ha un'idea geniale e inventa l'hula-hoop. La storia è solo un pretesto per i Coen. Ciò che a loro interessa è mettere in scena un grande cerchio narrativo della durata di centoundici minuti sulla cui circonferenza possano comodamente trovare spazio citazioni e ammiccamenti cinefili. Ovviamente non mancano equilibristiche riprese che si accompagnano a una scenografia in cui lo spazio si fa tempo. ■ COMMEDIA; COL.; 111'; USA, 1994.

MISTERIANI, I *(Chikyu Boeigun)* ★★

Regia di ISHIRÔ HONDA. Con AKIHIKO HIRATA, MOMOKO KOCHI, KENJI SAHARA, YUMI SHIRAKAWA. ■ Esseri extraterrestri provenienti dal pianeta Misteroid vogliono aggredire la Terra e trovarvi delle donne per prevenire l'estinzione della loro razza. I terrestri si difendono con un potente ritrovato chimico. ■ FANTASCIENZA; COL.; 94'; GIAPPONE, 1957.

MISTERI DEL COLLEGE, I *(Klassenziel Mord)* ★

Regia di MICHAEL ROWITZ. Con BRUNO EYRON, JENNIFER NITSCH, MICHAELA ROSEN. ■ William è un bambino molto intelligente. Viene preso in considerazione da Kathrin che lavora nell'istituto per bambini abbandonati dove William vive. Kathrin cerca di fargli ottenere una scuola particolare ma col tempo si accorge che ci sono grossi problemi. ■ THRILLER; COL.; 83'; GERMANIA, 1997.

MISTERI DEL CONVENTO, I *(O convento)* ★★★

Regia di MANOEL DE OLIVEIRA. Con LUÍS MIGUEL CINTRA, CATHERINE DENEUVE, JOHN MALKOVICH. ■ Malkovich e la Deneuve vanno in convento. Lui cerca la testimonianza di una strampalata teoria che vorrebbe Shakespeare di origine spagnola. La coppia è in crisi. Le atmosfere del convento e le iniziative del guardiano innescano una girandola di sentimenti confusi e grotteschi. Oliveira, il maggiore regista portoghese, classe 1908, ha sempre l'energia per le sue storie ambigue e soffuse. Certo, i due protagonisti gli offrono un bell'aiuto. ■ DRAMMATICO; COL.; 90'; PORTOGALLO, 1996.

MISTERI DEL GIARDINO DI COMPTON HOUSE, I *(The Draughtsman's Contract)* ★★★★

Regia di PETER GREENAWAY. Con ANTHONY HIGGINS, ANNE LAMBERT, JANET SUZMAN. ■ In una villa della campagna inglese, alla metà del Seicento, un pittore riceve l'incarico dalla proprietaria, Lady Herbert, di eseguire dodici disegni della sontuosa dimora. Per convincere il riluttante pittore inserisce nel contratto la clausola per cui lei gli si concederà alla fine di ogni disegno. Il pittore si mette all'opera, ma nel paesaggio compaiono inquietanti oggetti: farsetti bagnati di sangue, camicie strappate, indizi di un delitto: quello del castellano, che sarà trovato ucciso in giardino. I suoi disegni sono diventati documenti dell'intrigo mortale, e il pittore, che nel frattempo ha ottenuto anche i favori della figlia degli Herbert, sarà a sua volta ucciso. ■ DRAMMATICO; COL.; 108'; INGHILTERRA, 1982.

MISTERI DELLA GIUNGLA, I *(Tiger Fangs)* ★★

Regia di SAM NEWFIELD. Con FRANK BUCK, JUNE DUPREZ, J. FARREL MACDONALD, DUNCAN RENALDO. ■ Durante la seconda guerra mondiale, un certo Lang fabbrica un veleno che, portato nelle piantagioni di gomma, è iniettato nelle tigri mediante lancio di frecce. Le tigri divenute ancora più feroci divorano i lavoratori seminando terrore. Ciò si riflette sulle forniture di gomma degli alleati. Franck Buck risolve il caso e i lavoratori riprendono l'attività. ■ AVVENTURA; B/N; 91'; USA, 1943.

MISTERI DELLA GIUNGLA NERA, I ★★

Regia di GIAN PAOLO CALLEGARI. Con FRANCO BALDUCCI, LEX BARKER, ENZO FIERMONTE. ■ Da un romanzo di Salgari. Il coraggioso cacciatore Tremalnaik trova nella giungla Ada, una ragazza bianca rapita da piccola dai sanguinari Tughs e diventata sacerdotessa della dea Kalì. Lo stesso padre di Ada, il capitano MacPherson, viene a un certo punto catturato dai Tughs e Tremalnaik lo salva grazie anche all'intervento dei soldati inglesi. ■ AVVENTURA; COL.; 90'; ITALIA, 1952.

MISTERI DELLA GIUNGLA NERA, I ★★

Regia di LUIGI CAPUANO. Con IVAN DESNY, GUY MADISON, NANDO POGGI, GIACOMO ROSSI STUART, GIULIA RUBINI, INGEBOR SCHOENER. ■ Lo stesso soggetto del film precedente e più o meno dello stesso valore. ■ AVVENTURA; COL.; 90'; ITALIA, 1965.

MISTERI DELLA GIUNGLA NERA, I ★★

Regia di KEVIN CONNOR. Con AMITH ACHAIYA, KABIR BEDI, STACY KEACH, VIRNA LISI. ■ Terza produzione italiana per il romanzo salgariano: questa volta di origine televisiva. ■ AVVENTURA; COL.; 103'; ITALIA, 1991.

MISTERI DELLA MAGIA NERA, I ★★
(Los misterios de la magia negra)

Regia di MIGUEL M. DELGADO. Con CARLOS ANCIRA, ALDO MONTI, NADIA HARO HOLIVA, CARLOS RIQUELME. ■ Incarnatisi in due artisti di varietà, una strega e un mago tornano nel mondo per compiere una vendetta. ■ HORROR; B/N; 93'; MESSICO, 1958.

MISTERI DELLE BERMUDE, I ★★★
(The Bermuda Depths)

Regia di TOM KOTANI. Con RUTH ATTAWAY, BURL IVES, LEIGH MCCLOSKEY, CONNIE SELLECCA, CARL WEATHERS, JULIE WOODSON. ■ Un giovane di nome Michael ritorna nei luoghi della sua infanzia, alle Bermude, per trovare il cadavere del padre perito in mare molti anni prima. Si incontra con una misteriosa creatura di cui si innamora, ma che si pensa sia il fantasma di una giovane morta durante una tempesta e annegata anni prima. Fantasma o no, la ragazza lo salva in un pericolosissimo frangente. ■ FANTASTICO; COL.; 100′; USA, 1978.

MISTERI DELL'OLTRETOMBA, I ★
(Los misterios de ultretumba)
Regia di FERNANDO MENDEZ. Con BEATRIX AGUIRRE, LUIS ARAGON, CAROLINE BARRET, ANTONY RAXEL. ■ Il dottor Mathens sfida la morte: entra per un certo periodo nel regno dell'aldilà. Falsamente imputato del decesso di una persona, viene impiccato. La sua anima si reincarna nel corpo del vero colpevole, che a sua volta viene condannato e ucciso. ■ HORROR; B/N; 93′; MESSICO, 1955.

MISTERI DEL MATO GROSSO, I *(Rio das mortes)* ★★
Regia di HIDALGO CECCON. ■ Documento su una spedizione scientifica nel Mato Grosso compiuta da esploratori trasportati in elicottero sul posto. ■ DOCUMENTARIO; B/N; 92′; BRASILE, 1953.

MISTERI DI HOLLYWOOD, I *(Hollywood Story)* ★★
Regia di WILLIAM CASTLE. Con JULIE ADAMS, RICHARD CONTE. ■ L'impresario Larry O'Brien vuole fare un film sull'assassinio rimasto misterioso di un regista del cinema muto. Ricostruendo la storia e rincontrando i personaggi della vicenda, Larry giunge a scoprire l'assassino. ■ DRAMMATICO; B/N; 77′; USA, 1951.

MISTERI DI LONDRA, I *(Nicholas Nickleby)* ★★
Regia di ALBERTO CAVALCANTI. Con DEREK BOND, CEDRIC HARDWICKE SIR, SALLY ANN HOWES. ■ Due orfani vengono "aiutati" da uno zio: la ragazza, messa a fare la sarta, viene successivamente spinta da costui sulla cattiva strada, il ragazzo viene mandato in una scuola che è una specie di lager, da cui fugge. Altre avventure intricate, dove il cattivo ce la mette proprio tutta, ma alla fine paga con la vita e i buoni trionfano. ■ DRAMMATICO; B/N; 108′; GRAN BRETAGNA, 1946.

MISTERI DI PARIGI, I *(Les mystères de Paris)* ★★
Regia di FÉLIX GANDÉRA. Con MADELEINE OZERAY, CONSTANT RÉMY, HENRI ROLLAN. ■ Tratto dal famoso romanzo di Eugène Sue. Un grosso fumettone. ■ DRAMMATICO; B/N; 110′; FRANCIA, 1935.

MISTERI DI PARIGI, I ★★
Regia di FERNANDO CERCHIO. Con LORELLA DE LUCA, MATTEO SPINOLA, FRANK VILLARD. ■ Medesimo soggetto del film precedente, ma ampliato. Il duca Rodolfo per trovare il giovane Germain si traveste da straccione e va nei bassifondi di Parigi: incontra lo squartatore, poi Maria la cantante, sfruttata dalla "Civetta", una megera. Maria è figlia di Rodolfo che ne scopre l'identità più tardi e la salva. ■ DRAMMATICO; B/N; 90′; ITALIA, 1952.

MISTERI DI PARIGI, I *(Les mystères de Paris)* ★★
Regia di ANDRÉ HUNEBELLE. Con JILL HAWORTH, JEAN MARAIS, PIERRE MONDY, RAYMOND PELLEGRIN, DANY ROBIN. ■ Sempre dal romanzo di Eugène Sue. Il cast è pieno di buoni attori. ■ DRAMMATICO; COL.; 110′; FRANCIA, 1957.

MISTERI DI ROMA, I ★★
Regia di GIANNI BISIACH. ■ Lungometraggio tratto da un'idea di Cesare Zavattini. È la registrazione di alcuni aspetti della realtà sociale romana. ■ DOCUMENTARIO; B/N; 92′; ITALIA, 1963.

MISTERI DI SHANGHAI, I *(The Shanghai Gesture)* ★★★
Regia di JOSEF VON STERNBERG. Con WALTER HUSTON, VICTOR MATURE, GENE TIERNEY. ■ A Shanghai, la figlia del ricchissimo Sir Guy Charteris, in cerca d'avventura, frequenta una bisca gestita dalla cinese Gin Sling. Gin, spinta dal desiderio di vendicarsi di Sir Guy che anni prima l'ha abbandonata, provoca la rovina della giovane. Troppo tardi Gin apprende che la giovane è anche figlia sua. ■ AVVENTURA; B/N; 106′; USA, 1941. ■ OSCAR 2 NOM.

MISTERI DI UN'ANIMA, I *(Geheimnisse einer Seele)* ★★
Regia di GEORGE WILHELM PABST. Con WERNER KRAUSS, POWEL PAWLOW, JACK TREVOR. ■ Un film sulla psicanalisi. Un professore di chimica si mette sotto analisi dopo aver sognato di uccidere la moglie. Ciò che lo ha spinto è la gelosia per l'arrivo di un cugino dall'India. Verrà guarito. ■ DRAMMATICO; B/N; 70′; GERMANIA, 1926.

MISTERI DI VENEZIA – IL FARO ABBANDONATO – IL FARO DELLA LAGUNA, I ★★
Regia di IGNAZIO FERRONETTI. Con VIRGINIA BELMONT, TITO SCHIPA, RENATO VALENTE. ■ Un barone senza scrupoli che si circonda di figure dal passato non limpido decide di impadronirsi di un prezioso gioiello da contrabbandare. Plagia una giovane che usa come tramite per arrivare alla refurtiva. Uno dei complici si innamora di lei, la salva e uccide il barone. ■ DRAMMATICO; B/N; 91′; ITALIA, 1950.

MISTERIOSA FUGGIASCA, LA *(Gallant Lady)* ★
Regia di WILLIAM BEAUDINE. Con VINCE BARNETT, SIDNEY BLACKMER, ROSE HOBART. ■ A causa di una falsa accusa una dottoressa è condannata a una grave pena detentiva. Lei scappa, e per sua fortuna un collega riesce a provare la sua innocenza. ■ DRAMMATICO; B/N; 95′; USA, 1942.

MISTERIOSA MORTE DI GEORGIA WHITE – GEORGIA, LA *(Georgia)* ★★
Regia di BEN LEWIN. Con JOHN BACH, JUDY DAVIS, ALEX MENGLET. ■ Judy Davis (*Barton Fink, Il pasto nudo*) in un piccolo film di serie B. Un'avvocatessa sta traslocando e si trova alle prese con uno strano caso. Georgia White è morta e ha lasciato intorno a sé molti indizi inspiegabili. La donna si trova a indagare con l'aiuto di poche fotografie. ■ GIALLO; COL.; 95′; USA, 1989.

MISTERIOSA PANTERA ROSA E IL DIABOLICO ISPETTORE CLOUSEAU, LA *(The Pink Panther and Ispector)* ★★★
Regia di BRAD CASE, GERRY CHINIQUY, ART DAVIS, SID MARCUS, ROBERT MCKIMSON, BOB RICHARDSON. ■ Antologia composta da undici cartoni animati con la Pantera Rosa e sei con l'ispettore Clouseau. ■ ANIMAZIONE; B/N; 92′; USA, 1966.

MISTERIOSE FORME DI VITA *(The Nightflyers)* ★★
Regia di ROBERT COLLECTOR. Con MICHAEL PRAED, JOHN STANDING, CATHERINE ANN STEWART. ■ Su un'astronave si trovano ben due presenze extraterrestri: un *alien* buono, ma allo stato embrionale, e uno malvagio che uccide a uno ad uno gli abitanti dell'astronave. ■ FANTASTICO; COL.; 93′; USA, 1987.

MISTERIOSO CASO DEL DRAGONE CINESE, IL ★★★
(Black Out)
Regia di ERIK GUSTAVSSON. Con JUNI DAHR, ELIZABETH SAND, HENRIK SCHELE. ■ Un poliziotto privato riceve l'incarico da una bella ragazza, figlia di un pezzo grosso, di ritrovare la gemella. Il detective la trova, ma morta. Ma intanto ha pestato i piedi a un pericoloso gangster, il boss del quartiere cinese di Amsterdam. Per difendersi dal gangster e dai suoi sgherri il poliziotto li uccide tutti. A questo punto la sua datrice di lavoro scopre le carte. ■ GIALLO; COL.; 91′; NORVEGIA, 1986.

MISTERIOSO CASO PETER PROUD, IL ★★
(The Reincarnation of Peter Proud)
Regia di JACK LEE THOMPSON. Con MARGOT KIDDER, JENNIFER O'NEILL, MICHAEL SARRAZIN, CORNELIA SHARPE. ■ Il professor Peter Proud è angosciato da un sogno ricorrente in cui viene ucciso a colpi di remo da una donna in un lago. Scopre di essere la reincarnazione del soldato Curtis Jeffrey, che aveva sposato Marta, e di essere stato ucciso da Marta nel 1946. Si mette in contatto con la donna, ma viene ancora ammazzato da lei. ■ GIALLO; COL.; 104′; USA, 1975.

MISTERIOSO JACK, IL *(Crackerjack)* ★★
Regia di ALBERT DE COURVILLE. Con LILLI PALMER, TOM WALLS. ■ Uno stravagante ladro dona il ricavato delle sue imprese ladresche alle opere di beneficenza, mantenendo segreta la sua identità che solo la donna amata conosce. Questa acconsente a far parte di un complotto per arrestare il ladro, ma poi corre a salvarlo e fugge con lui. ■ AVVENTURA; B/N; 79′; GRAN BRETAGNA, 1938.

MISTERIOSO JIMMY, IL *(Alias Jimmy Valentine)* ★★
Regia di JACK CONWAY. Con LIONEL BARRYMORE, KARL DANE, WILLIAM HAINES. ■ Le avventure di un simpatico scassinatore. Il primo film parlato prodotto dalla MGM, commissionato in fretta e furia per controbattere la concorrenza della Warner Bros. ■ GIALLO; COL.; 95′; USA, 1928.

MISTERIOSO MR. MOTO, IL *(Mysterious Mr. Moto)* ★★
Regia di NORMAN FOSTER. Con LEON AMES, PETER LORRE,

HENRY WILCOXON. ■ Mr. Moto contro la Lega degli Assassini, una famigerata banda di terroristi europei. Moto s'infiltra nella Lega fingendosi un evaso dell'isola del Diavolo. Scopre presto che il capo della banda usa mettersi in contatto con i suoi attraverso un motivo musicale. Si servirà della scoperta per intrappolarlo. ■ GIALLO; B/N; 62'; USA, 1938.

MISTERIOSO OMICIDIO A MANHATTAN ★★★★
Regia di WOODY ALLEN. Con ALAN ALDA, WOODY ALLEN, ANJELICA HUSTON, DIANE KEATON. ■ Larry e Carol sono una coppia newyorkese, sposati da una ventina d'anni, con un figlio ormai indipendente e coi problemi normali che ha una coppia del genere col surplus delle nevrosi alla Allen. Una sera conoscono i loro vicini di casa, coppia di mezza età davvero simpatica. Qualche giorno dopo la donna muore di infarto. Carol si mette in testa che ci sia qualcosa di strano, insospettita dal comportamento del vedovo. Con l'aiuto di un amico (Alda), un po' innamorato di lei, comincia a fare delle indagini. Ben presto il resto della sua vita non conta più nulla, conta solo l'"omicidio". Pedinamenti, visite con chiavi false, fughe nella notte, visioni strane. Comunque era tutto vero, l'uomo aveva ucciso la moglie per poter fuggire con la sua giovane amante. Grazie all'intervento di una scrittrice (Huston) amica di Larry la verità viene a galla. Naturalmente il "giallo" è solo un pretesto per il solito discorso interno di Allen. Una "vecchia" coppia è bene che ogni tanto si dedichi a un diversivo, c'è la possibilità di un rilancio di entusiasmo. Woody si concede una piccola soddisfazione finale, dedicata probabilmente alla sua ex moglie Mia, dicendo: «Dopotutto sono un ometto mica male». Per il resto è sempre Allen, con le sue battute e la sua buffa, sarcastica umanità. Certo c'è un'evoluzione di storia, di emozioni e di problemi. È semplicemente il tempo che passa e lui, Woody, classe 1935, comincia a rendersene conto. E anche per Diane il tempo è passato, lo si vede dalla prima inquadratura. ■ COMMEDIA; COL.; 105'; USA, 1993. ■ GOLDEN GLOBES 1 NOM.

MISTERIOSO SIGNOR VAN EYCK, IL ★
(El misterioso señor Van Eyck)
Regia di AUGUSTIN NAVARRO. Con FRANCO FABRIZI, MASSIMO GIROTTI, EMILIO GUTIERREZ CABA, ESPARTACO SANTONI, TERESA VELASQUEZ. ■ Sarabanda di personaggi intorno a un tesoro affondato in mare con il corpo di Charles Van Eyck ucciso durante una lite su un panfilo da uno dei marinai. ■ AVVENTURA; COL.; 91'; SPAGNA, 1965.

MISTERIUS *(Les magiciennes)* ★
Regia di SERGE FRIEDMAN. Con ALICE KESSLER, ELLEN KESSLER, GINETTE LECLERC, JACQUES RIBEROLLES. ■ Gioco ambiguo di due gemelle; il pianista Pierre è innamorato di una ragazza del circo di nome Hilda, che la sorella gemella Greta talvolta sostituisce. Pierre, un giorno, trova Hilda uccisa. Esasperato, uccide Greta. L'assassina di Hilda è la madre di Pierre. ■ DRAMMATICO; B/N; 87'; FRANCIA, 1960.

MISTER JOHNSON ★★
Regia di BRUCE BERESFORD. Con PIERCE BROSNAN, MAYNARD EZIASHI, EDWARD WOODWARD. ■ Dal regista di *A spasso con Daisy* un lavoro diligente tratto dalla novella di Joyce Cary. Il film tratta del conflitto di culture nell'Africa coloniale. Siamo negli anni Venti e Mister Johnson è un impiegato d'ufficio al servizio dei colonialisti bianchi. Pur essendo un uomo di colore appoggia la filosofia e i metodi della razza nemica. Dovrà ricredersi. ■ DRAMMATICO; COL.; 102'; GRAN BRETAGNA, 1990. ■ BERLINO 1 PR.

MR. JONES ★★
Regia di MIKE FIGGIS. Con ANNE BANCROFT, RICHARD GERE, LENA OLIN. ■ Prova deludente del regista di *Stormy Monday* e *Affari sporchi*. Pare comunque che la Columbia abbia giocato un ruolo importante nella cattiva resa del film. Gere infatti quando ha pensato al progetto, e lo ha prodotto, lo immaginava più serio. Il copione è stato riscritto varie volte. Il signor Jones ha un carattere molto strano. Ha crisi di depressione e momenti di ottimismo incontrollato. Conosce una psichiatra che cerca di aiutarlo. Per quanto esperta la professionista indulge e tutto si sfalda. Si tratta di cambiare ruolo. ■ COMMEDIA; COL.; 114'; USA, 1992.

MR. KLEIN ★★★
Regia di JOSEPH LOSEY. Con ALAIN DELON, MASSIMO GIROTTI, ROBERT KUPERBERG, JEANNE MOREAU. ■ Il protagonista è un cinico antiquario che si arricchisce acquistando i beni degli ebrei deportati nei campi di concentramento. Siamo nella Francia di Vichy, dal gennaio al luglio del 1942. Mr. Klein ha un omonimo ebreo e partigiano, ricercato dalla Gestapo. Per sfuggire alla polizia, si fa fare dei documenti falsi, ma inutilmente. Si ritrova con gli ebrei nel treno per Auschwitz. ■ DRAMMATICO; COL.; 125'; ITALIA, 1976.

MR. MAGOO ★
Regia di STANLEY TONG. Con KELLY LINCH, MALCOLM MCDOWELL, LESLIE NIELSEN. ■ Mr. Magoo è il noto personaggio miope dei cartoni animati. Leslie Nielsen dà corpo e volto allo sgangherato cieco che ne combina di tutti i colori. Assolutamente inutile, oltre che fastidioso. ■ COMICO; COL.; 87'; USA, 1998.

MR. MAGORIUM E LA BOTTEGA DELLE MERAVIGLIE *(Mr. Magorium's Wonder Emporium)* ★★
Regia di ZACH HELM. Con JASON BATEMAN, DUSTIN HOFFMAN, ZACH MILLS, NATALIE PORTMAN. ■ Burattini che prendono vita, superpalle che rimbalzano da sole, animaletti di peluche che abbracciano i bambini... La Bottega delle Meraviglie di Mr. Magorium (Dustin Hoffman), 243 anni di età, non è un semplice negozio di giocattoli, ma un luogo magico dove l'impossibile diventa reale! Quando però l'ultra anziano proprietario decide di affidare la Bottega alla sua assistente Molly Mahoney, i giocattoli si arrabbiano e perdono tutta la loro magia. Per fortuna il piccolo Eric, un cliente affezionato, ha un piano per aiutare la ragazza a riportare il negozio al suo antico splendore. ■ FANTASTICO; COL.; 96'; USA, 2007.

MISTER MAMMA *(Mr. Mom)* ★★
Regia di STAN DRAGOTI. Con TERI GARR, MICHAEL KEATON, FREDERICK KOEHLER. ■ Quando il marito Jack viene licenziato senza preavviso, Caroline si trova un lavoro come pubblicitaria e inizia a fare una rapida carriera. A casa rimane lo stralunato consorte che, alle prese con tre marmocchi, con le faccende domestiche e con gli sceneggiati televisivi, si lascia andare, ingrassa e organizza partite di canasta. ■ COMMEDIA; COL.; 91'; USA, 1983.

MISTER MILIARDO *(Mr. Billion)* ★★
Regia di JONATHAN KAPLAN. Con TERENCE HILL, VALERIE PERRINE, WILLIAM REDFIELD. ■ Guido eredita da uno zio d'America un miliardo di dollari. Deve però firmare il testamento entro venti giorni. La sua diventa dunque una corsa contro il tempo. ■ COMMEDIA; COL.; 93'; USA, 1977.

MR. MOTO COGLIE L'OCCASIONE ★★
(Mr. Moto Takes a Chance)
Regia di NORMAN FOSTER. Con ROCHELLE HUDSON, ROBERT KENT, PETER LORRE. ■ Mr. Moto, il detective giapponese creato da John Marquand, arriva in Birmania sotto mentite spoglie e scopre i piani di un fanatico religioso che vuole cacciare tutti i bianchi da quella terra. Aiutato da una ragazza e da un principe locale, Moto neutralizza il fanatico. ■ GIALLO; B/N; 63'; USA, 1938.

MR. MOTO NELL'ISOLA DEL PERICOLO ★★
(Mr. Moto in Danger Island)
Regia di HERBERT I. LEEDS. Con AMANDA DUFF, JEAN HERSHOLT, PETER LORRE. ■ Mister Moto riceve l'incarico dal governo americano di scoprire chi c'è dietro un contrabbando d'armi che passa da Portorico. Moto compie la missione con l'aiuto di un lottatore Usa. ■ GIALLO; B/N; 63'; USA, 1939.

MR. MOTO VA IN VACANZA ★★
(Mr. Moto Takes a Vacation)
Regia di NORMAN FOSTER. Con VIRGINIA FIELD, PETER LORRE, JOSEPH SKILDRAUT. ■ Mister Moto deve far la guardia a un gioiello di valore inestimabile appena recuperato da una tomba egizia. Moto sospetta che un famoso ladro si aggiri nelle vicinanze e voglia carpire il gioiello. Non sbaglia. Ma non è facile prenderlo con le mani nel sacco (il criminale è un maestro di travestimenti). ■ GIALLO; B/N; 64'; USA, 1938.

MR. NICE GUY ★★
Regia di SAMMO HUNG. Con JACKIE CHAN, RICHARD NORTON. ■

Il "marziale" Jackie Chan, ormai erede ufficiale di Bruce Lee, è un cuoco che lavora in una televisione australiana. Suo malgrado si trova a fare da cuscinetto fra due bande. Le solite evoluzioni con un tentativo, anche riuscito, di ironia. ■ AVVENTURA; COL.; 85'; HONG KONG, USA, 1997.

MR. NORTH ★★★
Regia di DANNY HUSTON. Con LAUREN BACALL, ANTHONY EDWARDS, ROBERT MITCHUM. ■ A Newport, nel 1886, un giovane ottimista e stravagante si guadagna la stima generale guarendo malati veri e immaginari. Ma desta anche l'invidia di un medico con laurea, che lo accusa di esercitare senza diritto la professione di dottore. Una graziosa favola, da un vecchio racconto di Thornton Wilder. È l'esordio registico del figlio di John Huston. ■ COMMEDIA; COL.; 93'; USA, 1988.

MISTERO BIONDO *(Mademoiselle X)* ★★
Regia di PIERRE BILLON. Con KETTY GALLIAN, ANDRÉ LUGUET, MADELEINE SOLOGNE. ■ La bella Maddalena sviene una notte proprio davanti alla casa di un noto drammaturgo. È reduce da una scenata col proprio amante, a cui ha persino sparato, fortunatamente mancandolo. Lo scrittore si innamora di lei. ■ COMMEDIA; B/N; 92'; FRANCIA, 1944.

MISTERO DA 4 MILIONI DI DOLLARI, IL ★★
(Million Dollar Mystery)
Regia di RICHARD FLEISCHER. Con TOM BOSLEY, EDDIE DEEZEN, WENDY SHERMAN. ■ Una commedia d'azione senza pretese, con i protagonisti impegnati in una serrata caccia a ben quattro tesori da un milione di dollari ciascuno. Tutto ha inizio quando, prima di morire, il gestore di un ristorante confida ai suoi clienti l'esistenza di questi bottini, ma non fa in tempo a dire dove si trovano. ■ AVVENTURA; COL.; 90'; USA, 1987.

MISTERO DEGLI SPECCHI, IL *(Corridor of Mirrors)* ★★
Regia di TERENCE YOUNG. Con BARBARA MULLEN, ERIC PORTMAN, EDANA ROMMEY. ■ Milena è affascinata da Paul che le dichiara di averla amata in una vita precedente. Egli la conduce nella sua lussuosa casa londinese dove ritornerà spesso. Paul viene accusato dell'omicidio di una sua innamorata, Milena si sposa e torna nel Galles. Anni dopo Milena scopre la vera assassina. ■ GIALLO; B/N; 105'; GRAN BRETAGNA, 1947.

MISTERO DEI DIAMANTI ROSA, IL ★
(The Man in the Brown Suit)
Regia di ALAN GRINT. Con RUE MCCLANAHAN, TONY RANDALL, STEPHANIE ZIMBALIST. ■ Pallido scimmiottamento dei polizieschi ispirati a romanzi di Agatha Christie. La storia della fotografa in crociera che si ritrova fra delitti e diamanti non regge più di mezz'ora. ■ POLIZIESCO; COL.; 96'; USA, 1988.

MISTERO DEI DUE VOLTI, IL *(Der grüne Kaiser)* ★★★
Regia di PAUL MUNDORF. Con ELLER BAHN, RENÉ DELTGEN, GUSTAV DIESSL, CAROLA HÖHN. ■ Un latifondista sudamericano si sbarazza di un rivale in amore procurandogli un lavoro di pilota privato di un ricco banchiere, che sparisce durante un volo. Il pilota viene accusato di assassinio. Uscito di prigione, scopre che il banchiere e il riccone sono la stessa persona e uccide il suo persecutore. ■ DRAMMATICO; B/N; 91'; GERMANIA, 1939.

MISTERO DEI TEMPLARI, IL *(National Treasure)* ★★★
Regia di JON TURTELTAUB. Con JUSTIN BARTHA, SEAN BEAN, NICOLAS CAGE, HARVEY KEITEL, DIANE KRUGER, CHRISTOPHER PLUMMER, JON VOIGHT. ■ Prendete Spielberg, Ford e Connery e sostituiteli con Turteltaub, Cage e Voight. Non è proprio la stessa cosa vero? Però a rimpolpare le fila dei protagonisti c'è anche la divina Diane "Elena" Kruger che, alla fine, si dimostra la migliore del gruppo. Il mistero dei templari è un film oggettivamente banale e scontato, la classica mega produzione Bruckheimer costosa e pacchiana, ma riesce comunque a giocarsi la proprie carte. Come per *La maledizione della prima luna*, il mix tra umorismo e azione funziona alla grande, i personaggi sono tagliati con l'accetta, le performance di buona parte del cast sono sopra le righe e Cage ha una sola espressione, ma l'helzapoppin messo in piedi da Turteltaub regge e regala anche momenti appassionanti e divertenti. ■ AVVENTURA; COL.; 100'; USA, 2004.

MISTERO DEI TRE CONTINENTI, IL ★★★
Regia di WILLIAM DIETERLE. Con GINO CERVI, MARTHA HYER, CARL LANGE, MICHELINE PRESLE, CARLOS THOMPSON, LINO VENTURA. ■ Uno scienziato svedese viene trasferito dal suo governo in una località segreta in seguito al fallimento di un esperimento che utilizzava l'energia nucleare. Lo scienziato sparisce e la polizia lo ricerca. Alla fine morirà e la formula dell'esperimento sarà distrutta. ■ AVVENTURA; COL.; 93'; GERMANIA, ITALIA, 1960.

MISTERO DEI TRE SOSIA, IL *(Billy the Kid Trapped)* ★★
Regia di SAM NEWFIELD. Con BUSTER CRABBE, AL ST. JOHN. ■ Un allevatore di bestiame del Far West è vittima di assalti da parte di emissari di un gruppo finanziario che lo vuole rovinare, e che arriva al punto di sostituire con tre sosia i tre uomini fidati dell'allevatore per farlo incolpare di delitti non commessi. ■ AVVENTURA; B/N; 59'; USA, 1942.

MISTERO DEL CADAVERE SCOMPARSO, IL ★★★
(Dead Men Don't Wear Plaid)
Regia di CARL REINER. Con STEVE MARTIN, RACHEL WARD. ■ Adatta soprattutto ai cinefili questa divertente commedia che prende in giro il genere poliziesco unendo spezzoni di film famosi degli anni Quaranta-Cinquanta con la scusa di seguire l'intricatissima indagine del detective Rigby Reardon. Per far luce sulla misteriosa morte di un amatore di formaggi, Rigby incontra: Humphrey Bogart, Alan Ladd, Ingrid Bergman, Ray Milland, Ava Gardner, Cary Grant, Joan Crawford ecc. Che carrellata! ■ COMMEDIA; B/N; 89'; USA, 1982.

MISTERO DEL CASTELLO, IL ★★
(The Kiss of the Vampire)
Regia di DON SHARP. Con EDWARD DE SOUZA, CLIFFORD EVANS, NOEL WILLMAN. ■ Ai primi del Novecento, due sposi inglesi attraversano in auto la Foresta Nera e rimangono in panne. Vengono ospitati dal castellano Ravna, che si rivela essere un vampiro. Il marito riesce con l'aiuto di un professore a sconfiggere Ravna e a liberare la moglie. ■ HORROR; COL.; 88'; GRAN BRETAGNA, 1962.

MISTERO DEL CASTELLO NERO, IL ★★
(The Black Castle)
Regia di NATHAN J. JURAN. Con PAULA CORDAY, RICHARD GREENE, STEPHEN MCNALLY. ■ Sir Ronald Burton si fa ricevere al castello del conte Nero per scoprire il mistero di due suoi amici che pare costui abbia fatto sparire. Qui ha una preziosa alleata nella giovane seconda moglie del conte, che però getta sia lei sia Burton in una segreta. Ma si salveranno e il cattivone farà una brutta fine. ■ DRAMMATICO; B/N; 81'; USA, 1952.

MISTERO DEL FALCO, IL *(The Maltese Falcon)* ★★★★★
Regia di JOHN HUSTON. Con MARY ASTOR, HUMPHREY BOGART, WARD BOND, ELISHA COOK, SYDNEY GREENSTREET, PETER LORRE. ■ Il film era tratto dal romanzo *Il falcone maltese* di Dashiell Hammett, grande giallista che aveva indicato una nuova via al genere. Spade è chiamato a indagare su di una statuetta a forma di falcone, che si porta dietro una maledizione secolare. Tutti la vorrebbero: un avventuriero maldestro (Lorre), un grassone pieno di soldi (Greenstreet), una donna che racconta malissimo le bugie (Astor). Il detective indaga alla sua maniera. È cinico, pochissimo eroico, non tratta le donne con il dovuto rispetto. Solo alla resa dei conti si dimostra onesto e persino un po' romantico. Un personaggio del tutto simile a un altro grande detective: il Philiph Marlowe inventato da Raymond Chandler, scrittore per molti versi omologo di Hammett. Personaggi tanto simili, i due detective, da essere entrambi resi immortali dallo stesso Bogart. Straordinario era il gruppo di caratteristi della Warner, che si sarebbero ritrovati insieme in altri memorabili film. E intensa era la *dark Lady* Mary Astor, l'assassina col volto angelico, creatrice di un precedente che sarebbe tornato e ritornato. Una delle grandi sequenze del cinema "nero" è Bogart che alla fine del film esamina il falcone, per il quale tanti sono morti, banale e niente affatto prezioso, costruito «col materiale di cui son fatti i sogni...». ■ GIALLO; B/N; 100'; USA, 1941. ■ OSCAR 3 NOM.

MISTERO DEL GATTO GRIGIO, IL ★★
(The Case of the Gray Cat)
Regia di WILLIAM H. MCGANN. Con RICARDO CORTEZ, JUNE

TRAVIS. ■ Un vecchio infermo molto ricco, sicuro che un suo nipote voglia eliminarlo per via dell'eredità, mette nel proprio letto il cadavere di uno straccione e fugge, dopo aver dato fuoco alla stanza. ■ DRAMMATICO; B/N; 76'; USA, 1936.

MISTERO DELLA BAMBOLA DALLA TESTA MOZZATA, IL *(The Name of the Game is Kill)* ★★★
Regia di GUNNAR HELLSTROM. Con MARC DESMOND, JACK LORD, MORT MILLS, TISHA STERLING, SUSAN STRASBERG, COLLIN WILCOX. ■ La signora Lee Terry vive con le tre figlie in un villaggio deserto. La famiglia nasconde un orribile segreto. ■ GIALLO; COL.; 88'; USA, 1968.

MISTERO DELLA CAMERA GIALLA, IL ★★★
(Le mystère de la chambre jaune)
Regia di MARCEL L'HERBIER. Con HUGUETTE DUFLOS, ROLAND TOUTAIN, EDMOND VAN DAELE. ■ Film tratto dal famoso romanzo di Gaston Leroux. Come ha fatto l'assassino a uccidere un uomo nella camera gialla, ermeticamente chiusa dall'interno? ■ DRAMMATICO; B/N; 108'; FRANCIA, 1931.

MISTERO DELLA CAMERA NERA, IL ★★
(The Black Room)
Regia di ROY WILLIAM NEILL. Con BORIS KARLOFF, MARIAN MARSH. ■ Una maledizione grava su un'antica casata mitteleuropea: fondata da due gemelli, uno dei quali uccise l'altro, si estinguerà con due gemelli di cui uno è destinato a compiere un nuovo fratricidio. Dei due fratelli di cui si tratta, uno è una specie di feroce Barbablù, l'altro invece è buono. ■ HORROR; B/N; 91'; USA, 1935.

MISTERO DELLA CASA SULLA COLLINA, IL
(House on Haunted Hill) ★★
Regia di WILLIAM MALONE. Con TAYE DIGGS, FAMKE JANSSEN, GEOFFREY RUSH. ■ Remake dell'omonimo film diretto nel 1958 da William Castle. Il miliardario Steven Price organizza un party orrorifico in un vecchio edificio un tempo utilizzato come manicomio criminale. Gli "scherzi" da lui organizzati si trasformano in trappole sanguinarie per i partecipanti. Il prologo funziona, poi si sciorina il catalogo degli effetti (preparato dai premi Oscar Dennis e Bob Skotak). ■ HORROR; COL.; 92'; USA, 1999.

MISTERO DELLA CINTURA DI SERPENTE, IL ★★
(The Mistery of Snakeskin Belt)
Regia di FRANK CADMAN. Con COLIN BARLOW, URSULA STRACHOW, CYRIL WENTZEL. ■ Nella cintura di pelle di serpente che Travers ha avuto in dono da un mercante del Cairo c'è la mappa di un tesoro. ■ AVVENTURA; B/N; 90'; GRAN BRETAGNA, 1949.

MISTERO DELL'ACQUA, IL *(The Weight of Water)* ★★★★
Regia di KATHRYN BIGELOW. Con ELIZABETH HURLEY, JOSH LUCAS, CATHERINE MCCORMACK, SEAN PENN, SARAH POLLEY. ■ Jean è una fotoreporter incaricata di fotografare, sull'isola di Smuttynose, i luoghi dove, nel 1873, si consumò l'efferato omicidio di due giovani donne. Durante il viaggio, sullo yatch di Rich, fratello di suo marito Thomas, Jean si appassiona alla vicenda delittuosa e rilegge gli atti del processo che condussero alla condanna a morte di un uomo. Mentre Jean è alla ricerca della verità, Thomas si perde nelle sue angosce di scrittore in crisi ed inizia ad instaurare con Elisabeth, la nuova fiamma di Rich, un rapporto molto confidenziale. Quando finalmente Jean scoprirà l'identità dell'assassino, anche le sue paure e le sue ossessioni verranno alla luce. Finché una tempesta non sconvolgerà definitivamente la sua vita. Fisico, sensuale, intrigante. Il cinema della Bigelow è un animale ribelle che si nutre di sensazioni tattili, di percezioni sottili, di oscure visioni, che viaggia nel profondo, per svelare le ossessioni, le pulsioni e le paure dell'animo umano. *Il mistero dell'acqua* è un thriller che rompe gli schemi del genere: il delitto sull'isola non è l'unico elemento che scatena la suspense. ■ THRILLER; COL.; 110'; FRANCIA, USA, 2000.

MISTERO DELLA DONNA SCOMPARSA, IL ★★
(Spoorloos)
Regia di GEORGE SLUIZER. Con GENE BERVOETS, BERNARD-PIERRE DONNADIEU, GWEN ECKHAUS. ■ Un thriller molto originale. Un olandese perde le tracce di sua moglie durante il soggiorno in Francia. Tre anni più tardi uno psicopatico, che apparentemente conduce una vita normale, lo rintraccia e afferma di essere la causa della sparizione. ■ DRAMMATICO; COL.; 105'; FRANCIA, OLANDA, 1932.

MISTERO DELLA FORESTA, IL *(Dance of Dwarfs)* ★★
Regia di GUS TRIKONIS. Con JOHN AMOS, PETER FONDA, DEBORAH RAFFIN. ■ Un'antropologa è convinta che nel cuore di una foresta nelle Filippine sopravviva una mitica tribù di pigmei. Si fa accompagnare sul posto da uno scettico avventuriero, ma trovano, invece dei pigmei, un manipolo di esseri mostruosi che per poco non li massacrano. ■ AVVENTURA; COL.; 93'; USA, 1983.

MISTERO DEL LAGO SCURO, IL *(Frog Dreaming)* ★★
Regia di BRIAN TRENCHARD-SMITH. Con TONY BARRY, RACHEL FRIEND, HENRY THOMAS. ■ Un ragazzo coraggioso e curioso oltre la media, la sua *girl friend* e un'altra ragazzina durante un pic-nic in riva a un lago australiano vedono qualcosa di mostruoso emergere dall'acqua. Terrorizzati, fuggono e raccontano tutto ai genitori. Poi però il fanciullo si vergogna del suo momento di panico e decide di affrontare la strana creatura, che alla fine si rivela essere una vecchia ruspa finita in fondo al lago da molti anni e riemersa a causa di un sommovimento delle acque del lago. ■ AVVENTURA; COL.; 95'; AUSTRALIA, 1985.

MISTERO DELL'ALFIERE NERO, IL ★★
(The Bishop Murder Case)
Regia di DAVID BURTON, NICK GRINDE. Con LEILA HYAMS, BASIL RATHBONE, ROLAND YOUNG. ■ Dal romanzo di Van Dine. Il principe degli investigatori privati, Philo Vance, è chiamato dal suo vecchio professore a risolvere un caso d'omicidio avvenuto vicino al college. Vance non delude le aspettative. Trova l'assassino. Purtroppo è il vecchio professore. ■ GIALLO; B/N; 91'; USA, 1929.

MISTERO DELL'ALTRO, IL *(Ich bin Sebastian Otto)* ★★
Regia di WILLI FORST. Con WILLI FORST, TRUDE MARLEN, OTTO TRESSLER. ■ Da una parte c'è un serio professionista, gallerista e critico d'arte, legato sentimentalmente a una vedova. Dall'altra c'è suo fratello gemello, un disinvolto truffatore. Dopo varie vicende gli equivoci si chiariscono. ■ DRAMMATICO; B/N; 91'; GERMANIA, 1939.

MISTERO DELLA MUMMIA, IL ★★★
(The Curse of the Mummy's Tomb)
Regia di MICHAEL CARRERAS. Con FRED CLARK, RONALD HOWARD, TERENCE MORGAN, GEORGE PASTELL, JEANNE ROLAND. ■ Un egittologo espone al pubblico a Londra il sarcofago del faraone Ra-Antef che morì assassinato dal proprio fratello. Ma il sarcofago è vuoto, la mummia è scomparsa: è tornata in vita e compie una catena di delitti contro i profanatori. ■ HORROR; COL.; 80'; GRAN BRETAGNA, 1964.

MISTERO DELLA PIETRA MAGICA, IL *(Shorts)* ★★
Regia di ROBERT RODRIGUEZ. Con JIMMY BENNETT, KAT DENNING, TREVOR GAGNONS, WILLIAM H. MACY, LESLIE MANN. ■ Nella standardizzata cittadina di Black Falls, sede di un'industria che produce un supporto tecnologico dagli infiniti usi, il *Black Box*, un gruppo di ragazzini segue la scia di un arcobaleno e trova una pietra magica in grado di soddisfare ogni desiderio. È un lavoro sulla componente fumettistica del nostro immaginario che Rodriguez ha ereditato da Tarantino, portandola ad un estremo più *cartoonesco* e mettendo da parte le implicazioni intellettuali del collega e amico. ■ RAGAZZI; COL.; 89'; USA, ARABIA SAUDITA, 2009.

MISTERO DELLA PIRAMIDE, IL ★★★
(Abbott and Costello Meet the Mummy)
Regia di CHARLES LAMONT. Con BUD ABBOTT, LOU COSTELLO, MARIE WINDSOR. ■ Intorno a una mummia che porta al collo una medaglia con le indicazioni di un favoloso tesoro ruotano più persone: un gruppo di avventurieri, una setta che vuole mantenere il segreto del faraone, infine Gianni e Pinotto, che si trovano coinvolti nelle trame. ■ COMMEDIA; B/N; 79'; USA, 1955.

MISTERO DELLA ROCCA ROSSA, IL ★★
(The Dude Ranger)
Regia di EDWARD F. CLINE. Con IRENE HERVEY, GEORGE O'BRIEN. ■ Per scoprire perché spariscono in continuazione dei capi di bestiame in un allevamento, un giovane si fa assumere come cowboy. Svelerà il mistero. ■ DRAMMATICO; B/N; 94'; USA, 1934.

MISTERO DELL'ARSENALE, IL ★★
(Arsenal Stadium Mystery)
Regia di THOROLD DICKINSON. Con LESLIE BANKS, GRETA GYNT. ■ Un giovane, noto tra i colleghi dell'arsenale per la sua inquieta vita sentimentale, viene assassinato. La polizia, controllando tutte le conquiste del defunto, arresterà l'assassina. ■ DRAMMATICO; B/N; 84'; GRAN BRETAGNA, 1936.

MISTERO DELLA SIGNORA GABLER, IL *(Hedda)* ★★
Regia di TREVOR NUNN. Con PETER EYRE, GLENDA JACKSON, PATRICK STEWART. ■ Hedda sposa Giorgio ma ama lo scrittore Eylert e ben presto si stanca del marito. Però Eylert è innamorato di un'altra. Hedda gli sottrae un manoscritto al quale lo scrittore è legato come a un figlio. Eylert si uccide e Hedda, ricattata dal giudice al quale è stato affidato il caso (e che ha sempre amato la donna), si toglie a sua volta la vita. ■ DRAMMATICO; COL.; 105'; GRAN BRETAGNA, 1975. ■ DAVID DI DONATELLO 1 PR, 1 NOM; GOLDEN GLOBES 2 NOM; OSCAR 1 NOM.

MISTERO DELLA SIGNORA SCOMPARSA, IL ★★
(The Lady Vanishes)
Regia di ANTHONY PAGE. Con ELLIOTT GOULD, ANGELA LANSBURY, HERBERT LOM, CYBILL SHEPHERD. ■ Alla vigilia della seconda guerra mondiale, scompare da un treno una anziana donna che viaggiava verso la Svizzera. La sua compagna di scompartimento denuncia il fatto, ma nessuno la prende sul serio dal momento che nessuno ha visto la passeggera poi scomparsa. Soltanto un giornalista prova a dar retta alla donna e facendolo riesce a sventare un pericolosissimo complotto nazista. ■ GIALLO; COL.; 99'; GRAN BRETAGNA, 1979.

MISTERO DELLA SINDONE, IL ★★★
Regia di SALVATORE CERRA. ■ Interessante ed esauriente documentario sulla Sacra Sindone. ■ DRAMMATICO; COL.; 93'; ITALIA, 1979.

MISTERO DELLE CINQUE DITA, IL ★★
(The Beast with Five Fingers)
Regia di ROBERT FLOREY. Con ROBERT ALDA, VICTOR FRANCEN, ANDREA KING, PETER LORRE. ■ Un grande pianista riesce ancora a suonare con la sola mano destra (l'altra è paralizzata). L'uomo muore lo stesso giorno in cui ha fatto testamento a favore della bella Giulia, una semplice infermiera. Da quel momento succede di tutto: muore il notaio che ha redatto il testamento, si sente suonare nella notte il piano, viene amputata la mano destra al cadavere del pianista. C'è di mezzo un pazzo. ■ GIALLO; B/N; 88'; USA, 1947.

MISTERO DELLE DODICI SEDIE, IL ★★★
(The Twelve Chairs)
Regia di MEL BROOKS. Con MEL BROOKS, DOM DELUISE, ELAINE GARREAU, FRANK LANGELLA, RON MOODY, ANDREAS VOUTSINAS. ■ Un nobile fuggito dalla Russia allo scoppio della rivoluzione rientra nascostamente in patria in compagnia di un vagabondo per trovare un tesoro nascosto in una delle dodici sedie appartenute alla sua famiglia; girando tutta l'Unione Sovietica ne mettono insieme undici, ma il tesoro non c'è. Anche la dodicesima sedia è vuota. La rivoluzione si è servita del tesoro per opere sociali. ■ COMMEDIA; COL.; 94'; USA, 1970.

MISTERO DELLE PAGINE PERDUTE, IL ★★
(National Treasure: Book of Secrets)
Regia di JON TURTELTAUB. Con JUSTIN BARTHA, NICOLAS CAGE, BRUCE GREENWOOD, ED HARRIS, HARVEY KEITEL, DIANE KRUGER, HELEN MIRREN, JON VOIGHT. ■ Ben Gates torna in azione: stavolta c'è da difendere l'onore degli avi, che vengono accusati di aver cospirato contro Abramo Lincoln. Aiutato da tutta la famiglia (stavolta c'è pure mamma), il cacciatore di tesori girerà il mondo per sbrogliare una matassa che, passo dopo passo, si rivelerà sempre più intricata e foriera di sensazionali sorprese e colpi di scena. ■ AVVENTURA; COL.; 126'; USA, 2007.

MISTERO DELLE SETTE CHIAVI, IL ★★
(Seven Keys to Baldpate)
Regia di LEW LANDERS. Con EDUARDO CIANNELLI, PHILIP TERRY, JACQUELINE WHITE. ■ Uno scrittore di gialli trova nella realtà la trama di un romanzo che, per scommessa, aveva accettato di scrivere in ventiquattro ore. Nell'albergo isolato dove si è recato per lavorare in pace, infatti, scopre il quartier generale di una banda e può osservare in prima persona la vita dei malviventi. La realtà supererà l'immaginazione. ■ GIALLO; B/N; 66'; USA, 1947.

MISTERO DELLE SETTE PORTE, IL ★★
(Seven Doors to Death)
Regia di ELMER CLIFTON. Con CHICK CHANDLER, JUNE CLYDE, MICHAEL RAFFETTO. ■ Un giovanotto è accusato di omicidio. E, con lui, i gestori di sette negozi vicini all'appartamento della vittima. ■ GIALLO; B/N; 90'; USA, 1944.

MISTERO DELL'IDOLO NERO, IL *(Pit of Darkees)* ★★
Regia di LANCE COMFORT. Con WILLIAM FRANKLIN, MOIRA REDMOND. ■ Richard Logan, in stato d'amnesia, viene ritrovato dopo un'assenza di tre settimane, di cui non ricorda alcunché. In questo periodo, una banda si è servita di lui per effettuare un grosso colpo. La stessa banda lo rapisce una seconda volta e lo ricatta per servirsi ancora di lui. Richard finge di accondiscendere, ma questa volta gliela fa pagare. ■ GIALLO; B/N; 84'; GRAN BRETAGNA, 1961.

MISTERO DELL'ISOLA DEI GABBIANI, IL ★★★
(The Deadly Bees)
Regia di FREDDIE FRANCIS. Con GUY DOLEMAN, FRANK FINLAY, SUZANNA LEIGH. ■ Vicki si reca per un periodo di riposo all'isola dei Gabbiani presso i coniugi Hargrove. Sia il signor Hargrove che un vicino si dedicano all'apicoltura. Di notte Vicki avverte strani movimenti in casa. La signora Hargrove viene trovata morta. Chi è l'assassino? ■ GIALLO; COL.; 83'; GRAN BRETAGNA, 1966.

MISTERO DELL'ISOLA MALEDETTA, IL ★★
Regia di PIERO PIEROTTI. Con DINA DE SANTIS, ARTURO DOMINICI, ROCK STEVENS, HALINA ZALEWSKA. ■ Il capitano di un galeone spagnolo viene incaricato dal governatore di un'isola di arrestare il sinistro pirata Malik e la sua misteriosa complice. I pirati vengono debellati durante uno scontro sull'isola Maledetta. Malik e la donna, smascherati, fanno una brutta fine. ■ AVVENTURA; COL.; 92'; ITALIA, 1965.

MISTERO DELLO SCOGLIO ROSSO, IL ★★
(The Secret of the Purple Reef)
Regia di WILLIAM N. WITNEY. Con RICHARD CHAMBERLAIN, MARGIA DEAN, PETER FALK, JEFF RICHARDS. ■ Un peschereccio che era stato assicurato per una cifra molto alta viene fatto saltare in aria dal macchinista per riscuotere il premio della polizza. I fratelli Christopher, proprietari del naviglio, lottano per sbaragliare la banda che vive di questo tipo di espedienti. ■ AVVENTURA; COL.; 80'; USA, 1960.

MISTERO DELLO SCORPIONE VERDE, IL ★★
(Das Rätsel der grüner Spinne)
Regia di FRANZ MARISCHKA. Con JOCHEN BROCKMANN, RENATE EWERT, ADRIAN HOVEN, BETTINA SCHÖN, HANS VON BORSODY. ■ Una catena di delitti in un locale notturno chiamato Lo scorpione verde: la compagna del trombonista Ted Wagner (la vedette del night), la guardarobiera, la proprietaria. Un giornalista fa indagini in proprio e scopre l'autore dei crimini. ■ POLIZIESCO; B/N; 95'; GERMANIA, 1960.

MISTERO DEL MARITO SCOMPARSO, IL ★★★
(Woman on the Run)
Regia di NORMAN FOSTER. Con ROBERT KEITH, DENNIS O'KEEFE, ANN SHERIDAN. ■ Un uomo assiste per caso a un delitto e vede bene in faccia l'assassino. Fugge e si nasconde. La moglie che lo crede fuggito per ragioni familiari (da un po' erano in crisi) lo cerca con l'aiuto di un giornalista e, nel corso delle ricerche, si convince che il marito non l'ha abbandonata come essa aveva dapprima temuto. Ritrovano il fuggiasco che, immediatamente, riconosce nel giornalista l'assassino. ■ POLIZIESCO; B/N; 77'; USA, 1950.

MISTERO DEL MORCA, IL ★★★
Regia di MARCO MATTOLINI. Con GIAN ENRICO BIANOTTI, FILIPPO BOGALONI, MARIO SCACCIA. ■ Nella Venezia popolana degli anni Trenta quattro ragazzi risparmiano faticosamente l'ammontare necessario all'acquisto della barca dei loro sogni, salvo poi vedersi derubati da un individuo misterioso che si firma "Mor-

ca". Indagheranno con l'aiuto di un professore. Discretamente avvincente, per ragazzi. ■ AVVENTURA; COL.; 95'; ITALIA, 1984.

MISTERO DEL RANCH, IL *(In Old Santa Fé)* ★★
Regia di DAVID HOWARD. Con EVELYN KNAPP, KEN MAYNARD. ■ Un tranquillo fattore vive con la famiglia in un ranch del West. L'oscuro passato però torna a galla quando due individui cominciano a ricattarlo. Un cowboy sventa le trame dei due. ■ WESTERN; B/N; 90'; USA, 1935.

MISTERO DEL SIGNOR COOPER, IL ★★
(A Matter of Who)
Regia di DON CHAFFEY. Con RICHARD BRIERS, GUY DEGHY, CLIVE MORTON, ALEX NICOL, TERRY THOMAS, SONJA ZIEMANN. ■ Il signor Cooper muore di uno strano morbo dopo un viaggio in aereo da Nizza a Londra. Altri casi di morti simili sono segnalati nello stesso periodo. Un certo Nick Ivanovich, boss delle imprese petrolifere, si rivela essere il diabolico colpevole. ■ GIALLO; B/N; 92'; GRAN BRETAGNA, 1961.

MISTERO DEL SIGNOR X, IL *(The Mystery of Mr. X)* ★★
Regia di EDGAR SELWYN. Con ELIZABETH ALLAN, KEN MAYNARD, ROBERT MONTGOMERY. ■ Un criminale inafferrabile fa fuori un poliziotto ogni notte e ogni volta preavvisa Scotland Yard. Un detective sconosciuto fa luce sul mistero, scova il pazzo, lo uccide. ■ GIALLO; B/N; 84'; USA, 1934.

MISTERO DEL TEMPIO INDIANO, IL ★★
Regia di MARIO CAMERINI. Con CLAUDINE AUGER, LEX BARKER, SENTA BERGER, SERGIO FANTONI, PAUL GUERS, IAN HUNTER. ■ In India, un dottore inglese accusato di avere rapito il nipotino di un marajah viene fatto fuggire da una sacerdotessa della dea Kalì che si innamora di lui. Il medico cura un'altra donna e l'innamorata, gelosa, denuncia il suo nascondiglio. Ma intervengono i soldati inglesi e salvano il medico. ■ AVVENTURA; COL.; 91'; ITALIA, 1963.

MISTERO DEL VAGONE LETTO, IL ★★
(Murder in the Private Car)
Regia di HARRY BEAUMONT. Con MARY CARLISLE, UNA MERKEL, CHARLIE RUGGLES. ■ Un poliziesco che si svolge su un treno in corsa e in cui il macabro e il comico si sposano felicemente. ■ POLIZIESCO; B/N; 90'; USA, 1934.

MISTERO DEL VARIETÀ, IL *(Murder at the Vanities)* ★★
Regia di MITCHELL LEISEN. Con CARL BRISSON, KITTY CARLISLE. ■ Una ballerina con la mente sconvolta dalla gelosia ricatta un uomo che sta per sposare un'altra e arriva persino a tentare di uccidere la rivale. Intanto accumula prove dei delitti contro una guardarobiera. La cattivona farà la fine che si merita. ■ POLIZIESCO; B/N; 70'; USA, 1934.

MISTERO DEL V3, IL *(The Flying Missile)* ★★
Regia di HENRY LEVIN. Con GLENN FORD, VIVECA LINDFORS, HENRY O'NEILL. ■ L'ufficiale Bill Talbot compie degli esperimenti con i missili radiocomandati V3. Gli esperimenti causano la morte di un alto ufficiale e Bill ne ha la vita sconvolta. Solo l'amore lo aiuta a risollevarsi dalla depressione. ■ DRAMMATICO; B/N; 93'; USA, 1951.

MISTERO DI BELLAVISTA, IL ★★
Regia di LUCIANO DE CRESCENZO. Con BENEDETTO CASILLO, MARINA CONFALONE, LUCIANO DE CRESCENZO, MARISA LAURITO, ANDY LUOTTO, SERGIO SOLLI. ■ Incuriositi dal passaggio della cometa di Halley, due napoletani, un portiere e uno spazzino, chiedono al professor Bellavista di poter usare il suo telescopio, ma, anziché il cielo, inquadrano una finestra e credono di assistere a un delitto. ■ COMMEDIA; COL.; 106'; ITALIA, 1985.

MISTERO DI BLACK ANGEL, IL ★★
(Flight of Black Angel)
Regia di JONATHAN MOSTOW. Con WILLIAM O'LEARY, PETER STRAUSS, JAMES SULLIVAN. ■ Prodotto ideato per la tv via cavo americana. Un aereo carico di combattenti è guidato da un capitano pazzo che si crede un "Angelo del Signore". L'equipaggio dovrebbe fare delle esercitazioni con le armi nucleari mentre il capitano vuole distruggere Las Vegas. Fortunatamente viene fermato. Modesto. ■ DRAMMATICO; COL.; 105'; USA, 1990.

MISTERO DI BURMA, IL *(Bombs over Burma)* ★★
Regia di JOSEPH H. LEWIS. Con NOEL MADISON, ANNA MARY WANG. ■ I bombardamenti giapponesi si susseguono sulla strada di Burma (cioè la Birmania) attraverso cui passano i convogli alleati che recano soccorsi ai cinesi. La maestra di Chungking compie una missione per scoprire il centro di spionaggio dei nemici e smaschera una spia giapponese. ■ SPIONAGGIO; B/N; 62'; USA, 1942.

MISTERO DI CAMBRIDGE, IL ★★
(Bulldog Drummond at Bay)
Regia di NORMAN LEE. Con JOHN LODGE, DOROTHY MCKAILL, VICTOR JORY. ■ Un fabbricante d'armi assolda una banda per impadronirsi di un congegno, inventato da uno scienziato, che arresta gli aeroplani in volo. La banda rapisce lo scienziato, ma tra i malviventi c'è una ragazza che, oltre a sventare il piano, si innamora dello scienziato. ■ SPIONAGGIO; B/N; 78'; GRAN BRETAGNA, 1937.

MISTERO DI JO LOCKE, IL SOSIA E MISS BRITANNIA '58, IL *(Hear my Song)* ★★★
Regia di PETER CHELSOM. Con NED BEATTY, ADRIAN DUNBAR, SHIRLEY ANN FIELD. ■ Un impresario sta per fallire e un tenore è già fallito: infatti se cantasse il fisco lo sbranerebbe. Sono i personaggi intorno ai quali gira la vicenda. Mickey, l'impresario, trova un sosia del tenore e lo fa cantare nel suo locale. L'imbroglio viene alla luce, dunque il disastro è completo. Ma Mickey non si arrende e riesce a scovare il vero Jo Locke e a convincerlo a cantare nonostante tutti i pericoli. Questa volta tutto va bene. L'attore Ned Beatty (decisamente obeso, ma molto bravo) canta alla fine *Torna a Surriento* e fa la caricatura di Pavarotti, con tanto di fazzoletto in mano. Una citazione per Chelsom, che viene dalla pubblicità. ■ COMMEDIA; COL.; 100'; GRAN BRETAGNA, 1990. ■ GOLDEN GLOBES 🏆 1 NOM.

MISTERO DI LAURA, IL ★
Regia di GIOVANNI GALLETTA. Con MASSIMO BONETTI, STEFANO CALVAGNA, OLGA SHAPOVAL, MASSIMILIANO VARRESE. ■ All'ultimo anno di liceo, Costanza decide di prendere lezioni di violino da Davide, trentottenne disadattato, lontano da tutto e tutti, in seguito alla morte, tre mesi prima, della sorella Laura. Costanza afferma di aver incontrato Laura qualche giorno prima. Intrecci di angosce e thriller. Tutto dimenticabile. ■ DRAMMATICO; COL.; 80'; ITALIA, 2012.

MISTERO DI LOVECRAFT – ROAD TO L., IL ★★
Regia di FEDERICO GRECO, ROBERTO LEGGIO. Con CARLO LUCARELLI, FEDERICO GRECO, ROBERTO HERLITZKA, FABRIZIO LA PALOMBARA, ROBERTO LEGGIO, VALENTINA LODOVINI, ROBERTO DAVID PURVIS, FAUSTO SCIARAPPA, SIMONETTA SOLDER. ■ Nell'estate del 2002 a Montecatini viene ritrovato un manoscritto inglese firmato con uno degli pseudonimi di Howard Philips Lovecraft, l'eccentrico di Providence, il padre della letteratura fantastica. Se l'opera rinvenuta fosse originale allora questo invaliderebbe la tesi secondo la quale lo scrittore non si sarebbe mai mosso dalla provincia natale. I registi, Federico Greco e Roberto Leggio, sono proprio di questo parere e coadiuvati nelle ricerche da colleghi americani, altrettanto appassionati, decidono di intraprendere un "viaggio archeologico" lungo il delta del Po. Esiste l'ipotesi suggestiva che Lovecraft possa essersi recato in Italia nel 1926 proprio nelle zone del Polesine. ■ FANTASTICO; COL.; 92'; ITALIA, 2005.

MISTERO DI OBERWALD, IL ★★
Regia di MICHELANGELO ANTONIONI. Con PAOLO BONACELLI, FRANCO BRANCIAROLI, MONICA VITTI. ■ Dall'*Aquila a due teste* di Cocteau. Una regina dopo la morte del consorte il giorno delle nozze vive da anni nel suo castello, disinteressandosi degli affari di Stato. A scuoterla arriva, un giorno, un anarchico che cerca di ucciderla. Poi però s'innamora, ricambiato, della donna. Insieme i due progettano di dare al paese una svolta democratica, scacciando la cricca al potere. Ma la cricca ha il sopravvento e i due amanti disperati si uccidono. Versione poco necessaria di un dramma ormai di scarso interesse. Antonioni si convise all'impresa per la possibilità di sperimentare nuove tecniche di ripresa

(ma fallì anche nella "confezione"). ■ DRAMMATICO; COL.; 128′; ITALIA, 1981. ■ VENEZIA 1 PR.

MISTERO DI SLEEPY HOLLOW, IL *(Sleepy Hollow)* ★★★
Regia di TIM BURTON. Con JOHNNY DEPP, CHRISTINA RICCI, MIRANDA RICHARDSON, CHRISTOPHER WALKEN. ■ Un celebre racconto di Washington Irving diventa un piacevole film di Burton con un ottimo Depp e una Ricci diventata *cult girl*. Un orrendo e misterioso cavaliere senza testa batte la plaga tagliando a sua volta la testa a tutti i suoi (ex) nemici. Depp indaga, trova l'amore e scopre la verità dopo una discesa in un vero e proprio inferno. Il clima sa di stampa d'epoca. Ma il linguaggio cinematografico è aggiornatissimo. Citazioni del metodo Sherlock Holmes. Da cineteca di genere. ■ HORROR; COL.; 102′; USA, 2000. ■ OSCAR 1 PR, 3 NOM.

MISTERO DI STORYVILLE, IL *(Storyville)* ★★
Regia di MARK FROST. Con CHARLOTTE LEWIS, JASON ROBARDS, JAMES SPADER, MICHAEL WARREN, JOANNE WHALLEY-KILMER. ■ Craig Fowler appartiene a una ricca famiglia della Louisiana. È in corsa per un posto al Congresso ma gli capita di innamorarsi di una ragazza vietnamita. La sua notte d'amore con lei viene ripresa da una telecamera. Inoltre la ragazza viene accusata di un omicidio. Fowler la difende soprattutto per difendere se stesso. Frost aveva ideato con Lynch *Twin Peaks*, ma qui sembra non ricordarsene se non per il tema dello "scheletro nell'armadio". Non è sufficiente però per rendere la storia interessante. ■ DRAMMATICO; COL.; 105′; USA, 1992.

MISTERO DI WETHERBY, IL *(Wetherby)* ★★★🏆
Regia di DAVID HARE. Con IAN HOLM, VANESSA REDGRAVE, STUART WILSON. ■ Un giovane si suicida nel cottage di una professoressa a Wetherby, un qualunque villaggio dello Yorkshire. Perché lo fece? Il poliziotto che conduce l'indagine rimane coinvolto personalmente. Comincia come un giallo di provincia alla Simenon, ma strada facendo l'intrigo invece di dipanarsi rinserra le sue spire come un dramma di Harold Pinter. Eccezionale Vanessa Redgrave e incantevole sua figlia Joely nel ruolo di Vanessa da giovane. ■ DRAMMATICO; COL.; 102′; GRAN BRETAGNA, 1985. ■ BERLINO 🏆 1 PR.

MISTERO PICASSO, IL *(Le mystere Picasso)* ★★★
Regia di HENRI-GEORGES CLOUZOT. Con PABLO PICASSO. ■ Un documentario girato in piano sequenza sulla vita de grande artista Pablo Picasso. La Parigi di quegli anni eroici, i quadri dipinti davanti ai passanti, gli amori e il successo immenso quando l'artista era ancora giovane. ■ DOCUMENTARIO; COL.; 78′; FRANCIA, 1956. ■ CANNES 1 PR.

MISTERO VON BULOW, IL *(Reversal of Fortune)* ★★★
Regia di BARBET SCHROEDER. Con GLENN CLOSE, JEREMY IRONS, RON SILVER. ■ Si tratta di una storia vera narrata in un romanzo dell'avvocato Alan Dershowitz. Il film inizia subito con un involontario riferimento a *Viale del tramonto*, infatti in entrambi è la vittima che narra: nel film di Wilder, William Holden ucciso, mentre in questo è Glenn Close in coma. Lei è Sunny e per due volte il marito Claus von Bulow ha cercato di ucciderla. Dopo il coma, durante un processo l'uomo viene ritenuto colpevole ma in un successivo appello Dershowitz riesce a scagionarlo. Schroeder, grande produttore del cinema francese anni Sessanta e regista di vari film interessanti, costruisce la pellicola con indubbia bravura e con grande misura. Per un eccesso di precisione tuttavia aleggia una certa freddezza che preclude buona parte di pubblico. Contagiati anche gli attori. Jeremy Irons ha vinto l'Oscar come migliore attore protagonista, sorta di compensazione alla sua ben più meritevole interpretazione nel doppio ruolo di *Inseparabili* di David Cronenberg. ■ DRAMMATICO; COL.; 111′; USA, 1990. ■ DAVID DI DONATELLO 1 PR, 1 NOM; GOLDEN GLOBES 1 PR, 4 NOM; OSCAR 1 PR, 3 NOM.

MISTER ROBERTS – LA NAVE MATTA DI MISTER ROBERTS *(Mister Roberts)* ★★★★
Regia di JOHN FORD, MERVYN LE ROY. Con WARD BOND, JAMES CAGNEY, HENRY FONDA, JACK LEMMON, BETSY PALMER, WILLIAM POWELL. ■ Mister Roberts è il secondo di una nave mercantile tiranneggiata da un perfido capitano. Siamo nel 1945 e il tenente vorrebbe combattere. I suoi marinai, che lo amano, riescono a farlo trasferire su una torpediniera. Potrà finalmente battersi, ma cadrà in battaglia. ■ COMMEDIA; COL.; 123′; USA, 1955. ■ OSCAR 1 PR, 3 NOM.

MISTER ROCK AND ROLL *(Mr. Rock and Roll)* ★★
Regia di CHARLES S. DUBIN. Con ALAN FREED, ROCKY GRAZIANO, LIONEL HAMPTON. ■ A un giornalista non piacciono i giovani seguaci del rock and roll. Un giovanotto lo inizia alla nuova musica facendogli conoscere i cantanti e le orchestre più famose. ■ MUSICALE; B/N; 99′; USA, 1957.

MR. RORRET AD ALTEZZA D'UOMO ★★
Regia di FULVIO WETZL. Con LOU CASTEL, MASSIMO VENTURIELLO. ■ Mr. Rorret è il proprietario di un cinema dove sono programmati solo film horror. Gli piace talmente il terrore sul volto degli spettatori che lo vuole rivedere, ma in circostanze molto più serie. Cioè aggredendo veramente gli sventurati all'uscita del cinema e ammazzandoli uno ad uno. ■ HORROR; COL.; 92′; ITALIA, 1988.

MR. SABATO SERA *(Mr. Saturday Night)* ★★
Regia di BILLY CRYSTAL. Con BILLY CRYSTAL, DAVID PAYMER, JULIE WARNER. ■ Buddy Young jr. ripercorre, in un presente che lo vede in calo di popolarità, le tappe della sua carriera. Dall'infanzia con il fratello (che rinuncia una volta cresciuto al sogno del palcoscenico) al successo. Oggi che nessuno lo vuole più Buddy convince Stan a tornare al suo fianco per un film che poi non si farà. I due colgono comunque l'occasione per parlarsi apertamente. Billy Crystal spende la sua vis comica in un film del quale non ha saputo calibrare la sceneggiatura e spreca, in parte, un'occasione. ■ COMMEDIA; COL.; 119′; USA, 1992. ■ GOLDEN GLOBES 2 NOM; OSCAR 1 NOM.

MRS. DOUBTFIRE – MAMMO PER SEMPRE ★★★🏆
(Mrs. Doubtfire)
Regia di CHRIS COLUMBUS. Con PIERCE BROSNAN, SALLY FIELD, ROBERT PROSKY, ROBIN WILLIAMS. ■ Daniel, uomo dalle mille voci e doppiatore di cartoni animati, ha divorziato da poco. I tre figli sono stati affidati alla moglie che gli impedisce di vederli. Aiutato da un amico e dal fratello si traveste da anziana baby-sitter. Columbus (*Mamma ho perso l'aereo*) si conferma regista dal successo facile. ■ COMMEDIA; COL.; 120′; USA, 1993. ■ GOLDEN GLOBES 🏆 2 PR, 2 NOM; OSCAR 🏆 1 PR, 1 NOM.

MISTER SMITH VA A WASHINGTON ★★★★★
(Mr. Smith Goes to Washington)
Regia di FRANK CAPRA. Con JEAN ARTHUR, CLAUDE RAINS, JAMES STEWART. ■ Due politicanti hanno bisogno di un uomo di paglia che possa portare avanti, a Washington, una legge che favorirà certe speculazioni. La scelta cade su Mr. Smith (Stewart), uomo bonario, apparentemente condizionabile, forse anche un po' sprovveduto. Eletto senatore Smith va a Washington. Una giornalista prezzolata fa in modo che venga sistematicamente distratto dalle situazioni. Ma l'uomo, nell'atmosfera epica della capitale, prende coscienza del suo ruolo e dimostra ben presto di non essere quello che tutti credevano. Si rende conto dell'imbroglio e comincia la sua battaglia personale contro gli speculatori. Naturalmente i marpioni gli rivoltano tutto contro; inventando ogni genere di calunnia, fanno apparire lui il disonesto. Mr. Smith non demorde, con un lunghissimo discorso al Senato riesce a commuovere tutti, e quando cade svenuto, anche il suo più acerrimo nemico si arrende e confessa. Insieme a *È arrivata la felicità*, *Arriva John Doe* e *La vita è meravigliosa*, questo film è uno dei più rappresentativi della carriera di Capra, uno dei massimi autori del cinema. ■ COMMEDIA; B/N; 129′; USA, 1939. ■ OSCAR 1 PR, 10 NOM.

MR. VENDETTA *(Sympathy for Mr Vengeance)* ★★
Regia di PARK CHAN-WOOK. Con HAN BO BAE, LEE DAE YEON, BAE DU-NA, SHIN HA KYUN, LIM JI EUN, SONG KANG HO, KIM SE DONG. ■ Fondi ingenti per il ritorno alla regia di Park Chanwook dopo il fortunato *Joint Security Area*, con protagonista ancora una volta Song Kang-ho (Dongjin) in tandem con Shin Hakyun. Ryu è un giovane sordomuto dai verdi capelli che lavora in fabbrica per sostentare la sorella in continua dialisi e in disperata attesa di un trapianto di rene. Ryu non è un donatore compatibile e

le attese sono troppo lunghe, così inizia il suo calvario: il giovane contatta un'associazione criminale alla quale cede un suo rene e tutti i suoi risparmi, in cambio di un rene compatibile. Gli prendono il rene e i soldi, ma non riceve niente in cambio. Intanto lo licenziano. Un film minimalista e silenzioso fin dalla scelta del personaggio di Ryu, simbolo di un'umanità contemporanea privata della possibilità di comunicare. La vendetta qui non è in un semplice rapporto di causa-effetto, tanto che per tutta la vicenda non è mai del tutto chiaro chi si stia vendicando di chi: piuttosto è una spirale centripeta, e l'unica possibilità per spezzarla è tornare ad essere uomini, è la violenza contro ogni regola. ■ DRAMMATICO; COL.; 129'; COREA DEL SUD, 2002.

MISTER WINKLE VA ALLA GUERRA ★★
(Mister Winkle Goes to War)
Regia di ALFRED E. GREEN. Con TED DONALDSON, EDWARD G. ROBINSON, RUTH WARRICK. ■ Il film, uscito in Italia dopo la guerra, è una delle interpretazioni minori di Edward G. Robinson. Vi incarna un mite ometto che rinuncia ad essere impiegato di banca per occuparsi di motori. La moglie è scandalizzata ma, quando lui viene richiamato e spedito sul fronte del Pacifico, la sua abilità gli permetterà di compiere un'importante missione. ■ COMMEDIA; B/N; 80'; USA, 1944.

MISTER WONDERFUL ★★
Regia di ANTHONY MINGHELLA. Con MATT DILLON, WILLIAM HURT, MARY-LOUISE PARKER, ANNABELLA SCIORRA. ■ È la storia di Gus, un elettricista che sogna di aprire un bowling. I soldi però non li ha: deve pagare gli alimenti alla moglie dalla quale ha divorziato. Così decide di cercarle un altro uomo. Alla fine tornano insieme. Matt Dillon è fuori tono come pure la Sciorra. William Hurt nei panni di un professore è l'unico a salvarsi. ■ COMMEDIA; COL.; 95'; USA, 1992.

MISTER X ★
Regia di DONALD MURRAY. Con JOE ATLANTA, NORMAN CLARK, FRANCO FANTASIA, GAIA GERMANI. ■ A Capri un bieco trafficante d'oppio vorrebbe far cadere la colpa delle sue malefatte su un innocente compatriota che però, sfruttando le rivalità esistenti nella banda degli spacciatori, saprà assicurare alla giustizia i veri colpevoli. ■ POLIZIESCO; COL.; 92'; ITALIA, 1967.

MISTERY *(Half Moon Street)* ★★
Regia di BOB SWAIM. Con MICHAEL CAINE, RAM JOHN HOLDER, SIGOURNEY WEAVER. ■ Una prostituta di lusso (che poi è una scienziata che arrotonda le entrate) si innamora di uno dei clienti, un Lord che sta conducendo una laboriosa trattativa fra arabi e israeliani (e per questo è nel mirino dei terroristi). La scienziata squillo rischia di rimetterci anche lei la pelle. ■ DRAMMATICO; COL.; 89'; GRAN BRETAGNA, 1986.

MISTERY, ALASKA ★★
Regia di JAY ROACH. Con HANK AZARIA, MAURY CHAYAKIN, RUSSELL CROWE, LOLITA DAVIDOVICH, MARY MCCORNACK, BURT REYNOLDS. ■ Gli abitanti di un paesino dell'Alaska hanno una sola passione: l'hockey. Quando un compaesano che lavora a New York riesce ad organizzare un incontro con la squadra dei Rangers la felicità è alle stelle. Tutto ruota intorno all'incontro di cui è bene non svelare il finale che, unito alla presenza di Russell Crowe, rappresenta il motivo d'interesse del film. ■ COMMEDIA; COL.; 118'; USA, 1999.

MISTERY MEN ★
Regia di KINKA USHER. Con HANK AZARIA, CLAIRE FORLANI, JANEANE GAROFALO, GREG KINNEAR, WILLIAM H. MACY, LENA OLIN, GEOFFREY RUSH, BEN STILLER. ■ Champion City è protetta da Capitan Amazing. Ma quando viene catturato dal criminale Casanova Frankenstein intervengono tre operai che da soli non possono molto; insieme però diventano il trio Furios, Blue Raja e Shoveler. Effetti tanti, emozioni poche. ■ AZIONE; COL.; 120'; USA, 1999.

MISURA DEL CONFINE, LA ★★
Regia di ANDREA PAPINI. Con PAOLO BONANNI, LORENZO DEGL'INNOCENTI, GIOVANNI GUARDIANO, LUIGI IACUZIO, BEATRICE ORLANDINI. ■ Un confine e due gruppi di topografi professionisti. In cima al Monte Rosa, sotto nubi prepotenti, è stata ritrovata una mummia ma nessuno ha ancora stabilito se il luogo della scoperta sia terra italiana o svizzera. Così due squadre di esperti partono alla ricerca del soggetto, ma il maltempo smarrisce nelle nebbie la spedizione svizzera e spinge quella italiana a ripararsi in un rifugio. Dopo aver dichiarato che il corpo è "italiano", i due gruppi si uniscono a festeggiare insieme e, chiacchierando di amori del passato e affetti del presente, si accorgono di avere a che fare con un misterioso delitto. La montagna, silenziosa e ruvida, accoglie una storia intrigante che comincia come una sorta di documentaristica cronaca di una spedizione scientifica per trasformarsi poi in un giallo investigativo. ■ THRILLER; COL.; 79'; ITALIA, 2010.

MISURE STRAORDINARIE *(Extraordinary Measures)* ★★
Regia di TOM VAUGHAN. Con HARRISON FORD, BRENDAN FRASER, JARED HARRIS, KERI RUSSELL, COURTNEY B. VANCE. ■ John Crowley è un uomo che ha dinanzi a sé una carriera promettente ma le sue prospettive mutano dal momento in cui ai suoi due figli viene diagnosticata una malattia tanto rara quanto incurabile. Con il sostegno della moglie decide di non arrendersi. Riesce così a contattare il dottor Robert Stonehill, un ricercatore poco ortodosso e malvisto dai colleghi. Con lui riesce ad avviare un'azienda bio-tecnologica con la finalità di riuscire ad ottenere una cura per la sindrome di Pompe. Si troveranno contro l'establishment farmaceutico e quello del sistema sanitario. ■ DRAMMATICO; COL.; 105'; USA, 2010.

MI SVEGLIAI SIGNORA *(Half Angel)* ★★★
Regia di RICHARD SALE. Con JOSEPH COTTEN, CECIL KELLAWAY, LORETTA YOUNG. ■ Una ragazza che sta per sposare un giovane rincontra il suo primo amore. Ne nasce uno sdoppiamento della personalità. ■ COMMEDIA; COL.; 77'; USA, 1951.

MITCH *(Chrome and Hot Leather)* ★
Regia di LEE FROST. Con PETER BROWN, WILL SMITH, TONY YOUNG. ■ Una banda di teppisti motorizzati è responsabile della morte di una ragazza, fidanzata di un ufficiale dei Berretti Verdi. Costui, appena tornato dal Vietnam, venuto a conoscenza dell'accaduto intraprende una guerriglia personale contro la gang, facendola fuori tutta. ■ AVVENTURA; COL.; 94'; USA, 1971.

MITICI – COLPO GOBBO A MILANO, I ★
Regia di CARLO VANZINA. Con CLAUDIO AMENDOLA, MONICA BELLUCCI, UGO BOLOGNA, RICKY MEMPHIS, UMBERTO SMAILA, TONY SPERANDEO. ■ Fabio si ritrova sulle spalle una rapina in via Montenapoleone a Milano, ereditata dal fratello arrestato. Include nell'impresa Enzo. Sono però troppo rozzi per sembrare clienti della gioielleria da svaligiare. Inseriscono nel giro anche Deborah che è "burina" ma molto bella. La ragazza cerca di sedurre il direttore che però si rivela essere un gay. Si dovrà trovare un'altra strategia. L'unica consolazione consiste nel recuperare i soldi che un incallito tangentomane getta nella spazzatura all'arrivo della polizia. Benvenuti e De Bernardi danno una mano ai due Vanzina ma sembra mancare il coraggio di sollevare il pachiderma della sceneggiatura da terra. Si rimane così a mezza via tra la classica commedia all'italiana e la "bassa" manovalanza "stile Vanzina". Appunto. ■ COMMEDIA; COL.; 102'; ITALIA, 1993.

MITICO VIAGGIO, UN *(Bill & Ted's Bogus Journey)* ★★
Regia di PETER HEWITT. Con KEANU REEVES, WILLIAM SADLER, ALEX WINTER. ■ Bill e Ted sono due cantanti rock che danno il nome addirittura a un'università. Ma destano invidia, soprattutto in un docente. Si innesca così un meccanismo simile a quello di *Ritorno al futuro* ma alla rovescia. Insomma qualcuno del passato ha l'incarico di toglierli di mezzo. ■ COMMEDIA; COL.; 87'; USA, 1991.

MITO, IL *(The Fan)* ★★
Regia di TONY SCOTT. Con ELLEN BARKIN, ROBERT DE NIRO, BENICIO DEL TORO, WESLEY SNIPES. ■ De Niro è un venditore di coltelli in crisi col lavoro e separato dalla moglie che lo odia, con una passione anormale per il baseball: vorrebbe che suo figlio diventasse un campione. Quando il suo "mito" (Snipes) è in crisi per la presenza in squadra di un battitore fortissimo, il fan uccide l'intruso. Poi impazzisce del tutto, rapisce il figlio del campione e viene ucciso in mezzo allo stadio dalla polizia. Buona partenza

per una storia che poi si smarrisce in una sceneggiatura che sembra impazzita. Tony cerca inutilmente di emulare il suo grande fratello Ridley. Continue e sterili acrobazie di macchina e musica esasperata. Tutte scene madri, cast sprecato. Tutto sbagliato. Fortuna che c'è De Niro. ■ DRAMMATICO; COL.; 115'; USA, 1996.

MITSÙ, PECCATRICE INGENUA *(Mitsou)* ★★
Regia di JACQUELINE AUDRY. Con DANIÈLE DELORME, FERNAND GRAVEY. ■ Durante la prima guerra mondiale, una ballerina di varietà s'innamora d'un tenentino in licenza a Parigi, ma capisce d'essere troppo volgare e prende delle lezioni di buon comportamento. L'amore trionferà quando lei correrà al capezzale dell'ufficiale ferito. ■ COMICO; B/N; 95'; FRANCIA, 1958.

MI VEDRAI TORNARE ★
Regia di ETTORE M. FIZZAROTTI. Con ENZO CERUSICO, GIANNI MORANDI, NINO TARANTO, ENRICO VIARISIO, ELISABETTA WU. ■ Di solito Gianni Morandi è un soldatino con problemi d'amore; questa volta invece, con un minimo d'originalità, è un cadetto della marina militare che s'innamora d'una principessa giapponese ahimè promessa fin dalla fanciullezza a un nobile nipponico. Anche il severo padre orientale, però, dovrà dare il suo consenso alle nozze quando la bella minaccerà l'harakiri. ■ COMMEDIA; B/N; 93'; ITALIA, 1966.

MIZAR ★★
Regia di FRANCESCO DE ROBERTIS. Con DAWN ADDAMS, FRANCO SILVA, PAOLO STOPPA. ■ Questo film racconta le imprese d'una coppia di sommozzatori, un uomo e una donna, al servizio della Regia Marina nel corso del conflitto. ■ GUERRA; COL.; 96'; ITALIA, 1954.

MMM 83 – MISSIONE MORTE MOLO 83 ★
Regia di SERGIO BERGONZELLI. Con FRED BEIR, GÉRARD BLAIN, ANNA MARIA PIERANGELI. ■ Una squallida imitazione dei film di James Bond: tra Taormina, Berna e Amburgo un agente segreto inglese cerca di trovare gli assassini d'uno scienziato. ■ POLIZIESCO; COL.; 90'; ITALIA, 1966.

MNEMONISTA, IL ★★★
Regia di PAOLO ROSA. Con SONIA BERGAMASCO, ROBERTO HERLITZKA, SANDRO LOMBARDI, SERGIO RUBINI. ■ È la storia di S., primo violino di un'orchestra dotato di una memoria prodigiosa. Poiché tale dote è ossessiva e gli impedisce di lavorare, S. decide di andare in analisi. Ma non serve a nulla. Pensa così di diventare "il mnemonista" e di esibirsi nelle piazze. Ma si sente esplodere. E cercherà in tutti i modi di annullare tutto ciò che lo circonda e che la sua mente non esita a "fotografare". Film di grande effetto, tratto da una storia vera. ■ DRAMMATICO; COL.; 107'; ITALIA, 2000.

MOANA, L'ISOLA DEL SOGNO ★★
Regia di A. SCEVERDA-GORSKY. ■ Documento basato soprattutto su riprese subacquee e sulle danze delle belle isolane dei mari tropicali. ■ DOCUMENTARIO; COL.; 91'; FRANCIA, 1960.

MOBBY JACKSON ★★
Regia di RENATO DALL'ARA. Con JOSÉ JASPE, LISSIA KALENDA, LAWRENCE MONTAIGNE. ■ Filmetto raffazzonato su due marinai che hanno il dubbio di riconoscere in un rottame umano un loro compagno che, dopo alcune confuse avventure, aveva perso la ragazza che amava. ■ DRAMMATICO; B/N; 92'; FRANCIA, 1960.

MO' BETTER BLUES ★★★
Regia di SPIKE LEE. Con JOIE LEE, SPIKE LEE, JOHN TURTURRO, DENZEL WASHINGTON. ■ Non si tratta di un film sul jazz, se così fosse sarebbe un fallimento. Sul piano del sesso sarebbe inferiore a *Lola Darlin'*, sempre diretto da questo piccolo genio. Volendo parlare di un jazzista senza percorrere le strade classiche, il regista cade però in altri tranelli come i personaggi cattivi impersonati da due strozzini ebrei. Bleek Gilliam divide il suo amore tra due donne, Indigo e Clarke. Presuntuoso ed egoista, le perde entrambe e subisce un incidente al labbro che ridimensiona le sue possibilità di suonare la tromba. Dopo essersi pentito avrà un figlio da Indigo che chiamerà Miles in onore del musicista Miles Davis. ■ DRAMMATICO; COL.; 127'; USA, 1990.

MOBY DICK, IL MOSTRO BIANCO *(Moby Dick)* ★★
Regia di LLOYD BACON. Con JOHN BARRYMORE, JOAN BENNETT, MAY BOLEY, DOLORES COSTELLO, LLOYD HUGUES. ■ Il secondo tentativo di portare il grande romanzo di Melville sullo schermo (il primo era stato il muto *Sea Beast*) non è affatto riuscito. I produttori, infatti, temevano che un film senza donne non avrebbe avuto successo e, pertanto, introdussero nella storia una fidanzata che si imbarca col capitano Achab, un John Barrymore ormai roso dall'alcool, nella sua caccia alla balena bianca che l'ha privato della gamba. ■ DRAMMATICO; B/N; 75'; USA, 1930.

MOBY DICK, LA BALENA BIANCA *(Moby Dick)* ★★★
Regia di JOHN HUSTON. Con HARRY ANDREWS, RICHARD BASEHART, EDRIC CONNOR, LEO GENN, GREGORY PECK, ORSON WELLES. ■ La caccia del capitano Achab alla balena bianca è una ricerca che l'uomo fa di Dio, un Dio che si rivelerà irrazionale e malvagio: la baleniera affonderà con tutto l'equipaggio. ■ DRAMMATICO; COL.; 116'; USA, 1956.

MODELLA, LA *(Inspiration)* ★★★
Regia di CLARENCE BROWN. Con GRETA GARBO, ROBERT MONTGOMERY, MARJORIE RAMBEAU, JUDITH VOSSELLI. ■ Adattamento del romanzo *Saffo* di Alphonse Daudet. Greta Garbo interpreta Ivonne, una bella parigina con un passato da dimenticare. Quando il passato torna a presentarsi, Ivonne decide di abbandonare André, l'uomo che ama (Robert Montgomery). Successivamente Ivonne decide di tornare da lui, ma questa volta è André che la respinge. Spaventato dalla reazione di lei, André decide di tornare, ma è Ivonne che lo respinge di nuovo. Film ripetitivo e immobile ma illuminato dalla interpretazione di Greta Garbo. ■ DRAMMATICO; B/N; 77'; USA, 1931.

MODELLA DI LUSSO *(Vogues of 1938)* ★★
Regia di IRVING CUMMINGS. Con WARNER BAXTER, JOAN BENNETT. ■ Una casa di moda è messa in crisi dalla moglie del proprietario che vorrebbe diventare cantante. Una simpatica indossatrice saprà risolvere le difficoltà guadagnandosi l'amore del principale che per lei divorzierà. ■ COMMEDIA; B/N; 108'; USA, 1938. ■ OSCAR 2 NOM.

MODELLA MASCHERATA, LA *(Escapade)* ★★
Regia di ROBERT Z. LEONARD. Con WILLIAM POWELL, LUISE RAINER. ■ Una signora si fa ritrarre mascherata in un nudo. Il pittore, per salvarla dallo scandalo, dichiara che la modella era un'altra persona mettendo così quest'ultima nei guai. I due, però, finiranno per innamorarsi. ■ COMMEDIA; B/N; 87'; USA, 1938.

MODELLE DI LUSSO *(Lovely to Look at)* ★★★
Regia di MERVYN LE ROY. Con KATHRYN GRAYSON, HOWARD KEEL, RED SKELTON. ■ Tre artisti di Broadway si recano a Parigi perché uno di essi ha ereditato una casa di moda, ma la scoprono piena di debiti. Grazie a una sfilata di moda accompagnata da musica salveranno la situazione e troveranno l'amore. ■ MUSICALE; COL.; 102'; USA, 1953

MODELLE DI VIA MARGUTTA, LE ★★
Regia di GIUSEPPE MARIA SCOTESE. Con CARLO CAMPANINI, VERA CARMI, CLAUDIO GORA. ■ La pellicola racconta faticosamente la vita di alcuni pittori e di alcune modelle rifacendosi alla trama collaudata della *Bohème*. ■ DRAMMATICO; B/N; 93'; ITALIA, 1946.

MODERATO CANTABILE – STORIA DI UNO STRANO AMORE ★★
Regia di PETER BROOK. Con JEAN-PAUL BELMONDO, DIDIER HAUDEPIN, JEANNE MOREAU. ■ Il noto regista inglese, in trasferta nel continente europeo, racconta la storia, forse eccessivamente lambiccata, d'una signora della buona borghesia che si illude, per sfuggire alla noia che la pervade, d'avere una relazione con un assassino che dovrebbe ucciderla prima di lasciarla. ■ DRAMMATICO; COL.; 91'; FRANCIA, ITALIA, 1960. ■ CANNES 1 PR.

MODERNS, THE ★★★
Regia di ALAN RUDOLPH. Con GENEVIÈVE BUJOLD, KEITH CARRADINE, LINDA FIORENTINO. ■ Nella Parigi degli anni Venti, nei caffè dove stazionano Hemingway e Gertrude Stein, s'intrecciano le vicende di un pittore e delle tre donne che lo amano (tra cui l'ex moglie, ora compagna di un miliardario che commercia in opere d'arte). Rievocazione brillante e beffarda di un'era favolosa, firmata da un Rudolph in, imprevedibilmente, grande forma. ■ COMMEDIA; COL.; 128'; USA, 1988.

MODESTY BLAISE, LA BELLISSIMA CHE UCCIDE ★★
(Modesty Blaise)
Regia di JOSEPH LOSEY. Con DIRK BOGARDE, SCILLA GABEL, ALEXANDER KNOX, TERENCE STAMP, SARO URZÌ, MONICA VITTI. ■ Modesty Blaise è una donna bellissima e libera che si vende come agente segreto al migliore offerente. Qui, alleata al fido collaboratore Willie, deve lottare col solito super criminale. ■ COMMEDIA; COL.; 119′; GRAN BRETAGNA, 1967.

MODÌ ★★
Regia di FRANCO BROGI TAVIANI. Con RICHARD BERRY, MARIA FIORE, ELIDE MELLI, TRUDIE STYLER. ■ Si tratta della vita di Amedeo Modigliani. Proveniente da una famiglia di origine ebraica, Amedeo è un bambino prodigio che si dedica alla pittura. Trascorre la giovinezza a Parigi ma diventa un alcolizzato e nei vari caffè cerca l'ispirazione. Durante la prima guerra mondiale alcune sue opere vengono esposte in un'importante galleria. Ha una relazione con Beatrice che però ben presto lo abbandona. Dopo la guerra a Londra espongono i suoi quadri ma la sua pittura è ritenuta difficile e poco commerciale. Modì poi non gode nemmeno di buona salute. Gli ultimi anni sono penosi. Buona l'interpretazione di Richard Berry. ■ BIOGRAFICO; COL.; 240′; ITALIA, 1988.

MOEBIUS ★★
Regia di GUSTAVO MONQUERA R. Con GUILLERMO ANGELELLI, ROBERTO CARNAGHI, ANNABELLA LEVY. ■ Un tecnico viene chiamato dal sindaco di Buenos Aires per rintracciare un treno della metropolitana, con trenta persone a bordo, scomparso misteriosamente. Dopo ogni tipo di ipotesi l'uomo ritrova un suo vecchio insegnante col quale arriva alla conclusione. Il treno viaggia in un'altra dimensione del tempo. Singolare prodotto argentino, non privo di qualche discreto spunto. ■ COMMEDIA; COL.; 90′; ARGENTINA, 1998.

MOEBIUS ★
Regia di KIM KI-DUK. Con CHO JAE-HYUN, YOUNG JU SEO, EUN-WOO LEE. ■ Dopo l'ennesimo tradimento del marito, la moglie tenta di evirarlo senza successo. Finisce invece per evirare il figlio e poi fuggire, scatenando una reazione a catena incontrollabile. Il padre tenta in ogni modo di restituire una sessualità al ragazzo, nel frattempo vittima di ogni genere di abuso da parte dei coetanei, fino a far trapiantare il proprio pene sul corpo del figlio. Ma la madre intanto ritorna a casa e la tragedia familiare si aggrava ulteriormente. Un titolo destinato a dividere e a far discutere, presentato come tale e servito su un piatto d'argento per le polemiche in patria (dove il film ha dovuto affrontare tre gradi di giudizio censorio e uscirà con numerosi tagli) e alla Mostra del Cinema di Venezia. Il Leone d'Oro di *Pieta* non ha tolto a Kim Ki-duk la voglia di provocare con un cinema sempre più disturbante, ma *Moebius* è un film che ama farsi odiare, in cui il gioco è troppo scoperto. ■ DRAMMATICO; COL.; COREA DEL SUD, 2013.

MOGAMBO ★★★
Regia di JOHN FORD. Con CLARK GABLE, AVA GARDNER, GRACE KELLY, DONALD SINDEN. ■ Il film è un rifacimento di *Lo schiaffo*, una pellicola del 1932 con lo stesso Gable e con la Harlow. Allora, un piantatore lasciava la prostituta di buon cuore di cui si era innamorato perché invaghito d'una signora, ma poi tornava da lei perché l'altra gli aveva sparato in un eccesso di gelosia; qui la prostituta diventa una attrice e Gable un cacciatore che capisce, senza bisogno di revolverate, che non può infrangere un matrimonio. ■ DRAMMATICO; COL.; 115′; USA, 1953. ■ OSCAR 2 NOM.

MOGLI, LE *(Doctor's Wives)* ★★★
Regia di GEORGE SCHAEFER. Con DYAN CANNON, RICHARD CRENNA, GENE HACKMAN. ■ Il film narra d'un dottore che uccide la moglie adultera, ma che viene liberato per compiere un intervento al cervello grazie ai buoni uffici di un collega anch'egli coinvolto in una situazione sentimentale intricata. ■ DRAMMATICO; COL.; 100′; USA, 1971.

MOGLIAMANTE ★★★
Regia di MARCO VICARIO. Con LAURA ANTONELLI, WILLIAM BERGER, OLGA KARLATOS, LEONARD MANN, MARCELLO MASTROIANNI, STEFANO PATRIZI. ■ L'azione si svolge durante i primi anni del Novecento nella provincia veneta. Una donna, ritenuta frigida dal marito e da questi continuamente trascurata e tradita, deve di punto in bianco cavarsela da sola nella vita di tutti i giorni, dato che il coniuge è misteriosamente scomparso (accusato ingiustamente di un delitto si è dovuto nascondere, ma la moglie non lo sa). La donna a poco a poco comincia a mutare carattere e a gustare le gioie della vita e del sesso che fino ad allora le erano state precluse. Quando il marito torna in famiglia, deve giocoforza tener conto della mutata situazione. ■ DRAMMATICO; COL.; 107′; ITALIA, 1977. ■ DAVID DI DONATELLO 1 PR, 1 NOM.

MOGLI DEGLI ALTRI, LE *(Ravissante)* ★★
Regia di ROBERT LAMOUREUX. Con SYLVA KOSCINA, ROBERT LAMOUREUX, PHILIPPE NOIRET. ■ Un tale, infuriato d'essere stato respinto dalla moglie d'un amico, combina un appuntamento tra lei e un fascinoso aviatore. Disgraziatamente per lui sarà proprio sua moglie a cadere nella trappola. ■ COMMEDIA; B/N; 80′; FRANCIA, ITALIA, 1961.

MOGLI DI LUSSO *(The Golden Arrow)* ★★★
Regia di ALFRED E. GREEN. Con GEORGE BRENT, BETTE DAVIS. ■ Una ragazza è perseguitata dai corteggiatori che la credono diventata ricca, tanto che un giornalista, innamorato di lei, non osa dichiararsi. Riuscirà a farlo solo quando scoprirà che lei non è realmente danarosa. ■ COMMEDIA; B/N; 68′; USA, 1936.

MOGLIE, UNA *(A Woman under the Influence)* ★★★
Regia di JOHN CASSAVETES. Con MATTHEW CASSEL, PETER FALK, GENA ROWLANDS. ■ Protagonista è una famiglia americana composta da Nick, capocantiere, sua moglie Mabel e tre bambini. La donna ha un esaurimento nervoso. Ricoverata in una clinica neuropsichiatrica, ne esce dopo sei mesi. L'impatto con la vita "fuori" è molto forte e Mabel non ce la farebbe se non fosse per i tre bambini, che la sostengono e la proteggono col loro affetto. ■ DRAMMATICO; COL.; 155′; USA, 1974. ■ GOLDEN GLOBES 1 PR, 4 NOM; OSCAR 2 NOM.

MOGLIE ADDOSSO, LA *(Comment réussir en amour)* ★★
Regia di MICHEL BOISROND. Con JEAN POIRET, DANY SAVAL, MICHEL SERRAULT. ■ Un poveraccio ha una serie di disavventure dovute alla moglie svampita e alla suocera invadente. ■ COMICO; B/N; 95′; FRANCIA, 1962.

MOGLIE AMERICANA, LA *(My American Wife)* ★★
Regia di HAROLD YOUNG. Con FRANCIS LEDERER, ANN SOTHERN. ■ Una famiglia americana è in subbuglio all'annuncio che la figlia, in viaggio in Europa, ha sposato un nobile: il padre teme un genero spocchioso mentre la madre snob è felicissima. Il nuovo venuto risulterà poi estremamente alla mano e amante dell'agricoltura. ■ COMMEDIA; B/N; 91′; USA, 1937.

MOGLIE AMERICANA, UNA ★★★
Regia di GIAN MARIA POLIDORO. Con RHONDA FLEMING, GRAZIELLA GRANATA, JULIET PROWSE, UGO TOGNAZZI, MARINA VLADY. ■ Un ragioniere milanese, in viaggio d'affari negli Usa, s'innamora dell'America e vorrebbe trovare una moglie per ottenere la cittadinanza. Non ci riuscirà. ■ COMMEDIA; COL.; 113′; ITALIA, 1965.

MOGLIE A SORPRESA *(Housesitter)* ★★★
Regia di FRANK OZ. Con DANA DELAY, GOLDIE HAWN, STEVE MARTIN. ■ Siamo nei paraggi del prevedibile e del già visto. Al solito riesce a salvarsi solo la simpatia e la bravura sprecata di Steve Martin. L'architetto Newton ha fatto costruire per la futura sposa una villa da sogno. Purtroppo lei decide di andarsene e lui si lascia andare raccontando le sue sventure a Gwen, una cameriera. Quest'ultima si installa e poiché è un'emerita bugiarda crea problemi ed equivoci continui. Lui all'inizio spera di riconquistare la fidanzata poi si lascia andare con Gwen. Successo di pubblico. ■ COMMEDIA; COL.; 102′; USA, 1992.

MOGLIE BELLA, LA *(Let Us Be Gay)* ★★★
Regia di ROBERT Z. LEONARD. Con MARIE DRESSLER, SALLY EILERS, ROD LA ROCQUE, NORMA SHEARER. ■ Un'energica nonna (la bravissima Marie Dressler) riunisce una coppia di coniugi in disaccordo per proteggere la giovane nipote dalla corte dell'uomo. Il film vive sul dialogo, molto brillante, e sull'ottima prova degli attori. ■ COMMEDIA; B/N; 95′; USA, 1930.

MOGLIE BELLISSIMA, UNA ★★
Regia di LEONARDO PIERACCIONI. Con LEONARDO PIERACCIONI, MASSIMO CECCHERINI, CHIARA FRANCINI, GABRIEL GARKO, FRANCESCO GUCCINI, ROCCO PAPALEO, TONY SPERANDEO, LAURA TORRISI. ■ Mariano e Miranda si amano da dieci anni e vivono una vita perfetta nella provincia toscana. Gestori di un banco di frutta e verdura, sognano di acquistare un giorno una bottega dove trasferire la loro attività. La bellezza morbida e sensuale di Miranda "esposta" come primizia al mercato non sfugge a un fotografo di moda, che le offre soldi e successo in cambio di dodici scatti. Allettata dalla cifra e dalla possibilità di realizzare il loro progetto, la coppia accetta la proposta e Miranda posa per un calendario. Fama e fiumi di champagne finiranno per confonderla e per spingerla tra le braccia del seducente e sedicente fotografo. Mariano, intanto, perde l'amore ma non la speranza. ■ COMMEDIA; COL.; 96'; ITALIA, 2007.

MOGLIE BUGIARDA, LA *(True Confession)* ★★
Regia di WESLEY H. RUGGLES. Con CAROLE LOMBARD, FRED MACMURRAY. ■ La moglie mitomane di un avvocato si autoaccusa di un delitto desiderando aiutare la carriera del marito che dovrà difenderla. In effetti la coppia riuscirà a vincere il processo. ■ COMMEDIA; B/N; 84'; USA, 1937.

MOGLI E BUOI... ★★
Regia di LEONARDO DE MITRI. Con GINO CERVI, WALTER CHIARI, NINO TARANTO, ENRICO VIARISIO. ■ Sulla vicenda d'un italo-americano che torna al paese natale, in Romagna, per trovare una sposa al figlio, s'innesta un mal riuscito tentativo di satira politica, perché la ragazza prescelta dal giovane è figlia d'un fascista, mentre suo padre era dovuto scappare negli Stati Uniti perché socialista. ■ COMMEDIA; B/N; 92'; ITALIA, 1956.

MOGLIE CELEBRE, LA *(Farmer's Daughter)* ★★★
Regia di HENRY C. POTTER. Con ETHEL BARRYMORE, CHARLES BICKFORD, JOSEPH COTTEN, LORETTA YOUNG. ■ Una giovane provinciale, giunta in città, è costretta ad impiegarsi come domestica in casa di un giovane senatore. Durante una discussione si oppone al suo datore di lavoro e ciò segna l'inizio d'una brillante carriera politica che la porterà a Washington. L'uomo politico, sconfitto, diventerà suo marito. ■ COMMEDIA; B/N; 97'; USA, 1946. ■ OSCAR 1 PR, 2 NOM.

MOGLIE DEL CAMPIONE, LA *(The Slugger's Wife)* ★★
Regia di HAL ASHBY. Con REBECCA DE MORNAY, MICHAEL O'KEEFE, MARTIN RITT. ■ Un campione di baseball sposa una diva della canzone. Si amano ma sorgono un mucchio di difficoltà per non danneggiare le rispettive carriere. Poi subentrano anche gelosie reciproche. Infine tutto s'accomoda. Scritto da Neil Simon. ■ COMMEDIA; COL.; 105'; USA, 1985.

MOGLIE DEL CAPO, LA *(The Boss' Wife)* ★★
Regia di ZIGGY STEINBERG. Con ARIELLE DOMBASLE, CHRISTOPHER PLUMMER, DANIEL STERN. ■ Un timido impiegato è preso in simpatia dal suo principale che gli prospetta un avanzamento e intanto lo invita per il weekend nella sua lussuosa dimora di campagna. Là ne succedono di tutti i colori, con l'impiegato a dover fronteggiare le *avance* della consorte del principale e insieme i rimbrotti di sua moglie. Tuttavia avrà egualmente l'avanzamento. ■ COMMEDIA; COL.; 82'; USA, 1986.

MOGLIE DEL FATTORE, LA *(The Farmer's Wife)* ★★★
Regia di ALFRED HITCHCOCK. Con MAUD GILL, LILLIAN HALL-DAVIES, JAMESON THOMAS. ■ Una commedia per Hitchcock. Un vedovo, dopo anni di solitudine, chiede alla governante di aiutarlo nella ricerca di una nuova consorte. Alla fine i due si sposeranno. ■ COMMEDIA; B/N; 68'; USA, 1928.

MOGLIE DEL FORNAIO, LA ★★★★
(La femme du boulanger)
Regia di MARCEL PAGNOL. Con GINETTE LECLERC, RAIMU, ROBERT VATTIER. ■ Il film è tratto da un episodio del romanzo *Jean le bleu* di Jean Giono. In un paese del Sud della Francia la giovane moglie dell'apprezzatissimo fornaio scappa di casa insieme al pastore del marchese di Venelles. Il marito, affranto dal dolore e inconsolabile, smette di panificare. I compaesani, privati del pane e delle altre delizie del forno, riconducono la fuggiasca al legittimo consorte. In questo film lirico, agreste e illuminato da una solarità mediterranea, Pagnol raggiunge una delle vette del suo cinema. Il realismo poetico, lontano dalle sue ambientazioni urbane e metropolitane, trova una differente strada per esprimersi. La storia è pervasa di ironia e compassione. Le atmosfere e gli stati d'animo vengono resi coralmente. Da menzionare le interpretazioni veramente fuori dall'ordinario di Ginette Leclerc (la moglie) e Raimu (il fornaio). ■ COMMEDIA; B/N; 130'; FRANCIA, 1938.

MOGLIE DEL GENERALE LING, LA ★★
(The Wife of General Ling)
Regia di LADISLAO VAJDA. Con GRIFFITH JONES, ADRIENNE RENN. ■ Verso il 1930, un "signore della guerra" è nemico degli inglesi ma vive indisturbato ad Hong Kong sotto falso nome. Un agente britannico saprà smascherarlo grazie all'aiuto della moglie del ricercato. ■ AVVENTURA; B/N; 93'; GRAN BRETAGNA, 1937.

MOGLIE DELL'AMICO È SEMPRE PIÙ BUONA, LA ★
Regia di JUAN BOSCH. Con CARLO DELLE PIANE, MARIA ROSARIA OMAGGIO, SYDNE ROME. ■ Due mariti alle prese con mogli femministe cercano presso altre donne quello che le legittime consorti negano. Tra equivoci e peripezie varie uno scambio di coppie ristabilirà l'equilibrio. ■ COMMEDIA; COL.; 92'; ITALIA, 1980.

MOGLIE DELL'AVIATORE, LA ★★★★
(La femme de l'aviateur)
Regia di ERIC ROHMER. Con PHILIPPE MARLAUD, ANNE LAURE MEURY, MARIE RIVIÈRE. ■ Innamorato di Anne, una ragazza un po' più grande di lui, François è geloso del suo passato e, in particolare, della relazione che lei aveva avuto con un aviatore. Anne, che non tollera controlli e sospetti, gli lascia credere che quella storia d'amore non sia mai finita, dando il via a una serie di equivoci. Primo film della serie *Commedie e proverbi*, interpretato dalla bravissima Marie Rivière. ■ COMMEDIA; COL.; 104'; FRANCIA, 1980.

MOGLIE DELL'AVVOCATO, LA *(Baram-Nan Gajok)* ★★
Regia di IM SANG-SOO. Con KIM IN-MUN, HWANG JEONGMIN, MOON SO-RI, YUN YEO-JUNG. ■ Hojung, moglie di un avvocato di successo, è frustrata dalla vita casalinga; il marito la cornifica, e a lei non rimane che occuparsi del figlio adottivo e del suocero alcolizzato. Finisce così per cedere alle attenzioni di un giovanissimo vicino di casa. ■ DRAMMATICO; COL.; 104'; COREA, 2003.

MOGLIE DELL'UOMO RICCO, LA ★
(The Rich Man's Wife)
Regia di AMY HOLDEN JONES. Con HALLE BERRY, CHRISTOPHER MCDONALD, CLIVE OWEN. ■ La sceneggiatrice di *Proposta indecente* realizza un thriller per niente originale. Un miliardario viene ucciso e la vedova è la prima ad essere sospettata. L'assassino le uccide anche l'amante e la perseguita. ■ DRAMMATICO; COL.; 95'; USA, 1996.

MOGLIE DEL NEMICO PUBBLICO, LA ★★
(Public Enemy's Wife)
Regia di NICK GRINDE. Con MARGARET LINDSAY, PAT O'BRIEN. ■ La polizia, per catturare un pericoloso gangster, inscena un finto matrimonio tra la moglie divorziata di lui e un agente sotto mentite spoglie. Il geloso criminale tenta d'uccidere il rivale, ma viene a sua volta colpito a morte. Il matrimonio fasullo diventerà vero. ■ POLIZIESCO; B/N; 78'; USA, 1937.

MOGLIE DEL PRETE, LA ★★★
Regia di DINO RISI. Con SOPHIA LOREN, MARCELLO MASTROIANNI, PIPPO STARNAZZA, VENANTINO VENANTINI. ■ Una cantante s'innamora della voce maschile che al "telefono amico" l'ha salvata da un tentativo di suicidio. Il suo amore non diminuirà quando scoprirà che il salvatore è un sacerdote. Nonostante le resistenze di lui i due decidono di sposarsi ma, quando il futuro sposo è promosso monsignore, lei si ritira in buon ordine senza rivelare d'essere rimasta incinta. ■ COMMEDIA; COL.; 107'; ITALIA, 1971.

MOGLIE DEL PROFESSORE, LA *(Peterson)* ★
Regia di TIM BURSTALL. Con WENDY HUGHES, JACK THOMPSON, JACHI WEAVER. ■ Tony è un operaio ambizioso che intende laurearsi. Seduce la moglie del docente di letteratura ma gli va male, perde l'amante e viene bocciato. Per fortuna ha una famiglia dove rifugiarsi. ■ DRAMMATICO; COL.; 91'; USA, 1976.

MOGLIE DEL SOLDATO, LA *(The Crying Game)* ★★★★
Regia di NEIL JORDAN. Con JAYE DAVIDSON, STEPHEN REA, MIRANDA RICHARDSON, FOREST WHITAKER. ■ In Irlanda un militare inglese di colore viene rapito da un gruppo appartenente all'IRA. Durante la sua prigionia l'uomo diventa amico di uno dei rapitori, Fergus. Ma il prigioniero deve essere ucciso e il compito è affidato proprio al nuovo amico, che a tale scopo lo conduce nel bosco. Titubante, si fa sfuggire il prigioniero che finisce sotto la ruota di un camion militare, Fergus riesce a fuggire e raggiunge la ragazza di cui il soldato gli parlava: Dil. L'uomo si innamora, ricambiato, della ragazza. Qualcosa di inaspettato muta il suo atteggiamento nei confronti della donna. Viene nel frattempo raggiunto dai suoi compagni che gli impongono di uccidere un uomo. Ma Dil gli impedisce di portare a termine il compito. Malgrado gli eventi abbiano preso una tragica scorciatoia, il finale è in qualche modo consolatorio, con un tocco d'ironia che suggella la qualità di tutto il film. Inconsueto, struggente, avvincente, sono gli aggettivi che il film suggerisce al primo impatto. Ma soprattutto è la felicità del racconto, l'aspetto più coinvolgente. Una vicenda rapinosa che si muove in perfetta geometria su due direttrici: ad una prima parte veloce, con avvenimenti che sembrano chiudere anticipatamente il film, fa riscontro la storia d'amore tra Fergus e Dil, così diversa, innocente e che sembra concludere il film. ■ DRAMMATICO; COL.; 112'; GRAN BRETAGNA, 1991. ■ GOLDEN GLOBES 1 NOM; OSCAR 1 PR, 6 NOM.

MOGLIE DEL VESCOVO, LA *(Bishop's Wife)* ★★★
Regia di HENRY KOSTER. Con CARY GRANT, DAVID NIVEN, MONTY WOOLLEY, LORETTA YOUNG. ■ Divertente commedia surreale: narra d'un angelo custode che, inviato sulla Terra per aiutare un vescovo protestante nella costruzione di una nuova cattedrale, finisce per innamorarsi della moglie del suo protetto. ■ COMMEDIA; B/N; 108'; USA, 1947. ■ OSCAR 1 PR, 5 NOM.

MOGLIE DI CRAIG, LA *(Craig's Wife)* ★★
Regia di DOROTHY ARZNER. Con JOHN BOLES, BILLIE BURKE, ROSALIND RUSSELL. ■ Craig è un marito di buon carattere afflitto da una moglie dispotica e nevrotica (per quanto bella donna e ottima padrona di casa). La signora Craig riesce a fare il vuoto attorno al marito distaccandolo dai veri amici, sminuendolo agli occhi del suo principale (tutto per poterlo dominare). Craig, benché ancora innamorato, decide di lasciarla. Prima versione di una commedia che dodici anni dopo avrebbe trovato in Joan Crawford un'interprete più adatta della Russell. ■ COMMEDIA; B/N; 75'; USA, 1937.

MOGLIE DI FRANKENSTEIN, LA ★★★
(The Bride of Frankenstein)
Regia di JAMES WHALE. Con WALTER BRENNAN, JOHN CARRADINE, COLIN CLIVE, VALERIE HOBSON, BORIS KARLOFF, ELSA LANCHESTER. ■ Frankenstein non è morto, ma ritorna per pretendere che il suo creatore gli dia una compagna. Il poveretto ubbidisce, ma la promessa sposa rifiuta il turpe connubio. Ecatombe finale. ■ HORROR; B/N; 80'; USA, 1935. ■ OSCAR 1 NOM.

MOGLIE DI GIORNO, LA *(Daytime Wife)* ★★★
Regia di GREGORY RATOFF. Con LINDA DARNELL, TYRONE POWER. ■ Una moglie gelosa della segretaria del marito s'impiega, all'insaputa di questi, come dattilografa, desiderosa di scoprire il segreto fascino insito nella professione. I guai cominciano quando la coppia si trova improvvisamente di fronte e, per una serie di circostanze, i due debbono far finta di non conoscersi. ■ COMMEDIA; B/N; 71'; USA, 1948.

MOGLIE DI MIO MARITO, LA ★★
Regia di ANTHONY ROMAN. Con YVONNE BASTIEN, WALTER CHIARI, FRANCO FABRIZI. ■ Tratta da una commedia francese, la pellicola narra la scontata vicenda di una moglie che, per vendicarsi del marito fedifrago, presenta al principale del traditore un amico che si è innamorato di lei, dicendogli che è suo marito. ■ COMMEDIA; B/N; 100'; ITALIA, 1961.

MOGLIE DOMATA, LA *(You Made me Love you)* ★★
Regia di MONTY BANKS. Con STANLEY LUPINO, THELMA TODD. ■ Una ragazza molto vivace è costretta a sposare un poveretto che deve sopportare molte liti prima che l'irascibile moglie si accorga di amarlo. ■ COMMEDIA; B/N; 70'; GRAN BRETAGNA, 1934.

MOGLIE È UGUALE PER TUTTI, LA ★★
Regia di GIORGIO SIMONELLI. Con CARLO DAPPORTO, NADIA GRAY, LEA PADOVANI, TINA PICA, PINA RENZI, NINO TARANTO, UGO TOGNAZZI, RAIMONDO VIANELLO. ■ Alcuni sketch di rivista sul tema dei matrimoni non riusciti. Il pretesto per presentarli è costituito dai racconti che i clienti fanno a un avvocato specializzato in cause di separazione. ■ COMICO; B/N; 90'; ITALIA, 1955.

MOGLIE È UN'ALTRA COSA, LA *(Moulin Rouge)* ★★★
Regia di SIDNEY LANFIELD. Con CONSTANCE BENNETT, FRANCHOT TONE. ■ Un'attrice sposa un autore di rivista che le impone d'abbandonare il palcoscenico, ma lei, all'insaputa del marito, riprenderà a recitare riuscendo a salvare lo spettacolo. ■ COMMEDIA; B/N; 79'; USA, 1933.

MOGLIE GIAPPONESE?, UNA ★★
Regia di GIAN MARIA POLIDORO. Con PAUL ESSER, MICHICO IWASAKI, LILLY LAU, GASTONE MOSCHIN, YUAN KWAN. ■ Un ragioniere italiano, chiamato a sostituire un collega ammalato in un giro d'affari in Estremo Oriente, si trova di fronte a una realtà inaspettata e scopre gli intrallazzi dell'altro. Tra l'altro l'ingenuo italiano si trova in piena guerra del Vietnam. ■ COMMEDIA; COL.; 115'; ITALIA, 1968.

MOGLIE GIOVANE, LA ★★
Regia di GIOVANNI D'ERAMO. Con FARLEY GRANGER, MARISA MELL, FRANCISCO RABAL. ■ Luisa è in crisi e lascia Rieti per Roma. Qui incontra Armando, un chirurgo di chiarissima fama, e lo sposa. Ma la vita borghese annoia la donna che si fa un amante. Il marito la scopre e lei lo uccide. Ricattata da un teppista, uccide anche lui e poi si suicida. ■ DRAMMATICO; COL.; 94'; ITALIA, SPAGNA, 1975.

MOGLIE IDEALE, UNA *(The Lady Consents)* ★★
Regia di STEPHEN ROBERTS. Con ANN HARDING, HERBERT MARSHALL. ■ Una moglie, alla notizia che il marito si è innamorato di un'altra, acconsente al divorzio, certa che il nuovo matrimonio non durerà. Ha ragione, ma la coppia dovrà faticare molto per potersi riunire. ■ COMMEDIA; B/N; 75'; USA, 1938.

MOGLIE IDEALE, UNA *(The Sex Monster)* ★★
Regia di MIKE BINDER. Con STEPHEN BALDWIN, MIKE BINDER, MARIEL HEMINGWAY, RENÉE HUMPHREY. ■ Un uomo d'affari nevrotico spinge la moglie a intrecciare una relazione amorosa con un'altra donna. La moglie, però, inizia a prender gusto alla trasgressione e si mette con impegno a corteggiare tutte le donne che incontra, compresa la segretaria del marito. I presupposti per una commedia piccante e politicamente scorretta non mancavano, ma la sfida non riesce. ■ COMMEDIA; COL.; 99'; USA, 1999.

MOGLIE IN BIANCO... L'AMANTE AL PEPE, LA ★
Regia di MICHELE MASSIMO TARANTINI. Con LINO BANFI, MARINA PORCEL, PAMELA PRATI. ■ Il rampollo di una famiglia siciliana torna a casa dopo un viaggio di studio a Londra e manifesta tendenze omosessuali. Pur di salvare l'onore, gli faranno sposare una spogliarellista. ■ COMMEDIA; COL.; 85'; ITALIA, SPAGNA, 1980.

MOGLIE IN CASTIGO, LA ★★
Regia di LEO MENARDI. Con CESCO BASEGGIO, LUISELLA BEGHI, LEDA GLORIA. ■ Un poveretto cerca di ricondurre alla ragione la figlia e il genero che si comportano con estrema leggerezza nonostante abbiano già una bambina. ■ COMMEDIA; B/N; 90'; ITALIA, 1943.

MOGLIE INDIANA, LA *(Behold my Wife)* ★★
Regia di MITCHELL LEISEN. Con GENE RAYMOND, SYLVIA SIDNEY. ■ Un giovane newyorkese fugge nel West dopo che la sua famiglia gli ha impedito di sposare una ragazza d'umili condizioni sociali che, umiliata, s'è tolta la vita. Qui, conosciuta una pellerossa, decide di sposarla solo per vendicarsi dei suoi ma, quando questa è accusata d'omicidio, scopre d'amarla veramente. ■ DRAMMATICO; B/N; 78'; USA, 1934.

MOGLIE IN PERICOLO, UNA ★★
Regia di MAX NEUFELD. Con ANTONIO CENTA, MARIE GLORY. ■ Un diplomatico sospetta che la moglie l'abbia tradito dopo es-

sersi recata a un ballo mascherato. Scoprirà poi che, all'ultimo momento, la cameriera si è sostituita alla padrona. ■ COMMEDIA; B/N; 85'; ITALIA, 1940.

MOGLIE IN PIÙ, UNA *(Holy Matrimony)* ★★
Regia di JOHN M. STAHL. Con LAIRD CREGAR, GRACE FIELDS, MONTY WOOLLEY. ■ Un pittore, per evitare le noie della celebrità, assume l'identità del suo cameriere ma, sposatosi, rischia l'accusa di bigamia e perde ogni diritto sui suoi quadri. Dovrà confessare la verità. ■ COMICO; B/N; 87'; USA, 1946. ■ OSCAR 1 NOM.

MOGLIE IN VACANZA... L'AMANTE IN CITTÀ, LA ★★
Regia di SERGIO MARTINO. Con BARBARA BOUCHET, EDWIGE FENECH, RENZO MONTAGNANI. ■ Industriale di Parma è sposato con Valeria, ma ha Giulia come amante. Valeria è invece corteggiata da Giovanni, che agli occhi della donna si è spacciato per conte. Una serie di circostanze fa sì che i quattro si ritrovino a Courmayeur. È lì che Giulia farà scoprire la verità ed a rimetterci saranno Andrea e Valeria. ■ COMMEDIA; COL.; 97'; FRANCIA, ITALIA, 1980.

MOGLIE MODELLO, UNA *(Model Wife)* ★★
Regia di LEIGH JASON. Con JOAN BLONDELL, DICK POWELL, CHARLIE RUGGLES. ■ Una vecchia proprietaria d'una casa di moda non vuole che i suoi impiegati siano sposati, così una giovane coppia è costretta a nascondere il suo matrimonio. La faccenda si complica quando lei viene pesantemente corteggiata dal figlio dell'anziana eccentrica. ■ COMMEDIA; B/N; 78'; USA, 1948.

MOGLIE NUOVA, LA *(La modification)* ★★
Regia di MICHEL WORMS. Con SYLVA KOSCINA, EMMANUELLE RIVA, MAURICE RONET. ■ Tratto da un romanzo di Michel Butor, il film narra di un marito di mezza età che s'innamora di un'impiegata dell'ambasciata francese in Italia e che, pertanto, decide di lasciare Parigi per trasferirsi a Roma. All'ultimo momento il rimorso l'avrà vinta. ■ DRAMMATICO; COL.; 90'; FRANCIA, 1970.

MOGLIE PER BENE, UNA *(The Good Wife)* ★
Regia di KEN CAMERON. Con BRYAN BROWN, SAM NEILL, RACHEL WARD. ■ La vicenda è ambientata in Australia, durante gli anni Trenta. Ne è protagonista una donna sposata e infelice, che nasconde la sua attrazione per il cognato. Quando in paese arriva un fascinoso dongiovanni la donna, ancora una volta, si sente attratta da un altro uomo. ■ DRAMMATICO; COL.; 95'; AUSTRALIA, 1987.

MOGLIE PER PAPÀ, UNA *(Corrina, Corrina)* ★★
Regia di JESSIE NELSON. Con WHOOPI GOLDBERG, RAY LIOTTA, TINA MAJORINO. ■ Un'orfanella decisa a trovare a ogni costo una nuova compagna per il padre, lo accoppia alla povera ma buona bambinaia di colore, cosa che negli Usa degli anni Cinquanta non era ancora "politicamente corretta". Prevedibile e senza pretese. ■ COMMEDIA; COL.; 110'; USA, 1994.

MOGLIE PER UNA NOTTE ★★★
Regia di MARIO CAMERINI. Con GINO CERVI, ARMANDO FRANCIOLI, NADIA GRAY, GINA LOLLOBRIGIDA, PAOLO STOPPA. ■ Nell'Ottocento, nel granducato di Parma, un giovane musicista, per guadagnare l'appoggio di un potente ministro, lo invita a casa sua presentandogli come sua moglie una donna di facili costumi. Ma a mezzo della serata, colto da un soprassalto irrazionale di gelosia, il giovanotto caccia l'illustre ospite. Per una serie di equivoci, il ministro finirà la serata in compagnia della moglie vera del musicista. ■ COMMEDIA; B/N; 85'; ITALIA, 1953.

MOGLIE PIÙ BELLA, LA ★★★
Regia di DAMIANO DAMIANI. Con TANO CIMAROSA, ORNELLA MUTI, ALESSIO ORANO, JOE SENTIERI. ■ Storia romanzata di Franca Viola, la ragazza siciliana che alla metà degli anni Sessanta rifiutò di sposare il giovane che l'aveva sedotta. ■ DRAMMATICO; COL.; 108'; ITALIA, 1970.

MOGLIE RICCA, LA *(B. F.'s Daughter)* ★★★
Regia di ROBERT Z. LEONARD. Con CHARLES COBURN, VAN HEFLIN, BARBARA STANWYCK. ■ La capricciosa figlia di un magnate sposa un giovanotto di testa forte e finanze modeste. Lui vorrebbe badare da solo al sostentamento suo e della moglie. Lei insiste perché accetti l'aiuto del genitore. Visto che il marito fa orecchi da mercante, la donna trova il modo di fargli avere denaro sottobanco. Quando lui lo scopre la pianta. Alla fine si riconcilieranno. ■ COMMEDIA; B/N; 108'; USA, 1948. ■ OSCAR 1 NOM.

MOGLIE RICONQUISTATA, LA *(To Mary – With Love)* ★★
Regia di JOHN CROMWELL. Con WARNER BAXTER, MYRNA LOY, CLAIRE TREVOR. ■ Marito e moglie sono felici finché non arriva una bionda che tenta di dividerli. Ci riesce, ma per poco. Presto il marito sente la nostalgia della sua legittima sposa e fa in modo di riconciliarsi. ■ COMMEDIA; B/N; 97'; USA, 1936.

MOGLIE SCONOSCIUTA, LA *(A Private's Affair)* ★★★
Regia di RAOUL WALSH. Con CHRISTINE CARÈRE, BARRY COE, SAL MINEO, TERRY MOORE. ■ Protagoniste sono tre reclute dell'esercito americano. Uno dei giovanotti si trova per caso ricoverato in ospedale accanto a un morente. Arriva una signora che vuol sposare il moribondo per poter poi adottare una bambina. Ma per un errore la uniscono in matrimonio con la recluta. Questi quando si sveglia (era sotto anestetico) si ritrova coniugato. ■ COMMEDIA; COL.; 92'; USA, 1959.

MOGLIETTINA, LA ★★
Regia di ALBERTO SOLARI. Con SILVANA GIORGI, MAURIZIO NERI, EASTMAN PRICE, ROSSELLA SAVINO. ■ Un marito persuade la moglie a entrare in un giochino di scambio tra le coppie. Lei prima è riluttante, poi ci sta e si fa una fila di amanti lunga così. Al punto che il marito colto da un soprassalto di gelosia li uccide tutti. ■ DRAMMATICO; B/N; 90'; ITALIA, 1974.

MOGLIE VERGINE, LA ★
Regia di FRANCO MARTINELLI. Con CARROLL BAKER, EDWIGE FENECH, RENZO MONTAGNANI. ■ Nonostante abbia per moglie quel gran pezzo dell'Edwige, il suo biondo consorte non riesce a consumare. Urge un'operazione fiducia verso la di lui virilità. Ci pensa la giovanile suocera. ■ COMMEDIA; COL.; 91'; ITALIA, 1976.

MOGLI PERICOLOSE ★★
Regia di LUIGI COMENCINI. Con FRANCO FABRIZI, DORIAN GRAY, SYLVA KOSCINA, GEORGIA MOLL, RENATO SALVATORI, NINO TARANTO. ■ Tre amiche (mogli di altrettanti amici) fanno una scommessa: una di loro (una superprocace) farà crollare il fedelissimo marito della più giovane. Ci prova, ma in un primo momento non ce la fa. Quando il giovanotto, stuzzicato, si presta al gioco, è la maliarda a farsi sopraffare dagli scrupoli. ■ COMMEDIA; B/N; 98'; ITALIA, 1958.

MOJAVE MOON ★★★
Regia di KEVIN DOWLING. Con DANNY AIELLO, ANNE ARCHER, LEWIS ARQUETTE, MICHAEL BIEHN, JOHN GETZ, ANGELINA JOLIE, PETER MACNICOL, ALFRED MOLINA. ■ Sotto la luna del deserto californiano... la vita diventa magica! I molti fan di Angelina Jolie ameranno questo film denso di atmosfere e di ambientazioni suggestive. Al (Danny Aiello) offre un passaggio a Ellie (la Jolie) da Los Angeles al deserto di Mojave dove vive la madre di Ellie. Durante il viaggio la ragazza si innamora di Al, ma Al è attratto dalla madre Julie (Anne Archer). E l'atmosfera presto diventerà ancora più surreale, non appena la luna sprigionerà la sua magia. La notte di Al diventa densa di avvenimenti più di quanto avrebbe mai immaginato gli potessero accadere in una vita. In alcuni tratti vengono in mente situazioni tipiche dei film di David Lynch. La trama un po' sconclusionata e priva di un forte impianto narrativo non pregiudica però la visione del film, che resta gradevole anche grazie all'ottimo cast. ■ COMMEDIA; COL.; 95'; USA, 1996.

MOLIÈRE ★★★
Regia di ARIANE MNOUCHKINE. Con MARIE-FRANÇOISE AUDOLLENT, PHILIPPE CAUBÈRE, JOSÉPHINE DERENNE. ■ La vita di Molière, prima avvocato, poi capocomico, autore di commedie immortali, i molti amori e infine la morte durante una replica de *Il malato immaginario*. ■ BIOGRAFICO; COL.; 211'; FRANCIA, ITALIA, 1978.

MOLLETTA IL TERRIBILE *(Jack and the Beanstalk)* ★★
Regia di CISABURO SUGJI. ■ Un contadinello baratta una mucca che sta portando al macello con un sacchetto di miracolosi fagioli, che, piantati, giungono sino al cielo, dove, in un castello, è tenuta prigioniera la Principessa delle Nuvole dalla Regina della

Notte. E il contadinello la libera. ■ ANIMAZIONE; COL.; 94'; GIAPPONE, 1974.

MOLL FLANDERS ★★

Regia di PEN DENSHAM. Con STOCKARD CHANNING, MORGAN FREEMAN, ROBIN WRIGHT PENN. ■ Dal classico di Defoe. Storia di Moll nella Londra del Settecento, da popolana a prostituta a ladra a ereditiera. Compitino insufficiente. ■ AVVENTURA; COL.; 96'; USA, 1996.

MOLLO TUTTO ★★

Regia di JOSÉ MARIA SANCHEZ. Con TAMARA DONÀ, BARBARA D'URSO, RENATO POZZETTO. ■ Sanchez ci riprova, dopo *Burro*, con Pozzetto. Questa volta il protagonista è un uomo in fuga dagli strozzini e dalla propria famiglia oppressiva. Andrà a fare il pizzaiolo in Africa ma tornerà in Italia tinto di nero costretto ad affrontare nuovi problemi. ■ COMMEDIA; COL.; 99'; ITALIA, 1995.

MOLOCH ★★

Regia di ALEXANDR SOKUROV. Con VLADIMIR BOGDANOV, LEONID MOSGOVOI, ELENA RUFANOVA, LEONID SOKOL, ELENA SPIRIDONOVA. ■ Storico e grottesco. Nell'eremo di Hitler in Baviera Eva Braun cerca di distrarre il suo amante-padrone dai tanti pensieri, siamo infatti nella primavera del 1942. Ma arrivano ospiti tutt'altro che rilassanti, Goebbels con sua moglie, e Borman. Tutta gente che si detesta. La riunione è sempre più tesa. Le caricature stilizzate dei tragici personaggi cercano persino di far sorridere ma riescono ad essere solo grottesche. ■ STORICO; COL.; 103'; RUSSIA, 1999. ■ CANNES 1 PR.

MOLOCH IL DIO DELLA VENDETTA ★★
(The Golden Mask)

Regia di JACK LEE. Con VAN HEFLIN, WANDA HENDRIX, ERIC PORTMAN. ■ Un giornalista americano accompagna una spedizione inglese alla ricerca di un mitico tesoro nel Nord Africa (la maschera d'oro del dio Moloch). Aggrediti dagli indigeni, i membri della comitiva per poco non ci rimettono la pelle. ■ AVVENTURA; COL.; 95'; GRAN BRETAGNA, 1954.

MOLOKAI, L'ISOLA MALEDETTA *(Molokay)* ★★

Regia di LUIS LUCIA. Con ROBERTO CAMARDIEL, JAVIER ESCRIVÁ, GÉRARD TICHY. ■ Storia di padre Damiano che nell'Ottocento si dedicò alla cura delle anime in un posto maledetto da Dio: l'isola di Molokai, nei mari del Sud, dove mandavano a morire i lebbrosi. ■ BIOGRAFICO; B/N; 91'; SPAGNA, 1959.

MOLTA BRIGATA VITA BEATA ★★★
(The More the Merrier)

Regia di GEORGE STEVENS. Con JEAN ARTHUR, CHARLES COBURN, JOEL MCCREA. ■ Crisi degli alloggi a Washington in tempo di guerra. Un vecchio signore è costretto a prendere in affitto una camera presso una bella ragazza, subaffittando a sua volta metà della stanza ad un atletico giovanotto, con le complicazioni del caso. L'anziano farà da cupido al suo ospite e alla padrona. ■ COMMEDIA; B/N; 104'; USA, 1943. ■ OSCAR 1 PR, 6 NOM.

MOLTI SOGNI PER LE STRADE ★★★

Regia di MARIO CAMERINI. Con MASSIMO GIROTTI, ANNA MAGNANI, CHECCO RISSONE. ■ Un operaio disoccupato ruba, per disperazione, la macchina di un industriale. Poi si pente e la riporta in garage. Ma intanto la moglie l'ha denunciato alla polizia. Quando viene a sapere del ravvedimento del consorte, la donna ritira la denuncia. Faranno pace. ■ COMMEDIA; B/N; 90'; ITALIA, 1947.

MOLTO FORTE, INCREDIBILMENTE VICINO ★★
(Extremely Loud and Incredibly Close)

Regia di STEPHEN DALDRY. Con SANDRA BULLOCK, VIOLA DAVIS, TOM HANKS, THOMAS HORN, MAX VON SIDOW. ■ Oskar Schell non si dà pace. Suo padre lo ha lasciato con una missione incompiuta, con molte domande e una sola certezza: non deve smettere di cercare. Quando, nell'armadio del genitore, trova una chiave e un nome, Black, per Oskar ecco la spinta e l'alibi che gli mancavano. Incontrare tutti i 472 "Black" di New York City per testare le loro serrature diventa per il bambino un modo di coltivare il sogno che quella chiave possa schiudergli un ultimo messaggio del padre. La parte più bella e riuscita del film è senza dubbio quella in cui Oskar e il vecchio Max Von Sydow camminano per la città: su questa strana coppia che si muove nello spazio metropolitano, il cinema ha finalmente qualcosa da dire. Ma dura poco. ■ DRAMMATICO; COL.; 129'; USA, 2012.

MOLTO INCINTA *(Knocked Up)* ★★

Regia di JUDD APATOW. Con IRIS APATOW, MAUDE APATOW, JAY BARUCHEL, STEVE CARELL, KATHERINE HEIGL, JONAH HILL, LESLIE MANN, SETH ROGEN, PAUL RUDD, JASON SEGEL, MARTIN STARR. ■ Ben Stone è un ventitreenne che ha pochi soldi e vive con quattro amici una vita da eterno adolescente. Il loro obiettivo? Creare un sito Internet in cui informare sull'esatto minutaggio dei film in cui le star del cinema compaiono più o meno nude. Alison Scott è una giovane in carriera che ha appena avuto una promozione nel network dedicato ai divi di Hollywood presso cui lavora: passerà davanti alla telecamera per fare le interviste. Si reca quindi la sera in un locale per festeggiare e lì incontra Ben. L'alcool fa il resto e i due si ritrovano a letto impegnati in un rapporto senza contraccettivi. Otto settimane dopo Alison scopre di essere incinta... ■ COMMEDIA; COL.; 129'; USA, 2007.

MOLTO ONOREVOLE AGENTE DI SUA MAESTÀ BRITANNICA, IL *(Where the Bullets Fly)* ★★

Regia di LINDSAY SHONTEFF. Con TOM ADAMS, DAWN ADDAMS, MICHAEL RIPPER. ■ Uno speciale tipo di lega che protegge dalle radiazioni atomiche suscita la bramosia dei servizi segreti di parecchi paesi. L'Intelligence Service ne affida la custodia al suo miglior agente, ma l'uomo è catturato e costretto a dire dove è custodita la lega. Riuscirà a liberarsi e a dare scacco matto alla concorrenza. ■ SPIONAGGIO; COL.; 88'; GRAN BRETAGNA, 1966.

MOLTO ONOREVOLE MINISTRO, IL ★★★
(A Majority of One)

Regia di MERVYN LE ROY. Con RAY DANTON, ALEC GUINNESS, ROSALIND RUSSELL. ■ Love story autunnale fra una matura vedova americana e un diplomatico nipponico su una nave che fa rotta verso il Giappone. ■ COMMEDIA; COL.; 153'; USA, 1961. ■ OSCAR 1 NOM.

MOLTO ONOREVOLE MR. PENNYPACKER, IL ★★★
(The Remarkable Mr. Pennypacker)

Regia di HENRY KOSTER. Con CHARLES COBURN, DOROTHY MCGUIRE, CLIFTON WEBB. ■ Un integerrimo *pater familias* americano è il cittadino forse più rispettato del suo paese, fino a quando non si viene a scoprire che è bigamo. Durante i suoi frequenti viaggi d'affari all'altro capo dell'America, s'è infatti formato un'altra famiglia. L'ineffabile patriarca riesce incredibilmente a contenere lo scandalo. ■ COMMEDIA; COL.; 87'; USA, 1958.

MOLTO ONOREVOLE MR. PULHAM, IL ★★★
(H. H. Pulham Esq.)

Regia di KING VIDOR. Con VAN HEFLIN, RUTH HUSSEY, HEDY LAMARR, ROBERT YOUNG. ■ Storia di un americano medio, un professionista, che s'è fatto una posizione e una famiglia nella sua cittadina, senza mai uscire dalla sua mediocrità. Qualche volta, però, rimpiange le occasioni perdute: chissà cosa sarebbe stata la sua vita se avesse sposato una bellissima di cui era innamorato. ■ COMMEDIA; B/N; 120'; USA, 1941.

♥ MOLTO RUMORE PER NULLA ★★★
(Much Ado About Nothing)

Regia di KENNETH BRANAGH. Con KENNETH BRANAGH, MICHAEL KEATON, ROBERT SEAN LEONARD, KEANU REEVES, EMMA THOMPSON, DENZEL WASHINGTON. ■ La sceneggiatura è offerta da William Shakespeare, i luoghi da una stupenda villa sulle colline toscane in cui si dice che Leonardo dipinse la *Gioconda*. Gli attori provengono dall'Inghilterra e dagli Stati Uniti. Ognuno deve parlare secondo il proprio accento e, soprattutto, ci si deve divertire su un set che è un luogo di vacanza su cui intessere la trama di una festa dell'amore e della vitalità. Branagh riesce a concertare abilmente il tutto inserendo anacronismi voluti in una messa in scena rispettosa della fonte. ■ COMMEDIA; COL.; 111'; GRAN BRETAGNA, 1993. ■ GOLDEN GLOBES 1 NOM.

♥ MOMENTI DI GLORIA *(Chariots of Fire)* ★★★★★

Regia di HUGH HUDSON. Con IAN CHARLESON, BEN CROSS, NIGEL HAVERS, IAN HOLM. ■ Parigi, Olimpiadi del 1924. Due atleti vincono le più importanti gare di corsa. Sono ambedue inglesi ma profondamente diversi. Eric Liddell appartiene alla Chiesa cristiana scozzese ed è convinto che correre sia uno dei modi a lui concessi per rendere onore a Dio (vent'anni più tardi morirà come missionario in Cina). Harold Abrahams è invece ebreo e trova nello sport (e nella vittoria) un modo per sconfiggere i pregiudizi sociali sul suo conto. Il film percorre le tappe del progressivo avvicinamento di entrambi al successo, ne ricostruisce le motivazioni interiori e i profondi dubbi esistenziali. Hudson ci fornisce un quadro d'insieme della società dell'epoca riuscendo a evitare a ogni inquadratura il ritratto di maniera che fa tanto "cinema sull'Inghilterra del buon tempo andato". I tempi non erano poi così buoni, ci dice il regista, e prevenzioni e razzismi erano all'ordine del giorno. Anche se, forse, prevaleva una maggior dose di autoanalisi individuale in assenza di anabolizzanti e affini. Il regista (Oscar 1981 come miglior film, sceneggiatura originale, colonna sonora, costumi) riesce a sfuggire a tutti i cliché del cinema "sportivo" proponendoci una ricerca interiore che si muove sulle gambe degli atleti (da antologia, nella sua linearità, la sequenza dei titoli di testa), ma non si lascia prendere da ritmi inadeguati. Abrahams e Liddell sono due persone complete, la sceneggiatura non tende a farli diventare simboli di nulla. La tesi, come sempre accade quando il cinema si rifiuta di diventare un *pamphlet* con note a piè di pagina, emerge dall'articolazione narrativa e dalla capacità di Ben Cross e Ian Charleson di rendere credibili anche le titubanze apparentemente più assurde per uno spettatore moderno. Vangelis viene in aiuto con una colonna musicale in cui mostra di aver perfettamente compreso qual è il senso della partitura dell'intero film. Non rinuncia all'epicità stemperandola contemporaneamente in una scrittura attenta a non perdere di vista l'aspetto intimo delle vicende narrate. Anche l'uso dei *ralenti*, spesso a doppio taglio nei film che si occupano di argomenti sportivi, si rivela attento a non scadere nel virtuosismo fine a se stesso ma è finalizzato alla restituzione di una dimensione emotiva che le frazioni di secondo della tecnologia moderna relegano in una collocazione secondaria rispetto all'esaltazione dell'uomo-macchina. Liddell e Abrahams sono, e restano nonostante tutto, uomini. ■ SPORTIVO; COL.; 124'; GRAN BRETAGNA, 1981. ■ CANNES 1 PR; GOLDEN GLOBES 1 PR, 1 NOM; OSCAR 4 PR, 7 NOM.

MOMENTI INTIMI DI MADAME CLAUDE ★★
(Madame Claude II)
Regia di FRANÇOIS MIMET. Con DIRKE ALTE VOGT, KIM HARLOW, ALEXANDRA STEWART. ■ Madame Claude, una donna spregiudicata che ha organizzato un giro di bellissime ragazze squillo, le adopera per carpire segreti a influenti clienti. Un giornalista scopre il traffico, ma il suo direttore viene ricattato con una videocassetta e l'articolo non si pubblica. ■ COMMEDIA; COL.; 100'; FRANCIA, 1983.

MOMENTO DELLA VERITÀ, IL ★★★
Regia di FRANCESCO ROSI. Con LINDA CHRISTIAN, MIGUEL MATEO MIGUELIN. ■ Documentario drammatico di Francesco Rosi sulla corrida, manifestazione che lo affascina e al tempo stesso lo ripugna. Il mondo dei tori e dei toreri gli consente di riprendere la sua consueta tematica meridionalistica. Miguel Mateo Miguelin (un autentico matador che interpreta se stesso) è una specie di "picciotto" andaluso. Morirà nell'arena. ■ DRAMMATICO; COL.; 110'; ITALIA, 1964. ■ DAVID DI DONATELLO 1 PR, 1 NOM.

MOMENTO DELL'AVVENTURA, IL ★★
Regia di FALIERO ROSATI. Con PETER CHATEL, LAURA MORANTE. ■ Crisi psicologica di un giovane restauratore d'arte. Lo spirito dell'avventura e del rischio gli fanno travisare la realtà. Bravi gli attori e interessante la regia, anche se deve molto alle suggestioni dei film di Antonioni. ■ THRILLER; COL.; 95'; ITALIA, 1983.

MOMENTO DI UCCIDERE, IL ★★
Regia di GIULIANO CARNIMEO. Con WALTER BARNES, HORST FRANK, GEORGE HILTON. ■ Caccia al solito tesoro nascosto. Stavolta chi l'ha occultato è un colonnello sudista negli ultimi giorni della guerra di Secessione. Due pistoleri ricevono dalle autorità l'incarico di ritrovarlo. Non è facile: il duo deve battersi contro una banda di fuorilegge scatenata dai parenti del colonnello. Comunque ce la faranno. ■ WESTERN; COL.; 91'; ITALIA, 1968.

MOMENTO DI UCCIDERE, IL *(A Time to Kill)* ★★★
Regia di JOEL SCHUMACHER. Con SANDRA BULLOCK, SAMUEL L. JACKSON, MATTHEW MCCONAUGHEY, KEVIN SPACEY. ■ Viene violentata una undicenne di colore. Il padre uccide il criminale. Lo difende il solito giovane coraggioso oggetto delle solite minacce e turbato dai soliti fantasmi. Naturalmente siamo nel solito profondo Sud. Finale comunque liberatorio. Film vecchia maniera con McConaughey sosia a metà di Brando e Newman, legnoso ma di ottima presenza. Buona valutazione per il doppio sforzo: nei contenuti e nello spettacolo. ■ DRAMMATICO; COL.; 150'; USA, 1996. ■ GOLDEN GLOBES 1 NOM.

MOMENTO PIÙ BELLO, IL ★★
Regia di LUCIANO EMMER. Con MARCELLO MASTROIANNI, MARISA MERLINI, GIOVANNA RALLI. ■ Amore al reparto maternità fra un giovane medico modernista propugnatore del parto indolore e la più carina e brava delle infermiere. ■ COMMEDIA; B/N; 100'; ITALIA, 1956.

MOMENTO SELVAGGIO *(Something Wild)* ★★
Regia di JACK GARFEIN. Con CARROLL BAKER, MILDRED DUNNOCK, RALPH MEEKER. ■ Una ragazza viene violentata da un bruto. Ne rimane talmente sciocc ata che tenta il suicidio. La salva un tale, cieco da un occhio, che ha avuto anche lui un passato difficile. I due finiranno per mettersi insieme. ■ DRAMMATICO; B/N; 112'; USA, 1962.

MOMO ★★
Regia di JOHANNES SCHAAF. Con RADOST BOKEL, JOHN HUSTON, LEOPOLDO TRIESTE. ■ Dal romanzo omonimo di Michael Ende. La piccola Momo, paladina dell'immediatezza e della genuinità nei rapporti umani, se la deve vedere con i perfidi Uomini Grigi che "rubano il tempo" agli uomini instillando in loro la febbre del guadagno e del consumismo, privandoli della vera felicità. Fiaba-apologo di spessore morale ma poco convincente e troppo manierata nella realizzazione. La colonna sonora è di Angelo Branduardi. Per ragazzi. ■ AVVENTURA; COL.; 106'; GERMANIA, ITALIA, 1986.

MOMO ALLA CONQUISTA DEL TEMPO ★★★
Regia di ENZO D'ALÒ. ■ Momo è una bambina che ha una qualità straordinaria, è capace di render buone le persone soltanto guardandole. Grazie alla sua sensibilità scopre che certi personaggi, gli Uomini Grigi, all'apparenza innocui venditori, sono in realtà molto cattivi e cercano di far del male agli umani. Un cartone è sempre benemerito, specie se il regista (disegnatore-produttore) è italiano, capace di tornare a una vecchia e preziosa regola dimenticata: il disegno è meglio del computer. ■ ANIMAZIONE; COL.; 75'; ITALIA, 2002.

MONACA DI MONZA, LA ★★
Regia di RAFFAELLO PACINI. Con PAOLA BARBARA, ROSSANO BRAZZI, CARLO TAMBERLANI. ■ Vediamo suor Virginia, nobile milanese fattasi monaca senza vocazione, rispondere alla corte pressante dell'avventuriero Egidio. La loro tresca viene scoperta, ci scappano due morti. Gli amanti fuggono, ma vengono raggiunti. Lui è ucciso, lei murata viva. ■ DRAMMATICO; B/N; 94'; ITALIA, 1949.

MONACA DI MONZA, LA ★★
Regia di CARMINE GALLONE. Con GINO CERVI, MARIO FELICIANI, GABRIELE FERZETTI, GIOVANNA RALLI. ■ La storia della monaca con un ottimo cast, priva però di qualsiasi idea originale. ■ DRAMMATICO; B/N; 100'; FRANCIA, ITALIA, 1962.

MONACA DI MONZA – ECCESSI, MISFATTI, DELITTI, LA ★★
Regia di LUCIANO ODORISIO. Con RENATO DE CARMINE, ALESSANDRO GASSMAN, MYRIAM ROUSSEL. ■ Ancora la monaca di Monza, vista come una ragazzina sprovveduta, vittima della famiglia e delle autorità religiose milanesi. Cacciata in convento contro la sua volontà si innamora di uno spregiudicato avventuriero che la coinvolge nelle sue losche storie (tra cui anche un omicidio). Lui viene ucciso, lei è murata viva per tredici anni. ■ DRAMMATICO; COL.; 90'; ITALIA, 1986.

MONACA DI MONZA – UNA STORIA LOMBARDA, LA ★★
Regia di Eriprando Visconti. Con Anne Heywood, Hardy Krüger, Luigi Pistilli, Antonio Sabàto. ■ Non diremmo che questa versione sia migliore di quella di Gallone anche se il regista, Eriprando Visconti, ha l'ambizione di eguagliare i risultati della versione teatrale firmata in precedenza dal celebre zio Luchino. ■ Drammatico; col.; 102′; Italia, 1969.

MONACA SANTA ★★
Regia di Guido Brignone. Con Cesare Danova, Enrico Glori, Tina Lattanzi, Eva Nova. ■ Odissea senza fine di un'orfanella napoletana. Persi i genitori, viene affidata a una zia suora. Morta anche lei, viene presa in casa da uno sconosciuto che le fa fare da serva e cerca di violentarla. Riesce a scappare e ad affermarsi come cantante. ■ Drammatico; b/n; 91′; Italia, 1948.

MONACHE, LE *(Hangyaboly)* ★★
Regia di Zoltan Fabri. Con Eva Bass, Eva Pap, Gabriella Szábó, Mari Torocsik. ■ In un convento ungherese muore la vecchia madre superiora. Due giovani suore, una bigotta, l'altra progressista, si contendono la carica. La seconda sembra prevalere, ma la rivale trova una lettera compromettente e la ricatta. La spingerà al suicidio. ■ Drammatico; col.; 94′; Ungheria, 1973.

MONACHE DI SANT'ARCANGELO, LE ★★
Regia di Domenico Paolella. Con Martine Brochard, Anne Heywood, Luc Merenda, Ornella Muti. ■ Nel monastero di S. Arcangelo, nel sedicesimo secolo, muore la vecchia madre badessa e le più ambiziose fra le reverende madri si danno battaglia per la successione. Sembra prevalere la bella Giulia, anche per i metodi poco ortodossi nella contesa elettorale. Ma i fatti fan troppo rumore. Il cardinale ordina un'inchiesta. ■ Drammatico; col.; 90′; Italia, 1972.

MONACHINE, LE ★★
Regia di Luciano Salce. Con Sylva Koscina, Amedeo Nazzari, Didi Perego, Catherine Spaak. ■ Due suorine se ne vanno a Roma a protestare presso i dirigenti di una linea aerea per il rumore dei loro jet quando passano sopra il convento. Dopo parecchie peripezie ottengono quanto vogliono. ■ Commedia; b/n; 94′; Italia, 1963.

MONACO, IL *(Le moine)* ★★★
Regia di Ado Kyrou. Con Nathalie Delon, Franco Nero, Nadia Tiller, Nicol Williamson. ■ Padre Ambrosio è un frate ritenuto in odore di santità. In realtà la sua conclamata virtù è ben poca cosa, se crolla davanti alle arti di una bella strega. Ambrosio diventa un efferato peccatore. Seduce le giovanette e le porta al suicidio. Alla fine lui e la strega vengono catturati dall'Inquisizione, ma se la cavano. ■ Drammatico; col.; 98′; Francia, 1972.

MONACO, IL *(Bulletproof Monk)* ★★
Regia di Paul Hunter. Con James King, Seann William Scott, Chow Yun-Fat. ■ In un monastero buddista sulle montagne tibetane è custodito, da un monaco anziano il cui volto non invecchia, un antico papiro che, se decifrato e letto ad alta voce, potrebbe conferire al suo possessore il potere su tutta la Terra. Nella seconda guerra mondiale il monastero viene attaccato vanamente da un manipolo di SS, guidate da un feroce ufficiale. Nei giorni nostri, il monaco depositario del papiro (fuggito nel frattempo in America) deve trovarsi un successore; crede di averlo scovato in Kar, proiezionista ladruncolo e amante dei film di Bruce Lee, e in Jade, fascinosa fidanzata del boss di una banda. Ma l'ufficiale delle SS di cinquant'anni prima è ancora sulle sue tracce. Il pregio della produzione è il dichiarato intento di voler divertire lo spettatore. Il resto lo fanno un superbo Chow-Yun-Fat, eroe dei primi film di John Woo e Seann William Scott, finora noto per le interpretazioni, non proprio esaltanti, in *American Pie* e *Final Destination*, ed in questo caso funzionale al ruolo scelto per lui. ■ Azione; col.; 103′; USA, 2003.

MONACO DI MONZA, IL ★★
Regia di Sergio Corbucci. Con Adriano Celentano, Lisa Gastoni, Totò. ■ Totò, padre di dodici figli, si finge monaco per trovare più agevolmente cibo e alloggio per sé e i suoi. Solo che lo trova presso un truce castellano di Monza che tiene prigioniera la bella cognata. Totò e familiari libereranno la bella. ■ Comico; b/n; 90′; Italia, 1962.

MONA LISA ★★★
Regia di Neil Jordan. Con Michael Caine, Bob Hoskins, Cathy Tyson. ■ Un Bob Hoskins in odore di grande notorietà (che conquisterà definitivamente due anni più tardi come protagonista "umano" in *Chi ha incastrato Roger Rabbit?*) interpreta il candido George, ex galeotto ridotto per necessità a fare l'autista per una splendida prostituta d'alto bordo (Tyson). La sua discesa negli squallidi eppure coloratissimi bassifondi londinesi, accompagnata dalla sua purezza di fondo, spesso fuori luogo, gli porterà avventura, amore, amicizia, delusioni. Ma imparerà a sentirsi meno spaesato nella vita. Ironico, solidamente costruito e molto ben recitato, il film si colloca tra i migliori prodotti della cinematografia britannica di fine Novecento. ■ Drammatico; col.; 104′; Gran Bretagna, 1986. ■ Cannes 1 pr; Golden Globes 1 pr, 4 nom; Oscar 1 nom.

MONA LISA SMILE ★
Regia di Mike Newell. Con Kirsten Dunst, Maggie Gyllenhaal, Julia Roberts, Julia Stiles. ■ In pieno maccartismo, la giovane professoressa Katherine Watson giunge dalla California al prestigioso college di Wellesley, nel Massachussetts, per insegnare storia dell'arte ad una classe di future appartenenti all'elite dominante. Lo scanzonato anticonformismo di miss Watson, però, non attecchisce facilmente negli animi delle allieve, più interessate ad un futuro già programmato di mogli benestanti che a decifrare il mistero del sorriso della Gioconda. Mike Newell, dopo i fasti ormai datati di *Quattro matrimoni e un funerale*, pensa di tornare al successo con un rifacimento al femminile de *L'attimo fuggente*; ma le lezioni di vita e di filosofia del mitico professor Keating del film di Weir diventano qui solo scipiti consigli di bon ton. ■ Commedia; col.; 110′; USA, 2003. ■ Golden Globes 1 nom.

MONAMOUR ★
Regia di Tinto Brass. Con Anna Jimskaya, Nela Lucic, Riccardo Marino, Max Parodi. ■ La storia è nota: lei, Marta, è la giovane e naturalmente insoddisfatta sposa di Dario, lui, piccolo editore milanese, molto rampante in società, poco efficiente a letto; l'altro, Leon, è francese e poi disegnatore, fotografo e ancora artista del piacere. Dario, troppo occupato dietro ai suoi piccoli scrittori in mostra al Festivaletteratura di Mantova, non si accorge dei turbamenti della moglie, che pensa bene di far passare il tempo e le voglie tra gli affreschi "carnali" di Giulio Romano. Ma galeotto sarà il suo Giove in erezione sotto la cui volta si incontreranno e si "ameranno" ripetutamente i due amanti. Il regista veneziano ha il difetto di pensare che la vita sia tutta lì. Lì dove il mondo è più rotondo. ■ Erotico; col.; 90′; Italia, 2005.

MON AMOUR MON AMOUR ★★
Regia di Nadine Marquand Trintignant. Con Bernard Fresson, Valérie Lagrange, Michel Piccoli, Jean-Louis Trintignant. ■ C'è una coppia di amanti, illeciti ma felici. Da qualche tempo però lui sembra distratto dal lavoro (e da qualche avventuretta passeggera). Lei aspetta un figlio, ma non glielo dice perché ha paura di perdere il suo affetto. Ma a lui la cosa in fondo fa tenerezza. ■ Commedia; col.; 85′; Francia, 1966.

MONASTERO DI SANTA CHIARA – NAPOLI HA FATTO UN SOGNO ★★
Regia di Mario Sequi. Con Edda Albertini, Alberto Moravia, Massimo Serato. ■ Nella Napoli occupata dai tedeschi, una ragazza è amata da un giovane partenopeo di pochi scrupoli e da un ufficiale delle SS. Ma quest'ultimo ha una connazionale pazza di lui che all'italiana ne farà passare di tutti i colori. Moriranno tutti, mentre la città viene liberata. ■ Drammatico; b/n; 91′; Italia, 1949.

MON BEL AMOUR ★★
Regia di José Pinheiro. Con Veronique Barrault, Stéphane Ferrara, Catherine Wilkening. ■ Una giovane attrice tutta dedita alla carriera trova la sua vita sconvolta dopo l'incontro con

un giovane fascinoso ma poco raccomandabile detto il "re dei bassifondi". I due sono travolti da una follia erotica che se esalta la ragazza (anche come attrice) segnerà anche la fine per il suo partner. ■ DRAMMATICO; COL.; 102'; FRANCIA, 1987.

MON COLONEL ★★★
Regia di LAURENT HERBIET. Con CHARLES AZNAVOUR, CÉCILE DE FRANCE, OLIVIER GOURMET, ROBINSON STEVENIN. ■ L'ex colonnello Duplan viene assassinato a Parigi. La polizia e l'esercito, nella persona del tenente Galois, collaborano all'indagine. Il giovane tenente riceve ogni giorno dall'assassino le pagine di un diario che un altro giovane tenente, Guy Rossi, ha redatto durante la guerra di indipendenza algerina. Rossi, caduto misteriosamente in Algeria, era un avvocato e un ufficiale volontario sotto il comando del colonnello Duplan. Attraverso le pagine, Galois ricostruisce il profilo di Rossi, illuminato e sensibile, e la sua evoluzione nell'esercito, dove rimase soggiogato dal carisma del suo superiore. Da avvocato umanista si trasformò nel consigliere giuridico del suo colonnello, applicando la pena di morte o la tortura pur di mantenere l'ordine. I dubbi che lo colsero non gli vennero condonati dall'esercito. Qualcuno è tornato per chiedere giustizia di quella morte e degli orrori commessi in Algeria. Realizzato da Herbiet e sceneggiato da Costa-Gavras, *Mon Colonel* è un omaggio esplicito a *La battaglia di Algeri* di Gillo Pontecorvo. ■ DRAMMATICO; COL.; 110'; BELGIO, FRANCIA, 2006.

MONDANA RISPETTOSA, LA *(La p... respecteuse)* ★★
Regia di MARCELLO PAGLIERO. Con WALTER BRYANT, IVAN DESNY, BARBARA LAAGE. ■ Una prostituta assiste all'omicidio di un nero da parte di un aristocratico bianco ubriaco. Gli amici dell'assassino cercano di convincerla col denaro e con le minacce a rendere una falsa testimonianza che lo scagioni. Lei dapprima ci sta ma, quando assiste al tentativo di linciaggio di un altro nero, si risolve a denunciare l'omicida e la sua cricca. ■ DRAMMATICO; B/N; 95'; FRANCIA, 1951. ■ VENEZIA 1 PR.

MONDI PRIVATI *(Private Worlds)* ★★
Regia di GREGORY LA CAVA. Con JOAN BENNETT, CHARLES BOYER, CLAUDETTE COLBERT. ■ Vita in un ospedale psichiatrico. I medici non sembrano molto più a posto dei malati. Il primario ha una sorella probabile omicida, un dottore tradisce la fidanzata e costei cade in depressione. Ma anche l'eroina, una psichiatra, ha la sua brava zona oscura (il ricordo dell'innamorato morto durante la guerra che ossessiona i suoi sonni). ■ DRAMMATICO; B/N; 84'; USA, 1934. ■ OSCAR 1 NOM.

MONDO ADDOSSO, IL ★★
Regia di COSTANZA QUATRIGLIO. Con COSMIN LUCA ARON, MOHAMMAD JAN AZAD. ■ Arrivano da lontano, hanno abbandonato famiglia, affetti, lavoro, per fuggire dalla guerra e dalla povertà. Sono giunti in Italia per dimenticare il passato e provare a costruirsi un futuro che allontani le incertezze e conceda la speranza di una vita dignitosa. Portano con sé il ricordo delle loro case, dei territori devastati dalle continue lotte, della miseria che da sempre accompagna i loro destini. Il documentario di Costanza Quatriglio racconta le storie di Cosmin, Inga, Mohammad Jan e Josif – tutti minorenni – arrivati in Italia con la sola forza della disperazione e costretti a sbarcare il lunario con lavori poco edificanti, integrandosi nel nostro paese con una durissima lotta quotidiana. ■ DRAMMATICO; COL.; 90'; ITALIA, 2006.

MONDO ALLA ROVESCIA, IL ★★
Regia di ISABELLA SANDRI. Con FRANCESCA ANTONELLI, MARCELLO FERRARI, ANNA RECCHIMUZZI. ■ Lui nasce povero, lei ricca. Vent'anni dopo si incontrano e hanno una relazione. Il più maturo e sicuro è lui. La ragazza ascolterà le parole sagge della nonna del ragazzo. Come a dire: conta l'umanità, non la nascita. Ma già lo sospettavamo un po' tutti. Opera prima della regista, minimale e in sordina. Ma forse non è colpa sua, ma del "sistema" italiano, che non funziona, anzi, nemmeno esiste. ■ DRAMMATICO; COL.; 112'; ITALIA, 1996.

MONDO ANIMATO N. 1 ★★
■ Si tratta di una serie di cartoni animati sovietici, manipolati in una discutibile edizione italiana con musiche di Fidenco, Morricone, Trovajoli, Umiliani. Alcune delle fiabe animate sono famose: *La cicala e la formica*, *La volpe e il lupo*, *I tre taglialegna*. ■ ANIMAZIONE; COL.; 70'; URSS, 1968.

MONDO A PARTE, UN *(A World Apart)* ★★★
Regia di CHRIS MENGES. Con BARBARA HERSHEY, JEROEN KRABBE, JODHY MAY, LINDA MVUSI DAVID SUCHET. ■ È la storia vera di una giornalista sudafricana che venne imprigionata dal governo di Pretoria per essersi battuta contro l'*apartheid*. La vicenda è vista dagli occhi della figlia della donna (vero nome Shawn Slovo) allora tredicenne (e quindi sulle prime incredula di fronte alle persecuzioni). Shawn Slovo è anche autrice della sceneggiatura. (La madre morì in un attentato qualche anno dopo.) Ottimo esempio di film "civile", benissimo recitato dalla Hershey. ■ DRAMMATICO; COL.; 112'; GRAN BRETAGNA, USA, 1988. ■ CANNES 2 PR.

MONDO BALORDO ★
Regia di ROBERTO MONTERO BIANCHI. ■ Il film arriva dopo i vari *Mondo cane* ed *Europa di notte* e ne ripete stancamente i motivi. ■ DOCUMENTARIO; COL.; 92'; ITALIA, 1964.

MONDO CALDO DI NOTTE ★
Regia di RENZO RUSSO. ■ Panoramica della vita notturna delle capitali europee. ■ DOCUMENTARIO; COL.; 92'; ITALIA, 1962.

MONDO CAMMINA, IL *(The World Changes)* ★★
Regia di MERVYN LE ROY. Con MARY ASTOR, DONALD COOK, ALINE MACMAHON, PAUL MUNI. ■ Un pioniere fa fortuna, con il proprio duro lavoro e nonostante una moglie ambiziosa e incapace. Anche suo figlio avrà la stessa sorte. Solo il nipote capirà che una vita tranquilla e in pace con la propria coscienza vale più della ricchezza e tornerà in campagna. ■ DRAMMATICO; B/N; 90'; USA, 1933. ■ VENEZIA 1 PR.

MONDO CANDIDO ★★
Regia di GUALTIERO JACOPETTI, FRANCO PROSPERI. Con JACQUES HERLIN, MICHELLE MILLER, JOSÉ QUAGLIO. ■ Jacopetti adatta il *Candido* di Voltaire alla misura dei suoi *Mondo cane*. ■ COMMEDIA; COL.; 91'; ITALIA, 1975.

MONDO CANE ★★
Regia di GUALTIERO JACOPETTI, PAOLO CAVARA, FRANCO PROSPERI. ■ Documentario a sensazione, fu il capostipite di una lunga serie. Questo almeno ha il vantaggio dell'originalità e di un alto quoziente spettacolare. È una carrellata di avvenimenti fantastici, curiosi e preferibilmente orripilanti: la pesca delle perle, l'uccisione degli animali, il monumento a Rodolfo Valentino. ■ DOCUMENTARIO; COL.; 110'; ITALIA, 1962. ■ DAVID DI DONATELLO 1 PR, 1 NOM; OSCAR 1 NOM.

MONDO CANE 2000: L'INCREDIBILE ★
Regia di GABRIELE CRISANTI. ■ Ennesimo documentario sulle "brutture" del mondo. Non manca praticamente nulla: dalla droga alla prostituzione giovanile, alla vivisezione, alla vendita di organi per trapianti. Dagli Usa all'Africa una serie di immagini crude fini a se stesse. ■ DOCUMENTARIO; COL.; 80'; ITALIA, 1988.

MONDO CANE N. 2 ★★
Regia di GUALTIERO JACOPETTI, FRANCO PROSPERI. ■ Documentario girato con gli scampoli del precedente *Mondo cane*. Il solito campionario di lepidezze: animali usati come cavie, indigeni sterilizzati, bambini storpiati e monaci orientali che si danno fuoco. Allegria. ■ DOCUMENTARIO; COL.; 102'; ITALIA, 1964.

MONDOCARTOON ★★★
■ Si tratta di una *compilation* delle migliori produzioni di autori importanti del cinema di animazione. Se *Roger Rabbit* fosse veramente servito a far comprendere che i *cartoon* non sono necessariamente rivolti ai bambini questo film avrebbe avuto il successo che meritava. Non è andata così. ■ ANIMAZIONE; COL.; 80'; ITALIA, 1989.

MONDO CHE SORGE, UN *(Wells Fargo)* ★★★
Regia di FRANK LLOYD. Con BOB BURNS, FRANCES DEE, JOEL MCCREA, LLOYD NOLAN. ■ Il film racconta la saga della Wells Fargo, la ditta di trasporti con diligenze che per prima stabilì un collegamento fra la costa atlantica e il Pacifico. L'azione copre circa trent'anni, dalla febbre dell'oro in California fino alla chiusura della frontiera del West. ■ WESTERN; B/N; 115'; USA, 1939. ■ OSCAR 1 NOM.

MONDO CROLLERÀ, IL *(Le monde tremblera)* ★★★
Regia di Richard Pottier. Con Jean-Claude Dauphin, Madeleine Sologne, Eric von Stroheim. ■ Uno scienziato che ha inventato una macchina in grado di prevedere la data esatta della morte di ogni persona specula sull'invenzione giocando sull'odio e il terrore della gente. Intanto qualcuno si ammazza prima che arrivi il momento fatidico. Si diffonde il panico. Il professore finisce male. ■ Drammatico; b/n; 108'; Francia, 1939.

MONDO D'AMORE, UN ★★
Regia di Aurelio Grimaldi. Con Gaetano Amato, Arturo Paglia, Fernando Pannullo. ■ Nell'inverno del 1949, Pier Paolo Pasolini è un giovane insegnante in una scuola di provincia friulana. Comunista e apertamente omosessuale, Pasolini si attira le antipatie dei concittadini. Accusato di aver circuito alcuni minorenni e di averli indotti ad atti osceni, Pasolini viene condannato senza aver subito alcun processo e viene cacciato da scuola. ■ Drammatico; col.; 86'; Italia, 2003.

MONDO DEGLI ULTIMI, IL ★★
Regia di Gian Butturini. Con Lino Capolicchio. ■ Il film documenta le lotte agrarie tra Bassa bresciana e Cremonese nel secondo dopoguerra. Lo stesso regista lo definì «un'esperienza talmente totalizzante che mi fece diventare i capelli bianchi». Girato quasi interamente alla cascina Bompensiero di Villachiara, fu finanziato e reso possibile grazie allo slancio di incredibile solidarietà del popolo contadino, fiero di ritrovare le sue origini. Il film passò sotto le forche caudine della censura politica, non fu mai distribuito e nel 1985 fu acquistato da Rai3 per 50 milioni di lire (ne era costati 500...). ■ Drammatico; col.; 100'; Italia, 1980.

MONDO DEI MIRACOLI, IL ★★
Regia di Luigi Capuano. Con Vittorio De Sica, Virna Lisi, Amedeo Nazzari, Jacques Sernas. ■ Un ambizioso giovanotto lascia la modesta compagnia teatrale di cui fa parte e l'innamorata per andare a cercare fortuna nel cinema a Roma. Ha successo, infatti, specialmente con le belle di Cinecittà. Ma un giorno rivede la fidanzata e decide di ritornare con lei. ■ Sentimentale; b/n; 91'; Italia, 1958.

MONDO DEI REPLICANTI, IL *(Surrogates)* ★
Regia di Jonathan Mostow. Con James Francis Ginty, Boris Kodjoe, Radha Mithcell, Rosamund Pike, Bruce Willis. ■ L'agente Greer e l'agente Peters sono chiamati a investigare sull'uccisione del figlio del dottor Lionel Canter. In realtà nessuno dei tre è umano. Né Greer, né la sua collega, né tantomeno il figlio di Canter. Costui è l'inventore dei "Surrogati", automi che assumono l'aspetto che ogni umano desidera. Nel mondo ce ne sono ormai un miliardo ma sta accadendo qualcosa di molto strano e pericoloso per loro: sembra esserci un virus in grado di annientarli. ■ Azione; col.; 95'; USA, 2009.

MONDO DEI ROBOT, IL *(Westworld)* ★★★
Regia di Michael Crichton. Con Richard Benjamin, James Brolin, Yul Brynner. ■ In un luna park del futuro, una specie di Disneyland, si trovano robot perfettamente congegnati e programmati per far vivere i turisti nella loro epoca preferita. Ma un giorno i circuiti vanno in tilt e i robot si ribellano, massacrando i visitatori. Solo il protagonista si salva. ■ Fantascienza; col.; 88'; USA, 1973.

MONDO DELLE MENTI VACANTI, IL ★★
Regia di Mariane Ahrne. Con Robert Ferrant, Liega Kovanca. ■ Ambientato in una clinica psichiatrica, racconta una complessa love story. Lui è un giovane malato di mente, lei un'assistente sociale che s'innamora di lui e cerca disperatamente di guarirlo. ■ Drammatico; col.; 90'; Svezia, 1976.

MONDO DEL SILENZIO, IL *(Le monde du silence)* ★★★🏆
Regia di Jacques-Yves Cousteau. Con Jacques-Yves Cousteau, Frédéric Dumas, Alberto Faleo. ■ Avventure sottomarine a bordo del celebre batiscafo di Jacques-Yves Cousteau. ■ Documentario; col.; 85'; Francia, 1956. ■ Cannes 🏆 1 pr.

MONDO DI ALEX, IL *(Alex in Wonderland)* ★★
Regia di Paul Mazursky. Con Ellen Burstyn, Federico Fellini, Jeanne Moreau, Donald Sutherland. ■ Paul Mazursky, dopo aver toccato il successo con *Bob & Carol & Ted & Alice*, gira un film autobiografico: cioè la storia di un giovane autore che, dopo il primo successo, non trova più niente da dire. Ma deve decidersi a produrre l'opera seconda. ■ Commedia; col.; 109'; USA, 1970.

MONDO DI APU, IL *(Apu Sansar)* ★★★
Regia di Satyajit Ray. Con Aloke Chakravarty, Soumitra Chatterjee, Sharmila Tagore. ■ È l'ultima pellicola della trilogia che il regista indiano ha realizzato nella seconda metà degli anni Cinquanta. Apu vive a Calcutta, ha dovuto smettere di studiare per difficoltà economiche e non riesce a trovare lavoro. Si sposa con Apurna che morirà nel dare alla luce un bambino mentre lui è altrove. Apu, disperato, cercherà di ritrovare il figlio. Nel frattempo è stato assunto come operaio in una fabbrica. ■ Drammatico; b/n; 105'; India, 1959.

MONDO DI ARTHUR NEWMAN, IL ★★
(Arthur Newman)
Regia di Dante Ariola. Con Sterling Beumon, Emily Blunt, Colin Firth, Anne Hache, Phillip Troy Linger. ■ Wallace Avery, in crisi di mezza età, con un figlio adolescente che non vuole neppure vederlo, una fidanzata di cui non è innamorato e un lavoro all'opposto della sua passione, sborsa una discreta cifra e acquista un nuovo passaporto e una nuova identità. Lanciato verso Terre Haute, nell'Indiana, per ricominciare da capo come Arthur Newman, golfista professionista, incontra nella piscina di un motel una ragazza di nome Michaela, che pare condividere con lui il desiderio di essere chiunque fuorché se stessa. Debutto nel lungometraggio dell'apprezzato regista pubblicitario Dante Ariola, *Arthur Newman* indovina i protagonisti, due personaggi schivi come gli attori che li interpretano. Allo stesso modo, lo sguardo sull'America delle mille facce, quella delle stazioni deserte e dei bus a lunga percorrenza, è uno spaccato interessante, che avrebbe forse meritato uno spazio maggiore. Purtroppo, invece, la sostanza della storia soffre di una sindrome del già visto che non dà tregua. ■ Drammatico, col.; 101'; USA, 2013.

MONDO DI HORTEN, IL *(O' Horten)* ★★★
Regia di Bent Hamer. Con Bjørn Floberg, Henny Moan, Ghita Nørby, Baard Owe, Espen Skjønberg. ■ Odd Horten, scapolo taciturno, ha guidato lo stesso treno sulla stessa tratta, Bergen-Oslo, per così tanto tempo che anche il resto della sua vita è scandita dall'osservanza di monotoni e rassicuranti rituali. Dopo quarant'anni di onorato servizio, per l'ingegnere sessantasettenne è ormai giunta l'ora di andare in pensione. Noto in Italia per *Kitchen Stories*, un'indagine sociologica sugli usi di uomini single norvegesi nella propria cucina, e per *Factotum*, dove Matt Dillon interpreta magistralmente uno scrittore nato dalla penna di Charles Bukowski, *Il mondo di Horten* è la quinta pellicola del norvegese Bent Hamer, regista pluripremiato, sceneggiatore e produttore. Dedicato alla madre e a tutte le donne che praticano il salto con gli sci, nel *Mondo di Horten* l'autore tratteggia con grande sensibilità un universo che poggia sui ritmi lavorativi, nel quale irrompe, d'un tratto, il caso, la possibilità di potersi gestire il proprio spazio e tempo, di rimettersi in gioco. ■ Commedia; col.; 90'; Norvegia, Germania, Francia, 2007.

MONDO DI MARIONETTE, UN ★★★
(Aus dem Leben der Marionetten)
Regia di Ingmar Bergman. Con Robert Atzorn, Heinz Bennent, Christine Buchegger. ■ Un giovane, ricco, brillante, con bella moglie e solida posizione, assassina, senza motivo apparente, una prostituta. Appunto perché manca il motivo, lo rinchiudono in un manicomio criminale. Qui si ritrovano il magistrato, lo psichiatra del giovane, la moglie, i conoscenti, a discutere sul perché di quel delitto gratuito. Ognuno porta una sua spiegazione. Ma ciascuna sembra vanificare quella precedente. Un Bergman duro, tagliente, raggelato, come nei suoi film più disperati degli anni Cinquanta e Sessanta. ■ Drammatico; col.; 104'; Germania, 1980.

MONDO DI NOTTE, IL ★★
Regia di Luigi Vanzi. Con Cheri Bibi, Jacky Corn. Voce narrante Gualtiero Jacopetti. ■ Il successo di *Europa di notte* di Blasetti (dedicato alla vita notturna nei vari paesi del continente)

diede il via a una serie di imitatori. Questo è uno dei tanti. ■ DOCUMENTARIO; COL.; 90′; ITALIA, 1960.

MONDO DI NOTTE N. 2, IL ★

Regia di GIANNI PROIA, MARIO RUSSO. Voci narranti FRANCESCO MAZZEI, UGO LIBERATORE. ■ L'occhio della macchina da presa è puntato su quindici locali notturni scelti nei vari continenti. ■ DOCUMENTARIO; COL.; 92′; ITALIA, 1960.

MONDO DI NOTTE N. 3, IL ★

Regia di GIANNI PROIA, MARIO RUSSO. Voce narrante CARLO LAURENZI. ■ Episodi raccolti in giro per il mondo con il presupposto che ciò che vi è di più crudo e nauseabondo nelle usanze degli uomini rappresenti motivo di spettacolo e di divertimento. ■ DOCUMENTARIO; COL.; 91′; ITALIA, 1963.

MONDO DI NOTTE OGGI ★

Regia di GIANNI PROIA. Voci narranti ORESTE LIONELLO, GIANCARLO FUSCO. ■ Ulteriore tentativo di sfruttare episodi "proibiti" dei locali notturni. ■ DOCUMENTARIO; B/N; 90′; ITALIA, 1975.

MONDO DI SUZIE WONG, IL ★★★

(The World of Suzie Wong)

Regia di RICHARD QUINE. Con WILLIAM HOLDEN, NANCY KWAN, MICHAEL WILDING. ■ Venuto dall'America a Hong Kong per trovare l'ispirazione giusta, il pittore Robert Lama si innamora di Suzie, una bellissima ragazza cinese che fa la passeggiatrice. Per toglierla dalla strada, l'assume come modella cercando di capirne la complessa mentalità. Andranno a vivere in America. ■ COMMEDIA; B/N; 129′; USA, 1960.

MONDO DI UNA COVER GIRL, IL ★★

(The World is Full of Married Men)

Regia di ROBERT YOUNG. Con CARROLL BAKER, SHERRIE CRONN, ANTHONY FRANCIOSA. ■ Una coppia di mezza età è in crisi: lui, pubblicitario, vive in un mondo di ragazze facili. Stufo della vita matrimoniale, abbandona la moglie e va a convivere con un'attricetta. La moglie gli rende pan per focaccia e se ne va con un cantante rock. Dopo una serie di frustranti esperienze, l'uomo, geloso, diventa assassino e uccide il rivale durante una sua esibizione. ■ COMMEDIA; COL.; 107′; GRAN BRETAGNA, 1979.

MONDO DI UTAMARO, IL *(Utamaro's World)* ★★

Regia di AKIO JISSOJI. Con MIKJIR HIRA, SHIN KISHIDA, SHIN KISHIDA. ■ Si narra la vita del pittore giapponese Utamaro Kitogawa dal momento in cui cerca la sua vena artistica al compimento della sua opera. Contemporaneamente alla sua vicenda si svolge la vita politica del paese. ■ DRAMMATICO; COL.; 105′; GIAPPONE, 1982.

MONDO DI YOR, IL ★★

Regia di ANTHONY DAWSON. Con CAROLE ANDRÉ, REB BROWN, CORINNE CLÉRY. ■ Sopravvissuto ad una catastrofe atomica, il muscoloso Yor, che porta al collo un medaglione misterioso, parte alla ricerca delle sue origini in un mondo sconvolto e imbarbarito. Dopo innumerevoli avventure insieme ad occasionali compagni di strada, riesce a raggiungere e a sconfiggere "Il Supremo". Da un fumetto famoso. ■ FANTASTICO; COL.; 98′; ITALIA, 1983.

MONDO È DELLE DONNE, IL *(Women's World)* ★★★

Regia di JEAN NEGULESCO. Con JUNE ALLYSON, LAUREN BACALL, ARLENE DAHL, VAN HEFLIN, CLIFTON WEBB, CORNEL WILDE. ■ Come scegliere il successore del direttore generale di una grande fabbrica di auto? Il titolare pensa di esaminare tre candidati studiando le donne che vivono con loro. ■ COMMEDIA; COL.; 94′; USA, 1954.

MONDO È MERAVIGLIOSO, IL *(The Animal World)* ★★

Regia di IRWIN ALLEN. ■ Documentario con pretese scientifiche, non del tutto esaudite, sulla storia della vita animale sulla terra. ■ DOCUMENTARIO; B/N; 90′; USA, 1955.

MONDO È PIENO DI... PAPÀ, IL ★★★

(Doctor You've Got to be Kidding)

Regia di PETER TEWKSBURY. Con SANDRA DEE, GEORGE HAMILTON, CELESTE HOLM. ■ Tra Dorian, efficientissimo dirigente d'azienda, ma un po' timido, e Heather, la sua segretaria, scoppia il colpo di fulmine. I due si mettono assieme, ma, dopo qualche brusco litigio, si separano. Heather si accorge di aspettare un bambino. Ben tre sono gli aspiranti mariti disposti a dare il nome al nascituro. Ma, alla fine, la spunta Dorian. ■ COMMEDIA; COL.; 94′; USA, 1967.

MONDO EQUIVOCO *(711 Ocean Drive)* ★★

Regia di JOSEPH M. NEWMAN. Con JOANNE DRU, OTTO KRUGER, EDMOND O'BRIEN. ■ Da tecnico dei telefoni ingaggiato per raccogliere informazioni sulle corse dei cavalli, l'abile Mal diventa capo dell'organizzazione che controlla e sfrutta scommesse e bookmaker. Poi mira ai profitti di una gang rivale e a Gail, la bella moglie di uno dei banditi. Dopo aver fatto uccidere il marito di Gail, fugge con lei, ma una pallottola della polizia lo uccide. ■ GIALLO; B/N; 102′; USA, 1951.

MONDO GRUA ★★

Regia di PABLO TRAPERO. Con ADRIANA AIZEMBRAG, LUIS MARGANI, DANIEL VALENZUELA. ■ Storia di Rulo, bassista di un gruppo rock costretto poi a diventare un operaio. L'adattamento è molto duro. Storia vera. Film di un esordiente premiato dalla critica a Venezia che negli ultimi anni si è dedicato alla produzione. ■ DRAMMATICO; COL.; 90′; ARGENTINA, 1999.

MONDO INFAME ★

Regia di ROBERTO BIANCHI MONTERO. ■ Quando il raccapricciante fa spettacolo: un serpente che ne divora vivo un altro dopo averlo vinto in un combattimento, un'operazione di chirurgia plastica ed altri episodi simili. ■ DOCUMENTARIO; B/N; 91′; ITALIA, 1962.

MONDO LE CONDANNA, IL ★★

Regia di GIANNI FRANCIOLINI. Con AMEDEO NAZZARI, SERGE REGGIANI, ALIDA VALLI. ■ Nella vita di Renata, una ragazza di Firenze, espulsa da Parigi dove faceva la vita e giunta a tentare il suicidio, ruotano tre uomini: un industriale che le ha salvato la vita e che l'ha aiutata, Franco, giovane spasimante, e André, losco figuro che la sfruttava a Parigi. André ricatta l'industriale, ma viene ucciso da Franco, folle di passione per Renata. Per disperazione questa si ritira in un istituto religioso. ■ DRAMMATICO; B/N; 98′; ITALIA, 1952.

MONDO MALEDETTO FATTO DI BAMBOLE, UN ★★★

(Z.P.G.)

Regia di MICHAEL CAMPUS. Con GERALDINE CHAPLIN, DIANE CILENTO, DON GORDON, OLIVER REED. ■ Mal ridotta dopo millenni di distruzioni, la Terra ha finalmente un governo unico perfettamente razionale che, per frenare la sovrappopolazione, proibisce, pena la morte, la procreazione. Due coniugi però trasgrediscono il divieto e nascondono poi il bambino. Scoperti, sono condannati a morire. La famigliola riesce a fuggire. ■ FANTASCIENZA; COL.; 96′; GRAN BRETAGNA, 1972.

MONDO MATTO AL NEON – VITACCIA AL NEON ★

Regia di CARLOS VELO. ■ Ennesima rassegna di numeri di locali notturni. ■ DOCUMENTARIO; COL.; 93′; ITALIA, 1967.

MONDO NELLA MIA TASCA, IL *(On Monday at 11)* ★★

Regia di ALVIN RAKOFF. Con JEAN SERVAIS, ROD STEIGER, NADIA TILLER, PETER VAN EYCK. ■ Una banda di gangster organizza la rapina al furgone blindato che ogni settimana trasporta la paga delle truppe alleate a Marsiglia Il colpo riesce a metà. Un poliziotto di scorta, prima di morire chiude la serratura della corazza d'acciaio dell'auto. L'auto viene caricata su una roulotte, ma la polizia raggiunge ed elimina tutti i banditi. ■ GIALLO; B/N; 91′; GERMANIA, ITALIA, USA, 1960

MONDO NELLE MIE BRACCIA – IL BOSTONIANO, IL *(World in his Arms)* ★★★

Regia di RAOUL WALSH. Con ANN BLYTH, GREGORY PECK, ANTHONY QUINN. ■ 1850. Clark, abile navigatore americano che fa la spola con la sua goletta fra San Francisco e l'Alaska russa, conosce Marina, una duchessa russa in cerca di un passaggio su una nave per l'Alaska. I due si innamorano, ma sopraggiunge il nipote dello zar, promesso sposo della ragazza, che si porta via Marina. Clark reagisce raggiungendo a sua volta l'Alaska, dove il principe sta ormai per sposare la duchessa. Arrestato dalle guardie del principe, riesce però a liberarsi e a soffiare la bella Marina al rivale. ■ AVVENTURA; COL.; 104′; USA, 1951.

MONDO NUOVO, IL ★★★★

Regia di ETTORE SCOLA. Con JEAN-LOUIS BARRAULT, MARCEL-

LO MASTROIANNI, HANNA SCHYGULLA. ■ Anno 1791: a bordo di una diligenza di linea che compie il percorso tra Parigi e Verdun si trovano il seduttore Giacomo Casanova, lo scrittore Restif de la Bretonne, un reduce dalla Rivoluzione americana, una misteriosa aristocratica, una cantante italiana e un giovane giacobino. Sulla stessa strada, con poco vantaggio rispetto alla diligenza, stanno viaggiando verso la morte Luigi XVI, Maria Antonietta e i loro figli. La storia raccontata attraverso i dialoghi e le testimonianze di un inconsapevole gruppo di testimoni. Film storicamente perfetto ed emozionante. ■ COMMEDIA; COL.; 122′; ITALIA, 1982. ■ DAVID DI DONATELLO 3 PR, 3 NOM.

MONDO NUOVO, UN *(Un monde nouveau)* ★★
Regia di VITTORIO DE SICA. Con PIERRE BRASSEUR, NINO CASTELNUOVO, CHRISTINE DELAROCHE, GEORGES WILSON. ■ In seguito a una relazione nata per caso fra una studentessa e un giovane fotografo, la ragazza rimane incinta. La reazione di lui è negativa: spinge la ragazza all'aborto. Ma l'istinto materno è più forte: il bambino nascerà. ■ DRAMMATICO; B/N; 83′; FRANCIA, 1966.

MONDO PERDUTO *(The Lost World)* ★★
Regia di IRWIN ALLEN. Con FERNANDO LAMAS, CLAUDE RAINS, MICHAEL RENNIE. ■ Una spedizione scientifica parte per l'Amazzonia dove uno studioso ha scoperto dinosauri e animali preistorici ancora in vita. ■ FANTASCIENZA; COL.; 98′; USA, 1960.

MONDO PERDUTO – JURASSIC PARK, IL ★★
(The Lost World)
Regia di STEVEN SPIELBERG. Con JEFF GOLDBLUM, ARLISS HOWARD, JULIANNE MOORE. ■ L'Isla Sorna, dinanzi al Costarica, è sede de esperimenti sui dinosauri. Lo scienziato Ian Malcolm e la sua ex Sarah Harding la raggiungono per una missione scientifica. Scoprono però che c'è chi sta catturando dinosauri per venderli a uno zoo di San Diego. La lotta per impedire che ciò avvenga è impari e un T-Rex giungerà in città. Spielberg, incurante delle critiche e intenzionato ad incassare con i film-luna park le somme che gli consentano di realizzare progetti meno "facili" (come quello di *Amistad*), continua per la sua strada. Questa volta pigia l'acceleratore sul versante più orrorifico non dimenticando la morale ecologista. Certo, c'è un'aria di "déjà-vu" ma si gioca anche, con intelligenza, con gli stereotipi di genere e con i processi di accumulazione narrativa. Ad esempio, se nel primo episodio della serie l'auto rimaneva per breve tempo sospesa nel vuoto, qui il furgone-laboratorio diviene set di una lunga sequenza catastrofica. ■ AVVENTURA; COL.; 134′; USA, 1997. ■ OSCAR 1 NOM.

MONDO PERFETTO, UN *(A Perfect World)* ★★★
Regia di CLINT EASTWOOD. Con KEVIN COSTNER, LAURA DERN, CLINT EASTWOOD. ■ Butch (Costner) evade con un compagno violento e stupido che proprio non gradisce. Prendono un bambino in ostaggio e fuggono attraverso il Texas. Li bracca uno sceriffo di poche parole (Eastwood) al quale hanno imposto una ragazzina fresca di accademia. Siamo nei pressi di Dallas pochi giorni prima della fatale visita di Kennedy. Butch uccide il compagno che voleva far violenza al bambino e stabilisce con lui un rapporto: il piccolo, testimone di Geova, praticamente non conosce il divertimento. Butch diventa il suo idolo; i due si divertono a viaggiare e far piccole rapine. Un giorno vengono ospitati da una famiglia di colore; il padre maltratta una bambina e richiama in Butch chissà quali memorie. Butch ucciderebbe il nero se il bambino non gli sparasse. Ferito e braccato detta al suo piccolo amico un'ultima lezione di vita. Quando sta per arrendersi allo sceriffo, un cecchino dell'Fbi gli spara. Morente vede passare il bambino in elicottero, disperato. Strano film, apparentemente sottotono, con personaggi complessi: nessuno è completamente buono o cattivo. E mai immagineremmo Costner che uccide un vecchio inerme, eppure lo avrebbe fatto. Eastwood ha la modestia (oltre che di porre il proprio nome nel cast dopo quello di Costner) di rimanere defilato e quasi antipatico. Fa un po' parte della sua nuova tesi iperrealista sviluppata negli *Spietati*. Costner invece è straordinario, non è più il bellissimo che conosciamo, non si preoccupa di mostrare la pancia e di apparire *villain*. Molto intensa la scena finale, lunghissima, della sua morte, valorizzata da un efficace uso del flashback. ■ DRAMMATICO; COL.; 135′; USA, 1993.

MONDO SARÀ NOSTRO, IL *(Expreso de Andalucia)* ★★
Regia di ROVIRA BELETA. Con MARA BERNI, MARISA DE LEZA, JORGE MISTRAL. ■ Tre giovanotti scoprono per caso che alcuni pacchi inviati per posta non contengono medicinali, ma gioielli. Prima si danno da fare per trovare un acquirente, poi organizzano l'assalto al treno postale che trasporta i gioielli. Nella rapina Giorgio, uno dei tre, uccide due impiegati e poi, con la polizia alle calcagna, fa fuori i due compagni prima di perire nella sparatoria finale. ■ DRAMMATICO; B/N; 93′; ITALIA, SPAGNA, 1956.

MONDO SCONOSCIUTO DEGLI ANIMALI, IL ★★
(Sakony strannogo mira)
Regia di IGOR SCISCIOV. ■ Un film in cinque episodi aventi per protagonisti altrettanti animali, dall'aquila reale sorpresa mentre costruisce il suo nido alla migrazione delle cicogne; e ancora il lupo, la martora, l'orso, il tasso ecc. Un'interessante rassegna della natura, sotto l'angolo visuale della libertà e della tutela degli animali. ■ DOCUMENTARIO; COL.; 91′; URSS, 1981.

MONDO SECONDO GARP, IL ★★★
(The World according Garp)
Regia di GEORGE ROY HILL. Con GLENN CLOSE, JOHN LIGHTGOW, ROBIN WILLIAMS. ■ Garp è cresciuto con la convinzione di poter forgiare il mondo a sua immagine e somiglianza. Ma arrivato all'età adulta deve ricredersi. La sua vita continua ad essere dominata dalla figura possessiva della madre, uno dei suoi figli muore, il successo letterario, che sembrava a portata di mano, tarda ad arrivare. ■ COMMEDIA; COL.; 136′; USA, 1982. ■ OSCAR 2 NOM.

MONDO SENZA FINE *(World Without End)* ★★
Regia di EDWARD L. BERNDS. Con NANCY GATES, HUGH MARLOWE, ROD TAYLOR. ■ Un'astronave diretta su Marte va in avaria e sfonda la barriera del tempo. Finiti sulla Terra del futuro (anno 2508), gli astronauti devono difendersi dagli abitanti, degradati a mostri bellicosi dalla radioattività sprigionatasi in seguito alla guerra atomica. Insieme ad alcuni superstiti scampati alle radiazioni daranno vita a una nuova civiltà. ■ FANTASCIENZA; COL.; 180′; USA, 1956.

MONDO SENZA PIETÀ, UN *(Un monde sans pitié)* ★★★
Regia di ERIC ROCHANT. Con YVAN ATTAL, HIPPOLYTE GIRARDOT, MIREILLE PERRIER. ■ Storia di Hippo, un giovane che non ama la vita, non ha emozioni, non ha nulla. Vive con un fratello che lo sostiene in tutti i modi, lo mantiene, gli parla. Ma un giorno Hippo incontra Nathalie e le cose cambiano, ma per poco. Il solito gioco francese dei sentimenti attraverso una scrittura cinematografica tutta sotto le righe. ■ COMMEDIA; COL.; 90′; FRANCIA, 1989.

MONDO SENZA SOLE, IL *(Le mond sans soleil)* ★★★
Regia di JACQUES-YVES COUSTEAU. ■ Con il celebre esperto di mare Cousteau alla scoperta delle forme di vita sottomarina fra i fondali inesplorati del mar Rosso e dell'oceano Indiano, a bordo di un mini-sottomarino. ■ DOCUMENTARIO; COL.; 95′; FRANCIA, 1964.

MONDO SENZA VELI ★
Regia di ALBERT THOMAS (pseud. di BITTO ALBERTINI). ■ In giro per il mondo a caccia di orrori e di varia umanità: un giovane stupratore arabo impalato vivo, la macabra danza di un gruppo di pescatori di perle mutilati, un bizzarro domatore che si diverte a infilare la testa nelle fauci dei coccodrilli, un indiano penzolante da un uncino e via dicendo. ■ DOCUMENTARIO; COL.; 92′; ITALIA, 1985.

MONDO SEXY DI NOTTE ★
Regia di MINO LOY. Voce narrante NICO RIENZI. ■ In giro per i night nelle varie parti del mondo alla scoperta delle artiste del genere sexy. ■ DOCUMENTARIO; COL.; 90′; ITALIA, 1961.

MONDO VA AVANTI, IL *(The World Moves on)* ★★
Regia di JOHN FORD. Con MADELEINE CARROLL, REGINALD DENNY, FRANCHOT TONE. ■ Da una grande e ricca famiglia di New Orleans, fondatrice nell'Ottocento di un vero e proprio impero commerciale del cotone, si dipartono quattro rami, legati fra loro dagli interessi della "multinazionale". La più giovane del ra-

mo americano si innamora del più giovane rappresentante del ramo tedesco. Lo scoppio della prima guerra mondiale schiera le due famiglie in campi avversi. La floridezza della multinazionale, duramente provata, viene compromessa dalla crisi del 1929. I due giovani, che finalmente si sposano, continuano la saga familiare. ■ DRAMMATICO; B/N; 104′; USA, 1934.

MONDOVINO ★★
Regia di JONATHAN NOSSITER. ■ Che dire di un documentario che si occupa della cultura del vino e lo fa mettendo in rilievo che ancora una volta il capitale americano tenta di colonizzare anche questo aspetto del vivere europeo scatenando conflitti commerciali? Che sta compiendo una buona azione. Solo che lo fa per due ore e mezza e il regista è convinto di dover realizzare un docudogma. Quindi camera a mano, zoomate, inquadrature traballanti e così via. Allora sorge il sospetto che le buone intenzioni debbano affidarsi anche a un corso sulla comunicazione e i suoi obiettivi. Perché gli operatori del settore queste cose le sanno già e stanno sull'uno o sull'altro fronte. Gli "altri" possono essere interessati ma dopo un'ora hanno capito tutto e vanno a bersi un buon bicchiere di vino. ■ DOCUMENTARIO; COL.; 159′; FRANCIA, USA, 2003.

MONDO VIOLENTO DI BOBBIE JO, RAGAZZA DI PROVINCIA, IL *(Bobby Jo and the Outlaw)* ★★
Regia di MARCK L. LESTER. Con LYNDA CARTER, MARJOE GORTNER, JESSE VINT. ■ In un gruppo di cinque giovani decisamente sbandati composto da tre donne e due uomini si formano due coppie ed Elsie rimane sola. Il gruppo fa rapine per divertimento, ma c'è uno sceriffo violento che invece fa sul serio. Elsie denuncia i suoi compagni con l'intento di condurli sulla retta via, ma lo sceriffo non sta ai patti e spara. Rimane viva solo Bobbie Jo. ■ DRAMMATICO; COL.; 90′; USA, 1975.

MONDO VIRTUALE *(Speaking Parts)* ★★★
Regia di ATOM EGOYAN. Con ARSINÉE KHANJIAN, MICHAEL MCMANUS, TONY NARDI, GABRIELLE ROSE. ■ Lisa lavora in un albergo ed è innamorata del collega Lance. Lui sogna di fare l'attore con una "parte parlata" ed è attratto da un'ospite, Clara, che è sceneggiatrice. Nell'albergo viene trovata morta una donna che Lance aveva intrattenuto a pagamento e da questo momento la situazione sembra precipitare mescolando finzione e realtà. Egoyan agli esordi è più affascinato dal lato puramente estetico del fare cinema rischiando il cerebralismo più puro. ■ PSICOLOGICO; COL.; 92′; CANADA, 1989.

MONDO VUOLE COSÌ, IL ★★★
Regia di GIORGIO BIANCHI. Con CLARA CALAMAI, VITTORIO DE SICA, MASSIMO SERATO. ■ Finito in carcere per il furto (mai commesso) di una grossa somma, un bancario, una volta rimesso in libertà, viene creduto ricco e colmato di ogni riguardo. Perfino la moglie, credendolo un ladro, comincia a volergli bene. Ma poi il vero ladro, il figlio del direttore della banca, pentito, lo riabilita restituendo la somma. Ma quando la gente lo sa, il povero bancario, paradossalmente, ricade nel disprezzo generale. ■ COMMEDIA; B/N; 88′; ITALIA, 1945.

MONELLA ★★
Regia di TINTO BRASS. Con ANNA AMMIRATI, SERENA GRANDI, PATRICK MOWER, MARIO PARODI. ■ Monella sarebbe Lola, che sta per sposarsi ma non vuole arrivare al matrimonio "impreparata". Trova chi le dà lezioni. Il tutto nella Romagna degli anni Cinquanta. ■ EROTICO; COL.; 105′; ITALIA, 1998.

MONELLA BIONDA *(Naughty Baby)* ★★
Regia di MERVYN LE ROY. Con JACK MULHALL, THELMA TODD, ALICE WHITE. ■ È il primo film sonoro del famoso regista e produttore americano. È una storia sentimentale alla Mary Pickford. ■ COMMEDIA; B/N; 95′; USA, 1929.

MONELLI, I *(Brats)* ★★★
Regia di JAMES PARROTT. Con OLIVER HARDY, STAN LAUREL. ■ Stanlio e Ollio in duplice versione: come due bambini terribili, impegnatissimi nel combinarne di tutti i colori e come papà dei due piccoli sciagurati. ■ COMICO; B/N; 92′; USA, 1936.

MONELLO, IL *(The Kid)* ★★★★★
Regia di CHARLIE CHAPLIN. Con CHARLIE CHAPLIN, JACKIE COOGAN, CARL MILLER, EDNA PURVIANCE. ■ Una giovane sedotta e abbandonata affida il figlioletto alla pietà altrui. Lo raccoglie Charlot, il vagabondo dal gran cuore che, fra mille sacrifici e astuzie, riesce ad allevare il bambino sottraendolo all'orfanotrofio. Intanto la madre del piccolo, che ha fatto carriera come cantante, è alla ricerca del figlio e promette un grosso premio a chi glielo riporterà. Il padrone dell'ospizio sottrae il bimbo a Charlot e va a riscuotere la ricompensa lasciando Charlot affranto. Ma il buon vagabondo riuscirà alla fine a ricongiungersi al piccolo e alla madre, che lo hanno fatto ricercare. ■ COMICO; B/N; 83′; USA, 1921.

MONELLO ALLA CORTE D'INGHILTERRA, UN *(The Mudlark)* ★★★
Regia di JEAN NEGULESCO. Con IRENE DUNNE, ALEC GUINNESS, ANDREW RAY, BEATRICE CAMPBELL. ■ Inghilterra, Ottocento. Un monello, trovata una medaglia con l'effigie della regina Vittoria, si introduce con l'astuzia a Buckingham Palace, con l'intento di trovare la titolare di quell'effigie che gli dà tanta fiducia. La regina scopre il fanciullo addormentato in un salone. Scossa dall'episodio, su suggerimento dell'abile ministro Disraeli, dà il via a un vasto programma di riforme a favore dell'infanzia abbandonata. ■ AVVENTURA; B/N; 99′; USA, 1950. ■ OSCAR 1 NOM.

MONELLO DELLA STRADA, IL ★★★
Regia di CARLO BORGHESIO. Con ERMINIO MACARIO, LUISA ROSSI, SARO URZÌ. ■ Simpatica favola moderna. Carletto ritrova Paolino, suo figlio e, insieme, dopo molte avventure troveranno la felicità. ■ COMMEDIA; B/N; 92′; ITALIA, 1949.

MONETA INSANGUINATA, LA *(The Brasher Doubloon)* ★★★
Regia di JOHN BRAHM. Con NANCY GUILD, GEORGE MONTGOMERY. ■ Dopo il furto di un doblone d'oro di grande valore a una vedova, l'investigatore Philip Marlowe scopre che molte persone che hanno avuto a che fare con questa moneta sono state uccise. La moneta non è che il filo di una nera trama che vede la ricca vedova taglieggiata da un ricattatore. Questi, per caso, ha filmato la caduta mortale del marito di lei dalla finestra. La proiezione accusa inequivocabilmente la donna di omicidio. ■ GIALLO; B/N; 72′; USA, 1948.

MONEY *(Gold)* ★★★
Regia di DORIS DÖRRIE. Con SYBILLE WAURY, AUGUST ZIRNER, BILLIE ZOKLER. ■ Casalinga frustrata dalle ristrettezze finanziarie rapisce un riccone a scopo di ricatto. Ma s'accende per il rapito. E la stessa cosa succede fra i rispettivi coniugi. ■ COMMEDIA; COL.; 97′; GERMANIA, 1989.

MONEY, POWER, MURDER – ASSASSINIO AL NETWORK *(Money, Power, Murder)* ★★
Regia di LEE PHILIPS. Con JOHN CULLUM, BLYTHE DANNER, KEVIN DOBSON, PAUL MCCRANE, JOSEF SOMMER. ■ Filmetto televisivo poco più che passabile. Una serie di omicidi collegati a una diva televisiva. Un giornalista cerca di scoprire il mistero penetrando nell'ambiente della televisione. ■ GIALLO; COL.; 91′; USA, 1989.

MONEY TRAIN ★★
Regia di JOSEPH RUBEN. Con ROBERT BLAKE, WOODY HARRELSON, JENNIFER LOPEZ, WESLEY SNIPES. ■ John (Snipes) e Charly (Harrelson) sono fratelli (il bianco è stato adottato) e poliziotti. Il nero è positivo e responsabile, l'altro simpatico e inaffidabile. Lavorano in metropolitana e un giorno decidono di rapinare il treno che trasporta gli incassi giornalieri. Chissà se scherzano o se davvero vogliono saltare il fosso. Nel frattempo hanno ubriacato lo spettatore di filosofia spicciola. Dopo anni riecco Robert Blake (Baretta), ancora in forma. ■ POLIZIESCO; COL.; 103′; USA, 1996.

MONGOL ★★★
Regia di SERGEJ BODROV. Con ALIYA, TADANOBU ASANO, KHULAN CHULUUN, ODNYAM ODSUREN, BA SEN, HONGLEI SUN. ■ Lontano nel tempo, lontano nello spazio. Nelle distese desolate dell'Asia, nei territori della Mongolia, ha vissuto e lottato uno dei condottieri più spietati e cruenti che siano mai esistiti: Genghis Khan, colui che ha conquistato – dagli inizi del XIII secolo – enormi territori, creando uno degli imperi più vasti che la storia ri-

cordi. Il premio Oscar Bodrov (*Il prigioniero del Caucaso*), uno dei più apprezzati registi russi contemporanei, mette in scena un'epopea storica che ricostruisce la vicenda del guerriero Temugin, consegnato alla storia come il sanguinario Khan (condottiero) dell'impero mongolo, ritraendolo dalla nascita e riportando le varie tappe di una vita di stenti e umiliazioni, fino alla battaglia che lo lanciò definitivamente verso la costruzione del suo sconfinato impero. Obiettivo di Bodrov è quello di restituire alle cronache un personaggio diverso dal sanguinario conquistatore dipinto sui libri di storia, delineandone caparbietà e temerarietà nell'affrontare la vita e il nemico. ■ STORICO; COL.; 120'; GERMANIA, KAZAKHISTAN, RUSSIA, 2007.

MONGOLFIERA DELLA MORTE, LA *(Young Desire)* ★★
Regia di LEWIS D. COLLINS. Con MARY BUSH, GEORGE IRVING, MARY NOLAN. ■ Una ragazza di luna park si innamora di un giovanotto di ricca famiglia. La love story, contrastata dalla famiglia di lui, termina tragicamente con la morte della ragazza. ■ DRAMMATICO; B/N; 92'; USA, 1930.

MONGOLI, I ★★
Regia di ANDRÉ DE TOTH. Con ANITA EKBERG, ANTONELLA LUALDI, JACK PALANCE. ■ 1421. Ogotai, violento e sanguinario figlio di Gengis Khan, sobillato dall'avida Huluna, non intende rispettare gli accordi con i principi polacchi che hanno concesso ai mongoli i territori invasi, a patto che non si spingano oltre. Inutili gli sforzi diplomatici di Stefano di Cracovia: Gengis Khan viene ucciso e i mongoli ricominciano l'avanzata. ■ AVVENTURA; COL.; 116'; FRANCIA, ITALIA, 1960.

MONGOLO RIBELLE, IL *(State Department File 649)* ★★
Regia di PETER STEWART. Con VIRGINIA BRUCE, WILLIAM LUNDIGAN. ■ Film di chiari intenti propagandistici, in cui si esalta la figura di un giovane diplomatico americano, nato in Cina da genitori missionari. Il suo antagonista è un feroce maresciallo mongolo che, a capo di bande armate, si oppone al governo legittimo di Nanchino e vuole riconquistare la Mongolia. L'intervento armato del governo mette in difficoltà il maresciallo, ma solo l'intervento eroico del diplomatico riuscirà a eliminarlo definitivamente. ■ DRAMMATICO; B/N; 87'; USA, 1950.

MONICA E IL DESIDERIO *(Sommaren Med Monika)* ★★★
Regia di INGMAR BERGMAN. Con HARRIET ANDERSSON, LARS EKBORG, JOHN HARRYSON. ■ Delusa e annoiata dalla vita grigia di commessa, Monica, che sogna un'evasione da fotoromanzo, la realizza finalmente unendosi ad Harry, commesso come lei, e andando a vivere in piena libertà su un isolotto. Ma finita l'estate, venuto meno lo slancio del felice abbandono ai sensi e alla natura, i due si accorgono che la loro è stata una parentesi di illusione. Si sposano, ma riaffiorano il tran-tran e la delusione che Monica tenta invano di vincere con una relazione extramatrimoniale. Inevitabile la rottura. ■ DRAMMATICO; B/N; 95'; SVEZIA, 1960.

MONKEYBONE ★★★
Regia di HENRY SELICK. Con GIANCARLO ESPOSITO, BRIDGET FONDA, BRENDAN FRASER, WHOOPI GOLDBERG, ROSE MCGOWAN. ■ Selick porta sullo schermo il fumetto *Dark Town* e compone questo film che riesce a non farsi catalogare nella pletora dei *cartoon* delle ultime stagioni. Per una ragione semplice e benemerita: i cartoni sono disegnati davvero, hanno quella qualità e quel sapore. Brendan Fraser è Stu, il disegnatore del cartone *Monkeybone*, scimmietta simpatica e rompicollo. Quando ha un grave incidente il suo spirito si ritrova a viaggiare verso Downtown, semplicemente il Purgatorio. Successivamente è prevista Thanatopolis, letteralmente città della morte, approdo, ahimè, definitivo. A un certo punto incontra il suo disegno. Il confronto è intelligente ed esilarante. L'umano ha la meglio. Tutto apprezzabile, compreso Fraser. ■ FANTASTICO; COL.; 92'; USA, 2001.

MONKEY BUSINESS ★★★
Regia di NORMAN Z. MCLEOD. Con RUTH HALL, CHICO MARX, GROUCHO MARX, HARPO MARX, ZEPPO MARX, THELMA TODD. ■ I quattro fratelli si nascondono su una nave che sta per salpare. Una volta evitato il pericolo di essere espulsi diventano guardie del corpo di due malavitosi. Esilaranti come loro solito. ■ COMICO; B/N; 78'; USA, 1931.

MONKEY SHINES – ESPERIMENTO NEL TERRORE *(Monkey Shines: An Experiment in Fear)* ★★★
Regia di GEORGE A. ROMERO. Con JASON BEGHE, KATE MCNEILL, JOHN PANKOW. ■ Un giovanotto a causa di un incidente si ritrova paralizzato su una sedia a rotelle. Un amico gli procura una scimmietta (cui ha iniettato un siero ricavato dal tessuto cerebrale umano). La scimmietta non solo è intelligentissima e molto servizievole, ma legge anche nel pensiero. E poiché al giovane capita di augurare ogni tanto la morte a qualche rompiscatole, l'animale prontamente uccide la persona sgradita. Horror film tra i migliori (e intelligenti) firmati da Romero. ■ HORROR; COL.; 108'; USA, 1988.

MONOLITH: IMPATTO MORTALE *(Monolith)* ★★
Regia di JOHN EYRES. Con LINDSAY FROST, LOUIS GOSSETT JR, JOHN HURT, BILL PAXTON. ■ Una forza aliena sfugge al controllo da un centro di ricerche e inizia a impadronirsi di esseri umani. Saranno due poliziotti a trovare il modo per sconfiggerla. ■ FANTASTICO; COL.; 95'; USA, 1993.

MON ONCLE D'AMERIQUE – MIO ZIO D'AMERICA *(Mon oncle d'Amerique)* ★★★★
Regia di ALAIN RESNAIS. Con NICOLE GARCIA, ROGER PIERRE. ■ Tre vite che sembrano parallele, ma in vari momenti s'intersecano. Quella di un intellettuale, pezzo grosso della tv, con un brillante avvenire politico. Quella di una ragazza di campagna che diventa attrice e poi stilista di moda. E infine quella di un dirigente industriale, che non riesce a stare al passo con le nuove tecnologie. La donna è, in successivi momenti, amante del primo e principale del secondo. Il commento è affidato a un noto medico-biologo, che si serve dei tre casi per illustrare le sue teorie anche filosofiche (con la caduta delle persone in stato di angoscia, il primo passo verso la malattia e la morte). ■ COMMEDIA; COL.; 125'; FRANCIA, 1980. ■ CANNES 1 PR; OSCAR 1 NOM; VENEZIA 1 PR.

MONSIEUR BATIGNOLE ★★★
Regia di GÉRARD JUGNOT. Con MICHÈLE GARCIA, GÉRARD JUGNOT, JEAN-PAUL ROUVE, JULES SITRUK. ■ Edmond Batignole è un piccolo bottegaio nella Parigi del 1942 occupata dai nazisti. Uomo mediocre, né collaborazionista né perseguitato, approfitta egoisticamente della disgrazia dei vicini – una famiglia di ebrei denunciata alle autorità da suo genero – per occuparne l'appartamento. Quando però Simon, il figlioletto dei vicini fortunosamente scampato alla deportazione, bussa alla sua porta, Edmond si impietosisce e, in modo rocambolesco, aiuta il bimbo a rifugiarsi in Svizzera assieme a due cuginette. Sulle orme di Benigni, Jugnot realizza un film in equilibrio tra gravità e leggerezza, tra impegno civile e gusto romanzesco, rivisitando con emozione uno dei capitoli più controversi della storia francese. ■ DRAMMATICO; COL.; 100'; FRANCIA, 2002.

MONSIEUR BEAUCAIRE ★★
Regia di GEORGE MARSHALL. Con JOAN CAULFIELD, BOB HOPE, PATRIC KNOWLES. ■ Beaucaire è il barbiere del re di Francia che, per una serie di circostanze, è costretto a impersonare un gentiluomo in missione diplomatica alla corte di Spagna. Il figaro fa mille *gaffe* ma trova il modo di sventare una congiura. ■ COMICO; B/N; 93'; USA, 1945.

MONSIEUR COGNAC *(Wild and Wonderful)* ★★
Regia di MICHAEL ANDERSON. Con TONY CURTIS, CHRISTINE KAUFMANN, LARRY STORCH. ■ Un attore americano s'innamora di una deliziosa francesina e la sposa. Ma la luna di miele è disturbata da Monsieur Cognac, il barboncino della ragazza, gelosissimo della sua padroncina. Per colpa dell'orribile cagnetto il matrimonio sta prendendo una brutta piega. Ma lo sposino ha un'idea geniale: trova una barboncina tutta per Cognac. ■ COMMEDIA; COL.; 88'; USA, 1964.

MONSIEUR DE LA SALLE *(El señor de la Salle)* ★★
Regia di LUIS CÉSAR AMADORI. Con MEL FERRER, MARC MICHEL, FERNANDO REY. ■ La vita e la morte di San Giovanni Battista de La Salle, una figura mitica che ispirò anche San Giovanni Bosco, molti anni più tardi. ■ BIOGRAFICO; COL.; 92'; SPAGNA, 1964.

MONSIEUR HULOT NEL CAOS DEL TRAFFICO ★★★
(Traffic)
Regia di JACQUES TATI. Con MARCEL FRAVAL, HONORÉ ROSTEL, JACQUES TATI. ■ Hulot progetta un'automobile supermoderna che esporrà al salone di Amsterdam. Il viaggio da Parigi verso l'Olanda è pieno di difficoltà causate dal traffico. Hulot arriva in ritardo al salone e non può esporre la macchina, che comunque suscita l'interesse dei privati che la vedono in strada. ■ COMICO; COL.; 110′; FRANCIA, 1971.

MONSIEUR IBRAHIM E I FIORI DEL CORANO ★★★
(Monsieur Ibrahim et les fleurs du Coran)
Regia di FRANÇOIS DUPEYRON. Con ISABELLE ADJANI, PIERRE BOULANGER, ISABELLE RENAULD, OMAR SHARIF. ■ Parigi, anni Sessanta. Momo ha undici anni e vive solo con un padre depresso e taciturno. Il ragazzino stringe amicizia con Ibrahim, il proprietario arabo della drogheria del quartiere ebraico. Insieme intraprendono un viaggio verso Oriente, lungo un percorso disseminato dei "fiori del Corano", le frasi che l'anziano sufita pronuncia nelle conversazioni con il suo piccolo amico. Il vecchio principe del deserto (*Lawrence d'Arabia* ricordate?) e il dottor Zivago, che ha fatto piangere migliaia di persone, ha ancora la zampata del leone nello sguardo e nella recitazione affettuosamente sottotono. Il percorso di crescita che il vecchio Ibrahim fa compiere al giovane Momo tocca tutte le corde, da quella mistica a quella sentimentale passando per la commedia. Sempre però con una sensibilità che deriva certo dalla regia e dal giovanissimo coprotagonista ma anche e soprattutto dalla presenza del grande Omar Sharif. ■ DRAMMATICO; COL.; 94′; FRANCIA, 2003. ■ GOLDEN GLOBES 1 NOM.

MONSIEUR LAZHAR *(Bachir Lazhar)* ★★
Regia di PHILIPPE FALARDEAU. Con FELLAG, SOPHIE NELISSE, EMILIEN NERON, JULES PHILIP, DANIELLE PROULX. ■ Bachir Lazhar, immigrato a Montréal dall'Algeria, si presenta un giorno per il posto di sostituto insegnante in una classe sconvolta dalla sparizione improvvisa della maestra. E non è un caso se Bachir ha fatto letteralmente carte false per avere quel posto: anche nel suo passato c'è un lutto terribile, dal quale non riesce a riaversi. Malgrado il divario culturale che lo separa dai suoi alunni, Bachir impara ad amarli e a farsi amare e l'anno scolastico si trasforma in un'elaborazione comune del dolore. ■ DRAMMATICO; COL.; 94′; CANADA, 2011.

MONSIEUR VERDOUX ★★★★
Regia di CHARLIE CHAPLIN. Con CHARLIE CHAPLIN, ISOBEL ELSOM, MARTHA RAYE. ■ Per mettere al riparo dalla rovina economica la moglie e il figlio, Verdoux, bancario licenziato, corteggia ricche vedove, le sposa e poi le uccide intascandone i quattrini. Lo stratagemma dura per anni, finché, quando la moglie e il figlio muoiono, Verdoux si costituisce. Viene condannato a morte e fa notare che, a confronto delle spaventose stragi di cui è capace la guerra moderna, il suo delitto è ben poca cosa. ■ COMICO; B/N; 122′; USA, 1947. ■ OSCAR 1 NOM.

MONSIEUR VINCENT ★★
Regia di MAURICE CLOCHE. Con AIMÉ CLARIOND, GABRIELLE DORZIAT, PIERRE FRESNAY. ■ Vita e opere di San Vincenzo de Paoli, che dedicò, al tempo del Re Sole, la sua esistenza al riscatto dei diseredati e alla lotta contro i soprusi dei potenti. ■ BIOGRAFICO; B/N; 91′; FRANCIA, 1947. ■ VENEZIA 1 PR.

MONSIGNORE *(Monsignor)* ★★
Regia di FRANK PERRY. Con GENEVIÈVE BUJOLD, ADOLFO CELI, CHRISTOPHER REEVE. ■ Un sacerdote americano, dopo la seconda guerra mondiale, viene chiamato in Vaticano per ricoprire incarichi di alto prestigio che gli permettono di fare ogni genere di malefatte: speculazioni, contrabbando, sfruttamenti, uccisioni. Ha anche una torbida storia d'amore con una carmelitana, ma nessuno lo punirà e lui continuerà indisturbato i suoi intrallazzi. ■ DRAMMATICO; COL.; 122′; USA, 1982.

MONSOON WEDDING ★★★🏆
Regia di MIRA NAIR. Con PARVIN DABAS, VASUNDHARA DAS, LILLETE DUBEY, NEHA DUBEY, RANDEEP HOODA, RAJAT KAPOOR, KAMINI KHANNA, KULBHUSHAN KHARBANDA. ■ I monsoni stanno per arrivare ma a Nuova Delhi stanno per giungere, dall'Australia come da Silicon Valley, i parenti della coppia che sta per sposarsi. Il film focalizza sulle vicende di cinque personaggi con i rimpianti, i problemi del presente e anche qualcosa di pesante da nascondere come, per uno di essi, un passato da molestatore di minori. Il tutto in attesa delle nozze e della pioggia purificatrice dei monsoni. Il film rappresenta una svolta decisa per Mira Nair. Dai film di impegno sociale che l'hanno fatta conoscere in Occidente (*Salaam Bombay*, *Mississippi Masala*) era già passata a temi più "commerciali" come il *Kamasutra letto al femminile* (e censurato in patria). Da questo momento sceglie anche la via della commedia per parlare del proprio mondo (il Punjab che lei paragona per vitalità alla nostra area napoletana) in modo divertente e musicalmente vivo. ■ COMMEDIA; COL.; 140′; INDIA, 2001. ■ VENEZIA 🏆 1 PR.

MONSTER ★★★
Regia di PATTY JENKINS. Con CHARLIZE THERON, CHRISTINA RICCI, ANNIE CORLEY, BRUCE DERN, PRUITT TAYLOR VINCE, SCOTT WILSON. ■ La storia vera di Aileen Wuornos, una prostituta condannata a morte per sei omicidi e giustiziata in Florida nel 2002. La donna si dichiarò colpevole, appellandosi però alla legittima difesa. I media americani la definirono "il primo serial killer donna" e la etichettarono come "mostro". La trasformazione fisica (con totale abbrutimento) che deve essere costata alla Theron non poco anche sul piano psicologico è soprattutto un esercizio acrobatico senza rete. Perché sarebbe bastato un nulla a lei, alla regista esordiente Patty Jenkins e alla co-star Christina Ricci per trasformare le vicende reali di questa coppia lesbica parzialmente *on the road* nelle gesta di due novelle Thelma e Louise del crimine. La materia era scottante, il rischio di giustificare una serie di omicidi grazie ai traumi subiti dall'assassina forte. Ma, fortunatamente, il film mantiene una grande lucidità cercando di capire, offrendo un'umana *pietas* ma non mitizzando. Grazie soprattutto a Charlize, *Harry pioggia di sangue* è lontano. ■ DRAMMATICO; COL.; 110′; GERMANIA, USA, 2003. ■ BERLINO 1 PR; GOLDEN GLOBES 1 PR, 1 NOM; OSCAR 1 PR, 1 NOM.

MONSTER DOG ★
Regia di CLYDE ANDERSON. Con ALICE COOPER, VICTORIA VERA. ■ Alcuni ballerini, che hanno appena concluso trionfalmente la loro esibizione, decidono di passare il fine settimana nella villa in campagna del coreografo. Quando giungono sul luogo, scoprono che il custode della casa è stato ucciso e mutilato in maniera orribile. Nei primi minuti c'è un video di Alice Cooper che rimane l'unica cosa interessante. ■ HORROR; COL.; 90′; USA, 1985.

MONSTER – ESSERI IGNOTI DAI PROFONDI ABISSI *(Humanoids from the Deep)* ★★
Regia di BARBARA PEETERS. Con DOUG MCCLURE, VIC MORROW, ANTHONY PENYA, ANN TURKEL. ■ Un bieco speculatore che non tiene conto del rispetto per la natura usa per i salmoni dei suoi vivai nuovi metodi genetici e produce orridi mostri che s'accoppiano con le belle del luogo producendo nefanda progenie. ■ HORROR; COL.; 80′; USA, 1980.

MONSTER HOUSE ★★
Regia di GIL KENAN. ■ È la notte di Halloween e tre ragazzini incuriositi da una tetra casa al di là del viale, decidono di avventurarsi nella sinistra dimora alla ricerca dei mostri che la abitano.Una semplice trama da "teen horror movie", con la classica "haunted house", non è solo il pretesto per fare sfoggio delle potenzialità dell'animazione 3D (che sorprendono fin dall'incredibile volo iniziale di una foglia d'albero), ma è anche la dimostrazione di come l'ironia dei dialoghi si possa fondere con una sana paura dei fantasmi. ■ Animazione; COL.; 91′; USA, 2005.

MONSTER MAN ★
Regia di MICHAEL DAVIS. Con MICHAEL BAYLEY SMITH, AIMEE BROOKS, JOE GOODRICH, ERIC JUNGMANN, TIM SITARZ, JUSTIN URICH. ■ Adam e Harley vivono una vita che non offre grandi possibilità, relazioni banali, mai niente di eccitante. Ma ecco che qualcosa si profila. Un loro amico li invita a un matrimonio. Nonostante tutto sembri, inizialmente, scontato e normale, ecco che

lo spunto c'è: un'escursione su una certa strada misteriosa. Un viaggio che porterà i due amici ad affrontare una sorta di pericolosissimo mostro. ■ COMMEDIA; COL.; 95′; USA, 2003.

MONSTERS ★★
Regia di GARETH EDWARDS. Con WHITNEY ABLE, KEVON KANE, SCOTT MCNAIRY. ■ Una ricerca della NASA trova le prove dell'esistenza di altre forme di vita. Una navicella spaziale piena di campioni ha un incidente durante la fase di atterraggio: le creature dello spazio cominciano a stabilirsi sulla terra, moltiplicandosi e diffondendo terrore. La zona contaminata, tra il Messico e gli Stati Uniti, diventa così un parco abitato da giganteschi polpi distruttori di città e vite umane. ■ DRAMMATICO; COL.; 94′; GRAN BRETAGNA, 2010.

MONSTER'S BALL ★★★
Regia di MARC FORSTER. Con HALLE BERRY, PETER BOYLE, HEATH LEDGER, BILLY BOB THORNTON. ■ Hank Grotowski lavora nel braccio della morte di una prigione della Georgia, come suo padre prima di lui e come suo figlio Sonny che è stato assunto da poco. I Grotowski sono profondamente razzisti. La moglie di Hank si è suicidata e suo padre, che vive grazie a una macchina, lo odia. Il rapporto dell'uomo con il figlio Sonny non è migliore al punto che, dopo averlo rimproverato per la sua non preparazione per un'esecuzione capitale, scatena la sua furia su di lui spingendolo al suicidio. Hank si dimette. L'ultima condanna a morte di cui si è occupato è quella di Lawrence Musgrove, un uomo di colore che lascia una vedova, Leticia, e un bambino. Una notte Hank l'aiuta e, non sapendo di chi si tratti, se ne innamora ricambiato. Scoprirà rapidamente la verità ma non avrà il coraggio di dirle che è stato lui ad accompagnare Lawrence alla morte. Un film teso e girato con maestria che si avvale dell'interpretazione di un attore che è un'icona del cinema di qualità (Billy Bob Thornton) e di un'attrice che è letteralmente esplosa sullo schermo. ■ DRAMMATICO; COL.; 111′; USA, 2001. ■ BERLINO 1 PR; OSCAR 1 PR, 2 NOM.

MONSTERS & CO. *(Monsters, Inc)* ★★★★
Regia di PETE DOCTER. ■ Mostropoli è una città abitata dagli esseri più diversi. Sopravvivono grazie a una fonte di energia del tutto inusuale: le urla dei bambini opportunamente elaborate. Le creature hanno innumerevoli accessi che consentono di passare dal loro mondo al nostro. Ogni notte una squadra scelta entra nelle stanze dei piccoli per spaventarli e raccoglierne le grida. C'è però un problema: i mostri pensano che i bambini siano tossici e che quindi vada assolutamente evitato un contatto diretto. Finché non si prospetta una crisi prodotta dalle sempre minore "spaventabilità" dei piccoli. Il principale incaricato della ricerca di urla è il corpulento Sulley che però una notte compie un errore aprendo un varco al contrario. Un'umana, la piccola Boo, entra in Mostropoli con tutte le conseguenze del caso. Così come per *Toy Story* il successo della Pixar è assicurato da un lavoro di squadra creativa che sa coniugare lo sguardo rivolto ai bambini con quello che cattura l'attenzione degli adulti. Perché in questo contatto tra mondi non ci sarà l'horror gotico alla Tim Burton, ma non manca la malinconica consapevolezza dell'inevitabile separazione. Dando alla vitalità delle situazioni un sottile retrogusto amarognolo. ■ ANIMAZIONE; COL.; 81′; USA, 2001. ■ OSCAR 1 PR, 4 NOM.

MONSTERS UNIVERSITY ★★★
Regia di DAN SCANLON. Con STEVE BUSCEMI, BILLY CRYSTAL, JOHN GOODMAN, DAVE FOLEY, JULIA SWEENEY. ■ Michael Wazowski ha sempre saputo che sarebbe diventato uno "spaventatore" e per questo, fin da quando era un piccolo mostro, ha coltivato il sogno di iscriversi alla Facoltà di Spavento della Monsters University. Peccato che, proprio quando il suo desiderio sta per realizzarsi, l'incontro con il prepotente James P. Sullivan, compagno di studi, rischia di mandare a monte i suoi piani. L'uscita di *Monsters & Co.* aveva rappresentato (e continua a rappresentare) una tale vetta nel panorama del cinema d'animazione e della Pixar. Con il sequel sono riusciti nell'impresa intelligente di restituirci il piacere della compagnia di Mike e Sully senza metterli in competizione con loro stessi. ■ AZIONE; COL.; 104′; USA, 2013.

MONTAGNA, LA *(The Mountain)* ★★★
Regia di EDWARD DMYTRYK. Con SPENCER TRACY, CLAIRE TREVOR, ROBERT WAGNER. ■ In un paese sulle Alpi vivono due fratelli: uno anziano, un tempo guida alpina, e uno assai più giovane, irrequieto e impaziente di far soldi. Un giorno un aereo si schianta su una montagna vicina. Per portare i soccorsi è necessaria l'esperienza dell'anziana guida alpina, che giunge sul luogo del disastro in compagnia del fratello. Il quale, avido com'è, si impadronisce dei gioielli e del denaro dei passeggeri dell'aereo. Mentre il vecchio porta in salvo l'unico superstite, il fratello precipita in un crepaccio. ■ DRAMMATICO; COL.; 105′; USA, 1956.

MONTAGNA DEI SETTE FALCHI, LA ★★★
(Red Mountain)
Regia di WILLIAM DIETERLE. Con JOHN IRELAND, ARTHUR KENNEDY, ALAN LADD, LIZABETH SCOTT. ■ Un capitano nordista si unisce a un gruppo di guerriglieri capitanati dal terribile maggiore Quantrell. Presto il capitano capisce con chi ha a che fare e si schiera contro i suoi occasionali alleati. ■ WESTERN; COL.; 84′; USA, 1951.

MONTAGNA DEL DIO CANNIBALE, LA ★★
Regia di SERGIO MARTINO. Con URSULA ANDRESS, CLAUDIO CASSINELLI, ANTONIO MARSINA. ■ L'etnologo Harry scompare in un'isola della Nuova Guinea. Sua moglie e suo cognato partono per cercarlo. I due hanno mille avventure fra animali feroci e cannibali. Si unisce anche un certo Edward, che si rivela un truffatore solo in cerca di una miniera. Alla fine giungla e indigeni fanno giustizia: i cattivi muoiono e i buoni si salvano. ■ DRAMMATICO; COL.; 90′; ITALIA, 1978.

MONTAGNA DI CRISTALLO, LA ★★
(The Glass Mountain)
Regia di EDOARDO ANTON, HENRY CASS. Con VALENTINA CORTESE, MICHAEL DENISON. ■ Un compositore inglese, arruolatosi come aviatore, precipita durante la Grande Guerra sul monte Cristallo nelle Dolomiti. Soccorso, guarisce, ma una volta tornato in patria non riesce a dimenticare Alida, la figlia del medico che lo curò. Composta un'opera tratta da una leggenda delle Dolomiti, il compositore torna in Italia e la fiamma per Alida si riaccende. A Venezia, dopo la prima dell'opera, viene a sapere che l'aereo su cui viaggiava la moglie è caduto sul Cristallo. L'incidente riavvicinerà per sempre la moglie e il marito. ■ DRAMMATICO; B/N; 98′; GRAN BRETAGNA, ITALIA, 1948.

MONTAGNA DI JACOB FREMONT, LA ★★
(Frontier Fremont)
Regia di RICHARD FRIEDENBERG. Con NORMAN GOODMAN, DAN HAGGERTY, TONY MIRRATI, DENVER PYLE. ■ Nel 1830 un uomo di nome Jacob Fremont decide di abbandonare i luoghi "civili" per andare a vivere in montagna a contatto con la natura e gli animali. Le difficoltà e i pericoli dell'adattamento non lo spaventano e dopo qualche tempo, grazie anche all'aiuto di un abitante del luogo e di alcuni pellerossa, può cominciare serenamente la sua nuova esistenza. ■ AVVENTURA; COL.; 90′; USA, 1975.

MONTAGNA DI LUCE, LA ★
Regia di UMBERTO LENZI. Con LUCIANA GILLI, RICHARD HARRISON, DANIELE VARGAS. ■ Un leggendario gioiello, "La montagna di luce", fa gola a un *rajah* indiano che incarica un avventuriero inglese di rubarlo. L'inglese compie il colpo grosso, ma non porta il diamante al cliente. Preferisce tenerselo. ■ AVVENTURA; COL.; 91′; ITALIA, 1964.

MONTAGNA INCATENATA, LA *(Boulder Dam)* ★★
Regia di FRANK MCDONALD. Con ROSS ALEXANDER, PATRICIA ELLIS. ■ Un giovanotto dal sangue caldo, macchiatosi di un delitto preterintenzionale, fugge da Detroit e ripara sulle rive di un fiume, dove si lavora a una grande diga. Ritrova qui, a contatto con la natura, il gusto del lavoro e della rettitudine, e anche l'amore di una bella ragazza. Ma, riconosciuto, decide di andare a espiare la sua vecchia colpa. Dopo di che tornerà al lavoro e alla fidanzata. ■ DRAMMATICO; B/N; 90′; USA, 1937.

MONTAGNA ROSSA, LA *(The Big Cat)* ★★
Regia di PHIL KARLSON. Con PRESTON FOSTER, PEGGY ANN GARNER, LON MCCALLISTER. ■ Il giovane Danny, rimasto orfano, è

stato indirizzato dalla defunta madre a Tom, proprietario di una fattoria nell'Utah, che lo accoglie generosamente. Conosce la figlia di un vicino e se ne innamora, ma viene coinvolto nelle rivalità fra suo zio Gil e Tom, antico spasimante della madre di Danny. Dopo una violenta lite, Tom viene assalito da un puma e azzannato a morte. Danny uccide l'animale e con i dollari del premio sposa la ragazza che ama. ■ AVVENTURA; COL.; 92′; USA, 1949.

MONTAGNA SACRA, LA *(The Holy Mountain)* ★★★
Regia di ALEJANDRO JODOROWSKY. Con ALEJANDRO JODOROWSKY, HORACIO SALINAS, RAMONA SANDERS. ■ Nove uomini cercano l'immortalità guidati da altrettanti saggi. Fanno un lungo viaggio, scalano una montagna e, arrivati in cima, trovano Jodorowsky che dice: «Questo è solo un film, qui non c'è l'immortalità». ■ FANTASTICO; COL.; 115′; USA, 1974.

MONTAGNE BLU, LE *(Gouloubye Goryi)* ★★★
Regia di ELDAR SHENGUELAIA. Con REAMAZ GOUORGOBIANI, VASSILI KASHNIVILI, IVAN SAKVARELIDZE. ■ Satira della burocrazia sovietica. Uno scrittore ha bisogno del visto di censura per pubblicare il suo romanzo. Ma il manoscritto passa di funzionario in funzionario senza che nessuno trovi tempo per leggerlo. Alla fine ogni ostacolo burocratico sembra risolto. Il libro sta per essere vagliato dall'apposita commissione, quando crolla il palazzo della censura. Tutto da rifare per il povero romanziere. ■ COMMEDIA; COL.; 95′; URSS, 1984.

MONTAGNE DELLA LUNA, LE ★★★
(Mountains of the Moon)
Regia di BOB RAFELSON. Con PATRICK BERGIN, IAIN GLEN, RICHARD E. GRANT. ■ Bob Rafelson, dopo film come *Cinque pezzi facili*, *Il postino suona sempre due volte* e *La vedova nera*, affronta l'avventura. È la storia di Burton e Speke, inglesi, che durante il viaggio verso le sorgenti del Nilo attraversano l'Africa orientale. La loro è una grande amicizia ma dopo la scoperta del Tanganika Speke terminerà l'impresa da solo e tradirà l'amico. Buona l'interpretazione, sempre puntuale la regia di Rafelson. Il regista realizzò il film sul finire degli anni Ottanta dopo molti anni che ne accarezzava l'idea. ■ AVVENTURA; COL.; 133′; USA, 1989.

MONTAGNE IN FIAMME *(Berge in Flammen)* ★★
Regia di LUIS TRENKER. Con LISSI ARNA, LUIGI SERVENTI, LUIS TRENKER. ■ Grande Guerra. Il soldato altoatesino Dimai, arruolato nell'esercito austriaco, si trova a combattere proprio nelle vicinanze del suo paese, contro gli alpini comandati dal suo amico capitano Franchini. Il disagio di sentirsi straniero in casa sua è grande. Finita la guerra, l'amicizia fra Dimai e Franchini sarà ulteriormente rinsaldata. ■ GUERRA; B/N; 109′; FRANCIA, GERMANIA, 1937.

MONTAGNE RUSSE *(State Fair)* ★★★
Regia di HENRY KING. Con LEW AYRES, SALLY EILERS, JANET GAYNOR, WILL ROGERS. ■ Sullo sfondo di un'importante fiera del bestiame, le divertenti avventure di una tipica famiglia rurale americana. Non mancano, naturalmente, gli intermezzi amorosi. ■ COMMEDIA; B/N; 80′; USA, 1933. ■ OSCAR 2 NOM.

MONTA IN SELLA FIGLIO DI...! ★★
Regia di TONINO RICCI. Con MARK DAMON, ROSALBA NERI, STELVIO ROSI. ■ Quattro simpatici filibustieri si fanno persuadere da un messicano furbetto a trafugare il tesoro di un governatore. Quando mettono le mani sul malloppo non riescono a goderselo. Il furbetto è un patriota; il grisbi dovrà servire a finanziare la *revolución*. ■ WESTERN; COL.; 94′; ITALIA, 1971.

MONTECARLO ★★
Regia di ERNST LUBITSCH. Con JACK BUCHANAN, JEANNETTE MACDONALD, ZASU PITTS. ■ A Montecarlo un aristocratico squattrinato si finge un modesto autista per poter avvicinare un'inaccessibile contessa di cui è innamorato. L'espediente ha successo. ■ COMMEDIA; B/N; 90′; USA, 1930.

MONTECARLO *(The Monte Carlo Story)* ★★★
Regia di GIULIO MACCHI, SAM TAYLOR. Con VITTORIO DE SICA, MARLENE DIETRICH, ARTHUR O'CONNELL. ■ A Montecarlo, un aristocratico squattrinato che vive d'espedienti e un'avventuriera della sua stessa risma si conoscono, s'innamorano, poi si separano per seguire ciascuno progetti matrimoniali altolocati. Lei mira a un miliardario americano e lui alla sua giovane figlia. Stanno quasi per farcela. Poi ci ripensano e decidono di mettersi insieme definitivamente. ■ COMMEDIA; COL.; 101′; ITALIA, USA, 1956.

MONTECARLO ★★
Regia di THOMAS BEZUCHA. Con KATIE CASSIDY, SELENA GOMEZ, ANDIE MCDOWELL, LEIGHTON MEESTER, CORY MONTEITH. ■ Grace ha diciotto anni ed è a un passo dal diploma scolastico. Dopo aver messo da parte dei soldi lavorando come cameriera, non vede l'ora di partire per una vacanza estiva a Parigi, ma i genitori non le rivelano di aver acquistato un biglietto anche per Emma, sua migliore amica e modella, e per la sorellastra Meg. Fra Grace e Meg non c'è un buon rapporto, ma ancor meno fra Meg ed Emma. A Parigi, le tre ragazze si ritrovano schiave di un folle tour organizzato che prevede visite fugaci e soggiorni in infimi alberghi. Ferme in cima alla Tour Eiffel, perdono il pullman della comitiva e rimangono a piedi. Per ripararsi dalla pioggia, si rifugiano in un hotel di lusso, dove Grace viene scambiata da portieri e paparazzi per la famigerata ereditiera inglese Cordelia Winthrop-Scott. Per le tre amiche è l'inizio di un'altra vacanza. ■ COMMEDIA; COL.; 109′; USA, 2011.

MONTECARLO GRAN CASINÒ ★★
Regia di CARLO VANZINA. Con MASSIMO BOLDI, CHRISTIAN DE SICA, EZIO GREGGIO. ■ Al Casinò di Montecarlo passano cinque italiani. C'è il playboy squattrinato che vince, perde, rivince *in extremis* (prima cioè di dover soggiacere alle voglie di una bruttona miliardaria). Poi ci sono due affaristi di Milano che perdono il denaro che serviva per concludere una trattativa. E infine due bari che riescono, dopo un'epica notte, ad avere la meglio su un collega francese, dalla reputazione di invincibile. ■ COMICO; COL.; 95′; ITALIA, 1987.

MONTECASSINO NEL CERCHIO DI FUOCO ★★
Regia di ARTURO GEMMITI. Con FOSCA FREDA, UBALDO LAY, ZORA PIAZZA. ■ Il film è, in forma semidocumentaristica, la rievocazione della tragica odissea del famoso monastero durante la guerra. ■ GUERRA; B/N; 91′; ITALIA, 1946.

MONTECRISTO *(The Count of Monte Cristo)* ★★★
Regia di KEVIN REYNOLDS. Con JAMES CAVIEZEL, HENRY CAVILL, RICHARD HARRIS, GUY PEARCE, MICHAEL WINCOTT. ■ È davvero difficile "sbagliare" la più bella storia d'avventura mai scritta. E infatti Reynolds, assiduo collaboratore di Costner (*Robin Hood*, *Waterworld*), non la sbaglia. Non solo, ci mette anche del suo (e dello sceneggiatore Jay Wolpert) arricchendo la storia di episodi e di trovate sconosciute a Dumas padre. La storia è arcinota. Edmond Dantès, marinaio un po' ingenuo, viene tradito dal giovane Fernand Mondego, innamorato di Mercedes, promessa sposa di Edmond, dal "secondo" Danglars e dal magistrato Villefort. Edmond è rinchiuso nella prigione, incontra l'abate Faria che, morendo, gli indica la strada per l'immenso tesoro nascosto nell'isola di Montecristo. Edmond lo trova e va a Parigi per consumare, tredici anni dopo, la sua vendetta. Regia di moderata "espressione", ricostruzione suggestiva e preziosa. E Harris è il più bravo Faria mai inventato. Con una citazione finale, voluta, dei *Duellanti* di Scott, quando il "conte" e Mondego si battono di spada nei campi. Ancora una volta il cinema (e il pubblico) ringrazi Dumas. ■ DRAMMATICO; COL.; 131′; USA, 2002.

MONTECRISTO 70 *(Sous le signe de Montecristo)* ★★
Regia di ANDRÉ HUNEBELLE. Con PAUL BARGE, PIERRE BRASSEUR, CLAUDE JADE, RAYMOND PELLEGRIN. ■ Ancora la storia del conte di Montecristo, stavolta trasportata in epoca moderna. Il canovaccio è sempre quello di Dumas. ■ AVVENTURA; COL.; 100′; FRANCIA, 1968.

MONTE DI VENERE, IL *(Kissin' Cousins)* ★★
Regia di GENE NELSON. Con JACK ALBERTSON, GLENDA FARRELL, ARTHUR O'CONNELL, ELVIS PRESLEY. ■ Pappy Tatum, proprietario di una fattoria nel Tennessee, accoglie a fucilate tutti gli incaricati del governo che giungono per costruire una base militare sul suo territorio, scambiandoli per agenti delle tasse. Un furbo tenente riuscirà a vincere la sua diffidenza ed anche quella della sua bella figlia. ■ COMMEDIA; COL.; 96′; USA, 1963.

MONTE MIRACOLO ★★
Regia di Luis Trenker. Con Evi Maltagliati, Luis Trenker. ■ Due ingegneri si contendono l'incarico per la costruzione di una diga in Val d'Aosta. Uno dei due convince l'altro ad una pericolosa ascensione, nella quale spera di fargli perdere la vita. Ma il rivale si salva e sarà il mancato assassino a perdere l'incarico. ■ Drammatico; b/n; 92'; Italia, 1943.

MONTENEGRO TANGO – PERLE E PORCI ★★★
(Montenegro or Pigs and Pearls)
Regia di Dusan Makavejev. Con Susan Anspach, Erland Josephson, Bora Todorovic. ■ I Jordan vivono in una lussuosa villa alla periferia di Stoccolma: lui è un ricco uomo d'affari svedese, lei una bella americana. Con loro abitano il vecchio padre rimbambito e due bambini. Nonostante la ricchezza, la moglie dà segni di squilibrio e di nevrosi e, indifferente all'aiuto di uno psichiatra, prima fugge a Zanzibar e si concede un'avventura con un giovane jugoslavo, poi tenta di avvelenare tutta la famiglia. ■ Drammatico; col.; 96'; Svezia, 1982.

MONTEREY POP ★★
Regia di D. A. Pennabaker. Con Brother Big, Eric Burdon, Cannet Head, Janis Joplin, Hugh Masekela, Scott McKenzie, Grace Slick. ■ Riassunto di dieci ore di esibizioni musicali al Festival della *pop music* di Monterey. ■ Musicale; col.; 85'; USA, 1968.

MONTERIANO – DOVE GLI ANGELI NON OSANO METTERE PIEDE *(Where Angels Fear to Tread)* ★★
Regia di Charles Sturridge. Con Helena Bonham Carter, Judy Davis, Rupert Graves, Giovanna Guidelli, Helen Mirren. ■ Lilia, vedova trentenne, parte per un viaggio con un'accompagnatrice di dieci anni più giovane di lei. Le due giungono in Toscana e qui, a Monteriano, Lilia si fidanza e si sposa nel giro di undici giorni. Dall'Inghilterra si tenta di rimediare senza successo. Ben presto però Lilia si accorgerà di aver commesso un errore. Morirà nel dare alla luce suo figlio che diverrà oggetto di una contesa con i parenti inglesi. San Gimignano offre la sua scenografia naturale a una storia ricca di veleni vittoriani. ■ Drammatico; col.; 112'; Gran Bretagna, 1991.

MONTEVERGINE – LA GRANDE LUCE ★★
Regia di Carlo Campogalliani. Con Leda Gloria, Amedeo Nazzari. ■ Odissea di un povero fabbro, re della jella. Prima è accusato ingiustamente di omicidio, e l'unico testimone è un muto; poi è accusato ingiustamente di contrabbando d'oppio, e infine si fa dieci anni di galera pur essendo innocente. ■ Drammatico; b/n; 92'; Italia, 1939.

MONTONE A CINQUE ZAMPE, IL ★★★
(Le mouton à cinq pattes)
Regia di Henri Verneuil. Con Françoise Arnoul, Fernandel. ■ Per rilanciare turisticamente un paesino della provincia francese, si pensa di riunirvi, con una gran festa, i cinque gemelli che vi erano nati quarant'anni prima, sparsi per il mondo, e impegnati nei più strani mestieri: dal contrabbandiere al pulitore di vetri. Il film è la storia dell'avventurosa ricerca dei cinque gemelli, tutti con il viso di Fernandel. ■ Comico; b/n; 100'; Francia, 1954. ■ Oscar 1 nom.

MONTONE INFURIATO, IL *(Le mouton enragé)* ★★★
Regia di Michel Deville. Con Jane Birkin, Florinda Bolkan, Jean-Pierre Cassel, Romy Schneider, Jean-Louis Trintignant. ■ Un impiegato di banca di poche ambizioni, Nicola Mallet, viene spinto sulla strada dell'arrivismo e del successo da un amico scrittore fallito e minorato, ma scaltro, che vuol vivere indirettamente attraverso lui i successi negatigli. Come? Seducendo una serie di belle donne importanti. ■ Commedia; col.; 101'; Francia, 1974.

MONTPARNASSE *(Montparnasse 19)* ★★★
Regia di Jacques Becker. Con Anouk Aimée, Lea Padovani, Lilli Palmer, Gérard Philipe, Lino Ventura. ■ Vita di Modigliani, il grande pittore livornese cui fu negato in vita il successo che gli arrise dopo morto. ■ Biografico; b/n; 112'; Francia, Italia, 1958.

MONTY PYTHON E IL SACRO GRAAL ★★
(Monty Python and the Holy Grail)
Regia di Terry Gilliam, Terry Jones. Con Connie Booth, Graham Chapman, John Cleese, Eric Idle. ■ Parodia surreale delle imprese di re Artù e dei cavalieri della Tavola Rotonda che alla fine del 1100 se ne andavano per il mondo alla ricerca del Santo Graal, la coppa in cui Giuseppe d'Arimatea raccolse il sangue di Cristo. Curioso e a tratti divertente esempio di humour britannico. ■ Commedia; col.; 90'; Gran Bretagna, 1974.

MONTY PYTHON IL SENSO DELLA VITA ★★★
(Monty Python, the Meaning of Life)
Regia di Terry Jones. Con Graham Chapman, John Cleese, Michael Palin, Terry Gilliam. ■ I Monty Python, il noto gruppo di attori di cabaret inglesi, in una satira brillante e spesso irresistibile sulle assurdità dell'esistenza (il titolo è sarcastico, la vita non ha alcun senso). Nel mirino dei comici britannici le guerre coloniali, la vita di caserma, il mondo della finanza, il controllo delle nascite, il cenone di Natale. ■ Comico; col.; 98'; Gran Bretagna, 1983. ■ Cannes 1 pr.

MONTY WALSH UN UOMO DURO A MORIRE ★★★
(Monty Walsh)
Regia di William A. Fraker. Con Michael Conrad, Lee Marvin, Jeanne Moreau, Jack Palance, Mitchell Ryan, Jim Davis. ■ Monty e Chef sono ormai due sopravvissuti; l'America dei pionieri è scomparsa, non ha più bisogno di vecchi cowboy. Sentendosi superati, i due amici tentano altre vie: Monty fa il vagabondo, Chef mette su famiglia. Ma viene ucciso nel suo negozio da un altro ex mandriano "non integrato". Monty lo vendicherà, ma sente che è finita un'epoca. ■ Western; col.; 106'; USA, 1969.

MOOLAADÉ ★★★
Regia di Ousmane Sembene. Con Fatoumata Coulibaly, Aminata Dao, Maimouna Hélène Diarra, Salimata Traoré, Dominique Zeïda. ■ Collè Ardo è l'unica nel suo villaggio a non aver escisso la figlia, cioè a non averla sottoposta a una mutilazione del sesso femminile – rituale che ancora viene praticato presso alcune etnie africane. Quattro bambine, un giorno, si recano a casa della donna e le chiedono *moolaadé*, protezione. Non vogliono subire l'escissione. Collè Ardo tende una corda all'entrata della propria capanna: nessuno potrà entrare. Un racconto di ampio respiro: ritmo lento (come dovrebbe essere il tempo del pensiero), tinte pastello per il villaggio assolato, commento musicale da fiaba ancestrale: questi elementi, propri del cinema epico, per far discutere sull'ignoranza e sulle pratiche superstiziose ancora in vigore in molti stati del Sud del mondo. ■ Drammatico; col.; 117'; Francia, Senegal, 2004.

MOON ★★★
Regia di Duncan Jones. Con Matt Berry, Dominique McElligott, Sam Rockwell, Kaya Scodelario, Kevin Spacey. ■ L'energia sulla Terra non è più un problema, la Lunar ha trovato il modo di generarne in maniera pulita e non dannosa sfruttando il materiale di cui sono composte le rocce presenti sul lato oscuro della Luna. A sorvegliare il lavoro dei macchinari è stata posta una base sul satellite naturale della Terra abitata unicamente da un computer tuttofare dalla voce umana e da un uomo, solo, quasi arrivato al termine dei suoi tre lunghissimi anni di contratto. Sarà un incidente quasi mortale a scardinare il meccanismo di inganni che si cela dietro il suo lavoro mettendolo a contatto inaspettatamente con un altro se stesso. ■ Fantascienza; col.; 97'; Gran Bretagna, 2009.

MOONACRE – I SEGRETI DELL'ULTIMA LUNA ★★
(The Secret of Moonacre)
Regia di Gabor Csupo. Con Tim Curry, Ioan Gruffudd, Augustus Prew, Dakota Blue Richards. ■ La pellicola, tratta dal romanzo *Little White Horse* della scrittrice gallese Elizabeth Goudge pubblicato nel 1946, è ambientata nel 1840: la storia segue l'orfana Maria Merryweather nel viaggio che, in compagnia della tata Miss Heliotrope e del cane Wiggins, compie verso il misterioso Feudo di Moonacre, nell'ovest dell'Inghilterra. La bimba si ritrova a vivere nell'antica casa di famiglia, piena di segreti e misteri

in un mondo sospeso nel tempo. Qui scopre di essere l'ultima principessa della Luna, mentre il cugino Sir Benjamin appartiene al ramo della famiglia dei Merryweather del Sole, e di avere pochissimo tempo per rimediare ai misfatti dei suoi antenati e salvare il regno di Moonacre dall'oblio dell'oceano. ■ AVVENTURA; COL.; 103'; UNGHERIA, GRAN BRETAGNA, FRANCIA, 2008.

MOONCHILD ★★

Regia di ALAN GLADNEY. Con VICTOR BUONO, JOHN CARRADINE, WILLIAM CHALLEE. ■ Negli anni Venti un giovanotto capita in un misterioso albergo su una spiaggia californiana, occupato da strane persone. Stanno lì da due secoli e uno strano destino li costringe a vivere di venticinque anni in venticinque anni sempre la stessa vita. Custode del segreto è un vecchietto, che invece tirerà le cuoia presto. ■ HORROR; COL.; 91'; USA, 1971.

MOONLIGHT & VALENTINO ★★★

Regia di DAVID ANSPAUGH. Con JON BON JOVI, WHOOPI GOLDBERG, GWYNETH PALTROW, ELIZABETH PERKINS, KATHLEEN TURNER. ■ Da una commedia di Ellen Simon, figlia del grande Neil. La Perkins resta vedova. Un'amica (Goldberg), la sorella (Paltrow) e la matrigna (Turner) cercano di confortarla standole appiccicate. Le creano una sorta di anestesia psicologica che si scioglie appena la donna rimane sola. Fa qualcosa di più Bon Jovi, imbianchino che se la porta a letto. Dopo varie "autocoscienze" le quattro donne, in un cimitero, vivono la purificazione finale. La vedova è finalmente libera. Seppur dolorosamente, potrà ricominciare a vivere. Film di e per donne. Tanto sentimento e una Turner completamente sfigurata dalle plastiche quando aveva solo 41 anni. ■ SENTIMENTALE; COL.; 100'; USA, 1995.

MOONLIGHTING ★★★

Regia di JERZY SKOLIMOWSKI. Con JEREMY IRONS, EUGENE LIPINSKI, JIRI STANISLAV. ■ Quattro operai polacchi giungono a Londra per svolgere in nero un lavoro in un appartamento. Quando si diffonde la notizia del colpo di Stato in Polonia, il responsabile del quartetto (Irons) evita accuratamente di informare i compagni, in modo da non turbarne il lavoro. Lento, affascinante studio sulla solitudine e la disperazione, pervaso di ironia e ricco della carica emotiva del regista, esule polacco. ■ DRAMMATICO; COL.; 97'; GRAN BRETAGNA, 1982. ■ CANNES 1 PR.

MOONLIGHTING ★★

Regia di ROBERT BUTLER. Con ALLYCE BEASLEY, CYBILL SHEPHERD, BRUCE WILLIS. ■ Protagonista è una top model che con il suo lavoro ha fatto i miliardi. Ma un giorno viene a sapere che non ha più nulla. Il suo amministratore l'ha derubata di ogni avere. La donna non si perde d'animo. Mette su un'agenzia investigativa assieme a un detective che s'è subito innamorato di lei. ■ GIALLO; COL.; 90'; USA, 1985.

MOONLIGHT MILE – VOGLIA DI RICOMINCIARE *(Moonlight Mile)* ★★

Regia di BRAD SILBERLING. Con JAKE GYLLENHAAL, DUSTIN HOFFMAN, HOLLY HUNTER, SUSAN SARANDON. ■ New England, nei primi anni Settanta. Ben e JoJo Floss hanno appena perso la figlia Diana, assurdamente uccisa durante un alterco tra due sconosciuti. Con loro c'è anche Joe, suo promesso sposo. I tre cercano disperatamente di reagire in modo anticonformista alla tragedia loro occorsa. Ma quando Joe – che in realtà si era appena lasciato con Diana – si innamora di Bertie, l'apparente solidità del terzetto comincia a sfaldarsi. A causa di una sceneggiatura corriva e di una regia anche peggiore, la dose di glucosio è di quelle da far tremare un diabetico. Evitabile. ■ DRAMMATICO; COL.; 120'; USA, 2002.

MOON 44 ★

Regia di ROLAND EMMERICH. Con LISA EICHHORN, MALCOLM MCDOWELL, MICHAEL PARÉ. ■ Anno 2038. L'investigatore Stone (Paré) viene mandato dalla Galactic Mining Corporation su Luna 44, una stazione interplanetaria che ha subito un attacco nemico. Una missione difficile ai confini dello spazio, tra le tensioni dell'equipaggio e l'ambigua presenza del maggiore Lee (McDowell). ■ FANTASCIENZA; COL.; 95'; USA, 1990.

MOONRAKER OPERAZIONE SPAZIO *(Moonraker)* ★★★

Regia di LEWIS GILBERT. Con LOIS CHILES, CORINNE CLÉRY, RICHARD KIEL, MICHAEL LONSDALE, ROGER MOORE. ■ Stavolta James Bond è incaricato dal suo superiore "M" di far luce sul furto di un'astronave. Bond va in California e, indagando, affiancato via via da bellissime donne e minacciato continuamente da pericoli mortali, arriva al covo del pazzo Hugo Drax, che sta costruendo per conto suo una base spaziale che dovrebbe servirgli per impadronirsi del mondo. Bond lo ferma. ■ AVVENTURA; COL.; 126'; FRANCIA, GRAN BRETAGNA, 1979. ■ OSCAR 1 NOM.

MOONRISE KINGDOM – UNA FUGA D'AMORE ★★★
(Moonrise Kingdom)

Regia di WES ANDERSON. Con FRANCES MCDORMAND, BILL MURRAY, EDWARD NORTON, TILDA SWINTON, BRUCE WILLIS. ■ Estate 1965. In un'isola del New England vive la dodicenne Suzy, preadolescente incompresa dai genitori. Sulla stessa isola si trova in campeggio scout il coetaneo Sam, orfano affidato a una famiglia che lo considera troppo "difficile" per continuare ad occuparsene. I due si sono conosciuti casualmente, si sono innamorati e hanno deciso di fuggire insieme seguendo un antico sentiero tracciato dai nativi nei boschi. Gli adulti, ivi compreso lo sceriffo Sharp, si mettono alla loro ricerca anche perché è in arrivo una devastante tempesta. È necessario prestare attenzione all'ouverture di *Moonrise Kingdom* per comprendere il senso profondo del film di Anderson che, altrimenti, rischia di essere letto come un'ulteriore esibizione di genialità narrativa infarcita di gag e di trovate visive senza però che si vada oltre. Non è così. Parla di una fuga che ha come meta la ricomposizione dei frammenti di due vite. ■ DRAMMATICO; COL.; 94'; USA, 2012.

MOONWALKER ★★

Regia di COLIN CHILVERS. Con MICHAEL JACKSON, SEAN LENNON, JOE PESCI. ■ Michael Jackson tenta il grande salto del cinema con un fastoso musical formato in parte da clip avulsi dalla tram. L'unico intento di riprencere in azione (cioè mentre canta e balla) il giovane divo, a quei tempi ancora nero, che qui interpreta praticamente se stesso nel 2000, una superstar della canzone che diventa il paladino delle generazioni piccine, insidiate da un losco trafficante di droga, che ha predisposto reti di spacciatori davanti a ogni scuola in tutto il territorio americano. ■ MUSICALE; COL.; 93'; USA, 1988.

MORAK IL POTERE DELL'OCCULTO ★★
(Meatclever Massacre)

Regia di EVA LEE. Con SANDRA CRANE, LATTY JUSTIN, CHRISTOPHER LEE. ■ La famiglia di un professore di occultismo viene sterminata da una banda di malviventi. Ma il professore dà loro la caccia, sfruttando tutte le arti medianiche che conosce. Sarà dura per gli assassini. ■ HORROR; COL.; 93'; USA, 1978.

MORALISTA, IL ★★★

Regia di GIORGIO BIANCHI. Con VITTORIO DE SICA, FRANCO FABRIZI, ALBERTO SORDI, FRANCA VALERI. ■ Dietro la facciata d'integerrimo segretario dell'Ufficio internazionale della moralità e di implacabile censore, il morigerato Agostino è in realtà a capo di una gang che "importa" e sfrutta ballerine di night. Lo scoprono, ma non possono toccarlo perché, nella sua militanza di "moralista", ha raccolto prove sufficienti a ricattare tutti. ■ COMICO; B/N; 98'; ITALIA, 1959.

MORASSEIX ★★

Regia di DAMIEN ODOUL. Con VALERIE ALLAIN, AUDREY BELLESSORT, ALAIN CHASSAGNE, ANITA FRANCILLON, PASCAL PAGNAT, RAFAEL GARCÍA SANOJA. ■ Alain Marpinard, Pascal Pagnat. ■ È possibile immaginare un incontro cinematografico tra Kusturica e i Monty Python, con in mezzo anche uno spruzzo di Chabrol? Con questo film forse sì. La trama, piuttosto irraccontabile, ruota attorno ai personaggi (tutti almeno un po' assurdi) di un paesino della campagna francese, la Morasseix del titolo. Tra improbabili partite di rugby, corrida con mucche, battute di caccia alla beccaccia, sogni di fuga negli USA e case svaligiate, ecco il ritratto di un paesaggio rurale che non c'è più. Un film difficilmente decifrabile, nel segno di un grottesco che pare smentire l'idea di un'operazione-nostalgia. ■ GROTTESCO; COL.; 91'; FRANCIA, 1992.

MORBIDONE, IL ★★
Regia di MASSIMO FRANCIOSA. Con ANOUK AIMÉE, GUIDO ALBERTI, PAOLO FERRARI, SYLVA KOSCINA, MARGARET LEE, BEBA LONCAR. ■ Il pigro Giovanni è felice nella sua vita sfaccendata, circondato da belle donne. Ma una di esse, Valeria, riesce a farlo diventare dinamico ed efficiente. ■ COMMEDIA; B/N; 92′; ITALIA, 1966.

MORDI E FUGGI ★★
Regia di DINO RISI. Con GIANNI AGUS, CAROLE ANDRÉ, BRUNO CIRINO, NICOLETTA MACHIAVELLI, MARCELLO MASTROIANNI, OLIVER REED. ■ Un industriale farmaceutico e la sua amante vengono presi in ostaggio da tre brigatisti in fuga dopo aver rapinato una banca e tenuti prigionieri in una villa disabitata. Mentre attendono i cento milioni richiesti per fuggire, tra i banditi e gli ostaggi si intrecciano strani rapporti, causati dalla forzata convivenza. Finale cruento. ■ COMMEDIA; COL.; 104′; ITALIA, 1973.

MORDIMI ★
Regia di JASON FRIEDBERG, AARON SELTZER. Con KEN JEONG, JENN LANTER, MATT LANTER, CHRIS RIGGI. ■ Becca Crane deve raggiungere il padre poliziotto nella cittadina di Sporks (distretto di Washington). È una ragazza introversa e, in un luogo dove i riferimenti ai vampiri sono piuttosto pervasivi, suscita l'interesse del pallido vampiro Edward Sullen e del semi-lupo mannaro Jacob White. Considerato che è entrata a scuola a metà anno e non viene accolta propriamente bene e che i suoi ormoni si sono messi in movimento, non è difficile immaginare il seguito. ■ COMMEDIA; COL.; 62′; USA;2010.

MORESQUE: OBIETTIVO ALLUCINANTE ★★
(Coplan III)
Regia di RICCARDO FREDA. Con LEE BURTON, LUCIANA GILLI, LANG JEFFRIES, SILVIA SOLAR, SABINE SUN. ■ Coplan, agente del servizio segreto francese, è sulle tracce di una banda che si propone addirittura di sostituire il presidente degli Stati Uniti con un sosia. ■ SPIONAGGIO; COL.; 94′; FRANCIA, 1967.

MORGAN IL BANDITO *(Baby Face Morgan)* ★★
Regia di ARTHUR DREIFUSS. Con MARY CARLISLE, RICHARD CROMWELL. ■ Il capobanda Morgan ha un figlio degenere, onesto e leale, che sventa i suoi loschi traffici con l'aiuto di una bella e decisa donna d'affari. ■ POLIZIESCO; B/N; 90′; USA, 1943.

MORGAN IL PIRATA ★★
Regia di PRIMO ZEGLIO. Con LYDIA ALFONSI, CHELO ALONSO, VALÉRIE LAGRANGE, STEVE REEVES. ■ Comprato come schiavo dalla figlia del governatore di Panama, Henry Morgan riesce ad impadronirsi della nave che lo trasporta e ad espugnare la città. ■ AVVENTURA; COL.; 91′; ITALIA, 1970.

MORGAN IL RAZZIATORE *(The Delta Factor)* ★★
Regia di TAY GARNETT. Con YVONNE DE CARLO, CHRISTOPHER GEORGE, DIANE MCBAIN, YVETTE MIMIEUX, RHODES REASON. ■ Il bandito Morgan viene fatto uscire di galera per recuperare quaranta milioni di dollari rubati da un tirannello sudamericano. Non ci riesce, ma in compenso trova moglie. ■ POLIZIESCO; COL.; 91′; USA, 1970.

MORGAN MATTO DA LEGARE ★★★
(Morgan, a Suitable Case for Treatment)
Regia di KAREL REISZ. Con IRENE HANDL, VANESSA REDGRAVE, ROBERT STEPHENSON, DAVID WARNER. ■ Morgan, personaggio stravagante, tenta di riconquistare la moglie che vuole divorziare. Usa tutti i mezzi, fino a travestirsi da gorilla, creando lo scompiglio alle seconde nozze della sua ex sposa. Finisce in manicomio. ■ COMMEDIA; B/N; 97′; GRAN BRETAGNA, 1966. ■ CANNES 1 PR; OSCAR 2 NOM.

MORIANNA *(Marianerna)* ★★
Regia di ARNE MATTSSON. Con OLLE ANDERSSON, ERIK HELL, ANDERS HENRIKSSON, ELLA HENRIKSSON, ELSA PRAWITZ. ■ Qualcuno ha ucciso Verner Vade, ricco industriale. Ma sono così in tanti ad odiarlo e a volerlo morto, che tutti i possibili assassini si mettono d'accordo. ■ DRAMMATICO; B/N; 92′; SVEZIA, 1966.

MORIRAI A MEZZANOTTE *(Desperate)* ★★★
Regia di ANTHONY MANN. Con STEVE BRODIE, RAYMOND BURR, AUDREY LONG. ■ Un poliziotto viene ucciso da un teppista. Un camionista si trova in mezzo al parapiglia che ne segue; il teppista viene arrestato. Ma costui ha un fratello gangster che se la prende col camionista, responsabile, secondo lui, della cattura del fratello. Il pover'uomo rischia la morte e anche la sua famiglia è minacciata. Alla resa dei conti finale è comunque il camionista ad avere la meglio. ■ DRAMMATICO; B/N; 73′; USA, 1947.

MORIRAI A MEZZANOTTE ★★
Regia di JOHN OLD JR. Con VALERIA D'OBICI, LEONARDO TREVIGLIO, LARA WENDEL. ■ Un pazzo assassino riempie di cadaveri la città. Si accavallano le ipotesi mentre continuano le scene di bassa macelleria fino ad un tentativo di colpo di scena finale. Film di una banalità sconcertante. ■ THRILLER; COL.; 89′; ITALIA, 1986.

MORIRANNO A MILIONI *(And Millions Will Die)* ★★
Regia di LESLIE H. MARTINSON. Con RICHARD BASEHART, LESLIE NIELSEN, SUSAN STRASBERG. ■ A Hong Kong, un misterioso criminale ha nascosto una bomba a tempo contenente un gas nervino che, diffuso dopo l'esplosione, può far fuori tutta la popolazione del Giappone e qualcosa anche della Cina. Uno scienziato e un nugolo di poliziotti ingaggiano una terribile battaglia contro il tempo per trovare l'ordigno infernale. ■ GIALLO; COL.; 90′; USA, 1973.

MORIRE A BELFAST *(The Outsider)* ★★
Regia di TONY LURASCHI. Con STERLING HAYDEN, PAT QUINN, CRAIG WASSON. ■ Un giovane americano infiammato dai racconti sulle gesta del nonno, eroe della ribellione irlandese, passa il mare per unirsi alle forze dell'Ira. Ma avrà molte fiere delusioni: i suoi nuovi compagni prima lo strumentalizzano poi cercano di fargli la pelle. E anche la leggenda del nonno si rivelerà fasulla. ■ DRAMMATICO; COL.; 128′; GRAN BRETAGNA, USA, 1981.

MORIRE ALL'ALBA *(Each Dawn I Die)* ★★
Regia di WILLIAM KEIGHLEY. Con JANE BRYAN, JAMES CAGNEY, GEORGE RAFT. ■ Coraggioso giornalista denuncia politicante corrotto, ma viene fatto condannare da questi a dieci anni di galera. Aiutato da un altro detenuto, il giornalista dimostra la propria innocenza. ■ DRAMMATICO; B/N; 84′; USA, 1939.

MORIRE A MADRID *(Mourir à Madrid)* ★★★
Regia di FRÉDÉRIC ROSSIF. ■ È un documentario sulla guerra civile spagnola. Rossif organizza molto bene il materiale dei cinegiornali, gran parte del quale è inedito. ■ DOCUMENTARIO; B/N; 85′; FRANCIA, USA, 1963.

MORIRE A ROMA – LA VITA IN GIOCO ★★
Regia di GIANFRANCO MINGOZZI. Con WILLIAM BERGER, GIULIO BROGI, MIMSY FARMER. ■ Dramma esistenziale di un giovane regista televisivo che, dopo un periodo di profonda crisi, riesce a dare un senso alla propria vita e alla propria attività. ■ DRAMMATICO; COL.; 92′; ITALIA, 1972.

MORIRE A VENT'ANNI *(Les longues années)* ★★
Regia di ANDRÉ TRANCHÉ. ■ La seconda guerra mondiale, il Vietnam ed altri conflitti narrati attraverso *reportage* cinematografici di effetto. ■ DOCUMENTARIO; B/N; 90′; FRANCIA, 1971.

MORIRE D'AMORE *(Mourir d'aimer)* ★★★
Regia di ANDRÉ CAYATTE. Con JEAN BOUISE, CLAUDE CERVAL, ANNIE GIRARDOT, JEAN-PAUL MOLLINOT, BRUNO PRADAL. ■ Tratto da un autentico episodio di cronaca, ecco la storia dell'amore "proibito" tra una professoressa di lingue, Danièle, e un suo alunno. Invano i due tentano di sfuggire alle regole di una società conformista. ■ DRAMMATICO; COL.; 100′; FRANCIA, 1970. ■ GOLDEN GLOBES 1 NOM.

MORIRE D'AMORE *(Fatal Love)* ★★
Regia di TOM MCLOUGHLIN. Con LEE GRANT, PERRY KING, MARTIN LANDAU, MOLLY RINGWALD, ROXANNA ZAL. ■ Dopo una sola esperienza a rischio una donna giovane e affascinante scopre di essere diventata sieropositiva. Da questo momento la sua vita e i suoi affetti rimangono sconvolti. Fino a quando le forze non glielo permetteranno continuerà a lottare. ■ DRAMMATICO; COL.; 100′; USA, 1991.

MORIRE DUE VOLTE *(Kill me Again)* ★★★
Regia di JOHN DAHL. Con VAL KILMER, MICHAEL MADSEN, JOANNE WHALLEY. ■ Una donna, insieme al suo complice-aman-

te, uccide un corriere della mafia e si porta via ottocentomila dollari. Poi ferisce il complice e fugge. Chiede aiuto a un detective privato malinconico (gli è appena morta la moglie), che accetta di farla sparire. La donna viene creduta morta. Il detective e l'avventuriera fuggono fra il Nevada e l'Arizona, seguiti dalla polizia, dalla mafia e dall'ex. Alla fine i conti tornano. Davvero molte le citazioni hitchcockiane (dalla musica alla macchina che affonda nell'acqua) in questo *tv movie* importato dalla Rai. Per una volta il prodotto non delude. Dunque può bastare qualche "trucco" e un buon *plot* per fare qualcosa di interessante. Nella parte del cattivo c'è Michael Madsen, l'insopportabile attore che faceva il compagno di Susan Sarandon in *Thelma & Louise*. ■ GIALLO; COL.; 94'; USA, 1990.

MORIRE PER AMORE *(When the Time Comes)* ★★
Regia di JOHN ERMAN. Con KAREN AUSTIN, BONNIE BEDELIA, BRAD DAVIS. ■ Una donna sulla trentina, sposata e con tre figli, è affetta da un male incurabile. Vorrebbe morire a casa sua tra i cari. Ma i medici la costringono praticamente a starsene in ospedale. Lei allora manda a chiamare il marito e i figli per un ultimo saluto. ■ DRAMMATICO; COL.; 96'; USA, 1987.

MORIRE PER GIOCO *(Shakma)* ★★
Regia di HUGH PARKS. Con CHRISTOPHER ATKINS, ARI MEYERS, TYPHOON, AMANDA WYSS. ■ Ennesima sperimentazione scientifica che finisce fuori controllo: studiando gli effetti di un nuovo farmaco neurotropo su di un babbuino, questo finisce per mostrare un'aggressività incontrollabile. ■ HORROR; COL.; 97'; USA, 1990.

MORITURI, I *(Morituri)* ★★
Regia di BERNHARD WICKI. Con MARLON BRANDO, YUL BRYNNER, WALLY COX, JANET MARGOLIN. ■ Guerra di spie, nel pieno della seconda guerra mondiale, a bordo di un mercantile tedesco che trasporta materiale bellico. Il comandante ha l'ordine di autoaffondare la nave in caso di cattura, mentre il rivale deve impedirlo. Ma sarà proprio quest'ultimo a far saltare in aria il cargo. ■ GUERRA; B/N; 123'; USA, 1965. ■ OSCAR 2 NOM.

MORNING MAN *(The Morning Man)* ★★
Regia di DANIEL SUISSA. Con BRUNO DOYON, ALAN FAWCETT, KERRIE KEANE. ■ La storia vera di un detenuto canadese che riesce a fuggire dalla prigione dove scontava una pena di vent'anni. Trova rifugio presso una dottoressa che lo redime. L'evaso si mette a vivere onestamente e diventa il disc-jockey di una stazione radio. Poi decide spontaneamente di costituirsi. ■ DRAMMATICO; COL.; 93'; CANADA, 1987.

MORO NO BRASIL ★★★★
Regia di MIKA KAURISMÄKI. ■ Nel 1982 per la partita Italia-Brasile finita gloriosamente con una nostra vittoria, i "giallo-oro" si erano organizzati con strumenti di ogni tipo per suonare il samba in onore della loro nazionale, e sulle *Ramblas* di Barcellona si ballava liberamente seguendo la *torcida brasileira* che aveva conquistato la città. *Moro no Brasil*, che semplicemente significa "io vivo in Brasile", è un'ora e tre quarti di pura *saudade*. La poesia di un mondo raccontata da un cineasta nordico che non ha esitato un solo momento nel decidere di condividerne la vita e raccontarne la vera anima. ■ DOC. MUSICALE; COL.; 105'; BRASILE, FINLANDIA, GERMANIA, 2002.

MORSA, LA *(The Steel Trap)* ★★
Regia di VAL GUEST. Con DIANE CILENTO, JEAN-CLAUDE DAUPHIN, RONALD LEWIS. ■ Psichiatra tenta di far impazzire il marito della donna che ama. Ma fa una brutta fine, e la coppia ritrova la pace e la serenità perduta. ■ DRAMMATICO; B/N; 109'; GRAN BRETAGNA, 1960.

MORSA D'ACCIAIO, LA *(The Steel Trap)* ★★
Regia di ANDREW L. STONE. Con JOSEPH COTTEN, TERESA WRIGHT. ■ Sedotto dal miraggio della ricchezza, funzionario di banca ruba un milione di dollari e fugge con la moglie, ignara, a Rio de Janeiro. Ma l'onesta consorte lo convince a riportare indietro il malloppo prima che il furto venga scoperto. ■ DRAMMATICO; B/N; 85'; USA, 1952.

MORSA SI CHIUDE, LA *(Loophole)* ★★★
Regia di HAROLD SCHUSTER. Con DOROTHY MALONE, CHARLES MCGRAW, BARRY SULLIVAN. ■ Rapinano una banca e un cassiere è sospettato di complicità. La polizia si convince che è innocente, ma un detective delle assicurazioni no, e bracca implacabilmente il poveraccio. Questi dovrà darsi da fare per riuscire a trovare il vero rapinatore. ■ GIALLO; B/N; 79'; USA, 1953.

MORSO DEL PIPISTRELLO, IL *(The Bat People)* ★★
Regia di JERRY JAMESON. Con MARIANNE MCANDREW, STEWART MOSS, MICHAEL PATE. ■ Tragica luna di miele di uno sventurato dottore. Un pipistrello lo morde. La ferita si rimargina, ma gli effetti collaterali rimangono. Il poverino è destinato a diventare un vampiro. ■ HORROR; COL.; 90'. USA, 1974.

MORSO DEL RAGNO, IL *(Le cercle des passions)* ★★
Regia di CLAUDE D'ANNA. Con MARCEL BOZZUFFI, GIULIANO GEMMA, MAX VON SYDOW. ■ In Sicilia, negli anni Cinquanta, un giovane italo-americano si innamora pazzamente di una aristocratica, votata all'autodistruzione. Grosso melodramma di un regista che si crede Buñuel, ma difetta di quel feroce sarcasmo che illuminava anche le opere più mercenarie del regista di *Tristana*. Cervellotica la scelta del cast (anche se von Sydow, incredibilmente, riesce ad essere a tratti plausibile come principe siciliano). ■ DRAMMATICO; COL.; 91'; FRANCIA, ITALIA, 1983.

MORTACCI ★★
Regia di SERGIO CITTI. Con VITTORIO GASSMAN, MALCOLM MCDOWELL, MARIANGELA MELATO. ■ Non stanno poi tanto male i defunti di un cimitero romano. Anzi hanno un aspetto migliore dei vivi che li vengono a visitare quasi tutti i giorni. Sono una numerosa e simpatica compagnia (c'è anche il mitico marchese del Grillo) destinata ovviamente a diventare sempre più numerosa. Un altro grottesco romanesco di Sergio Citti, pieno di spunti vivaci ma drammaticamente irrisolto, come quasi tutti i film del regista capitolino. ■ COMMEDIA; COL.; 102'; ITALIA, 1989.

MORTADELLA, LA ★★
Regia di MARIO MONICELLI. Con BEESON CARROLL, WILLIAM DEVANE, DANNY DEVITO, SOPHIA LOREN, LUIGI PROIETTI. ■ Una popolana napoletana, Maddalena Ciarrapico, resta bloccata all'aeroporto di New York, dove si è recata per raggiungere il fidanzato, a causa di una mortadella che per la legge americana non può passare la dogana. Intorno alla vicenda nasce quasi un caso nazionale, alimentato da un giornalista che sfrutta l'episodio. ■ COMMEDIA; COL.; 109'; ITALIA, 1971.

MORTALE TRAPPOLA DI BELFAGOR, LA ★★
(La malédiction de Belphégor)
Regia di GEORGES COMBRET. Con ALDO BONAMANO, DOMINIQUE BOSCHERO, RAYMOND BUSSIÈRES, PAUL GUERS, RAYMOND SOUPLEX. ■ Cinque autori di un'opera teatrale sul demone Belfagor vengono uccisi da un fanatico che ne porta il nome. Una giornalista risolve il caso. ■ GIALLO; COL.; 92'; ITALIA, 1968.

MORTAL KOMBAT ★★
Regia di PAUL ANDERSON. Con LINDEN ASHBY, CHRISTOPHER LAMBERT, CARY-HIROYUKI TAGAWA. ■ C'è uno stregone cattivo: se prenderà il potere la terra sarà distrutta. Forze buone contro quelle cattive. Vincono le prime. Nonostante in Usa il film sia stato un caso, a noi sembra del tutto inutile. ■ FANTASTICO; COL.; 100'; USA, 1995.

MORTAL KOMBAT – DISTRUZIONE TOTALE ★
(Mortal Kombat)
Regia di JOHN R. LEONETTI. Con ROBIN SHOU, TALISA SOTO. ■ I cattivi di Outworld, dopo aver perso nel primo *Mortal* il duello coi terrestri, tornano alla carica per l'nvasione del mondo. Leonetti ha sostituito Paul Anderson alla regia, e Lambert-colui-che-non-ha-mai-fatto-un-film-tollerabile è uscito dal cast. Nonostante ciò tutto è peggiorato. ■ FANTASTICO; COL.; 103'; USA, 1998.

MORTA STAGIONE DELL'AMORE, LA ★★★
(La morte saison des amours)
Regia di PIERRE KAST. Con FRANÇOISE ARNOUL, DANIEL GÉLIN, FRANÇOISE PRÉVOST, PIERRE VANECK. ■ Michel, ricco sindaco di un paese della Borgogna, sta per fuggire con la moglie d'uno scrittore. Ma costei, Geneviève, all'ultimo momento fa marcia indietro: è ancora innamorata del marito. ■ DRAMMATICO; B/N; 104'; FRANCIA, 1961.

MORTE ACCAREZZA A MEZZANOTTE, LA ★★
Regia di LUCIANO ERCOLI. Con SIMÓN ANDREU, CARLO GENTILI, PETER MARTELL, SUSAN SCOTT, IVANO STACCIOLI. ■ L'assassinio di una donna viene scambiato dalla polizia per suicidio. Ma una ragazza, sotto l'effetto di una particolare droga, "sogna" la verità. L'assassino vuole farla tacere. ■ GIALLO; COL.; 91'; ITALIA, 1972.

MORTE AL LAVORO, LA ★★★
Regia di GIANNI AMELIO. Con FAUSTA AVELLI, EVA AXEN, CLARA COLOSIMO, FEDERICO PACIFICI. ■ Col sottotitolo *L'ultima scena*, si tratta di un lavoro per la tv vagamente ispirato a *Il ragno*, racconto di Ewers. Alex è un giovane che dopo tanto cercare ha trovato un appartamento in affitto in centro città, dopo il suicidio di un attore che ci abitava. La casa è antica e signorile e ci sono molti oggetti a ricordare il suicida: quindi l'atmosfera non è delle più rilassanti. Uscito a due anni di distanza da *L'inquilino del terzo piano* di Roman Polanski. ■ DRAMMATICO; COL.; 90'; ITALIA, 1978.

MORTE ALLE CALCAGNA, LA *(Out of Bounds)* ★★
Regia di RICHARD TUGGLE. Con ANTHONY MICHAEL HAIL, JEFF KOBER, JENNY WRIGHT. ■ Tutti i guai di Daryl derivano dal fatto di aver ritirato per sbaglio all'aeroporto una sacca rossa simile alla sua, piena di eroina. Presto il boss della droga Ray Gaddis è alle sue calcagna e lo perseguita uccidendogli prima il fratello e la di lui moglie, poi tallonando Daryl e Dizz, una cameriera che lo aiuta. Dopo inseguimenti e pericolose avventure, Daryl, dopo aver eliminato il criminale, consegna la droga alla polizia. ■ POLIZIESCO; COL.; 93'; USA, 1986.

MORTE AL TELEFONO, LA *(Murder C.O.D.)* ★
Regia di ALAN METZGER. Con WILLIAM DEVANE, PATRICK DUFFY. ■ Un capitano di polizia dà la caccia a un killer psicopatico che lavora in modo un po' contorto: di solito spia due persone in forte contrasto, uccide quella che crea il problema facendosi poi pagare la prestazione dall'altra. L'assassino se la prende allora con la moglie del poliziotto, ma farà una brutta fine. ■ THRILLER; COL.; 91'; USA, 1990.

MORTE AL TRAGUARDO *(Cracket Up)* ★★
Regia di KAREN ARTHUR. Con EDWARD ASNER, JAMES WILDER. ■ Il protagonista cerca il classico posto al sole nel mondo di Hollywood, ma cade nel giro della droga con scarse soddisfazioni e un mare di guai. ■ DRAMMATICO; COL.; 100'; USA, 1987.

MORTE APPARENTE *(Almost Dead)* ★★
Regia di RUBEN PREUSS. Con JOHN DIEHL, SHANNEN DOHERTY, COSTAS MANDYLOR, WILLIAM R. MOSES. ■ La Doherty (*Beverly Hills 90210*) è una psichiatra emergente che comincia a perdere il contatto con la realtà a causa del ricordo ossessivo della madre, morta suicida anni addietro. Mandylor (*L'impero del crimine*) è il poliziotto che accompagna la ragazza nel suo viaggio allucinante. ■ THRILLER; COL.; 96'; USA, 1994.

MORTE ARRIVA CON LA VALIGIA BIANCA, LA ★★★
(Hickey and Boggs)
Regia di ROBERT CULP. Con ROSALIND CASH, BILL COSBY, ROBERT CULP, BERNARD NEDELL. ■ Due scalcinati investigatori privati, il nero Hickey e il bianco Boggs, sono sulle tracce di una banda di rapinatori che ha involato un grisbi rubato da un'altra gang a una banca. Le indagini sono seminate di morti. Regolamento finale di conti su una spiaggia solitaria, con massacro dei fuorilegge e vittoria (amara) dei due. ■ GIALLO; COL.; 111'; USA, 1972.

MORTE ARRIVA STRISCIANDO, LA *(The Reptiles)* ★★
Regia di JOHN GILLING. Con RAY BARRETT, JENNIFER DANIEL, JACQUELINE PEARCE, NOËL WILLMAN. ■ Un misterioso aristocratico proveniente dall'India si stabilisce in Cornovaglia con la bruna figliola. Una serie di strani delitti porta la gente del posto a pensare che l'aristocratico sia un assassino. Invece è la sua ragazza che un misterioso sortilegio trasforma in un rettile. Il padre cerca di impedirle di commettere un nuovo omicidio. Ma ci rimette anche lui la pelle. ■ HORROR; COL.; 90'; GRAN BRETAGNA, 1966.

MORTE A 33 GIRI *(Trick of Treat)* ★★
Regia di CHARLES MARTIN SMITH. Con TONY FIELDS, LISA ORGOLIN, MARC PRICE. ■ Un divo del rock muore in un incendio, ma si materializza di nuovo, compiendo stragi, grazie ad un disco fatto girare al contrario da un suo fan, che l'ha conservato come una reliquia. Lo scatenato zombi sarà infine definitivamente distrutto con la distruzione della matrice del disco, durante un'incursione in una stazione televisiva. ■ HORROR; COL.; 97'; USA, 1987.

MORTE A VENEZIA ★★★★
Regia di LUCHINO VISCONTI. Con BJÖRN ANDRESEN, MARISA BERENSON, DIRK BOGARDE, SILVANA MANGANO, NORA RICCI, ROMOLO VALLI, CAROLE ANDRÉ. ■ Rivisitazione in chiave viscontiana del famoso racconto di Thomas Mann. Siamo agli inizi del Novecento. Gustav von Aschenbach, musicista tedesco di mezza età in grave crisi spirituale, si reca in vacanza a Venezia. Al sontuoso Hotel des Bains del Lido fa conoscenza con una numerosa famiglia aristocratica polacca e rimane fortemente colpito dalla presenza dell'efebico figlio maschio, un adolescente di nome Tadzio, nel quale Aschenbach sembra trovare quell'ideale estetico che ha tenacemente perseguito per tutta la vita. Il turbamento sempre più incontrollato che prova per il giovinetto gli impedisce di partirsene dalla città, minacciata da un'epidemia di colera che le autorità cittadine tentano con ogni mezzo di tener nascosta per non compromettere la stagione turistica. Aschenbach morirà solitario, su una sedia a sdraio davanti al mare, dopo aver salutato con lo sguardo per l'ultima volta l'inquietante Tadzio. Un'opera molto discussa del regista milanese, accusata da taluni di palese travisamento dell'originale ma da tutti lodata per la perfetta ricostruzione ambientale. ■ DRAMMATICO; COL.; 120'; ITALIA, 1971. ■ CANNES 1 PR; DAVID DI DONATELLO 1 PR, 1 NOM; OSCAR 1 NOM.

MORTE AVRÀ I TUOI OCCHI, LA *(The Caller)* ★★
Regia di ARTHUR ALLAN SEIDELMAN. Con MALCOLM MCDOWELL, MADELINE SMITH. ■ Uno sconosciuto si presenta in una casa isolata dove vive una bella ragazza. L'interroga, la tormenta. Forse è un poliziotto che vuole incastrarla, forse è un assassino che gioca a gatto e topo. La donna esasperata lo uccide. Ma lo sconosciuto era un androide. Poco dopo se ne presenta un altro con le stesse sembianze. La contesa ricomincia. ■ DRAMMATICO; COL.; 96'; USA, 1987.

MORTE AZZURRA, LA *(The Best Man Wins)* ★★
Regia di ERLE C. KENTON. Con JACK HOLT, EDMUND LOWE, FLORENCE RICE. ■ Due amici si guadagnano la vita facendo i palombari. Ma durante una pericolosa immersione, uno perde un braccio. Tenta di continuare il suo lavoro, ma non ce la fa. Allora si aggrega a un gruppo di persone poco pulite, che un giorno lo uccidono mentre è in immersione. L'amico lo vendicherà. ■ AVVENTURA; B/N; 90'; USA, 1934.

MORTE BUSSA DUE VOLTE, LA ★★
Regia di HARALD PHILIPP. Con ANITA EKBERG, DEAN REED, FABIO TESTI. ■ Una rissa tra un uomo e una donna viene osservata da due testimoni. L'indomani la poverina è trovata morta. Ma i due non parleranno, anche perché pensano di ricattare il litigante maschio, personaggio importante e danaroso. Ci provano, ma ci rimettono tutti la pelle. ■ GIALLO; COL.; 91'; GERMANIA, ITALIA, 1971.

MORTE CAMMINA CON I TACCHI ALTI, LA ★★
Regia di LUCIANO ERCOLI. Con SIMÓN ANDREU, GEORGES RIGAUD, SUSAN SCOTT, FRANK WOLFF. ■ Una ballerina, figlia di un ladro di diamanti, viene terrorizzata a più riprese da un misterioso uomo mascherato. Costui vuole sapere dove è nascosta una partita di preziosi che il padre della ragazza involò poco prima di morire. La ballerina scappa in Inghilterra, ma lì viene uccisa. Sospettato numero uno è l'ex fidanzato. Ma non è lui l'omicida. ■ GIALLO; COL.; 93'; ITALIA, 1971.

MORTE CAVALCA A RIO BRAVO, LA ★★★
(Deadly Companions)
Regia di SAM PECKINPAH. Con STEVE COCHRAN, BRIAN KEITH, MAUREEN O'HARA, CHILL WILLS. ■ Rio Bravo è la destinazione di un quartetto di avventurieri e disperati: una ballerina di saloon che va a seppellirvi il figlioletto morto in una sparatoria, un pistolero, un ex sergente che vuole vendicarsi dell'uomo che lo scotennò qualche anno prima e un vecchio ubriacone che si rive-

lerà come lo scotennatore. Molte sparatorie. Rimangono vivi solo la donna e l'ex sergente. ■ WESTERN; COL.; 90′; USA, 1961.

MORTE CIVILE, LA ★★★
Regia di FERDINANDO MARIA POGGIOLI. Con RENATO CIALENTE, CARLO NINCHI, VITTORIO SANIPOLI, DINA SASSOLI. ■ Protagonista è un pittore in cattive acque che in un accesso d'ira uccide preterintenzionalmente il cognato. Viene condannato e della sua famiglia si prende cura un amico medico. Dopo qualche anno il condannato ritrova la libertà, va alla ricerca dei suoi cari, ma trova che ormai il medico ha preso il suo posto nella scala degli affetti. Affranto il poveraccio si suicida. ■ DRAMMATICO; B/N; 85′; ITALIA, 1940.

MORTE COLPISCE A TRADIMENTO, LA ★★★
(Whispering Smith Hits London)
Regia di FRANCIS SEARLE. Con RONA ANDERSON, RICHARD CARLSON, HERBERT LOM. ■ Smith, investigatore americano, capita a Londra per turismo. Ma una graziosa ragazza, segretaria di un pezzo grosso, lo ingaggia subito perché ritrovi la figlia del pezzo grosso scomparsa, forse uccisa. Smith si mette al lavoro e scopre una banda di ricattatori tra i conoscenti del magnate. Crede di sapere chi è il capo e invece ne scoprirà l'identità solo alla fine: una grossa sorpresa. ■ GIALLO; B/N; 90′; GRAN BRETAGNA, 1953.

MORTE CORRE INCONTRO A JESSICA, LA ★★
(Let's Scare Jessica to Death)
Regia di JOHN HANCOCK. Con GRETCHEN CORBETT, ZOHRA LAMPERT, KEVIN O'CONNOR. ■ La casa non è una dolce casa per Jessica che ritorna all'ovile dopo un bell'esaurimento nervoso. Misteriose apparizioni le turbano ulteriormente la mente. Senza contare un cadavere ambulante e una coppia di vampiri. Interessante, ma non molto riuscita escursione nell'horror di un regista di pretese intellettuali. ■ HORROR; COL.; 92′; USA, 1971.

MORTE CORRE SUL FIUME, LA ★★★★
(The Night of the Hunter)
Regia di CHARLES LAUGHTON. Con LILLIAN GISH, PETER GRAVES, ROBERT MITCHUM, SHELLEY WINTERS. ■ Harry Powell, pastore protestante, uccide alcune vedove per denaro. Uccide anche Willa Harper, ma i suoi due figlioletti gli danno filo da torcere. Riescono a fuggire da lui allontanandosi sul fiume con una barca. In loro soccorso giunge una cara vecchietta, Rachel, che dà rifugio ai bambini abbandonati. Grande fiaba orrorifica, più per atmosfera che per scene violente, resa convincente da una regia secca e originale. Harry come orco, Rachel come fata e i due fratelli come Hansel e Gretel. La fotografia in bianco e nero di Stanley Cortez è una festa per gli occhi. Le inquadrature grazie alle luci maniacalmente posizionate sono una rilettura dell'espressionismo. Stupenda la sequenza in cui il vecchio scopre il cadavere di Willa, interpretata volutamente sopra le righe da Shelley Winters. La donna è legata alla guida dell'auto sul fondo del fiume e i suoi capelli lunghi si confondono con le alghe. Prima e unica regia dell'attore Charles Laughton che, con grande misoginia, mostra quasi tutte le figure femminili come ingenue e stupide. Si salva solo Rachel, interpretata da una grande Lillian Gish. Atto d'accusa contro il fanatismo nella religione cristiana e i falsi profeti, con riferimento al Sud degli Stati Uniti. Forse la più grande e sfaccettata interpretazione di Mitchum, che sette anni dopo, ne *Il promontorio della paura*, si calerà in un personaggio molto simile. Tratto dal romanzo di Davis Grubb e girato in poco più di un mese. Laughton, a causa dell'insuccesso commerciale, non poté realizzare la sua trasposizione de *Il nudo e il morto* di Mailer. Oggetto di culto di molti cinefili è citato apertamente da Neil Jordan nel suo *In compagnia dei lupi*. ■ DRAMMATICO; B/N; 90′; USA, 1955.

MORTE DALL'OCCHIO DI CRISTALLO, LA ★★
(Die Monster Die)
Regia di DANIEL HALLER. Con NICK ADAMS, BORIS KARLOFF, PATRICK MAGEE. ■ Da un racconto di Lovecraft. Sulla vecchia casa inglese dei Witley pesa una maledizione. Un giovanotto in visita è scettico, ma ben presto deve cedere all'evidenza dei fatti. La colpa è di un meteorite che trasforma, con le sue radiazioni, uomini in mostri, animali e piante. ■ HORROR; COL.; 81′; USA, 1965.

MORTE DIETRO IL CANCELLO, LA *(Asylum)* ★★★
Regia di ROY WARD BAKER. Con PETER CUSHING, ROBERT POWELL, CHARLOTTE RAMPLING, RICHARD TODD. ■ In una clinica per malati di mente, un dottorino ascolta da tre pazienti altrettante storie terrificanti e infine viene orribilmente ucciso proprio dal direttore del manicomio. ■ HORROR; COL.; 88′; GRAN BRETAGNA, 1972.

MORTE DIETRO LA PORTA, LA *(Dead of Night)* ★
Regia di BOB CLARK. Con RICHARD BACKUS, HENDERSON FURSYTHE, JOHN MARLEY. ■ Ancy muore in Vietnam ma un giorno torna in famiglia. Chiunque abbia a che fare con lui muore. Si scopre che il ragazzo è un morto che vive solo per il grande amore che ha per sua madre e le morti sono dovute al fatto che ha bisogno di sangue umano per nutrirsi. Strage finale. ■ HORROR; COL.; 90′; CANADA, 1972.

MORTE DI MARIO RICCI, LA ★★★
(La mort de Mario Ricci)
Regia di CLAUDE GORETTA. Con HEINZ BENNENT, MIMSY FARMER, GIAN MARIA VOLONTÉ. ■ Bernardo Fontana, giornalista televisivo, arriva in un piccolo paesino della Svizzera francese per intervistare un sociologo tedesco, esperto di fame nel mondo. La sua curiosità professionale, però, viene destata anche dalla morte di Mario Ricci, un giovane immigrato italiano perito in un misterioso incidente automobilistico. ■ DRAMMATICO; COL.; 101′; SVIZZERA, 1982. ■ CANNES 1 PR.

MORTE DI MIKEL, LA *(La muerte de Mikel)* ★★★
Regia di IMANOL URIBE. Con IMANOL ARIAS, XAVIER ELORRIEGA, MONTSERRAT SALVADOR. ■ Indubbiamente uno dei migliori film spagnoli degli anni Ottanta. Mikel è un uomo sposato. Fa il farmacista in un villaggio basco e milita nel movimento nazionalista. La scoperta della propria omosessualità e la passione che lo travolge sconvolgeranno la sua vita pubblica e privata, con le più tragiche conseguenze. ■ DRAMMATICO; COL.; 92′; SPAGNA, 1984.

MORTE DI TROPPO, UNA *(Poulet au vinagre)* ★★★
Regia di CLAUDE CHABROL. Con STÉPHANE AUDRAN, MICHEL BOUQUET, JEAN POIRET. ■ In un piccolo centro di provincia, il dissidio fra un postino e alcuni speculatori edilizi deflagra in un episodio di violenza. Ci scappa un morto, uno dei nemici del postino. Un poliziotto parigino (che si spaccia per turista qualunque) indaga. Avrà il suo bel daffare. Una catena di delitti ha preso il via. Primo film della serie sull'ispettore Lavardin ideata da Claude Chabrol. ■ GIALLO; COL.; 110′; FRANCIA, 1985.

MORTE DI UNA CAROGNA *(Mort d'un pourri)* ★★★
Regia di GEORGES LAUTNER. Con STÉPHANE AUDRAN, ALAIN DELON, KLAUS KINSKI, ORNELLA MUTI, MAURICE RONET. ■ Il deputato Dubaye uccide Serrano, un suo disonesto collega, e prega l'amico Maréchal di fornirgli un alibi. Non è che l'inizio di una sanguinosa catena di delitti: molta gente teme il ritrovamento di un compromettente taccuino di Serrano. Maréchal si trova suo malgrado coinvolto nella vicenda: sarà egli stesso a risolvere l'enigma. ■ POLIZIESCO; COL.; 120′; FRANCIA, 1977.

MORTE DI UN AMICO ★★
Regia di FRANCO ROSSI. Con FANFULLA, SPIROS FOCAS, GIANNI GARKO, ANGELA LUCE, DIDI PEREGO. ■ Ancora i "ragazzi di vita" di ispirazione pasoliniana. Protagonisti sono due amici che vivono d'espedienti, facendosi mantenere. Uno però aspira a una vita più pulita con fidanzatine e lavoro come si deve. Sta per concretare il sogno ma non se la sente di abbandonare il compare impegnatosi per un colpo ladresco. Il colpo va male ed è il giovanotto "quasi per bene" a rimetterci la pelle. ■ DRAMMATICO; B/N; 94′; ITALIA, 1960.

MORTE DI UN BANDITO ★★
Regia di GIUSEPPE AMATO. Con GIORGIO ALBERTAZZI, SERGIO FANTONI, FRANCISCO RABAL. ■ Rievocazione romanzata della morte del famoso bandito Salvatore Giuliano, impersonato da Francisco Rabal. ■ DRAMMATICO; B/N; 93′; ITALIA, 1961.

MORTE DI UN COMMESSO VIAGGIATORE ★★★★
(Death of a Salesman)
Regia di LÁSZLÓ BENEDEK. Con MILDRED DUNNOCK, FREDRIC MARCH, KEVIN MCCARTHY, CAMERON MITCHELL. ■ Willy è il

commesso del titolo, un *pater familias* che è andato avanti tutta la vita nella certezza di un bell'avvenire per sé e i suoi figli. Ma i ragazzi l'hanno deluso e lui a sessant'anni si sente fallito. Cercherà la morte in un incidente stradale, in modo che la famiglia possa riscuotere il premio dell'assicurazione. ■ DRAMMATICO; B/N; 112'; USA, 1952. ■ OSCAR 5 NOM; VENEZIA 1 PR.

MORTE DI UN COMMESSO VIAGGIATORE ★★★
(Death of a Salesman)
Regia di VOLKER SCHLÖNDORFF. Con DUSTIN HOFFMAN, JOHN MALKOVICH, KATE REID. ■ Trasposizione cinematografica del celeberrimo dramma teatrale di Arthur Miller. Willy Loman (un misurato e attento Hoffman reduce dai successi sul palcoscenico di Broadway) è il viaggiatore di commercio invecchiato e sconfitto il cui sogno di successo si è invece risolto in un fallimento professionale e affettivo: solo il suicidio potrà servire a risollevare amaramente parte della situazione. Schlöndorff confeziona un prodotto di alta e sicura classe nel rispetto delle tematiche e delle atmosfere di Miller. Eccellente la prova di recitazione non solo di Hoffman ma di tutto il cast, soprattutto dell'allora giovane John Malkovich. ■ DRAMMATICO; COL.; 130'; USA, 1985.

MORTE DI UN GANGSTER ★★
(The Gambler and the Lady)
Regia di SAM NEWFIELD. Con KATHLEEN BYRON, DANE CLARK. ■ Un ex gangster americano si trasferisce a Londra e fa fortuna con le case da gioco. Ma ha la debolezza di innamorarsi di una signora dell'alta società. Da quel momento tutte le cose gli vanno storte. ■ GIALLO; B/N; 74'; GRAN BRETAGNA, 1954.

MORTE DI UN MAESTRO DEL TÈ *(Sen No Rikyu)* ★★★
Regia di KEI KUMAI. Con TOSHIRO MIFUNE, EIJI OKUDA, KINNOSUKE YOROZUYA. ■ Un film che ha diviso la critica alla Mostra di Venezia del 1989 e ha ricevuto *ex aequo* con un film portoghese il Leone d'Argento. Uno dei più fedeli discepoli di Sen No Rikyu, grande maestro del tè, vive ancora del ricordo di ciò che il suo istruttore gli ha insegnato. Viene invitato un giorno da Uraku, un altro discepolo, all'inaugurazione di una nuova sala da tè perché quest'ultimo vuole un aiuto nella ricostruzione dell'ultimo periodo di vita del maestro e conoscere le cause che lo portarono a fare harakiri. Molto tradizionale nello spirito del cinema giapponese, il film ha una sua bellezza pur rimanendo su toni freddi e intellettuali. ■ DRAMMATICO; COL.; 108'; GIAPPONE, 1989. ■ VENEZIA 1 PR.

MORTE DI UN MATEMATICO NAPOLETANO ★★★
Regia di MARIO MARTONE. Con ANNA BONAIUTO, RENATO CARPENTIERI, CARLO CECCHI. ■ Pretenzioso e trascurabile, è diventato un "caso" per molta critica e ha vinto il Premio Speciale della giuria a Venezia. Doveva essere la biografia di Caccioppoli, un grande e innovativo matematico napoletano, ma fino all'inaugurazione della Mostra tutto era stato tenuto sul generico. Il vasto pubblico che ignora ciò che ha rappresentato il personaggio in questione lo vede come un ubriacone, disilluso e autore di frasi di ingenua saggezza (gemme sparse per annebbiare il giudizio critico). Bravo l'attore Carlo Cecchi (anche se recita teatralmente) e brava Anna Bonaiuto (che si vede troppo poco). Suggestiva la musica. Tre stelle per gli ultimi citati. ■ DRAMMATICO; COL.; 108'; ITALIA, 1992. ■ DAVID DI DONATELLO 1 PR, 1 NOM; VENEZIA 2 PR.

MORTE DI UN OPERATORE ★★★
Regia di FALIERO ROSATI. Con DANIELE GRIGIO, REMO REMOTTI. ■ Molto particolare e interessante, questo lungometraggio girato per la televisione è ambientato durante l'estate del 1967 mentre viene combattuta la guerra arabo-israeliana. Un operatore televisivo svedese viene trovato morto con accanto la macchina da presa e alcune pellicole in cattivo stato; l'unica in grado di essere proiettata è quella ancora nella macchina, l'ultima. Così vengono ripercorse le ultime immagini della vita dell'operatore, o meglio le ultime girate in vita. Un dramma esistenziale che non crea spettacolo ma fa pensare. ■ DRAMMATICO; COL.; 85'; ITALIA, 1978.

MORTE DI UN PROFESSORE ★★
(Unman, Wittering and Zigo)
Regia di JOHN MACKENZIE. Con DAVID HEMMINGS, DOUGLAS WILMER. ■ Ammazzano in un college-bene un vecchio professore. Ne arriva uno giovane e non si fa intimorire da quelle carognette dei suoi allievi. Rischia la pelle anche lui e la sua signora subisce una violenza carnale, ma alla fine riesce a porre fine al clima di terrore all'interno del college. ■ DRAMMATICO; COL.; 104'; GRAN BRETAGNA, 1972.

MORTE È DI MODA, LA ★★
Regia di BRUNO A. GABURRO. Con ANTHONY FRANCIOSA, THERESA LEOPARD, MILES O'KEEFFE. ■ Una bella indossatrice capitata per caso in una villa solitaria assiste a un delitto. Ricoverata all'ospedale in stato di choc, racconta alla polizia ciò che ha visto ma non viene creduta (la villa è deserta da vent'anni). Alla fine un commissario e uno psichiatra cominciano a pensare che qualcosa sia vero. ■ GIALLO; COL.; 80'; ITALIA, 1989.

MORTE È DISCESA A HIROSHIMA, LA ★★★
(The Beginning of the End)
Regia di NORMAN TAUROG. Con JOSEPH CALLEIA, BRIAN DONLEVY, TOM DRAKE, AUDREY TOTTER, ROBERT WALKER. ■ La storia della costruzione e del lancio della prima bomba atomica (quella che, distruggendo Hiroshima, pose fine alla seconda guerra mondiale). Naturalmente la chiave è di tipo propagandistico-celebrativo. ■ GUERRA; B/N; 92'; USA, 1948.

MORTE È DISCESA TROPPO PRESTO, LA ★★
(L'envers du paradis)
Regia di EDMOND T. GRÉVILLE. Con ETCHIKA CHOUREAU, JACQUES SERNAS, ERIC VON STROHEIM. ■ Una ragazza è condannata da un male incurabile. Quando lo sa, decide di prendersi qualche spasso. Come far l'amore con l'uomo che ama. Costui però ha una moglie che, venuta a sapere del convegno, tenta di uccidere il consorte. Ma rimane uccisa lei, accidentalmente. La ragazza si prende la colpa. Ma subito dopo muore, mentre un poliziotto riesce ad appurare la sua innocenza. ■ DRAMMATICO; B/N; 96'; FRANCIA, 1952.

MORTE E LA FANCIULLA, LA ★★
(Death and the Maiden)
Regia di ROMAN POLANSKI. Con BEN KINGSLEY, SIGOURNEY WEAVER, STUART WILSON. ■ Film da camera per Weaver e Kingsley con una storia che ha origine dal dramma di Ariel Dorfman. Si rivisita il rapporto tra Paulina Escobar e il suo torturatore Roberto Miranda. Verità e menzogna si alternano in un gioco al massacro che Polanski cerca di governare mostrando qualche incertezza. ■ DRAMMATICO; COL.; 103'; FRANCIA, GRAN BRETAGNA, USA, 1994.

MORTE È UNA CAREZZA, LA *(Døden er et kjærtegn)* ★★
Regia di EDITH CARLMAR. Con BJØRG RIISER-LARSEN, INGOLF ROGDE, GISLI STRAUME, EINAR VAAGE, CLAUS WIESE. ■ La ricca e mondana Sonja seduce Erik, giovane e attraente meccanico, quando porta la propria auto nel suo garage. Attratti subito reciprocamente, decidono ben presto di troncare le loro precedenti relazioni (Erik è fidanzato con Marit; Sonja è sposata con un noioso uomo d'affari) per andare a vivere insieme. ■ DRAMMATICO; COL.; 92'; NORVEGIA, 1949.

MORTE HA FATTO L'UOVO, LA ★★
Regia di GIULIO QUESTI. Con EWA AULIN, GINA LOLLOBRIGIDA, JEAN SOBIESKI, JEAN-LOUIS TRINTIGNANT. ■ Una diabolica coppia per eliminare i cugini, ricchi proprietari d'un allevamento di polli, architetta un terribile piano: uccidono lei in modo che lui sia accusato d'uxoricidio. Il marito, però, morirà nel tentativo di far sparire il cadavere che lo accusa triturandolo nella macina del mangime, e la polizia arresterà i veri colpevoli. ■ DRAMMATICO; COL.; 90'; ITALIA, 1968.

MORTE HA SORRISO ALL'ASSASSINO, LA ★
Regia di JOE D'AMATO (pseud. di ARISTIDE MASSACCESI). Con EWA AULIN, KLAUS KINSKI, GIACOMO ROSSI STUART. ■ Si tratta di un giallo condotto con la tecnica del documentario. ■ DRAMMATICO; COL.; 91'; ITALIA, 1973.

MORTE HA VIAGGIATO CON ME, LA ★★
Regia di MARCELLO BALDI, JOSÉ ANTONIO DE LA LOMA. Con LYDIA ALFONSI, KATIA LORITZ, AMEDEO NAZZARI. ■ Un ex camionista è tormentato dai rimorsi: la sua agiatezza è dovuta, infatti, a un delitto. Anche la moglie lo comincia a disprezzare poi-

ché è stata testimone del fatto. L'annuncio che la coppia attende un bambino darà all'uomo la serenità necessaria per andarsi a costituire. ■ DRAMMATICO; B/N; 94'; ITALIA, SPAGNA, 1957.

MORTE INCERTA, LA ★★
Regia di JOSÉ RAMON LARRAZ. Con PEREZ AVILA, RAFFAELE CURI, MARY MAUDE, ROSALBA NERI. ■ Un colonialista inglese in India, minato dalla pazzia, si convince che in una tigre mangiatrice di uomini si sia reincarnata l'amante indigena che si è suicidata quando lui l'ha abbandonata per sposare un'altra. La belva sfugge a una caccia accanita e i nervi dell'uomo cedono completamente. Uccisi i suoi familiari in un eccesso di follia, si fa sbranare dalla belva. ■ HORROR; COL.; 92'; ITALIA, SPAGNA, 1973.

MORTE IN DIRETTA, LA *(La mort en direct)* ★★★
Regia di BERTRAND TAVERNIER. Con HARVEY KEITEL, ROMY SCHNEIDER, HARRY DEAN STANTON. ■ Un produttore televisivo, esaurito ogni altro filone, pensa di ricorrere al mezzo estremo per attirare spettatori, mostrare in diretta la morte di una modella malata di cancro. Ma la donna dopo aver finto di accettare fugge, inseguita dal cameraman che avrebbe dovuto riprendere i suoi ultimi istanti. Finale comunque tragico. ■ DRAMMATICO; COL.; 120'; FRANCIA, 1980.

MORTE INFRANTA *(Semmelweis)* ★★
Regia di ANDRÉ DE TOTH. Con ERSZI SIMOR, A. SONLAY, TIVADAR URAY. ■ La storia del dottor Semmelweis che nella Vienna dell'Ottocento scoprì la causa delle infezioni puerperali, ma che, osteggiato dalla classe medica più reazionaria, finì per diventare pazzo. ■ BIOGRAFICO; B/N; 92'; UNGHERIA, 1943.

MORTE IN JAGUAR ROSSA, LA ★★
(Der Tod im roten Jaguar)
Regia di HARALD REINL. Con GERT HAULS, GEORGE NADER, KARIN SCHRODER, DANIELA SURINA. ■ Un agente dell'Fbi indaga su alcuni omicidi, deciso soprattutto a vendicare la morte d'una ragazza. Scoprirà che il sicario è un suo vecchio amico e, grazie a lui, giungerà fino al capo della banda. ■ POLIZIESCO; COL.; 92'; GERMANIA, 1970.

MORTE IN VACANZA *(Macario)* ★
Regia di ROBERTO GAVALDÓN. Con IGNACIO LOPEZ TARSO, ENRIQUE LUCERO, PINA PELLICER. ■ Un boscaiolo scende a patto con la Morte: avrà una vita lunga bevendo ogni tanto un sorso di una certa acqua. Il boscaiolo diventa ricco e potente, però un giorno la Morte arriva anche per lui. ■ FANTASTICO; B/N; 91'; MESSICO, 1960. ■ OSCAR 1 NOM.

MORTE IN VACANZA, LA *(Death Takes a Holiday)* ★★★
Regia di MITCHELL LEISEN. Con FREDRIC MARCH, EVELYN MENABLE. ■ In un regno di favola, la Morte decide di prendersi una vacanza presentandosi sotto l'aspetto d'un bel principe di cui s'innamora la figlia del duca. Quando ci sarà la rivelazione della sua identità, la romantica ragazza vorrà seguirla nel regno delle tenebre. ■ FANTASTICO; B/N; 78'; USA, 1933. ■ VENEZIA 1 PR.

MORTE IN VATICANO ★
Regia di MARCELLO ALIPRANDI. Con FABRIZIO BENTIVOGLIO, GABRIELE FERZETTI, PAULA MOLINA, TERENCE STAMP. ■ Storia dell'amicizia tra un vivace parroco di provincia e un teologo moderato destinato a diventare papa. Il primo avrà una relazione con una terrorista e il secondo finirà avvelenato dall'amico. Ogni riferimento alla morte di papa Luciani è puramente casuale. ■ DRAMMATICO; COL.; 107'; ITALIA, 1982.

MORTE INVISIBILE, LA *(Mr. Wong, Detective)* ★★
Regia di WILLIAM NIGH. Con EVELYN BRENT, BORIS KARLOFF. ■ È di scena il signor Wong, interpretato da Boris Karloff (il famoso mostro del cinema), che deve risolvere un misterioso caso d'omicidio. Scoprirà che l'assassino commette i suoi delitti con ampolle di vetro riempite di gas mortale. ■ POLIZIESCO; B/N; 69'; USA, 1940.

MORTE MI ATTENDE, LA *(Flight from Destiny)* ★★
Regia di VINCENT SHERMAN. Con GERALDINE FITZGERALD, THOMAS MITCHELL. ■ Un professore di filosofia, sapendosi condannato da un male incurabile, decide che può rendere utile il tempo che gli resta eliminando un essere nocivo alla società e così fa. Condannato alla sedia elettrica potrebbe fuggire ma, scoprendo che un giovane ha seguito il suo esempio, si rende conto del suo errore e, per autopunirsi, si lascia uccidere. ■ DRAMMATICO; B/N; 88'; USA, 1953.

MORTE NEGLI OCCHI DEL GATTO, LA ★
Regia di ANTHONY DAWSON. Con JANE BIRKIN, SERGE GAINSBOURG, HIRAM KELLER, VENANTINO VENANTINI. ■ La storia, confusa e infarcita di scene erotiche, riguarda alcuni assassinii compiuti in un tetro maniero inglese su cui grava una maledizione. ■ HORROR; COL.; 90'; ITALIA, 1973.

MORTE NELLA MANO, LA *(Chinese Boxer)* ★★
Regia di YU WANG. Con WANG PING, YU WANG. ■ Uno dei più noti film di karatè. In una scena, ricordata dai patiti del genere, il protagonista, per fortificare le mani, le infila in un secchiello colmo di ferri roventi. Naturalmente lo fa per vendicare i membri della sua palestra che erano stati sconfitti e uccisi dal solito cattivo. ■ AVVENTURA; B/N; 95'; HONG KONG, 1974.

MORTE NELL'OMBRA, LA *(Drei von Varieté)* ★★
Regia di KURT NEUMANN. Con INGRID ANDRÉE, FRANCO ANDREI, ERICH SCHELLOW. ■ Pellicola modesta che vuole rifarsi ai film americani dedicati alla psicanalisi. Una trapezista uccide un collega che la insidiava, ma al processo non riesce a difendersi. Si scoprirà che questa sua ritrosia è dovuta a un trauma infantile causato dalla condanna all'ergastolo del padre. ■ DRAMMATICO; B/N; 92'; GERMANIA, 1954.

MORTE NERA, LA *(King of the Arena)* ★★
Regia di ALAN JAMES. Con LUCILE BROWNE, KEN MAYNARD. ■ Un cowboy si fa assumere in un circo per scoprire una banda d'assassini che vi si nasconde. Riuscirà nell'impresa aiutato da una ragazza. ■ WESTERN; B/N; 90'; USA, 1939.

MORTE NERA, LA *(The Black Torment)* ★★
Regia di ROBERT HARTFORD-DAVIS. Con ANN LYNN, HEATHER SEARS, JOHN TURNER. ■ Un Lord appena risposato è sospettato dalla polizia d'essere l'assassino della prima moglie, del padre e della cognata, ma potrà dimostrare la sua innocenza. ■ HORROR; COL.; 85'; GRAN BRETAGNA, 1965.

MORTE NON CONTA I DOLLARI, LA ★★
Regia di GEORGE LINCOLN. Con MARK DAMON, LUCIANA GILLI, PEDRO MARIA SANCHEZ, PAMELA TUDOR. ■ Un giovane torna nel paese dove alcuni notabili gli hanno ucciso il padre, ma apparentemente non desidera punire gli assassini. Questi, ad ogni buon conto, assoldano un pistolero per difendersi. Alla fine, però, si scoprirà che il figlio del vendicatore è in realtà il pistolero. ■ WESTERN; COL.; 92'; ITALIA, 1967.

MORTE NON SA LEGGERE, LA ★★★
(Judgement in Stone)
Regia di DUSAMA RAWI. Con JACKIE BURROUGHS, SHELLEY PETERSON, RITA TUSHINGHAM. ■ Arriva dall'Inghilterra in Canada una governante apparentemente perfetta, discreta e servizievole. Ma la donna è una psicopatica (ha ucciso il padre al suo paese) che reagisce selvaggiamente quando viene scoperto il suo analfabetismo (dovuto a dislessia). ■ THRILLER; COL.; 96'; CANADA, 1986.

MORTE PER GLI AGENTI SPECIALI ★
Regia di LEONARD HORN. Con LYNDA CARTER, LYLE WAGGONER. ■ Un film sulle avventure dell'eroina del fumetto americano *Wonder Woman*. ■ FANTASTICO; COL.; 90'; USA, 1975.

MORTE PREANNUNCIATA, LA *(Seeds of Tragedy)* ★
Regia di MARTIN DONOVAN. Con JEFF KAAKE, NORBERT WEISSER. ■ Carlito è un bambino che si guadagna da vivere spacciando cocaina. Il film racconta la storia del lungo viaggio che la droga compie a partire dall'altopiano andino. ■ DRAMMATICO; COL.; 90'; USA, 1991.

MORTE RIDE – IL PUGNALE MISTERIOSO, LA ★★
(Murder in the Music Hall)
Regia di JOHN ENGLISH. Con NANCY KELLY, WILLIAM MARSHALL, VERA RALSTON. ■ Un ricattatore viene ucciso. Si sospettano alcune ragazze che facevano parte d'un balletto sul ghiaccio, ma l'assassina è un'altra. ■ POLIZIESCO; B/N; 84'; USA, 1948.

MORTE RISALE A IERI SERA, LA ★★
Regia di DUCCIO TESSARI. Con BERYL CUNNINGHAM, EVA REN-

ZI, CHECCO RISSONE, GIGI RIZZI, RAF VALLONE, FRANK WOLFF. ■ Una ragazza minorata viene rapita per essere istradata sui viali del vizio. Quando la polizia giunge ai colpevoli scoprirà che la giovane è morta e che il padre, un onesto operaio, ha già fatto giustizia. ■ POLIZIESCO; COL.; 92'; ITALIA, 1970.

MORTE SALE IN ASCENSORE, LA *(Le montecharge)* ★★
Regia di MARCEL BLUWAL. Con ROBERT HOSSEIN, LEA MASSARI. ■ Una donna che ha ucciso il marito tenta di crearsi un alibi servendosi di due stanze identiche situate in due piani diversi d'uno stesso palazzo. Un piccolo incidente farà fallire l'ingegnosa macchinazione. ■ GIALLO; B/N; 90'; FRANCIA, 1963.

MORTE SCARLATTA VIENE DALLO SPAZIO, LA ★★
(They Come from Beyond Space)
Regia di FREDDIE FRANCIS. Con ROBERT HUTTON, JENNIFER JAYNE, BERNARD KAY. ■ All'interno di alcune meteoriti si annidano intelligenze aliene capaci di rendere gli uomini robot viventi. Uno scienziato che ha il cervello protetto da una calotta metallica riesce a resistere al malefico influsso. ■ FANTASCIENZA; COL.; 81'; USA, 1968.

MORTE SCORRE SUL FIUME, LA ★
Regia di ALDO D'ANNIBALE. Con VALERIA FABRIZI, GÉRARD LANDRY, C. STOBER. ■ Un agente dell'Interpol indaga su una banda che si serve d'un night club per nascondere un traffico di diamanti. ■ POLIZIESCO; B/N; 91'; ITALIA, 1962.

MORTE SI FA BELLA, LA *(Victim of Beauty)* ★
Regia di PAUL LYNCH. Con SALLY KELLERMAN, PETER OUTERBRIDGE, JENNIFER RUBIN. ■ Nell'ambiente della moda circola un misterioso assassino: questa volta il maniaco ha preso di mira una top model che è andata ad abitare nell'appartamento di una precedente vittima. ■ THRILLER; COL.; 92'; USA, 1991.

MORTE SOPRA SHANGHAI – L'INFERNO GIALLO, LA *(Tod über Shanghai)* ★
Regia di ROLF RANDOLF. Con THEODOR LOOS, GERDA MAURUS. ■ Un agente segreto americano viene invitato in Cina per liberare un funzionario rapito dai rivoluzionari. Riuscirà a portare a termine la sua missione. ■ SPIONAGGIO; B/N; 92'; GERMANIA, 1941.

MORTE SOSPETTA D'UNA MINORENNE ★★
Regia di SERGIO MARTINO. Con CLAUDIO CASSINELLI, MEL FERRER, JENNY TAMBURI, LIA TANZI. ■ Cassinelli è un commissario tutto d'un pezzo che indaga su rapimenti di minorenni. ■ POLIZIESCO; COL.; 94'; ITALIA, 1975.

MORTE SOTTOZERO *(Murder on the Iditrarod Trail)* ★
Regia di PAUL SCHNEIDER. Con CORBIN BERNSEN, MICHAEL DAMIAN, KATE JACKSON. ■ Una donna in crisi sentimentale decide di partecipare a una gara di slitta. Un assassino però comincia a mietere vittime e ogni concorrente è sospettato. ■ THRILLER; COL.; 95'; USA, 1994.

MORTE SULL'ALTA COLLINA, LA ★
Regia di FRED RINGOLD. Con EMPEDOCLE BUZZANCA, JESUS GUZMAN, PETER LEE LAWRENCE, AGNÈS SPAAK. ■ Mediocre western giallo: un agente federale indaga per scoprire il capo dei banditi che hanno rapinato una banca. ■ WESTERN; COL.; 93'; ITALIA, 1969.

MORTE SUL TAMIGI *(Der Tod aus der Themse)* ★★
Regia di HARALD PHILIPP. Con USCHI GLAS, WERNER PETERS, GÜNTHER STOLL. ■ Il film racconta d'una ragazza che viene coinvolta dalla sorella in una storia misteriosa d'omicidi e di spaccio di droga. ■ POLIZIESCO; B/N; 90'; GERMANIA, 1972.

MORTE SUL TRAPEZIO, LA *(Rivalen der Manege)* ★★
Regia di HARALD PHILIPP. Con GERMAINE DAMAR, CLAUS HOLM, ELMA KARLOWA. ■ Un trapezista, convinto d'aver causato la morte della moglie nel corso d'un esercizio, si dà al bere. Scoprirà poi che il responsabile è stato un invidioso fratellastro. ■ DRAMMATICO; B/N; 95'; GERMANIA, 1965.

MORTE TI FA BELLA, LA *(Death Becomes her)* ★★★
Regia di ROBERT ZEMECKIS. Con GOLDIE HAWN, ISABELLA ROSSELLINI, MERYL STREEP, BRUCE WILLIS. ■ Il regista di *Chi ha incastrato Roger Rabbit* e dei tre *Ritorno al futuro* crea un altro fantasmagorico gioco pieno di effetti. Helen, una scrittrice, ha una relazione con Ernest, medico chirurgo plastico. Ecco che sopraggiunge Madeleine pronta a prendere il posto di Helen. Le cose però non andranno completamente per il giusto verso. Tra filtri magici, operazioni di bellezza e crisi di nervi accadrà anche l'inevitabile duello. Recitato bene in maniera volutamente grottesca. ■ COMMEDIA; COL.; 100'; USA, 1992. ■ GOLDEN GLOBES 1 NOM; OSCAR 1 PR, 1 NOM.

MORTE VA A BRACCETTO CON LE VERGINI, LA ★★
(Countess Dracula)
Regia di PETER SASDY. Con LESLEY-ANNE DOWN, JESSIE EVANS, NIGEL GREEN, INGRID PITT. ■ Il film racconta, romanzandole, le vicende della contessa ungherese Elisabeth Batory che, nel diciassettesimo secolo, pensava d'aver trovato il segreto dell'eterna giovinezza bagnandosi nel sangue di vergini fatte rapire e uccidere. ■ HORROR; COL.; 93'; GRAN BRETAGNA, 1975.

MORTE VESTITA DI DOLLARI, LA ★★
Regia di RAY NAZARRO. Con JAYNE MANSFIELD, ISA MIRANDA, CAMERON MITCHELL. ■ Il film racconta la solita storia di un gruppo di persone di pochi scrupoli, in questo caso riunite in una villa dell'Egeo, che si sterminano a vicenda per impossessarsi del bottino d'una rapina. ■ POLIZIESCO; B/N; 92'; ITALIA, 1967.

MORTE VIENE DALL'OMBRA, LA ★★
(A Night to Remember)
Regia di ALFRED E. GREEN. Con BRIAN AHERNE, JEFF DONNELL, LORETTA YOUNG. ■ Uno scrittore di gialli collabora con la polizia e riesce a scoprire il responsabile d'un delitto commesso in una macabra abitazione newyorkese. ■ POLIZIESCO; B/N; 91'; USA, 1947.

MORTE VIENE DALLO SPAZIO, LA ★
Regia di PAOLO HEUSCH. Con MADELEINE FISCHER, IVO GARRANI, PAUL HUBSCHMID, FIORELLA MARI. ■ Un'astronave diretta sulla Luna subisce un'avaria; il pilota si sgancia e la navicella, nella sua corsa pazza, urta alcuni asteroidi che, deviati dalla loro traiettoria, si dirigono verso la Terra. Gran parte dell'umanità è in pericolo, ma gli scienziati trovano il sistema per impedire la fatale collisione. ■ FANTASCIENZA; B/N; 90'; ITALIA, 1958.

MORTE VIENE DAL PASSATO, LA ★★
(Hanser's Memory)
Regia di BORIS SAGAL. Con DAVID MCCALLUM, LILLI PALMER, SUSAN STRASBERG, ROBERT WEBBER. ■ Dopo aver compiuto alcuni studi sul cervello umano, uno scienziato recupera e innesta sul proprio la memoria di uno studioso sovietico fuggito dal suo paese e moribondo. L'esperimento ha pieno successo: lo studioso si sente spinto a portare a termine una certa missione. Inseguito da spie russe e americane si salva dalle prime ma non da un nemico personale. ■ FANTASTICO; COL.; 97'; GRAN BRETAGNA, 1971.

MORTE VIENE DAL PIANETA AYTIN, LA ★
Regia di ANTONIO MARGHERITI. Con RENATO BALDINI, OMBRETTA COLLI, JACK STUART. ■ Sulla Terra avvengono inspiegabili e drammatici episodi. Un ufficiale incaricato di indagare sulla distruzione di una stazione meteorologica scopre e uccide i più diretti responsabili, abitanti di un lontanissimo pianeta. ■ FANTASCIENZA; COL.; 93'; ITALIA, 1967.

MORTE VIENE DA MANILA, LA ★★
(Die letzten drei der Albatros)
Regia di WOLFGANG BECKER. Con KIM ARDEN, JOACHIM HANSEN, FRED WARRELL. ■ Nelle Filippine ancora sconvolte dai danni del secondo conflitto, alcuni banditi mettono in atto grosse rapine. Un giorno sequestrano la figlia di un ufficiale statunitense chiedendo in cambio della sua vita un'ingente somma di denaro. Tre marinai tedeschi scoprono casualmente l'esistenza dei malviventi, li uccidono e portano in salvo la ragazza. ■ AVVENTURA; COL.; 90'; GERMANIA, 1965.

MORTE VIENE DA SCOTLAND YARD, LA ★★★
(I Killed that Man)
Regia di DON SIEGEL. Con SIDNEY GREENSTREET, PETER LORRE, JOAN LORRING. ■ Viene uccisa una donna. L'ispettore Borgman arresta subito il presunto colpevole che viene processato, condannato e giustiziato. Un prete porta le prove dell'innocenza dell'uomo giustiziato. Borgman è sospeso e sostituito. Viene ucciso un giovane parente dell'assassinata. Il suo sostituto è sicuro di

aver trovato l'assassino, ma Borgman dice che c'è un errore. Sorpresa finale. ■ POLIZIESCO; B/N; 86'; USA, 1946.

MORTE VIENE IN SOGNO, LA *(Deadly Dreams)* ★★
Regia di KRISTINE PETERSON. Con MITCHELL ANDERSON, KANDER BERKELEY, JULIETTE CUMMINS. ■ Un giovane, Alex, sogna di commettere una serie di efferati omicidi. Ma intanto gli assassini vengono commessi davvero. Vuoi vedere che Alex non solo li ha sognati, ma li ha anche commessi realmente? ■ HORROR; COL.; 76'; USA, 1988.

MORTI DI IAN STONE, LE *(The Deaths of Ian Stone)* ★
Regia di DARIO PIANA. Con CHARLIE ANSON, CHRISTIAN COLE, GEORGE DILLON, MICHAEL DIXON, MIKE VOGEL. ■ Ian Stone è un giocatore di hockey che vive a Londra. Una notte, rientrado da una partita persa all'ultimo momento, soccorre qualcuno che si trova a terra in prossimità delle rotaie della ferrovia. Sarà lui ad essere aggredito dall'essere e verrà travolto da un treno in arrivo. ■ HORROR; COL.; 90'; GRAN BRETAGNA, USA, 2007.

MORTI DI PAURA *(Scared Stiff)* ★★★
Regia di GEORGE MARSHALL. Con JERRY LEWIS, DEAN MARTIN, CARMEN MIRANDA, LIZABETH SCOTT. ■ Due showmen credono di essere minacciati da una banda di delinquenti e partono per L'Avana. Sulla nave fanno conoscenza con la proprietaria di un castello abitato, a quanto si dice, dai fantasmi. La coppia, fra tragicomiche peripezie, scopre che gli "spiriti" sono trucchi di persone interessate a comprare a poco prezzo la proprietà, molto più preziosa di quanto si creda. ■ COMMEDIA; B/N; 108'; USA, 1953.

MORTI DI SALUTE *(The Road to Welville)* ★★
Regia di ALAN PARKER. Con MATTHEW BRODERICK, JOHN CUSACK, BRIDGET FONDA, ANTHONY HOPKINS. ■ Commedia grottesca scritta e diretta da Alan Parker, che, per ironizzare sulle mode del salutismo, risale alle origini: nell'improbabile clinica diretta nel primo Novecento dal dottor Kellogg i pazienti vengono sottoposti a dure prove, mentre il titolare si trova ad affrontare problemi familiari e rivalità professionali. ■ COMMEDIA; COL.; 120'; USA, 1995.

MORTI E SEPOLTI *(Dead and Buried)* ★★
Regia di GARY A. SHERMAN. Con MELODY ANDERSON, ROBERT ENGLUND, JAMES FARENTINO. ■ Alcuni omicidi commessi in una tranquilla cittadina del New England si rivelano opera di stregoneria quando le vittime ritornano in vita, naturalmente sotto forma di zombi assetati di sangue. ■ HORROR; COL.; 92'; USA, 1981.

MORTI NON PAGANO LE TASSE, I ★★
Regia di SERGIO GRIECO. Con CARLO CAMPANINI, TITINA DE FILIPPO, TINO SCOTTI. ■ Un impiegato bistrattato, deriso e continuamente oberato dai debiti scopre che per lo Stato è morto da parecchi anni. Deciso ad approfittare della situazione, torna al paese natio dove è costretto, per motivi indipendenti dalla sua volontà, ad assumere l'identità di un altro. Questi, però, ha pesanti debiti da saldare: sarà lo sfortunato impiegato a finire in galera al suo posto. ■ COMMEDIA; B/N; 92'; ITALIA, 1952.

MORTI NON PARLANO, I *(Johnny Allegro)* ★★
Regia di TED TETZLAFF. Con NINA FOCH, GEORGE RAFT. ■ Un evaso si stabilisce a Washington sotto falsa identità. Una donna gli chiede di aiutarla contro il marito, un crudele gangster specializzato in spaccio di valuta falsa. Lui accetta e viene coinvolto in una serie di drammatiche vicende che si concluderanno con la morte del bandito. ■ DRAMMATICO; B/N; 81'; USA, 1949.

MORTI NON SI CONTANO, I ★★
Regia di RAFAEL ROMERO MARCHENT. Con MARK DAMON, LUIS INDUNI, MARIA MARTIN, ANTHONY STEFFEN. ■ Un gruppo di banditi si impossessa con la violenza di alcune proprietà nel West. Due killer, attratti dalle ingenti taglie, scoprono il capo dei fuorilegge e, dopo averne ucciso tutti i complici, stanno per esserne sopraffatti. A salvarli è la moglie del rivale: si è resa conto che uno dei due killer è suo figlio. ■ WESTERN; COL.; 91'; ITALIA, 1968.

MORTI SOSPETTE *(Un papillon sur l'épaule)* ★★★
Regia di JACQUES DERAY. Con CLAUDINE AUGER, JEAN BOUISE, PAUL CRAUCHET, NICOLE GARCIA, LINO VENTURA. ■ Un marinaio francese, Roland, arriva a Barcellona dove sarà raggiunto dalla moglie. Si sistema in albergo, ma una sera trova un cadavere in camera e viene tramortito. Si sveglia in ospedale e si vede subito interrogato dalla polizia circa una misteriosa valigia. Da quel momento la valigia lo perseguita. Intorno a Roland accadono fatti strani e drammatici (la moglie viene rapita, si trovano altri cadaveri). Alla fine, in un deposito, l'uomo trova la famosa valigia. Forse è stata tutta immaginazione; comunque poco dopo Roland viene ucciso. ■ DRAMMATICO; COL.; 95'; FRANCIA, 1978.

MORTI VIVENTI SONO TRA NOI, I ★
(La revanche des mortes vivantes)
Regia di JEAN-CLAUDE ROY. Con KATHRYN CHARLY, SYLVIE NOVAK, ANTHEA WILER. ■ Una fabbrica di prodotti chimici riversa le sue scorie nel terreno dietro il cimitero locale. Le scorie penetrano nel suolo, arrivano alle tombe e tramutano i morti del cimitero in un esercito di zombi che sparge il terrore nella contrada. ■ HORROR; COL.; 74'; FRANCIA, 1986.

MORTI VIVONO, I *(La camada)* ★★
Regia di JAVIER SETÒ. Con LOLA ALBA, EMIL CAPA, CARLOS LEMOS, FRANK MORAN. ■ Due ragazzi si amano a tal punto da giurarsi che se uno di essi morirà anche l'altro seguirà la stessa sorte. Lei perisce in un incidente, ma il suo fantasma torna a chiamare l'innamorato. Un professore fa di tutto per salvare il giovane dal suo macabro destino, ma senza successo. ■ DRAMMATICO; B/N; 90'; SPAGNA, 1967.

MORTO IN FUGA, IL *(Le mort en fuite)* ★★
Regia di ANDRÉ BERTHOMIEU. Con JULES BERRY, MARIE GLORY. ■ Due attori, per farsi notare, progettano un finto assassinio: uno di loro si fingerà morto nascondendosi, mentre l'altro dichiarerà di averlo ucciso. Quest'ultimo viene condannato alla pena capitale e il falso defunto, trascinato suo malgrado in una brutta avventura, giunge a salvarlo solo all'ultimo momento. ■ COMMEDIA; B/N; 85'; FRANCIA, 1937.

MORTO METTETELO SUL CONTO, IL ★★
(Le fou du labo 4)
Regia di JACQUES BESNARD. Con BERNARD BLIER, PIERRE BRASSEUR, MARIA LATOUR, JEAN LEFEBVRE, MICHEL SERRAULT. ■ Uno scienziato divenuto estremamente buono e remissivo in seguito ad un esperimento viene preso di mira dal capo di un'organizzazione spionistica. Questi incarica una bella ragazza di far innamorare l'uomo per carpirgli la formula del preparato. Lo studioso, meno ingenuo di quanto appaia, non solo evita il tranello ma scova il rifugio della spia e la neutralizza. ■ COMMEDIA; COL.; 90'; FRANCIA, 1968.

MORTUARY ACADEMY ★★
Regia di MICHAEL SCHROEDER. Con CHRISTOPHER ATKINS, PAUL BARTEL, PERRY LANG, TRACEY WALTER, MARY WORONOV. ■ Bartel e la Woronov sono stati i protagonisti di *Eating Raoul* del 1982 e continuano il loro gioco ironico. Il loro obiettivo è costituito questa volta dalle camere mortuarie e dalla mania americana del "restauro" dei defunti. Si ride amaro. ■ COMMEDIA; COL.; 90'; USA, 1988.

MORTUARY – OBITORIO *(Mortuary)* ★
Regia di HOWARD AVEDIS. Con LYNDA DAY GEORGE, CHRISTOPHER GEORGE. ■ Un medico, il dottor Parson, muore annegato nella piscina di casa sua. Da quel giorno, sua figlia Christie è ossessionata da incubi spaventosi che una notte prendono corpo nella misteriosa figura di uno sconosciuto mascherato che tenta di ucciderla. Poco alla volta, nella mente della ragazza si fa strada una sconvolgente verità. ■ HORROR; COL.; 91'; USA, 1984.

MOSAICO DEL CRIMINE, IL *(Jigsaw)* ★★
Regia di JAMES GOLDSTONE. Con BRADFORD DILLMAN, HARRY GUARDINO, PAT HINGLE, DIANA HYLAND, HOPE LANGE. ■ Uno scienziato si sveglia accanto a un cadavere e, poiché ha perso completamente la memoria, incarica un investigatore di far luce sulla vicenda. L'uomo comincia a raccogliere alcune prove dalle quali risulta che l'assistente dello scienziato è coinvolto in loschi affari. Finirà male sia per lui che per il perfido complice. ■ GIALLO; COL.; 97'; USA, 1968.

MOSCA, LA *(The Fly)* ★★★
Regia di DAVID CRONENBERG. Con GEENA DAVIS, JOHN GETZ,

JEFF GOLDBLUM. ■ Alle soglie del premio Nobel lo scienziato Brundle, specializzato in genetica, fa una scoperta sensazionale, il teletrasporto della materia attraverso un *telepod*, una specie di cilindro. La giornalista Veronica Quaife assiste attonita all'esperimento con una calza, ma Brundle tenta l'esperimento su se stesso. Scomparso infatti da un cilindro, appare nell'altro. Ma sfortuna vuole che una mosca vi si sia infilata con lui. In tal modo i codici genetici dei due impazziscono e provocano una mutazione dell'uomo in mosca. Progressivamente egli diviene un mostro con muscoli a brandelli che si nutre e si arrampica come una mosca. Alla fine, implora Veronica di spararagli. ■ HORROR; COL.; 95'; USA, 1986. ■ OSCAR 1 PR, 1 NOM.

MOSCA ADDIO ★★★
Regia di MAURO BOLOGNINI. Con AURORE CLÉMENT, DANIEL OLBRYCHSKI, LIV ULLMANN. ■ È la drammatica storia vera di un'ebrea russa, Ida Nudel, cui viene negato il permesso di espatriare in Israele, permesso che viene però accordato al suo compagno e alla sorella, i quali credendo che anch'essa parta con loro, si lasciano accompagnare al confine. Ma all'ultimo momento la ragazza si getta dal treno. Arrestata poi nel 1978 durante una manifestazione, viene condannata ai lavori forzati in un campo per soli uomini. Quando ne esce nel 1982, dopo altre drammatiche vicissitudini, il suo grido di libertà viene raccolto da due giornalisti europei in un'intervista clandestina. ■ DRAMMATICO; COL.; 98'; ITALIA, 1986. ■ DAVID DI DONATELLO 1 PR, 1 NOM.

MOSCA A NEW YORK *(Moscow on the Hudson)* ★★★
Regia di PAUL MAZURSKY. Con MARIA CONCHITA ALONSO, ALEJANDRO REY, ROBIN WILLIAMS. ■ Nel paese dove tutto è possibile il fuggiasco musicista russo Vladimir (Williams) si trova a contatto con la vita dura e difficile degli emarginati. Dapprima deluso e amareggiato, scoprirà che l'America offre davvero a tutti un'opportunità di libertà e felicità. ■ COMMEDIA; COL.; 110'; USA, 1984. ■ GOLDEN GLOBES 1 NOM.

MOSCA CIECA *(Blind Man's Bluff)* ★
Regia di JAMES QUINN. Con LISA EILBACHER, ROBERT URICH. ■ Un insegnante non vedente è testimone di un omicidio. Da quel momento la sua vita si complica in modo considerevole. ■ DRAMMATICO; COL.; 83'; USA, 1991.

MOSCA DI GIORNO E DI NOTTE – VIAGGIO A MOSCA ★★
Regia di MICHELE GANDIN. ■ Una Mosca già vista in altri documentari e tuttavia commentata con una certa obiettività. ■ DOCUMENTARIO; B/N; 92'; ITALIA, 1961.

MOSCA 2, LA *(The Fly II)* ★★
Regia di CHRIS WALLACE. Con JOHN GETZ, ERIC STOLTZ, DAPHNE ZUNIGA. ■ Il figlio dell'uomo-mosca, lo scienziato che, in un arrischiato esperimento, assimilò i cromosomi di un insetto diventando mostro, vive fin dall'infanzia una dura vita di genio segregato, in balia di un riccone che vorrebbe fargli ritentare gli esperimenti del padre. E il ragazzo lo serve a puntino, chiudendo il riccastro nella macchina diabolica paterna e abbinandolo non più a una mosca ma a un cane. ■ HORROR; COL.; 104'; USA, 1989.

MOSCA NON CREDE ALLE LACRIME ★★★
(Moskva slezam nye verit)
Regia di VLADIMIR MENSOV. Con VERA ALENTOVA, IRINA NURAYEVA, RAISSA RYAZANOVA. ■ Tre ragazze che hanno lasciato la campagna da vent'anni per cercare fortuna a Mosca affrontano il bilancio della propria vita: l'amore, la carriera, i figli, tra speranze, successi e delusioni. Piacevole sorpresa nella cinematografia sovietica dell'epoca, il film fa leva su situazioni universali, immerse in una realtà moscovita qui coraggiosamente trattata in modo non sempre conforme alle censure generalmente imposte dal regime. ■ COMMEDIA; COL.; 150'; URSS, 1981. ■ OSCAR 1 PR, 1 NOM.

MOSCA SHANGHAI *(Moskau-Shanghai)* ★★
Regia di PAUL WEGENER. Con WOLFGANG KEEPLER, POLA NEGRI. ■ Una vedova e un soldato sovietici si innamorano, ma si perdono di vista durante la rivoluzione. Anni dopo si ritrovano a Shanghai. Lei desidererebbe riprendere la relazione, ma lui si è fidanzato con una ragazza senza sapere che è la figlia della donna. La vedova si ritira per non far soffrire la ragazza. ■ DRAMMATICO; B/N; 94'; GERMANIA, 1936.

MOSCHEA NEL DESERTO, LA *(Bengazi)* ★★
Regia di JOHN BRAHM. Con RICHARD CARLSON, RICHARD CONTE, VICTOR MCLAGLEN, MALA POWERS. ■ Tre avventurieri giungono ad una moschea dove si dice sia nascosto un immenso tesoro. Un poliziotto che li sospetta di un furto li trova e li salva da un attacco di beduini che poco dopo li circondano di nuovo. Uno degli avventurieri muore, l'altro trova il tesoro e lo baratta con la libertà. ■ AVVENTURA; B/N; 78'; USA, 1955.

MOSCHE DA BAR *(Trees Lounge)* ★★
Regia di STEVE BUSCEMI. Con ELIZABETH BRACCO, STEVE BUSCEMI, ANTHONY LAPAGLIA. ■ Un gruppo di amici di una cittadina di Long Island si ritrovano nel Trees Lounge, il bar più frequentato del posto. Tommy, meccanico sfaccendato, suo zio di professione gelataio, il vecchio Bill che non si stacca dal suo whisky, i due baristi, formano un universo che assomiglia ai film di John Cassavetes. Buon esordio alla regia di Steve Buscemi, allora attore emergente del cinema newyorkese (*Fargo*, *Kansas City*). ■ COMMEDIA; COL.; 96'; USA, 1996.

MOSCHETTIERE FANTASMA, IL ★★
Regia di WILLIAM FRENCH. Con VASITO BASTINO, CLARA CALAMAI, TAMARA LEES, CARLO NINCHI, ROSSANA PODESTÀ, ISA POLA. ■ Nella Venezia del diciassettesimo secolo alcuni nobili tramano per rovesciare il governo; il capo degli oppositori viene ingiustamente accusato e messo in prigione. I suoi seguaci lo liberano e lui si dà alla latitanza per colpire i suoi nemici quando meno se lo aspettano. La verità viene finalmente appurata ed egli sposa la figlia del Doge. ■ AVVENTURA; B/N; 90'; ITALIA, 1952.

MOSCHETTIERI DELLA PRATERIA, I ★★
(In Old Montana)
Regia di RAYMOND K. JOHNSON. Con JEAN CARMEN, FRED SCOTT. ■ In un territorio del West gli allevatori di bestiame si accapigliano per il possesso dei pascoli, benché questi siano molto vasti e bastevoli per tutti. Un ufficiale scopre che un banchiere fomenta i litigi per trarne interessi. Riesce, non senza difficoltà, a smascherarlo e a farlo mettere in prigione. ■ AVVENTURA; B/N; 93'; USA, 1939.

MOSCHETTIERI DELL'ARIA, I *(Air Cadet)* ★★
Regia di JOSEPH PEVNEY. Con STEPHEN MCNALLY, ALEX NICOL, GAIL RUSSELL. ■ Un aspirante pilota si innamora dell'ex moglie del suo comandante. Questi cerca di impedirgli di ottenere il brevetto perché non gli sembra il tipo adatto a quel lavoro. La situazione sembra creata da una supposta gelosia dell'uomo, ma alla fine gli equivoci sono chiariti. ■ DRAMMATICO; B/N; 92'; USA, 1951.

MOSCHETTIERI DEL MARE, I ★★
Regia di STENO. Con ROBERT ALDA, PHILIPPE CLAY, CARLO NINCHI, ANNA MARIA PIERANGELI, ALDO RAY. ■ Tre pirati scampati ad un naufragio si impossessano con abilità di un galeone e con alcuni compagni, sotto mentite spoglie, raggiungono Maracaibo. I banditi dal cuore d'oro salvano il governatore da un tranello del suo vice e gli riportano le due figlie. Una di esse sposerà il suo salvatore, gli altri due otterranno un titolo nobiliare. ■ AVVENTURA; COL.; 110'; ITALIA, 1961.

MOSCHETTIERI DEL RE, I *(En Aventy Rake)* ★★
Regia di GUNNAR OLSSON. Con INGRID BACKLIN, STURE LAGERWALL. ■ Uno svedese metà poeta e metà spadaccino assomiglia straordinariamente all'ambasciatore del suo paese, che trama con la regina di Francia contro Richelieu. La sovrana e una complice tentano di manovrarlo in tal senso, ma egli porta brillantemente a termine una pericolosa missione affidatagli proprio dal cardinale. ■ AVVENTURA; B/N; 92'; SVEZIA, 1942.

MOSCHETTIERI DEL RE, I *(Tres moscheteros y medio)* ★★
Regia di GILBERTO MARTINEZ SOLARES. Con LUIS ALDAS, OSCAR PULIDO, GERMAN VALDES. ■ Il film vorrebbe essere una parodia del famoso romanzo di Dumas, ma raggiunge livelli più che modesti. ■ AVVENTURA; B/N; 90'; MESSICO, 1956.

MOSCHETTIERI DEL WEST, I *(Law and Order)* ★★
Regia di EDWARD L. CAHN. Con HARRY CAREY, WALTER HU-

STON. ■ Due eroi percorrono le contrade del West punendo assassini e proteggendo deboli. Un'ingenua trama degli albori del western sonoro. ■ WESTERN; B/N; 91'; USA, 1932.

MOSÈ ★★★

Regia di GIANFRANCO DE BOSIO. Con MARINA BERTI, BURT LANCASTER, MARIANGELA MELATO, IRENE PAPAS, ANTHONY QUAYLE, LAURENT TERZIEFF, INGRID THULIN. ■ Kolossal televisivo sul viaggio degli ebrei verso la Terra Promessa. Mosè viene allevato alla corte del faraone e, diventato adulto e cosciente della condizione in cui vivono gli ebrei, uccide incidentalmente un egiziano. Dopo un periodo di esilio torna per portare il suo popolo nel luogo che gli è stato destinato da Dio. ■ DRAMMATICO; COL.; 141'; ITALIA, 1976.

MOSÈ E ARONNE *(Moses und Aron)* ★★

Regia di JEAN-MARIE STRAUB. Con LOUIS DEVOS, GUNTHER REICH. ■ Versione fedele (oltre le aspettative, data la mania di Straub per la *contaminatio*) dell'opera composta da Arnold Schönberg all'inizio degli anni Trenta. Solo due personaggi: Mosè (appena tornato dopo quaranta giorni di colloqui con Dio sul monte Sinai) e suo fratello Aronne. È il conflitto fra due ideologie, quella di Mosè, tutta incentrata sulla fede, e quella del fratello che ha una visione realista del mondo. ■ MUSICALE; B/N; 105'; AUSTRIA, FRANCIA, 1974.

MOSÈ E I DIECI COMANDAMENTI ★★
(The Story of Moses and the Ten Commandments)

Regia di JAMES L. CONWAY, CHARLES DAVIS. Con JULIE ADAMS, ROBERT ALDA, LLOYD BOCHNER, JOHN MARLEY. ■ Il film, girato in origine per la televisione americana, segue abbastanza fedelmente il racconto biblico dell'esodo. ■ STORICO; COL.; 92'; USA, 1978.

MOSES WINE DETECTIVE *(The Big Fix)* ★★★

Regia di JEREMY PAUL KAGAN. Con SUSAN ANSPACH, BONNIE BEDELIA, RICHARD DREYFUSS, JOHN LIGHTGOW. ■ Wine fa il detective privato soprattutto per pagare gli alimenti alla moglie da cui ha divorziato. Un giorno gli capita un buon lavoro: rintracciare un ex capo storico delle prime sommosse studentesche di Berkeley. Lo stesso Wine ha un passato del genere. Le sue indagini sono molto difficili e anche pericolose. Alla fine, Wine trova il personaggio, molto imborghesito. Ma c'è una sorpresa finale. ■ POLIZIESCO; COL.; 108'; USA, 1978.

MOSQUITO COAST *(The Mosquito Coast)* ★★★

Regia di PETER WEIR. Con HARRISON FORD, HELEN MIRREN, RIVER PHOENIX. ■ Trasferitosi con la famiglia dagli Usa, di cui non sopporta più il degrado, sulla Costa delle Zanzare in Guatemala, un operaio con velleità da inventore cerca di costruire un'inutile macchina del ghiaccio. Costretto a farla saltare in aria per liberarsi di tre terroristi, si rifugia nella giungla, dove viene ucciso in un agguato, mentre la famiglia va alla deriva su una zattera. Metafora ecologica tra utopie e fallimenti. ■ AVVENTURA; COL.; 114'; USA, 1986. ■ GOLDEN GLOBES 2 NOM.

MOSSA DEL DIAVOLO, LA *(Bless the child)* ★★

Regia di CHUCK RUSSELL. Con KIM BASINGER, HOLLISTON COLEMAN, RUFUS SEWELL, JIMMY SMITS. ■ Maggie (Basinger) vive una tranquilla vita di infermiera dedita quasi esclusivamente al proprio lavoro. La vigilia di Natale si vede arrivare a casa la sorella minore che la prega di accogliere Cody, una bambina di tre anni. Col tempo Maggie, com'è più che naturale si affeziona alla piccola e quando sei anni dopo la sorella si rifà viva, in compagnia del losco Erik, e si porta via la ragazzina, ne rimane sconvolta. Ma c'è qualcosa di ben peggiore, la bambina ha poteri misteriosi e diabolici e un preciso destino: essere arbitro della lotta fra il bene e il male. Nonostante il produttore sia Mace Naufeld, cui si deve il classico horror *Il presagio*, la storia non ne è per nulla garantita. L'involuzione è pretestuosa e non funziona proprio. Il film infatti ha avuto scarsissimo successo in America. ■ HORROR; COL.; 107'; USA, 2000.

MOSSE PERICOLOSE *(La diagonale du fou)* ★★★

Regia di RICHARD DEMBO. Con ALEXANDRA ARBATT, LESLIE CARON, MICHEL PICCOLI. ■ Quasi un duello mortale la partita che giocano due avversari russi per contendersi il titolo di campione mondiale di scacchi, a Ginevra nel 1983. Liebskind, ebreo di cinquantadue anni, è il campione in carica, e un concentrato di *self-control*; Fromm, trentacinquenne dissidente che vive in Occidente, lo sfida con arroganza. Due contrapposte ideologie si scontrano. Liebskind, malato gravemente di cuore (il medico l'aveva dissuaso da questo stress), ha un infarto proprio all'ultimo incontro. Fromm vince automaticamente, ma rende onore all'avversario morente in una partita immaginaria, come se gli scacchi fossero i valori umani. ■ DRAMMATICO; COL.; 110'; FRANCIA, 1983. ■ OSCAR 1 PR, 1 NOM.

MOSSE VINCENTI *(Win Win)* ★★★

Regia di TOM MCCARTHY. Con BOBBY CANNAVALE, PAUL GIAMATTI, AMY RYAN, JEFFREY TAMBOR, BURT YOUNG. ■ New Providence, New Jersey. Mike Flaherty è un avvocato che assiste persone anziane. Nel tempo libero fa l'allenatore di una squadra di giovani, poco brillanti, lottatori. Segue il caso di un anziano cliente, Leo Poplar, messo sotto tutela, e ne diventa il tutor per incassare la rendita mensile di 1500 dollari. Invece di rispettare la sua volontà di rientrare nella propria abitazione, lo mette in una casa di riposo. Leo ha un nipote, Kyle, che compare davanti a casa sua in fuga dalla madre. Mike lo ospita temporaneamente e quando scopre che è una giovane promessa della lotta, lo fa entrare nella sua squadra e se ne fa carico insieme alla moglie. La madre del ragazzo però irrompe sulla scena. ■ COMMEDIA; COL.; 106'; USA, 2011.

MOSTRI, I ★★★★

Regia di DINO RISI. Con LANDO BUZZANCA, VITTORIO GASSMAN, MICHÈLE MERCIER, UGO TOGNAZZI. ■ Una salace panoramica sulla società contemporanea con le sue contraddizioni, i personaggi che fanno epoca, certe situazioni tipiche del nostro tempo. Non manca qualche spunto amaro o pungente fornito con abilità e perizia sia dai protagonisti dei venti episodi che dal regista. ■ COMMEDIA; B/N; 87'; ITALIA, 1963.

MOSTRI CONTRO ALIENI *(Monsters vs. Aliens)* ★★

Regia di ROB LETTERMAN, CONRAD VERNON. Con SETH ROGEN, KIEFER SUTHERLAND, REESE WITHERSPOON. ■ Nel giorno del suo matrimonio, Susan, fidanzata a un cinico e ambizioso metereologo televisivo, viene colpita da un meteorite, crescendo a dismisura. Placcata dall'esercito degli Stati Uniti, la sposa viene condotta sotto gli occhi sbigottiti degli invitati in un carcere di massima sicurezza. Mentre Susan prova ad abituarsi alle sue nuove dimensioni e a fare amicizia con quattro creature mostruose e irresistibili, un'astronave atterra sul nostro pianeta, rifiuta le proposte pacifiche di Mr. President e spazza via il comitato di accoglienza. Il governo, allarmato dalla presenza aliena, chiede aiuto al generale Monger e al suo specialissimo reparto di mostri. ■ ANIMAZIONE; COL.; 94'; USA, 2009.

MOSTRI DELLA CITTÀ SOMMERSA, I ★★
(Robots 2000)

Regia di TERENCE FORD. Con FRANK GRUBER, ANDRÉ HUSE, PEGGY NEAL, ERIC NIELSEN STEVE TIBA. ■ Un film banale e poco coinvolgente: due giovani fotografano uno strano mostro e vengono catturati da uomini-pesce e ridotti allo stato di robot dal solito scienziato che vuole conquistare la Terra. Il suo piano, però, viene sconvolto dai due protagonisti che si salvano prima che la base dello studioso venga distrutta. ■ FANTASCIENZA; COL.; GIAPPONE, USA, 1969.

MOSTRI DELLE ROCCE ATOMICHE, I ★★
(The Trollenberg Terror)

Regia di QUENTIN LAWRENCE. Con JENNIFER JAYNE, LAWRENCE PAYNE, FORREST TUCKER. ■ Da un pianeta sconosciuto giungono in una cittadina svizzera alcuni mostri che hanno bisogno di temperature molto basse per poter sopravvivere. Uccidono alcuni terrestri e costringono il resto della popolazione alla fuga. Un americano scopre il punto debole degli invasori e li annienta. ■ FANTASCIENZA; B/N; 83'; GRAN BRETAGNA, 1958.

MOSTRI OGGI, I ★

Regia di ENRICO OLDOINI. Con DIEGO ABATANTUONO, CLAUDIO BISIO, CARLO BUCCIROSSO, SABRINA FERILLI, ANGELA FINOCCHIARO. ■ Sedici episodi per raccontare e fotografare l'italiano contemporaneo e le ipocrisie della nazione ad ogni latitudine. A Roma un ragazzo di periferia ruba una carrozzella a un'invalida per entrare allo stadio mentre due camerieri impiegati in centro vaneggiano su capitali inesistenti e su un futuro impraticabile; a Milano un allibratore investe un pedone e "omette" di soccorrerlo; a Napoli un camorrista si "allarga", ristrutturando casa e mettendo a tacere architetti e operai; a Firenze un portiere ottuso si oppone alla relazione omosessuale del figlio con un professore di grande appetito. (S)travolti dalla modernizzazione e dal mondo dei consumi, sei personaggi mostruosi vivono e sopravvivono in un Paese cinico e superficiale. Dalla periferia coatta allo spazio metropolitano, *I mostri oggi* recupera la caricatura sociale e coniuga uno sguardo sulla società contemporanea con i modelli classici della commedia e i volti comici proposti dalla televisione (Bisio, Marcorè, Finocchiaro, Panariello). ■ COMMEDIA; COL.; 102'; ITALIA, 2009.

♥ MOSTRO, IL ★★★
Regia di ROBERTO BENIGNI. Con ROBERTO BENIGNI, MICHEL BLANC, NICOLETTA BRASCHI, JEAN-CLAUDE BRIALY. ■ Loris è un buon diavolo che s'arrangia come può per campare, e oltretutto non farebbe mai male a una mosca. È quindi logico che venga accusato di essere un maniaco assassino. Deve vedersela con un amministratore per nulla simpatico, con uno psichiatra criminologo e con una poliziotta. Benigni è riuscito a superare il record ottenuto con *Johnny Stecchino* e quindi a piazzarsi nel primo e secondo posto della classifica d'incassi in Italia. È un peccato però che la sua bravura di attore brilli solo nelle *performance* televisive o con altri registi. La fotografia di Carlo Di Palma e la co-sceneggiatura di Vincenzo Cerami non aggiungono e non sottraggono nulla. ■ COMICO; COL.; 110'; FRANCIA, ITALIA, 1994.

MOSTRO, IL ★★★
Regia di LUIGI ZAMPA. Con YVES BENEYTON, JOHNNY DORELLI, RENZO PALMER, SYDNE ROME, ENZO SANTANIELLO, RENATO SCARPA. ■ C'è un mostro che uccide personaggi in vista, ma prima di fare i suoi colpi avverte Valerio, un giornalista che gestisce una rubrica per signore. Valerio finisce a un certo punto in prigione e da lì fa la tragica scoperta: l'assassino è Luca, suo figlio sedicenne. ■ DRAMMATICO; COL.; 105'; ITALIA, 1977.

MOSTRO A PARIGI, UN *(Un monstre à Paris)* ★★
Regia di BIBO BERGERON. Con MATHIEU CHIEDID, FRANÇOIS CLUZET, GAD ELMALEH, VANESSA PARADIS, LUDIVINE SAGNIER. ■ Parigi, 1910. Raoul ed Emile, nel compiere una consegna in un giardino botanico che è anche laboratorio per esperimenti, involontariamente mescolano due composti, uno per ingigantire e l'altro per vellutare le corde vocali, bagnando una pulce. Immensa, la bestia fugge per la città creando scompiglio e mobilitando le forze dell'ordine. ■ ANIMAZIONE; COL.; 90'; FRANCIA, 2011.

MOSTRO CHE SFIDÒ IL MONDO, IL ★★
(The Monster that Challenged the World)
Regia di ARNOLD LAVEN. Con HANS CONRIED, AUDREY DALTON, TIM HOLT. ■ Due marinai scompaiono in un tratto di oceano in cui si stanno svolgendo alcuni esperimenti. Nel corso delle ricerche viene scoperto un enorme mostro che giace sul fondo ed emana radioattività. Dopo una drammatica lotta, la micidiale creatura verrà annientata. ■ FANTASCIENZA; B/N; 83'; USA, 1957.

MOSTRO CHE UCCIDE, IL *(The Bat)* ★★
Regia di CRANE WILBUR. Con GAVIN GORDON, AGNES MOOREHEAD, VINCENT PRICE, JOHN SUTTON. ■ Una scrittrice è ospite di una villa isolata attorno alla quale si dice che un maniaco omicida abbia provocato parecchie vittime. Effettivamente, in conseguenza di un grosso furto, muoiono il direttore della banca derubata e l'uomo che a sua volta lo ha depredato. Anche la scrittrice sta per cadere nelle mani dell'assassino, ma si salva per un pelo riuscendo a smascherarlo. ■ GIALLO; B/N; 80'; USA, 1959.

MOSTRO DEI CIELI, IL *(The Giant Claw)* ★★
Regia di FRED F. SEARS. Con MARA CORDAY, JEFF MORROW. ■ Un terribile mostro avvistato nel cielo polare distrugge gli aerei che si avventurano in quella zona e si nutre dei loro piloti. Tutte le armi impiegate per eliminarlo non ottengono alcun effetto, finché uno scienziato costruisce un ordigno capace di distruggerlo. ■ FANTASCIENZA; B/N; 76'; USA, 1957.

MOSTRO DEI MARI, IL ★★
(It Came from Beneath the Sea)
Regia di ROBERT GORDON. Con DONALD CURTIS, FAITH DOMERGUE, IAN KEITH, KENNETH TOBEY. ■ Uno scienziato scopre l'esistenza di un mostro generato dallo scoppio della bomba atomica. Si tratta di un'enorme piovra che ha già fatto affondare una grossa nave. Nonostante le misure di sicurezza adottate dal governo americano, abbatte i ponti e interi quartieri di San Francisco seminando il terrore. Finalmente l'orrenda creatura viene annientata. ■ FANTASCIENZA; B/N; 80'; USA, 1957.

MOSTRO DELLA CALIFORNIA, IL *(The Were Wolf)* ★★
Regia di FRED F. SEARS. Con JOYCE HOLDEN, DON MEGOWAN, STEVEN RITCH. ■ Uno strano essere terrorizza una zona della California: uccide, ferisce, sevizia. Si scopre trattarsi di un poveretto vittima di un siero inoculatogli da due medici. ■ DRAMMATICO; B/N; 83'; USA, 1956.

MOSTRO DELLA LAGUNA NERA, IL ★★
(Creature from the Black Lagoon)
Regia di JACK ARNOLD. Con JULIE ADAMS, RICHARD CARLSON, RICHARD DENNING. ■ Due biologi si recano in Amazzonia per esplorare la laguna dove sono stati rinvenuti i resti di una creatura misteriosa. La coppia si imbatte in un essere umano capace di vivere sott'acqua. Dopo molte avventure, i due riescono a catturarlo, ma il mostro fugge di nuovo. ■ FANTASCIENZA; B/N; 79'; USA, 1954.

MOSTRO DELLA PALUDE, IL *(Swamp Thing)* ★★
Regia di WES CRAVEN. Con ADRIENNE BARBEAU, LOUIS JOURDAN, RAY WISE. ■ Una sorta di *divertissement* dal regista di *Nightmare*. La storia è piuttosto datata: uno scienziato per via di una formula diventa un mostro. Deve poi proteggere la sua antica fiamma dal classico malvagio che vuole il segreto della trasformazione per farne un cattivo uso. ■ HORROR; COL.; 90'; USA, 1982.

MOSTRO DELLA STRADA DI CAMPAGNA, IL ★★
(And Soon the Darkness)
Regia di ROBERT FUEST. Con MICHELE DOTRICE, SANDOR ELÉS, PAMELA FRANKLIN, CLAIRE KELLY, JOHN NETTLETON. ■ Una ragazza scompare nello stesso punto in cui anni prima una sua coetanea era stata trovata uccisa. La sua amica la cerca con l'aiuto di un giornalista alquanto ambiguo. In preda ai sospetti, la giovane si rifugia in una stazione di polizia retta da un solo agente. Colpo di scena finale. ■ GIALLO; COL.; 99'; GRAN BRETAGNA, 1971.

MOSTRO DELL'ASTRONAVE, IL ★★
(It! The Terror from Beyond Space)
Regia di EDWARD L. CAHN. Con RAY CORRIGAN, SHAWN SMITH, KIM SPALDING, MARSHALL THOMPSON. ■ Un mostro marziano ha ucciso tutti gli occupanti, tranne uno, della capsula spaziale americana atterrata sul pianeta Marte. Una navicella di soccorso viene inviata a raccogliere il superstite, al quale, nonostante le sue proteste, si attribuisce la responsabilità del fatto. Nel frattempo altre due vittime confermano la teoria del sopravvissuto che guida la lotta contro il mostruoso essere. Alla fine la creatura verrà debellata. ■ FANTASCIENZA; B/N; 69'; USA, 1958.

MOSTRO DELLA VIA MORGUE, IL ★★★
(The Phantom of the Rue Morgue)
Regia di ROY DEL RUTH. Con JEAN-CLAUDE DAUPHIN, STEVE FORREST, KARL MALDEN, PATRICIA MEDINA. ■ Un professore viene sospettato di omicidio perché accanto al corpo di una ragazza uccisa è stato trovato il braccialetto che lui aveva regalato alla fidanzata. Questa viene presa in custodia da uno studioso addetto allo zoo. ■ DRAMMATICO; COL.; 84'; USA, 1954.

MOSTRO DELLE NEBBIE, IL *(The Mad Magician)* ★★
Regia di JOHN BRAHM. Con EVA GABOR, MARY MURPHY, VINCENT PRICE. ■ Un noto illusionista uccide un rivale e, con le sue sembianze, ne ammazza anche la moglie che lo ha scoperto. I poliziotti danno la caccia al defunto, mentre un assistente dell'omicida comincia ad avere nei suoi confronti alcuni sospetti che, dopo diversi drammatici episodi, diventano certezza. Egli si salva a stento dalla vendetta dell'illusionista che muore atrocemente. ■ GIALLO; B/N; 72'; USA, 1954.

MOSTRO DELL'ISOLA, IL ★★
Regia di Roberto Bianchi Montero. Con Jole Fierro, Boris Karloff, Franca Marzi, Renato Vicario. ■ Un uomo dall'apparenza rispettabilissima, considerato da tutti un benefattore, è a capo di una banda di trafficanti. Per indurre un poliziotto a desistere dalle indagini, gli sequestra la bimba ma l'uomo, aiutato da una donna della banda, una sua vecchia conoscenza, libera sua figlia e assicura i malviventi alla giustizia. ■ Drammatico; b/n; 92′; Italia, 1953.

MOSTRO DELL'OBITORIO, IL ★
(El jorobado de la morgue)
Regia di Javier Aguirre. Con Paul Naschy, Vic Winner, Rossana Yanni. ■ Un gobbo, innamorato di una fanciulla morta, accetta di procurare cadaveri ad uno scienziato che gli ha promesso di farla rivivere. La fanciulla, infatti, rinasce sotto le spoglie di un orribile mostro che il gobbo nutre con carne umana. ■ Horror; col.; 94′; Spagna, 1973.

MOSTRO DELL'OPERA, IL ★
Regia di Renato Polselli. Con Barbara Howard, Marc Marian, John McDouglas. ■ Una compagnia di attori affitta un teatro senza sapere che su di esso pesa l'incubo di un mostro. Alla fine, naturalmente, riusciranno ad eliminarlo. ■ Horror; b/n; 90′; Italia, 1964.

MOSTRO DEL MARE, IL *(The Sea Beast)* ★
Regia di Milard Webb. Con John Barrymore, Dolores Costello, George O'Hara. ■ Primo adattamento cinematografico del celebre romanzo di Melville, *Moby Dick*. Sono meglio i successivi, nonostante la presenza di John Barrymore. ■ Avventura; b/n; 99′; USA, 1926.

MOSTRO DEL MUSEO DELLE CERE, IL ★★
(Nightmare in Wax)
Regia di Bud Townsend. Con Scott Brady, Anne Helm, Berry Kroeger, Cameron Mitchell. ■ Un bravissimo truccatore è stato sfigurato da un rivale. Per vendicarsi edifica un museo nel quale si trovano le statue di cera di attori morti e attori viventi. Alcuni di questi vengono addirittura rapiti e sistemati, vivi, dopo apposite iniezioni, nella galleria. ■ Horror; col.; 91′; USA, 1969.

MOSTRO DEL PIANETA PERDUTO, IL ★★★
(The Day the World Ended)
Regia di Roger Corman. Con Tauch Connors, Richard Denning, Adele Jergens, Lori Nelson. ■ Sette persone, sopravvissute a un bombardamento atomico, si riuniscono in un rifugio posto al riparo delle radiazioni. Due di essi, però, ne vengono colpiti durante la ricerca di cibo, un terzo muore. Nel frattempo, un mostro orribile uccide uno dei sopravvissuti e rapisce l'unica ragazza. Due dei suoi pretendenti muoiono. Il mostro, colpito dalla pioggia, fa la stessa fine. I due superstiti possono ricominciare a vivere insieme ad altri uomini, lontani ma vivi. ■ Fantascienza; b/n; 75′; USA, 1956.

MOSTRO DI FIRENZE, IL ★★
Regia di Cesare Ferrario. Con Elisabetta Giovannini, Leonard Mann, Gabriele Tinti. ■ Uno scrittore cerca di dare un volto all'inafferrabile "assassino delle coppiette" ripercorrendone ed esaminandone gli efferati delitti. Ne esce un film compiaciuto quanto raffazzonato e mal recitato. ■ Drammatico; col.; 86′; Italia, 1986.

MOSTRO DI FRANKENSTEIN, IL ★★
Regia di Eugenio Testa. Con Lida Albertini, Luciano Albertini, Umberto Guarracino. ■ Un mediometraggio italiano, il primo horror, del quale si è persa ogni traccia. Come ospite d'onore nella storia viene inserito Sansone. ■ Horror; b/n; 39′; Italia, 1920.

MOSTRO DI LONDRA, IL ★★
(The Two Faces of Dr. Jekyll)
Regia di Terence Fisher. Con Dawn Addams, Christopher Lee, Paul Massie. ■ Il dottor Jekyll, cavia volontaria di alcuni esperimenti, assume le sembianze di Mr. Hyde e scopre l'infedeltà della moglie. Si vendica uccidendo lei e il rivale e anche la propria amante. Incapace di tornare ad essere Jekyll, tenta di accusare altre persone dei crimini che ha commesso, ma si trasforma davanti ai poliziotti e viene arrestato. ■ Horror; col.; 88′; Gran Bretagna, 1960.

MOSTRO DI MAGENDORF, IL *(El Cebo)* ★★★
Regia di Ladislao Vajda. Con Gert Fröbe, Heinz Rühmann, Marian Salgado, Michel Simon. ■ Un mendicante accusato dell'assassinio di una bambina si suicida. Il commissario incaricato del caso non è affatto convinto della colpevolezza dell'uomo: per trovare il vero responsabile, però, può solo basarsi su un disegno della piccola vittima. In base a questo, tende una trappola al presunto assassino. Alla fine, l'omicida sarà catturato. ■ Drammatico; b/n; 92′; Spagna, Svizzera, 1958.

MOSTRO DI RIO ESCONDIDO, IL *(Rio Escondido)* ★★
Regia di Emilio Fernandez. Con Maria Felix, Fernando Fernandez, Carlos Lopez, Carlos Lopez Moctezuma. ■ Un uomo ricco e crudele è proprietario di un intero paese che domina a suo piacimento. La sola a ribellarsi è una giovane maestra che si prodiga per curare un'epidemia (di cui anche il potente cade vittima) e che lo respinge. L'uomo, deciso a tutto pur di averla, entra con la forza nella sua stanza ma viene ucciso dalla fanciulla. Il paese si arma ed elimina i complici dell'ucciso. ■ Drammatico; b/n; 92′; Messico, 1947.

MOSTRO DI SANGUE, IL *(The Tingler)* ★★
Regia di William Castle. Con Patricia Cutts, Judith Evelyn, Darryl Hyckman, Pamela Lincoln, Vincent Price. ■ Un professore riesce a individuare nella mente umana una mostruosa forza negativa, il cosiddetto "brivido", che può essere vinto solo se la vittima si mette a urlare. Sua moglie tenta di rivoltargli contro la terribile arma, ma inutilmente. Lo scienziato porrà fine personalmente all'incubo dopo che il "brivido" avrà fatto una vittima umana. ■ Horror; b/n; 89′; USA, 1959.

MOSTRO DI SANGUE, IL *(Blood Beast Terror)* ★★
Regia di Vernon Sewell. Con Peter Cushing, Robert Flemyng, Vanessa Howard, Wanda Ventham. ■ Siamo a Londra, nel diciannovesimo secolo. Uno scienziato pazzo trasforma una farfalla in una specie di ragazza-vampiro. Un poliziotto, allarmato dalla scomparsa di numerose persone, orienta le sue indagini sulla casa dello studioso, impegnato in nuovi spaventosi esperimenti. La vampira ucciderà il suo creatore e morirà tra le fiamme. ■ Fantascienza; col.; 88′; Gran Bretagna, 1968.

MOSTRO DI VENEZIA, IL ★★
Regia di Dino Tavella. Con Alba Brotto, Elmo Caruso, Gin Mart. ■ Un intraprendente quanto osteggiato giornalista si mette alla ricerca del misterioso assassino che ha eliminato parecchie giovanissime ragazze. A capo di un gruppo di straniere alloggia in un albergo dove si verifica un omicidio e spariscono due donne. Il giornalista, innamorato di una di esse, le ritrova e sbroglia l'intricata matassa. ■ Giallo; b/n; 90′; Italia, 1967.

MOSTRO È DIETRO L'ANGOLO, IL *(Face of Fire)* ★★
Regia di Albert Brand. Con Betty Ackerman, Cameron Mitchell, James Whitmore. ■ Un uomo sfigurato per aver salvato un bambino e non più nel pieno possesso delle sue facoltà viene fatto oggetto di una spietata caccia e creduto morto. Egli invece è vivo e viene accolto nella casa del piccolo. La gente vorrebbe farlo rinchiudere, ma il "mostro" rinsavisce. ■ Drammatico; b/n; 83′; USA, 1958.

MOSTRO È IN TAVOLA, BARONE... FRANKENSTEIN, IL ★★
Regia di Antonio Margheriti. Con Joe Dallesandro, Dalila Di Lazzaro, Arno Juerging, Udo Kier, Monique Van Vooren. ■ Il professor Frankenstein ha costruito una donna con alcuni resti umani e si ripromette di generare con lo stesso metodo un uomo che si dovrà accoppiare a lei per dare inizio ad una nuova specie. L'esperimento riesce, ma la testa del mostro appartiene ad un uomo con aspirazioni religiose che invece di far l'amore uccide i suoi creatori. ■ Commedia; col.; 94′; Italia, 1974.

MOSTRO E LE VERGINI, IL *(Devil Doll)* ★★
Regia di Lindsay Shonteff. Con Sandra Dorne, Bryant Haliday, Yvonne Romain, William Sylvester. ■ Un medico, dopo anni di studi in Oriente, è riuscito a scoprire il modo di tra-

sferire in un qualsiasi fantoccio la personalità della vittima prescelta. Un giornalista scopre l'allucinante mistero con la collaborazione della fidanzata, alla quale evita per miracolo la stessa fine da fantoccio. ■ HORROR; B/N; 80'; GRAN BRETAGNA, 1964.

MOSTRO INVINCIBILE, IL *(Gamera vs. Viras)* ★★
Regia di NORIAKI YUASA. Con MARI ATSUMI, CARL CRANE, TORN TAKATSUKA, PETER WILLIAMS. ■ Un mostro amico dei terrestri li difende da un'invasione spaziale. Poco dopo però viene condizionato ad eseguire gli ordini del nemico e comincia a distruggere metodicamente una città dopo l'altra. Due ragazzi riescono a manomettere il congegno che comanda le azioni del loro amico e a fargli sgominare gli extraterrestri. ■ FANTASCIENZA; COL.; 92'; GIAPPONE, 1968.

MOSTRO MAGNETICO, IL *(The Magnetic Monster)* ★★
Regia di CURT SIODMAK. Con JEAN BYRON, RICHARD CARLSON, KING DONOVAN. ■ Uno scienziato ha isolato un materiale dal quale emana una forza magnetica capace di provocare danni incalcolabili. Come se non bastasse, questa specie di mostro è in continua crescita. Uno studioso, aiutato da un assistente, riesce a distruggerlo. ■ FANTASCIENZA; B/N; 76'; USA, 1953.

MOSTRO PAZZO *(The Mad Monster)* ★★
Regia di SAM NEWFIELD. Con JOHNNY DOWNS, ANNIE NAGEL, GEORGE ZUCCO. ■ Uno scienziato ha usato una sostanza di sua invenzione per trasformare un vecchietto inoffensivo in un crudele assassino. Sua figlia scoprirà la verità solo il giorno in cui il padre e il suo sicario moriranno nell'incendio causato da un fulmine. ■ FANTASCIENZA; B/N; 72'; USA, 1942.

MOSTRUOSO DOTTOR CRIMEN, IL ★
(El monstruo resuscitado)
Regia di CHANO URUETA. Con JOSÉ MARIA LINARES, STERN MIROSLAVA, CARLOS NAVARRO. ■ Una giornalista dalle mire ambiziose riesce ad avvicinarsi ad uno scienziato dal volto orribilmente deturpato. Questi crede nella sua amicizia, ma, quando viene a conoscenza del suo lavoro, decide di vendicarsi servendosi di un ragazzo che ha fatto rivivere. Questi però, al momento dell'operazione sul bel volto della vittima, interviene e uccide lo scienziato. Verrà ucciso a sua volta dal fidanzato della ragazza. ■ DRAMMATICO; B/N; 91'; MESSICO, 1953.

MOSTRUOSO UOMO DELLE NEVI, IL ★★★
(The Abominable Snowman)
Regia di VAL GUEST. Con MAUREEN CONNELL, PETER CUSHING, FORREST TUCKER. ■ Una spedizione si reca nel Tibet alla ricerca del fantomatico "uomo delle nevi". Il rettore di un monastero tenta invano di dissuaderli: gli uomini partono, uccidono due di quegli esseri ma periscono, tranne uno, in seguito a diversi incidenti. Il superstite viene accolto da un gruppo di yeti che dimostrano grandissima saggezza: al suo ritorno confermerà che non esistono, temendo, come il monaco, la loro totale eliminazione. ■ FANTASTICO; B/N; 91'; GRAN BRETAGNA, 1957.

MOST WANTED ★★
Regia di WALTER E. GRAUMAN. Con LESLIE CHARLESON, SHELLY NOVACK, TOM SELLECK, ROBERT STACK. ■ Un gruppo di poliziotti detti "I più ricercati" hanno a che fare con un pazzo che uccide le suore. A ciascuna delle uccise, inoltre, ruba un crocifisso che apparentemente non ha alcun valore. ■ POLIZIESCO; COL.; 80'; USA, 1976.

MOTEL DELLA PAURA, IL *(Bates Motel)* ★
Regia di RICHARD ROTHSTEIN. Con BUD CORT, LORI PETTY. ■ L'anziano Norman, che vive da anni in un sanatorio, ha fatto amicizia con Alex West, un bambino senza amici né parenti, cresciuto tra percosse e umiliazioni proprio come lui. I due stringono un legame fortissimo di interdipendenza tanto che, quando muore, Norman dona ad Alex il Motel Bates. Bud Cort è il ragazzino in *Harold & Maude*. ■ HORROR; COL.; 95'; USA, 1987.

MOTEL EDEN *(El jardin del Eden)* ★★
Regia di MARIA NOVARO. Con BRUNO BICHIR, RENÉE COLEMAN, GABRIELA ROEL. ■ La storia di Serena che dopo la morte dell'amato genitore si sposta coi figli al confine tra Messico e Stati Uniti, a Tijuana. Lì vivono una sua zia e altri poveracci che come Serena vorrebbero passare il confine per avere una vita migliore. ■ DRAMMATICO; COL.; 105'; CANADA, MESSICO, 1994.

MOTEL WOODSTOCK *(Taking Woodstock)* ★★★
Regia di ANG LEE. Con DAN FOGLER, HENRY GOODMAN, JONATHAN GROFF, EUGENE LEVY, DEMETRI MARTIN. ■ Elliot Theichberg lavora come arredatore al Greenwich Village ed è impegnato sul fronte dei diritti degli omosessuali. I suoi genitori, Jake e Sonia, stanno per perdere, a causa dei debiti, il decrepito motel che gestiscono a Catskill. Le soluzioni non sembrano a portata di mano fino a quando giunge la notizia che gli organizzatori di un'importante manifestazione musicale hanno scelto proprio Walkill. I "mitici" 3 giorni di Pace e Musica stanno per realizzarsi. Ultima opera ben fatta di Ang Lee per i quarant'anni del grande concerto. ■ COMMEDIA; COL.; 121'; USA, 2009.

MOTH DIARIES, THE ★
Regia di MARY HARRON. Con SARAH BOLGER, LILY COLE, SARAH GARDON, SCOTT SPEEDMAN, VALERIE TIAN. ■ Rebecca è ancora disperatamente addolorata per il suicidio del padre quando comincia l'anno scolastico, nel prestigioso college femminile che ha scelto di frequentare. A farla felice è solo l'amicizia esclusiva con Lucy, una ragazza solare e spensierata. I tormenti di Rebecca sono però destinati a riemergere più forti che mai con l'arrivo di una nuova compagna, Ernessa, che presto le sottrae completamente le attenzioni di Lucy. ■ HORROR; COL.; 85'; CANADA, IRLANDA, 2011.

MOTHER, THE ★★★
Regia di ROGER MICHELL. Con DANIEL CRAIG, DANIRA GOVICH, ANNE REID, PETER VAUGHAN, ANNA WILSON JONES. ■ È raro vedere sugli schermi storie che non banalizzano i rapporti famigliari, ma la collaborazione tra lo scrittore Hanif Kureishi e il regista Roger Michell ha fatto centro con un film maturo e al contempo trasgressivo sul rapporto genitori-figli. May ed il marito lasciano la tranquillità del loro stile di vita in campagna per tuffarsi nel caos londinese, su invito dei figli. Durante la visita, l'anziano marito muore d'infarto. Con la sua morte, crolla anche la struttura che rendeva stabile la vita di May e la donna, decisa a non invecchiare lentamente davanti a figli e nipoti indifferenti e troppo indaffarati per aiutarla a superare il momento, comincia ad essere se stessa e a pensare che le sue emozioni, il suo piacere e anche la sua sessualità abbiano un valore. Lasciato un passato costruito sugli altri, May cerca in sé nuove forme di espressione e l'unica persona che si mostra disponibile ad assecondare questo nuovo ruolo è il giovane Darren, amico del figlio e amante della figlia. La relazione sessuale-sentimentale tra i due, ma soprattutto l'inaspettata reazione della neo-vedova che si accorge di non avere ancora imparato a vivere, rendono questo film profondamente umano. ■ DRAMMATICO; COL.; 112'; GRAN BRETAGNA, 2003.

MOTHMAN PROPHECIES, THE ★★
Regia di MARK PELLINGTON. Con RICHARD GERE, LAURA LINNEY, DEBRA MESSING, WILL PATTON. ■ Un'inquietante apparizione, a somiglianza di un'enorme e raccapricciante falena, terrorizza gli abitanti di Point Pleasant, preannunciando tragedie e incubi collettivi. La moglie del giornalista John Klein (Richard Gere) muore in un incidente stradale che sembrerebbe causato proprio dalla misteriosa e agghiacciante apparizione. E Klein, due anni dopo, si ritrova per caso proprio nella stessa cittadina ad indagare, aiutato dalla bionda poliziotta Laura Linney, sulle allucinazioni collettive di cui sembrano soffrire tutti gli abitanti. Ci dicono che la storia si ispiri a fatti realmente accaduti, ma raccontare il paranormale è cosa quanto mai irta di difficoltà: ci vorrebbero infatti una profondità narrativa e un'introspezione psicologica che invece mancano del tutto. E la presenza di Richard Gere non basta a risollevare la sconnessa trama del film. ■ THRILLER; COL.; 119'; USA, 2002.

MOTIVO IN MASCHERA ★
Regia di STEFANO CANZIO. Con ALBA ARNOVA, MIKE BONGIORNO, LELIO LUTTAZZI, LYLA ROCCO, SARO URZÌ. ■ La bocciatura di Luttazzi all'esame di musica classica suggerisce a Mike Bongiorno lo spunto per una trasmissione televisiva: si tratta di in-

dovinare il titolo di un pezzo musicale. ■ COMICO; B/N; 91′; ITALIA, 1955.

MOTORINO, IL ★
Regia di NINI GRASSIA. Con LINO CRISPO, MARIO DA VINCI, SAL DA VINCI, BIANCA SOLLAZZO, ELEONORA VALLONE. ■ Mario fa il cantante, ma non ha molto successo. Mentre è sprofondato nell'ennesima crisi esistenziale, si reca a trovarlo Daniela, la sua ex moglie, che lo ha lasciato diversi anni prima a causa dello squallore della loro esistenza materiale. ■ COMMEDIA; COL.; 90′; ITALIA, 1983.

MOTORIZZATE, LE ★★
Regia di MARINO GIROLAMI. Con WALTER CHIARI, SANDRA MONDAINI, TOTÒ, BICE VALORI, RAIMONDO VIANELLO. ■ Sono cinque episodi in cui si alternano alcuni fra i più noti comici di casa nostra. ■ COMMEDIA; B/N; 100′; ITALIA, 1963.

MOTORIZZATI, I ★★
Regia di CAMILLO MASTROCINQUE. Con ALBERTO BONUCCI, WALTER CHIARI, NINO MANFREDI, UGO TOGNAZZI, FRANCA VALERI. ■ Un discreto film comico a episodi basato sui moderni mezzi di trasporto e sui loro guidatori. ■ COMICO; B/N; 90′; ITALIA, 1962.

MOTORPSYCHO! ★★
Regia di RUSS MEYER. Con HAJI, STEPHEN OLIVER, ALEX ROCCO. ■ Tre Hell's Angels seminano il terrore in una cittadina della provincia americana. Verranno puniti severamente. Ancora una volta deserto e corpi in un film tutto sopra le righe. ■ EROTICO; COL.; 74′; USA, 1965.

MOTS BLEUS, LES ★★
Regia di ALAIN CORNEAU. Con CÉCILE BOIS, CAMILLE GAUTHIER, ESTHER GORINTIN, SERGI LÓPEZ, SYLVIE TESTUD. ■ Affrontare il difficile tema dell'handicap (qui si tratta di autismo) senza cadere nella retorica non è da tutti. Corneau non riesce a tenersene lontano se non nella prima mezzora in cui delinea il simbiotico rapporto che una madre (traumatizzata da piccola) instaura con la figlia. Ma quando entra in scena il "buon" insegnante Sergi Lopez (bravo come sempre, intendiamoci) tutta la sceneggiatura scivola nel prevedibile con in più l'aggiunta di una gracila religiosa canterina e di un motivetto sdolcinato che ci viene proposto ben due volte. ■ DRAMMATICO; COL.; 114′; FRANCIA, 2004.

MOUCHETTE – TUTTA LA VITA IN UNA NOTTE ★★★
(Mouchette)
Regia di ROBERT BRESSON. Con JEAN-CLAUDE GUILBERT, PAUL HEBERT, SUZANNE HUGUENIN, NADINE NORTIER, JEAN VIMENET. ■ Una quattordicenne che nessuno ama incontra per caso, durante un furioso temporale, un bracconiere. Costui le racconta di aver ucciso il guardiacaccia; la ragazza lo aiuta a costruirsi un alibi e lo assiste durante una crisi di epilessia. Ma il bracconiere si è inventato tutto: appena può violenta Mouchette. Giunta a casa, trova la madre morta. Al centro delle chiacchiere di tutto il paese, la ragazzina si annega. ■ DRAMMATICO; B/N; 80′; FRANCIA, 1967. ■ CANNES 1 PR.

MOULIN ROUGE ★★★
Regia di JOHN HUSTON. Con JOSÉ FERRER, SUZANNE FLON, ZSA ZSA GABOR, KATHERINE KATH, CHRISTOPHER LEE, COLETTE MARCHAND. ■ La vita di Henri Toulouse-Lautrec, il grande pittore francese del Moulin Rouge che una caduta da piccolo condannò a un aspetto fisico assai infelice. Salva una prostituta dalla prigione, ne fa la propria amante, poi la caccia a causa del suo carattere. Tormentato dalla solitudine, l'artista pensa poi al suicidio, ma la passione per la sua arte lo trattiene. Si innamora, ricambiato, di un'indossatrice che però allontana; poco tempo dopo muore in seguito all'alcool e ad una brutta caduta. ■ DRAMMATICO; COL.; 120′; USA, 1953. ■ OSCAR 2 PR, 7 NOM; VENEZIA 1 PR.

MOULIN ROUGE ★★★ 🎖
Regia di BAZ LUHRMANN. Con JIM BROADBENT, NICOLE KIDMAN, JOHN LEGUIZAMO, EWAN MCGREGOR, RICHARD ROXBURGH. ■ Parigi. 1899. Satine è la star del Moulin Rouge, la cortigiana più desiderata ma anche pronta a vendere i propri favori al miglior offerente. Finché un giorno arriva da fuori il giovane e timido scrittore Christian che si innamora, corriposto, di lei. Ma, c'è un "ma". Interessato a Satine è anche un ricchissimo conte che è pronto, pur di averla in esclusiva, a farla diventare un'attrice e ad assumersi il carico delle spese per un rinnovo totale del locale. In agguato, poi, c'è il "mal sottile": la tubercolosi. Luhrmann (ricordate *Ballroom* e *Romeo + Juliet*?) continua nel proprio percorso di originale contaminazione di generi. Questa volta fagocita un *plot* "tipo Traviata" e lo immerge in una scenografia iperartefatta e kitsch. Ma fa di più: gioca con l'abilità (e le voci) della Kidman e di McGregor per mescolare stili e generi musicali. Accade così che Satine entri in scena dall'alto cantando *Diamonds are a girl's best friends* (Marilyn) per interpolarlo con *Material Girl* (Madonna). Che Ewan intoni più volte *My Song* di Elton John e che poi ci sia dato di ascoltare canzoni dei Queen, di Sting, Paul McCartney. Il tutto senza perdere di qualità e di attrattiva e senza mai far diventare il gioco sterile. ■ MUSICAL; COL.; 130′; AUSTRALIA, 2001. ■ GOLDEN GLOBES 🎖 3 PR, 6 NOM; OSCAR 🎖 2 PR, 8 NOM.

MOVENTI DIVERSI *(Ulterior Motives)* ★
Regia di JAMES BECKETT. Con ELLEN CRAWFORD, THOMAS IAN GRIFFITH, MARY PAGE KELLER, JOE YAMANAKA. ■ Una giornalista indaga su un traffico di segreti militari che sono venduti a organizzazioni criminali giapponesi. Ma per far luce sull'intera vicenda senza rimetterci la pelle la ragazza dovrà assumere un intrepido detective (il campione di arti marziali Thomas Ian Griffith). ■ AVVENTURA; COL.; 92′; USA, 1991.

MOVIE RUSH – LA FEBBRE DEL CINEMA ★★
Regia di OTTAVIO FABBRI. Con LOREDANA BERTÉ, MASSIMO BOLDI, BENJAMIN LAV. ■ Un regista d'avanguardia gira un film *sui generis*: in casa sua mette insieme alcuni avventizi (due ragazze che facevano l'autostop, un soldato in licenza) e fa intervenire gli altri inquilini che non sanno di essere ripresi. Alla fine il regista trova un produttore che si lascia convincere a guardare il film. ■ COMMEDIA; COL.; 98′; ITALIA 1976.

MOVIMENTI ★★
Regia di CLAUDIO FAUSTI, SERAFINO MURRI. Con CECILIA DAZZI, ROBERTO DE PAOLIS, FABRIZIO GIFUNI, LUCA MURRI, GABRIELE PARRILLO, FRANCESCO PINI. ■ Un gruppo di vecchi amici si ritrova dopo anni a Roma per passare un altro di quei mitici venerdì sera che chiamavano "serate bastarde": in giro per feste e locali, senza fermarsi mai, fino al collasso. Il tempo è passato, le cose cambiate. Gli elementi di interesse del film stanno nella precedente professione dei due registi (critici cinematografici) e nella tecnica di ripresa (tre macchine che riprendevano l'azione da tre punti di vista). ■ COMMEDIA NERA; COL.; 103′; ITALIA, 2003.

MOVIMENTI NOTTURNI *(Tapage Nocturne)* ★★
Regia di CATHERINE BREILLAT. Con MARIE-HÉLÈNE BREILLAT, JOE DALLESANDRO, DOMINIQUE LAFFIN. ■ Storia di Solange, insoddisfatta sessualmente, che cerca il piacere con continui nuovi amanti, nonostante un marito ed una figlioletta. Non troverà mai l'uomo giusto. ■ DRAMMATICO; COL.; 93′; FRANCIA, 1979.

MOWGLI – IL LIBRO DELLA GIUNGLA ★
(Rudyard Kipling's The Jungle Book)
Regia di STEPHEN SOMMERS. Con JOHN CLEESE, CARY ELWES, LENA HEADEY, JASON SCOTT LEE, SAM NEILL. ■ Il famoso romanzo di Kipling, dopo il film di Korda del 1942 e il noto cartone animato disneyano, trova nuovamente la via dello schermo in un'edizione a grande cast ma con scarso spessore. Tutto viene semplificato e, cosa ancor più grave, ricondotto alla dimensione umana che nel libro non era preminente. La lotta tra Mowgli e un militare inglese per la conquista di una fanciulla e di un tesoro diventa il fulcro della vicenda. Con buona pace degli animali. ■ AVVENTURA; COL.; 111′; USA, 1994.

MOZART *(Whom the Gods Love)* ★★
Regia di BASIL DEAN. Con LIANE HAID, JOHN LODER. ■ Mozart s'innamora di una ragazza che lo respinge e ne sposa la sorella. Questa, seccata dall'influenza che la rivale esercita sul marito, decide di fuggire con un nobile. Il giorno stabilito, però, la donna cede alla richiesta del coniuge di rimanere accanto a lui mentre termina il *Flauto magico*. L'opera ha un enorme successo e i due si riconciliano. ■ BIOGRAFICO; B/N; 82′; GRAN BRETAGNA, 1936.

MOZZARELLA STORIES ★★
Regia di Edoardo De Angelis. Con Giampaolo Fabrizio, Massimiliano Gallo, Tony Laudadio, Luisa Ranieri, Andrea Renzi. ■ Dopo aver scontato una condanna in carcere per l'uccisione di un suo concorrente, Ciccio "Dop" rientra trionfalmente a Caserta per prendere possesso della sua storica azienda di mozzarelle. Qualche anno dopo, il suo impero entra in crisi per la concorrenza cinese, pronta a fornire un'ottima mozzarella di bufala alla metà del prezzo del suo caseificio. La prospettiva del fallimento vede inasprire i suoi metodi da imprenditore camorrista. ■ Commedia; col.; 95'; Italia, 2011.

MRS. DALLOWAY ★★
Regia di Marleen Gorris. Con Rupert Graves, Natascha McElhone, Vanessa Redgrave, Peter Walsh. ■ Tratto da un romanzo di Virginia Woolf, un monologo interiore della protagonista (una Redgrave sempre all'altezza) ci guida attraverso la Londra di inizio Novecento. La Gorris aveva dato molto di più in *L'albero di Antonia*. Perché le registe più abili finiscono prima o poi nella trappola del film in costume? ■ Drammatico; col.; 97'; Gran Bretagna, 1997.

MRS. PARKER E IL CIRCOLO VIZIOSO ★★★
(Mrs. Dorothy Parker)
Regia di Alan Rudolph. Con Matthew Broderick, Jennifer Jason Leigh, Campbell Scott. ■ La storia di Dorothy Parker, scrittrice americana talentosa e maledetta: i suoi lavori e i suoi amori. Intelligente, cinica, ironica e... alcolizzata, fu l'anima della famosa rivista letteraria «New Yorker» e terrorizzò coi suoi scritti tutto l'ambiente dell'intelligenza americana del suo tempo. Andava a letto con tutti quelli che le piacevano. Fu anche sceneggiatrice e quando morì, nel 1967 a settantaquattro anni, sopravvissuta a tutti i suoi amici, lasciò i suoi averi a Martin Luther King. Fu amica dei maggiori scrittori di quella stagione, da Fitzgerald a Edna Farber. Il regista Rudolph, allievo di Altman, racconta senza minimamente preoccuparsi dei tempi narrativi da grande pubblico. È un film di parole e di battute, sottile, sotto le righe, intelligente e statico. Ed è una bella testimonianza di quegli anni d'oro, letterariamente tanto importanti e fecondi. Benessere e malessere, spensieratezza e dolore. Dorothy tradusse come nessun altro. ■ Biografico; col.; 125'; USA, 1995. ■ Golden Globes 1 nom.

M. 7 NON RISPONDE *(The Net)* ★★★
Regia di Anthony Asquith. Con Robert Beatty, Phyllis Calvert, James Donald, Herbert Lom. ■ Un costruttore aeronautico collauda personalmente, nonostante il pericolo, un aereo a reazione di sua invenzione. Durante la prima prova il suo assistente ha un incidente che si risolve senza troppi danni; durante la seconda egli prende con sé un uomo che, pagato da una potenza straniera, tenta di deviare la rotta dell'apparecchio. Sopraffatto dal costruttore, muore mentre questi torna a terra illeso. ■ Spionaggio; b/n; 92'; Gran Bretagna, 1952.

MUCCHE ALLA RISCOSSA *(Home on the Range)* ★★
Regia di Will Finn, John Sanford. ■ *Mucche alla Riscossa* rientra nel novero delle pellicole di animazione (abbastanza) divertenti, simpatiche, carine ma assolutamente non indimenticabili. Il film si presenta come ibrido e forse compromesso, tra due nature diametralmente opposte, ponendosi a metà tra *Le follie dell'imperatore* (piccolo e misconosciuto cult), di cui imita e riprende lo stile grafico irregolare e scarno, alla Hanna & Barbera, ed i grandi classici del passato, con le loro ridondanze musicali, le canzoncine e motivetti che, da qualche tempo, sembravano essere state messe in un angolo. Quello che lascia perplessi è lo spreco di materiale a disposizione: l'ambientazione western e la storia, semplice ma efficace, avrebbero potuto dare origine ad una sequela ininterrotta di gag, *slapstick* e battute a raffica, mentre alla fine degli 85 minuti di proiezione ci si alza con l'impressione di aver assistito al film Disney meno brillante di sempre. ■ Animazione; col.; 76'; USA, 2004.

MUCCHIO DI BASTARDI, UN *(The Losers)* ★★
Regia di Jack Starrett. Con Gene Cornelius, Bernie Hamilton, Adam Roarke, Houston Savage, Will Smith. ■ Cinque ex militari in congedo vengono richiamati per penetrare segretamente in Cambogia e prelevare un agente della Cia che è stato fatto prigioniero. Il gruppo, con un'azione audace, riesce a raggiungere l'uomo e a liberarlo; durante la fuga, però, cadono ad uno ad uno ad eccezione dell'agente. ■ Guerra; col.; 95'; USA, 1970.

♥ **MUCCHIO SELVAGGIO, IL** *(The Wild Bunch)* ★★★★
Regia di Sam Peckinpah. Con Ernest Borgnine, William Holden, Warren Oates, Edmond O'Brien, Robert Ryan. ■ L'azione si svolge al confine messicano durante la rivoluzione di Pancho Villa. Un gruppo di banditi accetta di depredare per denaro un carico di armi destinate ai ribelli. Il colpo riesce sennonché uno dei malviventi, scoperto mentre nasconde una cassa del prezioso carico, viene torturato e ucciso. I suoi compagni, per vendicarlo, sparano sui *regulares* uccidendoli, ma rimanendone anche vittime. Il regista ha dipinto un affresco anticonformista descrivendo una realtà di miseria e squallore, lasciando parlare i *peones* messicani con il loro dialetto. Film importante; uno dei manifesti del tramonto del western. Mentre *Butch Cassidy*, l'altro grande western decadente, uscito nello stesso anno, è tenero e nostalgico, questo film è crudele e cinico. ■ Western; col.; 134'; USA, 1969. ■ Oscar 2 nom.

MUFFA *(Küf)* ★★
Regia di Ali Aydin. Con Tansu Biçer, Ercan Kesal, Muhammet Uzuner. ■ Basri, un uomo sulla sessantina che si guadagna da vivere come guardiano delle ferrovie, da diciotto anni invia lettere alle autorità per avere notizie del figlio, scomparso dopo un arresto per aver espresso critiche al governo turco. Segretamente malato di epilessia e al di fuori di ogni legame sociale, aspetta una risposta che, una volta arrivata, lo renderà ancora più solo. L'immobilità inquieta della prima regia di Ali Aydin si riflette nei corpi e negli spazi, nella scelta di inquadrature e di movimenti di macchina che confluiscono, insieme, nel ritratto di un personaggio volutamente preda della reclusione esistenziale. Lontano da qualsiasi contatto sociale, Basri abita da solo in un villaggio di montagna da cui s'incammina ogni mattina per percorrere molti chilometri – a piedi – su quei binari ferroviari di cui è guardiano, attraversando una terra che fa eco al suo stesso silenzio. ■ Drammatico; col.; 94'; Turchia, Germania, 2012.

MUHAMMAD ALÌ IL PIÙ GRANDE – LA STORIA DI CASSIUS CLAY *(Cassius le grand)* ★★
Regia di William Klein. Con Muhammad Ali. ■ Vita privata e sportiva del grande campione. Le sue disavventure politiche, le sue lotte razziali e le sue amicizie (compaiono Malcolm X e Joe Louis fra gli altri). ■ Documentario; col.; 98'; Francia, USA, 1964.

MUJER SIN AMOR, UNA ★★★
Regia di Luis Buñuel. Con Jaime Calpe, Joaquín Cordero, Rosario Granados, Tito Junco, Cordero Loya, Elda Peralta, Julio Villarreal. ■ Dopo aver avuto una relazione con un amico di famiglia, una donna, sposata e con un figlio decide di tornare dalla sua famiglia e di lasciar perdere l'amore. Venti anni dopo si viene a sapere che l'amico di famiglia è morto e che ha lasciato tutta la sua eredità al figlio della donna, sollevando un dubbio sulla paternità. ■ Drammatico; col.; 85'; Messico, 1952.

MULAN ★★★
Regia di Tony Bancroft, Barry Cook. ■ Da un poema cinese di duemila anni fa, la Disney ha tratto il film del Natale 1998 destinato a sfidare per la prima volta un altro *cartoon* ad alto costo: *Il principe d'Egitto* prodotto da Spielberg. La giovane Mulan, nel momento in cui gli Unni superano la Grande Muraglia, si traveste da uomo per sostituire nella guerra il padre infermo. Riuscirà così a salvare non solo la vita dell'Imperatore ma anche quella del capitano di cui si innamorerà. Settecento tra disegnatori, animatori e tecnici, 60 milioni di dollari di budget e cinque anni di lavoro hanno portato a un film che torna ad occuparsi del ruolo della donna (come già *Pocahontas*). Continuano a non mancare gli animaletti simpatici (impagabile il draghetto Mushu) e le battute decodificabili solo dal pubblico adulto. Il travestimento si ribalta nel sottofinale e saranno proprio i soldati più "macho" a ri-

trovarsi in abiti femminili. Molto curati anche i personaggi di contorno (vedi la nonna Fa) anche se il finale molto "made in Usa" rischia di rovinare il clima e di dichiarare troppo esplicitamente le intenzioni della produzione. Straordinaria la scena di battaglia sulla neve. ■ ANIMAZIONE; COL.; 91′; USA, 1998. ■ GOLDEN GLOBES 2 NOM; OSCAR 1 NOM.

MULATTO, IL ★★

Regia di FRANCESCO DE ROBERTIS. Con JEAN ANGELO, RENATO BALDINI, JOLE FIERRO, MOHAMMED HUSSEIN, UMBERTO SPADARO. ■ Seconda guerra mondiale: il marito di una donna morta di parto scopre che il figlio da lei avuto in seguito a violenza carnale è mulatto. Dapprima lo rifiuta poi gli si affeziona a tal punto da lasciare la sua ragazza pur di stare con lui. Alcuni anni dopo lo zio del piccolo, il cui padre è morto durante il conflitto, viene a riprenderlo, se lui vorrà. Il bambino sente il richiamo del sangue e parte. ■ GUERRA; B/N; 91′; ITALIA, 1949.

MULHOLLAND DRIVE *(Mulholland Dr.)* ★★★

Regia di DAVID LYNCH. Con ROBERT FORSTER, LAURA HARRING, ANN MILLER, JUSTIN THEROUX, NAOMI WATTS. ■ Mulholland Drive è una lunga e vecchia strada di Los Angeles: nasce nel deserto, attraversa i quartieri ricchi e finisce a strapiombo sulla costa di Malibù. Bisognerebbe ricordarsi di questa simbologia per cercare di dare un senso a quest'opera di David Lynch. Quella che il regista stesso ha definito come «una semplice storia d'amore nella città dei sogni» è in realtà un intricato enigma sospeso tra allucinazione e realtà, con un tocco di nostalgia per il noir degli anni Quaranta ed una aperta ostilità verso l'attuale star system. Rita è un'avvenente bruna sopravvissuta ad un incidente d'auto in seguito al quale ha però perso la memoria, Betty un'aspirante attrice di belle speranze che la ospita nel proprio appartamento e se ne innamora. Le due protagoniste cercano di far luce sull'amnesia di Rita, per scoprire che in realtà niente è come sembra... Film astratto, con una straordinaria potenza visiva, è nello stesso tempo affascinante e disturbante. Difficile trovare una chiave di lettura razionale. E difficile descriverlo. Seguendo il linguaggio dei sogni voluto dal regista, bisognerebbe limitarsi a viverne le emozioni. ■ DRAMMATICO; COL.; 145′; FRANCIA, USA, 2001. ■ CANNES 1 PR; GOLDEN GLOBES 3 NOM; OSCAR 1 NOM.

MULINO DELLE DONNE DI PIETRA, IL ★★★

Regia di GIORGIO FERRONI. Con PIERRE BRICE, DANY CARREL, SCILLA GABEL, WOLFGANG PREISS. ■ Uno scultore olandese possiede un enorme mulino in cui sono allineate le statue di alcune eroine della storia. Uno studioso recatosi da lui per informazioni scoprirà che le donne sono state uccise dall'artista per curare, col loro sangue, la figlia ammalata. ■ DRAMMATICO; COL.; 100′; ITALIA, 1960.

MULINO DEL PO, IL ★★★

Regia di ALBERTO LATTUADA. Con MARIO BESESTI, CARLA DEL POGGIO, LEDA GLORIA, JACQUES SERNAS. ■ Una ricca fanciulla, fidanzata ad un benestante contadino, finisce in miseria, manda a monte il matrimonio e va a lavorare presso gli zii dell'ex innamorato. Intanto si organizzano le prime agitazioni contadine che, portate ai limiti estremi sia da una parte che dall'altra, danno origine a scontri. Durante uno di questi, il fratello della ragazza, a causa di un equivoco, ne uccide il futuro sposo; quindi si costituisce. ■ DRAMMATICO; B/N; 106′; ITALIA, 1949.

MULINO SULLA FLOSS, IL *(The Mill on the Floss)* ★★

Regia di TIM WHELAN. Con GERALDINE FITZGERALD, GRIFFITH JONES, JAMES MASON. ■ La vicenda si impernia sul possesso di un mulino passato dai primi proprietari ad un concorrente e da questi di nuovo a loro. Il figlio del concorrente si innamora della figlia degli avversari che contrastano questo sentimento; la ragazza, in seguito ad un incidente, viene cacciata di casa e annega con l'innamorato. ■ DRAMMATICO; B/N; 94′; USA, 1937.

MULTIPLE MANIACS – MOLTEPLICI MANIACI ★★
(Multiple Maniacs)

Regia di JOHN WATERS. Con DIVINE, DAVID LOCHARY, MINK STOLE, PAUL SWIFT. ■ Dopo *Eat Your Make-Up* e *Mondo Trasho* ecco il terzo film di John Waters. In un rozzo bianco e nero assistiamo alle scorrerie di una banda di rapinatori con a capo Divine. Il titolo è un omaggio al cult-movie *20.000 Maniacs* di Hershell Gordon Lewis. Per gli appassionati del cinema "trash". ■ GROTTESCO; B/N; 70′; USA, 1970.

MULTIPLEX ★

Regia di STEFANO CALVAGNA. Con LAURA ADRIANI, LAVINIA GUGLIELMAN, TIZIANO MARIANI, JACOPO TROIANI, FRANCESCA ROMANA VERZARO. ■ Sei ragazzi romani si danno appuntamento in un multisala per vedere un thriller. Già prima che lo spettacolo cominci, un addetto alla sicurezza delle sale maniaco dell'ordine si dimostrerà essere fuori di testa, tra strani discorsi e comportamenti violenti. Nonostante siano anche a conoscenza di una brutta storia legata proprio a quel multiplex, incautamente, i giovani amici decidono di nascondersi dopo la fine della proiezione per poter passare la notte all'interno del cinema. ■ THRILLER; COL.; 90′; ITALIA, 2013.

MUMFORD ★★★

Regia di LAWRENCE KASDAN. Con HOPE DAVIS, LOREN DEAN, JASON LEE, MARY MC DONNELL, ALFRE WOODARD. ■ Questa commedia racconta la storia di un dottore con specializzazione in psicologia, Mumford (Loren Dean), che arriva in un piccolo paese per esercitare la sua professione. La tranquillità del luogo è sconvolta da questo evento: tanti diventano clienti devoti del dottore, anche i cittadini più in vista. Mumford, tra l'altro, si presta anche ad aiutare i single nella ricerca dell'anima gemella. Il nostro dottore tuttofare desta però i sospetti di un altro psicologo del paese, che, vedendo oscurata la sua fama, si interroga sui motivi che hanno spinto i suoi concittadini a scegliere Mumford: chi è questo Mumford e qual è la formula magica del suo successo? La forza del film sta nei dialoghi scritti da Kasdan, regista-sceneggiatore come pochi ce ne sono. ■ COMMEDIA; B/N; 96′; USA, 1999.

MUMMIA, LA *(The Mummy)* ★★★

Regia di KARL FREUND. Con ZITA JOHANN, BORIS KARLOFF. ■ Uno studioso porta dall'Egitto un sarcofago contenente una mummia e lo sistema in un museo. Un giorno, leggendo la preghiera scritta su un papiro che si trovava nel sarcofago, egli ridà vita alla mummia che compie una serie di delitti pur di riprendersi il papiro che dà l'immortalità. Tenta persino di mummificare viva una ragazza, ma il suo fidanzato la salva in tempo. La mummia rimuore. ■ HORROR; B/N; 72′; USA, 1934.

MUMMIA, LA *(The Mummy)* ★★

Regia di TERENCE FISHER. Con PETER CUSHING, YVONNE FURNEAUX, CHRISTOPHER LEE. ■ Si ispira al film di Freund, ma molto meno riuscito. ■ HORROR; COL.; 88′; GRAN BRETAGNA, 1959.

MUMMIA, LA *(The Mummy)* ★★★

Regia di STEPHEN SOMMERS. Con BRENDAN FRASER, ARNOLD VOSLOO, RACHEL WEISZ. ■ Nuova ed efficace riproposta della mummia che torna alla vita e semina terrore. Siamo nel 1923: tra le rovine sepolte sotto la sabbia si aggira una umanità varia e indaffarata che rischia di risvegliare il grande sacerdote Imhotep, mummificato vivo. Ciò malauguratamente succede e allora si salvi chi può! Dimenticate, però, atmosfere espressioniste e terrori archetipici: qui spira un'aria di divertimento citazionista non spiacevole. Gli autori infatti si sono preoccupati di parodiare le scene più forti e lo hanno fatto con gusto e misura. Alla fine si ride anche. Montaggio frenetico e intrattenimento assicurato. Straordinari effetti visivi ■ AVVENTURA; COL.; 124′; USA, 1999. ■ OSCAR 1 NOM.

MUMMIA – IL RITORNO, LA *(The mummy returns)* ★★

Regia di STEPHEN SOMMERS. Con BRENDAN FRASER, JOHN HANNAH, RACHEL WEISZ. ■ Dopo il grande successo del primo episodio poteva non esserci il ritorno della mummia? No davvero. Ecco il film tracimare di effetti speciali, sempre più stupefacenti, e sempre più all'eccesso, fino al punto di oltrepassare il confine. Che la storia presenti un incremento di intreccio è naturale: le due mummie del primo episodio, portate a Londra, resuscitano (e come no?), e cercano di rapire il figlio di Evelyn e di Rick. Primo nodo. Si aggiunge un nuovo personaggio già sulle magliette dei teen ager americani, il *Re scorpione*. Orrendo mostro che vuole conquistare il mondo alla testa di un esercito di zombi. Copioni già scritti, parole già dette, musiche già suonate. Abbiamo già speso troppe parole. Due stelle per gli incassi. ■ HORROR; COL.; 124'; USA, 2001.

MUMMIA. LA TOMBA DELL'IMPERATORE DRAGONE, LA ★★
(The Mummy: Tomb of the Dragon Emperor)
Regia di ROB COHEN. Con MARIA BELLO, BRENDAN FRASER, JOHN HANNAH, JET LI, MICHELLE YEOH. ■ La Seconda Guerra Mondiale si è conclusa e anche la vita avventurosa di Rick O'-Connell e della consorte Evelyn sembra ormai essersi acquietata nella routine quotidiana di un sontuoso palazzo. Ma non è così perché il passato torna a incrociare la loro strada. Nell'antichità infatti il potente imperatore cinese Han aveva cercato di raggiungere l'immortalità grazie alle arti della strega Zi Juan. Ne aveva però tradito le aspettative amorose nei confronti di un suo generale ed era stato inesorabilmente punito. Trasformato insieme al suo esercito in statue di terracotta, Han è rimasto in attesa di un ritorno che viene puntualmente causato dagli O'Connell i quali si recano a Shanghai (siamo nel 1947) per restituire ai cinesi l'Occhio di Shangri La che è giustappunto ciò che occorre (ma loro non lo sanno) per risvegliare il terribile monarca. ■ AZIONE; COL.; 114'; GERMANIA, CANADA, USA, 2008.

MUNCH 150 ★★★
Il film-evento non si limita a mostrare su grande schermo i dipinti esposti, ma propone domande e quesiti attraverso il tour cinematografico dell'esposizione. Cosa si nasconde creativamente e tecnicamente dietro una mostra? Cosa rivelano le opere? La figura del grande artista attraverso materiali girati in mostra e riprese nei luoghi nativi di Munch: un'immersione nella fantasia, nel mondo e nella quotidianità dell'artista grazie al grande schermo per permettere agli appassionati di cogliere dettagli invisibili ad occhio nudo. ■ DOCUMENTARIO; COL.; 100'; NORVEGIA, 2013.

MUNDO CIVILIZADO ★★
Regia di LUCA GUADAGNINO. Con VALENTINA CERVI, LIBERO DE RIENZO, CLAUDIO GIOÈ, FABRIZIA SACCHI. ■ Francesca, Morgana, Edo e Antonio. Quattro ragazzi di oggi. Insieme, per caso, si trovano a condividere una settimana a Catania, città barocca alle pendici di un vulcano che con i suoi continui borbottii sembra riflettere la loro inquietudine. Ma Catania è anche il luogo dove oggi si danno appuntamento le maggiori star della musica mondiale e i gruppi emergenti. ■ COMMEDIA; COL.; 98'; ITALIA, 2003.

MUNICH ★★★
Regia di STEVEN SPIELBERG. Con SHARON ALEXANDER, ERIC BANA, DANIEL CRAIG, MARIE-JOSÉE CROZE, BIJAN DANESHMAND, CIARÁN HINDS, MATHIEU KASSOVITZ, OMAR METWALLY, DOV REISER, GEOFFREY RUSH, HANNS ZISCHLER, AYELET ZURER. ■ Il 5 settembre del 1972 un commando che faceva capo a Settembre nero fece irruzione nella palazzina che ospitava gli atleti israeliani al villaggio olimpico di Monaco. Due di loro vennero uccisi, gli altri, presi in ostaggio, morirono all'aeroporto dopo un tentato blitz della polizia tedesca. Il primo ministro israeliano Golda Meir indice una riunione coi capi politici e militari e ordina l'uccisione dei responsabili, non dopo una sofferta dialettica. Dice «in casi estremi lo Stato deve rompere i limiti morali». Viene organizzato un gruppo eterogeneo a capo del quale viene posto Avner Kauffman (Bana), agente del Mossad. Il gruppo elimina sette degli undici responsabili, Avner riesce a tornare a casa, in famiglia, ma non sarà mai più l'uomo di prima. Il film vale per una considerazione generale sull'eterna questione palestinese: forse per la prima volta nella storia dell'uomo si confrontano due ragioni, non un torto (seppur parziale) o una ragione (seppur parziale). Sono molti gli episodi di dialettica etnico-politica, ebrei e palestinesi portano le proprie ragioni. Gli agenti israeliani uccidono, ma non sparano mai nel mucchio. Spielberg ha prestato grande attenzione ai nodi della politica mediorientale. Ha voluto accreditarsi come testimone (quasi) imparziale piuttosto che come portatore di pronunciamenti filoisraeliani. Vale, in questo senso, la rappresentazione dei generali e dei capi dei servizi segreti israeliani, cinici, non simpatici, molto lontani dal cliché eroico-agiografico dei film americani. In questa chiave va letta la collaborazione di Tony Kushner, premio Pulitzer e attitudine *liberal*. Peraltro *Munich* è uscito nelle sale proprio mentre Hamas vinceva le prime "libere e democratiche" elezioni palestinesi. Un segnale interessante. La strage dell'aeroporto viene proposta in un flash finale e accredita, nei volti e negli atti, una certa dolorosa riluttanza da parte dei terroristi nell'uccidere degli innocenti. Spielberg ha dichiarato «certamente non erano felici di farlo». Non tutti hanno creduto che il regista ne fosse davvero convinto. Una volta registrata la solita caduta sentimentale finale dei film di Spielberg (Avner fa l'amore con la moglie mentre negli occhi terrorizzati gli passa il film della strage) diciamo che *Munich* è un ottimo racconto, naturalmente. ■ DRAMMATICO; COL.; 164'; USA, 2005. ■ GOLDEN GLOBES 2 NOM; OSCAR 5 NOM.

MUORI LENTAMENTE... TE LA GODI DI PIÙ ★★
(Mr. Dynamite)
Regia di FRANZ JOSEF GOTTLIEB. Con LEX BARKER, BRAD HARRIS, AMEDEO NAZZARI, MARIA PERSCHY. ■ Un italiano trapiantato in Spagna mette in atto un audacissimo piano per farsi consegnare dagli americani una enorme somma di denaro. In caso contrario farà esplodere una bomba atomica che ha finto di rubare. Il servizio segreto cade nel tranello e invia un agente, che riuscirà a far naufragare il piano. ■ AVVENTURA; COL.; 92'; ITALIA, 1967.

MUPPET NELL'ISOLA DEL TESORO, I ★★
(Muppet Treasure Island)
Regia di BRIAN HENSON. Con KEVIN BISHOP, TIM CURRY, FRANK OZ, STEVE WHITMIRE. ■ A quattro anni di distanza da *Canto di Natale* (tratto da Dickens) i Muppet tornano a confrontarsi con la letteratura. Tutto funziona finché ci sono loro in scena. Tutto cambia quando entrano in gioco gli attori in carne ed ossa con cui i pupazzi dovrebbero interagire. Si corre il rischio della semplice giustapposizione e questo fa diventare il film "falsamente" divertente. È come se si scoprisse il gioco: i Muppet sono pupazzi per ex ragazzi divenuti ormai adulti. Come reggere il passo con i tempi e le tecnologie? ■ COMMEDIA; COL.; 99'; USA, 1996.

MUPPETS, I *(The Muppets)* ★★★
Regia di JAMES BOBIN. Con AMY ADAMS, CHRIS COOPER, ZACH GALIFIANAKIS, RASHIDA JONES, JASON SEGEL. ■ Gary e Walter sono fratelli, affezionati e simili, nonostante il primo cresca e il secondo no. Walter è anche un grandissimo fan del Muppet show e coltiva il sogno di farne parte. Quando Gary e la fidanzata Mary, durante una vacanza a Los Angeles, accompagnano Walter a visitare i Muppet studios, rimane deluso: il luogo cade a pezzi, dimenticato, e uno scellerato petroliere vuole raderlo al suolo. Solo un telethon che raccolga dieci milioni di dollari può salvare i Muppet studios. Distanti tredici anni dalla loro ultima apparizione sul grande schermo, i Muppets si autodichiarano un pezzo di storia da salvare. ■ COMMEDIA; COL.; 103'; USA, 2011.

MUPPETS VENUTI DALLO SPAZIO, I ★★
(Muppets from space)
Regia di TIM HILL. ■ I simpatici pupazzi creati da Jim Henson e da Frank Oz ritornano sul grande schermo per il piacere di grandi e piccini. Protagonista di questa nuova avventura è Gonzo che, in seguito all'interpretazione di alcuni segnali, si convince di essere un alieno. Mentre il nostro simpatico amico è impegnato nella ricerca dei suoi fratelli extraterrestri, alcune spie del governo lo rapiscono. Per fortuna a salvarlo ci saranno i suoi fedeli amici. Film gradevole, con tanta musica dance. ■ ANIMAZIONE; COL.; 90'; USA, 1999.

MURA DI GERICO, LE *(The Walls of Jericho)* ★★★
Regia di JOHN M. STAHL. Con ANNE BAXTER, LINDA DARNELL, KIRK DOUGLAS, ANN DVORAK, CORNEL WILDE. ■ A Jerico, Kansas, un medico è amato da tre donne: la moglie, un'avvocatessa e la moglie di un amico. La prima muore. La terza cerca d'incolpare il dottore. ■ DRAMMATICO; B/N; 106'; USA, 1948.

MURA DI GERICO, LE ★★
(Joshua and the Battle of Jericho)
Regia di JAMES L. CONWAY. Con JULIE ADAMS, ROBERT CULP, CAMERON MITCHELL. ■ Dalla serie tv *Gli eroi della Bibbia*. È di scena la vita di Giosuè, che dopo la morte di Mosè diventa il capo del popolo d'Israele e lo conduce attraverso una serie di vitto-

riose battaglie nella Terra Promessa, in Palestina. ■ STORICO; COL.; 91′; USA, 1978.

MURA DI MALAPAGA, LE *(Au delà des grilles)* ★★
Regia di RENÉ CLÉMENT. Con ANDREA CHECCHI, JEAN GABIN, ISA MIRANDA, VERA TALCHI. ■ Un ricercato francese raggiunge l'Italia e scambia, senza saperlo, i suoi franchi con lire false. Deciso a costituirsi, entra in una trattoria per rifocillarsi e difende dall'ira dell'ex marito una delle inservienti. Questa a sua volta lo salva, lo nasconde nella sua stanza e ne fa il proprio amante. La polizia però lo rintraccia e lo arresta. ■ DRAMMATICO; B/N; 95′; FRANCIA, 1949. ■ CANNES 2 PR; OSCAR 1 PR, 1 NOM.

MURAGLIA CINESE, LA ★★
Regia di CARLO LIZZANI. ■ Più che un documentario vero e proprio, il film è un insieme di spezzoni sulla Cina antica e moderna. ■ DOCUMENTARIO; COL.; 93′; ITALIA, 1957. ■ DAVID DI DONATELLO 1 PR, 1 NOM.

MURAGLIA DELLE TENEBRE, LA *(The High Wall)* ★★★
Regia di CURTIS BERNHARDT. Con HERBERT MARSHALL, DOROTHY PATRICK, ROBERT TAYLOR, AUDREY TOTTER, HENRY BYRON WARNER. ■ Un uomo crede di aver ucciso la moglie che lo tradiva perché quando si riprende dallo svenimento la trova morta accanto a sé. Fallito un tentativo di suicidio viene rinchiuso in manicomio. Una dottoressa si innamora di lui e lo aiuta a trovare il vero assassino. ■ DRAMMATICO; B/N; 99′; USA, 1947.

MURAGLIA INVIOLABILE *(Over the Wall)* ★★
Regia di FRANK MCDONALD. Con DICK FORAN, JOHN LITEL, JUNE TRAVIS. ■ Un ragazzo appassionato di boxe uccide accidentalmente, a causa del carattere impulsivo e violento, un affarista di pochi scrupoli. In prigione fa amicizia con un sacerdote che lo riporta sulla retta via. Liberato, il giovane riprende la sua professione e sposa la fidanzata. ■ DRAMMATICO; B/N; 92′; USA, 1938.

MURAGLIE *(Pardon us)* ★★★★
Regia di JAMES PARROTT. Con JAMES FINLAYSON, OLIVER HARDY, STAN LAUREL, WILFRED LUCAS, JUNE MARLOWE. ■ È forse il più conosciuto, con *Fra' Diavolo*, dei film di Stanlio e Ollio. I due compari, finiti dietro le sbarre, evadono durante una rivolta e, dipinti di nero, si nascondono in una piantagione. ■ COMICO; B/N; 55′; USA, 1931.

MURAGLIE INFRANTE *(Behind Prison Walls)* ★★
Regia di STEVE SEKELY. Con ALAN BAXTER, GERTRUDE MICHAEL. ■ Un uomo d'affari è in prigione per furto allo Stato. Un suo collaboratore tenta di ridurlo in miseria con errate speculazioni; il figlio del detenuto prende in pugno la situazione, ma viene ferito in un attentato. All'ultimo momento suo padre può intervenire per turare le falle e denunciare gli aggressori. ■ COMMEDIA; B/N; 92′; USA, 1943.

MURDER AT 1600 – DELITTO ALLA CASA BIANCA ★★
(Murder at 1600)
Regia di DWIGHT H. LITTLE. Con ALAN ALDA, DIANE LANE, WESLEY SNIPES. ■ Una ragazza viene trovata morta nella Casa Bianca. Il primo indiziato è il figlio del presidente. Snipes sta per arrivarci, ma l'indizio era sbagliato. Era un complotto per incastrare il padre. Ordinaria amministrazione. ■ THRILLER; COL.; 106′; USA, 1997.

MURDER OBSESSION *(Follia omicida)* ★★
Regia di RICCARDO FREDA. Con MARTINE BROCHARD, HENRI GARCIN, STEFANO PATRIZI. ■ Dopo quindici anni d'assenza, Mike torna a casa, per presentare alla madre la sua fidanzata. Lo raggiungono un amico regista e due attrici, che vengono barbaramente trucidate. ■ HORROR; COL.; 90′; FRANCIA, ITALIA, 1980.

MURDEROCK – UCCIDE A PASSO DI DANZA ★★
Regia di LUCIO FULCI. Con OLGA KARLATOS, RAY LOVELOCK. ■ Un'abile ballerina, la cui carriera era stata stroncata da un incidente causato da un pirata della strada, insegna la sua arte a un gruppo di allievi, tra i quali inizia a mietere vittime un misterioso assassino. ■ THRILLER; COL.; 96′; ITALIA, 1983.

MURIEL, IL TEMPO DI UN RITORNO ★★★
(Muriel ou le temps d'un retour)
Regia di ALAIN RESNAIS. Con JEAN-PIERRE KÉRIEN, NITA KLEIN, DELPHINE SEYRIG, JEAN-BAPTISTE THIERRÉE. ■ Sette persone, sette destini che s'intrecciano. Su tutte il ricordo della guerra d'Algeria. ■ DRAMMATICO; COL.; 117′; FRANCIA, 1963. ■ VENEZIA 1 PR.

MURIETA JOHN *(Joaquin Murieta)* ★★★
Regia di GEORGE SHERMAN. Con ROBERTO CAMARDIEL, JEFFREY HUNTER, ARTHUR KENNEDY, DIANA LORIS, PEDRO OSINAGA. ■ Un cercatore d'oro messicano al quale hanno ucciso la moglie vive nell'attesa di vendicarsi degli assassini. Finalmente un giorno li ritrova e nonostante il consiglio di un amico sceriffo li uccide. Arrestato, fugge di prigione e diventa bandito. Tempo dopo, pentito, vorrebbe costituirsi, ma viene ucciso. ■ WESTERN; COL.; 106′; USA, 1966.

MURO DEI DOLLARI, IL *(Wall of Noise)* ★★
Regia di RICHARD WILSON. Con TY HARDIN, RALPH MEEKER, SUZANNE PLESHETTE, DOROTHY PROVINE. ■ Storia di un ambizioso giovane che vuole arricchirsi coi cavalli. Pur di acquistare un puledro, lascia la fidanzata, ma dopo molti equivoci tornerà da lei. ■ DRAMMATICO; B/N; 112; USA, 1963.

MURO DELLA PAURA, IL *(Escape from East Berlin)* ★★★
Regia di ROBERT SIODMAK. Con CHRISTINE KAUFMANN, WERNER KLEMPERER, DON MURRAY, CARL SHELL. ■ Il film racconta un episodio realmente accaduto. Siamo a Berlino: la sorella di un ragazzo tedesco, ucciso nel tentativo di passare il muro, vuole ritentare da sola l'impresa ma è fermata da un amico che la nasconde nella sua casa. Insieme ad altri decide di scavare una galleria sotterranea attraverso la quale passeranno. ■ DRAMMATICO; B/N; 94′; USA, 1962.

MURO DI GOMMA, IL ★★★
Regia di MARCO RISI. Con ANTONELLO FASSARI, ANGELA FINOCCHIARO, CORSO SALANI. ■ Marco Risi cerca di interpretare il mistero di Ustica: l'aereo civile precipitato con molte decine di passeggeri a bordo. Colpa di chi? Dei libici? Di altri? Non si è ancora scoperta la verità, tanto meno la scopre Risi. La regia è la sua solita, sopra le righe per tutto il tempo. È un po' il vizio di Risi da *Soldati* a *Mery per sempre*, a *Ragazzi fuori*: raccontare con toni realistici peggiori della stessa realtà, che già non è rosea. Ma tant'è, la cassetta... ■ DRAMMATICO; COL.; 120′; ITALIA, 1991. ■ DAVID DI DONATELLO 1 PR, 1 NOM.

MURO DI VETRO, IL *(The Glass Wall)* ★★
Regia di MAXWELL SHANE. Con VITTORIO GASSMAN, GLORIA GRAHAME. ■ Un reduce ungherese sbarca clandestinamente a New York e viene ospitato da una ragazza. L'uomo vorrebbe rintracciare un amico, ma è questi che, riconoscendo il suo identikit su un giornale, ne segue le tracce. Disperato, senza denaro né documenti, il profugo sta per suicidarsi, ma la ragazza e l'amico giungono in tempo a salvarlo. ■ DRAMMATICO; B/N; 80′; USA, 1953.

MUSCOLI, AMORE E FANTASIA ★★
(Muscle Beach Party)
Regia di WILLIAM ASHER. Con FRANKIE AVALON, ANNETTE FUNICELLO, LUCIANA PALUZZI, STEVIE WONDER. ■ Una banda di amici che si ritrova ogni estate sulle spiagge della California a amoreggiare, scherzare e fare surf, trova un giorno il solito posto invaso da un gruppo che fa body building. Questa volta le burle saranno dirette verso i muscolosi invasori. Tra gli interpreti, Stevie Wonder al suo debutto nel cinema. ■ COMMEDIA; COL.; 93′; USA, 1964.

MUSEO DEGLI SCANDALI, IL *(Roman Scandals)* ★★
Regia di FRANK TUTTLE. Con EDDIE CANTOR, RUTH ETTING, DAVID MANVERA, GLORIA STUART. ■ Un fattorino romano sogna un viaggio nella Roma antica e viene coinvolto in diverse avventure. Quando si sveglia corre a smascherare le malefatte di un falso benefattore pubblico. ■ AVVENTURA; B/N; 85′; USA, 1933.

MUSEO DI MARGARET, IL *(Margaret's Museum)* ★★★
Regia di MORT RANSEN. Con HELENA BONHAM CARTER, KATE NELLIGAN, CRAIG OLEJNIK, CLIVE RUSSELL, KENNETH WELSH. ■ Anni Quaranta in un paesino della Nuova Scozia. Margaret ha costruito un suo personale museo-reliquiario con i ricordi di tutti i familiari morti in miniera. Quando si innamora di un suonatore di cornamusa pretende che le prometta che non entrerà mai in miniera. Non sarà così e la tragedia si ripresenterà. Una Helena

Bonham Carter perfettamente in parte consente a Ransen di fare un film di qualità, drammatico e commovente al punto giusto. ■ DRAMMATICO; COL.; 114′; CANADA, GRAN BRETAGNA, 1995.

MUSETTA ALLA CONQUISTA DI PARIGI ★★
(Gay Purr-Ee)
Regia di ABE LEVITOW. ■ Protagonista della fiaba è una gattina di campagna che si reca tutta sola a visitare la capitale francese. Qui fa brutti incontri ma per fortuna il suo fidanzato, messosi subito alla sua ricerca, la trae d'impaccio e, divenuto ricco, riparte con lei verso casa. ■ ANIMAZIONE; COL.; 91′; USA, 1962.

MUSHI-SHI ★★
Regia di KATSUHIRO OTOMO. Con YU AOI, MAKIKO ESUMI, JOE ODAGIRI, NAO OMORI. ■ Giappone: durante l'era della modernizzazione – quasi un secolo fa – nelle aree montane e rurali sono ancora presenti segni di un passato medievale. Yoki e sua madre camminano su un sentiero sotto una pioggia torrenziale, quando il bambino vede delle strane creature iridescenti. Improvvisamente, un'inondazione: la madre di Yoki muore. Ritroviamo Yoki adulto che ha cambiato il suo nome in Ginko ed è diventato un "mushi-shi", colui che protegge gli uomini comuni dai "mushi". I mushi sono proprio quelle creature che Yoki aveva visto da bambino: piccoli insetti, invisibili all'occhio umano, che infettano alcune persone. ■ AVVENTURA; COL.; 131′; GIAPPONE, 2006.

MUSICA CUBANA *(Música cubana)* ★★★
Regia di GERMAN KRAL. Con TELMARY DÍAZ, PÍO LEYVA, PEDRO "EL NENE" LUGO MARTÍNEZ, BARBARO MARÍN, MARIO "MAYITO" RIVERA. ■ Un appassionato percorso dentro la musicalità caraibica. Il regista German Kral prende come pretesto narrativo del suo viaggio Barbaro, tassista dell'Avana, appassionato di musica e delle diverse sonorità isolane. Un giorno, casualmente, incontra il maestro Pio Leyva, star del Buena Vista Social Club. I due diventano amici e decidono di mettere su una banda con i migliori giovani musicisti di Cuba sotto la direzione del maestro. ■ DOCUMENTARIO; COL.; 90′; CUBA, GERMANIA, GIAPPONE, 2005.

MUSICA CUORE DEL MONDO *(Of Men and Music)* ★★
Regia di IRVING REIS. ■ Una carrellata dei più noti solisti del mondo: da Armstrong a Rubinstein, a Casals. ■ DOCUMENTARIO; B/N; 90′; USA, 1951.

MUSICA DEL CUORE, LA *(Music of the heart)* ★★
Regia di WES CRAVEN. Con ANGELA BASSETT, GLORIA ESTEFAN, KIERAN KULKIN, MERYL STREEP. ■ È certamente misterioso il tipo di fascino esercitato da questa storia, edificante e sentimentale, su Wes Craven, uno degli inventori dell'horror moderno. Dev'essere lo stesso meccanismo che portò Lynch a girare *Una storia vera*, anche quella perfettamente edificante e sentimentale. Si racconta di Roberta Guaspari, delusa per il fallimento del proprio matrimonio, che comincia a insegnare violino, con passione sempre crescente. Si trova a esercitare in una scuola di ragazzi disadattati, a dir poco. Il violino sembrerebbe proprio un optional, ma Roberta non demorde e, come si dice, dal letame può nascere un fiore, anzi, parecchi fiori. A ritenere, però, che il corso sia un optional è anche l'amministrazione della scuola, che vorrebbe chiuderlo. Ma Meryl-Roberta ha superato prove ben più ardue, e ricomincia la lotta a modo suo. La Streep, si sa, è sempre brava, anche se la sua stagione migliore sembra passata. ■ DRAMMATICO; COL.; 124′; USA, 2001. ■ GOLDEN GLOBES 1 NOM.

MUSICA INDIAVOLATA *(Strike up the Band)* ★★★
Regia di BUSBY BERKELEY. Con JUDY GARLAND, MICKEY ROONEY, PAUL WHITEMAN. ■ Alcuni allievi di una scuola media hanno formato un piccolo complesso. Uno dei suonatori mette in piedi un'orchestra vera e propria che in breve tempo diventa famosa, riuscendo anche a classificarsi al primo posto in un concorso musicale. ■ COMM. MUSICALE; B/N; 120′; USA, 1940. ■ OSCAR 1 PR, 3 NOM.

MUSICA IN PIAZZA ★★
Regia di MARIO MATTOLI. Con MILLY, MINO DORO. ■ Due parenti, ex rivali in amore e avversari in campo artistico, lanciano una sfida tra i loro allievi. Un equivoco felicemente risolto sopisce i vecchi rancori. ■ COMMEDIA; B/N; 91′; ITALIA, 1935.

MUSICA LEGGERA *(Leichte Muse)* ★★
Regia di ARTHUR MARIA RABENALT. Con WILLY FRITSCH, ADELHEID SEECK. ■ Un bravo musicista diventa famoso. Il successo gli dà alla testa e compromette seriamente i suoi rapporti con la moglie. Un crollo finanziario lo riduce in miseria. L'amore e la comprensione della consorte lo aiutano ad uscire dalla crisi. ■ COMMEDIA; B/N; 91′; GERMANIA, 1941.

MUSICA MAESTRO *(Magistrarna pa sommarlov)* ★★
Regia di SCHAMYL BAUMAN. Con ALICE BABS, ADOLF JAHR, NILSSON. ■ Comiche avventure in un collegio tra un musicista dalle idee progressiste e un'anziana direttrice molto conservatrice. ■ COMMEDIA; B/N; 93′; SVEZIA, 1941. ■ VENEZIA 1 PR.

MUSICA MAESTRO! *(Make Mine Music)* ★★★
Regia di WALT DISNEY. ■ È un'antologia di musiche, alcune delle quali accompagnate da disegni animati. ■ ANIMAZIONE; B/N; USA, 1946. ■ CANNES 1 PR.

MUSICA NEL BUIO *(Musik i mörker)* ★★★
Regia di INGMAR BERGMAN. Con GUNNAR BJÖRNSTRAND, BIRGER MALMSTEN, MAI ZETTERLING. ■ Diventato cieco durante un addestramento militare, l'aspirante musicista Bengt Vyldeke rifiuta l'aiuto di tutti. Nonostante continui a difendere la propria indipendenza, Bengt assume Ingrid come assistente perché la ragazza possa diventare i "suoi occhi". I due si avvicinano sempre di più ma Bengt, demoralizzato dagli inutili sforzi per riuscire a vivere facendo il pianista, si iscrive ad una scuola per ciechi supponendo che Ingrid sia disposta ad aspettarlo. Dopo aver saputo che la ragazza è già fidanzata, Bengt tenta il suicidio. ■ DRAMMATICO; COL.; 87′; SVEZIA, 1948.

MUSICA NEL CUORE *(Musik im Blut)* ★★
Regia di ERICH WASCHNECK. Con SYBILLE SCHMITZ, ANNA VAAG. ■ Due ragazze sono innamorate dello stesso uomo. Una di esse è pronta a rinunciare a quel sentimento per non turbare l'amica; questa, comprendendo quanto l'amore dell'altra sia profondo, si tira in disparte. ■ COMMEDIA; B/N; 92′; GERMANIA, 1934.

MUSICA NEL CUORE – AUGUST RUSH, LA ★★
(August Rush)
Regia di KIRSTEN SHERIDAN. Con FREDDIE HIGHMORE, TERRENCE HOWARD, JONATHAN RHYS-MEYERS, KERI RUSSELL, WILLIAM SADLER, ROBIN WILLIAMS. ■ Un orfano dallo straordinario talento musicale si ritrova a esibirsi per le strade di New York in compagnia di un uomo misterioso che si prende cura di lui. Ritrovare i suoi genitori è il suo principale obiettivo. La figlia del regista Jim Sheridan, Kirsten, porta sullo schermo una sceneggiatura a metà strada tra fiaba e realtà, che trova nella musica il collante tra i vari personaggi. ■ DRAMMATICO; COL.; 100′; USA, 2006.

MUSICA NELL'ARIA *(Music in the Air)* ★★
Regia di JOE MAY. Con JOHN BOLES, GLORIA SWANSON. ■ Un musicista, sua figlia e il suo fidanzato si recano in città in cerca di fortuna. Questa sembra arridere loro fino a quando la ragazza, della quale un attore si è innamorato, non è costretta a riconoscere la propria incapacità di recitare e vivere nell'ambiente teatrale. Faranno tutti e tre ritorno al proprio villaggio. ■ COMMEDIA; B/N; 85′; USA, 1934.

MUSICA PER I TUOI SOGNI *(My Dream is yours)* ★★
Regia di MICHAEL CURTIZ. Con LEE BOWMAN, JACK CARSON, DORIS DAY, ADOLPHE MENJOU. ■ Un'impiegata dotata di una bella voce viene scritturata da un impresario in cerca di un volto nuovo. Nonostante le difficoltà iniziali, lei riesce a imporsi al grosso pubblico e a sposare l'uomo cui deve la sua fortuna. ■ COMMEDIA; COL.; 101′; USA, 1948.

MUSICA PER SIGNORA *(Music for Madame)* ★★
Regia di JOHN BLYSTONE. Con JOAN FONTAINE, BILLY GILBERT, ALAN HALE, NINO MARTINI, ALAN MOWBRAY. ■ Un cantante viene accusato di furto. Riuscito a fuggire, è costretto a vivere allo sbando per non farsi catturare. L'incontro con una ragazza è decisivo: grazie a lei scopre i veri colpevoli e può tornare a cantare diventando in breve famoso. ■ COMMEDIA; B/N; 87′; USA, 1937.

MUSICA PER VECCHI ANIMALI ★★
Regia di UMBERTO ANGELUCCI, STEFANO BENNI. Con DARIO FO, PAOLO ROSSI, VIOLA SIMONCIONI. ■ Un anziano professore, una

ragazzina e un giovane meccanico sono compagni di strada in un viaggio attraverso una città allucinata e allucinante situata in un imprecisato futuro. Dopo una serie di incontri emblematici (sull'orrido futuro che ci attende) i tre arrivano a destinazione. Metafora qua e là stimolante, ma nel complesso velleitaria, scritta e diretta da due noti intellettuali di sinistra. ■ COMMEDIA; COL.; 89′; ITALIA, 1989.

MUSICA PROIBITA ★★
Regia di CARLO CAMPOGALLIANI. Con LOREDANA, TITO GOBBI, MARIA MERCADER. ■ Una donna, che non ha potuto sposare il suo amato a causa dell'abisso sociale che divideva le loro famiglie, nega alla figlia il consenso di unirsi al rampollo dell'ex fidanzato. Più tardi le divergenze si appianeranno. ■ COMMEDIA; B/N; 90′; ITALIA, 1942.

MUSICA SEGRETA *(International Lady)* ★★
Regia di TIM WHELAN. Con GEORGE BRENT, ILONA MASSEY, BASIL RATHBONE. ■ Londra: seconda guerra mondiale. Una cantante si serve dei motivi musicali per trasmettere ai tedeschi importanti informazioni a danno degli alleati. Due agenti inglesi riescono a sgominare la rete spionistica. ■ SPIONAGGIO; B/N; 102′; USA, 1941.

MUSICA SULLE NUVOLE *(I Married an Angel)* ★★★
Regia di W. S. VAN DYKE II. Con NELSON EDDY, JEANETTE MACDONALD. ■ Lo zio di un banchiere gaudente decide di fargli conoscere una brava e onesta ragazza che possa rimetterlo sulla retta via. Il piano riesce alla perfezione e il ragazzo dichiara di volerla sposare a patto che lei non cambi la sua natura dolce e candida. ■ COMMEDIA; B/N; 84′; USA, 1941.

MUSIC BOX – PROVA D'ACCUSA *(Music Box)* ★★★🏆
Regia di CONSTANTIN COSTA GAVRAS. Con FREDERIC FORREST, JESSICA LANGE, ARMIN MUELLER-STAHL. ■ Costa-Gavras è sempre riuscito a trattare temi politici anche scottanti senza perdere il senso dello spettacolo e la sua qualità registica. Questo *Music Box* lo conferma anche grande direttore di attori. Una donna, avvocato penalista, si trova a dover difendere il padre polacco che viene incolpato di aver fatto parte delle SS di Budapest colpevoli di aver torturato e ucciso bambini e donne. Quando scoprirà la verità non avrà dubbi morali nel fare una scelta coraggiosa. Jessica Lange offre qui una delle sue più mature interpretazioni. ■ DRAMMATICO; COL.; 123′; USA, 1990. ■ BERLINO 🏆 1 PR; GOLDEN GLOBES 🏆 1 NOM; OSCAR 🏆 1 NOM.

MUSIC GRAFFITI *(That Thing You Do!)* ★★
Regia di TOM HANKS. Con TOM HANKS, JONATHAN SCHAECH, TOM EVERETT SCOTT, LIV TYLER, STEVE ZAHN. ■ I Wonders, un piccolo complesso, ingaggiano il batterista Guy Patterson, patito per la musica jazz di Del Paxton. Il gruppo incide il singolo *That Thing You Do!* e scala le classifiche. Peccato che poi non sappia come consolidare il successo e si avvii all'inesorabile declino. Hanks dirige il suo primo film. Jonathan Demme produce. Ma c'è qualcosa che non lievita nella sceneggiatura. ■ COMMEDIA; COL.; 110′; USA, 1996. ■ GOLDEN GLOBES 1 NOM; OSCAR 1 NOM.

MUSICHE DA UN'ALTRA STANZA
(Music from Another Room)
Regia di CHARLIE PETERS. Con JUDE LAW, GRETCHEN MOL, MARTHA PLIMPTON, JENNIFER TILLY. ■ Storia di Rulo, bassista di un gruppo rock costretto poi a diventare un operaio. L'adattamento è molto duro. Storia vera. Film di un esordiente premiato dalla critica a Venezia. ■ COMMEDIA; COL.; 112′; ARGENTINA, 1999.

MUSIC MOVIES ★★
Regia di PETER CLIFTON. Con JOE COCKER, I PINK FLOYD, ROD STEWART, TINA TURNER. ■ Immagini varie accompagnate dalle musiche dei big anni Settanta. Probabilmente il film è fatto con spezzoni delle riprese di commedie musicali o concerti rock. ■ MUSICALE; COL.; 92′; GRAN BRETAGNA, 1973.

MUSIC OF CHANCE, THE ★★★
Regia di PHILIP HAAS. Con CHARLES DURNING, JOEL GREY, MANDY PATINKIN, CHRIS PENN, JAMES SPADER, M. EMMET WALSH. ■ Tratto dal romanzo di Paul Auster, che tra l'altro fa un'apparizione nel film. Jack è un giocatore professionista di poker e vuole arricchirsi alle spalle di due ricconi. Ma per far ciò ha bisogno di liquidità e si rivolge a un suo conoscente. Una volta al tavolo da gioco comprenderà che le sue aspettative erano troppo alte. ■ DRAMMATICO; B/N; 97′; USA, 1993.

MUSIKANTEN ★
Regia di FRANCO BATTIATO. Con SONIA BERGAMASCO, JURI CAMISASCA, FABRIZIO GIFUNI, ALEJANDRO JODOROWSKY. ■ Dopo il primo, ben più promettente *Perduto Amor*, Franco Battiato è andato a impelagarsi in una storia senza capo né coda, al limite fra verosimiglianza e comicità (ma inevitabilmente più vicino a questa). A parte la qualità (volutamente?) amatoriale della fotografia, del montaggio, le battute improbabili dei personaggi, l'imbarazzo più pesante sta nelle vicende della coppia di autori televisivi protagonista. Alla ricerca di studiosi, scienziati e filosofi da intervistare per il loro programma in giro per il mondo, i due incontrano uno sciamano che sottopone la Bergamasco a una seduta di ipnosi regressiva. Lei, nella vita ossessionata da Beethoven, scopre di esserne stata, in una vita precedente, il principe mecenate. Da qui un lungo flash back sugli ultimi anni di vita, le manie e le follie di questo Beethoven-Jodorowsky. E poi il finale: il ritorno alla "realtà" con la tv dell'albergo dove alloggia la troupe televisiva che annuncia il colpo di stato di un fantomatico partito democratico mondiale. A tratti didascalico, a tratti enigmatico, sempre pretenzioso e inutilmente intellettualistico. ■ BIOGRAFICO; COL.; 92′; ITALIA, 2005.

MUSODURO ★★
Regia di GIUSEPPE BENNATI. Con COSETTA GRECO, MARINA VLADY. ■ Musoduro, messosi a fare il bracconiere in società con un ex cacciatore di frodo, si scontra col guardiacaccia Romolo per motivi legali e perché ambedue amano la stessa fanciulla. Questa ricambia Musoduro che viene accusato ingiustamente di un omicidio compiuto dal rivale. Il ragazzo fugge con l'amata mentre una donna, che aveva avuto una relazione col guardiacaccia, fornisce le prove della colpevolezza di Romolo. ■ DRAMMATICO; COL.; 92′; ITALIA, 1954.

MUSSOLINI ULTIMO ATTO ★★★
Regia di CARLO LIZZANI. Con GIUSEPPE ADDOBBATI, LINO CAPOLICCHIO, HENRY FONDA, LISA GASTONI, FRANCO NERO, ROD STEIGER. ■ Nei primi mesi del 1945 si delinea chiaramente l'esito della guerra e Mussolini decide di rifugiarsi in Valtellina. Non trovando però i militari che avrebbero dovuto attenderlo, si nasconde tra i soldati tedeschi incaricati di portarlo in Germania. Ugualmente riconosciuto, viene giustiziato assieme all'amante, Claretta Petacci. ■ DRAMMATICO; COL.; 135′; ITALIA, 1974.

MUTA DI PORTICI, LA ★★
Regia di GIORGIO ANSOLDI. Con PAOLO CARLINI, DORIS DURANTI, FLORA MARIEL. ■ Siamo a Napoli durante la prima metà del diciassettesimo secolo. Il figlio del viceré è innamorato della sorella di Masaniello, un popolano ribelle alle imposizioni del governo borbonico. La ragazza diventa muta dopo essere stata torturata perché non vuole rivelare il nascondiglio del fratello. Riuscirà tuttavia a salvare la vita del nobile allo scoppio della rivolta popolare. ■ DRAMMATICO; B/N; 85′; ITALIA, 1952.

MUTANDE PAZZE – BRIVIDI, SESSO E LIVIDI DI SUCCESSO ★
Regia di ROBERTO D'AGOSTINO. Con EVA GRIMALDI, MONICA GUERRITORE, SERGIO VASTANO. ■ Roberto D'Agostino, uno dei figli spuri di Renzo Arbore, che ha visto il suo (scarso) prestigio rilucidato per essere riuscito ad appioppare una sonora sberla a Vittorio Sgarbi, si cimenta anche nella regia. Il film si propone come satira della televisione con tutti i luoghi comuni che le appartengono: ragazzine che si danno per un'apparizione eccetera. C'è anche il sosia di Sgarbi che continua a prendere sberle. ■ COMMEDIA; COL.; 85′; ITALIA, 1992.

MUTANDE ROSSE, LE *(Les culottes rouges)* ★★
Regia di ALEX JOFFÉ. Con JACQUES BALUTIN, ETIENNE BIERRY, TERRY BILLIS, ANDRÉ BOURVIL, LAURENT TERZIEFF. ■ Un militare confinato in un campo di concentramento riesce ad evadere al terzo tentativo e porta con sé quale compagno involontario un complice. I due riescono a salire su di un treno diretto verso Parigi; il militare viene scoperto e riportato indietro mentre il compa-

gno può salvarsi e avviarsi indisturbato verso la libertà. ■ COMMEDIA; B/N; 104′; FRANCIA, 1962.

MUTANTE, IL *(Project Viper)* ★
Regia di JIM WYNORSKI. Con CURTIS ARMSTRONG, JOE AVALON, JOHN BECK, JAMES CROMWELL, TAMARA DAVIES, LYDIE DENIER, BILLY KEANE, ADAM KOSTER, ADAM LIEBERMAN, ANDY MILDER, WILLIAM MONROE, DANIEL QUINN. ■ La fusione tra hardware e materiale genetico dà vita a "Viper", vita alternativa che potrebbe portare una svolta epocale la vita degli umani. A tal proposito vengono organizzati degli esperimenti su Marte (lontano dalla Terra per ragioni di sicurezza) per testarne le caratteristiche. La Nasa così organizza una speciale equipe per eseguire i vari test. ■ HORROR; COL.; 85′; USA, 2002.

MUTANT HUNT ★
Regia di TIM KINCAID. Con MARY FAYHEY, RICK GINASI, RON RAINALDI. ■ Un industriale, probabilmente più pazzo che mascalzone, ha compiuto arrischiate sperimentazioni su alcuni androidi costruiti in laboratorio. Il risultato è che ha messo in circolazione un manipolo di mostri assassini che vagabondano per le vie di Manhattan uccidendo per il piacere di farlo. La città è nel terrore. Due agenti si assumono il compito di fermare i cyborg impazziti. ■ FANTASCIENZA; COL.; 90′; USA, 1987.

MUTANTI *(Brides of Blood)* ★
Regia di EDDIE ROMERO. Con JOHN ASHLEY, BEVERLY HILLS, KENT TAYLOR. ■ Radiazioni atomiche trasformano uomini e animali in mostri. Il più terribile dei mutanti è un gigantesco polipo che mangia belle ragazze. Uno dei molti horror dozzinali realizzati nelle Filippine dal regista Eddie Romero con attori americani. ■ HORROR; COL.; 90′; FILIPPINE, USA, 1968.

MUZUNGU ★★
Regia di MASSIMO MARTELLI. Con FELICE ANDREASI, FLAVIO BUCCI, GIOBBE COVATTA, EMANUELA GRIMALDA, PAOLO MARIA VERONICA. ■ Una signora ricca e decisamente viziata è in viaggio in Africa con due animatori turistici. Un incidente al loro aereo li costringe ad atterrare nel deserto kenyota. Qui li trova un sacerdote che, invece di portarli a Nairobi, li conduce nel villaggio in cui opera. La differenza con i grandi alberghi è decisamente troppa per la signora. Ma un po' di solidarietà è in agguato in fondo al cuore. Covatta scrive e interpreta un film con il regista di *Pole Pole*. Riescono così a raccontare i problemi dell'Africa in modo semplice e accattivante senza fare prediche. ■ COMMEDIA; COL.; 108′; ITALIA, 1999.

MY ARCHITECT: A SON'S JOURNEY ★★★
Regia di NATHANIEL KAHN. Con EDMUND BACON, PHILIP JOHNSON, HARRIET PATTISON, PRISCILLA PATTISON. ■ La vita dell'architetto americano Louis Kahn ripercorsa dal figlio naturale Nathaniel, attraverso le sue migliori opere sia realizzate che solo progettate, con l'aiuto anche di testimonianze di persone che l'hanno amato o solo conosciuto. Alla fine di questo film-documentario, la concezione dell'arte come valore spirituale ha la meglio su qualsiasi monumento, che potrebbe di colpo anche scomparire. ■ DOCUMENTARIO; COL.; 116′; USA, 2003.

MY BEAUTIFUL LAUNDRETTE – LAVANDERIA A GETTONE *(My Beautiful Laundrette)* ★★★
Regia di STEPHEN FREARS. Con DANIEL DAY-LEWIS, SAED JAFFREY, GORDON WARNECKE. ■ Omar, giovane gay pakistano che vive a Londra, di buona volontà, propone allo zio ricco di gestirgli una vecchia lavanderia. Nel frattempo arrotonda anche come corriere della droga. Si prende un socio (un vecchio compagno di scuola) anche lui gay e un po' balordo, tale Johnny, che per Omar lascia una compagnia di teppisti. La lavanderia, riammodernata, va a gonfie vele. Tania, cugina di Omar, innamorata di lui ma rifiutata, si uccide. I teppisti prendono di mira i due giovani affaristi e assaltano la piccola "Laundrette", ma vengono ricacciati. Un film fine, con ottima interpretazione di tutti gli attori. ■ DRAMMATICO; COL.; 97′; GRAN BRETAGNA, 1985. ■ OSCAR 1 NOM.

♥ MY FAIR LADY ★★★★🏆
Regia di GEORGE CUKOR. Con GLADYS COOPER, REX HARRISON, AUDREY HEPBURN, STANLEY HOLLOWAY, WILFRID HYDE-WHITE. ■ La sceneggiatura è ispirata al testo teatrale *Pigmalione* di George Bernard Shaw. Una incolta e rozza fioraia viene trasformata da uno studioso, in seguito alla scommessa con un amico, in una fanciulla raffinata e perfettamente a suo agio nei salotti dell'alta società. A esperimento concluso, la ragazza non sa tornare al vecchio lavoro e inoltre si è innamorata perdutamente del suo insegnante. Anche lui si renderà conto di amarla quando lei lo lascerà, per disperazione, e farà in modo di ritrovarla e tenerla per sempre con sé. ■ COMM. MUSICALE; COL.; 170′; USA, 1964. ■ DAVID DI DONATELLO 🏆 2 PR, 2 NOM; OSCAR 🏆 8 PR, 12 NOM.

MY FATHER *(Rua Alguem 5555: My father)* ★★★
Regia di EGIDIO ERONICO. Con F. MURRAY ABRAHAM, CAMILLO BEVILACQUA, THOMAS HEINZE, CHARLTON HESTON, THOMAS KRETSCHMANN. ■ Herman M. non ha mai conosciuto il padre. Nel giorno del suo quindicesimo compleanno scoprirà che non è disperso in Russia, ma vivo e fuggiasco in Sudamerica. Herman è figlio di un criminale di guerra nazista, Josef Mengele. Genetista razzista specializzato in eugenetica, un ramo delle genetica che si propone il miglioramento della specie umana, Mengele aderì all'ideologia nazista concretizzando le sue teorie come medico delle SS ad Auschwitz. Sconvolto dalla reale identità del padre, Herman decide di incontrarlo un'unica volta in una favela brasiliana. Il loro sarà un confronto impossibile: amore filiale e ricerca di giustizia da una parte, coerenza cieca al passato e assenza di rimorso dall'altra. Mengele morirà un paio di anni dopo. ■ DRAMMATICO; COL.; 100′; BRASILE, ITALIA, UNGHERIA, 2006.

MY GENERATION ★★★
Regia di BARBARA KOPPLE. Con OSSIE KILKENNY, MICHAEL LANG, JOHN SCHER. ■ Barbara Kopple gira un documentario in cui visita le tre edizioni di Woodstock con occhio disincantato e attento. Per chi è interessato ai fenomeni musicali ma anche a riflettere sulla globalizzazione si tratta di un'occasione da non perdere. I "marchi" hanno invaso Woodstock 1999 con una forza tale da snaturarne il significato. Cosa è cambiato? Come? E, soprattutto, perché? L'unica regista che abbia potuto spiare Woody Allen dietro le quinte della sua vita (ricordate *Wild Man Blues*?) prova a rispondere a queste e ad altre domande. ■ DOCUMENTARIO; COL.; 103′; USA, 2000.

MY LIFE AS MCDULL ★★★★
Regia di TOE YUEN. ■ Si tratta dei due maialini più famosi della Cina conditi con un umorismo di marca dark. In Cina hanno invaso anche il mercato dei gadget dando ai loro creatori introiti considerevoli. ■ ANIMAZIONE; COL.; 90′; CINA, 2001.

MY LIFE – QUESTA MIA VITA *(My Life)* ★★★
Regia di BRUCE JOEL RUBIN. Con MICHAEL KEATON, NICOLE KIDMAN, BRADLEY WHITFORD. ■ Lei aspetta un figlio. Lui apprende che è malato di cancro. Decide allora di filmare tutto quanto gli accade in modo da lasciare occasioni di riflessioni all'erede. Film strappalacrime nel finale in cui, anche se in modo non palese, la riflessione sull'importanza delle immagini si fa centrale. ■ DRAMMATICO; COL.; 116′; USA, 1993.

MY NAME IS JOE *(My Name is Joe)* ★★★
Regia di KEN LOACH. Con LOUISE GOODALL, ANNEMARIE KENNEDY, GARY LEWIS, LORRAINE MCINTOSH, DAVID MCKAY, PETER MULLAN. ■ L'ex-alcolizzato Joe si innamora di Sarah, assistente sociosanitaria che si occupa della famiglia di un giovane ex tossicodipendente, Liam e di sua moglie che è ancora nel giro della droga. Liam gioca in una squadretta di calcio di cui Joe è l'allenatore. Per aiutare Liam ad uscire dai guai Joe accetta di effettuare due trasporti illegali per il boss locale. Non dice nulla a Sarah per non metterla in pericolo ma, quando la donna viene a scoprire la verità, non si fida più di lui anche se aspetta un bambino. Loach, dopo i due film speculari *Terra e libertà* e *La canzone di Carla* in cui si rifletteva sul rapporto tra sentimento d'amore e coinvolgimento politico, torna al quotidiano della Gran Bretagna. Gira un manifesto contro Tony Blair che è legato al capitale come i suoi predecessori: Loach ne è convinto e lo ribadisce in un film che non ha però nulla del *pamphlet* anche se il regista non rinuncia alle proprie prese di posizione. Osservate quel finale che al contempo chiude e riapre la vicenda: quanti registi "made in Usa" ci avrebbero regalato un bell'happy end? Loach, che si nutre del-

l'ottimismo della ragione, lascia a noi la scelta. ■ DRAMMATICO; COL.; 105'; GRAN BRETAGNA, 1998. ■ CANNES 1 PR.

MY NAME IS TANINO ★★★
Regia di PAOLO VIRZÌ. Con CORRADO FORTUNA, FRANK CRUDELE, JESSICA DE MARCO, RACHEL MCADAMS, MIMMO MIGNEMI. ■ Tanino è un ragazzo siciliano che vive a Castelluzzo sognando l'America dei giovani no-global di Seattle. Si innamora di Sally, in vacanza in Italia, e decide di spingersi oltreoceano per ritrovarla. Ma il sogno americano è fragile e va in frantumi a colpi di sfortuna: la ragazza si è consolata con un compagno di college ed i genitori di lei, che ospitano il povero Tanino, lo coinvolgono nella loro crisi di coppia. Virzì fa viaggiare il suo personaggio dentro paesaggi da film, accompagnato dalla macchina da presa, come se, nel raccontare la vicenda di Tanino, fosse riuscito a non mettere mai piede fuori dal "cinema". ■ COMMEDIA; B/N; 100'; ITALIA, 2003.

MY NEIGHBOR TOTORO *(Tonari no Totoro)* ★★★
Regia di HAYAO MIYAZAKI. ■ È il film più anomalo di Miyazaki. Protagoniste sono le due sorelline Satsuki e Mei. Queste dopo essersi trasferite di casa iniziano a vedere e conoscono i Totoro, creature leggendarie. I Totoro sono palle di pelo dall'aspetto tondeggiante di varia grandezza. Secondo la leggenda sono vissuti in Giappone prima dell'arrivo dell'uomo e adesso abitano nelle foreste, si nutrono di noci e di giorno dormono dentro gli alberi. In questo film Miyazaki dà sfogo alla sua creatività e fantasia e ciò bilancia il ritmo non certo incalzante del film. Gatti che diventano autobus, foreste che nascono dal nulla, niente è precluso alla fervida immaginazione del regista. Si tratta di un film intimista, privo di azione, in parte autobiografico, nella figura della madre malata di tubercolosi, minimalista nei ricordi e nelle fantasie infantili. Grande successo di pubblico e enorme di *merchandising*. Totoro è diventato il simbolo dello Studio Ghibli. ■ ANIMAZIONE; COL.; 86'; GIAPPONE, 1988.

MY SON, MY SON, WHAT HAVE YE DONE ★★
Regia di WERNER HERZOG. Con WILLEM DEFOE, BRAD DOURIF, CHLOE SEBIGNY, MICHAEL SHANNON. ■ Il detective Havenhurst viene chiamato sulla scena di un crimine. Una donna anziana è stata infilzata con una spada orientale in una casa vicina alla sua abitazione. I sospetti non possono che cadere sul figlio di lei, Brad, che, armato di fucile, afferma di avere con sé due ostaggi. Attraverso le ricostruzioni della fidanzata e di un regista teatrale emerge progressivamente la psicologia del giovane. È un film complesso che si ispira a un delitto realmente accaduto, sembra che si tracci una linea di confine tra la "razionalità" (chi sta fuori della casa) e la "follia" di Brad. Ma non è così. Il ragazzo con i suoi fenicotteri rosa ("aquile drag queen" come lui li definisce) cerca di proteggersi da un mondo di cui ha perso le coordinate e in cui un pallone da basket resta in attesa di un bambino di talento che lo trovi per poter dare un significato di libertà alla parola figlio. ■ DRAMMATICO; COL.; 91'; USA, GERMANIA, 2009.

MYSTÈRE ★★
Regia di CARLO VANZINA. Con CAROLE BOUQUET, DUILIO DEL PRETE, JOHN STEINER. ■ A causa di un microfilm una prostituta d'alto bordo si trova invischiata in due omicidi e sta per essere uccisa lei stessa quando viene salvata da un commissario. Questi s'impadronisce del microfilm, intasca i soldi e scappa da solo. Ma la ragazza lo rintraccia e lo convince a dividere con lei soldi e vita. ■ POLIZIESCO; COL.; 88'; ITALIA, 1983.

MYSTERIA *(The Premonition)* ★★
Regia di ROBERT ALLAN SCHNITZER. Con JEFF COREY, SHARON FARRELL, RICHARD LYNCH. ■ Una donna, scampata a un incendio, esce dal manicomio dopo cinque anni e si mette alla ricerca della figlia piccola, adottata da una coppia di coniugi. Prima che possa rapirla, però, il suo amante la uccide. La madre adottiva è perseguitata in sogno da apparizioni della madre vera. A metterla in croce non è certo la defunta, quanto il suo assassino, dotato di poteri paranormali. Un poliziotto lo farà smettere, uccidendolo. ■ HORROR; COL.; 94'; USA, 1975.

MYSTERIA – REPLICA DI UN OMICIDIO *(Medium)* ★★
Regia di JACEK KUPROWICZ. Con MICHAEL BAJOR, WLADYSLAW KOWALSKI, GRAZYNA SZAPOLOWSKA, JERZY ZELNIK. ■ Nella Polonia del 1932, quando Hitler ha già conquistato il potere, un medium misterioso fa agire tre persone, due uomini e una donna, secondo i suoi voleri. In una Polonia dal clima oppressivo, tra croci uncinate e zelanti delatori del nuovo regime, una serie di delitti ricalca esattamente i crimini accaduti molti anni prima. Raggiunti i suoi scopi deliranti di vendetta per un antico affronto, il medium scompare e si tramuta in bambino. ■ FANTASTICO; COL.; 94'; POLONIA, 1987.

MYSTERIES ★★
Regia di PAUL DE LUSSENET. Con RUTGER HAUER, SYLVIA KRISTEL. ■ In una piccola città della Norvegia arriva un certo Nagel. La vita degli abitanti muterà rapidamente a causa dei rapporti che l'uomo instaurerà con essi. ■ FANTASTICO; COL.; 98'; PAESI BASSI, 1978.

MYSTERIOUS SKIN ★★
Regia di GREGG ARAKI. Con BRADY CORBET, JOSEPH GORDON-LEVITT, JEFFREY LICON, LISA LONG, MARY LYNN RAJSKUB, BILL SAGE. ■ L'estate del 1981 segna una svolta definitiva per due ragazzini di otto anni, per motivi diversi. Uno è oggetto dell'abuso continuato e non rifiutato del coach della squadra di baseball; l'altro viene rapito dagli alieni, con conseguenze irreparabili sulla sua maturazione. Poesia e disincanto si intrecciano in una spirale difficilmente definibile in questo strano e straniante racconto di due percorsi di vita tanto diversi eppure tanto simili: due esperienze divaricate dallo stesso evento traumatico che finiscono incredibilmente (ineluttabilmente?) per ricongiungersi una volta esaurite. Il cinismo domina. ■ DRAMMATICO; COL.; 99'; USA, 2004.

MYSTERY TRAIN ★★★
Regia di JIM JARMUSCH. Con NICOLETTA BRASCHI, STEVE BUSCEMI, YOUKI KUDOH, JOE STRUMMER. ■ Sono tre episodi che avvengono contemporaneamente e hanno in comune lo stesso albergo dove si sistemano per la notte i personaggi delle tre vicende. *Lontano da Yokohama* vede come protagonisti due giovani giapponesi che adorano l'Occidente e che vanno a Memphis perché è la città di Elvis Presley. Un fantasma racconta di una giovane vedova che deve trasportare in aereo la salma del marito e incontra un pazzo che le dice di conoscere il fantasma di Elvis Presley per circuirla: in realtà lo spirito apparirà davvero. In *Perduti nello spazio* tre rapinatori da strapazzo fuggono da un negozio di liquori dopo aver sparato al proprietario e passano la notte nell'albergo di cui sopra. Nel film appare Screamin' J. Hawkins, grande cantante blues, poi si ode la voce di Tom Waits che fa il dj e tra gli interpreti c'è pure Joe Strummer, cantante del celebre gruppo rock dei Clash. ■ COMMEDIA; COL.; 113'; USA, 1989. ■ CANNES 1 PR.

MYSTIC PIZZA ★★★
Regia di DONALD PETRIE. Con ANNABETH GISH, JULIA ROBERTS, LILI TAYLOR. ■ Ritratti di tre studentesse che d'estate fanno le pizzaiole in una cittadina costiera del Connecticut (Mystic, appunto). Due delle tre sono sorelle. Una spregiudicata e al corrente di tutte le mosse nel gioco dell'amore. L'altra molto giudiziosa, ma pronta a perdersi con un uomo sposato. Divertente, acuta commedia sentimentale, affidata a giovani attrici zeppe di talento e di simpatia. ■ COMMEDIA; COL. 90'; USA, 1988.

MYSTIC RIVER ★★★
Regia di CLINT EASTWOOD. Con KEVIN BACON, LAURENCE FISHBURNE, MARCIA GAY HARDEN, SEAN PENN, TIM ROBBINS. ■ Stati Uniti negli anni Sessanta. Un bambino viene prelevato da un uomo molto autoritario e portato via con un'auto. Verrà violentato e poi riuscirà a fuggire. Due suoi compagni scampano alla stessa sorte. Oggi. L'uomo ha un figlio che ama. I suoi due amici sono divenuti uno un poliziotto e l'altro un commerciante. Un giorno la figlia diciannovenne di quest'ultimo viene trovata massacrata e i sospetti piano piano ricadono proprio sull'ex bambino violentato. Clint Eastwood ci regala ancora una volta un thriller che cerca il proprio equilibrio sugli stati d'animo interiori lasciando totalmente da parte i colpi di scena classici. Trova in Sean Penn e in Tim Robbins due interpreti ideali. In particolare il

primo che riesce a conferire al personaggio del padre dilaniato dal lutto una profondità e una complessità di accenti ormai rare anche nel cinema americano. ■ DRAMMATICO; COL.; 120′; USA, 2003.

MY SUMMER OF LOVE ★★★

Regia di PAUL PAWLIKOVSKY. Con DEAN ANDREWS, EMILY BLUNT, PADDY CONSIDINE, NATHALIE PRESS. ■ Mona vive in un villaggio dello Yorkshire dove non succede molto. Suo fratello ha abbandonato l'alcool per seguire la via del Signore, ma è diventato più che altro un fanatico religioso. Mona conosce Tamsin, bella ragazza che passa nel villaggio le vacanze estive. Ognuna delle due è ferita e delusa, a modo suo. Un'amicizia che diventa rifugio, e sfiora l'amore. Ma anche in questo, ognuna delle due vede la cosa a modo suo. Delicata storia di due poco più che adolescenti, raccontata con garbo da Pawlikovsky, senza smarrire una certa originalità né una controllata dose di "disturbo". Le due ragazze sono molto brave, mai eccessive, e tengono i ruoli-tipo: Tamsin è leggiadra menzogna, Mona è tragica verità. Possono davvero amarsi le due cose? Forse sì, o forse è tutta una finzione, che lascia dietro di sé il più innocente dei cadaveri: la giovinezza. ■ DRAMMATICO; COL.; 86′; GRAN BRETAGNA, 2004.

MY SWEET HOME ★★

Regia di FILIPPOS TSITOS. Con HARVEY FRIEDMAN, MONIKA HANSEN, MARIO MENTRUP, NADJA UHL. ■ Una bella musica slava, la promessa di matrimonio da parte del protagonista maschile e un bistrot, sono gli ingredienti per una "commedia nera" ben recitata e a tratti divertente. Berlino è la città in cui si svolge la vicenda, sfondo ideale su cui mettere in scena storie di esodi, brandelli di memoria storica, identità perdute, paure e fallimenti collettivi e privati. Più che filmare lo spazio urbano, il regista è interessato a cogliere lo spirito della capitale tedesca. A parte alcune sequenze di esterni, *My sweet home* ha una struttura a *huis clos*: quasi osservasse le regole aristoteliche di unità di tempo e luogo. ■ DRAMMATICO; COL.; 83′; GERMANIA, GRECIA, 2000.

N

NABONGA ★★★★
Regia di Sam Newfield. Con Buster Crabbe, Julie London, Barton MacLane. ■ Una bimba piccolissima, unica superstite di un disastro aereo, viene allevata nella giungla da uno scimpanzé. Molti anni dopo un giovanotto capita nella foresta alla ricerca di gioielli perduti molti anni prima e si innamora della ragazza selvaggia. Lo scimpanzé tenta di difendere la "figlia adottiva" da quella che ritiene un'aggressione, ma alla fine il giovane prevale. ■ Avventura; b/n; 75′; USA, 1944.

NACHT SINGT IHRE LIEDER, DIE ★
(Die Nacht singt ihre Lieder (Nightsong))
Regia di Romuald Karmakar. Con Frank Giering, Marthe Keller, Anne Ratte-Polle, Sebastian Schippel, Manfred Zapatka. ■ Una coppia sposata che ha un bambino. Le discussioni quotidiane tra una moglie vitale e un marito che si è "seduto" letteralmente in poltrona. I problemi si aggravano quando entra in scena un amante. Tratto da una pièce teatrale del norvegese Jon Fosse, che forse in teatro funzionava, il film propone un'ora e mezzo di frasi fatte e di situazioni già viste più volte al cinema suscitando ilarità quando pretenderebbe di far riflettere. ■ Drammatico; col.; 95′; Germania, 2003.

NACIDO Y CRIADO ★★
Regia di Pablo Trapero. Con Federico Esquerro, Martina Gusman, Tomás Lipán, Guillermo Pfening. ■ Santiago e Milli sono una giovane coppia di sposi, che lavora insieme in un atelier di restauro di mobili antichi. Conducono una vita agiata, in una bella casa di Buenos Aires, e la loro felicità è la figlia Josefina. L'irrequietezza che serpeggia in Santiago, quasi il timore irrazionale di perdere tutto quel che ha o di avere troppo, ci prepara alla tragedia imminente, che si compie durante una gita in macchina, quando Santi, distratto dai capricci di Josefina, perde il controllo del volante e finisce giù da una scarpata. Il resto è fuoco, fiamme, oblio. Con uno stile personalissimo e molto comunicativo, Trapero racconta, come prima in *Mondo Grua*, il sostituirsi di un passato dorato con un altrove senza prospettive che, in realtà, è già un'altra vita, un'altra prospettiva. ■ Drammatico; col.; 100′; Argentina, Gran Bretagna, Italia, 2006.

NADINE – UN AMORE A PROVA DI PROIETTILE ★★★
(Nadine)
Regia di Robert Benton. Con Kim Basinger, Jeff Bridges, Rip Torn. ■ Per recuperare delle foto osé scattate anni prima, la manicure Nadine si reca da un fotografo, ma lo trova ucciso. Sbaglia busta e invece dei suoi negativi sottrae i piani di un losco affare montato da uno speculatore texano, Buford, che li rivuole a tutti i costi. Aiutata dal marito dal quale stava per divorziare, Nadine neutralizza il cattivo e non divorzia più. ■ Commedia; col.; 83′; USA, 1987.

NAGANA ★★
Regia di Hervé Bromberger. Con Renato Baldini, Barbara Laage, Enrico Luzi. ■ Un medico di pochi scrupoli organizza una spedizione in Africa con la copertura degli aiuti sanitari. In realtà gli interessa l'oro che alcune tribù dell'interno hanno accumulato. ■ Avventura; col.; 92′; Francia, Italia, 1954.

NAGASAKI *(Thunder across the Pacific)* ★★★
Regia di Allan Dwan. Con Walter Brennan, Wendell Corey, Vera Ralston, Forrest Tucker. ■ Un ufficiale dell'aviazione americana ingiustamente tacciato di vigliaccheria ha modo di dimostrare, durante una pericolosissima azione di guerra, quanto in realtà sia coraggioso. ■ Guerra; b/n; 98′; USA, 1951.

NAILS ★★
Regia di John P. Flynn. Con Anne Archer, Dennis Hopper, Tomas Milian. ■ Politica e droga vanno di pari passo con l'assassinio di un poliziotto. Un suo amico alcolizzato cerca di risolvere la faccenda. Un poliziesco di routine. ■ Poliziesco; col.; 98′; USA, 1992.

NAJA ★
Regia di Angelo Longoni. Con Stefano Accorsi, Enrico Lo Verso, Francesco Siciliano. ■ Ancora una volta la naja e i suoi problemi, i "nonni" che vessano, i disagi, la solitudine ecc. Tutto terribilmente conosciuto, e anche noioso. ■ Drammatico; col.; 105′; Italia, 1998.

NA JAN IL PICCOLO TITANO ★★
Regia di Lim Chung Kwohm. Con Hsie Ling Ling, Ker Hsiang Ping, Yan Lung. ■ Per una volta un film prodotto a Hong Kong senza karate. Protagonista è un bambino che lotta contro i malvagi e i prepotenti. ■ Avventura; col.; 92′; Hong Kong, 1974.

NAKED – NUDO *(Naked)* ★★★
Regia di Mike Leigh. Con Katrin Cartlidge, Lesley Sharp, David Thewlis. ■ Johnny è un uomo stanco del mondo e di se stesso. È un vagabondo. Agisce d'istinto e in quel di Manchester violenta una ragazza. Poi, raggiunta Londra, va a casa della sua ex e conosce un pessimo individuo che insidia la ragazza. Alla fine Johnny si allontana più disperato e arrabbiato che mai. Il regista punta al realismo e alla satira del costume inglese. David Thewlis è molto bravo nel tratteggiare il personaggio che nella prima parte ispira una grande antipatia per poi manifestare il senso di disagio dell'inglese di basso ceto. *Naked* ha vinto due premi al Festival di Cannes nel 1993: regia e interpretazione maschile. ■ Commedia; col.; 138′; Gran Bretagna, 1993. ■ Cannes 2 pr.

NAM ANGELS – ANGELI DELLA VENDETTA ★★
(Nam Angels)
Regia di Ciro Santiago. Con Brian Johnson, Vernon Wells. ■ C'è da compiere una missione pericolosa e quasi disperata sull'infido territorio vietnamita. Ci vogliono uomini esperti, coraggiosi e con niente da perdere, così il tenente Calhoun decide di reclutarli tra alcuni appartenenti alla banda degli Hell's Angels, finiti dietro le sbarre. Vernon Wells ha recitato anche in *Mad Max* ■ Guerra; col.; 90′; USA, 1988.

NAMELESS – ENTITÀ NASCOSTE *(Nameless)* ★★
Regia di Jaume Balagueró. Con Karra Elejalde, Toni Sevilla, Tristán Ulloa, Emma Vilarasau. ■ Viene ritrovato il corpo di una bambina, straziato e mutilato. La madre, cinque anni dopo il delitto, riceve una telefonata agghiacciante: all'altro capo della cornetta sente la voce della piccola che la chiama e invoca il suo aiuto. La donna decide di scoprire la verità, servendosi anche dell'aiuto di un giornalista e di un ex poliziotto: la ricerca porterà alla luce un mondo sommerso, fatto di sette che praticano culti malefici, esoterismo e presenze inquietanti, indizi che guideranno i protagonisti verso scoperte ben più orrende. Nono-

stante l'uso accurato di tutti gli effetti "classici" del genere, che riescono a mantenere la tensione alta, il film ha una trama piuttosto confusa, forse con troppi elementi che si affollano di fronte allo spettatore. ■ HORROR; COL.; 102'; SPAGNA, 2002.

NANÀ *(Nana)* ★★
Regia di DOROTHY ARZNER. Con PHILLIPS HOLMES, ANNA STEN. ■ Il film racconta la storia della bella prima donna che fece perdere la testa a parecchi rampolli della buona società. Duelli e suicidi si sprecano. ■ DRAMMATICO; B/N; 89'; USA, 1934.

NANÀ ★★
Regia di CELESTINO GOROSTIZA. Con MIGUEL ANGEL FERRIZ, LUPE VELEZ. ■ Più fedele dei precedenti al romanzo di Zola, questo film racconta le vicende della bella protagonista dagli anni della sua misera giovinezza alla maturità, ai trionfi sulle scene e nelle alcove, alla vecchiaia. ■ DRAMMATICO; B/N; 94'; MESSICO, 1943.

NANÀ ★★★
Regia di CHRISTIAN-JAQUE. Con CHARLES BOYER, MARTINE CAROL. ■ Ispirato con moltissima libertà al romanzo di Zola, questo film illustra le vicende sentimentali di Nanà, bellissima ballerina. ■ DRAMMATICO; COL.; 120'; FRANCIA, 1955.

NANÀ ★
Regia di DAN WOLMAN. Con JEAN-PIERRE AUMONT, KATIA BERGER, MASSIMO SERATO. ■ Liberamente ispirato a Zola, il film narra le avventure di Nanà, intraprendente ninfetta che si esibisce in un lussuoso bordello mascherato da locale di prestigio. ■ COMMEDIA; COL.; 91'; ITALIA, USA, 1983.

NANA ★★
Regia di KENTARÔ ÔTANI. Con KEN'ICHI MATSUYAMA, AOI MIYAZAKI, MIKA NAKASHIMA, HIROKI NARIMIYA. ■ Una serie di coincidenze porterà due ragazze di nome Nana a dividere lo stesso appartamento a Tokyo. Una rock-star dallo sguardo duro ed una bambolina dai modi dolci: le due, dai caratteri completamente opposti ma unite da forte connessione empatica, finiranno per stringere un improbabile rapporto di amicizia, àncora di salvezza nel momento del bisogno. Da un manga di successo, una storia d'amicizia canonica ma ben strutturata che, ricalcando gli schemi fissi del melodramma adolescenziale nipponico, riesce a dar vita, in modo non banale, ad un intrattenimento sentimentale di qualità. ■ DRAMMATICO; COL.; 113'; GIAPPONE, 2005.

NANÀ 70 *(Nanà)* ★★
Regia di MAC AHLBERG. Con ANNA GAËL, GILLIAN HILLS, KEVE HJELM, LARS LUNOE. ■ Nanà è una donna bellissima e priva di scrupoli che passa da un uomo all'altro per farsi mantenere nel lusso. ■ DRAMMATICO; COL.; 93'; SVEZIA, 1970.

NANCY VA A RIO *(Nancy Goes to Rio)* ★★★
Regia di ROBERT Z. LEONARD. Con JANE POWELL, ANN SOTHERN, BARRY SULLIVAN. ■ Nancy è la figlia di Frances, celebre attrice convinta che la ragazza, poco più che adolescente, sia in attesa di un bambino. In realtà, Nancy ha provocato l'errore recitando il brano della commedia che spera di interpretare, mentre la parte è stata affidata alla madre. In più le due donne si contenderanno lo stesso uomo. Frances avrà l'amore, Nancy la parte nella commedia. ■ DRAMMATICO; COL.; 99'; USA, 1950.

NANNY LA GOVERNANTE *(The Nanny)* ★★★
Regia di SETH HOLT. Con JILL BENNETT, WENDY CRAIG, BETTE DAVIS, JAMES VILLIERS. ■ La famiglia Fane è stata colpita da una tragedia: la piccola Susan è morta in circostanze misteriose e, in seguito all'incidente, il fratellino Joey è stato ricoverato in un istituto per malattie mentali. Durante una vacanza a casa del bambino, si verificano incidenti che rischiano di essere mortali per la madre e la zia. Tutti sospettano di Joey, ma l'anziana governante fa delle rivelazioni inaspettate che chiariscono finalmente tutta la vicenda. ■ DRAMMATICO; B/N; 93'; GRAN BRETAGNA, 1955.

NANNY MCPHEE *(Nanny McPhee)* ★★
Regia di KIRK JONES. Con PATRICK BARLOW, ELIZA BENNETT, COLIN FIRTH, CELIA IMRIE, DEREK JACOBI, ANGELA LANSBURY, KELLY MACDONALD, THOMAS SANGSTER, IMELDA STAUNTON, EMMA THOMPSON. ■ Nanny McPhee, Nanny McPhee! (Tata Matilda, Tata Matilda!). Il nome risuona per tutto il film, alla ricerca di qualcosa o qualcuno che dia certezze. E in una famiglia in cui un padre vedovo deve gestire sette figli, la situazione non è mai certa. D'improvviso l'apparizione di Nanny McPhee, donna tutta di un pezzo sembra poter cambiare le cose. Cinque regole ben precise per far crescere i fanciulli e avviarli verso la strada degli adulti. Qualche riferimento a *Harry Potter* e *Lemony Snicket*, qualcun altro a Mary Poppins, una manciata di *magic touch* e un'atmosfera *british*, donano alla favola *Nanny McPhee – Tata Matilda*, tratto dall'omonimo romanzo di Christianna Brand, un tono classico e, allo stesso tempo, grottesco. ■ COMMEDIA; COL.; 97'; GRAN BRETAGNA, 2005.

NANNY MCPHEE – TATA MATILDA *(Nanny Mcphee)* ★★
Regia di KIRK JONES. Con PATRICK BARLOW, ELIZA BENNETT, COLIN FIRTH, CELIA IMRIE, DEREK JACOBI, ANGELA LANSBURY, IMELDA STAUNTON, EMMA THOMPSON. ■ Nanny McPhee, Nanny McPhee! (Tata Matilda, Tata Matilda!). Il nome risuona per tutto il film, alla ricerca di qualcosa o qualcuno che dia certezze. In una famiglia in cui un padre vedovo (Colin Firth) deve gestire sette figli, la situazione non è mai certa. Mille tate sono passate e sono fuggite magari resistendo solo un giorno, ed è immensa la necessità di una persona forte e determinata per controllare la furia folle del gruppo di pargoli, ormai lasciati a loro stessi. D'improvviso l'apparizione di Nanny McPhee, donna tutta di un pezzo che sembra poter cambiare le cose. Cinque regole ben precise per far crescere i fanciulli e avviarli verso la strada degli adulti. Qualche riferimento a Harry Potter e Lemony Snicket, qualcun altro a Mary Poppins, una manciata di magic touch e un'atmosfera british, donano alla favola *Nanny McPhee – Tata Matilda*, tratto dall'omonimo romanzo di Christianna Brand, un tono classico e, allo stesso tempo grottesco. ■ COMMEDIA; COL.; 97'; GRAN BRETAGNA, 2005.

NANO E LA STREGA, IL ★
Regia di GIOACCHINO LIBRATTI. ■ Una sorta di pornofavoletta disegnata. Una maga per tornare bella deve andare a letto con un nano superdotato. Lo fa e il nano diventa un bellissimo principe. ■ ANIMAZIONE; COL.; 95'; ITALIA, 1975.

NANO ROSSO, IL *(Le nain rouge)* ★
Regia di IVAN LE MOINE. Con ANITA EKBERG, DYNA GAUZY, JEAN-YVES THUAL. ■ Un nano senza speranza incontra Anita Ekberg e nasce un amore. Stava meglio solo. ■ DRAMMATICO; COL.; 102'; BELGIO, FRANCIA, ITALIA, 1998.

NANOU ★★
Regia di CONNY TEMPLEMAN. Con DANIEL DAY-LEWIS, JEAN-PHILIPPE ECOFFEY, IMOGEN STUBBS. ■ Una ragazza inglese va in vacanza in Francia e si innamora ricambiata. Lui però è un terrorista e nasce qualche difficoltà. ■ DRAMMATICO; COL.; 90'; FRANCIA, GRAN BRETAGNA, 1986.

NANÙ IL FIGLIO DELLA GIUNGLA ★★
(World's Greatest Athlete)
Regia di ROBERT SCHEERER. Con JOHN AMOS, TIM CONWAY, JEAN-MICHAEL VINCENT. ■ Un ragazzo allevato da una tribù di indigeni africani viene trascinato negli Stati Uniti da un allenatore sportivo per risolvere i guai della sua squadra di atletica piuttosto scalcinata. ■ COMMEDIA; COL.; 93'; USA, 1973.

NANUK L'ESQUIMESE *(Nanook From the North)* ★★★
Regia di ROBERT J. FLAHERTY. Con ALLAKARIALUK. ■ Storico documentario che, nell'arco di tre stagioni, racconta la vita della famiglia di Nanuk composta da moglie, due bambini e un cane. Il villaggio dove vivono è Port Harrison, non molto lontano dalla Baia di Hudson. ■ DOCUMENTARIO; B/N; 58'; USA, 1922.

NAOMI *(Kinjirareta Technique)* ★★
Regia di HIROSHI MUKAI. Con KAZUKO KANO, KAROU MIYA, SHUSAKU MUTO. ■ Naomi è disposta a dedicare la sua vita a Mizuki, un pugile fallito, anche se lui ha ucciso la sua ex amante, colpevole di averlo tradito. Ma l'uomo che ha provocato questo tradimento, Kenu, vuole a sua volta vendetta per la morte della donna e uccide Mizuki. ■ DRAMMATICO; B/N; 92'; GIAPPONE, 1968.

NAPOLÉON *(Napoléon vu par Abel Gance)* ★★★★
Regia di ABEL GANCE. Con ALBERT DIEUDONNÉ, GINA MANÈS, VLADIMIR ROUDENKO. ■ Presentato la prima volta all'Opéra di

Parigi nel 1927, il film subisce cambiamenti e manomissioni che lo danneggiano irrimediabilmente. Il primo restauro completo, realizzato da Kevin Brownlow, viene presentato a Telluride nel 1979 e l'anno successivo a Londra con l'accompagnamento orchestrale composto e diretto da Carl Davis. Anche Francis Ford Coppola si occupa del film e lo presenta al Radio City Music Hall di New York nel 1981 con l'accompagnamento composto dal padre Carmine. L'ultimo restauro (2001, Kevin Brownlow) integra la versione proiettata nel 1980 con una copia 35mm ritrovata in Corsica, restituendo al film sia le tinture sia le didascalie originali e alcune scene che sembravano perse per sempre. Gance prevedeva altri cinque film dedicati alla figura di Napoleone, ma il fallimento economico del primo lo costrinse a realizzare progetti meno impegnativi. Le innovazioni tecniche introdotte nel film – dal montaggio rapido alla polivisione, un formato di grandi dimensioni ottenuto affiancando tre schermi – rivelano la potenza immaginativa di un regista visionario autore di uno dei capolavori della Storia del cinema. ■ STORICO; COL.; 310′; FRANCIA, 1927.

NAPOLEON DYNAMITE ★★

Regia di JARED HESS. Con DIEDRICH BADER, HAYLIE DUFF, JON GRIES, JON HEDER, TINA MAJORINO, SANDY MARTIN, EFREN RAMIREZ. ■ Immaginate il classico nerd da liceo e il suo inseparabile amico, la casa della nonna e lo zio più eccentrico e rompiscatole nelle fila della vostra parentela, avrete così gli ingredienti di base di *Napoleon Dynamite*, premiato come miglior film all'Mtv Movie Awards e diventato un cult negli Stati Uniti. Il film è ambientato quasi interamente nel liceo di un paesino sperduto nelle campagne dell'Idaho, dove Napoleon, un teen ager che vive con una famiglia strampalata e ingombrante, si trova anche a subire le vessazioni dei compagni di scuola. *Napoleon Dynamite*, nato come estensione di *Peluca*, un cortometraggio scritto e girato dallo stesso Jared Hess, che aveva riscosso notevole successo, non è altrettanto efficace. ■ COMMEDIA, COL.; 86′; USA, 2004.

NAPOLEONE ★★

Regia di CARLO BORGHESIO. Con MARISA MERLINI, CARLO NINCHI, RENATO RASCEL, LILIA SILVI, SERGIO TOFANO. ■ Le vicende del famoso imperatore còrso sono raccontate, in versione decisamente poco didattica, dal busto marmoreo che troneggia nell'atrio di una scuola insieme a quello di Giulio Cesare. ■ COMICO; B/N; 89′; ITALIA, 1951.

NAPOLEONE AD AUSTERLITZ *(Austerlitz)* ★★★

Regia di ABEL GANCE. Con ROSSANO BRAZZI, CLAUDIA CARDINALE, VITTORIO DE SICA, ANNA MARIA FERRERO, JEAN MARAIS, PIERRE MONDY, ORSON WELLES. ■ Napoleone trasforma la Repubblica di Francia in Impero poco dopo aver dichiarato guerra all'Inghilterra che a sua volta ha chiesto aiuto all'Austria e alla Russia. La gigantesca armata austriaca e russa affronta l'esercito francese sicura di vincere, ma l'abilità strategica di Napoleone capovolge la situazione. ■ DRAMMATICO; COL.; 170′; FRANCIA, 1960.

NAPOLEONE A FIRENZE ★★

Regia di PIERO PIEROTTI. Con MEMMO CAROTENUTO, NARCISO PARIGI, GLORIA PAUL. ■ Napoleone non è il famoso imperatore dei francesi, ma un antiquario di Roma che nel capoluogo toscano cerca una famosa tabacchiera appartenuta al suo illustre omonimo. Le ricerche sono complicate dalla corte assidua che una bella donna gli fa da tempo, e Napoleone capisce che l'unico modo per dedicarsi in tutta tranquillità al suo lavoro è accontentare la signora. ■ COMMEDIA; B/N; 94′; ITALIA, 1963.

NAPOLEONE BONAPARTE *(Napoléon)* ★★★

Regia di SACHA GUITRY. Con DANIELLE DARRIEUX, DANIEL GÉLIN, SACHA GUITRY, RAYMOND PELLEGRIN. ■ L'autentica storia di Napoleone, dalla Corsica a Parigi, alla campagna d'Italia e al Direttorio, dall'incoronazione alle nozze con Maria Luisa d'Austria, all'esilio di Sant'Elena. ■ BIOGRAFICO; COL.; 182′; FRANCIA, 1954.

NAPOLEONE E GIUSEPPINA BEAUHARNAIS ★★
(A Royal Divorce)

Regia di JACK RAYMOND. Con PIERRE BLANCHAR, RUTH CHATTERTON. ■ Diventato imperatore, Napoleone deve assolutamente avere un erede e la moglie, Giuseppina, non può darglielo. Per questo i due, pur amandosi, sono costretti a divorziare per ragioni di Stato e Napoleone sposa la principessa austriaca Maria Luisa. ■ DRAMMATICO; B/N; 85′; GRAN BRETAGNA, 1938.

NAPOLETANI A BAGDAD *(Siren of Baghdad)* ★★

Regia di RICHARD QUINE. Con PAUL HENREID, PATRICIA MEDINA. ■ Due teatranti napoletani arrivati alla corte del sultano Telal sono coinvolti loro malgrado in un intrigo di corte. Telal è stato spodestato da El Malid, che si dimostra subito un feroce tiranno, e ai due compari non resta che mettersi al fianco dei seguaci di Telal. Riportato il legittimo sultano sul trono, ricevono l'adeguata ricompensa. ■ AVVENTURA; COL.; 77′; USA, 1953.

NAPOLETANI A MILANO ★★★

Regia di EDUARDO DE FILIPPO. Con EDUARDO DE FILIPPO, ANNA MARIA FERRERO, FRANK LATIMORE, VITTORIO SANIPOLI. ■ Un gruppo di poveracci viene fatto sloggiare dalla bidonville alla periferia di Napoli perché su quel terreno debbono costruire palazzi moderni. I derelitti vanno fino a Milano, sede della società espropriatrice, per ottenere un indennizzo in denaro e ottengono invece del lavoro. ■ COMMEDIA; B/N; 101′; ITALIA, 1953.

NAPOLETANO D'AMERICA, UN ★★
(Y el cuerpo sigue aguantado)

Regia di LEON KLIMOVSKY. Con TRINI ALONSO, VALERIANO ANDRES, JUAN RIQUELME, LUIS SANDRINI, SILVIA SOLAR. ■ Anche Gaspare, come molti altri napoletani, ha raggiunto l'America per fare fortuna. In realtà l'unica cosa che riesce a vendere, e piuttosto raramente, è il suo sangue, di gruppo molto raro. Nemmeno con la malavita Gaspare riesce a fare quattrini ed è costretto a lasciare l'America per l'Australia. ■ COMMEDIA; B/N; 91′; SPAGNA, 1962.

NAPOLETANO NEL FAR WEST, UN ★★★
(Many Rivers to Cross)

Regia di ROY ROWLAND. Con JOSEPHINE HUTCHINSON, VICTOR McLAGLEN, ELEANOR PARKER, JEFF RICHARDS, ROBERT TAYLOR. ■ Placida, giovane figlia di napoletani emigrati nel West degli Stati Uniti, non tiene davvero fede al proprio nome. Si innamora di un cacciatore di pelli e non si dà pace finché non lo costringe a sposarla. Il neo-marito, subito dopo il matrimonio, la abbandona, quindi Placida mette in atto un assedio tale che l'uomo, forse per esasperazione, forse per amore, cede finalmente ai sentimenti e si riunisce alla giovane e intraprendente moglie. ■ WESTERN; COL.; 92′; USA, 1955.

NAPOLETANS ★

Regia di LUIGI RUSSO II. Con MAURIZIO CASAGRANDE, MASSIMO CECCHERINI, NANDO PAONE, ANDREA RONCATO, NINA SENICAR. ■ A Baia, un piccolo paese sul Golfo di Napoli, si avvicina un nuovo Natale per la famiglia Di Gennaro. Il padre Gennaro è un dentista donnaiolo. Tra una storia clandestina con la procace tabaccaia del paese e i disastri del nipote toscano, odontotecnico, Gennaro accoglie l'annuncio dell'arrivo per le feste di un sedicente zio d'America come un modo per ottenere una cospicua eredità. ■ COMMEDIA; COL.; 90′; ITALIA, 2011.

NAPOLI-BERLINO: UN TAXI NELLA NOTTE ★★★
(Helsinki-Napoli All Night Long)

Regia di MIKA KAURISMÄKI. Con EDDIE CONSTANTINE, SAMUEL FULLER, JIM JARMUSCH, NINO MANFREDI, ROBERTA MANFREDI, KARI VAANANEN, WIM WENDERS. ■ Il fratello maggiore di Aki Kaurismäki ha fatto le cose in grande. Con uno stile più rozzo di Aki, ma con basi non dissimili, il film devasta il genere gangsteristico. Si svolge tutto in una notte. Alex è sposato con una napoletana, Roberta Manfredi, ha una figlia e un suocero, Nino Manfredi. Fa il tassista ed ha gravi problemi economici, così quando trova nel suo taxi due cadaveri e una valigia strapiena di soldi decide di fare qualcosa. Nel cast troviamo tre registi: Wenders nel ruolo di un benzinaio, Fuller in quello di un gangster e Jarmusch è il gestore di un bar. ■ COMMEDIA; COL.; 94′; GERMANIA, 1990.

NAPOLI CHE CANTA – ADDIO MIA BELLA NAPOLI ★★

Regia di MARIO ALMIRANTE. Con GIORGIO CURTI, LILIAN LYLL, ANNA MARI, CARLO TEDESCHI, MALCOLM TODD. ■ Sull'onda del famoso motivo *Addio mia bella Napoli* si intrecciano piccoli e grandi amori. ■ COMMEDIA; B/N; 93′; ITALIA, 1928.

NAPOLI CHE NON MUORE ★★
Regia di AMLETO PALERMI. Con GIANNI AGUS, PAOLA BARBARA, FOSCO GIACHETTI, MARIE GLORY, GIUSEPPE PORELLI, BELLA STARACE SAINATI. ■ Entusiasta di Napoli, una bella inglesina sposa un giovanotto partenopeo. All'inizio l'amore salva tutto, ma dopo un po' le differenze culturali cominciano a pesare, tanto che la ragazza pensa di tornare a casa. Si accorge d'aspettare un bambino, ed è un ottimo motivo per rimanere con il marito. ■ COMMEDIA; B/N; 91′; ITALIA, 1939.

NAPOLI D'ALTRI TEMPI ★★★
Regia di AMLETO PALERMI. Con ELISA CEGANI, VITTORIO DE SICA, MARIA DENIS, EMMA GRAMATICA. ■ Lui è un trovatello, dotato di una bella voce e di talento artistico, ma figlio di ignoti. Lei è la figlia della nobildonna che prende sotto la sua ala protettrice il trovatello canterino e lo aiuta a farsi strada nella vita fino a diventare ricco. Però resta sempre un figlio di ignoti e non può sposare la bella fanciulla di nobili natali. Deve accontentarsi di una ragazza del popolo. ■ COMMEDIA; B/N; 95′; ITALIA, 1938.

NAPOLI È SEMPRE NAPOLI ★★
Regia di ARMANDO FIZZAROTTI. Con RENATO BALDINI, LEA PADOVANI, ACHILLE TOGLIANI. ■ Carmela e Pietro, pescatore, si amano. Lui si indebita fino all'osso e lei, per salvare la situazione, firma un contratto per esibirsi come cantante all'estero. Pietro è convinto che i soldi per pagare i creditori arrivino da un misterioso benefattore finché il parroco non gli svela la verità. Finalmente i due innamorati, liberi da ogni preoccupazione, si sposano. ■ COMMEDIA; B/N; 95′; ITALIA, 1954.

NAPOLI ETERNA CANZONE ★★
Regia di SILVIO SIANO. Con PAOLO CARLINI, ANNA DI LORENZO, MARGABELLA. ■ Un musicista povero ama una ragazza di buona famiglia, ma la madre di lei si oppone. Vinta anche questa resistenza grazie all'aiuto di un vecchio amico di famiglia, arriva un corteggiatore respinto che calunnia la fanciulla. Il compositore, povero ma integerrimo, la abbandona. Per dimenticare, il giovanotto parte per l'America e fa i soldi, intanto l'abbandonata si ammala e sta per morire. La notizia arriva fino al musicista che, ovviamente, torna e fa guarire la ragazza. ■ COMMEDIA; B/N; 90′; ITALIA, 1949.

NAPOLI È TUTTA UNA CANZONE ★
Regia di IGNAZIO FERRONETTI. Con DINA DE SANTIS, PAOLO SARDISCO, ADRIANO VASTO. ■ La cantante Nicoletta, napoletana emigrata, torna alla sua città accompagnata dal suo impresario (e amante) e si innamora del suo primo ragazzo. Ma la professione ha il sopravvento. Nicoletta riparte col suo impresario. ■ COMMEDIA; B/N; 95′; ITALIA, 1959.

NAPOLI: I 5 DELLA SQUADRA SPECIALE ★★
Regia di MARIO BIANCHI. Con RICHARD HARRISON, ENRICO MAISTO, LINA POLITO. ■ Sequestrano a Napoli l'ambasciatore americano. Le autorità mettono insieme una squadra speciale; a comandarla è Borri, un ex commissario che ha un fatto personale contro la camorra. ■ POLIZIESCO; COL.; 92′; ITALIA, 1978.

NAPOLI... LA CAMORRA SFIDA, LA CITTÀ RISPONDE ★★
Regia di ALFONSO BRESCIA. Con BENITO ARTESI, MARIO MEROLA, WALTER RICCIARDI, ANTONIO SABÈTO, LIANA TROUCHÉ. ■ Uno dei film che sfruttano la grande popolarità di Mario Merola, il re delle sceneggiate. Qui interpreta un onesto commerciante che incita i colleghi ad opporsi alle prepotenze della camorra, prima rivolgendosi alla polizia e poi facendo uso delle armi. ■ DRAMMATICO; COL.; 94′; ITALIA, 1979.

♥ NAPOLI MILIONARIA ★★★★
Regia di EDUARDO DE FILIPPO. Con EDUARDO DE FILIPPO, TITINA DE FILIPPO, DELIA SCALA, TOTÒ. ■ La guerra sconvolge profondamente i componenti della famiglia di un povero tranviere il quale, dopo un lungo periodo di prigionia in Germania, torna a casa e non riconosce più i suoi cari. La moglie ha fatto i soldi con la borsa nera, il figlio è un delinquente e la figlia una poco di buono. Quando l'uomo decide di abbandonare tutto, succede qualcosa: si ammala gravemente la figlia più piccola e per salvarla è necessaria la penicillina, che non si trova neppure al mercato nero. Chi procura il prezioso farmaco è proprio uno dei poveracci taglieggiati dalla madre della bimba, che si salva *in extremis*. ■ COMMEDIA; B/N; 102′; ITALIA, 1950.

NAPOLI-PALERMO-NEW YORK, IL TRIANGOLO DELLA CAMORRA ★
Regia di ALFONSO BRESCIA. Con MARIO MEROLA, MASSIMO MOLLICA, LIANA TROUCHÉ. ■ L'ex camorrista Merola, vistosi assassinare la moglie e rapire il figlioletto, si scatena e compie una strage di mafiosi e camorristi. Più poliziesco che sceneggiata. ■ DRAMMATICO; COL.; 95′; ITALIA, 1981.

NAPOLI PIANGE E RIDE ★
Regia di FLAVIO CALZAVARA. Con JULA DE PALMA, VINCENZO MUSOLINO, LUCIANO TAJOLI. ■ Marisa è sposata a Luciano, giovane paralitico, e subisce la corte insidiosa di un impresario teatrale che vorrebbe portarla in tournée all'estero. Per pagare un costoso intervento agli occhi che salverà la vista al marito, Marisa accetta la tournée. ■ COMMEDIA; B/N; 91′; ITALIA, 1954.

NAPOLI... SERENATA CALIBRO 9 ★★
Regia di ALFONSO BRESCIA. Con RITA DE SIMONE, NICK JORDAN, MARIO MEROLA. ■ Mentre Salvatore festeggia la prima comunione del suo bambino, una banda di contrabbandieri gli uccide moglie e figlio. Da quel momento l'uomo vive solo per vendicarsi. Scopre gli assassini, lotta duramente, sta per avere la peggio ma poi la spunta. Infine si costituisce. ■ DRAMMATICO; COL.; 83′; ITALIA, 1978.

NAPOLI SI RIBELLA ★★
Regia di MICHELE MASSIMO TARANTINI. Con ENZO CANNAVALE, ADOLFO LASTRETTI, LUC MERENDA. ■ Un altro violentissimo poliziesco che ha come teatro Napoli (la città dove può succedere tutto). Questa volta il commissario di ferro si chiama Mauri e arriva da Milano. Si impegna in un caso di furto di gioielli, ma poi intuisce che si tratta di una copertura per il traffico di droga. ■ POLIZIESCO; COL.; 95′; ITALIA, 1977.

NAPOLI SOLE MIO ★★
Regia di GIORGIO SIMONELLI. Con MAURIZIO ARENA, TITINA DE FILIPPO, LORELLA DE LUCA, TINA PICA. ■ Lorella, di buona famiglia, si innamora di Michele, poverissimo, e vorrebbe sposarlo. Quando la madre viene a conoscere la condizione del futuro genero si oppone energicamente, ma la giovane fugge col suo innamorato e lo sposa. Michele si afferma come cantante. ■ COMMEDIA; B/N; 90′; ITALIA, 1958.

NAPOLI SPARA ★
Regia di MARIO CAIANO. Con JEFF BLINN, LEONARD MANN, HENRY SILVA, EVELYN STEWART. ■ Il bandito Santoro, forte delle giuste protezioni, taglieggia Napoli. Il commissario Belli è il suo nemico. Riesce a un certo punto a mettere in prigione il bandito, ma le protezioni scattano e Santoro è di nuovo libero. Belli allora prepara una trappola e stavolta il bandito viene neutralizzato. ■ POLIZIESCO; COL.; 93′; ITALIA, 1977.

NAPOLI TERRA D'AMORE *(Naples au baiser de feu)* ★★
Regia di AUGUSTO GENINA. Con VIVIANE ROMANCE, TINO ROSSI, MICHEL SIMON. ■ Un bravo giovane viene irretito da una donna di pochissimi scrupoli che lo trascina da Parigi a Napoli in una vita miserabile. Un amico dell'infelice lo trova e lo convince a ritornare dalla fidanzata aveva abbandonato e lo aspetta. ■ COMMEDIA; B/N; 92′; FRANCIA, 1937.

NAPOLI TERRA D'AMORE ★★
Regia di CAMILLO MASTROCINQUE. Con MARIA FIORE, BENIAMINO MAGGIO, GIACOMO RONDINELLA. ■ Storia di un onesto giovane invischiato da una cantante di night nei giochi della camorra. La fedele fidanzata lo salverà. ■ DRAMMATICO; B/N; 95′; ITALIA, 1954.

NAPOLI VIOLENTA ★★
Regia di UMBERTO LENZI. Con MAURIZIO MERLI, JOHN SAXON, BARRY SULLIVAN, ELIO ZAMUTO. ■ Il commissario Betti cerca di combattere la malavita di Napoli, il cui boss è il fantomatico "O' Generale", protetto da amicizie altolocate. Betti fa progressi, ma

il "Generale" continua ad essere imprendibile. Alla fine il commissario riesce a far scattare una trappola. ■ POLIZIESCO; COL.; 100′; ITALIA, 1976.

NAQOYQATSI ★★
Regia di GODFREY REGGIO. ■ Naqoyqatsi è il terzo episodio della trilogia "Qatsi", iniziata nel 1983 con *Koyaanisqatsi*, e poi proseguita nel 1986 con *Powaqqatsi*. L'ultimo episodio si suddivide in tre momenti: "Numerica.com" che ripercorre l'evoluzione del linguaggio umano, "Circus Maximus", che descrive il competitivo mondo capitalista e "Rocketship 20th Century", sulla velocità. Il tutto per concludere che l'essere umano è in guerra con se stesso (il titolo è una parola degli indiani Hopi che significa più o meno "conflitto") e sta probabilmente perdendo la sua battaglia con l'omologazione. Che Reggio sia un autore interessante e punti sempre a dire qualcosa di non banale sullo "stato del mondo" è fuor di dubbio. Ma il terzo episodio della sua indagine/denuncia sulla contemporaneità convince meno dei precedenti. Il discorso appare più confuso e per certi aspetti retrogrado, con un'esecrazione della tecnologia in toto che lascia piuttosto perplessi. Soprattutto se poi se ne usano i risultati per realizzare la pellicola. Affascinante comunque, ma freddo e qua e là noioso. ■ DOCUMENTARIO; COL.; 89′; USA, 2002.

NARCISO NERO *(Black Narcissus)* ★★★
Regia di MICHAEL POWELL, EMERIC PRESSBURGER. Con DAVID FARRAR, DEBORAH KERR, SABÙ. ■ È la storia di un gruppo di religiose che fondano un centro missionario in Tibet, ma le circostanze avverse fanno naufragare le loro ottime intenzioni. Isolate dal resto del mondo, alle prese con l'ostilità degli indigeni, le suore non resistono e la morte di una di esse le convince ad abbandonare il monastero. ■ DRAMMATICO; COL.; 99′; GRAN BRETAGNA, 1946. ■ OSCAR 2 PR, 2 NOM.

NARCOS ★★
Regia di GIUSEPPE FERRARA. Con J. J. PINERO, ALDO SAMBRELL, ALDO SFORZA. ■ Il cinema d'impegno di Giuseppe Ferrara prosegue per la sua strada, dopo *Cento giorni a Palermo* e *Il caso Moro*. Ambientato in Columbia dove c'è una mafia potentissima in grado di decidere della vita di migliaia di persone. Droga e morte sono le due parole d'ordine e vengono coinvolti in questi traffici alcuni ragazzini che uccidono su commissione chiunque dia fastidio ai boss mafiosi. Jesus e Diego, due di questi ragazzi, sono diventati scomodi perché sono a conoscenza di troppe cose e i loro "superiori" decidono di toglierli di mezzo. ■ DRAMMATICO; COL.; 105′; ITALIA, SPAGNA, 1992.

NARCOTRAFFICO ★★
Regia di RAÚL DE ANDA. Con RODOLFO DE ANDA, JORGE LUKE, ARMANDO SILVESTRE. ■ Un grosso affare di droga ha fruttato cento milioni di dollari. Due poliziotti impavidi e decisi sono sulle tracce del bottino e non esiteranno a percorrere centinaia di miglia pur di recuperarlo e assicurare nelle mani della giustizia i responsabili del mortale traffico. ■ POLIZIESCO; COL.; 90′; MESSICO, 1987.

NASCE UNA STELLA *(Something to Shout About)* ★★★
Regia di GREGORY RATOFF. Con DON AMECHE, JANET BLAIR, JACK OAKIE. ■ Un giornalista di New York scopre in una ragazza di provincia incontrata per caso un autentico talento teatrale. La introduce nell'ambiente, dove la ragazza trova subito un finanziatore che mette in scena un suo spettacolo. Il successo non arriva, soprattutto per l'intervento di una attrice interessata al finanziamento e purtroppo poco dotata. Giornalista e musicista non si perdono d'animo: mettono su uno spettacolo con pochi soldi e trionfano. ■ MUSICAL; B/N; 93′; USA, 1943. ■ OSCAR 2 NOM.

NASCITA DEI BEATLES, LA *(Birth of the Beatles)* ★★
Regia di RICHARD MARQUAND. Con JOHN ALTMAN, ROY CULBERTSON, KENNETH MACKENNA. ■ È la storia dei primi anni della carriera dei quattro cantanti, il fenomeno musicale più clamoroso degli anni Sessanta. Il gruppo partì da Liverpool, ma riuscì a sfondare solo quando Brian Epstein, un negoziante di dischi, divenne il loro manager. Il film si chiude con la prima trionfale tournée negli Usa del complesso. ■ MUSICALE; COL.; 99′; USA, 1979.

NASCITA DELL'AMORE, LA ★★
(La naissance de l'amour)
Regia di PHILIPPE GARREL. Con LOU CASTEL, JEAN-PIERRE LÉAUD, JOHANNA TER STEEGE. ■ Un discreto film, ma non il migliore del regista. Paul, un attore, è sposato con Fanchon e ha dei figli. È però segretamente innamorato di Ulrika, che non lo ricambia. Il suo amico Marcus, uno scrittore, ha invece un buon rapporto con Hélène. Solo quando Marcus viene lasciato dalla sua donna le cose cambiano. ■ COMMEDIA; COL.; 104′; FRANCIA, 1993.

NASCITA DI SALOMÈ, LA ★★
Regia di JEAN CHOUX. Con ARMANDO FALCONI, CONCHITA MONTENEGRO. ■ La fama della bellissima Salomè è tale che il potente re dei Parti offre un immenso territorio in cambio della favolosa moglie del re Aristobulo. Quel che il re dei Parti non sa è che gli anni sono passati anche per Salomè, ormai tranquilla signora di mezza età. Aristobulo, che non vuol perdere l'affare, gli spedisce una delle sue cortigiane, giovane e molto bella, accontentando tutti. ■ COMMEDIA; B/N; 90′; ITALIA, 1940.

NASCITA DI UNA NAZIONE *(The Birth of a Nation)* ★★★★
Regia di DAVID WARK GRIFFITH. Con LILLIAN GISH, MAE MARSH, HENRY B. WALTHALL, VIOLET WILKEY. ■ Tratto dal romanzo (1905) del pastore battista Thomas Dixon, apologia assoluta del Ku Klux Klan, il film porta sul grande schermo la storia della guerra civile americana. La vicenda si snoda attorno a due famiglie amiche che il conflitto mette l'una contro l'altra. Il capofamiglia nordista, Stoneman, è il promotore della legge che, dopo la guerra, renderà liberi gli schiavi, mentre il figlio maggiore dei Cameron, sudisti, collaborerà alla nascita del Ku Klux Klan. Nonostante la discutibile posizione assunta da Griffith nei confronti della popolazione nera americana, *Nascita di una nazione* incontrò un grande successo grazie ad uno stile attento alla psicologia dei personaggi e ad un uso maturo del linguaggio cinematografico (campi totali, dettagli, montaggio alternato). Il film può essere considerato il corrispettivo occidentale della *Corazzata Potemkin*,nonostante l'opposta ideologia cui è ispirato il film di Eisenstein. La critica ha sempre attribuito ad entrambi il massimo dei punti. Per decenni li abbiamo trovati in testa alle classifiche. Si era creato un precedente inamovibile ed eterno. Ci chiediamo se la cristallizzazione abbia sempre ragione di essere. Forse è solo per pigrizia che titoli come questi hanno sempre mantenuto le loro posizioni. È senz'altro vero che non si può, e non si deve, affidare al cinema solo il compimento del grande messaggio umano, ideale e ideologico. È vero che i film valgono soprattutto per la fase strutturale, la potenza della narrazione e per la forza espressiva, ma a parer nostro il contenuto non può valere zero. Può valer poco, non zero. Dunque un interessante esercizio potrebbe essere la rilettura di questi capolavori non solo nel quadro del loro tempo, come si è sempre fatto, ma anche nel quadro del nostro. Il discorso naturalmente può essere esteso. Appena fuori dal "muto" ci sono film supervalutati, che risultano del tutto insopportabili, ci sono film passati inosservati che reggono bene in tutte le strutture. La "Lunga onda media" attuale, che condiziona anche la critica cinematografica, e la consapevolezza che ciò che interessa molti è più importante di ciò che interessa pochi, potrebbero dunque fornire la famosa chiave postuma per dire qualcosa di nuovo sulle eterne cinque stelle di quei film. Tirate tutte le somme la penalizzazione porta a scalare una stella. Dunque il valore di quei titoli non viene stravolto, non viene nemmeno ridimensionato, viene rivisitato. ■ STORICO; B/N; 165′; USA, 1915.

NASCONDIGLIO, IL ★★★
Regia di PUPI AVATI. Con ANGELA GOODWIN, GIOVANNI LOMBARDO RADICE, LAURA MORANTE, ANGELA PAGANO, SYDNE ROME, YVONNE SCIÒ, PETER SODERBERG, RITA TUSHINGHAM, TREAT WILLIAMS, BURT YOUNG. ■ Dopo una malattia mentale, che l'ha costretta per quindici anni in una clinica psichiatrica, una donna di origine italiana recupera la lucidità e la voglia di ricominciare a Davenport, una cittadina tranquilla nello Stato dell'Iowa. Decisa ad avviare un ristorante italiano, affitta il piano terra di Snakes Hall, tetro e cupo edificio in cima a un colle. Co-

struita all'inizio del Novecento da un imprenditore farmaceutico e successivamente trasformata in un gerotrofio, Snakes Hall sembra nascondere dietro le pareti un terribile segreto. La donna, svegliata ogni notte da una voce querula, decide di indagare. Scoprirà molto presto che la casa è stata teatro di crudeli trapassi. Girando *Il nascondiglio*, Pupi Avati torna a compiere un'incursione nel genere praticato all'inizio della carriera con *Balsamus, l'uomo di Satana* e *Thomas*, esordi che avevano sorpreso il cinema italiano e la critica degli anni Sessanta con storie, ambientazioni e modalità narrative inedite. ■ THRILLER, COL; 100'; ITALIA, USA, 2007.

NASCONDIGLIO DEL DIAVOLO, IL *(The cave)* ★★

Regia di BRUCE HUNT. Con MORRIS CHESTNUT, EDDIE CIBRIAN, DANIEL DAE KIM, KIERAN DARCY-SMITH, COLE HAUSER, LENA HEADEY, MARCEL IURES, PIPER PERABO, RICK RAVANELLO, BRIAN STEELE. ■ Romania, monti Carpazi: alla scoperta delle rovine di un'abbazia medievale, costruita dai cavalieri templari, segue il rinvenimento dell'ingresso di uno straordinario sistema di grotte naturali, situato proprio sotto la chiesa. Il sistema di cavità sotterranee, fino a quel momento rimasto sigillato, riveste per la propria vergine vastità un interesse scientifico senza precedenti ■ HORROR; COL.; 97'; GERMANIA, USA, 2005.

NASCONDI LA TUA DONNA, PRENDI IL FUCILE, ARRIVANO GLI SCAVENGERS *(The Scavengers)* ★★

Regia di LEE FROST. Con JONATHAN BLISS, MICHAEL DIKOVA, MARIA LEASE, KODA SPAIN. ■ Per il capitano sudista Steve Harris la guerra di Secessione non è terminata: ha qualche piccola vendetta personale da compiere. Dopo aver assalito una compagnia di soldati, li tortura e violenta le donne al seguito per sapere dove si trovi un ingente quantitativo di denaro. Se non lo fermasse uno dei suoi soldati, che si è accorto finalmente che la guerra è finita da un pezzo, Harris farebbe una strage. ■ WESTERN; COL.; 81'; USA, 1969.

NASCOSTO NEL BUIO *(Hide and Seek)* ★★

Regia di JOHN POLSON. Con DYLAN BAKER, ROBERT DE NIRO, DAKOTA FANNING, AMY IRVING, FAMKE JANSSEN, ROBERT JOHN BURKE, MELISSA LEO, ELISABETH SHUE. ■ Robert De Niro interpreta il ruolo di David, il padre psicologo al quale muore la moglie in circostanze drammatiche, mentre la figlioletta Emily, passa il tempo a dialogare con "Charlie", un personaggio immaginario, forse frutto della sua incipiente schizofrenia. Seguono altre morti in un appartamento che sembra disegnato per far fare palestra a chiunque voglia dirigere un film di spavento. ■ DRAMMATICO; COL.; 100'; USA, 2005.

NASHVILLE ★★★★

Regia di ROBERT ALTMAN. Con BARBARA BAXLEY, KAREN BLACK, KEITH CARRADINE, GERALDINE CHAPLIN, ROBERT DOQUI, ALLEN GARFIELD, HENRY GIBSON, ALLAN NICHOLLS, GWEN WELLES. ■ A Nashville (Tennessee), in occasione del grande festival annuale di musica, convergono molti personaggi sull'onda della loro nevrosi: cantanti di fama, impresari più o meno noti, aspiranti divi, attori del cinema, masse pronte ad applaudire i loro beniamini. Contemporaneamente si svolge la campagna elettorale di un candidato qualunquista in un rigurgito continuo di slogan spesso coperti dal frastuono del viavai, della canzonetta sentimentale. Carrellata ironica e magistrale su una certa America. L'azione dura cinque giorni: nel finale la cantante Barbara Jean viene uccisa tra la folla, mentre la gente continua a cantare *It don't worry me* (Non me la prendo). È ritenuto uno dei capolavori degli anni Settanta. ■ DRAMMATICO; COL.; 159'; USA, 1974. ■ DAVID DI DONATELLO 1 PR, 1 NOM; GOLDEN GLOBES 1 PR, 6 NOM; OSCAR 1 PR, 4 NOM.

NASHVILLE DETECTIVE *(The Concrete Cowboys)* ★★

Regia di BURT KENNEDY. Con CLAUDE ATKINS, MORGAN FAIRCHILD, JERRY REED, TOM SELLECK. ■ Da un treno merci che fa tappa a Nashville scendono due giovanotti animati dallo stesso desiderio di avventura. Una donna, che li prende per detective, li incarica di trovare sua sorella, misteriosamente scomparsa. La coppia di neoinvestigatori accetta il compito, che si rivelerà subito tutt'altro che facile. ■ POLIZIESCO; COL.; 95'; USA, 1979.

NASO DI CANE ★★

Regia di PASQUALE SQUITIERI. Con NANCY BRILLI, CLAUDIA CARDINALE, LUCA DE FILIPPO, RAYMOND PELLEGRIN, DONALD PLEASENCE, YORGO VOYAGIS. ■ Tratto dall'omonimo romanzo di Attilio Veraldi. Ambientato a Roma, l'intreccio parte dall'uccisione di uno spacciatore di droga, che stava cercando di vendere cocaina a una prostituta, ad opera di Ciro detto "Naso di cane". Ci sono bande mafiose in lotta e delle indagini si occupa il commissario Apicella. Il tema principale del film è la droga, ovviamente, ma è ambigua la denuncia che se ne vuole fare. La regia è professionale, ma niente di più. ■ POLIZIESCO; COL.; 120'; ITALIA, 1990.

NASO DI CUOIO – GENTILUOMO D'AMORE ★★
(Nez-de-cuir)

Regia di YVES ALLÉGRET. Con BRIGITTE AUBER, FRANÇOISE DE CRISTOPHE, MARIELLA LOTTI, JEAN MARAIS. ■ Il conte Roger de Tachebray, durante la prima guerra mondiale, ha il naso mozzato da una sciabolata. Grazie a un'operazione e a un naso posticcio, rientra nel gran mondo parigino dove riprende la sua carriera di libertino. Tutte le donne si innamorano di lui: e la bella Judith, respinta, sposa per ripicca un vecchio ricco. Roger le mostrerà allora la sua mutilazione, per spiegarle perché l'ha respinta pur amandola. ■ DRAMMATICO; B/N; 92'; FRANCIA, 1952.

NASTRO BIANCO, IL *(Das Weiße Band)* ★★★

Regia di MICHAEL HANEKE. Con LEONIE BENESCH, CHRISTIAN FRIEDEL, BURGHART KLAUßNER, URSINA LARDI, ULRICH TUKUR. ■ Un villaggio protestante nel Nord della Germania. Anni 1913-1914. La vita si presenta con i ritmi delle stagioni e con la sua monotona ripetitività. Fino a quando accade un fatto inspiegabile: il medico si frattura gravemente una spalla in seguito a una caduta da cavallo dovuta a un filo teso sul suo percorso. A raccontare gli avvenimenti è la voce di un anziano: all'epoca dei fatti era l'istitutore arrivato in loco da un paese non troppo lontano. L'attentato al medico però non resta isolato. Altri eventi si susseguiranno sotto lo sguardo attento e misterioso dei bambini delle varie famiglie. ■ DRAMMATICO; B/N; 144'; AUSTRIA, FRANCIA, GERMANIA, 2009. ■ GOLDEN GLOBES 1 PR.

NATA DI MARZO ★★★

Regia di ANTONIO PIETRANGELI. Con TINA DE MOLA, GABRIELE FERZETTI, JACQUELINE SASSARD, MARIO VALDEMARIN. ■ Sandro è un architetto sulla quarantina e Francesca una ragazza molto più giovane: si sposano. La diversità dei due temperamenti (e di maturità) provoca dissidi e, a lungo andare, la separazione. La ragazza ritrova vecchi amici coetanei e Sandro si intristisce. Si incontrano di nuovo e fingono indifferenza (anzi, dicono di avere un altro compagno), ma poi tornano insieme. ■ COMMEDIA; B/N; 109'; ITALIA, 1957. ■ DAVID DI DONATELLO 1 PR, 1 NOM.

NATA IERI *(Born Yesterday)* ★★★★

Regia di GEORGE CUKOR. Con BRODERICK CRAWFORD, WILLIAM HOLDEN, JUDY HOLLIDAY. ■ Un rozzo e arricchito uomo d'affari è legato sentimentalmente a Billie, una ragazza bella ma ignorante che proviene dall'ambiente del varietà. L'ignoranza e la volgarità di lei sono d'impaccio all'uomo che la affida a un amico colto. Costui le fa leggere dei buoni libri, la istruisce, tira fuori tutto il buono che Billie ha dentro. Risultato: lei si innamora dell'amico e pianta l'amante grossolano. ■ COMMEDIA; B/N; 103'; USA, 1951. ■ OSCAR 1 PR, 5 NOM.

NATA IERI *(Born Yesterday)* ★★

Regia di LUIS MANDOKI. Con JOHN GOODMAN, MELANIE GRIFFITH, DON JOHNSON. ■ Dalla pièce di Garson Canin. Remake del film di George Cukor, con William Holden, Judy Hollyday (premio Oscar) e Broderick Crawford. Il ricco e cafone Harry arriva a Washington accompagnato dalla sua amante Billie. Harry cerca favori politici per i suoi affari e frequenta la società della capitale. Billie, ignorantissima, non è all'altezza. Dunque l'uomo assume Paul, giornalista, per dare lezioni su come stare in società alla donna. Le lezioni funzionano. Billie non solo si emancipa esteriormente, ma capisce tutto, di se stessa e del suo amante. Così gli impartisce una grande lezione di vita: può farlo, lui le ha intestato tutto. Film insignificante, senza un guizzo registico. ■ COMMEDIA; COL.; 100'; USA, 1993.

NATALE A BEVERLY HILLS ★★
Regia NERI PARENTI. Con PAOLO CONTICINI, CHRISTIAN DE SICA, SABRINA FERILLI, MASSIMO GHINI, EMANUELE PROPIZIO. ■ Serena e Marcello sono innamoratissimi e stanno per sposarsi a Beverly Hills dove lui possiede un ristorante. Lei va con le amiche a festeggiare l'addio al celibato. La fanno bere e a sua insaputa finirà nel letto (senza che nulla accada) di Rocco (inibito ex compagno di scuola di Marcello). Rocco si innamorerà di lei e farà di tutto perché il matrimonio non abbia luogo. Anche nel 2009, puntuale come la festività, giunge sugli schermi il "film di Natale". ■ COMMEDIA; COL., ITALIA, USA, 2009.

NATALE AL CAMPO 119 ★★★
Regia di PIETRO FRANCISCI. Con CARLO CAMPANINI, PEPPINO DE FILIPPO, VITTORIO DE SICA, ALDO FABRIZI, MASSIMO GIROTTI, ALBERTO RABAGLIATI. ■ A guerra finita, rimangono dei prigionieri italiani al campo 119 in California. Vi sono rappresentate tutte le regioni d'Italia. In occasione del Natale, gli uomini raccontano con nostalgia episodi della loro vita e delle loro terre, intrecciati a canzoni regionali suonate da un grammofono. Finalmente giunge l'annuncio della liberazione. ■ COMMEDIA; B/N; 85'; ITALIA, 1947.

NATALE A MIAMI ★★
Regia di NERI PARENTI. Con RAFFAELLA BERGÈ, MASSIMO BOLDI, CHRISTIAN DE SICA, MASSIMO GHINI, VANESSA HESSLER, FRANCESCO MANDELLI, PAOLO RUFFINI, GIUSEPPE SANFELICE, CATERINA VERTOVA. ■ Siamo alla vigilia delle vacanze natalizie. Ranuccio (Massimo Boldi), Giorgio (Christian De Sica) e Paolo, figlio di Ranuccio (Francesco Mandelli) hanno in comune un destino sfortunato. Tutti e tre vengono lasciati dalle rispettive mogli e compagne. Tutti e tre cadono nella stessa terribile depressione. Giorgio si appoggia al suo migliore amico Mario (Massimo Ghini), in partenza per Miami per raggiungere la sua ex moglie e le figlie, e decide di raggiungerlo in Florida, dove diverrà oggetto di spudorate seduzioni da parte di Stella, figlia di Mario, da sempre innamorata di lui, intanto Mario dovrà inventarsi mille storie per non far scoprire all'amico un segreto imbarazzante. Ranuccio si unisce a Paolo, in partenza per una eccitante vacanza a Miami con due suoi amici, Diego (Paolo Ruffini) e Lorenzo (Giuseppe Sanfelice). Inadeguato, maldestro e naturalmente propenso a cacciarsi nei guai, Ranuccio riuscirà brillantemente a trasformare in disastro ogni avventura dei tre giovani. Migliore dei due capitoli che l'hanno immediatamente preceduto, *Natale a Miami* sfodera comunque una coppia Boldi-De Sica più affiatata che mai, proprio alla vigilia della separazione. ■ COMICO; COL.; 100'; ITALIA, 2005.

NATALE A NEW YORK ★★
Regia di NERI PARENTI. Con CLAUDIO BISIO, ELISABETTA CANALIS, FABIO DE LUIGI, CHRISTIAN DE SICA, SABRINA FERILLI, MASSIMO GHINI, FRANCESCO MANDELLI, FIORENZA MARCHEGIANI, PAOLO RUFFINI, ALESSANDRO SIANI. ■ Lillo, ex pianista di piano bar, ha sposato una donna ricchissima che lo lega con un contratto matrimoniale che alla prima infedeltà lo rigetterebbe sul lastrico. Ritrova però un giorno Barbara, una vecchia fiamma molto "ruspante" a sua volta legata con un contratto analogo a un marito che cerca, inutilmente, di renderla più raffinata. Il di lei consorte è, vedi caso, l'amante della figlia di Lillo. Si ritrovano ovviamente tutti negli stessi luoghi in quella cittadina dove tutti conoscono tutti che risponde al nome di New York. La Big Apple è anche luogo delle nozze di un aspirante viceprimario che si trova a cercare di coprire la vita sregolata del figlio e del nipote del suo temibile superiore, che li pensa totalmente dediti allo studio. Se la Canalis, come afferma una frase di uso comune «parla come mangia» (cioè non recita) Bisio sta nel film come specchietto per le allodole in un ruolo che avrebbe potuto essere affidato a chiunque e che, speriamo per lui, ha avuto l'unico scopo di aumentare sensibilmente il suo conto in banca. Quanto alla Ferilli, autopromossa come emblema di un sedicente modo progressista di affrontare il cinema nella commedia e non, sembra che sia salita sulla macchina del tempo per tornare all'epoca di *Rimini Rimini*. ■ COMMEDIA, COL.; 95'; ITALIA, 2006.

NATALE A RIO ★★
Regia di NERI PARENTI. Con PAOLO CONTICINI, FABIO DE LUIGI, CHRISTIAN DE SICA, MASSIMO GHINI, MICHELLE HUNZIKER. ■ La ricetta è semplice e quest'anno piuttosto efficace. Si prendono due divorziati (Ghini e De Sica) molto diversi tra loro (uno è un professore di etica e l'altro un palazzinaro) e li si fa finire insieme in vacanza a Rio all'insaputa di tutti. Dei "tutti" fanno parte i reciproci figli i quali, a loro volta mentono ai genitori fingendo di andare in Spagna e recandosi invece a... Rio. Città in cui, vedi caso, si trovano le ex mogli dei due che si sono incontrate nella clinica in cui si sono fatte rifare il seno facendo invece sapere ai familiari di essere altrove. La separazione da Boldi ha fatto un gran bene a De Sica e soci. Ha consentito loro di lavorare su sceneggiature da commedia abbandonando la farsa con caratterizzazioni esasperate. ■ COMMEDIA; COL.; 113'; ITALIA, 2008.

NATALE DI POIROT, IL *(Hercule Poirot's Christmas)* ★★★
Regia di EDWARD BENNETT. Con ANDRÉE BERNARD, AYUB KHAN-DIN, BRIAN GWASPARI, CATHERINE RABETT, VERNON DOBTCHEFF, ERIC CARTE, SCOTT HANDY, PHILIP JACKSON, JOHN HORSLEY, LIESE BENJAMIN, OLGA LOWE, OSCAR PEARCE, SASHA BEHAR, SIMON ROBERTS, DAVID SUCHET. ■ A Natale è usanza che le famiglie si riuniscano davanti a un albero luccicante, ma a volte dietro allo sforzo di apparire amabili si nascondono vecchi odi e rivalità feroci. Tutto comincia in un piccolo paese dell'Inghilterra che il detective Hercule Poirot ha scelto per riposarsi durante il periodo natalizio. Nei paraggi si trova l'abitazione del vecchio e tirannico Simeon Lee, un signorotto di campagna che, per festeggiare il Natale in famiglia, ha voluto attorno a sé figli e nipoti. Ma i rancori di una vita difficilmente scompaiono e a farne le spese è proprio l'anziano patriarca. Poirot indaga. ■ THRILLER; COL.; 110'; GRAN BRETAGNA, 1994.

NATALE DUE VOLTE ★
Regia di MARCO FALAGUASTA. Con NATHALIE CALDONAZZO, VALERIA FABRIZI, FRANCESCA RETTONDINI, FRANCO INTERLENGHI. ■ Tra ironia ed equivoci, si sviluppa la storia di in uomo anziano che vive in campagna e che decide, prima della sua morte, di lasciare tutti i suoi averi ai suoi due nipoti. ■ DRAMMATICO; COL.; 90'; ITALIA, 2004.

NATALE IN AFFITTO *(Surviving Christmas)* ★★
Regia di MIKE MITCHELL. Con BEN AFFLECK, CHRISTINA APPLEGATE, JAMES GANDOLFINI, UDO KIER, BILL MACY, JENNIFER MORRISON. ■ Ben Haffleck nel ruolo di un manager di grande successo. Tutto gli va bene, denaro, relazioni sociali, amore, anzi sesso, ma sente di soffrire di una mancanza importante, un po' di poesia, o di gioco, o di tradizione. È solo, e dunque decide di legittimare la festa del Natale e si cerca una famiglia virtuale con la quale fare ciò che tutti gli esseri umani fanno durante quei giorni. Funziona, meglio del previsto. ■ COMMEDIA; COL.; 91'; USA, 2004.

NATALE IN CASA D'APPUNTAMENTO ★★
Regia di ARMANDO NANNUZZI. Con ERNEST BORGNINE, CORINNE CLÉRY, SILVIA DIONISIO, FRANÇOISE FABIAN. ■ Mira gestisce un giro di ragazze squillo. La donna sta vivendo gli ultimi giorni della sua attività: a Natale si sposerà e si trasferirà in un bell'appartamento. Organizza dunque l'ultima serata delle sue "ragazze", tutto va bene ma poi le dicono al telefono che il suo fidanzato è morto in un incidente. Mira va a piangere nel suo appartamento. ■ DRAMMATICO; B/N; 98'; ITALIA, 1976.

NATALE IN CROCIERA ★★
Regia di NERI PARENTI. Con NANCY BRILLI, FABIO DE LUIGI, CHRISTIAN DE SICA, MICHELLE HUNZIKER, ALESSANDRO SIANI, AIDA YESPICA. ■ Paolo (Christian De Sica) vuole trascorrere del tempo con Magda, la propria amante (Aida Yespica), e con uno stratagemma spedisce la moglie Francesca (Nancy Brilli) e il figlio in montagna. Il tentato suicidio del cognato Felice cambia i piani di Paolo, che lo accompagnerà in crociera ai Caraibi per distrarlo, senza perdere la possibilità di invitare di nascosto anche la giovane Magda. Sulla stessa nave anche Michela (Michelle Hunziker), animalista convinta, e Luigi (Fabio De Luigi), autore del libro *Single è bello*, si incontrano, ignari di cosa li aspetterà duran-

te un matrimonio che si celebrerà proprio in crociera. Neri Parenti riesce ad alternare ovvietà richieste a qualche trovata più interessante (come il personaggio di Fabio De Luigi), lasciando il film all'inerzia nel finale. ■ COMMEDIA; COL.; 106; ITALIA, 2007.

NATALE IN INDIA ★★
Regia di NERI PARENTI. Con BRUNO ARENA, MASSIMO BOLDI, MAX CAVALLARI, CHRISTIAN DE SICA, BIAGIO IZZO, ENZO SALVI. ■ Il giudice Enrico Paci e l'ingegner Fabio De Tassis si conoscono alla nursery nel 1987 dove sembra evidente che, a causa di un blackout, i rispettivi figli maschi sono andati scambiati. Nel 2003 i due si rincontrano casualmente, famiglie al seguito, durante un viaggio in India: Fabio, da sempre un trafficone, sta in realtà sfuggendo ad un'indagine della procura sui suoi loschi affari. Neri Parenti ci sta ormai offrendo la versione 2000 delle vacanze di Vanziniana memoria. Sono però vacanze da esportazione (Olanda, Egitto e ora India). Se i Vanzina erano "collettivi" sfruttando le star televisive e non del momento e affollandole in una località geograficamente meno remota, Parenti è più conservatore. "Squadra che vince non si cambia" sembra pensare. Così si rivolge al duo, oggi sciolto, De Sica-Boldi, si porta in classe turistica i Fichi d'India e Biagio Izzo e il film è già fatto. Bisogna riconoscergli, rispetto al passato, una sempre maggiore attenzione a un intreccio che abbia una sua sostenibilità. Per il resto tutto come al solito. È una riflessione sui costumi degli italiani? Forse. Ai posteri l'ardua sentenza. ■ COMICO; COL.; 96′; ITALIA, 2003.

NATALE IN SUDAFRICA ★
Regia di NERI PARENTI. Con SERENA AUTIERI, CHRISTIAN DE SICA, MASSIMO GHINI, BARBARA TABITA, MAX TORTORA. ■ Carlo, in vacanza in Sudafrica con la seconda moglie Susanna, incontra il fratello minore Giorgio che in passato lo ha truffato e gli ha portato via la moglie Marta. Ora però è Giorgio a trovarsi sul lastrico mentre Carlo si è arricchito. Basta lo spunto. ■ COMMEDIA; COL.; 105′; ITALIA, 2010.

NATALE NEL BOSCO *(Bush Christmas)* ★★
Regia di RALPH SMART. Con HELEN GRIEVE, MORRIS UNICOMB, NICKY YARDLEY. ■ Siamo in Australia, dove il Natale cade d'estate. Tre ragazzi figli di un fattore e un piccolo amico nero incontrano nel bosco alcuni banditi che regalano loro una moneta per ciascuno, raccomandando di non dire a nessuno che li hanno visti. Saranno poi i ragazzi a far arrestare i banditi. ■ AVVENTURA; B/N; 77′; GRAN BRETAGNA, 1945.

NATALE SUL NILO ★★
Regia di NERI PARENTI. Con CHRISTIAN DE SICA, MASSIMO BOLDI, MASSIMILIANO CAVALLARI, ENZO SALVI. ■ Il generale dei carabinieri Enrico Ombroni vuole distogliere la quindicenne figlia Lorella dal suo proposito di diventare una "letterina" e pensa che un viaggio all'estero possa aiutarlo nell'intento. L'avvocato Fabio Ciulla, il cui imbarazzante appeal sulle donne provoca continue liti con la moglie Gianna, è deciso a recuperarne l'affetto anche a costo di recarsi in Egitto dove la consorte è andata a trovare il figlio Marco. Inutile dire che i due si incontreranno e che le cose andranno molto diversamente da quanto preventivato. Nel frattempo due imbranati fratelli hanno la ventura di trovare due anelli magici, di cui uno porta fortuna e l'altro sfortuna. L'ennesimo film natalizio del trio Parenti/Boldi/De Sica. A zavorrare la pellicola gag più riciclate del solito, ritmo blando e un Boldi evidentemente svogliato. Le (poche) risate dipendono più che altro dai Fichi d'India. Comunque da culto trash l'apparizione di Maria De Filippi. ■ COMICO; COL.; 107′; ITALIA, 2002.

NATA LIBERA *(Born Free)* ★★★
Regia di JAMES HILL. Con OMAR CHAMBATI, GEOFFREY KEEN, PETER LUKOYE, VIRGINIA MCKENNA, BILL TRAVERS. ■ George Adamson fa la guardia in un parco naturale in Kenya: un giorno si porta a casa i tre cuccioli di un leone che ha dovuto abbattere. Una piccola leonessa si affeziona a George e a sua moglie tanto che, riportata nell'ambiente naturale, continuerà a restare amica dei suoi antichi padroni. ■ AVVENTURA; B/N; 93′; GRAN BRETAGNA, 1965. ■ OSCAR 2 PR, 2 NOM.

NATA PER DANZARE *(Born to Dance)* ★★★
Regia di ROY DEL RUTH. Con ELEANOR POWELL, JAMES STEWART. ■ Una ballerina è convinta di avere talento e attende con impazienza la grande occasione per sfondare, nonostante le perplessità del fidanzato. Un impresario, disperato per l'abbandono di una "stella" mentre sta allestendo un fastoso spettacolo, convoca la ragazza. Così inizia la sua brillante carriera. ■ COMM. MUSICALE; B/N; 108′; USA, 1936. ■ OSCAR 2 NOM.

NATA PER VINCERE *(Raise Your Voice)* ★
Regia di SEAN MCNAMARA. Con JOHN CORBETT, DANA DAVIS, REBECCA DE MORNAY, KAT DENNINGS, HILARY DUFF, OLIVER JAMES, DAVID KEITH, JOHNNY LEWIS, LAUREN C. MAYHEW, JASON RITTER, RITA WILSON. ■ Terry Fletcher è una ragazzina di provincia che sogna di diventare una cantante. Per realizzare il suo sogno, il passo obbligato da compiere è riuscire a superare le selezioni per il Bristol Hillman Conservatory di Los Angeles, il corso di musica più prestigioso che si tiene durante l'estate. Terry riuscirà a superare le selezioni grazie anche all'aiuto del fratello Paul, ma lungo la sua strada dovrà superare numerosi ostacoli tra cui l'opposizione totale del padre, un lutto familiare che la segnerà profondamente, il rapporto con i suoi insegnanti e con i suoi coetanei, il blocco creativo che sopraggiunge tutte le volte che si trova a esibirsi di fronte al pubblico. ■ DRAMMATICO; COL.; 103′; USA, 2004.

NATASCIA *(Frontovye Podrugi)* ★★
Regia di VIKTOR EISYMONT. Con ANDREJ ABRIKOSOV, K. ADASEVSKIJ, ZOI FEDOROVA, JURIJ TOLUBEEV, OLEG ZAKOV. ■ Una giovane russa entra volontaria nella Croce Rossa durante la guerra e compie il suo dovere umanitario. Quando scopre che il suo innamorato è morto in combattimento, si butta in una missione bellica rischiando la vita. Ma lo ritrova vivo, con sua grande gioia. ■ DRAMMATICO; B/N; 91′; URSS, 1941.

NATASCIA – L'INCENDIO DI MOSCA (GUERRA E PACE) *(Voina i mir I e II)* ★★★
Regia di SERGEJ FYODOROVICH BONDARCUK. Con SERGEJ BONDARCUK, LJUDMILA SAVEL'EVA, VIACESLAV TIKHONOV. ■ Film tratto fedelmente dal romanzo *Guerra e pace* di Tolstoj e diviso in due parti. Nella prima la crisi morale e personale di Andrej Bolkonskij, la sua amicizia con Pierre Bezukov e l'amore per Natascia Rostov. Nella seconda, con scene di massa, l'invasione napoleonica, la battaglia di Borodino e l'incendio di Mosca (1812). Andrej muore assistito da Natascia. Spettacolare kolossal con grandissime scene corali. ■ DRAMMATICO; COL.; 263′; URSS, 1965. ■ OSCAR 1 PR, 1 NOM.

NATHALIE *(L'homme au chapeau rond)* ★★★
Regia di PIERRE BILLON. Con MICHELINE BOUDET, GISÈLE CASADESUS, AIMÉ CLARIOND, RAIMU, LOUIS SEIGNER. ■ Un uomo è fisicamente sgradevole ed è continuamente deluso dalle donne. Un suo amico è l'esatto opposto: un farfallone superficiale ma gradito all'altro sesso. Quando il primo cerca disperatamente di uscire dai suoi panni non ce la fa proprio. ■ COMMEDIA; B/N; 95′; FRANCIA, 1946.

NATHALIE ★★
Regia di CHRISTIAN-JAQUE. Con MISCHA AUER, MARTINE CAROL, PHILIPPE CLAY, LISE DELAMARE, MICHEL PICCOLI. ■ Nathalie è un'indossatrice abilissima, capace di risolvere a suo favore anche le situazioni più disperate. Viene in possesso di una preziosissima spilla e la difende da ladri e assassini. Alla fine sposa un poliziotto. ■ COMMEDIA; B/N; 95′; FRANCIA, 1955.

NATHALIE ★★
Regia di ANNE FONTAINE. Con FANNY ARDANT, EMMANUELLE BÉART, GÉRARD DEPARDIEU. ■ Catherine è una donna che scopre che il proprio matrimonio è irrimediabilmente in crisi. Il marito Bernard infatti la tradisce periodicamente. Per metterlo alla prova, Catherine incontra Nathalie (il cui vero nome è Marlene), una entraîneuse, per convincerla a corteggiarlo e sedurlo, in una totale perversione d'amore. Nathalie trasmetterà a Catherine, con i racconti degli incontri con Bernard, la passione ormai svanita dal legame coniugale. *Nathalie* è una perversione d'amore gridata, mai sottile, vissuta nei dettagli descritti dalle esplicite parole della bella e giovane donna. Questo elemento è il punto di forza e di debolezza del film. La freddezza delle emozioni, trasmesse con

convinzione dalla nuovamente affascinante Béart, rende il film a tratti cerebrale, figlio di quell'amore parlato, caratteristico del cinema transalpino. ■ DRAMMATICO; COL.; 105′; FRANCIA, SPAGNA, 2004.

NATHAN E SUO FIGLIO *(Sounder Part Two)* ★★★
Regia di WILLIAM A. GRAHAM. Con ANNAZETTE CHASE, HAROLD SYLVESTER, EBONY WRIGHT. ■ È il seguito di un film che negli anni Settanta ebbe molto successo in America: *Sounder*, la saga di una famiglia di orgogliosi agricoltori neri durante la Grande Depressione degli anni Trenta. Nel seguito, Nathan, la moglie e una maestrina si battono perché i figli possano andare a scuola e finire di essere, da adulti, cittadini di serie C. ■ DRAMMATICO; COL.; 91′; USA, 1976.

NATI CON LA CAMICIA ★★
Regia di E. B. CLUCHER. Con BUFFY DEE, TERENCE HILL, BUD SPENCER. ■ Doug e Rosco, un ex detenuto e un ventriloquo giramondo, vengono scambiati per agenti della Cia, e viene loro affidata una pericolosa missione. I due si gettano nella mischia e riescono a sbaragliare il solito folle che vuole conquistare il mondo. Piedone e Trinità tornano dopo 13 anni sotto la regia di Barboni, che li aveva lanciati negli anni Settanta. ■ AVVENTURA; COL.; 100′; ITALIA, 1983.

NATIONAL LAMPOON'S CHRISTMAS VACATION ★★
Regia di JEREMIAH S. CHECHIK. Con CHEVY CHASE, BEVERLY D'ANGELO, DIANE LANE, RANDY QUAID. ■ Ritroviamo la solita famiglia Griswold, capitanata dall'originale capofamiglia. La situazione è questa: stanno per invadere la casa, dato che siamo durante le festività natalizie, tutti i parenti (compreso uno strano zio) e i protagonisti sono decisi ad accoglierlo in una maniera incredibile. Ecco, quest'ultima è la parola chiave di come andranno le cose. Solo per chi riesce a sopportare il tipo di comicità di Chevy Chase, anche se in questo caso è già meglio del solito. ■ COMMEDIA; COL.; 97′; USA, 1989.

NATIONAL LAMPOON'S VACATION ★★
Regia di HAROLD RAMIS. Con CHEVY CHASE, IMOGENE COCA, BEVERLY D'ANGELO, RANDY QUAID. ■ Un'allegra famigliola, papà, mamma e due bambini, parte alla volta del parco di divertimenti di Walley World, ma quella che doveva essere una bella vacanza si trasforma in una serie di tragicomiche disavventure. Giunti finalmente alla meta, i nostri eroi scoprono che il luna park è chiuso per restauri e, ormai esasperati, lo fanno riaprire sotto la minaccia delle armi. ■ COMMEDIA; COL.; 98′; USA, 1983.

NATIONAL SECURITY ★
Regia di DENNIS DUGAN. Con BILL DUKE, MARTIN LAWRENCE, ERIC ROBERTS, STEVE ZAHN. ■ Hank Rafferty ha visto morire il proprio compagno di squadra durante un'azione. Il distretto non gli affida il caso che consentirebbe al nostro di acciuffare i colpevoli, perciò Rafferty è costretto a tornare di pattuglia per le strade della città da solo. Si imbatte così in Earl Montgomery (Martin Lawrence), appena cacciato dall'accademia di polizia per le sue trovate poco ortodosse. Si forma così la solita coppia di sbirri che combattono tra di loro piuttosto che contro i criminali. Solo che dovrebbero anche far ridere mentre Martin Lawrence fa rimpiangere anche il peggior Eddie Murphy. ■ COMMEDIA; COL.; 88′; USA, 2003.

NATI PER UCCIDERE *(Resort to Kill)* ★
Regia di DANIEL A. NEIRA. Con SONNY J. J. CHIBA, MEG FOSTER. ■ Tra combattimenti spaventosi e paesaggi caraibici, un poliziotto americano e uno giapponese affrontano un trafficante di droga interessato a produrre una sostanza che può trasformare i suoi uomini in assassini invincibili. ■ POLIZIESCO; COL.; 90′; USA, 1992.

NATI STANCHI ★
Regia di DOMINICK TAMBASCO. Con STEFANIA BONAFEDE, MARICA COCO, SALVO FICARRA, VALENTINO PICONE. ■ Siamo in Sicilia. Due ragazzi, come quasi tutti i ragazzi siciliani, non hanno lavoro. L'intenzione (fasulla) sarebbe quella di procurarsene uno. Ma la pigrizia è tanta. Però, per salvare la faccia occorre almeno partecipare a concorsi e selezioni. Il modo di farsi bocciare lo si trova sempre. Ficarra & Picone sono i comici di matrice televisiva lanciati dall'Ottavo nano e da Zelig. La nostra posizione rispetto all'ingerenza televisiva è nota. ■ COMICO; COL.; 90′; ITALIA, 2002.

NATIVE ★
Regia di JOHN REAL. Con ANDREA GALATÀ, DORIANA LA FAUCI, ALESSIA LEONE, NELA LUCIC, GIOVANNA MANDALARI. ■ Tornata al paese natale per dirigere una clinica psichiatrica, Michela si trova presto in un mondo dai contorni sfumati dal quale emerge lentamente l'ombra del passato. Mentre il marito Andrea cerca di non preoccuparla, una sensitiva le fa scoprire un'inquietante verità: una "nativa" – donna dall'aspetto normale, ma dagli straordinari poteri malefici – sta cercando di prendere la sua anima. Per impedirlo la giovane dottoressa dovrà scoprire dietro a quale volto si nasconde la terribile creatura e sconfiggerla. Al ritorno a casa corrisponde una resa dei conti con la propria storia personale. ■ THRILLER; COL.; 98′; ITALIA, 2011.

NATIVITY *(The Nativity Story)* ★★★
Regia di CATHERINE HARDWICKE. Con SHOHREH AGHDASHLOO, KEISHA CASTLE-HUGHES, ERIQ EBOUANEY, CIARÁN HINDS, OSCAR ISAAC, MATT PATRESI, TED RUSOFF, SHAUN TOUB. ■ Come era accaduto con la *Passione* di Gibson, occorre partire da una premessa: non si può non rilevare, per un film del genere, un pregiudizio iniziale, quello del credente o del non credente. Un cattolico è affezionato alla storia della Natività, dunque parte da un approccio sentimentale e positivo. Solo che l'approccio, a poco a poco, sfuma. Il film di Catherine Hardwicke, riprendendo una storia mille volte raccontata, avrebbe dovuto apportare qualche evoluzione, qualche novità sul piano dell'emozione e dell'incanto. Ma non accade. C'è, certamente, una grande attenzione alle Scritture, c'è anche uno sforzo di rappresentazione reale di quel tempo, i gesti, i costumi, le case, i templi, ma tutto rallenta nel calligrafico e nel didascalico. Tutto ruota intorno a Maria. Le dà corpo e volto Keisha Castle-Hughes, una sorta di brutta copia di Olivia Hussey. Senza la bellezza e la mistica del modello di Zeffirelli. La scelta realistica della produzione ha naturalmente una ragione: Maria era una popolana, una "umile", ma Keisha va troppo "a togliere", sorride solo dopo il parto, è quasi antipatica. E Maria, quella vera, certo non era "una qualunque". Suggestivo ed efficace Erode grazie a Ciaran Hinds (*Munich*, *Road to Perdition*). Simpatici e un po' grotteschi i Re Magi. Centrato Giuseppe, tormentato, ma forte e buono. L'attore è Oscar Isaac. La Hardwicke cerca di inserire movimento dove può, e anche un po' di violenza, nella strage dei bambini. Bella la scena del parto. Forse l'unica emozione arriva da lì. Certo il film è benemerito. È un promemoria di cui (molti) sentiamo il bisogno. È un bene che sia stato fatto. Tre stelle, per "sentimento". ■ DRAMMATICO; COL.; 101′; USA, 2006.

NATO CON LA CAMICIA *(Three on a Spree)* ★★
Regia di SIDNEY J. FURIE. Con COLIN GORDON, RENÉE HOUSTON, CAROLE LESLEY, JOHN SLATER, JACK WATLING. ■ Michael Brewster deve spendere un milione di sterline entro un certo periodo di tempo come clausola per entrare in possesso di una grossa eredità. Più egli tenta di spendere i soldi, più questi gli rientrano in tasca moltiplicati. Apre una società che tenta di far fallire, ma l'impresa gli rende denaro. Finalmente riesce a rimanere al verde e diventa così ricchissimo. ■ COMMEDIA; B/N; 83′; GRAN BRETAGNA, 1961.

NATO IL 4 LUGLIO *(Born on the Fourth of July)* ★★★🏆
Regia di OLIVER STONE. Con TOM CRUISE, WILLEM DAFOE, KYRA SEDGWICK. ■ È la storia di Ron Kovic, ridotto sulla sedia a rotelle dopo aver combattuto in Vietnam, che ha scritto la sua esperienza in un libro da cui Stone ha tratto questo film. Se all'inizio il ragazzo è fiero del suo paese ed è felice di andare in guerra, quando vedrà al ritorno l'indifferenza generale perderà le illusioni e diverrà pacifista. Molto diverso e più riuscito dell'ultrapremiato *Platoon*, è un discorso più ampio sull'America e non è circoscritto solo alla guerra in Vietnam. Segna la prima interpretazione matura di Cruise, dopo qualche buon segnale avuto in *Rain Man*. Oscar al regista. ■ DRAMMATICO; COL.; 144′; USA, 1989. ■ GOLDEN GLOBES 🏆 4 PR, 5 NOM; OSCAR 🏆 2 PR, 8 NOM.

NATO PER UCCIDERE ★★
Regia di ANTONIO MOLLICA. Con FEMI BENUSSI, ALDO BERTI, TOM FELLEGHY, FRANCO GULÈ, GORDON MITCHELL, ANGELA PORTALURI. ■ Due banditi hanno instaurato un regime di terrore tra gli abitanti di una cittadina del West. Arriva il pistolero Roose che li fa fuori. ■ WESTERN; COL.; 95'; ITALIA, 1967.

NATO PER VINCERE *(The Boy in Blue)* ★★
Regia di CHARLES JARROTT. Con NICOLAS CAGE, CHRISTOPHER PLUMMER. ■ Classica storia di uno sbandato, in questo caso contrabbandiere con l'hobby del canottaggio, che viene scoperto da un esperto in talenti. Fa diverse gare sportive fino al successo completo. Niente, a parte la curiosità di veder recitare Cage in una delle sue prime prove cinematografiche. ■ DRAMMATICO; COL.; 93'; USA, 1985.

NATURA AMBIGUA DELL'AMORE, LA ★★★
(Love & Humans Remains)
Regia di DENYS ARCAND. Con CAMERON BANCROFF, THOMAS GIBSON, RUTH MARSHALL. ■ Presentato alla Mostra di Venezia e tratto da una commedia di Brad Fraser. Il regista canadese de *Il declino dell'impero americano* ha ambientato anche il nuovo film a Montreal. Un giallo minimalista ed esistenziale. Un omicida seriale sta terrorizzando la città. Nel frattempo le vite di alcuni giovani proseguono, tra problemi sentimentali e sessuali. Troviamo un attore omosessuale incapace di provare sentimenti; la donna con cui vive che ha rapporti sia omo che etero; un giovane che sta scoprendo la propria sessualità; una prostituta con capacità medianiche; un dongiovanni senza scrupoli. Tra loro forse c'è l'assassino. Divertente e ben recitato, può definirsi riuscito. Il tema scabroso viene trattato coi guanti e non cade nel cattivo gusto. ■ THRILLER; COL.; 110'; CANADA, 1994.

NATURA CONTRO ★
Regia di ANTONIO CLIMATI. Con FABRIZIO MERLO, MARCO MERLO. ■ Quattro giovani avventurosi e un piccolo idrovolante sono i protagonisti della storia, che li vedrà tentare la scoperta della natura e della cultura amazzonica. ■ AVVENTURA; COL.; 90'; ITALIA, 1988.

NATURICH, LA MOGLIE INDIANA *(The Squaw Man)* ★★
Regia di CECIL B. DE MILLE. Con WARNER BAXTER, ELEANOR BOARDMAN, LUPE VELEZ. ■ Uno dei primi western parlati di De Mille. È la storia di una donna indiana amata da un bianco. ■ WESTERN; B/N; 106'; USA, 1931.

NATURAL CITY ★★
Regia di AMIN BYUNG-CHEON. Con YOON CHAN, UM CHUNNAE, JUNG DOO-HONG, YOON EUN-PYO, SHIN GU, LEE JAE-EUN, YOO JI-TAE. ■ R è un ottimo poliziotto che ha però loschi traffici di chip di cyborg scaduti. R ha bisogno di soldi per pagare Gyro, malefico dottore che fa esperimenti sui cyborg, affinché trovi il modo di salvare l'amata Ria dall'ineluttabile rottamazione. Il modo c'è, ma non è indolore: bisogna sacrificare la teppistella Syon, geneticamente compatibile con Ria. Accade però che Syon sia compatibile anche con Cyper, micidiale modello di cyborg da combattimento anch'egli alla disperata ricerca di un modo per allungarsi la vita. Le atmosfere del film sono di indubbio fascino, e piuttosto originali e credibili anche gli effetti speciali. Purtroppo, le note dolenti sono quelle di gran parte della produzione orientale: colonna sonora insostenibile; personaggi che sono macchiette (R dovrebbe essere un Deckard col fascino di Humphrey Bogart, ma risulta perlopiù un demente); e soprattutto un finale che racconta in 40 minuti ciò che in tempo reale accade in 5 minuti, saturo di svenevolezze strappalacrime oltre l'umana tolleranza. ■ FANTASCIENZA; COL.; COREA DEL SUD, 2003.

NAUFRAGHI, I ★★
Regia di GABRIEL RETES. Con JOSÉ GARRIDO, GONZALO LORA, IGNACIO RETES, TINA ROMERO. ■ Siamo nel 1800. Un vascello con a bordo alcuni passeggeri e un prezioso carico viene affondato dal pirata Thompson. I pochi sopravvissuti riescono a raggiungere un'isoletta deserta, ma nemmeno il forzato isolamento riesce a risparmiarli dalla crudeltà del loro nemico. ■ AVVENTURA; COL.; 100'; MESSICO, USA, 1985.

NAUFRAGHI SOTTO COSTA ★★
Regia di MARCO COLLI. Con SABRINA FERILLI, TONY PALAZZO, CLAUDIO SPADARO. ■ Siamo su di un'isola nei pressi di Marsala. Qui abitano il custode di un museo fenicio e sua figlia. C'è poi un delinquente evaso dal carcere e deciso a sottrarre al museo una preziosa statua. Il tutto termina in tragedia. ■ DRAMMATICO; COL.; 81'; ITALIA, 1992.

NAUFRAGIO *(San Demetrio, London)* ★★
Regia di CHARLES FREND. Con WALTER FITZGERALD, MERVYN JOHNS, RALPH MICHAEL. ■ Cronaca del salvataggio di una petroliera, colpita da una cannonata. ■ AVVENTURA; B/N; 105'; GRAN BRETAGNA, 1943.

NAUFRAGIO DELL'HESPERUS, IL ★★
(The Wreck of the Hesperus)
Regia di JOHN HOFFMAN. Con EDGAR BUCHANAN, WILLARD PARKER, PATRICIA WHITE. ■ Un tipo spregiudicato, un certo Lockhardt, mette su un'impresa di recupero di navi affondate. Gli si associa un ex comandante di nave, il quale, dedicatosi al recupero dell'*Hesperus* in cui sono morti suo fratello e la nipotina, scopre che il naufragio fu provocato proprio da Lockhardt. ■ AVVENTURA; B/N; 70'; USA, 1948.

NAUFRAGO, IL *(The Cheaters)* ★★
Regia di JOSEPH KANE. Con BILLIE BURKE, ONA MUNSON, EUGENE PALLETTE, JOSEPH SCHILDKRAUT. ■ Commediola natalizia, dove in una casa di borghesi un po' avidi arrivano (a far del bene) un vagabondo alcolizzato (ma di cuor d'oro) e una matura attrice, erede senza saperlo di una grossa sostanza. I borghesi la ospitano perché sperano di metter le mani sull'eredità (il defunto era loro parente). E l'attrice li accontenta in cambio di un po' di calore natalizio. ■ COMMEDIA; B/N; 87'; USA, 1945.

NAUFRAGO DEL PACIFICO, IL ★★
Regia di JEFF MUSSO. Con GEORGES MARCHAL, NADIA MARLOWA, MAURO SAMBUCINI, AMEDEO TRILLI. ■ È il famoso "Robinson Crusoe". L'intraprendente Robinson, dopo una serie di avventure di mare, scampa al naufragio della nave su cui è imbarcato e ripara su un'isola deserta, dove vive solo per anni. Infine, dopo aver incontrato un selvaggio cui dà il nome di Venerdì, arriverà una nave a salvarlo. ■ AVVENTURA; B/N; 94'; ITALIA, 1951.

NAUSICAA OF THE VALLEY OF WIND ★★★★
(Kaze no tani no Naushika)
Regia di HAYAO MIYAZAKI. ■ Uno dei più grandi successi di Miyazaki, sia per popolarità che per incassi. Il film mostra la Terra nel futuro, dopo le terribili guerre che l'hanno devastata (in questo il plot di partenza è molto simile alla serie animata *Conan ragazzo del futuro*) e che hanno dato vita a una giungla tossica che copre quasi tutto il pianeta, eccetto alcune "isole felici". In una di queste "isole" vive Nausicaa, principessa della Valle del vento. L'eroina si trova in mezzo ad una guerra combattuta tra due imperi nemici che mettono a repentaglio l'esistenza della Valle del vento e il futuro della terra. Coinvolgente, emozionante, struggente in molti momenti, *Nausicaa* è il più famoso film del regista e in esso troviamo tutte le tematiche a lui più care: dai temi naturalistici ed ambientalisti, alla critica del progresso senza freni, all'antimilitarismo più tenace e convinto. Pietra miliare dell'animazione giapponese. ■ ANIMAZIONE; COL.; 116'; GIAPPONE, 1984.

NAUTA ★★
Regia di GUIDO PAPPADA'. Con MASSIMO ANDREI, DAVID COCO, ELENA DI CIOCCIO, PAOLO MAZZARELLI, LUCA WARD. ■ Bruno insegna antropologia in un'università del Sud Italia, dove cerca di spiegare ai suoi studenti i principi dell'armonia dell'universo secondo le filosofie orientali, anche se, da quando è stato lasciato dalla moglie, è la sua serenità interiore il problema che più lo tormenta. Una sera, riceve una telefonata da un suo vecchio amico che gli racconta concitato di aver assistito a uno straordinario fenomeno naturale sull'arcipelago di La Galite, in mezzo al Mediterraneo. Determinato ad appigliarsi allo studio del fenomeno per risollevarsi dalla sua crisi personale, Bruno riesce ad ottenere i finanziamenti pubblici per la ricerca e a mettere assieme una squadra con cui partire via mare: il capitano Davide, il marinaio Max, l'esperto esploratore Lorenzo e Laura, una giovane biologa

cocainomane e raccomandata che saprà agitare gli equilibri dell'imbarcazione. ■ DRAMMATICO; COL.; 87'; ITALIA, 2010.

NAVAJO JOE ★★
Regia di SERGIO CORBUCCI. Con NICOLETTA MACHIAVELLI, FERNANDO REY, BURT REYNOLDS, ALDO SANBRELL. ■ Due crudeli banditi, con la loro banda, uccidono i pellerossa e vendono gli scalpi al villaggio. Da tempo l'indiano Navajo Joe è sulle loro tracce: si mette contro i fuorilegge, ma viene preso e torturato. Le ragazze del saloon lo liberano e questa volta Joe ce la fa a sgominare la banda, sebbene a prezzo della vita. ■ WESTERN; COL.; 93'; ITALIA, 1966.

NAVE BIANCA, LA ★★★
Regia di ROBERTO ROSSELLINI. ■ Una nave di guerra viene colpita da un cannone nemico. La nave bianca, ospedale galleggiante, la soccorre. Film che unisce momenti del conflitto ad altri di finzione. ■ GUERRA; B/N; 83'; ITALIA, 1941.

NAVE DEI DANNATI, LA ★★
Regia di DINU COCEA. Con MARGA BARBU, GEORGE CONSTANTIN, EMANOIL PETRUT. ■ La storia si riferisce alla lotta dei patrioti rumeni contro i turchi e i governi locali sostenitori degli invasori (sec. XVII). Un tirannello decide di regalare dei bambini al sultano per ingraziarselo e li carica su una nave. Un patriota li salva e distrugge la nave. ■ AVVENTURA; COL.; 92'; ROMANIA, 1969.

NAVE DEI DANNATI – IL VIAGGIO DEI DANNATI, LA *(Voyage of the Damned)* ★★★
Regia di STUART ROSENBERG. Con FAYE DUNAWAY, BEN GAZZARA, LEE GRANT, JAMES MASON, MALCOLM MCDOWELL, KATHARINE ROSS, MAX VON SIDOW, ORSON WELLES, OSKAR WERNER. ■ Tratto dal libro omonimo di Gordon Thomas e Max Morgan Vitts, il film narra la vicenda (vera) della *St. Louis*, la nave partita da Amburgo nel maggio del 1939 per portare in esilio politico un migliaio di ebrei. Cuba nega il permesso di sbarco e così gli Usa. La nave torna verso l'Europa e, dopo enormi sforzi, il comandante ottiene il permesso di far sbarcare gli ebrei ad Anversa. ■ DRAMMATICO; COL.; 125'; GRAN BRETAGNA, 1976. ■ GOLDEN GLOBES 1 PR, 5 NOM; OSCAR 3 NOM.

NAVE DEI FOLLI, LA *(Ship of Fools)* ★★★★
Regia di STANLEY KRAMER. Con ELIZABETH ASHLEY, MICHAEL DUNN, JOSÉ FERRER, JOSÉ GRECI, CHARLES KORVIN, VIVIEN LEIGH, LEE MARVIN, GEORGE SEGAL, SIMONE SIGNORET, OSKAR WERNER. ■ Il film è tratto dal romanzo-fiume di Katherine Ann Porter. Si svolge in 27 giorni, il tempo che una nave tedesca impiega a fare una traversata. Agosto 1931: il nazismo si profila all'orizzonte, i passeggeri della nave vivono le loro storie private. ■ DRAMMATICO; B/N; 149'; USA, 1965. ■ OSCAR 2 PR, 8 NOM.

NAVE DEI MOSTRI, LA *(La nave de los monstruos)* ★
Regia di ROGELIO A. GONZALES. Con ANA BERTHA LEPE, LALO GONZALES. ■ Due donne e un robot, in viaggio interplanetario alla ricerca di un maschio che dovrà dare l'inizio a una nuova stirpe, per un'avaria devono atterrare in un villaggio del Messico. Entrambe si innamorano di un contadino spaccone e briccone. Meglio un uomo in carne e ossa che il robot. ■ FANTASCIENZA; B/N; 92'; MESSICO, 1960.

NAVE DEL DIAVOLO, LA *(Devil-Ship Pirates)* ★★
Regia di DON SHARP. Con JOHN CAIRNEY, ANDREW KEIR, CHRISTOPHER LEE. ■ Ai tempi dell'Invincibile Armada, un capitano spagnolo sbarcato in Cornovaglia conquista un villaggio. Ripartendo, egli vuole portare via delle ragazze inglesi, ma il suo piano viene sventato da Manuel che fa saltare la nave. ■ AVVENTURA; COL.; 96'; GRAN BRETAGNA, 1963.

NAVE DELLA MORTE – PALOMA NERA, LA *(Follow the Boys)* ★
Regia di EDDIE SUTHERLAND. Con MARLENE DIETRICH, W. C. FIELDS, JEANETTE MACDONALD, MARIA MONTEZ, GEORGE RAFT, DINAH SHORE, ORSON WELLES, VERA ZORINA. ■ I titoli italiani sono da dimenticare. Trasmesso su RaiTre sottotitolato, ha mantenuto il titolo originale che significa *Seguite i ragazzi*. Un ballerino che voleva andare in guerra si adatta a organizzare intrattenimenti per le truppe. Molti vi partecipano, da W. C. Fields all'accoppiata Welles-Dietrich. A parte qualche raro momento curioso il film è noioso. ■ COMM. MUSICALE; B/N; 110'; USA, 1944. ■ OSCAR 1 NOM.

NAVE DELLE DONNE MALEDETTE, LA ★★
Regia di RAFFAELLO MATARAZZO. Con KERIMA, ETTORE MANNI, TANIA WEBER. ■ Consuelo prende il posto di Isabella che ha commesso un infanticidio e viene condannata alla deportazione con altre donne nelle colonie americane. Sulla nave delle disgraziate si imbarca un avvocato che si propone di scoprire la verità; intanto le deportate si ammutinano. ■ DRAMMATICO; COL.; 95'; ITALIA, 1953.

NAVE DI SATANA, LA *(Dante's Inferno)* ★★★
Regia di HARRY LACHMAN. Con RITA HAYWORTH, SPENCER TRACY, CLAIRE TREVOR, HENRY WALTHALL. ■ Un giovane ambizioso viene assunto dal proprietario di un baraccone da Luna Park che rappresenta l'inferno dantesco e – passando sopra a ogni sentimento – diventa un boss della fiera. Apre un bordello alloggiato su una nave, ma la nave va in fiamme. Si prodiga a salvare i passeggeri e si ravvede. ■ DRAMMATICO; B/N; 88'; USA, 1935.

NAVE DOLCE, LA ★★★
Regia di DANIELE VICARI. Con ROBERT BUDINA, KLEDI KADIU, EVA KARAFILI, HALIM MILAQI, AGRON SULA. ■ L'8 agosto 1991, una nave albanese, carica di ventimila persone, giunge nel porto di Bari. La nave si chiama Vlora. A chi la guarda avvicinarsi appare come un formicaio brulicante, un groviglio indistinto di corpi aggrappati gli uni agli altri. Le operazioni di attracco sono difficili, qualcuno si butta in mare per raggiungere la terraferma a nuoto, molti urlano in coro "Italia, Italia" facendo il segno di vittoria con le dita. La Vlora è un vecchio e malandato mercantile costruito all'inizio degli anni Sessanta a Genova. Il 7 agosto 1991 la nave, di ritorno da Cuba, arriva al porto di Durazzo. Sono in corso le operazioni di scarico quando una folla enorme di migliaia di persone assale improvvisamente il mercantile, costringendo il capitano Halim Malaqi a fare rotta verso l'Italia. Sono passati ventun'anni da quel giorno. La maggior parte di coloro che salirono sulla nave, carica di zucchero, vennero rispediti in Albania, ma gli sbarchi continuarono e qualcuno tentò ancora la traversata. Chi vorrà un giorno cercare di comprendere le radici dei flussi migratori verso l'Italia, dopo aver consultato dati e statistiche, non potrà prescindere da questo documentario. ■ DOCUMENTARIO; COL.; 90'; ITALIA, ALBANIA, 2012.

NAVE FANTASMA, LA *(Death Ship)* ★★
Regia di ALVIN RAKOFF. Con RICHARD CRENNA, GEORGE KENNEDY, NICK MANCUSO. ■ Una nave passeggeri, ai nostri giorni, è affondata da un incrociatore tedesco che da quarant'anni naviga per i mari, senza apparente guida. Al suo comando è uno spirito maligno (e nazista) che provoca naufragi e si ciba del sangue dei superstiti. Il suo strumento diventa il capitano del piroscafo affondato, che si mette a far strage degli altri naufraghi. ■ HORROR; COL.; 91'; CANADA, 1980.

NAVE FANTASMA, LA *(Ghost Ship)* ★★
Regia di STEVE BECK. Con GABRIEL BYRNE, JULIANNA MARGULIES. ■ Nel 1954, la nave italiana Antonia Graza salpa per una crociera sull'Atlantico e scompare misteriosamente. Quarant'anni più tardi, un aviatore segnala la presenza di un relitto nel mare di Bering ed il capitano Sean Murphy viene incaricato di recuperarlo. L'operazione parte bene, e sembra andare ancor meglio quando la squadra di recuperatori rintraccia un imprevisto carico d'oro: ma la nave, pur deserta, è tutt'altro che disabitata.Trama inconsistente, cast discreto ma svogliato e regia piatta. Prodotto da Robert Zemeckis. ■ HORROR; COL.; 89'; USA, 2002.

NAVE FARO, LA *(The Lightship)* ★★★
Regia di JERZY SKOLIMOWSKI. Con KLAUS MARIA BRANDAUER, ROBERT DUVALL. ■ Anno 1955: al largo delle coste della Virginia, una nave-faro segnala la rotta alle imbarcazioni in transito. A bordo, un manipolo di lupi di mare: uomini taciturni, agli ordini di un capitano di origine tedesca, dall'inglorioso passato bellico, che ha imbarcato anche il figlio diciassettenne. L'equilibrio del microcosmo galleggiante viene sconvolto dall'arrivo di tre banditi armati fino ai denti, che vogliono utilizzare la nave-faro per fuggire dopo l'ennesima rapina. ■ DRAMMATICO; COL.; 89'; USA, 1985. ■ VENEZIA 3 PR.

NAVE MALEDETTA, LA *(El buque maldito)* ★
Regia di ARMANDO DE OSSORIO. Con BLANCA ESTRADA, MARIA PERSCHY, JACK TAYLOR. ■ Tre uomini e tre donne salgono a bordo di un misterioso galeone. Che è carico di morti viventi, i superstiti di una setta segreta condannati a viaggiare in mare per l'eternità. ■ HORROR; COL.; 87'; SPAGNA, 1974.

NAVE PIÙ SCASSATA DELL'ESERCITO, LA ★★
(The Wackiest Ship in the Army)
Regia di RICHARD MURPHY. Con PATRICIA DRISCOLL, JACK LEMMON, JOHN LUND. ■ A un ufficiale viene affidato il comando di una nave. Si tratta in realtà di una carretta e di un equipaggio altrettanto scalcinato. Ciononostante, la nave è destinata a diventare protagonista di un'eroica azione di guerra. ■ COMMEDIA; COL.; 99'; USA, 1960.

NAVE SENZA NOME, LA *(Wing and a Prayer)* ★★★
Regia di HENRY HATHAWAY. Con DON AMECHE, DANA ANDREWS, WILLIAM EYTHE. ■ Si narra di una mossa strategica americana per obbligare i giapponesi a dare battaglia. Si tratta della battaglia delle Midway che segnò l'inizio della riconquista del Pacifico da parte degli Stati Uniti. ■ GUERRA; B/N; 97'; USA, 1944. ■ OSCAR 1 NOM.

NAVE TUTTA MATTA, UNA *(Ensign Pulver)* ★★
Regia di JOSHUA LOGAN. Con BURL IVES, WALTER MATTHAU, MILLIE PERKINS, ROBERT WALKER. ■ Il capitano Morton, che comanda una nave da guerra americana, maltratta i marinai. Durante una tempesta, viene salvato dal guardiamarina Pulver che lo salva anche da un attacco di appendicite. Tornato a bordo, Pulver gli impedisce di comportarsi come prima; Morton capisce i suoi errori e si allontana. ■ COMMEDIA; COL.; 104'; USA, 1964.

NAVIGANTI CORAGGIOSI ★★★
(Down to the Sea in Ships)
Regia di HENRY HATHAWAY. Con LIONEL BARRYMORE, DEAN STOCKWELL, RICHARD WIDMARK. ■ Un bel film d'avventura con interessanti riprese di caccia alla balena. C'è anche la rivalità tra il vecchio capitano Bering della *Orgoglio di Bedford* e il giovane capitano Dan Lanceford che gli è affiancato dagli armatori. ■ AVVENTURA; B/N; 120'; USA, 1949.

NAVIGATOR *(Flight of the Navigator)* ★★
Regia di RANDAL KLEISER. Con VERONICA CARTWRIGHT, JOEY CRAMER, CLIFF DE YOUNG. ■ Un dodicenne, David, cade in una buca attraversando un bosco e quando ne esce, stordito, scopre che sono passati otto anni. Internato in osservazione in un laboratorio della Nasa, sale su una navicella spaziale condotta da un robot che ha bisogno delle mappe spaziali codificate nel suo cervello per tornare nel suo lontano pianeta. Dopo aver scorrazzato in lungo e in largo per i cieli, finalmente viene ricondotto a casa. ■ FANTASTICO; COL.; 86'; USA, 1987.

NAVIGATOR *(The Navigator: a Medieval Odyssey)* ★★★
Regia di VINCENT WARD. Con CHRIS HAYWOOD, BRUCE LYONS, MARSHALL NAPIER. ■ Nel 1300 in una contrada devastata dalla peste nera, un bambino dotato di poteri paranormali profetizza che la peste finirà se gli uomini del villaggio scaveranno un tunnel che porti dall'altra parte della Terra e isseranno una croce sulla chiesa della città da loro trovata. Scava, scava, il gruppo arriva in una città alla nostra epoca. Qui la profezia si compirà. ■ FANTASTICO; COL.; 91'; NUOVA ZELANDA, 1988.

NAVIGATORE, IL *(The Navigator)* ★★★★
Regia di DONALD CRISP, BUSTER KEATON. Con BUSTER KEATON, KATHRYN MCGUIRE, FREDERICK VROOM. ■ Un multimilionario, stanco della vita dello scapolo, decide di sposarsi e di fare il viaggio di nozze a bordo di una nave che porterà lui e la moglie a fare un giro intorno al mondo. Ma per una serie di equivoci il nostro finisce su di un natante privo di equipaggio che lo conduce in pieno oceano alla deriva. Sempre grande Buster Keaton. ■ COMICO; B/N; 60'; USA, 1924.

NAVIGATORI DEGLI ABISSI, I ★★
(Men Like These – Trapped in a Submarine)
Regia di WALTER G. SUMMERS. Con SYDNEY SEAWARD. ■ Un film sulla marina inglese e i suoi sommergibili. Un equipaggio di "pionieri" (erano i primi sommergibili e non davano nemmeno tanta sicurezza) ha le sue difficoltà. ■ AVVENTURA; B/N; 46'; GRAN BRETAGNA, 1932.

NAVIGATORI DELLO SPAZIO ★
Regia di AL MAKER. Con MICHAEL BADGEWELL, JEANA BELLE, JESSE DANN, RAYMOND RICHARD. ■ Un extraterrestre giunge sul nostro pianeta atterrando in Florida. Qui trasferisce i suoi poteri nel cervello di un ragazzino dodicenne. Ha inizio una serie di guai che si risolveranno in un lieto fine d'obbligo. ■ FANTASCIENZA; COL.; 102'; ITALIA, 1993.

NAVI SENZA RITORNO *(The Prince of Pirates)* ★★
Regia di SIDNEY SALKOW. Con JOHN DEREK, BARBARA RUSH. ■ Un giovane e coraggioso principe olandese è l'eroe del film: egli è dalla parte della Francia nella guerra che questa combatte contro la Spagna nel secolo XVI, mentre suo fratello a casa trama contro di lui. Dopo molte avventure, in cui si distingue anche una nobildonna coraggiosa, il principe diventa re e sconfigge i cattivi. ■ AVVENTURA; B/N; 90'; USA, 1952.

NAVY SEAL – PAGATI PER MORIRE *(Navy Seals)* ★★
Regia di LEWIS TEAGUE. Con MICHAEL BIEHN, CHARLIE SHEEN, JOANNE WHALLEY-KILMER. ■ I protagonisti di questo film sono i supercombattenti denominati "Seals", sigla che comprende le parole inglesi corrispondenti a mare, aria e terra. Essi fanno parte dei reparti speciali americani che vengono addestrati in maniera severa. La squadra speciale viene spedita in una base segreta dove un gruppo arabo oltranzista, capeggiato da un certo Ben Shaheed, è in possesso di particolari missili made in Usa. ■ DRAMMATICO; COL.; 113'; USA, 1990.

NAVY SEALS: GIOVANI EROI *(The Finest Hour)* ★
Regia di SHIMON DOTAN. Con TRACY GRIFFITH, GALE HANSEN, RON LOWE. ■ L'operazione "Desert Storm" viene glorificata in un film dominato da tutti i cliché del genere bellico. Manca però l'asse portante di quel genere: le scene d'azione girate come si deve. ■ GUERRA; COL.; 91'; USA, 1991.

NAZARENO ★★
Regia di VARO VENTURI. Con NAZZARENO BOMBA, SONYA SPOGK, FERDINANDO VALES, VARO VENTURI. ■ Nazareno è un trentenne romano che divide la sua vita tra l'amorevole assistenza ai degenti di un reparto ospedaliero geriatrico e l'attività notturna di violento picchiatore incaricato del recupero di crediti nell'ambito della malavita. Nazareno ha un nome pesante da portare e l'eredità di un'infanzia che lo ha legato a una religiosità primordiale. Arriva però anche per lui il giorno della possibile svolta: il misterioso avvocato Elia Da Re gli propone un furto in un magazzino gestito dalla mafia. A lui resterà il denaro che si trova in una cassaforte, in cui troverà anche una misteriosa valigetta che dovrà consegnare. Nazareno mette insieme un'eterogenea banda e si prepara ad agire. *Nazareno* è un film interessante che si è ritrovato vittima di una più o meno sbrigativa alzata di spalle critica. Varo Venturi ha tentato un'impresa disperata: fare un film fuori dagli schemi ma professionalmente ineccepibile senza godere di sostegni mediatici che ne preparassero l'uscita e la sostenessero. ■ DRAMMATICO, COL.; 95; ITALIA, 2007.

NAZARIN ★★★
Regia di LUIS BUÑUEL. Con IGNACIO LOPEZ TARSO, RITA MACEDO, FRANCISCO RABAL. ■ Nazarin è un poveraccio che vive di elemosine nel Messico prerivoluzionario. Ma è qualcosa di più del solito peone emarginato: a suo modo è un profeta, un idealista che cerca di realizzare in terra i princìpi di bontà e di carità di Cristo. Ma gli van tutte male. Dopo umiliazioni e batoste, viene condannato e mandato al patibolo. ■ DRAMMATICO; B/N; 94'; MESSICO, 1959. ■ CANNES 1 PR.

NEAR DEATH ★★
Regia di FREDERICK WISEMAN. ■ Un documentario dalla durata inusuale per descrivere, in un bianco e nero "sporco" così come lo è il territorio di confine tra la vita e la morte, l'approccio con il dolore e l'incognito di pazienti, parenti e personale medico. Ognuno con le proprie ansie e con le proprie difese dinanzi al mistero. ■ DOCUMENTARIO; B/N; 358'; USA, 1989.

NEBBIA A SAN FRANCISCO *(Fog over Frisco)* ★★
Regia di WILLIAM DIETERLE. Con BETTE DAVIS, MARGARET

LINDSAY, DONALD WOODS. ■ Drammone con una giovanissima Bette Davis (non ancora superstar, quindi eliminabile un bel po' prima che il film finisca). È una signorina dell'alta società che entra in contatto con la malavita. La uccidono. Ma sua sorella mette la polizia sulle tracce degli assassini. ■ DRAMMATICO; B/N; 68'; USA, 1934.

NEBBIA DEGLI ORRORI, LA *(The Lost Continent)* ★★
Regia di MICHAEL CARRERAS. Con TONY BECKLEY, HILDEGARDE KNEFF, ERIC PORTER. ■ Una nave con a bordo esplosivi, prostitute e fuorilegge incontra nel mar dei Sargassi i discendenti dei *conquistadores* spagnoli con ancora in funzione il tribunale dell'Inquisizione. ■ HORROR; COL.; 98'; GRAN BRETAGNA, 1968.

NEBBIE *(Conflict)* ★★★
Regia di CURTIS BERNHARDT. Con HUMPHREY BOGART, SIDNEY GREENSTREET, ALEXIS SMITH. ■ Per amore di una bella ragazza, un uomo uccide la moglie arpia. Nessuno sospetta di lui, tranne un professore grassone che lo attira in una trappola (gli fa credere che la consorte sia ancora viva). L'uxoricida ci casca. ■ GIALLO; B/N; 86'; USA, 1955.

NEBBIE DEL PASSATO *(Portrait from Life)* ★★★
Regia di TERENCE FISHER. Con ROBERT BEATTY, HERBERT LOM, MAI ZETTERLING. ■ Subito dopo la guerra, a una mostra in Inghilterra, un vecchio ebreo crede di riconoscere la propria figlia scomparsa nella ragazza effigiata in un ritratto. Un ufficiale si commuove e promette di ritrovargliela. La trova infatti in Germania. ■ DRAMMATICO; B/N; 90'; GRAN BRETAGNA, 1949.

NEBBIE SULLA MANICA *(Dangerous when We Meet)* ★★★
Regia di CHARLES WALTERS. Con JACK CARSON, FERNANDO LAMAS, ESTHER WILLIAMS. ■ Un'intraprendente ragazza americana vuol battere il record di attraversamento a nuoto della Manica. Al primo tentativo sta per cedere e viene salvata da un giovanotto francese. I due si innamorano. Con l'aiuto del latin lover, l'americana riuscirà a battere il record. ■ SENTIMENTALE; COL.; 95'; USA, 1953.

NEBBIE SUL MARE ★★
Regia di HANS HINRICH, MARCELLO PAGLIERO. Con GUSTAV DIESSL, VIVECA LINDFORS, OTELLO TOSO. ■ Un uomo uccide un creditore e si dà alla macchia. La moglie cerca di ricostruirsi una vita unendosi a un onesto dottore. Un giorno, però, ricompare il marito, che muore poco dopo lasciando la donna tranquilla con il suo medico. ■ DRAMMATICO; B/N; 93'; ITALIA, 1944.

NEBRASKA ★★★
Regia ALEXANDER PAYNE. Con BRUCE DERN, WILL FORTE, RANCE HOWARD, STACY KEACH, BOB ODENKIRK. ■ Woody Grant è molto anziano, ha qualche debito e la certezza di aver vinto un milione di dollari alla lotteria. Ostinato a ritirare la vincita in un ufficio del Nebraska, Woody si avvia a piedi dalle strade del Montana. Fermato dalla polizia, viene "recuperato" da David, il figlio minore che lo accompagna a Lincoln. Contro il parere della madre e del fratello Ross, David intraprende il viaggio col padre, assecondando i suoi capricci e tuffandosi nel suo passato. Nel percorso, interrotto da soste e intermezzi nella cittadina natale di Woody, David scoprirà i piccoli sogni del padre, le speranze svanite, gli amori mai dimenticati, i nemici mai battuti, che adesso chiedono il conto. Autore indipendente e scrittore dotato, Alexander Payne realizza un film in stile road. Oscillando tra dramma e commedia, *Nebraska*, versione acustica di *Sideways*, coinvolge lo spettatore in un flusso empatico coi protagonisti, persone vere dentro storie comuni e particolari da cui si ricava una situazione universale. ■ DRAMMATICO; COL.; 100'; USA, 2013.

NECROFILA, LA *(Love me Deadly)* ★
Regia di JACQUES LA CERTE. Con TIMOTHY SCOTT, CHRISTOPHER STONE, LYLE WAGGONER, MARY WILCOX. ■ Storia disgustosa di una donna che fa l'amore soltanto coi morti. ■ HORROR; COL.; 90'; USA, 1971.

NECROMANCER ★★
Regia di DUST NELSON. Con ELIZABETH CAYTON, RHONDA DORTON, RUSS TAMBLYN. ■ Una bella ragazza viene violentata da tre bruti. Si consulta con un nero negromante e questi la vendica a modo suo. Evoca un *poltergeist* che, sotto le sembianze della ragazza, avvicina di nuovo il terzetto e fa un massacro. ■ HORROR; COL.; 92'; USA, 1988.

NECROPOLIS ★★
Regia di FRANCO BROCANI. Con TINA AUMONT, CARMELO BENE, PIERRE CLÉMENTI. ■ Psicodramma con uno scenario cimiteriale e fantasmi del passato che saltano su a rimembrare le malefatte dell'umanità. Sfilano Attila e Eliogabalo, l'imperatore Montezuma e la contessa Sanguinaria. ■ DRAMMATICO; COL.; 94'; ITALIA, 1970.

NEFERTITI REGINA DEL NILO ★★
Regia di FERNANDO CERCHIO. Con JEANNE CRAIN, AMEDEO NAZZARI, VINCENT PRICE, EDMUND PURDOM. ■ La figlia del grande sacerdote d'Egitto viene costretta dal padre a sposare il faraone. Ma lei, invece, ama un giovane di nobili sentimenti e a lui tornerà quando il regale marito, nemmeno troppo a posto col cervello, morirà opportunamente. ■ STORICO; COL.; 106'; ITALIA, 1961.

NEGOZIATORE, IL *(The Negotiator)* ★★★
Regia di F. GARY GRAY. Con SAMUEL L. JACKSON, DAVID MORSE, RON RIFKIN, KEVIN SPACEY, J. T. WALSH. ■ Jackson nella parte di un negoziatore, cioè il poliziotto psicologo specialista nel dialogare con criminali, per lo più sequestratori, in situazioni difficili. L'uomo viene incastrato da colleghi corrotti (gli viene attribuito un cospicuo conto estero). Sequestra un pezzo grosso della polizia, dunque ribalta il suo ruolo, e con l'aiuto di un collega negoziatore riesce a dimostrare la propria innocenza. Suggestivo, corretto, ma niente di graffiante. Anche perché alla base del plot non c'è un romanzo di Clancy, Ellroy o Grisham, purtroppo, ma una "semplice" sceneggiatura originale. Così il coniglio dal cappello è sempre un file, oppure una registrazione casuale. Troppo facile. In questa sede viene molto apprezzata la citazione di Shane, *Il cavaliere della valle solitaria*, ma non è sufficiente per le quattro stelle di un *L. A. Confidential*, per esempio. ■ THRILLER; COL.; 138'; USA, 1998.

NEGOZIO AL CORSO, IL *(Obchod na korze)* ★★★
Regia di JAN KADAR, ELMAR KLOS. Con IDA KAMINSKA, JOSEF KRONER. ■ Dramma della paura. Siamo nella Praga occupata dai nazisti e un uomo timoroso di tutto è pagato per gestire un negozio sulla strada principale e custodire la proprietaria, una vecchia ebrea malandata in salute. Per un caso disgraziato la vecchia muore e il protagonista quasi impazzisce nel timore di venire accusato della sua dipartita. ■ DRAMMATICO; B/N; 128'; CECOSLOVACCHIA, 1965. ■ OSCAR 1 PR, 2 NOM.

NEGRA BIANCA, LA *(I Passed for White)* ★
Regia di FRED MCLEOD WILCOX. Con JAMES FRANCISCUS, JAMES LYDON, SONYA WILDE. ■ Una bella ragazza bruna che tutti credono di razza bianca in realtà è l'ultima nata da una famiglia di neri tutti color cioccolato. Ma lei tace le sue origini e si fa sposare da un giovanotto di pura schiatta anglosassone. Quando il marito scopre gli altarini, la caccia. ■ DRAMMATICO; B/N; 93'; USA, 1960.

NEI BASSIFONDI DI LOS ANGELES *(Cry Danger)* ★★★
Regia di ROBERT PARRISH. Con WILLIAM CONRAD, RHONDA FLEMING, DICK POWELL. ■ Un uomo è stato condannato all'ergastolo per rapina e omicidio. Una falsa testimonianza lo scagiona. L'uomo però vuol dimostrare senza trucchi la propria innocenza. Va in cerca del vero autore del colpo e cerca di incastrarlo. Ma quello, con l'aiuto di una fatalona, cerca di incastrarlo a sua volta. Alla fine il protagonista ha la meglio. ■ GIALLO; B/N; 79'; USA, 1951.

NEI BOSCHI DEL KENTUCKY *(Kentucky Kernels)* ★★
Regia di GEORGE STEVENS. Con NOAH BEERY, MARY CARLISLE, SPANKY MCFARLAND, BERT WHEELER, ROBERT WOOLSEY. ■ Uno dei primissimi film del regista di *Il gigante* e *Il cavaliere della valle solitaria*. Un piccolo orfano, Spanky McFarland (uno dei bambini della famosa serie *Piccole pesti*), viene accudito da due musicisti. C'è una grossa eredità che aspetta il piccolo, ma molte complicazioni per ottenerla. ■ COMMEDIA; B/N; 85'; USA, 1934.

NEIL YOUNG: HEART OF GOLD ★★★
Regia di JONATHAN DEMME. ■ Jonathan Demme ha un rapporto con Neil Young che risale ai tempi di *Philadelphia*. Ricordate la

canzone che accompagnava la scena finale del film? La spinta per realizzare questo documentario nasce però da un'altra urgenza. Nella primavera del 2005 a Young viene diagnosticato un aneurisma al cervello. Il compositore si butta allora nella scrittura di un nuovo album "Prairie Wind". L'intervento chirurgico riesce con successo e nell'estate dello stesso anno viene organizzato un concerto a Nashville che si è già deciso di riprendere. Alla regia Demme. Si tratta quindi di un autentico mix tra il nuovo Young e i suoi brani più classici. Accompagnato da una band e da coristi che non hanno alcun timore nel mostrare la loro età non più giovanile, Young offre il meglio di sé, assecondato da un Demme che quasi si annulla come sguardo, limitandosi a "registrare" quanto accade sul palco e senza mai mostrare il pubblico, se non all'inizio. È più un omaggio da amico, questo, che non un documentario. ■ DOCUMENTARIO; COL.; 103'; USA, 2006.

NEI MARI DELL'ALASKA *(Alaska Seas)* ★★
Regia di JERRY HOPPER. Con GENE BARRY, BRIAN KEITH, ROBERT RYAN, JAN STERLING. ■ Due amici, in passato pescatori di frodo, si ritrovano. Uno ha messo la testa a partito e sta per sposarsi. L'altro invece vuol continuare nella vita disonesta e cerca di portar via la ragazza al compare. Ma alla fine si redimerà salvando la comunità. ■ AVVENTURA; B/N; 78'; USA, 1954.

NEI MEANDRI DELLA CASBAH ★★
(Candlelight in Algeria)
Regia di GEORGE KING. Con CARLA LEHMANN, JAMES MASON, WALTER RILLA. ■ I generali alleati si stanno riunendo in Algeria per preparare i piani per la controffensiva contro l'Afrika Korps del maresciallo Rommel. Un microfilm sul loro "vertice" è caduto in mano alle spie tedesche. Urge recuperarlo. Un agente dell'Intelligence Service vi riesce con l'aiuto di una ballerina francese. ■ SPIONAGGIO; B/N; 85'; GRAN BRETAGNA, 1945.

NEI PANNI DELL'ALTRA *(Me Myself I)* ★★
Regia di PIP KARMEL. Con RACHEL GRIFFITHS, DAVID ROBERTS, SANDY WINTON. ■ Film del se e del come avrebbe potuto essere se... Una giornalista ha fatto una brillante carriera, ma è sola e non ha un uomo al suo fianco. Allora comincia a interrograsi su come avrebbe potuto essere la vita se non avesse abbandonato il suo fidanzato. Ecco che allora si trova proiettata nei panni della donna che è l'attuale compagna di quell'uomo. Ed eccola spinta in uno sccenario desolante: marito totalmente assente, tre figli teppistelli, problemi quodiani. Allora il rimpianto si dissolve rapidamente. La vita che si è "scelto" è forse l'unica che avevamo a disposizione. Commedia intelligente e spassosa, ma niente di più. ■ COMMEDIA; B/N; 92'; AUSTRALIA, FRANCIA, 1999.

NEI PANNI DI UNA BIONDA *(Switch)* ★★★
Regia di BLAKE EDWARDS. Con ELLEN BARKIN, LORRAINE BRACCO, JIMMY SMITS. ■ Se in *Victor Victoria* era una donna a trasformarsi in un uomo qui, in circostanze completamente diverse, troviamo un uomo che assume le sembianze di una donna. C'è inoltre una certa somiglianza con *Il paradiso può attendere* di Warren Beatty e Buck Henry. Nel film di Edwards troviamo un manager dongiovanni che viene giustiziato dalle sue tre amanti. Per poter andare in Paradiso ed evitare l'Inferno, deve trovare almeno una donna che nella vita lo abbia amato. L'impresa risulta difficile in quanto viene ricatapultato sulla Terra, ma trasformato in donna. Perciò ci saranno molti equivoci e situazioni particolarmente divertenti fino al finale a sorpresa. Ellen Barkin conferma le sue doti già apprezzate in film come *Seduzione pericolosa* e *Johnny il bello*. ■ COMMEDIA; COL.; 103'; USA, 1991. ■ GOLDEN GLOBES 1 NOM.

NEL BEL MEZZO DI UN GELIDO INVERNO ★★★
(In the Bleak Midwinter)
Regia di KENNETH BRANAGH. Con RICHARD BRIERS, JOAN COLLINS, MARK HALFIELD, MICHAEL MALONEY. ■ Cosa succederebbe se un gruppo di attori malassortiti si ritrovasse in un'antica chiesa per mettere in scena, quale spettacolo natalizio, l'*Amleto*? Si scoprirebbe che, sotto l'egida del Grande Bardo gli uomini sarebbero in grado di ri/diventare attori e gli attori di riscoprirsi uomini. Riuscendo anche a sfuggire (ma solo in parte) alle sirene dei dollari statunitensi. A mezza via tra il ritorno alle tematiche già sviluppate con *Gli amici di Peter* e la voglia di commedia, Branagh si riposa dalle fatiche di *Frankenstein* con un film ben fotografato in bianco e nero che parte lento, ma quando prende il ritmo giusto diventa inarrestabile nella sua miscela divertimento e commozione. Why must the show go on? ■ COMMEDIA; B/N; 99'; GRAN BRETAGNA, 1995. ■ VENEZIA 1 PR.

NEL BENE E NEL MALE ★★★
(La vie conjugale: Françoise)
Regia di ANDRÉ CAYATTE. Con JACQUES CHARRIER, MACHA MÉRIL, MARIE JOSÉ NAT. ■ Il film è la seconda parte di un curioso esperimento di Cayatte, *La vita coniugale*, storia di un matrimonio fallito raccontato da due angolature diverse. Qui sentiamo la campana della moglie, Françoise. Nella *Vita coniugale* sentiremo le ragioni di Jean-Marc. ■ DRAMMATICO; B/N; 115'; FRANCIA, 1964.

NEL BLU DIPINTO DI BLU ★★
Regia di PIERO TELLINI. Con VITTORIO DE SICA, DOMENICO MODUGNO, GIOVANNA RALLI. ■ Sull'onda del successo della canzone di Modugno, un filmetto con il cantante che salva una ragazza ingenua. ■ DRAMMATICO; B/N; 91'; ITALIA, 1958.

NEL BUIO DEL TERRORE *(Historia de una trajción)* ★
Regia di JOSÉ ANTONIO NIEVES CONDE. Con STEPHEN BOYD, SYLVA KOSCINA, MARISA MELL, FERNANDO REY. ■ Protagoniste sono la prostituta Carla e la sua cameriera Lola. Si scambiano più volte gli uomini e poi architettano un piano per estorcere del denaro a un pittore. ■ GIALLO; COL.; 92'; ITALIA, SPAGNA, 1972.

NEL CENTRO DEL MIRINO *(In the Line of the Fire)* ★★★
Regia di WOLFGANG PETERSON. Con GARY COLE, CLINT EASTWOOD, JOHN MALKOVICH, RENE RUSSO. ■ Frank Horrigan (Eastwood) era una delle guardie del corpo di Kennedy, vicinissimo al presidente quando fu colpito a Dallas. Per quasi trent'anni si è portato dietro un pesante senso di colpa: se la pallottola avesse colpito lui, il presidente si sarebbe salvato. Adesso fa ancora parte della scorta presidenziale, anche se il capo della Casa Bianca non vale certo il leggendario Kennedy. A non aver nessuna stima dell'attuale presidente è anche Leary, un assassino abilissimo e psicopatico, che si è messo in testa di ucciderlo. L'assassino riesce a sparare al presidente, ma Frank all'ultimo momento, si mette sulla traiettoria e si prende il proiettile... ma ha il giubbotto. Scena di lotta finale su ascensore esterno e il mondo che assiste. Film di ottimo intrattenimento con un dialogo di buonissima grana (Jeff Maguire) e un Eastwood singolarmente simpatico, umano e pieno di ironia. E non manca l'intermezzo sentimentale con la bella agente. ■ THRILLER; COL.; 124'; USA, 1993. ■ GOLDEN GLOBES 1 NOM; OSCAR 3 NOM.

NEL CERCHIO ★★
Regia di GIANNI MINELLO. Con GIUSEPPE BELLA, LUANNE CANZIANI, GIORGIO MASCIA. ■ Calvario di un ragazzo di diciassette anni che dopo varie esperienze infelici è costretto, per sopravvivere, a prostituirsi, con uomini e donne. ■ DRAMMATICO; COL.; 80'; ITALIA, 1976.

NEL CONTINENTE NERO ★★★
Regia di MARCO RISI. Con DIEGO ABATANTUONO, ANNA FALCHI, IVO GARRANI, CORSO SALANI. ■ Dopo *Soldati*, *Mery per sempre*, *Ragazzi fuori* e *Il muro di gomma*, Marco Risi torna alla commedia. Alessandro, dopo la morte del padre, va in Kenya, a Malindi, dove incontra un ex socio del genitore. Costui è un poco di buono che, fingendo di diventare suo amico, cerca in realtà di impossessarsi dell'eredità lasciata dal padre del protagonista. Tragicommedia quindi, con Abatantuono in buona vena. Però la sceneggiatura non convince del tutto, nonostante la padronanza registica. Grosso successo di pubblico. ■ COMMEDIA; COL.; 100'; ITALIA, 1992.

NEL CORSO DEL TEMPO *(Im Lauf der Zeit)* ★★★★
Regia di WIM WENDERS. Con LISA KREUZER, RÜDIGER VOGLER, HANNS ZISCHLER. ■ Bruno fa il riparatore di proiettori cinematografici, così gira di frequente per piccole città. Conosce Robert che ha cercato di suicidarsi dopo la separazione dalla moglie e insieme proseguono il viaggio. Bruno rivedrà i luoghi della sua infanzia, mentre Robert farà visita al padre. L'opera fa conoscere al mondo intero il genio di Wim Wenders, cineasta che fa spesso uso

del viaggio per proporre temi psicologici e ritratti di una società in decomposizione. Un film difficile per il grande pubblico, ma amato dalla critica e dai cinefili. Versione originale con sottotitoli. ■ DRAMMATICO; B/N; 176′; GERMANIA, 1975.

NEL CUORE DEL NORD *(Heart of the North)* ★★
Regia di LEWIS SEILER. Con GLORIA DICKSON, DICK FORAN, GALE PAGE. ■ Nel Canada settentrionale, un battello che trasporta un prezioso carico viene assalito dai pirati. Sospettato di aver organizzato il colpo è un commerciante del luogo, ma un sergente delle Giubbe Rosse, innamorato della figlia dell'accusato, scova il vero colpevole. ■ WESTERN; COL.; 92′; USA, 1938.

NEL DUEMILA NON SORGE IL SOLE *(1984)* ★★★
Regia di MICHAEL ANDERSON. Con DAVID KOSSOFF, EDMOND O'BRIEN, MICHAEL REDGRAVE, JAN STERLING. ■ Dal romanzo *1984* di George Orwell. Tutti sono sorvegliati, mediante la televisione, da un governo totalitario. Un uomo e una donna cercano inutilmente di ribellarsi. ■ DRAMMATICO; B/N; 91′; GRAN BRETAGNA, 1956.

NEL FANGO DELLA PRATERIA *(Edge of the City)* ★★★
Regia di MARTIN RITT. Con JOHN CASSAVETES, SIDNEY POITIER, JACK WARDEN. ■ Un giovanotto, che ha disertato dall'esercito, vive alla macchia facendo i più umili mestieri. Gli capita di fare lo scaricatore e di stringere amicizia con un gioviale nero. Il nero però viene ucciso. Il giovanotto dimentica il timore di essere scoperto e la fa pagare cara all'assassino. ■ DRAMMATICO; B/N; 85′; USA, 1957.

NEL FANTASTICO MONDO DI OZ *(Return to Oz)* ★★
Regia di WALTER MURCH. Con FAIRUZA BALK, JEAN MARSH, NICOL WILLIAMSON. ■ Ritornare dal mondo delle fiabe è stata per Dorothy un'esperienza traumatica, che l'ha portata sull'orlo della follia. Disperati, gli zii l'affidano alle cure di uno psichiatra che, senza tanti complimenti, inizia una drastica cura a base di *elettrochoc*. Aiutata da una compagna di sventura, Dorothy riesce a scappare e si ritrova nel mondo di Oz, pietrificato dalla crudele principessa Mombi. Soltanto salvando i suoi vecchi amici, l'Uomo di Latta, il Leone Codardo e lo Spaventapasseri, e riportando la felicità in quel regno incantato, la bambina potrà ritornare finalmente a casa, definitivamente guarita dalle sue fantasie e diventata suo malgrado adulta. ■ FANTASTICO; COL.; 110′; GRAN BRETAGNA, 1984. ■ OSCAR 1 NOM.

NEL GIARDINO DELLE ROSE ★★
Regia di LUCIANO MARTINO. Con BARBARA DE ROSSI, MASSIMO GHINI, GIANCARLO GIANNINI, OTTAVIA PICCOLO. ■ Esordio alla regia del produttore Luciano Martino che nella sua carriera ha prodotto ogni genere di film, da quelli d'autore a quelli erotici. L'idea è suggestiva, peccato che il risultato non sia del tutto positivo. Un pubblicitario che vive a Milano viene a sapere da un ex insegnante che la madre sta per morire. Parte subito in auto, ripensa alla sua infanzia e a quando credeva che la madre avesse una relazione con l'insegnante. All'arrivo la madre è già morta, ma da una lettera si renderà conto di aver sempre sbagliato a giudicarla. Bravi gli interpreti. ■ DRAMMATICO; COL.; 93′; ITALIA, 1990.

NEL GIORNO DEL SIGNORE ★★
Regia di BRUNO CORBUCCI. Con SIDNEY CHAPLIN, IRA FÜRSTENBERG, FRED ROBSHAM, IGLI VILLANI. ■ È la storia, vista con i modi della commedia romanesca, dell'amore fra Raffaello e la Fornarina. ■ COMMEDIA; COL.; 92′; ITALIA, 1970.

NEL GIORNO DI SAN VALENTINO ★★
(On Valentine's Day)
Regia di KEN HARRISON. Con MATTHEW BRODERICK, WILLIAM CONVERSE-ROBERTS, HALLIE FOOTE, MICHAEL HIGGINS, STEVEN HILL. ■ Hallie Foote è un seguace di Faulkner e di Williams e tenta di raccontare il profondo Sud utilizzando Harrison come prestanome e riservandosi il ruolo di attore. Siamo nel Texas, ma la vicenda è statica. I due protagonisti si sposano il 14 febbraio del 1917 e il film ci racconta la loro vita fatta di piccole gioie, ma anche di dolori. ■ DRAMMATICO; COL.; 106′; USA, 1986.

NEL GORGO DEL PECCATO ★★
Regia di VITTORIO COTTAFAVI. Con ELISA CEGANI, FRANCO FABRIZI, MARGOT HIELSCHER, FAUSTO TOZZI, EMIL JANNINGS. ■ Un giovanotto, dopo molto vagabondare, torna a casa e promette alla mamma che farà il bravo. Promesse da marinaio. ■ DRAMMATICO; B/N; 84′; ITALIA, 1954. ■ OSCAR 1 PR, 2 NOM.

NELL ★★
Regia di MICHAEL APTED. Con JODIE FOSTER, LIAM NEESON, NATASHA RICHARDSON. ■ Un medico di paese "eredita" da una vecchia signora il compito di prendersi cura di Nell, ragazza selvaggia cresciuta nella foresta. Un complesso studio etologico, condotto dal medico e da una psicologa, è alla base del tentativo di trasformare in essere umano una creatura che si esprime in un linguaggio tutto suo. Il compito è reso difficile da pressioni dall'alto e interferenze dei mass media. Dalla soporifera lentezza del ritmo narrativo emerge soltanto l'interpretazione di Jodie Foster. ■ DRAMMATICO; COL.; 113′; USA, 1994. ■ GOLDEN GLOBES 3 NOM; OSCAR 1 NOM.

NELLA BUONA E NELLA CATTIVA SORTE ★
(Hearts on Fire – In Sickness and in Health)
Regia di JEFF BLECKNER. Con TOM SKERRITT, LESLEY-ANN WARREN. ■ Sceneggiatura alquanto idiota, ma di presa sul pubblico televisivo. Una donna sfortunata, oltre ad avere una sclerosi multipla, deve sopportare anche il tradimento del marito con l'infermiera che la cura. ■ DRAMMATICO; COL.; 90′; USA, 1991.

NELLA CAMERA DI MABEL *(Up in Mabel's Room)* ★★★
Regia di ALLAN DWAN. Con MISCHA AUER, DENNIS O'KEEFE, GAIL PATRICK. ■ Mabel ha avuto una relazione con un fusto che, per il suo compleanno, le aveva regalato un paio di mutandine con le sue iniziali. Poi il fusto si sposa con un'amica di Mabel e trema al pensiero che la moglie venga a conoscenza della sua precedente affettuosa amicizia. Si dà da fare per recuperare le mutandine, ma combina un mucchio di pasticci. ■ COMMEDIA; B/N; 76′; USA, 1944. ■ OSCAR 1 NOM.

NELLA CASA *(Dans la maison)* ★★★
Regia di FRANÇOIS OZON. Con FABRICE LUCHINI, DENIS MENOCHET, KRISTIN SCOTT THOMAS, EMMANUELLE SEIGNER, ERNST UMHAUER. ■ Il cinquantenne Germain è professore di letteratura presso il liceo Flaubert in una cittadina francese. È un docente competente, ma è anche uno scrittore mancato. Jeanne sua moglie, gestisce una galleria d'arte moderna. All'inizio dell'anno scolastico Germain scopre le qualità del sedicenne Claude, un bel ragazzo di umili origini, che ha scritto un testo, fluido e sottilmente sarcastico, che racconta l'amicizia con Rapha, un compagno di classe. Germain lo stimola a continuare a scrivere e Claude, settimanalmente, gli consegna le puntate di un'avvincente cronaca voyeuristica. È una commedia drammatica, spiritosa e intelligente, che si sviluppa come un thriller con risvolti dark. Ozon stesso ha firmato lo script con uno stile incisivo e con dialoghi taglienti, adattando la pièce *El chico de la última fila*, dello spagnolo Juan Mayorga. ■ DRAMMATICO; COL.; 105′; FRANCIA, 2012.

NELLA CITTÀ L'INFERNO ★★★
Regia di RENATO CASTELLANI. Con MIRIAM BRU, ANNA MAGNANI, GIULIETTA MASINA, RENATO SALVATORI. ■ Prigione delle Mantellate a Roma. Va dentro una servetta veneta, accusata di un furto commesso per compiacere il suo amante. In cella conosce la proterva Egle, malvivente incallita che dietro le sbarre la fa da padrona. Sotto la guida di Egle, la piccola fantesca si fa furba. ■ DRAMMATICO; B/N; 106′; ITALIA, 1958. ■ DAVID DI DONATELLO 1 PR, 1 NOM.

NELLA CITTÀ PERDUTA DI SARZANA ★★★
Regia di LUIGI FACCINI. Con BRUNO CORAZZARI, RICCARDO CUCCIOLLA, FRANCO GRAZIOSI. ■ Rievocazione dei fatti di Sarzana, la città che negli anni Venti oppose una strenua resistenza ai fascisti di Mussolini. Un magistrato designato dal re va sul posto a fare un'inchiesta (a Roma si crede a una rivolta contro lo Stato) e scopre che la gente di Sarzana ha ragione da vendere. Ma l'inchiesta è insabbiata. L'ultimo focolaio di libertà è distrutto. ■ DRAMMATICO; B/N; 102′; ITALIA, 1981.

NELLA GIUNGLA DI CEMENTO *(Menace II Society)* ★★
Regia di ALLEN HUGHES. Con MARILYN COLEMAN, JADA PINKETT-SMITH, TYRIN TURNER. ■ Vita e morte di Caine, un ragazzo di colore che attraversa scontri tra bande, droga e alcool

quali tappe di un calvario inevitabile per chi vive in un ghetto. ■ DRAMMATICO; COL.; 97'; USA, 1993.

NELLA JUNGLA DI TARZAN ★★
Regia di OTTO SCHENK. ■ È la ricostruzione filmata di una spedizione capeggiata dal naturalista prof. Schenk nelle foreste del Bengala, con l'aiuto di un marajah indiano. ■ DOCUMENTARIO; B/N; 91'; USA, 1947.

NELLA MISCHIA ★★
Regia di GIANNI ZANASI. Con MARCO ADAMO, GIACOMO CIARRAPICO, EMILIANO CIPOLLETTI, ANDREA PROIETTI. ■ Utilizzando come premessa un proprio cortometraggio di due anni prima, l'apprezzato ma introvabile *Le belle storie*, il regista ne riprende i personaggi, un gruppo di ragazzi romani interpretati prevalentemente da attori non professionisti. Vita quotidiana in periferia, tra le tentazioni della piccola criminalità e le incertezze del mondo del lavoro. ■ DRAMMATICO; COL.; 86'; ITALIA, 1995.

NELLA MORSA *(Caught)* ★★★
Regia di MAX OPHÜLS. Con BARBARA BEL GEDDES, JAMES MASON, ROBERT RYAN. ■ Una ragazza di modesta condizione sposa un miliardario. Sembra la favola di Cenerentola, ma il cosiddetto principe azzurro si rivela uno psicolabile. Per fortuna della sua signora, si toglie di mezzo da solo, facendosi schiacciare dal flipper. La vedova nel frattempo s'è già consolata con un dottore. Max Ophüls, in esilio a Hollywood, si prende una piccola vendetta con il *big* che gli aveva rotto l'anima, Howard Hughes (a cui allude neanche troppo velatamente). ■ DRAMMATICO; B/N; 88'; USA, 1949.

NELLA MORSA DELLA S.S. *(Mein Schundfreund)* ★★★
Regia di ROBERT SIODMAK. Con ROBERT GRAF, HEINZ RÜHMANN, ERNST SCHROEDER. ■ Un antinazista è convinto di riuscire a passare indenne nella bufera hitleriana per via della sua vecchia amicizia con il maresciallo Goering. Invece va in galera. ■ COMMEDIA; B/N; 93'; GERMANIA, 1960.

NELLA MORSA DEL RAGNO *(Along Came a Spider)* ★★★
Regia di LEE TAMAHORI. Con MIKA BOOREM, MORGAN FREEMAN, ANNA MARIA HORSFORD, PENELOPE ANN MILLER, MICHAEL MORIARTY, MONICA POTTER, MICHAEL WINCOTT. ■ Dal romanzo *Ricorda Maggie Rose* di James Patterson. Torna Alex Ross (Freeman), criminologo nero che opera secondo la tecnica, naturalmente aggiornatissima (dai computer per esempio) di Sherlock Holmes. Lo avevamo già visto in azione ne *Il collezionista*. Washington: viene rapita la figlia di un senatore. Il rapitore è un maniaco, non gli interessa il denaro, ma la fama sui media e la sfida col detective. Aiutato dalla bella collega, che si era fatta scappare il rapitore, Ross ha le intuizioni giuste e arriva al maniaco. Ma è solo la punta dell'iceberg. "Dietro" ci sono un paio di sorprese. Ben narrato, con le giuste misure di linguaggio e di tensione. Persino con un piccolo inedito: Fbi e polizia non litigano per le competenze. Insomma storia ed evasione vecchia maniera. ■ GIALLO; COL.; 100'; USA, 2001.

NELL'ANNO DEL CANNONE ★★
(A tizedes mega a Többiek)
Regia di MORTON KELETI. Con JAN DAVAS, LAJOS KOVAC, JULIE SZÁBÓ. ■ In Ungheria, durante l'ultimo anno di guerra, un caporale e un sergente sbandati fuggono qua e là cercando di evitare, per quanto possibile, gli eserciti in lotta. Dopo varie avventure vengono catturati dai russi, ma l'intervento di un soldato russo loro amico li salva. ■ GUERRA; B/N; 93'; UNGHERIA, 1971.

NELL'ANNO DEL SIGNORE ★★★
Regia di LUIGI MAGNI. Con CLAUDIA CARDINALE, ROBERT HOSSEIN, NINO MANFREDI, ALBERTO SORDI, UGO TOGNAZZI. ■ Nella Roma papalina due carbonari compiono un attentato e subito sono catturati dai gendarmi. Un gruppo di popolani romani cerca di salvarli, ma inutilmente. Rimane libero però il Cornacchia, che continua a fare l'oppositore scrivendo versi irriverenti sulla statua di Marco Aurelio. ■ COMMEDIA; COL.; 117'; ITALIA, 1970. ■ DAVID DI DONATELLO 1 PR, 1 NOM.

NELLA NOTTE CADE IL VELO *(Toi... le venin)* ★★
Regia di ROBERT HOSSEIN. Con ROBERT HOSSEIN, ODILE VERSOIS, MARINA VLADY. ■ Un giovanotto si innamora di una prostituta. La rivede e scopre che è di buona famiglia e che ha una sorella gemella paralizzata. Sorpresa finale. ■ COMMEDIA; B/N; 92'; FRANCIA, 1959.

NELLA POLVERE DEL PROFONDO SUD ★★★
(Intruder in the Dust)
Regia di CLARENCE BROWN. Con DAVIS BRIAN, WILL GEER, JUANO HERNANDEZ. ■ Brown, il regista di Greta Garbo, fa, alla fine della sua carriera, uno dei suoi film più sinceri, asciutti, con questa traduzione del racconto di William Faulkner. In una cittadina del profondo Sud un nero è accusato di un delitto non commesso. C'è aria di linciaggio. Oggi l'antirazzismo del film sembra blando. Nel 1949 sembrò un audace affronto da parte della MGM al suo pubblico bianco del Sud. ■ DRAMMATICO; B/N; 87'; USA, 1949.

NELLA RETE DEL SERIAL KILLER *(Untraceable)* ★★
Regia di GREGORY HOBLIT. Con BILLY BURKE, JOSEPH CROSS, COLIN HANKS, MARY BETH HURT, DIANE LANE. ■ Una gattina viene uccisa in diretta sul web. Il sito da cui provengono le immagini si chiama Killwithme. Il Dipartimento di Polizia di Portland, nell'Oregon, ha una sezione dedicata ai crimini commessi in rete e ad occuparsi del caso sono l'agente Jennifer Marsh e il collega Griffin Dowd. Jennifer ha una figlia che vive con lei insieme alla madre. La sua vita familiare finisce però inevitabilmente con l'intrecciarsi con il suo lavoro. Anche perché il killer mediatico passa dagli animali agli uomini e mette in atto un gioco estremamente perverso: più collegamenti ci saranno al suo sito e più velocemente le sue vittime, che provvede a torturare in diretta, andranno incontro alla morte. Il tempo ovviamente stringe anche perché il sito non è riconducibile al suo titolare; è cioè (come vuole il titolo originale) "untraceable". L'ennesimo clone di *Saw* è arrivato. ■ DRAMMATICO; COL.; 100'; USA, 2008.

NELLA SOCIETÀ DEGLI UOMINI ★★★
(In the Company of Men)
Regia di NEIL LABUTE. Con AARON ECKHART, STACY EDWARDS, MATT MALLOY. ■ Due seduttori di professione vogliono far cadere nella loro rete una giovane handicappata. Il tema è abusato, ma LaBute, raddoppiando il cinismo e accentuando la debolezza della vittima, fa di questo film un piccolo manifesto della perfidia degli anni Novanta. ■ COMMEDIA; COL.; 93'; USA, 1997.

NELLA STRETTA MORSA DEL RAGNO ★★
Regia di ANTHONY DAWSON. Con PETER CARSTEN, ANTHONY FRANCIOSA, KLAUS KINSKI, MICHÈLLE MERCIER. ■ E. A. Poe compare di persona per fare una singolare scommessa con un giornalista americano. Al giovanotto andrà un forte premio se passerà una notte indenne in una casa misteriosa, che si dice abitata da fantasmi, di proprietà di un lord inglese. Il giornalista ci prova. Incontra nella nottata alcuni fantasmi che però sembrano più vivi della media degli spettri. ■ HORROR; B/N; 91'; ITALIA, 1961.

NELLA SUA PELLE *(Dating the Enemy)* ★★
Regia di MEGAN SIMPSON HUBERMAN. Con MATT DAY, LISA HENSLEY, CLAUDIA KARVAN, GUY PEARCE. ■ Tash, giornalista che si occupa di Scienza, e Brett, conduttore televisivo, sono sposati da un anno. Nel momento in cui capiscono di essere molto diversi si augurano di entrare nella pelle dell'altro. L'augurio diventa realtà con tutto quello che segue. La commedia si muove su una base scontata, ma gli attori sono meglio della sceneggiatura. ■ COMMEDIA; COL.; 104'; AUSTRALIA, 1996.

NELLA TANA DEL SERPENTE *(Chains of Gold)* ★
Regia di ROD HOLCOMB. Con BERNIE CASEY, MARILU HENNER, JOHN TRAVOLTA. ■ Pellicola piuttosto prevedibile e sorretta da una sceneggiatura banale. John Travolta interpreta un assistente sociale con un passato di alcolizzato che vuole aiutare un tredicenne a uscire dal tunnel della droga, ma soprattutto ad abbandonare il traffico clandestino in cui è invischiato. ■ DRAMMATICO; COL.; 95'; USA, 1990.

NELLA TEMPESTA *(The Tempest)* ★★★
Regia di SAM TAYLOR. Con JOHN BARRYMORE, BORIS DE FAST, CAMILLA HORN, LOUIS WOLHEIM. ■ Nell'agonia della Russia zarista all'interno di un reparto dell'Armata bianca, un contadino è promosso dalla truppa a ufficiale. Gli altri ufficiali, tutti aristocratici, covano del risentimento e gli rendono la vita impossibile.

Si innamora di una contessa che invece lo disprezza e lo attira nella sua camera. È un tranello: viene sorpreso, spogliato dei gradi e buttatto in galera. Sono gli ultimi giorni dell'aristocrazia e l'inizio di una nuova era: la contessa aristocratica viene imprigionata e il contadino diviene uno dei capi della rivoluzione. Ma egli l'ama ancora. Finale a sorpresa. ■ DRAMMATICO; B/N; USA, 1927. ■ OSCAR 1 PR, 2 NOM.

NELLA TERRA DEI CANGURI ★★

Regia di ARMAND DENIS. ■ Mediocre documentario sull'Australia. ■ DOCUMENTARIO; COL.; 94'; USA, 1954.

NELLA TERRA DI BUFFALO BILL *(The Prairie)* ★★

Regia di FRANK WISBAR. Con LEONORE AUBERT, ALAN BAXTER, RUSS VINCENT. ■ Una ragazza ama un cacciatore. Però un giovane pioniere geloso fa in modo che il cacciatore venga accusato di un delitto. Ma alla fine la verità e l'amore trionfano. ■ WESTERN; B/N; 92'; USA, 1947.

NELLA TERRA DI NESSUNO ★

Regia di GIANFRANCO GIAGNI. Con MASSIMO BELLINZONI, GABRIELE BOCCIARELLI, BEN GAZZARA, MAYA SANSA, ROBERTO ZIBETTI. ■ Nel carcere di massima sicurezza di Cancelli stanno accadendo cose strane. I detenuti politici per attività brigatista sembrano essere sotto rischio di eliminazione fisica. Un avvocato inizia ad indagare. A parte l'ormai classica e sorniona presenza di Ben Gazzara e la trattenuta vitalità di Maya Sansa, il film ha ben poco da dire. Sembra ci sia stato recapitato dal passato senza una spiegazione. Si può tranquillamente rispedirlo al mittente. ■ DRAMMATICO; B/N; 90'; ITALIA, 2000.

NELLA VALLE DI ELAH *(In the Valley of Elah)* ★★★

Regia di PAUL HAGGIS. Con JOSH BROLIN, MEHCAD BROOKS, WES CHATMAN, FRANCES FISHER, JAMES FRANCO, TOMMY LEE JONES, JASON PATRIC, SUSAN SARANDON, CHARLIZE THERON, JONATHAN TUCKER, VICTOR WOLF. ■ Hank Deerfield (l'imperturbabile Tommy Lee Jones), un veterano del Vietnam maniaco dell'ordine e patriota devoto, parte alle ricerca del figlio Mike, tornato dall'Iraq da appena una settimana e misteriosamente scomparso. Dopo le prime infruttuose ricerche – e grazie all'aiuto dell'ispettore Emily Sanders (la perfetta Charlize Theron), vessata dai colleghi e costretta a occuparsi di piccoli casi irrisolti – il cadavere del giovane soldato viene ritrovato in una zona militare, fatto brutalmente a pezzi e con segni visibili di bruciature. L'universo della famiglia Deerfield cade a pezzi, punito per la seconda volta con la scomparsa di un figlio, scardinando le convinzioni etiche e morali dell'orgoglioso militare in pensione, convinzioni che iniziano a vacillare mano a mano che la verità sull'efferato delitto salta fuori. Il ritorno di Paul Haggis alla regia, Oscar alla sceneggiatura per *Crash – Contatto fisico*, è di quelli che non passano inosservati. Una costruzione narrativa che non può essere scalfita sotto nessun punto di vista: intreccio, pathos, commozione, citazioni bibliche (il titolo riprende l'episodio biblico fra Davide e Golia, consumatosi nella valle di Elah), sono impeccabili e rendono il film privo di smagliature. ■ DRAMMATICO; COL.; 124'; USA, 2007.

NELL'AZZURRO DEL CIELO ★★

(Das Blaue vom Himmel)

Regia di VIKTOR JANSON. Con MARTHA EGGERTH, FRITZ KAMPERS, HERMAN TMIG. ■ Un pilota, per stare vicino alla fidanzata, cassiera nella metropolitana, finisce per perdere il posto. La ragazza convince un suo ricco corteggiatore ad assumerlo. Ma il pilota s'ingelosisce. La fanciulla però riuscirà a fargli capire che si sbaglia, che il ricco è solo un amico e che lei vuole bene solo a lui. ■ SENTIMENTALE; B/N; 90'; GERMANIA, 1932.

NELLE PIEGHE DELLA CARNE ★★

Regia di SERGIO BERGONZELLI. Con ANNA MARIA PIERANGELI, ELEONORA ROSSI DRAGO, FERNANDO SANCHO. ■ I visitatori di una villa in Bretagna vengono puntualmente ammazzati dai tre abitatori (la giovane proprietaria, la governante, il nipote di quest'ultima). L'ultimo arrivato però è un ispettore di polizia che smaschera il terzetto omicida. ■ GIALLO; COL.; 90'; ITALIA, 1970.

NELLE SABBIE MOBILI *(L'empreinte du Dieu)* ★★

Regia di LÉONIDE MOGUY. Con PIERRE BLANCHAR, BLANCHETTE BRUNOY. ■ Protagonista è una poverina, mal maritata a un contrabbandiere, che un giorno scappa di casa e ha una relazione con un ingegnere. Poi lei torna dal consorte, ma intanto ha fatto il guaio. Nasce un bimbo che scatena una lotta selvaggia fra il contrabbandiere e l'ingegnere. Quest'ultimo muore. L'assassino scappa, ma viene inghiottito dalle sabbie mobili. ■ DRAMMATICO; B/N; 130'; FRANCIA, 1940.

NELLE TENEBRE DELLA METROPOLI ★★

(Hangover Square)

Regia di JOHN BRAHM. Con LAIRD CREGAR, LINDA DARNELL, GEORGE SANDERS. ■ Un musicista psicopatico ha ricorrenti accessi di follia omicida durante i quali ammazza giovani donne. L'ultima sua vittima è una ballerina strangolata e poi fatta sparire. Ma questo delitto viene scoperto. Il maniaco alla fine paga tutte le sue malefatte. ■ HORROR; B/N; 77'; USA, 1945.

NELLE TUE MANI ★★

Regia di PETER DEL MONTE. Con LUCIANO BARTOLI, SIMONA CARAMELLI, GAETANO CAROTENUTO, ALBERTO CRACCO, LUISA DE SANTIS, MARCO FOSCHI, SEVERINO SALTARELLI, KASIA SMUTNIAK. ■ Teo e Mavi si conoscono in un modo strano: lei investe lui con la sua auto; si incontrano casualmente qualche tempo dopo ed iniziano a frequentarsi. Si sposeranno ed avranno una bambina, Caterina. Il lavoro di Teo lo porterà a viaggiare molto, innescando la gelosia e le paure di Mavi, un crinale perverso che porterà lei vicino alla follia e distruggerà il loro rapporto. Dopo il divorzio entrambi appaiono incapaci di portare avanti la propria vita lontani l'uno dall'altro ma, mentre Teo sembra riuscire a raggiungere la tranquillità emotiva e familiare, è diverso il discorso per Mavi, corrotta da turbe mentali che appaiono all'improvviso e che sembrano avere le proprie radici in un equivoco rapporto con il padre. *Nelle tue mani* scorre lento ed accurato per i 100 minuti di durata della pellicola, senza mai veramente emozionare, senza mai dire qualcosa di definitivo e chiaro sui suoi protagonisti, lasciandoci con un senso di indefinito o di non perfettamente espresso. ■ DRAMMATICO; COL.; 100'; ITALIA, 2007.

NELL'OASI DEL TERRORE *(The Unholy Garden)* ★★

Regia di GEORGE FITZMAURICE. Con RONALD COLMAN, TULLY MARSHALL, ESTELLE TAYLOR, FAY WRAY. ■ Un ladro internazionale fugge dall'Europa e si rifugia in una località africana dove la legge non può raggiungerlo. Lo raggiungono però due donne innamorate di lui. Niente da fare: l'uomo è proprio irrecuperabile a una vita onesta. ■ DRAMMATICO; B/N; 85'; USA, 1931.

NELL'OCCHIO DEL CICLONE *(Eye of the Storm)* ★

Regia di YURI ZELTSET. Con LARA FLYNN BOYLE, BRADLEY GREGG, DENNIS HOPPER, CRAIG SHEFFER. ■ Un ragazzo diventa cieco dopo essere stato testimone dell'omicidio dei genitori. Il fratello più grande allora si prende cura di lui. Un giorno arriva una coppia, un ubriacone e la moglie, come temporanei vicini. I due fratelli pensano che si tratti degli assassini. ■ THRILLER; COL.; 95'; USA, 1991.

NELL'OCCHIO DELLA VOLPE ★★

Regia di ANTONIO DROVE. Con OMERO ANTONUTTI, CHARLES DENNER, ETTORE MANNI, STEFANIA SANDRELLI. ■ Trasposizione cinematografica di avvenimenti reali, accaduti in Spagna durante la Grande guerra. Un gruppo di operai politicizzati scopre che il padrone di una fabbrica d'armi vende i suoi prodotti ai tedeschi, ma riuscire a dimostrarlo avendo la meglio su gente senza scrupoli è un altro discorso. ■ DRAMMATICO; COL.; 97'; FRANCIA, ITALIA, SPAGNA, 1979.

NELL'ORA SUPREMA *(Fast Life)* ★★★

Regia di JOHN FRANCIS DILLON. Con DOUGLAS FAIRBANKS JR, CHESTER MORRIS, LORETTA YOUNG. ■ Un giovane sposo è accusato di omicidio. La moglie crede nella sua innocenza. Il pubblico ministero pure, ma deve mandare avanti la pratica. Quando la sedia elettrica sembra sicura, il vero colpevole salta fuori. ■ GIALLO; B/N; 92'; USA, 1929.

NELLY E MONSIEUR ARNAUD ★★★★

(Nelly et monsieur Arnaud)

Regia di CLAUDE SAUTET. Con JEAN-HUGUES ANGLADE, EMMANUELLE BÉART, MICHEL SERRAULT. ■ Nelly lascia il marito dopo averlo mantenuto un anno. Incontra l'anziano Arnaud che le dà del denaro e un lavoro (ribatterà al computer un manoscritto dell'uomo) senza chiederle nulla in cambio. Nelly è asciutta e silenziosa, fredda si direbbe, e bugiarda. Viene corteggiata da un editore, che viene subito scaricato quando dimostra intenzioni serie. Quando la donna cerca di tornare sui propri passi è tardi. A Nelly non rimane che l'anziano, col suo affetto almeno. Ma anche lui parte per un lungo viaggio con l'ex moglie. Straordinario Serrault e monocorde Emmanuelle. Equilibrio di sentimenti perfetti, così come la conduzione dei rapporti e delle piccole vicende periferiche, fra realismo, sensibilità e intelligenza. La soluzione di tutti gli intrecci è definita, l'unica possibile. Un caso in cui l'autore oltre a cercare, "trova" davvero. Dialoghi essenziali, minimali, ma con impennate di fraseggio, profondità e poesia mixate con naturalezza e maturità da un regista che si dimostra anche straordinario scrittore, e che non ha avuto bisogno delle frequenti "invenzioni francesi", quella ricerca dell'imprevedibile e originale a oltranza che caratterizza quel cinema e anche quello di Sautet fino a *Un cuore in inverno*. Film essenziale e ben girato. ■ SENTIMENTALE; COL.; 110'; FRANCIA, 1996.

NEL MAR DEI CARAIBI *(The Spanish Main)* ★★★
Regia di FRANK BORZAGE. Con PAUL HENREID, MAUREEN O'HARA, WALTER SLEZAK. ■ Una bella fanciulla dell'aristocrazia spagnola viene rapita da un corsaro gentiluomo, Van Horn. Il fidanzato della fanciulla, invece, il governatore di Santa Cruz, è un fior di fellone, e non parliamo del secondo di Van Horn. I cattivi saranno tutti puniti. ■ AVVENTURA; COL.; 100'; USA, 1944. ■ OSCAR 1 NOM.

NEL MEZZO DELLA NOTTE *(Middle of Night)* ★★★
Regia di DELBERT MANN. Con LEE GRANT, FREDRIC MARCH, KIM NOVAK, LEE PHILIPS. ■ Un vedovo sessantenne per non sentirsi solo si mette a corteggiare una polposa venticinquenne, sua dipendente. Si parla di matrimonio e tutti disapprovano (data la differenza d'età, di posizione e di gusti culturali). Lui comincia a tentennare, poi il suicidio del suo socio (e coetaneo) lo persuade a pigliare la vita come viene senza farsi troppi crucci. ■ DRAMMATICO; B/N; 118'; USA, 1959.

NEL MIO AMORE ★★★
Regia di SUSANNA TAMARO. Con URBANO BARBERINI, SERGIO FIORENTINI, SARA FRANCHETTI, ALESSIA FUGARDI, LICIA MAGLIETTA, VINCENT RIOTTA, DAMIANO RUSSO. ■ Stella torna a vivere nella casa del lago dove ha passato gli anni più belli. Le è morto il marito, che aveva conosciuto proprio da quelle parti. Naturalmente vive una profonda crisi. Incontra un contadino molto particolare, intelligente e straordinariamente umano, capace di comprendere tutto. Stella si fida ciecamente di lui. Alla fine scoprirà che si tratta di un religioso. La donna ha ritrovato una certa serenità. Finito il fenomeno *Va' dove ti porta il cuore* rimane una storia di troppo sentimento, con scarsa ispirazione. La Tamaro è diplomata in cinema al Centro Sperimentale. ■ DRAMMATICO; COL.; 96'; ITALIA, 2004.

NEL MIRINO DEL GIAGUARO *(Jaguar Lives)* ★★
Regia di ERNEST PINTOFF. Con BARBARA BACH, CAPUCINE, CHRISTOPHER LEE, JOE LEWIS, DONALD PLEASENCE. ■ Jonathan, detto "il giaguaro", è convinto che il collega e amico Brett sia morto durante una missione. Intanto, sulle tracce di un misterioso Esteban che sta tentando di dominare il mondo intero attraverso il monopolio del petrolio, Jonathan viaggia per tutto il mondo. Quando finalmente, in Spagna, si trova ad affrontare Esteban, scopre che l'amico defunto non è per niente tale. ■ POLIZIESCO; COL.; 90'; USA, 1978.

NEL MIRINO DI AFRODITE *(Black Aphrodite)* ★
Regia di SAUL FILIPSTEIN. Con ANNIQUE BOREL, KLAY HAIF, HARRY STEVENS, AJITA WILSON. ■ C'è un traditore nei servizi segreti. L'incarico di scoprirlo è dato a Tamara, bellissima mulatta. Fra un morto e l'altro, compie la missione. ■ SPIONAGGIO; COL.; 93'; GRECIA, USA, 1979.

NEL MONDO DELLA LUNA *(The Moon's our Home)* ★★★
Regia di WILLIAM A. SEITER. Con BEULAH BONDI, HENRY FONDA, MARGARET SULLIVAN. ■ Un'attrice e uno scrittore, per sfuggire alle noie della notorietà, si rifugiano in un albergo di montagna. Frequentandosi si innamorano. Però sono due caratterini e il matrimonio contratto sull'onda dell'entusiasmo si rivela ben presto un interminabile tafferuglio. La coppia arriva sulle soglie del divorzio. Poi i coniugi fanno la pace. ■ COMMEDIA; B/N; 78'; USA, 1936.

NEL MONDO DELLA LUNA *(Over the Moon)* ★★
Regia di THORNTON FREELAND, WILLIAM K. HOWARD. Con REX HARRISON, MERLE OBERON. ■ Una bella brunetta è fidanzata con un giovane medico. Ma un giorno la ragazza eredita una fortuna dallo zio milionario e si dà alla bella vita, pretendendo che l'amato pianti tutto per starle dietro. Lui dopo un po' si stufa e torna ai suoi malati. Però rimangono innamorati. ■ COMMEDIA; COL.; 91'; GRAN BRETAGNA, 1937.

NEL NOME DEL MALIGNO *(Prime Evil)* ★
Regia di ROBERTA FINDLAY. Con WILLIAM BECKWITH, CHRISTINE MOORE. ■ Una congregazione di religiosi detta dei "monaci demoni" ha firmato un patto col diavolo: i suoi componenti saranno immortali, ma dovranno pagare questo privilegio compiendo sacrifici umani. ■ HORROR; COL.; 95'; USA, 1989.

NEL NOME DEL PADRE ★★★
Regia di MARCO BELLOCCHIO. Con YVES BENEYTON, LAURA BETTI, LOU CASTEL. ■ Alla fine degli anni Cinquanta, un giovane di ricca famiglia emiliana viene mandato in collegio dai preti. Fiero mascalzone, paranoico, imbevuto di teorie naziste mette a soqquadro la scuola provocando scandali, disordini e l'allontanamento di alcuni insegnanti. Alla fine dell'anno però il suo potere cadrà a pezzi. Verrà cacciato dal collegio. ■ COMMEDIA; COL.; 109'; FRANCIA, ITALIA, 1972.

NEL NOME DEL PADRE *(In the Name of the Father)* ★★★🏆
Regia di JIM SHERIDAN. Con JERRY CONCON, DANIEL DAY-LEWIS, JOHN LYNCH, PETE POSTLETHWHAITE, EMMA THOMPSON. ■ Torna il regista de *Il mio piede sinistro*. Il protagonista è un ragazzo cocciuto e non molto ben disposto verso il padre, reo di averlo sempre considerato un buono a nulla. Per avere un po' di indipendenza ruba con dei suoi coetanei. Già avvisato più volte dall'Ira di non insistere su quella strada, dopo l'ennesimo richiamo è costretto a partire per Londra. Qui abita alcuni giorni, con un suo amico, in una comune ma trova l'ostilità di un giovane. Costui, dopo un attentato in un pub, lo denuncia alla polizia britannica. Nonostante non ci siano prove evidenti, viene condannato con la propria famiglia e alcuni amici durante un processo burla. Il terrorista autore dell'attentato confessa, ma la polizia non vuole perdere la faccia e non libera gli innocenti. Un'avvocatessa coraggiosa riesce poi a fare uscire tutti dopo che hanno scontato molti anni di carcere. Molto bravo Daniel Day-Lewis, candidato all'Oscar. Bono degli U2 con Gavin Friday e Sinead O'Connor tra gli interpreti delle canzoni. ■ DRAMMATICO; COL.; 133'; IRLANDA, 1993. ■ BERLINO 🏆 1 PR; DAVID DI DONATELLO 🏆 1 PR, 1 NOM; GOLDEN GLOBES 🏆 4 NOM; OSCAR 🏆 7 NOM.

NEL PAESE DEI SORDI *(Le pays des sourds)* ★★★
Regia di NICHOLAS PHILIBERT. Con ODILE GHERMANI, JEAN-CLAUDE POULAIN. ■ Lezioni, feste in famiglia, momenti di socialità nel mondo dei non udenti, letti dalla macchina da presa con un occhio attento all'orecchio. Non è solo un documentario, è un tentativo, riuscito, di fondere il piano visivo con le esigenze di chi non può sentire. La parola è importante, ma può essere "sentita" anche per altre vie. Il regista ci offre l'opportunità di verificarlo. In Italia circola la versione originale sottotitolata. ■ DOCUMENTARIO; COL.; 99'; FRANCIA, 1992.

NEL PAESE DELLE CREATURE SELVAGGE ★★
(Where the Wild Things Are)
Regia di SPIKE JONZE. Con LAUREN AMBROSE, CHRIS COOPER, CATHERINE KEENER, MAX RECORDS, MARK RUFFALO. ■ Max è un bambino come molti irrequieto, ha una sorella più grande che, come capita spesso, non gli dà molta attenzione e una madre sola che come tante cerca di rifarsi una vita con altri uomini. Un giorno viene rimproverato e lui, insofferente, scappa di casa finendo, dopo un tragitto in barca a vela, in una terra desolata dove trova dei giganteschi mostri dal cuore anche troppo umano che credono a tutto quello che dice e lo incoronano loro re, almeno fino a

quando le sue promesse di spazzare via la tristezza dalla loro vita si rivelano... solo promesse. ■ FANTASTICO; COL.; 101'; USA, 2009.

NEL PALMO DELLA MANO *(En la palma de tu mano)* ★★
Regia di ROBERTO GAVALDÓN. Con ARTURO DE CORDOVA, CARMEN MONTIJO. ■ Protagonista è un chiromante, diventato famoso per la sua capacità stupefacente di leggere passato e futuro. In realtà dispone solo di un ottimo servizio informazioni che gli permette di sapere in anticipo vita e miracoli della clientela. Saputo che una donna ha forse ucciso il marito, finge di essere al corrente di tutto e la ricatta. L'amante della donna tenta di ucciderlo, ma ci rimette la pelle. Il chiromante si mette poi con la vedova, ma la polizia lo scopre e li condanna. ■ DRAMMATICO; B/N; 91'; MESSICO, 1951.

NEL PARADISO DEL PIACERE *(La mafia du plaisir)* ★
Regia di JEAN-CLAUDE ROY. ■ Il documentario mostra i divertimenti dei ricchi che frequentano la Costa Azzurra. ■ DOCUMENTARIO; COL.; 94'; FRANCIA, 1970.

NEL PARADISO TERRESTRE IO VIVO COME EVA ★
(How I Live as Eve)
Regia di ZYGMUNT SULISTROWSKI. Con JUNE ABEL, RITA CHRISTIE, KITTY WOLF. ■ Un tale vende il terreno di un'isoletta a un gruppo di nudisti, ma quando viene a sapere a cosa servirà decide di rescindere il contratto. Si giunge a un compromesso: se i nudisti dimostreranno di saper sopravvivere nell'isoletta deserta avranno diritto al loro terreno. Ci riescono. ■ COMMEDIA; COL.; 92'; USA, 1970.

NEL PIÙ ALTO DEI CIELI ★★
Regia di SILVANO AGOSTI. Con LIVIO BARBO, EDY BIAGETTI, GIORGIO BONORA, GISELLA BURINATO. ■ Un gruppo di persone che hanno ottenuto un'udienza dal papa resta bloccato nell'ascensore del Vaticano. Prima c'è fastidio, poi stupore, poi paura; poi ognuno si abbandona ai propri istinti: violenze, stupri, uccisioni, cannibalismo. Rimane viva solo una suora. Ma è stato solo un incubo; quando l'ascensore si apre tutti ne scendono. ■ DRAMMATICO; COL.; 85'; ITALIA, 1977.

NEL PROFONDO DEL DELIRIO ★★
(Docteur Jeckyll et les femmes)
Regia di WALERIAN BOROWCZYK. Con UDO KIER, MARINA PIERRO, HOWARD VERNON. ■ Alla vigilia delle nozze tra il dottor Jekyll e Fanny Osborne viene rinvenuto il cadavere di una bambina violentata e massacrata a bastonate da un misterioso uomo in frac. Non è che il primo di una lunga serie di delitti, compiuti naturalmente dallo stesso dottore sotto le mentite spoglie di Mister Hyde. A un certo punto la fidanzata scopre tutto e a sua volta sperimenta un diabolico sdoppiamento di personalità. Le scorte di antidoto, però, sono finite e i promessi sposi fanno una strage. ■ HORROR; COL.; 95'; FRANCIA, 1981.

NEL PROFONDO PAESE STRANIERO ★★★
Regia di FABIO CARPI. Con NATALIA BRIZZI, VALERIA CAVALLI, GREGOIRE COLIN, RENÉE FAURE, CLAUDE RICH. ■ Uno dei più grandi scrittori del secolo, René, è diventato cieco. Richiesto in tutto il mondo per tenere affollate conferenze, coltiva dentro di sé il desiderio di morire. Carpi continua coerentemente nella propria ricerca formale che opera sulla parola e sull'immagine per estrarre dall'una e dall'altra i significati più profondi. Cinema d'élite ma di indubbia qualità. ■ DRAMMATICO; COL.; 106'; FRANCIA, ITALIA, SVIZZERA, 1997.

NEL RAGGIO DEL MIO BRACCIO ★★
Regia di GIORGIO TRENTIN. Con RINALDO DAL FABBRO, JOLANDA MODIO, NINO SEGURINI. ■ Per guarire da tentazioni suicide, una ragazza si fa psicanalizzare. In flash-back vediamo tutto il suo passato. ■ DRAMMATICO; B/N; 90'; ITALIA, 1971.

NEL REGNO DEI CIELI *(Au royaume des cieux)* ★★★
Regia di JULIEN DUVIVIER. Con SUZANNE CLOUTIER, SUZY PRIM, SERGE REGGIANI. ■ In un riformatorio femminile arriva una dura direttrice (dalle tendenze morbose) che instaura una disciplina di ferro e perseguita in particolar modo una sensibile fanciulla. Un giorno un fiume in piena allaga l'istituto e la fanciulla ne approfitta per fuggire con il suo innamorato. La direttrice si salva per un pelo dal tentativo di linciaggio da parte di alcune detenute. ■ DRAMMATICO; B/N; 108'; FRANCIA, 1949.

NEL REGNO DELLA FANTASIA *(Let's Go Native)* ★★★
Regia di LEO MCCAREY. Con KAY FRANCIS, JEANETTE MACDONALD, JACK OAKIE. ■ Un gruppo di attori di teatro, capitanato da una bella bionda, naufraga in un isola deserta. Si ritorna alla natura, che si rivela persino più divertente del teatro. ■ COMMEDIA; B/N; 69'; USA, 1930.

NEL REGNO DEL RAGNO ★★
(Dick Tracy – The Spider Strikes)
Regia di JOHN ENGLISH, WILLIAM N. WITNEY. Con RALPH BYRD, CHARLES MIDDLETON, LYNN ROBERTS. ■ Primi episodi del celebre personaggio dei fumetti. Dick Tracy che deve salvare il fratello dallo Zoppo. ■ AVVENTURA; B/N; 63'; USA, 1937.

NEL REGNO DI NAPOLI ★★★
(Neapolitanische Geschwister)
Regia di WERNER SCHROETER. Con TIZIANA AMBRETTI, IDA DI BENEDETTO, ROMEO GIRO, ANTONIO ORLANDO. ■ La vita di una famiglia napoletana dal 1942 ai primi anni Settanta. Maria vive poveramente e muore miseramente. Sua figlia Vittoria, molto carina, schiva per un soffio la strada e finisce disoccupata. Massimo, fratello di Vittoria, si fa incantare da un chiacchierone comunista. Uno spaccato di povera vita partenopea. ■ DRAMMATICO; COL.; 125'; GERMANIA, ITALIA, 1978.

NEL REGNO DI WALT DISNEY ★★★
PROD. DISNEY. ■ Pippo, Pluto, Paperino e altri eroi di Walt Disney si esibiscono in nove episodi, tutti divertenti. ■ ANIMAZIONE; COL.; 91'; USA, 1957.

NEL SEGNO DEL PADRE *(Doing Time on Maple Drive)* ★★
Regia di KEN OLIN. Con WILLIAM MCNAMARA, JAMES B SIKKING, B. WESH. ■ Non molto riuscito questo tentativo di rendere psicologicamente il dramma di un giovane omosessuale. Quest'ultimo vive in una famiglia cosiddetta per bene, assieme alla madre e a un padre autoritario che ha segnato psicologicamente altri due figli. Il ragazzo, che stava per prendere moglie e si è tirato indietro per via della sua natura, confessa tutto al padre. Visto il temperamento rigido è ovvia la reazione scomposta del genitore. ■ DRAMMATICO; COL.; 95'; USA, 1991.

NEL SEGNO DI ROMA – LA REGINA DEL DESERTO ★★
Regia di GUIDO BRIGNONE. Con ANITA EKBERG, GEORGES MARCHAL, JACQUES SERNAS. ■ Zenobia, bella regina di Palmira, provincia romana nell'odierna Siria, si ribella all'imperatore e s'innamora poi di Marco Valerio, ufficiale romano prima catturato e poi passato dalla sua parte. Marco tuttavia manovra per far trionfare l'esercito romano sui ribelli: Zenobia, condotta in catene a Roma, sarà liberata dallo stesso condottiero. Sceneggiatura di Sergio Leone, collaborazione alla regia di Michelangelo Antonioni. ■ AVVENTURA; COL.; 95'; FRANCIA, GERMANIA, ITALIA, 1958.

NEL SOLE – I DUE CAMERIERI ★
Regia di ALDO GRIMALDI. Con AL BANO, LINDA CHRISTIAN, FRANCO FRANCHI, CICCIO INGRASSIA, ROMINA POWER. ■ Storiella patetico-sentimentale di uno studente liceale, Carlo, che per farsi voler bene dalla compagna di scuola Lorena, di cui è innamorato, finge di essere un rampollo di ricca famiglia, mentre in realtà, per vivere, fa il cameriere. ■ COMMEDIA; COL.; 93'; ITALIA, 1967.

NEL TEMPO DEGLI UOMINI TALPA ★★
(The Mole People)
Regia di VERGIL W. VOGEL. Con JOHN AGAR, CYNTHIA PATRICK. ■ Capitato in una città sotterranea, un gruppo di scienziati viene fatto prigioniero. Con l'aiuto di altri prigionieri, riguadagnano la libertà, salvandosi così dal terremoto che seppellisce la città. ■ FANTASTICO; B/N; 91'; USA, 1960.

NEL TEXAS CADEVANO LE STELLE ★★
(The Stars Fell on Henrietta)
Regia di JAMES KEACH. Con BRIAN DENNEHY, ROBERT DUVALL, FRANCES FISHER, AIDAN QUINN. ■ Un film prodotto da Clint Eastwood e ambientato nel Texas. Un contadino cade vittima delle allucinazioni di un indovino. Costui si è convinto che se l'uomo

perfora il suo terreno troverà il petrolio. ■ DRAMMATICO; COL.; 110'; USA, 1995.

NEL TUO CORPO L'INFERNO *(Tread Softly Stranger)* ★★
Regia di GORDON PARRY. Con PATRICK ALLEN, GEORGE BAKER, DIANA DORS, TERENCE MORGAN. ■ Storiella di due fratelli, uno buono e uno cattivo. Il buono vince una grossa somma ai cavalli, il cattivo fa una rapina. Anche il buono finisce in galera, ma si conquista l'amore della solita bellona. ■ DRAMMATICO; B/N; 91'; GRAN BRETAGNA, 1958.

NEMA PROBLEMA ★★
Regia di GIANCARLO BOCCHI. Con LABINA MITEVSKA, ZAN MOROLT, VINCENT RIOTTA, FABRIZIO RONGIONE. ■ Lorenzi, un famoso inviato di guerra, vuole scoprire a tutti i costi l'identità del misterioso "Comandante Jako", ritenuto autore di gesti eroici ma anche di orrendi crimini. Non riuscendoci, il giornalista comincia ad inventare storie manipolando la verità. Bocchi, dopo il documentario *Morte di un pacifista* fa il suo dignitoso esordio al cinema con un film che affronta un tema importante come quello dell'informazione dai luoghi di guerra. ■ DRAMMATICO; COL.; 96'; ITALIA, 2004.

NÉ MARE NÉ SABBIA *(Neither the Sea, nor the Sand)* ★★
Regia di FRED BURNLEY. Con FRANK FINLAY, SUSAN HAMPSHIRE, MICHAEL PETROVITCH. ■ Una donna si innamora di una pilota mentre è in vacanza su un'isola. La loro felicità è grande, i due stanno per raggiungere la Scozia quando lui muore d'infarto. Ma ecco che il pilota ritorna se non altro come presenza e sta vicino alla sua compagna. La felicità sarà di nuovo completa quando anche lei morirà. ■ FANTASTICO; COL.; 95'; GRAN BRETAGNA, 1972.

NEMESI *(Nemesis)* ★★
Regia di ALBERT PYUN, DAVID TUCKER. Con ALISON SKILBECK, ANN QUEENSBERRY, ANNA CROPPER, JANE BOOKER, HELEN CHERRY, DEBORAH SHELTON, LIZ FRASER, OLIVIER GRUNER, NICHOLAS GUEST, ROGER HAMMOND, JOANNA HOLE. ■ *Quadrato bianco su fondo bianco*. Questo titolo di un famoso quadro di Mondrian funziona alla perfezione come metafora dell'enigma che Miss Marple deve risolvere. Un enigma che appartiene ai ricordi del passato e al cui centro giace il corpo di una ragazza strangolata e con il volto orribilmente deturpato. ■ POLIZIESCO; COL.; 60'; GRAN BRETAGNA, USA, 1987.

NEMICA, LA ★★★
Regia di GIORGIO BIANCHI. Con ELISA CEGANI, FRANK LATIMORE, VIRA SILENTI. ■ Anna, una nobildonna, non sopporta l'idea che Roberto, figlio naturale del suo defunto marito, goda dei diritti di primogenito a scapito di Gastone, figlio legittimo. Pur avendo giurato di non rivelare l'origine illegittima di Roberto, gli è ostile. Avviene che la figlia del notaio di famiglia faccia in modo che Roberto capisca di essere figlio naturale. Ma c'è un malinteso: Roberto crede di essere figlio di una relazione illegittima della madre e le fa capire che le vuole, nonostante tutto, ancora più bene. La guerra intanto si porta via Gastone; la nobildonna finalmente considera come figlio suo Roberto, reduce dal fronte. ■ DRAMMATICO; B/N; 92'; ITALIA, 1951.

NEMICHE AMICHE *(Stepmom)* ★★★
Regia di CHRIS COLUMBUS. Con LIAM AIKEN, ED HARRIS, JENA MALONE, JULIA ROBERTS, SUSAN SARANDON. ■ Rapporto tra madre naturale e matrigna con tanto di morte per tumore che risolve più di una questione. Columbus, un esperto di plot vincenti, gioca tutto sulla bravura delle due interpreti. Che sanno come cavarsela. Quando poi ci si può avvalere di Ed Harris, uno dei più grandi attori non protagonisti di Hollywood, il gioco è fatto. ■ DRAMMATICO; COL.; 124'; USA, 1998. ■ GOLDEN GLOBES 1 NOM.

NEMICI *(Feinde)* ★
Regia di VICTOR TOURJANSKY. Con WILLY BIRGEL, BRIGITTE HORNEY. ■ 1939, territorio di confine fra Germania e Polonia. Stanchi di sottostare al predominio di una fazione polacca orientata verso il marxismo, alcuni tedeschi passano, superando una serie di ostacoli, il confine con la Germania. ■ GUERRA; B/N; 91'; GERMANIA, 1941.

NEMICI DELLA LEGGE, I *(Guns of the Law)* ★★
Regia di ELMER CLIFTON. Con JENNIFER HOLT, JAMES NEWILL, DAVE TEX O'BRIEN. ■ Un losco trafficante, che mira ad appropriarsi delle terre dei vicini dando a vedere di proteggerli, raggira un ufficiale sudista a riposo soffiandogli i possedimenti. Ma un abile poliziotto di frontiera smaschera il colpevole. ■ WESTERN; B/N; 93'; USA, 1945.

NEMICI DELLE DONNE, I *(Ever Since Eve)* ★★
Regia di GEORGE MARSHALL. Con MARY BRIAN, HERBERT MUNDIN, GEORGE O'BRIEN. ■ Un giovanotto dell'Ovest eredita una fortuna a New York. Si innamora di una ragazza, ma poi scopre (o crede di scoprire) che è interessata solo ai suoi quattrini. La lascia e poi ci ripensa. Intanto è nata una bambina. ■ SENTIMENTALE; B/N; 90'; USA, 1934.

NEMICI DI IERI *(Yesterday's Enemy)* ★★
Regia di VAL GUEST. Con STANLEY BAKER, GUY ROLFE. ■ Il comandante di un reparto inglese che si batte in Birmania contro i giapponesi (siamo nel 1943) è fanatico sostenitore del pugno di ferro. Non esita a far fucilare dei civili e a lasciar uccidere i suoi commilitoni. Morirà lui stesso nel tentativo di ricongiungersi con il grosso degli inglesi. ■ GUERRA; B/N; 95'; GRAN BRETAGNA, 1960.

NEMICI D'INFANZIA ★★
Regia di LUIGI MAGNI. Con RENATO CARPENTIERI, PAOLO MARANO, GIORGIA TARTAGLIA. ■ Iniziazione alla Resistenza di Paolo, adolescente romano, durante l'occupazione della città da parte dei tedeschi nel 1944. Malgrado la giovane età, Paolo è costretto a scegliere tra l'impegno politico e l'amore per Luciana, figlia di un pericoloso torturatore fascista. La lotta per la libertà avrà il sopravvento sui sentimenti. Tratto da un libro autobiografico scritto dal regista. ■ DRAMMATICO; COL.; 101'; ITALIA, 1994.

NEMICI NATURALI *(Natural Enemies)* ★★
Regia di JEFF KANEW. Con LOUISE FLETCHER, HAL HOLBROOK, VIVECA LINDFORS. ■ Un uomo si sveglia una mattina con l'idea di dover uccidere tutti i suoi familiari. La cosa gli sembra perfettamente logica. Al punto che si mette a parlare delle sue intenzioni con i conoscenti, che naturalmente lo prendono per matto, drogato, o entrambe le cose. ■ DRAMMATICO; COL.; 87'; USA, 1979.

NEMICI PER... LA PELLE – IL TATUATO ★★★
(Le tatoué)
Regia di DENYS DE LA PATELLIÈRE. Con LOUIS DE FUNÈS, JEAN GABIN, PAUL MERCEY. ■ Un ufficiale della Legione straniera a riposo ha una schiena preziosa, visto che reca un tatuaggio firmato nientemeno che da Modigliani. Un antiquario, che a tutti i costi vuole l'insolito dipinto, fa con lui un contratto: in cambio del Modigliani si impegna a restaurare la sua casa-castello. Dopo continue difficoltà per rispettare l'accordo, l'antiquario si decide a trasferirsi nel maniero dell'ufficiale. ■ COMMEDIA; COL.; 87'; FRANCIA, 1967.

NEMICI, UNA STORIA D'AMORE ★★★
(Enemies, a Love Story)
Regia di PAUL MAZURSKY. Con ANJELICA HUSTON, LENA OLIN, RON SILVER. ■ Il film è ispirato a un romanzo dello scrittore Isaac B. Singer, insignito del premio Nobel. Il protagonista è ebreo ed è riuscito a sfuggire all'olocausto, sposandosi poi con la dolce e servile Yadwiga. A New York si invaghisce di Masha con cui ha una relazione e come se non bastasse riappare Tamara, la prima moglie che credeva uccisa dai tedeschi. Un film allegro e pieno di notazioni argute che ci riporta al meglio la vena, un po' prosciugata prima di questa prova, di Paul Mazursky, che dà il meglio di sé quando tratta argomenti più vicini alla sua origine. ■ COMMEDIA; COL.; 120'; USA, 1989. ■ OSCAR 2 NOM.

NEMICO, IL ★★
Regia di GUGLIELMO GIANNINI. Con PAOLA BORBONI, EVI MALTAGLIATI, LUIGI PAVESE. ■ In una villa inglese si succedono due oscuri omicidi: prima quello di un domestico, poi, a indagini iniziate, quello del giardiniere. Un microfono sistemato in un pianoforte e utilizzato da un membro della famiglia per comunicare con spie nemiche spiega il mistero. Il colpevole verrà ucciso. ■ GIALLO; B/N; 93'; ITALIA, 1942.

NEMICO ALLE PORTE, IL *(Enemy at the Gates)* ★★
Regia di JEAN-JACQUES ANNAUD. Con JOSEPH FIENNES, ED HARRIS, BOB HOSKINS, JUDE LAW, RACHEL WEISZ. ■ Stalingrado è stretta nella morsa nazista e ogni metro di terreno viene conteso armi in pugno. Il tiratore scelto Vassili Zaitsev abbatte uno dopo l'altro i tedeschi. Il commissario politico Danilov fa di lui un potente mezzo di propaganda. È l'eroe sovietico per eccellenza che non sbaglia un colpo. Un maggiore tedesco, König, decide di sfidarlo sul suo stesso terreno: la precisione nella mira. I due si inseguono a lungo fino a che il tiratore russo l'avrà vinta. Annaud, grande organizzatore di scene di massa, non è in grado di conferire epicità ad alcunché. Così come per *Il nome della rosa* aveva scelto il taglio giallistico, elidendo qualsiasi altra interpretazione, qui sceglie la linea western. ■ GUERRA; COL.; 129'; GERMANIA, GRAN BRETAGNA, IRLANDA, 2001.

NEMICO AMATO *(Beloved Enemy)* ★★★
Regia di HENRY C. POTTER. Con BRIAN AHERNE, DAVID NIVEN, MERLE OBERON. ■ Mentre in Irlanda divampa la lotta per l'indipendenza contro l'Inghilterra, il governo inglese manda un plenipotenziario a Dublino per tentare una soluzione non violenta. L'amore che sboccia fra la figlia dell'inviato inglese e il capo dei ribelli d'Irlanda giova molto alla causa della pace. ■ DRAMMATICO; B/N; 90'; USA, 1947.

NEMICO CI ASCOLTA, IL *(Air Raid Warden)* ★★★
Regia di EDWARD SEDGWICK. Con OLIVER HARDY, STAN LAUREL. ■ Non accettati dalle Forze armate per i troppi guai combinati, Stanlio e Ollio scoprono per caso una congiura di spie. ■ COMICO; B/N; 67'; USA, 1943.

NEMICO DELL'IMPOSSIBILE, IL *(The Go-Getter)* ★★
Regia di BUSBY BERKELEY. Con GEORGE BRENT, ANITA LOUISE. ■ Perduta una gamba in un infortunio aviatorio, un pilota americano non si rassegna al suo dramma e lotta per realizzarsi in un altro campo. Assunto da una grossa impresa commerciale, brucia le tappe fino a essere nominato direttore generale. ■ COMMEDIA; B/N; 90'; USA, 1937.

NEMICO DEL POPOLO, UN *(An Enemy of the People)* ★★
Regia di GEORGE SCHAEFER. Con BIBI ANDERSSON, CHARLES DURNING, STEVE MCQUEEN. ■ Dal lavoro teatrale di Ibsen (sceneggiatura di Arthur Miller). La storia, quanto mai attuale, è quella di un medico che scopre la possibilità d'inquinamento nella regione dove si trova la sua città. Ma la scoperta, se diffusa, provocherebbe la crisi di molte attività economiche del luogo. I maggiorenti, capeggiati dallo stesso fratello del dottore, prima tentano di mettere a tacere l'uomo, poi lo fanno allontanare dalla città. ■ DRAMMATICO; COL.; 103'; USA, 1977.

NEMICO DI FUOCO, IL *(The Flame Barrier)* ★
Regia di PAUL LANDRES. Con ROBERT BROWN, KATHLEEN CROWLEY, ARTHUR FRANZ. ■ Uno scienziato si è perduto nella giungla, mentre cercava di recuperare un meteorite caduto sulla Terra. La moglie di lui si unisce alla spedizione organizzata per rintracciarlo. Dopo aver incontrato molti segni di distruzione e morte, scopre il corpo del marito imprigionato in un'orrenda massa gelatinosa. Ma i nostri riescono ad aver ragione del mostro extraterrestre e a salvarsi. ■ FANTASCIENZA; B/N; 92'; USA, 1958.

NEMICO DI MIA MOGLIE – IL MARITO BELLO, IL ★★★
Regia di GIANNI PUCCINI. Con VITTORIO DE SICA, MARCELLO MASTROIANNI, GIOVANNA RALLI. ■ Gran bravo ragazzo, ma distratto e pasticcione, e con il pallino di fare l'arbitro di calcio, Marco mette in crisi il suo matrimonio con Luciana, che vorrebbe vederlo sistemato e con un impiego sicuro. Ci si mette anche la gelosia e Marco torna a vivere col padre, accettando un barboso lavoro di bibliotecario. Ma il richiamo del calcio è troppo forte e la domenica scappa ad arbitrare. Coinvolto in una serie di disavventure, viene infine picchiato dai tifosi. ■ COMMEDIA; B/N; 100'; ITALIA, 1959.

NEMICO DI NAPOLEONE, IL *(Young Mr. Pitt)* ★★★
Regia di CAROL REED. Con ROBERT DONAT, HERBERT LOM, ROBERT MORLEY. ■ La storia di William Pitt il Giovane, il primo ministro inglese che combatte e vince Napoleone. ■ STORICO; B/N; 118'; USA, 1948.

NEMICO IN CASA, IL *(Home-wrecker)* ★
Regia di FRED WALTON. Con ROBBY BENSON, SARAH ROSE KARR, SIDNEY WALSH. ■ Un inventore realizza una cameriera robot che adempie anche ai doveri coniugali. Peccato che lui abbia già moglie e che costei non gradisca. ■ DRAMMATICO; COL.; 83'; USA, 1992.

NEMICO INVISIBILE, IL *(Charlie Chan in London)* ★★★
Regia di EUGENE FORDE. Con KEYE LUME, WARNER OLAND. ■ In una villa signorile avviene un omicidio. Ne è stato accusato un giovane che sta per essere giustiziato. L'abile detective cinese Charlie Chan ne dimostra l'innocenza a tempo di record. Con un'astuta mossa Chan fa cadere nella trappola della giustizia il vero colpevole. ■ GIALLO; B/N; 79'; USA, 1936.

NEMICO NELL'OMBRA, IL *(Fair Warning)* ★★★
Regia di ALFRED L. WERKER. Con GEORGE BRENT, GEORGE O'-BRIEN, NAT PENDLETON. ■ Un misterioso individuo uccide a ripetizione. Sembra che nessuno riesca a scoprirlo e a punirlo dei suoi misfatti, ma non è così. Sarà uno scanzonato cowboy a dargli la paga. ■ WESTERN; B/N; 94'; USA, 1931.

NEMICO PER AMICO, UN *(Après la guerre)* ★★
Regia di JEAN-LOUP HUBERT. Con RICHARD BOHRINGER, ANTOINE HUBERT, JULIEN HUBERT. ■ Siamo sul finire della seconda guerra mondiale, in un piccolo paese francese, in Provenza. Dopo la fuga per la sopravvivenza due bambini fanno conoscenza con un soldato tedesco che ha disertato. Nonostante i timori da ambedue le parti nasce un'amicizia che sfocia in un sacrificio. I due ragazzi sono i veri figli del regista. In Francia è stato accolto da un buon successo mentre da noi è passato in sordina. ■ DRAMMATICO; COL.; 105'; FRANCIA, 1989.

NEMICO PUBBLICO *(Public Enemy)* ★★★
Regia di WILLIAM A. WELLMAN. Con JOAN BLONDELL, JAMES CAGNEY, MAE CLARKE, JEAN HARLOW, EDWARD WOODS. ■ Dal furtarello alla rapina a mano armata all'omicidio: è la rapida, tragica escalation di Matt e Tom, due ragazzi di umile ma onesta famiglia che scelgono irrimediabilmente la carriera del crimine a Brooklyn nell'epoca del proibizionismo. Matt ha nausea della malavita, ma segue Tom, di cui è succube, finché non viene ucciso in una sparatoria fra bande rivali. Tom, ferito, anela, mentre è ricoverato in ospedale, a un ritorno in famiglia. Ci tornerà, ma cadavere, fatto fuori dai gangster nemici. ■ DRAMMATICO; B/N; 84'; USA, 1931. ■ OSCAR 1 NOM.

NEMICO PUBBLICO *(Enemy of the State)* ★★★
Regia di TONY SCOTT. Con GENE HACKMAN, JASON ROBARDS, WILL SMITH, JON VOIGHT. ■ Viene assassinato un politico che si batteva a favore della privacy. L'assassino è il solito megalomane patriota della Cia deviata: vorrebbe controllare tutto e tutti. Qualcuno ha casualmente filmato l'omicidio e il nostro diventa l'oggetto più ricercato d'America. Arriva a un avvocato nero (Smith), e a un vecchio agente (Hackman). Microfoni, pedinamenti, satelliti... Film di lunga tensione che adempie alla sua funzione. Incomprensibile il successo di Will Smith, presuntuoso, cattivo attore, che si muove a mezza strada fra Murphy e Washington. Sempre bravo Hackman, che ricorda vagamente il personaggio che lo lanciò nella *Conversazione* di Coppola. ■ THRILLER; COL.; 130'; USA, 1998.

NEMICO PUBBLICO *(Public Enemies)* ★★★
Regia di MICHAEL MANN. Con CHRISTIAN BALE, MARION COTILLARD, BILLY CRUDUP, JOHNNY DEPP, STEPHEN DORFF. ■ John Dillinger è un fuorilegge col vizio del baseball, del cinema e delle macchine veloci. A colpi di Thompson e a capo di una gang armata, rapina banche ed estingue i debiti degli americani impoveriti dalla Grande Depressione. Le sue fughe rocambolesche e temerarie gettano imbarazzo e sconforto sulle istituzioni e su Edgar Hoover, ambizioso direttore del Bureau of Investigation. Elegante ed impavido, Dillinger ha un proiettile sempre in canna e un cappotto per ogni occasione e per ogni signora. La sua nemesi, efficiente e laconica, ha il volto e il garbo dell'agente Melvin Purvis, determinato ad accomodarlo sulla sedia elettrica. Decimata la

sua compagine di criminali e assediato dalla polizia, Dillinger sceglierà di farsi uccidere fuori da un cinema. ■ DRAMMATICO; COL.; 143′; USA, 2009.

NEMICO PUBBLICO N. 1, IL *(L'ennemi public n. 1)* ★★★
Regia di HENRI VERNEUIL. Con FERNANDEL, ZSA ZSA GABOR. ■ In questa gustosa satira dei film gialli americani il povero Joe, afflitto da una miopia da talpa, indossa per errore l'impermeabile di un pericoloso gangster reduce da una rapina. Di qui una serie di equivoci che coinvolgono Joe. ■ COMMEDIA; B/N; 105′; FRANCIA, ITALIA, 1953.

NEMICO PUBBLICO N. 1 – ISTINTO DI MORTE *(L'Instinct de mort)* ★★★
Regia di JEAN-FRANÇOIS RICHET. Con ELENA ANAYA, VINCENT CASSEL, CÉCILE DE FRANCE, GÉRARD DEPARDIEU, ROY DUPUIS. ■ Si inizia con l'uccisione, esecuzione, nel traffico parigino di Jacques Mesrine. Attorno alla sua figura, quella di un gangster mediatico, narcisista e violento, Richet costruisce un dittico concepito come due film autonomi, basato sull'autobiografia scritta in carcere dallo stesso Mesrine. Tornato dalla guerra d'Algeria Mesrine rifiuta il lavoro proposto dal padre e inizia un'ascesa senza precedenti nella malavita locale, tra rapine e sparatorie. Malgrado le suppliche della moglie spagnola che gli darà tre figli, diventa, tra gli anni Sessanta e Settanta, il gangster più ricercato di Francia. Costretto all'esilio in Canada, sarà arrestato e fuggirà in modo rocambolesco da una delle prigioni più dure dello stato. ■ AZIONE; COL.; 113′; FRANCIA, CANADA, ITALIA, 2008.

NEMICO PUBBLICO N. 1 – L'ORA DELLA FUGA (PARTE II) *(L'Ennemi public n° 1)* ★★
Regia di JEAN-FRANÇOIS RICHET. Con VINCENT CASSEL, GÉRARD LANVIN, LUDIVINE SAGNIER. ■ Seconda parte della biografia di Jacques Mesrine, il gangster più ricercato della storia di Francia. Dopo la vertiginosa ascesa nel crimine e nella violenza, Mesrine torna a Parigi e diventato ormai leggenda, intraprende una guerra mediatica e reale con la polizia. Evade due volte di prigione, gioca al gatto e il topo con il commissario Broussard al punto da brindare con lo champagne durante uno storico arresto. ■ AZIONE; COL.; 130′; FRANCIA, CANADA, 2009.

NEMMENO IL DESTINO ★★
Regia di DANIELE GAGLIANONE. Con STEFANO CASSETTI, MAURO CORDELLA, GINO LANA, FABRIZIO NICASTRO, MARINELLA OLLINO. ■ Vuoto, solitudine, spaesamento, comportamenti antisociali: i tre protagonisti di questa seconda opera di Daniele Gaglianone (*I nostri anni*) vivono una dimensione di degrado prima che sociale, affettivo. Sopravvivono in una città desolata e postindustriale senza una meta, senza un appoggio, ognuno con un fardello pesante di ricordi e di incubi ben presenti e reali. Poi uno sparisce, se ne va. Un altro si suicida e Alessandro, il sopravvissuto, cerca di ricomporre i pezzi della sua breve quanto travagliata esistenza. Gaglianone sovrappone i piani narrativi, incrocia le storie e cerca di esprimere, attraverso uno stile spesso convulso di intricate trame visive e sonore, il travaglio dei protagonisti e l'intrigo emozionale che li agita. ■ DRAMMATICO; COL.; 110′; ITALIA, 2004.

NEMMENO IN UN SOGNO ★
Regia di GIANLUCA GRECO. Con GIUSEPPE BATTISTON, FABIO BUSSOTTI, ROBERTO DE FRANCESCO, CLAUDIA MUZII, ANDREA PRODAN, MARTINA STELLA, AHMED URGULU. ■ Un pastore di una remota regione asiatica, incaricato di consegnare una valigia a due sconosciuti, sbarca clandestinamente sulle coste della Puglia, si trova per caso coinvolto nella bella vita di un villaggio turistico. Scambiato per uomo sensibile e saggio, si trasforma in una sorta di profeta in mezzo ai villeggianti. Se avete un bel ricordo di *Oltre il giardino* perché rovinarvelo andando a vedere questo filmetto che cita cinema qua e là a caso? ■ COMMEDIA; COL.; 85′; ITALIA, 2002.

NENÈ ★★★
Regia di SALVATORE SAMPERI. Con LEONORA FANI, RITA SAVAGNONE, TINO SCHIRINZI, PAOLA SENATORE. ■ Due bimbi (Ju il maschietto e Pa la femmina) vivono in una famiglia difficile e isterica. Ju non vede l'ora di crescere, di essere adulto. Una svolta importante nella sua vita è l'arrivo della quindicenne Nenè, ragazzina matura e disinibita. Ju scopre il sesso con Nenè. Ma il dramma scoppia quando il padre trova Ju in compagnia di Nenè e di un suo amante. Sono botte e frustate per tutti. ■ DRAMMATICO; COL.; 100′; ITALIA, 1977.

NENETTE E BONI *(Nenette et Boni)* ★★
Regia di CLAIRE DENIS. Con VALERIA BRUNI TEDESCHI, GREGOIRE COLIN, VINCENT GALLO, ALICE HOURI. ■ Il rapporto tra un fratello e una sorella. Lui è un pizzaiolo che ama una ragazza senza particolari qualità. Arriva la sorella incinta e tutto si complica. Le musiche sono del gruppo rock d'avanguardia Tindersticks. Claire Denis si dimostra una regista in crescendo. ■ DRAMMATICO; COL.; 115′; FRANCIA, 1996.

NENNELLA ★★
Regia di RENATO MAY. Con LUISELLA BEGHI, PIERO PALERMINI, VERA ROL. ■ Un napoletano emigrato in America ha lasciato morendo un'eredità principesca a un suo figlio naturale che vive a Napoli. Un uomo e la sua amante, due tipacci senza scrupoli venuti dall'America, scoprono l'erede, il pittore e musicista Alberto, e si propongono di farlo fuori. Ma la donna s'innamora della vittima designata, i due amanti si eliminano a vicenda e Alberto può sposare la sua fidanzata Nennella e intascare l'eredità. ■ DRAMMATICO; B/N; 92′; ITALIA, 1948.

NEON MANIACS ★
Regia di JOSEPH MARGINE. Con ALAN HAYES, DONNA LOCKE, DAVID MUIR. ■ A San Francisco mentre si festeggia il compleanno di Natalie, la festa è guastata dall'arrivo di dodici orride creature (forse extraterrestri) che massacrano gli invitati. Rimangono vivi solo Natalie e altri due, ma fino a quando? ■ FANTASTICO; COL.; 90′; USA, 1986.

NÉ ONORE NÉ GLORIA *(Lost Command)* ★★★
Regia di MARK ROBSON. Con CLAUDIA CARDINALE, ALAIN DELON, ANTHONY QUINN, GEORGE SEGAL. ■ Guerra d'indipendenza algerina. Un reggimento francese di parà comandato dal duro colonnello Raspeguy conduce la repressione della rivolta con spietata ferocia. Il tenente Esclavier s'innamora di una giovane algerina, ma non rifiuta di torturarla quando viene a sapere che si tratta della sorella di Mahidi, il capo dei ribelli. Scosso da quest'esperienza, assiste poi con disgusto all'uccisione di Mahidi. ■ GUERRA; COL.; 130′; USA, 1966.

NE PARLIAMO LUNEDÌ ★★★
Regia di LUCIANO ODORISIO. Con ELENA SOFIA RICCI, ANDREA RONCATO. ■ Una specie di *Il postino suona sempre due volte* versione alta Italia. Ci troviamo in un luogo sperduto e distante o, meglio, poco visibile, dall'autostrada. Due coniugi, Nico e Alma, posseggono un alberghetto con una vaga rassomiglianza ai motel americani denominati *Holiday Inn*. Infatti il nome è Motel Nevada. Siamo durante l'estate, marito e moglie fanno i loro giochetti erotici privati. Alma fa anche un pensierino su un certo Marcello, disc-jockey rampante. Dietro l'angolo però c'è l'imprevedibile e il crimine pronto ad esplodere. Ben girato e ben recitato, è un film anomalo e può essere considerato, ancora oggi, il lavoro più riuscito di Odorisio. ■ COMICO; COL.; 100′; ITALIA, 1990. ■ DAVID DI DONATELLO 1 PR, 1 NOM.

NERO ★★
Regia di GIANCARLO SOLDI. Con CHIARA CASELLI, SERGIO CASTELLITTO, LUIS MOLTENI. ■ Un uomo è stato assassinato con un taglio alla gola. Il cadavere è rinvenuto dal protagonista che sospetta della propria ragazza. Dopo un tentativo di nascondere il cadavere il mistero s'infittisce. Il finale non indica una via d'uscita, ma crea molti interrogativi. Dal romanzo di Tiziano Sclavi, ideatore del celebre fumetto *Dylan Dog*. Pieno di citazioni dai fratelli Coen a Dario Argento, il film pur avendo molte sequenze visionarie azzeccate, ne ha altrettante meno riuscite. Non si capisce la presenza della bella canzone di Guccini in una sequenza, che smorza la tensione. ■ GIALLO; COL.; 100′; ITALIA, 1992.

NERO BIFAMILIARE ★★
Regia di FEDERICO ZAMPAGLIONE. Con GIANFRANCO BARRA, ILARIA CRAMEROTTI, EMILIO DE MARCHI, CLAUDIA GERINI, ADRIANO GIANNINI, MAX GIUSTI, YARI GUGLIUCCI, CINZIA LEONE, LUCA LIONELLO, ERNESTO MAHIEUX, ANNA MARCELLO, REMO REMOTTI. ■ Nera commedia metropolitana. Marina e Vitto-

rio sono giovani, belli, felici e innamorati. Hanno tutto. Compresa una villetta bi-familiare in un quartiere elegante. Attorno a loro orbita uno strano vicinato, e soprattutto la coppia formata dal rumeno Slatko e dall'ambigua Bruna. Un giorno il ridente e super ammobiliato appartamento di Marina e Vittorio viene svaligiato e la colpa di tutto viene velocemente addossata sui vicini. In un'ossessiva sete di vendetta e giustizia, la situazione presto degenera in un turbinio che rasenta la follia. Esordio alla regia per Federico Zampaglione, cantante e leader dell'ormai storica band pop-rock Tiromancino. ■ COMMEDIA; COL.; 90′; ITALIA, 2006.

NERO CRIMINALE – LE BELVE SONO FRA NOI ★
(Frightmare)
Regia di PETER WALKER. Con RUPERT DAVIES, DEBORAH FAIRAX, SHEILA KEITH. ■ Storia disgustosa di una donna e di sua figlia che mangiano carne umana. ■ DRAMMATICO; COL.; 90′; GRAN BRETAGNA, 1977.

NERO INFINITO ★
Regia di GIORGIO BRUNO. Con GIUESEPPE CALACIURA, EGLE DORIA, ROSARIO PETRIX, FRANCESCA RETTONDINI, RICCARDO MARIA TARCI. ■ Due agenti della polizia indagano su una serie di omicidi che sembrano ricalcare le storie dei libri di una nota scrittrice. Poliziesco e thriller sono l'ispirazione di questo film che in nessun momento fa mistero di voler ritrarre archetipi narrativi: poliziotti e criminali che non esistono nella realtà ma che sono stati accreditati nei decenni dal cinema. ■ HORROR; COL.; 82′; ITALIA, 2013.

NEROLIO ★★
Regia di AURELIO GRIMALDI. Con MARCO CAVICCHIOLI, VINCENZO CRIVELLO, LUCIA SARDO. ■ Una nuova storia di Pasolini. Questa volta incentrata sulla sua vita privata, che scivola per forza di cose "nel torbido e nello scandalo". Forse a Pasolini non sarebbe dispiaciuta questa ricerca legata alla semplice "ideologia della vita". Sono tre storie omosessuali. In Sicilia lo scrittore frequenta un gruppo di ragazzi di vita. Uno studente vuole conoscere il suo idolo e millanta una tesi su di lui. Infine Pasolini e il suo assassino. Il film ha visto la luce dopo due anni di attesa. ■ BIOGRAFICO; B/N; 90′; ITALIA, 1996.

NERONE ★★★
Regia di ALESSANDRO BLASETTI. Con MERCEDES BRIGNONE, GRAZIA DEL RIO, ETTORE PETROLINI. ■ Petrolini, con l'aiuto di Blasetti, porta sullo schermo i suoi lazzi. ■ COMICO; B/N; 81′; ITALIA, 1930.

NERONE ★★
Regia di MARIO CASTELLACCI, PIER FRANCESCO PINGITORE. Con PAOLA BORBONI, MARIA GRAZIA BUCCELLA, PIPPO FRANCO, ORESTE LIONELLO, ENRICO MONTESANO, PAOLO STOPPA, PAOLA TEDESCO. ■ Una parodia delle vicende di Nerone. Odiato dai cristiani e dal suo amico Seneca, Nerone si salva travestendosi da Gesù e inducendo Pietro a rinunciare ai suoi progetti rivoluzionari. ■ COMMEDIA; COL.; 90′; ITALIA, 1976.

NERONE E MESSALINA ★★
Regia di PRIMO ZEGLIO. Con PAOLA BARBARA, GINO CERVI, YVONNE SANSON. ■ Versione malamente romanzata delle malefatte di Nerone, imperatore inetto e dissoluto. ■ STORICO; B/N; 106′; ITALIA, 1953.

NERONE '71 ★★
Regia di WALTER FILIPPI. Con GINO BRAMIERI, MARIA GRAZIA BUCCELLA, MEMMO CAROTENUTO, MARISA MERLINI. ■ I componenti di una famigliola di provincia vanno a Roma per motivi diversi. Sandrina, la figlia, insegue la fortuna nel cinema e intende protestare, spalleggiata dalla madre, per non essere stata scelta al concorso di bellezza indetto per il film *Nerone '71*. Il papà, Guglielmo, vuole invece prender parte a un concorso per arbitri di calcio. ■ COMICO; B/N; 92′; ITALIA, 1962.

NEROSUBIANCO ★★
Regia di TINTO BRASS. Con TERRY CANTER, ANITA SANDERS, NINO SEGURINI. ■ Barbara, a Londra col marito, è una donna italiana sessualmente repressa. Se ne accorge attraversando la città e facendo sogni erotici ad occhi aperti per via di un nero che la segue e che le ha scatenato la fantasia. Influenzata dall'atmosfera di libertà di Londra, mette da parte il suo complesso e accetta di andare col nero. Dopo di che torna felice dal marito. ■ COMMEDIA; COL.; 89′; ITALIA, 1968.

NERO VENEZIANO ★
Regia di UGO LIBERATORE. Con RENATO CESTIÉ, FABIO GAMMA, RENA NIEHAUS, JOSÉ QUAGLIO, YORGO VOYAGIS. ■ Christine e Mark sono fratelli un po' particolari. Lui, cieco, vede spesso il diavolo, e lei gestisce alcune prostitute. L'ambiente è quello della Giudecca a Venezia. Tra un fatto strano e una morte orrenda, si scopre che Mark è il demonio. ■ HORROR; COL.; 93′; ITALIA, 1978.

NERVI A PEZZI, I *(Twisted Nerve)* ★★
Regia di ROY BOULTING. Con HYWELL BENNETT, HAYLEY MILLS, BILLIE WHITELAW. ■ Martin, oppresso da un'educazione ossessiva e iperprotettiva, a ventidue anni è completamente immaturo e pieno di rancore nei riguardi del patrigno. Messo fuori di casa, si fa ben volere da Susan, una ragazza da cui è attratto, e dalla madre di lei che lo ospita come pensionante. Un giorno uccide il patrigno. La ragazza capirà che lui è l'assassino e lo farà ricoverare in manicomio. ■ DRAMMATICO; COL.; 118′; GRAN BRETAGNA, 1968.

NERVI D'ACCIAIO *(Steel Town)* ★★
Regia di GEORGE SHERMAN. Con HOWARD DUFF, JOHN LUND, ANN SHERIDAN. ■ In un grande complesso siderurgico, il padrone decide di far cominciare la carriera del nipote Steve dal gradino più basso, l'operaio. Messo in squadra con Jim, Steve finisce spesso per litigare con lui a causa della "Rossa", la bella figlia di un vecchio capo operaio. L'apprendistato di Steve, nonostante le frequenti baruffe con Jim, viene coronato da successo. ■ DRAMMATICO; COL.; 85′; USA, 1952.

NESSUNA FESTA PER LA MORTE DEL CANE DI SATANA *(Satansbraten)* ★★★
Regia di RAINER WERNER FASSBINDER. Con MARGIT CARSTENSEN, INGRID CAVEN. ■ Un gruppo di intellettuali incapaci di trovare una sistemazione nell'ambito sociale cadono in crisi. Per ritrovare la vena perduta e lo stimolo creativo decidono di fare leva sull'esasperazione di elementi quali il degrado morale, la paura della morte, la corruzione. Interessante anche se tra le opere minori del regista tedesco. ■ DRAMMATICO; COL.; 95′; GERMANIA, 1976.

NESSUN AMORE È PIÙ GRANDE *(Niegen no joken)* ★★★
Regia di MASAKI KOBAYASHI. Con MICHIYO ARATAMA, TATSUYA NAKADAI. ■ Keji, per evitare di andare in guerra, acconsente ad occuparsi di una miniera, dove i lavoratori, molti dei quali sono prigionieri, vivono in condizioni penose. Per migliorare il clima della miniera, Keji fa arrivare alcune prostitute, che ottengono il risultato sperato. Ma alcuni prigionieri evadono, con conseguente feroce repressione. Keji dovrà lasciare la miniera per il fronte. ■ DRAMMATICO; B/N; 91′; GIAPPONE, 1960.

NESSUNA NOTIZIA DA DIO *(Sin Noticias De Dios)* ★★
Regia di AGUSTÍN DÍAZ YANES. Con VICTORIA ABRIL, FANNY ARDANT, PENELOPE CRUZ, GAEL GARCÍA BERNAL. ■ Una madre prega perché il figlio, uno sbandato, abbia salva l'anima. Le sue preghiere vengono raccolte e in Paradiso, dove da tempo non arrivano anime degne della beatitudine eterna, decidono di fare di tutto pur di esaudire la richiesta e avere una nuova anima. Un'agente viene allora inviata sulla terra per redimere il giovane, ma dovrà scontrarsi con un'agente dell'Inferno che vuole raggiungere il suo stesso obiettivo. Una commedia un po' visionaria sull'eterna lotta tra bene e male. ■ COMMEDIA; COL.; 95′; FRANCIA, ITALIA, MESSICO, SPAGNA, 2002.

NESSUNA PIETÀ *(No Mercy)* ★★
Regia di RICHARD PEARCE. Con KIM BASINGER, RICHARD GERE, JEROEN KRABBE. ■ Eddie Jillette, poliziotto, si sostituisce ad un criminale che doveva andare all'appuntamento con un altro malvivente. Con il delinquente c'è una bella bionda, amante di un boss. Un collega di Eddie viene ucciso e quest'ultimo giura vendetta. Ma il boss gli sta alle calcagna. Eddie incatena al proprio polso la bella Michelle (che era testimone dell'assassinio dell'amico) e fugge tra le paludi. Durante l'avventura s'innamora di lei

che comincia a scuotersi dal suo torpore e, aggrediti in un albergo dal boss e dai suoi accoliti, Eddie e Michelle riusciranno, fortunosamente, ad avere la meglio. ■ POLIZIESCO; COL.; 107'; USA, 1986.

NESSUNA PIETÀ PER I MARITI *(Tell it to the Judge)* ★★★
Regia di NORMAN FOSTER. Con ROBERT CUMMINGS, ROSALIND RUSSELL, GIG YOUNG. ■ Una coppia americana è nei guai, sull'orlo del divorzio. Lui è avvocato, lei vorrebbe diventare giudice, ma i dissapori coniugali non lo permettono. Nonostante tutto i due si amano e gli ostacoli finiscono per essere superati. ■ COMMEDIA; B/N; 87'; USA, 1949.

NESSUNA PIETÀ PER LE DONNE ★★
(Pas de pitié pour les femmes)
Regia di CHRISTIAN STENGEL. Con MICHEL AUCLAIR, SIMONE RENANT. ■ Come per incanto Michele, un poco di buono che vive di espedienti, è attirato nel castello del visconte de Norbois e trattato come se fosse il visconte stesso. Spiegazione: Carla, moglie del visconte (da lei ucciso), intende riscuoterne le rendite puntando sull'incredibile somiglianza di Michele col visconte. Michele scopre l'intrigo, uccide Carla e fugge poi con Marina, l'amante del visconte. ■ DRAMMATICO; B/N; 95'; FRANCIA, 1952.

NESSUNA PIETÀ PER ULZANA *(Ulzana's Raid)* ★★★
Regia di ROBERT ALDRICH. Con BRUCE DAVISON, BURT LANCASTER, JORGE LUKE. ■ Un plotone di cavalleggeri comandati da un giovane tenente è mandato sulle tracce del capo apache Ulzana, che ha guidato la fuga di un gruppo di indiani dalla riserva. Nel corso dell'inseguimento, le spietate esecuzioni compiute dagli indiani convincono il tenente dell'effettiva ferocia di quel popolo primitivo. La fuga ha termine in modo drammatico e Ulzana, ultimo superstite dei suoi, si fa uccidere. ■ WESTERN; COL.; 90'; USA, 1972.

NESSUNA PIETÀ: UCCIDETELO! ★★
(Und Jimmy ging zum Regenbogen)
Regia di ALFRED VOHRER. Con ALAIN NOURY, HORST TAPPERT, JUDY WINTER. ■ Dopoguerra: Manuel viene a Vienna dall'Argentina per i funerali del padre, assassinato da una donna a sua volta suicida. Scopre che i due erano stati legati da una relazione, avvelenata poi dalla gelosia e dall'odio del padre che, razzista e nazista convinto, non sopportava l'idea che la donna l'avesse lasciato per un ebreo. Manuel non tornerà in Argentina: verrà ucciso da un tiratore scelto del controspionaggio. ■ DRAMMATICO; COL.; 94'; GERMANIA, 1973.

NESSUNA QUALITÀ AGLI EROI ★★
Regia di PAOLO FRANCHI. Con MIMOSA CAMPIRONI, MARIA DE MEDEIROS, ELIO GERMANO, PAOLO GRAZIOSI, IRÈNE JACOB, RINALDO ROCCO, ALEXANDRA STEWART, BRUNO TODESCHINI. ■ Il quarantenne Bruno Ledeux ha appena saputo che non potrà mai avere figli e ha contratto un debito difficilmente estinguibile con un usuraio. La moglie Anne non può far altro che assistere al suo lento scivolare nella depressione. Fin quando un giorno l'usuraio scompare. Tutto dovrebbe volgere per il meglio, senonché il figlio del suo persecutore, Luca, fa in modo di incontrarlo e inizia a pedinarlo. Paolo Franchi, dopo l'inatteso successo di critica de *La spettatrice*, torna sul tema della depressione, declinandolo però al maschile. ■ DRAMMATICO; COL.; 102'; ITALIA, SVIZZERA, 2007.

NESSUNA VERITÀ *(Body of lies)* ★★★
Regia di RIDLEY SCOTT. Con RUSSELL CROWE, LEONARDO DI CAPRIO, GOLSHIFTEH FARAHANI, OSCAR ISAAC, MARK STRONG. ■ Roger Ferris è l'uomo della Cia nel Medio Oriente. Parla l'arabo, sa muoversi, adattarsi, tessere velocemente relazioni, ottenere informazioni. Ed Hoffman è il suo supervisore a Washington. Mentre impiega le mani per far salire in macchina i figli o aiutarli a fare pipì, con un telefono senza fili fa la guerra, sacrifica vite umane, salva se può quella del suo compatriota, dal suo punto di vista salva ogni giorno il mondo. Usa le persone e non si fida di nessuno. Ha insegnato ai suoi a fare altrettanto ma Ferris sembra avere qualche scrupolo di coscienza. Soprattutto da quando si è alleato con Hani Salaam, capo dei servizi segreti giordani, per portare allo scoperto Al-Saleem, la mente degli attentati che stanno colpendo l'Europa. Dal romanzo del columnist del «Washington Post» David Ignatius, lo sceneggiatore William Monahan ha tratto una spy-story di impianto classico, sostenuta da personaggi bravi e popolari. Funziona. ■ DRAMMATICO; COL.; 128'; USA, 2008.

NESSUN MESSAGGIO IN SEGRETERIA ★★
Regia di PAOLO GENOVESE, LUCA MINIERO. Con CARLO DELLE PIANE, ANNA FALCHI, PIERFRANCESCO FAVINO, NATALIE GUETTA, LORENZA INDOVINA, VALERIO MASTANDREA, NICOLE MURGIA. ■ Walter è un pensionato che ha imparato a gestire al meglio il tempo. Egoista, fantasioso, mai patetico, è uno stratega nel far passare i minuti delle sue lunghe giornate. Un giorno mentre è al parco a leggere il giornale, Walter incappa in una notizia che lo colpisce: secondo i nuovi dati Istat per ogni giovane che lavora c'è un anziano che sta a casa. Vale la pena di... lavorarci sopra. ■ DRAMMATICO; COL.; 98'; ITALIA, 2005.

NESSUNO ★★
Regia di FRANCESCO CALOGERO. Con RENATO CARPENTIERI, SERGIO CASTELLITTO, ROBERTO DE FRANCESCO, LUCREZIA LANTE DELLA ROVERE. ■ Nico ha sofferto sin da piccolo delle troppe avventure della madre. Quando questa subisce un incidente, il ragazzo entra in una fase di mutismo assoluto. Dovrà scontrarsi con un compagno che lo deride e al quale riuscirà a sottrarre l'amore della figliastra di suo padre. Ma il ruolo del duro, che ha assunto per l'occasione, non fa per lui. ■ DRAMMATICO; COL.; 91'; ITALIA, 1992.

NESSUNO CI PUÒ FERMARE *(Stir Crazy)* ★★★
Regia di SIDNEY POITIER. Con RICHARD PRYOR, GENE WILDER, JO BETH WILLIAMS. ■ Due artistucoli di scarso valore in seguito a una serie di equivoci vengono scambiati per rapinatori e condannati a una dura pena. In carcere il bianco approfitta della passione che il direttore nutre per gli sport violenti e si fa includere tra i partecipanti a una gara di rodeo (il che gli servirà per attuare un piano di fuga). ■ COMMEDIA; COL.; 111'; USA, 1980.

NESSUNO È PERFETTO ★★★
Regia di PASQUALE FESTA CAMPANILE. Con MASSIMO BOLDI, ORNELLA MUTI, RENATO POZZETTO. ■ Il vedovo Pozzetto sposa la bellissima Chantal (Muti) salvo poi accorgersi, tra il dileggio di parenti e amici, che si tratta di un transessuale. Commedia degli equivoci tagliata addosso ad un Pozzetto espressivo alla sua maniera, ben costruita, divertente e girata con indubbio mestiere. ■ COMMEDIA; COL.; 105'; ITALIA, 1981.

NESSUNO HA TRADITO ★★
Regia di ROBERTO MONTERO BIANCHI. Con VIRGINIA BELMONT, LAURA REDI, ALDO SILVANI. ■ Un vecchio maestro, che sta andando in pensione, racconta. C'erano prima della seconda guerra mondiale due compagni di banco, Bruno e Sandro, uniti da vera amicizia. Poi il conflitto li separò: Bruno con i repubblichini, Sandro con i partigiani. Entrambi morirono, ma rimase il sospetto in paese che Sandro fosse stato tradito da Bruno. Finalmente la verità trionfa: non ci fu tradimento. ■ DRAMMATICO; B/N; 90'; ITALIA, 1952.

NESSUNO MI CREDE ★
Regia di ANNA CARLUCCI. Con STEFANO DAVANZATI, MAURIZIO DE RAZZA, ISABELLA FERRARI. ■ Film mediocre. Come dire, soldi derivati dall'art. 28 e buttati dalla finestra. Una scrittrice che si diletta in romanzetti passionali cerca disperatamente una sua amica che fa la modella. Quest'ultima infatti è scomparsa. Non siamo animati da "orgoglio o pregiudizio" quando diciamo che la costante qui è "presunzione e manierismo". ■ COMMEDIA; COL.; 100'; ITALIA, 1992.

NESSUNO MI CREDERÀ *(They Won't Believe Me)* ★★★
Regia di IRVING PICHEL. Con JANE GREER, SUSAN HAYWARD, ROBERT YOUNG. ■ Larry è il marito di una donna ricca che tradisce di continuo. Un giorno la sua amante, Vera, muore nell'incendio dell'auto di Larry. Ma anche la moglie è morta, suicidatasi per la disperazione. Larry, che aveva tentato di far credere che la moglie fosse perita nell'incendio, viene processato per omicidio. Prima che il processo termini, tenta la fuga e viene ucciso da un poliziotto. Proprio in quel momento la giuria fa sapere di averlo assolto. ■ DRAMMATICO; B/N; 95'; USA, 1947.

NESSUNO MI FERMERÀ *(Top Gun)* ★★
Regia di Ray Nazarro. Con William Bishop, Karin Booth, Sterling Hayden. ■ Velocissimo tiratore di pistola, Rick s'è fatto molti nemici al suo paese, dove ritorna dopo molte avventure. Falsamente accusato viene messo in prigione. Ma il paese viene assalito da una banda di fuorilegge. Siccome urge un uomo abile con la pistola, Rick viene liberato. Sgominerà la banda, verrà riabilitato e conquisterà l'amore della bella di turno. ■ Western; b/n; 73′; USA, 1955.

NESSUNO MI PUÒ GIUDICARE ★
Regia di Ettore M. Fizzarotti. Con Gino Bramieri, Caterina Caselli, Laura Efrikian, Clelia Matania, Fabrizio Moroni. ■ Il giovane Federico, assunto in un grande magazzino di Roma, si innamora di Laura, una commessa, suscitando la gelosia dell'ispettore, anch'egli innamorato di Laura. Costui mette nei guai la ragazza accusandola di un furto, ma Federico smaschera il perfido ispettore. ■ Commedia; b/n; 107′; Italia, 1965.

NESSUNO MI PUO' GIUDICARE ★★
Regia di Massimiliano Bruno. Con Raoul Bova, Giovanni Bruno, Paola Cortellesi, Anna Foglietta, Rocco Papaleo. ■ Alice, 35 anni e un figlio di 9, vive, superficiale e razzista, in una grande villa a Roma nord. Alla morte improvvisa del marito, imprenditore di sanitari, viene a sapere dall'avvocato di famiglia che il consorte l'ha lasciata sul lastrico e che, se non salderà al più presto il grosso debito, perderà anche la custodia del figlio. Seguendo Aziz, il cameriere che ha insultato fino a pochi minuti prima, Alice lascia il lusso a cui è abituata per trasferirsi su una terrazza malandata del quartiere popolare del Quarticciolo. Per guadagnare tanto e in fretta, poi, ricorre al mestiere più antico del mondo, facendosi dare lezioni da una escort professionista. Il lieto fine, garantito dal regime di commedia, fa sì che tutti vivano ricchi felici e contenti. ■ Commedia; col.; 95′; Italia, 2011.

NESSUNO MI SALVERÀ *(The Sniper)* ★★★
Regia di Edward Dmytryk. Con Arthur Franz, Adolphe Menjou, Marie Windsor. ■ Chi è il misterioso assassino che uccide giovani donne con la carabina? È un giovane tarato, Eddie, che a tratti viene preso dal tremendo impulso di uccidere. ■ Drammatico; b/n; 87′; USA, 1952. ■ Oscar 1 nom.

NESSUNO RESTA SOLO *(Not as a Stranger)* ★★★
Regia di Stanley Kramer. Con Olivia De Havilland, Gloria Grahame, Robert Mitchum, Frank Sinatra. ■ La carriera medica è l'unica ragione di vita dello studente Lucas, che ad essa ha subordinato tutto, anche il matrimonio con Cristina. Affermatosi come medico, tradisce però Cristina, che lo lascia. Un giorno compie un irreparabile errore nel corso di un'operazione. Quando il mondo sembra crollargli addosso, si ritrova accanto la fedele Cristina. ■ Drammatico; b/n; 125′; USA, 1954. ■ Oscar 1 nom.

NESSUNO SA IL PROPRIO DESTINO *(The Whistler)* ★★★
Regia di William Castle. Con Richard Dix, Gloria Stuart. ■ Oppresso da un invincibile senso di colpa (crede di aver causato la morte della moglie), il ricco barone Rodane decide di farla finita commissionando la sua uccisione a un killer. Questi gli spara, riuscendo soltanto a ferirlo e finendo ucciso a sua volta. Il barone si rifarà una vita con la segretaria. ■ Drammatico; b/n; 59′; USA, 1949.

NESSUNO SCRIVE AL COLONNELLO ★★★
(El coronel no tiene quién le escriba)
Regia di Arturo Ripstein. Con Salma Hayek, Fernando Lujan, Fernando Pardo, Marisa Paredes, Ernesto Yanez. ■ Ogni venerdì un colonnello, veterano della rivoluzione messicana, indossa la sua divisa e va prima al porto e poi all'ufficio postale. Sono anni che aspetta l'arrivo di una lettera che gli annuncia il versamento della pensione.Tutti in paese sanno che la lettera non arriverà mai, ma il colonnello si aggrappa fino all'ultimo a questa speranza. La moglie, ridotta pelle e ossa dalla fame e malata di asma, lo guarda, ogni settimana, compiere quel rito e gli pone sempre la medesima domanda: «Cosa mangeremo oggi?». Tratto da un racconto di Gabriel García Márquez, il film, profondo e ricco di sfumature, ruota intorno al tema della dignità e dell'onore, da conservare ad ogni costo. ■ Drammatico; col.; 118′; Messico, Spagna, Francia, 1999.

NESSUNO SFUGGIRÀ *(None Shall Escape)* ★★
Regia di André De Toth. Con Marsha A. Hunt, Alexander Knox. ■ Ascesa e morte di un nazista di spietata ferocia. ■ Guerra; b/n; 85′; USA, 1945. ■ Oscar 1 nom.

NESSUNO TI AVRÀ MAI *(The Madonna's Secret)* ★★
Regia di Wilhelm Thiele. Con Francis Lederer, Gail Patrick, Ann Rutherford. ■ Un pittore viene accusato di uccidere le proprie modelle, e i sospetti intorno a lui si accumulano, come i cadaveri delle poverette alle quali ha fatto il ritratto. Colpevole è invece la madre del pittore. ■ Giallo; b/n; 79′; USA, 1946.

NESSUNO TORNA INDIETRO ★★
Regia di Alessandro Blasetti. Con Elisa Cegani, Vittorio De Sica, Assia Noris. ■ Diversi destini di sei studentesse che vivono in una pensione. ■ Drammatico; b/n; 121′; Italia, 1943.

NESSUN PERDONO *(La colère des dieux)* ★★
Regia di Karl Lamac. Con Clément Duhour, Viviane Romance, Louis Salou. ■ Un uomo condannato a morte per un delitto non commesso immagina come si sarebbe svolta la sua vita se non avesse incontrato Rita, involontaria responsabile del suo destino. Ma anche nella seconda versione della sua vita incontra Rita e finisce condannato a morte. ■ Drammatico; b/n; 95′; Francia, 1947.

NESSUN UOMO LE APPARTIENE ★★
(No Man of Her Own)
Regia di Wesley H. Ruggles. Con Clark Gable, Carole Lombard, Elizabeth Patterson. ■ Il film che fece incontrare Clark Gable e Carole Lombard, una delle coppie più famose e amate del mondo dello spettacolo (Carole morì in un incidente aviatorio nove anni dopo). A parte questo non c'è granché di memorabile in questo melodramma di maniera. Gable è un baro che un giorno incontra una signorina tanto per bene (la Lombard), la sposa e cerca di mutar vita. La cosa però non va bene all'ex amante e socia di Gable, che rivela tutto alla sposina. Ma Gable fa sul serio, si costituisce, sconta una pena per le malefatte precedenti e poi si fa perdonare dalla moglie. ■ Commedia; b/n; 85′; USA, 1933.

NESTORE – L'ULTIMA CORSA ★★
Regia di Alberto Sordi. Con Cinzia Cannarozzo, Tatiana Farnese, Eros Pagni, Matteo Ripaldi, Alberto Sordi. ■ Gaetano è un vetturino ormai anziano. Ha un nipotino che lo accompagna per le vie di Roma, una figlia che fa la spogliarellista e un cavallo, anche lui anziano, a cui vuole un gran bene. Arriva per il quadrupede il giorno di andare al macello e Gaetano cerca di trovare una soluzione al problema. Sordi sente il problema della vecchiaia e lavora sul suo personaggio con l'occhio e la memoria rivolti a *Umberto D*. Il pericolo della retorica è sempre in agguato e qualche volta colpisce. Ma la sequenza del mattatoio è di una durezza che riscatta il patetismo. ■ Drammatico; col.; 105′; Francia, Italia, 1994.

NÉ TERRA NÉ CIELO ★★
Regia di Giuseppe Ferlito. Con Antonella D'Arcangelo, Fabio Fulco, Davide Gemmani, Carlo Monni. ■ Simone vive a Firenze dove lavora come operaio: la sua vita tranquilla sarà sconvolta dal licenziamento inaspettato e contemporaneamente dalla scoperta del tradimento della moglie. Deluso, Simone si rifugia sulla sommità di una ciminiera in segno di protesta. Quando ci si ispira a grandi autori (leggi Buñuel) si dovrebbero avere le idee chiare. In questo film invece mancano proprio quelle. Resta solo una buona idea iniziale vanificata dallo "svolgimento", come si diceva una volta a scuola. ■ Drammatico; col.; 100′; Italia, 2003.

NET – INTRAPPOLATA NELLA RETE, THE ★★
(The Net)
Regia di Irwin Winkler. Con Sandra Bullock, Dennis Miller, Jeremy Northam. ■ La Bullock è un'esperta di computer, un vero genio. È specializzata nell'individuare virus e debellarli. La sua curiosità la porta a scoprire un complesso gioco per inserire virus negli apparati più delicati dell'ormai famosissimo Internet. La solita organizzazione che vuol distruggere l'economia

americana le dà la caccia. Fra i Caraibi e Los Angeles, dopo averne passate di tutti i colori, usando le stesse armi dei nemici, la donna vince la sua battaglia. Certo, Internet è una bella fonte di trame gialle, e già a metà degli anni Novanta si cominciava ad abusarne. ■ GIALLO; COL.; 100′; USA, 1995.

NEUROSE *(Labyrinth)* ★★

Regia di ROLF THIELE. Con AMEDEO NAZZARI, NADIA TILLER, PETER VAN EYCK. ■ Una scrittrice alcoolizzata, ricoverata in una clinica psichiatrica, medita di farsi suora. Ma il suicidio di una giovane compagna la riporta alla realtà. ■ DRAMMATICO; B/N; 92′; GERMANIA, ITALIA, 1958.

NEVADA *(Bar 20 Rides Again)* ★★

Regia di HOWARD BRETHERTON. Con WILLIAM BOYD, JAMES ELLISON, GEORGE GABBY HAYES. ■ Avventura di Hopalong Cassidy, il cowboy nero-vestito idolo dei ragazzini negli anni Trenta e Quaranta. Qui aiuta un amico ranchero a battere una banda di razziatori di bestiame comandata dal misterioso Nevada. Alla fine viene svelata l'identità del capobanda, un possidente al di sopra d'ogni sospetto. ■ WESTERN; B/N; 90′; USA, 1935.

NEVADA EXPRESS *(Carson City)* ★★

Regia di ANDRÉ DE TOTH. Con RAYMOND MASSEY, LUCILLE NORMAN, RANDOLPH SCOTT. ■ Un ingegnere, Jeff, incaricato di portare la linea ferroviaria dal Nevada alla California, ostacola Big Jake, un losco individuo che teme di vedere i suoi interessi danneggiati dalla costruzione della strada ferrata. Alla fine Jeff ha la meglio, ma suo fratello ci rimette la pelle. ■ WESTERN; COL.; 87′; USA, 1951.

NEVADA SMITH ★★★

Regia di HENRY HATHAWAY. Con ARTHUR KENNEDY, KARL MALDEN, STEVE MCQUEEN. ■ Nevada Smith all'inizio si chiama Max Sand ed è un giovane mezzosangue figlio di un bianco e di un'indiana. I suoi genitori vengono uccisi da una banda di assassini. Max giura di vendicarli. Impara a usare le armi e poi insegue i banditi, uccidendoli ad uno ad uno. Risparmia solo l'ultimo. ■ WESTERN; COL.; 135′; USA, 1966.

NEVE CADE SUI CEDRI, LA ★★★
(Snow Falling on Cedars)

Regia di SCOTT HICKS. Con ETHAN HAWKE, YOUKI KUDOH, SAM SHEPARD, MAX VON SYDOW. ■ Tratto dal romanzo di David Guterson. Anni fa Alan Parker aveva diretto un film sullo stesso argomento (*Benvenuti in Paradiso*), la prigionia dei residenti giapponesi negli Stati Uniti dopo l'attacco di Pearl Harbour. 1950, un giapponese viene incolpato dell'omicidio di un pescatore americano. La moglie in passato aveva avuto una relazione con un giovane giornalista che ora deve scrivere del processo. L'avvocato dell'uomo cercherà di salvarlo dalla sedia elettrica. Ben recitato, von Sydow su tutti, ma con qualche lentezza. Il regista di *Shine* sembra non trovare più l'ispirazione che animava l'altro film. ■ DRAMMATICO; COL.; 126′; USA, 1999.

NEVE NEL BICCHIERE, LA ★★★

Regia di FLORESTANO VANCINI. Con MASSIMO GHINI, LUIGI MEZZANOTTE, ANNA TERESA ROSSINI. ■ Tre decenni e tre generazioni di contadini della "bassa" ferrarese, alle prese con una vita di miseria e malattie in un periodo che va dal 1898 al 1927. Il capostipite è Nello, che muore appoggiato alla sua falce dopo anni di lavoro: dei suoi tre figli uno morirà in guerra, l'altra resterà nubile e avvilita dalla fatica e il terzo porterà avanti la storia di famiglia. L'ultimo capitolo si sposta dalla campagna alla città, una Bologna degli anni Venti, ricca di speranze, ma povera di contatti umani. ■ DRAMMATICO; COL.; 144′; ITALIA, 1984.

NEVE NEL CUORE, LA *(The family stone)* ★★

Regia di THOMAS BEZUCHA. Con CLAIRE DANES, TYRONE GIORDANO, DIANE KEATON, RACHEL MCADAMS, DERMOT MULRONEY, SARAH JESSICA PARKER, LUKE WILSON. ■ Nel periodo natalizio la famiglia acquisisce un'importanza fondamentale. Ogni figlio, volente o nolente, ha l'incombenza di tornare all'ovile per trascorrere quei giorni, immerso in un mondo di mammine care, parenti serpenti e, naturalmente, di persone amate. *La neve nel cuore* narra appunto di Everett Stone che, per le festività natalizie, decide di annunciare alla propria famiglia, gli Stone, l'imminente matrimonio, e presentare loro la fidanzata Meredith, donna in carriera con poche affinità a queste situazioni. Le conseguenze non sono delle migliori, e la convivenza con gli Stone è più difficile del previsto. ■ COMMEDIA; COL.; 102′; USA, 2005. ■ GOLDEN GLOBES 1 NOM.

NEVER BACK DOWN ★★

Regia di JEFF WADLOW. Con SEAN FARIS, CAM GIGANDET, AMBER HEARD. ■ Jake Tyler, dopo un incontro di football americano in cui ha reagito violentemente a un insulto lanciato da un avversario nei confronti del padre (morto in stato di ubriachezza in un incidente stradale), cambia scuola. Nel nuovo liceo il video dello scontro, già visto da tutti, crea intorno a lui la fama di picchiatore. Nella zona si combattono incontri illegali di una nuova pratica parasportiva, la Mma (Mixed Martial Arts) e Jake ne viene a contatto quando Baja, un'avvenente compagna, lo invita in una villa superlussuosa. Negli States non ci sono solo High School dove si canta, si balla e si gioca a basket. Ci sono anche scuole in cui, dietro l'apparente facciata di normalità, si alimenta e poi si pratica la violenza più brutale. È quanto ci racconta il film che, adottando la forma della narrazione per adolescenti, riprende il tema dello scontro fisico che ha fatto la fortuna di film come *Fight Club* o della serie *Karate Kid*. ■ AZIONE; COL.; 110′; USA, 2008.

NEVER DIE ALONE ★★★

Regia di ERNEST R. DICKERSON. Con DAVID ARQUETTE, DMX, MICHAEL EALY, DREW SIDORA, ANTWON TANNER. ■ Confessione post mortem di King David, un criminale abituato a rendere le sue vittime tossicodipendenti e impossibilitate a staccarsi da lui. Ispirato a un romanzo di Donald Goines questo è un film che non meritava la sottovalutazione riscontrata sui nostri schermi. Si tratta di una sorta di racconto lucido e "morale" che descrive le aberrazioni di un uomo senza compiacimenti di sorta. La violenza è presente ma la sua rappresentazione non è mai fine a se stessa. Si tratta di un dramma che non esclude l'azione e che ricorda *Scarface* e *New Jack City* reggendo il confronto. ■ AZIONE; COL.; 88′; USA, 2005.

NEVERLAND – UN SOGNO PER LA VITA ★★★
(Finding Neverland)

Regia di MARC FORSTER. Con JULIE CHRISTIE, JOHNNY DEPP, FREDDIE HIGHMORE, DUSTIN HOFFMAN, KATE MABERLY, KELLY MACDONALD, RADHA MITCHELL, JOE PROSPERO, NICK ROUD, LUKE SPILL, KATE WINSLET. ■ La divisione fra ragione e sentimento, creatività e razionalità, genio e *regolatezza*. Alla rappresentazione di una commedia teatrale, il successo non sembra sorridere a James Barrie. Le sue pièce non riscuotono riscontri positivi e la creatività sembra venire meno. Il suo impresario (un divertente e compiaciuto Dustin Hoffmann) è disposto amorevolmente a dargli un'altra possibilità, ma lo scrittore, in un momento in cui anche la relazione matrimoniale non gode di buona salute, si rifugia in una amicizia particolare con una vedova con quattro figli, per i quali diventa come un padre. È la sua fantasia che fa volare la sua mente e quella della numerosa famiglia. Nei momenti di felicità e in quelli drammatici. Per James Barrie tornare a sognare è come rinascere. La sceneggiatura, adattata da David Magee sulla base di una commedia teatrale di successo, *The who was Peter Pan*, di Allan Knee, è la vera forza del film. La regia di Marc Forster rimane dietro le quinte e lascia scorrere le parole e le emozioni. Le stesse vissute da Johnny Depp. Barrie è un personaggio dei suoi, con lo sguardo perso nel cielo e un'infinita sensibilità (per molti sono interpretazioni tutte uguali, ma quanti si possono permettere di scegliere ruoli coerenti con se stessi?). Siete sognatori? Vedetelo. Siete razionali e poco amanti delle favole? Forse questo film non fa per voi, sebbene *volare* ogni tanto sia un piacere per tutti. ■ DRAMMATICO; COL.; 101′; GRAN BRETAGNA, USA, 2004. ■ GOLDEN GLOBES 5 NOM; OSCAR 1 PR, 3 NOM.

NEVE ROSSA *(On Dangerous Ground)* ★★★

Regia di NICHOLAS RAY. Con WARD BOND, IDA LUPINO, ROBERT RYAN. ■ Un poliziotto, resosi inviso ai suoi capi per i metodi brutali d'indagine da lui usati, viene trasferito in un paese di montagna. Gli capita di dare la caccia a un giovane accusato di omicidio. Ma durante l'inseguimento il poliziotto conosce la sorella cieca dell'inseguito. La donna cambierà completamente la sua vita. ■ GIALLO; B/N; 82'; USA, 1951.

NEVE TROPICALE *(Tropical Snow)* ★
Regia di CIRO DURAN. Con DAVID CARRADINE, NICK CORRI, MADELEINE STOWE. ■ La neve non è meteorologica. Lui e lei si trovano in Colombia e l'unica possibilità di sopravvivere sembra consistere nello spaccio della droga. ■ DRAMMATICO; COL.; 92'; USA, 1988.

NEVI DEL KILIMANGIARO, LE ★★★★★
(The Snows of Kilimanjaro)
Regia di HENRY KING. Con AVA GARDNER, SUSAN HAYWARD, HILDEGARDE NEFF, GREGORY PECK. ■ Tratto dall'omonimo racconto di Ernest Hemingway e arricchito da episodi autentici della vita dello scrittore. Harry Street (Peck) è morente, per un'infezione, in una tenda alle falde del Kilimangiaro assistito dalla moglie (Hayward), alla quale racconta gli episodi salienti della sua vita: gli inizi, Parigi, l'incontro con Cinzia (Gardner), suo vero grande amore, e poi l'Africa, la Costa Azzurra, le corride, il grande successo e la guerra di Spagna. Insomma tutti i capisaldi della vita di Hemingway. Il film comincia col famoso incipit: «Il Kilimangiaro è un monte coperto di neve alto 5895 metri e si dice che sia la più alta montagna africana. Vicino alla vetta occidentale c'è la carcassa rinsecchita e congelata di un leopardo. Nessuno ha saputo spiegare cosa cercasse il leopardo in quell'altitudine». Quando il cinema affronta la letteratura si espone a grossi pericoli, ma se la combinazione è condotta con intelligenza i due "valori" possono sommarsi e favorirsi reciprocamente. La voce fuori campo che legge l'incipit, e soprattutto la visione del Kilimangiaro fotografato con le sue nebbie e le sue nevi, sono un importante rilancio di suggestione rispetto alla pura parola. In questo caso la connessione funziona, in assenza cioè di introspezione. Poi naturalmente c'è Hollywood con le sue esigenze. Dunque ecco prevalere il versante *mèlo* e una certa contaminazione della parola tesa all'effetto. Ma il risultato può essere quello di una rappresentazione nell'insieme positiva ed efficace della storia e del suo "messaggio". Le corride, i caffè parigini di quella fantastica stagione, le favolose cacce nel Kenya, le ville dorate della Costa Azzurra formano la cultura e la memoria della cultura in modo efficace e spesso non deteriore rispetto alla nobiltà della letteratura. Infine, la forza comunicativa e il *sex appeal* dei divi Gregory Peck e Ava Gardner non devono essere considerati valori tolti al romanzo, ma valori aggiunti. ■ DRAMMATICO; COL.; 117'; USA, 1952. ■ OSCAR 2 NOM.

NEVI DEL KILIMANGIARO, LE ★★★
(Les neiges du Kilimandjaro)
Regia di ROBERT GUEDIGUIAN. Con ARIANE ASCARIDE, MATYLINE CANTO, JEAN-PIERRE DARROUSSIN, GREGOIRE LEPRINCE-RINGUET, GERARD MEYLAN. ■ Michel non ha più un lavoro, ha una moglie, due figli e tre nipoti. La sua vita serena, trascorsa all'insegna dell'amicizia e della solidarietà, viene bruscamente interrotta da una rapina, in cui resta coinvolto insieme alla sorella e al cognato. Deciso ad ottenere giustizia, a recuperare il maltolto e due biglietti per l'Africa, regalo di anniversario dei figli, Michel scoprirà accidentalmente che uno dei suoi rapitori è un giovane operaio licenziato insieme a lui. Amareggiato lo denuncia alla polizia che lo arresta. Michel entra in crisi, interrogandosi sulla sua vita. Il film si ispira a *Les pauvres gens* di Victor Hugo ed è accompagnato dalla canzone di Pascal Danel, che dà il titolo al film. ■ COMMEDIA; COL.; 107'; FRANCIA, 2011.

NEW AGE, THE ★★
Regia di MICHAEL TOLKIN. Con PATRICK BAUCHAU, JUDY DAVIS, PETER WELLER, SAMUEL L. JACKSON. ■ Seconda prova come regista per lo sceneggiatore di *I protagonisti*. Interessante la storia, bravi gli interpreti. I coniugi Witner, Katherine e Peter, abitano a Los Angeles. Ricchi, snob e intellettuali hanno il problema della noia. Lui la tradisce spesso e lei non lo sopporta. Rimangono senza lavoro e decidono di occuparsi di moda aprendo un negozio molto esclusivo. Intendono raccogliere i soldi per poter divorziare. Gli affari vanno a gonfie vele. ■ COMMEDIA; COL.; 112'; USA, 1994.

NEW HOME MOVIES FROM THE LOWER 9TH WARD ★★★
Regia di JONATHAN DEMME. ■ Un occhio maturo come quello di Jonathan Demme, decide di filmare, un anno dopo l'uragano Katrina, la ricostruzione di una delle zone più povere di New Orleans, il Lower 9th Ward. Il quartiere viene "ricostruito" dalla forte tenacia delle poche persone che hanno deciso di rimanere anche dopo l'infausto evento. La videocamera digitale di Demme ha la forza di registrare, attraverso numerose interviste, l'amarezza del post-uragano e, nello stesso tempo, l'incredibile tenacia dei sopravvissuti. Il denominatore comune è la mancanza di attenzione da parte dei media ma soprattutto l'inefficacia delle autorità che sembrano non esistere. Gli intervistati fanno appello a Dio, all'arte e alla musica per giustificare il loro spirito di sopravvivenza ma nei fatti la loro forza nasce altrove. Risiede proprio nel luogo in cui loro stessi vivono o, meglio, hanno sempre vissuto. ■ DOCUMENTARIO; COL.; 107'; USA, 2007.

NEW JACK CITY ★★
Regia di MARIO VAN PEEBLES. Con ICE-T, CHRIS ROCK, WESLEY SNIPES, MARIO VAN PEEBLES. ■ La generazione dei registi afroamericani è politicamente impegnata (non solo Spike Lee, dunque). In questo caso l'ideologia è chiara, ma la struttura portante, da film di serie B, dà una connotazione prevedibile e scontata all'operazione. La storia è ambientata nel 1985 e lo spaccio del crack, una potente droga, dà luogo a una lotta di potere. Nino Brown occupa un intero edificio obbligando gli inquilini a servirsi della droga e a permettere che nasca un grosso quartier generale per lo spaccio. La lotta da parte della polizia sarà dura. ■ DRAMMATICO; COL.; 101'; USA, 1990.

NEW ROSE HOTEL ★★★
Regia di ABEL FERRARA. Con YOSHITAKA AMANO, ASIA ARGENTO, WILLEM DAFOE, ANNABELLA SCIORRA, CHRISTOPHER WALKEN. ■ Un intrigo sessual-spionistico viene architettato da due loschi individui ai danni di uno scienziato giapponese. Ingaggiano così una prostituta italiana che li imbroglia. Sarà uno dei due, in attesa di morire, a ripercorrere tutta la vicenda. Un Ferrara sempre più in difficoltà sul piano della tenuta fisica mette in scena una non-storia quasi priva di materiale tanto da costringerlo a un secondo tempo che rivisita il primo. Genio e sregolatezza va bene, ma con un minimo di rispetto per lo spettatore non accecato dalla degenerazione della cinefilia. ■ DRAMMATICO; COL.; 93'; USA, 1998.

NEW WORLD, THE ★★★
Regia di TERRENCE MALICK. Con JASON AARON BACA, CHRISTIAN BALE, COLIN FARRELL, Q'ORIANKA KILCHER, BEN MENDELSOHN, CHRISTOPHER PLUMMER, DAVID THEWLIS. ■ Nel 1607 alcune navi inglesi arrivarono sulle coste della Virginia. A bordo c'era il capitano John Smith, che ebbe l'incarico di esplorare la regione. Fu fatto prigioniero dalla tribù Powhatan. Pochahontas, figlia del capo gli salvò la vita e si innamorò di lui. Successivamente Smith tornò in patria, la principessa venne adottata dalla comunità inglese, si convertì al cristianesimo, sposò il colono John Rolfe, ebbe un figlio, venne condotta in Inghilterra, ricevuta a corte dal re Giacomo I, morì a ventidue anni durante il viaggio di ritorno nel nuovo mondo. Il film racconta questa storia senza mai pronunciare il nome "Pocahontas", ma attribuendo alla principessa il nome di Rebecca. Il regista Malick, quattro film in 33 anni (l'ultimo, del 1997, *La sottile linea rossa*) porta tutte le sue attitudini estetiche: l'erba lunga nel vento, i mari e i fiumi, i passaggi di stormi fra le nuvole e una voce fuori campo perenne che fa da coro, pensiero, poesia, sentimento, e anche "metafisica". Malick sa usare la macchina ma non la penna. E questo penalizza, insieme al generale compiacimento, che porta il film ad essere troppo lungo. Tuttavia l'opera può valere. E la lentezza, una volta accettata, può essere uno strumento che si pone contro la frenesia generale del cinema contemporaneo. E lei, la principessa è una metafora straordinaria di progresso: capisce tutto, è umana e pulita, cambia le regole senza arrivare agli estremi, si integra con le nuove quando è arrivato il momento. In Inghilterra ritrova il grande amore, il tormentato Smith, il cuore sarebbe dalla sua parte, ma lei rimane da

questa parte, dove c'è un marito affidabile e innamorato, e c'è un figlio. E gli indiani, reali nella lingua e nel corpo, nudi a giocare sulle coste incantate d'America, trasferiscono il senso del paradiso perduto e contaminato. Non sarà mai più così. Sempre troppo maledetto&febbrile Smith-Farrell. Straordinaria la "principessa" Q'Orianka Kilcher, selvaggia creatura dei boschi e del mare, e "sorriso" più civile dei "civili" colonizzatori. ■ AVVENTURA; COL.; 150′; USA, 2005. ■ OSCAR 1 NOM.

NEW YORK CHIAMA SUPERDRAGO ★★
Regia di GIORGIO FERRONI. Con CARLO D'ANGELO, RAY DANTON, MARISA MELL. ■ Una pericolosa banda internazionale del crimine ha studiato una droga terribile che toglie completamente la volontà e intende propinarla agli studenti dei college universitari americani. L'intervento dell'agente speciale Superdrago e del suo aiutante, abilissimo inventore di sofisticati congegni anti-crimine, sarà fatale per la banda. ■ SPIONAGGIO; B/N; 92′; ITALIA, 1966.

NEW YORK, NEW YORK ★★★★★
Regia di MARTIN SCORSESE. Con ROBERT DE NIRO, LIZA MINNELLI, MARY KAY PLACE, BARRY PRIMUS, LIONEL STANDER. ■ 2 settembre 1945: l'America impazzisce di gioia e festeggia la vittoria. A New York, in un immenso locale, l'orchestra di Tommy Dorsey trascina migliaia di persone con la forza del suo ritmo. Jimmy, un reduce, vede Francine sola a un tavolo e cerca di abbordarla. Lei non ha nessuna intenzione, ma lui è tanto deciso e insistente che alla fine riesce nell'intento. Jimmy è un suonatore di sax e lei è cantante. Nasce la storia e la collaborazione artistica. A poco a poco si fanno strada. Lui ha un'orchestra sua, lei è sempre più brava. Certo la vita non è facile e tutto si complica quando lei rimane incinta. A poco a poco i due si allontanano. Quando nasce il bambino si separano. Sono passati alcuni anni: lui è un musicista alla moda, di qualità, lei ha avuto un grande successo popolare grazie al *musical*. Si rivedono, si danno appuntamento. Lui l'aspetta inutilmente. Ricostruzione geniale, seppur calligrafica, degli ambienti e delle atmosfere anni Quaranta e Cinquanta. Il mondo di Scorsese che ha la capacità di invenzione e di coinvolgimento nella propria realtà, con la stessa forza dei giganti predecessori (Ford, Hitchcock, Fellini, Lubitsch). Basti pensare alla sequenza di De Niro che cerca di fermare un treno spingendo, su un tappeto di neve immacolato; o alla scena dei due giovani che ballano senza musica sotto un ponte illuminato per un momento dalle luci del metrò. Grande De Niro che, come si sa, imparò a suonare il sassofono, secondo la tradizione del rigorosissimo Actor's Studio, per poter essere credibile. Meno brava come attrice la Minnelli che ha sempre la stessa espressione di occhi stupiti (e non solo in questo film), ma che si riscatta nell'interpretazione della trascinante *New York, New York*, una delle canzoni di maggior successo degli ultimi vent'anni. La ditta Scorsese-De Niro ha dato grandissimi risultati più volte, questo è forse il più importante. De Niro che suona il sax e davanti a lui la Minnelli che canta sono un'immagine che fa parte della memoria universale. ■ COMMEDIA; COL.; 153′; USA, 1977. ■ GOLDEN GLOBES 4 NOM.

NEW YORK: OMICIDIO AL DISTRETTO ★★
Regia di ROBERT E. COLLINS. Con ANGIE DICKINSON, DAVID SOUL. ■ Alcune donne-poliziotto, tutte con i gradi di ufficiale, sono state barbaramente assassinate. Una loro collega della squadra omicidi viene incaricata di far luce sul caso. ■ POLIZIESCO; COL.; 75′; USA, 1989.

NEW YORK: ORE 3 – L'ORA DEI VIGLIACCHI ★★★
(The Incident)
Regia di LARRY PEERCE. Con BEAU BRIDGES, RUBY DEE, DONNA MILLS, TONY MUSANTE, BROCK PETERS, THELMA RITTER, MARTIN SHEEN. ■ Terrore di notte sul metrò. Due teppisti imperversano in un vagone della *subway*, ma un militare li sistema. Di buona intensità drammatica, nonostante la convenzionalità dei personaggi. ■ DRAMMATICO; B/N; 107′; USA, 1967.

NEW YORK-PARIGI AIR SABOTAGE '78 ★★★
(Death Flight)
Regia di DAVID LOWELL RICH. Con BURGESS MEREDITH, BROCK PETERS, ROBERT REED, SUSAN STRASBERG. ■ Si inaugura un nuovo grande aereo supersonico. A bordo ci sono molti personaggi importanti. Un pazzo sabota il circuito idraulico provocando un danno irreparabile. A complicare tutto c'è la rottura di un contenitore di batteri dell'influenza: tutti ne vengono contagiati. Gli aeroporti negano i permessi di atterraggio e il capitano ne fa uno di fortuna, salvando la maggior parte dei passeggeri. ■ AVVENTURA; COL.; 95′; USA, 1977.

NEW YORK-PARIGI PER UNA CONDANNA A MORTE *(Cannabis)* ★★
Regia di PIERRE KORALNIK. Con JANE BIRKIN, SERGE GAINSBOURG, CURD JÜRGENS, PAUL NICHOLAS, RITA RENOIR. ■ Un gangster americano ferito in un regolamento di conti a Parigi viene curato da una ragazza inglese, di cui s'innamora pensando di cambiar vita. Ma non si abbandona la mafia impunemente. ■ GIALLO; COL.; 97′; FRANCIA, 1973.

NEW YORK PRESS OPERAZIONE DOLLARI ★★
(The Crooked Road)
Regia di DON CHAFFEY. Con MARIUS GORING, STEWART GRANGER, NADIA GRAY, ROBERT RYAN. ■ Giornalista capoccione tenta di rivelare le malefatte di un ministro che lo sequestra su un isolotto per recuperare alcuni documenti compromettenti. Ma due donne aiutano il moralizzatore. ■ GIALLO; B/N; 92′; GRAN BRETAGNA, 1964.

NEW YORK SI DIVERTE *(You Can't Have Everything)* ★★★
Regia di NORMAN TAUROG. Con DON AMECHE, ALICE FAYE, I RITZ BROTHERS. ■ Tipica commedia rosa americana intrecciata al musical. Un autore teatrale trasforma in rivista un dramma serioso. ■ COMMEDIA; B/N; 99′; USA, 1937.

NEW YORK STORIES *(New York Story)* ★★★
Regia di WOODY ALLEN, FRANCIS FORD COPPOLA, MARTIN SCORSESE. Con WOODY ALLEN, MIA FARROW, GIANCARLO GIANNINI, MARVIN CHATINOVER. ■ Tre storie, commissionate ad altrettanti famosi registi, sul tema unico della città dalle mille luci. Woody Allen è un maturo mammone oppresso da una genitrice, che pretende di scegliergli anche la moglie. Nick Nolte, un pittore in crisi creativa per l'abbandono della sua modella amante. Infine Giancarlo Giannini e Talia Shire, coniugi divorziati vengono riavvicinati dalla figlia piccola. ■ COMMEDIA; COL.; 123′; USA, 1989.

NEW YORK TAXI *(Taxi)* ★★
Regia di TIM STORY. Con GISELE BUNDCHEN, ANA CRISTINA DE OLIVEIRA, JENNIFER ESPOSITO, JIMMY FALLON, CHRISTIAN KANE, QUEEN LATIFAH, ANN MARGRET, HENRY SIMMONS. ■ Belle Williams è un vero e proprio asso del volante. Guidando a rotta di collo per le strade di New York nel suo taxi truccato, si è guadagnata la fama di tassista più veloce di tutta la città. Sulla sua strada trova però un poliziotto senza patente che è sulle tracce di una gang di bellissime rapinatrici brasiliane. Jim Fallon si ritaglia un ruolo inedito di "idiota" sullo schermo. Non è un idiota comico o grottesco. Assomiglia proprio a quelli che potremmo trovare sulla nostra strada. ■ COMMEDIA; COL.; 97′; USA, 2005.

NEW YORK VIOLENTA ★★
Regia di HENNING SCHELLERUP. Con SANDY DEMPSY, CHARLENE MILES, SUNSHINE WOOD. ■ Da gruppo di tranquille educande a banda criminale il passo è breve, secondo il film. Le cinque ragazze protagoniste ne fanno di tutti colori, a letto e con la pistola, nelle vie di New York e nelle abitazioni di quelli che hanno approfittato di loro quando erano ancora ingenue. ■ AVVENTURA; COL.; 90′; USA, 1976.

NEXT ★★★
Regia di LEE TAMAHORI. Con JIM BEAVER, JESSICA BIEL, NICOLAS CAGE, JASON BUTLER HARNER, TORY KITTLES, THOMAS KRETSCHMANN, JULIANNE MOORE, JOSE ZUNIGA. ■ Tratta dal racconto *The Golden Man*, la pellicola segue il percorso unico di Cris Johnson, in arte Frank Cadillac, illusionista di Las Vegas che possiede il dono di vedere fino a due minuti nel proprio futuro. L'innata dote di Cris risulta particolarmente utile nel gioco d'azzardo, ma proprio a seguito di un incidente in un casinò un agente federale particolarmente perspicace intuirà il segreto dell'uomo e comincerà a dargli la caccia per "convincerlo" a utiliz-

zare le proprie capacità straordinarie nella risoluzione di un allarme terroristico nucleare. Dopo *Minority Report* e *Paycheck*, *Next is what's next*: il lavoro di Philip K.Dick continua ad alimentare la fornace del cinema contemporaneo con concept sempre molto efficaci. ■ AZIONE; COL.; 96'; USA, 2007.

NEXT THREE DAYS, THE ★★
Regia di PAUL HAGGIS. CON ELIZABETH BANKS, RUSSEL CROWE, BRIAN DENNEHY, LENNIE JAMES, OLIVIA WILDE. ■ John Brennan, la moglie Lara e il loro piccolo Luke fanno colazione con amore e con gioia, quando la polizia irrompe con un mandato d'arresto per omicidio a carico della donna. Per tre anni, il marito le fa visita quotidianamente, certo che sia tutto un abbaglio, che la giustizia le ridarà la sua casa e la sua vita. Quando anche l'ultimo appello viene respinto e Lara tenta il sucidio, John, tranquillo insegnante di letteratura e padre di famiglia, decide che se non sarà la legge a fare uscire sua moglie di prigione, sarà lui. È così che Russel Crowe impegna la sua beautiful mind per trovare il modo di far evadere Lara dal carcere di massima sicurezza di Pittsburg. Sa che per farlo dovrà insozzarsi le mani, scendere nei bassifondi, usare la violenza. Alla fine, l'inquadratura lo coglierà allo specchio, col viso sporcato da tre macchie della superficie riflettente. Questo è Paul Haggis: poche parole, immagini esplicite. ■ DRAMMATICO; COL.; 122'; USA, FRANCIA, 2010.

N'GOPP ★
Regia di PABLO DAMMICCO. Con GIOVANNI ALLOCCA, LUIGI BIONDI, LELLO GIULIVO, ELENA RUSSO. ■ Napoli. I protagonisti sono Gennaro, dj in una radio e la sua ragazza Shandra (chissà perché quella h). Lei vorrebbe sposarsi, lui no. Allora Shandra lo lascia. Gennaro si ravvede, ma lei è cocciuta. Si ritrovano all'inaugurazione di una gioielleria. Per ingelosire vicendevolmente l'altro i due si presentano accompagnati. Il nuovo amico della ragazza in realtà ha un'altra intenzione: rapinare la gioielleria. Inutile. ■ COMMEDIA; COL.; 95'; ITALIA, 2002.

NIAGARA ★★★
Regia di HENRY HATHAWAY. Con CASEY ADAMS, JOSEPH COTTEN, MARILYN MONROE, JEAN PETERS. ■ Il matrimonio di George e Rose precipita come le cascate del Niagara. Lei ha un amante che incita a uccidere il marito durante una gita alle cascate. Ma è George ad aver la meglio, scaraventando l'altro nelle acque ribollenti. Uccide poi anche la moglie e si lascia infine egli stesso inghiottire dall'abisso. ■ DRAMMATICO; COL.; 89'; USA, 1953.

NIAGARA NIAGARA ★
Regia di BOB GOSSE. Con MICHAEL PARKS, HENRY THOMAS, ROBIN TUNNEY. ■ Lui è uno sbandato, lei è anche schizofrenica. Si incontrano, si piacciono e cominciano a girare l'America. Fra una piccola rapina a un supermercato e qualche violenza gratuita, si arriva alle cascate del titolo dove il destino si ricompone. ■ DRAMMATICO; COL.; 96'; USA, 1997. ■ VENEZIA 1 PR.

NIBELUNGHI, I *(Die Nibelungen)* ★★
Regia di HARALD REINL. Con UWE BEYER, ROLF HENNIGER, MARIA MARLOW, SIEGFRIED WISCHNEWSKI. ■ La notissima leggenda nordica. Sigfrido, ucciso il drago che custodisce il tesoro dei Nibelunghi, si bagna nel suo sangue diventando invulnerabile in tutto il corpo, tranne che in un punto. Liberata poi dalle fiamme magiche la valchiria Brunilde, se ne innamora, amato a sua volta da Crimilde, sorella del re Günther. Geloso, il guerriero Hagen uccide Sigfrido a tradimento durante una partita di caccia. La prima versione della storia dei Nibelunghi (1924) è di Fritz Lang. ■ AVVENTURA; COL.; 95'; GERMANIA, 1967.

NICK CARTER *(Nick Carter, Master Detective)* ★★
Regia di JACQUES TOURNEUR. Con HENRY HULL, RITA JOHNSON, WALTER PIDGEON, STANLEY RIDGES, DONALD MEEK. ■ Il direttore di una fabbrica d'aerei incarica il detective Nick Carter di risolvere il mistero di alcuni progetti che spariscono. È il medico della fabbrica che nasconde i microfilm nella fasciature. Scoperto, egli fugge, ma Nick lo riacciuffa. ■ POLIZIESCO; B/N; 60'; USA, 1939.

NICK CARTER E IL TRIFOGLIO ROSSO ★★
(Nick Carter et le trèfle rouge)
Regia di JEAN PAUL SAVIGNAC. Con EDDIE CONSTANTINE, NICOLE COURCEL, JOSEPH DASSIN, JEANNE VALÉRIE. ■ Questa volta Nick indaga sulla scomparsa di una cassa di missili atomici. Inviato dall'Fbi ad Anversa, sventa il complotto di una setta di fanatici. ■ SPIONAGGIO; B/N; 77'; FRANCIA, 1966.

NICK CARTER NON PERDONA ★★
Regia di HENRI DECOIN. Con EDDIE CONSTANTINE, DAPHNE DAYLE, PAUL FRANKEUR. ■ Nick Carter alle prese con i cinesi, con i dischi volanti e altre diavolerie. Se la cava distribuendo pugni e amando pupe. ■ AVVENTURA; B/N; 90'; FRANCIA, ITALIA, 1965.

NICK CARTER, QUEL PAZZO DETECTIVE AMERICANO *(Adela jeste nevecerela)* ★★★
Regia di OLDRICH LIPSKY. Con MICHEL DELEMAN, RUDOLF RUSIN, OLINKA SHOBER. ■ Una sorta di presa in giro grottesca del filone detective. Carter va in missione a Baden Baden, cerca un certo Gert e scopre dopo qualche tempo che si tratta di un cane. ■ COMMEDIA; COL.; 111'; CECOSLOVACCHIA, 1978.

NICK E GINO *(Dominick and Eugene)* ★★★
Regia di ROBERT MALCOLM YOUNG. Con TOM HULCE, JAMIE LEE CURTIS, RAY LIOTTA. ■ È la storia di due fratelli gemelli. Uno è intelligente, ambizioso, sta per laurearsi in medicina. L'altro è ritardato mentale e fa lo spazzino. Ma è il ritardato con il suo lavoro che mantiene il gemello agli studi. Da vedere soprattutto per l'interpretazione maiuscola di Hulce. ■ COMMEDIA; COL.; 92'; USA, 1988. ■ GOLDEN GLOBES 1 NOM.

NICK & NORAH: TUTTO ACCADDE IN UNA NOTTE ★★
(Nick and Norah's Infinite Playlist)
Regia di PETER SOLLETT. Con MICHAEL CERA, KAT DENNINGS, ALEXIS DZIENA, AARON YOO. ■ Nick è ancora sentimentalmente legato a Tris alla quale continua a dedicare compilation a tema nonostante lei lo abbia lasciato. Norah, che è cresciuta in un ambiente musicale, si è appropriata dei Cd che la sua compagna di scuola ha cestinato metodicamente. I destini di Nick e Norah si incrociano sui binari di una notte in cui l'intera gioventù della città è in fibrillazione per il concerto segreto della band del momento. ■ DRAMMATICO; COL.; 90'; USA, 2008.

NICK KNIGHT – PRIGIONIERO DELLE TENEBRE ★★
(Nick Knight)
Regia di FARHAD MANN. Con ROBERT HARPER, JOHN KAPELOS, RICK SPRINGFIELD. ■ Si tratta del pilot non molto riuscito di una serie televisiva che ha come protagonista Springfield, cantante di rock melodico. Vorrebbe essere un film dell'orrore con un po' di ironia, ma il risultato è con alti e bassi. Il protagonista è un detective-vampiro che indaga su alcuni strani delitti che sembrano portare in una sola direzione, visto che i malcapitati hanno le vene prosciugate. ■ POLIZIESCO; COL.; 95'; USA, 1989.

NICK LO SCATENATO *(Rhinestone)* ★★
Regia di BOB CLARK. Con RICHARD FARNSWORTH, DOLLY PARTON, SYLVESTER STALLONE. ■ Ossessionata dalla corte del suo agente, al quale la lega un contratto di ferro, Jake, un'appariscente cantante country, accetta una scommessa: se riuscirà a trasformare in una star della canzone un tizio qualsiasi, sarà libera, in caso contrario dovrà cedere alle attenzioni erotiche del manager. Commediola musicale esile esile, l'unico fiasco commerciale di Sylvester Stallone. ■ COMMEDIA; COL.; 111'; USA, 1984.

NICK MANO FREDDA *(Cool Hand Luke)* ★★★
Regia di STUART ROSENBERG. Con JOE DON BAKER, DENNIS HOPPER, GEORGE KENNEDY, PAUL NEWMAN, HARRY DEAN STANTON, JO VAN FLEET. ■ Condannato a due anni di lavori forzati, Nick, detto "mano fredda" per il carattere di ghiaccio, non sopporta la vita del penitenziario e fugge tre volte. Altrettante viene ripreso e gonfiato di botte. All'ultima fuga viene ucciso. Uno dei ruoli più significativi di Newman, che perfeziona l'eroe negativo e ribelle, strafottente di fronte ai soprusi dell'autorità. Nick è vessato e picchiato in maniera impressionante, ma sorride sempre. ■ DRAMMATICO; COL. 126'; USA, 1967. ■ OSCAR 1 PR, 4 NOM.

NICKNAME: ENIGMISTA *(Cry Wolf)* ★
Regia di JEFF WADLOW. Con JON BON JOVI, LINDY BOOTH, JULIAN MORRIS, JARED PADALECKI, SANDRA MCCOY, KRISTI WU. ■ Evitare i sospetti, manipolare gli amici, eliminare i nemici:

queste le massime che animano il gioco preferito, denominato "l'enigmista", di alcuni studenti del campus di West Lake. Tale gioco consiste nello smascherare "a chiacchiere" il membro del gruppo marchiato da un arbitro con il simbolo dell'enigmista, e si svolge nottetempo in una vecchia cappella. ■ HORROR; COL.; 90'; USA, 2005.

NICK NON SPARARE *(Wings of Danger)* ★
Regia di TERENCE FISHER. Con ROBERT BEATTY, KAY KENDALL, ZACHARY SCOTT. ■ Nick Talbot, pilota civile, sventa le trame di una banda di falsari comandata da un grosso papavero. ■ GIALLO; B/N; 90'; USA, 1952.

NICK'S MOVIE – LAMPI SULL'ACQUA ★★★
(Lightning over Water)
Regia di NICHOLAS RAY, WIM WENDERS. Con NICHOLAS RAY, SUSAN RAY, WIM WENDERS, TIMOTHY RAY. ■ Sconvolgente film-verità che è anche il testamento artistico e morale del regista Nicholas Ray (*Gioventù bruciata*). Visitato sul letto di morte dal grande amico e regista tedesco Wim Wenders, insieme al quale documenterà, filmandoli, gli ultimi giorni della propria vita. Film difficile, profondo, sobrio, commovente, sulla vita, il cinema, l'amicizia, la morte. ■ DRAMMATICO; COL.; 91'; GERMANIA, USA, 1980.

NICO *(Above the Law)* ★★
Regia di ANDREW DAVIS. Con PAM GRIER, STEVEN SEAGAL, SHARON STONE. ■ Un sergente di polizia scopre un complotto della Cia per uccidere un senatore. L'uomo politico infatti sta per smascherare le collusioni di alcuni pezzi grossi con il racket della droga. Ma il sergente Nico, una specie di superman libero docente in arti marziali, sventa l'attentato. ■ POLIZIESCO; COL.; 99'; USA, 1988.

NICOLA E ALESSANDRA *(Nicholas and Alexandra)* ★★★
Regia di FRANKLIN J. SCHAFFNER. Con MICHAEL JAYSTON, LAURENCE OLIVIER, JANET SUZMAN. ■ Biografia dell'ultimo zar di tutte le Russie. Bravo padre, marito innamorato dell'imperiosa e nevrotica Alessandra, vede frantumarsi, per debolezza e miopia politica, il regno lasciatogli dal padre. ■ STORICO; COL.; 183'; GRAN BRETAGNA, 1971. ■ OSCAR 2 PR, 6 NOM.

NICOLETTA E LA SUA VIRTÙ *(Nicole et sa vertu)* ★★
Regia di RENÉ HERVIL. Con ALICE COCEA, PAULETTE DUVERNET, ANDRÉ ROANNE. ■ Una moglie, per ripicca nei confronti del marito infedele, decide di trasformarsi. Si atteggia a spregiudicata, dà delle feste molto allegre, si fa fare la corte da casanova di non modesta fama. Tra questi però è il marito che apprezza di più il cambiamento della consorte. ■ COMMEDIA; B/N; 100'; FRANCIA, 1931.

NICOTINA – LA VITA SENZA FILTRO *(Nicotina)* ★★
Regia di HUGO RODRÍGUEZ. Con MARTA BELAUSTEGUI, ROSA MARÍA BIANCHI, DANIEL GIMÉNEZ CACHO, LUCAS CRESPI, RAFAEL INCLÁN. ■ Un noir messicano che si chiama *Nicotina*. Se vi state figurando un'atmosfera fumosa, percorsa da trucidi criminali nascosti al riparo di luridi bar, dissipate il fumo e tornate a vederci chiaro. Poca roba questo esordio di Rodríguez, scuola Inarritu, che racconta le vicende di tre criminali di bassa lega alle prese con uno scambio: un cd-rom contenente le password d'accesso a migliaia di conti bancari svizzeri contro una ventina di diamanti nelle mani di due russi più sfigati di loro. A complicare il tutto c'è Lolo, l'hacker del terzetto, che la vicina smaschera come guardone proprio quella notte, mandando a fuoco la sua collezione di cd di riprese rubate in casa di lei, tra i quali si perde pure quello che vale il cambio coi diamanti. Lento al limite del sonnolento, diritto come una stecca da biliardo, *Nicotina* strappa qualche sorriso sornione solo grazie a qualche ottimo comprimario. ■ HARD BOILED; COL.; 90'; ARGENTINA, MESSICO, SPAGNA, 2003.

NIDO DELL'AQUILA, IL *(A Breed Apart)* ★★
Regia di PHILIPPE MORA. Con RUTGER HAUER, DONALD PLEASENCE, KATHLEEN TURNER. ■ Walker, uno scalatore incaricato da un collezionista di raccogliere le rarissime uova dell'aquila calva, si avventura sulla montagna, ma deve scontrarsi con il proprietario della zona, un reduce del Vietnam. Dapprima ne conquista l'amicizia, ma quando il reduce scopre le intenzioni di Walker lo insegue per sparagli; ma questi ha già rinunciato ad impossessarsi delle uova, in nome dell'ecologia. ■ AVVENTURA; COL.; 101'; USA, 1984.

NIDO DEL RAGNO, IL ★★
Regia di GIANFRANCO ZAGNI. Con STÉPHANE AUDRAN, WILLIAM BERGER, PAOLA RINALDI. ■ Un professore ungherese, mentalmente condizionato da una setta di connazionali a New York, è costretto a eseguire suo malgrado una missione di morte nel paese natio. ■ DRAMMATICO; COL.; 86'; ITALIA, 1987.

NIDO DI FALASCO, IL ★★
Regia di GUIDO BRIGNONE. Con ERMANNO RANDI, UMBERTO SPADARO, LILIANA TELLINI. ■ Donna di vita sposa giovane e onesto agricoltore. Poco dopo pianta marito e figlio per riprendere la vita di sempre. Passato qualche anno torna, ma il marito l'accoglie a schioppettate. All'ospedale la malafemmina riscopre la vocazione di moglie e di madre. Si riaccosterà (stavolta per sempre) al consorte e al pargolo. ■ DRAMMATICO; B/N; 92'; ITALIA, 1950.

NIDO DI SPIE *(Teheran 43)* ★★
Regia di ALEKSANDR ALEKSANDROVIC ALOV, VLADIMIR NAUMOV. Con ALAIN DELON, CLAUDE JADE, CURT JÜRGENS, IGOR KOSTOLEWSKY. ■ Nel corso di un'asta a Londra, un agente segreto sovietico si ricorda dei fatti a Teheran nel 1943, quando le spie tedesche cercarono di uccidere Stalin, Churchill e Roosevelt. Non è finita, a quasi quarant'anni di distanza. I killers vogliono colpire ancora i superstiti dei fatti di quel tempo. Superproduzione internazionale, farraginosa e pesante, come quasi tutte le alleanze cinematografiche fra Est e Ovest. ■ SPIONAGGIO; COL.; 130'; FRANCIA, URSS, 1980.

NIDO DI VESPE *(Nid de guêpes)* ★★★
Regia di FLORENT EMILIO SIRI. Con SAMI BOUAJILA, NADIA FARÈS, BENOÎT MAGIMEL, VALERIO MASTANDREA, SAMY NACERI. ■ È il 14 luglio, festa nazionale della Francia. Una squadra mista, composta da poliziotti italiani e francesi, e comandata dall'esperta Hélène Laborie, sta scortando a Strasburgo su un blindato Abedin Nexhep, un pericoloso esponente della mafia albanese che deve essere processato dal Tribunale per i Diritti Umani. Contemporaneamente, alla periferia della stessa città, cinque ladruncoli stanno rubando centinaia di computer portatili da un deposito. Siri confeziona un ottimo film di genere, cupo, opprimente ma mai banale: basti pensare all'implicita ed ambigua corrispondenza tra le vespe parassite del titolo, su cui viene mostrato in apertura un documentario, e gli albanesi che penetrano in Europa per liberare il loro capo. Politicamente scorretto, certo, ma in ottima compagnia nella migliore tradizione dell'action movie. ■ AZIONE; COL.; 105'; FRANCIA, 2002.

NIENT'ALTRO CHE GUAI *(Nothing but Trouble)* ★★
Regia di DAN AYKROYD. Con DAN AYKROYD, CHEVY CHASE, DEMI MOORE. ■ A Valkenvania quattro tipi vengono arrestati per infrazione al codice della strada e i loro guai non sono che all'inizio. Opera prima dell'ex Blues Brother che lavora con gli amici di sempre. ■ COMICO; COL.; 95'; USA, 1991.

NIENT'ALTRO CHE LA VERITÀ ★★
(...und nichts als die Wahrheit)
Regia di FRANZ PETER WIRTH. Con INGRID ANDRÉE, OTTO WILHELM FISCHER, MARIANNE KOCH. ■ Una ricca signora muore lasciando tutte le sue sostanze all'ex marito. Ma una parente della defunta impugna il testamento riuscendo a dimostrare che la donna è morta avvelenata e accusando di omicidio il vedovo. Invece nel corso di un processo si appura che la donna s'è suicidata per porre fine alle sue sofferenze. ■ DRAMMATICO; B/N; 95'; GERMANIA, 1958.

NIENTE BACI SULLA BOCCA *(J'embrasse pas)* ★★★
Regia di ANDRÉ TÉCHINÉ. Con EMMANUELLE BÉART, MANUEL BLANC, PHILIPPE NOIRET. ■ Un film molto duro e senza fronzoli sulla vita sotterranea di Parigi. Uno sguardo ancora una volta particolare di questo regista francese misconosciuto in Italia. Un giovane provinciale lascia la casa paterna per andare a vivere nella capitale. Qui però non è facile trovare lavoro. Conosce un ricco omosessuale (grande prova di Noiret), ma si rifiuta di assecondarlo. Finirà lo stesso col prostituirsi, prima con una donna

molto più anziana di lui e poi con gli incontri lungo i viali. Ci sarà anche un incontro intenso con una bella ragazza che si prostituisce. Una brutta fine è dietro l'angolo. ■ DRAMMATICO; COL.; 115'; FRANCIA, 1991.

NIENTE DA DICHIARARE? *(Rien à déclarer)* ★★
Regia di DANY BOON. Con JULIE BERNARD, FRANÇOIS DAMIENS, KARIN VIARD. ■ Nella primavera del 1986, Ruben Vandevoorde, un doganiere belga severo e sciovinista animato da un fervido odio anti-francese, vive con disperazione l'annuncio della chiusura delle frontiere europee. Sette anni dopo, alla vigilia della definitiva cancellazione delle dogane sul confine fra Francia e Belgio, Ruben trascorre le ultime ore di vita della frontiera dando sfogo a tutto il suo spirito nazionalista e tormentando i frontalieri francesi. Dall'altra parte del confine, tutti i vigilanti francesi odiano e temono a loro volta il razzista Vandevoorde. In modo particolare, lo teme il mite poliziotto Mathias Ducatel, innamorato di sua sorella e determinato a sposarla. Nel momento in cui viene deciso di creare una pattuglia di dogana mobile franco-belga per debellare un ingente traffico di droga, Mathias decide di far squadra con Vandevoorde per conquistare un posto nel cuore dell'arcigno francofobo e ottenere il suo beneplacito a entrare a far parte della famiglia. ■ COMMEDIA; COL.; 108'; FRANCIA, 2010.

NIENTE DA NASCONDERE *(Caché)* ★★★★
Regia di MICHAEL HANEKE. Con WALID AFKIR, DANIEL AUTEUIL, MAURICE BENICHOU, JULIETTE BINOCHE, ANNIE GIRARDOT, BERNARD LE COQ. ■ Tutto inizia dall'immagine di una strada, una mattina qualunque. L'inquadratura è fissa: qualche persona cammina, passa una bicicletta, un uomo esce di casa. Stop, rewind e inizia il mistero. L'immagine è quella di un videoregistratore: una coppia (Daniel Auteil e Juliette Binoche) trova sulla porta, come in *Strade perdute* di Lynch, misteriose cassette che ne ritraggono la vita privata. Poi arrivano inquietanti disegni, telefonate, strani avvertimenti e il segreto nascosto (caché) inizia ad emergere: l'infanzia del protagonista è tragicamente legata a quella di un algerino figlio dei domestici di casa. L'ambiguità, marchio di stile del regista tedesco, domina la pellicola e i personaggi sono tutti potenzialmente autori del dramma che si consuma ai danni di loro stessi e degli altri. ■ DRAMMATICO; COL.; 117'; FRANCIA, GERMANIA, AUSTRIA, ITALIA, 2005. ■ CANNES 1 PR; DAVID DI DONATELLO 1 NOM.

NIENTE DA PERDERE *(Nothing to Lose)* ★★
Regia di STEVE OEDEKERK. Con MARTIN LAWRENCE, KELLY PRESTON, TIM ROBBINS. ■ Un pubblicitario è convinto che la moglie lo tradisca. Cade nella più nera depressione. Fortuna vuole che incontri un nero buontempone pieno di vitalità, che ricorda il peggior Eddie Murphy. Assolutamente superfluo. ■ COMMEDIA; COL.; 98'; USA, 1997.

NIENTE DI GRAVE: SUO MARITO È INCINTO ★★
(L'évenement le plus important depuis que l'homme a marché sur la Lune)
Regia di JACQUES DEMY. Con CATHERINE DENEUVE, MARCELLO MASTROIANNI, MARISA PAVAN, MICHELINE PRESLE. ■ Un italiano a Parigi, che aspetta il divorzio dalla moglie e intanto ha un simpatico e promettente ménage con una parrucchiera, afflitto da nausee ricorrenti va a farsi visitare. La dottoressa gli dice che è incinto. Ma come è possibile? Non si sa, tant'è vero che sulle prime i medici diagnosticano la cosa come manifestazione isterica. Invece la gravidanza è autentica. ■ COMMEDIA; COL.; 86'; FRANCIA, 1975.

NIENTE DI NUOVO SUL FRONTE OCCIDENTALE ★★
(All Quiet on the Western Front)
Regia di DELBERT MANN. Con ERNEST BORGNINE, PATRICIA NEAL, RICHARD THOMAS. ■ Un giovane tedesco s'arruola volontario nella prima guerra mondiale, infiammato dalle sparate retoriche del suo professore. Scoprirà al fronte che la guerra non ha niente di bello e di glorioso: è solo fango, morte, paura. Morirà anche lui, l'ultimo giorno del conflitto. Nuova versione del libro di Erich Maria Remarque che già era stato portato sullo schermo da Lewis Milestone nel 1930. ■ GUERRA; COL.; 150'; USA, 1979.

NIENTE DI PERSONALE *(Nothing Personal)* ★★
Regia di GEORGE BLOOMFIELD. Con DABNEY COLEMAN, SUZANNE SOMMERS, DONALD SUTHERLAND. ■ "Viva la foca" è il motto di un professore universitario, che, quando scopre che un territorio popolato di foche sta per essere occupato da una nuova base aerea, parte nella crociata per la preservazione della specie. Urta naturalmente contro la scarsa sensibilità delle autorità, ma non si scoraggia. ■ COMMEDIA; COL.; 97'; CANADA, 1985.

NIENTE DI PERSONALE *(Nothing Personal)* ★★★
Regia di THADDEUS O'SULLIVAN. Con JAMES FRAIN, IAN HART, MARIA DOYLE KENNEDY, JOHN LINCH. ■ Il film è stato scritto dallo stesso regista e dal romanziere Daniel Mornin, nei diciassette mesi che hanno segnato la tregua nell'eterna guerra fra cattolici e protestanti in Irlanda. Siamo nel 1975, una bomba esplode in una birreria. Gli odi sono davvero mortali, ma non è solo un fatto di politica o ideologia, ci sono dei veri assassini, vogliono solo ammazzare. Dopo la morte di una bambina, il capoccia protestante uccide l'assassino, che pure è suo amico. Poi la polizia fa piazza pulita. «Niente di personale» è la frase che dice un protestante all'uomo che sta torturando, un cattolico che una volta gli era amico. I cattivi sono da entrambe le parti. *Niente di personale*, nel frattempo niente cambia mai. Regia intensa e realista, come gli attori. ■ DRAMMATICO; COL.; 85'; GRAN BRETAGNA, 1996. ■ VENEZIA 1 PR.

NIENTE DURA PER SEMPRE *(Nothing Lasts Forever)* ★★
Regia di TOM SCHILLER. Con IMOGENE COCA, ZACH GALLIGAN, BILL MURRAY. ■ Una commedia non priva di spunti divertenti (difatti gli autori e alcuni degli interpreti provengono da *Saturday Night Live*, il più celebre varietà tv degli ultimi anni). Protagonista è un artista che cerca di farsi strada nella New York del futuro. Compaiono anche Dan Aykroyd, Bill Murray, il cantante Eddie Fisher, il comico politico Mort Sahl. ■ COMMEDIA; COL.; USA, 1984.

NIENTE È COME SEMBRA ★★
Regia di FRANCO BATTIATO. Con GIULIO BROGI. ■ Giulio Varga è un antropologo in pensione appassionato di feste etnico-popolari. Abbandonato dalla moglie, si reca in un piccolo villaggio del Centro-sud per documentare un rituale di origini precristiane. Perso nel bosco, dietro ai ricordi e ai fantasmi del passato, trova rifugio in una casa poco lontana, dove si festeggia una curiosa festa di compleanno. Tra esoterismo e tarocchi, Varga resta coinvolto in una discussione sul senso dell'esistere e dell'esistenza. Artista poliedrico, Franco Battiato affianca alla principale attività di cantautore e musicista la scrittura di opere teatrali e liriche, la pittura e dal 2003 anche il cinema. ■ DRAMMATICO; COL.; 88; ITALIA, 2007.

NIENTE IN COMUNE *(Nothing in Common)* ★★
Regia di GARRY MARSHALL. Con JACKIE GLEASON, TOM HANKS, EVA MARIE SAINT. ■ Una commedia semplice ma non banale. David, giovane pubblicitario di talento, proprio nel momento più impegnativo della sua carriera si trova tra capo e collo una serie di problemi familiari che lo turbano moralmente. La madre se ne è andata di casa dopo 35 anni di matrimonio. Suo padre è rimasto solo e malato (e anche licenziato). Seppur David veda poco i genitori, si sente sempre più coinvolto nei loro problemi che, bene o male, poi si risolvono, anche se "niente in comune" c'è tra il suo mondo pubblicitario frenetico e quel modesto nucleo familiare, e nemmeno tra i genitori e David, almeno così sembra. ■ COMMEDIA; COL.; 108'; USA, 1986.

NIENTE PER BOCCA *(Nil By Mouth)* ★★
Regia di GARY OLDMAN. Con KATHY BURKE, CHARLY CREED-MILES, RAY WINSTONE. ■ Storia autobiografica di Oldman, ragazzo a Londra con un padre alcolizzato e gli amici drogati. Naturalmente, fra tanti disastri c'è qualche oasi. Stile scarno e aggressivo, uso della macchina a mano, col tappeto della musica di Eric Clapton. Kathy Burke ha vinto un premio al Festival di Cannes 1997. ■ DRAMMATICO; COL.; 110'; GRAN BRETAGNA, 1997.

NIENTE PUÒ ESSERE LASCIATO AL CASO ★★★
(Eleven Harrowhouse)
Regia di ARAM AVAKIAN. Con CANDICE BERGEN, CHARLES GRODIN, JAMES MASON. ■ Una multinazionale che dirige il traffico

di diamanti in tutto il mondo ha il suo tesoro celato in minutissime casseforti nel cuore di Londra. Un giovane ladro, con l'aiuto di una bella vedova, tenta comunque di arrivare ai preziosi. Ci riesce. ■ GIALLO; COL.; 98'; GRAN BRETAGNA, 1974.

NIENTE PUÒ FERMARCI ★★
Regia di LUIGI CECINELLI. Con VINCENZO ALFIERI, GUGLIELMO AMENDOLA, FEDERICO COSTANTINI, CAROLINA CRESCENTINI, GERARD DEPARDIEU, MASSIMO GHINI, EMANUELE PROPIZIO, GIANMARCO TOGNAZZI. ■ Mattia è narcolettico, Augusto internet-dipendente, Guglielmo è affetto dalla sindrome di Tourette e Leonardo è ossessionato dall'igiene e dal timore del contatto fisico. I quattro ragazzi si incontrano in una clinica dove i genitori li hanno mandati per curare i rispettivi disturbi e prontamente decidono di partire insieme alla volta di Ibiza. Da questo momento inizia un road movie che è anche un viaggio di iniziazione foriero di incontri (soprattutto femminili) e di scoperte (soprattutto su se stessi). L'ispirazione è chiaramente il filone di *Una notte da leoni*, ma anche le molte commedie anglosassoni sul *coming of age* di quattro amici. ■ COMMEDIA; COL.; 90'; ITALIA, 2013.

NIENTE ROSE PER OSS 117 ★★★
Regia di RENZO CERRATO. Con JOHN GAVIN, CURD JÜRGENS, MARGARET LEE, LUCIANA PALUZZI. ■ Hubert, allo scopo di smascherare i capi di una organizzazione specializzata nell'assassinio di uomini politici, si fa cambiare i lineamenti con una plastica facciale che lo rende gemello di un pericoloso killer chiamato Chandler. Presto il finto Chandler riceve l'incarico di uccidere un inviato dell'Onu. Sarà dura sventare il complotto e salvare la pelle. ■ SPIONAGGIO; COL.; 92'; FRANCIA, ITALIA, 1969.

NIENTE SESSO, SIAMO INGLESI ★★
(No Sex, Please, We Are British)
Regia di CLIFF OWEN. Con RONNIE CORBETT, ARTHUR LOWE, IAN OGILVY, BERYL REID. ■ Un negozio tipo sexy shop riceve un'ordinazione per materiale porno. Ma il distratto fattorino, invece di recapitarlo all'indirizzo giusto, porta il materiale qualche numero più in là (nella stessa via). Chi riceve il tutto è una coppia di sposini. ■ COMMEDIA; COL.; 91'; GRAN BRETAGNA, 1973.

NIENTE VELO PER JASIRA *(Towelhead)* ★★
Regia di ALAN BALL. Con MARIA BELLO, SUMMER BISHIL, TONI COLLETTE, AARON ECKHART, PETER MACDISSI. ■ La tredicenne Jasira viene mandata a vivere dal padre libanese nel momento in cui la madre americana s'accorge dello sguardo che il nuovo compagno posa sul suo giovane corpo. La ragazza è nel pieno della fioritura sessuale e a Houston si trova a scontrarsi con le vedute ristrette del genitore cristiano nonché con le angherie dei compagni di scuola. Decisa a scoprire da sola il sesso, s'immagina protagonista delle foto dei giornali per uomini che scova nella casa dei vicini dove fa da baby sitter al figlio della coppia. Il film segna l'esordio in lungo di Alan Ball che ha tratto la storia dalle pagine del romanzo di satira provocativa *Beduina* di Alicia Erian. ■ DRAMMATICO; COL.; 124'; USA, 2007.

NIGHT CLUB *(Die Beine von Dolores)* ★★
Regia di GÉZA VON CZIFFRA. Con CLAUS BEIDERSTADT, GERMAINE DAMAR, RUTH STEPHAN. ■ Una bella ragazza si fa ingaggiare come ballerina in un night club e subito fa strada diventando la star dello spettacolo. Ma ai genitori, borghesi pudibondi, ha detto che faceva l'infermiera nello studio di un medico. Quando l'inganno viene scoperto è lo scandalo. Ma tutto si conclude felicemente. ■ COMM. MUSICALE; COL.; 92'; GERMANIA, 1956.

NIGHT CLUB ★★
Regia di SERGIO CORBUCCI. Con CHRISTIAN DE SICA, MARA VENIER, MASSIMO WERTMÜLLER. ■ Una notte brava nella Roma della Dolce Vita. Due impiegati di banca tentano il colpo grosso con un industriale calabrese, trascinandolo, per compiacerlo, in giro per i night club in compagnia di donnine facili. All'alba tutte le illusioni cadono, in contemporanea con la morte in un incidente stradale di Fred Buscaglione. ■ COMMEDIA; COL.; 91'; ITALIA, 1989.

NIGHT FLYER, THE *(Stephen King's The Night Flyer)* ★★
Regia di MARK PAVIA. Con JULIE ENTWISLE, MIGUEL FERRER, DAN MONAHAN. ■ Richard Dees scrive su un giornale di cronaca pulp. Incontra un curioso pilota di aerei che porta il suo Chessna da un piccolo aeroporto all'altro facendovi scalo giusto il tempo per ammazzare qualcuno. Il giornalista riuscirà a smascherarlo, ma si vedrà sottoporre a una violenta filippica contro la stampa. Il racconto di King a cui il film si ispira lo supera di gran lunga. ■ HORROR; COL.; 97'; USA, 1997.

NIGHT FORCE ★★
Regia di LAWRENCE FOLDES. Con LINDA BLAIR, RICHARD LYNCH, JAMES VAN PATTEN. ■ Una banda di guerrieri sudamericani rapisce la figlia di un uomo politico americano e ricatta quest'ultimo. Il senatore non cede e per sua figlia sarebbe davvero finita se una sua amica non assoldasse un commando di uomini pronti a tutto per effettuare un colpo di mano nel covo della banda... ■ AVVENTURA; COL.; 82'; USA, 1986.

NIGHT GAME – PARTITA CON LA MORTE ★★
(Night Game)
Regia di PAUL MASTERSON. Con PAUL GLEASON, ROY SCHEIDER, KAREN YOUNG. ■ Film mediocre pur avendo un buon cast a disposizione. Forse è colpa di soggetto e sceneggiatura che pescano nel visto e rivisto. Esiste il solito maniaco che toglie la vita ad alcune povere ragazze e come arma usa un uncino. C'è pure il poliziotto, che segue una pista e pare c'entri una squadra di baseball. Anche la donna del poliziotto sarà presa di mira. ■ POLIZIESCO; COL.; 95'; USA, 1989.

NIGHT GAMES – GIOCHI NEL BUIO ★★
Regia di ROGER VADIM. Con JOANNA CASSIDY, CINDY PICKETT, BARRY PRIMUS. ■ Uno dei periodici (e falliti) tentativi di Roger Vadim di sfondare a Hollywood. Una casalinga di Beverly Hills non è mai riuscita a superare il trauma di una violenza subita da bambina. Il sesso la spaventa. Al punto che finisce per rovinare il suo matrimonio. Gli unici momenti felici sono i sogni, nei quali libera le sue fantasie, immaginando di essere posseduta da uomini vestiti con i più strani costumi. ■ DRAMMATICO; COL.; 100'; USA, 1980.

NIGHTKILL ★★
Regia di TED POST. Con SYBIL DANNING, JAMES FRANCISCUS, ROBERT MITCHUM, JACLYN SMITH. ■ Classica storia della moglie che uccide con un complice il marito. A rompere le uova nel paniere arriva un socio in affari del defunto. Professionale la prestazione di Mitchum. Franciscus era stato il protagonista di *Il gatto a nove code* di Argento. ■ POLIZIESCO; COL.; 97'; GERMANIA, 1980.

NIGHTMARE *(Nightmares)* ★
Regia di JOHN LEMOND. Con NINA LANDIS, JENNY NEUMANN, GARY SWEET. ■ La mamma della piccola Elena muore in un incidente d'auto a causa delle ferite subite per la rottura del parabrezza. Gli anni passano ed Elena diventa un'attrice: una notte, una sua collega viene assassinata con un pezzo di vetro che le ha tagliato la gola. ■ HORROR; COL.; 100'; USA, 1987.

NIGHTMARE *(A Nightmare on Elm Street)* ★
Regia di SAMUEL BAYER. Con KATIE CASSIDY, THOMAS DEKKER, KYLE GALLNER, JACKIE EARLE HALEY, ROONEY MARA. ■ Dean, uno studente, sta avendo strani incubi e uno specialista ritiene che tutto gli derivi dalla fase infantile. La sua fidanzata Kris lo tranquillizza ma Dean crede che la sua patologia sia reale e, sotto gli occhi increduli di Nancy, sembra tagliarsi la gola da solo. Ma a tagliargliela è l'uomo nero dei suoi incubi. Si innesca un plot da... una stella. ■ HORROR; COL.; 94'; USA, 2010.

NIGHTMARE A BITTER CREEK ★★
(Nightmare at Bitter Creek)
Regia di TIM BURSTALL. Con JOANNA CASSIDY, TOM SKERRITT, LINDSAY WAGNER. ■ Quattro belle donne decidono di passare una vacanza insieme tra i monti della Sierra. Per un po' non desiderano la compagnia maschile. Ma arriva egualmente. E i maschi in visita sono una banda di assassini che s'aggira da quelle parti per eludere le ricerche della legge. ■ DRAMMATICO; COL.; 100'; USA, 1987.

NIGHTMARE BEACH LA SPIAGGIA DEL TERRORE *(Welcome to Springbreak)* ★★
Regia di HARRY KIRKPATRICK (pseud. di UMBERTO LENZI). Con NICHOLAS DE TOTH, MICHAEL PARKS, JOHN SAXON. ■ A

Springbreak, dove ogni anno si radunano molti giovani provenienti da tutte le parti dell'America, si verificano misteriosi omicidi. Un individuo mascherato in motocicletta ammazza un giovane turista al giorno. La polizia (al solito) brancola. ■ THRILLER; COL.; 90'; USA, 1988.

♥ NIGHTMARE BEFORE CHRISTMAS ★★★
(Tim Burton's Before Christmas)
Regia di HENRY SELICK. ■ Prodotto da Tim Burton (*Batman* e *Edward mani di forbice*) e distribuito dalla Disney-Buena Vista. Come tutte le fiabe nere ideate da Burton anche questa è più per ragazzi e adulti che per bambini. Si immagina che esista un paese chiamato Halloween dove per tutto l'anno si pensa alla notte delle streghe e ai preparativi per festeggiarla. Ci sono un maestro di cerimonie scheletrico, triste e insoddisfatto, e c'è una bambola tutta rammendata, che cova sogni d'amore. Un giorno lui decide di rapire Santa Claus e di prendere il suo posto nel paese dove si festeggia il Natale. Non è dunque piacevole la sorpresa dei bambini quando si vedono recapitare dei doni spaventosi. I grandi renderanno la vita difficile all'eroe di Halloween. Realizzato coi pupazzi animati, il film ha un grande fascino visivo, cupo per i più piccoli, e una poesia sottolineata dalle splendide musiche e dalle canzoni. Nella versione italiana sono cantate da Renato Zero. Grande successo negli Stati Uniti. ■ ANIMAZIONE; COL.; 86'; USA, 1994. ■ GOLDEN GLOBES 1 NOM; OSCAR 1 NOM.

NIGHTMARE 5 – IL MITO ★★
(A Nightmare on Elm Street 5: The Dream Child)
Regia di STEPHEN HOPKINS. Con ROBERT ENGLUND, DANNY HASSEL, KELLY JO MINTER, LISA WILCOX. ■ Krueger, una creatura mostruosa, si appresta a compiere atti terribili mediante il bambino in grembo alla giovane Alice. Intanto, ammazza tutti i suoi amici. Alice e Yvonne, una sua amica, decidono di sopprimere Krueger con l'aiuto della madre di lui, uno spirito senza pace che ha vissuto un'esistenza tormentosa. Il mostro sarà sconfitto in una notte tragica mentre, su una torre, lo spirito della madre parlerà alla sua mente sconvolta. Alice darà alla luce il bambino sotto gli occhi del papà e dell'amica Yvonne. ■ HORROR; COL.; 88'; USA, 1989.

NIGHTMARE COUNTY ★
Regia di SEAN MACGREGOR. Con GAYLE HEMINGWAY, SEAN MACGREGOR. ■ Nella contea di Nightmare si stanno preparando le elezioni e la situazione si presenta subito problematica. Lo sceriffo, il giudice e il sindaco, infatti, vogliono essere riconfermati alla carica, ma c'è Jonas Smith, tra l'altro spalleggiato dalla figlia dello sceriffo, che si prodiga per far eleggere volti nuovi. ■ DRAMMATICO; COL.; 100'; USA, 1987.

NIGHTMARE – DAL PROFONDO DELLA NOTTE ★★
(A Nightmare on Elm Street)
Regia di WES CRAVEN. Con NICK CORRI, JOHNNY DEEP, HEATHER LAGENKAMP, JOHN SAXON, AMANDA WYSS. ■ Una notte, una ragazza si sveglia terrorizzata dopo un incubo: ha sognato che un mostro dalla mano artigliata tentava di ucciderla. Anche la sua migliore amica ha fatto lo stesso sogno e l'incubo diventa presto realtà. Il primo film della nota serie horror che ha lanciato Wes Craven come piccolo maestro del genere. Freddy Krueger, il mostro dalla mano-artiglio, è tra gli spauracchi preferiti degli americani. ■ HORROR; COL.; 92'; USA, 1984.

NIGHTMARE DETECTIVE *(Akumu tantei)* ★★
Regia di SHINYA TSUKAMOTO. Con MASANOBU ANDO, HITOMI, RYUHEI MATSUDA, SHINYA TSUKAMOTO. ■ Due suicidi sospetti. Una giovane poliziotta. Un indagatore del sogno. Un killer da incubo. È questa la sintesi di un film che inizia con alcune morti seriali, che hanno origine dal sonno ma che accadono nel mondo reale. Ci sarà una soluzione? Shinya Tsukamoto non abbandona i temi dei fantasmi, degli incubi, del sonno, dei cellulari, del passato. Si limita semplicemente a ri-editarli, a mostrarli in modo diverso, sempre con la solita classe visiva. La forza del cinema immaginato dal regista nipponico salva una pellicola deludente per i contenuti, che per alcune forzature non portano alla magistrale visionarietà di film passati e che consentono di definire *Nightmare detective* un classico film di transizione. ■ THRILLER; COL.; 106'; GIAPPONE, 2006.

NIGHTMARE 2 – LA RIVINCITA ★★
(A Nightmare on Elm Street 2 – Freddy's Revenge)
Regia di JACK SHOLDER. Con ROBERT ENGLUND, KIM MYERS, MARK PATTON. ■ Il perfido Freddy Krueger, il mostro sfigurato del capitolo precedente, ricompare con la sua risata satanica e le sue rasoiate a turbare gli incubi di un nuovo gruppo di sventurati. Anche questa volta soccomberà, ma farlo definitivamente fuori (come dimostrano i capitoli 3 e 4 della vicenda) non è affatto facile (finché continua a riempire le sale e gli incubi degli amatori del genere). ■ HORROR; COL.; 83'; USA, 1986.

NIGHTMARE – GOCCE DI SANGUE SULL'ABITO NUZIALE ★★
Regia di JOHN LAFIA. Con KATIE BARBIERI, ROBERT ENGLUND. ■ Springwood, un paesino americano, è ossessionato dalle apparizioni malefiche e terrorizzanti di Freddy Krueger, che vi è morto da qualche tempo. All'incubo mortale non sfugge nemmeno una freschissima coppia di sposi, alla cui festa giungono, non invitati, mostri sanguinari. Il regista di *Blue Iguana* si cimenta con l'avventura targata Freddy. ■ HORROR; COL.; 100'; USA, 1988.

NIGHTMARE – IL DIAVOLO BUSSA ALLA PORTA ★★
Regia di DWIGHT H. LITTLE. Con SARAH BUXTON, ROBERT ENGLUND. ■ Il film è costituito di due episodi che hanno come protagonista Freddy Krueger, l'orribile mostro umano che terrorizza i cittadini di Springwood. ■ HORROR; COL.; 100'; USA, 1988.

NIGHTMARE – IL NUOVO INCUBO ★★★
(Wes Craven's New Nightmare)
Regia di WES CRAVEN. Con ROBERT ENGLUND, MIKO HUGHES, HEATHER LAGENKAMP. ■ Come riprendere daccapo una delle serie horror di maggior successo dopo aver dichiarato definitivamente "morto" Freddy Krueger? Wes Craven, ideatore del primo *Nightmare*, risolve il problema in modo molto autoironico: il suo personaggio risulta talmente efficace che uno spirito maligno decide di prenderne le sembianze. Il nuovo Freddy comincia a perseguitare gli attori dei film precedenti, dando vita ai loro peggiori incubi cinematografici. ■ HORROR; COL.; 112'; USA, 1994.

NIGHTMARE – ISTINTO OMICIDA ★★
Regia di MICK GARRIS. Con ROBERT ENGLUND. ■ La furia omicida di Freddy Krueger sembra non placarsi mai e ancora una volta il ghignante assassino di Springwood torna a colpire con la sua spaventevole mano uncinata. ■ HORROR; COL.; 100'; USA, 1988.

NIGHTMARE – LA VENDETTA BRUCIA ★★
Regia di MICHAEL LANGE, KEN WIEDERHORN. Con ROBERT ENGLUND. ■ Nessuno vuole credere all'esistenza di un pazzo sanguinario qual è Freddy Krueger, eppure i terrorizzati abitanti di Elm Street, a Springwood, dovranno accettare l'allucinante realtà. ■ HORROR; COL.; 100'; USA, 1988.

NIGHTMARE 4 – IL NON RISVEGLIO *(Nightmare 4)* ★★
Regia di RENNY HARLIN. Con BROOKE BUNDY, ROBERT ENGLUND. ■ Quarta puntata delle avventure di Freddy Krueger, lo spauracchio più famoso degli anni Ottanta. Essendo Freddy un prodotto dei sogni (e della cattiva coscienza) può andare avanti all'infinito, risorgere tranquillamente a ogni capitolo (basta che qualcuno se lo sogni). Qui popola di incubi i pochi sopravvissuti alle sue stragi. Ne risparmia (temporaneamente) solo una perché attraverso lei può arrivare ad altri disgraziati. ■ HORROR; COL.; 91'; USA, 1989.

NIGHTMARE – SATURDAY NIGHT SPECIAL HORROR ★★
Regia di TOM DE SIMONE. Con ROBERT ENGLUND. ■ Due nuovi episodi all'insegna della suspense e del terrore allo stato puro mostrano le nuove imprese di Freddy Krueger, l'implacabile e crudele mostro di Elm Street. ■ HORROR; COL.; 100'; USA, 1988.

NIGHTMARE 6 – LA FINE ★★
(Freddy's Dead: The Final Nightmare)
Regia di RACHEL TALALAY. Con ROBERT ENGLUND, LISA ZANE. ■ Girato in parte col sistema tridimensionale, questo capitolo della saga di Freddy è diretto da una donna. Si spiegano qui, narrando l'infanzia e l'adolescenza del mostro, i motivi che hanno portato agli episodi sanguinari a cui ci hanno abituato. Questa volta, dopo aver usato un ragazzo e i suoi incubi, dovrà vederse-

la nel duello finale con la ragazza che è rimasta ancora viva tra i bambini di Springwood. Girato come di consueto, negli ultimi episodi, tra horror e ironia. ■ HORROR; COL.; 95′; USA, 1991.

NIGHTMARE 3 – I GUERRIERI DEL SOGNO ★★★
(Nightmare on Elm Street 3)
Regia di CHUCK RUSSELL. Con PATRICIA ARQUETTE, ROBERT ENGLUND, JOHN SAXON. ■ Vietato addormentarsi. Il terribile Freddy entra nei tuoi sogni e ti fa morire. In questo modo stermina tutti i pazienti di una clinica psichiatrica, tranne una. ■ HORROR; COL.; 96′; USA, 1987.

NIGHTMARE – UNA PASSEGGIATA NEL TERRORE ★★
Regia di TOM MCLOUGHLIN. Con ROBERT ENGLUND. ■ In Elm Street, a Springwood, Freddy Krueger prosegue la sua inesorabile vendetta perseguitando gli incubi e i risvegli dei cittadini col volto orrendo e gli uncini affilati della sua mano assassina. ■ HORROR; COL.; 100′; USA, 1988.

NIGHT MOVES ★★
Regia di KELLY REICHARDT. Con JESSE EISENBERG, DAKOTA FANNING, JAMES LEGROS, PETER SARSGAARD, ALIA SHAWKAT. ■ Tre giovani ambientalisti radicali si danno appuntamento per un atto di protesta, questa volta più estremo di altri: far esplodere una diga idroelettrica. Josh è il leader del gruppo, un militante introverso, che lavora in una fattoria biologica ma non stringe legami con nessuno; Dena ha abbandonato il mondo borghese in cui è nata, ha lasciato la famiglia e "preso i voti" ecologisti; Harmon, infine, è il più grande, un ex marine avido di avventura e affascinato dall'idea della distruzione. Kelly Reichardt, che nei suoi film continua ad esplorare il teatro dell'Oregon e a farne il simbolo di un'America dal futuro incerto e dalla solitudine al contrario certissima e palpabile, con *Night Moves* stringe su un microcosmo apparentemente idealista e in realtà ammalato di paura e s'immerge nelle atmosfere del noir e nella staticità paludosa del ritmo di lavoro agricolo e delle acque arrestate dalla muraglia di cemento, che le permettono di caricare magistralmente di peso specifico ogni mossa, ogni gesto, sguardo e scarto. Il film si carica così di tensione, contemporaneamente al caricarsi di minaccia della barca da cui prende il nome. ■ THRILLER; COL.; 112′; USA, 2013.

NIGHT OF THE GHOULS – LA NOTTE DEI DEMONI *(Night of the Ghouls/Revenge of the Dead)* ★★
Regia di EDWARD D. WOOD JR. Con KENNE DUNCAN, VALDA HANSEN, TOR JOHNSON, DUKE MOORE. ■ Uscito nel 1980, dopo vent'anni dalla realizzazione. Un'altra strampalata pellicola di Ed Wood. Un finto mago deruba le sue vittime con false sedute spiritiche. I demoni allora si arrabbiano e arrivano davvero. Un involontario divertimento è assicurato. ■ HORROR; B/N; 70′; USA, 1960.

NIGHT RIDERS *(The Night Riders)* ★★
Regia di GEORGE SHERMAN. Con RAY CORRIGAN, TOM TYLER, JOHN WAYNE. ■ In una regione del sud-ovest un biscazziere di pochi scrupoli ha un impero personale. Ma arrivano John Wayne e i suoi due amici (*i Mesquiteers*) a mandare in fumo tutti i suoi piani di potere. ■ WESTERN; B/N; 90′; USA, 1939.

NIGHT SCREAMS – OSPITI IN TRAPPOLA ★★
(Night Screams)
Regia di ALLEN PLONE. Con JOE MANNO, RON THOMAS. ■ Un ragazzo che in circostanze normali si comporta in maniera del tutto naturale è affetto da una malattia, che in certe occasioni gli fa desiderare morbosamente violenza e sangue. Una sera, approfittando dell'assenza dei genitori, il giovane organizza una festicciola con alcuni amici. ■ HORROR; COL.; 85′; USA, 1986.

NIGHTSHIFT ★★
Regia di RON HOWARD. Con MICHAEL KEATON, SHELLEY LONG, HENRY WINKLER. ■ Un giovane (Henry Winkler) deluso dalla vita, stanco di lottare, decide di ritirarsi in un posto tranquillo, il più tranquillo possibile. L'optimum per lui sembra essere un cimitero. Winkler ne diventa il guardiano, ma ha fatto i conti senza il suo aiutante, un magnaccia, che sta meditando di organizzare un giro di prostitute nelle vicinanze del camposanto. ■ COMMEDIA; COL.; 105′; USA, 1982. ■ GOLDEN GLOBES 1 NOM.

NIGHT VISION ★★
Regia di MICHAEL KRUEGER. Con TONY CARPENTER, STACY CARSON. ■ Se in *Videodrome* di Cronenberg il mostro era il televisore, in questo filmetto americano è un sanguinario videoregistratore di proprietà di una banda satanica di una grande metropoli. Quando però giunge in città uno scrittore senza contratto, l'aggeggio elettronico per una serie di circostanze finisce nelle sue mani. Girato con pochi mezzi economici ed espressivi. ■ HORROR; COL.; 102′; USA, 1986.

NIGHT VISITORS ★★
Regia di DAVID FULK. Con DANIEL HIRSCH, DAVID SCHROEDER. ■ È la notte di Natale e nella famiglia Withmore tutto si svolge secondo la tradizione fino a quando tre uomini e una donna entrano in casa con la forza e prendono gli ospiti momentaneamente in ostaggio. Il drammatico avvenimento mette in luce le vere personalità di ciascuno dei componenti di casa Withmore. ■ DRAMMATICO; COL.; 95′; USA, 1985.

NIGHTWATCH ★★
Regia di OLE BORNEDAL. Con PATRICIA ARQUETTE, EWAN MCGREGOR, NICK NOLTE. ■ Per guadagnare soldi Martin (McGregor) accetta di fare il guardiano in un obitorio. C'è un medico pazzo e un ispettore maniaco. E c'è il serial killer, naturalmente. Fra mutilazioni, uccisioni, terrore annunciato si arriva alla soluzione. L'assassino è l'ispettore (Nolte). Tutto è prevedibile, stiracchiato. Ogni scena è al limite, solo che il gioco è subito scoperto e il risultato è la noia. ■ THRILLER; COL.; 95′; USA, 1997.

NIGHTWATCHING ★★★
Regia di PETER GREENAWAY. Con EVA BIRTHISTLE, MARTIN FREEMAN, EMILY HOLMES, MICHAEL TEIGEN. ■ Rembrandt, insieme a Caravaggio e Vermeer, è sicuramente uno dei pittori più cinematografici di tutti i tempi, quello che più ha ispirato il cinema grazie al suo sapiente uso della luce. Un film che "dipingesse" la sua storia e il suo mondo di luci e ombre non poteva che essere girato da un regista dallo spirito pittorico ed estetizzante come Greenaway, studioso di arte e pittore prima ancora che regista. Forse anche per affinità ideologiche e personali, il regista gallese ha scelto di raccontare un particolare periodo della vita di questo mugnaio di provincia diventato in poco tempo, a soli 23 anni, una celebrità nell'Olanda del Seicento: un «mélange tra Mick Jagger e Bill Gates» (parole di Greenaway), se avesse vissuto nella nostra epoca. *Nightwatching* indaga proprio sul punto di rottura, sul momento di passaggio in cui la carriera di questo artista all'apice del successo ricevette una scossa, portandolo sul lastrico non solo a livello economico, ma anche sociale e personale. Ambientato nel 1642, il film racconta la genesi del suo più celebre dipinto, *La ronda di notte* (in inglese appunto Nightwatching), inizialmente intitolato *La milizia*, ritratto di gruppo di una milizia civica di Amsterdam. Lavorando al dipinto, Rembrandt scoprirà la cospirazione che i suoi committenti stanno orchestrando, e ciò lo spingerà a trasformare coraggiosamente il dipinto in un vero e proprio atto d'accusa contro i potenti. Da qui l'inizio delle sue sventure, che Greenaway ha voluto indagare, costruendo una vicenda che si muove tra misteri criminali, satira politica e passioni amorose, e ripercorrendo la vita del pittore e di chi gli stava attorno all'epoca. ■ DRAMMATICO; COL.; 101; CANADA, FRANCIA, GERMANIA, GRAN BRETAGNA, PAESI BASSI, POLONIA, 2007.

NIJINSKY ★★★
Regia di HERBERT ROSS. Con ALAN BATES, LESLIE BROWNE, GEORGE DE LA PEÑA. ■ Due anni della vita di Vaslav Nijinsky, uno dei più famosi ballerini di tutti i tempi. Due anni in cui si verificano la rottura della sua relazione omosessuale con l'impresario Diaghilev, le sue nozze (ovviamente infelici) con Romola de Pulsky, il suo ricovero in manicomio (dove morrà trentatré anni dopo). Herbert Ross, celebre per un suo ottimo film sulla danza (*Due vite una svolta*) non riesce (per colpa di personaggi decisamente scostanti) a fare lo splendido film che era nelle aspettative. Alan Bates come Diaghilev è bravo, anche se non precisamente adatto al ruolo. ■ BIOGRAFICO; COL.; 125′; GRAN BRETAGNA, 1980.

NIKI *(Six Weeks)*
Regia di TONY BILL. Con KATHERINE HEALEY, DUDLEY MOORE,

MARY TYLER MOORE. ■ Incontro cinematografico tra i due Moore, anche se non molto felice. Lui è un politico in corsa per il Parlamento degli Stati Uniti e lei è la ricca direttrice esecutiva di una casa di cosmetici, che ha un grave problema da fronteggiare. Infatti la figlia sta morendo di leucemia. Per chi ama i drammi strappalacrime. ■ DRAMMATICO; COL.; 107'; USA, 1982. ■ GOLDEN GLOBES 1 NOM.

NIKITA ★★★
Regia di LUC BESSON. Con JEAN-HUGUES ANGLADE, TCHÉKY KARYO, PHILIPPE LEROY, JEANNE MOREAU, ANNE PARILLAUD. ■ Una giovane delinquente, drogata e rea di aver assassinato un poliziotto nel corso di una rapina, viene graziata dalla condanna. Però in cambio si deve lasciare rieducare e poi diventare un sicario per il governo. All'inizio è molto servile nei confronti di Bob, il suo istruttore, ma poi, innamoratasi di Marco, commesso in un supermercato, decide di cambiare vita. Dopo molti pericoli ci riuscirà ma dovrà abbandonare anche l'amore. La carta vincente è la contraddittorietà della protagonista, dolce e decisa, debole e spietata. Merito soprattutto della grande interpretazione di Anne Parillaud, carica di grande fascino. ■ THRILLER; COL.; 113'; FRANCIA, 1990. ■ DAVID DI DONATELLO 1 PR, 1 NOM; GOLDEN GLOBES 1 NOM.

NIKITA – SPIE SENZA VOLTO *(Little Nikita)* ★★
Regia di RICHARD BENJAMIN. Con RICHARD BRADFORD, RIVER PHOENIX, SIDNEY POITIER. ■ Un agente federale avverte un adolescente di San Diego che i suoi genitori sono spie russe. Non solo ma stanno per essere uccisi da un antico sicario del Kgb che ricatta i suoi vecchi compagni. È il primo film del nuovo corso Reagan-Gorbaciov. Vediamo l'agente americano e quello russo sparare insieme contro un comune nemico. Non succedeva (sullo schermo) dal 1945. ■ POLIZIESCO; COL.; 98'; USA, 1988.

NIKKI IL SELVAGGIO CANE DEL NORD ★★
(Nikki, Wild Dog of the North)
Regia di JACK COUFFER, DON HALDANE. Con JEAN COUTU, EMILE GENEST, URIEL LUFT. ■ Un commerciante di pelli e il suo cane Nikki stanno percorrendo un fiume del Canada quando si imbattono in un orsacchiotto rimasto senza madre. Fatta amicizia, continuano il viaggio insieme, ma un incidente fa sì che l'uomo rimanga separato dai due animali. ■ AVVENTURA; COL.; 75'; USA, 1961.

NIKLAS NEL PAESE DELLE STRAVAGANZE ★★
(Niglas och figuren)
Regia di ULF ANDRÉE. Con STEFAN GRYBE, MARTIN LJUNG, PETER MALMSIO. ■ Niklas, nel cercare il suo cagnolino sperduto, incontra "scricciolo" che lo conduce al paese dei "contrari", dove la gente fa tutto il contrario di quello che dovrebbe. Ritroverà il cagnolino a casa. ■ FIABESCO; COL.; 92'; SVEZIA, 1982.

NIKO – UNA RENNA PER AMICO ★★
(Niko - Lentäjän poika)
Regia di KARI JUUSONEN, MICHAEL HEGNER. Con HANNU-PEKKA BJÖRKMAN, VUOKKO HOVATTA, OLLI JANTUNEN, JUSSI LAMPI, VESA VIERIKKO. ■ Niko è una renna orfana, si dice che suo padre se ne sia andato per fare la renna volante di Babbo Natale. Cresciuto con questa mancanza anche Niko sogna di poter volare e per dimostrare a tutti le sue intenzioni si mette in cammino verso il rifugio segreto di Babbo Natale, ma i lupi cattivi sono sulle sue tracce. ■ ANIMAZIONE; COL.; 80'; FINLANDIA, DANIMARCA, GERMANIA, IRLANDA, 2008.

NINA *(A Matter of Time)* ★★
Regia di VINCENTE MINNELLI. Con SPIROS ANDROS, INGRID BERGMAN, GABRIELE FERZETTI, LIZA MINNELLI. ■ Una vecchia signora, che in gioventù fece innamorare di sé principi e magnati, prende sotto la sua protezione una sgraziata cameriera romana. Seguendo gli insegnamenti della vegliarda, Nina diventa una fascinosa dama e una stella del cinema. Nel momento in cui lei trionfa, la vecchia dama muore. ■ COMMEDIA; COL.; 99'; USA, 1976.

NINA ★★
Regia di ELISA FUKSAS. Con ANDREA BOSCA, DIANE FLERI, ERNESTO MAHIEUX, LUCA MARINELLI, MARINA ROCCO. ■ Nella calura estiva di una Roma deserta, una serie di figure appaiono e scompaiono intorno a Nina, trentenne che divide le sue giornate fra le lezioni di scrittura cinese e di musica lirica, alternando il ruolo di studentessa a quello di insegnante, e la cura del piccolo zoo domestico lasciato in città dai genitori di un amico. La condizione di vita sospesa di Nina trova il palcoscenico perfetto nelle quinte metafisiche del quartiere Eur, il tono surreale delle sue giornate è riecheggiato all'infinito dalle ambientazioni alla De Chirico e punteggiato da occasionali evocazioni felliniane. Purtroppo anche il lungometraggio di esordio di Elisa Fuksas, figlia dell'architetto Massimiliano (doveroso specificarlo, visto quanto l'impianto visivo del film è influenzato dalla costruzione urbanistica), scivola in superficie senza andare in profondità, collezionando immagini di grande cura compositiva ma di scarsa risonanza interiore. ■ DRAMMATICO; COL.; 84'; ITALIA, 2013.

NIÑA DEI TUOI SOGNI, LA *(La niña de tus ojos)* ★★★
Regia di FERNANDO TRUEBA. Con PENELOPE CRUZ, ANTONIO RESINES, JORGE SANZ, HANNA SCHYGULLA. ■ Scritto a quattro mani dal regista e Rafael Azcona (co-autore di molte sceneggiature di Marco Ferreri), il film è ambientato nel 1938 a Berlino. Il gerarca nazista Goebbels è interessato alla realizzazione di un film, *La ragazza dei tuoi sogni*, che sarà interpretato da una bella e giovane attrice spagnola, Macarena Granada. L'interprete femminile è Penelope Cruz, destinata, si sa, a far parlare di sé. ■ DRAMMATICO; COL.; 121'; SPAGNA, 1998.

NINA NON FAR LA STUPIDA ★★
Regia di NUNZIO MALASOMMA. Con NINO BESOZZI, ASSIA NORIS. ■ Protagonista è un giovanotto che dietro le spinte del padre si fidanza con la figlia del podestà di una cittadina in un'altra provincia. Un giorno va a trovar la promessa, ma viene scambiato per un impresario teatrale e coinvolto nell'organizzazione di un'opera scritta da un compositore del luogo. Poi parte senza la fidanzata, che intanto s'è messa con un innamorato del posto. ■ COMMEDIA; B/N; 90'; ITALIA, 1937.

NINA PETROWNA ★★
(Die wunderbare Lüge der Nina Petrowna)
Regia di HANS SCHWARZ. Con BRIGITTE HELM, WARWICK WARD. ■ Rivalità fra ufficiali dello stesso reggimento. Il più giovane è fidanzato, ma questo non gli impedisce di innamorarsi di una fatalona, amante del suo comandante. ■ DRAMMATICO; B/N; 92'; GERMANIA, 1929.

NINA PETROWNA *(La mensogne de Nina Petrowna)* ★★
Regia di VICTOR TOURJANSKY. Con FERNAND GRAVEY, ISA MIRANDA. ■ Rifacimento del film di Hans Schwarz con un cast più prestigioso. ■ DRAMMATICO; B/N; 108'; FRANCIA, 1937.

NIÑA SANTA, LA *(La ñina santa)* ★★
Regia di LUCRECIA MARTEL. Con MARIA ALCHE, CARLOS BELLOSO, ARTURO GOETZ, MERCEDES MORÁN, ALEJANDRO URDAPILLETA. ■ Lucrecia Martel aveva favorevolmente impressionato con il suo primo film *La Cienaga*. Torna ora a raccontare un ambiente culturale analogo con alla supervisione, quale produttore esecutivo, Pedro Almodóvar. Ne nasce così un film "alla Almodóvar" ma purtroppo senza la tensione di cui la Martel saprebbe rendere le pieghe più nascoste e senza neppure l'ironia del maestro. Si narra di una ragazza che vive una religiosità sessuofoba, pertanto ancor più carica di pulsioni sessuali, che intende redimere un medico che presta molta attenzione al sesso femminile. Ma il film non decolla mai anche se sembrerebbe desideroso di farlo. Un po' come i suoi personaggi. ■ DRAMMATICO; COL.; 106'; ARGENTINA, 2004.

NINE ★★
Regia di ROB MARSHALL. Con MARION COTILLARD, PENELOPE CRUZ, DANIEL DAY-LEWIS, JUDI DENCH, NICOLE KIDMAN. ■ Guido Contini è un regista sull'orlo di una crisi creativa. Diviso tra l'amore carnale di Carla e quello coniugale di Luisa, cerca una storia da raccontare e un sogno da sognare. Incalzato dal suo produttore e dalle ansie sessuali, il regista abbandona set e conferenze stampa e trova rifugio nella camera di un Grand Hotel, lontano da Roma e dalle responsabilità. Sotto pressione, crolla tra le braccia dell'amante e umilia una volta di troppo la consorte, che

lo abbandona. *Nine* non è il remake dell'*Otto e mezzo* felliniano, o almeno non lo è esplicitamente, è la versione cinematografica dell'omonimo musical di Broadway, ispirato all'analisi del sogno e dei sogni del grande maestro italiano. ■ MUSICAL; COL.; 110'; USA, ITALIA, 2009.

NINE LIVES *(Unstoppable)* ★
Regia di DAVID CARSON. Con NICHOLAS AARON, ADEWALE AKINNUOYE-AGBAJE, KIM COATES, JACQUELINE OBRADORS, GARY OLIVER, VINCENT RIOTTA, DAVID SCHOFIELD, MARK SHEPPARD, WESLEY SNIPES, KIM THOMSON, STUART WILSON. ■ Erroneamente identificato come un cattivo agente dell'Fbi, un ex agente delle forze speciali decide di tornare in azione dopo aver scoperto che gli è stato iniettato un potente allucinogeno perché il governo lo considerava un pericolo. La droga ha fatto effetto, e lui non riesce a distinguere il reale da ciò che non lo è. Cercherà di trovare in tutte le maniere l'antidoto. ■ AZIONE; COL.; 96'; USA, 2004.

NINE MONTHS – IMPREVISTI D'AMORE ★★
Regia di CHRIS COLUMBUS. Con JEFF GOLDBLUM, HUGH GRANT, JULIANNE MOORE, ROBIN WILLIAMS. ■ Remake americano del film francese, *Neuf mois*. I nove mesi di preludio alla paternità mettono in crisi il protagonista e scatenano, in un paio di sequenze, la comicità del ginecologo interpretato da Robin Williams. Ma la sua partecipazione si limita a impreziosire i *trailers* e non basta a dare verve alla commedia. ■ COMMEDIA; COL.; 104'; USA, 1995.

NINETEEN NINETEEN ★★
Regia di HUGH BRODY. Con DIANA QUICK, MARIA SCHELL, PAUL SCOFIELD. ■ Mentre si trova a New York, Sophie rivede in un servizio televisivo un amico di vecchia data, Alexander Sherbatov. Questi viene intervistato a causa di Freud, del quale è stato uno degli ultimi pazienti a Vienna. Sophie parte immediatamente per l'Europa e si reca a casa di Alexander. ■ DRAMMATICO; COL.; 100'; GRAN BRETAGNA, 1981.

NINFA DEGLI ANTIPODI, LA ★★★
(Million Dollar Mermaid)
Regia di MERVYN LEROY. Con DAVIS BRIAN, VICTOR MATURE, WALTER PIDGEON, ESTHER WILLIAMS. ■ La vita (romanzata) di Annette Kellerman, bella australiana che fu campionessa di nuoto e una delle prime dive degli spettacoli acquatici realizzati all'Hippodrome di New York. ■ SENTIMENTALE; COL.; 115'; USA, 1952. ■ OSCAR 1 NOM.

NINFA PLEBEA ★★
Regia di LINA WERTMÜLLER. Con RAOUL BOVA, LUCIA CARA, PEPPE DE ROSA, STEFANIA SANDRELLI, LORENZO CRESPI. ■ Dal romanzo di Domenico Rea. Provincia di Napoli nei primi anni di guerra. In realtà sembra più un paese dell'Europa del Nord in quanto a emancipazione sessuale. Nunziata, madre di Miluzza non resiste al richiamo del sesso. Fa uscire il marito di casa e riceve il dotato caporale. Il marito si secca solo un pochino. Il destino di Miluzza sembra segnato da una madre del genere. Aggiungiamo che la ragazza è anche appetibile di suo. Tutti "giocano" con lei, un militare, un signore facoltoso della zona. Quando Miluzza conosce Pietro, uno sbandato dopo l'8 settembre, lo segue e lo sposa. Con grande sorpresa di tutti, soprattutto del marito, Miluzza bagna di sangue il lenzuolo nuziale. Colori, mélo, buoni sentimenti, espressione. Tutto scontato. Molto meglio il libro. ■ DRAMMATICO; COL.; 110'; ITALIA, 1996.

NINFETTE, LE *(Les nymphettes)* ★★
Regia di HENRI ZAPHIRATOS. Con CLAUDE ARNOLD, COLETTE DESCOMBES, JACQUES PERRIN. ■ Uno studente universitario, piuttosto inesperto in amore, si fidanza con una graziosa giovanebene che nel contempo ha una relazione (e molto meno casta) con un altro giovane. Poco male. Lo studentello, fattosi sciolto e furbo, si consolerà con una coetanea più adatta a lui. ■ COMMEDIA; B/N; 80'; FRANCIA, GRECIA, 1961.

NINÌ FALPALÀ ★★★
Regia di AMLETO PALERMI. Con ARISTIDE BAGHETTI, FRANCO COOP, ELSA DE GIORGI, DINA GALLI, RENZO RICCI, HILDA SPRINGER. ■ Dina Galli nella parte di una guitta in cattive acque che non trova di meglio, per attirare l'attenzione, che inscenare un finto suicidio. La salva un giovanotto, che la donna, però, cerca di ricattare. Poi si pente e favorisce il riavvicinamento del salvatore con la fidanzata. ■ COMMEDIA; B/N; 92'; ITALIA, 1933.

NINÌ TIRABUSCIÒ LA DONNA CHE INVENTÒ LA MOSSA ★★★
Regia di MARCELLO FONDATO. Con PIERRE CLÉMENTI, GASTONE MOSCHIN, CLAUDE RICH, MONICA VITTI. ■ Storia del celebre personaggio (ma ovviamente inventato) di Ninì, inventrice del colpo d'anca sulle passerelle rivistaiole. Vediamo, in piena Belle Époque, la popolana Ninì diventare famosa attraverso scandali, duelli, amori tempestosi. ■ COMMEDIA; COL.; 118'; ITALIA, 1970. ■ DAVID DI DONATELLO 1 PR, 1 NOM.

NINJA ★
Regia di JOSEPH KONG. Con PEDRO HUGHES, STUART STEEN. ■ Una grossa e potente banda vuole impadronirsi dei piani dell'R16, un missile balistico dalla spaventosa potenza distruttiva che, nelle mani sbagliate, può costituire una terribile arma... ricattatoria. Della banda fanno parte alcuni Ninja, guerrieri giapponesi crudeli e spietati fino alla morte. ■ AVVENTURA; COL.; 90'; USA, 1987.

NINJA ASSASSIN ★★
Regia di JAMES MCTEIGUE. Con BEN HARRIS, NAOMIE HARRIS, RANDALL DUK KIM, BEN MILES, RAIN, RICK YUNE. ■ Educato e addestrato fin da piccolo all'arte del combattimento ninja dallo spietato clan Ozunu in uno scenario da Tana delle Tigri, Raizu ha deciso, una volta raggiunta la maturità, di ribellarsi al destino di killer a pagamento per conto dei governi internazionali scritto per lui dal clan. Braccato dal resto del mondo ninja e condannato come loro a vivere nell'anonimato e nell'oscurità decide di aiutare Mika, poliziotta dell'Europol stanziata a Berlino che indaga sui legami tra questi ninja che nessuno ha mai visto e alcuni misteriosi omicidi. ■ AZIONE; COL.; 99'; USA, GERMANIA, 2009.

NINJA IL CACCIATORE ★
Regia di WU KUO SEN. Con CHUNG LING, LONG KOON MO, ALEXANDER LOU. ■ La storia, o meglio la leggenda, dei Ninja, favolosi guerrieri giapponesi pronti a morire pur di compiere la loro missione, coraggiosi come pochi al mondo, legati da regole segrete e da un codice di rigorosa fedeltà che rende impossibile risalire ai loro mandanti. Furono usati dal loro governo in missioni di guerra. ■ DRAMMATICO; COL.; 90'; HONG KONG, 1987.

NINJA IL CAMPIONE ★
Regia di GODFREY HO. Con BRUCE BARON, JACK LAM, PIERRE TREMBLAY. ■ L'Interpol manda due dei suoi uomini migliori, George e Donals, a indagare sui movimenti di una banda di ladri di diamanti capeggiati da un certo Morris. Per ostacolare i due agenti Morris fa rapire la fidanzata di George e con l'inganno obbliga quest'ultimo a sposare la figlia di uno della banda. ■ AVVENTURA; COL.; 90'; HONG KONG, 1986.

NINJA IL DISTRUTTORE ★
Regia di GODFREY HO. Con BRUCE BARON, STUART SMITH. ■ Una miniera di smeraldi ai confini con la Thailandia desta la cupidigia di Michael, ex berretto verde in Vietnam ora a capo di un gruppo di ribelli cambogiani. Michael, che è anche un quotato guerriero Ninja, ha ambizioni di potere. ■ AVVENTURA; COL.; 90'; HONG KONG, 1986.

NINJA IL GUERRIERO ★
Regia di JOSEPH LAI. Con RICHARD HARRISON, MORNA LEE, MIKE TIEN. ■ La statua d'oro di un importante guerriero Ninja deve essere riportata, per rispetto a un'antica e importante tradizione, in una città della Cina. I Golden Ninja, suoi custodi, si accingono all'incarico, ma i Red Ninja, mortali e irriducibili avversari, tendono loro un tranello. ■ AVVENTURA; COL.; 95'; USA, 1985.

NINJA IL PADRINO ★
Regia di JOSEPH LAI. Con RITA BACKMANN, ADAM FRANCK, MASTER LEE, PETER VJAER. ■ I Ninja e gli Scorpio si odiano a morte e si affrontano in una interminabile serie di sparatorie e corpo a corpo per la conquista della supremazia. ■ AVVENTURA; COL.; 90'; HONG KONG, 1987.

NINJA IN AZIONE ★
Regia di TOMMY CHENG. Con LOUIS ROTH, STUART STEEN. ■ Un uomo è stato ucciso da una banda di Ninja. Per vendicare il bruta-

le assassinio, la figlia del defunto e il suo fidanzato si recano a Hong Kong alla ricerca dei responsabili. ■ DRAMMATICO; COL.; 80'; USA, 1986.

NINJA, LA FURIA UMANA *(Revenge of the Ninja)* ★★
Regia di SAM FIRSTENBERG. Con VIRGIL FRYE, SHO KOSUGI, KEITH VITALI. ■ Un guerriero Ninja dichiara guerra a un grosso spacciatore che gli ha massacrato la famiglia e rapito il figlioletto: la sua vendetta sarà tremenda. La vicenda è essenziale e banalotta, cucita addosso a Sho Kogushi, uno tra i migliori maestri di arti marziali in circolazione. ■ AVVENTURA; COL.; 88'; USA, 1983.

NINJA LICENZA DI STERMINIO ★
Regia di YORK LAM. Con JANE KINGSLEY, LOUIS ROTH, HENRY STEELE, STUART STEEN. ■ Marshal Sears è a capo di un banda di moderni Ninja che, come gli antichi predecessori, fanno dell'assassinio una vera arte. Sears, che ha concepito il folle proposito di dominare tutta la terra, decide di allearsi a una potente organizzazione di trafficanti di droga thailandesi. ■ DRAMMATICO; COL.; 90'; HONG KONG, 1987.

NINJA OCCHIO PER OCCHIO ★
Regia di GODFREY HO. Con ALPHONSE BEN, RICHARD HARRISON, STUART SMITH, GRANT TEMPLE. ■ Un agente dell'Interpol sta dando la caccia a Rudolph, potente boss della droga, e alla sua banda. Durante un'azione contro i malviventi la moglie dell'agente rimane uccisa. Ha così inizio una spietata lotta senza esclusione di colpi tra i due avversari, che si conclude a Hong Kong. ■ DRAMMATICO; COL.; 90'; HONG KONG, 1979.

NINJA SCONTRO FINALE ★
Regia di WALLACE CHAN. Con ERIC NEFF, LOUIS ROTH, PAUL TORCHA. ■ Mister Roy comanda un gruppo di guerrieri Ninja addetti alla protezione di una potente organizzazione mondiale, che realizza enormi guadagni col commercio illecito di organi umani. Tony, esperto di lotta Ninja come Mister Roy (entrambi hanno avuto lo stesso maestro), viene incaricato di far cessare l'inumano traffico. ■ DRAMMATICO; COL.; 90'; HONG KONG, 1987.

NINJA'S FORCE ★
Regia di ROMANO KRISTOFFE, TEDDY PAGE. Con GWENDOLYN HUNG, ROMANO KRISTOFF, MICHAEL MONTY, KEN WATANABE. ■ Il professor Hamilton custodisce nella sua villa alcuni documenti d'importanza capitale. Una notte, un Ninja si introduce nell'abitazione e li ruba. Per evitare una catastrofe Kenzo, un Ninja espertissimo di arti marziali, viene incaricato di recuperare le preziose carte. Cosa che farà eliminando i suoi nemici uno per uno. ■ AVVENTURA; COL.; 90'; USA, 1987.

NINJA THUNDERBOLT ★
Regia di GODFREY HO. Con RICHARD HARRISON, WANG HO. ■ Una nuova, emozionante avventura che ha per protagonisti i Master Ninja e la loro straordinaria abilità nel duello con armi letali, nell'agguato e nell'attacco a sorpresa. ■ AVVENTURA; COL.; 95'; HONG KONG, 1986.

NINNA NANNA *(Kolybeinaia)* ★★★
Regia di DZIGA VERTOV. ■ Un film con le immagini di bambini da tutto il mondo, miste a immagini di guerra. Il grande documentarista russo si esercita ancora con la macchina da presa, trasformando le immagini in mosaici pieni di immaginazione e poesia. Purtroppo vedere inserito nel film Stalin ci fa capire che si trattò di propaganda politica, d'autore, ma pur sempre propaganda. ■ DOCUMENTARIO; COL.; 60'; RUSSIA, 1937.

NINNA NANNA DI BROADWAY, LA ★★★
(Lullaby of Broadway)
Regia di DAVID BUTLER. Con DORIS DAY, GLADYS GEORGE, GENE NELSON, S. Z. SAKALL. ■ Una ragazza, figlia di una famosa stella del varietà, vive da molti anni in Inghilterra e ha con la madre, che recita a New York, solo rapporti epistolari. Non sa che la mamma è ormai decaduta e vive dando spettacoli da due soldi in teatri di poco conto. Quando lo scopre, parte alla riscossa. Appoggiata da alcuni amici, non solo riesce a riportare la madre in auge, ma a diventare lei stessa una stella di Broadway. ■ COMM. MUSICALE; COL.; 92'; USA, 1951.

NINOTCHKA ★★★★★
Regia di ERNST LUBITSCH. Con FELIX BRESSART, INA CLAIRE, MELVYN DOUGLAS, GRETA GARBO, ALEXANDER GRANACH, BELA LUGOSI, SIEGFRIED RUMANN. ■ È la storia di una severa commissaria politica russa che si precipita a Parigi dove tre suoi collaboratori, sedotti dalla *Ville lumière*, si sono dati alla pazza gioia. Lei sarebbe animata dalle migliori intenzioni, ma incontra Melvyn Douglas, affascinante perdigiorno, e cade nella rete delle mollezze occidentali. Si tratta di un film molto importante e molto mirato. Hollywood accoglieva spesso le direttive di propaganda governative e quelli erano gli anni del terrore del comunismo. L'America era letteralmente invasa dalla sindrome della rivoluzione. Greta Garbo col suo immenso *appeal* fu efficacissima in quel senso. *Ninotchka* che beve champagne e si prova un incredibile cappellino, e poi, tornata a Mosca, divide casa (e gabinetto) con altre due famiglie, valeva molto più dei discorsi dei politici e dei proclami dell'intelligenza schierata. Il comunismo veniva ridicolizzato, e anche esorcizzato. Far politica divertendo, secondo quel genio di Lubitsch. Un'altra possibilità del cinema. La propaganda ebbe ancora bisogno di *Ninotchka* quando, esplosa la guerra fredda fra la fine degli anni Quaranta e l'inizio dei Cinquanta, si trattò di dare una rispolverata all'immagine povera, cattiva e prepotente del comunismo. Il film era sempre vedibile. E lo è ancora. E... non c'è più il comunismo. ■ COMMEDIA; B/N; 110'; USA, 1939. ■ OSCAR 2 NOM.

N (IO E NAPOLEONE) ★★★
Regia di PAOLO VIRZÌ. Con OMERO ANTONUTTI, DANIEL AUTEUIL, MONICA BELLUCCI, MASSIMO CECCHERINI, ELIO GERMANO, SABRINA IMPACCIATORE, FRANCESCA INAUDI, VALERIO MASTANDREA. ■ Nel 1814, un giovane idealista elbano sogna di uccidere Napoleone, imperatore decaduto a cui è stata riconosciuta la sovranità dell'isola d'Elba. Martino Papucci, maestro e scrittore libertario, vive a Portoferraio con la sorella Diamantina e il fratello Ferrante. L'esilio di Napoleone, sistematosi proprio a Portoferraio, gli offre finalmente una chance: affrontare il mito in carne e ossa. Chiamato dal sindaco e incaricato dallo stesso Napoleone, Martino accetta di diventarne lo scrivano confidente con l'intento segreto di assassinarlo. Ma il tentativo di compiere il delitto fallisce con la fuga di Napoleone, che morirà sei anni dopo sull'isola di Sant' Elena. Tratto dal bel romanzo di Ernesto Ferrero e adattato dagli Scarpelli, da Francesco Bruni e dallo stesso Virzì, *N* è una commedia ottocentesca che affronta un tema soprattutto novecentesco: il fascino persuasivo del tiranno. *N* comincia con un sogno, quello di abbattere Napoleone e di liberare i popoli "arraffati" con l'esercito e con l'ambizione. Il punto di forza è senza dubbio lo sguardo inedito e per nulla riverente nei confronti del tiranno corso, il punto debole è la livornesità in costume, le situazioni comiche create ad hoc che non si integrano mai col racconto, ma che almeno hanno il merito di rivelare un originale Massimo Ceccherini. ■ STORICO; COL.; 110'; FRANCIA, ITALIA, 2006.

NIPOTE, LA ★★
Regia di NELLO ROSSATI. Con GIORGIO ARDISSON, EZIO MARANO, FRANCESCA MUZIO, DANIELE VARGAS. ■ Una graziosa collegiale, nipote di un agrario della bassa padana, va ad abitare con lo zio e viene trattata da parente povera. Costretta a fare da fantesca e a subire le *avances* dei congiunti, riuscirà ben presto, con l'astuzia e le lusinghe, a ribaltare la situazione, diventando lei la padrona di tutto. ■ COMMEDIA; COL.; 92'; ITALIA, 1974.

NIPOTE DI BEETHOVEN, IL *(Beethoven's Nephew)* ★★★
Regia di PAUL MORRISSEY. Con NATHALIE BAYE, JANE BIRKIN, WOLFGANG REICHMANN, MATHIEU CARRIÈRE. ■ Storia di Karl, il nipote di Ludwig Van Beethoven che i libri sull'argomento hanno sempre presentato come carogna e sfruttatore dello zio vecchio, sordo e malato. E invece fu solo un povero malato che riuscì con molta fatica a liberarsi dell'attaccamento morboso del famoso musicista. ■ DRAMMATICO; COL.; 105'; FRANCIA, GERMANIA, 1985.

NIPOTE PICCHIATELLO, IL ★★★
(You're Never Too Young)
Regia di NORMAN TAUROG. Con RAYMOND BURR, JERRY LEWIS, DIANA LYNN, DEAN MARTIN. ■ Per sfuggire a un delinquente, un giovanotto si traveste da ragazzino e si fa ospitare in un collegio

da un professore con cui ha stretto amicizia. Il delinquente lo scova. ■ COMICO; COL.; 102′; USA, 1955.

NIPOTE SABELLA, LA ★★

Regia di GIORGIO BIANCHI. Con PEPPINO DE FILIPPO, SYLVA KOSCINA, TINA PICA, RENATO SALVATORI. ■ Seguito della *Nonna Sabella* che si concludeva con le nozze del nipote Raffaele con la bella postina e della sorella di Sabella con un maturo spasimante. ■ COMMEDIA; B/N; 92′; ITALIA, 1958.

NIPOTE SILENZIOSO, IL *(Le neveu silencieux)* ★★★

Regia di ROBERT ENRICO. Con JEAN BOUISE, ANDRÉ FALCON, RENÉE FAURE. ■ Un uomo in visita alla famiglia del fratello è colpito dal nipotino psicolabile. Tra zio e nipote s'instaura un difficoltoso, ma tenerissimo rapporto. Delicato film di Enrico ricavato dal bel romanzo di Paul Sabatier. ■ COMMEDIA; COL.; 95′; FRANCIA, 1979.

NIPOTI DELLA COLONNELLA, LE ★★
(Die Nichten der Frau Oberst!)

Regia di EDOARDO MULARGIA. Con TAMARA BARONI, KARIN FIELD, KAY FISHER. ■ Protagonista è una bella donna che ha due nipoti altrettanto belle da maritare. Gli uomini da lei prescelti per le ragazze si rivelano però sbagliati. Uno è innamorato ma impotente. Non riuscendo a consumare si uccide. L'altro è potente, ma non innamorato: lascerà la nipotina della bella donna per un altro amore. Tutto da rifare, colonnella. ■ COMMEDIA; COL.; 90′; GERMANIA, ITALIA, 1970.

NIPOTI DI ZORRO, I ★

Regia di MARCELLO CIORCIOLINI. Con AGATA FLORI, FRANCO FRANCHI, CICCIO INGRASSIA. ■ Due emigranti siciliani che cercano l'oro in California si trovano coinvolti nella guerra privata fra Zorro e il solito governatore carogna. A un certo punto vengono condannati all'impiccagione, ma arriva Zorro e li salva. ■ COMICO; COL.; 88′; ITALIA, 1968.

NIPOTI MIEI DILETTI ★★

Regia di FRANCO ROSSETTI. Con ADRIANA ASTI, ANTONIO FALSI, MARC POREL, MATTIA SBRAGIA, LUCIANO SALCE. ■ Una donna ancor giovane e piacente si prende cura dei nipoti, che per la verità sono fior di giovanotti e lo dimostreranno passando ad uno ad uno nel letto della zia. Arriva la guerra di Abissinia e i nipoti partono per il fronte. La zia che ha tentato in tutti i modi di trattenerli viene dichiarata pazza e internata. ■ COMMEDIA; COL.; 92′; ITALIA, 1977.

NIRVANA ★★

Regia di GABRIELE SALVATORES. Con DIEGO ABATANTUONO, CHRISTOPHER LAMBERT, STEFANIA ROCCA, SERGIO RUBINI, AMANDA SANDRELLI, EMMANUELLE SEIGNER. ■ Nel 2005 sta per entrare in commercio "Nirvana", un videogioco che sarà distribuito in tutto il mondo. Un virus sconvolge il programma, e Solo (Abatantuono) protagonista del gioco, scoprendo di esistere solo virtualmente chiede aiuto all'inventore Jimi (Lambert): vuole essere liberato e vivere davvero. Il resto è troppo contorto per essere raccontato. Era talmente atteso questo film di Salvatores, era tale la promozione, che la critica non ha osato parlarne male. Per fortuna non ha nemmeno osato parlarne bene. Ci domandiamo il significato e l'utilità di un'iniziativa del genere, completamente avulsa dalla nostra cultura. Si è detto «nessuna soggezione rispetto ai maestri americani». E con questo? L'originalità doveva essere la contaminazione fra certe caratteristiche tradizionali di Salvatores e la fantascienza. Per esempio Abatantuono, a parte le lenti a contatto, è lo stesso di *Mediterraneo* eccetera. È l'ennesima presunzione di un autore colpito dalla sindrome di un Oscar sproporzionato e che ritiene di spiegarci i grandi temi della vita e della morte. Salvatores c'era già caduto con l'inutile e pretestuoso *Sud*. Ci mancano film come *Marrakesh* e *Turné*. ■ FANTASCIENZA; COL.; ITALIA, 1996.

NITCHEVO ★★

Regia di JACQUES DE BARONCELLI. Con HARRY BAUR, MARCELLE CHANTAL, JEAN TISSIER. ■ Un sommergibile affonda negli abissi del mare. Poche le possibilità per l'equipaggio di salvarsi. In quel momento comandante e secondo trovano anche il modo di litigare per i loro casi privati. Arrivano i soccorsi e salvano i due uomini. ■ DRAMMATICO; B/N; 80′; FRANCIA, 1935.

NITRATO D'ARGENTO ★★

Regia di MARCO FERRERI. Con IAIA FORTE, SABRINA LA LOGGIA. ■ Presentato fuori concorso alla 53esima mostra di Venezia. Con lo spunto di alcuni leggendari spezzoni di cinema, Ferreri legge alcuni dei grandi fatti del secolo. Passano sullo schermo il primo bacio e il primo western, siamo negli anni Dieci, la gente impazzisce per la nuova trovata. Ecco Charlot per la felicità di tutti, ecco Dillinger (quello vero) che viene ucciso all'uscita di un cinema: non aveva resistito alla tentazione di vedere Jean Harlow. Commoventi gli spezzoni sul set di *Ladri di biciclette*, con De Sica che, per far piangere il piccolo Stajola, quasi lo schiaffeggia. Arriviamo al Sessantotto: si proietta Rossellini in uno stanzone, gli studenti sono seduti per terra e viene offerta pastasciutta. Un ragazzo dice: «Il cinema non è arte, è una funzione, come cacare e mangiare...». Ed ecco che il primo piano della Bergman in *Stromboli* vien portato fuori dalla sala e proiettato per strada, sui muri, in mezzo alla gente. Ferreri non rinuncia all'autocitazione. Una ragazza, vedendo una sequenza della *Grande abbuffata* dice «questo film è una schifezza». L'amore per il cinema naturalmente traspare, anche se Ferreri non è uno che mitizzi facilmente. ■ FANTASTICO; COL.; 85′; ITALIA, 1996.

NITSCHEWO ★★

Regia di STEFAN SARAZIN. Con KEN DUKEN, AXEL NEUMANN, DANIEL OLBRYCHSKI, MARIE ZIELCKE. ■ Germania Est, 1993. Jim, un ingegnere automobilistico felicemente legato a Elise, abita in un villaggio vicino al vecchio confine. Il suo grande sogno però è chiudere il suo rapporto sentimentale con un bacio appassionato ed uno scontro frontale. Nel frattempo, Jim si accontenta di guidare la sua vecchia Ford a velocità folle lungo strade strette e tortuose. Ma un giorno investe Lele, un ritardato mentale con il quale aveva in precedenza fatto amicizia. ■ DRAMMATICO; COL.; 86′; GERMANIA, 2002.

NIXON – GLI INTRIGHI DEL POTERE *(Nixon)* ★★★

Regia di OLIVER STONE. Con JOAN ALLEN, LARRY HAGMAN, ED HARRIS, ANTHONY HOPKINS, BOB HOSKINS, PAUL SORVINO, JAMES WOODS. ■ Guardando John Kennedy, l'uomo che più di tutti ha odiato, Nixon dice «guardano te e si vedono come vorrebbero essere, guardano me e si vedono come sono». Pat Nixon, la moglie, gli dice: «non ti ameranno mai, per quante elezioni tu vinca non ti ameranno mai». Henry Kissinger dice a un suo collaboratore «penso a cosa sarebbe stato se fosse stato amato». In queste frasi sta il dramma di Nixon, il presidente più odiato e discusso della storia americana moderna. Nixon pose fine alla guerra in Vietnam, fece la pace coi russi e divenne amico dei cinesi, risultati di politica estera senza precedenti. Nel fronte interno fu un disastro: intercettazioni, false prove, corruzioni, amicizie tradite, e naturalmente il "Watergate". Gli intrighi del potere, appunto. Oliver Stone conduce la sua tesi come aveva fatto per *JFK*, con inserti televisivi e di documentario, facendo aderire la fotografia e la ripresa ai momenti della storia, secondo la cronaca, il ricordo, la tensione, il dramma. Veniamo a sapere che l'incapacità di Nixon di farsi voler bene, di godere dei suoi successi, il suo immane complesso di inferiorità nei confronti di Kennedy (che aveva frequentato le scuole dei ricchi), derivano da un padre onesto, da una madre severa e dal dolore di aver visto due fratelli morire. Col "Watergate" il cerchio si stringe sempre più e alla fine il presidente è costretto a dimettersi. Ma nel discorso di addio la gente, che non lo ha mai amato, si commuove. L'uscita dalla Casa Bianca è serena e dignitosa. Stone spezza una lancia a favore di Nixon nel riepilogo finale, durante i suoi funerali (1994), presenti cinque presidenti, dove Clinton valorizza il ruolo del suo predecessore e gli attribuisce autentica grandezza. Opera a volte un po' greve ma esauriente. Il regista conferma il suo ruolo di storico americano (Vietnam, JFK). Val la pena di fare una considerazione sul ruolo del cinema come credibile fonte storica dell'era contemporanea, più efficace della letteratura, una volta accettata la tesi dell'autore. Stone va dunque considerato il maggior profeta in questo senso, ruolo esclusivo nel cinema del mondo. ■ BIOGRAFICO; COL. E B/N; 190′; USA, 1996. ■ GOLDEN GLOBES 1 NOM; OSCAR 4 NOM.

N.N. VIGILATA SPECIALE *(The Company She Keeps)* ★★★
Regia di JOHN CROMWELL. Con JANE GREER, DENNIS O'KEEFE, LIZABETH SCOTT. ■ Una ragazza di burrascosi trascorsi, libera sulla parola, viene presa in custodia da una bionda funzionaria. La vigilata ripaga la sua sorvegliante rubandole il fidanzato. Nonostante questo, la bionda non rinuncerà alla sua opera di riabilitazione. ■ DRAMMATICO; B/N; 81'; USA, 1952.

NO ALLA VIOLENZA ★★
Regia di TANO CIMAROSA. Con RICK BOYD, MARTINE CAREL, TANO CIMAROSA, AL CLIVER, NINETTO DAVOLI. ■ Messina è vessata dalla delinquenza. Il commissario Moretti usa per combatterla sistemi molto efficaci, anche se non del tutto ortodossi. ■ POLIZIESCO; COL.; 93'; ITALIA, 1977.

NOA NOA ★★
Regia di UGO LIBERATORE. Con MARIANNA CAMARA, GIANFRANCO DE GRASSI, HIRAM KELLER. ■ Seguito delle avventure degli ammutinati del *Bounty*. Dopo la ribellione terminata con la cacciata del capitano Bligh, i marinai ribelli guidati dal secondo di bordo Christian si stabiliscono sull'isola di Pitcairn avviando un esempio di comunismo *ante litteram*. ■ AVVENTURA; COL.; 105'; ITALIA, 1973.

NOBEL ★★★
Regia di FABIO CARPI. Con HECTOR ALTERIO, STANISLAS MERHAR, GIOVANNA MEZZOGIORNO, KATJA RIEMANN, OTTO TAUSIG. ■ È la storia del lungo viaggio verso Stoccolma, dove lo attende il premio Nobel, dello scrittore Alberto a bordo di una fiammante Maserati. Lo accompagna Alessandro un giovane giornalista che ha il compito di intervistarlo durante il percorso. Tra i due uomini nascono delle dinamiche personali e generazionali che portano a incomprensioni, gelosie, liti, separazioni, contrasti amorosi e via dicendo, ma anche a una crescita di entrambi. Una storia ricca di colpi di scena e giocata sempre sul filo dell'ironia. ■ DRAMMATICO; COL.; 91'; ITALIA, 2001.

NOBILDONNA E IL DUCA, LA *(L'anglaise et le Duc)* ★★★
Regia di ERIC ROHMER. Con LÉONARD COBIANT, JEAN-CLAUDE DREYFUS, HÉLÉNA DUBIEL, ALAIN LIBOLT, FRANÇOIS MARTHOURET, CAROLINE MORIN, MARIE RIVIÈRE, LUCY RUSSELL. ■ Grace Elliott, è una giovane dama scozzese che si ritrova a Parigi, impossibilitata a rientrare in patria, nei giorni della Rivoluzione. Il film di Rohmer si ispira ai suoi diari, che riferiscono dei giorni del Terrore, ma anche del suo legame con Philippe "Egalité" Duca d'Orléans, cugino di Luigi XVI. I due sono stati amanti, ma un'attenzione profonda li lega ancora. Grace però, da monarchica convinta qual è, non perdona a Philippe il voto in favore della messa a morte del Re. Si ritrova poi coinvolta in un processo nel quale, a seguito di una lettera rinvenuta in un suo cassetto, viene accusata di essere una spia inglese controrivoluzionaria. Eric Rohmer affronta per la terza volta un film in costume per raccontare, dal punto di vista dell'aristocrazia, i giorni del Terrore. Lo fa tentato, più che dalla lettura ideologica, dalla possibilità di tradurre in immagini un diario e dall'uso, per lui assolutamente nuovo, del digitale. Non potendo e non volendo ricostruire la Parigi "com'era", ne ha commissionato delle vedute pittoriche a un artista e le ha usate come sfondi su cui far agire gli attori nel momento in cui si trovano all'esterno. Ne risulta un film geometrico e prezioso, ma un po' freddo. Proprio come una stampa antica. ■ STORICO; COL.; 128'; FRANCIA, 2001.

NOBODY KNOWS *(Daremo shiranai)* ★★★
Regia di HIROKAZU KOREEDA. Con HANAE KAN, HIEI KIMURA, AYU KITAURA, MOMOKO SHIMIZU, YUUYA YAGIRA. ■ Tokyo. Un piccolo appartamento in cui vanno a vivere una giovane madre con il figlio tredicenne. In realtà i figli sono quattro nati da quattro rapporti diversi e vanno tenuti nascosti perché mai registrati all'anagrafe. Quindi niente scuola, nessuna uscita sul balcone e, per di più, una madre immatura che rovescia sulle spalle del figlio maggiore tutta la responsabilità della conduzione della famiglia fino al giorno in cui si allontana per non fare più ritorno. La vita dei quattro piccoli continua ma la tragedia incombe. Ispirato da un reale fatto di cronaca questo film porta sullo schermo con grande precisione l'orrore dell'indifferenza in una società che non vede più i bambini come una preziosissima risorsa ma solo come un freno alla libertà degli adulti oppure un fastidio, una responsabilità che è meglio non assumersi. Neppure per segnalare alla polizia dei minori in stato di evidente abbandono. Un film lucidamente amaro, girato con una sobrietà intensa che fa meditare. ■ DRAMMATICO; COL.; 141'; GIAPPONE, 2004. ■ CANNES 1 PR.

NOCCIOLINE A COLAZIONE ★★
Regia di MARIO ORFINI. Con PIERPAOLO BENIGNI, JERRY DI GIACOMO, STEFANO MIZZAU, CRISTIANA SCOTTI MANCINELLI. ■ Marco ha una moglie e un bambino. A sostenere la famiglia è la moglie, finché un giorno offrono a Marco un singolare lavoro: riabituare un orango oggetto di vari esperimenti a vivere da scimmia. Marco sente molte affinità con l'animale (entrambi sono degli emarginati e degli infelici) e così nasce un'amicizia fra l'uomo e l'animale. ■ DRAMMATICO; COL.; 94'; ITALIA, 1978.

NO CONTROL – FUORI CONTROLLO *(Body Parts)* ★★
Regia di ERIC RED. Con JEFF FAHEY. ■ La vita di uno psicologo viene messa sotto sopra dopo che per una disgrazia perde un braccio. Come se non bastasse (dopo che viene compiuta una delicata operazione e l'uomo può tornare come prima), accade l'irreparabile. Il braccio infatti comincia a fare di "testa" sua. Lo psicologo scopre che l'uomo che gli ha "regalato" la preziosa parte del corpo era un delinquente molto violento. Non molto convincente, anche se il protagonista aveva scritto la sceneggiatura per il più riuscito *The Hitcher*. ■ HORROR; COL.; 85'; USA, 1991.

NOCTURNA ★★★
Regia di ADRIÀ GARCÍA, VICTOR MALDONADO. ■ Cosa accade durante la notte, mentre i sogni ci conducono in dimensioni inesplorate? Tim, un bambino timido, solitario e un po' fifone che vive in un orfanotrofio, non conosce la risposta a questa domanda. Ma la notte in cui non vede più la sua stella preferita, Adhara, l'insonne ragazzino si ritrova catapultato in un lungo viaggio nel territorio della notte e delle sue paure. Precipitato da un tetto e miracolosamente salvato in extremis da un essere enorme e un po' ingenuo che è il Pastore dei gatti, guardiani del sonno di tutti i bambini, Tim scopre sbalordito l'incredibile organizzazione che manda avanti il regno della notte e dei sogni: dal capo supremo, il signor Moka, al suo aiutante, il dispettoso Pipì, capace di far bagnare i letti dei bambini a suo piacimento, fino alle vanitose Scompigliatici, incaricate di arruffare i capelli durante il sonno. Accompagnato dal gatto "narcolettico" che dovrebbe vegliare su di lui, Tim incontrerà tutti gli eccentrici abitanti del mondo di Nocturna (come il Sussurratore, che orchestra i suoni notturni), ritrovandosi da solo, dopo un incontro rivelatore con la Stella polare, a dover salvare questo mondo oscuro da un'Ombra spaventosa che ne minaccia la sopravvivenza. ■ ANIMAZIONE; COL.; 83'; FRANCIA, SPAGNA, 2007.

NODO ALLA CRAVATTA, IL ★★
Regia di ALESSANDRO DI ROBILANT. Con PATRICK BAUCHAU, DELIA BOCCARDO, ELEONORA DANCO. ■ La piccola odissea di Carlino che si sente messo da parte visto che il padre considera maggiormente il cane. Così l'adolescente uccide l'animale e finisce in collegio. Scappato dall'istituto verrà a conoscere cose che lo cambieranno profondamente. Un film sulla borghesia forse in ritardo sui tempi. ■ DRAMMATICO; COL.; 99'; ITALIA, 1991.

NODO ALLA GOLA – COCKTAIL PER UN CADAVERE *(Rope)* ★★★
Regia di ALFRED HITCHCOCK. Con JOHN DALL, FARLEY GRANGER, JAMES STEWART. ■ Due giovani bene uccidono un amico. Nascondono il corpo in una cassapanca e poi hanno il coraggio di dare un party nel salotto stesso (tra gli invitati ci sono i genitori del defunto). Nessuno sospetta, tranne un professore, che a party terminato, mette alle strette i due assassini e li fa confessare. ■ GIALLO; COL.; 80'; USA, 1949.

NODO DEL CARNEFICE, IL *(Hangman's Knot)* ★★
Regia di ROY HUGGINS. Con FRANK FAYLEN, LEE MARVIN, DONNA REED, RANDOLPH SCOTT. ■ Un gruppo di guerriglieri sudisti assalta un carico d'oro. Ma intanto la guerra finisce e il gruppo viene trattato da fuorilegge. Braccati dagli uomini dello sceriffo,

vengono decimati e assediati in una casa assieme ad alcuni ostaggi. Si salvano in pochi. ■ WESTERN; COL.; 81'; USA, 1952.

NODO SCORSOIO *(Noose)* ★★★

Regia di EDMOND T. GRÉVILLE. Con JOSEPH CALLEIA, DEREK FARR, CAROLE LANDIS, NIGEL PATRICK. ■ A Soho una gang capeggiata da un losco maltese traffica in droga e prostitute. Una giornalista cerca di smascherare il capo, ma se la passerebbe male se non intervenisse il fidanzato. ■ GIALLO; B/N; 98'; GRAN BRETAGNA, 1948.

NODO SCORSOIO *(My Blood Runs Cold)* ★★

Regia di WILLIAM CONRAD. Con TROY DONAHUE, JOEY HEATHERTON, BARRY SULLIVAN. ■ Una giovane ereditiera conosce un losco fusto biondo che la incanta con le sue attenzioni e i suoi vagheggiamenti romantici. Partono insieme. Ma il padre della ragazza preoccupato avverte la polizia. Si viene a sapere che il biondo è un maniaco. ■ GIALLO; B/N; 104'; USA, 1965.

NOÈ E IL GIUDIZIO UNIVERSALE ★★
(The Story of Noah)

Regia di JAMES L. CONWAY. Con LEW AYRES, RITA GAM, ED LAUTER. ■ Dalla serie tv *Gli eroi della Bibbia*. È naturalmente la storia dell'arca di Noè, popolata dalla famiglia del patriarca e da coppie di animali d'ogni specie. Così la continuità della vita sulla Terra fu garantita anche dopo il fatidico diluvio. ■ STORICO; COL.; 92'; USA, 1978.

NO GOOD DEED – INGANNI SVELATI ★
(No Good Deed)

Regia di BOB RAFELSON. Con DOUG HUTCHISON, SAMUEL L. JACKSON, MILLA JOVOVICH, STELLAN SKARSGÅRD. ■ Un poliziotto, cercando di aiutare un'amica preoccupata per la figlia, si imbatte casualmente in una banda che sta progettando una rapina, di cui fa parte la bella Erin. I malviventi imprigionano il poliziotto perché non li intralci, e affidano a Erin il compito di sorvegliarlo. Ma le cose, in un moltiplicarsi di doppi e tripli giochi, non andranno secondo i piani. Basato su un racconto di Hammett: ma proprio non si direbbe. ■ THRILLER; COL.; 103'; USA, 2002.

NO GRAZIE, IL CAFFÈ MI RENDE NERVOSO ★★

Regia di LODOVICO GASPARINI. Con LELLO ARENA, MADDALENA CRIPPA, MASSIMO TROISI. ■ Un pazzo omicida, che si fa chiamare Funicolì Funicolà, semina il terrore durante il Primo Festival Nuova Napoli. Gli investigatori riusciranno a inchiodarlo alle sue (si fa per dire) responsabilità. ■ COMMEDIA; COL.; 109'; ITALIA, 1982.

NOIA, LA ★★

Regia di DAMIANO DAMIANI. Con HORST BUCHHOLZ, BETTE DAVIS, ISA MIRANDA, CATHERINE SPAAK. ■ Un giovane intellettuale romano va in crisi. Inutilmente la madre cerca di risollevarlo spingendogli donne facili fra le braccia. Lui si scuote solo quando si innamora sul serio di una piccante ragazzina. Ma questa ha un passato burrascoso con uomini anziani. Quando il protagonista lo viene a sapere, si disamora. ■ DRAMMATICO; B/N; 100'; ITALIA, 1963. ■ DAVID DI DONATELLO 1 PR, 1 NOM.

NOIA, LA *(L'ennui)* ★★★

Regia di CÉDRIC KAHN. Con CHARLES BERLING, ARIELLE DOMBASLE, ALICE GREY, SOPHIE GUILLEMIN, ROBERT KRAMER. ■ Martin è un professore di filosofia che incontra di notte un pittore. Costui, poco prima di morire, gli regala un quadro. Conoscerà anche Cécilia, la modella. Da questo momento le procaci forme della ragazza diventano il territorio da contendere al fantasma del pittore e all'amico di lei. I rapporti sessuali si susseguono ai rapporti con freddezza, passione e regolarità. Un Moravia portato sullo schermo con rispetto per la sua scrittura e per il suo universo letterario. ■ EROTICO; COL.; 122'; FRANCIA, 1998.

NOI ALBINOI *(Nói albinói)* ★★

Regia di DAGUR KÁRI. Con ANNA FRIDRIKSDÓTTIR, THROSTUR LEO GUNNARSSON, ELIN HANSDÓTTIR, TÓMAS LEMARQUIS. ■ Nói è un diciassettenne molto singolare: albino, secondo i punti di vista è considerato un genio o lo scemo del villaggio. Vive in un fiordo islandese dimenticato dal mondo, fatto solo di neve e di montagne. Nói sogna di scappare con Iris, una ragazza di città finita a lavorare in uno squallido autogrill, e si decide a provare il tutto per tutto. Tra un colpo balordo e l'altro, un indovino amico della nonna gli predice un futuro di morte. Dall'Islanda un film che fa freddo solo a vederlo, ambientato in uno sperduto paesino in cui gelidi sono anche i sentimenti e le vite delle persone che lo abitano. Una metafora attraversa e spiega tutto *Nói Albinói*: la neve copre ogni cosa, seppellendo le persone, i loro sogni, la loro capacità di amare. Il vero valore di questo film? Testimonia di una cinematografia – quella islandese – di cui nemmeno si sospettava l'esistenza. ■ DRAMMATICO; COL.; 90'; DANIMARCA, GERMANIA, GRAN BRETAGNA, ISLANDA, 2003.

NOI CANNIBALI ★★

Regia di ANTONIO LEONVIOLA. Con FOLCO LULLI, VINCENZO MUSOLINO, SILVANA PAMPANINI. ■ Due poveracci, una ballerina di terz'ordine e un contrabbandiere, si mettono insieme e poi si sposano. Ma la sventura s'accanisce contro di loro. Un dongiovanni tenta di violentare la donna e la uccide. Il marito si suicida. ■ DRAMMATICO; B/N; 80'; ITALIA, 1953.

NOI CHE CI AMIAMO *(Our Very Own)* ★★★

Regia di DAVID MILLER. Con ANN BLYTH, ANN DVORAK, FARLEY GRANGER, JANE WYATT. ■ Due sorelle si contendono lo stesso ragazzo. Una sembra prevalere, ma l'altra, per metterla in crisi, le rivela un segreto: non sono sorelle, la maggiore è adottata. La fanciulla va in crisi. Riesce a rintracciare la vera madre, ma ne è delusa. ■ COMMEDIA; B/N; 93'; USA, 1950. ■ OSCAR 1 NOM.

NOI CREDEVAMO ★★★★8

Regia di MARIO MARTONE. Con VALERIO BINASCO, ANDREA BOSCA, FRANCESCA INAUDI, LUIGI LO CASCIO, EDOARDO NATOLI. ■ Sui primi libri di scuola trovavamo quattro effigi accorpate in una cornice barocca. Erano quelle di Mazzini, Cavour, Vittorio Emanuele II e Garibaldi. Gli eroi che avevano fatto l'Italia. E noi abbiamo attraversato la fase giovanile con quell'idea e quel sentimento. Poi, con la consapevolezza e la maturità si aggiungevano altre informazioni, e poi la critica e la revisione. L'era recente è ambigua. Troppe notizie e nessuna verità univoca. Uno schieramento dice che siamo un paese felice, l'altro che siamo un paese disperato. Ma credo che la percezione comune certo non sia di felicità. I media, oltre ai fatti naturalmente, ci hanno insegnato a conoscere la politica e i politici: non c'è generosità, o solidarietà, o responsabilità. Non si fa nulla per nulla. C'è il territorio da occupare e c'è il proprio potere da tenere. Non ci sono "gli altri". Martone conclude il suo film *Noi credevamo* facendo dire a Domenico, che ha vissuto tutta la storia, un paio di frasi che sono davvero un programma: «L'albero dell'unità d'Italia è stato piantato con radici malate». E poi, alla fine «...paese gretto, arrogante, assassino». Si racconta di Domenico, Salvatore e Angelo, ragazzi del Cilento, che percorrono il Risorgimento a partire dai moti del 1828 fino al 1862, quando Garibaldi viene fermato e ferito in Aspromonte dall'esercito regio. Tutto viene vissuto, dibattuto, sofferto. Si guarda alla Giovine Italia, alla rivoluzione, alla militanza, ma di volta in volta tutto viene disatteso. E poi l'azione, si pensa a uccidere Carlo Alberto, il grande traditore, poi si attenta a Napoleone III. Poi ci sono i salotti parigini e londinesi, con la celebre passionaria e rivoluzionaria, Cristina di Belgioioso, anche lei, alla fine, deludente. È Domenico ad arrivare fino in fondo, fino a vedere la morte del sogno. E gli eroi? Vittorio Emanuele è solo un nuovo padrone che pensa all'espansione del casato, Cavour è il suo diligente complice. Garibaldi è un mito impalpabile, Martone lo colloca di notte, a cavallo, lontano su una collina dell'Aspromonte. La delusione peggiore è proprio Mazzini, un terrorista visionario, elegante e in contumacia, schiacciato dai rimorsi e dagli incubi. Non sto, completamente, col Martone sociale e politico, ma sto col Martone artista e mi piace da sempre il suo impegno: l'applicazione sulla ricerca del dolore e della verità nascosta, nel privato o nel corale. Ed è rileggendo le divisioni "interne" dello stesso schieramento che il regista indica contrappasso e analogie con questo tempo. Ne sappiamo qualcosa, adesso. E poi il Nord e il Sud, divisi da cultura, da tutto, incompatibili. I corsi e i ricorsi. Tuttavia *Noi credevamo* è un film di contro-epica che finisce per essere epico. È certo potente, saltuariamente grande, non perfetto, perché nessun film lo è. Rifugge, e non è piccolo merito, dai canoni italiani. La genetica teatrale del regista lo porta a dare il meglio nel kammerspiel, nello spazio stretto e scuro della prigione, dove i carbonari si svelano nell'intimo e nella sofferenza. Forse si spiega e si parla troppo, ma c'è il soccorso della passione. E comunque una ventina di minuti, dei 170, potevano essere stralciati. Ribadisco il concetto della non italianità e della potenza. Non ci siamo più abituati e meno male per questo promemoria. Da tempo rilevo qualche segnale italiano, quasi sempre piccolo, che per speranza e passione cerco di rilanciare come auspicio. Martone ha tradotto l'auspicio. Il regista non è un gigante, li abbiamo conosciuti, e *Noi credevamo* non è un'opera generale, le abbiamo viste, ma qui c'è più di una promessa. ■ DRAMMATICO; COL.; 170'; ITALIA-FRANCIA; 2010.

NOI DEL JAZZ ★★
Regia di KAREN CHAKHNAZAROV. Con TCHIORNY NIKOLAI, ALEKSANDR PANKRATOV CERNYI, IGOR SKIAR. ■ Quattro amici riescono a organizzare una jazz band itinerante. Li aspettano molte avventure semiserie durante le quali il loro affiatamento verrà messo alla prova, ma la bravura e il talento di ciascuno avranno ragione di ogni ostacolo portandoli alla fama e al successo. ■ COMM. MUSICALE; COL.; 90'; URSS, 1985.

NOI DELL'OCEANO ★★
Regia di GIOVANNI ROCCARDI. ■ Discreto documentario sulla pesca nei mari artici. ■ DOCUMENTARIO; B/N; 90'; ITALIA, 1957.

NOI DI KRONSTADT *(My iz Kronstadta)* ★★★
Regia di EFIM DZIGAN. Con GRIGORY BUSHEYEV, OLEG YAKOV, VASILI ZAICHOKV. ■ In seguito alla Rivoluzione d'ottobre, la città di Pietrogrado è assediata dai controrivoluzionari, ma da Kronstadt arriva la riscossa. ■ GUERRA; B/N; 92'; URSS, 1936.

NOI... DI NEW YORK ★★★
Regia di GIORGIO BUTTAFAVA. ■ In occasione del decennale dell'attentato dell'11 settembre 2001, il filmato parte dall'assunto che tutti noi, testimoni in diretta dell'evento, fossimo in quel momento cittadini newyorkesi. Il sottotitolo, *Quando c'era l'happy end*, indica il percorso del racconto. Mostrando, all'inizio, sequenze felici di film che vivevano su quel set. L'Empire State Building, Broadway, il Central Park, il ponte di Brooklyn. E altro. Da una sequenza di Manhattan illuminata dai fuochi d'artificio si passa alla realtà, la prima torre investita dall'aereo. E poi il crollo e tutto il resto. Gli sguardi verso l'alto, increduli, gli eroi dei soccorsi, la gente nella cenere. Un'inquadratura complessiva, impressionante, a zumare dal particolare al generale, su un cartello tragico, dei volti dei morti. Per finire, una sequenza della ricostruzione e di come sarà Ground Zero. ■ DOCUMENTARIO; COL.; 32'; ITALIA, 2011.

NOI DONNE SIAMO FATTE COSÌ ★★
Regia di DINO RISI. Con MICHELE CIMAROSA, CARLO GIUFFRÈ, ETTORE MANNI, JEAN ROUGEUL, ENRICO MARIA SALERNO, MONICA VITTI. ■ Si tratta di una sequenza di dodici brevi episodi che hanno sempre per protagonista una donna. ■ COMMEDIA; COL.; 112'; ITALIA, 1971.

NOI DUE *(Pieces of Dreams)* ★★
Regia di DANIEL HALLER. Con ROBERT FORSTER, LAUREN HUTTON, HELEN WESTCOTT. ■ Un giovane prete e una bella assistente sociale s'incontrano e s'innamorano. Lui, dopo qualche resistenza, è deciso a sposare la ragazza. ■ DRAMMATICO; COL.; 99'; CANADA, USA, 1970. ■ OSCAR 1 NOM.

NOI DUE A MANHATTAN *(Generation)* ★★★
Regia di GEORGE SCHAEFER. Con KIM DARBY, PETER DUEL, DAVID JANSSEN, CARL REINER. ■ La figlia di un ricco manager sposa un giovane contestatore. Questi non solo contesta il suocero, ma anche i dottori e le ostetriche. Cosicché quando la moglie resta incinta programma un parto in casa senza assistenza. Il suocero dà in smanie. Ma è tutto inutile. Al dunque, tuttavia, il giovanotto non si sentirà di rischiare e manderà a chiamare l'ambulanza. ■ COMMEDIA; COL.; 104'; USA, 1970.

NOI DUE SCONOSCIUTI *(Strangers when We Meet)* ★★★
Regia di RICHARD QUINE. Con KIRK DOUGLAS, WALTER MATTHAU, KIM NOVAK. ■ Un architetto felicemente sposato s'accende per una bellona che invece ha fatto un matrimonio così così. ■ DRAMMATICO; COL.; 117'; USA, 1960.

NOI DUE SCONOSCIUTI *(Things We Lost in the Fire)* ★★★
Regia di SUSANNE BIER. Con OMAR BENSON MILLER, HALLE BERRY, MICAH BERRY, BENICIO DEL TORO, DAVID DUCHOVNY, ALEXIS LLEWELLYN, ALISON LOHMAN, JOHN CARROLL LYNCH. ■ I coniugi Burke sono sposati da undici anni, hanno due figli piccoli, una bella casa e una situazione economica agiata. Sono molto affiatati, l'unico argomento di discussione tra i due riguarda le visite che Brian fa regolarmente all'amico d'infanzia Jerry, un tossicodipendente che non è visto di buon occhio da Audrey. Finché Brian non viene ucciso... Susanne Bier ci ha abituati negli anni a un cinema personale, introspettivo, che cerca di cogliere nelle espressioni e nei gesti l'autenticità dell'anima e le emozioni interiori. La sua macchina da presa si posa sui primissimi piani dei suoi protagonisti per studiarli in maniera viscerale e consegnarcene pregi e difetti. Con una sensibilità prettamente femminile e un'attitudine tipicamente nordeuropea in *Noi due sconosciuti* elabora il lutto senza risparmiarsi sulle scene di dolore, pur trovando una via per non spettacolarizzarlo. ■ DRAMMATICO; COL.; 118'; GRAN BRETAGNA, USA, 2007.

NOI DUE SENZA DOMANI *(Le train)* ★★★
Regia di PIERRE GRANIER-DEFERRE. Con ROMY SCHNEIDER, JEAN-LOUIS TRINTIGNANT. ■ In Francia, durante i primi mesi di guerra, un uomo tranquillo è separato dalla famiglia. Incontra una bella ebrea, passa con lei avventure drammatiche, si innamora. Poi si lasciano. Si rivedono dopo qualche anno, quando il paese è occupato e la donna combatte per la Resistenza. Catturata dai tedeschi, è portata di fronte all'uomo che dapprima, per salvare la pelle, non la riconosce. Poi l'amore ha il sopravvento. ■ DRAMMATICO; COL.; 100'; FRANCIA, 1974.

NOI DUE SOLI ★★
Regia di MARINO GIROLAMI. Con CARLO CAMPANINI, WALTER CHIARI, DELIA SCALA. ■ Un giovanotto stanco della quotidianità si immagina un mondo abitato solo da lui e dalla fidanzata. Che squallore. Meglio la realtà. ■ COMMEDIA; B/N; 90'; ITALIA, 1950.

NOI DUE SOLI *(Just You and Me, Kid)* ★★
Regia di LEONARD STERN. Con GEORGE BURNS, BURL IVES, HÉLÈNE REMY, BROOKE SHIELDS. ■ Una giovanissima vagabonda s'installa nella casa di un simpatico ottantenne. Il vecchietto l'ha trovata nuda sulla strada e s'è affrettato a procurarle un vestito, una casa, una protezione. La ragazza ne ha bisogno. La polizia la cerca, e anche un boy friend spacciatore di droga. Ma l'ottuagenario le farà da padre (meglio, da nonno) proteggendola da tutti (anche da sua figlia che ha sempre osteggiato la sua propensione alle opere di bene). ■ COMMEDIA; COL.; 90'; USA, 1979.

NOI DUE UNA COPPIA *(En och en)* ★★★
Regia di ERLAND JOSEPHSON, SVEN NYKVIST, INGRID THULIN. Con BJÖRN GUSTAFSSON, ERLAND JOSEPHSON, INGRID THULIN. ■ La matura Ylva è stufa di Henrick e si mette con Dan, un ricco pigrissimo con un suo ritmo di vita ben preciso, che Ylva gli stravolge. Quando la donna si stanca anche dell'ultimo compagno, si rende conto di tutta la sua negatività: non riesce a far felice se stessa, in compenso è bravissima a far infelici gli altri. ■ DRAMMATICO; COL.; 95'; SVEZIA, 1977.

NOI DURI ★★
Regia di CAMILLO MASTROCINQUE. Con FRED BUSCAGLIONE, SCILLA GABEL, PAOLO PANELLI, TOTÒ, MARIO CASTELLANI. ■ Fred Bombardone, agente dell'Fbi, in compagnia del *flic* francese Robinot riesce a penetrare nel covo di una banda di trafficanti di stupefacenti. Quando sta per incastrarne i capi si accorge che c'è un'altra gang ad operare sul mercato. ■ COMICO; B/N; 102'; ITALIA, 1960.

NOI E LA GONNA – AVVENTURA A VALLECHIARA *(Swiss Miss)* ★★★
Regia di JOHN BLYSTONE. Con ERIC BLORE, OLIVER HARDY, WALTER WOOLF KING, STAN LAUREL. ■ Uno scrittore, per trovare ispirazione e per sfuggire a la moglie rompiscatole, si rifugia in un albergo svizzero, dove però per loro sfortuna sono stati assunti come uomini di fatica Stanlio e Ollio. ■ COMICO; B/N; 72'; USA, 1938.

NOI GANGSTER *(Le grand chef)* ★★
Regia di HENRI VERNEUIL. Con GINO CERVI, FERNANDEL. ■ Due poveracci, alla ricerca di denaro, pensano di rapire il figlio d'un milionario, ma il piccino è una tale peste che saranno i rapitori a pagare i genitori purché se lo riprendano indietro. ■ COMICO; B/N; 92'; FRANCIA, ITALIA, 1959.

NO – I GIORNI DELL'ARCOBALENO *(No)* ★★★
Regia di PABLO LARRAIN. Con GAEL GARCÍA BERNAL, ALFREDO CASTRO, LUIS GNECCO, MARCIAL TAGLE, ANTONIA ZEGERS. 1988. ■ Il dittatore cileno Augusto Pinochet, costretto a cedere alle pressioni internazionali, sottopone a referendum popolare il proprio incarico di presidente (ottenuto grazie al colpo di Stato contro il governo democraticamente eletto e guidato da Salvador Allende). Per la prima volta da anni anche i partiti di opposizione hanno accesso quotidiano al mezzo televisivo in uno spazio della durata di quindici minuti. Anche se con scarse probabilità di successo, il fronte del "NO" si mobilita e affida la campagna a un giovane pubblicitario anticonformista: René Saavedra. Pablo Larrain, che il pubblico italiano conosce per i suoi precedenti *Tony Manero* e *Post Mortem*, affronta in modo diretto una delle svolte nodali della storia cilena recente. Utilizzare una telecamera dell'epoca offre al film una dimensione del tutto insolita e il passaggio dal materiale di repertorio alla ricostruzione cinematografica diviene così inavvertibile. ■ DRAMMATICO; COL.; 110'; CILE, 2012.

NOI GIOVANI *(As Young as We Are)* ★★
Regia di BERNARD GIRARD. Con MAJEL BARNETT, ROBERT HARLAND, PIPPA SCOTT. ■ Una giovane insegnante scopre con imbarazzo fra i suoi allievi un camionista per cui aveva provato una certa simpatia. La simpatia si trasforma in amore. ■ DRAMMATICO; B/N; 92'; USA, 1958.

NO, IL CASO È FACILMENTE RISOLTO ★★
Regia di VITTORIO SALERNO. Con ENZO CERUSICO, RICCARDO CUCCIOLLA, LOREDANA MARTINEZ, CLAUDIO NICASTRO, ENRICO MARIA SALERNO. ■ I guai d'un giovane che assiste all'assassinio compiuto da un sadico ma che, per evitare pasticci, preferisce tacere con la polizia. L'omicida, astutissimo e insospettabile, denuncia l'involontario testimone accusandolo del delitto. Il poveretto finisce condannato all'ergastolo; solo l'intervento d'un giornalista potrà ridargli la libertà. ■ POLIZIESCO; COL.; 90'; ITALIA, 1973.

NOI, INSIEME, ADESSO. BUS PALLADIUM ★★
(Bus Palladium)
Regia di CHRISTOPHER THOMPSON. CON FRANÇOIS CIVIL, ARTHUR DUPONT, MARC-ANDRE' GRONDIN, GERALDINE PAILHAS, ELISA SEDNAOUI. ■ Rientrato a Parigi dopo aver concluso un tirocinio in uno studio d'architettura a Londra, Lucas ritrova i suoi amici d'infanzia e la passione per la musica rock. Assieme al migliore amico Manu trascorre notti intere sul tetto del suo studiolo a comporre testi e musica per il gruppo, i Lust. Quando il loro amico Mario gli trova un ingaggio per suonare dal vivo al Bus Palladium, celebre locale di Pialle. È l'inizio di un percorso che porterà al successo. ■ COMMEDIA; COL.; 100'; FRANCIA, 2010.

NOI NON SIAMO ANGELI ★★
Regia di FRANK KRAMER. Con RENATO CESTIÉ, MICHAEL COBY, JOHN IRELAND, PAUL SMITH, WOODY STRODE. ■ Anche se il titolo ricorda il più famoso *Non siamo angeli*, il film è, in realtà, una copia della serie *Trinità* e si svolge nell'America del primo Novecento. Descrive infatti una gara tra auto e diligenze. Il premio sarà l'appalto d'una ferrovia. ■ WESTERN; COL.; 90'; ITALIA, 1975.

NOI NON SIAMO COME JAMES BOND ★★
Regia di MARIO BALSAMO. Con MARIO BALSAMO, GUIDO GABRIELLI. ■ Mario Balsamo, documentarista, e Guido Gabrielli, editore, sono amici da sempre in viaggio sognando di essere come James Bond, ma consapevoli di non esserlo. Trent'anni di vita e di vacanze rincorrendo goffi e un po' sgualciti il mito dell'agente 007, che veste lo smoking con eleganza senza pari, affrontando sfrontato e a suo agio l'avventura. E a quella disinvolta naturalezza hanno sempre puntato Mario e Guido, accorgendosi molto presto dell'inarrivabilità di quel modello. ■ DOCUMENTARIO; COL.; 73'; ITALIA, 2012.

NOI PECCATORI ★★
Regia di GUIDO BRIGNONE. Con STEVE BARCLAY, MARC LAWRENCE, TAMARA LEES, YVONNE SANSON. ■ Solito dramma ultra lacrimoso con Yvonne Sanson; lui e lei si amano, ma non possono sposarsi perché lui si vergogna della madre carcerata innocente. Lui, inoltre, perde la vista in un incendio. Lei, per procurarsi il denaro necessario all'operazione, diventa sciantosa, ma quando lui la scopre, la sua ira incontrollabile fa sì che la donna, fuggendo, abbia un incidente in seguito al quale rimane paralizzata. Per fortuna lui ritrova la fede e la Madonna di Pompei gli fa la grazia. Si sposeranno. ■ DRAMMATICO; B/N; 90'; ITALIA, 1953.

NOISE ★★★
Regia di HENRY BEAN, MARTIN SCHMIDT. Con WILLIAM BALDWIN, WILLIAM HURT, BRIDGET MOYNAHAN, TIM ROBBINS. ■ Noise, ovvero un rumore molesto che ossessiona e non lascia tregua, impedendo di prendere sonno e di svolgere qualsiasi altra attività. David vive a New York, ama la sua città e sembra esserne ricambiato. Ha una bella moglie, una bambina che gli vuole bene e un piccolo e insignificante problema: non sopporta il frastuono degli antifurti che in ogni ora del giorno e della notte sembra raggiungerlo ovunque. Le prova davvero tutte, ma quegli aggeggi elettronici sembrano suonare una sinfonia stonata che solo lui ascolta e solo lui tormenta. Conscio dell'ineluttabilità del male, decide di rimediare in prima persona, diventando noto alle cronache cittadine come il "correttore", un misterioso uomo incappucciato che spacca vetri, riga e distrugge tutte le macchine che creano inquinamento acustico. C'è molta ironia in questa pellicola diretta dall'americano Henry Bean e interpretata con classe da un cinico Tim Robbins, con William Hurt nel ruolo di un sindaco vanesio e scanzonato. ■ DRAMMATICO; COL.; 92'; USA, 2007.

NOI SIAMO DUE EVASI ★★
Regia di GIORGIO SIMONELLI. Con MAURIZIO ARENA, FRED BUSCAGLIONE, TITINA DE FILIPPO, SANDRA MONDAINI, MAGALI NOËL, UGO TOGNAZZI, RAIMONDO VIANELLO. ■ Tognazzi e Vianello sono degli assicuratori che, scambiati per evasi a causa di un ballo mascherato, devono ingegnarsi per sfuggire alla polizia. ■ COMICO; B/N; 98'; ITALIA, 1959.

NOI SIAMO INFINITO ★★★
(The Perks of Being a Wallflower)
Regia di STEPHEN CHBOSKY. Con LOGAN LERMAN, EZRA MILLER, KATE WALSH, EMMA WATSON, MAE WHITMAN. ■ Charlie Kelmeckis è un nerd che legge tanto e parla poco. Due perdite scavano dietro quel sorriso di adolescente che sta vivendo un'età in cui tutto è drammatico ed entusiasmante. Soprattutto se davvero hai una tragedia che ti cova dentro mentre stai vivendo qualcosa di meraviglioso. *The Perks of Being a Wallflower*, romanzo cult oltreoceano uscito nel 1999 a firma di Stephen Chbosky, è uno struggente racconto epistolare di un anno vissuto pericolosamente, che, dopo tredici anni, diviene un film. Risultato: un gioiello, un film che racconta come allo stesso modo della altre rivoluzioni, ogni adolescenza sia diversa e originale. ■ COMMEDIA; COL.; 103'; USA, 2012.

NOI SIAMO LE COLONNE *(A Chump at Oxford)* ★★★★
Regia di ALFRED GOULDING. Con PETER CUSHING, JAMES FINLAYSON, ANITA GARVIN, OLIVER HARDY, STAN LAUREL, WILFRED LUCAS, VIVIEN OAKLAND. ■ Dopo aver tentato invano di fare i camerieri, Stanlio e Ollio si adattano a fare gli spazzini, e quando involontariamente sventano un colpo in banca, ricevono come premio l'iscrizione all'università di Oxford. Qui sono preda degli scherzi degli studenti, fino a quando Stanlio, per aver picchiato la testa contro la finestra, si trasforma in lord Paddington, nobile e coltissimo snob inglese che costringe Ollio a fargli da cameriere. Almeno fino al prossimo colpo di testa. Il film è senz'altro uno dei migliori della coppia Laurel & Hardy, e il penultimo girato per il produttore Hal Roach, che, insieme al regista e sceneggiatore Leo McCarey, aveva avuto la grande idea di unirli nel 1927. Indimenticabile l'interpretazione genialmente autoironica di Stan Laurel dello snob inglese che comanda a bacchetta il valletto Oliver. Insomma, nel film vi è una maggiore cura delle gag e delle situazioni comiche (sono ancora i tempi in cui Stan si occu-

pava di sceneggiatura, regia e montaggio), tutte perfettamente legate, alfine di garantire un'ottima realizzazione che non mancherà di far trascorrere un'ora di piacevole divertimento a grandi e piccini. ■ COMICO; B/N; 63′; USA, 1940.

NOI SIAMO LE COLONNE ★★
Regia di LUIGI FILIPPO D'AMICO. Con ANTONIO CIFARIELLO, VITTORIO DE SICA, FRANCO FABRIZI, AROLDO TIERI. ■ Le avventure di tre amici in una pensione di Pisa sono il pretesto per una raffigurazione comico-sentimentale della vita studentesca. ■ COMMEDIA; B/N; 90′; ITALIA, 1957.

NOITE ESCURA ★★
Regia di JOÃO CANIJO. Con CLEIA ALMEIDA, BEATRIZ BATARDA, RITA BLANCO, DMITRY BOGOMOLOV, FERNANDO LUÍS, JOSÉ RAPOSO. ■ Una buia notte invernale nella campagna portoghese. Un'altra giornata di lavoro sta iniziando per la famiglia che gestisce un locale notturno: padre, madre e due figlie, la barista e le seducenti ragazze che intrattengono i clienti. Un mondo di false apparenze, in cui i sogni di una vita diversa si frantumeranno in mille pezzi: il padre sarà costretto a sacrificare la figlia più piccola per un affare andato male! ■ DRAMMATICO; COL.; 94′; PORTOGALLO, 2004.

NOI TRE ★★★
Regia di PUPI AVATI. Con LINO CAPOLICCHIO, CARLO DELLE PIANE, IDA DI BENEDETTO. ■ Il quattordicenne Mozart è in viaggio di studio in Italia. L'ambiente semplice e spontaneo, l'amicizia con un coetaneo e l'amore per Antonia Leda fanno assaporare al giovane genio una vita libera e gioiosa, tanto diversa dall'etichetta di corte da spingerlo a restare. Ma il suo destino glorioso è già segnato e pretende dolorose rinunce. ■ COMMEDIA; COL.; 88′; ITALIA, 1984. ■ VENEZIA 1 PR.

NOI UOMINI DURI ★★
Regia di MAURIZIO PONZI. Con MARIA GIORDANO, ENRICO MONTESANO, RENATO POZZETTO. ■ Mario, tranviere romano, e Silvio, un banchiere di Milano, si ritrovano a frequentare un corso di sopravvivenza e diventano amici. Il milanese s'innamora della moglie di Ermanno, una specie di Rambo, e Mario, che se n'è andato stufo del campo, torna indietro per dargli una mano in modo che egli faccia una bella figura con Cora. La coppia arriva seconda alle esercitazioni, dopo di che i due amici vanno a farsi una vacanza coi fiocchi a Venezia. ■ COMMEDIA; COL.; 90′; ITALIA, 1987.

NOI VIVI – ADDIO KIRA! ★★★
Regia di GOFFREDO ALESSANDRINI. Con ANNIBALE BETRONE, ROSSANO BRAZZI, EMILIO CIGOLI, FOSCO GIACHETTI, LAMBERTO PICASSO, ALIDA VALLI. ■ Si tratta d'una pellicola di propaganda anti-sovietica che, comunque, ebbe un buon successo sia per la trama romanzesca sia per gli attori notissimi. Una giovane russa ama un nobile tisico e per farlo curare accetta di diventare l'amante d'un commissario della Ghepeù. In realtà l'aristocratico, una volta guarito, si rivelerà fatuo e egoista, mentre il commissario, fanatico ma onesto, si suiciderà comprendendo la fallacia del suo credo. ■ DRAMMATICO; B/N; 174′; ITALIA, 1942. ■ VENEZIA 1 PR.

NO, LA FOLLE GLORIA DEL COMANDO ★★★
(Non ou a va gloria de mandar)
Regia di MANOEL DE OLIVEIRA. Con LUÌS MIGUEL CINTRA, DIEGO DORIA, MIGUEL GUILHERME. ■ Un film politico, ma non solo, nello stile personalissimo del più grande regista portoghese. Il tema centrale è quello della guerra in Angola per sedare la ribellione in atto. E il film è una riflessione oltre che un atto d'accusa nei confronti del potere. ■ DRAMMATICO; COL.; 110′; FRANCIA, PORTOGALLO, SPAGNA, 1990.

NOMAD ★★
Regia di SERGEJ BODROV, IVAN PASSER. Con DILNAZ AKHMADIEVA, KUNO BECKER, AZIS BEYSHINALIEV, MARK DACASCOS, JAY HERNANDEZ, ARCHIE KAO, JASON SCOTT LEE, RON YUAN. ■ Il film, costato 40 milioni di dollari (il più costoso nella storia del cinema kazako) e fortemente voluto dal presidente della ex-Repubblica Socialista Sovietica del Kazakistan. È una favola epica che racconta le gesta di Mansur, un eroe che riunirà le tribù nomadi del suo Paese, che riuscirà a liberare, contro gli occupanti Ungari. Un film che si guarda con piacere soprattutto per le scenografie e per i costumi, per i colori di un paese lontano e affascinante. ■ DRAMMATICO; COL.; 111′; KAZAKISTAN, 2006.

NOMADI *(Les gens du voyage)* ★★
Regia di JACQUES FEYDER. Con ANDRÉ BRULÉ, FRANÇOISE ROSAY. ■ Dramma nel mondo del circo: un giovane ama la figlia del proprietario, ma la gelosa sorella di lui li denuncia al padre che li scaccia entrambi. Quando la ragazza avrà un bambino, il genitore, commosso, la perdonerà dando il suo consenso all'unione. ■ DRAMMATICO; B/N; 108′; FRANCIA, 1938. ■ VENEZIA 1 PR.

NOMADI, I *(The Sundowners)* ★★★
Regia di FRED ZINNEMANN. Con LOLA BROOKS, GLYNIS JOHNS, DEBORAH KERR, DINA MERRILL, ROBERT MITCHUM, CHIPS RAFFERTY, PETER USTINOV. ■ Un australiano di sangue irlandese costringe moglie e figlio a spostarsi di continuo dietro le greggi di pecore. La moglie vorrebbe convincerlo a stabilirsi in una fattoria abbandonando la vita nomade, ma l'amore per la libertà è troppo forte nell'uomo. ■ AVVENTURA; COL.; 113′; USA, 1960. ■ OSCAR 5 NOM.

NOMADI DEL CANTO *(Mammy)* ★★★
Regia di MICHAEL CURTIZ. Con AL JOLSON, LOIS MORAN. ■ Un *minstrel* (cantante bianco truccato da nero, la parte consueta di Al Jolson), viene ucciso da un rivale durante uno spettacolo: doveva spararli con cartucce a salve, ma all'ultimo momento le sostituisce con pallottole autentiche. ■ COMM. MUSICALE; B/N; 84′; USA, 1930.

NOMADS ★★★
Regia di JOHN MCTIERNAN. Con ADAM ANT, PIERCE BROSNAN, LESLEY-ANNE DOWN. ■ Una dottoressa assiste un moribondo in evidente stato di allucinazione e ne rivive le ultime sconvolgenti esperienze. Viene perseguitata per le strade di Los Angeles da un gruppo di punk che altro non sono che spiriti erranti, naturalmente maligni e perversi. Unica possibile soluzione la fuga, ma sarà sufficiente? Uno dei migliori fanta-horror degli anni Ottanta. ■ THRILLER; COL.; 95′; USA, 1985.

NO MAN'S LAND ★★★🏆
Regia di DANIS TANOVIC. Con RENE BITORAJAC, SIMON CALLOW, KATRIN CARTDLIDGE, BRANKO DJURIC, GEORGES SIATIDIS. ■ «Qual è la differenza tra un pessimista e un ottimista? Il primo pensa che le cose non possano andare peggio di così. Il secondo è convinto di sì». È la battuta chiave di un film comicamente amaro sulla guerra in ex Jugoslavia e, per traslato, su tutte le guerre di questi nostri tempi. Ciki e Nino, un bosniaco e un serbo, nel corso della guerra del 1993 si trovano bloccati in una trincea nella terra di nessuno. Con loro c'è un terzo combattente che è sdraiato su una mina che rischia di esplodere a un suo minimo movimento. Le truppe dell'Onu intervengono per aiutare, ma gli alti livelli creano più problemi che soluzioni in una guerra che è vista dall'esterno o come un terreno per esercitazioni diplomatiche o un grande set "naturale" da cui far provare al mondo il brivido della morte (altrui). Abbiamo visto altri film che denunciavano le guerre-spettacolo, ma pochi dotati della saldezza di conduzione (opera prima) e dell'ironia affilata di *No Man's Land*. Dice Tanovic: «La lingua parlata dai Serbi, dai Croati e dai Bosniaci è di fatto la stessa. Oggi i Serbi la chiamano serbo, i Bosniaci bosniaco e i Croati croato. Ma quando parlano si capiscono perfettamente tra loro». È una frase su cui meditare. ■ DRAMMATICO; COL.; 98′; BELGIO, GRAN BRETAGNA, ITALIA, 2001. ■ GOLDEN GLOBES 🏆 1 PR, 1 NOM; OSCAR 🏆 1 PR, 1 NOM.

NOME DELL'AMORE, IL *(Deadline at Dawn)* ★★
Regia di HAROLD CLURMAN. Con SUSAN HAYWARD, PAUL LUKAS, BILL WILLIAMS. ■ Scialbo e anonimo poliziesco, nonostante la buona interpretazione di una ancor giovane Susan Hayward. ■ POLIZIESCO; B/N; 82′; USA, 1946.

NOME DELLA ROSA, IL ★★★
Regia di JEAN-JACQUES ANNAUD. Con F. MURRAY ABRAHAM, SEAN CONNERY, CHRISTIAN SLATER. ■ Libera interpretazione del romanzo-fenomeno di Umberto Eco, venduto in milioni di copie in tutto il mondo. Nel quattordicesimo secolo una coppia di francescani (Connery e Slater) risolve l'intricata matassa di una se-

rie di misteriosi delitti avvenuti in una maestosa e solitaria abbazia. Il respiro filosofico e la miriade di citazioni che caratterizzavano il romanzo si smarriscono nella sua trasposizione cinematografica, che peraltro ne conserva l'atmosfera cupa e rarefatta. Film calligrafico e dalla splendida fotografia, eccellente nella caratterizzazione di personaggi e luoghi. ■ DRAMMATICO; COL.; 131'; FRANCIA, GERMANIA, ITALIA, 1986. ■ DAVID DI DONATELLO 5 PR, 5 NOM.

NOME IN CODICE: ALEXA *(Cia Codename: Alexa)* ★
Regia di JOSEPH MEHRI. Con KATHLEEN KINMONT, LORENZO LAMAS, O. J. SIMPSON. ■ Un diplomatico ruba negli Stati Uniti un sofisticato sistema che gli permette di controllare il mondo. La Cia costringe l'amante del diplomatico, Alex, a collaborare per il recupero del dispositivo e l'uomo, per vendicarsi, le rapisce la figlia: ora sarà l'agente Mark Graver ad aiutare Alex. ■ SPIONAGGIO; COL.; 90'; USA, 1990.

NOME IN CODICE: ALEXA 2 *(Cia II: Target Alexa)* ★
Regia di LORENZO LAMAS. Con KATHLEEN KINMONT, LORENZO LAMAS, JOHN SAVAGE. ■ Il furto di un dispositivo nucleare americano mette in pericolo le sorti del mondo. L'agente Graver, incaricato dalla Cia di recuperare il dispositivo, ricorre di nuovo all'aiuto di Alexa e persino di un terrorista. ■ SPIONAGGIO; COL.; 97'; USA, 1993.

NOME IN CODICE: BROKEN ARROW ★★
(Broken Arrow)
Regia di JOHN WOO. Con DELROY LINDO, SAMANTHA MATHIS, CHRISTIAN SLATER, JOHN TRAVOLTA, FRANK WHALEY. ■ Un colonnello pazzo (Travolta), pilota di jet, ruba due bombe atomiche per ricattare il Pentagono. Un suo (ex) amico (Slater) cerca di capirne le mosse, e salva l'America. Uno strano Travolta in un ruolo alla Lee Jones, e Slater, che proprio non ha le "physique", in quello di Steven Seagal. Superfluo. ■ AVVENTURA; COL.; 108'; USA, 1996.

NOME IN CODICE: BRUTTO ANATROCCOLO ★★
(The Ugly Duckling and Me!)
Regia di MICHAEL HEGNER. ■ Brutta cosa l'imprinting: è proprio a causa di questa forma di apprendimento, studiata da Konrad Lorenz, che il piccolo (e brutto) anatroccolo del titolo, si trova a considerare padre un topastro di nome Ratso, impresario sciatto e pasticcione che cerca di sfruttarlo come freak per ottenere facili guadagni. Ovviamente, dopo mille peripezie e ripensamenti, l'amor "paterno" avrà la meglio sul desiderio di arricchimento del roditore.Tecnicamente il film non convince appieno, e a lasciare perplessi sono il disegno, troppo spigoloso e poco amichevole, dei personaggi, e le animazioni degli stessi, non particolarmente elaborate. Siamo più dalle parti di *Terkel* in Trouble che da quelle delle produzioni Pixar, e la differenza, anche da questo punto di vista, si nota. ■ ANIMAZIONE; COL.; 89'; DANIMARCA, FRANCIA, GERMANIA, GRAN BRETAGNA, IRLANDA, 2006.

NOME IN CODICE: NINA *(The Assassin)* ★★
Regia di JOHN BADHAM. Con ANNE BANCROFT, GABRIEL BYRNE, BRIDGET FONDA, HARVEY KEITEL. ■ Remake di *Nikita* di Luc Besson. Ci sono poche differenze rispetto all'originale. Il luogo dell'azione non è più Parigi, ma Los Angeles. Il personaggio di Nikita qui è meno crudele. ■ POLIZIESCO; COL.; 109'; USA, 1992.

NOME IN CODICE PICASSO TRIGGER ★
Regia di ANDY SIDARIS. Con STEVE BOND, DONA SPEIR. ■ Alcuni agenti federali hanno ucciso un ex compagno di cella di Salazar. Quest'ultimo, abilissimo killer, decide di vendicarlo ammazzandoli. Il regista è esperto in film dozzinali. ■ POLIZIESCO; COL.; 100'; USA, 1987.

NON ABBANDONARMI *(Not Wanted)* ★★
Regia di ELMER CLIFTON. Con KEEFE BRASSELLE, SALLY FORREST, LEO PENN. ■ Una ragazza viene sedotta da un pianista che poi fugge lasciandola incinta. La poverina suscita la simpatia e l'amore d'un mutilato, ma non gli dà retta. Quando il bambino nasce, lei decide d'abbandonarlo perché venga adottato, ma il rimorso è tale che prima ruba una carrozzina con un neonato e poi tenta di suicidarsi. All'ultimo momento, però, il mutilato la salverà. ■ DRAMMATICO; B/N; 94'; USA, 1950.

NONA CONFIGURAZIONE, LA ★★
(The Ninth Configuration)
Regia di WILIAM PETER BLATTY. Con STACY KEACH, JASON MILLER, SCOTT WILSON. ■ Un gruppo di reduci, la cui psiche è stata scossa dalla guerra nel Vietnam o da altre missioni pericolose, viene internato in un castello adibito a ospedale psichiatrico. L'arrivo di uno strano primario sconvolge l'equilibrio di tutti i pazienti. In realtà il nuovo arrivato è anche lui ricoverato. ■ DRAMMATICO; COL.; 118'; USA, 1980. ■ GOLDEN GLOBES 1 PR, 3 NOM.

NON ALZARE IL PONTE, ABBASSA IL FIUME ★★★
(Don't Raise the Bridge, Lower the River)
Regia di JERRY PARIS. Con MICHAEL BATES, SANDRA CARON, JERRY LEWIS, JACQUELINE PEARCE, PATRICIA ROUTLEDGE, TERRY THOMAS. ■ Un tale, abbandonato dalla moglie che lo crede un buono a nulla, ipoteca la casa di lei per aprire un ristorante. Dovendo restituire la somma, si mette in guai ancora più grossi trafugando un microfilm che nasconde sotto la capsula dentaria d'un amico. Alla fine riuscirà a riconquistare il suo amore. ■ COMICO; COL.; 99'; USA, 1968.

NON ANDIAMO A LAVORARE *(One Good Turn)* ★★★
Regia di CHARLES ROGERS. Con OLIVER HARDY, STAN LAUREL. ■ Un divertente film di Stanlio e Ollio. Si tratta di due comiche unite in un solo film. ■ COMICO; B/N; 90'; USA, 1931.

NONA PORTA, LA *(The Ninth Gate)* ★★★
Regia di ROMAN POLANSKI. Con JOHNNY DEPP, LENA OLIN, EMMANUELLE SEIGNER, FRANK LANGELLA, BARBARA JEFFORD. ■ Polanski, uomo dalla vita più grande del vero e grande regista anche nelle cadute di stile, oltre che attore teatrale straordinario (nella *Metamorfosi* kafkiana e in *Amadeus* di Shiffer a Vienna), qui sacrifica il suo talento ad un tentativo di film satanista di cassetta non paragonabile a *Rosmary's Baby*. La bella moglie Seigner è sciupata in un ruolo inattendibile, come, del resto, gli altri interpreti di rango. Lo spunto è dettato da due libri, edizioni uniche e antiche, che, passati nei secoli di mano in mano, hanno determinato tragedie immani. Il successo di questo film è modesto rispetto alle aspettative. Ma Polanski è sempre Polanski: chapeau. ■ HORROR; COL.; 132'; FRANCIA, SPAGNA, 1999.

NON APRITE PRIMA DI NATALE
(Don't Open before Christmas) ★★
Regia di EDMUND PURDOM. Con CAROLINE MUNRO, EDMUND PURDOM, GERRY SUNDQUIST. ■ Un uomo, vestito da Babbo Natale, è assassinato sotto gli occhi della figlia. L'assassino non si ferma qui. Altri uomini muoiono sotto i suoi colpi, e tutti portavano il costume da Santa Claus. Il commissario incaricato delle indagini è convinto che il killer sia il fidanzato della figlia della prima vittima... ■ GIALLO; COL.; 83'; GRAN BRETAGNA, 1983.

NON APRITE QUEL CANCELLO *(The Gate)* ★★
Regia di TIBOR TAKACS. Con CHRISTA DENTON, STEPHEN DORFF, LOUIS TRIPP. ■ Due vivaci ragazzini aprono un buco nell'orto di una vecchia casa e liberano il diavolo e i suoi seguaci. Costoro rapiscono uno dei ragazzini e ne fanno uno zombi. Ma l'altro li ricaccia nel ventre della terra colpendo il demone con un razzo giocattolo di sua fabbricazione. ■ HORROR; COL.; 92'; USA, 1985.

NON APRITE QUEL CANCELLO 2 *(The Gate II)* ★
Regia di TIBOR TAKACS. Con PAMELA SEGALL, LOUIS TRIPP, JAMES VILLEMAIRE. ■ Chi ha già aperto questo cancello e non ha trovato granché dall'altra parte sa che non conviene aprirlo di nuovo. Chi è cocciuto e anche autolesionista lo apra pure, a suo rischio e pericolo. Il protagonista è sempre Terry, che questa volta vuole aiutare il padre alcolizzato. Bene, tra trinità del diavolo, settime dimensioni e "famiglia" ce n'è a sufficienza per questo minestrone cotto e stracotto. Se il regista Takacs riflettesse un po' di più, userebbe meglio il proprio talento visionario. ■ HORROR; COL.; 95'; CANADA, 1987.

NON APRITE QUELLA PORTA ★★★
(The Texas Chainsaw Massacre)
Regia di TOBE HOOPER. Con MARILYN BURNS, ALLEN DANZINGER, JIM SIEDOW, WILLIAM VAIL. ■ Una famiglia di macellai, minata da tare ereditarie, prima seziona i cadaveri d'un cimitero

texano, poi stermina una comitiva di gitanti. L'unica superstite riuscirà a farli internare in un manicomio. ■ HORROR; COL.; 87′; USA, 1974.

NON APRITE QUELLA PORTA ★★
(The Texas Chainsaw Massacre)
Regia di MARCUS NISPEL. Con ERIC BALFOUR, JESSICA BIEL, ERICA LEERHSEN, JONATHAN TUCKER, MIKE VOGEL. ■ Dal Messico, per comprare un chilo di marijuana, di ritorno a Dallas, per il concerto degli Skynird. Sul furgone di Kemper la sua ragazza, i suoi due amici, una autostoppista incontrata per strada. Kemper per poco non investe una donna che cammina in mezzo alla carreggiata: è confusa, macchiata di sangue, la fanno salire a bordo, lei delira, è terrorizzata, tira fuori una pistola e si spara un colpo in bocca. Ha inizio il più terrificante incubo che il Texas ricordi, il "massacro della motosega", e a rinforzarne la memoria arriva questo rifacimento del classico horror omonimo, diretto da un giovanissimo Tobe Hooper nel 1974, a ridosso dell'accadimento della strage nella realtà. L'esordiente Nispel, proveniente dal mondo dei videoclip, se la cava con onore nel difficile confronto con l'originale, nonostante fosse una "sfida" perduta in partenza. ■ HORROR; COL.; 98′; USA, 2003.

NON APRITE QUELLA PORTA: L'INIZIO ★★
(The Texas Chainsaw Massacre: The Beginning)
Regia di JOHN LIEBESMAN. Con ERIC BALFOUR, DAVID DORFMAN, R. LEE ERMEY, LAUREN GERMAN, ERICA LEERHSEN, MARILÙ TOLO, JONATHAN TUCKER. ■ Due ragazzi, in procinto di partire per il Vietnam, accompagnati dalle rispettive fidanzate, si concedono una breve vacanza: durante il viaggio hanno però un incidente e, nel chiedere aiuto, s'imbattono in una famiglia alquanto bizzarra. Per loro inizia così un incubo senza fine. Che l'industria americana dell'horror abbia il fiato corto lo dimostra il fatto che questo film è il "prequel di un remake". E tanto basterebbe a descriverlo. È l'ennesimo tentativo di sfruttare un brand conosciuto e il richiamo di un mito del genere "slash'em all", riproponendo di fatto le stesse situazioni già viste e straviste in mille altre pellicole. Il grosso difetto di *Non aprite quella porta: l'inizio* è proprio la sua cronica mancanza di originalità. ■ HORROR; COL.; 100′; USA, 2006.

NON APRITE QUELLA PORTA – PARTE II ★★
(The Texas Chainsaw Massacre 2)
Regia di TOBE HOOPER. Con DENNIS HOPPER, JIM SIEDOW, CAROLINE WILLIAMS. ■ Truculenta vicenda che narra quanto avviene in Texas nel 1973 in un paese dove le persone scompaiono. Lo sceriffo Lefty indaga. Trova un'auto insanguinata e tagliata in due da una motosega. Si aggiunge alle indagini anche Stretch, una ragazza che lavora presso una trasmittente e che è in possesso di un nastro con la registrazione di due ragazzi terrorizzati da eventi inspiegabili. Sono i due, Testa di Latta e Faccia di Pelle, che nella loro sotterranea dimora squartano i corpi della gente rapita con motoseghe per farne nientemeno che carne in scatola destinata al consumo cittadino. Seguito di un famoso horror degli anni Settanta, con troppi urli ed effettacci per riuscire veramente terrificante. ■ HORROR; COL.; 97′; USA, 1986.

NON APRITE QUELLA PORTA 3 ★
Regia di CLYDE ANDERSON. Con TARA BUCKMAN, RICHARD FOSTER, PETER HOOTEN. ■ Melanie viene aggredita da un maniaco e subisce un grave shock. Il marito cerca di aiutarla anche perché il bruto si rifà vivo. Il tutto rimane legato all'attesa di qualcosa che non accade. Il titolo è del tutto gratuito. ■ HORROR; COL.; 89′; ITALIA, 1990.

NON APRITE QUELLA PORTA 3D ★
(Texas Chainsaw 3D)
Regia di JOHN LUESSENHOP. Con ALEXANDRA DADDARIO, SCOTT EASTWOOD, BILL MOSELEY, TANIA RAYMONDE, EICHARD RIEHLE. ■ Newt, Texas, 1974: un gruppo di ragazzi è massacrato dai componenti di una famiglia di cannibali tra i quali spicca Leatherface, molosso armato di motosega e munito di maschera in pelle umana. ■ HORROR; COL.; 92′; USA, 2013.

NON ARRENDERSI MAI *(Melanie)* ★★
Regia di REX BROMFIELD. Con DON JOHNSON, GLYNNIS O'CONNOR, PAUL SORVINO, TRUDY YOUNG. ■ Due coniugi si separano. Il loro bambino, dopo aver vissuto per diversi anni con la madre, viene affidato al padre. La donna non si arrende e pur di riprendersi il figlio non esita a intraprendere una dura e stressante lotta. ■ DRAMMATICO; COL.; 100′; USA, 1982.

NONA SINFONIA *(Schlussakkord)* ★★
Regia di DOUGLAS SIRK. Con WILLY BIRGEL, LIL DAGOVER. ■ La moglie trascurata d'un musicista diventa l'amante d'un farabutto che comincia a ricattarla. Il marito, non comprendendo i veri motivi del nervosismo della moglie, decide di adottare un bambino. La donna si suicida e la polizia, pensando a un omicidio, accusa la cameriera dopo che ha scoperto che è la vera madre del piccino. Alla fine sarà ristabilita la verità. ■ DRAMMATICO; B/N; 101′; GERMANIA, 1935. ■ VENEZIA 1 PR.

NON ASPETTARE DJANGO, SPARA! ★★
Regia di EDWARD MULBEN. Con RADA RASSIMOV, PEDRO MARIA SANCHEZ, SEAN TODD. ■ Django cerca di vendicare la morte del padre e recuperare il denaro che gli è stato rubato. Ci riuscirà. ■ WESTERN; COL.; 92′; ITALIA, 1968.

NON AVER PAURA ★★
Regia di ANGELO LONGONI. Con ALESSIO BONI, ELEONORA IVONE, VALERIA MILILLO, LAURA MORANTE, MARCO RAGNO. ■ Laura e Franco si sono separati male ed entrambi vorrebbero vendicarsi sull'altro attraverso il figlio Luca, nove anni. Il bambino avverte la tensione che esiste fra i genitori, ne soffre e, per superarla, si inventa un amico immaginario, che è esattamente il contrario di sé. Un film sulle menzogne degli adulti e i contrasti familiari, che a un certo punto si evolve in una sorta di thriller con l'entrata in scena di un misterioso personaggio. ■ DRAMMATICO; COL.; 90′; ITALIA, 2005.

NON AVERE PAURA DEL BUIO ★★
(Don't Be Afraid of the Dark)
Regia di TROY NIXEY. Con ALAN DALE, KATIE HOLMES, BAILEE MADISON, GUY PEARCE, JACK THOMPSON. ■ Un sinuoso movimento di macchina ci accompagna al di là del cancello di un maniero vittoriano: dopo aver compiuto un tremendo omicidio, un uomo viene inghiottito da una fornace. Un secolo dopo, la piccola Sally è in volo per raggiungere il padre Alex e la sua giovane fidanzata Kim, che hanno da poco concluso proprio il restauro di quella vecchia casa dove abiteranno temporaneamente in prospettiva di una futura vendita. Poco incline ad accettare la compagna del genitore, la bambina scopre uno scantinato in cui, senza volerlo, libera una terribile forza. Remake di un horror televisivo diretto nel 1973 da John Newland. ■ THRILLER; COL.; 99′; USA, AUSTRALIA, 2011.

NON BASTA PIÙ PREGARE *(Ya no basta con rezar)* ★★★
Regia di ALDO FRANCIA. Con TENNYSON FERRADA, EUGENIO GUZMÁN. ■ Negli anni della presidenza di Salvador Allende il cinema cileno ebbe registi che affrontarono i problemi sociali imitando lo stile del neorealismo italiano. Uno di questi registi è Aldo Francia, un ex studente in medicina, che nel film tratta dei difficili rapporti che un prete ha con il potere e le teorie marxiste. ■ DRAMMATICO; B/N; 94′; CILE, 1971.

NON BISOGNA SCAMBIARE I RAGAZZI DEL BUON DIO PER DELLE ANATRE SELVATICHE ★★★
(Faut pas prendre les enfants du bon Dieu pour des canards sauvages)
Regia di MICHEL AUDIARD. Con ROBERT BERRY, BERNARD BLIER, MARIO DAVID, MARLÈNE JOBERT, ANDRÉ POUSSE, FRANÇOISE ROSAY. ■ La storia riguarda la lotta di due bande per impossessarsi d'un bottino. Tra due litiganti vinceranno una terribile vecchietta e sua nipote, l'ex ragazza d'uno dei capibanda. ■ COMMEDIA; COL.; 79′; FRANCIA, 1969.

NON BUSSARE ALLA MIA PORTA ★★★
(Don't Come Knocking)
Regia di WIM WENDERS. Con FAIRUZA BALK, JESSICA LANGE, GABRIEL MANN, SARAH POLLEY, TIM ROTH, EVA MARIE SAINT, SAM SHEPARD. ■ Howard Spence è stato il protagonista nel passato di importanti film western. Ora è costretto a girare filmetti senza spessore. Un giorno fugge dal set e l'assicurazione del film

scatena un segugio che deve trovarlo. Howard ha condotto per anni una vita sregolata e non vede sua madre da decenni. Sarà proprio lei a fargli sapere che deve avere, in un luogo ben preciso, un figlio ormai divenuto un giovane uomo. Howard va a cercarlo ma si trova davanti ad un rifiuto: il ragazzo non vuole saperne di questo padre piovuto dal cielo. Nel frattempo compare una ragazza a cui è appena morta la madre. L'attore potrebbe essere anche suo padre... Con il sostanziale (ed ammesso come tale) contributo di Sam Shepard, Wim Wenders torna ai suoi temi "classici": il viaggio e il tentativo di ri-costruzione di relazioni apparentemente impossibili. Lo fa con una rinnovata sensibilità, con un omaggio non formale all'America che ama (che non è quella di Bush) e facendo reincontrare sullo schermo due attori che, mentre si ritrovano come personaggi, ne hanno l'occasione anche come persone che hanno condiviso parte delle loro vite: Sam Shepard e Jessica Lange. Ne nasce un film che affronta il riconoscimento del ruolo di padre. Wenders lo tratta in modo ruvido ed elegiaco insieme, consapevole com'è che c'è chi preferisce il cinema alla realtà. Ce li offre entrambi e lascia a noi la scelta. ■ DRAMMATICO; COL.; 122'; GERMANIA, 2005.

NON CANTARE, BACIAMI! ★★
Regia di GIORGIO SIMONELLI. Con TITINA DE FILIPPO, NUNZIO GALLO, FIORELLA MARI. ■ Due coniugi si amano, ma hanno dei contrasti perché lui è cantante di musica leggera e lei cantante d'opera. ■ COMM. MUSICALE; B/N; 92'; ITALIA, 1957.

NON CANTO PIÙ! ★★
Regia di RICCARDO FREDA. Con VERA BERGMAN, PAOLA BORBONI, ENZO FIERMONTE, GIUSEPPE PORELLI, VIRGILIO RIENTO. ■ Un tenore viene accusato ingiustamente del furto d'una collana, ma riuscirà a provare, dopo molti equivoci, la sua innocenza grazie all'aiuto di una ragazza. ■ COMMEDIA; B/N; 94'; ITALIA, 1946.

NON C'È BISOGNO DI DENARO ★★
Regia di AMLETO PALERMI. Con LUIGI ALMIRANTE, NINO BESOZZI, VASCO CRETI, MARIA DENIS. ■ La banca d'un paesino sta per fallire per mancanza di liquidi, ma i dirigenti hanno la brillante idea d'offrire il posto di direttore a un uomo recentemente tornato dall'America e di spargere la voce che si tratti di un milionario. ■ COMMEDIA; B/N; 93'; ITALIA, 1933.

NON CEDO ALLA VIOLENZA *(Cave of Outlaws)* ★★
Regia di WILLIAM CASTLE. Con EDGAR BUCHANAN, MACDONALD CAREY, ALEXIS SMITH, HOUSELEY STEVENSON. ■ Un giovane cowboy, scontata una lunga pena per rapina, torna nel villaggio dove è stato nascosto il bottino. Tutti credono che sia venuto a recuperarlo, ma, in realtà, lui non sa dov'è il nascondiglio del denaro. Alla fine, però, riuscirà a mettere le mani sui soldi dopo aver sconfitto alcuni avidi concorrenti. ■ WESTERN; COL.; 75'; USA, 1952.

NON C'È DUE SENZA QUATTRO ★★
Regia di E.B. CLUCHER. Con APRIL CLOUGH, TERENCE HILL, BUD SPENCER. ■ I due campioni dell'intrattenimento per famiglie questa volta si sdoppiano, secondo il collaudato meccanismo comico dei sosia, per interpretare sia il ruolo di due impacciati e ricchissimi fratelli brasiliani sia quello delle loro scanzonate controfigure. Equivoci e cazzotti a non finire, secondo la tradizione. ■ COMICO; COL.; 110'; ITALIA, 1984.

NON C'È DUE... SENZA TRE *(The Bride Wore Boots)* ★★
Regia di IRVING PICHEL. Con ROBERT CUMMINGS, BARBARA STANWYCK. ■ Una provetta cavallerizza è molto gelosa del marito e i suoi ingiusti sospetti portano la coppia sull'orlo del divorzio. Lei promette a un altro di sposarlo se vincerà il Gran Premio; allora il marito, pur odiando i cavalli, partecipa anche lui alla gara. Perderà, ma il suo gesto gli farà riconquistare l'amore. ■ COMMEDIA; B/N; 86'; USA, 1952.

NON C'È FUMO SENZA FUOCO ★★★
(Il n'y a pas de fumée sans feu)
Regia di ANDRÉ CAYATTE. Con MICAELINE BOUDET, MIREILLE DARC, ANDRÉ FALCON, BERNARD FRISSON, ANNIE GIRARDOT. ■ Un onesto giovane medico si presenta candidato per la carica di sindaco in un paese della provincia francese. I corrotti lo distruggeranno. ■ DRAMMATICO; COL.; 120'; FRANCIA, 1973.

NON C'È PACE TRA GLI ULIVI ★★★
Regia di GIUSEPPE DE SANTIS. Con LUCIA BOSÈ, FOLCO LULLI, DANTE MAGGIO, RAF VALLONE. ■ Un reduce della seconda guerra mondiale, disoccupato, ruba delle pecore a un malvagio profittatore bellico per vendicarsi d'un furto che l'altro aveva compiuto ai suoi danni, ma il potente riesce a far condannare il poveretto. Non soddisfatto, il ricco insidia la fidanzata del carcerato che, evaso, cerca di vendicarsi. Il malvagio, sconvolto dalla paura, uccide la ragazza e perisce in un incidente. L'eroe si costituisce certo che un'altra donna, anch'essa vittima del profittatore, rimarrà ad aspettarlo. ■ DRAMMATICO; B/N; 100'; ITALIA, 1950.

NON C'È PASSIONE PIÙ GRANDE ★★★
(Jolson Sings Again)
Regia di HENRY LEVIN. Con BARBARA HALE, AL JOLSON, LARRY PARKS. ■ Film biografico celebrativo su Al Jolson che, truccato da nero, fu l'interprete del primo film sonoro. La pellicola si dilunga sui guai incontrati dal protagonista, ne descrive i matrimoni, la malattia, i divorzi. Alla fine Jolson, guarito, per tornare all'arte accetta di collaborare a un film che è proprio quello che gli spettatori stanno vedendo. ■ COMM. MUSICALE; COL.; 96'; USA, 1949. ■ OSCAR 3 NOM.

NON C'È PIÙ NIENTE DA FARE ★
Regia di EMANUELE BARRESI. Con FABRIZIO BRANDI, ISABELLA CECCHI, CRISTINA CIRILLI, STEFANO FILIPPI, ROCCO PAPALEO, RAFFAELE PISU, ALBA ROHRWACHER, PAOLO RUFFINI, VALERIA VALERI. ■ Non c'è più niente da fare, un titolo, una profezia. Una compagnia di teatro amatoriale si riunisce per mettere in scena *La cavalleria rusticana*, un omaggio a Verga, alla sua Sicilia e a compare Turiddu. Nonché alla lirica di Pietro Mascagni, livornese come la compagnia dei perseveranti, allegramente composta – si fa per dire – da una commessa di supermercato, un avvocato, due pensionati e un artista dalle tasche vuote. Un gruppo coeso in lotta contro il temibile Baiocchi, un imprenditore che vorrebbe far chiudere i battenti al teatro per sostituirlo con la filiale di una banca. Un film che si autodefinisce una commedia ma che fallisce in tutte le situazioni potenzialmente comiche. ■ COMMEDIA; COL.; 95'; ITALIA, 2008.

NON C'È PIÙ POSTO PER LE BELVE ★★
(Kein Platz für wilde Tiere)
Regia di BERNHARD GRZIMEK, MICHAEL GRZIMEK. ■ Documentario sull'Africa che denuncia lo scomparire della vita selvaggia. ■ DOCUMENTARIO; COL.; 90'; GERMANIA, 1956.

NON C'È POSTO PER I VIGLIACCHI ★★★
(First to Fight)
Regia di CHRISTIAN NYBY. Con MARILYN DEVON, CHAD EVERETT, GENE HACKMAN, DEAN JAGGER. ■ Durante la seconda guerra mondiale, sul fronte del Pacifico, un sergente, unico superstite d'una pattuglia, viene decorato, promosso tenente e inviato a dirigere un campo d'istruzione. Il neo-ufficiale ha tra l'altro promesso alla sposina che eviterà le missioni pericolose e, visto il suo comportamento eroico, potrebbe facilmente ottenerlo dai superiori ma, quando tutti cominciano a pensare che sia un vigliacco, ha una grave crisi e chiede di tornare a combattere. ■ GUERRA; COL.; 97'; USA, 1967.

NON C'È POSTO PER LO SPOSO ★★
(No Room for the Groom)
Regia di DOUGLAS SIRK. Con TONY CURTIS, PIPER LAURIE. ■ Due giovani si amano, ma la madre di lei s'oppone al matrimonio così, quando lui viene richiamato per la guerra di Corea, la coppia fugge e si sposa. La luna di miele è però bruscamente interrotta da un attacco di scarlattina che colpisce il marito. Al ritorno dall'Asia lui avrà la sgradita sorpresa di trovarsi la casa invasa dai parenti della moglie. ■ COMMEDIA; B/N; 82'; USA, 1952.

NON C'È POSTO PER NASCONDERSI ★★
(Nowhere to Hide)
Regia di JACK STARRETT. Con LELIA GOLDONI, TONY MUSANTE, LEE VAN CLEEF. ■ Van Cleef è uno sceriffo dei giorni nostri incaricato di proteggere Musante, un killer della mafia che ha deciso di vuotare il sacco sui suoi datori di lavoro. Naturalmente questi cercano di ucciderlo prima che possa deporre davanti a una

commissione senatoriale. Van Cleef ha il suo daffare. ■ AVVENTURA; COL.; 94'; USA, 1977.

NON C'È PROBLEMA *(Pas de problème)* ★★★
Regia di GEORGES LAUTNER. Con PATRICK DEWAERE, JEAN LEFEBVRE, BERNARD MENEZ, MIOU-MIOU, PAULA MOORE, MARIA PACÔME, RENÉE SAINT-CYR. ■ Le divertenti peripezie d'un cadavere. Un giovanotto, per aiutare un'amica, nasconde uno sconosciuto che è venuto a morire in casa di lei nell'automobile del padre che, senza saperne nulla, porta l'ingombrante carico in giro per la Francia e la Svizzera. ■ COMMEDIA; COL.; 100'; FRANCIA, 1975.

NON CERCATE L'ASSASSINO *(99 River Street)* ★★★
Regia di PHIL KARLSON. Con BRAD DEXTER, EVELYN KEYES, JOHN PAYNE. ■ Un tassista ha una vita coniugale infelice perché la moglie lo tradisce apertamente con un gangster. Un giorno, durante una lite fra i due amanti, il bandito uccide la donna e ne nasconde il cadavere nell'auto del marito sperando di sviare le indagini. Il tassista riuscirà a dimostrare la sua innocenza. ■ POLIZIESCO; B/N; 83'; USA, 1954.

NON C'È SCAMPO PER CHI TRADISCE ★★
(Los bandidos)
Regia di ALFREDO ZACARIAS. Con PEDRO ARMENDARIZ, ROBERT CONRAD, ROY JENSON, MANUEL LOPEX OCHOA, JEAN-MICHAEL VINCENT. ■ In Messico, sotto l'impero di Massimiliano, tre messicani e tre americani cercano d'impadronirsi del solito carico d'oro nascosto in un monastero. Moriranno tutti. ■ WESTERN; COL.; 92'; SPAGNA, 1971.

NON C'È TEMPO PER L'AMORE *(No Time for Love)* ★★★
Regia di MITCHELL LEISEN. Con CLAUDETTE COLBERT, FRED MACMURRAY. ■ L'amore contrastato tra una giornalista e un operaio che non riesce a credere che una donna raffinata possa provare attrazione per lui e si concede distrazioni con le ballerine. Alla fine, però, l'amore trionfa. ■ COMMEDIA; B/N; 83'; USA, 1943. ■ OSCAR 1 NOM.

NON C'È TEMPO PER MORIRE *(No Time to Die)* ★★
Regia di TERENCE YOUNG. Con VICTOR MATURE, ANTHONY NEWLEY, LUCIANA PALUZZI. ■ In Africa settentrionale, al tempo della seconda guerra mondiale, un americano, un polacco, un australiano e due inglesi riescono a fuggire da un campo di prigionia nel deserto, ma la fuga, tra gli eserciti italo-tedeschi e i beduini, riuscirà solo a due. ■ GUERRA; COL.; 102'; GRAN BRETAGNA, 1958.

NON CHIAMARMI OMAR ★★
Regia di SERGIO STAINO. Con GIANNI CAVINA, CORINNE CLÉRY, PIERFRANCESCO LOCHE, MICHELE MIRABELLA, GASTONE MOSCHIN, ORNELLA MUTI, ELENNA SOFIA RICCI, STEFANIA SANDRELLI. ■ Siamo nel Nord Italia d'inverno. C'è "Radiosalotto", un appuntamento radiofonico di grande successo. Devono correre alla radio il tecnico audio Marconi, la femminista Hanna, l'etologo Assiro Fez, il conduttore Carpioni, il chirurgo Omar Tavoni e infine un sottosegretario e un questore. Da qui tutta una serie di equivoci, liti e scandali, compresa un'operazione chirurgica sanguinaria. I migliori sono Gianni Cavina e Ornella Muti. ■ COMMEDIA; COL.; 102'; ITALIA, 1992.

NON CHIEDERMI CHI SONO STATA ★
(Ne kerdezd ki voltam)
Regia di BÉLA BALOGH. Con KATARIN KORDAY, LADISLAO SOÒS. ■ Un'onesta fanciulla, ingiustamente accusata di furto, medita il suicidio, ma viene salvata da un bel giovane che le procura un posto di responsabilità. Nuovamente accusata ingiustamente, sempre per colpa di un'infernale cugina, troverà infine la pace e l'amore. ■ DRAMMATICO; B/N; 94'; UNGHERIA, 1943.

NON CI INDURRE IN TENTAZIONE ★
Regia di N. SANTI AMANTINI. Con LORENZO BERTI. Un ex seminarista in crisi trova nella casa natìa il luogo dove la sua anima tormentata forse potrà ottenere pace. O almeno dove potrebbe riuscire a confrontarsi apertamente con la parte più oscura di sé. ■ DRAMMATICO; COL.; 77'; ITALIA, 2012.

NON CI RESTA CHE PIANGERE ★★
Regia di ROBERTO BENIGNI, MASSIMO TROISI. Con ROBERTO BENIGNI, AMANDA SANDRELLI, MASSIMO TROISI. ■ Per uno strano scherzo del destino un maestro elementare (Benigni) e un bidello (Troisi) si trovano proiettati a ritroso nel tempo fino al 1492. Tra varie farsesche avventure conosceranno Leonardo Da Vinci e tenteranno di impedire a Colombo di scoprire l'America. Da una buona idea un film a tratti divertente, anche se da due talenti comici come Troisi e Benigni era lecito aspettarsi di più. ■ COMICO; COL.; 111'; ITALIA, 1984.

NON CI SARÀ DOMANI – UN BACIO E ADDIO ★★★
(Kiss Tomorrow Goodbye)
Regia di GORDON DOUGLAS. Con LUTHER ADLER, WARD BOND, STEVE BRODIE, JAMES CAGNEY, HELENA CARTER, BARBARA PAYTON. ■ Un bandito evaso uccide senza pietà un compagno che l'intralcerebbe e corteggia la sorella del morto che aveva organizzato la fuga. Quando la donna scopre la verità lo uccide, anche perché lui si è sposato nel frattempo con un'altra. ■ POLIZIESCO; B/N; 102'; USA, 1950.

NON COMMETTERE ATTI IMPURI ★★
Regia di GIULIO PETRONI. Con GIGI BALLISTA, BARBARA BOUCHET, DADO CROSTAROSA, CLAUDIO GORA, MARISA MERLINI, LUCIANO SALCE, SIMONETTA STEFANELLI. ■ Ad Assisi vive un uomo d'una certa età che però ostenta atteggiamenti spregiudicati e contestatori. Il figlio di costui s'innamora d'una ragazza molto religiosa e pare convertirsi. Il padre, preoccupato, lo induce a tirare una bomba carta contro un ministro, ma, mentre il giovane s'appresta all'attentato, vede la sua bella che amoreggia con uno zio. Si vendica scagliando l'ordigno contro la traditrice. ■ EROTICO; COL.; 95'; ITALIA, 1972.

NON CONTATE SU DI NOI ★★
Regia di SERGIO NUTI. Con FRANCESCA FERRARI, SERGIO NUTI, MAURIZIO ROTA, FRANCESCO SCALCO, MASSIMO SCRIVO. ■ Flauto incontra una ragazza (l'ha quasi investita) e si mette con lei. Entra così nell'ambiente della droga e ben presto diventa un tossicomane. Intorno a lui è tutto un carosello di personaggi smidollati e in preda al vizio. Flauto e la sua compagna finiscono in prigione; poi ne escono, ma non è detto che lui riesca a disintossicarsi. ■ DRAMMATICO; COL.; 120'; ITALIA, 1978.

NON CON UN BANG ★★
Regia di MARIANO LAMBERTI. Con MARIANO D'AMORA, CARLO GIULIANI, GIOVANNA GIULIANI, NELLO MASCIA, PAOLA PITAGORA. ■ Sulle pendici del Vesuvio, in una villetta, vive la famiglia Settembre. Cesare, ventiseienne, studia Legge così come vuole il padre avvocato. Alla vigilia dell'ultimo esame Cesare si ammala: può solo stare a letto o girovagare per casa in pigiama. Il padre è urtato da questo imprevisto, la madre non sa che fare e si occupa al contempo del figlio e di una mostruosa pianta che il giovane tiene in camera. Solo l'amico Antonio cerca concretamente di fare qualcosa per Cesare. Mentre la sorella Paola continua a combinare guai, la famiglia si trova sempre più immersa in un grande caos. Film fuori misura per la durata. Il tema che va a scegliersi, quello di "una lenta emorragia di ogni forza vitale, qualcosa che implode, che non si impone, ma che piano rivela la sua verità", è più da saggio scientifico che non da film. Così come il titolo è fatto per essere dimenticato ■ GROTTESCO; COL.; 142'; ITALIA, 2001.

NON DESIDERARE LA DONNA D'ALTRI ★★★
(They Knew what They Wanted)
Regia di GARSON KANIN. Con WILLIAM GARGAN, CHARLES LAUGHTON, CAROLE LOMBARD. ■ Un ricco italo-americano si fa aiutare da un suo contadino a scrivere una lettera d'amore a una cameriera ed allega una fotografia del dipendente, molto più giovane di lui. Così, quando la ragazza giunge alla fattoria dell'italiano, scopre che il suo fidanzato è molto diverso da quello che si aspettava, ma, spinta dal bisogno, sarebbe propensa ad accettare il matrimonio. Il ricco, però, si frattura le gambe e la ragazza lo tradisce. Il matrimonio si farà comunque. ■ COMMEDIA; B/N; 96'; USA, 1940. ■ OSCAR 1 NOM.

NON DESIDERARE LA DONNA D'ALTRI ★★★
(Lonely Hearts)
Regia di VINCENT J. DONEHUE. Con MONTGOMERY CLIFT, DO-

LORES HART, MYRNA LOY, ROBERT RYAN, MAUREEN STAPLETON. ■ Un disilluso direttore di giornale s'incarica di togliere le speranze nei confronti dell'onestà della gente a un fiducioso giovane giornalista, che tiene la rubrica dei "cuori solitari". ■ DRAMMATICO; B/N; 108'; USA, 1959. ■ OSCAR 1 NOM.

NON DESIDERARE LA DONNA D'ALTRI ★★★★
(Krotki Film o Milosci)
Regia di KRZYSZTOF KIESLOWSKI. Con OLAF LUBASZENKO, GRAZYNA SZAPOLOWSKA. ■ Un ragazzo, digiuno di cose sessuali, s'innamora a distanza di una bella donna sui trent'anni, provata dalla vita e ovviamente disinibita. La spia, la segue, l'ossessiona. Poi confessa all'amante di lei, che non reagisce con compostezza. La storia finisce male, anche se la donna egualmente verrà toccata dal sentimento che ha suscitato nel ragazzo. È il primo film di Kieslowski a essere distribuito in Italia. ■ DRAMMATICO; COL.; 87'; POLONIA, 1988.

NON DESIDERARE LA DONNA D'ALTRI *(Brødre)* ★★
Regia di SUSANNE BIER. Con SOLBJØRG HØJFELDT, NIKOLAJ LIE KAAS, REBECCA LØGSTRUP, BENT MEJDING, CONNIE NIELSEN, ULRICH THOMSEN, SARAH JUEL WERNER. ■ Michael ha tutto sotto controllo: una carriera militare di successo, una bella moglie e due figlie adorabili. Unico neo, suo fratello minore Jannik, uno sbandato che vive ai margini della legalità. Prima di partire per l'Afghanistan per una missione delle Nazioni Unite, Michael va a prendere il fratello all'uscita del carcere. Quando il suo elicottero precipita tutti lo credono morto e il fratello si ritrova ad occuparsi della moglie di Michael e delle bambine. ■ DRAMMATICO; COL.; 110'; DANIMARCA, 2004.

NON DIMENTICATE MOZART ★★★
Regia di SLAVO LUTHER. Con ARMIN MUELLER-STAHL, WOLFGANG PREISS. ■ Wolfgango Amedeo Mozart è appena morto a Vienna in misteriose circostanze, appena trentacinquenne. Un magistrato imperiale conduce un'inchiesta sul suo decesso. Morì per cause naturali? O fu avvelenato dall'invidioso Salieri? Oppure rimase vittima di una congiura politica? L'inquirente va vicino alla verità, ma preferisce non scoprirla. ■ DRAMMATICO; COL.; 92'; GERMANIA, 1984.

NON DIRE SÌ – L'AMORE STA PER SORPRENDERTI *(The Best Man)* ★★
Regia di STEFAN SCHWARTZ. Con KATE ASHFIELD, RAYMOND COULTHARD, SETH GREEN, JANE HOW, JODHI MAY, DAVID OYELOWO, STEVE JOHN SHEPHERD, AMY SMART, STUART TOWNSEND. ■ Olly, giovane scrittore "bloccato" nell'arte e nella vita, ha accettato la richiesta del vecchio amico James di fargli da testimone di nozze, salvo scoprire un attimo dopo che la donna di cui si è appena innamorato altri non è che la promessa sposa. Diviso tra la lealtà verso James e le richieste del cuore, Olly è disposto a mettere a tacere le seconde, ma il suo amico Murray non è dello stesso avviso... *Non dire sì*, che traduce l'originale *The Best Man*, ovvero il testimone, si porta dietro in quel "non" del titolo italiano altre piccole verità: non una star in tutto il cast, non un regista noto al timone, non un argomento originale, non un approccio nuovo o differente. Romanticismo continua a fare rima con matrimonio (mancato) e commedia con happy end. Eppure, nel suo candidarsi senza pretese ad opera "da cassetta", il film ha il merito di mettere in scena un personaggio memorabile: il guastafeste. ■ COMMEDIA; COL.; 97'; GERMANIA, GRAN BRETAGNA, UNGHERIA, USA, 2005.

NON DIRLE CHI SONO *(Don't Tell Her it's Me)* ★★
Regia di MALCOLM MOWBRAY. Con JAMI GERTZ, STEVE GUTTENBERG, SHELLEY LONG, KYLE MACLACHLAN. ■ La scrittrice di romanzi rosa Viveca Lamoureux si dice in grado di risolvere i problemi di chiunque. Steve Guttenberg veste ancora una volta i panni dell'americano medio che cerca di sfuggire alle mostruosità della vita. ■ GIALLO; COL.; 100'; USA, 1990.

NON DIRMELO... NON CI CREDO *(Another You)* ★★
Regia di MAURICE PHILLIPS. Con RICHARD PRYOR, MERCEDES RUEHL, GENE WILDER. ■ Il titolo italiano fa riferimento al precedente lavoro della coppia e cioè *Non guardarmi non ti sento*. Ma le analogie finiscono qui. Pryor e Wilder sono rispettivamente un malvivente in libertà vigilata e un malato di mente fresco di casa di cura. I due si arricchiranno in seguito a una truffa perpetrata nei confronti di altri truffatori. Poche le risate, molte le scene prevedibili e le volgarità gratuite. La colonna sonora è di Andy Summers, ex chitarrista dei Police. ■ COMMEDIA; COL.; 98'; USA, 1991.

NON DIRMI ADDIO *(Sentimental Journey)* ★★★
Regia di WALTER LANG. Con MISCHA AUER, WILLIAM BENDIX, CEDRIC HARDWICKE SIR, CONNIE MARSHALL, MAUREEN O'HARA, JOHN PAYNE. ■ Una signora condannata dal mal di cuore convince il marito ad adottare un'orfanella dall'intelligenza non comune sperando che, dopo la sua morte, costei resterà col marito. Ciò accade, anche se l'uomo fatica molto a rimettersi dalla perdita della compagna. ■ DRAMMATICO; B/N; 94'; USA, 1946.

NON DISTURBATE *(Do not Disturb)* ★★
Regia di RALPH LEVY. Con LEON ASKIN, ALBERT CARRIER, DORIS DAY, SERGIO FANTONI, LISA PERA, ROD TAYLOR. ■ Una coppia americana si trasferisce in Europa per lavoro e deve adattarsi a una vita più spregiudicata. Lui organizza feste per poter aumentare il suo giro d'affari. Lei, ingelosita, apprende da un'amica inglese che deve rendergli la pariglia e così accetta la corte d'un seducente antiquario. ■ COMMEDIA; COL.; 102'; USA, 1965.

NON DITE A MAMMA CHE LA BABY-SITTER È MORTA! *(Don't Tell Mom the Baby Sitter is Dead)* ★★
Regia di STEPHEN HEREK. Con JOANNA CASSIDY, KEITH COOGAN, JOHN GETZ. ■ Una commediola piuttosto stucchevole che ha per protagonisti cinque fratelli minorenni in una situazione di totale libertà. In più, grazie allo stipendio di una di loro, che lavora in un'azienda, sono anche indipendenti. La "lavoratrice" però occupa sul lavoro una posizione troppo importante per le sue effettive potenzialità. Arrivano quindi i guai, però vengono risolti. ■ COMMEDIA; COL.; 103'; USA, 1991.

NON DITE A MAMMA CHE LO SPOSO ★
(Social suicide)
Regia di LAWRENCE D. FOLDES. Con BOBBIE BRESEE, PETER MARMENTINI, SHANNON STURGES. ■ Per dispetto alla mamma che la vorrebbe sposare al figlio di un senatore, Kim comincia a frequentare un ragazzaccio, per giunta sudamericano e in odore di malavita. Sua madre e il suo promesso sposo fanno di tutto per evitare il suo "suicidio sociale". ■ COMMEDIA; COL.; 98'; USA, 1991.

NON DRAMMATIZZIAMO... È SOLO QUESTIONE DI CORNA *(Domicile conjugal)* ★★★
Regia di FRANÇOIS TRUFFAUT. Con HIROKO BERGHAUER, PIERRE FABRE, CLAUDE JADE, JEAN-PIERRE LÉAUD, ADA LONATI. ■ Antoine è sposato a Christine che gli dà un figlio. Sentendosi trascurato dalla moglie, troppo presa dai suoi compiti di madre, il giovane ha una relazione con una giapponese. Scoppia una tempesta in famiglia ma, alla fine, la coppia si rappacificherà. ■ COMMEDIA; COL.; 97'; FRANCIA, 1971.

NON È ANCORA DOMANI (LA PIVELLINA) ★★
Regia di TIZZA COVI, RAINER FRIMMEL. Con TAIRO CAROLI, ASIA CRIPPA, PATRIZIA GERARDI, WALTER SAABEL. ■ Patti, un'artista circense che gestisce spettacoli di strada con il marito Walter un giorno, cercando il proprio cane in un parco vicino al camper in cui vive nella zona di San Basilio a Roma, si imbatte in una bambina di due anni. Asia, così si chiama, è stata lasciata lì dalla madre con indosso un biglietto in cui la donna afferma che tornerà a prenderla. Da quel momento Patti, con l'aiuto del marito e di Tairo, un adolescente che vive in un altro camper con la nonna, prenderà ad occuparsi della bimba senza rinunciare a cercarne la madre. ■ DRAMMATICO; COL.; 100'; ITALIA, AUSTRIA, 2009.

NON È GIUSTO ★
Regia di ANTONIETTA DE LILLO. Con VALERIO BINASCO, ANTONIO MANZINI, MADDALENA POLISTINA, DANIEL PRODOMO. ■ Bambini adorabili (pure troppo) e maturi (beati loro) abbandonati a se stessi da adulti infantili e distratti (ma sempre simpaticissimi!), si godono i primi amori, ovviamente sani ed equilibrati, durante una calda estate partenopea. Inutile affermare che la regia, a parte qualche slancio originale che brilla di luce propria in un contesto piatto, anzi piattissimo, si accorda perfettamente ad un

soggetto che possiamo tranquillamente definire squallido e fin troppo sfruttato da un punto di vista commerciale. ■ COMMEDIA; COL.; 100'; ITALIA, 2001.

NON È MAI TROPPO TARDI ★★
Regia di FILIPPO WALTER RATTI. Con ISA BARZIZZA, ENZO CERUSICO, GIORGIO DE LULLO, MARCELLO MASTROIANNI, PAOLO STOPPA. ■ Mediocre versione italiana del famoso *Racconto di Natale* di Charles Dickens: un avaro, la notte di Natale, ha delle visioni che lo convertono all'altruismo. ■ FANTASTICO; B/N; 86'; ITALIA, 1953.

NON È MAI TROPPO TARDI *(The Bucket List)* ★★★
Regia di ROB REINER. Con MORGAN FREEMAN, JACK NICHOLSON SEAN HAYES, CHRISTOPHER STAPLETON, IAN ANTHONY DALE, ROB MORROW. ■ Edward Cole è un ricchissimo ed eccentrico proprietario di cliniche che, a seguito di sue stesse direttive, si trova ricoverato in una propria struttura assieme al decisamente più umile e tranquillo Carter Chambers. Entrambi con pochi mesi davanti, a causa di una grave malattia, decidono di togliersi, nel breve tempo che resta loro, tutti gli sfizi che non hanno mai potuto levarsi nella propria vita: il viaggio che li vedrà protagonisti però, servirà a ben altro... Ridere della morte? Difficile, ma non impossibile. Succede, troppo raramente a dirla tutta, anche in *Non è mai troppo tardi*, film "evento" che mette assieme per la prima volta due grandi vecchi del cinema americano. Il rischio peggiore in film di questo tipo è che il melodramma soverchi lo humour, unico antidoto alla depressione a cui potrebbe indurre il tema trattato. Fortunatamente il consumato mestiere dei due divi evita derive troppo deprimenti. Lo script è al servizio dei due divi, con Nicholson che fa l'arrabbiato e il matto (come gli capita spesso sullo schermo), mentre a Freeman (migliore del compare, che si "diverte" un po' troppo) è cucito addosso un personaggio decisamente più flemmatico e riflessivo. ■ COMMEDIA; COL.; 96'; USA, 2007.

NON ENTRATE IN QUELLA CASA *(Prom Night)* ★★
Regia di PAUL LYNCH. Con JAMIE LEE CURTIS, LESLIE NIELSEN, CASEY STEVENS. ■ Un gruppo di ragazzini, durante un gioco in una casa abbandonata, causa la morte di una coetanea. Nessuno ha visto. I ragazzi non parlano e la morte viene fatta passare per il gesto di un bruto. Ma sei anni dopo, quando i ragazzi festeggiano la maturità liceale, qualcuno li minaccia di morte. E non si ferma solo alle minacce. Ma chi è il vendicatore? ■ THRILLER; COL.; 91'; CANADA, 1980.

NON È PECCATO *(Ain't Misbehavin')* ★★★
Regia di EDWARD BUZZELL. Con RORY CALHOUN, JACK CARSON, PIPER LAURIE, MAMMI VAN DOREN. ■ Un milionario sposa una ballerina. Lei, non sentendosi all'altezza della posizione sociale raggiunta, ingaggia un cugino del marito perché le dia lezioni di comportamento. Gli sforzi del parente, famoso dongiovanni, sono fraintesi e la coppia rischia il divorzio. ■ COMMEDIA; COL.; 82'; USA, 1955.

NON È PECCATO – LA QUINCEAÑERA ★★
(Quinceañera)
Regia di RICHARD GLATZER, WASH WESTMORELAND. Con JESSE GARCIA, CHALO GONZÁLEZ, EMILY RIOS, DAVID W. ROSS. ■ La Quinceañera è la ricorrenza che ogni ragazza di origini latinoamericane attende con ansia: è una sorta di debutto in società che segna il passaggio all'età adulta. Magdalena spera che la sua festa sia bella come quella della cugina Eileen ma, durante i preparativi e a qualche mese dal suo quindicesimo compleanno, scopre di essere rimasta incinta. Lei e il fidanzatino non hanno consumato fino in fondo il rapporto, ma nessuno le crede e il padre, un predicatore della Chiesa evangelica, la caccia di casa. *Non è peccato – La Quinceañera* ritrae con sensibilità una comunità di messicani in un quartiere di Los Angeles. All'interno di Echo Park l'equilibrio tra i bianchi americani e i latini scorre su un filo sottile che separa le due razze. Se da una parte c'è chi lavora in tv e dà feste esclusive riservate a pochi intimi, dall'altra ci si sacrifica per l'istruzione dei propri figli, prestando servizio in case di benestanti o vendendo per strada il champurrado (tipica bevanda calda al cioccolato), aspettando la prossima Quinceañera. A Echo Park si ride e ci si commuove, ma soprattutto si scoprono valori – la famiglia, l'amicizia – senza il peso della retorica. ■ DRAMMATICO; COL.; 90'; USA, 2006.

NON È PERCHÉ NON SI HA NULLA DA DIRE CHE SI DEVE STAR ZITTI ★★
(C'est pas parce qu'on a rien à dire qu'il faut fermer sa gueule)
Regia di JACQUES BESNARD. Con BERNARD BLIER, TSILLA CHELTON, JEAN LEFEBVRE, MICHEL SERRAULT. ■ Due ladri un po' maldestri riescono incredibilmente (con la supervisione di un professionista) a svaligiare la Cassa Pensioni. Si presenta però una certa Madame P. P., custode alla Cassa, che dimostra di sapere tutto e ricatta i due che sono costretti a investire i soldi in un casinò. Anche il casinò viene svaligiato con la stessa tecnica della Cassa. Madame P. P. si impiega di nuovo in una banca e gli altri due si preparano a rapinarla. ■ COMMEDIA; COL.; 100'; FRANCIA, 1974.

NON È PIÙ TEMPO D'EROI *(Too Late the Hero)* ★★★
Regia di ROBERT ALDRICH. Con MICHAEL CAINE, HENRY FONDA, RONALD FRASER, PERCY HERBERT, PATRICK JORDAN, SAM KYDD, CLIFF ROBERTSON. ■ Durante il secondo conflitto mondiale, sul fronte del Pacifico, un "commando" britannico a cui si è aggregato un ufficiale americano ha l'incarico di compiere una missione pericolosa. ■ GUERRA; COL.; 133'; USA, 1971.

NON È ROMANTICO ★★
Regia di GIOVANNA SONNINO. Con CARLA BENEDETTI, MARIA GRAZIA COMUNALE, MASSIMO REALE, BLAS ROCA-REY. ■ Alessandra è una ragazza contenta di se stessa. Claudia è la sua migliore amica nonché sorella del suo ragazzo. Alessandra la ritiene troppo introversa e la presenta ad Andrea, uno pseudoscrittore dal carattere taciturno. La storia tra i due avrà un finale tragico. La Sonnino si ispira chiaramente a Rohmer in questa sua opera prima, che manifesta una certa abilità nella costruzione di atmosfere in bilico tra il sentimento e l'incomunicabilità. ■ PSICOLOGICO; COL.; 57'; ITALIA, 1992.

NON È STATA UNA VACANZA... MA UNA GUERRA ★★
(The Great Outdoors)
Regia di HOWARD DEUTCH. Con DAN AYKROYD, ANNETTE BENING, JOHN CANDY, STEPHANIE FARACY, CHRIS YOUNG. ■ Un uomo si reca con la sua famiglia in una ridente località canadese per una vacanza. Casetta con vista lago, silenzio e tranquillità. Ma arriva il cognato con relativa famiglia a coinvolgerlo in massacranti attività in motoscafo, a cavallo. Inoltre, gli scrocca un prestito rivelandosi non il ricco industriale che si credeva fosse, ma un poveraccio che tira a campare. Vacanza rovinata, insomma, anche perché le bambine dell'intruso riusciranno a cacciarsi in un sacco di guai. Commedia imperniata sulla performance di Aykroyd più che sulle situazioni piuttosto banali. ■ COMMEDIA; COL.; 85'; USA, 1988.

NON È TEMPO DI COMMEDIA ★★★
(No Time for Comedy)
Regia di WILLIAM KEIGHLEY. Con CHARLES RUGGLES, ROSALIND RUSSELL, JAMES STEWART, GENEVIÈVE TOBIN. ■ Un giovane autore di provincia va a Broadway con una commedia sperando di farla rappresentare. Ci riuscirà grazie ai buoni auspici di un'attrice che diventerà sua moglie. Qualche tempo dopo, lui ha un periodo di crisi e cerca consolazione in una snob che gli consiglia di tentare con la tragedia. Un provvidenziale fiasco salverà il matrimonio. ■ COMMEDIA; B/N; 93'; USA, 1940.

NON È UN'ALTRA STUPIDA COMMEDIA AMERICANA *(Not Another teen Movie)* ★★
Regia di JOEL GALLEN. Con CHRIS EVANS, MIA KIRSHNER, CHYLER LEIGH, CODY MCMAINS, ERIC CHRISTIAN OLSEN, JAIME PRESSLY. ■ Janey Briggs è una perdente: è bruttina, impacciata e antipatica. Jake Wyler è invece un vincente: è bello, atletico e prestante. Jake scommette con gli amici di trasformare lo zimbello Janey nella reginetta del ballo di fine anno. L'ambientazione è quella tipica del college attorno a cui gravitano tutti i personaggi tipici di questo genere (la superdotata, il ciccione, l'imbranato, l'allenatore di football e via dicendo). Del film si salvano la colonna sonora, a tratti veramente ossessiva, e le coreografie veramente gradevoli. Il regista proviene dalla televisione e dai videoclip e questa formazione si vede. ■ COMMEDIA; B/N; 89'; USA, 2001.

NON È UN PAESE PER VECCHI ★★★
(No Country for Old Men)
Regia di ETHAN COEN, JOEL COEN. Con JAVIER BARDEM, JOSH BROLIN, GARRET DILLAHUNT, TESS HARPER, WOODY HARRELSON, TOMMY LEE JONES, KELLY MACDONALD, STEPHEN ROOT. ■ Llewelyn Moss trova, in una zona desertica, un camioncino circondato da cadaveri. Il carico è di eroina e in una valigetta ci sono due milioni di dollari. Che fare? Llewelyn è una persona onesta, ma quel denaro lo tenta troppo. Decide di tenerselo, dando il via a una reazione a catena che neppure il disilluso sceriffo Bell può riuscire ad arginare. Moss deve fuggire, in particolare, le "attenzioni" di un sanguinario e misterioso inseguitore. Ispirato al romanzo del Premio Pulitzer Cormac McCarthy il nuovo film dei Coen conferma, se mai ce ne fosse stato bisogno, la coerenza e l'originalità dei due fratelli, divenute ormai un marchio di fabbrica. McCarthy è il riconosciuto interprete letterario dei mutamenti di un mondo (quello del West e della frontiera messicana) divenuto estremamente più violento di quanto non lo fosse nell'epoca che lo ha fatto divenire mito cinematografico. Lo scrittore non è però interessato a una cinica e compiaciuta presa d'atto di una realtà innegabile. Neppure i Coen lo sono. Qui si trova il punto di contatto tra le due letture di un'umanità che cambia. La chiave di volta sta proprio in questa parola: umanità. Perché i due registi ci offrono una sceneggiatura decisamente più eccessiva di quella, già considerata molto violenta, di un film come *Fargo*. Le uccisioni abbondano in *Non è un paese per vecchi*, ma si inseriscono in una narrazione che fa dell'iperbole la propria cifra stilistica. A differenza di Tarantino, però, i Coen non si fermano alla coreografia raffinata della violenza. Non si accontentano di ironizzare. Non gli basta mostrare quanto sono bravi a suscitare il riso dinanzi a un uomo che muore. Non è questo il loro scopo. Ciò che per loro conta è riuscire a mettere in rilievo anche solo una scintilla di umanità in un mondo che sembra governato dalla follia. Riescono a farlo grazie al personaggio dello sceriffo interpretato da un Tommy Lee Jones che, non a caso, è uno dei protagonisti di questo film dopo aver diretto e interpretato *Le tre sepolture*, ambientato anch'esso al confine con il Messico. Osservate la scena finale e vi accorgerete di come i Coen riescano ancora, nonostante le apparenze, a fare un cinema di qualità, spettacolare ma al contempo profondamente "diverso" e morale. ■ THRILLER; COL.; 122'; USA, 2007.

NON È VERO... MA CI CREDO ★★★
Regia di SERGIO GRIECO. Con CARLO CROCCOLO, PEPPINO DE FILIPPO, TITINA DE FILIPPO. ■ Un giovane, per farsi accettare dal ricco e superstiziosissimo padre d'una ragazza, si finge gobbo. Diventa subito l'idolo del futuro suocero ma, alla fine, questi, dopo avergli accordato la mano della figlia, comincerà a temere d'avere nipoti deformi. Solo allora gli verrà svelata la verità. ■ COMICO; B/N; 103'; ITALIA, 1953.

NON FACCIO LA GUERRA, FACCIO L'AMORE ★★
Regia di FRANCO ROSSI. Con PEPE CALVO, CESARE GELLI, PHILIPPE LEROY, CATHERINE SPAAK, FRANK WOLFF. ■ Lo slogan, reso famoso dai movimenti pacifisti americani, dà il titolo a una storia abbastanza confusa d'un sommergibile tedesco che, dopo venti anni dalla fine della guerra, continua a vagare per i mari portando, oltre all'equipaggio, una ragazza trovata bambina sul luogo di un naufragio. ■ COMMEDIA; B/N; 96'; ITALIA, 1967.

NON FERMARTI A CHINA LAKE ★
(China Lake Murders)
Regia di ALAN METZGER. Con NANCY EVERHARD, MICHAEL PARKS, TOM SKERRITT, LAUREN TEWES. ■ Un poliziotto psicopatico trascorre abitualmente le ferie a China Lake, amazzando di tanto in tanto qualche poveretto. Lo sceriffo del paese scopre che l'uomo a cui ha casualmente offerto ospitalità è l'assassino: riesce ad arrestarlo tendendogli una trappola. ■ POLIZIESCO; COL.; 89'; USA, 1990.

NON FIDARTI DI TUO MARITO *(An Innocent Affair)* ★★
Regia di LLOYD BACON. Con MADELEINE CARROLL, RITA JOHNSON, FRED MACMURRAY. ■ Una moglie, sentendosi trascurata, vuole ingelosire il marito e, perciò, assolda un attore che la corteggi. Il marito, informato del complotto, ostenta indifferenza ma, per un equivoco, quello che entrambi credono un attore è un vero corteggiatore. La coppia finirà sulle soglie del divorzio, ma poi tutto s'accomoderà. ■ COMMEDIA; B/N; 90'; USA, 1949.

NON GIOCATE CON IL CACTUS *(O.C. and Stiggs)* ★★
Regia di ROBERT ALTMAN. Con PAUL DOOLEY, DENNIS HOPPER, DANIEL H. JENKINS. ■ Un giovane e due amici si mettono alla ricerca di un assicuratore che ha fatto sparire una polizza sulla vita del nonno del giovane. Lo trovano e lo sottopongono a ogni sorta di burle, non risparmiando nemmeno gli strambi familiari dell'uomo (moglie alcolizzata, figlio cretino, figlia superdepressa e altre disgrazie). ■ COMMEDIA; COL.; 109'; USA, 1985.

NON GUARDARE IN CANTINA ★
(Don't Look in the Basement)
Regia di S. F. BROWNRIGG. Con JESSIE LEE FULTON, BILL MCGEE. ■ Pasticcio grondante sangue che racconta la storia di un'infermiera assunta in una clinica psichiatrica. Non tarderà a scoprire che una dottoressa, maniaca omicida, ha preso il controllo del luogo e si diverte a spingere i dementi a compiere efferati delitti. ■ HORROR; COL.; 95'; USA, 1973.

NON GUARDARMI: NON TI SENTO ★★★
(See No Evil, Hear No Evil)
Regia di ARTHUR HILLER. Con RICHARD PRYOR, GENE WILDER, ANTHONY ZERBE. ■ Un *bookmaker* viene ucciso per aver commesso uno sgarro a una banda criminale. Unici testimoni del delitto due edicolanti, un cieco e un sordo, amici per la pelle. Non sono in grado di dire niente, ma la polizia non ci crede. E nemmeno gli autori del delitto che cercano di far fuori la strana coppia. ■ COMMEDIA; COL.; 100'; USA, 1989.

NON GUARDATEMI *(Cours privé)* ★★★
Regia di PIERRE GRANIER-DEFERRE. Con MICHEL AUMONT, ELIZABETH BOURGINE, PIERRE VERNIER. ■ Una giovane professoressa, molto graziosa, desta l'ammirazione di tutti nella scuola dove insegna (studenti e professori, maschi e femmine). Evidentemente ha qualche nemico che manda lettere anonime contro di lei alle famiglie degli allievi. Scoppia uno scandalo, il direttore della scuola si suicida (si scopre che le lettere le ha mandate lui). Ma la ragazza si trasferisce. Forse nella prossima scuola si ripeteranno i fatti di cui sopra. ■ DRAMMATICO; COL.; 95'; FRANCIA, 1987.

NON HO PAURA DI VIVERE ★
Regia di FABRIZIO TAGLIONI. Con RENATO BALDINI, FRANCA MARZI, CARLO NINCHI. ■ Un ragazzo traviato viene arrestato per furto. Uscito dal riformatorio, non vuole rivelare agli antichi complici dove ha nascosto il bottino e viene pesantemente malmenato. Per fortuna viene accolto nella famiglia d'un onesto benzinaio. ■ DRAMMATICO; B/N; 92'; ITALIA, 1952.

NON HO SONNO ★★
Regia di DARIO ARGENTO. Con CHIARA CASELLI, STEFANO DIONISI, ROSSELLA FALK, GABRIELE LAVIA, PAOLO MARIA SCALONDRO, MAX VON SIDOW. ■ La luce si spegne, parte la musica ossessiva, nell'ombra si materializza una sagoma, c'è una scala, c'è una porta, e schizza il sangue. È il rituale, eterno, di Dario Argento, rituale furbo e funzionale che qui si ripete una quindicina di volte. Si parte da tre amici adolescenti, siamo a Torino nel 1983. I ragazzi sono appassionati di filastrocche sugli animali. È lo spunto per il primo omicidio (della madre di uno dei tre) e di tutti gli altri che avvengono nel 2000. Il sospettato era un nano. Ogni vittima muore (sempre in modo agghiacciante) nel segno di un animaletto ritagliato nella carta: accanto alla testa, recisa, di una ballerina vestita da cigno l'assassino lascia un cigno, eccetera. Catarsi finale. Storia complicatissima col rito della morte troppo frequente. Certo, funziona, ma un po' a buon mercato. ■ GIALLO; COL.; 118'; ITALIA, 2000.

NON HO TEMPO ★★★
Regia di ANSANO GIANNARELLI. Con BRUNO ALESSANDRO, MARIO BARDELLA, MARIO GARRIBA, LUCIO LOMBARDO RADICE. ■ Il film racconta con uno stile d'avanguardia la vita del geniale matematico Evariste Galois, morto giovanissimo in un duello. La tesi è che lo scienziato sia stato ucciso per le sue idee democratiche nel periodo immediatamente successivo alla Rivoluzione del 1830. ■ BIOGRAFICO; B/N; 105'; ITALIA, 1973.

NON HO UCCISO! *(Night Club Scandal)* ★★
Regia di RALPH MURPHY. Con JOHN BARRYMORE, CHARLES BICKFORD, LOUISE CAMPBELL, LYNNE OVERMAN. ■ Un giornalista indaga su un caso d'omicidio, convinto che un condannato a morte non sia colpevole dell'assassinio dell'amante. Scoprirà, come gli spettatori già sapevano, che si tratta invece d'una macchinazione ordita dal marito della vittima. ■ POLIZIESCO; B/N; 70'; USA, 1937.

NON HO UCCISO *(125, Rue Montmartre)* ★★★
Regia di GILLES GRANGIER. Con JEAN DESAILLY, DORA DOLL, ROBERT MIRSH, LINO VENTURA. ■ Uno strillone parigino salva un aspirante suicida e fa amicizia con lui. Questi gli racconta d'essere un ricco perseguitato da una perfida moglie ma, in realtà, si tratta del piano di una coppia d'amanti diabolici per far credere lo strillone colpevole d'omicidio ai danni del marito di lei. Solo con molta fatica si stabilirà la verità. ■ POLIZIESCO; B/N; 85'; FRANCIA, 1960.

NON LASCIARMI *(Never Let Me Go)* ★★
Regia di MARK ROMANEK. Con ANDREW GARFIELD, KEIRA KNIGHTELY, ISOBEL MEIKLE-SMALL, CAREY MULLIGAN, ELLA PURNELL. ■ Kathy H. è una badante che affianca i pazienti durante le donazioni degli organi. In un lungo flashback ricorda l'infanzia e l'adolescenza trascorse nel college inglese di Hailsham, l'amicizia con Ruth e l'amore per Tommy. Durante quegli anni i protagonisti vennero informati da una tutrice che il loro destino era già stato pianificato. Kathy si presenta con l'iniziale del suo cognome: "H". Questa mutilazione anagrafica (oltre che citazione kafkiana) prefigura già una privazione dell'identità. I tre protagonisti non accenneranno mai ad un'origine o ad un legame di parentela. Vivono questa condizione di orfani, assuefatti alla grigia e silente crudeltà di Hailsham, un college mengheliano che li riduce a polli da batteria per servire il progresso scientifico. Sono creature che non diranno mai "io". Il film è un thriller soffuso, cadenzato, con tinte fosche e angoscianti. Prevalgono tonalità grigie dalle divise collegiali alle mura degli ospedali. ■ DRAMMATICO; COL.; 103'; USA, GRAN BRETAGNA, 2010.

NON LO SAPPIAMO ANCORA ★★
Regia di LINO D'ANGIÒ, STEFANO RAMBINI, ALAN DE LUCA. Con LINO D'ANGIÒ, ALAN DE LUCA, CHRISTIANE FILANGIERI. ■ Non lo sappiamo ancora che cosa induca un'industria, sia pur piuttosto disastrata come quella del cinema italiano, a produrre prodotti del genere. Genere: non interessa a nessuno la storia di napoletani che da Milano tornano nella natia Partenope. La triplice regia non è maradonesca e non vince nessuno scudetto. ■ COMMEDIA; COL.; ITALIA, 1999.

NON MANDARMI FIORI *(Send Me no Flowers)* ★★★
Regia di NORMAN JEWISON. Con DORIS DAY, ROCK HUDSON, HAL MARCH, TONY RANDALL, CLINT WALKER. ■ Un marito crede di avere pochi mesi di vita, l'amico, a cui si è confidato, gli consiglia di trovare un altro uomo per sua moglie, la moglie non capisce lo strano comportamento del marito. Alla fine tutto s'accomoda. ■ COMMEDIA; COL.; 100'; USA, 1965.

NON MANGIATE LE MARGHERITE ★★★
(Please, Don't Eat Daisies)
Regia di CHARLES WALTERS. Con SPRING BYINGTON, DORIS DAY, DAVID NIVEN, JANIS PAIGE. ■ Il film mette in scena una serie racconti con un esile filo conduttore: il critico deve vedersela con un impresario che, per vendicarsi d'una sua stroncatura, mette in scena un lavoro teatrale giovanile del giornalista sperando che cada ignominiosamente. ■ COMMEDIA; COL.; 111'; USA, 1960.

NON ME LO DIRE ★
Regia di VITO CEA. Con MIA BENEDETTA, UCCIO DE SANTIS, NANDO PAONE, AYLIN PRANDI, UMBERTO SARDELLA. ■ Impegnato in una fortunata tournée in giro per i teatri del Meridione con lo show "Non me lo dire", il capocomico pugliese Lello Morgese, rientrato a casa in una sera come tante, trova un biglietto della moglie Silvia che intende lasciarlo. Lello, in crisi anche professionale, si affida a uno stravagante psichiatra che gli prescrive una cura piuttosto "alternativa": mettersi sulle tracce dei suoi fan per ritrovare, attraverso il loro affetto, l'entusiasmo per il lavoro. ■ COMMEDIA; COL.; 90'; ITALIA, 2012.

NON ME LO DIRE! ★★
Regia di MARIO MATTOLI. Con SILVANA JACHINO, ERMINIO MACARIO, WANDA OSIRIS, CARLO RIZZO. ■ Macario, al massimo della sua popolarità cinematografica, in un film pieno d'inseguimenti. Interpreta il ruolo d'un poveraccio che è stato assicurato sulla vita da alcuni delinquenti che vogliono ucciderlo per intascare il premio. ■ COMICO; B/N. 74'; ITALIA, 1940.

NON MI BASTA MAI ★★★
Regia di GUIDO CHIESA. Con EBE MATTA, PIERO PEROTTI, PASQUALE SALERNO, VINCENZO TALAFRO, GIANNI USAI, DANIELE VICARI. ■ Pietro è un animatore di gruppi di bambini. Ebe è sindacalista. Gianni fa parte di una cooperativa di pesca. Pasquale aiuta i ragazzi che sono stati in carcere nel reinserimento. Vincenzo fa parte di un'organizzazione non governativa per la cooperazione con il Terzo Mondo. Vivono o hanno vissuto a Torino e questo sembra, all'apparenza, l'unico dato che li accomuna. Ma nell'autunno del 1980 avevano tutti condiviso, come operai Fiat, uno dei momenti più importanti nella vita della società italiana. Per 35 giorni la Fiat non aveva funzionato a causa di uno sciopero causato da una raffica di licenziamenti. Allo sciopero si contrappose la marcia dei 40.000 che volevano invece ritornare al più presto al lavoro. Guido Chiesa ripercorre quei giorni attraverso la memoria e la vita di persone molto diverse tra loro. Chiesa con questo documentario ha realizzato un'opera sicuramente più "vera" e sentita de *Il partigiano Johnny*. ■ DOCUMENTARIO; COL.; 78'; ITALIA, 2000.

NON MI DIRE MAI GOOD-BYE ★
Regia di FRANK G. CARROL. Con GRAZIA DE MARZÈ, NIKI, TONY RENIS, NINO TERZO. ■ Uno dei film, numerosi nel periodo, che sfrutta la popolarità d'un cantante, in questo caso Tony Renis. ■ COMM. MUSICALE; COL.; 95'; ITALIA, 1967.

NON MI MUOVO! ★★
Regia di GIORGIO SIMONELLI. Con EDUARDO DE FILIPPO, PEPPINO DE FILIPPO, TITINA DE FILIPPO, VANNA VANNI. ■ I tre De Filippo nella riduzione cinematografica d'un loro cavallo di battaglia: una famiglia, persa la casa, gira per Napoli finché non occupa abusivamente un appartamento di fortuna. ■ COMMEDIA; B/N; 92'; ITALIA, 1943.

NON MI SCARICARE *(Forgetting Sarah Marshall)* ★★
Regia di NICHOLAS STOLLER. Con KRISTEN BELL, RUSSEL BRAND, BILL HADER, MILA KUNIS, JASON SEGEL. ■ Peter è un compositore che crea la colonna sonora della serie televisiva di successo di cui è protagonista Sarah Marshall, che è anche la sua fidanzata. Un giorno però Sarah, stanca del suo disordine e della sua apatia e lo lascia. Peter ne soffre ma cerca di reagire regalandosi una vacanza alle Hawaii. Si ritroverà nello stesso albergo e nella residenza a fianco di Sarah che è lì insieme al suo nuovo partner, un cantante inglese. Peter non sa che fare ma viene progressivamente attratto dalla dolcezza di Rachel, una receptionist dell'hotel. ■ COMMEDIA; COL.; 112'; USA, 2008.

NON MI SFUGGIRAI *(Escape Me never)* ★★
Regia di PETER GODFREY. Con ELISABETH BERGNER, ERROL FLYNN, IDA LUPINO, ELEANOR PARKER, GIG YOUNG. ■ Tra Venezia e le Dolomiti, un ricco inglese s'innamora d'una giovane vedova con bambino. I due si sposano e si trasferiscono a Londra dove, però, il matrimonio va a rotoli. ■ COMMEDIA; B/N; 104'; USA, 1935. ■ OSCAR 1 NOM.

NON MI SPOSO PIÙ ★★
Regia di ERICH ENGEL. Con NINO BESOZZI, JENNY JUGO. ■ Una capricciosa milionaria, per evitare di sposarsi, racconta al padre che uno sconosciuto l'ha sedotta e mostra come prova il portasigarette del seduttore, che appartiene proprio al poliziotto incaricato delle indagini. Alla fine la milionaria sposerà l'investigatore. ■ COMMEDIA; B/N; 90'; ITALIA, 1942.

NON MI UCCIDERETE *(East of the River)* ★★
Regia di ALFRED E. GREEN. Con JOHN GARFIELD, WILLIAM LUNDIGAN, BRENDA MARSHALL, MORONI OLSEN, MARJORIE RAMBEAU. ■ Due ragazzi crescono assieme nella famiglia d'origine

italiana del primo che, ormai grande, diventa un gangster, mentre il fratello adottivo si fa onore negli studi. Alla fine, però, il buon influsso della madre, onesta lavoratrice, fa sì che anche il bandito si penta e si costituisca. ■ POLIZIESCO; B/N; 73′; USA, 1940.

NONNA FELICITA ★★
Regia di MARIO MATTOLI. Con ARMANDO FALCONI, DINA GALLI. ■ Il successo di *Felicita Colombo*, la salumaia milanese che, col matrimono della figlia, s'imparenta con un nobile spocchioso, fece produrre il seguito interpretato dai principali attori del film precedente. Qui la Colombo deve vedersela col nipote, che sperpera al gioco ingenti somme. ■ COMMEDIA; B/N; 92′; ITALIA, 1939.

NONNA SABELLA, LA ★★★
Regia di DINO RISI. Con PEPPINO DE FILIPPO, SYLVA KOSCINA, TINA PICA, RENATO RASCEL, RENATO SALVATORI, PAOLO STOPPA. ■ Nonna Sabella, una vecchietta autoritaria che domina su un paesino, sta per morire. Tutti vedono la sua dipartita quasi come un sollievo perché potranno finalmente fare quello che vogliono senza che la vecchia glielo impedisca ma, improvvisamente, si scopre che la malattia non era che uno stratagemma per far tornare un nipote studente e farlo fidanzare a una ragazza. ■ COMMEDIA; B/N; 95′; ITALIA, 1957.

NONO CERCHIO *(Deveti krug)* ★★
Regia di FRANCE STIGLIC. Con ERVINA DRAGMAR, BORIS DVORNIK, DARSICA ZEGARAG. ■ Durante la seconda guerra mondiale, una ragazza ebrea che ha avuto tutta la famiglia deportata dai tedeschi trova rifugio in una famiglia jugoslava che, per meglio mimetizzarla, le fa sposare il figlio. Costui dapprima prende poco sul serio il matrimonio fasullo, ma poi si sentirà investito dalla responsabilità di capofamiglia e morirà insieme alla donna. ■ DRAMMATICO; B/N; 94′; JUGOSLAVIA, 1960. ■ OSCAR 1 NOM.

NONO CUORE, IL *(Devate Srdce)* ★★
Regia di JURAJ HERZ. Con ANNA MACHANE, ONDREJ PAVELKA, IULJA PJURISTOVA. ■ Per salvare la principessa Adriana, prigioniera del perfido conte Aldo Brandini, nei sotterranei del palazzo, Martin si inoltra nel Regno Sotterraneo. Dopo mille peripezie riuscirà a salvare lei e tutti i giovani che ci avevano provato prima. ■ FIABESCO; COL.; 92′; CECOSLOVACCHIA, 1978.

NO, NO, NANETTE ★★
Regia di HERBERT WILCOX. Con RICHARD CARLSON, VICTOR MATURE, ANNA NEAGLE, ROLAND YOUNG. ■ Tratto da una famosa commedia musicale, il film narra d'una ragazza che aiuta lo zio a sbrogliarsi dagli impacci procuratigli dalla sua generosità con le donne. ■ COMM. MUSICALE; B/N; 89′; USA, 1942.

NO... NON FARLO!!! *(Cuatro desertores)* ★★
Regia di PASCAL CERVERA. Con SUN DE SANDER, MARY FLATTERS, CLAUDIA GRAVY, LOUIS MARIN. ■ Durante la seconda guerra mondiale alcuni soldati americani ricevono l'incarico di portare una forte somma a Casablanca per acquistare delle armi. I quattro, però, si sterminano a vicenda per impossessarsi del denaro. Alla fine si scoprirà che le banconote sono false. ■ AVVENTURA; COL.; 92′; SPAGNA, 1970.

NO, NO, NO, CON TUA MADRE NON CI STO ★★★
(Le grand amour)
Regia di PIERRE ETAIX. Con NICOLE CALFAN, PIERRE ETAIX, ANNIE FRATELLINI, LOUIS MAISS. ■ Garbata commedia che racconta i guai che un giovane marito borghese ha con le donne. ■ COMMEDIA; COL.; 86′; FRANCIA, 1969.

NON PARLARE, BACIAMI! *(Kiss and Tell!)* ★★
Regia di RICHARD WALLACE. Con WALTER ABEL, ROBERT BENCHLEY, SHIRLEY TEMPLE. ■ Due ragazze, per raccogliere fondi per il prestito bellico, offrono all'asta i loro baci e suscitano scandalo e ripicche tra le rispettive famiglie, mentre una delle due sposa, segretamente, il fratello dell'altra, pilota in licenza. La nuova moglie rimane incinta e così scoppia un nuovo scandalo, che il ritorno dell'eroico soldato riuscirà a sedare. ■ COMMEDIA; B/N; 90′; USA, 1945.

NON PARLIAMO D'AMORE – CROCIERA DI NOZZE *(Nazsut felaron)* ★★
Regia di STEPHAN SZEKELY. Con IRÉN ÁGAY, GYÖRGY DÉNES. ■ Un impiegato si reca a Capri in viaggio di nozze, ma lo deve fare segretamente, perché il proprietario della sua azienda ha proibito ai dipendenti di sposarsi. Nell'isola partenopea scopre un collega che, invece, ha simulato il matrimonio per poter ottenere uno sconto sul viaggio che ha fatto con la sua amante. L'arrivo del principale scatenerà una serie di peripezie. ■ COMMEDIA; B/N; 91′; UNGHERIA, 1938.

NON PENSARCI ★★
Regia di GIANNI ZANASI. Con DINO ABBRESCIA, GIUSEPPE BATTISTON, PAOLO BRIGUGLIA, GISELLA BURINATO, ANITA CAPRIOLI, TECO CELIO, VALERIO MASTANDREA, CATERINA MURINO, NATALINO BALASSO, PAOLO SASSANELLI, LUCIANO SCARPA. ■ Un chitarrista rock di 35 anni (Valerio Mastandrea), trasferitosi a Roma per sfondare, sbarca il lunario tra un concerto e l'altro sognando di incidere un disco. Ma i finanziamenti non arrivano e la crisi creativa incombe. La scoperta del tradimento della fidanzata è la goccia che fa traboccare il vaso e lo convince a prendersi una pausa di riflessione. Quale luogo migliore della natìa Rimini, da dove manca da quattro anni? Accolto a braccia aperte dagli apprensivi genitori, il nostro si imbatte però in un quadretto familiare tutt'altro che idilliaco: il padre, in pensione forzata per problemi di salute, non pensa ad altro che al golf, lasciando all'esaurito primogenito (Giuseppe Battiston) la gestione dell'azienda di famiglia, che produce ciliegie sciroppate; la madre aggira la depressione frequentando discutibili corsi di autostima e fiducia nel prossimo; la sorella (Anita Caprioli) molla l'università per lavorare nel delfinario. Ma tra crisi di nervi, liti, frustrazioni e rivelazioni scottanti, la solidarietà familiare può ancora riservare qualche sorpresa. Il film fa l'effetto di un bicchiere d'acqua fresca in una giornata estiva. Ambientazione e trama non sono certo originali e rimandano a tanto cinema di insoddisfazioni e nevrosi familiari, per non parlare della crisi esistenziale del protagonista, già vista in mille declinazioni. Eppure due elementi riscattano il film dalla banalità e dalla "carineria" per farne un'opera a tratti ingenua ma sincera, divertente e senza spocchiose ambizioni di spaccato sociale: il primo è la semplicità puntuale con cui è ritratta la vita di provincia; il secondo è l'ottima prova degli attori. ■ COMMEDIA; COL.; 109′; ITALIA, 2007.

NON PERDIAMO LA TESTA ★★
Regia di MARIO MATTOLI. Con CARLO CAMPANINI, CAPRICE CHANTAL, FRANCO COOP, DANIELA ROCCA, GIANRICO TEDESCHI, AROLDO TIERI, UGO TOGNAZZI, FRANCA VALERI. ■ Una farsa che prende in giro i polizieschi all'inglese. ■ COMICO; B/N; 94′; ITALIA, 1959.

NON PER SOLDI... MA PER AMORE *(Say Anything)* ★★
Regia di CAMERON CROWE. Con JOHN CUSACK, JOHN MAHONEY, IONE SKYE. ■ Lloyd Dobler, un tipo qualsiasi e privo di aspirazioni, perde la testa per Diane Court, una giovane bella e anche ricca. Il parere unanime è che la loro storia non abbia futuro, ma in amore, si sa, tutto può accadere. ■ COMMEDIA; COL.; 105′; USA, 1989.

NON PER SOLDI... MA PER DENARO ★★★
(The Fortune Cookie)
Regia di BILLY WILDER. Con HARRY DAVIS, HARRY HOLCOMBE, JACK LEMMON, WALTER MATTHAU, MARGE REDMOND, RON RICH, JUDI WEST. ■ Divertentissima e cinica commedia di Billy Wilder. Un onesto cameraman della televisione, durante una telecronaca, viene investito da un gigantesco giocatore nero di football americano. Non si fa nulla, ma suo cognato, un truffaldino avvocato, lo convince a simulare la paralisi per farsi pagare un favoloso indennizzo. La compagnia d'assicurazione fiuta l'inganno, ma l'astutissimo legale riesce a sfuggire tutti i trabocchetti. Il cameraman finirà per confessare. ■ COMMEDIA; B/N; 125′; USA, 1967. ■ OSCAR 1 PR, 4 NOM.

NON PIÙ DI UNO ★★★
Regia di BERTO PELOSSO. Con MADDALENA CRIPPA, GIORGIO DEL BENE, GIULIA FOSSÀ, ORSETTA GREGORETTI, CINZIA LEONE, RENATO POZZETTO. ■ Un separato vive da alcuni anni con una donna più giovane di lui. Tutto fila liscio finché la ragazza annuncia di essere incinta. Livore e sgomento da parte dell'uomo egoista, che ha già due figli grandi. Succede allora che lei va via

di casa, lui incontra un'altra, si intrecciano problemi con la ex moglie e con i due figli. Il tutto prima che l'eroe senza qualità accetti la nuova paternità. Nonostante la buona volontà, Pozzetto sembra spesso impacciato. Comunque il risultato del film è buono. ■ COMMEDIA; COL.; 100'; ITALIA, 1989.

NON PIÙ SIGNORE *(No More Ladies)* ★★★
Regia di EDWARD H. GRIFFITH. Con JOAN CRAWFORD, ROBERT MONTGOMERY, CHARLES RUGGLES, FRANCHOT TONE. ■ Una giovane moglie, temendo che il marito torni ad essere dongiovanni come prima del matrimonio, l'ingelosisce. ■ COMMEDIA; B/N; 81'; USA, 1935.

NON PREDICARE... SPARA! *(Buck and the Preacher)* ★★★
Regia di SIDNEY POITIER. Con HARRY BELAFONTE, RUBY DEE, CAMERON MITCHELL, SIDNEY POITIER. ■ Il film racconta d'un ex sergente nordista e d'un predicatore, entrambi neri, che debbono lottare contro alcuni nostalgici sudisti e che, a tale scopo, sono costretti ad assalire una banca. ■ WESTERN; B/N; 102'; USA, 1972.

NON PRENDERE IMPEGNI STASERA ★
Regia di GIANLUCA MARIA TAVARELLI. Con GIUSEPPE BATTISTON, VALERIO BINASCO, MICHELA CESCON, PAOLA CORTELLESI, DONATELLA FINOCCHIARO, ALESSANDRO GASSMAN, FRANCESCA INAUDI, SUSY LAUDE, VALERIA MILILLO, ROCCO PAPALEO, MICAELA RAMAZZOTTI, ANDREA RENZI, GIORGIO TIRABASSI, LUCA ZINGARETTI. ■ Un uomo si getta nel Tevere quando mancano due giorni a Natale. In un appartamento Alessandro e Irene conversano davanti a un caffè, in quello adiacente Giorgio e Mariella discutono di sesso dopo l'amore, per strada Pietro incontra Cinzia per confessarle il suo male, sotto un portico Nanni bacia Paola promessa a un altro uomo, Andrea ama Veronica di un amore illecito, Vittorio si appassiona a una massaggiatrice cinese, Nicola perde la testa per Cameron Diaz e Iole consuma incensi in attesa di una relazione. Da settembre a dicembre le loro vite si svolgono e si risolvono felicemente o drammaticamente. Coppie perdute a Roma, ridotta a passaggi ferroviari e metropolitani su cui si muovono troppi personaggi convenzionali e troppo attori in difficoltà. ■ DRAMMATICO; COL.; 96'; ITALIA, 2006.

NON PRENDETE QUEL METRÒ *(Deathline)* ★★
Regia di GARY A. SHERMAN. Con SHARON GURNEY, CHRISTOPHER LEE, DONALD PLEASENCE. ■ Nella metropolitana di Londra avvengono misteriosi omicidi. Un ispettore di Scotland Yard scopre che autori degli assassinii sono i discendenti di alcuni operai rimasti seppelliti nel crollo durante i lavori per la costruzione della ferrovia sotterranea. ■ HORROR; COL.; 93'; GRAN BRETAGNA, 1973.

NON PROMETTERMI NULLA *(Versprich mir nichts)* ★★
Regia di WOLFGANG LIEBENEINER. Con VIKTOR DE KOWA, LUISE ULLRICH. ■ La moglie d'un pittore presenta i quadri del marito timido per suoi. Ottiene un grande successo e, quando confessa finalmente la verità, lo scandalo dà alla coppia una notorietà ancora maggiore. ■ COMMEDIA; B/N; 92'; GERMANIA, 1938.

NON PUOI IMPEDIRMI D'AMARE *(In Name Only)* ★★★
Regia di JOHN CROMWELL. Con CHARLES COBURN, KAY FRANCIS, CARY GRANT, CAROLE LOMBARD, HELEN VINSON. ■ Un giovane ricco, disilluso dal matrimonio con una donna che l'ha sposato solo per interesse, s'innamora d'una ragazza. Dapprima la moglie si dice favorevole al divorzio, ma lo fa solo per accumulare prove e poter denunciare il marito per adulterio. Lui s'ubriaca e s'ammala gravemente. Al suo capezzale la moglie si rivela per quello che è. ■ COMMEDIA; B/N; 102'; USA, 1939.

NON ROMPETE I CHIAVISTELLI *(The Cracksman)* ★★
Regia di PETER GRAHAM SCOTT. Con NYREE DAWN PORTER, CHARLES DRAKE, DENNIS PRICE, GEORGE SANDERS. ■ Un fabbro è espertissimo nell'aprire serrature e la sua buona fede lo fa diventar vittima di numerosi delinquenti che approfittano della sua abilità per compiere furti. Dopo un periodo in prigione, si farà più furbo. ■ COMMEDIA; COL.; 112'; GRAN BRETAGNA, 1964.

NON RUBARE... SE NON È STRETTAMENTE NECESSARIO *(Fun with Dick and Jane)* ★★★
Regia di TED KOTCHEFF. Con JANE FONDA, DICK GAUTIER, ED MCMAHON, ALAN MILLER, GEORGE SEGAL. ■ Dick lavora in una grossa impresa e fa una vita superagiata con sua moglie Jane e il suo bambino. Un giorno viene licenziato e si trova in grosse difficoltà. La coppia non trova lavoro e per affrontare i debiti comincia a fare rapine. Arrivano a vuotare la cassaforte del presidente dell'impresa per la quale Dick lavorava. ■ COMMEDIA; COL.; 95'; USA, 1976.

NON SCHERZARE COL TIMONE – PIC-NIC IN BIKINI *(Double Bunk)* ★★
Regia di C. M. PENNINGTON-RICHARDS. Con IAN CARMICHAEL, SIDNEY JAMES, JANETTE SCOTT. ■ Una giovane coppia ha per casa un vecchio barcone ormeggiato a riva, ma lui decide di risalire il Tamigi e riesce anche a vincere una gara con un ricco amico. ■ COMICO; B/N; 92'; GRAN BRETAGNA, 1962.

NON SCHERZARE CON LE DONNE – I GALLI DEL MARE ★★
Regia di GIUSEPPE BENNATI. Con CESARE DANOVA, ROSSANA PODESTÈ, MARCO VICARIO. ■ Un ingegnere, ospite d'una famiglia toscana, corteggia la padroncina di casa, ma non rinuncia alle avventure galanti. La sorella di lei, capito il suo gioco, cerca di ostacolare la relazione, ma finirà per innamorarsi lei stessa del professionista. ■ COMMEDIA; B/N; 94'; ITALIA, 1957.

NON SEI MAI STATA COSÌ BELLA *(You Were Never Lovelier)* ★★★
Regia di WILLIAM A. SEITER. Con FRED ASTAIRE, LESLIE BROOKS, XAVIER CUGAT, RITA HAYWORTH, ADELE MARA, ADOLPHE MENJOU. ■ Un ballerino, che riesce a conquistare la figlia d'un milionario argentino, non è che un pretesto per numeri coreografici. ■ MUSICAL; B/N; 97'; USA, 1942. ■ OSCAR 3 NOM.

NON SENTO PIÙ LA CHITARRA *(J'entends plus la guitare)* ★★★
Regia di PHILIPPE GARREL. Con YANN COLLETTE, BENOIT REGENT, JOHANNA TER STEEGE. ■ Quasi un atto d'amore del regista Garrell per la cantante Nico dei Velvet Underground, morta per un banale incidente in bicicletta. Garrell infatti aveva lavorato a lungo con lei. Gérard e Marianne sono a Positano con due loro amici. Al ritorno a Parigi però la ragazza lascia Gerard e lui ricerca Marianne nei rapporti con le altre donne. Il suo ricordo non svanisce. Con ritmi lenti per il grande pubblico, è un'opera suggestiva. È stato presentato a Venezia e il giorno dopo trasmesso da Rai Tre. ■ DRAMMATICO; COL.; 98'; FRANCIA, 1991.

NON SIAMO ANGELI *(We're not Angels)* ★★★
Regia di MICHAEL CURTIZ. Con JOAN BENNETT, HUMPHREY BOGART, BASIL RATHBONE, ALDO RAY, PETER USTINOV. ■ Una vigilia di Natale, ai primi del Novecento, tre forzati evadono dall'isola del Diavolo e si nascondono in una casa che appartiene a una famiglia borghese. I tre risolveranno tutti i guai dei loro involontari ospiti, aiutati da un serpentello velenosissimo che elimina gli inopportuni, e si costituiranno. ■ COMMEDIA; COL.; 106'; USA, 1955.

NON SIAMO ANGELI *(We're not Angels)* ★★
Regia di NEIL JORDAN. Con ROBERT DE NIRO, DEMI MOORE, SEAN PENN. ■ Ispirata al film omonimo di Michael Curtiz questa pellicola riesce solo a tratti a divertire. Nonostante ci siano Robert De Niro, accoppiato a Sean Penn, la sceneggiatura di David Mamet e la regia di Neil Jordan, tutto risulta prevedibile, sopra le righe e sbilanciato. I due evasi, che si travestono da preti per passare il confine, nella nuova versione non riescono in alcun modo a restituirci la magia, se vogliamo meno calcolata, di Humphrey Bogart e Aldo Ray. ■ COMMEDIA; COL.; 106'; USA, 1990.

NON SIAMO MAI STATI VINTI *(We've never Been Licked)* ★★
Regia di JOHN RAWLINS. Con NOAH BEERY JR, ROBERT MITCHUM, RICHARD QUINE. ■ All'inizio della guerra, un giovanotto è considerato con sospetto dai camerati per via delle sue precedenti amicizie con i giapponesi. Che sia un traditore? Non è così, il giovane lo dimostrerà. ■ GUERRA; B/N; 92'; USA, 1943.

NON SIAMO PIÙ BAMBINI *(Young People)* ★★
Regia di ALLAN DWAN. Con GEORGE MONTGOMERY, JACK OAKIE, SHIRLEY TEMPLE. ■ Uno degli ultimi film girati da Shir-

ley Temple alla Fox (non era più bambina e le sue leziosaggini cominciavano a stancare anche l'affezionato pubblico). Shirley come al solito è una orfanella. I suoi genitori adottivi sono Jack Oakie e Charlotte Greenwood, una coppia di attori di vaudeville, che montano un numero di successo assieme alla ragazzina. ■ COMM. MUSICALE; B/N; 78′; USA, 1940.

NON SIAMO SOLI *(We Are not Alone)* ★★★
Regia di EDMUND GOULDING. Con JANE BRYAN, PAUL MUNI, FLORA ROBSON. ■ Un medico filantropo è tormentato da una moglie tirannica. Un giorno conosce una simpatica ragazza e l'assume come governante del figlio. La gente mormora e, quando la moglie muore per del veleno somministratole per errore, i due sono ingiustamente accusati. ■ DRAMMATICO; B/N; 112′; USA, 1939.

NON SIAMO SPOSATI *(Nous ne sommes pas mariés)* ★★
Regia di BERNARD ROLAND. Con ROBERT ARNOUX, LOUISE CARLETTI, JEAN-CLAUDE DAUPHIN. ■ Una coppia d'amanti, un pittore e una modella, decide di sposarsi, ma il matrimonio è controproducente perché lui s'invaghisce d'una riccona. Lei non gli fa scenate perché sa che questo suo atteggiamento convincerà il traditore a tornare. ■ COMMEDIA; B/N; 80′; FRANCIA, 1949.

NON SIATE TRISTI PER ME *(No Sad Songs for Me)* ★★★
Regia di RUDOLPH MATÉ. Con WENDELL COREY, VIVECA LINDFORS, MARGARET SULLIVAN. ■ Una signora, felicemente sposata e con una bella bambina, apprende d'essere condannata dal cancro. Coraggiosamente nasconderà la verità ai suoi e accetterà perfino che nasca una simpatia tra il marito e una ragazza. ■ DRAMMATICO; B/N; 89′; USA, 1951. ■ OSCAR 1 NOM.

NON SI DEVE PROFANARE IL SONNO DEI MORTI – DA DOVE VIENI? – ZOMBI 3 ★
Regia di JORGE GRAU. Con CHRISTINE GALBO, ARTHUR KENNEDY, JOSÉ RUIZ LIFANTE, RAY LOVELOCK, GIORGIO TRESTINI. ■ Una macchina, costruita per uccidere i parassiti con gli ultrasuoni, uccide anche gli esseri più deboli e, contro ogni verosimiglianza, fa rivivere i morti massacrati. ■ HORROR; COL.; 90′; ITALIA, SPAGNA, 1974.

NON SI MALTRATTANO COSÌ LE SIGNORE ★★★
(No Way to Treat a Lady)
Regia di JACK SMIGHT. Con MURRAY HAMILTON, LEE REMICK, GEORGE SEGAL, ROD STEIGER. ■ Gara d'astuzia, venata d'umorismo, tra un poliziotto e uno strangolatore folle. Questi, sicuro della propria superiorità, tormenta il rivale con una serie di telefonate. Nell'ultima dichiara d'essere ormai imprendibile perché ha deciso di ritirarsi dal crimine. L'investigatore, allora, monta una trappola. ■ POLIZIESCO; COL.; 108′; USA, 1968.

NON SI MUORE COSÌ *(On ne meurt pas comme ça!)* ★★★
Regia di JEAN BOYER. Con MARIE BLANC, DENISE VERNAC, ERIC VON STROHEIM. ■ Eric von Stroheim in uno dei suoi ruoli autoironici: interpreta, infatti, un esigentissimo regista teutonico che non approva un attore in una scena in cui deve morire, perché non lo fa con abbastanza naturalezza e scopre poi che il poveretto è stato realmente assassinato. ■ POLIZIESCO; B/N; 105′; FRANCIA, 1948.

NON SI PUÒ CONTINUARE AD UCCIDERE – L'UOMO DEL COLORADO *(The Man from Colorado)* ★★★
Regia di HENRY LEVIN. Con ELLEN DREW, GLENN FORD, WILLIAM HOLDEN. ■ Glenn Ford è un valoroso colonnello che, dopo la guerra di Secessione, viene eletto giudice dai suoi soldati trasformatisi in minatori. Come però è accaduto a molti reduci, i nervi dell'ufficiale hanno ceduto e il magistrato si comporta in maniera tirannica, fino a perire nel paese in fiamme dopo che lui stesso vi ha appiccato il fuoco. ■ WESTERN; COL.; 99′; USA, 1948.

NON SI SCRIVE SUI MURI A MILANO ★★
Regia di RAFFAELE MAIELLO. Con STEFANIA CASINI, LAURA DUKE CONDOMINAS, STEFANO OPPEDISANO, ALFREDO PEA. ■ Maiello tenta in questa sua opera prima di descrivere la degradazione urbana nella metropoli lombarda, raccontando la storia di un'operaia che cerca un contatto umano scrivendo messaggi sui muri, ma che finirà per uccidersi disperata. ■ DRAMMATICO; COL.; 110′; ITALIA, 1975.

NON SI SEVIZIA UN PAPERINO ★★
Regia di LUCIO FULCI. Con FLORINDA BOLKAN, BARBARA BOUCHET, VIRGILIO GAZZOLO, TOMAS MILIAN, IRENE PAPAS, MARC POREL, GEORGES WILSON. ■ In un paesino del Sud, un giornalista milanese in vacanza scopre l'efferato uccisore di tre bambini. I produttori riuscirono a montare una efficace trovata pubblicitaria: il film fu sequestrato perché in una lunga sequenza la Bouchet appare nuda in compagnia d'un bambino, cosa proibita dalla censura, ma, al processo, si poté dimostrare che il bambino era in realtà un nano maggiorenne e ciò valse l'assoluzione della pellicola. ■ POLIZIESCO; COL.; 110′; ITALIA, 1973.

NON SI UCCIDONO COSÌ ANCHE I CAVALLI? ★★★
(They Shoot Horses, Don't They?)
Regia di SYDNEY POLLACK. Con BONNIE BEDELIA, RED BUTTONS, BRUCE DERN, JANE FONDA, AL LEWIS, MICHAEL SARRAZIN, SUSANNAH YORK, GIG YOUNG. ■ Una maratona di danza che è un'allegoria della vita: durante la grande crisi del Trenta un gruppo di disperati cerca di guadagnare qualche soldo partecipando a questa gara che, sotto un'apparenza festosa, è in realtà massacrante. Una ragazza si rende conto dell'inutilità del tutto e chiede al suo partner di spararle, come si fa a un cavallo con la zampa spezzata. ■ DRAMMATICO; COL.; 129′; USA, 1971. ■ OSCAR 1 PR, 9 NOM.

NON SON DEGNO DI TE ★
Regia di ETTORE M. FIZZAROTTI. Con FABRIZIO CAPUCCI, VITTORIO CONGIA, LAURA EFRIKIAN, GIANNI MORANDI, DOLORES PALUMBO, NINO TARANTO. ■ Gianni Morandi sceneggia una sua canzone interpretando le avventure d'un soldatino e della sua innamorata. ■ COMM. MUSICALE; B/N; 115′; ITALIA, 1965.

NON SON GELOSA ★★
Regia di CARLO LUDOVICO BRAGAGLIA. Con MARCELLA ALBANI, LUIGI ALMIRANTE, NINO BESOZZI. ■ Un marito fatica tutto il film per dimostrare alla moglie gelosissima che le è sempre stato fedele. ■ COMMEDIA; B/N; 90′; ITALIA, 1933.

NON SONO IO ★
Regia di GABRIELE IACOVONE. Con ANTONIO BERARDINELLI, ANDREA CAMBI, AGNIESZKA DULEBA-KASZA, UBALDO LO PRESTI. ■ Matteo parte dalla Sicilia per raggiungere Lodz in Polonia dove l'amico Mario gli trova lavoro in un ristorante di cui è proprietario. Qui si innamora di Ewa, una cameriera che è oggetto delle attenzioni di un boss del luogo. Matteo ripensa al suo passato che lo perseguita. Film ricco di retorica. ■ DRAMMATICO; COL.; 92′; ITALIA, 2003.

NON SONO PIÙ GUAGLIONE – OH, MIA BELLA CAROLINA ★★
Regia di DOMENICO PAOLELLA. Con SYLVA KOSCINA, YVONNE MONLAUR, TINA PICA, GABRIELE TINTI. ■ Un meccanico napoletano s'innamora d'una splendida ragazza, ma costei disdegna la sua corte perché aspira alla celebrità. Questa sua smania procurerà tali guai alla coppia che lui finirà per preferire una donna più semplice. ■ COMMEDIA; B/N; 92′; ITALIA, 1958.

NON SONO SUPERSTIZIOSO... MA! ★★
Regia di CARLO LUDOVICO BRAGAGLIA. Con CARLA CANDIANI, VITTORIO DE SICA, ARMANDO FALCONI, MARIA MERCADER, AROLDO TIERI. ■ Un nobile sogna che la fidanzata sia una donna interessata e il sogno s'avvera. Per essere definitivamente sicuro, finge d'essere rovinato e anche la finzione diviene realtà. Per fortuna troverà il vero amore. ■ COMMEDIA; B/N; 93′; ITALIA, 1943.

NON SONO UN ANGELO *(I'm not an Angel)* ★★★
Regia di WESLEY H. RUGGLES. Con EDWARD ARNOLD, CARY GRANT, MAE WEST. ■ Forse il film di maggiore successo della polposa Mae West, la sboccata diva cineteatrale degli anni Venti e Trenta. Qui ha molto da fare, come arrampicatrice sociale (ma poi rinuncerà), come innamorata di Cary Grant (e non rinuncerà affatto) e come domatrice di leoni. Come se non bastasse, l'accusano anche di un omicidio che non ha commesso (la scena del processo è ancor oggi tutta da gustare). ■ COMMEDIA; B/N; 87′; USA, 1933.

NON SONO UNA SPIA *(Tom Brown School Days)* ★★
Regia di ROBERT STEVENSON. Con FREDDIE BARTHOLOMEW, SIR

CEDRIC HARDWICKE, JOSEPHINE HUTCHINSON. ■ Nell'Inghilterra del primo Ottocento, Arnold, un pedagogista riformatore, tenta di portare un po' d'umanità in un collegio. In particolare, lui e la moglie debbono aiutare un ragazzo che viene sottoposto ai maltrattamenti dei compagni, che l'accusano d'essere una spia. ■ DRAMMATICO; B/N; 94′; GRAN BRETAGNA, 1946.

NON SONO UN'ASSASSINA *(Piège pour Cendrillon)* ★★
Regia di ANDRÉ CAYATTE. Con DANY CARREL, HUBERT NOËL, MADELEINE ROBINSON. ■ Si tratta d'un giallo in cui la protagonista è nello stesso tempo investigatrice, assassina e vittima. La ragazza ha perso la memoria e cerca di scoprire se lei è la gemella buona che ha rischiato di essere uccisa o la gemella cattiva che ha assassinato l'altra. ■ POLIZIESCO; B/N; 115′; FRANCIA, 1967.

NON SPARARE, BACIAMI! *(Calamity Jane)* ★★★
Regia di DAVID BUTLER. Con DORIS DAY, HOWARD KEEL, ALLYN MCLERIE. ■ In questa versione musicale, Calamity Jane è interpretata da Doris Day, che s'innamora d'un tenente di cavalleria e per conquistarlo s'ingentilisce, finendo però per sposare Wild Bill. ■ COMM. MUSICALE; COL.; 101′; USA, 1954. ■ OSCAR 1 PR, 3 NOM.

NON SPARATE ALLE BIONDE ★★
(Touchez pas aux blondes)
Regia di MAURICE CLOCHE. Con JANY CLAIR, PHILIPPE CLAY, DARIO MORENO. ■ Il film, ambientato negli Stati Uniti, racconta le indagini d'un poliziotto incaricato di scoprire l'assassino di due ragazze. Riuscirà nel compito. ■ POLIZIESCO; B/N; 102′; FRANCIA, 1962.

NON SPARATE SUI BAMBINI ★★
Regia di GIANNI CREA. Con GIAMPIERO ALBERTINI, ITALO GASPERINI, ANTONELLA LUALDI, GIANCARLO PRETE. ■ Una famiglia tira avanti alla meno peggio. Il padre è malato, il minore si droga e il maggiore, Dino, perde il lavoro. Per vivere, Dino finisce per fare il rapinatore. Durante una fuga si rifugia coi complici in una scuola e rischia la vita per salvare i bambini e la maestra, mettendosi contro i suoi compagni. Si redime dunque parzialmente. ■ DRAMMATICO; COL.; 92′; ITALIA, 1978.

NON STA BENE RUBARE IL TESORO ★★
Regia di MARIO DI NARDO. Con MARIE-FRANCE PISIER, INGEBOR SCHÖNER, LARRY WARD. ■ Una giornalista americana inventa la storia d'un tesoro nascosto in Turchia per fare un colpo giornalistico, ma il tesoro esiste realmente. ■ COMMEDIA; COL.; 91′; ITALIA, 1968.

NON STUZZICATE I COWBOYS CHE DORMONO ★★★
(The Cheyenne Social Club)
Regia di GENE KELLY. Con HAL BAYLOR, ELAINE DEVRY, HENRY FONDA, SUE ANN LANGDON, JACKIE RUSSELL, JAMES STEWART. ■ Un onesto e anziano mandriano pensa d'aver raggiunto la sua fortuna, perché ha ricevuto un'eredità dal fratello ma quando, con un amico, si reca a riscuotere, scopre che si tratta d'un avviato bordello. Vorrebbe trasformarlo in un albergo, ma la cittadinanza si oppone e in più i due debbono affrontare, pistola alla mano, una famiglia di prepotenti. ■ COMMEDIA; COL.; 103′; USA, 1970.

NON STUZZICATE LA ZANZARA ★★
Regia di LINA WERTMÜLLER. Con PEPPINO DE FILIPPO, GIANCARLO GIANNINI, GIULIETTA MASINA, MITA MEDICI, RITA PAVONE, TEDDY RENO, ROMOLO VALLI. ■ La Pavone lascia il collegio per partecipare a un festival nonostante il parere contrario del padre, ufficiale delle Guardie svizzere. È aiutata da Giannini, suo innamorato e professore nel collegio. ■ COMM. MUSICALE; COL.; 124′; ITALIA, 1967.

NON TI APPARTENGO PIÙ *(I've Always Loved You)* ★★
Regia di FRANK BORZAGE. Con WILLIAM CARTER, PHILIP DORN, CATHERINE MCLEOD, MARIA OUSPENSKAYA. ■ Una giovane pianista molto dotata viene seguita da un grande virtuoso ma, quando lei debutta, lui s'ingelosisce per il successo riportato e distrugge l'amore che stava nascendo tra di loro. La ragazza si sposa e supera il maestro. ■ COMM. MUSICALE; COL.; 117′; USA, 1946.

NON TI CONOSCO PIÙ ★★★
Regia di NUNZIO MALASOMMA. Con VITTORIO DE SICA, ELSA MERLINI, ENRICO VIARISIO. ■ Una moglie, per vendicarsi del marito di cui è gelosa, finge di non riconoscerlo più e di credere che il medico, chiamato a curarla, sia in realtà il consorte. Quando la donna si rende conto che si sta veramente innamorando del dottore evita il pericolo annunciando al marito di voler fuggire con lui. ■ COMMEDIA; B/N; 93′; ITALIA, 1934.

NON TI CONOSCO PIÙ AMORE ★★
Regia di SERGIO CORBUCCI. Con JOHNNY DORELLI, LUIGI PROIETTI, MONICA VITTI. ■ Luisa, moglie dell'avvocato Paolo Malpieri, improvvisamente non riconosce più il marito e scambia come tale il dr. Alberto Spinelli, giunto per visitarla. Questi convince il marito a stare al gioco sperando di guarirla, e il ménage va avanti così fino a quando Luisa svelerà che ha voluto punire il marito da lei sorpreso con l'amante. ■ COMMEDIA; COL.; 102′; ITALIA, 1980.

NON TI MUOVERE ★★★
Regia di SERGIO CASTELLITTO. Con SERGIO CASTELLITTO, PENELOPE CRUZ, ANGELA FINOCCHIARO, CLAUDIA GERINI, MARCO GIALLINI. ■ Un chirurgo vede arrivare nell'ospedale dove lavora proprio sua figlia, in coma a seguito di un incidente stradale. Nel corso del lungo intervento, Timoteo, disperato, svela se stesso, confessando, in un immaginario dialogo con la figlia, un segreto doloroso: la storia di un amore extraconiugale potente e viscerale. Sergio Castellitto raggiunge con questo film la piena maturità artistica come regista e interprete, perché sa trarre dalla memoria e dal dolore l'energia per raccontare di un amore tanto "impossibile" quanto alimentato con tenacia e passione. È un omaggio alle donne senza retorica e a cuore aperto quello dell'attore. La moglie Elsa (con le sue domande inespresse per paura di infrangere la fragile trama di complicità della vita matrimoniale), Italia (con la sua apparenza volgare e con i suoi profondi moti dell'anima) e infine Angela, la figlia, che in qualche misura convoglia nella sua personalità (delineata con pochi ma precisi squarci in flashback) quella delle altre due. «La vita è un deposito di scatole vuote, mancate. Siamo quello che resta, quello che abbiamo arraffato» afferma Timoteo nel libro. Siamo anche, sembra dirci il regista con una delle prime inquadrature del film, un casco pieno di pioggia. La morte e la vita si contendono in ogni istante il nostro essere. Il cinema può aiutarci a leggere meglio questo conflitto. Lo ha già fatto in passato. Continua a farlo con questo film. ■ DRAMMATICO; COL.; 125′; ITALIA, 2004. ■ DAVID DI DONATELLO 2 PR, 5 NOM.

NON TI PAGO! ★★★
Regia di CARLO LUDOVICO BRAGAGLIA. Con EDUARDO DE FILIPPO, PEPPINO DE FILIPPO, TITINA DE FILIPPO, GIORGIO DE REGE, PAOLO STOPPA, VANNA VANNI. ■ Un gestore d'un banco lotto si rifiuta di pagare una forte somma vinta da un suo odiato dipendente, poiché questi ha avuto i numeri vincenti in un sogno in cui appariva il padre morto del principale. Alla fine un matrimonio li rappacificherà. ■ COMMEDIA; B/N; 72′; ITALIA, 1943.

NON TI POSSO DIMENTICARE *(The Sky's The Limit)* ★★
Regia di EDWARD H. GRIFFITH. Con FRED ASTAIRE, ROBERT BENCHLEY, JOAN LESLIE, ELIZABETH PATTERSON, ROBERT RYAN. ■ Non si tratta certo del film migliore di Fred Astaire. Qui impersona un eroico pilota della seconda guerra mondiale innamorato di una dattilografa, la quale, ignara del suo valore, lo disprezza credendolo un imboscato. Alla fine la donna scoprirà la verità. ■ COMM. MUSICALE; B/N; 89′; USA, 1943. ■ OSCAR 2 NOM.

NON TIRATE IL DIAVOLO PER LA CODA ★★★
(Le diable par la queue)
Regia di PHILIPPE DE BROCA. Con JEAN-PIERRE MARIELLE, YVES MONTAND, MADELEINE RENUAD, JEAN ROCHEFORT, MARIA SCHELL. ■ Un gangster in fuga col bottino si ferma una notte in un castello che i nobili proprietari, impoveriti, hanno trasformato in albergo. Scoperta la sua identità, i locandieri cercheranno di farlo fuori per impossessarsi del denaro ma, alla fine, sarà lui, innamorato della contessina, a decidere di restare. ■ COMMEDIA; COL.; 98′; FRANCIA, 1969.

NON TI SCORDAR DI ME ★★
Regia di AUGUSTO GENINA. Con BENIAMINO GIGLI. ■ Un cantante sposa una ragazza, che accetta solo perché ha rinunciato a un altro amore a causa di voci calunniose. Quando, però, rincontra

l'altro, la donna è tentata di lasciare il tetto coniugale nonostante la presenza d'un bel bambino nato al tenore in un precedente matrimonio. Vincerà la tentazione. ■ Sentimentale; b/n; 91'; Italia, 1935.

NON TOCCARE LA DONNA BIANCA ★★★
(Touche pas à la femme blanche)
Regia di Marco Ferreri. Con Alain Cuny, Catherine Deneuve, Marco Ferreri, Marcello Mastroianni, Philippe Noiret, Michel Piccoli, Serge Reggiani, Ugo Tognazzi, Paolo Villaggio. ■ Un film surreale e insolito sulla battaglia di Little Big Horn. In quegli anni nel centro di Parigi c'era un'immensa buca prodotta dall'abbattimento dei Mercati Generali, le famose Halles. Ferreri immagina che qui siano asserragliati gli indiani Sioux. Il governo americano, per domarli, invia la 7ª Cavalleria al comando del generale Custer. Questi, pomposo e presuntuoso, si fa menare per il naso da una guida indiana che lo fa cadere in un'imboscata. Gli indiani vincitori, simbolo degli oppressi, partono alla conquista di Parigi. ■ Western; col.; 108'; Francia, Italia, 1974.

NON TORMENTARMI PIÙ *(The Arnelo Affair)* ★★
Regia di Arch Oboler. Con Frances Gifford, John Hodiak. ■ Anna Parkson, insoddisfatta della vita coniugale, prende l'abitudine di recarsi in casa di un certo Tony Arnelo, dove incontra un'attricetta di nome Clara Lorrison. Clara viene trovata uccisa ed Anna viene ritenuta dal marito, noto avvocato, adultera ed assassina. Egli stesso, alla fine, farà luce completa sull'"affare Arnelo". ■ Poliziesco; b/n; 86'; USA, 1947.

NON TORNO A CASA STASERA *(The Rain People)* ★★★
Regia di Francis Ford Coppola. Con James Caan, Andrew Duncan, Robert Duvall, Shirley Knight, Marya Zimmet. ■ Una donna in crisi abbandona la casa coniugale lasciando un semplice biglietto al marito. In viaggio incontra il candido e bambinesco Jemie, detto Killer, che le si affeziona e la segue ovunque, fino alla roulotte di un poliziotto che la circuisce. Jemie malmena il poliziotto, ma resta ucciso nella collutazione. Lei esce da queste vicende maturata. ■ Drammatico; col.; 102'; USA, 1969.

NON TRADIRMI CON ME *(Two-Faced Woman)* ★★★
Regia di George Cukor. Con Constance Bennett, Melvyn Douglas, Greta Garbo. ■ Un ricco americano in vacanza in una località montana si innamora della maestra di sci e la sposa. Tornato a New York si immerge nel lavoro e in un flirt. La moglie lo scopre e lo riconquista, fingendosi la propria sorella gemella. Il marito intuisce la finzione e vi si presta felice. È l'ultimo film della Garbo. ■ Commedia; b/n; 94'; USA, 1941.

NON TUTTI CE L'HANNO ★★★★8
(The Knack... and How to Get it)
Regia di Richard Lester. Con Ray Brooks, Michael Crawford, Donald Donnelly, Rita Tushingham. ■ Il *knack* è quel qualcosa di indefinibile che non tutti hanno e che affascina le donne. Tolen ce l'ha, mentre Colin ne è sprovvisto ed è timidissimo. Poi c'è il genialoide Toma, pittore, che riempie di colore tutto intorno a sé. I tre giovani vivono insieme in un villino londinese. Arriva la dolce e provinciale Nancy che a Tolen preferisce Colin. ■ Commedia; b/n; 84'; Gran Bretagna, 1965. ■ Cannes 8 1 pr.

NON TUTTI HANNO LA FORTUNA DI AVER AVUTO I GENITORI COMUNISTI ★★★
(Tout le monde n'a pas eu la chance d'avoir des parents communistes)
Regia di Jean-Jacques Zilbermann. Con Josiane Balasko, Maurice Bénichou, Catherine Hiegel. ■ Inizio anni Sessanta, Parigi. Irène (Irina per Ivan solista dell'Armata Rossa) sogna il sole dell'avvenire e la conversione del marito reazionario in un militante del Pcf. Non le mancano i problemi, sia sul versante ideologico che su quello politico. Commedia a lieto fine che ricostruisce un pezzo di vita francese con un'ironia morbida, che trova nella Balasko un'interprete versatile. ■ Commedia; col.; 90'; Francia, 1993.

NON UCCIDERE *(Crime Takes a Holiday)* ★★
Regia di Lewis D. Collins. Con Jack Holt, Marcia Ralston. ■ Un giovane agente di polizia è sulle tracce di una famigerata banda che agisce con tale accortezza da non farsi mai scoprire. Per far venire i deliquenti allo scoperto, egli inscena un processo fasullo contro un ex galeotto. Ma ci vuole altro per arrestare i delinquenti. ■ Poliziesco; b/n; 86'; USA, 1938.

NON UCCIDERE *(Tu ne tueras point)* ★★★
Regia di Claude Autant-Lara. Con Suzanne Flon, Horst Frank, Laurent Terzieff. ■ Un seminarista tedesco, che durante la guerra ha ucciso un partigiano francese per non essere ucciso a sua volta, dopo la guerra si consegna alle autorità francesi. In carcere incontra un obiettore di coscienza francese. Si raccontano le loro storie e le loro scelte. ■ Guerra; b/n; 90'; Francia, Jugoslavia, 1961. ■ Venezia 1 pr.

NON UCCIDEVANO MAI LA DOMENICA ★★
(The Desperados)
Regia di Henry Levin. Con Neville Brand, Vince Edwards, George Maharis, Jack Palance. ■ La serena vita di David Galt, della moglie e del figlioletto viene sconvolta dall'arrivo in città del padre di David, che agisce da fuorilegge insieme agli altri due figli da quando i nordisti gli hanno ucciso la moglie. David tenta di fermare le gesta criminali del padre. Questa volta non vincono i buoni. ■ Western; col.; 91'; USA, 1969.

NO NUKES ★★★
Regia di Dan Goldberg, A. Potenza, J. Schlossenberg. Con Jackson Browne, David Crosby, Jane Fonda, Graham Nash, Bruce Springsteen, Stephen Stills, James Taylor, Neil Young. ■ Documentario sui cinque famosi concerti anti-nucleari organizzati dai musicisti del Muse al Madison Square Garden di New York dal 19 al 23 settembre 1979. ■ Doc. musicale; col.; 103'; USA, 1981.

NON UNO DI MENO *(Yi ge dou neng shao)* ★★★8
Regia di Zhang Yimou. Con Enman Gao, Huike Zhang, Minzhi Wei, Zhenda Tian. ■ Una maestrina (con o senza la penna rossa) va in cerca della pecorella smarrita, lo scolaretto scomparso dalla sua classe. La classe di Yimou non è acqua, anche con un soggetto deamicisiano. Uno di quei film fatti apposta per vincere il Leone a Venezia. Cosa che si è puntualmente verificata. Dalle opere in costume, *Lanterne rosse*, ai soggetti contemporanei lo stile perde un po'. ■ Drammatico; col.; Cina, 1998. ■ Venezia 8 1 pr.

NON VIOLENTATE JENNIFER *(Day of the Woman)* ★
Regia di Meir Zarchi. Con Camille Keaton, Richard Pace, Eron Tabor. ■ Giovane e provocante giornalista, Jennifer si rifugia in campagna per scrivere in santa pace, ma viene brutalmente violentata da quattro ragazzotti del luogo. La sua vendetta sarà implacabile e raccapricciante. ■ Drammatico; col.; 93'; USA, 1983.

NON VOGLIAMO MORIRE ★★
Regia di Oreste Palella. Con Aurora De Alba, Umberto Spadaro. ■ Un avventuriero che ha fatto fuori il suo socio dopo un furto di perle si imbarca con la sua amica su un vapore. La vicenda si svolge nei mari equatoriali africani. Dal momento della partenza, una vera e propria maledizione si abbatte sul fuggiasco. ■ Drammatico; b/n; 93'; Italia, 1953.

NON VOGLIO MORIRE *(I Want to Live)* ★★★
Regia di Robert Wise. Con Susan Hayward, Simon Oakland, Virginia Vincent. ■ Barbara Graham viene imputata di un delitto passionale e, nonostante sia innocente, viene condannata alla camera a gas dopo un'energica campagna di stampa a suo sfavore e una presa di posizione dell'opinione pubblica influenzata dal torbido passato di lei. ■ Drammatico; b/n; 120'; USA, 1959. ■ David di Donatello 1 pr, 1 nom; Oscar 1 pr, 6 nom.

NON VOGLIO PERDERTI *(No Man of Her Own)* ★★★
Regia di Mitchell Leisen. Con Lyle Bettger, Jane Cowl, John Lund, Barbara Stanwyck, Phyllis Thaxter. ■ Una donna, che attende un figlio da un uomo che l'ha lasciata, viene scambiata per un'altra che ha perso la vita in un disastro ferroviario. Con questa falsa identità viene accettata dai "suoceri" e dal presunto cognato, che s'innamora di lei. ■ Drammatico; b/n; 98'; USA, 1950.

NON VOLLE DIR SÌ *(She Wouldn't Say Yes)* ★★★
Regia di Alexander Hall. Con Lee Bowman, Adele Jer-

GENS, ROSALIND RUSSELL. ■ Una psichiatra di fama lotta tra le scelte della ragione e i moti dell'anima. Si innamora di un giornalista conosciuto in treno, ma non se la sente di rinunciare per lui all'autonomia duramente conquistata. Quando lui dimostra interesse per un'altra, la dottoressa cede alle ragioni del cuore e va lei a cercarlo. ■ COMMEDIA; B/N; 87′; USA, 1945.

NO PASARAN! *(La fête espagnole)* ★★
Regia di JEAN-JACQUES VIERNE. Con ANNE-MARIE COFFINET, HELMO KINDERMANN, DALIAH LAVI, HENRI LE MONNIER, ROLAND LESAFFRE, PETER VAN EYCK. ■ L'azione si svolge durante la guerra civile spagnola. Un soldato sovietico si arruola nelle brigate internazionali per combattere contro i falangisti, ma finisce col disertare per amore di una giornalista americana. Viene catturato dagli anarchici e condannato a morte. ■ DRAMMATICO; B/N; 98′; FRANCIA, 1961.

NO PROBLEM ★★
Regia di VINCENZO SALEMME. Con IAIA FORTE, GIORGIO PANARIELLO, AYLIN PRANDI, SERGIO RUBINI, VINCENZO SALEMME. ■ Arturo Cremisi è (o, meglio, era) il protagonista di una soap opera dal titolo *Un bambino a metà*. "Era" perché Federico, il bambino che interpreta il ruolo di suo figlio, gli ruba costantemente la scena grazie anche agli appoggi "in alto" di cui gode la madre Barbara che nel passato ha avuto una breve relazione proprio con Arturo. Sul set la tensione è alle stelle ma la situazione si complica all'estremo quando negli studi di registrazione giunge il piccolo Mirko che, avendo perso il padre e vivendo con una madre sempre in tensione, si è identificato nel protagonista della soap e ha deciso che Arturo è il padre che gli manca. ■ COMMEDIA; COL.; 98′; ITALIA, 2008.

NORA ★★★
Regia di PAT MURPHY. Con ROBERTO CITRAN, SUSAN LYNCH, EWAN MCGREGOR, ANDREW SCOTT. ■ Il film, tratto dal romanzo di Brenda Marrox, narra la storia emozionante e sofferta di Nora Barnacle la compagna di James Joyce. Nora è una donna bella, istintiva, esuberante, sfrontata, anche se non colta. Il film racconta l'incontro e i primi anni di vita comune, avvenuta a Trieste, fra Nora (Susan Lynch) e il giovane Joyce (Ewan McGregor). La personalità di Nora sedusse immediatamente il grande scrittore, che ben presto fu preso nel profondo fino a legarsi a questo affetto per tutta la vita. Il film si sofferma molto sulla carnalità e la passionalità del rapporto tra James e Nora, proprio a sottolineare la carica dirompente della loro relazione. Pregevole film di una giovane regista appartenente a una cinematografia emergente. ■ BIOGRAFICO; COL.; 106′; GRAN BRETAGNA, 2000.

NORBIT ★
Regia di BRIAN ROBBINS. Con TERRY CREWS, CUBA GOODING JR., EDDIE GRIFFIN, EDDIE MURPHY, THANDIE NEWTON, CLIFTON POWELL, MARLON WAYANS, KATT WILLIAMS. ■ Norbit è un bambino timido cresciuto da Mr. Wong in un ristorante cinese che è anche orfanotrofio. Da grande sposa Rasputia, donna vigorosa e dominatrice, vivendo una vita piatta e soggiogata dalla moglie e dai suoi fratelli. Fino al giorno in cui in città torna colei che era stata il suo primo eterno amore, una bellissima donna di nome Kate: e la sua vita, una volta per tutte, prende finalmente una piega diversa. ■ COMMEDIA; COL.; 102′; USA, 2007.

NORD *(North)* ★★★
Regia di RUNE DENSTAD LANGLO. Con MARTE AUNEMO, ANDERS BAASMO CHRISTIANSEN, KYRRE HELLUM, MADS SJØGÅRD PETTERSEN. ■ Ormai ritiratosi in solitudine a lavorare come guardia di un parco sciistico, Jomar scopre di essere il padre di un bambino nato nell'estremo Nord del Paese e dunque decide di raggiungerlo. Mezzo utilizzato una motoslitta, uniche provviste cinque litri d'alcol. Che sia per un'iniziazione di qualche genere o per riallacciare dei rapporti da troppo tempo interrotti, quella del road movie è una delle formule più antiche e consolidate del cinema, dove il viaggio rappresenta l'occasione per l'incontro fugace, casuale, ma spesso cruciale, con degli sconosciuti. ■ COMMEDIA; COL.; 78′; NORVEGIA, 2009.

NORDESTE ★★★
Regia di JUAN SOLANAS. Con EMILIO BARDI, CAROLE BOUQUET, JUAN PABLO DOMENECH, IGNACIO RAMON JIMÉNEZ, JORGE ROMAN, AYMARÁ ROVERA, MERCEDES SAMPIETRO. ■ All'età di quarantatré anni, dopo aver sacrificato praticamente tutto in nome della carriera, Hélène, una forte e bellissima donna francese, decide di far qualcosa perché la vita smetta di scivolarle addosso. Il suo desiderio di maternità la porta nella parte più remota dell'Argentina, alla ricerca di un bambino da adottare. Qui scopre il Nordeste, una regione selvaggia dove la straordinaria bellezza della natura contrasta brutalmente con la miseria, la corruzione e il degrado morale e ogni compromesso diventa possibile. ■ DRAMMATICO; COL.; ARGENTINA, BELGIO, FRANCIA, SPAGNA, 2005.

NORD & SUD – UNA BATTAGLIA PER LA PACE ★★
(North & South)
Regia di GREGORY HOBLIT. Con CHRISTIEN ANHOLT, ANDRE BRAUGHER, DAN FUTTERMAN. ■ Nel 1861 gli Stati del Nord America si scontrano con quelli del Sud in una guerra civile che divide anche i componenti di una stessa famiglia. Le battaglie ufficiali si affiancano agli scontri domestici di padre e figlio, di madre e figlia: drammi che intaccano gli stessi ideali politici e in cui si mortificano gli affetti più intimi. ■ DRAMMATICO; COL.; 91′; USA, 1992.

NORMAN ASTUTO POLIZIOTTO *(On the Beat)* ★★
Regia di ROBERT ASHER. Con RAYMOND HUNTLEY, JENNIFER JAYNE, DAVID LODGE, NORMAN WISDOM. ■ Un semplice guardiano di Scotland Yard lascia che i suoi coinquilini lo credano un celebre agente. L'occasione della sua vita si presenta quando, grazie alla sua straordinaria somiglianza con un pericoloso bandito, viene utilizzato per acclappiare il gangster. Ottiene così un vero lavoro di poliziotto. ■ COMMEDIA; B/N; 105′; GRAN BRETAGNA, 1962.

NORMANDIA *(Breakthrough)* ★★
Regia di LEWIS SEILER. Con JOHN AGAR, DAVIS BRIAN. ■ Film di propaganda sulla piccola vicenda del tenente Joe durante lo sbarco in Normandia. ■ GUERRA; B/N; 91′; USA, 1950.

NORMANDIA ANNO '43 ★★
(Der Schwur des Soldaten Pooley – The Story of the Private Pooley)
Regia di KURT JUNG-ALSEN. Con FERDY MAYNE, GARFIELD MORGAN, JOHN REES. ■ Durante la guerra, un reggimento alleato viene massacrato dalle SS su territorio francese. Si salvano solo due inglesi: Pooley e Carter. Quest'ultimo viene eliminato come testimone della strage. Bert Pooley dopo la guerra vive solo per far condannare il responsabile del massacro. Prima di morire, Carter aveva rivelato a un soldato tedesco il segreto. Questa testimonianza è preziosa per Pooley. ■ DRAMMATICO; B/N; 93′; GERMANIA, GRAN BRETAGNA, 1962.

NORMANDIA: PASSAPORTO PER MORIRE ★★
(Fall for Grace)
Regia di WARIS HUSSEIN. Con RICHARD ANCONINA, GARY COLE, TARA FITZGERALD, MICHAEL YORK. ■ Un film televisivo tratto dal romanzo di Larry Collins. 1943, il servizio segreto inglese escogita un piano per ingannare i tedeschi sulla località della Francia in cui avverrà lo sbarco delle forze alleate (il *D-Day*). A questo scopo sono coinvolti, a rischio della loro stessa vita, i due agenti segreti interpretati dalla Fitzgerald e da Anconina. ■ SPIONAGGIO; COL.; 99′; GRAN BRETAGNA, 1994.

NORMANNI, I ★★
Regia di GIUSEPPE VARI. Con FRANCA BETTOJA, GENEVIÈVE GRAD, ETTORE MANNI, CAMERON MITCHELL. ■ La vicenda della conquista normanna dell'Inghilterra serve da pretesto per un fumettone storico: il barone di Saxon ha mire sul trono. Imprigiona il re Dagoberto e accusa i normanni di averlo fatto fuori. Dopo varie avventure, i normanni uccidono il truce barone con l'aiuto di un eroe buono. ■ STORICO; COL.; 91′; ITALIA, 1962.

NORMA RAE ★★★★
Regia di MARTIN RITT. Con BEAU BRIDGES, SALLY FIELD, PAT HINGLE, RON LEIBMAN, BARBARA BAXLEY. ■ Siamo nell'Alabama, uno Stato dove i diritti civili sono spesso calpestati. Norma Rae lavora in una filanda dove si vessano gli operai. La ragazza, vivace e intelligente, combatte per i diritti suoi e degli altri. È guardata con diffidenza e anche disprezzo, perché la sua vita non

è del tutto regolare (ha un paio di figli da uomini diversi). Lottando duramente vicino a un sindacalista venuto da New York vince la sua battaglia. ■ DRAMMATICO; COL.; 113′; USA, 1979. ■ CANNES 1 PR; GOLDEN GLOBES 1 PR, 2 NOM; OSCAR 2 PR, 4 NOM.

NORTH COUNTRY ★★
Regia di NIKI CARO. Con SISSY SPACEK, CHARLIZE THERON, SEAN BEAN, JAMES CADA, THOMAS CURTIS, WOODY HARRELSON, RICHARD JENKINS, FRANCES MCDORMAND, MICHELLE MONAGHAN, ELSE PETERSEN, JEREMY RENNER, RUSTY SCHWIMMER. ■ Fortemente voluto da Charlize Theron, la quale, oltre che attrice capace di saltare dal futile (*Aeon Flux*) all'impegnato (*Monster*) senza soluzione di continuità, dimostra di essere ottima imprenditrice di se stessa, *North Country* rappresenta un ulteriore tassello del percorso che ha portato velocemente la bella ex modella sudafricana da semplice attrice di successo a vera diva hollywoodiana. Il film (che racconta purtroppo una vera storia di assurda intolleranza) è valido quando squadra severamente la provincia americana becera ed ignorante, razzista e sessista e punta l'indice su un gruppo di volenterose donne che chiedono solo di poter lavorare (in miniera). L'ostracismo sfocia nella molestia e, proprio quando sarebbe il momento per la pellicola di assestare il colpo di grazia, arrivano purtroppo ettolitri di melassa e alcune cattive scelte di sceneggiatura (la troppo repentina conversione paterna, il processo, caratterizzato da troppe scene retoriche e banali) a rendere *North Country* un film non del tutto riuscito. Occhi puntati su Michelle Monaghan: la ragazza ha talento e carisma da vendere. ■ DRAMMATICO; COL.; 126′; USA, 2005.

NORTH FACE ★★★
Regia di PHILIPP STÖLZL. Con GEORG FRIEDERICH, BENNO FÜRMANN, FLORIAN LUKAS, SIMON SCHWARZ, JOHANNA WOKALEK. ■ Luglio 1936. Due militari bavaresi in licenza, Toni Kurz e Andi Hinterstoisser, decidono di affrontare l'inviolata parete nord dell'Eiger in territorio svizzero, un'impresa considerata impossibile. L'ascensione, che ha inizio il 18 luglio, attira immediatamente le attenzioni della stampa dell'epoca e viene seguita anche dalla fidanzata di Kurz, giornalista. Il regime nazista, nella persona di Goebbels, decide di utilizzare i due come strumenti di propaganda per quanto nessuno dei due sia iscritto al partito. Le cordate però saranno due perché anche gli austriaci Edi Rainer e Willy Angerer hanno deciso di tentare l'impresa. Il film riesce, utilizzando in parte le location reali, a rappresentare sullo schermo con grande efficacia un evento realmente accaduto restituendoci con meticolosa precisione lo stato delle cose. ■ DRAMMATICO; COL.; 126′; GERMANIA, SVIZZERA, AUSTRIA, 2008.

NORTH SHORE ★
Regia di WILLIAM PHELPS. Con MATT ADLER, GERRY LOPEZ, NIA PEEPLES. ■ Un film consigliato solo agli appassionati del surf. Hawaii: un campione della tavoletta fa acrobazie sull'acqua. ■ COMMEDIA; COL.; 95′; USA, 1987.

NORWEGIAN WOOD (*Noruwei no mori*) ★★
Regia di TRAN ANH HUNG. Con RINKO KIKUCHI, KENGO KORA, KEN'ICHI MATSUYAMA, KIKO MIZUHARA, TETSUJI TAMAYAMA. ■ Nel Giappone studentesco degli anni Sessanta e nell'ambito delle contestazioni, cresce l'amicizia tra Watanabe e la coppia formata da Kitsuki e Naoko. Quando Kitsuki si suicida, il dolore e la mancanza porteranno a un mutamento della relazione tra Watanabe e Naoko. Il compito era di quelli davvero ardui. *Norwegian Wood* è ormai libro-feticcio e racconto di formazione per moltitudini di giapponesi (e non solo), inesorabilmente conquistati dalla capacità di Haruki Murakami di rivolgersi a tutti pur trattando il più delicato dei temi, il sottile confine che separa l'Eros dal Thanatos. Tran Anh Hung gioca, come è uso fare, di sottrazione, lavorando sul freno minimalista quando si tratta di scavare nelle passioni profonde che intercorrono tra i personaggi e lasciando che siano fotografia e musiche a condurre le danze. ■ DRAMMATICO; COL.; 133′; GIAPPONE, 2010.

NORWOOD ★★
Regia di JACK HALEY JR. Con GLEN CAMPBELL, KIM DARBY, DOM DELUISE, PAT HINGLE, JOE NAMATH. ■ Un ragazzo di campagna, reduce del Vietnam, parte dal Texas deciso a cercare fortuna a New York come cantante. In viaggio ha una breve relazione con una ragazza, poi ne conosce un'altra in autobus. Norwood, è questo il nome del ragazzo, deciderà di rimanere con lei e dopo un'audizione diventerà popolare. Film leggero, lento e in stile televisivo, con tutti gli stereotipi degli anni Settanta: hippies, viaggi *on the road* e canzoni country a tutto spiano. ■ COMMEDIA; COL.; 95′; USA, 1970.

NOSFERATU A VENEZIA ★
Regia di AUGUSTO CAMINITO. Con BARBARA DE ROSSI, KLAUS KINSKI, CHRISTOPHER PLUMMER. ■ Nosferatu, sepolto a Venezia durante la peste del 1700, si risveglia a causa di una seduta spiritica e semina il terrore tra gli aristocratici discendenti della sua antica amante. Horror di gusto antiquato (e quindi di minimo interesse), anche se la scenografia veneziana conserva la sua suggestione. ■ HORROR; COL.; 97′; ITALIA, 1988.

NOSFERATU, IL PRINCIPE DELLA NOTTE ★★★★
(*Nosferatu, Phantom der Nacht*)
Regia di WERNER HERZOG. Con ISABELLE ADJANI, JACQUES DUFILHO, BRUNO GANZ, KLAUS KINSKI. ■ Harker va al castello del conte Dracula per trattare l'acquisto di una casa. Tutti cercano di fargli cambiare idea, ma lui non ha paura né dei vampiri né dei misteri. Dracula assale Harker, ne fa un vampiro e decide di sedurgli anche la moglie. La donna (che conosce le debolezze dei vampiri) riesce a intrattenere Nosferatu fino all'alba e ne causa così la morte. ■ DRAMMATICO; COL.; 107′; FRANCIA, GERMANIA, 1979. ■ BERLINO 1 PR.

♥ NOSFERATU IL VAMPIRO ★★★★
(*Nosferatu. Eine Symphonie des Grauens*)
Regia di FRIEDRICH WILHELM MURNAU. Con MAX SCHRECK, GRETA SCHROEDER, GUSTAV VON WANGENHEIM. ■ La trasposizione originale, poi ripresa da Herzog nel 1979, ispirata al *Dracula* di Stocker. La personale versione di Murnau ha fatto scuola ed è pervasa da sinistri bui e controluce. Orrore psicologico alla massima valenza e grande fotografia di Fritz Arno Wagner. Fu girato senza il permesso della famiglia dell'autore e perseguitato dalla moglie dello scrittore. ■ HORROR; B/N; 75′; GERMANIA, 1922.

NO SMOKING...! ★★
Regia di ANURAG KASHYAP. Con JOHN ABRAHAM, PARESH RAWAL, AYESHA TAKIA. ■ K., fumatore accanito e perseverante, dopo l'allontanamento della moglie, decide di rivolgersi a Baba Bengali, un santone senza scrupoli (ammiccante sostenitore del fu partito nazista) che lo inizierà a un "processo" senza ritorno in cui smettere di fumare è la sola regola consentita. Ogni eccezione causerà morte e distruzione, sofferenze e atrocità, inflitte nel nome di una giusta causa. Parlarne non servirà a niente, il confine tra sogno e realtà diventerà un incubo senza vie d'uscita, almeno fino a quando la "terapia" non sarà conclusa. Il fumo è la principale causa di morte secondo le statistiche: può essere riassunta in questa massima l'ossessione del regista indiano Anurag Kashyap (che ha ricevuto i plausi della critica per il suo *Black Friday*), che porta a compimento un'opera estremamente complessa e interessante. L'incontro del cinema di Bollywood con quello americano, crea un thriller filosofico che passa per Kafka, Zeno Cosini e *Matrix*, ammiccando a Orwell e al *Truman Show*. Forse un po' troppo per una solo film, ma decisamente gradevole e intenso per tutta la sua durata. ■ GROTTESCO; COL.; 120′; INDIA, 2007.

NOSTALGHIA ★★★★
Regia di ANDREI TARKOVSKIJ. Con DOMIZIANA GIORDANO, OLEG JANKOWSKI, ERLAND JOSEPHSON. ■ Un critico musicale russo, in Italia per ricostruire un episodio della vita del musicista russo Pavel Sasnowskj, incontra a Bagni Vignoni, una località termale presso Siena, un singolare personaggio, chiamato "il matto", il quale afferma che per pacificare il mondo è necessario attraversare con una candela accesa la piscina di Santa Caterina. Dopo un soggiorno a Roma, dove il matto si dà fuoco in Campidoglio, il critico compie la traversata della piscina con la candela, ma muore d'infarto per l'immane fatica. Ancora un film sul tema, ossessivo per Tarkovskij, del "sacrificio" che è necessario per raggiungere la pace. ■ DRAMMATICO; COL.; 130′; ITALIA, 1983. ■ CANNES 1 PR.

NOSTALGIA DI UN AMORE *(Violets are Blue...)* ★★★
Regia di JACK FISK. Con BONNIE BEDELIA, KEVIN KLINE, SISSY SPACEK. ■ Fotografa di successo e giornalista d'assalto si ritrovano dopo quindici anni e scoprono di amarsi come allora. Ma le scelte fatte in questo lasso di tempo non possono venire dimenticate. Film delicato e sottilmente malinconico, diretto con tocco leggero e mano felice, splendidamente recitato. ■ COMMEDIA; COL.; 88′; USA, 1986.

NOSTALGIA DI UN PICCOLO GRANDE AMORE ★
Regia di ANTONIO BONIFACIO. Con BRIGITTA BOCCOLI, ADRIANO EVANGELISTI, MARINA FRAJESE, RICCARDO SALERNO. ■ Storiella sentimentale tra due giovani, Paolo e Patty, vicini all'esame di maturità. Televisivo e proprio inutile. ■ COMMEDIA; COL.; 87′; ITALIA, 1991.

NOSTOS – IL RITORNO ★★★
Regia di FRANCO PIAVOLI. Con PAOLA AGOSTI, GINEVRA ALIGHIERI, ALEX CAROZZO, FRANCA DE CAMARGO, GIUSEPPE MARCOLI, LUIGI MEZZANOTTE. ■ Nostos si mette in mare per ritornare alla sua terra dopo una guerra sanguinosa. Siamo in zona mito: l'eroe, come Ulisse, compie un viaggio lungo e periglioso in una natura pura e spesso terribile nella sua indifferenza, ma anche dentro se stesso. Bellissima la scena in cui l'eroe resta immerso nell'acqua, isolato dal mondo, in uno smarrimento fisico ed esistenziale molto toccante. Il linguaggio, specie di gramelot che echeggia dialetti dell'antichità, pone l'azione in un luogo e in un tempo remoti. ■ DRAMMATICO; COL.; 87′; ITALIA, 1989.

NOSTRA CITTÀ, LA *(Our Town)* ★★★
Regia di SAM WOOD. Con WILLIAM HOLDEN, MARTHA SCOTT. ■ Il film è tratto dal dramma *Piccola città* di Thornton Wilder e descrive la vita di una cittadina americana attraverso le vicende di due famiglie, i Gibbs e i Webb, che si imparentano grazie al matrimonio di due dei loro rampolli. ■ DRAMMATICO; B/N; 90′; USA, 1940. ■ OSCAR 6 NOM.

NOSTRA COMPAGNA, LA *(La tendre ennemie)* ★★★
Regia di MAX OPHÜLS. Con SIMONE BERRIAU, JACQUELINE DAIX, CATHERINE FONTENEY. ■ Durante il pranzo di fidanzamento di una giovane promessa a un uomo che non ama, appaiono tre fantasmi. Sono rispettivamente il marito, l'amante e un innamorato respinto della madre della promessa sposa, ora morti. I tre vogliono evitare alla ragazza un matrimonio sbagliato. ■ COMMEDIA; B/N; 69′; FRANCIA, 1936.

NOSTRA MUSICA, LA *(Notre musique)* ★★★
Regia di JEAN-LUC GODARD. Con SARAH ADLER, GEORGES AGUILAR, JEAN-CHRISTOPHE BOUVET, FERLYN BRASS, NADE DIEU. ■ Tre gironi come classicità vuole: Inferno, Purgatorio e Paradiso. Nel primo materiale di montaggio mostra la ferocia dell'essere umano. Nel secondo Godard si reca a Sarajevo, parla del cinema ma, soprattutto, lascia spazio a una ragazza israeliana tormentata dai dubbi. La ragazza giungerà infine in un Paradiso a cui consentono l'accesso i marines americani. Apodittico come sempre ma meno autocompiaciuto del solito, JLG si può permettere frasi che in bocca ad altri suonerebbero come assolutamente stridenti. Come, ad esempio: «Sparare a un uomo per difendere un'idea non è difendere un'idea. È sparare a un uomo». Che è assolutamente vero. ■ DOCU-FICTION; COL.; 80′; FRANCIA, SVIZZERA, 2004.

NOSTRA PELLE, LA *(Le cap de l'esperance)* ★★
Regia di RAYMOND BERNARD. Con EDWIGE FEUILLÈRE, COSETTA GRECO, PAOLO STOPPA. ■ Un cinico avvocato, espulso dall'albo ed entrato in una gang, prepara un colpo, ma al momento di dividere la refurtiva con i complici tenta di sbarazzarsene. Avendo accusato la sua amante del tradimento, la manda allo sbaraglio; ma viene uccisa al suo posto la donna di cui si è appena innamorato. ■ DRAMMATICO; B/N; 90′; FRANCIA, 1951.

NOSTRA SIGNORA DEI TURCHI ★★★
Regia di CARMELO BENE. Con CARMELO BENE, ORNELLA FERRARI, LYDIA MANCINELLI, ANITA MASINI, SALVATORE SINISCALCHI. ■ Si tratta del recupero in chiave surreale e grottesca del passato di un intellettuale, in cui affiorano vaghi ricordi dei turchi a Otranto. ■ DRAMMATICO; COL.; 125′; ITALIA, 1968. ■ VENEZIA 1 PR.

NOSTRA SIGNORA DI FATIMA ★★
(The Miracle of Our Lady of Fatima)
Regia di JOHN BRAHM. Con ANGELA CLARK, GILBERT ROLAND. ■ Il film è il resoconto degli avvenimenti miracolosi avvenuti a Fatima, in Portogallo, nel 1917: la piccola Lucia Dos Santos, mentre conduce le pecore insieme ai suoi due cuginetti, vede la Madonna. ■ BIOGRAFICO; COL.; 102′; USA, 1952. ■ OSCAR 1 NOM.

NOSTRA VITA, LA ★★★
Regia di DANIELE LUCHETTI. Con RAOUL BOVA, ELIO GERMANO, STEFANIA MONTORSI, ISABELLA RAGONESE, LUCA ZINGARETTI. ■ Claudio è un operaio edile trentenne che lavora nei cantieri della periferia romana e vive con la moglie Elena e i due figli, in attesa del terzo. Gran lavoratore e marito devoto e innamorato, rimane sconvolto e impreparato dalla morte della donna, dopo aver dato alla luce Vasco. Incapace di fronteggiare il dolore, si mette in testa di dover risarcire i figli, procurando loro tutti gli "utensili" del benessere. Si infila così in un affare più grosso di lui, dalle ripercussioni economiche e morali. Con *La nostra vita*, titolo troppo grande o troppo piccolo, a seconda della prospettiva, il regista va a guardare il mondo delle nuove borgate romane: quei conglomerati di recente costruzione, esclusi dai servizi culturali della città ma abitati dalle giovani famiglie, dai bambini. Sugli abitanti di questo mondo, molto più "persone" che "personaggi", e sugli immigrati con cui dividono l'ambiente di vita e di lavoro, lo sguardo di Luchetti è fermo, non solo apregiudiziale ma empatico, onesto, forse ottimista. Alla sceneggiatura ci sono sempre Rulli e Petraglia (sempre bravi, certo, ma sempre loro). Con un compromesso finale che capovolge il racconto, passando da un film (minore) di De Sica a uno (minore) di Capra. Forse non è ancora un nuovo inizio, ma è certamente un film di transizione, certo non da enfatizzare, ma da accogliere come un auspicio. ■ DRAMMATICO; COL., 95′; ITALIA, FRANCIA, 2010. ■ CANNES 1 PR.

NOSTRA VITA COMINCIA DI NOTTE, LA ★★
(The Subterraneans)
Regia di RANALD MACDOUGALL. Con LESLIE CARON, RODDY MCDOWALL, GEORGE PEPPARD, JANICE RULE. ■ Leo ama Mardou Fox venuta via dall'Europa lasciandosi dietro un triste passato. La tradisce. Lei si allontana. L'attesa di un bambino li riavvicina. ■ DRAMMATICO; COL.; 89′; USA, 1960.

NOSTRE SORELLE DI DANZA, LE ★★
(Our Dancing Daughters)
Regia di HARRY BEAUMONT. Con NILS ASTHER, JOAN CRAWFORD, ANITA PAGE. ■ Tre ragazze tentano la scalata all'alta società. Bevono, ballano, desiderano un ricco matrimonio, ma sono anche insicure e fragili. Un film interessante soprattutto nel quadro dell'epoca. ■ COMMEDIA; B/N; 81′; USA, 1928. ■ OSCAR 2 NOM.

♥ NOSTRI ANNI, I ★★★★
Regia di DANIELE GAGLIANONE. Con VIRGILIO BIEI, GIUSEPPE BOCCALATTE, PIERO FRANZO. ■ La Resistenza, un tema antico. Quasi sempre affrontato in chiave realistica, se non addirittura documentaristica. Eppure la memoria rielabora in maniera fantastica (talvolta sinistra) ogni tipo di ricordo, anche i drammi. È a partire da questo punto di vista che il regista allora esordiente Daniele Gaglianone ha affrontato il tema, nonostante la sua profonda conoscenza storica del periodo (da anni collabora con l'Archivio Nazionale della Resistenza). In chiave interiore, più che intimistica: due vecchi incontrano per caso il gerarca fascista responsabile di una terribile strage, e non sanno se perdonare o vendicare. Il passato si mescola allora con il presente, fino ad una terza dimensione che diventa vero e proprio personaggio, nel finale: la decisione presa dai due si rivelerà fallimentare ed allora, per non "morire", i vecchi costruiranno un giochino interiore perverso capace di porre rimedio ad ogni dolore... La bellezza del film sta nell'aver concentrato la propria attenzione narrativa sulle sensazioni, e non sui fatti: questo attraverso un bianco e nero più che differenziato, e per mezzo di un'attenzione più che maniacale ai suoni, di fuori e di dentro. Già presentato in concorso al Torino Film Festival, *I nostri anni* mostra uno stile assolutamente autoriale e personale. ■ DRAMMATICO; B/N; 90′; ITALIA, 2000.

NOSTRI MARITI, I ★★
Regia di LUIGI FILIPPO D'AMICO, DINO RISI, LUIGI ZAMPA. Con JEAN-CLAUDE BRIALY, NICOLETTA MACHIAVELLI, MICHÈLE MERCIER, LIANA ORFEI, ALBERTO SORDI, UGO TOGNAZZI. ■ Sono tre episodi: *Il marito di Olga* (Zampa), in cui un uomo, che non riesce a far l'amore con sua moglie, per avere un'eredità la spinge fra le braccia di un altro; *Il marito di Attilia* (Risi), in cui un ladro viene arrestato dalla polizia che usa sua moglie come esca; *Il marito di Roberta* (D'Amico), incentrato su un uomo che sposa una donna che poco dopo cambia sesso. ■ COMMEDIA; COL.; 105'; ITALIA, 1966.

NOSTRI PARENTI – ALLEGRI GEMELLI, I ★★★
(Our Relations)
Regia di HARRY LACHMAN. Con ALAN HALE, OLIVER HARDY, STAN LAUREL, SIDNEY TOLER. ■ Stanlio e Ollio fanno vita rispettabile e tranquilla insieme alle loro mogli. Entrambi hanno un fratello gemello cattivo. ■ COMICO; B/N; 65'; USA, 1936.

NOSTRI SOGNI, I ★★
Regia di VITTORIO COTTAFAVI. Con VITTORIO DE SICA, MARIA MERCADER, PAOLO STOPPA. ■ Disavventure di un giovane geniale, ma inconcludente che, dovendo accompagnare a teatro una signorina piccolo-borghese, si fa credere figlio di un ricco industriale. Tutto, naturalmente, finirà per il meglio. ■ COMMEDIA; B/N; 85'; ITALIA, 1943.

NOSTRO AGENTE A CASABLANCA, IL ★★
Regia di TULIO DEMICHELI. Con THEA FLEMING, LANG JEFFRIES, BARBARA NELLI. ■ A Casablanca, sarabanda di agenti russi e americani intorno a un compromettente dossier comprovante l'attività di nazista di un certo generale Dem, politicante locale. Ma, alla fine, il documento scomparirà senza che nessuno ne sia venuto in possesso. ■ SPIONAGGIO; COL.; 91'; ITALIA, 1966.

NOSTRO AGENTE ALL'AVANA, IL ★★★
(Our Man in Havana)
Regia di CAROL REED. Con NOEL COWARD, ALEC GUINNESS, BURL IVES, ERNIE KOVACS, MAUREEN O'HARA, RALPH RICHARDSON. ■ Un anonimo rappresentante di commercio diventa agente del servizio segreto inglese a Cuba. Si metterà nei guai passando all'organizzazione "segreti" in realtà inesistenti. Per coprire lo scandalo, i superiori non troveranno di meglio che promuoverlo. ■ COMMEDIA; B/N; 107'; GRAN BRETAGNA, 1960.

NOSTRO AGENTE FLINT, IL *(Our Man Flint)* ★★★
Regia di DANIEL MANN. Con LEE J. COBB, JAMES COBURN, GILA GOLAN, GIANNA SERRA. ■ L'agente Flint segue degli indizi che lo portano sulle tracce di un'organizzazione che si propone di conquistare il mondo: da un ristorante marsigliese a una fabbrica di cosmetici, a una misteriosa isola dove viene fatto prigioniero. Si libera e sconfigge la pericolosa organizzazione. ■ SPIONAGGIO; COL.; 107'; USA, 1965.

NOSTRO CAMPIONE, IL ★★
Regia di VITTORIO DUSE. Con ALDO BUFI LANDI, TIBERIO MITRI, LUISA RIVELLI. ■ In un prospero borgo agricolo si deve tenere una gara di pugilato, che vedrà i campioni locali impegnati contro i pugili provenienti dalla città. L'asso locale Cesare stravince, ma la gioia dura poco. Un fuoco artificiale lo ferisce e gli sfigura il viso. Allora il sacrestano, un pezzo d'uomo, prende il suo posto. ■ DRAMMATICO; B/N; 92'; ITALIA, 1955.

NOSTRO MATRIMONIO È IN CRISI, IL ★★
Regia di ANTONIO ALBANESE. Con DINO ABBRESCIA, ANTONIO ALBANESE, AISHA CERAMI, DAVIDE DAL FIUME, IRENE IVALDI. ■ Antonio sposa Alice con entusiasmo, ma lei, nel giro di poche ore, gli comunica che "il matrimonio è in crisi". I tentativi di capirne le ragioni non portano lontano e la giovane donna fa le valigie per raggiungere l'oasi di pace in cui il "maestro" Makerbek, per la modica somma di 40.000 euro a settimana, aiuta i discepoli a ritrovare il proprio Io. Antonio si iscrive pure lui al corso. Dovrà passare attraverso tutte le esperienze comunitarie prima di trovare una soluzione che lo ricongiunga alla consorte. Albanese torna a girare un terzo film che sembra però più rigido dei precedenti. La satira sulle comunità e sugli pseudo-santoni sa di già visto e il suo stesso personaggio fa sorridere, ma rischia in più di un'occasione la ripetitività. ■ COMMEDIA; COL.; 90'; ITALIA, 2001.

NOSTRO MESSIA, IL ★★
Regia di CLAUDIO SERUGHETTI. Con VERONICA BARBATANO, TINTO BRASS, MARIA RITA CARDELLA, ROSALINDA CELENTANO, SARAH DE MARCHI, DOLCENERA, SARAH MAESTRI, CRISTINA MOGLIA, IGNAZIO OLIVA, MARCELLO PRAYER, FABRIZIO RONGIONE, VANESSA SCALERA, CLAUDIO SERUGHETTI. ■ In un'Italia che più contemporanea non si può, cinque giovani fanciulle condividono a Roma un appartamento, diverse condizioni di precariato ed una comune velleità da attrici. L'arrivo di un ospite fra le mura di casa, un filmmaker italo-francese in cerca di un produttore, comporta ingenti squilibri nei rapporti fra le ragazze, scatenando gelosie ed arrivismi, e allo stesso tempo alza il velo su un ambiente cinematografico in grossa crisi. Il cinema indipendente ed in particolar modo le opere prime in Italia paiono vistosamente arrancare, in termini di qualità e visibilità, rispetto a quelli degli altri paesi. ■ COMMEDIA; COL.; 98'; ITALIA, 2008.

NOSTRO NATALE, IL *(R xmas)* ★★★
Regia di ABEL FERRARA. Con VICTOR ARGO, LILLO BRONCATO JR, DREA DE MATTEO, ICE-T. ■ Bentornato ad Abel Ferrara dopo due film non del tutto riusciti come *Blackout* e *New Rose Hotel*. Questo nuovo film racconta, durante il periodo natalizio, la vicenda di uno spacciatore dominicano a New York. L'uomo e la sua famiglia conducono una vita agiata grazie all'eroina. Tutto inizia allorché il desiderio della figlia per Natale, la bambola *party girl*, non é più disponibile nei negozi di giocattoli. La moglie paga una cifra spropositata per averla, mentre il marito viene rapito da una banda di spacciatori concorrenti. I due coniugi dovranno riconsiderare seriamente il loro stile di vita. Nonostante una fotografia molto pubblicitaria e troppo leccata rispetto allo stile usuale del regista, la storia e gli attori convincono. ■ DRAMMATICO; COL.; 90'; USA, 2000.

NOSTRO PANE QUOTIDIANO, IL ★★
(City Girl – Our Daily Bread)
Regia di FRIEDRICH WILHELM MURNAU. Con MARY DUNCAN, CHARLES FARRELL, DAVID TORRENCE. ■ Disavventure di una ragazza di città trasferitasi in campagna. ■ DRAMMATICO; B/N; 74'; USA, 1929.

NOSTRO PANE QUOTIDIANO, IL *(Our Daily Bread)* ★★★
Regia di KING VIDOR. Con TOM KEENE, KAREN MORLEY. ■ Durante la grande crisi americana del 1929 due giovani coniugi tornano alla campagna dove organizzano una collettività agricola, sfruttando i terreni aridi e abbandonati. La siccità e l'arrivo di una donna rischiano di rovinare i loro rapporti. Ma la ricerca del bene comune e l'amore per la terra li riportano insieme nuovamente. ■ DRAMMATICO; B/N; 77'; USA, 1934.

NOSTRO PICCOLO ANGELO, IL ★
Regia di ANDREA FRAZZI, ANTONIO FRAZZI. Con CHIARA CASELLI, JOCHEN HORST, KARIN THALER. ■ Una coppia, Flavio e Sofia, lavorano in un'azienda di informatica. La figlia Nina un giorno muore in seguito a una caduta. La madre tenta il suicidio, ma viene fermata dall'apparizione della figlioletta morta. ■ DRAMMATICO; COL.; 100'; GERMANIA, ITALIA, 1996.

NOSTRO PROSSIMO, IL ★★
Regia di GHERARDO GHERARDI. Con MICHELA BELMONTE, ANTONIO GANDUSIO, RINA MORELLI. ■ Il parroco buono, ma ingenuo di un paesino ospita indiscriminatamente tutti coloro che vanno da lui. Si trova così in casa molti tipi loschi. Il viceparroco giovane e dinamico fa da contrappunto al vecchio, ormai un po' superato nel suo paternalismo benefico. Il vescovo interviene a ristabilire l'ordine. ■ COMMEDIA; B/N; 91'; ITALIA, 1943.

NOSTRO UOMO A MARRAKESH, IL ★★
(Our Man in Marrakesh)
Regia di DON SHARP. Con SENTA BERGER, KLAUS KINSKI, MARGARET LEE, ANTHONY RANDALL. ■ In Marocco agisce una banda capeggiata da Casimir. Andrew Jessel e Kyra, una donna agente dell'Fbi, sono sulle sue tracce. Cadono in mano ai predoni del deserto, ma, alla fine, fanno fuori tutta la gang. ■ SPIONAGGIO; COL.; 92'; GRAN BRETAGNA, 1966.

NO SUCH THING ★
Regia di HAL HARTLEY. Con SARAH BADEL, JULIE CHRISTIE, ROBERT JOHN BURKE, HELEN MIRREN. ■ In Islanda un mostro immortale vive da molti anni uccidendo chi capita sotto la sua mira. Un giorno uccide i componenti di una troupe televisiva e la fidanzata di uno di loro vuole far luce sul caso. Rimasta per sei mesi in un ospedale a causa di un incidente aereo si affeziona al mostro. Una sorta di *La Bella e la Bestia*. Se non fosse per la presenza di Helen Mirren e di Julie Christie questo film non avrebbe nessuna ragione di essere. È imbarazzante anche per chi ha apprezzato altri lavori di Hal Hartley dover arrivare alla conclusione che questo film è pretenzioso, inutile e nemmeno divertente come i precedenti. ■ COMMEDIA; COL.; 101′; USA, 2001.

NOTE D'AMORE *(Matters of the Heart)* ★★
Regia di MICHAEL RAY RHODES. Con CHRISTOPHER GARTIN, JANE SEYMOUR, JAMES STACY. ■ Steven Harper vive in un paesino, ha un padre oppressivo ed è un tipo timoroso. Ha però una passione: il pianoforte. L'incontro con una ragazza che, come lui, ama la musica lo spingerà a decidersi. ■ COMMEDIA; COL.; 90′; USA, 1991.

NOTE DI UN'ARTISTA GIROVAGA ★★
(Uta-jo oboegaki)
Regia di HIROSHI SHIMIZU. Con HIDEO FUJINO, YAEKO MIZUTANI, KEN UEHARA. ■ Ambientato in epoca Meiji (1868-1912) è la storia dell'incontro tra Uta, una teatrante girovaga interpretata dalla famosa attrice Yaeko Mizutani, e Hiramatsu, un mercante di tè proprietario di un negozio nella cittadina di Hamamatsu. L'uomo provando compassione per la donna, le propone di trasferirsi come domestica nella sua dimora e Uta accetta, lasciando la troupe e fronteggiando l'ostilità del resto della servitù, che non vede di buon occhio la nuova arrivata. ■ DRAMMATICO; COL.; 98′; GIAPPONE, 1941.

NOTIZIE DEGLI SCAVI ★★
Regia di EMIDIO GRECO. Con AMBRA ANGIOLINI, GIUSEPPE BATTISTON, FRANCESCA FAVA, GIORGIA SALARI, ANNAPAOLA VELLACCIO. ■ Il Professore vive nella casa di appuntamenti della Signora lavando i piatti e sbrigando piccole commissioni. Alcune ragazze lo ignorano, altre, come Gina, lo stanno a sentire, un po' per compassione e un po' per compagnia. La sua vita cambia il giorno che, per fare un piacere ad una conoscente, va a far visita in ospedale alla Marchesa, un'ex prostituta che ha vissuto qualche tempo prima nella casa e che ha poi tentato il suicidio per una delusione d'amore. Per lei, a differenza di chiunque altro, la presenza del Professore è vitale e le sue parole un conforto. Tra i due nasce un sentimento inedito, che pareva sepolto per sempre. ■ DRAMMATICO; COL.; 90′; ITALIA, 2010.

NOT NOW DARLING ★★
Regia di RAY COONEY, DAVIS CROFT. Con CICELY COURTNEIDGE, LESLIE PHILLIPS, JOAN SIMS. ■ Commedia pazza ambientata in un negozio di abbigliamento britannico. Il personaggio più folle è un commesso, poco pensieroso delle vendite, totalmente assorbito dall'attività di dongiovanni. ■ COMMEDIA; COL.; 97′; GRAN BRETAGNA, 1974.

NOTORIOUS BETTIE PAGE, THE ★★★
Regia di MARY HARRON. Con JONATHAN M. WOODWARD, GRETCHEN MOL, CARA SEYMOUR, DAVID STRATHAIRN, LILI TAYLOR. ■ «Adamo ed Eva nell'Eden erano nudi, si sono vestiti solo dopo che hanno iniziato a peccare!», risponde così Bettie Page quando qualcuno la riconosce mentre predica il Vangelo, anni dopo il processo in cui venne coinvolta per pornografia, e le chiede se si sia pentita della precedente vita da modella con pochi veli. Bettie Page è la mitica pin-up degli anni Cinquanta che lanciò la moda di quell'ammiccante frangetta corvina e che apparve sulle copertine di tante riviste per adulti, «Playboy» inclusa, con un mix di innocente freschezza e trasgressiva sensualità fatte apposta per conquistare l'America maschile. ■ DRAMMATICO; COL.; 91′; USA, 2005.

NOTORIUS ★★★
Regia di GEORGE TILLMAN JR. Con ANGELA BASSETT, DEREK LUKE, ANTHONY MACKIE, ANTONIQUE SMITH, JAMAL WOOLARD. ■ Il 9 marzo 1997 Christopher George Latore Wallace, meglio conosciuto come The Notorious B.I.G., sta rientrando in macchina al suo hotel dopo essere stato al *Soul Train Award* di Los Angeles, quando un uomo a bordo di un'auto apre il fuoco uccidendolo all'istante. Il secondo album del celebre rapper della East Coast, *Life After Death*, esce quindici giorni più tardi e debutta al primo posto delle classifiche. *Notorious* è la cronaca romanzata della vita di Wallace. Partendo dalla notte dell'omicidio, il regista George Tillman Jr. ne ripercorre in maniera cronologica tutte le tappe, da quando ragazzino veniva deriso dai compagni di scuola per la sua stazza e perché scriveva rime, al primo contratto discografico con la Bad Boy Records di Sean "Puffy" Combs. Dagli anni in cui, giovanissimo, si guadagnava da vivere spacciando droga per le strade di Brooklyn, alle tormentate storie d'amore con baby mama Jan, Kimberly "Lil' Kim" Jones e Faith Evans. A scandire l'ascesa dell'icona del rap sono i brani (editi) dello stesso Notorious B.I.G. che raccontano la sua storia e allo stesso tempo offrono la colonna sonora ideale per mettere in luce il contesto in cui nascevano i suoi testi taglienti, violenti e autobiografici. ■ DRAMMATICO; COL.; 122′; USA, 2009.

♥ NOTORIUS – L'AMANTE PERDUTA ★★★★★
(Notorious)
Regia di ALFRED HITCHCOCK. Con INGRID BERGMAN, LOUIS CALHERN, CARY GRANT, CLAUDE RAINS, REINHOLD SCHÜNZEL. ■ Elena Huberman è figlia di una spia nazista. Devlyn, agente americano, l'abborda a Miami e riesce a convincerla a diventare a sua volta un agente segreto: grazie al suo indiscutibile fascino sedurrà Alessio Sebastian, rifugiato a Rio, che viene ritenuto un capo dei nazisti. Elena esegue, Sebastian addirittura le chiede di sposarlo. Devlyn, che si è innamorato della donna, è sconvolto, ma non la ferma. Il dovere è il dovere, e anche l'orgoglio. Elena continua la sua missione da sposata, ma commette un errore. Alessio e sua madre decidono di avvelenarla poco per volta. Elena morirebbe sicuramente, se Devlyn non la salvasse all'ultimo momento. Film perfetto, che non è invecchiato grazie alla geniale e pulita sceneggiatura di Ben Hecht: non c'è una parola fuori posto o da sostituire. Il film è popolarmente noto per la famosa sequenza del bacio fra Grant e la Bergman, lunghissimo ma spezzato, secondo la rigorosa censura di allora. *Notorius* fa parte della ristrettissima categoria dei film che contengono la misteriosa magia del capolavoro, magia che trascende la perfezione formale o di interpretazione o di storia o di combinazione musica-immagine e va considerato l'espressione massima della storia di Hitchcock, forse meno suggestivo del "santificato" *La donna che visse due volte*, forse meno divertente e furbesco di *Intrigo internazionale*. Da rilevare la gestualità dei personaggi nelle situazioni, irripetibile: si tratti di una matura gentildonna che "si porta via" il bel Devlyn o della passeggiata a cavallo che servirà a gettare l'amo alla "vittima" Sebastian, interpretato da uno straordinario Claude Rains. È il film in cui il regista trasmette, più che in tutti gli altri suoi lavori, la sua profonda, ironica, personale conoscenza della natura umana. ■ SPIONAGGIO; B/N; 101′; USA, 1946. ■ OSCAR 2 NOM.

NOTRE DAME *(The Hunchback of Notre Dame)* ★★★★
Regia di WILLIAM DIETERLE. Con CHARLES LAUGHTON, THOMAS MITCHELL, EDMOND O'BRIEN, MAUREEN O'HARA. ■ Nella Parigi del quindicesimo secolo, una bella e sfortunata zingara, Esmeralda, è amata da tre uomini: un capitano amante dell'avventura, un poeta saldo nei suoi sentimenti, un giudice passionale e torbido. Quasimodo, il campanaro di Notre-Dame, orrido ma di buon cuore, salverà all'ultimo momento Esmeralda dalla rovina. ■ DRAMMATICO; B/N; 117′ USA, 1939. ■ OSCAR 2 NOM.

NOTRE DAME DE PARIS *(Notre-Dame de Paris)* ★★★
Regia di JEAN DELANNOY. Con ALAIN CUNY, GINA LOLLOBRIGIDA, ANTHONY QUINN. ■ È ancora la vicenda della bellissima zingara Esmeralda fatta rapire dal ricco Frollo, che vive nella cattedrale di Notre-Dame assistito dal deforme campanaro Quasimodo. Esmeralda vive ore angosciose, viene incolpata di stregoneria, torturata, condannata a morte e poi salvata *in extremis* da Quasimodo. ■ DRAMMATICO; COL.; 104′; FRANCIA, 1956.

NOTTATACCIA ★★
Regia di DUCCIO CAMERINI. Con MASSIMO BELLINZONI, MASSIMO BONETTI, STEFANIA SANDRELLI, MASSIMO WERTMÜLLER. ■

Un tentativo purtroppo, visto che la buona volontà c'era, fallito di dare uno sguardo particolare alla vita notturna di Roma. Tutto in maniera molto personale. È venuta una miscela tra Camerini, Almodóvar e una punta di Kieslowski. A un insegnante, nell'afosità estiva, capita di guardare la vicina che ha le finestre di fronte alle sue. Lei è una psicologa e ha un cliente che ha un dilemma di identificazione sessuale. Così la storia prende un tono da *pochade*. ■ COMMEDIA; COL.; 98'; ITALIA, 1992.

NOTTATA, LA ★★
Regia di TONINO CERVI. Con GIORGIO ALBERTAZZI, MARTINE BROCHARD, GIULIANA CALANDRA, MAX DELYS, SUSANNA JAVICOLI, GIANCARLO PRETE, SARA SPERATI. ■ Storia di gente che vive di espedienti. ■ COMMEDIA; COL.; 95'; ITALIA, 1974.

NOTTE, LA ★★★★🏆
Regia di MICHELANGELO ANTONIONI. Con MARIA PIA LUZI, MARCELLO MASTROIANNI, ROSY MAZZACURATI, JEANNE MOREAU, MONICA VITTI, BERNARD WICKI. ■ Giovanni Pontano, scrittore milanese di successo, attraversa un periodo di crisi matrimoniale: ogni possibilità di dialogo con la moglie sembra perduta. I due, scossi dalla visita a un amico morente e dopo un party letterario per la presentazione dell'ultimo libro di Giovanni, vagano per la città completamente svuotati. La sera, si ritrovano a una festa nella sontuosa villa di campagna di un grande industriale e si buttano entrambi in avventure sentimentali, da cui escono ancora più delusi di prima. Ma all'alba riescono finalmente a parlarsi apertamente e intravedono forse una possibilità di salvezza e di maturazione per il loro rapporto. Il film, uno fra i più significativi del cinema italiano degli anni Sessanta, fa parte, con *L'avventura* e *L'eclisse*, del cosiddetto ciclo dell'incomunicabilità: anche in questo caso, nessuno dei personaggi riesce a instaurare rapporti sinceri e costruttivi con l'ambiente che lo circonda, né l'intellettuale Pontano, né la moglie di questi, né la giovane figlia dell'industriale, interpretata da una bravissima Vitti: solo la morte dell'amico sembra scalfire la passività dei due protagonisti. Eccellente sceneggiatura di Antonioni, Flaiano e Guerra, e splendida fotografia di Gianni Di Venanzo. ■ DRAMMATICO; B/N; 122'; ITALIA, 1960. ■ BERLINO 🏆 1 PR; DAVID DI DONATELLO 🏆 1 PR, 1 NOM.

NOTTE A BENGALI, UNA *(La nuit Bengali)* ★★
Regia di NICOLAS KLOTZ. Con SHABANA AZMI, ANNE BROCHET, SOUMITRA CHATTERJEE, HUGH GRANT, SUPRYA PATHAK, ELISABETH PERCEVAL. ■ Partito per l'India nel 1930, un ingegnere francese, affascinato dai misteri e dalle problematiche di quel grande paese, contrae la malaria. Il bramino che gli aveva affidato un incarico di lavoro lo fa curare a sue spese. In casa dell'anfitrione, il giovane si innamora della figlia sedicenne del bramino infrangendo le ancestrali regole dell'India. È tratto da un romanzo di Mircea Eliade. ■ DRAMMATICO; COL.; 92'; FRANCIA, 1988.

NOTTE A BROADWAY, UNA *(Tim Pan Alley)* ★★★
Regia di WALTER LANG. Con ALICE FAYE, BETTY GRABLE, JOHN PAYNE. ■ Due sorelle cantanti fanno la fortuna di una piccola casa discografica fondata da due intraprendenti musicisti. In seguito a una lite, però, le due ragazze partono per l'Inghilterra, dove la loro fortuna continua, mentre i due imprenditori si trovano a terra. Scoppia la guerra ed essi vanno a Londra come soldati; qui le due coppie si riconciliano. ■ COMM. MUSICALE; B/N; 94'; USA, 1940. ■ OSCAR 1 PR, 1 NOM.

NOTTE A CASABLANCA, UNA ★★★
(A Night in Casablanca)
Regia di ARCHIE MAYO. Con CHICO MARX, GROUCHO MARX, HARPO MARX, SIEGFRIED RUMANN, LISETTE VEREA. ■ Durante la guerra, i nazisti rubano dalla Francia degli oggetti preziosi che vengono inviati a Casablanca. Uno di questi ricettatori è un conte tedesco che alloggia all'hotel "Casablanca". Il direttore dell'albergo e due inservienti gliela fanno pagare. ■ COMMEDIA; B/N; 85'; USA, 1946.

NOTTE AGLI STUDIOS, UNA ★
Regia di CLAUDIO INSEGNO. Con CLAUDIO INSEGNO, SANDRA MILO, FRANCESCA NUNZI, ENRICO SILVESTRIN, GIORGIA WURTH. ■ Gli studios di Cinecittà sono in pericolo poiché un grande produttore americano senza scrupoli vuole radere al suolo tutti i teatri di posa. Il compito di salvare "la fabbrica dei sogni" tocca a due comparse imbranate, aiutate da un'aitante giornalista. Dovranno andare sui set e si ritroveranno a recitare in un film ambientato nell'Antica Roma, in un poliziesco anni '70, in un horror e infine in un film boccacesco. ■ COMMEDIA; COL.; 90'; ITALIA, 2013.

NOTTE AL CAIRO, UNA *(The Barbarian)* ★★
Regia di SAM WOOD. Con REGINALD DENNY, MYRNA LOY, RAMON NOVARRO. ■ Una bella turista al Cairo è ardentemente corteggiata da una guida, che dopo averla conquistata si rivela un principe in incognito. ■ COMMEDIA; B/N; 94'; USA, 1932.

NOTTE AL CASTELLO, UNA *(Paris in Spring)* ★★
Regia di LEWIS MILESTONE. Con TULLIO CARMINATI, MARY ELLIS, IDA LUPINO. ■ Due giovani, delusi dai rispettivi innamorati, stanno per suicidarsi, ma si consolano a vicenda e fanno combutta contro i fedifraghi. I quattro capitano insieme nel castello di una saggia nonnina che, dopo una serie di *qui pro quo*, provvede a riunire le coppie nel modo giusto. ■ COMMEDIA; B/N; 82'; USA, 1935.

NOTTE A LISBONA, UNA *(One Night in Lisbon)* ★★
Regia di EDWARD H. GRIFFITH. Con MADELEINE CARROLL, JOHN LODER, FRED MACMURRAY. ■ A Londra, durante la guerra, Leonora ed Houston si innamorano. Un lord procura loro un passaporto per Lisbona. Arrivati nella capitale del Portogallo vengono però assaliti da agenti tedeschi e il loro amore rischia di naufragare per l'intervento di altre persone. Tutto si risolve per il meglio, grazie ancora al lord provvidenziale. ■ DRAMMATICO; B/N; 97'; USA, 1941.

NOTTE ALL'OPERA, UNA *(A Night at the Opera)* ★★★★
Regia di SAM WOOD. Con MARGARET DUMONT, ALLAN JONES, CHICO MARX, GROUCHO MARX, HARPO MARX, SIEGFRIED RUMANN. ■ Un giovane tenore viene aiutato a sfondare da tre tipi allegri con cui parte per l'America, dove, dopo avventure comiche, ha la fortuna di essere scritturato dal Teatro dell'Opera in sostituzione del tenore ufficiale. ■ COMICO; B/N; 92'; USA, 1935.

NOTTE AL MUSEO, UNA *(Night At the Museum)* ★★★
Regia di SHAWN LEVY. Con JAKE CHERRY, BILL COBBS, PIERFRANCESCO FAVINO, RICKY GERVAIS, CARLA GUGINO, KIM RAVER, MICKEY ROONEY, PAUL RUDD, BEN STILLER, DICK VAN DYKE, ROBIN WILLIAMS. ■ Larry Daley è disoccupato e divorziato, e rischia di perdere la custodia congiunta del figlio se non troverà un lavoro. Accetta quindi di fare il guardiano notturno al New York Museum of Natural History. Quello che non sa, ma che ben presto scoprirà, è che di notte nel museo animali e statue si animano creando un grande caos. Campione d'incassi come film natalizio, la pellicola di Shawn Levy non lesina effetti speciali, li inserisce in una vicenda ormai un po' abusata che vede un padre (un Ben Stiller ipercinetico) bisognoso di ricostruire la propria immagine positiva ad uso di un figlio, ma poi sa come divertire. Non perdetevi la divertente rilettura del T-Rex (qui solo scheletro) di spielberghiana memoria. Da sola vale la visione. Per gli appassionati di cinema c'è poi il piacere di ritrovare vecchie glorie come Dick Van Dyke, Mickey Rooney e Bill Cobbs, "cattivi" al punto giusto. ■ AZIONE; COL.; 108'; USA, 2006.

NOTTE AL MUSEO 2: LA FUGA, UNA ★★
(Night at the Museum 2: Battle of the Smithsonian)
Regia di SHAWN LEVY. Con AMY ADAMS, HANK AZARIA, BILL HADER, BEN STILLER, OWEN WILSON. ■ Larry Daley non è più il guardiano del Museo di Storia Naturale, ha fatto fortuna e ora è un giovane imprenditore. Eppure, come all'inizio del film precedente, non è troppo soddisfatto e sente che qualcosa gli manca. Quel qualcosa che trova nelle sue sempre più sporadiche visite al vecchio museo. Ma non è più tempo di statue di cera e plastiche, il Museo di Storia Naturale si sta infatti sbarazzando delle vecchie ricostruzioni come delle piccole miniature. Imballate in casse da viaggio simili alla bara con cui viaggia Nosferatu, le vecchie attrazioni sono destinate all'archivio federale dello Smithsonian Museum di Washington. Per uno scherzo della solita scimmietta però assieme alle statue viene imballata anche la tavola egizia che ha il potere di animarle e che, portata a Washington, darà vita a tutto lo Smithsonian Museum compreso Kahmunrah, fratello

di quell'Ahkmenrah combattuto e sconfitto nel primo episodio. ■ COMMEDIA; COL.; 105'; USA, CANADA, 2009.

NOTTE AL TABARIN, UNA *(Une nuit au tabarin)* ★★
Regia di KARL LAMAC. Con ROBERT DHÉRY, JACQUELINE GAUTIER. ■ Un avvocato moralista conduce una feroce campagna contro i locali notturni. Il proprietario di un night club contro cui egli si è particolarmente scagliato si vendica in modo originale lasciandogli il locale in eredità. ■ COMMEDIA; B/N; 85'; FRANCIA, 1946.

NOTTE A NEW YORK, UNA *(One New York Night)* ★★
Regia di JACK CONWAY. Con UNA MERKEL, CONRAD NAGEL, HARVEY STEPHENS, FRANCHOT TONE. ■ Nonostante gli importanti nomi del cast, un giallo piuttosto banale ambientato in un grande albergo di New York. ■ GIALLO; B/N; 71'; USA, 1935.

NOTTE A PARIGI, UNA *(Asphalte)* ★★
Regia di HERVÉ BROMBERGER. Con MASSIMO GIROTTI, GEORGES RIVIÈRE, DANY SAVAL, JEAN P. VIGNON. ■ Nicole passa una serata con degli amici in assenza del marito. Il gruppo si reca in un locale notturno, dove uno degli uomini provoca una rissa che avrà tragiche conseguenze anche sul destino di Nicole. Il marito, però, interviene a tirarla fuori dai guai. ■ DRAMMATICO; B/N; 94'; FRANCIA, ITALIA, 1959.

NOTTE A PIETROBURGO, UNA ★★
(Petersburger Nächte)
Regia di E. W. EMO. Con PAUL HÖRBIGER, ELISA ILLARD, ADELE SANDROCK. ■ Storia di un amore del musicista Strauss durante una tournée trionfale in Russia. In viaggio per Pietroburgo, dove la sua musica otterrà enorme successo, incontra un'affascinante sconosciuta di cui si innamora. Ritrovatala, dovrà rinunciare all'amata perché lei è già legata ad un altro uomo. ■ DRAMMATICO; B/N; 91'; GERMANIA, 1934.

NOTTE A RIO, UNA *(That Night in Rio)* ★★★
Regia di IRVING CUMMINGS. Con DON AMECHE, ALICE FAYE, CARMEN MIRANDA, MARIA MONTEZ, J. CARROL NAISH, S. Z. SAKALL. ■ Un artista di varietà è il sosia di un barone brasiliano e ne imita perfettamente ogni atteggiamento. Quando questi deve partire improvvisamente, i suoi soci decidono di mantenere il segreto e ingaggiano lo *showman* per sostituirlo a tutti gli effetti. L'intervento di questi si rivelerà provvidenziale. ■ COMMEDIA; COL.; 90'; USA, 1941.

NOTTE ASSASSINA, LA *(Roadhouse 66)* ★★
Regia di JOHN MARK ROBINSON. Con WILLEM DAFOE, STEVE ELLIOTT, JUDGE REINHOLD. ■ Un leguleio e un autostoppista che ha caricato per strada arrivano in una qualsiasi cittadina dell'Arizona il giorno della festa dei lavoratori. Sul posto fanno un paio di simpatici incontri con delle ragazze, e qualche incontro meno simpatico con maschi cui non piacciono i forestieri. ■ COMMEDIA; COL.; 96'; USA, 1984.

NOTTE BIANCA *(The Doctor Takes a Wife)* ★★★
Regia di ALEXANDER HALL. Con REGINALD GARDINER, EDMUND GUENN, RAY MILLAND, GAIL PATRICK, LORETTA YOUNG. ■ Una scrittrice è nota per la sua difesa ad oltranza dell'indipendenza femminile da ogni legame sentimentale. Per varie ragioni deve ospitare un uomo nella sua abitazione: si viene così a creare un clima di competitività tra i due che si trasformerà ben presto in amore. ■ COMMEDIA; B/N; 89'; USA, 1940.

NOTTE BLU COBALTO, UNA ★★
Regia di DANIELE GANGEMI. Con VALENTINA CARNELUTTI, VINCENZO CRIVELLO, CORRADO FORTUNA, ALESSANDRO HABER, REGINA ORIOLI. ■ Dino Malaspina è uno studente universitario fuori corso e fuori strada. Colpito al cuore da un amore finito ha smarrito la direzione e il senso. Ossessionato da Valeria, che gli preferisce il teatro e le amiche, piange e si consuma nei ricordi. Perso l'ennesimo appello, Dino risponde all'annuncio di una pizzeria, "La Blu Cobalto", e viene assunto da Turi, singolare gestore che cita Sunzi e lo introduce all'"arte della guerra" e della vita. Dentro una notte catanese, consegnerà una pizza e un sorriso a una messe di clienti eccentrici e infinitamente soli, superando l'impasse e muovendo finalmente in avanti la sua vita. ■ COMMEDIA; COL.; 80'; ITALIA, 2009.

NOTTE BRAVA, LA ★★★
Regia di MAURO BOLOGNINI. Con JEAN-CLAUDE BRIALY, MYLÈNE DEMONGEOT, ANNA MARIA FERRERO, FRANCO INTERLENGHI, ANTONELLA LUALDI, ELSA MARTINELLI, ROSANNA SCHIAFFINO, LAURENT TERZIEFF. ■ Un gruppo di balordi passa una "notte brava" con il ricavato di un furto. Alla fine, dopo che il denaro è stato perso e rubato di nuovo, uno dei giovani resta solo e, in compagnia di una ragazza, vaga da un locale all'altro. All'alba, gli sono rimaste in tasca soltanto mille lire. ■ DRAMMATICO; B/N; 95'; ITALIA, 1959.

NOTTE BRAVA A LAS VEGAS
(What Happens in Vegas...) ★★★
Regia di TOM VAUGHAN. Con LAKE BELL, ROB CORDDRY, CAMERON DIAZ, ASHTON KUTCHER, DENNIS MILLER, TREAT WILLIAMS. ■ Jack Fuller è uno scapolo impenitente che non finisce mai quello che comincia, Joy McNally è una bionda broker di New York che porta tutto diligentemente a termine. Lui perde il lavoro per poca applicazione, lei il futuro sposo per troppa sollecitudine. Licenziati senza troppi convenevoli, trovano rifugio e piacere a Las Vegas, dove si incontrano, si ubriacano e si sposano. Finiti gli effetti dell'alcool, cercano di divorziare e di conservare i tre milioni di dollari vinti da Jack con il quarto di dollaro di Joy. Peccato che un giudice tradizionalista decida per loro altrimenti: sei mesi di convivenza forzata e congelamento della vincita al Jackpot. Intraprenderanno così un periodo obbligato e "idilliaco" da marito e moglie. *Notte brava a Las Vegas* è una commedia romantica perfettamente sospesa fra la verticalità dello skyline di New York e le architetture a tema di Las Vegas. La commedia della nuova Hollywood, dopo aver sdoganato, consumato e perduto ogni segreto dei corpi, sembra trovare nella "notte brava" di Cameron Diaz e Ashton Kutcher i tempi giusti e l'energia erotica necessaria a sostenere l'arte dell'allusione. Questa volta la posta cruciale non è né il sesso, né il piacere, ma il matrimonio, o meglio il ri-matrimonio. Perché Jack e Joy si sono già sposati a Las Vegas per eccesso di alcool, di ormoni e di leggerezza (probabilmente generazionale). ■ COMMEDIA; COL.; 99'; USA, 2008.

NOTTE BRAVA DEL SOLDATO JONATHAN, LA ★★★
(The Beguiled)
Regia di DON SIEGEL. Con DARLEEN CARR, CLINT EASTWOOD, JO ANN HARRIS, ELIZABETH HARTMAN, MAE MERCER, GERALDINE PAGE. ■ Il soldato nordista Jonathan McBurney, ferito, viene ospitato e curato in un collegio femminile dove la direttrice Miss Martha, l'insegnante Edwina e la giovane Carol si innamorano di lui, unico uomo della casa, giovane e piacente. Dapprima le donne sono divise da rivalità, poi, quando lui vuole imporre la sua autorità, gli servono a tavola un piatto fumante di funghi velenosi. ■ DRAMMATICO; COL.; 109'; USA, 1971.

NOTTE CELESTIALE, UNA *(One Heavenly Night)* ★★
Regia di GEORGE FITZMAURICE Con JOHN BOLES, LEON ERROL, LILIAN TASHMAN. ■ Una fiorista accetta di scambiare i ruoli con una diva del caffè concerto. Un aristocratico la corteggia credendola la ballerina, ma poi s'innamora sul serio e non cambia i suoi sentimenti quando viene a sapere dello scambio d'identità. ■ SENTIMENTALE; B/N; 90'; USA, 1931.

NOTTE CHE EVELYN USCÌ DALLA TOMBA, LA ★★
Regia di EMILIO P. MIRAGLIA. Con ERIKA BLANC, MARINA MALFATTI, ROD MURDOCK, GIACOMO ROSSI STUART, ANTHONY STEFFEN. ■ Sir Alan ha ucciso la moglie e ora, impazzito, ospita nel suo castello donne coi capelli rossi (come la povera Evelyn) che fanno regolarmente una brutta fine. Ma la seconda moglie lo concia per le feste: complice un aitante cugino, fa impazzire del tutto il marito fingendosi il fantasma di Evelyn. Si appresta a goderne la cospicua eredità quando la vicenda prende una piega inaspettata. ■ HORROR; COL.; 91'; ITALIA, 1971.

NOTTE CHE NON C'INCONTRAMMO, LA ★★
(The Night We Never Met)
Regia di WARREN LEIGHT. Con KEVIN ANDERSON, MATTHEW BRODERICK, ANNABELLA SCIORRA. ■ Se l'affitto di un appartamento è diviso fra tre persone, ognuna delle quali lo può abitare solo per due giorni a settimana, possono accadere gli equivoci a

cui si assiste in questa commedia ben interpretata dai due protagonisti. ■ COMMEDIA; COL.; 94'; USA, 1993.

NOTTE CHE PIOVE, UNA ★
Regia di GIANFRANCO BULLO. Con OLGA BEAUMONT, GIOVANNI COSTA, VIOLA SIMONCIONI, MASSIMO VENTURIELLO. ■ Guido è un procuratore legale che, dopo la morte del padre, si allontana per qualche giorno recandosi nella casa al mare in cui passava le vacanze. Ritrova Anna, suo antico amore, che nel passato lo aveva lasciato. Ora la donna ha una figlia, Susan, che le assomiglia moltissimo e di cui Guido si innamora. Bullo ci prova con il dramma esistenziale, ma non sembra essere pane per i suoi denti. ■ DRAMMATICO; COL.; 92'; ITALIA, 1994.

NOTTE CHE SPENSERO LE LUCI IN GEORGIA, LA ★★
(The Night the Lights Went Out in Georgia)
Regia di RONALD F. MAXWELL. Con KRISTY MCNICHOL, DENNIS QUAID, DON STROUD. ■ Fratello e sorella formano un duo musicale. Ma lui è poco ambizioso. Manderà a monte una tournée, sulla quale la ragazza contava molto. ■ COMMEDIA; COL.; 120'; USA, 1981.

NOTTE CON BETH COOPER, UNA ★
(I Love You, Beth Cooper)
Regia di CHRIS COLUMBUS. Con SAMM LEVINE, LAUREN LONDON, HAYDEN PANETTIERE, ALAN RUCK, CYNTHIA STEVENSON. ■ Denis Cooverman, uno studente di grande intelligenza ma inadeguata capacità di socializzazione, è innamorato da sempre di Beth Cooper, capitano delle cheerleader, bella, bionda e sempre troppo fidanzata. Dalle medie Denis siede pavido dietro al suo banco e alla fine del liceo, proprio il giorno della consegna dei diplomi, ha deciso di rivelarle il suo amore. La sua dichiarazione pubblica e il suo invito ai compagni diplomati a fare outing gli aliena metà della scuola ma accende la curiosità di Beth che deciderà di partecipare al suo party. Davanti a una bottiglia di champagne e a montagne di patatine avrà inizio la lunga notte di Denis e Beth, che l'alba scoprirà innamorati e maturi. ■ COMMEDIA; COL.; 105'; CANADA, USA, 2009.

NOTTE CON SABRINA LOVE, UNA ★
(Una Noche con Sabrina Love)
Regia di ALEJANDRO AGRESTI. Con NORMA ALEANDRO, TOMÁS FONZI, GIANCARLO GIANNINI, CECILIA ROTH, FABIÁN VENA. ■ Sabrina Love è una pornostar titolare di una "rubrica" televisiva notturna di grande audience. L'adolescente, campagnolo, Daniel vive in funzione di quella trasmissione, partecipa a un concorso e vince la possibilità di passare una notte col suo idolo. Non ha un soldo, ma è disposto a tutto pur di arrivare a Buenos Aires. Vecchia storia. Del tutto superflua. ■ COMMEDIA; COL.; 100'; ARGENTINA, FRANCIA, ITALIA, SPAGNA, 2001.

NOTTE CON TE, UNA ★★★
Regia di FERRUCCIO BIANCINI, E. W. EMO. Con NINO BESOZZI, UGO CESERI, ELSA MERLINI, EVELINA PAOLI. ■ La Merlini, fresca reduce dalla *Segretaria privata* di Alessandrini, è una ragazza fuggita di casa e scambiata casualmente per ladra. ■ COMMEDIA; B/N; 91'; GERMANIA, ITALIA, 1932.

NOTTE CON VOSTRO ONORE, UNA ★★★
(First Monday in October)
Regia di RONALD NEAME. Con JILL CLAYBURGH, WALTER MATTHAU, JAN STERLING. ■ Dalla commedia teatrale *Il primo lunedì di ottobre* di Lawrence e Lee. Una battagliera donna giudice (Clayburgh) entra inaspettatamente a far parte della Suprema Corte di Giustizia di New York, tradizionalmente composta da soli uomini, scontrandosi immediatamente con i pregiudizi e le angherie del burbero e arguto giudice Snow (Matthau). Non sarà facile conquistarne la stima. Deliziosa commedia brillante. ■ COMMEDIA; COL.; 98'; USA, 1981. ■ GOLDEN GLOBES 2 NOM.

NOTTE DA LEONI, UNA *(The hangover)* ★★
Regia di TODD PHILLIP. Con JUSTIN BARTHA, BRADLEY COOPER, ZACH GALIFIANAKIS, HEATHER GRAHAM, ED HELMS. ■ Due giorni separano Doug dal suo matrimonio, due giorni da consumare a Las Vegas con gli amici di sempre Phil e Stu e col cognato prossimo Alan. Phil è un professore svagato con moglie e prole, Stu un dentista sottomesso alle angherie della fidanzata, Alan un ragazzaccio grassoccio e mai cresciuto. A bordo di una Mercedes da collezione partono alla volta della città per festeggiare a dovere l'addio al celibato di Doug. Drogati per errore, si sveglieranno l'indomani in tre dentro una suite disfatta, con un dente in meno, una tigre in bagno, una gallina in camera e senza il futuro sposo. Allarmati dal loro stato confusionale e dall'assenza di Doug decidono di ricostruire la notte trascorsa, scoprendo un poco alla volta di aver detto e fatto cose inenarrabili. ■ COMMEDIA; COL.; 100'; USA, 2009.

NOTTE DA LEONI 2, UNA *(The Hangover Part II)* ★★
Regia di TODD PHILLIPS. Con JUSTIN BARTHA, BRADLEY COOPER, ZACH GALIFIANAKIS, PAUL GIAMATTI, ED HELMS. ■ Sono passati due anni dalla folle notte di Las Vegas in cui Phil, Stu e Alan rischiarono di far saltare il matrimonio del loro amico Doug. Anche se ancora in cerca dei pezzi mancanti della sua psiche, Stu è finalmente in procinto di sposarsi e, per l'occasione, ha deciso di invitare Doug e Phil ad una sfarzosa (e astemia) cerimonia in Thailandia presso la villa dei futuri suoceri. L'unico problema è che il viziato e pazzoide Alan non ha mai dimenticato quella fatidica notte a Las Vegas e, venuto a sapere del matrimonio di Stu, fa di tutto per farsi invitare, ansioso di poter passare un'altra notte assieme ai suoi unici amici. Finché qualche giorno dopo, arriva la solita telefonata da parte di Phil: «Abbiamo combinato un casino. Un'altra volta». ■ COMMEDIA; COL.; 102'; USA, 2011.

NOTTE DA LEONI 3, UNA *(The Hangover Part III)* ★★
Regia di TODD PHILLIPS. Con BRADLEY COOPER, ZACH GALIFIANAKIS, HEATHER GRAHAM, ED HELMS, KEN JEONG. ■ Quando la follia infantilistica di Alan arriva a provocare incidenti irrimediabili, i suoi amici si dicono pronti ad accompagnarlo in una struttura che possa essergli di aiuto, su richiesta della madre e della sorella. Peccato che il viaggio in auto venga interrotto da un nuovo sequestro di Doug (bianco), ad opera del gangster Marshall e del suo scagnozzo Doug nero. Per riavere il loro amico, Phil, Stu e Alan dovranno consegnargli il solito, indemoniato, Mr. Chow, fuggito dalla prigione di Bankok e responsabile del furto dei miliardi rubati di Marshall. Terzo ed ultimo capitolo di una serie che non avrebbe mai pensato di andare oltre il primo, *Una notte da leoni 3* ritorna intelligentemente sulle tracce del capostipite, non solo perché gli imprevisti del viaggio riportano i nostri eroi in quel di Las Vegas, dove tutto era cominciato, ma perché le risate che strappano tornano a farsi sonore e inevitabili. ■ COMMEDIA; COL.; 100'; USA, 2013.

NOTTE D'AMORE, UNA *(One Night of Love)* ★★
Regia di VICTOR SCHERTZINGER. Con TULLIO CARMINATI, GRACE MOORE. ■ Una giovane americana giunge in Italia per imparare l'arte del canto. Viene seguita dal maestro Monteverdi, che le proibisce di parlare d'amore. Solo dopo il successo, i due si confessano il proprio amore. ■ COMM. MUSICALE; B/N; 80'; USA, 1934. ■ OSCAR 2 PR, 6 NOM.

NOTTE D'AMORE SUL BOSFORO ★★
(Die Nacht der grossen Liebe)
Regia di GÉZA VON BOLVÀRY. Con GUSTAV FRÖHLICH, CHRISTIANE GRANTOFF, JARMILA NOVOTNA. ■ Un giovane capitano s'innamora di una vedova che lo ricambia. Lei però ha una figlia che a sua volta s'innamora del bel capitano. La madre rinuncia all'amore in favore della figlia e accetta di sposare un maturo signore. ■ COMMEDIA; B/N; 93'; GERMANIA, 1933.

NOTTE D'ANGOSCIA *(When Strangers Marry)* ★★
Regia di WILLIAM CASTLE. Con RHONDA FLEMING, KIM HUNTER, DEAN JAGGER, ROBERT MITCHUM. ■ Dopo che un uomo è stato strangolato in un bar, Paul si nasconde per paura di essere accusato del delitto. In questo modo attira i sospetti della polizia, ma sua moglie riesce, con l'aiuto di un agente, a far catturare il vero assassino. ■ POLIZIESCO; B/N; 67'; USA, 1944.

NOTTE D'ARABIA *(Two Arabian Knights)* ★★
Regia di LEWIS MILESTONE. Con MARY ASTOR, WILLIAM BOYD, IAN KEITH, MICHAEL VAVITCH, LOUIS WOLHEIM. ■ Durante la guerra il civile Phelps (William Boyd) e il sergente McGaffney sono fatti prigionieri dai tedeschi e confinati in un campo. Dopo vari tentativi i due riescono a fuggire travestiti da arabi e si im-

barcano in un bastimento diretto a Giaffa. Sulla nave Phelps corteggia Miza, una splendida ragazza araba (Mary Astor). Phelps si fa capire a cenni in modo molto eloquente tanto da far togliere a Miza il velo. Miza è la figlia dell'emiro di Giaffa che l'ha promessa in sposa a Shevket. Informato della tresca tra l'americano e la figlia, l'emiro ordina di arrestare Phelps e Mira al loro sbarco. I due giovani sono salvati dal Console americano. Dopo una serie di rocambolesche vicende, i due giovani riescono a fuggire dai propri nemici e a rimanere insieme. ■ COMMEDIA; B/N; 92′; USA, 1927. ■ OSCAR 1 PR, 1 NOM.

NOTTE DA RICORDARE, UNA *(The Allnighter)* ★★
Regia di TAMAR SIMON HOFFS. Con JOHN CUSACK, SUSANNA HOFFS, DEDEE PFEIFFER. ■ Susanna ha trascorso quattro anni in un collegio californiano e adesso che può tornarsene a casa vuole cominciare a "vivere" e a riguadagnare il tempo che ha perduto studiando. Dopo essersi accordata con due amiche organizza una festa che i partecipanti dovranno ricordare a lungo. Un film da dimenticare per la bella cantante delle Bangles, qui attrice protagonista. ■ COMMEDIA; COL.; 95′; USA, 1987.

NOTTE D'AVVENTURA *(A Night of Adventure)* ★★
Regia di GORDON DOUGLAS. Con TOM CONWAY, AUDREY LONG. ■ Un avvocato di grido privilegia il suo lavoro trascurando il rapporto con la moglie che, stanca della situazione, si mette con un artista. La modella del pittore viene uccisa nello studio di questi e l'avvocato ne assume la difesa per tirare fuori sua moglie dai guai. ■ GIALLO; B/N; 81′; USA, 1944.

NOTTE DEGLI ASSASSINI, LA ★
Regia di JESUS FRANCO. Con WILLIAM BERGER, ALBERTO DALBÉS, MARIBEL HIDALGO, EVELYN SCOTT. ■ L'assassinio di un lord fa scattare le indagini, e ad uno ad uno gli eredi fanno una brutta fine. Infatti in realtà il vecchio aristocratico non è affatto morto e si sta vendicando di loro. ■ GIALLO; COL.; 80′; GERMANIA, SPAGNA, 1973.

NOTTE DEGLI SCIACALLI, LA *(La moucharde)* ★★
Regia di GUY LEFRANC. Con DANY CARREL, HENRI CREMIEUX, YVES DENIAUD, PIERRE VANECK. ■ Una ragazza fugge dal riformatorio per ricongiungersi al suo amante, un pregiudicato. Fa il viaggio con un camionista che le affida del denaro con il quale i due dovrebbero trascorrere insieme una vacanza al mare. Ma lei scappa dall'innamorato. Finale tragico. ■ DRAMMATICO; B/N; 100′; FRANCIA, 1958.

NOTTE DEGLI SQUALI, LA ★★
Regia di TONINO RICCI. Con JANET AGREN, CHRISTOPHER CONNELLY, TREAT WILLIAMS. ■ Un cacciatore di squali entra in possesso di un disco contenente alcuni segreti che scottano. I killer di un trust che vuol recuperare il disco tentano di fare la festa al cacciatore, che però li fa sterminare dagli squali. Poi affronta da solo il boss del trust. ■ AVVENTURA; COL.; 96′; ITALIA, 1987.

NOTTE DEI DANNATI, LA ★
Regia di FILIPPO MARIA RATTI. Con PIERRE BRICE, MARIO CARRÈ, DANIELA D'AGOSTINO, ANGELA DE LEO, ANTONIO PAVAN, PATRIZIA VIOTTI. ■ Una maledizione pesa sulla casata dei Saint-Lambert: sono tutti destinati a morire a trentacinque anni. Il giornalista Jean Duprey e sua moglie si recano appunto al castello dell'amico Guillaume Saint-Lambert, ormai morente, e svelano il mistero: c'entra la reincarnazione di una strega. ■ HORROR; COL.; 92′; ITALIA, 1971.

NOTTE DEI DEMONI, LA *(Werewolves on Wheels)* ★
Regia di MICHEL LEVESQUE. Con D. J. ANDERSON, SEVERN DARDEN, STEPHEN OLIVER. ■ Una banda di fanatici motociclisti pratica di notte riti satanici. Sangue a volontà. ■ HORROR; COL.; 85′; USA, 1971.

NOTTE DEI DEMONI, LA *(Night of the Demons)* ★★
Regia di KEVIN TENNEY. Con ALVIN ALEXIS, LANCE FENTON, HAL HAVINS, CATHY PODEWELL, LINNEA QUIGLEY. ■ Halloween è in arrivo, ma sono in arrivo anche dei demoni veri che irrompono dall'oltretomba. A differenza di opere simili, qui lo humour riesce a farsi largo e a strizzare l'occhio ai ragazzini. ■ HORROR; COL.; 90′; USA, 1988.

NOTTE DEI DIAVOLI, LA ★
Regia di GIORGIO FERRONI. Con AGOSTINA BELLI, CINZIA CAROLIS, GIANNI GARKO, MARK ROBERTS. ■ Un giovane con l'auto in panne trova ospitalità in una fattoria. Non tarda ad accorgersi di strani fenomeni. I componenti della famiglia (fra cui una ragazza di cui il giovanotto si innamora) attendono di essere trasformati in morti viventi. Finale cruento. ■ HORROR; COL.; 90′; ITALIA, 1972.

NOTTE DEI FALCHI (ENTEBBE – OPERAZIONE THUNDER-BOLT), LA *(Operation Thunderbolt)* ★★
Regia di MENAHEM GOLAN. Con GILA ALMAGOR, ASSAF DAYAN, YEHORAM GAON, KLAUS KINSKI. ■ Nel giugno del 1976, un commando di terroristi dirottò un aereo francese con a bordo 106 ebrei e fece scalo a Entebbe, accolto dal governo di Amin Dada. I terroristi chiesero la liberazione dei prigionieri palestinesi; in caso contrario avrebbero ucciso gli ostaggi. Gli israeliani organizzarono un raid che portò alla liberazione degli ebrei. ■ AVVENTURA; COL.; 125′; ISRAELE, 1977. ■ OSCAR 1 NOM.

NOTTE DEI GENERALI, LA ★★★
(The Night of the Generals)
Regia di ANATOLE LITVAK. Con TOM COURTENAY, CHARLES GRAY, JULIETTE GRÉCO, PHILIPPE NOIRET, PETER O'TOOLE, DONALD PLEASENCE, OMAR SHARIF. ■ Varsavia, durante la seconda guerra mondiale. Un integerrimo maggiore della polizia militare tedesca scopre che il colpevole dell'assassinio di una prostituta è Tanz, un generale nazista. Viene eliminato da quest'ultimo. Il generale colpevole, che ha intanto commesso altri delitti, viene condannato alla fine del conflitto, ma per crimini di guerra. Sarà un ispettore amico del coraggioso maggiore a smascherarlo. Tanz si suiciderà. ■ DRAMMATICO. COL.; 148′; GRAN BRETAGNA, 1967. ■ DAVID DI DONATELLO 1 PR, 1 NOM.

NOTTE DEI GENERALI... SEGRETI DI GUERRA, LA *(Night of the Fox)* ★★
Regia di CHARLES JARROTT. Con GEORGE PEPPARD, MICHAEL YORK. ■ Un agente americano viene incaricato dallo Stato Maggiore di ritrovare un ufficiale ferito dai tedeschi. Quest'ultimo è informato sulla strategia che si vuole adottare per lo sbarco in Normandia e quindi è importantissimo che non venga arrestato dai nemici. L'agente riuscirà nella missione anche grazie all'aiuto del sosia di Rommel. Ritmo un po' lento, regia convenzionale. ■ GUERRA; COL.; 175′; GRAN BRETAGNA, USA, 1990.

NOTTE DEI GIRASOLI, LA *(La noche de los girasoles)* ★★
Regia di JORGE SÁNCHEZ-CABEZUDO. Con MARIANO ALAMEDA, JUDITH DIAKHATE, CARMELO GÓMEZ. ■ Due speleologi, Pedro ed Esteban, vengono ingaggiati dal sindaco di un piccolo paese per calarsi in una grotta scoperta per caso e per verificarne l'interesse scientifico. Fuori dalla grotta, in un bosco adiacente, li aspetta Gabi, l'incantevole moglie di Esteban. Durante l'attesa la donna viene aggredita da un maniaco. Comincerà così un'implacabile caccia all'uomo e una lenta discesa nei meandri delle proprie coscienze. ■ DRAMMATICO; COL.; 123′; SPAGNA, FRANCIA, PORTOGALLO, 2006.

NOTTE DEI MAGHI, LA *(Hanussen)* ★★★
Regia di ISTVÁN SZABÓ. Con KLAUS MARIA BRANDAUER, GYÖRGY CSERHALMI, ERLAND JOSEPHSON. ■ La storia di Erik Jan Hanussen, nato Klaus Schneider, un soldato austriaco della prima guerra mondiale che in ospedale si accorge di avere poteri ESP. Li usa per diventare un famoso veggente, ma alcune sue predizioni lo rendono inviso al nascente regime hitleriano. Hanussen sarà eliminato. ■ DRAMMATICO; COL.; 120′; GERMANIA, UNGHERIA, 1988. ■ GOLDEN GLOBES 1 NOM; OSCAR 1 NOM.

NOTTE DEI MILLE GATTI, LA ★★
(The Night of Thousand Cats)
Regia di HARRY STEWART. Con CHRISTIAN LINDER, TANYA MELL, JORGE RUSSECK, HUGO STIGLITZ. ■ In un castello il giovane aristocratico Ugo uccide con l'aiuto di un servo mostruoso le donne che vi ha attirato e tiene le teste per una macabra collezione, mentre i corpi vengono dati in pasto a un branco di striduli gatti che infesta il castello. Anche Ugo finirà nelle fauci delle terribili bestie. ■ HORROR; COL.; 85′; MESSICO, 1975.

NOTTE DEI MORTI VIVENTI, LA ★★★
(The Night of the Living Dead)
Regia di GEORGE A. ROMERO. Con MARILYN EASTMAN, KARL HARDMAN, DUANE JONES, JUDITH O'DEA, MARK RICCI, RUSSELL STEINER, KEITH WAYNE. ■ Una misteriosa radiazione proveniente da Venere provoca il panico in una cittadina della Pennsylvania: ha infatti l'effetto di far risuscitare i morti non ancora seppelliti. Stragi a volontà. ■ HORROR; B/N; 96'; USA, 1968.

NOTTE DEI MORTI VIVENTI, LA ★★
(The Night of the Living Dead)
Regia di TOM SAVINI. Con PATRICIA TALLMAN, TONY TODD. ■ Fiacco remake del macabro e sanguinoso originale di Romero, ai tempi (1968) molto apprezzato. Questa volta i malcapitati protagonisti sono due coppie più una bambina, ma la storia è quasi la stessa. A causa di oscuri esperimenti chimici un gruppetto di truculenti zombi esce dalla tomba e comincia a braccare i protagonisti, con la solita implacabile lentezza. ■ HORROR; COL.; 88'; USA, 1991.

NOTTE DEI SERPENTI, LA ★
Regia di GIULIO PETRONI. Con LUKE ASKEW, WILLIAM BOGARD, MAGDA KONOPKA, LUIGI PISTILLI. ■ Un killer, ingaggiato per uccidere un bambino della cui eredità loschi figuri vogliono impadronirsi, conosce e impara ad amare la piccola vittima designata e ne diviene il protettore. Gli altri fanno una fine miseranda. ■ WESTERN; COL.; 90'; ITALIA, 1970.

NOTTE DEI SETTE ASSASSINI, LA ★★
(House of Seven Corpses)
Regia di PAUL HARRISON. Con JOHN CARRADINE, FAITH DOMERGUE, JOHN IRELAND. ■ Un vecchio maniero vittoriano è usato come teatro di posa per una troupe cinematografica. Dopo qualche tempo accadono misteriosi delitti. ■ HORROR; COL.; 95'; USA, 1974.

NOTTE DEL DELITTO, LA *(Twilight of Honor)* ★★
Regia di BORIS SAGAL. Con NICK ADAMS, RICHARD CHAMBERLAIN, JOEY HEATHERTON, CLAUDE RAINS. ■ L'avvocato Owen Paulk riesce a far assolvere il suo cliente Ray Priest, accusato di avere ucciso un uomo che faceva la corte alla propria moglie, e a spostare i sospetti sul vero amante della moglie, non estranea al delitto. ■ DRAMMATICO; B/N; 115'; USA, 1963. ■ OSCAR 2 NOM.

NOTTE DEL DEMONIO, LA ★★★
(Night of the Demon – Curse of the Demon)
Regia di JACQUES TOURNEUR. Con DANA ANDREWS, PEGGY CUMMINS, NIAL MCGINNIS, ATHENE SEYLER. ■ Uno scienziato pratica le scienze occulte. Egli predice la morte di un collega, che puntualmente si avvera. Predice che anche lo psicologo Holden morirà di lì a poco. In realtà è lui stesso che scatena delle forze demoniache che uccidono. Questa volta non avrà successo. ■ FANTASTICO; B/N; 83'; USA, 1957.

NOTTE DEL DESIDERIO, LA *(Die Lady)* ★★
Regia di HANS ALBIN, PETER BERNEIS. Con CLAUDINE AUGER, PAUL HUBSCHMID, INGRID THULIN. ■ La storia si svolge ad Atene: un ambasciatore accreditato in questa capitale e sua moglie sono ai ferri corti. La donna, che frequenta i quartieri malfamati, si innamora di un portuale, ma lo lascerà quando saprà che è un assassino. ■ DRAMMATICO; B/N; 91'; GERMANIA, 1964.

NOTTE DEL FUGGITIVO, LA ★
(Night of the Running Man)
Regia di MARCK L. LESTER. Con SCOTT GLENN, JOHN GLOVER, JANET GUNN, ANDREW MCCARTHY. ■ Un tassista si ritrova tra le mani una valigia con un malloppo da capogiro. Viene inseguito da un killer, ma riesce a sfuggirgli in compagnia dell'infermiera che lo ha aiutato. ■ THRILLER; COL.; 92'; USA, 1994.

NOTTE DEL FURORE, LA *(Rage)* ★★
Regia di GEORGE C. SCOTT. Con RICHARD BASEHART, GEORGE C. SCOTT, MARTIN SHEEN. ■ Un uomo viene contaminato col figlio da un gas mortale. Suo figlio muore. Prima di morire anche lui fa saltare la fabbrica che produce il malefico gas. ■ DRAMMATICO; COL.; 93'; USA, 1972.

NOTTE DEL GABBIANO, LA *(Suna no kaori)* ★★
Regia di KATSUMI IWAUCHI. Con MIE HARA, JITSUKO YOSHIMURA. ■ Una giovane donna in attesa di essere processata per l'assassinio dell'amante di suo marito si innamora del giovane Tokura. Al processo viene assolta. Ma lei è davvero l'assassina: lo ha confidato al suo giovane amante che è divenuto così il depositario del terribile segreto. ■ DRAMMATICO; B/N; 91'; GIAPPONE, 1971.

NOTTE DEL GIORNO DOPO, LA ★★
(The Night of the Following Day)
Regia di HUBERT CORNFIELD. Con RICHARD BOONE, MARLON BRANDO, GERARD BUHR, PAMELA FRANKLIN, JESS HAHN, RITA MORENO. ■ Una ragazza, figlia di un uomo molto ricco, viene rapita all'aeroporto parigino di Orly da quattro malviventi, tre uomini e una donna, e portata in un luogo isolato in attesa del riscatto. I quattro complici si fanno poi fuori l'un l'altro, come è nelle migliori tradizioni. Lei viene salvata. Ma era tutto un sogno. ■ DRAMMATICO; COL.; 93'; USA, 1969.

NOTTE DEL GIUDIZIO, LA *(The Purge)* ★★★
Regia di JAMES DEMONACO. Con MAX BURKHOLDER, ETHAN HAWKE, LENA HEADY, EDWIN HODGE, RHYS WAKEFILED. ■ Stati Uniti, 2022. La situazione socio-economica è ottimale, con un indice di disoccupazione ai minimi storici e criminalità quasi azzerata. C'è però un prezzo da pagare per questa pace sociale: una notte all'anno è lasciato libero sfogo agli istinti violenti e tutto è permesso, qualunque crimine. Perciò, quelli che possono si asserragliano dentro case protette ed equipaggiate, aspettando che passi. James Sandin si occupa di sistemi di sicurezza. Come gli altri anni, intende passare al sicuro la nottata con la famiglia, dopo aver messo in sicurezza i suoi clienti. Tutto è perfetto come al solito, ma Henry, il fidanzato della figlia diciottenne Zoey, resta di nascosto nella casa per incontrarsi con lei, e Charlie, il figlio piccolo, vede, dai monitor di controllo, un uomo di colore che chiede disperatamente aiuto poco fuori casa. Charlie disattiva il sistema d'allarme e lo fa entrare. Un gruppo di persone armate chiede la restituzione della sua vittima sacrificale altrimenti sarà la guerra. È solo l'inizio dei guai e la notte è ancora lunga. La situazione di partenza è di quelle forti, azzeccate, semplici da capire e perciò maggiormente efficaci: il potere della violenza usato per sanificare una nazione dai suoi istinti bestiali. E narrativamente funziona. ■ THRILLER; COL.; 85'; USA, FRANCIA, 2013.

NOTTE DEL GRANDE ASSALTO, LA ★★
Regia di GIUSEPPE MARIA SCOTESE. Con KERIMA, SERGIO FANTONI, AGNÈS LAURENT, FAUSTO TOZZI. ■ In un castello sull'Appennino vivono il conte Fabio e sua sorella Isabella. I Borgia vorrebbero impadronirsi del castello. Ma arriva Marco Sforza che caccia i Borgia e sposa Isabella. ■ AVVENTURA; B/N; 92'; ITALIA, 1959.

NOTTE DELLA COMETA, LA *(Night of the Comet)* ★★
Regia di THOM EBERHARDT. Con SHARON FARRELL, GEOFFREY LEWIS, CATHERINE MARY STEWART. ■ Una cometa arriva sulla terra. Gli astronomi raccontano che non se ne vedeva una così dall'età della pietra. Tutta la gente si riversa sulle strade della California a vedere la meraviglia, che invece porta la morte per tutti i malcapitati. Rimangono vivi solo due ragazzi. ■ FANTASTICO; COL.; 94'; USA, 1984.

NOTTE DELL'ADDIO, LA ★★
Regia di RENBOR. Con FRANCA CAPURSO, DAN DANIELS, ALESSANDRA PANARO, IVA ZANICCHI. ■ Gino era fidanzato con Maria, ma quando torna a Milano dopo la guerra scopre che Maria, credendolo morto, si è sposata con un riccone. Gino si mettte con un'*entraîneuse* e con Gip, un delinquente. Per far soldi rapiscono un bambino. Guarda caso è il figlio di Maria. Gino allora aiuta la polizia a salvare il bambino. ■ DRAMMATICO; B/N; 92'; ITALIA, 1966.

NOTTE DELL'AGGUATO, LA *(The Stalking Moon)* ★★★
Regia di ROBERT MULLIGAN. Con ROBERT FORSTER, GREGORY PECK, EVA MARIE SAINT. ■ Un pellerossa in solitaria resistenza alla civiltà dei bianchi vuole che gli restituiscano la *squaw* bianca che dieci anni prima gli ha dato un figlio. Ma una guida bianca gli si oppone e si scontrano all'ultimo sangue. Donna e bambino diventano proprietà del bianco. ■ WESTERN; COL.; 109'; USA, 1969.

NOTTE DELL'ALTA MAREA, LA ★
Regia di LUIGI SCATTINI. Con ANNIE BELLE, PAM GRIER, HUGO PRATT, GIACOMO ROSSI STUART, ANTHONY STEEL. ■ Richard, dongiovanni un po' stagionato, riesce a sedurre Diana solo dopo una gran fatica. La ragazza cede proprio alla vigilia delle nozze (con un altro) nell'incanto di un'isola deserta. ■ DRAMMATICO; COL.; 90'; CANADA, ITALIA, 1977.

NOTTE DELLA LUNGA PAURA, LA ★★
(Night of the Lepus)
Regia di WILLIAM F. CLAXTON. Con RORY CALHOUN, MELANIE FULLERTON, DEFOREST KELLEY, JANET LEIGH, STUART WHITMAN. ■ Nel tentativo di opporsi alla proliferazione di conigli che stanno devastando ampie regioni degli Stati Uniti, uno scienziato genera inavvertitamente una stirpe di conigli giganti e feroci. Ma alla fine i coniglioni verranno sterminati. ■ FANTASCIENZA; COL.; 88'; USA, 1973.

NOTTE DELL'AQUILA, LA *(The Eagle has Landed)* ★★★
Regia di JOHN STURGES. Con JENNY AGUTTER, MICHAEL CAINE, ROBERT DUVALL, DONALD PLEASENCE, ANTHONY QUAYLE, DONALD SUTHERLAND. ■ Nel 1943 Hitler concepisce l'idea di rapire Churchill. L'impresa viene affidata a uomini dalle qualità eccezionali (un colonnello dei paracadutisti con un gruppo di fedelissimi e un tedesco insegnante di inglese). Il gruppo viene paracadutato nel Norfolk (dove si deve recare Churchill), ma poi qualcosa non funziona. ■ GUERRA; COL.; 112'; GRAN BRETAGNA, 1976.

NOTTE DELLA VERITÀ, LA *(Mother's Boys)* ★★
Regia di YVES SIMONEAU. Con PETER GALLAGHER, JAMIE LEE CURTIS, VANESSA REDGRAVE, JOANNE WHALLEY-KILMER. ■ Ricca, viziata e squilibrata, Jude vuole tornare dalla famiglia che ha abbandonato tre anni prima, proprio mentre il marito divorziato cerca di rifarsi una vita con un'altra donna. Jude si serve allora dei tre figli (soprattutto del maggiore, che cerca quasi di sedurre) per attirare in trappola la rivale. Tratto da un romanzo di Bernard Taylor, il film raggiunge qualche momento di suspense, ma è più che altro un pretesto per far risaltare l'istrionica e ossigenata Jamie Lee Curtis nel ruolo di Jude. ■ THRILLER; COL.; 95'; USA, 1993.

NOTTE DELLE BEFFE, LA ★★
Regia di CARLO CAMPOGALLIANI. Con AMEDEO NAZZARI, DRIA PAOLA. ■ Il "bandito Capatosta", così è conosciuto, salva una giovane da un matrimonio odioso con un vecchio e la fa sposare al suo giovane spasimante. ■ AVVENTURA; B/N; 93'; ITALIA, 1940.

NOTTE DELLE JENE, LA *(Thirteen West Street)* ★★
Regia di PHILIP LEACOCK. Con MICHAEL CALLAN, ALAN LADD, ROD STEIGER, KENNETH MACKENNA. ■ Un giovane fisico di nome Walt Sherill, che è stato aggredito e ferito da un gruppo di figli di papà annoiati e desiderosi di nuove emozioni, sviluppa un individualistico desiderio di vendetta. Ma poi smette di fare il "giustiziere solitario" e lascia fare alla legge. ■ DRAMMATICO; B/N; 80'; USA, 1962.

NOTTE DELLE MATITE SPEZZATE, LA ★★
(La noche de lapiches)
Regia di HECTOR OLIVERA. Con VITA ESCARDO, PABLO NAVARRO. ■ In Argentina negli anni Settanta sale al potere la giunta militare. Una notte (quella, appunto, delle "matite spezzate") un gruppo di liceali contestatori viene sequestrato dalla polizia. Solo uno di essi, dopo molte torture, verrà rilasciato. Degli altri non si saprà più nulla. Un buon film sull'argomento (ancora evitato dalla maggior parte dei registi argentini) dei *desaparecidos*. I meriti dell'opera sono, comunque, più civili che artistici. ■ DRAMMATICO; COL.; 90'; ARGENTINA, 1986.

NOTTE DELLE SPIE, LA *(La nuit des espions)* ★★
Regia di ROBERT HOSSEIN. Con ROBERT HOSSEIN, MARINA VLADY. ■ Siamo nel 1941. Il servizio segreto inglese scopre che una spia di sesso femminile deve consegnare un importante documento a un ufficiale tedesco e invia due agenti, un uomo e una donna, che hanno il compito d'uccidere i due e sostituirsi a loro. Al momento stabilito s'incontrano due persone, ma nessuno sa se la sostituzione è avvenuta e in che modo. ■ DRAMMATICO; B/N; 80'; FRANCIA, 1959.

NOTTE DELLE STREGHE, LA *(Night of the Eagle)* ★★
Regia di SIDNEY HAYERS. Con JANET BLAIR, MARGARET JOHNSTON, PETER WYNGARDE. ■ Un professore, che odia un collega, sguinzaglia contro lui e la moglie una strega, ma le due vittime sapranno reagire con la forza della volontà vincendo il maleficio. ■ DRAMMATICO; B/N; 87'; GRAN BRETAGNA, 1962.

NOTTE DELL'IGUANA, LA *(The Night of the Iguana)* ★★★
Regia di JOHN HUSTON. Con RICHARD BURTON, AVA GARDNER, GRAYSON HALL, DEBORAH KERR, SUE LYON. ■ Un ex pastore, trasformato in cicerone di un gruppo femminile in Messico, è conteso tra una adolescente e due donne più mature. Riuscirà infine a trovare la serenità e a ricominciare una nuova vita. ■ DRAMMATICO; B/N; 118'; USA, 1964. ■ OSCAR 1 PR, 4 NOM.

NOTTE DELL'IMBROGLIO, LA *(Midnight Sting)* ★★
Regia di MICHAEL RITCHIE. Con LOUIS GOSSETT JR, OLIVER PLATT, JAMES WOODS. ■ Caine è stato in carcere per truffa. Lì ha appreso che a Diggstown si truccano abitualmente gli incontri clandestini di boxe. Si racconta che una notte un altro truffatore, Gillon, abbia vinto letteralmente l'intera cittadina. Caine organizza una serie di dieci incontri in ventiquattro ore per un solo pugile. Il problema è convincerlo che, dopo aver fatto salire le quote, dovrà farsi mettere al tappeto. ■ DRAMMATICO; COL.; 96'; USA, 1992.

NOTTE DELL'INCENDIO, LA ★★
(On the Night of the Fire)
Regia di BRIAN DESMOND HURST. Con RALPH RICHARDSON, DIANA WYNYARD. ■ Un uomo è tormentato da un ricattatore che sa d'un furto da lui commesso, così approfitta d'un grosso incendio per ucciderlo senza essere visto da nessuno. Però i sospetti di tutti s'appuntano proprio sull'omicida a cui, infine, cedono i nervi. Morirà gettandosi disperato sulla polizia con una pistola in pugno. ■ DRAMMATICO; B/N; 94'; GRAN BRETAGNA, 1939.

NOTTE DELL'INNOMINATO, LA ★
Regia di LUIGI DE MARCHI. Con RUIZ CHARITA, LORELLA DE LUCA, FOSCO GIACHETTI, DAN HARRISON. ■ Orrendo pasticciaccio di cappa e spada ispirato al personaggio manzoniano che, sul punto di convertirsi dopo aver rapito Lucia Mondella, ricorda la sua vita. ■ AVVENTURA; COL.; 92'; ITALIA, 1963.

NOTTE DELLO SCAPOLO, LA *(The Bachelor Party)* ★★★
Regia di DELBERT MANN. Con CAROLYN JONES, E. G. MARSHALL, DON MURRAY, JACK WARDEN. ■ Cinque impiegati si trovano una sera per festeggiare l'addio al celibato d'uno di loro. L'alcool fa sì che i tre sposati raccontino le amarezze incontrate nel matrimonio, mentre l'unico soddisfatto sembra lo scapolone del gruppo. A poco a poco, però, il giovane futuro sposo comprenderà quanto sia vuota e squallida la vita di costui e si dimostrerà felice della scelta fatta. ■ COMMEDIA; B/N; 93'; USA, 1957. ■ OSCAR 1 NOM.

NOTTE DELLO SCIAMANO, LA ★★
(Apprentice to Murder)
Regia di RALPH THOMAS. Con CHAD LOWE, MIA SARA, DONALD SUTHERLAND. ■ È la rievocazione dell'"assassinio del malocchio", un fatto di cronaca nera avvenuto in Pennsylvania nel 1928. Imputati furono un sedicente esorcista e il suo discepolo. Si difesero sostenendo che l'ucciso era un messaggero del diavolo. L'esorcista fu condannato a vent'anni. ■ THRILLER; COL.; 94'; USA, 1988.

NOTTE DELL'ULTIMO GIORNO, LA ★★
Regia di ADIMARO SALA. Con FRANCO FABRIZI, TONY KENDALL, MARINA MALFATTI, CORRADO PANI, ENRICO MARIA SALERNO, ERNA SHURER. ■ Un regista vuol denunziare la società dei consumi in un suo film, ma è costretto lui stesso a sottostare alle imposizioni d'un cinico produttore. A dare il colpo di grazia ai suoi nervi già scossi, interverrà il suicidio d'un suo vecchio amico, la cui moglie aveva una relazione col regista stesso. Dopo aver compiuto una strage, il cinematografaro impazzito si asserraglia in un villaggio western di cartapesta. ■ DRAMMATICO; COL.; 90'; ITALIA, 1973.

NOTTE DEL LUPO MANNARO, LA *(Moon of the Wolf)* ★
Regia di DANIEL PETRIE JR. Con BRADFORD DILLMAN, DAVID

JANSSEN, BARBARA RUSH. ■ Non bastano le inquietanti ipotesi dello sceriffo circa l'autore di efferati delitti (killer seriale o lupo mannaro?) a suscitare la tensione e la paura necessarie al genere. ■ HORROR; COL.; 90'; USA, 1972.

NOTTE DEL MIO PRIMO AMORE, LA ★★
Regia di ALESSANDRO PAMBIANCO. Con LUCA BASTIANELLO, VALENTINA IZUMI, LUCIO MATTIOLI, JOANNA MOSKWA, TOMMASO PIERMATTI, GIULIA RUFFINELLI, DANTE ALFONSO SPADINI, CLAUDIA VENTURINI, DAMIANO VERROCCHI, ALICE VISCONTI. ■ Andrea (Luca Bastianello) sembra volere una sola cosa da Chiara (Giulia Ruffinelli), la sua ragazza, ma lei ha un padre che non le permette di uscire la sera – anche perché nel paese si aggira un pericoloso serial killer – così lui la lascia per un'altra. Con l'aiuto dell'amica del cuore Marina (Valentina Izumi), Chiara decide di passare la sua prima notte d'amore con Matteo (Damiano Verrocchi), un ragazzo più grande di lei conosciuto in palestra; ma nella casa dove lui la porta a trascorrere la sera si rivela essere un tipo inquietante, violento, con strane tendenze, e Chiara scoprirà presto che avrebbe dovuto dar retta al genitore. Il film si distingue per una trama poco chiara: chi è cresciuto a pane e horror non avrà difficoltà a decifrare il movente dell'assassino nei ritagli di giornale trovati nella stanza delle torture. ■ THRILLER; COL.; 82'; ITALIA, 2006.

NOTTE DEL PECCATO, LA *(Léviathan)* ★★
Regia di LÉONARD KEIGEL. Con LOUIS JOURDAN, MARIE LAFORÊT, LILLI PALMER, MADELEINE ROBINSON. ■ Un giovane insegnante è innamorato di due donne, la madre d'un ragazzo a cui dà lezioni e un'albergatrice. Un giorno, colpito da un attacco di gelosia, violenta la locandiera e, nella fuga, uccide un vecchio. Nonostante tutto, la ragazza decide di fuggire col professore, ormai braccato, e i due si rivolgono per aiuto all'altra donna che, però, anch'essa in preda alla gelosia, avvisa la polizia. La locandiera s'uccide e il giovane viene arrestato. ■ DRAMMATICO; B/N; 90'; FRANCIA, 1962.

NOTTE DEL PIACERE, LA *(Fröcken Julie)* ★★★
Regia di ALF SJÖBERG. Con ANITA BJÖRK, MARTA DORF, ULF PALME, MAX VON SIDOW. ■ Una ragazza di buona famiglia, inibita da una educazione repressiva, si concede a un servo che sembra comprendere la sua sensibilità. Ma, quando costui mostra d'averla sedotta solo per rivalsa sui padroni, si uccide. Il film è giunto in Italia con quattordici anni di ritardo per motivi di censura. ■ DRAMMATICO; B/N; 90'; SVEZIA, 1951. ■ CANNES 1 PR.

NOTTE D'ESTATE CON PROFILO GRECO, OCCHI A MANDORLA E ODORE DI BASILICO ★★
Regia di LINA WERTMÜLLER. Con ROBERTO HERLITZKA, MARIANGELA MELATO, MICHELE PLACIDO. ■ Una bella e facoltosa manager lombarda, Fulvia Block, rapisce un irsuto siculo-sardo, Beppe Acireale, specialista in sequestri, per avere un riscatto di 100 miliardi. La signora però si accende di desiderio e consuma con lui, incantenato e bendato, una focosa notte d'amore. Turi Cantalamessa è un ex agente Cia, imbranato, che aiuta la Block nell'operazione. Una volta avuto il riscatto, il gioco delle parti si inverte con un contro-rapimento del "selvaggio" bandito, che dopo l'esperienza di passione vissuta, pensa bene di ripeterla, ma invertendo le parti, naturalmente. ■ COMMEDIA; COL.; 101'; ITALIA, 1986.

NOTTE D'ESTATE IN CITTÀ *(Nuit d'été en ville)* ★★
Regia di MICHEL DEVILLE. Con JEAN-HUGUES ANGLADE, MARIE TRINTIGNANT. ■ Il tono distaccato di Michel Deville, se in alcuni suoi film era producente, qui rischia di far perdere il pathos della storia notturna dell'uomo e della donna protagonisti. Non viene approfondito l'aspetto storico della loro vita. Ma molto spesso si sente la claustrofobia dell'azione tra mille parole che non vengono stimolate dalla concretezza. ■ COMMEDIA; COL.; 85'; FRANCIA, 1990.

NOTTE DI BIVACCO *(Cheyenne)* ★★★
Regia di RAOUL WALSH. Con BRUCE BENNETT, DENNIS MORGAN, JANE WYMAN. ■ Il film s'ispira a un personaggio storico del West: il bandito Black Bart, detto il poeta, che rapinò molte diligenze senza mai uccidere nessuno e lasciando poi sempre un foglietto su cui erano vergati alcuni rozzi versi. Sono qui descritti gli sforzi d'un investigatore per identificare il misterioso personaggio. ■ WESTERN; B/N; 100'; USA, 1948.

NOTTE DI BUFERA *(The Storm)* ★★
Regia di WILLIAM WYLER. Con PAUL CAVANAGH, LUPE VELEZ. ■ Un drammone importante solo perché segna l'apprendistato del regista alsaziano William Wyler. ■ DRAMMATICO; B/N; 90'; USA, 1930.

NOTTE DI CARNEVALE *(I Dreamed too Much)* ★★★
Regia di JOHN CROMWELL. Con ERIC BLORE, HENRY FONDA, OSGOOD PERKINS, LILY PONS. ■ Lui è un compositore americano che sposa una cantante francese, ma la coppia scricchiola perché la ragazza riesce ad ottenere il successo prima del consorte. Lei allora trasforma l'opera del marito in una commedia musicale ed è finalmente il trionfo. ■ COMM. MUSICALE; B/N; 95'; USA, 1935. ■ OSCAR 1 NOM.

NOTTE DI CARNEVALE *(Nacht der Verwandlung)* ★★
Regia di HANS DEPPE. Con GUSTAV FRÖHLICH, ROSE STRANDER. ■ Il divo della Germania di quegli anni è un eroico aviatore che, recatosi a una festa di carnevale, rincontra la donna che aveva amato in passato. Costei è ora moglie d'un cinico e rozzo industriale. I due fuggiranno insieme. ■ DRAMMATICO; B/N; 91'; GERMANIA, 1935.

NOTTE DI DICEMBRE *(Nuit de décembre)* ★★
Regia di CURTIS BERNHARDT. Con PIERRE BLANCHAR, RENÉE SAINT-CYR. ■ Un pianista s'innamora d'una ragazza che è il ritratto preciso d'una sua vecchia fiamma ma, un giorno, scopre che le due sono madre e figlia. Temendo di commettere un incesto rinuncia al matrimonio e fa sposare la giovane con un suo allievo. ■ DRAMMATICO; B/N; 82'; FRANCIA, 1940.

NOTTE DI FORTUNA ★★
Regia di RAFFAELLO MATARAZZO. Con PEPPINO DE FILIPPO, LEDA GLORIA. ■ Un giovane provinciale vince al casinò di Sanremo una somma favolosa, che perde immediatamente per dar retta a una signora. Tornato al paese, si trova imbarazzato perché tutti lo credono diventato ricco ma, per fortuna, lo raggiunge anche la donna, che gli restituisce un prezioso monile regalatole dal giovanotto. I due potranno sposarsi grazie a quell'imprevisto capitale. ■ COMICO; B/N; 86'; ITALIA, 1941.

NOTTE DI FUOCO *(Radio Patrol)* ★★★
Regia di EDWARD L. CAHN. Con ROBERT ARMSTRONG, LILA LEE. ■ Buon film gangster. I banditi sono sconfitti da una pattuglia di poliziotti con le auto munite (grande novità) di radio. ■ POLIZIESCO; B/N; 92'; USA, 1932.

NOTTE DI MAGGIO *(Der junge Baron Neuhaus)* ★★
Regia di GUSTAV UCICKY. Con MONETTE DINAY, FERNAND GRAVEY, KATHE VON NAGY. ■ Un nobile caduto in povertà nella Vienna del Settecento, ottiene la protezione dell'imperatrice Maria Teresa, ma rischia di perderla per essersi recato a un convegno clandestino con una cameriera. ■ COMMEDIA; B/N; 92'; GERMANIA, 1935.

NOTTE DI NAPOLEONE, UNA ★★
(Die Nacht mit dem Kaiser)
Regia di ERICH ENGEL. Con JENNY JUGO, RICHARD ROMANOVSKY. ■ Napoleone, dominatore della Germania, pensa d'ottenere i favori di un'attrice che accetta di recarsi da lui. In realtà la ragazza vuole la grazia per il fidanzato arrestato dai francesi. Riuscirà nel suo intento. ■ COMMEDIA; B/N; 91'; GERMANIA, 1937.

NOTTE D'INCANTO *(A czunia lany)* ★
Regia di BÉLA BALOGH. Con PÁL JÁVOR, LILI MURATI, ANTAL PAGER. ■ Una donna, nel tentativo di salvaguardare la purezza d'una sua protetta, si reca a un appuntamento che questa aveva con un uomo ma, per un equivoco, finisce per passare castamente la notte con lui. Inevitabili i fiori d'arancio. ■ COMMEDIA; B/N; 94'; UNGHERIA, 1943.

NOTTE D'INCANTO, UNA *(Eine Nacht im Mai)* ★
Regia di GEORG JACOBY. Con MARIKA RÖKK, VIKTOR STAAL. ■ Una ragazza scappa dal suo paese perché teme d'essere ricercata dalla polizia dopo un incidente stradale. Durante il viaggio, incontra un giovane che dice di essere nobile e se ne innamora.

Tornata a casa scopre che si tratta d'un semplice cameriere ma, ciononostante, rimane decisa a sposarlo. ■ COMMEDIA; B/N; 92'; GERMANIA, 1938.

NOTTE D'INFERNO *(Liebling der Götter)* ★★
Regia di GOTTFRIED REINHARDT. Con WILLY FRITSCH, ROBERT GRAF, RUTH LEUWERICK, PETER VAN EYCK. ■ Drammone su una diva tedesca degli anni Trenta: deve sottostare alle direttive dei capi nazisti che le impediscono d'amare un ebreo. ■ DRAMMATICO; B/N; 95'; GERMANIA, 1960.

NOTTE DI NOZZE *(The Wedding Night)* ★★★
Regia di KING VIDOR. Con RALPH BELLAMY, GARY COOPER, SIEGFRIED RUMANN, ANNA STEN, HELEN VINSON. ■ Uno scrittore in crisi si ritira in una fattoria per ritrovare l'ispirazione. Qui conosce alcuni contadini d'origine polacca e finisce, incantato da quella semplice vita, per innamorarsi d'una di loro. La passione gli fa scrivere un libro autobiografico ma, quando ritorna la moglie del letterato, questi capisce di non potersi mischiare a della gente così diversa da lui e, per alcuni versi, rozza. La giovane polacca si sposa e suo marito, geloso dello scrittore, vuole ucciderlo. La ragazza morirà cercando di metterlo in guardia. ■ DRAMMATICO; B/N; 84'; USA, 1935. ■ VENEZIA 1 PR.

NOTTE DI PARADISO *(Night in Paradise)* ★★
Regia di ARTHUR LUBIN. Con TURHAN BEY, THOMAS GOMEZ, MERLE OBERON. ■ Gli abitanti di Samo mandano Esopo da Creso, re di Lidia, per evitare una guerra. Qui, però, Esopo si innamora della fidanzata del monarca, una principessa persiana e di notte è un perfetto amatore, ma di giorno si finge vecchio. A un certo punto Creso mangia la foglia. Intervengono i sacerdoti di Delo, ma per fortuna gli dèi vigilano per favorire gli amanti. ■ FANTASTICO; COL.; 84'; USA, 1945.

NOTTE DI PECCATO *(A Lady to Love)* ★★★
Regia di VICTOR SJÖSTRÖM. Con ROBERT AMES, WILMA BANKY, RICHARD CARLE, EDWARD G. ROBINSON. ■ La trama, riguardante un contadino d'origine italiana che manda a una ragazza, che ancora non conosce, la fotografia d'un suo dipendente, verrà ripresa dieci anni dopo in *Non desiderare la donna d'altri* di Garson Kanin. ■ DRAMMATICO; B/N; 81'; USA, 1930.

NOTTE DI PERDIZIONE *(Night Without Sleep)* ★★★
Regia di ROY WARD BAKER. Con LINDA DARNELL, HILDEGARDE NEFF, GARY MERRILL. ■ Uno scrittore alcolizzato uccide la moglie durante una crisi, passata la quale si dimentica completamente del delitto commesso, finché in un incubo si rammenta di ciò che ha fatto e decide di costituirsi. ■ DRAMMATICO; B/N; 77'; USA, 1953.

NOTTE DI SAN LORENZO, LA ★★★🏆
Regia di PAOLO TAVIANI, VITTORIO TAVIANI. Con OMERO ANTONUTTI, CLAUDIO BIGAGLI, MARGARITA LOZANO. ■ Una voce femminile fuori campo racconta. In una notte di San Lorenzo (10 agosto) del 1944, nel paese di San Miniato nella campagna toscana, i tedeschi, che stanno evacuando, convincono il vescovo a raccogliere la gente nella chiesa con la promessa di lasciare tutti in vita. Ma una parte della popolazione dà retta a Galvano, che preferisce la fuga (con ragione perché la chiesa salterà in aria). I fuggitivi, dopo un percorso di paura con poche parentesi di serenità, riusciranno a raggiungere la libertà. Un bellissimo film dei fratelli Taviani premiato a Cannes. Un film corale, con momenti di alta poesia, dovuta anche alla bravura degli attori fra cui spicca Omero Antonutti nel ruolo di Galvano. ■ DRAMMATICO; COL.; 105'; ITALIA, 1982. ■ CANNES 🏆 1 PR; DAVID DI DONATELLO 🏆 5 PR, 5 NOM.

NOTTE DI SAN SILVESTRO *(New Year's Eve)* ★★
Regia di HENRY LEHRMAN. Con MARY ASTOR, CHARLES MORTON. ■ Pellicola che ha l'unico pregio di essere stata girata da un regista che collaborò lungamente con Chaplin prima che questi sapesse dirigersi da solo. ■ COMMEDIA; B/N; 92'; USA, 1929.

NOTTE DI STELLE ★★
Regia di LUIGI FACCINI. Con FABIO BUSSOTTI, TIZIANO GIUFFRIDA, ANTONELLA TACCARELLI. ■ Due uomini e una donna sono in crisi esistenziale. Noi li incontriamo attraverso le loro storie. La donna lavora in un piccolo gruppo di liscio, gli uomini sono un pittore che è stato in prigione e un filmaker irrealizzato. Lo spiraglio che si apre a un certo punto è la volontà di girare un piccolo film. Ma tutto è destinato a fallire. ■ COMMEDIA; COL.; 89'; ITALIA, 1992.

NOTTE DI TEMPESTA ★★
Regia di GIANNI FRANCIOLINI. Con MARINA BERTI, LEONARDO CORTESE, FOSCO GIACHETTI, GIACOMO RONDINELLA. ■ Un pescatore del Sud, invaghitosi della figliastra, la violenta approfittando del fatto che il fidanzato di lei sta facendo il servizio militare in marina. Il giovane, ritornato, apprende la cosa e, approfittando d'una notte di tempesta, elimina il colpevole. ■ DRAMMATICO; B/N; 92'; ITALIA, 1946.

NOTTE DI TERRORE *(The Night Holds Terror)* ★★
Regia di ANDREW L. STONE. Con JOHN CASSAVETES, VINCE EDWARDS, JACK KELLY, HILDY PARKS. ■ Tre delinquenti rapiscono un padre di famiglia e minacciano d'ucciderlo se la moglie avvertirà la polizia. La donna, dopo una lunga esitazione, disubbidisce. Le forze dell'ordine riescono a liberare il sequestrato. ■ POLIZIESCO; B/N; 86'; USA, 1956.

NOTTE DI TRADIMENTO *(In Old Arizona)* ★★★
Regia di IRVING CUMMINGS, RAOUL WALSH. Con WARNER BAXTER, DOROTHY BURGESS, EDMUND LOWE. ■ Le imprese del leggendario Cisco Kid costituiscono il pretesto per il primo sonoro della storia girato interamente in esterni. ■ WESTERN; B/N; 95'; USA, 1929. ■ OSCAR 1 PR, 5 NOM.

NOTTE D'OBLIO, UNA *(Remember Last Night)* ★★
Regia di JAMES WHALE. Con CONSTANCE CUMMINGS, ROBERT YOUNG. ■ Nel corso d'una festa viene ucciso un uomo, ma nessuno degli ospiti, tutti ubriacatisi, riesce a ricordare i particolari della notte appena trascorsa e ciò rende più difficile il compito degli investigatori. ■ GIALLO; B/N; 90'; USA, 1938.

NOTTE DOPO L'OPERA, UNA ★★
Regia di NICOLA MANZARI, NICOLA FAUSTO NERONI. Con LUIGI ALMIRANTE, RENATO CIALENTE, MINO DORO, BEATRICE MANCINI, NEDA NALDI. ■ La trama, un musicista che prima è innamorato d'una ballerina e poi della maestra di canto della propria figlia, orfana di madre, non è che un pretesto per esibizioni canore e per ammirare il corpo di ballo dell'Opera di Roma. ■ COMM. MUSICALE; B/N; 92'; ITALIA, 1942.

NOTTE, DOPO NOTTE, DOPO NOTTE – IL MOSTRO DELLE NOTTI DI LONDRA ★★
(Night After Night, After Night)
Regia di LEWIS J. FORCE. Con GARY HOPE, JUSTINE LORD, JACK MAY, GILBERT WYNNE. ■ Un ispettore di Scotland Yard dà una caccia spietata a un maniaco anche perché questi ha ucciso, tra le altre donne, sua moglie. L'investigatore crede finalmente di aver trovato il colpevole, ma la verità è un'altra. ■ POLIZIESCO; COL.; 81'; GRAN BRETAGNA, 1972.

NOTTE E DÌ *(Night and Day)* ★★★
Regia di MICHAEL CURTIZ. Con CARY GRANT, DOROTHY MALONE, ALEXIS SMITH, MONTY WOOLEY, JANE WYMAN. ■ Fantasiosa biografia di Cole Porter. Cole è rampollo d'una ricca famiglia e scandalizza il parentado quando decide di darsi alla musica leggera. Parte per la prima guerra mondiale, è ferito, s'innamora d'una bella infermiera, la sposa, la lascia, ha un grave incidente in cui rimane paralizzato, ritrova il suo amore e affronta coraggiosamente il male, che lo porterà alla tomba di lì a poco. ■ BIOGRAFICO; COL.; 128'; USA, 1946. ■ OSCAR 1 NOM.

NOTTE È FATTA PER... RUBARE, LA ★★★
Regia di GIORGIO CAPITANI. Con GIANNI BONAGURA, PEPE CALVO, PHILIPPE LEROY, GASTONE MOSCHIN, CATHERINE SPAAK. ■ Capitani è un regista che, con un certo garbo, cerca di far rivivere i ritmi delle grandi commedie americane. La cassaforte d'un ricco ginevrino, ritenuta inespugnabile, subisce l'assalto di tre gruppi distinti: degli scassinatori assoldati da una compagnia d'assicurazione che vuole dimostrare che il forziere non è sicuro, di alcuni ladri napoletani, di parenti del proprietario che è morto improvvisamente escludendoli da l'eredità. ■ COMMEDIA; COL.; 100'; ITALIA, 1968.

NOTTE E GIORNO *(Nuit et jour)* ★
Regia di CHANTAL ACKERMAN. Con THOMAS LANGMANN, GUI-

LAINE LONDEZ, FRANÇOIS NEGRET. ■ Una donna divide le sue giornate con due tassisti: uno notturno e l'altro diurno. Ovviamente i due uomini non sanno di avere un rivale. Regista da evitare accuratamente. ■ COMMEDIA; COL.; 90'; BELGIO, 1991.

NOTTE E IL DESIDERIO, LA *(Les démons de minuit)* ★★★
Regia di MARC ALLÉGRET, CHARLES GÉRARD, CHARLES GERARD MAKHMALBAF. Con CHARLES BELMONT, CHARLES BOYER, MARIA MAUBAN, PASCALE PETIT. ■ Un ministro cerca d'evitare che una donna abbandonata da suo figlio s'uccida, per evitare lo scandalo che potrebbe travolgerlo. L'aiuta nell'impresa una ragazza, ma i loro sforzi sono vani. I due, tra cui stava nascendo l'amore, s'abbandonano senza speranza di rivedersi. ■ DRAMMATICO; B/N; 90'; FRANCIA, 1962.

NOTTE È IL MIO REGNO, LA ★★★
(La nuit est mon royaume)
Regia di GEORGES LACOMBE. Con ROBERT ARNOUX, JEAN GABIN, SIMONE VALÈRE. ■ Un ferroviere ha un incidente e rimane ferito agli occhi. Dopo una permanenza in ospedale, viene inviato a una scuola dove gli si insegna il metodo Braille. L'uomo ha subìto una menomazione irreversibile ma, per pietà, gli dicono che con un'operazione potrà riconquistare la vista. Lui, però, è superbo e tratta con alterigia gli altri ciechi, che finiscono per rivelargli la verità. Il ferroviere ha una grave crisi di disperazione, ma saprà riprendersi. ■ DRAMMATICO; B/N; 110'; FRANCIA, 1952. ■ VENEZIA 1 PR.

NOTTE E IL MOMENTO, LA ★★
Regia di ANNA MARIA TATÒ. Con JEAN-CLAUDE CARRIÈRE, WILLEM DAFOE, LENA OLIN, MIRANDA RICHARDSON. ■ Una francese di nobile stirpe viene avvicinata da uno scrittore suo ospite, famoso avventuriero. I due passano la notte a narrare, in alternanza, racconti di seduzione. Il "duello" terminerà soltanto all'alba. ■ COMMEDIA; COL.; 90'; FRANCIA, ITALIA, 1994.

NOTTE E LA CITTÀ, LA *(Night and the City)* ★★★
Regia di IRWIN WINKLER. Con ROBERT DE NIRO, JESSICA LANGE, ELI WALLACH, JACK WARDEN. ■ Remake de *I trafficanti della notte* di Jules Dassin. De Niro è un avvocato di New York da quattro soldi, un "mozzaorecchi", dicono gli americani. Assume cause solo per transare, ricorre a mille trucchi, ha una pessima fama. Un giudice lo vede e gli dice di andarsene senza nemmeno discutere la causa. Ma c'è di più, De Niro si cerca tutte le grane possibili, non è mai fermo, passa da un imbroglio all'altro, chiede soldi a tutti e si fa nemici personaggi molto pericolosi (uno strozzino, un organizzatore di incontri di boxe). Si butta, corpo morto in quello che ritiene l'affare della sua vita: riportare il pugilato popolare a New York. Assume un vecchio pugile (fratello dell'organizzatore), scova qualche giovane brocco, si fa prestare soldi da Jessica Lange, che è innamorata di lui. Poi tutto va a monte per la morte del vecchio pugile. Tutti i nodi vengono al pettine e alla fine il "mozzaorecchi" si prende una pallottola nella schiena. Ma anche ferito, in ambulanza, continua a far progetti pazzi. Un film verboso, assillante, con un montaggio che davvero non dà respiro. Tutto è tenuto in piedi da De Niro, agitato ed estroverso più del solito. L'attore è in scena dalla prima all'ultima sequenza. Ma è un buon sostegno. ■ DRAMMATICO; COL.; 115'; USA, 1993.

NOTTE E NEBBIA *(Nuit et brouillard)* ★★★
Regia di ALAIN RESNAIS. ■ Un breve documentario di Resnais che sfiora il capolavoro. Tra immagini storiche di repertorio e sopralluoghi fatti dal regista, ascoltiamo i versi di un poeta che ha vissuto l'allucinante esperienza dei campi di sterminio nazisti. Un film culto che in Italia è stato possibile vedere solo in televisione. Per non dimenticare. ■ CORTOMETRAGGIO; COL.; 30'; FRANCIA, 1956.

NOTTE E NEBBIA DEL GIAPPONE ★★★
(Nihon no Yoru to Kiri)
Regia di NAGISA OSHIMA. Con AKIKO KOYAMA, MIYUKI KUWANO, MASAHIKO TSUGAWA, FUMIO WATANABE. ■ Durante un matrimonio vengono ricordati i momenti di lotta degli studenti contro l'approvazione del trattato di sicurezza al quale si susseguirono le manifestazioni, fino allo scoppio della guerra giapponese. Ora sono passati quindici anni da quei tumulti, periodo in cui si conobbero gli sposi. ■ DRAMMATICO; COL.; 103'; GIAPPONE, 1960.

NOTTE È PER AMARE, LA *(The Night is Young)* ★★★
Regia di DUDLEY MURPHY. Con EVELYN LAYE, RAMON NOVARRO. ■ Un arciduca s'innamora d'una ballerina, ma il vecchio Francesco Giuseppe lo dissuade dai suoi propositi sentimentali. ■ COMMEDIA; B/N; 98'; USA, 1935.

NOTTE FATALE *(Le patriote)* ★★
Regia di MAURICE TOURNEUR. Con HARRY BAUR, JOSETTE DAY. ■ Storia d'un complotto organizzato da un uomo politico che, pur amando il suo sovrano, lo elimina perché si rende conto di quanto sia pericoloso per la propria patria. L'azione si svolge nella Russia del primo Ottocento. ■ STORICO; B/N; 105'; FRANCIA, 1938.

NOTTE FOLLE A MANHATTAN *(Date Night)* ★★
Regia di SHAWN LEVY. Con STEVE CARELL, TINA FEY, TARAJI P. HENSON, MARK WAHLBERG. ■ Phil e Claire sono una coppia media, sposata con figli, stanziata in un medio quartiere residenziale di New York, alle prese con i problemi tipici di chi, a qualche anno dal matrimonio, soffre di un calo del desiderio e dell'affiatamento. Per rimediare decidono di passare una serata in grande stile in un ristorante esclusivo di Manhattan. Arrivati lì però trovano tutti i tavoli occupati, allora fingono una prenotazione. Il trucco innesca una girandola di equivoci, incidenti, fughe e travestimenti con al centro polizia corrotta, mafia locale e un politico con foto sconce da nascondere. ■ COMMEDIA; COL.; 88'; USA, 2010.

NOTTE GIALLA *(One Frightened Night)* ★★
Regia di WILLIAM CHRISTY CABANNE. Con MARY CARLISLE, CHARLES GRAPEWIN. ■ Un riccone cerca la nipotina scomparsa per donarle il suo patrimonio. Gli si presentano due pretendenti, una delle quali viene uccisa, mentre l'altra subisce due attentati andati a vuoto. Un poliziotto saprà scoprire la verità. ■ POLIZIESCO; B/N; 87'; USA, 1938.

NOTTE HA MILLE OCCHI, LA ★★★
(Night has a Thousand Eyes)
Regia di JOHN FARROW. Con VIRGINIA BRUCE, WILLIAM DEMAREST, JOHN LUND, EDWARD G. ROBINSON, GAIL RUSSELL. ■ Il film racconta di un illusionista che, improvvisamente, si rende conto di poter prevedere il futuro. Ben presto scopre che questo dono è in realtà una maledizione, perché lo costringe a lottare contro il destino. Soccomberà nel tentativo di salvare una ragazza. ■ FANTASTICO; B/N; 80'; USA, 1948.

NOTTE IN BIANCO, LA *(Melancholy Baby)* ★★
Regia di CLARISSE GABUS. Con JANE BIRKIN, JEAN-LOUIS TRINTIGNANT. ■ La moglie di un uomo d'affari di Lugano sopporta sempre meno la vita metodica (anche se confortevole) offertale dal marito. Perciò si concede qualche evasione sentimentale, con un amico del marito, un amico dell'amico, un cameriere del ristorante. Ma le evasioni sono troppo poco. La signora scappa di casa definitivamente. ■ COMMEDIA; COL.; 91'; FRANCIA, 1979.

NOTTE IN CAMERA, UNA ★★
Regia di JEAN-PIERRE MOCKY. Con MICHEL BLANC, JEAN POIRET. ■ Il capo di una congrega di nudisti si vede assegnare la Legion d'onore. Contemporaneamente si gettano le basi di una pista che porta a un illecito traffico di medaglie. ■ COMMEDIA; COL.; 90'; FRANCIA, 1988.

NOTTE INFEDELE, LA *(La nuit infidèle)* ★★
Regia di ANTOINE D'ORMESSON. Con CHRISTIANE MINAZZOLI, CHRISTINE OLIVIER, ANDRÉ OUMANSKY, LOUIS VELLE. ■ Una coppia di coniugi va in vacanza in Camargue: lui spera di dimenticare un incidente che gli è quasi costato la vita, lei spera che i loro rapporti tornino caldi come un tempo. Otterranno entrambi quello che desiderano. ■ DRAMMATICO; COL.; 75'; FRANCIA, 1968.

NOTTE IN TRANSILVANIA, UNA ★★
(Transylvania 6-5000)
Regia di RUDY DE LUCA. Con JOSEPH BOLOGNA, JEFF GOLDBLUM, CAROL KANE. ■ Un giornalista viene incaricato di un "pezzo" di colore sul paese una volta teatro delle gesta di Frankenstein e Dracula. Il luogo sembra ormai una tranquilla stazione turistica. Ma è solo apparenza. Non mancano infatti degni eredi dei due famosi mostri. ■ COMMEDIA; COL.; 94'; USA, 1985.

NOTTE ITALIANA ★★★
Regia di CARLO MAZZACURATI. Con GIULIA BOSCHI, MARCO MESSERI, REMO REMOTTI. ■ Un avvocato di Padova va a fare un sopralluogo nel Polesine dove un suo cliente vuole costruire un grande parco naturale. Incontra gente simpatica e anche senza scrupoli. Scopre infatti che un notabile del luogo s'è impadronito di vecchi giacimenti di metano, non esitando a uccidere per coprire i suoi maneggi. Dopo aver rischiato di essere ucciso pure lui, l'avvocato torna in città assieme alla donna di cui nel frattempo s'è innamorato. Buon esordio di Carlo Mazzacurati, particolarmente efficace nella descrizione ambientale. ■ DRAMMATICO; COL.; 93'; ITALIA, 1987.

NOTTE MOLTO MORALE, UNA ★★★
(Egy erkölcôs éjszaka)
Regia di KAROLY MAKK. Con GYÖRGY CSERHALMI, MARGRIT MAKAY, IREN PSOTA, CARLA ROMANELLI. ■ Uno studente di medicina del primo Novecento, cocco delle inquiline di una casa di tolleranza, viene preso a pensione nel bordello. Quando però dal paese arriva la mamma del giovanotto, lui si dispera. La brava tenutaria finge che si tratti veramente di una pensione. La vecchia genitrice scopre tuttavia la verità, ma abbozza. ■ COMMEDIA; COL.; 94'; UNGHERIA, 1977.

NOTTE MOVIMENTATA, UNA ★★★
(All in a Night's Work)
Regia di JOSEPH ANTHONY. Con SHIRLEY MACLAINE, DEAN MARTIN, CLIFF ROBERTSON, CHARLIE RUGGLES. ■ Il consiglio d'amministrazione d'un'importante società si riunisce d'urgenza: il presidente è morto improvvisamente e, quel che è peggio, una ragazza nuda è stata vista fuggire dalla sua camera. Il nipote del defunto è incaricato di scoprire chi fosse la donna per tacitare una possibile ricattatrice. I sospetti s'appuntano su un'impiegata ma, dopo molti equivoci, l'improvvisato investigatore scoprirà che la poverina è una brava ragazza che tentava di sfuggire i pesanti approcci del vecchio satiro, poi stroncato da infarto, e la sposerà. ■ COMMEDIA; COL.; 94'; USA, 1962.

NOTTE NON ASPETTA, LA *(Street Kings)* ★★
Regia di DAVID AYER. Con HUGH LAURIE, KEANU REEVES, FOREST WHITAKER. ■ Il detective Tom Ludlow non si è ancora ripreso dalla morte della moglie e trova conforto nella bottiglia. Vive di notte, sulle strade di Los Angeles, armato e incapace di provar paura. È lui che garantisce la sicurezza dei cittadini, affrontando gli aspetti più ripugnanti della società e applicando una giustizia che ignora i protocolli e gli scrupoli morali. Ma poi un collega muore, il partner di una vita, ed emergono delle prove che lo vorrebbero coinvolto nella sua esecuzione. Ludlow si prepara così ad indagare su se stesso e sulla cultura poliziesca di cui è un esemplare di punta e un veterano. ■ AZIONE; COL.; 109'; USA, 2008.

NOTTE PAZZA DEL CONIGLIACCIO, LA ★★
Regia di ALFREDO ANGELI. Con LYDIA ALFONSI, EVI MALTAGLIATI, ETTORE MANNI, SANDRA MILO, ENRICO MARIA SALERNO, MASSIMO SERATO. ■ Le disavventure d'un impiegato che, la notte prima del ritorno dei familiari dal mare, vuole godersi una breve vita da scapolo, ma si trova invischiato nel suicidio d'una donna che distrugge la sua serenità. ■ DRAMMATICO; B/N; 113'; ITALIA, 1967.

NOTTE PER CINQUE RAPINE, UNA *(Mise à sac)* ★★
Regia di ALAIN CAVALIER. Con HENRI ATTAL, MICHEL CONSTANTIN, FRANCO INTERLENGHI, IRÈNE TUNC, JULIEN VERDIER. ■ Un gruppo di malviventi organizza un complicato piano per compiere ben cinque rapine nello spazio d'una notte. Il colpo riesce, ma uno dei banditi, un ex operaio che è stato il cervello dell'impresa al solo scopo di vendicarsi del suo padrone, per colpa del suo astio fa fallire la fuga. ■ POLIZIESCO; COL.; 98'; FRANCIA, 1968.

NOTTE PER DECIDERE, UNA *(Up at the Villa)* ★★
Regia di PHILIP HAAS. Con ANNE BANCROFT, JEREMY DAVIES, JAMES FOX, MASSIMO GHINI, DEREK JACOBI, SEAN PENN, KRISTIN SCOTT THOMAS. ■ Nell'Italia fascista un gruppo di inglesi vive la propria vita astraendosi dalla realtà sociale. Un diplomatico anziano e un americano di professione seduttore amano la stessa donna. Un cadavere complica la vicenda in un film tratto con freddezza da un racconto di Somerset Maugham. ■ DRAMMATICO; COL.; 95'; GRAN BRETAGNA, USA, 2000.

NOTTE PER MORIRE, UNA ★★
(Die! Die! My Darling – Fanatic)
Regia di SILVIO NARIZZANO. Con TALLULAH BANKHEAD, STEFANIE POWERS, DONALD SUTHERLAND, PETER VAUGHAN. ■ Una ragazza, recatasi a fare una visita di condoglianze, viene sequestrata dalla padrona di casa, una pazza, che vuole ucciderla affinché si ricongiunga col morto, suo figlio ed ex fidanzato della giovane. Si salverà all'ultimo minuto. ■ DRAMMATICO; COL.; 96'; GRAN BRETAGNA, 1965.

NOTTE PORTA CONSIGLIO, LA ★★
(Le quart d'heure americain)
Regia di PHILIPPE GALLAND. Con ANÉMONE, JEAN-PIERRE BISSON, GÉRARD JUGNOT. ■ Un uomo sta ascoltando una trasmissione radio dove gli viene detto visto che sta viaggiando in auto, di accostare perché ha vinto un premio. Conosce la conduttrice radiofonica con cui passa una notte d'amore. Lei dapprima è attratta dalla forza sessuale di lui, però si vergogna perché di aspetto è bruttino. Tutto comunque finirà per il meglio. Commediola veicolo per la comicità di Jugnot, conosciuto in Francia ma da noi ben poco. ■ COMMEDIA; COL.; 90'; FRANCIA, 1982.

NOTTE PRIMA DEGLI ESAMI ★★★
Regia di FAUSTO BRIZZI. Con ELENA BOURYKA, ELEONORA BRIGLIADORI, CRISTIANA CAPOTONDI, ANDREA DE ROSA, GIORGIO FALETTI, EROS GALBIATI, VALENTINA IDINI, SARAH MAESTRI, CHIARA MASTALLI, NICOLAS VAPORIDIS. ■ Estate anni Ottanta: Luca e i suoi amici stanno preparando gli esami di maturità, ma una serie di disavventure finirà per distrarli dallo studio. La notte prima degli esami, una serie di eventi cambierà la vita dei protagonisti. Il giorno dopo nessuno sarà più lo stesso. Interpretato da giovani attori, alcuni dei quali esordienti, questa commedia generazionale che vede nel cast anche Giorgio Faletti, ruota intorno al rapporto tra Luca (Nicolas Vaporidis) e Claudia (Cristiana Capotondi) e a una serie di equivoci che intrecciano le vicende dei vari personaggi. Ispirato all'omonima canzone di Antonello Venditti, *Notte prima degli esami* è una commedia leggera, fatta di buoni sentimenti, che piacerà a chi non ha conosciuto gli anni Ottanta e a chi ricorda quel periodo con nostalgia. ■ COMMEDIA; COL.; 100'; ITALIA, 2006. ■ DAVID DI DONATELLO 1 PR, 11 NOM.

NOTTE PRIMA DEGLI ESAMI – OGGI ★★
Regia di FAUSTO BRIZZI. Con SERENA AUTIERI, CAROLINA CRESCENTINI, ANDREA DE ROSA, CLIZIA FORNASIER, EROS GALBIATI, FRANCO INTERLENGHI, SARAH MAESTRI, CHIARA MASTALLI, PAOLA ONOFRI, GIORGIO PANARIELLO, NICOLAS VAPORIDIS. ■ Per Luca Molinari c'è una nuova notte da far passare prima dell'esame di maturità. È l'estate del 2006: le Vibrazioni hanno preso il posto di Raf, l'i-pod quello del walkman, la nazionale di Lippi quella di Vicini. Luca è innamorato di Azzurra, una fanciulla estroversa ed emancipata che sogna di diventare biologa marina lontano da Roma. Nella Capitale, dove Luca vive coi genitori e i suoi inseparabili amici Alice, Massi, Simona e Riccardo, fervono i preparativi per la finale dei mondiali di calcio. In quel clima di attesa sportiva, Luca strappa una notte d'amore ad Azzurra, Alice si fa amare una notte sola da Luca, Massi si fa piantare da Simona, Riccardo si fa prendere a pugni da Massi per Simona. Gli adulti intorno a loro fanno falli da espulsione, ma poi Fabio Grosso segna il rigore e tutti diventiamo, almeno un po', campioni del mondo. Rispetto al film precedente manca l'obiettivo di gruppo, la solidarietà "carpe diem" dell'epilogo non è affine alla storia raccontata fino a quel momento. Manca l'ensemble, il gruppo di studio e quello ludico, e prevale il percorso individuale, nella piscina festosa dei Wild Boys rimane soltanto Luca e il suo sentimento per Azzurra. La retorica fornita dalla musica è sostituita da quella calcistica, più facile, ruffiana e ammiccante. Fischio di ammonizione e una stella in meno. ■ COMMEDIA; COL.; 102'; ITALIA, 2006.

NOTTE ROMANTICA *(Eine Frau wie du)* ★★
Regia di VICTOR TOURJANSKY. Con JOACHIM GOTTSCHALK, BRIGITTE HORNEY, CHARLOTTE SUSA. ■ Un dongiovanni sembra

aver messo la testa a partito, è deciso a sposare una ragazza, ma quando lei si reca al suo capezzale dopo un incidente d'auto, ha la sgradita sorpresa di scoprire che sulla vettura lui portava un'altra e rompe il fidanzamento. Si tratta d'un equivoco, ma ci vorrà molto tempo per chiarire tutto. ■ COMMEDIA; B/N; 92'; GERMANIA, 1939.

NOTTE ROSSA DEL FALCO, LA *(Red Harvest)* ★★
Regia di JUAN BOSCH. Con CHET BACON, ROBERTO CAMARDIEL, DIANA LORIS. ■ Il villaggio di Personville è abitato da bravacci, prepotenti e criminali. Per batterli, il detective, chiamato dall'unico onesto, trova che la soluzione sia scatenare una guerra di bande: ci riuscirà. ■ WESTERN; COL.; 91'; ITALIA, SPAGNA, 1978.

NOTTE SENZA FINE *(Pursued)* ★★★★
Regia di RAOUL WALSH. Con JUDITH ANDERSON, HARRY CAREY JR, DEAN JAGGER, ROBERT MITCHUM, TERESA WRIGHT. ■ Un giovane reduce della guerra ispano-americana è tormentato da un sogno ricorrente, in cui appaiono degli speroni che danzano, e dal mistero che circonda la sua origine. Alla fine scoprirà che il sogno è un suo ricordo infantile: da bambino si trovava dietro al padre che correva da una finestra all'altra della capanna in cui era assediato dai suoi assassini. Si vendicherà e troverà il suo equilibrio. ■ WESTERN; B/N; 101'; USA, 1947.

NOTTE SENZA FINE – AMORE TRADIMENTO INCESTO ★★★
Regia di ELISABETTA SGARBI. Con ANNA BONAIUTO, LAURA MORANTE, GALATEA RANZI, TONI SERVILLO. ■ La luce ombra dell'amore, il mistero del tradimento, il buio dell'incesto. Una donna orientale cantata ed amata da un trovatore europeo. Un uomo sposato ossessionato da un incubo ricorrente, il tradimento della moglie, finché un giorno la realtà si impone rovesciando ogni previsione e ogni paura. Un padre e una figlia avvolti nell'ombra di un incesto. Il cinema delle parole seduce l'occhio di chi guarda. Elisabetta Sgarbi al suo primo lungometraggio fa centro grazie al rigore che ha sempre ispirato il suo fare cinema. Non è fiction tradizionale la sua ma un'esplorazione nel profondo della coscienza dei personaggi che la macchina da presa conduce con pochissimi stacchi di montaggio. È teatro filmato si potrebbe pensare. È invece altro. Perché lo "spazio" è attore quanto le persone e non è un caso che dopo i titoli di coda torni ad affermare la sua presenza. I testi di autori Amin Maalouf, Tahar Ben Jelloun e Hanif Kureishi disegnano attese e solitudini che Ranzi, Servillo, Morante e Bonaiuto (in un doppio ruolo) sanno far emergere con un lavoro di scavo psicologico condotto con grande adesione ai personaggi. Da evitare da parte di chi cerca l'azione. Da vedere per chi pensa che al cinema ci possa anche essere spazio per la "parola vista". ■ DRAMMATICO; COL.; 80'; ITALIA, 2004.

NOTTE SENZA LEGGE, LA *(Day of Outlaw)* ★★★
Regia di ANDRÉ DE TOTH. Con BURL IVES, TINA LOUISE, ROBERT RYAN. ■ Un litigioso ranchero viene preso prigioniero da alcuni banditi che lo obbligano a guidarli sulle montagne. La discordia scoppia fra i fuorilegge che si uccideranno a vicenda. L'allevatore tornerà libero e capirà la necessità di rifiutare la violenza. ■ WESTERN; B/N; 96'; USA, 1960.

NOTTE SENZA STELLE *(Night Without Stars)* ★★
Regia di ANTHONY PELISSIER. Con JUNE CLYDE, DAVID FARRAR, NADIA GRAY. ■ In Francia, un inglese rimasto cieco nella seconda guerra mondiale s'innamora d'una ex partigiana, che lo coinvolge in misteriose avventure. Più tardi, recuperata la vista, scoprirà che la ragazza è sotto il malefico influsso del fratello, ma riuscirà a coronare il suo amore. ■ DRAMMATICO; B/N; 86'; GRAN BRETAGNA, 1951.

NOTTE SUI TETTI, UNA *(Love Happy)* ★★★
Regia di DAVID MILLER. Con RAYMOND BURR, BRUCE GORDON, CHICO MARX, GROUCHO MARX, HARPO MARX, ILONA MASSEY, MARILYN MONROE. ■ Harpo ruba una scatola di sardine in cui è nascosta la favolosa collana dei Romanov e, senza conoscerne il prezioso contenuto, la porta dai suoi amici, attori di varietà in miseria che stanno preparando una rivista. Groucho è l'investigatore incaricato di recuperare il gioiello, ma una banda di avventurieri cerca d'impedirglielo. Tra gli altri attori appaiono Raymond Burr, il futuro Perry Mason, e Marilyn Monroe che, ancora sconosciuta, s'accontenta d'una particina minuscola. ■ COMICO; B/N; 90'; USA, 1949.

NOTTE SULLA CITTÀ *(Un flic)* ★★★
Regia di JEAN-PIERRE MELVILLE. Con RICHARD CRENNA, RICCARDO CUCCIOLLA, ALAIN DELON, CATHERINE DENEUVE, SIMONE VALÈRE. ■ Un commissario, stanco e disilluso, cerca di contrastare i colpi d'una banda a capo della quale c'è un uomo innamorato della stessa sua donna. Alla fine il poliziotto ucciderà il bandito, anche se potrebbe semplicemente catturarlo. ■ POLIZIESCO; COL.; 105'; FRANCIA, 1973.

NOTTI ARGENTINE *(Down Argentine Way)* ★★★
Regia di IRVING CUMMINGS. Con DON AMECHE, BETTY GRABLE, CARMEN MIRANDA. ■ La trama racconta d'un ricco e giovane argentino che s'innamora della nemica ereditaria della sua famiglia. Il padre gli impone di lasciarla, ma cambierà idea quando i suoi cavalli vinceranno una corsa. ■ SENTIMENTALE; COL.; 94'; USA, 1948.

NOTTI BIANCHE, LE ★★★★
Regia di LUCHINO VISCONTI. Con CLARA CALAMAI, JEAN MARAIS, MARCELLO MASTROIANNI, MARIA SCHELL. ■ Dal racconto omonimo di Dostoevskij. Un impiegato si ferma per strada accanto a una giovane che sta piangendo e i due fanno amicizia. S'incontrano, così, tutte le sere. Lei è innamorata d'un uomo che se ne è andato promettendole di ritornare dopo un anno e ora lo sta attendendo. L'impiegato quasi riesce a far sì che la ragazza dimentichi l'altro ma, proprio la sera in cui lui sembra essere riuscito a ottenere l'amore di lei, il primo uomo ricompare. ■ DRAMMATICO; B/N; 107'; ITALIA, 1957. ■ VENEZIA 1 PR.

NOTTI BIRMANE *(Moon over Burma)* ★★★
Regia di LOUIS KING. Con PRESTON FOSTER, DOROTHY LAMOUR, ROBERT PRESTON. ■ La diva dalla bellezza esotica in un'avventura in Oriente: una ballerina s'innamora d'un piantatore di tè e aiuta lui e i suoi amici a difendersi da un disonesto concorrente. ■ AVVENTURA; B/N; 92'; USA, 1940.

NOTTI BOCCACCESCHE DI UN LIBERTINO E DI UNA CANDIDA PROSTITUTA, LE ★★★
(Raphaël ou le débauché)
Regia di MICHEL DEVILLE. Con ISABELLE DE FUNÈS, FRANÇOISE FABIAN, BRIGITTE FOSSEY, MAURICE RONET, ANNE WIAZEMSKY. ■ Nella Parigi dell'Ottocento, un giovane libertino s'innamora d'una signora virtuosa. Anche lei s'innamora di lui e, per essere sua pari, si degrada dandosi ai passanti. Ma una notte, durante un incontro occasionale, si rende conto che lui non potrà mai amarla così, quindi s'adatta a un matrimonio d'interesse. Il libertino si fa volutamente uccidere. ■ DRAMMATICO; COL.; 109'; FRANCIA, 1972.

NOTTI CALDE A TOKYO *(Shori-Sha)* ★★
Regia di UMEJI INOUE. Con YÛJIRÔ ISHIHARA, MIYE KITHARA, YOKO MINAMIDA. ■ Film giapponese che ripropone molti luoghi comuni del cinema americano: il buon proprietario d'un locale notturno di Tokyo protegge un giovane pugile e una giovane ballerina, ma quando fra i due ragazzi nasce l'amore scoppia la gelosia fra i due uomini. Più tardi, quando il pugile rischia una sconfitta in un incontro importante, l'uomo più anziano capisce il suo errore. ■ DRAMMATICO; COL.; 93'; GIAPPONE, 1961.

NOTTI DEI TEDDY BOYS, LE ★★
Regia di LEOPOLDO SAVONA. Con FRANCA BETTOJA, MEMMO CAROTENUTO, MASSIMO GIROTTI, AVE NINCHI, CORRADO PANI. ■ Un giovane, fondamentalmente onesto, di famiglia povera, sente il fascino di tre corrotti liceali che si divertono a ricattare le coppiette con foto compromettenti. Naturalmente viene arrestato proprio lui che è il meno colpevole. Ciò produrrà una salutare crisi di coscienza negli altri. ■ DRAMMATICO; B/N; 93'; ITALIA, 1959.

NOTTI DEL DECAMERONE *(Decameron Nights)* ★★
Regia di HUGO FREGONESE. Con BINNIE BARNES, JOAN FONTAINE, LOUIS JOURDAN. ■ Un Boccaccio prepasoliniano e americano: lo scrittore toscano alla ricerca dell'amata Fiammetta la trova in una villa dove, con sei compagne, si è rifugiata per sfuggire alla peste ed è costretto a raccontare le sue novelle alle fanciulle. ■ COMMEDIA; COL.; 87'; USA, 1954.

NOTTI DELLA LUNA PIENA, LE ★★★
(Les nuits de la pleine lune)
Regia di ERIC ROHMER. Con TCHÉKY KARYO, PASCALE OGIER, CHRISTIAN VADIM. ■ Louise (Ogier), possessiva e mondana, ha bisogno di un po' di indipendenza dal convivente Remi, che peraltro ama molto, per vivere nelle notti parigine quello che lui non offre. Ma beffardamente scoprirà di essere destinata a cadere nella trappola della solitudine. Rohmer firma una fredda e sottile analisi dei rapporti umani alla sua maniera, facendo sorridere e riflettere. ■ COMMEDIA; COL.; 102'; FRANCIA, 1984. ■ VENEZIA 1 PR.

NOTTI DELLA VIOLENZA, LE ★★
Regia di ROBERTO MAURI. Con HÉLÈNE CHANEL, CRISTINA GAIONI, ALBERTO LUPO, MARILÙ TOLO. ■ Dopo l'assassinio d'una passeggiatrice, la polizia s'accorda con la sorella dell'uccisa per tendere una trappola all'omicida. Si scoprirà che il colpevole è un relitto umano straziato dall'esplosione di Hiroshima. ■ POLIZIESCO; B/N; 91'; ITALIA, 1966.

NOTTI DEL TERRORE, LE ★
Regia di ANDREA BIANCHI. Con GIAN LUIGI CHIRIZZI, KARIN WELL. ■ Alcuni amici si radunano in una casa di campagna. L'allegria e la gioia del momento vengono spezzati dall'arrivo di personaggi inconsueti che seminano terrore e morte. ■ HORROR; COL.; 90'; ITALIA, 1980.

NOTTI DI CABIRIA, LE ★★★★
Regia di FEDERICO FELLINI. Con DORIAN GRAY, FRANCA MARZI, GIULIETTA MASINA, AMEDEO NAZZARI, FRANÇOIS PÉRIER. ■ Una candida prostituta romana passa attraverso le brutture della vita conservando il suo ottimismo e sperando sempre di trovare il vero amore. In una deliziosa caricatura d'un divo appare anche Nazzari. ■ DRAMMATICO; B/N; 110'; ITALIA, 1957. ■ CANNES 1 PR; DAVID DI DONATELLO 2 PR, 2 NOM; OSCAR 1 PR, 1 NOM.

NOTTI DI CHICAGO, LE *(Underworld)* ★★★★
Regia di JOSEF VON STERNBERG. Con GEORGE BANCROFT, CLIVE BROOK, LARRY SEMON. ■ Un gangster viene arrestato per omicidio e condannato a morte. Ha ucciso un uomo che voleva violentare la sua donna. Riesce a fuggire e si convince che il suo assistente gli abbia portato via l'amante. Uno dei grandi film del muto di von Sternberg. ■ POLIZIESCO; B/N; 110'; USA, 1927. ■ OSCAR 1 PR, 1 NOM.

NOTTI DI FUOCO *(Nuits de feu)* ★★
Regia di MARCEL L'HERBIER. Con VICTOR FRANCEN, GABY MORLAY. ■ Nella Russia zarista un giudice, scoperto che sua moglie lo tradisce con un suo giovane amico, scompare. I due amanti sono accusati d'omicidio ma, al processo, il presunto morto ricompare scagionandoli. Da un racconto di Tolstoj. ■ DRAMMATICO; B/N; 98'; FRANCIA, 1937.

NOTTI DI LUCREZIA BORGIA, LE ★★
Regia di SERGIO GRIECO. Con ARNOLDO FOÀ, BELINDA LEE, MICHÈLE MERCIER, JACQUES SERNAS. ■ L'eroe senza macchia è al servizio di Cesare Borgia ed è concupito da Lucrezia. A un certo punto si rende conto delle nefandezze del tiranno e s'innamora d'una ragazza che capeggia la rivolta contro i perfidi fratelli, così cambia bandiera sconfiggendo gli infami. ■ AVVENTURA; COL.; 118'; ITALIA, 1959.

NOTTI DI MONTMARTRE *(Les nuits de Montmartre)* ★★★
Regia di PIERRE FRANCHI. Con LOUIS SEIGNER, JEAN-MARC THIBAULT, GENEVIÈVE VERDINE. ■ Un giovane scapestrato, ma fondamentalmente buono, viene accusato ingiustamente d'omicidio. Fugge inseguito dalla polizia e, in diverse occasioni, rischia per la sua generosità d'essere catturato. L'ispettore che dirige le indagini si convince così della sua innocenza e cattura il vero colpevole. ■ POLIZIESCO; COL.; 94'; FRANCIA, 1956.

NOTTI DI NEW YORK *(New York Nights)* ★★
Regia di LEWIS MILESTONE. Con GILBERT ROLAND, NORMA TALMADGE. ■ In attesa di sfondare col suo film pacifista *All'ovest niente di nuovo*, il regista Milestone girò questo melodramma con gangster. ■ POLIZIESCO; B/N; 92'; USA, 1929.

NOTTI DI PIETROBURGO *(Petersburger Nächte)* ★★
Regia di PAUL MARTIN. Con EWALD BALSER, IVAN DESNY, JOHANNA VON KOCZIAN. ■ Nella Russia zarista, una candida giovane ignora le truffaldine imprese del padre, proprietario d'un locale notturno, e s'innamora d'un bellimbusto. La salverà l'amore d'un timido maestro di piano. ■ DRAMMATICO; COL.; 91'; GERMANIA, 1960.

NOTTI DI PRIMAVERA *(Walhorgmassoafton)* ★★
Regia di GUSTAF EDGREN. Con INGRID BERGMAN, LARS HANSON, KARIN CARLSSON. ■ Un dirigente industriale, infelicemente sposato, ama la sua segretaria, ma la perfida moglie con una falsa accusa lo costringe ad arruolarsi nella Legione straniera. Per fortuna la malvagia, sul letto di morte, confessa le sue colpe e il calunniato potrà tornare dal suo amore. ■ DRAMMATICO; B/N; 85'; SVEZIA, 1940.

NOTTI DI PRINCIPI *(Nuits de princes)* ★★
Regia di WLADIMIR DIMITRI STRICHEWSKY. Con JEAN MURAT, KATHE VON NAGY. ■ A Parigi, dopo la rivoluzione bolscevica, nella comunità degli immigrati russi giunge un ingegnere che tutti credevano morto. La moglie (che pure si era risposata) torna con lui, ma il poverino muore mentre cerca d'ottenere lo sfruttamento commerciale d'un suo brevetto. ■ DRAMMATICO; B/N; 80'; FRANCIA, 1938.

NOTTI DI SALEM, LE *(Salem's Lot)* ★★
Regia di TOBE HOOPER. Con BONNIE BEDELIA, JAMES MASON, DAVID SOUL. ■ A Salem, un losco antiquario prepara le vittime per un terribile vampiro venuto dall'Europa. Un professore di parapsicologia però, intuito il pericolo, fa fuori entrambi. Dal romanzo di Stephen King. ■ HORROR; COL.; 112'; USA, 1980.

NOTTI DI SATANA, LE *(La marca del hombre cobo)* ★
Regia di ENRIQUE LÓPEZ EGUILUZ. Con AURORA DE ALBA, MANUEL MANZANEQUE, PAUL NASCHY. ■ In Ungheria, due incauti zingari tolgono la croce d'argento che è conficcata nel cuore d'un cadavere e risuscitano un uomo lupo che compie le solite stragi. Un nobile giovane riesce ad ucciderlo, ma viene morso dal mostro rimanendo così contagiato. ■ HORROR; COL.; 92'; SPAGNA, 1969.

NOTTI DI SATANA, LE ★
Regia di JUAN BOSCH. Con MARIA KOSTI, PAUL NASCHY, MARIA PERSCHY. ■ Leila è un'indemoniata e porta lo scompiglio in famiglia. C'è poi un suo innamorato che si diverte ad ammazzare la gente. Ma un esorcista fa emigrare il demonio da Leila in un cane. ■ HORROR; COL.; 85'; SPAGNA, 1974.

NOTTI DI TERRORE ★★
Regia di JEAN YARBROUGH. Con SUZANNE KAAREN, BELA LUGOSI, DAVE TEX O'BRIEN. ■ Una cittadina di provincia americana è terrorizzata da giganteschi pipistrelli succhiatori di sangue; si scoprirà che il colpevole di tutto è uno scienziato pazzo che, sotto le spoglie del benefattore, preparava la sua vendetta contro alcuni industriali di cosmetici che avevano sfruttato le sue scoperte. ■ HORROR; B/N; 69'; USA, 1940.

NOTTI D'ORIENTE *(A Thousand and One Night)* ★★
Regia di ALFRED E. GREEN. Con EVELYN KAYES, CORNEL WILDE. ■ Aladino ama la principessa che è tenuta prigioniera dal perfido zio. Con l'aiuto d'un mago si procura la lampada miracolosa e riesce a liberarla e a sposarla. ■ FANTASTICO; COL.; 93'; USA, 1945. ■ OSCAR 2 NOM.

NOTTI INQUIETE *(Servante et maîtresse)* ★★
Regia di BRUNO GANTILLON. Con EVELYNE BUYLE, GABRIEL CATTAND, ANDRÉAS FERRÉOL, VICTOR LANOUX. ■ Il giovane Jérôme, alla morte della zia, arriva convinto di essere l'erede di tutto. Ma pare che Maria, la cameriera, sia diventata lei la padrona. Il notaio conferma che è così. Maria comincia a maltrattare il giovane: intende rivalersi di tanti anni di umiliazioni. Lo costringe a fare di tutto, anche ad avere rapporti omosessuali. Solo dopo qualche tempo ha un cedimento: mezza rintronata dagli psicofarmaci se lo porta a letto. ■ DRAMMATICO; COL.; 80'; FRANCIA, 1976.

NOTTI LADRE, LE *(Probuzeni)* ★★
Regia di JIRÍ KREJCÍK. Con JANA BREJCHOVA, JIRI KODET, PETR KOSTKA, JAN SMID. ■ Una ragazza entra a far parte d'una banda di giovani delinquenti, ma s'innamora d'un timido cameriere che le darà la forza necessaria a costituirsi. ■ DRAMMATICO; B/N; 91'; CECOSLOVACCHIA, 1961.

NOTTI MESSICANE *(The Gay Desperado)* ★★
Regia di ROUBEN MAMOULIAN. Con IDA LUPINO, NINO MARTINI. ■ Un desperado messicano, suggestionato dal cinema, vuole comportarsi come un gangster e, perciò, rapisce un'ereditiera. Ma gli va male. ■ COMMEDIA; B/N; 85'; USA, 1936.

NOTTI MOSCOVITE *(Nuits moscovites)* ★★
Regia di ALEXIS GRANOWSKY. Con ANNABELLA, HARRY BAUR. ■ Durante la guerra 1914-'18, un ufficiale russo, innamorato d'una crocerossina, viene ingiustamente accusato di spionaggio a favore dei tedeschi. Riuscirà a provare la sua innocenza e a conquistare la ragazza che ama. ■ DRAMMATICO; B/N; 95'; FRANCIA, 1934.

NOTTI NEL DESERTO *(Desert Nights)* ★★
Regia di WILLIAM NIGH. Con JOHN GILBERT, MARY NOLAN, ERNEST TORRANCE. ■ Avventure nel deserto. Uno degli ultimi successi per attori che saranno spazzati via dall'avvento del sonoro. ■ AVVENTURA; B/N; 92'; USA, 1929.

NOTTING HILL ★★★
Regia di ROGER MICHELL. Con HUGH GRANT, RHYS IFANS, JULIA ROBERTS. ■ Può la star più in voga del momento innamorarsi di un qualsiasi libraio londinese? La risposta, che viene descritta in un film vivace, degno dei suoi incassi, è affermativa. Julia Roberts fa se stessa con molta ironia e autoironia. I personaggi di contorno, come deve essere in questo tipo di prodotto, sono efficaci, curatissimi e contribuiscono ad un successo annunciato. Grant rovescia un bicchiere di spremuta d'arancia addosso alla superstar nel quartiere più cool del momento a Londra e i meccanismi della trama si mettono subito in moto, prevedibili, ma godibilissimi. Ci saranno intoppi. Ma saranno superati, come tutti desideriamo. Memorabile la partecipazione di Hugh finto giornalista alla conferenza di Julia, autentica diva. ■ COMMEDIA; COL.; 124'; GRAN BRETAGNA, 1999. ■ GOLDEN GLOBES 3 NOM.

NOTTI ORIENTALI *(Orientalische Nächte)* ★
Regia di PAUL HEINZ. Con BARBARA LAAGE, MARINA PETROWA. ■ Pasticcio poliziesco tedesco ambientato in Egitto con contorno di danze del ventre: un'agente della compagnia di diamanti si finge ballerina per scoprire un traffico di preziosi che ha come centro un locale notturno. ■ POLIZIESCO; B/N; 94'; GERMANIA, 1961.

NOTTI PROIBITE *(Forbidden Nights)* ★★
Regia di WARIS HUSSEIN. Con MELISSA GILBERT, ROBIN SHOU. ■ Il titolo si richiama al fascino proibito dell'Oriente. La storia, più semplicemente, cerca di raccontare della classica scoperta, da parte di un'americana, del misterioso mondo della Cina. ■ COMMEDIA; COL.; 95'; USA, 1990.

NOTTI PROIBITE DEL MARCHESE DE SADE, LE ★
(Tobe Hooper's Night Terrors)
Regia di TOBE HOOPER. Con ROBERT ENGLUND, ALONA KIMHI, ZOE TRILLING. ■ Robert Englund, l'attore di *Nightmare*, si trasforma questa volta nel marchese De Sade che torna dalle tenebre. A farne le spese è la figlia di un archeologo che si trova in Egitto. ■ HORROR; COL.; 96'; USA, 1993.

NOTTI ROVENTI A TOKYO *(Yumin-gai no yudan)* ★
Regia di IIZUKA MASUICHI. Con TETSURO TAMBA, SIM TENOR, MARIA WEST. ■ Un gangster americano viene fatto evadere da colleghi giapponesi, che hanno intenzione di servirsi di lui per un furto in una base statunitense. Lo scoppio d'un ordigno farà la strage dei malviventi. ■ POLIZIESCO; B/N; 92'; GIAPPONE, 1964.

NOTTI SELVAGGE *(Les nuits fauves)* ★★
Regia di CYRIL COLLARD. Con CORINNE BLUE, ROMANE BOHRINGER, CYRIL COLLARD, CARLOS LOPEZ. ■ Tratto dal romanzo omonimo del regista. Siamo nel 1986. Un ragazzo con tendenze bisessuali si innamora di una ragazza e ha rapporti con lei, pur sapendo di essere sieropositivo. Quando la ragazza lo scopre, dapprima reagisce con rabbia poi accetta la situazione. Un film controverso. In Francia il realismo della storia ha creato scalpore, mentre i premi César vinti dopo la morte dell'autore-regista-attore Collard hanno fatto gridare al capolavoro. Si è comunque esagerato. Resta, al di là delle interpretazioni non proprio riuscite e degli slittamenti di sceneggiatura, una regia anticonvenzionale con momenti riusciti. Pare che Collard avesse proposto la parte principale ad alcuni attori francesi, che però hanno trovato la storia troppo realistica. Inoltre ha girato il film sapendosi condannato, dunque senza alcuna inibizione. In Italia, dopo un iniziale divieto ai minori di diciotto anni, ha ottenuto la libertà totale. ■ DRAMMATICO; COL.; 126'; FRANCIA, 1992.

NOTTI SUL BOSFORO ★★
(Der Mann, der den Mord beging)
Regia di CURTIS BERNHARDT. Con HEINRICH GEORGE, CONRAD VEIDT, TRUDE VON MOLO. ■ Un giovane diplomatico a Costantinopoli si innamora di una misteriosa signora. Scopre che è sposata e che il marito la tiene in pugno con uno sporco ricatto. Riesce a liberarla, poi torna in Europa da solo. ■ DRAMMATICO; B/N; 92'; GERMANIA, 1930.

NOTTURNO *(Nocturno)* ★★
Regia di GUSTAV MACHATY. Con RIA BYRON, MARIA RAY, HANS STÜWE. ■ Il regista che aveva scandalizzato i benpensanti con le scene di nudo in *Estasi*, racconta qui d'una donna che abbandona il tetto coniugale e il bambino per seguire l'amante, il quale poi diventa un assassino. La coppia, tormentata dal rimorso, è in continua fuga, così quando lei si reca, all'insaputa di lui, a rivedere il piccino, l'uomo, temendo che la compagna vada a denunciarlo, l'uccide. ■ DRAMMATICO; B/N; 95'; CECOSLOVACCHIA, 1935.

NOTTURNO ★★
Regia di GIORGIO BONTEMPI. Con CLAUDIO CASSINELLI, FIORENZA MARCHEGIANI, TONY MUSANTE. ■ Un esule polacco uccide all'aeroporto di Fiumicino una spia che sta per essere scambiata con un altro ostaggio. Dice di esservi stato costretto dopo il rapimento di sua figlia, ma in realtà fa parte del Kgb. ■ SPIONAGGIO; COL.; 90'; ITALIA, 1982.

NOTTURNO A COLLODI ★
Regia di GASTONE GRANDI. ■ Un mediocre mediometraggio per ragazzi: una bimba paralizzata si reca a Collodi per chiedere aiuto alla Fatina dei Capelli Turchini. In sogno le appaiono i personaggi di *Pinocchio*. ■ FANTASTICO; B/N; 91'; ITALIA, 1962.

NOTTURNO BUS ★★★
Regia di DAVIDE MARENGO. Con ANTONIO CATANIA, ROBERTO CITRAN, ENNIO FANTASTICHINI, IAIA FORTE, IVAN FRANEK, VALERIO MASTANDREA, MARCELLO MAZZARELLA, GIOVANNA MEZZOGIORNO, FRANCESCO PANNOFINO, ANNA ROMANTOWSKA. ■ Franz è un conducente di autobus che anche nella vita ha sempre guardato nello specchietto retrovisore. Una notte sul suo bus deserto incontra per caso Leila, una ragazza in fuga coi boccoli rossi e i piedi scalzi. Non fa in tempo a negarle una sigaretta che la donna si è già liberata della sua parrucca e si è infilata nel suo letto, ma soltanto per avere un posto in cui passare la notte e nascondersi. L'affascinante donna con gli occhi da gatta è infatti una scaltra e bugiarda truffatrice, il cui primo colpo risale a quando aveva tre anni. Inseguita da una coppia di grotteschi killer, il caciarone iperviolento Garofano e il laconico e spietato torturatore dallo stomaco debole Diolaiti (che ricorda un po' la coppia *pulp* Vince Vega/ Jules Winnfield), oltre che da un romantico agente dei servizi segreti, la ragazza cercherà protezione sull'autobus notturno di Franz "cuor di leone" (come lo chiama lei). Lui, filosofo mancato, "normalmente vile" e braccato a sua volta per debiti di gioco da un energumeno fondamentalmente buono di nome Titti, cercherà con scarsi risultati di resistere a quello che dopo anni di terapia ha inquadrato come il prototipo della donna sbagliata. Tra inseguimenti da *action movie* e una brillante ironia da commedia all'italiana, *Notturno bus* è la dimostrazione che in Italia è possibile una commistione di generi che, senza prendersi troppo sul serio, omaggia con autoironia, buon senso del ritmo e dei tempi cinematografici, e un tocco comico prettamente nostrano, ciò che sembrerebbe esclusiva degli americani. ■ COMMEDIA; COL.; 104'; ITALIA, 2007.

NOTTURNO DI SANGUE *(Nocturne)* ★★★
Regia di EDWIN L. MARIN. Con LYNN BARI, VIRGINIA HUSTON, JOSEPH PEVNEY, GEORGE RAFT. ■ Un investigatore non è convinto che un musicista si sia suicidato e sospetta che si tratti d'omicidio. Scoprirà d'aver ragione dopo pazienti indagini, nel cor-

so delle quali si innamorerà d'una ragazza. ■ POLIZIESCO; B/N; 88'; USA, 1946.

NOTTURNO INDIANO *(Nocturne Indien)* ★★★
Regia di ALAIN CORNEAU. Con JEAN-HUGUES ANGLADE, CLEMENTINE CÉLARIÉ, OTTO TAUSIG. ■ Tratto dal romanzo di Tabucchi, questo film di grande suggestione è ambientato in India. Qui si reca uno studioso che vuole ritrovare un amico misteriosamente scomparso. Girerà molte città, tra cui Bombay, fino a scoprire che il mistero forse non esiste come non esiste molto spesso ciò che noi crediamo di inseguire nella vita. Un film che rimane nella memoria, bravo Anglade che ricordavamo in *Betty Blue*. ■ DRAMMATICO; COL.; 110'; FRANCIA, 1989.

NOTTURNO SELVAGGIO *(The Moonlighter)* ★★
Regia di ROY ROWLAND. Con WARD BOND, FRED MACMURRAY, BARBARA STANWYCK. ■ Il film, girato in 3D, racconta la storia d'un ladro di bestiame che, dopo aver visto un innocente linciato al suo posto per errore, si redime. ■ WESTERN; COL.; 75'; USA, 1953.

NOTTURNO TRAGICO *(Night Must Fall)* ★★★
Regia di RICHARD THORPE. Con ALAN MARSHALL, ROBERT MONTGOMERY, ROSALIND RUSSELL, MAY WHITTY. ■ Un giovane dal viso angelico, ma dall'animo perfido viene assunto da una vecchia signora che vive isolata con la nipote e due cameriere. La nipote si rende conto della malvagità dell'uomo, ma non osa denunciarlo; questi uccide la signora e s'appresta a uccidere anche la ragazza, ma viene infine arrestato. ■ DRAMMATICO; B/N; 117'; USA, 1937. ■ OSCAR 2 NOM.

NOTTURNO VIENNESE *(Reunion in Vienna)* ★★
Regia di SIDNEY FRANKLIN. Con JOHN BARRYMORE, FRANK MORGAN, DIANA WYNYARD. ■ Il film racconta di un aristocratico che, tornato a Vienna dopo una lunga assenza, tenta disperatamente di riprendere i contatti con una vecchia fiamma sposata a un altro uomo. ■ COMMEDIA; B/N; 100'; USA, 1933. ■ OSCAR 1 NOM.

N'OUBLIE PAS QUE TU VA MOURIR – NON DIMENTICARE CHE STAI PER MORIRE ★★
(N'oublie pas que tu va mourir)
Regia di XAVIER BEAUVOIS. Con XAVIER BEAUVOIS, CHIARA MASTROIANNI, BULLE OGIER. ■ Nonostante le belle musiche di John Cale, il Premio della Giuria al Festival di Cannes e la collaborazione di Philippe Garrel, si tratta di un film non riuscito. Un uomo che scopre di avere l'AIDS comincia a drogarsi e ad avere rapporti sessuali a raffica. ■ DRAMMATICO; COL.; 120'; FRANCIA, 1995. ■ CANNES 1 PR.

NOUVELLE ÈVE – UNA RELAZIONE AL FEMMINILE *(La nouvelle ève)* ★★
Regia di CATHERINE CORSINI. Con SERGI LÓPEZ, PIERRE LOUP RAJOT, MIREILLE ROUSSEL, KARIN VIARD. ■ Una trentenne ribelle conosce un attivista del partito socialista e se ne innamora perdutamente, e per lui cerca di cambiare le sue abitudini passando dalla contestazione più radicale delle consuetudini all'accettazione passiva di queste. La sua morbosità inizia ad ossessionare l'uomo che però è attratto dalla personalità della donna. Si sviluppa quindi una ménage tormentato seguito in tutte le sue circonvoluzioni dalla macchina da presa. Commedia illuminata solo da una grande interpretazione di Karin Viard. ■ COMMEDIA; B/N; 94'; FRANCIA, 1999.

NOUVELLE VAGUE ★★★
Regia di JEAN-LUC GODARD. Con ALAIN DELON, DOMIZIANA GIORDANO. ■ Ogni opera di Godard viene sempre attesa dai critici come momento di sfogo per parlarne male e chiudere il discorso inneggiando al tradimento della *Nouvelle Vague*. Così il regista francese ha deciso di attribuire a questa pellicola quell'etichetta pesante e se vogliamo posticcia. Una giovane donna molto ricca è nei pressi del lago di Ginevra, quando incontra un uomo in abiti dimessi e in fase depressiva. Lo fa entrare nel suo ambiente, ma non riesce ad animarlo. Lascerà che affoghi per poi rivederlo apparire molto diverso. Si tratta di resurezione? Godard fa riferimento all'Antico e al Nuovo Testamento, ma non è tutto. La cosa migliore è lasciarsi andare e vedere il film cercando di percepire le decine di citazioni sparse nel calderone di questo "ragazzo selvaggio" che non vuole decidersi a crescere. ■ DRAMMATICO; COL.; 100'; FRANCIA, 1990.

92° ALL'OMBRA *(92° in the Shade)* ★★
Regia di THOMAS MCGUANE. Con PETER FONDA, MARGOT KIDDER, BURGESS MEREDITH, WARREN OATES, HARRY DEAN STANTON. ■ Tom Skelton decide di fingere di essere un'esperta guida per pescatori nella zona del Key West, in Florida. Dovrà darsi da fare. Il cast è di tutto rispetto e comprende numerosi attori che, in un'occasione o nell'altra (magari per una volta sola), hanno lasciato il segno nella storia del cinema. ■ AVVENTURA; COL.; 93'; USA, 1975.

NOVANTADUE MINUTI IN UN'ALTRA CITTÀ ★★★
(92 minuter af i gar)
Regia di CARSTEN BRANDT. Con ROLAND BLANCHE, TINE BLICHMAN, MARIANNE IRGENSEN. ■ Un cittadino francese, che si trova per affari in Danimarca, ha uno spazio di tempo da riempire: un'ora e mezzo di intervallo tra un treno e l'altro. È poco, ma potrebbe bastare per una intensa, anche se breve, storia d'amore. Alcuni tragici avvenimenti stroncano però sul nascere il suo tenero sentimento. ■ DRAMMATICO; COL.; 90'; DANIMARCA, 1978.

90 MINUTI DOPO MEZZANOTTE ★
(Neunzig Minuten nach Mitternacht)
Regia di JÜRGEN GOSLAR. Con MARTIN HELD, CHRISTINE KAUFMANN, HILDE KRAHL. ■ Confuso e violento film tedesco che vorrebbe esaminare il problema, allora nuovo e scottante, della delinquenza giovanile. ■ DRAMMATICO; B/N; 92'; GERMANIA, 1963.

NOVECENTO – ATTO I ★★★★
Regia di BERNARDO BERTOLUCCI. Con STEFANIA CASINI, ROBERT DE NIRO, GÉRARD DEPARDIEU, STERLING HAYDEN, BURT LANCASTER, DOMINIQUE SANDA, DONALD SUTHERLAND, ALIDA VALLI, ROMOLO VALLI. ■ Questo film di Bertolucci – una maratona complessiva di cinque ore – racconta la storia di tre generazioni, impegnata nella lotta di classe in Emilia, terra di forti contrasti e di robuste tradizioni, sullo sfondo di un secolo di politica italiana. Il 1 Gennaio del 1900, nello stesso latifondo, nascono due bambini, Olmo, figlio di contadini, e Alfredo, erede del padrone. Sul grande schermo si confrontano, dall'inizio del Novecento fino al 1945, le vite parallele dei due ragazzi-uomini. Nella prima parte viene raccontata la vita dei due protagonisti sullo sfondo di fatti politici e sociali di quegli anni: primi scioperi nei campi, la guerra 1915-1918, il fascismo agrario che aiuta i padroni. E poi i fatti privati: le frodi per l'eredità, gli amori leciti e non, fino al momento in cui i due giovani si sposano. Un grande affresco con una cura persino eccessiva per i particolari (per esempio uno studio molto approfondito su una certa "pittura contadina" da Miller a Van Gogh, a Pellizza da Volpedo). Il discorso sociale finisce comunque per essere un po' di parte; non è certo questo l'aspetto migliore del film. ■ DRAMMATICO; COL.; 155'; ITALIA, 1976.

NOVECENTO – ATTO II ★★★★
Regia di BERNARDO BERTOLUCCI. Con STEFANIA CASINI, ROBERT DE NIRO, GÉRARD DEPARDIEU, STERLING HAYDEN, BURT LANCASTER, DOMINIQUE SANDA, DONALD SUTHERLAND, ALIDA VALLI, ROMOLO VALLI. ■ La seconda parte di Novecento riprende dagli anni Trenta. Le strade di Olmo e Alfredo, i due protagonisti, si separano. Il primo, vedovo, continua la lotta, partecipando alle prime riunioni di partito; il secondo si rinchiude nel privato, disinteressato ai cambiamenti sociali che lo circondano. Il 25 aprile 1945, si processano i padroni, e i due protagonisti si ricongiungono nel ricordo della loro amicizia, anche se provenienti da classi sociali diverse. È una pellicola che, nei suoi momenti più alti, rinverdisce una linea epica del cinema (sovietico e statunitense, soprattutto), mentre per altro verso recupera certe strutture del romanzo ottocentesco, lo slancio lirico del prediletto melodramma. Senza evitare i rischi della ridondanza, il regista gioca le sue carte sui due versanti del racconto. ■ DRAMMATICO; COL.; 146'; ITALIA, 1976.

976 CHIAMATA PER IL DIAVOLO *(976 – Evil)* ★★
Regia di ROBERT ENGLUND. Con SANDY DENNIS, STEPHEN GOEF-

FREYS, PATRICK O'BRYAN. ■ Un giovanotto fa un numero telefonico indicato da un annuncio economico sul giornale e si sente rispondere dal diavolo in persona. Il Maligno si offre di soddisfare ogni suo desiderio. Il giovane rifiuta. Ma non così il suo complessato cugino, che si serve del patto diabolico per vendicarsi di una banda di prepotenti. ■ THRILLER; COL.; 95'; USA, 1989.

9 DI DRYFORK CITY, I *(Stagecoach)* ★★
Regia di GORDON DOUGLAS. Con RED BUTTONS, ALEX CORD, BING CROSBY, BOB CUMMINGS, VAN HEFLIN, ANN MARGRET, SLIM PICKENS, STEFANIE POWERS, KEENAN WYNN. ■ Rifacimento, molto inferiore al modello, di *Ombre rosse* di John Ford: l'azione è spostata dall'Arizona al Wyoming, gli Apaches sono sostituiti dai Sioux e, alla fine, non arriva la cavalleria (sono i passeggeri stessi della diligenza ad eliminare i pellerossa). Per il resto, tutto rimane uguale. ■ WESTERN; COL.; 115'; USA, 1966.

NOVEMBER MAN – UN PRESIDENTE NEL MIRINO, THE *(The November Man)* ★
Regia di PAUL WILLIAMS. Con JAMES ANDRONICA, LESLIE BEVIS, ROBERT DAVI. ■ Un regista ama sovrapporre la finzione alla realtà e prende dalla strada, scegliendo tra radicali ed estremisti, gli interpreti del suo film sull'attentato al presidente degli Stati Uniti. L'odio che serpeggia tra gli attori sfugge al controllo delle riprese, mentre l'Fbi non sembra dar credito alla pericolosa situazione creatasi sul set. ■ THRILLER; COL.; 98'; USA, 1993.

999 SCOTLAND YARD *(Lost)* ★★
Regia di GUY GREN. Con JULIA ARNALL, DAVID FARRAR, DAVID KNIGHT. ■ Un flemmatico ispettore inglese indaga sul rapimento d'un neonato suscitando le preoccupazioni dei genitori del piccino, una coppia di americani, che vorrebbero un comportamento più deciso. Sarà invece proprio la calma del poliziotto, tuttavia, a risolvere felicemente l'intricato caso. ■ POLIZIESCO; COL.; 89'; GRAN BRETAGNA, 1956.

NOVE ORE PER RAMA *(Nine Hours to Rama)* ★★
Regia di MARK ROBSON. Con HARRY ANDREWS, DIANE BAKER, HORST BUCHHOLZ, JOSÉ FERRER. ■ Tentativo mal riuscito, sia per la lentezza della narrazione sia per il grottesco impiego di noti attori americani ed europei truccati da indù, di raccontare il complotto che uccise nell'immediato dopoguerra il Mahatma Ghandi. ■ STORICO; B/N; 125'; USA, 1963.

NOVE OSPITI PER UN DELITTO ★★
Regia di FERDINANDO BALDI. Con ARTHUR KENNEDY, CAROL LAWRENCE, JOHN RICHARDSON. ■ In una vecchia villa arrivano nove persone per passare una breve vacanza. Una ragazza scompare; l'ipotesi più attendibile è che sia annegata. Ma c'è chi crede che l'assassino sia un fantasma. In realtà, l'assassino è vivo e vegeto. ■ GIALLO; COL.; 93'; ITALIA, 1977.

NOVE REGINE *(Nueve Reinas)* ★★★
Regia di FABIAN BIELINSKY. Con RICARDO DARÍN, GASTÓN PAULS. ■ Due piccoli truffatori, Juan e Marcos, uniscono le proprie forze per un colpo da mezzo milione di dollari. Di mezzo c'è una serie di francobolli contraffatti, bidoni e controbidoni, personaggi dalla doppia faccia e morale: ma anche i due bidonisti non si sono detti proprio tutto. Onusto di notevole successi raccolti in vari Festival, *Nove regine* è un bel film. Se i modelli sono dichiaratissimi (dal Mamet di *La casa dei giochi* alla commedia all'italiana di Monicelli e Risi), pure la sceneggiatura è un orologio svizzero, la regia mai banale, gli attori semplicemente strepitosi. E l'intrigo giallo e picaresco viaggia che è un piacere verso un finale, se non proprio sorprendente, quanto meno più originale della media del genere. ■ AVVENTURA; COL.; 115'; ARGENTINA, 2003.

NOVE SETTIMANE E MEZZO *(Nine and a Half Weeks)* ★★★
Regia di ADRIAN LYNE. Con KIM BASINGER, MICKEY ROURKE. ■ Un film ad altissima carica sensuale girato con la tecnica e i tempi del videoclip: Mickey e Kim si incontrano, si piacciono, si sbizzarriscono in frenetiche acrobazie erotiche per un periodo, appunto, di nove settimane e mezzo. Poi, per entrambi, il rientro nella normalità. Un film patinato, raffinato e furbetto, da gustare e rivivere a casa: sono entrate nella leggenda, ormai, le sequenze del ghiaccio, delle ciliegie, del miele e dello spogliarello di Kim Basinger in contro luce al suono della voce roca di Joe Cocker. Perfettamente in ruolo i due protagonisti, ottima la scelta delle musiche che ne ritmano e sottolineano le fatiche, splendida (e un po' ruffiana) la fotografia. ■ EROTICO; COL.; 121'; USA, 1986.

NOVE SETTIMANE E MEZZO – LA CONCLUSIONE *(Another Nine & a Half Weeks)* ★
Regia di ANNE GOURDAUD. Con STEVEN BERKOFF, AGATHE DE LA FONTAINE, ANGIE EVERHART, MICKEY ROURKE. ■ Un ormai sfiatato Mickey Rourke vaga per Parigi alla ricerca del suo antico amore. Trova la sorella che, giunta a conoscenza delle imprese erotiche della congiunta, vuole imitarla. Anche il film è una stentata imitazione, a livello di serie Z, del film di Lyne. Bene ha fatto la Basinger a non farsi coinvolgere. ■ EROTICO; COL.; 101'; FRANCIA, GRAN BRETAGNA, 1997.

9 VITE DA DONNA *(Nine Lives)* ★★★
Regia di RODRIGO GARCÍA. Con AOMAWA BAKER, KATHY BAKER, ANDREW BORBA, AMY BRENNEMAN, K CALLAN, ELPIDIA CARRILLO, GLENN CLOSE, STEPHEN DILLANE, MARY PAT DOWHY, DAKOTA FANNING, WILLIAM FICHTNER, LISA GAY HAMILTON, HOLLY HUNTER, JASON ISAACS, SISSY SPACEK, ROBIN WRIGHT PENN. ■ Sandra è in carcere e un fatto occasionale le impedisce di comunicare con il figlioletto in visita scatenando la sua rabbia. Diana, incinta, sta facendo la spesa in un supermarket quando si trova davanti l'uomo con cui in passato ha vissuto un'intensa relazione. Holly torna dopo molto tempo a casa per regolare i conti con chi in passato ha abusato di lei. Samantha soffre di nascosto nell'assistere al deteriorarsi del rapporto tra il padre paralizzato e la madre. Sonia non apprezza il fatto che il suo compagno riveli un loro fatto intimo a degli amici altolocati. Lorna raggiunge l'ex marito al funerale della sua seconda moglie creando un certo imbarazzo. Ruth raggiunge un motel con un uomo da cui è attratta. Camille deve sottoporsi a un'operazione che avverte come invalidante e non risparmia al marito la propria tensione. Maggie si reca al cimitero a visitare la tomba di un familiare molto stretto. Questi sono i nove momenti di vita che Rodrigo García coglie in un film vincitore del Pardo d'Oro e del premio dei Giovani al 56° Festival di Locarno. Solo il cast vale la visione ma c'è molto di più. ■ DRAMMATICO; COL.; 112'; USA, 2005.

NOVE VITE DI FRITZ IL GATTO, LE *(The Nine Lives of Fritz the Cat)* ★★
Regia di ROBERT TAYLOR. ■ Fritz il gatto, qui alla sua seconda riduzione cinematografica, è stato creato dal disegnatore di fumetti americano Robert Crumb che si è divertito a satireggiare la società statunitense degli anni Sessanta. ■ ANIMAZIONE; COL.; 91'; USA, 1975.

NOVIZIE, LE *(Les novices)* ★★★
Regia di GUY CASARIL. Con BRIGITTE BARDOT, JEAN CARMET, JACQUES DUBY, ANNIE GIRARDOT. ■ Una novizia scappata dal convento si rifugia a casa di una prostituta e collabora con lei alla ricerca di clienti. Dopo qualche tempo, le due donne vengono individuate dalla polizia e sono obbligate a rifugiarsi nella campagna parigina. La prostituta sente nascere la vocazione e si reca al convento con l'indecisa amica. ■ COMMEDIA; COL.; 95'; FRANCIA, 1970.

NOVO ★★
Regia di JEAN-PIERRE LIMOSIN. Con ANNA MOUGLALIS, EDUARDO NORIEGA, NATHALIE RICHARD, PAZ VEGA. ■ Graham, in seguito a uno choc, è da sei mesi incapace di ricordare qualsiasi avvenimento che sia accaduto in un tempo anteriore agli ultimi dieci minuti. La sua fidanzata Irène è pronta ad aiutarlo. Ma come può farlo se per lui lei è una persona nuova ogni giorno? Un film sulla permanenza del ricordo come elemento indispensabile per l'amore ma anche percorso nell'eros che molti maschi vorrebbero: senza memoria e quindi senza responsabilità. L'idea però non è originale e torna troppo spesso in mente (anche se in altra chiave) il ben più interessante *Memento*. ■ DRAMMATICO; COL.; 98'; SPAGNA, 2003.

NOVOCAINE ★★
Regia di DAVID ATKINS. Con HELENA BONHAM CARTER, LAURA

DERN, ELIAS KOTEAS, STEVE MARTIN. ■ Steve Martin è un dentista alla sua maniera. Un po' maldestro, chiacchierone, abbastanza contento di sé. Conduce la sua vita tranquilla, ha anche una ragazza. Ma un giorno, sulla sedia si accomoda una tizia stravagante, inpasticcata fino alle orecchie, però dotata di un certo fascino. Così cominciano i guai, sempre peggiori. Il dentista si trova coinvolto in situazioni che mai avrebbe immaginato. Ci scappa anche il morto. Grottesco, humor nero, sono altre due definizioni che competono al film. Anche se i bei tempi di Steve Martin sono lontani. ■ COMMEDIA; COL.; 95'; USA, 2002.

NOWHERE ★★
Regia di LUIS SEPÚLVEDA. Con ANDREA BRODAN, LUIGI MARIA BURRANO, ARIEL CASAS, OSCAR CASTRO, DANIEL FANEGO, HARVEY KEITEL, ANGELA MOLINA, CATERINA MURINO, LEONARDO SBARAGLIA. ■ Luis Sepúlveda, il popolarissimo scrittore cileno firma una regia. La storia è una delle "sue". In un paese sudamericano, negli anni Ottanta, imperversa il canonico dittatore, che come deterrente alla solita situazione dei *desaparecidos* decide un mossa mediatica che lo metta al riparo. Intende far rapire cinque uomini, suoi nemici politici (un omosessuale, uno studente, un barbiere, un operaio e un professore), e poi liberarli. Ma il piano funziona solo nella prima parte. I bastoni fra le ruote vengono messi da Harvey Keitel, che ha intuito tutto. I dissidenti torneranno liberi, ma secondo un altro piano. ■ DRAMMATICO; COL.; 100'; ITALIA, SPAGNA, 2002.

NOWHERE BOY ★★★
Regia di SAM TAYLOR-WOOD. Con ANNE-MARIE DUFF, AARON JOHNSON, OPHELIA LOVIBOND, KRISTIN SCOTT THOMAS, DAVID THRELFALL. ■ A quindici anni John Lennon scopre che la sua vera madre, Julia, è viva e abita a pochi passi da casa. L'incontro tra i due sarà fonte di eccitazione ma pure di turbamento per il giovane John, che viene persuaso dalla madre a percorrere la via del rock'n'roll. Il bio-pic sulle rockstar rappresenta ormai un genere a sé, codificato fino all'eccesso e pericolosamente incline a rifugiarsi nei cliché; se poi la rockstar in questione si chiama John Lennon va da sé che il rischio sia destinato ad aumentare esponenzialmente. L'operazione che Sam Taylor-Wood tenta di intraprendere è un'indagine sui primi vagiti dell'uomo destinato a divenire più famoso di Gesù Cristo, per capire quanto del Lennon che tutti conosciamo dipenda dalla sua adolescenza travagliata. Il rischio di una deriva agiografica è sempre dietro l'angolo, ma resta apprezzabile il tratteggio dei personaggi-apostoli che ruotano attorno al giovane John; in primis la vera madre di John, ossia Julia, fonte di complessi edipici, imbarazzo, problemi a non finire, ma pure della folgorazione del ragazzo sulla via del rock'n'roll (fatto di per sé sufficiente a garantirle un posto fisso in paradiso). Lontano dall'approccio coraggioso di un *Backbeat* – incentrato su Stu Sutcliffe e con Lennon e l'universo Beatles collocati sullo sfondo – come da quello radicale del *Control* di Corbijn, *Nowhere Boy* non teme il ricorso a stereotipi per risolvere snodi narrativi anche cruciali, né il rischio di sfociare in quel bozzettismo caricaturale che affligge una discreta fetta del cinema britannico attuale (anzi finisce spesso per avvalersi di ambedue). L'importante è concedere al popolo beatlesiano quel che il popolo beatlesiano in buona sostanza chiede, e da questo punto di vista *Nowhere Boy* soddisfa in toto le (sue) aspettative. ■ BIOGRAFICO; COL.; 98'; GRAN BRETAGNA, CANADA, 2009.

NOWHERE IN AFRICA *(Nirgendwo in Afrika)* ★★★
Regia di CAROLINE LINK. Con KAROLINE ECKERTZ, MATTHIAS HABICH, JULIANE KOHLER, LEA KURKA, MERAB NINIDZE, SIDEDE ONYULO. ■ Vincitore di 5 premi del cinema tedesco e dell'Oscar quale miglior film straniero il film di Caroline Link si ispira a un romanzo autobiografico di Stefanie Zweig il cui padre nel 1938 dovette lasciare la Germania per sfuggire alla persecuzione degli ebrei trovando rifugio in Kenya. La storia di questo esilio forzato è vista attraverso gli occhi di Regina, 9 anni. La bambina entra nel mondo africano con grande partecipazione anche se non tutti gli adulti che ha intorno condividono questo suo sentire. La Link manca un po' di quelle doti di sintesi che favorirebbero la visione ma si tiene assolutamente lontana da tutti gli stereotipi che spesso accompagnano i film "esotici" in Africa. ■ DRAMMATICO; COL.; 140'; GERMANIA, 2002.

NOWHERE TO HIDE *(Injong sajong polkot opta)* ★★★
Regia di MYUNG-SE LEE. Con SUNG-KEE AHN, JI-WOO CHOI, DONG-KUN JANG, JOONG-HOON PARK. ■ Arriva sui nostri schermi con due anni di ritardo un film che rivela un possibile rivale di John Woo nel mostrare non solo l'azione, ma quello che la sottende. Un boss del traffico della droga viene ucciso dal suo avversario Chang Sungmin. Il detective Woo è incaricato di indagare. Woo è un uomo tutto d'un pezzo che ama il suo lavoro all'eccesso. I suoi non sono interrogatori di routine e la violenza che vi viene dispiegata è notevole. Il regista non la nasconde anche perché ci deve raccontare "come" Woo è diventato poliziotto. Proprio per convogliare una violenza difficile da controllare. Il protagonista è una star nel suo paese e questo è un film che gli appassionati del genere non devono perdere per accorgersi che non c'è solo un Woo regista, ma anche un Woo personaggio che non è da trascurare. ■ POLIZIESCO; COL.; 120'; COREA DEL SUD, 1999.

NOW YOU SEE ME – I MAGHI DEL CRIMINE ★★★
(Now You See Me)
Regia di LOUIS LETERRIER. Con JESSE EISENBERG, ISLA FISHER, WOODY HARRELSON, MELANIE LAURENT, MARK RUFFALO. ■ Daniel Atlas è un mago delle carte: produce effetti magici e seduce fanciulle; Merritt McKinney è un ipnotista abile a scovare spettatori suggestionabili; Henley Reeves, ex assistente di Daniel, pratica la grande illusione e l'escapologia; Jack Wilder è un mago di strada: coinvolge a caso un volontario per sottrargli il portafoglio senza restituirlo alla fine del gioco. Sconosciuti, o quasi, l'uno all'altro ricevono una carta dei Tarocchi che li identifica e li invita all'appuntamento della vita. Un anno dopo da un palcoscenico di Las Vegas i Quattro Cavalieri rapinano una banca a Parigi e ricompensano l'entusiasmo del pubblico con una pioggia di banconote. Fermati dall'Fbi e poi rilasciati per mancanze di prove, i maghi coltivano un'illusione più grande che ruba ai ricchi per dare ai poveri. Spetterà all'agente speciale Dylan Hobbs e alla collega francese dell'Interpol, Alma Dray, scovare il trucco. Louis Leterrier realizza bene un film dominato dall'illusione. ■ THRILLER; COL.; 115'; USA, FRANCIA, 2013.

NOZZE, LE *(La Noce)* ★★
Regia di PAVEL LUNGIN. Con MARAT BASHAROV, MARIA MIRONOVA, ANDREI PANINE, ALEXANDRE SEMTCHEV, VLADIMIR SIMONOV. ■ Michka Krapivine sta per sposare la bella Tania Simakova, un suo amore d'infanzia, tornata dopo alcuni anni trascorsi a Mosca. In famiglia il matrimonio non è ben visto: cosa ha fatto Tania a Mosca? E poi perché spendere tutti quei soldi per il ricevimento? La festa sarà segnata da un'alternanza di esplosioni di gioia e di momenti di tensione. Proprio qui sta il problema del film. Troppi balli, troppa musica, troppe risse, troppa gente. Il tutto privo di un'unitarietà che porti la miscela ad esplodere sullo schermo. Peccato. ■ COMMEDIA; COL.; 114'; RUSSIA, 2000.

NOZZE BIANCHE *(Le marriage blanc)* ★★
Regia di PETER KASSOVITZ. Con NICOLE GARCIA, DANIEL OLBRYCHSKI. ■ Un architetto polacco, dopo il colpo di Jaruzelsky, è fuggito in Francia, dove ha trovato la manna in una bella avvocatessa innamorata di lui, che gli ha proposto un matrimonio solo formale per permettergli di ottenere la cittadinanza francese e stabilirsi lì. Le cose, che stavano mettendosi mica male per l'esiliato, vengono ulteriormente complicate dall'intervento della madre della donna. ■ DRAMMATICO; COL.; 93'; FRANCIA, 1984.

NOZZE DI MURIEL, LE *(Muriel's Wedding)* ★★
Regia di PAUL J. HOGAN. Con TONI COLLETTE, BILL HUNTER. ■ Muriel è piena di turbe, vive una vita difficile. In famiglia non è compresa, ognuno ha i suoi problemi, in sostanza vivere è intollerabile. Ma lei reagisce, poco per volta risale la china. Diventa persino gradevole fisicamente. Ma poi tutto precipita di nuovo. Il destino è il destino. Ed è crudelissimo. Film di buona "espressione", secondo una ormai codificata abitudine delle produzioni australiane. ■ DRAMMATICO; COL.; 94'; AUSTRALIA, 1995. ■ GOLDEN GLOBES 1 NOM.

NOZZE DI SANGUE ★★
Regia di GOFFREDO ALESSANDRINI. Con LUISA FERIDA, FOSCO GIACHETTI, BEATRICE MANCINI. ■ Una donna si sposa per procura e un nemico del marito, spacciandosi per lui, ne approfitta. Il vero consorte cova verso la moglie un rancore che si spegne solo con la morte di lei, sacrificatasi per salvarlo. ■ DRAMMATICO; B/N; 87′; ITALIA, 1941.

NOZZE DI SHIRIN, LE *(Shirins Hochzeit)* ★★★
Regia di HELMA SANDERS. Con AYTEN ERTEN, AYKUT KAPTANOGLU, ARAS OEREN. ■ Una ragazza turca, Shirin, dopo aver tollerato il sopportabile (è stata anche costretta a sposarsi), se ne va in Germania alla ricerca del primo amore, emigrato per lavoro. Fa diverse amicizie ed esperienze, poi viene licenziata e non le resta che la strada per sopravvivere. Proprio nell'esercizio del mestiere reincontrerà l'uomo che non aveva mai cessato di amare, e che si rivelerà rozzo e violento come tutti gli altri clienti. Quando è ormai decisa a tornare in Turchia, un poco di buono la uccide. ■ DRAMMATICO; B/N; 120′; GERMANIA, 1975.

NOZZE DI ZEUS, LE *(As bodas de deus)* ★★★
Regia di JOÃO CÉSAR MONTEIRO. Con JOSE AIROSA, JOANNA AZEVEDO, RITA DURAO, JOÃO CÉSAR MONTEIRO. ■ In un parco solitario João de Deus incontra un inviato di Dio che gli dà una valigia piena di soldi. Poco dopo sente delle grida: una ragazza sta annegando e de Deus dopo averla salvata la porta in un convento di suore. Tornato indietro ritrova miracolosamente la valigia. I destini di de Deus e Joana si incroceranno ancora. Un'altra opera dello stile inconfondibile del regista di *La commedia di Dio*. Presentato nella sezione *Certain Regard* a Cannes. ■ COMMEDIA; COL.; 150′; PORTOGALLO, 1999.

NOZZE INFRANTE *(The Secret Fury)* ★★★
Regia di MEL FERRER. Con CLAUDETTE COLBERT, PAUL KELLY, PHILIP OBER, ROBERT RYAN. ■ Una ragazza non può sposarsi perché, durante la cerimonia, un uomo afferma che è già maritata. Nonostante lei lo neghi, si trova il certificato di matrimonio e persino il presunto marito. Quando costui è ritrovato morto, lei è messa in prigione; il suo fidanzato però indaga e scopre che la fanciulla è stata fatta oggetto di una vendetta da parte del suo tutore impazzito. ■ DRAMMATICO; B/N; 86′; USA, 1950.

NOZZE IN GALILEA *(Urs al-jalil)* ★★
Regia di MICHEL KHLEIFI. Con ALÌ MOHAMMAD EL AKILI, BUSHRA KARAMAN, MAKRAM KHURI. ■ Questo film è stato il vincitore del primo premio al Festival di San Sebastian. Il regista, al suo esordio, racconta attraverso la rappresentazione di un matrimonio i risvolti psicologici, politici ed emotivi che nascono di conseguenza. Siamo nel periodo delle lotte anti-israeliane. Un capo palestinese vuole creare una tregua per permettere al figlio di sposarsi in un clima di pace. ■ DRAMMATICO; COL.; 83′; BELGIO, FRANCIA, PALESTINA, 1987.

NOZZE VAGABONDE ★★
Regia di GUIDO BRIGNONE. Con LUIGI ALMIRANTE, MAURIZIO D'ANCORA, LEDA GLORIA, ERMETE ZACCONI. ■ Due sposi novelli perdono il denaro destinato al viaggio di nozze. Lui cerca di riguadagnarselo lavorando per una compagnia di guitti senza che lo si venga a sapere; lo scandalo invece scoppia, ma il successo del marito appiana qualsiasi contrarietà. ■ COMMEDIA; B/N; 91′; ITALIA, 1936.

N.P. IL SEGRETO ★★★
Regia di SILVANO AGOSTI. Con EDY BIAGETTI, IRENE PAPAS, FRANCISCO RABAL. ■ Un uomo trova il mezzo di riciclare l'immondizia e di renderla commestibile; lo Stato allora lo condiziona in modo tale da carpire questo ed altri suoi segreti, quindi lo rende muto e smemorato. ■ FANTASTICO; COL.; 95′; ITALIA, 1971.

NUBE, LA ★★
Regia di FERNANDO EZEQUIEL SOLANAS. Con FRANKLIN CAICEDO, ANGELA CORREA, CHRISTOPHE MALAVOY, EDUARDO PAVLOVSKY, CARLOS PAEZ. ■ Una pioggia che non dà tregua tormenta Buenos Aires. L'Argentina è ora democratica, ma il potere ha solo cambiato faccia e un glorioso e vecchio teatro sta per essere chiuso. Max, il suo direttore si dà da fare per difenderlo, mentre la città è attraversata da auto e persone che camminano all'indietro. Il teatro diventa l'unica forma di resistenza all'omologazione globalizzante per un Solanas che appare più che mai disilluso, ma anche troppo astratto per colpire a fondo. ■ DRAMMATICO; COL.; 121′; ARGENTINA, FRANCIA, GERMANIA, ITALIA, 1998. ■ VENEZIA 1 PR.

NUCLEAR TARGET *(The Marksman)* ★
Regia di MARCUS ADAMS. Con WILLIAM HOPE, RYAN MCCLUSKEY, EMMA SAMMS, WESLEY SNIPES, ANTHONY WARREN, PETER YOUNGBLOOD HILLS. ■ I ribelli ceceni occupano una centrale nucleare russa in disarmo. Il loro piano è riavviare uno dei reattori e farlo esplodere. Per scongiurare il rischio di una catastrofe nucleare, che metterebbe alle corde Russia e Stati Uniti, il governo Usa si rivolge a un commando scelto, specializzato nello sventare atti terroristici. Il monolitico Wesley Snipes, l'agente migliore delle forze speciali, è il prescelto che dovrà guidare la missione, introdursi nell'impianto e segnalare il bersaglio all'esercito americano. Contro di lui giocano il tempo tiranno e un ingombrante passato da esorcizzare. Con *Nuclear Target* (mai uscito in sala in Italia) il regista Marcus Adams prosegue sulla strada dei generi. Qui si cimenta nell'action più adrenalinico dopo due incursioni nell'horror, anch'esse circolate esclusivamente nel mercato home video: *Long Time Dead* (2002) e *Octane* (2003), con Jonathan Rhys Meyers capo dei vampiri e una giovanissima Mischa Barton prima del successo di *O.C.* ■ AZIONE; COL.; 95′; USA, 2005.

NUDA DAL FIUME *(Adrift-Hrst Vody)* ★★★
Regia di JÁN KADÁR, ELMAR KLOS. Con MILENA DRAVIC, RADE MARKOVIC, PAULA PRITCHETT. ■ Un pescatore salva dal fiume una ragazza e la porta a casa propria. La misteriosa sconosciuta lo attira a tal punto che egli vorrebbe mandarla via per non tradire la moglie, che del resto nutre già sospetti e gelosie nei suoi confronti. Una notte il pescatore cede; il giorno dopo la ragazza torna alle acque del Danubio. ■ DRAMMATICO; COL.; 105′; CECOSLOVACCHIA, USA, 1969.

NUDA DIETRO LA SIEPE *(Naaktover de schutting)* ★★
Regia di FRANK WEISS. Con RIJK DE GOOYER, SYLVIA KRISTEL, JENNIFER WILLEMS. ■ Ed e Lilly sono due personaggi piuttosto affermati; lui è un buon attore e lei una cantante di successo. Un giorno, per divertirsi, prendono parte a un film molto spinto, poi se ne pentono subito e cercano di toglierlo dalla circolazione. Ma ormai ci sono di mezzo dei delinquenti pronti a ricattarli. I due rischiano addirittura d'essere uccisi. ■ DRAMMATICO; COL.; 90′; PAESI BASSI, 1973.

NUDA FRA LE TIGRI *(Geliebte Bestie)* ★★
Regia di ARTHUR MARIA RABENALT. Con WILLY BIRGEL, WALTER GILLER, MARGIT NUNKE, GERHARD RIEDMANN. ■ Una ragazza diventa famosa ballando in un circo nella gabbia delle tigri. Il domatore muore e viene rimpiazzato da un'ex fiamma della fanciulla che aveva abbandonato, ma che comprende di amare ancora. Lei è contesa da un altro, ma sarà il primo ad avere partita vinta. ■ COMMEDIA; COL.; 80′; AUSTRIA, 1959.

NUDA, MA NON TROPPO... *(Lady Godiva Rides Again)* ★★
Regia di FRANK LAUNDER. Con GLADYS HENSON, STANLEY HOLLOWAY, DENNIS PRICE. ■ Una provinciale vince un concorso di bellezza e il permesso di frequentare una scuola per attori. Un divo si innamora di lei, ma dopo una discussione la caccia; per non tornare in famiglia, lei accetta di lavorare in teatri minori finché le viene offerta la parte di Lady Godiva. Prima che entri in scena quasi nuda un milionario la rapisce e la sposa. ■ COMMEDIA; B/N; 90′; GRAN BRETAGNA, 1951.

NUDA NELL'URAGANO *(Floods of Fear)* ★★
Regia di CHARLES CRICHTON. Con CYRIL CUSACK, ANNE HEYWOOD, HOWARD KEEL. ■ Un intero paese viene travolto da un fiume in piena. Tra i superstiti c'è un uomo condannato per un omicidio non commesso che intende vendicarsi dell'accusatore e una ragazza che lo ama e che tenta di contrastare questo progetto. Dopo drammatiche vicende, il vero assassino è consegnato alla polizia e i due giovani si uniscono per sempre. ■ DRAMMATICO; B/N; 82′; GRAN BRETAGNA, 1958.

NUDA PER IL DIAVOLO *(Ich war ihm hörig)* ★★
Regia di WOLFGANG BECKER. Con CORNY COLLINS, KAY FI-

SHER, BARBARA RÜTTING. ■ Una vedova si lascia abbindolare da un presunto innamorato che la ricatta e la costringe persino a vendere la fabbrica. Un avvocato che l'ama per davvero la salva dal suicidio e fa arrestare il pericoloso individuo. ■ POLIZIESCO; B/N; 91'; GERMANIA, 1958.

NUDA PER SATANA ★
Regia di PAOLO SOLVAY. Con RITA CALDERONI, STELIO CANDELLI, JAMES HARRIS. ■ Un medico assiste a un incidente del quale è vittima la giovane Susa. Con lei ferita entra in una casa dove trova due individui identici a sé e a Susa: i due esseri rappresentano le loro coscienze in preda al demonio. Il medico, dopo esperienze allucinanti, scopre una formula grazie alla quale riesce a liberarsi. A quel punto si sveglia ed è sulla sua macchina. È stato solo un incubo. ■ FANTASTICO; COL.; 93'; ITALIA, 1974.

NUDA PER UN DELITTO *(Les yeux cernés)* ★★★
Regia di ROBERT HOSSEIN. Con ROBERT HOSSEIN, PAUL MERCEY, MICHÈLE MORGAN, FRANÇOIS PATRICE, MARIE-FRANCE PISIER. ■ Una donna uccide il marito e paga il silenzio di un ignoto testimone. La polizia indaga per cercare l'assassino, mentre lei cerca di scoprire chi sia il suo ricattatore. Proprio quando sta per ucciderlo interviene l'ispettore che lo salva e mette lei in galera. ■ GIALLO; B/N; 77'; FRANCIA, 1964.

NUDA PER UN PUGNO DI EROI *(The Red Angel)* ★★
Regia di YASUZO MASUMURA. Con SHINSUKE ASHIDA, YUSUKE KAWAZU, AYAKO WAKAO. ■ Un'infermiera è innamorata di un coraggioso medico, impotente a causa della droga, che salva decine di vite umane durante la guerra cino-giapponese. La ragazza lo guarisce e ha con lui un rapporto sessuale: poco dopo, però, una offensiva nemica uccide tutti i soldati del campo. Lei soltanto sopravvive. ■ GUERRA; B/N; 92'; GIAPPONE, 1973.

NUDA SOTTO LA PELLE *(The Girl on a Motorcycle)* ★★
Regia di JACK CARDIFF. Con ALAIN DELON, MARIANNE FAITHFULL, ROGER MUTTON. ■ Una donna sposata parte in motocicletta per vedere l'amante. Durante il viaggio rivive gli episodi passati e i suoi incontri con l'uomo. Benché un oscuro pentimento spinga la donna a tornare, ella decide di proseguire verso la meta, ma prima di raggiungerla muore in uno scontro frontale. ■ DRAMMATICO; B/N; 91'; GRAN BRETAGNA, 1968.

NUDA VENDETTA *(Naked Vengeance)* ★★
Regia di CIRO SANTIAGO. Con KAZ GARAS, BILL MCLAUGHLIN, DEBORAH TRANELLI. ■ Una bella donna è sconvolta quando il marito è selvaggiamente aggredito da un teppista. I suoi nervi già scossi subiscono un vero tracollo quando l'aggredita è lei, in casa dei genitori. La donna quasi muore, ma si riprende e decide di mettersi a caccia dei bruti. ■ THRILLER; COL.; 90'; USA, 1986.

NUDE E CASTE ALLA FONTE *(Die Liebesquelle)* ★★
Regia di CARLO SPIEHS. Con HANS JURGEN BAUMLER, SIEGHARDT RUPP, ANN SMYRNER. ■ In un paesino c'è una fonte che dona grande fascino a chiunque vi si immerga. Un ministro invia un collaboratore perché gli riferisca sulla situazione ma l'uomo, bevuta la magica acqua, si abbandona ai piaceri con le fanciulle del posto. Il ministro allora interviene personalmente e requisisce la sorgente. ■ COMMEDIA; COL.; 90'; GERMANIA, 1966.

NUDE PER AMARE *(Das grosse Liebesspiel)* ★★★
Regia di ALFRED WEIDENMANN. Con HILDEGARDE KNEFF, DALIAH LAVI, LILLI PALMER, ALEXANDRA STEWART, PETER VAN EYCK. ■ Circolo chiuso erotico: comincia nell'appartamento di una prostituta che ha un amante il quale finisce a letto con la moglie di un altro. Questi ha un rapporto con la segretaria che vive alle spalle del principale. E così via, fino a quando la serie degli episodi riconduce alla prostituta. ■ COMMEDIA; B/N; 94'; GERMANIA, 1963.

NUDE PER L'ASSASSINO ★★
Regia di ANDREA BIANCHI. Con FEMI BENUSSI, NINO CASTELNUOVO, EDWIGE FENECH. ■ Molti frequentatori di uno studio fotografico muoiono in modo violento e misterioso; uno dei lavoranti, a rischio della vita, scioglie l'enigma. ■ DRAMMATICO; COL.; 93'; ITALIA, 1975.

NUDE... SI MUORE ★
Regia di ANTONIO MARGHERITI. Con ELEONORA BROWN, MARK DAMON, SALLY SMITH, PATRIZIA VALTURRI. ■ La vicenda si svolge in un collegio femminile: due delle ragazze vengono trovate uccise e così pure il giardiniere e una delle assistenti. Una delle allieve più coraggiose salva per ben due volte un'amica e, con l'aiuto della polizia, riesce a scoprire l'assassino. ■ POLIZIESCO; COL.; 91'; ITALIA, 1968.

NUDI ALLA META *(I'm All Right Jack)* ★★★
Regia di JOHN BOULTING, ROY BOULTING. Con IAN CARMICHAEL, MARGARET RUTHERFORD, PETER SELLERS, TERRY THOMAS. ■ Un ex militare aspira inutilmente a diventare dirigente d'industria. Quando si impiega nella ditta di uno zio ne scopre gli imbrogli e le truffe: diventa famoso per la sua onestà, ma passa anche per pazzo. Decide così di andare a vivere tra i nudisti dove si è già rifugiato anche suo padre. ■ COMMEDIA; B/N; 104'; GRAN BRETAGNA, 1959.

NUDI COME DIO LI CREÒ *(Nacht wie Gott sie schuff)* ★★
Regia di HANS SCHOTT-SCHOBINGER. Con MARISA ALLASIO, RIK BATTAGLIA, CARL WERY. ■ Una ragazza lascia il fidanzato contrabbandiere e si rifugia da un parente frate. Qui incontra un ex compagno di studi che vuole prendere i voti, ma quest'ultimo ha un momento di sbandamento e decide di rinunciare. Il fidanzato cerca di riconquistare la sua promessa e ci riesce dopo un drammatico episodio; l'altro torna alla sua tranquilla vita monastica. ■ DRAMMATICO; COL.; 93'; GERMANIA, 1958.

NUDI E FELICI *(Wanderlust)* ★
Regia di DAVID WAIN. Con MALIN AKERMAN, ALAN ALDA, JENNIFER ANISTON, PAUL RUDD, JUSTIN THEROUX. ■ George e Linda si sono lasciati convincere ad acquistare a un prezzo non congruo un monolocale nel West Village. Di lì a poco lui perde il lavoro e lei vede fallire le speranze di vendere alla HBO un suo documentario. Sono quindi costretti a lasciare New York per recarsi ad Atlanta dove l'insopportabile fratello di George, Rick, ha un lavoro da offrirgli. ■ COMMEDIA; COL.; 98'; USA, 2011.

NUDI IN PARADISO *(A Night in Heaven)* ★★
Regia di JOHN G. AVILDSEN. Con CHRISTOPHER ATKINS, ROBERT LOGAN, LESLEY-ANN WARREN. ■ Una professoressa, moglie frustrata di un ingegnere spaziale, va a distrarsi una sera in un locale "per sole donne", dove, tra i ballerini che fanno lo spogliarello per le signore annoiate, riconosce un suo giovane e biondo allievo. Con lui la donna passa una notte d'amore. Poi decide di tornare col marito. ■ COMMEDIA; COL.; 80'; USA, 1983.

NUDISTI PER CASO *(Les Textiles)* ★
Regia di FRANCK LANDRON. Con JACKIE BERROYER, ALEXANDRE BRASSEUR, FÉLIX LANDRON, ZOÉ LANDRON, MAGALI MUXART, BARBARA SCHULZ. ■ Sophie e Olivier hanno due bambini e sono proprietari di un panificio. Per sfuggire alla routine, ai ritmi di lavoro massacranti e all'ennesima vacanza nella casa di campagna della suocera, Olivier decide di acquistare a scatola chiusa, ma a un ottimo prezzo, una casa di villeggiatura in multiproprietà. Sophie con i bambini si mette in viaggio e, fin dal tragitto in battello, si accorge di qualche stranezza. Ma solo una volta giunta a destinazione scopre di trovarsi in un villaggio di naturisti dove tutto, anche la spesa al supermercato, si fa completamente nudi. Franck Landron si (ci) domanda dove cominci la trasgressione e finisca la tolleranza ma il dibattito resta insoluto, il sottotitolo del resto, profetico, recitava così: «Un film in cui c'è poco da scoprire». ■ COMMEDIA; COL.; 92'; FRANCIA, 2004.

NUDO DI DONNA ★★★
Regia di NINO MANFREDI. Con JEAN-PIERRE CASSEL, ELEONORA GIORGI, NINO MANFREDI. ■ Durante il carnevale di Venezia la vita di Sandro (Manfredi) viene sconvolta dalla scoperta di una perfetta sosia della moglie (Giorgi), allegra e libertina l'una, quanto è seria e posata l'altra. Ma l'identità delle sue donne si confonde e si sovrappone, fino a diventare un irrisolvibile enigma. ■ DRAMMATICO; COL.; 105'; ITALIA, 1981.

NUDO E CRUDO *(Eddie Murphy Raw)* ★★
Regia di ROBERT TOWNSEND. Con EDDIE MURPHY. ■ Si tratta della ripresa filmata di uno spettacolo tenuto a teatro dal comico statunitense. *Tutto Benigni dal vivo* made in Usa. Ogni tanto si ri-

de, ma l'auto-celebrazione campeggia sull'intera operazione. ■ COMICO; COL.; 97'; USA, 1987.

NUDO E IL MORTO, IL *(The Naked and the Dead)* ★★★
Regia di RAOUL WALSH. Con RAYMOND MASSEY, ALDO RAY, CLIFF ROBERTSON. ■ Un plotone di soldati statunitensi e gli uomini che lo comandano, alcuni con mano di ferro, altri con cameratismo. Durante una missione i soldati vengono scoperti dal nemico, ne segnalano la posizione e tornano dai compagni dopo un'estenuante marcia e perdite di vite umane. ■ GUERRA; COL.; 131'; USA, 1958.

NUDO E SELVAGGIO *(A baiwada dos Dinossauros)* ★
Regia di MICHAEL E. LEMICK. Con SUZANNE CARVALHO, MICHAEL SOPKIW. ■ Gruppo di esploratori in Amazzonia, alla ricerca del mitico cimitero dei dinosauri. L'aereo precipita e gli incauti avventurieri si ritrovano tra caimani, serpenti, piranha e tribù di cannibali. ■ AVVENTURA; COL.; 92'; BRASILE, 1984.

NUIT DE CHIEN ★★
Regia di WERNER SCHROETER. Con AMIRA CASAR, NATHALIE DELON, SAMI FREY, PASCAL GREGGORY, BULLE OGIER, BRUNO TODESCHINI, ELSA ZYLBERSTEIN. ■ Ossorio, militare e chirurgo cinquantenne, arriva nottetempo nella città di Porto, ribattezzata Santa Maria, esaurita dalle faide tra i miliziani di due fazioni opposte, dallo spettro del colera e dalle folle di rifugiati. Giunto per rivedere l'amata Clara, scomparsa nel nulla, Ossorio tenta la fuga dalla città e da se stesso ma non sfugge al vortice del terrore e della violenza intestina. Collocato in uno stato d'assedio e dialogato in francese, la lingua dell'esistenzialismo, *Nuit de chien* appoggia sul capo del protagonista Pascal Greggory il borsalino del moderno investigatore. Come in ogni investigazione dai tempi di Edipo, Ossorio si ritrova nel ruolo del colpevole, alla fine di un cammino lungo e frammentario, che non fa sconti allo spettatore ma lo obbliga a entrare in un tempo senza ritmo. Il "viaggio al termine della notte" di Schroeter illumina le figure dell'amore appassionato o svenduto, della paura, della solitudine, dell'ultimo ballo e dell'ultima coppa di champagne. Werner Schroeter, figura importante del cinema tedesco degli anni settanta e ottanta, sperimentatore di formati e innesti tra le diverse arti della scena, trova ispirazione in un romanzo dello scrittore uruguaiano Juan Carlos Ometti, suggerito al produttore Paulo Branco da Jean Luc Godard e ispirato a un episodio della guerra di Spagna. ■ DRAMMATICO; COL.; 110'; FRANCIA, GERMANIA, PORTOGALLO, 2008.

NUIT ET BROUILLARD ★★★
Regia di ALAIN RESNAIS. ■ Il film è tutto strutturato attorno al nodo passato-presente, è un confronto continuo con i processi di rimozione che la normalizzazione sociale tenta di attuare nei confronti dell'orrore dei campi di sterminio nazisti. La macchina da presa scopre che i campi rischiano di diventare musei che non perpetueranno la memoria di quanto accadde affinché non accada più. ■ CORTOMETRAGGIO; COL.; 32'; FRANCIA, 1955.

NULLA CI PUÒ FERMARE – AGENZIA INVESTIGATIVA ★
Regia di ANTONELLO GRIMALDI. Con MARGHERITA BUY, ROBERTO DE FRANCESCO, MAURIZIO DONADONI. ■ Esile racconto per una sceneggiatura e una regia piuttosto traballanti. Una gentil donzella è perseguitata da un bruto. Ma se non è un giallo e non riesce a far ridere, lo si può definire solo in un modo: un tentativo fallito. ■ COMMEDIA; COL.; 92'; ITALIA, 1990.

NULLA È DOVUTO AL FATTORINO ★★
(Trois télègrammes)
Regia di HENRI DECOIN. Con LÉON BERTON, PAUL BISCEGLIA, YVES ROBERT. ■ Un postino coinvolto in un incidente perde tre telegrammi, uno dei quali è destinato ad un influente uomo politico, e si mette a cercarli con l'aiuto di una sveglia ragazzina e dei suoi amichetti. Dopo numerose disavventure i preziosi foglietti di carta sono ritrovati. ■ COMMEDIA; B/N; 96'; FRANCIA, 1950.

NULLA SUL SERIO *(Nothing Sacred)* ★★★
Regia di WILLIAM A. WELLMAN. Con CAROLE LOMBARD, FREDRIC MARCH. ■ Una diagnosi sbagliata fa credere ad una ragazza di essere destinata a morire. Un giornalista alla ricerca del "colpo" la invita al suo giornale e, benché lei abbia scoperto di godere di ottima salute, accetta l'opportunità della nuova esperienza. Alla fine la verità viene a galla; per soffocare lo scandalo si inscena un finto funerale. La ragazza, intanto, si è sposata con il giornalista. ■ COMMEDIA; B/N; 75'; USA, 1937.

NUMBER ONE ★
Regia di GIANNI BUFFARDI. Con ANDREA AURELI, CHRIS AVRAM, CLAUDE JADE, PAOLO MALCO. ■ Un film confuso e vagamente ispirato ad un episodio realmente accaduto, lo scandalo scoppiato a Roma attorno al night club "Number One". La morte per droga di un'americana mette la polizia sulle tracce di trafficanti di stupefacenti, killer, politici corrotti, prostitute di lusso, denaro sporco. La mancanza di prove costringe però gli inquirenti a chiudere l'inchiesta. ■ DRAMMATICO; COL.; 91'; ITALIA, 1973.

NUMBER 23, THE ★★
Regia di JOEL SCHUMACHER. Con MICHELLE ARTHUR, PAUL BUTCHER, JIM CARREY, LYNN COLLINS, DANNY HUSTON, ED LAUTER, LOGAN LERMAN, VIRGINIA MADSEN, RHONA MITRA, MARK PELLEGRINO. ■ La vita ordinaria di Walter Sparrow, modesto accalappiacani, è scossa da un libro regalatogli per il compleanno dalla moglie. Intitolato *Il numero 23*, il romanzo diventa un'ossessione per l'uomo, che trova una serie di connessioni, tutte nel segno del famigerato numero, tra se stesso e il detective Fingerling, protagonista del libro. Le cose si faranno complicate per Walter quando, del tutto persuaso che il racconto parli di lui, comincerà a farsi condizionare dal narrato al punto da mettere in pericolo la propria vita e quella dei propri cari. Jim Carrey non stupisce, dopo la prova maiuscola in *Se mi lasci ti cancello*, nel confermare doti recitative di valore assoluto, e lo spessore tecnico del veterano Schumacher è vicino alle proprie vette più alte. Ciò che d'altra parte impedisce al titolo il salto di qualità è uno script che circoscrive lo sviluppo della trama entro i confini di una detective story casalinga, e un'impostazione onirica mal calibrata, dagli effetti collaterali inesorabilmente sonnacchiosi. ■ DRAMMATICO; COL.; 95'; USA, 2007.

NUMERO DICIASSETTE *(Number Seventeen)* ★★
Regia di ALFRED HITCHCOCK. Con ANNE GREY, LEON M. LION, JOHN STUART. ■ È un giallo con toni da commedia. Un investigatore indaga sul furto di una preziosa collana. Una ragazza coinvolta nel crimine prende una cotta per il detective. ■ GIALLO; B/N; 65'; GRAN BRETAGNA, 1932.

N. 1 DELLA SCHIERA CELESTE – INSIDIA GIALLA, IL ★★
Regia di LUN CHU CHIN. Con AO-YEH-SHU-FI, CRIA-PIN. ■ Siamo in Cina durante l'invasione giapponese. Un generale traditore comunica al nemico i piani dei patrioti, ma un suo nipote, membro di una società segreta, riesce abilmente a sviarli. Il generale fellone verrà ucciso. ■ DOCUMENTARIO; B/N; 90'; CINA, 1949.

NUORA, LA *(L'ombre d'une chance)* ★★
Regia di JEAN-PIERRE MOCKY. Con JENNY ARASSE, AGNÈS DESROCHES, MARIANNE EGGERICKX, JEAN-PIERRE MOCKY. ■ Mathias commercia in antiquariato e spesso truffa. Ha quarant'anni, una compagna di venti e un figlio di ventisei con relativa moglie. La nuora è molto vivace e seduce il suocero (che comunque si è difeso a lungo). Il figlio spara al padre. Mathias, ferito, fa credere al figlio che la pistola era caricata a salve, poi va a morire lontano. ■ DRAMMATICO; COL.; 95'; FRANCIA, 1973.

NUOVA GENERAZIONE, LA *(The Younger Generation)* ★★
Regia di FRANK CAPRA. Con LINA BASQUETTE, RICARDO CORTEZ, JEAN HERSHOLT. ■ Si tratta di uno dei molti film commerciali che il grande regista italo-americano realizzò agli albori del sonoro. ■ DRAMMATICO; B/N; 93'; USA, 1929.

NUOVA GUINEA, ISOLA DEI CANNIBALI ★
Regia di AKIRA IDE. ■ Uno pseudo-documentario culturale sugli abitanti della Nuova Guinea. ■ DOCUMENTARIO; COL.; 91'; GIAPPONE, 1974.

NUOVA ORA, LA *(This Day and Age)* ★★★
Regia di CECIL B. DE MILLE. Con JUDITH ALLEN, CHARLES BICKFORD, RICHARD CROMWELL, ERIC VON STROHEIM. ■ Alcuni giovani catturano un gangster e lo processano senza andare tanto per il sottile, usando cioè i metodi del gangster stesso. È un

film molto vigoroso e anomalo rispetto alla tecnica magniloquente e spettacolare di De Mille, il che conferma il fatto che si trattava di un grandissimo regista "totale" convertito al botteghino suo malgrado. ■ DRAMMATICO; B/N; 85′; USA, 1933.

NUOVA TERRA, LA *(Nybygama)* ★★★🏆
Regia di JAN TROELL. Con PER OSCARSSON, LIV ULLMANN, MAX VON SIDOW. ■ È la seconda parte del film fiume dedicato da Troell agli emigrati svedesi in America all'inizio del secolo scorso (la prima parte circolò nei cinema col titolo *Karl e Kristina*). Qui è descritto l'arrivo della famiglia nel Minnesota. Dopo dieci anni Kristina muore di parto. Karl rimane solo, a portare avanti la famiglia e la terra. ■ AVVENTURA; COL.; 125′; SVEZIA, 1972. ■ GOLDEN GLOBES 🏆 1 PR, 1 NOM; OSCAR 🏆 1 NOM.

NUOVA VITA PER LIZ, UNA *(The Late Liz)* ★★
Regia di DICK ROSS. Con ANNE BAXTER, STEVE FORREST, JAMES GREGORY. ■ Dall'autobiografia di Gert Gehanna, pseudonimo di Elizabeth Burns, una famosa esponente dell'alta società, che una serie di matrimoni falliti tramutarono in un'alcolista quasi all'ultimo stadio. Contro ogni previsione, Gert riuscì a rinunciare all'alcool. Il merito, principalmente, fu di un anziano e saggio pastore protestante. ■ DRAMMATICO; COL.; 92′; USA, 1971.

NUOVE AVVENTURE DEI PUFFI, LE ★
(Voilà les Schtroumpfs)
Regia di SEPP PEYO. ■ In seguito al grande successo di questi fantastici personaggi che vivono nei boschi, ecco che le loro avventure e disavventure passano dalla televisione al grande schermo per la gioia dei più piccini. ■ ANIMAZIONE; COL.; 93′; BELGIO, 1984.

NUOVE AVVENTURE DEI ROBINSON, LE ★★
(Mountain Family Robinson)
Regia di JOHN COTTER. Con WILLIAM BRYANT, SUSAN DAMANTE SHAW, ROBERT LOGAN. ■ È il terzo capitolo delle vicende della famiglia dei Robinson, newyorkesi trasferitisi in alta montagna per dare sollievo ai polmoni inquinati della figlia più piccola. Ora la ragazzina è in buone condizioni e la madre decide che è tempo di tornare in città, a una vita con i suoi bravi comfort. Ma i familiari la convincono a rimanere. ■ AVVENTURA; COL.; 90′; USA, 1979.

NUOVE AVVENTURE DI APE MAJA, LE ★
(Die biene Maja)
Regia di SEIJI ENDO, HIROSCHI SAITO. ■ L'intraprendente Ape Maja lascia l'alveare e va incontro a mille scoperte e avventure. Da una serie di discreta popolarità nasce questo film di animazione di scuola disneyana, scarso sia nella grafica che nella trama. ■ ANIMAZIONE; COL.; 91′; AUSTRIA, 1980.

NUOVE AVVENTURE DI BRACCIO DI FERRO, LE ★★★
Regia di DAVE FLEISCHER. ■ Un'antologia delle più gustose avventure del famoso Braccio di Ferro, girate tra il 1930 e il 1940. ■ ANIMAZIONE; COL.; 90′; USA, 1974.

NUOVE AVVENTURE DI CHARLIE, LE ★★
(All Dogs Go to Heaven 2)
Regia di LARRY LEKER, PAUL SABELLA. ■ Il pastore tedesco Charlie scende dal Paradiso sulla Terra per ritrovare il Corno di Gabriele che è stato rubato. Lo aiutano, in questa nuova impresa che nulla aggiunge alla precedente, il bassotto Itchy e la setter irlandese Sasha. ■ ANIMAZIONE; COL.; 82′; USA, 1996.

NUOVE AVVENTURE DI FURIA, LE *(Fury)* ★★★
Regia di SIDNEY SALKOW, LESLEY SELANDER. Con BOBBY DAIMOND, WILLIAM FAWCETT, PETER GRAVES. ■ Si tratta di cinque episodi con protagonista il famoso cavallo idolo dei ragazzi. Sono filmetti a carattere didattico. ■ AVVENTURA; B/N; 93′; GRAN BRETAGNA, 1950.

NUOVE AVVENTURE DI HEIDI, LE ★★
(The New Adventures of Heidi)
Regia di RALPH SENENSKY. Con BURL IVES, KATY KURTZMANN, SHERRIE WILLS. ■ Dal romanzo di Johanna Spyri. Zuccherosa e scialba favola dei buoni sentimenti dove la candida pastorella Heidi prima perde l'adorato nonno e poi lo ritrova, non senza aver sofferto la solitudine. Originariamente prodotto per la televisione, uscito nei cinema in Italia solo nel 1984. ■ COMMEDIA; COL.; 91′; USA, 1978.

NUOVE AVVENTURE DI PAPERINO E SOCI, LE ★★★
Regia di WALT DISNEY. ■ Un'ora e mezzo di sicuro divertimento comprendente dieci cortometraggi, realizzati con grande abilità. ■ ANIMAZIONE; COL.; 94′; USA, 1956.

NUOVE AVVENTURE DI PIPPI CALZELUNGHE, LE ★★
(The Adventures of Pippi Longstocking)
Regia di KEN ANNAKIN. Con EILEEN BREMMAY, DENNIS DUGAN, TOMI ERIN. ■ Le avventure di Pippi Calzelunghe sono state uno dei classici della televisione che traeva ispirazione dalla letteratura per l'infanzia. La nostra "Tv dei ragazzi" le ha mandate in onda più volte. Peccato però che sul grande schermo tutto si dilati e il personaggio non faccia più presa. ■ COMMEDIA; COL.; 97′; USA, 1988.

NUOVE COMICHE, LE ★
Regia di NERI PARENTI. Con RAMONA BADESCU, SERGIO DI PINTO, RENATO POZZETTO, PAOLO VILLAGGIO. ■ Terzo capitolo: viene sabotato un corpo di ballo che sta rappresentando *Giulietta e Romeo* di Prokofiev; salvataggio di una suicida; in "due" fanno la scorta, come Belushi e Aykroyd, a un giudice col cognome del regista; un bambino in carrozzina viene perduto da mamma e papà. ■ COMMEDIA; COL.; 100′; ITALIA, 1994.

NUOVI ANGELI, I ★★★
Regia di UGO GREGORETTI. ■ Il film è composto di otto episodi sui rapporti tra i giovani e l'amore e i giovani e il lavoro. ■ DRAMMATICO; B/N; 90′; ITALIA, 1961.

NUOVI BARBARI, I ★★
Regia di ENZO GIROLAMI CASTELLARI. Con GEORGE EASTMAN, ANNA KANAKIS, GIANCARLO PRETE. ■ Nel 2019, in seguito alla grande guerra nucleare, i sopravvissuti vagano per la terra per ricominciare. Fra questi Skorpion, l'eroe buono che, dopo molte avventure, riuscirà a non soccombere alla ferocia dei Templares e ad ucciderne il capo One. Skorpion ha infatti due alleati: Nadir, abile con l'arco, e Genius, ottimo fromboliere. ■ AVVENTURA; COL.; 91′; ITALIA, 1982.

NUOVI CENTURIONI, I *(The New Centurions)* ★★★
Regia di RICHARD FLEISCHER. Con STACY KEACH, GEORGE C. SCOTT. ■ Il centro dell'azione è Los Angeles, i suoi protagonisti una squadra di poliziotti delle più diverse età e stati d'animo: c'è un ex delinquente, un quasi pensionato che si suiciderà, uno studente che si è arruolato per pagarsi gli studi e che verrà mortalmente ferito durante una retata. ■ DRAMMATICO; COL.; 103′; USA, 1971.

NUOVI EROI, I *(Universal Soldier)* ★★
Regia di ROLAND EMMERICH. Con DOLPH LUNDGREN, JEAN CLAUDE VAN DAMME, ALLY WALKER. ■ Un film che cerca di distaccarsi dalle solite pellicole d'azione e di arti marziali, apprezzabile soprattutto per i fan dei due attori protagonisti. Un soldato e un sergente, durante la guerra in Vietnam, rimangono uccisi. Il governo americano decide di ridare vita ad alcuni "caduti" in guerra. Tutto ciò per formare un piccolo esercito di "Unisol", invincibili soldati. ■ FANTASTICO; COL.; 102′; USA, 1991.

NUOVI GUERRIERI DEL BRONX, I ★★
Regia di GREYDON CLARK. Con NEVILLE BRAND, STEPHEN MACNALLY. ■ America, anni Settanta. I giovani hanno sete di libertà, anelano alle conquiste sociali, vogliono rifare il mondo, sognano di imitare James Dean, ma la generazione precedente non li capisce e alle loro sbruffonate risponde con ottusa e impensabile crudeltà. ■ AVVENTURA; COL.; 90′; USA, 1984.

NUOVI MINI-NINJA, I *(3 Ninjia Kick Back)* ★
Regia di CHARLES T. KANGANIS. Con MAX ELIOTT SLADE, VICTOR WONG. ■ Seguito di *I tre piccoli Ninja*. I tre protagonisti sono in Giappone per conoscere la meditazione e perfezionare la loro "cultura" di arti marziali. ■ AVVENTURA; COL.; 97′; COREA, USA, 1994.

NUOVI MOSTRI, I ★★★
Regia di MARIO MONICELLI, DINO RISI, ETTORE SCOLA. Con GIANFRANCO BARRA, ORIETTA BERTI, VITTORIO GASSMAN, ORNELLA MUTI, EROS PAGNI, ALBERTO SORDI, UGO TOGNAZZI. ■ Quattordici episodi sui difetti degli italiani anni Settanta. ■ COMMEDIA; COL.; 115′; ITALIA, 1977. ■ OSCAR 1 NOM.

NUOVI RICCHI *(Les nouveaux riches)* ★★
Regia di ANDRÉ BERTHOMIEU. Con RAIMU, BETTY STOCKFELD. ■ Due metalmeccanici francesi fanno fortuna: uno diventa malvagio e porta alla rovina l'ex datore di lavoro; l'altro, generoso, ne risolleva le condizioni economiche: dà lavoro al bravo figlio dell'ex collega che sposerà la figlia dell'industriale. ■ COMMEDIA; B/N; 92'; FRANCIA, 1938.

NUOVO ANNO, UN NUOVO AMORE, UN ★★
(Ginger in the Morning)
Regia di GORDON WILES. Con MONTE MARKHAM, SUSAN OLIVER, SISSY SPACEK. ■ Un commesso viaggiatore, solitario e misantropo, carica un giorno in automobile una giovanissima autostoppista. Imprevedibilmente nasce l'amore. Lui è attratto dalla gioia di vivere della ragazza, lei dal suo romanticismo un po' vecchio stile. ■ COMMEDIA; COL.; 94'; USA, 1973.

NUOVO ASSISTENTE DEL DOTTOR GILLESPIE, IL ★★
(Gillespie's New Assistant)
Regia di WILLIS GOLDBECK. Con LIONEL BARRYMORE, VAN JOHNSON, SUSAN PETERS. ■ Uscito dalla comune il dottor Kildare (per guai privati dell'interprete Lew Ayres), il dottor Gillespie cerca il sostituto fra tre giovanotti di belle speranze: Van Johnson, il cinese Keye Luke, l'australiano Richard Quine. Sarà Johnson a entrare nelle grazie dell'anziano primario, dopo essere venuto a capo di un caso di amnesia. ■ DRAMMATICO; B/N; 93'; USA, 1942.

NUOVO CASO PER SAM DIETZ, UN *(Sam Dietz)* ★★
Regia di JAMES LEMMO. Con ROBERT COSTANZO, WILLIAM FORSYTHE, LEO ROSSI, SUSANNAH SMITH BOUCHER. ■ È uno dei soliti *tv movies* proposti da Rai Due nell'ambito dei "Colori del giallo". Film doppiati appositamente, senza divi e con la solita piatta regia dei film televisivi. Il prodotto bene o male sta in piedi e la promozione riesce a fargli reggere una prima serata, anche se non competitiva. Il protagonista di queste storie è quasi sempre un maniaco che uccide delle ragazze. In questo caso abusa di loro dopo che sono morte. Sam Dietz ha esperienza in questo tipo di casi e prende in mano l'indagine. Da qui ecco scattare tutti i luoghi comuni, l'assassino ce l'ha anche col poliziotto in prima persona, c'è l'ormai immancabile richiamo al famoso Norman Bates (il Perkins di *Psyco*) e la difficile vita privata di Dietz. Alla fine l'assassino viene preso, ma in maniera deludente. ■ GIALLO; COL.; 75'; USA, 1992.

♥ NUOVO CINEMA PARADISO ★★★🏆
Regia di GIUSEPPE TORNATORE. Con ENZO CANNAVALE, SALVATORE CASCIO, PHILIPPE NOIRET, JACQUES PERRIN. ■ Uno dei migliori film italiani della stagione 1987/1988. È la storia di un cinema di paese, punto d'incontro di tutti (negli anni Quaranta e Cinquanta). Come la chiesa, come il bar. I personaggi principali sono il proiezionista e un suo piccolo entusiasta allievo, che poi prenderà il suo posto, quando l'uomo rimane cieco per un incidente. La storia è rievocata dal ragazzo, ormai adulto, ultraquarantenne e ormai famoso regista cinematografico. ■ COMMEDIA; COL.; 157'; ITALIA, 1989. ■ CANNES 🏆 1 PR; DAVID DI DONATELLO 🏆 1 PR, 1 NOM; GOLDEN GLOBES 🏆 1 PR, 1 NOM; OSCAR 🏆 1 PR, 1 NOM.

NUOVOMONDO *(The Golden Door)* ★★★
Regia di EMANUELE CRIALESE. Con VINCENZO AMATO, FRANCESCO CASISA, FEDERICA DE COLA, CHARLOTTE GAINSBOURG, ERNESTO MAHIEUX, FILIPPO PUCILLO, AURORA QUATTROCCHI, ISABELLA RAGONESE. ■ Nella Sicilia degli inizi del Novecento, Salvatore fa un voto e chiede un segno al cielo: vuole imbarcarsi per il nuovomondo e condurre in America i figli e l'anziana madre. Il segno arriva nella forma di cartoline di propaganda, che ritraggono minuscoli contadini accanto a galline giganti o a carote sproporzionate. Venduta ogni cosa posseduta, Salvatore lascia la Sicilia alla volta dell'America. Durante la traversata oceanica incontra la bella Lucy, una young lady che indossa il cappello ed è più elegante della figlia del sindaco del paese. Lucy parla la lingua dell'America e cerca un compagno da impalmare per ritornarci da signora. Salvatore, da vero galantuomo, accoglie le sue avances. Il lungo viaggio approderà ad Ellis Island, l'isola della quarantena dove si decideranno gli ingressi e i rimpatri. L'esperienza migratoria italiana, interna (da Sud a Nord) o transoceanica, si compie con *Nuovomondo*, la storia di un viaggio oltremare alla ricerca della terra promessa. Quel viaggio, chiuso nel profondo di una nave mai ripresa in campo lungo, è compreso fra due sequenze potenti: la partenza del bastimento dal porto siciliano e lo sbarco bianco in America. La nave si stacca dalla terra arcaica strappando la composizione dell'inquadratura come i cuori di chi abbandona il vecchiomondo e le origini. In mezzo, la traversata fisica e interiore di personaggi spiegati unicamente dalle immagini, fino al bagno candido, arrestato dall'affiche, da cui i protagonisti emergono al nuovomondo e di nuovoalmondo. ■ DRAMMATICO; COL.; 111'; FRANCIA, ITALIA, 2006.

NUOVO ORIZZONTE *(The Demi-Paradise)* ★★★
Regia di ANTHONY ASQUITH. Con LAURENCE OLIVIER, PENELOPE DUDLEY WARD. ■ Un ingegnere sovietico approda in Inghilterra per collaborare alla costruzione di una nave russa. Nei primi tempi disapprova quella società per lui tanto insolita, poi l'amore per una ragazza e la comprensione del suo mondo gli fanno cambiare opinione. ■ COMMEDIA; B/N; 115'; GRAN BRETAGNA, 1943.

NUOVO PUNK STORY *(Desperate Living)* ★★★
Regia di JOHN WATERS. Con LIZ RENAY, MINK STOLE. ■ Nell'immaginario Stato di Mortville regna Carlotta, ferocissima e sanguinaria, proclamatrice e incarnazione della filosofia punk. Attorno alla sua figura si muovono personaggi orripilanti che subiscono o reagiscono, a seconda del loro grado di cattiveria. ■ COMMEDIA; COL.; 87'; USA, 1977.

NUVOLA DI POLVERE... UN GRIDO DI MORTE... ARRIVA SARTANA, UNA ★★
Regia di GIULIANO CARNIMEO. Con GIANNI GARKO, PIERO LULLI, NIEVES NAVARRO, SUSAN SCOTT, MASSIMO SERATO. ■ Sartana fa evadere il ladro di una ingente somma di denaro per averne una parte. Molti avventurieri cercano di eliminarlo, ma invano. ■ WESTERN; COL.; 92'; ITALIA, 1970.

NUVOLA NERA *(Last of the Comanches)* ★★★
Regia di ANDRÉ DE TOTH. Con LLOYD BRIDGES, BRODERICK CRAWFORD, BARBARA HALE, MARTIN MILNER. ■ Durante un attacco gli indiani di Nuvola Nera hanno risparmiato solo pochi superstiti. Questi devono raggiungere il forte, ma si trovano in condizioni estremamente disagiate, tuttavia non si danno per vinti. A loro si unisce anche una carovana e un piccolo pellerossa che, salvato dai nemici, porta dal forte alcuni rinforzi prima che gli indiani sterminino gli stremati assediati. ■ WESTERN; COL.; 85'; USA, 1952.

NUVOLE IN PARADISO *(Késö)* ★★
Regia di JOZSEF DAROCZY. Con ELMA BULLA, PÁL JÁVOR, LILI MURATI. ■ Un medico sposato che non ha dimenticato l'antica amante ha occasione di salvarne il marito nel corso della guerra. Poco dopo rimane cieco e viene raggiunto dalla donna; comprendendo che lei ha agito solo per pietà, la allontana e si riunisce alla consorte. ■ DRAMMATICO; B/N; 91'; UNGHERIA, 1943.

NUVOLE IN VIAGGIO *(Kauas pilvet karkaavat)* ★★★
Regia di AKI KAURISMÄKI. Con KATI OUTINEN, SAKARI CUOSMANEN, KARI VÄÄNÄNEN. ■ Marito e moglie in un momento molto difficile. Lui, autista di autobus, rimane senza lavoro, lei perde il ristorante che gestiva. Tentano in ogni modo di risalire la china. Lei finisce in un locale gestito da un malavitoso che non la paga. Lui tenta di rifarsi investendo quel poco che possiedono alla roulette. Perde. Quando tutto sembra perduto ecco che qualcuno dà loro una mano. I due possono aprire un ristorante, fare tutto per bene, aspettare che il primo cliente entri. Ed entra, con molti altri. La vita riprende, la fortuna ha girato. Ci si può rilassare qualche istante guardando le nuvole che viaggiano nel cielo. Basta niente al talentoso Kaurismäki per fare un ottimo film. Rigoroso e realista e senza bisogno del dramma finale. ■ DRAMMATICO; COL.; 96'; FINLANDIA, 1996.

NUVOLE PASSEGGERE *(Till the Clouds Roll By)* ★★
Regia di RICHARD WHORF. Con JUDY GARLAND, VAN HEFLIN, FRANK SINATRA, ROBERT WALKER. ■ Due musicisti fanno ami-

cizia e lavorano insieme. La figlia di uno di essi vuole fare la cantante nonostante i due la disapprovino; non riesce però a trovare una scrittura e abbandona la propria casa. Il padre muore di sofferenza; l'amico del padre la rintraccia e la segue fino a quando diventa una famosa attrice cinematografica. ■ COMM. MUSICALE; COL.; 137′; USA, 1946.

NUVOLE SOTTO IL CUSCINO, LE ★★

Regia di FULVIO ACCIALINI, LUCIA COLUCCELLI. Con CARLA CHIARELLI, DEBORAH JONES, LUIS MOLTENI. ■ Un bozzetto di buone intenzioni, ma recitato in maniera non convincente. È la storiella di una ragazza che vorrebbe diventare una grande fotografa per raggiungere lo stesso successo di un professionista da lei molto stimato. Crede di avere uno scoop importante, quando Madonna, la cantante, pare abbia subìto un attentato. Ma non è tutto oro ciò che luccica. ■ COMMEDIA; COL.; 98′; ITALIA, 1991.

NYMPHA ★★

Regia di IVAN ZUCCON. Con FEDERICO D'ANNEO, CAROLINE DE-CRISTOFARO, GIUSEPPE GOBBATO, ALESSANDRA GUERZONI, ALLAN MCKENNA, FRANCESCO PRIMAVERA, MICHAEL SEGAL, TIFFANY SHEPIS, CATERINA ZANCA. ■ Il film racconta la storia di Sarah (un'affascinante ed espressiva Tiffany Shepis), una ragazza inglese che vuole farsi suora di clausura in Italia nel convento del Nuovo Ordine. Sarah è costretta a incontrare Dio in modo orribile, attraverso operazioni chirurgiche effettuate da un medico prezzolato che la privano di udito, vista, tatto e parola. Non è certo Dio l'entità misteriosa che governa le sorti del convento e che spinge un gruppo di suore allucinate a compiere azioni inquietanti. Zuccon è efficace a tratteggiare i caratteri dei protagonisti e a spingere lo spettatore dentro una spirale orrorifica che si dipana con grande tensione e scene a effetto. ■ HORROR; COL.; 110′; ITALIA, 2007.

O

OASI *(Oasis)* ★★★
Regia di YVES ALLÉGRET. Con CORNELL BORCHERS, PIERRE BRASSEUR, MICHÈLE MORGAN. ■ Un avventuriero ha organizzato il trasporto di una grossa quantità d'oro. Una banda di malviventi, avvertita dalla sua ex amante, tenta di derubarlo; l'uomo, convinto di essere stato tradito dalla nuova compagna, che è invece innocente e lo ama, ingaggia un'aspra lotta nella quale quest'ultima e i suoi avversari perdono la vita. ■ AVVENTURA; COL.; 104'; FRANCIA, 1954.

OASIS ★★★
Regia di LEE CHANG-DONG. Con SOL KYUNG-KU, MOON SO-RI. ■ Hong Jong-du è un giovane coreano che dopo aver ucciso un uomo, guidando ubriaco, è condannato e imprigionato. Uscito di prigione, vive nella solitudine dell'emarginazione. Deciso a scusarsi con la famiglia dell'uomo che ha ucciso, va a casa sua, dove incontra la figlia del morto, Han Gong-ju: la giovane, che soffre di una paralisi, conduce anch'essa una vita di solitudine. Hong Jong-du la violenta e poi fugge per evitare le conseguenze. La famiglia della giovane vuole giustizia, ma Han Gong-ju lo cerca e intreccia con lui una relazione: Hong Jong-du è l'unico uomo ad averla desiderata e a farle scoprire la propria femminilità, anche se in modo violento. Diventeranno amanti e il loro amore resisterà anche alla condanna del giovane per lo stupro di Han Gong-ju. ■ DRAMMATICO; COL.; 132'; COREA, 2002. ■ VENEZIA 2 PR.

OBBLIGO DI GIOCARE – ZUGZWANG ★★
Regia di DANIELE CESARANO. Con NICOLETTA DELLA CORTE, ANDREA PRODAN, KIM ROSSI STUART. ■ Marco, uno studente, assiste per caso all'assassinio di una coppietta e decide di pedinare l'assassino che si muove su una bicicletta nera. È spettatore incredulo di altri delitti, ma non denuncia l'accaduto alla polizia, vittima ormai di un'angoscia ossessiva: verrà anche lui ucciso. ■ DRAMMATICO; COL.; 83'; ITALIA, 1989.

OBIETTIVO AMORE *(King of Love)* ★★
Regia di ANTHONY WILKINSON. Con NICK MANCUSO, RIP TORN, SELA WARD. ■ La storia di una famosa rivista "rosa" americana. Quarant'anni di vita e di costume americano visti attraverso le vicende del direttore di quella rivista, uno straordinario personaggio. Il suo nome: Worthinton Kawkes. ■ COMMEDIA; COL.; 100'; USA, 1987.

OBIETTIVO BIKINI *(Thinkin' Big)* ★
Regia di S. F. BROWNRIGG. Con BRUCE ANDERSON, RANDY JANDT, KENNY SARGENT. ■ Le divertenti vicende di alcuni adolescenti che si incontrano casualmente su una spiaggia d'estate e diventano amici. Ciascuno di loro incontrerà l'amore, compreso il più schivo del gruppo. ■ COMMEDIA; COL.; 90'; USA, 1987.

OBIETTIVO "BRASS" *(Brass Target)* ★★★
Regia di JOHN HOUGH. Con JOHN CASSAVETES, GEORGE KENNEDY, SOPHIA LOREN, ROBERT VAUGHN. ■ È appena finita la seconda guerra mondiale e il famoso generale Patton fa trasferire un treno carico d'oro a Francoforte. Il treno viene fermato in una galleria, la scorta viene annientata col gas e l'oro rubato. Patton, infuriato, dà a un maggiore l'incarico di ritrovare l'oro. ■ AVVENTURA; COL.; 111'; USA, 1978.

OBIETTIVO BURMA! *(Objective Burma)* ★★★
Regia di RAOUL WALSH. Con JAMES BROWN, ERROL FLYNN, GEORGE TOBIAS. ■ Un gruppo di paracadutisti americani riesce a sabotare una stazione radar giapponese in Birmania. Il ritorno verso il luogo stabilito per riportarli indietro è contrastato dal nemico che riesce a isolarli. Quando ogni speranza sembra ormai perduta, una flotta di aerei americani dà inizio ad un massiccio attacco contro i nipponici. ■ GUERRA; B/N; 142'; USA, 1945. ■ OSCAR 3 NOM.

OBIETTIVO BUTTERFLY *(The Safecracker)* ★★
Regia di RAY MILLAND. Con BARRY JONES, RAY MILLAND, JEANNETTE STERKE. ■ Durante la seconda guerra mondiale, un abilissimo scassinatore, recluso per reati comuni, viene fatto liberare dal controspionaggio inglese affinché recuperi in una cassaforte nemica un prezioso documento. L'uomo, partito con alcuni compagni, porta a termine la missione, ma rimane ucciso durante la fuga. ■ GUERRA; B/N; 96'; USA, 1957.

OBIETTIVO 500 MILIONI *(Objectif 500 millions)* ★★
Regia di PIERRE SCHOENDOERFFER. Con ETIENNE BIERRY, BRUNO CREMER, MARISA MELL, JEAN-CLAUDE ROLLAND. ■ Un reduce della guerra d'Algeria accetta di partecipare ad un grosso colpo nonostante l'organizzatore sia un suo nemico. ■ POLIZIESCO; B/N; 90'; FRANCIA, 1966.

OBIETTIVO INDISCRETO ★★
Regia di MASSIMO MAZZUCCO. Con LUCA BARBARESCHI, MARC DE JONGE, SAM JENKINS. ■ Il regista di *Summertime* e di *Romance* torna dopo sei anni dietro la macchina da presa. Questa volta per una storia di taglio quasi autobiografico, visto che il suo mestiere a tempo pieno è quello di fotografo e sceneggiatore a Los Angeles. Un fotoreporter molto ambizioso e cosciente delle proprie doti cerca di raggiungere il successo, o meglio di poter pubblicare un libro con le foto che realmente ama. Ci riesce ma a scapito dell'amore. Anche se con qualche difetto di superficie la storia regge. Ma aspettiamo qualcosa di più coraggioso visto che la stoffa non manca. È consigliabile, se possibile, la versione originale in inglese, dato che il doppiaggio svaluta molto la pellicola. ■ COMMEDIA; COL.; 102'; ITALIA, 1992.

OBIETTIVO MORTALE *(Wrong is Right)* ★★
Regia di RICHARD BROOKS. Con SEAN CONNERY, ROBERT CONRAD, GEORGE GRIZZARD, KATHARINE ROSS. ■ La Cia ordisce un intrigo internazionale che coinvolge il capo di una nazione petrolifera araba, lo Stato israeliano, un gruppo di terroristi, un mercante d'armi e perfino lo stesso presidente degli Stati Uniti d'America. Il complotto genera molti omicidi e un famoso cronista televisivo decide di vederci chiaro, sventando all'ultimo momento un finale apocalittico. ■ FANTASTICO; COL.; 117'; USA, 1982.

OBIETTIVO RAGAZZE ★★
Regia di MARIO MATTOLI. Con CARLO CAMPANINI, WALTER CHIARI, MARISA DEL FRATE, FRANCO FRANCHI, CICCIO INGRASSIA, TONY RENIS. ■ In un unico racconto si snodano quattro episodi che hanno come protagonisti una recluta finita tra le grinfie di tre megere, un marinaio convinto di essere donna, un ragazzo deciso a non prestare servizio militare e divenuto invece militare di carriera, due bersaglieri alle prese con alcune africane. ■ COMMEDIA; COL.; 99'; ITALIA, 1963.

OBIETTIVO X *(Target Unknown)* ★★
Regia di GEORGE SHERMAN. Con ROBERT DOUGLAS, ALEX NI-

COL, MARK STEVENS, DON TAYLOR, GIG YOUNG. ■ Seconda guerra mondiale: l'equipaggio di un aereo americano viene catturato dai tedeschi e inviato in un campo di concentramento. Tre piloti cercano di scappare: uno viene ucciso, gli altri due raggiungono i partigiani francesi e comunicano al loro comando l'ubicazione di un importante obiettivo nemico. ■ GUERRA; B/N; 96′; USA, 1951.

OBIETTORI DI COSCIENZA PER RAGIONI SESSUALI *(The Gay Deceivers)* ★★
Regia di BRUCE KESSLER. Con BROOKE BUNDY, LARRY CASEY, KEVIN COUGHLIN, JO ANN HARRIS. ■ Due amici che non vogliono essere mandati in Vietnam sono costretti, a causa della stretta sorveglianza da parte di un ufficiale del reclutamento, a comportarsi da omosessuali, poiché questa è la scusa accampata per essere riformati. Uno perde il lavoro, l'altro la fidanzata. ■ COMMEDIA; COL.; 92′; USA, 1969.

OBLIVION ★★
Regia di JOSEPH KOSINSKI. Con NIKOLAJ COSTER-WALDAU, TOM CRUISE, MORGAN FREEMAN, OLGA KURYLENKO, ANDREA RISEBOROUGH. ■ Seconda metà degli anni 2000. La Terra è stata devastata da una guerra nucleare combattuta e vinta dagli umani contro gli invasori alieni. La Luna è stata distrutta causando terremoti, tsunami e diversi sconvolgimenti e il pianeta è una landa desolata. L'umanità è in esodo su Titano. La storia, scritta dallo stesso Kosinski per una graphic novel mai realizzata, è diventata film grazie all'interessamento di Tom Cruise. *Oblivion* è incentrato poco sulla narrazione, sviluppando quel discorso molto più moderno e attuale di riscoperta dell'umanesimo proprio dentro il tecnologico e non in sua opposizione che poneva *Tron: Legacy* all'avanguardia nel genere. ■ AZIONE; COL.; 156′; USA, 2013.

OBLOMOV *(Neskolko dnej iz žhizni I. I. Oblomova)* ★★★★
Regia di NIKITA MICHALKOV. Con JURIJ BOGATYRËV, ELENA SOLOVEJ, OLEG RABAKOV. ■ Oblomov, un proprietario terriero che vive a Pietroburgo, passa le giornate nel più assoluto ozio, non tanto per pigrizia quanto per rifiuto della società. L'incontro con una donna, Olga, sembra trarlo fuori dalla sua abulia, ma è per poco. Oblomov teme i cambiamenti ed Olga, rinunciando a farne un uomo diverso, lo abbandona. Oblomov troverà la serenità nel matrimonio con una donna quieta e modesta. Tratto dal celebre romanzo di Goncarov, Michalkov propone una nuova versione del personaggio: non la personificazione dell'accidia, ma un anticonformista che non trova corrispondenza tra ideali e realtà. ■ COMMEDIA; COL.; 143′; URSS, 1979.

OBSESSED ★
Regia di JONATHAN SANGER. Con WILLIAM DEVANE, SHANNEN DOHERTY. ■ Un cinquantenne si innamora di una giovane che ha l'età della figlia. L'attrice di *Beverly Hills 90210* mostra il corpo ma non le sue qualità. ■ DRAMMATICO; COL.; 94′; USA, 1992.

OBSESSION *(Husc)* ★★
Regia di JONATHAN DARBY. Con JESSICA LANGE, GWYNETH PALTROW, JOHNATHON SCHAECH. ■ Gwyneth si sposa felicemente, ma mamma Jessica è cattiva e gelosa, patologicamente. Fa di tutto per rovinare la vita agli sposi, che però si difendono. Tutto prevedibile e già visto. Due attrici tanto efficaci quasi sprecate. ■ DRAMMATICO; COL.; 93′; USA, 1998.

OBSESSION – STORIA DI UN DELITTO ★★
(En votre âme et conscience)
Regia di ROGER SALTEL. Con MAGALI DE VENDEUIL, DONALD MITCHELL, SERGE SAUVION. ■ Un uxoricida è difeso talmente bene dal suo avvocato che viene assolto. Poco dopo sposa la figlia del suo salvatore e questi, giorno dopo giorno, è tormentato dal pensiero che il geloso genero possa uccidere anche la nuova compagna. Ormai ossessionato lo sopprime. ■ DRAMMATICO; B/N; 94′; FRANCIA, 1961.

O' CANGACEIRO ★★
Regia di GIOVANNI FAGO. Con EDUARDO FAJARDO, TOMAS MILIAN, UGO PAGLIAI, HOWARD ROSS. ■ Un ribelle brasiliano accetta, dietro compenso, di allearsi con il governatore di quelle terre, suo nemico, per combattere gli altri capi rivoluzionari. Il suo migliore amico, che ha fatto da tramite, si accorge che il governatore ha intenzione di uccidere il ribelle e, dopo averlo messo in guardia, si schiera al suo fianco e lo aiuta a compiere la sua vendetta. ■ AVVENTURA; COL.; 105′; ITALIA, 1969.

OCA SELVAGGIA COLPISCE ANCORA, L' ★★
(The Sea Wolves)
Regia di ANDREW V. MCLAGLEN. Con ROGER MOORE, DAVID NIVEN, GREGORY PECK. ■ Un sottomarino tedesco, nel 1944, attacca le navi mercantili alleate nell'oceano Indiano e le affonda sistematicamente. Poi si rifugia in un porto neutrale. Due agenti del servizio segreto inglese decidono di porre fine alle sue imprese, reclutando un gruppo di anziani militari (che oziavano in India), per un colpo di mano che porterà alla distruzione della nave nemica. ■ GUERRA; COL.; 120′; GRAN BRETAGNA, USA, 1980.

OCCASIONE DELLA MIA VITA, L' ★★
(Chance of a Life Time)
Regia di JONATHAN SANGER. Con LESLIE NIELSEN, BETTY WHITE. ■ Il protagonista di *Pallottole spuntate* si trova, ancora una volta, coinvolto in una di quelle storie che piacciono a lui in cui le occasioni mostrano sempre un lato di assurdità. ■ COMICO; COL.; 90′; USA, 1991.

OCCASIONI DI ROSA, LE ★★★
Regia di SALVATORE PISCICELLI. Con SERGIO BOCCALATTE, ANGELO CANNAVACCIUOLO, MARINA SUMA. ■ Nella Napoli proletaria Rosa consuma la propria vita alla giornata, prostituendosi col consenso del suo ragazzo, anch'egli sbandato tra attività illegali, relazioni omosessuali e dubbie prospettive di un futuro migliore. Piscicelli confeziona un film metropolitano ricco di contenuti, difficile ma misurato e attento, e fa centro già alla sua opera prima, grazie anche a una Marina Suma di sfolgorante bellezza. ■ DRAMMATICO; COL.; 86′; ITALIA, 1981. ■ DAVID DI DONATELLO 1 PR, 1 NOM.

OCCHEI OCCHEI ★★
Regia di CLAUDIA FLORIO. Con PAULA MOLINA, WALTER RICCIARDI, GIULIA SALVATORI. ■ Bianca e Rosy, due amiche della periferia romana, sognano impossibili evasioni ma si scontrano con la dura realtà. Una viene violentata da tre teppisti, l'altra viene ingannata e derisa dal suo ragazzo. Troveranno conforto solo nell'amicizia di un altro giovane emarginato come loro. ■ COMMEDIA; COL.; 108′; ITALIA, 1983

OCCHIALI D'ORO, GLI ★★★
Regia di GIULIANO MONTALDO. Con RUPERT EVERETT, VALERIA GOLINO, PHILIPPE NOIRET. ■ Nella Ferrara del 1938 un medico non riesce a nascondere la sua passione omosessuale per un giovane pugile e si trova emarginato dall'opinione pubblica. La sua vicenda trova non pochi punti d'incontro con quella di uno studente ebreo, a sua volta perseguitato per le leggi razziali. Un celebre romanzo di Giorgio Bassani che forse era il caso di filmare vent'anni prima. Diligente "cinema di papà" del probo Montaldo. ■ DRAMMATICO; COL.; 110′; ITALIA, 1987. ■ DAVID DI DONATELLO 1 PR, 1 NOM; VENEZIA 2 PR.

OCCHI BLU *(Blauaugig)* ★★
Regia di REINHARD HAUFF. Con JULIO DE GRAZIA, GOTZ GEORGE, EMILIA MAZER, MIGUEL ANGEL SOLA. ■ Il protagonista è scampato ai campi di concentramento nazisti ma si vede rapire, anni dopo, la figlia nel clima di oppressione dell'Argentina di Videla. Il ricordo del passato si fonde con l'angoscia del presente. ■ DRAMMATICO; COL.; 88′; GERMANIA, 1989.

OCCHI CHE NON SORRISERO, GLI *(Carrie)* ★★★
Regia di WILLIAM WYLER. Con EDDIE ALBERT, MIRIAM HOPKINS, JENNIFER JONES, MARY MURPHY, LAURENCE OLIVIER. ■ Una ragazza di provincia perde la testa per il direttore di un ristorante; questi, nonostante abbia moglie e figli, la ricambia e ruba per fuggire con lei. Costretto a restituire i soldi e a subire lo scandalo, non riesce più a trovare lavoro; lei allora comincia a recitare e diviene ben presto famosa; lui la lascia per non esserle di ostacolo. ■ DRAMMATICO; B/N; 118′; USA, 1952. ■ OSCAR 2 NOM.

OCCHI DALLE STELLE ★★
Regia di ROY GARRETT. Con MARTIN BALSAM, NATHALIE DELON, ROBERT HOFFMAN. ■ Un fotografo viene rapito dagli Ufo. Un giornalista e uno scienziato sono convinti della presenza degli

extraterrestri, ma costoro preferiscono non manifestarsi e uccidono i possibili testimoni dell'evento, scienziato e giornalista compresi. ■ FANTASCIENZA; COL.; 90'; ITALIA, 1978.

OCCHI DEGLI ALTRI, GLI *(I Saw What You Did)* ★★★
Regia di WILLIAM CASTLE. Con JOAN CRAWFORD, ANDI GARRETT, JOHN IRELAND, SARAH LANE. ■ Una ragazzina si diverte, con due amichette, a fare scherzi telefonici. Una delle sue "vittime" è un assassino che crede di essere stato scoperto e rivolge i sospetti su una sconosciuta che gli sembra nemica. Risalito poi fino all'autrice della telefonata, sta per ucciderla, ma viene fermato in tempo dalla polizia. ■ GIALLO; B/N; 82'; USA, 1965.

OCCHI DEL DELITTO, GLI *(Jennifer 8)* ★★
Regia di BRUCE ROBINSON. Con KATHY BATES, ANDY GARCIA, LANCE HENRIKSEN, JOHN MALKOVICH, UMA THURMAN. ■ Il regista inglese di *Shakespeare a colazione*, che ricordiamo anche attore in *Adele H.* di Truffaut, tenta la carta di Hollywood. Gli attori, a parte il solito inespressivo Andy Garcia, fanno del loro meglio ma si devono muovere in un campo minato di luoghi comuni. Siamo in California. Un serial killer uccide le ragazze cieche. Tra accenni a *La scala a chiocciola* e a *Terrore cieco* il film segue le indagini del poliziotto John Berlin che finirà col diventare uno dei sospettati, indagato da un agente dell'Fbi. ■ GIALLO; COL.; 129'; USA, 1992.

OCCHI DELL'ALTRO, GLI ★★
Regia di GIANPAOLO TESCARI. Con ANTHONY DONOVAN ALEXANDER, ELDA ALVIGINI, NARCISA BONATI, LEA CIRIANNI, LUCREZIA LANTE DELLA ROVERE, JOHAN LEYSEN, OLEK MINCER, HOSSEIN TAHERI. ■ Barbara Cagli è una ballerina del "tanztheatre". Il suo mondo visivo e poetico è vitale, carnale, energico. David Greenblatt, un cinquantenne olandese, professore di fisica, si è innamorato di lei. Tutto va per il meglio sino a quando non entra nella loro vita Nadir, profugo curdo amico di Barbara, appena uscito di prigione. Dopo l'iniziale disponibilità, la gelosia di David non tarda ad esplodere. ■ DRAMMATICO; COL.; 105'; ITALIA, 2004.

OCCHI DELL'ANIMA, GLI *(Pursued)* ★★
Regia di LOUIS KING. Con ROSEMARY AMES, VICTOR JORY. ■ Un giovane, divenuto cieco in seguito ad una rissa, viene ospitato e curato da una prostituta che gli nasconde la sua attività. Quando il ragazzo ricomincia a vedere lei preferisce dileguarsi. Lui, comprendendo la sua fondamentale onestà, la ritrova e la sposa. ■ DRAMMATICO; B/N; 91'; USA, 1934.

OCCHI DELLA NOTTE, GLI *(Wait Until Dark)* ★★★
Regia di TERENCE YOUNG. Con ALAN ARKIN, RICHARD CRENNA, AUDREY HEPBURN, EFREM ZIMBALIST JR. ■ Un uomo e la moglie cieca recuperano casualmente una bambola imbottita di droga. I banditi li individuano e poiché lui è fuori città, la moglie si trova alla mercé dei tre delinquenti. Nonostante la sua cecità, riesce a difendersi benissimo e ad uccidere un aggressore che tentava di sopraffarla. ■ GIALLO; COL.; 108'; USA, 1967. ■ OSCAR 1 NOM.

OCCHI DELLA NOTTE, GLI *(Deadly Eyes)* ★★
Regia di ROBERT CLOUSE. Con SCATMAN CROTHERS, SAM GROOM, LISA LANGLOIS. ■ Arrivano i topi giganti. Una città è terrorizzata da sorci grandi come bisonti. A debellarli ci pensano uno scienziato e un'ispettrice sanitaria. ■ FANTASTICO; B/N; 93'; USA, 1982.

OCCHI DELL'ASSASSINO, GLI ★★
(Through the Eyes of a Killer)
Regia di PETER MARKLE. Con RICHARD DEAN ANDERSON, MARG HELGENBERGER, JOE PANTOLIANO. ■ Laurie lascia il fidanzato convivente e si mette a cercare una nuova casa. Trova un appartamento e anche un nuovo amore, è il costruttore cui la ragazza affida la ristrutturazione degli interni dell'abitazione. Ma ora il problema sono le misteriose vibrazioni che l'uomo riceve da quella casa e che finiscono per terrorizzare Laurie. ■ THRILLER; COL.; 91'; USA, 1992.

OCCHI DELLA VENDETTA, GLI *(Da Vinci's War)* ★★
Regia di RAYMOND MARTINO. Con MICHAEL NOURI, JAMES RUSSO, JOEY TRAVOLTA, VANITY. ■ Un agente segreto va in giro indisturbato seminando la morte e facendo credere che il colpevole si trovi tra gli ex soldati del Vietnam ospitati da una missione cattolica. Ma sarà proprio uno di questi reduci, cui l'assassino ha ucciso la sorella e suo marito, a smascherare il vero sicario. ■ THRILLER; COL.; 90'; USA, 1992.

OCCHI DELLO SCONOSCIUTO, GLI ★★
(Eyes of a Stranger)
Regia di KEN WIEDERHORN. Con JOHN DI SANTI, JENNIFER JASON LEIGH, LAUREN TEWES. ■ Un maniaco telefona alle belle ragazze e poi penetra nei loro appartamenti massacrandole. Ma un'annunciatrice della tv scopre la sua identità. Il maniaco durante la sua assenza penetra nella casa di lei e tenta di fare la festa alla sua sorellina minorata, che però si difende. ■ THRILLER; COL.; 85'; USA, 1980.

OCCHI DEL PARCO, GLI *(The Watcher in the Woods)* ★★
Regia di JOHN HOUGH. Con CARROLL BAKER, BETTE DAVIS, DAVID MCCALLUM. ■ Una famiglia americana ha la cattiva idea di andare ad abitare in una vecchia casa di campagna inglese. La figlia più giovane è presto perseguitata dallo spirito della scomparsa figlia della vecchia proprietaria (Bette Davis, naturalmente). ■ HORROR; COL.; 93'; USA, 1980.

OCCHI DEL TESTIMONE, GLI ★★
(The Great St. Louis Bank Robbery)
Regia di CHARLES GUGGENHEIM. Con DAVID CLARKE, GRAHAM DENTON, STEVE MCQUEEN. ■ Una banda organizza un colpo. Ci sono i soliti contrasti interni (la ragazza di uno dei banditi cerca di dissuaderli dall'impresa e viene uccisa). Viene fatto il colpo, ma la polizia interviene e la banda è sgominata. ■ POLIZIESCO; B/N; 86'; USA, 1959.

OCCHI DEL TESTIMONE, GLI *(Mute Witness)* ★★
Regia di ANTHONY WALLER. Con EVAN RICHARDS, FAY RIPLEY, MARINA SUDINA. ■ Mosca. Si gira un film dove viene assassinata una prostituta. In realtà si tratta di uno "snuff", una produzione clandestina dove gli assassinii sono autentici. Una ragazza muta ha visto tutto. Da quel momento viene braccata dai "cineasti". Si sconfina in tutti i generi del thriller, dall'horror al grottesco. Alla fine si scopre che il misterioso mafioso russo che tira le fila è nientemeno che Alec Guinnes. Opera prima del regista. ■ GIALLO; COL.; 95'; GRAN BRETAGNA, 1996.

OCCHI DI CRISTALLO ★★★
Regia di EROS PUGLIELLI. Con LUIGI LO CASCIO, JOSÉ ANGEL EGIDO, CARMELO GOMEZ, LUCIA JIMÉNEZ,. ■ L'ispettore Amaldi indaga su uno spietato assassino che amputa un pezzo da ognuna delle sue vittime, e al cui posto lascia pezzi di una bambola a dimensioni reali dell'Ottocento. Gli indizi portano a credere che si tratti di un imbalsamatore. Cupo e aggressivo, Amaldi inizia, inoltre, una relazione con Giuditta, una studentessa che è oggetto delle attenzioni di un maniaco, e il cui destino finisce per intrecciarsi col caso seguito dall'ispettore. Puglielli è rigoroso nel rispettare i canoni del genere e la sua dedizione dà buoni frutti. Nella sobrietà generale, il regista si concede comunque più di una trovata stilistica originale (molto bella la scena dell'inseguimento nell'ospedale), il che fa ben sperare per le opere a venire. ■ THRILLER; COL.; 107'; ITALIA, 2004.

OCCHI DI LAURA MARS *(Eyes of Laura Mars)* ★★★
Regia di IRVIN KERSHNER. Con RENÉ AUBERJONOIS, BRAD DOURIF, FAYE DUNAWAY, TOMMY LEE JONES. ■ Laura è una fotografa professionista e ha poteri straordinari che le permettono di assistere anche da lontano ad alcuni delitti. "Vede" dunque uccidere molte persone (una scrittrice e tre bellissime modelle). Si offre allora di aiutare la polizia e ha una relazione con il tenente. I sospetti sono rivolti verso un uomo che poi viene a sua volta ucciso. L'assassino è un altro e Laura lo uccide prima di diventare l'ennesima vittima. ■ DRAMMATICO; COL.; 103'; USA, 1978.

OCCHI DI LONDRA, GLI ★★
(Die toten Augen von London)
Regia di ALFRED VOHRER. Con KARIN BAAL, DIETER BORSCHE, JOACHIM FUCHSBERGER. ■ Un ispettore di Scotland Yard ha dei dubbi sulle cause dei decessi di alcuni milionari, morti apparentemente per cause naturali. Un approfondimento delle indagini gli permette di constatare che i suoi sospetti erano fondati. ■ POLIZIESCO; B/N; 92'; GERMANIA, 1961.

OCCHI DI SERPENTE *(Snake Eyes)* ★★★
Regia di ABEL FERRARA. Con HARVEY KEITEL, MADONNA, JAMES RUSSO. ■ Un regista gira un film su una coppia newyorkese in crisi. I problemi nascono per l'assoluta immedesimazione dei due interpreti e del regista. I primi consumano una violenta relazione e il secondo si innamora dell'attrice. Fino al drammatico finale. Ferrara, regista eclettico, nell'ultimo periodo ha trovato una stabilità qualitativa che non si riusciva a riscontrare nelle primissime opere. Fuller comunque rimane uno dei suoi riferimenti. ■ DRAMMATICO; COL.; 106'; USA, 1993. ■ VENEZIA 2 PR.

OCCHI FREDDI DELLA PAURA, GLI ★★
Regia di ENZO GIROLAMI CASTELLARI. Con JULIAN MATEOS, GIOVANNA RALLI, FERNANDO REY, FRANK WOLFF. ■ Due banditi imprigionano il figlio di un magistrato e la sua ragazza, quindi attendono l'uomo per ucciderlo. I due tentano inutilmente di liberarsi; il ragazzo, come ultima risorsa, causa un corto circuito. Nella spietata lotta che si svolge all'oscurità è il solo a uscirne illeso. ■ GIALLO; COL.; 91'; ITALIA, 1971.

OCCHI INDISCRETI DI UNO SCONOSCIUTO, GLI ★★
(Bedroom Eyes)
Regia di WILLIAM FRUET. Con KENNETH GILMAN, DAYLE HADDON, BARBARA LAW. ■ Uno yuppie, mentre fa jogging alla sera tardi, assiste per caso alle imprese amorose di una bella donna a una finestra del piano rialzato. Lo yuppie ci prende gusto e ritorna sul posto ogni sera, ma una volta gli capita di assistere a un omicidio. Preso dal panico fugge. Col risultato che il primo ad essere sospettato è proprio lui. ■ THRILLER; COL.; 95'; CANADA, 1984.

OCCHI INDISCRETI DI UNO SCONOSCIUTO II, GLI ★
(Bedroom Eyes II)
Regia di CHUCK VINCENT. Con LINDA BLAIR, WINGS HAUSER, KATHY SHOWER. ■ Si cerca di gabbare il pubblico facendo credere che questo sia la continuazione del film di successo con Dayle Haddon. L'uomo d'affari protagonista è vittima della vendetta della sorella della moglie deceduta tempo prima. Linda Blair è dai tempi di *L'esorcista* che cerca di bissare il vecchio successo, ma anche questa volta i presupposti non ci sono. ■ THRILLER; COL.; 81'; USA, 1989.

OCCHI, LA BOCCA, GLI ★★★
Regia di MARCO BELLOCCHIO. Con LOU CASTEL, ANGELA MOLINA, MICHEL PICCOLI. ■ Giovane borghese e ribelle, Giovanni lascia Bologna e la sua famiglia, ma vi ritorna anni dopo in occasione del funerale del gemello Pippo, suicida per amore. La fidanzata del morto, Wanda, si rifiuta di partecipare alle esequie e Giovanni, che cerca di convincerla, se ne innamora. ■ DRAMMATICO; COL.; 101'; ITALIA, 1982.

OCCHI NEL BUIO *(Afraid of the Dark)* ★★
Regia di MARK PEPLOE. Con FANNY ARDANT, JAMES FOX, PAUL MCGANN. ■ Questa volta sono i ciechi a generare paura. Lucas è un bambino di undici anni che ha subito aggressioni da donne affette da cecità. Gli è rimasto dentro un vero e proprio terrore che si manifesta in fantasie e presagi inquietanti. Lucas teme soprattutto per la madre, anch'essa non vedente. Ma la sua allucinata visione del mondo lo spinge pericolosamente a diffidare di tutti, anche della polizia e del padre. ■ THRILLER; COL.; 88'; FRANCIA, GRAN BRETAGNA, 1992.

OCCHI NELLA NOTTE *(Eyes in the Night)* ★★★
Regia di FRED ZINNEMANN. Con EDWARD ARNOLD, REGINALD DENNY, JOHN EMERY, ANN HARDING, DONNA REED. ■ Un soggetto semplice che la regia e l'interpretazione rendono abbastanza interessante: narra di un poliziotto cieco che, aiutato da un cane straordinariamente intelligente, riesce a catturare una pericolosa banda di spie. ■ POLIZIESCO; B/N; 80'; USA, 1942.

OCCHI NELLE TENEBRE *(Blink)* ★★
Regia di MICHAEL APTED. Con LAURIE METCALF, AIDAN QUINN, MADELEINE STOWE. ■ Apted ambienta la storia in Irlanda riproponendo il cliché della semivedente che deve affrontare un omicida. Alcune soluzioni espressive (la protagonista registra le immagini in ritardo) rendono il film interessante, anche se poi la produzione ha imposto il lieto fine. ■ GIALLO; COL.; 106'; USA, 1994.

OCCHI NERI *(Les yeux noirs)* ★★
Regia di VICTOR TOURJANSKY. Con HARRY BAUR, SIMONE SIMON. ■ Per assicurare un agiato avvenire alla figlia, un uomo procura donne di facili costumi ai clienti dell'albergo in cui lavora, ricavandone lauti compensi. Uno di questi clienti, però, corteggia la ragazzina che viene a scoprire involontariamente gli intrallazzi del padre. Sconvolta lei sta per lasciarlo, poi lo perdona. ■ DRAMMATICO; B/N; 77'; FRANCIA, 1935.

OCCHI NERI DI LONDRA, GLI *(Dark Eyes of London)* ★★
Regia di WALTER G. SUMMERS. Con CRETA CYNT, BELA LUGOSI, HUGH WILLIAMS. ■ A Londra sono state assassinate cinque persone che avevano in comune una polizza d'assicurazione stipulata presso la medesima società. L'ispettore che svolge le indagini scopre, dopo drammatici avvenimenti, il mandante. ■ GIALLO; B/N; 76'; GRAN BRETAGNA, 1939.

OCCHIO ALLA PALLA *(The Caddy)* ★★★
Regia di NORMAN TAUROG. Con JERRY LEWIS, DEAN MARTIN. ■ Due uomini senza lavoro decidono, poiché uno di loro gioca bene a golf, di iscriversi a un torneo. Dopo la vittoria, danno una festa animatissima dai guai combinati da uno di loro. Nell'incontro successivo perdono, ma un impresario li scrittura come comici. ■ COMICO; B/N; 95'; USA, 1953. ■ OSCAR 1 NOM.

OCCHIO ALLA PENNA ★★
Regia di ALEX LOVY. ■ Le avventure di due personaggi, una volpe e un orso. ■ ANIMAZIONE; COL.; 90'; USA, 1959.

OCCHIO ALLA PENNA ★★
Regia di MICHELE LUPO. Con AMIDOU, JOE BUGNER, BUD SPENCER. ■ Un avventuriero mangione viene scambiato per un medico e accolto con il suo amico indiano in un villaggio del West. I due sgomineranno una pericolosa banda di fuorilegge, ma, braccati dall'esercito, non potranno godersi la vittoria. ■ WESTERN; COL.; 92'; ITALIA, 1981.

OCCHIO ALLA PERESTROJKA ★
Regia di FRANCO CASTELLANO, PIPOLO. Con JERRY CALÀ, CORINNE CLÉRY, EZIO GREGGIO. ■ Film comico di scarsissimo interesse e, fortunatamente, di scarsissimo successo di pubblico. Per i fan di Greggio e Calà diremo che ci sono tre avventizi che si dedicano alla vendita di macchine agricole. Vanno in Bulgaria e promettono di sposare delle ragazze dell'Est, guarda caso stupende, pensando di passarla liscia. Ma la perestrojka arriva e con essa i guai. ■ COMMEDIA; COL.; 90'; ITALIA, 1990.

OCCHIO ALLA VEDOVA! ★★
Regia di SERGIO PASTORE. Con ENZO CERUSICO, FRANCESCA ROMANA COLUZZI, EDDY FAY, JEANNETTE LEN, SARO URZÌ. ■ La vedova di un uomo eliminato dalla mafia è contesa da diversi corteggiatori. I capoccia, però, vegliano affinché la ricca e ambita donna non sposi alcuno di essi. ■ COMMEDIA; COL.; 94'; ITALIA, 1975.

OCCHIO ALLE DONNE *(Touch and Go)* ★★
Regia di MICHAEL TRUMAN. Con JACK HAWKINS, MARGARET JOHNSTON. ■ Un disegnatore di mobili, incompreso dal suo principale, decide di trasferirsi in Australia con la famigliola. Durante i preparativi per la partenza, però, la figlia si innamora ricambiata di un ragazzo e il datore di lavoro propone una conciliazione: l'uomo decide di rimanere, con grande gioia dei suoi cari. ■ COMMEDIA; COL.; 84'; GRAN BRETAGNA, 1956.

OCCHIO AL TESTIMONE ★★
(The Lookout – Another Stakeout)
Regia di JOHN BADHAM. Con RICHARD DREYFUSS, EMILIO ESTEVEZ, CATHY MORIARTY, ROSIE O'DONNELL. ■ È il seguito di *Sorveglianza speciale*. Dreyfuss ed Estevez, agenti di polizia, tornano a combinare guai. Devono stare alle costole di un importante testimone che li porterà dritti da un influente malvivente di Las Vegas. Per non dare nell'occhio si unisce a loro una poliziotta. ■ POLIZIESCO; COL.; 100'; USA, 1993.

OCCHIO CALDO DEL CIELO, L' *(The Last Sunset)* ★★★
Regia di ROBERT ALDRICH. Con JOSEPH COTTEN, KIRK DOUGLAS, ROCK HUDSON, CAROL LYNLEY, DOROTHY MALONE. ■ Un bandito e uno sceriffo si fermano in una fattoria e accettano di aiutare il proprietario a condurre una mandria nel Texas. La mo-

glie dell'uomo aveva avuto una relazione col bandito che s'innamora della figlia; al termine del viaggio scoprirà che è una sua creatura e, sconvolto, cercherà la morte per mano dello sceriffo. ■ WESTERN; COL.; 112'; USA, 1961.

OCCHIO CHE UCCIDE, L' *(Peeping Tom)* ★★★★
Regia di MICHAEL POWELL. Con MAXIME AUDLEY, KARLHEINZ BÖHM, ANNA MASSEY, MOIRA SHEARER. ■ Il figlio di uno scienziato, traumatizzato da piccolo a causa degli esperimenti che il padre operava su di lui, si serve del suo lavoro di fotografo per uccidere le modelle e riprendere la loro agonia. Lentamente le indagini della polizia giungono fino a lui: il ragazzo, scoperto, si uccide. ■ POLIZIESCO; COL.; 109'; GRAN BRETAGNA, 1959.

OCCHIO DEL DIAVOLO, L' *(Djävulens öga)* ★★★
Regia di INGMAR BERGMAN. Con BIBI ANDERSSON, GUNNAR BJÖRNSTRAND, JARL KULLE. ■ Satana è indispettito perché una giovane ragazza è giunta vergine alle soglie del matrimonio. Per farla cedere invia sulla terra Don Giovanni col compito di circuirla. La ragazza, però, nonostante le sue attenzioni, gli concede solo un bacio. Il demonio ha la sua rivincita quando la ragazza, mentendo al fidanzato, gli assicura di non aver mai baciato nessun altro uomo. ■ COMMEDIA; B/N; 87'; SVEZIA, 1960.

OCCHIO DEL GATTO, L' *(Cat's Eye)* ★★
Regia di LEWIS TEAGUE. Con DREW BARRYMORE, ALAN KING, JAMES WOODS. ■ Tre episodi scritti e sceneggiati da Stephen King, collegati tra loro soltanto da un gatto. Nel primo, un giovane che vuole smettere di fumare si affida a uno studio che applica un metodo sadico e perverso, ma decisamente efficace. Nel secondo, un vecchio miliardario ricatta l'amante della moglie, costringendolo ad accettare una sfida con la morte. Nel terzo, una bimba tormentata dagli incubi sogna che uno gnomo mostruoso le rubi il respiro durante il sonno. ■ FANTASTICO; COL.; 93'; USA, 1984.

OCCHIO DELLA MORTE, L' *(Shadow of Death)* ★★
Regia di ROBERT KIRK. Con LYLE ALZADO, DEBORAH FOREMAN, CLAYTON ROHNER. ■ Uno spregiudicato regista decide di girare due nuovi film in un carcere abbandonato sul quale sembra aleggiare la maledizione di un pluriomicida condannato a morte. La troupe verrà sanguinosamente decimata. ■ THRILLER; COL.; 90'; USA, 1988.

OCCHIO DELLA SPIRALE, L' *(Alison's Birthday)* ★★
Regia di IAN COUGHLAN. Con VINCENT BALL, IAN COUGHLAN, JOANNE SAMUEL. ■ Durante una seduta medianica, una ragazza riceve un avvertimento dal padre morto: deve lasciare la casa dello zio prima di compiere i diciannove anni. Alison non presta fede alla premonizione, così il giorno del suo compleanno si ritrova come vittima predestinata di una cerimonia di magia nera. ■ HORROR; COL.; 95'; AUSTRALIA, 1979.

OCCHIO DEL RAGNO, L' ★★
Regia di ROBERTO BIANCHI MONTERO. Con VAN JOHNSON, KLAUS KINSKI, LUCRETIA LOVE, ANTONIO SABATO. ■ Un ladro viene liberato da una coppia che vuole spartire con lui il grosso bottino nascosto. L'evaso uccide l'uomo per rubare anche la sua parte e si innamora della donna. Finale tragico. ■ AVVENTURA; COL.; 92'; ITALIA, 1971.

OCCHIO DEL TERRORE, L' *(White of the Eye)* ★★
Regia di DONALD CAMMELL. Con ART EVANS, DAVID KEITH, CATHY MORIARTY. ■ Siamo in quel dell'Arizona durante gli anni Settanta. Un ragazzo e una ragazza vagabondano senza meta e arrivano in una piccola cittadina dove lei, Joan, si infatua di un certo Paul. Si sposano e mettono al mondo una bambina. Poi lui viene sospettato di alcuni omicidi e la quiete domestica va a farsi friggere. Passabile. ■ GIALLO; COL.; 112'; USA, 1986.

OCCHIO DIETRO LA PARETE, L' ★
Regia di GIULIANO PETRELLI. Con OLGA BISERA, JOHN PHILIP LAW, JOSÉ QUAGLIO, FERNANDO REY. ■ Storia piuttosto morbosa di un uomo che spinge la figlia nelle braccia di un vicino per spiarli attraverso un buco nel muro. Finale sanguinoso. ■ DRAMMATICO; COL.; 90'; ITALIA, 1977.

OCCHIO DI LINCE *(Who Done it?)* ★★
Regia di BASIL DEARDEN. Con BENNY HILL, DAVID KOSSOFF, BELINDA LEE, GARRY MARSH. ■ Un detective dilettante accetta di sostenere la parte dello scienziato inventore di una diabolica macchina. L'uomo che gli ha commissionato l'incarico gli ha detto che potrà così mettere al sicuro lo scienziato, mentre in realtà intende trasmettere i dati dell'invenzione ad una potenza straniera. Il detective scopre tutto. ■ COMMEDIA; B/N; 85'; GRAN BRETAGNA, 1955.

OCCHIO D'ORO, L' *(The Golden Eye)* ★★
Regia di WILLIAM BEAUDINE. Con EVELYN BRENT, MANTAN MORELAND, ROLAND WINTERS. ■ Charlie Chan scopre cosa si nasconde dietro gli attentati al proprietario di una miniera ai confini del Messico. È in atto infatti un contrabbando d'oro tra Usa e Messico e la miniera serve come paravento. ■ GIALLO; B/N; 69'; USA, 1948.

OCCHIO INDISCRETO *(The Public Eye)* ★★★
Regia di HOWARD FRANKLIN. Con BARBARA HERSHEY, JOE PESCI, STANLEY TUCCI. ■ Siamo nel 1942 a New York, dove un fotografo a prima vista rozzo riesce a scovare la poesia in tutte le drammatiche immagini che vede ogni giorno. Abituato a rincorrere omicidi, arresti e retate, ha ormai centinaia di foto artistiche che vorrebbe vedere raccolte in un suo libro. Nessuno però gliele vuole pubblicare e per campare corre incontro a tutti gli episodi sanguinosi, anche prima che accadano, per poter avere foto sensazionali da vendere. Dopo aver conosciuto una splendida donna, innamoratosi, entrerà in un vortice rischiosissimo. Presentato alla Mostra di Venezia. ■ POLIZIESCO; COL.; 99'; USA, 1992.

OCCHIO IPNOTICO, L' *(Hypnotic Eye)* ★★
Regia di GEORGE BLAIR. Con MERRY ANDERS, JACQUES BERGERAC, FRED DEMARA, GUY PRESCOTT. ■ Truculenta storia di uno sfregiato che, con l'ipnosi, obbliga un certo numero di belle a sfregiarsi a loro volta. ■ GIALLO; B/N; 79'; USA, 1960.

OCCHIO MALOCCHIO PREZZEMOLO E FINOCCHIO ★★
Regia di SERGIO MARTINO. Con JANET AGREN, LINO BANFI, JOHNNY DORELLI. ■ Due storie di magia e superstizione. Johnny Dorelli è una specie di guitto di provincia che si esibisce in giochetti di magia da quattro soldi fino a che una vecchia (autentica) strega non gli trasmette i suoi poteri. Nel suo sketch, Lino Banfi è un superstizioso padre di famiglia, perseguitato (almeno così lui crede) da un vicino che porta iella. ■ COMMEDIA; COL.; 119'; ITALIA, 1983.

OCCHIO NEL LABIRINTO, L' ★★
Regia di MARIO CAIANO. Con ADOLFO CELI, SYBIL DANNING, ROSEMARIE DEXTER, HORST FRANK, ALIDA VALLI. ■ L'amante di uno psicoanalista sogna la morte di lui e, poiché il giorno dopo l'uomo scompare veramente, si mette alla sua ricerca seguendo tracce misteriose. Alla fine scopre di averlo ucciso lei per gelosia e di aver respinto quel ricordo a livello inconscio. Sconvolta, ammazza l'uomo che le ha fatto queste rivelazioni e che vuole ricattarla. ■ GIALLO; COL.; 91'; ITALIA, 1972.

OCCHIO NEL TRIANGOLO, L' ★
Regia di KEN WIEDERHORN. Con BROOKE ADAMS, JOHN CARRADINE, PETER CUSHING. ■ Nel triangolo delle Bermude si è rifugiato un ex ufficiale delle SS che comanda un esercito di morti-viventi. Alla fine muoiono tutti meno una donna. ■ HORROR; COL.; 93'; USA, 1978.

OCCHIO NERO, OCCHIO BIONDO, OCCHIO FELINO... ★★
Regia di LOFFREDO MUZZI. Con LUC MERENDA, MARIA ROSARIA OMAGGIO, FABIOLA TOLEDO. ■ Maria è una bambina con dei problemi, o forse soltanto troppo indipendente. Desidera la morte della madre, detesta ogni forma di autorità (soprattutto quella ecclesiastica) ed è già sessualmente sveglia (o solo turbata?). Evade così dal mondo che la circonda rifugiandosi sempre più spesso in fantasie oniriche e fiabesche il cui confine con la realtà si fa sempre più sfumato. ■ DRAMMATICO; COL.; 92'; ITALIA, 1984.

OCCHIO PER OCCHIO ★★★
(Calamity Jane and Sam Bass)
Regia di GEORGE SHERMAN. Con YVONNE DE CARLO, HOWARD DUFF, DOROTHY HART. ■ Un cowboy si innamora della figlia

dello sceriffo ed è amato da Calamity Jane. In seguito ad un torto che gli procura la perdita di tutti i suoi soldi, deruba l'uomo che l'ha rovinato e viene messo in prigione. Calamity lo fa fuggire ed egli costituisce una banda di malviventi. Morirà poco tempo dopo tra le braccia della ragazza. ■ AVVENTURA; COL.; 91'; USA, 1949.

OCCHIO PER OCCHIO *(Oeil pour oeil)* ★★★
Regia di ANDRÉ CAYATTE. Con CURD JÜRGENS, FOLCO LULLI, LEA PADOVANI. ■ Un uomo, consigliato dal medico, porta la moglie gravemente malata all'ospedale, ma la donna muore a causa dello strapazzo subito durante il viaggio. Il vedovo giura di vendicarsi del medico e riesce a trascinarlo in un lunghissimo viaggio nel deserto. Il medico si accorge di essere stato raggirato e una notte provoca una ferita al rivale per costringerlo a condurlo verso un luogo abitato. L'altro finge di acconsentire. ■ DRAMMATICO; COL.; 113'; FRANCIA, 1957.

OCCHIO PER OCCHIO, DENTE PER DENTE ★★
(Agente Z-55, Mission Coleman)
Regia di MIGUEL IGLESIAS. Con LEA NICHOLAS, JULIAN RAFFERTY, GIACOMO ROSSI STUART. ■ Il capo di una banda di falsari vuole uccidere il giornalista che l'ha smascherato e, per attirarlo in un tranello, sequestra un famoso incisore e sua figlia. Il nostro penetra nel suo covo e con la collaborazione di un agente federale elimina l'avversario e libera la fanciulla; il padre, invece, muore. ■ DRAMMATICO; COL.; 90'; SPAGNA, 1967.

OCCHIO PER OCCHIO, DENTE PER DENTE, SEI FREGATO "COBRA" ★★
Regia di ALBERTO MARISCAL. Con JORGE LUKE, CAMERON MITCHELL, JENNIFER STERLING. ■ Un'orfana assolda un pistolero che trovi gli assassini di suo padre e un abilissimo tiratore affinché insegni a sparare al fratello. Questi, divenuto esperto quanto il proprio maestro, compie la sua vendetta: per uccidere il mandante sarà costretto ad ammazzare una ragazza che ama, il pistolero, il suo maestro e persino la propria sorella. ■ WESTERN; COL.; 91'; ITALIA, 1972.

OCCHIOPINOCCHIO ★
Regia di FRANCESCO NUTI. Con JOSS ACKLAND, LEON ASKIN, CHIARA CASELLI, VICTOR CAVALLO, NOVELLO NOVELLI, FRANCESCO NUTI. ■ Un magnate americano scopre di avere un figlio idiota, detto Pinocchio, che vive in Toscana. Lo recupera e cerca di inserirlo nel suo mondo, inutilmente. Pinocchio incontra una ricercata e con lei fugge in macchina attraverso l'America. Si diverte e scopre il sesso. Alla fine, braccato dal potente genitore, vede morire la sua compagna. Torna in Toscana, ritorna in America e finisce a camminare sul naso di un enorme Pinocchio fino a perdersi fra le nuvole. Film che parte da tre premesse sbagliate. La prima: Nuti crede di essere Brando e non lo è. Ritiene che sia sufficiente "essere lì" per incantare il pubblico. La seconda: crede di essere Ridley Scott. Ed ecco movimenti di macchina dall'alto, dal basso, in circolo, dovunque. Risultato, un fastidio intollerabile. Terza: crede di essere Woody Allen con le sue battute. Invece le povere tiritere incastrate nella storia sono di profilo basso, cabaret ritrito, inutili, fuori tempo e fuori luogo. Aggiungiamo le ispirazioni: *Forrest Gump*, *Sugarland Express*, *Getaway*. Solo che quelli erano film veri. Questo è un pastrocchio pretenzioso e completamente vuoto. La presenza di Chiara Caselli, quasi sempre nuda, aderisce al resto del film. ■ COMMEDIA; COL.; 140'; ITALIA, 1994.

OCCHIO PRIVATO, L' *(The Late Show)* ★★★
Regia di ROBERT BENTON. Con ART CARNEY, JOANNA CASSIDY, BILL MACY, EUGENE ROCHE, LILY TOMLIN. ■ Un investigatore, Wells, dovrebbe indagare sulla scomparsa di un gatto (la sua cliente è una ragazza nevrotica e drogata): non lo farebbe se un suo amico detective non venisse ucciso, proprio mentre indagava sul fatto. Le indagini sono faticose (tra l'altro Wells è discretamente avanti con gli anni), ma poi la matassa si dipana e il gatto viene trovato. Wells e la sua cliente finiscono per unire le loro solitudini. ■ GIALLO; COL.; 93'; USA, 1977. ■ BERLINO 1 PR; GOLDEN GLOBES 1 NOM; OSCAR 1 NOM.

OCCHIO PRIVATO, L' *(Private Eye)* ★★
Regia di MARK TINKER. Con JOSH BROLIN, BILL SADLER, MICHAEL WOODS. ■ La vicenda si svolge a Los Angeles verso la metà degli anni Cinquanta: Nick il fratello maggiore del detective Jack Cleary, è stato assassinato. Jack ripercorre le orme dei colpevoli avendo, come alleato, uno stravagante *rockabilly*. ■ POLIZIESCO; COL.; 95'; USA, 1987.

OCCHIO PRIVATO 3, L' ★★
Regia di ROB COHEN, DONALD PETRIE. Con JOSH BROLIN, LISA JANE PERSKY, BILL SADLER, MICHAEL WOODS. ■ L'America degli anni Cinquanta è ancora il teatro delle avventure di Jack e Johnny, due poliziotti privati che si adoperano, caso per caso, per arginare la corruzione dilagante che cresce con le nuove mode e i nuovi *status symbol*. ■ POLIZIESCO; COL.; 95'; USA, 1987.

OCCHIO SELVAGGIO, L' ★★
Regia di PAOLO CAVARA. Con DELIA BOCCARDO, PHILIPPE LEROY, GABRIELE TINTI. ■ Storia di un operatore senza scrupoli che gira il mondo filmando scene sensazionali. ■ AVVENTURA; COL.; ITALIA, 1967.

OCCHI PER SENTIRE *(Hear no Evil)* ★
Regia di ROBERT GREENWALD. Con MARLEE MATLIN, JOHN C. MCGINLEY, MARTIN SHEEN. ■ Fu un grosso errore quello di premiare Marlee Matlin con l'Oscar per la recitazione da filodrammatica in *Figli di un Dio minore*. Ora se ne vedono le conseguenze. In questo film è stato coinvolto anche il povero Martin Sheen nella parte di un poliziotto cinquantenne che cerca di impossessarsi di una moneta antica. La fa rubare su commissione, ma poi dovrà sudare sette camicie per averla. Coinvolti loro malgrado una donna sordomuta, che trova la moneta nel segnalatore di chiamate telefoniche, e un giornalista. ■ THRILLER; COL.; 100'; USA, 1994.

OCCHI SENZA LUCE ★★
Regia di FLAVIO CALZAVARA. Con LIA DI LEO, DANTE MAGGIO, LUCIANO TAJOLI, MILLY VITALE. ■ Un'inglese cieca, su consiglio di un cantante italiano che ammira moltissimo, si fa operare e riacquista la vista. Si innamora di un uomo e rifiuta la domanda di matrimonio del cantante che, deluso, vuole rinunciare alla carriera. Lei scopre che il promesso sposo è un cacciatore di dote e torna dal cantante. ■ DRAMMATICO; B/N; 92'; ITALIA, 1961.

OCCHI SENZA VOLTO *(Les yeux sans visage)* ★★
Regia di GEORGES FRANJU. Con PIERRE BRASSEUR, EDITH SCOB, ALIDA VALLI. ■ Una ragazza ha avuto il viso completamente sfigurato da un incidente causato dal padre. Solo gli occhi sono rimasti intatti. Il padre, medico, cerca di ridare alla figlia la bellezza facendo crudeli esperimenti di chirurgia plastica dei quali sono vittime alcune giovani donne. Finisce che la sfigurata causa la morte del padre, azzannato da ferocissimi cani. ■ GIALLO; B/N; 86'; FRANCIA, ITALIA, 1959.

OCCHI STANCHI, GLI ★★
Regia di CORSO SALANI. Con AGNIESZKA CZEKANSKA, ALESSANDRO PIVA, CORSO SALANI. ■ Si gira un documentario sulla storia di una ragazza polacca. La giovane, durante il viaggio da Roma al suo paese, rivive la propria esistenza narrandola alla macchina da presa. ■ DRAMMATICO; COL.; 95'; ITALIA, 1996.

OCCHI SUL DELITTO *(Flinch)* ★★
Regia di GEORGE ERSCHBAMER. Con GINA GERSHON, NICK MANCUSO, JUDD NELSON. ■ Due giovani che hanno grandi aspirazioni fanno i manichini in un grande magazzino. Una notte vedono compiere un omicidio. ■ GIALLO; COL.; 90'; USA, 1994.

OCCIDENTE ★★★
Regia di CORSO SALANI. Con GIANLUCA ARCOPINTO, AGNIESZKA CZEKANSKA, MONICA RAMETTA, FABIO SABBIONI, CORSO SALANI. ■ Aviano, piccolo paese del Friuli. Malvina, giovane rumena, lavora come cameriera in una pizzeria. Alberto, insegnante del posto, si innamora di lei. Ma in questa terra di nessuno in cui tutti si sentono estranei e in cui emozioni e sentimenti sono azzerati non si può che vivere di illusioni. Presentato al Torino Film Festival, il film risulta particolare in quanto privo di una storia vera e propria: tutto quel che accade, accade dentro la coscienza di Malvina. ■ DRAMMATICO; COL.; 95'; ITALIA, 2000.

OCCIDENTE D'ORO *(The Golden West)* ★★
Regia di DAVID HOWARD. Con MARION BURNS, JANET CHANDLER, GEORGE O'BRIEN. ■ Un giovane uccide per legittima dife-

sa ma è costretto a darsi alla macchia. Si rifugia fra gli indiani. Suo figlio diventerà il capo della tribù alla morte del padre. Da un romanzo di Zane Grey. ■ WESTERN; B/N; 90′; USA, 1932.

OCCIDENTE IN FIAMME *(Gold is Where You Find it)* ★★★
Regia di MICHAEL CURTIZ. Con GEORGE BRENT, OLIVIA DE HAVILLAND, CLAUDE RAINS. ■ In una vallata californiana alcuni lavori in una miniera d'oro causano danni consistenti agli agricoltori. La disputa finisce in tribunale; l'ingegnere che dirige i minatori si schiera dalla parte opposta, nella quale ha trovato l'amore, e riesce ad impedire il proseguimento degli scavi. ■ DRAMMATICO; COL.; 90′; USA, 1938.

OCCUPATI DI AMELIA! *(Occupe-toi d'Amélie!)* ★★★
Regia di CLAUDE AUTANT-LARA. Con ANDRÉ BOURVIL, DANIELLE DARRIEUX, JEAN DESAILLY, CHARLES DESCHAMPS. ■ Per ereditare, un ragazzo dovrebbe sposarsi. Volendo evitare l'ingombro di una moglie, contrae un finto matrimonio con una prostituta che lo tradisce senza troppi riguardi. Però lui finisce con l'innamorarsene per davvero. ■ COMMEDIA; B/N; 92′; FRANCIA, 1949. ■ CANNES 1 PR.

OCCUPATION: DREAMLAND ★★
Regia di IAN OLDS, GARRETT SCOTT. ■ Due registi a seguito delle truppe americane in Iraq raccontano la vita dei soldati stanziati a Falluja. ■ DOCUMENTARIO; COL.; 78′; USA, 2005.

OCCUPAZIONI OCCASIONALI DI UNA SCHIAVA, LE *(Gelegenheitsarbeit einer Sklavin)* ★★★
Regia di ALEXANDER KLUGE. Con FRANZ BRONSKI, TRANGOTT BUHRE, SYLVIA GARTMANN, ALEXANDRA KLUGE. ■ È la storia di una donna che con ogni mezzo lotta per sé e per la sua famiglia. Dapprima per mantenere agli studi il suo compagno pratica aborti clandestini in società con un'amica, poi diventa attivista politica. ■ DRAMMATICO; B/N.; 91′; GERMANIA, 1973.

OCEANO *(Below the Sea)* ★★
Regia di ALBERT S. ROGELL. Con RALPH BELLAMY, FAY WRAY. ■ Rogell era uno dei molti ottimi mestieranti autori di film d'avventure. Gli piacevano due tipi di storie soprattutto: i western e le vicende marinare. *Oceano* narra di un gruppo di intrepidi sommergibilisti. ■ AVVENTURA; B/N; 78′; USA, 1933.

OCEANO ★★★
Regia di FOLCO QUILICI. ■ La storia di un coraggioso ragazzo polinesiano è il pretesto del documentario per mostrare le bellezze dell'oceano. ■ DOCUMENTARIO; COL.; 92′; ITALIA, 1971.

OCEANO DI FUOCO – HIDALGO *(Hidalgo)* ★★
Regia di JOE JOHNSTON. Con VIGGO MORTENSEN, ADAM ALEXI-MALLE, SILAS CARSON, LOUISE LOMBARD, HARSH NAYYAR, ZULEIKHA ROBINSON, OMAR SHARIF. ■ Johnston rappresenta ogni etnia con la sensibilità di un elefante in una cristalleria: gli indiani cantano, ballano e invocano gli antenati (ci sono risparmiati i segnali di fumo), gli americani cavalcano e sparano (ovviamente ogni colpo, un morto), gli arabi sono figurine alla "feroce saladino" che biascicano frasi senza senso su Allah, l'onore, gli avi, i cavalli e poi invidiano agli americani Calamity Jane e la Colt. ■ AVVENTURA; COL.; 136′; USA, 2004.

OCEANO IN FIAMME *(Brand im Ozean)* ★★
Regia di GÜNTHER RITTAU. Con RENÉ DELTGEN, WINNIE MARKUS, HANS SÖHNKER. ■ Due palombari, amici di vecchia data, lavorano nelle Indie Occidentali su un terreno petrolifero. Innamorati entrambi della stessa ragazza, diventano rivali, senonché un incidente capitato al prescelto, e che può costargli la vita, fa dimenticare all'altro il rancore. ■ AVVENTURA; B/N; 90′; GERMANIA, 1939.

OCEANO ROSSO *(Blood Alley)* ★★★
Regia di WILLIAM A. WELLMAN. Con LAUREN BACALL, PAUL FIX, JOHN WAYNE. ■ Storie di un gruppo di contadini cinesi, guidati da un capitano americano verso Hong Kong a bordo di un vecchio battello. ■ AVVENTURA; COL.; 115′; USA, 1955.

OCEAN'S ELEVEN ★★★
Regia di STEVEN SODERBERGH. Con SCOTT CAAN, DON CHEADLE, GEORGE CLOONEY, MATT DAMON, ANDY GARCIA, BRAD PITT, JULIA ROBERTS, CASEY AFFLECK, EDDIE JEMISON, JORGE R. HERNANDEZ. ■ L'incasso di tre casinò di Las Vegas converge in un unico *caveau*. Si tratta, nell'occasione, di 163 milioni di dollari. È a questi che mira Ocean (Clooney), uscito di prigione. Organizza il colpo insieme a un suo amico (Pitt). Vengono reclutati specialisti in ogni campo, i più bravi. I casinò appartengono a un unico proprietario, certo Tony Benedict, straorganizzato e, al caso, crudelissimo. Veniamo anche a sapere che Tess, ex moglie di Ocean (ma lui è sempre innamoratissimo) sta proprio con Benedict. Per Ocean sarebbe dunque una doppia vendetta. La rapina riesce: supertecnologica. E anche la riconciliazione fra Tess e Ocean riesce. Ripreso da *Colpo grosso*, interpretato a suo tempo dal clan Sinatra: Sammy Davis, Dean Martin, Peter Lawford. Il linguaggio di Soderbergh, ormai legittimato dall'Oscar, per fortuna non intende essere "di tendenza". La storia fila via senza intoppi stilistici. Certo, quelli del cast sono tutti bravi, con Clooney che forse emerge sugli altri. Buona evasione. ■ AZIONE; COL.; 116′; USA, 2001.

OCEAN'S 13 *(Ocean's Thirteen)* ★★★
Regia di STEVEN SODERBERGH. Con CASEY AFFLECK, ELLEN BARKIN, SCOTT CAAN, DON CHEADLE, GEORGE CLOONEY, MATT DAMON, ANDY GARCIA, ELLIOTT GOULD, EDDIE JEMISON, BERNIE MAC, AL PACINO, BRAD PITT, SHAOBO QIN, CARL REINER. ■ Reuben Tishkoff, grande amico di Danny Ocean, è stato colpito da infarto a causa del tradimento operato da Willy Bank. Costui si vanta dei numerosi premi 5 Diamanti ottenuti dai suoi hotel, e ora che intende aprire un nuovo casinò a Las Vegas, vuole esserne il controllore assoluto. Ocean richiama in servizio gli amici di sempre con, in più, un nemico che ora ha mutato campo: Terry Benedict. La vendetta comincia a mettersi in moto, ma questa volta il fine non è l'arricchirsi (tranne che per Terry): è la difesa dell'amicizia. Finalmente possiamo dimenticare il pasticciato ed estremamente confuso *Ocean's Twelve* e tornare a divertirci con Clooney e soci. C'è meno tensione rispetto al primo film (ormai sappiamo per certo come andrà a finire) ma si potenzia il gusto per la struttura narrativa. Tutte le imprese, anche le più improbabili, trovano una loro motivazione tra il fantasioso e il logico, ma comunque plausibile. ■ THRILLER; COL.; 122′; USA, 2007.

OCEAN'S TWELVE ★
Regia di STEVEN SODERBERGH. Con VINCENT CASSEL, DON CHEADLE, GEORGE CLOONEY, MATT DAMON, ANDY GARCIA, ADRIANO GIANNINI, BERNIE MAC, BRAD PITT, JULIA ROBERTS, CATHERINE ZETA-JONES. ■ L'idea di presentare un gruppo di ladri – guidati da Danny Ocean – che si scontrano con un altro malfattore, il famoso Francois Toulour, per restituire il bottino a chi ha subito il precedente furto – Terry Benedict – può essere interessante, perché presenta due rivali abbastanza potenti. Il fatto però di unire un gruppo di attori di Hollywood leggendari, mina la credibilità della storia: cominciamo a guardare il film, vediamo Julia Roberts e pensiamo che ci sarà lei come protagonista. Dopo dieci minuti scompare per dare la scena a George Clooney e siamo portati a pensare che il protagonista sarà lui; passa altro tempo e troviamo Brad Pitt. Trascorrono quaranta minuti e compare l'agente Catherine Zeta-Jones: quali sono i veri protagonisti? Tutti? Alla fine non riusciamo ad appassionarci a questa storia: anche se gli attori hanno annunciato che durante le riprese non hanno litigato per ottenere le inquadrature migliori, forse è la major Warner ad aver imposto che ci fossero troppe pietanze succulente nelle portate che alla fine non saziano. ■ AZIONE; B/N; 125′; USA, 2004.

O CERCO ★★
Regia di ANTONIO DA CUNHA TELLES. Con MARIA CABRAL, RUI DE CARVALHO, MIGUEL FRANCO, LIA GAMA, DAVIS HUDSON, MARIO JACQUES. ■ Una giovane signora portoghese diventa l'amante di un americano che per ragioni di lavoro si trova a Lisbona. Divorzia dal marito e si mette a lavorare per vivere. Ma, caduta in un giro alquanto losco e perduto l'interesse dell'amico americano, finisce per ritrovarsi sola e senza lavoro. ■ DRAMMATICO; B/N; 91′; PORTOGALLO, 1969.

OCI CIORNIE ★★★
Regia di NIKITA MICHALKOV. Con MARTHE KELLER, SILVANA MANGANO, MARCELLO MASTROIANNI, ELENA SOFONOVA. ■ Basato sui racconti di Anton Cechov *La signora del cagnolino*, *An-*

na al collo. Protagonista è un uomo sposato che ha una relazione con una signora russa. Promette di tornare da lei, ma poi trova più comodo rimanere con la moglie. La storia è raccontata dallo stesso cameriere su una nave traghetto. Tutto vero o solo una fantasia? ■ COMMEDIA; COL.; 117′; ITALIA, URSS, 1987. ■ CANNES 1 PR; DAVID DI DONATELLO 2 PR, 2 NOM; GOLDEN GLOBES 1 NOM; OSCAR 1 NOM.

"O" COME OTELLO *(O)* ★★
Regia di TIM BLAKE NELSON. Con JOSH HARTNETT, MEKHI PHIFER, RAIN PHOENIX, MARTIN SHEEN, JULIA STILES. ■ Una volta accettato il fatto che Shakespeare è il più grande sceneggiatore mai esistito e che è davvero difficile prescindere da lui quando si voglia parlare di sentimenti seri, ecco che si ritenta la "contaminazione" così ben riuscita all'esordiente Luhrmann con *Romeo+Giulietta*: narrare una storia eterna con linguaggio attuale. L'ambiente non è dunque Cipro ma un college della Carolina del Sud. Odine è lo studente leader, bravo in tutto, specialmente nello sport, è infatti il capitano della squadra di basket. È amato da Desi, bellissima e figlia del preside. Lo Jago moderno sarebbe Hugo, al quale dà corpo e volto l'emergente Josh Hartnett. La storia si sviluppa, appunto, secondo Shakespeare. Hugo instilla tremenda gelosia in Odine, che alla fine ucciderà l'amata. Il regista Blake Nelson (che è anche cantante) porta un riferimento importante in questa sede, era il terzo fuggitivo, insieme a Clooney e Turturro, in *Fratello dove sei?*, il titolo che ha ottenuto le cinque stelle dopo ben 22 anni che non venivano attribuite. ■ DRAMMATICO; COL.; 95′; USA, 2002.

OCTAGON *(The Octagon)* ★★
Regia di ERIC KARSON. Con ART HINDLE, CHUCK NORRIS, LEE VAN CLEEF. ■ Un americano vuol vendicare la morte del padre adottivo, un famoso Yakuza ucciso da una banda di assassini. L'occasione gliela offre la proposta di una ragazza che vuole che le faccia da guardia del corpo. Il protagonista scopre che i nemici della donna sono anche i suoi (gli assassini del padre). Perciò piglia due piccioni con una fava, massacrandoli dal primo all'ultimo uomo. ■ AVVENTURA; COL.; 103′; USA, 1980.

ODDIO, CI SIAMO PERSI IL PAPA *(Saving Grace)* ★★
Regia di ROBERT MALCOLM YOUNG. Con TOM CONTI, GIANCARLO GIANNINI, FERNANDO REY. ■ Il papa (impersonato dal molto giovanile Tom Conti), stufo del rituale vaticano, si prende una vacanza in incognito. Capita in un paesetto ridotto in condizioni miserande e taglieggiato dalla mafia e lo fa rifiorire (rimettendo in funzione l'acquedotto e facendo fare una brutta figura al boss mafioso). ■ COMMEDIA; COL.; 112′; USA, 1985.

ODE A BILLY JOE *(Ode to Billy Joe)* ★★
Regia di MAX BAER. Con ROBBY BENSON, JAMES BEST, SIMPSON HEMPHILL, GLYNNIS O'CONNOR, EDDIE TALR. ■ Due giovani di una piccola comunità del Mississippi, nel 1953, si innamorano e la ragazza, malgrado il puritanesimo vigente, decide di avere rapporti completi col suo partner. Ma il ragazzo, durante una festa campestre, incontra un uomo che approfitta di lui. Il giovane, sconvolto, si suicida e la ragazza scappa per evitare le chiacchiere che si scatenano. ■ DRAMMATICO; COL.; 108′; USA, 1976.

ODESSA IN FIAMME ★★
Regia di CARMINE GALLONE. Con MARIA CEBOTARI, CARLO NINCHI, FILIPPO SCELZO. ■ Una donna lascia la casa del marito per il dolore dei suoi continui tradimenti. I sovietici invadono la città romena dove abita e portano il suo bambino a Odessa. Il marito si arruola. Dopo la battaglia di Odessa, la famiglia si riunirà. ■ AVVENTURA; B/N; 92′; ITALIA, 1942. ■ VENEZIA 1 PR.

ODETTE ★★
Regia di JACQUES HOUSSIN. Con FRANCESCA BERTINI, SAMSON FAINSILBER, JACQUES MAURY. ■ Il film è tratto dal dramma omonimo di Sardou. ■ DRAMMATICO; B/N; 91′; ITALIA, 1934.

ODETTE L'AGENTE S-23 *(Odette)* ★★
Regia di HERBERT WILCOX. Con TREVOR HOWARD, ANNA NEAGLE. ■ Durante l'ultima guerra, due coniugi inglesi partecipano alle operazioni di spionaggio in favore degli alleati in terra francese. Arrestati dai nazisti, i due finiscono in due campi di concentramento. A fine guerra si riuniranno. ■ SPIONAGGIO; B/N; 123′; GRAN BRETAGNA, 1950.

ODIA IL PROSSIMO TUO ★★
Regia di FERDINANDO BALDI. Con GEORGE EASTMAN, CLYDE GARNER, NICOLETTA MACHIAVELLI. ■ Un killer viene assoldato per uccidere Bill Dakota e sua moglie, che posseggono la mappa di un giacimento d'oro. Il fratello di Bill giura vendetta e persuade il mandante del killer a consegnare questi alla giustizia. Anche il mandante finisce male. ■ WESTERN; COL.; 90′; ITALIA, 1969.

ODI ET AMO ★
Regia di MAURIZIO ANANIA. Con GERARDO AMATO, ADELE CERAUDO, LORENZO FLAHERTY, MARIA GANGALE, GIAMPIERO LISARELLI. ■ In un paesetto della Calabria vivono storie e storielle. Due giovani si amano, una moglie non consuma più col marito e lui va con la scema del villaggio, una donna vede la Madonna, una ragazza lesbica viene stuprata. Un'altra disgraziata "perla" della troppo lunga collana del "nuovo" cinema italiano. ■ DRAMMATICO; COL.; 90′; ITALIA, 1998.

ODIO *(Home of the Brave)* ★★★
Regia di MARK ROBSON. Con LLOYD BRIDGES, DOUGLAS DICK, JAMES EDWARDS, FRANK LOVEJOY. ■ Storia di un medico che guarisce un soldato nero privo di memoria. ■ DRAMMATICO; B/N; 85′; USA, 1949.

ODIO, L' *(La haine)* ★★★
Regia di MATHIEU KASSOVITZ. Con KARIM BALKHADRA, VINCENT CASSEL, HUBERT KOUNDÉ, SAID TAGMAOUI. ■ In un quartiere periferico parigino (i francesi li chiamano le *cité*), scoppia il vento della rivolta dopo il pestaggio del sedicenne Abel da parte della polizia. I giovani della *banlieu* scendono in strada e si battono tutta la notte con gli agenti. Tra loro ci sono tre amici: l'ebreo Vinz, il maghrebino Said e il nero Hubert, un trio di sfigati, disoccupati, arrabbiati e senza futuro. La giornata balorda dei tre giovani disperati ha inizio quando Vinz, che ha trovato una pistola d'ordinanza persa da uno sbirro durante gli scontri, decide di usarla. Ben diretto da Matthieu Kassovitz, in un bianco e nero splendido, e parlato con un dialetto non facile da tradurre, *L'odio* è un film durissimo che ha totalizzato milioni di spettatori in Francia, ottenendo anche il premio per la miglior regia a Cannes nel 1994. ■ DRAMMATICO; B/N; 95′; FRANCIA, 1995. ■ CANNES 1 PR.

ODIO COLPISCE DUE VOLTE, L' ★★★
(Lightning Strikes Twice)
Regia di KING VIDOR. Con RUTH ROMAN, ZACHARY SCOTT, RICHARD TODD, MERCEDES MCCAMBRIDGE. ■ La giovane Shelley, di professione attrice, va a riposare in un residence di campagna dove incontra Trevelyan su cui grava il sospetto che abbia ucciso la moglie. L'uomo viene poi scagionato e i due si sposano. Ma l'assassino è ancora libero. Sorpresa finale. ■ DRAMMATICO; B/N; 91′; USA, 1950.

ODIO DI SANGUE – IL TERRORE DEI SIOUX ★★
(Badlands of Dakota)
Regia di ALFRED E. GREEN. Con BRODERICK CRAWFORD, ANDY DEVINE, RICHARD DIX, FRANCES FARMER, ANN RUTHERFORD, ROBERT STACK. ■ I fratelli Bob e Jim hanno fatto fortuna con la corsa all'oro. Jim scorta la fidanzata di Bob che abita in un altro villaggio, si innamora di lei e i due si sposano. Quando Bob apprende ciò che è accaduto, la sua personalità aggressiva viene fuori: diventa un temibile bandito. ■ AVVENTURA; B/N; 74′; USA, 1941.

ODIO È IL MIO DIO, L' ★★
Regia di CLAUDIO GORA. Con MARINA BERTI, HERBERT FLEISCHMANN, CARLO GIORDANA, TONY KENDALL, GÜNTHER PHILIP. ■ Vincent Kernay torna al paese dopo anni per vendicare l'uccisione del fratello da parte di un gruppo di proprietari, che l'avevano eliminato per portargli via la terra. Il Nero, un personaggio misterioso, lo aiuta. ■ WESTERN; COL.; 91′; ITALIA, 1969.

ODIO ESPLODE A DALLAS, L' *(The Intruder)* ★★
Regia di ROGER CORMAN. Con JEANNE COOPER, ROBERT EMHARDT, LEO GORDON, BEVERLY LUNDSFORD, FRANK MAXWELL, WILLIAM SHATNER. ■ L'approvazione della legge antirazziale negli Stati Uniti inasprisce il fanatismo di un tale che convince una ragazza ad accusare un nero di averla assalita. ■ DRAMMATICO; B/N; 80′; USA, 1962.

ODIO IMPLACABILE *(Crossfire)* ★★★★
Regia di EDWARD DMYTRYK. Con GEORGE COOPER, GLORIA GRAHAME, PAUL KELLY, SAM LEVENE, ROBERT MITCHUM, ROBERT RYAN, JACQUELINE WHITE, ROBERT YOUNG. ■ Alcuni reduci di guerra americani si ritrovano in un bar. Un sergente, spinto da odio antisemita, uccide un ebreo in una rissa e fa cadere i sospetti su un compagno. Un commissario di polizia riuscirà a far confessare il sergente. ■ DRAMMATICO; B/N; 86′; USA, 1947. ■ CANNES 1 PR; OSCAR 5 NOM.

ODIO LE BIONDE ★★
Regia di GIORGIO CAPITANI. Con CORINNE CLÉRY, ENRICO MONTESANO, JEAN ROCHEFORT. ■ Protagonista è un "negro", uno scrittore di libri gialli che però sono pubblicati sotto il nome di un altro, un romanziere di fama (però assolutamente inetto, il suo unico vero talento è quello di sfruttare i poveri "negri"). Accade però che il copione, che sta per essere consegnato a un editore, contenga la descrizione per un colpo ladresco assolutamente geniale e che il manoscritto vada a finire nelle mani di alcuni ladri autentici. Dopo una serie di equivoci, e tentativi di furto, tutto s'accomoda (il "negro" otterrà di firmare le proprie opere). ■ COMMEDIA; COL.; 100′; ITALIA, 1980.

ODIO MORTALE *(La noche avanza)* ★★
Regia di ROBERTO GAVALDÓN. Con PEDRO ARMENDARIZ, ANITA BLANCH, REBECA ITURBIDE. ■ Per vendicare l'affronto fatto dallo spregiudicato campione di pelota Marcos a sua sorella, un uomo organizza una trappola: dato che Marcos si era fatto convincere da un allibratore a perdere una partita, egli gli dice che tutto è cambiato e che può giocare come vuole, lasciandolo così preda della furia dello scommettitore e dei suoi complici. ■ DRAMMATICO; B/N; 91′; MESSICO, 1951.

ODIO MORTALE ★★
Regia di FRANCESCO MONTEMURRO. Con RENATO BALDINI, DANIELLE DE METZ, AMEDEO NAZZARI. ■ Il traditore francese Dominique diventa governatore di Forte Carolina in Florida, che egli ha consegnato agli spagnoli. La sua tirannide viene stroncata dal capitano André Lebouff. ■ AVVENTURA; COL.; 89′; ITALIA, 1962.

ODIO PER ODIO ★★
Regia di DOMENICO PAOLELLA. Con MIRKO ELLIS, JOHN IRELAND, ANTONIO SABATO. ■ Miguel, che lavora a favore del Messico, diventa amico di un simpatico rapinatore. Avventure dei due. ■ WESTERN; COL.; 92′; ITALIA, 1967.

ODIO RAZZIALE *(For Us, the Living: The Story of Medgar Evers)* ★★
Regia di MICHAEL SCHULTZ. Con IRENE CARA, LAURENCE FISHBURNE, HOWARD E. ROLLING JR, PAUL WINFIELD. ■ Come puntualizza il lungo titolo originale, si ripercorrono le tappe dell'impegno politico e sociale di Medgar Evers, che nel 1958 è stato a capo del movimento per la parificazione delle persone di colore in Mississippi. Si mostrano discriminazioni e ingiustizie, rivendicazioni e scontri razziali. ■ BIOGRAFICO; COL.; 83′; USA, 1993.

ODISSEA DEL NEPTUNE NELL'IMPERO SOMMERSO, L' *(The Neptune Factor)* ★★
Regia di DANIEL PETRIE JR. Con ERNEST BORGNINE, BEN GAZZARA, STUART GILLARD, YVETTE MIMIEUX, WALTER PIDGEON, DAVID YORSTON. ■ *L'Oceanlab II* rimane imprigionato in un abisso sottomarino con a bordo tre uomini. Un batiscafo con un'équipe specializzata si immerge in soccorso del laboratorio acquatico e salva i tre tecnici. ■ AVVENTURA; COL.; 98′; USA, 1973.

ODISSEA NUDA ★★
Regia di FRANCO ROSSI. Con PATRICIA DOLORES, DOLORES DONLON, ENRICO MARIA SALERNO, VENANTINO VENANTINI. ■ Un intellettuale è a Tahiti per realizzare un film. In realtà, motivi profondi lo spingono a cancellare la propria storia di uomo occidentale e a vivere a contatto con la natura. Ma, dopo qualche amorazzo con fanciulle indigene, tornerà in patria. ■ DRAMMATICO; COL.; 117′; ITALIA, 1961. ■ DAVID DI DONATELLO 1 PR, 1 NOM.

ODISSEA SULLA TERRA *(Uchukiju Girara)* ★★
Regia di KAZUI NIHONMATSU. Con ITOKO KARADA, PEGGY NEAL, EIJI OKADA, TOSHIYA WAZAKI, SHINICHI YANAGISAWA. ■ Un razzo interplanetario giapponese in viaggio per Marte viene urtato improvvisamente da un gruppo di uova che rovinano i motori. L'astronave rientra sulla Terra, e a Tokyo appare un enorme animale, nato da una delle uova interplanetarie, che distrugge tutto. Guerra col mostro. ■ FANTASCIENZA; COL.; 93′; GIAPPONE, 1969.

ODISSEA TRAGICA *(The Search)* ★★★
Regia di FRED ZINNEMANN. Con MONTGOMERY CLIFT, WENDELL COREY, IVAN JANDL, ALINE MACMAHON, JARMILA NOVOTNA. ■ L'odissea di un bambino cecoslovacco che, come molti altri bimbi di varie nazionalità, ha conosciuto la triste esperienza del campo di concentramento. Un ufficiale americano si incarica di rieducarlo. ■ DRAMMATICO; B/N; 105′; USA, 1948. ■ OSCAR 2 PR, 5 NOM; VENEZIA 1 PR.

ODONGO ★★
Regia di JOHN GILLING. Con MACDONALD CAREY, RHONDA FLEMING, DAN JUMA. ■ Un cacciatore europeo in Kenya ha al suo servizio un ragazzo indigeno di nome Odongo, che mostra un particolare amore per gli animali. Lo accusa ingiustamente di avergli fatto scappare le belve che ha chiuso nelle gabbie per venderle agli zoo europei e il ragazzo fugge nella giungla rischiando la vita. Il cacciatore e la bella veterinaria del campo lo ritroveranno. ■ AVVENTURA; COL.; 88′; GRAN BRETAGNA, 1956.

ODORE DELLA NOTTE, L' ★
Regia di CLAUDIO CALIGARI. Con ALESSIA FUGARDI, VALERIO MASTANDREA, GIORGIO TIRABASSI. ■ Remo fa il poliziotto a Torino e il rapinatore a Roma, con la sua banda di poveracci. Gergo – vero e metaforico – intollerabile. ■ DRAMMATICO; COL.; 100′; ITALIA, 1998.

ODORE DELLE BELVE, L' *(L'odeur des fauves)* ★★
Regia di RICHARD BALDUCCI. Con JOSÉPHINE CHAPLIN, VITTORIO DE SICA, RAYMOND PELLEGRIN, MAURICE RONET. ■ Un giornalista fotografa la figlia di un razzista insieme a un nero. Subisce minacce e persecuzioni da ogni parte e il povero nero viene anche ucciso. Alla fine il giornalista se la cava. ■ DRAMMATICO; COL.; 87′; FRANCIA, 1973.

ODORE DEL SANGUE, L' ★★★
Regia di MARIO MARTONE. Con FANNY ARDANT, MICHELE PLACIDO GIOVANNA GIULIANI, GIORGIO GRANDI, ANTONIA IAIA, RICCARDO SCAMARCIO. ■ Carlo e Silvia sono separati ma conservano un rapporto molto intimo. Lui ha una giovane fidanzata nel paese di campagna dove si è ritirato, lei abita la casa di Roma consumando occasionali rapporti con amanti passeggeri. Un giorno Silvia si invaghisce di un ragazzo molto giovane, un neonazista violento e incolto, prepotente, dedito soltanto al "culto della forza". La relazione tra i due turba Carlo, che si riaccende di gelosia per la moglie. Torna Martone con un film che "odora di sangue" proprio come suggerisce il titolo. Esplicito e crudo, il film è costruito su personaggi complessi e profondi che si rincorrono in un gioco perverso: se l'odore del sesso non basta, forse può servire far annusare quello del sangue alla persona amata, per riconquistarla. ■ DRAMMATICO; COL.; 100′; ITALIA, 2004.

ODORE DI PIOGGIA ★★
Regia di NICO CIRASOLA. Con RENZO ARBORE, TOTO ONNIS, AGNETE VOSSGARD. ■ Esordio del pugliese Cirasola, che ha cercato una distribuzione decente senza fortuna. È la storia di "Acchiappamosche", che ha una grande passione per la sua moto, una Guzzi. Inoltre ha due amori: una ragazza libera sua concittadina e una donna sposata di origine americana. Renzo Arbore si ritaglia la parte di parrucchiere. ■ COMMEDIA; COL.; 93′; ITALIA, 1989.

OEDIPUS ORCA ★★
Regia di ERIPRANDO VISCONTI. Con MIGUEL BOSÈ, PIERO FAGGIONI, GABRIELE FERZETTI, RENA NIEHAUS, MICHELE PLACIDO, CARMEN SCARPITTA. ■ La torbida vicenda di Alice, diciottenne figlia di borghesi provinciali, che è stata rapita, ha avuto un'avventura col suo rapitore e l'ha ucciso. Il padre però non voleva pagare il riscatto e la ragazza lo odia a tal punto da sospettare persino della sua vera paternità. Scopre quindi che la madre in passato aveva avuto un amante e va in cerca di lui. Per vendicarsi di tutti, in particolar modo di se stessa, ci va a letto insieme. Il poveraccio

finisce ucciso in un modo raccapricciante, sotto un lastrone di vetro, nel tentativo di rincorrere Alice. ■ DRAMMATICO; COL.; 100′; ITALIA, 1976.

O FATALISTA ★★

Regia di JOAO BOTELHO. Con RITA BLANCO, SUZANA BORGES, MARIA EMILIA CORREIA, ANDRÉ GOMES, PATRICIA GUERREIRO, ADRIANO LUZ, TERESA MADRUGA, ROGERIO SAMORA, MARGARIDA VILANOVA, JOSÉ WALLENSTEIN. ■ Ci sono film da guardare e film, per chi ne ha voglia, tutti da leggere come il fatalista di Botelho. Un invito, il suo, a riscoprire i classici per lo schermo. Come già aveva fatto tanto bene Robert Bresson con *Le Dames du bois de Boulogne* (*Perfidia* in italiano) ispirato a un episodio di *Jacques, Le Fataliste* di Diderot, anche il regista portoghese trascrive per il cinema le intuizioni rivoluzionarie dell'illuminato pensatore francese. Adeguando il testo al nostro tempo. ■ COMICO; COL.; 99′; FRANCIA, PORTOGALLO, 2005.

OFF KEY *(Desafinado)* ★★

Regia di MANUEL GÓMEZ PEREIRA. Con DANNY AIELLO, ANNA GALIENA, CLAUDIA GERINI, ARIADNA GIL, GEORGE HAMILTON, JOE MANTEGNA. ■ Cast piuttosto importante per questa allegra, amara commedia sul mondo dell'arte: tre affermati tenori, ormai sul viale del tramonto (un italiano, un francese ed uno spagnolo), si ritrovano dopo anni in occasione del matrimonio di uno di loro, il francese, con la figlia del tenore spagnolo, la cui moglie, nonché madre della promessa sposa, è ora la compagna dell'italiano. Prevedibili equivoci, colpi di scena, vecchie rivalità e nuove gelosie fanno da sfondo ad una serie di intrecci impossibili, degni delle macchinosità delle soap opera. Ne viene fuori un film passabilmente divertente, consigliato ai melomani non troppo esigenti. ■ COMMEDIA; COL.; 118′; SPAGNA, USA, 2001.

OFF LIMITS – PROIBITO AI MILITARI ★★
(Operation Madball)

Regia di RICHARD QUINE. Con KATHRYN GRANT, JACK LEMMON, ARTHUR O'CONNELL, MICKEY ROONEY. ■ La guerra è appena finita e un reparto di americani in Francia intende organizzare un ballo. Le difficoltà sono immense (dalla stupidità di un capitano alla storia d'amore non corrisposta di un sergente con una tenentessa). Alla fine il tenace Jack Lemmon riesce a organizzare il ballo. ■ COMMEDIA; B/N; 105′; USA, 1957.

OFFRESI AMORE TENERAMENTE *(Nobody's Fool)* ★★

Regia di EVELYN PURCELL. Con ROSANNA ARQUETTE, ERIC ROBERTS, JIM YOUNGS, MARE WINNINGHAM. ■ Cassie, barista di provincia, ragazza-madre, sogna miglior futuro dopo aver dovuto affidare ad altri la sua bambina. Un giorno tutto cambia; incontra un regista che le offre una particina. Lei accetta e s'innamora del tecnico delle luci, Riley. Quando Billy, padre della bimba, si rifà vivo, Cassie non sa cosa fare, ma dopo una breve incertezza sposerà Riley che le ha ridato fiducia in se stessa. Conclusione, l'amore dà la carica. ■ COMMEDIA; COL.; 104′; USA, 1986.

OFF SCREEN ★★

Regia di PIETER KUIJPERS. Con JAN DECLEIR, ASTRID JOOSTEN, JEROEN KRABBE. ■ 11 marzo 2002. John R., un cinquantanovenne autista di autobus, prende in ostaggio per un giorno gli impiegati della Torre Rembrandt ad Amsterdam. Si tratta di una forma di protesta contro la televisione a banda larga, poiché è convinto che le barre nere presenti nella trasmissione contengano codici nascosti. Alla fine della giornata John metterà drammaticamente fine alla sua vita. ■ THRILLER; COL.; 86′; BELGIO, OLANDA, 2005.

OFFSET ★

Regia di DIDI DANQUART. Con FELIX KLARE, ALEXANDRA MARIA LARA, KATHARINA THALBACH, RAZVAN VASILESCU, MANFRED ZAPATKA. Stefan e Brindusa provengono da due culture diverse, ma si sono innamorati e hanno deciso di sposarsi; la cerimonia si terrà il sabato successivo e nei tre giorni precedenti alla funzione sono entrambi indaffarati con i preparativi. Stefan è tedesco, Brindusa rumena; quando si uniranno in matrimonio lei lo seguirà in Germania. Nonostante le apparenze felici e spensierate, qualcosa sembra turbare il loro rapporto. Il mistero è presto scoperto: entrambi lavorano per Nicu Iorga, un signore di mezz'età che nutre un profondo odio per il ragazzo perché è ancora innamorato della donna, con la quale anni prima ha avuto una relazione. ■ DRAMMATICO; COL.; 109′; GERMANIA, 2006.

OFFSIDE ★★★

Regia di JAFAR PANAHI. Con GOLNAZ FARMANI, SHAYESTEH IRANI, SIMA MOBARAK SHAHI, IDA SADEGHI, SAFAR SAMANDAR. ■ Nel giorno della partita di qualificazione per i Mondiali di calcio fra Iran e Bahrain, una ragazza cerca di mimetizzarsi in mezzo a un pullman di tifosi per riuscire ad entrare allo stadio, dove le iraniane non sono ammesse per questioni di buoncostume. Dopo aver acquistato a caro prezzo un biglietto da un bagarino, la ragazza osserva le varie strategie adottate dalle tante altre donne presenti per riuscire a eludere la sicurezza. Solo che, una volta varcati i cancelli, viene presa dal panico e riconosciuta dai militari che la conducono in una zona di detenzione situata nell'ultimo anello dello stadio, dove anche altre ragazze smascherate sono in attesa di essere prelevate dalla polizia. Dal *Cerchio* di una giornata qualunque di varie donne a Teheran alla forma più ovale e squadrata della planimetria di uno stadio di calcio, Jafar Panahi porta avanti la sua mappatura della cultura contemporanea iraniana attraverso l'esplorazione della condizione femminile. ■ DRAMMATICO; COL.; 93′; IRAN, 2006.

OGAMI, IL PERICOLO GIALLO ★★
(Baby Cart at the River Styx)

Regia di KENJI MISUMI. Con KAYO MATSUO, MINORU OHKI, TOMISABURO WAKAYAMA. ■ È la storia di un samurai nel Giappone feudale che vaga da una città all'altra accompagnato dal figlioletto dopo avere ucciso l'assassino della propria moglie. ■ DRAMMATICO; COL.; 92′; GIAPPONE, 1972.

OGGETTI SMARRITI ★★★

Regia di GIUSEPPE BERTOLUCCI. Con GIOVANNA GALLETTI, BRUNO GANZ, MARIANGELA MELATO, FRANCESCA RINALDI, MARIA LUISA SANTELLA. ■ Il film si svolge interamente alla Stazione Centrale di Milano. Marta, una signora borghese in crisi, si perde, per un giorno e una notte, nei corridoi allucinanti del kafkiano edificio. L'incontro con un misterioso straniero è l'occasione per una completa ridiscussione della propria vita. ■ DRAMMATICO; B/N; 95′; ITALIA, 1980.

OGGETTI SMARRITI ★★

Regia di GIORGIO MOLTENI. Con FRANCESCA FAIELLA, ROBERTO FARNESI, CHIARA GENSINI, MICHELANGELO PULCI, GIORGIA WURTH. ■ "Non sono gli oggetti ad essere smarriti, ma voi stessi". Da questa considerazione prende le mosse il film di Giorgio Molteni, ideato e sceneggiato dallo stesso regista. Il protagonista è Guido (Roberto Farnesi), un architetto quarantenne che da bambino ha visto morire suo padre e da adulto conduce una vita da solitario. La vita di Guido è all'insegna delle sparizioni, a cominciare dal padre e dalla figlia, per finire con un cacciavite. ■ DRAMMATICO; COL.; 83′; ITALIA, 2010.

OGGETTO DEL MIO DESIDERIO, L' ★★
(The Object of My Affection)

Regia di NICHOLAS HYTNER. Con ALAN ALDA, JENNIFER ANISTON, JOHN PANKOW. ■ Ormai è un vero e proprio filone: l'amicizia fra una donna e un gay. Precursore e inventore il celebre *Matrimonio del mio migliore amico* in cui Julia Roberts si confidava con Rupert Everett. George viene lasciato dal suo fidanzato e Nina lo accoglie in casa sua. Il fidanzato di Nina non è contento. Tutto si complica quando lei rimane incinta e chiede al nuovo amico di fare anche lui la "mamma". Divertimento in tono minore e, a questo punto, persino scontato. ■ COMMEDIA; B/N; USA, 1998.

OGGI A BERLINO ★★

Regia di PIERO VIVARELLI. Con HELMUT GRIEM, NANA OSTEN, VITTORIO PUGLIESE, ERINA TORELLI. ■ Storia di un giovane che dopo la divisione della Germania nelle due zone di occupazione militare (alleata e sovietica) viene ucciso mentre varca la linea divisoria per ricongiungersi alla famiglia. ■ DRAMMATICO; B/N; 91′; ITALIA, 1962.

OGGI A ME... DOMANI A TE ★★

Regia di TONINO CERVI. Con JEFF CAMERON, MONTGOMERY FORD, STANLEY GORDON, DANA MADIGAN, WAYDE PRESTON,

BUD SPENCER. ■ Bill Kiova e i suoi *pistoleros* danno la caccia al bandito Elfego ma, anziché assalire il suo covo che è ben guardato da un piccolo esercito di suoi scagnozzi, lo attirano in un tranello e lo fanno fuori insieme a tutti gli altri. ■ WESTERN; COL.; 93'; ITALIA, 1968.

OGGI COMINCIA LA VITA *(Idag börjar livet)* ★★
Regia di SCHAMYL BAUMAN. Con STURE LAGERWALL, SONJA WIGERT. ■ Un'allieva di ballo ferisce il suo maestro con cui ha avuto una storia sentimentale. Successivamente, sposatasi con un pittore, si ritrova intorno il ballerino che turba la sua serenità. La vicenda degenera, il maestro di ballo viene ucciso: ma non è stata lei. ■ DRAMMATICO; B/N; 92'; SVEZIA, 1939.

OGGI, DOMANI, DOPODOMANI ★★
Regia di EDUARDO DE FILIPPO, MARCO FERRERI, LUCIANO SALCE. Con VIRNA LISI, LELIO LUTTAZZI, MARCELLO MASTROIANNI, LUCIANO SALCE, CATHERINE SPAAK, PAMELA TIFFIN. ■ Il primo episodio, *L'uomo dai cinque palloni*, è diretto da Ferreri. Viene una strana idea a un industriale: fino a che punto si può soffiare in un palloncino senza farlo scoppiare? Il secondo, *L'ora di punta*, è tratto da un atto unico dello stesso Eduardo. Nell'episodio diretto da Salce, *La moglie bionda*, un impiegato di banca tenta di vendere la moglie bella. ■ COMM. A EPISODI; COL.; 97'; ITALIA, 1965.

OGGI È UN ALTRO GIORNO – MILANO 1945-1995 ★★
Regia di BRUNO BIGONI, GIUSEPPE DE SANTIS. ■ È un mediometraggio, l'ultimo lavoro di De Santis prima della morte. Un professore con gli allievi di un liceo in bicicletta per Milano sui luoghi storici della resistenza partigiana. ■ DOCUMENTARIO; COL.; 40'; ITALIA, 1995.

OGGI HO VINTO ANCH'IO ★
Regia di LODOVICO GASPARINI. Con CLAUDINE AUGER, BARBARA DE ROSSI, FRANCO NERO. ■ Afflitto da gravi problemi al cuore, un ferroviere si sottopone a un'operazione di trapianto, ma non rinuncia all'idea di vivere in modo normale: tanto che nel 1987 vince finalmente la maratona di New York. ■ DRAMMATICO; COL.; 90'; ITALIA, 1990.

OGGI LAVORO IO! ★★
Regia di PIETRO FRANCISCI. Con ERMINIO MACARIO, GUIDO NOTARI, CARLO RIZZO. ■ Macario è debitore di molte rate di affitto al proprietario di un cinematografo di cui è gestore, cassiere, maschera ed operatore. Un giorno il padrone capita nel cinema con dei gorilla "per fare i conti", ma i giovani che si trovano nel locale prendono le parti di Macario. ■ COMMEDIA; B/N; 94'; ITALIA, 1945.

OGGI SARÒ IMPICCATO *(Today I Hang)* ★
Regia di OLIVER DRAKE. Con MONA BARRIE, WILLIAM FARNUM, WALTER WOOLF KING. ■ Un uomo, benché innocente, sta per essere impiccato (la Corte l'ha giudicato colpevole di omicidio). Ma ha fortuna: una ragazza innamorata di lui riesce *in extremis* a trovare il vero colpevole. ■ DRAMMATICO; B/N; 91'; USA, 1942.

OGGI SPOSI ★★★
Regia di GUIDO BRIGNONE. Con UGO CESERI, LEDA GLORIA, UMBERTO MELNATI, GIUSEPPE PORELLI. ■ Le divertenti disavventure di una coppia di sposi in viaggio di nozze a Roma. Buoni gli interpreti. ■ COMMEDIA; B/N; 72'; ITALIA, 1934.

OGGI SPOSI *(The Wedding Party)* ★★
Regia di BRIAN DE PALMA. Con JILL CLAYBURGH, ROBERT DE NIRO, WILFORD LEACH, CYNTHIA MUNROE, VALDA SETTERFIELD, RAYMOND MCNALLY. ■ Vecchio film girato con pochi mezzi, che però assembla molti talenti che sarebbero esplosi negli anni successivi. È la storia di una vigilia di nozze. Un giovanotto sta per sposare una ragazza di ottima famiglia. Ottima, ma nient'affatto entusiasta del futuro marito della figliola. A raffreddare ulteriormente il giovane arrivano gli amici di sempre che cercano di convincerlo a non rinunciare allo scapolaggio. ■ COMMEDIA; B/N; USA, 1966.

OGGI SPOSI ★★
Regia di LUCA LUCINI. Con ISABELLA ARAGONESE, LUCA ARGENTERO, MORAN ATIAS, DARIO BANDIERA, MICHELE PLACIDO. ■ Nel medesimo periodo e nella medesima città tre coppie si devono sposare. Ci sono gli squattrinati che per non rivelare la loro indigenza ai parenti meridionali imbucheranno settantadue invitati, c'è il gigantesco matrimonio tra il mago della finanza (con annessi impicci mafiosi) e la giovane stellina televisiva e c'è la coppia multietnica composta dalla figlia dell'ambasciatore indiano e il pugliese di origini contadine che lavora nel commissariato in cui un PM tutto casa e lavoro si innamora della giovane promessa sposa di suo padre. ■ COMMEDIA; COL.; 118'; ITALIA, 2009.

OGGI SPOSI: NIENTE SESSO *(Just Married)* ★
Regia di SHAWN LEVY. Con CHRISTIAN KANE, ASHTON KUTCHER, THAD LUCKINBILL, MONET MAZUR, DAVID MOSCOW, BRITTANY MURPHY, DAVID RASCHE. ■ Sarah e Tom sono giovani e felici insieme. Quando decidono di sposarsi, la cosa proprio non va giù né ai familiari né agli amici di lei. I due freschi sposi vanno in luna di miele in Italia, ma i genitori di Sarah gli mettono alle costole Peter, l'ex, perché rovini l'idillio. Che la *screwball comedy* americana – salvo sporadiche eccezioni – sia in piena decadenza è cosa ben nota e testimoniata da più di un brutto titolo. Ma qui si raggiunge davvero un livello di guardia, con battute volgarissime (ovviamente incentrate su ventre, escrezioni e organi sessuali). Ridere non si ride mai: ma capita qua e là di vergognarsi per il cast, il regista e lo sceneggiatore. Da evitare accuratamente. ■ COMMEDIA; COL.; 95'; GERMANIA, USA, 2003.

OGGI SPOSI: SENTITE CONDOGLIANZE ★★
(War between Men and Women)
Regia di MELVILLE SHAVELSON. Con HERB EDELMAN, LISA GERRITSEN, BARBARA HARRIS, JACK LEMMON, JASON ROBARDS. ■ Un signore misogino che sta progressivamente perdendo la vista incontra, presso il medico da cui è in cura, una signora. Si innamorano, dopo un po' si sposano. Sorgeranno presto difficoltà di rapporto con la moglie e i suoi tre figli adolescenti. La famiglia rimane tuttavia unita: ognuno ha bisogno dell'altro. ■ COMMEDIA; COL.; 110'; USA, 1972.

OGNI ANNO UNA RAGAZZA *(The Petty Girl)* ★★
Regia di HENRY LEVIN. Con JOAN CAULFIELD, ROBERT CUMMINGS. ■ Di un pittore venduto alla pubblicità si innamorano sia la figlia di un industriale che una giovane professoressa di provincia in gita culturale a New York. Dopo varie avventure, sarà l'austera professoressa ad avere la meglio. ■ COMMEDIA; COL.; 87'; USA, 1950.

♥ OGNI COSA È ILLUMINATA ★★★
(Everything Is Illuminated)
Regia di LIEV SCHREIBER. Con EUGENE HUTZ, LARYSSA LAURET, BORIS LESKIN, ELIJAH WOOD. ■ Un esordiente nel cinema, Liev Schreiber, mette in schermo un esordiente della letteratura, Jonathan Safran Foer, un ebreo americano che racconta a sua volta di uno studente americano deciso a trovare in Ucraina la donna che salvò suo nonno dalla furia nazista. Jonathan Safran Foer è anche il nome del suo personaggio che compiendo un viaggio nella memoria ricostruisce la vita del villaggio di Trachimbord, uno dei numerosissimi *shtetl* bruciati e dimenticati durante la seconda guerra mondiale. Un luogo che ha smesso per sempre di essere geografico sopravvivendo soltanto nell'anima di coloro che ne hanno pazientemente raccolto e conservato, fino a collezionarle, le tracce. Il viaggio di Jonathan inizia da una fotografia del nonno ritratto accanto ad Augustine, ad accompagnare la sua ricerca sarà un altro nipote, Alexander Perchov, voce narrante del film, e un altro nonno. Un'opera prima illuminante e illuminata come "ogni cosa" nel titolo, che lavora sui registri del tragico e del comico, rivelando del primo l'universalità e del secondo il tempo e i modi della cultura, nel caso specifico quella yiddish. ■ AVVENTURA; COL.; 106'; USA, 2005.

OGNI DONNA HA IL SUO FASCINO ★★
(Do You Love Me?)
Regia di GREGORY RATOFF. Con DICK HAYMES, HARRY JAMES, MAUREEN O'HARA. ■ Un'austera direttrice di conservatorio, in seguito alle critiche di un celebre concertista che le fa notare come il suo aspetto sia grigio e insignificante, comincia a curare la propria persona rivelando improvvisamente tutto il suo fascino. ■ COMMEDIA; B/N; 91'; USA, 1946.

OGNI GIORNO È VACANZA! ★★
(Le chômeur de Clochemerle)
Regia di JEAN BOYER. Con BEATRICE BRETTY, FERNANDEL, GINETTE LECLERC, MARIA MAUBAN, HENRY VILBERT. ■ In una piccola cittadina della Provenza vive Tistin, di professione fannullone, al quale viene persino riconosciuto un sussidio ufficiale di disoccupazione. Quando in chiesa scompaiono le elemosine si pensa subito a lui. Grazie all'aiuto di una vedova, che si è innamorata di lui, riuscirà tuttavia a dimostrare la propria innocenza. ■ COMMEDIA; B/N; 92'; FRANCIA, 1957.

OGNI GIORNO NASCE UN FESSO ★★
(Les pieds nickelés)
Regia di JEAN-CLAUDE CHAMBON. Con CHARLES DENNER, MICHEL GALABRU, MICHELINE PRESLE, JEAN ROCHEFORT. ■ Una commedia molto francese imperniata sulle imprese truffaldine e sui raggiri di tre barboni dai nomi pittoreschi di Croquignol, Filochard e Ribouldin. ■ COMMEDIA; B/N; 78'; FRANCIA, 1964.

OGNI LASCIATO È PERSO ★★★
Regia di PIERO CHIAMBRETTI. Con VANESSA ASBERT, GRETHA CAVAZZONI, PIERO CHIAMBRETTI. ■ Piero C. è un personaggio molto noto in televisione. Il suo programma va a gonfie vele così come la sua vita sentimentale. Quando la sua bella compagna Beatrice gli dà il benservito, Piero vede crollargli improvvisamente il mondo addosso. Gli tornano alla mente le donne della sua vita che hanno tutte qualche motivo per accusarlo. Cerca conforto nell'analisi, nella compagnia di un amico psichiatra e di un suo paziente (entrambi "lasciati" come lui). Si confida poi con Martina, un'amica che gli sta vicino e se ne innamora. Ma lui non lo capisce e inizia una relazione con Isabella, un'assistente del programma che lui ha deciso di abbandonare. Ma la ragazza non ha la forza per lasciare il suo partner indiano. Così Piero si ritrova nuovamente solo. Chiambretti esordisce dietro la macchina con meno supponenza di quella che ci si sarebbe potuta aspettare considerando certe sue apparizioni televisive. È un film lucido nella fotografia (mai patinata) che ci propone una Torino "bella" come non l'avevamo forse mai vista al cinema. Ma lucido soprattutto nella scrittura. Chiambretti si muove costantemente su una sottile corda tesa tra realtà e astrazione. Non realizza un film memorabile, ma riesce a non debordare mai. ■ COMMEDIA; COL.; 97'; ITALIA, 2000.

OGNI MALEDETTA DOMENICA *(Any Given Sunday)* ★★★
Regia di OLIVER STONE. Con CAMERON DIAZ, JAMIE FOXX, CHARLTON HESTON, MATTHEW MODINE, AL PACINO, DENNIS QUAID. ■ Tony D'amato (Pacino), allenatore di football americano, viene ritenuto ormai al tramonto. La nuova "boss" della dirigenza (Diaz) vorrebbe mandarlo via, ma non è facile, perché Toni è molto amato dalla squadra. Entriamo così in quel mondo: la violenza in campo, le ambizioni e le crisi dei giocatori, gli intrighi di tutti. Alla fine vince Pacino – anche perché la squadra continua a vincere – e non trascura di prendersi la sua vendetta finale. Stone non può che affidarsi alla forma e al linguaggio, coi quali riesce ancora, parzialmente, a nascondere la scarsa ispirazione. Il film è comunque aggressivo e spettacolare, e tutti quei divi aiutano. ■ DRAMMATICO; COL.; 150'; USA, 2000.

OGNI NUDITÀ SARÀ PROIBITA ★★
(Toda nuder sera castigada)
Regia di ARNALDO JABOR. Con DARLENE GLORIA, PAULO PORTO, PAULO SACKS. ■ Un anziano vedovo sposa una giovane prostituta venendo meno alla promessa fatta al figlio di onorare la memoria di sua madre. Il figlio, uscito di prigione dove un compagno l'ha iniziato a pratiche omosessuali, fa della donna la sua amante. Poi la abbandona e parte col suo amico. Lei si ucciderà. ■ DRAMMATICO; COL.; 110'; BRASILE, 1973. ■ BERLINO 1 PR.

OGNI RAGAZZA VUOLE UN MARITO ★★★
(Every Girl Should Be Married)
Regia di DON HARTMAN. Con BETSY DRAKE, CARY GRANT, DIANA LYNN, FRANCHOT TONE. ■ Annabella, commessa in un grande magazzino, è alla ricerca di un marito. Per conquistare un medico ne studia i gusti e le abitudini, ma non le dispiace neppure il proprietario del grande magazzino. Un terzo pretendente si fa vivo, complicando le cose. Il solito finale rosa. ■ COMMEDIA; B/N; 85'; USA, 1948.

OGNI UOMO DOVREBBE AVERNE DUE ★★
(Every Man Should Have One)
Regia di JIM CLARK. Con PATRICK CARGILL, JUDY CORNWELL, MARTY FELDMAN. ■ Un pubblicitario intende utilizzare un eroe di fiaba (Riccioli d'oro) per farne il personaggio della campagna promozionale di un prodotto. Si scontra con la moglie che fa parte di un comitato per la moralizzazione dello spettacolo. ■ COMMEDIA; COL.; 94'; GRAN BRETAGNA, 1971.

OGNI VOLTA CHE TE NE VAI ★★
Regia di DAVIDE COCCHI. Con GIAMPIERO BARTOLINI, RAOUL CASADEI, GIORGIO COLANGELI, BRUNO CORAZZARI, CECILIA DAZZI, FABIO DE LUIGI, FRANCO MESCOLINI, ROLANDO RAVELLO. ■ Orfeo sogna da sempre di diventare un cantante di liscio, magari in coppia con Pamela, la ragazza che ama da sempre. Il problema è che lei, libera e inafferrabile, entra ed esce dalla vita di Orfeo, costringendolo a rimandare il sogno... ■ COMMEDIA; COL.; 95'; ITALIA, 2004.

OGNUNO CERCA IL SUO GATTO ★★★
(Chacun cherche son chat)
Regia di CÉDRIC KLAPISCH. Con GARANCE CLAVEL, ZINEDINE SOUALEM. ■ Una ragazza, al ritorno dalle vacanze, scopre di aver perso il gatto. Nel percorso di ricerca entra in contatto con casi di solitudine che fanno emergere in lei la consapevolezza di un disagio esistenziale. Il cinema medio francese di qualità ha prodotto un nuovo film vicino allo stile di Rohmer, ma privo del retroterra culturale del regista de *Il raggio verde*. ■ COMMEDIA; COL.; 88'; FRANCIA, 1996.

OGNUNO PER SÉ ★★
Regia di GIORGIO CAPITANI. Con VAN HEFLIN, GEORGE HILTON, KLAUS KINSKI, GILBERT ROLAND. ■ Il cercatore d'oro Sam Cooper si associa a tre uomini nello sfruttamento di una miniera da lui scoperta: un vecchio amico, il figlioccio e il gregario di quest'ultimo. Estratto l'oro, i quattro litigano e Sam Cooper rimane solo con l'oro. ■ AVVENTURA; COL.; 92'; ITALIA, 1968.

OGRE, THE *(Der Unhold/The Ogre)* ★★
Regia di VOLKER SCHLÖNDORFF. Con GOTTFRIED JOHN, JOHN MALKOVICH, ARMIN MUELLER-STAHL, MARIANNE SÄGEBRECHT, VOLKER SPENGLER. ■ Abel è un ragazzino che, perso l'unico amico in un incendio, si rende conto di essere invulnerabile. Una volta adulto, incarcerato innocente, finirà al fronte e, catturato dai tedeschi, verrà inviato a rapire bambini che i nazisti provvederanno ad addestrare. Schlöndorff realizza un film in cui l'"idiota" è totalmente al servizio del potere al punto di diventare un orco. ■ DRAMMATICO; COL.; 117'; FRANCIA, GERMANIA, GRAN BRETAGNA, 1996.

OGRO ★★★
Regia di GILLO PONTECORVO. Con SAVERIO MARCONI, ANGELA MOLINA, JOSÉ SACRISTAN, GIAN MARIA VOLONTÉ. ■ È la cronaca del progetto di rapimento del vicepresidente del Consiglio spagnolo Carrero Blanco, organizzato dal movimento separatista basco. Il progetto di sequestro si trasformò poi in condanna a morte, che venne puntualmente eseguita facendo saltare in aria l'automobile dell'uomo politico. Dopo l'avvento della democrazia il movimento dei separatisti subisce una spaccatura ed è qui che i riferimenti alla situazione italiana si fanno più evidenti. ■ DRAMMATICO; COL.; 121'; FRANCIA, ITALIA, SPAGNA, 1979. ■ DAVID DI DONATELLO 1 PR, 1 NOM.

OH, CHE BELLA GUERRA! *(Oh, What a Lovely War!)* ★★★
Regia di RICHARD ATTENBOROUGH. Con DIRK BOGARDE, PHYLLIS CALVERT, JEAN-PIERRE CASSEL, JOHN CLEMENTS, JOHN GIELGUD, LAURENCE OLIVIER, MICHAEL REDGRAVE. ■ Allo scoppio della prima guerra mondiale la propaganda patriottica induce molti inglesi ad arruolarsi: la guerra non è però quella reclamizzata. C'è un grande spreco di vite umane per conquistare inutili posizioni strategiche. Resta alla fine una immensa distesa di croci in uno sterminato cimitero. ■ COMMEDIA; COL.; 116'; GRAN BRETAGNA, 1969.

OH DOLCI BACI E LANGUIDE CAREZZE ★★
Regia di MINO GUERRINI. Con RITA CALDERONI, ISABELLA REY, LUCIANO SALCE. ■ Un posato professionista con moglie e figli si fa un'amante hippy che si diverte a farlo soffrire concedendosi a tutti gli amici e negandosi a lui. Gli fa anche avere delle grane perché gli porta in casa della droga. ■ COMMEDIA; COL.; 91′; ITALIA, 1970.

OH HAPPY DAY ★★★
Regia di HELLA JOOF. Con LOTTE ANDERSEN, SØREN FAULI, DITTE GRÅBØL, KURT RAVN, MALIK YOBA. ■ Hannah vive una vita senza scosse nella cittadina danese in cui è nata: marito, figlio, una promozione sul lavoro in arrivo. Unico motivo di "evasione": cantare nel coro della chiesa. Un giorno però arriva ospite un coro di neri specializzati in gospel. Il pastore Jackson che li dirige è seducente sia sul piano dell'atteggiamento che su quello fisico. Per Hannah e per i componenti del suo gruppo di canto la vita cambia. Con il rischio di qualche trauma irreversibile. Scritto e diretto con un occhio rivolto a *Italiano per principianti* (ma senza l'approfondimento delle psicologie che il film Dogma ci offriva), *Oh Happy Day* non manca di offrire 90 minuti di divertimento piacevole grazie, in particolare, ad alcune caratterizzazioni particolarmente ben delineate. ■ COMM. DRAMMATICA; COL.; 93′; DANIMARCA, GRAN BRETAGNA, 2004.

OH, MIO DIO! MIA MADRE È CANNIBALE ★
(Flesh Eating Mothers)
Regia di JAMES AVILES MARTIN. Con DONATELLA HETCH, ROBERT LEE OLIVIER. ■ La mamma ha delle tendenze antropofaghe. Solo che il cibo che più le interessa è costituito dai suoi figli. Loro non sono molto contenti per questo rapporto edipico demenzialmente ultradeviante. ■ COMMEDIA; COL.; 90′; USA, 1988.

OHM KRÜGER, L'EROE DEI BOERI *(Ohm Krüger)* ★★
Regia di HANS STEINHOFF. Con LUCIE HÖFLICH, EMIL JANNINGS. ■ L'eroe nazionale boero Ohm Krüger guida il suo popolo nella resistenza contro gli inglesi. ■ BIOGRAFICO; B/N; 92′; GERMANIA, 1941. ■ VENEZIA 1 PR.

OH, SERAFINA! ★★
Regia di ALBERTO LATTUADA. Con GINO BRAMIERI, LILLA BRIGNONE, DALILA DI LAZZARO, ALDO GIUFFRÉ, ANGELICA IPPOLITO, MARISA MERLINI, RENATO POZZETTO. ■ Un giovane industriale patito per l'ecologia viene sedotto da una sua operaia e la sposa. Da lei ha un figlio, ma la donna, arrivista e senza scrupoli, ben presto diventa la vera padrona e riesce a sbarazzarsi del marito mandandolo in manicomio. Qui il giovane incontra la dolcissima Serafina, se ne innamora e andrà con lei e il figlio a vivere in campagna. ■ DRAMMATICO; COL.; 100′; ITALIA, 1976. ■ DAVID DI DONATELLO 1 PR, 1 NOM.

OH! UOMO ★★★
Regia di YERVANT GIANIKIAN, ANGELA RICCI LUCCHI. ■ Questo film completa la trilogia che gli autori hanno dedicato alla prima guerra mondiale e agli anni immediatamente successivi. Attraverso immagini di repertorio, si analizza il totalitarismo, e i problemi fisici e psicologici delle vittime della violenza dell'uomo. I registi si soffermano sulle conseguenze del conflitto sui bambini dal 1919 al 1921. Cercano di comprendere inoltre cosa spinge l'umanità a commettere questi orrori, ogni volta dimenticati e rinnovati. ■ DRAMMATICO; COL.; 70′; ARGENTINA, ITALIA, 2004.

O' JERUSALEM ★★
Regia di ELIE CHOURAQUI. Con PATRICK BRUEL, J.J. FEILD, IAN HOLM, DANIEL LUNDH, MARIA PAPAS, PETER POLYCARPOU, MEL RAIDO, SAÏD TAGHMAOUI. ■ New York, 1946. La bella amicizia tra l'ebreo Bobby e l'arabo Saïd subisce un profondo capovolgimento con gli avvenimenti che infiammano Gerusalemme in quegli anni. Dopo essere sbarcati in Terra Santa, da fratelli si trasformano in nemici rispecchiando, nel loro piccolo, l'infinito conflitto che separerà due culture e due popoli. Tratto dal romanzo *Gerusalemme! Gerusalemme!* di Dominique Lapierre e Larry Collins, il film è stato girato dal regista francese Elie Chouraqui, lo stesso di *Due volte donna* e *Un uomo sotto tiro*. Se il libro è animato da mille storie, drammi ed episodi eroici molto appassionanti, la pellicola ha asciugato dettagli e intrecci secondari per far emergere spontanea una sola domanda. Perché tutto questo? Si coglie facilmente lo sforzo del regista e dello sceneggiatore di mantenere alto il livello di imparzialità, soprattutto nella scena che ripropone la divisione della Palestina. L'approccio logico adottato dimostra la volontà di non cadere nel grave errore di prendere le parti per qualcuno in particolare. ■ DRAMMATICO; COL.; 100′; FRANCIA, GRAN BRETAGNA, GRECIA, ISRAELE, ITALIA, USA, 2006.

OKAY PARIGI *(Bon voyage!)* ★★★
Regia di JAMES NEILSON. Con MICHAEL CALLAN, FRED MACMURRAY, DEBORAH WALLEY, JANE WYMAN. ■ Una famiglia americana tipo composta di padre, madre e tre figli può finalmente permettersi il tanto sospirato viaggio in Europa. Arrivati a Parigi, i sani yankee si lasciano attrarre dai tentacoli della "Ville lumière". Ma il padre benpensante li fa rientrare tutti nei ranghi. ■ COMMEDIA; COL.; 130′; USA, 1962. ■ OSCAR 3 NOM.

OKAY SCERIFFO ★★
Regia di ANGIO ZANE. Con DARIO CIPANI, BRUNO SALVADOR, FRANK SENIS, GILLES TOOTHLESS. ■ In una cittadina del Nebraska ricca di miniere convergono gli interessi di molta gente disonesta e di pochi scrupoli. Uno sceriffo non violento, coadiuvato dallo stalliere Jo Bapee, dal ragazzino Dick e da un simpatico vecchietto, riesce a mantenere l'ordine e a mettere al loro posto i malintenzionati. ■ WESTERN; B/N; 92′; ITALIA, 1964.

O.K. CONNERY ★★
Regia di ALBERTO DE MARTINO. Con DANIELA BIANCHI, ADOLFO CELI, NEIL CONNERY, ANTHONY DAWSON, AGATA FLORI, BERNARD LEE. ■ Filmetto costruito su Neil Connery, fratello del più celebre Sean. Impersona qui un esperto di ipnosi che viene coinvolto, suo malgrado, nelle trame di un'organizzazione criminale. ■ SPIONAGGIO; COL.; 91′; ITALIA, 1967.

OKIBA, NON VENDERMI! ★★
Regia di GIANNI FONTAINE. ■ La bella africana Obeia dovrebbe sposare uno della sua tribù, ma è innamorata di Andrea, guerriero di un'altra stirpe. La donna cerca di fuggire ma viene presa. Andrea viene ucciso. Scoppierebbe la guerra se l'assassino non si presentasse. ■ AVVENTURA; COL.; 90′; ITALIA, 1955.

OKINAWA *(Halls of Montezuma)* ★★★
Regia di LEWIS MILESTONE. Con REGINALD GARDINER, JACK PALANCE, RICHARD WIDMARK. ■ Un episodio della guerra tra americani e giapponesi con l'immancabile vittoria statunitense. ■ GUERRA; COL.; 113′; USA, 1951.

O.K. JOHN! ★★
Regia di UGO FASANO. Con PAOLO AIASSA, OMERO ANGELI, FRANCO ATTENNI. ■ Una specie di Don Bosco delle borgate romane contende le anime dei ragazzi sbandati al sinistro Vittorio, che invece se ne serve per i suoi loschi piani. ■ DRAMMATICO; B/N; 94′; ITALIA, 1946.

OKLAHOMA! *(Oklahoma!)* ★★★
Regia di FRED ZINNEMANN. Con GLORIA GRAHAME, SHIRLEY JONES, GORDON MACRAE, GENE NELSON, ROD STEIGER, CHARLOTTE GREENWOOD. ■ Due uomini si contendono l'amore di Lori, che vive in una fattoria dell'Oklahoma: il bel cowboy Johnny e il rozzo Jud. Per la verità, lei non è molto coerente: ama Johnny, ma flirta con l'altro per rendersi interessante. Johnny e Lori infine si sposano: durante la festa di nozze campestre, Jud tenta un'atroce vendetta, ma muore. Il tradizionale lieto fine non può dunque mancare. ■ MUSICALE; COL.; 145′; USA, 1955. ■ OSCAR 2 PR, 4 NOM.

O.K. NERONE ★★
Regia di MARIO SOLDATI. Con CARLO CAMPANINI, WALTER CHIARI, SILVANA PAMPANINI. ■ Due turisti americani a Roma vengono picchiati da alcuni malviventi presso il Colosseo e perdono conoscenza. Fanno un sogno che li riporta nell'antica Roma, dove divengono schiavi e poi gladiatori. ■ COMICO; B/N; 90′; ITALIA, 1951.

O LA BORSA O LA VITA ★★★
Regia di CARLO LUDOVICO BRAGAGLIA. Con ROSETTA TOFANO, SERGIO TOFANO. ■ Un uomo precipitato nella disperazione a causa di un dissesto finanziario tenta tenacemente quanto inutilmente di togliersi la vita. Finisce in un covo di anarchici, che si ri-

veleranno poi matti scappati dal manicomio. ■ COMMEDIA; B/N; 90'; ITALIA, 1933.

O L'AMMAZZO O LA SPOSO ★★

Regia di SERGE PIOLLET. Con FRANCO FABRIZI, GAIA GERMANI, BRETT HALSEY, GUY LUX, JEAN RICHARD, SHEILA, JEAN YANNE. ■ A Londra, un'avvenente aspirante detective francese di nome Sheila si innamora di Teddy, un agente di Scotland Yard. Torna in Francia dove è proprietaria di un'agenzia investigativa, riceve il suo primo cliente, si mette sulle tracce dell'amichetta di costui, finiscono tutti sulla Costa Azzurra. Teddy si fa vivo, l'aiuta a risolvere il caso, si sposano. ■ COMMEDIA; COL.; 94'; ITALIA, 1967.

OLANDESE VOLANTE, L' ★

(De vliegende hollander/The Flying Dutchman)

Regia di JOS STELLING. Con VEERLE DOBBELAERE, RÉNÉ GROOTHOF, NINO MANFREDI. ■ Uno Stelling lontanissimo dall'interessante *Lo scambista* mette in scena una storia sullo sfondo dell'insurrezione delle Fiandre contro la Spagna. Un figlio che va a cercare il genitore. Tanti dettagli d'epoca, più o meno estetizzanti o effettistici, per un film troppo lungo e ridondante. ■ AVVENTURA; COL.; 128'; BELGIO, GERMANIA, OLANDA, 1995.

♥ OLD BOY ★★★

Regia di PARK CHAN-WOOK. Con JI DAE-HAN, GANG HYE-JUNG, YOO JI-TAE, CHOI MIN-SIK. ■ Probabilmente destinata come ogni altra ad incanalarsi presto nella canonizzazione e nell'isterilimento, la cinematografia sudcoreana vive però nei primi anni del nuovo millennio un periodo di fulgore che non è dato trascurare. A futura memoria resterà di sicuro *Old boy*, vincitore di premi un po' ovunque. È la storia di Dae-su, imprigionato per 15 anni senza sapere perché, e della sua implacabile vendetta una volta libero. Non dovrà cercare lontano, perché il suo persecutore non ha ancora chiuso la partita. L'appena conosciuta e subito amata Mido lo accompagnerà alla ricerca della rivincita e, più ancora, del motivo della sua prigionia. Un film che non ha né un soggetto né uno stile originali, ma che nel suo incedere crudo (spesso quasi insopportabile per uno spettatore sensibile), lacerante, inesorabile verso il suo senso profondo, finisce per portare soggetto e stile a livelli che hanno pochi eguali in questi anni di inizio millennio, in Oriente come in Occidente. ■ DRAMMATICO; COL.; 119'; COREA DEL SUD, 2004. ■ CANNES 1 PR.

OLD BOYFRIENDS – PRIMO AMORE – IL COMPAGNO DI SCUOLA *(Old Boyfriends)* ★

Regia di JOAN TEWKESBURY. Con JOHN BELUSHI, KEITH CARRADINE, RICHARD JORDAN, TALIA SHIRE. ■ La trentenne Diana viene lasciata dal marito. Delusa soprattutto per non essere riuscita a realizzare i suoi sogni di ragazza, abbandona il posto di lavoro per un viaggio nei luoghi della sua adolescenza e delle prime cotte. Nonostante John Belushi in una particina, il film è una bufala. Per i fan masochisti. ■ COMMEDIA; COL.; 100'; USA, 1978.

OLD GRINGO ★★★

Regia di JESUS PUENZO. Con JANE FONDA, GREGORY PECK, JIMMY SMITS. ■ Un famoso scrittore, Ambrose Bierce, ormai vecchio, decide di morire come uno dei suoi personaggi, combattendo in Messico per la *revolución* di Pancho Villa. Il suo destino s'incrocia con quello di una zitella americana che va a fare l'istitutrice oltre frontiera e s'innamora di un combattente rivoluzionario. ■ WESTERN; COL.; 119'; USA, 1989.

OLD JOY ★★

Regia di KELLY REICHARDT. Con DANIEL LONDON, WILL OLDHAM. ■ Due amici che non si vedono da tempo si mettono in viaggio in macchina da Portland per raggiungere le Oregon's Cascade Mountains. Daniel London è Mark e guida, Will Oldham è Kurt e fuma. La notte li sorprende che ancora non sono giunti a destinazione, ma il giorno successivo li condurrà alla sospirata meta, una fonte di acqua bollente che sgorga dalla montagna sprigionando vapore e bellezza. Cinema del viaggio nel tempo e nello spazio ma anche cinema del presente per costituzione, il road movie di Kelly Reichardt ci invita a non ascoltare solo le brutte notizie che vengono dalla radio e che raggiungono tutti allo stesso modo, ma a mettersi in sintonia anche col silenzio del mondo e a riempirlo con pensieri che siano solo nostri. ■ DRAMMATICO; COL.; 76'; USA, 2006.

OLD SCHOOL ★

Regia di TODD PHILLIPS. Con ELISHA CUTHBERT, WILL FERRELL, JULIETTE LEWIS, JEREMY PIVEN, ELLEN POMPEO, SEANN WILLIAM SCOTT, VINCE VAUGHN, LUKE WILSON. ■ Tre uomini, apparentemente realizzati, cercano un modo di dare una scossa alle proprie vite. Uno di loro vive in affitto all'interno di un campus e quando il college decide di sfrattarlo i tre amici colgono la palla al balzo: fonderanno una confraternita con sede nell'appartamento evitando così lo sfratto e tornando ai gloriosi giorni delle feste e dell'incoscienza. Un'altra mediocre commedia americana sul mondo del college costellata però di risvolti nostalgici e incentrata sulla sindrome di Peter Pan. ■ COMMEDIA; COL.; 91'; USA, 2003.

OLÈ ★

Regia di CARLO VANZINA. Con MASSIMO BOLDI, NATALIA ESTRADA, DARYL HANNAH, FRANCESCA LODO, VINCENZO SALEMME, ENZO SALVI. ■ Archimede Formigoni, professore di matematica milanese, e Salvatore Rondinella, insegnante di lettere partenopeo, sono rivali da sempre a causa di un vecchio amore condiviso, la signorina Margherita. Costretti alla convivenza forzata da una gita in Spagna, Archimede e Sasà finiranno per risolvere i loro contrasti, per innamorarsi di bionde bellezze e per impalmarle. Intorno a loro intanto si agita una classe di studenti vivaci che sbuffa ai musei e fugge a Ibiza, di padri americani e burini che si accompagnano a fanciulle mozzafiato e maggiorate da reality a caccia di popolarità. ■ COMMEDIA; COL.; 104'; ITALIA, 2006.

OLEANNA ★★

Regia di DAVID MAMET. Con DEBRA EISENSTADT, WILLIAM H. MACY, SCOTT ZIGLER. ■ John, un professore universitario, rimane spesso fino a tardi nel suo studio per dare ripetizioni a Carol, una studentessa con dei problemi. In seguito, la ragazza lo accusa di molestie sessuali, provocando la fine della carriera del professore. ■ DRAMMATICO; COL.; 89'; GRAN BRETAGNA, USA, 1994.

OLE DOLE DOFF ★★★8

Regia di JAN TROELL. Con HARRIER FORSSELL, ANN-MARIE GYLLENSPETZ, ERIK NORDIGREN, PER OSCARSSON, KERSTIN TIDELIUS. ■ Questo film, che per intensità e profondità richiama quello del connazionale Bergman, racconta il difficile rapporto fra un maestro, che tenta di eliminare l'autoritarismo da scuola, e la moglie con cui vive senza aver voluto dei figli. Ole Dole Doff è uno scioglilingua intraducibile e allude al mondo dell'infanzia a cui si rivolge questa opera seconda del regista svedese. Tormentato dalle sue incertezze, dalle contraddizioni tra "istintività" e "cultura", diviso tra amore e odio finisce col cadere nel delirio. ■ DRAMMATICO; COL.; 80'; SVEZIA, 1968. ■ BERLINO 8 1 PR.

OLIMPIADI DEI MARITI, LE ★★

Regia di GIORGIO BIANCHI. Con SANDRA MONDAINI, DELIA SCALA, UGO TOGNAZZI, RAIMONDO VIANELLO. ■ Due giornalisti tentano la solita scappatella extraconiugale abbordando due turiste tedesche giunte a Roma per le Olimpiadi. Per giustificarsi davanti alle consorti, rientrate improvvisamente dalle vacanze, inventano una serie tale di abnormi bugie da rimanerne essi stessi tragicamente irretiti. ■ COMMEDIA; B/N; 91'; ITALIA, 1960.

OLIMPIADI DELLA GIUNGLA, LE *(Animalympics)* ★★

Regia di STEVEN LISBERGER. ■ Un cartone animato senza infamia e senza lode dove si immagina un'olimpiade di animali su un'isola sperduta nei mari del Sud. ■ ANIMAZIONE; B/N; 90'; USA, 1978.

OLIMPIADI DI TOKYO, LE *(Tokyo Olimpiades)* ★★★

Regia di KON ICHIKAWA. ■ Bel documento sulle Olimpiadi di Tokyo del 1964. ■ DOCUMENTARIO; COL.; 92'; GIAPPONE, 1965.

OLIO DI LORENZO, L' *(Lorenzo's Oil)* ★★

Regia di GEORGE T. MILLER. Con GERRY BAMMAN, NICK NOLTE, SUSAN SARADON, PETER USTINOV, KATHLEEN WILHOITE. ■ Si parla di una malattia ereditaria, incurabile: l'adrenoleucodistrofia. Regia piuttosto banale e una recitazione professionale ma niente più. Inoltre Nick Nolte come italiano è poco credibile. Augusto è un economista e Michaela una glottologa statunitense di origine irlandese. Lorenzo, il loro piccolo di cinque anni, contrae, durante un soggiorno alle isole Comore, l'Ald. Un vecchio medico cerca di salvarlo con ogni tipo di cure. I risultati arrivano ma si spera in ulteriori miglioramenti. ■ DRAMMATICO; COL.; 135'; USA, 1992. ■ GOLDEN GLOBES 1 NOM; OSCAR 2 NOM.

OLIVER! ★★★🏆
Regia di CAROL REED. Con HUGH GRIFFITH, RON MOODY, OLIVER REED, HARRY SECOMBE, SHANI WALLIS, JACK WILD. ■ Oliver Twist è cacciato dal collegio di miserabili dove vive e si reca a Londra. Qui cade preda di una banda di ragazzi violenti che lo iniziano al furto. Un gentiluomo lo prende però sotto la sua protezione e malgrado Oliver venga perseguitato dai suoi vecchi compagni, il suo benefattore riesce a tenerlo sempre con sé. ■ AVVENTURA; COL.; 153'; GRAN BRETAGNA, 1968. ■ OSCAR 🏆 5 PR, 11 NOM.

OLIVER & COMPANY ★★★
Regia di GEORGE SCRIBNER. ■ Simpatico cartone animato prodotto dalla Walt Disney che non manca di divertire grandi e piccini in cerca di puro svago. Un piccolo gatto senza "genitori" viene accolto a zampe aperte da un gruppo di cani che fanno del furto un vero e proprio mestiere. Il capo Dodger deve rispondere poi delle refurtive a un brutto ceffo malavitoso. Il piccolo Oliver, il gatto orfano, viene un giorno trovato e accudito da Jenny, una brava bambina. Scatta così un piano da parte dei due caporioni del gruppo di cani: rapire Oliver per avere dei soldi in cambio. Chiaramente ispirato a *Oliver Twist* di Charles Dickens. ■ ANIMAZIONE; COL.; 74'; USA, 1989. ■ GOLDEN GLOBES 1 NOM.

OLIVER'S STORY ★★★
Regia di JOHN KORTY. Con CANDICE BERGEN, RAY MILLAND, RYAN O'NEAL, NICOLA PAGETT. ■ È la continuazione del famosissimo *Love story*, tratta da un altro romanzo di Erich Segal. Oliver non riesce a riaversi dalla morte di Jenny, morta di leucemia nel film precedente. È sempre in lite col padre e passa il suo tempo dallo psicoanalista. Poi conosce Marcie, ragazza molto intelligente, ricca e anche lei in dissapore con il genitore, e pare se ne innamori. Ma non è così, il suo pensiero è sempre rivolto a Jenny. I due si lasciano e Oliver fa pace col ricco papà. ■ DRAMMATICO; COL.; 92'; USA, 1979.

OLIVER TWIST ★★
Regia di CLIVE DONNER. Con TIM CURRY, CHERIE LUNGHI, GEORGE C. SCOTT. ■ Ancora una versione del romanzo di Charles Dickens. Oliver è un trovatello che passa mille traversie (brutti anni all'orfanotrofio, brutti mesi tra i ladri e gli accattoni dei bassifondi di Londra) prima di scoprire di essere l'erede di un ricco casato. Versione dignitosa, ma senza voli, con un George C. Scott in gran forma, una bella e brava Cherie Lunghi, ma un deludente Tim Curry, privo della grinta necessaria per l'assassino Bill Sykes. ■ DRAMMATICO; COL.; 100'; GRAN BRETAGNA, 1982.

OLIVER TWIST ★★★
Regia di ROMAN POLANSKI. Con LEWIS CHASE, BARNEY CLARK, FRANCES CUKA, JAKE CURRAN, HARRY EDEN, FRANK FINLAY, JAMIE FOREMAN, BEN KINGSLEY, CHRIS OVERTON, LEANNE ROWE, MARK STRONG, JEREMY SWIFT, JOSEPH TREMAIN. ■ Se c'è chi pensa che il detto "si nasce rivoluzionari e si muore conservatori" valga per il Roman Polanski che "illustra" (come alcuni hanno scritto) *Oliver Twist* di Dickens non si illuda. Il regista di *Rosemary's Baby* e di *Il coltello nell'acqua* ha conservato intatto il proprio sguardo attento agli angoli oscuri della società e della psiche. Uno sguardo mediato dall'esperienza di *Il pianista* e proprio da quel film di successo stimolato a rivisitare il proprio passato di bambino salvatosi dal ghetto di Cracovia con la madre uccisa ad Auschwitz. Lo fa per l'interposta persona di uno dei personaggi più famosi dell'universo dickensiano, quell'Oliver Twist che ha già costituito una fonte di ispirazione per il cinema. Polanski legge la vicenda narrata dal grande autore inglese immergendola in una miseria materiale e morale quasi palpabile. L'illuminazione del film è dominata da un buio sporco, per nulla gotico ma carico invece delle scorie prodotte dall'abbrutimento dell'essere umano, al contempo carnefice e vittima nel tragico incedere dell'industrializzazione forzata. La luce di una bella giornata di sole è un fatto quasi incidentale, secondario, non "normale". Così al centro della storia sono sì le vicende dell'innocente orfanello costretto a far parte di una banda di ladri organizzati, ma chi gli ruba il proscenio è Fagin nell'interpretazione magistrale che ne dà un irriconoscibile Ben Kingsley. È lui, padre e padrone della banda di ladruncoli, che detta i ritmi della vicenda con il suo corpo laido che percorre le stanze e le vie del degrado umano ricordando a tratti le caricature infami con cui i nazisti dileggiavano gli ebrei. In questo coacervo di bassezze, in questo "diavolo" Polanski va a cercare una scintilla d'umanità dandogliene testimonianza nella bella scena finale che evita il lieto fine consolatorio. Conservando però intatto lo spirito di un autore come Dickens che, figlio di un carcerato e abituato al lavoro duro fin dall'infanzia, ha ancora molto da dire a questo mondo che preferisce pensare che i bambini siano tutti come quelli della pubblicità. Pur sapendo benissimo che non è così. ■ DRAMMATICO; COL.; 130'; FRANCIA, GRAN BRETAGNA, ITALIA, REPUBBLICA CECA, 2005.

OLIVIER OLIVIER ★★★
Regia di AGNIESZKA HOLLAND. Con GRÉGOIRE COLIN, MARINA GOLOVINE, BRIGITTE ROUAN. ■ Un dramma a tinte gialle e un tantino perverse per la Holland dopo il film-sonnifero *Europa Europa*. Olivier Duval, di otto anni, scompare durante il viaggio in bicicletta verso la casa della nonna per portarle la colazione. L'ultimo a vederlo è stato un vicino di casa che forse nasconde qualcosa. Fatto sta che l'ispettore di polizia comincia le ricerche e la madre si dispera. Alcuni anni più tardi appare un aspirante Olivier e dopo i primi sospetti si pensa sia davvero lui. Ma il dramma nasconde una verità terribile. ■ DRAMMATICO; COL.; 106'; FRANCIA, 1991.

OLTRAGGIO, L' *(The Outrage)* ★★★
Regia di MARTIN RITT. Con CLAIRE BLOOM, LAURENCE HARVEY, PAUL NEWMAN, EDWARD G. ROBINSON, WILLIAM SHATNER. ■ Il film ripropone il tema di *Rashomon* di Kurosawa, trasponendolo in chiave western e meno fiabesca. Juan Carrasco, accusato di avere assassinato un uomo di cui ha violentato la moglie, viene condannato a morte. Ma la versione dei fatti è esposta in modo diverso dalla donna e dall'accusato: la ricerca della verità non è poi così facile come sembra. ■ DRAMMATICO; B/N; 97'; USA, 1964.

OLTRAGGIO AL PUDORE ★★
Regia di SILVIO AMADIO. Con ROSEMARIE DEXTER, ARNOLDO FOÀ, FOLCO LULLI, MAGALI NOËL, JACQUES PERRIN, MARIO SCACCIA, BICE VALORI. ■ Due giovani che si amano vengono ostacolati dalle rispettive famiglie. Scoraggiati e delusi, si ritrovano per la prima volta in un appartamentino insieme. Quando escono, il vigile li arresta per oltraggio al pudore perché si sono baciati per strada. ■ DRAMMATICO; B/N; 91'; ITALIA, 1964.

OLTRE IL CONFINE *(The Man Inside)* ★★
Regia di JOHN GILLING. Con ANITA EKBERG, JACK PALANCE, NIGEL PATRICK. ■ Il detective March è sulle orme del ladro di un famoso diamante che gli sfugge continuamente passando da una città all'altra. Il poliziotto viaggia spesso con lui, sugli stessi treni. Arrivato a Londra, March recupera il diamante nascosto in una palla da golf, uccide il delinquente per difendersi e si innamora di una bella ragazza. ■ AVVENTURA; B/N; 96'; GRAN BRETAGNA, 1958.

OLTRE IL CONFINE *(Rio Abajo)* ★★
Regia di JOSÉ LUIS BORAU. Con VICTORIA ABRIL, DAVID CARRADINE, SCOTT WILSON. ■ Due guardie di frontiera, al confine tra gli Stati Uniti e il Messico, amano entrambi la stessa donna, una prostituta messicana. Il conflitto termina in tragedia. ■ WESTERN; COL.; 92'; SPAGNA, USA, 1984.

OLTRE IL CONFINE ★★
Regia di ROLANDO COLLA. Con AJLA, ANNA GALIENA, SENAD BASIC, FRLJUCKIC, GIANLUCA GOBBI, GIULIANO PERSICO. ■ Il padre di Agnese, un architetto del Cantone Ticino, è un anziano militare che vive in un Istituto. Un giorno ha una crisi e viene assistito da Reuf, un clandestino bosniaco che il direttore della casa di cura vuole denunciare. Agnese al suo arrivo sembra disinteressarsi del destino dell'uomo ma poi decide di aiutarlo al punto di accompagnarlo nella sua terra. Qui le torneranno alla mente gli anni d'infanzia vissuti nel dopoguerra. Colla è molto più efficace

come regista di corti. ■ DRAMMATICO; COL.; 104'; ITALIA, SVIZZERA, 2003.

OLTRE IL DESTINO *(Interrupted Melody)* ★★
Regia di CURTIS BERNHARDT. Con STEPHEN BEKASSY, GLENN FORD, CECIL KELLAWAY, ROGER MOORE, ELEANOR PARKER. ■ Il film è la biografia della cantante lirica australiana Marjorie Lawrence. La sua carriera folgorante sembrerebbe stroncata dalla poliomielite che la colpisce durante una tournée, ma l'amore e l'appoggio costante del marito l'aiutano a superare ogni difficoltà. ■ DRAMMATICO; B/N; 106'; USA, 1955. ■ OSCAR 1 PR, 3 NOM.

OLTRE IL DESTINO *(Perfect Family)* ★★
Regia di E.W. SWACKHAMER. Con BRUCE BOXLEITNER, JOANNA CASSIDY, JENNIFER O'NEILL. ■ Un uomo e una donna si ritrovano dopo vent'anni. Nel loro passato ci sono gravi lutti familiari avvenuti in circostanze tragiche e storie d'amore finite male. Il problema, ora, è decidere se riprendere a sperare nonostante tutto. ■ DRAMMATICO; COL.; 88'; USA, 1992.

♥ **OLTRE IL GIARDINO** *(Being There)* ★★★★
Regia di HAL ASHBY. Con MELVYN DOUGLAS, SHIRLEY MACLAINE, PETER SELLERS. ■ Un cinquantenne analfabeta, che ha vissuto tutta la vita curando il giardino di un vecchio signore, conosce per caso la moglie di un magnate, che lo scambia per un raffinato e bizzarro gentiluomo. Il marito, poi, lo crede una grande mente politica. E così pure mezza Washington, che pensa addirittura di portarlo alla presidenza degli Usa. Satira degli States (da un romanzo del polacco Kosinski), visti come il paese dove la tv rende idioti e qualsiasi idiota può arrivare ai vertici grazie alla tv. ■ COMMEDIA; COL.; 130'; USA, 1979. ■ GOLDEN GLOBES 3 PR, 5 NOM; OSCAR 1 PR, 2 NOM.

OLTRE IL LIMITE *(If... Dog... Rabbit)* ★★
Regia di MATTHEW MODINE. Con LISA BLONT, JOHN HURT, MATTHEW MODINE, KEVIN O'CONNOR. ■ Primo film di Modine regista. Si ritaglia il ruolo di un ex rapinatore che vorrebbe rimettersi sulla retta via, ma proprio padre e fratello non glielo permettono. ■ THRILLER; COL.; 105'; USA, 1999.

OLTRE IL MARE ★★
Regia di CESARE FRAGNELLI. Con ALBERTO GALETTI, ALESSANDRO INTINI, NICOLA NOCELLA, MICOL OLIVIERI, GIULIA STEIGERWALT. ■ Estate. Un gruppo di ragazzi parte per una vacanza in campeggio a Martina Franca, lasciando in città genitori apprensivi e fidanzate impegnate. Tra loro c'è il tipo carismatico e spaccone in cerca di avventure, l'animo sensibile tormentato dalla fine del primo amore, quello che adora gli eccessi notturni, quello che invoca la rivoluzione, una coppia lesbica e una ragazza superficiale. Appena giunti al campeggio, incontrano per caso il loro professore di letteratura, il quale anziché rovinargli la festa gli regala un motivo in più per stare allegri, presentandogli le sue tre nipoti inglesi. ■ DRAMMATICO; COL.; 90'; ITALIA, 2011.

OLTRE IL PONTE DI BROOKLYN ★★
(Over the Brooklyn Bridge)
Regia di MENAHEM GOLAN. Con SID CAESAR, ELLIOTT GOULD, MARGAUX HEMINGWAY. ■ Alby, un ebreo gestore di una pizzeria, ha due sogni: rilevare un ristorante e sposare Elizabeth. Ma gli mancano i soldi per entrambi. Un ricco zio si offre di aiutarlo, a patto che sposi una ragazza ebrea. Elby rifiuta, ma riuscirà lo stesso a realizzare i sogni. ■ COMMEDIA; COL.; 106'; USA, 1983.

OLTRE IL RICATTO *(Blind Side)* ★
Regia di GEOFF MURPHY. Con JONATHAN BANKS, REBECCA DE MORNAY, MARISKA HARGITARY, RUTGER HAUER, RON SILVER. ■ Doug e Lynn investono un uomo, ma la colpa dell'incidente non è loro. Non denunciano però l'accaduto alla polizia e, poco tempo dopo, si trovano ricattati. Dopo aver corso innumerevoli pericoli riusciranno a liberarsi del malvagio testimone. Tutto quello che avete già visto sul tema, riproposto per l'ennesima volta. ■ THRILLER; COL.; 101'; USA, 1993.

OLTRE IL RICORDO *(Breaking Point)* ★★★
Regia di PETER MARKLE. Con CORBIN BENSEN, JOANNA PACULA. ■ Dal regista di *Bat 21*, un dramma ambientato durante il secondo conflitto mondiale. Siamo infatti nel 1944 e il maggiore Jefferson dell'esercito degli Stati Uniti d'America è catturato dai tedeschi. Lo torturano per scoprire dove avverrà lo sbarco in Francia. All'ospedale americano dove viene ospitato alcuni mesi più tardi gli viene detto che è stato colpito da profonda amnesia. Jefferson peraltro ha dei dubbi sulla situazione e vuole scoprire come si sono svolti veramente i fatti. ■ DRAMMATICO; COL.; 91'; USA, 1989.

OLTRE IL SAHARA ★★
Regia di ARMAND DENIS. ■ Il documentario descrive un viaggio in Africa, dal Kenia fino alle cascate dello Zambesi e all'Africa sud-occidentale. ■ DOCUMENTARIO; COL.; 93'; USA, 1952.

OLTRE IL SILENZIO *(Bridge to Silence)* ★★
Regia di KAREN ARTHUR. Con MARLEE MATLIN, LEE REMICK. ■ Marlee Matlin, premio Oscar per *Figli di un Dio minore*, ritorna in una storia sull'handicap. La protagonista è audiolesa e vedova. Ha un pessimo rapporto con la madre che non l'aiuta come lei vorrebbe. ■ DRAMMATICO; COL. 95'; USA, 1989.

OLTRE LA GIUSTIZIA *(Bajo bandera)* ★★
Regia di JUAN JOSÉ JUSID. Con OMERO ANTONUTTI, DANIELE LIOTTI, FEDERICO LUPPI, MIGUEL ANGEL SOLA, ANDREA TENUTA. ■ Jusid è un regista del teatro yiddish di Buenos Aires. In questo film racconta dell'inchiesta che il maggiore Molina, alla fine degli anni Sessanta, sta conducendo in una caserma in Patagonia dove un militare di leva è stato ucciso. Scopre così storie omosessuali, invidie, intrighi, passioni. La vicenda serve per illustrare la sorte di un'Argentina sotto il tallone dei militari. Film d'impegno che coniuga le buone intenzioni con lo spettacolo. ■ DRAMMATICO; COL.; 100'; ARGENTINA, ITALIA, 1998.

OLTRE LA LEGGE *(One Man's Jury)* ★★
Regia di CHARLES M. MARTIN. Con CHRISTOPHER MITCHUM, JACK PALANCE, CARA WILLIAMS. ■ Un tenente di polizia, per distruggere una banda di gangster, non arretra davanti a nulla. A confronto dell'ispettore Wade di Jack Palance, il Callaghan di Clint Eastwood era una persona civile ed educata. ■ POLIZIESCO; COL.; 104'; USA, 1978.

OLTRE LA MENTE *(Mindbender)* ★
Regia di KEN RUSSELL. Con IDAN ALTERMAN, DELPHINE FORREST, ISHAI GOLAN, TERENCE STAMP. ■ Ken Russell racconta la vita di Uri Geller, personaggio dotato di poteri extrasensoriali contestati dagli studiosi. Lo stesso Geller compare, *testimonial* di se stesso, nel film, ma ormai Russell è lontano dalla trasgressione "vera" di cui è stato un vessillifero. ■ BIOGRAFICO; COL.; 87'; USA, 1995.

OLTRE L'AMORE ★★★
Regia di CARMINE GALLONE. Con AMEDEO NAZZARI, ALIDA VALLI. ■ All'inizio dell'Ottocento, a Roma, un giovane adepto della Carboneria si rifugia in casa di un nobiluomo, la cui figlia si innamora di lui. Dapprima non gli perdona di mettere la passione politica prima dell'amore e arriva a denunciarlo. Poi lo salva dalla morte e diventa lei stessa una patriota. ■ DRAMMATICO; B/N; 90'; ITALIA, 1940.

OLTRE LA PORTA ★★
Regia di LILIANA CAVANI. Con TOM BERENGER, ELEONORA GIORGI, MARCELLO MASTROIANNI, MICHEL PICCOLI. ■ Nina, giovane italiana da tempo emigrata in Marocco, nasconde un terribile segreto: il suo patrigno è in carcere con l'accusa di aver ucciso sua madre che, in realtà, si era suicidata quando aveva scoperto la relazione tra l'uomo e Nina. Ma la ragazza non parla e tiene il patrigno-amante in una gabbia dorata, spendendo molto denaro per trasformare la sua cella in una reggia. ■ DRAMMATICO; COL.; 118'; ITALIA, 1982.

OLTRE LA RISERVA *(Powwow Highway)* ★★
Regia di JONATHAN WACKS. Con GARY FARMER, ALESSANDRA MARTINES, AMANDA WYSS. ■ Un rappresentante della tribù dei Cheyennes si sposta dal Montana al New Mexico per aiutare un amico. Lo accompagnerà un vecchio compagno, anch'egli pellerossa. Il viaggio permetterà ai due di rinverdire il rapporto e di rivivere le comuni radici culturali. ■ AVVENTURA; COL.; 91'; USA, 1989.

OLTRE LA VENDETTA *(Blind Side)* ★★
Regia di GEOFF MURPHY. Con REBECCA DE MORNAY, RUTGER

HAUER, RON SILVER. ■ Un poliziotto viene investito in Messico da una coppia che fugge senza soccorrerlo. I due coniugi trovano al ritorno un personaggio che sa tutto e che non li lascerà in pace. ■ THRILLER; COL.; 100'; USA, 1992.

OLTRE LA VITTORIA *(Triumph of the Spirit)* ★★
Regia di ROBERT MALCOLM YOUNG. Con WILLEM DAFOE, WENDY GAZELLE, ROBERT LOGGIA, COSTAS MANDYLOR, EDWARD JAMES OLMOS. ■ Un pugile ebreo greco viene deportato, durante la seconda guerra mondiale, in un campo di concentramento dove la sua specialità viene sfruttata cinicamente dagli ufficiali tedeschi. Essi scommettono sui suoi combattimenti. Il perdente viene eliminato e il pugile lotta disperatamente per salvare sé e la sua famiglia. Ennesimo film sull'Olocausto che si avvale di alcune buone scene e di un interessante commento musicale di Cliff Eidelman. ■ DRAMMATICO; COL.; 121'; USA, 1989.

OLTRE LE COLLINE *(Dupa dealuri)* ★★★
Regia di CRISTIAN MUNGIU. Con VALERIU ANDRIUTA, CRISTINA FLUTUR, CATALINA HARABAGIU, COSMINA STRATAN, DANA TAPALAGA. ■ Voichita e Alina sono cresciute insieme in orfanotrofio fino alla maggiore età. Successivamente, la prima è stata accolta nel monastero locale mentre la seconda è stata affidata ad una famiglia adottiva, dalla quale è scappata per andare in Germania. Ora Alina torna per portare via anche l'amica, l'unica persona che abbia mai amato e da cui sia mai stata amata. Ma Voichita non è certa di voler lasciare la comunità religiosa. ■ DRAMMATICO; COL.; 155'; ROMANIA, 2012.

OLTRE L'EDEN *(L'Eden et après)* ★★★
Regia di ALAIN ROBBE-GRILLET. Con CATHERINE JOURDAN, RICHARD LEDUC, PIERRE ZIMMER. ■ La giovane Violette fa parte di un drappello di giovani annoiati che non sa fare di meglio che ritrovarsi al caffè Eden a organizzare violenze gratuite. Appare un certo Duchemin che affascina Violette e la porta in Tunisia, dove avvengono furti e assassini. Duchemin rimane ucciso. Violette si ritrova all'Eden con gli stessi compagni di prima. ■ DRAMMATICO; B/N; 100'; FRANCIA, 1970.

OLTRE LE GRANDI MONTAGNE ★★
(Across the Great Divide)
Regia di STEWART RAFFILL. Con MARK EDWARD HALL, ROBERT LOGAN, HEATHER RATTRAY. ■ Due ragazzi che devono raggiungere lo Stato dell'Oregon entro una certa data per entrare in possesso di un'eredità incontrano durante il viaggio un avventuriero, che si dimostra prezioso compagno e alleato contro le avversità. ■ AVVENTURA; COL.; 100'; USA, 1977.

OLTRE LE REGOLE. THE MESSENGER ★★★
(The Messenger)
Regia di OREN MOYERMAN. Con STEVE BUSCEMI, BEN FOSTER, WOODY HARRELSON, JENA MALONE, SAMANTHA MORTON. ■ Il sergente William Montgomery soffre ancora dei postumi di una ferita riportata in Iraq. Rientrato in patria riceve un nuovo incarico: insieme al capitano Tony Stone dovrà occuparsi delle visite che vengono assegnate al Casualty Notification Office. Sono i graduati che debbono recarsi presso le famiglie tempestivamente per fare in modo che ricevano la comunicazione del decesso di un congiunto in guerra prima che questo divenga di pubblico dominio. I due iniziano la loro attività trovandosi dinanzi alle reazioni più diverse: c'è chi esplode in crisi di pianto e chi li aggredisce accusandoli di vigliaccheria. Il compito naturalmente segnerà profondamente i *messengers*. ■ DRAMMATICO; COL.; 105'; USA, 2009.

OLTRE LE SBARRE *(Me'achorei hasoragim)* ★★★
Regia di URI BARBASH. Con MUHAMMAD BAKRI, HILLEL NE'EMAN, ARNON ZADOK. ■ In un carcere israeliano si trovano a convivere detenuti comuni e terroristi arabi. Tra antagonismo razziale e politico, sopraffazioni e violenze, c'è ancora spazio per la solidarietà e la fratellanza. Film duro e aspro, che arricchisce di temi di grande attualità l'esausto filone "carcerario". ■ DRAMMATICO; COL.; 105'; ISRAELE, 1984. ■ OSCAR 1 NOM.

OLTRE L'INFERNO *(Back Door to Heaven)* ★★
Regia di WILLIAM K. HOWARD. Con STUART ERWIN, WALLACE FORD, VAN HEFLIN. ■ Le vite parallele di tre compagni di scuola dell'Ohio. Uno di essi diviene un gangster. Farà una brutta fine. ■ DRAMMATICO; B/N; 94'; USA, 1939.

OLTREMARE. NON È L'AMERICA ★★
Regia di NELLO CORREALE. Con MARCO BONINI, IDA DI BENEDETTO, IAIA FORTE, LEO GULLOTTA, TIZIANA LODATO, LUCA ZINGARETTI. ■ Un gruppo variamente assortito di italiani all'inizio del Novecento cerca di partire per l'America. Sbarcheranno in un'America del tutto particolare. Infatti, per un susseguirsi di avvenimenti, si troveranno davanti ai butteri maremmani. Correale realizza un film coraggioso (anche se di stampo televisivo) a basso budget. ■ COMMEDIA; COL.; 102'; ITALIA, 1999.

OLTRE MOMBASA *(Beyond Mombasa)* ★★
Regia di GEORGE MARSHALL. Con CHRISTOPHER LEE, RON RANDELL, DONNA REED, CORNEL WILDE. ■ Peripezie del giovane Mark Campbell, in Africa alla ricerca di una miniera già di proprietà del fratello assassinato. Il delitto viene attribuito alla setta africana degli "uomini leopardo", ma il colpevole è un altro. ■ AVVENTURA; COL.; 90'; USA, 1957.

OLTRE OGNI LIMITE *(Flor de mayo)* ★★
Regia di ROBERTO GAVALDÓN. Con PEDRO ARMENDARIZ, MARIA FELIX, JACK PALANCE. ■ Un americano torna in Messico per unirsi al suo vecchio socio Pepe in un affare di contrabbando. Anni prima egli aveva avuto una relazione con la moglie di Pepe ed è il padre del bambino di lei. Dolore e umiliazione per il messicano quando scopre che il figlio non è suo: ma il buonsenso prevale. ■ DRAMMATICO; COL.; 89'; MESSICO, 1957.

OLTRE OGNI LIMITE *(Extremities)* ★★★
Regia di ROBERT MALCOLM YOUNG. Con FARRAH FAWCETT, JAMES RUSSO, DIANA SCARWID. ■ Drammatica vicenda di una giovane donna, Marjorie: sfugge per ben due volte al tentativo di stupro di un maniaco che la rintraccia perfino in campagna dove si è rifugiata da due amiche. Il giovane, Joe, che ha una doppia vita (è anche padre di famiglia), le piomba in casa in assenza delle amiche e inizia a torturarla con un'intensa atmosfera di perversione. Ma finalmente Marjorie riesce a liberarsi. ■ DRAMMATICO; COL.; 86'; USA, 1986. ■ GOLDEN GLOBES 1 NOM.

OLTRE OGNI RISCHIO *(Cat Chaser)* ★★
Regia di ABEL FERRARA. Con CHARLES DURNING, JUAN FERNANDEZ, FREDERIC FORREST, KELLY MCGILLIS, TOMAS MILIAN, KELLY JO MINTER, PETER WELLER. ■ Un ex marine ritorna a Santo Domingo, dove una volta era stato in missione, e ha una tresca con la bella moglie di un aguzzino locale che a suo tempo era stato pure dittatore del piccolo Stato. Questi scopre tutto e induce la consorte a firmare la rinuncia al patrimonio che le aveva intestato. Prima, naturalmente, di eliminarla insieme all'amante. I soldi, però, fanno gola a molti e si innesca una lotta spietata tra tipi loschi per impadronirsene. La bella donna, tuttavia, è più avida e più furba di tutti e il bottino se lo intascherà lei per godersela con il suo marine. ■ DRAMMATICO; COL.; 86'; USA, 1988.

OLTRE RANGOON *(Beyond Rangoon)* ★★★
Regia di JOHN BOORMAN. Con PATRICIA ARQUETTE, SPALDING GRAY, FRANCES MCDORMAND, U AUNG KO. ■ Laura è un medico statunitense che raggiunge la Birmania nel tentativo di sconfiggere il ricordo della famiglia distrutta. Vivrà altri disagi e drammi che sono legati all'oppressione della dittatura militare. Boorman riesce a conciliare spettacolarità e riflessione politica grazie anche alla prestazione di Patricia Arquette. ■ DRAMMATICO; COL.; 97'; USA, 1995.

O LUCKY MAN! ★★★
Regia di LINDSAY ANDERSON. Con ARTHUR LOWE, MALCOLM MCDOWELL, HELEN MIRREN, RALPH RICHARDSON, RACHEL ROBERTS. ■ Storia di un piazzista di una ditta importatrice di caffè, è la parodia dell'uomo che-si-fa-da-sé nel mondo capitalistico: Malcom McDowell passa da un'avventura all'altra a metà tra il reale e il surreale, fa vari mestieri, alla fine è scelto dal regista in persona per una parte in un film e ottiene il successo. ■ COMMEDIA; COL.; 173'; GRAN BRETAGNA, 1972. ■ GOLDEN GLOBES 1 NOM.

OLYMPIA ★★
Regia di MICHAEL CURTIZ, MARIO RUSSO. Con TULLIO CARMI-

NATI, MAURICE CHEVALIER, JOHN GAVIN, SOPHIA LOREN, ROBERTO RISSO. ■ Siamo all'inizio dell'Ottocento. Olympia è una nobile austriaca allontanata dalla corte di Vienna per la sua condotta. La donna conosce un americano e se ne innamora. Ci sono equivoci e intrighi di corte (Olympia dovrebbe sposare un nobile che detesta), ma alla fine tutto va a posto. La nobildonna parte col bell'americano. ■ COMMEDIA; COL.; 98'; ITALIA, 1959.

OLYMPIA – APOTEOSI DI OLIMPIA ★★★
(Olympia I – Olympia II)
Regia di LENI RIEFENSTAHL. ■ Il film è il documentario delle Olimpiadi di Berlino del 1936 ed è composto da: *Festa di popoli (Fest der Völker)* e *Festa di bellezza (Fest der Schönheit)*. ■ DOCUMENTARIO; B/N; 224'; GERMANIA, 1938. ■ VENEZIA 1 PR.

OMBRA, L' ★★
Regia di GIORGIO BIANCHI. Con GIANNA MARIA CANALE, PIERRE CRESSOY, PAOLO STOPPA, MARTA TOREN. ■ È la storia di una donna, Alberta, che diventa paralitica: l'assistono nella disgrazia il marito Gerardo ed Elena, un'amica di gioventù. Ma i due si innamorano lasciando Alberta sempre più sola. Anni dopo Alberta, guarita, ritorna: Elena è morta in un incidente. Alberta perdona il marito e tiene con sé amorevolmente il figlio di Gerardo ed Elena. ■ DRAMMATICO; B/N; 91'; ITALIA, 1955.

OMBRA ALLA FINESTRA, L' ★★
(The Shadow on the Window)
Regia di WILLIAM ASHER. Con COREY ALLEN, JOHN DREW BARRYMORE, PHILIP CAREY, BETTY GARRETT, JERRY MATHERS, GERARD SARRACINI. ■ Tre pericolosi teppisti uccidono un uomo, poi si rifugiano in una casa dove prendono in ostaggio una donna. Costei è sposata con un poliziotto (ma hanno litigato). Il piccolo Petey, figlio dei due, riesce a scappare, ma è talmente sconvolto da non riuscire a dire nulla. Una tenue traccia indicherà al poliziotto il bandolo della matassa. ■ POLIZIESCO; B/N; 73'; USA, 1957.

OMBRA CHE CAMMINA, L' *(The Walking Dead)* ★★
Regia di MICHAEL CURTIZ. Con MARGUERITE CHURCHILL, BORIS KARLOFF. ■ Un'esecuzione capitale viene improvvisamente sospesa a causa di una testimonianza che scagiona l'accusato. Ma l'uomo ha già subito una prima scarica elettrica e, a causa dello shock, sembra aver acquistato poteri paranormali. Scopre infatti i veri colpevoli, ma a prezzo della vita. ■ DRAMMATICO; B/N; 66'; USA, 1936.

OMBRA DEL CREMLINO, L' *(Miss V. from Moscow)* ★★
Regia di AL HERMAN. Con HOWARD BANKS, LOLA LANE, NOEL MADISON. ■ La bella spia russa Vera, arrivata a Parigi durante l'ultima guerra, si spaccia per l'agente tedesco Greta Hiller e riesce persino ad ingannare un alto ufficiale della Gestapo. Porta a termine la missione ma viene scoperta. L'ufficiale della Gestapo è fucilato per tradimento. ■ SPIONAGGIO; B/N; 66'; USA, 1942.

OMBRA DEL DIAVOLO, L' *(The Devil's Own)* ★★
Regia di ALAN J. PAKULA. Con HARRISON FORD, BRAD PITT, TREAT WILLIAMS. ■ Roy, un giovane irlandese dell'Ira, viene inviato a New York per acquistare una partita di armi necessarie alla causa indipendentista del suo paese. Lo ospita il poliziotto Tom, di origine irlandese, che presto scoprirà la vera identità del giovane. Un thriller non eccelso diretto da Alan J. Pakula (*Presunto innocente*, *Il Rapporto Pellican*), con i due mostri sacri Harrison Ford e Brad Pitt, la cui convivenza sul set, dicono le cronache, è stata molto sofferta. ■ THRILLER; COL.; 107'; USA, 1997.

OMBRA DEL DUBBIO, L' *(Shadow of Doubt)* ★★
Regia di GEORGE BRACKETT SEITZ. Con VIRGINIA BRUCE, RICARDO CORTEZ. ■ Una donna è sospettata di avere assassinato un uomo, che le aveva fatto proposte matrimoniali, perché è stata vista entrare nella casa di costui la sera del delitto. Le prove contro di lei sono schiaccianti, ma una vecchia zia ricca del fidanzato si improvvisa detective e scopre il colpevole. ■ DRAMMATICO; B/N; 82'; USA, 1935.

OMBRA DEL DUBBIO, L' *(Shadow of a Doubt)* ★★★
Regia di ALFRED HITCHCOCK. Con MACDONALD CAREY, JOSEPH COTTEN, HENRY TRAVERS, TERESA WRIGHT. ■ Il film narra la storia di un delinquente che ritorna in famiglia e sconvolge la pace domestica. Una giovane nipote, che incomincia ad amarlo, viene salvata da un poliziotto mentre sta per fare le spese della violenza del criminale. ■ DRAMMATICO; B/N; 108'; USA, 1943. ■ OSCAR 1 NOM.

OMBRA DEL DUBBIO, L' *(Shadow of the Doubt)* ★★
Regia di KAREN ARTHUR. Con MARK HARMON, DIANE LADD. ■ Remake del famoso film omonimo di Hitchcock, diretto nel 1943 e interpretato da Joseph Cotten. La regista se la cava discretamente, ma ovviamente siamo lontani dall'originale. Un insospettabile personaggio viene ospitato dalla sorella mentre la polizia sta indagando e crede che sia implicato in una serie di delitti. ■ GIALLO; COL.; 96'; USA, 1991.

OMBRA DEL GATTO, L' *(The Shadow of the Cat)* ★★
Regia di JOHN GILLING. Con FREDA JACKSON, WILLIAM LUCAS, ANDRÉ MORELL, CONRAD PHILLIPS, BARBARA SHELLEY. ■ Un gatto, unico testimone di un delitto, punisce in un crescendo di terrore i tre assassini. ■ GIALLO; B/N; 79'; GRAN BRETAGNA, 1961.

OMBRA DEL GIGANTE, L' ★★
Regia di ROBERTO PETROCCHI. Con ARNAUD ARBESSIER, MARGHERITA BUY, MARISA SOLINAS ■ Fine Ottocento, Europa del nord. In una fortezza arriva un ufficiale con la sua famiglia. Dovrà custodire un misterioso prigioniero. La moglie dell'ufficiale, ottima pianista, sente un suono di violino provenire dalla porta della prigione. I due si ameranno attraverso i loro strumenti. ■ DRAMMATICO; COL.; 110'; ITALIA, 2000.

OMBRA DELL'ALTRA, L' *(Serenade)* ★★
Regia di WILLI FORST. Con HILDE KRAHL, ALBERT MATTERSTOCK, IGO SYM. ■ Un vedovo si risposa. Ma l'ombra della morta aleggia costantemente sulla casa. Un incendio purificatore spazza i ricordi e nell'atmosfera pulita sboccia un'unione sincera. ■ DRAMMATICO; B/N; 93'; AUSTRIA, 1937.

OMBRA DELL'ALTRO, L' *(A Medal for Benny)* ★★
Regia di IRVING PICHEL. Con ARTURO DE CORDOVA, DOROTHY LAMOUR, J. CARROL NAISH. ■ Un impetuoso e disordinato giovane si è riscattato dalle sue beghe con la polizia, arruolandosi nella guerra contro il Giappone e morendo da eroe. Lascia la fidanzata, che si è legata ad un altro, e il vecchio padre che riceve con modestia le onorificenze. Il nuovo fidanzato della ragazza si arruola volontario per emulare la gloria del primo. ■ COMMEDIA; B/N; 77'; USA, 1945. ■ OSCAR 2 NOM.

OMBRA DELL'APOCALISSE, L' *(The Way of All Men)* ★★
Regia di FRANK LLOYD. Con NOAH BEERY, DOUGLAS FAIRBANKS JR, DOROTHY REVIER. ■ Un gruppo di persone riunite a un party passa ore d'incubo sotto la minaccia di un'inondazione. ■ AVVENTURA; B/N; 73'; USA, 1930.

OMBRA DELL'ASSASSINO, L' *(Scream... and Die)* ★★
Regia di JOSEPH ROGER LARRAZ. Con ANDREA ALLAN, KARL LANCHBURY, MAGGIE WALKER. ■ Una fotomodella, che ha assistito a un delitto, diventa senza saperlo amica dell'assassino, un ragazzo paranoico plagiato dalla zia. Ma alla fine si salva, mentre è la zia a venire uccisa. ■ GIALLO; COL.; 96'; GRAN BRETAGNA, 1975.

OMBRA DELL'ASSASSINO, L' *(The Killing Mind)* ★
Regia di MICHAEL RAY RHODES. Con TONY BILL, STEPHANIE ZIMBALIST. ■ Il sergente Isobel Neiman decide di continuare le indagini di un caso che la polizia di Los Angeles ha abbandonato. L'avversario è capace di articolare una strategia apparentemente perfetta. ■ POLIZIESCO; COL.; 100'; USA, 1991.

OMBRA DELLA TERRA, L' *(L'ombre de la terre)* ★★★
Regia di TAIEB LOUHICHI. Con ABDELLATIF HAMROUNI, DESPINA TOMAZANI. ■ Storia di una famiglia patriarcale tunisina installata in un territorio nei pressi della frontiera. I suoi componenti vivono sotto le tende e si nutrono del poco grano che è loro rimasto. Hanno anche un piccolo gregge di pecore, che una misteriosa malattia fa morire una ad una. ■ DRAMMATICO; COL.; 80'; TUNISIA, 1982.

OMBRA DELLA VENDETTA, L' *(The Crimebusters)* ★★
Regia di BORIS SAGAL. Con MARTIN GABEL, PHILIP PINE, MARK RICHMAN, CAROL ROSSEN. ■ Un avvocato, che per anni ha messo la sua competenza al servizio della malavita americana, decide di tornare all'esercizio onesto della professione. Un grosso boss non gliela fa passare liscia e manda due killer ad ammazzarlo;

sbagliano e fanno fuori la donna dell'avvocato. Questi mette il boss in stato d'accusa davanti a una giuria di gangster. ■ DRAMMATICO; B/N; 88'; USA, 1961.

OMBRA DELLO SCORPIONE, L' *(The Stand)* ★★
Regia di MICK GARRIS. Con MOLLY RINGWALD, GARY SINISE. ■ È una miniserie televisiva distribuita in videocassetta. Da un romanzo dell'onnipresente Stephen King. La classica lotta tra il bene e il male scaturita da una mortale epidemia. Il pianeta è in pericolo e due personaggi rappresentano il bene e il male: la buona Abigail e il cattivo signor Flagg. ■ FANTASCIENZA; COL.; 360'; USA, 1994.

OMBRA DELL'UOMO OMBRA, L' ★★★
(Shadow of the Thin Man)
Regia di WOODBRIGE STRONG VAN DYKE. Con MYRNA LOY, BARRY NELSON, HENRY O'NEILL, WILLIAM POWELL, DONNA REED. ■ Quarto film della serie *Uomo ombra*: questa volta Nick e Nora devono indagare su un delitto avvenuto nel mondo dello sport. ■ GIALLO ROSA; B/N; 81'; USA, 1941.

OMBRA DEL LUPO, L' *(Shadow of the Wolf)* ★★
Regia di JACQUES DORFMANN. Con LOU DIAMOND PHILLIPS, TOSHIRO MIFUNE, DONALD SUTHERLAND, JENNIFER TILLY. ■ Dal romanzo *Agaguk* di Yves Theriault. La storia, per quanto bella, è stata sin troppo sfruttata dal cinema. Una civiltà e una cultura da salvaguardare che vengono prese di mira dalla società del progresso. In primo piano un rapporto tra padre e figlio teso e burrascoso. Un film di grandi mezzi che si avvale di stupendi scenari e di una buona fotografia. Anche i momenti da documentario sugli usi e i costumi della tribù Inuit sono interessanti; tra i più affascinanti c'è la preparazione di un igloo. Le falle più vistose sono in una sonnolenta regia e in una sceneggiatura che fa acqua. Tra gli interpreti si salva solo il buon vecchio Toshiro Mifune. ■ AVVENTURA; COL.; 112'; CANADA, 1993.

OMBRA DEL MALE, L' *(L'assassin a peur la nuit)* ★★
Regia di JEAN DELANNOY. Con MIREILLE BALIN, JULES BERRY, LOUISE CARLETTI, JEAN CHEVRIER. ■ Un misterioso assassino terrorizza la città. Sembra proprio impossibile prenderlo: l'uomo non lascia il minimo margine all'errore. Ma anche lui ha un punto debole: ha paura della notte. ■ DRAMMATICO; B/N; 92'; FRANCIA, 1942.

OMBRA DEL MALE, L' ★★
Regia di BÉLA BALOGH. Con PÁL JÁVOR, IDA TURAY. ■ Un avventuriero, arrivato in un Grand Hotel con la polizia alle calcagna, tenta inutilmente di corrompere con un gioiello rubato una graziosa cameriera. Ma come può la ragazza far capire al fidanzato di non aver accolto le *avances* insistenti dello sconosciuto? Arriva intanto la polizia e il ladro, pur di non farsi prendere, preferisce uccidersi. ■ DRAMMATICO; B/N; 100'; UNGHERIA, 1943.

OMBRA DEL NEMICO, L' *(Living in Peril)* ★★
Regia di JACK ERSGARD. Con JAMES BELUSHI, ROB LOWE, DEAN STOCKWELL, DANA WHEELER-NICHOLSON. ■ Walter Woods è un architetto la cui vita muta all'improvviso. Chiamato a Los Angeles per lavorare al progetto di una villa scopre che i suoi disegni vengono tutti rifiutati, mentre la sua privacy è messa in pericolo. Infatti nel residence in cui alloggia non ha un momento di riposo. Fino a quando scoprirà che esiste una congiura ai suoi danni. ■ GIALLO; COL.; 87'; USA, 1996.

OMBRA DEL PASSATO, L' *(Murder, my Sweet)* ★★★★
Regia di EDWARD DMYTRYK. Con OTTO KRUGER, MIKE MAZURKI, DICK POWELL, ANNE SHIRLEY, CLAIRE TREVOR. ■ Philip Marlowe va alla ricerca di una misteriosa ragazza, Velma, ex amante di un suo amico. Viene intanto coinvolto nel furto di una preziosa collana. Le due vicende si intrecciano: l'investigatore incontra nel corso delle indagini la bellissima e ambigua signora Grayle, che certo nasconde molte cose. Dopo numerosi colpi di scena, Marlowe riuscirà a dipanare l'intricata matassa. ■ POLIZIESCO; B/N; 95'; USA, 1945.

OMBRA DEL PECCATO, L' *(Last Rites)* ★★
Regia di DONALD P. BELLISARIO. Con TOM BERENGER, DAPHNE ZUNIGA. ■ Un sacerdote si innamora di una donna che è, al contempo, ricercata dalla mafia e sotto la protezione della Chiesa. Per l'uomo di fede si moltiplicano i problemi, non solo morali. ■ DRAMMATICO; COL.; 120'; USA, 1988.

OMBRA DEL POTERE – THE GOOD SHEPHERD, L' *(The Good Shepherd)* ★★★
Regia di ROBERT DE NIRO. Con ALEC BALDWIN, TAMMY BLANCHARD, BILLY CRUDUP, MATT DAMON, ROBERT DE NIRO, KEIR DULLEA, MICHAEL GAMBON, MARTINA GEDECK, WILLIAM HURT, TIMOTHY HUTTON, ANGELINA JOLIE, LEE PACE, EDDIE REDMAYNE, JOHN SESSIONS, OLEG STEFAN, JOHN TURTURRO. ■ Al centro della vicenda, la frustrante vita di un agente della Cia ma soprattutto la nascita dei servizi segreti. L'interesse del cineasta americano nei confronti della politica internazionale e della cosiddetta intelligence non è stato mai tenuto segreto. L'intento del film è chiaro fin dalle prime scene. Cercare di allontanarsi, il più possibile, da una struttura narrativa *spy-game fantasy* al fine di illustrare come uomini apparentemente anonimi siano riusciti a controllare il mondo attraverso metodi estremamente razionali, mettendo in gioco aspetti umani e professionali. La sceneggiatura di Eric Roth rispolvera l'acutezza politica e morale del lavoro precedente, *Munich*. Entrambe le pellicole hanno al centro un personaggio la cui missione sembra essere quella di condurci verso uno stato di "giustizia universale". Entrambi i protagonisti vivono un lento senso di erosione del proprio animo. Se Eric Bana si libera lentamente di un peso fatto di frustrazione e rabbia, Edward Wilson (Matt Damon) in questo film si rinchiude, attraverso un movimento a spirale, in uno spazio, solo in superficie portatore di protezione. Nei fatti, diviene complice della sua stessa ambiguità. A Roth e De Niro riconosciamo il merito di non forzare emotivamente la sua figura. Sceneggiatore e regista riescono a caricare la suspense non con colpi di pistola ma con bisbigli e occhiate furtive. Stilisticamente in linea con i dettami del cinema classico, la pellicola costringe lo spettatore a prestare la massima attenzione ai dialoghi. Non solo. Implica un vero e proprio lavoro induttivo e interrogativo che presuppone l'esistenza di vuoti che il singolo deve, in qualche modo, riempire grazie alle personali conoscenze storiche e politiche. ■ DRAMMATICO; COL.; 167'; USA, 2006.

OMBRA DEL TESTIMONE, L' *(Mortal Thoughts)* ★★★
Regia di ALAN RUDOLPH. Con GLENNE HEADLY, HARVEY KEITEL, DEMI MOORE, BRUCE WILLIS. ■ Un giallo ben costruito (diretto da Alan Rudolph, ex allievo di Robert Altman) con grande tensione. Il detective Woods viene a conoscere, durante un lungo interrogatorio, una strana storia narrata da una donna, Cynthia. La sua amica Joyce avrebbe ucciso il proprio marito dal carattere molto violento. Le due donne dapprima hanno nascosto il cadavere e la decisione di vuotare il sacco da parte di Cynthia è dovuta a un altro omicidio. Bruce Willis è il marito, Harvey Keitel il detective, Demi Moore è Cynthia. ■ GIALLO; COL.; 104'; USA, 1991.

OMBRA DEL VAMPIRO, L' *(Shadow of the Vampire)* ★★
Regia di E. ELIAS MERHIGE. Con WILLEM DAFOE, CARY ELWES, EDDIE IZZARD, JOHN MALKOVICH, CATHERINE MCCORMACK. ■ 1921. Europa dell'Est. Friedrich Wilhelm Murnau sta per girare il film che gli regalerà un posto d'onore nella storia del cinema. Si tratta di *Nosferatu*, ispirato a *Dracula* di Bram Stoker, realizzato in ambienti naturali. L'attore che ha scelto per il ruolo del conte Orlock (cioè il vampiro) è Max Schreck, il quale entra nel personaggio al punto di non smetterne mai il trucco e i costumi. Dorme in una bara, assale con violenza il direttore della fotografia e sembra desiderare caninamente le sue partner. Murnau sembra essere in grado di gestire l'ingombrante presenza. Il film ripercorre ironicamente le fasi della lavorazione di un'opera sulla quale aleggiano da sempre dicerie mai smentite. La fotografia ricostruisce il clima dell'espressionismo tedesco. Purtroppo Merhige finisce per trasformare in una quasi-farsa un soggetto che prometteva di più. ■ HORROR; COL.; 89'; USA, 2000. ■ GOLDEN GLOBES 1 NOM; OSCAR 2 NOM.

OMBRA DI MILLE SOLI, L' ★★★
(Fat Man and Little Boy – Shadow Makers)
Regia di ROLAND JOFFÉ. Con JOHN CUSACK, PAUL NEWMAN. ■ Siamo durante la seconda guerra mondiale, alle prese con la costruzione della bomba atomica da parte di un gruppo di ricercato-

ri, fra i quali il celeberrimo Robert Oppenheimer. Leslie Groves è il generale che conduce l'operazione denominata Progetto Manhattan. Dal regista di *Mission* e *Urla del silenzio*,un film un po' prolisso anche se in parte risulta interessante. Controllata l'interpretazione di Paul Newman. ■ GUERRA; COL.; 121'; USA, 1989.

OMBRA DI ZORRO, L' *(La sombra del Zorro)* ★★
Regia di JOAQUÍN LUIS ROMERO MARCHENT. Con RAFFAELLA CARRÀ, MARIO FELICIANI, MARIA LUZ GALICIA, FRANK LATIMORE. ■ Ennesima puntata del giustiziere mascherato. ■ AVVENTURA; COL.; 91'; SPAGNA, 1962.

OMBRA E LUCE *(Künsterlsliebe)* ★★
Regia di FRITZ WENDHAUSEN. Con INGE SCHMIDT, OLGA TSCHECHOWA. ■ Un pittore tedesco dell'Ottocento si fa conoscere per un quadro che raffigura la donna di cui è innamorato. Ormai famoso arriva a Roma, dove conosce una bella vedova aristocratica della quale si invaghisce. Ma la nostalgia dell'amore lasciato in patria lo fa tornare. ■ COMMEDIA; B/N; 92'; GERMANIA, 1935.

OMBRA MALEFICA, L' *(Ombre et lumière)* ★★
Regia di HENRI CALEF. Con MARIA CASARÉS, JEAN MARCHANT, SIMONE SIGNORET. ■ Una pianista di fama ha una doppia personalità. Un uomo si innamora di lei nonostante abbia un legame con la sua sorellastra. L'amore e la volontà di guarire trionferanno su ogni difficoltà. ■ DRAMMATICO; B/N; 92'; FRANCIA, 1950.

OMBRA NEL BUIO, UN' *(Forced Entry)* ★★
Regia di JIM SOTOS. Con NANCY ALLEN, RON MAX, TANYA ROBERTS. ■ Una bella signora si fa dare un passaggio da un giovane meccanico dell'officina accanto. Quale imprudenza! Il giovane è un killer psicopatico che la elegge subito sua prossima preda. Un giorno in cui la donna è sola in casa, il bruto entra con la forza e la violenta. E non è finita. ■ THRILLER; COL.; 90'; USA, 1975.

OMBRA NEL BUIO, UN' *(The Fan)* ★★
Regia di EDWARD BIANCHI. Con LAUREN BACALL, JAMES GARNER, MAUREEN STAPLETON. ■ Una famosa attrice, alla vigilia del debutto in un musical, riceve insistenti profferte d'amore (epistolari) da parte di un giovane ammiratore. Respinto in malo modo, il giovane si vendica ferendo gravemente la segretaria della diva, poi altri personaggi del suo *entourage*. La sera della "prima" aggredisce la donna minacciando di sgozzarla, ma è lui a rimetterci le penne. ■ GIALLO; COL.; 95'; USA, 1981.

OMBRA NELLA NEBBIA, UN' ★★★
(Bulldog Drummond Strikes Back)
Regia di ROY DEL RUTH. Con MISCHA AUER, RONALD COLMAN, WARNER OLAND, C. AUBREY SMITH, LORETTA YOUNG. ■ Il film è il seguito di *Cercasi avventura*. L'ex eroe di guerra Drummond, investigatore dilettante, non demorde: anche durante la luna di miele troverà il tempo per smascherare un pericoloso assassino. ■ GIALLO; B/N; 84'; USA, 1934.

OMBRA NELLA NOTTE, L' *(Street Justice)* ★
Regia di RICHARD C. SARAFIAN. Con JOANNA KERNS, MICHAEL ONTKEAN. ■ Arriva in città e nessuno lo conosce. Il suo scopo è quello di rimettere ordine, soprattutto sul piano morale. Lo stile è quello del cavaliere solitario di memoria western. I risultati nemmeno lontanamente comparabili. ■ DRAMMATICO; COL.; 94'; USA, 1989.

OMBRA NELL'OMBRA, UN' ★★
Regia di PIER CARPI. Con VALENTINA CORTESE, FRANK FINLAY, ANNE HEYWOOD, JOHN PHILIP LAW, MARISA MELL, IRENE PAPAS, PAOLA TEDESCO. ■ Lucifero si congiunge con quattro donne e da una nasce una figlia diabolica che, nonostante gli sforzi delle spose demoniache pentite e di un sacerdote, si reca a San Pietro per la resa dei conti con il papa. ■ HORROR; COL.; 106'; ITALIA, 1979.

OMBRA SUL TETTO, L' *(Je reviendrai à Kandara)* ★★
Regia di VICTOR VICAS. Con BELLA DARVI, DANIEL GÉLIN, FRANÇOIS PÉRIER. ■ Un uomo dal passato tormentato si riduce a insegnare in una cittadina di provincia. È però vittima della macchinazione di un figuro che ha compiuto un delitto (il professore aveva veduto di notte l'ombra dell'assassino sul tetto della casa di fronte), e che tenta di far ricadere i sospetti su di lui. ■ DRAMMATICO; COL.; 95'; FRANCIA, 1956.

OMBRE *(Shadows)* ★★★
Regia di JOHN CASSAVETES. Con BEN CARRUTHERS, RUPERT CROSSE, LELIA GOLDONI, ANTHONY RAY. ■ Uno dei manifesti del cinema verità americano. Tre fratelli neri stentano a trovare un'identità sociale. Leila si mette con un bianco e ne ricava soltanto umiliazioni, Ben frequenta alcuni bianchi sbandati: tutti e due pateticamente tentano di scavalcare pregiudizi duri a morire. Hugh, che fa il cantante, troverà invece nel lavoro uno scopo alla sua difficile esistenza. ■ DRAMMATICO; B/N; 87'; USA, 1960.

OMBRE A BROADWAY *(Broadway)* ★★
Regia di WILLIAM A. SEITER. Con JANET BLAIR, PAT O'BRIEN, GEORGE RAFT. ■ Un attore cinematografico ormai famoso ricorda il suo difficile passato professionale e personale prima della conquista del successo. Rievoca le sue esperienze nei locali notturni, una donna che ha amato, una banda di gangster che per un certo periodo gli ha rovinato la vita e la carriera. ■ DRAMMATICO; B/N; 91'; USA, 1942.

OMBRE AL CONFINE *(Everything is Thunder)* ★★
Regia di MILTON ROSMER. Con CONSTANCE BENNETT, OSCAR HOMOLKA, DOUGLAS MONTGOMERY. ■ Durante la guerra, un ufficiale britannico scappa dal campo di prigionia e raggiunge Berlino, dove incontra una prostituta che gli dà affetto e l'aiuta a passare il confine. I pericoli attraverso cui passano rafforzano il loro legame. ■ GUERRA; B/N; 77'; GRAN BRETAGNA, 1936.

OMBRE AMMONITRICI ★★★
(Schatten – Eine nachtliche Halluzination)
Regia di ARTHUR ROBISON. Con ALEXANDER GRANACH, FRITZ KORTNER, RUTH WEYHER. ■ Un mago delle ombre cinesi intrattiene un gruppo di persone ad una cena. A un certo punto ipnotizza il padrone di casa. Questi, scoperto il tradimento della consorte, decide di attuare una crudele vendetta. ■ DRAMMATICO; B/N; 60'; GERMANIA, 1923.

OMBRE BIANCHE *(The Savage Innocents)* ★★★
Regia di NICHOLAS RAY. Con CARLO GIUSTINI, ANTHONY QUINN, YOKO TANI. ■ Protagonista è Inuk, un esquimese. Si sposa, ha un figlio e un giorno uccide un bianco che ha rifiutato l'offerta della moglie da parte sua, secondo un'usanza degli esquimesi. Dovrebbe essere arrestato e due poliziotti lo trovano. Uno muore di freddo, l'altro viene salvato da Inuk. Il poliziotto dirà che l'assassino è morto e l'esquimese potrà continuare a vivere la sua difficile esistenza, sempre in lotta con la natura. ■ AVVENTURA; COL.; 107'; ITALIA, 1960. ■ OSCAR 1 PR, 1 NOM.

OMBRE DEL PASSATO *(Shutter)* ★
Regia di MASAYUKI OCHIAI. Con DAVID DENMAN, JOHN HENSLEY, JOSHUA JACKSON, MEGUMI OKINA, RACHAEL TAYLOR. ■ Convolati a nozze e trasferitisi in Giappone, dove ad attendere il fresco sposo c'è un lavoro come fotografo di moda, Ben e Jane rimangono coinvolti in un incidente stradale. Lei è sicura di aver investito una giovane donna, ma il corpo è introvabile. Dopo qualche giorno inizia ad avvertire strane presenze. ■ HORROR; COL.; 108'; USA, 2008.

OMBRE DEL PAVONE *(Shadow of the Peacock)* ★★★
Regia di PHILLIP NOYCE. Con WENDY HUGHES, JOHN LONE, ROD MULLINAR. ■ Una bella signora australiana durante una vacanza in Thailandia si innamora di un danzatore indigeno. ■ DRAMMATICO; COL.; 92'; AUSTRALIA, 1987.

OMBRE DI NOTTE *(Under Cover of Night)* ★★
Regia di GEORGE BRACKETT SEITZ. Con EDMUND LOWE, FLORENCE RICE. ■ Uno scienziato è diventato famoso per le sue importanti ricerche, ma in realtà è la moglie a condurre gli esperimenti. Così, quando la donna sparisce, perché disgustata dai tradimenti del marito, si porta via anche gli appunti sugli ultimi studi fatti. Lo scienziato, per riprendersi i preziosi fogli, uccide la moglie. Ma poi è costretto ad uccidere un testimone, poi altre persone. ■ GIALLO; B/N; 83'; USA, 1937.

OMBRE E NEBBIA *(Shadow and Fog)* ★★★
Regia di WOODY ALLEN. Con WOODY ALLEN, KATHY BATES, MIA FARROW, JODIE FOSTER, MADONNA, JOHN MALKOVICH. ■ Trasposizione cinematografica di *M*, commedia inclusa nella raccolta di racconti *Citarsi addosso* di Allen. La storia tuttavia ha un

diverso finale e molti arricchimenti. Le citazioni abbondano: da Lang a Kafka, da Murnau a Bergman, da Fellini a *Freaks* di Browning. La veste è teatrale: si tratta di un set tedesco ricostruito a New York. I temi sono i soliti: morte, religione, inconscio e amore tradito. Kleinmann viene svegliato nel cuore della notte perché farà parte di un gruppo di "volontari" che stanno cercando di catturare un maniaco omicida. Farà parecchi incontri tra cui uno con un'artista circense, che è fuggita dal marito che la tradiva. Costei, dopo aver conosciuto alcune prostitute, si concede a un giovane studente. Kleinmann dovrà poi faticare a provare la sua innocenza una volta sospettato dei delitti. E l'assassino svanirà in un trucco illusionista. È uno degli "Allen" meno riusciti. ■ DRAMMATICO; B/N; 86′; USA, 1991.

OMBRE GIALLE *(Target Zero)* ★★

Regia di HARMON JONES. Con PEGGIE CASTLE, RICHARD CONTE. ■ Durante la guerra di Corea, il tenente Flager rimane isolato dietro le linee nemiche. Ha con sé un telefono e con quello dirige gli attacchi che il suo squadrone compie a chilometri di distanza. Potendo osservare il nemico da vicino, porta i suoi alla vittoria. ■ GUERRA; B/N; 92′; USA, 1955.

OMBRELLO BULGARO, L' *(Le coup du parapluie)* ★★

Regia di GÉRARD OURY. Con VALERIE MAIRESSE, CHRISTINE MURILLO, PIERRE RICHARD. ■ Attorucolo, assunto per interpretare il ruolo di un killer, viene scambiato per un vero killer (atteso da un mafioso) e spedito a Saint-Tropez per uccidere un uomo. L'attore ci va, convinto di dover solo girare un film, ma lì trova pure il vero killer che lo vuole far fuori, nonché la fidanzata gelosa e una bella agente di polizia. Dopo una sequela di equivoci tutto si sistema e l'attore, sposata la poliziotta, gira un film ispirato all'accaduto. ■ COMMEDIA; COL.; 94′; FRANCIA, 1980.

OMBRELLONE, L' ★★★

Regia di DINO RISI. Con LELIO LUTTAZZI, SANDRA MILO, RAFFAELE PISU, ENRICO MARIA SALERNO, JEAN SOREL, LEOPOLDO TRIESTE. ■ In un agosto particolarmente caldo, l'ingegner Merletti lascia la città svuotata e tranquilla e si immerge nel caos chiassoso e colorato delle spiagge romagnole, dove la moglie è in vacanza. Durante il fine settimana l'ingegnere, invece di rilassarsi, è preso dalla frenetica e assurda attività della gente in vacanza. ■ COMMEDIA; B/N; 97′; ITALIA, 1965.

OMBRELLO PIENO DI SOLDI, UN ★★★
(Le jardinier d'Argenteuil)

Regia di JEAN-PAUL LE CHANOIS. Con JEAN GABIN, SERGE GAINSBOURG, CLAUDE NICOT. ■ Tulipe fa il falsario, ma solo per piccole somme che gli sono strettamente necessarie per campare. Un giorno ha la brutta idea di spedire in vacanza sulla Costa Azzurra il figlio e la nuora, e questo lo costringe a stampare un bel mucchio di quattrini. Raggiunti i due colombi, Tulipe va al casinò e vince parecchi milioni. Soddisfatto un suo piccolo desiderio, Tulipe regala il resto della somma ai due giovani, ma questi, convinti che si tratti sempre di denaro falso e temendo che la polizia stia per arrestarli, bruciano tutto. ■ COMMEDIA; COL.; 87′; FRANCIA, 1966.

OMBRE MALESI *(The Letter)* ★★★★

Regia di WILLIAM WYLER. Con BETTE DAVIS, HERBERT MARSHALL, JAMES STEPHENSON. ■ Leslie è sposata con Robert e vive con lui in Malesia, apparentemente felice. Ma una notte, mentre il marito è assente, la donna uccide Hammond, un giovane inglese sposato ad una indigena. Al processo Leslie racconta che si è trattato di legittima difesa e viene assolta. La verità, però, è un'altra: Hammond era il suo amante del quale lei era innamoratissima. Quando la vedova di Hammond verrà a vendicare la morte del marito, Leslie non farà nulla per difendersi. ■ DRAMMATICO; B/N; 95′; USA, 1940. ■ OSCAR 7 NOM.

OMBRE ROSSE *(Stagecoach)* ★★★★★

Regia di JOHN FORD. Con GEORGE BANCROFT, JOHN CARRADINE, BERTON CHURCHILL, ANDY DEVINE, THOMAS MITCHELL, LOUISE PLATT, CLAIRE TREVOR, JOHN WAYNE. ■ Nuovo Messico, 1880: una diligenza lascia una città per raggiungere un forte. I passeggeri sono una prostituta (Trevor), un commerciante di liquori, un banchiere, una donna incinta, un giocatore di professione (Carradine), un medico alcolizzato (Mitchell), uno sceriffo (Bancroft), ai quali si aggiunge Ringo (Wayne), evaso (ma è innocente) dal carcere per vendicarsi di Luca, assassino di suo padre. La diligenza fa sosta in alcune stazioni e alla fine del viaggio viene assalita dagli indiani. Nel frattempo i rapporti umani si sono intrecciati e ognuno ha rivelato se stesso. Il banchiere era semplicemente un ladro, la donna ha partorito, il giocatore muore, il medico si riscatta, il commerciante avrà qualcosa da raccontare, Ringo compie la sua missione. Lo sceriffo lo arresta, ma poi lo lascia fuggire con la prostituta. Non c'è dubbio che si tratti di uno dei più grandi film mai realizzati, riconosciuto universalmente anche dai recensori più severi e aristocratici. Per la prima volta un western si prestava a letture più articolate e profonde grazie anche alla (probabile) fonte, *Palla di sego*, di Maupassant. Il viaggio, i rapporti interni di un gruppo diversissimo, il pericolo che sovrasta e poi arriva, davano la possibilità a Ford di mostrare attitudini, anche intellettuali, che non gli venivano attribuite. Ecco dunque in campo i pregiudizi, il coraggio, la paura, il dolore e l'avventura, serviti da attori magnifici, compreso John Wayne, ritenuto fino ad allora un "bisteccone" monocorde e divenuto divo di massima grandezza. C'è anche l'epica, anche se non è il valore principale del film (l'epica era meglio rappresentata da un western di De Mille del 1936, *La conquista del West*, con Gary Cooper): epica è l'iniziativa di Wayne di sposare la prostituta Dallas appena conosciuta; il corteggiamento notturno, di pochissime parole (alla Wayne, appunto), coi protagonisti appoggiati a una palizzata (importante elemento fordiano che serve a "dividere" la scena fisicamente e idealmente), è uno dei più straordinari momenti del cinema di Ford. Sul piano della tecnica cinematografica Ford introduce novità importanti: la cinepresa che corre parallelamente alla diligenza, per esempio. Da ricordare l'attacco finale degli indiani nel deserto, con Wayne che spara dal tetto della diligenza e col più liberatorio degli "arrivano i nostri" della cavalleria, con tanto di tromba che suona la carica. *Ombre rosse* dava il via a una stagione straordinaria del western in quel 1939, ultimo anno di pace che sarebbe diventato l'anno magico del cinema di ogni tempo, anche in Europa. ■ WESTERN; B/N; 99′; USA, 1939. ■ OSCAR 2 PR, 7 NOM.

OMBRE ROSSE, LE ★★

Regia di FRANCESCO MASELLI. Con VALENTINA CARNELUTTI, ROBERTO HERLITZKA, LUCA LIONELLO, FLAVIO PARENTI, LUCIA POLI. ■ I giovani di un centro sociale che si chiama "Cambiare il mondo" incontrano il professor Siniscalchi vecchio, storicizzato intellettuale comunista. Potrebbe nascerne un progetto di enorme impatto, persino di sostanza, ma poi tutto si arena in una palude di chiacchiere, dei giovani e dei vecchi compagni del professore. Le prime immagini del centro sociale richiamano un girone dell'inferno. Il grande spazio che accoglie i senza tetto, materassi e lenzuola bianche disposti ad anfiteatro, sembra davvero un'incisione del Doré. Il centro sociale avrebbe grandi idee: il cinema, la letteratura, e poi il teatro. I ragazzi vivono in quell'ambiente, diroccato, sporco, degradato, dormono in mutande in cellette con pareti di cartone, aperte a tutti. Non mancano droga e alcol. E tutti, parlano, parlano, parlano. E c'è il momento di confronto coi "vecchi", intellettuali, architetti, sindacalisti, gente inserita nel sistema: governa il centrosinistra. E ci sono anche scene di sesso, disperate quelle dei giovani, grottesche quelle dei vecchi. Alla fine, a forza di parole, il progetto si disperde insieme al centro sociale, tutto rientra, niente succede. Insomma che tu sia vecchio o giovane, se ti viene un minimo di voglia di sinistra... ti passa. Maselli assume se stesso come modello di contestazione verso questa Sinistra che si autodevasta. Cose che sappiamo, che ci vengono dette "instant" ad ogni ora del giorno. E si rivolge ai suoi, e bacchetta chi non gli è simpatico, ne fa una caricatura, come quella dell'architetto Vargas che ricorda sospettosamente Massimiliano Fuksas. Nel film è momento di elezioni, i "vecchi" sentono fuori i clacson scatenati. Qualcuno dice «ma i clacson non sono un segnale di sinistra» infatti ha vinto la Destra. Maselli si è accorto della grande debolezza, della mancanza di idee, di forze e di tutto, ma forse non si è accorto di aver confezionato uno spot irresistibile a favore della Destra. Il cinema è perfetto per certe suggestioni, si sa. Lo capirono prima di tutti proprio gli "amici di ottobre" di Maselli.

Ma occorrono le misure giuste. Non basta un mare di dialettica astratta. Loach, con le sue storie sul dolore, sul lavoro, sugli oppressi, mostrando, non chiacchierando, ha creato disagi grandi al governo Thatcher. È vero cinema di sinistra, che ti faceva venir voglia di esserlo anche tu. Mentre Citto, continua ad essere l'onesto, coerente, fedele, distante eroe della guardia a niente. ■ DRAMMATICO; COL.; 91'; ITALIA, 2009.

OMBRE SUI MURI *(La maison assassinée)* ★★
Regia di GEORGES LAUTNER. Con AGNES BLANCHOT, ANNE BROCHET, PATRICK BRUEL. ■ Il giovane Seraphin, scampato neonato alla strage della sua famiglia, ritorna dalla guerra e giura a se stesso di trovare gli assassini dei suoi genitori e di decifrare il mistero che incombe sulla sua vecchia casa. Metterà a ferro e fuoco il paese. ■ DRAMMATICO; COL.; 100'; FRANCIA, 1988.

OMBRE SUL CANAL GRANDE ★★
Regia di GLAUCO PELLEGRINI. Con ANTONIO CENTA, ISA POLA, ELENA ZARESCHI. ■ Daniela è la giovane moglie di Carlo, un uomo molto più anziano di lei che viene trovato morto nelle acque della laguna di Venezia. La donna crede che il marito si sia ucciso per il dolore di sapersi tradito, ma il suo amante, Stefano, confessa di averlo ucciso per legittima difesa. Durante un inseguimento verrà ucciso dalla polizia. ■ DRAMMATICO; B/N; 94'; ITALIA, 1951.

OMBRE SUL CUORE *(Wonder of Women)* ★★
Regia di CLARENCE BROWN. Con LEILA HYAMS, LEWIS STONE, PEGGY WOOD. ■ Uno dei primi film sonori della MGM. Uno scrittore incontra una bella sconosciuta. Diventano amanti e lei gli ispira il suo miglior libro. Poi lui torna da un'altra. Poi si pente. Vuol rivedere la donna del treno, ma è troppo tardi. La poverina sta morendo. ■ DRAMMATICO; B/N; 92'; USA, 1929.

OMBRE SUL KILIMANJARO *(Killers of Kilimanjaro)* ★★
Regia di RICHARD THORPE. Con ANNE AUBREY, ANTHONY NEWLEY, ROBERT TAYLOR. ■ La ferrovia Mombasa-lago Vittoria è stata interrotta a causa di alcuni incidenti. L'incarico di continuare i lavori viene affidato all'ingegner Adamson, che parte con una scorta di neri e con Jane (che cerca il suo ragazzo scomparso). Dopo aver superato diversi ostacoli, Adamson porterà a termine l'incarico. ■ AVVENTURA; COL.; 91'; GRAN BRETAGNA, 1960.

OMBRE SUL MARE *(Destroyer)* ★★
Regia di WILLIAM A. SEITER. Con MARGUERITE CHAPMAN, GLENN FORD, EDWARD G. ROBINSON. ■ Un vecchio marinaio si imbarca su una nuova nave, che porta lo stesso nome di quella sulla quale aveva compiuto, molti anni prima, tante imprese guerresche. Il fatto di essere alle dipendenze del fidanzato della figlia e di lavorare su una nave addetta al servizio postale lo scoraggiano non poco. L'occasione di trasformare la nuova nave in nave da combattimento si presenta ben presto. ■ AVVENTURA; B/N; 99'; USA, 1943.

OMBRE SUL PALCOSCENICO ★★★
(I Could Go on Singin')
Regia di RONALD NEAME. Con DIRK BOGARDE, JUDY GARLAND, JACK KLUGMAN. ■ Trovandosi a Londra per lavoro, la cantante Jenny chiede all'uomo che in passato aveva amato e dal quale ha avuto un figlio di permetterle di vedere il ragazzo. Madre e figlio si incontrano e nasce un grande affetto che il padre spezza separando nuovamente i due. Soltanto un grave incidente, che mette a repentaglio la vita di Jenny, serve a riavvicinare e riunire i tre in una vera famiglia. ■ DRAMMATICO; COL.; 99'; GRAN BRETAGNA, 1962.

OMBRE SU TRIESTE ★★
Regia di NERINO FLORIO BIANCHI. Con ELIO ARTAN, FELGA LAURI, RAF PINDI. ■ La storia di quattro ragazzi triestini, divenuti partigiani dopo essere sfuggiti alla cattura dei tedeschi, è rivissuta attraverso il racconto di due amici in attesa del treno alla stazione di Trieste. ■ GUERRA; B/N; 91'; ITALIA, 1952.

OMEGA DOOM ★
Regia di ALBERT PYUN. Con TINA COTE, RUTGER HAUER, CYNTHIA IRELAND, JILL PIERCE, SHANNON WHIRRY. ■ Gli esseri umani vivono sottoterra perché il pianeta è dominato dai robot. Gli androidi, che sono gli unici a poter sopravvivere sulla superficie in seguito a una contaminazione nucleare, vengono perseguitati dai robot che vogliono impadronirsi delle loro armi temendo una riscossa degli umani. Omega Doom è un androide che cerca di porre termine alle uccisioni. Un altro gradino nella discesa, speriamo non inesorabile di Hauer verso i bassifondi del cinema. ■ FANTASCIENZA; COL.; 84'; USA, 1996.

OMEN – IL PRESAGIO *(The Omen)* ★★
Regia di JOHN MOORE. Con NIKKI AMUKA-BIRD, REGGIE AUSTIN, SEAMUS DAVEY-FITZPATRICK, MIA FARROW, MICHAEL GAMBON, PETE POSTLETHWAITE, LIEV SCHREIBER, JULIA STILES, DAVID THEWLIS. ■ Thorn e Kathryn sono una coppia infelice. Dopo due aborti spontanei, perdono anche un figlio al termine di un parto travagliato. Un prete presente all'ospedale, conscio della tragedia, affida loro un neonato che ha perso la madre al momento della nascita. Il suo nome sarà Damien, e sarà portatore di eventi inspiegabili. Era il 1976 quando *Il presagio* usciva nei cinema. L'atmosfera di inquietudine, la presenza di Gregory Peck, attore della vecchia Hollywood, la tendenza innescata da *L'esorcista*, e quel personaggio, Damien, che avrebbe terrorizzato con il suo inquietante sguardo le platee di appassionati, lo hanno trasformato in un cult. A trent'anni di distanza, supportato da una campagna marketing che ha avuto la sua forza nel giorno di distribuzione, il 6 giugno 2006 (6-6-6), il numero dell'anticristo, è arrivata questa nuova versione, adattata ai nostri tempi. ■ HORROR; COL.; 110'; USA, 2006.

OMEN IV – IL PRESAGIO INFERNALE ★
(Omen IV – The Awakening)
Regia di JORGE MONTESI, DOMINIQUE OTHENIN-GIRARD. Con FAYE GRANT, MICHAEL WOODS. ■ Satana si è impossessato del corpo di Delia, che è la figlia adottiva di una giovane coppia. La serie continua in modo sempre più ripetitivo. ■ HORROR; COL.; 93'; USA, 1991.

OMERTÀ *(The People Against O'Hara)* ★★★
Regia di JOHN STURGES. Con DIANA LYNN, PAT O'BRIEN, SPENCER TRACY. ■ La brillante carriera dell'avvocato Jim Curtayne è stata stroncata da una grave malattia. Tuttavia, quando gli si presenta l'occasione di difendere un presunto assassino, Jim non esita a ributtarsi nella mischia. Il processo è difficile, anche perché un gruppo di gangster ostacola il suo lavoro. È solo esponendosi personalmente e rimanendo ucciso che Jim permette alla polizia di scoprire il vero colpevole, vincendo in questo modo la sua ultima causa. ■ DRAMMATICO; B/N; 102'; USA, 1951.

OMICIDA, L' *(Le meurtrier – Der Mörder)* ★★★
Regia di CLAUDE AUTANT-LARA. Con YVONNE FURNEAUX, ROBERT HOSSEIN, MAURICE RONET, MARINA VLADY. ■ Kimmel, libraio di un paesino della Costa Azzurra, ha ucciso una donna, ma del delitto è sospettato Walter, sposato ad una donna dal carattere impossibile. È proprio la valigia della moglie, piena di ritagli di giornale che parlano dell'assassino, a compromettere Walter. Tuttavia, chiamato a testimoniare durante il processo, Kimmel rivela alcuni particolari del proprio crimine, finendo involontariamente con l'autoaccusarsi. ■ DRAMMATICO; B/N; 100'; FRANCIA, GERMANIA, 1963.

OMICIDI A SOGGETTO ★
Regia di BILL NAUD. Con RICK DEAN, BARRY DOVE, RED MCVEY. ■ Una troupe cinematografica sta "girando" su un'isoletta dell'Atlantico. Improvvisamente, un misterioso assassino inizia a ucciderne i componenti al ritmo di una canzone. ■ GIALLO; COL.; 85'; USA, 1986.

OMICIDI DI CLASSE *(Dead Man's Curve)* ★★
Regia di DAN ROSEN. Con RANDALL BATINKOFF, TAMARA CRAIG THOMAS, MATTHEW LILLARD, KERI RUSSELL, MICHAEL VARTAN. ■ Come diventare i migliori della scuola e passare gli esami a pieni voti? Due studenti mediocri si inventano un sistema infallibile. Secondo una consuetudine delle università americane, il compagno di stanza di un ragazzo suicida ottiene automaticamente il massimo dei voti. I due protagonisti Tim (Matthew Lillard) e Chris (Michael Vartan), sono disposti a tutto pur di entrare ad Harvard, ma per questo bisogna che migliorino il loro profitto scolastico. L'omicidio diventa, quindi, per loro una necessità

e la loro vittima sarà il loro compagno di stanza Rand (Randall Batinkoff). Come tutti i film del genere ripropone l'atmosfera del college fatta di cameratismo, allegria, ma lo sfondo sul quale si sviluppa il film è il giallo. Ne esce un mix di suspence e di colpi di scena non particolarmente avvincenti. ■ THRILLER; B/N; 91′; USA, 2000.

OMICIDI DI PROVINCIA *(Flesh and Bone)* ★★
Regia di STEVE KLOVES. Con JAMES CAAN, DENNIS QUAID, MEG RYAN, CHRISTOPHER RYDELL. ■ Un film minore del regista di *I favolosi Baker*. Buon cast ma poco coinvolto. Kay, rimasta sola dopo la separazione dal marito, cerca di rifarsi una vita con Arlis. Ma il padre di lui nasconde un passato pieno di ombre. ■ THRILLER; COL.; 120′; USA, 1993.

OMICIDI & INCANTESIMI *(Cast a Deadly Spell)* ★★★
Regia di MARTIN CAMPBELL. Con JAMES MOORE, FRED WARD, DAVID WARNER. ■ Un film "nero" piacevole e pieno di riferimenti a letteratura e cinema. A cominciare dal protagonista, un investigatore privato che si chiama nientemeno che H.P. Lovecraft come il famoso scrittore, padre del genere horror-fantasy moderno. L'eroe ha due giorni per far avere al potente Amos Hackshaw un rarissimo libro di magia nera dal nome programmatico di *Necronomicon*. Molti i guai ma tutto finisce in gloria. Il regista Martin Campell conferma la sua bravura, dopo la buona prova di *Legge criminale* e quindici anni prima di *Casino Royale*. ■ POLIZIESCO; COL.; 98′; USA, 1991.

OMICIDI IN VIDEOTAPE *(Deadly Embrace)* ★
Regia di ELLEN CABOT. Con JACK CARTER, JEAN-MICHAEL VINCENT. ■ Un ragazzo americano dal fisico prestante, ma dall'intelligenza non altrettanto scattante, si ritrova tra le braccia di una quarantenne incompresa dal marito. L'abbraccio sarà mortale, come recita il titolo originale. ■ DRAMMATICO; COL.; 85′; USA, 1988.

OMICIDIO *(Murder!)* ★★★
Regia di ALFRED HITCHCOCK. Con NORA BARING, PHYLLIS KONSTAM, HERBERT MARSHALL. ■ Una ragazza viene ingiustamente accusata di omicidio, ma uno dei giurati che devono giudicarla l'aiuta a scagionarsi. ■ GIALLO; B/N; 108′; GRAN BRETAGNA, 1930.

OMICIDIO *(Homicide)* ★★
Regia di FELIX JACOVES. Con ROBERT ALDA, ROBERT DOUGLAS, HELEN WESTCOTT. ■ Il tenente Landers è incaricato di indagare sull'assassinio di un giovane lavorante agricolo, ma quando è a buon punto un suo superiore gli impone di abbandonare le ricerche. Le continua ugualmente per proprio conto e scopre un intrigo che coinvolge persone al di sopra di ogni sospetto. Troverà l'assassino. ■ POLIZIESCO; B/N; 79′; USA, 1949.

OMICIDIO AL 17° PIANO ★★
(Engel, die ihre Flügel verbrennen)
Regia di ZBYNEK BRYNYCH. Con JAN KOESTLER, NADIA TILLER, SUSANNA UHLEN. ■ Monica e Robert sono accomunati dalla stessa drammatica situazione: le rispettive madri sono donne amorali che trascurano i figli per squallide avventure. Decidono così di uccidere un occasionale amante delle madri venendo subito scoperti dalla polizia. Per sfuggire all'arresto, si danno la morte. ■ DRAMMATICO; COL.; 92′; GERMANIA, 1971.

OMICIDIO AL GREEN HOTEL *(Kill or Cure)* ★★
Regia di GEORGE POLLOCK. Con DENNIS PRICE, ERIC SYKES, TERRY THOMAS. ■ Il detective Barker accetta da parte di una anziana gentildonna l'incarico di sorvegliare un piccolo albergo in una località di campagna. Barker vi trova la sua cliente uccisa e sospetta del direttore dell'albergo. Quest'ultimo sospetta a sua volta di Barker, finché le comuni difficoltà non li rendono amici. Riusciranno, insieme, a risolvere il complicato caso. ■ GIALLO; B/N; 88′; GRAN BRETAGNA, 1962.

OMICIDIO ALL'ALBA *(Rainbow Drive)* ★★
Regia di BOBBY ROTH. Con SELA WARD, PETER WELLER. ■ Un poliziesco a sfondo sociale interpretato dall'attore di *Robocop*. È infatti un agente che indaga su una strage avvenuta in una bella casa hollywoodiana. Le cose strane sono molte e, dopo il primo sopralluogo, scompare anche uno dei corpi delle vittime. C'è odore di corruzione e con implicazioni pericolose. Un film di stampo televisivo, ma con un ritmo coinvolgente. La musica è dei Tangerine Dream, gruppo tedesco del periodo rock sperimentale e progressivo, targato anni Settanta. ■ POLIZIESCO; COL.; 95′; USA, 1990.

OMICIDIO ALLO SPECCHIO *(Dead of Winter)* ★★★
Regia di ARTHUR PENN. Con RODDY MCDOWALL, JAN RUBES, MARY STEENBURGEN. ■ Un'attricetta accetta la proposta di un produttore di girare un provino in una località sperduta di campagna. L'hanno scelta, dicono, per la somiglianza con un'attrice misteriosamente scomparsa. Tutte storie. Il sedicente produttore vuol ricattare una riccona, che ha ucciso la sorella gemella per derubarla. Presentandole un videotape girato con l'attricetta, vuol far credere all'assassina che la sorella è ancora viva. Prigioniera di quella banda di delinquenti, l'attrice sembra non aver scampo, e invece sarà proprio la somiglianza con le altre due donne a salvarla. ■ GIALLO; COL.; 100′; USA, 1987.

OMICIDIO AL NEON PER L'ISPETTORE TIBBS ★★★
(They Call Me Mister Tibbs)
Regia di GORDON DOUGLAS. Con EDWARD ASNER, MARTIN LANDAU, BARBARA MCNAIR, SIDNEY POITIER, ANTHONY ZERBE. ■ L'ispettore Tibbs indaga sull'assassinio di una prostituta del quale sembra essere colpevole padre Logan, un amico del poliziotto. Tibbs in un primo momento sembra trovare prove che scagionano il pastore, ma poi arriva una testimonianza che lo inchioda alle sue responsabilità. ■ POLIZIESCO; COL.; 108′; USA, 1971.

OMICIDIO A LUCI ROSSE *(Body Double)* ★★★
Regia di BRIAN DE PALMA. Con MELANIE GRIFFITH, GREGG HENRY, CRAIG WASSON. ■ Jake Scully è un attore di Los Angeles disoccupato (ha avuto un attacco di claustrofobia mentre faceva il vampiro nella bara), che si trasferisce nell'appartamento di un amico in partenza per un viaggio. Dalla casa, con un potente telescopio, Jake scopre una ragazza nel palazzo di fronte che dà spettacolo (a luci rosse) di se stessa. La segue anche di giorno, finché una sera scopre involontariamente il suo assassinio. La polizia sospetta di lui, ma alla fine si scopre che il colpevole è il suo amico, che gli aveva teso una trappola per uccidere sua moglie. Azione, sesso e violenza proposti con mestiere da un De Palma che ripesca motivi hitchcockiani. ■ THRILLER; COL.; 109′; USA, 1984. ■ GOLDEN GLOBES 1 NOM.

OMICIDIO A NEW ORLEANS *(Heaven's Prisoners)* ★★
Regia di PHIL JOANOU. Con ALEC BALDWIN, KELLY LYNCH, MARY STUART MASTERSON, ERIC ROBERTS. ■ Il detective Robichaux (creato da James Lee Burke) è un ex poliziotto alcolizzato che cerca di salvare una bambina inseguita. Gli viene uccisa la moglie e si trova costretto ad eliminare il suo miglior amico. Alec Baldwin interpreta in modo ingessato un personaggio che avrebbe bisogno di ben altro approccio. ■ POLIZIESCO; COL.; 123′; USA, 1996.

OMICIDIO A PAGAMENTO ★★★
(Comme un cheveu sur la soupe)
Regia di MAURICE RÉGAMEY. Con NOËLLE ADAM, LOUIS DE FUNÈS, JACQUES JOUANNEAU. ■ Un pianista fallito decide di uccidersi ma non ne ha il coraggio. Allora assolda un killer perché lo faccia al posto suo, ma quello indugia trovando sempre una scusa. Il pianista ha un colpo di fortuna, il successo gli arride e riprende ad amare la vita. Un giorno però si trova di fronte l'uomo che è stato pagato per ucciderlo e che non ha svolto il suo compito. ■ GIALLO; B/N; 79′; FRANCIA, 1957.

OMICIDIO A SORPRESA *(Tag the Assassination Game)* ★★
Regia di NICK CASTLE. Con BRUCE ABBOTT, ROBERT CARRADINE, LINDA HAMILTON. ■ In un college si gioca a colpire con pistole giocattolo le vittime designate. Ma uno studente schizofrenico decide un giorno di usare una pistola vera. Ammazza quattro colleghi e sta per uccidere una ragazza che però viene salvata da un giornalista. ■ THRILLER; COL.; 92′; USA, 1983.

OMICIDI OCCASIONALI *(Stag)* ★★★
Regia di GAVIN WILDING. Con KEVIN DILLON, BEN GAZZARA, ANDREW MCCARTHY, MARIO VAN PEEBLES. ■ Victor Mallick si sposa. La festa dell'addio al celibato è decisamente animata. Alcool e droghe non mancano, così come due spogliarelliste. Pec-

cato che una delle due venga uccisa accidentalmente. Ha così inizio lo scaricabarile delle responsabilità. Film migliore di quanto ci si potrebbe aspettare. ■ GIALLO; COL.; 97′; USA, 1997.

OMICIDIO CONSENTITO DALLA LEGGE, UN ★★
(L'Albatros)
Regia di JEAN-PIERRE MOCKY. Con MARION GAME, JEAN-PIERRE MOCKY, PAUL MÜLLER. ■ Paula, figlia di un candidato alle elezioni, viene rapita da un evaso, che non ha voluto accettare un'ingiusta condanna all'ergastolo. Dell'avvenimento approfitta l'avversario del padre di Paula per gettare fango sulla sua vita privata. A impedire questo linciaggio morale interviene l'evaso che, innamoratosi della ragazza, la rimette in libertà e poi va a costituirsi. ■ DRAMMATICO; COL.; 92′; FRANCIA, 1971.

OMICIDIO CORRE SUL FILO, L' ★
(Are You Lonesome Tonight?)
Regia di E.W. SWACKHAMER. Con BETH BRODERICK, JANE SEYMOUR, PARKER STEVENSON. ■ Moglie in crisi per le scappatelle telefoniche di lui, chiama un investigatore privato quando il marito, una sera, svanisce nel nulla. Mentre le indagini sui telefoni erotici proseguono rivelando insidiose perversioni, tra detective e cliente nasce l'attrazione. Swackhamer ci riprova dopo il trascurabile horror *Terror at London Bridge*. ■ THRILLER; COL.; 88′; USA, 1991.

OMICIDIO DELLA PIN-UP *(Calendar Girl Murders)* ★
Regia di WILLIAM A. GRAHAM. Con ROBERT BELTRAN, B. BOSSON, TOM SKERRITT, SHARON STONE. ■ Un film che certo non colpisce per la bellezza del titolo o della storia, ma solo per una giovane Sharon Stone (otto anni prima di *Basic Instinct*), qui nei panni di una fotomodella in pericolo. Un maniaco, infatti, ha ucciso le prime due "ragazze del mese" fotografate per un calendario e ora l'investigatore che segue le indagini (Skerritt) si preoccupa di proteggere Miss Marzo. ■ THRILLER; COL.; 120′; USA, 1984.

OMICIDIO INCROCIATO *(The Hitman)* ★★
Regia di AARON NORRIS. Con CHUCK NORRIS, MICHAEL PARKS, AL WAXMAN. ■ La solita lotta tra polizia e malavita è pretesto per la performance di Norris. E non è nemmeno tra i film più avvincenti per il suo pubblico di affezionati. ■ THRILLER; COL.; 91′; USA, 1991.

OMICIDIO IN DIRETTA *(Snake Eyes)* ★★★
Regia di BRIAN DE PALMA. Con NICOLAS CAGE, CARLA GUGINO, JOHN HEARD, GARY SINISE. ■ Ad Atlantic City, durante il combattimento per il titolo mondiale dei pesi massimi, viene assassinato il governatore. È coinvolto anche Rick (Cage), poliziotto corrotto, boss di quella zona. Aiuta l'amico ufficiale di marina (Sinise) che era incaricato della sicurezza. Emerge la ragione dell'omicidio: il governatore voleva affossare il progetto dei nuovi missili. Lo hanno ucciso i guerrafondai, guidati proprio dall'amico di Rick, al quale viene offerto molto denaro pur di tacere. Ma lui ha per la prima volta un moto di onestà. Movimenti, fantasia, linguaggio alla De Palma. Forse nella seconda parte il linguaggio prevale sulla storia, comunque rimane il coinvolgimento e un plot, un pochino conosciuto, ma sempre funzionale. Alla fine Rick diventa un eroe ma vede scoperte tutte le sue magagne. Conclude dicendo: «chi se ne frega, sono andato in televisione». ■ THRILLER; COL.; 99′; USA, 1998.

OMICIDIO IN PARADISO *(Un crime au paradis)* ★★
Regia di JEAN BECKER. Con JOSIANE BALASKO, ANDRÉ DUSSOLLIER, SÉBASTIEN JAPRISOT, JACQUES VILLERET. ■ Jojo Braconnier è un piccolo allevatore di bestiame vessato da una moglie tirannica e vendicativa. La vita del poveretto è terribile: la moglie, che lo chiama "palle mosce", arriva sino al punto di forargli col trapano i secchi con cui raccoglie il latte munto dalle capre per farne formaggini. Un giorno scopre in televisione un celebre avvocato che vanta l'ampio numero di assoluzioni ottenute per clienti imputati di omicidio e gli viene l'idea di andarlo a trovare. Da cosa nasce cosa... Tratto da una commedia misogina del caustico autore teatrale Sacha Guitry, il film vede all'opera un caratterista davvero esemplare come Jacques Villeret e un attore brillante come André Dussollier. Il divertimento non manca. ■ COMMEDIA; COL.; 90′; FRANCIA, 2001.

OMICIDIO IN 35 MM *(Lies)* ★★
Regia di JIM WHEAT, KEN WHEAT. Con BRUCE DAVISON, ANN DUSENBERRY, GAIL STRICKLAND. ■ Un'attrice di belle speranze viene ingaggiata per un film su un famoso fatto di cronaca nera. Ma la scrittura è fasulla e la ragazza si trova invischiata in un complotto ordito dal marito di una sua sorella. L'attricetta finisce in manicomio, ma il suo fidanzato riuscirà a liberarla. ■ GIALLO; COL.; 92′; USA, 1983.

OMICIDIO NELLA MENTE *(Murder in Mind)* ★★
Regia di ANDREW MORAHAN. Con NIGEL HAWTHORNE, MARY-LUOISE PARKER, JIMMY SMITS. ■ Tratto da una commedia, il film traccia il confuso stato mentale di una donna accusata di uxoricidio. Chiede aiuto a un ipnotizzatore. Molte sorprese ma senza mordente. ■ GIALLO; COL.; 90′; USA, 1997.

OMICIDIO NELL'OMBRA *(Memories of Murder)* ★
Regia di ROBERT M. LEWIS. Con NANCY ALLEN, ROBIN THOMAS, VANITY. ■ Jennifer si trova in coma profondo, ma nella sua mente continuano ad agitarsi strani ricordi. Soprattutto si ripropone l'immagine di una cena in cui è accaduto qualcosa di molto pericoloso. Al risveglio però la memoria è confusa. ■ THRILLER; COL.; 95′; USA, 1990.

OMICIDIO NEL VUOTO *(Drop Zone)* ★★
Regia di JOHN BADHAM. Con GARY BUSEY, YANCY BUTLER, WESLEY SNIPES. ■ Badham, che ha ormai le cifre d'autore che ne caratterizzarono gli esordi, mette la sua professionalità al servizio di una storia di paracadutisti che ne combinano di tutti i colori, con uno Snipes esibizionista più che mai. ■ AVVENTURA; COL.; 101′; USA, 1994.

OMICIDIO PER APPUNTAMENTO ★★
Regia di MINO GUERRINI. Con GIORGIO ARDISSON, ELLA KARIN, GÜNTHER STOLL. ■ Messo alle costole della figlia troppo esuberante di un miliardario, Irving arriva a Roma e ne approfitta per cercare un vecchio amico, certo Dwight. Da quel momento la sua vita si complica. ■ POLIZIESCO; COL.; 90′; ITALIA, 1967.

OMICIDIO PERFETTO *(The Perfect Murder)* ★★
Regia di ZAFAR HAI. Con NASEERUDIN SHAH, STELLAN SKARSGARD. ■ In una Bombay misteriosa ed esotica il criminologo svedese Axel Svensen e l'ispettore indiano Chote insieme risolvono il caso di un traffico di diamanti. ■ POLIZIESCO; COL.; 93′; USA, 1987.

OMICIDIO PERFETTO A TERMINE DI LEGGE, UN ★★
Regia di TONINO RICCI. Con ELGA ANDERSEN, PHILIPPE LEROY, IVAN RASSIMOV, ROSSANA VANNI. ■ Marco ha subito un'operazione al cervello che gli ha lasciato dei vuoti di memoria. La moglie ed il suo socio in affari si prendono cura di lui e, quando Marco sospetta che tra i due ci sia una relazione, la moglie viene trovata uccisa. Ma non è morta, ricompare ed è Marco che, sconvolto, finisce con la macchina in un burrone. Ma nemmeno questa volta c'è sul serio il cadavere. ■ GIALLO; COL.; 93′; ITALIA, 1971.

OMICIDIO PER UN DIROTTAMENTO ★★
(This is a Hi-Jack)
Regia di BARRY POLLACK. Con LYNN BORDEN, NEVILLE BRAND, ADAM ROARKE, JAY ROBINSON. ■ Mike ha architettato il colpo grosso della sua vita: dirottare l'aereo privato di un boss della malavita e sottrargli un milione di dollari. Le cose si complicano perché il segretario del boss ha avvisato la polizia. Quando all'aeroporto gli consegnano la preziosa valigetta, Mike è convinto di aver partita vinta. Troverà invece una sgradita sorpresa. ■ POLIZIESCO; COL.; 90′; USA, 1973.

OMICIDIO PER VOCAZIONE ★★
Regia di VITTORIO SINDONI. Con FEMI BENUSSI, TOM DRAKE, IVO GARRANI, VIRGILIO GAZZOLO. ■ Sono cinque gli eredi di Oscar: quattro legittimi e un quinto, Jeannot, un figlio adottivo che, secondo gli altri, non dovrebbe aver diritto a nulla. Invece è proprio lui a ereditare, anche se i legittimi eredi hanno buone possibilità di appellarsi alla giustizia. Jeannot muore e poi, uno alla volta, vengono uccisi tutti tranne una ragazza. ■ GIALLO; COL.; 92′; ITALIA, 1968.

OMICRON ★★★
Regia di UGO GREGORETTI. Con ROSEMARIE DEXTER, RENATO

SALVATORI. ■ Omicron è un extraterrestre spedito sulla Terra in avanscoperta per accertare le possibilità di invasione del pianeta. Il pirata spaziale si impadronisce del corpo di un operaio, certo Trabucco, e in quei panni ne combina di tutti i colori. L'amore e la lotta sociale fanno dimenticare a Omicron lo scopo del suo viaggio. ■ COMMEDIA; B/N; 95'; ITALIA, 1963.

OM JAG VÄNDER MIG OM *(Alle prime luci dell'alba)* ★★★
Regia di BJÖRN RUNGE. Con LEIF ANDRÉE, PERNILLA AUGUST, JAKOB EKLUND, JOHAN KVARNSTRÖM, HAMPUS PENTTINEN, ANN PETRÉN, MARIE RICHARDSON. ■ Tre storie in una Svezia contemporanea. Una donna anziana rivuole con sé il marito che l'ha lasciata per una ragazza. Un chirurgo scopre di non aver ottenuto la promozione attesa e che la sua amante (moglie di un collega) è incinta. Un muratore che sacrifica la famiglia al lavoro riceve una richiesta insolita che lo turba: deve murare all'interno di una villetta a due piani una coppia la cui figlia ha fatto perdere le sue tracce trasferendosi in Africa. Film di attori e di spazi (tre case desiderate e respinte allo stesso tempo) che indaga sul malessere esistenziale, così come spesso gli svedesi hanno saputo fare in passato, ma con la voglia di trovare una soluzione non distruttiva. ■ DRAMMATICO; COL.; 108'; SVEZIA, 2003. ■ BERLINO 1 PR.

ON A CLEAR DAY ★★★
Regia di GABY DELLAL. Con BRENDA BLETHYN, BILLY BOYD, RON COOK, SHAUN DINGWALL, JODHI MAY, SEAN MCGINLEY, PETER MULLAN, PAUL RITTER, JAMIE SIVES. ■ Frank, un lavoratore portuale, viene licenziato dopo 35 anni di servizio. Chiuso in se stesso dopo la morte per annegamento di uno dei suoi due figli gemelli, Frank ha preso le distanze dal figlio sopravvissuto. Ora che non ha più lavoro però non ha dove rifugiarsi e deve a tutti i costi trovare un senso alla propria vita. Lo individua nel tentativo di attraversare a nuoto la Manica. Lo aiuteranno i suoi ex compagni di lavoro ma il risultato più importante sarà colmare il vuoto che c'è tra lui e il figlio. ■ DRAMMATICO; COL.; 98'; GRAN BRETAGNA, 2005.

ONASSIS, L'UOMO PIÙ RICCO DEL MONDO ★★
(Onassis: The Richest Man in the World)
Regia di WARIS HUSSEIN. Con RAUL JULIA, ANTHONY QUINN, JANE SEYMOUR. ■ Vita di Aristotele Onassis. Dalla lite col padre per il suo comportamento con i turchi negli anni Venti alla conquista della ricchezza con il commercio del tabacco in Argentina, alla costituzione del suo impero sui mari con l'appoggio dei militari greci. Rivivono anche le sue passioni per Maria Callas e Jacqueline Kennedy. ■ BIOGRAFICO; COL.; 200'; USA, 1988.

ONCE ★★
Regia di JOHN CARNEY. Con GLEN HANSARD, BILL HODNETT, MARKÉTA IRGLOVÁ. ■ Sulla strada di Dublino un busker rivendica l'amore perduto cantando canzoni a una lei fedifraga e distante, sognando il contratto discografico e una vita a Londra. Sulla stessa strada incontra una giovane immigrata ceca, instancabile lavoratrice, ragazza madre responsabile e pianista di talento. Uniti dalla passione per la musica i due sconosciuti iniziano a raccontarsi e aprirsi fino a toccarsi (nell'anima) attraverso i testi delle canzoni. ■ DRAMMATICO; COL.; 91'; IRLANDA, 2006.

ONCE A THIEF *(Zong heng si hai)* ★
Regia di JOHN WOO. Con LESLIE CHEUNG, KONG CHU, CHERIE CHUNG, CHOW YUN-FAT. ■ Un terzetto di ladri di opere d'arte progetta l'ultimo colpo prima di andare in pensione. Ma un misterioso dipinto è segnato da una maledizione e le cose non vanno come i tre avevano progettato. Un film di genere che del genere mutua molti elementi ma con stanchezza, quasi si trattasse di un dovere. ■ HARD BOILED; COL.; 103'; HONG KONG, 1990.

ONCE MORE – ANCORA *(Once More)* ★★★
Regia di PAUL VECCHIALI. Con FLORENCE GIORGETTI, PASCALE ROCARD, JEAN-LOUIS ROLLAND. ■ Luis, un uomo sposato, scopre con la separazione dalla famiglia la sua omosessualità latente. Dopo varie e drammatiche esperienze, decide di vivere insieme a Michel che lo assisterà, disperato, fino al termine della sua malattia. ■ DRAMMATICO; COL.; 87'; FRANCIA, 1988.

ONCE UPON A TIME IN CHINA *(Wong Fei-hung)* ★★★★
Regia di HARK TSUI. Con JACKY CHEUNG, JONATHAN ISGAR, ROSAMUND KWAN, JET LI, BIAO YUEN. ■ Nella Cina della fine del diciannovesimo secolo visse un uomo, Huang Fei Hong, maestro di arti marziali che difese il suo popolo dai soprusi dei colonialisti britannici. Uomo buono e giusto, oltre che dotato di straordinarie abilità di combattimento. Assurto a vera e propria leggenda, la figura del maestro Hong è stata protagonista di svariate centinaia di *gongfupian* (film di arti marziali) dal dopoguerra ad oggi. Questa ennesima trasposizione su pellicola di questo personaggio è sicuramente la più ambiziosa e meglio riuscita: ne sono testimoni la messe di premi raccolti, i ben cinque sequel realizzati e la grande popolarità in tutto il mondo. Non bastasse già il titolo a palesarlo, l'intenzione di Tsui Hark è di realizzare una sorta di *C'era una volta in America* cinese. Siamo lontani da quei livelli, ma non così tanto. Distanza che si riduce paurosamente se consideriamo i primi tre capitoli di questa saga come un corpo unico: una sorta di vademecum indispensabile per chi vuol conoscere il livello della cinematografia hongkongese degli anni Novanta, la Cina coloniale nell'immaginario collettivo odierno, e come Jet Li sia diventato quello che è. ■ AZIONE; COL.; 134'; HONG KONG, 1991.

ONCE WERE WARRIORS CINQUE ANNI DOPO ★
(What Becomes of the Broken Hearted?)
Regia di IAN MUNE. Con NANCY BRUNNING, CLINT ERUERA, TEMUERA MORRISON. ■ Sequel di un successo di nicchia, questo film inutile racconta lo scontro tra due gang di tatuati in Nuova Zelanda. ■ AVVENTURA; COL.; 113'; NUOVA ZELANDA, 2000.

ONCE WERE WARRIORS – UNA VOLTA ERANO GUERRIERI *(Once Were Warriors)* ★★★
Regia di LEE TAMAHORI. Con MAMAENGAROA KERR-BELL, TEMUERA MORRISON, RENA OWEN. ■ Il rapporto tra Beth e Jake non è tra i più tranquilli. Lei, quando lui è ubriaco, subisce botte e violenza. Ma è innamorata e lui si scusa sempre, dopo. Per tale ragione ha anche dovuto rinunciare agli usi e ai costumi dei Maori ai quali appartiene. Ma i figli non reagiscono bene a questa situazione. Uno entra a far parte di una banda di teppisti tatuati, uno le viene portato via dall'assistenza sociale e la figlia si impicca per non sottostare alle voglie sessuali dello zio. Vincitore di alcuni premi al Festival di Montreal e presentato a Venezia. ■ DRAMMATICO; COL.; 99'; NUOVA ZELANDA, 1994.

ONDA, L' *(Die Welle)* ★★
Regia di DENNIS GANSEL. Con FREDERICK LAU, JENNIFER ULRICH, JÜRGEN VOGEL. ■ Rainer Wenger, insegnante di educazione fisica con un passato da anarchico rockettaro, per spiegare ai suoi studenti liceali il concetto di autocrazia li coinvolge in un esperimento di "regime dittatoriale" fra i banchi di scuola. Per una settimana dovranno rispondere al rigido sistema disciplinare di "Herr Wenger", conformarsi ad un codice di abbigliamento e lavorare assieme in un'ottica di organismo gerarchico, isolando o reprimendo eventuali dissidenti. In pochissimo tempo, i ragazzi scoprono uno spirito di cameratismo vincente, dominano le proprie insicurezze e paure attorno alla figura del carismatico "cattivo maestro" e si sentono legittimati ad animare atti di violenza e vandalismo, in un'operazione che arriva presto a fuoriuscire dalle mura dell'edificio scolastico. ■ DRAMMATICO; COL.; 101'; GERMANIA, 2008.

ONDA LUNGA, L' *(The Sweet Ride)* ★★★
Regia di HARVEY HART. Con JACQUELINE BISSET, BOB DENVER, ANTHONY FRANCIOSA, MICHAEL SARRAZIN, MICHAEL WILDING. ■ Danny è campione di surf e vive con Ronnie, abile tennista e insegnante sportivo, e con Cho Cho, musicista. La bellissima Vichy fa innamorare il giovanotto, ma tra i due l'accordo non è proprio perfetto. Quando Danny viene a sapere di una relazione di Vicky con Ronnie abbandona la ragazza, pur continuando ad amarla. Un incidente occorso a Vicky, invece di riunirli, li separa definitivamente. ■ DRAMMATICO; COL.; 110'; USA, 1968.

ONDATA D'AMORE *(Moontide)* ★★★
Regia di ARCHIE MAYO. Con JEAN GABIN, IDA LUPINO, THOMAS MITCHELL. ■ Un poco di buono vive alle spalle di Bobo, ricattandolo per un delitto che il giovanotto ha commesso mentre era ubriaco. Ma l'amore cambia profondamente Bobo, e il suo sfruttatore, nel tentativo di corrompere anche la ragazza, la feri-

sce. Bobo è furibondo e il ricattatore, pazzo di paura, muore cercando di sfuggirgli. ■ DRAMMATICO; B/N; 94′; USA, 1942. ■ OSCAR 1 NOM.

ONDATA DEI FORTI, L' *(Tide of Empire)* ★★
Regia di ALLAN DWAN. Con RENÉE ADORÉE, WILLIAM COLLIER JR, TOM KEENE. ■ Lotte fra *rancheros*, cercatori d'oro e fuorilegge nella California della "Gold Rush" del 1848. Forse il primo western sonoro, diretto dal veterano Allan Dwan. ■ AVVENTURA; B/N; 94′; USA, 1929.

ONDATA DI CALORE ★★
Regia di NELO RISI. Con PAOLO MODUGNO, LUIGI PISTILLI, JEAN SEBERG. ■ Costretta a vivere in una località isolata del Marocco a causa del lavoro del marito, Joyce è in preda a gravi disturbi nervosi. Tenta di suicidarsi, ma l'intervento di un medico la salva all'ultimo minuto. Anche in ospedale la donna non trova pace perciò, rubata un'automobile, torna a casa. Qui ha la spiacevole sorpresa di scoprire che il giorno precedente, durante una crisi violenta, la stessa che l'ha portata al tentativo di suicidio, ha ucciso il marito. ■ DRAMMATICO; COL.; 91′; ITALIA, 1970.

ONDE ★★
Regia di FRANCESCO FEI. Con ANITA CAPRIOLI, IGNAZIO OLIVA, MARINA REMI, FILIPPO TIMI. ■ Genova. Francesca è una ragazza che lavora, trascorre una vita come tante, e ha un difetto che non accetta, una grande voglia sul viso. Luca è un musicista non vedente che si esprime sul filo delle note. Fra i due nascerà un amore, controverso più che diverso, e problematico per Francesca che continua a "non vedersi" come vorrebbe. ■ DRAMMATICO; COL.; 92′; ITALIA, 2005.

ONDE CEREBRALI *(Brain Waves)* ★★
Regia di ULLI LOMMEL. Con TONY CURTIS, KEIR DULLEA, SUZANNA LOVE. ■ Una ragazza ha un incidente che le causa uno stato di coma profondo. L'uomo che ama spinge un avventuroso scienziato a tentare una nuova procedura. Ma il cervello che viene trapiantato alla poverina è quello di un'assassina. La ragazza si riprende, ma la memoria (e non solo quella) è quella di una pericolosa delinquente. ■ HORROR; COL.; 80′; USA, 1982.

ONDE DEL DESTINO, LE *(Breaking the Waves)* ★★
Regia di LARS VON TRIER. Con KATRIN CARTLIDGE, STELLAN SKARKSGÅRD, EMILY WATSON. ■ Bess è una ragazza emotiva e sentimentale, Jan un operaio esuberante e sensuale. Si sposano. Lei vive solo per lui. Quando l'uomo si allontana, Bess cessa praticamente si esistere. Lui si fa male, seriamente, è paralizzato. Dice alla moglie di non arrendersi, di frequentare altri uomini e di raccontargli tutto. La situazione degrada. Lei si distrugge fino a morire. Lui guarisce. Lei si rifà viva suonando le campane in cielo. Film di grande successo, ha tenuto le sale per un anno intero. Così come un paio di stagioni prima, *Lezioni di piano* era un titolo che il tam tam obbligava a vedere assolutamente. Ciononostante trattasi del film più sopravvalutato degli anni Novanta. Sempre a mezza strada fra la realtà e la fantasia non risolve niente. Situazioni inutilmente esasperate, "espressione" sempre esagerata, con una macchina a mano che, usata per quasi tre ore, rende tutto fastidioso. ■ DRAMMATICO; COL.; 158′; DANIMARCA, 1996. ■ CANNES 1 PR; GOLDEN GLOBES 2 NOM; OSCAR 1 NOM.

ONDE INSANGUINATE *(Johnny Angel)* ★★
Regia di EDWIN L. MARIN. Con GEORGE RAFT, CLAIRE TREVOR. ■ Johnny e suo padre sono comandanti di due piroscafi mercantili. Durante un viaggio Johnny raccoglie una naufraga dalla quale viene a sapere che il padre è rimasto ucciso durante un vero e proprio assalto piratesco. Il giovane non ha pace finché non trova gli assassini e può finalmente vendicarsi. ■ POLIZIESCO; B/N; 79′; USA, 1945.

ONDINE *(Undine 74)* ★★
Regia di ROLF THIELE. Con GUNDY GRAND, INGO THOURET, ANGELA VON RADLOFF. ■ Una sirena vuole cambiare la propria natura e diventare creatura terrestre. La prima esperienza è tragica (viene violentata) ma lei insiste, conosce l'amore e ne è delusa. Nonostante tutto, fiduciosa nella bontà della natura umana, decide di proseguire la propria esperienza. ■ FANTASTICO; COL.; 92′; AUSTRIA, GERMANIA, 1973.

ONE, THE ★★
Regia di JAMES WONG. Con CARLA GUGINO, JET LI, DELROY LINDO, JASON STATHAM. ■ Gabriel Yulaw vive in un futuro in cui si è coscienti della struttura dell'universo, in realtà un "multiverso" composto da ben 124 dimensioni parallele, tra le quali è possibile muoversi solo sotto il controllo di uno speciale corpo di polizia. Ogni essere vivente ha un doppio in ognuna di queste dimensioni e ogni volta che uno di essi muore, la sua energia confluisce nei corpi degli altri. Yulaw vuole acquistare poteri quasi illimitati e per questo uccide tutti i suoi doppi, ma l'ultima copia di sé ancora in vita si rivela quasi invincibile. Effetti speciali che ricordano *Matrix* e incredibili combattimenti a colpi di kung fu per un film sicuramente spettacolare. ■ FANTASCIENZA; COL.; 90′; USA, 2001.

ONE DAY ★★★
Regia di LONE SCHERFIG. Con PATRICIA CLARCKSON, ANNE HATHAWAY, RAFE SPALL, KEN STOTT, JIM STURGESS. ■ Edimburgo. Emma e Dexter si laureano il 15 luglio 1988 e passano la notte insieme. Da qui seguiremo la loro vita fino al 2006 fotografandone l'evoluzione sempre lo stesso giorno di ogni anno. Emma è un'idealista entusiasta ma al contempo riflessiva, capace di lavorare come cameriera se è necessario. Dexter è ricco di famiglia, seducente e con la voglia di sfondare nel mondo della comunicazione. Riuscirà a condurre un programma televisivo anche se non gli servirà a placare le tensioni che ha dentro. I due continueranno a cercarsi, anno dopo anno. Tratto dal fortunato bestseller di David Nicholls (2009). ■ COMMEDIA; COL.; 107′; USA, 2011.

ONE DAY IN EUROPE ★
Regia di HANNES STÖHR. Con BORIS ARQUIER, RACHIDA BRAKNI, MIGUEL DE LIRA, MEGAN GAY, FLORIAN LUKAS, PÉTER SCHERER, LUIDMILA TSVETKOVA, ERDAL YILDIZ. ■ Nella serata in cui si gioca la finale di Coppa Galatasaray-Deportivo La Coruna assistiamo a quattro situazioni. A Mosca una manager inglese viene derubata con la complicità di un taxista e viene aiutata al posto di polizia da quella che si scoprirà essere la madre del conducente. In Turchia un turista tedesco finge di essere stato derubato per incassare l'assicurazione e viene aiutato da un taxista che capisce il trucco. A Santiago de Compostela un pellegrino ungherese viene derubato della fotocamera ma la polizia mette tutto a tacere. A Berlino due artisti girovaghi francesi fingono di essere stati derubati nel quartiere abitato dai turchi per poi fuggire con il furgone dei poliziotti che li stavano interrogando. Una somma di retoriche sulle varie provenienze dei personaggi e il tentativo di far ridere che naufraga nella ripetitività di un'idea (quella dell'unità data dalla partita) neppure originale. ■ COMMEDIA; COL.; 100′; GERMANIA, SPAGNA, 2005.

ONE & ONLY, THE ★★
Regia di SIMON CELLAN JONES. Con JONATHAN CAKE, MICHAEL HODGSON, PATSY KENSIT, AISLING O'SULLIVAN, RICHARD ROXBURGH, JUSTINE WADDELL. ■ Remake di *Den Eneste ene*, film danese del 1999. Neil consegna a Stevie la sua cucina nuova, e tra i due è amore a prima vista. Ma le loro vite sono già impegnate: Stevie è incinta di suo marito, un calciatore italiano, e la moglie di Neil ha appena avviato le pratiche per adottare una bambina africana. Ma è mai troppo tardi per un amore a prima vista? ■ COMMEDIA ROSA; COL.; 91′; FRANCIA, GRAN BRETAGNA, 2002.

ONEGIN ★
Regia di MARTHA FIENNES. Con MARTIN DONOVAN, RALPH FIENNES, LIV TYLER. ■ Puškin non si addice al cinema. I tormenti di Onegin per la bella, ma un po' sovrappeso, Tyler, annoiano la platea. Meglio leggere il poema. ■ DRAMMATICO; COL.; 95′; GRAN BRETAGNA, 1998.

ONE HOUR PHOTO ★★★
Regia di MARK ROMANEK. Con GARY COLE, LEE GARLINGTON, ERIQ LA SALLE, CONNIE NIELSEN, MICHAEL VARTAN, ROBIN WILLIAMS. ■ Sy Parrish è il tecnico di laboratorio di sviluppo e stampa fotografica in uno stand di un centro commerciale. La sua vita si svolge sotto le luci al neon e quando torna a casa è completamente solo. Sente così la necessità di eleggersi una famiglia ideale: gli Yorkin. Di loro, clienti affezionati, conosce tutti i momenti immortalati nella varie fasi della vita. Si sente addirittura lo zio del

loro bambino. Ma qualcosa incrina l'idilliaco e immaginario rapporto. Al suo secondo lungometraggio dopo *Static* del 1998, Mark Romanek firma un film destinato a rimanere nell'immaginario grazie anche alla prestazione di un Robin Williams mai così controllato. La sua ossessione viene disvelata progressivamente con una recitazione implosa in cui tutte le pulsioni represse sembrano pronte ad esplodere ed invece si inabissano nella psiche di un personaggio scritto con grande attenzione ai particolari e con la consapevolezza di dover andare oltre l'ennesimo ritratto di psicopatico al cinema. ■ THRILLER; COL.; 96'; USA, 2002.

ONE LAST DANCE ★
Regia di LISA NIEMI. Con GEORGE DE LA PENA, AUNDRA FORD, LISA NIEMI, MARIE STILLIN, PATRICK SWAYZE, RASTA THOMAS, MATTHEW WALKER, TIMOTHY WEBBER, STEFAN WENTA. ■ Quando il direttore artistico di una brillante compagnia di ballo muore, tre ballerini famosi cercano di risollevare le sorti della compagnia mettendo insieme uno spettacolo di alcuni anni prima mai esibito. Un'ultima chance per riscoprire i propri sogni perduti; i tre ballerini collaborano e allo stesso tempo si affrontano l'uno con l'altro per mettere insieme lo spettacolo. ■ DRAMMATICO; COL.; 103'; CANADA, 2003.

ONE LAST RIDE – L'ULTIMA CORSA ★★
One Last Ride)
Regia di TONY VITALE. Con ANITA BARONE, JACK CARTER, OSSIE COHEN, PATRICK CUPO, ROBERT DAVI, JOSH HUTCHERSON, JOSH HUTCHERSON, TONY LEE, CHAZZ PALMINTERI. ■ Per Michael sembra andare tutto per il meglio: una moglie bellissima, Gina, che sta per partorire il loro primo figlio, una carriera sicura e di successo, Carmine, suo amico d'infanzia, che per lui si butterebbe nel fuoco. Michael però ha un grosso problema: fin da ragazzino si è portato dietro il vizio delle corse di cavalli. Ha già perso tutto in quella che lui credeva essere la corsa che gli avrebbe risolto la vita. I debiti aumentano, il suo strozzino rivuole i soldi, Michael è disperato. Occorre provvedere. ■ DRAMMATICO; COL.; 88'; USA, 2003.

ONE MISSED CALL 2 *(Chakushin ari 2)* ★★
Regia di RENPEI TSUKAMOTO. Con PETER HO, RENJI ISHIBASHI, ASAKA SETO, YÛ YOSHIZAWA. ■ Un fantasma dalle sembianze femminili (dagli immancabili capelli sul viso) semina morte e terrore usando la tecnologia per raggiungere le proprie vittime. Sembrerebbe la trama di uno dei tanti episodi delle saghe di *Ringu* o *Ju-On*. Invece no, si tratta del seguito di *The Call*, il criptico horror di Miike che passa qui il testimone a Renpei Tsukamoto, illustre sconosciuto da noi ma maestro del brivido nel circuito televisivo nipponico. ■ HORROR; COL.; 106'; GIAPPONE, 2005.

ONE SHOT ONE KILL – A COLPO SICURO *(Sniper)* ★★
Regia di LUIS LLOSA. Con TOM BERENGER, J.T. WALSH, ADEN YOUNG, BILLY ZANE, KEN RADLEY. ■ Tom Beckett è un killer dell'esercito. Ha al suo attivo 78 vittime al primo colpo. Viene mandato a compiere una missione in America Latina. Deve uccidere un probabile futuro presidente che potrebbe dilatare a dismisura il già fiorente traffico della droga. Lo "aiuta" un giovane civile poco avvezzo alla vita dura. Tra contrasti e riappacificazioni i due porteranno a termine la missione. La coppia Berenger-Zane funziona e la regia sa cosa significa usare la *steady-cam* e gli effetti speciali. ■ THRILLER; COL.; 98'; USA, 1993.

ONG-BAK – NATO PER COMBATTERE *(Ong-Bak)* ★
Regia di PRACHYA PINKAEW. Con HANS ERIC, DAVID ISMALONE, TONY JAA, SUCHAO PONGWILAI. ■ Tony Jaa è Ting, orfano vissuto sotto l'ala protettiva di un monaco, maestro di tutti i segreti dell'arte della lotta, che lo avverte premurosamente di non utilizzarla mai perché è uno strumento di morte. Il furto della testa di una statua sacra (Ong-Bak, appunto) del paesino in cui vive il giovane, lo induce a recarsi a Bangkok per volontà degli abitanti del luogo in cui è nato, alla ricerca dell'oggetto divino. Il racket, il giro delle scommesse clandestine, inseguimenti cittadini a piedi, innumerevoli duelli a mani nude e la consueta sfida finale, fanno il resto. ■ AZIONE; COL.; 105'; THAILANDIA, 2003.

ONIBABA – LE ASSASSINE *(Onibaba)* ★★★
Regia di KANETO SHINDO. Con NOBUKO OTOWA, KEI SATO, JITSUKO YOSHIMURA. ■ Due donne, una giovane e la madre (il marito sta combattendo in guerra), sopravvivono derubando i cadaveri degli incauti che si avventurano nella loro palude e rivendendone le armature. L'arrivo di un uomo, compagno d'armi del marito e recante la notizia della sua morte, sconvolge il crudele e organizzato mondo delle due donne. La più anziana, gelosa dell'altra, muore nella fossa dove gettava le sue vittime. ■ DRAMMATICO; B/N; 100'; GIAPPONE, 1964.

ONLY YOU – SOLO TU – AMORE A PRIMA VISTA ★
(Only You)
Regia di NORMAN JEWISON. Con ROBERT DOWNEY JR., BONNIE HUNT, MARISA TOMEI, BILLY ZANE. ■ Faith viene in vacanza in Italia alla ricerca di un principe azzurro indicatole, in modo magico ma estremamente preciso, quando era adolescente. Si citano *Cenerentola* e *Vacanze romane* senza un briciolo di fantasia. ■ COMMEDIA; COL.; 108'; USA, 1994.

ONORA IL PADRE *(Honor thy Father)* ★★★
Regia di PAUL WENDKOS. Con JOSEPH BOLOGNA, RICHARD CASTELLANO, JOE DE SANTIS, BRENDA VACCARO, RAF VALLONE. ■ "Esiliato" dal consiglio supremo della mafia americana, Joseph incarica il figlio Salvatore di condurre gli affari di famiglia in modo da non disturbare gli altri mafiosi. ■ DRAMMATICO; COL.; 100'; USA, 1971.

ONORA IL PADRE E LA MADRE ★★★★
(Before the Devil Knows You're Dead)
Regia di SIDNEY LUMET. Con ALBERT FINNEY, ROSEMARY HARRIS, ETHAN HAWKE, SARAH LIVINGSTON, ALEKSA PALLADINO, AMY RYAN, PHILIP SEYMOUR HOFFMAN, MICHAEL SHANNON, MARISA TOMEI. ■ Per ragioni diverse Andy e Hank si trovano a navigare in cattive acque. Quando il maggiore dei due fratelli propone al più giovane di unirsi a lui in una rapina "facile facile", Hank s'illude di poter finalmente venire a capo della sua miseria economica e affettiva. Tuttavia, quando accetta, non sa che Andy ha organizzato il colpo nella gioielleria dei loro genitori. Sidney Lumet torna a mettere in scena la violenza, contestualizzandola all'interno della psiche umana e della famiglia. *Onora il padre e la madre* è un thriller che si addentra nella mente (e nel cuore) dell'uomo, esplorandone i conflitti e le reazioni più contorte. Con una tecnica di flashback mai fine a se stessa il regista statunitense presenta la visione individuale dei personaggi – gli interrogativi, le frustrazioni, i vizi e le virtù – offrendo un quadro saturo di disperazione. La sceneggiatura potrebbe limitarsi a un linguaggio fatto di gesti e sguardi più che di parole, tanto sono efficienti le prove recitative dei protagonisti e l'utilizzo della macchina da presa. Il teatro dell'azione – che sia una gioielleria, un bar o un appartamento radical chic – sembra vorticare su se stesso conducendo gli attori in labirinti senza uscita che esemplificano la loro condizione esistenziale. Andy (il superlativo Philip Seymour Hoffman) è all'apparenza un uomo di successo, con una bella moglie e un lavoro prestigioso. Vive in un ordine "claustrofobico" per mettere a tacere il disordine interiore. La sua incapacità di amare (e ancor meno di manifestare le proprie emozioni) è raffigurata da un unico gesto compiuto di fronte all'ammissione di tradimento: un moto d'ira – tanto spontaneo da suggerire l'improvvisazione – che lo porta a buttare per aria oggetti senza romperne nessuno, fino a rovesciare una coppa di pietre levigate per meglio osservare il suo io, un io frammentato. Ethan Hawke, che interpreta il fratello minore di Hoffman, annulla il suo volto d'attore per entrare anima e corpo nei panni di Hank, regalandogli immaturità, angoscia e senso di colpa. Interprete e personaggio diventano tutt'uno di fronte alla macchina da presa, e le pause e i silenzi, oltre che gli sguardi, servono a fissarlo nell'universalità della trama. *Onora il padre e la madre* è un'opera drammatica e assoluta, che affronta con estrema sensibilità e senza nessun tipo di sconto o didascalismo la natura distorta, imperfetta e complessa dell'uomo. ■ DRAMMATICO; COL.; 117'; USA, 2007.

ONORATA FAMIGLIA – UCCIDERE È COSA NOSTRA, L' ★★★
Regia di TONINO RICCI. Con MARIA FIORE, RAYMOND PELLEGRIN, GIANCARLO PRETE, EDMUND PURDOM, SIMONETTA STE-

FANELLI. ■ Il capomafia Peppino uccide il rivale Antonio che gli contendeva il monopolio edilizio nel capoluogo siciliano. Il commissario La Manna conduce l'inchiesta deciso a non lasciarsi spaventare o corrompere ma, arrivati al processo, molti testimoni falsi fanno assolvere il colpevole. La Manna prosegue instancabile nelle sue indagini finché non trova, in una cassetta di sicurezza, documenti decisivi che inchiodano don Peppino. Ma quando va ad arrestarlo qualcuno spara al capomafia per evitargli di parlare. ■ DRAMMATICO; COL.; 91'; ITALIA, 1973.

ONORATA SOCIETÀ, L' ★★

Regia di RICCARDO PAZZAGLIA. Con VITTORIO DE SICA, FRANCO FRANCHI, CICCIO INGRASSIA, DOMENICO MODUGNO, ROSANNA SCHIAFFINO. ■ Fuggiti dal paese dopo aver sedotto le figlie di un capomafia, Saruzzo e Rosolino finiscono nelle mani di un altro boss trasferito nella capitale. Costretti a tornare dai fedeli picciotti di don Salvatore, i due sono obbligati a sposare le fanciulle compromesse prima di essere condannati a morte dal tribunale mafioso. ■ COMMEDIA; B/N; 75'; ITALIA, 1961.

ONORE DEI PRIZZI, L' *(Prizzi's Honor)* ★★★🏆

Regia di JOHN HUSTON. Con ANJELICA HUSTON, ROBERT LOGGIA, JACK NICHOLSON, KATHLEEN TURNER. ■ Charley Partanna, killer di "Cosa Nostra", prende una sbandata per una bionda misteriosa, che ha conosciuto durante una festa di nozze della "famiglia". Charley sposa la biondina dopo averla inconsapevolmente resa vedova. E qui la situazione precipita: la bella sposina, che nel frattempo si è scoperto essere a sua volta una professionista dell'omicidio, si è intascata un milione di dollari di proprietà del clan. Per sbrogliare la matassa, Charley si vedrà costretto a far fuori la dolce metà. ■ COMMEDIA; COL.; 129'; USA, 1985. ■ GOLDEN GLOBES 🏆 4 PR, 6 NOM; OSCAR 🏆 1 PR, 8 NOM; VENEZIA 🏆 1 PR.

ONORE DI FANTINO *(Sweepstakes)* ★★

Regia di ALBERT S. ROGELL. Con MARION NIXON, EDDIE QUILLAN. ■ La scialba storia di un fantino nel "giro" delle corse truccate. Prima sembra voler accettare dei compromessi, ma solo per un momento. Deciderà infine di non sacrificare la propria onestà. ■ DRAMMATICO; B/N; 100'; USA, 1931.

ONORE E GUAPPARIA ★★

Regia di TIZIANO LONGO. Con MARIO CARRETTA, LAURA GREY, PINO MAURO. ■ Don Gennaro è un guappo napoletano gran contrabbandiere di sigarette. Il suo nemico è un giovane che spaccia droga. La lotta fra i due diventa cruenta: in un duello il contrabbandiere uccide infine il mascalzone senza onore. ■ DRAMMATICO; COL.; 91'; ITALIA, 1977.

ONORE E RABBIA *(Rage)* ★

Regia di ANTHONY MAHARAY. Con FRANCO GUERRERO, CHUCK JEFFRIES, RICHARD NORTON. ■ Responsabile dell'uccisione di un uomo d'affari americano è il socio orientale che, pentitosi, ne adotta il figlio, gli insegna le arti marziali e lo mette a capo della società. Ma c'è il fratellastro Chiang Fung, capo del crimine organizzato, che trama per eliminare il giovanotto e controllare l'azienda. E tutto per mostrare dei combattimenti di *full-contact*. ■ AVVENTURA; COL.; 57'; USA, 1993.

ONORE E SANGUE ★★

Regia di LUIGI CAPUANO. Con LUCIA BANTI, FULVIA FRANCO, CARLO GIUFFRÈ, OTELLO TOSO. ■ L'onestissimo Ernesto viene trovato dalla polizia al capezzale di un uomo ferito mortalmente da un'arma da fuoco. Viene arrestato e condannato, ma in carcere raccoglie la confessione di un detenuto che conosce il nome dell'assassino. Ernesto evade e trova il suo uomo in chiesa mentre sta per sposarsi. Lo accusa pubblicamente e lui finalmente confessa. ■ DRAMMATICO; B/N; 94'; ITALIA, 1957.

ONOREVOLE ANGELINA, L' ★★★

Regia di LUIGI ZAMPA. Con NANDO BRUNO, ANNA MAGNANI, AVE NINCHI. ■ Siamo a Roma, nell'immediato dopoguerra. Angelina, energica popolana abitante in una borgata, combatte quotidianamente contro i soprusi e i profittatori e diventa deputata di un nuovo partito. Presa in giro dai vecchi marpioni della politica, Angelina finisce in prigione e, quando esce, il popolo la vorrebbe ancora più agguerrita e combattiva, ma la donna ne ha abbastanza e abbandona la carriera pubblica. ■ COMMEDIA; B/N; 95'; ITALIA, 1947. ■ VENEZIA 1 PR.

ONOREVOLE CON L'AMANTE SOTTO IL LETTO, L' ★★

Regia di MARIANO LAURENTI. Con JANET AGREN, LINO BANFI, ALVARO VITALI. ■ Una bella professoressa, che ha perso il posto, si rivolge a un onorevole suo amante per riaverlo. Ma scopre che l'onorevole è già sposato (ma la moglie lo tradisce con un altro parlamentare). La prof., gli onorevoli, la moglie, più una mezza dozzina di altre persone in caccia di sesso o di raccomandazioni, si ritrovano tutti in vacanza in montagna. Dove la prof. troverà l'uomo giusto in un giovane ferroviere. ■ COMMEDIA; COL.; 92'; ITALIA, 1981.

ONOREVOLI, GLI ★★★

Regia di SERGIO CORBUCCI. Con GINO CERVI, WALTER CHIARI, PEPPINO DE FILIPPO, TOTÒ, FRANCA VALERI. ■ Cinque candidati alle elezioni, quattro uomini e una donna, falliscono nella carriera politica per svariati motivi. ■ COMMEDIA; B/N; 106'; ITALIA, 1963.

ONOREVOLI DETENUTI ★★

Regia di GIANCARLO PLANTA. Con GIANNI CAVINA, MADDALENA CRIPPA, MASSIMO DE FRANCOVICH, CHIARA MUTI, SAÏD TAGHMAOUI. ■ Massimo De Longhi è un finanziere che viene arrestato e portato in un carcere che si trova in campagna. Il pubblico ministero gli contesta una serie di reati legati alle tangenti e a traffici internazionali illeciti. In carcere De Longhi conosce un protettore, un polacco e un marocchino. Crede di poter uscire rapidamente, ma apprende dalla televisione che il Tribunale della Libertà non ha accolto il suo ricorso. Sarà costretto a collaborare. La sceneggiatura è ispirata al "caso Carboni". ■ DRAMMATICO; COL.; 117'; ITALIA, 1998.

ON THE LINE ★★

Regia di ERIC BROSS. Con JAMES LANCE BASS, EMMANUELLE CHRIQUI, JOEY FATONE, JERRY STILLER. ■ Kevin è un giovane timido, un po' maldestro, sognatore. Come molti sogna di incontrare il grande amore. Un giorno, mentre viaggia in treno, il sogno sembra avverarsi, per lo meno sembra esserci una possibilità, poi dipenderà da lui. Insomma vicino a lui siede Abbey, bella e dolce. Kevin riesce a rompere il ghiaccio, le premesse sarebbero ottime, ma quando i due si lasciano il ragazzo ha dimenticato qualcosa di fondamentale: chiedere nome e telefono della ragazza. Il "maldestro" tuttavia non si dà per vinto, e inizia la complicata ricerca. ■ COMMEDIA; COL.; 85'; USA, 2002.

ON THE ROAD *(Far From Home)* ★★

Regia di MEIERT AVIS. Con DREW BARRYMORE, MATT FREWER, RICHARD MASUR, JENNIFER TILLY. ■ L'immancabile maniaco omicida crea il terrore in uno sperduto paesino americano. Un giornalista e la sua figlioletta, rimasti senza benzina, sono costretti a soggiornare nella ridente cittadina. ■ THRILLER; COL.; 95'; USA, 1989.

ON THE ROAD ★★★

Regia di WALTER SALLES. Con KIRSTEN DUNST, GARRETT HEDLUND, VIGGO MORTENSEN, SAM RILEY, KRISTEN STEWART. ■ Stati Uniti. Seconda metà degli anni '40. Sal Paradise, dopo la morte di suo padre, incontra Dean Moriarty che invece ha un padre, ma non sa dove. Sal è un newyorkese appassionato di letteratura e con aspirazioni da scrittore. Dean è giovane, bello e sposato con la disinibita e seducente Marylou che tradisce con la più "borghese" Camille. I due uomini divengono subito amici comprendendo di condividere lo stesso desiderio di una vita liberata da vincoli e regole. La strada diventa così la casa che "abitano" con Marylou. Hanno inizio innumerevoli peregrinazioni lungo le vie degli States e del Messico alla ricerca di un modo nuovo di vivere oltre che di se stessi. *On the Road* di Jack Kerouac è un libro che ha segnato un'intera generazione non solo sul piano letterario, ma anche per una vita alternativa. L'"on the road" è anche in fondo un genere cinematografico nel quale il viaggio diviene metafora di un movimento interiore che conduce a cambiamenti profondi. Salles si concentra sul rapporto tra Dean e Sal e sulla progressiva trasformazione di eventi e incontri in parole che non saranno più solo un diario privato, ma si trasformeranno in un manifesto generazionale. Riesce così a trasmettere la sensazione, spiacevole forse ma necessaria, che per quante miglia di distanza si riescano a mettere tra se stessi e i luoghi, lo spazio che intercorre tra noi e noi stessi è sempre pari a un chilometro zero. In ogni epoca. ■ DRAMMATICO; COL.; 100′; USA, 2012.

ONYRICON *(Wonderwall)* ★★
Regia di JOE MASSOT. Con JANE BIRKIN, JACK MCGOWRAN, RICHARD WATTIS. ■ La vita del professor Collins è piuttosto grigia e solitaria, perciò quando lo scienziato si accorge che la sua vicina di casa è giovane e graziosa comincia a fantasticare su di lei. Non osa proporle nulla di concreto e si accontenta di imbastire storie incredibili con la propria immaginazione. ■ COMMEDIA; COL.; 87′; GRAN BRETAGNA, 1968.

OPEN FIRE – SCONTRO FRONTALE *(Open Fire)* ★★
Regia di ROGER MENDE. Con DAVID CARRADINE, BRUCE LY. ■ Per raggiungere i loro fini politici, alcuni terroristi sequestrano un ingente numero di persone. A contrastarli viene inviato un poliziotto coraggioso e determinato. ■ DRAMMATICO; COL.; 95′; USA, 1988.

OPEN GRAVE ★
Regia di GONZALO LOPEZ-GALLEGO. Con SHARLTO COPLEY, JOSIE HO, THOMAS KRETSCHMANN, JOSEPH MORGAN, ERIN RICHARDS. ■ Un uomo si sveglia in mezzo a dei cadaveri in una fossa a cielo aperto, una donna gli cala dall'alto una corda. Con lei altri uomini e donne abitano un casale nel bosco. Nessuno ricorda nulla, come e perché siano finiti là. L'unica che sembra sapere tutto è una ragazza asiatica muta. ■ HORROR; COL.; 102′; USA, 2012.

OPEN HEARTS *(Elsker Dig For Evigt)* ★★★
Regia di SUSANNE BIER. Con NIKOLAJ LIE KAAS, SONJA RICHTER. ■ Se il titolo originale suona come "Ti amerò per sempre", anche quello inglese è funzionale alla struttura di questo film-Dogma in cui il mélo domina. Cecilie e Joachim sono una coppia affiatata. Un giorno lui è vittima di un incidente. A causarlo è Marie, moglie di un medico che si occuperà della sua paralisi. Col passare del tempo tra Cecilie e il dottore si svilupperà una relazione. Per quanto fedele a uno schema che può trasformarsi in una gabbia, il film della Bier riesce a trasmettere un calore insolito negli epigoni di Lars Von Trier. La tensione narrativa è ben servita dalla "forma" e non viceversa. ■ DRAMMATICO; COL.; 103′; DANIMARCA, 2001.

OPEN RANGE – TERRA DI CONFINE *(Open Range)* ★★★
Regia di KEVIN COSTNER. Con ANNETTE BENING, ABRAHAM BENRUBI, KEVIN COSTNER, ROBERT DUVALL, MICHAEL GAMBON, DIEGO LUNA, JAMES RUSSO. ■ L'epica di Kevin Costner regista segue una poetica coerente, ben precisa, con grande naturalezza. La ricerca dei grandi spazi della natura, e un uomo che desidera confrontarsi con essi, con libertà, desiderio e passione. Quattro mandriani nel West di fine Ottocento pascolano il loro bestiame sulle distese erbose nelle vicinanze di una cittadina. Il proprietario terriero della zona, che controlla con una strategia di terrore la popolazione del luogo, non accetta che degli stranieri siano presenti nei suoi territori, e cerca, sfidandoli corpo a corpo, di eliminarli. Un ritorno al *vecchio West*, quello di John Wayne e John Ford, per un intenso Kevin Costner che si ritaglia un ruolo a lui affine, un cowboy d'onore. La storia, nella prima parte bucolica, si sviluppa secondo gli stilemi classici del cinema western. Una storia d'amore, la vita da uomini duri, il duello finale. I panorami degli Stati Uniti pre-rivoluzione industriale, violati dall'avvento della proprietà privata, sono un terreno consono e fertile per Costner che crede negli ideali puri in cui la corruzione è solo una macchia oscura da eliminare. Il trattamento moderno (lo scontro fra buoni e cattivi è tutto da vedere), la sottile ironia, e la grandissima interpretazioni degli attori, fra cui spicca Robert Duvall, nella parte che probabilmente lo consegna all'immortalità, valgono il prezzo del biglietto. Il vecchio West non muore mai. ■ WESTERN; COL.; 145′; ITALIA, 2003.

OPEN WATER ★★★★
Regia di CHRIS KENTIS. Con JON CHARLES, ESTELLE LAU, BLANCHARD RYAN, SAUL STEIN, DANIEL TRAVIS, MICHAEL E. WILLIMSON, CHRISTINA ZENARRO. ■ Opera seconda del giovane regista Chris Kentis, che lo ha scritto, diretto e montato, il film racconta l'allucinante avventura di una giovane coppia dispersa nell'oceano dopo un'immersione. Il registro stilistico scelto dal regista ci mette in condizione fin dal principio di capire che tra i due qualcosa non va: troppo lavoro, stress, incomunicabilità sono presenze minacciose e persistenti. I due sono alla deriva, e non solo perché lasciati in balia dell'oceano. I veri problemi non sono le meduse, gli squali o le tempeste, ma la fragilità umana, la superficialità, l'approssimazione con la quale spesso affrontiamo problemi e cose più grandi di noi. Grandiosi i protagonisti (Daniel Travis e Blanchard Ryan), che fisicamente ed emotivamente provati, dimostrano una genuina dedizione alla causa del film e un affiatamento strabiliante. Che dire? *Open Water* ridefinisce il concetto di film acquatico, così come a suo tempo fece *Lo squalo* di Spielberg (il paragone non è azzardato), ed entra nell'olimpo dei cult movies con pieno merito. Da non perdere. ■ THRILLER; COL.; 79′; USA, 2003.

OPERA ★★★
Regia di DARIO ARGENTO. Con URBANO BARBERINI, IAN CHARLESON, CRISTINA MARSILLACH. ■ La leggenda della sfortuna che il *Macbeth* di Verdi porta a chi lo rappresenta sembra avverarsi durante le prove di una compagnia. La soprano ha un incidente ed è sostituita da una giovanissima cantante che ha molto successo. Ma un maniaco la perseguita. Non la uccide, ma ammazza orribilmente tutte le persone attorno a lei. ■ HORROR; COL.; 105′; ITALIA, 1987.

OPERA AL NERO, L' *(L'oeuvre au noir)* ★★★
Regia di ANDRÉ DELVAUX. Con BARBARA FREY, ANNA KARINA, GIAN MARIA VOLONTÉ. ■ Dal romanzo di Marguerite Yourcenar, messo su pellicola con bravura ma senza colpi d'ala da Delvaux. È la storia di Zenone, medico alchimista del 1500, considerato eretico dai bigotti del tempo e perseguitato per tutta l'Europa. Zenone torna nella natia Bruges, dove, raggiunto e inquisito dai suoi nemici, sceglie di darsi la morte. ■ DRAMMATICO; COL.; 105′; FRANCIA, 1988.

OPERA DA TRE SOLDI, L' *(Die Dreigroschenoper)* ★★★★
Regia di GEORG WILHELM PABST. Con RUDOLF FORSTER, LOTTE LENYA, CAROLA NEHER, FRITZ RASP, REINHOLD SCHÜNZEL. ■ Peachum, organizzatore di una vasta rete di finti accattoni londinesi, viene a scoprire la relazione che lega la figlia Polly al malvivente Macheath e monta su tutte le furie; ciò non impedisce ai due di sposarsi ugualmente. Intanto Peachum è deciso a eliminare l'indesiderato genero, peraltro bigamo, con mezzi legali, facendolo arrestare. Varie e confuse vicende si succedono fin quando Macheath, che sta per essere condotto al patibolo, riceve la grazia dalla regina insieme a terre e titolo nobiliare. In realtà l'ultima parola spetta a Peachum, che invita a non prestar fede al lieto fine, perché nella realtà le grazie arrivano molto raramente, soprattutto se a ribellarsi sono i deboli. Nonostante le intrinsiche qualità del film, l'adattamento di Pabst non rende l'intento satirico e politico dell'opera di Brecht-Weil. Infatti il film non solo non piacque a Brecht, ma provocò una forte reazione da parte del drammaturgo che, in antagonismo all'opera di Pabst, produsse un proprio film, *Pance gelate*, affidandone la regia a Dudow e le musiche a Eisler. In effetti *L'opera da tre soldi* dà inizio al distacco dall'impegno in chiave progressista del regista boemo. ■ DRAMMATICO; B/N; 92′; GERMANIA, 1931.

OPERA DEL SEDUTTORE, L' ★★
(A Chorus of Disapproval)
Regia di MICHAEL WINNER. Con JEREMY IRONS, PATSY KENSIT, ANTHONY HOPKINS. ■ Un aspirante attore si cimenta nell'arte recitativa in una piccola scuola filodrammatica di una città dove è appena giunto. Ben presto sarà più interessato a due colleghe di recitazione. Spiritosa commediola con Irons nel ruolo dell'aspirante attore e Hopkins in quello del regista. ■ COMMEDIA; COL.; 92′; GRAN BRETAGNA, 1989.

OPERATION – HIT SQUAD *(Hit Squad)* ★
Regia di TONIE VAN DER MERWE. Con KEN GAMPU, VERA

SUTHERLAND. ■ Una squadra di pericolosi terroristi dirotta l'aereo guidato da una giovane donna e porta quest'ultima nel suo rifugio nella giungla africana. Un mercenario, esperto di guerriglia e incurante del rischio, si pone subito sulle tracce della rapita. ■ DRAMMATICO; COL.; 90'; OLANDA, 1986.

OPERAZIONE ALCE *(Salt Water Moose)* ★★
Regia di STUART MARGOLIN. Con TIMOTHY DALTON, LOLITA DAVIDOVICH, KATHERINE ISOBEL, JOHNNY MORINA. ■ Bobby deve andare a trascorrere le vacanze con la madre, appena divorziata. Teme di annoiarsi, ma non sarà così. Dovrà invece portare un'alce femmina da un alce maschio che si trova in difficoltà su un'isola. Verrà accompagnato da una ragazzina tutto pepe. ■ AVVENTURA; COL.; 93'; CANADA, 1996.

OPERAZIONE APFELKERN *(La bataille du rail)* ★★★★
Regia di RENÉ CLÉMENT. Con JEAN CLARIEUX, JEAN DAURAND, LUCIEN DEAGNEAUX, TONY LAURENT, ROBERT LERAY. ■ Film insolito per il cinema francese, molto più assimilabile al neorealismo italiano e in particolare a Roberto Rossellini e al suo *Paisà*. Girato sui luoghi dell'azione reale con ferrovieri autentici, il film ricostruisce l'attentato a un convoglio tedesco durante la seconda guerra mondiale, alla vigilia dello sbarco in Normandia. Lo stile è di una spoglia epicità, di un'asciutta tensione, di un'essenzialità quasi documentaristica, di una genuina coralità priva di ogni retorica e psicologismo. Si tratta di uno dei pochi film sulla Resistenza francese. Importante l'apporto della fotografia di Henri Alekan e della sceneggiatura essenzialissima di Colette Aud. ■ GUERRA; B/N; 85'; FRANCIA, 1946. ■ CANNES 1 PR.

OPERAZIONE AQUILA *(Operation Cross Eagles)* ★★
Regia di CASEY DIAMONT. Con PHIL BROWN, RORY CALHOUN, RICHARD CONTE. ■ Partigiani slavi e soldati americani conducono insieme una importante operazione: l'arresto del comandante della flotta navale tedesca. ■ GUERRA; COL.; 90'; JUGOSLAVIA, USA, 1969.

OPERAZIONE CANE GIALLO *(Yellow Dog)* ★★
Regia di TERENCE DONOVAN. Con ROBERT HARDY, CAROLYN SEYMOUR, JIRO TAMIYA. ■ Due spie, un giapponese e un inglese, mirano entrambi ad impossessarsi di una nuova invenzione, un carburante molto economico. La lotta è serrata, ma entrambi sono giocati da una bella ragazza. Per rifarsi, i due sono costretti ad allearsi: solo allora riescono nell'impresa. ■ SPIONAGGIO; COL.; 101'; GRAN BRETAGNA, 1973.

OPERAZIONE CASINÒ D'ORO ★★
(Cleopatra Jones and the Casino of Gold)
Regia di CHARLES BAIL. Con TAMARA DOBSON, NORMAN FELL, CARO KENYATTA, STELLA STEVENS. ■ Questa volta sono tre donne le protagoniste assolute della vicenda, e procurano molti guai ai signori uomini. Cleopatra appartiene al controspionaggio americano che lotta contro la droga, Bianca, detta "Drago Nero", è la più grossa trafficante dell'Oriente, Ci Ling è una poliziotta privata cinese. Cleopatra e Ci Ling combattono contro Bianca e riescono a batterla. ■ AVVENTURA; COL.; 96'; USA, 1975.

OPERAZIONE CICERO *(Five Fingers)* ★★★
Regia di JOSEPH LEO MANKIEWICZ. Con DANIELLE DARRIEUX, WALTER HAMPDEN, JAMES MASON, MICHAEL RENNIE. ■ Un giovanotto inglese, cameriere dell'ambasciatore britannico ad Ankara durante la seconda guerra mondiale, offre ai tedeschi i piani dello sbarco in Normandia. I documenti sono autentici, ma i tedeschi non si fidano. ■ SPIONAGGIO; B/N; 108'; USA, 1952. ■ OSCAR 2 NOM.

OPERAZIONE COMMANDOS *(They Who Dare)* ★★
Regia di LEWIS MILESTONE. Con DIRK BOGARDE, DENHOLM ELLIOTT, AKIM TAMIROFF. ■ Un piccolo commando formato da ufficiali inglesi e greci ha l'incarico, durante l'ultima guerra, di far saltare i due aeroporti di Rodi, occupati dai tedeschi. Nell'operazione quasi tutti gli inglesi perdono la vita o vengono arrestati, tranne il tenente Graham che torna sano e salvo in Inghilterra. ■ GUERRA; B/N; 101'; GRAN BRETAGNA, 1955.

OPERAZIONE COREA *(Flight Nurse)* ★★
Regia di ALLAN DWAN. Con ARTHUR FRANZ, JOAN LESLIE, FORREST TUCKER. ■ Molly, giovane infermiera americana, parte volontaria per la Corea alla ricerca del fidanzato Mike. Rimane gravemente ferita e, durante la convalescenza, è raggiunta da Mike. Anche il giovane ha combattuto duramente ed è rimasto ferito. Stanco di quella guerra, propone a Molly di tornare in America e pensare al loro futuro. Ma la ragazza sente che il suo destino è legato indissolubilmente al conflitto e rifiuta. ■ GUERRA; B/N; 90'; USA, 1953.

OPERAZIONE COSTA BRAVA *(Flyng Firestone)* ★★
Regia di PETER MEDAK. Con TONY CURTIS, PENELOPE HORNER, ROGER MOORE. ■ Due episodi della fortunata serie televisiva *Attenti a quei due* cuciti insieme in un film. Nel primo, i due protagonisti, un nobile inglese e un finanziere americano, si trovano coinvolti in gare automobilistiche truccate. Nel secondo, sconfiggono una pericolosa organizzazione di separatisti baschi. ■ COMMEDIA; COL.; 92'; GRAN BRETAGNA, 1973.

OPERAZIONE CRÊPES SUZETTES *(Darling Lili)* ★★★
Regia di BLAKE EDWARDS. Con JULIE ANDREWS, ROCK HUDSON, JEREMY KEMP, GLORIA PAUL, LANCE PERCIVAL. ■ Durante la prima guerra mondiale, la canzonettista Lili è una spia al servizio dei tedeschi. Innamoratasi di un ufficiale americano di cui doveva spiare i movimenti, Lili ammette la sua attività alle autorità alleate per scagionare l'uomo da ogni sospetto. Il servizio segreto tedesco la condanna, ma l'ufficiale americano le salva la vita e la porta con sé in America. ■ COMMEDIA; COL.; 109'; USA, 1970. ■ OSCAR 3 NOM.

OPERAZIONE CROSSBOW *(Operation Crossbow)* ★★★
Regia di MICHAEL ANDERSON. Con TREVOR HOWARD, SOPHIA LOREN, JOHN MILLS, LILLI PALMER, GEORGE PEPPARD. ■ Le bombe volanti dei nazisti preoccupano gli alleati, che spediscono tre agenti del controspionaggio proprio nella fabbrica tedesca che produce la terribile arma. I tre fanno saltare la costruzione. ■ SPIONAGGIO; COL.; 116'; GRAN BRETAGNA, 1965.

OPERAZIONE DESERT STORM *(In the Army Now)* ★
Regia di DANIEL PETRIE JR. Con ANDY DICK, LORI PETTY, PAULY SHORE. ■ Chi si aspetta scene di guerra rinunci alla visione. Si tratta invece del tentativo (fallito) di sorridere sulle disavventure di un commesso che si trova a fare il soldato nel deserto del Ciad. ■ COMICO; COL.; 93'; USA, 1994.

OPERAZIONE DIABOLICA *(Seconds)* ★★★
Regia di JOHN FRANKENHEIMER. Con WILL GEER, ROCK HUDSON, SALOMÉ JENS, JOHN RANDOLPH. ■ Il ricchissimo Arthur Hamilton è stanco della vita arida che conduce e decide di cambiarla radicalmente. Per questo si affida a un'organizzazione che, oltre ai connotati e ai documenti, gli procura un nuovo passato e un presente libero. In breve Arthur si rende conto che non è con la fuga che risolverà la sua crisi. Vorrebbe tornare dalla moglie, ma l'organizzazione alla quale si è rivolto non può permettere una defezione: Arthur viene quindi condannato a morire. ■ DRAMMATICO; B/N; 106'; USA, 1966. ■ OSCAR 1 NOM.

OPERAZIONE DOLLARI *(Les femmes s'en balancent)* ★★
Regia di BERNARD BORDERIE. Con ROBERT BERRI, EDDIE CONSTANTINE, NADIA GRAY. ■ A Lemmy Caution viene affidata l'indagine su una misteriosa organizzazione che stampa denaro falso. Seguendo una pista, l'agente arriva alla "Casa Antica", un locale notturno appartenente ad Aymes da poco morto suicida. Caution scopre ben presto che il cadavere ritrovato non è quello di Aymes e che forse il suicida non è morto. Risse e colpi di scena, fino al prevedibile successo finale. ■ POLIZIESCO; B/N; 109'; FRANCIA, 1953.

OPERAZIONE EICHMANN *(Operation Eichmann)* ★★
Regia di ROBERT G. SPRINGSTEEN. Con DONALD BUKA, WERNER KLEMPERER, RUTA LEE. ■ La storia della cattura del criminale nazista Eichmann, colpevole della strage di milioni di ebrei. ■ SPIONAGGIO; B/N; 93'; USA, 1961.

OPERAZIONE FIFA *(Private's Progress)* ★★
Regia di JOHN BOULTING. Con RICHARD ATTENBOROUGH, TERRY THOMAS. ■ L'Inghilterra è in guerra, ma Cirillo non se la sente di rischiare la pelle e preferisce imboscarsi negli uffici. Gli è d'aiuto uno zio colonnello. Zio e nipote progettano persino una rapina,

che riesce. Ma Cirillo, che è ingenuo e sfortunato, viene preso e condannato. ■ COMMEDIA; B/N; 102′; GRAN BRETAGNA, 1956.

OPERAZIONE GANYMED *(Operation Ganymed)* ★★
Regia di RAINER ERLER. Con HORST FRANK, UWE FRIEDRICHSEN, DIETER LASER. ■ Sopravvissuti a un incidente spaziale, cinque astronauti riescono fortunosamente a rientrare sulla Terra, ma, avendo da tempo perduto il contatto radio, si ritrovano soli in mezzo al deserto. Nessuno riuscirà a raggiungere la civiltà, che forse nel frattempo è stata distrutta dalla guerra atomica. ■ FANTASCIENZA; COL.; 90′; GERMANIA, 1977.

OPERAZIONE GATTO *(That Darn Cat)* ★★
Regia di BOB SPIERS. Con PETER BOYLE, DOUG. E. DOUG, GEORGE DZUNDZA, DEAN JONES, CHRISTINA RICCI. ■ Remake dichiarato del classico Disney *Fbi operazione gatto,* questo film recupera il protagonista maschile di allora, Dean Jones, in un ruolo di contorno e replica la storia aggiungendo un tocco di demenzialità unito a una più acuta osservazione della fauna umana che attraversa la vicenda. Il gatto non è più un siamese. ■ COMMEDIA; COL.; 89′; USA, 1997.

OPERAZIONE GOLDEN CAR *(Les grands moments)* ★★★
Regia di CLAUDE LELOUCH. Con AMIDOU, PIERRE BAROUH, JEAN-PIERRE KALFON. ■ Quattro galeotti specializzati in furto con scasso vengono incaricati, dietro compenso della libertà, di costruire un furgone blindato che resista ad ogni genere di assalto. Appena usciti di prigione il primo pensiero è quello di approfittare della loro liberazione, ma la polizia, che dava per scontato il loro tentativo, li arresta mentre sono in piena azione. ■ COMMEDIA; COL.; 95′; FRANCIA, 1965.

OPERAZIONE GOLD INGOT *(En plein cirage)* ★★
Regia di GEORGES LAUTNER. Con FRANCIS BLANCHE, MARTINE CAROL, GAIA GERMANI, ALBERTO LIONELLO, FELIX MARTEN. ■ Un detective privato cerca un ragazzo scomparso in circostanze misteriose. Le indagini disturbano alcuni gangster che non esitano a mettere a repentaglio la sua vita e ad uccidergli un amico. L'investigatore non si arrende. ■ POLIZIESCO; B/N; 92′; FRANCIA, 1962.

OPERAZIONE GOLDMAN ★★
Regia di ANTHONY M. DAWSON (pseud. di ANTONIO MARGHERITI). Con ANTHONY ELSLEY, WANDISA LEIGH, DIANA LORYS. ■ Un ricchissimo americano ha rapito uno scienziato per fargli costruire una potentissima arma. Se ne servirà, dalla Luna, per imporre alla Terra le sue condizioni. Un agente segreto riesce a individuare il suo nascondiglio e a distruggerlo. ■ AVVENTURA; COL.; 93′; ITALIA, 1966.

OPERAZIONE KAMIKAZE *(Taiheyo no washì)* ★★
Regia di ISHIRÔ HONDA. Con TOSHIRO MIFUNE, DENJIERO OKOCHI, TAKASHI SHIMURA. ■ È un film-documentario a carattere storico sulla figura dell'ammiraglio giapponese Yamamoto che, benché contrario alla guerra contro l'America, non esitò a compiere il suo dovere quando il suo paese diede inizio alle ostilità. ■ GUERRA; B/N; 93′; GIAPPONE, 1953.

OPERAZIONE KAPPA: SPARATE A VISTA ★★
Regia di LUIGI PETRINI. Con MARIA PIA CONTE, MARIO CUTINI, MARCO MARATI. ■ Due ragazzi romani violentano una giovanissima e uccidono una donna che cercava di aiutarla. Inseguiti dalla polizia, prendono una quindicina di ostaggi e si barricano in un ristorante. Finirà in una strage. ■ DRAMMATICO; COL.; 91′; ITALIA, 1977.

OPERAZIONE KOBY *(Diverzanti)* ★★
Regia di HAJRUDIN KRVAVAC. Con JOVAN JANICIJEVIC, RADE MARLOVIC, BATA ZIVOJINOVIC. ■ Otto partigiani jugoslavi hanno il compito di distruggere un aeroporto. Durante le operazioni, per sottrarsi ai tedeschi, uno di essi viene ferito e si uccide per non pesare sugli altri; un secondo, raggiunto l'obiettivo, si sacrifica volontariamente per salvare la vita ai compagni che hanno portato brillantemente a termine la missione. ■ GUERRA; B/N; 95′; JUGOSLAVIA, 1967.

OPERAZIONE MAGGIORDOMO *(Le Majordome)* ★★★
Regia di JEAN DELANNOY. Con PAUL HUBSCHMID, PAUL MEURISSE, GENEVIÈVE PAGE. ■ Il maggiordomo di un magistrato, nei giorni di libertà, si mette al servizio di alcuni gangster. Un giorno uno di essi gli propone un grossissimo colpo. Lui accetta, ma si innamora di una bellissima donna e, per colpa sua, litiga col socio. Questi si tiene tutto il bottino: il maggiordomo riesce a riprenderlo ma è arrestato, assieme alla sua banda, proprio dalla donna... che si rivela essere un poliziotto. ■ COMMEDIA; B/N; 93′; FRANCIA, 1965.

OPERAZIONE MISTERO *(Hell and High Water)* ★★★
Regia di SAMUEL FULLER. Con BELLA DARVI, RICHARD WIDMARK. ■ Un agente americano parte con un collega francese e la sua assistente alla volta di un'isola artica. Qui i cinesi stanno approntando una bomba atomica che hanno intenzione di far esplodere dando la colpa agli americani. I tre riusciranno a sventare il complotto. ■ SPIONAGGIO; COL.; 103′; USA, 1953. ■ OSCAR 1 NOM.

OPERAZIONE MITRA ★★
Regia di GIORGIO CRISTALLINI. Con STEVE BARCLAY, MARINA BERTI, MARGHERITA MAGNI. ■ Un ragazzo, invaghitosi di una ballerina, entra a far parte di una banda di gangster. Quando il capo viene arrestato egli prende il suo posto e inizia una lunga serie di rapine. Lei pur di farlo smettere lo denuncia, poi, pentita, tenta di salvargli la vita. Il ragazzo fugge con la banda ed è l'ultimo a venire ucciso. ■ POLIZIESCO; B/N; 92′; ITALIA, 1951.

OPERAZIONE NORMANDIA *(D-Day the Six of June)* ★★★
Regia di HENRY KOSTER. Con EDMOND O'BRIEN, ROBERT TAYLOR, RICHARD TODD, DANA WYNTER. ■ Poco prima dello sbarco in Normandia due ufficiali, un americano, sposato, e un inglese, si innamorano della stessa ragazza. Il primo viene ferito, il secondo muore. ■ GUERRA; COL.; 106′; USA, 1956.

OPERAZIONE NOTTE ★★
Regia di GIUSEPPE BENNATI. Con CORINNE CALVET, ANDREA CHECCHI, ANTONIO CIFARIELLO. ■ Un ragazzo compie un furto con un complice, per poter sposare l'amante di un industriale. Durante la fuga un primo incidente lo obbliga a separarsi dal complice, un secondo lo manda a sbattere contro un muro. Soccorso da un conoscente, dopo varie peripezie si persuade a restituire il denaro. Il complice, che non è d'accordo, muore accidentalmente, mentre lui mantiene il proposito. ■ DRAMMATICO; B/N; 94′; ITALIA, 1955.

OPERAZIONE OVERLORD *(Overlord)* ★★★
Regia di STUART COOPER. Con DAVID HARRIES, JULIES NEESAM, BRIAN STIRNER. ■ Inghilterra 1944, poco prima dello sbarco in Normandia. Tom è un soldato pieno di complessi, la vita militare non fa proprio per lui. Conosce un'ausiliaria ma il rapporto finisce quasi subito. Arriva il giorno del grande attacco e Tom, sfortunato e maldestro, è il primo soldato a morire su una spiaggia francese. ■ DRAMMATICO; B/N; 83′; GRAN BRETAGNA, 1975. ■ BERLINO 1 PR.

OPERAZIONE "OZEROV" *(The Ozerov Inheritance)* ★★★
Regia di ROY WARD BAKER, VAL GUEST. Con TONY CURTIS, ROGER MOORE, LAURENCE NAISMITH. ■ Il film appartiene alla serie *Attenti a quei due* ed è diviso in due episodi. Nel primo l'inseparabile coppia sventa un attentato contro un sindacalista americano; nel secondo aiuta una nobildonna russa a riprendere possesso dei propri gioielli per far fronte ad urgenti necessità economiche. ■ AVVENTURA; COL.; 91′; GRAN BRETAGNA, 1970.

OPERAZIONE PAPPAGALLO ★★
Regia di MARCO DI TILLO. Con ISAAC GEORGE, TIBERIO MURGIA, DIDI PEREGO. ■ Definito dall'autore un "giallo per ragazzi". Protagonista è un presentatore di tv privata che durante una trasmissione, mentre è travestito da orso, viene colpito alla testa. Lo prendono e lo imbarcano per il polo. Unico testimone della scena un pappagallo. Ma non può raccontarlo a una ragazzina, l'unica a preoccuparsi per la sparizione del presentatore. ■ COMMEDIA; COL.; 94′; ITALIA, 1989.

OPERAZIONE PAURA ★★
Regia di MARIO BAVA. Con ERIKA BLANC, FABIENNE DALÍ, PIERO LULLI, GIACOMO ROSSI STUART. ■ Il nuovo medico di un paesino viene a sapere che molte persone muoiono senza un motivo apparente. Con il benestare della polizia esegue l'autopsia

sull'ultimo defunto e constata la fondatezza dei suoi dubbi. Una pista lo conduce ad un'anziana nobildonna sconvolta, anni prima, dalla morte della figlioletta. La verità verrà lentamente a galla. ■ HORROR; COL.; 85′; ITALIA, 1966.

OPERAZIONE POKER ★★
Regia di OSVALDO CIVIRANI. Con ROGER BROWNE, SANCHO GARCIA, JOSÉ GRECI. ■ Un agente della Cia scopre che un connazionale, abilissimo giocatore di poker, si serve di un congegno, che gli permette di vedere attraverso i corpi opachi, per vincere strabilianti somme. Grazie a questa invenzione, potrà individuare il luogo in cui è tenuto prigioniero un uomo politico. ■ SPIONAGGIO; COL.; 95′; ITALIA, 1967.

OPERAZIONE RICCHEZZA ★★
Regia di VITTORIO MUSY GLORY. Con REGINA BIANCHI, RAUL CABRERA, GABRIELLA GIORGELLI. ■ Una commerciante è riuscita a mantenersi indipendente dal giro di un ricco uomo di affari napoletano. Alla sua morte la figlia si trova nei guai perché deve far fronte a vari impegni e non riesce a trovare i soldi lasciati dalla madre. Finalmente, ricollegando alcuni fatti, può recuperare il denaro ed evitare così il fallimento. ■ COMMEDIA; COL.; 92′; ITALIA, 1968.

OPERAZIONE ROSEBUD *(Rosebud)* ★★
Regia di OTTO PREMINGER. Con RICHARD ATTENBOROUGH, JEAN-CLAUDE DAUPHIN, CLIFF GORMAN, PETER O'TOOLE, RAF VALLONE. ■ Un commando di “Settembre nero” rapisce cinque ragazze ricchissime mentre stanno per prendere il largo a bordo del *Rosebud* e chiede, in cambio della loro vita, giustizia per i palestinesi. Un agente inglese della Cia, che si finge giornalista, riesce a liberarle con l'aiuto di un commando israeliano. ■ DRAMMATICO; COL.; 126′; USA, 1975.

OPERAZIONE ROSMARINO ★
Regia di ALESSANDRA POPULIN. Con ARMANDO DE RAZZA, MARCO DELLA NOCE, ANNA FALCHI, GIANNI FANTONI, ROLANDO RAVELLO. ■ Storia “fuoriditesta” che vorrebbe essere intelligente ed è velleitaria e incomprensibile. C'è un tale che ama fumare il rosmarino e correre in macchina. Si inserisce anche Anna Falchi (clonata) che parla con la voce del cabarettista Marco Della Noce. Ci sono citazioni cinematografiche (da *Frankenstein* a *The Rocky Horror Show*). Arriva anche Shel Shapiro (quello dei Rokes, complesso anni Sessanta). Un minestrone dimenticabile. ■ COMMEDIA; COL.; 98′; ITALIA, 2002.

OPERAZIONE SAN GENNARO ★★★
Regia di DINO RISI. Con MARIO ADORF, PINUCCIO ARDIA, SENTA BERGER, HARRY GUARDINO, NINO MANFREDI, TOTÒ. ■ Un napoletano ed alcuni complici, dopo aver ottenuto il “consenso” di san Gennaro, accettano di rubare il tesoro in collaborazione con tre americani, due uomini e una donna, che hanno proposto il colpo. ■ COMMEDIA; COL.; 104′; ITALIA, 1966.

OPERAZIONE SAN PIETRO ★★
Regia di LUCIO FULCI. Con JEAN-CLAUDE BRIALY, LANDO BUZZANCA, HEINZ RÜHMANN. ■ Un gruppo di ladruncoli ruba la *Pietà* di Michelangelo e viene a sua volta derubato da un gangster che intende ricattare il Vaticano. Un cardinale, informato da uno dei malviventi pentito, invece di rivolgersi alla polizia, organizza personalmente le ricerche servendosi dei religiosi. La *Pietà* è alfine ritrovata. ■ COMMEDIA; COL.; 98′; ITALIA, 1968.

OPERAZIONE SCOTLAND YARD *(The Secret Man)* ★★
Regia di RONALD KINNOCH. Con ANNE AUBREY, JOHN LODER, MARSHALL THOMPSON. ■ Un giovane scienziato, Mitchell, viene usato dalla polizia inglese come esca contro un'organizzazione che vende segreti nucleari. Riesce a farsi credere un venduto (anche dai suoi amici) e alla fine neutralizza le spie. Poi torna al suo lavoro e alla sua donna che lo aveva abbandonato credendolo un traditore. ■ POLIZIESCO; B/N; 68′; GRAN BRETAGNA, 1958.

OPERAZIONE SEGRETA – OPERAZIONE DROGA ★★
(High School Confidential)
Regia di JACK ARNOLD. Con JOHN DREW BARRYMORE, JAN STERLING, RUSS TAMBLYN, MAMMI VAN DOREN. ■ Un ragazzo si mette alla testa di una banda di trafficanti di droga. Diviene così amico di due tossicomani e del loro fornitore. A poco a poco il protagonista, che in realtà è un poliziotto, risale le fila dell'organizzazione fino al capo. ■ POLIZIESCO; B/N; 85′; USA, 1958.

OPERAZIONE SIEGFRIED *(Inside Out)* ★★★
Regia di PETER DUFFELL. Con ROBERT CULP, JAMES MASON, ALDO RAY, TELLY SAVALAS. ■ Un'ingente quantità d'oro destinata a rimpinguare le sostanze di Hitler scompare misteriosamente. Un gruppo internazionale di specialisti viene reclutato e portato a Berlino per tentare di recuperarlo. Un sosia del Führer, grazie alla collaborazione del gruppo, riesce a farsi dire da un criminale l'ubicazione del tesoro che viene più tardi recuperato. ■ AVVENTURA; COL.; 97′; GRAN BRETAGNA, 1975.

♥ OPERAZIONE SOTTOVESTE ★★★
(Operation Petticoat)
Regia di BLAKE EDWARDS. Con TONY CURTIS, KAMALA DEVI, GENE EVANS, CARY GRANT, DINA MERRILL, ARTHUR O'CONNELL. ■ Avventure a bordo di un sommergibile americano danneggiato dalle bombe nemiche e rimesso in condizioni di marcia dal comandante. Su di esso si imbarcheranno ufficiali in gonnella, bimbi e caprette con le immaginabili conseguenze. A completare il quadro c'è la vernice rosa, la sola disponibile, con la quale è stato dipinto il sommergibile, celebre perciò in tutto il Pacifico. ■ COMMEDIA; COL.; 120′; USA, 1959. ■ OSCAR 1 NOM.

OPERAZIONE SU VASTA SCALA ★★★
(England Made Me)
Regia di PETER DUFFELL. Con PETER FINCH, HILDEGARD NEIL, MICHAEL YORK. ■ Da *I naufraghi* di Graham Greene: l'amante di un grande industriale tedesco convince il fratello ad entrare nell'importante giro d'affari del magnate. Siamo prossimi agli anni Quaranta e Hitler inizia la persecuzione contro gli ebrei. L'atmosfera si è fatta pericolosa e il ragazzo decide di partire. L'industriale, che gli ha confidato segreti compromettenti, lo fa però uccidere da un sicario. ■ AVVENTURA; COL.; 100′; GRAN BRETAGNA, 1972.

OPERAZIONE TERRORE *(Experiment in Terror)* ★★★
Regia di BLAKE EDWARDS. Con GLENN FORD, ROY POOLE, STEFANIE POWERS, LEE REMICK. ■ Un uomo, innamorato di una giapponese col figlio ammalato, minaccia di morte l'impiegata di una banca se non ruberà del denaro. La ragazza è costretta ad ubbidirgli perché una donna, che aveva scoperto il ricattatore, è stata uccisa; anche l'uomo, però, prima di entrare in possesso del denaro, sarà eliminato. ■ POLIZIESCO; B/N; 123′; USA, 1962.

OPERAZIONE TERZO UOMO *(Schüsse im 3/4 Takt)* ★★
Regia di ALFRED WEIDENMANN. Con PIERRE BRICE, HEINZ DRACHE, DALIAH LAVI. ■ Un agente austriaco è incaricato di recuperare un preziosissimo prototipo finito nelle mani di un avventuriero. Il suo contrattacco è boicottato da un collega, il cui padre è stato catturato dall'uomo che vuole vendere in tutta tranquillità l'oggetto. L'agente riesce comunque a farlo prigioniero. ■ SPIONAGGIO; COL.; 93′; AUSTRIA, 1965.

OPERAZIONE TIZIANO *(Operacija Ticijan)* ★★
Regia di RADOŠ NOVAKOVIČ. Con MIHA BALOH, WILLIAM CAMPBELL, PATRICK MAGEE. ■ Siamo in una cittadina jugoslava, nel periodo estivo. Un uomo viene ucciso e non si trovano tracce dell'assassino. Poco dopo, anche una ballerina subisce la stessa sorte e la polizia orienta i sospetti su un americano. Diversi colpi di scena si susseguono a ritmo serrato finché l'omicida viene individuato. ■ GIALLO; B/N; 90′; JUGOSLAVIA, 1964.

OPERAZIONE TRE GATTI GIALLI ★★
Regia di GIANFRANCO PAROLINI. Con BRAD HARRIS, TONY KENDALL, DAN VADIS. ■ A Ceylon si è ricostituita una pericolosa banda di malviventi internazionali che ha provocato la morte di molte persone. Due agenti americani rischiano parecchie volte la vita ma, con la collaborazione di due belle aiutanti, riescono a sgominare la banda. ■ SPIONAGGIO; COL.; 91′; ITALIA, 1966.

OPERAZIONE TRIANGOLO D'ORO ★
(The Golden Triangle)
Regia di LOKE ROMENO GALANG. Con JOHN BRONSON, EDDIE GARCIA, CHANG LEE. ■ Il film narra la lotta della squadra internazionale narcotici contro il potentissimo boss della droga Lo Don. ■ AVVENTURA; COL.; 93′; HONG KONG, 1975.

OPERAZIONE URANIO *(The Hot Angel)* ★★
Regia di Joe Parker. Con Edward Kemmer, Jackie Longhery. ■ Un giovane e spericolato pilota, Jack, viene assunto per cercare giacimenti di uranio. Oltre che con la difficoltà dei voli deve vedersela con alcuni colleghi disonesti. ■ Avventura; b/n; 73′; USA, 1958.

OPERAZIONE VACANZE ★
Regia di Claudio Fragasso. Con Jerry Calà, Valeria Marini, Maurizio Mattioli, Francesco Pannofino, Enzo Salvi. ■ Bebo Conforti è un pianista di pianobar che si esibisce nei vari alberghi della costa jonica. Quando la figlia di un famoso boss lucano confessa di essere incinta di Bebo, il pianista diventa bersaglio di killer alla... Brancaleone. ■ Commedia; col.; 90′; Italia, 2012.

OPERAZIONE VALCHIRIA *(Valkyrie)* ★★
Regia di Bryan Singer. Con Kenneth Branagh, Daniel Craig, Tom Cruise, Bill Nighy, Tom Wilkinson. ■ Claus Philipp Maria Schenk Graf von Stauffenberg è un colonnello della Wehrmacht che sta combattendo nel Nord Africa ma ha già maturato una profonda ribellione contro i metodi hitleriani. Un attacco aereo lo priva di un occhio, del braccio destro e di due dita del sinistro. Rientrato in Germania si unisce a un gruppo di militari di grado elevato che intendono ridurre Hitler all'impotenza. Il piano prende progressivamente forma: si dovrà attentare alla vita del Fuhrer e immediatamente dopo, attuando un piano già istituzionalizzato, accusare le Ss dell'omicidio, neutralizzarle e assumere il comando di una nuova Germania. Il 20 luglio 1944 Von Stauffemberg in persona porta l'ordigno esplosivo nella Tana del Lupo ed è testimone dell'esplosione. Quello che non sa è che Hitler si è salvato. Didascalico e senza picchi. ■ Drammatico; col.; 120′; USA, Germania, 2008.

OPERAZIONE WALKER *(Family of Spies)* ★★
Regia di Stephen Gyllenhaal. Con Power Boothe, Lili Taylor, Lesley-Ann Warren. ■ Discreto film televisivo ispirato al libro *Una famiglia di spie* di Peter Earley. Un ufficiale per denaro e ambizione usa la propria famiglia per attività spionistiche. Tradisce la moglie e non ricambia l'affetto dei figli. ■ Giallo; col.; 220′; USA, 1990.

OPERAZIONE WALKIRIA *(Der 20. Juli)* ★★
Regia di Falk Harnack. Con Annemarie Düringer, Wolfgang Preiss, Robert Preytag. ■ Il film narra, in parte seguendo la verità storica e in parte ricorrendo alla fantasia, l'attentato a Hitler. Siamo in Germania nel 1944. ■ Storico; b/n; 90′; Germania, 1955.

OPERAZIONE "Z" *(One Minute to Zero)* ★★★
Regia di Tay Garnett. Con Ann Blyth, Robert Mitchum, William Talman. ■ L'azione si svolge in Corea all'inizio della guerra. Un ufficiale americano viene incaricato di organizzare il rimpatrio dei compatrioti e preparare il terreno allo sbarco delle truppe. Ferito e ricoverato in ospedale, si innamora di un'infermiera che, più tardi, accetterà di sposarlo. ■ Guerra; b/n; 105′; USA, 1952.

OPERAZIONE ZANZIBAR *(Mozambique)* ★★
Regia di Robert Lynn. Con Steve Cochran, Paul Hubschmid, Hildegarde Kneff. ■ Un pilota dalla carriera compromessa e una cantante si conoscono, e si innamorano, in un night africano dove entrambi sono stati assunti. Lei viene venduta ad un ricchissimo sceicco; lui la ritrova e la libera, ma viene coinvolto in un omicidio. Dopo aver provato non senza fatica la sua innocenza può partire verso un futuro migliore con l'amata. ■ Avventura; col.; 98′; Gran Bretagna, 1964.

OPINIONE PUBBLICA ★★
Regia di Maurizio Corgnati. Con Carlo Campanini, Daniel Gélin, Delia Scala. ■ Un uomo, Egisto Bianchi, accusato di uxoricidio e poi assolto, accetta la proposta di un giornalista di portare sullo schermo il suo caso. Costui, dopo aver scoperto che la defunta tradiva il marito, decide di includere, all'insaputa del diretto interessato, anche l'adulterio nella vicenda; Bianchi crede che si tratti di invenzione, ma quando scopre che è tutto vero uccide il giornalista. ■ Drammatico; b/n; 92′; Italia, 1954.

OPOPOMOZ ★★★
Regia di Enzo D'Alò. Voci di Peppe Barra, Silvio Orlando, Vincenzo Salemme, John Turturro, Fabio Volo. ■ Il Natale si avvicina e dalle profondità degli inferi Sua Bassezza Infernale, decisa a impedire la nascita di Gesù, invia sulla Terra tre maldestri sicari affinché irretiscano un'anima per usarla a quello scopo. E quale migliore città di Napoli, capitale per eccellenza del presepe, nonostante per sua stessa ammissione «i napoletani ne sappiano una più del diavolo»? Giunti nella città partenopea i tre goffi diavoletti individuano subito la loro vittima: è Rocco, un ragazzino accecato a tal punto dalla gelosia per il fratellino, che nascerà appunto il giorno di Natale, da essere disposto a tutto pur di rimanere figlio unico. E così, grazie alla formula magica "Opopomoz", la notte della vigilia Rocco entra magicamente nel presepe per trovare Giuseppe e Maria e impedire loro di raggiungere Betlemme. Impedire la nascita di Gesù significherebbe infatti impedire la nascita di tutti i bambini del mondo, incluso naturalmente il fratellino Francesco. Non solo un cartone animato per bambini, ma una fiaba capace di commuovere e divertire gli stessi adulti grazie alla sua raffinata cura del dettaglio: dalla scelta del doppiaggio (basti citare John Turturro nella parte dello zio americano di Rocco o Silvio Orlando nella parte di suo padre Peppino) alla colonna sonora tutta giocata sulle atmosfere partenopee di musicisti quali Pino Daniele o i Neri Per Caso. ■ Animazione; col.; 73′; Italia, 2003.

OPPIO *(To the Ends of the Earth)* ★★
Regia di Robert Stevenson. Con Signe Hasso, Dick Powell. ■ Un poliziotto viaggia per diversi paesi alla ricerca di un campo di papaveri dal quale viene estratto l'oppio. Finalmente lo trova in Egitto; attraverso numerose indagini scopre gli individui implicati nell'affare e li consegna ai colleghi; intanto si è innamorato di una bella vedova e la sposa. ■ Avventura; b/n; 109′; USA, 1948.

OPPORTUNIST, THE ★★★
Regia di Myles Connell. Con Vera Farmiga, Cyndi Lauper, Donal Logue, Peter McDonald, Christopher Walken. ■ New York. Victor Kelly è un meccanico con un passato non limpido e la fama di abile scassinatore. Questo è almeno quanto si pensa in Irlanda da cui arriva il cugino Michael che vuole coinvolgerlo in un colpo. Ma Victor ha messo da tempo la testa a posto e si occupa della figlia e della sua compagna Sally. Michael riesce però a farlo cedere, contando anche sui debiti da cui è assillato. Si tratta di un colpo facile, data la sua abilità con le combinazioni delle casseforti. Non sarà proprio così. Christopher Walken (dopo ruoli di "cattivo" come, ad esempio, quelli di *Fratelli* e *L'uomo della pioggia*) presta il suo volto dolente a un personaggio di perdente che il cinema ci ha mostrato molte volte, ma non sempre con questa dirittura morale e con questo desiderio di vivere senza compromessi. Il finale, in parte inatteso, giunge all'improvviso e chiude bruscamente il film. ■ Drammatico; col.; 90′; Gran Bretagna, USA, 2000.

OPPOSITE OF SEX, THE ★★★
Regia di Don Roos. Con Martin Donovan, Johnny Galecki, Lisa Kudrow, Lyle Lovett, Christina Ricci. ■ Dedee ha sedici anni. Scappa da casa con l'aiuto del fidanzato Randy e raggiunge nell'Indiana il fratellastro Bill che è gay. Gli ruba il compagno, Matt, e un bel po' di soldi ma poi scappa con lui rimanendo però incinta di Randy. Che prontamente uccide per poi fuggire nuovamente (questa volta con Matt) e rischiare la vita per far nascere il bambino. Christina Ricci non è bella (non è un caso che da bambina e preadolescente sia stata Venerdì della *Famiglia Addams*) ma, se ha la storia giusta, riempie lo schermo. ■ Commedia; col.; 101′; USA, 1998. ■ Golden Globes 1 nom.

OPTIONS – CONTRATTI *(Options)* ★★
Regia di Camillo Vila. Con John Kani, Joanna Pacula, Matt Salinger. ■ Donald Anderson è un procacciatore di soggetti ameni per film televisivi. Incuriosito dalla storia di Nicole, principessa belga che ha lasciato la famiglia per vivere con gli elefanti, si reca in Zambia e fatalmente si innamora della ragazza. ■ Comico; col.; 90′; USA, 1988.

O QUATRILHO ★★
Regia di Fabio Barreto. Con Gianfrancesco Guarnieri, Patricia Pillar, Gloria Pires. ■ Inizio Novecento, grande emigrazione italiana in Brasile. Angelo, veneto, sposa Teresa, ma poi la trascura per il lavoro. I due vivono con Massimo e Pierina e Teresa si innamora di Massimo. Il quatrilho è un gioco di scambio di carte. Curioso ed elementare tentativo di raccontare l'emigrazione attraverso un "quadrangolo". ■ Drammatico; col.; 106′; Brasile, 1995. ■ Oscar 1 nom.

O QUESTA SERA O MAI *(Ce soir ou jamais)* ★★
Regia di Michel Deville. Con Françoise Dorléac, Anna Karina, Claude Rich. ■ Una piccola simpatica commedia diretta da Michel Deville quando aspirava a essere il René Clair della *Nouvelle Vague*. Protagonisti sono due timidi innamorati (la Karina e Rich al loro meglio), che riescono a dichiararsi nella Parigi di agosto. ■ Commedia; b/n; 103′; Francia, 1961.

ORA CHE UCCIDE, L' *(Charlie Chan's Secret)* ★★★
Regia di Gordon Wiles. Con Rosina Laurence, Warner Oland. ■ Un erede torna in patria ma gli sfruttatori delle sue ricchezze lo uccidono. Charlie Chan, celebre poliziotto cinese, si occupa del caso e con straordinaria abilità riesce a trovare i colpevoli fittizi e quello vero. ■ Poliziesco; b/n; 71′; USA, 1936.

ORA CHE UCCIDE, L' *(The Killing Hour)* ★★
Regia di Armand Mastroianni. Con Elizabeth Kemp, Perry King, Kenneth McMillan. ■ Il cadavere di una donna, trovata nuda e ammanettata sul fondo del fiume Hudson, mette in moto un'indagine che si rivela anche più intricata del previsto. Presto i cadaveri sono quattro, tutti assassinati con le stesse modalità. ■ Giallo; col.; 94′; USA, 1986.

ORACOLO, L' *(The Oracle)* ★★
Regia di Roberta Findlay. Con Caroline Capers Power, Victoria Dryden, Pam Latesta, Roger Neil. ■ Jennifer è giovane, bella e si è appena sposata. Ha tutte le carte in regola, insomma, per essere felice, senonché lo spirito di un uomo ucciso dal consorte entra nel suo corpo e cerca di usarla per portare a compimento la sua vendetta. ■ Horror; col.; 94′; USA, 1985.

ORA DEI FORNI, L' *(La hora de los hornos)* ★★★
Regia di Octavio Getino, Fernando Ezequiel Solanas. ■ Un documentario premiato a Pesaro nel 1968 e osannato dalla critica negli anni Settanta. Cinema politico ma anche di impatto visivo notevole. Diviso in tre parti: *Neocolonialismo e violenza*, *Atto a favore della liberazione*, *Violenza e liberazione*. Che Guevara morì mentre i registi stavano girando e alla sua memoria è stata dedicata la pellicola. Solanas è il regista del celebre *Tangos. L'esilio di Gardel*. ■ Documentario; b/n; 260′; Argentina, 1968.

ORA DEL DELITTO, L' *(Strange Intruder)* ★★★
Regia di Irving Rapper. Con Jacques Bergerac, Ann Harding, Ida Lupino, Edmund Purdom. ■ Un reduce dalla guerra di Corea è psichicamente debilitato dalle sofferenze che ha patito. Talvolta crede di essere un amico morto di tortura, altre si sente spinto ad uccidere i suoi due figli, come gli ha promesso per non lasciarli nelle mani di una madre che il defunto credeva indegna. Durante la lotta con un corteggiatore della donna batte la testa e si libera dalla sua ossessione. ■ Drammatico; b/n; 82′; USA, 1956.

ORA DEL DESTINO, L' *(Joan of Paris)* ★★★
Regia di Robert Stevenson. Con Paul Henreid, Thomas Mitchell, Michèle Morgan. ■ Seconda guerra mondiale: cinque piloti francesi, i cui aerei sono stati abbattuti, cercano di sfuggire ai tedeschi. Si separano e si ritrovano in una chiesa. Uno di essi si rifugia a casa di una donna che si innamora di lui e lo aiuta a scappare. I nazisti, scoperto il fatto, la uccideranno per rappresaglia. ■ Guerra; b/n; 95′; USA, 1942. ■ Oscar 1 nom.

ORA DEL GRANDE ATTACCO, L' ★★
(Appointment in London)
Regia di Philip Leacock. Con Dirk Bogarde, Ian Hunter, Dinah Sheridan. ■ Un valoroso pilota inglese è incaricato di addestrare alcune reclute ad una massiccia azione contro i tedeschi. Il giorno della partenza, prende il posto di un compagno infortunato e guida gli uomini sull'obiettivo. Il nemico è riuscito ad organizzare la difesa, ma nonostante ciò i bombardamenti gli infliggono una pesante sconfitta. ■ Guerra; b/n; 96′; Gran Bretagna, 1953.

ORA DELLA FURIA, L' *(Firecreek)* ★★★
Regia di Vincent McEveety. Con Ed Begley jr, Henry Fonda, Dean Jagger, Gary Lockwood, James Stewart. ■ Cinque avventurieri, sopravvissuti alla guerra civile, spadroneggiano in un paese. Uno di essi viene ucciso perché infastidiva una ragazza indiana; gli altri quattro lo vendicano sopprimendo il suo difensore. Lo sceriffo ne ammazza tre; l'ultimo è eliminato dalla sua amante tradita e ingannata. ■ Western; col.; 104′; USA, 1968.

ORA DELLA RIVINCITA, L' *(Three O'Clock High)* ★
Regia di Phil Joanou. Con Anne Ryan, Casey Siemaszko, Richard Tyson. ■ Jerry, un adolescente assai disponibile, ma non molto fortunato, ha l'ulteriore disgrazia di non essere per niente simpatico a Buddy Revell, un coetaneo non solo cattivo ma anche grande e grosso. Joanou, regista di *Rattle and Hum*, dimostra al suo esordio una buona tecnica. ■ Commedia; col.; 95′; USA, 1984.

ORA DELLA VERITÀ, L' *(La minute de verité)* ★★
Regia di Jean Delannoy. Con Walter Chiari, Jean Gabin, Michèle Morgan. ■ Un'attrice sposata resiste prima, e cede poi, alla corte di un innamorato. Poiché ha deciso di lasciarlo lui si avvelena; il marito della donna, medico, recandosi a casa sua scopre il tradimento. Nonostante questo perdona la moglie. ■ Drammatico; b/n; 108′; Francia, 1952.

ORA DELLA VERITÀ, L' *(Return to Sender)* ★★
Regia di Bille August. Con Timothy Daly, Mark Holton, Connie Nielsen, Kelly Preston, Aidan Quinn. ■ Charlotte è una giovane condannata a morte dopo aver confessato la sua colpevolezza. La donna inizia una relazione epistolare con Frank, ex avvocato radiato dall'albo, convinto della sua innocenza. Farà di tutto per sottrarre Charlotte dalla pena che l'aspetta. ■ Drammatico; col.; 103′; Canada, Danimarca, Gran Bretagna, USA, 2004.

ORA DELLA VIOLENZA, L' *(The Substitute)* ★
Regia di Robert Mandel. Con Marc Anthony, Tom Berenger, Ernie Hudson, Diane Venora. ■ La scuola americana non è una delle migliori istituzioni del paese. In molti istituti droga e violenza sono all'ordine del giorno. Ecco allora che arriva un supplente esperto di guerriglia che utilizza metodi "didattici" fuori dal comune. Con l'aiuto di un gruppo di fedelissimi dichiara guerra aperta al preside corrotto e agli spacciatori utilizzando armi scolasticamente non convenzionali. ■ Avventura; col.; 114′; USA, 1996.

ORA DELLE PISTOLE – VENDETTA ALL'O.K. CORRAL, L' *(Hour of the Gun)* ★★★
Regia di John Sturges. Con James Garner, Jason Robards, Robert Ryan, Albert Salmi. ■ Uno sceriffo uccide i complici di un trafficante di bestiame. Questi cerca di farlo accusare di assassinio, ma l'uomo viene assolto. Allora ammazza i suoi fratelli e fugge. L'altro lo insegue e, dopo varie peripezie, lo ritrova e lo elimina. ■ Western; col.; 100′; USA, 1967.

ORA DEL LUPO, L' *(Vergtimmen)* ★★★
Regia di Ingmar Bergman. Con Gertrud Fridh, Georg Rydeberg, Ingrid Thulin, Liv Ullmann, Max von Sidow. ■ Una coppia di sposi si stabilisce su un'isola semideserta: lui, in preda ad un forte esaurimento nervoso, è assalito da incubi spaventosi; lei, dopo aver cercato di aiutarlo, ne resta influenzata. Il dramma esplode al ritorno dalla festa in un castello abitato da gente crudele che uccide l'uomo sotto gli occhi attoniti di sua moglie. La donna porterà per tutta la vita il peso della propria impotenza a prevenire quell'atto efferato. ■ Drammatico; b/n; 90′; Svezia, 1967.

ORA DEL SUPPLIZIO, L' *(Love from a Stranger)* ★★
Regia di Rowland V. Lee. Con Ann Harding, Basil Rathbone. ■ Una ragazza lascia il fidanzato perché, dopo la vincita di una grossa somma alla lotteria, lui non è disposto a smettere di lavorare. Lei sposa un altro che scoprirà essere un pericolosissimo uxoricida. Viene salvata appena in tempo. ■ Drammatico; b/n; 90′; USA, 1937.

ORA DEL TÈ, L' *(Diamond Skulls)* ★★★
Regia di NICK BROOMFIELD. Con GABRIEL BYRNE, AMANDA DONOHOE, MICHAEL HORDERN. ■ Storia ambientata a Dover. C'è un cadavere sotto un'auto che è sull'orlo di un precipizio con la portiera aperta. Lord Hugo è alla guida dell'auto di un amico in compagnia di alcuni ufficiali del suo ex reggimento. È ubriaco e gli altri lo fanno arrabbiare supponendo un'infedeltà della moglie. In un *raptus* investe una donna che attraversa la strada. Un buon esercizio psicologico. ■ POLIZIESCO; COL.; 90'; GRAN BRETAGNA, 1989.

ORA DEL TERRORE, L' *(That Night)* ★★
Regia di JOHN NEWLAND. Con JOHN BEAL, AUGUSTA DABNEY, SHEPPERD STRUDWICK. ■ Un pubblicitario troppo ambizioso preferisce il lavoro alla moglie e anche lei, occupata dalla casa e dai figli, finisce per trascurarlo. Ma un giorno l'uomo viene colpito da infarto; il timore del peggio rinsavisce entrambi i coniugi che d'ora in avanti penseranno meno ai beni materiali e più all'amore che li lega. ■ DRAMMATICO; B/N; 88'; USA, 1957.

ORA DI NEW YORK, L' *(The Clock)* ★★★
Regia di VINCENTE MINNELLI. Con JUDY GARLAND, ROBERT WALKER, KEENAN WYNN. ■ Una deliziosa commedia d'amore, diretta da un Minnelli pressoché agli esordi, che guida con affettuosa maestria l'allora moglie Judy Garland. È la storia della licenza (di due giorni) di un giovane soldato. Gironzolando per New York fa incontri ora lieti (con l'impiegatina Judy Garland) ora tristi (con un ubriaco, con un vecchietto triste e malinconico). ■ SENTIMENTALE; B/N; 90'; USA, 1945.

ORA DI PUNTA, L' ★
Regia di VINCENZO MARRA. Con FANNY ARDANT, GIULIA BEVILACQUA, ANTONIO GERARDI, MICHELE LASTELLA, BARBARA VALMORIN, AUGUSTO ZUCCHI. ■ Filippo Costa è un agente della Guardia di Finanza fermamente intenzionato a fare carriera nel Corpo. È ligio agli ordini ma anche pronto, quando accade, a incassare mazzette riscrivendo verbali di accertamento. Finché il suo comandante, anch'egli corruttibile, lo scopre. Pur conservando con i colleghi buoni rapporti, Costa decide di fare il balzo in avanti. Costituisce una società che entra in un giro di affari sicuramente non trasparenti. In questo viene aiutato da Catherine, che è più matura di lui ma anche più innamorata. Marra invece si scrive il film da solo e, dopo un avvio accettabile nella descrizione del rampantismo di un finanziere che parte dal basso, si sente in dovere di inserire colpi di scena decisamente improbabili. Superfluo e, peggio, televisivo. ■ DRAMMATICO; COL.; 90'; ITALIA, 2007.

ORA DI RELIGIONE, L' ★★★
Regia di MARCO BELLOCCHIO. Con GIGIO ALBERTI, SERGIO CASTELLITTO, PIERA DEGLI ESPOSTI, JACQUELINE LUSTIG. ■ Sergio Castellitto nella parte del pittore Ernesto Picciafuoco, un agnostico dalla personalità tormentata. L'artista viene a sapere da un prete che la propria madre sarà beatificata. Il fatto è clamoroso e non sarebbe davvero opportuno che una futura santa risultasse madre di un non credente. Altri problemi arrivano anche dal figlio di Ernesto, che non vuole essere discriminato a scuola e decide di frequentare l'ora di religione. Bellocchio penetra l'animo umano con stile rigoroso e formalmente perfetto, anche se una volta aveva più energia. Per un autore vero le stelle di valutazione non possono mai essere meno di tre. ■ DRAMMATICO; B/N; 102'; ITALIA, 2002. ■ DAVID DI DONATELLO 1 PR, 1 NOM.

ORA DI SANGUE ★
Regia di GARY WINICK. Con KYLE RICHARDS, WENDELL WELLMAN. ■ Pur sapendo che dovrà subire i rimbrotti dei genitori, la giovane Stephanie fa ritorno a casa a un'ora tarda. Non immagina nemmeno lontanamente l'orrore al quale va incontro non appena apre la porta della sua abitazione. ■ HORROR; COL.; 90'; USA, 1989.

ORA E PER SEMPRE ★★
Regia di VINCENZO VERDECCHI. Con DINO ABBRESCIA, GIORGIO ALBERTAZZI, FELICE ANDREASI, ENRICO CIOTTI, GIOELE DIX, LUCIANO SCARPA, ANTONIO SERRANO, KASIA SMUTNIAK, ANNA STANTE. ■ Il film racconta le vicende della squadra di calcio del Torino, rimasta coinvolta nel tragico incidente aereo del 1949, nel quale persero la vita tutti i giocatori e i suoi dirigenti. L'aereo si schiantò sulla collina di Superga. Si trattò di una tragedia nazionale di enorme portata. ■ DRAMMATICO; COL.; 108'; ITALIA, 2004.

ORA E SEMPRE *(Now and Forever)* ★★
Regia di ADRIAN CARR. Con ROBERT COLEBY, CHERYL LADD, ROD MULLINAR. ■ Una coppia sposata è messa in crisi quando lui è condannato per violenza carnale, anche se innocente. Fa un anno di carcere e la separazione porta duri colpi all'unione. Il divorzio è molto vicino. Dal romanzo di Danielle Steel. ■ DRAMMATICO; COL.; 90'; AUSTRALIA, 1983.

ORA FATALE – ORA SUPREMA, L' *(Fatal Hour)* ★★
Regia di WILLIAM NIGH. Con BORIS KARLOFF, MARJORIE REYNOLDS, CHARLES TROWBRIDGE, GRANT WITHERS. ■ Un poliziotto viene ucciso da una banda di malviventi. Un suo collega e amico si mette ad indagare deciso ad arrestare i banditi e a rendere giustizia al defunto. Sarà un poliziotto orientale a sbrogliare la complicata vicenda. ■ POLIZIESCO; B/N; 68'; USA, 1940.

ORA, IL LUOGO E LA RAGAZZA, L' *(The Time, the Place and the Girl)* ★★
Regia di DAVID BUTLER. Con JACK CARSON, DENNIS MORGAN, JANIS PAIGE. ■ Due artisti di varietà non possono aprire un locale perché un celebre direttore d'orchestra, loro dirimpettaio, lo ha proibito. Per fargli cambiare idea fanno conoscere un amico a sua figlia che si innamora di lui. Lo spettacolo può andare in scena con la ragazza come protagonista. La storia d'amore, iniziata per caso, si trasforma in sentimento autentico. ■ COMMEDIA; COL.; 91'; USA, 1948. ■ OSCAR 1 NOM.

ORA MISTERIOSA, L' *(The Unguarded Hour)* ★★
Regia di SAM WOOD. Con FRANCHOT TONE, LORETTA YOUNG. ■ La moglie di un magistrato paga un ricattatore per non compromettere la carriera politica del marito. Questi, qualche tempo dopo, viene arrestato per sospetto omicidio proprio per l'involontaria testimonianza della moglie, in quanto la defunta è la consorte del ricattatore. L'uomo, però, dimostra la propria buona fede e trova l'assassino. ■ DRAMMATICO; B/N; 86'; USA, 1936.

ORA NERA, L' *(The Darkest Hour)* ★★
Regia di CHRIS GORAK. Con EMILE HIRSCH, JOEL KINNAMAN, MAX MINGHELLA, OLIVIA THIRLBY, RACHAEL TAYLOR. ■ Atterrati a Mosca per vendere un'innovativa applicazione per telefoni cellulari a dei magnati russi, i due giovani programmatori Sean e Ben scoprono che un collega svedese si è appropriato dell'idea e ha concluso l'affare prima di loro. Per consolarsi, decidono di passare la serata in uno dei locali più glamour della capitale, dove stringono amicizia con due turiste americane. Fra una vodka e l'altra, all'improvviso la città viene paralizzata da un gigantesco black out e dal cielo cominciano a scendere degli strani fasci di luce. Una volta toccata la terra, questi bagliori si fanno invisibili e iniziano a disintegrare uno ad uno tutti gli umani che si trovano di fronte. ■ THRILLER; COL.; 89'; USA, 2011.

ORANGE COUNTY ★★
Regia di JAKE KASDAN. Con JACK BLACK, SCHUYLER FISK, COLIN HANKS, JOHN LIGHTGOW, CATHERINE O'HARA, HAROLD RAMIS. ■ Orange Conty è una splendida località balneare della California, dove un giovane aspirante scrittore cerca sensazioni e frequentazioni adeguate. Per esempio vorrebbe frequentare un autore che stima, ma tutto va per il verso sbagliato, a cominciare dalla location, davvero inadatta alle atmosfere per il tipo di creatività che interessa l'aspirante scrittore. Si aggiungono personaggi trasgressivi che non migliorano la situazione. Jake Kasdan è figlio del ben più noto Lawrence, che certamente deve aver dato una mano, se non altro per le partecipazioni di "nomi" come Kevin Kline, Chevy Chase e Lily Tomlin. ■ COMMEDIA; COL.; 87'; USA, 2002.

ORA O MAI PIÙ ★★★
Regia di LUCIO PELLEGRINI. Con TONI BERTORELLI, JACOPO BONVICINI, CAMILLA FILIPPI, EDOARDO GABBRIELLINI, ELIO GERMANO, FRANCESCO MANDELLI, VIOLANTE PLACIDO, RICCARDO SCAMARCIO. ■ David è un brillante studente di Fisica all'Università Normale di Pisa, ma vive rinchiuso tra le mura ovattate dell'ambiente accademico. L'incontro con Viola, impegnata

nei collettivi studenteschi, lo aiuterà a sviluppare una coscienza politica e a portare a termine la propria educazione sentimentale. Il film di Pellegrino prova a raccontare delle tensioni che percorrono un mondo giovanile orfano del 1968, bisognoso di esprimere il proprio "no" alle ingiustizie e, al contempo, in difficoltà nel trovare il modo per farlo. Ecco allora che entrano nel film i tragici giorni di Genova grazie a un protagonista che non riesce neanche a raggiungere il cuore della città. Arrestato prima, viene portato in carcere e sottoposto a ingiurie e pestaggi. A molti non piacerà il finale non "militante". È invece un momento fondamentalmente onesto del film: non è un'ideologia a guidare questi giovani ma una necessità confusa che può trovare sfogo solo in una corsa insieme. Senza avere come meta il sole dell'avvenire ma con la consapevolezza, che è propria dei giovani, che qualcosa va fatto. ■ COMMEDIA; COL.; 105′; ITALIA, 2003.

ORA SCARLATTA, L' *(The Scarlet Hour)* ★★
Regia di MICHAEL CURTIZ. Con CAROL OHMART, TOM TRYON. ■ Una donna e il suo amante ascoltano casualmente la conversazione di alcuni ladri ai quali decidono di rubare il bottino. Il marito, però, ha scoperto la relazione e durante la lotta col rivale muore. I due, sospettati, finiscono col rivelare le vere qualità del proprio animo: la donna cerca di gettare la colpa dell'assassinio sulla segretaria del defunto, ma inutilmente: finisce dietro le sbarre. ■ POLIZIESCO; B/N; 95′; USA, 1956.

ORA SOLA TI VORREI, UN' ★★
Regia di ALINA MARAZZI. ■ La ricostruzione del volto di una madre da parte della figlia attraverso il montaggio dei filmati girati dal nonno. Il tentativo di Alina Marazzi è quello di ricostruire la storia di una persona che si era tolta la vita quando lei aveva soltanto sette anni, una persona mai veramente conosciuta e proprio per questo fortemente desiderata. ■ DOCUMENTARIO; COL.; 55′; ITALIA, 2002.

ORA SUBLIME *(Férfihüség)* ★
Regia di JOZSEF DAROCZY. Con ANDOR AJTAY, ELMA BULLA, ANTAL PAGER, KLARI TOLNAY. ■ Un uomo contrae in Africa una malattia contagiosa e fa ritorno in patria con la donna che lo cura. La moglie sospetta una relazione, anche perché il marito evita di avvicinare sia lei che i figli. Poi scopre come stanno le cose e gli rimane vicina fino alla morte. ■ DRAMMATICO; B/N; 91′; UNGHERIA, 1942.

ORA TRAGICA, L' *(The Last Mile)* ★★
Regia di SAMUEL BISCHOFF. Con PRESTON FOSTER, HOWARD PHILLIPS, GEORGE STONE. ■ Un condannato a morte per omicidio, di cui è responsabile anche se il fatto è avvenuto in circostanze accidentali, attende l'ora dell'esecuzione. Uno dei prigionieri tramortisce un poliziotto e si impadronisce delle chiavi delle celle. I detenuti tentano la fuga ma vengono uccisi; il protagonista si salva ed è riconosciuto innocente. ■ DRAMMATICO; B/N; 84′; USA, 1932.

ORA X, ATTACCO AL GIAPPONE ★★★
Regia di PERRY WOLFF. ■ Il film non ha particolari pregi documentaristici poiché si avvale di spezzoni originali già sfruttati in pellicole del genere. Mostra, in ordine cronologico, gli episodi più importanti del conflitto tra America e Giappone. ■ DOCUMENTARIO; B/N; 90′; FRANCIA, 1960.

ORA X: COMMANDOS INVISIBILI *(The Walls of Hell)* ★★
Regia di GERARDO DE LEON. Con JOCK MAHONEY, MIKE PARSONS, FERNANDO POE JR, OSCAR RONCAL. ■ Filippine, seconda guerra mondiale: alcuni giapponesi sono asserragliati in un fortino e tengono prigionieri parecchi militari indigeni. Il comandante americano, dopo alcune scaramucce, sferra un attacco decisivo. ■ GUERRA; B/N; 88′; USA, 1964.

ORA X: GIBILTERRA O MORTE! *(The Silent Enemy)* ★★
Regia di WILLIAM FAIRCHILD. Con DAWN ADDAMS, JOHN CLEMENTS, LAURENCE HARVEY. ■ Il film racconta la vittoria degli italiani nella battaglia del Mediterraneo. ■ AVVENTURA; B/N; 112′; GRAN BRETAGNA, 1958.

ORA X: PATTUGLIA SUICIDA ★★
Regia di GAETANO QUARTARARO. Con MAX DEAN, PIERRE RICHARD. ■ Un film bellico senza troppe pretese: narra di alcuni soldati americani che riescono a sabotare un impianto nemico. ■ AVVENTURA; B/N; 92′; ITALIA, 1969.

ORA ZERO *(Zero Hour!)* ★★
Regia di HALL BARTLETT. Con DANA ANDREWS, LINDA DARNELL, STERLING HAYDEN. ■ Un ex pilota canadese che ha subito un trauma durante l'ultima guerra non riesce a sopportare lo stesso lavoro per più di un certo periodo. Il giorno in cui crede di aver trovato un'occupazione a lui congeniale scopre che la moglie sta per lasciarlo: la raggiunge appena in tempo sull'aereo. Durante il volo un incidente lo obbliga a guidare l'apparecchio; con uno sforzo sovrumano vince il ricordo del terribile episodio e porta in salvo tutti i passeggeri. ■ DRAMMATICO; B/N; 81′; USA, 1957.

ORA ZERO: MISSIONE MORTE ★★
Regia di GERALD S. SHEPARD. Con SCOTT BORLAND, ROBERT GETZ, ERIKA PETERS. ■ Alcuni soldati americani entrano clandestinamente in Romania per sabotare una base tedesca. Li guida una ragazza del luogo che, dapprima ostile a coloro che ritiene responsabili della morte del padre, si innamora di uno di essi e gli promette, prima che muoia, di compiere la missione. Lo scopo è raggiunto, ma solo due militari sfuggono alla morte. ■ GUERRA; B/N; 98′; USA, 1962.

ORA ZERO: OPERAZIONE ORO ★★
(When Eight Bells Toll)
Regia di ETIENNE PÉRIER. Con NATHALIE DELON, JACK HAWKINS, ANTHONY HOPKINS, ROBERT MORLEY. ■ Un agente segreto inglese scopre che la scomparsa di navi cariche d'oro è da attribuirsi ad un potentissimo magnate greco. Con l'aiuto di alcuni uomini, e nonostante il tradimento di uno di essi, riesce a penetrare nella sua base operativa, a distruggerla e ad arrestarlo. ■ SPIONAGGIO; COL.; 94′; GRAN BRETAGNA, 1971.

ORAZI E CURIAZI ★★
Regia di FERDINANDO BALDI. Con FRANCA BETTOJA, FRANCO FABRIZI, ROBERT KEITH, ALAN LADD, JACQUES SERNAS. ■ Versione riveduta e corretta della leggendaria sfida tra gli Orazi, tre fratelli romani, e i Curiazi, i loro nemici appartenenti al popolo degli Albani contro i quali la città eterna è impegnata da tempo in una guerra lunga e sfibrante. ■ AVVENTURA; COL.; 90′; ITALIA, 1961.

ORAZI E CURIAZI 3-2 ★
Regia di GIORGIO MARIUZZO. Con GIANNI AGUS, LINO BANFI, ENZO CANNAVALE, GLORIA GUIDA. ■ L'episodio degli Orazi e dei Curiazi ridotto a uno scontro fra romani e milanesi. Umorismo pesante e spogliarelli. ■ COMMEDIA; COL.; 90′; ITALIA, 1977.

ORCA, L' ★★★
Regia di ERIPRANDO VISCONTI. Con FLAVIO BUCCI, BRUNO CORAZZARI, RENA NIEHAUS, MICHELE PLACIDO. ■ Tre delinquenti alle prime armi rapiscono una ragazza benestante per chiedere un grosso riscatto. Uno di essi è addetto alla sua custodia e provvede a tutti i suoi bisogni. Lei approfitta dell'amore che ha suscitato nel sequestratore per strumentalizzarlo. Più tardi, all'arrivo della polizia, in un irrefrenabile impeto d'odio, lo ucciderà; un agente si assumerà la responsabilità del suo gesto permettendole di tornare a casa. ■ DRAMMATICO; COL.; 98′; ITALIA, 1976.

ORCA ASSASSINA, L' *(Orca)* ★★
Regia di MICHAEL ANDERSON. Con BO DEREK, RICHARD HARRIS, CHARLOTTE RAMPLING, WILL SAMPSON. ■ Nolan, capitano irlandese, decide di catturare un'orca, impresa ritenuta difficilissima. Ma provoca la morte di una femmina orca sotto gli occhi del suo maschio. L'animale perseguita l'uomo in tutti i modi. Il *redde rationem* avverrà sui ghiacci del Polo Nord. ■ AVVENTURA; COL.; 92′; USA, 1977.

ORCHIDEA BIANCA *(The Other Love)* ★★★
Regia di ANDRÉ DE TOTH. Con RICHARD CONTE, DAVID NIVEN, GILBERT ROLAND, BARBARA STANWYCK. ■ Una famosa concertista è ricoverata in una casa di cura svizzera. Convinta che le rimangano pochi mesi di vita lascia la clinica, si unisce ad un avventuriero e con lui si dà alla pazza gioia. Il suo medico curante, innamorato di lei, riesce a rintracciarla ed a persuaderla a riprendere le cure. ■ DRAMMATICO; B/N; 95′; USA, 1947.

ORCHIDEA BIONDA *(Ladies of the Chorus)* ★★
Regia di PHIL KARLSON. Con RANDY BROOKS, ADELE JERGENS,

MARILYN MONROE. ■ Un ragazzo di buona famiglia si innamora di una soubrette. La madre di quest'ultima non vuole dare il consenso, temendo che la figlia subisca un'esperienza analoga alla propria e altrettanto infelice. È la madre del futuro genero che, durante la festa di fidanzamento, per salvare la ragazza agli occhi dei facoltosi invitati, racconta loro un'innocente ma efficace bugia sul suo passato. ■ COMMEDIA; B/N; 61'; USA, 1949.

ORCHIDEA NERA *(The Black Orchid)* ★★★
Regia di MARTIN RITT. Con INA BALIN, SOPHIA LOREN, ANTHONY QUINN, MARK RICHMAN. ■ La giovane e bella vedova di un gangster accetta la proposta di matrimonio di un più anziano compatriota, emigrato come lei. Suo figlio è felice della decisione; la figlia di lui, invece, dapprima si oppone violentemente a quelle nozze, poi si pente del proprio comportamento e accetta di buon grado la donna. ■ COMMEDIA; B/N; 96'; USA, 1958. ■ VENEZIA 1 PR.

ORCHIDEA ROSSA *(Rote Orchideen)* ★★
Regia di NUNZIO MALASOMMA. Con ALBRECHT SCHOENHALS, OLGA TSCHECHOWA. ■ Durante la guerra alcune spie riescono a far accusare due innocenti del furto, da loro perpetrato, di alcuni piani segreti. Uno dei condannati fugge e, dopo avventurose peripezie, trova le prove della sua innocenza e di quella del compagno. Le prove gli vengono sottratte dalla sorella di uno dei colpevoli che in seguito, pentita, le consegna ed evita agli innocenti la condanna a morte. ■ DRAMMATICO; B/N; 92'; GERMANIA, 1938.

ORCHIDEA ROSSO SANGUE, UN' ★★★
(La chair de l'orchidée)
Regia di PATRICE CHÉREAU. Con BRUNO CREMER, EDWIGE FEUILLÈRE, CHARLOTTE RAMPLING, SIMONE SIGNORET, ALIDA VALLI. ■ Il film narra la vicenda di una ricchissima ereditiera che una zia avida cerca di far passare per pazza. La fanciulla fugge dalla casa di cura in cui è stata rinchiusa, si innamora di un uomo che verrà ucciso, ucciderà a sua volta gli assassini e finalmente potrà godere in pace l'ingente lascito. ■ DRAMMATICO; COL.; 115'; FRANCIA, 1975.

ORCHIDEA SELVAGGIA *(Wild Orchid)* ★★
Regia di ZALMAN KING. Con JACQUELINE BISSET, CARRÉ OTIS, MICKEY ROURKE. ■ Lo squallore di questo film è direttamente proporzionale alla sua inutilità. Eppure ha avuto un grande successo, specie in Italia, forse perché si tratta di una telenovela, *hard-core* ma non troppo, trasposta al cinema. A Rio de Janeiro ha luogo una trattativa immobiliare condotta da una manager affascinante che si è portata dietro una ragazza molto sexy. Un ricco industriale del posto metterà il bastone tra le ruote della trattativa allo scopo di impalmare la ragazza. Due stellette per il successo. ■ DRAMMATICO; COL.; 110'; USA, 1989.

ORCHIDEA SELVAGGIA 2 – BLUE MOVIE BLUE ★
(Wild Orchid II: Two Shades of Blue)
Regia di ZALMAN KING. Con WENDY HUGHES, NINA SIEMASZKO, TOM SKERRITT. ■ Niente a che vedere col primo *Orchidea selvaggia* con Rourke, se non per la regia di King. Blue è una prostituta che è stata costretta dalla vita a questa scelta: figlia di un tossicodipendente suicidatosi e di una madre che l'ha abbandonata. Ma il vessillo dell'amore trionferà. Erotismo poco, luoghi comuni molti, cattiva fede infinita. ■ COMMEDIA; COL.; 107'; USA, 1991.

ORDA SELVAGGIA, L' *(The Savage Horde)* ★★
Regia di JOSEPH KANE. Con ADRIAN BOOTH, BILL ELLIOTT, GRANT WITHERS. ■ Ringo ha ucciso per legittima difesa ma, poiché non ne ha le prove, fugge. Stabilitosi in una nuova cittadina sotto falsa identità si associa ad un allevatore di bestiame e si mette a capo di un gruppo di agricoltori per fronteggiare le prepotenze di un grosso e avido commerciante. Costui scopre il suo passato e lo fa arrestare; anch'egli, però, finisce dentro. ■ WESTERN; B/N; 90'; USA, 1950.

ORDE DI GENGIS KHAN, LE ★★★
Regia di CLARK ROBINSON. Con YAYOI FURUSATO, ALAN LANCASTER, HASHIZO OKAWA, BURT TAZAKI, JOHN WILBURY. ■ Un fortino è circondato dall'esercito di un potente capo ribelle. L'imperatore manda in aiuto agli assediati un giovane eroe il quale, nonostante venga catturato e torturato, riesce a fuggire, a raggiungere la sua destinazione e ad indicare agli assediati, ormai allo stremo delle forze, il mezzo sicuro per sconfiggere i nemici. ■ AVVENTURA; COL.; 92'; GIAPPONE, 1961.

♥ **ORDET – LA PAROLA** *(Ordet)* ★★★★★
Regia di CARL THEODOR DREYER. Con CAY CHRISTIANSEN, BIRGITTE FEDERSPIEL, EJNER FEDERSPIEL, EMIL HASS CHRISTENSEN, HENRIK MALBERG, PREBEN LEONDORFF. ■ Campagna danese ai primi del Novecento. Due famiglie sono divise da diverse concezioni religiose. I due patriarchi, Borgen e Peter, hanno lunghe discussioni sull'esistenza di Dio e sulle possibilità di rapporto fra gli umani e la fede e pensano al matrimonio fra due dei loro rispettivi figli. Borgen ha altri due figli: Mikkel, sposato, con una bambina, e Johannes, studente di teologia che, impazzito per il troppo impegno, finisce per credersi Gesù Cristo. Scoppia il dramma. La moglie di Mikkel partorisce un figlio morto poco prima di morire a sua volta. La bambina, rimasta senza la madre, cerca lo zio, convinta che sia davvero Gesù, e lo prega di resuscitare la mamma. Ma Johannes, sconvolto dalla morte della cognata, è tornato in sé. Dunque non può davvero deludere l'ingenua speranza della bambina. E così, in una scena di intensissima commozione, durante la veglia funebre, nel chiarore accecante dell'estate scandinava, Johannes ordina alla morta di uscire dalla bara. La donna riapre gli occhi. Di fronte alla fede della bambina Dio non ha potuto non intervenire. Per capire Dreyer occorre collocarlo nella sua realtà, di tempo e di luogo. Come tutti i nordici, a cominciare da Bergman, quando sono protestanti lo sono rigorosamente, e in profondità. Il problema di Dio è presente continuamente, soprattutto nell'arte. Dreyer si era fatto incantare dal dramma *Ordet* di Munk, lo scrittore ucciso dai nazisti, e dalla sua forza surreale e paradossale. Il regista era anche uno studioso di scienze e filosofia; conosceva la teoria della relatività di Einstein che descriveva altre realtà oltre le dimensioni a noi conosciute. Dalla relazione tra questa teoria e il problema di Dio nascono scene come la resurrezione. La scienza serve per entrare nel soprannaturale. Dreyer è titolare di un rigore espressivo che non trova uguali in nessun altro autore di cinema. I temi di Dreyer, le sue paure, le sue soluzioni, e anche il suo stile, non fanno più parte del nostro tempo e delle nostre idee, tanto veloci nel manifestarsi quanto nel passare. ■ DRAMMATICO; B/N; 124'; DANIMARCA, 1955. ■ VENEZIA 1 PR.

ORDINARIA DISCRIMINAZIONE ★★
(Business as Usual)
Regia di LEZLI-AN BARRETT. Con GLENDA JACKSON, JOHN THAW, CATHY TYSON. ■ Babs, direttrice di un negozio di vestiti, viene licenziata. Decisa a non sopportare l'angheria, dopo aver cercato inutilmente l'appoggio del marito la donna chiede aiuto ai sindacati. Brava Glenda Jackson. ■ DRAMMATICO; COL.; 86'; GRAN BRETAGNA, 1988.

ORDINE DA BERLINO: VINCERE O MORIRE! ★★★
(Liberation)
Regia di JURIJ N. OZEROV. Con NIKOLAI OLYALIN, VASILI SHUKSHIN, MIKHAIL ULYANOV. ■ Ultime fasi del secondo conflitto mondiale: la Germania è ormai piegata e alcuni ufficiali hitleriani complottano contro il dittatore. L'attentato fallisce ed essi vengono uccisi. Intanto le ultime resistenze sono spazzate via e la nazione è invasa: Hitler si rifugia in un bunker, sposa Eva Braun e si uccide con lei. Goebbels assassina i suoi figli, quindi si suicida con la moglie. ■ GUERRA; COL.; 91'; URSS, 1972.

ORDINE DELLE SS: ELIMINATE BORMAN! ★★
(El ultimo dia de la guerra)
Regia di JUAN ANTONIO BARDEM. Con GEORGE MAHARIS, MARIA PERSCHY, GUSTAVO ROJO. ■ Alla fine della guerra, un ufficiale delle SS riceve l'ordine di rintracciare Borman, uno scienziato accusato di sabotaggio, e di ucciderlo. ■ GUERRA; COL.; 94'; SPAGNA, 1972.

ORDINE DI ESECUZIONE ★★
(Am Galgen hängt die Liebe)
Regia di EDWIN ZBONEK. Con BERT FORTELL, MARISA MELL, ANNIE ROSAR, CARL WERY. ■ Il film narra un avvenimento bellico facendo dei due principali protagonisti una sorta di reincarnazione dei mitici coniugi Filemone e Bauci. Siamo in Grecia

nel 1944: una coppia di anziani sposi nasconde con la stessa generosa umanità prima un partigiano, poi un ufficiale tedesco. Il partigiano, ingrato e crudele, li uccide per vendicarsi. Un suo compagno e la sua donna, stanchi di tanto orrore, fuggono oltre il confine. ■ GUERRA; B/N; 92'; GERMANIA, 1960.

ORDINE DI UCCIDERE *(Orders to Kill)* ★★
Regia di ANTHONY ASQUITH. Con EDDIE ALBERT, LILLIAN GISH, PAUL MASSIE, JAMES ROBERTSON JUSTICE. ■ Un pilota americano viene paracadutato in Francia e nascosto dai partigiani: la sua missione è quella di uccidere un presunto traditore. Egli esegue il compito nonostante forti dubbi sulla colpevolezza della vittima. ■ GUERRA; B/N; 111'; GRAN BRETAGNA, 1958.

ORDINE FIRMATO IN BIANCO ★★
Regia di GIANNI MANERA. Con HERB ANDRESS, LUCY CHEVALIER, JOSEPH LOGAN, IRINA MALEVA, GIANNI MANERA, MARIO PISU. ■ Tre uomini e altrettante donne compiono un grosso furto dietro indicazioni di un personaggio misterioso. Il colpo riesce perfettamente ma, mentre gli autori lo stanno festeggiando, avvengono alcuni omicidi. ■ DRAMMATICO; COL.; 93'; ITALIA, 1974.

ORDINE INTERPOL: SENZA UN ATTIMO DI TREGUA *(Gott schützt die Liebenden)* ★★
Regia di ALFRED VOHRER. Con ANDREA JOHANSSON, HARALD LEIPNITZ, GILA VON WEITERSHAUSEN. ■ Un uomo scopre che la sua fidanzata è una poliziotta e che nel corso di una missione ha sposato il solo membro innocente di un'intera famiglia di spacciatori. Suo marito è stato ucciso per vendetta e lei è scomparsa: l'uomo, mentre tenta di rintracciarla, viene assassinato. ■ POLIZIESCO; COL.; 91'; GERMANIA, 1973.

ORDINE SEGRETO DEL III REICH *(Nachts, wenn der Teufel kam)* ★★
Regia di ROBERT SIODMAK. Con MARIO ADORF, CLAUS HOLM, HANNES MESSEMER. ■ Seconda guerra mondiale. Un ispettore di polizia scopre che una donna non è stata uccisa dall'amante, come risultava in un primo tempo, ma da un minorato mentale. Un ufficiale delle SS, per fomentare la campagna razzista, vorrebbe perseguitare l'assassino ma Hitler, preoccupato per la contingente situazione politica, ordina che venga condannato l'innocente. ■ DRAMMATICO; B/N; 105'; GERMANIA, 1957. ■ OSCAR 1 NOM.

ORDINE SIGILLATO *(Mit versiegelter Order)* ★★
Regia di KARL ANTON. Con VIKTOR DE KOWA, TATIANA FAIT, SUSE GRAF, PAUL HARTMANN. ■ Un ingegnere viene fatto accusare da alcuni potenti e loschi individui dell'assassinio di una fanciulla. Poco prima della sua condanna, un giovane fannullone, che non ha mai combinato nulla di buono nella vita, decide di rendersi utile autoaccusandosi dell'omicidio e quindi suicidandosi. ■ DRAMMATICO; B/N; 90'; GERMANIA, 1937.

ORDINI SONO ORDINI, GLI ★★
Regia di FRANCO GIRALDI. Con CLAUDINE AUGER, LUIGI DIBERTI, ORAZIO ORLANDO, CORRADO PANI, MONICA VITTI. ■ Una donna sposata si ribella, con azioni apparentemente insensate, al dominio del marito che, stanco, la lascia. Lei allora si unisce ad uno scultore che dapprima rispetta il suo bisogno di autonomia, poi tenta di mutarne il carattere, provocandone la fuga. Dopo un'avventura pericolosa conclusasi positivamente la donna, nonostante l'invito del marito a riconciliarsi, preferirà rimanere sola. ■ COMMEDIA; COL.; 100'; ITALIA, 1972.

'O RE ★★
Regia di LUIGI MAGNI. Con GIANCARLO GIANNINI, LUC MERENDA, ORNELLA MUTI, CARLO CROCCOLO. ■ La parabola di Franceschiello, ultimo re di Napoli. Dopo la cacciata dal Regno delle due Sicilie, l'ex sovrano vive in neghittoso esilio a Roma con la moglie Sofia che, a differenza del marito, continua a battersi per la nascita di un erede e il ritorno sul trono di Napoli. Film inferiore alle attese. Pur tra mille situazioni e personaggi stuzzicanti e divertenti, il film non riesce mai a decollare veramente e conferma l'involuzione professionale di Luigi Magni. ■ COMMEDIA; COL.; 90'; ITALIA, USA, 1988. ■ DAVID DI DONATELLO 2 PR, 2 NOM.

ORECCHIO, L' ★★★
Regia di KAREL KACHYNA. Con JIRINA BOHDALOVA, RADOSLAV BRZOBOHATY. ■ Una notte per ripensare al passato e dare uno sguardo alla propria vita. È quella passata da due coniugi che rimangono chiusi fuori casa, dopo una serata di bagordi. Pur riuscendo a entrare, troveranno che i fili della corrente sono stati tagliati. Buon esempio di film ceco degli anni Sessanta, rispolverato in ritardo dalla televisione. ■ COMMEDIA; COL.; 94'; CECOSLOVACCHIA, 1969.

ORE CONTATE *(Backtrack)* ★★
Regia di DENNIS HOPPER. Con JODIE FOSTER, DENNIS HOPPER, JOE PESCI, CHARLIE SHEEN, DEAN STOCKWELL, JOHN TURTURRO. ■ Hopper in questo caso cerca di imitare l'amico David Lynch, ma senza risultati apprezzabili. Buona la fotografia, che dà il meglio del film. Ann, una ragazza di Los Angeles, è testimone involontaria di una resa di conti in cui vengono commessi alcuni delitti. Denuncia il fatto alla polizia, ma non viene creduta e nessuno la protegge. Poi scappa, prima a Seattle e poi nel Nuovo Messico, ma il sicario che la segue la rintraccia ovunque. Costui farà poi un patto con lei, anche sentimentale. Tra gli attori c'è pure in una piccola parte Bob Dylan, il famoso cantautore americano. ■ POLIZIESCO; COL.; 90'; USA, 1989.

ORE D'ANGOSCIA *(A Cry in the Night)* ★★★
Regia di FRANK TUTTLE. Con RAYMOND BURR, BRIAN DONLEVY, EDMOND O'BRIEN, NATALIE WOOD. ■ La figlia di un poliziotto si incontra di nascosto col fidanzato. Una sera viene rapita da un pazzo che la nasconde in una casa abbandonata; il fidanzato, che era con lei, viene severamente rimproverato dal padre. Deciso a partecipare alle ricerche, il giovanotto contribuisce però, col suo aiuto, alla salvezza della fanciulla. Finalmente il burbero agente lo accetta come futuro genero. ■ DRAMMATICO; B/N; 75'; USA, 1956.

ORE DELL'AMORE, LE ★★★
Regia di LUCIANO SALCE. Con MARA BERNI, EMMANUELLE RIVA, BARBARA STEELE, UGO TOGNAZZI. ■ Dopo una convivenza durata tre anni un uomo una donna decidono di sposarsi. Hanno tutto per essere felici, ma lui è allergico al matrimonio. Lei fa di tutto perché l'unione si mantenga in piedi, ma decide per il bene di entrambi di separarsi e di riprendere la convivenza. ■ DRAMMATICO; B/N; 110'; ITALIA, 1963.

ORE 10: CALMA PIATTA *(Dead Calm)* ★★★
Regia di PHILLIP NOYCE. Con NICOLE KIDMAN, SAM NEILL, BILLY ZANE. ■ Una coppia di coniugi in crociera prende a bordo un naufrago, che afferma di essere l'unico scampato alla strage per avvelenamento da cibi guasti dell'equipaggio di uno *schooner*. Il marito controlla e scopre che invece l'equipaggio è stato massacrato dal naufrago. L'assassino nel frattempo è fuggito con la moglie e la barca. L'uomo si lancia all'inseguimento, mentre la moglie gioca d'astuzia con il killer a scopo di sopravvivenza. Ottimo thriller australiano con autentica suspense. ■ THRILLER; COL.; 96'; AUSTRALIA, 1989.

ORE 10,10 ATTENTATO *(Bomba 10,10)* ★★
Regia di CASLAV DAMJANOVIC. Con PHIL BROWN, GEORGE MONTGOMERY, LJUBA TADIC. ■ Un uomo, fuggito da un campo di concentramento, decide di uccidere il suo aguzzino con l'aiuto di alcuni partigiani. La bomba però falcia un'altra persona. La mancata vittima tenta di uccidere l'ex prigioniero ma sua figlia, che non conoscendone né l'identità né le intenzioni si è innamorata di lui, glielo impedisce. ■ AVVENTURA; COL.; 91'; JUGOSLAVIA, 1968.

ORE 10 LEZIONE DI CANTO ★
Regia di MARINO GIROLAMI. Con GIORGIO GANDOS, ENNIO GIROLAMI, ROSY MAZZACURATI, VIRGILIO RIENTO, CLAUDIO VILLA. ■ Un cantante con l'auto in panne viene ospitato dal guardiano di un collegio femminile che lo presenta come professore di musica. Dà qualche lezione alle allieve e si innamora, ricambiato, di una di esse. ■ COMMEDIA; B/N; 91'; ITALIA, 1956.

ORE DISPERATE *(The Desperate Hours)* ★★★★
Regia di WILLIAM WYLER. Con HUMPHREY BOGART, FREDRIC MARCH, DEWEY MARTIN, ROBERT MIDDLETON, MARY MURPHY, MARTHA SCOTT, GIG YOUNG. ■ Il Bene e il Male sotto forma di una pacifica famiglia e di tre evasi. I delinquenti, che devono stare nascosti in attesa che arrivino i soldi per fuggire all'estero, ten-

gono prigioniera una famiglia formata dal padre bancario, dalla moglie, dalla figlia diciottenne e da un bambino. È una lunga storia tra i due gruppi: da un lato Humphrey Bogart, cinico e disperato, dall'altro Fredric March, consapevole dell'inevitabile vittoria del Bene. Rifatto da Michael Cimino con Mickey Rourke nel ruolo di Bogart. ■ DRAMMATICO; B/N; 112'; USA, 1955.

ORE DISPERATE *(Desperate Hours)* ★★
Regia di MICHAEL CIMINO. Con ANTHONY HOPKINS, MIMI ROGERS, MICKEY ROURKE. ■ Joseph Hayes scrisse la *pièce* alla fine degli anni Quaranta. Ebbe subito un grande successo, divenendo una di quelle storie semplici e perfette, necessarie e sufficienti come una formula chimica. Nel 1956 William Wyler realizza un film altrettanto perfetto. Qualche anno prima Paul Newman ne era stato l'interprete teatrale a Broadway, prima di sfondare nel cinema. Nel 1990 Michael Cimino ha ripreso il *plot* sviluppandolo alla sua maniera. Si tratta di un'operazione di *remake* esemplare, di un corso e ricorso che rappresenta il cinema com'era e com'è. Nel lavoro di Wyler gli interpreti erano Fredric March, il capofamiglia, e Humphrey Bogart, il cattivo. Nell'edizione di Cimino gli omologhi sono Anthony Hopkins e Mickey Rourke. Tre evasi si installano nella casa di gente per bene e tengono in ostaggio una famiglia: madre, padre, un figlio e una figlia. Dialettica, paura, violenza e finale con grande adrenalina. ■ POLIZIESCO; COL.; 100'; USA, 1990.

ORE DI TERRORE ★★
Regia di ROBERT BRADLEY. Con HERBERT FUX, KARIN SCHUBERT, ANN SMYRNER. ■ Un ricco uomo d'affari in crociera di lavoro mette a disposizione dei suoi clienti due segretarie di facili costumi. Più tardi raccoglie a bordo tre naufraghi: due di essi sono pazzi criminali, l'ultimo si è finto tale per evitare una dura condanna. La coppia sparge il terrore sull'imbarcazione e uccide uno degli ospiti, l'altro torna tra le mani dei poliziotti. ■ DRAMMATICO; COL.; 93'; ITALIA, 1972.

OREMUS, ALLELUIA E COSÌ SIA ★★
Regia di ALFIO CALTABIANO. Con KATIA CHRISTINE, TANO CIMAROSA, FLAVIO COLOMBAIONI, LUC MERENDA, ALF THUNDER. ■ Un finto prete svaligia una banca con l'aiuto di quattro giovinetti; un bandito si innamora della sorella di costoro e restituisce il bottino incassando la taglia; potrà così ricostituire il circo appartenuto al defunto padre dell'amata. ■ WESTERN; COL.; 92'; ITALIA, 1972.

ORE NOVE LEZIONE DI CHIMICA ★★★
Regia di MARIO MATTOLI. Con CARLO CAMPANINI, ANDREA CHECCHI, EVA DILIAN, ALIDA VALLI. ■ Una collegiale sospetta che una compagna abbia una relazione col professore di cui lei stessa è innamorata. L'uomo che le ha visto abbracciare, invece, era suo padre in procinto di costituirsi. Quando tutto sarà chiarito, l'accusatrice potrà sposare il docente che la ricambia con altrettanta intensità. ■ COMMEDIA; B/N; 91'; ITALIA, 1941.

ORE NUDE, LE ★★
Regia di MARCO VICARIO. Con KEIR DULLEA, PHILIPPE LEROY, ROSSANA PODESTÀ, UMBERTO SPADARO. ■ Una donna sposata in piena crisi sentimentale ha una relazione con un giovane e vorrebbe riviverne l'intensità con il coniuge. Questi però non comprende le sue esigenze e non cambia atteggiamento nei suoi confronti. La donna è decisa a trovare una soluzione; un episodio drammatico la spingerà a legarsi definitivamente al marito. ■ DRAMMATICO; B/N; 90'; ITALIA, 1964.

ORE RUBATE *(Stolen Hours)* ★★★
Regia di DANIEL PETRIE JR. Con DIANE BAKER, MICHAEL CRAIG, SUSAN HAYWARD, EDWARD JUDD. ■ Una donna, nonostante venga operata, è condannata ad una morte prematura. Ben conoscendo il suo futuro, si unisce al gruppo di ammiratori di un corridore automobilista in partenza per una gara all'estero. Il suo medico curante la segue e la sposa, amandola teneramente fino all'ultimo. ■ DRAMMATICO; COL.; 100'; USA, 1963.

ORE SONO CONTATE, LE *(Count the Hours)* ★★★
Regia di DON SIEGEL. Con MACDONALD CAREY, DOLORES MORAN, TERESA WRIGHT. ■ Una coppia di coniugi è accusata di duplice assassinio. Sono innocenti, ma il marito, per non far soffrire la moglie incinta e continuamente oppressa dagli interrogatori, firma la confessione. È condannato a morte, ma il suo avvocato, profondamente convinto della colpevolezza di un indiziato, non si dà per vinto. ■ DRAMMATICO; B/N; 76'; USA, 1953.

ORE 13: DOPO IL MASSACRO LA CACCIA ★★
(Certain Fury)
Regia di STEPHEN GYLLENHAAL. Con IRENE CARA, PETER FONDA, TATUM O'NEAL. ■ Un gruppo di ragazze, provenienti da una retata fra prostitute, si ritrova davanti alla Corte. Una di loro, dopo aver strappato una pistola ad un agente, spara all'impazzata uccidendo delle persone. Nella confusione, insieme a lei fugge Tracey, ingiustamente coinvolta nella retata. Le due ragazze, braccate dalla polizia, diventano amiche, affrontando mille pericoli. Accerchiate dalla polizia, Scarlet viene ferita in una sparatoria, ma l'amica non la lascerà sola. ■ DRAMMATICO; COL.; 87'; USA, 1986.

ORE 11:14 – DESTINO FATALE *(11:14)* ★★
Regia di GREG MARCKS. Con BEN FOSTER, RICK GOMEZ, CLARK GREGG, COLIN HANKS, SHAWN HATOSHY, BARBARA HERSHEY, RACHAEL LEIGH COOK, STARK SANDS, HILARY SWANK, PATRICK SWAYZE, HENRY THOMAS. ■ Il destino attende puntuale alcuni abitanti della città di Middleton che una notte, alle ore 11:14, saranno protagonisti di una serie di inquietanti eventi. Un cast di tutto rispetto per il primo ed originale lungometraggio del giovane regista americano Greg Marcks. Un film curioso e coinvolgente, una miscela di noir e humor che lascerà piacevolmente sorpresi gli interessati al genere. ■ HORROR; COL.; 86'; CANADA, USA, 2003.

ORE 20: SCANDALO IN DIRETTA ★★★
(Le quatrième pouvoir)
Regia di SERGE R. LEROY. Con JEAN-CLAUDE BRIALY, NICOLE GARCIA, PHILIPPE NOIRET. ■ La libertà di espressione di due giornalisti, al corrente di un grave intrigo politico ordito da alti e corrotti esponenti del governo, si scontra con la ragion di Stato che vorrebbe mettere tutto a tacere. Il piano si sposta allora sulle decisioni personali dei due, moralmente e idealmente divisi quando il dovere di cronaca viene scosso e inquinato dalle minacce e dalle lusinghe di un potere che li può schiacciare. ■ DRAMMATICO; COL.; 100'; FRANCIA, 1985.

ORE VIOLENTE *(Casse-tête chinois pour le judoka)* ★★
Regia di MAURICE LABRO. Con MARC BRIAND, MARIA MINH, MARILÙ TOLO, HEINZ DRACHE. ■ Un'organizzazione orientale ha rapito un aviatore americano per costringerlo a sganciare un ordigno atomico su una città russa. Un collega del pilota e alcuni uomini vengono a conoscenza del piano e, dopo innumerevoli avventure, riescono a penetrare nel cuore della centrale criminale e a sgominarla. ■ AVVENTURA; COL.; 103'; FRANCIA, 1968.

ORFANA DEL GHETTO, L' ★★
Regia di CARLO CAMPOGALLIANI. Con RENATO BALDINI, ALBERTO FARNESE, FRANCA MARZI. ■ Una giovane nobile e il suo innamorato, Fabrizio, hanno una bambina che viene nascosta e quindi affidata ad una donna. Quando il padre, dopo molte avventure, viene a riprendere la piccina, avviene uno scambio di neonate ed è la figlia di quest'ultima che viene cresciuta dall'uomo ignaro. Anni dopo l'antica innamorata lo salverà dall'accusa di omicidio denunciando suo padre, quindi entrerà in convento. Fabrizio ritroverà naturalmente la figlia. ■ DRAMMATICO; B/N; 90'; ITALIA, 1954.

ORFANA SENZA SORRISO, L' *(Scandal at Scourie)* ★★★
Regia di JEAN NEGULESCO. Con DONNA CONCORAN, GREER GARSON, PHILIP OBER, WALTER PIDGEON. ■ Una coppia protestante adotta un'orfanella cattolica scatenando la riprovazione degli avversari politici dell'uomo. Intanto scoppia un incendio che viene attribuito, a causa di alcuni precedenti, alla piccola. Lei scappa e viene ritrovata dopo affannose ricerche e la scoperta del vero responsabile. ■ COMMEDIA; COL.; 90'; USA, 1953.

ORFEO *(Orphée)* ★★★★
Regia di JEAN COCTEAU. Con MARIA CASARÉS, MARIE DÉA, JEAN MARAIS, FRANÇOIS PÉRIER. ■ Poeticissima rivisitazione del mito classico realizzata dal grande scrittore, uomo di cinema e di teatro francese. La Morte conduce Orfeo nel regno delle te-

nebre e lo aiuta nella ricerca della sua perduta Euridice. ■ DRAMMATICO; B/N; 112′; FRANCIA, 1950.

ORFEO ★★★
Regia di CLAUDE GORETTA. Con AUDRY MICHAEL, GINO QUILICO, CAROLINE WATKINSON. ■ L'opera di Claudio Monteverdi filmata (a Cinecittà) dal regista svizzero. La storia è quella del mito famoso. Orfeo ama Euridice, ma costei gli viene portata via dalle potenze delle tenebre. Orfeo però la segue anche all'inferno (non è un modo di dire). ■ MUSICALE; COL.; 95′; FRANCIA, ITALIA, SVIZZERA, 1985.

ORFEO NEGRO *(Orfeu negro)* ★★★
Regia di MARCEL CAMUS. Con ADHEMAR DA SILVA, MARPESSA DAWN, LOURDES DE OLIVEIRA, LEA GARCIA, BRENO MELLO. ■ Rievocazione di stampo moderno e piena di fantasia del mito di Orfeo ed Euridice, da un romanzo di Vinicius De Moraes. A Rio, nel periodo del carnevale, un giovane tranviere brasiliano, eccellente cantante e ballerino, si innamora di una bella ragazza fuggita dal paese e da un misterioso persecutore. Per sfuggirgli la ragazza cerca scampo al deposito delle vetture e l'innamorato la uccide involontariamente. Le amiche della defunta lo fanno cadere in un burrone assieme al corpo della fanciulla che reggeva tra le braccia. ■ DRAMMATICO; COL.; 105′; BRASILE, FRANCIA, ITALIA, 1959. ■ CANNES 1 PR; OSCAR 1 PR, 1 NOM.

ORGANIZATION – COLPO DI MORTE, THE ★★
Regia di TEDDY YIP. Con JENNY JONES, PETER LEUNG, ALEX LUNG, YUKIO SOMENO, STEVE YE. ■ Un console americano prima viene derubato di una preziosissima pagoda di giada, poi gli viene rapita la figlia. I poliziotti brancolano nel buio; un abilissimo karateca gli riporta la ragazza sana e salva. ■ AVVENTURA; B/N; 90′; HONG KONG, 1974.

ORGANIZZAZIONE CRIMINI *(The Outfit)* ★★
Regia di JOHN P. FLYNN. Con KAREN BLACK, TIMOTHY CAREY, JOE DON BAKER, ROBERT DUVALL. ■ Un gangster uscito di prigione decide di vendicare il fratello ucciso da una banda avversaria. Si scatena una guerra senza esclusione di colpi durante la quale muore anche la donna del protagonista. Il malvivente riscatta questo delitto eliminando il capobanda nemico e sua moglie. Quindi sfugge alla polizia per l'ennesima volta. ■ DRAMMATICO; COL.; 103′; USA, 1973.

ORGANIZZAZIONE RINGRAZIA – FIRMATO IL SANTO, L' *(The Fiction Makers)* ★★
Regia di ROY WARD BAKER. Con PHILIP LOCKE, JUSTINE LORD, ROGER MOORE, SYLVIA SYMS, KENNETH J. WARREN. ■ Il film ha come protagonista il noto personaggio di Simon Templar reso celebre anche dalla tv. La vicenda è imperniata su una banda decisa a svaligiare una banca inaccessibile, su un uomo scambiato per un autore di gialli, e su una ragazza, la vera scrittrice, celatasi sotto pseudonimo. I nostri vengono fatti prigionieri dagli avversari e, benché costretti ad assecondarli, riescono all'ultimo a prevalere. ■ AVVENTURA; COL.; 105′; GRAN BRETAGNA, 1970.

ORGANIZZAZIONE SFIDA L'ISPETTORE TIBBS, L' *(The Organization)* ★★★
Regia di DON MEDFORD. Con FRED BEIR, RAUL JULIA, BARBARA MCNAIR, SHEREE NORTH, SIDNEY POITIER. ■ Il poliziotto creato da John Ball e ottimamente interpretato da Sidney Poitier indaga questa volta sui loschi traffici di una grossa ditta che smercia droga. Le sue ricerche provocano la sanguinosa reazione della banda e anche l'esonero dal servizio. Caparbio, l'agente continua da solo nella lotta, ma verrà sopraffatto dai malviventi. ■ POLIZIESCO; COL.; 107′; USA, 1971.

ORGIA DEI MORTI, L' ★
Regia di JOSÉ LUIS MERINO. Con MARIA PIA CONTE, STAN COOPER, DIANICK ZARAKOWSKA. ■ Il nipote di un barone defunto vuole scoprire l'assassino della cugina. Tenta tutte le strade: dalla seduta spiritica, durante la quale appare lo zio che uccide la propria vedova, alla polizia. L'assassino, alla fine, verrà punito. ■ HORROR; COL.; 91′; ITALIA, 1974.

ORGIA DEL VAMPIRO, L' *(The Brain of Blood)* ★
Regia di AL ADAMSON. Con REGINA CARROLL, REED HADLEY, KENT TAYLOR, GRANT WILLIAMS. ■ Dracula, che si cela sotto le spoglie di un facoltoso conte, addormenta una bella ragazza e le succhia il sangue. Lei, paventando l'accaduto, chiede aiuto ad un medico il quale non dà alcun peso alla sua storia. Il fidanzato della fanciulla, che sospetta qualcosa, tenta di aiutarla ma finirà per essere anch'egli vampirizzato. ■ HORROR; COL.; 80′; USA, 1973.

ORGOGLIO ★★
Regia di MARCO ELTER. Con PAOLA BARBARA, MARIO FERRARI, FOSCO GIACHETTI, OLGA NEGRONI. ■ Il figlio di un industriale tenta di apportare migliorie tecniche ai macchinari del padre. Costui, che non lo comprende, gli nega qualsiasi aiuto. Il giovane però è testardo e avrà partita vinta. ■ DRAMMATICO; B/N; 92′; ITALIA, 1938.

ORGOGLIO DEGLI AMBERSON, L' *(The Magnificent Ambersons)* ★★★★
Regia di ORSON WELLES. Con ANNE BAXTER, RICHARD BENNETT, RAY COLLINS, DOLORES COSTELLO, JOSEPH COTTEN, TIM HOLT, AGNES MOOREHEAD. ■ Decadenza di una grande famiglia: la vedova Amberson vorrebbe risposarsi ma suo figlio, orgoglioso ed egoista, glielo impedisce. La donna muore di dolore e lui, ammaestrato dall'esperienza, apre gli occhi e sposa la figlia del mancato patrigno. Regia accuratissima, bellissima fotografia di Stanley Cortez e recitazione eccellente fanno del film un lavoro di prim'ordine. È il secondo film di Welles, dopo il capolavoro *Quarto potere* dell'anno prima. La suggestione non è la stessa, ma il film ha una sua grande robustezza e preziosità stilistica (i maligni dissero che la prima era dovuta al montaggio eseguito dai collaboratori di Welles, partito per l'Europa). ■ DRAMMATICO; B/N; 88′; USA, 1942. ■ OSCAR 4 NOM.

ORGOGLIO DELLA LEGIONE, L' *(The Pride of the Legion)* ★★
Regia di FORD BEEBE. Con VICTOR JORY, BARBARA KENT. ■ Un poliziotto, sconvolto da un incidente che stava per costargli la vita, depone la divisa e, dopo un tentativo di suicidio, si impiega come barista. Scopre alcuni banditi che hanno stabilito il loro covo proprio in quel locale, dimostra l'innocenza del proprietario, la colpevolezza del figlio e sposa la figlia del principale dopo la riammissione al corpo. ■ POLIZIESCO; B/N; 92′; USA, 1932.

ORGOGLIO DI RAZZA *(Foxfire)* ★★★
Regia di JOSEPH PEVNEY. Con JEFF CHANDLER, DAN DURYEA, JANE RUSSELL. ■ Una ragazza ricca si innamora di un mezzosangue e, nonostante l'abisso sociale, lo sposa, adattandosi a vivere modestamente e accettando il carattere chiuso e poco espansivo del marito. A causa di un equivoco questi crede di essere stato tradito e la caccia, ma poi tutto s'aggiusta. ■ DRAMMATICO; COL.; 92′; USA, 1955.

ORGOGLIO E PASSIONE *(The Pride and the Passion)* ★★★
Regia di STANLEY KRAMER. Con THEODORE BIKEL, CARY GRANT, SOPHIA LOREN, FRANK SINATRA. ■ Ispirato a un romanzo di Forester, l'autore di *Avventure del capitano Hornblower*, il film ci porta nella Spagna del 1810, quando i guerriglieri combattevano, con l'aiuto degli inglesi, contro le truppe napoleoniche. I partigiani catturano un grossissimo pezzo d'artiglieria e un ufficiale britannico viene inviato a consigliarli su come utilizzare il cannone. Ma gli spagnoli se ne infischiano delle esigenze tattiche: a prezzo di grandi sacrifici trasporteranno il pezzo fino ad Avila e lo useranno per liberare la città, aiutati dallo stesso inglese. ■ AVVENTURA; COL.; 132′; USA, 1957.

ORGOGLIO E PREGIUDIZIO *(Pride and Prejudice)* ★★★
Regia di ROBERT Z. LEONARD. Con MARY BOLAND, MELVILLE COOPER, GREER GARSON, EDMUND GWENN, EDNA MAY OLIVER, LAURENCE OLIVIER. ■ Ispirato al romanzo della Austen, un film ambientato nell'Inghilterra del primo Ottocento e interpretato da ottimi attori: cinque sorelle finiscono per maritarsi con dei buoni partiti fugando le preoccupazioni della madre. In particolare la protagonista principale, una ragazza intelligente e dal carattere deciso, impalma un nobile timido e orgoglioso, che in precedenza aveva rifiutato con decisione. ■ COMMEDIA; B/N; 118′; USA, 1940. ■ OSCAR 1 PR, 1 NOM.

ORGOGLIO E PREGIUDIZIO *(Pride and Prejudice)* ★★
Regia di Joe Wright. Con Brenda Blethyn, Judi Dench, Tom Hollander, Keira Knightley, Matthew MacFadyen, Jena Malone, Rosamund Pike, Donald Sutherland. ■ Tratto dal celebre romanzo di Jane Austen pubblicato nel 1813, le cui vicende sono ambientate ancora prima, nel periodo dell'Illuminismo, quando la borghesia era protagonista del progresso economico ma ancora priva del potere politico. Borghesia che come l'intraprendente quanto imbarazzante mamma Bennet comincerà presto ad insidiare il primato dell'aristocrazia sconvolgendo le rigide divisioni di classe. La trasposizione di questo classico della letteratura e di una delle sue più intense protagoniste femminili, Elizabeth Bennet, eroina della Ragione, pur con le migliori intenzioni soffre di una certa incongruenza cronologica. Meno anacronistica è probabilmente l'ingombrante signora Bennet, una strepitosa Brenda Blethyn, tanto, troppo simile a certe madri dei nostri tempi. ■ Sentimentale; col.; 127'; Gran Bretagna, 2005. ■ Golden Globes 2 nom; Oscar 4 nom.

ORGOGLIOSI, GLI *(Les orgueilleux)* ★★
Regia di Yves Allégret. Con Carlos Lopez Moctezuma, Michèle Morgan, Gérard Philipe. ■ In Messico vegeta un dottore francese diventato alcolizzato dopo che gli è morta la moglie, ma quando scoppia un'epidemia saprà ritrovare se stesso. Finirà per sposare una giovane vedova. ■ Drammatico; b/n; 103'; Francia, 1954. ■ Oscar 1 nom; Venezia 1 pr.

ORGOGLIOSO RIBELLE, L' *(The Proud Rebel)* ★★★
Regia di Michael Curtiz. Con Olivia De Havilland, Alan Ladd, David Ladd. ■ Un uomo rovinato dalla guerra di Secessione giunge in una cittadina in compagnia del figlio, rimasto muto in seguito a uno choc, e di un cane. Subito scoppia una lite tra lui e una famiglia di prepotenti che lo fa arrestare, ma la buona proprietaria d'una fattoria gli paga la cauzione e gli offre un lavoro. Per trovare i soldi necessari all'operazione che potrebbe ridare la voce al figlio, l'uomo vende il cane alla famiglia rivale. L'operazione non riesce e un suo tentativo di riavere la bestia produce una sparatoria, durante la quale il ragazzo, per avvisare il padre del pericolo, ritrova la parola. ■ Western; col.; 103'; USA, 1958.

ORIENTALI, LE ★★
Regia di Romolo Marcellini. ■ Il film descrive la vita delle donne in Egitto, Malesia, Nepal, Hong Kong, Thailandia, Giappone. ■ Documentario; col.; 92'; Italia, 1960.

ORIENTE IN RIVOLTA *(His Lordship)* ★★
Regia di Herbert Mason. Con George Arliss, René Ray. ■ Lo scapestrato fratello di un ministro britannico si sostituisce al parente incapace di risolvere la crisi suscitata dall'uccisione di un emiro arabo. Messe a posto le cose, si ritira in buon ordine. ■ Avventura; b/n; 71'; Gran Bretagna, 1938.

ORIENT EXPRESS ★★
Regia di Carlo Ludovico Bragaglia. Con Folco Lulli, Silvana Pampanini, Henri Vidal. ■ Il favoloso treno Orient Express deve fermarsi in una stazioncina di montagna per un guasto. Una bella contadinella, affascinata, lo visita e conosce un affascinante giornalista, poi, credendo che si tratti di un ladro ricercato dalla polizia, lo sequestra per sottrarlo alla caccia. Chiarito l'equivoco i due si sposeranno. ■ Commedia; col.; 91'; Italia, 1954.

ORIGINALE, L' *(Trust Me)* ★★
Regia di Robert Houston. Con Adam Ant, Barbara Bain, Talia Balsam. ■ Come far diventare quadri ordinari autentici pezzi da collezione giocando sulla morte degli autori. È lo spunto di questa *black comedy* dove tra i personaggi troviamo anche un fattorino, pittore dilettante, che ha una cotta per la segretaria di un "pericoloso" gallerista. Tra gli interpreti Adam Ant, ex cantante del gruppo rock Adam & the Ants. ■ Commedia; col.; 82'; USA, 1989.

ORIGINALE EROTIC DANCE, L' ★
(Lambada Set the Night on Fire)
Regia di Joel Silberg. Con Shabba Doo, Melora Hardin, Eddie Peck. ■ Kevin, stimato insegnante di matematica in un'elitaria scuola superiore americana, ama il suo lavoro e il ballo. Dedica le sue notti alle danze e all'istruzione dei giovani poveri. Malgrado la protesta degli allievi, viene licenziato dal rigido preside della sua scuola, ma i risultati di un concorso scolastico lo riporteranno in auge. ■ Commedia; col.; 104'; USA, 1990.

ORIGINAL SIN ★★★
Regia di Michael Cristofer. Con Antonio Banderas, Gregory Itzin, Thomas Jane, Angelina Jolie, Allison Mackie, Cordelia Richards, Jack Thompson. ■ Un thriller erotico. Siamo a Cuba. Luis Antonio Vargas (Antonio Banderas) è un ricco commerciante di caffè che sposa Julia (Angelina Jolie), una ragazza americana, credendo che ogni suo desiderio sia appagato. Ma Julia Russell non è il tipo di donna tranquilla e semplice che si era immaginato. Julia scappa col denaro di Luis, che indagherà sul suo passato scoprendo che è accusata di omicidio. Ma le sorprese non sono finite. Tratto da un romanzo di Cornell Woolrich, il film presenta tanto folclore cubano, colori esotici e musica tropicale. ■ Thriller; col.; 115'; USA, 2001.

ORIGINE DI UNA PERVERSIONE *(The Killing Kind)* ★★
Regia di Curtis Harrington. Con Ruth Roman, John Savage, Ann Sothern. ■ Un giovane, appena uscito di prigione, vuole vendicarsi degli artefici della sua rovina: il pubblico accusatore e la sua incapace avvocatessa. Comincia dalla donna facendola ubriacare e dando poi la sua casa alle fiamme. ■ Thriller; col.; 93'; USA, 1973.

ORIZZONTALE DI LUSSO *(Moral '63)* ★★
Regia di Rolf Thiele. Con Mario Adorf, Charles Regnier, Nadia Tiller, Fritz Tillmann. ■ È la storia d'una mondana d'alto bordo nella Germania del primo miracolo economico. ■ Drammatico; b/n; 91'; Germania, 1963.

ORIZZONTE DEGLI EVENTI, L' ★★
Regia di Daniele Vicari. Con Giorgio Colangeli, Francesca Inaudi, Valerio Mastandrea, Gwenaelle Simon, Lulzim Zeqja. ■ Il film racconta di due mondi, diversi e paralleli, che convivono nello stesso territorio: il Gran Sasso d'Italia. Il contatto tra le due realtà avviene attraverso i personaggi di Max (Mastandrea), ricercatore di fisica nucleare che lavora senza sosta nel laboratorio situato nel ventre della montagna, e del pastore Bajram (Lulzim Zeqja). Di fatto il pastore cammina sulla testa del fisico ma nessuno dei due lo sa. Dentro il laboratorio si sviluppa il mestiere più avanzato dell'umanità, sopra la montagna invece ci sono gli immigrati poveri che fanno il lavoro più antico del mondo. Il Gran Sasso è, secondo il regista, l'immagine sintetica della globalizzazione. ■ Drammatico; col.; 115'; Italia, 2005.

ORIZZONTE DI FUOCO *(Fort Yuma)* ★★
Regia di Lesley Selander. Con Peter Graves, Joan Taylor, Joan Vohs. ■ Ignara che gli Apaches si sono ribellati, una pattuglia di cavalleria esce dal forte; di essa fanno parte un tenente, una bella missionaria, la guida indiana e sua sorella. L'ufficiale diffida dei due indiani, ma saranno proprio loro a salvare la sua vita e quella della missionaria. La giovane Apache addirittura morirà. Nonostante la pattuglia sia massacrata, il tenente e lo scout riusciranno a sventare un tranello degli indiani per catturare il forte. ■ Western; col.; 78'; USA, 1956.

ORIZZONTE DIPINTO, L' ★★★
Regia di Guido Salvini. Con Laura Adani, Cesco Baseggio, Memo Benassi, Valentina Cortese, Armando Falconi, Irma Gramatica, Renzo Ricci, Paolo Stoppa, Ermete Zacconi. ■ La trama-pretesto narra di una giovane che trova la forza di superare le amarezze di un difficile inizio e di continuare la carriera del palcoscenico. La ragazza è una giovane debuttante: Valentina Cortese. ■ Drammatico; b/n; 93'; Italia, 1941.

ORIZZONTE DI SANGUE ★
Regia di Gennaro Righelli. Con Valentina Cortese, Luisa Ferida, Osvaldo Valenti. ■ Una fanatica bolscevica ama un giovane, ma costui le preferisce una giovane mite. La fanatica denuncia entrambi alla Ghepeù ma, ammirata dalla serenità della rivale, si sacrifica per la loro felicità. ■ Drammatico; b/n; 90'; Italia, 1942.

ORIZZONTE INFUOCATO ★
Regia di Roberto Montero Bianchi. Con Patrizia Della Ro-

VERE, GÉRARD LANDRY, ILEANA LAURO, GIANNI RIZZO. ■ La protagonista è sedotta da un mascalzone, diventa cantante di varietà, si sposa con un bell'ufficiale di marina, rimane vedova a causa della guerra, viene ricattata dal mascalzone di prima, accusata di tentato omicidio, condannata, privata della figlia, rinnegata dai ricchi parenti del marito, riabilitata, addolorata da una malattia che le paralizza la bambina, graziata dalla Madonna di Lourdes e, infine, ritorna felice con marito redivivo e figlia miracolata. ■ DRAMMATICO; B/N; 94'; ITALIA, 1957.

ORIZZONTE PERDUTO *(Lost Horizon)* ★★★★
Regia di FRANK CAPRA. Con RONALD COLMAN, EDWARD EVERETT HORTON, SAM JAFFE, THOMAS MITCHELL, HENRY BYRON WARNER, JANE WYATT. ■ Alcuni fuggiaschi saliti su un aereo, che sta partendo da una città asiatica sconvolta dalla guerra, vengono trasportati a Shangri-La, una valle fertile nel cuore delle montagne del Tibet, dove esiste una società perfetta abitata da un popolo dalla vita lunghissima. Il protagonista si fermerebbe volentieri, ma gli altri lo convincono a fuggire portandosi dietro una ragazza del luogo che, appena uscita dalla valle, invecchia immediatamente. Tutti i fuggiaschi periscono nella tormenta tranne l'eroe, che potrà far ritorno a Shangri-La. Capra rimase affascinato dal romanzo omonimo di James Hilton e volle girare questo film, recitato da ottimi attori. Secondo alcuni si tratta d'uno dei suoi migliori, secondo altri d'un romanzone pacifista. Quel che è certo è che la pellicola divenne leggendaria. ■ FANTASTICO; B/N; 143'; USA, 1937. ■ OSCAR 2 PR, 7 NOM.

ORIZZONTE PERDUTO *(Lost Horizon)* ★★
Regia di CHARLES JARROTT. Con CHARLES BOYER, PETER FINCH, OLIVIA HUSSEY, SALLY KELLERMAN, GEORGE KENNEDY, LIV ULLMANN, MICHAEL YORK. ■ Un regista specializzato nel rievocare la storia inglese del Cinquecento (suoi erano stati *Anna dei mille giorni* e *Maria Stuarda, regina di Scozia*) tenta di rifare il famoso film di Capra, ma, nonostante il cast, i colori e la musica di Bucharach, la copia è molto inferiore all'originale. ■ FANTASTICO; COL.; 118'; USA, 1973.

ORIZZONTE ROSSO *(L'horizon)* ★★★
Regia di JACQUES ROUFFIO. Con RENÉ DARY, MONIQUE MELINAND, MACHA MÉRIL, MARC MONNET, JACQUES PERRIN. ■ Grande Guerra. Un giovane figlio di ricchi agrari francesi torna a casa in licenza. I suoi vorrebbero servirsi delle loro conoscenze per farlo congedare, ma il giovane è ormai pervaso da un'apatia che lo spingerà a ripartire per il fronte. ■ DRAMMATICO; COL.; 90'; FRANCIA, 1970.

ORIZZONTI DEL SOLE, GLI ★
Regia di GIOVANNI PAOLUCCI. Con NELLY CORRADI, PIERANGELO FASANI, ENRICO PEA. ■ Il figlio di una cantante lirica fugge dal collegio dove non si sente capito. Per fortuna incontrerà un vecchio filosofo naturalista che gli farà comprendere il senso della vita. Il ragazzo tornerà nel convitto. ■ DRAMMATICO; COL.; 95'; ITALIA, 1954.

ORIZZONTI DI FUOCO *(The Devil's in Love)* ★★
Regia di WILLIAM DIETERLE. Con VICTOR JORY, VIVIENNE OSBORNE, LORETTA YOUNG. ■ Il regista tedesco Dieterle, arrivato negli Usa, dovette farsi le ossa con film di serie B come questo, interpretato da una giovanissima Loretta Young. ■ DRAMMATICO; B/N; 67'; USA, 1933.

♥ **ORIZZONTI DI GLORIA** *(Paths of Glory)* ★★★★
Regia di STANLEY KUBRICK. Con KIRK DOUGLAS, GEORGE MACREADY, RALPH MEEKER, ADOLPHE MENJOU, WAYNE MORRIS. ■ Due generali francesi della prima guerra mondiale ordinano, per ambizione e stupidità, un inutile attacco suicida. Quando questo fallisce, i due accusano di codardia i soldati e stabiliscono che ne vengano fucilati tre a caso come esempio per la truppa. Nonostante gli sforzi di un onesto colonnello, le sentenze vengono eseguite: uno dei condannati, ferito, viene portato davanti al plotone in barella. ■ DRAMMATICO; B/N; 86'; USA, 1957.

ORIZZONTI LONTANI *(The Big Land)* ★★★
Regia di GORDON DOUGLAS. Con ALAN LADD, VIRGINIA MAYO, EDMOND O'BRIEN. ■ Un cowboy porta la sua mandria dal Texas al Missouri, dove essendoci il capolinea della ferrovia il prezzo della carne è più alto, ma un prepotente gli impone di vendere il bestiame per pochi dollari. Il mandriano con alcuni amici decide quindi di fondare una città e prolungare la ferrovia per non dover più sottostare alle imposizioni. ■ WESTERN; COL.; 92'; USA, 1957.

ORK *(Cellar Dwellar)* ★
Regia di JOHN CARL BUECHLER. Con YVONNE DE CARLO, DEBORA MULLOWNEY. ■ Ork, un mostro sanguinario, viene fatto materializzare dal suo disegnatore, che ne morirà più tardi assassinato. Il suo posto viene preso dalla giovane Whitney, sua allieva, che ne illustra le avventure con straordinaria bravura. ■ HORROR; COL.; 80'; USA, 1987.

ORLANDO ★★★★
Regia di SALLY POTTER. Con LOTHAIRE BLUTEAU, TILDA SWINTON, BILLY ZANE. ■ Vediamo Orlando nel 1600, giovane bellissimo e glabro che suscita l'interesse della regina d'Inghilterra, che gli lascia in eredità un titolo. Poco dopo Orlando si innamora di una bella, giovane e nobile russa, ma non è ricambiato. Diventa ambasciatore in Oriente. Passano i decenni e i secoli, e una mattina, dopo grande sofferenza e spossatezza, si sveglia donna. Si innamora di un bellissimo giovane romantico che le fa scoprire il sesso (quello maschile). Continua a passare il tempo ed eccoci ai giorni nostri. Orlando è stata privata dei suoi beni e delle sue eredità regali (perché non è identificabile come essere umano, non è uomo, non è donna, non è sposato o sposata). Ha un bambino e deve affrontare la vita da sola. Nell'ultima scena Orlando, che riposa sotto le fronde di un albero, chiama il figlio e gli dice di guardare il cielo. E dall'alto scende una sorta di angelo, naturalmente senza sesso, che canta la morale finale del film: non c'è differenza fra le cose, fra la vita e la morte, fra il tempo e il non tempo, fra i sessi. Un film importante, che prende spunto da un romanzo di Virginia Woolf. Le problematiche della scrittrice non sottintendono verità e messaggi universali, sono manifestazioni dolorose di impotenza, di ambiguità generali dal sesso al pensiero, e di sensazioni di inutilità di tutto, perché nulla ha un'origine autentica e un autentico destino. Sostanzialmente non è cosa che riguardi molti. Ma Sally Potter costruisce intorno al dolore creativo e letterario un film ricco e colto, con una ricercatezza addirittura morbosa in alcune situazioni e con soluzioni impreviste e improvvise, che spesso danno la sensazione di qualcosa di nuovo nel cinema, dove tutto sembra essere già stato esplorato. La scena della festa sul ghiaccio, delle grandi stanze del castello abbandonate, del rapporto di Orlando coi fiori, i boschi e i fiumi, sono pressoché "inedite". Il testo della Woolf è "ottimizzato" e il cinema porta il suo contributo nelle "sue" zone. La letteratura per l'introspezione e la fatica attiva della comunicazione, il cinema per l'occhio, lo stupore e il trasalimento. ■ FANTASTICO; COL.; 92'; GRAN BRETAGNA, 1992. ■ DAVID DI DONATELLO 1 PR, 1 NOM; OSCAR 2 NOM; VENEZIA 1 PR.

ORLANDO E I PALADINI DI FRANCIA ★★
Regia di PIETRO FRANCISCI. Con RIK BATTAGLIA, LORELLA DE LUCA, ROSANNA SCHIAFFINO. ■ Il bieco Gano di Maganza, paladino traditore al soldo del re moro Agramante, cerca di seminare discordia tra Orlando e Rinaldo, i più forti guerrieri di Carlo Magno, facendoli innamorare entrambi di Angelica. Il perfido piano fallirà e il traditore sarà ucciso dallo stesso Agramante. ■ AVVENTURA; COL.; 110'; ITALIA, 1957.

ORLANDO FURIOSO ★★★
Regia di LUCA RONCONI. Con MASSIMO FOSCHI, MARIANGELA MELATO, OTTAVIA PICCOLO, GIACOMO PIPERNO, CARLO VALLI. ■ Il regista teatrale Luca Ronconi si rivelò con la sua riduzione dell'*Orlando furioso* di Ludovico Ariosto. La Rai propose a Ronconi di farne una riduzione televisiva. Questo film è composto da due delle sei puntate dello sceneggiato. ■ FANTASTICO; COL.; 113'; ITALIA, 1975.

ORMA DEL DIAVOLO, L' *(Der zerbrochene Krug)* ★★★
Regia di GUSTAV UCICKY. Con EMIL JANNINGS, FREDERICH KAYSSLER. ■ Un giudice dirige un processo in cui deve stabilire chi ha rotto una brocca. Il fatto è importante, perché l'oggetto si trovava nella camera d'una ragazza che il colpevole tentava di se-

durre. Alla fine si scopre che il satiro è proprio il giudice, che si dà alla fuga. ■ COMMEDIA; B/N; 92'; GERMANIA, 1937.

ORMA DEL GIGANTE, L' *(Take a Giant Step)* ★★★
Regia di PHILIP LEACOCK. Con RUBY DEE, JOHNNY NASH, FREDERICK O'NEAL. ■ Un regista, che viene dal documentario e che fu collaboratore di Flaherty, racconta le difficoltà che un ragazzo nero incontra nell'affrontare il mondo dei bianchi. ■ COMMEDIA; B/N; 100'; USA, 1960.

ORMA DEL GORILLA, L' *(The Mark of the Gorilla)* ★★★
Regia di WILLIAM BERKE. Con SUZANNE DALBERT, TRUDY MARSHALL, JOHNNY WEISSMULLER. ■ In questa avventura il cacciatore bianco se la deve vedere con un gorilla assassino, che in realtà è un bandito alla ricerca d'un tesoro. ■ AVVENTURA; B/N; 68'; USA, 1950.

ORMA DEL LEOPARDO, L' *(Killer Leopard)* ★★
Regia di FORD BEEBE. Con BEVERLY GARLAND, JOHNNY SHEFFIELD. ■ Un'attrice si reca in Africa e assolda una guida per rintracciare il fratello, che ha rubato una forte somma, sperando di convincerlo a restituirla. ■ AVVENTURA; B/N; 70'; USA, 1956.

ORMAI È FATTA! ★★★
Regia di ENZO MONTELEONE. Con STEFANO ACCORSI, ANTONIO CATANIA, GIOVANNI ESPOSITO, PAOLO GRAZIOSI, FABRIZIA SACCHI, EMILIO SOLFRIZZI. ■ La storia di Horst Fantazzini, un ladro veramente esistito, che derubava le banche con una pistola giocattolo. Rubava solo quello che gli serviva per vivere. È la moglie a raccontarla, ricordando come sia stato condannato a trent'anni di carcere anche se non ha mai né ucciso né ferito nessuno. Un giorno aveva anche tentato la fuga, ma era stato ferito e rimesso in carcere. Lo sceneggiatore Monteleone passa dietro la macchina da presa e, partendo da un testo autobiografico di Fantazzini, disegna il ritratto di un personaggio anomalo. Accorsi lo asseconda nella realizzazione di questa tragicommedia. ■ DRAMMATICO; COL.; 99'; ITALIA, 1999.

ORMAI NON C'È PIÙ SCAMPO ★★★
(When Time Ran Out)
Regia di JAMES GOLDSTONE. Con EDWARD ALBERT, JACQUELINE BISSET, ERNEST BORGNINE, RED BUTTONS, VALENTINA CORTESE, JAMES FRANCISCUS, WILLIAM HOLDEN, BURGESS MEREDITH, PAUL NEWMAN. ■ Film catastrofico con un buon cast: incaute trivellazioni petrolifere suscitano il risveglio di un vulcano hawaiano, che produce una strage distruggendo un albergo di lusso. ■ AVVENTURA; COL.; 121'; USA, 1980. ■ OSCAR 1 NOM.

ORMAI SONO UNA DONNA *(Beau père)* ★★
Regia di BERTRAND BLIER. Con NATHALIE BAYE, ARIEL BESSE, PATRICK DEWAERE. ■ L'adolescente Marion (Besse), persa la madre, si invaghisce del patrigno (Dewaere), che in principio la rifiuta. Ma il destino vuole che i due vivano con atteggiamento diametralmente opposto una storia d'amore, prima che tutto rientri nella normalità. Film formalmente elegante e psicologicamente abbastanza plausibile. ■ COMMEDIA; COL.; 122'; FRANCIA, 1981.

ORMAI TI AMO *(Walk Softly, Stranger)* ★★★
Regia di ROBERT STEVENSON. Con JOSEPH COTTEN, HOWARD PETRIE, FRANK PUGLIA, ALIDA VALLI. ■ Un'italo-americana rimasta paralizzata in un incidente s'innamora, ricambiata, d'un poco di buono ma, temendo che il suo sentimento sia ispirato da pietà, parte. Lui tenta un grosso colpo ma fallisce. Si costituirà dopo aver confessato la verità alla ragazza e aver ottenuto la promessa che lei l'aspetterà. ■ DRAMMATICO; B/N; 81'; USA, 1950.

ORMA ROSSA, L' *(The Wolf Sign)* ★★
Regia di HOWARD BRETHERTON. Con GRACE BRADLEY, WADE COSBY, MICHAEL WHALEN. ■ Fiacca storia, ispirata a Jack London, di due bravissimi cani sospettati ingiustamente d'aver rubato delle volpi d'allevamento. I due intelligenti animali individueranno il vero colpevole. ■ AVVENTURA; B/N; 93'; USA, 1941.

ORME, LE ★★★
Regia di LUIGI BAZZONI. Con FLORINDA BOLKAN, CATERINA BORATTO, KLAUS KINSKI, PETER MCENERY, EVELYN STEWART. ■ Gli incubi di una giovane traduttrice, ossessionata da una mania di persecuzione originata dalle riprese dello sbarco sulla Luna, si fanno sempre più preoccupanti. La donna finirà per uccidere un uomo che voleva aiutarla. ■ DRAMMATICO; COL.; 110'; ITALIA, 1975.

ORO *(Gold)* ★★
Regia di KARL HARTL. Con HANS ALBERS, BRIGITTE HELM. ■ Uno scienziato scopre il modo di fabbricare l'oro, ma viene ucciso da un bieco capitalista a cui il crimine non porterà fortuna. ■ FANTASTICO; B/N; 90'; GERMANIA, 1934.

ORO *(A Prize of Gold)* ★★
Regia di MARK ROBSON. Con GEORGE COLE, RICHARD WIDMARK, MAI ZETTERLING. ■ Un sergente dell'aviazione americana s'innamora d'una maestra che si è presa cura di alcuni orfanelli nella Berlino del dopoguerra, ma ha un terribile rivale in un milionario brasiliano che promette di occuparsi dei ragazzini. Allora, alleandosi con un collega britannico, organizza un colpo favoloso ma, in linea con la morale del tempo, alla fine si costituisce. Poco male: la maestrina lo aspetterà. ■ AVVENTURA; B/N; 98'; USA, 1955.

ORO ★★
Regia di FABIO BONZI. Con VITTORIA BELVEDERE, FRANCO NERO. ■ Bonzi, autore anche della sceneggiatura, ritrae una Roma del 1500 avvalendosi della bella fotografia di Michail Agranovich. Mentre i lanzichenecchi imperversano in città, un artista vede allontanarsi l'amore della sua bellissima musa. Infatti, tra la sua giovane e sensuale ragazza e un soldato dell'esercito tedesco nasce, violenta, la passione. Un triangolo d'amore, sesso e morte. ■ DRAMMATICO; COL.; 100'; ITALIA, 1993.

ORO DEI BARBARI, L' *(Facundo, el tigre de los llanos)* ★
Regia di CARLOS F. BORCOSQUE, MIGUEL P. TATO, LEOPOLDO TORRE NILSSON. Con JOHN BARRY, MARGARET MILLER, EDWARD B. SULLIVAN. ■ Nell'Ottocento, un generale ribelle ama una ragazza, ma, quando il padre di lei lo tradisce, ordina la fucilazione del fedifrago. La donna, privata del genitore, va in convento. Il rivoluzionario accetta allora di farsi uccidere da un sicario dei reazionari. ■ STORICO; B/N; 92'; ARGENTINA, 1952.

ORO DEI BRAVADOS, L' ★★
Regia di DON REYNOLDS. Con GIORGIO ARDISSON, RIK BATTAGLIA, PIERO LULLI, LINDA VERAS. ■ Due *pistoleros* rubano un ingente carico d'oro, ma lo scoppio della guerra di Secessione li costringe a seppellirlo. A pace conclusa tentano, ognuno per proprio conto, di impadronirsene. ■ WESTERN; COL.; 90'; ITALIA, 1971.

ORO DEI CARAIBI, L' *(Caribbean)* ★★★
Regia di EDWARD LUDWIG. Con ARLENE DAHL, SIR CEDRIC HARDWICKE, JOHN PAYNE. ■ Un pirata del Settecento vuol vendicarsi d'un collega che gli ha rapito la figlia e l'ha cresciuta in un'isola fortificata del mar dei Caraibi: invia un suo uomo con il compito di seminare la rivolta nella ciurma del rivale. Il piano riesce ma, al momento dell'assalto, la ragazza, ignara, uccide il genitore anche se tutti, pietosamente, le nasconderanno la verità. ■ AVVENTURA; COL.; 97'; USA, 1953.

ORO DEI LEGIONARI, L' *(Les morfalous)* ★★
Regia di HENRI VERNEUIL. Con JEAN-PAUL BELMONDO, MICHEL CONSTANTIN, MATTHIAS HABICH. ■ Nel 1943, un reparto della Legione straniera è incaricato di salvare una tonnellata di lingotti d'oro, chiusi in banca in un villaggio algerino. Dopo aver combattuto contro i tedeschi e aver sottratto loro il grisbì, i legionari si consultano fra loro e si trovano in disaccordo: c'è chi vuole tenerselo e chi consegnarlo al reggimento. E tra quelli che caldeggiano la prima ipotesi, c'è qualcuno che non vuole affatto dividere in parti eguali (anzi vuol tenersi tutto). ■ AVVENTURA; COL.; 105'; FRANCIA, 1984.

ORO DEI SETTE SANTI, L' *(Gold of Seven Saints)* ★★★
Regia di GORDON DOUGLAS. Con ROGER MOORE, CLINT WALKER, CHILL WILLS. ■ Due cacciatori trovano dell'oro: il fatto scatena una ridda di violenze causata da alcuni banditi che vogliono impossessarsene. Varcando un guado, i sacchetti che contengono il prezioso metallo si lacerano disperdendolo nel fiume. I due torneranno alla loro solita vita mettendo da parte i sogni di ricchezza. ■ WESTERN; B/N; 89'; USA, 1961.

ORO DEL DEMONIO, L' *(All that Money Can Buy)* ★★★
Regia di WILLIAM DIETERLE. Con EDWARD ARNOLD, JAMES

CRAIG, WALTER HUSTON, SIMONE SIMON. ■ Verso la metà dell'Ottocento, un povero contadino americano in difficoltà finanziarie è costretto a vendere l'anima al diavolo, ma al momento della riscossione l'agricoltore si rivolge a Daniel Webster, il massimo oratore del Senato americano di quegli anni. Viene quindi istituito il processo e Webster riesce a vincere la causa, nonostante il diavolo abbia avuto la facoltà di formare una giuria coi più nefandi personaggi della storia. ■ FANTASTICO; B/N; 112'; USA, 1941. ■ OSCAR 1 PR, 2 NOM.

ORO DELLA CALIFORNIA, L' *(West Bound)* ★★
Regia di BUDD BOETTICHER. Con MICHAEL DANTE, VIRGINIA MAYO, RANDOLPH SCOTT. ■ Un capitano nordista che, avuto l'incarico di trasportare l'oro estratto dalle miniere californiane nell'Est per aiutare il suo esercito a vincere la guerra di Secessione, se la deve vedere con gli agenti sudisti. ■ WESTERN; COL.; 72'; USA, 1959.

ORO DEL MONDO, L' ★
Regia di ALDO GRIMALDI. Con AL BANO, LINDA CHRISTIAN, FRANCO FRANCHI, CICCIO INGRASSIA, ROMINA POWER, ANTONELLA STENI, NINO TARANTO. ■ Romina Power e Al Bano insieme in un film che sfrutta la loro relazione per lanciare le loro canzoni. ■ COMMEDIA; COL.; 94'; ITALIA, 1968.

ORO DEL WEST – CONFINI IN FIAMME, L' ★★
(Western Gold)
Regia di HOWARD BRETHERTON. Con HEATHER ANGEL, SMITH BELLEW. ■ Lincoln incarica un suo agente di occuparsi del trasporto in diligenza dell'oro che necessita al Nord per vincere la guerra di Secessione. La missione, nonostante i pericoli, sarà felicemente compiuta. ■ WESTERN; B/N; 80'; USA, 1938.

ORO DI ABRAMO, L' *(Abrahams Gold)* ★★★
Regia di JORG GRASER. Con ROBERT DIETL, GÜNTHER-MARIA HALMER, HANNA SCHYGULLA, MARIA SINGER. ■ L'oste Hutzinger ha allevato la nipote Annamire da quando la madre, Barbel, l'ha lasciata per una vita *on the road*. Al ritorno della donna, l'uomo rivendica i suoi diritti e poi parte per recarsi al campo di Birkenau, dove aveva sepolto denti d'oro sottratti agli ebrei. Lo accompagna Karl, il birraio, che di lì a poco scoprirà le sue origini ebree. Hutzinger precipita nel delirio e cerca di convincere la nipote a denunciare Karl per violenza carnale. La ragazzina lo fa, poi ritratta e si impicca. Barbel e Karl lasceranno il paese e Hutzinger riprenderà la sua vita di sempre. Opera prima ispirata a una storia vera, questo film propone una rilettura originale del tema dell'Olocausto impostata sulla necessità di non rimuovere i fantasmi del passato, ma di prenderne coscienza e superarli positivamente. ■ DRAMMATICO; COL.; 98'; GERMANIA, 1990.

ORO DI LONDRA, L' ★★
Regia di BILL MOORE. Con JOHN KARLSEN, JOHN FRANCIS LANE, STEWART MAY, ALDO SILVANI. ■ Riuscita la rapina, gli autori, per occultare il bottino, fondono un'ancora d'oro e la sostituiscono a quella d'una nave in partenza per Gibilterra. L'imponderabile è qui rappresentato da una tempesta. ■ POLIZIESCO; COL.; 94'; ITALIA, 1968.

ORO DI MACKENNA, L' *(MacKenna's Gold)* ★★★
Regia di JACK LEE THOMPSON. Con LEE J. COBB, BURGESS MEREDITH, GREGORY PECK, ANTHONY QUAYLE, EDWARD G. ROBINSON, TELLY SAVALAS, OMAR SHARIF, CAMILLA SPARV, ELI WALLACH, KEENAN WYNN. ■ Un vecchio indiano rivela a MacKenna dove si trova una montagna interamente d'oro. La notizia si sparge e il protagonista viene perseguitato da vari avventurieri, primo fra tutti un bandito messicano, intenzionati a mettere le mani sulla favolosa ricchezza. ■ WESTERN; COL.; 128'; USA, 1969.

ORO DI NAPOLI, L' ★★★★
Regia di VITTORIO DE SICA. Con EDUARDO DE FILIPPO, VITTORIO DE SICA, SOPHIA LOREN, SILVANA MANGANO, PAOLO STOPPA, TOTÒ. ■ Il film, tratto dall'omonimo libro di racconti di Giuseppe Marotta, è diviso in episodi interpretati da ottimi attori: una pizzaiola cerca affannosamente un anello che ritroverà in una pizza; un nobile è costretto a sfogare il vizio del gioco, che l'ha rovinato, in partite con un ragazzo; un "professore" dà preziosi consigli a chi glieli richiede; un uomo che ha spinto al suicidio la sua ragazza, per scontare sposa una prostituta; un "pazzariello" è costretto a subire le prepotenze d'un guappo. ■ COMMEDIA; B/N; 118'; ITALIA, 1954.

ORO DI PICANO VALLEY, L' *(The Lawless Range)* ★★
Regia di ROBERT NORTH BRADBURY. Con SHEILA MANNORS, FRANK MCGLYNN JR, JOHN WAYNE. ■ Un banchiere vuole mettere le mani sull'oro che è sotto le case di alcuni tranquilli contadini ignari del fatto. Assolda così dei malviventi per cacciarli dalle loro abitazioni, ma c'è l'eroe che risolverà il problema. Un'occasione per sentire John Wayne cantare. ■ WESTERN; B/N; 52'; USA, 1935.

ORO DI ROMA, L' ★★★
Regia di CARLO LIZZANI. Con GÉRARD BLAIN, ANDREA CHECCHI, ANNA MARIA FERRERO, JEAN SOREL. ■ Il film racconta un episodio veramente accaduto durante l'occupazione tedesca di Roma: il maggiore delle SS Kappler dichiara ai capi della comunità israelitica che gli ebrei non saranno deportati se gli consegneranno cinquanta chili d'oro. A prezzo di gravi sacrifici la richiesta viene soddisfatta. ■ DRAMMATICO; B/N; 115'; ITALIA, 1962.

ORO DI ULISSE, L' *(Ulee's Gold)* ★★★
Regia di VICTOR NUÑEZ. Con JESSICA BIEL, J. KENNETH CAMPBELL, PETER FONDA, PATRICIA RICHARDSON. ■ Ulee vive con due nipotine e produce un miele di qualità; siamo nella provincia americana. Ha un figlio in prigione e una nuora drogata. Il figlio ha rubato centomila dollari ai suoi complici, che minacciano l'intera famiglia. Ulee recupera il denaro e lo consegna ai criminali, che incappano nella polizia nel momento peggiore. Lieto fine. Ottimo Fonda nel ruolo del contadino silenzioso e orgoglioso, e buono tutto l'insieme. Produzione indipendente che non ha nemmeno trovato una distribuzione nelle grandi sale, e l'avrebbe meritata. ■ DRAMMATICO; COL.; 115'; USA, 1997. ■ GOLDEN GLOBES 1 PR, 1 NOM; OSCAR 1 NOM.

ORO, DONNE E MARACAS ★★
Regia di ARMANDO W. TAMBURELLA. ■ Con l'esile filo conduttore d'un viaggio in automobile attraverso il continente, il regista realizza un documentario sull'America Latina partendo da un soggetto di Luigi Barzini jr. ■ DOCUMENTARIO; COL.; 91'; ITALIA, 1955.

ORO FINO ★★
Regia di JUAN ANTONIO DE LA LOMA. Con JANE BADLER, ANDREW STEVENS, TED WASS. ■ Benché "rivali" per motivi di lavoro – sono infatti entrambi grandi produttori vinicoli – gli spagnoli don Miguel e don Pedro sono legati da sincera amicizia. Questo sentimento viene compromesso dall'ambizione e dalle pecche dei rispettivi figli. ■ AVVENTURA; COL.; 100'; SPAGNA, 1987.

ORO LIQUIDO ★★
Regia di ANGELO JANNARELLI. ■ Il documentario, prodotto dall'Istituto Luce, vuole glorificare il petrolio dell'Albania, conquistata dai fascisti. ■ DOCUMENTARIO; B/N; 90'; ITALIA, 1939.

OROLOGIAIO, L' *(Seven Minutes)* ★★★
Regia di KLAUS MARIA BRANDAUER. Con KLAUS MARIA BRANDAUER, BRIAN DENNEHY, REBECCA MILLER. ■ Monaco 1938: George Elser non accetta il nuovo ordine nazista, anche se è solo un modesto orologiaio. Decide quindi di attentare alla vita del dittatore. Di giorno lavora in cantiere, mentre la notte fabbrica un ordigno ad orologeria. Riesce a piazzare la bomba, ma l'attentato viene sventato e lui arrestato. Prima regia per l'attore Klaus Maria Brandauer. ■ DRAMMATICO; COL.; 102'; USA, 1989.

OROLOGIAIO DI SAINT-PAUL, L' ★★★
(L'horlogier de Saint-Paul)
Regia di BERTRAND TAVERNIER. Con YVES ALFONSO, PHILIPPE NOIRET, JEAN ROCHEFORT. ■ Un brav'uomo che esercita la professione d'orologiaio apprende improvvisamente che il suo amato figlio è stato accusato di omicidio. Dopo aver superato il colpo, il padre tenta di comprendere le ragioni che hanno spinto il ragazzo a questo gesto e, a poco a poco, finisce per capirle. Il ragazzo è un rivoluzionario che ha ucciso un nemico di classe. Il giovane sarà condannato, ma avrà la consolazione di sapere che suo padre si è battuto per lui. ■ DRAMMATICO; COL.; 105'; FRANCIA, 1974. ■ BERLINO 1 PR.

OROLOGIO A CUCÙ, L' ★★
Regia di Camillo Mastrocinque. Con Ugo Ceseri, Vittorio De Sica, Oretta Fiume, Lamberto Picasso, Laura Solari. ■ Indagine poliziesca nella Livorno del 1815 per scoprire chi abbia ucciso un ricco banchiere. Il movente pare sia quello d'impadronirsi dell'oro che la vittima aveva nascosto in un orologio a cucù. ■ Poliziesco; b/n; 85'; Italia, 1938.

ORO MALEDETTO *(The Trail Beyond)* ★★
Regia di Robert North Bradbury. Con Noah Beery, Verna Hillie, John Wayne. ■ John Wayne riceve l'incarico di ritrovare una ragazza scomparsa nel grande Nord. La ritrova e la salva da una banda di fuorilegge che volevano mettere le mani sulla fanciulla e sulla sua miniera d'oro. ■ Western; b/n; 95'; USA, 1934.

ORO MALEDETTO *(Wild Gold)* ★★
Regia di George Marshall. Con John Boles, Roger Imhof, Claire Trevor. ■ Una ballerina di non specchiata onestà si innamora di un ingegnere. Nonostante la donna sia sposata a un furfante, l'impedimento non dura molto: il marito muore durante il crollo di una miniera. Via libera alla nuova coppia. ■ Avventura; b/n; 75'; USA, 1934.

ORO MALEDETTO, L' *(Treasure of Lost Canyon)* ★★
Regia di Ted Tetzlaff. Con Julie Adams, Charles Drake, William Powell. ■ Un orfanello passa diversi anni con un gruppo di vagabondi, ma poi incontra un vecchio mago che gli insegna il disprezzo del denaro. Quando i due ritroveranno una cassetta d'oro, il filosofo mostrerà segni d'avidità e l'orfanello butterà il prezioso carico in un fiume. L'uomo capirà la lezione e il tesoro, recuperato, andrà in beneficenza. ■ Western; col.; 82'; USA, 1952.

ORO NELLA POLVERE *(Ten Days to Tulara)* ★★★
Regia di George Sherman. Con Grace Graynor, Sterling Hayden, Rodolfo Hoyos. ■ Un pilota è costretto col ricatto a trasportare un gruppo di banditi che vogliono compiere una rapina in una città del Sud America. Ma la polizia vigila. La figlia del capobanda sposerà il pilota. ■ Avventura; b/n; 91'; USA, 1960.

ORO NERO *(Stadt Anatol)* ★★
Regia di Victor Tourjansky. Con Gustav Fröhlich, Brigitte Horney. ■ Un giovane geologo scopre un importante giacimento petrolifero in Anatolia. L'improvvisa brama di ricchezza sconvolge la semplice comunità locale. ■ Drammatico; b/n; 93'; Germania, 1936.

ORO NERO ★★
Regia di Enrico Guazzoni. Con Friedrich Benfer, Carla Candiani, Juan De Landa, Mara Landi. ■ Due bambini, un maschio e una femmina, i cui padri lavorano nella miniera, giocano insieme. L'insipienza dei proprietari fa chiudere i pozzi. Anni dopo, la preveggenza governativa fascista fa riaprire nuovamente le miniere e i due piccini, diventati adulti, si rincontrano. Lui ama lei, ma lei ama un ingegnere, così lui si sacrifica per salvarlo durante un crollo. ■ Drammatico; b/n; 94'; Italia, 1942.

ORO PER I CESARI ★★
Regia di André De Toth, Riccardo Freda. Con Mylène Demongeot, Massimo Girotti, Jeffrey Hunter. ■ Domiziano, crudele imperatore romano, vuole sbarazzarsi d'un suo generale inviandolo in Gallia per una missione pericolosa: ritrovare una miniera d'oro. Il romano ci riuscirà grazie all'aiuto d'uno schiavo geologo, ma alla fine i due entreranno in contrasto perché amano entrambi la stessa donna. Solo lo schiavo sopravviverà all'ultimo scontro. ■ Storico; col.; 92'; Italia, 1963.

ORO PER LA STRADA – NEL SUO SOGNO D'ORO ★★
(L'or dans la rue)
Regia di Curtis Bernhardt. Con Danielle Darrieux, Albert Préjean. ■ Un avventuriero pensa di sfruttare per un imbroglio un illuso, che crede d'aver scoperto il modo di fabbricare l'oro, ma un banchiere sarà più furbo di lui. Per fortuna il protagonista, oramai deciso a diventare onesto, troverà i soldi necessari per rifarsi una vita in America. ■ Commedia; b/n; 95'; Francia, 1935.

ORO ROSSO *(Talaye sorkh)* ★★★★
Regia di Jafar Panahi. Con Ehsan Amani, Hossain Emadeddin, Pourang Nakhael, Azita Rayeji, Kamyar Sheisi, Shahram Vaziri. ■ A Teheran, due amici sopravvivono come possono, circondati da una ricchezza che non possono avvicinare. Per Hussein diviene una vera ossessione, finché non decide di rapinare una gioielleria. Vincitore della sezione "Un certain regard" di Cannes, è un film che ricorda la semplicità di Rossellini: inizia con un piano-sequenza a macchina fissa con l'inquadratura della porta della gioielleria per poi continuare, in un lungo flashback, a spiegare le motivazioni del gesto del protagonista. ■ Drammatico; col.; 95'; Iran, 2003.

OROSCOPO DI GESÙ CRISTO, L' ★★
(Jézus Kriszuts Horoszkopja)
Regia di Miklós Jancsó. Con Juli Basti, György Cserhalmi. ■ Presentato fuori concorso alla Mostra di Venezia 1990, dove è stato assegnato il premio per la carriera al regista. Il re del piano sequenza col passare degli anni si rinchiude sempre più in se stesso e i suoi ultimi film sono lontani dal pubblico. Mischiando la tecnica degli audiovisivi con la pellicola cinematografica ci troviamo di fronte a un personaggio che viaggia in Volkswagen e ad altri di contorno come un ragazzo con telecamera. ■ Drammatico; col.; 94'; Ungheria, 1988.

ORO SOMMERSO *(Wet Gold)* ★★
Regia di Dick Lowry. Con Brian Kerwin, Burgess Meredith, Brooke Shields. ■ Un vecchio marinaio è ossessionato dall'idea di un tesoro nascosto in fondo al mare. Tanto fa, tanto dice, che coinvolge nella ricerca una bella cameriera, il suo innamorato e un sommozzatore. ■ Avventura; col.; 100'; USA, 1984.

ORO TRAGICO *(Gold in New Frisko)* ★★
Regia di Paul Verhoeven. Con Annie Markart, Hans Sönhker. ■ Uno dei primi tentativi di western all'europea: un banchiere usa il denaro che ha in custodia per comprare un terreno dove dovrebbe trovarsi una miniera d'oro, ma scopre che il prezioso metallo non c'è. Stanno per linciarlo, quando appare un giovane che confessa d'aver truffato il banchiere, ma solo per vendicarsi di lui che, a suo tempo, aveva commesso un'ingiustizia. ■ Western; b/n; 93'; Germania, 1939.

ORPHAN ★★
Regia di Jaume Collet-Serra. Con Jimmy Bennet, Vera Farmiga, Isabelle Fuhrman, Cch Pounder, Peter Sarsgaard. ■ La famiglia Coleman ha un vuoto incolmabile. Nonostante due figli e una situazione economica solida, un aborto ha lasciato una ferita e la risposta sembra essere l'adozione della piccola Esther, bambina di circa 12 anni che li folgora all'orfanotrofio con il suo acume e il suo candore. Una volta con loro però accadono tanti piccoli incidenti ed Esther è sempre al centro dei problemi non nascondendo ai fratelli acquisiti il suo istinto malvagio e i piani precisi dietro ogni mossa. La preoccupazione è tale che i genitori decidono di informarsi sul suo passato ma all'orfanotrofio non hanno informazioni su di lei precedenti il suo arrivo. ■ Horror; col.; 123'; USA, Canada 2009.

ORPHANAGE, THE ★★
Regia di Juan Antonio Bayona. Con Fernando Cayo, Belen Rueda. ■ Dei bambini stanno giocando. Sono gli ospiti di un orfanotrofio e una di loro, Laura, sta per andarsene perché adottata. Divenuta adulta Laura torna in quel luogo con il marito Carlos. Vuole farlo divenire un istituto accogliente per bambini bisognosi di cure come Simon, il piccolo che ha adottato. Il bambino è affetto dall'Hiv e non gli resta molto da vivere. Simon ha degli amici immaginari che però lasciano anche impronte sul terreno. Laura cerca di assecondarlo ma non riesce a togliersi di dosso la paura. Finché un giorno giunge un'anziana assistente sociale che consegna un dossier sul piccolo. La stessa donna sarà sorpresa una notte ad aggirarsi nei pressi del magazzino degli attrezzi. Qualche tempo dopo Simon, che ha scoperto la malattia di cui è affetto, scompare nel corso di una festa. Laura precipita nell'abisso dell'angoscia. Guillermo del Toro mette il suo sigillo produttivo sull'opera prima di Juan Antonio Bayona offrendogli una patente di qualità che ne ha consentito l'inserimento tra i 6 film che hanno ottenuto la nomination per gli European Awards 2008. ■ Horror; col.; 100'; Messico, Spagna, 2007.

ORPHANS ★★
Regia di Peter Mullan. Con Frank Gallagher, Douglas Henshall, Gary Lewis, Stephen McCole, Rosemarie Stevenson. ■ Quattro fratelli dinanzi al letto di morte della madre. Hanno caratteri distantissimi tra loro. I ricordi li assalgono. Poi una notte capita di tutto, da un temporale che scoperchia la chiesa scelta per il funerale fino al trasporto "a braccia" della bara. Mullan sceglie di raccontare in un modo totalmente personale un disagio esistenziale "made in Scotland". Il suo è un grottesco acido e amaro che segna però un interessante esordio alla regia. ■ Farsesco; col.; 120′; Gran Bretagna, 1999.

ORRIBILE SEGRETO DEL DOTTOR HICHCOCK, L' ★★★
Regia di Riccardo Freda. Con Robert Flemyng, Montgomery Glenn, Barbara Steele, Harriet Medin, Silvano Tranquilli. ■ A Londra, attorno alla metà dell'Ottocento, un medico, minato da tare sessuali, organizza l'omicidio della moglie. Dieci anni dopo si risposa, ma la nuova consorte è perseguitata dallo spettro della prima. ■ Horror; col.; 88′; Italia, 1962.

ORRIBILE VERITÀ, L' *(The Awful Truth)* ★★★★
Regia di Leo McCarey. Con Ralph Bellamy, Cecil Cunningham, Alexander D'Arcy, Irene Dunne, Cary Grant. ■ Una delle migliori commedie americane su una coppia che si appresta a divorziare ma che, nei novanta giorni tra la sentenza e il momento in cui questa deve diventare esecutiva, scopre nuovamente d'amarsi. ■ Commedia; b/n; 92′; USA, 1937. ■ Oscar 1 pr, 6 nom.

ORRORI DEL CASTELLO DI NORIMBERGA, GLI ★★★
Regia di Mario Bava. Con Antonio Cantafora, Joseph Cotten, Massimo Girotti, Elke Sommer. ■ Il giovane discendente d'un tiranno secentesco, con un sortilegio, richiama in vita il fantasma dell'avo. Un misterioso paralitico è la reincarnazione del nefando personaggio che, solo alla fine, sarà eliminato. ■ Horror; col.; 92′; Italia, 1972.

ORRORI DEL LICEO FEMMINILE, GLI ★★
(La residencia)
Regia di Narciso Ibañez Serrador. Con John Moulder Brown, Mary Mulligan, Lilli Palmer. ■ Vicino ad Avignone sorge un istituto frequentato da ragazze difficili di buona famiglia, retto da una direttrice eccessivamente apprensiva nei riguardi del figlio. Un maniaco comincia ad eliminare le educande. La direttrice scoprirà che il colpevole è il figlio e lo proteggerà. ■ Horror; col.; 94′; Spagna, 1971.

ORRORI DEL MUSEO NERO, GLI ★★
(Horrors of the Black Museum)
Regia di Arthur Crabtree. Con Shirley Ann Field, Michael Gough. ■ Un perfido scrittore di gialli trasforma, grazie a un preparato misterioso, il mite assistente in maniaco omicida allo scopo di documentarsi per le sue opere. Gli va male. ■ Horror; b/n; 80′; Gran Bretagna, 1959.

ORRORI DI FRANKENSTEIN, GLI ★★
(Horror of Frankenstein)
Regia di Jimmy Sangster. Con Ralph Bates, Jon Finch, Kate O'Hara, Joan Rice. ■ Nuova versione della famosa storia. In questo caso lo scienziato è malvagio, uccide il proprio padre in un falso incidente di caccia e, come al solito, crea il mostro con pezzi di cadaveri. Poi, quando il mostro si scatena, Frankenstein è costretto a uccidere per salvare la sua "creatura", ma una bambina, vendicando quella uccisa nella prima versione, provoca la fine della "creatura". Il barone sopravvive per il prossimo episodio. ■ Horror; col.; 95′; Gran Bretagna, 1973.

ORSETTI DEL CUORE *(The Care Bears Movie)* ★
Regia di Arna Selznick. ■ Le avventure di Jason e della sorellina Kim, maltrattati dall'antipatico Nicholas e aiutati dai simpatici orsetti del paese di Tantoamore. Alla fine, per la gioia dei più piccoli, amicizia e bontà trionfano. ■ Animazione; col.; 75′; USA, 1985.

ORSETTI DEL CUORE II ★★
(The Care Bears Movie II: A New Generation)
Regia di Dale Schott. ■ Siamo in un regno splendido dove tutto è amore e dove Fedelorsa e Nobilcuore si occupano di cancellare gli egoismi. Prima l'amorevole orsa mette pace in un campeggio dove due ragazzini vengono umiliati dai compagni, poi insieme a Nobilcuore scende sulla Terra dove la situazione è più grave. Cuore Nero, il male, che ha le sembianze di un ragazzo dai capelli rossi, cattura i cuccioli degli orsetti con l'aiuto di una ragazzina, Christy, irretita dal potere del "male". Ma l'amore trionfa: Fedelorsa, Nobilcuore, John e Dawn riescono a liberare gli orsetti e perfino Cuore Nero e Christy si redimono. Tutti, nel regno di "Premura", tornano ad essere amici. ■ Animazione; col.; 77′; USA, 1986.

ORSI INTERROMPONO L'ALLENAMENTO, GLI ★
(The Bad News Bears in Breaking Training)
Regia di Michael Pressman. Con William Devane, Jackie Earle Haley, Clifton James. ■ Seconda puntata della serie di film sulla squadra di baseball "Bears". William Devane sostituisce Walter Matthau, ma gli "Orsi" perdono ancora. ■ Commedia; col.; 86′; USA, 1977.

ORSI VANNO IN GIAPPONE, GLI ★
(The Bad News Bears Go to Japan)
Regia di John Berry. Con Tony Curtis, Jackie Earle Haley, Tomisaburo Wakayama. ■ Trasferta nel paese del Sol Levante per la squadra di baseball più imbranata del cinema. ■ Commedia; col.; 89′; USA, 1978.

ORSO, L' *(L'ours)* ★★★
Regia di Jean-Jacques Annaud. Con Tchéky Karyo, André Lacombe, Jack Wallace. ■ Dal romanzo di Oliver Curwood. Una storia di caccia all'orso vista dalla parte degli orsi (un cucciolo e un enorme grizzly). Il grizzly risparmia il cacciatore quando potrebbe finirlo con due zampate. Il cacciatore diviene un "verde". Una storia alla Walt Disney raccontata in meravigliosi scenari naturali (le Dolomiti che simulano il Canada) con innegabile bravura, ma senza gli *exploit* che era lecito attendersi dal regista del *Nome della rosa*. ■ Avventura; col.; 96′; Francia, 1988. ■ Oscar 1 nom.

ORSO CHIAMATO ARTURO, UN ★★
Regia di Sergio Martino. Con Carol Alt, Mattia Sbragia, George Segal, Doris Van Thury. ■ Parodia del film di spionaggio con connotazioni sentimentali. Troviamo infatti un musicista americano, che si occupa di colonne sonore, a Roma. È costretto a fermarsi per lavoro e finisce con l'incontrare una bellissima spia in missione. Tra i due ci sarà del tenero tra un'avventura e l'altra. ■ Commedia; col.; 90′; Italia, 1992.

ORSO DI PELUCHE, L' ★
Regia di Jacques Deray. Con Regina Bianchi, Paolo Bonacelli, Francesca Dellera, Alain Delon, Franco Interlenghi. ■ Un ginecologo molto famoso ha avuto nel passato una storia con un'infermiera. La donna si è uccisa e il fratello vuole vendicarla. Manda pertanto messaggi minacciosi al medico, che cerca un modo per difendersi. Simenon ha scritto una bella storia che i tre sceneggiatori hanno rovinato. Delon e la Dellera vagano per il film e spesso si possiedono con una foga degna di miglior causa. ■ Poliziesco; col.; 91′; Francia, Italia, 1994.

ORSO E LA BAMBOLA, L' *(L'ours et la poupée)* ★★★
Regia di Michel Deville. Con Brigitte Bardot, Daniel Ceccaldi, Jean-Pierre Cassel, Georges Claisse, Xavier Gélin. ■ Una briosa commedia che fu uno degli ultimi grandi successi di Brigitte Bardot, qui nei panni d'una spregiudicata donna di città che riesce a farsi sposare da uno scorbutico musicista. ■ Commedia; col.; 90′; Francia, 1969.

ORSON WELLES – ONE MAN BAND ★★★
(Orson Welles – The One Man Band)
Regia di Oja Kodar, Vassili Silovic. Con Orson Welles. ■ Ottimo documentario sul grande regista, con moltissimo materiale inedito riferito soprattutto agli ultimi anni di vita e ai vari film rimasti incompiuti. ■ Documentario; col.; 96′; Francia, Germania, Svizzera, 1995.

ORSO YOGHI *(Yogi Bear)* ★★
Regia di Eric Brevig. Con Dan Aykroyd, Tom Cavanagh, Anna Faris, T.J. Miller, Justin Timberlake. ■ I due famosi

orsi creati da Hanna e Barbera si alleano col loro storico nemico, il Ranger Smith, per salvare il parco dall'imminente chiusura imposta dal sindaco Brown. Nonostante la posizione eretta e l'inseparabile cravattino verde Yoghi non nasconde la fatica a trattenere l'istinto animale. ■ ANIMAZIONE; COL.; 80'; USA, NUOVA ZELANDA, 2010.

ORTONE E IL MONDO DEI CHI ★★★
(Horton Hears a Who!)
Regia di JIMMY HAYWARD, STEVE MARTINO. ■ Il 15 maggio, di buon mattino, l'elefante Ortone sta nuotando in una piscina naturale nella sua giungla, quando sente un debole grido d'aiuto provenire da un minuscolo granello di polvere che fluttua nell'aria. Poiché è un bestione generoso e disponibile, specie verso i più piccoli, non ci pensa un attimo a spostare la sua ingombrante mole fino a raggiungere lo strano granello. Scoprirà che su quel puntino, adagiato su un trifoglio in fiore, vive la Città di Chi non So, abitata dai microscopici Chi. Al primo cittadino, il Sinda-Chi, angosciato dai terremoti che scuotono il suo paese, Ortone promette che metterà in salvo il granello, cioè il mondo dei Chi, anche se questo vorrà dire combattere contro la terribile Cangura, che, vedendolo parlare con un fiore, lo crede matto e vuole rubargli il trifoglio per fargli fare una brutta fine. *Ortone e il mondo dei Chi*, animazione cinematografica di un classico per bambini del vignettista Dr. Seuss, è la storia degli ostacoli che l'animale più grosso della giungla dovrà superare per salvare gli esseri più piccoli mai immaginati, convinto che «una persona è sempre una persona, non importa quanto sia piccola». ■ ANIMAZIONE; COL.; 88'; USA, 2008.

ORWELL 1984 *(1984)* ★★★
Regia di MICHAEL RADFORD. Con RICHARD BURTON, SUZANNA HAMILTON, JOHN HURT. ■ Seconda trasposizione cinematografica del classico di George Orwell. John Hurt è Winston Smith, il funzionario governativo che si innamora illegalmente di Julia (Hamilton); Richard Burton, enorme nella sua ultima prova prima della scomparsa, è l'ufficiale del partito che "corregge" con la tortura e il lavaggio del cervello le deviazioni libertarie di Winston, restituendolo al gelido abbraccio del Grande Fratello. Cruda, accuratissima ricostruzione delle atmosfere plumbee e opprimenti descritte da Orwell nel suo romanzo del 1948, qui rese alla perfezione grazie a una fotografia livida e spettrale e a una recitazione ricca di sfumature. ■ DRAMMATICO; COL.; 110'; GRAN BRETAGNA, 1984.

ORZEL, IL SOMMERGIBILE FANTASMA *(Orzel)* ★★
Regia di LEONARD BUCZKOWSKI. Con WIENCZYLAW GLINSKI, JAN MACHULSKI. ■ Un sommergibile, dopo lo scoppio della seconda guerra mondiale, continua a navigare al largo delle coste estoni facendosi beffe della *Kriegmarine*, nonostante la resistenza polacca sia stata ormai debellata dall'esercito tedesco. Alla fine, però, l'eroico equipaggio perirà tra i flutti. ■ GUERRA; B/N; 93'; POLONIA, 1959.

ORZOWEI, IL FIGLIO DELLA SAVANA *(Orzowei)* ★★
Regia di YVES ALLÉGRET. Con STANLEY BAKER, VINCENZO CROCITTI, DORIS KUNSTMANN, BONNE LUBEGA, PETER MARSHALL. ■ Le avventure di un fanciullo bianco allevato da un nero, ma respinto dalla tribù dove ha sempre vissuto. Di villaggio in villaggio, da incontro ad incontro, fino a quando troverà due amici che lo considereranno per quello che è. ■ AVVENTURA; COL.; 105'; GERMANIA, ITALIA, 1976.

OSAMA ★★★🏆
Regia di SIDDIQ BARMAK. Con GOL RAHMAN GHORBANDI, MARINA GOLBAHARI, ARIF HERATI, KHWAJA NADER, HAMIDA REFAH, ZUBAIDA SAHAR. ■ Una dodicenne afgana e sua madre perdono il lavoro quando l'ospedale di Kabul viene chiuso dai Talebani, che vietano inoltre che le donne lavorino se prive di un "compagno legale". Prima la chiamavano Maria e aveva 12 anni. Poi, per sopravvivere al regime assurdo dei Talebani, la fanno vestire da maschio e le danno il nome di Osama. Maria/Osama dovrà crescere in fretta e imparare presto l'orrore che ogni dittatura porta con sé. La pellicola segna la nuova era del cinema afgano e narra la barbarie, le feroci persecuzioni, le atrocità psicologiche del regime talebano. ■ DRAMMATICO; COL.; 82'; AFGHANISTAN, GIAPPONE, IRLANDA, 2003. ■ GOLDEN GLOBES 🏆 1 PR, 1 NOM.

OSCAR & LUCINDA ★★
Regia di GILLIAN ARMSTRONG. Con CATE BLANCHETT, RALPH FIENNES. ■ Da un racconto di Peter Carey. Siamo nella regione australiana del New South Wales, verso la metà dell'Ottocento. Lui è pastore anglicano, lei figlia di un ricco commerciante. Si amano e amano il gioco: troppo. Lui perde un po' la testa, scommette che porterà una chiesa di vetro in un villaggio lontano. Effetti, lunghezze, niente da ricordare. Come al solito il film non vale il libro. Mediocre scelta dell'emergente Fiennes, peccato. ■ DRAMMATICO; COL.; 132'; AUSTRALIA, 1997. ■ OSCAR 1 NOM.

OSCAR INSANGUINATO *(Theatre of Blood)* ★★★
Regia di DOUGLAS HICKOX. Con HARRY ANDREWS, VINCENT PRICE, DIANA RIGG. ■ Piccolo gioiello dell'horror inglese: un attore shakespeariano, reso pazzo dalle critiche negative, elimina i severi recensori ispirandosi alle tragedie del massimo poeta inglese. ■ HORROR; COL.; 102'; GRAN BRETAGNA, 1974.

OSCAR – UN FIDANZATO PER DUE FIGLIE ★★
(Oscar)
Regia di JOHN LANDIS. Con ORNELLA MUTI, VINCENT SPANO, SYLVESTER STALLONE. ■ Inconsueto sconfinamento nella commedia dell'accigliato Stallone. Ma attenti al nome del regista. La commedia, tratta da un film con Louis De Funès, *Io, due figlie e tre valigie*, è ambientata negli Stati Uniti, nel periodo del proibizionismo. L'azione si svolge per quattro quinti nell'abitazione del boss mafioso Angelo Provolone (Stallone), il quale ha fatto solenne giuramento al padre morente, Kirk Douglas in una fulminante apparizione, di diventare un uomo onesto. Ma i suoi buoni propositi vengono disturbati da avvenimenti che l'uomo non riesce a controllare. Da qui una serie di equivoci, nel classico stile della *pochade*. Stallone non è Cary Grant, ma neppure uno sprovveduto e riesce a portare a termine il film con dignità professionale. ■ COMMEDIA; COL.; 110'; USA, 1991.

OSCENO DESIDERIO, L' ★★
Regia di GIULIO PETRONI. Con CHRIS AVRAM, LOU CASTEL, MARISA MELL, LAURA TROTTER. ■ In una famiglia nobile si nasconde il germe della follia. Inutilmente Amanda, sana e proletaria ragazza americana moglie di un depravato, tenta di sottrarsi alle malefiche influenze dei parenti acquisiti. ■ HORROR; COL.; 94'; ITALIA, SPAGNA, 1978.

OSCURE PRESENZE A COLD CREEK ★
(Cold Creek Manor)
Regia di MIKE FIGGIS. Con STEPHEN DORFF, JULIETTE LEWIS, DENNIS QUAID, KRISTEN STEWART, SHARON STONE, RYAN WILSON. ■ Stanchi del tran-tran metropolitano, i Tilson si trasferiscono nella Cold Creek Manor, una tenuta appena ereditata alla periferia di New York. Un tempo sontuosa, la villa è ora cadente, e Cooper e Leah si dedicano con zelo a riportarla all'antico splendore. Tutto va per il meglio, finché una serie di terribili incidenti non spinge la coppia a chiedersi chi vivesse un tempo in quella casa. Spreco di attori per un film di basso profilo. ■ THRILLER; COL.; 118'; USA, 2003.

OSCURI PRESAGI *(Cold Heaven)* ★★★
Regia di NICOLAS ROEG. Con MARK HARMON, THERESA RUSSELL, JAMES RUSSO. ■ Marie rimane vedova e prova sensi di colpa perché ha un altro uomo. Ha però anche delle visioni mistiche che la spingono a far di tutto perché venga eretto un santuario alla Madonna nei pressi di Carmel in California. Anche il marito ricompare, come spirito non pacificato, per stimolarla nell'impresa. Nicolas Roeg è sempre stato un regista visionario. Che ora dedichi la sua attenzione al misticismo può non piacere solo a chi lo vuole etichettato come "laico" senza appello. Si tratta di un film perfettamente in linea con tutto il suo cinema. ■ DRAMMATICO; COL.; 105'; USA, 1992.

OSMOSIS JONES ★★
Regia di BOBBY FARRELLY, PETER FARRELLY. Con LAURENCE FISHBURNE, RON HOWARD, BILL MURRAY, WILLIAM SHATNER. ■ Bio-thriller d'animazione. Frank, uomo dalle abitudini tutt'altro che salutiste, viene aggredito dal virus Thrax, contratto dopo aver

mangiato un uovo sodo caduto nella gabbia di una scimmia ospite allo zoo. A sua insaputa, all'interno del suo corpo il globulo bianco Osmosis Jones, con l'aiuto di Drix antibiotico contro il raffreddore, cerca in tutti i modi di contrastare l'attacco della malattia. Divertente colorito e avvincente viaggio nel corpo umano descritto da due maestri del genere come i fratelli Farrelly, i registi di *Tutti pazzi per Mary* e *Io, me & Irene*. ■ ANIMAZIONE; COL.; 95′; USA, 2000.

O SOLE MINNIE ★★
Regia di PAUL RUDISH, AARON SPRINGER, CLAY MORROW. ■ Questo cortometraggio d'animazione fa parte di una serie prodotta dalla Disney in cui i più famosi personaggi di Mickey Mouse si troveranno coinvolti in una serie di avventure ambientate in diverse città del mondo tra cui New York, Parigi, Santa Monica... In questo caso Mickey Mouse e Minnie saranno catapultati tra gli storici canali della Serenissima. ■ DOCUMENTARIO; COL.; 90′; USA, 2013.

'O SOLE MIO ★★
Regia di GIACOMO GENTILOMO. Con ADRIANA BENETTI, VERA CARMI, TITO GOBBI, CARLO NINCHI. ■ Un cantante d'origine italiana viene paracadutato dagli americani. Il suo compito è quello di cantare alla radio trasmettendo così messaggi cifrati ai partigiani. Ci riesce, ma viene scoperto da una ragazza che fa la spia per i tedeschi. Alla fine si riscatterà morendo eroicamente e il cantante riuscirà a compiere la sua missione. ■ COMM. MUSICALE; B/N; 92′; ITALIA, 1945.

OSPEDALE PIÙ PAZZO DEL MONDO, L' ★★
(Young Doctors in Love)
Regia di GARRY MARSHALL. Con HECTOR ELIZONDO, MICHAEL MCKEAN, SEAN YOUNG. ■ Un gruppo di giovani medici neolaureati viene inviato al City Hospital di Los Angeles per far pratica, dove ne combinano di tutti i colori. Spicca la love story di un chirurgo terrorizzato dal sangue, che supera il blocco psicologico quando si tratta di salvare la sua amata, mentre un sicario insegue un gangster lungo le corsie dell'ospedale. ■ COMICO; COL.; 95′; USA, 1983.

OSPITE, L' ★★★
Regia di LILIANA CAVANI. Con LUCIA BOSÈ, PEDRO GONZALES, GLAUCO MAURI, ALVARO PICCARDI. ■ Il difficile reinserimento degli ammalati psichici nella vita normale, dopo la guarigione, in un film della Cavani che unisce i modi dell'inchiesta a quelli della pellicola a soggetto, seguendo le vicende di un'ex ricoverata in manicomio affettuosamente seguita da uno scrittore che si è interessato al suo caso. ■ DRAMMATICO; COL.; 95′; ITALIA, 1971.

OSPITE, L' ★★
Regia di ALESSANDRO COLIZZI. Con MADDALENA MAGGI, IGNAZIO OLIVA, UMBERTO ORSINI, ELODIE TRECCANI, ANITA ZAGARIA. ■ Una famiglia perbene: il padre è omosessuale. Cerca di nascondere le sue tendenze, ma la figlia lo scopre. La madre ha un giovane amante orientale e se lo porta in casa suscitando inevitabili reazioni da parte dei figli. Vorrebbe essere *Teorema* 2000 ed è solo un film involontariamente comico. Con un Umberto Orsini che regge sulle spalle il peso di un ruolo nervoso e complesso. Ma non basta. Presentato al Forum del Festival di Berlino 1999. ■ DRAMMATICO; COL.; 85′; ITALIA, 2000.

OSPITE D'INVERNO, L' *(The winter Guest)* ★★
Regia di ALAN RICKMAN. Con GARY HOLLYWOOD, PHYLLIDA LAW, EMMA THOMPSON. ■ Il film deriva dalla pièce di Sharman Macdonald, attrice e scrittrice scozzese. Sono cinque i personaggi: due adolescenti che scoprono il sesso, una fotografa che deve affrontare un lutto, due anziane sorelle che temono la morte. Il gruppo dialoga su questi aspetti. Rickman, che siamo abituati a vedere nel ruolo di cattivo, torna al suo grande amore, il teatro. ■ DRAMMATICO; COL.; 148′; GRAN BRETAGNA, 1998.

OSPITE DI UNA NOTTE, L' ★★
Regia di GIUSEPPE GUARINO. Con TOSCA SARTORIS, UGO SASSO. ■ Un ispettore francese indaga sulla misteriosa morte d'un ricco signore. Il finale, naturalmente, è a sorpresa. ■ POLIZIESCO; B/N; 92′; ITALIA, 1939.

OSPITE D'ONORE, L' *(My Favourite Year)* ★★
Regia di RICHARD BENJAMIN. Con JOSEPH BOLOGNA, JESSICA HARPER, PETER O'TOOLE. ■ Nel 1954 (il *favourite year* del titolo originale) un divo del cinema stravagante e alcolizzato viene invitato come ospite in un talk show televisivo in diretta. Peter O'-Toole si prese un gusto matto (e anche una candidatura all'Oscar) a rifare le mattane alcoliche di Errol Flynn nei suoi ultimi anni. L'*entertainer tv* è ispirato invece a Sid Caesar. ■ COMMEDIA; COL.; 92′; USA, 1982. ■ GOLDEN GLOBES 3 NOM; OSCAR 1 NOM.

OSPITE GRADITO PER MIA MOGLIE, UN ★★★
(King, Queen, Knave)
Regia di JERZY SKOLIMOWSKI. Con MARIO ADORF, GINA LOLLOBRIGIDA, JOHN MOULDER BROWN, DAVID NIVEN. ■ Marta ha un marito ricchissimo, ma si innamora di un suo nipote molto più giovane. I due amanti pensano addirittura di commettere un delitto, ma l'altro è piuttosto furbo. A rimetterci è l'incontentabile Marta. ■ COMMEDIA; COL.; 88′; GERMANIA, GRAN BRETAGNA, 1972.

OSPITE INATTESO, L' *(The Visitor)* ★★★
Regia di THOMAS MCCARTHY. Con RICHARD JENKINS, HAAZ SLEIMAN. ■ Walter Vale è un professore universitario di economia, rimasto vedovo, che insegna ormai svogliatamente e vive monotonamente in una cittadina del Connecticut. Quando di malavoglia accetta di sostituire un collega a una conferenza a New York, scopre che il suo appartamento, da tempo disabitato, è stato affittato con l'inganno ad una giovane coppia, il siriano Tarek, che suona il djembe in un gruppo jazz, e l'africana Zainab, disegnatrice di gioielli. Dopo la sorpresa iniziale, Walter invita i due a restare, almeno fino a che non troveranno un altro tetto, e inizia con Tarek un'amicizia nel nome della musica. Ma un contatto incidentale con la polizia, in metropolitana, fa finire Tarek, immigrato irregolare, in un centro di detenzione nel Queens. L'arrivo della madre del ragazzo, Mouna, rinnova l'impegno e l'affetto di Walter per Tarek ma il suo fermo assume sempre più i connotati della prigionia. Opera seconda di Tom McCarthy, sceneggiatore, regista e altrove anche attore. Autore in ascesa. ■ COMMEDIA; COL.; 104′; USA, 2007.

OSPITE MISTERIOSO, L' *(Strange Boarders)* ★★
Regia di HERBERT MASON. Con RENÉE SAINT-CYR, TOM WALLS. ■ Un poliziotto deve interrompere il viaggio di nozze per indagare su un caso di spionaggio. A tal fine prende alloggio in una squallida locanda e, dopo aver attentamente studiato gli altri pensionanti, trova la soluzione. ■ POLIZIESCO; B/N; 79′; GRAN BRETAGNA, 1938.

OSPITE SEGRETO, L' ★
Regia di PAOLO MODUGNO. Con SPIROS FOCAS, LUDGERO FORTES DOS SANTOS, BEN GAZZARA, ROMINA MONDELLO, CORSO SALANI. ■ Hadì sta disperatamente cercando di fuggire dal suo paese per raggiungere l'Europa. Riesce ad imbarcarsi su una nave, ma durante la traversata è costretto a tuffarsi in mare. Dopo aver nuotato per due miglia, Hadì raggiunge un porto dove incontra Emanuele Lari Alliano, un giovane ufficiale della Marina Militare. Ben Gazzara e Corso Salani non sono sufficienti a riscattare un'opera che si rifà con qualche imprudenza a *Il clandestino* di Conrad. ■ DRAMMATICO; COL.; 91′; ITALIA, 2003.

OSPITI ★★
Regia di MATTEO GARRONE. Con PASQUALINO MURA, PAOLA ROTA, CORRADO SASSI, JULIAN SOTA, LLAZAR SOTA. ■ Due cugini albanesi lavorano in un ristorante a Roma e vengono alloggiati da Corrado, un giovane fotografo che abita ai Parioli. In seguito a un litigio prenderanno strade diverse. Minimalismo visivo ma anche di creatività, che non aiuta la sincera volontà di presentare il problema dell'integrazione con uno stile a mezza strada tra la fiction e il documentario. ■ DRAMMATICO; COL.; 78′; ITALIA, 1998.

OSPITI DI MIA MOGLIE, GLI *(The Amorous Prawn)* ★★
Regia di ANTHONY KIMMINS. Con ROBERT BEATTY, IAN CARMICHAEL, JOAN GREENWOOD, CECILIA PARKER. ■ La moglie d'un generale, approfittando del fatto che il marito è stato distaccato in Oriente, trasforma il comando militare di zona in una pensione e ospita ignari e intraprendenti turisti americani. Gli equivoci au-

menteranno con l'arrivo del ministro della Difesa in incognito. ■ COMMEDIA; B/N; 89'; GRAN BRETAGNA, 1965.

OSPITI INATTESI *(Sex, Lies & UFO's)* ★
Regia di DENNIS DONNELLY. Con DEAN CAMERON, STUART FRATKIN. ■ Due extraterrestri giungono sulla Terra con lo scopo esplicito di abbordare ragazze. Conosceranno i giochi del sesso anche se qualcuno, al cinema, aveva già avuto un'idea simile. Siamo dalle parti del plagio. ■ COMMEDIA; COL.; 88'; USA, 1991.

OSS 117, A TOKYO SI MUORE ★★
(OSS 117 à tout coeur à Tokyo)
Regia di MICHEL BOISROND. Con MARIO PISU, FREDERICK STAFFORD, MARINA VLADY, JITSUKO YOSHIMURA. ■ L'agente americano d'origine francese Hubert Bonisseur de la Bath, in codice OSS 117, viene inviato in missione a Tokyo, dove sgomina un gruppo di spie avversarie e si conquista l'amore di una bella ragazza. ■ SPIONAGGIO; COL.; 100'; FRANCIA, 1966.

OSS 117 FURIA A BAHIA *(Furie à Bahia pour OSS 117)* ★★
Regia di ANDRÉ HUNEBELLE. Con ANNIE ANDERSSON, MYLÈNE DEMONGEOT, RAYMOND PELLEGRIN, FREDERICK STAFFORD. ■ OSS 117 viene inviato in Brasile per risolvere il mistero di alcuni strani suicidi. ■ SPIONAGGIO; COL.; 100'; FRANCIA, 1965.

OSS 117 MINACCIA A BANGKOK ★★
(Banco à Bangkok pour OSS 117)
Regia di ANDRÉ HUNEBELLE. Con ROBERT HOSSEIN, KERWIN MATHEWS, ANNA MARIA PIERANGELI. ■ OSS 117 si reca in Cambogia per scoprire le cause d'un morbo misterioso. ■ SPIONAGGIO; COL.; 90'; FRANCIA, 1964.

OSS 117 NON È MORTO *(OSS 117 n'est pas mort)* ★★
Regia di JEAN SACHA. Con IVAN DESNY, MAGALI NOËL, YVES VINCENT. ■ OSS 117 tra l'Egitto e la Costa Azzurra cerca d'impadronirsi d'un prezioso microfilm conteso tra occidentali e russi. Riesce nell'intento fingendosi gravemente ferito mentre... ■ SPIONAGGIO; B/N; 80'; FRANCIA, 1957.

OSS 117 SEGRETISSIMO *(OSS 117 se déchaîne)* ★★
Regia di ANDRÉ HUNEBELLE. Con IRINA DEMICK, KERWIN MATHEWS, NADINE SANDERS. ■ OSS 117 viene inviato in Corsica e scopre una banda di spie subacquee. ■ SPIONAGGIO; B/N; 104'; FRANCIA, 1963.

OSSESSA, L' ★★
Regia di MARIO GARIAZZO. Con CHRIS AVRAM, STELLA CARNACINA, LUCRETIA LOVE, LUIGI PISTILLI, UMBERTO RAHO, IVAN RASSIMOV, GABRIELE TINTI. ■ Nato sulla scia de *L'Esorcista*, il film narra di una studentessa che cade preda del demonio dopo aver scoperto che la madre è una pervertita. ■ HORROR; COL.; 92'; ITALIA, 1974.

OSSESSA – I RACCAPRICCIANTI DELITTI DI MONROE PARK, L' *(The Touch of Satan)* ★
Regia di DON HENDERSON (pseud. di TOM LAUGHLIN). Con LEE AMBER, MICHAEL BERRY, EMBY MELLAI. ■ Jodie giunge in una strana villa vicino a un lago. Anche le due sorelle che ci abitano sono inquietanti: una è addirittura una strega. Anche l'altra lo diventa e sta per morire, quando viene salvata da Jodie, che però è dovuto venire a patti col diavolo. ■ HORROR; COL.; 88'; USA, 1971.

OSSESSIONE *(The Gaunt Stranger)* ★★
Regia di WALTER FORDE. Con SONNIE HALE, ALEXANDER KNOX, WILFRID LAWSON. ■ Un gangster promette di uccidere un complice che ha abusato di sua sorella spingendola al suicidio. E in modo misterioso, nonostante la sorveglianza della polizia, riuscirà a mantenere la promessa. ■ POLIZIESCO; B/N; 73'; GRAN BRETAGNA, 1939.

OSSESSIONE ★★★★★
Regia di LUCHINO VISCONTI. Con CLARA CALAMAI, JUAN DE LANDA, MASSIMO GIROTTI, ELIO MARCUZZI. ■ Gino, un vagabondo, arriva allo spaccio di Bragana, uomo rozzo che ha una moglie, Giovanna, troppo bella per lui. Gino mangia e non paga, allora il proprietario gli fa fare il meccanico per risarcirsi. Fra Gino e Giovanna nasce qualcosa, anche se non espressa all'inizio. Poi i due diventano amanti. Gino cerca di "ravvedersi", si allontana. Vaga di paese in paese, ma poi incontra di nuovo i coniugi e la relazione riprende. Giovanna, che ormai odia il marito, istiga Gino ad ucciderlo. Lui ne è sconvolto, ma la donna è molto persuasiva e alla fine lo convince. Bragana viene ucciso. Gino si instaura ormai come compagno ufficiale, anche di fronte alla gente, ma il rimorso e la paura degli amanti sono insopportabili, la vita è un incubo. Decidono di fuggire quando si sentono braccati dalla polizia. In macchina hanno un incidente. Lei muore e lui viene arrestato. Tratto dal romanzo dell'americano James Cain, ripetutamente tradotto in film, è la prima opera di Visconti, da molti ritenuta la sua più importante e una delle maggiori del cinema italiano. Lavoro di straordinaria felicità a cominciare dalla secchezza dello stile, davvero inusitato allora, e dal realismo. Visconti, uomo di cultura, conoscenze e curiosità molto vaste, aveva appena finito la sua stagione di "apprendistato" presso Jean Renoir, maestro francese, ed era anche grande appassionato di "americanismo". Dunque *Ossessione* arriva dalla cultura francese, intellettuale e non prevedibile, da quella americana efficace e senza fronzoli, unita a quella italiana mediatrice e "drammaticamente equilibrata". Massimo Girotti, appena ventiquattrenne, e Clara Calamai (che sostituì all'ultimo momento Anna Magnani incinta) che camminano, scuri e infelici sulla riva del Po, fanno parte della liturgia del nostro cinema. ■ DRAMMATICO; B/N; 135'; ITALIA, 1942.

OSSESSIONE AMOROSA *(By Love Possessed)* ★★★
Regia di JOHN STURGES. Con GEORGE HAMILTON, JASON ROBARDS, LANA TURNER, EFREM ZIMBALIST JR. ■ I componenti d'uno studio legale sono sconvolti da un groviglio di passioni. Chi è impotente, chi si è appropriato di soldi non suoi, chi ha relazioni adulterine. Alla fine la falsa accusa di violenza carnale contro il figlio d'uno degli avvocati farà suicidare una ragazza, fidanzata col giovane, e rinsavire gli altri membri del gruppo, che inizieranno una vita più morigerata. ■ DRAMMATICO; B/N; 115'; USA, 1961.

OSSESSIONE CARNALE *(Vampyres)* ★
Regia di JOSEPH ROGER LARRAZ. Con BRIAN DEACON, MARIANNE MORRIS, ANULKA MURRAY BROWN. ■ Due vampire lesbiche che infestano un vecchio maniero, attirano in esso gli automobilisti di passaggio per succhiarne il sangue. Un uomo riuscirà a sfuggire alla loro trappola. ■ HORROR; COL.; 92'; GRAN BRETAGNA, 1976.

OSSESSIONE D'AMORE *(Sangre y arena)* ★
Regia di JAVIER ELORRIETA. Con CHRISTOPHER RYDELL, SHARON STONE, ANA TORRENT. ■ Chi ricorda *Sangue e arena* (quello vero) non cerchi di ritrovarne le tracce in questa vicenda che narra di Juan che vuole diventare un grande *toreador* e ci riesce, fino a quando la passione per Sol, un'ispano-americana, lo travolge e lo conduce alla morte. Sharon Stone sembra la fotocopia di se stessa. ■ DRAMMATICO; COL.; 99'; SPAGNA, 1992.

OSSESSIONE DEL MOSTRO, L' *(Corruption)* ★★
Regia di ROBERT HARTFORD-DAVIS. Con PETER CUSHING, SUE LLOYD, DAVID LODGE. ■ Il film narra d'un chirurgo che scopre che l'unico modo per guarire la fidanzata, terribilmente sfigurata, è quello di trapiantarle la ghiandola pituitaria. Dato che la guarigione si rivela temporanea, il poveretto è costretto ad uccidere per procurarsi nuove ghiandole. Ecatombe finale. ■ HORROR; COL.; 91'; GRAN BRETAGNA, 1968.

OSSESSIONE DEL PASSATO *(The Shining Hour)* ★★★
Regia di FRANK BORZAGE. Con JOAN CRAWFORD, MELVIN DOUGLAS, MARGARET SULLIVAN, ROBERT YOUNG. ■ Una ballerina viene portata dal ricco marito a vivere con la sua famiglia, che dapprima non vorrebbe accettarla. La donna tuttavia riuscirà, con abilità, a farsi amare dai parenti. ■ DRAMMATICO; B/N; 80'; USA, 1938.

OSSESSIONE DI DONNA *(Woman Obsessed)* ★★★
Regia di HENRY HATHAWAY. Con STEPHEN BOYD, SUSAN HAYWARD, BARBARA NICHOLS. ■ Una vedova con figlio, padrona d'una fattoria, s'innamora del proprio lavorante e lo sposa, ma il ragazzo non accetta il patrigno e gli dimostra un'aperta ostilità. Solo un momento di pericolo potrà infrangere la barriera sorta tra i due. ■ DRAMMATICO; COL.; 102'; USA, 1959.

OSSESSIONE DI SANGUE *(La bestia humana)* ★
Regia di DANIEL TINAYRE. Con MASSIMO GIROTTI, ANNA MARIA

LINCH. ■ Drammatico pasticciaccio argentino a cui collabora, come protagonista, un Massimo Girotti a disagio. ■ DRAMMATICO; B/N; 94'; ARGENTINA, 1955.

OSSESSIONE DI SARAH HARDY, L' ★★
(The Haunting of Sarah Hardy)
Regia di JERRY LONDON. Con POLLY BERGEN, MORGAN FAIRCHILD, SELA WARD, MICHAEL WOODS. ■ Lo stato della giovane miliardaria Sarah non è dei più tranquilli dopo il suicidio della madre seguito alla morte del marito. Infatti, dopo essersi sposata, la ragazza assiste a cose molto strane. Le viene poi il dubbio che la madre sia viva. C'è di tutto per accontentare gli appassionati dei serial televisivi. ■ DRAMMATICO; COL.; 92'; USA, 1989.

OSSESSIONE FATALE *(Naked Obsession)* ★
Regia di DAN GOLDEN. Con RICK DEAN, MARIA FORD, WILLIAM KATT, WENDY MACDONALD. ■ Lui è un consigliere comunale incorruttibile, la moglie lo preferirebbe meno "scrupoloso": c'è in ballo un mucchio di soldi. E come spesso accade ci scappa il morto. Anzi, più di uno. Thriller politico con risvolti erotici, l'ideale per rimpolpare una sceneggiatura lacunosa e scontata. ■ GIALLO; COL.; 92'; USA, 1991.

OSSESSIONE NUDA *(Le chant du monde)* ★★
Regia di MARCEL CAMUS. Con CATHERINE DENEUVE, HARDY KRÜGER, SERGE MARQUAND, MARILÙ TOLO, SARO URZÌ. ■ Un giovane, scappato con una ragazza, deve vedersela con i componenti della famiglia a cui appartiene il fidanzato di lei in una faida sanguinosissima. ■ DRAMMATICO; COL.; 105'; FRANCIA, 1968.

OSS 77 OPERAZIONE FIOR DI LOTO ★
Regia di JOHN HUXLEY. Con DOMINIQUE BOSCHERO, GAIA GERMANI, ROBERT KENT. ■ Non domi d'imitare 007, i cinematografari italiani imitarono anche OSS 117, proponendo un agente segreto con una sigla simile: un fisico cinese vola in America per avvisare che i suoi hanno la bomba nucleare, ma l'aereo viene fatto precipitare sull'Italia. Il professore si salverà e la spia di turno riuscirà a portarlo a destinazione. ■ SPIONAGGIO; COL.; 94'; ITALIA, 1965.

OSTAGGI, GLI *(A Man Alone)* ★★
Regia di RAY MILLAND. Con WARD BOND, RAY MILLAND, MARY MURPHY. ■ Un cowboy, ingiustamente accusato di rapina, per sfuggire alla folla si rifugia in una casa e scopre che è l'abitazione dello sceriffo a cui nessuno si avvicina perché il poliziotto è ammalato di febbre gialla. Il ricercato si prodiga per salvare il tutore della legge, in realtà complice del vero colpevole. Lo sceriffo riconoscente si redimerà e scagionerà il cowboy. ■ WESTERN; COL.; 96'; USA, 1955.

OSTAGGI DEI BANDITI *(Stagecoach to Fury)* ★★
Regia di WILLIAM F. CLAXTON. Con MARIE BLANCHARD, WALLACE FORD, FORREST TUCKER. ■ Un bandito messicano ferma una diligenza sperando di ricevere in cambio il prezioso carico. Come nel capolavoro fordiano (ma senza quella profondità) si esaminano i comportamenti dei vari personaggi di fronte al pericolo. ■ WESTERN; B/N; 75'; USA, 1957. ■ OSCAR 1 NOM.

OSTAGGIO, L' *(Northern Pursuit)* ★★★
Regia di RAOUL WALSH. Con JULIE BISHOP, HELMUT DANTINE, ERROL FLYNN. ■ In Canada, due poliziotti arrestano una spia nazista. Uno dei due, d'origine tedesca, non nasconde simpatie per il prigioniero che lo fa entrare nella propria organizzazione. Si scoprirà poi che l'agente è in realtà un patriota che fa il doppio gioco. ■ SPIONAGGIO; B/N; 94'; USA, 1943.

OSTAGGIO, L' *(Hostage)* ★★
Regia di ROBERT YOUNG. Con ART MALIK, SAM NEILL, TALISA SOTO. ■ Rennie è una spia inglese decisamente abile. Viene incaricato di trovare Mason, un agente rapito a Roma da terroristi curdi. Entra in contatto con la cognata di un arabo e si innamora di lei. Scoprirà che è stufo di mentire per mestiere e che i suoi superiori non sono certo le persone più affidabili del mondo. ■ DRAMMATICO; COL.; 98'; GRAN BRETAGNA, 1992.

OSTAGGIO DI RIGUARDO, UN *(Orphans)* ★★
Regia di ALAN J. PAKULA. Con KEVIN ANDERSON, ALBERT FINNEY, MATTHEW MODINE. ■ Uno psicopatico, che vive col fratello minorato in una casa di periferia, rapisce uno sconosciuto apparentemente facoltoso, ma l'uomo è un gangster e ribalta facilmente la situazione. Avendo però preso in simpatia i due poveracci, dà loro lezioni di vita. Impareranno a non aver paura del mondo. Faticosa trasposizione di una *pièce* teatrale di Lyle Kessler, già abbastanza barcollante per conto suo. ■ DRAMMATICO; COL.; 120'; USA, 1987.

OSTAGGIO PER IL DEMONIO *(Demon Murder Case)* ★★
Regia di WILLIAM HALE. Con EDDIE ALBERT, KEVIN BACON, JOYCE VAN PATTEN. ■ Un ragazzino ha il demonio dentro (almeno così pare). Un prete, una psichiatra e uno studioso di demonologia cercano di tirarglielo fuori. ■ THRILLER; COL.; 100'; USA, 1983.

OSTERMAN WEEKEND *(The Osterman Weekend)* ★★★
Regia di SAM PECKINPAH. Con RUTGER HAUER, JOHN HURT, BURT LANCASTER. ■ Un intervistatore televisivo viene reclutato dalla Cia per smascherare un'organizzazione spionistica russa della quale sembrano far parte anche alcuni suoi amici: inizia così un allucinante fine settimana sul filo della tensione e della menzogna. «La verità è una bugia che non è stata scoperta» è la battuta-simbolo di questo film avvincente e complesso, l'ultimo diretto da Peckinpah, prima della prematura scomparsa. ■ GIALLO; COL.; 102'; USA, 1983.

OSTIA ★★★
Regia di SERGIO CITTI. Con FRANCO CITTI, NINETTO DAVOLI, ANITA SANDERS, LAURENT TERZIEFF. ■ Si racconta, in toni spesso grotteschi e surreali, la storia di due fratelli delle borgate che entrano in contrasto per amore d'una misteriosa ragazza di vita. ■ DRAMMATICO; COL.; 102'; ITALIA, 1970.

OSTINATO DESTINO ★★
Regia di GIANFRANCO ALBANO. Con MONICA BELLUCCI, MARINA BERTI, ANGELA FINOCCHIARO, ALESSANDRO GASSMAN, LAURETTA MASIERO. ■ Storia usuale con esiti artistici invisibili. Ci sono tre fratelli, ma la loro ricca mamma ha deciso di lasciare i soldi al primo che prende moglie. Uno si sposa, però i due "avversari" pagano la sposa per togliere di mezzo l'erede. Salta fuori pure una gemella e a quel punto i problemi aumentano a dismisura. ■ COMMEDIA; COL.; 102' ITALIA, 1992.

'O SURDATO 'NNAMMURATO *(Oi vita, oi vita mia)* ★★
Regia di NINI GRASSIA. Con ANNIE BELLE, FRANCO CIPRIANI, ELENA VALENTINO. ■ Un militare lontano da Napoli è diviso tra la sua ragazza, lasciata sul golfo, e la figlia di un generale, della quale s'innamora. Alla fine torna dal vecchio amore. ■ COMMEDIA; COL.; 95'; ITALIA, 1983.

OTAKUS IN LOVE *(Koi No Mon)* ★★★
Regia di MATSUO SUZUKI. Con RYUHEI MATSUDA, TAKASHI MIIKE, MATSUO SUZUKI, SHINYA TSUKAMOTO, SAKAI WAKANA. ■ Aoki Mon è un otaku, categoria difficilmente definibile (giovane maschio socialmente inetto e dedito solo ad una qualche passione in cui trovano sfogo le sue fantasie, che coltiva con fanatismo), artista di manga. Solo che anziché disegnare fumetti su un foglio di carta, Mon raccatta sassi, ci scrive sopra ed ecco l'arte. Mon sta cercando inoltre disperatamente di perdere la verginità, e l'occasione si presenta sotto forma di Koino, una ragazza che si invaghisce dello stralunato artista. Ma anche Koino è un'artista, anche lei disegnatrice di manga, e Mon non è sicuro che quello che prova sia solo bisogno di sesso e non anche amore. Il film è allegro e ben ritmato, e strappa più di qualche risata. Ma si tratta di risate dovute più alla pazzesca messinscena che a comicità. ■ DRAMMATICO; COL.; 114'; GIAPPONE, 2004.

OTELLO *(Othello)* ★★★★
Regia di ORSON WELLES. Con SUZANNE CLOUTIER, FAY COMPTON, ROBERT COOTE, MICHAEL MACLIAMMAIR, ORSON WELLES. ■ La trama è desunta da Shakespeare: il capitano moro Otello, al soldo di Venezia, sposa Desdemona, ma l'invidioso Iago convince a poco a poco l'onesto soldato di essere stato tradito e lo spinge all'uxoricidio. Capito di aver ucciso una innocente, Otello si suicida. ■ DRAMMATICO; B/N; 91'; FRANCIA, USA, 1951. ■ CANNES 1 PR.

OTELLO *(Othello)* ★★★★
Regia di STUART BURGE. Con FRANK FINLAY, DEREK JACOBI,

LAURENCE OLIVIER, JOYCE REDMAN, MAGGIE SMITH. ■ Ripresa filmata della tragedia shakespeariana interpretata dalla compagnia di Laurence Olivier. ■ DRAMMATICO; COL.; 166'; GRAN BRETAGNA, 1965. ■ OSCAR 3 NOM.

OTELLO ★★

Regia di FRANCO ZEFFIRELLI. Con JUSTINO DIAZ, PLACIDO DOMINGO, KATIA RICCIARELLI. ■ Trasposizione cinematografica di Zeffirelli, non nuovo a quest'impresa (*Traviata*, *Pagliacci*, *Cavalleria*), dell'*Otello* di Verdi, con fastosi mezzi. Storia del Moro di Venezia, tornato a Cipro vittorioso sulla flotta musulmana, del luogotenente Cassio e del fido ma invidioso Iago, il quale instilla nel cuore di Otello il seme della gelosia per la moglie Desdemona. Fa in modo che questi la sorprenda con Cassio e poi trovi un suo fazzoletto in casa del luogotenente. Furioso, Otello prima la soffoca e poi si pugnala al cuore. ■ MUSICALE; COL.; 120'; ITALIA, 1986. ■ GOLDEN GLOBES 1 NOM; OSCAR 1 NOM.

OTELLO DEVE MORIRE *(Il suffit d'une fois)* ★★★

Regia di ANDRÉE FEIX. Con EDWIGE FEUILLÈRE, FERNAND GRAVEY, HENRI GUISOL. ■ I due pretendenti di una giovane donna sono gelosi d'un misterioso Otello che la ragazza va spesso a visitare e che, in realtà, è un cavallo da corsa. Quando i due diventano troppo molesti, la ragazza, approfittando del fatto che sui giornali è data la notizia della morte d'un uomo che pure si chiama Otello, "confessa" che proprio costui era il suo amante. Nasce un groviglio d'equivoci quando si scopre che il morto è stato assassinato da un'amante gelosa. ■ COMMEDIA; B/N; 105'; FRANCIA, 1946.

OTELLO, IL MORO DI VENEZIA *(Otello)* ★★★

Regia di SERGEI YUTKEVICH. Con SERGEJ BONDARCUK, ANDREJ POPOV, IRINA SKOBCEVA. ■ Versione russa della famosa tragedia. ■ DRAMMATICO; B/N; 109'; URSS, 1956. ■ CANNES 1 PR.

OTHELLO ★★

Regia di OLIVER PARKER. Con KENNETH BRANAGH, LAURENCE FISHBURNE, IRÈNE JACOB, NATHANIEL PARKER. ■ Il pessimo Iago tanto istiga il Moro di Venezia che il poveretto uccide per gelosia l'innocente moglie Desdemona. Shakespeare, ciclicamente (per fortuna) portato in cinema, registra il primo attore che non ha bisogno di dipingersi la faccia perché è nero autentico, e una chiave registica impostata sul sesso, e sul carisma di uno Iago (Branagh) troppo-tutto cattivo, senza altre sfumature drammatiche. C'è stato di meglio. ■ DRAMMATICO; COL.; 123'; GRAN BRETAGNA, 1996.

OTHER, THE ★★

Regia di ARIEL ROTTER. Con OSVALDO BONET, JULIO CHÁVEZ, ARTURO GOETZ, INÉS MOLINA, MARÍA ONETTO, MARÍA UCEDO. Juan De Souza, quarantasei anni, di Buenos Aires, sposato. Di professione avvocato e con la vista in leggero calo a causa dell'età. Nonostante la splendida moglie sia in attesa del primo figlio, Juan si prende cura del padre malato, accudendo spesso le sue monotone giornate passate a letto. Costretto a spostarsi fuori città per un breve viaggio d'affari, Juan scopre l'ebbrezza di un repentino cambio di identità, assumendo di volta in volta nomi diversi, giocando a cambiar vita, mestiere e compagnia per uscire – carpe diem – da una monotona quotidianità. Il film dell'argentino Ariel Rotter è cinema puro al cento per cento, uno scorcio di vita singolare e deciso, un pacato e ironico ritratto del tempo che passa, delle occasioni perdute e ritrovate, dei molteplici destini che sfuggono alla vita ma non al desiderio. Come un Mattia Pascal rovesciato, il personaggio di Juan cambia forme e identità, prendendo il posto di un architetto, di un medico o semplicemente di un involontario compagno di viaggio che, con naturalezza, si spegne al termine dell'ultima corsa. ■ DRAMMATICO; COL.; 83'; ARGENTINA, FRANCIA, GERMANIA, 2007.

OTHERS, THE ★★★

Regia di ALEJANDRO AMENÁBAR. Con JAMES BENTLEY, ELAINE CASSIDY, CHRISTOPHER ECCLESTON, FIONNULA FLANAGAN, NICOLE KIDMAN, ALAKINA MANN, ERIC SYKES, ALEXANDER VINCE. ■ Grace è una vedova di guerra con due figli, Anne e Nicholas. Un giorno arrivano tre domestici e la donna mostra loro la casa ricordando che una porta non va mai aperta prima che sia chiusa l'altra. Ma i domestici conoscono l'abitazione, ci hanno già lavorato tre anni prima. C'è un segreto familiare: Anne e Nicholas dicono che da qualche tempo la mamma è diventata matta. Grace manifesta una personalità molto rigida, mentre Anne afferma che in casa, oltre al fratello, c'è un bambino. Nicole Kidman è ormai un'attrice per tutte le stagioni. Non c'è ruolo, non c'è film che non la vedano protagonista efficace e versatile, capace di reggere sceneggiature d'autore così come film commerciali. È il caso di quest'opera che vuole consolidare il suo status di Grace Kelly contemporanea, tenendo presente il bisogno di non far adagiare troppo a lungo il pubblico in poltrona. Brividi e colpo di scena non mancano. ■ HORROR; COL.; 95'; USA, 2001.

O TI SPOGLI O TI DENUNCIO *(Hoffman)* ★★★

Regia di ALVIN RAKOFF. Con JEREMY BULLOCH, SINEAD CUSACK, PETER SELLERS. ■ Un dirigente industriale ricatta la propria segretaria: o lei accetterà di passare un weekend con lui o il fidanzato della ragazza verrà denunciato per un ammanco. In realtà, il dirigente è un uomo infelice e, quando la donna accetta la sua proposta, si limita a parlarle dei suoi guai. Più tardi la segretaria scoprirà che il fidanzato è un vero mascalzone che accetterebbe tranquillamente una tresca tra i due. Così l'abbandona, per tornare dal suo principale. ■ COMMEDIA; COL.; 113'; GRAN BRETAGNA, 1970.

82 MARINES ATTACK *(Shell Shock)* ★★

Regia di JOHN PATRICK HAYES. Con CARL CROW, BEACH DICKERSON, PAMELA GREY, FRANCO LEO. ■ Durante la seconda guerra mondiale, sul fronte francese, un sergente americano tutto d'un pezzo disprezza un suo soldato. Quando questi, colpito da shock, non combatte come dovrebbe, lo mette agli arresti. Il soldatino fugge e il sergente lo insegue attraverso il territorio sconvolto dalla guerra. Il fuggiasco si dimostrerà un eroe, mentre il sottufficiale finirà ucciso per errore da una ragazza francese. ■ GUERRA; B/N; 80'; USA, 1965.

80 MQ ★★

Regia di IGNAZIO AGOSTA, CECILIA CALVI, DIDO CASTELLI, LUCA D'ASCANI, LUCA MANFREDI. ■ Film a episodi sul rapporto tra i due sessi "in un interno". Si va dai due trentenni alla ricerca continua di una soddisfazione rinviata al figlio che cerca di sottrarsi all'abbraccio soffocante della madre. Ci sono solitudini irrimediabili, compleanni inevitabili e vite che decidono di spezzarsi. Una volta tanto l'articolo 28 è stato usato a proposito. ■ FILM A EPISODI; COL.; 100'; ITALIA, 1993.

84 CHARING CROSS ROAD ★★★

Regia di DAVID JONES. Con ANNE BANCROFT, JUDI DENCH, ANTHONY HOPKINS. ■ È la storia di un amore platonico fra due personaggi di mezza età, destinati a non incontrarsi mai. La donna, una scrittrice americana, Helene Hauff (autrice del libro da cui è stato tratto il film), entra in contatto epistolare con il direttore di una libreria londinese, Frank, che le fornisce periodicamente vecchie edizioni di classici inglesi. La loro corrispondenza diviene molto fitta, quasi amorosa. Ma passeranno vent'anni prima che lei riesca a varcare l'oceano. È troppo tardi però. Frank muore pochi giorni prima del suo arrivo. ■ COMMEDIA; COL.; 99'; GRAN BRETAGNA, 1986.

84 CHARLIE MOPIC ★★

Regia di PATRICK DUNCAN. Con NICHOLAS CASCONE, JONATHAN EMERSON, JASON TOMLINS. ■ Vietnam 1969. Un cameraman deve girare un documentario su un gruppo di soldati in ricognizione. Sembra un lavoro di routine e poco pericoloso, invece diventa un incubo. ■ DRAMMATICO; COL.; 95'; USA, 1989.

OTTAVA MERAVIGLIA, L' *(Once Upon a Time)* ★★★

Regia di ALEXANDER HALL. Con JANET BLAIR, WILLIAM DEMAREST, TED DONALDSON, JAMES GLEASON, CARY GRANT. ■ La delicata favola d'un bambino che ha per amico un bruco che balla al ritmo di *Lola, Lola*. Gli adulti vorrebbero sfruttare il prodigioso animaletto vendendolo alla Walt Disney ma, quando finalmente riescono a convincere il ragazzo, il bruco scompare. ■ FANTASTICO; B/N; 89'; USA, 1944.

OTTAVA MERAVIGLIA DEL MONDO, L' ★★
(Traumstrasse der Welt)

Regia di HANS DOMNICK. ■ I documentaristi intraprendono un viaggio sulla lunghissima strada che attraversa tutta l'America settentrionale dall'Alaska allo Yucatan e danno un resoconto filmato della loro spedizione. ■ DOCUMENTARIO; COL.; 91'; GERMANIA, 1959.

OTTAVA MOGLIE DI BARBABLÙ, L' ★★★
(Bluebeard's Eight Wife)
Regia di ERNST LUBITSCH. Con CLAUDETTE COLBERT, GARY COOPER, EDWARD EVERETT HORTON, DAVID NIVEN, FRANKLIN PANGBORN, ELIZABETH PATTERSON. ■ Una ragazza scopre, alla vigilia delle nozze, che il fidanzato ha già avuto 7 mogli. Si sposa ugualmente ma, per vendicarsi, gli si nega per tutta la durata del viaggio di nozze che si svolge in un'Europa ricostruita ad Hollywood. ■ COMMEDIA; B/N; 80'; USA, 1938.

OTTAVO GIORNO, L' *(Le huitième jour)* ★★★
Regia di VACO VAN DORMAEL. Con DANIEL AUTEUIL, PASCAL DUQUENNE, MIOU-MIOU. ■ «L'ottavo giorno Dio creò George, e vide che era buono». È la didascalia di questo film sentimentale e fantastico, triste, allegro e surreale, con tante canzoni che accompagnano i momenti in cui il regista utilizza la metafora per spiegarci che un mongoloide tenero può dare lezioni di vita a tutti perché lui è molto più in là. Harry (Auteuil) è un manager stressato, con vita privata disastrosa (dimentica addirittra le sue bambine a una stazione del metrò), la moglie che lo odia a morte, senza un amico. Incontra George (Duquenne), disabile, che fugge da un istituto. Disagi enormi per Harry, che si fa carico del poveretto, che nessuno vuole, sorella compresa. Finché a un certo punto la situazione si capovolge. È George a sostenere Harry piangente e disperato (le bambine gli hanno chiuso la porta in faccia). Ma George, che ha condotto un gruppo di suoi simili a un luna park, capisce che c'è troppa sofferenza per lui. Dice all'amico «io non sono come gli altri» e Harry gli risponde «è vero, sei migliore». George si mangia una scatola di cioccolatini e si butta felice da un grattacielo. Poesia francese, dunque, a volte un po' astrusa e sopra le righe, ma commozione sincera, specie nei ritagli surreali (George che parla alla mamma morta). Straordinaria interpretazione dei due protagonisti, premiati a Cannes '96 come migliori attori. ■ FANTASTICO; COL.; 115'; FRANCIA, 1996. ■ CANNES 2 PR; GOLDEN GLOBES 1 NOM.

OTTIMA ANNATA – A GOOD YEAR, UN' ★★★
(A Good Year)
Regia di RIDLEY SCOTT. Con DIDIER BOURDON, VALERIA BRUNI TEDESCHI, MARION COTILLARD, RUSSELL CROWE, ABBIE CORNISH, ALBERT FINNEY, FREDDIE HIGHMORE, TOM HOLLANDER. ■ Max Skinner è un abile banchiere specializzato in transazioni finanziarie. Consacrato al denaro nella City londinese, Max ha pochi amici e molti rivali, una vita pubblica in "piazza", una privata inesistente. La morte improvvisa del vecchio zio Henry lo distrae dai guadagni a sette cifre e lo conduce in Provenza nei luoghi della sua infanzia. Tra le vigne della tenuta Max ritrova i sapori del suo passato, gli amici della fanciullezza e il fedele *vigneron* di zio Henry, e inoltre scopre quelli del suo futuro, l'illegittima figlia del defunto e la deliziosa locandiera, Fanny Chenal, che lo inebrierà più di un vino "da boutique". Deciso a rientrare a Londra e ai suoi affari, Max cede la tenuta e l'azienda vinicola al miglior acquirente, quello che corrisponde gli interessi del cuore. Perché niente scalda come il sole e il vino della Provenza. Fuggiasco come *Thelma & Louise*, Max Skinner fa un giro lunghissimo prima di tornare: vede cose e metropoli in rovina, affoga "squali" in naumachia, scende nelle arene sporche della City, salta nel vuoto con una Smart a noleggio, ma è la terra rossa e fertile della Provenza, non quella sterile del Grand Canyon, ad ammortizzare la caduta. È ancora l'amore a muovere e agitare i personaggi di Scott e il broker Max Skinner non fa eccezione: Fanny, la donna aliena (intendi anche francese/straniera), soffia sul replicante lavoratore artificiale e lo fa uomo e vignaiolo. All'amore e alla salute. ■ DRAMMATICO; COL.; 118'; USA, 2006.

OTTIMISTI, GLI *(The Optimist of Nine Elms)* ★★
Regia di ANTHONY SIMMONS. Con DONNA MULLANE, PETER SELLERS, MARJORIE YATES. ■ Due bambini fanno amicizia con un artista da strada e con il suo cane. Il padre non vede di buon occhio questo rapporto e cerca d'intromettersi, ma rinuncerà alle sue velleità commosso dal dolore provocato nei piccoli dalla morte della bestiola. ■ COMMEDIA; COL.; 110'; GRAN BRETAGNA, 1975.

8 AMICI DA SALVARE *(Eight below)* ★★
Regia di FRANK MARSHALL. Con JASON BIGGS, MOON BLOODGOOD, WENDY CREWSON, BRUCE GREENWOOD, PANOU, GERARD PLUNKETT, PAUL WALKER. ■ Remake del classico giapponese *Antartica*. Si racconta la storia di un'eroica muta di cani da slitta abbandonata in Antartide, a seguito di un'evacuazione di emergenza durante una spedizione scientifica. La guida Jerry Sheperd, decisa a salvare i suoi amici a quattro zampe, intraprende una crociata personale per organizzare una spedizione di recupero. I ghiacci del Polo sud fanno da imponente cornice a questa favola moderna, in cui si celebra a tutto tondo il valore dell'amicizia. ■ AVVENTURA; COL.; 120'; USA, 2006.

OTTOBRE – I DIECI GIORNI CHE SCONVOLSERO IL MONDO *(Oktiabr)* ★★★★
Regia di SERGEJ M. EISENSTEIN Con BORIS LIVANOV, V. NIKANDROV, VLADIMIR POPOV, EDUARD TISSÉ. ■ Eisenstein riesce a far parlare i suoi personaggi, nonostante il film sia stato girato muto, con immagini simboliche girate con una tecnica d'avanguardia. Classica la scena di Kerenskij, capo del governo provvisorio sconfitto dai bolscevichi, che sale interminabili scale verso il nulla. ■ DRAMMATICO; B/N; 102'; URSS, 1927.

OTTOBRE ROSA ALL'ARBAT – VACANZE A MOSCA ★
Regia di ADOLFO LIPPI. Con BIRTE BERG, MARILDA DONÈ, MASSIMO MOLEA, JOHN SAVAGE. ■ Virna ha vissuto vent'anni prima una storia d'amore con un coreografo russo, Boris, costretto all'epoca a tornare in patria. La donna cerca di ritrovarlo, parte dall'Italia e sembra convincerlo ad accettare un ingaggio nel nostro paese. Ma la candidatura al Soviet Supremo e il sogno della Grande Russia spingono Boris a rimanere a Mosca. John Savage è ormai un attore in saldo. ■ COMMEDIA; COL.; 110'; ITALIA, 1992.

OTTO CANI IN CERCA DI PADRONA ★★★
(Mademoiselle Mozart)
Regia di YVAN NOÉ. Con DANIELLE DARRIEUX, PIERRE MINGAUD. ■ La padrona di un negozio musicale, per racimolare qualche soldo, affigge un finto annuncio in cui afferma di aver smarrito dei cani. Spera in tal modo di ottenere gratis degli animali che poi intende rivendere. Per fortuna, riesce così a conoscere un giovane ricchissimo che poi la sposerà. ■ COMMEDIA; B/N; 90'; FRANCIA, 1935.

OTTO CELLE DELLA MORTE, LE *(The Last Mile)* ★★
Regia di HOWARD W. KOCK. Con ALAN BRUCE, FRANK CONROY, MICKEY ROONEY. ■ I condannati a morte si ribellano e, giocando il tutto per tutto, prendono prigionieri alcuni ostaggi. Sperano di riuscire a lasciare il penitenziario su una macchina, ma le mitragliatrici dei secondini li falceranno. ■ DRAMMATICO; B/N; 81'; USA, 1959.

800 LEGHE SULL'AMAZZONIA *(La Jangada)* ★★
Regia di ALAN CRANE. Con RAUL BRYANT, VIC CONNORS, JOHN MASON. ■ Mediocre film messicano sulle tribolazioni d'un innocente accusato di furto e perseguitato da un ricattatore. ■ AVVENTURA; B/N; 90'; MESSICO, 1960.

OTTOCENTO ROMANTICO *(Bitter Sweet)* ★★
Regia di HERBERT WILCOX. Con MILES MANDER. ■ Per dissuadere la nipotina dal fuggire con un musicista, la nonna le racconta che lei, quando era giovane, scappò nella Vienna asburgica con un musicista che finì ucciso in duello. ■ DRAMMATICO; B/N; 93'; GRAN BRETAGNA, 1934.

OTTO DICEMBRE 1941, TOKIO ORDINA: DISTRUGGETE PEARL HARBOR *(Battle of Japan Sea)* ★★★
Regia di SHUEI MATSUBAYASHI. Con OSWALD GIS, RYO IKEBE, TOSHIRO MIFUNE, KOJO TSURATA. ■ Attraverso le vicende di due ufficiali di marina, il film illustra le operazioni navali giapponesi durante la seconda guerra mondiale, dall'attacco di Pearl Harbor (7 dicembre 1941) alla decisiva battaglia delle Midway. ■ GUERRA; COL.; 92'; GIAPPONE, 1973.

8 DONNE E UN MISTERO *(8 Femmes)* ★★★
Regia di FRANÇOIS OZON. Con FANNY ARDANT, EMMANUELLE

BÉART, DANIELLE DARRIEUX, CATHERINE DENEUVE, ISABELLE HUPPERT, VIRGINIE LEDOYEN, FIRMINE RICHARD, LUDIVINE SAGNIER. ■ Una villa isolata nella campagna francese. Una famiglia si riunisce per le vacanze, ma non si tratterà di un'occasione lieta. Il capofamiglia, come si scoprirà in breve tempo, è stato assassinato. L'omicidio può essere stato compiuto solo da una delle otto donne presenti nella casa (compresa la sorella giunta in modo inaspettato). Se le donne rispondono al nome di Catherine Deneuve, Fanny Ardant, Isabelle Huppert, Emmanuelle Béart, Virginie Ledoyen ecc... si può facilmente immaginare quanto il gioco di rivalità (tra i personaggi ma anche tra le personalià attoriali) sia ad alto voltaggio. Anche di comicità, perché il testo utilizzato ha un'origine teatrale che dosa con grande abilità commedia, satira e giallo. Ozon, dopo l'intimista e funebre *Sotto la sabbia*, spiazza tutti divertendosi a tenere a bada otto caratterini non facili. Ci riesce con apparente nonchalance. Ma non tutto deve essere stato facile come appare. Per i posteri va ricordato il bacio lesbico tra la Deneuve e la Ardant (Buñuel e Truffaut sorridono sornioni dall'aldilà). ■ GIALLO; COL.; 101′; FRANCIA, 2002.

OTTO DONNE E MEZZO *(8 1/2 Women)* ★★
Regia di PETER GREENAWAY. Con MATTHEW DELAMERE, AMANDA PLUMMER, BARBARA SARAFIAN, JOHN STANDING. ■ Prova deludente dell'inglese Peter Greenaway. Ormai è immerso nei nuovi progetti multimediali certo più interessanti e innovativi, gira film per il cinema nel tempo libero. Risultato, ci sono poche idee brillanti e poca attenzione alla messa in scena fotografica e pittorica (il suo primo mestiere è stato il pittore) alla quale ha sempre dato molta importanza. Il proprietario di alcune sale da gioco in Giappone rimane vedovo e non sa darsi pace. Il figlio cerca di rincuorarlo procurandogli nove amanti, di cui una senza gambe (che rappresenta il 1/2 del titolo). Il regista si è naturalmente ispirato a *8 1/2* di Fellini. Poi ha pensato alla storia. Un'ultima considerazione: una noia insopportabile. ■ DRAMMATICO; COL.; 120′; GRAN BRETAGNA, 1999.

♥ 8 ½ ★★★★★
Regia di FEDERICO FELLINI. Con ANOUK AIMÉE, CLAUDIA CARDINALE, ROSSELLA FALK, MARCELLO MASTROIANNI, SANDRA MILO, MARIO PISU. ■ Guido è un regista, quarantenne, un po' stanco. Tutto ciò che lo riguarda è stanco: il rapporto con la moglie, col suo produttore, con gli amici, persino con l'amante. Naturalmente l'ispirazione si è fatta sottile, le idee sono rare e astratte, la pigrizia avanza. Ha fatto costruire un'immensa e costosa impalcatura che forse servirà per un film di fantasia, forse. Infatti lo stesso Guido non sa perché l'abbia fatta costruire. Intorno a lui si muovono tutti i "fenomeni" del cinema: tecnici che urlano, amanti di produttori, velleitari che propongono sceneggiature, anziane attrici che aspirano a un ultimo colpo di coda. Guido rincorre idea dopo idea, tutte scialbe e abbandonate. Un critico di cinema dal linguaggio inverosimilmente ermetico gli smonta una per una tutte le iniziative. Cerca un po' d'aiuto in un alto prelato, che in risposta alle sue angosce gli parla di cardellini. Per fortuna la sua fantasia può correre liberamente nel passato, nell'età dell'adolescenza, nella sua prima terra ai tempi della scuola e delle prime sensazioni. I timori, i misteri, le curiosità, le prime eccitanti trasgressioni. Gli episodi reali e quelli della memoria si alternano in una vetrina di caratteri che davvero non si possono dimenticare: il papà nel sogno, l'amico con l'amante giovane, la maga che gli legge nel pensiero la formula "Asa nisi masa". Infine ecco il grande girotondo da fiera, con tutti i personaggi che si tengono per mano, che gli girano intorno: tutto continua ed è vitale, ed è inutile drammatizzare sul grande palcoscenico della vita. *8 ½* è da molti ritenuto la più alta espressione di Fellini, più ancora della *Dolce vita*. Qui tutto si compie, tutti i misteri vengono identificati. Il mondo del regista si evolve da (più o meno) reale che era, sale di dimensione per diventare tutto. Tutto incredibilmente nella sua "prima persona", come una sorta di paradiso e inferno efficacissimi, onnicomprensivi: il cinema di Fellini è complice, misterioso e ruffiano, blasfemo e religioso, è puttaniere e crea disagio, è eroico e vigliacco, è uomo e donna, qualunquista, apolitico, periferico, olimpico e provinciale. Ma la soglia di fantasia, magia e sortilegio è altissima, raggiungibile solo da Fellini. Premio Oscar. ■ DRAMMATICO; B/N; 138′; ITALIA, 1962. ■ OSCAR 2 PR, 5 NOM.

OTTO FACCE DI BRONZO *(Rotten to the Core)* ★★★
Regia di JOHN BOULTING. Con AVIS BUNNAGE, CHARLOTTE RAMPLING, ANTON RODGERS, ERIC SYKES. ■ Un giallo-rosa riguardante un colpo preparato ai danni della Nato da un intraprendente lestofante capace di farsi credere morto dai suoi complici per non dividere il bottino e sostituirsi poi a un generale tedesco. Abbastanza divertente. ■ POLIZIESCO; B/N; 88′; GRAN BRETAGNA, 1967.

OTTO FALSARI, UNA RAGAZZA E... UN CANE ONESTO *(Who's Minding the Mint?)* ★★★
Regia di HOWARD MORRIS. Con JOEY BISHOP, VICTOR BUONO, JIM HUTTON, DOROTHY PROVINE. ■ Un gruppo di individui cerca di introdursi nella Zecca degli Stati Uniti ma, questa volta, il cervello della banda non vuole compiere un furto: si tratta d'un impiegato della Zecca stessa che ha inavvertitamente distrutto banconote per un ingente valore e vuole riuscire a ristamparle prima che se ne accorgano i superiori. ■ COMMEDIA; COL.; 97′; USA, 1967.

OTTO GIORNI DI VITA *(The Dare not Love)* ★★
Regia di JAMES WHALE. Con GEORGE BRENT, MARTHA SCOTT. ■ Un principe austriaco, esule negli Stati Uniti, si consegna alla Gestapo per salvare il fidanzato della ragazza che ama, ma la giovane scoprirà che quest'ultimo è al soldo dei nazisti e gli inglesi libereranno il principe. ■ GUERRA; B/N; 76′; USA, 1942.

OTTO IN FUGA *(Eight on the Lam)* ★★★
Regia di GEORGE MARSHALL. Con PHYLLIS DILLER, SHIRLEY EATON, BOB HOPE, JILL ST JOHN, JONATHAN WINTERS. ■ Un bancario, vedovo con sette figli, trova una grossa somma ma, dato che c'è stato un ammanco, viene sospettato di furto, così deve darsi alla macchia trascinandosi dietro tutta la famiglia. Saranno proprio i vivaci frugoletti a individuare il vero colpevole scagionando il padre. ■ COMMEDIA; COL.; 106′; USA, 1967.

OTTO MILIONI DI MODI PER MORIRE *(8 Million Ways to Die)* ★★
Regia di HAL ASHBY. Con ROSANNA ARQUETTE, JEFF BRIDGES, RANDY BROOKS, ANDY GARCIA. ■ Ex agente della narcotici con un gran brutto carattere distrugge l'agguerrita banda di spacciatori che gli ha ucciso la ragazza. Discreto film di azione, molto ben recitato e serrato nel ritmo, da un romanzo di Joe Gores degno diventare un classico. ■ POLIZIESCO; COL.; 115′; USA, 1986.

8MM-DELITTO A LUCI ROSSE *(8 MM)* ★
Regia di JOEL SCHUMACHER. Con NICOLAS CAGE, JAMES GANDOLFINI, ANTHONY HEALD, JOAQUIN PHOENIX, PETER STORMARE. ■ Il detective Welles, uomo integro la cui unica trasgressione consiste nel fumo clandestino di qualche normale sigaretta, riceve un incarico particolare. Deve scoprire se il film trovato nella cassaforte di un riccone deceduto da poco sia o meno uno *snuff movie*, cioè un film in cui le sevizie e gli omicidi non sono simulati ma veri. Da qui parte un'indagine che lo porterà a visitare un inferno reale difficilmente immaginabile. Cage calca i toni sin dall'inizio rendendo risibile un soggetto che, in altre mani, avrebbe potuto denunciare un fenomeno dolorosamente reale. ■ DRAMMATICO; COL.; 124′; GERMANIA, USA, 1999.

OTTO NOTTI DI FOLLIE *(Adam Sandler's Eight Crazy Nights)* ★
Regia di SETH KEARSLEY. ■ Davey Stone si è messo nei guai con la legge, ma il Natale è alle porte e il giudice decide di commutare le sua pena: anziché andare in galera potrà scontare il suo debito con la comunità arbitrando una partita di basket tra ragazzi. Sembra tutto facile, finché Davey non si trova a scontrarsi con l'eccentrico arbitro Whitey Duvall, il cui carattere non potrebbe essere più diverso dal suo. Animazione scarsa e legnosa, numeri musicali imbarazzanti e – quel che è peggio – nessuna vera occasione di divertimento. Adam Sandler si sta affezionando davvero troppo al ruolo di "coniglio mannaro", e il fatto di proporsi come cartone animato non aggiunge nulla di nuovo a un personaggio che mostra la corda. Dura poco, vero, ma questo è l'unico titolo di merito. ■ ANIMAZIONE; COL.; 71′; USA, 2003.

OTTO ORE AL BUIO *(L'enclos)* ★★★
Regia di ARMAND GATTI. Con HANS CHRISTIAN BLECH, JEAN NEGRONI. ■ In un campo di prigionia tedesco, i sadici secondini organizzano una specie di duello fra due detenuti. Li lasciano soli in un recinto per una notte. Chi ucciderà l'altro, avrà la libertà. Ma imprevedibilmente fra i due uomini si crea nel corso delle otto ore una forma di solidarietà. Al punto che il più anziano e il più forte dei due, invece di uccidere l'altro, ne favorirà la fuga. ■ DRAMMATICO; B/N; 90′; BELGIO, 1961.

OTTO TESTE E UNA VALIGIA ★★
(8 Heads in a Duffel Bag)
Regia di TOM SHULMAN. Con DYAN CANNON, ANDY COEAU, JOE PESCI. ■ Tommy (Pesci) è un malavitoso che deve consegnare una valigia con otto teste (prova di sentenza eseguita). Scambia la valigia con quella di un ignaro giovane (Coeau). Gag conseguenti. Con divertente raid in Messico. ■ COMMEDIA; COL.; 97′; USA, 1998.

OTTO UOMINI DI FERRO *(Eight Iron Men)* ★★★
Regia di EDWARD DMYTRYK. Con BONAR COLLEANO, RICHARD KILEY, LEE MARVIN. ■ Un plotone di soldati è torturato dal pensiero che un loro compagno sia caduto in una buca sotto il tiro d'una mitragliatrice. Se il disgraziato rimane lì finirà certamente per morire, ma non possono tentare un'azione di forza perché sarebbe suicida. Alla fine, inaspettatamente, proprio il militare, che era considerato il più lavativo, troverà una soluzione adeguata. ■ GUERRA; B/N; 80′; USA, 1957.

OTTO UOMINI FUORI *(Eight Men Out)* ★★★
Regia di JOHN SAYLES. Con JOHN CUSACK, CLIFTON JAMES, MICHAEL LERNER. ■ Nel 1919 una squadra di baseball perde un incontro decisivo. Otto dei suoi giocatori si sono fatti comprare. Il film segue soprattutto la vicenda del più anziano di essi, esasperato dalla malafede e dalla taccagneria del suo presidente. Compaiono nella vicenda personaggi famosi come il gangster Arnold Rothestein, che "supervisionò" la corruzione, e il noto scrittore Ring Lardner (impersonato dallo stesso regista). ■ AVVENTURA; COL.; 119′; USA, 1988.

OTTO VIRTÙ DI LULÙ, LE *(My Weakness)* ★★
Regia di DAVID BUTLER. Con LEW AYRES, LILIAN HARVEY, HARRY LANGDON. ■ L'impiegata di un albergo è innamorata di un ricco playboy, ma ha il complesso di non essere abbastanza raffinata per lui. Allora le amiche le danno un corso accelerato di buone maniere. Lulù sarà all'altezza delle dame dell'alta società. Uno dei tentativi (falliti) di imporre in Usa la diva canora mitteleuropea Lilian Harvey. ■ COMMEDIA; B/N; 92′; USA, 1933.

OTTO ZAMPE DI GUAI *(Hercule & Sherlock)* ★
Regia di JEANNOT SZWARC. Con RICHARD ANCONINA, CHRISTOPHER LAMBERT, LAMBERTO PICASSO, POGO. ■ Due gangster maldestri rapiscono due cani della polizia, gran fiutatori di droga, per recuperare della droga, appunto. Cani e gangster diventano amici. ■ COMMEDIA; COL.; 95′; FRANCIA, 1996.

OUTBACK BOUND – QUANDO TUTTO TI VA MALE... *(Outback Bound)* ★★
Regia di JOHN LLEWELLYN MOXEY. Con ANDREW CLARK, DONNA MILLS, JOHN SCHNEIDER. ■ Per una gallerista d'arte di Los Angeles è proprio un periodo nero: il suo socio l'ha infatti derubata e il marito è andato a letto con un'altra. Per uscire dalla depressione la donna decide di partire per l'Australia, dove ha intenzione di convertire in denaro l'eredità lasciatale dal padre e sistemare alcuni conti ancora in sospeso. ■ COMMEDIA; COL.; 95′; AUSTRALIA, USA, 1988.

OUT COLD ★★
Regia di BRENDAN MALLOY, EMMET MALLOY. Con FLEX ALEXANDER, A.J. COOK DAVID DENMAN. ■ Alaska, magnifiche montagne, piste innevate, campioni di snowbaord che si sfidano in discese mozzafiato. Queste sono le poche cose belle di *Out cold*. Il film racconta la storia di quattro amici, appassionati di snowboard, che devono combattere un palazzinaro che vuole trasformare il piccolo paese in una grande stazione turistica. Ennesima commedia demenziale di bassa lega. La regia dei fratelli Malloy si esprime solo nelle riprese delle ardite discese sullo snowboard. ■ COMMEDIA; COL.; 89′; USA, 2001.

OUTING – FIDANZATI PER SBAGLIO ★★
Regia di MATTEO VICINO. Con ANDREA BOSCA, CAMILLA FERRANTI, MASSIMO GHINI, GIULIA MICHELINI, NICOLAS VAPORIDIS. ■ Riccardo, trentun anni, è un aspirante stilista con pochi sbocchi nella Puglia dove è nato e cresciuto. Federico, suo coetaneo e migliore amico, è un eterno disoccupato che, dal passato, nasconde uno svantaggio difficile da colmare. Quando Riccardo parte per Milano con la fidanzata Lucia, sperando di essere scoperto dal mondo della moda, Federico scopre un bando che mette a disposizione in Puglia fondi europei per giovani coppie di fatto con un progetto imprenditoriale. Richiama Riccardo e lo convince a immaginarsi coppia di fatto; occorrerà che la finta relazione abbia comunque una credibilità. Il film, scritto, diretto e montato da Matteo Vicino è coraggioso e innovativo affrontando tematiche di grande attualità, ma cede al fascino della battuta gratuita, soprattutto nel ritratto clownesco dell'omosessualità. ■ COMMEDIA; COL.; 90′; ITALIA, 2013.

OUTLANDER – L'ULTIMO VICHINGO *(Outlander)* ★★★
Regia di HOWARD MCCAIN. Con JAMES CAVIEZEL, JOHN HURT, JACK HUSTON, SOPHIA MYLES, RON PERLMAN. ■ Kainan è un alieno che giunge nella Norvegia del 708 d.C. in seguito all'avaria della sua astronave. Il suo compagno di viaggio muore nell'impatto e lui si ritrova nel mondo dei Vichinghi che lo ritengono un "outlander". Catturato dalla tribù del vecchio Rothgar, divenuto re da poco e insidiato dal nipote Wiglif. Rothgar ha una figlia ribelle, Freya, che viene subito attratta da Kainan. Il quale però ha una famiglia nel pianeta d'origine ed è perseguitato da Morwen, un mostro assetato di sangue. La commistione dei generi è ormai da tempo uno degli elementi portanti di una parte rilevante del cinema mainstream. Anche questa volta viene tentato l'esperimento (nello specifico fantascienza/antichità) e i risultati si possono considerare soddisfacenti. ■ AZIONE; COL.; 115′; USA, GERMANIA, 2008.

OUT OF ORDER – FUORI SERVIZIO *(Abwärts)* ★★★
Regia di CARL SCHENKEL. Con GÖTZ GEORGE, WOLFGANG KELING, RÉNÉE SOUTENDIJK. ■ Quattro impiegati rimangono chiusi in un ascensore per quasi un intero fine settimana. Uno è un cassiere che ha rubato un grosso malloppo alla ditta per rifarsi una vita, altri due sono due amanti litigiosi, il quarto un ragazzotto spavaldo. Anche se vengono poi liberati, finisce male per il cassiere, che perde il malloppo, e per l'altro uomo che precipita nel vuoto nel tentativo di appropriarsene. 85 minuti di film girati nella cabina di un ascensore con suspense dall'inizio alla fine. ■ DRAMMATICO; COL.; 85′; GERMANIA, 1985.

OUT OF REACH ★★
Regia di LEONG PO-CHIH. Con NICK BRIMBLE, ROBBIE GEE, IDA NOWAKOWSKA, MATT SCHULZE, STEVEN SEAGAL, AGNIESZKA WAGNER. ■ William Lancing è un ex agente speciale del governo che, stanco di un ambiente corrotto, si è ritirato a vita privata come custode in una riserva naturale. L'uomo corrisponde a distanza con una giovane ragazza polacca, e quando la sua amica di penna smetterà di scrivergli in circostanze sospette, deciderà di recarsi in Polonia per indagare sulle sorti della donna. ■ AZIONE; COL.; 88′; USA, 2004.

OUT OF SIGHT – GLI OPPOSTI SI ATTRAGGONO ★★★
(Out of Sight)
Regia di STEVEN SODERBERGH. Con DON CHEADLE, GEORGE CLOONEY, DENNIS FARINA, MICHAEL KEATON, JENNIFER LOPEZ, VING RHAMES. ■ Dal romanzo di Elmore Leonard. Jack è un rapinatore molto affascinante, Karen una sceriffa piena di grinta. Le circostanze li trovano in un bagagliaio, a strettissimo contatto, durante un'evasione. Scoppia la scintilla. Si reincontrano in circostanze (quasi) normali e finalmente consumano. Ma quando lui cerca di rapinare una casa lei è costretta a ferirlo: il dovere prima di tutto. Ma poi ci sarà il viaggio di trasferimento e lei si offre come scorta...Un bel mix di generi, con i flash back giocati efficacemente come scatole cinesi ma comprensibili, con un dialogo elegante e intelligente, scene d'azione ben inserite e due protago-

nisti emergenti. ■ POLIZIESCO; COL.; 123′; USA, 1998. ■ OSCAR 2 NOM.

OUT OF THE BLUE ★★
Regia di DENNIS HOPPER. Con SHARON FARRELL, DENNIS HOPPER, LINDA MANZ. ■ Una ragazzina che vive in un terribile ambiente familiare, con il padre alcolizzato che l'ha violentata e la madre drogata, fugge di casa quando il padre viene arrestato. Torna quando lui esce di prigione, ma ad un nuovo tentativo di violenza lo uccide e fa saltare in aria il camion sul quale è salita insieme alla madre. ■ DRAMMATICO; COL.; 94′; USA, 1980.

OUT OF TIME ★★
Regia di CARL FRANKLIN. Con DENZEL WASHINGTON, ROBERT BAKER, JOHN BILLINGSLEY, DEAN CAIN, ALEX CARTER, NORA DUNN, SANAA LATHAN, TERRY LOUGHLIN, EVA MENDES. ■ Siamo a Banyan, minuscola cittadina della Florida, dove Matt Whitlock, capo della polizia, ogni giorno svolge il suo lavoro, una routine senza particolari colpi di scena. Ultimamente la sua vita personale non brilla. Prima una separazione temporanea dalla moglie, promossa detective della Anticrimine, poi una relazione con Ann, sposata con un marito che spesso le usa violenza, e che scopre essere malata terminale. La morte improvvisa di Ann e del consorte in uno strano incendio movimenteranno la sua esistenza: Matt è l'indiziato più probabile del duplice omicidio. La buona interpretazione di Washington, e la luminosa bellezza di Eva Mendes, fanno dimenticare la storia che, nel suo incedere, assume volentieri risvolti poco verosimili animati da campi e controcampi di mestiere, che sostengono il ritmo del film. ■ THRILLER; COL.; 105′; USA, 2004.

OUTRAGE BEYOND ★★
Regia di TAKESHI KITANO. Con HIROFUMI ARAI, RYO KASE, TAKESHI KITANO, KEN MITSUISHI, TOMOKAZU MIURA. ■ In seguito alla presa di potere di Kato del clan Sanno, avvenuta eliminando il boss yakuza precedente mascherando il reale colpevole, il cane sciolto Otomo è rimasto ai margini, fingendosi morto per sfuggire alle ritorsioni dei Sanno. Ma le voci sulla reale versione dei fatti e il ritorno in azione di Kimura, alleato di Otomo, preparano la strada a una violenta vendetta. Kitano rientra nei ranghi sicuri dello yakuza eiga. Ecco quindi *Outrage Beyond*, riscrittura del codice d'onore yakuza in chiave contemporanea. ■ AZIONE; COL.; 110′; GIAPPONE, 2012.

OVERDOSE *(El Pico)* ★
Regia di ELOY DE LA IGLESIA. Con JOSÉ MANUEL CERVINO, LUIS IRONDO, JOSÉ LUIS MANZANO. ■ Due ragazzi spagnoli apparentemente perbene sono in realtà tossicodipendenti e trafficanti di droga. Solo la morte di uno dei due per overdose e disavventure familiari dell'altro convincono quest'ultimo a cambiare vita. ■ DRAMMATICO; COL.; 92′; SPAGNA, 1984.

OVERLORD! ATTACCO ALL'EUROPA ★★★
(La guerre inconnue)
Regia di PERRY WOLFF. ■ Il film riveste un certo interesse perché raccoglie gli spezzoni girati da celebri registi americani (Capra, Stevens, Litvak, Wyler) quando erano documentaristi di lusso al servizio del ministero della Difesa americano. ■ DOCUMENTARIO; B/N; 92′; FRANCIA, 1961.

OVERNIGHT EXPRESS ★★
Regia di BOB ELLIS. Con COLIN FRIELS, WENDY HUGHES, NORMAN KAYE. ■ Una raffinata insegnante di scuola religiosa ha una doppia vita. Irreprensibile e quasi inavvicinabile durante la settimana, nei week-end si trasforma in una scatenata seduttrice degli uomini da cui è attratta durante i viaggi in treno. ■ COMMEDIA; COL.; 91′; AUSTRALIA, 1986.

OVER THE TOP ★★
Regia di MENAHEM GOLAN. Con SUSAN BLAKELY, DAVID MENDENHALL, SYLVESTER STALLONE. ■ Lincoln Hawk si guadagna la vita come guidatore di Tir. Dopo molti anni che non vede il figlio, la moglie Cristina cerca di farli incontrare. Lei è gravemente malata. Lincoln, pur amando il figlio e la moglie, se n'era andato per gravi incomprensioni con il ricco suocero. Padre e figlio dodicenne si rincontrano e durante il viaggio sul Tir imparano ad amarsi di nuovo. Cristina muore senza che i due riescano a vederla. Lincoln decide di tenersi il figlio malgrado la dura lotta che si prospetta con il suocero. Per avere i soldi egli si iscrive ai campionati mondiali di braccio di ferro. Li vince. ■ COMMEDIA; COL.; 105′; USA, 1986.

OVEST SELVAGGIO, L' *(A Day of Fury)* ★★
Regia di HARMON JONES. Con MARA CORDAY, JOCK MAHONEY, DALE ROBERTSON. ■ Uno sceriffo viene salvato da un pistolero che poi si reca nella cittadina, che è sotto la giurisdizione del primo, a spadroneggiare e a comportarsi da vero prepotente. Dapprima, l'uomo di legge non interviene, ma quando l'altro colma la misura provocando indirettamente il suicidio di una donna sola, i due s'affrontano e il fuorilegge soccombe. ■ WESTERN; COL.; 78′; USA, 1958.

OVOSODO ★★★
Regia di PAOLO VIRZÌ. Con NICOLETTA BRASCHI, MATTEO CAMPUS, EDOARDO GABBRIELLINI, MALCOM LUNGHI. ■ Si chiama Piero, lo chiamano Ovosodo perché è nato nell'omonimo quartiere di Livorno. È curioso, bonario, un po' debole. Aderisce alle varie esperienze che gli propongono gli amici. Viene affascinato da un tipo bizzarro che è in realtà figlio di un ricco industriale. Comincia a legare con le donne, si fa una cultura e cerca di interpretare la politica. Il tutto è narrato con voce fuori campo, in idioma toscano: ormai il testo fuori campo è una moda ben precisa, ed è efficace nei diversi profili (da Jane Austen a Pieraccioni). Il Virzì degli esordi vorrebbe porsi come il Pieraccioni più intelligente. La qualità delle battute e della "letteratura" generale della sceneggiatura percorrerebbe quella strada. Il film è comunque corretto e si sorride spesso, anche se la sensazione è quella di un progetto forse troppo organizzato e furbesco. Comunque Virzì funziona, allora come oggi, e non è poco nel nostro panorama. ■ COMMEDIA; COL.; 103′; ITALIA, 1997. ■ VENEZIA 1 PR.

OVUNQUE NEL TEMPO *(Somewhere in Time)* ★★
Regia di JEANNOT SZWARC. Con CHRISTOPHER REEVE, JANE SEYMOUR, TERESA WRIGHT. ■ Un autore di commedie ritorna nel passato per ritrovare un'attrice che, in un'altra vita, aveva amato. Quando ritorna ai nostri tempi non è più lo stesso, e si lascia andare ad una lenta morte. ■ FANTASTICO; COL.; 103′; USA, 1980. ■ GOLDEN GLOBES 1 NOM; OSCAR 1 NOM.

OVUNQUE SEI ★
Regia di MICHELE PLACIDO. Con STEFANO ACCORSI, BARBORA BOBULOVA, STEFANO DIONISI, VIOLANTE PLACIDO. ■ Matteo lavora sulle ambulanze; Emma, sua moglie, è medico. I due si amano, tuttavia, una sera, mentre Matteo è fortemente attratto dalla giovane volontaria, Elena, Emma cede ai corteggiamenti insistenti di Leonardo, il primario dell'ospedale. In quella stessa serata, l'auto di Leonardo si scontra con l'ambulanza guidata da Matteo. Miracolosamente questi, aiutato da Elena, riesce a riemergere dalle acque del Tevere. Il film, dopo un inizio realistico, prende il difficile cammino del racconto metafisico, dagli evidenti rimandi pirandelliani. Per il tema, almeno per qualche momento, si potrebbe credere ad una versione moderna de *Il fu Mattia Pascal*. Ma anche per i dialoghi, perché alcuni sono tratti direttamente da *L'uomo dal fiore in bocca*. Eppure, nonostante queste premesse, qualcosa non ha funzionato, forse per un eccesso nei rimandi, nei riferimenti. C'è un po' di tutto e di niente. I personaggi sono non solo smarriti, ma in cerca di un autore. ■ DRAMMATICO; COL.; 85′; ITALIA, 2004.

OXFORD MURDERS – TEOREMA DI UN DELITTO *(The Oxford Murders)* ★★★
Regia di ÁLEX DE LA IGLESIA. Con JIM CARTER, ALEX COX, JULIE COX, JOHN HURT, ANNA MASSEY, DOMINIQUE PINON, LEONOR WAITLING, ELIJAH WOOD. ■ Martin è un giovane studente americano con la passione per la matematica e per un teorico in particolare, il professor Seldom. Giunto ad Oxford per conoscerlo, prende alloggio presso un'anziana ed eccentrica signora, la quale, due giorni dopo, viene trovata morta nel suo soggiorno. È solo il primo di una serie di omicidi e il primo di una sequenza di segni che l'assassino lascia dietro di sé, vittima dopo vittima. Il dottorato di Martin si trasforma, così, in un tirocinio sul campo:

riusciranno lui e Seldom a indovinare la logica che sta dietro quelle morti, in modo da porre fine alla macabra sequenza? Alex de la Iglesia, cineasta con una laurea in filosofia, si misura con il mystery vecchio stile, giocando con i suoi ingredienti strutturali, e intavola un intelligente "Cluedo" in cui ogni elemento rimanda ad un concetto, ogni ipotesi ad una visione possibile. L'impianto è quello del giallo classico, in cui il mistero viene chiarito dall'investigatore di turno attraverso la logica. Solo che è la logica stessa, qui, a finire sul banco degli imputati. Come Sherlock Holmes e il fido Watson, Martin e Seldom guidano lo spettatore attraverso un percorso deduttivo, mescolano analisi logica e psicologica, si fermano tra le braccia di una bella infermiera, sfiorano la deriva nel sottogenere psichiatrico, semplificano senza mai ingannare, memori degli errori rappresentati da altri "codici" cinematografici. ■ THRILLER; COL.; 110'; FRANCIA, SPAGNA, 2008.

OXFORD UNIVERSITY *(Oxford Blues)* ★★
Regia di ROBERT BORIS. Con ROB LOWE, AMANDA PAYS, JULIAN SANDS. ■ Remake di un famoso film degli anni Trenta, *Un americano a Oxford*, con Robert Taylor. Protagonista è un giovane americano che va a studiare a Oxford, dove fa una serie di *gaffe* (urta la suscettibilità di alcuni studenti aristocratici, cerca di portare via la ragazza a uno di essi). Il giovane però si riabiliterà nella gara di canottaggio fra l'università di Oxford e quella di Cambridge. ■ COMMEDIA; COL.; 97'; USA, 1984.

P

PACCO A SORPRESA *(Surprise Package)* ★★
Regia di Stanley Donen. Con Yul Brynner, Noel Coward, Mitzi Gaynor. ■ Un capobanda viene catturato dagli agenti e mandato su una sperduta isoletta. Dopo aver fallito la fuga tenta, in concorrenza con altri, di rubare il preziosissimo gioiello di un re esiliato in quello stesso luogo. Anche questo piano naufraga e l'uomo si rassegna a vivere in pace accanto alla sua donna. ■ Commedia; b/n; 100'; Gran Bretagna, 1960.

PACCO, DOPPIOPACCO E CONTROPACCOTTO ★★
Regia di Nanni Loy. Con Enzo Cannavale, Marina Confalone, Alessandro Haber. ■ Dopo *Scugnizzi* un altro film su Napoli di Nanny Loy. Tra i titoli: *Psicologia*, *Rientro estivo*, *Il non vedente*, *Il fantasma di Via Sanità* e *Cuore di mamma*. Troviamo tra gli attori Alessandro Haber (professore con alunno pestifero), Marina Confalone e Silvio Spaccesi (la prima complice di un finto fantasma che riesce a sfrattare il secondo), Giobbe Covatta (cieco per convenienza) e Leo Gullotta (frodatore fiscale conto terzi). ■ Commedia; col.; 115'; Italia, 1992.

PACE A CHI ENTRA *(Mir vchodjascemu)* ★★
Regia di Aleksandr Aleksandrovic Alov, Vladimir Naumov. Con Viktor Advjuščhov, Stanislav Chitrov,Aleksandr Demjanenko, Lidia Šaporenco. ■ Appena arrivato al fronte, un giovane soldato russo riceve l'incarico di portare all'ospedale una nemica in procinto di partorire e un compagno in stato di choc. Dopo un difficile viaggio, il soldato porta a termine la sua missione proprio quando giunge la notizia che la pace è stata conclusa. ■ Guerra; b/n; 90'; URSS, 1961. ■ Venezia 1 pr.

PACE INDIVIDUALE, UNA *(A Separate Peace)* ★★
Regia di Larry Peerce. Con John Heyl, William Roerick, Parker Stevenson. ■ Dal romanzo (famoso negli Usa) di John Knowles. Durante la guerra, due ragazzi, compagni di camera nel loro college, diventano amici. Ma uno di essi muore cadendo dalle scale, per colpa dell'altro. Il superstite parte per la guerra. Quando giunge la pace, rimpiange che l'amico non sia lì a festeggiare con lui. ■ Commedia; col.; 90'; USA, 1972.

PACE TORNA IN CASA BENTLEY, LA ★★
(As Long as They're Happy)
Regia di Jack Lee Thompson. Con Jack Buchanan, Jean Carson, Brenda De Banzie, Diana Dors, Janette Scott. ■ Al centro della vicenda tre ragazze: ciascuna di esse, per motivi diversi, dà filo da torcere ai propri genitori. La più piccola conduce con sé un famoso cantante che attira ammiratrici invadenti portando lo scompiglio nell'abitazione. Nel frattempo, però, i guai si risolvono e la tranquillità torna a regnare sui nostri. ■ Comm. musicale; col.; 91'; Gran Bretagna, 1955.

PACIFIC RIM ★
Regia di Guillermo Del Toro. Con Charlie Day, Idris Erba, Charlie Hunnam, Rinko Kikuchi, Ron Perlman. ■ Da una breccia creatasi nel profondo dell'Oceano Pacifico emergono i kaiju, mostri alieni giganteschi, per cancellare l'umanità dalla faccia della Terra. Le varie nazioni uniscono le proprie forze con il progetto Jaeger: la creazione di enormi robot per combattere i terribili invasori; a comandarli due piloti, le cui menti vengono connesse da un ponte neuronale. ■ Fantascienza; col.; 131'; USA, 2013.

PACIFISTA, LA ★★★
Regia di Miklós Jancsó. Con Pierre Clémenti, Piero Faggioni, Gino Lavagetto, Peter Pasetti, Monica Vitti. ■ Una giornalista svolge un'inchiesta sulla contestazione giovanile pacifista e su quella violenta degli estremisti. La protagonista appartiene idealmente al primo gruppo; tuttavia si innamora, ricambiata, di un esponente del secondo, incaricato di un omicidio politico. Il ragazzo non ha la forza di portarlo a termine e i suoi compagni lo uccidono. Lei, dopo aver cercato inutilmente l'appoggio della polizia, fa giustizia ammazzando l'ex capo del defunto. ■ Drammatico; col.; 85'; Italia, 1971.

PACK OF LIES ★★
Regia di Anthony Page. Con Alan Bates, Ellen Burstyn, Teri Garr. ■ Doppiato appositamente per il mercato dell'homevideo, il film è un prodotto medio americano ma con degli interpreti di eccezione. Il protagonista è un agente governativo che sta indagando su un caso di spionaggio. Confida i suoi sospetti all'amica di una possibile spia e questa ne rimane sconvolta. Il tutto nella Londra dei primi anni Sessanta. ■ Drammatico; col.; 104'; USA, 1987.

PADRE *(Sorrell and Son)* ★★
Regia di Jack Raymond. Con Henry Byron Warner, Hugh Williams. ■ Alla fine della prima guerra mondiale, un militare, abbandonato dalla moglie, dedica tutto se stesso alla cura del figlioletto. Questo, fattosi grande, si sposa. L'uomo, per non turbare la sua felicità, gli nasconde di essere gravemente ammalato e muore tra le sue braccia. ■ Drammatico; b/n; 98'; Gran Bretagna, 1933.

PADRE, IL *(Apa)* ★★★★
Regia di István Szabó. Con Andras Balint, Daniel Erdélye, Miklós Gabor, Kati Sólyom, Klari Tolnay. ■ Un orfanello ha sofferto moltissimo per la morte del padre, tanto che ne ha fatto quasi un personaggio mitico, elogiandolo con i compagni e narrando loro sue immaginarie quanto eroiche imprese partigiane. Gli anni intanto passano e il protagonista, ormai adulto, sente il bisogno di liberarsi di quel mito ormai scomodo. Cerca così di dimostrare la sua maturità nuotando da una sponda all'altra del Danubio. Il film, premiato a Mosca, è un invito a vivere secondo le proprie esperienze e una condanna al culto della personalità. ■ Drammatico; b/n; 91'; Ungheria, 1966.

PADRE AMERICANO, IL *(Châteauroux District)* ★★
Regia di Philippe Charigot. Con Giuliano Gemma, Guy Marchand, Nathalie Nell. ■ Nel 1951 gli americani installano una base militare a Châteauroux. Se ne andranno dopo dieci anni, ma lasceranno dei ricordi compreso qualche figlio, tra cui Carole. Carole nel 1985 ha vent'anni, viene a sapere la verità e si mette alla ricerca del padre. ■ Drammatico; col.; 92'; Francia, 1987.

PADRE BROWN – UNO STRANO DETECTIVE ★★★
(Father Brown)
Regia di Robert Hamer. Con Peter Finch, Joan Greenwood, Alec Guinness, Cecilia Parker. ■ Dall'omonimo romanzo di G.K. Chesterton: un parroco londinese ha il pallino delle investigazioni poliziesche perché vuole ricondurre i malviventi sulla retta via. Un giorno la sua chiesa viene derubata da un famosissimo ladro internazionale: sarà lui a ritrovarlo e a provare la soddisfa-

zione di saperlo pronto a redimersi. Gradevole ironia e ottima interpretazione. ■ AVVENTURA; B/N; 95'; GRAN BRETAGNA, 1954.

PADRECITO, EL ★★
Regia di MIGUEL M. DELGADO. Con ANGEL GARASA, MARIO MORENO, ROSA MARIA VAZQUEZ. ■ Un giovane sacerdote piuttosto moderno e anticonformista viene spedito in una parrocchia gestita da un prete vecchio e troppo debole per ribellarsi alle prepotenze di un ricco proprietario terriero. Quest'ultimo sfrutta e tiranneggia gli abitanti della cittadina, ma il giovane sacerdote rimette le cose a posto. ■ COMMEDIA; COL.; 92'; MESSICO, 1966.

PADRE CLEMENCE *(The Father Clements Story)* ★★
Regia di EDWIN SHERIN. Con LOUIS GOSSETT JR, ROSETTA LENOIR, CARROLL O'CONNOR. ■ È la storia vera di padre Clemence, un prete nero che si dà da fare per trovare l'assistenza ai bambini abbandonati. Un giorno decide di coinvolgersi in prima persona e ne adotta uno. Ma le gerarchie ecclesiastiche sono contrarie: un prete non può adottare. Clemence non si scoraggia. ■ SENTIMENTALE; COL.; 100'; USA, 1988.

PADRE DAENS *(Daens)* ★★
Regia di STIJN CONINX. Con JAN DECLEIR, GERARD DESARTHE, WIM MEUWISSEN. ■ Ispirato al libro di Louis Paul Boon, *Pieter Daens*. Ottocento. Il problema degli operai si fa sentire anche in Belgio. La supremazia politica dei ricchi sui poveri prevarica le libertà e i diritti. Il regista, abituato al genere comico, si addentra nella materia meticolosamente con stile da dramma televisivo. ■ DRAMMATICO; COL.; 132'; BELGIO, 1992. ■ OSCAR 1 NOM.

PADRE DEI MIEI FIGLI, IL *(Le Père de Mes Enfants)* ★★
Regia di MIA HANSEN-LØVE. Con CHIARA CASELLI, ALICE DE LENCQUESAING, LOUIS-DO DE LENCQUESAING, ALICE GAUTIER. ■ Grégoire Canvel ha tutto, una donna che lo ama, tre figlie deliziose, un mestiere che lo appassiona. Fa il produttore cinematografico e al suo lavoro dedica tutto il tempo e le energie. La famiglia ne risente ma lo comprende. Ha carisma, Grégoire. Ha prodotto tanti film, preso molti rischi e accumulato debiti. La sua Moon Film è sull'orlo del fallimento. Lui resiste ad ogni costo ma lo scacco è evidente, il danno irreparabile. Spalle al muro, sceglie di uscire di scena con un gesto estremo e nessuna spiegazione. Agli altri, ancora una volta, il compito di capire. ■ DRAMMATICO; COL.; 110'; FRANCIA, GERMANIA, 2009.

PADRE DELLA SPOSA, IL *(Father of the Bride)* ★★★★
Regia di VINCENTE MINNELLI. Con JOAN BENNETT, DON TAYLOR, ELIZABETH TAYLOR, SPENCER TRACY. ■ Due giovani stanno per sposarsi, ma il padre di lei, un avvocato poco amante degli sprechi, preferirebbe una cerimonia intima e poco dispendiosa. Per evitare un matrimonio impegnativo, consiglia persino alla ragazza di farsi rapire dal futuro marito e di unirsi a lui clandestinamente. Alla fine tutto si svolge secondo le migliori tradizioni. Tracy, qui ormai maturo e per nulla preoccupato di dimostrarlo, offrì un'eccellente interpretazione che gli valse la quarta candidatura all'Oscar. La trama è banale ma realizzata con molto garbo, tanto che l'anno dopo il film ebbe un seguito (*Papà diventa nonno*). La serie sarebbe certo continuata se Tracy non avesse posto un perentorio divieto alla Mgm. Elizabeth Taylor, allora diciassettenne, sostiene la parte della figlia. ■ COMMEDIA; B/N; 93'; USA, 1950. ■ OSCAR 3 NOM.

PADRE DELLA SPOSA, IL *(The Father of the Bride)* ★★
Regia di CHARLES SHYER. Con DIANE KEATON, STEVE MARTIN, MARTIN SHORT, KIMBERLY WILLIAMS. ■ Rifacimento del film di Vincente Minnelli del 1950. Al posto di Spencer Tracy troviamo il comico Martin che per l'occasione alterna i suoi classici toni *nonsense* a una recitazione misurata. Un padre molto affezionato alla figlia non sopporta l'idea di perderla per il fatidico matrimonio. Rassegnato, organizza l'evento senza risparmiarsi ma quando è il momento della fuga degli sposi per la luna di miele il padre non riesce a essere presente. La figlia gli telefonerà dall'aeroporto per ringraziarlo di tutto. Aggiornato al linguaggio attuale e con qualche ritocco, il film risulta piacevole ma più debole e sdolcinato del precedente. ■ COMMEDIA; COL.; 90'; USA, 1991.

PADRE DELLA SPOSA 2, IL *(The Father of the Bride 2)* ★★
Regia di CHARLES SHYER. Con DIANE KEATON, STEVE MARTIN, MARTIN SHORT. ■ La "sposa" annuncia al papà di essere incinta. Poco dopo la mamma ha dei disturbi. Menopausa? No, è incinta anche lei. Martin diventa padre e nonno nello stesso momento. E c'è ancora il pierre gay. Naturale sviluppo del primo. Neppure tanto peggiore. ■ COMMEDIA; COL.; 95'; USA, 1995. ■ GOLDEN GLOBES 1 NOM.

PADRE DEL SOLDATO, IL *(Otez soldata)* ★★
Regia di REZO ČHKHEIDZE. Con KETO BOCHORISHVILI, VLADIMIR PRIVALTSEV, SERGO ZAKARJADZE. ■ Un anziano contadino, giunto avventurosamente all'ospedale militare in cui il figlio dovrebbe essere ricoverato, viene a sapere che costui è già guarito e ripartito per il fronte. Quando vi arriva il ragazzo si è spinto oltre, ed egli lo tallona combattendo valorosamente; lo raggiunge al termine di un attacco durante il quale il ragazzo è rimasto gravemente ferito, appena in tempo per vederlo morire. ■ GUERRA; B/N; 94'; URSS, 1965.

PADRE DI FAMIGLIA, IL ★★★
Regia di NANNI LOY. Con CLAUDINE AUGER, LESLIE CARON, MARIO CAROTENUTO, NINO MANFREDI, UGO TOGNAZZI. ■ Una donna ha dovuto progressivamente rinunciare al lavoro per dedicarsi ai quattro figli. Suo marito, con gli anni, ha finito col sentirsi un po' trascurato e ha una relazione con un'altra. Nonostante questo continua ad amare la moglie, e ne avrà un'ennesima certezza quando lei, ricoverata a causa di un forte esaurimento, lascerà la casa vuota e silenziosa, nella quale anche i figli hanno perso qualsiasi vivacità. ■ COMMEDIA; COL.; 110'; ITALIA, 1967.

PADRE DI MIO FIGLIO, IL *(My Baby's Daddy)* ★★
Regia di CHERYL DUNYE. Con ANTHONY ANDERSON, JOANNA BACALSO, EDDIE GRIFFIN, MICHAEL IMPERIOLI, BAI LING, METHOD MAN, PAULA JAI PARKER, MARSHA THOMASON. ■ Lonnie, G. e Dominic sono tre scapoli impenitenti di quartiere, sempre a caccia di feste. Duro risveglio il giorno in cui le rispettive fidanzate sono tutte e tre rimaste incinte nello stesso momento! Inizia una via crucis verso la maturità, lungo la quale i tre impareranno a conoscere il senso profondo dell'amore e della paternità. ■ COMMEDIA; COL.; 86'; USA, 2004.

PADRE E FIGLIO ★★★
Regia di PASQUALE POZZESSERE. Con GIUSY CONSOLI, STEFANO DIONISI, CLAUDIA GERINI, MICHELE PLACIDO. ■ Seconda opera per Pasquale Pozzessere, che rispetto a *Verso sud* compie notevoli progressi. Solo nella seconda parte la sceneggiatura rivela dei punti deboli. La regia è diventata sicura e le interpretazioni sono buone. Soprattutto quella di Michele Placido. Tratta del difficile rapporto tra un figlio tornato dal servizio di leva e il padre, che lavora al porto di Genova. L'uomo, che ai suoi tempi ha partecipato attivamente alla lotta operaia, vorrebbe che il figlio lavorasse in fabbrica. Ma il ragazzo è a disagio e comincia a sbandare. Ruba auto, chiedendo piccoli riscatti e finisce in carcere. Conosce un transessuale e ne diventa amico. Decide di andarsene per un lungo viaggio e cerca di rubare i soldi in casa. In un finale drammatico padre e figlio finiranno col sedersi attorno a un tavolo e probabilmente nascerà un dialogo. ■ DRAMMATICO; COL.; 92'; ITALIA, 1993. ■ DAVID DI DONATELLO 2 PR, 2 NOM.

PADRE E LO STRANIERO, IL ★★
Regia di RICKY ROGNAZZI. Con ALESSANDRO GASSMAN, LEO GULLOTTA, NADINE LABAKI, KSENIA RAPPOPORT, AMR WAKED. ■ Diego, deluso e carico di rancore, conosce il siriano Walid, anch'egli padre di un bambino handicappato, e stringe con lui una sincera amicizia. L'amore smisurato che Walid prova per il figlio permetterà a Diego di riavvicinarsi ai propri affetti, pur trovandosi coinvolto in una fitta rete di misteri. Con *Il padre e lo straniero*, tratto dal romanzo di Giancarlo De Cataldo, l'intento è quello di tornare, dopo sette anni di lontananza dalla macchina da presa, allo spirito dei suoi primi passi. ■ DRAMMATICO; COL.; 110'; ITALIA, 2010.

PADRE IN PRESTITO, UN *(Second Best)* ★★
Regia di CHRIS MENGES. Con JANE HARROCKS, WILLIAM HURT, CHRIS CLEARLY MILES. ■ Film di impostazione drammatica sul rapporto padri-figli. Un impiegato gallese conduce un'esistenza solitaria, assistendo il vecchio padre malato. Non pago di ciò, de-

cide di farsi carico di un inquieto ragazzino che attende l'uscita dal carcere del proprio padre. Da un romanzo di David Cook, atmosfere da *soap-opera* britannica. ■ Drammatico; col.; 106′; Gran Bretagna, 1994.

PADRE PADRONE ★★★★🏆

Regia di Paolo Taviani, Vittorio Taviani. Con Omero Antonutti, Fabrizio Forte, Saverio Marconi, Marcella Michelangeli, Nanni Moretti. ■ Gavino, un bambino sardo, studierebbe volentieri, ma a sei anni il padre già lo strappa dalla scuola per fargli fare il pastore. Un sopruso dopo l'altro (con tanto di botte), Gavino cresce. Va militare e comincia a leggere. Aiutato da un amico, riesce a farsi una cultura. Ma la lotta con il padre continua: finirà quando i due si scontreranno sul piano fisico e il giovane avrà la meglio. Gavino studia, va all'università e si laurea. La vita di Gavino Ledda, l'autodidatta scrittore, tratta dal suo libro. ■ Drammatico; col.; 117′; Italia, 1977. ■ Cannes 🏆 1 pr; David di Donatello 🏆 1 pr, 1 nom.

PADRE PIO ★★

Regia di Jang Chol Su, Orlando Corradi. ■ 25 maggio 1887. Nasce in provincia di Benevento Francesco Forgione, che fin da piccolo sente il bisogno di isolarsi dai coetanei. Seguirà la propria vocazione a 16 anni entrando in convento nell'ordine dei frati cappuccini con il nome di fra' Pio. Da lì inizia la sua opera che si svilupperà a San Giovanni Rotondo, dove il 20 settembre 1918 riceverà le stimmate. Il regista coreano prova ad inserirsi nella nostra cultura e bisogna riconoscergli di aver realizzato un prodotto dignitoso, che può trovare una sua adeguata collocazione in sede catechetica una volta pubblicato in home video. ■ Animazione; col.; 88′; Italia, 2006.

PADRI E FIGLI ★★★

Regia di Mario Monicelli. Con Vittorio De Sica, Antonella Lualdi, Marcello Mastroianni, Marisa Merlini. ■ Peripezie di una giovane coppia di studenti liceali: il padre di lei non si oppone al loro amore, ma l'altro, medico di prestigio, non ne è affatto contento. Dopo numerosi e divertenti episodi, tutto finirà per il meglio. ■ Commedia; b/n; 92′; Italia, 1957. ■ Berlino 1 pr.

PADRINA, LA ★★

Regia di Al Pisani. Con Lydia Alfonsi, Anthony Steffen, Venantino Venantini. ■ Viene ucciso a New York un boss mafioso. Sua moglie sa chi è il mandante e parte per la Sicilia. Aiutata dai membri di una famiglia e dopo aver corso molti pericoli, riesce a vendicarsi dell'assassinio di suo marito. ■ Drammatico; col.; 92′; Italia, 1973.

♥ PADRINO, IL *(The Godfather)* ★★★★★🏆

Regia di Francis Ford Coppola. Con Marlon Brando, James Caan, Richard Castellano, John Cazale, Robert Duvall, Al Pacino. ■ Vito Corleone, emigrato bambino dalla Sicilia negli Usa, è diventato un grande "padrino", ossia il capo di un'importante famiglia mafiosa. Ci si rivolge a lui come a un personaggio di grandissimo rilievo: nelle prime sequenze don Vito riceve gente come in una vera e propria udienza, gli chiedono favori e lui decide se farli o meno. I favori consistono nel punire, o addirittura uccidere qualcuno, nell'ottenere un certo appalto o lavoro. Corleone ha tre figli, Michael (Pacino), Sonny (Caan), Fredo (Cazale). Quando il vecchio viene gravemente ferito in un attentato, è Michael, eroe di guerra e avvocato, che il patriarca avrebbe voluto tener lontano dagli affari, ad affrontare la situazione. Uccide il responsabile dell'attentato e il poliziotto complice, poi fugge in Sicilia. Quando ritorna diventa il capo indiscusso e introduce sistemi più moderni ed efficaci. A poco a poco diventa tutt'uno col suo ruolo. Nel frattempo si è sposato e ha avuto figli, che comunque non lo hanno distolto dall'"altra" famiglia. Il film si chiude col massacro, ordinato da Michael, di tutti i suoi rivali, mentre il nuovo padrino assiste in chiesa al battesimo di uno dei suoi figli. Film di enorme successo, premiato con l'Oscar. Tratto dal *best-seller* di Mario Puzo ha avuto successivamente due *sequel* (ottimo il *Padrino II*, inutile il *III*), ha inventato un filone infinito (anche se non si può non ricordare *La fratellanza* di Martin Ritt, di quattro anni prima) e ha rilanciato, una volta ancora, Marlon Brando, che si era presentato al provino per quel ruolo con la modestia di un principiante. Brando con le guance gonfiate e la voce impastata, la grinta inquietante di Pacino, il notissimo tema di Nino Rota, aggiunti alla "cultura" mafiosa e agli ambienti siciliani, sono diventati segnali indispensabili e senza tempo, reiterati in centinaia di pellicole, libri e articoli. Un autentico precedente al quale si sarebbero largamente ispirati i registi della successiva generazione, come Scott, Landis, Line e Cimino. *Il Padrino* è un'opera sempre vedibile e sin troppo coinvolgente, se è vero che si è indotti a stare dalla parte dei cattivi. Si potrebbe discutere sull'immagine del nostro paese suggerita da un film di tale impatto: passavamo dall'Italia dei poveracci di *Ladri di biciclette* a quella dei furbi del *Sorpasso*, al paese dei mafiosi nei *Padrini*. ■ Drammatico; col.; 175′; USA, 1972. ■ David di Donatello 🏆 1 pr, 1 nom; Golden Globes 🏆 5 pr, 6 nom; Oscar 🏆 3 pr, 8 nom.

PADRINO CINESE E GLI ULTIMI GIORNI DI BRUCE LEE, IL ★

Regia di Lai Cheien. Con Wu Chin, Bruce Lee, Ting Pei. ■ Chen, per mantenere una promessa, deve consegnare alcuni gioielli alla moglie di un suo amico morto. Ci riesce, facendo molto uso della violenza. ■ Avventura; col.; 92′; Hong Kong, 1977.

PADRINO DI CHINATOWN, IL ★★

Regia di Chang Cheh. Con Alexander Fu Sheng, Yin-yin Shaw, Shirly Yu. ■ Il giovane Dexter è un grande conoscitore di arti marziali. Costretto ad abbandonare Hong Kong, approda a Chicago dove, suo malgrado, mette in mostra la propria bravura. Viene coinvolto nel giro della droga e perde momentaneamente la testa, ma poi si redime. ■ Avventura; col.; 90′; Hong Kong, 1979.

PADRINO DI HONG KONG, IL ★★

Regia di Roc Tien. Con Chen Hung Lieh, Chai Hou, Shan Mao, Yean Yu, Yen Shen Wang. ■ Due poliziotti esperti di karatè vengono incaricati di stroncare il traffico di droga che si svolge ai confini di Hong Kong. La terribile coppia si fa strada seminando morti e sradica, con la morte del capo di una potente organizzazione, le basi dell'ignobile traffico. ■ Avventura; col.; 94′; Hong Kong, 1973.

♥ PADRINO – PARTE II, IL ★★★★🏆

(The Godfather – Part II)

Regia di Francis Ford Coppola. Con John Cazale, Robert De Niro, Robert Duvall, Michael V. Gazzo, Diane Keaton, Al Pacino, Lee Strasberg. ■ Più che un proseguimento del primo, questo film ne è un completamento e un approfondimento. Nelle tre ore di proiezione, infatti, la pellicola evoca la storia di Vito Corleone, piccolo superstite di un'intera famiglia sterminata che giunge a New York e fonda un vero e proprio impero criminale. Suo figlio Michael lo vedrà disgregarsi lentamente nel giro di pochi anni. ■ Drammatico; col.; 185′; USA, 1974. ■ Golden Globes 🏆 5 nom; Oscar 🏆 6 pr, 9 nom.

♥ PADRINO PARTE III, IL *(The Godfather – Part III)* ★★★

Regia di Francis Ford Coppola. Con Andy Garcia, Diane Keaton, Joe Mantegna, Al Pacino, Raf Vallone, Eli Wallach. ■ Terzo capitolo della saga della famiglia Corleone diretto ancora una volta da Francis Ford Coppola. Al contrario delle prime due parti, che erano state volute espressamente dal regista, questa volta la spinta è la necessità finanziaria dettata dall'insuccesso commerciale delle sue ultime opere. Il costo rimane altissimo: 54 milioni di dollari. Ritroviamo Don Michael Corleone che nel frattempo è invecchiato e ha problemi di salute. È sempre più duro per lui mantenere il potere, inoltre ha assolutamente bisogno di un erede. Decide così, su consiglio della sorella Connie, di adottare il figlio illegittimo di Sonny, l'ambizioso Vincent. Si fa anche riferimento alla morte di papa Luciani e durante la rappresentazione della *Cavalleria rusticana* avverrà la strage finale. Diretto col grande senso del cinema a cui Coppola ci ha sempre abituati, è tuttavia il più debole dei tre *Padrini* e contiene momenti di manierismo. La palma per il più antipatico va senz'altro ad Andy Garcia, mentre quella del migliore a Eli Wallach. In ruoli di comparse troviamo Franco Citti e l'irriconoscibile Helmut Berger.

■ DRAMMATICO; COL.; 168′; USA, 1990. ■ GOLDEN GLOBES 7 NOM; OSCAR 7 NOM.

PADRONA DEL SUO DESTINO ★★★
(Dangerous Beauty – A Destiny of Her Own)
Regia di MARSHALL HERSKOVITZ. Con JACQUELINE BISSET, JEROEN KRABBE, CATERINE MCCORMACK, OLIVER PLATT, RUFUS SEWELL, FRED WARD. ■ Veronica Franco è stata una cortigiana veneziana del Rinascimento, autrice di sonetti di valore. Il film ne racconta la biografia romanzata. Herskovitz è molto attento al décor e alle luci caravaggesche, ma non dimentica l'attenzione alla sceneggiatura che valorizza la vicenda della ragazza povera divenuta cortigiana per poter sposare un giorno il vero amore. Nel frattempo apprende, domina la vita culturale veneziana e compone. ■ STORICO; COL.; 110′; USA, 1988.

PADRONE DELLA FERRIERA, IL *(The Iron Master)* ★★
Regia di CHESTER FRANKLIN. Con REGINALD DENNY, LILA LEE, J. FARREL MCDONALD. ■ Dal noto romanzo strappalacrime. Una fanciulla aristocratica sposa, per salvare il padre dalla rovina, un industriale fattosi dal nulla. Ma lei ama sempre il cugino. Ci vorrà quasi una tragedia per convincerla che il marito è cento volte meglio. ■ DRAMMATICO; B/N; 91′; USA, 1933.

PADRONE DELLE FERRIERE, IL ★★
(Le maître des forges)
Regia di FERNAND RIVERS. Con JEAN CHEVRIER, HÉLÈNE PERDRIÈRE, JEANNE PREVOST. ■ Una marchesina sposa l'uomo che l'ama solo per far dispetto ad un precedente corteggiatore che ha finito per preferirle un'altra. Suo marito se ne rende conto e, d'accordo con lei, decide di non consumare il matrimonio. Qualche tempo dopo la donna, che un episodio ha fatto innamorare del marito, rischierà la vita per salvarlo durante un duello. ■ DRAMMATICO; B/N; 90′; FRANCIA, 1948.

PADRONE DELLE FERRIERE, IL ★★
Regia di ANTON GIULIO MAJANO. Con WANDISA GUIDA, VIRNA LISI, EVI MALTAGLIATI, ANTONIO VILAR. ■ Stessa trama del film precedente. ■ DRAMMATICO; COL.; 97′; ITALIA, 1958.

PADRONE DEL MONDO, IL *(Master of the World)* ★★
Regia di WILLIAM N. WITNEY. Con CHARLES BRONSON, HENRY HULL, VINCENT PRICE, MARY WEBSTER. ■ Uno studioso decide di calarsi con la figlia, il suo fidanzato e una sorta di avventuriero all'interno di un vulcano, sede di strani fenomeni. Scopre così l'esistenza di un individuo che, per costringere gli uomini alla pace, distrugge, per mezzo di un'avveniristica astronave, interi eserciti in guerra, dovunque essi si trovino. I nostri porranno fine alla sua follia. ■ FANTASCIENZA; COL.; 104′; USA, 1961.

PADRONE DEL VAPORE, IL ★★
Regia di MARIO MATTOLI. Con RICCARDO BILLI, CARLO CAMPANINI, WALTER CHIARI, MARIO RIVA, DELIA SCALA. ■ Un industriale americano si reca in Italia per lanciare un suo prodotto. Un guasto all'auto lo costringe a fermarsi in un paesino dove la vita trascorre semplice e tranquilla. La proprietaria dell'alberghetto in cui alloggia, e della quale si è innamorato, lo convincerà a rinunciare al suo proposito di "modernizzazione". ■ COMMEDIA; B/N; 87′; ITALIA, 1951.

PADRONE DI CASA, IL *(The Landlord)* ★★★
Regia di HAL ASHBY. Con PEARL BAILEY, BEAU BRIDGES, LEE GRANT, DIANA SANDS, WALTER BROOKE, LOUIS GOSSETT JR.. ■ Un giovane americano benestante acquista un palazzo nel quartiere nero di New York con l'intento di cacciarne gli inquilini e rimetterlo in sesto. Invece, affascinato da quell'ambiente, tenta di inserirvisi; ha una breve relazione con una nera il cui marito, uscito di prigione, cercherà invano di ucciderlo. Affiderà il bambino avuto da lei alla meticcia con cui ha deciso di convivere. ■ DRAMMATICO; COL.; 113′; USA, 1970. ■ OSCAR 1 NOM.

PADRONE DI CASA, IL *(The Super)* ★★
Regia di ROD DANIEL. Con RUBEN BLADES, VINCENT GARDENIA, JOE PESCI, STACEY TRAVIS, MADOLYN SMITH OSBORNE, CAROLE SHELLEY, KENNY BLANK, PAUL BENJAMIN, BEATRICE WINDE, CAROL JEAN LEWIS. ■ Un grosso proprietario di immobili mette alla prova suo figlio affidandogli l'amministrazione di un palazzo. Ma questi passa di guaio in guaio compreso un arresto. Per togliersi dai problemi faticherà molto. Joe Pesci fresco di Oscar conta sulla sua rozza simpatia, ma il filmetto rimane tale. ■ COMMEDIA; COL.; 86′; USA, 1991.

PADRONE DI NEW YORK, IL ★★
(King of the Roaring 20's – The Story of Arnold Rothstein)
Regia di JOSEPH M. NEWMAN. Con JACK CARSON, DIANA DORS, DIANNE FOSTER, DAVID JANSSEN, MICKEY ROONEY. ■ Un giovane senza troppi scrupoli riesce a crearsi una fortuna colossale con mezzi illeciti. Suo acerrimo nemico è un poliziotto che non è mai riuscito ad incastrarlo. Pur di levarselo di torno, il protagonista lascia che venga ucciso un amico per incolpare il rivale: questi finisce sulla sedia elettrica, ma al cattivo non toccherà sorte migliore. ■ POLIZIESCO; B/N; 106′; USA, 1961.

PADRONE E L'OPERAIO, IL ★★
Regia di STENO. Con FRANCESCA ROMANA COLUZZI, RENATO POZZETTO, TEO TEOCOLI, LORIS ZANCHI. ■ Un dirigente industriale, assillato dall'eccessivo lavoro, non riesce a soddisfare sessualmente la moglie e nemmeno l'amante. La sua crisi si acuisce alla scoperta che uno degli operai della sua fabbrica miete vittime femminili a tutto andare. Deciso a confrontarsi con lui, ne esce perdente. Fingendo una grave crisi nervosa, potrà abbandonare il suo posto di responsabilità per dedicarsi esclusivamente alle donne. ■ COMMEDIA; COL.; 105′; ITALIA, 1975.

PADRONE SONO ME, IL ★★
Regia di FRANCO BRUSATI. Con PIERRE BERTIN, MIRIAM BRU, PAOLO STOPPA. ■ Un giovane benestante e la cugina americana si innamorano. Nonostante ciò lei sposa un altro; intanto scoppia la grande guerra e l'amato muore in combattimento. Sua madre impazzisce; i genitori del coetaneo di modeste condizioni con i quali è cresciuto acquistano la villa padronale. ■ SOCIOLOGICO; B/N; 79′; ITALIA, 1956.

PADRONI DELLA CITTÀ, I ★★
Regia di FERNANDO DI LEO. Con HARRY BAER, AL CLIVER, GISELA HAHN, JACK PALANCE. ■ Il film è ambientato nei bassifondi di Napoli. Toni e Ric sono due giovanotti violenti e spericolati: sfidano impunemente la pericolosissima banda dello Sfregiato e la debellano. Violenza fine a se stessa. ■ DRAMMATICO; COL.; 93′; ITALIA, 1976.

PADRONI DELLA NOTTE, I *(Boulevard Nights)* ★★
Regia di LAWRENCE PRESSMAN. Con DANNY DE LA PAZ, VICTOR MILLAN, RICHARD YINIGUEZ. ■ Nei quartieri messicani di Los Angeles infuria la guerra fra gang giovanili rivali. Un giovane è stufo di quella vita di violenze e vuole andarsene. Ma suo fratello minore s'è messo nei pasticci. Al protagonista tocca ancora rischiare la pelle nelle imprese da "guerriero della notte". ■ DRAMMATICO; COL.; 92′; USA, 1979.

PADRONI DELLA NOTTE, I *(We Own the Night)* ★★
Regia di JAMES GRAY. CON ROBERT DUVALL, EVA MENDES, TONY MUSANTE, JOAQUIN PHOENIX, ALEX VEADOV, MARK WAHLBERG. ■ Due fratelli e un padre. Così si potrebbe sintetizzare l'idea di base del film. Un padre che è uno dei più rispettati poliziotti di New York e due figli, Bobby e Joseph, che più diversi non potrebbero essere. Bobby (che ha anche ripudiato il cognome paterno), gestisce un locale equivoco, centro di traffici poco leciti della mafia dell'Est. Joseph (un Wahlberg sprecato dopo l'intensa prestazione in *The Departed*), ha seguito le orme paterne entrando in polizia. Il confronto all'interno della famiglia è duro, ma quando il padre viene ucciso proprio dalla mafia e Bobby è presente sulla scena del delitto la situazione cambia. I fratelli si riavvicinano per vendicarne la morte. James Gray aveva interessato la critica e il pubblico internazionali con *Little Odessa*. Peccato che poi i suoi temi siano rimasti sempre quelli (la mafia dell'Est, la polizia) inseriti in film d'azione che, nonostante i proclami di riferimento a modelli alti come Visconti e il Neorealismo, risultano estremamente stereotipati. ■ DRAMMATICO; COL.; 117′; USA, 2007.

PADRONI DI CASA ★★
Regia di EDOARDO GABBRIELLINI. Con VALERIA BRUNI TEDESCHI, ELIO GERMANO, MAURO MARCHESE, VALERIO MASTANDREA, GIANNI MORANDI. ■ Cosimo ed Elia sono due fratelli ti-

tolari di una piccola impresa edile. Giungono in un paesino dell'Appennino tosco-emiliano per dei lavori sulla terrazza della villa di Fausto Mieli. Costui è stato un cantante molto popolare che ha lasciato da più di dieci anni le scene a causa di una grave malattia che ha colpito la moglie Moira. Ora però Mieli sta per fare la sua rentrée con un concerto che si terrà in prossimità del paese i cui abitanti lo ammirano ed invidiano al contempo. Cosimo ed Elia, con il loro comportamento involontariamente arrogante, attireranno a loro volta simpatie e ostilità. Anche perché Elia ha visto qualcosa che non doveva vedere. ■ DRAMMATICO; COL.; 90'; ITALIA, 2012.

PAESAGGIO DOPO LA BATTAGLIA ★★★
(Krojobraz po bitwie)
Regia di ANDRZEJ WAJDA. Con ALEKSANDER BARDINI, STANISLAW CELINSKA, DANIEL OLBRYCHSKI. ■ Germania 1945: gli americani arrivano in un campo di concentramento e liberano i prigionieri polacchi, che vengono alloggiati in una vecchia caserma nazista. Qui nasce l'amore tra un intellettuale e una giovane ebrea, che verrà uccisa da una sentinella. L'uomo, dopo aver attraversato un periodo di crisi, deciderà di tornare in Polonia nonostante il comunismo. ■ DRAMMATICO; COL.; 109'; POLONIA, 1970.

PAESAGGIO NELLA NEBBIA *(Topio Stin Omihli)* ★★★
Regia di THÉO ANGHELOPULOS. Con TANIA PALEOLOGOU, STRATOS TZORTOLOGLOU, MICHAELIS ZEKE. ■ Due bambini greci (una ragazzina e il fratellino di sei anni) partono per la Germania alla ricerca del padre (che in realtà non esiste; fu un'invenzione della madre). La Germania è lontana: sulla strada c'è tempo per una serie di strani incontri. Uno dei migliori film di Anghelopoulos, sul tema del viaggio come vita e della vita come viaggio senza arrivo. ■ DRAMMATICO; COL.; 127'; GRECIA, 1988. ■ VENEZIA 2 PR.

PAESE DEGLI ORSI, IL *(Bear Country)* ★★★
Regia di JAMES ALGAR. ■ È uno dei molti documentari dedicati da Disney agli animali: la cinepresa, questa volta, spia le abitudini degli orsi. Come sempre gli animali di Disney sembrano avere un'anima e un cervello. ■ DOCUMENTARIO; COL.; 80'; USA, 1953.

PAESE DEI CAMPANELLI, IL ★★
Regia di JEAN BOYER. Con CARLO DAPPORTO, SOPHIA LOREN, ALDA MANGINI, MARIO RIVA. ■ Trasposizione cinematografica dell'omonima operetta: un finto mago fa credere agli abitanti di un paesino che quando un coniuge tradirà l'altro suoneranno le campane. Il prodigio si avvera quando giungono alcuni stranieri che corteggiano le donne del posto. ■ COMMEDIA; COL.; 95'; ITALIA, 1953.

PAESE DELL'AMORE, IL *(Land der Liebe)* ★★
Regia di REINHOLD SCHÜNZEL. Con ALBERT MATTERSTOCK, VALERIE VON MARTENS. ■ Il non più giovanissimo re di una nazione immaginaria scompare a pochi giorni dalla cerimonia di fidanzamento. I suoi consiglieri, allora, pongono temporaneamente sul trono un sosia del sovrano. L'uomo si innamora, ricambiato, della principessa; la sposerà mentre il sovrano prenderà in moglie la madre dell'ex fidanzata. ■ COMMEDIA; B/N; 91'; GERMANIA, 1939.

PAESE DELLE BALIE, IL *(Der Ammenkönig)* ★★
Regia di HANS STEINHOFF. Con KATHE GOLD, RICHARD ROMANOVSKY. ■ La storia si svolge nel diciottesimo secolo. In un immaginario villaggio tedesco, una fonte straordinaria assicura la natalità e le balie migliori. Il governatore vuole approfittarsene ed emana un'imposta sul matrimonio. Sarà costretto, dopo molti grattacapi, a ritirarla. ■ COMMEDIA; B/N; 95'; GERMANIA, 1936.

PAESE DELLE SPOSE INFELICI, IL ★★
Regia di PIPPO MEZZAPESA. Con VALENTINA CARNELUTTI, ANTONIO GERARDI, AYLIN PRANDI, ROLANDO RAVELLO, LUCA SCHIPANI. ■ A Martina Franca, il giovane Francesco detto Veleno è un ragazzino di buona famiglia che vive scrutando i ragazzi dei quartieri popolari nei loro allenamenti a pallone e nei giochi all'aperto. Solo quando Zazà, il più grande e carismatico del gruppo, decide di testarne le capacità come portiere, Veleno comincia ad essere accettato e a passare i suoi pomeriggi in compagnia degli altri ragazzi. Assiste al salvataggio di una giovane vestita da sposa che stava per gettarsi da un campanile. La visione di quella ragazza bionda dai lineamenti dolci che si getta nel vuoto rimane impressa nei ricordi di Veleno e di Zazà. La Puglia come luogo dell'immaginario per il lungometraggio d'esordio del regista. ■ DRAMMATICO; COL.; 82'; ITALIA, 2011.

PAESE DEL SESSO SELVAGGIO, IL ★★
Regia di UMBERTO LENZI. Con ME ME LAY, IVAN RASSIMOV, PRASITSAK SINGHARA, SULALLEWAN SUXANTAT. ■ Per sfuggire alla polizia, un uomo si rifugia nella foresta thailandese. Alcuni indigeni lo catturano e lo tengono prigioniero fino a che la figlia del capo tribù intercede per lui. Il protagonista tenta la fuga e ammazza il fidanzato della ragazza: riportato al villaggio la sposa e, quando lei muore di parto, accetta di vivere assieme alla sua nuova gente. ■ AVVENTURA; COL.; 90'; ITALIA, 1972.

PAESE DI PAPERINO, IL ★★★
(Une fée pas comme les autres)
Regia di JEAN TOURANE. ■ Una divertente fiaba per grandi e piccini interpretata da animali veri: una scimmia cattiva ruba la bacchetta magica di una fata al villaggio che l'ha avuta in dono. Paperino e alcuni compagni ne rientrano in possesso. ■ FANTASTICO; COL.; 90'; FRANCIA, ITALIA, 1956.

PAESE INCANTATO, IL *(Fando y lis)* ★★★
Regia di ALEJANDRO JODOROWSKY. Con VALERIE JODOROWSKY, SERGIO KLAINER, DIANA MARISCAL, MARIA TERESA RIVAS. ■ Con toni surreali si descrive il pellegrinaggio di un giovane e di una ragazza paralitica verso il mitico paese della felicità. Alla fine lui ucciderà lei perché gli ha rotto un tamburo. ■ FANTASTICO; B/N; 95'; MESSICO, 1970.

PAESE SELVAGGIO *(Wild is the Country)* ★★
Regia di PHILIP DUNNE. Con JOHN IRELAND, HOPE LANGE, MILLIE PERKINS, ELVIS PRESLEY, JEAN SIMMONS, TUESDAY WELD. ■ Un orfano, finito in galera dopo una furiosa lotta col fratello, viene affidato ad uno zio. Si innamora di una ragazza ma non può sposarla perché i genitori di lei, causa i suoi precedenti, non danno il consenso. Si consola tra le braccia di un'altra che saprà aiutarlo nei momenti più difficili e che diventerà sua moglie. ■ DRAMMATICO; COL.; 114'; USA, 1961.

PAESE SELVAGGIO *(Hard Country)* ★★
Regia di DAVID GREENE. Con KIM BASINGER, MICHAEL PARKS, JEAN-MICHAEL VINCENT. ■ Kyle è un "urban cowboy", un ex vaccaro texano che lavora tutto il giorno e fa follie ogni notte. La sua dolce fidanzata (Kim Basinger) vorrebbe essere sposata (Kyle sarebbe anche d'accordo) ma vorrebbe anche portarlo fuori dal Texas. E qui Kyle oppone una tenace resistenza. ■ COMMEDIA; COL.; 92'; USA, 1981.

PAESE SENZA DIO, IL *(Le sorcier du ciel)* ★★
Regia di MARCEL BLISTÈNE. Con ALFRED ADAM, MARIE DAEMS, DORA DOLL, ALEXANDRE REIGNAULT, GEORGES ROLLIN. ■ Il film ambientato nell'Ottocento narra la vita di un sacerdote che, destinato ad un villaggio abitato da anticlericali, riesce a redimerli e a riportarli alla fede. Anche il più tenace degli atei, il maniscalco, finirà per riconoscere i miracoli del religioso e riavvicinarsi a Dio. ■ BIOGRAFICO; B/N; 100'; FRANCIA, 1948.

PAESE SENZA PACE, IL ★★★
Regia di LEO MENARDI. Con CESCO BASEGGIO, MEMO BENASSI, ROSSANO BRAZZI, CESARINA GHERALDI, ISA POLA, GIULIO STIVAL, PAOLA VENERONI, ROBERTO VILLA. ■ Trasposizione cinematografica de *Le baruffe chiozzotte* di Goldoni, con un drappello di ottimi attori. ■ COMMEDIA; B/N; 91'; ITALIA, 1943.

PAGANINI *(Gern hab' ich die Frau'n geküsst)* ★★
Regia di E.W. EMO. Con ELISA ILLARD, IVAN PETROVICH. ■ Paganini, oltre che geniale compositore ed esecutore leggendario, era anche un impenitente dongiovanni: il film racconta, romanzandoli, i suoi amori per una zingara e per la duchessa di Lucca, sorella di Napoleone. Proprio quest'ultimo idillio rischia di provocare uno scandalo, ma poi tutto va per il meglio. ■ COMMEDIA; B/N; 92'; GERMANIA, 1934.

PAGANINI ★★
Regia di KLAUS KINSKI. Con BERNARD BLIER, DEBORA CAPRIOGLIO, KLAUS KINSKI, MARCEL MARCEAU, DONATELLA RETTORE.

■ Un enorme pasticcio presuntuoso all'eccesso. Una definizione simile è perfettamente adeguata all'attore Kinski, bravo quando recita con veri registi, che ha voluto costruire un monumento a se stesso. I miliardi sono stati sprecati: gli attori, compresi quelli di nome, usati per pochi minuti, sembra che passino per caso sul set soprattutto per non fare da ombra al divo Klaus. Si comincia con una fotografia di uno sgranato da bruciare gli occhi per una lunga e noiosissima sequenza in cui Paganini riceve applausi mentre la voce di Dalila Di Lazzaro descrive i pensieri peccaminosi che le procura il violinista. In una follia di immagini prese di peso da *La bestia* di Borowczyk e con un montaggio alla Godard, ma solo nelle intenzioni, si arriva stremati alla fine degli 80 minuti. La sola cosa buona è l'esecuzione dei brani al violino di Salvatore Accardo. ■ DRAMMATICO; COL.; 82′; ITALIA, 1989.

PAGANINI HORROR ★★
Regia di LUIGI COZZI. Con JASMINE MAIN, DARIA NICOLODI, DONALD PLEASENCE. ■ Una villa maledetta, dove si dice abbia abitato Paganini nel periodo in cui vendette l'anima al diavolo per diventare famoso, è sede di una serie di orrori. Dapprima l'uccisione involontaria della madre Erika, da parte della figlioletta, quindi la decimazione, a distanza di vent'anni, di un gruppo rock femminile che sta girando un videoclip. ■ HORROR; COL.; 88′; ITALIA, 1988.

PAGA O MUORI *(Wartezimmer zum Jenseits)* ★★
Regia di ALFRED VOHRER. Con GOTZ GEORGE, KLAUS KINSKI, HILDEGARDE KNEFF. ■ Il nipote di un milionario ucciso da alcuni gangster riesce a risalire fino al capo. Costui lo imprigiona e chiede un forte riscatto. Una ragazza della banda tenta il doppio gioco e sta per essere eliminata. Fortunatamente arrivano gli agenti che impediscono ai malviventi di nuocere. ■ GIALLO; B/N; 94′; GERMANIA, 1964.

PAGARE O MORIRE *(Pay or Die)* ★★
Regia di RICHARD WILSON. Con ALAN AUSTIN, ERNEST BORGNINE, ZOHRA LAMPERT, ROBERT F. SIMON. ■ Siamo a New York, e precisamente a Little Italy, durante il primo decennio del Novecento. Il poliziotto Petrosino è impegnato contro una banda di gangster che taglieggia gli abitanti. Dopo un attentato che costa la vita a numerose persone, Petrosino crede di individuare il capomafia e si reca in Sicilia per approfondire le indagini. Quando è ormai in possesso delle prove decisive viene ucciso. ■ POLIZIESCO; B/N; 110′; USA, 1960.

PAGATI PER MORIRE – AVVENTURIERI PER UNA RIVOLTA *(Estouffade à la Caraïbe)* ★★
Regia di JACQUES BESNARD. Con MARIO PISU, MARIA ROSA RODRIGUEZ, VITTORIO SANIPOLI, JEAN SEBERG, FREDERICK STAFFORD. ■ Uno specialista in casseforti viene ingaggiato da alcuni rivoluzionari che vogliono appropriarsi del tesoro custodito in un forte inattaccabile. ■ AVVENTURA; COL.; 100′; FRANCIA, 1967.

PAGATO PER UCCIDERE *(Paid to Kill)* ★★
Regia di ANTHONY HINDS. Con PAUL CARPENTER, CECILE CHEVREAU, DANE CLARK. ■ Un uomo d'affari che si crede rovinato incarica un amico di ucciderlo. La sua morte permetterà alla moglie di incassare una sostanziosa assicurazione. Poco dopo, però, la sua situazione finanziaria migliora ed egli, benché non riesca a rintracciare l'amico per evitare che lo uccida, sfugge miracolosamente ad alcuni attentati. Gli autori sono proprio la consorte e il suo amante, che faranno una brutta fine. ■ DRAMMATICO; B/N; 72′; GRAN BRETAGNA, 1954.

PAGELLA, LA ★
Regia di NINI GRASSIA. Con MASSIMO DEDA, MARC POREL, MARIO TREVI. ■ Patetica sceneggiata napoletana. Un ragazzino primo della classe muore durante una rapina e il padre lo vendica cercando e uccidendo il bandito. ■ COMMEDIA; COL.; 90′; ITALIA, 1980.

PAGEMASTER – L'AVVENTURA MERAVIGLIOSA ★★
(The Pagemaster)
Regia di MAURICE HUNT, JOE JOHNSTON. Con MACAULAY CULKIN, MEL HARRIS, CHRISTOPHER LLOYD. ■ Richard Tyler è un bambino molto timido. Trova riparo da un temporale in una biblioteca, si addormenta e si risveglia sotto forma di cartone animato. Dovrà allora darsi da fare con l'aiuto di tre libri dall'aspetto umano: Terrore, Avventura, Fantasia. ■ FANTASTICO; COL.; 75′; USA, 1994.

PAGINE CHIUSE ★★
Regia di GIANNI DA CAMPO. Con GIORGIO DA ROS, SILVANO DE MUNARI, MARIA GAZZIOLA, DUILIO LAURENTI, LUIGI NADALI. ■ Un uomo si separa dalla moglie e affida il figlioletto ad un istituto di religiosi. Il piccolo sente la mancanza della famiglia e si rinchiude in se stesso. I suoi istitutori non lo comprendono, spingendolo inesorabilmente alla solitudine. ■ DRAMMATICO; B/N; 88′; ITALIA, 1969.

PAGINE DAL LIBRO DI SATANA ★★★
(Blade of Satans Bog)
Regia di CARL THEODOR DREYER. Con HELGE NISSEN, EBOR STRANDIN, JACOB TEXIERE. ■ Il tema religioso e le due forze contrapposte, Dio e il demonio, sono presenti in questa storia. Il secondo ne è protagonista e Dreyer lo descrive in quattro epoche ed episodi differenti. Il diavolo appare sotto diverse sembianze. Prima spinge Giuda contro Gesù, poi un monaco a torturare una ragazza ingiustamente creduta strega, quindi un servo ad aiutare dei rivoluzionari ed infine fallisce il tentativo di distruggere l'amore di due sposi. ■ DRAMMATICO; B/N; 110′; DANIMARCA, 1920.

PAGINE DELLA NOSTRA VITA, LE *(The Notebook)* ★★
Regia di NICK CASSAVETES. Con JOAN ALLEN, JAMES GARNER, RYAN GOSLING, JAMES MARSDEN, RACHEL MCADAMS, GENA ROWLANDS, SAM SHEPARD, DAVID THORNTON. ■ La famiglia Cassavetes torna al cinema, anche se orfana del grande John, il capostipite. Nick, il figlio, dirige; Gena Rowlands, la moglie, interpreta accanto a Ryan Gosling e Rachel McAdams. La storia è tratta da un romanzo di Nicholas Sparks, autore amato dal cinema "romantico". Una donna anziana affetta dal morbo di Alzheimer si sente narrare da un altro ricoverato la storia di un amore nato negli anni Trenta. In realtà quell'amore non è frutto della fantasia di uno scrittore. Non diciamo altro per non togliere quel po' che resta di attesa in un film che fa del romanticismo cinematograficamente più smaccato il suo punto di forza. Se Nick Cassavetes aveva trovato in *John Q* un equilibrio tra il thriller e la "verità" delle disfunzioni del sistema sanitario negli Usa, qui tutto scivola (sin dai titoli di testa) verso il romanzo d'amore di facile consumo, neanche tanto riveduto e corretto. Vanno riconosciuti la bravura dei due protagonisti e lo sguardo amorevole con cui Nick inquadra mamma Gena. ■ DRAMMATICO; COL.; 127′; USA, 2004.

PAGINE PROIBITE DALLA VITA DI UNA FOTOMODELLA *(Her Private Hell)* ★★
Regia di JAMES H. WARREN. Con PEARL CATLIN, MARY LAND, LUCIA MODUGNO, DANIEL OLLIE, TERRY SKELTON. ■ Una ragazza italiana viene assunta in Inghilterra apparentemente come fotomodella, in realtà per venire sfruttata su giornali pornografici. Divenuta l'amante di un collega, lo difende quando la moglie del suo fotografo lo accusa di essere responsabile dell'illecito commercio. ■ DRAMMATICO; B/N; 90′; GRAN BRETAGNA, 1969.

PAGLIACCI, I ★★
Regia di GIUSEPPE FATIGATI. Con BENIAMINO GIGLI, PAUL HÖRBIGER, ALIDA VALLI. ■ Il maestro Leoncavallo scrive l'opera che dà il titolo al film prendendo spunto dal racconto di un uomo. Costui, uscito di galera dopo vent'anni per omicidio, vorrebbe rivedere la propria figlia che, cresciuta in un'altra famiglia, ignora quei tragici anni del suo passato. Dopo numerose traversie l'incontro avviene, quindi l'uomo scompare. ■ DRAMMATICO; B/N; 75′; ITALIA, 1942.

PAGLIACCI – AMORE TRAGICO, I ★★
Regia di MARIO COSTA. Con TITO GOBBI, GINA LOLLOBRIGIDA, GIULIANO MASINI, AFRO POLI. ■ Il film fonde in maniera eccellente l'opera lirica e la storia d'amore che essa racconta e che si tramuta poi in realtà. Una delle attrici, che sulla scena ha il ruolo della moglie che tradisce il marito, s'innamora per davvero di un altro e decide di lasciare il coniuge. Questi, che ha saputo tutto da un rivale, uccide la donna e il suo nuovo compagno. ■ COMM. MUSICALE; B/N; 81′; ITALIA, 1949.

PAGLIACCIO, IL *(The Clown)* ★★
Regia di ROBERT Z. LEONARD. Con TIM CONSIDINE, JANE GREER, RED SKELTON. ■ Un attore in miseria ottiene, grazie al figlioletto, una scrittura. Perde i soldi al gioco che ha guadagnato e, ritenendosi un padre indegno, affida il figlio alla donna da cui ha divorziato. Il bambino, però, non è felice e torna accanto al padre. Incitato da tanto amore, l'uomo riprende a lavorare e ottiene un grande successo: l'emozione è tale che muore. ■ DRAMMATICO; B/N; 92'; USA, 1953.

PAID IN FULL ★
Regia di CHARLES STONE. Con KEVIN CARROLL, WOOD HARRIS, MEKHI PHIFER. ■ Harlem, fine anni Ottanta. Ace è un giovane ed onesto commesso di una lavanderia, ma riesce a fatica a tirare avanti con il modesto salario che guadagna ogni mese. Mitch, il suo migliore amico, che gira per il quartiere su macchine sportive grazie ai soldi fatti con lo spaccio di crack, viene arrestato; Ace è allora contattato da Lulu, un importante distributore di droga, che lo coinvolge nel crimine, facendolo diventare ricco e potente in poco tempo. Crudo spaccato della vita ad Harlem nel momento di maggior diffusione del crack e di maggior degrado urbano e civile, ma senza mordente e con personaggi tagliati con l'accetta fino a farli sembrare dei fumetti. ■ AZIONE; COL.; 97'; USA, 2002.

PAIN & GAIN – MUSCOLI E DENARO *(Pain & Gain)* ★★
Regia di MICHAEL BAY. Con ROB CORDDRY, ED HARRIS, DWAYNE JOHNSON, TONY SHALHOUB, ROB MARK WAHLBERG. ■ Daniel Lugo è un trainer di fitness ossessionato dal sogno americano. Riesce così a coinvolgere due amici, Doyle e Doorball nel portare a termine il rapimento di un facoltoso cliente della palestra. Lo scopo è quello di farsi trasferire i suoi averi. Le cose però non andranno nel verso sperato dal trio. Michael Bay, lasciatisi i *Transformers* alle spalle può finalmente realizzare una produzione con un budget meno imponente e porta sullo schermo una dark comedy che affonda però le sue radici nella realtà: il fatto è accaduto realmente. ■ AZIONE; COL.; 129'; USA, 2013.

PAISÀ ★★★★★
Regia di ROBERTO ROSSELLINI. Con DALE EDMUNDS, DOTS M. JOHNSON, GAR MOORE, CARMELA SAZIO, WILLIAM TUBBS, HARRIET WHITE. ■ Il film è composto da sei episodi che si svolgono fra il luglio del 1943 e la fine del 1944. Primo episodio: una ragazza siciliana aiuta una pattuglia di americani a disporsi sulla costa. Rimasta sola con un soldato, questi viene ucciso dai tedeschi, lei si batte ma viene a sua volta uccisa. Secondo episodio: a Napoli uno scugnizzo ruba un paio di scarpe a un soldato americano di colore, ubriaco. Il giorno dopo il soldato ritrova il ragazzo e... gli lascia le scarpe. Terzo episodio: a Roma un americano conosce Francesca. Si perdono di vista e lui la cerca. Incontra una prostituta e si intrattiene con lei, ma è talmente innamorato di Francesca da non accorgersi che la prostituta era proprio lei. Quarto episodio: a Firenze un'infermiera inglese cerca il suo compagno, capo partigiano, certo Lupo. Attraversa gli Uffizi fra gli spari. Soccorre un partigiano morente che nel delirio dice: «...anche Lupo è morto...». Quinto episodio: in un convento sull'Appennino tosco-emiliano arrivano tre cappellani protestanti. Quando i frati lo scoprono cercano ingenuamente di "riparare": la sera digiunano per ottenere dalla provvidenza la conversione. Sesto episodio: alle foci del Po i partigiani combattono i tedeschi che sono in forze preponderanti. Circondati, i partigiani non hanno via d'uscita. Alcuni si uccidono, altri, fatti prigionieri, vengono gettati legati nel Po. È forse il più lucido, chiaro, drammatico manifesto del cinema neorealista italiano. Rossellini perfeziona la chiave narrativa di *Roma città aperta* con uno stile ancora più vicino al documentario e ancor più lontano dal plot secondo le regole dell'industria cinematografica. Eppure il regista trova una via equidistante: realizza delle storie con la verità del documentario e un documentario senza didattica e con la "fantasia" dell'intreccio. Una misura che appartiene solo a lui. Naturalmente gli episodi non si avvalgono della presenza di grandi nomi, mentre in *Roma città aperta* Anna Magnani e Aldo Fabrizi, autentici divi italiani, portano un contributo decisivo. Rossellini fa parlare i personaggi in inglese e in tedesco senza preoccuparsi di sottotitolare: un'altra manifestazione di verità vicina alla gente italiana, che per anni sentì quelle lingue senza capirle. ■ DRAMMATICO; B/N; 125'; ITALIA, 1946. ■ OSCAR 1 NOM; VENEZIA 1 PR.

PALABRAS ★★★
Regia di CORSO SALANI. Con PALOMA CALLE, MARIA JESUS CASANOVA, ALESSANDRO MIZZI, MONICA RAMETTA, CORSO SALANI, SUSANNA TELLO. ■ Adela, una ragazza "bene" di Santiago del Cile, ricorda con serena nostalgia l'impegno ambientalista profuso un anno prima nell'impedire la costruzione di una diga, in un paesino delle Ande, e l'amore vissuto con l'ingegnere italiano responsabile proprio del cantiere della diga. Corso Salani è un regista atipico nel panorama italiano. Realizza solo i film in cui crede e lo fa a basso costo ma con alto tasso di partecipazione. ■ DRAMMATICO; COL.; 92'; ITALIA, 2003.

PALADINI – STORIA D'ARMI E D'AMORI, I ★★★
Regia di GIACOMO BATTIATO. Con BARBARA DE ROSSI, RICK EDWARDS, TANYA ROBERTS. ■ Orlando, Angelica, Rinaldo, Bradamante: tutti gli eroi dei poemi cavallereschi ritornano in questa rielaborazione intelligente e ben raccontata delle loro imprese. Questa volta le favolose foreste di Ludovico Ariosto sono una selva brulla che ricorda i film sui samurai di Akira Kurosawa. ■ AVVENTURA; COL.; 100'; ITALIA, 1983. ■ DAVID DI DONATELLO 1 PR, 1 NOM.

PALADINO DELLA CORTE DI FRANCIA, IL ★★
(La salamandre d'or)
Regia di MAURICE RÉGAMEY. Con SCILLA GABEL, VALÉRIE LAGRANGE, JEAN-CLAUDE PASCAL, MADELEINE ROBINSON. ■ Francesco I viene fatto prigioniero dagli spagnoli. Un nobile, desideroso di succedergli sul trono, tende un'imboscata all'uomo che sta portando ai nemici il riscatto per il proprio re. Il traditore riesce a rubargli il denaro e a farlo credere colpevole del furto, senonché, dopo innumerevoli avventure, viene privato del maltolto e ucciso. ■ AVVENTURA; COL.; 95'; FRANCIA, 1963.

PALCO ALL'OPERA, UN ★★
Regia di SIRO MARCELLINI. Con ISA BARZIZZA, ALBERTO FARNESE, VERA MOLNAR, ALDO SILVANI. ■ Un ex direttore d'orchestra assiste, tutte le volte che può, alle prove dei balletti. Un giorno, per rappacificare la prima ballerina e il regista suo fidanzato, si mette a suonare il piano e a raccontare le storie d'amore di Donizetti, Rossini, Bellini concludendo con la propria, che terminò per motivi d'orgoglio. I due innamorati comprendono la morale della favola e si gettano l'uno nelle braccia dell'altra. ■ COMM. MUSICALE; B/N; 92'; ITALIA, 1955.

PALCOSCENICO *(Stage Door)* ★★★★
Regia di GREGORY LA CAVA. Con KATHARINE HEPBURN, ANDREA LEEDS, ADOLPHE MENJOU, GINGER ROGERS. ■ Una giovane e ricca ragazza americana si trasferisce in un pensionato di giovani artisti perché vuole fare l'attrice di teatro, benché non ne abbia le qualità. Grazie all'influenza paterna riesce ad ottenere il ruolo principale in una commedia alla quale aspirava un'altra ragazza, che in quella parte vedeva la possibilità del successo e della sistemazione economica. La delusione la porta ad uccidersi; la prescelta è talmente toccata dall'avvenimento che ne esce trasformata e ottiene un enorme successo. ■ DRAMMATICO; B/N; 92'; USA, 1937. ■ OSCAR 4 NOM.

PALCOSCENICO DELLA STRADA *(Street Scene)* ★★★
Regia di KING VIDOR. Con BEULAH BONDI, SYLVIA SIDNEY, ESTELLE TAYLOR. ■ Dal dramma di Elmer Rice, vincitore del premio Pulitzer. King Vidor, allora uno dei registi più importanti d'America, non riesce a liberarsi della pesante struttura teatrale (che fa sembrare fasulli i drammi come gli ambienti ricostruiti in studio), però riesce ugualmente a rendere la disperazione degli anni della depressione come già gli era riuscito ai tempi di *Folla* e di *Nostro pane quotidiano*. È la storia della vita di tutti i giorni in un quartiere povero di New York. Alla rassegnazione dei vecchi fa riscontro l'angoscia dei giovani che sognano fughe forse impossibili. ■ DRAMMATICO; B/N; 80'; USA, 1931.

PALERMO-MILANO SOLO ANDATA ★★
Regia di CLAUDIO FRAGASSO. Con RAOUL BOVA, GIANCARLO GIANNINI, RICKY MEMPHIS. ■ Un contabile della mafia è co-

stretto a pentirsi. Un gruppetto di giovani poliziotti "sacrificabili" è incaricato di portarlo a Milano a testimoniare. Tra un agguato e un tradimento i giovani ce la fanno. Fra luoghi comuni straconosciuti e agenti nostrani che ormai non hanno niente da invidiare a Callaghan si nota una non disprezzabile qualità di azione e un Bova agli esordi che è già un discreto attore. ■ POLIZIESCO; COL.; 105′; ITALIA, 1996.

PALERMO ODER WOLFSBURG ★★★

Regia di WERNER SCHROETER. Con IDA DI BENEDETTO, ANTONIO ORLANDO, BRIGITTE TOLG, NICOLA ZARBO. ■ Nicola, un giovane siciliano, decide di evadere dalla soffocante realtà politica e sociale della sua isola per trasferirsi a Wolfsburg, una cittadina della Germania. Non tarda a rendersi conto, però, che le sue illusioni sono destinate ad infrangersi contro un muro di diffidenza e spesso di ostilità. Tutto questo è ancora poco rispetto a quello che gli accadrà dopo aver incontrato Brigitte. ■ DRAMMATICO; COL.; 175′; GERMANIA, 1980. ■ BERLINO 1 PR.

PALESTINA SACRA ★★

Regia di GIACOMO PESCE. ■ Documentario girato nei luoghi dove visse Gesù. Sobrio il commento. ■ DOCUMENTARIO; COL.; 93′; ITALIA, 1967.

PALINDROMES ★★

Regia di TODD SOLONDZ. Con ELLEN BARKIN, STEPHEN ADLY GUIRGIS, JENNIFER JASON LEIGH, RICHARD MASUR, DEBRA MONK. ■ La dodicenne Aviva Victor vuole essere madre. Fa tutto quello che può perché ciò accada e arriva molto vicina a raggiungere lo scopo, ma è fermata dai suoi preoccupati genitori. Così scappa, ancora determinata a restare incinta, ma invece si trova persa in un mondo alternativo, meno sensato forse, ma pregno esso stesso di ogni sorta di strane possibilità. Questo è un viaggio circolare come molti e alla fine è difficile dire se Aviva potrà essere come prima, o se non potrà mai essere niente altro che esattamente la stessa di prima. Todd Solondz ovvero del cinismo. Un cinismo che sembra avere pietà dei suoi personaggi e invece li espone al dileggio dello spettatore. Con grande abilità di costruzione narrativa e con quel tanto di "stravaganza" (tenere fermo il personaggio mutando gli attori che lo interpretano) che fa tanto "autore". Peccato però che si sia molto distanti dalla tenuta complessiva di quell'*Happiness* che resta il punto di riferimento della sua filmografia. Anche la vocazione al grottesco ha bisogno di misura. ■ DRAMMATICO; COL.; 100′; USA, 2004.

PALIO ★★★

Regia di ALESSANDRO BLASETTI. Con GUIDO CELANO, UGO CESERI, MARA DUSSIA, MARIO FERRARI, LEDA GLORIA, LAURA NUCCI. ■ A Siena sta per svolgersi il palio: il fantino favorito viene attirato in un tranello e malmenato brutalmente. I suoi rivali sperano così di avere campo libero ma l'uomo, con uno sforzo supremo, monta ugualmente sul suo cavallo e vince la prestigiosa competizione. ■ DRAMMATICO; B/N; 90′; ITALIA, 1932.

PAL JOEY ★★★

Regia di GEORGE SIDNEY. Con RITA HAYWORTH, KIM NOVAK, FRANK SINATRA, BARBARA NICHOLS, BOBBY SHERWOOD. ■ Joey è un cantante rubacuori che lascia il suo paese e trova lavoro in un locale di San Francisco. Padrona è la ricchissima e matura Vera e tra le ballerine c'è la dolce Linda. Joey accetta l'aiuto della prima ma si innamora di Linda. Dramma amoroso e aut aut finale. Il cantante sceglie la ballerina. ■ COMM. MUSICALE; COL.; 111′; USA, 1957. ■ OSCAR 4 NOM.

PALLA DI FUOCO *(Fireball 500)* ★★

Regia di WILLIAM ASHER. Con FRANKIE AVALON, FRANÇOISE FABIAN, ANNETTE FUNICELLO. ■ Protagonista è un giovane campione di automobilismo. Un giorno la polizia lo insegue e lui crede sia per eccesso di velocità. Invece la sua auto trasporta un carico di whisky di contrabbando. Quando il campioncino se ne accorge ha il dilemma: pagare per una colpa che non ha commesso oppure mettere quanti più chilometri possibile tra sé e i rappresentanti della legge? ■ AVVENTURA; COL.; 95′; USA, 1966.

PALLA DI NEVE ★★

Regia di MAURIZIO NICHETTI. Con ANNA FALCHI, LEO GULLOTTA, ALESSANDRO HABER, FABIANO VAGNARELLI, PAOLO VILLAGGIO. ■ Una piccola orca bianca è strumentalizzata dai cattivi. Toccherà ai buoni affrancarla e farla tornare libera. E con lei si affrancano tutti. Tentativo di produzione importante e famigliare per grandi incassi. Rimane un Nichetti a disagio, il corpo strepitoso della Falchi, un Villaggio sempre più patetico e il magnifico mare greco. ■ AVVENTURA; COL.; 100′; ITALIA, 1995.

PALLA N. 13, LA *(Sherlock Jr.)* ★★★

Regia di ROSCOE FATTY ARBUCKLE, BUSTER KEATON. Con WARD CRANE, BUSTER KEATON, KATHRYN MCGUIRE. ■ Un ragazzo desidera diventare un grande detective. Un libro tascabile diventa il suo vademecum. Salverà una ragazza da un uomo disonesto che cerca di raggirarla. Famosissima la scena in cui Keaton si addormenta in sala proiezione e sogna di entrare nello schermo. Un'idea, questa, sfruttata da molti comici dopo di lui, basti pensare a *La rosa purpurea del Cairo* di Allen. ■ COMMEDIA; B/N; 95′; USA, 1924.

PALLE AL BALZO – DODGEBALL ★★
(Dodgeball: a True underdog Story)

Regia di RAWSON MARSHALL THURBER. Con JUSTIN LONG, JOEL DAVID MOORE, STEPHEN ROOT, BEN STILLER, CHRISTINE TAYLOR, RIP TORN, VINCE VAUGHN, CHRIS WILLIAMS. ■ Ben Stiller è il cattivissimo e stupidissimo proprietario di una catena di centri di fitness, smanioso di globalizzare anche il più piccolo centro sportivo. Una modesta palestra di periferia cercherà di non farsi piegare economicamente puntando tutto sul primo premio del campionato di Dodgeball, che finirà, nemmeno a dirlo, con una sfida all'ultimo sangue tra i buoni e i cattivi. Il torneo di Dodgeball, variante violenta di "palla avvelenata", ci traghetta attraverso un nuovo, vano, tentativo di raggiungere i livelli di *Tutti pazzi per Mary*. Gradevole ma mai esilarante, ci troviamo di fronte a una formula collaudata che risente probabilmente dell'eccessivo sfruttamento. ■ COMMEDIA; COL.; 92′; USA, 2004.

PALLE D'ACCIAIO *(Head Office)* ★★

Regia di KEN FINKLEMAN. Con EDDIE ALBERT, DANNY DEVITO, RICK MORANIS, JUDGE REINHOLD, JANE SEYMOUR. ■ Commedia insipida ricavata come una minestra riscaldata giocando con i nomi di Danny De Vito e di Rick Moranis (quest'ultimo famoso per *Tesoro, mi si sono ristretti i ragazzi*). Ebbene sono talmente pochi i minuti in cui appaiono che quasi non vengono notati. Jack è figlio di un senatore e viene assunto dal presidente di una multinazionale. Lo scopo è di far fare una rapida carriera al giovanotto e ricattare il padre senatore. In realtà poi Jack sventa un complotto che metterebbe sul lastrico molte persone. La satira contro multinazionali e yuppies è irrisolta. ■ COMMEDIA; COL.; 86′; USA, 1986.

PALLE IN CANNA ★★
(National Lampoon's Loaded Weapon 1)

Regia di GENE QUINTANO. Con TIM CURRY, EMILIO ESTEVEZ, SAMUEL L. JACKSON, JON LOVITZ. ■ Ennesima parodia demenziale sullo stile delle "pallottole" e degli *hot shots*. Si attinge, in questo caso, ad *Arma letale* e si fa incetta di molte citazioni. Ci sono il poliziotto di colore e quello bianco alle prese con dei biscotti aromatizzati alla cocaina. Manca la *verve* e il ritmo delle altre due "serie". In piccole apparizioni ci sono Charlie Sheen, William Shatner e Whoopi Goldberg. ■ COMICO; COL.; 85′; USA, 1993.

PALLINA MAGICA – IL RITORNO DELLA ★★
PALLINA MAGICA, LA *(The Magic Marble)*

Regia di DARREL CATTING. Con DAVID HANNEFORD, CAROLE SHELLY. ■ Un uomo e il figlioletto sono in una stanza di casa quando la pallina posta tra le mani di una statuetta orientale si stacca e si anima, riuscendo a compiere mirabolanti prodigi, fino a trasformare il piccolo in una femminuccia e il padre in un omino piccolissimo. Quando ritorna al proprio posto i due protagonisti si persuadono di aver sognato. ■ AVVENTURA; B/N; 92′; GRAN BRETAGNA, 1952.

PALLONCINO BIANCO, IL *(Badkonak- e Sefin)* ★★

Regia di JAFAR PANHAI. Con MOHSEN KALIFI, AIDA MOHAMMADKHANI, MOHAMMAD SHAHANI. ■ Una bambina (assomiglia drammaticamente a Enzo Stajola, il bambino di *Ladri di biciclette*) vuole un pesciolino rosso. La mamma le dà i soldi per comprarlo, lei li perde, li cerca e incontra personaggi variopinti: incantatori di serpenti, vecchiette casalinghe, passanti, un ragazzo afghano che vende palloncini. Mondo minimale e poetico descritto da questo regista esordiente che ha raccolto premi dovunque. È bello esplorare queste realtà autoctone, da parte di noi occidentali. Certo, sono cose che un tempo ha descritto anche il nostro cinema. Adesso le ritroviamo nei film del Terzo mondo. ■ COMMEDIA; COL.; 85′; IRAN, 1996. ■ CANNES 1 PR.

PALLONCINO ROSSO, IL *(Le ballon rouge)* ★★★
Regia di ALBERT LAMORISSE. Con PASCAL LAMORISSE, GEORGE SEIGNER. ■ Il piccolo protagonista trova un palloncino rosso del quale diventa grande amico. Alcuni suoi compagni, però, glielo rubano e lo forano. Il palloncino perde la vita, ma altri palloncini vengono da tutte le parti a consolare il bimbo e a trasportarlo, appeso ai loro fili, in cielo. Palma d'Oro a Cannes per il cortometraggio. ■ FANTASTICO; COL.; 35′; FRANCIA, 1955. ■ OSCAR 1 PR, 1 NOM.

PALLOTTOLA ALLA SCHIENA, UNA ★★
(Rider on a Dead Horse)
Regia di HERBERT L. STROCK. Con BRUCE GORDON, KEVIN HAGEN, LISA LU, JOHN VIVYAN. ■ Un cercatore d'oro uccide un compagno e ne ferisce gravemente un altro. Poi persuade un poliziotto che è stato quest'ultimo ad assassinare il defunto per non dover dividere con nessuno l'oro trovato dopo molto lavoro in comune. Ma il ferito guarisce per le amorose cure di una brava ragazza e fa fuori il cattivone. L'oro resta sepolto da uno scoppio di dinamite usata per respingere gli indiani. ■ WESTERN; B/N; 72′; USA, 1963.

PALLOTTOLA PER ROY, UNA *(High Sierra)* ★★★★
Regia di RAOUL WALSH. Con HUMPHREY BOGART, ALAN CURTIS, ARTHUR KENNEDY, JOAN LESLIE, IDA LUPINO. ■ Un noto gangster appena uscito di prigione porta a termine, con tre complici, un grosso furto. Impiega il denaro ricavato per far curare una ragazza della quale è innamorato e che non lo ricambia. Deluso e amareggiato, l'uomo si nasconde in casa dell'amante per qualche tempo; quando è costretto ad andarsene viene individuato dalla polizia e ucciso. ■ POLIZIESCO; B/N; 100′; USA, 1941.

PALLOTTOLA PER UN FUORILEGGE, UNA ★★
(Bullet for a Badman)
Regia di ROBERT G. SPRINGSTEEN. Con RUTA LEE, DARREN MCGAVIN, AUDIE MURPHY, BEVERLY OWEN. ■ Un evaso vuole rapinare una banca e ammazzare il marito della sua ex consorte. Compiuto il furto, però, viene inseguito e ferito a morte proprio dal suo rivale. Prima di spirare può vedere il figlio. ■ WESTERN; COL.; 80′; USA, 1964.

PALLOTTOLA SENZA NOME, LA ★★
(No Name on the Bullet)
Regia di JACK ARNOLD. Con CHARLES DRAKE, IOAN EVANS, VIRGINIA GREY, AUDIE MURPHY. ■ Un killer uccide le sue vittime con un metodo insolito: le provoca per poter usufruire della legittima difesa. Nel paese in cui è giunto, la sua fama si diffonde insieme al terrore e alle illazioni sulla prossima possibile vittima. Accadono diversi incidenti mortali: ci rimette la pelle anche un giudice paralitico che ha emesso una condanna ingiusta. Anche questa volta il pistolero ha portato a termine la sua missione. ■ WESTERN; COL.; 77′; USA, 1959.

PALLOTTOLA SPUNTATA, UNA *(The Naked Gun)* ★★★
Regia di DAVID ZUCKER. Con RICARDO MONTALBAN, LESLIE NIELSEN, PRISCILLA PRESLEY. ■ Parodia del "duro" poliziesco alla Clint Eastwood, realizzata dall'équipe dell'*Aereo più pazzo del mondo*. Protagonista è un detective di Los Angeles, di onestà adamantina (ma anche di cretineria al di sopra della media). Temendo qualche sua bravata, i superiori lo sospendono in occasione della visita nella città di Elisabetta d'Inghilterra. Invano il poliziotto rivela che si sta preparando un attentato, ma alla fine riuscirà a sventare il piano dei terroristi. ■ COMICO; COL.; 86′; USA, 1988.

PALLOTTOLA SPUNTATA 2 E 1/2 – L'ODORE DELLA PAURA, UNA ★★★
(The Naked Gun 2 1/2 – The Smell of Fear)
Regia di DAVID ZUCKER. Con GEORGE KENNEDY, LESLIE NIELSEN, PRISCILLA PRESLEY. ■ Il ritmo serrato del primo capitolo di questa saga delle battute a raffica era impossibile da ripetere, dunque gli autori hanno avuto il buon gusto di risolvere il film con una quantità maggiore di sorrisi e minore di risate. Rimangono inalterate la tecnica della palese citazione, con vere e proprie scene ricostruite da altri film (una per tutte l'autocitazione del dolciastro *Ghost*) e il gusto per la pulizia formale. C'è anche posto per il messaggio ecologico dell'aria pulita, che è efficace perché non sbandierato ma mascherato. Il poliziotto Drebin e la splendida Jane aiuteranno infatti il presidente degli Stati Uniti Bush, caricaturato in maniera esemplare, a scoprire gli intrighi dei distruttori dell'aria pulita. ■ COMMEDIA; COL.; 90′; USA, 1991.

PALLOTTOLA SPUNTATA 33 E 1/3 – L'INSULTO FINALE, UNA *(Naked Gun 33 1/3 – The Final Insul)* ★★
Regia di PETER SEGAL. Con GEORGE KENNEDY, LESLIE NIELSEN, PRISCILLA PRESLEY. ■ Il terzo capitolo della saga demenziale è dignitoso. Leslie Nielsen è bravo e il ritmo di citazioni cinematografiche senza fiato. Frank, l'agente della polizia più pazzo del mondo, si gode la pensione. La vita da "casalingo" viene però interrotta ben presto da un'importante missione. ■ COMICO; COL.; 90′; USA, 1993.

PALLOTTOLE CINESI *(Shanghai Noon)* ★★
Regia di TOM DEY. Con JACKIE CHAN, OWEN WILSON. ■ È un film di genere cinese *wuxiapian* trapiantato nel polveroso west americano. Il *wuxiapian* è un film in costume che rilegge in chiave avventurosa le leggende orientali. *Pallottole cinesi* è il primo *wuxiapian* di produzione americana: vi si racconta il viaggio in America di una guardia dell'Imperatore della Cina per recuperare una figlia rapita. L'ambientazione tardo-ottocentesca offre l'occasione per far incontrare una guerriero cinese (Jackie Chan), un rapinatore di banche (Owen Wilson) e una giovane donna indiana. Chan è un esperto in arti marziali e sfoggia un'incredibile gamma di acrobazie e giravolte, mentre Wilson è il cow-boy che impersona i valori del vecchio West. Il film, malgrado l'humor e il repertorio acrobatico di Chan, annoia. ■ AZIONE; B/N; 95′; USA, 2002.

PALLOTTOLE SU BROADWAY ★★★
(Bullets over Broadway)
Regia di WOODY ALLEN. Con JOHN CUSACK, CHAZZ PALMINTERI, JENNIFER TILLY, TRACEY ULLMAN, DIANNE WEST. ■ Presentato alla Mostra di Venezia. David Shayne, un giovane drammaturgo, vuole sfondare a Broadway. Per avere i soldi necessari per la sua commedia deve sottostare a un gangster, che impone l'attrice. Si tratta di una vera incapace e quando Helen Sinclair, star del teatro un po' appassita, le viene affiancata, si sente profondamente offesa. Un po' in tono minore, ma è sempre un "Allen". ■ COMMEDIA; COL.; 98′; USA, 1994. ■ GOLDEN GLOBES 1 PR, 1 NOM; OSCAR 2 PR, 6 NOM.

PALMA D'ACCIAIO – UN TURBINE DI VIOLENZA ★
Regia di CHU MU. Con WONG TSAO SHE. ■ Un potente signorotto si vendica di due fratelli che hanno tolto dalle sue grinfie una ragazza indifesa ammazzando il loro futuro suocero. Poi li accusa di furto e li costringe a nascondersi tra i monti. Qui i due imparano il karate e poi scendono per affrontare il nemico. ■ AVVENTURA; B/N; 90′; HONG KONG, 1973.

PALMIRO, LUPO CRUMIRO *(Loopy de Loop)* ★★
Regia di HANNA e BARBERA. ■ Antologia di dodici brani di disegni animati realizzati dai bravi Hanna e Barbera. ■ ANIMAZIONE; COL.; 92′; USA, 1962.

PALMO DI TERRA, UN *(Talpalatny fold)* ★★
Regia di FRIGYES BAN. Con AGI MÉSZÈROS, ADÈM SZIRTES. ■ Un ragazzo rapisce la donna che ama proprio nel giorno delle nozze, quindi chiede al marito di renderle la libertà. L'uomo accetta a patto che gli vengano rimborsate tutte le spese. Il ragazzo fa di tutto per raggranellare la somma necessaria, ma il rivale gli tronca ogni iniziativa. Sarà la rivolta popolare a permettere ai due innamorati di riunirsi per sempre. ■ DRAMMATICO; B/N; 93′; UNGHERIA, 1948.

PALOMA, LA ★★★
Regia di DANIEL SCHMID. Con INGRID CAVEN, PETER KERN. ■ La vita tumultuosa della cantante Viola Schump e soprattutto la

storia della sua passione allucinata per il conte Isidor Palewski. Il film che rivelò, a 33 anni, il regista svizzero Daniel Schmid, già aiuto di Rainer Fassbinder. Quasi un capolavoro (e senza quasi il finale d'antologia dentro il cimitero). ■ DRAMMATICO; COL.; 110'; GERMANIA, SVIZZERA, 1974.

PALOMBELLA ROSSA ★★★
Regia di NANNI MORETTI. Con NANNI MORETTI, SILVIO ORLANDO, MARIELLA VALENTINI. ■ Un giocatore di pallanuoto, che è anche onorevole comunista, perde la memoria durante una partita e rischia di mandare a picco la sua squadra così come ha affossato la sua carriera politica. Divertente metafora sulla crisi d'identità nel Pci alla fine degli anni Ottanta. ■ COMMEDIA; COL.; 89'; ITALIA, 1989. ■ VENEZIA 1 PR.

PALOOKAVILLE ★★★★
Regia di ALAN TAYLOR. Con WILLIAM FORSYTHE, VINCENT GALLO, ADAM TRESE. ■ La cittadina immaginaria di Palookaville ha una liturgia attribuitale nientemeno che da Marlon Brando, che in *Fronte del porto* rimproverava suo fratello maggiore di volerlo mandare a Palookaville, posto di falliti. Sid, Russ e Jerry fanno parte di questa categoria. Organizzano colpi strampalati: invece di una gioielleria si trovano in una pasticceria perché hanno sbagliato i calcoli. Memoria de *I Soliti ignoti*. Poi ci sono le amicizie e gli amori, e poi altri progetti. Umorismo intelligente, "grottesco" credibile, strampalati di grande simpatia. Tutto centrato. Taylor è esordiente e realizza un film fortunato, dove tutto funziona. E senza violenza. Si tratta di una delle più belle sorprese della stagione. ■ COMMEDIA; COL.; 90'; USA, 1995.

PALUDE DELLA MORTE, LA *(Swamp Water)* ★★★
Regia di JEAN RENOIR. Con DANA ANDREWS, WARD BOND, WALTER BRENNAN, JOHN CARRADINE, WALTER HUSTON, EUGENE PALLETTE. ■ Un uomo, condannato a morte per omicidio, fugge e si rifugia in una palude dove, anni più tardi, incontra un cacciatore. Questi, convinto che l'uomo sia innocente, svolge indagini per proprio conto e, trovato il vero assassino, lo costringe ad ammettere la sua colpa. L'innocente può così ritornare a vivere al suo villaggio. ■ DRAMMATICO; B/N; 86'; USA, 1941.

PALUDE MALEDETTA, LA *(Lure of the Swamp)* ★★
Regia di HUBERT CORNFIELD. Con WILLARD PARKER, MARSHALL THOMPSON, JOAN VOHS. ■ Un barcaiolo accompagna uno sconosciuto nella foresta: giorni dopo viene a sapere che l'uomo è stato assassinato e non si è trovato il grosso bottino che portava con sé. Diverse persone cercano di recuperare il tesoro con l'aiuto del barcaiolo. Sarà la vedova del defunto a ritrovare la refurtiva, ma sprofonderà con essa nelle sabbie mobili. ■ DRAMMATICO; B/N; 74'; USA, 1957.

PALUDI DELLA MORTE – TEXAS KILLING FIELDS, LE *(Texas Killing Fields)* ★★
Regia di AMI CANAAN MANN. Con JESSICA CHASTAIN, JASON CLARKE, JEFFREY DEAN MORGAN, CHLOE MORETZ, SAM WORTHINGTON. ■ Texas City. Mike e Brian sono due agenti della Omicidi, alle prese con un serial killer che abbandona i corpi straziati delle sue vittime, alcune delle quali giovanissime, in un'area paludosa e maledetta, i cosidetti "killing fields". Nonostante la scena del crimine sia fuori dalla loro giurisdizione, Mike e Brian si sentono in dovere di indagare su quei terribili delitti e fermare l'assassino. ■ DRAMMATICO; COL.; 109'; USA, 2011.

PAMELA *(Paméla)* ★★
Regia di PIERRE DE HÉRAIN. Con FERNAND GRAVEY, GEORGES MARCHAL, RENÉE SAINT-CYR. ■ Rivoluzione francese: Luigi Capeto è in prigione, e così pure il Delfino. Un gruppo di nobili ne decide la liberazione, ma la missione fallisce. Inoltre, il Delfino muore poco dopo. ■ STORICO; B/N; 109'; FRANCIA, 1944.

PANAMA SUGAR ★
Regia di MARCELLO AVALLONE. Con DUILIO DEL PRETE, LUCREZIA LANTE DELLA ROVERE, MEMÉ PERLINI, SCOTT PLANK, OLIVER REED. ■ Panama vuole contrastare i piani criminosi di un riccastro americano su un'isola sperduta. Imbarazzante film in stile Hill-Spencer ma senza vero mordente. Nonostante gli attori. ■ AVVENTURA; COL.; 90'; ITALIA, 1990.

PANAREA ★
Regia di FRANCO CASTELLANO, PIPOLO. Con HOARA BORSELLI, ANDREA LIVIO, ALESSANDRO MASCALI. ■ Vacanze a Panarea nelle Eolie. Un DJ scandisce la vita dei ragazzi. Chi si innamora, chi tradisce, chi è infelice. Eccetera. ■ COMMEDIA; COL.; 90'; ITALIA, 1996.

PANCHINA SUL LUNGOMARE, LA *(Boardwalk)* ★★
Regia di STEPHEN F. VERONA. Con RUTH GORDON, JANET LEIGH, LEE STRASBERG. ■ Dura la sopravvivenza per una coppia di vecchietti (i problemi sono tanti: l'età, la salute, le condizioni di vita sempre più disagiate). Nonostante la sollecitudine di una figlia affezionata, il finale sarà molto drammatico. ■ DRAMMATICO; COL.; 98'; USA, 1979.

PANCHO IL MESSICANO *(The Bad Man)* ★★
Regia di RICHARD THORPE. Con LIONEL BARRYMORE, WALLACE BEERY, LARAINE DAY, RONALD REAGAN. ■ Avventure tragicomiche in una fattoria montana: alcuni banditi rubano la mandria del proprietario che si trova così impossibilitato a saldare un'ipoteca. Più tardi, però, il loro capo riconosce nel nipote del derubato l'uomo che gli ha salvato la vita. Mosso dalla gratitudine, paga tutti i debiti e si adopera affinché sposi la donna che ama. ■ AVVENTURA; B/N; 70'; USA, 1941.

PANCHO VILLA *(Así era Pancho Villa)* ★★
Regia di ISMAEL RODRIGUEZ. Con ELSA AGUIRRE, PEDRO ARMENDARIZ, MARIA ELENA MARQUÉS. ■ Ennesimo film sulla leggendaria figura dell'eroe messicano. ■ AVVENTURA; COL.; 87'; MESSICO, 1957.

PANCHO VILLA RITORNA! *(Pancho Villa vuelve)* ★★
Regia di MIGUEL TORRES CONTRERAS. Con RODOLFO ACOSTA, PEDRO ARMENDARIZ, ESTHER FERNANDEZ. ■ Pancho Villa affida ad un subordinato il compito di liberare un fortino assediato dai federati. Il giovane parte alla volta dell'obiettivo ma, quando apprende che la fidanzata è minacciata da un prepotente corteggiatore, abbandona il comando ad un altro e corre a liberarla. Pancho Villa dapprima perdona la sua insubordinazione poi, saputo che il fortino è stato distrutto, lo fa giustiziare. ■ AVVENTURA; B/N; 94'; MESSICO, 1949.

PANDORA *(Pandora and the Flying Dutchman)* ★★★★
Regia di ALBERT LEWIN. Con AVA GARDNER, JAMES MASON, HAROLD WARRENDER. ■ Una bellissima ragazza si sente attratta da un misterioso personaggio che la rifiuta. Si tratta dell'Olandese volante, destinato a vagare nei mari per avere ucciso la moglie innocente fino a quando una donna morirà per lui. La ragazza raggiunge l'uomo il giorno del matrimonio e salpa con lui. Entrambi troveranno la morte, e lui la pace. ■ FANTASTICO; COL.; 115'; GRAN BRETAGNA, 1951.

PANDORUM. L'UNIVERSO PARALLELO *(Pandorum)* ★★
Regia di CHRISTIAN ALVART. Con BEN FOSTER, CAM GIGANDET, CUN LE, DENNIS QUAID, ANTJE TRAUE. ■ Due astronauti, il tenente Payton e il caporale Bower si risvegliano nella loro nave spaziale *Elysium* che è stata lanciata nel 2174 avendo come meta il pianeta Tanis. La Terra è ormai sovrappopolata e le risorse sono minime e si lotta per la sopravvivenza. Su Tanis sembra sia possibile ricominciare. I due, che avrebbero dovuto far parte di un turno di operatività, si ritrovano però soli nell'immensa astronave. Bower inizia un'esplorazione che lo porta a una terribile scoperta: pochi umani sono sopravvissuti come tali. Gran parte dell'equipaggio e di quella che avrebbe dovuto essere una sorta di Arca di Noè di terrestri si sono trasformati in mostri assetati di sangue. ■ AZIONE; COL.; 108'; GERMANIA, 2009.

PANE, AMORE E... ★★★
Regia di DINO RISI. Con MARIO CAROTENUTO, ANTONIO CIFARIELLO, VITTORIO DE SICA, SOPHIA LOREN, TINA PICA. ■ Un ufficiale congedato (abbiamo già imparato a conoscerlo in *Pane, amore e fantasia*) torna al paese natale. La sua casa è abitata da una bella vedova ed egli trova alloggio nell'abitazione di un'ancora piacente zitella. Tra questi personaggi si intrecciano vicende sentimentali: la vedova si promette al suo padrone di casa, poi si accorge di amare un giovane spasimante, al quale si unirà proprio

con l'aiuto dell'ufficiale. Quest'ultimo a sua volta sposerà la zitella. ■ COMMEDIA; COL.; 100'; ITALIA, 1955. ■ DAVID DI DONATELLO 2 PR, 2 NOM.

PANE, AMORE E ANDALUSIA ★★

Regia di JAVIER SETÒ. Con MARIO CAROTENUTO, PEPPINO DE FILIPPO, VITTORIO DE SICA, LEA PADOVANI, CARMEN SEVILLA. ■ Altre comiche disavventure del maresciallo di *Pane, amore e fantasia*, questa volta ambientate oltre confine. Il protagonista vuole rimandare le nozze con la sua promessa e parte con la banda da lui diretta alla volta della Spagna. Qui è preso di mira da una bella indigena e si infatua di una danzatrice; questa però è legata ad un ragazzo, lui allora riparte per il suo paese in nave, ma quando vede sul molo la fidanzata e la bella spagnola preferisce non sbarcare. ■ COMICO; COL.; 88'; ITALIA, 1958.

PANE, AMORE E FANTASIA ★★★

Regia di LUIGI COMENCINI. Con VITTORIO DE SICA, GINA LOLLOBRIGIDA, MARISA MERLINI. ■ Storie d'amore tra un maresciallo e un'ostetrica e tra una fanciulla poverissima, la Bersagliera, e un carabiniere troppo timido per dichiararsi. La fanciulla ha una rivale, ma riuscirà a spuntarla grazie anche all'intervento del maresciallo che verrà ricambiato dalla procace levatrice. ■ COMMEDIA; B/N; 92'; ITALIA, 1953. ■ OSCAR 1 NOM.

PANE, AMORE E GELOSIA ★★★

Regia di LUIGI COMENCINI. Con MARIA PIA CASILIO, VITTORIO DE SICA, GINA LOLLOBRIGIDA, VIRGILIO RIENTO. ■ Il film è il seguito di *Pane, amore e fantasia* ed è ugualmente gradevole, anche se non altrettanto fresco e spontaneo. Il maresciallo vuole sposare una ragazza-madre; il suo subordinato, che è stato trasferito, gli affida la propria fidanzata, la Bersagliera. Da questa situazione nascono pettegolezzi a non finire; la giovane rompe il fidanzamento e il maresciallo rischia di perdere la promessa sposa perché nel frattempo è arrivato il seduttore pentito. ■ COMMEDIA; B/N; 97'; ITALIA, 1954.

PANE, BURRO E MARMELLATA ★★

Regia di GIORGIO CAPITANI. Con CLAUDINE AUGER, ENRICO MONTESANO, ROSSANA PODESTÀ, RITA TUSHINGHAM. ■ Tre donne, che vivono insieme, accolgono Bruno in casa loro, impietosite perché costui è stato abbandonato dalla moglie. Prima cercano solo di consolarlo, poi ne fanno il loro padrone assoluto. Per Bruno la pacchia finisce ma, uscito da un harem, ne trova subito un altro. ■ COMMEDIA; COL.; 100'; ITALIA, 1977.

PANE E CIOCCOLATA ★★★

Regia di FRANCO BRUSATI. Con GIANFRANCO BARRA, TANO CIMAROSA, UGO D'ALESSIO, NINO MANFREDI, PAOLO TURCO. ■ Disavventure di un emigrato italiano in Svizzera: l'uomo, benché lavori, perde il permesso di soggiorno; un compatriota lo assume ma poco dopo, entrata in crisi l'azienda e persa la moglie, si suicida. Il protagonista, dopo essersi abbassato a un lavoro umiliante, decide di farsi passare per svizzero ma si fa scoprire e cacciare. Sul treno che lo riporta in Italia ha un ripensamento e torna indietro, deciso a non arrendersi. ■ COMMEDIA; COL.; 115'; ITALIA, 1974. ■ BERLINO 1 PR; DAVID DI DONATELLO 3 PR, 3 NOM.

PANE E FIORE *(Nun va goldun)* ★★★

Regia di MOHSEN MAKHMALBAF. Con ALI BAKHSHI, MOHSEN MAKHMALBAF, AMMAR TAFTI, MIRHADI TAYEBI. ■ Un ribelle che vent'anni prima ha accoltellato una guardia dello Scià è diventato regista. L'ex guardia che si presenta a lui gli propone di diventare attore di un suo film. Si può tornare a narrare quell'episodio? Che ruolo sosterranno, nella finzione, coloro che ne furono i reali protagonisti? Makhmalbaf continua con originalità una ricerca sul cinema che troppi altri imitatori di Kiarostami hanno fatto diventare maniera. ■ PSICOLOGICO; COL.; 77'; FRANCIA, IRAN, 1996.

PANE E TULIPANI ★★★

Regia di SILVIO SOLDINI. Con GIUSEPPE BATTISTON, ANTONIO CATANIA, BRUNO GANZ, LICIA MAGLIETTA, MARINA MASSIRONI. ■ Licia Maglietta è la "casalinga pescarese" che durante una triste gita in corriera rimane per strada e finisce a Venezia. Chiama il marito e gli dice che tornerà presto. A Venezia fa incontri particolari e ci scappa anche l'intermezzo sentimentale col maturo cameriere Ganz. Film della fuga, dolcemente anomalo, francesizzante. Per schemi non italiani, appunto. Infatti ha sorpreso un po' tutti, compreso il pubblico che lo ha onorato. La Maglietta sembra toccata dalla grazia. Lei, non bella, diventa bellissima e affascinante. Il film si è giocato la nomination italiana per l'Oscar ed è stato battuto, da *I cento passi*. ■ COMMEDIA; COL.; 105'; ITALIA, 2000.

PANE NUDO, IL ★★

Regia di RACHID BENHADJ. Con SORAYA ARTERSE, KARIM BENHADJ, RACHID BENHADJ, DAVID HALEVIN, MUJAH MARAINI. ■ *Il pane nudo* è un racconto autobiografico di Mohamed, un ragazzino che vive nel Marocco degli anni Cinquanta. Sfortunatamente il giovane non è come tutti i ragazzi della sua età, suo padre è un uomo violento che odia i suoi figli, la madre è costretta a lavorare pesantemente per tirare avanti la famiglia. Mohamed ha patito la fame e la miseria fin da piccolo, ed ora è costretto ad adattarsi ad una vita fatta di stenti e sotterfugi frequentando i bassifondi e i luoghi più malfamati. ■ DRAMMATICO; COL.; 90'; ITALIA, 2004.

PANIC *(The Tell – Tale Heart)* ★★

Regia di ERNEST MORRIS. Con ADRIENNE CORRI, LAWRENCE PAYNE, DERMOT WALSH. ■ Un bibliotecario misantropo si innamora di una ragazza che a sua volta perde la testa per il suo migliore amico. Geloso e vendicativo, il bibliotecario uccide l'amico e lo seppellisce, ma il rimorso lo perseguita. La ragazza mette la polizia sulle sue tracce e l'assassino, ormai psicologicamente stremato, confessa. ■ DRAMMATICO; B/N; 81'; GRAN BRETAGNA, 1961.

PANIC ★★★

Regia di HENRY BROMELL. Con NEVE CAMPBELL, WILLIAM H. MACY, JOHN RITTER, DONALD SUTHERLAND, TRACEY ULLMAN. ■ «Non dite a mia madre che faccio l'avvocato, lei mi crede un killer professionista!». Queste le parole di Alex, il protagonista che, arrivato alla mezz'età, comincia ad avere dei dubbi esistenziali, e si rivolge ad uno psicoterapeuta per cercare di uscire dagli "sporchi affari di famiglia". Opera prima del regista televisivo Henry Bromell, è una commedia a metà tra il noir e l'introspezione, ben sorretta dall'ottima recitazione di William Macy. ■ COMMEDIA NERA; COL.; 90'; USA, 2001.

PANIC BUTTON... OPERAZIONE FISCO ★★
(Panic Button)

Regia di GEORGE SHERMAN. Con MAURICE CHEVALIER, CARLO CROCCOLO, JAYNE MANSFIELD, ELEANOR PARKER. ■ Due fratelli che non hanno pagato le tasse devono pagare una grossa multa. L'unico modo di evitarla è quello di perdere molti soldi. Decidono così di produrre un filmato di poco valore che però ottiene un enorme successo: la multa potrà così essere pagata. ■ COMMEDIA; B/N; 90'; ITALIA, USA, 1964.

PANICO *(Panique)* ★★★

Regia di JULIEN DUVIVIER. Con PAUL BERNARD, MAX DALBAN, VIVIANE ROMANCE, MICHEL SIMON. ■ Un uomo anziano è accusato senza precisi motivi dell'assassinio di una ricca zitella. Egli conosce il vero omicida e, poiché si è innamorato della donna di costui, cerca di farle aprire gli occhi sull'animo dell'amante. Quest'ultimo, con un trucco, riesce a far apparire colpevole il rivale che, spaventato dalla folla urlante, muore tentando di fuggire. Dopo la sua morte si trovano le prove della sua innocenza. ■ POLIZIESCO; B/N; 100'; FRANCIA, 1946. ■ VENEZIA 1 PR.

PANICO A ECHO PARK ★★

Regia di JOHN LLEWELLYN MOXEY. Con CATLIN ADAM, ROBIN GAMMEL, DORIAN HAREWOOD. ■ Gli abitanti di un condominio di Echo Park sono quasi tutti ammalati dello stesso morbo, che si annuncia con sintomi sconcertanti e uguali. Un medico, il dottor Stoner, tenta di scoprirne le origini ma si scontra con l'ostilità della polizia e del primario dell'ospedale dove i poveretti sono stati ricoverati. ■ DRAMMATICO; COL.; 80'; USA, 1987.

PANICO ALLO STADIO *(Two Minute Warning)* ★★

Regia di LARRY PEERCE. Con MARTIN BALSAM, JOHN CASSAVETES, CHARLTON HESTON, BROCK PETERS, GENA ROWLANDS. ■ Nel grande stadio di Los Angeles si sta per giocare un'importante partita di rugby; presenzierà anche il presidente degli Stati Uniti. Il capo del servizio di sicurezza individua con una telecamera un cecchino appostato su una torre dello stadio. Il presidente viene fermato, ma il cecchino non rinuncia e spara a caso. Il panico fa più vittime dello sparatore. ■ DRAMMATICO; COL.; 125'; USA, 1976. ■ OSCAR 1 NOM.

PANICO AL VILLAGGIO *(Panique au Village)* ★★★
Regia di STEPHANE AUBIER, VINCENT PATAR. Con STEPHANE AUBIER, JEANNE BALIBAR, NICOLAS BUYSSE, VERONIQUE DUMONT, BRUCE ELLISON. ■ C'era una volta, in un villaggio di nome Villaggio, un cavallo di nome Cavallo, che viveva con un cow-boy di nome Cow-boy e un indiano di nome Indiano. È il 21 giugno, il compleanno di Cavallo, e i suoi due compari pensano bene di ordinare 50 mattoni per costruirgli un barbecue. Peccato che, tra un gioco e una distrazione, l'ordine on line parta pieno di zeri e il Villaggio si ritrovi invaso da 50 milioni di mattoni, che fanno particolarmente gola a dei piccoli, imprendibili ladri notturni. ■ ANIMAZIONE; COL.; 75'; BELGIO, LUSSEMBURGO, FRANCIA, 2009.

PANICO A MALIBÙ *(Baywatch)* ★
Regia di RICHARD COMPTON. Con DAVID KASSELHORFF, PARKER STEVENSON. ■ È il *pilot* per una serie tv che segue le vicende dei bagnini impegnati sulle spiagge di Baywatch, in California. C'è il giovane che affronta la sua prima stagione balneare, il veterano che perde la vita per salvare i membri di un'imbarcazione che affonda e l'innamorato alle prese con una ragazza tormentata. ■ AVVENTURA; COL.; 90'; USA, 1989.

PANICO A NEEDLE PARK *(The Panic in Needle Park)* ★★★
Regia di JERRY SCHATZBERG. Con RICHARD BRIGHT, AL PACINO, KITTY WINN, ALAN VINT. ■ Una prostituta diventa amante di un drogato, spacciatore di stupefacenti. Per un po' di tempo smette con la "vita", poi, quando i soldi cominciano a mancare, torna sulla strada mentre lui rubacchia insieme al fratello. Accusata di furto da un cliente, la ragazza si salva denunciando ad un poliziotto il suo amante e l'uomo che lo rifornisce di droga. La via della depravazione è ormai definitivamente imboccata. ■ DRAMMATICO; COL.; 110'; USA, 1971. ■ CANNES 1 PR.

PANICO NELLA CITTÀ *(Panic in the City)* ★★
Regia di EDDIE DAVIS. Con LINDA CRISTAL, HOWARD DUFF, STEPHEN MCNALLY. ■ Un gruppo di terroristi minaccia di scatenare la terza guerra mondiale, minando con una bomba nucleare a tempo la città di Los Angeles. Un agente dell'Fbi localizza la bomba, ma consapevole di essere contaminato dalle radiazioni, si butta con l'ordigno nel Pacifico sacrificandosi per la salvezza della città. ■ SPIONAGGIO; COL.; 92'; USA, 1967.

PANICO NELLA METROPOLI *(City in Panic)* ★
Regia di ROBERT BOUVIER. Con DAVE ADAMSON, LEANN WESTEGARD. ■ La città è sconvolta da una serie di delitti perpetrati da un maniaco omicida, ancora sconosciuto, che prende di mira gli omosessuali. La polizia è in subbuglio; l'unico ad avere una pista sembra essere un commentatore radiofonico. ■ DRAMMATICO; COL.; 90'; USA, 1987.

PANIC ROOM ★★★
Regia di DAVID FINCHER. Con JODIE FOSTER, JARED LETO, KRISTEN STEWART, FORREST WHITAKER. ■ Per Meg Altman (Jodie Foster) e sua figlia Sarah è la prima notte nella nuova casa: papà se n'è andato con una modella, ma ha lasciato loro sufficienti soldi per comprarsi una magnifica palazzina ai confini di Central Park. Quattro piani, giardino, un'infinità di camere da letto e, come optional, una "panic room", ossia una camera blindata inespugnabile dove ci si può rinchiudere in caso di necessità, osservando il resto della casa attraverso dei monitor. Ed è lì che si rifugiano costernate le due donne quando, nel cuore della notte, scoprono che in casa sono penetrati tre rapinatori. Peccato che ciò che essi cercano si trovi proprio in quella stanza: ma loro non possono entrarci e Meg e Sarah non possono uscirne. Inizia così un sottile e perverso gioco del gatto col topo, dove la panic room, dapprima sicuro rifugio, si trasforma in una trappola infernale: la ragazzina infatti soffre di diabete, ma le iniezioni di insulina si trovano al piano di sopra... Thriller claustrofobico, è girato con estrema perizia da David Fincher, che, come un maestro di scacchi, tiene incollati alla sedia gli spettatori giostrando un perfetto congegno ad orologeria. ■ THRILLER; COL.; 100'; USA, 2002.

PANNI SPORCHI ★★
Regia di MARIO MONICELLI. Con PAOLO BONACELLI, MARINA CONFALONE, ALESSANDRO HABER, MARIANGELA MELATO, ORNELLA MUTI, MICHELE PLACIDO, GIGI PROIETTI. ■ Cittadina del Centrosud dell'Italia. Una ditta produce digestivi da anni. Il genero che la dirige al posto del suocero molto svaporato si trova in contrasto con le nuove generazioni. Un fratello con velleità artistiche, una zia da far sposare, un professore omosessuale e una figlia che se ne innamora, un ragazzino fissato con i riti satanici: questi sono gli ingredienti di un film senza mordente che fa rimpiangere quel gioiellino al cianuro che era *Parenti serpenti*. Qui si cerca di ripetere la formula (esplosione finale compresa) ma con esiti imbarazzanti. ■ COMMEDIA; COL.; 110'; ITALIA, 1999.

PANTALEON E LE VISITATRICI ★★★
(Pantaleon y las visitadoras)
Regia di FRANCISCO J. LOMBARDI. Con PILAR BARDEM, PATTY CABRERA, ANGIE CEPEDA, SALVADOR DEL SOLAR. ■ I soldati di stanza nella giungla amazzonica peruviana hanno fame di sesso. Per calmarli, gli alti comandi si affidano ad un giovane capitano, Pantaleon Pantoja, affidandogli il segretissimo compito di istituire un servizio di "visitatrici" che raffreddino gli ardori della truppa. L'ufficiale si applica con dedizione, e nel giro di poche settimane ottiene un successo insperato. Ma la situazione ben presto diventa complicata. Adattando uno dei primi romanzi di Vargas Llosa (già portato da quest'ultimo sul grande schermo, con esiti infausti, nel 1975), Lombardi vira dal cinema militante verso la commedia, ma non dimentica le consuete frecciate contro il militarismo. ■ COMMEDIA; COL.; 142'; PERÙ, SPAGNA, 2002.

PANTERA ASSASSINA, LA *(Out of the Darkness)* ★★
Regia di LEE MADDEN. Con ROSS HAGEN, NANCY KWAN, DONALD PLEASENCE. ■ Un vecchio cacciatore conosce per la prima volta la paura quando sta per essere sbranato da una pantera. Per esorcizzare il suo terrore, cattura l'animale e poi lo libera per un duello all'ultimo sangue. Una trama di sapore hemingwayano avvilita da un magro budget e da parecchie ingenuità narrative. ■ AVVENTURA; COL.; 91'; USA, 1978.

PANTERA BIONDA *(Bad Blonde)* ★★
Regia di REGINALD LE BORG. Con BARBARA PAYTON, TONY WRIGHT. ■ Un soldato, Johnny, si scopre ottimo pugile e viene ospitato da Juan, un organizzatore. Questi ha una moglie bella e interessante che seduce il ragazzo. Johnny perde completamente la testa e arriva a uccidere Juan. Disperato viene addirittura avvelenato dalla sua amante, che non vuole spartire con nessuno le fortune del marito. Ma alla fine anche lei sarà punita. ■ DRAMMATICO; B/N; 84'; USA, 1952.

PANTERA DEL WEST, LA *(The Oklahoma Woman)* ★★
Regia di ROGER CORMAN. Con PEGGIE CASTLE, RICHARD DENNING, CATHY DOWNS, TUDOR OWEN. ■ L'aspirante sindaco in gonnella di un paese del West ha pochi scrupoli. Non esita a far uccidere il suo avversario politico, padre della ragazza di cui un ex malvivente è innamorato e che riuscirà a far condannare la colpevole. ■ WESTERN; B/N; 72'; USA, 1956.

PANTERA DI CASTIGLIA, LA *(Agustina de Aragon)* ★★
Regia di JUAN DE ORDUÑA. Con AURORA BAUTISTA, EDUARDO FAJARDO, FERNANDO REY, VIRGILIO TEIXEIRA. ■ Siamo in Spagna durante l'invasione dell'esercito napoleonico: una popolana porta a termine un'importante missione per il suo paese e combatte, con altri patrioti, dietro le mura di Saragozza. Il suo fidanzato, traditore pentito, muore combattendo; anche un patriota che l'aveva aiutata nella missione perde la vita. ■ DRAMMATICO; B/N; 90'; SPAGNA, 1950.

PANTERA NERA, LA ★★
Regia di DOMENICO GAMBINO. Con ENNIO CERLESI, LAURO GAZZOLO, LEDA GLORIA, DRIA PAOLA. ■ Due poliziotti vengono uccisi nel locale notturno sospetto in cui dovevano svolgere delle indagini. Il terzo, più abile e fortunato, smaschera una grossa banda di malviventi che ne hanno fatto il pericoloso covo. Lie-

to fine della vicenda poliziesca e di una duplice storia d'amore. ■ POLIZIESCO; B/N; 93'; ITALIA, 1942.

PANTERA ROSA, LA *(The Pink Panther)* ★★★
Regia di BLAKE EDWARDS. Con CAPUCINE, CLAUDIA CARDINALE, DAVID NIVEN, PETER SELLERS, ROBERT WAGNER. ■ Un playboy, un ladro e un ispettore di polizia molto pasticcione sono contemporaneamente alla ricerca della "Pantera rosa", un favoloso diamante di proprietà di una principessa. Il primo, innocente, viene imprigionato a causa di un incidente; il secondo, colpevole, viene arrestato mentre il playboy può ripartire verso nuove avventure. ■ COMMEDIA; COL.; 113'; USA, 1964. ■ OSCAR 1 NOM.

PANTERA ROSA, LA *(The Pink Panther)* ★★
Regia di SHAWN LEVY. Con HENRY CZERNY, KEVIN KLINE, BEYONCÉ KNOWLES, STEVE MARTIN, EMILY MORTIMER, JEAN RENO, JASON STATHAM. ■ L'ispettore Clouseau deve risolvere un caso complesso: il mistero dell'assassinio dell'allenatore calcistico Yves Gluant e la conseguente sparizione del diamante "Pantera rosa". Scelto perché impedito ed impacciato dal capo della polizia Dreyfuss che vuole usarlo per prendersi i meriti del successo finale, Clouseau si confronterà con mille incredibili situazioni. Nonostante Peter Sellers e Blake Edwards, rispettivamente interprete e regista della serie classica di film de *La Pantera Rosa*, siano inarrivabili, è da notare l'interpretazione del comico americano Steve Martin, nelle spoglie dell'ispettore Clouseau. Martin infatti trasferisce al personaggio un'anima yankee, molto vicina a quella di Leslie Nielsen, alias Frank Drebin, di *Una pallottola spuntata*, puntando su una comicità demenziale, semplice, mai volgare. ■ COMMEDIA; COL.; 93'; USA, 2005.

PANTERA ROSA COLPISCE ANCORA, LA ★★★
(The Return of the Pink Panther)
Regia di BLAKE EDWARDS. Con BLAKE EDWARDS, HERBERT LOM, CHRISTOPHER PLUMMER, CATHERINE SCHELL, PETER SELLERS. ■ L'ingenuo e pasticcione ispettore Clouseau alla ricerca del diamante chiamato "Pantera rosa" accentra i suoi sospetti sul famoso Phantom, il ladro gentiluomo, e sulla sua consorte, la bella Claudine. Ne combina di tutti i colori, ma alla fine risolve il caso. ■ COMMEDIA; COL.; 113'; GRAN BRETAGNA, 1974. ■ GOLDEN GLOBES 1 NOM.

PANTERA ROSA – IL MISTERO CLOUSEAU, LA ★★
(Curse of the Pink Panther)
Regia di BLAKE EDWARDS. Con DAVID NIVEN, ROBERT WAGNER, TED WASS. ■ La "Pantera rosa", il favoloso diamante indiano, è scomparso e così anche il famoso poliziotto Clouseau. Un detective americano, imbranato e disastroso quanto Clouseau, è incaricato di ritrovare l'una e l'altro. La missione fallisce sotto tutti i punti di vista. Il gioiello è in realtà nelle mani del famoso ladro Sir Charles (che già l'aveva involato nel primo capitolo della serie). E Clouseau è sparito per sempre (s'è fatto cambiare la faccia: è ora, indovinate un po', l'agente 007). ■ COMICO; COL.; 109'; USA, 1983.

PANTERA ROSA SFIDA L'ISPETTORE CLOUSEAU, LA *(The Pink Panther Strikes Again)* ★★★
Regia di BLAKE EDWARDS. Con COLIN BLAKELY, HERBERT LOM, PETER SELLERS. ■ Clouseau è tanto maldestro da far impazzire il suo superiore. L'ineffabile ispettore segue un caso attraverso l'Europa, seguito a sua volta dal suo capo che cerca di ucciderlo a tutti i costi. L'incoscienza di Clouseau, come al solito, viene a capo di tutto. ■ GIALLO ROSA; COL.; 103'; USA, 1976. ■ GOLDEN GLOBES 3 NOM; OSCAR 1 NOM.

PANTERA ROSA SHOW ★★★
Regia di GERRY CHINIQUY, ART DAVIS, FRIZ FRELENG, ART LEONARDI, ROBERT MCKIMSON, HAWLEY PRATT. ■ Questa volta la pantera rosa è un cartone animato. ■ ANIMAZIONE; COL.; 91'; USA, 1974.

PANTERA ROSSA *(War Paint)* ★★
Regia di LESLEY SELANDER. Con ROBERT STACK, JOAN TAYLOR. ■ La giovane indiana Pantera Rossa guida insieme al fratello il tenente Billings e i suoi uomini verso un accampamento di pellirosse: l'incarico è di consegnare un trattato di pace. Pantera Rossa, in realtà, cerca in tutti i modi di sabotare la spedizione, poi si rende conto dell'onestà di intenti del tenente Billings. ■ AVVENTURA; COL.; 93'; USA, 1953.

PANTERE DEI MARI, LE *(Hellcats of the Navy)* ★★
Regia di NATHAN J. JURAN. Con NANCY DAVIS, ARTHUR FRANZ, RONALD REAGAN. ■ Un banale film di guerra ambientato su un sommergibile e centrato sulla rivalità fra il comandante e il suo secondo offre un curioso motivo di interesse: è infatti interpretato da un futuro presidente degli Stati Uniti e da una futura First Lady. ■ DRAMMATICO; B/N; 82'; USA, 1957.

PANTERE ROSSE *(Custer's Last Stand)* ★
Regia di ELMER CLIFTON. Con WILLIAM FARNUM, REED HOWES, REX LEASE. ■ Uno scout tenta inutilmente di salvare il generale Custer intrappolato dagli indiani a Little Big Horn. Custer muore, ma lo scout lo vendica uccidendo il cercatore d'oro rinnegato che aveva aizzato gli indiani alla guerra. ■ WESTERN; B/N; 95'; USA, 1936.

PANTHER ★★★
Regia di MARIO VAN PEEBLES. Con ANGELA BASSETT, JOE DON BAKER, KADEEM HARDISON, JAMES RUSSO, M. EMMER WALSH, BOKEEM WOODBINE. ■ Mario Van Peebles, aiutato dal padre Melvin alla sceneggiatura, realizza il primo film interamente incentrato sul movimento delle Black Panthers. Judge è un ragazzo che assiste dall'esterno e si fa coinvolgere da Brimmer, poliziotto contrario al movimento. Quando però Hoover dell'Fbi agisce scorrettamente nei confronti dei neri i due devono ammettere di essere dalla parte sbagliata. ■ DRAMMATICO; COL.; 125'; USA, 1995.

PANTHER SQUAD ★
Regia di PETER KNIGHT. Con SYBIL DANNING, KARIN SCHUBERT, JACK TAYLOR. ■ Un gruppo rivoluzionario attacca una stazione spaziale. Per debellarlo le autorità ricorrono a una squadra di mercenarie, le Pantere, capitanata da una bionda campionessa di arti marziali. ■ AVVENTURA; COL.; 90'; ITALIA, SPAGNA, 1987.

PAOLO BARCA, MAESTRO ELEMENTARE, PRATICAMENTE NUDISTA ★★★
Regia di FLAVIO MOGHERINI. Con JANET AGREN, PAOLA BORBONI, MIRANDA MARTINO, MAGALI NOËL, RENATO POZZETTO, LIANA TROUCHÉ. ■ Un giovane milanese estroverso, dopo aver vinto un concorso di maestro elementare, è chiamato ad insegnare a Catania. Qui si scontra con il perbenismo siciliano. ■ COMMEDIA; COL.; 110'; ITALIA, 1975.

PAOLO E FRANCESCA ★★
Regia di RAFFAELLO MATARAZZO. Con ARMANDO FRANCIOLI, ODILE VERSOIS. ■ È la storia dell'amore del bel Paolo Malatesta per Francesca, la sposa del suo deforme fratello Gianciotto. La vendetta di quest'ultimo non tarda ad arrivare. ■ DRAMMATICO; B/N; 96'; ITALIA, 1949.

PAOLO E FRANCESCA ★★
Regia di GIANNI VERNUCCIO. Con GÉRARD BLAIN, SAMY PAVEL, FRANCESCA RIGHINI. ■ Due fratelli, Giovanni e Paolo, sono due esatti opposti: l'uno è serio e tormentato, l'altro estroverso e amorale. Giovanni si innamora della donna di Paolo e la sposa segretamente, senza tuttavia riuscire a superare la gelosia per il passato di lei. Finirà in tragedia. ■ DRAMMATICO; COL.; 91'; ITALIA, 1971.

PAOLO IL CALDO ★★★
Regia di MARCO VICARIO. Con ADRIANA ASTI, VITTORIO CAPRIOLI, MARIANNE COMTELL, RICCARDO CUCCIOLLA, GIANCARLO GIANNINI, GASTONE MOSCHIN, ORNELLA MUTI, ROSSANA PODESTÀ. ■ Eterna storia di gallismo e di profonda solitudine: il barone catanese Paolo Castorini esce dal chiuso ambiente siciliano e si trasferisce a Roma dove allaccia rapporti erotici con donne di ogni ceto. Finisce, però, con lo sposare una giovane senza esperienze che lo abbandona presto. ■ COMMEDIA; COL.; 124'; ITALIA, 1973.

PAOLO IL FREDDO ★
Regia di CICCIO INGRASSIA. Con ISABELLA BIAGINI, FRANCO FRANCHI, CICCIO INGRASSIA, GUIDO LEONTINI, ILEANA RIGANO, TINO SCOTTI. ■ Il barone Paolo, noto libertino, prima di morire costringe il figlio Paolino a giurare fedeltà al lavoro e odio

alle donne. Riuscirà a mantenere fede solo alla prima promessa. ■ COMICO; COL.; 105'; ITALIA, 1974.

PAPÀ... ABBAIA PIANO! *(Popi)* ★★
Regia di ARTHUR HILLER. Con MIGUEL ALEJANDRO, ALAN ARKIN, RITA MORENO. ■ Un povero portoricano che vive in un quartiere-ghetto di New York, angosciato per l'incerto avvenire dei suoi due bambini, architetta un piano ingegnoso per farne dei piccoli eroi secondo gli ideali americani imperanti: così qualche ricco newyorkese li adotterà strappandoli alla miseria. Ma non ha tenuto conto dei legami affettivi. ■ COMMEDIA; COL.; 115'; USA, 1969.

PAPÀ CERCA MOGLIE *(A Bedtime Story)* ★★★
Regia di NORMAN TAUROG. Con MAURICE CHEVALIER, EDWARD EVERETT HORTON, BABY LE ROY, HELEN TWELVETREES. ■ Uno spensierato giovanotto francese ama la bella vita e le belle donne, finché arriva un giorno in cui è costretto a rinunciare alle sue avventure galanti per fare da padre a un bambino abbandonato. ■ COMMEDIA; B/N; 87'; USA, 1933.

PAPÀ CERCA MOGLIE *(Hurra, ich bin Papa)* ★★
Regia di KURT HOFFMANN. Con ALBERT FLORATH, CAROLA HÖHN, HEINZ RÜHMANN. ■ Un proprietario terriero vorrebbe che il figlio mettesse la testa a posto; ma il giovanotto pensa solo alle donne. Un giorno una di queste si presenta al vecchio con un bambino di cinque anni, figlio del giovane libertino. Il piccino finisce per conquistare sia il padre che il nonno. ■ COMMEDIA; B/N; 87'; GERMANIA, 1939.

PAPÀ DICE MESSA ★
Regia di RENATO POZZETTO. Con MARTA FORGHIERI, RENATO POZZETTO, TEO TEOCOLI. ■ Prete con vocazione tardiva, Pozzetto ha fatto in tempo a fare un figlio, che gli si presenta con una adolescente incinta. I due non hanno casa, non hanno niente, il ragazzo è pure nei guai per spaccio. C'è anche un travestito di buon cuore, Teocoli. Tutto serve per sistemare il nascituro. Pur in situazioni stradigerite e battute straannunciate che dovrebbero comunque essere collaudate, non si ride mai. Neppure l'ingresso di Teocoli travestito, con minigonna e finto maculato, fa ridere, e gli sarebbe bastato semplicemente esserci. La regia azzera anche quell'occasione. Pozzetto è stato per anni il nostro più bravo comico. Peccato. ■ COMICO; COL.; 98'; ITALIA, 1996.

PAPÀ DI GIOVANNA, IL ★★
Regia di PUPI AVATI. Con VALERIA BILELLO, SERENA GRANDI, PAOLO GRAZIOSI, EZIO GREGGIO, GIANFRANCO JANNUZZO, MANUELA MORABITO, FRANCESCA NERI, SILVIO ORLANDO, ALBA ROHRWACHER. ■ Bologna, 1938. Michele Casali è un professore di disegno e ha una figlia diciassettenne, Giovanna, che frequenta lo stesso istituto. La ragazza è bruttina e il padre fa di tutto per convincerla del contrario. Giunge fino a favorire la situazione scolastica di uno studente perché in qualche modo la corteggi. Sarà proprio in seguito alle aspettative eccessive di Giovanna che scoppierà una tragedia. Scoperto che la sua migliore amica ha dei rapporti sessuali con il ragazzo nella palestra della scuola, Giovanna la uccide venendo poi condannata al ricovero in manicomio. Il padre vive da quel momento in funzione della figlia. La madre invece non ce la fa e cerca di rifarsi una vita. Alla fine, tutto si ricompone (troppo) felicemente e (troppo) rapidamente. Lo sguardo di Avati è puntato su una situazione di infelicità che, in qualche misura, oggi è ancor più devastante. Il sentirsi non adeguate fisicamente ai modelli imperanti da parte di adolescenti in formazione. Questa volta però perde a un certo punto di vista il nucleo centrale del rapporto padre-figlia per offrirci una sorta di "Bignami" della storia d'Italia con tanto di entrata in guerra, repubblica di Salò, Liberazione ecc. Il film finisce dunque con il perdere di vista il proprio nucleo centrale cedendo alla tentazione di voler spiegare tutto contestualizzando storicamente le vicende di un piccolo uomo che rinuncia a vivere la propria vita per dedicarsi, amorevolmente, ad un'unica persona soffocandone la crescita. Notazione a margine: dando per scontate le eccellenti prestazioni di Orlando, Neri e Rohrwacher, va segnalata la "stecca" Ezio Greggio, corpo estraneo inadeguato. Se l'era cavata molto meglio Boldi in *Festival*, dello stesso Avati. ■ DRAMMATICO; COL.; 104'; ITALIA, 2008.

PAPA DI GREENWICH VILLAGE, IL ★★
(The Pope of Greenwich Village)
Regia di STUART ROSENBERG. Con DARYL HANNAH, ERIC ROBERTS, MICKEY ROURKE. ■ Tratto dall'omonimo romanzo di Vincent Patrick (ha scritto anche la sceneggiatura), racconta le vicissitudini di due cugini di Little Italy che, insieme ad un orologiaio irlandese poco raccomandabile, decidono di scassinare una cassaforte. Ma l'errore di partenza sta nel fatto che la cassaforte prescelta appartiene al "papa" di Greenwich Village, ovvero al capomafia del quartiere. ■ DRAMMATICO; COL.; 120'; USA, 1984. ■ OSCAR 1 NOM.

PAPÀ DIVENTA MAMMA ★★
Regia di ALDO FABRIZI. Con ALDO FABRIZI, AVE NINCHI, GIOVANNA RALLI. ■ Un pover'uomo vessato dalla moglie e dai figli si sottopone a ipnosi da parte di un ipnotizzatore in un teatro. Tornato a casa, si sente mamma di famiglia. La moglie va a lavorare in un negozio di stoffe e prova finalmente che cosa sono i guai del commercio; il marito, invece, rimane a casa a sfaccendare. ■ COMICO; B/N; 84'; ITALIA, 1952.

PAPÀ DIVENTA NONNO *(Father's Little Dividend)* ★★★
Regia di VINCENTE MINNELLI. Con JOAN BENNETT, BILLIE BURKE, DON TAYLOR, ELIZABETH TAYLOR, SPENCER TRACY. ■ È la continuazione de *Il padre della sposa*, dello stesso regista e con gli stessi attori. Il signor Banks, all'annuncio di una prossima maternità della figlia, si sente impreparato a diventare nonno. Quando il nipotino nasce, lui lo vede come un piccolo mostro e arriva persino a smarrire carrozzina e nipotino durante una passeggiata. Tutto finisce bene. ■ COMMEDIA; B/N; 82'; USA, 1951.

PAPÀ È IN VIAGGIO D'AFFARI ★★★★🏆
(Otac na sluzbenom putu)
Regia di EMIR KUSTURICA. Con MORENO DE BARTOLI, MIRJANA KARANOVIC, MIKI MANOJLOVIC. ■ Mesa è un brav'uomo jugoslavo, sposato e padre di due bambini: un giorno si lascia sfuggire una battuta a sfondo politico e la sua amante, gelosa, riferisce la cosa al fratello di lui, funzionario governativo, che lo fa condannare ai lavori forzati. A casa rimane la moglie, Sena, che manda avanti la famiglia e racconta al più piccolo dei suoi figli che papà è partito per un lungo viaggio d'affari. Il tempo passa: dopo la ribellione di Tito, Mesa viene riabilitato e si trasferisce in una nuova città, dove il suo secondogenito si innamora della figlia di un medico russo. Ancora più avanti nel tempo, Mesa gusterà la sua vendetta, violentando l'ex amante che, nel frattempo, ha sposato suo fratello. ■ COMMEDIA; COL.; 128'; JUGOSLAVIA, 1985. ■ CANNES 🏆 1 PR; GOLDEN GLOBES 🏆 1 NOM; OSCAR 🏆 1 NOM.

PAPÀ GAMBALUNGA *(Daddy Longlegs)* ★★
Regia di ALFRED SANTELL. Con WARNER BAXTER, JANET GAYNOR. ■ Un miliardario adotta una ragazza francese e decide di farla studiare in America, tenendole nascosta la propria identità. La trama è la stessa del film di Jean Negulesco. C'è un Astaire di meno, purtroppo. ■ COMMEDIA; B/N; 73'; USA, 1933.

PAPÀ GAMBALUNGA *(Daddy Longlegs)* ★★★
Regia di JEAN NEGULESCO. Con FRED ASTAIRE, LESLIE CARON, TERRY MOORE, THELMA RITTER. ■ Il miliardario Jervis Pendleton adotta una ragazza francese e la fa studiare in America nascondendole, però, la propria identità. Lei sa soltanto che il suo benefattore ha le gambe molto lunghe. Quando si incontrano, i due si innamorano e si sposano. ■ COMMEDIA; B/N; 126'; USA, 1955. ■ OSCAR 3 NOM.

PAPÀ GORIOT *(Père Goriot)* ★★
Regia di ROBERT VERNAY. Con PIERRE LARQUEY, MARCELLE PRAINCE, PIERRE RENOIR. ■ Una scialba versione del grande romanzo di Balzac: il conte di Rastignac si trasferisce dalla provincia a Parigi, dove alloggia in una modesta pensioncina. Qui conosce il vecchio papà Goriot che vive miseramente mentre le figlie lo sfruttano e fanno vita da dame dell'alta società. Quando Rastignac vedrà morire disperato papà Goriot, si convincerà ad affrontare con cinismo la vita. ■ DRAMMATICO; B/N; 103'; FRANCIA, 1944.

PAPÀ HO TROVATO UN AMICO *(My Girl)* ★★
Regia di HOWARD ZIEFF. Con DAN AYKROYD, MACAULAY CUL-

KIN, JAMIE LEE CURTIS. ■ Dopo *Mamma, ho perso l'aereo* Hollywood ha riscoperto le piccole star e così ecco che il protagonista di quel film, Culkin, si accompagna a una coetanea, Anna Chlumsky. Lui introverso e lei estroversa, si confidano i problemi dell'infanzia. La bambina, soprattutto, non si sente capita dal padre e soffrirà le pene dell'inferno quando il suo giovane amico morirà per una banale puntura d'insetto. Commedia sdolcinata tipicamente americana. ■ COMMEDIA; COL.; 102'; USA, 1991.

PAPÀ LEBONNARD *(Père Lebonnard)* ★★
Regia di JEAN DE LIMUR. Con PIERRE BRASSEUR, JEAN MURAT, JEANNE PREVOST, RUGGERO RUGGERI, MADELEINE SOLOGNE. ■ Papà Lebonnard è diventato ricco con il brevetto di un orologio: la moglie mira a far entrare il figlio e la figlia nell'alta società. La figlia è innamorata invece di un medico di pochi mezzi e di nascita illegittima. L'umanità e la moralità di papà Lebonnard riusciranno comunque a sistemare tutto. ■ COMMEDIA; B/N; 90'; FRANCIA, 1939.

PAPÀ, MA CHE COSA HAI FATTO IN GUERRA? ★★★
(What Did You Do in the War, Daddy?)
Regia di BLAKE EDWARDS. Con JAMES COBURN, SERGIO FANTONI, HARRY MORGAN, GIOVANNA RALLI, ALDO RAY, DICK SHAWN. ■ Durante l'ultima guerra, l'Italia meridionale si consegna agli Alleati: in stato di guerra si tiene una festa paesana in cui sono coinvolti americani, fascisti, gente del luogo, nazisti. I comunisti locali tentano una piccola rivoluzione, i tedeschi vogliono imporre il loro dominio. Un gran carosello. ■ COMMEDIA; COL.; 119'; USA, 1966.

PAPÀ, MAMMÀ, LA CAMERIERA ED IO ★★
(Papa, maman, la bonne et moi)
Regia di JEAN-PAUL LE CHANOIS. Con ROBERT LAMOUREUX, FERNAND LEDOUX, GABY MORLAY. ■ Un giovane avvocato che fa tirocinio presso un avviato studio legale si innamora di Caterina, che vive nello stesso palazzo e che si offre come cameriera in casa dell'innamorato. Il padre del protagonista scopre la tresca, ma, dopo aver creato alcune difficoltà, acconsente al matrimonio. ■ COMMEDIA; B/N; 97'; FRANCIA, 1954.

PAPÀ, MAMMÀ, MIA MOGLIE ED IO ★★
(Papa, maman, ma femme et moi)
Regia di JEAN-PAUL LE CHANOIS. Con ROBERT LAMOUREUX, FERNAND LEDOUX, GABY MORLAY. ■ È la continuazione del film precedente. Ora i giovani sposi vivono con i genitori di lui. Nascono due gemelli, arriva lo sfratto, i problemi pratici si intrecciano ai contrasti generazionali. ■ COMMEDIA; B/N; 105'; FRANCIA, 1955.

PAPÀ MIO *(Say it with Songs)* ★★★
Regia di LLOYD BACON. Con HOLMES HERBERT, AL JOLSON, DAVEY LEE, MARION NIXON. ■ Bacon (che aveva già diretto Jolson nel *Cantante pazzo*) scelse un copione canoro e sentimentale che si adattava perfettamente al personaggio. ■ COMM. MUSICALE; B/N; 92'; USA, 1929.

PAPÀ PACIFICO ★★
Regia di GUIDO BRIGNONE. Con FRANK LATIMORE, ANTONELLA LUALDI. ■ Luisella Ceccacci, cassiera in una rosticceria, diventa milionaria per un'eredità. Da un momento all'altro comincia a darsi arie da gran signora, attirando l'attenzione di un perdigiorno che le fa la corte. Ma anche l'innamorato di Luisella diventa ricco per il successo della sua canzonetta *Papà pacifico*. ■ COMMEDIA; B/N; 90'; ITALIA, 1954.

PAPÀ PER UNA NOTTE ★★
Regia di MARIO BONNARD. Con UGO CESERI, CLELIA MATANIA, CARLO ROMANO, SERGIO TOFANO. ■ Una ragazza finge che l'orfano che viene allevato in casa sia suo figlio, nato dall'amore col segretario del padre, per convincere quest'ultimo a dare il consenso alle nozze. ■ COMMEDIA; B/N; 83'; ITALIA, 1939.

PAPÀ PRENDE MOGLIE *(Father Takes a Wife)* ★★★
Regia di JACK B. HIVELY. Con DESI ARNAZ, HELEN BRODERICK, JOHN HOWARD, ADOLPHE MENJOU, GLORIA SWANSON. ■ Un miliardario americano vecchiotto annuncia al figlio e alla nuora che intende risposarsi con una famosa attrice. Si comporta come un adolescente al primo amore e questo atteggiamento dà adito a varie situazioni comiche. ■ COMMEDIA; B/N; 70'; USA, 1941.

PAPARAZZI ★★★
Regia di NERI PARENTI. Con DIEGO ABATANTUONO, MASSIMO BOLDI, NINO D'ANGELO, CHRISTIAN DE SICA. ■ Il primo impulso era quello di liquidare il film come si è sempre fatto in questa sede con le "vanzinate" e le loro diramazioni più o meno degeneri: storie banali per chi si diverte davanti al televisore il sabato e la domenica. In realtà *Paparazzi* offre molto di più, rappresentando, involontariamente crediamo ma con grande efficacia, la "degenerazione-sociale-da-televisione". I paparazzi rincorrono lo scoop cercando di sorprendere in flagrante i personaggi della televisione. E ci sono proprio tutte le vallette-presentatrici che vanno per la maggiore, le bellezze riprodotte dallo stesso stampo, in una parata di silicone che sembra una mostra, col "valore aggiunto" del grande schermo che evidenzia molto più del piccolo e permette, coi primi piani di molti metri quadrati, il riscontro impietoso: dietro il silicone niente. C'è una ragazza che è pronta a tutto pur di finire su una copertina: tende un agguato a Carlo Conti per baciarlo e farsi fotografare. Carlo Conti rappresenta, insieme a troppi come lui, quel divertimento che attenta alle cellule cerebrali della gente. Sono questi i semidei che fuggono (fingono di fuggire) dai paparazzi su barche da miliardi, e fanno la doccia in bagni grandi come piscine. Rappresentanti di una felicità e di un annebbiamento mentale forse propugnati in altissimo loco, come contrappeso terzomondista al versante della nostra politica. Risultato: abbiamo i politici e la televisione più ridicoli e grotteschi dell'Occidente. Certo, il film di Parenti ci ha portati un po' lontani, ma richiami e letture possono anche essere quelli. In chiave squisitamente critica diciamo che una persona di normale intelligenza ride una sola volta, quando Nino D'Angelo, "incinto", viene messo in posizione per partorire. Comunque, in virtù del beneficio del dubbio e della professionalità di molti – da Abatantuono a De Sica – il film viene, parzialmente, salvato. ■ COMICO; COL.; 100'; ITALIA, 1998.

PAPARAZZI ★★
Regia di PAUL ABASCAL. Con DANIEL BALDWIN, KELLY CARLSON, DENNIS FARINA, COLE HAUSER, TOM HOLLANDER, TOM SIZEMORE, ROBIN TUNNEY. ■ Bo Laramie, astro nascente del cinema americano, viene preso di mira da un gruppo di paparazzi particolarmente aggressivi. All'inizio sono solo fastidiosi ma gradualmente diventano un disturbo onnipresente. Quando arrivano a minacciare la sicurezza della sua famiglia, Laramie decide di non restare a guardare. ■ DRAMMATICO; COL.; 84'; USA, 2004.

PAPÀ, RITORNA DA NOI *(Nurith)* ★★
Regia di GEORGE OVADIA. Con YONA ALIAN, ROBERT BLACKMAN, JACK HOWARD, SASSI KESHET. ■ La storia lacrimevole di una ragazza israeliana abbandonata dall'uomo che amava e che l'aveva resa madre. Come se ciò non bastasse, un incidente le fa perdere la vista. Tre girovaghi la aiuteranno. ■ DRAMMATICO; B/N; 91'; ISRAELE, 1974.

PAPÀ, SEI UNA FRANA *(Author Author)* ★★
Regia di ARTHUR HILLER. Con DYAN CANNON, AL PACINO, TUESDAY WELD. ■ Abbandonato dalla moglie, un noto commediografo si ritrova solo con cinque figli, uno suo e gli altri nati dai precedenti matrimoni della donna. Sommerso dalla caotica vita familiare e dal dolore per l'abbandono della moglie, fa fatica a terminare la commedia alla quale sta lavorando e anche a ricostruirsi una vita accanto a una bella attrice. ■ COMMEDIA; COL.; 110'; USA, 1982. ■ GOLDEN GLOBES 1 NOM.

PAPÀ TI AGGIUSTO IO! *(Getting Even with Dad)* ★
Regia di HOWARD DEUTCH. Con MACAULAY CULKIN, TED DANSON, HECTOR ELIZONDO. ■ Macaulay Culkin, indifferente alla sovraesposizione, è il protagonista di questa storia in cui redime il padre, un ex carcerato che ora fa il pasticcere a San Francisco. ■ COMMEDIA; COL.; 108'; USA, 1994.

PAPÀ, TI RICORDO! ★★
Regia di MARIO VOLPE. Con PAOLO CARLINI, LEA PADOVANI. ■ Maria, abbandonata dall'amante con una figlia, sposa per disperazione un uomo che non ama. Anni dopo, il primo fidanzato tor-

na e vuol riprendere i contatti con la figlia. Maria si oppone fermamente, ma la ragazza si riaccosta al padre e impara a volergli bene. ■ DRAMMATICO; B/N; 92′; ITALIA, 1952.

PAPAVERO È ANCHE UN FIORE, IL ★★★
(The Poppy is Also a Flower)
Regia di TERENCE YOUNG. Con SENTA BERGER, STEPHEN BOYD, YUL BRYNNER, ANGIE DICKINSON, HUGH GRIFFITH, RITA HAYWORTH, TREVOR HOWARD, E.G. MARSHALL. ■ Il tema è quello del traffico di droga sostenuto da una vasta organizzazione. Agenti delle Nazioni Unite si trovano in situazioni avventurose e drammatiche, ma riescono alla fine a scoprire i responsabili dell'illecito traffico. ■ AVVENTURA; COL.; 100′; USA, 1966.

PAPERINO & C. IN VACANZA ★★
(Donald's Magic Summer)
Produzione DISNEY. ■ Paperino contro tutti: si batte con un orso che vuole rubargli il miele, lotta contro un vero leone credendo che siano i nipotini travestiti, subisce la vendetta di una vespa disturbata, affronta due dispettosi scoiattoli. ■ ANIMAZIONE; B/N; 93′; USA, 1977.

PAPERINO STORY *(Donald Duck Story)* ★★★
Produzione DISNEY. ■ Antologia comprendente cortometraggi di varie epoche. ■ ANIMAZIONE; COL.; 90′; USA, 1973.

PAPER MOON AFFAIR ★★★
Regia di DAVID TAMAGI. Con BRENDA JAMES, CASEY DUBOIS, BRENDAN FLETCHER, JOHN LONE, PHILIP GRANGER, SEBASTIAN SPENCE, MISA SHIMIZU, BILLY WICKMAN. ■ Il matrimonio tra Keiko, giovane donna giapponese dalla bellezza misteriosa, e un facoltoso e rigido uomo d'affari cinese, entra in crisi quando la coppia si trasferisce in un remoto angolo del Canada, vicino ad un piccolo villaggio di pescatori. Abbandonata dal marito, Keiko conosce Vern, affascinante sceriffo del luogo, e Hart, timido adolescente in cerca di un'identità. ■ DRAMMATICO; COL.; 82′; CANADA, 2005.

PAPER MOON – LUNA DI CARTA *(Paper Moon)* ★★★★
Regia di PETER BOGDANOVICH. Con BURTON GILLIAM, JOHN HILLERMAN, P.J. JOHNSON, MADELINE KAHN, RYAN O'NEAL, TATUM O'NEAL. ■ Il titolo del film riecheggia una canzonetta in voga negli anni Trenta. Un uomo e una bambina (nella vita la figlia di O'Neal), che lo supera nell'arte di campare di espedienti, compiono un viaggio avventuroso attraverso gli States e la loro umanità inquieta alla ricerca di identità. Girato in bianco e nero con una pellicola che presentava volutamente un'abbondante "pioggia", il film è un tenero ricordo delle vecchie storie hollywoodiane. ■ COMMEDIA; B/N; 102′; USA, 1973. ■ DAVID DI DONATELLO 1 PR, 1 NOM; GOLDEN GLOBES 5 NOM; OSCAR 1 PR, 3 NOM.

PAPERO DA UN MILIONE DI DOLLARI, UN ★★
(The Million Dollar Duck)
Regia di VINCENT MCEVEETY. Con SANDY DUNCAN, JOE FLYNN, JAMES GREGORY, DEAN JONES, TONY ROBERTS. ■ Un papero da esperimenti scientifici comincia a depositare uova d'oro sotto l'effetto dei raggi X. Lo scienziato che ha effettuato l'esperimento, d'accordo con un amico, decide di trarre vantaggio dall'inaspettata fortuna. Non gli riesce perché il papero viene sequestrato dalla polizia. Al processo però la bestiola deposita davanti al giudice un uovo normale scagionando l'imputato. ■ COMMEDIA; COL.; 92′; USA, 1971. ■ GOLDEN GLOBES 1 NOM.

PAPER SOLDIER *(Bumaznyj soldat)* ★★
Regia di ALEKSEY GERMAN JR. Con CHULPAN KHAMATOVA, MERAB NINIDZE, EVGENY PRONIN. ■ Kazakistan, 1961. Daniil Pokrovski è un ufficiale medico che assiste i primi astronauti tra i quali verrà scelto colui che dovrà essere il primo uomo ad andare nello spazio: Juri Gagarin. I test che vengono compiuti non escludono la possibilità di un rientro a terra estremamente pericoloso. Daniil è preoccupato. Ma non è solo questo a turbarlo. Anche la sua vita privata attraversa una fase complicata: la moglie Nina lo rimprovera per la collaborazione a un progetto che può mettere a repentaglio la vita di molti uomini per offrire all'Urss la medaglia del primato nella corsa allo spazio. Alla base intanto si è innamorata di lui Vera, una giovane donna che ha trovato in Daniil il primo amore della sua vita. La morte, nel corso dei test, di uno degli astronauti aumenta la condizione di crisi del medico. Il tema è sicuramente importante: i primi segni di disgregazione di una società rigidamente e burocraticamente costruita, del tutto insensibile alle sorti dell'individuo sottomesso alla logica del bene supremo della Patria. Rileggere l'epopea dell'astronautica russa (glorificata poi in innumerevoli monumenti in tutto il Paese) in una chiave che va decisamente controcorrente, avrebbe potuto essere l'occasione per fare del revisionismo una volta tanto positivo. Si tratta però di un'occasione che si perde nei mille rivoli di una sceneggiatura e di una messa in scena che vorrebbero aspirare all'empireo della cultura russa e si traducono invece in un girovagare dei personaggi nei brulli terreni della base kazaka o nei ristretti spazi moscoviti declamando battute più degne di epigrafi in apertura di volume che non di dialoghi contemporanei. ■ DRAMMATICO; COL.; 116′; RUSSIA, 2008.

PAPESSA, LA *(Die Päpstin)* ★★
Regia di SÖNKE WORTMANN. Con IAIN GLEN, JOHN GOODMAN, ANATOLE TAUBMAN, DAVID WENHAM, JOHANNA WOKALEK. ■ Nata nell'inverno dell'814 d.C., Johanna è la figlia indesiderata del prete del villaggio. Ostinata e decisamente illuminata, Johanna viene notata dal maestro greco Esculapio che, vincendo la ritrosia paterna, asseconda ed educa la sua sensibilità. Ma la partenza dell'anziano saggio, rigetta la fanciulla al suo destino di donna, almeno fino a quando Johanna non si dà alla fuga, scegliendo per sé un diverso avvenire nella scuola della cattedrale di Dorstadt. Johanna, costretta a risolvere la propria sorte e indossati abito e identità maschili, trova riparo nel monastero benedettino di Fulda, dove viene edotta nell'arte medica e nella teologia col nome di Johannes Anglicus. La paura di essere scoperta e punita come impostore la porta infine a Roma, dove la sua dedizione ai malati e gli incredibili successi professionali non passano inosservati. Condotta al talamo di Papa Sergio, afflitto dalla malattia, ne diventa presto medico e consigliere. Scampato alla morte il Santo Padre, poi avvelenato da vescovi invisi, il monaco guaritore è destinato ad occupare il seggio di Pietro. ■ DRAMMATICO; COL.; 149′; GERMANIA, GRAN BRETAGNA, ITALIA, SPAGNA, 2009.

PAPESSA GIOVANNA, LA *(Pope Joan)* ★★★
Regia di MICHAEL ANDERSON. Con OLIVIA DE HAVILLAND, LESLEY-ANNE DOWN, TREVOR HOWARD, JEREMY KEMP, FRANCO NERO, MAXIMILIAN SCHELL, LIV ULLMANN. ■ Nono secolo. Giovanna viene violentata dai confratelli del padre, predicatore vagante. Lei stessa, travestita da frate, sale la gerarchia ecclesiastica fino al soglio di Pietro. Nessuno sospetta il suo sesso. Durante una processione, però, la papessa sente le doglie del parto, rivelando inevitabilmente la propria natura femminile. Finirà linciata. ■ DRAMMATICO; COL.; 1[illegible]2′; GRAN BRETAGNA, 1971.

♥ PAPILLON ★★★
Regia di FRANKLIN J. SCHAFFNER. Con RATNA ASSAN, DON GORDON, DUSTIN HOFFMAN, VICTOR JORY, STEVE MCQUEEN, ANTHONY ZERBE. ■ Il film racconta la storia di un condannato ai lavori forzati nel penitenziario della Guyana francese, i suoi tentativi di evasione, le dure condanne all'isolamento. Anni di tormento fino alla fuga finale, definitiva. ■ AVVENTURA; COL.; 150′; USA, 1973. ■ GOLDEN GLOBES 1 NOM; OSCAR 1 NOM.

PAPOCCHIO, IL ★★
Regia di RENZO ARBORE. Con DIEGO ABATANTUONO, RENZO ARBORE, ROBERTO BENIGNI, LUCIANO DE CRESCENZO, ANDY LUOTTO, MARIO MARENCO, MARIANGELA MELATO, ISABELLA ROSSELLINI. ■ La fragile trama racconta di papa Giovanni Paolo II che incarica Arbore di creare una televisione vaticana. ■ COMMEDIA; COL.; 101′; ITALIA, 1980.

PAPPA E CICCIA ★
Regia di NERI PARENTI. Con LINO BANFI, MILLY CARLUCCI, PAOLO VILLAGGIO. ■ Due episodi. Nel primo Carmelo (Lino Banfi), un povero emigrante in Svizzera, si finge ricco per non deludere una nipote che viene a trovarlo dal paese; ma dopo mille disavventure, diviene ricco per davvero. Nel secondo Paolo Villaggio, modesto e maldestro impiegato, vive la grande avventura di una vacanza in Kenya, in un villaggio turistico organizzato come un

lager, dal quale salva a stento la pelle. ■ COMMEDIA; COL.; 98'; ITALIA, 1982.

PAPPA REALE, LA *(La bonne soupe)* ★★
Regia di ROBERT THOMAS. Con MARIE BELL, JEAN-CLAUDE BRIALY, SACHA DISTEL, ANNIE GIRARDOT, CHRISTIAN MARQUAND, RAYMOND PELLEGRIN. ■ Una donna non più giovane ma ancora piena di fascino racconta la storia della sua vita a un amico: una catena di amori inconcludenti fino a trovare l'uomo giusto che, però, ha perso. ■ COMMEDIA; B/N; 98'; FRANCIA, 1964.

PAPPONE INFURIATO, IL *(Les corps célestes)* ★★
Regia di GILLES CARLE. Con MICHELINE LANCTOT, CAROLE LAURE, DONALD PILON. ■ In un remoto villaggio del Canada nel 1938, mentre sta per scoppiare la guerra, due amanti, Desmond e Sweetie, aprono una casa di piacere. Desmond per i suoi loschi fini non esiterà addirittura a denunciare alla polizia locale una ragazza ebrea. ■ COMMEDIA; COL.; 91'; CANADA, 1974.

PAPRIKA ★★
Regia di CARL BOESE. Con RENATO CIALENTE, EVA MAGNI, ELSA MERLINI, SERGIO TOFANO, ENRICO VIARISIO. ■ Un'ungherese bella e ardente fa perdere la testa a un misantropo incallito. ■ COMMEDIA; B/N; 118'; GERMANIA, ITALIA, 1932.

PAPRIKA
Regia di TINTO BRASS. Con MARTINE BROCHARD, DEBORA CAPRIOGLIO, STÉPHANE FERRARA. ■ Dopo l'interessante esperimento fumettistico di *Snack Bar Budapest*, ignorato dal pubblico, Brass ritorna al suo tema più caro. Questo può essere considerato l'episodio più riuscito di una ideale trilogia sul sesso "gioioso", iniziata con *Miranda* e proseguita col fotoromanzo *Capriccio*. Meno raffinato ma più incisivo e se vogliamo più determinato nella provocazione, è un elogio alle case chiuse e quindi al sesso in vendita ma controllato. Paprika comincia a fare la vita per aiutare il fidanzato che ha problemi economici ma poi si appassiona alla "missione". ■ EROTICO; COL.; 110'; ITALIA, 1990.

PAQUITO *(The Boy who Stole Million)* ★★
Regia di CHARLES CRICHTON. Con MARIANNE BENET, MAURICE REYNA, VIRGILIO TEXEIRA. ■ Paquito prende ingenuamente "in prestito" un milione di pesetas dalla Banca di Valencia, dove lavora come fattorino, per soccorrere il padre rimasto senza il suo taxi e quindi senza lavoro. Alle calcagna gli stanno la polizia e una banda di ladri che vuole davvero impossessarsi del bottino. Tutto finisce bene. ■ COMMEDIA; B/N; 91'; GRAN BRETAGNA, 1967.

PARACADUTISTI D'ASSALTO *(Paratroop Command)* ★★
Regia di WILLIAM N. WITNEY. Con RICHARD BAKALYAN, JACK HOGAN, KEN LYNCH. ■ Durante un'operazione strategica in Africa, nel 1942, un paracadutista americano che indossa per ragioni militari una divisa tedesca viene ucciso per sbaglio da un commilitone. Un amico del morto vuole vendicarlo, ma l'omicida non colpevole morirà in un'esplosione. ■ GUERRA; B/N; 83'; USA, 1958.

PARACULISSIMI, I *(King Frat)* ★
Regia di KEN WIEDERHORN. Con DAN CHANDLER, JOHN DI SANTI, MIKE GRABOW. ■ Un gruppo di studenti con problemi di convivenza forzata nell'appartamento di un indiano pellerossa. Luoghi comuni a non finire e assoluta latitanza del buon gusto. ■ COMMEDIA; COL.; 90'; USA, 1979.

PARADE – LA SFILATA, THE *(Parada)* ★★
Regia di SRDJAN DRAGOJEVIC. Con DEJAN ACIMOVIC, GORAN JEVTIC, NIKOLA KOJO, HRISTINA POPOVIC, MILOS SAMOLOV. ■ Limun, ex eroe di guerra serbo, insegnante di judo e macho delinquente e omofobo, è alla vigilia delle seconde nozze con Biserka, ragazzona appariscente dalla mente aperta e dall'animo non violento. Una serie di circostanze, ma soprattutto l'aut aut della fidanzata, impongono a Limun di affidare l'organizzazione del matrimonio all'omosessuale Mirko e al suo partner Radmilo, un veterinario. In cambio del servizio, Limun e i suoi muscolosi sodali scorteranno la parata del gay pride, visto il rifiuto della polizia, per salvare i manifestanti da un pestaggio assicurato. Si potrebbe esordire dicendo: "ci sono un serbo, un bosniaco, un croato e un albanese...", ma non è certo una barzelletta quella scritta e diretta dal poeta e regista Srdjan Dragojevic, bensì un film che racconta la vicenda con credibilità. E con un non semplice approccio comico. ■ COMMEDIA; COL.; 115'; SERBIA, GERMANIA, UNGHERIA, SLOVENIA, CROAZIA, 2011.

PARADISE ★★
Regia di STUART GILLARD. Con WILLIE AAMES, PHOEBE CATES, RICHARD CURNOCK, TUVIA TAVI, NEIL VIPOND. ■ Anno 1823. Orfanella inglese quattordicenne e orfanello più o meno coetaneo fuggono nel deserto per sfuggire alle attenzioni di un cattivaccio arabo commerciante di schiavi. Natura da cartolina ed erotismo da fotoromanzo. ■ SENTIMENTALE; COL.; 100'; USA, 1982.

PARADISE ★★
Regia di MARY AGNES DONOGHUE. Con MELANIE GRIFFITH, DON JOHNSON, ELIJAH WOOD. ■ Moglie e marito da tempo in crisi dopo la morte del loro piccolo devono ospitare per l'estate il figlio di una loro amica: la presenza del bambino smuove l'insensibilità e i problemi della coppia. La Griffith e Johnson hanno condiviso un matrimonio difficile anche fuori dal set. ■ DRAMMATICO; COL.; 107'; USA, 1991.

PARADISE NOW ★★★8
Regia di HANY ABU-ASSAD. Con HIAM ABBASS, LUBNA AZABAL, AMER HLEHEL, KAIS NASHEF, ALI SULIMAN. ■ La narrazione del palestinese Hany Abu-Assad (*Rana's Wedding*) è avvincente e racconta le ultime 48 ore del kamikaze Said e del suo amico Khaled, nella loro "missione santa" verso la morte: i riti della preparazione fisica e spirituale al passaggio, la foto da guerriero che verrà poi affissa in città, il video per i fedeli e i famigliari. Un film significativo che spiega, senza retorica, il punto di vista di un martire omicida. ■ DRAMMATICO; COL.; 90'; FRANCIA, GERMANIA, OLANDA, 2005. ■ BERLINO 8 1 PR; GOLDEN GLOBES 8 1 PR, 1 NOM; OSCAR 8 1 PR, 1 NOM.

PARADISE ROAD ★★★
Regia di BRUCE BERESFORD. Con GLENN CLOSE, FRANCES MCDORMAND. ■ Singapore 1942. I giapponesi attaccano l'India, un gruppo di donne viene imbarcato su una nave che viene affondata. Le superstiti vengono internate in un campo. La vita è naturalmente durissima. Per poter sopravvivere anche mentalmente una di loro (Close) organizza un coro. Cantando Chopin e Dvorak il gruppo, sempre più sottile, riesce ad arrivare alla fine della guerra con un pizzico di dignità e umanità residue. Sentimento, un po' di calligrafia, qualche lentezza, ma è una fortuna che di tanto in tanto il cinema torni ad essere edificante. Glenn Close da premio Oscar. ■ DRAMMATICO; COL.; 100'; USA, 1997.

PARADISI ARTIFICIALI *(The Music Goes Round)* ★★
Regia di VICTOR SCHERTZINGER. Con ROCHELLE HUDSON, HARRY RICHMAN, WALTER CONNOLLY. ■ Dopo una lite col suo impresario, un autore di riviste si imbatte in un gruppo di comici ambulanti. Non rivelando la propria professione, riesce a farsi assumere come comparsa e poi sfrutta il divertente episodio per il suo ultimo lavoro. È il successo per tutti. ■ COMMEDIA; B/N; 80'; USA, 1935.

PARADISO ★★
Regia di GUIDO BRIGNONE. Con NINO BESOZZI, OLGA CAPRI, LAMBERTO PICASSO, SANDRA RAVEL. ■ Un giovanotto riceve un'eredità da uno zio, ma a pesantissime condizioni: dovrà abitare per tre anni nella lussuosa casa lasciatagli senza mai uscirne e senza mai ricevere la visita di una ragazza. Equivoci e scontato lieto fine. ■ COMMEDIA; B/N; 93'; ITALIA, 1933.

PARADISO *(Heaven)* ★★
Regia di DIANE KEATON. ■ L'attrice al suo esordio realizza un film-intervista sul tema del paradiso. Si aiuta con spezzoni da filmati sul tema. ■ DOCUMENTARIO; COL.; 80'; USA, 1987.

PARADISO ALL'IMPROVVISO, IL ★
Regia di LEONARDO PIERACCIONI. Con ANNA MARIA BARBERA, ANGIE CEPEDA, ALESSANDRO HABER, ROCCO PAPALEO, LEONARDO PIERACCIONI. ■ Lorenzo, titolare di un'azienda produttrice di effetti speciali, viene contattato dalla splendida sudamericana Amaranta per organizzare una festa in onore del fidanzato in procinto di arrivare ad Ischia per trascorrere un week-end romantico con lei. Il ragazzo non arriva, e Lorenzo verrà coinvolto nel fine settimana dalle schermaglie amorose di Amaranta, cui finirà per

cedere, nonostante abbia sempre ribadito la propria vocazione alla solitudine amorosa. Il film di Natale di Pieraccioni è l'ennesima variazione sul tema "coppia sì-coppia no", sul quale il comico toscano ha costruito la carriera. L'originalità, però, ormai latita. Unica nota positiva la presenza di Angie Cepeda, star delle telenovelas colombiane, di buona caratura e di statuaria bellezza. ■ Commedia; col.; 93'; Italia, 2003. ■ David di Donatello 1 nom.

PARADISO AMARO *(The Descendants)* ★★★★
Regia di Alexander Payne. Con Beau Bridges, George Clooney, Robert Forster, Judy Greer, Shailene Woodley. ■ Le Hawaii non sono esattamente il paradiso in terra che tutti crediamo, soprattutto per Matt King: sua moglie Elizabeth è in coma per un incidente, e non si riprenderà più. Non resta che staccare le macchine che la tengono ancora in vita. Da anni troppo concentrato sul suo lavoro, l'uomo si ritrova con due figlie che ormai non conosce più, la più grande delle quali, Alexandra, è sulla via della ribellione. Il dolore di Matt si trasforma in frustrazione quando scopre che sua moglie aveva una relazione extraconiugale, e stava per chiedere il divorzio. Il marito tradito e disperato si lancia allora alla ricerca dell'amante della sua sfortunata consorte. In parallelo vive la vicenda di una magnifica proprietà che gli eredi vogliono vendere. La decisione spetta a Matt, che sceglie di non vendere. Kaui Hart Hemmings, hawaiana, ha firmato il libro che ispira il film. Di fatto ha narrato la propria storia. ■ Commedia; Col.; 110'; USA, 2011.

PARADISO BLU *(Vuelo n. 2 desastre en la noche)* ★
Regia di Anna Bergman. Con Anna Bergman, Dan Mohanan, Lucia Ramirez. ■ Scampati a un disastro aereo, una bella hostess e un ragazzo di 16 anni approdano sull'immancabile isola deserta e, come da copione, scoprono tra mille pericoli le gioie del sesso. ■ Avventura; col.; 94'; Santo Domingo, 1981.

PARADISO DEI BARBARI, IL ★★★
(Wind Across the Everglades)
Regia di Nicholas Ray. Con Burl Ives, Gipsy Rose Lee, Christopher Plummer. ■ Agli inizi del ventesimo secolo, un ecologo fa fronte da solo all'azione senza scrupoli dei cacciatori delle paludi della Florida che sterminano la fauna per scopi di lucro. In una sfida mortale conduce il feroce gangster Caporosso attraverso la palude. Questi perderà la vita e il puro protagonista si salverà a malapena. ■ Avventura; col.; 93'; USA, 1958.

PARADISO DEI FUORILEGGE, IL ★★
(Stranger on Horseback)
Regia di Jacques Tourneur. Con Joel McCrea, Stern Miroslava. ■ Un giudice federale è costretto a trasferire nottetempo in un'altra città un assassino in attesa di processo poiché il padre di costui, prepotente signorotto locale, è deciso a liberarlo costi quel che costi. Il vecchio predone non ce la fa e si convince a cedere il passo alla legge. ■ Western; col.; 95'; USA, 1955.

PARADISO DEI NUDISTI, IL ★★
(Die Neffen des Herr General)
Regia di Michael Thomas (pseud. di Erwin Dietrich). Con Britta Aulin, Herbert Fux, William Harris, Graziella Neri. ■ Un vecchio generale vive col maggiordomo in una villa in prossimità di un campo di nudisti. I due gentiluomini spiano le belle ragazze in costume evitico e il generale ne vorrebbe una per sé; invece, gli sta alle calcagna una zitella in cerca di marito. Due prestanti nipoti si accaparrano due fanciulle. I gentiluomini rimangono soli. ■ Commedia; col.; 91'; Germania, 1971.

PARADISO DEL CAPITANO HOLLAND, IL ★★★
(The Captain's Paradise)
Regia di Anthony Kimmins. Con Yvonne De Carlo, Alec Guinness, Celia Johnson. ■ Il comandante di un traghetto conduce una doppia vita: ha una moglie quieta e casalinga a Gibilterra e un'amante brillante e focosa a Kalik, sulla costa africana. Ciascuna delle due donne si attaglia a un lato del suo carattere, ma i guai cominciano quando entrambe decidono, contemporaneamente, di cambiare gusti e abitudini. ■ Commedia; b/n; 86'; Gran Bretagna, 1953. ■ Oscar 1 nom.

PARADISO DELLE DONNE, IL *(Maytime in Mayfair)* ★★
Regia di Herbert Wilcox. Con Anna Neagle, Michael Wilding. ■ Un giovane gentiluomo inglese riceve in eredità una casa di mode. La direttrice dell'atelier è una valente disegnatrice di modelli. Nasce una collaborazione tra i due. ■ Commedia; b/n; 96'; Gran Bretagna, 1949.

PARADISO DELLE FANCIULLE, IL ★★★
(The Great Ziegfeld)
Regia di Robert Z. Leonard. Con Myrna Loy, Frank Morgan, Reginald Owen, William Powell, Luise Rainer. ■ La vita romanzesca e romanzata di Ziegfeld, l'inventore della rivista americana. Dopo un difficile inizio giunge finalmente a Broadway, dove ottiene un successo strepitoso. Ma un crollo improvviso lo conduce alla povertà. Muore, quasi dimenticato, nel 1927. ■ Biografico; b/n; 180'; USA, 1936. ■ Oscar 3 pr, 7 nom.

PARADISO DELLE STELLE, IL ★★
(George White's Scandals)
Regia di George A. White, Thornton Freeland, Harry Lachman. Con Jimmy Durante, Alice Faye. ■ Una panoramica sul mondo cinematografico. Non si può parlare di trama vera e propria, ma soltanto di numeri di varietà. ■ Comm. musicale; b/n; 92'; USA, 1934.

PARADISO DELL'UOMO, IL ★★
Regia di Giuliano Tomei, Susumu Hani. ■ Protagonista del documentario è la donna giapponese nelle sue varie attività. ■ Documentario; col.; 91'; Italia, 1962.

PARADISO DI BUGIE, UN ★★
Regia di Stefania Casini. Con Claudio Amendola, Carlotta Darò, Antonella Ponziani, Monica Scattini, Emanuele Vezzoli. ■ Anna e la figlia Nanà vendono un ristorante e si trasferiscono a Milano. Qui si fidano di un finanziere che promette loro di far fruttare la somma ricavata dalla vendita. Vanno ad abitare in un appartamento superaccessoriato e hanno la fortuna di incontrare un portiere che cerca di proteggerle dalla grande città. ■ Commedia; col.; 100'; Italia, 1997.

PARADISO E L'INFERNO, IL *(Himmel og Helvete)* ★★
Regia di Oumlyvind Venneröd. Con Sigrid Huun, Lillebjorn Nilsen, Per Tofte. ■ È la storia di due giovani, Eva ed Arne, che si drogano, rubano, si prostituiscono in una progressiva "discesa all'inferno". ■ Drammatico; col.; 91'; Norvegia, 1971.

PARADISO: FEDE *(Paradies: Glaube)* ★
Regia di Ulrich Seidl. Con Maria Hofstätter, Nabil Saleh. ■ Anna Maria crede in Dio e ne "desidera" il Figlio. Tecnico radiologo presso un istituto, nel tempo libero si infligge punizioni corporali, sgrana rosari e attraversa in treno l'Austria per ravvedere peccatori e indottrinare tutti gli uomini di poca fede e cattiva volontà. Morigerata e (in)corruttibile, pratica la castità dopo un matrimonio fallito. Disorientata dalla ricomparsa del consorte, un musulmano paraplegico in seguito a un incidente, Anna Maria infila la sua personale *passione*, resistendo alle attenzioni dell'uomo che rivendica talamo e proprietà. Secondo episodio di una trilogia, *Paradiso: Fede* segue *Paradiso: Amore* e ne prosegue le intenzioni, pedinando la vita castigata di Annamaria e anticipando i turbamenti erotici della nipote adolescente (*Paradiso: Speranza*). Le protagoniste della trilogia di Ulrich Seidl percorrono un sentiero di formazione personale che le conduce lontano, molto lontano dal "bene" che si erano prefisse. Se Anna Maria in *Fede* cerca amore e paradiso nel corpo di Cristo, Teresa ha appetiti più terreni, pratica il turismo sessuale e consuma corpi esotici in vendita sulle spiagge del Kenya. ■ Drammatico; col.; 113'; Francia, Austria, Germania, 2012.

PARADISO HAWAIANO *(Paradise Hawaiian Style)* ★★
Regia di Michael Moore. Con Suzanna Leigh, Elvis Presley, James Shigeta. ■ Presley è qui il proprietario dongiovanni di una società di trasporto turistico per mezzo di elicotteri: lo sfondo è quello esotico della Polinesia. ■ Commedia; col.; 94'; USA, 1966.

PARADISO IN FIORE *(Evergreen)* ★★
Regia di Victor Saville. Con Betty Balfour, Jessie Matthews. ■ La figlia di una nota cantante, dietro consiglio del suo produttore, si fa passare per la madre. L'inganno regge finché la ragazza non comincia ad apportare dei cambiamenti ai "numeri"

della madre. Sarà processata e assolta poiché è molto brava, non ha certo defraudato il pubblico. ■ COMMEDIA; B/N; 91′; GRAN BRETAGNA, 1934.

PARADISO NELLA GIUNGLA, IL ★
(Im Dschungel ist der Teufel los)
Regia di HARALD REINL. Con DAWN CHAPMAN, JENNY JURGENS, JIM MITCHUM. ■ I passeggeri di un aereo precipitato su un'isola di sogno vivono un'avventura con belve amichevoli e incantevoli selvaggi fino al forzato rientro nella civiltà. Per bambini poco esigenti. ■ AVVENTURA; COL.; 90′; GERMANIA, 1985.

PARADISO NERO *(Free Grass)* ★★
Regia di BILL BRAME. Con RICHARD BEYMER, CASEY KASEM, RUSS TAMBLYN, LANA WOOD. ■ Due spacciatori di droga trovano in Jim, un giovane sbandato, il tipo incensurato adatto a trasportare impunemente un carico dal Messico agli Stati Uniti. L'improvvisato complice però si ribella. ■ DRAMMATICO; COL.; 92′; USA, 1969.

PARADISO NOTTURNO *(Bloodhounds of Broadway)* ★★
Regia di HARMON JONES. Con SCOTT BRADY, MARGUERITE CHAPMAN, MITZI GAYNOR, MITZI GREEN. ■ Una commedia musicale che ha per protagonisti Pat, un gangster in fondo di buon cuore, e la contadinella Emily Ann che lui ha portato a New York per farla diventare una stella dello spettacolo. Pat riesce a superare le grane con la legge e sposa Emily Ann. ■ COMM. MUSICALE; COL.; 93′; USA, 1952.

PARADISO PER DUE *(Paradise for Two)* ★★
Regia di THORNTON FREELAND. Con PATRICIA ELLIS, JACK HULBERT. ■ A causa di un equivoco, una ballerina viene scambiata per la consorte di un milionario. Ottiene così il ruolo principale in una rivista, regali e agevolazioni. Il milionario in causa prima di conoscerla vorrebbe smascherarla, poi ne resta affascinato e ci rinuncia. Finale rosa. ■ COMMEDIA; B/N; 77′; USA, 1940.

PARADISO PERDUTO *(Le paradis perdu)* ★★
Regia di ABEL GANCE. Con FERNAND GRAVEY, MICHELINE PRESLE. ■ Un pittore arruolato durante il primo conflitto mondiale viene a sapere che la moglie è spirata dando alla luce una bambina. Si dedica con amore all'educazione della piccola e, quando costei è cresciuta, approva la sua unione col giovane che si è scelta. ■ DRAMMATICO; B/N; 100′; FRANCIA, 1939.

PARADISO PERDUTO
Regia di ALFONSO CUARÒN. Con ANNE BANCROFT, ROBERT DE NIRO, ETHAN HAWKE, GWYNETH PALTROW. ■ Anni Settanta: il ragazzo Finn pesca gamberi in Florida, e ha talento per il disegno. Un giorno incontra un evaso e di nascosto gli porta da mangiare. Intanto frequenta la ricca Estella della quale si innamora. Qualche anno dopo riceve l'offerta per una mostra molto importante a New York. La vita diventa un sogno. Ha successo, ha tutto, e ritrova Estella, ma lei sposa un altro. Passa il tempo e riappare il vecchio evaso. È stato lui, segretamente, a creare il destino di Finn. Sul punto di morire (ammazzato da un killer) il vecchio gli dice: «Nessuno aveva mai fatto niente per me, ho voluto ricompensarti». Per finire Finn e Estella (divorziata) si ritrovano. Il film è ispirato al romanzo *Le grandi speranze* dello scrittore inglese Charles Dickens. "Paradiso perduto" è la scritta, italiana, della villa di Estella. Vicenda e sentimento edificanti, un po' scontati, ma non c'è niente di male. ■ DRAMMATICO; COL.; 110′; USA, 1997.

PARADISO PER TRE ★★
(Paradise for Three – Romance for Three)
Regia di EDWARD BUZZELL. Con MARY ASTOR, FRANK MORGAN, EDNA MAY OLIVER, REGINALD OWEN, FLORENCE RICE, ROBERT YOUNG. ■ Un disoccupato e il proprietario di una ditta vincono un concorso proposto dalla ditta stessa. Durante la vacanza-premio uno scambio di identità tra i due uomini provoca una serie di divertenti equivoci. Alla fine il disoccupato sposa la figlia del secondo vincitore. ■ COMMEDIA; B/N; 78′; USA, 1938.

PARADISO + INFERNO *(Candy)* ★★
Regia di NEIL ARMFIELD. Con TOM BUDGE, ABBIE CORNISH, NONI HAZLEHURST, HEATH LEDGER, TONY MARTIN, GEOFFREY RUSH. ■ Due ragazzi entrano in una stanza rotonda: una giostra che gira velocemente su se stessa. La forza centrifuga li spinge contro la parete e loro sono felici: sono insieme e si amano. Un "Heaven", come recita la prima didascalia, che viene trasformato dalla droga e dalle sue conseguenze in "Earth" e, poi, "Hell". Il "paradiso" è descritto dal regista Neil Armfield con un tocco leggero e ironico: eroina e amore si intrecciano nella vita dei due come uno stesso vortice di ebbrezza. Sulla "terra", e ancor di più all'"inferno", i problemi emergono insormontabili: la prostituzione per lei è insostenibile, così come il tentativo di disintossicarsi e come la gravidanza. L'esperienza della "nascita", porta i due direttamente all'inferno, ma forse non fino al suo fondo... Ed è in questa discesa agli inferi che il film perde compattezza e credibilità: finti i bellissimi protagonisti che non perdono un millimetro del loro fascino nonostante il trucco da tossici, finte le situazioni (le pareti della casa con le scritte folli della ragazza che sembrano disegnate dal calligrafo di Greenaway), finte le azioni (lui sempre "in botta" che in un attimo organizza un'ingegnosa truffa). Una confezione alla ricerca di uno spazio fra decorativismo e melodrammaticità. ■ DRAMMATICO; COL.; 108′; AUSTRALIA, 2006.

PARADISO PROIBITO *(All this and Heaven too)* ★★★
Regia di ANATOLE LITVAK. Con CHARLES BOYER, BETTE DAVIS, BARBARA O'NEIL, VIRGINIA WEIDLER. ■ La storia si svolge nell'Ottocento. Una istitutrice inglese viene assunta a Parigi da una aristocratica coppia per l'educazione dei loro quattro bambini. Il marito, stanco della gelosia della moglie, si innamora dell'inglese, in un moto d'ira uccide la consorte e poi si toglie la vita. L'istitutrice ritorna al suo paese. ■ DRAMMATICO; B/N; 143′; USA, 1940. ■ OSCAR 3 NOM.

PARADISO PUÒ ATTENDERE, IL ★★★🏆
(Heaven Can Wait)
Regia di WARREN BEATTY, BUCK HENRY. Con WARREN BEATTY, DYAN CANNON, JULIE CHRISTIE, CHARLES GRODIN, JAMES MASON, JACK WARDEN. ■ Un angelo distratto combina un grosso pasticcio: fa andare in paradiso un calciatore americano ancora vivo. Occorre rimediare all'errore: al malcapitato atleta viene trovato un corpo, quello di un miliardario, che però viene ucciso dalla propria moglie. Un altro angelo trova un nuovo corpo (di un altro calciatore) e questa volta è quello buono. Per andare in paradiso c'è ancora tempo. ■ COMMEDIA; COL.; 100′; USA, 1978. ■ GOLDEN GLOBES 🏆 3 PR, 3 NOM; OSCAR 🏆 1 PR, 9 NOM.

PARADISO SENZA BILIARDO, UN ★★
(Ett Paradis utan biljard)
Regia di CARLO BARSOTTI. Con GIANLUCA FAVILLA, PAOLO MIGONE, GIACOMO PORETTI. ■ La storia è ambientata negli anni Cinquanta e narra di un giovane italiano che decide, sull'esempio di un caro amico, di emigrare in Svezia per trovarsi un lavoro. Per quanto venga sognato, il trasferimento nel lontano paese porta inevitabilmente con sé un carico di nostalgie. Debutto autobiografico di Barsotti, già attivo in teatro. ■ COMMEDIA; COL.; 108′; ITALIA, SVEZIA, 1991.

PARADISO TERRESTRE ★★
Regia di LUCIANO EMMER. ■ Documentario sui luoghi meno accessibili del mondo. ■ DOCUMENTARIO; COL.; 91′; ITALIA, 1957.

PARA ENTRAR A VIVIR ★
Regia di JAUME BALAGUERÓ. Con ADRIÀ COLLADO, RUTH DÍAZ, MACARENA GÓMEZ, NURIA GONZÁLEZ. ■ Mario e Clara, giovane coppia alla ricerca di una casa, sotto una pioggia improvvisa, giungono in auto in una zona sperduta dove si trova un appartamento da visitare. La prima impressione è pessima, ma l'agente immobiliare, una donna inquietante, insiste e li invita a considerarne i vantaggi. È sufficiente un attimo, un istante, e Mario si ritrova colpito alla testa dalla donna. Clara, invece, riesce a fuggire lungo i corridoi bui dell'appartamento, che si rivelerà pieno di oscuri segreti. La trama di *Para entrar a vivir* è assolutamente di genere. La casa tetra sotto la pioggia, una donna pazza e una coppia di presunte vittime. Lo sviluppo della storia è quindi un classico "gioco al massacro", con molti colpi di scena, gran parte dei quali scontati. ■ HORROR; COL.; 68′; SPAGNA, 2006,

PARAMEDICO, IL ★★
Regia di SERGIO NASCA. Con EDWIGE FENECH, LEO GULLOTTA, ENRICO MONTESANO. ■ Un infermiere vince a una lotteria

un'auto di lusso e si dà alla bella vita. Ma l'auto gli viene rubata da alcuni terroristi e lui stesso è preso per bombarolo da un gruppo di poliziotti cretini. Va a finire in galera e riesce a uscire solo facendo il "pentito" (nel suo caso a fornire nomi di complici che in realtà non esistono). Le sue disgrazie, comunque, hanno un termine. ■ COMMEDIA; COL.; 105'; ITALIA, 1982.

PARANINFO ★★
Regia di AMLETO PALERMI. Con ROSINA ANSELMI, MARIA DENIS, ENRICA FANTIS, LUISA GARELLA, ANGELO MUSCO, CARLO PETRANGELI. ■ Un ex brigadiere della Finanza ha la passione di combinare matrimoni. Ma è sfortunato: le coppie prima o poi si separano. Il paraninfo diventa oggetto di antipatie da parte di tutti; ma lui, instancabile, continua nella sua "missione". ■ COMMEDIA; B/N; 92'; ITALIA, 1934.

PARANOIA ★★
Regia di UMBERTO LENZI. Con CARROLL BAKER, HUGO BLANCO, MARINA COFFA, LUIS DAVILA, ANNA PROCLEMER, JEAN SOREL. ■ Hélène viene circuita dalla nuova moglie del suo ex marito che vuole farla sua complice nell'uccisione dell'uomo. Sarà però la nuova moglie a essere eliminata. Anche Hélène sarà uccisa. ■ GIALLO; COL.; 93'; ITALIA, 1970.

PARANOID ★★
Regia di JOHN DUIGAN. Con JESSICA ALBA, MISCHA BARTON, EWEN BREMNER, DAVID FAHM, IAIN GLEN, GARY LOVE, OLIVER MILBURN, AMY PHILLIPS, JEANNE TRIPPLEHORN, KEVIN WHATLEY. ■ Chloe è una modella. Un giorno accompagna il suo nuovo boyfriend a casa di amici in campagna, pur nutrendo una certa perplessità per il regalo che lui le ha appena fatto e chiesto di portare con sé: un paio di manette. Il padrone di casa è un ex musicista che vive con la moglie Rachel e l'introverso fratello Gordon. Ben presto Chloe si ritroverà in loro balia. Tutti gli altri se ne sono andati e lei è incatenata a un letto. Dopo un inizio promettente, la sceneggiatura prende a girare a vuoto, colpita da logorrea improvvisa. ■ THRILLER; COL.; 93'; GRAN BRETAGNA, 2000.

PARANOID PARK ★★★
Regia di GUS VAN SANT. Con OLIVIER GARNIER, SCOTT GREEN, DAN LIU, LAUREN MC KINNEY, JAKE MILLER, TAYLOR MOMSEN, GABE NEVINS. ■ Alex ha sedici anni e frequenta il liceo a Portland. Un giorno un amico lo invita ad andare con lui a Paranoid Park, luogo malfamato della città in cui si confrontano i più abili appassionati dello skateboard. Una notte, proprio presso il parco, Alex uccide accidentalmente un agente. Decide di continuare la sua vita senza dire nulla a nessuno. Gus Van Sant torna a parlarci di adolescenti dopo quella che potremmo definire la parentesi di *Last Days*. Lo fa affrontando il romanzo omonimo di Blake Nelson e tornando a girare (in super8 e in 35 mm) nella sua città natale. Il suo interesse per il mondo adolescenziale si rivela sempre più dettato dall'urgenza di mettere in guardia il mondo adulto (nel quale però ha una fiducia sempre più flebile) nei confronti di una deriva morale che tende ad annullare in molti di essi (senza bisogno di droghe) la distinzione tra bene e male. In *Paranoid Park* in particolare i maschi sembrano essere i più indifesi e pronti a farsi decolorare l'anima dal demone dell'indifferenza. ■ THRILLER; COL.; 90'; FRANCIA, USA, 2007.

PARANORMAL ACTIVITY ★
Regia di OREN PELI. Con AMBER ARMSTRONG, KATIE FEATHERSTON, MARK FREDRICHS, MICHA SLOAT. ■ San Diego, California. Micah e Katie sono fidanzati e vivono insieme. Katie ha presunti contatti con un'entità soprannaturale che sembra seguirla da quando aveva otto anni. Micah è scettico, ma vuole aiutarla. Decide di filmare tutto – la telecamera è puntata su di loro anche quando dormono – in modo da poter catturare l'eventuale "presenza". Un sensitivo, il dottor Fredrichs, visita la loro casa per capire i fenomeni inspiegabili: luci che lampeggiano, rubinetti che si aprono e si chiudono da soli e così via. Fredrichs capisce che la questione deve essere risolta lì, non basta scappare: l'entità inseguirà Katie ovunque, come ha già fatto. ■ HORROR/THRILLER; COL.; 99'; STATI UNITI, 2007.

PARANORMAL ACTIVITY 3 ★★
Regia di ARIEL SCHULMAN, HENRY JOOST. Con LAUREN BITTNER, KATIE FEATHERSTON, SPRAGUE GRAYDEN, CHRISTOPHER NICHOLAS SMITH. ■ Una rassegna della travagliata infanzia di Kati e Kristi, le protagoniste adulte dei precedenti capitoli: dal 1988, quando le bambine giocano e campeggiano in giardino, fino a quando alcuni inspiegabili rumori spingono Dennis, il compagno della madre Julie, a sistemare delle videocamere in casa. Kristi, la più piccola, ha un amico non così immaginario che si fa sempre più invadente. Un gioco che conferma lo stato poco florido in cui versa l'horror americano. ■ HORROR; COL.; 84'; USA, 2011.

PARANORMAL ACTIVITY 4 ★★
Regia di HENRY JOOST, ARIEL SCHULMAN. Con BRADY ALLEN, KATIE FEATHERSTON, SPRAGUE GRAYDEN, KATHRYN NEWTON, STEPHNE DUNHAM. ■ Il quarto film della serie *Paranormal Activity* è ancora un prequel al primo, ma si svolge dopo il secondo film, riprendendone nelle prime sequenze il finale in cui Katie scompare assieme al neonato Hunter. La storia si svolge dunque cinque anni dopo, in un'altra casa in cui una famiglia composta da marito, moglie, figlia adolescente e figlio piccolo decide di prendere con sé Wyatt, bambino dei vicini dopo che la madre viene ospedalizzata. La presenza di Wyatt coincide con l'inizio di diversi fatti strani che, come è tipico della serie *Paranormal Activity*, sono raccontati attraverso l'uso di immagini in stile finto-documentario. ■ HORROR; COL.; 88'; USA, 2012.

PARANORMAL EXPERIENCE 3D ★
Regia di SERGI VIZCAINO. Con MANUEL DE BLAS, MAXI IGLESIAS, MIGUEL ANGEL JENNER, AMAIA SALAMANCA. ■ Un gruppo di studenti di psichiatria accetta la proposta del professore più autoritario della facoltà: andranno in un villaggio minerario abbandonato dove verificheranno se i fenomeni paranormali esistono veramente. Per il viaggio utilizzano il pulmino di Diana, sorella della studentessa Angela, che si unisce al gruppo. Sarà proprio il passato delle sorelle ad entrare drammaticamente nell'indagine. Con questo film il genere può contare su un nuovo superfluo. ■ HORROR; COL.; 86'; SPAGNA, 2011.

PARANORMAN ★★★
Regia di CHRIS BUTLER. Con CASEY AFFLECK, JODELLE FERLAND, JOHN GOODMAN, ANNA KENDRICK, LESLIE MANN. ■ Norman è un bambino introverso e appassionato di horror, e non lo aiuta il fatto di essere l'unico del suo paese a vedere i fantasmi. Tutti i trapassati che hanno ancora questioni irrisolte sulla Terra gli appaiono e gli parlano, costantemente, nonna inclusa. In più da qualche tempo è preda di visioni che sembrano catapultarlo nel passato. ■ ANIMAZIONE; COL.; 90'; USA, 2012.

PARAPLUIES DE CHERBOURG, LES ★★★♉
Regia di JACQUES DEMY. Con NINO CASTELNUOVO, CATHERINE DENEUVE, ELLEN FARNER, MARC MICHEL, ANNE VERNON. ■ Geneviève e sua madre hanno un negozio di ombrelli. Il fidanzato di Geneviève parte per l'Algeria lasciandola incinta. La notizia è ferale per la madre, ma ben presto Geneviève trova marito. Guy torna a casa e si consola sposando la dolce Madeleine. Fra Geneviève e Guy rimane un tenero legame d'affetto. Il film è tutto cantato. ■ COMM. MUSICALE; COL.; 92'; FRANCIA, 1964. ■ CANNES ♉ 1 PR; OSCAR ♉ 5 NOM.

PARATA ARCOBALENO ★★★
Produzione DISNEY. ■ Film costituito da sei cartoni animati più tre documentari sportivi e una commediola con regia di Charles Robert dal titolo *La bistecca*. ■ ANIMAZIONE; COL.; 90'; USA, 1949.

PARATA D'AMORE *(Lumières de Paris)* ★★
Regia di RICHARD POTTIER. Con CONCHITA MONTENEGRO, TINO ROSSI, MICHÈLE ALFA. ■ Un cantante sulla cresta dell'onda (Tino Rossi canta davvero) si innamora di una sartina e le nasconde la sua identità, cosa non impossibile prima dell'avvento della tv. Saputo chi è veramente il suo innamorato, lei scappa. Il cantante la invoca attraverso la radio. ■ COMMEDIA; B/N; 91'; FRANCIA, 1938.

PARATA DELL'ALLEGRIA, LA *(Okay for Sound)* ★★
Regia di MARCEL VARNEL. Con CHESNEY ALLEN, BUD FLANAGAN, KATHE GOLD, ELYSE KNOX, DAVID NAUGHTON, JIMMY NERVO. ■ Un industriale cinematografico in difficoltà economi-

che scambia un gruppo di buffoni per altrettanti finanziatori. Benché costretti ad un doppio ruolo, svolgono talmente bene la loro parte che la situazione si conclude felicemente per tutti. ■ COMMEDIA; B/N; 85'; GRAN BRETAGNA, 1937.

PARATA DELL'ALLEGRIA, LA ★★★
(When Comedy was King)
Regia di ROBERT YOUNGSON. Con ROSCOE FATTY ARBUCKLE, WALLACE BEERY, CHARLIE CHAPLIN, OLIVER HARDY, BUSTER KEATON, HARRY LANGDON, STAN LAUREL. ■ Miscellanea di comiche degli anni 1914-1928. ■ COMICO; B/N; 92'; USA, 1959.

PARATA DELLE STELLE, LA *(Thousands Cheer)* ★★★
Regia di GEORGE SIDNEY. Con MARY ASTOR, GENE KELLY, MICKEY ROONEY, RED SKELTON, ANN SOTHERN. ■ Caterina Jones fa l'ausiliaria militare, conosce al reggimento il soldato Maret, si innamora, malintesi di vario genere, il reggimento parte per la guerra, Caterina e il suo soldato si fidanzano, eccetera. La trama serve da pretesto per bei numeri musicali. ■ COMM.MUSICALE; COL.; 126'; USA, 1943. ■ OSCAR 3 NOM.

PARATA DELL'IMPOSSIBILE, LA ★★★
(Where Do we Go from Here?)
Regia di GREGORY RATOFF. Con JUNE HAVER, JOAN LESLIE, FRED MACMURRAY. ■ Un genio magico uscito da un vaso antico spedisce Bill Morgan attraverso i secoli in situazioni diverse: nell'esercito di George Washington, su una caravella di Colombo, in una New York dominata dai pellerossa fino al suo posto nell'esercito americano di oggi dove concluderà la sua storia d'amore. ■ FANTASTICO; COL.; 77'; USA, 1945.

PARATA DI PRIMAVERA *(Frühjahrsparade)* ★★
Regia di GÉZA VON BOLVÀRY. Con FRANZISKA GAAL, PAUL HÖRBIGER. ■ Vienna, primi anni del Novecento. Una bella e astuta fanciulla è innamorata di un soldatino che compone allegre marce militari. Con uno stratagemma tenta di farne pervenire il testo all'imperatore, ma senza successo. Sarà un suo corteggiatore a presentare al sovrano il giovanotto, che potrà così eseguire la sua composizione durante la Parata di primavera. ■ COMMEDIA; B/N; 92'; AUSTRIA, 1935.

PARATA DI PRIMAVERA *(Spring Parade)* ★★★
Regia di HENRY KOSTER. Con ROBERT CUMMINGS, DEANNA DURBIN. ■ Commedia-operetta: una ragazza va alla fiera dove una zingara le predice un avvenire fortunato. E troverà fortuna a Vienna, dove entra al servizio del pasticciere dell'imperatore, incontra un musicista-soldato e lo sposa. ■ COMMEDIA; B/N; 89'; USA, 1940. ■ OSCAR 4 NOM.

PARATA DI SPLENDORE *(Tonight we Sing)* ★★
Regia di MITCHELL LEISEN. Con ANNE BANCROFT, EZIO PINZA, DAVID WAYNE. ■ Spettacolo di opera, danze, coreografie, concerti, collegati dalla storia del giovane Sol Hurok, nato in Russia alla fine dell'Ottocento, che diventerà un grande impresario teatrale. ■ COMM. MUSICALE; COL.; 109'; USA, 1953.

PARATA NOTTURNA *(You Are a Sweetheart)* ★★★
Regia di DAVID BUTLER. Con ALICE FAYE, GEORGE MURPHY. ■ Dietro richiesta di un impresario teatrale, un cameriere si finge milionario; farà credere di aver affittato un teatro a suo esclusivo beneficio per i primi sette spettacoli di una nuova rivista. Il pubblico, attirato dalla notizia, l'ottava serata fa ressa al botteghino. Il finto miliardario e la protagonista del lavoro si sposeranno. ■ COMMEDIA; B/N; 109'; USA, 1939. ■ OSCAR 1 NOM.

PARENTAL GUIDANCE ★★
Regia di ANDY FICKMAN. Con BILLY CRISTAL, BAILEE MADISON, BETTE MIDLER, TOM EVERETT SCOTT, MARISA TOMEI. ■ Artie e Diane Decker hanno una figlia sposata che vive in un'altra città e tre nipoti che vedono molto meno rispetto ai consuoceri. Un giorno figlia e marito vanno in viaggio da soli e i bambini vengono affidati ai nonni, che hanno sistemi educativi molto diversi. ■ COMMEDIA; COL.; 105'; USA, 2013.

PARENTESI TONDE ★
Regia di MICHELE LUNELLA. Con KARIM CAPUANO, GIUCAS CASELLA, PATRIZIA DE BLANCK, EVA HENGER, RAFFAELLA LECCISO, FLAVIA VENTO. ■ Vanessa è un avvocato di successo, seria, determinata. Con un fidanzamento molto lungo alle spalle e un matrimonio imminente, decide improvvisamente di cambiare la sua vita, scappando dall'altare il giorno delle nozze. Sul traghetto, ancora confusa dagli avvenimenti, incontra Emanuela. Le due ragazze diventano amiche. Decidono di raggiungere un villaggio turistico, dove incontrano Francesco e Cristiano. Si divertiranno tutti insieme, partecipando a sfilate e concorsi. Piatta storiella estiva. ■ COMMEDIA; COL.; 105'; ITALIA, 2006.

PARENTI, AMICI E TANTI GUAI *(Parenthood)* ★★
Regia di RON HOWARD. Con TOM HULCE, HARLEY JANE KOZAK, STEVE MARTIN, RICK MORANIS, MARTHA PLIMPTON, JASON ROBARDS, MARY STEENBURGEN, DIANNE WIEST. ■ Ritratto di un nucleo familiare, quello dei Buckman: i genitori, i bambini, i nonni, i fratelli di papà con le loro problematiche sentimentali, con i figli, con le avventure occasionali, insomma, con le vicende personali che rientrano comunque nell'ambito della famiglia. ■ COMMEDIA; COL.; 120'; USA, 1989. ■ GOLDEN GLOBES 3 NOM; OSCAR 2 NOM.

♥ PARENTI SERPENTI ★★★
Regia di MARIO MONICELLI. Con MARINA CONFALONE, ALESSANDRO HABER, PAOLO PANELLI, PIA VELSI. ■ Problemi in famiglia. Si sta per festeggiare il Natale e tutti i parenti si riuniscono per il tradizionale cenone. Trieste e suo marito Saverio, un carabiniere in pensione, hanno invitato proprio tutti. La psicologia in questo microcosmo un po' provinciale e un po' borghese si esterna in questo appuntamento che diventerà "velenoso". Il problema principale sono i due vecchi che dovrebbero essere ospitati da uno dei figli, ma questi ultimi sono ben lungi dal desiderarlo. Buona la regia ed efficaci le interpretazioni. ■ COMMEDIA; COL.; 95'; ITALIA, 1991.

PARENTI TERRIBILI, I *(Les parents terribles)* ★★★
Regia di JEAN COCTEAU. Con JOSETTE DAY, GABRIELLE DORZIAT, JEAN MARAIS. ■ Una donna non più giovane ha negato l'amore al marito e l'ha concentrato sul suo unico figlio, Michel, che è la sua unica ragione di vita. Il giovane si innamora di una ragazza che ha un protettore maturo: proprio il padre di lui. Finale drammatico. ■ DRAMMATICO; B/N; 97'; FRANCIA, 1948.

PARETE DI FANGO, LA *(The Defiant Ones)* ★★★
Regia di STANLEY KRAMER. Con THEODORE BIKEL, LON CHANEY JR, TONY CURTIS, CHARLES MCGRAW, SIDNEY POITIER, CARA WILLIAMS. ■ Due carcerati, il bianco Johnny Jackson e il nero Noah Colleen, scappano insieme dal furgone blindato della polizia. Sono legati tra loro da una catena, ma litigano e fanno a botte in continuazione. A un certo punto si separano; la caccia all'uomo è aperta, finiranno in braccio agli inseguitori. ■ DRAMMATICO; B/N; 97'; USA, 1958. ■ BERLINO 1 PR; OSCAR 2 PR, 8 NOM.

PARFUM DE LA DAME EN NOIR, LE ★★
Regia di BRUNO PODALYDÈS. Con PIERRE ARDITI, SABINE AZÉMA, ZABOU BREITMAN, JEAN-NOËL BROUTÉ, VINCENT ELBAZ, OLIVIER GOURMET, MICHAEL LONSDALE, BRUNO PODALYDÈS, DENIS PODALYDÈS, CLAUDE RICH. ■ Larsan, il grande illusionista, muore durante un numero, e così sua moglie Mathilde può finalmente sposare Robert. I due vanno in luna di miele a casa di Edith e Arthur Rance, e a loro si unisce una serie di bizzarri personaggi: il professor Stangerson, il principe Galitch, il vecchio Bob, e naturalmente il detective Rouletabille e il suo fido aiutante Sanclair, sull'isola per svelare un doppio mistero: Larsan è davvero morto? E come mai Mathilde, col suo profumo, i suoi modi, ricorda tanto la madre di Rouletabille, la signora in nero che gli portava i dolcetti in collegio? Tratto dall'omonimo romanzo di Gastone Leroux. ■ GROTTESCO; COL.; 115'; FRANCIA, 2005.

PARI E DISPARI ★★★
Regia di SERGIO CORBUCCI. Con LUCIANO CATENACCI, TERENCE HILL, BUD SPENCER. ■ La Marina americana affida a Johnny l'incarico di indagare su una banda di allibratori che agisce in Florida. Johnny non sa nulla di gioco e si affianca a Charlie, un camionista espertissimo. I due fra una baruffa e l'altra riescono a scoprire gli allibratori e a catturarli. ■ AVVENTURA; COL.; 114'; ITALIA, 1978.

PARIGI *(Paris)* ★★
Regia di LUDWIG BERGER. Con IRENE BORDONI, JOHN BUCHA-

NAN. ■ Film di scarso rilievo (una storiella condita di canzoni) di un regista attivo in Francia, in Germania e in America. ■ COMM. MUSICALE; B/N; 90′; FRANCIA, 1930.

PARIGI BRUCIA? *(Paris brûle-t-il?)* ★★★
Regia di RENÉ CLÉMENT. Con JEAN-PAUL BELMONDO, CHARLES BOYER, LESLIE CARON, JEAN-PIERRE CASSEL, BRUNO CREMER, JEAN-CLAUDE DAUPHIN, ALAIN DELON, ORSON WELLES. ■ Nei giorni drammatici precedenti la liberazione di Parigi, alla fine dell'ultima guerra, il generale tedesco Dietrich Choltitz che presidia la città si ribella all'ordine di Hitler di distruggere la capitale col fuoco. ■ GUERRA; B/N; 158′; FRANCIA, 1966. ■ OSCAR 2 NOM.

PARIGI – COSTA AZZURRA *(Paris Méditerranée)* ★★
Regia di JOE MAY. Con ANNABELLA, JEAN MURAT. ■ Filmetto commerciale del periodo francese del regista che, all'avvento del nazismo, riparò con altri cineasti suoi connazionali negli Stati Uniti. ■ COMMEDIA; B/N; 75′; FRANCIA, 1931.

PARIGI DI NOTTE *(Paris vu par...)* ★★★
Regia di CLAUDE CHABROL. Con SIMON M. DAVID, BERNADETTE LAFONT, ARNALDO NINCHI, ROSSANA ROSSANIGO. ■ Quattro ragazze che lavorano in un negozio di elettrodomestici conducono un'esistenza senza ideali. Quella tra loro che ha una visione ottimistica del mondo e che quindi dà fiducia alla gente cade vittima di un maniaco che aveva creduto l'uomo da amare. ■ DRAMMATICO; B/N; 98′; ITALIA, 1963.

PARIGI È SEMPRE PARIGI ★★
Regia di LUCIANO EMMER. Con LUCIA BOSÈ, ALDO FABRIZI, FRANCO INTERLENGHI, MARCELLO MASTROIANNI, AVE NINCHI. ■ Un gruppo di italiani si reca a Parigi e qui ognuno cerca di trarre il massimo dalla breve vacanza, come è tipico di un certo provincialismo italiano. Ma tornano tutti un po' delusi. ■ COMMEDIA; B/N; 89′; ITALIA, 1951.

PARIGINA, UNA *(Une parisienne)* ★★★
Regia di MICHEL BOISROND. Con BRIGITTE BARDOT, CHARLES BOYER, NADIA GRAY, ANDRÉ LOGUET, HENRI VIDAL. ■ Brigitte Laurier, figlia del primo ministro francese, sposa il primo segretario del padre. Durante la visita ufficiale a Parigi della regina Greta, Brigitte ha un flirt con il principe consorte Carlo (Charles Boyer). Il marito di Brigitte non crede a una parola del racconto di sua moglie, ma poi scoprirà che lei non gli ha detto una bugia. Ingelosito da questo flirt regale, il marito farà la pace con la moglie. ■ COMMEDIA; COL.; 86′; FRANCIA, 1957.

PARIGINA A ROMA, UNA ★★
Regia di ERICH KOBLER. Con ANNA MARIA FERRERO, BARBARA LAAGE, ALBERTO SORDI, ERWIN STRAHL. ■ Una ricca ragazza romana si innamora di uno spiantato musicista che viene da Vienna. Lui però ha un'avventura con una ballerina francese, certa Germaine, che gli procura dei guai con la legge. Alla fine tutto s'aggiusta. Il musicista ha successo e sposa la donna giusta. ■ COMMEDIA; B/N; 94′; ITALIA, 1954.

PARIGINA E L'AMORE, UNA *(L'école de cocottes)* ★★
Regia di JACQUELINE AUDRY. Con BERNARD BLIER, FERNAND GRAVEY, DANY ROBIN. ■ Nella Parigi degli inizi del Novecento una giovane donna diventa la prostituta più richiesta. L'ascesa comporta però dei sacrifici. Gradevole. ■ COMMEDIA; COL.; 65′; FRANCIA, 1958.

PARIGINA IN PROVINCIA, UNA ★★
(Ces dames aux chapeaux verts)
Regia di MAURICE CLOCHE. Con PIERRE LARQUEY, MARGUERITE MORENO, ALICE TISSOT. ■ Una giovane parigina viene ospitata nella dormiente provincia dalle sue quattro cugine nubili. All'inizio le due mentalità si scontrano, poi le donne non più giovani e la gaia parigina si danno una mano a combinare vicendevolmente matrimoni. ■ COMMEDIA; B/N; 109′; FRANCIA, 1937.

PARIGINE, LE *(Les parisiennes)* ★★★
Regia di MARC ALLÉGRET, CLAUDE BARMA, MICHEL BOISROND, JACQUES POITRENAUD. Con CATHERINE DENEUVE, JOHNNY HALLIDAY, CHRISTIAN MARQUAND, JEAN POIRET, DANY ROBIN. ■ Episodi: *Ella*. Regia di Jacques Poitrenaud, con Dany Saval, Darry Cowl. *Antonia*. Regia di Michel Boisrond, con Dany Robin, Jean Poiret, Christian Marquand. *Françoise*. Regia di Claude Barma, con Françoise Arnoul, François Brion, Paul Guers. *Sophie*. Regia di Marc Allégret, con Catherine Deneuve, Johnny Hallyday, Elina Labourdette. ■ COMM. A EPISODI; B/N; 120′; FRANCIA, 1962.

PARIGI NELL'OMBRA *(Paris Underground)* ★★★
Regia di GREGORY RATOFF. Con CONSTANCE BENNETT, GRACE FIELDS, KURT KREUGER, GEORGES RIGAUD. ■ A Parigi, durante l'occupazione nazista, due donne vengono fatte prigioniere, ma riescono ugualmente a fornire il loro contributo alla lotta per la Resistenza. ■ DRAMMATICO; B/N; 97′; USA, 1945. ■ OSCAR 1 NOM.

PARIGI O CARA ★★
Regia di VITTORIO CAPRIOLI. Con VITTORIO CAPRIOLI, FIORENZO FIORENTINI, FRANCA VALERI. ■ Una ex prostituta non più giovane si reca a Parigi per raggiungere il fratello. Dopo alcune disavventure che la amareggiano, incontra un pizzaiolo italiano: si accordano per rientrare in patria ■ COMMEDIA; COL.; 100′; ITALIA, 1962.

PARIGI PROIBITA *(Du mouron pour les petits oiseaux)* ★★★
Regia di MARCEL CARNÉ. Con SUZY DELAIR, PAUL MEURISSE, JEAN RICHARD, DANY SAVAL. ■ Il film è ambientato in un vecchio caseggiato parigino con il suo contenuto di umanità un po' arrivista, un po' confusa, un po' disarmata. ■ COMMEDIA; B/N; 107′; FRANCIA, 1962.

PARIS BLUES ★★★
Regia di MARTIN RITT. Con LOUIS ARMSTRONG, DIAHANN CARROLL, PAUL NEWMAN, SIDNEY POITIER, SERGE REGGIANI, JOANNE WOODWARD. ■ Due jazzisti americani, un bianco e un nero, si trasferiscono a Parigi in cerca di fortuna e s'innamorano di una ragazza nera. Tra i due musicisti la spunterà quello di colore e i due innamorati decideranno di tornare insieme negli Stati Uniti nonostante i problemi dovuti alla segregazione razziale. ■ DRAMMATICO; B/N; 98′; USA, 1961. ■ OSCAR 1 NOM.

PARIS BY NIGHT ★★★
Regia di DAVID HARE. Con MICHAEL GAMBON, ROBERT HARDY, CHARLOTTE RAMPLING. ■ Una bella signora inglese, con un brillante avvenire politico, credendo di essere ricattata da un antico socio, lo uccide a Parigi. Nessuno sospetta, tranne l'amante, che accetta però le sue spiegazioni. Il marito, venuto a conoscenza della sua infedeltà, la uccide. Melodramma apparentemente grossolano, in realtà interessante come metafora virulenta contro gli uomini (e le donne) di Margaret Thatcher. ■ DRAMMATICO; COL.; 102′; GRAN BRETAGNA, 1988.

PARIS-CANAILLE ★★
Regia di PIERRE GASPARD-HUIT. Con DANIEL GÉLIN, DANY ROBIN. ■ Una collegiale in gita a Parigi fugge dalla comitiva e, incontrato un giovane e simpatico commissario di polizia, riesce a vincere la sua ritrosia e a farsi sposare nonostante lui sia già fidanzato. ■ COMMEDIA; B/N; 92′; FRANCIA, 1956.

PARIS, DABAR ★★★
Regia di PAOLO ANGELINI. Con ROBERTO BOZZETTI, MARIA LETIZIA CACIAGLI, OSVALDO CARACCIOLO, GUIDO CRISTINI, MARIO GATTI. ■ Nel 2000 un gruppo di amici organizzò una maratona alcolica coinvolgendo i quattro bar del quartiere Pratello, a Bologna. Per quattro ore i 44 partecipanti percorsero una via crucis di bar in bar seguendo un regolamento austero: chi beve di più vince, ma il premio, segreto, per alcuni potrebbe essere una punizione. Un film ad alto tasso alcolico, questa parafrasi della più celebre gara di fuoristrada. Praticamente un documentario, racconta una gara allucinante in cui non importa chi vince, resa ancor più assurda dal fatto di essere realmente accaduta. A parte i tanti evidenti limiti di produzione, lascia il segno: ad alcuni verrà voglia di andare di corsa al bar, altri chiuderanno con l'alcool per un bel po'. ■ COMMEDIA; COL.; 90′; ITALIA, 2001.

PARIS HOLIDAY ★★★
Regia di GERD OSWALD. Con ANITA EKBERG, FERNANDEL, BOB HOPE, MARTHA HYER. ■ Un attore americano si reca a Parigi allo scopo d'ottenere i diritti di una commedia che in Francia ha avuto molto successo. Riesce in effetti ad ottenere il copione dall'autore, ma qui cominciano i suoi guai: l'autore viene ucciso e una banda

d'assassini dà la caccia all'attore perché nel copione è svelata una trama criminale. ■ COMMEDIA; COL.; 95'; USA, 1958.

PARISIENS, LES ★★★
(Le genre humain – 1ere partie: les parisiens)
Regia di CLAUDE LELOUCH. Con ARIELLE DOMBASLE, MAÏWENN LE BESCO, ALESSANDRA MARTINES, MATHILDE SEIGNER. ■ Questo film doveva essere il primo di una trilogia sul genere umano, insieme a *Il coraggio d'amare*. Il progetto è saltato ed il film è stato ridotto a 119'. Parla di Shaa, ragazza che tenta la carriera di cantante. Un giorno incontra un italiano, Massimo, che a Parigi canta per strada. I due finiscono per amarsi, e vedono intorno a loro tante persone che invece si accorgono di aver scelto la persona sbagliata. Anche per Shaa arriva il giorno di preferire un famoso discografico innamorato di lei, e di abbandonare Massimo. Quest'ultimo viene distolto dal suicidio grazie all'intervento di un barbone che si chiama Dio e all'amore di Anne. Il dolore lo spinge a scrivere una canzone. ■ COMMEDIA; COL.; 119'; FRANCIA, 2004.

PARIS-MANHATTAN ★★
Regia di SOPHIE LELLOUCHE. Con MICHEL AUMONT, PATRICK BRUEL, LOUISE-DO DE LENCQUESAING, MARINE DELTERME, ALICE TAGLIONI. ■ Alice è un'affascinante farmacista, fissata con il cinema di Woody Allen. Single da tanto tempo, sembra destinata a non incontrare mai l'uomo giusto, nonostante la sua famiglia, invadente e protettiva, non faccia che combinarle incontri che non ottengono successo e la gettano sempre più a capofitto nella disperazione. Una sera, però, in occasione di una festa a casa del padre, Alice conosce Victor, un esperto di allarmi che non ha mai visto un film di Allen: un essere così diverso da lei che non può non incuriosirla. Esordio nel lungometraggio della francese Lellouche, il film non pare far tesoro della miglior tradizione del cinema sentimentale transalpino, ma sembra piuttosto voler fare di alcuni titoli di *Allen* il suo modello. Un'impresa che non lascia raggiungere la leggerezza cercata nel film. ■ COMMEDIA; COL.; 77'; FRANCIA, 2012.

PARIS PALACE HOTEL ★★★
Regia di HENRI VERNEUIL. Con FRANÇOISE ARNOUL, CHARLES BOYER, ROBERTO RISSO, TILDA THAMAR. ■ In un albergo di lusso, una manicure si spaccia per contessina con un giovane corteggiatore e, per convincerlo, ottiene l'aiuto d'un riccone che, innamorato della ragazza, accetta di fare la parte di padre titolato. Alla fine lei scoprirà che il corteggiatore non è che un autista, ma l'amore trionferà tra i due. ■ COMMEDIA; COL.; 100'; FRANCIA, ITALIA, 1957.

PARIS, TEXAS ★★★🏆
Regia di WIM WENDERS. Con NASTASSJA KINSKI, HARRY DEAN STANTON, DEAN STOCKWELL. ■ Travis (Stanton) ricompare dopo quattro anni di volontario isolamento e cerca di ricostruire i rapporti col figlioletto che quasi non conosce e con la moglie (Kinski) della quale ha completamente perso le tracce. È l'ultimo film del "periodo americano" di Wenders, scritto da Sam Shepard e splendidamente fotografato da Robby Müller. Per quanto non privo di una certa lentezza e di autocompiacimento, il film è stato osannato dalla critica. ■ DRAMMATICO; COL.; 150'; USA, 1984. ■ CANNES 🏆 1 PR; DAVID DI DONATELLO 🏆 1 PR, 1 NOM.

PARK, THE *(Chow lok yuen)*
Regia di ANDREW LAU LO. Con LAILA BOONYASAK, BOBO CHAN, JOHNATHAN CHEUNG, MATHEW PAUL DEAN, TIFFANY LEE, EDWIN SIA, DEREK TSANG, CHEUNG WING HONG. ■ Per chi si fosse imbarcato nell'impresa della ricerca del film più brutto di tutti i tempi, *The Park* potrebbe rappresentare un traguardo. Di cosa dovrebbe parlare questa recensione? Della trama? Della regia? Della recitazione? Della capacità di far paura? Degli effetti speciali, e in particolare delle scene in 3D? Questa sì che sarebbe un'impresa vana, perché tutti i succitati elementi sono assolutamente inesistenti. Non deboli: proprio inesistenti. ■ HORROR; COL.; 91'; HONG KONG, 2003.

PARKING LOT ★★
Regia di FRANCESCO GASPERONI. Con MARIUS BIZAU, MASSIMO DE LORENZO, TARA HAGGIAG, FRANCESCO MARTINO, ANTONIO PALUMBO. ■ Regola numero uno: quando si lascia l'auto nel parcheggio di un centro commerciale, segnarsi livello e settore. Regola numero due: se ci si perde, mai intrattenersi con gli sconosciuti. Regola numero tre: mai temporeggiare. Il rischio è ritrovarsi coinvolti in un gioco psicologico al massacro come accade a Lorna, giovane e bella inglesina diabetica che per una serie di apparentemente sfortunate coincidenze rimane bloccata nel parcheggio di un centro commerciale per un'intera notte. Senza insulina, braccata da tre uomini che la inseguono e la terrorizzano facendo leva sulle sue fragilità più latenti, con un senzatetto gentiluomo a farle da angelo custode. ■ THRILLER; COL.; 85'; ITALIA, 2011.

PARKING PARADISE *(Underground Aces)* ★★
Regia di ROBERT BUTLER. Con DIRK BENEDICT, RANDY BROOKS. ■ Bella la vita dei posteggiatori di un grande albergo di Beverly Hills. Fanno ottimi affari e hanno piacevoli avventure con le belle clienti. Il loro capo è Joe, che nei sotterranei dell'albergo ha instaurato una piccola reggia. ■ COMMEDIA; COL.; 92'; USA, 1983.

PARKLAND ★★
Regia di PETER LANDESMAN. Con ZAC EFRON, MARCIA GAY HARDEN, PAUL GIAMATTI, BILLY BOB THORNTON, JACKI WEAVER. ■ Dallas, 1963. Il presidente Kennedy viene assassinato, ma Abraham Zapruder ha ripreso tutto con un 8mm amatoriale. Mentre si scatena la caccia al colpevole, i servizi segreti raggiungono Zapruder per mettere in salvo la testimonianza ultima su quanto accaduto. Suona quasi come un paradosso che l'assassinio di John Fitzgerald Kennedy, immortalato da un celeberrimo filmato, che ha restituito – o provato a restituire – la verità sul caso, richieda a più riprese nuove ricostruzioni fiction della vicenda. L'operazione di Landesman, che torna sui fatti di Dallas concentrandosi sui momenti immediatamente successivi all'attentato, e in particolare sull'ospedale in cui transitano i corpi di JFK e Oswald, suscita ben più di una perplessità. ■ DRAMMATICO; COL.; 92'; USA, 2013.

♥ **PARLA CON LEI** *(Hable con ella)* ★★★★🏆
Regia di PEDRO ALMODÓVAR. Con JAVIER CÁMARA, ROSARIO FLORES, DARÍO GRANDINETTI, LEONOR WAITLING. ■ Marco è un giornalista specialista in guide turistiche, Benigno un infermiere generoso, perfetto. Quest'ultimo da quattro anni si prende cura di Alicia, (ex) ballerina, in coma. Marco ha una relazione con Lidya, torera, che ben presto raggiunge Alicia nello stesso ospedale, ridotta a sua volta in coma. Benigno parla con la sua paziente come se fosse cosciente, le racconta tutto, vita quotidiana, pensieri, spettacoli. Marco, meno fantasioso, si limita a guardare piangendo. Benigno (mai avute donne, forse gay) gli insegna a "parlare con lei", appunto. Il film prende sentieri imprevedibili, sconcertanti, allarmanti. Alicia (le cui funzioni vitali sono comunque integre) viene scoperta incinta. Il "colpevole" è naturalmente Benigno, che finisce in prigione. Marco, sempre più coinvolto, lo sostiene a oltranza. Miracolosamente Alicia, il cui bimbo è morto subito, esce dal coma, ma Benigno non dovrà mai saperlo, così l'infelice infermiere si suicida. Il caso (un balletto), vuole che Alicia e Marco si incontrino. Premesse e sguardi sono dolci e promettenti, ci saranno sviluppi. Gli aggettivi usati sopra – "imprevedibile, sconcertante, allarmante" – aderiscono benissimo ad Almodóvar. Dopo lo straordinario *Tutto su mia madre* il regista si lascia andare in una storia umano-melò-grottesca a suo modo perfetta. Estremizzazioni che solo Pedro può farsi perdonare. Sviluppi che affosserebbero qualsiasi altro autore. Regia talmente complessa da essere semplice e subito decifrabile, ironia, insomma tutte le cifre che appartengono al più grande autore (con Wenders) di cinema europeo. Con inserti di fantasia superiore, come il "muto" ricostruito dove un uomo reso piccolissimo da una pozione entra in una vagina per non uscirne mai più: è la premessa, non fine a se stessa, ma "strumentale", per innescare la stranissima maternità che seguirà. Presente anche la solita forte umanità e l'amore per il vivere anche quando il vivere è disperato. Il film comincia e finisce con le immagini di teatrodanza di Pina Bausch. ■ DRAMMATICO; COL.; 112'; SPAGNA, 2001. ■ GOLDEN GLOBES 🏆 1 PR, 1 NOM; OSCAR 🏆 1 PR, 2 NOM.

PARLAMI D'AMORE *(Parlez-moi d'amour)* ★★
Regia di SOPHIE MARCEAU. Con NIELS ARESTRUP, LAURENCE FEVRIER, JEAN-MARIE FRIN, JUDITH GODRÈCHE. ■ Justine e Ri-

chard sono sposati da quindici anni e hanno tre figli. La noia di un rapporto monotono sta spingendo la coppia verso la crisi. Justine decide di chiedere il divorzio e Richard, ancora innamorato, subisce la decisione accettando un lavoro all'estero. La Marceau, al suo esordio nella regia di un lungometraggio, racconta una storia che vorrebbe essere tormentata ed è invece patinata e superficiale. ■ Drammatico; col.; 98'; Francia, 2002.

PARLAMI D'AMORE ★★

Regia di Silvio Muccino. Con Geraldine Chaplin, Giorgio Colangeli, Carolina Crescentini, Max Mazzotta, Silvio Muccino, Flavio Parenti, Andrea Renzi, Aitana Sánchez-Gijón. ■ Sasha è nato sotto una cattiva stella. I genitori tossici lo hanno isolato crescendolo in una comunità di recupero e, alla loro morte, lo hanno lasciato in un limbo di dolore. Costretto ad abbandonare il centro dopo la dipartita del direttore – l'unica persona nella quale riponeva la sua fiducia – Sasha fatica a trovare il suo posto nel mondo. Non deve essere facile chiamarsi Muccino, né scegliere di sedersi dietro la macchina da presa per seguire le orme del più celebre fratello maggiore. Silvio affronta la sua prima volta da regista adattando il romanzo scritto a due mani insieme a Carla Vangelista, destinato al grande schermo sin dalla gestazione. Per ottenere credibilità si circonda di professionisti capaci (Arnaldo Catinari, Tonino Zera, Patrizio Marone, Maurizio Millenotti). Non è chiaro come questo film sia riuscito a ottenere un riconoscimento «di interesse culturale». Non è sufficiente parlare di dipendenza (dalle droghe, dall'alcol, dal gioco), di comunità di recupero e di giovani allo sbando se l'argomento viene affrontato con qualunquismo. ■ Commedia; col.; 115'; Italia, 2008.

PARLAMI DOLCEMENTE *(Speak Easily)* ★★★

Regia di Edward Sedgwick. Con Jimmy Durante, Hedda Hopper, Buster Keaton, Thelma Todd. ■ Il declino del successo di pubblico, dovuto al sonoro, di Buster Keaton coincide con l'ascesa di Jimmy Durante, che partecipa qui come comprimario. In questo film il comico "triste" è un docente di greco che ha ereditato. Intende usare il denaro per uno spettacolo teatrale a Broadway e dà la sua parola per il finanziamento. I guai cominciano quando scopre che l'eredità è una nuvola di polvere. ■ Commedia; col.; 81'; USA, 1932.

PARLANDO E SPARLANDO *(Walking and Talking)* ★★

Regia di Nicole Holofcener. Con Todd Field, Anne Heche, Catherine Keener, Liev Schreiber. ■ Amelia vive una vita triste. Gli uomini la ignorano mentre lei non li ignorerebbe. Le sue amiche hanno tutte il ragazzo. Lei ha invece una gatta che muore. Eppure bisogna reagire, fare qualcosa, magari impedire agli altri di essere felici. Solito film a bassissimo budget, off Hollywood. A volte gli indipendenti, aguzzando l'ingegno ottengono buoni risultati, più spesso ci annoiano con storie di iperrealismo domestico. ■ Drammatico; col.; 95'; USA, 1996.

PARMIGIANA, LA ★★★

Regia di Antonio Pietrangeli. Con Lando Buzzanca, Nino Manfredi, Didi Perego, Salvo Randone, Catherine Spaak. ■ Commedia dolce amara su una ragazza di Parma che, dopo aver avuto varie avventure amorose, lascia il fidanzato poliziotto perché troppo noioso e tenta la fortuna a Roma. Finirà, tristemente, per diventare una prostituta. ■ Commedia; b/n; 95'; Italia, 1963.

PARNASSUS. L'UOMO CHE VOLEVA INGANNARE IL DIAVOLO ★★★

(The Imaginarium of Doctor Parnassus)

Regia di Terry Gilliam. Con Johnny Depp, Colin Farrel, Jude Law, Heath Ledger, Christopher Plummer. ■ Il Dottor Parnassus gira per le strade con il suo carrozzone dalle caratteristiche particolari. In compagnia di un giovane, una fanciulla (sua figlia Valentina) e un nano mette in scena ovunque uno spettacolo con uno specchio. Chi lo oltrepassa si trova in un mondo in cui può realizzare ogni desiderio. Parnassus è immortale ma ha conquistato questa dote grazie a una scommessa vinta con il Diavolo che ha assunto le sembianze del perfido Mr. Nick. Sono trascorsi i secoli e, nel momento in cui ha trovato il vero amore, il Dottore ha stipulato un nuovo patto con Mr. Nick il quale vuole che Valentina sia sua al compimento del sedicesimo anno di età. ■ Fantastico; col.; 122'; Francia, Canada, 2009.

PARNELL ★★★

Regia di John M. Stahl. Con Clark Gable, Edmund Gwenn, Myrna Loy. ■ Parnell fu nell'Ottocento il più famoso sostenitore dell'indipendenza irlandese Onesto e leale, cadde in una crisi profonda quando si innamorò di una donna sposata. Benché il suo comportamento non desse adito a scandali, perse di prestigio e morì in poco tempo. ■ Drammatico; b/n; 96'; USA, 1937.

PAROLA AI GIURATI, LA *(Twelve Angry Men)* ★★★★

Regia di Sidney Lumet. Con Martin Balsam, Ed Begley jr., Lee J. Cobb, Henry Fonda, E.G. Marshall. ■ Il film denuncia chiaramente la sua origine di sceneggiato televisivo: si svolge in una stanza dove dodici giurati stanno decidendo se condannare o assolvere un ragazzo sbandato accusato d'omicidio per rapina. Dapprima quasi tutti sono convinti della colpevolezza del giovane ma poi, piano piano, uno dei giurati, calmo e riflessivo, riesce a convincere gli altri che non ci sono indizi sufficienti per formulare un verdetto di colpevolezza. ■ Drammatico; b/n; 95'; USA, 1957. ■ Berlino 1 pr; Oscar 3 nom.

PAROLA ALLA SPADA, LA *(La rabouilleuse)* ★★

Regia di Fernand Rivers. Con Fernand Gravey, Pierre Larquey, Suzy Prim. ■ Dal romanzo di Honoré de Balzac. Il colonnello Bridau torna al paese natio e scopre che suo padre, vecchio e rimbambito, è prigioniero delle trame di una donna senza scrupoli, che lo sta derubando di ogni suo avere. Il colonnello uccide in duello l'amante della donna, ma è lui stesso assassinato dalla malafemmina. Il padre però lo vendicherà. ■ Drammatico; b/n; 100'; Francia, 1943.

PAROLA AMORE ESISTE, LA ★★★

Regia di Mimmo Calopresti. Con Fabrizio Bentivoglio, Valeria Bruni Tedeschi, Marina Confalone. ■ Lei è ricca, supernevrotica, assolutamente diffidente. Lui è un professore di violoncello divorziato, timido, silenzioso. Si incontrano, qualcosa si muove, ma rimane nei pensieri e nelle intenzioni inespresse. Dopo alcuni equivoci dilatati dalle particolari personalità dei due personaggi, alla fine si ritrovano casualmente (è notte, lei ha bisogno di un passaggio) e forse finalmente qualche porta rimarrà aperta. Cameo fulminante di Depardieu nel ruolo di un avvocato: il film ci guadagna naturalmente. Tutto è al proprio posto, sussurrato, pulito, discreto, puntuale. Dopo *La seconda volta* dagli accenti morettiani, Calopresti si conferma un autore con una sua comunicazione "internazionale". Le sue storie (questa soprattutto) non sono disperatamente autoctone come quasi tutte quelle del cinema italiano. Riconferma di Bentivoglio mai abbastanza apprezzato, e magnifica sorpresa per la straordinaria Bruni Tedeschi, anche lei fuori dai contesti nostrani. Grande attrice davvero, ai tempi poco più che trentenne ma già con una lunga e apprezzabile filmografia alle spalle. ■ Sentimentale; col.; 80'; Italia, 1998.

PAROLA CHE UCCIDE, LA *(Murders in Reverse)* ★★

Regia di Montgomery Tully. Con Jimmy Hanley, William Hartnell, John Slater. ■ Un operaio è condannato a una lunga pena detentiva perché è ingiustamente creduto responsabile della morte dell'amante della moglie che invece è vivo. Quando esce dal carcere, vedendo la sua vita distrutta, uccide l'uomo del cui omicidio era stato accusato davanti al giudice che l'aveva condannato. ■ Drammatico; b/n; 88'; Gran Bretagna, 1947.

PAROLA DI LADRO ★★★

Regia di Nanni Loy, Gianni Puccini. Con Andrea Checchi, Gabriele Ferzetti, Nadia Gray, Abbe Lane. ■ All'inizio del Novecento un ladro, aiutato da una bella complice, tenta una truffa ai danni d'un gioielliere. Ma costui, avvisato dalla ragazza che si è innamorata di lui, rende al malfattore pan per focaccia e gli offre una possibilità di vita onesta come direttore del suo negozio. ■ Commedia; b/n; 98'; Italia, 1957.

PAROLA DI UN FUORILEGGE... È LEGGE, LA ★★

(Take a Hard Ride)

Regia di Anthony Dawson. Con Dana Andrews, Jim Brown, Harry Carey jr, Catherine Spaak, Barry Sullivan, Lee

VAN CLEEF. ■ Due neri debbono portare una grossa somma in Messico e sono seguiti da una banda di spietati assassini che vuole mettere le mani sul denaro ■ WESTERN; COL.; 100'; ITALIA, USA, 1975.

PAROLA D'ONORE *(Word of Honor)* ★★

Regia di MEL DAMSKI. Con KARL MALDEN, RUE MCCLANAHAN, RON SILVER. ■ Il giornalista Mike McNeil oltre a essere onesto è anche caparbio. Al termine di una pericolosa inchiesta, che ha seguito personalmente, firma un articolo che coinvolge il pezzo grosso della città. Scoppia lo scandalo ma il reporter non vuole rivelare il nome del suo informatore. ■ DRAMMATICO; COL.; 100'; USA, 1981.

PAROLA D'ORDINE: CORAGGIO ★★
(The Password is Courage)

Regia di ANDREW L. STONE. Con DIRK BOGARDE, ALFRED LYNCH, MARIA PERSCHY, NIGEL STOCK. ■ Basandosi su un libro autobiografico, il film racconta i numerosi tentativi di fuga di un ufficiale inglese da un campo di concentramento tedesco durante la seconda guerra mondiale. ■ GUERRA; B/N; 116'; GRAN BRETAGNA, 1963.

PAROLE CHE NON TI HO DETTO, LE ★★★
(Message in a Bottle)

Regia di LUIS MANDOKI. Con KEVIN COSTNER, ILLEANA DOUGLAS, PAUL NEWMAN, JOHN SAVAGE, ROBIN WRIGHT PENN. ■ Garrett Blake, da quando sua moglie è morta, fa vita ritirata riparando e costruendo barche. Theresa Osborne è una ricercatrice del «Chicago Tribune», divorziata e con un figlio. Un giorno, facendo jogging, trova sulla spiaggia una bottiglia con un messaggio d'amore firmato "G". La donna resta colpita dal testo e, senza volerlo, fa nascere un caso giornalistico al punto di essere incaricata dell'individuazione del misterioso "G". Scopre Garrett e i due si innamorano, ma qualcosa impedirà il lieto fine. Costner ha affidato alla bottiglia la possibilità di riemergere dopo una serie di flop e ci è quasi riuscito grazie alla nervosa presenza di Robin Wright Penn (indimenticata Bottondoro di *La storia fantastica*) e alla pacata ma solida figura di Paul Newman. ■ DRAMMATICO; COL.; 131'; USA, 1999.

PAROLE D'AMORE *(Bee Season)* ★★

Regia di SCOTT MCGEHEE, DAVID SIEGEL. Con JUSTIN ALIOTO, HEATHER BARBERIE, JULIETTE BINOCHE, KATE BOSWORTH, FLORA CROSS, RICHARD GERE, MAX MINGHELLA. ■ Una famiglia in crisi osservata attraverso la lente del quotidiano: una madre molto emotiva, un padre che cerca di sfuggire alla quotidianità del matrimonio rifugiandosi in concorsi di ortografia per la figlia undicenne, il secondo bambino che sta per scappare di casa. Richard Gere è tutto sommato credibile nella parte di *pater familias* e le sue ben note attenzioni al mondo religioso e mistico gli permettono di gestire materiale coerente con la sua condotta extracinematografica. ■ DRAMMATICO; COL.; 104'; USA, 2005.

PAROLE DI MIO PADRE, LE ★★

Regia di FRANCESCA COMENCINI. Con TONI BERTORELLI, MIMMO CALOPRESTI, CLAUDIA COLI, VIOLA GRAZIOSI, CHIARA MASTROIANNI, FABRIZIO RONGIONE. ■ Alla morte del padre il trentaduenne Zeno si ritrova solo con una giovinezza che ritiene ormai alle spalle. Per combattere questa idea che lo deprime si mette a cercare un lavoro nel mondo degli affari. Il padre, in un suo ultimo testo a lui indirizzato, gli aveva suggerito di rivolgersi a Giovanni Malfenti, un ricco mercante d'arte che gli presenta la moglie e le sue quattro figlie (Ada, Augusta, Alberta e Anna). Le ragazze sono tutte molto legate al padre, il quale però trova in Zeno il figlio maschio che non ha avuto. Tra i due si crea un legame molto forte e Zeno finisce con l'innamorarsi, una dopo l'altra, delle tre figlie maggiori. Ispirato a due capitoli di *La coscienza di Zeno* di Italo Svevo, il film della più appartata delle sorelle Comencini racconta dei tentativi di un figlio maschio di liberarsi della memoria castrante una volta tanto non materna ma paterna. Il problema è la sceneggiatura, che si fa di sequenza in sequenza sempre più letteraria e anticinematografica, costituendo una pesante zavorra per tutta l'operazione. ■ DRAMMATICO; COL.; 90'; FRANCIA, ITALIA, 2001.

PAROLE E MUSICA *(Words and Music)* ★★★

Regia di NORMAN TAUROG. Con TOM DRAKE, MICKEY ROONEY, ANN SOTHERN. ■ Il film racconta la vita di Rodgers e Hart, la più famosa coppia di autori musicali di Broadway. Secondo la trama romanzata, Hart, infelice in amore, finisce per morirne mentre Rodgers riesce a trovare una moglie innamorata e prosegue trionfalmente la sua carriera. ■ COMM. MUSICALE; COL.; 119'; USA, 1948.

PAROLE E UTOPIA *(Palavra e utopia)* ★★

Regia di MANOEL DE OLIVEIRA. Con LUÍS MIGUEL CINTRA, LIMA DUARTE, LEONOR SILVEIRA, RICARDO TREPA. ■ La parola come veicolo di libertà e l'utopia di una storia impossibile. Manoel de Oliveira, a novantadue anni (classe 1908), incontra Padre António Vieira, il prete gesuita brasiliano che nel 1663 venne giudicato e condannato dal Tribunale dell'Inquisizione. Un film non-biografico, come il regista ha voluto che fosse, in perenne equilibrio tra l'aspirazione a focalizzare la parola come momento di riflessione e comprensione, la stessa cui è stata sottratta forza comunicativa, ed un'impostazione visiva da cui è bandita ogni superficiale ricostruzione d'epoca. *Palavra e utopia* è una sfida ulteriore nella carriera del regista portoghese che tenta qui di registrare il pensiero nell'istante in cui si forma e seguirlo nel suo sviluppo successivo. Il cinema di de Oliveira è difficile, mai immediato ma neanche contorto né sterile. ■ DRAMMATICO; COL.; 133'; BRASILE, FRANCIA, PORTOGALLO, SPAGNA, 2000.

PAROLE PAROLE PAROLE *(On connaît la chanson)* ★★★★

Regia di ALAIN RESNAIS. Con PIERRE ARDITI, SABINE AZÉMA, LAMBERT WILSON. ■ Due sorelle, una creativa e sensibile, l'altra pragmatica e insoddiffatta. E gli uomini girano intorno: c'è il marito dell'insoddisfatta, scialbo e stanco, che poi si rivela non essere tale. C'è lo scrittore per la radio che deve anche vendere appartamenti per arrotondare, c'è il manager cinico: entrambi sono innamorati della "creativa". E poi ecco un ipocondriaco che ha problemi con la moglie. Nel frattempo i protagonisti cantano vecchie canzoni dai contenuti inseriti nella storia: il *flashback* iniziale mostra il generale che nel 1944 non obbedì all'ordine di Hitler e salvò Parigi, e canta (con la voce della Piaf) «j'ai deux amours, mon pays et Paris». Naturale, reale, poetico, geniale. Quando un autore arriva a settantasette anni o è stanco o è perfetto ed essenziale. Per Resnais vale la seconda regola. Attori, tempi, dialogo, misure, tutto perfetto. E senza la minima traccia di "spocchia francese". Ne è nato uno dei migliori film di fine secolo. ■ COMMEDIA; COL.; 120'; FRANCIA, 1997. ■ BERLINO 1 PR.

PAROXISMUS – PUÒ UNA MORTA RIVIVERE PER AMORE? *(Venus in Furs)* ★

Regia di HANS BILLIAN. Con JAMES DARREN, KLAUS KINSKI, MARGARET LEE, BARBARA MACNAIR. ■ Film sexy orrorifico: una ragazza violentata e uccisa da un gruppo di sadici rivive grazie a un trombettista medium e si vendica degli assassini. Il musicista s'innamora del fantasma che però, compiuta la sua missione di morte, rientra nella tomba. ■ HORROR; COL.; 92'; GERMANIA, ITALIA, 1970.

PARRUCCHIERE PER SIGNORA ★★★
(Coiffeur pour dames)

Regia di JEAN BOYER. Con BLANCHETTE BRUNOY, RENÉE DEVILLERS, FERNANDEL. ■ Avventure d'un tosatore di pecore marsigliese che diventa parrucchiere per signora a Parigi conquistando fama e danaro. ■ COMMEDIA; B/N; 86'; FRANCIA, 1952.

PARTE DEGLI ANGELI, LA *(The Angels' Share)* ★★★

Regia di KEN LOACH. Con ROGER ALLAM, PAUL BRANNINGAN, JOHN HENSHAW, GARY MAITLAND, JASMINE RIGGINS. ■ Glasgow. Robbie, giovane e già recidivo, evita il carcere perché il giudice, che aspetta un figlio da un altrettanto giovane compagna, decide di puntare sulla sua capacità di recupero. Viene affidato a Rhino, responsabile di un gruppo di persone sfuggite al carcere e condannate a lavori sociali. Dopo aver assistito a un pestaggio di cui Robbie è vittima, Rhino decide di aiutarlo. Scoperta la sua particolare sensibilità gustativa per quanto riguarda i vari tipi di whisky decide di introdurlo nell'ambiente. È così che a Robbie e ad alcuni suoi compagni di rieducazione viene l'idea di un "colpo" del tutto anomalo che però potrebbe offrire loro un futuro sereno. Ken Loach torna a riflettere sulla commedia umana, arte nella quale è indiscutibilmente maestro. Sceglie lo scenario della Glasgow che ama e ci offre il ritratto di uomini segnati dalla vita privilegiando tra tutti quello del giovane Robbie, a cui offre la possibilità di un riscatto sociale. ■ COMMEDIA; COL.; 106′; GRAN BRETAGNA, FRANCIA, BELGIO, ITALIA, 2012.

PARTENZA ORE SETTE ★★
Regia di MARIO MATTOLI. Con CARLO CAMPANINI, CHIARETTA GELLI, ALBERTO RABAGLIATI, ENZO TURCO. ■ Commedia che copia la trama di cento film musicali americani: una giovane provinciale scappa di casa per tentare la fortuna sui palcoscenici di rivista e, approfittando del fatto che la prima attrice s'ammala, ottiene un eccezionale successo, nonostante il fidanzato geloso tenti di ostacolarla. ■ COMMEDIA; B/N; 90′; ITALIA, 1946.

PARTE PIÙ APPETITOSA DEL MASCHIO, LA ★
Regia di PETUNIA HAMILTON. Con PAOLO DE PANINCOR, FRANCESCA JUVARA, ROSSELLA VERZARI. ■ Un incallito giocatore a corto di soldi viene ingaggiato da un archeologo per rubare documenti nella villa di una rivale. Ma costei, scoperto il ladro, lo paga a sua volta perché rubi in casa dell'archeologo. Con i soldi "guadagnati" il giocatore vince miliardi alla roulette. ■ COMMEDIA; COL.; 91′; GERMANIA, ITALIA, 1979.

PARTICELLE ELEMENTARI, LE ★★★
(Elementarteilchen)
Regia di OSKAR ROEHLER. Con MORITZ BLEIBTREU, MARTINA GEDECK, CORINNA HARFOUCH, NINA HOSS, ULRIKE KRIENER, UWE OCHSENKNECHT, FRANKA POTENTE, CHRISTIAN ULMEN. ■ Michael e Bruno sono figli della stessa madre ma di padri diversi. La madre li fa incontrare da adolescenti ma i due si ritroveranno poi da grandi. Il primo è divenuto un importante studioso di genetica mentre il secondo insegna ed è ossessionato dal sesso. Mentre il primo ritroverà una vecchia compagna di scuola con la quale potrà finalmente iniziare una relazione, il secondo avvierà un'intensa relazione sessuale con una donna conosciuta in una comunità che pratica tecniche orientali. Entrambi si troveranno di fronte a menomazioni gravi delle loro compagne. Tratto dal romanzo omonimo (e molto discusso) di Michel Houellebecq, il film diretto da Oskar Roehler mantiene più di quanto prometta. Riesce cioè a dare una linearità narrativa alla scrittura sperimentale dell'autore letterario, ne stempera motivandoli i connotati razzistici e ci offre un'amara riflessione sulla sessualità nei nostri giorni di apparente liberazione. ■ DRAMMATICO; COL.; 113′; GERMANIA, 2006. ■ BERLINO 1 PR.

PARTIGIANO JOHNNY, IL ★★
Regia di GUIDO CHIESA. Con CLAUDIO AMENDOLA, STEFANO DIONISI, FABRIZIO GIFUNI, ALBERTO GIMIGNANI, ANDREA PRODAN. ■ La Resistenza partigiana, argomento scivoloso. Sempre di guerra si tratta. E guerra vuol dire – sempre, solo e comunque – dolore, sofferenza, morte, fango, fame, solitudine, dubbio, abisso. Il regista raggiunge pienamente questo obiettivo: ritrae infatti la Resistenza partigiana come una (brutta) guerra qualunque. Con eroi ed antieroi, con luci ed ombre, con male e bene insieme. Con il "dramma" al di sopra delle parti, tutte. Chiesa, che evita accuratamente anche il romanzo di Fenoglio, ha lavorato seriamente, con passione, con competenza. Ma con il "braccino corto", cioè con la paura di sbagliare. Perché la Resistenza aveva già "sgambettato" Daniele Lucchetti, che nel 1998 con *I piccoli maestri* aveva scelto il tono sbagliato: carino, superficiale, leccato. E allora? Forse le guerre dovrebbero esistere solo a livello d'immaginario cinematografico. Raccontare quelle vere, dolorose, complesse mette sempre a disagio. Talvolta in maniera irrimediabile. ■ DRAMMATICO; COL.; 135′; ITALIA, 2000.

PARTIRE ★★
Regia di AMLETO PALERMI. Con VITTORIO DE SICA, MARIA DENIS, SILVANA JACHINO. ■ Fattosi assumere controvoglia in una fabbrica, un ragazzo, che aspira più a girare il mondo che non a trovare un'occupazione stabile, ne combina di tutti i colori per farsi licenziare, ma con le sue azioni ogni volta procura qualche vantaggio alla ditta. Allora fa la corte alla figlia, già fidanzata, del padrone: se ne innamora davvero e si persuade a prendere sul serio la sua attività. ■ COMMEDIA; B/N; 91′; ITALIA, 1938.

PARTIRE IN QUARTA *(Bille en tête)* ★★★
Regia di CARLO COTTI. Con KRISTIN SCOTT THOMAS, DANIELLE DARRIEUX, THOMAS LAUGMAN. ■ Virgile è un adolescente assolutamente imprevedibile. Nessuno lo capisce, meno di tutti il padre avvocato che lo vorrebbe un po' più concreto. Nell'ambito della famiglia Virgile ha un rapporto solo con la vecchia nonna. Ma improvvisamente il ragazzo conosce Clara, moglie di un ottimo cliente del padre. Ammiccamenti, un bacio innocuo, seduzione. Non si capisce da parte di chi: se è la donna matura a condurre o se è il ragazzo (finto) ingenuo. È amore vero con tanto di *rendez-vous* parigino. Ma i conti devono tornare: papà avvocato non vuol perdere il cliente, Clara non vuole altre complicazioni e la nonna muore. Ma Virgile sarò cresciuto. Eccome. Carlo Cotti fonde due stili, francese e italiano. Più facile provarci che riuscirci. Ci è riuscito. ■ SENTIMENTALE; COL.; 90′; FRANCIA, 1989.

PARTIRONO PRETI, TORNARONO... CURATI ★★
Regia di STELVIO MASSI. Con GIAMPIERO ALBERTINI, CLARA HOPF, RICCARDO SALVINO, LIONEL STANDER. ■ Grottesche disavventure di due banditi americani che si travestono da preti per attraversare il Messico rivoluzionario del 1911. ■ COMICO; COL.; 94′; ITALIA, 1974.

PARTITA, LA ★★
Regia di CARLO VANZINA. Con JENNIFER BEALS, FAYE DUNAWAY, MATTHEW MODINE. ■ Dal romanzo di Alberto Ongaro, vincitore del premio Bancarella. Un gentiluomo veneziano si gioca la vita ai dadi con una misteriosa contessa. Il giovane perde, ma fugge. I sicari della contessa gli danno la caccia attraverso l'Europa. Con un budget da 10 miliardi, Vanzina non fa meglio di papà Steno in un suo *Casanova* del 1954. ■ AVVENTURA; COL.; 108′; ITALIA, 1988.

PARTITA A QUATTRO *(Design for Loving)* ★★★★
Regia di ERNST LUBITSCH. Con GARY COOPER, MIRIAM HOPKINS, EDWARD EVERETT HORTON, FREDRIC MARCH. ■ Una graziosa americana residente in Francia disdegna la corte del ricco principale, ma non sa decidersi tra due compatrioti, un pittore e un autore teatrale, entrambi squattrinati. La ragazza propone allora ai due giovani di vivere tutti e tre insieme escludendo il sesso. Grazie ai suggerimenti dell'amica il drammaturgo ha successo e si reca a Londra. Lui lontano, il pittore e la donna diventano amanti. Il gruppo si scioglie quando anche il secondo artista raggiunge la fama. Allora l'autore torna alla carica e rende all'amico pan per focaccia. Lei allora, per evitare litigi, accetta di sposare il principale. ■ COMMEDIA; B/N; 90′; USA, 1933.

PARTITA A TRE *(Gentleman att hyra)* ★★
Regia di RAGNAR ARVEDSON. Con SICKAN CARLSSON, GEORGE FAIT, AKE SODERBBOHN. ■ Due dongiovanni cercano di conquistare una sciantosa e perciò chiedono aiuto a un comune amico ma, naturalmente, sarà proprio costui a vincere l'amore della donna. ■ COMMEDIA; B/N; 85′; SVEZIA, 1940.

PARTITA A TRE *(Trois jours à vivre)* ★★★
Regia di GILLES GRANGIER. Con DANIEL GÉLIN, JEANNE MOREAU, LINO VENTURA. ■ Un attorucolo a caccia di pubblicità accusa falsamente un bandito d'aver commesso un omicidio. Il fuorilegge evade e minaccia d'uccidere entro tre giorni l'uomo che l'ha fatto arrestare. La ragazza dell'attore riuscirà ad uccidere il bandito ma non a salvare il suo innamorato che si è suicidato per il terrore. ■ DRAMMATICO; B/N; 85′; FRANCIA, 1963.

PARTITA A TRE, UNA *(La chica del molino rojo)* ★★
Regia di EUGENIO MARTÍN. Con MANUEL DE BLAS, MEL FERRER, MARISOL, RENAUD VERLEY. ■ Dalton possiede una catena di sale da gioco. Un giorno aiuta un giovane baro che per tutto ringraziamento gli seduce la moglie (che poi, abbandonata, si uccide). Dalton organizza una vendetta molto sofisticata: assume una ragazza che a sua volta dovrebbe sedurre il baro per poi abbandonarlo. Fra i giovani nasce invece una intesa. ■ DRAMMATICO; COL.; 91′; SPAGNA, 1973.

PARTITA CON LA MORTE *(Deadly Game)* ★
Regia di THOMAS J. WRIGHT. Con MICHAEL BECK, RODDY MCDOWALL, MEG RYAN. ■ Ricevono un invito su un'isola ma sco-

prono rapidamente che sono lì per essere uccisi. Hanno a disposizione ventiquattr'ore per cercare di fuggire. ■ THRILLER; COL.; 89'; USA, 1991.

PARTITA D'AMORE *(Huddle)* ★★★
Regia di SAM WOOD. Con MADGE EVANS, RAMON NOVARRO, KANE RICHMOND. ■ Uno degli ultimi successi del divo del muto Ramon Novarro. Qui è uno studente di college campione di football, e il ruolo, data anche la sua non verdissima età, non gli è certamente molto congeniale. ■ DRAMMATICO; B/N; 93'; USA, 1932.

PARTITA D'AZZARDO *(Destry Rides Again)* ★★★★
Regia di GEORGE MARSHALL. Con MISCHA AUER, MARLENE DIETRICH, BRIAN DONLEVY, BILLY GELBERT, JAMES STEWART, CHARLES WINNINGER. ■ Un paesino è dominato da una banda di furfanti che eleggono come sceriffo un vecchio ubriacone. Questi, in un risveglio di dignità, chiama in aiuto il figlio d'un famoso pistolero pensando che sia degna progenie del padre, ma invece il giovane ostenta d'odiare le pistole. Disperazione degli onesti. Il ragazzo, però, è estremamente astuto e riuscirà a trovare le prove per incastrare i banditi. Inoltre, quando i fuorilegge uccideranno l'ubriacone, farà vedere di essere in gamba anche coi pugni e con le armi. ■ WESTERN; B/N; 94'; USA, 1939.

PARTITA – LA DIFESA DI LUZHIN, LA ★★★
(The Luzhin Defence)
Regia di MARLEEN GORRIS. Con KELLY HUNTER, GERALDINE JAMES, ALFREDO PEA, LUIGI PETRUCCI, MASSIMO SARCHIELLI, FABIO SARTOR, JOHN TURTURRO, EMILY WATSON. ■ Torna Marleen Gorris, che nel 1996 diresse *L'albero di Antonia*, premiato con l'Oscar come miglior film straniero e divenuto di diritto un piccolo classico dell'era moderna. Dopo l'esercizio letterario (da Virginia Woolf) con *Mrs. Dalloway*, con la "diva" Regdrave, la Gorris raddoppia i divi e fotografa in suggestione il lago di Como, con tanto di favolosa villa d'Este, negli anni Venti. John Turturro dà corpo e volto ad Alexander Luzhin, artista degli scacchi, spirito umorale e complicato. È impegnato in un torneo importantissimo e il suo talento deve fare i conti, appunto, con la fragilità. A complicare tutto arriva Natalia, fuggita dalla Russia, della quale, naturalmente, il giocatore si innamora. Natalia è promessa a un nobile arrogante e la battaglia che deve condurre Alexander è doppiamente faticosa e dolorosa. Turturro è semplicemnente uno dei più grandi attori del cinema contemporaneo, e non solo se è diretto dai Cohen. La Watson, monocorde e triste, non lo vale. Il tutto va visto. ■ DRAMMATICO; COL.; 105'; USA, 2001.

PARTITA SCANDALOSA, UNA *(Action for Slander)* ★★
Regia di TIM WHELAN. Con CLIVE BROOK, ANN TODD. ■ Un ufficiale sposato se la intende con la moglie di un subordinato. Quest'ultimo scopre tutto e per vendetta accusa ingiustamente il rivale di essere un baro. La vicenda si trascina in tribunale dove l'accusato dimostra la propria innocenza e riacquista l'amore della moglie. ■ DRAMMATICO; B/N; 83'; GRAN BRETAGNA, 1937.

PARTITA VINTA *(Andras)* ★★
Regia di VIKTOR BANKY. Con BELLA BORDY, GYULA CSORTOS, ANTON PAGER. ■ Un amministratore tenta di truffare il padrone d'una tenuta agricola, ma sarà smascherato da un onesto contadino che lo sostituirà nell'incarico, e inoltre, troverà moglie. ■ COMMEDIA; B/N; 92'; UNGHERIA, 1941.

PARTITURA INCOMPIUTA PER PIANOLA MECCANICA ★★★★
(Neokoncennaja p'esa dlja mekhaniceskogo pianino)
Regia di NIKITA MICHALKOV. Con EUGENIA GLUCJENKO, ALEKSANDER KALJAGIN, ELENA SOLOVEJ. ■ Liberamente tratto da un dramma giovanile di Anton Cecov, *Platonov*. Ad una festa organizzata nella grande villa di una ricca vedova si incontrano amici e parenti della borghesia russa delusi e annoiati dalla vita. Fra questi un uomo e una donna che si sono profondamente amati nel passato. Il loro incontro finisce per influenzare negativamente l'umore degli ospiti e quella che doveva essere una giornata di spensieratezza diventa teatro di malumori e risentimenti. L'uomo tenterà invano di suicidarsi, ma alla fine "tutto tornerà come prima". Bellissimo film (realizzato nel 1976 ma distribuito in Italia nel 1985) con ottimi interpreti. ■ DRAMMATICO; COL.; 106'; URSS, 1976. ■ DAVID DI DONATELLO 1 PR, 1 NOM.

PARTNER ★★★
Regia di BERNARDO BERTOLUCCI. Con TINA AUMONT, GIULIO CESARE CASTELLO, PIERRE CLÉMENTI, NINETTO DAVOLI, STEFANIA SANDRELLI, SERGIO TOFANO. ■ Uno dei primi film di Bertolucci. Venne molto lodato da alcuni critici, ma non ebbe alcun successo di pubblico perché troppo intellettuale e difficile. La trama s'ispira al *Sosia* di Dostoevskij; un giovane si sdoppia in due personaggi: uno è mite, l'altro prepotente. Alla fine i due doppi si elimineranno a vicenda. ■ DRAMMATICO; COL.; 105'; ITALIA, 1968.

PARTNERPERFETTO.COM *(Must Love Dogs)* ★★
Regia di GARY DAVID GOLDBERG. Con STOCKARD CHANNING, JOHN CUSACK, DIANE LANE, DERMOT MULRONEY, ELIZABETH PERKINS, CHRISTOPHER PLUMMER. ■ Sarah (Diane Lane) è una piacente quarantenne separata da otto mesi dal marito. La sua vita è solitaria e la famiglia cerca di sostenerla sottoponendole fotografie di amici uomini disponibili. Jake (John Cusack), sentimentale costruttore di barche in legno che si perde nelle visioni del *Dr. Zhivago*, lasciato dalla moglie è convinto che non troverà l'anima gemella. Entrambi finiranno sul sito partnerperfetto.com dove si incontreranno. Più e più volte. ■ COMMEDIA ROSA; COL.; 97'; USA, 2005.

PARTO COL FOLLE *(Due Date)* ★★
Regia di TODD PHILLIPS. Con ROBERT DOWNEY JR., JAMIE FOXX, ZACH GALIFIANAKIS, JULIETTE LEWIS, MICHELLE MONAGHAN. ■ Peter Highman è un architetto in trasferta ad Atlanta per lavoro. Non appena apprende dalla moglie che il parto del suo primogenito è imminente prende il primo volo per fare ritorno a Los Angeles. Sull'aereo però una serie di equivoci con un passeggero piuttosto irritante fa sì che venga scambiato per un terrorista e costretto a scendere. Senza soldi e senza documenti, Peter vuole cercare comunque di partire. L'unico con cui può viaggiare è proprio la causa dei suoi guai: Ethan Tremblay, un aspirante attore con cane e ceneri paterne al seguito. Non mancheranno le difficoltà. ■ COMMEDIA; COL.; 93'; USA, 2010.

PARTY ★★★
Regia di MANOEL DE OLIVEIRA. Con IRENE PAPAS, MICHEL PICCOLI, ROGIERO SAMORA, LEONOR SILVEIRA. ■ Quattro persone in una villa a picco sul mare. L'intreccio delle loro relazioni e il ritorno al punto di partenza. Si parla di vita, di morte, di amore, di destino in questo film dell'ottuagenario De Oliveira. Con la leggerezza e la profondità di un *divertissement* filosofico sospeso tra realtà e finzione. ■ COMMEDIA; COL.; 90'; FRANCIA, PORTOGALLO, 1996.

PARTY ANIMAL *(The Party Animal)* ★
Regia di DAVID BEAIRD. Con TIMOTHY CARHART, MATTHEW CAUSEY, ROBIN HARLAN. ■ L'adolescente Pondo Sinatra è una vera frana con le ragazze. Un'amica ce la mette tutta per dargli una mano suggerendogli come comportarsi e come vestirsi, ma alla resa dei conti i risultati sono piuttosto deludenti. Pondo ha quasi deciso di arrendersi fino al giorno in cui beve un filtro magico. ■ COMMEDIA; COL.; 85'; USA, 1987.

PARTY LINE – L'ASSASSINO CHIAMA DUE VOLTE *(Party Line)* ★
Regia di WILLIAM WEBB. Con GRETA BLACKBURN, LEIF GARRETT, RICHARD HATCH, SHAWN WEATHERLY. ■ Tutt'altro che "da brivido" questa pellicola di Webb spacciata per "thriller". Coloro che si servono di una nuova linea telefonica per incontrare persone che non conoscono vengono poi trovati sgozzati. Basti questo. ■ THRILLER; COL.; 91'; USA, 1988.

PARTY MONSTER ★★
Regia di FENTON BAILEY, RANDY BARBATO. Con MACAULAY CULKIN, SETH GREEN, MIA KIRSHNER, NATASHA LYONNE, MARILYIN MANSON, DYLAN MCDERMOTT, DIANA SCARDWID, CHLOE SEVIGNY. ■ La storia vera di Michael Alig, che qualcuno negli anni Novanta designò erede di Andy Warhol. Era l'organizzatore più in vista di feste a New York, fino al passo falso: si vantò di aver assassinato il suo spacciatore. Quando si scoprì che non

era affatto una trovata pubblicitaria, Alig finì dritto in galera, dove ancora sconta la condanna di omicidio. Tocca al redivivo Macaulay Culkin offrire il suo corpo emaciato a un personaggio non facile. Ci riesce ma... com'è difficile farsi accettare per gli ex-piccoli divi! ■ DRAMMATICO; COL.; 99'; USA, 2003.

PARTY PER NICK, UN *(It's My Party)* ★★
Regia di RANDAL KLEISER. Con LEE GRANT, MARLEE MATLIN, OLIVIA NEWTON-JOHN, ERIC ROBERTS, GEORGE SEGAL. ■ Festa d'addio della durata di 48 ore per l'architetto Stark che ha contratto l'AIDS. Sono invitati tutti gli amici e le persone di famiglia ma all'arrivo del suo "ex" l'atmosfera si surriscalda. ■ DRAMMATICO; COL.; 110'; USA, 1995.

PARTY SELVAGGIO *(Wild Party)* ★★
Regia di JAMES IVORY. Con TIFFANY BOLLING, JAMES COCO, PERRY KING, RAQUEL WELCH. ■ Siamo ai tempi dei primi film sonori. Un comico cerca di rimanere a galla presentando un film da lui stesso scritto e interpretato. La "prima" avviene nella stessa casa del comico. Ben presto gli ospiti trascendono e la riunione si trasforma in orgia. Molti personaggi in primo piano (un attore di successo, una ballerina, l'amante del comico) e finale col morto. ■ DRAMMATICO; COL.; 95'; USA, 1975.

PARVA E IL PRINCIPE SHIVA *(La légende de Parva)* ★★
Regia di JEAN CUBAUD. ■ Parva vive tranquilla i suoi diciassette anni, sempre assieme alla sua amica Lula, e non sa di possedere dei poteri speciali che la legano a Shiva, un principe che vive a migliaia di chilometri da lei. Parva ha ricevuto in dono questi poteri nel momento della sua nascita, avvenuta nello stesso istante in cui un blocco di zaffiro purissimo entrava in collisione con la Terra. Il film si rifà al fumetto di Milo Manara. La sceneggiatura è di Vincenzo Cerami. ■ ANIMAZIONE; COL.; 85'; FRANCIA, 2003.

PASCOLI DELL'ALTIPIANO, I *(And Now Miguel)* ★★★
Regia di JAMES B. CLARK. Con MICHAEL ANSARA, PAT CARDI, PILAR DEL REY, GUY STOCKWELL. ■ La trama è quasi un pretesto per descrivere la vita dei pastori meticci del New Mexico: un ragazzo cerca di dimostrare a suo padre di essere abbastanza cresciuto per accompagnarlo nel viaggio col gregge e, dopo vari tentativi, ci riuscirà. ■ COMMEDIA; COL.; 95'; USA, 1967.

PASCOLI DELL'ODIO, I *(Santa Fe Trail)* ★★★
Regia di MICHAEL CURTIZ. Con OLIVIA DE HAVILLAND, ERROL FLYNN, VAN HEFLIN, RAYMOND MASSEY, RONALD REAGAN. ■ Nel 1859, alcuni territori degli Stati Uniti sono sconvolti dalla guerriglia tra i partigiani dello schiavismo e gli abolizionisti. Capo di questi ultimi è l'onesto ma fanatico John Brown, i cui progetti sono mandati a monte da due giovani tenenti di cavalleria, "Jeb" Stuart e George Custer. Brown viene impiccato, ma le sue idee faranno scoppiare di lì a poco la guerra di Secessione e i due giovani ufficiali si troveranno in campi opposti. Il film, di buona efficacia spettacolare, racconta episodi storici romanzandoli ampiamente. ■ WESTERN; B/N; 110'; USA, 1940.

PASCOLI D'ORO, I *(San Antone)* ★★
Regia di JOSEPH KANE. Con ROD CAMERON, FORREST TUCKER, ARLEEN WHELAN. ■ Un allevatore texano d'origine tedesca è incaricato, durante la guerra di Secessione, di condurre una mandria per le truppe sudiste, ma entra ben presto in contrasto con lo spietato ufficiale che comanda la scorta al bestiame. Anni dopo i due salderanno i conti in Messico. ■ WESTERN; B/N; 92'; USA, 1953.

PASOLINI PROSSIMO NOSTRO ★★
Regia di GIUSEPPE BERTOLUCCI. ■ Filmati d'archivio, foto di scena e un'inedita intervista per un documentario di circa sessanta minuti su uno dei film più contestati, amati e discussi del secolo scorso. C'è un solo termine –, ovvero "macabro" – per definire *Salò o le 120 giornate di Sodoma*, terminato nel 1975 e ancora in fase di montaggio quando Pasolini fu assassinato. L'intervista raccolta da Giuseppe Bertolucci integra le tematiche del film unendole al pensiero del suo autore, rassegnato e spento. Uno sguardo al di là della cinepresa verso un mondo confuso dalle ideologie e distrutto dalla speranza, meccanismo perverso per nascondere il peso insopportabile della realtà, tramutando il sentire comune in un'attesa estenuante e senza vie d'uscita. Pasolini parla a ruota libera del suo film, del concetto d'autore, della fiducia demagogica riposta nella fede, in un ideale ecclesiastico trasformatosi improvvisamente – e in maniera impercettibile – in un bazar del libero consumo. ■ DOCUMENTARIO; COL.; 63'; FRANCIA, ITALIA, 2006.

PASOLINI – UN DELITTO ITALIANO ★★★
Regia di MARCO TULLIO GIORDANA. Con CLAUDIO AMENDOLA, NICOLETTA BRASCHI, CARLO DE FILIPPI, GIULIO SCARPATI. ■ Film-inchiesta che dà ampio risalto alla figura di Giuseppe Pelosi, assassino di Pier Paolo Pasolini. Più che un ricordo del regista e scrittore, un'analisi della pista alternativa sul caso Pasolini: non si sarebbe trattato di un delitto passionale tra omosessuali, bensì dell'ultimo atto di un complotto ordito dal potere per eliminare un personaggio scomodo, voce critica nei confronti del governo. Ma anche nel film la questione rimane, ovviamente, irrisolta. ■ DRAMMATICO; COL.; 98'; ITALIA, 1995. ■ VENEZIA 1 PR.

PASQUALINO CAMMARATA... CAPITANO DI FREGATA ★★
Regia di MARIO AMENDOLA. Con MARIO CAROTENUTO, TANO CIMAROSA, NINETTO DAVOLI, AGATA FLORI, ALDO GIUFFRÉ. ■ Tentativo mal riuscito di imitare i film americani che satireggiano bonariamente la Marina: un ufficiale è imbecille, ma l'ammiraglio lo sopporta perché proviene da una famiglia importante. I guai più seri accadranno quando un errore del computer affiderà al babbeo il comando d'un rimorchiatore. ■ COMICO; COL.; 91'; ITALIA, 1974.

PASQUALINO SETTEBELLEZZE ★★★
Regia di LINA WERTMÜLLER. Con PIERO DI IORIO, ELENA FIORE, GIANCARLO GIANNINI, ROBERTO HERLITZKA, FERNANDO REY, SHIRLEY STOLER, ENZO VITALE. ■ Uno spregevole guappo napoletano, viscido e opportunista, riesce a superare ogni guaio, compreso il campo di concentramento nazista, cavandosela sempre. ■ DRAMMATICO; COL.; 93'; ITALIA, 1975. ■ GOLDEN GLOBES 1 NOM; OSCAR 4 NOM.

PASSAGGIO A BAHAMA *(Bahama Passage)* ★★
Regia di EDWARD H. GRIFFITH. Con LEO G. CARROLL, MADELEINE CARROLL, DOROTHY DANDRIDGE, STERLING HAYDEN, FLORA ROBSON. ■ In un'isola del mar dei Caraibi, un'anziana piantatrice teme che i propri dipendenti possano ribellarsi. Si affida perciò a un losco intendente che, con la sua crudeltà, irrita i nativi che organizzeranno in una sanguinosa rivolta, durante la quale moriranno sia la piantatrice che l'intendente. I figli dei due si sposeranno e cominceranno una nuova vita. ■ AVVENTURA; COL.; 94'; USA, 1941.

PASSAGGIO A HONG KONG *(Passage to Hong Kong)* ★★
Regia di DAVID ROSS LEDERMAN. Con KEITH DOUGLAS, KEYE LUKE. ■ L'improvviso scoppio della seconda guerra mondiale blocca nella colonia britannica di Hong Kong alcuni viaggiatori. Tra essi c'è un americano che le autorità ingiustamente sospettano di spionaggio. Riuscirà a provare la propria innocenza e a trovare l'amore. ■ AVVENTURA; B/N; 61'; USA, 1941.

PASSAGGIO A HONG KONG *(Ferry to Hong Kong)* ★★★
Regia di LEWIS GILBERT. Con CURD JÜRGENS, NOËL PURCELL, SYLVIA SYMS, ORSON WELLES. ■ Le avventure ora drammatiche ora sentimentali d'un uomo che è costretto a rimanere in permanenza sul traghetto che fa la spola tra Hong Kong e Macao perché è considerato indesiderabile dalla polizia d'entrambe le città asiatiche. ■ DRAMMATICO; COL.; 103'; GRAN BRETAGNA, 1961.

PASSAGGIO A NORD-OVEST *(Northwest Passage)* ★★★★★
Regia di KING VIDOR. Con WALTER BRENNAN, RUTH HUSSEY, NAT PENDLETON, SPENCER TRACY, ROBERT YOUNG, LOUIS HECTOR. ■ Dal romanzo di Kenneth Roberts, pressoché sconosciuto in Italia. Nel 1754 una spedizione di Rangers comandati dal maggiore Rogers si spinse fino al Canada per combattere una tribù di indiani alleata dei francesi. La spedizione riuscì. Dopo sette mesi, i Rangers, decimati, tornarono alla base di Portsmouth. È il primo grande western a colori, e che colori. È un film girato quasi completamente in esterni. Oltre a Rogers, interpretato da Tracy, la storia ruota intorno a un pittore che si aggiunge alla missione per la sua capacità di disegnare le carte. La spedizione esplora zone vergini, le barche risalgono i fiumi e vengono spinte lungo le colline.

L'attacco al campo indiano è di inaudita violenza e di grande realismo, non ha nulla da invidiare alle sequenze di *Soldato blu* e *Piccolo grande uomo*, realizzate trent'anni dopo. Il ritorno è drammatico, i superstiti si raccolgono in un forte dove vengono salvati all'ultimo momento, sul punto di morire di fame. Un film in cui nulla è banale e scontato, con una tensione narrativa che non cade mai, e senza alcun compiacimento. Naturalmente non manca il mito, ma non è enfatizzato o annunciato, emerge dalle pure azioni. La figura di Rogers ha grande forza, così come l'interpretazione di Tracy, bravo come poche altre volte, e attendibile come eroe dell'Ovest, lui tozzo e piccoletto. Il passaggio a nord-ovest è appunto il sogno di Rogers. I Rangers, ancora comandati dal maggiore, partono per l'ennesima avventura, ancora più a nord. Quando gli chiedono se davvero esista il leggendario passaggio che dovrebbe unire l'Asia all'America, Rogers risponde: «Prima di morire voglio portare una canoa piena di prodotti del Giappone fino a New York lungo l'Hudson». A quasi sessant'anni di distanza il film rimane uno dei più puri western mai prodotti. L'ottica di Vidor è quella tradizionale, degli indiani cattivi, anzi, in questo caso esageratamente cattivi, tanto da giustificarne i massacri. Ma è risaputo che il grande cinema ha preso spesso grandi abbagli di ideologia e di contenuto. In questo caso il piacere puramente cinematografico dell'"arrivano i nostri" si impone rispetto alla filologia e alla storia. Il regista massimo Griffith, in *Nascita di una nazione*, proponeva una vera apologia del Ku Klux Klan. Rimane il piacere della visione e l'equilibrio perfetto di tutto, che è di pochi capolavori del cinema. ■ AVVENTURA; COL.; 125'; USA, 1940. ■ OSCAR 1 NOM.

PASSAGGIO CONTESO *(Disputed Passage)* ★★★
Regia di FRANK BORZAGE. Con JOHN HOWARD, DOROTHY LAMOUR, AKIM TAMIROFF. ■ Un chirurgo e un suo allievo sono in contrasto; l'uno crede solo nella scienza, l'altro reputa che sia importante anche il sentimento. Il giovane s'innamora di un'euroasiatica, ma il maestro, temendo che l'amore possa rovinare la carriera dell'altro, rispedisce in Cina l'intrusa. Il giovane segue l'amata in mezzo alla guerra provocata dai giapponesi e rimane ferito. Il maestro compie un'operazione sull'amico, ma, benché tutto sia andato bene, il malato non guarisce. Finalmente riappare l'euroasiatica e, dandogli ragione nella disputa, lo guarisce. ■ DRAMMATICO; B/N; 87'; USA, 1939.

PASSAGGIO DEL RENO, IL *(Le passage du Rhin)* ★★★
Regia di ANDRÉ CAYATTE. Con CHARLES AZNAVOUR, NICOLE COURCEL, GEORGES RIVIÈRE, CORDULA TRANTOW. ■ Dopo la sconfitta della Francia nel 1941, si ritrovano prigionieri in Germania, assegnati ai lavori agricoli in una fattoria, due uomini molto diversi: un giornalista che, appena può, fugge a Londra per riprendere la lotta, e un pasticciere che fraternizza coi contadini tedeschi. Dopo la pace il secondo andrà a vivere con i suoi amici d'oltre Reno, mentre il giornalista avrà una grave crisi scoprendo che la propria compagna era un'informatrice dei nazisti. ■ DRAMMATICO; B/N; 120'; FRANCIA, 1959. ■ VENEZIA 1 PR.

PASSAGGIO DI NOTTE *(Night Passage)* ★★★
Regia di JAMES NEILSON. Con DAN DURYEA, AUDIE MURPHY, JAMES STEWART. ■ Un onesto giudice di pace ha la vita sconvolta dal fratello che è entrato in una banda di fuorilegge: per questo, nessuno gli dà più fiducia. Finalmente il giudice ha l'incarico di custodire una grossa somma di denaro. Riuscirà a difenderla dai banditi e il fratello, alla fine, si sacrificherà per salvarlo dai complici. ■ WESTERN; COL.; 90'; USA, 1957.

PASSAGGIO IN INDIA *(A Passage to India)* ★★★🏆
Regia di DAVID LEAN. Con PEGGY ASHCROFT, JUDY DAVIS, JAMES FOX. ■ Nel 1920 Mrs. Moore e la sua giovane amica Adela giungono nell'India colonizzata dagli inglesi. Entrambe desiderose di conoscere l'India, accettano di fare una gita organizzata dal medico indiano Aziz, ma l'escursione si conclude drammaticamente perché Adela accusa il dottore di averla aggredita in una caverna. L'accaduto finisce per trasformarsi in un caso politico, ma al processo Adela ritratta tutto. Aziz, sebbene riconosciuto innocente, decide di lasciare la città rifiutando ogni indennizzo. Ispirandosi al romanzo del 1924 di Edward M. Foster, David Lean (*Il ponte sul fiume Kwai* e *Lawrence d'Arabia*) ha realizzato un bellissimo film. ■ DRAMMATICO; COL.; 165'; GRAN BRETAGNA, 1985. ■ GOLDEN GLOBES 🏆 3 PR, 5 NOM; OSCAR 🏆 2 PR, 11 NOM.

PASSAGGIO PER IL PARADISO *(The Heavenly Kid)* ★★
Regia di CARY MEDOWAY. Con JASON GEDRICK, RICHARD MULLIGAN, LEWIS SMITH. ■ Un giovane morto prematuramente, in una temeraria sfida automobilistica, viene rimandato dall'aldilà sulla Terra per meritarsi il paradiso prendendosi cura di qualcuno. Questo qualcuno è il figlio sedicenne che lui non sapeva nemmeno di aver generato. Il papà angelo custode, assistito da un bizzarro "collega", porta a termine brillantemente la sua missione, e può tornare in cielo. ■ COMMEDIA; COL.; 89'; USA, 1985.

PASSAGGIO PER IL PARADISO ★
Regia di ANTONIO BAIOCCO. Con VITTORIA BELVEDERE, JULIE HARRIS, TCHÉKY KARYO, MARIANO RIGILLO. ■ Un'anziana italoamericana ottiene un passaggio da un detective privato in attività di servizio. Il loro incontro, dapprima non facile, si risolverà in un'occasione di rivitalizzazione. Le Marche e la Romagna fanno da sfondo a una storia che procede senza guizzi particolari. ■ COMMEDIA; COL.; 93'; FRANCIA, GRAN BRETAGNA, ITALIA, 1996.

PASSANNANTE ★★
Regia di SERGIO COLABONA. Con ALBERTO GIMIGNANI, MASSIMO OLCESE, ULDERICO PESCE, BEBO STORTI, FABIO TROIANO. ■ Dai tumulti di un'Italia appena formata ai disordini di un'Italia in piena decadenza, la storia dell'anarchico Giovanni Passannante viene riesumata e divulgata grazie al lavoro di tre uomini testardi. Nel novembre 1878, Passannante era un giovane cuoco lucano di umili origini e di fervente animo politico, che acquistò coi pochi soldi che aveva in tasca un piccolo coltello con cui cercò di attentare al re d'Italia Umberto I. Ma, in quel momento, la neonata monarchia di un paese dai forti dissidi non poteva permettersi di fare di un anarchico meridionale un martire per i sostenitori della repubblica, così che Passannante fu condannato a una prigionia disumana, che lo rese cieco e pazzo fino alla fine dei suoi giorni, mentre il suo paese d'origine, Salvia di Lucania, venne ribattezzato Savoia di Lucania. Il suo cervello e il suo cranio furono oggetto di studio delle teorie lombrosiane e sono stati conservati per più di cento anni nel Museo Criminologico di Roma, finché grazie all'opera di un teatrante, un musicista e un giornalista particolarmente caparbi, quei resti hanno trovato degna sepoltura nel paese che ancora rende omaggio alla casata dei nobili rimpatriati. ■ DRAMMATICO; COL.; 90'; ITALIA, 2011.

PASSAPORTO FALSO *(Ça va être ta Fête)* ★★
Regia di PIERRE MONTAZEL. Con EDDIE CONSTANTINE, BARBARA LAAGE, STEPHEN SCHNABEL, SARO URZÌ. ■ Solite scanzonate avventure di Eddie Constantine, qui nei panni d'un agente segreto americano ispirato al suo personaggio più famoso, Lemmy Caution. L'avventura si svolge a Lisbona: bisogna ritrovare una spia scomparsa. ■ POLIZIESCO; B/N; 84'; FRANCIA, GERMANIA, ITALIA, 1962.

PASSAPORTO GIALLO *(The Yellow Ticket)* ★★★
Regia di RAOUL WALSH. Con LIONEL BARRYMORE, WALTER BYRON, BORIS KARLOFF, ELISSA LANDI, LAURENCE OLIVIER. ■ In Russia, durante il periodo delle persecuzioni razziali contro gli ebrei, una giovane giudea si fa passare per prostituta per ottenere il permesso di espatrio e potersi così ricongiungere all'anziano genitore in fin di vita. ■ DRAMMATICO; B/N; 81'; USA, 1931.

PASSAPORTO PER CANTON *(Passport to China)* ★★
Regia di MICHAEL CARRERAS. Con RICHARD BASEHART, LISA GASTONI, ATHENE SEYLER. ■ Aiutato da un amico russo diventato agente del Kgb, un pilota inglese parte per la Cina popolare allo scopo di rintracciare un suo giovane collega di Formosa precipitato in quel luogo in compagnia d'una spia americana. Riuscirà nell'intento nonostante i pericoli. ■ AVVENTURA; COL.; 74'; GRAN BRETAGNA, 1961.

PASSAPORTO PER L'INFERNO *(Passport to Shame)* ★★
Regia di ALVIN RAKOFF. Con EDDIE CONSTANTINE, DIANA DORS, HERBERT LOM, ODILE VERSOIS. ■ La storia racconta d'un taxista londinese che è costretto da un gangster con cui è in debito a sposare una francesina. La ragazza ha bisogno d'ottenere un per-

messo di soggiorno in Inghilterra perché il bandito pensa d'avviarla alla prostituzione. Il taxista, però, s'innamora veramente della donna e, con l'aiuto dei colleghi, riuscirà a strapparla dalle grinfie del gangster. ■ DRAMMATICO; B/N; 88'; GRAN BRETAGNA, 1968.

PASSAPORTO PER PIMLICO *(Passport to Pimlico)* ★★★
Regia di HENRY CORNELIUS. Con PAUL DUPUIS, STANLEY HOLLOWAY, MARGARET RUTHERFORD. ■ Classico del cinema inglese del dopoguerra. Mai arrivato sui nostri (grandi) schermi, appunto perché troppo inglese nei personaggi e nei contenuti. Alcuni documenti scoperti tra le macerie dopo la guerra sembrano attestare che il territorio di Londra non è inglese, ma appartiene alla Borgogna, Francia. Un anziano signore subito costituisce uno stabilimento a Pimlico retto da leggi e usanze diverse da quelle britanniche. ■ COMMEDIA; B/N; 84'; GRAN BRETAGNA, 1949. ■ OSCAR 1 NOM.

PASSAPORTO PER SUEZ *(Passport to Suez)* ★★
Regia di ANDRÉ DE TOTH. Con ERIC BLORE, ANN SAVAGE, WARREN WILLIAMS. ■ Un agente alleato lotta in Egitto contro le spie naziste che vogliono impadronirsi dei piani per la difesa del canale di Suez servendosi d'una maliarda che seduce gli ufficiali della Royal Navy. ■ SPIONAGGIO; B/N; 71'; USA, 1943.

PASSAPORTO ROSSO ★★
Regia di GUIDO BRIGNONE. Con TINA LATTANZI, ISA MIRANDA, OLGA PESCATORI, FILIPPO SCELZO. ■ Fine dell'Ottocento. Un italiano emigra in America con la famiglia e muore poco dopo. Sua figlia si innamora di un connazionale e lo sposa. Nasce un bimbo che è ormai adulto allo scoppio della Grande Guerra. Il ragazzo, che si sente statunitense, non segue l'esempio di altri emigrati che partono volontari; lo farà il padre ed egli, comprendendo il suo dovere, lo imiterà lasciandoci la vita. ■ DRAMMATICO; B/N; 94'; ITALIA, 1935.

PASSA SARTANA... È L'OMBRA DELLA TUA MORTE! ★
Regia di SEAN O'NEAL (pseud. di DEMOFILO FIDANI). Con JEFF CAMERON, DENNIS COLT, ELISABETTA FANTI, FRANK FARGAS. ■ Sartana è un bandito, ma gli promettono l'indulto se eliminerà le bande di fuorilegge che infestano una cittadina. Ci riuscirà, versando ettolitri di sangue. ■ WESTERN; COL.; 92'; ITALIA, 1969.

PASSATO, IL *(El Pasado)* ★★
Regia di HECTOR BABENCO. Con MARIANA ANGHILERI, ANA CELENTANO, ANALÍA COUCEYRO, GAEL GARCÍA BERNAL. ■ Rimini non ha nessuna intenzione di mantenere i rapporti con Sofía, dalla quale si è separato dopo dodici anni di matrimonio. Mentre lui cerca di sfuggirle, negandosi al telefono e intraprendendo nuove storie d'amore, lei continua a ossessionarlo, influenzando negativamente la vita privata dell'ex marito. I ricordi che formano un vincolo inscindibile tra i due finiscono per svanire dalla mente di Rimini, insieme alle conoscenze linguistiche che sono alla base del suo mestiere di interprete. Ridotto a uomo a metà, che non riesce ad amare né a ricordare, Rimini verrà privato dell'affetto e costretto a ricominciare da capo e trovare un nuovo posto nel mondo. Hector Babenco sceglie di utilizzare una linea nostalgica per adattare il romanzo di Alan Pauls e raccontare le diversità tra uomini e donne di fronte alla separazione. Una riflessione interessante e non priva di simbolismi, che viene tuttavia appannata da una sceneggiatura scomposta. ■ DRAMMATICO; COL.; 114'; ARGENTINA, 2007.

PASSATO, IL *(Le passé)* ★★★
Regia ASGHAR FARHADI. Con ELYES AGUIS, BÉRÉNICE BEJO, PAULINE BURLET, ALI MOSAFFA, TAHAR RAHIM. ■ Ahmad arriva a Parigi da Teheran. Marie, la moglie che ha lasciato quattro anni prima, ha bisogno della sua presenza per formalizzare il divorzio. Marie ha due figlie nate da altre relazioni e ha un difficile rapporto con la più grande, Lucie. Ahmad viene invitato a non risiedere in hotel ma a casa e così ha modo di scoprire che Marie ha una relazione con Samir la cui moglie si trova in coma. Asghar Farhadi si è fatto conoscere sugli schermi occidentali grazie all'Orso d'argento vinto al Festival di Berlino con *About Elly* e ha confermato le sue qualità con il successivo *Una separazione* (vincitore, tra gli altri premi, di un Oscar di cui la stampa ufficiale iraniana non ha dato notizia all'epoca). Ora con *The Past* offre un'ulteriore conferma delle proprie doti di scrittura oltre che di regia. Lo spazio architettonico e sociologico è mutato. La casa di vacanza e la dimensione urbana della capitale iraniana vengono ora sostituiti da una Parigi periferica così come periferiche sono apparentemente le une per le altre le vite dei protagonisti. ■ DRAMMATICO; COL.; 130'; FRANCIA, 2013.

PASSATO CHE TORNA, IL *(Maja zwischen zwei Ehen)* ★
Regia di FRITZ KIRCHHOFF. Con LIL DAGOVER, PETER PETERSEN. ■ Un reduce creduto morto torna dalla moglie per prendersi il loro bambino. A nulla valgono le suppliche della donna e quelle del suo nuovo consorte; sarà il redivivo stesso, all'ultimo momento, a rinunciare al suo proposito. ■ DRAMMATICO; B/N; 90'; GERMANIA, 1940.

PASSATO E IL PRESENTE, IL ★★★
(O passado e o presente)
Regia di MANOEL DE OLIVEIRA. Con DUARTE DE ALMEIDA, MARIA DE SAISSET, ALBERTO INÁCIO, BARBARA VIERA. ■ Una donna rende infernale la vita al marito perché continua ad amare il primo consorte, morto in un incidente e, quindi, prova una grande simpatia per il fratello gemello del morto. Il poveretto, non potendone più, si suicida e, a questo punto, il gemello le confessa di essere in realtà il primo marito. La donna, però, prende ora ad amare il suicida. ■ DRAMMATICO; COL.; 115'; PORTOGALLO, 1971.

PASSATO È SEMPRE PRESENTE, IL ★★
(Whispering City)
Regia di FEDOR OZEP. Con MARY ANDERSON, HELMUT DANTINE, PAUL LUKAS. ■ Un avvocato, sapendo che una giornalista lo sospetta autore d'un omicidio che egli ha commesso molti anni prima, ricatta un musicista perché questi elimini l'intrusa. Ma il sicario per forza e la sua vittima s'innamorano e, insieme, trovano le prove per far arrestare l'avvocato. ■ POLIZIESCO; B/N; 92'; CANADA, 1947.

PASSATO È UNA TERRA STRANIERA, IL ★★
Regia di DANIELE VICARI. Con CHIARA CASELLI, ELIO GERMANO, VALENTINA LODOVINI, DANIELA POGGI, MICHELE RIONDINO. ■ Giorgio ha ventidue anni e una vita normale. Studente di legge esemplare e fidanzato annoiato di Giulia, incontra Francesco, baro professionista che gioca pesante con le donne e le carte. Francesco, soccorso da Giorgio durante una rissa, invita lo studente al tavolo da gioco, rivelandogli molto presto i trucchi del mestiere. Diverse partite di poker dopo, i due ragazzi accumulano denaro e frustrazione per quella provincia, Bari, che comincia a sembrare troppo stretta. Allontanatosi dalla famiglia e trascurati gli esami, Giorgio sviluppa una preoccupante dipendenza da Francesco che lo condurrà a Barcellona e verso un abisso di violenza e perdizione. Trasposizione "quasi fedele" del romanzo omonimo e celebre di Gianrico Carofiglio, magistrato e scrittore barese. ■ DRAMMATICO; COL.; 120'; ITALIA, 2008.

PASSATO PROSSIMO ★★
Regia di MARIA SOLE TOGNAZZI. Con VALENTINA CERVI, PAOLA CORTELLESI, PIERFRANCESCO FAVINO, CLAUDIO SANTAMARIA, GIANMARCO TOGNAZZI. ■ Claudia sta per vendere la villa di famiglia ma, prima di farlo, raduna tutti suoi amici (sui trent'anni) per riflettere sul passato e sul presente. Emergono così le frustrazioni di ognuno. Il modello è *Il grande freddo* ma Maria Sole Tognazzi ha il pregio di non esagerare e riesce a realizzare un film in cui le prestazioni degli attori sono tutte sotto controllo. Ed è gia un buon risultato. ■ DRAMMATICO; COL.; 100'; ITALIA, 2003. ■ DAVID DI DONATELLO 1 NOM.

PASSATORE, IL ★★
Regia di DUILIO COLETTI. Con ROSSANO BRAZZI, CARLO CAMPANINI, VALENTINA CORTESE, CARLO NINCHI. ■ Nella Romagna papalina, attorno al 1850, Stefano Pelloni ama una ragazza, ma è ostacolato dallo zio prete di lei che protegge un altro pretendente. Il giovane, di sangue focoso, uccide il rivale e si dà alla macchia rubando ai ricchi per dare ai poveri. Il prete lo denuncia ai gendarmi e lui l'uccide allontanandosi così dall'amata che però, nel momento supremo, si fa uccidere per salvarlo. Disperato, il ban-

dito, che ormai è diventato famoso col soprannome di "Passatore", si offre allo schioppo d'un gendarme amico affinché questi possa intascare la taglia. ■ AVVENTURA; B/N; 97′; ITALIA, 1947.

PASSEGGERA, LA *(La passegère)* ★★
Regia di JACQUES DAROY. Con GEORGES MARCHAL, MICHEL MARSAY, DANY ROBIN. ■ Una povera ragazza è gettata sul lastrico dalla morte della ricca signora che la proteggeva. Un amico ricco e generoso della defunta se la prende in casa e, per far tacere le malelingue, la sposa nominalmente. Quando però la situazione economica della giovane si risolve, lei si è ormai innamorata del benefattore e il matrimonio fasullo diventa alla fine effettivo. ■ COMMEDIA; B/N; 112′; FRANCIA, 1948.

PASSEGGERA, LA *(Pasazerka)* ★★★★
Regia di ANDRZEJ MUNK. Con ANNA CIEPIELEWSKA, JAN KRECZMAR, ALEKSANDRA SLASKA. ■ Una signora borghese che viaggia su un piroscafo ha un segreto: durante la guerra è stata aguzzina in un campo di concentramento nazista. Ora crede di riconoscere in un'altra passeggera una prigioniera polacca su cui ha particolarmente infierito perché aveva un'attrazione fisica verso di lei. La possibilità di un riconoscimento la sconvolge ma, terminato il viaggio, tutto tornerà come prima. ■ DRAMMATICO; B/N; 42′; POLONIA, 1961.

PASSEGGERO MUTO, IL *(The Silent Passenger)* ★★
Regia di REGINALD DENHAM. Con JOHN LODER, MARY NEWLAND. ■ Una donna sposata è costretta col ricatto ad accondiscendere ai desideri di un corteggiatore. Il marito scopre tutto e si reca a parlare con l'uomo che nel frattempo è stato ucciso. La polizia accusa il marito di omicidio includendo nei sospetti anche la moglie, ma la verità viene a galla. ■ DRAMMATICO; B/N; 92′; USA, 1937.

PASSEGGIATA, LA ★★
Regia di RENATO RASCEL. Con VALENTINA CORTESE, RENATO RASCEL, PAOLO STOPPA. ■ Un timido provinciale, appena arrivato a Roma, s'innamora d'una ragazza. Il suo amore non si affievolisce neppure quando scopre che lei è una prostituta; anzi, la fa invitare alla festa del collegio dove lavora in qualità d'istitutore. Quando la verità viene a galla, il poveretto viene cacciato dall'irato direttore. La ragazza si redime, ma è troppo tardi: l'uomo è già dovuto partire per la provincia. ■ COMMEDIA; COL.; 100′; ITALIA, 1954.

PASSEGGIATA D'AMORE *(Flirtation Walk)* ★★★
Regia di FRANK BORZAGE. Con RUBY KEELER, PAT O'BRIEN, DICK POWELL. ■ Un soldato innamorato della figlia di un generale frequenta l'Accademia militare di West Point sia per poter sposare la ragazza sia per vendicarsi di un rivale. Otterrà il grado di ufficiale e la mano della fanciulla. ■ MUSICAL; B/N; 97′; USA, 1935. ■ OSCAR 2 NOM.

PASSEGGIATA SOTTO LA PIOGGIA DI PRIMAVERA *(Walk in the Spring Rain)* ★★
Regia di GUY GREEN. Con INGRID BERGMAN, KATHERINE CRAWFORD, TOM FIELDING, VIRGINIA GREY, ANTHONY QUINN. ■ Uno scrittore, per poter lavorare in pace, si ritira in una casa isolata sulle montagne e costringe la moglie a seguirlo. La donna, stanca del rapporto coniugale, s'innamora del padrone di casa. Il figlio di costui, in rivalità col padre, tenta di violentare la non più giovane corteggiatrice del genitore, che, irritato, uccide nel corso d'una discussione il rampollo ribelle mettendo così fine alla storia d'amore. ■ DRAMMATICO; COL.; 100′; USA, 1971.

PASSEGGIATE AL CAMPO DI MARTE, LE ★★★
(Le promeneur du Champ de Mars)
Regia di ROBERT GUÉDIGUIAN. Con MICHEL BOUQUET, ANNE CANTINEAU, PHILIPPE FRETUN, SARAH GRAPPIN, JALIL LESPERT. ■ Robert Guédiguian è stato fino a questo film il cantore di ciò che resta della classe operaia. Oggetto della sua riflessione è ora il "Potere" nella persona di François Mitterrand e per la magistrale interpretazione di Michel Bouquet. Mitterrand per il regista è stato l'ultimo uomo di governo che, mentre il socialismo reale crollava nel mondo, ha cercato di costruirne uno diverso in Francia. Il regista segue l'uomo Mitterrand negli ultimi mesi del suo mandato, ormai minato dal tumore che lo porterà in breve tempo alla morte. Il problema è che questo film "non passa Ventimiglia", cioè è troppo legato a temi e avvenimenti probabilmente noti al pubblico francese ma da noi passati inosservati o quasi. Tre stelle, quindi, per Bouquet. ■ DRAMMATICO; COL.; 116′; FRANCIA, 2005.

PASSENGER 57 – TERRORE AD ALTA QUOTA ★★
(Passenger 57)
Regia di KEVIN HOOKS. Con BRUCE PAYNE, TOM SIZEMORE, WESLEY SNIPES. ■ Un esperto di lotta al terrorismo si ritrova a dover intervenire per sventare un dirottamento compiuto da un pericoloso criminale che è riuscito a ingannare gli agenti dell'Fbi che lo stavano scortando. Tutto finisce bene, ma con qualche sbadiglio di troppo per gli spettatori. ■ DRAMMATICO; COL.; 84′; USA, 1992.

PASSENGERS – MISTERO AD ALTA QUOTA ★★
Regia di RODRIGO GARCÍA. Con ANNE HATHAWAY, DIANNE WIEST, PATRICK WILSON. ■ Una giovane psicologa, Claire Summers, viene incaricata del recupero emotivo dei pochi sopravvissuti a un incidente aereo. Claire è al suo primo vero impatto con la professione e il suo lavoro non si presenta facile. I pazienti sono restii ad aprirsi, alcuni di loro hanno dei comportamenti strani. Inoltre le loro dichiarazioni sono contraddittorie, tanto da far nascere il sospetto che la compagnia aerea stia cercando di intorbidare le acque per nascondere le proprie responsabilità nell'accaduto. Ma c'è un ulteriore elemento che complica il lavoro della psicologa: Eric, uno dei sopravvissuti per il quale inizia a provare un'attenzione non professionale. Rodrigo Garcia è uno sceneggiatore e un regista che ha dato ottime prove di sé sia nel suo film d'esordio *9 vite da donna* che in quel gioiellino della televisione che è *In Treatment*. ■ DRAMMATICO; COL.; 100′; USA, 2008.

PASSE-PARTOUT PER L'INFERNO ★★
Regia di FEDERICO RIZZO. Con ANDREA ABBATISTA, EMANUELE ASPRELLA, CATERINA CASTAGNA, ENRICO GRAMEGNA, ALAN PRESE, DIMITRI RONDINA. ■ Quattro naziskin appassionati di satanismo decidono di incontrare Satana in una delle sue case, in Basilicata. Lì viveva una bella donna che durante la seconda guerra mondiale vide il figlio ucciso dai nazisti. Per vendetta la donna chiese aiuto a Satana, che facendo impazzire i soldati fece in modo che si uccidessero uno contro l'altro. ■ DRAMMATICO; COL.; 110′; FRANCIA, ITALIA, 2003.

PASSI DELL'AMORE, I *(A walk to remember)* ★★
Regia di ADAM SHANKMAN. Con PETER COYOTE, DARYL HANNAH, MANDY MOORE, SHANE WEST. ■ Landon è uno studente di liceo in una piccola cittadina della provincia americana: frequenta un gruppo di compagni di scuola svogliati e fannulloni, che spesso si divertono a prendersi gioco di Jamie, la figlia del pastore. Le cose cambiano quando Landon si innamora della ragazza, tranquilla e profondamente religiosa, apparentemente così diversa da lui. ■ SENTIMENTALE; COL.; 101′; USA, 2002.

PASSI DI DANZA SU UNA LAMA DI RASOIO ★★
Regia di MAURIZIO PRADEAUX. Con ROBERT HOFFMAN, ANNA LIBERATI, SERAFINO PROFUMO, SUSAN SCOTT. ■ A Roma un maniaco uccide delle ballerine. Dapprima la polizia sospetta d'una coppia che è stata involontaria testimone d'un delitto, poi scopre che l'assassino è un pazzo, che in maniera distorta vuole vendicare la sua ragazza, una ballerina rimasta mutilata in un incidente. ■ POLIZIESCO; COL.; 84′; ITALIA, SPAGNA, 1973.

PASSI DI MORTE PERDUTI NEL BUIO ★★
Regia di MAURIZIO PRADEAUX. Con VERA KROSKA, LEONARD MANN, ROBERT WEBBER. ■ Sul treno Salonicco-Atene viaggiano alcune persone (una cantante nera, un finto prete, un giovane misterioso, un ricco impresario). Viene uccisa una donna col tagliacarte di un giornalista italiano. Naturalmente è di lui che sospetta la polizia. Il giornalista indaga per conto proprio e, con l'aiuto della sua ragazza, scopre la verità. ■ GIALLO; COL.; 94′; ITALIA, 1976.

PASSI FURTIVI IN UNA NOTTE BOIA – ZELMAIDE ★
Regia di VINCENZO RIGO. Con WALTER CHIARI, CARLO CROCCOLO, CARMEN VILLANI. ■ Storia di una cameriera arrivista. Pur di diventare padrona del bar dove lavora accetta di rapinare una banca. Le va bene la prima volta, non la seconda. ■ COMMEDIA; COL.; 92′; ITALIA, 1976.

PASSI NEL BUIO *(Footsteps in the Dark)* ★★
Regia di LLOYD BACON. Con RALPH BELLAMY, ERROL FLYNN, BRENDA MARSHALL. ■ La moglie d'un raffinato direttore di club è gelosa perché il marito le nasconde qualcosa, ma, in realtà, non ha nulla da temere: lui segretamente scrive gialli e sta seguendo un'inchiesta per documentarsi. Alla fine l'assassino viene scoperto dall'investigatore dilettante che salva anche il suo matrimonio. ■ POLIZIESCO; B/N; 96'; USA, 1941.

PASSI NELLA NOTTE *(The Night Walker)* ★★★
Regia di WILLIAM CASTLE. Con JUDITH MEREDITH, HAYDEN RORKE, BARBARA STANWYCK, ROBERT TAYLOR. ■ Una signora, rimasta da poco vedova, è tormentata da terribili sogni che la spingono sull'orlo della follia, ma si tratta di un'abile macchinazione. Interpreti famosi per un film carico di tensione. ■ HORROR; B/N; 86'; USA, 1964.

PASSI NELLA NOTTE *(Night Walk)* ★★
Regia di JERROLD FREEDMAN. Con LESLEY-ANNE DOWN, ROBERT URICH. ■ Una donna assiste a un omicidio ma nonostante le sue dichiarazioni la polizia non sembra prenderla molto sul serio. Si trova così esposta alla vendetta dei mandanti dell'assassinio, che hanno deciso di toglierla di mezzo. Un detective però l'aiuta. ■ POLIZIESCO; COL.; 90'; USA, 1989.

PASSION *(Le travail et l'amour)* ★★
Regia di JEAN-LUC GODARD. Con ISABELLE HUPPERT, MICHEL PICCOLI, HANNA SCHYGULLA. ■ Un regista polacco è in Svizzera con la sua troupe per girare *Passion*, un film incentrato su "tableaux vivants" che riproducono le opere di famosi pittori. I problemi tecnici del film innervosiscono il regista, che per di più è attratto contemporaneamente da due donne: la Huppert, una balbuziente operaia, e la Schygulla, la padrona dell'albergo. Godard ha realizzato un film di sperimentazione che è costato parecchio, ma che, nel complesso, delude. ■ COMMEDIA; COL.; 87'; FRANCIA, 1982.

PASSION ★★
Regia di BRIAN DE PALMA. Con PAUL ANDERSON, RAINER BOCK, KAROLINE HERFURTH, RACHEL MCADAMS, NOOMI RAPACE. ■ Isabelle è una giovane creativa che lavora alla campagna di uno smartphone. Entusiasta e brillante è però vessata da Christine, superiore bionda e letale, che ne intuisce e sfrutta il talento. Arrogatasi un'idea di Isabelle, fa carriera umiliandola pubblicamente e seducendola nel privato. Isabelle si difende assumendo antidepressivi e frequentando sessualmente uno dei suoi amanti. Scoperta la liaison, Christine le dichiara guerra e vendetta. Una notte, mentre Isabelle è a teatro a vedere un balletto, Christine viene barbaramente assassinata nel suo appartamento. Isabelle è la prima sospettata. Ribadendo l'estetica della ripetizione e del recupero il regista americano rilegge il tema del doppio sia nella prospettiva del rapporto gemellare, sia in quella della relazione professionale tra colleghe che coabitano nello stesso ambiente. Liberamente ispirato al *Crime d'amour* di Alain Corneau, *Passion* non può essere tuttavia liquidato come thriller sbagliato. ■ DRAMMATICO; COL.; 94'; GERMANIA, SPAGNA, FRANCIA, GRAN BRETAGNA, 2012.

PASSIONARIA, LA *(La escondida)* ★★★
Regia di ROBERTO GAVALDÓN. Con PEDRO ARMENDARIZ, MARIA FELIX, ANDRÉS SOLER. ■ Un contadino ama una ragazza, ma quando lui parte soldato lei diventa l'amante d'un ricco generale. Più tardi il contadino partecipa alla rivoluzione del 1911 e la ragazza uccide il generale per salvarlo. I due tornano insieme. Ma in un nuovo combattimento, la donna, che continuava a dimostrarsi incostante in amore, muore. ■ DRAMMATICO; COL.; 92'; MESSICO, 1955.

PASSIONE ★
Regia di MAX CALANDRI. Con ANTONIO BASURTO, LILLIAN DEIS, MARIA GRAZIA FRANCIA. ■ Un commesso napoletano, irretito da una maliarda spagnola, deruba il suo principale, ma la punizione non tarda perché, ingiustamente accusato d'omicidio, viene condannato a diciotto anni di prigione. Scontata la pena, si unisce a una banda di ladri e si trova a derubare la figlia che non lo conosce. La voce del sangue lo fa redimere, ma i complici, credendosi traditi, lo uccidono. ■ DRAMMATICO; B/N; 91'; ITALIA, 1954.

PASSIONE *(En passion)* ★★★★
Regia di INGMAR BERGMAN. Con BIBI ANDERSSON, ERIK HELL, ERLAND JOSEPHSON, LIV ULLMANN, MAX VON SIDOW. ■ Come *L'ora del lupo* e *La vergogna*, girati negli stessi anni, anche questa pellicola si svolge su un'isola del Baltico dove i personaggi si torturano psicologicamente a vicenda. I protagonisti principali sono un artista di mezza età e una donna che forse è stata responsabile d'un incidente in cui hanno perso la vita il marito e il figlio. I due provano a vivere insieme, ma il tentativo finirà in un disastro. ■ DRAMMATICO; COL.; 101'; SVEZIA, 1970.

PASSIONE ★★★
Regia di JOHN TURTURRO. Con AVION TRAVEL, MINA, PIETRA MONTECORVINO, MASSIMO RANIERI, SPAKKA-NEAPOLIS 55. ■ Lo scenario di base della sceneggiata napoletana è il vicolo ed è esattamente in esterni, sulla strada e nelle piazze, che si svolge *Passione*, il documentario musicale di John Turturro sulla relazione ardente tra Napoli e le sue canzoni. Regista di un cinema sofisticato (e istruito) con un'anima radicalmente popolare, Turturro ancora una volta va al cuore delle cose esprimendo la sua incontenibile "passione" per la musica dopo *Illuminata* e *Romance & Cigarettes*. Già travolto dall'opera lirica e dal bel canto, il regista italo-americano rilancia e prosegue la sua ricerca in direzione ostinata e contraria all'atteggiamento snobistico delle culture "alte" italiane nei confronti della canzone napoletana. ■ DOCUMENTARIO MUSICALE; COL.; 90'; ITALIA, USA, 2010.

PASSIONE, LA ★★
Regia di CARLO MAZZACURATI. Con GIUSEPPE BATTISTON, CRISTIANA CAPOTONDI, CORRADO GUZZANTI, SILVIO ORLANDO, STEFANIA SANDRELLI. ■ Gianni Dubois è un regista in là con l'età e con la creatività. Sono cinque anni che non gira un film e, messo sotto pressione dal produttore, deve farsi venire un'idea brillante che accontenti una capricciosa diva televisiva ingaggiata per l'occasione. Quando un guaio nella sua casa in Toscana lo costringe ad abbandonare Roma per un paio di giorni, troverà il modo per rivestire i panni da regista per una Sacra Rappresentazione recitata dagli abitanti del paese. Con l'aiuto di un ex galeotto e una sorridente barista polacca, riuscirà a ritrovare la forza per una necessaria svolta umana. L'ironia inconsapevole dei personaggi di contorno, dall'ex carcerato Giuseppe Battiston al meteorologo con smanie d'attore Corrado Guzzanti, riporta l'attenzione, di tanto in tanto, sulle contraddizioni del paese in cui viviamo. Esce un'immagine di desolazione e impotenza, dove anche la Passione di Cristo, nella sua dimensione più umana, fatica a realizzarsi. Il grido ribelle di chi riconosce l'ingiustizia e non vuole tacere riporta tutto ad un senso di rettitudine di cui il nostro paese avrebbe tanto bisogno. ■ COMMEDIA; COL.; 105'; ITALIA, 2010.

PASSIONE ARDENTE *(Dramatic School)* ★★★
Regia di ROBERT B. SINCLAIR. Con PAULETTE GODDARD, ALAN MARSHALL, LUISE RAINER, LANA TURNER. ■ Una giovane operaia francese vive solo per la speranza di diventare un'attrice. Le compagne la beffeggiano perché non ha un uomo. Lei, però, riesce a conquistare un ricco dongiovanni. Quando lui la lascia, lei si consola col successo del palcoscenico. ■ DRAMMATICO; B/N; 80'; USA, 1938.

PASSIONE CHE UCCIDE *(The Web)* ★★★
Regia di MICHAEL GORDON. Con WILLIAM BENDIX, EDMOND O'BRIEN, VINCENT PRICE, ELLA RAINES. ■ Buon thriller sulla progressiva discesa al delitto d'un affarista che prima fa falsificare dei titoli, poi consente l'incarcerazione del complice ed infine è costretto ad uccidere. ■ POLIZIESCO; B/N; 87'; USA, 1974.

PASSIONE COSACCA *(New Moon)* ★★
Regia di JACK CONWAY. Con ADOLPHE MENJOU, GRACE MOORE, LAWRENCE TIBBETT, ROLAND YOUNG. ■ Un notissimo basso canta i suoi strazi d'amore in una Russia zarista ricostruita ad Hollywood. ■ COMM. MUSICALE. B/N; 91'; USA, 1931.

PASSIONE D'AMORE ★★★
Regia di ETTORE SCOLA. Con LAURA ANTONELLI, VALERIA D'O-

BICI, BERNARD GIRAUDEAU, JEAN-LOUIS TRINTIGNANT. ■ Alla fine del diciannovesino secolo un giovane ufficiale di cavalleria, distaccato in un piccolo centro del Piemonte, accende una passione divorante nella brutta e malata sorella del colonnello. Per pietà non respinge totalmente la donna, e sarà questo a dare il via alla tragedia. ■ DRAMMATICO; COL.; 118′; ITALIA, 1981. ■ DAVID DI DONATELLO 3 PR, 3 NOM.

PASSIONE DI AMAZZONI *(Chad Hanna)* ★★★
Regia di HENRY KING. Con JOHN CARRADINE, LINDA DARNELL, JANE DARWELL, HENRY FONDA, GUY KIBBEE, DOROTHY LAMOUR. ■ Nell'America rurale, attorno al 1840, un ragazzone di campagna si fa assumere in un circo perché si è innamorato di una cavallerizza. Buoni attori, buon uso del colore e un cast di tutto rispetto. ■ COMMEDIA; COL.; 86′; USA, 1940.

PASSIONE DI CRISTO, LA ★★★★★
(The passion of the Christ)
Regia di MEL GIBSON. Con MONICA BELLUCCI, JIM CAVIEZEL, ROSALINDA CELENTANO, CLAUDIA GERINI, IVANO MARESCOTTI, MAIA MORGENSTERN, SERGIO RUBINI. ■ Film impossibile da recensire, in modo classico, perché non si può non partire da due "pregiudizi", quello del credente o quello del non credente. Critici e commentatori normalmente equidistanti e distaccati, non hanno resistito al sentimento, al coinvolgimento, sì, al pregiudizio. *La Passione* è stato definito pulp, horror, e via dicendo. Vanno rilevati, prima di tutto, l'attesa e il marketing. In tutta la storia del cinema mai un film ha generato tanta attesa, da *Via col vento* a *Ben Hur*, da *8 ½* a *Schindler's List*. Un'attesa certamente meritata, al di là di tutto. Lo si deve a Gesù, personaggio eccezionale, magari divino. Guardato al microscopio della filologia, dei Vangeli, della Storia eccetera il film presenta solo errori: il linguaggio, le omissioni, la divisione in buoni e cattivi, l'eccesso di violenza e così via. Trattasi di un vero manifesto di tutte le licenze che può permettersi il cinema. E non vale neppure la (più o meno grande) consapevolezza di Gibson, che è comunque autore tenace e capillare e certamente ha molto ragionato su ciò che doveva fare. Il film va dunque inteso come eccesso di cinema, come iperbole generale. Col paradosso degli opposti: troppa filologia di linguaggio – aramaico e latino –, troppa semplicità e sproporzione di caratteri: le facce da bestie dei torturatori, di Barabba, la crudeltà di Caifa eccetera, 90 minuti di torture, 2 minuti di resurrezione. E poi quel simbolo grottesco del tavolino costruito dal falegname Gesù, di perfetto design, che mette in difficoltà anche la Madonna. Dunque iperbole e eccesso di espressione. Ma alcune scene sono davvero memorabili. Quella iniziale nel Getsemani, con la sagoma di Gesù, il buio, gli ulivi neri, la paura del destino che si compirà, davvero commuove. Chi crede è portato a ritenere che quella rappresentazione sia vicina alla verità. Così come cerca di essere verità il linguaggio, l'aramaico e il latino tradotti dai sottotitoli. E i sottotitoli sono, questa volta, una mediazione particolare, sono la metafora di se stessi. In venti secoli di tradizione, di memorie, di omelie reiterate, forse l'istantanea della sofferenza di Gesù è diventata abitudine, è stata dimenticata e azzerata. Gibson ce la ripropone con un supplemento di shock. Un promemoria che può servire. In questo momento storico, dove la nostra cultura occidentale e la nostra religione sono taciturne, sconcertate e aggredite, è bene ricordare che anche dalle nostre parti c'è una mistica forte e c'è la fede, se vuoi interessarti a lei. ■ RELIGIOSO; COL.; 126′; ITALIA, USA, 2003.

PASSIONE DI GIOSUÉ L'EBREO, LA ★★
(La passione di Giosuè l'ebreo)
Regia di PASQUALE SCIMECA. Con LEONARDO CESARE ABUDE, TONI BERTORELLI, ANNA BONAIUTO, MARCELLO MAZZARELLA. ■ Nell'anno domini 1492 un giovane ebreo di nome Giosuè (che nella sua comunità si pensa sia il Messia) viene espulso, assieme al suo popolo, dalla Spagna. Dopo una serie di avventure arriva a Napoli. Ma anche da qui è costretto a fuggire, perché l'odio antigiudaico si è ormai diffuso ovunque. Approdato in Sicilia va a vivere in un villaggio di carbonai fondato da ebrei che sono stati costretti a convertirsi al cattolicesimo. Avendo vinto una gara di sapienza biblica viene scelto per interpretare Cristo nell'annuale sacra rappresentazione. Qualcuno scoprirà le sue origini e lo farà crocifiggere realmente. Il film di Scimeca lascia perplessi per più motivi. Il primo di carattere più universale: la Chiesa ha più volte ammesso di recente le proprie colpe nei confronti degli Ebrei e quindi rappresentarle è ormai brandire un'arma spuntata. Secondariamente si ha un po' il sospetto che si voglia sfruttare l'onda lunga del caso *The Passion* di Mel Gibson. In terzo luogo non convincono le lungaggini del viaggio degli ebrei (che non è necessario descrivere montagna dopo montagna per farne percepire la durezza) e l'assoluta inadeguatezza recitativa del protagonista che, continuamente a confronto con fior d'attori come la Bonaiuto e Bertorelli, naufraga disperatamente, aggrappandosi all'aspetto esteriore. Perché *du rôle* ha solo il *physique*. ■ DRAMMATICO; COL.; 110′; ITALIA, SPAGNA, 2005.

PASSIONE DI GIOVANNA D'ARCO, LA ★★★★
(La passion de Jeanne d'Arc)
Regia di CARL THEODOR DREYER. Con RENÉE FALCONETTI, EUGÈNE SILVAIN, MICHEL SIMON, MAURICE STUTZ. ■ Uno dei capolavori del cinema muto: il grande regista danese ricrea il processo e la condanna al rogo della Pulzella d'Orléans con una tecnica modernissima fatta tutta di primi piani dall'espressione intensissima. Nelle sale del palazzo di Rouen, Giovanna siede di fronte al tribinale ecclesiastico presieduto dal vescovo Cauchon; rifiuta di rispondere e di collaborare al processo, anche sotto tortura. La fanciulla richiede l'ostia, ma i giudici gliela negano proclamandola indegna. Ormai allo stremo delle forze viene trascinata in un cimitero dove firma l'abiura che la salverà dal rogo. Dopo aver subito la rasatura dei capelli in segno d'infamia, la Pulzella fa richiamare Cauchon e ritratta l'abiura. È allora condannata a morire arsa viva. Riceve la Comunione, sale sul rogo e brucia davanti al popolo. Scoppia una sommossa. Intervengono le truppe inglesi e la sommossa è rapidamente repressa. Film storico, ma soprattutto film sperimentale dalla grande forza espressiva. Di grande rilievo è tutta la parte centrale del film, risolta in una dialettica quasi esclusiva di primi e primissimi piani, ma pregevoli sono anche tutti i mezzi rigorosamenta visivi come il montaggio, i movimenti di macchina e le composizioni interne delle immagini. Un'ultima cosa da rilevare è la presenza di Artaud, figura di primo piano nelle avanguardie artistiche e culturali del tempo. ■ STORICO; B/N; 85′; FRANCIA, 1928.

PASSIONE E SANGUE ★
Regia di JOHN MANTLEY. Con SUE ALLAN BLAKE, FIORELLA MARI, ANNA MARIA PADOAN. ■ Pellicola melodrammatica formata, forse, da spezzoni di tre film distinti. Nel primo episodio, ambientato nella Russia zarista, una zingara uccide un ex ufficiale seduttore da strapazzo e ladro, ma disgraziatamente uccide anche, per errore, la propria figlia. Nel secondo, un popolano romano riconosce l'aguzzino tedesco che l'ha tormentato durante la guerra; lo prende prigioniero, vorrebbe ucciderlo, ma alla fine lo perdona. Nel terzo, un bianco e una pellerossa si amano, ma la lotta razziale li separa. ■ FILM DI MONTAGGIO; B/N; 95′; ITALIA, 1958.

PASSIONE FATALE ★
Regia di ERNESTO GRASSI. Con ALDO DE FRANCHI, JOLE PAOLI, AGOSTINO SALVIETTI. ■ Una fanciulla, sedotta e abbandonata, diventa prostituta sotto le grinfie d'un bieco lenone. Finalmente trova l'amore di un giovane puro, scultore di immagini religiose, che potrebbe redimerla. Ma il lenone non demorde e la sventurata muore difendendo il giovane. ■ DRAMMATICO; B/N; 98′; ITALIA, 1950.

PASSIONE FATALE *(Love Letters)* ★★
Regia di AMY JONES. Con JAMES KEACH, JAMIE LEE CURTIS, AMY MAIDSON. ■ Una produzione di Roger Corman. Emula della madre che in vita era una sfascia-famiglie, Anna ha una relazione con un uomo sposato ma ha i sensi di colpa. Poi conoscerà anche l'ex della madre. Non troppo riuscito, nonostante la buona volontà della Curtis. ■ DRAMMATICO; COL.; 88′; USA, 1983.

PASSIONE GITANA *(Spanish Affair)* ★★
Regia di DON SIEGEL. Con JOSÉ GUARDIOLA, RICHARD KILEY, CARMEN SEVILLA. ■ Un architetto americano deve traversare la Spagna per lavoro; gli viene affiancata una segretaria d'origine gitana, perseguitata da un fidanzato geloso che sospetta un legame

fra i due. Il sospetto, a poco a poco, diventa realtà. ■ COMMEDIA; COL.; 95'; USA, 1958.

PASSIONE – IL RAGAZZO D'ORO *(Golden Boy)* ★★★
Regia di ROUBEN MAMOULIAN. Con JOSEPH CALLEIA, LEE J. COBB, WILLIAM HOLDEN, ADOLPHE MENJOU, BARBARA STANWYCK. ■ William Holden, qui alla sua prima apparizione cinematografica, è un giovane che non sa decidersi tra il violino e i guantoni da pugile. Sceglie il ring che può dargli una fama più rapida, ma, dopo aver ucciso un avversario in un incontro, tornerà alla musica. ■ DRAMMATICO; B/N; 99'; USA, 1939.

PASSIONE MORTALE *(Dangerous Passion)* ★★
Regia di MICHAEL MILLER. Con MICHAEL BEACH, ELPIDIA CARRILLO, LONETTE MCKEE, CARL WEATHERS. ■ Una passione pericolosa quella che lega Kyle (Carl Weathers, l'Apollo della serie *Rocky*) alla seducente moglie di Lou Jordan, boss della città. Kyle viene infatti attirato nel giro dal pericoloso Lou con la prospettiva del facile guadagno, ma finisce per accettare anche le generose offerte della sua donna, Meg. Ovviamente c'è da saldare il conto. ■ THRILLER; COL.; 93'; USA, 1992.

PASSIONE NEL DESERTO *(Passion in the Desert)* ★★
Regia di LAVINIA CARRIER. Con KENNETH COLLARD, BEN DANIELS, PAUL MESTON, NADI ODEH, MICHEL PICCOLI. ■ Il giovane comandante Augustin Robert viene incaricato di scortare, durante la campagna d'Egitto napoleonica, lo studioso Jean-Michel Venture de Paradis. Costui si occupa della catalogazione delle opere d'arte egizie. I due però perdono contatto e Robert si ritrova ad avere come compagno un leopardo con il quale si instaura uno strano legame. Una riflessione sulla natura e sull'uomo tratta da una novella di Balzac. Opera prima. ■ DRAMMATICO; COL.; 93'; USA, 1997.

PASSIONE NUDA *(La pasion desnuda)* ★★
Regia di LUIS CÉSAR AMADORI. Con HECTOR CALCAGNO, MARIA FELIX, CARLOS THOMPSON. ■ Una fatalona affascina sia un grande chirurgo sia il suo allievo e futuro genero. Il medico più anziano, rovinato, si suicida proprio quando la sua abilità sarebbe necessaria per salvare un piccino della maliarda che, sconvolta, scompare. Alcuni anni dopo, visitando il bambino rimasto menomato, il giovane medico riconosce la madre ridottasi a diventare una serva nello stesso convento dove vive il malato. Il dottore compie l'operazione che ridà la completa salute al piccolo; la peccatrice redenta muore. ■ DRAMMATICO; B/N; 92'; MESSICO, 1954.

PASSIONE RIBELLE *(All the Pretty Horses)* ★★★
Regia di BILLY BOB THORNTON. Con LUCAS BLACK, PENELOPE CRUZ, MATT DAMON, HENRY THOMAS. ■ Il film è tratto dal romanzo di Cormac McCarthy *Cavalli selvaggi*. Titolo che ben si attaglia al regista Thornton, talento del tutto indisciplinato, capace di buone performances di attore e di vincere un Oscar come sceneggiatore (*Lama tagliente*). I cavalli sono l'anima e il sangue della storia. Siamo negli anni Quaranta. Il cow boy John Grady Cole (Demon, appunto) vede letteralmente capovolgersi il suo mondo. Ciò che resta del West viene ingoiato dalle strade e dalle costruzioni. Il colpo di grazia glielo dà sua madre, che vende il ranch a una società petrolifera. Partendo per il Messico col suo amico Lacey, Cole crede di trovare qualcosa di ciò che ha perduto, una terra selvaggia buona anche per i cavalli. In principio le cose sembrano funzionare, il cow boy trova ranch, lavoro e anche l'amore. Ma la ragazza non è quella giusta, infatti è la figlia del padrone, e laggiù nel Messico non basta essere innamorati per essere felici. Tutt'altro. E così John comincia a "perdere". Prima gli appioppano una falsa accusa di omicidio, poi il padre della ragazza fa di tutto per separare i due, ad ogni costo. I giovani insistono ma le forze contro sono troppe e troppo forti. John dovrà arrendersi, su tutta la linea. Sensazioni di epica triste con un Damon sempre più bravo, anche a cavallo, e con quel "quanto" maledetto che si è evoluto di film in film, da Will, a Repley a Bagger. Film e storia "veri". ■ DRAMMATICO; COL.; 100'; USA, 2000. ■ GOLDEN GLOBES 1 NOM.

PASSIONE SECONDO SAN MATTEO, LA ★★
Regia di ERNST MARISCHKA. ■ Il film riprende l'esecuzione della *Passione secondo San Matteo* di Bach. ■ DOC. MUSICALE; B/N; 91'; ITALIA, 1952.

PASSIONE SEGRETA DI ROBERT CLAYTON, LA ★★
(The Secret Passion of Robert Clayton)
Regia di E.W. SWACKHAMER. Con JOHN MAHONEY, SCOTT VALENTINE. ■ Lui è un avvocato con l'animo pieno di amarezza. Molla tutto e torna nella natia Georgia per cominciare da capo. Qui trova il suo vecchio amore e scopre che la passione covava sotto la cenere. Lei però è sposata con un tipo poco raccomandabile. ■ DRAMMATICO; COL.; 87'; USA, 1992.

PASSIONE SELVAGGIA *(The Macomber Affair)* ★★★
Regia di ZOLTAN KORDA. Con REGINALD DENNY, GREGORY PECK, JOAN PRESTON. ■ Un cacciatore bianco guida una coppia di ricchi americani in un safari in Africa. Lei disprezza il marito che ritiene un buono a nulla e gli preferisce il virile cacciatore, ma il marito saprà farsi valere in una caccia al bufalo. La sua soddisfazione sarà breve; una fucilata della moglie l'ucciderà. Rimane negli spettatori il dubbio che non si tratti d'un incidente. ■ DRAMMATICO; B/N; 89'; USA, 1947.

PASSIONE SINISTRA ★★
Regia di MARCO PONTI. Con GEPPI CUCCIARI, VALENTINA LODOVINI, VINICIO MARCHIONI, ALESSANDRO PREZIOSI, EVA RICCOBONO. ■ Nina "è animata da solidi ideali di sinistra, ha mille cause perse per cui combattere e la testa sempre tra le nuvole". Giulio è ricco, arrogante, maschilista, va in palestra ma non fa sport e prende lezioni di stile dalle riviste da uomo. Tutto contribuirebbe a dividerli, invece a farli incontrare è la splendida villa al mare che Nina eredita dal padre e che Giulio vuole acquistare. Un incontro che potrebbe diventare una lezione di vita. Marco Ponti scrive e dirige questa commedia sentimentale dalle venature sociopolitiche liberamente tratta dal romanzo *Una passione sinistra* di Chiara Gamberale, e il risultato è un'occasione mancata. ■ COMMEDIA; COL.; 90'; ITALIA, 2013.

PASSIONE SPEZZATA, UNA *(Dreaming of Joseph Lees)* ★
Regia di ERIC STYLES. Con HOLLY AIRD, RUPERT GRAVES, MIRIAM MARGOLYES, SAMANTHA MORTON, LEE ROSS, FELIX BILLSON. ■ Somerset 1958. La ventenne Eva ama Joseph ma sposa Harry. Al ritorno del vero amore tutto va in crisi. Con le conseguenze melodrammatiche del caso. ■ DRAMMATICO; COL.; 92'; GRAN BRETAGNA, 1999.

PASSIONI *(Quartet)* ★★★
Regia di KEN ANNAKIN, ARTHUR CRABTREE, HAROLD FRENCH, RALPH SMART. Con HONOR BLACKMAN, DIRK BOGARDE, GEORGE COLE, CECILIA PARKER, BASIL RADFORD, MAI ZETTERLING. ■ Quattro registi inglesi per quattro episodi di derivazione letteraria: un campione di tennis a Montecarlo, dimenticati i buoni consigli paterni, si fa derubare da un'avventuriera; il giovane figlio di un industriale rinuncia al denaro per il pianoforte, ma, bocciato al conservatorio, si suicida; un uomo, succube della madre, litiga con la moglie perché questa odia gli aquiloni e poi si rappacifica con lei; un colonnello, impenitente dongiovanni, è roso dalla gelosia quando scopre che la moglie ha pubblicato delle liriche d'amore dedicate a un misterioso giovane e apprende infine che le poesie sono state scritte molti anni prima per lui. ■ DRAMMATICO; B/N; 120'; GRAN BRETAGNA, 1948.

PASSIONI E DESIDERI *(360)* ★★
Regia di FERNANDO MEIRELLES. Con MORITZ BLEIBTREU, BEN FOSTER, ANTHONY HOPKINS, MARIANNE JEAN-BAPTISTE, JUDE LAW. ■ A Vienna una giovane slovacca fa un provino per foto erotiche che la "promuove" a prostituta da hotel ben pagata. Il primo a richiederne le prestazioni è un uomo d'affari che si ritrova ricattato. L'uomo ha una moglie che ama e che sta cercando di troncare una relazione con un fotografo brasiliano la cui compagna, venuta a conoscenza del tradimento, decide di tornare in Brasile... Non è che l'inizio di vicende che in un raggio di 360° coinvolgono e intrecciano le vite di numerosi personaggi. ■ DRAMMATICO; COL.; 115'; GRAN BRETAGNA, FRANCIA, AUSTRIA, BRASILE, 2011.

PASSIONI PROIBITE *(Lust och fagring stor)* ★★★
Regia di BO WIDERBERG. Con KARIN HULDT, BJORN KJELLMAN, MARIKA LAGERCRANTZ, TOMAS VON BROMSSEN, JOHAN WIDERBERG. ■ 1943. La Svezia non è in guerra e la vita scorre apparentemente tranquilla. Stig, 15 anni, è attratto dalla sua inse-

gnante Viola. Costei è sposata con un commesso viaggiatore alcolizzato. I due finiranno per intrecciare un rapporto di cui il marito sembra non curarsi. Fino al risvolto tragico. Ultima opera di un regista interessante che qui porta sullo schermo, nel ruolo del protagonista, il proprio figlio Johan. ■ DRAMMATICO; COL.; 126′; SVEZIA, 1995. ■ BERLINO 1 PR; OSCAR 1 NOM.

PASSION OF MIND ★★★
Regia di ALAIN BERLINER. Con WILLIAM FICHTNER, DEMI MOORE, STELLAN SKARSGARD. ■ Demi Moore non deve aver la mano felice nella scelta delle sceneggiature: qui è coinvolta in una vicenda di sdoppiamento della personalità degno di un manualetto di psicoanalisi da comprare all'edicola degli aeroporti. Marty è un'agente letteraria che sogna una seconda vita in Francia. E, purtroppo per gli spettatori, la vive. ■ COMMEDIA; COL.; 105′; USA, 1999.

PASSI SULLA LUNA *(Footprints on the Moon)* ★★★
Regia di ROBERT S. SCOTT. ■ Documentario dedicato alle imprese spaziali e, in particolare, allo sbarco sulla Luna compiuto dagli americani il 21 luglio 1969. ■ DOCUMENTARIO; COL.; 90′; USA, 1969.

PASSO A DUE ★★
Regia di ANDREA BARZINI. Con LAURA CHIATTI, KLEDI KADIU, GENTI KAME, VICTOR LITVINOV, ANDREA SARTORETTI, RICCARDO ZINNA. ■ Beni è un ballerino che vive in Italia da più di un anno. Il suo grande desiderio è fare della danza la sua vita. Quando improvvisamente crede di avere incontrato l'occasione della vita, si rende conto che le promesse di una donna di portare lui e altri quattro ragazzi in grandi teatri, non vengono mantenute. Senza permesso di soggiorno e un futuro incerto Beni lotta per il suo sogno. ■ COMMEDIA; COL.; 98′; ITALIA, 2005.

PASSO AVANTI, UN *(Moving out)* ★★
Regia di MICHAEL PATTISON. Con SALLY COOPER, MAURICE DE VINCENTIS, TIBOR GYAPIAS. ■ È l'odissea di un ragazzo italiano giunto da poco in Australia. Ma a Melbourne, prima tappa del suo ingresso nel Nuovissimo Mondo, le esperienze sono molto dure, per il piccolo Gino e per la sua famiglia. Ma Gino, con molto coraggio e intraprendenza, riuscirà a trovare una sua strada. ■ DRAMMATICO; COL.; 90′; AUSTRALIA, 1982.

PASSO DAL CUORE, UN *(Sarah, Plain and Tall)* ★★★
Regia di GLENN JORDAN. Con GLENN CLOSE, LEXI RANDALL, CHRISTOPHER WALKEN. ■ Una donna lascia la sua vita tranquilla per adottare due bambini dopo aver deciso di vivere con il loro padre che vive immerso in un clima decisamente malinconico. La Close e Walken se la cavano da par loro in un *farm movie* che sembrerebbe scritto per Jessica Lange. ■ DRAMMATICO; COL.; 95′; USA, 1991.

PASSO DEGLI APACHES – LA CORRIERA DELLA MORTE, IL *(Stage to Tucson)* ★★
Regia di RALPH MURPHY. Con KAY BUCKLEY, ROD CAMERON, WAYNE MORRIS. ■ In Arizona, subito prima della guerra di Secessione, un astuto bandito sobilla i sostenitori dello schiavismo e fa loro assalire le diligenze intascandosi il bottino. Ma i nordisti vigilano. ■ WESTERN; COL.; 72′; USA, 1950.

PASSO DEI COMANCHES, IL *(Thunder Pass)* ★★
Regia di FRANK MCDONALD. Con DANE CLARK, ANDY DEVINE, DOROTHY PATRICK. ■ Un capitano di cavalleria riesce ad ottenere dagli indiani in rivolta pochi giorni per sgombrare i civili dalla zona. Il compito si presenta molto difficile, ma, per fortuna, si scopre che uno sconosciuto ferito è un inviato da Washington che porta ai pellirosse condizioni di pace giuste. La rivolta rientra. ■ WESTERN; B/N; 76′; USA, 1955.

PASSO DEL CARNEFICE, IL *(The Fallen Sparrow)* ★★★
Regia di RICHARD WALLACE. Con JOHN GARFIELD, PATRICIA MORISON, MARTHA O'DRISCOLL, MAUREEN O'HARA, WALTER SLEZAK. ■ Un americano, che ha combattuto a fianco dei repubblicani nella guerra di Spagna ed è ancora convalescente per le torture subite, torna a New York per indagare sul misterioso suicidio d'un amico. Ben presto si troverà coinvolto in un complotto nazista. Nonostante la trama molto complicata si tratta di un ottimo film nero. ■ POLIZIESCO; B/N; 94′; USA, 1943. ■ OSCAR 1 NOM.

PASSO DEL DIAVOLO, IL *(Devil's Doorway)* ★★★
Regia di ANTHONY MANN. Con LOUIS CALHERN, PAULA RAYMOND, ROBERT TAYLOR. ■ Un regista considerato uno dei grandi del western racconta di un pellerossa che cerca di vivere in pace coi visi pallidi intraprendendo la vita dell'agricoltore. Sarà costretto a una disperata e inutile resistenza quando gli toglieranno la terra con sottigliezze legali. ■ WESTERN; B/N; 84′; USA, 1950.

PASSO DELLA MORTE, IL *(Crash Donovan)* ★★
Regia di WILLIAM NIGH. Con JACK HOLT, JOHN KING. ■ Dopo aver casualmente contribuito alla cattura di alcuni banditi, un acrobata entra a far parte della polizia. Si distingue per il coraggio e si innamora di una ragazza. Lei però si fidanza con un suo amico, e lui, deluso, torna a lavorare nel circo. ■ COMMEDIA; B/N; 57′; USA, 1937.

PASSO DELL'ASSASSINO, IL *(Revenge)* ★★
Regia di SIDNEY HAYERS. Con RAY BARRETT, JAMES BOOTH, JOAN COLLINS. ■ Un uomo è sospettato di essere l'assassino di due bambine. Uno dei genitori delle vittime convince l'altro a sequestrare l'accusato per fargli dire la verità, ma quando costui sembra morire sotto le percosse l'implacabile accusatore si spaventa e fugge. L'altro sta per liberare il prigioniero quando ha la prova che il maniaco è veramente lui. L'ucciderà. ■ DRAMMATICO; COL.; 89′; GRAN BRETAGNA, 1973.

PASSO DELL'AVVOLTOIO, IL *(Canyon Pass)* ★★★
Regia di EDWIN L. MARIN. Con STEVE COCHRAN, DENNIS MORGAN, PATRICIA NEAL. ■ Un ricco ranchero del New Mexico regala metà della sua proprietà al figlio e metà alla nuora. Costei, perfida, non solo tradisce il marito, ma lo costringe anche a cederle la sua metà di terreno. Il giovane, aperti gli occhi, guiderà la rivolta dei coloni contro la malvagia che finirà uccisa per sbaglio da un pistolero da lei stessa assoldato. L'allevatore si rifarà una vita con una ragazza migliore. ■ WESTERN; B/N; 84′; USA, 1954.

PASSO DEL LUPO, IL *(Range Law)* ★★
Regia di PHIL ROSEN. Con FRANCES DADE, KEN MAYNARD, FRANK MAYO. ■ Un uomo, condannato per un furto non commesso, evade di prigione per smascherare i veri ladri. Il loro capo sta per sposarsi e riesce a farlo finire in galera una seconda volta; nonostante ciò la verità trionfa e l'uomo, scagionato, prende in moglie la donna del rivale. ■ WESTERN; B/N; 93′; USA, 1931.

PASSO DI FORTE OSAGE, IL *(Fort Osage)* ★★
Regia di LESLEY SELANDER. Con MORRIS ANKRUM, ROD CAMERON, JANE MIGH. ■ I traffici di due loschi speculatori stanno per spingere gli indiani Osage sul sentiero di guerra, ma un onesto cowboy seda gli animi e punisce i malvagi. ■ WESTERN; COL.; 72′; USA, 1954.

PASSO FALSO *(Take One False Step)* ★★★
Regia di CHESTER ERSKINE. Con WILLIAM POWELL, SHELLEY WINTERS. ■ Uno stimato professore incontra per caso su un treno una sua vecchia fiamma. Alcuni giorni dopo, viene sospettato d'omicidio perché la donna è misteriosamente sparita. L'uomo si metterà in caccia e la ritroverà nascosta con il suo amante gangster. ■ POLIZIESCO; B/N; 94′; USA, 1949.

PASSO FALSO *(Dead Fall)* ★★
Regia di BRYAN FORBES. Con MICHAEL CAINE, ERIC PORTMAN, GIOVANNA RALLI. ■ Drammone ambientato in Spagna: un bravissimo scassinatore inglese conosce un collega dalla situazione esistenziale piuttosto complicata e si innamora della figlia di costui, ma, per un malinteso, i due amanti litigano. Sconvolto, il ladro tenta un'impresa impossibile e si sfracella al suolo cadendo da un tetto sotto gli occhi di lei. ■ DRAMMATICO; COL.; 118′; GRAN BRETAGNA, 1968.

PASSO OREGON *(Oregon Passage)* ★★
Regia di PAUL LANDRES. Con LOLA ALBRIGHT, JOHN ERICSON, TONY GERRY. ■ Un tenente di cavalleria ama una prigioniera indiana, ma è concupito dalla moglie del rigido e inesperto maggiore che comanda il forte. I due ufficiali sono anche in contrasto sul modo di condurre le operazioni: il maggiore, con la sua imprudenza, fa catturare la moglie ed è costretto ad ucciderla per evitarle le torture dei pellirosse. Subito dopo, viene ucciso dagli in-

diani. Il tenente, invece, sgomina i nemici e sposa la sua indiana. ■ WESTERN; COL.; 82′; USA, 1959.

PASSO SOSPESO DELLA CICOGNA, IL ★★
(Le pas sospendu de la cicogne)
Regia di THEO ANGELOPULOS. Con GREGORY KARR, MARCELLO MASTROIANNI, JEANNE MOREAU. ■ Un giornalista televisivo si fa incuriosire dalla storia di un importante politico greco che aveva deciso di scomparire nel nulla. Vent'anni dopo i fatti crede di averlo individuato in un paese di frontiera e la ricerca lo spinge a indagare nel proprio animo mentre l'identità dell'uomo sembra essere sempre meno accertabile. Angelopulos e Tonino Guerra hanno costruito un film sui luoghi "altri" che appartengono più alla geografia dell'anima che di quella della terra. La lavorazione del film ha dovuto superare numerosi ostacoli, ivi compresa una scomunica. ■ DRAMMATICO; COL.; 140′; FRANCIA, GRECIA, ITALIA, SVIZZERA, 1991.

PASSWORD: UCCIDETE AGENTE GORDON ★★
Regia di TERENCE HATHAWAY. Con ROGER BROWNE, HELGA LINÉ, ROSALBA NERI, ANDREW SCOTT. ■ Solita imitazione di James Bond: un agente della Cia, aiutato da un'affascinante collega russa, combatte contro i trafficanti d'armi tra Parigi, Tripoli e Madrid. ■ SPIONAGGIO; COL.; 90′; ITALIA, 1967.

PASTASCIUTTA... AMORE MIO! *(Fatso)* ★★★
Regia di ANNE BANCROFT. Con CANDY AZZARA, ANNE BANCROFT, ROLAND CAREY, ROBERT COSTANZO, DOM DELUISE, SAL VISCUSO. ■ L'esile trama racconta di un italo-americano che, impaurito dalla morte del fratello, decide di dimagrire. Non ci riuscirà, ma troverà l'amore. ■ COMMEDIA; COL.; 94′; USA, 1980.

PASTASCIUTTA NEL DESERTO ★★
Regia di CARLO LUDOVICO BRAGAGLIA. Con ACHILLE BILLI, GIOVANNA RALLI, VENANTINO VENANTINI, FRANCO VOLPI. ■ Il film narra d'un soldato italiano di stanza in Africa settentrionale durante la seconda guerra mondiale: proprio quando gli inglesi sfondano lui cerca di trovare un ufficiale che gli vidimi la licenza per tornare in patria. Finirà in un campo di prigionia britannico. ■ GUERRA; B/N; 92′; ITALIA, 1962.

PASTO DELLE BELVE, IL *(Le repas des fauves)* ★★
Regia di CHRISTIAN-JAQUE. Con FRANCE ANGLADE, FRANCIS BLANCHE, BOY GOBERT, ANTONELLA LUALDI, CLAUDE NICOT. ■ Nonostante la Francia sia sotto l'occupazione nazista, un gruppo di borghesi festeggia un compleanno. La loro serenità è però interrotta da un ufficiale delle SS che, dopo un attentato dei partigiani, pretende che due di loro si offrano come ostaggi. Naturalmente si scatenano tutti gli egoismi e le piccinerie del gruppo finché, cessato il pericolo, non ritornerà l'atteggiamento ipocrita di prima. ■ DRAMMATICO; B/N; 97′; FRANCIA, 1965.

PASTO NUDO, IL *(The Naked Lunch)* ★★★
Regia di DAVID CRONENBERG. Con JUDY DAVIS, IAN HOLM, JULIAN SANDS, PETER WELLER. ■ Tratto dal romanzo di William Burroughs e sceneggiato da Cronenberg con l'aiuto dell'autore, il film giustamente si allontana dal libro. Sarebbe stato assurdo cercare di misurarsi con il suo linguaggio del tutto particolare. William Lee è uno scrittore che vive a New York. È anche disinfestatore di scarafaggi e assuefatto alla droga. Preso da visioni allucinatorie ammazza la moglie. Finisce poi in uno strano pianeta sotterraneo chiamato Interzone e incontra una scrittrice in tutto e per tutto uguale alla moglie. Gli scarafaggi, che già gli avevano ordinato di assassinare la consorte, lo introdurranno all'omosessualità. ■ FANTASTICO; COL.; 115′; USA, 1991.

PASTOR ANGELICUS ★★
Regia di ROMOLO MARCELLINI. ■ Il film, prodotto dal Centro cattolico cinematografico e a cui collaborarono Ennio Flaiano, Luigi Gedda, Andrea Lazzarini e Silvio d'Amico, è una celebrazione di Pio XII. ■ DOCUMENTARIO; B/N; 92′; ITALIA, 1942.

PASTORELLA E LO SPAZZACAMINO, LA ★★★
(La bergère et le ramoneur)
Regia di ANDRÉ SARRUT. ■ Delicata favola tratta da Andersen e sceneggiata da Jacques Prévert, con musiche di Kosma: un tiranico re, innamorato di una pastorella, perseguita lo spazzacamino amato dalla fanciulla, ma una rivoluzione abbatterà il despota. ■ ANIMAZIONE; COL.; 63′; FRANCIA, GRAN BRETAGNA, 1956.

PATANG ★★
Regia di GOUTAM GHOSE. Con SHABANA AZMI, ROBI GHOSE, OM PURI, SAVED SHAFIGUE. ■ Aspra e ruvida. È così la vita in una profonda baraccopoli dell'India, sorta nei pressi della stazione ferroviaria di Manpur. Esistenze al limite della legalità e dell'illegalità, condotte sul filo della marginalità quotidiana, rotta (ma neanche tanto) da piccoli furti, vandalismi e occasionali visite di qualche pezzo grosso che ben si amalgama con il resto di questa fetta dell'India borderline e senza speranza. Unica gioia per chi ha negli occhi un po' di illusione e innocenza è il volo di un aquilone che si libra nel vento... e niente altro. Niente Bollywood in questa pellicola. Qui siamo ai limiti del neorealismo. ■ DRAMMATICO; COL.; 98′; INDIA, 1994.

PATATA BOLLENTE, LA ★★★
Regia di STENO. Con EDWIGE FENECH, RENATO POZZETTO, MASSIMO RANIERI, MARIO SCARPETTA. ■ Un operaio conosciuto per la sua fama di sindacalista "duro" ospita in casa sua un giovane omosessuale. L'operaio si accorge tardi della "diversità" dell'ospite, ma intanto le chiacchiere girano a velocità vertiginosa. Persino la fidanzata dubita e solo un matrimonio duplice (dell'operaio con la ragazza e del diverso con un altro omosessuale) sistema le cose. ■ COMMEDIA; COL.; 100′; ITALIA, 1979.

PATATRAC ★★★
Regia di GENNARO RIGHELLI. Con ARMANDO FALCONI, ARTURO FALCONI, MARIA JACOBINI. ■ La pellicola, interpretata da uno degli attori brillanti più noti del periodo, non ha una vera e propria trama: descrive semplicemente i bagordi e le avventure di un nobile raffinato che, per un breve periodo, s'accompagna a una signora perbene. Ma, alla fine, i due si lasceranno. ■ COMMEDIA; B/N; 94′; ITALIA, 1931.

PATCH ADAMS ★★★
Regia di TOM SHADYAC. Con BOB GUNTON, DANIEL LONDON, MONICA POTTER, PHILIP SEYMOUR HOFFMAN, ROBIN WILLIAMS. ■ Il giovane Patch Adams, dopo diversi tentativi di suicidio, viene ricoverato in un ospedale psichiatrico in cui il disinteresse nei confronti dei pazienti regna sovrano. La situazione non sarà diversa alla Facoltà di Medicina a cui si iscrive. Il preside Walcott è un individuo decisamente cinico. Patch non sopporta tutto questo e, quando potrà occuparsi in prima persona di un ospedale, ribalterà la prospettiva. Travestimenti da clown, terapia del buonumore, attenzione vera nei confronti dei pazienti divengono la pratica quotidiana. Robin Williams gigioneggia senza freni in un film che si ispira alla realtà ma che non dimentica gli stereotipi. ■ COMMEDIA; COL.; 115′; USA, 1998. ■ GOLDEN GLOBES 2 NOM; OSCAR 1 NOM.

PATENTE, LA ★
Regia di ALESSANDRO PALAZZI. Con EMANUELE BEFFA, ANDREA DE BRUYN, ERNESTO DE STEFANO, ISABEL GONDIM. ■ In un'autoscuola romana si intrecciano i destini di Rolando, trentenne che deve gestire i corsi in seguito alla morte improvvisa del proprietario, di Sergio, cameriere del bar di fronte assunto come insegnante, e di studenti alle prese con l'ultima settimana di studio prima degli esami. Un collaboratore domestico filippino, una giovane donna cinese, due diciottenni con ben poco in comune e una trans brasiliana compongono una classe colorita e bizzarra. ■ COMMEDIA; COL.; 86′; ITALIA, 2011.

PATERNITY ★★
Regia di DAVID STEINBERG. Con BEVERLY D'ANGELO, LAUREN HUTTON, BURT REYNOLDS, NORMAN FELL, PAUL DOOLEY, ELIZABETH ASHLEY. ■ Uno scapolo vuole diventare padre senza passare attraverso il matrimonio. Trova la donna che desidera, è una cameriera che studia musica. Tra i due nasce (prevedibilmente) l'amore. Lo spunto è buono, ma gli sviluppi troppo scontati. E Reynolds si fa notare per una delle prestazioni più svogliate della sua carriera. ■ COMMEDIA; COL.; 94′; USA, 1981.

PAT GARRETT E BILLY THE KID ★★★
(Pat Garrett e Billy the Kid)
Regia di SAM PECKINPAH. Con JAMES COBURN, BOB DYLAN, RI-

CHARD JAECKEL, KATY JURADO, KRIS KRISTOFFERSON, CHILL WILLS. ■ Verso il 1880, nel Nuovo Messico, il latifondista John Chisum ha condotto una guerra spietata contro i suoi rivali servendosi di vari pistoleri fra cui Pat Garrett e Billy Bonney, detto Billy the Kid. All'inizio del film, però, Chisum si è accordato col governo federale e ha cessato le ostilità; Billy, ingenuo, non ha capito e continua ad uccidere mentre Garrett, più anziano e realista, diventa sceriffo e accetta l'incarico di eliminare l'altro che un tempo era suo amico. Pat riesce nella missione sorprendendo Kid con la sua ragazza, ma poi spara all'immagine che vede riflessa nello specchio. Peckinpah racconta abbastanza fedelmente l'episodio storico che ha ispirato molti western, insistendo ancora una volta sulla fine dell'Ovest leggendario. In una parte di contorno appare il cantante Bob Dylan che è anche l'autore delle musiche. ■ WESTERN; COL.; 106'; USA, 1973.

PATHFINDER – LA LEGGENDA DEL GUERRIERO VICHINGO *(Pathfinder)* ★★
Regia di MARCUS NISPEL. Con MOON BLOODGOOD, CLANCY BROWN, RALF MOELLER, RUSSELL MEANS, JAY TAVARE, KARL URBAN. ■ Nordamerica, passato remoto: dopo una feroce battaglia, un giovanissimo vichingo, unico sopravvissuto degli scontri tra i suoi connazionali e le tribù locali, viene adottato dalle comunità indiane e cresce come uno di loro. Quando le armate vichinghe ritornano e fanno strage della sua nuova famiglia, Ghost, questo il nome dell'eroe, mette in atto una feroce vendetta. *Pathfinder*, sulla carta, avrebbe potuto essere un film interessante e, per certi versi, epico. La storia del conflitto tra due popoli e culture avrebbe, in potenza, permesso interessanti divagazioni storiche e un rilancio in grande stile del genere avventuroso. Purtroppo le cose sono andate diversamente e Marcus Nispel, forse credendo di essere ancora sul set del remake di *Non aprite quella porta*, mette in scena una serie ininterrotta di cliché. ■ AZIONE; COL.; 99'; CANADA, USA, 2007.

PATHOS – UN SAPORE DI PAURA ★
Regia di PICCIO RAFFANINI. Con KID CREOLE, GERARD DARMON, EVA GRIMALDI, VIRGINIA HEY. ■ Diana è un'affermata ed affascinante fotografa che ha un avviato ufficio per reportage fotografici erotici. Una modella, sua amante occasionale, viene ritrovata morta sadicamente legata e sgozzata. Mentre la donna comincia ad indagare, gli omicidi proseguono. ■ THRILLER; COL.; 90'; ITALIA, 1987.

PATINOIRE – LA PISTA DI PATTINAGGIO, LA *(La patinoire)* ★★
Regia di JEAN-PHILIPPE TOUSSAINT. Con BRUCE CAMPBELL, DOLORÈS CHAPLIN, TOM NOVEMBRE, MIREILLE PERRIER. ■ Si stanno girando delle scene su una pista di pattinaggio. Il regista fa fatica a farsi capire dalla squadra lituana di hockey, la star americana non è in sintonia con la partner francese, il direttore della pista ricorda le glorie passate, e via elencando. L'ennesimo film sul film girato con una vena stralunata alla Tati da uno scrittore e sceneggiatore belga. Che si permette anche un po' d'ironia: riuscirà la produttrice del film a farlo selezionare per Venezia? Il cinema francofono ha così poche occasioni per mostrarsi sotto le Alpi che vale la pena una visita. Per curiosità. ■ COMMEDIA; COL.; 90'; BELGIO, FRANCIA, ITALIA, 1999.

PATORUZITO ★★
Regia di JOSÉ LUIS MASSA. ■ Patoruzito è un giovane ragazzo che vive in Patagonia con la sua famiglia, vuole diventare un grande *cacique*, ma per farlo dovrà superare tre prove per dimostrare il suo coraggio, il suo onore, la sua abilità. Durante la sua avventura incontrerà molti ostacoli ma sarà comunque un viaggio indimenticabile. ■ ANIMAZIONE; COL.; 75'; ARGENTINA, 2004.

PATRICK ★★★
Regia di RICHARD FRANKLIN. Con BRUCE BARRY, JULIA BLAKE, ROBERT HELPMANN, ROD MULLINAR, SUSAN PENHALIGON. ■ Una giovane infermiera viene adibita alla cura di un malato ritenuto irrecuperabile: è Patrick, una sorta di larva, reso tale dal trauma della morte dei suoi genitori, della quale è stato responsabile. La donna invece riesce a far reagire il malato. Nascono subito delle invidie, tanto violente da provocare un attentato. Finale a sorpresa. ■ HORROR; COL.; 103'; AUSTRALIA, 1978.

PATRICK VIVE ANCORA ★★
Regia di MARIO LANDI. Con GIANNI DEI, PAOLO GIUSTI, SACHA PITOËFF, CARMEN RUSSO. ■ Il titolo vuol far credere che si tratti del seguito di *Patrick* di Franklin, un film del 1978 su un giovane paralizzato che usa i suoi poteri psichici per uccidere, ma non è altro che una banale scopiazzatura italiana. ■ HORROR; COL.; 90'; ITALIA, 1980.

PATRIGNO, IL *(The Stepfather II)* ★★
Regia di JEFF BURR. Con MEG FOSTER, TERRY O'QUINN, JONATHAN BRANDIS. ■ Già artefice della terza parte di *Non aprite quella porta*, Jeff Burr si appassiona ai seguiti e gira questo *Stepfather II* con professionismo, anche se il primo capitolo era più interessante. L'assassino che compie delitti infiltrandosi nelle vite di vedove e divorziate colpisce ancora facendosi credere dottore in psichiatria, dopo essere fuggito dal manicomio dove era stato segregato. ■ THRILLER; COL.; 86'; USA, 1989.

PATRIOT, THE ★★
Regia di DEAN SEMLER. Con GAILARD SARTAIN, STEVEN SEAGAL. ■ Montana: un chimico ha messo a punto una sorta di arma biologica che fa esplodere, con tutte le conseguenze prevedibili almeno per quella regione. Un medico suo antico compagno di scuola (Seagal) si incarica di neutralizzarlo e di arginare il grave pericolo. ■ AVVENTURA; COL.; 90'; USA, 1998.

PATRIOTA, IL *(The Patriot)* ★★★
Regia di ROLAND EMMERICH. Con LISA BRENNER, CHRIS COOPER, MEL GIBSON, TCHÉKY KARYO, HEATH LEDGER, JOELY RICHARDSON. ■ Carolina del Sud 1776, guerra d'indipendenza americana. Benjamin Martin (Gibson) è un proprietario terriero, vedovo, con sette figli. Si tratta di decidere l'entrata in guerra dello Stato. Ben vorrebbe starne fuori, ma suo figlio maggiore si arruola e per salvarlo dall'impiccagione è costretto a esporsi. Con un'azione degna di Braveheart uccide venti inglesi e diventa una leggenda. A capo di un gruppo di volontari affianca l'esercito regolare e passa di vittoria in vittoria. A questo punto il film si carica di tutti i possibili luoghi comuni dell'azione e non: c'è il nero che ragiona di un mondo nuovo, c'è la bambina che non parlava e che miracolosamente parlerà, c'è il colonnello inglese cattivissimo che assume tutto l'odio di Ben (e dello spettatore) per un adeguato, liberatorio lieto fine, e c'è l'immancabile tappeto musicale di John Williams che tutto enfatizza e blandisce. Insomma non manca nulla del prevedibile, vige un eccesso di spettacolo, però il film è gradevole. E va sempre guardato con simpatia il tentativo di raccontare l'avventura, persino con una pretesa di epica. ■ GUERRA; COL.; 165'; USA, 2000. ■ OSCAR 3 NOM.

PATRIZIA *(La fille du puisateur)* ★★★
Regia di MARCEL PAGNOL. Con JOSETTE DAY, RAIMU. ■ Una ragazza d'umili origini diventa l'amante d'un aviatore che la rende madre. Lui parte per la guerra ed è dato per disperso. La poverina si trova sola perché la famiglia dell'amante la scaccia. Per fortuna il rude padre della ragazza, dopo un periodo di forti dubbi, accetterà la figlia traviata e, alla fine, il disperso tornerà e la sposerà. ■ COMMEDIA; B/N; 190'; FRANCIA, 1940.

PATRIZIA E IL DITTATORE *(Storm in a Teacup)* ★★★
Regia di VICTOR SAVILLE. Con REX HARRISON, VIVIEN LEIGH, CECILIA PARKER. ■ Un sindaco inglese molto autoritario vuole diventare deputato, ma un giornalista riesce a fargli calare le arie rivelando il modo dispotico in cui si è comportato sequestrando Patrizia, la cagnolina d'una povera ambulante. ■ COMICO; B/N; 87'; GRAN BRETAGNA, 1937.

PATROCLOOO! E IL SOLDATO CAMILLONE, GRANDE, GROSSO E FRESCONE ★
Regia di MARIANO LAURENTI. Con PUPO DE LUCA, PIPPO FRANCO, LUCIANA TURINA, PIERO VIDA. ■ Mediocre film comico che s'ispira parzialmente all'urlo "Patroclooo!", uno dei "tormentoni" della trasmissione radiofonica *Alto gradimento*. Uno sprovveduto è fornito di documenti falsi per compiere un'operazione di contrabbando, ma, disgraziatamente, viene arruolato nell'esercito sotto il nome fittizio. Quando finalmente sarà congedato, si troverà accusato di renitenza alla leva e partirà come soldato con le sue vere generalità. ■ COMICO; COL.; 92'; ITALIA, 1974.

PATSY CLINE ★★
Regia di CHRIS KENNEDY. Con MIRANDA OTTO, RICHARD ROXBURGH. ■ Patsy è una cantante country che gira le città. Ma nel film tutti cantano, i contadini, i poliziotti, tutti attratti dal mito di Nashville. Musica che si sposa ai vasti paesaggi australiani, e al sogno generale di chi canta per sognare, e immaginare cose buone che normalnente la vita non offre. ■ COMMEDIA; COL.; 95′; USA, 1997.

PATTAYA MANIAC ★★
Regia di YUTHLERT SIPPAPAK. Con CHOOSAK IAMSUK, SOMCHAI KEMKLAD, ORNIJIRA LAEMWILAI, PICHANART SAKHAKORN. ■ Difficile incasellare quest'opera dell'eclettico regista tailandese Sippapak, emulo di Tarantino, noto in patria per la particolare vivacità degli intrecci proposti. Si passa in rapida successione dalla commedia pop-goliardica, con tanto di love-story annessa, alla gangster story *hard-boiled*, fino ad arrivare ad una commistione tra generi nella quale sarà difficile, oltre che inutile, cercare un'etichetta. Tun, "guru" famoso per la propria competenza in fatto di amuleti, convinto dagli amici a distrarsi dopo una delusione d'amore perderà nuovamente la testa per la ragazza sbagliata: Nok, concubina di un boss locale. ■ HARD BOILED; COL.; 93′; THAILANDIA, 2004.

PATTINI D'ARGENTO *(Silver Skates)* ★★
Regia di LESLIE GOODWINS. Con KENNY BAKER, BELITA. ■ Solita storia della timida ragazza, in questo caso una profuga olandese, che si sostituisce alla primadonna dello spettacolo che si deve sposare e ottiene un successo strepitoso. ■ COMM.MUSICALE; B/N; 76′; USA, 1943.

PATTI ROCKS ★★★
Regia di DAVID BURTON MORRIS. Con JOHN JENKINS, KAREN LANDRY, CHRIS MULKEY. ■ Commedia stuzzicante che vive un po' troppo sulla bella idea di partenza. Un uomo sposato deve andare a trovare la ragazza che ha messo incinta. Il viaggio è lungo e lui trascina con sé un amico che non vedeva da tempo. Giunti a destinazione, l'amico scopre che la ragazza non è la stupidotta rompiscatole che gli aveva descritto il compare, ma una ragazza coi fiocchi, assai meglio in fondo del becero e banale partner. ■ COMMEDIA; COL.; 86′; USA, 1988.

PATTIYUDE DIVASAM ★★★
Regia di MURALI NAIR. Con K.KRISHNA KAIMAL, VINU PRASAD, LAKSHMI RAMAN. ■ Il signore di una regione rurale indiana accetta la democrazia per favorire i suoi sudditi. Dopo i festeggiamenti regala un cane al suo servitore Koran. L'animale tuttavia morde prima un'anatra e poi un bambino. Il signore è in buonafede e ama veramente il suo popolo, ma quest'ultimo crede il contrario, da qui nasce l'incomprensione. Nair si conferma buon regista e gli attori sono all'altezza. ■ DRAMMATICO; COL.; 74′; INDIA, 2001.

PATTO A TRE *(Marriage on the Rocks)* ★★★
Regia di JACK DONOHUE. Con DEBORAH KERR, DEAN MARTIN, CESAR ROMERO, FRANK SINATRA. ■ I membri del clan Sinatra in una brillante commedia su una coppia che parte per una vacanza in Messico allo scopo di rinsaldare il matrimonio che scricchiola e che, invece, per colpa d'un avvocato pasticcione, si ritrova divorziata, almeno temporaneamente. ■ COMMEDIA; COL.; 109′; USA, 1965.

PATTO COL DIAVOLO ★★★
Regia di LUIGI CHIARINI. Con EDUARDO CIANNELLI, JACQUES FRANÇOIS, ISA MIRANDA. ■ Il drammatico contrasto tra due famiglie di contadini calabresi porterà lutti e distruzioni: alla fine una ragazza si suiciderà urlando parole di pace. ■ DRAMMATICO; B/N; 84′; ITALIA, 1948.

PATTO CON IL DIAVOLO, IL *(Lifespan)* ★
Regia di ALEXANDER WHITELAW. Con TINA AUMONT, KLAUS KINSKI. ■ Kinski in una di quelle storie di serie B cucite apposta sul suo personaggio. Questa volta è uno scienziato pazzo: crede di avere scoperto l'elisir di eterna giovinezza. ■ HORROR; COL.; 85′; PAESI BASSI, 1974.

PATTO DEI CINQUE, IL *(Dime with a Halo)* ★★★
Regia di BORIS SAGAL. Con RAFAEL LOPEZ, BARBARA LUNA, ROGER MOBLEY. ■ Cinque ragazzini poverissimi cercano d'uscire dalla miseria giocando ai cavalli ma, poiché non vincono, rendono partecipe Gesù alla loro società puntando, assieme ai loro soldi, una monetina rubata dalla cassetta dell'elemosina. Infatti vincono una forte somma che, però, non riusciranno a riscuotere perché sono minorenni e un loro amico allibratore, che potrebbe riscuotere il denaro, muore d'infarto. ■ DRAMMATICO; B/N; 90′; USA, 1957.

PATTO DEI LUPI, IL *(Le pacte des loups)* ★★★
Regia di CHRISTOPHE GANS. Con MONICA BELLUCCI, VINCENT CASSEL, MARK DACASCOS, EMILIE DEQUENNE, SAMUEL LE BIHAN, JÉRÉMIE RENIER. ■ Verso la fine del 1700 nella zona meridionale della Francia accadde un fatto che fece epoca, tramandato poi nei decenni con le dovute licenze di fantasia e di leggenda. Fu lo stesso re Luigi XV a dare ordine che il mistero venisse risolto. Circa centotrenta persone erano state trovate uccise e massacrate. Presto si capì che l'assassino non era un umano ma un animale, chiamato appunto "la bestia di Gévaudon". Per la caccia al mostro non basta l'esercito, ci vogliono degli specialisti, ed eccoli: Grégoire de Fronsac (Le Bihin), una sorta di Indiana Jones d'epoca, e Mani (Dacascos), un indiano mistico e ottimo combattente. In un insieme di thriller-gotico-fantasy-action, la storia fila arrembante fino alla conclusione. Notati gli "sposi" Vincent-Monica (dove c'è l'uno c'è l'altro) e la brava Dequenne, l'infelicissima *Rosetta* (già premiata come migliore attrice a Cannes 1999). Il budget è stato di sessanta miliardi, quasi un record per una produzione non hollywoodiana ■ AZIONE; COL.; 142′; FRANCIA, 2001.

PATTO DI SANGUE *(Blood in Blood out)* ★★
Regia di TAYLOR HACKFORD. Con JESSE BORREGO, BENJAMIN BRATT, DAMIAN CHAPA. ■ La vita di tre latino-americani in costante ricerca di una loro strada attraverso la realtà delle bande giovanili, della droga e del carcere. Le origini segnano irrimediabilmente le possibilità di evoluzione di ciascuno. ■ DRAMMATICO; COL.; 180′; USA, 1992.

PATTO DI SANGUE *(Sorority Row)* ★
Regia di STEWART HENDLER. Con JAMIE CHUNG, BRIANA EVIGAN, MARGO HARSHMAN, LEAH PIPES, RUMER WILLIS. ■ Jessica, Claire, Ellie, Cassidy, Chugs e Megan fanno parte di un gruppo esclusivo all'interno delle Theta Pi, le ragazze che abitano una delle case degli studenti di un college frequentato da ricchi rampolli. L'azione ha inizio con una delle feste ufficiali che si è già trasformata in una specie di orgia. ■ HORROR; COL.; 101′; USA, 2009.

PATTON, GENERALE D'ACCIAIO *(Patton)* ★★★★🏆
Regia di FRANKLIN J. SCHAFFNER. Con FRANK LATIMORE, KARL MALDEN, GEORGE C. SCOTT, STEPHEN YOUNG. ■ Un ritratto a tutto tondo di George Patton, il più famoso generale di truppe corazzate che combatté per gli americani durante la seconda guerra mondiale. Il personaggio è descritto come un comandante abile, ma esibizionista, autoritario e in perenne rivalità con l'inglese Montgomery. ■ GUERRA; COL.; 169′; USA, 1970. ■ OSCAR 🏆 7 PR, 10 NOM.

PATTUGLIA, LA ★
Regia di TAZAKA TOMOTAKA. Con KOSUGI ISAMU. ■ Film giapponese di propaganda giunto sui nostri schermi solo grazie all'asse Roma-Tokyo-Berlino; durante la guerra cino-giapponese, un eroico tenente amato dai suoi soldati compie innumerevoli eroismi in nome dell'imperatore. ■ GUERRA; B/N; 92′; GIAPPONE, 1941.

PATTUGLIA ANTIGANG *(Brigade Anti-Gangs)* ★★★
Regia di BERNARD BORDERIE. Con ROBERT HOSSEIN, ILARIA OCCHINI, RAYMOND PELLEGRIN, GABRIELE TINTI. ■ Un commissario arresta un gangster colpevole d'avergli ucciso un agente e d'aver compiuto numerose rapine (tutte di venerdì). La figlia del bandito induce il proprio fidanzato a rapire il giovane fratello del poliziotto e a proporgli uno scambio. Il tutore della legge accetta, ma il gangster, liberato, non sta ai patti. Sarà proprio il genero a ricatturarlo e a salvare l'ostaggio sacrificando la vita. ■ POLIZIESCO; COL.; 86′; FRANCIA, 1966.

PATTUGLIA D'AMORE *(A gyurkovics fiuk)* ★★
Regia di Dezsö Ákos Hamza. Con Gabor Raynay, Erszi Simor, Laszló Szilassy, Ida Turay. ■ Le avventure, soprattutto d'amore, d'un nobile e baldo ma poverissimo ufficiale degli ussari e dei suoi quattro fratelli. Alla fine troveranno tutti una sistemazione e qualcuno troverà anche moglie. ■ Commedia; b/n; 91'; Ungheria, 1943.

PATTUGLIA D'ASSALTO *(Patrouille de choc)* ★★
Regia di Claude Bernard Aubert. Con Alain Bouvette, Danièle George, Jean-Claude Michel. ■ Durante la guerra d'Indocina, un tenente francese che comanda un avamposto circondato dai Viet-mihn, i guerriglieri comunisti di Ho-Chi-Minh, tenta di instaurare buoni rapporti con i contadini vietnamiti. Ma tutto è inutile: i guerriglieri eliminano i collaborazionisti e sferrano un attacco. Saranno respinti, ma pochi francesi sopravviveranno. ■ Guerra; b/n; 90'; Francia, 1958.

PATTUGLIA DEI DOBERMANN AL SERVIZIO DELLA LEGGE, LA *(Trapped)* ★★
Regia di Frank De Felitta. Con James Brolin, Susan Clark, Earl Holliman. ■ Terzo film d'una serie che sfrutta la ferocia della nota razza canina ai fini della suspense: un poveraccio si reca in un grande magazzino per comprare una bambola per la figlia, ma viene rapinato da alcuni giovinastri che lo rinchiudono nella toilette. Quando finalmente riesce ad uscirne, scopre che il negozio è chiuso e che la direzione ha sguinzagliato una muta di ferocissimi cani allo scopo d'impedire furti. Il poveraccio riuscirà a cavarsela a malapena. ■ Drammatico; col.; 80'; USA, 1973.

PATTUGLIA DEI SENZA PAURA, LA *("G" Men)* ★★★
Regia di William Keighley. Con Robert Armstrong, James Cagney, Ann Dvorak, Margaret Lindsay, Lloyd Nolan. ■ Non è il film più famoso di Cagney, ma sicuramente quello che fu accompagnato dal più imponente battage pubblicitario. Il nostro, infatti, vi interpreta il ruolo di un avvocato che entra a far parte dell'Fbi dopo che i banditi gli hanno ucciso un amico. «Il nemico pubblico diventa soldato della legge», dicevano i manifesti con acuto senso commerciale. ■ Poliziesco; b/n; 85'; USA, 1935.

PATTUGLIA DEI SETTE, LA ★★★
(The Long, the Short and the Tall)
Regia di Leslie Norman. Con Richard Harris, Laurence Harvey, Richard Todd, David McCallum. ■ In Birmania, durante la seconda guerra mondiale, una pattuglia inglese cattura un giapponese. I soldati britannici litigano tra di loro su quale sorte debba essere riservata al prigioniero e, alla fine, prevalgono quelli che vogliono ucciderlo, ma, subito dopo, la pattuglia è distrutta dai nipponici. I più spietati pagheranno con una durissima prigionia la loro crudeltà. ■ Guerra; b/n; 105'; Gran Bretagna, 1961.

PATTUGLIA DELL'AMBA ALAGI, LA ★
Regia di Flavio Calzavara. Con Dante Maggio, Aldo Silvani, Luciano Tajoli, Milly Vitale. ■ Durante l'ultima guerra, in Africa, un soldato italiano diserta lasciando i quattro eroici commilitoni a combattere contro gli inglesi. Uno solo della pattuglia si salva, ma rimane zoppo e s'incarica di girare l'Italia alla ricerca dei familiari dei compagni. Dopo aver portato una parola di conforto alle altre amiche, si reca anche dalla moglie del disertore, sua antica fiamma, e le nasconde la verità. Riappare però il traditore diventato contrabbandiere. Tajoli riuscirà a redimerlo, ma morirà facendogli scudo col suo corpo. ■ Drammatico; b/n; 90'; Italia, 1953.

PATTUGLIA DELLE GIUBBE ROSSE, LA ★★
(Fort Vengeance)
Regia di Lesley Selander. Con James Craig, Reginald Denny, Keith Larsen, Rita Moreno. ■ Due fratelli americani scappano in Canada e si arruolano tra le giubbe rosse. Uno è buono e diventa un bravo soldato; l'altro è cattivo e ammazza due indiani e un trafficante di polli. Il buono è incaricato di arrestarlo, ma il fratello di una delle vittime gli risparmia lo spiacevole compito uccidendo l'assassino. ■ Western; col.; 75'; USA, 1953.

PATTUGLIA DI FRONTIERA – CAVALCATA MESSICANA *(The Border Patrolman)* ★★
Regia di David Howard. Con William P. Carlton, George O'Brien, Polly Ann Young. ■ La capricciosa nipote di un m lionario ne combina di tutti i colori. L'anziano magnate allora la fa sorvegliare da un poliziotto. La ragazza, per fargli dispetto, fugge con un uomo che scoprirà essere un bandito. L'agente, però, la trarrà d'impiccio e la sposerà. ■ Avventura; b/n; 91'; USA, 1936.

PATTUGLIA DI NOTTE *(Night Patrol)* ★★
Regia di Jackie Kong. Con Billy Barty, Linda Blair, Noriyuki Pat Morita. ■ Un poliziotto nelle sue serate libere fa il comico in un locale notturno. Un giorno gli affidano un incarico imbarazzante: trovare un misterioso assassino che, durante i delitti, si camuffa proprio con lo stesso travestimento adoperato dal poliziotto nelle sue esibizioni al night. ■ Commedia; col.; 94'; USA, 1985.

PATTUGLIA EROICA *(State Police)* ★
Regia di John Rawlins. Con John King, Constance Moore. ■ Siamo in uno Stato africano dove alcuni malviventi vendono carbone sottobanco. Uno dei poliziotti che si occupa del caso è fidanzato con la sorella del capobanda che viene eliminato dai suoi uomini; più tardi ucciderà il sostituto del defunto mentre costui cerca di evitare la cattura. ■ Poliziesco; b/n; 61'; USA, 1938.

PATTUGLIA PANZER 315: DESTINAZIONE INFERNO *(Vojnik)* ★★
Regia di George Breakston. Con Rade Markovic, F. Zoric Trader. ■ L'odissea di un ragazzotto jugoslavo, sorpreso dall'invasione tedesca del suo paese. Il padre si unisce ai partigiani, il giovane invece è costretto ad aggregarsi ai nazisti. Conquista la loro fiducia e può ricavare preziose informazioni che passa alla Resistenza. Appena può, però, entra nelle bande partigiane. Morirà in combattimento. ■ Guerra; b/n; 92'; Jugoslavia, 1969.

PATTUGLIA SPERDUTA, LA ★★
Regia di Piero Nelli. ■ Carlo Alberto attacca battaglia a Novara contro gli austriaci. Ma il film non è la storia del celebre combattimento: descrive le traversie di una pattuglia di soldati piemontesi impegnata in una serie di scaramucce con il nemico. Riescono alla fine a sganciarsi e corrono a Novara, convinti di poter dare ancora una mano. Ma è troppo tardi: l'esercito savoiardo è stato sconfitto. ■ Avventura; b/n; 94'; Italia, 1964.

PATTUGLIA SPERDUTA – VECCHIO REGNO, LA ★★★
(Lost Patrol)
Regia di John Ford. Con Billy Bevan, Reginald Denny, Wallace Ford, Boris Karloff, J.M. Kerrigan, Victor McLaglen. ■ Mesopotamia, prima guerra mondiale. Una pattuglia inglese sperduta viene circondata dagli arabi che la decimano sistematicamente. Rimane un solo superstite che, approfittando di un errore dei nemici, li uccide e viene soccorso appena in tempo dai rinforzi. ■ Avventura; b/n; 74'; USA, 1934. ■ Oscar 1 nom.

PATTUGLIE ALLARME *(Car 99)* ★★
Regia di Charles Barton. Con Fred MacMurray, Ann Sheridan. ■ Per poter compiere una rapina senza correre troppi rischi, un malvivente sotto mentite spoglie si fa amico dello sceriffo e scopre i dispositivi di allarme e di inseguimento della polizia. Il colpo riesce perfettamente, ma l'uomo verrà acciuffato da un agente ostinato e ansioso di riabilitarsi presso i colleghi. ■ Avventura; b/n; 90'; USA, 1935.

PATTY – LA VERA STORIA DI PATTY HEARST ★★★
(Patty Hearst)
Regia di Paul Schrader. Con William Forsythe, Natasha Richardson. ■ Patricia Hearst è una giovane ereditiera, discendente di una celebre dinastia di magnati della stampa. Viene rapita da un gruppo di terroristi, ma dopo aver aderito alle loro idee, ne diviene una complice e con loro partecipa a un assalto a una banca. La banda viene catturata e le responsabilità di Patty presto scoperte. Ma se la cava con poco. Un anno di galera. Poi diventa cittadina modello. ■ Drammatico; col.; 120'; USA, 1989.

PAU E SUO FRATELLO *(Pau et son frère)* ★★
Regia di Marc Recha. Con Nathalie Boutefeu, Luis Hosta-

LOT, JUAN MARQUEZ, ALICIA OROZCO, MARIETA ORZOCO, DAVID SELVAS. ■ Un film strano. Un po' ti entra dentro, più spesso rimane fuori alla finestra, a guardare lo spettatore. La trama è volutamente sfumata, nebulosa, a volte inafferrabile. Pau ha perduto il fratello Alex, che si è suicidato. Non lo vedeva da tempo: Alex si era infatti "ritirato" in un paese in mezzo ai Pirenei. Quando Pau viene a saperlo, decide di andare a scoprire quei luoghi insieme alla madre. Un modo per conoscere il fratello perduto: amici, amori, natura, silenzi, lontananze. C'è infatti tutto, di Alex, là in mezzo ai monti. Pau e madre vivono delle storie d'amore come modo di entrare in simbiosi col mondo che Alex aveva fortemente voluto. Il film di questo giovane regista catalano si gioca tutto sulle immagini, sui movimenti e sui silenzi. Eppure sa di materia grezza non finalizzata, non compiuta, rimasta ancora nella penna dello sceneggiatore e nello stomaco del regista Marc Recha. Che però rivela una personalità, un potenziale tutto da sviluppare ed approfondire. ■ DRAMMATICO; COL.; 110′; FRANCIA, SPAGNA, 2000.

PAUL ★
Regia di GREG MOTTOLA. Con JASON BATEMAN, NICK FROST, SIMON PEGG, SIGOURNEY WEAVER, KRISTEN WIIG. ■ In viaggio dall'Inghilterra al ComiCon di San Diego due amici decidono di completare il loro giro americano con un tour dei più noti siti di avvistamento alieni. E proprio in quei deserti avvisteranno un alieno di nome Paul in un incontro ravvicinatissimo. ■ COMMEDIA; COL.; 104′; GRAN BRETAGNA, FRANCIA, 2011.

PAULA ★★
Regia di RUDOLPH MATÉ. Con ALEXANDER KNOX, KENT SMITH, LORETTA YOUNG. ■ Una signora del bel mondo investe con l'auto un bambino. Il piccolo rimane muto per il trauma. La signora si dedica anima e corpo al suo recupero tacendo di essere lei l'investitrice. Quando la sua responsabilità viene accertata, si prende mille rimbrotti. Ma il marmocchio s'è affezionato alla donna. Paula decide di tenerlo per sempre con sé. ■ DRAMMATICO; B/N; 80′; USA, 1952.

PAULETTE ★★
Regia di JÉRÔME ENRICO. Con FRANÇOIS BERTIN, BERNADETTE LAFONT, DOMINIQUE LAVANANT, CARMEN MAURA, ANDRÉ PENVERN. ■ Paulette è un'anziana vedova che vive alla periferia di Parigi, con una pensione che non le basta per mangiare. Una sera, osservando una compravendita di droga fuori dal suo palazzo, Paulette, dotata di un buon senso degli affari e di talento come pasticcera, si mette a sfornare torte e pasticcini alla cannabis, assicurandosi presto una clientela in costante aumento e la stima del boss di quartiere. Sviluppata dal regista con alcuni allievi del suo corso di sceneggiatura all'ESEC, *Paulette* è una commedia della crisi e della precarietà. Bernadette Lafont, che ha lavorato con Truffaut, Miller e Chabrol tra gli altri, è un'ottima scelta. ■ COMMEDIA;COL.; 87′; FRANCIA, 2012.

PAULIE ★★
Regia di JOHN ROBERTS. Con HALLIE KATE EISEMBERG, GEENA ROWLANDS, TONY SHALHOUB. ■ Paulie è un pappagallo che non solo parla ma sa anche ragionare. Dopo vicissitudini rocambolesche – è passato di gabbia in gabbia – incontra un professore russo, che in America però è costretto a fare le pulizie, e diventa suo amico. Fra emarginati... Lo spunto è migliore della realizzazione. ■ FANTASTICO; COL.; 98′; USA, 1998.

PAULINE ALLA SPIAGGIA *(Pauline à la plage)* ★★★★
Regia di ERIC ROHMER. Con SIMON DE LA BROSSE, ARIELLE DOMBASLE, AMANDA LANGLET. ■ Negli ultimi giorni della vacanza estiva la tredicenne Pauline viene iniziata da un coetaneo ai misteri dell'amore. L'atmosfera particolare e lo strano intreccio di sentimenti al quale Pauline ha assistito (protagonista la zia Marion) favoriscono l'evento, ma in qualche modo lo sciupano. Il maestro Rohmer firma una fredda e lucida analisi dei rapporti umani, raffinatissima, meccanicamente perfetta, stilisticamente impeccabile. ■ COMMEDIA; COL.; 94′; FRANCIA, 1982. ■ BERLINO 1 PR.

PAULINE E PAULETTE *(Pauline & Paulette)* ★★★
Regia di LIVIEN DEBRAUWER. Con ROSEMARIE BERGMANS, JULIENNE DE BRUYN, ANN PETERSEN, IDWIG STÉPHANE, DORA VAN DER GROEN. ■ Pauline è una bambina di 66 anni. Non sa né leggere né scrivere e parla con qualche incertezza. Vive in un paesino belga. È Martha, la sorella maggiore, che si prende cura di lei dopo la morte dei genitori. Un giorno Martha muore e lascia una disposizione testamentaria: il ricavato della vendita della sua abitazione e la sua eredità andranno a quella delle due sorelle rimaste che si occuperà di Pauline. Né Paulette, che abita in paese e ha un negozio di abbigliamento, né Cecile che vive a Bruxelles vogliono caricarsi di questo fardello. Ma l'eredità fa gola a entrambe. Ma Pauline ha un debole per Paulette e continua ad andare a trovarla, mal accetta, nel negozio Riuscirà a farsi adottare? Il regista Debrauwer come opera d'esordio sceglie di andare ad esplorare il mondo dell'infanzia letto alla rovescia: cioè nella cosiddetta terza età. È nel gioco delle personalità di Pauline e di Paulette, con una protagonista davvero straordinaria, che Debrauwer ci spinge a riflettere con un sorriso amaro sulle labbra. Senza prediche ma anche senza accondiscendenza verso i nostri egoismi. ■ DRAMMATICO; COL.; 78′; BELGIO, FRANCIA, 2002.

PAUL, MICK E GLI ALTRI *(The Navigators)* ★★★
Regia di KEN LOACH. Con TOM CRAIG, JOE DUTTINE, STEVE HUISON, VENN TRACEY. ■ Un gruppo di operai lavora in uno scalo ferroviario nel Sud dello Yorkshire a metà degli anni Novanta. È la fase delle privatizzazioni. Nulla è più come prima: ogni remota possibilità di accordo sindacale viene considerata un ostacolo allo sviluppo. La concorrenza impone un abbassamento dei costi e una messa a repentaglio di ogni tutela dei lavoratori. Gli addetti alla manutenzione delle ferrovie vengono messi gli uni contro gli altri, si richiede il massimo dei risultati con il minimo delle strutture messe a disposizione. Narrato così sembra un articolo di analisi politica. È invece un film di Ken Loach, che sa come proporre autentici *pamphlet* narrando la quotidianità di persone che non contano più nulla. In nome del liberismo più sfrenato si sacrifica qualsiasi ideale di tutela sociale. Ancora un funerale a chiudere un film di Loach. Ma se in *Terra e libertà* era l'occasione per un passaggio di testimone tra generazioni nella lotta, e in *My Name is Joe* costituiva il riconoscimento collettivo dell'impossibilità di uscire da un vicolo cieco costruito da una società insensibile, qui assume la disillusa forza di chi non può più partecipare neppure a una testimonianza comune. Perché è diventato complice innocente di delitti compiuti da mani ignote ma sempre più rapaci. ■ DRAMMATICO; COL.; 96′; GERMANIA, GRAN BRETAGNA, SPAGNA, 2001.

PAULO ROBERTO COTECHIÑO CENTRAVANTI DI SFONDAMENTO ★
Regia di NANDO CICERO. Con MARIO CAROTENUTO, CARMEN RUSSO, ALVARO VITALI. ■ Cicero ha fatto un film becero, imperniato sulle avventure di un giocatore brasiliano che si fa sostituire da un sosia imbranato. Rapimenti, equivoci, scambi di stanza, parolacce, in una farsa da avanspettacolo. Presentato in tv, ha dato ottimi risultati di ascolto. ■ COMICO; COL.; 88′; ITALIA, 1983.

PAURA *(Sangre negra)* ★★★
Regia di PIERRE CHENAL. Con NICHOLAS JOY, JEAN WALLACE, RICHARD WRIGHT. ■ Bigger è figlio di un uomo di colore che è stato linciato qualche anno prima. La morte ha segnato fortemente il giovane creandogli un panico segreto che esplode il giorno in cui accidentalmente provoca la morte della sua "padroncina bianca". Timoroso per le conseguenze, Bigger occulta il cadavere e cerca di far ricadere la colpa su un altro, ma viene scoperto e farà una fine anche peggiore di quella del genitore. ■ DRAMMATICO; B/N; 90′; ARGENTINA, 1948.

PAURA *(Le coeur froid)* ★★
Regia di HENRY HELMAN. Con SONJA JEANINE, MARIE LABORIT, MAUDE RAYER, MICHEL ROBIN. ■ Una governante, sconvolta dal rimorso perché si crede responsabile della morte di una ragazzina, scopre che si trama contro il piccolo handicappato che le è stato affidato e coraggiosamente lo salva, riscattandosi. ■ DRAMMATICO; COL.; 90′; FRANCIA, 1977.

PAURA *(Native Son)* ★★
Regia di JERROLD FREEDMAN. Con CARROLL BAKER, MATT DILLON, ELIZABETH MCGOVERN. ■ Da un famoso dramma di Ri-

chard Wright, la storia di un giovane nero, che non è riuscito a liberarsi di un trauma della giovinezza (il linciaggio del padre, ucciso dai bianchi per motivi razziali). Così quando, per una disgrazia, causa la morte della figlia del suo datore di lavoro, invece di raccontare la verità occulta il cadavere. Scoperto, fugge; è preso e condannato a morte. ■ DRAMMATICO; COL.; 112'; USA, 1986.

PAURA *(Fear)* ★

Regia di JAMES FOLEY. Con WILLIAM L. PETERSEN, MARK WAHLBERG, REESE WITHERSPOON. ■ Il padre non vuole che la figlia frequenti un ragazzo dalle dubbie amicizie. Ne ha motivo. Infatti il pretendente si rivelerà come uno psicopatico intenzionato a prendere di mira tutta la famiglia. Sarà comunque il padre a trionfare. ■ DRAMMATICO; COL.; 96'; USA, 1996.

PAURA BUSSA ALLA PORTA, LA *(Storm Fear)* ★★★

Regia di CORNEL WILDE. Con DAN DURYEA, LEE GRANT, STEVEN HILL, JEAN WALLACE, CORNEL WILDE. ■ Una banda di gangster si rifugia in una casa sulle montagne, presso i parenti del capobanda (fratello, cognata e nipotino). La famigliola è costretta a far buon viso a cattiva sorte. Ma intanto la polizia è sulle tracce della gang. I fuorilegge faranno tutti una brutta fine. ■ DRAMMATICO; B/N; 88'; USA, 1955.

PAURA.COM *(FearDotCom)* ★

Regia di WILLIAM MALONE. Con STEPHEN DORFF, NATASCHA MCELHONE, STEPHEN REA. ■ Quattro persone sono morte misteriosamente. Tutte e quattro sono state uccise in preda a terrificanti allucinazioni e fortissime emorragie dagli occhi e dal naso. Un altro indizio accomuna le quattro vittime: tutte sono morte 48 ore dopo aver visitato il sito www.fear.com. Ma più che impaurirsi qui si ride, ahimé, del tutto involontariamente. E New York ricostruita in Lussemburgo è un colpo davvero basso. ■ HORROR; COL.; 102'; GRAN BRETAGNA, 2002.

PAURA D'AMARE *(Dangerous)* ★★★

Regia di ALFRED E. GREEN. Con BETTE DAVIS, JOHN ELRIDGE, MARGARET LINDSAY, ALISON SKIPWORTH, FRANCHOT TONE. ■ Un uomo si innamora di un'artista alcolizzata e abbandona la fidanzata per poterla sposare. L'artista però ha già un marito e, poiché questi non vuole renderle la libertà, tenta di uccidersi insieme a lui. Il professionista lo viene a sapere e torna dalla fidanzata. ■ DRAMMATICO; B/N; 72'; USA, 1935. ■ OSCAR 1 PR, 1 NOM.

PAURA D'AMARE ★★

Regia di GAETANO AMATA. Con CAMILLA HORN, LUIS HURTADO, CARLO MINELLO, OLGA SOLBELLI. ■ Una cantante trova ospitalità nella casa di un conte. L'aristocratico viene ucciso in duello, ma la donna rimane a palazzo a vegliare sull'educazione del giovane figlio del defunto. Questi un giorno si innamora di lei. A questo punto la donna capisce di non poter più rimanere e torna, triste ma fiera, al suo vecchio mondo, il music-hall. ■ DRAMMATICO; B/N; 92'; ITALIA, 1942.

PAURA D'AMARE *(Hilda Crane)* ★★★

Regia di PHILIP DUNNE. Con JEAN-PIERRE AUMONT, JUDITH EVELYN, GUY MADISON, JEAN SIMMONS. ■ Hilda Crane, la più bella della città, dopo una serie di disavventure sentimentali nella metropoli ritorna al paesello. La madre la incita a sistemarsi. Hilda accetta di sposare un bravo giovane che l'ama. Ma questi ha una madre pestifera che muore per colpa di Hilda. Un solco divide i due sposini e Hilda non trova di meglio che mettersi con un latin lover che la corteggia da tempo. Ma il marito interviene recuperandola al matrimonio e a una vita più sensata. ■ DRAMMATICO; COL.; 87'; USA, 1956.

PAURA D'AMARE *(Frankie & Johnny)* ★★★

Regia di GARRY MARSHALL. Con HECTOR ELIZONDO, AL PACINO, MICHELLE PFEIFFER. ■ Tratto da una commedia teatrale, il film di Garry Marshall può essere considerato un'altra fatica passabile ma inutile. Il regista di *Pretty Woman* può permettersi di produrre un film visti il successo (e i soldi) ottenuto con la Roberts. Zucchero, melassa e ogni tipo di metaforici dolcificanti vengono sprecati. In questa ennesima fiaba troviamo Johnny che è stato in carcere, ha due figlie e ha divorziato dalla moglie, mentre Frankie è stata segnata da una delusione d'amore. Lui fa il cuoco e lei la cameriera e lavorano nello stesso ristorante. Dopo aver preso una tremenda cotta ci penserà Johnny a far tornare il sereno nel cuore di Frankie. ■ COMMEDIA; COL.; 117'; USA, 1991. ■ GOLDEN GLOBES 1 NOM.

PAURA D'AMARE – POVERO AMORE MIO ★★
(Wedding Night)

Regia di PIERS HAGGARD. Con ALEXANDRA BASTEDO, EDDIE BYRNE, DENNIS WATERMAN, TESSA WYTT. ■ Una moglie non vuole avere rapporti col marito, terrorizzata dalla possibilità di morire di parto. Il pover'uomo tenta in tutte le maniere di guarire la donna dal terribile complesso, ma inutilmente. La poveretta guarisce invece quando le capita di trovarsi in una stanza con un neonato urlante. L'istinto materno le sorge immediatamente, e con quello la predisposizione verso il marito. ■ DRAMMATICO; COL.; 94'; USA, 1974.

PAURA DEL PORTIERE PRIMA DEL CALCIO DI RIGORE, LA *(Die Angst des Tormanns Beim Elfmeter)* ★★★

Regia di WIM WENDERS. Con ARTHUR BRAUSS, KAI FISCHER, ERIKA PLUHAR. ■ Si tratta del film d'esordio di Wenders, trasmesso coi sottotitoli in televisione. Tratto dal libro omonimo dello scrittore austriaco Peter Handke, narra di un uomo che uccide senza una ragione una ragazza che lavora in un cinema appena conosciuta. Poi si mette in viaggio per nulla preoccupato delle conseguenze del suo gesto. ■ DRAMMATICO; COL.; 100'; GERMANIA, 1971.

PAURA DIETRO LA PORTA, LA *(Au-de-là de la peur)* ★★

Regia di YANNICK ANDREI. Con MICHEL BOUQUET, MICHEL CONSTANTIN, PAUL CRAUCHET, MARILÙ TOLO. ■ Un agente immobiliare che casualmente è venuto a sapere del piano di rapina a una banca è ricattato dai gangster che prendono in ostaggio la sua famiglia e minacciano di massacrarla se farà delle rivelazioni. Il poverino sulle prime cede, poi, rendendosi conto che i suoi cari rischiano comunque la pelle, decide di intervenire di persona. I rapinatori avranno il fatto loro. ■ DRAMMATICO; COL.; 95'; FRANCIA, 1975.

PAURA E AMORE ★★★

Regia di MARGARETHE VON TROTTA. Con FANNY ARDANT, VALERIA GOLINO, GRETA SCACCHI. ■ Trasposizione (a Pavia, ai giorni nostri) delle *Tre sorelle* di Cechov. Delle tre, solo la seconda è sposata (infelicemente, con un comico tv), le altre perdono i rispettivi amanti (la maggiore s'era messa con un uomo sposato, la seconda con un giovane professore che muore in un incidente). Pur infittendo la narrazione di troppi temi (ci sono richiami all'ecologia e ai riverberi del terrorismo), la von Trotta ci dà una delle sue opere migliori, benissimo assecondata dal terzetto delle protagoniste. ■ DRAMMATICO; COL.; 113'; ITALIA, 1988.

PAURA E DELIRIO A LAS VEGAS ★★
(Fear and Loathing in Las Vegas)

Regia di TERRY GILLIAM. Con ELLEN BARKIN, BENICIO DEL TORO, JOHNNY DEPP, CHRISTINA RICCI, HARRY DEAN STANTON. ■ Gilliam, un regista la cui creatività è incontenibile sin dallo straordinario film d'esordio *Brazil*, questa volta è fedele al libro di Hunter S. Thompson a cui si ispira. Le avventure di Gonzo e Duke a Las Vegas rischiano di essere allucinate quanto quelle del barone di Münchhausen. Solo che qui lo sfondo è vero. In un'America sempre più consumista che del 1968 ha conservato solo gli aspetti più deleteri. Film "acido" in tutti i sensi. ■ GROTTESCO; COL.; 115'; USA, 1998.

PAURA E DESIDERIO *(Fear and Desire)* ★★★

Regia di STANLEY KUBRICK. Con STEPHEN COIT, KENNETH HARP, VIRGINIA LEITH, PAUL MAZURSKY, FRANK SILVERA. ■ In una guerra tra stati senza nome e senza particolari caratteristiche, i soldati di un fronte atterrano per errore oltre le linee nemiche e dovranno adoperarsi per arrivare sani e salvi nel loro territorio. Per farlo saranno costretti a prendere una ragazza prigioniera, dividersi, viaggiare lungo il fiume per poi fermarsi e uccidere un generale e un capitano nemici. Invisibile per decenni per volontà dello stesso autore, che lo riteneva nulla più che un esercizio di gioventù, il primo lungometraggio di Stanley Kubrick ha cominciato a circolare clandestinamente dopo la sua morte fino a trovare recentemente una vera e propria edizione in Blu-Ray e l'uscita in sala. Non sorprende che siano proprio la guerra e le sue assurdità al centro dell'esordio di un regista che ha fatto dell'epopea militare una delle basi della sua filmografia. C'è un nemico incombente ma quasi invisibile (come in *Orizzonti di gloria*), una totale identità tra i due fronti, la follia come mentalità dei soldati (come in *Full metal jacket*) e una curiosa maniera di relazionare violenza e sessualità (come in *Il dottor Stranamore* e in *Full metal jacket*). Stanley Kubrick mostra di avere le idee chiarissime e una lucidità minimalista nel metterle in scena. Appare oggi come un film anticonvenzionale e audace per gli standard del 1954 ma anche un passo più lungo della gamba: Kubrick fa quasi tutto, il regista, il direttore della fotografia e il montatore, mentre la sceneggiatura è dell'amico Howard Sackler (anche scrittore del successivo *Il bacio dell'assassino*), eppure il film sembra capace di trovare un senso solo grazie al lavoro sulle immagini. ■ DRAMMATICO; COL.; 68'; USA, 1953.

PAURA FA NOVANTA, LA ★★
Regia di GIORGIO SIMONELLI. Con FRANCA MARZI, SILVANA PAMPANINI, UGO TOGNAZZI. ■ Una compagnia di attori di varietà pernotta in un castello dove da tre secoli si aggira il fantasma del proprietario, un moschettiere ucciso da un marito geloso. Il fantasma terrorizza gli attori. ■ COMICO; B/N; 90'; ITALIA, 1951.

PAURA IN ARIZONA *(Arizona Heat)* ★
Regia di JOHN G. THOMAS. Con DENISE CROSBY, MICHAEL PARKS. ■ La vicenda inizia con il furto in una banca dell'Arizona, seguito dall'omicidio di diversi poliziotti: dove la legge precostituita sembra impotente ecco arrivare l'ispettore Kapinski, tenace tutore dell'ordine pubblico, accompagnato dall'inseparabile e affascinante assistente. ■ POLIZIESCO; COL.; 90'; USA, 1987.

PAURA IN CITTÀ ★★
Regia di GIUSEPPE ROSATI. Con JAMES MASON, MAURIZIO MERLI, MARIO NOVELLI, FRANCO RESSEL. ■ Evadono da Regina Coeli una dozzina di detenuti. Il più pericoloso risulta essere un certo Lettieri. Il commissario Murri, dai sistemi spicci, viene incaricato della cattura. Murri è efficacissimo, quelli che non prende uccide (e intanto si concede molte pause amorose con la bella Laura). Rimane solo Lettieri, ma per poco: il bandito viene inchiodato durante una rapina. ■ POLIZIESCO; COL.; 92'; ITALIA, 1976.

PAURA IN PALCOSCENICO *(Stage Fright)* ★★★
Regia di ALFRED HITCHCOCK. Con MARLENE DIETRICH, ALASTAIR SIM, SYBIL THORNDYKE, RICHARD TODD, MICHAEL WILDING, JANE WYMAN. ■ Viene ucciso il marito di una diva teatrale. Sospettato numero uno è un giovane, amante della primadonna. Una ragazza innamorata dell'indiziato lo nasconde, lo protegge, fa di tutto per dimostrare la sua innocenza. La sorpresa finale non può mancare. ■ GIALLO; B/N; 110'; GRAN BRETAGNA, USA, 1950.

PAURA MANGIA L'ANIMA (TUTTI GLI ALTRI SI CHIAMANO ALÌ), LA *(Angst isst Seele auf)* ★★★
Regia di RAINER WERNER FASSBINDER. Con BEN SALEM EL HEDI, BRIGITTE MIRA, BARBARA VALENTIN. ■ Una vedova sessantenne che vive sola ha una relazione con un marocchino molto giovane. Tutti le sono contro, poi la situazione si aggiusta per il meglio. Il film ha vinto il premio speciale della giuria al Festival di Cannes nel 1974. ■ DRAMMATICO; COL.; 93'; GERMANIA, 1973.

PAURA NELLA CITTÀ DEI MORTI VIVENTI ★★
Regia di LUCIO FULCI. Con CARLO DE MEJO, CHRISTOPHER GEORGE, CATRIONA MCCOLL. ■ Il reverendo Thomas, che vive in una cittadina americana costruita dove un tempo sorgeva la città delle streghe, si uccide. È l'inizio di una strage ad opera dei morti viventi da lui guidati. Una medium e un giornalista di New York e una psicoanalista del posto sanno che per fermare il fenomeno bisogna distruggere la tomba del reverendo e penetrano nella cripta. ■ HORROR; COL.; 91'; ITALIA, 1980.

PAURA NELLA NOTTE *(Fear in the Night)* ★★
Regia di JIMMY SANGSTER. Con RALPH BATES, JOAN COLLINS, PETER CUSHING, JUDY GEESON. ■ Un professorino e sua moglie in un college inglese. La donna è terrorizzata: un misterioso individuo con un braccio artificiale l'ha aggredita. Lo dice al marito che mostra di non crederle. Per forza: sta macchinando per disfarsi della mogliettina e squagliarsela con una bellona. ■ HORROR; COL.; 85'; GRAN BRETAGNA, 1972.

PAURA PRIMORDIALE *(Primeval)* ★★
Regia di MICHAEL KATLEMAN. Con ORLANDO JONES, BROOKE LANGTON, JÜRGEN PROCHNOW, DOMINIC PURCELL. ■ Un gruppo di reporter americani viene inviato in Burundi alla ricerca di un enorme coccodrillo che negli ultimi tempi ha catalizzato l'attenzione dei media di tutto il mondo per via della sua natura assassina. Giunta in Africa, la troupe scoprirà che Gustave (il nome attribuito al famelico animale) non è l'unico pericolo che dovrà affrontare. Ispirato a una storia vera che sa di leggenda, il film del regista televisivo Michael Katleman (*Una mamma per amica*, *Smallville*, *Tru Calling*) è stato lungamente pubblicizzato come horror. *Paura primordiale* possiede i canoni del genere – la tensione è alimentata in continuazione da inquadrature subliminali a lasciare intendere che il pericolo è in agguato, costantemente – ma si misura anche con l'action movie, che sfocia nel fantastico, e con il tema dei diritti umani. La guerra civile e il genocidio delle due maggiori etnie del Paese si sovrappongono alla narrazione, dando luogo a un sincronismo pertinente in un momento in cui il cinema hollywoodiano ha deciso di aprire gli occhi su quanto succede (o è successo) in Africa (basti ricordare i recenti *Lord Of War*, *Blood Diamond – Diamanti di sangue* e *L'ultimo re di Scozia*). ■ AVVENTURA; COL.; 93'; USA, 2007.

PAURA SU MANHATTAN *(Fear City)* ★★
Regia di ABEL FERRARA. Con TOM BERENGER, ROSSANO BRAZZI, MELANIE GRIFFITH, BILLY DEE WILLIAMS. ■ I due gestori di un'agenzia per spogliarelliste si gettano sulle tracce di un killer psicopatico che ha intrapreso una delirante crociata per ripulire New York dal vizio. Dopo non poche peripezie e un drammatico bagno di violenza, i due amici riusciranno a porre fine al massacro di belle figliole. ■ THRILLER; COL.; 96'; USA, 1984.

PAURA 3D ★
Regia di ANTONIO MANETTI, MARCO MANETTI. Con FRANCESCA CUTTICA, CLAUDIO DI BIAGIO, DOMENICO DIELE, LORENZO PEDROTTI, PEPPE SERVILLO. ■ Tre giovani amici della periferia romana, dove tutto scorre come da copione, si ritrovano tra le mani le chiavi di una bella villa in campagna appartenente allo strano e facoltoso Marchese Lanzi, fuori per il fine settimana per un raduno d'auto d'epoca. I tre non resistono alla tentazione di passare due giorni indisturbati nel lusso, ma qualcosa nella cantina comprometterà inaspettatamente i loro goliardici progetti. ■ HORROR; COL.; 90'; ITALIA, 2012.

PAVEE LACKEEN-THE TRAVELLER GIRL ★★★
(Pavee Lacken-The Traveller Girl)
Regia di PERRY OGDEN. Con MICHAEL COLLINS, BRIAN DIGNAM, HELEN JOYCE, JAMES MAUGHAN, MARTIN MAUGHAN, MARY KATE MAUGHAN, PADDY MAUGHAN, ROSE MAUGHAN, WINNIE MAUGHAN, ABBIE SPALLEN. ■ Winnie è una ragazzina di 10 anni che vive nella periferia di Dublino in un camper senza ruote. Insieme alla sua famiglia fa parte della comunità dei *Traveller*, che vive ai margini della società e del sistema, preservando i propri usi e costumi, ma subendo la diffidenza e l'emarginazione dagli abitanti della città che avvertono queste persone come una minaccia per la loro cultura. ■ DRAMMATICO; COL.; 87'; IRLANDA, 2005.

PAVILLION OF WOMAN ★★
Regia di HO YIM. Con JOHN CHO, WILLEM DAFOE, YAN LUO, SHEK SAU. ■ Madame Wu, moglie di un ricco aristocratico nella cina degli anni Trenta, alle soglie dei quarant'anni sente l'esigenza di andare oltre il suo ruolo di moglie e madre in una società dalle rigide convenzioni: dirigendo le attenzioni del marito verso una giovane concubina, la donna è libera di coltivare i propri interessi. Durante questo percorso di emancipazione Madame Wu si imbatte in padre André, un missionario americano: anche se le differenze culturali sono molte, tra i due nascerà l'amore. ■ SENTIMENTALE; COL.; 116'; CINA, USA, 2002.

PAVONE NERO, IL ★★
Regia di OSVALDO CIVIRANI. Con CHRIS AVRAM, DON POWELL, FRANCO RESSEL, KARIN SCHUBERT. ■ Marito e moglie alle Antille. La signora è affascinata dagli antichi riti vudù. Durante una

cerimonia di magia nera, si dà, dimentica di ogni decenza, allo stregone locale. Ma il marito all'ultimo, con l'aiuto della polizia, la salva, la libera, la fa rinsavire. ■ HORROR; COL.; 92'; ITALIA, 1972.

PAVONI, I ★
Regia di LUCIANO MANNUZZI. Con VICTOR CAVALLO, IVANO MARESCOTTI, RINALDO ROCCO, NICOLA RUSSO. ■ Presentato alla Mostra di Venezia. Una prova per nulla riuscita del regista che nel 1978 aveva realizzato *Fuori stagione*, esordio interessante, e un episodio di *Sposi*. È la ricostruzione, con qualche variante, dell'assassinio perpetrato dal giovane Maso nei confronti dei suoi familiari. Vittorio, figlio di un imprenditore, è viziato e senza briglie. I soldi facili e l'amicizia con Paolo e Giovanni faranno il resto. ■ DRAMMATICO; COL.; 104'; ITALIA, 1994.

PAYBACK-LA RIVINCITA DI PORTER *(Payback)* ★★
Regia di BRIAN HELGELAND. Con MARIA BELLO, MEL GIBSON, GREGG HENRY, KRIS KRISTOFFERSON, DEBORAH KARA UNGER. ■ Lo sceneggiatore di *L.A. Confidential* e *Ipotesi di complotto* passa dietro la macchina da presa per il remake di *Senza un attimo di tregua* di John Boorman. Porter viene quasi ucciso dalla ex moglie alleata con il suo ex braccio destro. Creduto morto, agisce per recuperare il malloppo che gli è stato sottratto ed elimina tutti i corrotti. Che sono davvero tanti. ■ AZIONE; COL.; 101'; USA, 1999.

PAYCHECK ★★★
Regia di JOHN WOO. Con BEN AFFLECK, AARON ECKHART, COLM FEORE, PAUL GIAMATTI, MICHAEL C. HALL, EMILY HOLMES, KATHRYN MORRIS, JOE MORTON, UMA THURMAN. ■ Michael Jennings è un ingegnere specializzato nell'introdursi in prodotti informatici appena brevettati per rubarne i segreti. È talmente bravo che, per contratto, le ditte che lo assoldano gli cancellano i ricordi di tutto il periodo in cui ha lavorato al progetto. Un giorno la posta si fa più alta: lavorare per il vecchio amico Rethrick ad un progetto segretissimo, per tre anni, in cambio di una quantità di denaro irrifiutabile. Buio. Ritroviamo Jennings, privo di ogni ricordo dei passati tre anni, con un conto in banca azzerato, una bella fidanzata di cui non ricorda che uno sguardo, l'Fbi che lo bracca e gli uomini di Rethrick che vogliono ucciderlo. Dopo una prima parte decisamente avvincente (e come potrebbe non esserlo un film tratto da una qualunque delle idee di Philip K. Dick?) il film si fa prevedibile e a tratti scialbo, nonostante la trama sia un crescendo di rivelazioni, inseguimenti e sparatorie: cosa che da John Woo certo non ci si aspetta. ■ FANTASCIENZA; COL.; USA, 2003.

PAYOFF *(Gomez & Tavarès)* ★★
Regia di GILLES PAQUET-BRENNER. Con GUY AMRAM, STOMY BUGSY, ETIENNE CHICOT, ELÉONORA DONDE, DANIEL DUVAL, PHILIPPE LEMAIRE. ■ Tavares è un giovane e famoso poliziotto corrotto di Marsiglia e nel suo nuovo compagno Gomez trova la virtù e la giustizia. Si ritrovano insieme a dover inseguire le tracce di un pericoloso mafioso. ■ AZIONE; COL.; 109'; FRANCIA, 2003.

PAZ! ★★
Regia di RENATO DE MARIA. Con MAX MAZZOTTA, FLAVIO PISTILLI, FABRIZIA SACCHI, CLAUDIO SANTAMARIA. ■ Paz è la striscia inventata da Andrea Pazienza, morto nel 1988, ed è un cult per gli appassionati di fumetti. Siamo a Bologna, alla fine degli anni Settanta. Tre storie si intrecciano e scorrono parallele durante una sola giornata, dalle quattro del mattino all'alba del giorno successivo. I tre personaggi sono: Pentothal, un artista del Sud molto pigro, Enrico Fiabeschi, studente fuoricorso, Massimo Zanardi, altro studente malandato e quasi cattivo. Le tre storie scorrono parallele senza mai incrociarsi, e raccontano il disagio di quella generazione ed il suo modo di opporsi ad un tipo di società e di vita che non la soddisfa. ■ COMMEDIA; B/N; 102'; ITALIA, 2001.

PAZIENTE INGLESE, IL *(The English Patient)* ★★★★
Regia di ANTHONY MINGHELLA. Con NAVEEN ANDREWS, JULIETTE BINOCHE, NINO CASTELNUOVO, WILLEM DAFOE, RALPH FIENNES, COLIN FIRTH, KRISTIN SCOTT THOMAS. ■ Dal romanzo di Michael Ondaatje, canadese di origini indiane. Africa del Nord, anni di guerra. Il conte ungherese Lazlo de Almasy (Fiennes) viene trasportato morente e sfigurato da un incidente aereo, da un'infermiera (Binoche) che non lo abbandona un solo istante. Il conte le narra del suo passato, del grande amore per Katherine e della tragedia di averla perduta per averla abbandonata ferita nel deserto. Alla fine l'infermiera allevia le sue sofferenze, aiutandolo a morire. I nove Oscar pongono di diritto il titolo in una posizione d'onore nella storia del cinema. Parte della critica lo ha minimizzato perché era diventato di moda, e perché possiede tante prerogative che deve possedere il grande cinema: storia vera e potente, sentimento, natura, avventura, musica e base letteraria ben gestita. È certamente vero che l'intenzione della produzione e del regista era quella della grande opera da notte degli Oscar ed è anche vero che il grande sentimento del deserto resta patrimonio di Lawrence d'Arabia più che del *Paziente*, ma per fortuna c'è ancora qualcuno che si impegna in iniziative del genere. Ricordiamo le nove statuette: film, regista, Binoche (non protagonista), fotografia, scenografia, costumi, montaggio, colonna sonora drammatica, suono. ■ DRAMMATICO; COL.; 160'; USA, 1996. ■ BERLINO 1 PR; GOLDEN GLOBES 2 PR, 7 NOM; OSCAR 9 PR, 12 NOM.

PAZIENZA HA UN LIMITE... NOI NO, LA ★★
Regia di ARMANDO MORANDI. Con SAL BORGESE, BRUNO BOSCHETTI, PETER MARTELL. ■ Un soldato trafuga la cassa del reggimento. La lascia in eredità ai figli i quali, vent'anni dopo, cercano di impadronirsene, nonostante la seria concorrenza (il reggimento e una banda di fuorilegge). Beffano i *desperados*, ma non i militari. Comunque diventeranno ricchi lo stesso. ■ WESTERN; COL.; 93'; ITALIA, 1975.

PAZZA *(Nuts)* ★★★
Regia di MARTIN RITT. Con RICHARD DREYFUSS, KARL MALDEN, BARBRA STREISAND. ■ Una prostituta ha ucciso il suo cliente per legittima difesa. I parenti, timorosi dello scandalo, cercano di evitare un processo dimostrando la sua infermità mentale. Ma la donna si ribella. Lei è perfettamente sana di mente (il babbo adottivo magari ha qualche tara...) e ottiene il proseguimento del dibattito. Da dove uscirà assolta. ■ DRAMMATICO; COL.; 113'; USA, 1987. ■ GOLDEN GLOBES 3 NOM.

PAZZA DI CHAILLOT, LA ★★★
(The Madwoman of Chaillot)
Regia di BRYAN FORBES. Con CHARLES BOYER, YUL BRYNNER, RICHARD CHAMBERLAIN, KATHARINE HEPBURN, OSCAR HOMOLKA, DANNY KAYE, GIULIETTA MASINA, DONALD PLEASENCE. ■ Un gruppo di vip (generali, banchieri, religiosi) ha scoperto il petrolio nel sottosuolo del quartiere di Chaillot a Parigi e fa carte false per ottenere il diritto di trivellare. Al progetto degli speculatori si oppone un'anziana e stravagante donna, chiamata la "pazza di Chaillot", che riuscirà a prendere in trappola i pescecani, a farli processare dai suoi amici accattoni e a rinchiuderli a vita nei sotterranei. Così finiscono gli affaristi delle multinazionali. ■ COMMEDIA; B/N; 132'; USA, 1969.

PAZZA DI GIOIA ★★★
Regia di CARLO LUDOVICO BRAGAGLIA. Con VITTORIO DE SICA, MARIA DENIS. ■ Un impiegato vince un'auto, e per dividere le spese di una gita al mare pubblica un annuncio per cercare un compagno. Risponde una ragazza che però finirà per non viaggiare con lui ma con un amico che ha preso il suo posto e finirà per chiederla in moglie. ■ COMMEDIA; B/N; 91'; ITALIA, 1939.

PAZZA EREDITÀ, LA *(The Smallest Show on Earth)* ★★
Regia di BASIL DEARDEN. Con VIRGINIA MCKENNA, MARGARET RUTHERFORD, PETER SELLERS, BILL TRAVERS. ■ Due sposini ereditano un cinema in una cittadina dell'Inghilterra settentrionale. Ma il cinema è un localino antidiluviano che non può reggere la concorrenza con le sontuose sale situate nella stessa via. Pure, la giovane coppia riuscirà a rilanciarlo con un certo clamore. ■ COMMEDIA; B/N; 80'; GRAN BRETAGNA, 1957.

PAZZA GIORNATA A NEW YORK, UNA ★
(New York minute)
Regia di DENNIE GORDON. Con EUGENE LEVY, ASHLEY OLSEN, MARY-KATE OLSEN, JARED PADALECKI, ANDY RICHTER, RILEY SMITH. ■ Jane e Roxanne Ryan, gemelle diciassettenni, vanno a New York insieme ma per motivi diversi: Jane deve affrontare un colloquio per accedere all'Università di Oxford; Roxy l'accom-

pagna nella speranza di potersi intrufolare sul set di un videoclip di una rock band che le piace molto, e magari fargli avere un suo demo-tape. Le cose non vanno esattamente come programmato, e le due sorelle si perdono nella "jungla d'asfalto" che è New York, vivono pazzesche disavventure e si beccano ognuna il suo colpo di fulmine... Ennesimo *teen movie* di consistenza effimera e sostanza impercettibile, il film punta tutto sulla "simpatia" delle due sorelle (che, a dire il vero, hanno ricevuto, per questo film, una nomination come peggiori attrici dell'anno...), famose star della televisione americana, alle prese con innumerevoli avventure. Al target di riferimento piacerà, tutti gli altri possono tranquillamente starsene alla larga. ■ COMMEDIA; COL.; 91'; USA, 2004.

PAZZA GIORNATA DI VACANZA, UNA ★★
(Ferris Bueller's Day Off)
Regia di JOHN HUGHES. Con MATTHEW BRODERICK, ALAN RUCK, MIA SARA. ■ Proprio una pazza giornata di vacanza quella che architetta lo studente di un liceo americano, Ferris Bueller, bigiando la scuola. Raccontando scuse a tutti, a scuola e ai genitori, sottrae la rossa Ferrari al padre e con la sua ragazza e il suo miglior amico decide di fare una gita verso Chicago. ■ COMMEDIA; COL.; 103'; USA, 1986. ■ GOLDEN GLOBES 1 NOM.

PAZZA PER LA MUSICA *(Mad About Music)* ★★★
Regia di NORMAN TAUROG. Con DEANNA DURBIN, HERBERT MARSHALL, GAIL PATRICK, ARTHUR TREACHER. ■ Una ragazzina orfana di padre vive in un lussuoso collegio svizzero per non rovinare la fresca immagine della madre, attrice cinematografica. Alle amiche ha detto di avere un padre e, per convincerle, affida quel ruolo ad un uomo incontrato per caso alla stazione. Più tardi sarà lui a riunire madre e figlia e a formare, con loro, una nuova famiglia. ■ COMMEDIA; B/N; 98'; USA, 1938. ■ OSCAR 4 NOM.

PAZZA STORIA D'AMORE, UNA *(Blume in Love)* ★★★
Regia di PAUL MAZURSKY. Con SUSAN ANSPACH, KRIS KRISTOFFERSON, MARSHA MASON, GEORGE SEGAL, SHELLEY WINTERS. ■ Il matrimonio di un avvocato è fallito a causa delle continue infedeltà di lui. Ora la ex moglie s'è messa con un musicista fallito, fannullone, drogato, però di buon carattere. L'avvocato parte alla riconquista. Ci riesce in parte. Mette incinta la moglie, la convince a riprendere il *ménage*. Ma di risposarsi, lei non vuol più saperne. ■ COMMEDIA; COL.; 117'; USA, 1973.

PAZZA STORIA DEL MONDO, LA ★★★
(History of the World – Part 1)
Regia di MEL BROOKS. Con MEL BROOKS, DOM DELUISE, MADELINE KAHN. ■ Brooks rivisita con la consueta fantasia sfrenata e fracassona vari episodi della storia del mondo: gli uomini delle caverne, le Sacre Scritture, la vita nell'antica Roma, l'Inquisizione, la Rivoluzione francese. Il tutto tra fulminanti invenzioni irresistibilmente comiche e pesanti cadute di tono. ■ COMICO; COL.; 92'; USA, 1981.

PAZZE DI ME ★
Regia di FAUSTO BRIZZI. Con VALERIA BILELLO, CHIARA FRANCINI, LORETTA GOGGI, FRANCESCO MANDELLI, CLAUDIA ZANELLA. ■ Andrea vorrebbe disperatamente un lavoro fisso e una compagna per la vita. Figlio maschio in una famiglia di femmine (il padre è scappato venticinque anni prima) è vessato da tutte. ■ COMMEDIA; COL.; 90'; ITALIA, 2013.

PAZZI *(Disturbed)* ★
Regia di CHARLES WINKLER. Con MALCOLM MCDOWELL, PRISCILLA POINTER. ■ McDowell, dopo *If* e *Arancia meccanica*, non è più riuscito a liberarsi dal cliché dello psicopatico. In questo film ce ne propone una variante: è uno psichiatra che sottopone a particolari attenzioni donne svenute. ■ THRILLER; COL.; 100'; USA, 1990.

PAZZI A BEVERLY HILLS *(L.A. Story)* ★★
Regia di MICK JACKSON. Con STEVE MARTIN, VICTORIA TENNANT. ■ Pellicola di grande successo popolare che, dopo una partenza mozzafiato sia come ritmo che come numero di battute efficaci, si perde nella seconda parte nella prevedibilità. Steve Martin aiuta comunque a risollevare le sorti con la sua simpatia ed esperienza nel genere. Siamo a Los Angeles ed Harris è il conduttore di una trasmissione televisiva che propone al pubblico le previsioni del tempo in maniera demenziale. Sull'autostrada nota uno strano cartello pubblicitario elettronico che lancia affermazioni e gli pone una domanda. Le cose cominciano a prendere una brutta piega quando scopre che la sua compagna va a letto con il suo agente e il programma fa cilecca come ascolti. A risolvere i problemi giungerà l'amore di una giornalista inglese. ■ COMMEDIA; COL.; 105'; USA, 1990.

PAZZIA DI RE GIORGIO, LA ★★★
(The Madness of King George)
Regia di NICHOLAS HYTNER. Con RUPERT EVERETT, NIGEL HAWTHORNE, IAN HOLM, HELEN MIRREN. ■ Finemente giocato sulla migliore ironia britannica, il film (adattato da un testo teatrale) racconta le vicende di re Giorgio III, vittima di una malattia nervosa che lo porta ad alternare lucidità e follia. Forse le parentesi di pazzia sono un prodotto dell'eccesso di responsabilità imposto dal ruolo di monarca. Fatto sta che, se il re non è affidabile, si deve cercare un successore, il che scatena strategie sotterranee tra i rivali per la corsa al trono. E mentre questi tramano, le simpatie dello spettatore vanno al sovrano impazzito, ottimamente interpretato da Nigel Hawthorne. ■ COMMEDIA; COL.; 108'; GRAN BRETAGNA, USA, 1995. ■ CANNES 1 PR; OSCAR 1 PR, 4 NOM.

PAZZI BORGHESI *(Les Folies Bourgeois)* ★★
Regia di CLAUDE CHABROL. Con STÉPHANE AUDRAN, JEAN-PIERRE CASSEL, BRUCE DERN. ■ La moglie di uno scrittore americano a Parigi lo tradisce con il suo editore. Costui però non sembra limitare alla bella donna le sue effusioni. Nel suo mirino di dongiovanni pare esserci anche una provocante ragazza. La moglie dello scrittore paga un detective per saperne di più, ma scopre che la ragazza ha sì un amante, ma costui è lo scrittore! ■ COMMEDIA; COL.; 105'; FRANCIA, 1977.

PAZZI DA LEGARE *(Armed and Dangerous)* ★★
Regia di MARCK L. LESTER. Con JOHN CANDY, ROBERT LOGGIA, MEG RYAN. ■ Un poliziotto e un avvocato, pasticcioni e pusillanimi, vengono caldamente pregati di cambiar mestiere. Si ritrovano tutt'e due a un corso per guardie private, dove si diplomano fortunosamente. Gli inizi sono disastrosi, ma alla fine riescono a venire a capo di una serie di rapine attuate con la complicità del loro stesso comandante. ■ COMICO; COL.; 88'; USA, 1986.

PAZZIE DI GIOVENTÙ *(Fresh Horses)* ★★
Regia di DAVID ANSPAUGH. Con PATTI D'ARBANVILLE, ANDREW MCCARTHY, MOLLY RINGWALD. ■ È la storia di Matt, un giovane ormai proiettato verso un chiaro e pianificato futuro da un fidanzamento con una ricca ragazza e da una salda carriera; Matt decide di accettare un invito a un party di ragazzi di ceto inferiore al suo, e da lì tutto cambia. Conosce Jewel, una ragazzina ben più giovane di lui, e viene travolto da una passione che davvero gli cambia la vita. Tratto da una bella commedia di Larry Ketron, il soggetto è stato malamente tradotto in cinema; la regia sembra quasi non esserci, i toni sono troppo melodrammatici. ■ COMMEDIA; COL.; 106'; USA, 1988.

PAZZI IN ALABAMA *(Crazy in Alabama)* ★★★
Regia di ANTONIO BANDERAS. Con MELANIE GRIFFITH, MEAT LOAF, ROD STEIGER, DAVID MORSE, CATHY MORIARTY, RICHARD SCHIFF. ■ Banderas passa alla regia alla grande con questo film fatto per Melanie (sua moglie dal 1997). Al calor bianco dell'Alabama, Stato del Sud, una storia decisamente convincente, che va vista, non raccontata. Griffith fa la star, è ben diretta, non eccede e regge il confronto con gente come Steiger. C'è un vago retrogusto alla Tennesse Williams, che non guasta affatto. Il grande cinema anni Cinquanta viene rivisitato con i sapori di fine millennio. La direzione degli attori è da segnalare. ■ AZIONE; COL.; 109'; USA, 1999.

PAZZI PER MOZART *(Cosi)* ★★★
Regia di MARK JOFFE. Con TONI COLLETTE, RACHEL GRIFFITHS, BEN MENDELSOHN, PAUL MERCURIO, BARRY OTTO, GRETA SCACCHI, ADEN YOUNG. ■ Un ospedale psichiatrico australiano e la messa in scena "terapeutica" di *Così fan tutte* di Mozart. Peccato che nessuno sappia cantare né parli l'italiano. Tratto da una commedia teatrale di successo, non sfigura al con-

fronto con titoli più “gettonati”. ■ COMMEDIA; COL.; 110′; AUSTRALIA, 1999.

PAZZI, PUPE E PILLOLE *(The Disorderly Orderly)* ★★★
Regia di FRANK TASHLIN. Con GLENDA FARRELL, JERRY LEWIS, SUSAN OLIVER, KAREN SHARPE, EVERETT SLOANE. ■ Jerome è infermiere in una clinica. Pieno di cuore e di voglia di rendersi utile, è, purtroppo, molto maldestro e confusionario. Non si contano i guai che semina nell'ospedale, i malati che si aggravano per causa sua, i pasticci alla mensa. Pure, riuscirà a rendersi ugualmente utile: salverà una bella che ha tentato il suicidio. La bella, grata, lo sposerà. ■ COMICO; COL.; 90′; USA, 1964.

PAZZO D'AMORE ★★
Regia di GIACOMO GENTILOMO. Con TINA DE MOLA, RENATO RASCEL, TINO SCOTTI, PIETRO TORDI. ■ Due vagabondi, uno alto e uno basso, vanno alla ricerca di un tesoro. Giunti alla fatidica isola scoprono di essere stati bidonati. Il piccoletto però avrà la soddisfazione di conquistare l'amore di una bella ragazza. ■ COMICO; B/N; 90′; ITALIA, 1942.

PAZZO D'AMORE ★★★
Regia di MARIANO LAURENTI. Con ANTONIO ALLOCCA, LUCIANO CALDORE, LAURA CHIATTI, MARISA MERLINI, ADRIANA RUSSO. ■ Roberta e Marco si amano di nascosto dai genitori. Riescono a convincerli a trascorrere le vacanze in un villaggio sulla costa calabra e tutti saranno felici e contenti. Laurenti era meglio quando era peggio (almeno non ci faceva mancare la scena della doccia.) ■ COMMEDIA; COL.; 121′; ITALIA, 1999.

PAZZO DI TE *(Mad About You)* ★
Regia di LORENZO DOUMANI. Con CLAUDIA CHRISTIAN, JOSEPH GIAN, ADAM WEST. ■ Lei è bella e ricca ma ama un giovane rocker senza un soldo. Pertanto il padre la obbliga a frequentare ambienti di ben altro livello rispetto ai locali in cui l'aspirante pop-star si esibisce con il suo complesso. Lieto fine, ovviamente, per una favola anonima quanto il suo regista. ■ COMMEDIA; COL.; 92′; USA, 1989.

PAZZO DI TE! *(Down to You)* ★
Regia di KRIS ISACSSON. Con SELMA BLAIR, SHAWN HATOSY, ZAK ORTH, FREDDIE PRINZE JR., JULIA STILES. ■ Due compagni di college: lui vuole diventare cuoco, lei ama lui, i dolci e l'arte. Si amano con personaggi di contorno. Tutto qui. Come vuole l'ormai esaurito filone scolastico-sentimentale made in Usa. ■ COMMEDIA; COL.; 92′; USA, 2000.

PAZZO, PAZZO WEST *(Hearts of the West)* ★★★
Regia di HOWARD ZIEFF. Con ALAN ARKIN, JEFF BRIDGES, BLYTHE DANNER, ANDY GRIFFITH, DONALD PLEASENCE. ■ Un giovanotto di belle speranze vuole diventare uno scrittore di romanzi del West come il suo idolo Zane Grey e va in California in cerca di ispirazione. Diventa invece un attore nei primi “cappelloni” della storia del cinema. Tuttavia riuscirà a realizzare il suo sogno (anche per l'intervento di un autentico ex grande cowboy – ora ridotto a semplice comparsa – che lo salva a pistolettate da due rapinatori) e a sposare la bella segretaria di produzione. ■ COMMEDIA; COL.; 102′; USA, 1976.

PAZZO PER LA MUSICA *(Josette)* ★★
Regia di CHRISTIAN-JAQUE. Con JOSETTE CONTANDIN, FERNANDEL, JACQUELINE PRÉVOT. ■ Il protagonista è un girovago tutto cuore che prende con sé una bambina abbandonata dalla madre e poi un vecchietto male in arnese. Ma il vecchietto è un miliardario in incognito che restituisce il bene fattogli. Fa scritturare il girovago, trova una casa con tutti i comfort e poi la mamma per la piccina. ■ COMMEDIA; B/N; 90′; FRANCIA, 1936.

PAZZO PER LE DONNE *(Girl Happy)* ★★
Regia di BORIS SAGAL. Con GARY CROSBY, SHELLEY FABARES, ELVIS PRESLEY, HAROLD J. STONE. ■ Protagonista è un cantante di night club che vorrebbe passare qualche simpatica settimana in un luogo di villeggiatura. Il suo datore di lavoro, una losca figura, gliela accorda a patto che faccia da *chaperon* alla figlia adolescente che si reca nella medesima località, insieme ad alcune compagne di scuola. Il cantante accetta un po' malvolentieri e sulle prime fatica un po'ad allontanare i mosconi dalla ragazza. Quando ci riesce si accorge di essere moscone pure lui. Cioè s'innamora della fanciulla, la corteggia e la sposa. ■ COMM. MUSICALE; B/N; 96′; USA, 1965.

PAZZO VA ALLA GUERRA, UN *(Caught in the Draft)* ★★★
Regia di DAVID BUTLER. Con BOB HOPE, DOROTHY LAMOUR, LYNNE OVERMAN. ■ Un attore di Hollywood non vuol fare il militare (siamo all'indomani di Pearl Harbor), perciò si fidanza con la figlia di un colonnello, avendo saputo che gli uomini sposati potranno essere esentati. Ma la ragazza lo tratta da codardo e l'attore, piccato, decide di offrirsi volontario. Dopo una serie di balordaggini, gli riuscirà persino l'atto eroico che gli procurerà le lodi dei superiori e l'affetto imperituro della ragazza. ■ COMICO; B/N; 82′; USA, 1941.

P2 STORY ★★★
Regia di GIUSEPPE FERRARA. Con STEFANO SATTA FLORES. ■ Come nasce la “famigerata” P2, chi sono i suoi membri, che cosa si prefiggono politicamente e socialmente? È quello che cerca di spiegare questo film che per la ricostruzione di fatti e personaggi si basa sulle rivelazioni di alcuni membri della commissione parlamentare d'inchiesta e sulla lettura della relazione Anselmi. Inchiesta televisiva in quattro puntate. Ultimo lavoro per Satta Flores scomparso a soli 48 anni nel 1985. ■ DRAMMATICO; COL.; 60′; ITALIA, 1985.

PEACEKEEPER – IL PACIFICATORE, THE ★★
(The Peacekeeper)
Regia di FREDERIC FORESTIER. Con DOLPH LUNDGREN, MICHAEL SARRAZIN, ROY SCHEIDER, MONTEL WILLIAMS. ■ Il Presidente degli Stati Uniti sta per celebrare il “Veterans Day” mentre un gruppo di terroristi gli ruba la valigetta con i codici nucleari e lo invita a suicidarsi se non vuole un olocausto nucleare. Lundgren continua a fare se stesso e Scheider deve accontentarsi di ruoli che non rendono giustizia alle sue capacità. ■ THRILLER; COL.; 96′; CANADA, USA, 1997.

PEACEMAKER, THE ★★
Regia di MIMI LEDER. Con ALEXANDER BALUEV, GEORGE CLOONEY, NICOLE KIDMAN. ■ La complicata situazione della nuova Russia favorisce il contrabbando nucleare. La Kidman è il capo del gruppo (della Casa Bianca) che si occupa appunto del contrabbando, Clooney un colonnello molto deciso. Alla fine trovano la bomba che doveva far saltare New York, era nelle mani di uno jugoslavo reso pazzo dalla morte dei suoi cari. Tutto assolutamente già visto. La Kidman è davvero troppo bella e perfetta per qualsiasi ruolo credibile. Trattasi della prima produzione della Dreamworks, la nuova major creata da Spielberg e alcuni suoi amici. Dovrebbe essere un'alternativa alle Case storiche come la Paramount, la Warner eccetera. ■ THRILLER; COL.; 123′; USA, 1997.

PEARL HARBOR ★★★
Regia di MICHAEL BAY. Con BEN AFFLECK, KATE BECKINSALE, CUBA GOODING JR., JOSH HARTNETT, MICHAEL KAPLAN, JON VOIGHT, ALEC BALDWIN, TOM SIZEMORE, GREG ZOLA. ■ Il 7 dicembre del 1941 il Giappone attaccò Pearl Harbor, nelle Hawaii, e distrusse gran parte della flotta americana. Gli Usa incassarono il durissimo e proditorio colpo ed entrarono in guerra. Buona parte del film racconta l'attacco a Pearl, con un dispiego di mezzi come non si era mai visto, e anche con un buon risultato di verità. È, decisamente, la parte migliore del film. Così com'è trascinante e corretto anche l'attacco di ritorsione degli Usa su Tokyo, nel 1942. Il privato è invece incentrato sulle vite di Rafe (Affleck) e Danny (Hartnett) che vediamo, ancora bambini, baloccarsi su un vecchio biplano, poi diventare piloti e infine innamorarsi della stessa donna. Non solo è il film più costoso della storia del cinema, ma è anche il più patinato. Il regista e produttore non riesce mai ad emanciparsi da un disperato, ultrapiatto convenzionale, salvo, come detto, per le scene di azione dove vale più il computer del regista. Si fa tentare dalla creatività nella cruenta scena dell'ospedale dove il patinato viene sostituito dallo... sfuocato. Una mezzoretta in meno avrebbe certamente giovato al film. Buona valutazione solo per la fase spettacolare. ■ GUERRA; COL.; 160′; USA, 2001. ■ GOLDEN GLOBES 2 NOM; OSCAR 1 PR, 4 NOM.

PEARL JAM TWENTY ★★
Regia di CAMERON CROWE. Con JEFF AMENT, CHRIS CORNELL,

STONE GOSSARD, LAYNE STALEY, EDDIE VEDDER. ■ Nascita e gloria dei Pearl Jam, rock band tra le più influenti degli anni Novanta che, insieme a Nirvana, Soundgarden e Alice in Chains, contribuì alla nascita del fenomeno grunge. Dalle ceneri dei Mother Love Bone, di cui facevano parte il chitarrista ritmico Stone Gossard e il bassista Jeff Ament, all'incontro con il solista Mike McCready e poi con il cantante Eddie Vedder, il documentario analizza i momenti salienti della costituzione del gruppo, il successo planetario dell'album *Ten*, i nove album in studio e i sessanta milioni di copie vendute. Passando in rassegna più di un migliaio d'ore di filmati e nuove interviste rilasciate ad hoc, Cameron Crowe plasma un potente omaggio a metà tra ritratto affettuoso e classica impostazione documentaria. ■ DOCUMENTARIO; COL.; 90′; USA, 2011.

PECCATI ★★
Regia di DOUGLAS HICKOX. Con JEAN-PIERRE AUMONT, JOAN COLLINS, GIANCARLO GIANNINI, CATHERINE MARY STEWART. ■ Helena Junot è una ricchissima fotomodella e una donna d'affari di successo. Eppure, dietro questa idilliaca facciata si nasconde un'adolescenza durissima vissuta attraverso le brutture della guerra e una volontà feroce di sopravvivere prima, di affermarsi poi, accompagnata da un incrollabile proposito di vendetta. ■ DRAMMATICO; COL.; 96′; USA, 1986.

PECCATI A VENEZIA ★
Regia di AMASI DAMIANI. Con GIANNI DEI, LEONORA FANI, MARISA MELL. ■ Una donna non più giovanissima ma affascinante si lascia invischiare in un'infelice storia d'amore e di passione, complice l'atmosfera di una Venezia piena di mistero e di un languore d'altri tempi. ■ DRAMMATICO; COL.; 90′; ITALIA, 1981.

PECCATI D'AMORE *(Die unhuringen Madchen)* ★★
Regia di GÉZA VON BOLVÀRY. Con HANS HOLT, KATHE VON NAGY. ■ Quattro ragazze compagne di liceo rimangono unite anche dopo la fine del periodo scolastico. Una di loro viene sedotta e abbandonata da uno scrittore. Si metterebbe anche il cuore in pace, ma viene a sapere che il dongiovanni sta per compiere lo stesso servizio a una delle sue amiche. Allora lo affronta e lo ferisce. Va in galera, ma intanto l'uomo si è pentito delle sue malefatte e così la scagiona facendola liberare. ■ DRAMMATICO; B/N; 92′; AUSTRIA, 1938.

PECCATI D'ESTATE ★★
Regia di GIORGIO BIANCHI. Con MARIO CAROTENUTO, MARK DAMON, DORIAN GRAY, DANIELA ROCCA. ■ Un industriale milanese ha un debole per le avventure extraconiugali. La moglie, venuta a conoscenza delle sue scappatelle, decide di rendergli pan per focaccia. Si mette a fare vita mondana, accetta la corte di un fusto. Il marito, ingelosito, si convertirà alla vita casalinga, riuscendo in questo modo a riconquistare la sua bella consorte. ■ COMMEDIA; COL.; 95′; ITALIA, 1962.

PECCATI DI GIOVENTÙ ★★
Regia di SILVIO AMADIO. Con GLORIA GUIDA, DAGMAR LASSANDER, FRED ROBSHAM, SILVANO TRANQUILLI. ■ Un vedovo medita di risposarsi, ma la figliola adolescente, legata al padre da morboso affetto, non può soffrire la futura matrigna e medita d'inguaiarla. Venuta a conoscenza di un'oscura vicenda saffica nel passato della donna, la stuzzica riuscendo a farla fotografare in pose compromettenti. La donna, sconvolta, fugge e muore. ■ DRAMMATICO; COL.; 90′; ITALIA, 1975.

PECCATI DI MADAME BOVARY, I ★
Regia di HANS SCOTT SCHOBINGER. Con PETER CARSTEN, EDWIGE FENECH, FRANCO RESSEL. ■ Versione molto erotica, a beneficio della esordiente Edwige Fenech, del romanzo di Flaubert. Emma va in moglie a un medico di provincia, ma lo tradisce con l'aristocratico Rodolfo e con lo scrivano Leon. ■ EROTICO; COL.; 91′; ITALIA, 1969.

PECCATI DI UNA MONACA – LA NOVIZIA, I ★★
(Ines de Villalonga 1870 – La novicia)
Regia di JAIME JESUS BALCAZAR. Con TONY MAROGNO, GLORIA MARTIN, MARIA REY, MONICA ZANCHI. ■ La giovane Ines, come altre nobili fanciulle dell'Ottocento, finisce in convento anche se non è d'accordo. Si innamora del fratello di una compagna e per un attimo si illude di poter sfuggire al suo destino, ma la morte del giovane la riporta in convento. ■ DRAMMATICO; COL.; 92′; SPAGNA, 1978.

PECCATI IN FAMIGLIA ★★
Regia di BRUNO A. GABURRO. Con RENZO MONTAGNANI, MICHELE PLACIDO, SIMONETTA STEFANELLI, JENNY TAMBURI. ■ Un giovanotto del Sud s'installa in una villa del Piacentino di proprietà dello zio industriale. Fa sue tutte le donne di casa (la zia, la cugina, la fantesca) in modo che alla morte dello zio diverrà il padrone di tutto (e di tutte). ■ COMMEDIA; COL.; 97′; ITALIA, 1975.

PECCATI, JEANS E... *(The Pom-Pom Girls)* ★★
Regia di JOSEPH RUBEN. Con JENNIFER ASHLEY, ROBERT CARRADINE, MICHAEL MULLINS. ■ Le avventure goliardiche e sportive degli studenti di due college americani, Rosadle e Hardin. I ragazzi sono impegnati negli allenamenti, ma soprattutto a cercar di sedurre le provocanti ragazze pon-pon. ■ COMMEDIA; COL.; 90′; USA, 1976.

PECCATO *(Beyond the Forest)* ★★★
Regia di KING VIDOR. Con DAVIS BRIAN, JOSEPH COTTEN, BETTE DAVIS, RUTH ROMAN. ■ Nel profondo Sud, una donna di quarant'anni nevrotica e passionale tradisce il marito. L'amante, un riccone di Chicago, le offre il matrimonio, ma la donna è incinta e ha paura di rivelarglielo per non perderlo. Ma si ferisce gravemente e muore all'ospedale per le ferite, nonostante le cure del marito medico. ■ DRAMMATICO; B/N; 96′; USA, 1949. ■ OSCAR 1 NOM.

PECCATO, IL *(Noche de verano)* ★★
Regia di JORGE GRAU. Con MARIA CUADRA, UMBERTO ORSINI, FRANCISCO RABAL, GIAN MARIA VOLONTÉ. ■ Tre giovani coppie sono messe alla prova una sera durante la festa spagnola della Verbena. Un uomo sposato è stufo della moglie e vorrebbe mettersi con la cognata, ma costei è già felicemente maritata. Intanto un giovane operaio lascia la dolce fidanzata per unirsi a una fatalona che certo lo distoglierà dal lavoro e dalle responsabilità. ■ COMMEDIA; B/N; 124′; ITALIA, SPAGNA, 1962.

PECCATO, IL *(Good Luck, Miss Wycoff)* ★★
Regia di MARVIN J. CHOMSKY. Con ANNE HEYWOOD, DONALD PLEASENCE, ROBERT VAUGHN. ■ Una bella donna, repressa e inibita, ha la sua prima esperienza sessuale a 35 anni, ma purtroppo è una violenza carnale da parte di un nero. Inutili sono i tentativi di due psichiatri di far riprendere la donna dal trauma. ■ DRAMMATICO; B/N; 105′; USA, 1979.

PECCATO CARNALE *(La révélation)* ★★
Regia di ALAIN LAVALLE. Con OLGA GEORGES-PICOT, JULIET MILLS, SADY REBOT. ■ Una bella signora borghese che non s'è mai concessa avventure extraconiugali, durante una assenza del marito si lascia convincere da un'amica molto disinvolta a partecipare a un sexy-party. Va con un fusto e lì per lì s'innamora anche. Poi si pente e torna a casa. ■ DRAMMATICO; COL.; 78′; FRANCIA, 1972.

PECCATO CHE SIA FEMMINA *(Gazon maudit)* ★★★
Regia di JOSIANE BALASKO. Con VICTORIA ABRIL, JOSIANE BALASKO, MIGUEL BOSÈ, ALAIN CHABAT. ■ Delusa dal matrimonio solo apparentemente felice con l'infedele Laurent, Loli cede al corteggiamento della camionista lesbica Marijo. Con lei trova l'amore che il marito le nega e, per non distruggere la famiglia, tenta un *ménage* a giorni alterni. Ma non è detto che un triangolo debba avere solamente tre lati. Buon ritmo e buoni dialoghi per una commedia scritta, diretta e interpretata da Josiane Balasko. ■ COMMEDIA; COL.; 105′; FRANCIA, 1995. ■ GOLDEN GLOBES 1 NOM.

PECCATO CHE SIA MASCHIO *(Echte Kerle)* ★★
Regia di ROLF SILBER. Con TIM BERGMANN, RUDOLF KOWALSKI DIETER, CHRISTOPH M. OHRT, OLIVER STOKOWSKI, CARIN C. TIETZE. ■ Christoph è un poliziotto macho che dopo una notte allegra si risveglia con a fianco, nel letto, il fascinoso Edgar che si è innamorato di lui. Sul lavoro è invece Helen a interessarsi a lui. Ma il dubbio che si affaccia è inevitabile: quale sesso preferisce veramente? Commedia che vorrebbe essere brillante. ■ COMMEDIA; COL.; 102′; GERMANIA, 1996.

PECCATO CHE SIA UNA CANAGLIA ★★
Regia di ALESSANDRO BLASETTI. Con VITTORIO DE SICA, SOPHIA LOREN, MARCELLO MASTROIANNI. ■ Un tassinaro si innamora di una bella ragazza, figlia di un ladro e ladruncola pure lei. Lui cerca di redimerla, ma lei gli fa fare una serie di brutte figure. Alla fine, dopo una burrascosa spiegazione in guardina, l'amore trionfa. ■ COMMEDIA; B/N; 93'; ITALIA, 1955.

PECCATO D'AMORE *(Lady Caroline Lamb)* ★★
Regia di ROBERT BOLT. Con RICHARD CHAMBERLAIN, JON FINCH, MARGARET LEIGHTON, SARAH MILES. ■ Sposata con un giovane e brillante uomo politico inglese, Lady Caroline Lamb s'innamora pazzamente del poeta George Byron. Per lui sopporta umiliazioni pubbliche e private, arrivando sull'orlo della follia. Il marito se la riprende, ma lei, convintasi che può solo danneggiare la carriera del consorte, se ne va, questa volta da sola. ■ STORICO; COL.; 118'; GRAN BRETAGNA, 1972.

PECCATO DEGLI ANNI VERDI, IL ★★
Regia di LEOPOLDO TRIESTE. Con MAURICE RONET, ALIDA VALLI, MARIE VERSINI. ■ Un giovane bene seduce una liceale. Questa non sopporta lo stato di sedotta e abbandonata. Lo affronta a muso duro e gli chiede il risarcimento danni. Stupore, indignazione, e poi un ripensamento da parte del playboy che le propone il matrimonio. Ma è la fanciulla che, passato l'innamoramento, rifiuta la sistemazione. ■ DRAMMATICO; B/N; 92'; ITALIA, 1960.

PECCATO DI ADAMO ED EVA, IL ★★
(El pecato de Adan y Eva)
Regia di MIGUEL ZACHARIAS. Con EVA KANDY, GEORGES RIVIÈRE. ■ È la storia di Adamo ed Eva, dalla creazione alla tentazione del serpente, alla cacciata dal Paradiso terrestre. Solo il finale si discosta dalla tradizione. Adamo e compagna raggiungono la felicità da comuni mortali, lavorando e facendo l'amore. ■ DRAMMATICO; COL.; 90'; MESSICO, 1965.

PECCATO DI ANNA, IL ★★
Regia di CAMILLO MASTROCINQUE. Con BEN JOHNSON, ANNA VITA. ■ Una bella bionda s'innamora di un famoso attore nero, venuto in Italia a recitare *Otello*. Ma il tutore della ragazza è contrario e sparge calunnie sul conto dell'artista. Questi, in un accesso di collera, lo aggredisce e crede di averlo ucciso. Per fortuna, il tutore se l'è cavata. La bionda e il nero si sposano. ■ DRAMMATICO; B/N; 91'; ITALIA, 1952.

PECCATO DI CASTITÀ ★★
Regia di GIANNI FRANCIOLINI. Con ANTONIO CIFARIELLO, FRANCO FABRIZI, GIOVANNA RALLI, ALBERTO TALEGALLI. ■ Una sposina ha fatto voto (temporaneo, comunque) di castità. Perciò fa diventare matto il giovane marito che vorrebbe consumare. Il viaggio di nozze è costellato dalle *avances* del poverino e dalle precipitose ritirate della ragazza, che ricorre ai pretesti più folli per ritardare il momento fatidico. Giunge persino a coinvolgere un'altra coppia che invece ha ogni intenzione di arrivare al sodo il più presto possibile. Alla fine tutto si chiarisce: la sposina finalmente s'arrende. ■ COMMEDIA; B/N; 100'; ITALIA, 1957.

PECCATO DI GIOVENTÙ *(Péché de jeunesse)* ★★
Regia di LOUIS DUCHESNE. Con RENÉ DARY, AGNÈS LAURENT, MADELEINE ROBINSON, GIL VIDAL. ■ La proprietaria di una pensione ha un affetto morboso per il figlio, unica consolazione rimastale dopo l'abbandono da parte del marito. Perciò non è molto contenta quando il giovane inizia una relazione con una coetanea. La fanciulla rimane incinta. Il giovane litiga ferocemente con la madre e poi parte con la ragazza e la creatura che deve nascere. La genitrice rimarrà sola. ■ DRAMMATICO; B/N; 79'; FRANCIA, 1958.

PECCATO DI GIULIETTA, IL *(Juliette)* ★★★
Regia di MARC ALLÉGRET. Con NICOLE BERGER, JEAN MARAIS, JEANNE MOREAU, DANY ROBIN. ■ Una ragazza di vent'anni in viaggio per sposare un maturo aristocratico conosce in treno un fascinoso e giovane avvocato e, a causa sua, perde la coincidenza. L'avvocato la ospita cortesemente e senza secondi fini in casa sua per una notte. Ma all'innocenza della cosa non crede nessuno, né la fidanzata dell'avvocato, né i parenti della fanciulla. Poco male: i due intanto si sono innamorati e regolarizzeranno (se così si può dire). ■ COMMEDIA; B/N; 99'; FRANCIA, 1954.

PECCATO DI LADY CONSIDINE - SOTTO IL CAPRICORNO, IL *(Under Capricorn)* ★★★
Regia di ALFRED HITCHCOCK. Con INGRID BERGMAN, JOSEPH COTTEN, MARGARET LEIGHTON, MICHAEL WILDING. ■ Un giovane inglese giunto in Australia verso il 1830 conosce la misteriosa Lady Considine, una nobile che è fuggita con uno stalliere il quale per amor suo ha commesso un omicidio. L'uomo è stato condannato alla deportazione in colonia e la moglie lo ha seguito. Ormai indifferente al marito, è divenuta alcolizzata. L'invidiosa governante dei Considine mette il giovane in cattiva luce presso il padrone di casa. Si sfiorerà la tragedia, ma poi la drammatica storia si concluderà positivamente. ■ DRAMMATICO; COL.; 117'; GRAN BRETAGNA, 1949.

PECCATO DI LILIAN DAY, IL *(The Lady of Secrets)* ★★
Regia di MARION GERING. Con LIONEL ALTWILL, RUTH CHATTERTON. ■ Un ragazzo muore in guerra e la sua fidanzata deve affrontare lo scandalo della figlia illegittima. La sua famiglia rimedia facendola passare per sua sorella minore. Anni dopo, la bambina sposerà l'uomo di cui è innamorata rifiutando un vantaggioso partito che diventerà marito della madre. ■ DRAMMATICO; B/N; 73'; USA, 1936.

PECCATO DI LOLA, IL ★
Regia di BRUNO A. GABURRO. Con SCOTT COFFEY, DONATELLA DAMIANI, GABRIELE TINTI. ■ Un sedicenne si ritrova solo in casa con il cameriere Agus e la procace governante Lola. Quando quest'ultima muore, il ragazzo si lascia ingenuamente coinvolgere in un assurdo ricatto, ma, alla fine, scopre i colpevoli e li uccide. ■ THRILLER; COL.; 90'; ITALIA, 1984.

PECCATO DI PAPÀ, IL *(Der ungetrue Eckehart)* ★★
Regia di HUBERT MARISCHKA, K.E. WALTER. Con LUCIE ENGLISCH, THEO LINGEN, HANS MOSER. ■ Un buon padre di famiglia in viaggio scambia senza saperlo la propria valigia con quella di un'attrice di varietà. L'errore dà luogo a una girandola di equivoci, poiché il poveraccio viene sospettato di una relazione extraconiugale. Poi tutto si chiarisce. ■ COMMEDIA; B/N; 93'; AUSTRIA, 1940.

PECCATO DI ROGELIA SANCHEZ, IL ★
Regia di CARLO BORGHESIO. Con JUAN DE LANDA, GERMAINE MONTERO. ■ La moglie di un uomo finito in galera per un delitto di gelosia accetta di convivere con un altro. Poco dopo lo lascia perché si rende conto di rappresentare un impedimento per la sua carriera. Torna dal marito fino a quando lui muore accidentalmente. La donna, finalmente libera, si risposa con l'amato. ■ DRAMMATICO; B/N; 94'; ITALIA, 1939.

PECCATO MORTALE *(Roses rouges et pimentes verts)* ★★
Regia di ROVIRA BELETA. Con SUSAN HAMPSHIRE, GINA LOLLOBRIGIDA, RENAUD VERLEY. ■ Un giovane spagnolo, consumato da morbosa passione per la madre rimasta vedova, passa da una donna all'altra all'unico scopo di sfruttarle e di fornire soldi alla mamma spendacciona. Arriverà a sposare una miliardaria svitata e a regalare una villa alla genitrice. ■ DRAMMATICO; B/N; 90'; FRANCIA, 1973.

PECCATO ORIGINALE *(Sins of the Mather)* ★
Regia di JOHN PATTERSON. Con HEATHER FAIRFIELD, DALE MIDKIFF, ELIZABETH MONTGOMERY. ■ Ecco cosa succede quando l'amore patologicamente soffocante di una madre (Elizabeth Montgomery) si somma a un'educazione dispotica e morbosamente preoccupata del sesso: il figlio si mette a odiare le donne, diventando un pericoloso maniaco e un violentatore. ■ THRILLER; COL.; 100'; USA, 1991.

PECCATORE DI TAHITI, IL *(The Tuttles of Tahiti)* ★★★
Regia di CHARLES VIDOR. Con PEGGY DRAKE, JON HALL, CHARLES LAUGHTON. ■ I Tuttle, una famiglia di Tahiti, sono brava gente, ma non sanno che cos'è la previdenza e sono sempre carichi di debiti e a chieder soldi. Quando, per un debito di gioco (lotta di galli), il creditore principale fa mettere un'ipoteca sulla loro casa, i giovani Tuttle si danno alla pesca. Trovano un battello abbandonato, si arricchiscono, ma sperperano tutto con allegra follia. Ritroveranno *in extremis* la cifra per pagare i loro debiti. ■ COMMEDIA; B/N; 91'; USA, 1953.

PECCATORI *(Sinners in the Sun)* ★★
Regia di ALEXANDER HALL. Con CARY GRANT, CAROLE LOMBARD, CHESTER MORRIS. ■ Una specie di antenato delle moderne *soap opera*. In una spiaggia della California, vanno e vengono molte coppie di ricchi. E qualcuna di poveri. Le difficoltà economiche portano alla rottura due sposini e al coinvolgimento dell'uomo in affari poco puliti. Poi la coppia si ricompone. ■ DRAMMATICO; B/N; 92′; USA, 1932.

PECCATORI ★
Regia di FLAVIO CALZAVARA. Con RENATO BOSSI, NINO CRISMAN, ELENA ZARESCHI. ■ Si tratta di uno dei pochissimi film girati in Italia settentrionale dopo l'8 settembre 1943, durante la Repubblica di Salò. ■ DRAMMATICO; B/N; 94′; ITALIA, 1944.

PECCATORI DELLA FORESTA NERA, I ★★
(La chambre ardente)
Regia di JULIEN DUVIVIER. Con JEAN-CLAUDE BRIALY, NADIA TILLER. ■ Qual è la causa della morte del proprietario dell'antico castello? Il medico dice infarto, ma i nipoti, avidi dell'eredità, si accusano a vicenda. Anche per loro il destino è nero: da secoli sono vittime della maledizione-vendetta dell'antica possidente, una marchesa denunciata per stregoneria e arsa viva. Il delatore era suo amante e tutti i suoi discendenti hanno avuto regolarmente una morte violenta: alla maledizione non si sfugge nemmeno nel ventesimo secolo. ■ DRAMMATICO; B/N; 93′; ITALIA, 1961.

PECCATORI DELLE HAWAII *(L'ambitieuse)* ★★
Regia di YVES ALLÉGRET. Con RICHARD BASEHART, EDMOND O'BRIEN, ANDRÉA PARISY. ■ Georges e Dominique, due coniugi francesi che vivono alle Hawaii, si impossessano con un raggiro della concessione della miniera dell'industriale Boucaille. Vanno poi in Francia, dove Georges si innamora di una sua cugina. Ma Boucaille, che nutre una forte passione per Dominique, fa in modo che questa scopra il tradimento del marito. I due coniugi si uccideranno a vicenda. ■ DRAMMATICO; COL.; 95′; FRANCIA, ITALIA, 1959.

PECCATORI DI PEYTON, I *(Peyton Place)* ★★★
Regia di MARK ROBSON. Con ARTHUR KENNEDY, HOPE LANGE, LEE PHILIPS, RUSS TAMBLYN, LANA TURNER, DIANE VARSI. ■ Un uomo alcolizzato e brutale violenta una ragazza in una cittadina del New England. È uno dei tanti drammi spaventosi che si nascondono nelle pieghe della vita apparentemente tranquilla e serena dei piccoli centri della provincia americana e che non sempre l'ipocrisia o l'amore del quieto vivere riescono a nascondere. A questo "peccato" palese se ne intrecciano altri, tenuti nascosti: tradimenti, vizi, invidie, violenze. ■ DRAMMATICO; COL.; 157′; USA, 1957. ■ OSCAR 7 NOM.

PECCATORI DI PROVINCIA ★
Regia di TIZIANO LONGO. Con FEMI BENUSSI, MACHA MÉRIL, RENZO MONTAGNANI. ■ Un riccone lascia la sua eredità alla figlia suora. I parenti vorrebbero prendersi i soldi, ma la religiosa li lascia a un giovane disinteressato. ■ EROTICO; COL.; 90′; ITALIA, 1976.

PECCATORI GUARDANO IL CIELO, I ★★★
(Crime et châtiment)
Regia di GEORGES LAMPIN. Con JEAN GABIN, ULLA JACOBSSON, MARINA VLADY. ■ È la trasposizione di *Delitto e castigo* agli anni Cinquanta. Borghese di sentimenti umanitari, il giovane René vorrebbe ribellarsi alle ingiustizie sociali che opprimono i poveri e i diseredati. In un impeto di rabbia uccide una sordida usuraia. Vorrebbe fuggire, ma la ragazza che ama (Lily, una giovane che la miseria ha spinto alla prostituzione) lo persuade a espiare la colpa e ad avere fede in Dio. ■ DRAMMATICO; B/N; 107′; FRANCIA, 1957.

PECCATORI IN BLUE JEANS *(Les tricheurs)* ★★★
Regia di MARCEL CARNÉ. Con JACQUES CHARRIER, PASCALE PETIT, LAURENT TERZIEFF. ■ Il giovane Bob si innamora di Mic, ma né lui né lei, che pure si sentono attratti, riescono a esternare il proprio amore, perché l'amore è un sentimento troppo borghese. Il contrasto fra la realtà dei sentimenti e la finzione cinica imposta dalla morale del gruppo anticonvenzionale in cui vivono porta i due a una rottura insanabile. Mic, disperata per essersi vista rifiutata da Bob, si abbandona a una furiosa corsa in auto, alla fine della quale trova la morte. ■ DRAMMATICO; B/N; 120′; FRANCIA, ITALIA, 1958.

PECCATORI SENZA PECCATO *(If Winter Comes)* ★★★
Regia di VICTOR SAVILLE. Con DEBORAH KERR, ANGELA LANSBURY, JANET LEIGH, WALTER PIDGEON, DAME MAY WHITTY. ■ Peripezie di uno scrittore che, per mero amore della professione e del prossimo, è coinvolto nel suicidio di una povera ragazza sedotta. Il tribunale e la moglie lo accusano spietatamente, lui riesce a raccogliere prove sufficienti a scagionarlo e che accusano altresì il figlio dell'editore dei suoi romanzi. Lo scrittore, pur di non dare un grave dolore ad un padre, distrugge le prove raccolte ed espia la propria pena. ■ DRAMMATICO; B/N; 97′; USA, 1947.

PECCATO SENZA MALIZIA ★
Regia di THEO COMPANELLI. Con FRANCESCA ROMANA COLUZZI, JENNY TAMBURI, GABRIELE TINTI. ■ Stefania lascia l'orfanotrofio al raggiungimento della maggiore età e va a vivere dal patrigno che abusa di lei. La ragazza fugge sconvolta e si rifugia nella villa di una sua insegnante del collegio, Laura. L'insegnante circonda Stefania di mille attenzioni manifestando le sue tendenze omosessuali. Frequentando una scuola di pittura, la protagonista incontra Maurizio e se ne invaghisce. ■ DRAMMATICO; COL.; 91′; ITALIA, 1975.

PECCATO VENIALE ★★★
Regia di SALVATORE SAMPERI. Con LAURA ANTONELLI, LILLA BRIGNONE, TINO CARRARO, MONICA GUERRITORE, ALESSANDRO MOMO, ORAZIO ORLANDO. ■ Vacanze marine piccanti per un sedicenne. Il giovane, che legge riviste porno e spia le coppie appartate sulla spiaggia, è colpito dall'arrivo dell'avvenente moglie di suo fratello Renzo nella casa paterna. Il fratello maggiore cerca di svezzare quello minore insegnandogli l'arte della conquista. Il giovane impara tanto bene la lezione che finisce col conquistare la cognatina provocante. ■ COMMEDIA; COL.; 100′; ITALIA, 1974.

PECCATRICE, LA ★★★
Regia di AMLETO PALERMI. Con PAOLA BARBARA, GINO CERVI, VITTORIO DE SICA, FOSCO GIACHETTI. ■ Una ragazza sedotta e abbandonata fugge di casa per evitare lo scandalo. Il suo bambino muore prestissimo e lei è accolta da una famiglia di contadini. Un ragazzo le fa la corte, ma la lascia quando apprende la sua storia. Lei fugge di nuovo e vive di prostituzione fino a quando un dramma la persuaderà a tornarsene dalla madre. ■ DRAMMATICO; B/N; 92′; ITALIA, 1940.

PECCATRICE, LA ★★
Regia di PIER LUDOVICO PAVONI. Con ZEUDI ARAYA, FRANCO GASPARRI, ETTORE MANNI. ■ Sicilia anni Cinquanta. Un'azienda familiare è condotta dal padre con violenza e con soprusi di ogni genere; il figlio, invece, sogna un diverso modo di gestione. La vera ragione delle loro liti è però una giovane vedova, una bella donna di colore: il figlio la soffia al padre. Ha contro anche le donne del paese che la credono una strega e la odiano al punto di ucciderla, lapidandola. ■ DRAMMATICO; COL.; 95′; ITALIA, 1975.

PECCATRICE ADOLESCENTE, LA ★★
(Häschen in der Grube)
Regia di ROGER FRITZ. Con HELGA ANDERS, FRANÇOISE PRÉVOST, ANTHONY STEEL. ■ Un maturo musicista s'innamora di Leslie, la figlia adolescente di Francine, la sua amante, che per non perderlo accetta una situazione a tre, che si complica e raggiunge quota quattro quando a Spoleto, in occasione del Festival, un giovane hippy s'innamora ricambiato di Leslie. Il contrasto fra il maturo amante e il giovane si risolverà a vantaggio del secondo. ■ COMMEDIA; COL.; 93′; GERMANIA, 1969.

PECCATRICE BIANCA, LA *(Amina)* ★★
Regia di GOFFREDO ALESSANDRINI. Con ROUCHDY AZABA, ASSIA NORIS, YOUSSEF WAHABY. ■ Amina, un'ex sciantosa europea sposata per interesse all'anziano e facoltoso arabo Ibrahim, seduce il nipote di questi, Mohamed. Quando Ibrahim sta per scoprire la tresca, sua figlia Aida si sostituisce ad Amina e viene obbli-

gata dal padre a sposare Mohamed. Ma Amina non si rassegna e non molla Mohamed. Finché Ibrahim, creduto erroneamente morto, non vendica il tradimento strozzando Amina. ■ DRAMMATICO; B/N; 94′; EGITTO, 1951.

PECCATRICE DEI MARI DEL SUD, LA ★★
(South Sea Sinner)
Regia di BRUCE H. HUMBERSTONE. Con MACDONALD CAREY, HELENA CARTER, SHELLEY WINTERS. ■ Jack è ingiustamente accusato di un furto militare avvenuto durante la seconda guerra mondiale nei Mari del Sud. Chi lo accusa (il losco taverniere Cognac) è il vero autore del furto e fa in modo che la sciantosa Coral comprometta Jack. Ma Coral s'innamora di Jack, con uno stratagemma arriverà a salvarlo e a fare in modo che il vero colpevole venga consegnato alla polizia. ■ DRAMMATICO; B/N; 88′; USA, 1949.

PECCATRICE DEL DESERTO, LA ★★
Regia di STEVE SEKELY, GIANNI VERNUCCIO. Con ARNOLDO FOÀ, RUTH ROMAN, AKIM TAMIROFF. ■ Il film racconta un episodio tratto dai Vangeli apocrifi, il salvataggio del Bambino Gesù dalle grinfie di Erode. La protagonista è una donna che, prestatasi in un primo tempo a manovre per far cadere il Messia nella trappola dei soldati di Erode, poi si redime facendo sì che Gesù si metta in salvo. ■ STORICO; COL.; 90′; ITALIA, 1958.

PECCATRICE DELL'ISOLA, LA ★★
Regia di SERGIO CORBUCCI. Con JOHN KITZMILLER, FOLCO LULLI, SILVANA PAMPANINI. ■ La polizia, in un'isola di pescatori, indaga sulle morti di una ex cantante di tabarin e di un marittimo nero. A poco a poco, la verità viene a galla. ■ DRAMMATICO; B/N; 94′; ITALIA, 1952.

PECCATRICE DI SAN FRANCISCO, LA ★★★
(San Francisco Story)
Regia di ROBERT PARRISH. Con SIDNEY BLACKMER, YVONNE DE CARLO, JOEL MCCREA. ■ A San Francisco, prima della guerra di Secessione, una cricca di commercianti e di politicanti tiene in pugno la città. Ad essi si contrappone un allevatore che organizza un corpo di vigilanti intenzionato a ripulire il luogo. Anche la peccatrice del titolo (una sciantosa, amante del capo cricca) si schiera dalla parte dell'allevatore, innamorandosi di lui. ■ WESTERN; B/N; 80′; USA, 1954.

PECCATRICI DI PROVINCIA *(The Minx)* ★★
Regia di RAYMOND JACOBS. Con SHIRLEY PARKER, ROBERT RODAN, JAN STERLING. ■ Lotte in famiglia per la conquista della presidenza di una grossa azienda. Rivaleggiano due cognati: il primo, per ingraziarsi due importanti personaggi, non esita a organizzare per loro un festino piccante con tanto di indossatrici compiacenti (le peccatrici del titolo). Gli andrà molto male. ■ DRAMMATICO; COL.; 80′; USA, 1968.

PECCATRICI E MANI LORDE *(Die Strasse)* ★★
Regia di HERMANN KUGELSTADT. Con HEINZ DRACHE, EDITH ELMAY, MARINA PETROWA. ■ Chi tiene le fila del traffico della droga ad Amburgo? Lo scopre il detective Bob, infiltratosi abilmente nei bassifondi del porto. ■ GIALLO; B/N; 95′; GERMANIA, 1960.

PECCATRICI FOLLI *(Susan and God)* ★★★
Regia di GEORGE CUKOR. Con NIGEL BRUCE, BRUCE CABOT, JOAN CRAWFORD, RITA HAYWORTH, FREDRIC MARCH. ■ Accostatasi nel corso di un viaggio in Europa a una dottrina religiosa fortemente moralizzatrice, Susanna, tornata in America, si fa missionaria sfidando il senso del ridicolo. ■ DRAMMATICO; B/N; 115′; USA, 1948.

PECKER ★★★
Regia di JOHN WATERS. Con EDWARD FURLONG, CHRISTINA RICCI, LILI TAYLOR. ■ "Pecker" ("Picchio") è il soprannome del ragazzotto un po' svagato di Baltimora protagonista del film, e che ha una grande passione per la fotografia, si diverte, di tanto in tanto, a fotografare la sua procace fidanzata, ben contenta di posare per lui. Qualcuno noterà il talento del giovane. Lo stravagante regista John Waters riesce, ancora una volta, a non deludere il pubblico presentando un ritratto intelligente e profondo della cultura americana. ■ COMMEDIA; COL.; 84′; USA, 1998.

PECORA NERA, LA ★★★
Regia di LUCIANO SALCE. Con VITTORIO GASSMAN, LISA GASTONI, ADRIENNE LA RUSSA. ■ Chi si comporta onestamente finisce per avere la peggio rispetto a chi si dà all'intrallazzo: è questa la "morale" italiana dei furbi anni Sessanta. La parabola è illustrata dai diversi destini di due gemelli: Mario, un onorevole di specchiata onestà, e Filippo, drittone di tre cotte che sfrutta senza scrupoli la somiglianza con l'integerrimo fratello realizzando vantaggi cospicui nel mondo della politica. ■ COMMEDIA; COL.; 110′; ITALIA, 1967

PECORA NERA, LA ★★
Regia ASCANIO CELESTINI. Con ASCANIO CELESTINI, LUISA DE SANTIS, NICOLA RIGNANESE, MAYA SANSA, GIORGIO TIRABASSI. ■ Nicola ha trentacinque anni e vive rinchiuso in un ospedale psichiatrico, dove lo hanno dimenticato una mamma impazzita, un padre prepotente e due zii inadeguati. Le sue giornate sono scandite dalla spesa e accompagnate da una suora che prega e paga il conto e da un amico immaginario che conta le puzze della sorella e sogna di riviste per uomini senza parole. Al supermercato c'è Marinella, il suo amore infantile che offre caffè in cialde a clienti svogliati e ride ascoltando le sue cronache marziane. Nicola è un "povero scemo" che la guerra non l'ha mai fatta, che mangia ragni e beve l'acqua di mare, che crede ai santi ma non in dio, che distribuisce pasticche e torna sempre indietro al novantanovesimo cancello perché è stanco, perché il mondo fuori è come dentro, soltanto più ordinato. Nicola è la pecora nera, il diverso che diventa poesia da declamare, storia da raccontare, canzone da cantare, pio pio pio. Dopo il teatro (tanto teatro) e due documentari per la Fandango, Ascanio Celestini gira il suo primo film di finzione, che affonda il dito nella ferita più dolorosa del corpo sociale: la malattia mentale. ■ DRAMMATICO; COL.; 93′; ITALIA, 2010.

PECORA NERA DEL SIGNOR MINISTRO, LA ★★
(Black Sheep of Whitehall)
Regia di BASIL DEARDEN, WILL HAY. Con WILL HAY, JOHN MILLS, BASIL SYDNEY. ■ Londra, 1940. Un emissario del governo argentino incaricato di trattare importanti concessioni minerarie con l'Inghilterra viene intercettato dal controspionaggio germanico e sostituito da un funzionario-fantoccio. Ma questi viene a sua volta preceduto da un abile truffaldino che, per una serie di equivoci, è scambiato per il vero emissario argentino. ■ COMMEDIA; B/N; 80′; GRAN BRETAGNA, 1942..

PECOS È QUI: PREGA E MUORI ★★
Regia di MAURIZIO LUCIDI. Con ERNO CRISA, LUCIANA GILLI, ROBERT WOODS. ■ Un vecchio, superstite dalla strage di un paese messicano operata dal bandito El Supremo, affida a tre suonatori girovaghi le indicazioni per accedere al grande tesoro di Montezuma. I tre, che devono vincere la concorrenza di El Supremo, si rivolgono a Pecos, abile pistolero, che con astuzia fa fuori i banditi, El Supremo compreso, e, conquistato il favoloso tesoro, lo divide fraternamente con i tre amici. ■ WESTERN; COL.; 94′; ITALIA, 1966.

PEDONE, IL *(Der Fussgänger – The Pedestrian)* ★★★
Regia di MAXIMILIAN SCHELL. Con PETER HALL, GUSTAV RUDOLF SELLNER, GILA VON WEITERSHAUSEN. ■ Alfred, importante industriale, ha un passato nazista. La morte di suo figlio in un incidente d'auto (a bordo c'era anche Alfred) innesca le indagini e viene alla luce un antico episodio di violenza in un villaggio greco. Alfred è in piena crisi nonostante i familiari gli stiano vicino. In un dibattito alla televisione riesce ad apparire innocente e ad attirarsi la simpatia di tutti. Ciononostante comprende che in lui il ricordo è incancellabile, ed è giusto che sia così. ■ DRAMMATICO; COL.; 97′; GERMANIA, ISRAELE, SVIZZERA, 1976. ■ OSCAR 1 NOM.

PEER GYNT ★★
Regia di FRITZ WENDHAUSEN. Con HANS ALBERS, OLGA TSCHECHOWA. ■ Dal dramma omonimo di Ibsen. Un poeta norvegese rimasto orfano parte in cerca di fortuna. Incontra una nobildonna e, dopo qualche tempo al suo servizio, diventa ricco e potente. Questo non basta a renderlo felice ed egli, preso dalla nostalgia

della sua terra, vi fa ritorno. Nessuno si ricorda più di lui, tranne una donna che l'ha sempre amato e atteso con fiducia e amore. ■ COMMEDIA; B/N; 92'; GERMANIA, 1935.

PEE-WEE BIG ADVENTURE ★★
Regia di TIM BURTON. Con ELIZABETH DAILY, PEE-WEE HERMAN, MARK HOLTON. ■ Il primo dei due film con il personaggio creato per la tv da Paul Reubens, il secondo sarà *Big Top Pee-Wee – La mia vita picchiatella*. Lo squinternato Pee-Wee parte per un lungo viaggio per riavere la bicicletta rubata, fino ad arrivare agli studi della Warner Bros. Sarà l'ispirazione per un film. Tim Burton ce la mette tutta e riesce a salvare la mediocre sceneggiatura. ■ COMICO; COL.; 89'; USA, 1985.

PEG DEL MIO CUORE *(Peg of My Heart)* ★★
Regia di ROBERT Z. LEONARD. Con MARION DAVIES, ROBERT GREIG, ONSLOW STEVENS. ■ Una fanciulla, per ereditare i milioni della nonna, deve lasciare il padre e trasferirsi in Inghilterra dai parenti nobili ma squattrinati. Il cambiamento la rattrista, ma l'amore per un avvocato rende meno penosa la situazione. Dopo un po' scopre che lui è fidanzato e che i parenti la sopportano per interesse. Allora torna dal genitore. ■ COMMEDIA; B/N; 93'; USA, 1935.

PEGGIO DI COSÌ SI MUORE ★★
Regia di MARCELLO CESENA. Con MAURIZIO CROZZA, ROSSY DE PALMA, UGO DIGHERIO, MAURO PIROVANO, CARLA SIGNORIS. ■ Esordio cinematografico internazionale per il gruppo dei Broncoviz, nato in teatro e apparso in diversi programmi televisivi. La vita quotidiana di una giovane coppia viene stravolta da una serie di eventi che li trascinano in un tunnel di violenza surreale e grottesca. L'umorismo aggressivo e parodistico del gruppo sceglie come *testimonial* l'almodovariana Rossy De Palma. ■ COMMEDIA; COL.; 86'; FRANCIA, ITALIA, SPAGNA, 1995.

PEGGIO PER ME... MEGLIO PER TE ★
Regia di BRUNO CORBUCCI. Con GIANNI AGUS, KATIA CHRISTINE, LITTLE TONY. ■ Forte del suo fascino latino, Tony, assistente pilota d'aereo, fa il farfallone nei vari scali europei coinvolgendo i colleghi nei suoi pasticci. Si riscatta però riuscendo, in un'occasione disperata (comandante colto da malore), a portare in salvo l'aereo. Riabilitato agli occhi dei superiori, lo sarà d'ora in poi anche agli occhi della fidanzata. ■ COMM.MUSICALE; COL.; 98'; ITALIA, 1967.

PEGGIOR ALLENATORE DEL MONDO, IL ★
(The Comebacks)
Regia di TOM BRADY. Con DAVID KOECHNER, CARL WEATHERS. ■ Lambeau Fields non ha certo una buona fama nel mondo dello sport. Ha condotto i Boston Red Sox al disastro e ha avuto un ruolo nella testata di Zidane a Materazzi nella finale dei Mondiali 2006. Ma la speranza è l'ultima a morire così viene ingaggiato dal vecchio amico Kenny Wiseman per allenare la Heartland State University's Comebacks di Palinfolk nel Texas. Chi ama le parodie è per l'ennesima volta servito. Saccheggiati, volgarizzandoli, tutti i film di ambito sportivo. ■ COMMEDIA; COL.; 84'; USA, 2007.

PEGGIORI ANNI DELLA NOSTRA VITA, I ★★
Regia di MARIO AMENDOLA. Con CARLO CAMPANINI, PAOLO STOPPA, AROLDO TIERI. ■ Nino e Carlo sono commilitoni durante la campagna di Russia dell'ultima guerra. Carlo con un imbroglio riesce a fuggire e a ritornare, mentre Nino è fatto prigioniero dai sovietici. Nino riesce a ritornare in patria, tramite un membro del Pci. Nasce a questo punto un grosso pasticcio: in un primo tempo tutto sembra aggiustarsi con menzogne ben architettate, ma poi la verità viene a galla e Nino può riabbracciare la sua Emilia. ■ COMMEDIA; B/N; 90'; ITALIA, 1949.

PEGGIOR NATALE DELLA MIA VITA, IL ★★
Regia di ALESSANDRO GENOVESI. Con DIEGO ABATANTUONO, CRISTIANA CAPOTONDI, ANTONIO CATANIA, FABIO DE LUIGI, ANDREA MINGARDI. ■ Paolo, incorreggibile pasticcione, è riuscito a sposare Margherita e adesso aspettano un bambino per Natale. Festività che contano di trascorrere in famiglia e in un castello blasonato alle pendici del Monte Rosa. Mentre Paolo si attarda lungo la strada, rallentato da una commissione e da uno slittamento, Margherita lo precede a destinazione con i genitori, Giorgio e Clara, e Alberto, superiore di Giorgio, scampato alla malattia e deciso a cedere le redini dell'azienda al leale e affidabile sottoposto. ■ COMMEDIA; COL.; 90'; ITALIA, 2012.

PEGGIOR SETTIMANA DELLA MIA VITA, LA ★★
Regia di ALESSANDRO GENOVESI. Con CRISTIANA CAPOTONDI, ANTONIO CATANIA, FABIO DE LUIGI, MONICA GUERRITORE, ALESSANDRO SIANI. ■ Paolo è in procinto di sposarsi con Margherita. Manca solo una settimana alle nozze e tutto promette un avvenire roseo. Ma in quegli ultimi sette giorni ogni cosa gli si rivolta contro. Tormentato da una collega e accompagnato da un testimone di nozze del tutto inaffidabile, in una sola settimana Paolo colleziona una serie di conseguenze disastrose tanto da rendere incerte le prospettive future. ■ COMMEDIA; COL.; '92; ITALIA, 2011.

PEGGY, LA STUDENTESSA *(Peggy)* ★★
Regia di FREDERICK DE CORDOVA. Con CHARLES COBURN, CHARLES DRAKE, DIANA LYNN. ■ Un insegnante va in vacanza in California con le due figlie. Vicino alla loro villetta vive una donna con un figlio. Costui si innamora di una delle sorelle (quella sbagliata, visto che è sposata) e insiste nel corteggiamento. Durante una festa tutti gli equivoci saranno chiariti. ■ COMMEDIA; COL.; 77'; USA, 1950.

PEGGY SUE SI È SPOSATA *(Peggy Sue Got Married)* ★★★
Regia di FRANCIS FORD COPPOLA. Con NICOLAS CAGE, BARRY MILLER, KATHLEEN TURNER. ■ Bella signora intorno ai quarant'anni, con due figlie e un marito con il quale è in crisi, riesce a far rivivere il passato. Durante una festa con gli ex compagni di scuola ha un malore e sviene. Si ritrova 25 anni prima, tornata ragazzina, ma con l'esperienza dell'età matura. Peggy Sue cerca di cambiare il suo futuro. Già allora il fidanzamento con Charlie non funzionava bene. Ma il destino non si lascia manipolare e, tornata in sé, Peggy Sue capisce quanto la vita è stata generosa con lei. E rivaluta l'amore per il marito. Notevole è l'ambientazione degli anni Sessanta di Coppola. ■ COMMEDIA; COL.; 103'; USA, 1986. ■ GOLDEN GLOBES 2 NOM; OSCAR 3 NOM.

PEL DI CAROTA *(Poil de carotte)* ★★★
Regia di JULIEN DUVIVIER. Con HARRY BAUR, CATHERINE FONTENEY, ROBERT LYNEN. ■ Il più piccolo di tre figli è anche quello che gode di minore considerazione da parte dei componenti della sua famiglia e in particolare da parte della madre. Disperato e sconvolto, il bambino tenta di uccidersi ma il padre, che se ne accorge, lo salva appena in tempo e prende ad amarlo e a difenderlo. ■ DRAMMATICO; B/N; 80'; FRANCIA, 1932.

PELHAM 1-2-3: OSTAGGI IN METROPOLITANA ★★
(The Taking of Pelham 123)
Regia di TONY SCOTT. Con LUIS GUZMAN, MICHAEL RISPOLI, JOHN TRAVOLTA, JOHN TURTURRO, DENZEL WASHINGTON. ■ Walter Garber è un dirigente della metropolitana di New York, declassato per illecito e impiegato allo smistamento dei treni sulla linea di Lexington Avenue. In attesa di giudizio, una mattina resta coinvolto suo malgrado nel dirottamento di un treno. A capo di una banda di sequestratori senza scrupoli c'è Ryder, nome "d'arte" che nasconde identità e storia di un criminale raffinato e ricercato. Presi in ostaggio diciotto newyorkesi e costretti nel vagone locomotore, Ryder trova nella voce e nella persona di Walter il suo negoziatore ideale. Ryder chiede al sindaco di New York dieci milioni di dollari per risparmiare la vita degli ostaggi. Negoziatore, sindaco e polizia avranno un'ora esatta per raccogliere la cifra e salvaguardare i passeggeri "in carrozza". ■ DRAMMATICO; COL.; 108'; USA, GRAN BRETAGNA, 2009.

PELICULA DEL REY, LA ★★★
Regia di CARLOS SORIN. Con JULIO CHAVEZ, VILLANUEVA COSSE, ULISSE DUMON. ■ Un regista s'intestardisce a portare sullo schermo la vicenda di un famoso avventuriero del 1700 che si autoproclamò re in Patagonia. Abbandonato da tutti, anche dalla produzione, costretto a girare sui luoghi in condizioni impossibili, finisce per interpretare lui la parte dell'avventuriero (con manichini che sostituiscono gli altri attori). ■ COMMEDIA; COL.; 107'; ARGENTINA, 1986. ■ VENEZIA 1 PR.

PELLE, LA ★★
Regia di Liliana Cavani. Con Claudia Cardinale, Burt Lancaster, Marcello Mastroianni. ■ Dal romanzo omonimo di Curzio Malaparte. Nella Napoli appena liberata Malaparte (Mastroianni) vive e descrive gli orrori e gli eccessi di una città stracciona e sconvolta, precipitata nell'abisso delle peggiori depravazioni dall'improvvisa opulenza corruttrice portata dagli americani. La dura e cruda opera di Malaparte, un classico dell'immediato dopoguerra, perde gran parte del suo significato nella trasposizione della Cavani, che sembra volerne cogliere con un certo compiacimento solo gli aspetti più eccessivi e ripugnanti, non più giustificati, se mai lo sono stati, da un momento storico particolarmente drammatico descritto con stile personalissimo nel romanzo. ■ Drammatico; col.; 133′; Italia, 1981.

PELLE ALLA CONQUISTA DEL MONDO ★★★🏆
(Pelle orobreren)
Regia di Bille August. Con Pelle Hvenegaard, Erik Paaske, Max Von Sidow. ■ Dal romanzo di Martin Andersen Nexo. Alla fine del diciannovesimo secolo, un contadino svedese, vedovo e poverissimo, si trasferisce in Danimarca con il figlio di nove anni. Trovano lavoro come stallieri in una fattoria retta da un dispotico capoccia. Ma un giorno il piccolo Pelle se ne andrà in America. Palma d'Oro al Festival di Cannes 1988. ■ Drammatico; col.; 150′; Danimarca, 1987. ■ Cannes 🏆 1 pr; Golden Globes 🏆 1 pr, 1 nom; Oscar 🏆 1 pr, 2 nom.

PELLE A SCACCHI – IL DISTACCO, LA ★
Regia di Adimaro Sala. Con Umberto Di Grazia, Stefano Guglielmotti, Claudie Lange. ■ Uno scrittore in crisi si rifugia su un'isola con la sua compagna. Questa impazzisce e si toglie la vita. Lo scrittore tenta allora con l'Africa, insieme a un amico. Ma incontra una donna che somiglia molto alla sua ex compagna. Impazzisce a sua volta e uccide la poveretta. ■ Drammatico; b/n; 92′; Italia, 1969.

PELLE BIANCA PER DESIDERI NERI ★
(Weisse Haut auf schwarzen Markt)
Regia di Michael Thomas (pseud. di Erwin Dietrich). Con Astrid Boyner, Peter Capra, James Groot. ■ Viaggio attraverso le perversioni della tratta delle bianche. Si narra dei modi con cui un elegante e ricco signore riesce ad accattivarsi le simpatie di ingenue ragazze che poi spedisce in Arabia o in America Latina. ■ Documentario; col.; 90′; Germania, 1968.

PELLE BRUCIA, LA *(A Man Called Adam)* ★★
Regia di Leo Penn. Con Sammy Davis jr, Lola Falana, Peter Lawford. ■ Un film di maniera che si fa ricordare solo per l'interpretazione di Sammy Davis jr., forse nel miglior ruolo di tutta la sua carriera cinematografica. È la storia di un jazzista che ha una grande crisi esistenziale mista a tristezza e pietà per se stesso. ■ Drammatico; col.; 102′; USA, 1966.

PELLE CHE ABITO, LA *(La piel que habito)* ★★
Regia di Pedro Almodóvar. Con Roberto Alamo, Elena Anaya, Antonio Banderas, Jan Cornet, Marisa Paredes. ■ Il chirurgo estetico Robert Ledgard ha perso la moglie in un incidente d'auto che l'ha completamente carbonizzata. Da allora ha messo tutto il suo impegno di scienziato per costruire una pelle sostitutiva, leggermente più resistente di quella umana e perfettamente compatibile. Perfezionata l'invenzione, a Robert serviva una cavia e non ha esitato a sequestrare il ragazzo che ha tentato di stuprargli la figlia, a evirarlo e a obbligarlo a (soprav)vivere in un'altra pelle, che non gli appartiene. Il mito di Frankenstein sembra servire ad Almodovar come un semplice contenitore, un involucro funzionale e intonato nel colore, resistente e compatibile con la celebrazione di sé e del proprio gusto. ■ Drammatico; col.; 120′; Spagna, 2011.

PELLE CHE SCOTTA, LA *(The Interns)* ★★
Regia di David Swift. Con Michael Callan, Suzy Parker, Cliff Robertson. ■ La vicenda descrive la vita all'interno di un ospedale americano. ■ Drammatico; b/n; 120′; USA, 1962.

PELLE D'ANGELO *(Peau D'Ange)* ★★★
Regia di Vincent Perez. Con Guillaume Depardieu, Morgane Moré, Karine Silla, Magali Woch. ■ Angèle è una ragazza cresciuta in campagna che si trasferisce in una cittadina di provincia per lavoro. Appena arrivata incontra un uomo con il quale passa la notte e crede di aver trovato il grande amore. Invece l'uomo l'abbandona e lascia la città. È un ritratto attento alle sfumature psicologiche quello che Vincent Perez ci offre alla sua prima prova da regista. È coadiuvato da una giovane protagonista all'altezza del ruolo e ha come madrina dell'operazione Valeria Bruni Tedeschi. ■ Drammatico; col.; 85′; Francia, 2002.

PELLE DEGLI EROI, LA *(All the Young Men)* ★★
Regia di Hall Bartlett. Con Alan Ladd, Sidney Poitier, Ana St Clair. ■ Durante la guerra in Corea un reparto viene attaccato e decimato. Rimane un solo graduato, nero. Ci sono subito problemi di carattere razziale. Un atto eroico dell'uomo di colore risolve la situazione. ■ Guerra; b/n; 87′; USA, 1959.

PELLE DI BANDITO ★★
Regia di Piero Livi. Con Ugo Cardea, Giuliano Disperati, Maví. ■ Mariano, in prigione a causa di una faida in terra sarda, evade insieme a uno spagnolo. I due compiono atti di brigantaggio, poi lo spagnolo viene ucciso. Solo e disperato, anche Mariano viene catturato. Sua madre incassa la taglia della cattura. ■ Drammatico; b/n; 91′; Italia, 1968.

PELLE DI BRONZO *(Comanche Territory)* ★★
Regia di George Sherman. Con MacDonald Carey, Maureen O'Hara, Will Geer, Charles Drake. ■ Due uomini penetrano in una riserva indiana, vengono fatti prigionieri e condannati a morte. Il capo della tribù li salva e i due lo informano della volontà del governo federale di aprire trattative di pace. Il documento comprovante la volontà delle autorità è stato sottratto da alcuni malviventi. I due uomini si mettono allora sulle tracce dei malfattori, combattono al fianco degli indiani e fanno trionfare la giustizia. ■ Avventura; col.; 76′; USA, 1950.

PELLE DI DONNA *(Journal d'une femme en blanc)* ★★★
Regia di Claude Autant-Lara. Con Claude Gensac, Marie José Nat, Jean Valmont. ■ Una dottoressa prende molto a cuore i casi delle sue pazienti. Le capita una ragazza incinta che non vuole assolutamente avere il figlio. Nonostante i consigli, la ragazza cerca di abortire e muore. La dottoressa si innamora di un medico che poi la deve abbandonare per lavoro e si trova a dover affrontare a sua volta un simile problema. Se ne accollerà tutta la responsabilità da sola. ■ Drammatico; b/n; 110′; Francia, 1967.

PELLE DI RAME *(Jim Thorpe – All American)* ★★★
Regia di Michael Curtiz. Con Charles Bickford, Steve Cochran, Burt Lancaster. ■ Vita di un giovane atleta, dalle prime gare al liceo fino all'oro olimpico. Ma la fama e il denaro non danno la felicità; l'uomo si vede morire il figlio e così si dà all'alcool. Diventa un relitto e arriva a salvarlo il suo antico allenatore. ■ Drammatico; col.; 107′; USA, 1951.

PELLE DI SATANA, LA *(Blood on Satan's Claw)* ★★
Regia di Piers Haggard. Con Barry Andrews, Linda Hayden, Patrick Wymark. ■ Nell'Inghilterra del Seicento una ragazza diventa sacerdotessa di Satana. Ogni sorta di calamità si abbatte sulla zona (avvengono persino sacrifici umani). Ci pensa un giudice a por fine a tutto uccidendo la sacerdotessa. ■ Horror; col.; 93′; Gran Bretagna, 1972.

PELLE DI SBIRRO *(Sharky's Machine)* ★★
Regia di Burt Reynolds. Con Charles Durning, Vittorio Gassman, Earl Holliman, Burt Reynolds, Rachel Ward. ■ Dopo una lunga serie di indagini e appostamenti, Tom Sharky, agente della squadra narcotici, riesce a entrare in contatto con un grosso commerciante di droga, ma l'errore di un collega fa precipitare la situazione e Sharky spara, ferendo accidentalmente un passante. Trasferito per punizione alla buoncostume, riesce comunque a dimostrare il suo valore. ■ Poliziesco; col.; 119′; USA, 1981.

PELLE DI SERPENTE *(The Fugitive Kind)* ★★★
Regia di Sidney Lumet. Con Marlon Brando, Anna Magnani, Joanne Woodward. ■ Dopo aver vissuto alla giornata per anni, un uomo decide di mettere radici in un piccolo paese. Qui conosce una donna più anziana di lui, maltrattata dal marito infermo, e se ne innamora, ricambiato. Quando il marito scopre la relazione, scoppia il dramma: provoca un incendio nel quale tro-

vano la morte i due sfortunati amanti. ■ DRAMMATICO; B/N; 135'; USA, 1960.

PELLE DI SPIA *(Espions est à l'affût)* ★★
Regia di MAX PÉCAS. Con JEAN CLAUDIO, CLAUDINE COSTER, JEAN VINCI. ■ Dopo aver rubato un prezioso gioiello, un malfattore uccide il suo complice e si rifugia dalla sua ex moglie. Respinti gli assalti dei "colleghi" che pretendono una parte del bottino, l'uomo trova aiuto da parte di un sedicente assicuratore. Questi (che si rivelerà poi essere un agente segreto) è interessato al monile solo perché vi è nascosto un microfilm. ■ DRAMMATICO; B/N; 80'; FRANCIA, 1967.

PELLE D'OCA *(Chair de poule)* ★★★
Regia di JULIEN DUVIVIER. Con ROBERT HOSSEIN, CATHERINE ROUVEL, JEAN SOREL. ■ Due uomini commettono un furto. Uno rimane ferito ed è catturato dalla polizia, l'altro riesce a scappare. Scontata la pena, l'uomo cerca di rifarsi una vita impiegandosi come addetto ad un distributore di benzina. Ma la proprietaria scopre i suoi trascorsi e lo costringe ad aiutarla a derubare il marito. Costui però sta all'erta e i due lo devono uccidere. I complici non la fanno franca. ■ DRAMMATICO; B/N; 110'; FRANCIA, 1963.

PELLE GIOVANE, LA *(Bab Love)* ★★
Regia di ALASTAIR REID. Con KEITH BARRON, LINDA HAYDEN, ANN LYNN. ■ Una ragazza traumatizzata dalla morte della madre chiede ospitalità presso l'ex amante di lei. La famiglia di costui è turbata, il dramma sembra sul punto di scoppiare. Quando la ragazza vede il più giovane di casa fare la doccia cerca di ucciderlo: forse ha rivissuto alcuni istanti della vita scabrosa della madre. ■ DRAMMATICO; COL.; 93'; GRAN BRETAGNA, 1968.

PELLEGRINAGGIO *(Pilgrimage)* ★★★
Regia di JOHN FORD. Con HEATHER ANGEL, NORMAN FOSTER, HENRIETTE GROSMAN. ■ Un giovane ama una giovane, ma la mamma di lui è contraria. Interrompe bruscamente la love story spingendo il figlio ad arruolarsi nell'esercito. Il giovane cade sui campi di battaglia di Francia nella prima guerra mondiale. La madre ne porta il rimorso per tutta la vita: troverà infine un po' di serenità visitando i luoghi in cui il figlio ha vissuto le ultime ore. ■ DRAMMATICO; B/N; 95'; USA, 1933.

PELLEGRINI D'AMORE ★★
Regia di ANDREA FORZANO. Con SOPHIA LOREN, ALDA MANGINI, CHARLES RUTHERFORD, ENRICO VIARISIO. ■ Una contessa che vive d'espedienti trova il modo di turlupinare due ex ufficiali, un americano e un tedesco, che ha conosciuto durante la guerra. Presenta infatti come sua nipote una ballerinetta di pochi scrupoli che li fa innamorare alla follia. I due si picchiano e ognuno crede di aver ucciso il rivale. È la contessa a riconciliarli. ■ COMMEDIA; B/N; 85'; ITALIA, 1954.

PELLE PIÙ CALDA DEL SOLE, UNA ★★
(Un épais manteau de sang)
Regia di JOSÉ BÉNAZÉRAF. Con PAUL GUERS, VALÉRIE LAGRANGE, HANS MEYER. ■ Una donna che da molto tempo non vede più il marito ed è stufa anche dell'amante allaccia una love story con un pescatore. Il marito torna e si rassegna. L'amante invece non la prende bene: uccide la donna e il pescatore. Il marito allora fa fuori l'amante. ■ DRAMMATICO; B/N; 90'; FRANCIA, 1967.

PELLE SU PELLE *(Nicki und Karin – Von Haut zu Haut)* ★★
Regia di HANS SCHOTT-SCHOBINGER. Con RUDOLF FORSTER, SOPHIA KAMMARA, DAGMAR LASSANDER. ■ Niki e Karin sono gemelle. Il che porta degli inconvenienti: ad esempio, soffrono a distanza le stesse pene e gli stessi malesseri. Karin viene ammazzata da un maniaco e Niki, a distanza, urla selvaggiamente come se la sgozzata fosse lei. ■ DRAMMATICO; COL.; 95'; GERMANIA, 1972.

PELLE VIVA ★★
Regia di GIUSEPPE FINA. Con RAOUL GRASSILLI, ELSA MARTINELLI, LIA RAINER, FRANCO SPORTELLI. ■ Storia d'amore fra un operaio della "cintura" milanese e una ragazza-madre pugliese. ■ DRAMMATICO; B/N; 98'; ITALIA, 1963.

PELLICCIA DI VISONE, UNA ★★
Regia di GLAUCO PELLEGRINI. Con FRANCO FABRIZI, GIOVANNA RALLI, ROBERTO RISSO, PAOLO STOPPA. ■ Una commessa di negozio vince a un concorso una pelliccia di visone. Subito è presa da manie di grandezza, si mette a frequentare il bel mondo, sogna le follie della *jet society*. Litiga con il marito, poi rimette i piedi in terra. Acconsente a tornare alla vita più modesta di prima. ■ COMMEDIA; B/N; 90'; ITALIA, 1956.

PELLIROSSE ALLA FRONTIERA *(Frontier Women)* ★★
Regia di RON ORMOND. Con CINDY CARSON, JAMES CLAYTON, LANCE FULLER, ANN KELLY. ■ Si tratta del titolo originale del film; le pioniere sono infatti le protagoniste di questo western al femminile, in cui Polly, la figlia del leggendario Davy Crockett, fa da paciera fra tribù indiane rivali. ■ WESTERN; COL.; 92'; USA, 1956.

PELO DI SPIA *(Nathalie, agent secret)* ★★
Regia di HENRI DECOIN. Con MARTINE CAROL, FELIX MARTEN, DARIO MORENO. ■ Una bella ragazza, Nathalie, s'interessa a un nuovo motore atomico silenzioso e viene così scambiata per una spia. Di qui una serie di movimentate avventure. ■ COMMEDIA; B/N; 92'; FRANCIA, 1959.

PENDOLARE, LA *(Elle court.. elle court la banlieue)* ★★
Regia di GÉRARD PIRÈS. Con JACQUES HIGELIN, MARTHE KELLER, JEAN CLAUDE VAN DAMME. ■ Una coppia di giovani coniugi vive a una cinquantina di chilometri da Parigi. Entrambi sono costretti a fare i pendolari, con le conseguenze e i disagi che ne derivano. Esasperati, i due sposini arrivano alla rottura. Lei tenta il suicidio, lui la salva; tornano insieme e vanno finalmente ad abitare in città. Tutto sembra appianarsi, ma ecco che giunge di sorpresa un trasferimento chiesto dalla moglie stessa anni prima. ■ COMMEDIA; COL.; 89'; FRANCIA, 1973.

PENDOLO, IL *(Die Schaukel)*
Regia di PERCY ALDON. Con ROLF ILLIG, ANJA JACNICKE, CHRISTINE KAUFMANN, LENA STOLZE. ■ Adlon ci racconta le piccole storie di due famiglie che vivono a Monaco di Baviera. Siamo nel 1889 e la pace sembra regnare incontrastata mentre l'altalena (v. titolo originale) della vita oscilla tra momenti lieti e preoccupazioni. ■ COMMEDIA; COL.; 113'; GERMANIA, 1983.

PENDULUM ★★★
Regia di GEORGE SCHAEFER. Con RICHARD KILEY, CHARLES MCGRAW, GEORGE PEPPARD, JEAN SEBERG, MADELEINE SHERWOOD. ■ Mentre si trova lontano da casa per una conferenza, un capitano di polizia apprende che sua moglie e l'amante sono stati uccisi insieme. La polizia sospetta di lui, ma il capitano sospetta a sua volta di Sanderson, un giovane delinquente da lui stesso arrestato per violenza carnale ed omicidio, che aveva giurato di vendicarsi. Sfugge dunque all'arresto e si mette sulle tracce dell'assassino. ■ POLIZIESCO; COL.; 106'; USA, 1969.

PENE D'AMOR PERDUTE *(Love's Labour's Lost)* ★★
Regia di KENNETH BRANAGH. Con KENNETH BRANAGH, CARMEN EJOGO, NATHAN LANE, ADRIAN LESTER, NATASCHA MCELHONE, ALICIA SILVERSTONE. ■ Ancora Shakespeare, ancora Branagh che ormai ha davvero raschiato il fondo del barile. Corteggiamenti amorosi discreti e noiosi. Si cerca di aiutarsi con le canzoni del più bel musical, evocando Astaire e Kelly, ma non serve. Tutto troppo evanescente. ■ COMMEDIA; COL.; 95'; GRAN BRETAGNA, USA, 1999.

PENELOPE, LA MAGNIFICA LADRA *(Penelope)* ★★
Regia di ARTHUR HILLER. Con NORMA CRANE, JONATHAN WINTERS, NATALIE WOOD. ■ Giovane moglie di banchiere rapina banche, truccata da vecchietta, per vendicarsi del marito che la trascura. ■ COMMEDIA; COL.; 97'; USA, 1966.

PENITENTIARY ★★
Regia di JAMAA FANAKA. Con LEON ISAAC KENNEDY, THOMMY POLLARD, HAZEL SPEARS. ■ Gordon, portoricano in prigione per un omicidio non commesso, non si sottomette alle crude leggi del carcere, e anzi diventa un esempio vincendo il torneo di pugilato. Un altro detenuto, Eugene, diventa suo amico e saputo di un complotto di alcuni detenuti che lo vogliono ammazzare, cerca di salvarlo morendo al suo posto. Gordon verrà riconosciuto innocente e potrà uscire da quell'inferno per iniziare una carriera di pugile. ■ DRAMMATICO; COL.; 99'; USA, 1979.

PENITENZIARIO *(Penitentiary)* ★★
Regia di JOHN BRAHM. Con JOHN HOWARD, JEAN PARKER. ■ Un ragazzo, in galera per omicidio colposo, s'innamora della figlia del direttore del carcere che finisce col ricambiarlo. Pochi giorni prima di essere scarcerato, è sospettato dell'assassinio di un detenuto ma preferisce tacere piuttosto che svelare i nomi degli assassini. La sua innocenza verrà tuttavia riconosciuta. ■ DRAMMATICO; B/N; 95'; USA, 1938.

PENITENZIARIO, BRACCIO FEMMINILE ★★★
(The Weak and the Wicked)
Regia di JACK LEE THOMPSON. Con DIANA DORS, JANE HYLTON, GLYNIS JOHNS. ■ Condannata per gioco d'azzardo, Jane trova nell'amicizia di una compagna di reclusione una ragione di vita e di recupero alla società. ■ DRAMMATICO; B/N; 81'; GRAN BRETAGNA, 1953.

PENNA ROSSA, LA *(The 13th Letter)* ★★★
Regia di OTTO PREMINGER. Con CHARLES BOYER, LINDA DARNELL, MICHAEL RENNIE, CONSTANCE SMITH. ■ Un grafomane semina l'odio in un paese con una serie di lettere anonime, in cui denuncia le segrete miserie d'ognuno. Il seminatore di zizzania, che spinge anche al suicidio un giovane malato, è naturalmente persona insospettabile. Remake del *Corvo* di Clouzot. ■ DRAMMATICO; B/N; 85'; USA, 1951.

PENNELLO MAGICO, IL ★★
Regia di GASTONE GRANDI. ■ Storia di un pennello, metafisicamente raccontata dallo stesso, che dona talento a chi lo possiede: prima un pittore, poi un ragazzino che diventerà, grazie a lui, un grande artista. ■ FANTASTICO; B/N; 93'; ITALIA, 1961.

PENNE NERE ★★★
Regia di ORESTE BIANCOLI. Con VERA CARMI, MARCELLO MASTROIANNI, CAMILLO PILOTTO, MARINA VLADY. ■ Vicissitudini di un gruppetto di coraggiosi alpini attraverso la Jugoslavia (dopo l'armistizio dell'8 settembre che li ha colti in Albania) per rientrare in Italia. ■ GUERRA; B/N; 92'; ITALIA, 1952.

PENNIES FROM HEAVEN ★★★
Regia di HERBERT ROSS. Con JESSICA HARPER, STEVE MARTIN, CHRISTOPHER WALKEN, BERNADETTE PETERS. ■ Basato su un serial televisivo inglese, rielaborato da Herbert Ross a forma di commedia musicale. Steve Martin è un poveraccio, un commesso viaggiatore negli anni Trenta, deluso dal lavoro e dalla vita in genere, che si rifugia nei sogni. Le sue fantasie sono tutte modellate sui classici, cantati e danzati, di Fred Astaire, Ginger Rogers, Dick Powell, Busby Berkeley. ■ COMM. MUSICALE; COL.; 107'; USA, 1981. ■ GOLDEN GLOBES 1 PR, 2 NOM; OSCAR 3 NOM.

PENNSYLVANIA *(Penn of Pennsylvania)* ★★
Regia di LANCE COMFORT. Con MAX ADRIAN, CLIFFORD EVANS, DEBORAH KERR, DENNIS ARUNDELL, AUBREY MALLALIEU. ■ Storia di William Penn, un quacchero che fuggì dall'Inghilterra dove la sua setta era perseguitata (metà del sedicesimo secolo) e andò a colonizzare l'America (nel luogo dove si fermò Penn ora sorge Pittsburgh, capitale del petrolio). ■ STORICO; B/N; 79'; GRAN BRETAGNA, 1941.

PENOMBRA ★
Regia di ALEX ROMANO. Con MARCELLA PETRI, MAURICE POLI, PAOLA SENATORE. ■ Il successo e il denaro portano alla corruzione: a questa potente alchimia non sfugge nemmeno una coppia di ricchi aristocratici costituita da Osvaldo, il marito, e dalla moglie Maria. Ad essi si aggiungono Alessio, l'aitante ma subdolo amante di lei, e Carlotta, gemella di Maria. ■ EROTICO; COL.; 90'; ITALIA, 1985.

PENSACI, GIACOMINO! ★★
Regia di GENNARO RIGHELLI. Con ANGELO MUSCO, DRIA PAOLA. ■ Un vecchio professore sposa la figlia "disonorata" di un bidello per dare il nome al piccino. Nello stesso tempo incoraggia gli incontri della moglie con il vero padre del bambino. Questi sta per sposare un'altra, ma ancora una volta il professore interviene e sistema definitivamente la situazione. ■ DRAMMATICO; B/N; 76'; ITALIA, 1936.

PENSANDO A TE ★
Regia di ALDO GRIMALDI. Con AL BANO, RICCARDO GARRONE, FRANCESCO MULÉ, ROMINA POWER, ANTONELLA STENI, NINO TARANTO. ■ L'ingegner Carlo Albanese abbandona i calcoli per dedicarsi alla musica leggera insieme al suo ex professore. Complicazioni sentimentali in vista. ■ COMMEDIA; B/N; 91'; ITALIA, 1969.

PENSAVO FOSSE AMORE E INVECE ERA UN CALESSE ★★
Regia di MASSIMO TROISI. Con MARCO MESSERI, FRANCESCA NERI, ANGELO ORLANDO, MASSIMO TROISI. ■ Un film riuscito a metà questo di Troisi, e un tantino prolisso. Tommaso, il protagonista della storia, è un perenne indeciso. Giudicato poco affettuoso e troppo sfuggente viene abbandonato dalla fidanzata. Offeso nel suo orgoglio torna alla carica cercando di farla ingelosire. Chiede aiuto a una chiromante. Riesce infine a riconquistarla strappandola a un arbitro sportivo ma poi gli tornano i dubbi e non va alla cerimonia di matrimonio. Francesca Neri, rivelatasi con *Le età di Lulù*, si riconferma ottima attrice e riesce anche a tener testa al protagonismo di Troisi che qui si è ridimensionato. Successo di pubblico. La colonna sonora è del cantante Pino Daniele. ■ COMMEDIA; COL.; 100'; ITALIA, 1991. ■ DAVID DI DONATELLO 1 PR, 1 NOM.

PENSIERI PERICOLOSI *(Dangerous Minds)* ★★
Regia di JOHN N. SMITH. Con GEORGE DZUNDZA, MICHELLE PFEIFFER, COURTNEY VANCE. ■ Dal romanzo di LouAnne Johnson che è anche il nome della protagonista del film, un'insegnante, ex marine che si insedia in una classe "difficile". Capisce quasi subito l'antifona e riesce a farsi dar retta. Si rende conto che la scuola è proprio tutta la sua vita. La donna chiede a uno dei tanti reietti da ghetto: «perché ce l'hai col mondo?». Il film è in quella frase. Tutto terribilmente conosciuto da almeno quarant'anni. Regia piatta, noia tangibile. Peccato per Michelle. ■ DRAMMATICO; COL.; 140'; USA, 1996.

PENSIERI SPERICOLATI *(High Scool High)* ★★
Regia di HART BOCHENER. Con TIA CARRERE, JON LOVITZ, MECKHI PHIFER. ■ Clark è un insegnante abituato benissimo: ha insegnato in un liceo alla moda, preside suo padre. Viene catapultato in una scuola di quasi-criminali. L'impatto è durissimo, ma lui ha carattere. ■ COMMEDIA; COL.; 86'; USA, 1996.

PENSIERO D'AMORE ★★
Regia di MARIO AMENDOLA. Con SILVIA DIONISIO, PIPPO FRANCO, MAL, FRANCESCO MULÉ. ■ Un giovane Lord inglese viaggia attraverso l'Europa in autostop. Volendo dimostrare a se stesso che sa cavarsela anche senza i quattrini di famiglia, accetta di esibirsi come cantante nei ristoranti romani e poi nei grandi alberghi. Ha successo e fa innamorare di sé una bionda fanciulla portandola via al povero Pippo Franco. ■ COMMEDIA; COL.; 90'; ITALIA, 1970.

PENSIONANTE, IL *(The Lodger)* ★★★
Regia di JOHN BRAHM. Con LAIRD CREGAR, CEDRIC HARDWICKE SIR, MERLE OBERON, GEORGE SANDERS. ■ Nella Londra della fine del diciannovesimo secolo, Jack lo Squartatore semina il terrore. Una bella bruna, una ballerina, sospetta che il dabbengiovane che abita vicino a lei in una pensioncina sia il terribile Jack. Sospetto fondato. La bella si salva per un pelo. Jack, inseguito dalla polizia, scompare nel Tamigi. ■ HORROR; B/N; 84'; USA, 1944.

PENSIONATO DI RAGAZZE *(Mädchen Pensionat)* ★★
Regia di GÉZA VON BOLVÀRY. Con ATTILA HÖRBIGER, HILDE KRAHL, ANGELA SALLOKER. ■ Una bella principessa viene inviata, su consiglio del medico di corte, in un collegio per ragazzebene. Dopo qualche difficoltà di ambientamento, si trova splendidamente. Un professore s'innamora di lei, ricambiato. ■ COMMEDIA; B/N; 92'; GERMANIA, 1940.

PENSIONE, LA *(The Room Upstairs)* ★★
Regia di STUART MARGOLIN. Con STOCKARD CHANNING, SAM WATERSTON. ■ Una professoressa nubile e non più giovanissima conosce finalmente l'amore nella persona di un gentile suonatore di violoncello. ■ COMMEDIA; COL.; 100'; USA, 1987.

PENSIONE EDELWEISS *(Sursis pour un vivant)* ★★★
Regia di OTTORINO FRANCO BERTOLINI, VICTOR MERENDA. Con DAWN ADDAMS, LINO VENTURA, HENRI VIDAL. ■ Uno scrittore

a caccia di sensazioni accetta l'invito ad alloggiare in una pensione alpina dove sembra che vadano ad abitare molti aspiranti suicidi. Infatti, durante il suo soggiorno, parecchi pensionanti muoiono. Il protagonista, terrorizzato al pensiero di fare la stessa fine, fugge a Parigi. Solo dopo qualche tempo verrà a sapere che non è morto nessuno: è stata tutta una commedia per imbrogliare gli ingenui turisti. ■ GIALLO ROSA; B/N; 88'; FRANCIA, ITALIA, 1959.

PENSIONE MIMOSA *(Pension Mimosas)* ★★★★
Regia di JACQUES FEYDER. Con ALERME ANDRÉ, PAUL BERNARD, LISE DELAMARE, FRANÇOISE ROSAY. ■ Un giovane perdigiorno si innamora di una donna che lo lascia per un altro. Quando ha bisogno di denaro torna da lui, che gliene fornisce con l'aiuto della madre. L'irrequieta amante lo lascia un'altra volta e un'altra volta torna: questa volta il ragazzo, che per pagare i suoi vizi ha perso denaro di altri, si suicida. ■ DRAMMATICO; B/N; 109'; FRANCIA, 1935.

PENSIONE PAURA ★★★
Regia di FRANCESCO BARILLI. Con LEONORA FANI, LUC MERENDA, FRANCISCO RABAL. ■ Vicino a un lago imprecisato c'è la "Pensione delle sirene". La abitano strani personaggi (Marta, che nasconde un amante, Rosa, figlia di Marta, Rodolfo, un poco di buono, e Guido, bravo ragazzo). Rosa viene violentata da Rodolfo e un giorno arriva un misterioso vendicatore che uccide tutti coloro che in qualche modo hanno fatto del male alla ragazza. ■ DRAMMATICO; COL.; 92'; ITALIA, 1978.

PENTAGRAM *(The First Power)* ★★
Regia di ROBERT RESNIKOFF. Con LOU DIAMOND PHILLIPS, TRACY GRIFFITH, JEFF KOBER. ■ Un poliziotto deve affrontare un pericoloso maniaco che uccide le sue vittime secondo un delirante itinerario a forma di pentagono. Con l'aiuto di una veggente, l'uomo riesce a scoprire dove avverrà il prossimo omicidio; interviene e arresta il killer, che viene condannato a morte. Fino a qui la storia è appassionante e descrive con realismo la follia quotidiana di un maniaco di Los Angeles. Dopo l'uccisione del pazzo, la vicenda prende invece una piega assurda: la medium aveva avvisato di non ucciderlo, temendo una irrefrenabile catena di omicidi guidata dallo spirito dell'assassino. Solo un esorcismo potrà avere la meglio sull'energia del killer. ■ AVVENTURA; COL.; 100'; USA, 1990.

PENTIMENTO ★★
Regia di ENZO DI GIANNI. Con CESARE DANOVA, NYTA DOVER, DORIS DURANTI, EVA NOVA. ■ Una cantante di cabaret, già vedova di un aviatore, viene detronizzata e gettata per le scale da una focosa rivale. Tornata a casa, alleva un piccolo teppista che è in realtà figlio della rivale. Finirà con lo sposare il padre del ragazzo. ■ DRAMMATICO; B/N; 90'; ITALIA, 1952.

PENTIMENTO *(Pokajanie)* ★★★★
Regia di TENGHIZ ABULADZE. Con KETEVAN ABULADZE, ZEJNAB BOZDAVDZE, JA NINIDZE. ■ Il sindaco di una città di provincia è sepolto con tutti gli onori. Ma il giorno dopo si viene a sapere che il cadavere è stato dissepolto. Il figliolo lo fa interrare di nuovo, ma la storia si ripete. Si scopre il profanatore, una donna, che al processo intentatole dal figlio del defunto racconta tutte le malefatte del sindaco (fra l'altro torturò e uccise il padre di lei, un intellettuale di idee libertarie). Il figlio del sindaco impazzisce, suo nipote si suicida. Un gran bel film, tra le cose più intelligenti di fine secolo in Urss. ■ DRAMMATICO; COL.; 145'; URSS, 1986. ■ CANNES 1 PR; GOLDEN GLOBES 1 NOM.

PENTITO, IL ★★★
Regia di PASQUALE SQUITIERI. Con ERIK ESTRADA, TONY MUSANTE, FRANCO NERO, MAX VON SIDOW. ■ Il boss mafioso Vanni Ragusa esce di galera e si ritrova coinvolto in un regolamento di conti con un clan rivale. Ne esce illeso e si rifugia negli Stati Uniti, dove lo informano dell'omicidio di uno dei suoi figli e del fratello. Preoccupato per la sorte degli altri familiari, il mafioso accetta di tornare in Italia e di confessare tutto in cambio della protezione ai suoi cari. Ma non confessa tutto. Solo quanto basta per far distruggere il clan rivale. Vigorosa, anche se superficiale, rievocazione di fatti e persone celeberrimi: il banchiere Sindona, il giudice Falcone, il superpentito Buscetta. ■ DRAMMATICO; COL.; 120'; ITALIA, 1985.

PENULTIMO PAESAGGIO ★
Regia di FABRIZIO FERRARI. Con LUCIANO LEVRONE, SIMONA ROSSI. ■ Un uomo e una donna si incontrano in un appartamento di Parigi. È un appuntamento al buio, non si conoscono ma tra loro inizia una relazione sessuale estemporanea. Non certo *Ultimo tango a Parigi*. ■ DRAMMATICO; COL.; 114'; ITALIA, 2011.

PEOPLE I KNOW ★★
Regia di DANIEL ALGRANT. Con AL PACINO, KIM BASINGER, TÉA LEONI, RYAN O'NEAL. ■ Un addetto alle pubbliche relazioni di New York ormai sul viale del tramonto organizza solo manifestazioni di seconda serie e si trova a dover implorare personaggi in vista perché siano presenti. Un giorno si trova coinvolto in un omicidio. Al Pacino esagera e gigioneggia più che può. Anche perché il giovane regista non ha il coraggio di tirare la briglia. Kim Basinger, nel ruolo della cognata, fa da contraltare soft. Si rivede anche Ryan O'Neal. È tutto. Potrebbe essere molto e invece è poco. ■ THRILLER; COL.; 100 ; INGHILTERRA, 2002.

PEOPLE MOUNTAIN PEOPLE SEA ★★
(Ren Shan Ren Hai)
Regia di SHANGJUN CAI. ■ Lao Tie, dopo anni di lavoro in città, è tornato a vivere nel suo povero villaggio di montagna. È lì che il fratello minore viene accoltellato. La polizia individua il colpevole, l'ex detenuto Xiao Qiang, ma non riesce a catturarlo. Convinto che l'uomo si sia rifugiato in città Lao tie vi fa ritorno con un solo obiettivo: vendicare l'uccisione del fratello. ■ DRAMMATICO; COL.; 100'; CINA, 2011

PEPE ★★
Regia di GEORGE SIDNEY. Con CANTINFLAS, SHIRLEY JONES. ■ Uno stalliere messicano, Pepe, gioca e vince una grossa somma al casinò per impedire la vendita di uno stallone bianco, "Don Juan", cui è molto attaccato, e per produrre un film. ■ COMMEDIA; COL.; 195'; USA, 1960. ■ OSCAR 8 NOM.

PEPE FRANCESE *(French Dressing)* ★★★
Regia di KEN RUSSELL. Con JAMES BOOTH, ROY KINNEAR, ALITA NAUGHTON. ■ È il film d'esordio del grande regista inglese, vagamente ispirato al *free cinema* più ironico. Il centro dell'azione è una spiaggia di una piccola cittadina dove si sta organizzando un festival cinematografico. Una ragazza ingenua e sognante è il personaggio chiave intorno a cui ruotano gli altri. Molto goliardico e volutamente poco strutturato. ■ COMMEDIA; COL.; 85'; GRAN BRETAGNA, 1964.

PEPERONI RIPIENI E PESCI IN FACCIA ★
Regia di LINA WERTMÜLLER. Con F. MURRAY ABRAHAM, SOPHIA LOREN, ANGELA PAGANO, ELIO PANDOLFI, CAROLINA ROSI. ■ I peperoni ripieni del titolo sono quelli che Maria prepara da sempre al marito Jeffrey, un giornalista americano che si è ritirato sulla costiera amalfitana. I pesci, sono quelli che Jeffrey pesca da sempre per Maria e che lei non manca di rin-facciare. È gelosa Maria, del mare, della barca e della bionda farmacista del paese a cui il marito, crede lei, scrive lettere in versi. Il compleanno dell'anziana madre è l'occasione per riunire la famiglia. Così nella casa sul mare arrivano Marco, figlio medico con moglie frustrata, Miriam, ingravidata da uno dei tanti fidanzati occasionali, e Francesco, scrittore rosa con ambizioni alte e moglie iberica. La riunione familiare concentrerà delusioni e malesseri, risolti a suon di parmigiane e cure parentali. Girato nel 2004 e uscito due anni dopo nella stagione estiva e meno felice per il cinema, almeno quello italiano, l'ultimo e fastidioso film di Lina Wertmüller ha soltanto un merito: riportare sullo schermo la signora del cinema italiano, Sophia Loren. Eppure non basta. ■ DRAMMATICO; COL.; 105'; GERMANIA, ITALIA, SPAGNA, 2004.

PEPI, LUCI, BOM E LE ALTRE RAGAZZE DEL MUCCHIO *(Pepi, Luci, Bom y otras chicas del monton)* ★★
Regia di PEDRO ALMODÓVAR. Con OLVIDO ALASKA GARA, CARMEN MAURA, FELIX ROTAETA. ■ Esordio pepato per Almodóvar. Dopo alcuni strani cortometraggi eccolo nella sua prima opera, in origine in 16 mm gonfiato a 35 mm per le sale commerciali. Un film volutamente ribaldo e se vogliamo anche volgare nello stile

del cinema underground newyorkese, vuoi Warhol o Morrissey o Waters. Una presa in giro completa del perbenismo, uno sfogo post-franchista. Si trovano molti dei temi di Almodóvar che però non saranno mai così espliciti nei lungometraggi successivi. C'è Pepi che viene violentata da un poliziotto che la scopre con le piantine di marijuana sulla terrazza. Impara a lavorare a maglia dalla moglie masochista del poliziotto. Così tra una festa e l'altra, tra un gruppo musicale pop e giochetti osceni le cose avranno una conclusione. ■ COMMEDIA; COL.; 80'; SPAGNA, 1980.

PEPOTE *(Mi tio Jacinto)* ★★
Regia di LADISLAO VAJDA. Con PABLITO CALVO, ANTONIO VICO. ■ Vicissitudini di Pepote, nipote di un ex grande torero, per permettere allo zio di tornare, almeno una volta, nell'arena. ■ COMMEDIA; B/N; 92'; SPAGNA, 1956.

PEPPINO E LA NOBILE DAMA ★★
Regia di PIERO BALLERINI. Con PEPPINO DE FILIPPO, EMMA GRAMATICA, CAMILLO PILOTTO. ■ Una nobildonna decaduta, ora venditrice di castagne, si finge ancora ricca per concludere il fidanzamento della figlia con un giovane di ottima famiglia. ■ COMMEDIA; COL.; 91'; ITALIA, 1959.

PEPPINO E VIOLETTA ★★
Regia di MAURICE CLOCHE. Con ARNOLDO FOÀ, VITTORIO MANUNTA, DENIS O'DEA. ■ Un orfano, Peppino, ha per compagna in quel di Assisi solo un'asina, Violetta, che un giorno si ammala gravemente. L'unico modo per guarirla, secondo Peppino, è quello di condurla sulla tomba di san Francesco. Ma ci vuole il permesso del papa: e Peppino va a Roma per ottenerlo. ■ DRAMMATICO; B/N; 93'; ITALIA, 1951.

PEPPINO, LE MODELLE E CHELLA LÀ ★★
Regia di MARIO MATTOLI. Con GINO BRAMIERI, FULVIA FRANCO, TEDDY RENO, GIULIA RUBINI. ■ Peppino, pittore di poca fortuna, viene scambiato a ripetizione per il più fortunato collega Teddy. Ma in negativo: a lui toccano le botte, all'altro le donne. ■ COMICO; B/N; 91'; ITALIA, 1957.

PER AMARE CARMEN *(Carmen)* ★
Regia di VICENTE ARANDA. Con JAY BENEDICT, JOAN CROSAS, ANTONIO DECHENT, LEONARDO SBARAGLIA, PAZ VEGA. ■ Il regista spagnolo Vicente Aranda (classe 1926) non demorde. È il sesso il suo centro di gravità permanente. Privo della sfacciataggine di Tinto Brass, che mostra tutto ciò che è possibile mostrare del corpo di una donna insultando il pubblico inconsapevole, irridendone il voyerismo, che in realtà è soprattutto un suo problema. Al contrario, Aranda si aggrappa ipocritamente ai classici ed essendo spagnolo ridisegna la vicenda di Carmen, la sola Carmen conosciuta come simulacro di passioni proibite, di trasgressione, di tradimenti, tramandataci da Prosper Mérimée e musicata stupendamente da Bizet. La sua Carmen è snella come una velina, aggressiva come una commessa della Standa, bella come una valletta, ma priva del tutto della carnalità tragica di Carmen, prodigiosa creatura suscitatrice di passioni proibite, simbolo di gioia e dolore, artefice di una vicenda paradigmatica sull'amore che conduce alla perdizione. ■ SENTIMENTALE; COL.; 119'; GRAN BRETAGNA, ITALIA, SPAGNA, 2003.

PER AMARE OFELIA ★★★
Regia di FLAVIO MOGHERINI. Con MAURIZIO ARENA, ORCHIDEA DE SANTIS, FRANÇOISE FABIAN, DIDI PEREGO, RENATO POZZETTO, GIOVANNA RALLI. ■ L'industriale Orlando è affetto da un complesso di Edipo grande come una casa, che gli impedisce di amare normalmente le donne. A guarirlo ci prova Ofelia, una dinamica prostituta che si è innamorata di lui. Ma non c'è nulla da fare, l'Orlando è innamorato e "furioso" per la madre Federica, finché non scopre che non è la sua vera madre. Le sue turbe allora scompaiono, con grande gioia di Ofelia. ■ COMMEDIA; COL.; 110'; ITALIA, 1974.

PER AMORE ★★
Regia di MINO GIARDA. Con JANET AGREN, LILLA BRIGNONE, CAPUCINE, TINO CARRARO, MICHAEL CRAIG. ■ Lacrimosa storia di una moglie malata che si sacrifica per il marito pianista. Anche l'amante del pianista si tira in disparte. Tutti sono buoni. ■ DRAMMATICO; COL.; 92'; ITALIA, 1976.

PER AMORE DEI SOLDI *(Where the Money Is)* ★★★
Regia di MAREK KANIEVSKA. Con SUSAN BARNES, LINDA FIORENTINO, DERMOT MULRONEY, PAUL NEWMAN, ANNE PITONIAK. ■ Lui fa finta di essere stato colto da un ictus per uscire dalla prigione e recuperare il bottino dell'ultima impresa. Lei è un'infermiera che capisce subito come vanno le cose e intravede la possibilità di cambiare la propria vita. Il vero pregio della regia è quello di lasciar fare i due attori. Che formano proprio una bella coppia. ■ COMMEDIA; COL.; 90'; USA, 2000.

PER AMORE DI BENIAMINO *(Benji)* ★★
Regia di JOE CAMP. Con ALLEN FIUZAT, PATSY GARRETT, CINTHIA SMITH. ■ Benianimo è un cane alla cui zampetta una losca spia ha attaccato una piccola piastrina che reca il nome e il nascondiglio di uno scienziato molto importante. Il cane però non vuol farsi prendere, scappa e ha mille avventure. Torna a casa giusto in tempo per salvare la sua padroncina tenuta prigioniera dalla spia. ■ GIALLO ROSA; COL.; 84'; USA, 1977.

PER AMORE DI CESARINA ★★
Regia di VITTORIO SINDONI. Con GINO BRAMIERI, WALTER CHIARI, CINZIA MONREALE, VALERIA MORICONI. ■ Dopo trent'anni, Davide, padrone di una pensioncina di Cesenatico, incontra un vecchio commilitone che nel frattempo ha avuto una bella figlia, Cesarina, per la quale Davide prende una cotta coi fiocchi. Fugge con lei, poi torna pentito dalla moglie Elvira. ■ COMMEDIA; COL.; 95'; ITALIA, 1976.

PER AMORE DI POPPEA ★
Regia di MARIANO LAURENTI. Con MARIA BAXA, GIANFRANCO D'ANGELO, ALBERTO LIONELLO. ■ Tizio e Caio, travestiti da donne, vengono portati al palazzo come dame di compagnia di Poppea, moglie dell'imperatore Nerone. ■ COMMEDIA; COL.; 92'; ITALIA, 1977.

PER AMORE DI VERA *(Langer than Life)* ★★
Regia di HOWARD FRANKLIN. Con ANITA GILETTE, MAUREEN MUELLER, BILL MURRAY. ■ Jack riceve dal padre un'eredità scomoda: un elefante. Del resto papà era sempre stato un mattacchione che girava per l'America vestito da clown. Adesso si tratta di liberarsi del pachiderma. ■ COMMEDIA; COL.; 95'; USA, 1996.

PER AMORE E PER DENARO *(Love and Money)* ★★
Regia di JAMES TOBACK. Con KLAUS KINSKI, ORNELLA MUTI, RAY SHARKEY. ■ Fumoso, complicato intrigo internazionale ordito dal magnate Kinski per impossessarsi delle ricchezze di un piccolo Stato sudamericano. Trattato con superficialità e distacco, il film acquista interesse solo durante le effusioni fra la Muti e Sharkey. Per il resto, è un'occasione mancata. ■ DRAMMATICO; COL.; 93'; USA, 1981.

PER AMORE HO CATTURATO UNA SPIA RUSSA ★★
(Catch Me a Spy)
Regia di DICK CLEMENT. Con TOM COURTENAY, KIRK DOUGLAS, MARLÈNE JOBERT. ■ Un agente del servizio segreto inglese riesce a far passare documenti russi da Mosca a Londra. Ma le cose sono complicate da una graziosa rossa, moglie di un agente sovietico. L'agente si innamora di lei. Riuscirà ad avere la ragazza e la ricompensa promessagli dal Foreign Office. ■ SPIONAGGIO; COL.; 94'; FRANCIA, GRAN BRETAGNA, 1971.

PER AMORE O PER FORZA ★★
Regia di MASSIMO FRANCIOSA. Con CARLO GIUFFRÉ, MICHÈLE MERCIER, YANTI SOMER. ■ Un industriale si prende una cotta per una bionda finlandese e per lei abbandona la bella amante. Costei non la prende bene. Attua una terribile vendetta derubando a più riprese il fedifrago ed esautorandolo del controllo della sua azienda. L'industriale si ritrova dopo poco tempo sul lastrico.Tuttavia gli avvenimenti l'hanno fatto riflettere. ■ COMMEDIA; COL.; 91'; ITALIA, 1972.

PER AMORE... PER MAGIA ★★
Regia di DUCCIO TESSARI. Con MINA, ROSEMARIE DEXTER, GIANNI MORANDI, DANIELE VARGAS. ■ La fiaba di Aladino manipolata su misura per Gianni Morandi. Il tutto condito con molte canzoni. ■ COMMEDIA; COL.; 110'; ITALIA, 1967.

PER AMORE, SOLO PER AMORE ★★
Regia di GIOVANNI VERONESI. Con DIEGO ABATANTUONO, PE-

NELOPE CRUZ, ALESSANDRO HABER, STEFANIA SANDRELLI. ■ Tratto da un romanzo di Festa Campanile. Diretto da Veronesi, allora collaboratore di Francesco Nuti che gli aveva prodotto *Maramao*, film d'esordio. Sulla falsariga della storia di Giuseppe e Maria, personaggi biblici. Si ipotizzano i tormenti esistenziali e psicologici di colui che non è padre di suo figlio. Qui si immagina che sia donnaiolo e assiduo cliente di prostitute. Ma di fronte alla volontà del Signore accetta il bimbo non suo. Buona la recitazione, diligente ma senza voli la regia. La musica è di Nicola Piovani. Buoni incassi. ■ COMMEDIA; COL.; 110'; ITALIA, 1992. ■ DAVID DI DONATELLO 3 PR, 3 NOM.

PER CASO O PER AZZARDO ★★★★
(Hasards ou coïncidences)
Regia di CLAUDE LELOUCH. Con PIERRE ARDITI, LAURENT HILAIRE, MARC HOLLOGNE, ALESSANDRA MARTINES, VERONIQUE MOREAU. ■ Lelouch scrive e dirige ed è fedele a se stesso e alla prima opzione del cinema che è quella di essere diverso dalla vita, lui dice più grande della vita. E ricorre l'eterno tema lelouchiano del caso che determina la vita. Miriam perde il figlio e il compagno in un incidente di mare. Per affrontare il dolore che la travolgerebbe decide di ripercorrere da sola il viaggio favoloso che avrebbero dovuto fare tutti insieme, e di documentarlo con una telecamera. E c'è un docente-attore canadese che la cerca dovunque fino ad incontrarla. Il finale è lieto. Ma la trama serve solo al "cinema" che c'è intorno. Ecco la Venezia dei ponti e dei canali, e poi Parigi, ecco i balli tipo Folies bergères e le giravolte dei Dervishi e lei, la Martines, sempre in scena, sempre oltre le righe, o troppo felice o troppo sofferente, o troppo bella o troppo sciupata. Lei depone fra le onde la videocassetta che ha girato, per i suoi cari rimasti in mare. E quando è pronta per il grande appuntamento nell'altra vita, ecco che questa vita riprende il sopravvento. Cinema per il cinema. Niente è reale, non c'è un minimo di verità, c'è troppa letteratura, troppa bellezza e poesia. Il film non è stato ben accolto al festival di Venezia. Certo, adesso il cinema avrebbe altre funzioni, sempre più vicine alla realtà, quando non ci sono di mezzo gli effetti speciali. E pur essendo, in quella "chiave normale", tutto sbagliato, noi riteniamo che questo sia un grande film, uno dei più vivi e potenti degli anni Novanta. Nonostante le due principali presenze maschili: Arditi ha sempre lo sguardo languido del seduttore, ed è ridicolo; Hollagne – il giovane cui alla fine approderebbe Miriam – sembra un saltarello, imbarazzante tanto è brutto. Alessandra è straordinaria, davvero completa, e magica. Non ne abbiamo un'altra. Ha ottenuto il premio come migliore attrice al festival di Chicago. ■ DRAMMATICO; COL.; 120'; FRANCIA, 1998.

PER CENTO CHILI DI DROGA *(Cisco Pike)* ★★
Regia di BILL W. L. NORTON. Con KAREN BLACK, GENE HACKMAN, KRIS KRISTOFFERSON. ■ Cisco Pike è un cantautore che un tempo ha spacciato droga. Ora ha intenzione di rigare dritto, ma un brutale poliziotto, con il ricatto, lo costringe a smerciare per suo conto una grossa partita di eroina. Cisco è costretto a una umiliante odissea da un "cliente" all'altro. Ma alla fine riuscirà a liberarsi del losco sbirro. ■ DRAMMATICO; COL.; 94'; USA, 1971.

PER 100.000 DOLLARI TI AMMAZZO ★★
Regia di GIOVANNI FAGO. Con CLAUDIO CAMASO, GIANNI GARKO, CLAUDIE LANGE, FERNANDO SANCHO. ■ Due fratelli: uno quasi buono, l'altro proprio una carogna che ha ammazzato il papà. Tremende vendette del quasi buono. ■ WESTERN; COL.; 90'; ITALIA, 1967.

PERCEVAL *(Perceval le Gallois)* ★★★
Regia di ERIC ROHMER. Con PASCALE DE BOYSSON, ANDRÉ DUSSOLLIER, FABRICE LUCHINI. ■ L'apprendistato cavalleresco di Perceval, orfano di un nobile celtico, che lascia la madre e il castello avito per diventare cavaliere della Tavola Rotonda di re Artù. Ci riesce dopo molti duelli e mille avventure, ma dopo cinque anni di vagabondare, il giorno di venerdì santo depone le armi. Acquistata una nuova spiritualità, parte per l'impresa più affascinante: la ricerca del Santo Graal. Una visione tutta spirituale e simbolica, le chiavi care a Rohmer, della saga nordica medievale, lontana dai consueti film in costume. ■ FANTASTICO; COL.; 138'; FRANCIA, 1978.

PERCHÉ ★★
Regia di JOHN K. SMYCZEK. Con JIRI LAGMAJER, JAN POTMOSIL. ■ I cechi amano molto il calcio e così quando lo Spartak di Praga oltrepassa i confini nazionali per un'importante partita, un gruppo di suoi sostenitori lo raggiunge viaggiando in treno. Durante il percorso i giovani, eccitati e ubriachi, si lasciano trascinare dai loro peggiori istinti. ■ DRAMMATICO; COL.; 90'; CECOSLOVACCHIA, 1989.

PERCHÉ? ★★
Regia di NINO ZANCHIN. Con ROSEMARIE DEXTER, SUSANNA MELANDRI, UMBERTO ORSINI. ■ Sta per scoppiare la guerra arabo-israeliana. In un paese della Palestina una ragazzina, figlia di ebrei, stringe amicizia con un coetaneo arabo. Ma gli eventi del conflitto li separeranno. ■ DRAMMATICO; COL.; 92'; ITALIA, 1972.

PERCHÉ BODHI DHARMA È PARTITO PER L'ORIENTE? ★★★
Regia di YONG-KYUN-BAE. Con PAN-YONG, WON-SOP SIN. ■ Il film ha vinto il "Pardo d'Oro" al festival di Locarno. Il regista quarantenne, pittore, nel titolo si riferisce a un indovinello zen. Dharma è il monaco indiano che diffuse il buddismo in Cina. Tutto si svolge su una montagna e i personaggi principali sono un piccolo trovatello che rappresenta l'infanzia, un maestro e un allievo che sono rispettivamente la maturità e la giovinezza. Diretto con ritmi lenti e con pochi dialoghi, il film ha una sua magica atmosfera e racchiude parte della filosofia orientale. ■ DRAMMATICO; COL.; 130'; COREA, 1989.

PERCHÉ È MIO AMICO *(Because He's my Friend)* ★★★
Regia di RALPH NELSON. Con KAREN BLACK, KEIR DULLEA, JACK THOMPSON. ■ Un notevole film, ricco di introspezione psicologica, girato in Australia dall'americano Ralph Nelson. Protagonisti sono i genitori di un bambino ritardato. La malattia del figlio crea uno stato di tensione e di infelicità fra i coniugi che sembra portare al divorzio. Ma sarà proprio l'affetto per quel ragazzo ritardato a riunire i due. ■ DRAMMATICO; COL.; 93'; AUSTRALIA, 1978.

PERCHÉ HA UCCISO? *(Hanneles Himmelfahrt)* ★★
Regia di THEA VON HARBOU. Con THEODOR LOOS, RUDOLF KLEIN ROGGE, HERTHA THIELE. ■ Un giovane pittore crede di aver ucciso un banchiere e fugge. La figlia del defunto prende i voti e inizia alcune indagini personali. Si scoprirà che il vero assassino è un malato di mente. ■ DRAMMATICO; B/N; 91'; GERMANIA, 1934.

PERCHÉ I GATTI? *(Because of the Cats)* ★★
Regia di FONS RADEMAKERS. Con SYLVIA KRISTEL, BRYAN MARSHALL, ALEXANDRA STEWART. ■ L'ispettore Van der Valk deve indagare sull'aggressione subita da due ricchi coniugi di Amsterdam. L'ispettore sospetta che i teppisti appartengano a famiglie bene. Difatti è così, ma non è facile incastrarli. La morte di un componente della gang riuscirà a far smuovere le acque. ■ GIALLO; COL.; 94'; PAESI BASSI, 1974.

PERCHÉ IL DIO FENICIO CONTINUA A UCCIDERE? *(Tower of Evil)* ★★
Regia di JAMES O'CONNOLLY. Con GEORGE COULOURIS, JILL HAWORTH, BRYANT HALIDAY, JACK WATSON. ■ Un gruppo di giovani turisti si avventura su un isolotto al largo della costa britannica, attirato dal miraggio di un favoloso tesoro fenicio. Invece del grisbì riceveranno un bel mucchio di colpi di mannaia da parte di un misterioso assassino. ■ HORROR; COL.; 85'; GRAN BRETAGNA, 1972.

PERCHÉ IL SIGNOR R. È DIVENTATO MATTO? ★★★
(Warum lauft Herr R. Amok?)
Regia di RAINER WERNER FASSBINDER. Con KURT RAAB, LILITH UNGERER. ■ Si tratta di uno dei dieci film realizzati in bianco e nero da Fassbinder nel periodo 1969/70. È la storia di un progettista la cui vita scorre in modo apparentemente sereno ma che un giorno, d'improvviso, impazzisce. ■ DRAMMATICO; COL.; 85'; GERMANIA, 1969.

PERCHÉ MAMMÀ TI MANDA SOLO? ★★
(Trop jolies pour être honnêtes)
Regia di RICHARD BALDUCCI. Con JANE BIRKIN, CARLO GIUFFRÉ,

BERNADETTE LAFONT. ■ Tre ragazze in cerca d'avventure assistono a una rapina e credono di identificare gli autori del colpo in un nobiluomo italiano e nel suo amico francese. In realtà i due smerciano quadri rubati. Dopo una serie di beffe, i due giovanotti e le fanciulle decideranno di costituire una associazione per delinquere. ■ COMMEDIA; COL.; 90'; FRANCIA, ITALIA, 1973.

PERCHÉ NO? ★★
Regia di AMLETO PALERMI. Con ORESTE BILANCIA, MARIA JACOBINI, LIVIO PAVANELLI. ■ È il secondo film di Palermi, maestro della commedia all'italiana e ottimo riduttore di opere liriche. Il film non ha pregi particolari. ■ COMMEDIA; B/N; 91'; ITALIA, 1930.

PERCHÉ NO? *(Pourquoi pas?)* ★★
Regia di COLINE SERREAU. Con SAMI FREY, MARIO GONZALES, NICOLE JAMET, CHRISTINE MURILLO. ■ Louis, omosessuale, Fernand, bisessuale, e Sandra sono tre personaggi variamente frustrati dalla vita che trovano la serenità in una convivenza molto particolare, nella quale condividono equamente se stessi e le risorse di ognuno. L'arrivo di una seconda donna scombussolerà, ma solo temporaneamente, il quieto *ménage*. ■ COMMEDIA; COL.; 93'; FRANCIA, 1977.

PERCHÉ NON FACCIAMO L'AMORE? ★
Regia di MAURIZIO LUCIDI. Con BARBARA BOUCHET, RENZO MONTAGNANI, GIACOMO RIZZO. ■ Il compiacente medico Montagnani prescrive dietro lauta ricompensa periodi di riposo a clienti stanchi della vita di coppia, in modo che costoro possano vivere in santa pace le loro avventure extraconiugali. ■ COMMEDIA; COL.; 93'; ITALIA, 1981.

PERCHÉ PROPRIO A ME? *(Why Me?)* ★★
Regia di GENE QUINTANO. Con KIM GREIST, CHRISTOPHER LAMBERT, CHRISTOPHER LLOYD. ■ Non molto riuscita quest'operazione, vuoi per colpa dello smarrimento di Lambert, vuoi per una regia piatta. Peccato perché la sceneggiatura non era poi così debole. Due coniugi e un suocero vengono in possesso involontario del rubino iellato "Fiamma di Bisanzio", ricercato dai poliziotti della Cia, dai turchi e dagli armeni. Riuscire a rimanere vivi è la precisa finalità che i tre personaggi inseguono, disperatamente. ■ COMMEDIA; COL.; 88'; USA, 1989.

PERCHÉ QUELLE STRANE GOCCE DI SANGUE SUL CORPO DI JENNIFER? ★★
Regia di GIULIANO CARNIMEO. Con EDWIGE FENECH, GEORGE HILTON, PAOLA QUATTRINI. ■ Ammazzano, con preoccupante frequenza, le belle inquiline di uno stabile milanese (piazza Diaz). Ma chi è il misterioso omicida? Forse il giovane che non può sopportare la vista del sangue? No, l'assassino è un insospettabile. ■ GIALLO; COL.; 91'; ITALIA, 1972.

PERCHÉ SEI ARRIVATO COSÌ TARDI? ★★
(Pourquoi viens-tu si tard?)
Regia di HENRI DECOIN. Con JEAN-CLAUDE DAUPHIN, MICHÈLE MORGAN, HENRI VIDAL. ■ Un giornalista e un'avvocatessa si innamorano. Ma la donna è stata in passato alcolizzata e viene ricattata per i suoi trascorsi da un filibustiere suo amante. Durante un processo costui fa in modo che i particolari meno edificanti della vita della donna vengano alla luce. Ma ciò non scoraggia l'amore del giornalista. ■ DRAMMATICO; B/N; 104'; FRANCIA, 1958.

PERCHÉ SI UCCIDE UN MAGISTRATO? ★★
Regia di DAMIANO DAMIANI. Con FRANÇOISE FABIAN, FRANCO NERO, RENZO PALMER. ■ Un regista romano, che nei suoi film ha spesso parlato delle collusioni, in Sicilia, fra mafia e magistratura, si scontra dopo la prima di un suo lavoro con una realtà che assomiglia molto alla finzione. Un giudice con cui ha avuto un diverbio viene trovato ucciso. Il regista sospetta che gli assassini agiscano per conto dell'onorata società e spinge le indagini della polizia in quella direzione. Ma la soluzione del *puzzle* è molto più semplice e banale. ■ GIALLO; COL.; 110'; ITALIA, 1975.

PERCHÉ SI UCCIDONO – LA MERDE ★★
Regia di MAURO MACARIO. Con BEBA LONCAR, MARCO REIMS, MAURICE RONET. ■ Andrea ha grossi problemi esistenziali, e come molti giovani crede di risolverli con la droga. La sua ragazza, meno esperta di lui, prende una dose troppo forte e muore. Luca, equilibrato e più grande di Andrea, cerca di aiutarlo, ma è inutile, il poveretto non regge al dolore e si suicida. ■ DRAMMATICO; COL.; 94'; ITALIA, 1975.

PERCHÉ TE LO DICE MAMMA *(Because I Said So)* ★★
Regia di MICHAEL LEHMANN. Con STEPHEN COLLINS, LAUREN GRAHAM, DIANE KEATON, GABRIEL MACHT, MANDY MOORE, PIPER PERABO, TOM EVERETT SCOTT. ■ Daphne Wilder ha tre figlie adorabili per cui vivere, ma che non fa vivere. Protettiva e indiscreta, si intromette costantemente nella vita delle fanciulle per dispensare il consiglio giusto: un colore che illumina, un vestito che ammicca, un profumo che confonde, una parola che conquista. Sposate Maggie e Mae, non le resta che sistemare Mandy, pasticciera pasticciona. Stanca di vedere la sua "bambina" tra le braccia di perfetti perdenti, Daphne mette un annuncio e trova l'uomo giusto per Mandy: Jason, un architetto di successo tutto savoir faire e razionalità. Ma il destino ci mette lo zampino e lo "scartato" Johnny, musicista e ragazzo padre, decide di incontrare Mandy contro il parere della mammina. La ragazza finirà per amarli entrambi. Il film di Lehmann, coi toni leggeri e semplificati della commedia, affronta il tema del rapporto simbiotico col genitore e dei confini interpersonali che rendono difficoltosa la percezione del sé e la differenziazione dall'altro. ■ COMMEDIA; COL.; 101'; USA, 2007.

PERCHÉ UCCIDERE LORRAINE? ★★
(Brigade mondaine)
Regia di JACQUES SCANDELARI. Con JACQUES BERTHIER, ODILE MICHEL, PATRICE VALOTA. ■ Un aristocratico insospettabile è il principale cliente di un "giro" di squillo. Ma tra un'orgia e l'altra capitano parecchi delitti e la polizia vuol vederci chiaro. Un agente in gonnella si finge prostituta e viene a sapere i nomi di chi procura le squillo e di chi ha drogato e ucciso alcune ragazze. L'aristocratico, prima di essere arrestato, è ucciso dalla moglie, gelosa della falsa prostituta. ■ GIALLO; COL.; 90'; FRANCIA, 1978.

PERCHÉ UCCIDI ANCORA ★★
Regia di JUAN ANTONIO DE LA LOMA. Con HUGO BLANCO, ANTONIO DE TEFFÉ, EVELYN STEWART. ■ Un giovane diserta dall'esercito per tornare al paese dove il padre è stato ucciso da una famiglia di possidenti messicani. La vendetta non è facile, il giovane ha tutti contro. ■ WESTERN; COL.; 92'; ITALIA, 1967.

PERCHÉ UN ASSASSINIO *(The Parallax View)* ★★★
Regia di ALAN J. PAKULA. Con WARREN BEATTY, HUME CRONYN, JIM DAVIS, PAULA PRENTISS. ■ Un senatore americano viene ucciso in circostanze misteriose, analoghe a quelle del presidente Kennedy. Un giornalista non ci vede chiaro e decide di indagare. Scopre una società segreta che recluta sbandati e fanatici per far loro commettere assassinii politici. Ma il protagonista pagherà cara la sua scoperta. ■ DRAMMATICO; COL.; 100'; USA, 1972.

♥ PER CHI SUONA LA CAMPANA ★★★★★
(For Whom the Bell Tolls)
Regia di SAM WOOD. Con INGRID BERGMAN, GARY COOPER, KATINA PAXINOU, AKIM TAMIROFF. ■ «Non chiedere mai per chi suona la campana», scrisse il poeta John Donne, «essa suona per te». Per questo Robert Jordan, intellettuale americano, si è unito alle Brigate Internazionali che durante la guerra civile spagnola difendono la Repubblica dall'esercito di Franco. Esperto di sabotaggi, Robert viene inviato dal generale Golz sulle montagne, per prendere contatto con un gruppo di guerriglieri. La sua missione consisterà nel far esplodere un ponte controllato dal nemico, in concomitanza con un massiccio attacco dell'esercito repubblicano. Il capo dei guerriglieri, Pablo, ormai stanco di combattere, non approva l'operazione, ma aiuta ugualmente Robert nei preparativi. Nel frattempo l'americano conosce la giovane Maria, vittima di violenze durante una feroce rappresaglia dei franchisti. Con la benedizione della compagna di Pablo, Pilar, che si è presa cura della ragazza, Robert e Maria vivono una intensa storia d'amore nei tre giorni che precedono la battaglia. Mentre Pablo tenta di boicottare la missione, Robert scopre che il nemico ha ammassato mezzi e truppe nella zona. Tenta di avvisare Golz perché fermi l'attacco, ma il ragazzo inviato come messaggero arriva troppo

tardi al comando. Robert è costretto a procedere a ogni costo. Aiutato da Pablo, che finalmente ha ritrovato il proprio coraggio, fa esplodere il ponte. Ma durante la fuga viene gravemente ferito e, non potendo proseguire senza essere d'intralcio agli altri, fa condurre in salvo Maria e resta da solo ad affrontare gli inseguitori, sicuro di morire. Spettacolare trasposizione del romanzo di Ernest Hemingway, il film ne sottolinea il lato sentimentale, eliminando gli aspetti più duri come i drammatici flash-back sulle violenze compiute da entrambe le parti in lotta. Non potendo lasciare molto spazio al monologo interiore del protagonista, il regista punta sulla resa visiva, girando in esterni ad alta quota in un technicolor di grande efficacia. Wood dovette cominciare le riprese senza il protagonista, perché Hemingway per quel ruolo voleva Gary Cooper, ma l'attore era sotto contratto con la MGM. Perché Cooper fosse prestato alla Paramount, il regista dovette in cambio dirigerlo in *L'idolo delle folle* prodotto da Goldwyn. Perfetti anche i caratteristi, tra i quali va citata Katina Paxinou, vincitrice di un Oscar per questa interpretazione. Ingrid Bergman invece non ha proprio niente della ragazzina spagnola, ma a un'attrice come lei si perdona questo e altro. ■ AVVENTURA; COL.; 130'; USA, 1943. ■ OSCAR 1 PR, 9 NOM.

PER CINQUANTAMILA MALEDETTI DOLLARI ★★
Regia di JUAN ANTONIO DE LA LOMA. Con WALTER BARNES, ERIKA BLANC, JOACHIM FUCHSBERGER. ■ Uno scienziato ha scoperto un nuovo propellente per razzi, ma è aggredito, ferito e braccato da una pericolosa banda. Per salvarlo, la Cia ricorre al fratello gemello, un playboy che acconsente a farsi passare per lui. La banda scopre presto il trucco, ma il playboy troverà egualmente il modo di salvare il fratello. ■ SPIONAGGIO; COL.; 91'; ITALIA, 1966.

PERCORSO INFERNALE *(Speedtrap)* ★★
Regia di ALAN GIBSON. Con JOE DON BAKER, LARRY HAGMAN, SUSAN SARANDON. ■ È la storia di una massacrante Mille Miglia, che si svolge nelle Filippine. È il rally più pericoloso che sia mai stato tentato (altro che Parigi-Dakar). Joe Baker è il concorrente più duro (e alla prova dei fatti uno dei meno sleali). ■ AVVENTURA; COL.; 98'; USA, 1977.

PERCY JACKSON E GLI DEI DELL'OLIMPO. IL LADRO DI FULMINI ★
(Percy Jackson & the Olympians: The Lightning Thief)
Regia di CHRIS COLUMBUS. Con SEAN BEAN, PIERCE BROSNAN, ROSARIO DAWSON, LOGAN LERMAN, UMA THURMAN. ■ Affetto da deficit di attenzione e da dislessia Percy Jackson non ha vita facile a scuola e il suo privato non sembra andare meglio: vive con la madre non avendo mai conosciuto il padre. Il motivo di questa situazione diventa però chiaro quando, in gita scolastica in un museo, una professoressa si trasforma in mostro alato e minaccia di ucciderlo se non le rivela dove ha nascosto il fulmine di Zeus. Percy, è un semidio, figlio di Poseidone e di una mortale ed è venuto per lui il momento di allenarsi per prendere coscienza dei propri poteri. ■ AVVENTURA; COL.; 118'; USA, CANADA, 2010.

PERDERE È QUESTIONE DI METODO – THE ART OF LOSING *(Perder es cuestión de método)* ★★
Regia di SERGIO CABRERA. Con DANIEL GIMÉNEZ CACHO, MARTINA GARCÍA, VICTOR MALLARINO, CESAR MORA. ■ Una mattina, la polizia scopre un terribile delitto: un corpo impalato sulle rive di un bel lago vicino Bogotá. Per risolvere il caso, il giornalista Victor Silampa e il suo collega Emir Estupiñán indagano gli intrighi di una storia macabra ma anche molto umana e divertente. ■ THRILLER; COL.; 95'; COLOMBIA, SPAGNA, 2004.

PERDIAMOCI DI VISTA ★★
Regia di CARLO VERDONE. Con ASIA ARGENTO, SONYA GESSNER, ALDO MACCIONE, CARLO VERDONE. ■ Gepy, conduttore televisivo, dopo un intervento polemico della giovane Arianna perde il posto. Arianna vive su una sedia a rotelle. Gepy la frequenta ed è coinvolto. L'uomo prova a tornare a fare televisione spazzatura, ma ormai profondamente cambiato rinuncia subito. Poi, ingenuamente, tenta di far guarire Arianna portandola a Praga, ma tutto è inutile. Deve, per desiderio della ragazza, abituarsi all'idea che la sedia a rotelle è parte di lei. Vengono evitati i cliché e descritti i problemi quotidiani dei portatori di handicap. Il film, oltre a denunciare la disorganizzazione del nostro paese in fatto di strutture, mette l'indice sulle trasmissioni televisive che si servono delle disgrazie per fare ascolto. ■ COMMEDIA; COL.; 113'; ITALIA, 1993. ■ DAVID DI DONATELLO 2 PR, 2 NOM.

PERDIPIÙ, IL SEGUGIO FANNULLONE ★★
(The Biscuit Eater)
Regia di VINCENT MCEVEETY. Con LEW AYRES, GODFREY CAMBRIDGE, EARL HOLLIMAN. ■ È la storiella di un bel cane segugio che però ha il grave difetto di essere pigro. Non potendo essere utilizzato per la caccia il povero cane potrebbe fare una brutta fine in un canile, ma ecco che la provvidenza lo aiuta. Due ragazzini ne fanno il loro compagno di divertimenti e piano piano riescono a farlo diventare un abile cane da caccia capace persino di vincere un ambito concorso. Adatto ai ragazzi. Prodotto dalla Walt Disney. ■ COMMEDIA; COL.; 95'; USA, 1972.

PERDITA DELL'INNOCENZA, LA ★★
(The Loss of Sexual Innocence)
Regia di MIKE FIGGIS. Con STEFANO DIONISI, BERNARD HILL, KELLY MACDONALD, GINA MCKEE, JULIAN SANDS, JOHANNA TORELL. ■ Mike Figgis non perde mai la voglia di sperimentare. Nel bene e nel male. Questo suo film è complesso e troppo cerebrale. Anche se non dimentica, ogni tanto, di fare spettacolo. Si racconta della vita di un regista cinematografico che perde, in tre fasi della sua vita, la purezza dello sguardo nei confronti della realtà. ■ DRAMMATICO; COL.; 106'; GRAN BRETAGNA, USA, 1999.

PERDITA DURANGO ★★
Regia di ÁLEX DE LA IGLESIA. Con JAVIER BARDEM, HARLEY CROSS, JAMES GANDOLFINI, AIMEE GRAHAM, ROSIE PEREZ. ■ Il confine tra Stati Uniti e Messico è crocevia di traffici illeciti: è qui che Perdita Durango, dark lady che vive di espedienti, incontra Romeo Dolorosa, rapinatore di banche e sciamano profanatore di tombe. I due si tufferanno in ogni sorta di attività illegali e blasfeme, come il contrabbando di feti congelati e la pratica di sacrifici umani. *Hardboiled* latino viziato da una strabordanza di contenuti che ne appiattisce i caratteri. ■ AZIONE; COL.; 126'; MESSICO, SPAGNA, USA, 1997.

PERDIZIONE *(The Story of Temple Drake)* ★★★
Regia di STEPHEN ROBERTS. Con WILLIAM GARGAN, MIRIAM HOPKINS, JACK LARUE. ■ Nel sud degli Stati Uniti, una bella nevrotica ragazza viene trascinata alla rovina morale. Primo grande ruolo per la Hopkins in un film che all'epoca scandalizzò violentemente il pubblico. ■ DRAMMATICO; B/N; 71'; USA, 1933.

PERDIZIONE *(La danseuse rouge)* ★★
Regia di JEAN-PAUL PAULIN. Con JEAN GALLAND, VÉRA KORÈNE. ■ Per un atto di generosità, una ragazza viene ritenuta un'attentatrice e accetta il ruolo di agente segreto per evitare una durissima condanna. Messasi a girare l'Europa come danzatrice, adempie ai numerosi incarichi finché si innamora. Nel corso dell'ultima missione viene presa e condannata a morte. ■ DRAMMATICO; B/N; 109'; FRANCIA, 1939.

PERDIZIONE ★★
Regia di CARLO CAMPOGALLIANI. Con ADRIANO RIMOLDI, DINA SASSOLI, MARISA VERNATI. ■ Love story fra un camionista e una liliale infermiera. Ma una malafemmina fa perdere la testa al camionista che per lei tenta un furto. Viene ferito durante il colpo, ma c'è l'infermiera che lo cura. ■ DRAMMATICO; B/N; 94'; ITALIA, 1942.

PERDIZIONE, LA *(Mahler)* ★★★
Regia di KEN RUSSELL. Con GEORGINA HALE, LEE MONTAGUE, RICHARD MORANT, ROBERT POWELL. ■ Il celebre musicista Gustav Mahler, reduce da una serie di concerti, torna dopo molto tempo a Vienna accompagnato dalla giovane moglie. La salute del compositore sta peggiorando e il matrimonio è in crisi. Durante il viaggio, Mahler ha orribili incubi rivede il passato e vede il futuro (con la premonizione dell'avvento del nazismo). Alla fine il treno arriva a destinazione. I medici dicono a Mahler che ha solo poche settimane di vita. ■ BIOGRAFICO; COL.; 115'; GRAN BRETAGNA, 1976.

PERDONA E DIMENTICA. LIFE DURING WAR TIME ★★
Regia di TODD SOLONDZ. Con SHIRLEY HENDERSON, CIARAN HINDS, ALLISON JANNEY, MICHAEL LERNER, CHRIS MARQUETTE. ■ Dieci anni dopo essere andata in frantumi, la famiglia Jordan sta ancora riassemblando i pezzi. Joy, messa in crisi dai problemi del marito Allen, va in Florida a cercare il consiglio della madre e delle sorelle; Trish è alle prese con tre figli e un nuovo incontro e Helen è incapace di trovare agio nel successo raggiunto a Hollywood. Nel frattempo, Bill, il marito di Trish, condannato per abuso di minori, esce dal carcere e si mette alla ricerca del figlio maggiore, Billy, per assicurarsi che non sia come lui, mentre il minore, Timmy, cerca di districarsi in mezzo a quel disastro. Velato da uno sofisticato humor. ■ COMMEDIA; COL.; 98′; USA, 2009.

PERDONAMI ★★
Regia di MARIO COSTA. Con TAMARA LEES, ANTONELLA LUALDI, RAF VALLONE. ■ Lacrimosa storia di una donna che sposa il fratello di un guardiano ucciso durante una rapina dal proprio fratello. Finale semilieto. ■ DRAMMATICO; B/N; 90′; ITALIA, 1953.

PERDONAMI SE HO PECCATO ★★★
(Something to Live for)
Regia di GEORGE STEVENS. Con JOAN FONTAINE, RAY MILLAND, TERESA WRIGHT. ■ Un ex alcolizzato fa ora parte di una lega che cerca di strappare le persone al vizio di bere. Conosce una giovane attrice che ha gravi problemi e cerca di risolverli con la bottiglia. Lui la mette in carreggiata, ma lei s'innamora. Il sentimento ricambiato dall'uomo rischia di gettare la donna in una crisi anche più profonda, poiché lui è sposato e padre di numerosa prole. Tuttavia tutto s'aggiusterà per il meglio. ■ DRAMMATICO; B/N; 89′; USA, 1952.

PERDONAMI, SE MI AMI! *(Because of You)* ★★
Regia di JOSEPH PEVNEY. Con JEFF CHANDLER, FRANCES DEE, ALEX NICOL, LORETTA YOUNG. ■ Una bionda, amante di un gangster, cambia colore dei capelli e vita. Conosce un bravo giovane e lo sposa, senza parlargli dei suoi trascorsi. Un giorno l'ex amante ricompare, la ricatta, la induce a accompagnarlo in un viaggio, durante il quale l'uomo muore. La donna sopravvive, ma il marito, ora a conoscenza di tutto, l'abbandona. I due coniugi, però, si riuniranno. ■ DRAMMATICO; B/N; 95′; USA, 1952.

PERDONATE IL MIO PASSATO *(Pardon my Past)* ★★
Regia di LESLIE FENTON. Con MARGUERITE CHAPMAN, WILLIAM DEMAREST, FRED MACMURRAY. ■ Un uomo tornato dalla guerra è scambiato per il suo gemello, un debosciato che s'è intrallazzato con i gangster, ha reso infelice la moglie e ha affidato le sue ricchezze a uno zio imbroglione. Ma il "doppio" è fatto d'altra stoffa: mette a posto i gangster e il disonesto zio. Avrà l'eterna riconoscenza del gemello. ■ GIALLO ROSA; B/N; 88′; USA, 1945.

PERDONO *(This Woman is Dangerous)* ★★
Regia di FELIX E. FEIST. Con DAVIS BRIAN, JOAN CRAWFORD, DENNIS MORGAN. ■ Una donna immischiata in faccende poco pulite con una banda di gangster trova subito protezione e possibilità di matrimonio e di redenzione presso un onesto medico. Il capo gang cerca di coinvolgerla nuovamente, ma non ci riesce. Finirà male. ■ DRAMMATICO; B/N; 100′; USA, 1951.

PERDONO ★★
Regia di ETTORE M. FIZZAROTTI. Con CATERINA CASELLI, LAURA EFRIKIAN, FABRIZIO MORONI, NINO TARANTO. ■ Caterina e Laura sono commesse ai grandi magazzini. La prima diventa una famosa cantante di canzonette. Quando capisce che, grazie al suo fascino, potrebbe portare via l'uomo all'amica, essendo d'animo nobile vi rinuncia, preferendo alla propria felicità privata l'impegno nel mondo dello spettacolo. ■ COMMEDIA; B/N; 92′; ITALIA, 1966.

PERDUTAMENTE *(Humoresque)* ★★★
Regia di JEAN NEGULESCO. Con JOAN CRAWFORD, JOHN GARFIELD, OSCAR LEVANT. ■ Un giovane di umili origini, Paul, ha un bel talento di violinista e trova una donna ricca e nevrotica che si innamora di lui e lo lancia. La love story fra i due però ha breve durata. La donna si suicida. Paul intanto diventa una celebrità. ■ DRAMMATICO; B/N; 125′; USA, 1947. ■ OSCAR 1 NOM.

PERDUTAMENTE TUA *(Now, Voyager)* ★★★
Regia di IRVING RAPPER. Con GLADYS COOPER, BETTE DAVIS, PAUL HENREID, CLAUDE RAINS. ■ Una ragazza riesce, con l'aiuto della psicoanalisi, a superare la propria nevrosi. Più tardi conosce un uomo e se ne innamora, ma, essendo lui sposato, i due preferiscono lasciarsi. In seguito lei aiuterà la figlia di lui a guarire da una forma di nevrosi simile alla sua. ■ DRAMMATICO; B/N; 117′; USA, 1942. ■ OSCAR 1 PR, 3 NOM.

PERDUTAMENTE TUO... MI FIRMO MACALUSO CARMELO FU GIUSEPPE ★★
Regia di VITTORIO SINDONI. Con MACHA MÉRIL, STEFANO SATTA FLORES, LEOPOLDO TRIESTE. ■ Un ingenuo emigrato siciliano che si è arricchito all'estero torna al paesello deciso a vendicare il padre suicidatosi per debiti. Cade però preda di un'astuta baronessina che lo seduce, ricattandolo e spogliandolo di ogni avere. ■ COMMEDIA; COL.; 100′; ITALIA, 1976.

PERDUTI NELL'ISOLA DEGLI SQUALI ★★★
(Platinum High School)
Regia di CHARLES HAAS. Con DAN DURYEA, TERRY MOORE, MICKEY ROONEY. ■ Un collegio militare è in realtà una centrale di ricatti. Un genitore di un cadetto lo scopre dopo che vi si è recato per indagare sulla morte misteriosa del figlio. Il ragazzo è stato ucciso perché non aveva voluto piegarsi. La polizia sgominerà la banda. ■ POLIZIESCO; B/N; 93′; USA, 1960.

PERDUTO AMOR ★★★
Regia di FRANCO BATTIATO. Con NINNI BRUSCHETTA, GABRIELE FERZETTI, DONATELLA FINOCCHIARO, CORRADO FORTUNA, ANNA MARIA GHERARDI, TIZIANA LODATO, RADA RASSIMOV, LUCIA SARDO. ■ Ettore è bambino, negli anni Cinquanta, in Sicilia in una famiglia alto borghese, dove il padre tradisce sistematicamente la madre. Ettore si divide tra i giochi e gli insegnamenti di un colto aristocratico, figura fondamentale della storia perché introduce il ragazzo nel mondo della cultura. Dopo la morte del padre, Ettore si trasferisce a Milano. Suona e trova piacere anche nella scrittura e proprio nel capoluogo lombardo fa incontri importanti per la sua completa maturazione, attraverso le varie forme d'arte, la filosofia, la meditazione a cui si avvicina per trovare se stesso. La storia del protagonista (ovviamente l'autobiografia del regista) è il filo conduttore del film. ■ COMMEDIA; COL.; 96′; ITALIA, 2003.

PERDUTO AMORE, IL *(Immensee)* ★★
Regia di VEIT HARLAN. Con GERMANA PAOLIERI, CARL RADDATZ, KRISTINA SÖDERBAUM. ■ Una giovane ama un promettente musicista, ma, punta dalla gelosia, per ripicca preferisce sposare un latifondista. Anni dopo incontra nuovamente il primo amore, ormai affermato, e il marito, nobilmente, le ridona la libertà. Ciò le fa capire di essere innamorata del suo legittimo sposo, a cui rimarrà legata anche dopo la morte presunta di lui. ■ COMMEDIA; COL.; 95′; GERMANIA, 1943.

PER ESSERE AMATA *(Paris)* ★★★
Regia di JEAN CHOUX. Con HARRY BAUR, RENÉE SAINT-CYR. ■ Un dottorino ama una ragazza di modeste condizioni; sua madre, però, vuole combinargli un ricco matrimonio. A causa di un malinteso lui la lascia; il padre di lei pensa che la colpa sia sua e, tutto preso dalla sua disperazione, finisce sotto un'auto. Spiegazione e riconciliazione nella camera d'ospedale in cui viene ricoverato. ■ COMMEDIA; B/N; 95′; FRANCIA, 1939.

PER FAVORE, AMMAZZATEMI MIA MOGLIE ★★★
(Ruthless People)
Regia di JIM ABRAHAMS, DAVID ZUCKER, JERRY ZUCKER. Con DANNY DEVITO, BETTE MIDLER, JUDGE REINHOLD. ■ I bravi attori Danny De Vito e Bette Midler sono marito e moglie in una tipica commedia americana. Sam è un ricco industriale che ha sposato Barbara solo per interesse, questo almeno è quello che confessa all'amante, e ora medita di ucciderla per godersi amante e ricchezze. Ma arriva un'insperata occasione, Barbara viene rapita e Sam le prova tutte per non pagare il riscatto. Presi in contropiede e naturalmente incapaci di uccidere la donna, i rapinatori si alleano con lei che, scoperto il gioco del marito, ne programma la

rovina economica. ■ COMMEDIA; COL.; 93′; USA, 1986. ■ GOLDEN GLOBES 1 NOM.

PER FAVORE, CHIUDETE LE PERSIANE ★★
(Les bons vivants)
Regia di GILLES GRANGIER, GEORGES LAUTNER. Con BERNARD BLIER, MIREILLE DARC, LOUIS DE FUNÈS, JEAN LEFEBVRE, GIANNA SERRA. ■ Tre episodi il cui filo conduttore è una lanterna, insegna d'una casa di tolleranza, regalata a una giovane prostituta dai suoi padroni costretti a chiudere. ■ COMMEDIA; B/N; 104′; FRANCIA, 1967.

PER FAVORE, MANDATEMI IL GORILLA... ★★
(Send me a Gorilla)
Regia di MELANIE READ. Con CARMEL MCGLONE, KATHERINE MCRAE. ■ "Per favore mandatemi il gorilla" è il singolare nome di una ditta che fornisce... telegrammi cantati. Si avvicina il 14 febbraio, festa di San Valentino, e per tre dei suoi impiegati si prospetta una giornata davvero stressante! ■ COMMEDIA; COL.; 95′; NUOVA ZELANDA, 1988.

PER FAVORE, NON MORDERMI SUL COLLO ★★★
(The Fearless Vampire Killers or: Pardon me, But Your Teeth Are in My Neck)
Regia di ROMAN POLANSKI. Con ALFIE BASS, TERRY DOWNES, JACK MACGOWRAN, ROMAN POLANSKI, SHARON TATE. ■ Grottesca parodia dei film del terrore; nella Transilvania del primo Ottocento un cacciatore di vampiri e il suo svanito assistente, interpretato dallo stesso regista, cercano di salvare una fanciulla caduta in mano ai mostri. Ci riusciranno, ma ormai la fanciulla è diventata lei stessa una vampira e diffonderà il male nel mondo. ■ COMMEDIA; B/N; 98′; GRAN BRETAGNA, 1967.

PER FAVORE... NON SPARATE COL CANNONE ★
Regia di MARIO CAIANO. Con GIAMPIERO ALBERTINI, ROSSELLA COMO, PIPPO STARNAZZA, TONI UCCI, FRANK WOLFF. ■ Un famoso ladro è incaricato di rubare dei piani segreti, ma, proprio la sera del grande colpo, una moglie infedele tenta d'uccidere il marito con un esplosivo: la detonazione fa accorrere la polizia e il colpo va a monte. ■ COMMEDIA; COL.; 92′; ITALIA, 1967.

PER FAVORE, NON TOCCATE LE MODELLE ★
(Ich zähle täglich meine Sorgen)
Regia di PAUL MARTIN. Con PETER ALEXANDER, GÜNTHER PHILIP, INGEBOR SCHÖNER. ■ Una commedia caratterizzata dalla ben nota leggerezza teutonica: un disoccupato è scambiato per un sarto di moda e deve destreggiarsi tra le sue modelle. Finirà, inoltre, per portargli via la ragazza, figlia d'un miliardario. ■ COMMEDIA; COL.; 90′; GERMANIA, 1963.

PER FAVORE, NON TOCCATE LE PALLINE ★★★
(Honeymoon Machine)
Regia di RICHARD THORPE. Con JIM HUTTON, DEAN JAGGER, STEVE MCQUEEN, PAULA PRENTISS. ■ Un truffaldino ufficiale della Marina americana tenta di sbancare il casinò di Venezia servendosi dei computer della Sesta Flotta. Non si godrà il denaro, ma una ragazza. ■ COMMEDIA; COL.; 87′; USA, 1961.

♥ PER FAVORE, NON TOCCATE LE VECCHIETTE ★★★
(The Producers)
Regia di MEL BROOKS. Con KENNETH MARS, ZERO MOSTEL, DICK SHAWN, GENE WILDER. ■ Un produttore di spettacoli di Broadway, parlando con un agente delle tasse, scopre che conviene di più avere un fiasco che un successo: così i due s'accordano per spremere alcune vecchiette, far loro finanziare una commedia musicale orribile, caduta la quale si godranno i soldi anticipati. Purtroppo per loro l'orribile copione ha un grande successo comico. I due finiranno in galera. ■ COMMEDIA; COL.; 88′; USA, 1968. ■ OSCAR 1 PR, 2 NOM.

PER FAVORE, OCCUPATI D'AMELIA ★★
Regia di FLAVIO MOGHERINI. Con BARBARA BOUCHET, GIANNI CAVINA, RENZO MONTAGNANI. ■ Libera traduzione della nota *pochade* intitolata *Belle Époque*. Amelia ora è divenuta la mantenuta di un palazzinaro romano, il padre un marpione che traffica con gli arabi, il fratello un pirotecnico travestito. Per una serie di equivoci Amelia è creduta da un vescovo e da un emiro arabo la moglie del migliore amico del suo amante. ■ COMMEDIA; COL.; 96′; ITALIA, 1981.

PERFECT ★★
Regia di JAMES BRIDGES. Con ANNE DE SALVO, JAMIE LEE CURTIS, JOHN TRAVOLTA. ■ Giornalista in perenne ricerca dello *scoop*, va in California per fare un servizio sulle palestre di aerobica e di culturismo. Conosce una bella istruttrice e intreccia una relazione. Le promette di non farla comparire in nessun servizio, ma il suo giornale lo fa senza il suo permesso. Per fortuna lei crederà alla sua buona fede. Il film è giustamente passato quasi inosservato. Un po' meno la Lee Curtis (figlia di Tony Curtis e Janet Leigh) che mostra un bel corpo (all'epoca aveva 27 anni). ■ COMMEDIA; COL.; 120′; USA, 1985.

PERFECT CREATURE ★
Regia di GLENN STANDRING. Con SAFFRON BURROWS, DOUGRAY SCOTT. ■ Siamo in "Nuovo Zelandia" un luogo in cui le ere (quella Vittoriana e una più recente) sembrano essere entrate in commistione. In questo mondo esistono i vampiri, creature originate 300 anni prima da una mutazione genetica. Essi però hanno stretto un patto con gli umani e si sono uniti in una comunità di "Fratelli". I vampiri fanno uso delle loro superiori conoscenze e dei poteri attribuiti loro dalla particolare conformazione fisica per aiutare gli esseri umani. I quali li ricambiano con spontanee donazioni di sangue. Tutto è sempre andato per il meglio finché un giorno Edgar, un vampiro, ha iniziato a vedere gli umani come prede. ■ AZIONE; COL.; 88′; NUOVA ZELANDA, GRAN BRETAGNA, 2006.

PERFECT LADY *(Perfect Prey)* ★★
Regia di HOWARD MCCAIN. Con BRUCE DERN, DAVID KEITH, KELLY MCGILLIS, D.W. MOFFETT. ■ Una donna con un trauma alle spalle – è stata violentata ai tempi dell'Università – è ora un'investigatrice. I crimini sessuali sono diventati per lei routine. Un giorno sta indagando su un serial killer e si imbatte in un antiquario esperto in bambole. ■ THRILLER; COL.; 95′; USA, 1997.

PERFECT MAN, THE ★★
Regia di MARK ROSMAN. Con AMY ACKER, HILARY DUFF, VANESSA LENGIES, HEATHER LOCKLEAR, CHRIS NOTH. ■ In rete i blog (diari online) proliferano, ma quello di Holly, suo malgrado, ha una particolarità: ogni aggiornamento corrisponde ad un nuovo *zip-code* della giovane blogger. A seguito di ogni delusione amorosa della madre single, la dolce gipsy-girl è infatti costretta a seguirla e traslocare di Stato in Stato, abbandonando rapporti affettivi e amicizie. All'ennesima fuga della madre, Holly deciderà che è giunto il momento di porre rimedio alla situazione: cercherà l'uomo perfetto per la propria "vecchia", a costo, nel caso non si trovasse, di inventarlo. Voglia di commedia rosa *teenage-oriented*? Niente di più semplice: ecco pronto, a mo' di quattro salti in padella, *The Perfect Man*, filmetto da cassetta a base di Hilary Duff. ■ COMMEDIA; COL.; 96′; USA, 2005.

PERFECT SCORE *(The Perfect Score)* ★★
Regia di BRIAN ROBBINS. Con VANESSA ANGEL, ERIKA CHRISTENSEN, CHRIS EVANS, TYRA FERRELL, BRYAN GREENBERG, SCARLETT JOHANSSON, MATTHEW LILLARD, DARIUS MILES, LEONARDO NAM. ■ Sei ragazzini all'ultimo anno di high school decidono di organizzare un piano e di sottrarre le risposte per il test di ammissione all'università; ognuno di loro è convinto che questo sia l'unico modo per non disattendere le aspettative proprie o dei genitori. Un *Ocean's Eleven* in chiave adolescenziale che non sfugge allo stereotipo del genere "teen" secondo il quale dura è la vita ma per farcela servono onestà e buoni sentimenti; non un capolavoro dunque ma, per gli under 18, un'ottima alternativa alla playstation. ■ COMMEDIA; COL.; 92′; GERMANIA, USA, 2004.

PERFECT STRANGER ★★
Regia di JAMES FOLEY. Con HALLE BERRY, GARY DOURDAN, NICKI AYCOX, GIOVANNI RIBISI, BRUCE WILLIS. ■ Rowena Price (Halle Berry) è una giornalista in cerca di uno scoop. Quando scopre che l'omicidio di una sua amica potrebbe condurre a un famoso dirigente di un'agenzia di pubblicità, decide di indagare sotto copertura con l'aiuto del suo socio, Miles (Giovanni Ribisi), esperto di computer. Investigare sui segreti delle persone, spesso

porta a incredibili verità. James Foley, da tempo, ha perso la sua verve registica, e *Perfect stranger* purtroppo ne è la conferma. Si ha sempre la sensazione che lo spettatore debba obbligatoriamente essere stupito, come se "il sorprendere" sia un segnale di buona riuscita del film. ■ THRILLER; COL.; 110′; USA, 2007.

PERFECT STRANGERS – UN'AGGHIACCIANTE OSSESSIONE *(Perfect Strangers)* ★
Regia di GAYLENE PRESTON. Con RACHAEL BLAKE, JED BROPHY, PAUL GLOVER, ROBYN MALCOLM, SAM NEILL, MADELEINE SAMI, JOEL TOBECK. ■ Quando Melanie torna a casa dal pub in compagnia di un bello sconosciuto, rimane affascinata dal suo charme e dai suoi modi gentili. Lui la porta in barca al suo "castello" – una baracca diroccata su un'isola deserta – ma quando la seduzione diventa insidia e la passione diventa ossessione, Melanie capisce di non essere in una vacanza romantica ma di essere stata rapita. ■ THRILLER; COL.; 96′; NUOVA ZELANDA, 2003.

PERFETTA COPPIA DI SVITATI, UNA ★★
(Running Scared)
Regia di PETER HYAMS. Con STEVEN BAUER, BILLY CRYSTAL, GREGORY HINES. ■ Ray e Danny, due detective di Chicago, trasandati e spericolati, sognano di lasciare la polizia per aprire un ristorante. Danny vive nel ricordo della moglie Anna che lo ha lasciato, Ray ha continue avventure amorose. Affrontano spettacolari avventure, inseguimenti e caroselli quasi acrobatici per catturare il boss della droga Gonzales, che alla fine prende Anna come ostaggio. Finale a lieto fine per i due coniugi. ■ POLIZIESCO; COL.; 106′; USA, 1986.

PERFETTI INNAMORATI, I *(America's Sweethearts)* ★★★
Regia di JOE ROTH. Con HANK AZARIA, BILLY CRYSTAL, JOHN CUSACK, JULIA ROBERTS, STANLEY TUCCI, CHRISTOPHER WALKEN, CATHERINE ZETA-JONES. ■ Julia Roberts è assistente e sorella di Catherine Zeta-Jones, diva del cinema in crisi col marito, a sua volta divo del cinema. Sta per uscire un film importante, la produzione per non correre rischi di immagine intende accreditare un quadro familiare perfettamente felice. L'uomo incaricato di questa vera e propria impresa è Billy Crystal. Insomma, per qualche tempo i due attori dovranno affrontare il ruolo più faticoso della loro "carriera": niente fiction questa volta. Naturalmente all'interno del gruppo qualcosa, nei rapporti, si evolverà. Staremo a vedere in che modo. Il regista Roth ha dichiarato di essersi ispirato alle storie dei bei tempi del cinema, quelle con Cary Grant e Doris Day. Una citazione anche per le figure di contorno, che spesso risultano decisive per il successo: Stanley Tucci, faccia "all'italiana" ormai familiare al grande pubblico, e Chistopher Walken, già premio Oscar (*Il cacciatore*), tanto per gradire. Il tutto, naturalmente, riaggiornato, per un pubblico un po' meno ingenuo di quello degli anni Cinquanta. ■ COMMEDIA; COL.; 110′; USA, 2001.

PERFETTO CRIMINALE, UN ★★
(Ordinary decent criminal)
Regia di THADDEUS O'SULLIVAN. Con STEPHEN DILLANE, LINDA FIORENTINO, PETER MULLAN, KEVIN SPACEY. ■ Pur nella pittoresca e ricca letteratura sul ladro gentiluomo, non si era mai visto un criminale tanto preso da se stesso e dal proprio personaggio. Per cominciare Michael Linch (Spacey) ha trovato un magnifico equilibrio in famiglia: ha due donne, sorelle, ciascuna adibita alle varie funzioni secondo attitudine. Poi naturalmente si circonda del meglio del meglio. E poi i furti: roba di altissima qualità, preziosi, opere d'arte. Ha poi una schiera di adepti che cercano, inutilmente, di imitarlo e un'altra schiera: poliziotti, persino terroristi dell'IRA, che cercano, inutilmente, di catturarlo. Ambizioso com'è finisce per non avere più limiti ed ecco che ruba un "Caravaggio". Ed è molto, molto pericoloso. Compitino correttamente eseguito. Il solito, un po' monocorde e sopravvalutato Spacey. ■ THRILLER; COL.; 93′; GERMANIA, GRAN BRETAGNA, IRLANDA, USA, 2000.

PERFETTO GENTILUOMO, UN *(The Extra Man)* ★
Regia di SHARI SPRINGER BERMAN, ROBERT PULCINI. Con PAUL DANO, ALICIA GORANSON, KATIE HOLMES, KEVIN KLINE, JOHN C. REILLY. ■ Louis Ives è un giovane insegnante di letteratura presso un liceo a Princeton, con un grosso problema di timidezza e un'ossessione per la biancheria intima femminile. Dopo essere stato sorpreso dalla direttrice dell'istituto a indossare un reggiseno, Louis decide di trasferirsi a New York per trovare una vocazione artistica ed esplorare la sua identità sessuale. ■ COMMEDIA; COL.; 105′; USA, FRANCIA, 2010.

PERFETTO PICCOLO OMICIDIO, UN ★★
(A Perfect Little Murder)
Regia di ANSON WILLIAMS. Con TERI GARR, ROBERT URICH. ■ Una tranquilla donna di casa, per puro caso, ascolta un uomo e una donna che parlano al citofono. Sente i due chiamarsi per nome e pianificare un omicidio. Si trasforma quindi in detective e indaga su tutti i vicini di casa. ■ COMMEDIA; COL.; 120′; USA, 1990.

PERFIDE, MA BELLE ★
Regia di GIORGIO SIMONELLI. Con SUSANNA CANALES, ROSSELLA COMO, MARIO RIVA, GISELLA SOFIO, CLAUDIO VILLA. ■ Un meccanico canterino lascia il paese e si reca a Napoli perché non può sposare il suo amore. Qui, per caso, incontra un'altra ragazza che gli farà dimenticare il primo amore. ■ COMM. MUSICALE; B/N; 92′; ITALIA, 1959.

PERFIDIA *(Shopworn)* ★★
Regia di NICK GRINDE. Con ZASU PITTS, BARBARA STANWYCK, REGIS TOOMEY. ■ Una ragazza del popolo è snobbata dalla famiglia del suo ricco innamorato. Lei giura di vendicarsi e lo farà una volta conquistata fama e ricchezza sui palcoscenici. La giovane Barbara Stanwyck qui affila le unghie nel personaggio di "self made woman" che l'avrebbe resa proverbiale. ■ DRAMMATICO; B/N; 94′; USA, 1932.

PERFIDIA *(Les dames du bois de Boulogne)* ★★★
Regia di ROBERT BRESSON. Con PAUL BERNARD, MARIA CASARÉS, JEAN MARCHANT. ■ Tratto da un romanzo di Diderot, è la seconda pellicola realizzata dal maestro francese. La vicenda è incentrata sulla vendetta piuttosto contorta di una ricca donna nei confronti dell'amante che l'ha lasciata. Architetta un piano per farlo sposare a una giovane che deve prostituirsi per mantenere la madre. Cerca poi di distruggere il legame dicendo tutto all'ex amante. Lieto fine. Lo stile sotto le righe di Bresson emerge già in quest'opera. ■ DRAMMATICO; B/N; 90′; FRANCIA, 1944.

PERFIDIA GITANA *(La gardien)* ★★
Regia di JEAN DE MARGUENAT. Con TINO ROSSI, LELIA VETTI. ■ Drammone interpretato da un notissimo cantante corso: nella Camargue una zingara, per vendicarsi d'una ragazza che l'ha offesa, irretisce l'innamorato di lei. Nel tentativo di sorprendere il traditore la donna rischia d'affogare e, ammalatasi, muore. L'uomo, pentito, si suicida gettandosi in mare a cavallo. ■ DRAMMATICO; B/N; 90′; FRANCIA, 1945.

PERFIDO INGANNO *(Born to Kill)* ★★★
Regia di ROBERT WISE. Con WALTER SLEZAK, LAWRENCE TIERNEY, CLAIRE TREVOR. ■ Il regista di tanti successi e l'attrice di *Ombre rosse* in un complicato film nero su una divorziata che ha la vita sconvolta dalla insana passione che prova per un assassino. ■ POLIZIESCO; B/N; 92′; USA, 1947.

PERFIDO INVITO *(Invitation)* ★★★
Regia di GOTTFRIED REINHARDT. Con LOUIS CALHERN, VAN JOHNSON, DOROTHY MCGUIRE, RUTH ROMAN. ■ Una ragazza, che ignora di essere gravemente malata di cuore, s'innamora e sposa il fidanzato d'una amica. Dopo qualche tempo riceve dalla rivale che vuole vendicarsi l'invito a una conferenza medica e scopre la verità sulle sue condizioni. La donna è sconvolta anche perché sospetta che il marito l'abbia sposata per pietà, persuaso dal padre di lei. L'uomo, però, riuscirà a convincerla del contrario. ■ DRAMMATICO; B/N; 84′; USA, 1952.

PER FINTA O PER AMORE ★
Regia di MARCO MATTOLINI. Con GIULIANA CALANDRA, DENIS FASOLO, BRUNO GAMBAROTTA, REMO GIRONE, GIULIA MONTANARINI, MARZIA UBALDI. ■ Miranda è una star televisiva molto popolare e ricca, che vive in un mondo di bodyguard e segretari, vittime dei suoi capricci, che puntualmente licenzia. Domenico, 25 anni, è un giovane disoccupato al verde, che un giorno decide di fare un colloquio per diventare il segretario di Miranda. Ma sarà un totale fallimento. ■ COMMEDIA; COL.; ITALIA, 2002.

PER FORTUNA C'È UN LADRO IN FAMIGLIA ★★
(Max Dugan Returns)
Regia di HERBERT ROSS. Con MARSHA MASON, JASON ROBARDS, DONALD SUTHERLAND. ■ Scritta e sceneggiata da Neil Simon, questa è la storia di una vedova sfortunata, che tira a campare con il figlio quindicenne. Di lei si innamora un ispettore di polizia e le cose sembrano girare per il verso giusto, perlomeno finché non ricompare il vecchio padre della signora, ladro e truffatore di professione. ■ COMMEDIA; COL.; 98'; USA, 1985.

PER GIOCO E PER AMORE *(For Keeps)* ★★
Regia di JOHN G. AVILDSEN. Con RANDALL BATINKOFF, KENNETH MARS, MOLLY RINGWALD. ■ Due fidanzati, studenti di brillante avvenire, vedono compromessi i loro piani di rapida carriera dalla notizia che lei aspetta un bambino. Dal momento che intende tenerselo, la loro vita si complica oltre ogni dire. Devono abbandonare le ambizioni di libere docenze e adattarsi a lavori modesti per potersi mantenere agli studi (e mantenere il nuovo arrivato). Ma l'amore e la giovinezza abbattono tutti gli ostacoli. ■ COMMEDIA; COL.; 98'; USA, 1987.

PER GIUSTO OMICIDIO ★
Regia di DIEGO FEBBRARO. Con MARCO BONINI, BARBARA D'URSO, FABIO FULCO, PINO MORABITO. ■ 1996. Siamo a Sarajevo e la storia gira intorno ad un diario ritrovato fra le macerie. Porterà ad una pista piena di misteri, rivelazioni, ma anche sorprese e colpi di scena. ■ DRAMMATICO; COL.; ITALIA, 2004.

PERGOLESI ★★
Regia di GUIDO BRIGNONE. Con VINCENZO BETTONI, TINA LATTANZI, DRIA PAOLA, LAURA PASINI, LIVIO PAVANELLI, ELIO STEINER. ■ Il racconto, molto romanzato, della vita di Pergolesi è una scusa per scene sontuose ispirate alla pittura del Settecento e per farci sentire la musica del maestro diretta da Fernando Previtali. ■ BIOGRAFICO; B/N; 92'; ITALIA, 1932.

PER GRAZIA RICEVUTA ★★★
Regia di NINO MANFREDI. Con DELIA BOCCARDO, PAOLA BORBONI, TANO CIMAROSA, NINO MANFREDI, MARIANGELA MELATO, GASTONE PESCUCCI, MARIO SCACCIA, LIONEL STANDER, VÉRONIQUE VENDELL. ■ Il protagonista, da piccolo, riceve un'educazione religiosa molto repressiva che identifica il sesso col peccato. Avvicinandosi la prima comunione non ha il coraggio di dire al confessore d'aver scorto la zia nuda e, sconvolto, precipita in un burrone. Uscito incolume dalla caduta, viene considerato un miracolato, consacrato a sant'Eusebio e affidato a un convento di frati. Da adulto diventa venditore ambulante e, nei suoi viaggi, conosce un comprensivo farmacista libero pensatore che riesce a guarirlo dalla sua ossessione religiosa e che gli dà in sposa la figlia. Sul letto di morte, però, il farmacista accetta l'estrema unzione e il genero ripiomba in preda ai dubbi. ■ COMMEDIA; COL.; 122'; ITALIA, 1971. ■ CANNES 1 PR; DAVID DI DONATELLO 1 PR, 1 NOM.

PER GRAZIA RIFIUTATA – CHI SI CONTESTA GODE *(How Do I Love Thee?)* ★★★
Regia di MICHAEL GORDON. Con ROSEMARY FORSYTH, JACKIE GLEASON, MAUREEN O'HARA, SHELLEY WINTERS. ■ Un padre oppressivo rende insicuro il figlio professore universitario che lascia l'insegnamento. Il padre, sconvolto, benché si sia sempre proclamato ateo, fa voto di non parlare più se il figlio cambierà idea. Ciò avviene e tutti pensano che l'uomo sia diventato improvvisamente muto finché non ci sarà una spiegazione che farà iniziare un nuovo rapporto tra genitore e figlio. ■ COMMEDIA; COL.; 110'; USA, 1970.

PERICOLI DI PAOLINA, I *(Perils of Paoline)* ★★
Regia di HERBERT B. LEONARD. Con PAMELA AUSTIN, PAT BOONE, HAMILTON CAMP, VITO SCOTTI, TERRY THOMAS. ■ Due giovani si amano, ma le avversità della vita li separano. Lui diventa l'uomo più ricco del mondo e decide di ritrovarla. Ci riuscirà. Pat Boone è stato un cantante confidenziale di successo. ■ COMMEDIA; COL.; 99'; USA, 1967.

PERICOLO ALL'OVEST *(The Gold Racket)* ★★
Regia di LOUIS GASNIER. Con ELEANOR HUNT, CONRAD NAGEL. ■ Un gruppo di malviventi contrabbanda oro dal Messico agli Stati Uniti. Un agente, coadiuvato da una graziosa collega, riesce, grazie soprattutto alla sua copertura di cantante, a individuare il rifugio dei banditi e a mandarli, non senza difficoltà, in galera. ■ AVVENTURA; B/N; 91'; USA, 1940.

PERICOLO È IL MIO MESTIERE, IL ★★
(Il faut vivre dangereusement)
Regia di CLAUDE MAKOVSKY. Con CLAUDE BRASSEUR, ANNIE GIRARDOT, SYDNE ROME. ■ Diquet, poliziotto privato, ha l'incarico, da parte di un anziano e innamorato signore, di indagare sulla di lui fidanzata. Diquet si trova coinvolto in una pericolosissima storia di diamanti: il cliente lo aveva imbrogliato. Il detective, dopo mille pericoli, scoprirà la verità. ■ GIALLO; COL.; 95'; FRANCIA, 1975.

PERICOLO IN AGGUATO ★★
Regia di ELIE CHOURAQUI. Con DANNY AIELLO, SCOTT GLENN, LAURA MORANTE. ■ Un ex agente della Cia accetta, per sopravvivenza, l'incarico di guardia del corpo della figlia adolescente di un ricco uomo d'affari. La ragazza però gli viene rapita sotto il naso. L'ex agente si mette alla sua ricerca e riesce a ritrovarla in un covo di banditi a Milano. Riuscirà a sterminare i rapitori e a salvare la ragazza. Una storia poco interessante, però raccontata con notevole piglio e inventiva dal giovane regista francese. ■ THRILLER; COL.; 97'; FRANCIA, ITALIA, 1987.

PERICOLO IN AGGUATO – PROCEDURA OSSESSIVA *(Someone's Watching Me)* ★★
Regia di JOHN CARPENTER. Con ADRIENNE BARBEAU, DAVID BIRNEY, LAUREN HUTTON. ■ Una donna è perseguitata da un maniaco che le fa delle minacciose telefonate anonime. Poi passa ai fatti e le uccide prima un'amica e poi un amico. Un film del regista americano realizzato per la tv, con una buona dose di suspence e attori abbastanza efficaci. È l'esordio al cinema della moglie di John Carpenter, la prosperosa e seducente Adrienne Barbeau in un ruolo tagliato per lei. ■ THRILLER; COL.; 98'; USA, 1978.

PERICOLO NEGLI ABISSI ★★★
Regia di BRUNO VAILATI. ■ Un documentario su coloro che per vivere lottano col mare. ■ DOCUMENTARIO; COL.; 92'; ITALIA, 1978.

PERICOLO NELLA DIMORA *(Péril en la demeure)* ★★★
Regia di MICHEL DEVILLE. Con ANÉMONE, RICHARD BOHRINGER, MICHEL PICCOLI. ■ David sembra adattarsi a spartire la sua donna in un apparentemente innocuo triangolo amoroso. E invece si trasforma gradualmente in assassino astuto e manovratore, venendo via via coinvolto in una spirale di cinismo, tradimenti, falsità. Il crimine, ogni tanto, paga, ma le vittime meritavano il castigo. Film di notevole pregio stilistico. ■ THRILLER; COL.; 100'; FRANCIA, 1986.

PERICOLO PUBBLICO NUMERO 1, IL ★★★
(The Beast of the City)
Regia di CHARLES BRABIN. Con JEAN HARLOW, WALTER HUSTON. ■ Lotta senza esclusione di colpi tra un crudele gangster e il capo della polizia. Quest'ultimo sta per avere la meglio, ma suo fratello si innamora di una ragazza della banda e ne diventa complice; poi, pentito, la denuncia e ci rimette la vita. ■ DRAMMATICO; B/N; 85'; USA, 1935.

PERICOLOSAMENTE *(Treacherous)* ★★
Regia di KEVIN BRODIE. Con ADAM BALDWIN, TIA CARRERE, C. THOMAS HOWELL. ■ Tommy è un pilota costretto sulla sedia a rotelle e Micky l'inseparabile amico, insieme vanno in Messico e comprano un albergo sulla costa. La comparsa dell'ex ragazza di Micky li coinvolge in una storia di omicidi, imbrogli e rapimenti intorno a una valigia contenente un milione di dollari. Alla fine la polizia scioglie l'intrigo e recupera anche i soldi, tranne quelli sottratti dai due amici per estinguere i loro debiti. ■ THRILLER; COL.; 90'; USA, 1993.

PERICOLOSAMENTE INSIEME *(Legal Eagles)* ★★★
Regia di IVAN REITMAN. Con DARYL HANNAH, ROBERT REDFORD, DEBRA WINGER. ■ Un giallo intricato dove tutto ruota attorno al furto di quadri dipinti dal padre della bionda Chelsea Deardon, che li vuole assolutamente recuperare. Tom Logan, assistente procuratore distrettuale, dal brillante futuro, e la spigliata avvocatessa Laura Kelly, l'aiutano in quest'impresa, non senza,

però, ritrovarsi in un mare di guai. Chelsea viene prima accusata del furto e poi, dopo che lei ha scoperto che sono stati proprio i soci del padre a rubarli, anche di un omicidio. Trova anche il tempo di sedurre l'affascinante Logan, mentre questi ha già avviato una storia sentimentale con Laura. Ma la coppia Tom e Laura, oltre a smascherare gli assassini, riallaccerà il loro sodalizio. ■ GIALLO; COL.; 114'; USA, 1986.

PERICOLOSAMENTE JOHNNY ★★★
(Johnny Dangerously)
Regia di AMY HECKERLING. Con PETER BOYLE, DOM DELUISE, DANNY DEVITO, GRIFFIN DUNNE, MICHAEL KEATON, JOE PISCOPO, MAUREEN STAPLETON. ■ Il cast dà l'idea dello sforzo produttivo messo in atto per realizzare questo film da noi mai passato sugli schermi cinematografici e destinato direttamente all'home video. Si tratta di una parodia in grande stile dei film di genere gangsteristico. ■ COMMEDIA; COL.; 86'; USA, 1984.

PERICOLOSAMENTE VICINI *(Dangerously Close)* ★★
Regia di ALBERT PYUN. Con CAREY LOWELL, JOHN STOCKWELL. ■ "Le sentinelle" sono un gruppetto di studenti incaricati di fare osservare la disciplina nell'ambito della loro scuola. L'abitudine al comando e al "potere" li fa come impazzire, rendendoli responsabili di inutili e orrende violenze. ■ DRAMMATICO; COL.; 95'; USA, 1986.

PERICOLOSA PARTITA ★★★★
(The Most Dangerous Game)
Regia di IRVING PICHEL, ERNEST B. SCHOEDSACK. Con LESLIE BANKS, JOEL MCCREA, FAY WRAY. ■ Una nave fa naufragio nell'oceano e tre passeggeri riescono a raggiungere una solitaria isoletta dove vive il bizzarro ed enigmatico conte Zaroff, che li invita calorosamente a restare. In realtà il conte è un pazzoide che attira sull'isola ignari naufraghi per poi cacciarli come animali da preda. Inizia così un gioco pericolosissimo. Uno dei naufraghi, in realtà, è un cacciatore molto provetto per cui la sfida si fa avvincente. Un film dall'inquietante atmosfera esotica; una pellicola degna di nota, antesignana di un certo filone sadico-claustrofobico con tinte fortemente fantastiche. ■ FANTASTICO; B/N; 65'; USA, 1932.

PER IL GUSTO DI UCCIDERE ★
Regia di TONINO VALERI. Con PETER CARTER, CRAIG HILL, RADA RASSIMOV. ■ Un cacciatore di taglie preferisce, anziché mettersi alle calcagna dei banditi che hanno commesso qualche furto, prevenirli facendo la guardia a banche e a spedizioni d'oro. Elimina poi gli assalitori con un fucile ad alta precisione. ■ WESTERN; COL.; 94'; ITALIA, 1966.

PER IL RE E PER LA PATRIA *(King and Country)* ★★★★
Regia di JOSEPH LOSEY. Con DIRK BOGARDE, TOM COURTENAY, BARRY FOSTER, LEO MCKERN. ■ Un soldatino inglese della prima guerra mondiale lascia il fronte perché colpito da choc. I superiori lo mandano sotto processo e, per dare un esempio, vogliono condannarlo a morte. L'avvocato difensore è un capitano che, a poco a poco, rimane conquistato dalla buona fede e dal candore dell'imputato, convintissimo che tutto finirà con una lieve punizione. Nonostante la vibrante arringa dell'ufficiale, il poveretto finisce davanti a un plotone d'esecuzione. ■ DRAMMATICO; B/N; 86'; GRAN BRETAGNA, 1965. ■ VENEZIA 1 PR.

PER IL RE, PER LA PATRIA E PER SUSANNA! ★★★
(Les fêtes galantes)
Regia di RENÉ CLAIR. Con PHILIPPE AVRON, GENEVIÈVE CASILE, JEAN-PIERRE CASSEL, MARIE DUBOIS. ■ Narra d'un soldato francese del Settecento, dei suoi amori e delle sue imprese durante l'assedio d'un castello. ■ COMMEDIA; B/N; 90'; FRANCIA, 1963.

PER INCANTO O PER DELIZIA *(Woman on the top)* ★★★
Regia di FINA TORRES. Con MURILO BENICIO, PENELOPE CRUZ, MARK FEUERSTEIN, HAROLD PERRINEAU, JR. ■ La bella Isabella è nata con un dono unico: sa cucinare con grande abilità piatti che deliziano il palato e sciolgono i cuori degli uomini. Quando Isabella incontra il bel Toninho decide di rinunciare al sogno di diventare una grande cuoca all'estero e accetta di rimanere in Brasile per lavorare nel locale del suo amato. Ma Toninho, marcato troppo da vicino dalla sua avvenente cuoca, la lascia. Isabella parte allora per San Francisco dove, in seguito a una serie di avvenimenti inattesi, conosce il grande successo. Diventa sensuale conduttrice di uno show culinario televisivo. La regista venezuelana Fina Torres vuole rendere omaggio all'umorismo latinoamericano. Ci riesce con un film senza pretese ma che sa valorizzare bene gli attori e la storia. Il logo del film negli Usa era costituito da due peperoncini rossi a forma di labbra. Quel tanto di piccante che serve è garantito. ■ COMMEDIA; COL.; 84'; USA, 1999.

PERLA, LA ★★★
Regia di EMILIO FERNANDEZ. Con PEDRO ARMENDARIZ, MARIA ELENA MARQUÉS, FERNANDO WAGNER. ■ Uno dei migliori registi messicani racconta la storia di un pescatore che sogna di trovare un giorno la perla che consentirebbe a lui e alla sua famiglia di uscire dalla miseria. Il sogno s'avvera, ma la notizia suscita la cupidigia dei compaesani dell'uomo. Nella lotta suo figlio viene ucciso. Il pescatore, rendendosi conto che la ricchezza è inutile, restituisce la perla ai flutti del mare. ■ DRAMMATICO; B/N; 87'; MESSICO, 1945. ■ VENEZIA 3 PR.

PERLA DI HAWAII, LA *(South Sea Rose)* ★★
Regia di ALLAN DWAN. Con CHARLES BICKFORD, KENNETH MACKENNA, LENORE ULRICH. ■ Uno dei primi film sonori di Allan Dwan, grande creatore di pellicole di buon successo. ■ AVVENTURA; B/N; 92'; USA, 1929.

PERLA NERA, LA *(Paradise Isle)* ★★
Regia di ARTHUR G. COLLINS. Con WARREN HULL, MOVITA. ■ Un pittore di fama diventa cieco e, a causa del naufragio della nave su cui viaggiava, perde il denaro necessario all'operazione che doveva ridargli la vista. Un'indigena che lo ha salvato si dedica alla pesca delle perle per fornirlo di capitale; nonostante i loschi intrallazzi di alcuni bianchi riesce nell'intento. Il pittore torna a vedere e resta con lei. ■ DRAMMATICO; B/N; 95'; USA, 1939.

PERLA NERA, LA *(The Black Pearl)* ★★
Regia di SAUL SWIMMER. Con PERLA CRISTAL, MARIO CUSTODIO, GILBERT ROLAND. ■ Il veterano Gilbert Roland nella parte di un vecchio pescatore di perle nel mar dei Caraibi. Dal romanzo per ragazzi di Scott O'Dell. ■ AVVENTURA; COL.; 93'; USA, 1975.

PER LA PATRIA *(J'accuse)* ★★★
Regia di ABEL GANCE. Con MARISE DAUVRAY, ROMUALD JOUBÉ, SEVERIN-MARS. ■ Jean è un poeta passionale e affezionato alla madre. François invece è violento con la moglie Edith. La donna e Jean si conoscono e provano un amore casto e platonico. La guerra li divide. I due uomini fanno amicizia ed Edith è violentata dai soldati tedeschi. Muore anche François e Jean, mentre i morti risorgono e marciano uniti, esprimerà il suo "j'accuse" contro quelli che hanno usato la guerra per i propri scopi. Infine muore. Film pacifista molto intenso, in Italia il fascismo lo fece tagliare dalla censura. ■ DRAMMATICO; COL.; 150'; FRANCIA, 1919.

PER LA PELLE DI UN POLIZIOTTO ★★
(Pour la peau d'un flic)
Regia di ALAIN DELON. Con DANIEL CECCALDI, ALAIN DELON, ANNE PARILLAUD. ■ Ex agente di polizia, un detective viene incaricato di ritrovare una ragazza scomparsa, ma si ritrova invischiato in un losco affare, che metterà a repentaglio la sua vita e quella della donna che ama. Dopo molte acrobazie, tutto finirà bene. ■ POLIZIESCO; COL.; 105'; FRANCIA, 1981.

PER LA SUA DONNA ★★
(Jump for Glory – When Thief Meet Thief)
Regia di RAOUL WALSH. Con DOUGLAS FAIRBANKS JR., VALERIE HOBSON. ■ Un malvivente che ha assistito al delitto compiuto da un giovane rende complice l'inconsapevole testimone delle sue losche imprese. Un bel giorno il ragazzo si innamora e decide di cambiar vita. La donna che ama, però, si è sposata controvoglia al suo complice che lui uccide per legittima difesa. La vedova si autodenuncia ma l'altro la salva confessando la verità alla polizia. ■ DRAMMATICO; B/N; 90'; USA, 1937.

PER LA SUA FELICITÀ *(Der Weg ins Freie)* ★★
Regia di ROLF HANSEN. Con ZARAH LEANDER, HANS STÜWE. ■ Nell'Ottocento una cantante si divide tra il marito, un onesto nobile prussiano, e l'amante, un corrotto avventuriero austriaco. ■ DRAMMATICO; B/N; 92'; GERMANIA, 1942.

PER LA VECCHIA BANDIERA ★★
(Thunder over the Plains)
Regia di ANDRÉ DE TOTH. Con LEX BARKER, PHYLLIS KIRK, RANDOLPH SCOTT. ■ Dopo la sconfitta del Sud nella guerra di Secessione il Texas, che aveva fatto parte della Confederazione sconfitta, viene sottoposto all'occupazione militare nordista. Ma un capitano ha simpatia per i vinti e odio per gli affaristi che li spogliano. Sarà proprio l'ufficiale a scoprire un losco complotto che minaccia di far scoppiare una nuova ribellione. ■ WESTERN; COL.; 82'; USA, 1954.

PER LE ANTICHE SCALE ★★★
Regia di MAURO BOLOGNINI. Con ADRIANA ASTI, LUCIA BOSÈ, BARBARA BOUCHET, FERRUCCIO DE CERESA, FRANÇOISE FABIAN, MARTHE KELLER, MARCELLO MASTROIANNI. ■ Uno psichiatra, negli anni Trenta, ha l'ossessione di isolare il bacillo della pazzia e odia Freud perché ha paura di essere pazzo: suo padre infatti si è suicidato e sua sorella è internata nel manicomio di cui è direttore. Deluso professionalmente e sentimentalmente, il medico sente in uno scompartimento ferroviario un fanatico del regime fascista esaltare idee razziste e si rende conto che la follia sta diventando collettiva. ■ DRAMMATICO; COL.; 105'; ITALIA, 1975.

PERLE DELLA CORONA, LE ★★★
(Les perles de la couronne)
Regia di CHRISTIAN-JAQUE, SACHA GUITRY. Con ARLETTY, JEAN-LOUIS BARRAULT, MARCEL DALIO, JACQUELINE DELUBAC, SACHA GUITRY, LYNN HARDING, YVETTE PIENNE, ERMETE ZACCONI. ■ La storia segue le vicissitudini di sette perle che furono di proprietà del papa Clemente VII e che sono giunte sino ai nostri giorni attraverso mille avventure. ■ COMMEDIA; B/N; 120'; FRANCIA, 1937. ■ VENEZIA 1 PR.

PER LEGITTIMA ACCUSA *(Guilty as Sin)* ★★
Regia di SIDNEY LUMET. Con REBECCA DE MORNAY, DON JOHNSON, STEPHEN LANG, JACK WARDEN. ■ Jennifer, avvocato rampante e di pochissimi scrupoli, assume (senza entusiasmo) la difesa di un uomo, David, accusato di aver ucciso la moglie gettandola dalla finestra. David si presenta come uno gigolò con tutti i difetti possibili, ma non è un assassino. Però è molto strano. Millanta subito una relazione col suo difensore mettendola in pessima luce. Jennifer, che vorrebbe liberarsene, su ingiunzione del giudice è costretta a difenderlo al meglio. Quando David le rivela di essere l'assassino della moglie e non solo di lei, la donna, vincolata dal segreto, non può far nulla. Buona tensione fino alla scena madre finale, un vero coniglio nel cappello. Hitchchock, al quale Lumet sicuramente si ispira, non avrebbe approvato. Bravo Johnson, una delle migliori presenze del cinema americano a cavallo tra gli anni Ottanta e Novanta. ■ GIALLO; COL.; 115'; USA, 1993.

PERLE NERE DEL PACIFICO, LE ★★
(Pearl of the South Pacific)
Regia di ALLAN DWAN. Con DAVID FARRAR, VIRGINIA MAYO, DENNIS MORGAN. ■ Un'avventuriera che si spaccia per missionaria giunge in un'isola dei Mari del Sud ricca di banchi perliferi e abitata da indigeni che hanno come guida un vecchio bianco che odia la civiltà corruttrice. La donna, aiutata da due complici, riesce a impossessarsi di alcune perle, ma alla fine si redime. ■ AVVENTURA; COL.; 86'; USA, 1956.

PER LE STRADE DI SAN FRANCISCO – GIURATI IN OSTAGGIO ★★★
Regia di VERGIL W. VOGEL. Con MICHAEL DOUGLAS, KARL MALDEN. ■ La rivisitazione formato "grande schermo" di un episodio dell'omonima serie televisiva di successo. In questo, si raccontano le vicende di una famiglia americana di mafiosi che ha preso in ostaggio un'intera giuria di tribunale. ■ POLIZIESCO; COL.; 95'; USA, 1976.

PER LE VIE DELLA CITTÀ – IL SATELLITE DEL BUON UMORE ★★
Regia di LUIGI M. GIACHINO. Con FURLANETTO, MARISA BORRONI, GINO BRAMIERI, FEBO CONTI, POLIDOR. ■ L'istruttore d'un collegio ha la passione del cinema comico del passato e, molto spesso, s'estranea dalla realtà per rivivere situazioni di vecchie comiche. ■ COMICO; B/N; 95'; ITALIA, 1956.

PER LE VIE DI PARIGI *(Quatorze juillet)* ★★★★
Regia di RENÉ CLAIR. Con ANNABELLA, RAYMOND CROSY, POLA ILLERY, PAUL OLLIVIER, GEORGES RIGAUD. ■ In un quartiere operaio di Parigi due giovani si amano, ma un momento d'incomprensione sembra separarli per sempre: lui prende una brutta strada e lei diventa l'amante di un nobile. Però il 14 luglio, anniversario della presa della Bastiglia, quando i francesi ballano per le strade, i due si rincontrano e tornano insieme. ■ COMMEDIA; B/N; 97'; FRANCIA, 1933.

PER L'ONORE DELLA REGINA ★★
(The Last of the Lone Wolf)
Regia di RICHARD BOLESLAWSKI. Con BERT LYTELL. ■ Uno dei primi film a colori, diretto dal regista di origine polacca che firmerà, qualche anno dopo, *L'agente segreto n. 13* con Gary Cooper e *Il velo dipinto* con la Garbo. ■ DRAMMATICO; COL.; 65'; USA, 1930.

PER L'ONORE DI MIA FIGLIA *(Le mystère Barton)* ★★★
Regia di CHARLES SPAAK. Con FERNAND LEDOUX, MADELEINE ROBINSON, FRANÇOISE ROSAY. ■ Un losco individuo viene ucciso e si sospetta d'una signora che effettivamente gli ha sparato perché il furfante ricattava la figlia. L'assassino deve però essere cercato altrove. ■ POLIZIESCO; B/N; 88'; FRANCIA, 1952.

PERMANENT VACATION – COFFEE AND CIGARETTES ★★★
Regia di JIM JARMUSH. Con ROBERTO BENIGNI, JOHN LURIE, CHRIS PARKER, STEVEN WRIGHT. ■ Due film di Jarmusch in uno. Nel primo, la giovane Alice si ritrova a camminare in mezzo a una foltissima vegetazione che cresce rigogliosa dove una volta c'era il suo quartiere cittadino, ora distrutto da una guerra fantomatica; nella seconda parte, un cortometraggio, un italiano e un americano fanno conoscenza bevendo un caffè e fumando una sigaretta. Molto stralunato e pessimistico il primo, divertente il secondo. *Coffee and Cigarettes* è stato girato nel 1986, in concomitanza con *Daumbailò*, e dura cinque minuti. Nel 2003 diventa un lungometraggio. *Permanent Vacation* è invece il suo film di debutto, una tesi di laurea. ■ COMMEDIA; COL.; 90'; USA, 1981.

PERMETTE? ROCCO PAPALEO ★★★
Regia di ETTORE SCOLA. Con LAUREN HUTTON, MARCELLO MASTROIANNI, MARGOT NOVAK, TOM REED, UMBERTO TAGLIAVINI. ■ Un siciliano dal cuore d'oro è giunto negli Stati Uniti per tentare la fortuna come pugile, ma si è ridotto a vivere facendo umili lavori. Ha un'avventura con una bellissima modella e, convinto che lei l'ami, la segue attraverso tutti gli Usa. Il poveretto ha terribili esperienze, però rimane permeato d'un candido ottimismo finché il rifiuto della sua bella non lo farà armare d'una bomba. ■ COMMEDIA; COL.; 123'; ITALIA, 1971.

PERMETTE, SIGNORA, CHE AMI VOSTRA FIGLIA? ★★★
Regia di GIAN MARIA POLIDORO. Con FELICE ANDREASI, ROSSANA DI LORENZO, FRANCO FABRIZI, BERNADETTE LAFONT, UGO TOGNAZZI. ■ Un capocomico d'una compagnia di guitti itineranti capisce che il suo pubblico è stufo dei soliti drammoni e ne scrive uno nuovo sull'amore tra Mussolini e la Petacci. Il successo viene, ma a poco a poco l'attore comincia a comportarsi anche fuori dalle scene come il defunto dittatore, tanto che quando in Romagna gli fanno uno scherzo feroce dicendogli che vogliono fucilarlo, rimane deluso scoprendo che le armi sono state caricate a salve. ■ COMMEDIA; COL.; 105'; ITALIA, 1974.

PER MILLE DOLLARI AL GIORNO ★
Regia di SILVIO AMADIO. Con PEPE CALVO, ZACHARY HATCHER, DICK PALMER, ANNA MARIA PIERANGELI, RUBEN ROJO. ■ Un uomo, per vendicare i suoi familiari, diventa un ottimo pistolero e si fa assoldare dagli assassini per poterli sterminare meglio. Uno sceriffo, suo amico, gli consiglia vivamente di rivolgersi alla legge, ma l'ultimo bandito superstite finisce assolto al processo grazie al denaro accumulato con le ruberie. Alla fine il pistolero si vendicherà, ma ormai è condannato alla solitudine. ■ WESTERN; COL.; 92'; ITALIA, 1966.

PER NOI DUE IL PARADISO *(My Blue Heaven)* ★★★
Regia di HENRY KOSTER. Con DAN DAILEY, BETTY GRABLE, DAVID WAYNE. ■ I medici sentenziano che una coppia non può avere figli. I due desidererebbero adottare un bambino, ma, poiché sono entrambi ballerini, le autorità sono restie a concederglielo. Decidono così di allevare un piccino che la madre non può mantenere. Costei, però, spinta dall'affetto, glielo rapisce. La disperazione della coppia termina ben presto: riusciranno ad ottenere la sospirata autorizzazione, il bimbo rapito verrà restituito e la ballerina scoprirà d'essere incinta. ■ COMM. MUSICALE; COL.; 96'; USA, 1950.

PER NON DIMENTICARTI ★★
Regia di MARIANTONIA AVATI. Con FRANCESCA ANTONELLI, ETTORE BASSI, MASSIMO BONETTI, ANITA CAPRIOLI, EMANUELA GRIMALDA, MAGDALENA GROCHOWSKA, ENRICA MARIA MODUGNO, PATRIZIO PELIZZI. ■ Roma. Inizio anno 1947. La seconda guerra mondiale è appena finita e, fra le macerie di una città, lascia ancora i suoi segni. Nel reparto di maternità di un ospedale si intrecciano le storie di nove donne che stanno per partorire. Nina, la protagonista, viene ricoverata all'ottavo mese per delle complicazioni e nel reparto troverà il supporto e la solidarietà delle altre donne. Esordio alla regia di Mariantonia Avati, primogenita di Pupi Avati, con l'aiuto del fratello Tommaso, che del film ha scritto soggetto e sceneggiatura. Un film tutto al femminile, come ancora di rado accade nel cinema italiano, sia nei contenuti che nello sguardo, nella prospettiva e nel punto di vista, nell'urgenza di raccontare sensibilità ed emozioni femminili. Per stessa ammissione della regista non ci sono nel film i virtuosismi del padre con la macchina da presa, ma l'attenzione registica è quasi tutta esclusivamente puntata sulla recitazione. ■ DRAMMATICO; COL.; 94'; ITALIA, 2005.

PER PIACERE... NON SALVARMI PIÙ LA VITA ★★
(City Heat)
Regia di RICHARD BENJAMIN. Con JANE ALEXANDER, CLINT EASTWOOD, BURT REYNOLDS. ■ Burt Reynolds e Clint Eastwood, negli anni Trenta, sono due allievi della stessa scuola di polizia. Differenti scelte di vita li separano, ma si rincontreranno per aiutarsi a vicenda e combinarne di tutti i colori in una girandola di sparatorie. ■ AVVENTURA; COL.; 97'; USA, 1984.

PER POCHI DOLLARI ANCORA ★★★
Regia di CALVIN JACKSON PADGET. Con ANDREA BOSIC, JOSÉ CALVO, GIULIANO GEMMA, JACQUES HERLIN, DAN VADIS. ■ Finita la guerra di Secessione alcuni sudisti combattono ancora, ignari che un gruppo di banditi vuole mandarli al macello per impossessarsi dell'oro custodito in un forte nordista. Un giovane tenente del disciolto esercito confederato sventerà il piano e salverà i suoi commilitoni. ■ WESTERN; COL.; 94'; ITALIA, 1967.

PER QUALCHE DOLLARO IN MENO ★
Regia di MARIO MATTOLI. Con LANDO BUZZANCA, LUCIA MODUGNO, ELIO PANDOLFI, GLORIA PAUL, CARLO PISACANE, RAIMONDO VIANELLO. ■ Parodia del secondo western di Leone diretto da uno specialista di queste operazioni: due cugini si fingono l'uno bandito e l'altro cacciatore di taglie per guadagnare qualche soldo, ma, disgraziatamente, finiscono nella banda d'un messicano ferocissimo e solo alla fine riescono a ridurlo all'impotenza grazie a un sonnifero. ■ COMICO; COL.; 100'; ITALIA, 1966.

♥ PER QUALCHE DOLLARO IN PIÙ ★★★
Regia di SERGIO LEONE. Con MARIO BREGA, CLINT EASTWOOD, KLAUS KINSKI, LUIGI PISTILLI, LEE VAN CLEEF, GIAN MARIA VOLONTÉ. ■ Visto il successo di *Per un pugno di dollari*, Leone realizza il secondo episodio delle avventure del suo pistolero senza nome. In questo film il nostro eroe è un cacciatore di taglie che si associa a un famoso pistolero mosso, nella caccia a un sadico bandito messicano, più dal desiderio di vendetta che dalla cupidigia. ■ WESTERN; B/N; 130'; ITALIA, 1965.

PER QUALCHE MERENDINA IN PIÙ ★★★
(Laughing Gravy-Helpmates-The Fixer Uppers-Going Bye-Bye)
Regia di FRANK LLOYD. Con JACK BARTY, MAE BUSCH, OLIVER HARDY, STAN LAUREL. ■ Il film riunisce quattro comiche sonore di Stanlio e Ollio girate negli anni Trenta. ■ COMICO; B/N; 95'; USA, 1973.

PER QUALCHE TOPOLINO IN PIÙ *(Merrie Melodies)* ★★
Produzione UNITED ARTISTS. ■ I cartoni animati della United Artists, di cui qui è presentata una scelta, sono fra i meno famosi tra i prodotti americani d'animazione. ■ ANIMAZIONE; COL.; 93'; USA, 1967.

PER QUEL VIAGGIO IN SICILIA ★★
Regia di EGIDIO TERMINE. Con PINO CARUSO, FRANCESCA ROMANA COLUZZI, FRANCESCA D'ALOIA, LUCREZIA LANTE DELLA ROVERE, EGIDIO TERMINE. ■ All'esordio come regista Egidio Termine, attore caratterista, dimostra buona volontà. Un tantino pessimistico come racconto. La moglie di Danilo, che fa il disegnatore, si è uccisa per una stupida promessa. Tutto per colpa del viaggio a cui si riferisce il titolo. Infatti l'uomo l'aveva tradita con una certa Giulia e la moglie si era tolta la vita. ■ DRAMMATICO; COL.; 96'; ITALIA, 1991.

PER QUESTA NOTTE ★★
Regia di CARLO DI CARLO. Con PAOLO BONACELLI, OLGA KARLATOS, ADALBERTO MARIA MERLI. ■ I luoghi del film sono fantastici, ma non è difficile riconoscervi la Spagna subito dopo la vittoria di Franco del 1937. Tratto da un libro di Juan Carlo Onetti, il film narra la vicenda di Ossario, capo rivoluzionario braccato, che vede i suoi compagni morire uno dopo l'altro. Egli stesso, sul punto di fuggire, viene raggiunto dai colpi dei nemici. ■ DRAMMATICO; COL.; 100'; ITALIA, 1977.

PERRI ★★★
Regia di PAUL KENWORTHY JR. ■ Un documentario sulla vita d'uno scoiattolo americano e sulla sua lotta per la sopravvivenza. ■ DOCUMENTARIO; COL.; 90'; USA, 1958. ■ OSCAR 1 NOM.

PERRY GRANT AGENTE DI FERRO ★★
Regia di LUIGI CAPUANO. Con UMBERTO D'ORSI, PETER HOLDEN, JACK STUART, MARILÙ TOLO, SEYNA SEYN, GIULIO DONNINI. ■ Un agente della Cia a Roma cerca d'impedire che un supercriminale ricatti le grandi potenze minacciando di bloccare tutte le apparecchiature elettriche. ■ POLIZIESCO; B/N; 92'; ITALIA, 1967.

PERRY MASON E LA NOVIZIA ★★
(Perry Mason: The Case of the Notorius Nun)
Regia di RON SATLOF. Con TIMOTHY BOTTOMS, RAYMOND BURR, BARBARA HALE, WILLIAM KATT, JON CYPHER. ■ È opinione di molti che tra una giovane e graziosa suora e un prete esista un legame incompatibile con la veste che indossano. Quando il sacerdote viene rinvenuto esanime in un hotel, i sospetti si appuntano sulla sua presunta amante. La quale chiama a difenderla il celeberrimo avvocato Perry Mason. ■ POLIZIESCO; COL.; 95'; USA, 1986.

PER SALIRE PIÙ IN BASSO *(The Great White Hope)* ★★★
Regia di MARTIN RITT. Con JANE ALEXANDER, JOEL FLUELLEN, LOU GILBERT, JAMES EARL JONES, CHET MORRIS, ROBERT WEBBER, MARLENE WARFIELD. ■ Da sempre i neri americani lottano per ottenere diritti civili pari a quelli dei bianchi. Il regista Ritt narra qui un episodio significativo delle origini di questa lotta: agli inizi del Novecento, per la prima volta, un pugile di colore vince il titolo mondiale. Dovrà vedersela con i razzisti. Il personaggio è ispirato al famoso boxeur Jack Jefferson che conobbe il suo massimo successo fra il 1908 e il 1915. ■ DRAMMATICO; COL.; 101'; USA, 1970. ■ OSCAR 2 NOM.

PER SALVARTI HO PECCATO ★★
Regia di MARIO COSTA. Con PIERRE CRESSOY, FRANK LATIMORE, MILLY VITALE. ■ Il figlioletto d'una giovane coppia è malato e ha bisogno d'una trasfusione. Il padre scopre, allora, che il gruppo sanguigno del piccino è diverso da quello di entrambi i genitori: il bambino infatti è figlio d'un criminale di guerra fascista a cui la madre si è dovuta concedere per salvare la vita al padre. Il criminale è ora in prigione, ma viene fatto uscire per donare il sangue e lui ne approfitta per evadere. Però, durante la fuga, il fascista cade e, in punto di morte, si redime offrendo il proprio sangue. ■ DRAMMATICO; B/N; 90'; ITALIA, 1954.

PER SCHERZO *(Pour rire!)* ★★★
Regia di LUCAS BELVAUX. Con ANTOINE CHAPPEY, JEAN-PIERRE LÉAUD, ORNELLA MUTI. ■ Nicolas convive con Alice che però si innamora di un uomo più giovane. Cercherà allora di riconqui-

stare la donna sfruttando un caso di omicidio per gelosia di cui lei si sta occupando. Tra commedia surreale e trattamento brillante. Si rivede con piacere Léaud. ■ COMMEDIA; COL.; 100′; FRANCIA, 1997.

PERSÉCUTION ★★
Regia di PATRICE CHÉREAU. Con JEAN-HUGUES ANGLADE, GILLES COHEN, MICHEL DUCHAUSSOY, ROMAIN DURIS, CHARLOTTE GAINSBOURG. ■ Daniel è un giovane uomo in *corso d'opera*, come gli appartamenti in cui lavora in solitudine e silenzio. L'isolamento volontario è interrotto dalle troppe parole del suo amico Michel e dalle telefonate di Sonia, la sua ragazza sempre in viaggio di lavoro. Ossessionato dalla paura dell'assenza, Daniel è volontario presso una casa di riposo, dove cerca rifugio alla sua inquietudine. Abbordato all'uscita della metropolitana da uno strampalato corteggiatore, Daniel diventa oggetto desiderato e perseguitato. Irragionevole e lunatico, il misterioso uomo irrompe e travolge gli spazi e la vita del ragazzo, a sua volta impetuoso nel tormentare Sonia con la sua gelosia e i suoi smarrimenti. Dentro cantieri sempre aperti e case da costruire, Daniel e Sonia sperimenteranno la corrispondenza e la mancanza. Separarsi dalle proprie ossessioni e da una vita ideale è doloroso, ma il film di Chéreau (di)mostra che la separazione può essere (anche e addirittura) una benedizione, necessaria a riprendere la capacità di sentire e di vivere. Meglio vivere (e amare) col batticuore che non vivere affatto. ■ DRAMMATICO; COL.; 100′; FRANCIA, 2009.

PERSECUZIONE *(The Upturned Glass)* ★★★
Regia di LAWRENCE HUNTINGTON. Con ROSAMUND JOHN, PAMELA KELLINO, JAMES MASON. ■ Uno psichiatra ritiene che il delitto possa essere causato o dalla mancanza di sensibilità o dall'eccesso di questa, e infatti l'esperienza personale sembra dargli ragione: la donna che amava è stata spinta al suicidio dall'arida cognata e lui, per vendicarla, ha reso pan per focaccia. Un medico condotto, però, gli dimostra che ha agito in preda alla paranoia e anche lo psichiatra si suicida. ■ POLIZIESCO; B/N; 86′; GRAN BRETAGNA, 1948.

PERSEGUITATI, I *(The Juggler)* ★★★
Regia di EDWARD DMYTRYK. Con KIRK DOUGLAS, MILLY VITALE. ■ Un ebreo tedesco, superstite dei campi di sterminio, giunge in Palestina, ma qui la fobia che ha sviluppato per le uniformi lo fa reagire bruscamente alle domande d'un poliziotto. Nella sua fuga incontra una ragazza che saprà infondergli con l'amore la forza sufficiente per costituirsi. ■ DRAMMATICO; B/N; 86′; USA, 1953.

PERSEGUITATO DALLA FORTUNA *(29th Street)* ★
Regia di GEORGE GALLO. Con DANNY AIELLO, LAINIE KAZAN, ANTHONY LA PAGLIA. ■ Frank Pesce ha un rapporto particolare con la fortuna. Viene infatti "costretto" a essere fortunato e questo gli provoca non pochi guai. Infatti più lui è fortunato, più suo padre viene penalizzato. Alla fine i due troveranno il modo di conciliare le vite di entrambi. Frank Capra, che qui viene spudoratamente imitato, non sarebbe riuscito a dirigere un film così banale neanche legato e imbavagliato. ■ COMMEDIA; COL.; 101′; USA, 1991.

PER SEMPRE ★★
Regia di ALESSANDRO DI ROBILANT. Con GIANCARLO GIANNINI, FRANCESCA NERI, EMILIO SOLFRIZZI. ■ Giovanni, avvocato affermato, incontra casualmente Sara, un notaio malizioso e seducente, e si innamora di lei perdutamente. La passione sfrenata lo porta persino a lasciare la moglie, ma Sara sembra sempre poco incline a lasciarsi andare del tutto, preferendo impostare il rapporto come una sorta di gioco amoroso. Un evento inatteso le cambierà la vita. Maurizio Costanzo torna a scrivere per il cinema dopo molti anni (lo ricordiamo, fra l'altro, co-sceneggiatore di *Una giornata particolare*), con un malinconico dramma psicologico che ripercorre gli stessi temi di cui ama discorrere nei suoi talk-show serali e domenicali: l'importanza di saper cogliere l'attimo, l'incomunicabilità nel rapporto di coppia, la necessità di autoaffermazione. Ma simili argomenti avrebbero bisogno di una mano più incline alla verosimiglianza degli intrecci, e di una regia meno approssimativa. ■ DRAMMATICO; COL.; 100′; ITALIA, 2003.

PER SEMPRE CON TE *(Follow the Boys)* ★★
Regia di RICHARD THORPE. Con CONNIE FRANCIS, PAULA PRENTISS, DANY ROBIN, RUSS TAMBLYN. ■ Le peripezie d'un gruppo di ragazze che s'associano per comprare una scassatissima automobile di seconda mano allo scopo di raggiungere il porto dove devono sbarcare i loro uomini, marinai della Sesta Flotta americana. ■ COMMEDIA; COL.; 95′; USA, 1963.

PER SEMPRE E UN GIORNO ANCORA ★★★
(Forever and a Day)
Regia di RENÉ CLAIR, EDMUND GOULDING, CEDRIC HARDWICKE, FRANK LLOYD, VICTOR SAVILLE, ROBERT STEVENSON, HERBERT WILCOX. Con BUSTER KEATON, CHARLES LAUGHTON, HERBERT MARSHALL, VICTOR MCLAGLEN, RAY MILLAND, ANNA NEAGLE, C. AUBREY SMITH, RUTH WARRICK. ■ Il pretesto del racconto è dato dalle vicende che si svolgono in una casa inglese costruita da un ammiraglio in pensione nel 1804, quando la Gran Bretagna era sotto l'incubo dell'invasione napoleonica. Il figlio dell'ufficiale contribuisce a vanificare la minaccia francese morendo a Trafalgar. In seguito la famiglia si divide in due rami: uno rimane in Inghilterra, l'altro emigra in America, ma, nel 1917, i discendenti dell'ammiraglio ritornano a combattere per la patria d'origine. Nel 1940 la casa viene infine distrutta dai bombardamenti. Rimangono però due membri della famiglia, un americano e un inglese, che si sposeranno e continueranno la lotta. ■ COMMEDIA; B/N; 104′; USA, 1943.

PERSEO L'INVINCIBILE ★★
Regia di ALBERTO DE MARTINO. Con ELISA CEGANI, ARTURO DOMINICI, RICHARD HARRISON, ANNA RANALLI. ■ Perseo, giovane pastore, in realtà è il legittimo pretendente al trono di Argo. Riuscirà ad accedere al trono e a conquistare la sua Galatea dopo aver sconfitto Medusa, il mostro che ha il potere di pietrificare con lo sguardo. ■ AVVENTURA; COL.; 91′; ITALIA, 1963.

PERSEPOLIS ★★★
Regia di VINCENT PARONNAUD, MARJANE SATRAPI. Con SIMON ABKARIAN, DANIELLE DARRIEUX, CATHERINE DENEUVE, GABRIELLE LOPES, CHIARA MASTROIANNI. ■ Teheran, 1978: Marjane, otto anni, sogna di essere un profeta che salverà il mondo. Educata da genitori molto moderni e particolarmente legata a sua nonna, segue con trepidazione gli avvenimenti che porteranno alla Rivoluzione e provocheranno la caduta dello Scià. Con l'instaurazione della Repubblica islamica inizia il periodo dei "pasdaran" che controllano i comportamenti e i costumi dei cittadini. Marjane, che deve portare il velo, diventa una rivoluzionaria. ■ ANIMAZIONE; COL.; 95′; FRANCIA, USA, 2007.

PER SESSO O PER AMORE? *(Combien tu m'aimes?)* ★
Regia di BERTRAND BLIER. Con MONICA BELLUCCI, BERNARD CAMPAN, JEAN-PIERRE DARROUSSIN, GÉRARD DEPARDIEU, SARA FORESTIER, SEIDY LOPEZ, FARIDA RAHOUADJ, MICHEL VUILLERMOZ. ■ Daniela è una prostituta a Pigalle. François, che ha appena vinto al lotto, chiede a Daniela se vuole diventare la sua fidanzata. Lei accetta, inconsapevole che non è così facile lasciare il mondo della notte e soprattutto Charly, il suo protettore. Malriuscita contaminazione tra pièce sperimentale di matrice teatrale e pellicola cinematografica. ■ COMMEDIA; COL.; 95′; FRANCIA, 2005.

PER SFORTUNA CHE CI SEI *(La chance de ma vie)* ★
Regia di NICOLAS CUCHE. Con FRANÇOIS-XAVIER DEMAISON, ARMELLE DEUTSCH, VIRGINIE EFIRA, RAPHAËL PERSONNAZ. ■ Julien Monnier è un abile consulente matrimoniale col vizio della iella. Quella che porta immancabilmente ad ogni donna che lo ricambia nei sentimenti. Dall'adolescenza alla maturità ha di fatto collezionato donne e guai, una pioggia di disgrazie che hanno sfinito le poverine costringendole alla fuga. Ma poi è arrivata Joanna, una creativa designer giovane e ambiziosa, decisa ad amarlo e a resistere alla sventura che puntuale e impietosa si è abbattuta sui suoi progetti e sulla sua vita. ■ COMMEDIA; COL.; 87′; FRANCIA, BELGIO, 2010.

PERSIANE CHIUSE ★★★
Regia di LUIGI COMENCINI. Con MASSIMO GIROTTI, GIULIETTA MASINA, ELEONORA ROSSI DRAGO. ■ Una donna ricerca la so-

rella che, scacciata dai genitori dopo che si è concessa a un uomo, è entrata nel mondo del vizio. Le due sorelle dovranno vedersela contro un malvagio protettore. ■ DRAMMATICO; B/N; 95′; ITALIA, 1951.

PER SOFIA ★
Regia di ILARIA PAGANELLI. Con STEPHANIE CAPETANIDES, NADIA KIBOUT, EMMA MEDAS, GIORDANO PETRI, CARINA WACHSMANN. ■ Suo padre lo vorrebbe un esecutore senza pretese, ma Isaak desidera comporre. Per superare una crisi esistenziale si affida al consiglio della fidanzata e, violino in spalla, si ritira nel piccolo borgo di S'Archittu, in provincia di Oristano. Qui, attraverso la conoscenza della vecchia Letizia e l'ascolto della tragica vicenda di John e Sofia, una coppia di musicisti approdata in quel luogo nel 1946, ritrova la fiducia in se stesso e l'ispirazione. ■ DRAMMATICO; COL.; 89′; ITALIA, 2010.

PER SOLDI O PER AMORE *(For Love or Money)* ★★
Regia di MICHAEL GORDON. Con KIRK DOUGLAS, MITZI GAYNOR, JULIE NEWMAR, THELMA RITTER, GIG YOUNG. ■ Un avvocato viene profumatamente pagato da una miliardaria affinché trovi marito alle sue tre figlie. Ci riuscirà, anzi sarà lui uno dei consorti. ■ COMMEDIA; COL.; 108′; USA, 1963.

PERSONA ★★★★
Regia di INGMAR BERGMAN. Con BIBI ANDERSSON, GUNNAR BJÖRNSTRAND, MARGARETHA KROOK, LIV ULLMANN. ■ Un'infermiera si deve occupare d'una attrice che, improvvisamente, ha deciso di non parlare più. Per sbloccare la paziente la donna le racconta, in una spietata autoanalisi, la propria vita, ma il rapporto si tronca perché l'infermiera scopre che l'attrice divulga per lettera i segreti che le sono stati confidati. ■ DRAMMATICO; B/N; 85′; SVEZIA, 1967.

PERSONALS ★
Regia di STEVEN HILLIARD STERN. Con JENNIFER O'NEILL, STEPHANIE ZIMBALIST. ■ Praticamente è una brutta copia di *Seduzione pericolosa*, anche se non si tratta di vero e proprio plagio. Un'assassina usa gli annunci per cuori solitari per cercare vittime. ■ GIALLO; COL.; 92′; CANADA, 1989.

PERSONAL SERVICES ★★★
Regia di TERRY JONES. Con ALEC MCCOWEN, JULIE WALTERS, TIM WOODWARD. ■ La storia è ispirata a quella, autentica, di Cynthia Payne, un'ex cameriera londinese che divenne la tenutaria di un bordello clandestino. Scoperta e denunciata, venne processata, ma il caso, finito sui giornali, le procurò la generale simpatia. Dal best-seller di Paul Bailey. ■ COMMEDIA; COL.; 105′; GRAN BRETAGNA, 1987.

PERSONAL VELOCITY ★★
Regia di REBECCA MILLER. Con FAIRUZA BALK, PARKER POSEY, KYRA SEDGWICK. ■ Tre donne, tre vite che stanno per cambiare radicalmente, ognuna seguendo il proprio ritmo, la propria personale velocità. Delia decide di lasciare il marito violento; Greta, ambiziosa giornalista, cerca di restare fedele al marito, banale e poco interessante, tentando malamente di controllare la propria voglia di affermazione; e infine Paula, in viaggio con un giovanissimo autostoppista, scoprirà la sua vera identità di donna. Tratto dall'omonima (e interessante) raccolta di racconti di Rebecca Miller, è un'opera indecisa, più pensata che pensosa, che alterna bei momenti a pause talvolta soporifere. ■ DRAMMATICO; COL.; 85′; USA, 2002.

PERSONA NON GRATA ★★★
Regia di KRZYSZTOF ZANUSSI. Con MARIA BEKKER, ANDRZEJ CHYRA, REMO GIRONE, NIKITA MIKHALKOV, DANIEL OLBRYCHSKI, JERZY STUHR, ZBIGNIEW ZAPASIEWICZ, VICTORIA ZINNY. ■ Da quando è morta la sua Helena, compagna di una vita, Wiktor non riesce più a conformarsi ai rigidi canoni dell'ambasciata di Polonia in Uruguay, cui egli stesso è a capo. L'ambasciatore, che ha creduto in Solidarnosc e nei suoi valori, è ora spiazzato dal trionfo delle "non regole" della società succeduta alla caduta del regime comunista. Ogni certezza e speranza sembrano essere crollate. Anche quella personale sul rapporto coniugale che sembrerebbe essere stato incrinato con una relazione con un diplomatico russo ora salito a livelli dirigenziali. Progressivamente Witia scopre che la realtà è stata ed è più complessa di quanto lui non abbia ipotizzato. Solo allora può trovare una libertà vera. Zanussi è sempre stato un anticomunista integrale (avendo vissuto sulla sua pelle l'oppressione anche culturale) e un cattolico non relativista. Questo non gli ha impedito di condannare (come d'altronde Giovanni Paolo II non aveva mai smesso di indicare) l'ateismo connaturato anche all'adorazione del denaro e del profitto priva di qualsiasi regola morale. Ce lo conferma in questo film recitato da un terzetto di grandi attori in cui gli ideali caduti (e le "trasgressioni" come l'eutanasia sull'amato cane e la cremazione della moglie) non spingono al nichilismo ma rafforzano un discorso di fede che si fa ancora più intenso. Una battuta del dialogo resta, in particolare nella memoria (in un film che ha peraltro il tema religioso solo come sottotesto). L'amico russo dice a Witia: «Voi cattolici credete in Dio soprattutto con la testa. Noi ortodossi con tutto tranne che con il cervello». Meditiamo. ■ DRAMMATICO; COL.; 110′; ITALIA, POLONIA, RUSSIA, 2005.

PERSONE NORMALI NON HANNO NIENTE DI ECCEZIONALE, LE ★★★
(Les gens normaux n'ont rien d'exceptionnel)
Regia di LAURENCE FERREIRA BARBOSA. Con VALERIA BRUNI TEDESCHI, MARC CITTI, MELVIL POUPAUD. ■ Martine, abbandonata da François, impazzisce. Ricoverata in una casa di cura cambia completamente personalità dedicandosi agli altri malati, mostrando straordinaria sensibilità e dedizione. Una volta guarita ecco che dovrà affrontare il proprio problema. Ma sarà preparata. Opera prima di un regista di documentari. Pochi mezzi ma ben usati. ■ COMMEDIA; B/N; FRANCIA, 1993.

PERSONE PERBENE ★★
Regia di FRANCESCO LAUDADIO. Con MARINA GIULIA CAVALLI, MASSIMO GHINI, EROS PAGNI, ELENA SOFIA RICCI. ■ Carlo Ferrante è un uomo d'affari dalla brillante facciata ma pieno di debiti. Ha una moglie ricca che non muove un dito per aiutarlo. Allora cade nella rete della mafia. Avrà tutti i miliardi che gli servono se riciclerà denaro sporco e ucciderà un certo infame. Carlo esegue, poi si innamora della vedova della sua vittima. Ma la verità a poco a poco viene fuori, la vedova fugge disperata e la mafia naturalmente reclama l'ultima parola, e pallottola. Tutto già stravisto. ■ DRAMMATICO; COL.; 91′; ITALIA, 1993.

PER STRADE DIVERSE *(Separate Ways)* ★★
Regia di HOWARD AVEDIS. Con KAREN BLACK, ARLENE GOLONKA, TONY LO BIANCO. ■ Matrimonio in crisi. Un ex corridore automobilistico va in crisi a causa dell'avventura passeggera della moglie con un giovanotto. Ma anche lui non è un santo. Quando la moglie scopre che lui ha una relazione anche più importante, se ne va a vivere da sola. Torneranno a vivere insieme, in coincidenza con il ritorno dell'uomo alle corse. ■ DRAMMATICO; COL.; 92′; USA, 1983.

PERSUASIONE *(Persuasion)* ★★★
Regia di ROGER MITCHELL. Con SUSAN FLEETWOOD, CIARAN HINDS, AMANDA ROOT. ■ Inghilterra ai primi dell'Ottocento. Vivono gli amori e i sentimenti di Anne Elliot e della sua famiglia nobile ma in difficoltà finanziarie. C'è un amore lontano e segreto, che poi ritorna. C'è la bella magione avita che deve essere affittata e ci sono tanti caroselli sentimentali e dolorosi. Alla fine tutto si compone. Tratto dal romanzo *Ragione e sentimento* di Jane Austen, autrice di *Orgoglio e pregiudizio*. I due protagonisti, Anne e il capitano Wentworth, che si amano disperatamente, non hanno mai l'occasione per rivelarsi. Alla fine ce la fanno, tormentosamente. Si tratta di un film televisivo prodotto dalla BBC senza grossi nomi ma con ottimi attori. Per il resto ecco la magnifica campagna inglese, i castelli, i balli e il mare. E il regista Mitchell, di matrice teatrale, è meno calligrafico dei suoi omologhi che hanno affrontato gli altri romanzi della Austen. ■ SENTIMENTALE; COL.; 106′; GRAN BRETAGNA, 1996.

PERSUASIONE OCCULTA *(Écoute voir)* ★★
Regia di CIRO SANTIAGO. Con CATHERINE DENEUVE, BARBARA FREY, ANNE PARILLAUD. ■ Una donna poliziotto indaga sulla sparizione dell'amante di un aristocratico. La soluzione del caso sta probabilmente tra i componenti di un gruppo di misteriosi

personaggi che vogliono carpire le scoperte scientifiche del nobiluomo. Un giallo in cui la suspense funziona a corrente alternata. E lo stesso dicasi per Catherine Deneuve, non troppo persuasa da questo tentativo di mutamento della propria immagine tradizionale. ■ GIALLO; COL.; 110′; FRANCIA, 1978.

PER TE HO UCCISO *(Kiss the Blood off my Hands)* ★★★
Regia di NORMAN FOSTER. Con JOAN FONTAINE, BURT LANCASTER, ROBERT NEWTON. ■ Un reduce di guerra uccide un uomo in una rissa e, nella fuga, conosce una ragazza di cui s'innamora. La giovane gli trova un lavoro perché possa rifarsi una vita, ma l'uomo cade nelle grinfie d'un ricattatore che lo vuole costringere a una serie di rapine. Sarà proprio la ragazza a salvare il suo uomo uccidendo il malvagio con un paio di forbici. I due innamorati si costituiranno insieme. ■ DRAMMATICO; B/N; 79′; USA, 1948.

PER TE IO MUOIO *(For You I Die)* ★★
Regia di JOHN REINHARDT. Con MISCHA AUER, CATHY DOWNS, PAUL LAUGHTON. ■ Due evasi si rifugiano dalla ragazza di uno dei due. Lei è una donna onesta che deve sottostare alle prepotenze del suo uomo. L'altro fuorilegge si commuove, cattura il complice e lo consegna alla polizia costituendosi. Verrà perdonato e potrà sposare la ragazza. ■ DRAMMATICO; B/N; 93′; USA, 1948.

PER TUTTA LA VITA *(Blind Spot)* ★★
Regia di ROBERT GORDON. Con CONSTANCE DOWLING, STEVEN GERAY, CHESTER MORRIS. ■ Un odiatissimo editore viene ucciso in una stanza chiusa dall'interno. I sospetti s'appuntano su uno scrittore di gialli che ha scritto un romanzo in cui avviene un delitto in circostanze simili. Il colpevole naturalmente è un altro. ■ POLIZIESCO; B/N; 73′; USA, 1947.

PER TUTTA UNA VITA *(Eine Lebenlang)* ★★
Regia di GUSTAV UCICKY. Con JOACHIM GOTTSCHALK, PAULA WESSELY. ■ Un nobile dongiovanni seduce una ragazza d'umili condizioni e le dà un figlio. Lei spera per tutta la vita di potersi riunire all'uomo e, infine, ci riuscirà quando, dopo la guerra, lui finirà in miseria. ■ DRAMMATICO; B/N; 90′; GERMANIA, 1939.

PER TUTTE, UNA *(Une pour toutes)* ★★★
Regia di CLAUDE LELOUCH. Con OLIVIA BONAMY, MARIANNE DENICOURT, ALICE EVANS, JEAN-PIERRE MARIELLE, ALESSANDRA MARTINES, SAMY NACERI, ANNE PARILLAUD, RÜDIGER VOGLER. ■ Il noto commissario Bayard si reca in un carcere per chiedere consiglio a un regista. Gli sta capitando un caso che, secondo lui, potrebbe diventare un film. Tre giovani attrici di scarso successo hanno organizzato una truffa geniale nei confronti dei facoltosi passeggeri del Concorde. Salgono separatamente sull'aereo e lì rimorchiano: fingono di nutrire gli stessi interessi del malcapitato, lo fanno innamorare senza però giungere mai al sesso. Il gioco sembra procedere senza inconvenienti fino a quando si rivela qualche falla. Diventerà il film che stiamo vedendo e forse anche un musical. Lelouch torna sullo schermo dopo il flop di *Per caso o per azzardo*. Fa dell'autoironia, commenta il cinema francese e si diverte con un gruppo di interpreti tutte capaci di reggere la commedia. Che qualche volta è un po' ridondante ma ha tutte le caratteristiche del cinema brillante riletto dal regista francese. In Francia è uscito, con una provocazione tipica del Nostro, l'1 gennaio 2000. Da noi è arrivato, grazie a una piccola casa di distribuzione, due anni dopo. Succede. ■ COMMEDIA; COL.; 120′; FRANCIA, 2000.

PER TUTTO IL TEMPO CHE CI RESTA ★★
Regia di VINCENZO TERRACCIANO. Con EMILIO BONUCCI, ENNIO FANTASTICHINI, VINCENZO PELUSO. ■ Un sacerdote viene accusato di pedofilia. Lo difende un amico giudice che crede nella sua innocenza. Opera prima di un nuovo autore napoletano che non coglie le peculiarità di quella terra e di quel cinema. Piatto e un po' pauroso. Ma nelle ultime stagioni degli anni Novanta, letteralmente invase dalle opere prime, abbiamo visto di peggio. ■ DRAMMATICO; COL.; 90′; ITALIA, 1998.

PER UNA BARA PIENA DI DOLLARI ★
Regia di DEMOFILO FIDANI. Con LORENZO ARBORE, KLAUS KINSKI, GORDON MITCHELL, HUNT POWERS. ■ Il regista, specializzato nel genere western, racconta qui la storia risaputa del reduce che si vendica perché al ritorno dalla guerra di Secessione trova la propria famiglia distrutta dai banditi. ■ WESTERN; COL.; 94′; ITALIA, 1971.

PER UNA MANCIATA DI SOLDI *(Pocket Money)* ★★★
Regia di STUART ROSENBERG. Con CHRISTINE BELFORD, STROTHER MARTIN, LEE MARVIN, PAUL NEWMAN, KELLY JEAN PETERS. ■ Un ingenuo cowboy del giorno d'oggi viene continuamente truffato. Decide, quindi, d'affidarsi a un amico che si vanta d'essere un furbacchione. Insieme tenteranno di combinare buoni affari, ma finiranno al verde. ■ COMMEDIA; COL.; 102′; USA, 1972.

PER UNA MANCIATA D'ORO ★
Regia di CHARLIE FOSTER. Con BRAD EUSTON, ANTHONY FREEMAN, PAOLO SOLVAY. ■ Confusa caccia al tesoro nella giungla con contorno di febbri, banditi, belve e campi di prigionia. Alla fine gli indigeni massacreranno gli avventurieri. ■ AVVENTURA; COL.; 91′; ITALIA, 1966.

PER UNA NOTTE D'AMORE *(Pour une nuit d'amour)* ★★
Regia di EDMOND T. GRÉVILLE. Con ALERME ANDRÉ, RAYMOND GALLE, ODETTE JOYEUX, SYLVIE. ■ Una contessina appena uscita di collegio viene promessa dai suoi genitori a un altro nobile, ma ciò suscita le ire d'un domestico, primo amore della ragazza, che la minaccia. Lei uccide l'uomo e chiede aiuto a un giovane che l'ama segretamente per sbarazzarsi del cadavere. Proprio l'innamorato timido finirà per essere arrestato accusato del delitto, mentre la contessina si sposerà. ■ DRAMMATICO; B/N; 95′; FRANCIA, 1952.

PER UNA QUESTIONE DI PRINCIPIO ★★
(Carrington V.C.)
Regia di ANTHONY ASQUITH. Con MARGARET LEIGHTON, NOELLE MIDDLETON, DAVID NIVEN. ■ David Niven è un maggiore inglese, ex eroe di guerra, che trova qualche difficoltà in tempo di pace a venire incontro, col suo stipendio, alle esigenze della sua ambiziosa moglie. Un suo invidioso superiore cerca di incastrarlo accusandolo di aver usato per le sue faccende private i fondi della cassa del reggimento. Finisce che lo processano e la moglie, con una falsa testimonianza, lo mette ulteriormente nei guai. ■ COMMEDIA; B/N; 105′; GRAN BRETAGNA, 1954.

PER UNA SOLA ESTATE *(Here on Earth)* ★★
Regia di MARK PIZNARSKI. Con ANNIE CORLEY, JOSH HARTNETT, CHRIS KLEIN, MICHAEL ROOKER, LEELEE SOBIESKI. ■ Samatha, una giovane del Berkshire (Inghilterra) raffinata e anticonformista, viene corteggiata da un ragazzo provinciale e da uno studente ricco e sicuro di sé. Il patetismo non manca. ■ SENTIMENTALE; COL.; 96′; USA, 2000.

PER UN CORPO DI DONNA *(Don't Just Stand There)* ★★
Regia di RON WINSTON. Con HARVEY KORMAN, MARY TYLER MOORE, ROBERT WAGNER. ■ Uno scrittore americano è incaricato di finire il romanzo d'un collega, benché sia già sparita una donna che aveva accettato quell'incarico prima di lui. Il poveretto è coinvolto in una serie di guai provocati da una banda di gangster, ma finirà per trovare la scrittrice sparita e per sposarla. ■ POLIZIESCO; COL.; 100′; USA, 1968.

PER UN DOLLARO A TUCSON SI MUORE ★
Regia di CESARE CANEVARI. Con RONNY DE MARC, GISELLE SANDRÉ, JOCO TURC. ■ Una banda di fuorilegge occupa Tucson con l'intento di aspettare un carico d'oro che deve transitare da quelle parti, ma un gruppo di volontari riuscirà a sconfiggere i banditi. ■ WESTERN; COL.; 94′; ITALIA, 1965.

PER UN DOLLARO DI GLORIA ★
Regia di FERNANDO CERCHIO. Con UMBERTO CERIANI, BRODERICK CRAWFORD, ELISA MONTES, JULIO PENA, MARIO VALDEMARIN. ■ I sudisti del Texas si alleano con i dragoni francesi, giunti in Messico per appoggiare Massimiliano contro gli indiani. ■ WESTERN; COL.; 92′; ITALIA, 1967.

PER UN MESE CAMBIO VITA *(One Month Later)* ★★
Regia di NOUCHKA VAN BRAKEL. Con RENÉE SOUTENDIJK, MONIQUE VAN DE VEN. ■ Una donna sposata e una nubile fanno un'analisi critica della propria esistenza provando a vivere ognuna l'esperienza diretta dell'altra. Divertente. ■ COMMEDIA; COL.; 90′; PAESI BASSI, 1987.

PER UN PUGNO DI CANZONI ★
Regia di José Luis Merino. Con Vivi Bach, Enrico Luzi, Renzo Palmer. ■ Il pretesto per eseguire diversi numeri musicali è dato da una trama western: lo sceriffo deve vigilare affinché un festival canoro organizzato nel suo paese avvenga regolarmente nonostante le mene d'un cattivone. ■ Comm. musicale; b/n; 91'; Italia, Spagna, 1966.

PER UN PUGNO DI DIAMANTI ★
(Die goldene Göttin vom Rio Beni)
Regia di Eugenio Martín. Con Pierre Brice, Gil Delamare, Hans Von Borsody. ■ Un aereo precipita nella foresta amazzonica. Un amico del pilota, non trovando componenti per la spedizione di soccorso, sparge la voce che sta andando alla ricerca d'un tesoro ed effettivamente trova la solita ricchissima città perduta. ■ Avventura; col.; 90'; Germania, 1966.

PER UN PUGNO DI DIAMANTI – KILLER COMMANDO *(Killer Force)* ★★★
Regia di Val Guest. Con Marina Christelis, Peter Fonda, Christopher Lee, Hugh O'Brian, Telly Savalas, O.J. Simpson. ■ Un'ex guardia giurata di una compagnia diamantifera organizza il solito colpo a prova di bomba a un deposito situato in mezzo al deserto e munitissimo. Nonostante i contrattempi, riuscirà a cavarsela aiutato da una ragazza. ■ Avventura; col.; 110'; Gran Bretagna, 1975.

♥ PER UN PUGNO DI DOLLARI ★★★★
Regia di Bob Robertson. Con Carol Brown, José Calvo, Clint Eastwood, Marianne Koch, John Wells. ■ In una cittadina al confine tra Stati Uniti e Messico, dominata da due famiglie di prepotenti, giunge un pistolero che, fingendo di allearsi ora all'una ora all'altra, le fa sterminare a vicenda. All'inizio degli anni Sessanta erano stati già girati diversi western europei ma nessuno aveva sfondato, finché Sergio Leone, nascondendosi sotto uno pseudonimo americaneggiante, non realizzò questo che, col suo grande successo internazionale, aprì un filone. ■ Western; col.; 95'; Italia, 1964.

PER UN PUGNO DI DONNE *(Tickle Me)* ★★★
Regia di Norman Taurog. Con Julie Adams, Merry Anders, Jack Mullaney, Elvis Presley. ■ Nel West oggi sorgono numerosi i cosiddetti "ranch per turisti", dove la gente di città passa le vacanze vivendo la vita dei mandriani. Elvis Presley è un cowboy canterino che lavora in una di queste aziende e aiuta una bella istruttrice di ginnastica, che deve recuperare il tesoro nascosto dal nonno in una città abbandonata, a cavarsela nella lotta contro alcuni banditi. ■ Comm. musicale; col.; 90'; USA, 1966.

PER UN PUGNO DI EROI *(Eine Hand von Helden)* ★★
Regia di Frederick D. Umgelter. Con Ben Becker, Valeria Ciangottini, Horst Frank. ■ Nel 1806 l'esercito prussiano, pesantemente sconfitto a Jena, è in rotta. Per fortuna, un capitano raccoglie alcuni soldati sbandati e, a sacrificio della vita, ferma i francesi per permettere ai suoi commilitoni di riorganizzarsi in attesa della rivincita di Waterloo. ■ Storico; col.; 92'; Germania, 1968.

PER UN PUGNO DI SPADE ★
Regia di Gin San Un. Con Chan Hung Lit, Pang Ying Chee, Ching Ping. ■ Nel Medioevo cinese, un coraggioso spadaccino si scontra con un rivale di pari valore per impossessarsi d'una favolosa perla. ■ Avventura; col.; 90'; Hong Kong, 1973.

PER UN PUGNO NELL'OCCHIO ★★
Regia di Michele Lupo. Con Franco Franchi, Ciccio Ingrassia, Aurora Julia, Jesus Puente, Lina Rosales. ■ Due pasticcioni arrivano in una cittadina del West dominata da due famiglie in perfetta armonia fra di loro. Gli errori dei due susciteranno una faida terribile. ■ Comico; col.; 100'; Italia, 1965.

PER UOMINI SOLI ★★
Regia di Guido Brignone. Con Paola Barbara, Carlo Buti, Antonio Gandusio, Fanny Marchiò, Pina Renzi. ■ Una stella del cinema americano, in Italia per un film, s'innamora d'un baldo tenore interpretato da Carlo Buti, ma lui le preferisce un'italiana. ■ Commedia; b/n; 93'; Italia, 1939.

PERVERSI, I *(Footsteps in the Fog)* ★★★
Regia di Arthur Lubin. Con Stewart Granger, Jean Simmons. ■ Un uomo uccide la moglie, ma la domestica se ne accorge e ricatta l'assassino diventandone l'amante. L'uomo, che desidera sposare un'ereditiera, vorrebbe sbarazzarsi dell'intrusa: prima le tende un agguato armato di bastone (ma, a causa della nebbia, uccide un'altra persona), poi s'avvelena pensando di far accusare la donna di tentato omicidio. Per un contrattempo il suo piano fallirà. ■ Poliziesco; col.; 89'; Gran Bretagna, 1956. ■ David di Donatello 2 pr, 2 nom.

PERVERSIONE ★
Regia di Manuel Mur Oti. Con Richard Conte, Marisa Mell, Anthony Steffen. ■ Un'avventuriera riesce a conquistare un giovane ricco, nevrotico a causa di un complesso d'Edipo non risolto, e ad aizzarlo contro i parenti per impossessarsi del suo patrimonio. Ma poi il giovane, completamente impazzito, si rivolgerà contro di lei. ■ Drammatico; col.; 94'; Italia, Spagna, 1974.

PERVERSIONE MORTALE *(Whispers in the Dark)* ★★
Regia di Christopher Crowe. Con Alan Alda, Jill Clayburgh, Anthony La Paglia, Annabella Sciorra, James Sheridan. ■ Siamo a New York. Ann è una psichiatra con problemi sessuali. Intreccia una relazione con Doug, che scopre essere l'amante di una sua paziente. Con l'assassinio di quest'ultima le cose prenderanno una brutta piega. Thriller appena sufficiente, nonostante il cast. ■ Thriller; col.; 99'; USA, 1992.

PERVERSIONI FEMMINILI *(Female Perversions)* ★★
Regia di Susan Streitfeld. Con Clancy Brown, Amy Madigan, Tilda Swinton. ■ Eva, un avvocato di successo, sta per essere nominata giudice. La donna però, nonostante i successi professionali, è sprofondata in una profonda crisi d'identità. Inizia una relazione con uno psichiatra e si lascia coinvolgere anche in rapporti erotici con altre donne. L'arresto della sorella la costringerà a rientrare nella realtà. ■ Drammatico; col.; 116'; Gran Bretagna, 1996.

PERVERSITÀ *(La peticion)* ★★
Regia di Pilar Miró. Con Ana Belen, Emilio Caba, Frederic De Pasquale. ■ Hélèn, bambina cattiva e viziata, tratta male Michel. Continua a maltrattarlo anche quando i due sono cresciuti e diventati amanti. Hélèn si fidanza con un ricco e uccide il povero Michel. Infine uccide un maldestro giovanotto che si era prestato a nascondere il cadavere di Michel. Poi va dal suo fidanzato come se niente fosse successo. ■ Drammatico; col.; 91'; Spagna, 1978.

PER VIVERE MEGLIO, DIVERTITEVI CON NOI ★★
Regia di Flavio Mogherini. Con Johnny Dorelli, Renato Pozzetto, Catherine Spaak, Monica Vitti, Milena Vukotic. ■ Si tratta di tre episodi: *Un incontro molto ravvicinato*, protagonista la Vitti; *Il teorema gregoriano* con Dorelli; *Non si può spiegare, bisogna vederlo* con Pozzetto. ■ Comm. a episodi; col.; 115'; Italia, 1978.

PERVOLA ★★★
Regia di Orlow Seunke. Con Brigitte Kaandoorp, Gerard Thoolen, Bram Van Der Vlugt. ■ Due fratelli in aperto contrasto fra loro, l'uno attore in declino, l'altro ricco e gretto, sfidano l'inverno polare per portare la bara del padre al luogo della sepoltura da lui desiderato. Il lungo e rischioso viaggio attraverso panorami splendidi e selvaggi sarà ricco di avventure e di esperienze nel corpo e nello spirito, una rilettura della propria vita e dei propri rapporti. Film di bellezza sorprendente, per amatori. ■ Drammatico; col.; 90'; Paesi Bassi, 1985.

PESCATORE DELLA LOUISIANA, IL ★★★
(The Toast of New Orleans)
Regia di Norman Taurog. Con Kathryn Grayson, Mario Lanza, David Niven. ■ Nell'Ottocento, un pescatore d'origine francese trascura di portare la barca dello zio alla rituale benedizione per ammirare una bella cantante di New Orleans. Poiché quella notte una tempesta distrugge la barca, il giovane si sente responsabile e accetta l'offerta dell'impresario della cantante di darsi anch'egli alla lirica. La sua magnifica voce gli farà guadagna-

re l'amore della collega. ■ COMMEDIA; COL.; 97'; USA, 1950. ■ OSCAR 1 NOM.

PESCATORE DI HAITI, IL *(The Golden Mistress)* ★★
Regia di ABNER BIBERMAN. Con JOHN AGAR, ABNER BIBERMAN, ROSE MARIE BOWE. ■ Nel mar dei Caraibi alcuni avventurieri danno la caccia a una tribù perduta, favolosamente ricca perché ha l'abitudine di seppellire con i propri morti statuette d'oro raffiguranti degli scheletri. ■ AVVENTURA; COL.; 82'; USA, 1954.

PESCATORE DI POSILLIPO – PESCATORE 'E PUSILLECO, IL ★★
Regia di GIORGIO CAPITANI. Con BENIAMINO MAGGIO, GIACOMO RONDINELLA, OTELLO TOSO. ■ Un malvagio riccone rovina un povero pescatore di Posillipo. Questi, per fortuna, ha una bella voce e diventa cantante in un giro di spettacoli finanziato dal cattivone che gli offre questa opportunità solo per insidiargli la fidanzata. Poiché lei resiste, lui l'accusa falsamente e i giudici la condannano a un anno di prigione. Poi ritorna il pescatore e tutto s'accomoda. ■ COMM. MUSICALE; B/N; 91'; ITALIA, 1953.

PESCATORE DI SOGNI, IL *(Salmon Fishing in Yemen)* ★★
Regia di LASSE HALLSTRÖM. Con EMILY BLUNT, EWAN MCGREGOR, TOM MISON, KRISTIN SCOTT THOMAS. ■ Alfred Jones è uno scienziato introverso e compassato occupato presso il Ministero della pesca e dell'agricoltura. Vessato da un superiore ottuso e da una moglie algida e in carriera, il dottor Jones riceve una mail e una curiosa proposta: introdurre la pesca al salmone nello Yemen. Contattato da Harriet Chetwode-Talbot, funzionario commerciale che gestisce ricchezze e interessi di uno sceicco yemenita col vizio della canna e della fede, Jones scoraggia il progetto e declina il lavoro. L'intervento aggressivo e autoritario di Patricia Maxwell, portavoce del primo ministro britannico, determinato a "pescare" *good news* nel marasma mediorientale, costringerà Jones ad accettare suo malgrado. Contagiato molto presto dalla visionarietà dello sceicco e dalla grazia di Harriet, il ragionevole esperto in scienze ittiche risalirà fiume e corrente per trovare finalmente il vero amore e un'acqua più dolce in cui bagnarsi. Trasposizione del romanzo *Pesca al salmone nello Yemen* di Paul Torday. ■ DRAMMATICO; COL.; 112'; GRAN BRETAGNA, 2012.

PESCATORI ALATI, I ★★★
Regia di JAMES ALGAR. ■ Uno dei famosi documentari della serie di Walt Disney *Le meraviglie della natura*. Riguarda gli uccelli acquatici e uscì in Italia abbinato a un altro documentario, *Negli abissi del mar Rosso* prodotto dalla Rko. ■ DOCUMENTARIO; COL.; 80'; USA, 1952.

PESCE DI COLOR ROSA, UN ★★
(Rue Saint-Sulpice – The Favour, the Watch and the Very Big Fish)
Regia di BEN LEWIN. Con MICHEL BLANC, JEFF GOLDBLUM, BOB HOSKINS, NATASHA RICHARDSON. ■ Nonostante i nomi che compaiono nel cast la storiella del fotografo che cerca un modello per un Cristo, lo trova e scopre che è amato dalla ragazza che desidera, fa acqua da tutte le parti. Che poi l'aspirante Messia si identifichi e prenda gusto a recitare il ruolo è decisamente prevedibile. ■ COMMEDIA; COL.; 89'; GRAN BRETAGNA, 1991.

PESCE DI NOME WANDA, UN *(A Fish Called Wanda)* ★★★
Regia di CHARLES CRICHTON. Con JOHN CLEESE, KEVIN KLINE, JAMIE LEE CURTIS. ■ È stato un grande successo comico, un felice lavoro d'équipe fra un superstite della vecchia commedia inglese (il regista Crichton) e il greve ribaldo umoristico del gruppo dei Monty Python. È la storia di un colpo grosso alla Diamond House. Il capobanda imbosca il bottino. I complici lo denunciano alla polizia. Il grisbì alla fine andrà all'avvocato del capo, che s'è innamorato della bella della banda. ■ COMMEDIA; COL.; 108'; GRAN BRETAGNA, 1988. ■ GOLDEN GLOBES 3 NOM; OSCAR 1 PR, 3 NOM.

PESCE INNAMORATO, IL ★
Regia di LEONARDO PIERACCIONI. Con YAMILA DIAZ, PAOLO HENDEL, PATRIZIA LORETI, LEONARDO PIERACCIONI. ■ Pieraccioni è qui l'autore di libri per ragazzi colpito da inatteso successo. Analogo successo non merita il film e, infatti, il box office non lo premia come i precedenti del *golden boy* del cinema italiano degli anni Novanta. La favoletta procede stentata verso un epilogo retorico e prevedibile. Notevole Yamila Diaz. ■ COMMEDIA; COL.; 90'; ITALIA, 1999.

PESCICANI – CONTRABBANDO GIALLO ★★★
(I Cover the Waterfront)
Regia di JAMES CRUZE. Con HOBART CAVANAUGH, CLAUDETTE COLBERT, BEN LYON, ERNEST TORRENCE. ■ Un giornalista si serve dell'amicizia di una ragazza per smascherare i loschi traffici del padre di lei. Una storia cruda e ben diretta, ai tempi considerata piuttosto audace. ■ DRAMMATICO; B/N; 91'; USA, 1933.

PESCI D'ORO E BIKINI D'ARGENTO ★★
Regia di CARLOS VELO. Con GIANNI AGUS, MARIO CAROTENUTO, CARLO CROCCOLO, TIBERIO MURGIA, NINO TARANTO. ■ Vari episodi comici uniti dal pretesto d'una gara che dovrebbe premiare con un pesce d'oro gli italiani rimasti a casa il giorno di Ferragosto. A questo primo concorso è abbinata una gara di bellezza. ■ COMICO; B/N; 92'; ITALIA, 1962.

PESI LEGGERI ★★★
Regia di ENRICO PAU. Con EMANUELA CAU, DAVIDE DELOGU, VANNI FOIS, CLAUDIO MORANTI, CARMINE RECANO, ANNA SCAGLIONE. ■ In una palestra di pugilato della periferia cagliaritana si allenano Nino e Giuseppe. Nino è solare ed ha talento tanto da poter ambire al titolo italiano. Giuseppe, invece, è introverso e scarica le sue frustrazioni nel pugilato. Maddi è la ragazza di Nino, ma è propensa ad accettare il corteggiamento di Giuseppe, attratta dalla sua fisicità. Le storie dei tre ragazzi si intrecciano con quella di Claudio, procuratore di entrambi i ragazzi, e di Sara, reduce da un matrimonio fallito. Intorno alla palestra ruota un microcosmo variopinto e sfaccettato. Pau avvolge i personaggi nel grigiore della quotidianità di una Cagliari notturna e periferica. Il film presenta i difetti di un'opera prima, ma anche una tensione narrativa che promette bene. ■ DRAMMATICO B/N; 98'; ITALIA, 2002.

PESO DELL'ARIA, IL ★★
Regia di STEFANO CALVAGNA. Con CLAUDIO ANGELINI, STEFANO CALVAGNA, CORINNE CLÉRY, BRUNELLA DE NARDO, GIAMPIERO LISARELLI, SERGIO PETRELLA. ■ Carlo è impiegato presso un autosalone ed è sposato con Laura, una giovane donna laureata, incalzata dalla precarietà e in cerca di un contratto a tempo determinato. Costretto dalla sua principale alle dimissioni, Carlo mette e legge annunci senza risultato. In un prestigioso maneggio di Roma incontra Stefano, un vecchio compagno di liceo e sedicente finanziatore. Ignaro dell'illecita attività dell'amico e deciso a conquistare per sé e la moglie una piena stabilità, Carlo ottiene da lui un prestito da investire sul futuro e in un vecchio casale nella campagna umbra. L'affare promettente sfumerà e Carlo e Laura saranno costretti a nascondersi per sfuggire al loro strozzino e ai suoi implacabili esecutori. ■ DRAMMATICO; COL.; 102'; ITALIA, 2008.

PESO DELL'OPPRESSIONE, IL ★★
Regia di JUAN BAUTISTA STARNARO. Con BARBARA MUGICA, SERGIO RENAN. ■ Nel corso della seconda guerra mondiale è in atto una retata in un piccolo villaggio in campagna: gli ufficiali tedeschi hanno intenzione di deportare in Russia i suoi abitanti di origine ebrea. Alcuni dei predestinati si ribellano al destino di morte e progettano la fuga. ■ GUERRA; COL.; 105'; ARGENTINA, 1987.

PESO DEL RICORDO, IL *(Permanent record)* ★★
Regia di MARISA SILVER. Con ALAN BOYCE, MICHELLE MEYRINK, KEANU REEVES, JENNIFER RUBIN. ■ Un compositore molto famoso possiede, in apparenza, le cose che fanno felice un uomo: una splendida compagna, un'auto costosa e denaro a volontà. Una sera, nel corso di una grandiosa festa, l'uomo si uccide. ■ DRAMMATICO; COL.; 90'; USA, 1988.

PESTE, LA *(The Plague)* ★★
Regia di LUIS PUENZO. Con SANDRINE BONNAIRE, ROBERT DUVALL, WILLIAM HURT, RAUL JULIA. ■ Presentato a Venezia dopo, pare, essere stato scartato a Cannes. A parte le notevoli interpretazioni di William Hurt e Sandrine Bonnaire il film risulta solo un melodramma mal riuscito. Ridondante e lungo (la durata indicata è quella originale, ma in Italia è stata ridotta), è finora il meno riuscito dei film dell'argentino Puenzo. Tratto dal romanzo di Al-

bert Camus. Siamo in Sud America, dove migliaia di topi hanno sparso in una città la peste bubbonica. Nella vicenda ci sono il dottor Rieux che fa del suo meglio per prestare cure ai malati, il cameraman Jean, la giornalista Martine e Cottard, un essere spregevole. ■ DRAMMATICO; COL.; 147'; FRANCIA, 1992.

PESTE DI PARIGI, LA *(Verwehte Spuren)* ★★★
Regia di VEIT HARLAN. Con KRISTINA SÖDERBAUM, FRITZ VAN DONGEN. ■ Due canadesi, madre e figlia, giungono a Parigi per assistere alla grande esposizione del 1887. La madre si sente poco bene e la figlia si reca in farmacia, ma, al ritorno, scopre che la donna è sparita e tutti negano d'averla mai vista. La poveretta crede quasi di essere diventata pazza finché, aiutata da un giovane medico che si è innamorato di lei, scoprirà che la madre è morta di peste e le autorità, temendo che scoppiasse il panico tra i numerosi turisti, hanno deciso di nascondere addirittura l'esistenza della donna. ■ DRAMMATICO; B/N; 92'; GERMANIA, 1938.

PESTE D'ORO, LA *(Die goldene Pest)* ★★
Regia di JOHN BRAHM. Con KARLHEINZ BÖHM, IVAN DESNY, GERTRUD KÜCKELMANN. ■ Negli anni del dopoguerra la Germania, sotto l'occupazione alleata, è diventata il paradiso dei borsari neri. Un sergente americano d'origine tedesca scopre che il cugino rimasto in patria è diventato un deliquente e sta organizzando un furto di benzina ai danni delle truppe d'occupazione. Gli andrà male e, per un tragico errore, salterà in aria in un poligono di tiro. ■ DRAMMATICO; B/N; 90'; GERMANIA, 1956.

PETER E SABINE, DUE CORPI... UN AMORE ★★
(Peter und Sabine)
Regia di AUGUST RIEGER. Con BARBARA CAPELL, ILONA CRUEBEL, HANS DIETER SCHWARZE, HEINZ SONNBICHIER. ■ Le avventure sentimentali di tre fratelli: il più vecchio ama una divorziata, il più piccolo una donna maggiore di lui per età e Peter, quello di mezzo, lascia la sua dolce Sabine per una poco di buono. Alla fine Peter tornerà con Sabine, il maggiore lascerà la divorziata e si metterà con la donna del minore. ■ COMMEDIA; COL.; 93'; GERMANIA, 1972.

PETER GUNN, 24 ORE PER L'ASSASSINO *(Gunn)* ★★★
Regia di BLAKE EDWARDS. Con LAURA DAVON, ALBERT PAULSEN, CRAIG STEVENS. ■ Il detective Peter Gunn ha l'incarico d'indagare sulla morte d'un capomafia. Sembra che il responsabile sia un rivale del morto ma la verità è ben diversa e sorprendente. ■ POLIZIESCO; COL.; 94'; USA, 1968.

PETER PAN ★★
Regia di PAUL J. HOGAN. Con RACHEL HURD-WOOD, JASON ISAACS, LYNN REDGRAVE, LUDIVINE SAGNIER, JEREMY SUMPTER, OLIVIA WILLIAMS. ■ Per la prima volta sugli schermi, Peter Pan assomiglia a se stesso. È infatti un ragazzo di 15 anni, Jeremy Sumpter, a dare il volto al protagonista della nuova versione cinematografica del centenario eroe di James M. Barrie. Il film tuttavia fatica a "volare" come vorrebbe il suo protagonista: troppi sguardi e ammiccamenti tra Peter e Wendy, espressione di una sensualità adolescenziale che forse dovrebbe rimanere tra le righe; troppa "modernità" nel linguaggio dei bambini di Neverland. È vero, parlare ai ragazzi del ventunesimo secolo non è facile, ma almeno con Peter Pan lasciateci sognare! ■ FIABESCO; COL.; 113'; USA, 2003.

PETER PAN – RITORNO ALL'ISOLA CHE NON C'È *(Return to Neverland)* ★★★★
Regia di ROBIN BUDD, DONOVAN COOK. ■ Il grande classico di Disney è del 1953. Dunque, quasi mezzo secolo dopo ecco il sequel. Come molto spesso accade i sequel non dovrebbero esistere, ma in questo caso invece l'iniziativa funziona, ed è quasi benemerita. Resta da vedere cos'è rimasto nelle nuove generazioni di giovanissimi dell'ingenuità di allora. Il quesito è infatti, intelligentemente, il nodo del film. I vari personaggi sono cresciuti, Wendy è diventata mamma. Jane, la figlia dodicenne, ascolta con scetticismo i racconti della madre, insomma non crede alla "fantasia". Viene rapita dal solito Uncino sempre pronto a fare il cattivo, e non può essere liberata da Peter Pan proprio in virtù della sua diffidenza. Tutto si accomoda quando Jane scopre, finalmente, il potere della fantasia. E come potrebbe essere altrimenti, se fai parte di un cartone di Disney? ■ ANIMAZIONE; COL.; 72'; USA, 2002.

PETER VOSS, IL LADRO DEI MILIONI ★★
(Peter Voss der Millionendieb)
Regia di WOLFGANG BECKER. Con INGRID ANDRÉE, OTTO WILHELM FISCHER, MARGIT SAAD. ■ Per salvare il futuro suocero banchiere dal fallimento, un giornalista inscena un furto, ma si trova perseguitato da una banda di autentici ladri convinti che lui sia in possesso d'un ricco bottino. ■ AVVENTURA; COL.; 93'; GERMANIA, 1959.

PETITE JÉRUSALEM, LA ★★★
Regia di KARIN ALBOU. Con MICHAËL COHEN, SONIA TAHAR, BRUNO TODESCHINI, FANNY VALETTE, ELSA ZYLBERSTEIN. ■ A Sarcelles, nella periferia di Parigi, sobborgo ribattezzato "la piccola Gerusalemme" per l'alta concentrazione di ebrei, vivono Laura e Matilde, due sorelle ebree di origini maghrebine. Due donne che si confrontano quotidianamente con la complessità delle culture d'origine e la realtà della periferia francese. Laura si innamora di un arabo e Matilde è tradita dal marito con cui non riesce ad avere rapporti a causa del profondo pudore inculcatole dall'educazione religiosa. Entrambe si trovano a dover fare i conti con il senso di colpa e con il desiderio... ■ DRAMMATICO; COL.; 96'; FRANCIA, 2005.

PETIT LIEUTENANT, LE ★★
Regia di XAVIER BEAUVOIS. Con BÉRANGÈRE ALLAUX, PIERRE AUSSEDAT, PHILIPPE LECOMPT, ANNICK LE GOFF, YANIS LESPERT, JACQUES PERRIN, RÉMY ROUBAKHA, ROSCHDY ZEM. ■ Appena diplomatosi all'Accademia di Polizia, il giovane tenente Antoine Derouère chiede e ottiene il trasferimento dalla Normandia a Parigi, lasciandosi alle spalle la moglie ed entrando nell'ambiente dei più scafati colleghi della capitale. Il film comincia come l'iniziazione di un giovane poliziotto, ma prende poi una svolta verso una dimensione più corale. Ma se non è *Serpico*, non è nemmeno *I ragazzi del coro*: nonostante uno snodo particolarmente drammatico dopo metà film, infatti, l'attenzione di Beauvois si concentra principalmente sui piccoli drammi quotidiani dei vari personaggi: il poliziotto con derive fasciste, il collega marocchino che lotta per integrarsi, la superiore che cerca di vincere la sua battaglia contro l'alcolismo. ■ DRAMMATICO; COL.; 110'; FRANCIA, 2004.

PETITE LILI, LA ★★★
Regia di CLAUDE MILLER. Con MARC BETTON, LUDIVINE SAGNIER, JULIE DEPARDIEU, NICOLE GARCIA, BERNARD GIRAUDEAU, YVES JACQUES, ANNE LE NY, ROBINSON STEVENIN. ■ Mado, celebre attrice, passa l'estate in Bretagna con suo fratello Simon, col figlio Julien – aspirante regista – e con Brice, suo amante e regista dei suoi film di maggior successo. Julien è scontroso e in rotta con la madre, e trova pace solo nell'amore folle che prova per Lili, giovane e bella ragazza del luogo con velleità d'attrice. Ma Lili subisce il fascino di Brice e lo convince a scappare insieme a Parigi. Da non perdere la scena in cui due grandi star del cinema francese (non vi riveliamo quali per non sciuparvi la sorpresa) si incontrano. Una delle due interpreta se stessa mentre l'altra/o è nei panni di un suo grande ammiratore. ■ DRAMMATICO; COL.; 89'; FRANCIA, 2003.

PETIT SOLDAT – IL PICCOLO SOLDATO, LE ★★★
(Le petit soldat)
Regia di JEAN-LUC GODARD. Con HENRI-JACQUES HUET, ANNA KARINA, MICHEL SUBOR. ■ Con il suo caratteristico stile, Godard racconta la storia d'un giornalista assoldato dall'Oas, l'organizzazione terroristica di destra che negli anni Sessanta lottava per mantenere l'Algeria sotto il dominio francese. L'uomo riceve l'incarico di uccidere, vorrebbe ribellarsi, ma è costretto con forza ad ubbidire e ciò sarà la causa della morte della ragazza che ama. ■ DRAMMATICO; COL.; 87'; FRANCIA, 1960.

PETÖFI '73 ★★
Regia di FERENC KARDOJ. Con MIHÈLY KOVÈCS, NÒRA KOVÈCS, CAN OSZARAY. ■ Alcuni attori e parecchi studenti delle superiori ricreano in abiti moderni la vita e la morte di Petöfi, poeta e patriota ungherese morto combattendo contro i russi. ■ DRAMMATICO; B/N; 72'; UNGHERIA, 1972.

PETOMANE, IL ★★★
Regia di Pasquale Festa Campanile. Con Vittorio Caprioli, Mariangela Melato, Ugo Tognazzi. ■ A Parigi, durante la Belle Époque, si esibisce nei tabarin un singolare personaggio che ha la capacità di modulare suoni con la parte meno nobile del corpo umano, accompagnato da un'orchestrina formata dai cinque figli. Uno di questi lo lascia e lui per sostituirlo incontra una violinista della quale s'innamora. La sposa, tacendole la sua attività, ma viene processato. Assolto, trionfa esibendosi anche davanti al presidente della Repubblica. ■ Commedia; col.; 103'; Italia, 1983.

PETROLE! PETROLE! *(Pétrole! Pétrole!)* ★★
Regia di Christian Gion. Con Catherine Alric, Bernard Blier, Jean-Pierre Marielle. ■ Uno sceicco petroliere sta trattando un lucroso contratto con gli inviati di una multinazionale. Ma nella partita s'inserisce un terzo incomodo, uno sconosciuto (però a quanto sembra ricco senza fondo). Satira degli anni della psicosi del petrolio e dello spettro del razionamento delle fonti di energia. ■ Commedia; col.; 87'; Francia, 1981.

PETROLIERA FANTASMA, LA *(Dr. Justice)* ★★★
Regia di Christian-Jaque. Con Nathalie Delon, Gert Fröbe, John Philip Law. ■ Max è un criminale geniale e Justice un detective altrettanto in gamba. Quest'ultimo dà la caccia al primo attraverso mezzo mondo, insieme alla bella Karine. La resa dei conti avviene in un castello spagnolo. Il vero capo non è Max, è un altro. ■ Poliziesco; col.; 105'; Belgio, Francia, 1975.

PETROLIERE, IL *(There Will Be Blood)* ★★
Regia di Paul Thomas Anderson. Con Paul Dano, Daniel Day-Lewis, Colleen Foy, Dillon Freasier, Ciarán Hinds, Kevin O'Connor. ■ Daniel Plainview è un cercatore d'argento che alla fine dell'800 trova il petrolio nell'Ovest degli Stati Uniti. La sua ricchezza diventa considerevole grazie anche alla presenza dell'unico figlio che lo aiuta a convincere i contadini a cedergli i terreni. Troverà però sulla sua strada un giovane predicatore che prima lo aiuterà e poi, temendo un troppo veloce arrivo della modernità, manipolerà contro di lui la comunità. Le sorti personali, anche se non quelle economiche, di Plainview subiranno un duro colpo quando il figlio, a causa di un incidente presso un pozzo petrolifero, diviene sordo. L'uomo, ormai accecato da una misantropia assoluta, lo allontanerà da sé precipitando sempre più nell'avidità del possesso. Paul Thomas Anderson si ispira per questo film alle prime 150 pagine del romanzo *Oil!* di Upton Sinclair, il quale tratteggiava la biografia a tinte forti del magnate Edward L. Doheny (1856-1935). Ci sarà chi lo troverà troppo spettacolare per considerarlo d'essai e chi invece lo riterrà troppo duro per avere successo commerciale. Si tratta in realtà di un film spettacolare per cinefili. Sembra un ossimoro, ma è così. ■ Drammatico; col.; 158'; USA, 2007.

PETROLINEIDE ★★
Regia di Alessandro Blasetti, Carlo Campogalliani. Con Mercedes Brignone, Grazia Del Rio, Ettore Petrolini. ■ È uno dei film della breve serie della Rko (sei pellicole in tutto) imperniata sulle vicende del dottor Christian, medico condotto e nume tutelare del paesino di River's End. In questo film deve salvare i suoi concittadini da una speculazione che li rovinerebbe (un imbroglione ha sparso la voce che un terreno di nessun valore racchiude un giacimento di petrolio per spillare i soldi delle concessioni agli ingenui paesani). ■ Documentario; b/n; 91'; USA, 1940.

PETROLIO ROSSO *(The Oklahoman)* ★★★
Regia di Francis D. Lyon. Con Brad Dexter, Barbara Hale, Joel McCrea, Gloria Talbott. ■ Nell'Ottocento, l'attuale Stato americano dell'Oklahoma fu destinato dal governo federale agli indiani di alcune tribù che avevano adottato i costumi dei bianchi. Verso la fine dello stesso secolo, però, le terre circostanti furono aperte alla colonizzazione e ciò creò notevoli attriti tra i pellerossa e i pionieri. A tale situazione s'ispira questo film: racconta la storia di un medico umanitario che difende gli indiani dalle prepotenze di alcuni americani desiderosi d'impadronirsi dei loro terreni ricchi di petrolio. ■ Western; b/n; 80'; USA, 1957.

PETTERSON E SOCIO *(Petterson och Bendel)* ★★
Regia di Per-Axel Branner. Con Adolf Jahr, Birgit Sergelius. ■ Un giovane senza lavoro accetta la proposta di un ladruncolo e con lui compie furtarelli che a poco a poco li rendono benestanti. Il primo finge di fidanzarsi con un'anziana proprietaria per carpirle dei soldi; la sua ragazza si convince che non l'ami e lo lascia. Tanto basta perché il giovane ridiventi onesto e la sposi. ■ Commedia; b/n; 92'; Svezia, 1939.

PETULIA ★★★
Regia di Richard Lester. Con Richard Chamberlain, Julie Christie, Joseph Cotten, Arthur Hill, Shirley Knight, George C. Scott, Kathleen Widdols. ■ Il regista diventato famoso coi film dei Beatles racconta la storia d'una donna che ha una relazione adulterina con un medico americano e viene ridotta a mal partito dalle percosse del marito geloso. Lei è così costretta a tornare col marito, ma, quando rimarrà incinta di lui, andrà a partorire nella clinica dell'amante. ■ Drammatico; col.; 105'; USA, 1968.

PEZZI DURI... E MOSCI *(The Naked Truth)* ★
Regia di Nico Mastorakis. Con Robert Caso, Herb Edelman, Courtney Gibbs, Kevin Schon, Brian Thompson. ■ L'indicazione riportata più sopra qualifica il film come "comico". Questo perché il regista vorrebbe riuscire a esserlo. Invece in questa storia di omicidi con morti che resuscitano e di concorsi di bellezza con droga incorporata ci risate non ce ne sono. Le citazioni abbondano ma hanno lo stesso effetto di uno champagne senza bollicine. Penoso, questa dovrebbe essere la definizione. È un genere che si sta facendo largo. ■ Comico; col.; 87'; USA, 1991.

PEZZO, CAPOPEZZO E CAPITANO – SERENATA A UN CANNONE *(Kannonenserenade)* ★★
Regia di Wolfgang Staudte. Con Vittorio De Sica, Folco Lulli, Hélène Remy. ■ Durante la seconda guerra mondiale, il comandante d'un piccolo mercantile italiano ha l'ordine d'imbarcare un cannone con un artigliere tedesco per difendersi dagli inglesi. Il capitano, a poco a poco, s'esalta e s'illude di poter partecipare a un'eroica azione navale, ma il poveraccio non riesce neppure a farsi affondare. ■ Commedia; col.; 90'; Germania, Italia, 1958.

PEZZO DA 20, UN *(Twenty Bucks)* ★★
Regia di Keva Rosenfeld. Con Linda Hunt, Sam Jenkins, Christopher Lloyd, George Morfogen, David Rasche. ■ Una banconota da venti dollari passa di mano in mano e la regista (con passati di documentarista) ci racconta i vari personaggi che ne entrano in possesso. Alcune caratterizzazioni sono riuscite, altre meno. Christopher Lloyd brilla su tutti. ■ Commedia; col.; 90'; USA, 1993.

PEZZO GROSSO, UN *(Very Important Person)* ★★★
Regia di Ken Annakin. Con Stanley Baxter, Leslie Phillips, James Robertson Justice. ■ Nel corso della seconda guerra mondiale, un importante dirigente del servizio informazioni inglese viene catturato dai tedeschi che ignorano la sua vera identità. Dopo un periodo in cui i compagni di prigionia mostrano diffidenza nei suoi confronti, l'uomo riesce ad ottenere il loro aiuto e a fuggire. ■ Commedia; b/n; 98 ; Gran Bretagna, 1961.

PEZZO MANCANTE, IL ★★
Regia di Giovanni Piperno. Con Gelasio Gaetani Lovatelli, Giulia Graglia, Taki Theodoracopulos, Vendeline Von Bredow. ■ Dal 1899, anno della sua fondazione, la fiat costruisce automobili per far andare più veloce l'economia italiana. La storia di questo pilastro del capitalismo industriale è anche la storia di una famiglia molto potente e molto in vista: gli Agnelli. Attraverso cinegiornali, filmati delle teche televisive, interviste esclusive e sequenze animate, si ricostruisce l'albero genealogico di casa Agnelli, soffermandosi in modo particolare sulla vita privata di Gianni, il celebre Avvocato, maestro di eleganza e di mondanità, di suo fratello Giorgio, rinchiuso in un ospedale psichiatrico ancora molto giovane, e del figlio Edoardo, morto suicida a quarantacinque anni. Sempre restio a ereditare la vocazione capitalista e più interessato allo spiritualismo e alle filosofie orientali

che alle automobili, Edoardo può essere considerato l'emblema di un meccanismo di rimozione che riguarda le grandi responsabilità delle famiglie più potenti. ■ DOCUMENTARIO; COL.; 71'; ITALIA, 2010.

PHANTASM II ★★
Regia di DON COSCARELLI. Con PAULA IRUINE, JAMES LEGROS, ANGUS SCRIMM. ■ Seguito di *Fantasmi*, cult movie di molti appassionati dell'horror. È ancora di scena lo Spirito del Male, che recluta i suoi schiavi (mostruosi nani) tra i defunti del cimitero (riesumati da un terribile gigante, bruciati e resuscitati). Contro lo Spirito, il gigante e i mostriciattoli (ormai un piccolo esercito) si battono un ragazzo e una ragazza. Vinceranno (almeno distruggeranno il gigante e i nani perché lo Spirito è indistruttibile). ■ HORROR; COL.; 91'; USA, 1988.

PHANTASM III ★★
Regia di DON COSCARELLI. Con REGGIE BANNISTER, JAMES LEGROS, ANGUS SCRIMM. ■ Ritornano Mike e Reggie, sempre in lotta contro il terribile omaccione del primo *Fantasmi*. Il gigante s'è organizzato e ha un attivissimo servizio pompe funebri. Ma i defunti non li seppellisce, li trasforma in zombi e li manda in giro a far strage per tutta la West Coast. ■ HORROR; COL.; 95'; USA, 1988.

PHANTOMS *(Phantoms)* ★★
Regia di JOE CHAPPELLE. Con BEN AFFLECK, JOANNA GOING, ROSE MCGOWAN, PETER O'TOOLE, LIEV SCHREIBER. ■ Fantahorror con buoni effetti speciali notturni. Due sorelle decidono di trascorrere una vacanza nel paesino di montagna degli anziani genitori. Giunte al Paese scoprono che la popolazione è stata sterminata da una forza misteriosa e assassina. Insieme ad alcuni poliziotti e a un eccentrico scienziato iniziano a indagare e scoprono che la forza omicida è un'antica creatura, responsabile addirittura della scomparsa dei dinosauri! L'orribile essere si risveglia di tanto in tanto dal letargo millenario e divora le persone per prenderne la memoria ed i sogni. Il gruppetto affronterà in un duello finale il mostro, sconfiggendolo grazie ad un batterio per la raffinazione del petrolio. Difatti la struttura molecolare della creatura è composta da idrocarburi! Buoni gli effetti, ma la storia non convince. ■ HORROR; B/N; 91'; USA, 1998.

PHENOMENA ★★★
Regia di DARIO ARGENTO. Con JENNIFER CONNELLY, DARIA NICOLODI, DONALD PLEASENCE. ■ In una linda e un po' tetra vallata svizzera la piccola Jennifer, sonnambula e sensitiva, si trova alle prese con ributtanti cadaveri e miriadi di spiacevoli insetti con i quali riesce a comunicare. Dario Argento confeziona un film stilisticamente notevole, pieno di costosi effetti ma costruito di scene grandguignolesche non sempre giustificate. Nel cast un sempre bravo Pleasence, assiduo frequentatore di film horror. ■ HORROR; COL.; 110'; ITALIA, 1984.

PHENOMENON ★★★
Regia di JON TURTLETAUB. Con ROBERT DUVALL, KYRA SEDGWICK, JOHN TRAVOLTA, FOREST WHITAKER. ■ California, provincia: un meccanico, di notte, vede una luce. Da quel momento la sua intelligenza diventa sovrumana: tra le altre cose impara la lingua portoghese in un quarto d'ora. Tutti sono allibiti. È un extraterrestre, un semidio? Alla fine si scopre che ha un cancro al cervello. Così tutto cade, la speranza e la possibilità di sognare qualcosa di più alto e di diverso. Per tutti, anche per noi. Un altro (quasi) angelo per lo specialista Travolta. ■ DRAMMATICO; COL.; 105'; USA, 1996.

PHFFFT (E L'AMORE SI SGONFIA) *(Phffft)* ★★★
Regia di MARK ROBSON. Con JACK CARSON, JUDY HOLLIDAY, JACK LEMMON, KIM NOVAK. ■ Un marito in crisi accetta i suggerimenti d'un amico scapolone e si dà alla bella vita meditando di riconquistare la libertà con un divorzio, ma scopre alla fine che i consigli dell'amico sono interessati perché costui è vanamente innamorato di sua moglie. ■ COMMEDIA; COL.; 91'; USA, 1954.

PHILADELPHIA ★★★
Regia di JONATHAN DEMME. Con ANTONIO BANDERAS, TOM HANKS, JASON ROBARDS, MARY STEENBURGEN, DENZEL WASHINGTON, JOANNE WOODWARD. ■ Andrew Beckett (Hanks), giovane e brillante avvocato di Filadelfia, viene licenziato dall'importante studio per cui lavora, perché malato di Aids. Con molte difficoltà trova un avvocato di colore, Joe Miller (Washington), che lo rappresenti nella causa che intenta al suo ex studio. Andrew è convinto di aver subito una discriminazione ingiusta e crudele. Vediamo il giovane letteralmente disfarsi per la malattia, conosciamo il suo compagno e la sua famiglia: madre, padre, fratelli e cognati tutti straordinariamente allineati e comprensivi. Andrew vince la causa giusto in tempo. Muore assistito da tutti quelli che gli vogliono bene, compreso l'avvocato. Ma quando Andrew, ormai allo stremo dice: «Sono pronto», l'ultimo a rimanere solo con lui, a vederlo morire, è il suo compagno. Film di grande impatto, costruito, anche astutamente, per arrivare soprattutto al cuore. La proposta di un tema difficile come l'Aids e il grande successo popolare già costituiscono una solida benemerenza. La musica che sostiene quasi tutte le scene è solo uno dei molti dispensatori di sentimento. Da ricordare la scena in cui il malato ascolta Maria Callas cantare parole d'amore e di morte nell'*Andrea Chénier*. La problematica è straordinariamente pulita. La scena dei due "compagni" che si rivelano davanti alla famiglia di Andrew, che ha accettato la situazione persino con dolcezza, rappresenta la capacità umana di coesione di fronte a qualcosa di ben più importante, come il destino tragico e definitivo che non guarda in faccia a nessuno. Del resto il protagonista deve affrontare tali e tanti problemi, discriminazioni, violenze e umiliazioni che sarebbe stato improponibile e "fuori equilibrio" attribuirgli anche frizioni familiari. Il film ha ottenuto una messe di Oscar (tra i quali a Demme e a Hanks). ■ DRAMMATICO; COL.; 120'; USA, 1993. ■ BERLINO 1 PR; GOLDEN GLOBES 2 PR, 3 NOM; OSCAR 2 PR, 4 NOM.

PHILADELPHIA EXPERIMENT ★★
Regia di STEWART RAFFILL. Con NANCY ALLEN, ERIC CHRISTMAS, MICHAEL PARÉ. ■ Uno scienziato americano, James Longstreet, fa esperimenti per rendere le navi della marina americana (durante la seconda guerra mondiale) trasparenti. Una corazzata Usa scompare, ma i due marines, David e Jim, fanno a tempo a tuffarsi prima, però si ritrovano nel 1986. Ai due capitano le cose più incredibili: Jim dopo esser finito all'ospedale riscompare e torna nel suo passato; David trova il tempo di innamorarsi di Allison mentre il mondo intero è in pericolo a causa di un buco creatosi nell'atmosfera. Longstreet riesce a rispedirlo nel passato, poi David si rituffa nel futuro per andare a riprendersi l'innamorata. ■ FANTASCIENZA; COL.; 102'; USA, 1984.

PHILADELPHIA EXPERIMENT 2, THE ★
Regia di STEPHEN CORNWELL. Con GERRIT GRAHAM, MARK HOLDEN, BRAD JOHNSON. ■ Capitolo due per un successo che non c'è stato. Il cast è diverso dal precedente e avremmo fatto volentieri a meno anche del film. David è stato sottoposto come cavia a uno strano esperimento. Finisce in pieno nazismo grazie alla sua nuova capacità di attraversare il tempo. ■ FANTASCIENZA; COL.; 98'; USA, 1993.

PHILADELPHIA SECURITY *(Fighting Back)* ★★
Regia di LEWIS TEAGUE. Con PATTI LUPONE, MICHAEL SARRAZIN, TOM SKERRITT. ■ A causa della delinquenza che imperversa in un quartiere popolare di immigrati italiani di Filadelfia, il salumiere John D'Angelo forma una squadra di vigilantes che, anche se operano ai margini della legalità, riescono a ripulire la zona. Diventa un eroe (specie dopo l'assassinio del suo braccio destro) e si fa eleggere consigliere comunale. ■ DRAMMATICO; COL.; 98'; USA, 1982.

PHIL, IL DRITTO *(Making it)* ★★★
Regia di JOHN ERMAN. Con LOUISE LATHAM, MARILYN MASON, SHERRY MILES, KRISTOFFER TABORI. ■ Commedia amarognola su uno studente universitario che trascura ogni cosa per dedicarsi a una girandola d'avventure sentimentali. Crede d'aver messa incinta una ragazza e si procura l'indirizzo d'un medico abortista, ma si tratta di un falso allarme. Più tardi, però, il giovane è costretto ad accompagnare da quel medico la propria madre. ■ COMMEDIA; COL.; 97'; USA, 1972.

PHILOMENA ★★★
Regia di STHEPHEN FREARS. Con STEVEN COOGAN, JUDI DENCH,

NEVE GACHEV, SOPHIE KENNEDY CLARK, CHARLIE MURPHY. ■ Irlanda, 1952. Philomena resta incinta da adolescente. La famiglia la ripudia e la chiude in un convento di suore a Roscrea. La ragazza partorirà un bambino che, dopo pochi anni, le verrà sottratto e dato in adozione. 2002: Philomena non ha ancora rinunciato all'idea di ritrovare il figlio per sapere almeno che ne è stato di lui. Troverà aiuto in un giornalista che è stato silurato dall'establishment di Blair e che accetta di aiutarla nella ricerca. Gli ostacoli frapposti dall'istituzione religiosa saranno tanto cortesi quanto depistanti ma i due non si perdono d'animo. Stephen Frears racconta una storia vera che Martin Sixsmith ha reso nota con il libro *The lost Child of Philomena Lee* che, pubblicato nel 2009, ha consentito a molte donne di sentirsi sostenute nel raccontare il loro "vergognoso" passato. Frears però fa sapere che Philomena non ha perso la fede (quella vera) e costruisce il suo film proprio sul confronto tra due persone che partono da punti di vista in materia estremamente distanti. Martin, giornalista e studioso della storia della Russia, non crede in Dio ed ha scarsa fiducia anche negli esseri umani. Philomena non è una donna colta e avrebbe mille ragioni per essere una delle atee più rigorose ma non è così. Perché è riuscita, anche nella sofferenza più profonda, a non confondere Dio con coloro che hanno talvolta la pretesa (trasformata in potere prevaricatore e assoluto) di rappresentarlo. ■ DRAMMATICO; COL.; 94'; GRAN BRETAGNA, 2013.

PHOENIX-DELITTO DI POLIZIA *(Phoenix)* ★

Regia di DANNY CANNON. Con DANIEL BALDWIN, ANJELICA HUSTON, ANTHONY LA PAGLIA, RAY LIOTTA. ■ Ancora un clone tarantiniano di bassa lega. Chiacchierate infinite su tutto: dai parassiti acquatici a Dostoevskij passando per *King Kong*. Intanto il poliziotto corrotto di turno organizza un colpo per rapinare il proprietario di un night club. Una domanda: che ci fa Anjelica Huston in questo film? ■ POLIZIESCO; COL.; 104'; USA, 1998.

PHONE ★★★

Regia di AHN BYEONG-KI. Con HA JI-WON, CHOI JI-YEON, EUN SEO-WOO, CHOI WOO-JAE, KIM YU-MI. ■ Toilet Pictures? Buena Vista Korea? Girato con un occhio all'alternarsi di stili eterogenei e dimostrando un'attenzione maniacale all'uso del colore, intenso e vivo nei flashback, livido e cupo nel presente, *Phone* si regge su una sceneggiatura solida e sostanziosa, ricca di colpi di scena, alcuni invero un po' prevedibili, e atterrisce lo spettatore con strumenti semplici ma sempre efficaci. Nota di merito per la colonna sonora, che conferma l'ottimo standard raggiunto dai film orientali, che corre parallela, incrociandosi al momento giusto, con i brani di musica classica, scelti dal regista per accompagnare i momenti più ricchi di pathos. ■ HORROR; COL.; 100'; COREA DEL SUD, 2002.

PIACE A TROPPI *(Et Dieu créa la femme)* ★★★

Regia di ROGER VADIM. Con BRIGITTE BARDOT, CURD JÜRGENS, CHRISTIAN MARQUAND, JEAN-LOUIS TRINTIGNANT. ■ Brigitte è un'orfana di Saint-Tropez che sposa Trintignant, va a letto con Marquand e si fa corteggiare da Jürgens. Fa tutto con grande naturalezza e alla fine rimane col marito, ma il futuro sarà... largamente aperto. Un film che senza di lei non sarebbe uscito da una normale mediocrità, e invece invase il mondo. Brigitte venne imitata da tutti, nei film e nella vita. Sedusse completamente gli americani che negli anni Sessanta le dedicarono addirittura un film dal titolo *Dear Bardot* (titolo italiano, il terrificante *Erasmo il lentigginoso*), con James Stewart. ■ DRAMMATICO; COL.; 80'; FRANCIA, 1956.

PIACERE, IL *(Le plaisir)* ★★★★

Regia di MAX OPHÜLS. Con PIERRE BRASSEUR, DANIELLE DARRIEUX, JEAN-CLAUDE DAUPHIN, JEAN GABIN, GABY MORLAY, MADELEINE RENAUD. ■ Tre racconti di Guy de Maupassant ridotti dal raffinato regista tedesco con l'apporto di un cast eccellente. In *La maschera*, un medico che assiste un ballerino svenuto durante la rappresentazione fa una sconvolgente scoperta. In *Casa Tellier*, la tenutaria di una casa di tolleranza porta le sue ragazze in campagna perché assistano a una commovente cerimonia. In *La modella*, infine, vengono narrati i patetici amori di un pittore e della sua collaboratrice. ■ COMMEDIA; B/N; 95'; FRANCIA, 1951. ■ OSCAR 1 NOM.

PIACERE, IL ★★

Regia di JOE D'AMATO. Con ISABELLA ANDREA GUZON, STEVE WYLER. ■ Ennesimo virtuosismo firmato Aristide Massaccesi, alias Joe D'Amato: durante il fascismo, un uomo di mezza età ricorda la donna che ha amato anni prima. ■ COMMEDIA; COL.; 91'; ITALIA, 1985.

PIACERE DAVE *(Meet Dave)* ★★

Regia di BRIAN ROBBINS. Con ELIZABETH BANKS, SCOTT CAAN, ED HELMS, EDDIE MURPHY, GABRIELLE UNION. ■ Un alieno è appena precipitato sulla Liberty Island a bordo di un'astronave: ha sembianze umane, un largo sorriso, un abito bianco e un nome improbabile: Dave Ming Chang. Il capitano della nave è una minuscola creatura che governa il suo equipaggio e manovra da una consolle la mente e il cuore della Dave, costruita a sua immagine. Atterrati sulla terra per salvare il loro pianeta lontano e recuperare un prezioso oggetto in grado di assorbire l'acqua degli oceani, Dave e compagni sperimentano il mondo e le creature che lo popolano attraverso il corpo umanizzato della nave. Travolti da un'auto, aggrediti da un gatto, magnetizzati da una risonanza, rimpinzati di hot dog e ubriacati da uno, due e tre mojito, gli occupanti della Dave scopriranno che in fondo la terra è un posto meraviglioso. ■ COMMEDIA; COL.; 90'; USA, 2008.

PIACERE DELLA DISONESTÀ, IL *(Topaze)* ★★

Regia di PETER SELLERS. Con NADIA GRAY, HERBERT LOM, LEO MCKERN, PETER SELLERS. ■ Un onesto maestro viene cacciato dal suo preside perché non si è lasciato corrompere. Si mette allora al servizio di un boss, a cui sottrae tutte le ricchezze. Ne trae un'amara morale: solo con la disonestà si fa carriera nel mondo. ■ COMMEDIA; COL.; 84'; GRAN BRETAGNA, 1962.

PIACERE DELLA MORTE, IL ★

Regia di BARRY PEAK. Con DAVID BRADSHAW, SIMON CHILVERS, LIAN LUNSON, NICK WATERS. ■ Perno della storia è il Waldon Club, un ambiguo locale in cui i ricchi soci possono dare sfogo ai vizi più nascosti. Il Waldon sembra in qualche modo collegato all'uccisione e alle tremende mutilazioni delle quali sono vittime alcune prostitute. ■ GIALLO; COL.; 95'; USA, 1986.

PIACERE DELLA SUA COMPAGNIA, IL ★★★
(The Pleasure of his Company)

Regia di GEORGE SEATON. Con FRED ASTAIRE, TAB HUNTER, LILLI PALMER, DEBBIE REYNOLDS, CHARLES RUGGLES. ■ L'attempato playboy Pogo Pull torna a San Francisco, a casa della ex moglie risposatasi con un altro uomo, per assistere al matrimonio della figlia che non vede da molti anni. La ragazza, affascinata dal padre, medita di seguirlo in giro per il mondo e di lasciare almeno temporaneamente il fidanzato, un ragazzo buono ma un po' rozzo, ricchissimo allevatore di bovini. Il padre cerca con ogni mezzo di convincerla, ma quando scopre che la figlia lo seguirebbe, anche perché impietosita dalla sua fondamentale solitudine, preferisce partire con un domestico cinese. ■ COMMEDIA; COL.; 115'; USA, 1961.

PIACERE DELLO SCANDALO, IL ★★★
(Fools for Scandal)

Regia di MERVYN LE ROY. Con FERNAND GRAVEY, CAROLE LOMBARD. ■ Un dongiovanni francese in miseria fa la corte ad una famosa attrice americana in vacanza. Riesce ad entrare al suo servizio e, il giorno dell'annuncio del suo fidanzamento con un ammiratore, tanto fa che lo manca all'aria. Naturalmente la diva diventerà sua moglie. ■ COMMEDIA; B/N; 81'; USA, 1938.

PIACERE E IL MISTERO, IL ★★

Regia di ENZO PERI. ■ Una panoramica sui riti religiosi, mistici, iniziatici in varie parti del mondo presso popoli e culture diversi. ■ DOCUMENTARIO; COL.; 90'; ITALIA, 1964.

PIACERE E I SUOI PICCOLI INCONVENIENTI, IL ★★
(Le plaisir)

Regia di NICOLAS BOUKHRIEF. Con VINCENT CASSEL, CAROLINE CELLIER, JULIE GAYET, MATHIEU KASSOVITZ, MICHELE PLACIDO, FRANCIS RENAUD. ■ Parigi, oggi. Un'infermiera ha un rapporto con un "casco blu" malato di Aids. Un cabarettista incontra una donna sul punto di suicidarsi il cui marito, sconvolto, si concede a un uomo prima di morire per overdose. L'uomo va dalla sorella che lo aiuta a morire dopo un incidente...e così via. Nel tentativo di attualizzare *La ronde* senza riuscirci. ■ DRAMMATICO; COL.; 101'; FRANCIA, ITALIA, 1998.

PIACERE E L'AMORE, IL *(La ronde)* ★★★
Regia di ROGER VADIM. Con JEAN-CLAUDE BRIALY, MARIE DUBOIS, JANE FONDA, CLAUDE GIRAUD, ANNA KARINA, BERNARD NOËL, JEAN SOREL, CATHERINE SPAAK. ■ Una catena di affetti a ciclo chiuso: una donna di facili costumi è legata a un ufficiale, che fa l'amore con una cameriera, che se la intende con il datore di lavoro, che ha una storia con una signora, eccetera. L'ultimo signore della catena se la spassa con la prostituta di cui all'inizio. ■ COMMEDIA; COL.; 107'; FRANCIA, 1964.

PIACERE E L'AMORE, IL *(Iklimler)* ★★★
Regia di NURI BILGE CEYLAN. Con EBRU CEYLAN, NURI BILGE CEYLAN, MEHMET ERYILMAZ, NAZAN KESAL. ■ Isa e Bahar si separano in un giorno d'estate. Eppure in un'altra stagione si sono amati. Isa è un professore di storia dell'arte all'università di Istanbul, Bahar è una scrupolosa produttrice televisiva. Dopo la separazione Isa trova rifugio tra le braccia di una calda amante e nell'autunno cittadino, Bahar nel lavoro e in un inverno bucolico. Si ritroveranno un'ultima volta in una campagna gelata. La neve e il ghiaccio stringeranno i due amanti in una morsa senza primavera. Non c'è niente di più violento ed estremo dell'amore, per questo il film di Nuri Bilge Ceylan, interprete, regista e sceneggiatore del film, tronca in modo brutale la parabola sentimentale di Isa e Bahar. Un uomo e una donna che si sono incontrati e posseduti fuori campo e che adesso si scontrano e si congedano dentro inquadrature fisse e inesplicabili come l'amore. I "climi" del titolo originale (questo è appunto il significato della parola *Iklimler*) sottolineano le stagioni del sentimento (l'estate, l'autunno e l'inverno), private della primavera collegate agli estremi atmosferici del paese e alle sue geografie opposte. ■ DRAMMATICO; COL.; 101'; FRANCIA, TURCHIA, 2006.

PIACERE PRINCIPALE, IL *(The Pleasure Principle)*
Regia di DAVID COHEN. Con LYNSEY BAXTER, PETER FIRTH, HAYDN GWYNNE. ■ Dick è un giornalista e ha una relazione con Judith, chirurgo. Dick, che è separato dalla moglie Anne, conosce Sammy e cerca di barcamenarsi nei rapporti con le donne. Judith, che sta per sposarsi, lo pedina. Dick andrà communque al suo matrimonio e lì si procurerà altri guai conquistando Jane. Commediola alla *Niente sesso, siamo inglesi*. Non è più il momento e, soprattutto, manca l'humour. ■ COMMEDIA; COL.; 99'; GRAN BRETAGNA, 1991.

PIACERE, SONO UN PO' INCINTA *(The Back-up Plan)* ★★
Regia di ALAN POUL. Con NOUREEN DEWULF, JENNIFER LOPEZ, ALEX O'LOUGHLIN, ERIC CHRISTIAN OLSEN, MICHAELA WATKINS. ■ Zoe non ha trovato l'uomo giusto, ma sente che l'orologio biologico sta per scoccare e decide di fare un figlio da sola, con una provetta e un po' di fortuna. Peccato che ciò avvenga giusto un attimo prima di incontrare Stan, che dell'uomo giusto ha tutto l'aspetto e le intenzioni. Dopo aver testato la sperata alterazione dei propri ormoni, però, Zoe pare non finire mai di testare la convinzione di Stan e il suo livello di coinvolgimento nel progetto famigliare. ■ COMMEDIA; COL.; 106'; USA, 2010.

PIACERI CONIUGALI, I *(La difficulté d'être infidèle)* ★★
Regia di BERNARD T. MICHEL. Con DANY BOY, BERNARD TIPHAINE, DONATELLA TURRI. ■ Crisi coniugale tra due sposi dopo alcuni anni di matrimonio. Lui ha organizzato un incontro galante e allontana di casa moglie e cameriera. Si dà il caso che anche le due donne avessero organizzato, ognuna per conto proprio, un convegno amoroso. ■ COMMEDIA; B/N; 110'; FRANCIA, 1964.

PIACERI DELLA CITTÀ, I *(Le tracassin)* ★★
Regia di ALEX JOFFÉ. Con ANDRÉ BOURVIL, PIERRETTE BRUNO, ARMAND MESTRAL, MARIA PACÔME. ■ Giornata nera per Bourvil: vorrebbe celebrare l'anniversario della sua storia sentimentale con Juliette, ma tutto gli va male. Per non soccombere di fronte a continue avversità, seguita a trangugiare pillole tranquillanti, ma questi farmaci gli alterano la mente. Tutto, però, finisce bene. ■ COMMEDIA; B/N; 105'; FRANCIA, 1961.

PIACERI DELLA NOTTE – GIOCHI D'AMORE, I ★★
(Noite vazia)
Regia di WALTER HUGO KHOURI. Con NORMA BENGELL, MARIO BENVENUTI, ODETE LARA. ■ Due uomini scontenti alla ricerca di emozioni notturne. Si accompagnano a due ragazze, ma l'avventura si rivela insoddisfacente per tutti. I due abbandonano le donne all'alba. Si rincontreranno la sera stessa per nuove ricerche. ■ DRAMMATICO; B/N; 92'; BRASILE, 1965.

PIACERI DELLA SIGNORA CHENEY, I ★★
(Frau Cheney's Ende)
Regia di FRANZ JOSEF WILD. Con MARTIN HELD, LILLI PALMER, FRANÇOISE ROSAY, CARLOS THOMPSON. ■ Una ladra scende in un albergo della Costa Azzurra spacciandosi per nobildonna: in realtà progetta un colpo sensazionale. L'amore dell'affascinante Lord Arthur la fa desistere dal proposito. ■ COMMEDIA; B/N; 90'; GERMANIA, 1961.

PIACERI DELLA TORTURA, I ★★
Regia di TERUO ISHII. Con MARY LAURENT, JENNY ROSE, LORY STELL, DANIA ZERBY. ■ Tre episodi tratti dai resoconti processuali di un giudice giapponese dell'epoca feudale, uniti dal motivo del sadismo e del masochismo. ■ DRAMMATICO; COL.; 93'; GIAPPONE, 1971.

PIACERI DELLO SCAPOLO, I ★★
Regia di GIULIO PETRONI. Con MARIO CAROTENUTO, MEMMO CAROTENUTO, SYLVA KOSCINA, GINA ROVERE. ■ Due scapoli non più giovani affittano una garçonnière. Il loro entusiasmo dura pochissimo, perché tutti i tentativi di usarla sono inutili. ■ COMMEDIA; B/N; 93'; ITALIA, 1960.

PIACERI DEL MONDO, I ★
Regia di VINICIO MARINUCCI. ■ Una delle tante e trite carrellate sulla vita notturna delle metropoli del mondo. ■ DOCUMENTARIO; COL.; 93'; ITALIA, 1963.

PIACERI DEL SABATO NOTTE, I ★★
Regia di DANIELE D'ANZA. Con PIERRE BRICE, ELSA MARTINELLI, ANDREINA PAGNANI, MARIA PERSCHY, JEANNE VALÉRIE. ■ Arabella ha organizzato un efficiente giro di ragazze squillo, fra cui ci sono anche la figlia di un generale e la moglie di un calciatore. I guai cominciano quando un cliente muore di infarto e la tenutaria insieme alla ragazza fa sparire il cadavere. La polizia pian piano arriva a scoprire tutto; il calciatore ci rimane malissimo e il generale si uccide. L'"organizzatrice" va in prigione. ■ DRAMMATICO; B/N; 91'; ITALIA, 1960.

PIACEVOLE IMBROGLIO, UN ★★
(A Szerelem Nem Szegyen)
Regia di AKOS RATHONYI. Con PÁL JÁVOR, GERO MALY, CLARA TABODY. ■ Una bella fioraia fa credere a un giovane gentiluomo squattrinato di essere la ricca ereditiera che lui dovrà impalmare, dando origine a una serie di equivoci. Quando la ragazza gli dirà la verità, il giovane, ormai innamorato, deciderà di non lasciarla più. ■ COMMEDIA; B/N; 92'; UNGHERIA, 1941.

PIACEVOLI ESPERIENZE DI UNA GIOVANE CAMERIERA, LE *(La servante)* ★★
Regia di JACQUES-PAUL BERTRAND. Con FRANCE ANGLADE, DANIEL GÉLIN, GISELA HAHN, ULLA JACOBSSON, LUC NICOLAS. ■ La giovane Aline arriva a Parigi dalla provincia e si impiega come cameriera presso il dottor Marbois. La moglie del dottore si assenta e i due ovviamente diventano amanti. Alla fine, però, Aline lascia l'uomo. ■ COMMEDIA; COL.; 90'; FRANCIA, 1969.

PIACEVOLI GIOCHI DI MONIQUE, RAGAZZA ALLA PARI, I *(Monique)* ★★
Regia di JOHN BROWN. Con JOHN ALCORN, SIBYLLA KAY, DAVID SUMMER. ■ Due coniugi in crisi matrimoniale assumono una bella *au-pair* per i bambini. Il marito si innamora dell'avvenente ragazza, ma anche la moglie se ne invaghisce. Il *ménage* a tre rinvigorisce gli stanchi affetti della coppia. ■ COMMEDIA; COL.; 92'; GRAN BRETAGNA, 1969.

PIACEVOLI NOTTI, LE ★★★
Regia di ARMANDO CRISPINO. Con MARIA GRAZIA BUCCELLA,

ADOLFO CELI, IDA GALLI, VITTORIO GASSMAN, MAGDA KONOPKA, GINA LOLLOBRIGIDA, FILIPPO SCELZO, UGO TOGNAZZI. ■ Il film racconta tre episodi erotici ambientati nel Rinascimento. Un nobile diventa l'amante di una donna imprigionata; un falso papa incoraggia i sogni erotici di una ragazza; infine Lucrezia Borgia viene sorpresa in colloquio amoroso dal duca d'Este che tenta inutilmente di vendicarsi dell'amante della moglie. ■ COMMEDIA; COL.; 117'; ITALIA, 1966.

PIACEVOLI NOTTI DI JUSTINE, LE ★★
(Frau Wirtin hat auch eine Nichte)
Regia di FRANZ ANTEL. Con POLDO BENDANDI, JACQUES HERLIN, HARALD LEIPNITZ, ROSALBA NERI, GLENN SAXSON, TERRY TORDAY. ■ All'inizio dell'Ottocento, due guitti, Ferdinando e Justine, aprono un locale equivoco in una cittadina dell'Austria, facendola in barba a un avido e moralista amministratore pubblico. Poi riprendono la loro vita errante. ■ COMMEDIA; COL.; 91'; GERMANIA, 1970.

PIACEVOLI SOGNI DI CHEECH E CHONG, I ★★
(Cheech and Chong's Nice Dreams)
Regia di THOMAS CHONG. Con THOMAS CHONG, STACY KEACH, CHEECH MANN. ■ Le mille disavventure di una coppia di cretini che gestisce un carrettino di gelati (però vende, senza saperlo, la droga al posto dei coni e dei pinguini). Una farsa a ruota libera di due comici molto popolari in Usa. ■ COMICO; COL.; 89'; USA, 1981.

PIA DE' TOLOMEI ★★
Regia di ESODO PRATELLI. Con NINO CRISMAN, GERMANA PAOLIERI, CARLO ROMANO, CARLO TAMBERLANI. ■ Pia de' Tolomei viene accusata presso il marito di adulterio da un ammiratore respinto. Il marito si affretta a rinchiuderla nella famigerata torre in Maremma, dove la donna langue. Il malvagio accusatore si reca da lei per sedurla, ma Pia non cede e si getta dalla finestra. ■ STORICO; B/N; 94'; ITALIA, 1941.

PIA DE' TOLOMEI ★★
Regia di SERGIO GRIECO. Con BELLA DARVI, ARNOLDO FOÀ, ILARIA OCCHINI, JACQUES SERNAS. ■ Pia de' Tolomei accetta di sposare il tiranno ghibellino di Siena per ragioni politiche, ma il suo cuore appartiene a Ghino Perticari che, saputo delle nozze di Pia, tenta di rapirla. La protagonista viene chiusa nella famigerata torre. Arriva Ghino: troppo tardi. ■ STORICO; COL.; 92'; ITALIA, 1958.

PIAN DELLA MORTE *(Panhandle)* ★★
Regia di LESLEY SELANDER. Con ROD CAMERON, CATHY DOWNS. ■ Western imperniato sulla figura dell'ex poliziotto John, ora divenuto fuorilegge e vendicatore solitario del fratello ucciso da un bandito. Ammazza il suo avversario e ne conquista la giovane amante. ■ AVVENTURA; B/N; 93'; USA, 1947.

PIAN DELLE STELLE ★★
Regia di GIORGIO FERRONI. Con ANTONIO CENTA, ROLDANO LUPI, DINA SASSOLI. ■ La brigata partigiana "Lupo" combatte i nazisti a Pian delle Stelle. Il comandante e la sua donna moriranno eroicamente. ■ DRAMMATICO; B/N; 90'; ITALIA, 1946.

PIANESE NUNZIO 14 ANNI A MAGGIO ★★
Regia di ANTONIO CAPUANO. Con FABRIZIO BENTIVOGLIO, EMANUELE GARGIULO. ■ Da una chiesa nel rione Sanità di Napoli don Lorenzo Borrelli, coraggioso e illuminato, combatte la camorra con discorsi improntati a grandi princìpi. La sua parrocchia è frequentata da Nunzio Pianese, adolescente col quale il prete intrattiene rapporti profondi e particolari. Nel frattempo, fuori, i giovani rubano, spacciano e uccidono. La città, strozzata dalla camorra, è proprio un inferno. Il "caso" Pianese Nunzio arriva agli assistenti sociali, che tanto fanno da costringere il ragazzo a denunciare il prete. Don Lorenzo verrà fermato. La tesi del regista è dunque quella dell'eroe fermato proditoriamente e strumentalmente, anche se la seduzione di un tredicenne non è proprio burocrazia. Il regista Capuano, che fa parte della corrente "sudespressionista" degli anni Novanta, con Martone e Corsicato, dirige con efficacia aiutato dalla colonna sonora, angosciosa e violenta, degli Almamegretta. Bravo come sempre Bentivoglio che ha faccia bella e intensa. Presentato alla 53ª Mostra di Venezia. ■ DRAMMATICO; COL.; 120'; ITALIA, 1996. ■ VENEZIA 1 PR.

PIANETA AZZURRO, IL ★★★
Regia di FRANCO PIAVOLI. ■ Il film è un canto d'amore alla vita con le sue tenere e bellissime immagini sulla luce, i fiori, l'acqua, il sole, il contrasto con la vita che ci circonda piena di caos, rumore, grida. Anche la morte è rappresentata dolcemente. ■ DOCUMENTARIO; COL.; 90'; ITALIA, 1981.

PIANETA DEGLI UOMINI SPENTI, IL ★★
Regia di ANTONIO MARGHERITI. Con MAYA BRENT, BILL CARTER, CARLO D'ANGELO, JACQUELINE DERVAL, UMBERTO ORSINI, RENZO PALMER, CLAUDE RAINS. ■ La catastrofe è vicina: un pianeta di un'altra galassia è entrato nel nostro sistema solare. Si ingaggia una lotta furibonda tra missili terrestri e dischi volanti galattici, fino a che uno scienziato geniale risolve tutto. ■ FANTASCIENZA; COL.; 92'; ITALIA, 1961.

PIANETA DEI DINOSAURI, IL ★
(The Planet of Dinosaurs)
Regia di JAMES K. SHMEA. Con MARY APPLESETH, LOVIE LAWLESS, MICHAEL LEE. ■ Nove sopravvissuti di un'astronave esplosa in volo sono naufragati su un pianeta sconosciuto abitato da dinosauri. Quattro di loro soccomberanno, i cinque superstiti daranno origine ad una nuova civiltà. ■ AVVENTURA; COL.; 94'; USA, 1980.

PIANETA DELLE SCIMMIE, IL *(Planet of the Apes)* ★★★
Regia di FRANKLIN J. SCHAFFNER. Con JAMES DALY, MAURICE EVANS, LINDA HARRISON, CHARLTON HESTON, KIM HUNTER, RODDY MCDOWALL, JAMES WHITMORE. ■ Tre scienziati americani a bordo di un'astronave arrivano su un pianeta abitato da scimmie evolute dove gli uomini sono tenuti come delle bestie. Scoppia un grave conflitto tra l'oscurantismo delle scimmie codine e il progressismo delle scimmie intellettuali. ■ FANTASCIENZA; COL.; 112'; USA, 1968. ■ OSCAR 1 PR, 3 NOM.

PIANETA DELLE SCIMMIE, IL *(Planet of the Apes)* ★★
Regia di TIM BURTON. Con HELENA BONHAM CARTER, MICHAEL CLARKE DUNCAN, PAUL GIAMATTI, CHARLTON HESTON, TIM ROTH, MARK WAHLBERG, ESTELLA WARREN. ■ 2029. Leo Davidson, uno dei componenti umani dell'equipaggio, viene risucchiato in un vortice spazio-temporale e finisce per precipitare con la sua navicella su un pianeta in cui le scimmie parlano e dominano gli uomini che sono in loro totale balìa. Viene catturato. Le sue sole speranze risiedono nella simpatia che la scienziata Ari ha per i sottomessi. Davidson si mette così a capo di un gruppo di fuggiaschi che vengono implacabilmente braccati dalle truppe guidate dal generale Thade e dal suo braccio destro Attar. 33 anni dopo il capolavoro di Pierre Boulle, Tim Burton delude e fa rimpiangere il vecchio *Pianeta*. In questo film cercheremo inutilmente il segno del genio di Tim, la sua ironia beffarda, il gusto sovvertitore degli schemi. Tutto questo qui non c'è. I sostenitori "nonostante tutto" non mancano e non mancheranno. Noi, intanto, aspettiamo che Tim si liberi dal dominio delle scimmie. Che non gli ha fatto bene. ■ FANTASCIENZA; COL.; 120'; USA, 2001.

PIANETA DEL TERRORE, IL *(Galaxy of Terror)* ★★
Regia di BRUCE CLARK. Con EDWARD ALBERT, ERIN MORAN, RAY WALSTON. ■ Una navicella spaziale viene inviata alla ricerca di un'astronave scomparsa e del suo equipaggio, ma trova soltanto cadaveri e brutte sorprese. Tra fondali di cartapesta e mostriciattoli, spicca soltanto Erin Moran, la "sottiletta" di *Happy Days*. ■ FANTASCIENZA; COL.; 80'; USA, 1981.

PIANETA DEL TESORO, IL *(Treasure Planet)* ★★★
Regia di RON CLEMENTS, JOHN MUSKER. ■ Jim Hawkins è un adolescente inquieto che ha scoperto la mappa del tesoro del capitano Flint. Lo spirito d'avventura lo farà imbarcare su un vascello volante che lo porterà al pianeta dove giace questa immensa fortuna. Il lungo viaggio cambierà psicologicamente il ragazzo, anche grazie al rapporto intenso con John Silver, cuoco di bordo trasformato in cyborg; questi non è però l'innocuo vecchietto che vuole far credere, ma un vero pirata, e destituisce il comandante del vascello per cercare assieme alla sua ciurma il luogo del tesoro. Ci vorrà tutto il coraggio e l'intraprendenza del giovane Jim

per salvare la pelle ed arrivare per primo al tesoro. Basandosi sul soggetto de *L'isola del tesoro*, gli Studios della Disney costruiscono un ardito esperimento che mischia avventura, azione e fantascienza, l'Ottocento di Stevenson con i cloni alla *Star Trek* e qualche pizzico di *Star Wars*. Grazie alla perizia dei due registi, che per la Disney avevano firmato anche *Aladdin* e *Basil*, la scommessa è vinta: ci si allontana dalle scialbe produzioni dell'ultimo periodo, grazie a personaggi centrati, grande ritmo narrativo e poca cialtroneria strappalacrime. ■ ANIMAZIONE; B/N; 95′; USA, 2002. ■ OSCAR 1 NOM.

PIANETA DOVE L'INFERNO È VERDE, IL ★★
(Monster from Green Hell)
Regia di KENNETH G. CRANE. Con JIM DAVIS, ROBERT GRIFFIN, BARBARA TURNER. ■ Un missile che trasporta alcune cavie precipita sull'Africa. Due scienziati organizzano una spedizione e, arrivati nei pressi di un vulcano, devono affrontare orrendi mostri. Si salvano grazie a una provvidenziale eruzione. Gli ultimi minuti del film sono a colori. ■ FANTASCIENZA; COL.; 90′; USA, 1957.

PIANETA ERRANTE – MISSIONE PIANETA ERRANTE, IL ★★
Regia di ANTONIO MARGHERITI. Con OMBRETTA COLLI, ENZO FIERMONTE, JACK STUART, FREDDY UNGER, HALINA ZALEWSKA. ■ Un pianeta si avvicina alla Terra a folle velocità: per evitare lo scontro alcuni valorosi tra cui una donna vi si calano con un'astronave e distruggono il "cervello" che dall'interno regola l'operazione. ■ FANTASCIENZA; COL.; 92′; ITALIA, 1965.

PIANETA FANTASMA, IL *(The Phantom Planet)* ★★
Regia di WILLIAM MARSHALL. Con TONY DEXTER, DEAN FREDERICKS, COLEEN GRAY. ■ Un astronauta arriva sul pianeta Rehton, abitato da lillipuziani. Lasciata la sua tuta, egli assume le stesse proporzioni dei rehtoniani, si comporta come se fosse uno di loro, si innamora, ha delle avventure; poi si riprende tuta e dimensioni umane per tornare sulla Terra. ■ FANTASCIENZA; B/N; 82′; USA, 1961.

PIANETA GIALLO GRIDA VENDETTA ★
Regia di YU WANG. Con GEORGE LAZENBY, JIMMY YU. ■ Win Chan, un pericoloso delinquente immischiato in traffici di droga, viene scoperto e arrestato a Sidney. Il compito di andare a recuperarlo per riportarlo a Hong Kong spetta a Stern, ispettore capo della polizia di quella città. Ma il prigioniero viene assassinato quasi sotto gli occhi dello stesso Stern. ■ POLIZIESCO; COL.; 100′; USA, 1980.

PIANETA PROIBITO, IL *(Forbidden Planet)* ★★★
Regia di FRED MCLEOD WILCOX. Con ANNE FRANCIS, LESLIE NIELSEN, WALTER PIDGEON, WARREN STEVENS. ■ Anno Duemila: un'astronave che viaggia alla velocità della luce arriva sul pianeta Altair dominato da un folle terrestre che crea mostri suscitati dal proprio inconscio e da un automa. Scopo della missione è liberare i sopravvissuti di una precedente spedizione. Dopo aver vinto il malvagio, l'equipaggio tornerà a casa portando con sé la bella Altaira, figlia dello scienziato impazzito. ■ FANTASCIENZA; COL.; 98′; USA, 1956. ■ OSCAR 1 NOM.

PIANETA RIBELLE, IL ★★
(The Shape of the Things to Come)
Regia di GEORGE MCCOWAN. Con JOHN IRELAND, CAROL LINLEY, JACK PALANCE. ■ Ispirato molto alla lontana al romanzo di H.G. Wells. La Terra è stata semidistrutta da un cataclisma nucleare e i pochi superstiti, colpiti da radiazioni, non avrebbero scampo se sulla Luna non fosse stata trovata una droga benefica che combatte il contagio. Ma un aspirante dittatore cerca di mettere le mani sulla droga per sottomettere tutti gli abitanti del mondo. ■ FANTASCIENZA; COL.; 95′; CANADA, 1979.

PIANETA ROSSO *(Red Planet)* ★★
Regia di ANTHONY HOFFMAN. Con VAL KILMER, CARRIE ANN MOSS, TOM SIZEMORE, TERENCE STAMP. ■ Nel 2050 l'inquinamento sta per trasformare la Terra in un pianeta invivibile. Con alcuni esperimenti gli scienziati cercano allora di rendere abitabile Marte. Il progetto, dopo un promettente avvio, fallisce. Per capirne i motivi viene inviato sul pianeta un equipaggio composto da una donna, che è il comandante, cinque uomini e un robot. Un atterraggio disastroso, il robot che per un guasto si trasforma in un mortale nemico e l'ambiente decisamente inospitale mietono vittime. I due unici superstiti, però, riusciranno a salvare la missione. Qualche scena spettacolare e la fotogenia di Val Kilmer e Carrie-Ann Moss non bastano a dare linfa a un tipo di storia che risulta poco originale e alla fine insopportabilmente monotona per un film che punta tutto sull'azione. ■ FANTASCIENZA; COL.; 120′; USA, 2000.

PIANETA SELVAGGIO, IL *(La planète sauvage)* ★★★
Regia di RENÉ LALOUX. ■ Sul pianeta Ygam vivono piccoli esseri chiamati Oms e giganti chiamati Draag. Gli Oms domestici sono completamente schiavizzati dai Draag e abitano nelle loro case come animali di compagnia; gli Oms selvaggi vivono invece in clandestinità. Un Oms domestico sottrae ai Draag lo strumento del loro potere, una sorta di apparecchio elettronico che fornisce la conoscenza di ogni cosa, e lo porta ai selvatici. Gli Oms sconfiggeranno i Draag, lasceranno loro il pianeta selvaggio e si trasferiranno su quello artificiale, chiamato Terra. Un raffinatissimo cartone animato. ■ ANIMAZIONE; COL.; 72′; CECOSLOVACCHIA, FRANCIA, 1973.

PIANETA TERRA: ANNO ZERO ★★
(Submersion of Japan)
Regia di SHIRÔ MORITANI. Con HIROSHI FUJIOKA, AYUNI ISHIDA, KEIJU KOBAYASHI, TETSURO TAMBA. ■ Nella profondità del mare sotto il Giappone si verificano terremoti ed eruzioni di vulcani che un geologo denuncia come cataclismi che segneranno la distruzione del popolo giapponese: non è che l'inizio della fine del mondo. ■ FANTASCIENZA; COL.; 94′; GIAPPONE, 1973.

PIANETA VENERE ★★
Regia di ELDA TATTOLI. Con MARINA BERTI, LILLA BRIGNONE, BEDY MORATTI, MARIO PIAVE, FRANCISCO RABAL, BIANCA VERDIROSI. ■ L'ex partigiano comunista Matteo e la giovane Amelia che si erano conosciuti durante la lotta di liberazione si ritrovano dopo la guerra. Stanno insieme, litigano, si sposano. Ma anche se marxista, l'uomo è maschilista. Amelia lo capisce e si allontana. ■ DRAMMATICO; COL.; 90′; ITALIA, 1974.

PIANETA VERDE, IL *(La belle verte)* ★★
Regia di COLINE SERREAU. Con PHILIPPINE LEROY-BEAULIEU, VINCENT LINDON, COLINE SERREAU. ■ Dal Pianeta Verde parte una missione per la Terra. L'unica che accetta di partire è Mila, che cercherà di convincere gli abitanti del nostro pianeta dell'importanza dell'ecologia. Qualcuno le presterà ascolto fino al punto di partire con lei. Favoletta ecologica di una regista che al suo esordio con *Tre uomini e una culla* aveva promesso (e mantenuto) molto di più. ■ COMMEDIA; COL.; 99′; FRANCIA, 1996.

PIANETI CONTRO DI NOI, I ★★
Regia di ROMANO FERRARA. Con JANY CLAIR, PETER DANE, MARCO GUGLIELMI, MICHEL LEMOINE, MARIA PIA LUZI, OTELLO TOSO. ■ I terrestri devono vedersela con Brando, un misterioso individuo che disintegra di quando in quando delle persone con un'arma atomica. Un membro dell'Onu scopre che costui è una specie di automa che viene da un altro pianeta. Brando verrà a sua volta distrutto. ■ FANTASCIENZA; B/N; 91′; ITALIA, 1962.

PIANGE... IL TELEFONO ★
Regia di LUCIO DE CARO. Con MARIE-YVONNE DANAUD, FRANCESCA GUADAGNO, CLAUDIO LIPPI, DOMENICO MODUGNO. ■ Trama pretesto per sfruttare una canzonetta di successo: un ex pilota civile ora coinvolto in loschi traffici torna dall'ex amante per conoscere la propria figlioletta e muore di attacco cardiaco. ■ DRAMMATICO; COL.; 95′; ITALIA, 1975.

PIANGERÒ DOMANI *(I'll Cry Tomorrow)* ★★★
Regia di DANIEL MANN. Con EDDIE ALBERT, RICHARD CONTE, SUSAN HAYWARD, DON TAYLOR, JO VAN FLEET. ■ La cantante-attrice Lillian Roth conosce la gloria e il successo: passa da un teatro all'altro in una serie di smaglianti tournée. Ma la vita sentimentale è un fallimento: Lillian si dà all'alcool. Tuttavia, con la forza di volontà e l'aiuto di un nuovo amore, riuscirà a riprendersi. Racconterà la sua vita alla tv. ■ DRAMMATICO; B/N; 117′; USA, 1956. ■ CANNES 1 PR; OSCAR 1 PR, 4 NOM.

PIANISTA, IL *(The Pianist)* ★★★🏆
Regia di ROMAN POLANSKI. Con ADRIEN BRODY, FRANK FINLAY, EMILIA FOX, THOMAS KRETSCHMANN. ■ Torna l'Olocausto, e per mano di un "autore". Pareva che Spielberg avesse detto l'ultima parola, invece ecco una storia sul ghetto di Varsavia. Siamo nel 1938. Comincia a stringersi la tenaglia nazista che produrrà le prime limitazioni per gli ebrei: prima leggere – la stella di Davide cucita sul braccio – poi pesanti, poi intollerabili, poi mortali. Fino alla decimazione. Wladyslaw, giovane pianista di talento, sta suonando Chopin per una registrazione radiofonica proprio mentre arriva la notizia dell'invasione nazista della Polonia. Il giovane assiste all'orribile spirale: tutta la famiglia deportata e poi le condizioni del ghetto: bambini che muoiono di fame, gente uccisa per nulla, e una piccola parte di ebrei che tradiscono per sopravvivere. Alla fine Wladyslaw è di nuovo al piano, proprio come all'inizio. Ma naturalmente l'esperienza lo ha devastato. Niente, neppure Chopin sarà più come prima. Il film ha vinto la Palma d'oro al festival di Cannes 2002. Molti hanno disapprovato. ■ DRAMMATICO; COL.; 148′; POLONIA, 2002. ■ CANNES 🏆 1 PR; DAVID DI DONATELLO 🏆 1 PR, 1 NOM; GOLDEN GLOBES 🏆 2 NOM; OSCAR 🏆 2 PR, 3 NOM.

♥ PIANISTA, LA *(La pianiste)* ★★★★
Regia di MICHAEL HANEKE. Con ANNIE GIRARDOT, ISABELLE HUPPERT, SUSANNE LOTHAR, BENOÎT MAGIMEL, UDO SAMEL, ANNA SIGALEVITCH. ■ Un film che non ti molla cuore e testa per un solo attimo, suscitando molti imbarazzi e paure. Non un film sul sesso bensì un affresco iperrealista sulla sofferenza umana. Solo la prima buccia della storia parla di carne e di sangue: un'insegnante di piano tutta conservatorio-casa (con la mamma anziana che favorisce la sua repressione interiore) nasconde, sotto la gelida scorza intellettuale, la perversione più pura. Si tratta dell'ennesimo film attraverso cui Haneke rappresenta lo scarto fra l'apparente equilibrio (felice) del mondo dei "benestanti" e la violenza e il disagio che "stanno dentro". Un soggetto pericolosissimo che spesso rischia di cadere nel ridicolo, ma si sostiene grazie ad un costante spirito di sincerità ed urgenza. La Huppert, perfetta nella parte della donna algida, passa dal cinismo alla sottomissione femminile stile Lars von Trier. Un montaggio spezzato ed interrotto, ed una fotografia lucida (per nulla consolatoria) confezionano uno splendido capolavoro di analisi di un'umanità forse al capolinea. ■ DRAMMATICO; COL.; 129′; FRANCIA, 2001. ■ CANNES 3 PR.

PIANO BLUES *(The Blues)* ★★★
Regia di CLINT EASTWOOD. Con MARCIA BALL, RAY CHARLES, DAVE BRUBECKER, DR. JOHN, JAY MCSHANN, PINETOP PERKINS. ■ All'inizio del XX secolo il pianoforte iniziò a farsi strada nella musica americana, diventando uno degli strumenti chiave del blues: si suonava nei saloni, nei villaggi dei tagliatori di legna, nei bordelli, nelle chiese, ai comizi dei bianchi, dal Mississippi alla Louisiana, dall'Alabama al Texas. Prese piede a New Orleans, si diffuse a Chicago, Harlem, Kansas City. Molti pianisti hanno lasciato un segno profondo in questa musica, e quella che Clint Eastwood traccia nel film è la loro vicenda. *Piano Blues* (2003) è uno dei sette episodi firmati da sette grandi registi che compongono *The Blues*, progetto fortemente voluto da Martin Scorsese, di cui è il produttore esecutivo. ■ COMMEDIA; COL.; 93′; USA, 2003.

PIANO COI PIEDI *(Feet First)* ★★
Regia di CLYDE BRUCKMAN. Con BARBARA KENT, HAROLD LLOYD, ROBERT MCWADE. ■ Il film è un tentativo fallito di ripetere in sonoro il grande successo di Harold Lloyd, uno dei massimi comici del muto. ■ COMICO; B/N; 83′; USA, 1930.

PIANO 17 ★★★
Regia di ANTONIO MANETTI, MARCO MANETTI. Con MASSIMO GHINI, ANTONIO IUORIO, VALERIO MASTANDREA, GIAMPAOLO MORELLI, ELISABETTA ROCCHETTI, ENRICO SILVESTRIN, GIUSEPPE SOLERI. ■ I Manetti Bros confermano la loro devozione alla purezza di genere, che con *Piano 17* si coniuga felicemente in semplicità, freschezza ed efficacia. Un thriller in piena regola, dunque, o meglio un noir con protagonista una banda di rapinatori in un momento di difficile passaggio di consegne tra Matteo, il capo, e i suoi secondi: suo fratello il Mancini, Luca detto "Pittana" e il grasso Borgia. Uno strano colpo è tutto sulle spalle di Mancini che deve intrufolarsi nell'ufficio di un dirigente, all'ultimo piano di un palazzo direzionale, per distruggere dei documenti. Mentre sale al piano 17 travestito da uomo delle pulizie, si uniscono a lui nell'ascensore Violetta, bella e spregiudicata segretaria del dirigente, e un giovanotto timido e imbranato, segretamente innamorato di lei. ■ COMMEDIA NERA; COL.; 105′; ITALIA, 2005. ■ DAVID DI DONATELLO 1 NOM.

PIANOFORTE ★★★
Regia di FRANCESCA COMENCINI. Con GIULIA BOSCHI, GIOVANNELLA GRIFEO, FRANÇOIS SIENER. ■ Maria è una studentessa universitaria, Paolo un giornalista affermato. Entrambi sono tossicodipendenti. Sembrano riuscire a smettere ma dura poco. Ricominciano. Per uscire dal giro, lei ricomincia a studiare pianoforte, lui si suicida. ■ DRAMMATICO; COL.; 100′; ITALIA, 1984.

PIANO... PIANO, DOLCE CARLOTTA ★★★
(Hush... Hush, Sweet Charlotte)
Regia di ROBERT ALDRICH. Con MARY ASTOR, VICTOR BUONO, JOSEPH COTTEN, BETTE DAVIS, OLIVIA DE HAVILLAND, CECIL KELLAWAY, AGNES MOOREHEAD. ■ Una vecchia casa della Louisiana piena di ombre, una anziana signorina in preda agli incubi (ha forse barbaramente ucciso il suo antico amante), due ospiti che tentano di farla impazzire inscenando trucchi spaventevoli, una vecchia governante. ■ DRAMMATICO; B/N; 133′; USA, 1965. ■ OSCAR 7 NOM.

PIANO, PIANO, NON T'AGITARE ★★
(Don't Make Waves)
Regia di ALEXANDER MACKENDRICK. Con JOANNA BARNES, CLAUDIA CARDINALE, TONY CURTIS, SHARON TATE, ROBERT WEBBER. ■ Ottenuto un impiego dall'industriale delle piscine Brandon attraverso l'amichetta di costui, Carlo si dà da fare a organizzare un lancio pubblicitario, che però gli viene guastato dalle grandi piogge. Sotto un acquazzone torrenziale e in un fiume di fango, tutto si sfascia; non così i rapporti umani. ■ COMMEDIA; COL.; 97′; USA, 1967.

PIANO PLAYER, THE ★★
Regia di JEAN-PIERRE ROUX. Con JAMES FAULKNER, DENNIS HOPPER, DIANE KRUGER, CHRISTOPHER LAMBERT, GÉRARD RUDOLF. ■ Robert Nile, potente e ricco uomo d'affari in Sud Africa, ingaggia Alex per fargli da guardia del corpo. Alex è diventato un sicario in seguito al trauma subito da bambino, quando i genitori erano stati trucidati davanti a lui che si esercitava al piano. Ben presto scopre che Nile è coinvolto nella criminalità più di quanto voglia far credere... ■ THRILLER; COL.; 87′; USA, 2002.

PIANOSEQUENZA ★★
Regia di LOUIS NERO. Con GIORGIA CARDACI, TIZIANA CATALANO, PIETRO DI LEGAMI, CARLO GERBINO, ALDO RENDINA. ■ Uno scrittore non proprio di successo ha l'ennesimo diverbio con la sua fidanzata ed esce di casa per sprofondare in una Torino notturna piena di strani individui. I destini, suo e di altri, si intrecceranno in maniera imprevedibile. Parte da un'idea spesso accarezzata in passato, ma mai realizzata con tanto rigore: un film che è un unico piano-sequenza di due ore. Purtroppo sembra che il giovane regista, tutto preso dal furore dell'avanguardia ad ogni costo, si dimentichi che il cinema dovrebbe anche raccontare delle storie. ■ SPERIMENTALE; COL.; 123′; ITALIA, 2003.

PIANO, SOLO ★★★
Regia di RICCARDO MILANI. Con SANDRA CECCARELLI, PAOLA CORTELLESI, ROBERTO DE FRANCESCO, CLAUDIO GIOÉ, MICHELE PLACIDO, KONRAD PODOLNY, KIM ROSSI STUART, CORSO SALANI, JASMINE TRINCA, MARIELLA VALENTINI. ■ Rimasto profondamente turbato dalla morte accidentale della madre, il piccolo Luca Flores trova una scappatoia dalla realtà suonando il pianoforte. Dopo il diploma al conservatorio viene introdotto al jazz di Bud Powell, e nel giro di qualche anno si fa notare dai maggiori musicisti italiani e da Chet Baker, che lo chiama ad accompagnarlo nel tour europeo. *Piano, solo* racconta la storia di un artista tormentato, la sua vita privata, l'ascesa al successo fino al drammatico suicidio. Senza nulla togliere all'interprete – che re-

gala profondità e contemplazione al musicista – sarebbe stato curioso vedere negli abiti di Flores un attore di diversa estrazione che riuscisse a misurare il lato serio al faceto, rendendolo più umano. Tuttavia fa onore a Riccardo Milani aver riportato alla luce uno dei più formidabili talenti custoditi nella storia del jazz italiano e aver trovato dei protagonisti – notevolmente sobri – che ne potessero preservare la memoria. Tra tutti spicca la Baba di Paola Cortellesi, l'adorata sorella che fu la prima ad avvertire la caduta agli inferi della mente e dello spirito di Luca Flores. ■ BIOGRAFICO; COL.; 104'; ITALIA, 2007.

PIANTO DELLE ZITELLE, IL ★★
Regia di GIACOMO POZZI-BELLINI. ■ Il "Pianto delle zitelle" è una rappresentazione religiosa caratteristica della regione laziale. Si svolge il giorno della Santissima Trinità. ■ DOCUMENTARIO; B/N; 91'; ITALIA, 1939.

PIANURA ROSSA *(The Purple Plain)* ★★★
Regia di ROBERT PARRISH. Con LYNDON BROOK, MAURICE DENHAM, BERNARD LEE, GREGORY PECK, VIN MIN THAN. ■ Il pilota Forrester, che ha perduto la moglie in un bombardamento su Londra, cade in uno stato depressivo. Viene inviato in Birmania dove si batte da eroe facendo fronte a situazioni di grande difficoltà. Ritroverà fiducia nella vita grazie a una bellissima birmana. ■ AVVENTURA; COL.; 100'; GRAN BRETAGNA, 1954.

PIATTO PIANGE, IL ★★
Regia di PAOLO NUZZI. Con AGOSTINA BELLI, ANDRÉAS FERRÉOL, ERMINIO MACARIO, ALDO MACCIONE. ■ Il film è tratto da un romanzo di Piero Chiara e descrive la vita di provincia di una cittadina italiana (Luino) nel periodo fascista: il circolo degli uomini divisi tra case di malaffare, carte da gioco e commenti sui fatti del giorno; le prodezze di uno squadrista; gli amori e i disamori per ingannare il tempo. ■ COMMEDIA; COL.; 108'; ITALIA, 1974.

PIAVE MORMORÒ, IL ★★★
Regia di GUIDO GUERRASIO. ■ È un film formato da spezzoni di documentari d'epoca che illustra i momenti salienti della partecipazione italiana alla prima guerra mondiale. ■ DOCUMENTARIO; B/N; 93'; ITALIA, 1964.

PIAZZA DELLE CINQUE LUNE ★★
Regia di RENZO MARTINELLI. Con GIANCARLO GIANNINI, STEFANIA ROCCA, DONALD SUTHERLAND. ■ La sera dell'ultimo giorno di lavoro prima della pensione, il giudice istruttore senese Saracini si vede recapitare da uno sconosciuto un misterioso filmato in super8, che mostra, anche se poco nitidamente, la scena dell'agguato e del rapimento di Aldo Moro in via Fani. Qualche giorno dopo, il giudice viene ancora avvicinato dallo sconosciuto che gli rivela dov'è nascosto l'originale di un memoriale scottante sul caso Moro. Renzo Martinelli, giunto al suo quarto film, si conferma come interprete scomodo del nostro passato più recente: dopo le guerre intestine fra partigiani e la tragedia del Vajont, conclude un ciclo sceneggiando in salsa thriller il sequestro Moro. Il coraggio non gli manca, e nemmeno i mezzi: ma non basta il mestiere ed un budget consistente per trasformare la Storia in film. ■ GIALLO; COL.; 90'; ITALIA, 2002.

PIAZZA GIOCHI ★★
Regia di MARCO COSTA. Con CECILIA ALBERTINI, LORENZO DE ANGELIS, ANDREA MONTOVOLI, SUSANNA SMIT, LUCA WARD. ■ Quando la madre, un'ostetrica un po' alternativa, finisce in coma per un aneurisma, la sedicenne Cassandra si ritrova nella casa del padre palazzinaro che non vede da dieci anni, in compagnia di una matrigna e di una sorellastra coetanea e scatenata di nome Aurora. La ragazza viene quindi introdotta nel mondo della romana piazza Giochi Delfici, luogo di ritrovo dei giovani della zona, e presentata come una specie di creatura esotica, ma Cassandra dimostra di sapersi ambientare fin troppo bene. ■ COMMEDIA; COL.; 90'; ITALIA, 2010.

PIAZZA PULITA ★★
Regia di LUIGI VANZI. Con TONY ANTHONY, ADOLFO CELI, RICHARD CONTE, CORRADO GAIPA, LUCRETIA LOVE, IRENE PAPAS, LIONEL STANDER. ■ Siamo all'epoca del proibizionismo, gli Usa sono infestati dai gangster. Alcuni mafiosi devono trafugare un bottino nascosto in un cadavere e ingaggiano un killer, che alla fine farà fuori tutti. Anche lui muore. Rimane una donna, Perla, con i quattrini insanguinati. ■ POLIZIESCO; COL.; 92'; ITALIA, 1972.

PIAZZA VUOTA, LA ★★
Regia di GIUSEPPE RECCHIA. Con DONATINA FURLONE, ANNAMARIA LISI, PAOLO POLI, FULVIO RICCIARDI, SANDRO TUMINELLI. ■ Il film vorrebbe analizzare il rapporto tra l'artista e la società contemporanea. Uno scultore si isola in una cantina con un discepolo e un blocco di marmo. I personaggi più disparati invadono di tanto in tanto questa solitudine, ma è impossibile instaurare autentici rapporti umani: non resta che morire. ■ DRAMMATICO; B/N; 107'; ITALIA, 1973.

PICARI, I ★★
Regia di MARIO MONICELLI. Con GIANCARLO GIANNINI, NINO MANFREDI, ENRICO MONTESANO. ■ Mario Monicelli cerca di ritrovare il momento magico dell'*Armata Brancaleone* portando sullo schermo i personaggi dei romanzi picareschi del sedicesimo secolo. Lazarillo de Tormes e Guzman de Alfarache sono due vagabondi che battono le contrade di Spagna, incontrando ogni tipo di personaggi: mendicanti, pirati, nobili spilorci e crudeli, fanciulle avventurose. Guzman sta per finire sul patibolo, ma Lazarillo fortunosamente riesce a salvarlo. E l'avventura ricomincia. ■ COMMEDIA; COL.; 128'; ITALIA, 1987.

PICA SUL PACIFICO, LA ★★
Regia di ROBERTO BIANCHI MONTERO. Con MEMMO CAROTENUTO, FANFULLA, ILEANA LAURO, TINA PICA, MATTEO SPINOLA, UGO TOGNAZZI. ■ Una signora che compie per hobby esperimenti scientifici si trasferisce in un'isola del Pacifico dove viene avversata dal capo tribù, da un galeotto e da un navigatore solitario. Per avere la cittadinanza dell'isola lei sposerebbe il galeotto, ma lui preferisce costituirsi. ■ COMMEDIA; B/N; 86'; ITALIA, 1959.

PICCADILLY ORE X: MISSIONE SEGRETA ★★
(Piccadilly null Uhr zwölf)
Regia di RUDOLF ZEHETGRUBER. Con HANS LOTNAR, ANN SMYRNER, HELMUT WILDT. ■ Mike Hilton esce di carcere, dopo aver scontato una pena per un delitto non commesso, con l'idea fissa di vendicarsi dei tre tipi che sono stati causa della sua rovina. ■ GIALLO; B/N; 94'; GERMANIA, 1963.

PICCANTI AVVENTURE DEI TRE MOSCHETTIERI, LE *(Die Sex Abentuer der drei Musketiere)* ★★
Regia di MICHAEL THOMAS (pseud. di ERWIN DIETRICH). Con PETER GRAF, LI HUBER, NADJA PILAR, INGRID STEEGER. ■ Avventure di cappa e spada ma soprattutto di letto di D'Artagnan, Athos, Portos e Aramis. ■ COMMEDIA; COL.; 90'; GERMANIA, 1969.

PICCANTI AVVENTURE DI ROBIN HOOD, LE ★★
(The Zany Adventures of Robin Hood)
Regia di RAY AUSTIN. Con MORGAN FAIRCHILD, RODDY MCDOWALL, GEORGE SEGAL. ■ Una parodia delle note vicende di Robin Hood. Robin è un maldestro, la sua innamorata Marian è una pettegola e il re Riccardo Cuor di Leone un pomposo imbecille (molto più simpatico il fratello usurpatore). ■ COMMEDIA; COL.; 100'; USA, 1984.

PICCANTI AVVENTURE DI TOM JONES, LE ★★
(The Bawdy Adventures of Tom Jones)
Regia di CLIFF OWEN. Con GEORGIA BROWN, JOAN COLLINS, NICK HENSON, TREVOR HOWARD, ARTHUR LOWE, TERRY THOMAS. ■ Variazioni sulla storia del trovatello creato da Fielding: Tom è di nascita oscura, ma è di grande fascino. Invece il bieco Bliffield, solo perché legittimo, gode di tutti i vantaggi sociali. ■ COMMEDIA; COL.; 100'; GRAN BRETAGNA, 1975.

PICCANTI CONFESSIONI DI UNA GIOVANE STUDENTESSA, LE *(Nathalie... l'amour s'éveille)* ★★
Regia di PETER KNIGHT. Con DOMINIQUE PRADO, JEAN ROCHE, ANNE TALBOT. ■ Una studentessa incontra un poco di buono che la introduce in un giro di droga e di sesso. Rimane incinta e viene abbandonata dal seduttore, poi bersagliata dal padre, che però ci ripensa. Tutto si aggiusta con un marito. ■ COMMEDIA; B/N; 92'; FRANCIA, 1968.

PICCHIARELLO E CILLY WILLY ★★★
■ È una serie di avventure del simpatico picchio del disegnatore Walter Lantz. ■ ANIMAZIONE; COL.; 90'; USA, 1957.

PICCHIATELLI, I ★★
■ In una commistione tra realtà e fantasia, alcuni disegnatori di film d'animazione "intervengono" nelle storie delle loro creature. ■ ANIMAZIONE; COL.; 93'; ITALIA, 1938.

PICCIONE D'ARGILLA, IL *(Clay Pigeon)* ★★
Regia di TOM STERN. Con JOHN MARLEY, BURGESS MEREDITH, TELLY SAVALAS, ROBERT VAUGHN. ■ Un reduce dalla guerra del Vietnam, disadattato come tanti altri, viene plagiato da un poliziotto che dà la caccia a un celebre spacciatore di droga, nonostante il suo rifiuto a collaborare. Lo spacciatore se la prende con l'ex soldato in un crescendo di violenza generale. ■ POLIZIESCO; COL.; 97'; USA, 1973.

PICCIONE DI PIAZZA SAN MARCO, IL *(Le guignol)* ★★
Regia di GEORGES LAUTNER. Con JEAN-PAUL BELMONDO, MICHEL GALABRU, GEORGES GÉRET. ■ Alexandre Dupré, di professione ladro, prima s'imbarca su una nave da crociera su cui, grazie ad una bella collega, guadagna un bell'assegno; poi sbarca a Venezia e si trova inseguito dai servizi segreti per un microfilm che non sa nemmeno di avere. Quando lo scopre lo vende al miglior offerente: vince la Francia, e Alexandre guadagnerà solo la Legion d'Onore. ■ COMMEDIA; COL.; 108'; FRANCIA, 1979.

PICCIONE MORTO IN BEETHOVENSTRASSE, IL ★★
(Tote Taube in der Beethovenstrasse)
Regia di SAMUEL FULLER. Con STÉPHANE AUDRAN, GLENN CORBETT, CHRISTA LANG. ■ Intriso della musica del gruppo tedesco Can, il film è una sporadica trasferta del regista americano in Germania. Storia di spionaggio con un agente che deve smascherare una società di ricattatori. Fuller ricopre anche un piccolo ruolo come attore. ■ SPIONAGGIO; COL.; 104'; GERMANIA, 1973.

PICCIONI *(Pigeons)* ★★
Regia di JOHN DEXTER. Con JORDAN CHRISTOPHER, JILL O'HARA, ROBERT WALDEN. ■ Il giovane Jonathan, laureato e taxista a New York, è alla ricerca di se stesso e dei suoi rapporti con la società in cui non desidera integrarsi. In effetti non vuole nemmeno impegnarsi affettivamente e finisce camionista per sfuggire a un legame con una ragazza. ■ COMMEDIA; COL.; 87'; USA, 1970.

PICCOLA AMICA, LA *(Daybreak)* ★★★
Regia di JACQUES FEYDER. Con HELEN CHANDLER, KENT DOUGLAS, KAREN MORLEY, RAMON NOVARRO, C. AUBREY SMITH. ■ Una storia d'amore nella Vienna imperiale alla vigilia della prima guerra mondiale. ■ DRAMMATICO; B/N; 85'; USA, 1931.

PICCOLA APOCALISSE, LA *(La petite apocalypse)* ★★★
Regia di CONSTANTIN COSTA GAVRAS. Con PIERRE ARDITI, CHIARA CASELLI, ANDRÉ DUSSOLLIER, JIRI MENZEL. ■ Uno scrittore polacco che vive a Parigi viene ritenuto erroneamente un aspirante suicida. Due suoi conoscenti, ex sessantottini ora integrati, decidono di organizzargli un suicidio in grande stile. Dovrà darsi fuoco in piazza San Pietro durante una megamanifestazione per protestare contro la politica delle grandi potenze. L'uomo non è per nulla intenzionato a uccidersi, anche se intorno a lui si sta costruendo tutta una struttura che dovrà "lanciare" l'evento ricavandone molto denaro. Riuscirà a salvarsi solo all'ultimo momento, mentre altri stanno "veramente" dandosi fuoco. Costa Gavras ha spiazzato tutti i suoi estimatori con un film che "osa" riflettere sui reduci del Sessantotto per di più facendo uso del grottesco. Successo di pubblico e critica bassissimi per un film che merita invece un'attenta lettura. ■ COMMEDIA; COL.; 105'; FRANCIA, ITALIA, 1992.

PICCOLA BOTTEGA DEGLI ORRORI, LA ★★★
(The Little Shop of Horrors)
Regia di ROGER CORMAN. Con JONATHAN HAZE, JACKIE JOSEPH, JACK NICHOLSON. ■ È il cortometraggio originale cui si sono ispirati, in una versione comica, il musical e il film omonimo. Un fiorista ha una pianta carnivora che ha bisogno di carne umana per sopravvivere. L'uomo fa in modo di procurargliela. ■ HORROR; B/N; 70'; USA, 1960.

PICCOLA BOTTEGA DEGLI ORRORI, LA ★★★
(Little Shop of Horrors)
Regia di FRANK OZ. Con VINCENT GARDENIA, ELLEN GREENE, RICK MORANIS. ■ Un timido fiorista porta nel retrobottega una sconosciuta pianticella, che in breve cresce a dismisura rivelandosi una pianta carnivora di un altro mondo. Dopo essersene servito per sbarazzarsi di un rivale in amore, il commesso distrugge la pianta, e sposa la sua bella. Ma nel lindo giardino si annida un'altra pianticella... Divertente parodia dell'horror. ■ COMMEDIA; COL.; 90'; USA, 1986. ■ OSCAR 2 NOM.

PICCOLA CAMPIONESSA, LA *(Reach for the Sky)* ★★
Regia di ELISABETA BOSTAN. Con CARMEN GALIN, ALINA IZVORANU, IZABELA MOLDOVAN. ■ È una produzione canadese ma in realtà attori e regista sono rumeni e la versione passata in patria era depurata ideologicamente. Potrebbe essere la storia della campionessa Nadia Comaneci con il cambio di nome per necessità di copione. Corina è una bambina, campionessa di ginnastica artistica, che non è riuscita ad avere un'infanzia normale per colpa dello sport. È sostenuta solo dal suo maestro e da una piccola collega. ■ COMMEDIA; COL.; 90'; CANADA, 1989.

PICCOLA CANAGLIA *(Petite peste)* ★★
Regia di JEAN DE LIMUR. Con GENEVIÈVE CALLIX. ■ La giovane ospite di una coppia si rende conto che un amico dei due corteggia, incoraggiato, la donna. Con furbizia e abilità manda a monte tutti i loro incontri e fa riavvicinare i due coniugi; il fallito seduttore lascia la casa e lei, tranquilla, si fidanza con un ammiratore. ■ COMMEDIA; B/N; 80'; FRANCIA, 1939.

PICCOLA CIOCCOLATAIA, LA ★★
(La petite chocolatière)
Regia di MARC ALLÉGRET. Con PIERRE BERTIN, JACQUELINE FRANCELL, RAIMU, SIMONE SIMON. ■ Il film è tratto dalla commedia di Paul Gavault e narra la storia della cioccolataia che trova la protezione di un ricco signore. ■ COMMEDIA; B/N; 109'; FRANCIA, 1931.

PICCOLA EMIGRANTE, LA *(Delicious)* ★★
Regia di DAVID BUTLER. Con MISCHA AUER, CHARLES FARRELL, JANET GAYNOR. ■ Un'emigrata irlandese sulla nave che la porta in America si unisce a un gruppo di musicisti russi. Con una canzone diventa famosa e conquista il cuore di un ricco playboy che per lei pianta una fidanzata dell'alta società. Musiche di George e Ira Gershwin. ■ MUSICAL; B/N; 90'; USA, 1931.

PICCOLA FIAMMIFERAIA, LA ★★★
(La Petite marchande d'allumettes)
Regia di JEAN RENOIR. Con CATHERINE HESSLING, MANUEL RAABI, JEAN STORM, AMY WELLS, ANN WELLS. ■ Il racconto di Andersen permette a Renoir di concentrarsi sul dramma della piccola fiammiferaia, sul suo volto, sulla sua agonia. ■ DRAMMATICO; COL.; 40'; FRANCIA, 1928.

PICCOLA GRANDE GUERRA, LA *(Le jour de gloire)* ★★★
Regia di JACQUES BESNARD. Con JEAN LEFEBVRE, JACQUES MARIN, PIERRE TORNADE. ■ Seconda guerra mondiale: nel paesino di Saint-Laurent (che la guerra non ha neppure scalfito) un gruppo di ragazzi fa saltare l'auto di un pezzo grosso nazista. I tedeschi esigono che venga consegnato il colpevole, in caso contrario stermineranno il paese. Il sindaco e le altre personalità decidono di denunciare un certo Grégoire, sfollato da Parigi. Costui si presta al gioco in cambio di molti soldi e poi viene salvato dal sopraggiungere degli alleati. ■ COMMEDIA; COL.; 90'; FRANCIA, 1976.

PICCOLA GUERRA – GLI USSARI, LA ★★
(Les Hussards)
Regia di ALEX JOFFÉ. Con BERNARD BLIER, ANDRÉ BOURVIL, GIOVANNA RALLI, GEORGES WILSON. ■ La delazione di due soldati per salvare la propria pelle durante le campagne napoleoniche in Italia provocherebbe la fucilazione di alcuni ostaggi se i cavalli che i due dragoni avevano perso non tornassero all'accampamento. Anzi, i nostri finiscono pure per passare da eroi. ■ COMMEDIA; B/N; 102'; FRANCIA, 1955.

PICCOLA LADRA *(Battement de cœur)* ★★
Regia di HENRI DECOIN. Con JULIEN CARETTE, DANIELLE DARRIEUX, JEAN-CLAUDE DAUPHIN, SATURNIN FABRE. ■ Un ambasciatore a Parigi affida una piccola missione a una ladra: si tratta di sottrarre un orologio ad un ministro inglese ed asportarne la foto della signora ambasciatrice, il tutto durante una riunione diplomatica. ■ COMMEDIA; B/N; 97'; FRANCIA, 1939.

PICCOLA LADRA, LA *(La petite voleuse)* ★★★
Regia di CLAUDE MILLER. Con CATHERINE ARDITI, DIDIER BEZACE, CHARLOTTE GAINSBOURG. ■ Abbandonata dalla madre la quindicenne Jeanine non ha altro modo per difendersi dalle crudeltà della vita che dedicarsi al furto con destrezza. Ruba dappertutto, anche nella casa dei ricchi borghesi che l'hanno presa come colf. Catturata dalla polizia, va al riformatorio. Dal quale fugge. Per riprendere l'unica via possibile, quella dei furti. ■ COMM. DRAMMATICA; B/N; 110'; FRANCIA, 1988.

PICCOLA LOLA, LA *(Holy lola)* ★★
Regia di BERTRAND TAVERNIER. Con SÉVERINE CANEELE, ISABELLE CARRÉ, JACQUES GAMBLIN, LARA GUIRAO, FRÉDÉRIC PIERROT, MARIA PITARRESI, BRUNO PUTZULU. ■ Adottare un figlio può essere a volte un'impresa titanica, soprattutto se si decide di adottarlo all'estero. Pierre e Geraldine, giovane coppia francese, hanno un sogno: adottare un bambino cambogiano. Il loro viaggio attraverso la disperazione di un paese, in cui i traffici illeciti di infanti sono all'ordine del giorno, è un'esperienza unica e indimenticabile. Riuscire a superare la prova di resistenza può mettere in crisi anche un solido rapporto. Un'opera interessante e coraggiosa nei suoi contenuti, che non aggiunge niente alla classe dimostrata in tutta la precedente produzione da Bertrand Tavernier. ■ DRAMMATICO; COL.; 128'; FRANCIA, 2004.

PICCOLA MAMMA, LA *(Graine au vent)* ★★
Regia di MAURICE GLEIZE. Con CARLETTINA, LISE DELAMARE, JACQUES DUMESNIL, MARCELLE GÉNIAT. ■ Uno scultore si è trasferito nella sua casa in Normandia insieme alla moglie e alla figlioletta Sandra, una piccola vagabonda che ama perdersi nei boschi marinando la scuola. La mamma dà alla luce una sorellina e muore. Sandra diventa la piccola mamma e l'anima della casa. ■ DRAMMATICO; B/N; 90'; FRANCIA, 1943.

PICCOLA MIA ★★
Regia di EUGENIO DE LIGUORO. Con LOLA BRACCINI, GUIDO CELANO, GERMANA PAOLIERI, ERNESTO SABBATINI. ■ Una donna abbandona la sua bambina e il marito e va a vivere con un corridore automobilista. Nonostante il divieto postole dal marito di rivedere la bimba, essa la raggiunge dove è in villeggiatura e la trova ammalata. L'amore materno vince. ■ DRAMMATICO; B/N; 92'; ITALIA, 1933.

PICCOLA MOGLIE, UNA ★★
Regia di GIORGIO BIANCHI. Con CLARA CALAMAI, RENATO CIALENTE, DINO DI LUCA, FOSCO GIACHETTI, ASSIA NORIS, CAMILLO PILOTTO. ■ Una giovane sposa un prestigioso avvocato di provincia, provocando la gelosia della segretaria di lui che aveva mire matrimoniali. Questa si vendica sottraendo all'avvocato dei documenti e mettendolo in seria crisi personale e professionale. Ma poi la vendicatrice si pente e tutto finisce bene. ■ COMMEDIA; B/N; 94'; ITALIA, 1943.

PICCOLA NINFA DI MARE, LA *(Moaa morska vila)* ★★
Regia di KAREL KACHYNA. Con RADOVAN LUKAVSKY, MIROSLAVA SAFRRANKOVA. ■ È la trasposizione cinematografica della fiaba di Andersen *La Sirenetta* e narra del sacrificio della sirena Ninfa, figlia di Nettuno, che, riuscita a salvare un giovane naufrago, si innamora di lui. Decidendo di rimanere sulla terra per stargli vicino va incontro alla morte perché si dissolverà nelle onde del mare. ■ FIABESCO; COL.; 91'; CECOSLOVACCHIA, 1981.

PICCOLA PATRIA ★★
Regia di ALESSANDRO ROSSETTO. Con MIRKO ARTUSO, GIULIO BROGI, VLADIMIR DODA, MARIA ROVERAN. ■ Italia, Nordest. Lucia e Renata sono due ragazze che vivono in un paesino di provincia e che hanno come principale desiderio quello di guadagnare denaro per poter partire. Lavorano sottopagate come cameriere in un grande albergo. Luisa ha un ragazzo, l'albanese Bilal. I rapporti tra i locali e gli immigrati sono tesi e Lucia e Bilal ne sono consapevoli. Alessandro Rossetto al suo primo lungometraggio, dopo una lunga esperienza come documentarista, firma il suo primo film cosiddetto "di finzione". Cosiddetto perché in *Piccola patria* di finzione ce n'è ben poca, mentre appare in tutta la sua brutale evidenza il ritratto in nero di un'Italia che sta precipitando nell'abisso di un vuoto culturale che divora anche i valori minimi indispensabili per una convivenza che voglia definirsi civile. ■ DRAMMATICO; COL.; 110'; ITALIA, 2013.

PICCOLA PESCA ★★
Regia di ENRICO PITZIANTI. Con LUCIANO MARICA. ■ Basso Sulcis, Sardegna sud-occidentale. Luciano è un pescatore costretto a pescare in zone limitate; non può più calare le reti nei punti preferiti a causa delle esercitazioni militari mare-terra-mare che si svolgono nel poligono di Capo Teulada. La storia di come sia nato questo poligono è assai confusa: vendite, espropriazioni, rivolte di contadini che non volevano lasciare la terra fertile, che gli americani, prima, gli inglesi poi e gli italiani infine, trovavano perfette per esercitarsi alla guerra. Una vicenda orchestrata da Roma con connivenze dei politici locali che alla fine attribuì al Genio militare 7500 ettari di territorio. ■ DOCUMENTARIO; COL.; 80'; ITALIA, 2004.

PICCOLA PESTE *(Problem Child)* ★★
Regia di DENNIS DUGAN. Con MICHAEL OLIVER, JOHN RITTER, JACK WARDEN. ■ Hollywood ha riscoperto i bambini prodigio e allora ecco qua Junior. Si tratta di un signorino di sette anni che fa la spola tra l'orfanotrofio e i genitori adottivi che capitano di volta in volta. È però destinato a fermarsi nella famiglia di Ben che, nonostante i disastri, capirà il desiderio d'affetto del bambino. Per chi ama le cose vivaci e mielose. ■ COMMEDIA; COL.; 90'; USA, 1990.

PICCOLA PESTE TORNA A FAR DANNI ★★
(Problem Child 2)
Regia di BRIAN LEVANT. Con MICHAEL OLIVER, JOHN RITTER, JACK WARDEN. ■ Seguito di *Piccola peste*, se possibile ancora meno riuscito del primo. C'è ancora Junior, il bambino insaziabile di guai, che però non ha il fascino di un Pinocchio o di un Gian Burrasca. La sua famiglia ha cambiato città ma lui è sempre pronto alle birbonate che regala a destra e a manca tra casa e scuola. ■ COMMEDIA; COL.; 85'; USA, 1991.

PICCOLA POSTA ★★★
Regia di STENO. Con ALBERTO SORDI, FRANCA VALERI. ■ Intorno alla figura di Lady Eva, dispensatrice di consigli alle signore dalle pagine della "Piccola posta" di un settimanale, ruotano persone e situazioni da commedia leggera. ■ COMMEDIA; B/N; 95'; ITALIA, 1955.

PICCOLA PRINCIPESSA *(A Little Princess)* ★★★
Regia di ALFONSO CUARÒN. Con ELEANOR BRON, LIAM CUNNINGHAM, RUSTY SCHWIMMER. ■ «Ogni ragazza è una principessa»: questo continua a ripetersi la piccola Sara Crew durante la sua permanenza nella scuola alla quale è costretta ad iscriversi in seguito alla chiamata alle armi del padre. È la prima guerra mondiale: mentre suo padre combatte per l'Inghilterra, la piccola Sara si scontra con la severa direttrice della scuola che la relega a lavori servili compromettendo, giorno dopo giorno, la sua fantasia e la sua personalità. La convinzione di Sara che "ogni ragazza è una principessa" viene messa a dura prova quando giunge la notizia che il padre è stato ucciso e che la sua proprietà è stata confiscata dal governo inglese. ■ COMM. DRAMMATICA; COL.; GRAN BRETAGNA, 1995. ■ OSCAR 1 NOM.

PICCOLA PRINCIPESSA, LA *(The Little Princess)* ★★★
Regia di WALTER LANG. Con IAN HUNTER, ANITA LOUISE, SHIRLEY TEMPLE. ■ Una bambina, messa in un aristocratico collegio dal papà – che è andato in Africa a combattere la guerra –, si trova lavorare come una piccola Cenerentola. Lei non si convince che il papà è morto e lo cerca, finché lo trova, anche con l'aiuto della regina Vittoria in persona. ■ COMMEDIA; COL.; 91'; USA, 1939.

PICCOLA RAGAZZA CALDA, UNA *(Chans)* ★★
Regia di GUNNAR HELLSTROM. Con BERTIL ANDERBERG, LILLEVÍ BERGMAN, GOSTA EKMAN, STURE ERICSON, EIVOIR LANDSTROM. ■ È la storia di una ragazza che, passando dal riformatorio ai lavori forzati, fugge per raggiungere la sua gang. Durante la strada si concede agli automobilisti in pagamento dell'autostop, ha una breve relazione con uno studente, trova i suoi ragazzotti, viene da loro picchiata. Torna al riformatorio. ■ DRAMMATICO; B/N; 90'; SVEZIA, 1962.

PICCOLA RIBELLE, LA *(The Littlest Rebel)* ★★★
Regia di DAVID BUTLER. Con JOHN BOLES, JACK HOLT, SHIRLEY TEMPLE. ■ Un ufficiale dei confederati viene catturato dai nemici. La piccola figlia, però, riesce a impietosire il comandante sudista che decide di aiutare il prigioniero a fuggire. Fallito il tentativo subiscono entrambi il processo e la condanna; ancora una volta però la piccola salva la situazione ottenendo la grazia addirittura dal presidente. ■ COMMEDIA; B/N; 70′; USA, 1935.

PICCOLA SANTA ★★
Regia di ROBERTO BIANCHI MONTERO. Con ROSARIO BORELLI, VIRNA LISI. ■ Il giovane rampollo di una nobile famiglia viene osteggiato dalla madre sia nella scelta della professione di medico, ritenuta non "aristocratica", sia nell'amore per la figlia di un fattore. È costretto a fidanzarsi con una nobildonna. Ma è la stessa fidanzata, turbata dalla tristezza di lui, a salvarlo. ■ COMMEDIA; B/N; 93′; ITALIA, 1954.

PICCOLA SPORCA GUERRA ★★★
(No habrá más penas ni olvido)
Regia di HECTOR OLIVERA. Con HECTOR BIDONDE, VICTOR LAPLACE, FEDERICO LUPPI. ■ Argentina, 1974. Nel piccolo paese di Colonia Vela è iniziata una guerra fratricida da quando Peron ha deciso di epurare dal partito tutti i sospetti di sinistra. Ignacio Fuentes e Mateus sono sospetti e devono essere uccisi. Ma i due uomini, prima di morire, si asserragliano in municipio facendo resistenza. Il film è diretto da un regista che ha vissuto quello che racconta e infatti ha vinto l'Orso d'argento al Festival di Berlino. ■ DRAMMATICO; COL.; 92′; ARGENTINA, 1982. ■ BERLINO 1 PR.

PICCOLA STELLA *(Baby Take a Bow)* ★★★
Regia di HARRY LACHMAN. Con JAMES DUNN, SHIRLEY TEMPLE. ■ Un ladro inseguito dalla polizia consegna la refurtiva ad una bimba. Questa a sua volta la mette in tasca al padre, autista del derubato. Seguono guai e complicazioni, finché il malvivente pretende dalla piccola la restituzione del maltolto. Verrà scoperto e acciuffato. ■ COMMEDIA; B/N; 76′; USA, 1935.

PICCOLA STORIA D'AMORE, UNA ★★★
(A Little Romance)
Regia di GEORGE ROY HILL. Con ARTHUR HILL, SALLY KELLERMAN, DIANE LANE, LAURENCE OLIVIER. ■ Due tredicenni, Lauren e Daniel (lei di ottima, lui di povera famiglia), si conoscono, diventano amici, s'innamorano. Incontrano Edmond, un perdigiorno simpatico che ha avuto qualche noia con la polizia. È Edmond che favorisce il sogno dei due adolescenti di giurarsi eterno amore sotto il ponte dei Sospiri a Venezia. Ma i due non riescono nel loro intento perché una coetanea fa la spia. Però il tentativo fa aprire gli occhi ai genitori di Lauren. ■ COMMEDIA; COL.; 108′; USA, 1979. ■ GOLDEN GLOBES 1 PR, 1 NOM; OSCAR 1 PR, 2 NOM.

PICCOLA VERA, LA *(Malan'Kaja Vera)*
Regia di VASSILI PICHUL. Con JURI NASAROV, NATALIJA NEGODA, ANDREJ SOKOLOV. ■ Per reagire alla situazione familiare disastrosa – il padre ubriaco con una moglie sfatta dal tempo e dal lavoro più un fratello che è via da casa – Vera distrugge tutte le regole comuni della società in cui vive, quella sovietica. Lo fa ribellandosi e bevendo, fumando e facendo l'amore un po' con tutti. Prende una cotta per uno studente e lo porta a casa dove si farà il fidanzamento. I genitori della ragazza ben presto avranno dei contrasti col giovane. Una denuncia del comportamento delle persone viziato dalla società sovietica che alimenta il pessimismo. Un buon esempio del cinema russo degli anni Ottanta-Novanta, riuscito e corrosivo soprattutto nei momenti ironici. Ha avuto un buon successo negli Stati Uniti. ■ DRAMMATICO; COL.; 128′; URSS, 1988.

PICCOLE ANIME *(Giacomo Ciarrapico)* ★★
Regia di GIACOMO CIARRAPICO. Con GIACOMO CIARRAPICO, MASSIMO DE LORENZO, CARLO DE RUGGERI, ANDREA SARTORETTI, MATTIA TORRE. ■ I provini, le prove, la messa in scena di uno spettacolo. Protagonisti un gruppo di giovani pronti ad andare incontro anche a cocenti delusioni (l'assenza di pubblico la sera della prima) ma capaci di non arrendersi. Opera prima dignitosa proprio perché senza particolari pretese. ■ COMMEDIA; COL.; 82′; ITALIA, 1998.

PICCOLE BUGIE TRA AMICI *(Les petits mouchoirs)* ★★
Regia di GUILLAME CANET. Con FRANÇOIS CLUZET, MARION COTILLARD, LAURENT LAFITTE, GILELS LELLOUCHE, BENOIT MAGIMEL. ■ Dopo una notte brava in discoteca, Ludo ha un brutto incidente in moto e viene ricoverato d'urgenza in ospedale. I suoi migliori amici rassicurati sulle sue condizioni decidono ugualmente di partire per l'annuale ritrovo a Cap Ferrat. Là, Max, il più ricco ma anche il più pedante del gruppo, ha una villa dove tutte le estati invita gli amici di sempre a trascorrere qualche settimana fra vita di mare e gite in barca. La vacanza, anziché calmare gli animi, farà emergere tutte le nevrosi, le paure e le incomprensioni. ■ COMMEDIA; COL.; 154′; FRANCIA, 2010.

PICCOLE CANAGLIE *(Little Rascals)* ★
Regia di PENELOPE SPHEERIS. Con MEL BROOKS, WHOOPI GOLDBERG, BUG HALL, TRAVIS TEDFORD. ■ Fa parte della serie prodotta da Hal Roach con una regista che sa essere indipendente ma che, in questo caso, si limita a far "recitare" dei bambini con esiti decisamente poco coinvolgenti. ■ COMMEDIA; COL.; 82′; USA, 1994.

PICCOLE DONNE *(Little Women)* ★★★★
Regia di GEORGE CUKOR. Con JOAN BENNETT, FRANCES DEE, KATHARINE HEPBURN, DOUGLAS MONTGOMERY, JEAN PARKER. ■ Dal romanzo omonimo di Louise May Alcott, la storia delle quattro sorelle March, unite da un profondo affetto. Quando una di esse si sposa, la maggiore si trasferisce a New York. Sarà l'ultima a prendere marito dopo che una sorella è morta e l'altra è diventata moglie di un ex pretendente. ■ COMMEDIA; B/N; 115′; USA, 1935. ■ OSCAR 1 PR, 3 NOM; VENEZIA 1 PR.

PICCOLE DONNE *(Little Women)* ★★★
Regia di MERVYN LE ROY. Con JUNE ALLYSON, ROSSANO BRAZZI, PETER LAWFORD, MARGARET O'BRIEN, ELIZABETH TAYLOR. ■ Altra versione di *Piccole donne*, senza il carisma della precedente. ■ COMMEDIA; COL.; 12?′; USA, 1949. ■ OSCAR 1 PR, 2 NOM.

PICCOLE DONNE *(Little Women)* ★★★
Regia di GILLIAN ARMSTRONG. Con GABRIEL BYRNE, WINONA RYDER, SUSAN SARANDON, ERIC STOLTZ. ■ A distanza di quasi cinquant'anni dalla precedente versione del romanzo della Alcott, tornano le quattro sorelle. In questo caso ci sono riferimenti tratti dalla vita della scrittrice. La regia è accorta e Winona Ryder si conferma la più brava tra le attrici emergenti degli anni Novanta. ■ COMMEDIA; COL.; 115′; USA, 1994. ■ OSCAR 3 NOM.

PICCOLE MERAVIGLIE *(Small Wonders)* ★★★
Regia di ALLAN MILLER. Con JOHN BLAKE, KAREN BRIGGS, ROBERTA GUASPARI-TZAVARAS, ISAAC STERN. ■ Roberta Guaspari-Tzavaras insegna violino ai bambini indigenti di East Harlem, salvandoli da un destino che sembrerebbe segnato irrimediabilmente. Produce Murray Lerner che nella prima metà degli anni Ottanta realizzò *Da Mao a Mozart: Isaac Stern in Cina*. Il musicista, sostenitore del lavoro della Guaspari, compare in un "cameo-role". ■ DOCUMENTARIO; COL.; 77′; USA, 1996.

PICCOLE STELLE ★
Regia di NICOLA DI FRANCESCANTONIO. Con ALESSANDRA CELI, LUCA LIONELLO. ■ Una ragazza di provincia tanto carina quanto ambiziosa decide di fare carriera nel mondo del cinema. Lascia quindi senza esitazione la sua casa e parte alla volta di Roma. ■ COMMEDIA; COL.; 85′; ITALIA, 1988.

PICCOLE STORIE *(Historias mínimas)* ★★
Regia di CARLOS SORIN. Con ANTONIO BENEDICTIS, JAVIER LOMBARDO. ■ Don Justo, un anziano signore, è scappato di casa alla ricerca del cane misteriosamente scomparso. Roberto è un commesso viaggiatore alla ricerca di un amore impossibile. Maria Flores, invece, aspetta di dare una svolta alla sua vita vincendo a un gioco a premi. Sullo sfondo lo scenario della Patagonia. In primo piano, tre personaggi in ricerca in un film che si rifà alla magia tipica di tanto cinema e letteratura sudamericani. ■ COMMEDIA; COL.; 92′; ARGENTINA, 2002.

PICCOLE VOLPI *(Little Foxes)* ★★★
Regia di WILLIAM WYLER. Con BETTE DAVIS, HERBERT MARSHALL, TERESA WRIGHT. ■ Una donna volitiva e ambiziosa è al

centro della storia. Disprezza il marito, ricco bancario ma onesto, che rifiuta certi loschi traffici. La donna giunge quasi fino al delitto per la brama di guadagno. ■ DRAMMATICO; B/N; 116′; USA, 1941. ■ OSCAR 8 NOM.

PICCOLI AFFARI SPORCHI *(Dirty Pretty Things)* ★★
Regia di STEPHEN FREARS. Con CHJWETEL EJIOFOR, SERGI LÓPEZ, AUDREY TAUTOU, KRISS DOSANJH, ISRAEL ADURAMO. ■ Okwe è un immigrato clandestino dall'Africa a Londra. Lavora di giorno come taxista e di notte come portiere in un hotel. Quando scopre in una camera un cuore umano per lui le cose cambiano. Si trova così ad indagare e a scoprire un traffico di organi. Stephen Frears sembra fare film a corrente alternata: uno interessante e uno molto meno a turno. Questa volta la corrente alternata scorre all'interno di un'unica opera. Infatti alla prima parte (che mescola noir e film di denuncia) segue una seconda melò e potenzialmente strappalacrime che ha scarse relazioni con la prima. ■ DRAMMATICO; COL.; 98′; GRAN BRETAGNA, 2002. ■ OSCAR 1 NOM.

PICCOLI AMICI *(Frühlingslied)* ★★
Regia di HANS ALBIN. Con ANNE-MARIE BLANC, RENÉ DELTGEN, OLIVER GRIMM, ALBERT LIEVEN. ■ Un ragazzo prodigio gira l'Europa in tournée accompagnato dal suo tutore, lo zio Edoardo. A sei anni, Volfango è già celebre, ma sente dolorosamente la mancanza di una vita adatta alla sua età. Viene affidato alle cure materne di una donna saggia in un villaggio alpino e rifiorisce. Torna ai concerti, ma non ce la fa; lo zio lo riporta in montagna. ■ DRAMMATICO; B/N; 92′; GERMANIA, 1954.

PICCOLI ATTORI *(Babes in Arms)* ★★★
Regia di BUSBY BERKELEY. Con JUDY GARLAND, MICKEY ROONEY, CHARLES WINNINGER. ■ Tratto da un successo di Broadway, il film narra la storia di un gruppo di artisti che mettono in scena uno spettacolo fallimentare. Tentano allora i loro figli, ma il risultato sembra identico perché una tempesta distrugge le scene prima del debutto. Un impresario, viste le prove, si offre di far debuttare i ragazzini in un vero teatro. Il film mostra una Garland sedicenne, diretta da un grande coreografo. ■ MUSICAL; COL.; 94′; USA, 1939. ■ OSCAR 2 NOM.

PICCOLI DETECTIVES *(Hue and Cry)* ★★★
Regia di CHARLES CRICHTON. Con ROBERT HELPMANN, ALASTAIR SIM, JACK WARNER. ■ È la prima commedia *ealing*, un filone del film britannico che fece epoca (la consegna, per i soggettisti, era di cercare trame tipicamente inglesi, storie di piccoli personaggi, che si differenziassero dai modelli di commedia americani). I "piccoli detective" sono una banda di ragazzotti dell'East End che scopre che il loro giornaletto preferito viene usato da una banda di malfattori per passare le informazioni. I ragazzi decidono di mettere i lestofanti a posto, ci riescono con una massiccia operazione che coinvolge un po' tutti i teenagers del quartiere. Il covo dei banditi viene circondato da migliaia di ragazzini ululanti. ■ COMMEDIA; B/N; 82′; GRAN BRETAGNA, 1946.

PICCOLI EQUIVOCI ★★
Regia di RICKY TOGNAZZI. Con NANCY BRILLI, SERGIO CASTELLITTO, ROBERTO CITRAN, LINA SASTRI. ■ Tratto da un testo teatrale di Claudio Bigagli. Qui al suo esordio come regista Ricky Tognazzi non riesce a creare la giusta atmosfera. Paolo è un attore ancora innamorato di Francesca, sua ex compagna, e si aggira nell'appartamento dove si sono amati e separati. Lui è deciso a rimanere lì e quando lei, attrice a sua volta, torna a casa dovranno dividere la compagnia di amici, nuove fiamme e conoscenti. ■ COMMEDIA; COL.; 87′; ITALIA, 1989. ■ DAVID DI DONATELLO 1 PR, 1 NOM.

PICCOLI FUOCHI ★★★
Regia di PETER DEL MONTE. Con VALERIA GOLINO, DINO JAKSIS, CARLOTTA WITTIG, MARIO GARRIBA, ULISSE MINERVINI. ■ Tommaso è un bambino trascurato dai genitori che si è creato un mondo a parte popolato da tre amici fantastici: un Re, un Drago e un Alieno. Quando arriva la nuova baby-sitter, Tommaso se ne innamora, ma lei ha la sua vita e sta con un ragazzo anche manesco. Tommaso lo odia e, "aiutato" dai suoi amici, gli dà fuoco mentre dorme. Sogno o realtà? Metafora che esplora l'inconscio dei bambini con qualche forzatura di troppo. ■ PSICOLOGICO; COL.; 93′; ITALIA, 1985.

PICCOLI GANGSTERS *(Bugsy Malone)* ★★★
Regia di ALAN PARKER. Con SCOTT BAIO, JOHN CASSISI, FLORRIE DUGGER, JODIE FOSTER, MARTIN LEV. ■ Le lotte fra i gangster negli anni Venti, a New York. Solo che il film è una parodia i cui protagonisti sono ragazzi e bambini che, invece di spararsi, si tirano torte. ■ MUSICAL; COL.; 93′; GRAN BRETAGNA, 1976. ■ GOLDEN GLOBES 3 NOM; OSCAR 1 NOM.

PICCOLI G-MEN *(Penrod and Sam)* ★★
Regia di WILLIAM H. MCGANN. Con FRANK CRAVEN, BILLY MAUCH. ■ Un gruppo di ragazzini imita, per gioco, le gesta dei G-men nella vittoriosa lotta alla delinquenza. Un giorno alcuni banditi, per sfuggire alla polizia, si rifugiano proprio nel covo dei fanciulli che, nonostante siano tenuti prigionieri, riescono ad avvertire gli agenti e a farli catturare. ■ AVVENTURA; B/N; 64′; USA, 1937.

PICCOLI GRANDI EROI *(D2: The Mighty Ducks)* ★
Regia di SAM WEISMAN. Con EMILIO ESTEVEZ, JAN RUBES, MICHAEL TUCKER. ■ Los Angeles. L'allenatore della squadra juniores di hockey dei "Might Ducks" sta seriamente decidendo se lasciare il team per passare al professionismo. Tutto ciò alla vigilia della partita più importante, contro i campioni del mondo. ■ COMMEDIA; COL.; 100′; USA, 1994.

PICCOLI LADRI *(Sag-haye velgard)* ★★★
Regia di MARZIYEH MESHKINI. Con SOHRAB AKBARI, GOL GHOTI, AGHELEH REZAII, TWIGGY, ZAHED. ■ Due bimbi, fratello e sorella, vagano per le strade di Kabul. Prima di rientrare la notte nella prigione che "ospita" la madre, salvano un cane randagio da una morte sicura. Una sera, però, il regolamento è cambiato e i due ragazzini non hanno più accesso al carcere. L'unica possibilità per entrarvi è quella di commettere un furto. Secondo lungometraggio della regista iraniana, Marziyeh Meshkini, della premiata Makhmalbaf Factory, *Piccoli ladri* testimonia, ancora una volta, la tragica e disumana situazione in cui versa la popolazione afghana. Un film indubbiamente lodevole, non privo di momenti di suggestione visiva, nonché di una buona capacità nel dirigere i giovani protagonisti, che conferma il talento della regista. ■ DRAMMATICO; COL.; 93′; IRAN, 2004.

PICCOLI MAESTRI ★★
Regia di DANIELE LUCHETTI. Con STEFANO ACCORSI, STEFANIA MONTORSI, MARCO PAOLINI. ■ Dal romanzo omonimo di Meneghello. Il giovane partigiano Gigi chiede di poter assumere il nome di battaglia "bandiera". Ma gli viene negato perché considerato retorico. E si sa, lo spirito della Resistenza non voleva essere quello. Gigi viene pure punito. Torna di moda la Resistenza, purtroppo questo film è l'ennesimo caso lampante dell'inadeguatezza del cinema rispetto alla scrittura. A meno che si tratti di Ford (*Furore*) o di Visconti (*Il gattopardo*). ■ DRAMMATICO; COL.; 116′; ITALIA, 1998.

PICCOLI NAUFRAGHI ★★
Regia di FLAVIO CALZAVARA. Con NELLO DE ROSSI, ROLANDO VONA. ■ Ferve la guerra etiopica. Un gruppo di ragazzi vuole raggiungere quel paese e si imbarca clandestinamente. Il natante fa naufragio ed essi vivono per qualche tempo su un'isola dove attracca un veliero sospetto. I ragazzi riescono ad impadronirsene e intraprendono così il viaggio di ritorno. ■ AVVENTURA; B/N; 90′; ITALIA, 1939.

PICCOLI OMICIDI *(Little Murderers)* ★★★
Regia di ALAN ARKIN. Con ALAN ARKIN, VINCENT GARDENIA, ELLIOTT GOULD, LOU JACOBI, MARCIA RODD, DONALD SUTHERLAND. ■ Un giovane fotografo sposa la grintosa arredatrice Patsy. Quando la moglie viene uccisa da un colpo di fucile, sparato da un misterioso cecchino, il fotografo acquista un fucile e si mette a sparare. ■ COMMEDIA; COL.; 110′; USA, 1971.

PICCOLI OMICIDI TRA AMICI *(Shallow Grave)* ★★★
Regia di DANNY BOYLE. Con CHRISTOPHER ECCLESTON, KERRY FOX, EWAN MCGREGOR. ■ Tre amici, una donna e due uomini, sono alla ricerca di un quarto inquilino che condivida il loro appartamento. Quando il prescelto viene trovato defunto con una borsa piena di soldi, fra i tre amici si scatenano rivalità, compli-

cate dall'arrivo di due malviventi a caccia del malloppo. ■ COMMEDIA; COL.; 95'; GRAN BRETAGNA, 1994.

PICCOLI ORRORI ★★
Regia di TONINO DE BERNARDI. Con ANNA BONAIUTO, ROBERTO DE FRANCESCO, IAIA FORTE. ■ Il regista è uno dei maestri della produzione *off* italiana. Ha tentato la via della distribuzione commerciale senza successo. Il film si rivela interessante per la varietà degli episodi e gli amichevoli contributi degli attori. ■ FILM A EPISODI; COL.; 89'; ITALIA, 1994.

PICCOLI RUMORI *(Little Noises)* ★★
Regia di JANE SPENCER. Con CRISPIN GLOVER, TATUM O'NEAL. ■ Stella è una ragazza molto carina e ovviamente attira l'attenzione dei suoi coetanei. Uno di questi, conoscendo la propria mediocrità o semplicemente sapendo di non essere un artista, decide di usare alcune belle poesie di un ragazzo che non ha l'uso della parola. Quest'ultimo ha un altro dramma che riguarda la propria famiglia, suo fratello infatti spaccia droga. ■ DRAMMATICO; COL.; 90'; USA, 1990.

PICCOLI SPAVALDI – RAGAZZI SPAVALDI ★★
(Boy of the Street)
Regia di WILLIAM NIGH. Con JACKIE COOPER, MAUREEN O'CONNOR. ■ Un ragazzo che vive in un quartiere proletario di una grande città ha intelligenza e talento, ma non sa far altro che capeggiare una banda di scapestrati che mena le mani. Viene ferito dalla polizia in uno scontro e si ricrede: entrerà lui stesso nella polizia. ■ DRAMMATICO; B/N; 76'; USA, 1937.

PICCOLI TRADIMENTI *(Petites coupures)* ★★
Regia di PASCAL BONITZER. Con DANIEL AUTEUIL, KRISTIN SCOTT THOMAS. ■ La vita di Bruno è letteralmente riempita da un harem di donne. Ma all'improvviso accade qualcosa che rovina l'idillio. ■ DRAMMATICO; COL.; 97'; FRANCIA, 2002.

PICCOLI UOMINI *(Peck's Bad Boy)* ★★
Regia di EDWARD F. CLINE. Con JACKIE COOPER. ■ Una donna vorrebbe sposare un vedovo per dare una casa a se stessa e al figlio. Questi rivela al coetaneo, figlio del vedovo, che lui è un trovatello e tenta di allontanarlo. Saranno invece la donna e il ragazzo ad andarsene. ■ DRAMMATICO; B/N; 70'; USA, 1934.

PICCOLI UOMINI *(Little Men)* ★★
Regia di PHIL ROSEN. Con RALPH MORGAN, ERIN O'BRIEN. ■ Un orfano senza casa viene educato dal direttore di una scuola. Un amico del fanciullo, insofferente a qualsiasi disciplina, mal si adatta alle regole dell'istituto e viene accusato di furto. L'orfano, innocente, si accusa per lui, finisce in riformatorio ma ne fugge. Quando torna tra i compagni la sua buona fede è già stata riconosciuta. ■ AVVENTURA; B/N; 95'; USA, 1938.

PICCOLO ALPINO ★★
Regia di ORESTE BIANCOLI. Con MARIO FERRARI, ELIO SANNANGELO. ■ Durante la prima guerra mondiale, un presunto orfanello viene catturato dagli austriaci. Sfuggito alla loro sorveglianza decide, con un amichetto, di tornare in patria. Lui sopravvive ma l'altro muore di fatica. Quando le ostilità cessano, il piccolo alpino ritrova il padre e riceve una medaglia al valore. ■ DRAMMATICO; B/N; 91'; ITALIA, 1940.

PICCOLO ARCHIMEDE, IL ★★★
Regia di GIANNI AMELIO. Con LAURA BETTI, SHIRLEY CORRIGAN, ALDO SALVI, JOHN STEINER. ■ Girato per la televisione in sedici millimetri. Un bambino toscano, figlio di contadini, ha un gran talento nell'apprendere matematica e musica. Si interessa a lui un inglese che però si trova al centro di un vero intrigo. ■ DRAMMATICO; COL.; 85'; ITALIA, 1979.

PICCOLO BUDDHA ★★★
Regia di BERNARDO BERTOLUCCI. Con BRIDGET FONDA, CHRIS ISAAK, KEANU REEVES, YING ROUCHENG, ALEX WIESENDANGER. ■ Norbu, Lama del Buthan, ha ragione di ritenere che a Seattle viva un bambino, Jesse, che ha reincarnato il Lama Dorje, importante figura buddista, morto otto anni prima. Un gruppo di monaci contatta il bambino, che ha genitori sensibili e intelligenti. Jesse si diverte come in una favola e dopo qualche tempo viene accompagnato dal padre in Nepal, dove conosce altri due "candidati alla reincarnazione": un bimbo e una bimba del luogo. Nel frattempo il Lama racconta a Jesse la storia di Siddharta, che molti secoli prima di Cristo fondò il buddismo. Viene deliberato che tutti e tre i bambini sono la reincarnazione del grande Lama. Jesse torna alla sua vita occidentale, ma con un grande ricordo nel cuore, che non lo lascerà più. Bertolucci sviluppa l'ennesima tesi della carriera (e della vita) alla sua maniera: bene eseguita ma senza la lode. Una volta come termine di paragone positivo rispetto all'Occidente proponeva il comunismo, adesso propone l'Oriente. Fa sua una nuova filosofia e poi la estende al grande popolo del cinema, e potendo contare su budget multimiliardari trova le leve per raccontare con una certa efficacia. Il film è talmente ricco che in certe situazioni non può non incantare: è la stessa chiave dell'*Ultimo imperatore* e, prima, di *Novecento*. Positiva è la dialettica fra i rappresentanti dei due mondi: Dean, padre del bambino, architetto in carriera, Lisa, la madre più aperta ai dubbi. Alla fine c'è comprensione e compromesso. Ed è il discorso migliore del film: la tolleranza e l'equilibrio di due modi tanto diversi di intendere la vita e la morte. Deve valere "la via di mezzo", diceva Siddharta, e dice Bertolucci misurato nell'affrontare i misteri e le differenze, sinceramente preparato nel rappresentare le massime e i riti, e mai perentorio o fazioso come quando era "comunista". Per il resto brillano tutti: Storaro che fotografa in grigio l'Occidente e in esplosione di colori l'Oriente, i tre bambini, il padre tormentato e soprattutto il monaco (Ying Roucheng), e anche il levigato Keanu Reeves, capace di passare dall'Fbi (*Point Brack*) a Shakespeare (*Molto rumore per nulla*), al Nepal con sicura disinvoltura. Se poi si vogliono trovare riminiscenze e citazioni si possono fare i nomi di Fellini, Pasolini e... De Mille. ■ FANTASTICO; COL.; 165'; ITALIA, 1993.

PICCOLO CAFFÈ, IL *(Le petit Café)* ★★
Regia di LUDWIG BERGER. Con MAURICE CHEVALIER, TANIA FEDOR, YVONNE VALLÉE. ■ Un giovane Maurice Chevalier canta e balla allegramente. ■ COMMEDIA; B/N; 90'; FRANCIA, 1930.

PICCOLO CAMPIONE, IL *(Run for the Roses)* ★★
Regia di HENRY LEVIN. Con SAM GROOM, VERA MILES, STUART WHITMAN. ■ Il figliastro del capo dei cowboy di un ranch vorrebbe un cavallo tutto per sé. Il suo desiderio è esaudito quando nasce da una giumenta un puledrino zoppo. Nessuno lo vuole, tranne il ragazzo, che, contro ogni aspettativa, alleva il cavallino, fino a farne un grande corridore (nel finale lo vediamo vincere il fatidico derby del Kentucky). ■ AVVENTURA; COL.; 93'; USA, 1978.

PICCOLO CAMPO, IL *(God's Little Acre)* ★★★
Regia di ANTHONY MANN. Con BUDDY HACKETT, TINA LOUISE, ALDO RAY, ROBERT RYAN, FAY SPAIN. ■ Nell'America della crisi economica, la famiglia dell'agricoltore Ty Walden è dilaniata dai drammi personali e dalla sete di guadagno. Il genero del vecchio, alla disperata ricerca di una miniera d'oro, morirà ucciso nel piccolo campo, il cui prodotto era votato a Dio. ■ DRAMMATICO; B/N; 110'; USA, 1958.

PICCOLO CESARE *(Little Caesar)* ★★★★
Regia di MERVYN LE ROY. Con SIDNEY BLACKMER, WILLIAM COLLIER JR, DOUGLAS FAIRBANKS JR, GLENDA FARRELL, EDWARD G. ROBINSON. ■ Tratto dall'omonimo romanzo di William Burnett, è imperniato sulla figura di un feroce gangster, Cesare Rico Bandelom, seguito passo dopo passo nel corso della sua sciagurata parabola di malavitoso: dall'ascesa nella banda di Sam Vettori all'imperiale appellativo di Piccolo Cesare, al tradimento, alla caduta nella polvere, al confronto con se stesso fino alla morte. Rico ha un'unica debolezza che gli sarà fatale: l'amicizia con Joe Massara, un ballerino divenuto gangster e che in realtà ha poco in comune con lui. Il tema dell'amicizia, nella quale qualcuno ha voluto vedere una latente omosessualità, è l'unica componente positiva di una vicenda cruda, truce e brutale. Robinson, che fu preferito a Clarke Gable (si dice che lo danneggiarono le sue orecchie a sventola), entra nel personaggio come un guanto. L'assoluto distacco della regia, l'incisività dei personaggi, la veridicità dell'ambientazione e l'essenzialità dei dialoghi ne fanno un classico del genere gangster, quasi un "libro di testo" su come fare un film di questo tipo. Film vedibilissimo anche oggi, non dimostra affatto i suoi anni. ■ DRAMMATICO; B/N; 80'; USA, 1930. ■ OSCAR 1 NOM.

PICCOLO COLONNELLO *(Little Colonel)* ★★★
Regia di DAVID BUTLER. Con LIONEL BARRYMORE, SHIRLEY TEMPLE. ■ Una piccola non ama il nonno perché questi detesta suo padre. Un giorno il padre si ammala e la bambina viene affidata al nonno. Sembra un dramma, ma un incidente a lieto fine porterà la pace in famiglia. ■ COMMEDIA; B/N; 80'; USA, 1935.

PICCOLO COLONNELLO *(El pequeño coronel)* ★★
Regia di ANTONIO DEL AMO ALGARA. Con TOMAS BLANCO, JOSELITO JIMENEZ, MARIA MAHOR, FERNANDO SANCHO. ■ Un bimbo, rimasto orfano del padre colonnello, viene fatto rapire da un tizio che vuole ucciderlo. Ma i banditi sono conquistati dalla grazia del ragazzo che in breve tempo diviene il loro capo e ne fa una banda al servizio della giustizia. ■ AVVENTURA; COL.; 92'; SPAGNA, 1959.

PICCOLO CONTE, IL *(Der junge Graf)* ★★
Regia di KARL LAMAC. Con ANNY ONDRA, HANS SÖHNKER. ■ Un giovane nobile viene rinnegato dal padre perché ha sposato un'autista. Sua figlia riesce a farsi invitare dal nonno che, per un equivoco, la crede maschio. Lei persiste nell'inganno, ma si innamora di un insegnante. La verità verrà a galla e la vicenda si chiude con un matrimonio e il perdono del nobile al figlio. ■ COMMEDIA; B/N; 91'; UNGHERIA, 1936.

PICCOLO CUORE *(Banjo)* ★★
Regia di RICHARD FLEISCHER. Con SHARYN MOFFETT, UNA O'CONNOR, WALTER REED, JACQUELINE WHITE. ■ Una bambina di nome Patrizia, rimasta orfana, va a vivere con la svampita giovane zia, che non le permette di tenere con sé il cagnolino Bobby. La cara bestiola si fa male e Patrizia la fa curare da un giovane medico, che è l'ex fidanzato della zietta: con l'aiuto del cane faciliterà la riconciliazione. ■ COMMEDIA; B/N; 93'; USA, 1947.

PICCOLO DIAVOLO, IL ★★★
Regia di ROBERTO BENIGNI. Con ROBERTO BENIGNI, NICOLETTA BRASCHI, WALTER MATTHAU. ■ Un prete americano a Roma (Matthau), specializzato in esorcismi, cerca di scacciare il demonio da una ragazza assatanata e ci riesce. Ma il maligno salta fuori nella persona di un simpatico diavoletto (Benigni) con la tendenza al disastro e ogni intenzione di complicare la vita al povero esorcista (già scombussolato da una relazione sentimentale con Stefania Sandrelli). ■ COMMEDIA; COL.; 110'; ITALIA, 1988. ■ DAVID DI DONATELLO 1 PR, 1 NOM.

PICCOLO DIZIONARIO AMOROSO ★
(The Sleeping Dictionary)
Regia di GUY JENKIN. Con JESSICA ALBA, BRENDA BLETHYN, HUGH DANCY, BOB HOSKINS. ■ Un giovane ufficiale inglese, idealista e pieno di energia, viene mandato nel Sarawak alle dipendenze del governo colonialista britannico: lì conosce Selima, un'incantevole ragazza indiana con una bizzarra occupazione: quella di "dizionario amoroso" degli ufficiali inglesi. Un film destinato all'homevideo con più di un'incertezza stilistica e uno scarso sfruttamento delle potenzialità della sceneggiatura. Ci si chiede cosa ci facciano Bob Hoskins e Brenda Blethyn in ruoli di contorno. ■ SENTIMENTALE; COL.; 105'; USA, 2003.

PICCOLO E IL GRANDE AMORE, IL ★★
(Die kleine und die grosse Liebe)
Regia di JOSEF VON BACKY. Con GUSTAV FRÖHLICH, JENNY HUGO. ■ Un'hostess si innamora di un nobile senza conoscere la sua vera identità. L'uomo, già promesso ad una fanciulla di sangue reale, tenta invano di sciogliere quell'impegno. Piuttosto che rinunciare all'amata preferisce infine rinunciare al trono. ■ COMMEDIA; B/N; 94'; GERMANIA, 1938.

PICCOLO FUGGITIVO, IL *(The Little Fugitive)* ★★★
Regia di RAY ASHLEY, MORRIS ENGEL, RUTH ORKIN. Con RICHIE ANDRUSCO, RICKY BREWSTER. ■ Lennie mette in mano al fratellino Joey di sette anni un fucile e gli fa credere di essere stato ucciso da lui. Joey, spaventato, fugge e vaga per una giornata lungo la spiaggia di Coney Island tra la folla indifferente e cartocci di rifiuti. Poi, naturalmente, il fratello lo verrà a prendere. ■ COMMEDIA; B/N; 75'; USA, 1953. ■ OSCAR 1 NOM; VENEZIA 1 PR.

PICCOLO FUORILEGGE, IL *(The Littlest Outlaw)* ★★
Regia di ROBERTO GAVALDÓN. Con PEDRO ARMENDARIZ, JOSEPH CALLEIA, LAILA MALEY, ANDREAS VELASQUEZ. ■ Il ragazzo Pablito sottrae Conquistador, un cavallo a cui è molto affezionato, alle rappresaglie dell'attendente di stalla che lo ucciderebbe sicuramente, dopo che Conquistador ha disarcionato la figlioletta del generale. Insieme vivono molte avventure. ■ AVVENTURA; COL.; 90'; MESSICO, USA, 1956.

PICCOLO GIGANTE, IL *(Little Giant)* ★★★
Regia di WILLIAM A. SEITER. Con BUD ABBOTT, LOU COSTELLO, BRENDA JOYCE. ■ Gianni e Pinotto sono questa volta alle prese con la vendita casa per casa di aspirapolveri. ■ COMICO; B/N; 91'; USA, 1946.

PICCOLO GIGANTE RE DEI GANGSTER, IL ★★★
(The Little Giant)
Regia di ROY DEL RUTH. Con MARY ASTOR, EDWARD G. ROBINSON, KENNETH THOMPSON, HELEN VINSON. ■ Un ex boss del commercio clandestino degli alcolici alla fine del proibizionismo vuole entrare nel bel mondo dell'alta società. Divertente parodia dei film di gangster. ■ COMMEDIA; B/N; 75'; USA, 1933.

PICCOLO GRANDE AARON *(The King of the Hill)* ★★★
Regia di STEVEN SODERBERGH. Con KAREN ALLEN, JESSE BRADFORD, LISA EICHHORN, JEROEN KRABBE. ■ Nonostante in alcuni punti tenda alle sdolcinature si tratta di un film ben condotto dal regista di *Sesso, bugie e videotape* e ben interpretato. Siamo negli Stati Uniti, durante gli anni della Depressione. La famiglia del piccolo Aaron ha grossi problemi economici. Le conseguenze saranno infauste. La madre, che ha bisogno di cure, viene messa in un istituto, mentre il padre parte in cerca di fortuna. Aaron dovrà badare a se stesso. ■ COMMEDIA; COL.; 99'; USA, 1993.

PICCOLO GRANDE AMORE ★
Regia di CARLO VANZINA. Con RAOUL BOVA, PAUL FREEMAN, BARBARA SNELLENBURG, DAVID WARNER, SUSANNAH YORK. ■ Sofia del Liechtenhaus non ha nessuna voglia di soggiacere alle regole del principato e non vuole sposare l'erede di casa Sassonia. Cerca allora rifugio tra le braccia di un prestante istruttore di windsurf. Raoul Bova, dopo il simpatico esordio di *Cominciò tutto per caso*, si ritrova in un film di un Vanzina in tono minore. Il che è tutto dire. ■ COMMEDIA; COL.; 105'; ITALIA, 1993.

PICCOLO GRANDE EROE, UN ★★
(Hammers over the Anvil)
Regia di ANN TURNER. Con RUSSELL CROWE, JAKE FROST, CHARLOTTE RAMPLING. ■ Tratto dai racconti dell'australiano Allan Marshall. Un bambino handicappato assiste all'amore proibito tra un giovane cowboy e una donna inglese sposata. Brava la Rampling. ■ COMMEDIA; COL.; 100'; AUSTRALIA, 1992.

PICCOLO GRANDE MAGO DEI VIDEOGAMES, IL *(The Wizard)* ★★
Regia di TODD HOLLAND. Con JENNY LEWIS, FRED SAVAGE, CHRISTIAN SLATER. ■ Un ragazzo autistico è abilissimo coi videogame e con le costruzioni in miniatura. La madre snaturata lo mette in una clinica ma il fratello, dopo averlo fatto scappare, lo conduce in California. Ideale per i ragazzi. ■ COMMEDIA; COL.; 94'; USA, 1989.

PICCOLO GRANDE UOMO *(Little Big Man)* ★★★★
Regia di ARTHUR PENN. Con MARTIN BALSAM, JEFF COREY, FAYE DUNAWAY, AIMÉE ECCLES, CHIEF DAN GEORGE, DUSTIN HOFFMAN, RICHARD MULLIGAN, KELLY JEAN PETERS. ■ Un vecchio di 121 anni, Jack Crabb, ex pioniere, ex soldato, ex pistolero, ex alleato degli indiani, rivive con partecipazione e nello stesso tempo piaggeria l'epoca dei bianchi in territorio indiano: finzione e realtà, ricordo e bugie si mescolano continuamente. Egli ha conosciuto il militarista generale Custer nella strage di Little Big Horn, ha stretto la mano a Buffalo Bill, è sopravvissuto alla strage di Washita, ha amato donne indiane. ■ WESTERN; COL.; 150'; USA, 1969. ■ OSCAR 1 NOM.

PICCOLO HOTEL ★★★
Regia di PIERO BALLERINI. Con ANDREA CHECCHI, EMMA GRAMATICA. ■ Un giovane torna a casa dopo anni di assenza. Impiegatosi in una banca, perde la testa per una ragazza e ruba per darle ciò che desidera. Spaventato dal suo gesto scappa di nuovo; la madre, per coprire lo scandalo, vende l'albergo di sua proprietà

rendendo alla banca il maltolto. ■ DRAMMATICO; B/N; 92′; ITALIA, 1938.

PICCOLO INDIANO, UN *(One Little Indian)* ★★

Regia di BERNARD MCEVEETY. Con JAMES GARNER, PAT HINGLE, VERA MILES. ■ Per una volta un film Disney dalla parte dei reietti della società. È la storia di una fuga attraverso il deserto. Un caporale della cavalleria scappa di prigione per non essere impiccato e nella fuga porta con sé un piccolo indiano di dieci anni che fugge dal massacro indiscriminato della sua gente. Eterodosso anche il mezzo di locomozione: un cammello (che porterà in salvo i fuggiaschi). ■ WESTERN; COL.; 90′; USA, 1973.

PICCOLO LADRO, IL *(Le petit voleur)* ★★★

Regia di ERICK ZONCA. Con MARTIAL BEZOT, JEAN-ARMAND DALOMBA, NICOLAS DUVAUCHELLE, JEAN-JÉROME ESPOSITO, YANN TREGOUET. ■ Erick Zonca, dopo il successo di un film difficile come *La vita sognata degli angeli*, torna sugli schermi con un film dalla durata anomala prodotto dal canale Arte. Un ladruncolo si mette con la criminalità più organizzata di Marsiglia finendo in una banda il cui capo non va per nulla per il sottile. C'è una scena di violenza che giustifica il divieto. Per il resto rimane la sentita attenzione del regista per un mondo giovanile che rischia ogni momento di perdersi per strade senza via d'uscita. ■ DRAMMATICO; COL.; 63′; FRANCIA, 1999.

PICCOLO LORD, IL *(Little Lord Fauntleroy)* ★★★

Regia di JACK GOLD. Con CONNIE BOOTH, ALEC GUINNESS, RICKY SCHROEDER. ■ Ennesima versione del classico per ragazzi di Francesca Burnett. Questa è migliore delle altre per via dell'interpretazione di Guinness e del piccolo Ricky Schroeder. La storia è sempre quella: un vecchio Lord designa come suo erede il nipotino figlio del matrimonio fra il suo primogenito (ora defunto) e una donna americana. Va tutto bene (il vecchio e il bambino si adorano) quando spunta un altro piccolo pretendente (nato da un'avventura del primogenito). Ma è una truffa. Come scoprirà, grazie a un caso fortuito, il vecchio aristocratico. ■ SENTIMENTALE; COL.; 100′; GRAN BRETAGNA, USA, 1980.

PICCOLO MONDO ANTICO ★★★★

Regia di MARIO SOLDATI. Con ADA DONDINI, MARIÙ PASCOLI, MASSIMO SERATO, ALIDA VALLI. ■ Durante il nostro Risorgimento, un giovane di nobile casato sposa, contro il volere dell'arcigna nonna, una borghese e va a vivere con la moglie e lo zio di lei in una villa sul lago di Como. La loro bambina annega nel lago per una svista fatale, e la giovane madre quasi impazzisce. Si riprende solo quando lo sposo, che intanto ha aderito ai movimenti clandestini rivoluzionari, annuncia la sua partenza per la guerra di Crimea. ■ DRAMMATICO; B/N; 107′; ITALIA, 1940.

PICCOLO NEMO *(Little Nemo)* ★★

Regia di MASAMI HATA, WILLIAM T. HURTZ. ■ Un tentativo giapponese di smorzare l'egemonia disneyana nei disegni animati. Adattato per lo schermo nientemeno che dallo scrittore Ray Bradbury (*Fahrenheit 451* e *Cronache marziane*), è tratto dal fumetto di Winsor McKay. Il re Morfeo, sovrano di Sonnolandia, vuole far sedere sul trono il Piccolo Nemo. Ma per colpa di una chiave gli incubi imperversano. Nel finale il protagonista si risveglia, come Alice. ■ ANIMAZIONE; COL.; 90′; GIAPPONE, 1993.

PICCOLO NICOLAS E I SUOI GENITORI, IL ★★
(Le petit Nicolas)

Regia di LAURENT TIRARD. Con FRANÇOIS-XAVIER DEMAISON, MICHEL DUCHAUSSOY, SANDRINE KIBERLAIN, VALERIE LEMERCIER, KAD MERAD. ■ Amato in famiglia, benvoluto dai propri compagni di scuola, il piccolo Nicolas vive una vita felice. Ma un giorno una conversazione tra i suoi genitori lo induce a pensare che sia in arrivo un altro fratellino e il timore di seguire le sorti di Pollicino, di essere abbandonato nel mezzo di un bosco, lo assale. ■ COMMEDIA; COL.; 91′; FRANCIA, 2009.

PICCOLO OMICIDIO, UN *(A Small Killing)* ★★

Regia di STEVEN HILLIARD STERN. Con EDWARD ASNER, JEAN SIMMONS, JOHN STEADMAN. ■ Una vecchia mendicante viene uccisa da una banda di spacciatori di droga. Un anziano poliziotto è deciso a risolvere il caso travestendosi da *clochard*. Avrà l'aiuto della donna che sposerà al termine della vicenda e di alcuni vagabondi divenuti suoi amici. Buona l'interpretazione, soprattutto quella di Edward Asner, ex Lou Grant. Regia molto televisiva. ■ GIALLO; COL.; 95′; USA, 1981.

PICCOLO PORTO, IL *(Primrose Path)* ★★

Regia di GREGORY LA CAVA. Con JOEL MCCREA, MARJORIE RAMBEAU, GINGER ROGERS, HENRY TRAVERS. ■ Una ragazza che proviene da una famiglia piena di guai (la nonna è una vecchia megera, la madre si prostituiva e il padre, ubriacone, ha finito per ucciderla) conosce un bravo ragazzo e lo sposa. ■ DRAMMATICO; B/N; 93′; USA, 1940. ■ OSCAR 1 NOM.

PICCOLO RE ★★

Regia di REDO ROMAGNOLI. Con LUIGI CIMARA, JONE FRIGERIO, EVI MALTAGLIATI, EGISTO OLIVIERI. ■ Un riuscito matrimonio sta andando a rotoli perché lei non è ancora riuscita a dare un figlio al marito. Finalmente rimane incinta, ma la gravidanza si presenta molto rischiosa. La donna, tuttavia, rifiuta di abortire; darà alla luce uno splendido bambino e riconquisterà l'amore del coniuge. ■ DRAMMATICO; B/N; 90′; ITALIA, 1939.

PICCOLO RIBELLE, IL ★★

Regia di EMILIO CORDERO. Con ENRICO AMERI, LUCIANO SANDRI. ■ Un ragazzo viziato che ha provocato la rovina definitiva di due poverissimi sposi, dopo la partenza del padre generale per la guerra trova rifugio proprio in casa delle sue vittime. L'uomo tenterà di vendicarsi, ma questo si ritorcerà proprio contro di lui. Di rigore il lieto fine. ■ DRAMMATICO; B/N; 92′; ITALIA, 1947.

PICCOLO SUPERMAN, IL *(Bionic Boy)* ★★

Regia di LEODY M. DIAZ. Con JOHNSON JAP, STEVE NICHOLSON, JOE SISON. ■ Il film si svolge a Manila. Sonny Lee è un bambino di dieci anni che, a causa di un incidente, è rimasto gravemente menomato. Lungi dall'esserne ostacolato, il bambino diviene un vero superbaby, tanto da riuscire a debellare la mafia americana che cerca di conquistare le isole del Pacifico. ■ AVVENTURA; COL.; 93′; FILIPPINE, 1979.

PICCOLO TESTIMONE DELL'ORIENT EXPRESS, IL ★★

Regia di GUIDO ZURLI. Con BILL ARKIN, DICKY DICKY, JOAN HAYWARD. ■ Un bambino è l'occasionale testimone di un assassinio. La polizia non crede al racconto del piccolo, ma gli assassini cercano in tutti i modi di ucciderlo. Il bimbo fugge e viene raggiunto in un castello sul Bosforo. All'ultimo momento verrà salvato. ■ GIALLO; COL.; 90′; ITALIA, TURCHIA, 1977.

PICCOLO VETRAIO, IL ★★

Regia di GIORGIO CAPITANI. Con ANTOINE BALPÊTRE, LIANELLA CARREL, MASSIMO SERATO. ■ Mentre in Europa passano gli eserciti di Napoleone, due ragazzi italiani vengono reclutati in Francia per un duro lavoro in una fabbrica di vetro. Il più piccolo muore di stenti, il grandicello si ritrova tra le file di Bonaparte. ■ DRAMMATICO; B/N; 91′; ITALIA, 1955.

PICNIC ★★★★★

Regia di JOSHUA LOGAN. Con BETTY FIELD, WILLIAM HOLDEN, KIM NOVAK, ARTHUR O'CONNELL, CLIFF ROBERTSON, ROSALIND RUSSELL, SUSAN STRASBERG. ■ Il protagonista è Hal, aitante e un po' maledetto, che arriva in una cittadina del Kansas. Il suo unico patrimonio è un paio di stivali che gli ha lasciato suo padre. Intende incontrare un vecchio amico, Alan, molto ricco, che potrebbe dargli una mano. La rimpatriata avviene: Alan aveva sempre ammirato Hal per i suoi successi sportivi e con le donne. C'è Madge, la più bella ragazza della città, corteggiata da Alan e incoraggiata in quel senso dalla madre. Quando Hal e Madge si incontrano, si innamorano subito. Tutti gli equilibri vengono stravolti. La situazione precipita durante il picnic della festa del paese. Hal, incolpevole, si trova al centro di tutti i disastri. Arriva anche la polizia. Riesce a fuggire dopo aver avuto da Madge la promessa che lo raggiungerà. Un film che fece epoca. Campione di incassi, naturalmente. Dietro un'apparente ingenuità di linguaggio emergono i principali contrasti della civiltà americana e occidentale in genere: le differenze di classe, le ipocrisie, i valori veri e falsi. Il regista Logan aveva rappresentato tre anni prima la *pièce* a Broadway, con enorme successo. Protagonisti in teatro erano stati Ralph Meeker nella parte di Hal e l'esordiente Paul

Newman in quella di Alan. È l'ennesima grande prova di William Holden, apparentemente inadatto a un ruolo del genere ma talmente bravo in assoluto da riuscire a non farsi dimenticare anche nel suo disagio. Da ricordare in questo senso la sequenza in cui Holden e la Novak ballano sulla piattaforma sul fiume illuminato, con la musica rapinosa di George Duning. Sono entrambi goffi, ma talmente "cinematografici" da diventare esempi. La recitazione di Holden venne citata dall'autorevole rivista americana «A Major Screen Performance». Film di sentimenti più che di simboli e pensieri, con tutti i personaggi apparentemente sereni al primo impatto e terribilmente isterici e infelici alla resa dei conti. Ed ecco espressi in modo chiaro certi malesseri dell'America di quel decennio, già sofferente per incubi, fantasmi rossi e guerre fredde, irrequieta e predisposta a grossi guai presenti e futuri in Corea e nel Vietnam. Nella storia dell'equazione spettacolo-grandi temi, *Picnic* è una delle più efficaci espressioni hollywoodiane. ■ COMMEDIA; COL.; 115'; USA, 1955. ■ OSCAR 2 PR, 6 NOM.

♥ PICNIC AD HANGING ROCK – IL LUNGO POMERIGGIO DELLA MORTE *(Picnic at Hanging Rock)* ★★★★
Regia di PETER WEIR. Con DOMINIC GUARD, HELEN MORSE, RACHEL ROBERTS. ■ Australia, inizi Novecento. Le ragazze del collegio di Appleyard si recano in gita ad Hanging Rock, una suggestiva formazione rocciosa, vanto della zona. Tre delle fanciulle scompaiono misteriosamente, e a nulla valgono le ricerche cui partecipano tutti gli abitanti del paese. Dopo una settimana, una ragazza ritrova una delle scomparse. La giovane non è in grado di dare alcuna spiegazione. Viene alla luce il losco passato della direttrice, ma l'episodio rimarrà sempre avvolto nel mistero. ■ DRAMMATICO; COL.; 115'; AUSTRALIA, 1975.

PICNIC ALLA FRANCESE *(Le déjeuner sur l'herbe)* ★★★
Regia di JEAN RENOIR. Con ANDRÉ BRUNOT, ROBERT CHANDREAU, MICHELINE GARY, PAUL MEURISSE, INGRID NORDINE, CATHERINE ROUVEL. ■ Il giovane scienziato positivista Etienne Alexis è nemico giurato dell'amore e propugna la fecondazione artificiale. Durante il picnic, un temporale fortissimo lo separa dalla fidanzata e dagli amici. Si ritrova isolato con la campagnola Nanette: vivono giorni idilliaci. Al diavolo le teorie: Alexis ha scoperto la natura dell'amore. ■ COMMEDIA; COL.; 92'; FRANCIA, 1959.

PICNIC ALLA SPIAGGIA *(Bhaji on the Beach)*
Regia di GURINDER CHADHA. Con PETER CELLIER, JIMMI HARKSHIN, KIM VITHANA. ■ Un gruppo di donne indiane residenti in Inghilterra si regala una giornata di libertà recandosi a Blackpool, la Rimini inglese. Qui emergeranno le scatole cinesi di un'esclusione progressiva: gli inglesi diffidano degli indiani, gli indiani dei neri. Gli uomini indiani sottomettono le donne, le anziane non hanno un buon rapporto con le giovani. Un'opera prima che ha ricevuto un riconoscimento al Festival di Locarno 1993, girata con ironia e con profonda conoscenza della situazione descritta. Sempre in equilibrio tra commedia di costume e dramma con l'attenzione rivolta alla descrizione di personaggi "possibili". Più vicina di quanto sembri al cinema di Ken Loach. ■ COMMEDIA; COL.; 100'; GRAN BRETAGNA, 1993.

PICNIC IN AFRICA *(Münchhausen in Afrika)* ★★
Regia di WERNER JACOBS. Con PETER ALEXANDER, ANITA GUTWELL, GÜNTHER PHILIP. ■ Un pro-pro-pro nipote del celebre barone di Münchhausen è un bello spirito e ha doti musicali straordinarie. Per un equivoco, si trova coinvolto in una spedizione africana. Emulo dell'avo, ha le più pazze avventure. Tornando in Europa, crea un balletto ispirato alle civiltà africane e ottiene il successo dell'amore. ■ COMMEDIA; COL.; 91'; GERMANIA, 1957.

PIECES ★
Regia di JOUAN SIMON PIQUER. Con CHRISTOPHER GEORGE, EDMUND PURDOM, PAUL SMITH. ■ Un adolescente si diverte mettendo insieme i pezzi di un puzzle che rappresenta una ragazza nuda. Sua madre, che lo scopre, decide di dargli una lezione, ma il ragazzo la previene ammazzandola. Il delitto passa impunito ma quarant'anni dopo la vicenda torna a galla. ■ HORROR; COL.; 90'; GRAN BRETAGNA, 1986.

PIEDE DI DIO ★
Regia di LUIGI SARDIELLO. Con PAOLO GASPARINI, FILIPPO PUCILLO, GUIDO QUINTOZZI, ROSARIA RUSSO, EMILIO SOLFRIZZI. ■ Elia gioca a calcio sulla spiaggia e sui campi terrosi di uno sperduto paesino della Sicilia dove un giorno capita Michele, talent scout per la serie A. Il suo obiettivo dovrebbero essere alcuni ragazzi della scuola calcio locale che gli vengono mostrati e raccomandati in modi più o meno leciti, l'attenzione però è subito rapita dall'abilità innata del 18enne dal cervello di un 12enne, Elia appunto. È l'estate del 2006 quando i due si incontrano, il calcio italiano da una parte è scosso dallo scandalo Moggi mentre dall'altra è esaltato dalla vittoria ai mondiali di Germania. Talent scout e giovane promessa o maestro e pupillo la dialettica tra i due ruoli è sempre la medesima: quella tra istinto e ragione, tra mente e braccio. Cavalcando le opinioni più comuni Sardiello conferma e porta su schermo tutto ciò che già si pensa e si dice nei mercati rionali, nei baretti e nelle discussioni da salotto buono. ■ COMMEDIA; COL.; 95'; ITALIA, 2009.

PIEDE IN PARADISO, UN *(One Foot in Heaven)* ★★★
Regia di IRVING RAPPER. Con BEULAH BENDI, GENE LOCKHART, FREDRIC MARCH, MARTHA SCOTT. ■ Un pastore protestante si sente votato alla propria missione, a prezzo di ogni sacrificio. Lui, la moglie, e poi i figli, vagano di parrocchia in parrocchia attraverso l'America. Ormai anziani, credono di aver diritto al riposo, ma un nuovo arduo incarico aspetta il capofamiglia. ■ DRAMMATICO; B/N; 108'; USA, 1941. ■ OSCAR 1 NOM.

PIEDE IN PARADISO, UN ★★
Regia di E.B. CLUCHER. Con CAROL ALT, THIERRY LHERMITTE, BUD SPENCER. ■ Ci troviamo a Miami. Bull ha vinto alla lotteria 150.000 dollari. Giusto in tempo, perché aveva dei problemi con il suo lavoro di tassista. Ecco che dal Paradiso scende Victor, un angelo che deve metterlo sulla buona strada e non fargli sperperare il denaro in follie peccaminose. Dall'Inferno in contemporanea arriva però una splendida creatura che è stata spedita per l'opposto incarico. La cocciutaggine di Bull fa sì che i due rimangano inascoltati. Per dare un po' di movimento alla faccenda arrivano dei delinquenti che vogliono rubargli i dollari. Spencer-Alt, una delle coppie più improbabili della storia del cinema. ■ COMMEDIA; COL.; 100'; ITALIA, 1990.

PIEDE NELL'INFERNO, UN *(One Foot in Hell)* ★★
Regia di JAMES B. CLARK. Con ALAN LADD, DON MURRAY. ■ Persa la moglie per l'impossibilità economica di curarla, Mitch si incattivisce e approfitta della sua carica di sceriffo per compiere misfatti e farla pagare agli altri. Ma la donna che ha sposato in seconde nozze, innamoratasi di un altro, lo uccide. ■ WESTERN; COL.; 92'; USA, 1960.

PIEDE PIÙ LUNGO – L'UOMO DEL DINER'S CLUB, IL *(The Man From the Diner's Club)* ★★★
Regia di FRANK TASHLIN. Con MARTHA HYER, DANNY KAYE, KAY T. STEVENS, CARA WILLIAMS. ■ Il gangster Foots Poulardes ha un piede più lungo dell'altro. Cerca un individuo che abbia la sua stessa caratteristica per simulare un suicidio e poter così espatriare evadendo le tasse. Un impiegato del Diner's Club cade nella trappola e per poco non viene fatto fuori dal criminale. ■ COMICO; B/N; 96'; USA, 1963.

PIEDI D'ACCIAIO ★
Regia di WONG TIEN LIN. Con HSIAO HSIAO, WIANG GIN. ■ Un giovanotto e una ragazza, forti di una disciplina marziale che solo loro conoscono, combattono con l'aiuto dei coniugi Maki la banda di Su Baki. I quattro eroi buoni e fortissimi sconfiggono la gang. ■ AVVENTURA; COL.; 80'; HONG KONG, 1979.

PIEDINO IL QUESTURINO ★★
Regia di FRANCO LO CASCIO. Con GIUSEPPE ANATRELLI, FRANCO FRANCHI, IRINA MALEEVA, ROSITA PISANO, NINO TERZO. ■ Un poliziotto pasticcione fornisce incautamente preziose informazioni ad una banda che ne approfitta per compiere furti, contrabbando e persino un sequestro di persona. Alla fine un ragazza della gang aiuta il povero agente a togliersi dai guai e ci riesce benissimo, tanto che lui viene addirittura richiesto a Washington. ■ COMMEDIA; COL.; 91'; ITALIA, 1974.

PIEDIPIATTI ★★
Regia di CARLO VANZINA. Con VICTOR CAVALLO, ENRICO MONTESANO, RENATO POZZETTO, PINO AMMENDOLA, ANTONIO BALLERIO. ■ Due poliziotti, uno romano e l'altro milanese, diventano amici loro malgrado e insieme risolvono un difficile caso di droga. Oltre al resto i due hanno differenze ideologiche: il primo ha una propria giustizia che supera il dovere ufficiale, per l'altro si tratta di semplice lavoro. Sembra ormai che questo tipo di commedia stia per segnare il passo. Il pubblico un po' alla volta la sta mettendo da parte. Non si tratta della commedia all'italiana in se stessa ma dell'idea di fondo: raffazzonare sceneggiature come veicolo per attori che hanno dimostrato altrove di essere bravi e che in questi casi si accontentano di fare le solite macchiette. In aggiunta a ciò si vuole fare dell'analisi sociale, cosa riuscita solo a Verdone in *I due carabinieri*, film che aveva ben altre qualità. ■ COMMEDIA; COL.; 100′; ITALIA, 1991.

PIEDONE A HONG KONG ★★★
Regia di STENO. Con ENZO CANNAVALE, AL LETTIERI, RENATO SCARPA, NANCY SIT, BUD SPENCER. ■ Un divertente e avventuroso lungometraggio, che narra le imprese dell'ormai famoso commissario Rizzo, al secolo Bud Spencer. Questi viene coinvolto in una rocambolesca vicenda tra Napoli e Bangkok che si risolve, a suon di pugni e sberle, nel migliore dei modi, con la punizione del cattivo e la vittoria della legge. ■ COMMEDIA; COL.; 115′; ITALIA, 1975.

PIEDONE D'EGITTO ★★
Regia di STENO. Con KARL-OTTO ALBERTY, ENZO CANNAVALE, ANGELO INFANTI, CINZIA MONREALE, BUD SPENCER, LEOPOLDO TRIESTE. ■ Una nuova avventura del robusto poliziotto napoletano interpretato da Bud Spencer. Questa volta, coi suoi abituali collaboratori, si reca in Egitto alla ricerca di un professore che ha scoperto un coleottero capace di far trovare giacimenti petroliferi. ■ COMMEDIA; COL.; 107′; ITALIA, 1980.

PIEDONE L'AFRICANO ★★★
Regia di STENO. Con ENZO CANNAVALE, BALDWIN DAKILE, DAGMAR LASSANDER, BUD SPENCER. ■ Piedone, l'immenso poliziotto napoletano, questa volta è in missione a Johannesburg. Deve scoprire chi tira le fila del contrabbando dei diamanti. Ha un aiutante, Cannavale, e un figlioccio acquisito *in loco*, il bambino Bobo. I tre, tra un'avventura e l'altra, scoprono il trucco. ■ AVVENTURA; COL.; 115′; ITALIA, 1978.

PIEDONE LO SBIRRO ★★★
Regia di STENO. Con JULIETTE MAYNIEL, ADALBERTO MARIA MERLI, RAYMOND PELLEGRIN, BUD SPENCER. ■ Piedone, un poliziotto famoso per la fondamentale bontà d'animo e anche per i metodi spicci con i quali tratta i delinquenti, viene osteggiato dal nuovo superiore che, dopo un trattamento "pesante" ad un delinquente, lo destituisce dalla carica. Il nostro però non se ne dà per inteso e, dopo aver debellato una pericolosa banda di spacciatori, viene reintegrato con tutti gli onori. ■ POLIZIESCO; COL.; 110′; ITALIA, 1973.

PIENA DI VITA *(Full of Life)* ★★★
Regia di RICHARD QUINE. Con SALVATORE BACCALONI, RICHARD CONTE, JUDY HOLLIDAY. ■ Due giovani sposi devono affrontare una spesa piuttosto ingente. Lui chiede aiuto al padre, che si trasferisce nella loro casa e li avvicina alla fede cattolica, tanto che i due si risposano in chiesa. Poco dopo il marito trova il successo e anche il denaro per provvedere alla spesa. ■ COMMEDIA; B/N; 91′; USA, 1957.

PIENA LUCE SULL'ASSASSINO ★★★
(Pleins feux sur l'assassin)
Regia di GEORGES FRANJU. Con PASCALE AUDRET, PIERRE BRASSEUR, MARIANNE KOCH, DANY SAVAL, JEAN-LOUIS TRINTIGNANT. ■ Un nobile molto malato sparisce senza lasciare traccia. Gli eredi, perciò, dovranno aspettare un certo tempo prima che l'uomo venga ritenuto defunto ed essi possano riscuotere l'eredità. Nel frattempo avvengono suicidi e delitti, dei quali solo alla fine si scoprirà l'autore; anche il corpo del nobile verrà ritrovato. ■ POLIZIESCO; B/N; 90′; FRANCIA, 1961.

PIERINO COLPISCE ANCORA ★
Regia di MARINO GIROLAMI. Con MICHELA MITI, ENZO ROBUTTI, TONI UCCI, ALVARO VITALI. ■ Pierino viene, come ampiamente previsto, bocciato agli esami. Il padre lo mette in collegio. Pierino scappa. Il padre si rassegna a non fargli proseguire gli studi e gli trova un lavoro. Anzi due, anzi tre (perché il birbante con le sue balordaggini li perde regolarmente tutti). ■ COMICO; COL.; 90′; ITALIA, 1982.

PIERINO CONTRO TUTTI ★
Regia di MARINO GIROLAMI. Con RICCARDO BILLI, ENZO LIBERTI, MICHELA MITI, ALVARO VITALI. ■ Si tratta della messa in scena delle più note, scontate e triviali barzellette di Pierino, eterno ripetente. È solo il primo capitolo di un breve ciclo di film diventati piccoli classici della più irritante imbecillità. ■ COMICO; COL.; 92′; ITALIA, 1981.

PIERINO IL FICHISSIMO ★
Regia di ALESSANDRO METZ. Con MAURIZIO ESPOSITO, TUCCIO MUSUMECI, ADRIANA RUSSO. ■ Il terribile Pierino manda a monte i piani di un amico oste che vorrebbe vendere il locale a due facoltosi arabi (con Pierino tra i piedi, gli acquirenti si fanno un'idea non eccelsa della clientela del locale e rinunciano senz'altro all'affare). ■ COMICO; COL.; 9[illegible]′; ITALIA, 1981.

PIERINO LA PESTE *(Bébert et l'omnibus)* ★★
Regia di YVES ROBERT. Con JACQUES HIGELIN, ANTOINE LARTIGUE, PIERRE MONDY, JEAN RICHARD, MICHEL SERRAULT. ■ Un bambino finisce su un treno che lo porta in una città sconosciuta. Egli continua a girovagare, tra una marachella e l'altra, fino a quando il padre e il fratello maggiore, che lo cercano disperatamente e che hanno passato svariate peripezie, non riescono finalmente a trovarlo. ■ COMMEDIA; B/N; 95′; FRANCIA, 1963.

PIERINO LA PESTE ALLA RISCOSSA ★
Regia di UMBERTO LENZI. Con GIORGIO ARIANI, RENZO MONTAGNANI, DIDI PEREGO, JENNY TAMBURI. ■ Uno scolaro ripetente, sguaiato e sporcaccione, snocciola impertinenze e beffe ai danni del maestro e dei compagni di classe. Non c'è storia, soltanto una raffica di *gag*: il film è un sottoprodotto del filone pierinesco lanciato da Alvaro Vitali, qui assente, mai rimpianta star della risata a sfondo gastrointestinalsessuale. ■ COMMEDIA; COL.; 84′; ITALIA, 1982.

PIERINO MEDICO DELLA SAUB ★
Regia di GIULIANO CARNIMEO. Con SERENA BENNATO, MARIO CAROTENUTO, ALVARO VITALI. ■ Laureatosi in medicina ad Addis Abeba, Pierino torna a Roma e, grazie a una raccomandazione piduista, viene assunto come assistente del primario di un grande ospedale. ■ COMMEDIA; COL.; 85′; ITALIA, 1981.

PIERINO SALVADANAIO ★★
Regia di FILIPPO PAOLONE. ■ Il film raccoglie un buon numero di favole e filastrocche per bambini raccontate garbatamente dai pupazzi di Maria Signorelli. ■ ANIMAZIONE; B/N; 90′; ITALIA, 1959.

PIERINO TORNA A SCUOLA ★
Regia di MARIANO LAURENTI. Con NADIA BENGALA, BRUNO MINNITI, ALVARO VITALI. ■ Il pestifero Pierino, ormai quasi maggiorenne, dopo aver provato con insuccesso ad intraprendere un lavoro, decide di tornare a scuola per prendere la sospirata licenza elementare. Combinerà solo guai. Tentativo di riportare in vita il già mediocre personaggio di Pierino. ■ COMMEDIA; COL.; 96′; ITALIA, 1990.

PIER PAOLO PASOLINI E LA RAGIONE DI UN SOGNO ★★★
Regia di LAURA BETTI. Con FRANCESCA ARCHIBUGI, BERNARDO BERTOLUCCI, MIMMO CALOPRESTI, FRANCO CITTI, SERGIO CITTI, PAPPI CORSICATO, NINETTO DAVOLI, PAOLO VOLPONI. ■ «Ho fatto un film sognando le parole di Pier Paolo immerse in tutto ciò che da tempo non lo riguarda, come un'enfatica, mondana e stridente democrazia; una falsa capacità di capire; una non troppo furtiva apologia della bassa cultura». Così Laura Betti, una delle amiche più intime del regista che tenta di costruire un percorso della memoria tra interviste, sequenze di film e testimonianze di chi lo ha conosciuto. Ne esce un documento "classico", senza colpi d'ala ma forse proprio per questo interessante. La Betti lascia da parte qui qualsiasi narcisismo per offrire all'a-

mico scomparso il servizio di un'indagine serena nella sua cultura e nel suo mondo. ■ DOCUMENTARIO; B/N; 90'; FRANCIA, ITALIA, 2001.

PIERPIN ★★
Regia di DUILIO COLETTI. Con LUIGI CHIARINI, ERMETE ZACCONI. ■ Un'attrice ha avuto successo solo quando ha rappresentato sulle scene la drammatica storia della sua vita. È infatti figlia illegittima di uno scrittore che, costretto dalle convenienze a non riconoscerla, l'aiuta ugualmente di nascosto. Solo la nascita di un nipote risolverà la situazione. ■ DRAMMATICO; B/N; 92'; ITALIA, 1935.

PIETÀ *(Pieta)* ★★★
Regia di KIM KI-DUK. Con LEE JUNG-JIN, JO MIN-SU. ■ Assunto da uno strozzino per ottenere il pagamento dei debiti dai clienti in ritardo, Kang-do si comporta come un macellaio, storpiando orribilmente le sue vittime e seminando la morte. Fino a quando non si presenta alla sua porta una donna che dice di essere la madre e si addossa la colpa di ogni suo crimine, pentita di averlo abbandonato alla nascita e lasciato crescere senza amore. Dopo averla sottoposta alle prove più terribili per accertarsi che dica la verità, Kang-do accetta finalmente la donna ma la paura di perderla lo mette, per contrappasso, nella posizione di scacco in cui ha sempre tenuto le sue vittime. La vita, la morte, il denaro. Per Kim Ki-duk c'è un termine di troppo, un intruso fatale. La pietà non è un trittico ma una figura sacra, che prevede solo due attanti. Non c'è dubbio che *Pietà* sia un film sulla sproporzione. Kim regala un film circoscritto e alto, in parte ispirato dal connazionale Park Chan-wook, ma intimo e sporco, meno lirico e più radicato nelle "passioni" di questo tempo buio. Leone d'oro a Venezia. ■ DRAMMATICO; COL.; 104'; COREA DEL SUD, 2012.

PIETÀ PER CHI CADE ★★
Regia di MARIO COSTA. Con NADIA GRAY, ANTONELLA LUALDI, AMEDEO NAZZARI, MASSIMO SERATO. ■ Una donna sposata, credendo che il marito sia morto in guerra, ha un amante. Il marito però torna e ammazza il rivale. La donna, affinché i giudici siano clementi con lui, mente sulla data d'inizio della propria relazione, facendola risalire posteriormente alla ricomparsa del coniuge. Poi, disperata, sta per uccidersi, ma la figlia giunge appena in tempo ad impedirglielo. ■ DRAMMATICO; B/N; 84'; ITALIA, 1954.

PIETÀ PER I GIUSTI *(Detective Story)* ★★★★
Regia di WILLIAM WYLER. Con WILLIAM BENDIX, KIRK DOUGLAS, LEE GRANT, ELEANOR PARKER. ■ Un poliziotto perseguita un medico radiato dall'albo per pratiche abortive. Nel corso delle indagini scopre che anche sua moglie, qualche anno prima, si era rivolta a lui e, benché ne sia ancora innamorato, decide di lasciarla. Ormai il suo unico scopo di vita è la vendetta: morirà nello scontro a fuoco con un malvivente, pentito della sua inumana crudeltà. ■ DRAMMATICO; B/N; 103'; USA, 1951. ■ CANNES 1 PR; OSCAR 4 NOM.

PIETÀ PER LA CARNE *(Home before Dark)* ★★★
Regia di MERVYN LE ROY. Con RHONDA FLEMING, DAN O'HERLIHY, JEAN SIMMONS, EFREM ZIMBALIST JR. ■ Dopo un periodo di cura lontana da casa, una donna sente che il marito è cambiato nei suoi confronti. In breve, ha le prove che è diventato l'amante della sorellastra e allora, per tentare di riconquistarlo, fa di tutto per diventare simile a lei. Fallito il tentativo, lo lascia alla sua passione e se ne va con un altro. ■ DRAMMATICO; B/N; 136'; USA, 1958.

PIETRA CHE SCOTTA, LA *(The Hot Rock)* ★★★
Regia di PETER YATES. Con MOSES GUNN, RON LEIBMAN, ZERO MOSTEL, ROBERT REDFORD, PAUL SAND, GEORGE SEGAL. ■ Un ex detenuto e tre compari progettano di derubare un museo per conto di un mandante africano. Il colpo riesce, ma all'ultimo momento l'uomo in possesso della refurtiva viene catturato e messo in prigione. I suoi amici lo fanno evadere e di nuovo rincorrono la preda finché, dopo innumerevoli peripezie, ne entrano in possesso. ■ COMMEDIA; COL.; 105'; GRAN BRETAGNA, 1971. ■ OSCAR 1 NOM.

PIETRA DELLO SCANDALO, LA ★★★
(Top o' the Morning)
Regia di DAVID MILLER. Con ANN BLYTH, BING CROSBY, BARRY FITZGERALD. ■ In un castello irlandese si trova una pietra alla quale la leggenda attribuisce poteri assolutamente straordinari. Un giorno la pietra scompare misteriosamente e tutti si mettono alla sua ricerca, compreso un agente della compagnia presso la quale l'oggetto è assicurato, e che vuol far guadagnare il cospicuo premio promesso dai superiori per il ritrovamento all'uomo della cui figlia è innamorato. Dopo molte avventure trova il ladro che cercava di mascherare, grazie alla confusione generata dal furto, un suo delitto. ■ GIALLO; B/N; 100'; USA, 1949.

PIETRA LUNARE, LA *(The Moonstone)* ★★
Regia di REGINALD BARKER. Con PHILLIPS BHANY, DAVID MONNES. ■ Una misteriosa pietra orientale viene rubata da una villa. Gli ospiti della casa – un losco figuro al quale il proprietario deve dei soldi, una cameriera evasa di prigione, un misterioso indiano – sono tutti sospettati, ma il finale riserva qualche sorpresa. ■ GIALLO; B/N; 91'; USA, 1935.

PIETRO ★★
Regia di DANIELE GAGLIANONE. Con DIEGO CANTERI, PIETRO CASELLA, FRANCESCO LATTARULO, GIUSEPPE MATTIA, FABRIZIO NICASTRO. ■ Pietro vive in un quartiere periferico di Torino, abita con il fratello tossicodipendente Francesco nell'appartamento fatiscente lasciato loro in eredità dai genitori e si guadagna da vivere distribuendo volantini. Il suo leggero ritardo mentale lo mette al centro dell'irrisione degli amici del fratello per i quali si esibisce in imitazioni surreali. Un giorno Pietro conosce una ragazza che è stata assunta per fare il suo stesso lavoro e qualcosa nella sua vita sembrerebbe cambiare. ■ DRAMMATICO; COL.; 80'; ITALIA, 2010.

PIETRO IL GRANDE – FINESTRA SULL'EUROPA ★★★
(Pëtr I)
Regia di VLADIMIR MICHAJLOVIC PETROV. Con NICOLAJ CERKASOV, NIKOLAJ SIMONOV, ALLA TARASOVA, MICHAJL ZAROV. ■ La vita e le avventure di Pietro il Grande, dalla tragica battaglia della Narva fino alla costruzione di Pietroburgo. Alcuni nobili osteggiano lo zar, ma il popolo e i commercianti lo amano e gli sono alleati. ■ STORICO; B/N; 93'; URSS, 1937.

PIETRO IL GRANDE – I PARTE *(Peter the Great)* ★★
Regia di MARVIN J. CHOMSKY. Con JAN NIKLAS, LILLI PALMER, VANESSA REDGRAVE, MAXIMILIAN SCHELL. ■ È la vicenda umana e politica del grande zar Ivan. Ivan dovrebbe regnare sul trono di tutte le Russie, ma poiché si dimostra incapace di sostenere tale carica viene incoronato zar insieme al fratello Pietro. Sofia, sorellastra di entrambi, si adopera fino a quando riesce ad essere nominata reggente; tempo dopo, Pietro contrae un matrimonio di convenienza anche se è profondamente legato a Caterina, che avrà un ruolo determinante nella sua esistenza. ■ STORICO; COL.; 185'; USA, 1985.

PIETRO IL GRANDE – II PARTE *(Peter the Great)* ★★
Regia di MARVIN J. CHOMSKY. Con VANESSA REDGRAVE, MAXIMILIAN SCHELL, HANNA SCHYGULLA, OMAR SHARIF. ■ Zar di larghe vedute e di indubbio acume politico, Pietro comprende che per il benessere del suo popolo deve permettere e intensificare gli scambi commerciali, sociali e culturali con il mondo occidentale. Dopo aver mosso guerra alla Svezia per assicurarsi l'accesso al mare, moltiplica i suoi sforzi all'interno della Russia per contrastare le ottuse superstizioni della sua gente, i complotti dei preti e quelli del suo stesso figlio. ■ STORICO; COL.; 185'; USA, 1985.

PIETRO MICCA ★★
Regia di ALDO VERGANO. Con ELSA CAMARDA, GUIDO CELANO. ■ Durante l'invasione franco-spagnola in Piemonte, i patrioti scavano gallerie fino alle linee nemiche per piazzare opportune bombe. Grazie alle informazioni di un traditore i francesi riescono a penetrarvi, ma Pietro Micca provoca l'esplosione e muore con i nemici. ■ STORICO; B/N; 90'; ITALIA, 1937.

PIFFERAIO DI HAMELIN, IL *(The Pied Piper)* ★★
Regia di JACQUES DEMY. Con MARTIN DONOVAN, JOHN HURT, DONALD PLEASENCE. ■ Una nuova versione della fiaba dei fratelli Grimm (e del poema di Robert Browning). Il francese Jacques Demy prese in contropiede i produttori che volevano un musical per ragazzi alla Walt Disney (e per l'occasione avevano in-

gaggiato il divetto pop Donovan) con una messinscena piena di particolari orripilanti sulla grama vita nel Medioevo. La storia è rimasta la stessa. Una città olandese è infestata da migliaia di topi e un pifferaio si offre di liberarla dietro compenso. Mantiene la promessa, ma i maggiorenti della civiltà non lo pagano. Allora il pifferaio suona ancora la sua musica fascinosa e si porta via tutti i bambini della città. ■ FIABESCO; COL.; 90′; GRAN BRETAGNA, 1972.

PIGIAMA PARTY *(Pajama Party)* ★★
Regia di DON WEIS. Con ANNETTE FUNICELLO, TOMMY KIRK, ELSA LANCHESTER, HARVEY LEMBECK, JODY MCCREA, JESSE WHITE. ■ I marziani vogliono invadere la Terra e mandano sul pianeta un loro rappresentante. Questi finisce nella proprietà di una vedova che alcuni malviventi vogliono derubare. Il caso, invece, spedisce i gangster su Marte. I marziani, che hanno avuto modo di pesare il valore dell'animo umano, rinunciano al proposito di conquistare la Terra. ■ COMMEDIA; COL.; 85′; USA, 1965.

PIGMALIONE *(Pygmalion)* ★★★
Regia di ANTHONY ASQUITH. Con WENDY HILLER, LESLIE HOWARD, WILFRID LAWSON, MARIE LOHR. ■ Una fanciulla del popolo accetta di fare da cavia ad un professore londinese per un singolare esperimento e in poco tempo si trasforma in una ragazza raffinatissima, elegante nel vestire come nel parlare. Abbandonata dall'uomo, che considera conclusa la prova, gli rivela il suo amore: il professore, accorgendosi nell'assenza della protetta di ricambiarla, la cerca e la tiene con sé. ■ COMMEDIA; B/N; 95′; GRAN BRETAGNA, 1938. ■ OSCAR 1 PR, 4 NOM; VENEZIA 1 PR.

PIG'S ARMY – MANOVRE D'ASSALTO ★
Regia di ZVI SHISSEL. Con ZACHI NOY, JOSEPH SHILVAH. ■ Huey, il protagonista delle spassose avventure cinematografiche, decide di "mettere la firma" e allungare così i mesi di servizio militare. Non si può certo dire che abbia messo la testa a posto, a giudicare almeno da come organizza le sue giornate. ■ COMMEDIA; COL.; 95′; USA, 1986.

PIGS TODAY – PORCELLI OGGI *(Going All the Way)* ★
Regia di ROBERT FREEMAN. Con SHERIA MILLER, DEBORAH VAN RHYN, DAN WALDMAN. ■ Ennesima commediola demenziale pruriginosa ambientata in un college americano. Arnie e Monica, fidanzatini di rito, si lasciano per darsi a nuove esperienze, ma dopo varie peripezie, scherzi e immancabile punizione del "cattivo" di turno, tornano insieme felici e contenti. ■ COMMEDIA; COL.; 85′; USA, 1983.

PILA DELLA PEPPA, LA *(Le magot de Josepha)* ★★★
Regia di CLAUDE AUTANT-LARA. Con ANDRÉ BOURVIL, PIERRE BRASSEUR, RAMON IGLESIAS, ANNA MAGNANI. ■ Un'ostessa tanto avara quanto povera rifiuta di prestare al figlio – che invece la crede ricca come tutti i paesani – una certa somma. Un'amica del ragazzo, scoperto che il sindaco è suo padre, riesce a farsi dare da lui il denaro necessario a lanciare le canzoni che hanno scritto assieme. ■ COMMEDIA; B/N; 90′; FRANCIA, 1963.

PILASTRI DEL CIELO, I *(Pillars of the Sky)* ★★
Regia di GEORGE MARSHALL. Con JEFF CHANDLER, DOROTHY MALONE. ■ I militari vogliono costruire un fortino nella riserva indiana e provocano la reazione dei nativi. Alla loro testa è un feroce capo indiano, l'unico a non essere convertito al cristianesimo, che, durante una scaramuccia, uccide un missionario al quale sono devoti gli altri pellirosse. Costoro eliminano il compagno e fanno pace coi bianchi. ■ WESTERN; COL.; 95′; USA, 1956.

PILATO E GLI ALTRI *(Pilatus und Andere)* ★★★
Regia di ANDRZEJ WAJDA. Con JAN KRECZMAR, ANDRZEJ LAPICKI, DANIEL OLBRYCHSKI, WOJCIECH PSZONIAK. ■ Il noto regista polacco, in trasferta in Occidente con una troupe di compatrioti, realizza questa versione della passione di Gesù attraverso gli occhi del disincantato Ponzio Pilato. ■ DRAMMATICO; B/N; 92′; GERMANIA, 1972.

PILGRIMAGE ★★
Regia di BENI MONTRESOR. Con CLIFF DE YOUNG, ROBERT LATOURNEAUX, IDANNA PUCCI. ■ Gary è il rampollo di una famiglia dell'alta borghesia di New York. In preda a terribili crisi esistenziali abbandona la casa e gira l'America. Incontra prostitute, drogati e si unisce a una certa Susan che sta peggio di lui e che lo deprime ulteriormente. Torna a casa più disperato di prima, in tempo per vedere morire suo padre. ■ DRAMMATICO; COL.; 95′; USA, 1971.

PILLOLA D'ORO, LA *(Die goldene Pille)* ★★
Regia di MANFRED ADLOFF. Con ANGELA HILLEBRECHT, KLAUS HOHNE, INGE MARSCHALL, HORST NEUMANN, PETRA PAULY. ■ Una studentessa aspetta un figlio da un uomo sposato e decide di abortire: il suo caso fa riflettere le compagne che decidono di svolgere una piccola indagine nella scuola per scoprire quante ragazze abbiano rapporti col fidanzato e se usino o meno la pillola. Noioso. ■ DRAMMATICO; COL.; 91′; GERMANIA, 1967.

PILLOLA PER DUE *(May Wine)* ★★
Regia di CAROL WISEMAN. Con JOANNA CASSIDY, LARA FLYNN BOYLE, GUY MARCHAND. ■ Madre e figlia decidono di spassarsela e, essendo americane, scelgono come capitale del piacere Parigi. Le avventure desiderate non mancheranno. ■ COMMEDIA; COL.; 92′; USA, 1990.

PILLOLA PER EVA, UNA *(Eva)* ★★
Regia di HERBERT BALLMAN. Con RENATE LARSE, INKEN SOMMER, BARBARA STANEK, ULRIKE TEICHMANN. ■ Una madre, preoccupata per l'educazione sessuale della piccola figlia, la porta da un medico che le spiega tutto. Diventata adulta, ha le prime esperienze sessuali e si sottopone ad un aborto; più tardi, dopo essersi sposata, deciderà col marito il momento di avere un figlio. ■ DRAMMATICO; COL.; 94′; GERMANIA, 1968.

PILLOLE DI ERCOLE, LE ★★
Regia di LUCIANO SALCE. Con VITTORIO DE SICA, SYLVA KOSCINA, NINO MANFREDI, ANDREINA PAGNANI. ■ Un medico beve inconsapevolmente un liquido afrodisiaco e così ha rapporti con la moglie di un conoscente. Questi, per vendetta, vuole andare con la moglie del medico, che, però, si procura una finta moglie per ingannare il rivale. ■ COMMEDIA; B/N; 85′; ITALIA, 1960.

PILOTA, IL *(The Pilot)* ★★
Regia di CLIFF ROBERTSON. Con DANA ANDREWS, DIANE BAKER, CLIFF ROBERTSON. ■ Un pilota di aerei di linea beve troppo. Riflessi e lucidità se ne stanno andando. Quando se ne rende conto, chiede lui stesso di essere lasciato a terra. Sembra un uomo finito, invece si riprende. La storia è del tutto banale, ma offre anche qualche spettacolare ripresa aerea. ■ DRAMMATICO; COL.; 99′; USA, 1979.

PILOTA DEL DANUBIO, IL *(A Dunai Hajos)* ★★
Regia di MIKLÓS MARKÓS. Con ISTVAN BUJTOR, GABOR KONCZ, ZOLTÁN LATINOVITS. ■ Nel 1900 il pilota bulgaro Ladko percorre i tremila chilometri che separano le sorgenti del Danubio dal mar Nero, per portare ai suoi compatrioti un carico di armi che serviranno a combattere l'oppressione turca. ■ AVVENTURA; COL.; 92′; UNGHERIA, 1974.

PILOTA DELLA MORTE, IL *(Mercy Plane)* ★★
Regia di RICHARD HARLAN. Con JAMES DUNN, FRANCES GIFFORD. ■ La rivale di un abile pilota sospettato di aver favorito un furto aereo convince il fratello ad assumere lo sfortunato nella sua industria. Il pilota scopre che è l'uomo l'autore di quello e di altri misfatti, e gli rapisce la sorella per costringerlo a tradirsi. La manovra ha successo ed egli, dopo che la sua innocenza è stata provata, può sposare la ragazza. ■ POLIZIESCO; B/N; 72′; USA, 1940.

PILOTA DEL MISSISSIPPI, IL ★★★
(The Adventures of Mark Twain)
Regia di IRVING RAPPER. Con DONALD CRISP, ALAN HALE, FREDRIC MARCH, ALEXIS SMITH. ■ La vita avventurosa di Samuel Langhorne Clemens, meglio conosciuto con lo pseudonimo di Mark Twain. Nato nel 1836 in una cittadina del Mississippi, fece per alcuni anni il marinaio, quindi divenne giornalista e scrisse i primi racconti. Trasferendosi nella capitale, si sposò, perse il denaro in investimenti sbagliati e si adattò a fare il conferenziere per saldare i suoi creditori. Morì a 74 anni. ■ BIOGRAFICO; B/N; 130′; USA, 1944. ■ OSCAR 3 NOM.

PILOTA RAZZO E LA BELLA SIBERIANA, IL ★★
(Jet Pilot)
Regia di JOSEF VON STERNBERG. Con JANET LEIGH, JOHN WAY-

NE. ■ Inverosimile storia di una donna pilota sovietica mandata negli Usa a far la spia e destinata ad innamorarsi di John Wayne. ■ AVVENTURA; COL.; 112'; USA, 1951.

PILOTA RITORNA, UN ★★★

Regia di ROBERTO ROSSELLINI. Con MICHELA BELMONTE, MASSIMO GIROTTI, PIERO LULLI, GAETANO MASIER. ■ Seconda guerra mondiale, fronte greco. Un pilota italiano, costretto a buttarsi col paracadute, viene catturato dai nemici. Qualche giorno dopo, un'azione bellica gli offre l'occasione che sperava e l'uomo fugge a bordo di un aereo fino alle proprie linee. Qui apprende che i greci, intanto, si sono arresi. ■ GUERRA; B/N; 88'; ITALIA, 1942.

PILOTI DELL'INFERNO, I *(Hell Drivers)* ★★

Regia di CYRIL ENDFIELD. Con STANLEY BAKER, PEGGY CUMMINGS, HERBERT LOM. ■ Un ex detenuto accetta di lavorare come camionista nonostante le difficoltà e i rischi dell'impiego. Il suo capo è prepotente e violento e diventa immediatamente un acerrimo rivale. Dopo un incidente che ha messo in pericolo la vita di un amico, il protagonista propone all'avversario un gara al volante nella quale il prepotente perderà la vita. ■ DRAMMATICO; B/N; 100'; GRAN BRETAGNA, 1957.

PILOTI PIÙ PAZZI DEL MONDO, I ★
(Die Bruchpiloten vom Konigsee)

Regia di GUNTER OTTO. Con ERICH KLEIBER, ROSL MAYR, PETER STEINER. ■ Due buontemponi ereditano un biplano con tanto di svastiche naziste e decidono di aprire una scuola d'aviazione per fanciulle bellocce. ■ COMMEDIA; COL.; 90'; GERMANIA, 1979.

PINA 3D *(Pina)* ★★★★★

Regia di WIM WENDERS. Con PINA BAUSCH, DOMINIQUE MERCY. ■ Wenders è un artista generale assoluto. Parla, per cominciare, la sua cultura, tedesca appunto. Wenders è un modello completo di quella cultura che è stata prevalente in Europa nella prima metà del Novecento, prima della tragedia anomala e sproporzionata del nazismo. Quella Germania significava Weimar, l'Espressionismo, il Bauhaus, cinema e teatro legislatori per il mondo, e poi tendenze, invenzioni e culture che corrispondevano a nomi come Freud e Einstein. Wenders è dunque figlio di quella Germania e del peccato originale del nazismo. Nato nel '45, ultimo anno di guerra, il regista ha scelto un percorso di revisione e riabilitazione, partendo da una chiara visione autocritica. Questa premessa per arrivare all'assunzione di Pina Bausch. Altra tedesca, stessa cultura, qualche anno in più: la coreografa-ballerina è nata nel '40, ed è morta nel 2009. L'arte della Bausch non è raccontabile, nessuna parola, nessuna descrizione sarebbe adeguata. Puoi cercare di ridurre a definizione e descrizione le più grandi coreografie classiche, ma la Bausch sfuggirebbe continuamente fra le parole, andrebbe rincorsa col pensiero che rimarrebbe comunque indietro. Quel ballo è pittura, è teatro, è movimento armonico e isterico, è azione che si esprime e poi esplode, i sentimenti sono tradotti dai movimenti, in velocità anormale, le gambe e le braccia, le dita e il dorso si lanciano con regole dinamiche che appartengono solo alla Bausch. Una delle performance più note, *Café Müller*, mostra uno spazio pieno di sedie dove i ballerini si muovono ciechi, e davanti a loro qualcuno apre lo spazio, sposta le sedie freneticamente, per evitare lo scontro. "Ballerino" è riduttivo, questi sono mimi, attori, maschere, acrobati, sono persone, sono modelli creati "con lo sputo di Pina". Nelle mani di Wenders il materiale-Pina diventa un sortilegio di arte rilanciato esponenzialmente. Una nuova sacra scrittura dell'incanto. Il regista compone lo spettacolo attraverso alcuni segmenti inseriti alla perfezione naturalmente. Il nucleo storico del teatro-danza di Pina Bausch venne creato negli anni Settanta e gran parte dei componenti c'è ancora. Artisti sessantenni che mantengono l'energia della giovinezza con la cultura del tempo e dell'amore corale che ha fatto del gruppo un corpo dall'unico respiro. Wenders li inquadra tutti in primo piano e li fa parlare col pensiero, la bocca non si muove. Le lingue e le musiche sono di tutto il mondo: Germania naturalmente, Inghilterra, Francia, Spagna, Giappone, Arabia, Brasile. Tutti si dichiarano feti di Pina diventati artisti ma soprattutto persone migliori. Il cinema, quello di Wenders poi, possiede strumenti per rilanciare quello spettacolo già veloce e perfetto. Una delle ballerine, la più giovane, è Thusnelda, figlia di Dominique Mercy, il più anziano del gruppo, diventato direttore artistico alla morte della Baush. La prima e la penultima scena è la promenade di tutti gli artisti, ridenti col volto e col corpo. L'ultima scena è Pina, sola, come uno spirito in bianco e nero. In poche mosse spiega tutto, poi esce di scena più leggera di un corpo che non ha il corpo. ■ DOCUMENTARIO MUSICALE; COL.; 100'; GERMANIA, 2011.

PINE RIDGE ★★★

Regia di ANNA EBORN. Con BERT LEE MONTILEAUX, JOHN LITTLE FINGER, VANESSA PIPER, DANIEL RUNS CLOSE, KASSEL SKY LITTLE. ■ Bert Lee, Cassandra Warrior, Daniel Runs Close, Kassel Sky Little, Vanessa Piper, Lane Red Cloud sono soltanto alcuni degli Oglala Lakota che vivono nella riserva indiana di Pine Ridge, situata nel sud Dakota. I loro percorsi si intrecciano e la mdp li riprende nella loro quotidianità: chi a badare ai propri figli, chi a bighellonare per la stazione di servizio Big Bat, nella speranza di guadagnare qualche soldo, chi a gestire il Centro di informazione, un vero e proprio Memoriale sul Massacro di Wounded Knee – dove nel 1890 ebbe luogo l'eccidio, ad opera dell'esercito statunitense, del gruppo dei Lakota Sioux (ne morirono circa trecento). Estesa per più di undici mila chilometri quadrati, Pine Ridge è una delle più importanti riserve indiane in cui gli Stati Uniti hanno relegato i nativi, tristemente nota per l'alto tasso di suicidi, alcolismo, disoccupazione e sovraffollamento. Il trattato di Fort Laramie, stilato nel 1868 conferiva alla riserva lo status di nazione indipendente dotata di sovranità assoluta, oltre a dare la possibilità di cacciare e vivere nella zona delle Black Hills, le montagne sacre della tradizione Sioux; ma gli accordi furono spesso disattesi dal governo americano. ■ DOCUMENTARIO; COL.; 76'; DANIMARCA, USA, 2013.

PIÑERO – LA VERA STORIA DI UN ARTISTA MALEDETTO ★★

Regia di LEON ICHASO. Con BENJAMIN BRATT, LUIS CABALLERO, OSCAR COLON, MIRIAM CRUZ, SOPHIA DOMOULIN, GIANCARLO ESPOSITO, MICHAEL IRBY, RITA MORENO, ROME NEAL, MANDY. ■ La vita travagliata e dannata di Miguel Piñero, uno dei tanti figli bastardi di un'America controversa. Portoricano, disagiato, ospite fisso delle carceri, Piñero è un disadattato della società che ha saputo focalizzare il suo disagio nella letteratura. Scrittore maledetto, dietro le sbarre scopre un'innata vena poetica da cui nasceranno opere teatrali osannate come *Short Eyes*. ■ BIOGRAFICO; COL.; 103'; USA, 2001.

PINGUINI CI GUARDANO, I ★★

Regia di GUIDO LEONI. Con ALBA ARNOVA, ISA BARZIZZA, TINA DE MOLA, ISA MIRANDA, RENATO RASCEL, TINO SCOTTI. ■ La vita degli animali dello zoo vista dalla parte degli animali stessi, attraverso dialoghi con i quali essi parlano delle loro esigenze, di quei problemi che poi sono gli stessi degli uomini. Il tutto in una serie di sketch punteggiati da canzoni interpretate dalla coppia De Mola-Rascel e da un balletto finale con Alba Arnova. ■ COMMEDIA; COL.; 90'; ITALIA, 1955.

PINGUINI DI MR. POPPER, I ★★
(Mr. Popper's Penguins)

Regia di MARK WATERS. Con PHILIP BAKER HALL, JIM CARREY, CARLA GUGINA, ANGELA LANSBURY, OPHELIA LOVIBOND. ■ Dopo aver conosciuto suo padre soprattutto via radio attraverso i racconti delle sue avventure dai quattro angoli del pianeta, Tom Popper è cresciuto ed è diventato a sua volta un padre assente per i suoi due figli. La sua principale preoccupazione è il suo lavoro come agente immobiliare di lusso e la possibilità di diventare il quarto presidente della società più importante di Manhattan. Impegnato ad acquistare il celebre Tavern on the Green di Central Park per ottenere l'agognata promozione, Popper apprende che suo padre è morto durante una spedizione in Antartide e che gli ha lasciato in eredità un gruppo di pinguini. La convivenza con gli animali non si rivela affatto semplice, ma ancor meno semplice pare il tentativo di liberarsene. *Mister Popper* elabora un gioco linguistico di ripetizioni e di rimandi che massaggia dolcemente tanto le mascelle dei bambini con un suono cacofonico, quanto le labbra degli adulti con una retorica gradevole. ■ COMMEDIA; COL.; 94′; USA, 2011.

PINK CADILLAC ★★

Regia di BUDDY VAN HORN. Con TIMOTHY CARHART, CLINT EASTWOOD, BERNADETTE PETERS. ■ Film d'azione con l'inossidabile Clint Eastwood. Una donna in libertà sotto cauzione è scappata con la figlia poco più che neonata e con una grossa somma. Tommy Novack deve rintracciarla ma scoprirà che il vero responsabile è il marito della donna, membro di una setta neo-nazista. ■ AVVENTURA; COL.; 122′; USA, 1989.

PINK FLAMINGOS – FENICOTTERI ROSA

(Pink Flamingos – 25th Anniversary Edition)

Regia di JOHN WATERS. Con DIVINE, DAVID LOCHARY, MARY VIVIAN PEARCE. ■ Nel 1997, per il 25° anniversario dalla realizzazione di *Pink Flamingos*, capolavoro "trash" assoluto di John Waters, è uscita questa videocassetta commemorativa rimasterizzata in digitale. Al termine del film il commento di John Waters presenta alcune scene non inserite nel montaggio finale. A partire dal 1964, parallelamente ai film esistenziali e scioccanti prodotti da Andy Warhol, Waters ha portato avanti il suo stile improntato sul "cattivo gusto", sostenuto dal Museo d'Arte Moderna di New York. La fama di Divine, considerato personaggio assolutamente disgustoso, rende gelosi Connie e Raymond. Questi ultimi rapiscono ragazze, le rendono incinte e vendono i neonati a coppie che non possono avere figli. Nel frattempo la madre di Divine, che vive in un lettino per poppanti, si innamora di un venditore di uova. Si celebra così la grande festa e un finto matrimonio. Connie e Raymond danno fuoco alla roulotte di Divine e quest'ultima li uccide davanti alla camera da presa di un regista di cinema-verità. Waters in questo film non risparmia cartucce e oltrepassa ogni limite. Nonostante il film sia pieno di scene nauseanti, quella che tutti i cinefili citano è il finale in cui Divine mangia realmente le feci di un cagnolino. *Pink Flamingos* non può essere giudicato con i consueti parametri e viene inserito nel dizionario per un dovere storico. Solo in homevideo di importazione. ■ GROTTESCO; COL.; 108′; USA, 1972.

PINK FLOYD A POMPEI *(Pink Floyd à Pompei)* ★★

Regia di ADRIAN MABEN. Con DAVID GILMOUR, NICK MASON, ROGER WATERS, RICHARD WRIGHT. ■ Grande e scenografico concerto dei Pink Floyd fra le rovine di Pompei. ■ DOCUMENTARIO; COL.; 85′; FRANCIA, 1972.

PINK FLOYD – THE WALL ★★

Regia di ALAN PARKER. Con BOB GELDOF, CHRISTINE HARGREAVES, JAMES LAURENSON. ■ Famoso cantante rock tossicodipendente in attesa di esibirsi ripensa alla sua vita: comincia una serie di flash-back che si colorano di allucinanti cartoni animati. Dall'inizio alla fine è la musica dei Pink Floyd la vera protagonista (*The Wall*, del 1979, è l'ellepì) di una storia che non coinvolge più di tanto. ■ COMM. MUSICALE; COL.; 99′; GRAN BRETAGNA, 1982.

PINK SUBARU ★★

Regia di OGAWA KAZUYA. Con NIDAL BADARNEH, AKRAM KHOURIE, AKRAM TELAWE, MICHAL YANAI, LANA ZREIK. ■ Il sogno di Elzober, cuoco improvvisato in un sushi bar di Tel Aviv, è quello di aiutare la sorella a preparare un matrimonio favoloso. Per facilitare spostamenti e trasporti, rompe il salvadanaio e con i risparmi di vent'anni decide di comprare una macchina, una Subaru Legacy nera metallizzata. Da fedele tradizionalista, invita amici e parenti a festeggiare l'acquisto, alla luce dei fuochi d'artificio, a tavola con un agnello sacrificato. Ma il sogno dura il tempo dei bagordi. All'alba del mattino successivo l'automobile non c'è più e per Elzober comincia una forsennata caccia al ladro. La produzione del film non ha ricevuto alcun finanziamento dalla nota marca giapponese. Quello che potrebbe essere visto come uno smacco è in realtà una qualità per il film: rimanendo indipendente dallo "sponsor", ha mantenuto un atteggiamento autonomo e svincolato da pressioni di marketing. ■ COMMEDIA; COL.; 96′; ITALIA, GIAPPONE, 2009.

PINKY, LA NEGRA BIANCA *(Pinky)* ★★★

Regia di ELIA KAZAN. Con ETHEL BARRYMORE, JEANNE CRAIN, WILLIAM LUNDIGAN, BASIL RUYSDAEL, ETHEL WATERS. ■ Una nera di pelle chiara diplomata infermiera torna da Boston al paese natale del Sud dell'America. Delusa dai pregiudizi razziali che vi ristagnano decide di tornare in città, ma prima accetta di curare un'anziana donna che muore poco dopo. I parenti della defunta, che li ha privati dell'eredità a favore della ragazza, l'accusano di omicidio, ma invano: lei, con i soldi, costruisce un orfanotrofio per i bambini neri e decide di lottare per l'emancipazione della propria razza. ■ DRAMMATICO; B/N; 102′; USA, 1949. ■ OSCAR 2 NOM.

PINOCCHIO ★★★★

Regia di HAMILTON LUSKE, BEN SHARPSTEEN (e WALT DISNEY). Prod. DISNEY. ■ Nel 1940 Walt Disney decise di fare di *Pinocchio* un cartone animato miliardario: un prodotto di largo consumo da diffondere nel mondo intero.Tutti gli elementi di cultura e di folclore locale presenti nel romanzo di Collodi furono eliminati. Nacque così il Pinocchio globale, senza l'aia del contadino ed il paesaggio toscano. Pinocchio assomiglia a Topolino vestito da tirolese, la Fatina pare una star hollywoodiana e Geppetto perde tutto il suo aspetto magico e rustico e diventa semplicemente un papà abile ed efficiente. La percezione di Pinocchio nel mondo globalizzato è semplicemente quella di un burattino frivolo: una distorsione di immagine determinata dal processo di trasformazione di Pinocchio in un prodotto universale, fatto di pochi episodi semplificati. Da un punto di vista tecnico è uno dei film d'animazione più complessi tra quelli realizzati dalla Walt Disney, costato cifre enormi (mille dollari al secondo). Inizialmente non ebbe molta fortuna e solo nelle riedizioni fu un successo. Il film fu una delle cause della grave crisi della Disney nel corso degli anni Quaranta. ■ ANIMAZIONE; COL.; 88′; USA, 1940 ■ OSCAR 2 PR, 2 NOM.

PINOCCHIO ★★★

Regia di ROBERTO BENIGNI. Con BRUNO ARENA, GIUSEPPE BARRA, MINO BELLEI, ROBERTO BENIGNI, ALESSANDRO BERGONZONI, RICCARDO BIZZARRI, NICOLETTA BRASCHI, LANDO BUZZANCA, MASSIMILIANO CAVALLARI, VINCENZO CERAMI, CARLO GIUFFRÉ, LUIS MOLTENI, CORRADO PANI, KIM ROSSI STUART. ■ Il primo vero film dell'attore regista toscano. Perché qui, per la prima volta, la macchina-cinema gira a pieno ritmo e ogni professionalità viene lasciata esprimere nella giusta misura. A partire dallo stesso Roberto, che finalmente contiene la sua prorompente personalità di attore ponendola totalmente al servizio del personaggio. Benigni non poteva non diventare Pinocchio dopo aver fatto l'ultimo regalo di un sorriso (prima di quello della vita) al figlio nel finale di *La vita è bella* camminando come un burattino mentre andava a morire. Pinocchio era lì che spingeva per nascere e non era possibile trattenerlo. È un Pinocchio dalle fattezze di adulto il suo, a ricordarci che dentro di noi i personaggi universali restano sempre vivi perché sanno toccare le corde dell'umanità indipendentemente dall'età. È un Pinocchio a cui le luci di Dante Spinotti e le scenografie e i costumi dello scomparso Danilo Donati conferiscono vivacità, tenerezza e commozione (guardate Pinocchio azzoppato nel circo o la morte di Lucignolo). È un Pinocchio a cui la Fata Turchina (una Braschi distante anni luce dalla presenza distaccata della Lollobrigida del film di Comencini) sa dare fiducia senza risparmiare il rimprovero, magari solo con lo sguardo. Ma è, soprattutto, un Pinocchio consapevole che l'ultima battuta pronunciata dal personaggio nel libro, «Com'ero buffo quand'ero un burattino! e come ora son contento di essere diventato un ragazzino perbene!», non è più una bugia. È qualcosa di peggio: è una menzogna che Pinocchio dice a se stesso per accettare la sua nuova condizione. Godetevi allora il finale e non fatevelo raccontare da nessuno. Il Pinocchio che è in voi, se il Grillo Parlante non è ancora riuscito a sopprimerlo, ne gioirà. ■ COMMEDIA; COL.; 145′ ITALIA, 2002. ■ DAVID DI DONATELLO 2 PR, 2 NOM.

PINOCCHIO ★★

Regia di ENZO D'ALÒ. Con GABRIELE CAPRIO, MAURIZIO MICHELI, ROCCO PAPALEO, PAOLO RUFFINI. ■ Geppetto è un bambino dotato di una vivace fantasia. Diventato uomo non perde la capacità di guardare oltre le apparenze, scoprendo nel ciocco di legno che ha davanti il burattino da intagliare a cui darà nome Pinocchio. Inizia così il film che D'Alò aveva in mente sin dal 2000 e del quale non riusciva a trovare la chiave di lettura. Diciamo subito che l'avere alle spalle sul piano dell'animazione l'edizione disneyana e su un versante cinematografico la versione di Comencini e quella di Benigni un suo peso lo ha di certo avuto. ■ ANIMAZIONE; COL.; 84'; ITALIA, 2012.

PINOCCHIO E LE SUE AVVENTURE ★★
Regia di ATTILIO GIOVANNINI. Con LUISA BALLISI, ARMANDO SVIATO, BRUNO SVIATO. ■ Versione cinematografica della famosa fiaba di Collodi. ■ FANTASTICO; B/N; 92'; ITALIA, 1954.

PINOCCHIO – LA CHIAVETTA D'ORO ★★
(Zoloto kljucik)
Regia di ALEKSANDER LUKIC PTUSKO. ■ Versione sovietica della storia di Collodi in cui si alternano gli attori e i burattini. In molte parti il regista ha fornito una libera interpretazione alla vicenda. ■ ANIMAZIONE; B/N; 90'; URSS, 1939.

PINOT AGENTE SEMPLICE *(Pinot Simple Flic)* ★★★
Regia di GERARD JUGNOT. Con FANNY BASTIEN, JEAN-CLAUDE BRIALY, GÉRARD JUGNOT, PIERRE MONDY. ■ L'agente Pinot, un tipo impulsivo ma anche timido, arresta una ragazza tossicodipendente. Dapprima la segue, dopo averla rilasciata, per seguire una pista e acciuffare uno spacciatore. In seguito se ne innamora e cercherà di rimetterla sulla retta via. Il primo film diretto da questo comico francese da noi praticamente sconosciuto. Simpatico anche se convenzionale, il lungometraggio è agile e garbato. ■ COMMEDIA; COL.; 96'; FRANCIA, 1984.

PIOGGE DI RANCHIPUR, LE ★★★
(The Rains of Ranchipur)
Regia di JEAN NEGULESCO. Con RICHARD BURTON, JOAN CAULFIELD, FRED MACMURRAY, MICHAEL RENNIE, LANA TURNER. ■ Tratto da un romanzo di Louis Bromfield, il film è una riedizione meno prestigiosa della *Grande pioggia* con Power e la Loy del 1939. ■ AVVENTURA; COL.; 104'; USA, 1955. ■ OSCAR 1 NOM.

PIOGGIA *(Regen)* ★★★
Regia di JORIS IVENS. ■ Amsterdam. La descrizione minuziosa di un temporale dall'arrivo delle nuvole fino alle ultime gocce. Un cortometraggio storico del grande documentarista Ivens. ■ DOCUMENTARIO; B/N; 15'; OLANDA, 1929.

PIOGGIA *(Rain)* ★★★
Regia di LEWIS MILESTONE. Con BEULAH BONDI, JOAN CRAWFORD, WILLIAM GARGAN, WALTER HUSTON, GUY KIBBEE. ■ A Pago-Pago, durante una terribile epidemia, vari personaggi delle più disparate origini sociali sono costretti a una forzata convivenza. Un missionario si innamora così di una ragazza di piccola virtù già promessa a un altro. ■ DRAMMATICO; B/N; 92'; USA, 1933.

PIOGGIA *(Miss Sadie Thompson)* ★★★
Regia di CURTIS BERNHARDT. Con CHARLES BRONSON, RUSSELL COLLINS, JOSÉ FERRER, RITA HAYWORTH, ALDO RAY. ■ Una ballerina in sosta forzata su un'isola oceanica si innamora, ricambiata, di un ufficiale. Un corteggiatore geloso e respinto fa di tutto per distruggere la loro unione, fino a rivelare all'uomo il passato turbolento dell'amata. Dopo una momentanea lontananza turbata da un tragico avvenimento (il suicidio del corteggiatore) i due si riconciliano. ■ DRAMMATICO; COL.; 91'; USA, 1953. ■ OSCAR 1 NOM.

PIOGGIA DI PIOMBO *(Black Tuesday)* ★★★
Regia di HUGO FREGONESE. Con PETER GRAVES, JEAN PARKER, EDWARD G. ROBINSON, MILBURN STONE. ■ Con un piano abile quanto sanguinoso alcuni banditi riescono a liberare il loro capo il giorno dell'esecuzione e a portarlo al sicuro con alcuni ostaggi. Il giorno seguente, la mossa falsa di un malvivente desta i sospetti della polizia che scopre il rifugio: si ingaggia una furiosa sparatoria e due innocenti muoiono. Il capobanda viene ucciso da un complice che poi è eliminato dagli agenti. ■ POLIZIESCO; B/N; 80'; USA, 1955.

PIOGGIA DI SOLDI *(Mo' Money)* ★★
Regia di PETER MACDONALD. Con STACEY DASH, JOHN DIEHL, JOE SANTOS, DAMON WAYANS. ■ Johnathan e Seymour sono due fratelli che vivono di imbrogli organizzati con astuzia. Jonathan, seguendo una ragazza che gli interessa, si trova inaspettatamente assunto da una società che produce carte di credito. Qui scoprirà una truffa, rischierà di esservi coinvolto e riuscirà a uscirne senza lasciarci la pelle. I protagonisti sono simpatici ma il pregio del film si ferma a questo dato. ■ COMMEDIA; COL.; 90'; USA, 1992.

PIOGGIA DI STELLE, UNA *(Ciajkovskij)* ★★
Regia di IGOR TALANKINE. Con ANTONIA CHOURANOVA, ILA DEMIDOVA, INNOKENTIJ SMOKTUNOVSKIJ. ■ Biografia del grande compositore russo Ciajkovskij. Diventa direttore del Conservatorio di Mosca, viene protetto (da lontano, non la conoscerà mai) dalla ricca Von Meck, fa un matrimonio infelicissimo, si afferma, ha successi in tutto il mondo. ■ BIOGRAFICO; COL.; 92'; USA, 1970.

PIOGGIA INFERNALE *(Hard Rain)* ★★
Regia di MIKAEL SOLOMON. Con MINNIE DRIVER, MORGAN FREEMAN, CHRISTIAN SLATER. ■ Durante un uragano due poliziotti trasportano alcuni milioni di dollari. Vengono assaliti, uno muore, l'altro fugge e si organizza. Alla fine farà giustizia. "Catastrofico" banale e prevedibile, nonostante la presenza di ottimi professionisti. ■ THRILLER; COL.; 92'; USA, 1998.

PIOGGIA OPPORTUNA SULLA MONTAGNA VUOTA *(Kongshan lingyu)* ★★★
Regia di KING HU. Con TIAN FENG, XU FENG, YUE SUN. ■ C'è un tempio dei tre tesori (rappresentati da Buddha, Kharma e Sacerdozio) e un monaco ne è il guardiano. L'uomo deve scegliere il proprio successore. Nel frattempo c'è chi vuole rubare il prezioso tesoro del tempio. Grande fotografia, sobrietà nella regia e molta azione. Si tratta di uno dei migliori film per il grosso pubblico girati in Cina. ■ AVVENTURA; COL.; 122'; CINA, 1978.

PIOGGIA PER UN'ESTATE ARIDA ★★
(Rain for a Dusty Summer)
Regia di ARTHUR LUBIN. Con ERNEST BORGNINE, SANCHO GARCIA, ALDO SANBRELL. ■ Nel Messico del 1917, un *caudillo* sanguinario e violento ha giurato di sterminare tutti i preti della zona. Gli si oppone un sacerdote di nobile famiglia. Il sacerdote è impersonato da Humberto Almazan, attore in gioventù, poi divenuto veramente un prete (per interpretare il film usufruì di un permesso del Papa). ■ DRAMMATICO; COL.; 92'; SPAGNA, USA, 1971.

PIOMBI DI VENEZIA, I ★★
Regia di GIAN PAOLO CALLEGARI. Con MARIA GRAZIA FRANCIA, FRANCA MARZI, MASSIMO SERATO. ■ La storia si svolge nel sedicesimo secolo. Orsenigo, ufficiale della Serenissima, di ritorno da una battaglia vuol far condannare a morte il capo dei nemici e sua figlia. Bragadin, innamorato della ragazza, scrive al Doge per informarlo dell'accaduto: il messo è intercettato e ucciso, lui finisce in galera. I suoi nemici però lo liberano durante una sommossa e puniscono i malvagi. ■ DRAMMATICO; B/N; 92'; ITALIA, 1952.

PIOMBO E LA CARNE, IL ★★
Regia di FRED WILSON. Con ROD CAMERON, THOMAS MOORE, PATRICIA VITERBO. ■ Lotta all'ultimo sangue tra un famiglia di ricchi proprietari terrieri e una tribù indiana. I primi vogliono invadere il territorio dei secondi per procurarsi del legname, i secondi li osteggiano perché lo considerano sacro. La figlia del capofamiglia si innamora del capo indiano. Solo quando morirà insieme a lui durante una furiosa battaglia i parenti comprenderanno tutti i loro errori. ■ WESTERN; COL.; 91'; ITALIA, 1965.

PIOMBO ROVENTE *(Sweet Smell of Success)* ★★★
Regia di ALEXANDER MACKENDRICK. Con TONY CURTIS, SUSAN HARRISON, BURT LANCASTER, SAM LEVENE, MARTIN MILNER. ■ Un giornalista celebre e potente non approva i sentimenti che la sorella nutre per un giovane artista. Deciso a rovinarlo, si serve di un collaboratore per far infilare nelle tasche dell'uomo alcune sigarette drogate. Un poliziotto compiacente lo arresta; la ragazza, disperata per la sua debolezza e la scoperta del raggiro, tenta di uccidersi ma viene fermata in tempo. Il fratello scarica qualsiasi responsabilità sul tirapiedi e non riesce a convincere la sorella a restargli a fianco. ■ DRAMMATICO; B/N; 96'; USA, 1957.

PIONIERI DELLA CALIFORNIA, I ★★
(South-West Passage)
Regia di Ray Nazarro. Con Rod Cameron, Joanne Dru, John Ireland. ■ Un fuorilegge raggiunge una carovana in viaggio per la California spacciandosi per medico. Uno dei viaggiatori, che lo ha scoperto, non lo denuncia per denaro, ma poco dopo è costretto ad andarsene con lui. In un furioso corpo a corpo il fuorilegge uccide il compagno; poi, pentito, torna alla carovana e l'aiuta a difendersi da un attacco indiano: il suo ravvedimento è cominciato. ■ Western; col.; 82'; USA, 1954.

PIONIERI DELLA COSTA D'ORO, I ★★
(The Sun never Sets)
Regia di Rowland V. Lee. Con Douglas Fairbanks jr, Barbara O'Neil. ■ Un giovane inglese in missione poliziesca col fratello si comporta in maniera tanto sconsiderata da far naufragare il piano. Rimasto solo e pentito, indaga con tenacia e serietà finché scopre alcuni trafficanti d'armi e li consegna alla giustizia. ■ Poliziesco; b/n; 98'; USA, 1939.

PIONIERI DELL'ALASKA, I *(The Spoilers)* ★★
Regia di Jesse Hibbs. Con Anne Baxter, Rory Calhoun, Jeff Chandler. ■ I due proprietari di una miniera d'oro si sottomettono alle disposizioni di un commissario governativo e gliela cedono. Comprendendo in seguito le sue disoneste intenzioni, tentano di riprendere una cassaforte, che è stata confiscata col resto, ma senza successo. Uno dei due viene accusato di omicidio e messo in prigione, ma ne esce grazie all'amante. Il vero assassino confessa la sua colpa, i due soci hanno la meglio sul commissario e si riprendono la miniera. ■ Western; col.; 84'; USA, 1956.

PIONIERI DELLE GALASSIE, I *(Earth Star Voyager)* ★★
Regia di James Goldstone. Con Brian MacNamara, Jason Michas, Julie Montgomery, Duncan Regeher. ■ La vicenda si svolge nell'anno 2087 e ruota intorno alla navicella spaziale Earth Star Voyager, comandata da un audace capitano. Un gruppo di scienziati ha messo a punto degli androidi che hanno il compito di far esplodere l'astronave in missione verso altri pianeti. ■ Fantastico; col.; 120'; USA, 1988.

PIONIERI DELL'ULTIMA FRONTIERA – I CACCIATORI DI LUPI, I *(The Trap)* ★★★
Regia di Sidney Hayers. Con Barbara Chilcott, Blain Fairman, Jo Golland, Oliver Reed, Rita Tushingham. ■ Canada, prima metà dell'Ottocento. Un commerciante compra una moglie della quale non riesce a vincere la freddezza. Un giorno, durante una lotta con i lupi, viene seriamente ferito ad una gamba e la ragazza, che l'ha salvato dalle feroci bestie, per non farlo morire è costretta ad amputargli la gamba. Comprendendo di essere indispensabile all'uomo resta, anche perché gli si è inconsapevolmente affezionata. ■ Drammatico; col.; 106'; Gran Bretagna, 1966.

PIONIERI DEL WEST, I *(Cimarron)* ★★🏆
Regia di Wesley H. Ruggles. Con Richard Dix, Irene Dunne, Edna May Oliver, Nance O'Neil, Estelle Taylor. ■ Il film racconta la vita di alcune famiglie di coloni in Oklahoma, dagli anni Novanta alla prima guerra mondiale. ■ Western; b/n; 130'; USA, 1931. ■ Oscar 🏆 3 pr, 7 nom.

PIONIERI DEL WEST, I *(The Tall Stranger)* ★★
Regia di Thomas Carr. Con Barry Kelly, Virginia Mayo, Joel McCrea. ■ Un reduce nordista intende raggiungere il suo fratellastro e si unisce a una carovana, a capo della quale c'è un losco individuo. Quando costui cerca di usare la carovana per i suoi scopi personali, il reduce gli si oppone e, nello scontro finale, lo uccide. ■ Western; col.; 81'; USA, 1958.

PIONIERI DEL WISCONSIN, I ★★
(The Day they Gave Babies away)
Regia di Allen Reisner. Con Glynis Johns, Cameron Mitchell, Rex Thompson. ■ Una coppia si trasferisce dall'Irlanda al Wisconsin. Nascono cinque figli, uno dei quali trasmette una malattia infettiva al padre, che ne muore. La madre lavora duramente qualche anno, poi cede alla fatica. Il maggiore dei figli, per evitare che i fratelli finiscano in orfanotrofio, cerca tra i compaesani le famiglie disposte ad adottarli. Quindi si trasferisce altrove in cerca di un'occupazione. ■ Drammatico; col.; 102'; USA, 1957.

PIOVE SUL BAGNATO ★★
Regia di Andrea Muzzi, Andrea Bruno Savelli. Con Alessia Fabiani, Max Galligani, Carlo Monni, Andrea Muzzi, Andrea Bruno Savelli. ■ In un'azienda di latticini della provincia fiorentina, si incrociano tutti i giorni Andreino, operaio precario ma di buon carattere, e Andrew, il ricco figlio del proprietario. Quando Andreino scopre che la moglie lo tradisce col suo insegnante di Tai Chi, uno spirito sovversivo si impadronisce di lui e un innocuo atto di vandalismo ai danni dell'auto sportiva di Andrew degenera in un rapimento improvvisato. Con la complicità di Morfina, venditore di macchine fallito, e dello stralunato Mazzafranca, il sequestro di Andrew diventa una richiesta di riscatto condotta da tre menti a dir poco inadatte al crimine che coinvolgerà suo malgrado anche Chiara la fidanzata del rampollo. Il racconto dell'impeto di ribellione di un gruppo di precari consapevoli della loro meschinità e totalmente inetti a trasformarsi in carnefici, è il tipico soggetto su cui la commedia all'italiana ha costruito la sua storia e avrebbe meritato una regia più esperta e una maggiore dose di cinismo per inserirsi più che dignitosamente nella tradizione. ■ Commedia; col.; 90'; Italia, 2009.

PIOVE SUL NOSTRO AMORE ★★
(Det regnar pa var karlek)
Regia di Ingmar Bergman. Con Gosta Cederlund, Barbro Kollberg, Birger Malmsten. ■ L'opera seconda di Ingmar Bergman, da un dramma di Oskar Braathen. Un ragazzo e una ragazza s'incontrano un giorno di pioggia a Stoccolma. Sono entrambi degli sconfitti dalla vita. Lui è appena uscito di prigione, lei è incinta. Decideranno di affrontare i loro destini uniti. ■ Drammatico; b/n; 90'; Svezia, 1946.

PIOVONO MUCCHE ★★★
Regia di Luca Vendruscolo. Con Luca Amorosino, Massimo De Lorenzo, Andrea Sartoretti, Alessandro Tiberi. ■ Matteo è un giovane obiettore di coscienza, destinato a trascorrere il suo anno di servizio civile presso la comunità Ismaele. Retta da un paio di personaggi bizzarri ed in collegamento con alcuni preti missionari, la comunità è un microcosmo in cui sono mescolati malati veri e immaginari, criminali paraplegici, seduttrici in carrozzina, e soprattutto gli altri obiettori, non meno particolari dei malati. Tratto dall'esperienza dello stesso regista come obiettore, *Piovono mucche* è un film onesto e divertente, che non si rifugia né in esasperanti pietismi, né in facili macchiette; la sceneggiatura, vincitrice già nel 1996 del Premio Solinas, è diventata film grazie alla caparbietà del regista. ■ Drammatico; col.; 90'; Italia, 2003.

PIOVONO PIETRE *(Raining Stones)* ★★★
Regia di Ken Loach. Con Julie Brown, Bruce Jones, Gemma Phoenix, Ricky Tomlinson. ■ Disoccupato ma gran lavoratore vuole comprare un bel vestito per la comunione della figlioletta. Si indebita con uno strozzino, ma restituire il denaro con gli interessi non è facile. Più tardi, in una colluttazione con l'operaio, il creditore perde la vita. Il protagonista si confessa da un sacerdote cattolico che lo ha sempre aiutato. Il prete gli consiglia di tacere, visto che non c'è nessun testimone per dimostrare la legittima difesa. C'è grande suspense quando si sente la sirena della polizia durante la cerimonia della comunione. Ma non cercano lui. Premio della Giuria al Festival di Cannes. La colonna sonora è di Stewart Copeland. ■ Commedia; col.; 93'; Gran Bretagna, 1993. ■ Cannes 1 pr.

PIOVONO POLPETTE ★★★
(Cloudy With a Chance of Meatballs)
Regia di Phil Lord, Chris Miller. Con James Caan, Bruce Campbell, Anna Faris, Bill Hader, Neil Patrick Harris. ■ Flint Lockwood fin da piccolo ha avuto la passione per le invenzioni ma c'era sempre qualcosa che non andava a buon fine. Come quando aveva inventato lo spray che creava dal nulla scarpe che aderivano perfettamente al piede dimenticando però di inventare il modo per poterle sfilare. Divenuto adulto, e abitando in un'isola la cui unica produzione e fonte di alimentazione sono le

sardine, prova ad inventare un marchingegno che trasformi l'acqua in alimenti. ■ ANIMAZIONE; COL.; 90'; USA, 2009.

PIOVRA... ★
Regia di WONG TIEN LIN. Con HSIAO HSIAO, WIANG GIN, MASUMI SEKIYA. ■ Un giovanotto e una ragazza, forti di una disciplina marziale che solo loro conoscono, combattono con l'aiuto dei coniugi Maki la banda di Su Baki. I quattro eroi buoni e fortissimi sconfiggono la gang. ■ AVVENTURA; COL.; 93'; HONG KONG, 1975.

PIOVRA, LA ★★
Regia di EDOARDO BENCIVENGA. Con FRANCESCA BERTINI, AMLETO NOVELLI, LIVIO PAVANELLI, GIOVANNI SCHETTINI. ■ Annunciato come la versione cinematografica del famoso processo a Maria Tarnowska, ha subito così tanti rimaneggiamenti da render inconsistente il legame con la storia originale. ■ DRAMMATICO; COL.; 45'; ITALIA, 1918.

PIOVRA, LA *(Why Bring that up)* ★★
Regia di GEORGE ABBOTT. Con EVELYN BRENT, CHARLES MACK, GEORGE MORAN. ■ È un film imperniato su due comici degli anni Venti specializzati nel truccarsi da *minstrels* neri (ora il divertimento ci sembra alquanto razzista). Qui vengono imbrogliati da una fatalona che li vorrebbe nel suo spettacolo. Ma loro non abboccano. ■ COMMEDIA; B/N; 91'; USA, 1929.

PIOVRA NERA, LA *(The Fearmakers)* ★★
Regia di JACQUES TOURNEUR. Con DANA ANDREWS, DICK FORAN, MEL TORME. ■ Un reduce si impiega presso la ditta che apparteneva a lui e ad un socio. Quest'ultimo è deceduto misteriosamente ed egli, nel corso delle indagini per far luce sulla faccenda, scopre che i suoi datori di lavoro sono implicati nello spionaggio internazionale. Nonostante la pericolosa situazione, non si arrende fino a quando tutti i colpevoli della morte dell'ex socio vengono individuati. ■ POLIZIESCO; B/N; 83'; USA, 1958.

PIOVUTA DAL CIELO *(Forces of Nature)* ★★
Regia di BRONWEN HUGHES. Con BEN AFFLECK, SANDRA BULLOCK, BLYTHE DANNER, MAURA TIERNEY, STEVE ZAHN. ■ Sarah ha un fiuto straordinario per mettersi insieme a dei perdenti. Ben scrive gli slogan per le fascette dei best-seller. Debbono entrambi raggiungere Savannah utilizzando tutti i mezzi di locomozione. Un *on the road* simile a *Un biglietto in due*. Ma meno efficace. ■ COMMEDIA; COL.; 104'; USA, 1999.

PIOVUTO DAL CIELO ★★
Regia di LEONARDO DE MITRI. Con CÉCILE AUBRY, MEMMO CAROTENUTO, SANDRO PISTOLINI, RENATO RASCEL. ■ Un ladro dal cuore d'oro deruba una ragazza e viene a sua volta derubato proprio quando, portato fortunatamente a termine un colpo, sta per restituirle il maltolto. Innamoratosi della fanciulla, trova un lavoro onesto; arrestato però per l'ultimo furto riesce a salvarsi con uno stratagemma. ■ COMMEDIA; B/N; 90'; ITALIA, 1953.

PIOVUTO DAL CIELO *(Danny Deckchair)* ★★
Regia di JEFF BALSMEYER. Con JOHN BATCHELOR, JUSTINE CLARKE, RHYS IFANS, RHYS MULDOON, MIRANDA OTTO. ■ Un muratore sfortunato – Danny – scopre che la fidanzata lo tradisce con uno show-man; per caso, durante una festa, mentre sta facendo un piccolo esperimento lega dei palloncini ad una sedia e riesce a librarsi in cielo. Tutti credono che sia morto ma in verità si sta costruendo una nuova vita migliaia di chilometri più lontano. ■ COMMEDIA; COL.; 100'; AUSTRALIA, 2003.

PIPE, LE ★
(Pleifen, Batten, turteltauben und Wie man damit fertig wird – Dymky)
Regia di VOJTECH JASNY. Con SIVI BACH, JANA BREJCHOVA, WALTER GILLER. ■ Sono tre episodi che hanno per protagonista la pipa. ■ COMMEDIA; COL.; 91'; AUSTRIA, 1966.

PIPISTRELLO, IL *(Le chauve-souris)* ★★
Regia di PIERRE BILLON. Con ANNY ONDRA, IVAN PETROVICH. ■ Trasposizione cinematografica dell'operetta di Strauss. ■ COMMEDIA; B/N; 94'; FRANCIA, 1932.

PIPPI CALZELUNGHE E IL TESORO DI CAPITAN KID *(Pippi Langstrumpf)* ★★
Regia di OLLE HELLBOM. Con INGER NILLSON, MARIA PERSSON, PAR SUNDBERG. ■ Pippi Calzelunghe è una bambina che possiede una borsa piena di monete d'oro. Giunta in un villaggio, dispensa felicità a tanti suoi coetanei distribuendo a piene mani caramelle e dolci. Stringe amicizia con due fratellini e, quando suo padre arriva per portarla via, Pippi decide di rimanere con i suoi piccoli amici. ■ FANTASTICO; COL.; 92'; GERMANIA, SVEZIA, 1969.

PIPPI CALZELUNGHE E I PIRATI DI TAKA-TUKA ★★
(Pippi in Taka-Tuka Land – Pa Rymmen med PippiLangstrump)
Regia di OLLE HELLBOM. Con INGER NILLSON, MARIA PERSSON, PAR SUNDBERG. ■ Una bambina piena di iniziative raggiunge, dopo pericolose avventure, l'isola in cui il padre è tenuto prigioniero dai pirati. Lo libera e, con l'aiuto di due amici, ritrova un tesoro sepolto. Eliminati definitivamente i nemici, torna verso casa mentre il padre riprende a navigare. ■ AVVENTURA; COL.; 90'; SVEZIA, 1971.

PIPPO, BRICIOLA E NUVOLA BIANCA ★★
Regia di ANGIO ZANE. ■ Due ragazzi in groppa ad un cavallo vagano alla ricerca di un nobile caduto in miseria, proprietario di un oggetto che si trova per errore nelle loro mani. Due ladri li derubano, ma i ragazzi, dopo innumerevoli avventure, riescono a recuperare la refurtiva e a consegnarla al legittimo proprietario. ■ AVVENTURA; B/N; 91'; ITALIA, 1960.

PIPPO OLIMPIONICO *(Superstar Goofy)* ★★★
Produzione DISNEY. ■ Tranne un episodio del quale sono protagonisti Paperino e i tre piccoli nipoti, il resto del film narra i tentativi di Pippo per emergere nelle diverse specialità olimpioniche. ■ ANIMAZIONE; COL.; 93'; USA, 1972.

PIPPO, PLUTO E PAPERINO, ALLEGRI MASNADIERI ★★
Produzione DISNEY. ■ Otto cortometraggi della feconda produzione di Walt Disney con Pippo, Pluto e altri personaggi famosi. ■ ANIMAZIONE; COL.; 93'; USA, 1963.

PIPPO, PLUTO, PAPERINO ALLA RISCOSSA ★★★
Produzione DISNEY. ■ Rassegna di brevi *sketche* tratti dalle divertenti avventure dell'impareggiabile trio Pippo, Pluto, Paperino. ■ ANIMAZIONE; COL.; 94'; USA, 1975.

PIPPO, PLUTO, PAPERINO SUPERSHOW ★★
Produzione DISNEY. ■ Dodici cortometraggi realizzati con la consueta abilità e la partecipazione dei personaggi più amati dai bambini. ■ ANIMAZIONE; B/N; 90'; USA, 1974.

PIRAMIDE DI PAURA *(Young Sherlock Holmes)* ★★★
Regia di BARRY LEVINSON. Con ALAN COX, SUSAN FLEETWOOD, ANTHONY HIGGINS, NICHOLAS ROWE, SOPHIE WARD. ■ Londra, 1870: in un severo college vittoriano studiano il giovane Sherlock Holmes e il suo futuro, inseparabile assistente Watson. Cacciati dalla scuola per colpa di un antipatico rivale, i due si lanciano a capofitto nella prima, vera indagine: scoprire il colpevole di una misteriosa serie di delitti. Guidati dall'arguzia e accompagnati da una bella fanciulla, i due giovani eroi scopriranno un antico tempio egizio nei sotterranei di Londra e smaschereranno una setta infernale comandata dal loro ex insegnante di scherma. ■ AVVENTURA; COL.; 109'; USA, 1985. ■ OSCAR 1 NOM.

PIRAÑA *(Piranha)* ★★★
Regia di JOE DANTE. Con BRADFORD DILLMAN, KEVIN MCCARTHY, HEATHER MENZIES. ■ I pesci piraña infestano un bacino. Una investigatrice privata e un abitante del luogo fanno le loro indagini. I voracissimi pesci prolificano con una rapidità impressionante, tanto che addirittura un villaggio viene minacciato. Chiunque si avvicini all'acqua viene orribilmente dilaniato. Alla fine le autorità (fino ad allora incredule) intervengono e i piraña sono eliminati. ■ DRAMMATICO; COL.; 92'; USA, 1978.

PIRAÑA PAURA *(Piranha II: The Spawning)* ★
Regia di JAMES CAMERON. Con LANCE HENRIKSEN, TRICIA O'NEIL, TED RICHERT. ■ Il paradiso di una baia caraibica affollata da turisti viene guastato dal rinvenimento di alcuni cadaveri orrendamente straziati: sono stati i feroci piraña, resi ancor più terribili da un misterioso esperimento genetico che li ha dotati di ali. ■ HORROR; COL.; 95'; ITALIA, USA, 1981.

PIRANHA 3D ★★
Regia di ALEXANDRE AJA. Con JERRY O'CONNELL, VING RHAMES, ADAM SCOTT, ELISABETH SHUE, JESSICA SZOHR. ■ Prodotto da Roger Corman e diretto da un giovane Joe Dante, il *Piranha* originario è un film vivace e brioso, forse il più brillante dei cloni derivati dal successo colossale de *Lo squalo* di Spielberg. Tra i suoi punti di forza non ci sono certo gli effetti speciali, al risparmio anche per l'epoca. L'idea di rifarlo con i più sofisticati mezzi di oggi e l'utilizzo delle tre dimensioni non era quindi peregrina. Aja sa bene come gestire la suspense e il crescendo finale sviluppa una tensione più che accettabile, grazie anche alla concisione del racconto, che non conosce lentezze o tempi morti. ■ HORROR; COL.; 89'; USA, 2010.

PIRATA, IL *(The Pirate)* ★★★★
Regia di VINCENTE MINNELLI. Con JUDY GARLAND, GENE KELLY, REGINALD OWEN, WALTER SLEZAK, THE NICHOLAS BROTHERS. ■ Attorno al 1830, in un'isola dei Caraibi, una ragazza romantica, promessa sposa al sindaco, lo disdegna perché s'innamora di un pirata. In realtà il pirata non è che un povero attore, mentre il sindaco è stato in gioventù un terribile pirata Macoco. ■ MUSICAL; COL.; 102'; USA, 1947. ■ OSCAR 1 NOM.

PIRATA BALLERINO, IL *(Dancing Pirate)* ★★
Regia di LLOYD CORRIGAN. Con CHARLES COLLINS, STEFFI DUNA. ■ Un ballerino, sfuggito durante una sosta in Messico ad alcuni pirati che l'avevano rapito, viene creduto dagli abitanti di un villaggio messicano il capo della spedizione piratesca. Condannato a morte dal governatore, il nostro eroe, grazie a un brillante colpo di mano, riesce miracolosamente a togliersi dai pasticci e a sposare la figlia del governatore. ■ AVVENTURA; B/N; 92'; USA, 1936. ■ OSCAR 1 NOM.

PIRATA BARBANERA, IL *(Blackbeard the Pirate)* ★★★
Regia di RAOUL WALSH. Con WILLIAM BENDIX, LINDA DARNELL, ROBERT NEWTON. ■ Il pirata Barbanera ha ucciso un nemico e vuole impadronirsi del tesoro della fidanzata del defunto. Questo suo progetto è però ostacolato da Morgan, suo acerrimo rivale. In una prima battaglia Morgan ha la meglio su Barbanera, ma in seguito sarà sconfitto. Sul vascello di Barbanera si scatena intanto una lotta furibonda per il possesso del tesoro e lo stesso pirata troverà una morte atroce per mano dei suoi. ■ AVVENTURA; COL.; 99'; USA, 1952.

PIRATA – CULT MOVIE ★
Regia di PAOLO RICAGNO. Con GLORIA FERRERO, NADIA FERRERO, PAOLO RICAGNO. ■ Proiettato a Venezia nel 1984, ha avuto un'incubazione di cinque anni. Un film anarchico fine a se stesso. ■ DRAMMATICO; COL.; 85'; ITALIA, 1984.

PIRATA DEL DIAVOLO, IL ★★
Regia di ROBERTO MAURI. Con WALTER BRANDI, RICHARD HARRISON, PAOLO SOLVAY. ■ I pirati turchi infestano i territori della Serenissima. Il protagonista della vicenda viene catturato e imprigionato insieme alla sua innamorata; una bella nemica perde la testa per lui e lo libera. Egli sconfigge gli avversari e ne uccide personalmente il capo, mettendo così fine a scorrerie, devastazioni e rapine. ■ AVVENTURA; COL.; 93'; ITALIA, 1964.

PIRATA DEL FIUME, IL *(The Flying Squad)* ★★
Regia di F.W. KRAEMER. Con CAROL GOODNER, HENRY WILCOXON. ■ Un criminale uccide un complice. La sorella della vittima, alla quale lui ha fatto credere che l'assassino è un poliziotto, vuole entrare nella banda per vendicarlo. Il poliziotto le apre gli occhi, manda in galera il bandito e la sposa. ■ POLIZIESCO; B/N; 80'; GRAN BRETAGNA, 1932.

PIRATA DELL'ARIA, IL *(Skyjacked)* ★★★
Regia di JOHN GUILLERMIN. Con CLAUDE AKINS, JAMES BROLIN, JEANNE CRAIN, CHARLTON HESTON, YVETTE MIMIEUX, WALTER PIDGEON. ■ Un ufficiale psichicamente alterato si imbarca su un aereo americano. Dopo qualche minuto di volo, egli ingiunge al pilota di far rotta verso l'Alaska, pena la distruzione del velivolo. Durante una sosta per il rifornimento quasi tutti i passeggeri vengono fatti scendere a terra di nascosto; quindi il volo riprende, questa volta fino a Mosca. I sovietici, tutt'altro che disposti a concedere asilo politico al dirottatore, lo uccidono. ■ DRAMMATICO; COL.; 100'; USA, 1972.

PIRATA DELLO SPARVIERO NERO, IL ★★
Regia di SERGIO GRIECO. Con MIJANOU BARDOT, PINA BOTTIN, GÉRARD LANDRY, ETTORE MANNI. ■ Il ducato di Monteforte è caduto nelle mani di un usurpatore che ne ha ucciso il legittimo reggente. Quindi ne ha catturato la figlia per barattarla col suo peggiore nemico, innamorato di lei. Lo scambio avviene, ma il prigioniero riesce a fuggire, a organizzare con i compagni una sortita, a penetrare nel castello dell'avversario e ad ucciderlo. ■ AVVENTURA; COL.; 92'; ITALIA, 1958.

PIRATA DEL RE, IL *(King's Pirate)* ★★
Regia di DON WEIS. Con DOUG MCCLURE, MARY ANN MOBLEY, JILL ST JOHN, GUY STOCKWELL. ■ Un inglese di stanza nel Madagascar, un po' per amore di patria e un po' per denaro, decide di assaltare un covo di pirati che impediscono l'ingresso al porto delle navi europee. A capo degli avversari è una bella ragazza che, tra un'avventura e un duello, si innamorerà di lui e acconsentirà all'ingresso delle imbarcazioni britanniche. ■ AVVENTURA; COL.; 100'; USA, 1967.

PIRATA E LA PRINCIPESSA, IL ★★
(The Princess and the Pirate)
Regia di DAVID BUTLER. Con WALTER BRENNAN, BOB HOPE, VIRGINIA MAYO, VICTOR MCLAGLEN, WALTER SLEZAK. ■ Una principessa e un attore sfuggono ai pirati dopo aver rubato la mappa di un tesoro. Giunti su un'isola, vengono catturati dal governatore che vuole costringere la ragazza a diventare sua moglie. Poco dopo arrivano i pirati e ha inizio la discordia sia per colpa di lei che del tesoro. Approfittando della situazione, la ragazza e il suo compagno scappano e riescono a mettersi in salvo. ■ AVVENTURA; COL.; 94'; USA, 1944. ■ OSCAR 2 NOM.

PIRATA NERO, IL *(The Black Pirate)* ★★★
Regia di ALBERT PARKER. Con DONALD CRISP, DOUGLAS FAIRBANKS, TEMPE PIGGOTT. ■ Considerato da molti il miglior film di Fairbanks in assoluto. I pirati assaltano un vascello spagnolo e trucidano tutto l'equipaggio. Si salvano solo un uomo e suo figlio Michael. Giungono su un'isola ma ormai l'uomo sta morendo. Michael, per vendicarsi della morte di suo padre, si trasformerà nel Pirata Nero e sconfiggerà i nemici. ■ AVVENTURA; COL.; 90'; USA, 1926.

PIRATA NERO, IL *(The Black Pirate)* ★★
Regia di ALLEN H MINER. Con LON CHANEY JR, ANTHONY DEXTER, MARTHA ROTH. ■ Un gruppo di pirati invade l'isola nella quale è sepolto un tesoro. Allontanati i soldati con una scusa i corsari cominciano a cercare senza risultato. Un religioso, per salvare gli abitanti da una carneficina, si autoaccusa di averlo usato a scopi umanitari: il capo dei pirati lo ammazza. ■ AVVENTURA; COL.; 91'; USA, 1954.

PIRATA SONO IO!, IL ★★
Regia di MARIO MATTOLI. Con DORA BINI, JUAN DE LANDA, ERMINIO MACARIO. ■ Il governatore di un'isola organizza un finto assalto dei pirati per farsi bello agli occhi del viceré. Il guaio è che i pirati arrivano davvero: gli abitanti dell'isola devono darsi da fare per ricacciarli in mare. ■ COMMEDIA; B/N; 90'; ITALIA, 1940.

PIRATA YANKEE, IL *(Yankee Buccaneer)* ★★
Regia di FREDERICK DE CORDOVA. Con SUZAN BALL, SCOTT BRADY, JEFF CHANDLER. ■ Un ufficiale statunitense si finge pirata per scoprire il rifugio dei corsari. Dopo diverse avventure, durante le quali un subalterno salva una bella patriota brasiliana, viene catturato e torturato. I compagni lo salvano e alla loro testa sconfigge i corsari e salva un tesoro appartenente ai rivoluzionari. La bella patriota, che ha imparato ad amarlo, accetta di diventare sua moglie. ■ AVVENTURA; COL.; 86'; USA, 1952.

PIRATI *(Pirates)* ★★★
Regia di ROMAN POLANSKI. Con CHRIS CAMPION, CHARLOTTE LEWIS, WALTER MATTHAU. ■ Matthau nelle insolite vesti di ironico pirata, Capitan Red, dopo esser naufragato con il suo mozzo "Ranocchio", riesce a salire clandestinamente su un galeone spagnolo. Una volta scoperti, i due sobillano la ciurma, se ne impa-

droniscono e dopo una sarabanda di avventure (Ranocchio nel frattempo s'innamora di Dolores, bella nipote del governatore di Maracaibo) Capitan Red riesce a giocare gli spagnoli e il governatore. Ma non per molto, dopo aspri combattimenti e imbrogli di ogni genere, i due si ritrovano di nuovo su una zattera. Polanski non riesce a resuscitare come voleva il film di pirati, ma azzecca ugualmente uno spettacolo mosso e convincente. ■ AVVENTURA; COL.; 124'; FRANCIA, USA, 1986. ■ OSCAR 1 NOM.

PIRATI. BRIGANTI DA STRAPAZZO 3D ★★★
(The Pirates! Band of Misfits)
Regia di PETER LORD, JEFF NEWITT. Con MARTIN FREEMAN, BRENDAN GLEESON, HUGH GRANT, SALMA HAYEK, DAVID TENNANT. ■ Il capitano pirata ha un sogno: vincere il premio "pirata dell'anno", per farlo dovrà però battere rivali agguerriti e molto più "predoni" di lui. Non potendo vantare ricchi bottini o forzieri espugnati, riunisce la sua ciurma di disperati in una serie di arrembaggi che lo portano a contatto con un giovane Charles Darwin, il quale riconosce in quello che il capitano chiama pappagallo, l'ultimo esemplare di dodo sulla Terra. Convinto che la presentazione del raro animale alla comunità scientifica gli frutterà i tesori necessari a diventare pirata dell'anno, il capitano si reca a Londra dove però troverà il più acerrimo nemico della pirateria, la regina Vittoria. Concepito cinque anni fa dal libro *The pirates! In an adventure with scientists* di Gideon Defoe. ■ ANIMAZIONE; COL.; 88'; GRAN BRETAGNA, USA, 2012.

PIRATI DEI CARAIBI – AI CONFINI DEL MONDO ★★★
(Pirates of the Caribbean: At World's End)
Regia di GORE VERBINSKI. Con LEE ARENBERG, ORLANDO BLOOM, MACKENZIE CROOK, JOHNNY DEPP, NAOMIE HARRIS, TOM HOLLANDER, MARTIN KLEBBA, KEIRA KNIGHTLEY, KEVIN MCNALLY, BILL NIGHY, JONATHAN PRYCE, KEITH RICHARDS, GEOFFREY RUSH, STELLAN SKARSGÅRD, CHOW YUN-FAT. ■ Tempi duri per i pirati. Un re tiranno ha ordinato che non ne resti nemmeno uno. Muoiano impiccati uomini, donne e bambini che abbiano mostrato pietà per quei filibustieri. Per contrastare l'ondata di terrore e le flotte della Compagnia delle Indie Orientali, capitanate dall'odioso Lord Beckett, non rimane che rintracciare i Nove Pirati della Fratellanza e tentare una strategia difensiva. Will, Elizabeth e il Capitan Barbossa raggiungono Singapore per procurarsi l'alleanza di Capitan Sao Feng, temibile pirata cinese col vizio del vapore. Ma, si sa, i pirati sono volubili e ciascuno nutre in cuor proprio un interesse personale: Will vuole uccidere Davy Jones e recuperare il padre alla vita, Elizabeth e Barbossa desiderano raggiungere Jack Sparrow ai confini del mondo, liberarlo dalla maledizione di Jones e riorganizzare con lui la Fratellanza, Lord Beckett, che ha al suo soldo l'Olandese Volante e il cuore del suo capitano, sogna di governare il mare e di spazzarlo dagli odiosi nemici. La capricciosa dea Calypso, regina degli abissi costretta in un corpo umano, deciderà le sorti dello scontro navale. In fondo al mare e alla battaglia i pirati troveranno un tesoro: l'amicizia. Se gran parte dell'appeal dei *Pirati* deriva dal suo plusvalore spettacolare, nel terzo capitolo c'è indubbiamente un'idea forte di mondo, un mondo oltre il nostro, dove ciascuno dei protagonisti accetta le conseguenze del proprio destino mettendosi al servizio generoso dell'altro. ■ AVVENTURA; COL.; 168'; USA, 2007.

PIRATI DEI CARAIBI – LA MALEDIZIONE DEL FORZIERE FANTASMA ★★★
(Pirates of the Caribbean: Dead Man's Chest)
Regia di GORE VERBINSKY. Con JOHNNY DEPP, ORLANDO BLOOM, KEIRA KNIGHTLEY, LEE ARENBERG, PETER DONALD BADALAMENTI II, MAX BAKER, ANDY BECKWITH, FAOUZI BRAHIMI. ■ Il capitano Sparrow ha a che fare con una nuova maledizione: quella di Davey Jones, capitano del vascello fantasma chiamato l'"Olandese Volante", verso il quale ha un debito di sangue. Sparrow dovrà liquidare le pretese del pirata per evitare la condanna eterna sul vascello "Olandese Volante". ■ AVVENTURA; COL.; '; USA, 2006.

PIRATI DEI CARAIBI. OLTRE I CONFINI DEL MARE *(Pirates of the Caribbean: On Stranger Tides)* ★★
Regia di ROB MARSHALL. CON PENELOPE CRUZ, JOHNNY DEPP, RICHARD GRIFFITHS, IAN MCSHANE, GEOFFREY RUSH. ■ Dopo essere sfuggito alle guardie del re nel tentativo di liberare il vecchio compagno di mare Gibbs, Jack Sparrow si ritrova prigioniero sulla nave di Barbanera, grazie alla bella e inaffidabile figlia di quest'ultimo, Angelica, in passato sedotta e abbandonata da Jack stesso e ora a capo della ciurma di zombie del padre. Suo malgrado, il nostro fa dunque rotta verso la Fontana della giovinezza, facendo presto squadra con Barbossa, che si finge al servizio della corona d'Inghilterra ma in verità cerca la vendetta su Barbanera, responsabile della gamba di legno che lo invalida. Per poter ottenere dalla fonte il suo beneficio, a pirati, soldati e corsari occorrono però alcuni ingredienti di non facile reperimento: due antichi calici e una lacrima di sirena. ■ AZIONE; COL.; 141'; USA, 2011.

PIRATI DEI SETTE MARI, I ★★
(Raiders of the Seven Seas)
Regia di SIDNEY SALKOW. Con LON CHANEY JR, JOHN PAYNE, DONNA REED. ■ Un capitano espulso dal Marocco si mette a capo di alcuni pirati e viene catturato durante un furto. I suoi uomini lo liberano ed egli prende prigioniera la figlia del governatore. Quindi beffeggia il fidanzato e torna ad ucciderlo quando quest'ultimo compie massacri attribuendoli a lui. Durante queste avventure la ragazza ha capito di amare l'eroe e decide di seguirlo. ■ AVVENTURA; COL.; 88'; USA, 1958.

PIRATI DEL CIELO, I *(Desperate Cargo)* ★★
Regia di WILLIAM BEAUDINE. Con RALPH BYRD, CAROL HUGHES. ■ Su un aereo si svolge una drammatica vicenda: alcuni malviventi, tenendo a bada l'equipaggio, assalgono e derubano i passeggeri. Il commissario di bordo, aiutato da un'attrice, ha la meglio sui banditi e li imprigiona. ■ AVVENTURA; B/N; 92'; USA, 1941.

PIRATI DEL CIELO, I ★★
(Abschied von den Wolken – Rebel Flight to Cuba)
Regia di GOTTFRIED REINHARDT. Con LINDA CHRISTIAN, OTTO WILHELM FISCHER, PETER VAN EYCK, SONJA ZIEMANN. ■ Il protagonista sfugge alla vendetta di alcuni ribelli di un'imprecisata nazione e si imbarca su un aereo. A bordo viaggiano un pericoloso individuo e le sue guardie del corpo che, nel tentativo di dirottare l'aereo, feriscono gravemente il pilota. Per fortuna il nostro lo sostituisce egregiamente e porta brillantemente a termine un atterraggio di fortuna. ■ DRAMMATICO; B/N; 90'; GERMANIA, 1959.

PIRATI DEL FIUME ROSSO, I ★★
(The Pirates of Blood River)
Regia di JOHN GILLING. Con GLENN CORBETT, MARA LANDI, CHRISTOPHER LEE, KERWIN MATHEWS, OLIVER REED. ■ Siamo agli inizi dell'Ottocento. Alcuni pirati derubano una comunità ugonotta della statua d'oro che ne rappresenta la ricchezza. I coloni li inseguono e, dopo numerosi scontri, riescono a decimarli. La statua, però, va perduta. ■ AVVENTURA; COL.; 84'; GRAN BRETAGNA, 1962.

PIRATI DELLA COSTA, I ★★
Regia di DOMENICO PAOLELLA. Con LEX BARKER, GÉRARD BLAIN, LIVIO LORENZON, LIANA ORFEI. ■ Un capitano spagnolo derubato dai pirati viene condannato ai lavori forzati. Durante il viaggio verso il luogo di pena insorge con i compagni, prende il comando della nave e si dà al brigantaggio. Allo scoppio della guerra con l'Inghilterra smaschera un traditore e lo uccide. Viene riabilitato. ■ AVVENTURA; COL.; 94'; ITALIA, 1960.

PIRATI DELLA CROCE DEL SUD, I ★★
(Hurricane Smith)
Regia di JERRY HOPPER. Con JAMES CRAIG, YVONNE DE CARLO, JOHN IRELAND, FORREST TUCKER. ■ Uno dei tanti film d'avventura ambientati nei mari del Sud. Ha come protagonisti tre amici impegnati nella ricerca di un favoloso tesoro. Dopo molti imprevisti, l'impresa andrà in porto. ■ AVVENTURA; COL.; 90'; USA, 1953.

PIRATI DELLA MALESIA, I ★★
Regia di ENRICO GUAZZONI. Con CLARA CALAMAI, MASSIMO GIROTTI, LUIGI PAVESE, SANDRO RUFFINI. ■ Un indigeno ama una prigioniera bianca. Catturato mentre tenta di liberarla, accet-

ta, in cambio della propria vita, di eliminare il governatore dell'isola. Scoperto e imprigionato, viene fatto evadere nel corso di una rivolta popolare. ■ AVVENTURA; B/N; 110'; ITALIA, 1941.

PIRATI DELLA MALESIA, I ★★
Regia di UMBERTO LENZI. Con ANDREA BOSIC, NANDO GAZZOLO, MIMMO PALMARA, STEVE REEVES, JACQUELINE SASSARD. ■ Sandokan salva la figlia di un rajà il cui trono è stato usurpato da un Lord inglese. Per aiutarla dà l'assalto al forte inglese, ma è catturato e mandato ai lavori forzati. Sandokan si libera e con i suoi uomini sconfigge gli usurpatori. Il tiranno muore e il rajà torna a regnare. ■ AVVENTURA; COL.; 91'; ITALIA, 1964.

PIRATI DELL'AMAZZONIA, I ★★
(Under der Amazzonas Schweight)
Regia di HELMUT M. BACKHAUS. Con HARALD LEIPNITZ, OSVALDO LOURAIRO, BARBARA RÜTTING. ■ Alcuni pirati catturano una ragazza, recatasi in Amazzonia per cercare il padre, e la sua guida. Questa, riuscita a fuggire, la libera con l'aiuto di alcuni indigeni. Poco dopo la ragazza viene nuovamente fatta prigioniera: il suo accompagnatore ottiene la sua liberazione uccidendo in uno scontro il capo dei pirati. ■ AVVENTURA; COL.; 92'; GERMANIA, 1963.

PIRATI DELLA METROPOLI, I *(The System)* ★★
Regia di LEWIS SEILER. Con FRANK LOVEJOY, JOAN WELDON. ■ Un industriale fa parte di una banda criminale presa di mira da un giornalista in una grossa campagna di protesta. La reazione dei delinquenti non si fa attendere e il giornalista viene assassinato. Il figlio dell'industriale, scoperta l'attività del padre, si suicida; l'uomo allora passa dalla parte della polizia e con la sua testimonianza rende possibile l'arresto degli ex complici. ■ POLIZIESCO; B/N; 90'; USA, 1953.

PIRATI DELL'ISOLA VERDE, I ★★
Regia di TED KAPLAN. Con SAL BORGESE, PAOLO GOZLINO, ALBERT MENDOZA. ■ Il pirata Alan ripara su un'isola dove regna una principessa perseguitata da molti nemici. Il pirata si incarica di proteggere la bella e, uno dopo l'altro, toglie di mezzo i suoi avversari. A coronamento di tutto viene trovato un ricchissimo tesoro che sistema tutti i guai del principato e non manca il matrimonio finale tra i due protagonisti. ■ AVVENTURA; COL.; 91'; ITALIA, SPAGNA, 1970.

PIRATI DELLO SPAZIO, I *(Ice Pirates)* ★★
Regia di STEWART RAFFILL. Con MARY CROSBY, MICHAEL D. ROBERTS, ROBERT URICH. ■ Nel "remoto futuro" alcuni generosi "pirati" dello spazio aiutano una principessa a rintracciare il padre, un esploratore perdutosi nelle galassie. Ennesima variazione sul tema di *Guerre stellari* valevole di visione più che altro per alcune succose partecipazioni: Anjelica Huston e il favoloso John Carradine. ■ FANTASCIENZA; COL.; 91'; USA, 1984.

PIRATI DI BARRACUDA, I *(Sea Hornet)* ★★
Regia di JOSEPH KANE. Con ADRIAN BOOTH, ROD CAMERON, JIM DAVIS, ADELE MARA. ■ Un palombaro muore durante un'immersione. Il suo socio sospetta che sia stato ucciso e si reca sul luogo a indagare. Dopo aver evitato per due volte di essere eliminato, si immerge e trova le prove dell'assassinio del compagno. Manderà in galera il responsabile con i suoi complici. ■ DRAMMATICO; B/N; 84'; USA, 1951.

PIRATI DI CAPRI, I ★★
Regia di GIUSEPPE MARIA SCOTESE. Con LOUIS HAYWARD, MARIELLA LOTTI, MASSIMO SERATO. ■ Un nobile della corte borbonica parteggia e combatte a fianco dei ribelli sotto falso nome. Le scaramucce con i soldati della regina si fanno sempre più aspre e frequenti ed egli persuade la sovrana a proporre un accordo. Un barone suo avversario cerca di ucciderlo ma ha la peggio. Il nostro eroe rivela finalmente la propria identità e sposa la sua promessa. ■ AVVENTURA; B/N; 90'; ITALIA, 1948.

PIRATI DI MONTEREY, I *(Pirates of Monterey)* ★★
Regia di ALFRED L. WERKER. Con ROD CAMERON, MARIA MONTEZ. ■ In Messico infuria la lotta tra repubblicani e realisti. Un ufficiale repubblicano, dopo un avventuroso viaggio, raggiunge il forte di Monterey dove sospetta l'esistenza di un traditore. Con l'aiuto di una ragazza della quale è innamorato riuscirà a scoprirne l'identità, a toglierlo di mezzo e a sconfiggere i nemici. ■ AVVENTURA; COL.; 77'; USA, 1947.

PIRATI DI PENZANCE, I *(The Pirates of Penzance)* ★★
Regia di WILFORD LEACH. Con KEVIN KLINE, ANGELA LANSBURY, LINDA RONDSTADT. ■ Versione per il cinema di un'operetta scritta da Gilbert e Sullivan per Broadway. Solo per gli amanti del genere musicale, con regia originale e buona interpretazione. Tra gli attori, oltre a Kline, vincitore di un Oscar per *Un pesce di nome Wanda*, c'è Linda Rondstadt, famosa cantante americana di musica pop e country. ■ COMMEDIA; COL.; 115'; USA, 1983. ■ GOLDEN GLOBES 1 NOM.

PIRATI DI TORTUGA, I *(Pirates of Tortuga)* ★★
Regia di ROBERT D. WEBB. Con DAVE KING, JOHN RICHARDSON, KEN SCOTT, ROBERT STEPHENS. ■ Un capitano inglese sconfigge una nave pirata e libera un porto giamaicano. Più tardi viene ritenuto a torto un traditore poiché, grazie ad una soffiata, le truppe marinare regolari hanno subito una pesante sconfitta da parte dei pirati. La sua innocenza verrà però riconosciuta ed egli potrà finalmente riunirsi alla donna amata. ■ AVVENTURA; COL.; 97'; USA, 1961.

PISCINA, LA *(La piscine)* ★★★
Regia di JACQUES DERAY. Con JANE BIRKIN, PAUL CRAUCHET, ALAIN DELON, MAURICE RONET, ROMY SCHNEIDER. ■ Due amanti che trascorrono le ferie in una villa vengono raggiunti da un ex spasimante di lei e da quella che lui presenta come sua figlia. Ben presto i due uomini diventano rivali, soprattutto a causa delle premurose attenzioni che il nuovo arrivato rivolge alla donna. L'altro, dopo essere andato a letto con la ragazza per vendicarsi, litiga con il "padre" di costei e lo uccide annegandolo. La polizia non trova le prove dell'omicidio e l'uomo resterà per sempre con l'amante, legata a lui dal silenzio complice. ■ DRAMMATICO; COL.; 113'; FRANCIA, 1968.

PISCINE – INCONTRI A BEVERLY HILLS ★★
(Hugo Pool)
Regia di ROBERT DOWNEY SR. Con ALAN ARKIN, PATRICK DEMPSEY, ROBERT DOWNEY JR., MALCOLM MCDOWELL, ALYSSA MILANO, CATHY MORIARTY, SEAN PENN. ■ Hugo è una ragazza modello con due genitori un po' matti. Pulisce le piscine a Beverly Hills e finisce con l'innamorarsi di un ragazzo handicappato che si esprime col computer. ■ COMMEDIA; COL.; 90'; USA, 1996.

PISITO, EL ★★★
Regia di MARCO FERRERI. Con MARY CARRILLO, JOSÉ LUIS LOPEZ VAZQUÉZ. ■ Esordio cinematografico dell'originale regista. Pieno dell'umorismo nero che lo avrebbe contraddistinto anche successivamente. Una giovane coppia di fidanzati studia un piano per potersi arricchire. Lui si sposa con un'anziana ricca signora sperando nella sua imminente morte per avere in eredità i soldi e l'appartamento. Ma non tutte le ciambelle riescono col buco. ■ GROTTESCO; B/N; 79'; SPAGNA, 1958.

PISO PISELLO ★★★
Regia di PETER DEL MONTE. Con VALERIA D'OBICI, ALESSANDRO HABER, PIERO MAZZARELLA, FABIO PERABONI, LUCA PORRO. ■ Il tredicenne Oliviero (Porro), figlio di ex sessantottini ormai fuori del tempo, viene sedotto da una sconosciuta e diventa padre. Con due nonni totalmente inadeguati, il piccolo Cristiano (Peraboni) cresce insieme al giovanissimo padre, col quale vive varie avventure tenere e ironiche, tra coetanei non sempre amichevoli e adulti spesso distanti. ■ COMMEDIA; COL.; 103'; ITALIA, 1981.

PISTAAA... ARRIVA IL GATTO DELLE NEVI ★★
(Snowball Express)
Regia di NORMAN TOKAR. Con DEAN JONES, GEORGE LINDSAY, HARRY MORGAN, NANCY OLSON, JOHNNY WHITAKER, KEENAN WYNN. ■ Un impiegato riceve in eredità un vecchio albergo male in arnese. Lo rimette in funzione ma, dopo un breve periodo di prosperità, rimane senza lavoro. Partecipa ad una gara che mette in palio parecchio danaro ma non ha successo. Sta per arrendersi quando scopre di possedere altri terreni con la vendita dei quali potrà rimontare la china. ■ COMMEDIA; COL.; 99'; USA, 1972.

PISTA DEGLI ELEFANTI, LA *(Elephant Walk)* ★★★
Regia di WILLIAM DIETERLE. Con DANA ANDREWS, PETER FINCH, ELIZABETH TAYLOR. ■ La moglie inglese di un piantatore non riesce ad adattarsi alla nuova vita né alla gente che la circonda e che la considera un'intrusa. Si affeziona ad un uomo e decide di andarsene con lui, ma un contrattempo glielo impedisce. Intanto infuria un'epidemia e la donna si prodiga instancabilmente per gli ammalati. Una notte, mentre è sola nella sua villa, costruita su un'antica pista degli elefanti, sarebbe travolta dagli animali se il marito non la salvasse in tempo. La circostanza riavvicinerà i due coniugi. ■ AVVENTURA; COL.; 103'; USA, 1954.

PISTA DEI TOMAHAWKS, LA *(Tomahawk Trail)* ★★
Regia di LESLEY SELANDER. Con CHUCK CONNORS, LISA MONTELL, JOHN SMITH. ■ Un drappello di soldati è in cammino verso il forte. Il loro comandante viene ucciso dagli indiani e sostituito da un incapace che porterà alla morte molti uomini. Un altro ufficiale allora prende il suo posto e fa prigioniera la figlia di un capo pellerossa. È per la sua intercessione che gli indiani permettono ai militari di andarsene indisturbati. ■ WESTERN; B/N; 67'; USA, 1957.

PISTA DEL BRIVIDO, LA *(Fever Heat)* ★★
Regia di RUSSELL S. DOUGHTEN JR. Con NICK ADAMS, NORMAN ALDEN, JEANNINE RILEY. ■ Un garagista diventa l'amante della nuova proprietaria del garage, che lo spinge a entrare nelle competizioni automobilistiche. Potrebbe diventare un campione, ma alcuni sabotaggi nei quali rimangono vittime due suoi amici lo spingono ad abbandonare le corse, la donna e il garage. ■ AVVENTURA; COL.; 94'; USA, 1968.

PISTA DEL DELITTO, LA *(Alarm)* ★★
Regia di HERBERT B. FREDERSDORF. Con PAUL KLINGER, KARL MARTELL, HILDE SESSAK, MARIA TASNADY. ■ Un pilota viene accusato di aver assassinato la sua amante. Una ragazza innamorata di lui lo difende a spada tratta e un poliziotto, persuaso dell'innocenza del giovane, indaga più a fondo fino a quando scopre il vero assassino e lo cattura al termine di un'avvincente lotta. Il pilota e la ragazza si sposano. ■ POLIZIESCO; B/N; 90'; GERMANIA, 1940.

PISTA DEL RAGNO, LA ★★
(Dick Tracy – The Trail of the Spider)
Regia di JOHN ENGLISH, WILLIAM N. WITNEY. Con RALPH BYRD, CHARLES MIDDLETON, LYNN ROBERTS. ■ Altri episodi di Dick Tracy, ancora alle prese con lo Zoppo che questa volta fabbrica denaro falso. ■ AVVENTURA; B/N; 60'; USA, 1937.

PISTA DI FUOCO, LA *(The Big Wheel)* ★★
Regia di EDWARD LUDWIG. Con THOMAS MITCHELL, MICHAEL O'SHEA, MICKEY ROONEY. ■ Un giovane meccanico vuole diventare corridore automobilistico come il padre, morto qualche anno prima nel corso di una gara. Ottenuto finalmente l'ingaggio per un'importante competizione, causa involontariamente, durante il suo svolgimento, la morte di un collega. Allontanato dalle corse si reca a Indianapolis dove corre a mozzafiato e guadagna il primo posto. ■ AVVENTURA; B/N; 92'; USA, 1949.

PISTA INSANGUINATA *(Fighting Change)* ★★
Regia di WILLIAM N. WITNEY. Con ROD CAMERON, BEN COOPER, JULIE LONDON. ■ Un fantino e il suo socio, allenatore di puledri da corsa, si separano a causa di una donna, che sposerà il secondo, ma si rimettono insieme per acquistare una cavalla. Questa viene iscritta ad una corsa, ma quando sta per vincere viene fermata dal fantino, accortosi che non sta affatto bene. L'ambiziosa moglie dell'allenatore, che sperava molto nella vittoria, si scaglia contro i due uomini che, ritrovata finalmente l'antica amicizia, dedicheranno ogni sforzo all'animale. ■ COMMEDIA; B/N; 70'; USA, 1955.

PISTOLA CHE CANTA, UNA *(The Lone Gun)* ★★
Regia di RAY NAZARRO. Con FRANK FAYLEN, DOROTHY MALONE, GEORGE MONTGOMERY. ■ Uno sceriffo si dibatte tra la diffidenza dei concittadini e le losche imprese di una feroce banda criminale. La morte di un bandito lo costringe ad arrestare un innocente sul quale sono state costruite abili prove di accusa e che in seguito viene fatto evadere per avvalorarle. Lo sceriffo però comprende la montatura, penetra nel covo dei malviventi e li sgomina. Acquista così la fiducia di tutti. ■ WESTERN; COL.; 78'; USA, 1954.

PISTOLA E LA BORSETTA, LA ★★★
(The Gun in Betty Lou's Handbag)
Regia di ALLAN MOYLE. Con PENELOPE ANN MILLER, CATHY MORIARTY. ■ Lavora in una biblioteca non provando nessun piacere nella propria attività. Per vivacizzare un po' l'ambiente finge di essere un'omicida. Tutti sono pronti a crederle in questo film del regista del cult *Pump up the Volume*. ■ COMMEDIA; COL.; 85'; USA, 1992.

PISTOLA NERA SPARA SENZA PIETÀ *(Black Gun)* ★★
Regia di ROBERT HARTFORD-DAVIS. Con KEEFE BRASSELLE, JIM BROWN, MARTIN LANDAU, STEPHEN MCNALLY, LUCIANA PALUZZI, BRENDA SYKES. ■ Un ragazzo in possesso di un'ingente refurtiva e di una lista compromettente di nomi viene ucciso da due sicari. Suo fratello, per vendicarlo, ne ammazza facilmente uno ma deve penare per trovare l'altro. Riuscito a individuarlo mentre sta acquistando una grossa partita di stupefacenti, lo affronta e lo elimina. ■ DRAMMATICO; COL.; 98'; USA, 1972.

PISTOLA NON BASTA, LA *(Man from Del Rio)* ★★
Regia di HARRY HORNER. Con KATY JURADO, ANTHONY QUINN, PETER WHITNEY. ■ Un pistolero messicano è in bilico tra il senso innato della giustizia (per cui gli viene offerta la carica di sceriffo) e una certa rudezza di modi che gli attira le simpatie di un proprietario di saloon senza scrupoli. La parte buona vince: il pistolero sconfigge il malvivente senza usare la pistola. ■ WESTERN; B/N; 82'; USA, 1956.

PISTOLA NUDA *(Frontier Gambler)* ★★
Regia di SAM NEWFIELD. Con JOHN BROMFIELD, JIM DAVIS, COLEEN GRAY, KENT TAYLOR. ■ Un avventuriero che ha fatto fortuna con il gioco raccoglie una bambina sopravvissuta a un attacco di indiani, la alleva, le insegna a vivere secondo la sua morale, se ne innamora. Lei però non contraccambia. Accecato dalla passione, spara ma per errore uccide un'altra. ■ WESTERN; B/N; 90'; USA, 1956.

PISTOLA PER CENTO BARE, UNA ★★
Regia di UMBERTO LENZI. Con JOHN IRELAND, PETER LEE LAWRENCE, PIERO LULLI. ■ Il soldato pacifista Jim Slade, che ha fatto due anni di lavori forzati per essersi rifiutato di usare le armi, diventa un temibile vendicatore quando scopre che i suoi genitori sono stati uccisi. Fa fuori tutti gli assassini, compreso un finto predicatore che è il capo della banda. ■ WESTERN; COL.; 95'; ITALIA, 1968.

PISTOLA PER CENTO CROCI, UNA ★★
Regia di LUCKY MOORE. Con TONY KENDALL, MARINA MILLIGAN, DICK PALMER. ■ Santana fa giustizia del bieco fidanzato di Jessica che, alle dipendenze di una donna capobanda, ha messo gli occhi sulle proprietà della ragazza ricche di giacimenti d'oro. Muoiono anche tutti i traditori, poi Santana riprende i suoi vagabondaggi. ■ WESTERN; COL.; 92'; ITALIA, 1971.

PISTOLA PER RINGO, UNA ★★★
Regia di DUCCIO TESSARI. Con ANTONIO CASAS, HALLY HAMMOND, NIEVES NAVARRO, FERNANDO SANCHO, MONTGOMERY WOOD. ■ Mentre le forze dell'ordine falliscono, l'avventuriero Ringo riesce a sbaragliare una banda di fuorilegge che ha assaltato una banca, semplicemente infiltrandosi tra i fuorilegge e fingendosi uno di loro. Una donna lo aiuta. ■ WESTERN; COL.; 100'; ITALIA, 1965.

PISTOLA PER UN VILE, UNA *(Gun for a Coward)* ★★
Regia di ABNER BIBERMAN. Con FRED MACMURRAY, JANICE RULE. ■ Una ricca vedova ha tre figli di temperamento assai diverso, uno dei quali, Bless, è mite e pacifico, sebbene sia costretto a vivere in un ambiente in cui la violenza detta legge. Il giovane conquisterà la stima dei fratelli e la grinta di uomo sfidando un bandito, e troverà l'amore. ■ WESTERN; COL.; 73'; USA, 1957.

PISTOLA SEPOLTA, LA *(The Fastest Gun Alive)* ★★★
Regia di RUSSELL ROUSE. Con JEANNE CRAIN, BRODERICK CRAWFORD, GLENN FORD, ALLYN JOSLYN, RUSS TAMBLYN. ■ George Temple, droghiere del villaggio, è ritenuto da tutti un co-

dardo perché non porta la pistola. Ma è un tiratore abilissimo: un bandito lo sfida e George lo uccide. Per non dover più usare l'arma, si finge morto anche lui, d'accordo con i concittadini, dopo aver sepolto la pistola sotto una lapide che porta il suo nome. ■ WESTERN; B/N; 92'; USA, 1956.

PISTOLA TRANQUILLA, UNA *(The Quiet Gun)* ★★
Regia di WILLIAM F. CLAXTON. Con MARA CORDAY, JIM DAVIS, FORREST TUCKER. ■ Ralph Carpenter ha una compagna indiana. Ciò gli inimica la popolazione della cittadina del West in cui vive. Costretto ad andarsene, si mette contro la legge e in un sacco di guai, finché lo linciano. Lo sceriffo, che è un amico di Carpenter, punisce i suoi carnefici. ■ WESTERN; B/N; 77'; USA, 1957.

PISTOLA VELOCE *(The Quick Gun)* ★★
Regia di SIDNEY SALKOW. Con MERRY ANDERS, TED DE CORSIA, AUDIE MURPHY. ■ Clint Cooper ha dovuto lasciare il suo paese nel Montana dopo aver commesso un doppio delitto, ma ora, stanco della vita del fuorilegge, vuole tornare al suo ranch. Gli abitanti del villaggio lo accetteranno solo quando avrà eliminato un pericoloso bandito. ■ WESTERN; COL.; 87'; USA, 1964.

PISTOLE CALDE A TUCSON *(Gunsmoke in Tucson)* ★★
Regia di THOMAS CARR. Con GALE ROBBINS, MARK STEVENSON, FORREST TUCKER. ■ Due fratelli seguono vie opposte: Chip diventa un bandito, John un implacabile esecutore della legge, tanto che non esita ad arrestare il proprio fratello. Chip però subisce l'influenza positiva di un amico onesto e rientra nella legalità. ■ WESTERN; COL.; 80'; USA, 1958.

PISTOLE DEI MAGNIFICI SETTE, LE ★★
(Guns of the Magnificent Seven)
Regia di PAUL WENDKOS. Con GEORGE KENNEDY, RENI SANTONI, JAMES WHITMORE. ■ Il leader rivoluzionario messicano Quintero viene arrestato e rinchiuso in carcere. Un suo emissario si mette in contatto con un famoso pistolero per organizzare la sua liberazione. Costui riesce ad espugnare la fortezza. ■ WESTERN; COL.; 106'; USA, 1968.

PISTOLE DI ZORRO, LE *(King of the Bull-Whip)* ★★
Regia di RON ORMOND. Con JACK HOLT, LASH LA RUE, TOM NEAL, AL FUZZY ST JOHN. ■ Lo sceriffo La Rue e il suo assistente Fuzzy cercano il bandito El Azote che semina terrore in una vasta zona. Sbaragliano la sua banda, ma del cattivo nessuna traccia. Allora gli tendono un tranello, ed El Azote viene allo scoperto. ■ WESTERN; B/N; 91'; USA, 1950.

PISTOLE FIAMMEGGIANTI *(Flaming Gun)* ★★
Regia di ARTHUR ROSSON. Con FRED BURNS, WILLIAM FARNUM, RUTH HALL, TOM MIX. ■ C'è il classico allevatore di bestiame ingenuo e sprovveduto che si fa derubare e c'è il cowboy che fa giustizia. Non manca la ragazza che sposa l'eroe. ■ WESTERN; B/N; 67'; USA, 1933.

PISTOLE FIAMMEGGIANTI *(Gun Fight)* ★★
Regia di EDWARD L. CAHN. Con JAMES BROWN, GREGG PALMER, RON SABLE, JOAN STALEY. ■ Sulla diligenza per Laramie viaggiano l'ufficiale Wayne Stanley, Nora Blaine e un altro personaggio. Arrivati a destinazione, Wayne scopre che suo fratello Brad è diventato un famigerato bandito. Wayne sposa Nora e si stabilisce in un ranch. Brad muore tra le braccia del fratello che, nonostante tutto, lo ama. ■ WESTERN; B/N; 57'; USA, 1961.

PISTOLE INFALLIBILI *(Born to the Saddle)* ★★
Regia di WILLIAM BEAUDINE. Con CHUCK COURTNEY, LEIF ERICKSON, DONALD WOODS. ■ Un cowboy poco più che adolescente rimane onesto nonostante le molte sollecitazioni alla violenza che riceve dall'ambiente in cui vive. Quando gli viene affidato il compito di allenare un cavallo, riesce a sventare le manovre dello scommettitore Daggett e a vincere la corsa. ■ WESTERN; B/N; 88'; USA, 1965.

PISTOLE NON DISCUTONO, LE ★★
Regia di MARIO CAIANO. Con ANGEL ARANDA, ROD CAMERON, HANS NIELSEN, DICK PALMER. ■ Lo sceriffo Garrett lascia la sposa il giorno delle nozze per inseguire due banditi. Asserragliato in un ranch insieme ai suoi due prigionieri da una banda di messicani, se la cava grazie al pentimento di uno dei due cattivi. ■ WESTERN; COL.; 92'; ITALIA, 1964.

PISTOLE NUDE *(Mais qui a tué Pamela Rose?)* ★
Regia di ERIC LARTIGAU. Con OLIVIER BARROUX, JULIE BATAILLE, ALAIN CHABAT, FRANÇOIS CLUZET, GÉRARD DARMON, VIRGINIE LEDOYEN, BÉNÉDICTE LOYEN, KAD MERAD, JEAN-PAUL ROUVE. ■ Pallett e Ripett sono due imbranati agenti dell'Fbi, che malgrado tutto risolvono il caso dello strangolamento di una spogliarellista in un motel di Bronsville, di cui sono responsabili lo speaker di una radio locale e lo sceriffo della contea, in realtà gay. Modestissimo tentativo francese di imitare il filone demenziale americano. ■ COMMEDIA; COL.; 95'; FRANCIA, 2003.

PISTOLE PUNTATE *(Belle Starr's Daughter)* ★★
Regia di LESLEY SELANDER. Con ROD CAMERON, GEORGE MONTGOMERY, RUTH ROMAN. ■ Il bandito Bob coinvolge nelle sue imprese criminali la bella Rose. Sulla loro pista si mette un onesto e valente sceriffo. Nello scontro decisivo l'uomo di legge ha la meglio sul bandito e la donna comprende i suoi errori. Viene perdonata e poi sposata. ■ WESTERN; B/N; 86'; USA, 1948.

PISTOLERE, LE *(Les pétroleuses)* ★★★
Regia di CHRISTIAN-JAQUE. Con BRIGITTE BARDOT, CLAUDIA CARDINALE, MICHAEL J. POLLARD, MICHELINE PRESLE. ■ Maria regge il clan con fermezza. Vorrebbe acquistare un ranch, ma vi si è installata la fuorilegge Louise, a capo di una banda di sole donne. Nel ranch c'è il petrolio, ma viene sbadatamente fatto esplodere dal proprietario del terreno. Maria e Louise finiranno per allearsi e formare una nuova banda. ■ WESTERN; COL.; 95'; FRANCIA, 1971.

PISTOLERI MALEDETTI, I *(Arizona Raiders)* ★★
Regia di WILLIAM N. WITNEY. Con BEN COOPER, MICHAEL DANTE, AUDIE MURPHY. ■ Il capitano Andrews sgomina per metà una banda e si avvale di due fuorilegge sconfitti per arrivare agli altri banditi ancora latitanti. ■ WESTERN; COL.; 88'; USA, 1965.

PISTOLERO, IL *(The Shootist)* ★★★★
Regia di DON SIEGEL. Con LAUREN BACALL, RICHARD BOONE, JOHN CARRADINE, RON HOWARD, JAMES STEWART, JOHN WAYNE. ■ Brooks, un vecchio pistolero, arriva in una città per la resa dei conti con tre banditi. Alloggia presso una vedova e diventa amico di suo figlio. Va a farsi visitare da un medico e scopre di essere malato di cancro. Brooks va dunque al luogo dell'appuntamento coi suoi nemici; ci va in tram. Nella sparatoria muoiono tutti. Decisamente un film ispirato e importante: è l'ultimo di John Wayne ed è una rivisitazione alla Siegel dei vecchi miti del West. Il medico che visita John Wayne è James Stewart e lo sceriffo della città è John Carradine. Il film si basa su un gioco di finzione e realtà molto amato dal cinema americano: Wayne, che sarebbe morto di cancro, sta morendo di cancro anche nel film. Il suo andare all'ultimo duello in tram è la triste e geniale traduzione del suo tramonto, e di quello del western. ■ WESTERN; COL.; 99'; USA, 1976. ■ GOLDEN GLOBES 1 NOM; OSCAR 1 NOM.

PISTOLERO DELL'AVE MARIA, IL ★★
Regia di FERDINANDO BALDI. Con LEONARD MANN, PETER MARTELL, LUCIANA PALUZZI. ■ Due giovani – fratello e sorella – tornano dopo anni a vendicarsi dell'uomo che ha ucciso loro il padre e guadagnato l'amore della madre. Compiono tremenda vendetta, ma il destino riserva loro una sorpresa. ■ WESTERN; COL.; 88'; ITALIA, 1969.

PISTOLERO DELL'UTAH, IL *(Utah Blaine)* ★★
Regia di FRED F. SEARS. Con RORY CALHOUN, SUSAN CUMMINGS, ANGELA STEVENS. ■ Un giovane che si è messo su una cattiva strada si redime in tempo e fa giustizia dei suoi antichi complici. ■ WESTERN; B/N; 75'; USA, 1957.

PISTOLERO DI DIO, IL *(Heaven with a Gun)* ★★
Regia di LEE H. KATZIN. Con JOHN ANDERSON, NOAH BEERY JR, DAVID CARRADINE, GLENN FORD, BARBARA HERSHEY, CAROLYN JONES. ■ Jim Killian è un cowboy animato da forte senso di giustizia. Assiste a soprusi e violenze di ogni genere, specie da parte di un ricco allevatore che opprime gli allevatori della zona. Spacciatosi per un pastore di anime, compra un edificio che adibisce a chiesa e tira i poveri dalla sua parte. Con le parole (e non con le armi) ottiene finalmente la tregua. ■ WESTERN; COL.; 101'; USA, 1968.

PISTOLERO JESSE JAMES, IL *(Young Jesse James)* ★★
Regia di William F. Claxton. Con Merry Anders, Robert Dix, Emile Meyer, Ray Stricklyn. ■ Parabola del leggendario Jesse James: da giovane ferito negli affetti per l'assassinio del padre a vendicatore, a bandito spietato, per il quale la violenza è diventata un modo di essere. ■ Western; b/n; 73'; USA, 1960.

PISTOLEROS ★
(Johnny Ringo – Younger Brothers – Sam Bass)
Regia di William N. Witney. Con Mary Castle, Jim Davis, George Wallace. ■ Un'epopea del Far West narrata in tre episodi girati in anni diversi e imperniati su figure ormai leggendarie. ■ Western; b/n; 94'; USA, 1962.

PISTOLEROS DI CASA GRANDE, I ★★
(Gunfighters of the Casa Grande)
Regia di Roy Rowland. Con Mercedes Alonso, Dick Bentley, Jorge Mistral, Alex Nicol. ■ Il pistolero Daylight, sistematosi in un ranch con i suoi compari, è ripetutamente assalito dalla banda di Rojo. Ma Daylight vince. ■ Western; col.; 95'; USA, 1965.

PISTOLERO SEGNATO DA DIO, IL ★★
Regia di Giorgio Ferroni. Con Liz Barrett, Andrea Bosic, Gia Sandri, Anthony Steffen, Ken Wood, Richard Wyler. ■ Un giovane tranquillo accetta ogni sopruso senza reagire. Qualcosa scatta in lui quando vede dei banditi che picchiano un ragazzo cui avevano precedentemente ucciso il padre. Allora gliele fa pagare tutte. ■ Western; col.; 91'; Italia, 1968.

PISTOLERO SENZA ONORE *(Gun Battle at Monterey)* ★★
Regia di Carl G. Hittleman. Con Ted De Corsia, Pamela Duncan, Sterling Hayden, Mary Beth Hughes, Lee Van Cleef. ■ Un pistolero sfugge a un attentato tesogli dal proprio complice che vuole impadronirsi di tutto il bottino dell'assalto a una diligenza. Arriva al villaggio, diventa sceriffo, si innamora, fa mettere in prigione l'antico compagno. Poi rivela la sua identità e si costituisce. ■ Western; b/n; 67'; USA, 1957.

PISTOLE ROVENTI *(Gunpoint)* ★★
Regia di Earl Bellamy. Con William Brambley, Edgar Buchanan, Nick Dennis, Audie Murphy, Joan Staley, Warren Stevens. ■ Uno sceriffo si batte con l'aiuto di pochi uomini per smascherare un delinquente che ha agito dietro le quinte per permettere a dei banditi di assalire il treno e prendere l'oro che esso trasportava. Ci riesce, ma a caro prezzo. ■ Western; col.; 86'; USA, 1966.

PISTOLE SPORCHE *(Means Guns)* ★
Regia di Albert Pyun. Con Michael Halsey, Ice-T, Christopher Lambert. ■ Dieci milioni di dollari vengono messi in palio dal capo del Sindacato del Crimine. Partecipano gli uomini più pericolosi della terra rinchiusi in un'immensa prigione i cui cancelli si apriranno a mezzanotte. Non c'è limite alle armi da usare e qualsiasi strategia è valida. Dietro alla macchina da presa un esperto dei film di serie Z e davanti un attore che rischia di diventare il Rutger Hauer francese. ■ Avventura; col.; 90'; USA, 1997.

PISTOL OPERA ★★★
Regia di Seijun Suzuki. Con Makiko Esumi, Kan Hanae, Mikijiro Hira. ■ Stray Cat è una super eroina che ha raggiunto il numero 3 nella sua organizzazione. Per diventare la numero 1 deve eliminare i concorrenti che sono numerosi e, per di più, quando vengono uccisi risorgono. A un festival australiano il film ha vinto il primo premio per la fusione tra tradizione e sperimentalismo. Sconsigliato a chi non ama le iperboli giapponesi. ■ Azione; col.; 112'; Giappone, 2001.

PITCH BLACK ★★★
Regia di David N.B. Twohy. Con Claudia Black, Vin Diesel, Radha Mitchell. ■ Un'astronave, una panne causata da una pioggia di meteoriti e un pianeta deserto e surriscaldato su cui atterrare in emergenza. Ci sono tre Soli che, con il loro allineamento, danno luogo a una lunga notte nel corso della quale fanno la loro comparsa animali non precisamente gradevoli. Erano anni che non si vedeva un B-movie così attento alla qualità dell'immagine e della storia. Capace di guardare al passato della fantascienza orrorifica senza crogiolarsi nella pura e semplice rivisitazione di un genere. ■ Fantascienza; col.; 120'; USA, 2000.

PIÙ ALLEGRA AVVENTURA, LA *(The Brass Bottle)* ★★
Regia di Harry Keller. Con Edward Andrews, Barbara Eden, Burl Ives, Tony Randall. ■ Harold trova in un antico vaso un genio protettore che, come è nelle abitudini di ogni buon genio, compie magie a favore del suo protetto. C'è però un guaio: è indietro con i tempi, e dovrà modernizzarsi per poter continuare ad agire senza combinare disastri. ■ Commedia; col.; 89'; USA, 1964.

PIÙ ALLEGRA STORIA DEL DECAMERONE, LA ★★
(Long Swift Sword of Siegfried)
Regia di Adrian Hoven. Con Peter Berling, Heidi Bohlen, Fred Coplan, Sybil Danning, Raimund Harmstorf. ■ Storia di messer Fiorenzo da Siena alla corte di un signorotto tedesco. Egli si presta ad avere un rapporto carnale con Brunilde, fingendosi il duca, affinché la virile prestazione dell'italiano convinca la bella restia al matrimonio con il duca poco maschio. ■ Commedia; col.; 92'; Germania, 1971.

PIÙ BEL CASINO DEL TEXAS, IL ★★
(The Best Little Whorehouse in Texas)
Regia di Colin Higgins. Con Dom DeLuise, Dolly Parton, Burt Reynolds. ■ Una "casa di piacere" prospera da cinquant'anni in una cittadina del Texas, con il beneplacito di tutti, cittadini e autorità. Purtroppo arriva un giornalista "moralizzatore" che farà chiudere il "casino". Musical divertente con simpatici protagonisti e belle coreografie. ■ Commedia; col.; 114'; USA, 1982. ■ Golden Globes 2 nom; Oscar 1 nom.

PIÙ BEL GIOCO DELLA MIA VITA, IL ★★
(The Greatest Game Ever Played)
Regia di Bill Paxton. Con Stephen Dillane, Peter Firth, Josh Flitter, Elias Koteas, Shia LaBeouf, Peyton List, Stephen Marcus, Marnie McPhail. ■ Nel 1913, Francis Ouimet, giovane proveniente da una famiglia di lavoratori, si trova ad affrontare nello U.S. Open di golf, il grande campione britannico Harry Vardon. Francis sarà protagonista di una delle più grandi imprese che lo sport statunitense possa ricordare. Lo sport, è noto, è un universo infinito denso di valori espressi da disciplina, talento, rispetto, agonismo, correttezza. Lo sport per gli americani è sempre stato un punto di riferimento nella crescita di una persona, anche perché abbatte (idealmente) le differenze di classe e di razza, e pone ognuno di fronte a un canestro, una porta, una linea di arrivo, una buca, conferendogli le stesse possibilità degli altri partecipanti di raggiungere il successo. ■ Drammatico; col.; 120'; USA, 2005.

PIÙ BEL GIORNO DELLA MIA VITA, IL ★★★
Regia di Cristina Comencini. Con Margherita Buy, Sandra Ceccarelli, Virna Lisi, Luigi Lo Cascio, Ricky Tognazzi. ■ Irene vive nella vecchia villa in cui ha trascorso la vita. Ciò che più le dispiace è che i suoi tre figli non provino per quell'abitazione il suo stesso attaccamento. Sara, la figlia maggiore, dopo la morte del marito vive senza nuovi compagni preoccupata per l'incolumità del figlio Marco. Rita ha invece una bella casa, un marito che l'ama e due figlie, Silvia e Chiara. Ma la donna è insodisfatta della sua vita tanto che, dalla nascita della secondogenita Chiara non ha più provato piacere nell'avere rapporti con il coniuge. Nella sua vita è entrato poi un veterinario che la affascina. Claudio, il terzo figlio, è un giovane avvocato che vive di nascosto dalla madre la propria omosessualità. Qualcosa però cambierà nella vita di ognuno e la piccola Chiara, che si prepara per la prima Comunione, ne sarà attenta testimone. Cristina Comencini ha realizzato quello che è sicuramente "il più bel film della sua carriera". È un film che scava nei rapporti familiari e nella loro complessità con amore per i personaggi messi in scena ed è anche uno di quei rari casi in cui un film interamente scritto da donne non mette in scena personaggi maschili unidimensionali. Insomma, un film completo, a tratti crudele nell'esporre i grumi di tensione ma sempre attento e sensibile nel raccontare le difficoltà del vivere in due. Con una Virna Lisi davvero magistrale. ■ Drammatico; col.; 102'; Italia, 2002.

PIÙ BELLA AVVENTURA, LA ★★
(L'aventure est au coin de la rue)
Regia di JACQUES-DANIEL NORMAN. Con MICHELLE ALFA, RAYMOND ROULEAU. ■ Un giovane viziato e mitomane, durante una delle sue immaginarie avventure, conosce la ragazza della sua vita. ■ COMMEDIA; B/N; 98'; FRANCIA, 1944.

PIÙ BELLA AVVENTURA DI LASSIE, LA ★★
(The Magic of Lassie)
Regia di DON CHAFFEY. Con MICKEY ROONEY, JAMES STEWART, STEPHANIE ZIMBALIST. ■ Due fratelli (lui dieci anni, lei venti) vivono con il nonno e con Lassie. Arriva uno sconosciuto che dimostra di essere il padrone del cane e se lo porta via. La tristezza di tutti è grande, ma nel giorno del Ringraziamento, mentre tutti sono a tavola, Lassie arriva esausta a riprendere il posto in famiglia. ■ COMMEDIA; COL.; 100'; USA, 1978. ■ OSCAR 1 NOM.

PIÙ BELLA COPPIA DEL MONDO, LA ★★
Regia di CAMILLO MASTROCINQUE. Con GIANNI AGUS, WALTER CHIARI, ALDO GIUFFRÉ, FRANCESCO MULÉ, ELIO PANDOLFI, PAOLA QUATTRINI. ■ La storiella si svolge durante un cantagiro, quindi non mancano esibizioni di cantanti. I due presentatori, Walter Chiari e Paola Quattrini, per un equivoco vengono creduti una coppia sposata. Poiché la cosa gli conviene per più motivi, non smentiscono. E poi, dopotutto, stanno bene assieme. ■ COMMEDIA; COL.; 85'; ITALIA, 1968.

PIÙ BELLA DEL REAME, LA ★★
Regia di CESARE FERRARIO. Con CAROL ALT, JOHN FINCH. ■ Marina Ripa di Meana, uno dei personaggi più noti della "dolce vita" romana, ora felicemente sposata e scrittrice di successo, mentre è in un albergo in Francia a finire il suo nuovo libro, medita un po' sui casi della vita sua e altrui. Ascolta le confessioni di un omosessuale in crisi, ricorda le nevrosi delle amiche e fa il punto sul suo difficile (ma saldo) matrimonio. ■ DRAMMATICO; COL.; 95'; ITALIA, 1989.

PIÙ BELLA SERATA DELLA MIA VITA, LA ★★★
Regia di ETTORE SCOLA. Con JANET AGREN, PIERRE BRASSEUR, JEAN-CLAUDE DAUPHIN, MICHEL SIMON, ALBERTO SORDI, CHARLES VANEL. ■ Un industriale italiano esportatore illegale di capitali in Svizzera, bloccato da un guasto all'auto, segue una bella motociclista e arriva in un castello dove è ospitato. Durante la notte, quattro magistrati gli fanno un processo e lo condannano a morte. All'inizio è sconvolto, poi scopre che il processo fa parte dell'ospitalità per turisti e se lo trova da pagare nel conto. Riparte e precipita con l'auto in un burrone. ■ COMMEDIA; COL.; 108'; ITALIA, 1972.

PIÙ BELLA STORIA DI DICKENS, LA *(Scrooge)* ★★★
Regia di RONALD NEAME. Con DAVID COLLINGS, EDITH EVANSON, ALBERT FINNEY, ALEC GUINNESS, MICHAEL MEDWIN, KENNETH MORE, LAURENCE NAISMITH. ■ Grandi attori per la celebre fiaba natalizia di Charles Dickens. Mr. Scrooge è un vecchio avaro chiuso nel proprio egoismo. Nemmeno l'atmosfera natalizia lo smuove. Nottetempo riceve la visita di tre fantasmi che gli dicono due o tre cose sulla vita. Si ravvede. ■ COMM.MUSICALE; COL.; 118'; GRAN BRETAGNA, 1970. ■ OSCAR 4 NOM.

PIÙ BELLE TRUFFE DEL MONDO, LE ★★
(Les plus belles escroqueries du monde)
Regia di HIROMICHI HORIKAWA, CLAUDE CHABROL, JEAN-LUC GODARD, UGO GREGORETTI, ROMAN POLANSKI. ■ Truffa di una favolosa collana da parte di un insospettabile ladra d'alto bordo. Un tizio vende furbescamente la Torre Eiffel a un altro che si credeva più furbo. Caccia a una dentiera di platino che invece risulta non avere alcun valore. Una prostituta sposa un vecchio per mettersi a posto con la legge, ma il vecchietto non ci sta a fare il prestanome. ■ COMM. A EPISODI; B/N; 90'; FRANCIA, GIAPPONE, ITALIA, PAESI BASSI, 1963.

PIÙ BELLO DI COSÌ SI MUORE ★★
Regia di PASQUALE FESTA CAMPANILE. Con VITTORIO CAPRIOLI, MONICA GUERRITORE, ENRICO MONTESANO. ■ Per sbarcare il lunario e mantenere la famiglia, Spartaco si traveste da donna: il suo primo cliente è un nobile nevrotico e complessato, che si innamora di lui-lei e pensa addirittura al matrimonio. Chiarito l'equivoco, il gentiluomo accoglie tutta la famiglia di Spartaco e diventa l'amante di sua moglie. ■ COMMEDIA; COL.; 103'; ITALIA, 1982.

PIÙ BEL PECCATO DEL MONDO, IL ★★
(Le plus joli péché du monde)
Regia di GILLES GRANGIER. Con BERNARD LAJARRIGE, GEORGES MARCHAL, DANY ROBIN. ■ La cinica Zoe è in cerca di un uomo ricco e lo trova in Jacques. Quando anche Zoe diventa ricca per un'eredità, sono ad armi pari. Si sposano. C'è anche un ragazzino che porta lo scompiglio e coopera alla rottura di Jacques con la precedente fidanzata. ■ COMMEDIA; B/N; 85'; FRANCIA, 1951.

PIÙ BEL SOGNO, IL *(Le bonheur)* ★★★
Regia di MARCEL L'HERBIER. Con CHARLES BOYER, GABY MORLAY, MICHEL SIMON. ■ Una vedette di fama viene ferita a revolverate fra la folla. L'uomo che l'ha colpita per amore va in prigione. Lei lo attende e poi vanno a vivere assieme; ma le esigenze di carriera di lei rovinano l'amore. ■ COMMEDIA; B/N; 105'; FRANCIA, 1934.

PIÙ COMICO SPETTACOLO DEL MONDO, IL ★★
Regia di MARIO MATTOLI. Con MAY BRITT, FRANCA FALDINI, TOTÒ. ■ Totò è al centro di una vicenda farsesca e non priva di risvolti patetici: è un clown di circo nascosto perennemente sotto il trucco per sfuggire alla polizia che lo ricerca; è anche ricattato dal padrone del circo e ci sono tre donne che non gli danno pace. ■ COMMEDIA; COL.; 70'; ITALIA, 1953.

PIÙ FELICE DEI MILIARDARI, IL ★★
(The Happiest Millionaire)
Regia di NORMAN TOKAR. Con GREER GARSON, FRED MACMURRAY, GERALDINE PAGE. ■ L'ultimo film personalmente supervisionato da Walt Disney. È un musical (aveva trionfato a Broadway sei anni prima). Fred MacMurray è un uomo ricchissimo, ma felicissimo. Anche perché spende molto del suo denaro a divertirsi, a far divertire, a sfogare il suo hobby di amico degli animali. Tratto dal libro *Mio padre di Filadelfia* scritto da Cordelia Biddle (qui impersonata da Lesley Ann Warren). ■ COMMEDIA; COL.; 118'; USA, 1967. ■ OSCAR 1 NOM.

PIÙ FORTE DELL'AMORE *(The Blue Veil)* ★★
Regia di CURTIS BERNHARDT. Con JOAN BLONDELL, CHARLES LAUGHTON, JANE WYMAN. ■ Il film narra la vita di Luisa Mason che, avendo perduto il suo unico figlio, alleva i bambini degli altri ma poi se li vede strappare dai genitori. Ormai vecchia, verrà ritrovata da uno dei ragazzi che ha allevato. Finale lieto. ■ DRAMMATICO; B/N; 113'; USA, 1951. ■ OSCAR 2 NOM.

PIÙ FORTE DELLA NOTTE *(Takavà laska)* ★★
Regia di JIRI WEISS. Con SUATCPLUK MATJAS, MILOS NEBDAL, VLADIMIR RAZ, MARIE TOMASOVA. ■ Una donna che sta per sposarsi incontra un vecchio amore e si rimette con lui a costo di scatenare uno scandalo (lui è sposato). Quando la donna si rende conto della grande infelicità causata a tanta gente, si suicida. ■ DRAMMATICO; B/N; 90'; CECOSLOVACCHIA, 1959.

PIÙ FORTE DELL'ODIO *(Montana)* ★★
Regia di RAY ENRIGHT. Con ERROL FLYNN, S.Z. SAKALL, ALEXIS SMITH. ■ Il proprietario di greggi Morgan Lane si mette contro i grandi allevatori che spadroneggiano nel Montana. Riunisce i piccoli proprietari e continua la lotta. Una donna che sta dall'altra parte gli spara ma segretamente lo ama. Lui guarisce. ■ AVVENTURA; COL.; 76'; USA, 1949.

...PIÙ FORTE RAGAZZI! ★★
Regia di GIUSEPPE COLIZZI. Con ALEXANDER ALLERSON, TERENCE HILL, REINHARD KOLLDEHOFF, FERDINANDO MUROLO, BUD SPENCER. ■ Un film d'avventura ambientato in Amazzonia. I due soliti amiconi, nel tentativo di scroccare i soldi dell'assicurazione sugli aerei da loro pilotati e appositamente sfasciati, trovano chi gliela fa pagare e devono scappare, appunto, con un aereo rubato. ■ AVVENTURA; COL.; 101'; ITALIA, 1972.

PIÙ GRAN BENE DEL MONDO, IL ★★★
(We Think the World of Us)
Regia di COLIN GREGG. Con ALAN BATES, GARY OLDMAN, MAX WALL, LIZ SMITH. ■ Un film bello e ben costruito dal regista del non dimenticato *Lamb*, oltre che ottimamente recitato. Ambienta-

to nella Londra degli anni Cinquanta, il film racconta del grande affetto che lega un gay borghese e una cagnolina di proprietà di Johnny, proletario e in prigione per furto. Tra i due uomini di generazioni diverse c'era qualcosa di profondo e il fedele animale diventa agli occhi del borghese una sorta di legame non ancora sopito col giovane. ■ COMMEDIA; COL.; 92′; GRAN BRETAGNA, 1989.

PIÙ GRANDE AMATORE DEL MONDO, IL ★★
(The World's Greatest Lover)
Regia di GENE WILDER. Con DOM DELUISE, FRITZ FELD, CAROL KANE, GENE WILDER. ■ Rudy è un giovane timido al quale tutte le iniziative vanno storte. In più ha problemi di famiglia perché sua moglie è innamorata di Rodolfo Valentino. Rudy prende parte a un concorso indetto da una casa di produzione che cerca un concorrente per Valentino e vince. Acquisisce gran sicurezza e conquista definitivamente la moglie. ■ COMMEDIA; COL.; 89′; USA, 1977.

PIÙ GRANDE AVVENTURA DI UFO ROBOT: GOLDRAKE ALL'ATTACCO, LA *(Ufo Robot grendirer rads)* ★★
Regia di TOSHIO MORI HILDEKI. ■ Il pianeta Vega in lotta con la Terra. Per fortuna c'è a difenderci Goldrake. ■ ANIMAZIONE; COL.; 92′; GIAPPONE, 1978.

PIÙ GRANDE AVVENTURA, LA ★★★★
(Drums Along the Mohawk)
Regia di JOHN FORD. Con JOHN CARRADINE, CLAUDETTE COLBERT, EDDIE COLLINS, HENRY FONDA, EDNA MAY OLIVER. ■ La grande epopea dell'indipendenza americana vista dall'angolatura di uno scorcio di vita familiare: i pionieri Gil e Lana sono costretti a fuggire di Stato in Stato per gli assalti degli indiani alleati agli inglesi, fino alla vittoria definitiva del generale George Washington. ■ DRAMMATICO; COL.; 103′; USA, 1939. ■ OSCAR 1 NOM.

PIÙ GRANDE COLPO DELLA MALAVITA AMERICANA, IL *(Dynamit in grüner Seide)* ★★
Regia di HARALD REINL. Con GEORGE NADER, SILVIA SOLAR, HEINZ WEISS. ■ L'agente Jeff è sulle orme di una potentissima banda statunitense. Appropriatosi dei più moderni congegni elettronici, si sostituisce a un famoso scassinatore specializzato nel neutralizzare i sistemi di allarme più complicati e riesce ad avere la meglio su tutti i malviventi. ■ GIALLO; COL.; 92′; GERMANIA, 1968.

PIÙ GRANDE COLPO DEL SECOLO, IL ★★
(Le soleis des voyous)
Regia di JEAN DELANNOY. Con MINO DORO, JEAN GABIN, MARGARET LEE, ROBERT STACK, JEAN TOPART. ■ Un gangster in pensione sogna di tornare alla vita avventurosa che gli è congeniale e organizza una grande rapina. Il colpo va a buon fine, ma viene tradito dai complici, uno dei quali paga con la vita, mentre una donna, Betty, ha vuotato il sacco con la polizia. Il vecchio gangster viene acciuffato. ■ DRAMMATICO; COL.; 100′; FRANCIA, ITALIA, 1966.

PIÙ GRANDE CONCERTO ROCK DEL MONDO, IL ★★
(The London Rock and Roll Show)
Regia di PETER CLIFTON. Con CHUCK BERRY, MICK JAGGER, JERRY LEE LEWIS, LITTLE RICHARD, LORD SUTCH. ■ Concerto rock in uno stadio londinese, con contorno di folla scalmanata e danze collettive. ■ DOC. MUSICALE; COL.; 91′; GRAN BRETAGNA, 1972.

PIÙ GRANDE CORRIDA, LA *(The Brave One)* ★★
Regia di IRVING RAPPER. Con MICHAEL RAY, F. RIVERA. ■ Un ragazzo messicano si affeziona a un torello e cerca in tutti i modi di impedire che venga utilizzato in una corrida, dove finirebbe ammazzato. Non risparmia nessun tentativo. Alla fine entra nell'arena e abbraccia il toro. ■ DRAMMATICO; COL.; 100′; USA, 1956. ■ OSCAR 1 PR, 3 NOM.

PIÙ GRANDE RAPINA DEL WEST, LA ★★
Regia di MAURIZIO LUCIDI. Con WALTER BARNES, ERIKA BLANC, GEORGE HILTON, HUNT POWERS, SARAH ROSS. ■ Una banda ha fatto un colpo spettacolare alla banca di Middletown. Ma il figlio dello sceriffo ucciso sta all'erta e aspetta l'occasione per vendicarsi. Intanto il bottino in monete d'oro salta in aria insieme al capobanda. ■ WESTERN; COL.; 92′; ITALIA, 1967.

PIÙ GRANDE SPETTACOLO DEL MONDO, IL ★★★★🏆
(The Greatest Show on Earth)
Regia di CECIL B. DE MILLE. Con GLORIA GRAHAME, CHARLTON HESTON, BETTY HUTTON, DOROTHY LAMOUR, JAMES STEWART, HENRY WILCOXON, CORNEL WILDE. ■ La storia di un grande circo, in un film rimasto famoso nel suo genere, si intreccia ai drammi personali degli attori e dei dipendenti che vi lavorano. I guai delle persone sono di scarso rilievo di fronte all'esigenza dello spettacolo che deve andare avanti a tutti i costi (e fare cassetta). ■ COMMEDIA; COL.; 153′; USA, 1952. ■ OSCAR 🏆 2 PR, 5 NOM.

PIÙ GRANDE STORIA MAI RACCONTATA, LA ★★★
(The Greatest Story ever Told)
Regia di GEORGE STEVENS. Con JOSÉ FERRER, VAN HEFLIN, CHARLTON HESTON, MARTIN LANDAU, DOROTHY MCGUIRE, SAL MINEO, TELLY SAVALAS, MAX VON SIDOW. ■ Il film, prodotto dallo stesso regista senza badare a spese e con ingaggio di attori di primissimo piano, narra la vita di Gesù in modo agiografico. ■ RELIGIOSO; COL.; 141′; USA, 1965. ■ OSCAR 5 NOM.

PIÙ GRANDI DI TUTTI, I ★★
Regia di CARLO VIRZÌ. Con DARIO CAPPANERA, MARCO COCCI, CORRADO FORTUNA, CLAUDIA PANDOLFI, ALESSANDRO ROJA, CATHERINE SPAAK. ■ C'erano una volta "I Pluto", rock band di provincia nata a Rosignano Solvay. Oggi si ricordano solo quattro persone che si lasciarono per un litigio e che conducono vite diverse. Loris si è sposato e ha un figlio che frequenta le elementari. Maurilio, detto Mao, fa il barista dietro il bancone di un locale. Rino lavora in fabbrica e vive con il padre anziano e Sabrina conduce una vita agiata con l'uomo per cui lasciò Mao. Un giorno Loris riceve la telefonata di Ludovico Reviglio: vuole riunire la band per un'intervista video. C'è un compenso e anche la possibilità di un concerto di rientro. Ora bisogna rintracciare gli altri tre. ■ COMMEDIA; COL.; 100′; ITALIA, 2011.

PIÙ LUNGO GIORNO, IL ★★
Regia di ROBERTO RIVIELLO. Con LUCA BIAGINI, GIANNI CAVINA, ENRICA MARIA MODUGNO, RENZO RINALDI, TAZIO TORRINI. ■ Ci si rifà al manoscritto perduto di Dino Campana per ricostruirne il disagio esistenziale secondo uno stile che si dichiara immediatamente di "marca Avati". Antonio Avati produce un film girato correttamente ma, in qualche modo, troppo di maniera. ■ BIOGRAFICO; COL.; 91′; ITALIA, 1999.

PIÙ MATTI DI PRIMA AL SERVIZIO DELLA REGINA *(Les 4 Charlots mousquetaires)* ★★
Regia di ANDRÉ HUNEBELLE. Con JOSÉPHINE CHAPLIN, LES CHARLOTS, BERNARD HALLER, CATHERINE JOURDAN, PAUL PRÉBOIST. ■ In questo film i quattro moschettieri hanno quattro doppioni, che si sostituiscono ai padroni. Lo scrittore Dumas è in scena e ne descrive le gesta. ■ COMICO; COL.; 90′; FRANCIA, 1973.

PIUME AL VENTO ★★
Regia di UGO AMADORO. Con LEONARDO CORTESE, OLGA GORGONI, DANTE MAGGIO, PETER TRENT. ■ Sulle rive del Piave, alla vigilia della battaglia del 1917, una famiglia di nobili veneti subisce le prepotenze degli invasori austriaci ma contemporaneamente organizza un centro di spionaggio. A loro si unisce Marta, una cantante che con le sue arti seduce un ufficiale tedesco. È anche grazie a lei e al suo sacrificio che gli italiani riportano la vittoria. ■ GUERRA; B/N; 94′; ITALIA, 1951.

PIUME DI STRUZZO *(The Birdcage)* ★★
Regia di MIKE NICHOLS. Con GENE HACKMAN, NATHAN LANE, DIANNE WIEST, ROBIN WILLIAMS. ■ La vicenda del celebre *Vizietto* portata in Florida, paradiso dei turisti. Armand, "lui" (Williams), e Albert, "lei" (Lane), litigano ma si amano davvero. Quando il figlio (accidentale davvero) di Armand annuncia che si sposerà provoca un vero terremoto. Segue la solita situazione di equivoci perché i genitori della ragazza vogliono conoscere quelli del futuro sposo. Esilarante Hackman vestito da donna. Buon successo di pubblico favorito dal vecchio impianto, che era comunque migliore. ■ COMMEDIA; COL.; 105′; USA, 1996. ■ GOLDEN GLOBES 2 NOM; OSCAR 1 NOM.

PIÙ MICIDIALE DEL MASCHIO ★★
(Deadlier than the Male)
Regia di Ralph Thomas. Con Richard Johnson, Sylva Koscina, Elke Sommer. ■ Drumond fa l'assicuratore, ma le circostanze lo trasformano in abile detective. È lui che scopre infatti il capo della banda che fa uccidere tutti i grandi magnati del petrolio. ■ Giallo; col.; 101'; Gran Bretagna, 1966.

PIÙ PICCOLO SPETTACOLO DEL MONDO, IL ★★
(Jeannot l'intrépide)
Regia di Albert Champeaux. ■ Pollicino e i suoi fratelli arrivano al castello dell'orco per farlo prigioniero, ma tale fine spetta a loro. Il minuscolo eroe chiede aiuto alle api e ad altri insetti e, con simili alleati, riesce ad avere la meglio sul gigante cattivo. ■ Animazione; col.; 65'; Francia, 1951.

PIÙ TARDI AL BUIO *(After Dark my Sweet)* ★★★
Regia di James Foley. Con Bruce Dern, Jason Patric, Rachel Ward. ■ Uccide un avversario in un incontro di pugilato. Rimane così sconvolto da farsi mettere in manicomio. Riesce però a fuggire e rapisce un bambino su richiesta di una donna decisamente pericolosa. James Foley è uno che di noir se ne intende, e si vede. ■ Drammatico; col.; 116'; USA, 1991.

PIÙ TARDI CLAIRE, PIÙ TARDI... ★★
Regia di Brunello Rondi. Con Adriana Asti, Rossella Falk, Marina Malfatti, Gary Merrill. ■ Per scoprire quale dei suoi parenti gli ha ucciso la moglie, George tenta una provocazione portando a casa una donna che somiglia come una goccia d'acqua alla defunta. Scopre ben presto che tutti i familiari sono colpevoli, anche se uno soltanto ha ucciso materialmente. ■ Giallo; b/n; 92'; Italia, 1968.

PIÙ VELOCE DELLA LUCE *(Quicker than the Eye)* ★★
Regia di Nicolas Gessner. Con Mary Crosby, Ben Gazzara, Jean Yanne. ■ Il protagonista vorrebbe essere un mago e, non essendolo, finge comunque spudoratamente. Vive a Parigi, ha un assistente, ma soprattutto vive di sogni. E di trucchi. ■ Commedia; col.; 92'; Canada, 1988.

PIÙ VELOCI DEL VENTO *(Ride the Wind)* ★★
Regia di William N. Witney. Con Dan Blocker, Rod Cameron, Lorne Greene, Michael Landon. ■ Tra i soci fondatori del leggendario servizio postale "Pony Express" sorgono divergenze su come contrastare gli indiani che rendono la vita difficile ai corrieri. Wade, convinto che la migliore scelta sia quella della violenza, per qualche tempo ha la meglio. Catturato il figlio del capo pellerossa, Wade vorrebbe impiccarlo, ma un altro socio lo induce ad accettare uno scambio di prigionieri con gli indiani e a stipulare un trattato di pace. ■ Western; col.; 96'; USA, 1969.

PIÙ VIVO CHE MORTO *(Living it up)* ★★
Regia di Norman Taurog. Con Janet Leigh, Jerry Lewis, Dean Martin. ■ Omero viene creduto contaminato dalle radiazioni in maniera irreversibile e, per rendergli più piacevoli possibile gli ultimi giorni di vita, gli americani fanno a gara. Solo che Steve, il suo medico, ha sbagliato diagnosi e Omero è sanissimo. Alla giornalista che ha riempito pagine con lacrimevoli articoli sulla triste sorte del giovane non è possibile rimangiarsi tutto, perciò la ragazza obbliga Omero a "suicidarsi" gettandosi da un ponte: lui non muore, ma l'opinione pubblica non lo sa e la facciata è salva. ■ Comico; col.; 95'; USA, 1954.

PIXOTE, LA LEGGE DEL PIÙ DEBOLE ★★★
(Pixote a lei do mas fraco)
Regia di Hector Babenco. Con Jorge Juliao, Marilia Pera, Fernando Ramos Silva. ■ Pixote, un bambino brasiliano, evade da un riformatorio nel quale ha assistito ad ogni specie di nefandezze, e va in città, dove mette in pratica tutte le lezioni di delinquenza apprese nell'istituto: dallo spaccio della droga allo sfruttamento della prostituzione, sino all'omicidio. Crudele, ma avvincente, il film ha lanciato sul piano internazionale il regista Babenco. ■ Drammatico; col.; 125'; Brasile, 1980. ■ Golden Globes 1 nom.

PIZZA COLONIA: SOFFICE O CROCCANTE? ★
Regia di Klaus Emmerich. Con Mario Adorf, Riccardo Cucciolla, Ilaria Occhini. ■ Un emigrato italiano in Germania gestisce tanto bene la propria pizzeria quanto gestisce male il *ménage* della propria numerosa famiglia. Quando poi flirta con un'amante diciottenne, le cose non possono che peggiorare. Uno scontato insieme di luoghi comuni. ■ Commedia; col.; 85'; Germania, Italia, 1990.

PIZZA CONNECTION ★★★
Regia di Damiano Damiani. Con Simona Cavallari, Mark Chase, Michele Placido. ■ Mario, un palermitano, killer della mafia emigrato a New York, è incaricato di tornare a casa per eliminare un alto magistrato. Le cose però non andranno come previsto. A casa Mario ritrova il fratello, onesto e buono, che ha bisogno del suo aiuto per liberare dalla prostituzione la ragazza che ama. Mario gli chiede in cambio di lavorare per lui, ma il poveretto non ce la fa e mette nei guai se stesso e il fratello. Apparentemente Mario riesce a sistemare tutto, ma la mafia non perdona e lo uccide a New York, nella sua pizzeria. Un altro film denuncia sulla mafia di Damiani (autore di *Il giorno della civetta*), anche se meno interessante e più "popolare". Placido dà una bella prova. ■ Drammatico; col.; 116'; Italia, 1985. ■ David di Donatello 1 pr, 1 nom.

PIZZICATA, LA ★★
Regia di Edoardo Winspeare. Con Cosimo Cinieri, Fabio Frascaro, Chiara Torelli. ■ Il pilota americano Tony Marciano precipita con il suo aereo nel Salento. Siamo in prossimità dello sbarco alleato e Tony viene accolto in casa Pantaleo. Qui ritrova le proprie radici di figlio di emigrati e si innamora della giovane Pantaleo, che ricambia le sue attenzioni e danza per lui l'erotica danza del Salento chiamata "pizzicata". ■ Drammatico; col.; 95'; Germania, Italia, 1996.

PIZZICO DI FOLLIA, UN *(Knock on Wood)* ★★★
Regia di Norman Panama. Con Danny Kaye, Mai Zetterling. ■ Due bande di spie si servono dei fantocci di Jerry, comico ventriloquo, per nascondere i piani di fabbricazione di potenti armi. Quando si tratta di recuperare i preziosi microfilm, c'è un po' di confusione e metà dei piani sparisce. Il povero Jerry si trova proprio nell'occhio del ciclone, ma riesce a togliersi dai pasticci grazie alle sue facoltà di ventriloquo. ■ Commedia; col.; 103'; USA, 1954. ■ Oscar 1 nom.

PIZZICO DI FORTUNA, UN *(Lucky Me)* ★★
Regia di Jack Donohue. Con Robert Cummings, Doris Day, Phil Silvers. ■ Quattro artisti di varietà, rimasti senza lavoro, fanno conoscenza con un giovane musicista che ha pronto un bel copione da mettere in scena. Il finanziatore c'è, ma c'è anche una ragazza gelosa che si oppone. Per avere quei soldi, la cantante del gruppo si esibisce durante un party e apre una specie di asta tra i partecipanti. Il denaro per mettere in scena lo spettacolo è subito trovato. ■ Comm. musicale; col.; 100'; USA, 1954.

PLACE VENDÔME ★★★
Regia di Nicole Garcia. Con Jean-Pierre Bacri, Catherine Deneuve, Emmanuelle Seigner. ■ Place Vandôme è il luogo dei grandi gioiellieri a Parigi. Marianne ne ha sposato uno che ora è in difficoltà e si suicida. La donna deve dunque vendere alcune pietre di grande valore di provenienza dubbia. Intorno a lei e alle pietre girano un gruppo di poliziotti e un ricettatore che usa le donne – ha usato a suo tempo anche Marianne – come complici. Alla fine tutto più o meno si compone. Ottima interpretazione della Deneuve, la solita "signora maledetta", e anche della Seigner. Impressionante il campionario maschile: facce e personaggi laidi e sgradevoli, proprio non ce n'è uno sopportabile. ■ Drammatico; col.; 120'; Francia, 1999.

PLACIDO DON – LA CARICA DEI COSACCHI, IL *(Tikij Don)* ★★★
Regia di Sergej A. Gerasimov. Con Elina Bystritskaia, Pyotr Glebov, Zinaida Kiricenko. ■ Inutilmente Grigori sposa Natascia: non riesce ugualmente a dimenticare Aksinia, donna della quale è innamorato, già sposata e piuttosto incostante. I due amanti fuggono insieme, ma la guerra li divide ben presto e, quando il giovane ritorna, profondamente mutato dalla dura esperienza, trova Aksinia unita ad un altro. Deluso, Grigori torna alla sua

casa paterna, dove ritrova Natascia che non ha mai smesso di aspettarlo. ■ DRAMMATICO; COL.; 93′; URSS, 1958.

PLACIDO RIZZOTTO ★★★

Regia di PASQUALE SCIMECA. Con VINCENZO ALBANESE, CARMELO DI MAZZARELLI, MARCELLO MAZZARELLA, GIOIA SPAZIANI. ■ Placido Rizzotto, giovane segretario della Camera del Lavoro (33 anni) viene ucciso in un agguato di mafia ordinato dall'emergente boss Luciano Liggio. È il 1948. Tanto tempo fa. Ma il film di Scimeca è capace di ricordarne la vita raccontando una storia che, come è scritto nel prologo, «sarebbe potuta accadere in qualsiasi posto del mondo». Venti quadri di una ballata da cantastorie per ricordare, come dice Rizzotto nel film, che «I nostri nemici non sono i padroni ma noi stessi. Non si nasce schiavi o padroni, lo si diventa». Una lezione di responsabilità individuale troppo facile da dimenticare e che va invece ricordata. Senza "se" e "ma". ■ DRAMMATICO; COL.; 110′; ITALIA, 2000.

PLAGA ZOMBIE: ZONA MUTANTE ★★

Regia di PABLO PARÉS. Con BERTA MUÑIZ, PABLO PARÉS, HERNÁN SÁEZ, PAULO SORIA. ■ In base a un accordo stipulato con il governo, gli alieni hanno scelto una piccola cittadina per sperimentare un virus. L'esperimento sfugge al controllo e il virus si propaga rapidamente tra gli abitanti trasformandoli in zombie. I pochi rimasti in vita, in cerca di una via di fuga, lotteranno con tutte le loro forze per sopravvivere. A metà strada tra *Spletters – Gli schizzacervelli* e *Shaun of the Dead*, una pellicola che è già diventata un culto. ■ HORROR; COL.; ARGENTINA, 2001.

PLAGIO ★

Regia di SERGIO CAPOGNA. Con RAY LOVELOCK, MITA MEDICI, ALAIN NOURY. ■ Un ragazzo viene brutalmente picchiato ma viene salvato da Guido che gli diventerà amico. I due hanno un rapporto solidissimo, ma a rompere le uova nel paniere c'è la ragazza del primo che fa gola al secondo. Ingenuità filmica e amore post-sessantottino. ■ DRAMMATICO; COL.; 85′; ITALIA, 1969.

PLAGIO ★★

Regia di CINZIA TORRINI. Con STEPHEN BRENNAN, AURORE CLÉMENT, LESLIE MALTON. ■ Una coppia di sposi, lui è un giudice e lei una giornalista, trova un bambino che si comporta in maniera molto strana: ha un suo linguaggio e non vuole dire da dove proviene. I due ben presto si affezionano al piccolo, ma un giorno lui scompare. Dietro c'è un'organizzazione criminale che plagia un numeroso gruppo di persone. Un film sul futuro, anche se non nel senso classico della fantascienza. Prodotto per la televisione, è manierato e spiace vedere il talento della Torrini sprecato ancora una volta. ■ DRAMMATICO; COL.; 120′; GERMANIA, ITALIA, 1989.

PLANET 51 ★★

Regia di JAVIER ABAD, JORGE BLANCO, MARCOS MARTINEZ. Con JESSICA BIEL, DWAYNE JOHNSON, JUSTIN LONG, GARY OLDMAN, SEANN WILLIAM SCOTT. ■ In un pianeta lontano dove vige l'assoluta anarchia, piomba un giorno un astronauta americano. Gli abitanti del Pianeta 51, sono terrorizzati da film di fantascienza incentrati sulla figura dell'invasore malvagio e diffidenti dei diversi reagiscono con terrore e ostilità. Solo uno di loro, costretto ad entrare in contatto con l'ospite inatteso, lo scoprirà innocuo e anche un po' fanfarone. ■ ANIMAZIONE; COL.; 91′; SPAGNA, GRAN BRETAGNA, 2009.

PLAN 9 FROM OUTER SPACE – PIANO 9 DA UN ALTRO SPAZIO *(Plan 9 from Outer Space)* ★★★

Regia di EDWARD D. WOOD JR. Con TOR JOHNSON, BELA LUGOSI, VAMPIRA, GREGORY WALCOTT. ■ Gli extraterrestri cercano di impedire agli uomini della Terra di usare l'arma nucleare e per ottenere il risultato cercano l'aiuto dei morti. Uno degli anti-capolavori di Ed Wood, il "peggior regista del mondo". Per utilizzare una breve sequenza con Bela Lugosi, deceduto prima della lavorazione, ha fatto recitare una sua controfigura. È il suo film più famoso, anche se *Glen or Glenda* è il vero capolavoro della risata involontaria. Trash-cult. ■ FANTASCIENZA; B/N; 80′; USA, 1959.

PLANTA 4 ★★★

Regia di ANTONIO MERCERO. Con JUAN JOSÉ BALLESTA, MARCO MARTINEZ, GORKA MORENO, LUIS ÁNGEL PRIEGO, ALEJANDRO ZAFRA. ■ Il film racconta la convivenza di un gruppo di adolescenti malati di tumore durante la loro permanenza in ospedale. I ragazzi si dibattono tra la gioia di vivere, il risvegliarsi delle illusioni del sesso, l'amicizia, la voglia di scherzare e l'ombra di un destino che può finire per distruggere il sentimento di pienezza proprio della loro età. ■ DRAMMATICO; COL.; 100′; SPAGNA, 2003.

PLASTIC CITY *(Dangkou)* ★

Regia di NELSON YU LIK-WAI. Con JEFF CHEN, TAINÁ MÜLLER, JOE ODAGIRI, ANTHONY WONG, HUANG YI. ■ San Paolo, quartiere multietnico di Liberdade. Il boss cinese Yuda festeggia gli affari crescenti del suo traffico di merci contraffatte, mentre il figlio adottivo, il giapponese Kirin, cerca la propria strada, diviso tra la possibilità di ereditare l'impero del padre e quella di seguire la ragazza di cui si è innamorato, una prostituta che sta per uscire dal giro. Quando i politici corrotti cominciano a negare i loro favori a Yuda per favorire un nuovo mafioso orientale, Kirin, incapace di vedere il padre perdere colpo su colpo, si pone alla guida di una vendetta feroce e sanguinosa. La storia di padre e figlio si concluderà là dove aveva avuto inizio, nella giungla amazzonica dei cercatori d'oro e degli indigeni che curano lo spirito. Si parla di borse ed abiti contraffatti, di un universo di plastica (il materiale artificiale per antonomasia), ma anche il film, in fin dei conti, sa un po' di truffa. Un falso d'autore. ■ DRAMMATICO; COL.; 118′; CINA, HONG KONG, BRASILE, GIAPPONE, 2008.

♥ PLATOON ★★★★🏆

Regia di OLIVER STONE. Con TOM BERENGER, WILLEM DAFOE, CHARLIE SHEEN. ■ Oliver Stone, il regista, racconta la sua reale esperienza in Vietnam, l'abbrutimento disumano dei combattenti. Partito volontario «perché non trovava giusto che a combattere fossero solo i poveri o gli uomini di colore», Chris vive la bestialità orrenda alla quale sono ridotti i soldati dalla droga e dalla violenza quotidiana. E anche dal violento sergente Barnes, colpevole del massacro di un intero villaggio e più tardi dell'omicidio di Elias, che era stato testimone delle sue atrocità. Durante un'azione di guerra Chris, scampato ai vietcong, che hanno decimato il suo plotone, si trova faccia a faccia con Barnes e lo uccide. «Abbiamo combattuto contro noi stessi», pensa Chris. Premio Oscar al film e a Stone. ■ DRAMMATICO; COL.; 120′; USA, 1986. ■ BERLINO 🏆 1 PR; GOLDEN GLOBES 🏆 3 PR, 4 NOM; OSCAR 🏆 4 PR, 7 NOM.

PLAYBOY ★★

Regia di ENZO BATTAGLIA. Con CATERINA CASELLI, DANIELA GIORDANO, SERGIO LEONARDI. ■ Sergio fa sparire, durante una crociera, i gioielli della madre per farne omaggio ad una fanciulla. Ma la genitrice, che conosce bene il proprio rampollo, gli mette alle costole due agenti privati. I due non riuscirebbero mai a ritrovare i preziosi se lo stesso Sergio non proponesse loro un affare: restituirà i gioielli se i due poliziotti divideranno con lui i soldi promessi in premio dalla madre. ■ COMMEDIA; COL.; 90′; ITALIA, 1968.

PLAYBOY IN PROVA *(Can't Buy the Love)* ★★

Regia di STEVE RASH. Con PATRICK DEMPSEY, SHARON FARRELL, AMANDA PETERSON. ■ Un adolescente, stufo di essere trattato come un cretinetto da compagni (e compagne) di scuola, stipendia la più bella ragazza del college perché si faccia passare per la sua girl-friend. La sua reputazione sale alle stelle (se è il bello della bella, deve essere un gagliardissimo). Intanto però nasce l'amore sul serio fra il playboy fasullo e la sua stipendiata. ■ COMMEDIA; COL.; 94′; USA, 1987.

PLAYBOYS ★★★

Regia di GILLIES MACKINNON. Con ALBERT FINNEY, AIDAN QUINN, ROBIN WRIGHT PENN. ■ Presentato alla Mostra di Venezia. Piuttosto originale. Siamo in Irlanda negli anni Cinquanta. Una ragazza di paese ha partorito un figlio e il clima puritano la mette in condizioni difficili. Tutto il paese si incuriosisce, ma la ragazza non vuole rivelare il nome del padre. Nasce poi una lotta tra un giovane attore girovago e un sergente sui cinquanta, che desiderano la ragazza. ■ COMMEDIA; COL.; 114′; USA, 1992.

PLAYERS CLUB, THE ★

Regia di ICE CUBE. Con MONICA CALHOUN, ICE CUBE, JAMIE FOXX, ANTHONY JOHNSON, BERNIE MAC, LISA RAYE. ■ Diamond racconta in flashback le proprie esperienze di ballerina-spogliarellista in un locale. Tra violenza, prepotenze dei boss e prestazioni extra servizio si snoda una vicenda che "deve" giungere a un finale moralistico. ■ DRAMMATICO; COL.; 194′; USA, 1998.

PLAYGIRL 70 ★★

Regia di FEDERICO CHENTRENS. Con IRA FÜRSTENBERG, LUCIANA PALUZZI, JEAN SOBIESKI, VENANTINO VENANTINI. ■ Jane, giovane e affascinante fotomodella, partecipa ad una crociera con alcuni rappresentanti di un certo mondo ricco e corrotto legato all'ambiente del cinema. La bellezza di Jane finisce per procurarle solo amarezze e delusioni. ■ COMMEDIA; COL.; 90′; ITALIA, 1969.

PLAYING THE VICTIM *(Izobrajyaa zhertvy)* ★★

Regia di KIRILL SEREBRENNIKOV. Con YURI CHURSIN, VITALY KHAEV, ANNA MIKHALKOVA. ■ Valya lavora come "simulatore della vittima" nelle indagini sperimentali condotte dal Capitano della polizia e dai suoi collaboratori e riprese dalla videocamera di Lyuda. Sulla scena dell'omicidio il giovane deve calarsi nella parte del morto poco prima che venisse ucciso, qualche volta rischiando davvero la propria vita. Ha una fidanzata che vorrebbe lasciare e una madre che lo vorrebbe vedere sposato, anche per liberarsi della sua presenza e vivere alla luce del sole il rapporto con il fratello del defunto marito. Il papà di Valya è scomparso in circostanze sospette e ha iniziato a presentarsi in sogno al figlio insinuando nella sua mente il dubbio amletico che siano stati la moglie e il fratello ad avvelenarlo. La pellicola di Kirill Serebrennikov inizia con una sentenza sul cinema russo che non gode di buona salute, ma con il succedersi delle sequenze dimostra il contrario. *Playing the Victim* è un rifacimento noir dell'*Amleto* di Shakespeare, del quale possiede anche la teatralità e la forza espressiva, regalando attimi di pura follia e momenti esilaranti. ■ DRAMMATICO; COL.; 95′; RUSSIA, 2006.

PLAY TIME – TEMPO DI DIVERTIMENTO ★★★
(Playtime)

Regia di JACQUES TATI. Con BARBARA DENNEK, RITA MAIDEN, JACQUES TATI. ■ Monsieur Hulot è alle prese con il mondo della cibernetica che teoricamente dovrebbe facilitare e rendere più piacevole la vita dell'uomo, ma in realtà minaccia pericolosamente la sua esistenza tendendo a fare di ogni individuo un robot. ■ COMICO; COL.; 108′; FRANCIA, 1968.

PLAZA DE TOROS *(Tarde de toros)* ★★

Regia di LADISLAO VAJDA. Con ANTONIO BIENVENIDA, DOMINGO ORTEGA. ■ Un torero alla fine della carriera, Puente, ed un astro nascente, Carmona, intrecciano le loro vite nell'arena. Il vecchio chiude in bellezza la sua attività, mentre il giovane riceve una lezione di umiltà e si riavvicina alla moglie, che attende un figlio. Ormai al culmine della popolarità, Carmona accetta che Montes, giovanissimo appassionato di tauromachia, si consideri suo successore come egli lo è stato di Puente. ■ DRAMMATICO; COL.; 91′; SPAGNA, 1955.

PLEASANTVILLE ★★★★

Regia di GARY ROSS. Con JOAN ALLEN, JEFF DANIELS, WILLIAM H. MACY, TOBEY MAGUIRE, J.T. WALSH. ■ Stati Uniti. Oggi. Grazie a un strano telecomando il giovane David, insieme a sua sorella, finisce nel mondo di *Pleasantville*, una sitcom anni Cinquanta che segue con passione. A Pleasantiville non piove mai, il termometro è fisso sui 23°, non si sa cosa sia il sesso e i pompieri si preoccupano solo di salvare gatti incapaci di scendere dagli alberi. Ma l'arrivo dei due ragazzi, non avvertiti inizialmente come corpi estranei dai personaggi della soap, cambia molte cose. Al laghetto degli innamorati si comincia a baciarsi per davvero. Una brava madre di famiglia scopre l'orgasmo al punto di far incendiare un albero e, soprattutto, il colore comincia ad ottenere cittadinanza. È una vera e propria rivoluzione, stimolante per alcuni e inaccettabile per altri. Uscito dopo *The Truman Show*, *Pleasantville* ne integra l'assunto. Seppure con qualche lungaggine di troppo, Gary Ross costruisce un simpatico (ma non indolore) affresco sulla televisione del tempo andato, rivisitata con lo sguardo disincantato di uno spettatore moderno. In questa *Rosa purpurea del Cairo* unidirezionale (chi sta "fuori" può entrare ma chi sta "dentro" non può uscire) l'ipocrisia perbenista degli anni Cinquanta viene ridicolizzata con bonomia apparente. Perché nel sottotesto non si dimentica di ricordare che le "cacce alle streghe" hanno inizio spesso in quegli ambienti ovattati e osservanti delle buone maniere in cui, una volta aperta la porta del bagno, non si trova il water. Perché nessuno ha così "bassi" bisogni a Pleasantville! ■ COMMEDIA; COL.; 124′; USA, 1998. ■ OSCAR 3 NOM.

PLENILUNIO DELLE VERGINI, IL ★★

Regia di PAOLO SOLVAY. Con ESMERALDA BARROS, MARK DAMON, ROSALBA NERI. ■ Un amuleto che rende padrone del mondo il suo possessore è l'oggetto che Franz cerca nel castello di Dracula. Finisce però per diventare vampiro anche lui, mentre il suo fratello gemello Karl continua le ricerche per altre vie. Alla fine non si salva nessuno, perché il diabolico amuleto non ritiene degni i suoi aspiranti possessori. Perlomeno non all'altezza dei precedenti: Giulio Cesare e Alessandro Magno. ■ HORROR; COL.; 93′; ITALIA, 1973.

PLENTY ★★★

Regia di FRED SCHEPISI. Con CHARLES DANCE, STING, MERYL STREEP, TRACEY ULLMAN. ■ La seconda guerra mondiale sta per finire e la Resistenza organizza gli ultimi attacchi. Susan, una bella partigiana inglese, conosce un paracadutista in missione e se ne innamora. La passione dura soltanto una notte: all'alba lui parte e a lei restano, in ricordo, un paio di preziosi gemelli d'oro. La guerra finisce ma l'equilibrio di Susan è ormai scosso; passa da un'avventura all'altra ed è sull'orlo della follia. Si sposa, ma è un fallimento. Ritrova, grazie ai gemelli, il bel paracadutista di quella notte, ma rimane delusa. La povera Susan è riuscita a essere felice soltanto durante la guerra. ■ DRAMMATICO; COL.; 124′; USA, 1985.

PLOTONE D'ASSALTO *(Battle Flame)* ★★

Regia di ROBERT G. SPRINGSTEEN. Con ROBERT BLAKE, SCOTT BRADY, ELAINE EDWARDS. ■ Guerra di Corea. Frank ama Mary, che però è fidanzata con Stoddard. Frank e Mary si separano e poco dopo a lui tocca una difficile missione. Gli capita di ritrovare l'amante e di portarla in salvo insieme a un gruppo di ausiliarie. Alla fine a Stoddard non resterà che dare la benedizione ai due innamorati. ■ GUERRA; B/N; 78′; USA, 1959.

PLOTONE D'ESECUZIONE *(Celui qui mourra demain)* ★★

Regia di EDMOND T. GRÉVILLE. Con GEORGES MARCHAL, DANY ROBIN. ■ Avventure di due giovani sposi emigrati in America Latina. Lui viene coinvolto, innocente, in una cospirazione politica e condannato a morte. Lei fa di tutto per salvarlo, non esitando neanche a offrirsi al bieco presidente della Repubblica. Il tempestivo sopraggiungere dell'amante di costui salverà la dignità della moglie e la vita del marito. ■ DRAMMATICO; B/N; 96′; FRANCIA, ITALIA, 1957.

PLUMBUM – UN GIOCO PERICOLOSO ★★
(Pljumbum, ili opasnaja igra)

Regia di VADIM JASUPOVIC ABDRASITOV. Con ANTON ANDROSOV, ELENA DIMITRIEVA, ALEXANDER PASUTIN. ■ Un adolescente russo diventa un vigilante molto violento. Finirà con l'arrestare il proprio genitore che pesca illegalmente. Un quadro piuttosto duro della Russia anni Ottanta. ■ DRAMMATICO; COL.; 95′; RUSSIA, 1986. ■ VENEZIA 1 PR.

PLUNKETT & MACLEANE ★★★

Regia di JAKE SCOTT. Con ROBERT CARLYLE, MICHAEL GAMBON, JOHNNY LEE MILLER, KEN SCOTT, LIV TYLER. ■ Inghilterra. Diciottesimo secolo. Due banditi rimettono a posto i rapporti sociali derubando i ricchi per donare ai poveri: che sono loro. Vengono aiutati da una bella lady e inseguiti da un irriducibile poliziotto. Il figlio di Ridley Scott centra il bersaglio alla prima prova. Buon sangue non mente. ■ AVVENTURA; COL.; 101′; GRAN BRETAGNA, 1999.

PLUTO NASH ★

Regia di RON UNDERWOOD. Con ROSARIO DAWSON, EDDIE MURPHY, JOE PANTOLIANO, RANDY QUAID. ■ Nel 2087 la Terra è diventata un luogo inospitale, senza più risorse e inabitabile. È la Luna l'ultima frontiera. Qui Pluto Nash ha aperto un locale notturno che va a gonfie vele, se non fosse che anche sul satellite terrestre c'è una mafia a cui bisogna pagare il "pizzo". Pluto non ci sta, e il mafioso lunare fa di tutto per impadronirsi del locale. Innocuo film per famiglie, confezionato ad hoc per far risplendere una volta di più la maschera di Eddie Murphy, sempre meno ironico e sempre più sopra le righe. ■ COMMEDIA; COL.; 95'; USA, 2002.

POCAHONTAS ★★★

Regia di MIKE GABRIEL, ERIC GOLDBERG. ■ Nel 1607 John Smith, uno dei tanti colonizzatori inglesi, giunge nei territori che oggi hanno il nome di Virginia. Gli indiani Powhatan vi vivono da sempre e debbono difendersi dall'avidità di una parte dei coloni. John è lì per spirito d'avventura e nei suoi diari, pubblicati nel 1624, racconterà di essere stato fatto prigioniero dagli indiani e di aver ottenuto la libertà grazie all'intervento della figlia del capo, la principessa Pocahontas. La vera storia della ragazza è riportata dalle cronache: dopo l'incontro con Smith (e la successiva separazione) si convertì al cristianesimo, sposò un altro colono e venne condotta in Europa. Morì alla giovane età di 22 anni. La Walt Disney ha preso spunto da questa vicenda storica e ha realizzato un interessante film d'animazione, che libera lo spettatore dai pregiudizi che una debordante e martellante campagna pubblicitaria poteva avergli ispirato. La storia viene letta come l'incontro tra due culture che hanno bisogno di comprendersi e tra due persone che non rinunciano alla propria identità, anche se l'amore le ha unite. Tutto ciò viene realizzato grazie a una grafica in cui il computer entra in gioco in modo massiccio senza però scalfine il tono poetico e restituendo anzi, nel personaggio di Nonna Salice, il senso panico che dominava la vita dei nativi. Il coraggio di evitare, almeno per una volta, il lieto fine è stato premiato dal *box office*. Il pubblico (giovane e adulto) deve aver poi gradito la scelta di utilizzare tre animaletti (un procione, un colibrì e un mastino) che servono ad alleggerire le scene di tensione ma, per una volta, non hanno il temibile dono della parola. ■ ANIMAZIONE; COL.; 85'; USA, 1995. ■ GOLDEN GLOBES 1 PR, 2 NOM; OSCAR 2 PR, 2 NOM.

POCHE ORE PER UNA VITA *(Meti ampsi sta matia)* ★★

Regia di PANOS GLYCOFRYDIS. Con YANNIS FERTIS, GEORGES FOUNDAS, ANESTIS VLACHOS. ■ Durante la seconda guerra mondiale, in Grecia, i tedeschi arrestano, tra gli altri, tre fratelli da fucilare per rappresaglia. È concessa la grazia ad uno di loro, ma la scelta deve essere fatta dal padre o dai prigionieri stessi. Il vecchio genitore muore di crepacuore e nessuno dei tre giovani ha salva la vita perché nessuno vuole scegliere. ■ DRAMMATICO; B/N; 92'; GRECIA, 1967.

POCHI DOLLARI PER DJANGO ★★

Regia di LEON KLIMOVSKY. Con GLORIA OSUNA, ANTHONY STEFFEN, FRANK WOLFF. ■ Uno spietato cacciatore di taglie, Django, e un fuorilegge pentito e deciso a cambiare radicalmente vita si sostituiscono alle autorità di una cittadina per riportare l'ordine e la giustizia. Uno storia d'amore tra Django e la figlia dell'ex bandito corona degnamente l'avvenuta riappacificazione del paese. ■ WESTERN; COL.; 87'; ITALIA, 1967.

POCKER GENERATION ★★

Regia di GIANLUCA MINGOTTO. Con PIERO CARDANO, FRANCESCA FIORETTI, ANDREA MONTOVOLI, FRANCESCO PANNOFINO, LINA SASTRI. ■ Tony e Filo sono due fratelli, uniti da un legame indissolubile, nonostante le profonde differenze di carattere e comportamento. Il più grande, Tony, è un fanatico dei film sulla mala americana e sogna di diventare un giocatore di poker professionista, mentre Filo è un genio introverso e scontroso, ai limiti dell'autismo, che analizza l'ambiente che lo circonda in modo ossessivo e meccanico. Cresciuti in un piccolo borgo marinaro della Sicilia, da un padre disoccupato con il vizio del gioco e una madre severa ma amorevole, i due ragazzi si ritroveranno uniti nella missione di trovare i soldi necessari per pagare le cure della sorellina Maria. ■ AZIONE; COL.; 105'; ITALIA, MALTA, 2012.

POCO PIÙ DI UN ANNO FA ★

Regia di MARCO FILIBERTI. Con ALESSANDRA ACCIAI, URBANO BARBERINI, ERICA BLANC, ROSALINDA CELENTANO, FRANCESCA D'ALOJA, MARCO FILIBERTI, CLAUDIO VANNI. ■ Riccardo Soldani, in arte Riky Kandinsky, è un famoso pornodivo degli anni Novanta. Dopo la sua morte una troupe televisiva rintraccia il fratello maggiore, Federico, per avere informazioni e materiale per un documentario sulla vita della star. L'occasione porta Federico a ripensare al momento in cui ha scoperto in che modo il fratello guadagnasse tutto quel denaro. ■ DRAMMATICO; COL.; ITALIA, 2003.

PO' DI CIELO, UN ★★

Regia di GIORGIO MOSER. Con PEPPINO DE FILIPPO, ALDO FABRIZI, GABRIELE FERZETTI, CONSTANCE SMITH. ■ Frank, pilota americano, deve la vita alla famiglia di Nora, che durante la guerra lo ha nascosto ai tedeschi. Molti anni dopo Frank è di nuovo in Italia e Nora è diventata una bellissima donna, ma sposata. Frank la corteggia egualmente e questo provoca una crisi nella giovane finché Frank, che durante un incidente ha modo di rivedere e rivalutare il proprio atteggiamento, comprende il suo errore e si ripromette di ripartire senza turbare oltre Nora. ■ COMMEDIA; COL.; 94'; ITALIA, 1955.

PO' DI SOLE NELL'ACQUA GELIDA, UN ★★★

(Un peu de soleil dans l'eau froide)

Regia di JACQUES DERAY. Con CLAUDINE AUGER, BARBARA BACH, GÉRARD DEPARDIEU, GUIDO MANNARI, MARC POREL. ■ Gilles, parigino, ha conosciuto la bella Nathalie in provincia e, per seguirlo, la giovane donna ha abbandonato il marito. Per qualche tempo va tutto bene, ma poi l'incostanza di Gilles mette in crisi Nathalie, che si uccide. La tragedia serve, forse, a responsabilizzare il giovane playboy. ■ DRAMMATICO; COL.; 110'; FRANCIA, 1971.

P.O.E. – POETRY OF EERIE ★★

Regia di FRATELLI CAPASSO, DOMIZIANO CRISTOPHARO, BRUNO DI MARCELLO, PAOLO FAZZINI, PAOLO GAUDIO, ALESSANDRO GIORDANI, GIOVANNI PAINIGIANI, EDO TAGLIAVINI, YUMIKO SAKURA ITO. Con MARIANO APREA, MARCO BORROMEI, ANGELO CAMPUS, LUCA CANONICI, LAURA GIGANTE. ■ Otto brevi episodi ispirati al mondo letterario di Edgar Allan Poe (1809-1849); questi i titoli e gli autori coinvolti: *Silenzio* (fratelli Capasso), *La sfinge* (Alessandro Giordani), *Valdemar* (Edo Tagliavini), *Gordon Pym* (Giovanni Pianigiani e Bruno di Marcello), *Il gatto nero* (Paolo Gaudio), *L'uomo della folla* (Paolo Fazzini), *Il giocatore di scacchi di Maelzel* (Domiziano Christopharo), *Canto* (Yumiko Sakura Ito). Misurarsi con l'opera del genio di Boston sembra essere quasi un passaggio obbligato per ogni artista tentato dal lato oscuro del raccontare. *P.O.E. – Poetry of Eerie* mette insieme dieci registi che nel panorama del cinema indipendente italiano cercano la propria difficile strada nel genere. Rimasticato, riscritto, espanso oppure contratto, sempre piegato alle identità dei singoli registi, Edgar Allan Poe si sente in più di qualche passaggio. La versione esposta nelle sale da distribuzione indipendente nel 2013 manca di cinque episodi, rintracciabili nell'edizione DVD distribuita all'estero. ■ HORROR; COL.; 80'; ITALIA, 2011.

POETIC JUSTICE ★

Regia di JOHN SINGLETON. Con JANET JACKSON, REGINA KING, TUPAC SHAKUR. ■ Justice è chiusa nel suo mondo di poesia e di sensibilità. Dovrà confrontarsi con i problemi dell'emarginazione e della violenza. ■ DRAMMATICO; COL.; 109'; USA, 1993. ■ GOLDEN GLOBES 1 NOM; OSCAR 1 NOM.

♥ POETI DALL'INFERNO *(Total Eclipse)* ★★★

Regia di AGNIESZKA HOLLAND. Con DOMINIQUE BLANC, ROMANE BOHRINGER, LEONARDO DICAPRIO, DAVID THEWLIS. ■ La Holland sceglie di raccontare la passione che dal 1871 al 1873 legò Paul Verlaine e Arthur Rimbaud. Non c'è però nulla di agiografico o di patinato nella sua ricostruzione di questo rapporto tutto "genio e sregolatezza". Anzi, semmai qui la seconda è padrona quasi assoluta del campo in tutta la sua dissoluzione di qualsiasi "umanità". Con, in aggiunta, lo sguardo della giovanissima moglie di Verlaine. ■ DRAMMATICO; COL.; 111'; BELGIO, FRANCIA, GRAN BRETAGNA, 1995.

POETRY ★★

Regia di LEE CHANG-DONG. Con LEE DAVID, KIM HIRA, YU JUNGHEE, AHN NAESANG. ■ Quando il cadavere di una ragazza affiora dalle acque di un fiume, qualcosa nella quotidianità di Mija – badante part-time affetta da Alzheimer – si incrina man mano che avrà maggiori notizie sulle ragioni che hanno portato al suicidio della giovane. La morte scorre sul fiume e la tranquilla vita di provincia, fatta di routine e coazioni a ripetere, viene turbata dal macabro inaspettato, cercando disperatamente di riassorbirlo nella propria bambagia protettiva. ■ Drammatico; col.; 135′; Corea Del Sud, 2010.

POIANA VOLA SUL TETTO, LA ★★★
(Last of the Mobile Hotshots)
Regia di Sidney Lumet. Con James Coburn, Robert Hooks, Lynn Redgrave. ■ Un uomo morente (è malato ai polmoni) e una mezza prostituta si sposano in televisione per vincere un premio in denaro. La coppia raggiunge la casa di lui e la donna viene corteggiata dal cognato, un mulatto. La donna è angosciata, ma poi, morto il marito, si affida all'altro. ■ Drammatico; col.; 108′; USA, 1969.

POINT BREAK ★★★
Regia di Kathryn Bigelow. Con Gary Busey, Keanu Reeves, Patrick Swayze. ■ Quattro rapinatori compiono le loro gesta indossando maschere raffiguranti i volti degli ultimi quattro presidenti degli Stati Uniti. Un agente dell'Fbi e un suo giovane collega scoprono che i quattro sono esperti surfisti. Il più giovane si introduce nel gruppo dei presunti banditi, sino all'epilogo drammatico e sconcertante. Interessante film d'azione, diretto dalla regista Kathryn Bigelow, che si era già messa in luce in *Il buio si avvicina*, una storia di vampiri raccontata in modo diverso, e che nel 1995 dirige il cult *Strange Days*. Dopo il successo di *Ghost*, Swayze trova un personaggio che lo mantiene ad alta quota nel firmamento hollywoodiano. ■ Avventura; col.; 110′; USA, 1991.

POIROT E IL CASO AMANDA ★★★
(The Alphabet Murders)
Regia di Frank Tashlin. Con Maurice Denham, Anita Ekberg, Robert Morley, Tony Randall. ■ Hercule Poirot, il poliziotto nato dalla penna di Agatha Christie, si trova a Londra alle prese con una serie di delitti che sembrano seguire un ordine alfabetico. Amanda, donna bellissima e malata di mente, si autoaccusa e il suo medico curante conferma la confessione della paziente. Ma quando entrambi, medico e ammalata, vengono trovati uccisi, Poirot si mette in azione e smascherà i veri colpevoli. ■ Poliziesco; b/n; 90′; USA, 1966.

POISON ★★
Regia di Todd Haynes. Con Edith Meeks, James Lyons, Larry Maxwell, Scott Renderer, Susan Norman. ■ Tre storie di omicidio e sesso girate da un regista capace di ben altri risultati. ■ Drammatico; col.; 85′; USA, 1991.

...POI TI SPOSERÒ *(Un monsieur de compagnie)* ★★★
Regia di Philippe De Broca. Con Jean-Claude Brialy, Jean-Pierre Cassel, Irina Demick, Catherine Deneuve, Annie Girardot, Valérie Lagrange, Sandra Milo. ■ L'ozio non è affatto il padre dei vizi, almeno secondo il giovane Antoine che per evitare qualsiasi lavoro riempie la sua vita di avventure movimentatissime. Fino a che, per amore di una bella operaia, si ritrova davanti ad una catena di montaggio. Ma subito Antoine si rende conto che a lui non può accadere una cosa simile: infatti il giovanotto sta solo sognando e si risveglia sul suo comodo divano. ■ Commedia; col.; 91′; Francia, 1965.

POKÉMON *(Pokémon the First Movie)* ★★
Regia di Michael Haigney, Kunohiko Yujama. ■ Pokémon è un videogioco del Nintendo diventato cartone animato, prima per la televisione poi al cinema. Sono 150 personaggi, piccoli mostri, ciascuno con poteri particolari. I protagonisti principali sono quattro: Misty, Ash, Pikachu, Brock. Sono aggressivi e sempre pronti ad attaccare. Pokémon è diventato un fenomeno del mondo. Inutile cercare di capirne il perché. ■ Animazione; col.; 85′; Giappone, USA, 1999.

POKÉMON 2: LA FORZA DI UNO ★★
(Pokémon the movie: 2000)
Regia di Michael Haigney, Kunihiko Yuyama. ■ Una nuova avventura delle piccole creature che hanno catturato i cuori dei ragazzini di tutto il mondo. Questa volta l'intrepido Ash deve salvare il pianeta che rischia di essere distrutto da un collezionista di Pokémon. Quest'ultimo infatti intende rapire i tre uccelli Pokémon che governano l'equilibrio del sistema terrestre in quanto custodi della terra, del ghiaccio e del fuoco, sperando in questo modo di attirare nella sua trappola Lugia, la leggendaria abitante del mare e la sola in grado di distruggere il pianeta. Solo Ash può ristabilire gli equilibri compromessi dal crudele individuo impedendo che si scatenino catastrofi e cataclismi naturali. Vera e propria favola ecologica, tuttavia rispetto alla prima serie il film presenta una trama più confusa. Lo spietato collezionista diventa metafora di un' umanità che, giorno dopo giorno, sta distruggendo il pianeta. ■ Animazione; col.; 81′; Giappone, USA, 2000.

POKÉMON 3 ★★
Regia di Michael Haigney, Kunihiko Yuyama. ■ La solfa è davvero sempre la stessa, anche se lo sforzo di creare nuovi Pokémon è febbrile. I due eroi "storici" Ash e Pikachu devono vedersela con un nuovo personaggio fortissimo e pericoloso. ■ Animazione; col.; 74′; Giappone, 2001.

POKER ALICE ★★
Regia di Arthur Allan Seidelman. Con George Hamilton, Tom Skerritt, Elizabeth Taylor. ■ Elizabeth Taylor eroina del West È una giocatrice che vince al poker una casa di piacere. E lei si mette con molto impegno a fare la *maîtresse*. Quando ce n'è bisogno, ricorre all'aiuto di due uomini decisi, innamorati di lei, un giocatore e un cacciatore di taglie. ■ Commedia; col.; 100′; USA, 1987.

POKER COL DIAVOLO *(Rencontres)* ★★
Regia di Philippe Agostini. Con Pierre Brasseur, Gabriele Ferzetti, Michèle Morgan. ■ Karl era un famoso pianista, ma in seguito a un incidente gli hanno amputato la mano destra. Ritenendo la sua vita inutile organizza il proprio suicidio in modo da farlo apparire come un incidente e permettere alla propria moglie Bella di incassare l'assicurazione. Ma quando scopre che Bella lo tradisce vorrebbe che la donna fosse accusata di assassinio. Non raggiunge lo scopo, ma Bella viene egualmente abbandonata dal suo amante. ■ Drammatico; b/n; 102′; Francia, 1962.

POKER D'AMORE *(Mississippi Gambler)* ★★
Regia di Reginald Barker. Con Joan Bennett, Joseph Schildkraut. ■ Su un battello che naviga sul Mississippi un giocatore d'azzardo spolpa gli uomini e conquista il cuore delle donne. Una oppone più resistenza del dovuto, ma alla fine capitola. ■ Avventura; b/n; 93′; USA, 1929.

POKER DI PISTOLE, UN ★★
Regia di Giuseppe Vari. Con George Eastman, George Hilton, Annabella Incontrera. ■ Lucas e Terrail, giocatori di professione, tentano di organizzare una loro attività ai danni di un certo Master, cui fanno capo tutte le attività illecite del paese. Master naturalmente non è d'accordo, ma a togliere d'impiccio i due arriva Lazar, difensore della legge. ■ Western; col.; 91′; Italia, 1967.

POKER DI SANGUE *(Five Card Stud)* ★★★
Regia di Henry Hathaway. Con Katherine Justice, Dean Martin, Roddy McDowall, Robert Mitchum, Inger Stevens. ■ Alcuni giocatori di poker, scoperto un baro tra di loro, non esitano ad impiccarlo. Qualche tempo dopo arriva in paese il fratello della vittima che comincia la sua vendetta facendo strage dei partecipanti alla fatidica partita. Uno di loro, Van, è innocente, ma è difficile spiegarlo al giustiziere: Van è costretto quindi ad eliminarlo per salvare la propria pelle. ■ Western; col.; 103′; USA, 1968.

POLAR EXPRESS, THE *(The Polar Express)* ★★★
Regia di Robert Zemeckis. Con Chris Coppola, Eddie Deezen, Tom Hanks, Michael Jeter, Brendan King. ■ Chissà se Tom Hanks, abituato a correre, a vivere su un'isola deserta o a trascorrere le sue giornate in un aeroporto, avrebbe mai immaginato di trasformarsi in digitale e impersonare il capotreno del Polar Express? L'ultimo futuristico progetto di Robert Zemeckis, che vede protagonista l'attore americano, è un viaggio nel Luna Park del Natale (così ce lo illustra), sovraccarico di effetti speciali, di sali e scendi sulle rotaie, nella più classica tradizione dei *rollercoaster*. Protagonista di questa avventura in 3D è un ragazzino che, sotto la

neve, la vigilia di Natale, sbarra gli occhi e prende al volo il Polar Express, fantasmagorico treno diretto al Polo Nord per incontrare Babbo Natale. Tratto da un libro dello scrittore Van Allsburg, *Polar Express* fa riferimento alla tradizione anglosassone del Natale. Modernizzare una tradizione è qualcosa che può riuscire solamente a chi ha ancora dentro, a oltre cinquant'anni, il bambino che c'è in noi, raccontandoci, con i fuochi d'artificio, che non bisogna mai smettere di credere e di sognare, perché la fantasia è uno dei motivi per cui vale la pena vivere. Zemeckis è riuscito nell'impresa. ■ ANIMAZIONE; COL.; 100'; USA, 2004.

POLA X ★

Regia di LEOS CARAX. Con DELPHINE CHUILLOT, CATHERINE DENEUVE, GUILLAUME DEPARDIEU, KATERINA GOLUBEVA, LAURENT LUCAS. ■ Il film è banalità e artifici. È il tentativo di spacciare per opera d'autore un'assoluta mancanza di sostanza che deriva da una presunzione infinita. Pierre (Depardieu) è giovane, scrittore, ricchissimo. Ha scritto un best seller ma se ne vergogna, ha un rapporto ambiguo, quasi incestuoso con la madre (Deneuve) e a un certo punto decide di rinnegare ricchezza e borghesia e si rintana in una fabbrica occupata per scrivere un romanzo di verità. Nella fabbrica ci sono rifugiati bosniaci, musicisti d'avanguardia, e un rumore assordante tutto il giorno. Tutti irritanti luoghi comuni e, soprattutto, non un briciolo di verità. Povero cinema francese. ■ DRAMMATICO; COL.; 134'; FRANCIA, 1999.

POLE POLE ★★

Regia di MASSIMO MARTELLI. Con JULLIET AKINYI, FABIO FAZIO, LUCIANO MANZALINI, GEOFFREY OYER. ■ Fabio Fazio è stato invitato dall'UNICEF a recarsi in Africa per girare uno spot a fini umanitari. Decide, insieme a Martelli, di girare un film. Seguiamo così i preparativi, la partenza, il viaggio. Ovviamente si passa dallo spaesamento alla fascinazione che il continente africano esercita sul "turista con buone intenzioni". Nell'"ovviamente" sta il senso del simpatico film. ■ COMMEDIA; COL.; 82'; ITALIA, 1996.

POLE POSITION ★★

Regia di JAMES DAVIS, RONALD KING, OSCAR OREFICI. Con PAUL NEWMAN. ■ L'inizio di una gara di Formula uno è il pretesto per la rievocazione di molti episodi (famosi e non) riguardanti i campioni automobilistici più celebrati (Lauda, Villeneuve, Andretti, Fittipaldi). ■ DOCUMENTARIO; COL.; 112'; ITALIA, 1980.

POLICARPO, UFFICIALE DI SCRITTURA ★★★

Regia di MARIO SOLDATI. Con PEPPINO DE FILIPPO, CARLA GRAVINA, RENATO RASCEL, ROMOLO VALLI. ■ Agli inizi del ventesimo secolo, il modestissimo Policarpo, che lavora come calligrafo al ministero, sogna un matrimonio in grande per sua figlia che è corteggiata da Gegé, rampollo del suo capufficio. Ma il superiore non è d'accordo ritenendo la bella Celeste troppo umile per la sua progenie, e si mette d'accordo con una sciantosa per distrarre il figlio. E Celeste, cui non importa nulla di Gegé, si fidanza con Mario, onesto lavoratore, mentre il frivolo figlio del capufficio finisce per sposare la sciantosa. ■ COMMEDIA; COL.; 101'; ITALIA, 1958. ■ DAVID DI DONATELLO 1 PR, 1 NOM.

POLICE ★★

Regia di MAURICE PIALAT. Con SANDRINE BONNAIRE, GÉRARD DEPARDIEU, SOPHIE MARCEAU. ■ Il rude commissario Depardieu, vedovo con famiglia a carico, nella sua quotidiana lotta alla droga conosce la donna di uno spacciatore (Marceau) e se ne innamora. Ma lei è aggressiva e subdola, lui sentimentalmente fragile. Molta azione per un film formalmente ineccepibile ma privo di mordente. ■ POLIZIESCO; COL.; 113'; FRANCIA, 1985. ■ VENEZIA 1 PR.

POLICEMAN ★★

Regia di SERGIO ROSSI. Con LOU CASTEL, NICOLETTA MACHIAVELLI, MARINO MASÉ, PAOLA PITAGORA, GIANCARLO SBRAGIA. ■ Per non fare la fame, come è capitato ai suoi familiari, un giovane meridionale si arruola nella polizia dove impara ad usare la violenza scientificamente e ad odiare chiunque si opponga all'ordine costituito. Ma la sua ragazza non condivide le sue opinioni e lo abbandona. ■ DRAMMATICO; COL.; 90'; ITALIA, 1969. ■ OSCAR 1 NOM.

POLICE PYTHON 357 ★★★

Regia di ALAIN CORNEAU. Con MATHIEU CARRIÈRE, YVES MONTAND, STEFANIA SANDRELLI, SIMONE SIGNORET. ■ Due poliziotti, Ganay e Ferrot, amano la stessa donna e ne sono riamati. Ganay, quando scopre il tradimento, uccide l'amante. Viene sospettato Ferrot e costui si ingegna a trovare il colpevole a tutti i costi. Quando Ganay, vistosi perduto, sta per uccidere il collega-rivale viene invece a sua volta ucciso. ■ POLIZIESCO; COL.; 125'; FRANCIA, 1975.

POLICE STATION: TURNO DI NOTTE *(Vice Squad)* ★★

Regia di GARY A. SHERMAN. Con WINGS HAUSER, SEASON HUBLEY, GARY SWANSON. ■ Un poliziotto convince una prostituta di Los Angeles a far da esca per catturare un maniaco assassino. L'uomo però riesce a fuggire e decide di vendicarsi. Per la prostituta (e il poliziotto, che ormai l'ama) sarà una lunga notte. ■ POLIZIESCO; COL.; 97'; USA, 1982.

POLICE STORY ★★

Regia di WILLIAM A. GRAHAM. Con EDWARD ASNER, DIANE BAKER, HARRY GUARDINO, VIC MORROW. ■ Joe e Cicca sono due giovani sergenti di una squadra speciale di polizia. Arrestano un delinquente durante un tentativo di rapina in un supermercato, ma il rapinatore riesce a cavarsela. Per incastrarlo definitivamente, Joe e Cicca gli tendono un astuto tranello. ■ POLIZIESCO; COL.; 100'; USA, 1973.

POLICE STORY: ASSASSINI DELL'AUTOSTRADA
(Police Story: The Freeway Killings) ★★

Regia di WILLIAM A. GRAHAM. Con ANGIE DICKINSON, BEN GAZZARA, TONY LO BIANCO. ■ Due maniaci assassini hanno la pessima abitudine di tendere agguati alle donne sole in autostrada e ucciderle. Un gruppo di poliziotti viene incaricato di catturarli. Ma non è facile. Gli assassini sembrano inafferrabili e qualcuno in alto loco li protegge. I piedipiatti rischiano la carriera se non li prendono al più presto. ■ GIALLO; COL.; 92'; USA, 1987.

POLIKUSKA ★★★

Regia di CARMINE GALLONE. Con FRANCO INTERLENGHI, ANTONELLA LUALDI, FOLCO LULLI. ■ Polikuska è un servitore fedele malgrado abbia qualche vizietto, come bere un po' troppo all'osteria con gli amici. La sua padrona gli affida il trasporto di una grossa somma, ma qualcuno, profittando del suo sonno, lo deruba. Al povero Polikuska non resta che il suicidio, ma all'ultimo momento il denaro viene ritrovato e la vita torna a sorridere per il disgraziato servo. ■ DRAMMATICO; B/N; 94'; ITALIA, 1958.

POLINESIA È SOTTO CASA, LA ★★

Regia di ANDREA GORONI, SAVERIO SMERIGLIO. Con FABIANA BALDINELLI, GIULIA BELLUCCI, GIANLUCA D'ERCOLE, ALESSANDRO GIMELLI, ALESSIA RACCICHINI. ■ Stefano Redi ha trentaquattro anni, un lavoro ben remunerato per un'importante compagnia che opera nel settore edilizio, una macchina sportiva, una vita sociale con amici nell'alta finanza e la figlia di un diplomatico francese come fidanzata. Potrebbe sentirsi un uomo pienamente realizzato se solo non provasse una profonda insofferenza per l'idea di vivere solo in funzione del lavoro e della carriera. Una sera decide di ritrovare la libertà persa dieci anni prima, quando disse addio alle onde del mare e alla sua amata tavola da surf. ■ COMMEDIA; COL.; 105'; ITALIA, 2010.

POLISSE *(Poliss)* ★★

Regia di MAIWENN LE BESCO. Con NICOLAS DUVAUCHELLE, MARINA FOIS, JOEYSTARR, MAIWENN LE BESCO, KARIN VIARD. ■ I poliziotti della squadra parigina dell'Unità di protezione dell'infanzia sono impegnati in casi simili, ma ognuno con una sua specificità: bambini abusati e i loro parenti chiusi in difesa a riccio, piccoli ladruncoli e ragazzine dalla sessualità ormai fuori controllo. Uomini e donne dell'Unità devono trovare la soluzione meno indolore per le vittime. Lavoro non facile, che rischia di disequilibrare le loro vite private. ■ DRAMMATICO; COL.; 134'; FRANCIA, 2011.

POLIZIA ACCUSA: IL SERVIZIO SEGRETO UCCIDE, LA ★★

Regia di SERGIO MARTINO. Con DELIA BOCCARDO, MEL FERRER, CLAUDIO GORA, LUC MERENDA, TOMAS MILIAN, PAOLA TEDE-

SCO. ■ Per il commissario Solmi esiste un legame nelle morti apparentemente accidentali di tre ufficiali. Prosegue le indagini fino a scoprire una macchinazione enorme, addirittura un complotto contro lo Stato. E le sorprese non sono finite. ■ DRAMMATICO; COL.; 93′; ITALIA, 1975.

POLIZIA BRANCOLA NEL BUIO, LA ★★

Regia di HELIA COLOMBO. Con JOSEPH ARKIM, FRANCISCO CORTEZ, RICHARD FIELDING, GABRIELLA GIORGELLI, ELENA VERONESE. ■ Una fotomodella viene uccisa in una villa dove era stata chiamata per un servizio dal proprietario, individuo minorato fisicamente e piuttosto laido. Giorgio, giornalista e amico della vittima, si reca sul luogo del delitto per scoprire il colpevole, che non è, come tutto farebbe supporre, il frustrato padrone di casa. ■ GIALLO; COL.; 91′; ITALIA, 1974.

POLIZIA BUSSA ALLA PORTA, LA *(The Big Combo)* ★★

Regia di JOSEPH H. LEWIS. Con RICHARD CONTE, BRIAN DONLEVY, JEAN WALLACE, CORNEL WILDE. ■ Brown è a capo di una potente organizzazione fuorilegge e il tenente Diamond cerca disperatamente di rintracciare Alicia, moglie di Brown, che con la sua testimonianza potrebbe far condannare il marito. Ma la donna è tenuta prigioniera dal gangster il quale, nel tentativo di fuggire in seguito al tradimento di alcuni suoi affiliati, porta con sé Susan, una splendida ragazza che lo amava prima di sapere chi egli fosse in realtà. Susan interessa anche a Diamond, il quale insegue i due e fa arrestare Brown, non senza qualche difficoltà. ■ POLIZIESCO; B/N; 89′; USA, 1954.

POLIZIA CHIEDE AIUTO, LA ★★

Regia di MASSIMO DALLAMANO. Con MARIO ADORF, MARINA BERTI, CLAUDIO CASSINELLI, FRANCO FABRIZI, CORRADO GAIPA, GIOVANNA RALLI. ■ Tutta un'organizzazione di prostituzione minorile viene alla luce in seguito al suicidio di Patrizia, quindicenne stanca e disperata. Il commissario Valentini ha l'amara sorpresa di trovare coinvolta nel giro anche sua figlia, ma grazie alla sua testimonianza scopre il boss. ■ POLIZIESCO; COL.; 90′; ITALIA, 1974.

POLIZIA È AL SERVIZIO DEL CITTADINO?, LA ★★★

Regia di ROMOLO GUERRIERI. Con STELLA CARNACINA, MEMMO CAROTENUTO, DANIEL GÉLIN, ALESSANDRO MOMO, GIUSEPPE PAMBIERI, ENRICO MARIA SALERNO, VENANTINO VENANTINI. ■ Il commissario Sironi ha scoperto chi sta a capo della mafia portuale a Genova, ma non può agire come vorrebbe perché la legge gli impone regole da rispettare, dalle quali invece la malavita riesce a trarre profitto. Sironi decide allora di trasformarsi in giustiziere e uccide il capo dell'organizzazione non come poliziotto, ma come cittadino qualsiasi che intende vendicarsi. ■ DRAMMATICO; COL.; 98′; ITALIA, 1973.

POLIZIA È SCONFITTA, LA ★★

Regia di DOMENICO PAOLELLA. Con MARCEL BOZZUFFI, VITTORIO MEZZOGIORNO, RICCARDO SALVINO. ■ Questa volta è Bologna ad essere vessata da una crudele banda di taglieggiatori che rende la vita impossibile ai negozianti. Il commissario Grifi organizza una squadra speciale e comincia la sua azione. L'osso più duro è un certo Valli. ■ POLIZIESCO; COL.; 92′; ITALIA, 1977.

POLIZIA HA LE MANI LEGATE, LA ★★★

Regia di LUCIANO ERCOLI. Con CLAUDIO CASSINELLI, FRANCO FABRIZI, ARTHUR KENNEDY, SARA SPERATI, BRUNO ZANIN. ■ Il commissario Rolandi indaga su una organizzazione criminale che ha fatto saltare un albergo nel centro di Milano. Scopre l'identità di alcuni personaggi compromessi, ma questi ultimi vengono sempre eliminati un momento prima di poter essere interrogati dal poliziotto. ■ POLIZIESCO; COL.; 94′; ITALIA, 1975.

POLIZIA INCRIMINA, LA LEGGE ASSOLVE, LA ★★★

Regia di ENZO GIROLAMI CASTELLARI. Con DELIA BOCCARDO, DUILIO DEL PRETE, FRANCO NERO, FERNANDO REY, SILVANO TRANQUILLI. ■ Due bande di trafficanti di droga si contendono il mercato tra Marsiglia e Genova. Di questa lotta tenta di approfittare il commissario Belli che indaga sulla losca attività. Ma l'organizzazione elimina ogni elemento sul quale mette gli occhi il commissario. Belli riesce egualmente ad arrestare molti pesci piccoli, ma il boss, come al solito, gli sfugge. ■ POLIZIESCO; COL.; 105′; ITALIA, 1973.

POLIZIA INDAGA: SIAMO TUTTI SOSPETTATI, LA *(Les suspects)* ★★

Regia di MICHEL WYN. Con GIAMPIERO ALBERTINI, MICHEL BOUQUET, BRUNO CREMER, MIMSY FARMER, PAUL MEURISSE. ■ Tutte le persone che hanno avuto a che fare con Candice, giovane americana trovata uccisa in una località della Costa Azzurra, sono sospettate come possibili colpevoli. Un magistrato, due commissari e un maresciallo hanno l'incarico di sbrogliare l'intrigo. Quando sono tutti convinti d'aver trovato l'assassino, un caso fortunato fa scoprire chi è il vero colpevole. ■ POLIZIESCO; COL.; 90′; FRANCIA, 1974.

POLIZIA INTERVIENE: ORDINE DI UCCIDERE, LA ★★

Regia di GIUSEPPE ROSATI. Con JANET AGREN, ENNIO BALBO, STEPHEN BOYD, FRANCO INTERLENGHI, LEONARD MANN, JAMES MASON, ENRICO MARIA SALERNO, FAUSTO TOZZI. ■ Convinto che dietro l'assassinio di due poliziotti si nasconda una trama politica di matrice fascista, il commissario Murri conduce le indagini al di fuori della legalità, uccidendo egli stesso quello che ritiene essere un capo dell'organizzazione. Ha la sorpresa di trovare coinvolto un suo amico e la scoperta gli costa quasi la vita. ■ POLIZIESCO; COL.; 100′; ITALIA, 1975.

POLIZIA INVESTIGATIVA FEMMINILE *(Police Women)* ★★

Regia di LEE FROST. Con SANDRA CURRIE, PHIL HOOVER, ELIZABETH STUART, TONY YOUNG ■ Non è detto che il femminile sia sempre il gentil sesso. La poliziotta che combatte la criminalità in questo film usa sistemi che farebbero impallidire un torturatore nazista. Anche contro una banda di donne criminali la poliziotta non esita ad usare la violenza. ■ POLIZIESCO; COL.; 94′; USA, 1974.

POLIZIA LI VUOLE MORTI, LA *(Moving Violation)* ★★★

Regia di CHARLES S. DUBIN. Con EDDIE ALBERT, KAY LENZ, STEPHEN MCHATTIE. ■ Il giovane Eddie e Cam, la sua ragazza, hanno la ventura di assistere a un omicidio. Il responsabile è nientemeno che uno sceriffo, del tutto corrotto. Costui fa ricadere la colpa sui due giovani e scatena una vera caccia all'uomo. Ma Eddie è molto in gamba e per alcuni giorni tiene in scacco lo sceriffo, intorno al quale ormai si sta chiudendo il cerchio. Nello scontro finale il disonesto uomo di legge viene ucciso. ■ DRAMMATICO; COL.; 91′; USA, 1976.

POLIZIA MILITARE *(Off Limits)* ★★

Regia di GEORGE MARSHALL. Con BOB HOPE, MARILYN MAXWELL, MICKEY ROONEY. ■ Un allenatore di pugilato, durante il servizio militare, è preso d'assedio da una recluta, Danny Tuttle, che vuole diventare campione. Hogan incomincia ad allenarlo controvoglia, più che altro per tenerlo buono, ma alla fine Tuttle diventa davvero un ottimo boxeur. ■ COMICO; B/N; 89′; USA, 1953.

POLIZIA NON PERDONA, LA *(The Loners)* ★★

Regia di SUTTON ROLEY. Con SCOTT BRADY, GLORIA GRAHAME, DEAN STOCKWELL. ■ Poliziotto integerrimo ma crudele infierisce contro tre hippy solo perché li considera "diversi". ■ DRAMMATICO; COL.; 79′; USA, 1972.

POLIZIA ORDINA: SPARATE A VISTA, LA ★★

Regia di JERRY MASON. Con JEAN-PIERRE BLANCHARD, BEBA LONCAR, GORDON MITCHELL, TONY TIGER. ■ Il gangster Davis intende rubare, a Istanbul, due preziosissimi Budda, uno di proprietà di un collezionista, l'altro di un museo. Col collezionista gli va bene, ma al museo, invece, non ha fortuna. La polizia, avvertita da una spia, l'attende al varco. ■ GIALLO; COL.; 90′; ITALIA, 1976.

POLIZIA RINGRAZIA, LA ★★★

Regia di STEFANO VANZINA. Con MARIO ADORF, FRANCO FABRIZI, MARIANGELA MELATO, ENRICO MARIA SALERNO. ■ Oltre a combattere contro la malavita, il commissario Bertone deve combattere una organizzazione clandestina di "cittadini onesti" che ammazza numerosi criminali o presunti tali. ■ DRAMMATICO; COL.; 99′; ITALIA, 1972.

POLIZIA – SEZIONE SCOMPARSI ★★
(Section des disparus)
Regia di PIERRE CHENAL. Con NICOLE MAUREY, MAURICE RONET. ■ Mendi, più anziana del marito che l'ha sposata per interesse, viene a sapere che il consorte la tradisce e, non potendo trattenerlo presso di sé, medita una terribile vendetta. Si suicida, facendo in modo che l'amante del marito sia arrestata come colpevole. Fortunatamente per la ragazza, il commissario non è uno che si ferma alle apparenze. ■ POLIZIESCO; B/N; 85'; FRANCIA, 1956.

POLIZIA STA A GUARDARE, LA ★★
Regia di ROBERTO INFASCELLI. Con LAURA BELLI, LEE J. COBB, CLAUDIO GORA, LUCIANA PALUZZI, ENRICO MARIA SALERNO, JEAN SOREL. ■ Il commissario Cardone, poliziotto deciso e senza scrupoli, sostituisce in una cittadina il questore Jovine, dichiaratosi impotente a combattere la criminalità. Cardone scopre invece che il suo predecessore è il capo della malavita locale e non esita a combatterlo con ogni mezzo, anche quando i criminali gli rapiscono il figlio. Il ragazzo viene riconsegnato al padre ferito gravemente, ma il commissario ha partita vinta. ■ POLIZIESCO; COL.; 95'; ITALIA, 1973.

POLIZIA TACE, LA *(Eluchweg St. Pauli)* ★★
Regia di WOLFGANG STAUDTE. Con HORST FRANK, CHRISTIANE KRUGER. ■ Protagonisti due fratelli: Heinz, un onesto tassista, e Willy, un galeotto. Costui evade e prende in ostaggio la sua ex moglie (che sta con suo fratello) dopo aver fallito una rapina. Heinz cerca di convincere il fratello a liberare la donna, prima con un po' di soldi, poi decisamente con le cattive. Per Willy finirà male. ■ POLIZIESCO; COL.; 94'; GERMANIA, 1976.

POLIZIOTTA, LA ★★
Regia di STENO. Con GIGI BALLISTA, MARIO CAROTENUTO, ALBERTO LIONELLO, MARIANGELA MELATO, ORAZIO ORLANDO, RENATO POZZETTO, ARMANDO BRANCIA, RENATO SCARPA, GIANFRANCO BARRA. ■ Giovanna, una brava ragazza che ha sempre subito da parte di familiari e fidanzato senza mai protestare, un bel giorno si stanca e decide di diventare un rigoroso tutore della legge. Arruolatasi nel corpo dei vigili urbani comincia a denunciare scandali e imbrogli, ma le persone coinvolte sono troppo importanti e la ragazza finisce al confino. ■ COMMEDIA; COL.; 105'; ITALIA, 1974. ■ DAVID DI DONATELLO 1 PR, 1 NOM.

POLIZIOTTA A NEW YORK, LA ★★
Regia di MICHELE MASSIMO TARANTINI. Con EDWIGE FENECH, RENZO MONTAGNANI, ALVARO VITALI. ■ Sfruttando le proprie innegabili doti fisiche, e un bel po' di innata fantasia, la spumeggiante poliziotta Fenech riesce con successo a consegnare alla giustizia due bande rivali di spacciatori. ■ COMMEDIA; COL.; 91'; ITALIA, 1981.

POLIZIOTTA DELLA SQUADRA DEL BUON COSTUME, LA ★★
Regia di MICHELE MASSIMO TARANTINI. Con LINO BANFI, SAL BORGESE, EDWIGE FENECH, ALVARO VITALI. ■ La poliziotta Gianna D'Amico combina molti pasticci ma ogni tanto ne infila una giusta, come quando, facendosi credere una spogliarellista, sgomina una banda che gestisce un incredibile traffico di prostituzione. ■ EROTICO; COL.; 94'; ITALIA, 1979.

POLIZIOTTA FA CARRIERA, LA ★★
Regia di MICHELE MASSIMO TARANTINI. Con GIGI BALLISTA, MARIO CAROTENUTO, EDWIGE FENECH, FRANCESCO MULÉ, GIUSEPPE PAMBIERI. ■ Gianna si arruola nella polizia femminile, ma gli inizi non sono incoraggianti: più che brava la ragazza è molto bella. Quest'ultima dote però si rivela utile e Gianna mette a segno un paio di colpi clamorosi. ■ COMMEDIA; COL.; 94'; ITALIA, 1976.

POLIZIOTTI ★★
Regia di GIULIO BASE. Con CLAUDIO AMENDOLA, ROBERTO CITRAN, NADIA FARÈS, MICHELE PLACIDO, KIM ROSSI STUART. ■ Ispirato a un fatto accaduto nel 1976 il film, ambientato a Torino, racconta di un poliziotto incaricato di sorvegliare un pericoloso criminale che riuscirà a sfuggire al suo controllo spingendolo al suicidio. Base dimostra che anche in Italia è possibile coniugare drammaticità e senso dell'azione. ■ DRAMMATICO; COL.; 96'; FRANCIA, ITALIA, 1995.

POLIZIOTTI A DOMICILIO *(Cops and Robberson)* ★★
Regia di MICHAEL RITCHIE. Con CHEVY CHASE, ROBERT DAVI, JACK PALANCE, DIANNE WIEST. ■ I Robberson hanno un vicino di casa poco raccomandabile e si ritrovano nell'appartamento dei poliziotti guidati dall'esibizionista Jack Palance. Con tutte le conseguenze del caso. ■ COMMEDIA; COL.; 93'; USA, 1994.

POLIZIOTTI A DUE ZAMPE *(Loose Cannons)* ★★
Regia di BOB CLARK. Con DAN AYKROYD, DOM DELUISE, GENE HACKMAN. ■ Due poliziotti male assortiti indagano su uno strano movimento di personaggi: agenti israeliani, neonazisti, Cia, tutti in cerca di un film girato nel bunker di Hitler nel 1945 in cui si vede un giovane soldato uccidere il dittatore su comando. Al momento, il soldato è diventato un signore rispettabile e una figura di primo piano nella politica tedesca. Gli agguati si succedono agli inseguimenti e alle peripezie fino al ritrovamento della preziosa pellicola. ■ COMMEDIA; COL.; 98'; USA, 1989.

POLIZIOTTI. DUE SBIRRI A PIEDE LIBERO ★
(Cop Out)
Regia di KEVIN SMITH. Con ADAM BRODY, ANA DE LA REGUERA, TRACY MORGAN, KEVIN POLLAK, BRUCE WILLIS. ■ Jimmy e Paul sono due poliziotti in coppia da molti anni. Mentre Paul cerca, nelle sue azioni, di imitare i colleghi della finzione cinematografica e televisiva Jimmy è molto più serio. Dopo aver subito l'esonero dal servizio in seguito a un'operazione finita male, i due si trovano sulle tracce di un pericoloso capo gang. Inoltre Paul è preoccupato per il presunto tradimento da parte della moglie con il vicino di casa, mentre Jimmy deve a tutti i costi ritrovare una preziosissima figurina la cui vendita gli permetterebbe di sostenere le spese del lussuoso matrimonio della figlia. ■ COMMEDIA; COL.; 107'; USA, 2010.

POLIZIOTTI IN GABBIA *(Police Story: Monster Manor)* ★
Regia di AARON LIPSTADT. Con BRIAN MACNAMARA, CLAYTON ROHNER. ■ Due giovani agenti, onesti ma un po' megalomani, vengono inviati in un posto di polizia che sembra fatto su misura per loro. Nonostante qualche sbruffonata riusciranno a cavarsela più che onorevolmente. ■ POLIZIESCO; COL.; 95'; USA, 1988.

POLIZIOTTI PER CASO *(Who's the Man?)* ★
Regia di TED DEMME. Con BADJA DJOLA, DR. DRE, ICE-T, ED LOVER, JIM MOODY. ■ Due giovani e maldestri barbieri di New York entrano nella polizia e ne combinano di tutti i colori. Grande spazio alla musica rap e hip hop e poco alla fantasia. Il regista è il nipote degenere di Jonathan Demme. ■ COMMEDIA; COL.; 90'; USA, 1993.

POLIZIOTTI PER FORZA *(House of Errors)* ★★
Regia di BERNARD B. RAY. Con HARRY LANGDON, MARIAN MARSH, CHARLES BUDDY ROGERS. ■ Tre giornalisti si trasformano in poliziotti per salvare la vita di un ex ufficiale che ha inventato un nuovo tipo di mitragliatrice. ■ COMMEDIA; B/N; 92'; USA, 1942.

POLIZIOTTI VIOLENTI ★★
Regia di MICHELE MASSIMO TARANTINI. Con SILVIA DIONISIO, ETTORE MANNI, ANTONIO SABATO, HENRY SILVA. ■ Un ufficiale scomodo si allea con un commissario di polizia come lui votato a combattere gli scandali ovunque si presentino, ma naturalmente i due non hanno la vita facile. Sventato il solito colpo di Stato ordito da alti ufficiali e personalità al di sopra di ogni sospetto, il commissario uccide il socio per errore. ■ POLIZIESCO; COL.; 92'; ITALIA, 1976.

POLIZIOTTO AL COLLEGE *(Plain Clothes)* ★
Regia di MARTHA COOLIDGE. Con SUZY AMIS, SEYMOUR CASSEL, ARLISS HOWARD, DIANE LADD. ■ Per tirare suo fratello fuori di galera, Nick deve trovare il vero assassino del delitto di cui è accusato. Gli tocca lasciare il college, diventare un poliziotto e lasciar perdere le belle ragazze. Un filmetto per trascorrere una serata divertendosi. Ovviamente senza pretendere di più. ■ COMMEDIA; COL.; 98'; USA, 1988.

POLIZIOTTO ALLE ELEMENTARI, UN ★★
(Kindergarten)
Regia di IVAN REITMAN. Con PAMELA REED, ARNOLD SCHWARZENEGGER. ■ Veicolo per una versione tutta da ridere del super-

muscolo Arnold, che ha già fatto pratica con Danny De Vito in *Gemelli* dello stesso regista. Il gigante buono è nelle vesti di Kimble, un poliziotto che vuole scovare ad ogni costo un pericoloso spacciatore di droga e pluri-assassino. Si mette dunque sulle sue tracce che portano nella città dove si trovano moglie e figlio. Lo spacciatore vuole rapire il bambino, così alcuni piccoli di un asilo avranno temporaneamente uno strano maestro. Nell'insieme il film convince poco, nonostante l'autoironia di Schwarzenegger. ■ COMMEDIA; COL.; 111'; USA, 1990.

POLIZIOTTO A QUATTRO ZAMPE *(K9)* ★★★
Regia di ROD DANIEL. Con JAMES BELUSHI, MEL HARRIS, ED O'NEIL. ■ Un poliziotto che vuol prendere in trappola alcuni trafficanti di droga è costretto a servirsi come aiutante di un cane da pastore tedesco. Dapprima la collaborazione fra i due è difficile (l'animale è impiccione, permaloso, confusionario), poi diventano un team quasi imbattibile. ■ GIALLO; COL.; 102'; USA, 1985.

POLIZIOTTO DA HAPPY HOUR, UN *(The Guard)* ★★
Regia di JOHN MICHAEL MCDONAGH. Con DON CHEADLE, CHEADLE LIAM CUNNINGHAM, BRENDAN GLEESON, RORY KEENAN, DAVID WILMOT. ■ Ufficiale di polizia in una cittadina della costa ovest d'Irlanda, il sergente Gerry Boyle ha diverse particolarità: un umorismo singolare, una passione per le giovani prostitute, un'insofferenza verso i superiori. Al suo arrivo nella contea di Galway, l'agente dell'Fbi Wendell Everett non ha vita facile nel far coppia con Boyle, che fa sfoggio di razzismo e disinteresse, ma più lavorano insieme e più il compagno deve ricredersi, tanto sul conto del partner che sul suo reale codice morale. ■ COMMEDIA; COL.; 96'; IRLANDA, 2011.

POLIZIOTTO DELLA BRIGATA CRIMINALE, IL ★★★
(Peur sur la ville)
Regia di HENRI VERNEUIL. Con JEAN-PAUL BELMONDO, LEA MASSARI, ADALBERTO MARIA MERLI. ■ Il commissario Letellier ha a che fare con un criminale assassino di donne che, secondo il suo giudizio, "peccano di lussuria". Il poliziotto cerca inutilmente di scoprire il colpevole e intanto l'elenco delle vittime si allunga. ■ POLIZIESCO; COL.; 125'; FRANCIA, 1975.

POLIZIOTTO 202, IL *(Allez France)* ★★
Regia di ROBERT DHÉRY. Con COLETTE BROSSET, ROBERT DHÉRY, DIANA DORS, RONALD FRASER. ■ Un giovane francese, Robert, si trova a Londra per seguire un incontro di rugby e il tifo di uno sportivo gli fa perdere due denti. Nello studio del dentista Robert si traveste da poliziotto e naturalmente viene coinvolto in numerosi pasticci che il giovanotto risolve brillantemente prima di tornare a Parigi. ■ COMICO; COL.; 90'; FRANCIA, 1966.

POLIZIOTTO È MARCIO, IL ★★
Regia di FERNANDO DI LEO. Con DELIA BOCCARDO, VITTORIO CAPRIOLI, RICHARD CONTE, LUC MERENDA, RAYMOND PELLEGRIN, SALVO RANDONE, GIANNI SANTUCCIO. ■ Malacarne è un commissario corrotto che fa i soldi grazie alle connivenze con i delinquenti. Quando questi ultimi esagerano, tenta di ribellarsi ma gli uccidono la ragazza. Dopo un ultimo sussulto di onestà, anche Malacarne rimane vittima di un agguato mortale. ■ DRAMMATICO; COL.; 91'; ITALIA, 1974.

POLIZIOTTO FUORI DI TESTA, UN *(Off Beat)* ★★
Regia di MICHAEL DINNER. Con JOE MANTEGNA, JUDGE REINHOLD, MEG TILLY. ■ Un timido commesso di libreria si lascia trascinare al ballo della polizia e s'innamora di una agente in gonnella. Da vedere soprattutto per il cast eccezionale degli interpreti di contorno (fra gli altri John Turturro, Anthony Zerbe, Fred Gwyune, Harvey Keitel, Austin Pendleton). ■ COMMEDIA; COL.; 92'; USA, 1985.

POLIZIOTTO IN AFFITTO *(Rent a Cop)* ★★
Regia di JERRY LONDON. Con LIZA MINNELLI, JAMES REMAR, BURT REYNOLDS. ■ Un poliziotto cerca di incastrare una banda di trafficanti di droga. Ma la sua manovra è interrotta da un killer dei trafficanti che fa una strage degli sbirri. Scampano solo il capo dei piedipiatti e una squillo che ha visto in faccia l'assassino. Questo la rende una probabile nuova vittima, senonché la ragazza trova protezione nel poliziotto superstite (che è stato cacciato dal corpo). Rischiando mille volte la vita, la squillo e il piedipiatti riusciranno a battere sia il killer che i suoi datori di lavoro. ■ GIALLO; COL.; 96'; USA, 1987.

POLIZIOTTO IN BLUE JEANS *(Kuffs)* ★★
Regia di BRUCE A. EVANS. Con BRUCE BOXLEITNER, TONY GOLDWYN, MILLA JOVOVICH. ■ Classico film per ragazzini di bocca buona. Si narrano le avventure di un giovane agente di polizia alle prese con i delinquenti. Lo vogliono mandare in mille pezzi. Ha il tempo contato ma si salverà. ■ POLIZIESCO; COL.; 101'; USA, 1991.

POLIZIOTTO IN BLUE JEANS, UN *(Shakedown)* ★★
Regia di JAMES GLICKENHAUS. Con SAM ELLIOTT, ANTONIO FARGAS, PETER WELLER. ■ Un film diretto con mestiere sulle tante contraddizioni della polizia americana. Uno spacciatore di droga viene accusato di aver ucciso premeditatamente un agente della polizia. Lui dice che si tratta di legittima difesa. Tocca al detective Marks aiutare l'avvocato a salvare l'accusato. ■ POLIZIESCO; COL.; 110'; USA, 1988.

POLIZIOTTO IN INCOGNITO, UN *(Plain Clothes)* ★★
Regia di MARTHA COOLIDGE. Con SUZY AMIS, ARLISS HOWARD, GEORGE WENDT. ■ Un professore è stato assassinato. Nick Dunbar, il giovane agente incaricato di seguire il caso, decide di fingersi uno studente per svolgere le indagini all'interno della scuola senza destare sospetti. In questo modo, però, deve tornare a fare i conti con un mondo che aveva già conosciuto negli aspetti seri e in quelli goliardici. ■ COMMEDIA; COL.; 95'; USA, 1988.

POLIZIOTTO NEL FUTURO, UN *(Trancers)* ★★
Regia di CHARLES BAND. Con HELEN HUNT, TIM THOMERSON. ■ Los Angeles, ventitreesimo secolo. O meglio, Los Angeles non c'è più ed è stata sostituita da Angel City, in cui dominano esseri simili a morti viventi. Band riprende i temi di *Blade Runner* banalizzandoli non poco. ■ FANTASTICO; COL.; 85'; USA, 1985.

POLIZIOTTO O CANAGLIA *(Flic ou voyou)* ★★★
Regia di GEORGES LAUTNER. Con JEAN-PAUL BELMONDO, MICHEL GALABRU, CHARLES GÉRARD, GEORGES GÉRET, MARIE LAFORÊT. ■ In una cittadina francese la "mala" fa il buono e il cattivo tempo. Da Parigi arriva un commissario particolarmente sbrigativo che, usando i suoi sistemi speciali, apre delle vere e proprie voragini nei quadri della delinquenza. Il suo tallone d'Achille è una figlia, che viene rapita. L'uomo allora si scatena del tutto e fa piazza pulita, anche fra i colleghi disonesti. ■ POLIZIESCO; COL.; 105'; FRANCIA, 1979.

POLIZIOTTO PRIVATO: UN MESTIERE DIFFICILE ★★
(The Amsterdam Kill)
Regia di ROBERT CLOUSE. Con BRADFORD DILLMAN, ROBERT MITCHUM. ■ Larry è un vecchio agente allontanato perché beveva. Gli capita l'occasione di proteggere un boss della droga pentito. Va a Hong Kong e cerca di fare il suo lavoro, sfidando tutto il giro. Il pentito viene ucciso, ma Larry trova un quaderno grazie al quale risale all'organizzazione e la distrugge. ■ DRAMMATICO; COL.; 90'; HONG KONG, 1977.

POLIZIOTTO SADICO *(Maniac Cop)* ★★
Regia di WILLIAM LUSTIG. Con TOM ATKINS, BRUCE CAMPBELL, RICHARD ROUNDTREE. ■ A giudicare dai film che ha diretto, il regista qualcosa di "maniaco" deve averlo, infatti il suo primo film era *Maniac*, a cui sono seguiti questo *Maniac Cop* e il successivo *Maniac Cop 2*. Secondo i canoni del B-movie rozzo e volgare, ecco la storia di un poliziotto di Los Angeles. Il fatto particolare è che lui è un morto vivente. Vuole vendicarsi di altri poliziotti, suoi compagni di squadra, che lo avevano mandato in galera per la sua violenza. Scorazza quindi facendo una strage. Un messaggio, quello del film, piuttosto pericoloso. Artisticamente, ancora di più. ■ POLIZIESCO; COL.; 92'; USA, 1988.

POLIZIOTTO SCOMODO, UN ★★
Regia di STELVIO MASSI. Con MARIO FELICIANI, OLGA KARLATOS, MAURIZIO MERLI, MASSIMO SERATO. ■ Olmi è un commissario violento e onesto. Chiamato a indagare sulla morte di due ragazzi, scopre la pista giusta che fa capo a un uomo importante e lo costringe a fuggire. Trasferito a Civitanova viene a capo di un traffico d'armi. ■ POLIZIESCO; COL.; 91'; ITALIA, 1979.

POLIZIOTTO SCOMODO – DI PADRE IN FIGLIA, UN *(Donato & Daughter)* ★★
Regia di ROD HOLCOMB. Con CHARLES BRONSON, DANA DELANEY. ■ Ancora forti emozioni per Charles Bronson, che nonostante l'età continua a dare la caccia agli assassini. Questa volta è il sergente Donato, impegnato a fermare un maniaco omicida che terrorizza le suore di Los Angeles. Alle indagini partecipa anche la figlia, un tenente di polizia con cui non ha un buon rapporto. ■ POLIZIESCO; COL.; 97′; USA, 1992.

POLIZIOTTO SENZA PAURA ★★
Regia di STELVIO MASSI. Con JOAN COLLINS, MAURIZIO MERLI, GASTONE MOSCHIN, FRANCO RESSEL. ■ Intricata avventura di un detective privato coinvolto in una misteriosa e complicata vicenda di minorenni avviate alla prostituzione; riuscirà alla fine a portare a termine con successo le sue indagini. ■ POLIZIESCO; COL.; 92′; AUSTRIA, ITALIA, 1978.

POLIZIOTTO, SOLITUDINE E RABBIA ★★
Regia di STELVIO MASSI. Con REINHARD KOLLDEHOFF, MAURIZIO MERLI, FRANCISCO RABAL, JUTTA SPEIDEL. ■ Un ex poliziotto non riesce ad impedire che i membri di un'organizzazione criminale uccidano l'industriale a cui doveva fare da guardia del corpo, ma, recatosi a Berlino, riesce a smantellare la pericolosa congrega. ■ POLIZIESCO; COL.; 94′; ITALIA, 1980.

POLIZIOTTO SPECIALE *(One Tough Cop)* ★
Regia di BRUNO BARRETO. Con STEPHEN BALDWIN, GINA GERSHON, AMY IRVING, MIKE MCGLANE, CHRIS PENN. ■ Il film si ispira alle azioni del poliziotto Bo Dietl che risolse il caso dell'uccisione efferata di una suora a New York. Ha ispirato Abel Ferrara per *Il cattivo tenente*, ma Barreto non si fa ispirare. ■ POLIZIESCO; COL.; 90′; USA, 1998.

POLIZIOTTO SPRINT ★★
Regia di STELVIO MASSI. Con MAURIZIO MERLI, ORAZIO ORLANDO, GIANCARLO SBRAGIA. ■ Marco Palma è un poliziotto quasi idiota che ha una venerazione per le auto di grossa cilindrata. Con la sua incoscienza causa la morte di un collega. Il suo nemico è un gangster detto il Nizzardo, abile pilota. Fra una rincorsa e l'altra, nasce fra i due una sorta di mortale antagonismo, pieno però di rispetto. ■ POLIZIESCO; COL.; 93′; ITALIA, 1977.

POLIZIOTTO SUPERPIÙ ★★
Regia di SERGIO CORBUCCI. Con ERNEST BORGNINE, JOANNE DRU, TERENCE HILL. ■ Un poliziotto si trova malauguratamente nelle vicinanze di un missile a testata nucleare quando questo scoppia. Non muore, ma è bersagliato da una serie di radiazioni che gli conferiscono superpoteri (come spostare oggetti, leggere nel pensiero, cadere dal tetto di un palazzo senza nemmeno ferirsi). Mette naturalmente i superpoteri al servizio della legge, sgominando da solo una banda di falsari. ■ AVVENTURA; COL.; 104′; ITALIA, 1980.

POLIZIOTTO WAECKERLI, IL *(Polizischt Waeckerli)* ★★
Regia di KURT FRÜH. Con BLANCHE AUBRY, EMIL HEGESCHWETLER, ARMIR SCHWEIZER. ■ Un film dello svizzero Früh, molto bravo (anche se ignorato o quasi all'estero). Waeckerli è un poliziotto all'antica contestato duramente dal figlio. ■ DRAMMATICO; B/N; 92′; SVIZZERA, 1955.

POLLICE D'ACCIAIO *(The Bold Three)* ★
Regia di YANG CHANG CHENG. Con HEI HSIEN HSIN, WEI TZU YUN, YUN LUPI. ■ In Cina, un ingente tesoro frutto di una rapina è inseguito da tre gruppi di malviventi: alcuni banditi, coloro che avevano fatto la rapina e il figlio di uno di questi che è morto. I banditi sequestrano la madre del ragazzo che è costretto a consegnare il tesoro, ma quando si accorge che l'hanno uccisa insegue i banditi per vendicarla. ■ AVVENTURA; COL.; 90′; CINA, 1978.

POLLICE DA SCASSO *(The Brink's Job)* ★★★
Regia di WILLIAM FRIEDKIN. Con PETER BOYLE, PETER FALK. ■ Umoristica rievocazione di una famosa rapina compiuta da una scassatissima banda di italo-americani nella Boston del 1950. Alla fine Edgar Hoover, il temutissimo capo dell'Fbi, riuscì ad arrestarli proprio quando il crimine stava andando in prescrizione. ■ COMMEDIA; COL.; 103′; USA, 1978. ■ OSCAR 1 NOM.

POLLICINO *(Le petit poucet)* ★★
Regia di OLIVIER DAHAN. Con ROMANE BOHRINGER, ELODIE BOUCHEZ, CATHERINE DENEUVE. ■ Una nuova edizione della favola di Charles Perrault. Pollicino viene abbandonato nel bosco dai genitori. Per tornare a casa affronta ogni genere di pericolo a cominciare dal solito orco che non ha nessuna simpatia per i bambini. Meritoria l'iniziativa del regista che ha cercato di aderire il più possibile alla storia originale e ha curato la scenografia senza ricorrere, o ricorrendo solo per l'indispensabile, al digitale e ai normali "trucchi" dell'era moderna del fantasy. Inquietante. I bambini a nanna! ■ FANTASTICO; COL.; 90′; FRANCIA, 2002.

POLLI TORNANO A CASA, I *(Chickens Come Home)* ★★★
Regia di JAMES W. HORNE. Con MAE BUSCH, NORMA DREW, JAMES FINLAYSON, OLIVER HARDY, FRANK HOLLIDAY, STAN LAUREL, PATSY O'BYRNE, THELMA TODD. ■ Ollio, ricco commerciante di fertilizzanti, sta preparando la sua campagna elettorale come sindaco, quando gli si presenta in ufficio una vecchia fiamma, che gli chiede del denaro se non vuole che faccia pubblicare sul giornale una foto compromettente. Per liberarsene, Ollio le promette che la raggiungerà a casa sua la sera stessa per mettersi d'accordo ma, ricordandosi di avere una cena importante, manda da lei Stanlio ad intrattenerla. Questo vivacissimo cortometraggio è il rifacimento di una delle prime comiche mute interpretate da Laurel & Hardy, *Love'em Weep* (Amale e piangi), del 1927. Esilaranti i vani tentativi di Stan di impedire alla vecchia fiamma (interpretata divinamente da Mae Busch) di raggiungere casa Hardy, che culminano in uno spassosissimo "corpo a corpo" in strada tra i due. ■ COMICO; B/N; 30′; USA, 1931.

POLLO ALLE PRUGNE *(Poulet aux prunes)* ★★
Regia di VINCENT PARONNAUD, MARJANE SATRAPI. Con MATHIEU AMALRIC, EDUARD BAER, MARIA DE MEDEIROS, GOLSHIFTEH FARAHANI. ■ Tehran, 1958. Nasser Ali è un virtuoso del violino che la moglie ha fatto a pezzi. Perduto il suo strumento, Nasser prova inutilmente a sostituirlo, spingendosi in botteghe di città lontane. Fallito ogni tentativo e incapace di essere altro che un musicista, Nasser si lascia morire nel suo letto davanti agli occhi smarriti dei suoi figli e di una moglie che non ha mai amato. ■ DRAMMATICO; COL.; 91′; FRANCIA, GERMANIA, 2011.

POLLOCK ★★★
Regia di ED HARRIS. Con JENNIFER CONNELLY, BUD CORT, MARCIA GAY HARDEN, ED HARRIS, JOHN HEARD, VAL KILMER, AMY MADIGAN, JEFFREY TAMBOR. ■ L'artista alcolizzato che non riesce ad avere il giusto riconoscimento per la sua opera è già di per sé un cliché cinematografico perfetto. È indubbio però che ciò che ha raggiunto Ed Harris dirigendo e interpretando questo film è l'attenzione dello spettatore, e sicuramente molti di quelli che lo hanno visto hanno voluto saperne di più su Jackson Pollock, uno dei più grandi artisti del ventesimo secolo. Ogni singolo gesto che compiva sulla tela aveva sempre un significato per lui e per chi ha la sensibilità di individuarlo. La storia narrata nel film, il rapporto con Lee Krasner, è fedele alla realtà. Il fatto che si stimolavano a vicenda creativamente è forse meno chiaro nel film e l'influenza di Lee è stata fondamentale per Jackson. L'attrice Marcia Gay Harden ha vinto il premio Oscar per il ruolo. ■ DRAMMATICO; COL.; 122′; USA, 2000. ■ OSCAR 1 PR, 2 NOM.

POLLO PUBBLICO N.1, IL *(Public Pigeon n.1)* ★★
Regia di NORMAN Z. MCLEOD. Con VIVIAN BLAINE, JANET BLAIR, JAY C. FLIPPEN, RED SKELTON. ■ Giocondo è un giovanotto bonaccione, che crede nella gente fino al punto di diventare la vittima di un gruppo di imbroglioni. Si mette nei guai con la polizia ma gli agenti, capito il carattere dell'individuo, se ne servono a loro volta per risalire ai capi della piccola organizzazione criminale. Completamente scagionato, il buon Giocondo può sposarsi. ■ COMICO; COL.; 79′; USA, 1957.

POLLO SI MANGIA CON LE MANI, IL *(Carbon Copy)* ★★
Regia di MICHAEL SCHULTZ. Con SUSAN SAINT JAMES, GEORGE SEGAL, JACK WARDEN. ■ Dirigente industriale benestante, Walter Whitney ha sacrificato al successo il grande amore che lo aveva legato, in gioventù, a una compagna universitaria di colore. Ma

un giorno alla sua porta bussa il figlio di quell'antico amore, inequivocabilmente nero e per di più arrabbiato: è la catastrofe, fino al prevedibile finale agro-dolce. ■ COMMEDIA; COL.; 92′; USA, 1981.

POLPETTE *(Meatballs)* ★★

Regia di IVAN REITMAN. Con HARVEY ATKIN, RUSS BANHAM, KATE LINCH, BILL MURRAY. ■ Polpetta è il soprannome che i ragazzi di un campeggio hanno dato agli assistenti che hanno il compito di sorvegliarli. Il film è una divertente serie di spaccati di vita studentesca, dai primi amori alle gare sportive. ■ COMMEDIA; COL.; 92′; CANADA, 1979.

POLTERGEIST – DEMONIACHE PRESENZE ★★★ *(Poltergeist)*

Regia di TOBE HOOPER. Con DOMINIQUE DUNNE, CRAIG T. NELSON, HEATHER O'ROURKE, JO BETH WILLIAMS. ■ L'ultima nata di una tranquilla famigliola americana viene sorpresa a parlare con il televisore e poi scompare misteriosamente. È l'inizio di un viaggio nell'incubo, tra fantasmi e spiritelli dispettosi. Ottimamente confezionato, il film porta la firma di Steven Spielberg, autore, sceneggiatore e coproduttore. Dominique Dunne è la prima vittima della "maledizione" di *Poltergeist*, assassinata dal suo ex fidanzato a soli 22 anni. ■ HORROR; COL.; 114′; USA, 1982. ■ OSCAR 3 NOM.

POLTERGEIST II – L'ALTRA DIMENSIONE ★★★ *(Poltergeist II)*

Regia di BRIAN GIBSON. Con CRAIG T. NELSON, HEATHER O'ROURKE, JO BETH WILLIAMS. ■ Per i familiari di Steve Freeling non c'è pace anche se hanno cambiato città. Sono a casa della nonna e anche qui gli oggetti volano, squillano i telefoni, si producono vortici di presenze misteriose. Passeggiando con la madre Diane e il fratellino Robbie, Carol Anne si imbatte in Kane, un finto vivente (capo di una setta seppellitasi con lui). Una nana e un indiano decidono di proteggere Steve e i suoi cari. Il malvagio Kane mira a rapire Carol Anne. La lotta della famiglia contro il Male si fa serrata, ma poi, dopo sballottamenti di tutti i generi, l'unione fa la forza. ■ FANTASTICO; COL.; 91′; USA, 1986. ■ OSCAR 1 NOM.

POLTERGEIST III ★★

Regia di GARY A. SHERMAN. Con NANCY ALLEN, HEATHER O'ROURKE, TOM SKERRITT. ■ Carol Anne, la bambina già rapita una volta dalle "demoniache presenze", è andata a vivere a Chicago con gli zii. Ma i "poltergeist" continuano a perseguitarla anche lì. Per fortuna c'è la medium nana Zangina che trova il modo di salvarla per l'ennesima volta. Purtroppo nella realtà la piccola Heather O'Rourke non s'è salvata (è morta poco dopo la fine delle riprese). ■ HORROR; COL.; 97′; USA, 1988.

POLTRONA PER DUE, UNA *(Trading Places)* ★★★

Regia di JOHN LANDIS. Con DON AMECHE, DAN AYKROYD, RALPH BELLAMY, EDDIE MURPHY. ■ Due fratelli avari finanzieri di Filadelfia, per dimostrare che è l'ambiente a fare l'uomo, e non viceversa, mettono al posto di un giovane manager un mariuolo nero. Questi si abitua subito alla ricchezza e ha grande successo come uomo d'affari, mentre l'altro si degrada sempre più nei bassifondi. I fratelli hanno vinto. Ma i due giovani, accortisi di essere stati usati, si vendicheranno alla grande. ■ COMMEDIA; COL.; 106′; USA, 1983. ■ GOLDEN GLOBES 2 NOM; OSCAR 1 NOM.

POLTRONA VUOTA, LA *(Cast a Dark Shadow)* ★★

Regia di LEWIS GILBERT. Con DIRK BOGARDE, MARGARET LOCKWOOD. ■ Un giovanotto desideroso di fare vita comoda pensa di risolvere il suo problema sposando donne più anziane e molto più ricche di lui. Poi le uccide per ereditare. Ma è sfortunato: per un motivo o per l'altro i soldi vanno a finire sempre nelle tasche di qualcun altro. Finché arriva la sorella di una delle vittime per vendicarsi. ■ DRAMMATICO; B/N; 84′; GRAN BRETAGNA, 1955.

POLVERE ★

Regia di MASSIMILIANO D'EPIRO, DANILO PROIETTI. Con MICHELE ALHAIQUE, GAIA BERMANI AMARAL, VICTORIA LARCHENKO, PRIMO REGGIANI, FRANCESCO VENDITTI. ■ Domini è un giovane filmmaker introverso e apparentemente anaffettivo che si muove in una quotidianità dominata dalla droga con lo sguardo vigile ed accurato di una macchina da presa. Mediante l'amico Giona, aspirante attore cocainomane interessato ai facili guadagni dello spaccio, Domini trova il modo di riprendere con l'automatismo dei suoi "occhi" tutto un cupo universo fatto di esperienze dirette di tossici più o meno redenti e della violenza bruta che regola il sistema dello spaccio romano. ■ DRAMMATICO; COL.; 100′; ITALIA, 2006.

POLVERE DEGLI ANGELI, LA *(A Force of One)* ★★

Regia di PAUL AARON. Con CHUCK NORRIS, RON O'NEAL, JENNIFER O'NEILL. ■ Chi va in giro ad assassinare poliziotti? La polizia non viene a capo di nulla. Fino al giorno in cui non dà una mano un campionissimo di karatè, che, a suon di sganassoni, risolve il mistero. Uno dei primi film con Chuck Norris protagonista. ■ GIALLO; COL.; 90′; USA, 1979.

POLVERE DEL TEMPO, LA ★★★ *(Trilogia II: I skoni tou hronou)*

Regia di THEO ANGELOPOULOS. Con WILLEM DAFOE, BRUNO GANZ, IRENE JACOB, CHRISTIANE PAUL, MICHEL PICCOLI. ■ Un regista americano di origine greca si reca a Cinecittà per ridare il via a un film di cui aveva improvvisamente interrotto le riprese senza fornire spiegazioni. Il film racconta la storia di Eleni, sua madre, che nella vita ha amato due uomini. Una vita segnata da vicende politiche complesse. Gli eventi che hanno segnato la seconda metà del ventesimo secolo, a partire dalla morte di Stalin, vengono rivisitati con trasferimenti nel tempo e nello spazio. Si passa dal Kazakistan alla Siberia, dall'Italia alla Germania e agli Stati Uniti. Capitolo secondo di una trilogia, *The Dust of Time* si configura come un film di Angelopouolos in cui il regista letteralmente deborda. Per un giovane spettatore che si accosti per la prima volta al suo cinema l'effetto può essere davvero affascinante ma per chi ne conosca la filmografia l'esito è profondamente diverso. ■ DRAMMATICO; COL.; 125′; GRECIA, ITALIA, GERMANIA, FRANCIA, RUSSIA, 2008.

POLVERE DI NAPOLI, LA ★★★

Regia di ANTONIO CAPUANO. Con SILVIO ORLANDO, LOLA PAGNANI. ■ Si parte dal bambino, figlio del portiere che giocava a carte con De Sica nel classico *L'oro di Napoli*. Naturalmente adesso è un adulto, però continua a giocare a carte. Il resto è la solita corte dei miracoli napoletana, dove emergono i personaggi di Silvio Orlando, che sfida a duello il custode degli scavi di Pompei, e un musicista che diventa una sorta di re per una notte. C'è anche un concerto di extracomunitari in un campo di pomodori. Si sa che quasi sempre la napoletanità in cinema funziona abbastanza bene, con una immediata reminiscenza "desichiana" poi è facile conquistare, anche se il riferimento al grande maestro si ferma lì. ■ COMMEDIA; COL.; 100′; ITALIA, 1998.

POLVERE DI STELLE ★★★

Regia di ALBERTO SORDI. Con CARLO DAPPORTO, JOHN PHILIP LAW, WANDA OSIRIS, ALBERTO SORDI, MONICA VITTI. ■ Una coppia di attori d'avanspettacolo, durante la guerra, coglie qualche successo soprattutto per mancanza di valida concorrenza. Ma quando la situazione torna a normalizzarsi, le vere stelle hanno successo e i guitti devono vivere solo di ricordi. ■ COMMEDIA; COL.; 142′; ITALIA, 1973. ■ DAVID DI DONATELLO 1 PR, 1 NOM.

POLVERE NEGLI OCCHI *(A Pocket Full of Rye)* ★★

Regia di GUY SLATER. Con ANNETTE BADLAND, RACHEL BELL, SELINA CADELL, PETER DAVISON, FABIA DRAKE, JON GLOVER, JOAN HICKSON, MERELINA KENDALL, FRANCES LOW, CLIVE MERRISON, FRANK MILLS, MARTYN STANBRIDGE. ■ L'ispettore Neele di Scotland Vard è alle prese con un caso di omicidio apparentemente banale. Rex Fortescue, un noto imprenditore, è stato avvelenato; tutto lascia pensare che l'assassina sia la giovane moglie, che può avere agito con la complicità dell'amante. Ma una serie di indizi misteriosi e il moltiplicarsi degli omicidi in casa Fortescue sconfessano questa ipotesi, rendendo la faccenda sempre più oscura. La fitta nebbia in cui vaga il povero ispettore comincia a diradarsi solo quando giunge sul posto Miss Marple, che conosceva da tempo una delle vittime. ■ POLIZIESCO; COL.; 60′; GRAN BRETAGNA, 1986.

POLVERIERA, LA *(Bure baruta)* ★★★★

Regia di GORAN PASKALJEVIC. Con NEBOJSA GLOGOVAC, MIKI

MANOJLOVIC, DRAGAN NOKOLIC, LAZAR RISTOVSKI, ANA SOFRENOVIC. ■ Belgrado. Fine anni Novanta. Manù, emigrato, fa ritorno a casa sperando di ritrovare Natalia, la fidanzata di un tempo. Due amici si rivelano i reciproci tradimenti fino a che uno dei due uccide l'altro con una bottiglia spezzata. Poi sale su un treno e si fa saltare in aria insieme a una giovane passeggera. Un tassista dà un passaggio a un anziano poliziotto per rivelargli di essere stato il suo aggressore poco tempo prima. Questa e altre vicende incorniciate nella narrazione di un travestito che si esibisce al Balcan Cabaret in uno dei film più "a cuore aperto" che la cinematografia della ex-jugoslavia abbia prodotto. Senza le astuzie, gli ammiccamenti, le piccole (e grandi) cialtronaggini di un genio visionario come Kusturica ma con la grande e sentita umanità di uno sguardo chirurgico che non difetta della pietà, ma non può fare a meno di mostrare l'abisso di dissoluzione verso cui qualcuno sta conducendo un popolo. ■ DRAMMATICO; COL.; 102'; FRANCIA, GRECIA, MACEDONIA, TURCHIA, 2000.

POLYESTER ★★★

Regia di JOHN WATERS. Con DIVINE, TAB HUNTER, EDITH MASSEY. ■ Questo film può essere considerato uno spartiacque tra la precedente (oltraggiosa e per palati forti) produzione del cineasta e quella successiva sempre spiritosa e anticonvenzionale ma con un occhio al grande pubblico. Si narrano le "normali" vicende di una famiglia "normale" con una moglie (grassa e bruttina), un marito (proprietario di una catena di cinema porno), un figlio (un delinquente denominato "l'acciaccatore") e una figlia (di costumi facili). Il padre tradisce la madre e lei si vendica, i due figli si redimono, ma alla fine scoppia una tragedia, anche se in chiave comica. La moglie è interpretata da Divine, un travestito divenuto famoso anche come cantante. La trovata pubblicitaria del film fu l'Odorama, un cartoncino con delle piastrine maleodoranti da grattare. ■ COMMEDIA; COL.; 86'; USA, 1981.

POMERIGGIO CALDO ★

Regia di JOE D'AMATO. Con ALLEN CORT, VALENTINE DEMY, CAREY SALLEY. ■ Courtney, un giornalista, sta conducendo un'inchiesta su una setta religiosa. Lo accompagna Nora, una donna affascinante. La moglie di Courtney, però, si fa attrarre dai riti della setta. ■ EROTICO; COL.; 96'; ITALIA, 1991.

POMERIGGIO FUORI CASA, UN ★★★
(Saturday Afternoon)

Regia di HARRY EDWARDS. Con VERNON DENT, RUTH HIATT, HARRY LANGDON, PEGGY MONTGOMERY, ALICE WARD. ■ Per sfuggire alla tirannia della consorte, il timido e impacciato Harry Higgins si lascia convincere da un'amico a uscire con due graziose ragazze. Il pomeriggio fuori si rivelerà purtroppo un disastro; alla fine però la moglie capirà i suoi sbagli e accoglierà a braccia aperte il consorte. Comica con il lunare Harry Langdon, che annovera divertentissime gag, come quella in cui cerca di far timidamente la voce grossa con sua moglie, credendo che lei non lo senta, per accorgersi poi che si trova dietro di lui. ■ COMICO; B/N; 30'; USA, 1926.

POMICIONE, IL ★★

Regia di ROBERTO MONTERO BIANCHI. Con GABRIELLA LEPORI, FRANCESCO MULÉ, VENANTINO VENANTINI. ■ Raffaele è un povero *travet* al quale, fra l'altro, la moglie non si concede. Allora l'uomo decide di cambiar vita: riesce a farsi notare da una bella ragazza, le fa un sacco di regali e ottiene che diventi la sua amante. Ma la ragazza si fa presto sedurre da un altro e il povero Raffaele torna in famiglia con la coda fra le gambe. ■ COMMEDIA; COL.; 92'; ITALIA, 1976.

POMI D'OTTONE E MANICI DI SCOPA ★★
(Betknobs and Broomsticks)

Regia di ROBERT STEVENSON. Con JOHN ERICSON, SAM JAFFE, ANGELA LANSBURY, RODDY MCDOWALL, DAVID TOMLINSON. ■ Durante la seconda guerra mondiale, un'apprendista strega e tre suoi piccoli amici cercano in tutti gli angoli della terra un libro magico che contiene formule preziosissime. Una volta ritrovato, con uno dei trucchi illustrati la quasi strega e i tre ragazzi fanno fallire lo sbarco dei tedeschi sulla costa inglese. Finita la guerra, gli aspiranti maghi rinunciano alla magia. ■ FANTASTICO; COL.; 117'; USA, 1971. ■ GOLDEN GLOBES 1 NOM; OSCAR 1 PR, 5 NOM.

POMO DI ADAMO, IL *(The Woowoo Kid)* ★★

Regia di ARTHUR ROBINSON. Con TALIA BALSAM, BEVERLY D'ANGELO, PATRICK DEMPSEY. ■ Nel 1944, molti maschi adulti americani sono in guerra, e un ragazzotto di grande temperamento approfitta della situazione. Si porta a letto praticamente tutte le donne che incontra. Prima una madre di famiglia, poi la moglie di un soldato al fronte, infine la mascherina di un cinema. L'irresistibile dongiovanni finirà per sposare quest'ultima. ■ COMMEDIA; COL.; 99'; USA, 1987.

POMODORI VERDI FRITTI (ALLA FERMATA DEL TRENO) *(Fried Green Tomatoes)* ★★★

Regia di JON AVNET. Con KATHY BATES, MARY STUART MASTERSON, MARY-LOUISE PARKER, JESSICA TANDY. ■ L'anziana Ninny dà una lezione di vita alla triste e in sovrappeso Evelyn, una casalinga non molto felice. Le narra infatti la storia tra due donne: Ruth e Idgie, entrambe desiderose di indipendenza (una dal marito e una dalle coercizioni). Queste ultime negli anni Trenta gestivano il Whistle Stop Cafè, dove una delle specialità erano pomodori verdi fritti. C'è di mezzo anche un omicidio. Buono il cast, in evidenza soprattutto le due vincitrici di Oscar, Jessica Tandy e Kathy Bates. Il film però non convince del tutto per la sua natura poco equilibrata di commedia-dramma-giallo. Negli Stati Uniti ha raggiunto un incasso di 65 miliardi di dollari. ■ COMMEDIA; COL.; 127'; USA, 1992. ■ GOLDEN GLOBES 3 NOM; OSCAR 2 NOM.

POMPADOUR, LA *(Die Pompadour)* ★★

Regia di VEIT HARLAN. Con WILLY EICHBERGER, LEO SLEZAK, KATHE VON NAGY. ■ La Pompadour, bella, ambiziosa e furba, arriva alla corte di Luigi XV col preciso intento di diventare la sua amante. Per anni la favorita comanderà il re. Diventerà protettrice di artisti e scienziati e morirà piuttosto giovane con gran sollievo per tutti. ■ STORICO; B/N; 95'; AUSTRIA, 1935.

POMPIERI, I ★★

Regia di NERI PARENTI. Con LINO BANFI, MASSIMO BOLDI, CHRISTIAN DE SICA, PAOLO VILLAGGIO. ■ Cinque gaglioffi e un comandante costituiscono la famigerata Squadra 17 del corpo dei Vigili del fuoco di Roma. Dopo un'ingloriosa serie di goffaggini, gli strampalati pompieri diventano addirittura eroi cittadini. ■ COMMEDIA; COL.; 97'; ITALIA, 1985.

POMPIERI DI VIGGIÙ, I ★★

Regia di MARIO MATTOLI. Con ISA BARZIZZA, CARLO CAMPANINI, TOTÒ. ■ Le vicende di un corpo volontario di Vigili del fuoco che non ha mai l'occasione di dimostrare il proprio valore servono soltanto per legare parecchi numeri musicali. ■ COMM. MUSICALE; B/N; 91'; ITALIA, 1949.

PONTE, IL *(Stranded)* ★★★

Regia di FRANK BORZAGE. Con GEORGE BRENT, KAY FRANCIS. ■ Lui è un ingegnere e sta costruendo il Golden Gate di San Francisco, lei è un'assistente sociale: si amano ma non si capiscono e si lasciano. Un giorno un operaio muore accidentalmente e i compagni si licenziano: è la ragazza che interviene e li convince a tornare al lavoro. Anche la storia d'amore con l'ingegnere ha un lieto fine. ■ DRAMMATICO; B/N; 76'; USA, 1935.

PONTE, IL *(Die Brücke)* ★★

Regia di BERNHARD WICKI. Con VOLKER BOHNET, FRITZ WEPPER. ■ La Germania è ormai irrimediabilmente sconfitta. Hitler chiama alle armi anche i quattordicenni. Alcuni ragazzi si attestano su un ponte, decisi a sbarrare il passo agli americani che stanno sopraggiungendo. ■ GUERRA; B/N; 92'; AUSTRIA, 1959. ■ OSCAR 1 NOM.

PONTE DEI SENZA PAURA, IL *(The Cariboo Trail)* ★★

Regia di EDWIN L. MARIN. Con KARIN BOOTH, RANDOLPH SCOTT, BILL WILLIAMS, VICTOR JORY, DOUGLAS KENNEDY. ■ Mike sogna di trovare l'oro, Jim vuol dedicarsi all'allevamento di bestiame, ma nessuno dei due realizza i propri desideri. Mike perde un braccio e si allea con un brutto tipo, Jim diventa cercatore e trova davvero l'oro. Lo perderebbe se non fosse per l'aiuto che Mike, ravveduto, gli dà a prezzo della sua vita. ■ WESTERN; COL.; 81'; USA, 1950.

PONTE DEI SOSPIRI, IL ★★★
Regia di MARIO BONNARD. Con PAOLA BARBARA, OTELLO TOSO. ■ Un veneziano molto amato dalle donne e detestato dagli uomini viene accusato di omicidio benché sia innocente. Destinato alla pena capitale, fugge per scoprire il vero responsabile. Costui, smascherato, fa perdere le proprie tracce. Il protagonista è salvo e può sperare nel futuro con la bella figlia del Doge. ■ DRAMMATICO; B/N; 90′; ITALIA, 1940.

PONTE DEI SOSPIRI, IL ★★
Regia di ANTONIO LEONVIOLA. Con MARIA FRAU, MASSIMO GIROTTI, FRANK LATIMORE. ■ Leonviola riprende la trama del film di Bonnard. ■ DRAMMATICO; B/N; 93′; ITALIA, 1952.

PONTE DEI SOSPIRI, IL ★★
Regia di PIERO PIEROTTI. Con GIANNA MARIA CANALE, BRETT HALSEY, BURT NELSON, VIRA SILENTI. ■ Pienotti ripropone un remake del film di Bonnard. ■ AVVENTURA; COL.; ITALIA, 1964.

PONTE DEL DESTINO, IL *(Brücke des Schicksals)* ★★
Regia di MICHAEL KEHLMANN. Con HANNES MESSEMER, SABINA SESSELMANN. ■ Un fotoreporter che non riesce mai a fare uno scoop decide di provocare incidenti e disastri per poterli fotografare e realizzare servizi di eccezionale interesse. Dopo un incendio in un night e un "suicidio", il diabolico fotografo viene fermato un attimo prima di far saltare un ponte sul quale sta passando un treno. ■ DRAMMATICO; B/N; 91′; GERMANIA, 1960.

PONTE DELL'AMORE, IL *(Lucky Partners)* ★★
Regia di LEWIS MILESTONE. Con RONALD COLMAN, GINGER ROGERS. ■ Una ragazza compra un biglietto della lotteria in società con un giovanotto conosciuto casualmente. La probabile vincita crea un legame tra i due che finiscono per innamorarsi e sposarsi, anche se alla fine il biglietto non è vincente. ■ COMMEDIA; B/N; 102′; USA, 1940.

PONTE DELL'UNIVERSO, IL ★★
Regia di RENATO CENNI. ■ La storia del canale di Panama. ■ DOCUMENTARIO; COL.; 92′; ITALIA, 1956.

PONTE DI COMANDO *(H.M.S. Defiant)* ★★★
Regia di LEWIS GILBERT. Con DIRK BOGARDE, ALEC GUINNESS, ANTHONY QUAYLE. ■ L'equipaggio di una nave inglese, ai tempi della guerra contro Napoleone, si ribella alle angherie del crudele ufficiale in seconda succeduto nel comando al capitano infortunato. Tuttavia i ribelli non dimenticano d'essere in guerra con i francesi e, con un'abile azione, liberano un'intera flotta britannica dalla minaccia di saltare in aria. Molti ci lasciano la vita, ma i superstiti rientrano in patria da eroi. ■ AVVENTURA; COL.; 100′; GRAN BRETAGNA, 1962.

PONTE DI GUAI, UN *(Volunteers)* ★★
Regia di NICHOLAS MEYER. Con JOHN CANDY, TOM HANKS, RITA WILSON. ■ Filmetto con Tom Hanks prima maniera che interpreta un soldatino in Thailandia alle prese con un ponte. ■ COMMEDIA; COL.; 105′; USA, 1986.

PONTE DI REMAGEN, IL *(The Bridge at Remagen)* ★★★
Regia di JOHN GUILLERMIN. Con BRADFORD DILLMAN, BEN GAZZARA, HEINZ REINCKE, GEORGE SEGAL, PETER VAN EYCK, ROBERT VAUGHN, SONJA ZIEMANN. ■ Il ponte di Remagen è difeso strenuamente dai soldati tedeschi che vogliono impedire alle truppe americane di entrare in Germania. Molti valorosi, da entrambe le parti, sacrificano la propria vita su quel ponte, ma il destino della Germania è segnato. ■ GUERRA; COL.; 115′; USA, 1968.

PONTE DI SAN LUIS REY, IL ★★★
(The Bridge of San Luis Rey)
Regia di ROWLAND V. LEE. Con LYNN BARI, AKIM TAMIROFF. ■ Siamo nel Perù, nel Settecento. Un ponte di corda e legno, sospeso su un baratro, si rompe mentre cinque persone lo stanno attraversando. Un frate francese indaga per ricostruire la vita delle cinque vittime, per rispondere ad una domanda che lo tormenta: perché proprio quelle cinque persone si trovavano sul ponte al momento del crollo? Coincidenza o predeterminazione? Le sue ricerche troveranno una risposta. ■ DRAMMATICO; B/N; 89′; USA, 1944. ■ OSCAR 1 NOM.

PONTE DI VETRO, IL ★★★
Regia di GOFFREDO ALESSANDRINI. Con ROSSANO BRAZZI, ISA POLA, CARLO ROMANO, FILIPPO SCELZO. ■ Una donna trascurata dal marito chirurgo si affeziona al pilota che l'ha salvata durante un atterraggio di fortuna. Il chirurgo viene a saperlo, tuttavia strappa alla morte il rivale che si è gravemente ferito durante un collaudo. La moglie, ammirata e rinsavita, si riunisce al coniuge. ■ COMMEDIA; B/N; 95′; ITALIA, 1939.

PONTE DI WATERLOO, IL *(Waterloo Bridge)* ★★★
Regia di MERVYN LE ROY. Con VIVIEN LEIGH, ROBERT TAYLOR. ■ Prima della grande guerra, un ufficiale e una ballerina si incontrano, si innamorano e si lasciano con la promessa di ritrovarsi a guerra finita per sposarsi. Lui infatti ritorna, ma lei è profondamente cambiata, corrotta dalle difficoltà di quegli anni difficili. Consapevole di non essere più degna dell'amato, la ragazza si uccide gettandosi da un ponte nel Tamigi. ■ DRAMMATICO; B/N; 103′; USA, 1940. ■ OSCAR 2 NOM.

PONTE MILVIO ★★
Regia di ROBERTO MEDDI. Con FRANCESCO MEDICI, FRANCESCA PERINI, NINA SODANO, SIMONE SPIGA, TONI UCCI, ALEX VAN DAMME. ■ Un bambino di cinque anni che si sente solo. Un disoccupato che accetta un incarico non pulito. Un'adolescente tranquilla esteriormente e disperata dentro. Un pensionato che non si rassegna all'idea di sentirsi un peso per la società. Un immigrato africano e un italiano che vivono sotto un ponte. Sono i sei ritratti di varia umanità che Roberto Meddi (già direttore della fotografia per Corsicato, Bellocchio e Piccioni) mette in scena concentrandoli nel quartiere romano situato sulla sponda sinistra del Tevere. Una produzione indipendente, e questo oggi in Italia è già un atto di coraggio. ■ DRAMMATICO; COL.; 90′; ITALIA, 2000.

PONTE PER TERABITHIA, UN *(Bridge to Terabithia)* ★★★
Regia di GABOR CSUPO. Con KATE BUTLER, ZOOEY DESCHANEL, LATHAM GAINES, JOSH HUTCHERSON, BAILLEE MADISON, ROBERT PATRICK, ANNASOPHIA ROBB. ■ Jesse è un ragazzino che ha un amore per il disegno e la pittura. La famiglia e la scuola però non gli danno credito, e spesso è irriso da qualche bulletto di classe. L'improvvisa e magica amicizia con Leslie lo conduce in un mondo di fantasia, dove la creatività può essere liberata. La Disney è da sempre stata maestra nel genere per famiglie, e questo viaggio nel fantastico ha la particolarità di non essere contaminato da incantesimi potteriani ed esseri ultraterreni, ma si basa principalmente sulla capacità umana di immaginare. Il piccolo e classico scuolabus in cui si verificano gli scontri più accesi si confronta con gli spazi aperti del bosco, mettendo in parallelo acerbe ostilità e amicizia universale. È forse la semplicità di questa opera a essere vincente, perché gli effetti speciali, sono presenti, ma con moderazione, per lasciar parlare l'umanità. Il regno di Terabithia è il prodotto della fantasia di due ragazzi, che immaginano tutto ciò che vedono. ■ FANTASTICO; COL.; 95′; USA, 2007.

PONTE SUL FIUME KWAI, IL ★★★★★8
(The Bridge on the River Kwai)
Regia di DAVID LEAN. Con ALEC GUINNESS, JACK HAWKINS, SESSUE HAYAKAWA, WILLIAM HOLDEN. ■ Malesia, seconda guerra mondiale. In un campo di prigionia giapponese arriva il colonnello Nicholson (Guinness), uomo decisamente tutto d'un pezzo. Si scontra subito col comandante giapponese per un fatto di principio (gli ufficiali non devono lavorare secondo la convenzione di Ginevra) e riesce a vincere la sua battaglia. Al campo c'è anche un americano (Holden) che si spaccia per comandante. Nicholson organizza i suoi uomini per costruire un ponte. Intende farlo alla perfezione, per umiliare ancora una volta il nemico. In realtà lavora per se stesso, per la propria vanità. Quando un commando, guidato dall'americano che era fuggito dal campo, sta per far saltare il ponte il colonnello cerca di impedirlo. Poi muoiono tutti, e il ponte salta proprio durante il passaggio di un treno giapponese. Tratto da un romanzo di Pierre Boulle, *Il ponte* è uno dei più famosi film di guerra mai realizzati. Fama meritata. Un magnifico insieme di spettacolo e di qualità che è prerogativa del regista David Lean: concetti che ribadirà nel successivo *Lawrence d'Arabia*. Indimenticabili scene d'azione alternate a speculazioni sui princìpi e sul destino. Lotte di armi e di razze e lotte di caratteri, di coscienze e intelligenze. Una critica aspra ai princìpi assoluti che, esasperati dal-

la guerra, portano al disastro. Il colonnello, alla resa dei conti, si nasconde dietro lo spirito di corpo che è solo un alibi per la sua vigliaccheria aristocratica e presuntuosa. Holden traduce benissimo il concetto quando manda al diavolo i princìpi e dice che gli basta vivere, anche da vigliacco, comunque da essere umano. Dunque film perfetto per l'area del "culto" col grande aiuto di una colonna sonora efficacissima (Harnold-Arfold), che culminava nella celebre marcetta fischiettata. Vincitore di numerosi premi Oscar (sette, fra cui al film, al regista e a Guinness). Una giusta menzione va a Guinness, naturalmente, che non sarebbe mai più stato così efficace, ma va anche a Holden, meno di maniera e più sottotono, umano e naturale come esigeva il suo personaggio. La scena della sua morte alla fine è dolorosissima per lo spetttatore, che fino all'ultimo spera che sia solo ferito, che si rialzi. ■ GUERRA; COL.; 161'; USA, 1957. ■ OSCAR 7 PR, 8 NOM.

PONTE SULL'INFINITO, IL ★★
Regia di ALBERTO DORIA. Con ANTONIO CENTA, BIANCA DORIA. ■ Un giovane musicista trova uno spartito che apparteneva ad un anziano compositore morto in un incendio. Il giovane esegue il concerto presentandosi come autore e ottiene successi in tutto il mondo. Fino a quando torna nella città natale e la figlia del compositore morto riconosce la musica paterna e accusa pubblicamente il giovanotto di plagio. ■ COMMEDIA; B/N; 91'; ITALIA, 1941.

PONTE VERSO IL SOLE *(Bridge to the Sun)* ★★
Regia di ETIENNE PÉRIER. Con CARROLL BAKER, EMI FLORENCE, JAMES SHIGETA, JAMES YAGI. ■ Un'americana sposa un giapponese prima dello scoppio della seconda guerra mondiale, ma dopo l'attacco di Pearl Harbor la coppia deve rientrare a Tokyo. Contrario alla guerra, l'uomo si circonda di nemici che gli rendono la vita difficile, tanto che alla fine delle ostilità si ritrova gravemente ammalato. Intuito che la morte è vicina, fa partire la moglie e la figlia per l'America. ■ COMMEDIA; B/N; 113'; USA, 1961.

PONTIAC MOON ★★
Regia di PETER MEDAK. Con TED DANSON, CATHY MORIARTY, MARY STEENBURGEN, RYAN TODD. ■ Un uomo scappa di casa con il figlio, lasciando la moglie insopportabile, e intraprende un lungo viaggio per vedere un cratere vulcanico. Troppa identificazione con gli astronauti dell'Apollo 11. Infatti siamo alla fine degli anni Sessanta. ■ COMMEDIA; COL.; 105'; USA, 1994.

PONTICELLO SUL FIUME DEI GUAI, IL ★★★
(The Geisha Boy)
Regia di FRANK TASHLIN. Con JERRY LEWIS, MARIE MCDONALD. ■ Gilbert, un prestigiatore pasticcione, e Harry, un coniglio addomesticato, finiscono in Giappone per una serie di spettacoli a favore delle truppe. Un piccolo giapponese e la sua graziosa zia uniscono il loro destino a quello del prestigiatore, che forse non ha un grande senso dello spettacolo, ma ha sicuramente un cuore d'oro. ■ COMICO; COL.; 98'; USA, 1958.

PONTI DI MADISON COUNTY, I ★★★
(The Bridges of Madison County)
Regia di CLINT EASTWOOD. Con ANNIE CORLEY, CLINT EASTWOOD, VICTOR SLEZAK, MERYL STREEP. ■ Nel caldo torrido dello Iowa dell'estate del 1965, Robert Kincaid, fotografo di mezza età del «National Geographic», giunge a una vecchia fattoria in mezzo ai campi per chiedere indicazioni sui ponti di Madison County, che vuole fotografare. Conosce così Francesca Johnson, donna di casa e madre di due figli, una quarantenne italiana un po' dimessa e rassegnata. Complice l'assenza del marito e dei figli, partiti per una fiera del bestiame, i due fanno amicizia e in breve il loro incontro si trasforma in un'autentica e profonda passione. Ma la loro intensa storia d'amore con il ritorno della famiglia giunge a un bivio: seguire le ragioni del cuore o restare ancorati alle proprie responsabilità e agli affetti ormai consolidati. Abbandonata da tempo la 44 magnum, Clint Eastwood dà prova, qui nel doppio ruolo di regista-attore, di sensibilità, eleganza e stile nel trasporre sullo schermo l'omonimo romanzo di Robert James Walker, duettando romanticamente con Meryl Streep e probabilmente anche fuori dal set, come hanno fatto intendere le cronache pettegole di Hollywood. ■ SENTIMENTALE; COL.; 135'; USA, 1995. ■ GOLDEN GLOBES 2 NOM; OSCAR 1 NOM.

PONTI DI TOKO-RI, I *(The Bridges at Toko-Ri)* ★★★
Regia di MARK ROBSON. Con WILLIAM HOLDEN, GRACE KELLY, FREDRIC MARCH, MICKEY ROONEY. ■ Brubaker, sposato con figli, pilota un aereo a reazione durante la guerra di Corea. Prima di partire per una pericolosa missione, incontra la moglie a Tokyo ed è un addio straziante perché entrambi sanno che le possibilità di uscire vivo dall'azione sono pochissime. L'aereo di Brubaker viene infatti abbattuto e il pilota muore insieme al compagno che tentava di salvarlo. ■ GUERRA; COL.; 103'; USA, 1955. ■ OSCAR 1 PR, 2 NOM.

PONTORMO – UN AMORE ERETICO ★★
Regia di GIOVANNI FAGO. Con JOE MANTEGNA, TONI BERTORELLI, ALBERTO BOGNANNI, VERNON DOBTCHEFF, LEA KAREN GRAMSDORFF, ANDY LUOTTO, GALATEA RANZI, LAURENT TERZIEFF, MASSIMO WERTMÜLLER. ■ Film sul pittore fiorentino vissuto nel Cinquecento, che si ispira a Michelangelo e dipinge per i Medici un affresco per il coro di San Lorenzo. Ci si ispira ai diari degli ultimi anni di vita del maestro del giglio, sottolineando il suo modo di essere personale e schivo, privo di concessioni. ■ BIOGRAFICO; COL.; 102'; ITALIA, 2003.

PONY EXPRESS ★★★
Regia di JERRY HOPPER. Con RHONDA FLEMING, CHARLTON HESTON, JAN STERLING. ■ Un sergente e due pionieri, Wild Bill e il famosissimo Buffalo Bill, organizzano un servizio postale celere che viene chiamato Pony Express. Alcuni affaristi proprietari delle tradizionali linee con diligenza ricorrono a sistemi poco puliti per osteggiare il progetto ma i tre, superata ogni difficoltà, portano a termine con successo il progetto. ■ WESTERN; COL.; 101'; USA, 1953.

PONYO ON THE CLIFF BY THE SEA ★★★
(Gake no ue no Ponyo)
Regia di HAYAO MIYAZAKI. ■ Dalle profondità del mare emerge una pesciolina rossa a bordo di una medusa. Rimasta intrappolata in un barattolo di vetro, viene soccorsa e liberata da Sosuke, un bimbo di cinque anni che vive con la madre in cima alla scogliera. La gratitudine della pesciolina, che Sosuke battezzerà col nome di Ponyo, si trasforma in tenera amicizia. L'idillio viene però interrotto dall'intervento di Fujimoto, padre di Ponyo e padronestregone dei fondali marini. Un tempo umano, Fujimoto ha lasciato la terra per l'acqua prendendo in moglie la Madre del Mare. Decisa a tentare la fuga e a scegliere per sé un destino umano, Ponyo rovescia accidentalmente l'elisir magico del padre, trasformandosi in una bambina e alterando la quiete del mare. Le onde furiose e i pesci giganti la condurranno fino alla casa di Sosuke, dove sarà accolta e amata. Perché il mare si ritiri e restituisca a Ponyo la sua libertà e a Sosuke la sua mamma e il suo villaggio, affondati sotto i marosi, il bambino dovrà affrontare una prova e riportare l'equilibrio tra il genere umano e la natura. Contro il riduzionismo che colpisce tutto il cinema di animazione, definito sbrigativamente dai senza *anima* "cartoni animati", si leva in alto e sopra e sotto la superficie del mare *Ponyo on the Cliff by the Sea* di Hayao Miyazaki. Mai rassegnato all'impiego della tecnologia digitale, il regista nipponico "sospende" la *computer graphic* e restituisce la complessità salata del mare con la matita e settanta artisti che hanno realizzato a mano centosettantamila disegni. ■ ANIMAZIONE; COL.; 100'; GIAPPONE, 2008.

PONZIO PILATO ★★★
Regia di IRVING RAPPER. Con JOHN BARRYMORE JR., JEANNE CRAIN, JEAN MARAIS, MASSIMO SERATO. ■ Richiamato dall'imperatore Caligola, Pilato racconta le sue vicissitudini come governatore della Giudea, territorio dilaniato da odi razziali e dalle scorrerie di Barabba. Racconta anche di Gesù. ■ DRAMMATICO; COL.; 93'; ITALIA, 1961.

POOKIE *(The Sterile Cuckoo)* ★★★
Regia di ALAN J. PAKULA. Con WENDELL BURTON, LIZA MINNELLI. ■ Pookie è una ragazza sensibilissima, fantasiosa e affamata d'amore. Conosciuto Jerry, studente, gli si attacca teneramente malgrado la profonda differenza dei caratteri. Jerry è il primo a rendersi conto dell'impossibilità di stabilire una duratura relazione, ma lascia che sia Pookie a decidere la separazione. ■

DRAMMATICO; COL.; 107′; USA, 1970. ■ DAVID DI DONATELLO 1 PR, 1 NOM; OSCAR 2 NOM.

POOL 2, THE ★

Regia di TIZIANO PELLEGRIS. Con FRANCESCA BIELLI, MELISSA RENEÉ MARTIN, TONY RIBAS, MAURIZIO SAGLIETTO, JOHN SCHWEISTHAL JR. ■ Marcus, ancora sconvolto per la morte della sorella, uccisa durante un massacro in una piscina, vive sotto controllo psichiatrico. Al suo fianco c'è la fidanzata Angela, unico collegamento del ragazzo con l'esterno. Nel frattempo il killer responsabile della strage acquista la villa teatro dell'eccidio. ■ HORROR; COL.; 105′; ITALIA, 2005.

POOR COW ★★★

Regia di KEN LOACH. Con JOHN BINDON, TERENCE STAMP, QUEENIE WATTS, CAROL WHITE. ■ Joy è sposata con un ladro professionista che oltre a maltrattarla la lascia ben presto sola perché finisce in prigione. Per Joy seguono altri amori, tutti sfortunati, fino a che il marito esce di prigione e ricomincia a maltrattarla. ■ DRAMMATICO; COL.; 104′; GRAN BRETAGNA, 1967.

POP CORN E PATATINE ★

Regia di MARIANO LAURENTI. Con NINO D'ANGELO, LUCIO MONTANARO, ROBERTA OLIVIERI. ■ Uno dei vari filmetti cuciti addosso al reuccio (si fa per dire) del melodramma napoletano: Nino D'Angelo. Qui è un povero ragazzo che ama una ragazza ricca. Lui si finge ricco, ma quando si scopre la verità, salta fuori che lui non è certo più povero di lei. Trionfo dell'amore e della mediocrità di un certo cinema italiano. ■ COMMEDIA; COL.; 91′; ITALIA, 1985.

PO' PER CASO UN PO' PER DESIDERIO, UN ★★★
(Fauteuils d'orchestre)

Regia di DANIÈLE THOMPSON. Con CLAUDE BRASSEUR, CÉCILE DE FRANCE, ALBERT DUPONTEL, VALÉRIE LEMERCIER, LAURA MORANTE, SYDNEY POLLACK, CHRISTOPHER THOMPSON. ■ C'è un quartiere a Parigi dove l'arte si fa, si acquista, si esibisce e si respira. È Avenue Montaigne, la zona elegante delle sale da concerto, dei teatri, delle case d'aste e degli alberghi carichi di stelle. Fuori dalle loro hall e dentro al "Bar des Theatres" si incrocia un consorzio umano privilegiato: un concertista stanco di misurarsi con un pubblico borghese, un'attrice di teatro prestata alle soap opera che sogna il cinema e un collezionista che liquida la propria collezione d'arte per non morire «guardiano di un museo». Dall'altra parte del "bancone", del palcoscenico, li osserva un'umanità senza vocazione ma non per questo meno ispirata: la custode del teatro che ascolta Gilbert Becaud e raccoglie nella "conciergerie" fiori e intimità, un giovane professore (figlio malinconico e impacciato del collezionista) e Jessica, cameriera per caso e spettatrice per desiderio dei tanti artisti che si trova a servire, a incoraggiare e a far confluire in quell'unica data, quella della "prima" e di una nuova vita. La commedia sentimentale di Danièle Thompson mette al centro dello schermo l'uomo e il suo bisogno di bellezza. Col tono garbato con cui ha sceneggiato *Il tempo delle mele* di Sophie Marceau, la regista confronta la precarietà dei suoi personaggi con la stabilità dell'arte e della forma. ■ COMMEDIA; COL.; 106′; FRANCIA, 2006.

POPEYE – BRACCIO DI FERRO *(Popeye)* ★★★

Regia di ROBERT ALTMAN. Con PAUL DOOLEY, SHELLEY DUVALL, ROBIN WILLIAMS. ■ Un regista un tempo d'eccezione cerca (riuscendo solo in parte) di dare veste cinematografica ai personaggi inventati da C.C. Segar. Braccio di Ferro, alla ricerca del padre, sbarca in un paese dove si mangiano soltanto panini imbottiti e conosce Olivia, fidanzata con il cattivaccio Brutus. Ci si mette anche Pisellino, strambo bambino capace di predire il futuro, che viene rapito da Brutus. Tutto finisce bene, proprio come nei fumetti. ■ COMMEDIA; COL.; 114′; USA, 1980.

POPIELUSZKO *(Popieluszko. Wolnosc jest w nas)* ★★

Regia di RAFAL WIECZYNSKI. Con ADAM BIEDRZYCKI, MAREK FRACKOWIAK, JOANNA SZCZEPKOWSKA, ZBIGNIEW ZAMACHOWSKI. ■ La nascita della Repubblica Popolare di Polonia sancisce la fine dei movimenti di indipendenza del dopoguerra e l'instaurazione di un governo comunista. In una famiglia di contadini la fede e la preghiera sono le uniche forme di resistenza personale al clima di repressione. In questa famiglia nasce Jerzy Popieluszko, fin da giovane animato da una forte vocazione religiosa e, durante gli anni del servizio militare, pronto alla dissidenza e alla ribellione pur di professare la libera espressione della sua fede. Divenuto sacerdote a Varsavia, per qualche anno Popieluszko è una delle figure minori nella sua chiesa, finché nel 1980 viene chiamato a celebrare la messa per gli operai delle fabbriche in sciopero. La sua devozione e il suo aperto appoggio alla causa operaia, lo rendono in poco tempo la figura spirituale di riferimento del sindacato autonomo di Solidarnosc e l'espressione di un'opposizione pacifista alle brutali reazioni del regime. ■ STORICO; COL.; 149′; POLONIA, 2009.

POP LEMON *(Lemon Popsicle)* ★★

Regia di BOAZ DAVIDSON. Con ANAT ATZMON, YIFTACH KATZUR, JONATHAN SEGAL. ■ "Israelian graffiti" fine anni Cinquanta, con tutti i personaggi d'obbligo: il bello, il timido, il grassone, la bella, la trascurata. ■ COMMEDIA; COL.; 90′; ISRAELE, USA, 1977. ■ GOLDEN GLOBES 1 NOM.

POPOLO IN GINOCCHIO, UN *(Massacre)* ★★

Regia di ALAN CROSLAND. Con RICHARD BARTHELMESS, ANN DVORAK. ■ Un indiano allevato dai bianchi ritorna tra la sua gente e si rende conto dell'oppressione e dello sfruttamento cui è sottoposta. Morde il freno fino a quando l'affronto a una giovane pellerossa lo spinge ad agire. Finito in prigione e fuggitone si reca alla Casa Bianca dove denuncia tutto. Otterrà giustizia. ■ DRAMMATICO; B/N; 95′; USA, 1935.

POPOLO MIGRATORE, IL *(Le peuple migrateur)* ★★★

Regia di JACQUES PERRIN. ■ Da quando Jacques Perrin si è scoperto ecologista (e da quando il cinema non aveva più ruoli per lui) ha firmato alcuni film che lasciano il segno. Insomma ha saputo riciclarsi bene, creando un precedente che ormai è (quasi) soltanto suo. Da ricordare *Himalaya* e *Microcosmos*. Per seguire le migrazioni degli uccelli ha lavorato quattro anni fra un continente e l'altro, dispiegando mezzi e uomini senza lesinare: piloti, deltaplani, specialisti di uccelli e di venti. Gli uccelli, secondo la stagione, sorvolano il mondo, i ghiacci, il mare, le isole, i monti e i fiumi. Perrin non si limita al documento, ci mette fantasia e (forse troppa) enfasi. Insomma ci mette un po' di fiction. Alla Walt Disney vecchia maniera. Forse non è un limite. ■ DOCUMENTARIO; COL.; 92′; FRANCIA, GERMANIA, ITALIA, SPAGNA, SVIZZERA, 2002.

POPOLO MUORE, UN *(Arrowsmith)* ★★★

Regia di JOHN FORD. Con BEULAH BONDI, RONALD COLMAN, HELEN HAYES, MYRNA LOY. ■ La vita eroica di un medico, sempre pronto a sacrificarsi per i propri pazienti. ■ DRAMMATICO; B/N; 108′; USA, 1932. ■ OSCAR 4 NOM.

POPPEA, UNA PROSTITUTA AL SERVIZIO DELL'IMPERO ★

Regia di ALFONSO BRESCIA. Con DON BACKY, FEMI BENUSSI, PETER LANDERS, LINDA SINI. ■ Due perdigiorno finiscono alla corte di Nerone dove, per una serie di equivoci, vengono creduti valorosi pretoriani e coinvolti in cospirazioni di palazzo. Per un po' i due stanno al gioco, ma quando questo diventa pericoloso tornano in Etruria, loro patria d'origine. ■ COMMEDIA; COL.; 93′; ITALIA, 1972.

PORCA MISERIA! ★★

Regia di GIORGIO BIANCHI. Con ISA BARZIZZA, CARLO CAMPANINI, CARLO CROCCOLO, MARIO RIVA. ■ Per sbarcare il lunario, Carlo e Giacomo si improvvisano artisti di varietà, scritturano una bella ragazza con problemi di affitto e debuttano in teatro. Naturalmente è un fiasco e i due si illudono di consolarsi con la ragazza, la quale non esita ad andarsene con un altro. ■ COMICO; B/N; 95′; ITALIA, 1951.

PORCA SOCIETÀ ★★★

Regia di LUIGI RUSSO. Con LUCIANO BARTOLI, MIRELLA D'ANGELO, SAVERIO MARCONI. ■ Paolo, giovane e tranquillo operaio, cambia la sua vita il giorno in cui arriva, per caso, ad una riunione politica. L'amicizia con Michela, femminista e militante politica ad oltranza, e quella con il marito di lei, giovane serio e retto, provocano nell'animo di Paolo nuovi dubbi e nuove domande. Non ha tempo di trovare la risposta: durante una manifestazione di piazza rimane ucciso, sempre per caso, da una pallottola vagante. ■ DRAMMATICO; COL.; 90′; ITALIA, 1978.

PORCA VACCA ★★

Regia di PASQUALE FESTA CAMPANILE. Con LAURA ANTONELLI, ALDO MACCIONE, RENATO POZZETTO. ■ Guerra 1915-'18: un cialtrone da balera, Barbasini, finisce al fronte dopo aver fatto di tutto per farsi riformare e viene raggirato da una coppia di contadini truffaldini. La guerra continua e anche i destini di Barbasini e dei due truffatori seguitano a incrociarsi. Pasquale Festa Campanile cerca di ripetere *La grande guerra*, ma il *pastiche* di dramma e comicità gli riesce solo saltuariamente. ■ COMMEDIA; COL.; 113′; ITALIA, 1980.

PORCA VACCA MI HAI ROTTO... *(Steptoe and Son)* ★★

Regia di CLIFF OWEN. Con WILFRID BRAMBELL, HARRY H. CORBETT, CAROLYN SEYMOUR. ■ Harold ha sposato Zita, ex spogliarellista, ma il padre non è d'accordo e riesce a far separare i due coniugi. Prima di andarsene, Zita annuncia di aspettare un figlio e quando Harold trova un neonato sulla porta di casa pensa che sia suo. Una visita a casa della ex moglie chiarisce tutta la situazione: Zita ha davvero avuto un bambino, ma non può essere di Harold perché è mulatto, e il piccino abbandonato sulla porta è un trovatello. ■ COMMEDIA; COL.; 100′; GRAN BRETAGNA, 1972.

PORCI CON LA P38 ★★

Regia di GIANFRANCO PAGANI. Con LAURA BELLI, GABRIELE FERZETTI, RAYMOND PELLEGRIN, MARC POREL. ■ Il "mercato" di un vecchio boss mafioso viene diviso tra gli eredi, ma il più avido, Astarita, elimina gli altri per avere tutto per sé. Il tenente Morris mette le mani su un indizio che inchioda Astarita, ma, prima che il poliziotto possa agire, il gangster viene eliminato dalla sua stessa amante, avida quanto lui. ■ POLIZIESCO; COL.; 92′; ITALIA, 1978.

PORCI CON LE ALI ★★

Regia di PAOLO PIETRANGELI. Con FRANCO BIANCHI, LOU CASTEL, CRISTIANA MANCINELLI SCOTTI, ANNA NOGARA. ■ Il film narra la scoperta del sesso da parte di due liceali, Rocco e Antonia. La loro insoddisfazione per il mondo che li circonda li spinge a cercare conforto l'uno tra le braccia dell'altra, ma si accorgono ben presto che un rapporto come il loro non basta, e si separano. ■ DRAMMATICO; COL.; 105′; ITALIA, 1977.

PORCI, GEISHE E MARINAI *(Buta to Gunkan)* ★★

Regia di SHOHEI IMAMURA. Con MASAO MISHIMA, YUJI NAGATO, TETSUO TANBA. ■ Una combriccola di delinquenti giapponesi passa dalla prostituzione all'allevamento di maiali da vendere all'esercito americano. Anche in questo settore nascono ben presto rivalità tra una banda e l'altra e a farne le spese è il giovane Kinta che viene accusato di un omicidio non commesso. Kinta uccide allora selvaggiamente gli ex compagni e muore a sua volta, ucciso da un poliziotto. ■ DRAMMATICO; B/N; 115′; GIAPPONE, 1960.

PORCILE ★★★

Regia di PIER PAOLO PASOLINI. Con FRANCO CITTI, PIERRE CLÉMENTI, NINETTO DAVOLI, MARCO FERRERI, JEAN-PIERRE LÉAUD, ALBERTO LIONELLO, UGO TOGNAZZI. ■ Crudele favola allegorica; il film racconta due storie parallele: quella di un giovane selvaggio divenuto cannibale che vive solo sull'Etna e quella più moderna dell'erede di un impero industriale che alla compagnia degli uomini preferisce quella dei maiali. ■ DRAMMATICO; COL.; 98′; ITALIA, 1969.

PORCO ROSSO *(Kurenai no Buta)* ★★★

Regia di HAYAO MIYAZAKI. ■ Marco è un aviatore che, dopo un incidente durante la prima guerra mondiale, perde un amico nonché compagno d'armi e rimane sfigurato, assumendo le sembianze di un maiale: da qui il soprannome Porco Rosso. Il film è ambientato negli anni Trenta ed il protagonista vive sulle sponde dell'Adriatico, pilotando il suo Savoia S.21 e ingaggiando duelli aerei con una banda di pirati dell'aria chiamati "Mamma Aiuto!". Nonostante l'aspetto ripugnante Porco Rosso riesce anche a far breccia nel cuore di due donne: la bella Gina e la giovane Fio. Amore, umorismo, scene di volo spettacolari ed un pizzico di *nonsense* (in una scena di duello aereo due rivali, esauriti, i proiettili cominciano a tirarsi chiavi inglesi e altri oggeti da un aereo all'altro): ecco gli ingredienti del film di Miyazaki più divertente e spensierato. La cura maniacale messa da Miyazaki nella ricostruzione del territorio italiano è quasi fotorealistica e le scene di combattimento aereo lasciano senza fiato. Singolare a tal proposito il momento in cui Porco decolla col suo idrovolante dal naviglio grande di Milano. Osannato in Francia dove il famoso attore Jean Reno ha doppiato il protagonista, *Porco Rosso* è stato distribuito in tutto il mondo, ovviamente Italia esclusa. ■ ANIMAZIONE; COL.; 93′; GIAPPONE, 1992.

PORGI L'ALTRA GUANCIA ★★★

Regia di FRANCO ROSSI. Con JEAN-PIERRE AUMONT, TERENCE HILL, BUD SPENCER. ■ Due sacerdoti aiutano gli abitanti di un villaggio a difendersi dagli sgherri di un signorotto locale. Non esitano a picchiare forte, anche se i superiori non condividono affatto i loro sistemi di lavorare. ■ COMMEDIA; COL.; 96′; ITALIA, 1974.

PORGY AND BESS ★★★

Regia di OTTO PREMINGER. Con DIAHANN CARROLL, DOROTHY DANDRIDGE, SAMMY DAVIS JR, SIDNEY POITIER. ■ L'opera di Gershwin portata sullo schermo. Nel quartiere nero di una grande città si incontrano Porgy, mendicante privo dell'uso delle gambe, e Bess, prostituta. Tra i due nasce l'amore, che Bess tradisce cedendo alle lusinghe di Sporting Life, trafficante di droga. Porgy, convinto che l'amore finirà per riunirli, parte alla ricerca della ragazza. ■ MUSICAL; COL.; 142′; USA, 1959. ■ OSCAR 1 PR, 4 NOM.

PORKY COLLEGE 2 *(Harte Jungs)* ★★

Regia di MARC ROTHEMUND. Con LUISE HELM, TOBIAS SCHENKE, AXEL STEIN, MINA TANDER. ■ I dialoghi fra Ryan, un adolescente, e il suo "sesso", nascono con le prime pulsioni da ometto per le fanciulle. Da quel momento gli scambi di idee fra i due si intensificano, andando a esplorare tutta la casistica disponibile in una sorta di educazione sessuale raccontata in prima persona da un ragazzino. Dagli amori, al piacere, alla timidezza, ai rapporti con i genitori, alla condivisione con gli amici. Chi ha un'età compresa fra i 14 e i 18 anni troverà di che divertirsi. ■ COMMEDIA; COL.; 100; USA, 2006;

PORKY COLLEGE: UN DURO PER AMICO ★★
(Knallharte Jungs)

Regia di GRANZ HENMAN. Con DIANA AMFT, REBECCA MOSSELMANN, TOBIAS SCHENKE, AXEL STEIN. ■ L'amico duro del titolo di quest'allegra commedia teutonica è Die Stimme, il pene di Florian Thomas, che una mattina fa capolino tra le lenzuola e non la smette più di parlare. Ossessionato dalle donne e dal sesso finisce per mettere nei guai in più di un'occasione il suo "padrone", spingendolo a dare una palpatina di qua e una strizzatina di là, nonostante Flo sia innamorato di una sola ragazza, Maja Paradis, che cercherà in ogni modo di conquistare. Versione tedesca di *American Pie*. ■ COMMEDIA; COL.; 85′; GERMANIA, 2004.

PORKY'S – QUESTI PAZZI PAZZI ★★
PORCELLONI *(Porky's)*

Regia di BOB CLARK. Con KIM CATTRALL, SCOTT COLOMBY, KAKI HUNTER. ■ Un gruppo di liceali sbarca nel malfamato locale di Porky, ma il proprietario si prende gioco di loro, li depreda di tutti i quattrini e li caccia fuori con l'aiuto del fratello sceriffo. Puntuale arriva la demenziale vendetta. ■ COMMEDIA; COL.; 94′; CANADA, 1981.

PORKY'S II – IL GIORNO DOPO ★★
(Porky's II – The Next Day)

Regia di BOB CLARK. Con WYATT KNIGHT, DAN MONAHAN, ROGER WILSON. ■ Sempre a caccia di sesso, gli studenti del liceo di Angel Beach continuano ad organizzare scherzi goliardici. Per punire le autorità che vietano una commedia di Shakespeare ritenendola oscena, registrano di nascosto una videocassetta di una festicciola osé dei censori e la diffondono durante la predica del pastore. ■ COMMEDIA; COL.; 95′; USA, 1983.

PORKY'S III – LA RIVINCITA *(Porky's Revenge)* ★★

Regia di JAMES KOMACK. Con TONY GANIOS, WYATT KNIGHT, DAN MONAHAN. ■ Terzo episodio di una serie che ha fatto fortuna al botteghino. Cinque collegiali, componenti di una squadra di pallacanestro, scoprono che l'allenatore ha contratto un forte debito con Porky, sordido individuo che gestisce una bisca galleggiante. Per evitare lo scandalo, i ragazzi accettano di perdere la finale del campionato. ■ COMMEDIA; COL.; 91'; USA, 1985.

PORNOCCHIO DELL'ISPETTORE MASTERS, IL ★★★
(Cry Uncle)
Regia di JOHN G. AVILDSEN. Con ALLEN GARFIELD, DEVIN GOLDENBERG, MADELEINE LE ROUX. ■ Jacob indaga su un gruppo di ricattatori per conto di un milionario stanco di pagare. Costretto a lavorare in tandem con Cora, Jacob si accorge ben presto che è proprio la sua "collega" ad eliminare uno alla volta gli sprovveduti ricattatori. Certo non lo fa per liberare il miliardario, ma per prendere i soldi che questi è disposto a pagare. Jacob per poco non ci lascia la pelle. ■ POLIZIESCO; COL.; 87'; USA, 1971.

PORNOCRAZIA *(Anatomie de l'enfer)* ★
Regia di CATHERINE BREILLAT. Con ALEXANDRE BELIN, AMIRA CASAR, ROCCO SIFFREDI, MANUEL TAGLANG. ■ Una giovane donna in un locale per gay. Un incontro fuggevole con uno di loro al quale fare una proposta indecente: verrà pagato per vedere ciò che lei non ha mai mostrato a nessuno e per dirle quali sono le sue sensazioni dinanzi al corpo femminile esposto. L'uomo accetta e dà così il via a una serie di visite nella casa isolata di lei. Catherine Breillat continua la sua esplorazione dell'universo sessuale che (ormai si può dire con certezza) l'attrae e le ripugna al contempo. Torna a mettere in scena Rocco Siffredi che rinuncia al suo machismo per interpretare il ruolo di un gay che prova paura e repulsione nei confronti del corpo femminile, delle sue secrezioni, della sua inconoscibilità. Lo fa con uno stile e una determinazione degni di miglior causa. ■ DRAMMATICO; COL.; 80'; FRANCIA, 2004.

PORNOGRAFIA ★★★
Regia di JAN JAKOB KOLSKI. Con ADAM FERENCY, KRZYSZTOF GLOBISZ, KRZYSZTOF MAJCHRZAK. ■ Basato sul romanzo di Witold Gombrowicz, il film descrive la vita di un gruppo di persone in Polonia durante l'occupazione nazista. Per motivi diversi si trovano a convivere in una casa in campagna. Il mondo con i suoi problemi sembra restare sullo sfondo mentre emergono i legami e, soprattutto, l'intenzione di uno dei personaggi di dar vita a una vera e propria pornografia non dei corpi ma dei sentimenti. L'esito non potrà che essere tragico in un film che mostra come il cinema polacco possa avvalersi di attori decisamente validi anche se non noti dalle nostre parti. ■ DRAMMATICO; COL.; 117'; 2003.

PORNOGRAFO, IL *(Inserts)* ★★★
Regia di JOHN BYRUM. Con RICHARD DREYFUSS, JESSICA HARPER, BOB HOSKINS. ■ Mandato in rovina dall'avvento del sonoro, un regista della Hollywood anni Trenta si rifugia nell'alcool e sopravvive girando filmetti pornografici. Il suo triste destino è condiviso da Harlene, attrice sul viale del tramonto, che finirà uccisa da una dose di morfina. Film interessante e problematico sullo spietato mondo del cinema. ■ DRAMMATICO; COL.; 97'; GRAN BRETAGNA, 1979.

PORNOGRAPHE, LE *(Le pornographe)* ★★★
Regia di BERTRAND BONELLO. Con DOMINIQUE BLANC, JEAN-PIERRE LÉAUD, OVIDIE, JÉRÉMIE RENIER. ■ Jacques Laurent, che è stato un regista di film porno conosciuto negli anni Settanta, torna a girare a causa di problemi economici. Ha sempre cercato di non realizzare meccaniche riprese di esercizi sessuali e ora più che mai, anche se con tutto il peso degli anni, vorrebbe sfuggire alla routine a cui il porno sembra essere asservito. Ma il problema più grave sta nella sua vita privata. Qualche anno prima il figlio Joseph, venuto finalmente a conoscenza del vero lavoro del padre, se n'è andato da casa. Ora Joseph ha diciassette anni e torna. Vorrebbe dare un senso alla sua vita e al suo rapporto con il padre mentre costui cerca, a sua volta, di capire come affrontare il proprio tramonto. Bonello realizza un film profondamente amaro, grazie anche al volto scavato di Jean-Pierre Léaud. La scena hard non simulata non ha nulla di compiaciuto e se servirà alla stampa per lavorare sullo scandalo ha invece lo stile disperato di una presa d'atto di un mondo che non è capace di accettare il sesso come creatività e fantasia avendo bisogno di ridurlo ad atto meccanico quasi autoreferenziale. ■ DRAMMATICO; COL.; 108'; CANADA, FRANCIA, 2001.

PORRIDGE ★★
Regia di DICK CLEMENT. Con RONNIE BARKER, FULTON MACKAY, BRIAN WILDE, RICHARD BECKINSALE. ■ Da una nota serie televisiva britannica. Protagonista è un simpatico galeotto faccendone che in prigione ci sta benissimo. Al punto che quando un giorno, inavvertitamente, evade, muove mari e monti per poter tornare nella sua amata cella. ■ COMMEDIA; COL.; 90'; GRAN BRETAGNA, 1979.

PORTABORSE, IL ★★★
Regia di DANIELE LUCHETTI. Con GIULIO BROGI, ANGELA FINOCCHIARO, NANNI MORETTI, SILVIO ORLANDO. ■ Come a dimostrare che per fare un buon film non bisogna per forza partire da un'atmosfera raccolta e oscura, alla prima sequenza gli autori ci fanno ascoltare la storica *Dadaumpa* interpretata dalle gemelle Kessler di televisiva memoria. Poi la bravura di Silvio Orlando e il tocco leggero della regia di Luchetti fanno il resto. Il discorso politico all'interno della storia, pur facendo riferimento a fatti precisi come le elezioni truccate, ha un valore piuttosto universale e non vengono direttamente accusati singoli personaggi della realtà. Si narra del rapporto di lavoro tra il ministro Cesare Botero e il suo portaborse che gli scrive i discorsi e che annusa aria di tradimento. Tra ironia e denuncia, tra farsa un po' alla francese e politica, il risultato è rispettabile. Ottima l'interpretazione di Nanni Moretti che ha dimostrato di essere bravo anche al di fuori dei propri schemi recitativi. Solo la sceneggiatura presenta qua e là delle situazioni prevedibili. Accolto bene in Italia, ha avuto critiche entusiaste in Francia. ■ COMMEDIA; COL.; 91'; ITALIA, 1991. ■ DAVID DI DONATELLO 2 PR, 2 NOM.

PORTA CHIUSA, LA *(Angelika)* ★★
Regia di JÜRGEN VON ALTEN. Con ALBRECHT SCHOENHALS, OLGA TSCHECHOWA. ■ Per evitare il disonore alla memoria del marito, una donna uccide l'uomo che la ricatta minacciando gravi rivelazioni. ■ DRAMMATICO; B/N; 90'; GERMANIA, 1940.

PORTA DALLE SETTE CHIAVI, LA ★★
(Die Tür mit dem 7 Schlössern)
Regia di ALFRED VOHRER. Con HEINZ DRACHE, HANS NIELSEN, SABINA SESSELMANN. ■ Per aprire il cofano contenente il tesoro dei Selford bisogna che siano presenti tutti i possessori delle sette chiavi necessarie. Invece le sette persone cadono ad una ad una, assassinate da uno sconosciuto che mira ad impossessarsi del favoloso patrimonio. L'ispettore Martin svelerà il mistero. Tratto da Poe. ■ GIALLO; B/N; 91'; GERMANIA, 1962.

PORTA DEI SOGNI, LA ★★
Regia di ANGELO D'ALESSANDRO. Con ELOISA CIANNI, MARIA FRAU, NARCISO PARIGI, LUCIANO TAJOLI. ■ La noia è la dominatrice di questo film, per combattere la quale Adriana decide di fuggire dalla città di provincia dove vive e raggiungere Roma. Attorno alla vicenda di Adriana si svolgono quelle delle sue amiche. ■ DRAMMATICO; B/N; 92'; ITALIA, 1955.

PORTA DEI SOGNI, LA *(Toys in the Attic)* ★★★
Regia di GEORGE ROY HILL. Con DEAN MARTIN, YVETTE MIMIEUX, GERALDINE PAGE, GENE TIERNEY. ■ Julian torna nella città natale con la moglie Lilly, ma dopo poco tempo riprende a frequentare Charlotte, sua ex amante, con la quale organizza un colpo ai danni del marito della donna. Il colpo riesce e Julian è pieno di soldi, ma Lilly, temendo di perderlo, ha avvisato una banda di gangster che si riprendono i quattrini. ■ DRAMMATICO; B/N; 90'; USA, 1963. ■ OSCAR 1 NOM.

PORTA DEL CANNONE, LA ★★★
Regia di LEOPOLDO SAVONA. Con IRINA DEMICK, GIANNI GARKO, GIANNA SERRA. ■ Un agente italiano durante la seconda guerra mondiale deve uccidere un partigiano cecoslovacco. Catturato da una ragazza che egli ha salvato, è costretto a dividere come prigioniero la vita dei partigiani, sente che la sua fede fascista viene a mancare e si convince a combattere con i suoi compagni. Insieme ad essi uccide Müller, uno spietato agente tedesco, ma finisce a sua volta ucciso per un tragico errore. ■ DRAMMATICO; COL.; 91'; ITALIA, 1969.

PORTA DEL CIELO, LA ★★
Regia di Vittorio De Sica. Con Marina Berti, Massimo Girotti, Giovanni Grasso, Roldano Lupi, Maria Mercader, Carlo Ninchi. ■ Vari personaggi su un treno di pellegrini in viaggio verso Loreto per chiedere alla Madonna la guarigione da strazianti malattie. ■ Drammatico; b/n; 90'; Italia, 1943.

PORTA DELLA CINA, LA *(China Gate)* ★★
Regia di Samuel Fuller. Con Gene Barry, Nat King Cole, Angie Dickinson. ■ Nel Vietnam dominato dai francesi, la proprietaria di un bar con sangue cinese nelle vene sposa un americano, ma costui l'abbandona quando nasce un figlio dai caratteri somatici orientali perché è un razzista e si crede tradito. Tempo dopo, durante la guerra d'Indocina, i francesi incaricano la donna d'una missione di spionaggio che consiste nel far saltare un deposito di rifornimenti dei ribelli. Lei scopre in uno dei legionari che la devono accompagnare proprio il marito fedifrago. I rapporti fra i due sono tesi, ma quando lei si sacrifica per salvare gli altri lui prende con sé il figlio in ricordo della sposa scomparsa. ■ Guerra; b/n; 97'; USA, 1957.

PORTO DELLA MIA INFANZIA ★★★
(Porto Da Minha Infancia)
Regia di Manoel de Oliveira. Con Leonor Baldaque, Agustina Bessa-Luis, Maria de Medeiros, Leonor Silveira, Josè Wallenstein. ■ Documentario dedicato a Oporto, città natale del regista, e ai ricordi dei luoghi ed eventi dell'infanzia. Il confronto continuo tra la città dei primi Novecento e la città di oggi è privo di qualsiasi giudizio o rimpianto; quello di De Oliveira è uno sguardo intimo che racconta il tempo trascorso, un'epoca che non esiste più se non nel ricordo di un uomo che vuole lasciare una traccia del suo cammino. ■ Cortometraggio; col.; 35'; Francia, Portogallo, 2001.

PORTA DELLA PACE, LA *(Das Tor zum Frieden)* ★
Regia di Wolfgang Liebeneiner. ■ Storia sentimentale edificante che ha per scena un famoso santuario austriaco dedicato alla Vergine. ■ Drammatico; b/n; 94'; Austria, 1953.

PORTA DELLE 7 STELLE, LA ★★
Regia di Pasquale Pozzessere. Con Sabrina Colle, Stefano Dionisi, Cosimo Fusco, Barbara Lerici, Stefano Pesce, Abulia Pilar, Mario Scarpetta. ■ David ha vissuto a lungo in India al seguito di suo padre diplomatico. Ha visto morire tragicamente la madre e naturalmente ne ha subito un trauma gravissimo. Ha cercato rifugio nella musica, ma la passione non era tale da giustificare un impegno per la vita. L'incontro decisivo avviene: con una ragazza che ha vissuto problemi molto simili a quelli di David. ■ Drammatico; col.; 100'; Italia, 2003.

PORTA DELL'INFERNO, LA *(Edge of Doom)* ★★★
Regia di Mark Robson. Con Dana Andrews, Ioan Evans, Farley Granger. ■ Un regista canadese specializzato in melodrammi e film dell'orrore ben confezionati racconta la storia di un operaio morbosamente legato alla madre che, morta la donna, uccide il prete che si rifiuta di celebrare per lei un funerale sontuoso. ■ Drammatico; b/n; 99'; Francia, 1963.

PORTA DELL'INFINITO, LA *(La porte du largo)* ★★
Regia di Marcel L'Herbier. Con Jean-Pierre Aumont, Marcelle Chantal, Victor Francen. ■ Padre e figlio militari amano la stessa donna. Il ragazzo trasgredisce gli ordini per poterle parlare e, poiché non vuol dare giustificazione del suo gesto, si dimette. Quando il padre gli farà comprendere la vanità di quel sentimento non ricambiato egli chiederà di essere imbarcato. ■ Drammatico; b/n; 105'; Francia, 1936.

PORTA DEL MISTERO, LA *(Remains to Be Seen)* ★★★
Regia di Don Weis. Con June Allyson, Louis Calhern, Van Johnson, Angela Lansbury. ■ Un giovane scopre un cadavere che viene successivamente pugnalato e fa conoscenza con la nipote della vittima, cantante in un'orchestrina. Insieme scopriranno la soluzione del mistero. ■ Comm. musicale; b/n; 89'; USA, 1954.

PORTA D'ORO, LA *(Hold Back the Down)* ★★★
Regia di Mitchell Leisen. Con Charles Boyer, Olivia De Havilland, Paulette Goddard. ■ Un avventuriero, per ottenere la cittadinanza statunitense, seduce una ragazza americana in gita in Messico con la classe di cui è insegnante. Si fa sposare, ma poi non vorrà divorziare, come si era ripromesso, perché ormai innamorato. ■ Commedia; b/n; 115'; USA, 1941. ■ Oscar 6 nom.

PORTAMI IN CITTÀ *(Take Me to Town)* ★★
Regia di Douglas Sirk. Con Sterling Hayden, Philip Reed, Ann Sheridan. ■ Il predicatore di un villaggio di taglialegna, rimasto vedovo, ha urgente bisogno di dare una nuova madre ai suoi bambini. I marmocchi se la scelgono da soli: una bella donna simpatica, che però è una ballerina di saloon con il passato burrascoso. Non importa: sarà ugualmente una buona moglie e madre. ■ Western; col.; 81'; USA, 1953.

PORTAMI QUELLO CHE HAI E PRENDITI QUELLO CHE VUOI *(Les caprices de Marie)* ★★★
Regia di Philippe De Broca. Con Bert Convy, Valentina Cortese, Marthe Keller, Jean-Pierre Marielle, Philippe Noiret, Didi Perego. ■ Un ricco americano decide, per capriccio, di sposare una ragazza qualsiasi, ma, nonostante lui le ricostruisca fedelmente negli Usa il villaggio natale, lei, una francese, preferisce ritornare dal suo primo amore. ■ Commedia; col.; 91'; Francia, 1971.

PORTAMI VIA ★★
Regia di Gianluca Maria Travarelli. Con France Demoulin, Michele Di Mauro, Sofia Orsola Garello, Sergio Troiano. ■ Sceneggiatura vincitrice del premio Solinas e film presentato alla Mostra di Venezia. Alberto e Luigi vivono una vita senza soddisfazioni. Uno è rappresentante e l'altro si occupa di assistenza sociale per persone portatrici di handicap. Quando vedono Cristina e Cinzia, due prostitute che provengono dall'Est, decidono di passare una notte con loro. ■ Drammatico; col.; 105'; Italia, 1994.

PORTA MURATA, LA *(Un seul amour)* ★★★
Regia di Pierre Blanchar. Con Pierre Blanchar, Micheline Presle. ■ Alla metà dell'Ottocento un nobile francese scopre un dramma che si è svolto, protagonisti i suoi antenati, nel suo castello durante l'epoca napoleonica: la contessa aveva nascosto un amante in uno stanzino; il conte, sospettandolo, le aveva fatto giurare che lì non c'era nessuno, poi aveva murato la porta dello stanzino e, in seguito, s'era suicidato. ■ Drammatico; b/n; 101'; Francia, 1950.

PORTA PROIBITA, LA *(Jane Eyre)* ★★★
Regia di Robert Stevenson. Con Joan Fontaine, Margaret O'Brien, Orson Welles. ■ All'inizio dell'Ottocento, un'istitutrice assunta per seguire la bimba d'un nobile prova simpatia per il padre della piccina, ma è sconvolta dal grande mistero che aleggia sulla casa. Scoprirà alla fine che la prima moglie dell'uomo, diventata pazza, è nascosta nel castello. Un provvidenziale incendio renderà il nobile vedovo e gli consentirà di sposare la ragazza. ■ Drammatico; b/n; 96'; USA, 1944.

PORT ARTHUR ★★★
Regia di Nicolas Farkas. Con Danielle Darrieux, Jean Max, Adolf Wohlbrück. ■ Nel 1904, durante la guerra russo-giapponese, la moglie d'origine nipponica di un valoroso ufficiale della marina zarista è sospettata di spionaggio e condannata a morte. La donna riesce a fuggire e a ricongiungersi al marito, ma insieme periranno nel tentativo di forzare l'assedio stretto attorno alla piazzaforte russa di Port Arthur. ■ Guerra; b/n; 105'; Francia, 1937.

PORTA SBARRATA, LA *(The Shuttered Room)* ★★★
Regia di David Greene. Con Carol Lynley, Oliver Reed, Flora Robson, Gig Young. ■ Due giovani sposi vanno a trascorrere la luna di miele su un'isola vicino alle coste americane dove lei ha passato l'infanzia, ma la loro casa è infestata da un essere misterioso che uccide diverse persone. ■ Horror; col.; 110'; Gran Bretagna, 1968.

PORTA SEGRETA, LA *(The Double Door)* ★★★
Regia di Charles Vidor. Con Mary Morris, Kent Taylor. ■ Un'anziana signorina tiranneggia una famiglia inglese. Quando il cugino si sposa e porta la ragazza in casa, fra le due donne nasce un violento contrasto che avrà il suo culmine quando la più anziana chiuderà l'altra in uno stanzino segreto. Salvata, la sposina

perdona la persecutrice, ma la coppia abbandona la magione avita e la signorina, senza più scopo nella vita, si richiude nello stanzino per lasciarsi morire. ■ DRAMMATICO; B/N; 75'; USA, 1934.

PORTATRICE DI PANE, LA *(La porteuse de pain)* ★★
Regia di RENÉ STI. Con GERMAINE BERMOZ, JACQUES GRETILLAT. ■ Un ambizioso operaio concupisce una vedova ancor giovane madre di due bambini e, per ottenere la ricchezza che ritiene necessaria a conquistare il suo amore, si macchia d'un terribile delitto. La donna, però, gli si rifiuta inorridita e il vendicativo fellone la fa accusare della colpa da lui commessa. La poveretta si riduce alla vita miseranda della portatrice di pane, ma i suoi figli, cresciuti, sapranno vendicarla. ■ DRAMMATICO; B/N; 92'; FRANCIA, 1934.

PORTATRICE DI PANE, LA *(La porteuse de pain)* ★★
Regia di MAURICE CLOCHE. Con VIVI GIOI, CARLO NINCHI, JEAN TISSIER. ■ Maurice Cloche ripropone un remake del film di René Sti. ■ DRAMMATICO; B/N; 100'; FRANCIA, ITALIA, 1950.

PORTATRICE DI PANE, LA ★★
Regia di MAURICE CLOCHE. Con SUZANNE FLON, ALBERTO LUPO, PHILIPPE NOIRET, JEAN ROCHEFORT, JEANNE VALÉRIE. ■ A distanza di quattordici anni Maurice Cloche affronta nuovamente lo stesso tema. ■ DRAMMATICO; COL.; 100'; FRANCIA, ITALIA, 1964.

PORTA UN BACIONE A FIRENZE ★★
Regia di CAMILLO MASTROCINQUE. Con NINO BESOZZI, ALBERTO FARNESE, MARISA MERLINI, ODOARDO SPADARO, SERGIO TOFANO, MILLY VITALE. ■ Un'americanina convalescente si reca a Firenze, dove s'innamora d'uno scultore. Un incidente d'auto però le produce una ricaduta e la ragazza perde temporaneamente la vista, così lascia lo scultore per evitargli un dolore. Lui però la seguirà sulla nave che la riporta in patria. ■ COMMEDIA; B/N; 90'; ITALIA, 1956.

PORTE APERTE ★★★★🏆
Regia di GIANNI AMELIO. Con ENNIO FANTASTICHINI, RENZO GIOVAMPIETRO, GIAN MARIA VOLONTÉ. ■ Una mattina del marzo 1937 a Palermo un uomo commette tre delitti. Freddamente uccide il superiore che lo ha licenziato, il sostituto e per finire sua moglie. Si fa trovare a casa e si farebbe tranquillamente condannare a morte, siamo in pieno fascismo, se non fosse che il giudice Vito Di Francesco decide di scavare a fondo nella vicenda per trovare attenuanti. Dal romanzo di Leonardo Sciascia, il film è un lucido resoconto sul potere, sulla giustizia e sulla passione. Ha vinto il David di Donatello, la Grolla d'Oro per la regia, l'Oscar europeo e una candidatura a quello hollywoodiano. Superba l'interpretazione di Volonté e ottima quella dell'emergente Fantastichini. ■ DRAMMATICO; COL.; 108'; ITALIA, 1990. ■ DAVID DI DONATELLO 🏆 4 PR, 4 NOM; OSCAR 🏆 1 NOM.

PORTE APERTE AL DELITTO *(Deadbolt)* ★★
Regia di DOUGLAS JACKSON. Con WILLIAM KATT, MARC MARUT, ALEXANDRA PAUL. ■ Un ragazzino è rimasto orfano e quando incontra Melissa decide che sarà la sua seconda mamma. Ma è anche molto geloso di quelli che la circondano, e Melissa se ne accorgerà presto. ■ DRAMMATICO; COL.; 100'; USA, 1993.

PORTE CHIUSE *(She Was a Lady)* ★★
Regia di HAMILTON MCFADDEN. Con HELEN TWELVETREES, DONALD WOODS. ■ Un vedovo benestante sposa una donna di umili origini. La figlia dell'uomo è pertanto respinta negli ambienti che prima frequentava. Innamoratasi di un ricco bellimbusto, lo porta sulla retta via e se lo prende per marito. ■ DRAMMATICO; B/N; 93'; USA, 1935.

PORTE DELL'INFERNO, LE ★
Regia di UMBERTO LENZI. Con BARBARA CUPISTI, PIETRO GENUARDI, L. MAJNONI. ■ Da un'esplorazione speleologica viene alla luce l'ennesima porta aperta nel mondo del Maligno della storia del cinema. Prodotto mediocre. ■ HORROR; COL.; 91'; ITALIA, 1988.

PORTE DEL SILENZIO, LE *(Door to Silence)* ★
Regia di HENRY SIMON KITTAY. Con JOHN SAVAGE, SANDI SCHULTZ. ■ Un carro funebre si allontana dal corteo diretto al cimitero e comincia a seguire l'auto di Melvin, un tranquillo signore di New Orleans. L'uomo riesce a bloccare il furgone e scopre che il feretro trasportato non è altri che lui stesso. ■ HORROR; COL.; 90'; ITALIA, USA, 1992.

PORTE GIREVOLI, LE *(Les portes tournantes)* ★★★
Regia di FRANCIS MANKIEWICZ. Con GABRIEL ARCAND, MIOU-MIOU, MONIQUE SPAZIANI. ■ Un ragazzino di dodici anni va dal Canada a New York a trovare la vecchia nonna, che non ha mai visto e che conosce solo attraverso un album di fotografie. Il nonno conobbe la nonna quando costei faceva la pianista nel cinema locale. Si sposarono, ma la guerra (e i genitori di lui) li divisero. ■ COMMEDIA; COL.; 100'; CANADA, 1988.

PORTIERE DI NOTTE, IL ★★★
Regia di LILIANA CAVANI. Con DIRK BOGARDE, GABRIELE FERZETTI, PHILIPPE LEROY, ISA MIRANDA, CHARLOTTE RAMPLING, NORA RICCI. ■ A Vienna, nel 1957, la moglie ebrea d'un direttore d'orchestra riconosce nel portiere di notte del suo albergo l'ufficiale delle SS che è stato il suo aguzzino nel campo di concentramento. Fra i due esisteva un rapporto sadomasochista che ora rinasce violentemente. L'uomo sequestra la donna braccata da ex nazisti che vogliono eliminarla perché testimone pericolosa. Quando i due escono all'aperto vengono abbattuti. ■ DRAMMATICO; COL.; 120'; ITALIA, 1974.

PORTO ★★
Regia di AMLETO PALERMI. Con ELSA DE GIORGI, IRMA GRAMATICA, CAMILLO PILOTTO. ■ Un marinaio esce di prigione e, tornato a casa, trova la sua famiglia sottomessa all'uomo che l'ha fatto condannare per un delitto che egli stesso ha commesso. L'indignazione è tale che cerca, e trova, le prove della sua colpevolezza. ■ DRAMMATICO; B/N; 95'; ITALIA, 1935.

PORTO AFRICA *(Port Afrique)* ★★
Regia di RUDOLPH MATÉ. Con PHILIP CAREY, ANNA MARIA PIERANGELI, DENNIS PRICE. ■ Un reduce della seconda guerra mondiale torna dalla moglie in una città dell'Africa occidentale francese e la trova assassinata. Decide d'indagare personalmente sul fatto e scopre il colpevole, ma anche che la moglie gli è stata infedele. Per fortuna c'è già una ragazza che lo consolerà. ■ POLIZIESCO; COL.; 92'; USA, 1956.

PORTO DELLA PAURA, IL *(Men of Brazil)* ★
Regia di NELSON MARCELLINO DE CARVALHO. Con DAMÁSIO CARDOSO, NAIR CARDOSO, ODETTE DE CARVALHO. ■ Un sindacalista onesto lotta contro un sindacalista fazioso. Alla fine il buono riesce a convertire il cattivo, ma gli irriducibili accoliti di costui lo feriscono mortalmente. Il morente sposa in chiesa la sua compagna e perdona gli aggressori. La lista del sindacalista buono trionfa alle elezioni. ■ DRAMMATICO; COL.; 91'; BRASILE, 1966.

PORTO DELLA SPERANZA, IL ★★★
Regia di ENZO LIBERTI. Con CHECCO DURANTE. ■ Il parroco d'una chiesa della capitale è un punto di riferimento sicuro per i suoi fedeli, di cui sbroglia tutte le difficoltà. ■ COMMEDIA; B/N; 91'; ITALIA, 1955.

PORTO DELLE BIONDE, IL *(Quai des blondes)* ★★
Regia di PAUL CADEAC. Con MICHEL AUCLAIR, BARBARA LAAGE, MADELEINE LEBEAU. ■ Un ufficiale della Marina militare francese è diventato il boss del contrabbando di sigarette a Marsiglia, ma deve combattere contro un americano che vuole soffiargli il predominio. Tradito dalla sua ragazza, il francese si troverebbe a mal partito se lei non si pentisse e non l'aiutasse. I due, redenti, consegneranno i rivali alla polizia. ■ POLIZIESCO; COL.; 80'; FRANCIA, 1954.

PORTO DELLE NEBBIE, IL *(Quai des brumes)* ★★★★★
Regia di MARCEL CARNÉ. Con PIERRE BRASSEUR, JEAN DELMONT, JEAN GABIN, ROBERT LE VIGAN, MICHÈLE MORGAN, MICHEL SIMON. ■ Jean (Gabin) ha disertato e cerca abiti civili. Trova qualcuno disposto ad aiutarlo in una vecchia osteria. Siamo a Brest, nel nord della Francia. Lo aiutano due disperati come lui, un barbone e un pittore da quattro soldi. Jean incontra Nelly, triste e rassegnata a sua volta, in cerca di una qualche protezione, che trova nella casa di un vecchio che si rivela ben presto uno sporcaccione, addirittura un assassino. L'amore fra Jean e Nelly non è nemmemo un'oasi, è un momento casuale e già disperato.

Si aggiunge un altro personaggio, malavitoso, che ce l'ha con Nelly. Per difenderla Jean umilia il malvivente che gliela giura. Alla fine niente va bene. Nelly torna dal vecchio, vittima di una strana, sordida attrazione, e Jean viene ucciso in strada dal malavitoso. Film di pura costruzione intellettuale studiato per simboli e con la più grande attenzione a evitare ogni minima tentazione realista. La nebbia che sovrasta tutto il film è il pericolo, è il destino, è l'avvertimento che tutto è travisato ed è ancora più difficile muoversi e decidere. Le case brutte, il caffè brutto, la gente brutta, è tutto un segnale di come sia impossibile persino la speranza. Gli uomini non determinano niente. È il destino a decidere tutto. Tutto questo nella poesia generale di un grande regista e un grande poeta che si integravano magnificamente. Carné e Prévert erano fra i padroni del cinema francese di quel momento. Perfettamente inseriti nella "moda" del Fronte Popolare, sofferenti come tutti gli intellettuali che erano stati sedotti dalle idee che venivano dall'Est e delusi dal non poterle effettivamente applicare. Dunque la miglior realizzazione di quel programma poteva stare nella solidarietà individuale e nell'amore. Ma tutto, in un momento così difficile, disperato, risultava impossibile: impossibile per Jean salvarsi fuggendo, impossibile l'amore con Nelly. In quegli anni film come *Il porto* rappresentavano quanto di meglio il cinema potesse offrire in Europa. Arte vera, contrapposta alla pratica americana del successo al botteghino. Un cinema di grande contenuto poetico legato, come già detto, alla cultura, ai simboli, ai significati di "quel" momento. Sono splendidi graffiti senza mercato, troppo incastrati nella cornice del loro tempo. ■ DRAMMATICO; B/N; 91'; FRANCIA, 1938. ■ VENEZIA 1 PR.

PORTO DELLE TENTAZIONI, IL ★★
(Temptation Harbour)
Regia di LANCE COMFORT. Con MARGARET BARTON, ROBERT NEWTON, SIMONE SIMON. ■ Un ferroviere trova una valigia contenente una grossa somma di denaro. L'uomo è onesto, ma non riesce a consegnare il denaro alle autorità anche se non ha il coraggio di spenderlo. Il bandito che ha perso la valigia cerca di ritornarne in possesso uccidendo il ferroviere che, difendendosi, l'ammazza. ■ DRAMMATICO; B/N; 104'; GRAN BRETAGNA, 1947.

PORTO DEL VIZIO, IL *(Thunder Storm)* ★★
Regia di JOHN GUILLERMIN. Con LINDA CHRISTIAN, CARLOS THOMPSON. ■ Una ragazza, ex prostituta, è amata da un onesto pescatore messicano ma è desiderata anche da un ricco prepotente che sfrutta i pescatori. Il malvagio riuscirà a far accusare il giovane d'omicidio e, in seguito a drammatiche circostanze, la donna dovrà allontanarsi da sola dal villaggio. ■ DRAMMATICO; B/N; 88'; USA, 1957.

PORTO DI NEW YORK – LA BELVA DI NEW YORK, IL *(Port of New York)* ★★
Regia di LÁSZLÓ BENEDEK. Con SCOTT BRADY, YUL BRYNNER, RICHARD ROBER, KAY T. STEVENS. ■ Il film descrive le complicate indagini di due poliziotti che cercano di sgominare una rete di spacciatori di droga nel porto di New York. ■ POLIZIESCO; B/N; 86'; USA, 1949.

PORTO MIO FRATELLO A FARE SESSO ★★
(Mein Bruder, der Vampir)
Regia di SVEN TADDICKEN. Con ROMAN KNIZKA, HINNERK SCHÖNEMANN, MARIE-LUISE SCHRAMM. ■ Mike ha due fratelli: Josh, 30 anni, è un ritardato mentale ed è convinto di essere un vampiro, mentre Nicole, 15 anni, non ha ancora fatto sesso ed è ossessionata dalla sua verginità. La vita del povero Mike non è facile, ma si complica ulteriormente quando fa conoscere Nadine, la sua fidanzata, al fratello Josh che ne diventa ossessionato. ■ DRAMMATICO; COL.; 94'; 2002.

PORTORICANO, IL *(Cry Tough)* ★★
Regia di PAUL STANLEY. Con JOSEPH CALLEIA, LINDA CRISTAL, JOHN SAXON. ■ Un portoricano emigrato negli Stati Uniti ha preso una cattiva strada, ma, dopo essere stato in prigione, decide di mettere la testa a posto e, nonostante le promesse e le minacce degli antichi complici, mantiene i suoi propositi finché, sposatosi, ha bisogno di denaro e partecipa a una rapina. Sarà ucciso. ■ DRAMMATICO; B/N; 94'; USA, 1960.

PORTO VALLARTA, MEXICO ★★
Regia di SILVANO SANTI. Porto Vallarta è una città marina piena di suggestioni cinematografiche. John Huston ha scelto la spiaggia locale di Missmaloja per il suo *Notte dell'iguana*. La città ha ricordato il regista con un monumento. Anche Schwarzenegger è stato laggiù per il suo *Predator*, così come Kevin Costner quando fu protagonista di *Revenge*, di Tony Scott. Il regista non ha trascurato il folklore, e i locali in cui si esibiscono i complessi con la loro musica etnica. ■ DOCUMENTARIO, COL.; 30', ITALIA, 2013.

PORZÛS ★★★
Regia di RENZO MARTINELLI. Con MASSIMO BONETTI, GIULIA BOSCHI, GIANNI CAVINA, GIUSEPPE CEDERNA, LORENZO CRESPI, GABRIELE FERZETTI, GASTONE MOSCHIN. ■ In Friuli fra la brigata partigiana Osoppo – d'ispirazione cattolica – e i GAP – i partigiani seguaci del comunismo – non corre buon sangue: quando i GAP subiscono un'imboscata nel tentativo di unirsi agli sloveni di Tito per combattere insieme il fascismo ed instaurare il comunismo in Italia, subito sospettano degli osovani. Ai loro occhi il sospetto di tradimento diventa certezza quando scoprono che la brigata Osoppo ha dato rifugio ad Ada, che Radio Londra ha rivelato essere la spia di quell'imboscata. La scelta garantista del capitano Galvani (che non se la sente di condannare a morte qualcuno se non c'è certezza di colpevolezza) costerà ai suoi un bagno di sangue. Martinelli va a scavare negli angoli bui della Resistenza, privo di qualsiasi scopo revisionistico ma attento invece a cercare le "ragioni" dell'efferatezza. Non si limita però a "mettere in scena" documenti ma dirige un vero e proprio film di genere con ritmi e dialoghi ben dosati. Moschin è strepitoso nella caratterizzazione di Geko. Se avesse avuto un titolo americano il film sarebbe piaciuto a molti. ■ DRAMMATICO; COL.; 110'; ITALIA, 1997.

POSA L'OSSO MORALES! ARRIVA ALLELUJA – FERMATE QUEL TRENO *(Powderkeg)* ★★
Regia di DOUGLAS HEYES. Con MICHAEL ANSARA, DENNIS COLE, FERNANDO LAMAS, LUCIANA PALUZZI, ROD TAYLOR. ■ Agli inizi del ventesimo secolo, un ex rivoluzionario messicano diventato bandito sequestra un treno completo di passeggeri e minaccia di farlo saltare se gli americani non libereranno suo fratello condannato a morte. Due mercenari risolveranno la situazione. ■ WESTERN; COL.; 100'; USA, 1971.

POSATE LE PISTOLE, REVERENDO ★
Regia di LEOPOLDO SAVONA. Con MARK DAMON, VERONIKA KOROSE, RICHARD MELVILL. ■ Western comico che descrive la vita di un venditore di pizze partenopeo in giro per l'Ovest selvaggio. Associatosi a una simpatica canaglia, il napoletano si finge prete e si fa consegnare da un furfante, che ha fatto pentire operando finti miracoli, il bottino di anni di rapine. ■ WESTERN; COL.; 95'; ITALIA, 1975.

POSEIDON ★★
Regia di WOLFGANG PETERSEN. Con JACINDA BARRETT, RICHARD DREYFUSS, JOSH LUCAS, FREDDY RODRIGUEZ, EMMY ROSSUM, KURT RUSSELL, MIKE VOGEL. ■ La vigilia di Capodanno, mentre i passeggeri stanno festeggiando, un'onda anomala di 50 metri si abbatte sul Poseidon rovesciandolo. Da una parte l'acqua che entra dalle finestre, dall'altra gli incendi causati dalla rottura delle tubature. Nel mezzo un gruppo di passeggeri che cerca di raggiungere la salvezza. Dopo *U-Boot* 96 del 1981 e *La tempesta perfetta* del 2000, Wolfang Petersen conclude con *Poseidon* la sua trilogia sull'acqua. La moda dei film catastrofici non passa mai. Bisognerebbe sapere anche svecchiare un po' la formula però, cosa che questo nuovo *Poseidon*, non riesce a fare. ■ AVVENTURA; COL.; 99'; USA, 2006.

POSIZIONI COMPROMETTENTI ★★
(Compromising Positions)
Regia di FRANK PERRY. Con RAUL JULIA, JOE MANTEGNA, SUSAN SARANDON. ■ Dal romanzo di Susan Isaacs. Una casalinga, appassionata di gialli, si mette a indagare per conto suo sulla morte di un dentista vicino di casa. Scopre (prima della polizia) che il defunto era anche un fior di ricattatore (fotografava le amanti e le clienti in pose oscene). A ucciderlo però non è stata una delle vit-

time, ma i suoi complici nel giro di ricatti. ■ GIALLO; COL.; 98′; USA, 1985.

POSIZIONI PROMETTENTI *(Private Resort)* ★
Regia di GEORGE BOWERS. Con TONY AZITO, JOHNNY DEPP, EMILY LONGSTRETH, ROB MORROW. ■ Jack e Ben, due ragazzi alquanto vivaci, affittano una camera in un lussuoso hotel al solo scopo di passarci più tempo possibile con qualche ragazza disinibita. Johnny Depp sarebbe diventato poi molto famoso per *Edward mani di forbice*. ■ COMMEDIA; COL.; 80′; USA, 1985.

POSSE – LA LEGGENDA DI JESSIE LEE *(Posse)* ★★
Regia di MARIO VAN PEEBLES. Con STEPHEN BALDWIN, WOODY STRODE, MARIO VAN PEEBLES, BILLY ZANE. ■ Un film che non meriterebbe tante parole, ma vale come "spunto di genere". Avalliamo la definizione di Pierluigi Ronchetti: "Film di plastica". Troviamo Jessie Lee (Van Peebles), fuorilegge di colore della fine del diciannovesimo secolo, impegnato nella guerra fra Usa e Messico. Si ribella e verrà inseguito per tutto il film dal suo ex colonnello (Zane). Nel frattempo Jessie, con la sua banda, passa attraverso tutta la rappresentazione canonica del West: le rapine, la legge alle calcagna, la ferrovia, le città in costruzione, gli indiani, persino il Ku Klux Klan e poi ancora la vendetta finale. Visibilissime e volute le citazioni, prese tutte dagli ormai classici western della decadenza: *Butch Cassidy*, *L'uomo dei sette capestri*, *Il piccolo grande uomo*, *Mucchio selvaggio*, *Corvo rosso*... e Leone a piene mani coi suoi segni (l'armonica, l'orologio, l'ocra del paesaggio, il *flashback* del padre assassinato). Con un'unica citazione tradizionale: Woody Strode, l'unico nero che ebbe un ruolo di rilievo in un film di Ford, *I dannati e gli eroi*. In più assistiamo a una regia metropolitana alla De Palma con un richiamo agli *Spietati* di Eastwood, sponsor iniziale del regista. Alla fine, nella coda dei titoli, veniamo a sapere che i neri hanno avuto un certo rilievo nel West, misconosciuto, e che gli afro-americani, che sono il dodici per cento della popolazione, posseggono solo la metà dell'uno per cento della ricchezza del paese. Ma lo sapevamo anche prima di *Posse*. ■ WESTERN; COL.; 115′; USA, 1993.

POSSESSION *(The Possession of Joel Delaney)* ★★★
Regia di WARIS HUSSEIN. Con DAVID ELLIOTT, PERRY KING, SHIRLEY MACLAINE. ■ Una donna aiuta il fratello debole di mente a reinserirsi nel mondo civile, ma ben presto scopre che lui è posseduto dallo spirito d'un assassino. La sorella e i suoi bambini sono minacciati di morte. Per fortuna interverrà la polizia. ■ HORROR; COL.; 105′; USA, 1972.

POSSESSION ★★
Regia di ANDRZEJ ZULAWSKI. Con ISABELLE ADJANI, HEINZ BENNENT, SAM NEILL. ■ Dietro la consueta apparenza del triangolo amoroso, lei, lui, l'altro, si cela un terribile e mostruoso segreto. Anna, moglie di un uomo d'affari berlinese, vive una doppia vita scandita dagli omicidi e si congiunge carnalmente con un mostruoso essere gelatinoso. ■ HORROR; COL.; 127′; FRANCIA, 1981. ■ CANNES 1 PR.

POSSESSION, THE ★★
Regia di OLE BORNEDAL. Con NATASHA CALIS, MADISON DAVENPORT, JEFFREY DEAN MORGAN, KYRA SEDGWICK, GRANT SHOW. ■ Divorziati da poco, Clyde e Stephanie cercano di rendere la loro separazione meno dolorosa possibile per le figlie e, ugualmente, di rifarsi una vita gettandosi nel lavoro, il primo, e cercando una nuova stabilità con un altro uomo, la seconda. In visita dal padre per un weekend, Em, la più piccola delle due ragazze, è attratta da una scatola di legno trovata in un mercatino del quartiere; una volta portato in casa, quest'oggetto con iscrizioni in ebraico comincia ad avere una strana influenza sulla bambina fino a quando i segni di una possessione diabolica si faranno inequivocabili agli occhi di tutti. ■ HORROR; COL.; 90′; USA, 2012.

POSSESSION – UNA STORIA ROMANTICA ★★★
(Possession)
Regia di NEIL LABUTE. Con HOLLY AIRD, AARON ECKHART, JENNIFER EHLE, TREVOR EVE, LENA HEADEY, TOM HICKEY, JEREMY NORTHAM, GWYNETH PALTROW, TOBY STEPHENS. ■ Lei, Maud Bailey, sta facendo ricerche su una poetessa lesbica dell'epoca vittoriana. Lui, Roland Mitchell, studia un grande poeta dello stesso periodo. Mitchell scopre una lettera dell'epoca che testimonierebbe di un'improbabile relazione tra i due scrittori. I due uniscono gli sforzi e, avendo l'una la carineria della Paltrow e l'altro l'aspetto attraente di Eckhart, non solo quelli. Così l'amore del passato e quello del presente si intersecano. LaBute, il regista che "sbatteva in faccia" ai maschi le loro inadeguatezze con film come *Nella società degli uomini* e alle donne ricordava la loro propensione a farsi inebetire dalla tv (*Betty Love*), è diventato tenero e romantico. Abbiamo perso un autore ma lui, sicuramente, incrementerà il suo conto in banca. ■ SENTIMENTALE; COL.; 102′; USA, 2002.

POSSO, ME LO PERMETTE IL FISICO ★★
(B.S. I Love You)
Regia di STEVEN HILLIARD STERN. Con JOANNA CAMERON, PETER KASTNER, LOUISE SOREL. ■ Un pubblicitario in disgrazia, per rimanere nel grande giro d'affari dopo aver realizzato dei brutti short televisivi, deve rabbonire la ricchissima proprietaria della ditta danneggiata. Presto si trova concupito non solo dalla donna, ma anche dalla di lei figliastra. Alla fine saprà trovare la forza di tornare dalla fidanzata. ■ COMMEDIA; COL.; 102′; USA, 1973.

POSTA CELERE *(Budbringeren)* ★★
Regia di PAL SLETAUNE. Con PER EGIL, ANDRINE SAETHER, ROBERT SKAERSTAD. ■ Film singolare di un regista norvegese. Tra ironia e dramma la storia di un postino che ha il vizio di liberarsi della corrispondenza altrui. Conosce una ragazza sorda e cominciano a nascere dei problemi. Vicino al cinema di Aki Kaurismaki. ■ COMMEDIA; COL.; 85′; NORVEGIA, 1996.

POSTA GROSSA A DODGE CITY ★★★
(Big Hand for a Little Lady)
Regia di FIELDER COOK. Con HENRY FONDA, KEVIN MCCARTHY, BURGESS MEREDITH, JASON ROEARDS, JOANNE WOODWARD. ■ Quattro ricconi si impegnano a una partita di poker con uno sprovveduto provinciale che ha giurato alla moglie bisbetica di non giocare d'azzardo. Il poveretto perde ma, a un certo punto, si trova una mano tale da morire d'infarto. La moglie raccoglie le carte e, vistele, rilancia, ottenendo addirittura un prestito da un banchiere a cui le ha mostrate. Naturalmente gli altri non vogliono "vedere" e le lasciano il piatto. Ci sarà però una sorpresa. ■ WESTERN; COL.; 95′; USA, 1966.

POSTA IN GIOCO, LA ★★
Regia di SERGIO NASCA. Con VITTORIO CAPRIOLI, TURI FERRO, LINA SASTRI. ■ Rievocazione dell'uccisione di una consigliera repubblicana del comune di Nardò. Un magistrato indaga, e scopre gli esecutori materiali del fatto e un mandante (un rivale politico). Ma si persuade che ci siano altri mandanti, uomini politici importanti che la donna ostacolava nelle loro speculazioni. Ma pressioni dall'alto costringono il giudice inquirente a non proseguire oltre le indagini. ■ DRAMMATICO; COL.; 118′; ITALIA, 1987.

POSTAL ★
Regia di UWE BOLL. Con ERICK AVARI, MICHAEL BENYAER, CHRIS COPPOLA, DAVE FOLEY, ZACK WARD. ■ Nell'immaginaria cittadina di Paradise un giovane disoccupato che conosceremo solo come Postal Dude tenta di uscire dall'emarginazione professionale, sociale e umana. Chiede aiuto a suo zio, un predicatore da strapazzo che vive sfruttando la dabbenaggine del prossimo. Il loro piano per il successo si incrocia con quello omicida di un gruppo di talebani: rubare un carico di bambole per venderlo su eBay, mentre i terroristi vogliono usarlo per diffondere un virus. ■ AZIONE; COL.; 109′; USA, CANADA, GERMANIA, 2007.

POSTIGLIONE DELLA STEPPA, IL *(Der Postmeister)* ★★
Regia di GUSTAV UCICKY. Con HEINRICH GEORGE, HILDE KRAHL. ■ Nella Russia del primo Ottocento, la figlia di un postiglione fugge con un bell'ussaro a Pietroburgo. Il padre la raggiunge e lei, per tacitarlo, inscena una cerimonia nuziale con un amico. Il padre rimane soddisfatto, non così l'amico che pensava di sposare la ragazza e che ora è venuto a conoscere il suo passato discutibile. Lei, rendendosi conto d'aver perso un marito, si suicida. ■ DRAMMATICO; B/N; 90′; GERMANIA, 1939. ■ VENEZIA 1 PR.

POSTIGLIONE DEL NEVADA, IL *(Jackass Mail)* ★★★
Regia di NORMAN Z. MCLEOD. Con WALLACE BEERY, MARJORIE

MAIN. ■ Wallace Beery è un guidatore di diligenze che promette alla sua ragazza di smetterla col whisky. Quando lei trova di nascosto un congruo quantitativo di bottiglie se ne va, ma lui, dimostrando il suo coraggio in una lotta contro i banditi, saprà riconquistarla. ■ WESTERN; B/N; 80′; USA, 1939.

♥ POSTINO, IL ★★★★
Regia di MICHAEL RADFORD. Con MARIA GRAZIA CUCINOTTA, PHILIPPE NOIRET, RENATO SCARPA, MASSIMO TROISI. ■ Tratto dal romanzo *Il postino di Neruda* di Skarmeta. In un'isola delle Eolie giunge il poeta Pablo Neruda. Per il periodo in cui l'artista rimarrà sarà necessario un postino per consegnare la grande mole di lettere che arriveranno. Mario, che non ha nessuna voglia di fare il pescatore, decide di prendere al volo il temporaneo impiego. Piano piano riesce a fare amicizia con il poeta, che lo aiuta nel corteggiamento di una bella ragazza e fa da testimone alle loro nozze. Quando Neruda potrà tornare in patria Mario ne soffrirà. L'ultimo film girato da Troisi prima della prematura morte. E con *Ricomincio da tre* è il suo migliore. Il regista Michael Radford (*Another Time, Another Place*) ha voluto dividere il merito con l'attore italiano. Troisi è riuscito, sulla sua pelle, a trasmettere gli stati d'animo del protagonista. Senza strafare, senza lunghi monologhi. Un atto d'amore verso il cinema. Inevitabilmente commovente. Candidato a cinque Oscar, ne ha vinto uno minore. ■ COMMEDIA; COL.; 101′; ITALIA, 1994. ■ OSCAR 1 PR, 5 NOM.

POSTINO SUONA SEMPRE... DIECI VOLTE, IL ★★
Regia di ROBERT LYNN. Con SPIKE MULLIGAN, BARBARA SHELLEY, JOHN WOOD, ARCHIE DUNCAN. ■ Le avventure d'un postino di paese trasferito a Londra, tanto zelante da essere ben presto rimandato al borgo natio con un grado più alto, sono un pretesto per una serie di situazioni comiche. ■ COMMEDIA; B/N; 88′; GRAN BRETAGNA, 1963.

POSTINO SUONA SEMPRE DUE VOLTE, IL ★★★
(The Postman Always Rings Twice)
Regia di TAY GARNETT. Con JOHN GARFIELD, CECIL KELLAWAY, LANA TURNER. ■ Nella California meridionale, un vagabondo è assunto come meccanico dal proprietario d'una stazioncina di servizio. Ben presto la giovane moglie insoddisfatta di costui lo spinge ad uccidere il marito. I due la fanno franca, ma la donna muore in un incidente e l'uomo viene condannato a morte perché ritenuto, a torto, colpevole della morte dell'amante. ■ DRAMMATICO; B/N; 113′; USA, 1946.

POSTINO SUONA SEMPRE DUE VOLTE, IL ★★★
(The Postman Always Rings Twice)
Regia di BOB RAFELSON. Con JOHN COLICOS, JESSICA LANGE, JACK NICHOLSON. ■ Nuova versione del romanzo di James Cain. Migliore delle precedenti (anche grazie all'ottima recitazione e ambientazione), però priva di quelle suggestioni da romanzo "nero" legate agli anni Quaranta. L'uccisione del benzinaro non ci sembra più così ignobile. E il castigo divino sulla bella uxoricida nemmeno troppo meritato. ■ DRAMMATICO; COL.; 123′; USA, 1981.

POSTI IN PIEDI IN PARADISO ★★
Regia di CARLO VERDONE. Con PIERFRANCESCO FAVINO, DIANE FLERI, MICAELA RAMAZZOTTI, CARLO VERDONE. ■ Tre uomini divorziati e molto diversi per carattere e abitudini, condividono un fatiscente appartamento romano peraffrontare le difficoltà economiche dettate dalla crisi e dalle personali debolezze. Ulisse gestisce un negozio di vinili e di memorabilia del suo glorioso passato di produttore discografico; Fulvio è stato un importante critico cinematografico prima di finire a scrivere di gossip e starlette. Domenico, invece, è un agente immobiliare scapestrato con il vizio del gioco e delle donne e un numero di famiglie imprecisato. I tre vitelloni si ritrovano a fare i conti con una difficile convivenza, fnché una sera Domenico, che arrotonda le entrate come escort, viene colto da un malore dopo aver preso troppo viagra e fa chiamare a casa Gloria, una stramba cardiologa con seri problemi sentimentali. In tempi di recessione economica e artistica, Carlo Verdone decide di non risparmiare nulla della sua personalità di attore e regista nel misurarsi con la "nuova" commedia italiana ai tempi della crisi. ■ COMMEDIA; COL.; 119′; ITALIA, 2012.

POSTI SEGRETI *(Secret Places)* ★★★
Regia di ZELDA BARRON. Con JENNY AGUTTER, CLAUDINE AUGER, MARIE THERESE RELIN, TARA MACGOWRAN. ■ Alla vigilia della seconda guerra mondiale, un professore tedesco antinazista è costretto a emigrare. Si stabilisce con la figlia adolescente in un piccolo villaggio inglese, dove la ragazza stringe amicizia con una coetanea di diversa estrazione sociale. Ma intanto la guerra incalza. Finale drammatico. ■ DRAMMATICO; COL.; 98′; GRAN BRETAGNA, 1985.

POSTMAN BLUES ★
Regia di HIROYUKI TANAKA. Con KEISUKE HORIBE, REN OSUGI, TOMORO TAGUCHI, SUSUMU TERAJIMA, KYÔKO TOYAMA, SHINICHI TSUTSUMI. ■ Sembra che all'estero sia diventato unvero e proprio *cult*. Da noi è caduto, una volta tanto e doverosamente, nell'oblio. Si narra di un postino che non si fa gli affari suoi travolto in un giro di dita tagliate, Yakuza & Co. In aggiunta ci viene offerta anche una storia d'amore con una malata terminale. Non mancano poi le "citazioni" che sanno tanto di mancanza di idee originali. ■ COMMEDIA; COL.; 110′; GIAPPONE, 1998.

POST MORTEM *(Postmortem)* ★
Regia di ALBERT PYUN. Con MICHAEL HALSEY, GARY LEWIS, STEPHEN MCCOLE, IVANA MILICEVIC, CHARLIE SHEEN. ■ Un ex poliziotto autore di best seller torna nella sua Glasgow solo e alcolizzato. Viene coinvolto in una serie di omicidi di giovani donne e dà, dopo molti dubbi, una mano per le indagini. Charlie Sheen è, come quasi sempre, monocorde. ■ POLIZIESCO; COL.; 81′; USA, 1998.

POST MORTEM ★★★
Regia di PABLO LARRAIN. Con MARCELO ALONSO, ALFREDO CASTRO, AMPARO NOGUERA, JAIME VADELL, ANTONIA ZEGERS. ■ Santiago del Cile, 1973. Mario Corneo lavora come funzionario presso l'obitorio. Trascrive a macchina le autopsie. Si innamora di una ballerina di cabaret, Nancy, sua vicina di casa. Ma sono i giorni del colpo di stato, l'obitorio si riempie di cadaveri, della casa e della famiglia di Nancy non rimangono tracce. La ragazza si nasconde nel cortile della casa di Mario, che le porta il cibo e le sigarette. Intanto, all'obitorio, i morti riempiono le sale, i corridoi, le scalinate dell'ospedale. Il cileno Pablo Larrain dà nuovamente prova, dopo *Tony Manero*, di una capacità di racconto ammirabile, perché inedita ed efficace. ■ DRAMMATICO; COL.; 98′; CILE, MESSICO, GERMANIA, 2010.

POSTO, IL ★★★★
Regia di ERMANNO OLMI. Con LOREDANA DETTO, SANDRO PANZERI. ■ Un provinciale viene a Milano sperando di ottenere un posto di lavoro in un grande complesso industriale. Ci riesce, ma non è che un usciere. Conosce una ragazza e l'invita alla festa del Cral aziendale. Lei non si presenta. In compenso muore un impiegato e il giovane lo sostituisce. ■ COMMEDIA; B/N; 105′; ITALIA, 1961.

POSTO ALL'INFERNO, UN ★★
Regia di JOSEPH WARREN. Con HÉLÈNE CHANEL, SANDRO KORSO, GUY MADISON, FABIO TESTI. ■ Avventure d'un corrispondente di guerra durante il secondo conflitto mondiale nel Pacifico: trova molti compagni, ma muoiono tutti. In compenso distrugge una base giapponese. Un film casereccio che cerca d'imitare i modelli americani con venti anni di ritardo. ■ GUERRA; COL.; 91′; ITALIA, 1969.

POSTO AL SOLE, UN *(A Place in the Sun)* ★★★
Regia di GEORGE STEVENS. Con KEEFE BRASSELLE, RAYMOND BURR, MONTGOMERY CLIFT, ELIZABETH TAYLOR, SHELLEY WINTERS. ■ Un giovane provinciale, ambizioso e privo di scrupoli, ma tutto sommato ingenuo, cerca di dare la scalata al successo. Crede di esserci riuscito quando conquista l'amore di una ereditiera. Purtroppo, però, ha già una relazione con un'operaia che attende un figlio da lui, così quando questa cade da un barca il giovanotto la lascia affogare guadagnandosi la sedia elettrica. ■ DRAMMATICO; B/N; 122′; USA, 1951. ■ OSCAR 6 PR, 9 NOM.

POSTO DELL'ANIMA, IL ★★★
Regia di RICCARDO MILANI. Con PAOLA CORTELLESI, SILVIO ORLANDO, MICHELE PLACIDO, CLAUDIO SANTAMARIA. ■ Campola-

ro, Italia centrale. La locale fabbrica della Carair, multinazionale americana che produce pneumatici, è in chiusura nonostante i buoni risultati produttivi. È il licenziamento per almeno mille persone. La lotta ha inizio e il film segue da vicino le vicende di tre degli operai. Antonio sogna di tornare a vivere nel paesino d'origine con la sua compagna che ora lavora a Milano e intanto si impegna a fondo nelle manifestazioni. Salvatore, sindacalista, ha un rapporto conflittuale con il figlio diciottenne disoccupato; Mario è diviso tra la lotta politica e il tentativo di mettersi in proprio aprendo una produzione di pasta fresca con l'aiuto delle mogli di alcuni compagni di lavoro. La fine non sarà *happy*. Dopo il pallido *Auguri professore* e il grintoso *La guerra degli Antò*, Riccardo Milani torna al cinema con un film che si inserisce nel filone operaista che il cinema inglese ci ha fatto ampiamente apprezzare. Lo fa con pudore e sincerità in un film in cui si sente che l'adesione alla sceneggiatura non è di maniera. Sarebbe bastato un pizzico di rigore in più per farne un film "importante". ■ DRAMMATICO; COL.; ITALIA, 2002.

♥ POSTO DELLE FRAGOLE, IL ★★★★★🏆
(Smultronstället)
Regia di INGMAR BERGMAN. Con BIBI ANDERSSON, GUNNAR BJÖRNSTRAND, VICTOR SJÖSTRÖM, INGRID THULIN, MAX VON SIDOW. ■ Momento davvero importante per il professor Isaak Borg, settantotto anni, che sta per essere insignito di un prestigioso premio alla sua carriera di medico all'università di Lund, in Svezia. La giornata comincia con un brutto sogno: Isaak incontra un uomo senza volto in una via deserta, poi una cassa da morto scivola fuori dal carro funebre. Isaak si avvicina e dentro vede se stesso. Il viaggio verso Lund è lungo, il professore lo affronta in macchina, in compagnia della nuora Marianne, in contrasto col marito che vuole farla abortire. Marianne non ama il suocero. Durante il viaggio incontrano una ragazza e due ragazzi, belli e intelligenti, ai quali offrono un passaggio. Isaak arriva nel luogo della sua adolescenza e cammina verso la casa dove passava le vacanze e, dal "posto delle fragole", rivede i suoi familiari com'erano allora, rivede la mamma, la cugina Sara di cui era innamorato e che lo tradiva. Visita la decrepita madre, arida e distaccata. La dialettica coi tre giovani (che litigano fra loro sull'esistenza di Dio) lo porta a ripassare l'intera sua vita, in una lucida autocritica. Riceve il premio e alla fine della giornata ha la percezione delle cose buone e cattive che ha fatto. Nel frattempo suo figlio, durisssimo, si è riconciliato con la moglie. Isaak si addormenta. È pronto, qualunque sia il destino. Film magico, sintesi di narrazione cinematografica ed espressione delle fondamentali correnti di cultura della prima metà del ventesimo secolo. Ecco dunque presente Freud (il sogno iniziale), Proust (la memoria del tempo felice), Kafka (lo smarrimento e la trasformazione) e poi la cultura nordica di uno Strindberg (il dolore e la morte). Il tutto sostenuto da uno stile puro e pulito, con suggestioni misurate e con introspezione scandita dal pensiero di Isaak. *Il posto delle fragole* è forse il titolo più rappresentativo dell'opera di Bergman e figura in tutte le classifiche. Inoltre offre una vedibilità in prospettiva ancora quasi intatta, caratteristica molto rara in un film legato a momenti culturali contingenti, dunque in divenire: oggi risulta didascalica e lontana la sequenza dei due ragazzi che si accapigliano sull'esistenza di Dio, ma era un problema sentito e personale del regista, figlio di un religioso. Il film vinse l'Orso d'oro al festival di Berlino e fu ritenuto il migliore dell'anno dalla critica internazionale. ■ DRAMMATICO; B/N; 95'; SVEZIA, 1957. ■ BERLINO 🏆 1 PR; OSCAR 🏆 1 NOM.

POSTO DI COMBATTIMENTO *(Battle Station)* ★★
Regia di LEWIS SEILER. Con WILLIAM BENDIX, KEEFE BRASSELLE, JOHN LUND. ■ L'equipaggio di una portaerei desideroso di vendetta dopo che la nave è stata parzialmente distrutta dai giapponesi a Pearl Harbor, il comandante severo ma giusto, il buon cappellano, l'onesto marinaio, il sottufficiale che cova rancore ma che si redime comportandosi da eroe nel corso della battaglia. ■ GUERRA; B/N; 81'; USA, 1956.

POSTO DOVE VIVERE, UN *(The Kissing Place)* ★
Regia di TONY WHARMBY. Con DAVID OGDEN, VICTORIA SNOW. ■ Il protagonista ha una vita tranquilla con due genitori che gli vogliono bene e tanti amici. Di notte però ha incubi orribili. Sogna di essere la reincarnazione di suo fratello Bill morto tempo prima in circostanze poco chiare. ■ HORROR; COL.; 84'; USA, 1989.

POSTO IDEALE PER UCCIDERE, UN ★
Regia di UMBERTO LENZI. Con RAY LOVELOCK, ORNELLA MUTI, IRENE PAPAS, JACQUES STANY. ■ Una coppia di giovani danesi in Italia viene ospitata da una ricca americana; in realtà la donna mira a farli accusare di un delitto da lei stessa commesso. ■ POLIZIESCO; COL.; 92'; ITALIA, 1971.

POSTO IN PARADISO, UN *(Der Veruntreute Himmel)* ★
Regia di ERNST MARISCHKA. Con VIKTOR DE KOWA, HANS HOLT, ANNIE ROSAR. ■ Una vecchietta, desiderosa d'assicurarsi un posto in paradiso, fa studiare da prete il nipote, ma costui, scioperato, l'inganna sperperando i denari con cattive compagnie. Scoperta la verità, la disgraziata parte per Roma dove ha la fortuna di morire subito dopo aver visto il papa che pregherà per lei. ■ DRAMMATICO; COL.; 94'; GERMANIA, 1959.

POSTO NEL MONDO, UN *(Un lugar en el mundo)* ★★★
Regia di ADOLFO ARISTARAIN. Con FEDERICO LUPPI, CECILIA ROTH, JOSÉ SACRISTAN. ■ In un paese a settecento miglia da Buenos Aires giunge un geologo spagnolo, Hans. Costui entra subito in contatto con la famiglia di Ernesto, un ragazzo che lo va ad accogliere. Suo padre è un esiliato politico che riesce a far andare a scuola i bambini offrendo loro il pasto mentre sua moglie, ebrea, è perseguitata e ha un fratello *desaparecido*. Il film è l'esplorazione di questo piccolo mondo, in cui emerge anche la figura di una suora molto attiva e di mentalità aperta. Un film "ideologico" senza essere per questo "predicatorio". ■ DRAMMATICO; COL.; 120'; ARGENTINA, 1992. ■ OSCAR 1 NOM.

POSTO PER L'INFERNO, UN ★★
(When Hell Was in Session)
Regia di PAUL KRASNY. Con RONNY COX, HAL HOLBROOK, EVA MARIE SAINT. ■ È la vera storia del colonnello Jeremiah Denton, che nel 1965, all'inizio della guerra in Vietnam, venne catturato dai nordvietnamiti. Rimase in prigione sette anni, sopportando una infinità di torture fisiche e psicologiche. Da vedere soprattutto per l'interpretazione di Hal Holbrook. ■ DRAMMATICO; COL.; 91'; USA, 1980.

POSTO TRANQUILLO, UN *(A Safe Place)* ★
Regia di HENRY JAGLOM. Con JACK NICHOLSON, PHILIP PROCTOR, TUESDAY WELD, ORSON WELLES. ■ Susan è una ragazza che vive confondendo il presente con il passato: nemmeno gli amori di due giovani la liberano dalle sue fantasie. Alla fine sparisce nel nulla, come una bolla di sapone. ■ DRAMMATICO; COL.; 94'; USA, 1970.

POST TENEBRA LUX ★
Regia di CARLOS REYGADAS. Con NATHALIA ACEVEDO, ADOLFO JIMENEZ CASTRO, WILLEBADO TORRES. ■ Juan, sua moglie Olivia e i loro due figli piccoli hanno lasciato Città del Messico per vivere in campagna. Hanno però gravi problemi di convivenza e lui, in particolare, è incapace di controllare una forma di violenza che esercita su uno dei suoi cani. Il rapporto della coppia con la realtà di campagna non è dei migliori. L'integrazione è difficile e lo diviene ancora di più quando Juan scopre del tutto casualmente che una persona di cui si fidava sta per svaligiargli la casa. ■ DRAMMATICO; COL.; 100'; MESSICO, FRANCIA, PAESI BASSI, GERMANIA, 2012.

POTENTI E DANNATI *(À couteux tirés)* ★★
Regia di CHARLES GÉRARD. Con FRANÇOISE ARNOUL, PETULA CLARK, DANIEL IVERNEL, PIERRE MONDY. ■ Il ritrovamento d'un tesoro nascosto dai tedeschi durante la seconda guerra mondiale non porta fortuna agli scopritori: vengono sterminati da un misterioso assassino e, quando finalmente la polizia lo individua, il prezioso carico s'inabissa per sempre. ■ POLIZIESCO; B/N; 90'; FRANCIA, 1964.

POTENZA E GLORIA *(The Power and the Glory)* ★★★
Regia di WILLIAM K. HOWARD. Con COLLEEN MOORE, RALPH MORGAN, SPENCER TRACY, HELEN VINSON. ■ Realizzata attraverso una serie di flash-back, è la storia di un uomo che, partendo da zero, riesce a costruire una immensa fortuna: per giungere

all'apice del successo, però, dovrà scendere a patti con la propria coscienza. ■ DRAMMATICO; B/N; 76′; USA, 1933.

POTERE, IL ★★★
Regia di AUGUSTO TRETTI. Con MASSIMO CAMPOSTRINI, PAOLA TOSI, AUGUSTO TRETTI. ■ Una grottesca rappresentazione del potere nella storia dell'uomo. Nell'età della pietra, un furbo assume il potere spacciandosi per un dio; nella Roma repubblicana gli agrari eliminano Tiberio Gracco; in America i coloni, servendosi di armi più perfezionate, sterminano gli indiani; in Italia, dopo la prima guerra mondiale, Mussolini diventa dittatore; il consumismo, in epoca moderna, elimina l'opposizione operaia. Memorabile soprattutto l'episodio di Mussolini, interpretato dallo stesso regista con un mascherone. ■ COMMEDIA; COL.; 86′; ITALIA, 1973.

POTERE ASSOLUTO *(Absolute Power)* ★★★
Regia di CLINT EASTWOOD. Con CLINT EASTWOOD, SCOTT GLENN, GENE HACKMAN, ED HARRIS. ■ Luther Whitney, un vero artista dello scasso, solitario ed efficiente ladro, che rifiuta ogni forma di violenza, decide di chiudere la sua "carriera" con un colpo miliardario. Qui egli assiste non visto all'omicidio di una donna, da parte nientemeno che del presidente degli Stati Uniti, che uccide la sua amante durante un amplesso violento. Luther, accusato dalla polizia del crimine, dovrà faticare non poco per discolparsi. Con un grande Clint Eastwood qui anche alla regia. ■ THRILLER; COL.; 121′; USA, 1997.

POTERE DEI SOGNI, IL *(Sueño)* ★★
Regia di RENÉE CHABRIA. Con JOHN LEGUIZAMO, ELIZABETH PEÑA, WINSTON J. ROCHA, NESTOR SERRANO, ANA CLAUDIA TALANCÓN, JOSÉ MARÍA YAZPIK. ■ Primo film scritto e diretto da Renée Chabria, *Il potere dei sogni* è una commedia musicale i cui toni melliflui stonano anche per lo spettatore più ingenuo. Il messaggio, tanto banale quanto incisivo, è che, come dice il vecchio nonno del protagonista, «i nostri sogni sono molto potenti», quindi si deve combattere pur di realizzarli. In realtà, nella storia di questo bravo ragazzo, venuto dal Messico con la chitarra sulle spalle per sfondare nell'industria musicale di Los Angeles, i desideri si concretizzano con una semplicità imbarazzante. ■ COMMEDIA; COL.; 108′; USA, 2005.

POTERE DEL MALE, IL *(Paradigma)* ★★★
Regia di KRZYSZTOF ZANUSSI. Con MARIE-CHRISTINE BARRAULT, VITTORIO GASSMAN, BENJAMIN VOELZ. ■ Protagonista assoluto di questo cupo dramma è il Male, nelle sue forme più dense di significati e messaggi. Il Male vive e prolifera attraverso la spregiudicata Silvia, subdola, perversa calcolatrice e cinica arrivista; si incarna nelle sue forme più sottili e pericolose, addirittura raffinate, in suo marito Goffredo (Gassman), mercante d'armi morente; colpisce e distrugge il giovane Hubert, candido e inconsapevole amante di Silvia, vittima di un potere tentacolare e spietato che lo usa a proprio piacimento per poi abbandonarlo al suo destino. Film di atmosfere kafkiane, volutamente angosciante e tetro, formalmente ineccepibile. ■ DRAMMATICO; COL.; 109′; FRANCIA, ITALIA, 1985.

POTERE DI SATANA – LE STREGHE DELLA LUNA NERA, IL *(Necromancy)* ★★
Regia di BERT I. GORDON. Con PAMELA FRANKLIN, LEE PURCELL, ORSON WELLES. ■ In California, una ragazza che ha appena avuto un figlio nato morto viene portata dal marito in una comunità di stregoni che le vogliono far generare il loro futuro capo. Non si tratta però che di un sogno, anche se alcuni indizi dicono che sarà un sogno premonitore. ■ HORROR; COL.; 83′; GRAN BRETAGNA, 1972.

POTICHE. LA BELLA STATUINA *(Potiche)* ★★
Regia di FRANÇOIS OZON. Con CATHERINE DENEUVE, GERARD DEPARDIEU, JUDITH GODRECHE, FABRICE LUCHINI, KARIN VIARD. ■ Suzanne è la moglie borghese e casalinga di un facoltoso industriale, sgradevole in famiglia e impopolare presso i suoi operai. Sequestrato durante uno sciopero dai suoi esacerbati dipendenti, Robert Pujol viene rilasciato grazie all'intercessione della moglie e all'intervento di Babin, deputato comunista e vecchio amante di Suzanne. Liberato ma infartato, Robert è costretto al ricovero e ad affidare l'azienda e la responsabilità di negoziare coi sindacati alla sua svagata consorte. Dietro la scrivania e con sorpresa di tutti, Suzanne si rivela capace di corrispondere le rivendicazioni operaie e di rilanciare l'attività aziendale. ■ COMMEDIA; COL.; 103′; FRANCIA, 2010.

POVERA BIMBA MILIONARIA, UNA ★★★
(Poor Little Rich Girl)
Regia di IRVING CUMMINGS. Con JACK HALEY, SHIRLEY TEMPLE. ■ È la storia della concorrenza fra due ditte di sapone, una in espansione perché si serve della pubblicità radiofonica, e l'altra, condotta in modo tradizionale, quasi in rovina. Ci pensa la piccola figlia di uno dei proprietari a sistemare le cose, facendo fondere le due industrie. ■ COMMEDIA; B/N; 72′; USA, 1936.

POVER'AMMORE ★
Regia di VINCENZO SALVIANI. Con ROSA FUMETTO, LINA POLITO, CARMELO ZAPPULLA. ■ Carmelo, un uomo sposato e con prole, perde la testa per la bella Lisa. Per lei abbandona la casa, la moglie e i figli e commette azioni delle quali non si sarebbe mai creduto capace. Fortunatamente la sua bambina saprà ricondurlo alla ragione evitandogli la rovina definitiva. ■ DRAMMATICO; COL.; 90′; ITALIA, 1983.

POVERELLO D'ASSISI, IL *(Saint François d'Assise)* ★
Regia di ALBERTO GOUT. Con ALICIA DE FILIPPIS, JOSÉ LOUIS IMENEZ. ■ L'idea d'impostare questo film brasiliano su un personaggio storico italiano è stata peregrina. Sono numerosi gli errori storici e, naturalmente, il paesaggio è ben diverso da quello dell'Umbria. Oltretutto il valore della pellicola è scarso. ■ BIOGRAFICO; B/N; 92′; BRASILE, 1949.

POVERI, BELLI E INNAMORATI ★★
Regia di GIORGIO FERRARI. Con PAOLO ANDREI, GIANFRANCO FABRIZI, ANNETTE SIMON. ■ Una famiglia francese e una italiana s'accordano per ospitare a turno i rispettivi figli per il periodo estivo di vacanze dalla scuola, ma il ragazzo francese si rompe un piede e al suo posto viene la sorella diciottenne, mentre il ragazzino italiano si rivela una terribile peste. Alla fine tutto s'accomoda; la francesina sposerà il fratello maggiore del bambino terribile. ■ COMMEDIA; B/N; 90′; ITALIA, 1968.

POVERI MA BELLI ★★★
Regia di DINO RISI. Con MARISA ALLASIO, MAURIZIO ARENA, MARIO CAROTENUTO, MEMMO CAROTENUTO, ROSSELLA COMO, LORELLA DE LUCA, ALESSANDRA PANARO, VIRGILIO RIENTO. ■ Affettuoso ritratto di due bulletti romani, spacconi e attaccabrighe, ma fondamentalmente di buon cuore. Durante il film litigano per guadagnare l'amore d'una bella ragazza, ma finiranno per fidanzarsi l'uno con la sorella dell'altro. ■ COMMEDIA; B/N; 101′; ITALIA, 1956.

POVERI MILIONARI ★★
Regia di DINO RISI. Con MAURIZIO ARENA, FRED BUSCAGLIONE, MEMMO CAROTENUTO, LORELLA DE LUCA, SYLVA KOSCINA, ALESSANDRA PANARO, RENATO SALVATORI. ■ Terzo episodio della serie iniziata con *Poveri ma belli*. I due bulletti romani Romolo e Salvatore hanno finalmente sposato le rispettive sorelle e hanno deciso di mettere la testa a partito. La vita però è dura, finché Salvatore ha un incidente che gli fa perdere la memoria e diventa direttore dei grandi magazzini dove lavora il cognato. I familiari tentano di farlo rinsavire, ma inutilmente. Finalmente lo smemorato batterà il capo e tornerà quello di prima. Perderà, però, la posizione di prestigio. ■ COMMEDIA; B/N; 95′; ITALIA, 1958.

POVERO CRISTO ★★
Regia di PIER CARPI. Con ROBERTO BRIVIO, ROSEMARIE DEXTER, RAOUL GRASSILLI, CURD JÜRGENS, MINO REITANO. ■ Un giovane meridionale vuole diventare detective e un misterioso personaggio lo incarica di ritrovare Gesù Cristo. Il nostro eroe interroga vari personaggi del mondo d'oggi, ma l'indagine pare approdare al niente: il misterioso personaggio gli mostrerà infine che le persone interrogate non sono altro che i personaggi del Vangelo e che Cristo si trova in ogni uomo. ■ FANTASTICO; COL.; 95′; ITALIA, 1975.

POVERO MILIONARIO, UN *(There Goes the Groom)* ★★
Regia di JOSEPH SANTLEY. Con BURGESS MEREDITH, ANN

SOTHERN. ■ Un ragazzo, tornato ricco al paese dopo alcuni anni di duro lavoro, riceve le attenzioni della fidanzata che nel frattempo se la intendeva con un altro. Disgustato dal suo comportamento rifiuterebbe anche la sorella se lei, dopo tragicomiche avventure, non gli dimostrasse che il suo amore è disinteressato. ■ COMMEDIA; B/N; 92'; USA, 1937.

POVERO RICCO, UN ★★
Regia di PASQUALE FESTA CAMPANILE. Con PIERO MAZZARELLA, ORNELLA MUTI, RENATO POZZETTO. ■ Un finanziere miliardario ossessionato dalla paura di diventare povero va a vivere come un mendicante per "allenarsi" in caso che ciò accada. In una fatiscente casa popolare, dove è andato ad abitare dopo essersi fatto assumere in incognito come uomo delle pulizie in una azienda, s'innamora di una fanciulla povera ma onesta, e la porterà con sé, tornato alla ricchezza, dopo aver cacciato la moglie infedele. ■ COMMEDIA; COL.; 92'; ITALIA, 1983.

POWAQQATSI ★★
Regia di GODFREY REGGIO. ■ Dopo il successo di *Koyaanisquatsi* ecco un altro originale documentario di Reggio. Dopo la natura questa volta è interessato all'uomo e al lavoro. Le musiche di Philip Glass sono ancora una volta suggestive e se il primo film era prodotto da Francis Ford Coppola in questo caso si è aggiunto George Lucas. ■ DOCUMENTARIO; COL.; 100'; USA, 1988.

POWDER – UN INCONTRO STRAORDINARIO CON UN ALTRO ESSERE *(Powder)* ★★
Regia di VICTOR SALVA. Con SEAN PATRICK FLANERY, JEFF GOLDBLUM, LANCE HENRIKSEN, MARY STEENBURGEN. ■ Jeremy, soprannominato Powder per il suo albinismo, ha un'intelligenza prodigiosa. È nato infatti in una notte di tempesta ed ha assorbito l'energia di un fulmine scaricatosi sulla madre la notte del parto. Ora Powder ha vent'anni, conosce a memoria tutti i libri che gli sono passati per le mani e deve districarsi in mezzo a fenomeni paranormali. Film vincitore del Festival del fantastico di Gerardmer del 1996. ■ COMMEDIA; COL.; 111'; USA, 1995.

POWER, THE ★
Regia di STEPHEN CARPENTER, JEFFREY OBROW. Con WARREN LINCOLN, SUSAN STOKEY. ■ Alcuni ragazzi californiani entrano casualmente in possesso di una misteriosa statuetta, all'apparenza inoffensiva. L'oggetto, che racchiude l'essenza malvagia di un potente idolo, prende misteriosamente vita scatenando un'interminabile catena di orrori. ■ HORROR; COL.; 90'; USA, 1987.

POWER – POTERE *(Power)* ★★★
Regia di SIDNEY LUMET. Con JULIE CHRISTIE, RICHARD GERE, GENE HACKMAN. ■ Richard Gere è un "costruttore di immagine pubblica" di uomini politici in vista delle elezioni. È il migliore, ma soprattutto non si cura dell'onestà e dei fini dei suoi clienti: si limita a "venderli" pubblicitariamente. Ma anch'egli, per quanto cinico, dovrà fare i conti con la sua coscienza. Il grande Sidney Lumet, nonostante l'attualità e l'originalità dell'idea di base, non offre questa volta un prodotto all'altezza di suoi precedenti lavori. ■ DRAMMATICO; COL.; 111'; USA, 1986.

POWER RANGERS – IL FILM ★
(Mighty Morphin Power Rangers: The Movie)
Regia di BRYAN SPICER. Con KARAN ASHLEY, STEVE CARDENAS, JOHNNY YONG BOSCH. ■ I sei supereroi adolescenti, che hanno vissuto un periodo di gloria televisiva, diventano un film grazie all'opera dell'esordiente Bryan Spicer, il quale ha a disposizione un budget consistente e un cattivo come Ivan Ooze capace di trasformazioni di ogni genere. ■ AVVENTURA; COL.; 95'; USA, 1995.

POZIONE D'AMORE *(Love Potion n. 9)* ★
Regia di DALE LAUNER. Con ANNE BANCROFT, SANDRA BULLOCK, TATE DONOVAN, MARY MARA. ■ Paul non ha mai avuto donne. Un'esperta in lettura della mano se ne accorge e gli dà una pozione. Lui prima la prova sugli animali con l'aiuto di Diane, giovane veterinaria. Scopre così che funziona e diventa un conquistatore. Solo che lui vorrebbe Diane, che è già fidanzata e non accetta la proposta. Anne Bancroft fa la maga in un film da programmazione notturna di una televisione più che locale. ■ COMMEDIA; COL.; 99'; USA, 1992.

POZZO, IL *(The Well)* ★★
Regia di SAMANTHA LANG. Con PAUL CHUBB, STEVE JACOBS, MIRANDA OTTO, PAMELA ROBE, FRANK WILSON. ■ Hester vive noiosamente in una fattoria isolata con l'anziano padre. Un giorno accoglie in casa la vitale Katherine con la quale intreccia un ambiguo rapporto che giunge agli estremi in occasione della morte del vecchio. Tutto sembra andare bene fino a quando Katherine investe un uomo che, con l'aiuto dell'amica, getta in un pozzo. Ma sarà veramente morto? Il film si fa notare per lo sguardo femminile e per la presenza di Miranda Otto (*Patsy Cline*). ■ DRAMMATICO; COL.; 102'; AUSTRALIA, 1997.

POZZO DEI MIRACOLI, IL ★★
Regia di GENNARO RIGHELLI. Con LUIGI ALMIRANTE, ELENA ALTIERI, ANTONIO CENTA, VIVI GIOI, LUIGI PAVESE, STEFANO SIBALDI. ■ Per ottenere l'eredità del marito una bella vedova deve risposarsi con un povero. Ubbidirà, ma scoprirà che il nuovo consorte è uno scrittore di commedie che si è finto povero per documentarsi. ■ COMMEDIA; B/N; 94'; ITALIA, 1941.

POZZO DELLE TRE VERITÀ, IL ★★
(Le puits aux trois vérités)
Regia di FRANÇOIS VILLIERS. Con JEAN-CLAUDE BRIALY, MICHÈLE MORGAN, CATHERINE SPAAK. ■ Una giovane donna muore in circostanze misteriose. La polizia sospetta del marito, che è fuggito con una ballerina, e della madre, che era stata precedentemente l'amante del genero. Infine si scoprirà, col rinvenimento d'un diario della ragazza, che questa si è uccisa. ■ DRAMMATICO; B/N; 94'; FRANCIA, ITALIA, 1961.

POZZO DI SATANA, IL *(House of Terrors)* ★
Regia di RICHARD GOODWIN. Con ERIC BURGER, SUZY PARKER, ROBERT SARK. ■ Un pazzo per vendicarsi dei parenti lascia loro in eredità una villa, "Il pozzo di satana", su cui grava una maledizione. ■ HORROR; B/N; 92'; GIAPPONE, 1967.

POZZO E IL PENDOLO, IL ★★★
(The Pit and the Pendulum)
Regia di ROGER CORMAN. Con LUANA ANDERS, JOHN KERR, VINCENT PRICE, BARBARA STEELE. ■ Tratto da un notissimo racconto di Edgar Allan Poe, è la storia di un giovane che penetra in un castello misterioso alla ricerca della sorella rapita e si trova legato sotto una mannaia a forma di pendolo che cala sempre più su di lui. ■ HORROR; COL.; 80'; USA, 1961.

POZZO E IL PENDOLO, IL *(The Pit and the Pendulum)* ★
Regia di STUART GORDON. Con RONA DE RICCI, LANCE HENRIKSEN, OLIVER REED. ■ Ennesima versione del racconto di Edgar Allan Poe. Un inquisitore si diverte a torturare il marito della donna desiderata. Spiace davvero che un talento come Gordon, regista di *Re-animator*, abbia potuto girare un simile pasticcio. Le riprese si sono svolte in Italia. ■ HORROR; COL.; 105'; USA, 1991.

POZZO MALEDETTO, IL *(This Side of the Law)* ★★
Regia di RICHARD L. BARE. Con ROBERT DOUGLAS, VIVECA LINDFORS, JANIS PAGE, KENT SMITH. ■ Un avvocato disonesto convince il sosia di un suo cliente scomparso alcuni anni prima a farsi passare per costui per poter firmare un testamento di cui lui sarà l'esecutore. Il sosia accetta ma, dopo che ha ubbidito al legale, questi lo getta in un pozzo. L'uomo non muore, e saprà vendicarsi scoprendo nel contempo la verità sulla misteriosa sparizione. ■ POLIZIESCO; B/N; 92'; USA, 1952.

PRANZO ALLE OTTO *(Dinner at Eight)* ★★★
Regia di GEORGE CUKOR. Con JOHN BARRYMORE, LIONEL BARRYMORE, WALLACE BEERY, MARIE DRESSLER, JEAN HARLOW, EDMUND LOWE, MAY ROBSON, LEE TRACY. ■ Un armatore, che la grande crisi ha messo nei guai, cerca di trovare finanziamenti con un grande pranzo elegante da lui stesso organizzato. Alla fine ci riuscirà grazie allo snobismo di un'arricchita. ■ COMMEDIA; B/N; 113'; USA, 1933.

PRANZO ALLE OTTO *(Dinner at Eight)* ★★
Regia di RON LAGOMARSINO. Con LAUREN BACALL, CHARLES DURNING, ELLEN GREENE. ■ Remake dell'omonimo film di George Cukor con il ricevimento sfarzoso che diventa un grosso disastro. Di Cukor, però, ce n'è uno solo. ■ COMMEDIA; COL.; 94'; USA, 1989.

PRANZO AL RITZ *(Dinner at the Ritz)* ★★★
Regia di HAROLD SCHUSTER. Con ANNABELLA, PAUL LUKAS, DAVID NIVEN. ■ Un'ereditiera francese cerca, nei dintorni di Nizza, di scoprire la verità sulla morte del padre che ufficialmente si è suicidato. Scoprirà che si tratta d'un delitto e smaschererà l'assasino. ■ POLIZIESCO; B/N; 77'; USA, 1945.

PRANZO DELLA DOMENICA, IL ★★
Regia di CARLO VANZINA. Con BARBARA DE ROSSI, MASSIMO GHINI, MAURIZIO MATTIOLI, ROCCO PAPALEO, GIOVANNA RALLI, ELENA SOFIA RICCI. ■ La vita di Franca Malorni, esponente della buona borghesia della Capitale, cambia di colpo quando il marito (un affermato avvocato matrimonialista) muore. Le sue attenzioni si riversano, così, sulle tre figlie Barbara, Sofia e Susanna, tutte sposate, obbligate ogni domenica a recarsi a pranzo da lei con le rispettive famiglie. Nel corso di una di queste riunioni, un giorno, Franca ha un incidente. ■ COMMEDIA; COL.; 100'; ITALIA, 2002.

♥ **PRANZO DI BABETTE, IL** *(Babette gaestebud)* ★★★★
Regia di GABRIEL AXEL. Con BIBI ANDERSSON, STÉPHANE AUDRAN, JARL KULLE. ■ Da un racconto di Karen Blixen. Babette, signora francese ricercata dalla polizia del suo paese dopo i giorni della Comune, ripara in Scandinavia dove trova lavoro e ospitalità presso due sorelle zitelle, figlie di un pastore protestante. Con i soldi ricavati da una vincita alla lotteria, Babette imbastisce una favoloso pranzo che ha il potere di sanare tutte le discordie del paese. ■ COMMEDIA; COL.; 103'; DANIMARCA, 1987. ■ GOLDEN GLOBES 1 NOM; OSCAR 1 PR, 1 NOM.

PRANZO DI FERRAGOSTO ★★★
Regia di GIANNI DI GREGORIO. Con MARINA CACCIOTTI, MARIA CALI, VALERIA DE FRANCISCIS, GIANNI DI GREGORIO, GRAZIA CESARINI SFORZA. ■ Gianni ha un lavoro: occuparsi dell'anziana madre, una nobildonna decaduta, capricciosa e un tantino opprimente. Madre e figlio vivono soli in un fatiscente appartamento nel centro di Roma e faticano a tirare avanti, ricoperti di debiti come sono. Nel bel mezzo dell'afa estiva Alfonso, l'amministratore, si presenta alla loro porta per riscuotere quanto gli è dovuto, ma propone a Gianni l'estinzione di tutte le spese condominiali in cambio di un favore: ospitare la madre per la notte e il successivo pranzo di ferragosto in modo che lui possa partire per le terme. L'accordo non prevede però l'arrivo di una seconda signora, la zia di Alfonso, una simpatica anziana con qualche problema di memoria, ma l'amministratore lo convince a tenerla offrendogli del denaro. Gianni è costretto, suo malgrado, a dare asilo anche a una terza "mamma abbandonata" quando l'amico dottore, giunto per fargli una visita di controllo in seguito a un malore, gli chiede di potergliela affidare per non lasciarla sola durante il turno di notte. Lo sceneggiatore e aiuto regista Gianni Di Gregorio affronta la sua prima volta da solista pescando a piene mani dalla propria esperienza di figlio e regalando una svolta a un fatto realmente accaduto. Incuriosito da quello che sarebbe potuto accadere se avesse davvero accettato di tenere la madre dell'amministratore per le ferie di ferragosto, confeziona una piccola e tenera storia dai tratti scanzonati in cui l'improvvisato ospizio diventa il teatro di una serie di gag offrendo allo stesso tempo diversi spunti di riflessione. COMMEDIA; COL.; 75'; ITALIA, 2008.

PRANZO DI NATALE *(La Bûche)* ★★
Regia di DANIÈLE THOMPSON. Con SABINE AZÉMA, EMMANUELLE BÉART, FRANÇOISE FABIAN, CHARLOTTE GAINSBOURG, CLAUDE RICH, CHRISTOPHER THOMPSON. ■ Tre sorelle: Louba (Azéma), Sonia (Beart) e Milla (Gainsbourg). Non hanno molte occasioni di frequentarsi normalmente, così approfittano del Natale per stare insieme. Il primo problema nasce già nella fase di preparazione del pranzo, poi a poco a poco i rapporti peggiorano e le tre donne finiscono per confrontare le loro vite e per colpevolizzarsi a vicenda. La Thompson è al suo primo film. È invece nota come sceneggiatrice (*La regina Margot*). Il film ha ottenuto tre nomination ai César. ■ DRAMMATICO; COL.; 106'; FRANCIA, 2000.

PRANZO DI NOZZE *(The Catered Affair)* ★★★★
Regia di RICHARD BROOKS. Con ERNEST BORGNINE, BETTE DAVIS, BARRY FITZGERALD, DEBBIE REYNOLDS, ROD TAYLOR. ■ La figlia d'un tassista newyorkese è fidanzata con un giovanotto piccolo borghese. I due decidono di sposarsi con una cerimonia molto semplice, ma la madre di lei, timorosa che i vicini possano giudicarla avara o povera, impone un matrimonio sfarzoso che crea immense difficoltà a tutti i membri della famiglia. Finalmente il tassista troverà le parole giuste per far comprendere alla moglie l'assurdità delle sue pretese. Non solo i due giovani potranno sposarsi, ma anche la coppia più anziana instaurerà un rapporto diverso. ■ COMMEDIA; B/N; 93'; USA, 1956.

PRANZO DI PASQUA *(The Pigeon that Took Rome)* ★★★
Regia di MELVILLE SHAVELSON. Con CHARLTON HESTON, ELSA MARTINELLI, GABRIELLA PALLOTTA. ■ Nel 1944 Roma è sotto l'occupazione nazista, mentre gli Alleati sono attestati ad Anzio. Due soldati americani hanno l'incarico di nascondersi presso una famiglia della capitale per raccogliere informazioni che verranno inviate al loro comando con piccioni viaggiatori, ma i loro ospiti si mangiano, in occasione della Pasqua, i preziosi volatili e poi, per non far scoprire il misfatto, li sostituiscono con altri rubati ai tedeschi. Ne nasce una serie di equivoci che causeranno una vittoriosa avanzata alleata. ■ COMMEDIA; B/N; 101'; USA, 1963. ■ OSCAR 1 NOM.

PRANZO MISTERIOSO *(Parents)* ★
Regia di BOB BALABAN. Con MARY BETH HURT, BRYAN MADORSKY, RANDY QUAID. ■ Siamo negli anni Cinquanta. C'è una famiglia americana come molte altre, della quale fa parte uno studente, Michael. Sotto l'apparente normalità però i genitori del giovane nascondono strane patologie e Michael si confida con uno psicologo. ■ COMMEDIA; COL.; 92'; USA, 1989.

PRANZO REALE *(A Private Function)* ★★★
Regia di MALCOLM MOWBRAY. Con DENHOLM ELLIOTT, MICHAEL PALIN, MAGGIE SMITH. ■ Nel 1948, in occasione delle nozze della principessa Elisabetta d'Inghilterra e del principe Filippo di Edimburgo, in un paesino dello Yorkshire decidono di fare un succulento e sontuoso pranzo nonostante ci sia ancora il razionamento. Ci si metterà perciò a ingrassare una bella scrofa, ma quando sarà pronta, verrà rubata dal pedicure locale che se la porta a casa. Individuato il ladro tutti si precipitano da lui e ne nascono tafferugli di ogni tipo. L'accordo però sarà presto raggiunto e tutti potranno saziarsi al banchetto in onore della loro maestà. Divertente commedia che si avvale di un'ottima sceneggiatura e di bravissimi attori: fra tutti spicca Maggie Smith. ■ COMMEDIA; COL.; 93'; GRAN BRETAGNA, 1984.

PRATERIA IN FIAMME *(Battling with Buffalo Bill)* ★★
Regia di RAY TAYLOR. Con LUCILLE BROWN, TOM TYLER. ■ Ray Taylor fu un regista di western di serie B, quelli senza tanti problemi in cui l'eroe arriva in un paese dominato dai banditi, li sgomina e si sposa l'eroina. Qui, però, il protagonista è addirittura il colonnello William Cody, Buffalo Bill. ■ WESTERN; B/N; 95'; USA, 1931.

PRATERIA SENZA LEGGE, LA *(Robber's Roost)* ★★
Regia di SIDNEY SALKOW. Con BRUCE BENNETT, RICHARD BOONE, GEORGE MONTGOMERY. ■ Un cowboy, ingiustamente accusato di furto di bestiame, cerca i colpevoli che sono, oltre tutto, anche i responsabili della morte di sua moglie. Si arruola tra i razziatori e scopre che il vero capo è un grande allevatore paralizzato. Sgominerà i banditi e sposerà la bella e simpatica sorella del paralitico. ■ WESTERN; COL.; 82'; USA, 1956.

PRATO, IL ★★★
Regia di PAOLO TAVIANI, VITTORIO TAVIANI. Con GIULIO BROGI, SAVERIO MARCONI, MICHELE PLACIDO, ISABELLA ROSSELLINI. ■ Eugenia è legata ad Enzo da un tenero sentimento, ma quando appare Giovanni si innamora anche di lui. Le difficoltà di inserimento nella vita sociale portano Eugenia ed Enzo alla decisione di raggiungere l'Africa e Giovanni, rimasto solo, si lascia morire. ■ DRAMMATICO; COL.; 115'; ITALIA, 1979.

PRATO MACCHIATO DI ROSSO, IL ★
Regia di RICCARDO GHIONE. Con DOMINIQUE BOSCHERO, DANIELA CAROLI, LUCIO DALLA, MARINA MALFATTI, ENZO TARASCIO. ■ Due giovani hippy americani finiscono nella villa di una misteriosa signora. Dopo alcune orge i due scoprono che la pa-

drona di casa, aiutata da alcuni complici, ha il vizietto di uccidere gli ospiti, scelti abitualmente tra i reietti della società, per derubarli di tutto il loro sangue che poi rivende a cliniche e ospedali. ■ HORROR; COL.; 92'; ITALIA, 1975.

PRECIOUS ★
Regia di LEE DANIELS. Con MARIAH CAREY, MO'NIQUE, PAULA PATTON, GABOUREY SIDIBE. ■ Precious Jones ha diciassette anni, un corpo obeso e un figlio nel ventre (il secondo ed entrambi sono frutto di incesto). A scuola viene derisa dai compagni e a casa la madre non la difende dalle violenze paterne, incolpandola. La strada verso l'autodeterminazione non è però facile. ■ DRAMMATICO; COL.; 109'; USA, 2009. GOLDEN GLOBES 1 PR.

PRECIPITEVOLISSIMEVOLMENTE ★★
(Trouble in Store)
Regia di JOHN PADDY CARSTAIRS. Con DEREK BOND, MOIRA LISTER, LANA MORRIS, NORMAN WISDOM. ■ Il commesso di un emporio londinese è un pasticcione fortunato. Combina, infatti, un sacco di guai nel vano tentativo di conquistare il cuore di una collega, ma, regolarmente, i suoi guai producono pubblicità al negozio e quindi viene perdonato dal principale. Alla fine riuscirà addirittura a sventare una rapina e così la ragazza s'innamorerà di lui. ■ COMMEDIA; B/N; 85'; GRAN BRETAGNA, 1954.

PRECISIONE DEL CASO, LA ★★
Regia di CESARE CICARDINI. Con ANA DIMITRIJEVIC, RINALDO ROCCO, LUIGI ROSATELLI. ■ Alienato dai ritmi frenetici della sua vita lavorativa in una tipografia di Milano, Diego, un giovane di 23 anni, decide improvvisamente di licenziarsi. Dopo aver trascorso alcuni giorni con i suoi amici, con cui non riesce a confidarsi, il ragazzo trova nel cruscotto della sua auto una cartolina speditagli dal suo amico Matteo e decide di mettersi in viaggio per raggiungerlo. Diego non sa bene cosa fare, né dove andare: si lascia semplicemente guidare dal caso e dalle sue emozioni e per lui inizia una nuova vita. Cinema in movimento. Personaggi che vagano senza meta. Immagini che tentano di fondersi con la realtà e di restituire il senso del suo inarrestabile fluire. ■ DRAMMATICO; COL.; 90'; ITALIA, 2000.

PRECOCI, LE *(Die Frühreifen)* ★
Regia di JOSEF VON BACKY. Con HEIDI BRUHL, CHRISTIAN DOERMER. ■ La figlia di un onesto lavoratore sente le lusinghe del lusso e, disdegnando l'amore d'un bravo minatore, diventa l'amante di un giovane ricco e perverso. La brutalità e il cinismo dell'amante provocano però la morte di un'ingenua fanciulla e l'episodio fa rinsavire la protagonista. ■ DRAMMATICO; B/N; 91'; GERMANIA, 1958.

PREDA, LA *(The Lone Wolf Spy Hunt)* ★★★
Regia di PETER GODFREY. Con IDA LUPINO, WARREN WILLIAM. ■ Un ladro gentiluomo ha deciso, spinto dall'amore, di rinunciare alla sua pericolosa attività, ma viene commesso un furto e sul luogo del misfatto la polizia trova un indizio che l'accusa. Il ladro pentito riuscirà, dopo molte traversie, a provare la propria innocenza. ■ GIALLO; B/N; 67'; USA, 1939.

PREDA, LA ★★
Regia di DOMENICO PAOLELLA. Con ZEUDI ARAYA, FRANCO GASPARRI, RENZO MONTAGNANI, MICHELINE PRESLE. ■ Un bianco "insabbiato" ai margini della giungla colombiana s'innamora di una bellissima ragazza di colore e, per conquistarla, partecipa a una rapina. Lei, però, finirà per preferirgli un complice. ■ AVVENTURA; COL.; 92'; ITALIA, 1974.

PREDA AZZURRA, LA *(Madonna of Avenue)* ★★
Regia di MICHAEL CURTIZ. Con DOLORES COSTELLO, LOUISE DRESSER, GRANT WHITERS. ■ Una collegiale, allieva di una scuola per signorine bene, ha sempre creduto che sua madre fosse una signora dell'alta società. Va in tilt quando scopre che è la *maîtresse* di un'equivoca sala da ballo. ■ DRAMMATICO; B/N; 93'; USA, 1929.

PREDA BIONDA *(Girl in Trouble)* ★★
Regia di LEE BEALE. Con TOMMY CLARK, BETTINA JOHNSON, RAY MENARD. ■ La protagonista fugge di casa, ma viene quasi violentata da un automobilista a cui ha chiesto un passaggio. Più tardi, giunta a New Orleans, si vede costretta a diventare spogliarellista. In platea c'è il fidanzato e la poverina tenta il suicidio. Guarita tornerà al paesello. ■ DRAMMATICO; B/N; 80'; USA, 1963.

PREDA DELLA BELVA, LA *(Outrage)* ★★★
Regia di IDA LUPINO. Con TOD ANDREWS, ROBERT CLARKE, MALA POWERS. ■ Una ragazza che sta per sposarsi viene seguita da uno sconosciuto che la violenta. Il suo sistema nervoso rimane scosso, tanto che reagisce istericamente agli approcci un po' pesanti di un conoscente. La psicoanalisi saprà guarirla. ■ DRAMMATICO; B/N; 78'; USA, 1954.

PREDA E L'AVVOLTOIO, LA ★★
Regia di RAFAEL ROMERO MARCHENT. Con ORCHIDEA DE SANTIS, PETER LEE LAWRENCE, CARLOS ROMERO MARCHENT. ■ La diligenza su cui viaggia un giovane pittore accompagnato dal padre viene assalita dai banditi che uccidono l'uomo più anziano. Il superstite parte alla caccia degli assassini e riesce ad ucciderne molti, grazie alla sua memoria visiva che gli fa ricordare particolari importanti del loro abbigliamento. ■ WESTERN; COL.; 91'; ITALIA, SPAGNA, 1973.

PREDA NUDA, LA *(The Naked Prey)* ★★
Regia di CORNEL WILDE. Con KEN GAMPU, BELLA RANDLES, GERT VAN DEN BERGH, CORNEL WILDE. ■ Nell'Africa misteriosa, un cacciatore bianco catturato da una tribù ancora selvaggia viene spogliato dei vestiti e costretto a correre con tutti i guerrieri neri scatenati alle sue calcagna. Se la caverà per un pelo. ■ AVVENTURA; COL.; 94'; USA, 1966 ■ OSCAR 1 NOM.

PREDATOR ★★★
Regia di JOHN MCTIERNAN. Con BILL DUKE, ARNOLD SCHWARZENEGGER, CARL WEATHERS. ■ Una squadra di commandos americani in missione nella giungla amazzonica è attaccata da un terribile extraterrestre. Sopravvive solo uno dei militari, il più coriaceo, che fortunosamente salda il conto al terrificante "alien". ■ AVVENTURA; COL.; 104'; USA, 1987. ■ OSCAR 1 NOM.

PREDATOR 2 ★★
Regia di STEPHEN HOPKINS. Con MARIA CONCHITA ALONSO, RUBEN BLADES, DANNY GLOVER, KEVIN PETER HALL. ■ Chi ha amato il primo episodio cinematografico *Predator* troverà una bella sorpresa. Per chi invece non l'ha gradito questo può risultare altrettanto fastidioso. Il regista è quello di *Nightmare 5*, mentre Danny Glover ha fatto coppia con Mel Gibson in *Arma letale*. Ci troviamo nella Los Angeles del futuro prossimo dove regnano la violenza e la corruzione. La polizia cerca di tenere sotto controllo la situazione ma non sempre ci riesce. Ecco allora Predator in azione che fa piazza pulita dei malviventi. Purtroppo lo fa in maniera non molto ortodossa e la polizia è costretta a dargli la caccia. ■ FANTASTICO; COL.; 108'; USA, 1990.

PREDATORI DELLA NOTTE, I ★★
(Les prédateurs de la nuit)
Regia di JESUS FRANCO. Con HELMUT BERGER, FLORENCE GUERIN, TELLY SAVALAS. ■ Barbara Hallen, indossatrice tra le più quotate nonché figlia di un miliardario greco che risiede a New York, scompare misteriosamente mentre si trova a Parigi. Suo padre affida al detective Sam Morgan l'incarico di ritrovarla. Morgan, giunto nella capitale francese, scopre che le tracce di Barbara si fermano all'ospedale di chirurgia del dottor Flamand e che nel sottosuolo dell'ospedale stesso si nasconde il segreto capace di sbrogliare la matassa. ■ POLIZIESCO; COL.; 93'; FRANCIA, SPAGNA, 1988.

PREDATORI DELLA PIETRA MAGICA, I ★
Regia di ANTHONY RICHMOND. Con CHRIS AHRENS, JAMES MITCHUM. ■ Due avventurieri, con il Vietnam alle spalle, cercano di recuperare tra alterne fortune un magico oggetto proprio dove combatterono in guerra. Tra imprevisti e tradimenti l'italianissimo Teodoro Ricci arriva alla fine col fiato corto, complice una sceneggiatura inesistente. Né lo aiutano gli improvvisati attori. ■ AVVENTURA; COL.; 88'; ITALIA, 1986.

PREDATORI DELL'ARCA PERDUTA, I ★★★★
(Raiders of the Lost Ark)
Regia di STEVEN SPIELBERG. Con KAREN ALLEN, HARRISON FORD, JOHN RHYS-DAVIES. ■ Uno dei più importanti personaggi del cinema è Indiana Jones. È uno dei grandi testimoni del no-

stro tempo. Occorreva inventarlo e ci ha pensato un grande inventore, Steven Spielberg. Il regista ha avuto una delle sue intuizioni, ha capito che il cinema era arrivato al punto... di ritorno. Il bisogno che tutti noi abbiamo di avventura non poteva esaurirsi nelle storie di fantascienza o arti marziali. Ci voleva un eroe forte e indomito e intelligente alla Errol Flynn o alla Gary Cooper, in cui lo spettatore possa identificarsi. Ma il cinema era andato troppo avanti per riproporre agli adulti le storie di stampo antico, era andato tanto avanti che quasi tutto ormai era scontato e fuori luogo. Persino le storie d'amore. Chi ha mai più visto nei film gli strepitosi baci che si davano Cary Grant e Ingrid Bergman? Oppure Glenn Ford e Rita Hayworth? E chi aveva più visto un corsaro come Burt Lancaster volteggiare sugli alberi dei galeoni con una cima nella mano e la spada nell'altra? Spielberg ha trovato una giusta mediazione: ha riproposto quei sapori, senza preoccuparsi di esagerarli e di farli apparire improbabili, e ci ha aggiunto qualche contenuto importante. Indiana Jones è sempre coinvolto in ricerche "intellettuali" (una volta è il Graal, una volta l'Arca) o benemerite (spesso combatte i nazisti, un preciso dovere che si è prefisso Spielberg). Jones è a sua volta un intellettuale, un professore notissimo e stimato. La sua prima fatica è quella di trovare la famosa Arca, alla quale vengono attribuiti poteri soprannaturali. Indiana attraversa il mondo, dall'Inghilterra al Tibet, all'Africa. Battendosi come un eroe medievale vince la sua battaglia e salva l'umanità. Meraviglioso sapore antico, con in più il genio di Spielberg per gli effetti speciali. ■ AVVENTURA; COL.; 115'; USA, 1981. ■ GOLDEN GLOBES 1 NOM; OSCAR 5 PR, 9 NOM.

PREDATORI DELLA STRADA, I ★★
Regia di RICHARD LANG. Con BRUCE BOXLEITNER, SUSAN DIOL. ■ Nel corso dell'ultima guerra, due americani distaccati a Manila si guadagnano da vivere grazie al locale notturno di loro proprietà. In breve tempo, a causa del loro carattere, finiscono nei guai sia con i militari giapponesi che con i compatrioti. ■ AVVENTURA; COL.; 95'; USA, 1989.

PREDATORI DELLA VENA D'ORO, I *(Mother Lode)* ★★
Regia di CHARLTON HESTON. Con KIM BASINGER, CHARLTON HESTON, NICK MANCUSO. ■ Un giovane, Jean, parte con la sua ragazza alla ricerca di un amico disperso tra i monti del Canada, ma i due s'imbattono in un cercatore d'oro folle assassino, che cerca di ucciderli. Saranno salvati dal fratello del pazzo, che vive nascosto in una miniera. Saranno loro a trovare la vena d'oro, ma vi rinunceranno, felici d'aver salvato la pelle. ■ AVVENTURA; COL.; 101'; USA, 1983.

PREDATORI DI ATLANTIDE, I ★
Regia di RUGGERO DEODATO. Con CHRISTOPHER CONNELLY, GEORGE HILTON, TONY KING, GIOIA MARIA SCOLA. ■ Al largo della Florida un sommergibile russo affonda e, durante il recupero, viene riscoperta la mitica Atlantide. Avventura mista a esotismo, con goffi tentativi di suspense e di colpi di scena. ■ AVVENTURA; COL.; 90'; ITALIA, 1983.

PREDATORS ★
Regia di NIMROD ANTAL. Con ALICE BRAGA, ADRIEN BRODY, LAURENCE FISHBURNE, TOPHER GRACE, DANNY TREJO. ■ Su un pianeta lontano la razza dei Predator ha creato il suo Colosseo senza pubblico. Raccolgono e ammassano esemplari di altre razze, li gettano nella foresta senza spiegazioni e danno loro la caccia. Quando sul pianeta arriva un gruppo eterogeneo composto da guerriglieri, soldati e mercenari, tutti a modo loro dei predatori nella loro vita terrestre, la faccenda si complica. ■ AZIONE; COL.; 106'; USA, 2010.

PREDA UMANA, LA *(Run for the Sun)* ★★★
Regia di ROY BOULTING. Con JANE GREER, TREVOR HOWARD, RICHARD WIDMARK. ■ Una coppia di americani precipita con l'aereo nella giungla messicana. Se la cavano, ma finiscono prigionieri di tre sadici criminali di guerra nazisti che li obbligano a partecipare a una partita di caccia in cui loro due avranno funzione di preda. Dopo molti pericoli riusciranno a cavarsela. ■ AVVENTURA; COL.; 99'; USA, 1957.

PREDONI DEL KANSAS, I *(Kansas Raiders)* ★★★
Regia di RAY ENRIGHT. Con MARGUERITE CHAPMAN, BRIAN DONLEVY, AUDIE MURPHY. ■ Durante la guerra di Secessione americana, lo Stato del Kansas era sconvolto da bande di guerriglieri sudisti provenienti dal Missouri. La più famosa di tali bande fu quella del "generale" Quantrill in cui fece il suo "apprendistato" Jesse James. Questo film racconta, romanzandola, la vita di Quantrill fino alla sua morte avvenuta per opera delle truppe nordiste. ■ WESTERN; B/N; 80'; USA, 1952.

PREDONI DELLA CITTÀ, I *(Abilene Town)* ★★
Regia di EDWIN L. MARIN. Con EDGAR BUCHANAN, ANN DVORAK, RANDOLPH SCOTT. ■ Uno, e non certo il migliore, dei western interpretati da Randolph Scott. Qui la vera protagonista è Abilene, la città del Kansas dove i cowboy del Texas portavano le mandrie che dovevano essere spedite per ferrovia, teatro di bagordi e di risse. ■ WESTERN; B/N; 89'; USA, 1946.

PREDONI DELLA JUNGLA, I *(Jungle Raiders)* ★★
Regia di LESLEY SELANDER. Con VEDA ANN BORG, KANE RICHMOND. ■ Un gruppo di archeologi americani scopre i superstisti della civiltà azteca. Gli scienziati riescono a guadagnarsi la fiducia degli indios salvando la vita al capo malato grazie a un preparato che unisce i ritrovati della medicina moderna alla sapienza primitiva. Insieme sconfiggeranno i cattivi. ■ AVVENTURA; B/N; 94'; USA, 1948.

PREDONI DELLA MONTAGNA, I *(Code of the West)* ★★
Regia di WILLIAM BERKE. Con DEBRA ALDEN, STEVE BRODIE, JAMES WARREN. ■ Alcuni banditi terrorizzano una zona del New Mexico con l'intento di scacciare i coloni in previsione dell'arrivo della ferrovia che farà alzare il prezzo dei terreni. Gli onesti si uniranno e li sconfiggeranno. ■ WESTERN; B/N; 92'; USA, 1947.

PREDONI DELLA STEPPA, I ★★
Regia di AMERIGO ANTON. Con KIRK MORRIS, MOIRA ORFEI, DANIELE VARGAS. ■ Un bel predone rapisce una principessa ma, innamoratosi di lei, la restituisce al padre sperando di ottenere il perdono. Invece la fanciulla viene destinata a un altro capo tribù il quale si rivela più avido ancora del predone e spodesta il suocero. Naturalmente tutto finirà bene. ■ AVVENTURA; COL.; 95'; ITALIA, 1962.

PREDONI DELLE GRANDI PALUDI, I ★★★
(Prowlers of the Everglades)
Regia di JAMES ALGAR. ■ Uno dei documentari della serie disneyana *La natura e le sue meraviglie* dedicato alla palude dell'Everglades, in Florida, paradiso degli alligatori. Il film venne presentato in Italia abbinato a *Oltre il Sahara* di Armand Denis. ■ DOCUMENTARIO; COL.; 80'; USA, 1954.

PREDONI DEL SAHARA, I ★★
Regia di JAMES REED. Con FURY MEN, GEORGE MIKELL, CARL TAMBLYN, PAMELA TUDOR. ■ I due figli di un archeologo scomparso nel Sahara si fanno aiutare da una guida a ritrovare il genitore. Ci riusciranno, nonostante i predoni del deserto, grazie all'abilità della guida e all'aiuto della Legione straniera. ■ AVVENTURA; COL.; 91'; ITALIA, 1966.

PREDONI DI EL PASO – L'EROE DELLA PAMPA, I ★★
(Knight of the Plain)
Regia di SAM NEWFIELD. Con FRED SCOTT, AL ST JOHN, MARION WELDON. ■ L'eroe arriva in una città dominata dai banditi agli ordini di un allevatore che conta tra i suoi complici lo stesso sceriffo. Tipico western di serie B: secondo una celebre definizione, «non si cambiavano le storie, si cambiavano i cavalli». ■ WESTERN; B/N; 57'; USA, 1938.

PREDONI DI RIO RANCHO, I *(Dynamite)* ★★
Regia di OTTO BROWER. Con ALICE DAY, JACK HOXIE. ■ L'eroina, proprietaria d'un ranch, viene insidiata da un mellifluo individuo. L'uomo è in realtà il capo dei banditi che vogliono portarle via il ranch. Per fortuna arriverà il solito cowboy solitario. ■ WESTERN; B/N; 95'; USA, 1939.

PREFERISCO IL MANICOMIO *(Roadshow)* ★★★
Regia di HAL ROACH. Con JOHN HUBBARD, CAROLE LANDIS, ADOLPHE MENJOU. ■ Il regista-produttore che fu l'artefice della coppia Stanlio e Ollio racconta di un giovane milionario che si finge pazzo per evitare un matrimonio non desiderato. Poi evade con

un altro ricoverato e va a lavorare in un circo dove conosce una ragazza di cui s'innamora. ■ COMMEDIA; B/N; 87'; USA, 1941.

PREFERISCO IL RUMORE DEL MARE ★★
Regia di MIMMO CALOPRESTI. Con MIMMO CALOPRESTI, PAOLO CIRIO, SILVIO ORLANDO, MICHELE RASO, FABRIZIA SACCHI. ■ Un film degli anni Cinquanta, *Amici per la pelle*, raccontava l'amicizia di due ragazzi delle medie di diversissima estrazione sociale (uno era figlio di un proletario, l'altro di un diplomatico). Calopresti ripropone un po' quella storia, in una Torino dei giorni nostri, dove le condizioni sociali "devono" essere diverse. Dunque Rosario (Raso) sarà figlio di un malavitoso e Matteo (Cirio) di un benestante. Alla fine, proprio "quelle" diversità faranno sì che l'amicizia non possa reggere. Al terzo film (dopo *La seconda volta* e *La parola amore esiste*) Calopresti rallenta, nonostante (o forse per colpa di) Silvio Orlando. ■ COMMEDIA; COL.; 90'; ITALIA, 2000.

PREFERISCO L'ASCENSORE *(Safety Last)* ★★★★
Regia di FRED C. NEWMEYER, SAM TAYLOR. Con MILDRED DAVIS, HAROLD LLOYD, BILL STROTHERS. ■ Le disavventure all'insegna della comicità di Harold Lloyd, il comico con gli occhiali e il cappello di paglia, che questa volta veste i panni di un giovane provinciale deciso a farsi strada. Il poveretto non conosce ancora le insidie della grande città. Si tratta del film più famoso del comico con la scalata dell'edificio e l'episodio delle lancette del grande orologio. ■ COMMEDIA; B/N; 70'; USA, 1923.

PREFERISCO LA VACCA *(The Kid from Brooklyn)* ★★★
Regia di NORMAN Z. MACLEOD. Con VERA ALLEN, DANNY KAYE, VIRGINIA MAYO. ■ Uno smilzo garzone di lattaio partecipa a diversi incontri pugilistici riuscendo sempre vincitore grazie a una buona dose di fortuna e a un abile gioco di gambe. La sua fidanzata, paventando l'inevitabile disastrosa sconfitta, lo scongiura di smettere. Per fortuna nell'ultimo incontro conquista il principale del campione che gli offre un posto dirigenziale. ■ COMMEDIA; COL.; 113'; USA, 1946.

PREFERISCO MIA MOGLIE ★★
(Der Tag nach der Scheidung)
Regia di PAUL VERHOEVEN. Con JOHANNES RIEMANN, HANS SÖHNKER, LUISE ULLRICH. ■ Una coppia divorzia perché lui è innamorato di una cantante, ma lei, che l'ama ancora, prima l'ingelosisce civettando con un bell'aviatore e poi gli fa capire che la nuova fiamma è indegna. Torneranno insieme. ■ COMMEDIA; B/N; 92'; GERMANIA, 1939.

PREFERISCO MIO MARITO *(Never Say Goodbye)* ★★★
Regia di JAMES V. KERN. Con ERROL FLYNN, ELEANOR PARKER, LUCILLE WATSON. ■ Un marinaio in licenza si reca a conoscere la sua madrina di guerra. Dapprima rimane soddisfatto trovandosi di fronte una bella ragazza, ma poi scopre che la madrina non è costei. Chi gli ha scritto è la figlioletta della donna, la quale vive una pesante situazione perché i suoi genitori, pur amandosi ancora, sono divorziati. Il buon marinaio riuscirà alla fine a rappacificarli. Morale edificante ■ COMMEDIA; B/N; 97'; USA, 1946.

PREFETTO DI FERRO, IL ★★★
Regia di PASQUALE SQUITIERI. Con CLAUDIA CARDINALE, GIULIANO GEMMA, FRANCISCO RABAL, STEFANO SATTA FLORES. ■ La vicenda è ambientata durante gli anni del fascismo. Cesare Mori viene trasferito a Palermo e tiene fede alla sua fama di magistrato integerrimo. Finché si rivolge a piccoli delinquenti e a figure minori ha campo libero, ma quando nei carteggi delle sue inchieste arrivano nomi di politici, legati alla mafia, Cesare Mori viene nominato in tutta fretta senatore e spedito nella capitale. ■ DRAMMATICO; COL.; 110'; ITALIA, 1977. ■ DAVID DI DONATELLO 1 PR, 1 NOM.

PREGA IL MORTO E AMMAZZA IL VIVO ★
Regia di JOSEPH WARREN. Con KLAUS KINSKI, ANTONY ROCK, PAUL SULLIVAN, VICTORIA ZINNY. ■ Un gruppo di banditi deve attraversare il deserto per rifugiarsi in Messico e assolda un giovane come guida, ma costui, in realtà, li porta alla rovina perché deve vendicare i familiari uccisi. ■ WESTERN; COL.; 96'; ITALIA, 1972.

PREGHIERA PER MORIRE, UNA ★★
(A Prayer for the Dying)
Regia di MIKE HODGES. Con ALAN BATES, BOB HOSKINS, MICKEY ROURKE. ■ Un terrorista pentito scappa dall'Irlanda, dove è ricercato dalla polizia e dai suoi ex compagni. Un losco individuo gli offre denaro e passaporto se ucciderà un uomo che gli dà fastidio. Il terrorista esegue il "contratto" ma un prete ha visto tutto. Il mandante vorrebbe uccidere il prete, ma il terrorista, ormai pentitissimo, lo difende, rimettendoci la pelle nella lotta. Thriller pretenzioso, appesantito da troppi temi e dalla cattiva recitazione di Rourke. ■ DRAMMATICO; COL.; 100'; GRAN BRETAGNA, 1987.

PREGO SORRIDA! *(Watch the Birdie)* ★★
Regia di JACK DONOHUE. Con ARLENE DAHL, ANN MILLER, RED SKELTON. ■ Il comico Red Skelton interpreta un improvvisato cineoperatore d'attualità che riesce a sconfiggere un bieco speculatore riprendendo per caso un colloquio compromettente. Otterrà, inoltre, l'amore d'una ragazza che il cattivo cercava di truffare. ■ COMMEDIA; B/N; 70'; USA, 1952.

PRELUDIO D'AMORE ★★
Regia di GIOVANNI PAOLUCCI. Con MARINA BERTI, VITTORIO GASSMAN, MASSIMO GIROTTI, MARIA MICHI. ■ Un marinaio ligure, al ritorno della guerra, scopre che la sua fidanzata si trova nei guai seri. Un losco figuro, innamorato di lei, ha lasciato un'altra ragazza che prima l'ha denunciato e poi, pentita, si è suicidata. I parenti della morta vorrebbero vendicarsi sulla donna, innocente, che ritengono l'origine delle disgrazie accadute. Per fortuna il marinaio saprà salvarla. ■ DRAMMATICO; B/N; 84'; ITALIA, 1948.

PREMIERE ETOILE. LA PRIMA STELLA, LA ★★
(La Première Étoile)
Regia di LUCIEN JEAN-BAPTISTE. Con ANNE CONSIGNY, LUDOVIC FRANÇOIS, LUCIEN JEAN-BAPTISTE, FIRMINE RICHARD, JIMMY WOHA-WOHA. ■ Jean-Gabriel è un padre di famiglia irresponsabile con una scarsa propensione al lavoro e il vizio delle scommesse ippiche. Da tempo esasperata dalle sue bugie e dall'atteggiamento sconsiderato, la moglie Suzy raggiunge i limiti della sopportazione quando Jean-Gabriel promette ai tre figli una vacanza in montagna pur sapendo che non potrà mai permettersela. Invece, per mantenere la promessa e riconquistare la fiducia di Suzy, Jean-Gabriel si organizza per raccogliere i fondi sufficienti. ■ COMMEDIA; COL.; 90'; FRANCIA, 2009.

PREMIO, IL ★★
Regia di GIUSEPPE PICCIONI. Con SONIA BERGAMASCO, PIERA DEGLI ESPOSTI, VALERIA GOLINO, ANTONIA LISKOVA, VALERIO MASTANDREA. ■ Guido è uno scrittore di successo, con il suo ultimo libro è entrato nella cinquina dei finalisti di un prestigioso premio letterario. Mentre è alle prese con gli impegni che la candidatura del suo romanzo comporta, inizia a frequentare una piscina e decide di imparare a nuotare, realizzando così un desiderio che coltivava da tempo. Lì incontra Giulia, una donna molto affascinante, soprattutto quando è nel suo elemento: l'acqua. Tra Guido e Giulia nasce una relazione che da subito però rivela delle zone d'ombra. Perché Giulia nasconde un segreto, e un passato misterioso. ■ DRAMMATICO; COL.; 100'; ITALIA, 2008.

PREMONIZIONI *(Hideaway)* ★
Regia di BRETT LEONARD. Con JEFF GOLDBLUM, CHRISTINE LAHTI, ALFRED MOLINA, ALICIA SILVERSTONE. ■ Il significato sta tutto nel plot. Hatch sta per morire e riceve le onde negative di un assassino, figlio di un medico. La situazione potrebbe diventare veramente pericolosa se non entrasse in azione la figlia defunta di Hatch. ■ FANTASCIENZA; COL.; 110'; USA, 1996.

PRENDETELI VIVI O MORTI *(Code Two)* ★★
Regia di FRED MCLEOD WILCOX. Con SALLY FORREST, ROBERT HORTON, RALPH MEEKER, KEENAN WYNN. ■ Le avventure di tre giovani motociclisti della polizia stradale. Uno di loro viene ucciso da alcuni banditi e gli altri due non avranno pace finché non riusciranno a catturare i responsabili del delitto. ■ POLIZIESCO; B/N; 69'; USA, 1954.

PRENDI IL MIO CUORE *(Cross my Heart)* ★★
Regia di ARMYAN BERNSTEIN. Con ANNETTE O'TOOLE, MARTIN SHORT. ■ Lei si innamora di lui. Lei ha una figlia di sette anni ma non ha un marito. Lui vive da solo, è senza lavoro, senza auto. Soprattutto rimane senza fiato dinanzi alle sue attenzioni. ■ COMMEDIA; COL.; 87'; USA, 1987.

PRENDI IL SESSO E FUGGI ★
(She'll Follow you Anywhere)
Regia di DAVID C. REA. Con KEITH BARRON, KENNETH COPE, RICHARD VERNON. ■ Due ricercatori hanno creato un profumo che fa impazzire le donne. Lo sperimentano con grande successo, ma proprio quando stanno pensando alla loro prossima enorme fortuna perdono metà della formula. ■ COMMEDIA; COL.; 96′; GRAN BRETAGNA, 1971.

PRENDI I SOLDI E SCAPPA ★★★★
(Take the Money and Run)
Regia di WOODY ALLEN. Con WOODY ALLEN, MARCEL HILLAIRE, JANET MARGOLIN. ■ Il primo film diretto, oltre che interpretato e sceneggiato, da Woody Allen e quello che, insieme a *Provaci ancora, Sam*, lo rivelò al pubblico italiano. Si tratta di una satira delle trasmissioni televisive di "vita vissuta" e dei film polizieschi: viene narrata la storia di un rapinatore estremamente maldestro i cui tentativi di delinquere si risolvono in disastri. Numerose le scene rimaste poi memorabili: i genitori che raccontano alla televisione del figlio ladro col viso nascosto da maschere carnevalesche; l'evasione con la finta pistola di sapone che si scioglie sotto la pioggia; le due bande che rapinano la stessa banca; i forzati in fuga legati in otto alla stessa catena. ■ COMMEDIA; COL.; 85′; USA, 1969.

PRENDI LA COLT E PREGA IL PADRE TUO ★
(Plomo sobre Dallas)
Regia di CHARLES THOMAS. Con LAWRENCE HILL, MAX MARTIN, SUSAN SIMMONS. ■ Un cercatore d'oro vuole regalare metà della miniera che ha trovato al padre di un suo compagno morto, ma quando si rende conto che l'uomo è un bandito s'allea con i suoi nemici e lo sconfigge. ■ WESTERN; COL.; 94′; ITALIA, SPAGNA, 1971.

PRENDILA, È MIA *(Take Her, She's Mine)* ★★★
Regia di HENRY KOSTER. Con SANDRA DEE, ROBERT MORLEY, JAMES STEWART. ■ Un posato padre è preoccupato per la figlia studentessa, contestatrice *ante litteram*: quando la ragazza pare mettersi nei guai, lui interviene con la sua autorità paterna, ma lei se la cava benissimo, mentre lui fa molte figuracce che rischiano di minare la sua rispettabilità. ■ COMMEDIA; COL.; 98′; USA, 1964.

PRENDI LA MIA VITA *(Take my Life)* ★★
Regia di RONALD NEAME. Con MARIUS GORING, GRETA GYNT, FRANCIS L. SULLIVAN, HUGH WILLIAMS. ■ Il marito di una cantante lirica viene ingiustamente accusato dell'assassinio di una ragazza con cui aveva avuto un flirt. La moglie, messa da parte la gelosia, lotta per salvarlo, ma rischia la vita. Alla fine la verità trionfa. ■ POLIZIESCO; B/N; 79′; USA, 1947.

PRENDIMI E PORTAMI VIA ★★★
Regia di TONINO ZANGARDI. Con CLAUDIO BOTOSSO, NINO FRASSICA, VALERIA GOLINO, ANTONIO IUORIO, RODOLFO LAGANÀ. ■ Giampiero è uno studente della scuola media che sogna grandi viaggi, e gli basta aprire l'atlante da cui non si separa mai per volare con la fantasia lontano dalla squallida periferia di Roma dove vive coi genitori, Alfredo e Luciana, che intanto stanno scoprendo di avere ben poco in comune. Quando Giampiero conosce Romana, una bambina rom che nel frattempo si è unita alla classe, si "innamora" così come può fare un ragazzino. Ma gli zingari non sono ben visti nel quartiere e la realtà della loro tenera infatuazione diviene drammatica il giorno in cui Romana viene perduta al gioco da suo padre e ceduta al perfido Fulberto, uno zingaro proprietario di un luna park itinerante. Zangrandi costruisce un film che rende omaggio a Piero Natoli narrando una piccola storia che mette in parallelo i disagi dei preadolescenti e quelli degli adulti. Sostenuto da attori capaci di essere "naturali" (in primis Valeria Golino) riesce a offrire uno spaccato di vita di periferia in cui nessuno può dirsi "migliore". ■ DRAMMATICO; COL.; 95′; ITALIA, 2003.

PRENDIMI L'ANIMA ★★
Regia di ROBERTO FAENZA. Con CAROLINE DUCEY, CRAIG FERGUSON, EMILIA FOX, IAIN GLEN. ■ Zurigo, 1904. Sabina Spielrein, giovane ebrea di origine russa, viene ricoverata dalla famiglia in una clinica psichiatrica. La ragazza peggiora di giorno in giorno finché non interviene il giovane psichiatra Carl Gustav Jung, pupillo di Freud deciso a utilizzare le metodologie del maestro viennese. La cura ha pieno e inaspettato successo. Ma tra paziente e medico nasce un rapporto che ben presto diventerà amoroso, tanto da mettere a rischio la sanità – non solo mentale – di entrambi. Molti anni dopo toccherà a Marie, studentessa infatuata del personaggio di Sabina, recarsi in Russia per scoprire la verità sulla vicenda e sulla tragica fine della sua eroina. Roberto Faenza è un cineasta capace di progetti coraggiosi, ma – con rare eccezioni – scolastico e meramente illustrativo. *Prendimi l'anima* purtroppo non fa altro che confermarne i limiti, non tanto tecnici quanto soprattutto narrativi. E così il bello spunto iniziale si perde tra brutali semplificazioni storiche e dialoghi qua e là francamente imbarazzanti. Né basta la buona resa dei due protagonisti a risollevare le sorti della pellicola. ■ DRAMMATICO; COL.; 100′; ITALIA, 2003.

PRENDITI UN SOGNO *(Purely Belter)* ★★★
Regia di MARK HERMAN. Con CHRIS BEATTIE, CHARLIE HARDWICK, GREG MCLANE. ■ Nord dell'Inghilterra. Gerry e Sewell non hanno vita facile nelle rispettive famiglie. Tra madri ammalate, padri alcolizzati e sorelle distanti anni luce da loro non possiedono grandi modelli a cui ispirarsi. Ma hanno entrambi un sogno: riuscire ad acquistare un abbonamento per seguire l'amata squadra allo stadio. Per ottenerlo sono pronti a qualsiasi mestiere: dall'operatore ecologico al ladro passando per il venditore di roba vecchia. Se coroneranno il loro sogno non sarà certo per le vie usuali. Il regista di *Grazie Signora Tatcher* e *Little Voice* gira un film che passa, come gran parte del cinema inglese anni Novanta, dalla commedia al dramma più cupo. Conserva sempre uno sguardo partecipe, anche se talvolta più attento alle regole del genere che alla rivisitazione della realtà. Per gli esperti di calcio si segnalano la sequenza del furto della zolla del rigore e la presenza di Alan Shearer nel ruolo di se stesso. ■ COMM. DRAMMATICA; COL.; 97′; GRAN BRETAGNA, 2000.

PRENOM CARMEN *(Prénom Carmen)* ★★🏆
Regia di JEAN-LUC GODARD. Con JACQUES BONAFFÈ, MARUSCHKA DETMERS, JEAN-LUC GODARD. ■ Godard si ispira alla classica storia d'amore e di morte di Carmen, la stravolge trasponendola ai giorni nostri (lei diventa una rapinatrice, lui un poliziotto) e la impacchetta in modo formalmente ineccepibile. Trasgressivo, cinico, sarcastico, provocatorio, il film tuttavia sembra quasi vivere di rendita sui passati allori del miglior Godard piuttosto che segnalarsi per ricchezza e originalità come tanti precedenti lavori del regista. Leone d'oro al Festival Internazionale del Cinema di Venezia nel 1983. ■ DRAMMATICO; COL.; 85′; FRANCIA, 1982. ■ VENEZIA 🏆 3 PR.

PREPARATE I FAZZOLETTI ★★★
(Préparez vos mouchoirs)
Regia di BERTRAND BLIER. Con GÉRARD DEPARDIEU, PATRICK DEWAERE, CAROLE LAURE, MICHEL SERRAULT. ■ Raoul, innamorato di Solange, fa il possibile per sollevare la ragazza dalla depressione in cui è caduta: la butta tra le braccia dell'amico Stéphane, rapisce un ragazzo di quindici anni del quale Solange si è invaghita. Per questo finisce in prigione e, quando esce, trova che la sua ragazza si è installata nella casa paterna del ragazzino ed è in attesa di un figlio. ■ COMMEDIA; COL.; 110′; BELGIO, FRANCIA, 1977. ■ GOLDEN GLOBES 1 NOM; OSCAR 1 PR, 1 NOM.

PREPARATI LA BARA ★★
Regia di FERDINANDO BALDI. Con GEORGE EASTMAN, HORST FRANK, TERENCE HILL. ■ Un losco figuro si propone di diventare governatore con l'appoggio di alcuni banditi, ma disgraziatamente per lui i fuorilegge uccidono la moglie di Django che si scatena. ■ WESTERN; COL.; 92′; ITALIA, 1968.

PREPOTENTI, I ★★★
Regia di MARIO AMENDOLA. Con ALDO FABRIZI, WANDISA GUIDA, AVE NINCHI, NINO TARANTO. ■ Un giovane romano in gita a Napoli litiga con un giovane napoletano per motivi calcistici e i due vengono portati al commissariato. I due si rappacificherebbero, anche perché il partenopeo prova una certa simpatia per la sorella dell'avversario, se non intervenissero i rispettivi padri che,

presi da reciproca antipatia, si fanno i dispetti per tutto il film finché i loro figli non metteranno a posto le cose sposandosi. ■ COMMEDIA; B/N; 85′; ITALIA, 1958.

PREPOTENTI PIÙ DI PRIMA ★★
Regia di MARIO MATTOLI. Con ALDO FABRIZI, AVE NINCHI, NINO TARANTO. ■ Seguito del film precedente: nonostante il matrimonio dei figli, il romano e il napoletano continuano a litigare perché entrambi pretendono che gli sposi si stabiliscano nelle rispettive città. I due giovani, esasperati, fuggono a Milano dove hanno un figlio. Finalmente le liti cesseranno. ■ COMMEDIA; B/N; 89′; ITALIA, 1959.

PRESA DEL POTERE DA PARTE DI LUIGI XIV, LA *(La prise du pouvoir par Louis XIV)* ★★★★
Regia di ROBERTO ROSSELLINI. Con PIERRE BARRAT, RAYMOND JOURDAN, JEAN-MARIE PATTE, KATHARINA RENN. ■ Nei suoi ultimi anni, Rossellini dichiarò d'aver perso la fiducia nel cinema e di volersi dedicare soprattutto a produzioni televisive didattiche. Questo è il primo e, forse, il migliore. Assistiamo alla morte del cardinal Mazarino; alla decisione del giovane re di governare da solo; all'arresto, eseguito da D'Artagnan, dell'intendente alle finanze Fouquet; al trasferimento della corte a Versailles; alle innovazioni, tutte dettate da motivi politici, nella moda e nel cerimoniale di corte. ■ STORICO; COL.; 102′; FRANCIA, 1966.

PRESAGIO, IL *(The Omen)* ★★★
Regia di RICHARD DONNER. Con GREGORY PECK, LEE REMICK, DAVID WARNER. ■ Una donna ha dato alla luce un bimbo nato morto e Robert, il marito, per non deludere il suo desiderio di maternità prende con sé un bimbo che un sacerdote gli dice essere nato da una donna morta di parto. Per qualche anno tutto va normalmente, ma poi comincia una serie di disastri, che convincono Robert di aver adottato l'anticristo. Cerca di uccidere il terribile bambino, ma invece è lui a morire, mentre la diabolica creatura continua nella sua strada di distruzione. ■ HORROR; COL.; 111′; USA, 1976. ■ OSCAR 1 PR, 2 NOM.

PRESAGIO DI MORTE *(Father and Son)* ★
Regia di PAUL MONES. Con ROSANNA ARQUETTE, RORY COCHRANE, JEFF GOLDBLUM, SAMUEL L. JACKSON, JOIE LEE. ■ Un assassino anticipa le sue intenzioni alle vittime attraverso orridi libri. Nel frattempo c'è un regista rimasto vedovo intento a educare il figlio scavezzacollo. Un vero spreco di energie e di buoni attori. ■ THRILLER; COL.; 95′; USA, 1991.

PRESAGIO FINALE. FIRST SNOW *(First Snow)* ★★
Regia di MARK FERGUS. Con NICHOLAS BALLAS, WILLIAM FICHTNER, GUY PEARCE, PIPER PERABO, J. K. SIMMONS. ■ Jimmy Starks è un venditore che sta cercando di piazzare juke box rimessi a nuovo nei bar percorrendo gli Stati Uniti. Quando la sua auto va in panne in una cittadina di provincia decide, per ingannare l'attesa per la riparazione, di consultare un indovino il quale gli predice l'esito di un incontro di basket e di una situazione finanziaria. Quando si tratta però di rivelazioni private l'uomo rifiuta di parlare. L'incontro di basket va come previsto. Jimmy torna a cercare l'indovino per apprendere che la sua vita sarà salva ma solo fino alla caduta della prima neve. ■ THRILLER; COL.; 121′; GERMANIA, USA, 2006.

PRESA MORTALE *(The Marine)* ★★
Regia di JOHN BONITO. Con MANU BENNETT, ABIGAIL BIANCA, KELLY CARLSON, JOHN CENA, JEROME EHLERS, DAMON GIBSON, ROBERT PATRICK, DREW POWELL, ANTHONY RAY PARKER. ■ John Cena, acclamata superstar di quel fenomeno così di successo negli Usa, esordisce sul grande schermo interpretando John Triton, marine congedato ingiustamente e contro la sua volontà dalla guerra in Iraq e rispedito a casa. Ritornato negli Stati Uniti Triton cerca faticosamente di reintegrarsi nella società civile. Un giorno però la sua giovane moglie viene rapita da una banda di insulsi rapinatori guidata dallo spietato Rome, e all'uomo non rimarrà altra possibilità che mettersi sulle loro tracce per salvarla. ■ AZIONE; COL.; 93′; USA, 2006.

PRESCELTO, IL *(The Wicker Man)* ★
Regia di NEIL LABUTE. Con KATE BEAHAN, ELLEN BURSTYN, NICOLAS CAGE, FRANCES CONROY, DIANE DELANO, MOLLY PARKER, LEELEE SOBIESKI. ■ L'agente di polizia Edward Malus (Nicholas Cage) risponde a una richiesta d'aiuto di Willow, una donna un tempo amata, e si reca a Summers Isle, un'isola del Pacifico, per indagare sulla scomparsa della piccola Rowan. Edward scoprirà che Willow vive in una comunità neo-pagana che compie misteriosi riti. Realizzare un remake, comporta sempre alcune variazioni rispetto all'originale, che influiscono conseguentemente sul risultato finale. Pessimo. ■ THRILLER; COL.; 97′; USA, 2006.

PRESENTIMENTO ★★
Regia di ARMANDO FIZZAROTTI. Con ROSARIO BORELLI, GINO LATILLA, RITA RUBIROSA. ■ Un giovane ama una maestrina, ma è promesso a una ragazza di nobile lignaggio ed è costretto a sposarla. La moglie muore lasciandogli una figlia. Nel frattempo anche la maestra ha un figlio frutto dell'illecito amore. Poi i due si incontrano e si sposano grazie all'intervento di un generoso innamorato di lei. ■ DRAMMATICO; B/N; 91′; ITALIA, 1957.

PRESENZE *(The Turn of the Screw)* ★
Regia di RUSTY LEMORANDE. Con STÉPHANE AUDRAN, MARIANNE FAITHFULL, PATSY KENSIT, JULIAN SANDS. ■ Ancora un film tratto dal celebre romanzo di Henry James, *Giro di vite*. La versione peggiore, senza dubbi. Peccato per la presenza della grande cantante Marianne Faithfull e della brava Steéphane Audran. Dagli altri non ci si aspettava niente di più. ■ FANTASTICO; COL.; 100′; GRAN BRETAGNA, 1992.

♥ **PRESIDENTE, IL** *(Le président)* ★★★
Regia di HENRI VERNEUIL. Con BERNARD BLIER, RENÉE FAURE, JEAN GABIN. ■ È la storia di un uomo politico francese che, pur essendosi ritirato in campagna, gode ancora del massimo prestigio in Parlamento. Il vecchio ha dato le dimissioni da presidente del Consiglio in seguito a un tiro mancino giocatogli da colui che riteneva il suo delfino. Quando costui viene designato primo ministro, il vecchio leone riuscirà ad impedirgli la formazione del gabinetto convinto che un disonesto non può governare. ■ COMMEDIA; B/N; 110′; FRANCIA, ITALIA, 1961.

PRESIDENTE DEL BORGOROSSO FOOTBALL CLUB, IL ★★★
Regia di LUIGI FILIPPO D'AMICO. Con TINA LATTANZI, MARGARITA LOZANO, ALBERTO SORDI, CARLO TARANTO, DANIELE VARGAS. ■ Benito eredita dal padre milioni e grane: deve presiedere il Borgorosso Football Club, fiore all'occhiello dell'industriale testé morto. La cosa non è semplice, tanto più che Benito è un incompetente in fatto di calcio e le sconfitte si succedono alle sconfitte. Ma alla fine ingaggia nientemeno che Omar Sivori. ■ COMMEDIA; COL.; 115′; ITALIA, 1970.

PRESIDENTE DELLA BA.CE.CRE.MI., IL ★★
Regia di GENNARO RIGHELLI. Con LUIGI ALMIRANTE, NINO BESOZZI, ANDREINA PAGNANI, HILDA SPRINGER. ■ Il presidente di un importante istituto di credito corteggia la bella amica di un dipendente desideroso di far carriera, credendo che si tratti della sua legittima consorte. Girandola di equivoci. ■ COMMEDIA; B/N; 92′; ITALIA, 1933.

PRESIDENTE SI DIVERTE, IL *(The Guv'nor – Mister Hobo)* ★★
Regia di MILTON ROSMER. Con GEORGE ARLISS, FRANK CELLIER, MARY CLARE, GENE GERRARD. ■ A causa di un'omonimia, un vagabondo viene preso per un ricchissimo magnate e posto a dirigere una banca. Ha così modo di scoprire alcune irregolarità e la disonesta manovra nei confronti della proprietaria di una miniera. L'uomo rimette le cose a posto, quindi prosegue la sua vita errabonda. ■ COMMEDIA; B/N; 88′; GRAN BRETAGNA, 1935.

PRESIDENTESSA, LA ★★
Regia di PIETRO GERMI. Con CARLO DAPPORTO, AVE NINCHI, SILVANA PAMPANINI, AROLDO TIERI. ■ Tratto dalla nota *pochade*, il film ha trama quasi identica alla pellicola che segue. ■ COMMEDIA; B/N; 87′; ITALIA, 1952.

PRESIDENTESSA, LA ★★★
Regia di LUCIANO SALCE. Con VITTORIO CAPRIOLI, JOHNNY DORELLI, MARIANGELA MELATO, LUCIANO SALCE, GIANRICO TEDESCHI. ■ Yvette, una ballerina d'avanspettacolo, viene scambiata per la moglie di un severissimo giudice dal ministro di Gra-

zia e Giustizia in visita in una cittadina di provincia. Invaghitosi della bella Yvette, il ministro chiama a Roma il magistrato e la commedia degli equivoci continua finché non salta fuori la vera moglie del giudice. Il ministro, ormai compromesso, sposa Yvette, che cambia genere di danza debuttando alla Scala di Milano. ■ COMMEDIA; COL.; 105'; ITALIA, 1977.

PRESIDENTE – UNA STORIA D'AMORE, IL ★★★★★
(The American President)
Regia di ROB REINER. Con ANNETTE BENING, MICHAEL DOUGLAS, RICHARD DREYFUSS, MICHAEL J. FOX, MARTIN SHEEN. ■ Abdrew Sheperd è il presidente degli Stati Uniti e secondo gli ultimi sondaggi la sua popolarità è alle stelle. Sydney Ellen Wade è un'affascinante operatrice col compito di sensibilizzare l'amministrazione ad una maggior salvaguardia dell'ambiente. Basta uno sguardo durante una riunione alla Casa Bianca per far scattare la scintilla. Sheperd, vedovo con una figlia adolescente, per le strane regole etiche che devono riguardare un presidente rischia comunque di compromettere la sua immagine. Ma decide di... andare dove lo porta il cuore. In un accorato discorso finale, dopo aver riaffermato la propria vocazione e dignità di primo cittadino del paese, dichiara il proprio diritto anche alla felicità privata. Il film è stato considerato un grande spot elettorale a favore del democratico Clinton, continuamente vessato proprio nel privato. Storia gradevole con un non lontano richiamo ai temi di Frank Capra. ■ COMMEDIA; COL.; 105'; USA, 1996. ■ GOLDEN GLOBES 5 NOM; OSCAR 1 NOM.

PRESIDIO, SCENA DI UN CRIMINE, IL ★★
(The Presidio)
Regia di PETER HYAMS. Con SEAN CONNERY, MARK HARMON, JACK WARDEN. ■ Un poliziotto di San Francisco e un colonnello (che comanda la locale guarnigione) indagano sull'assassinio di una soldatessa. Scoprono che sotto c'è un losco traffico organizzato da reduci del Vietnam. ■ POLIZIESCO; COL.; 97'; USA, 1988.

PRESI TRA LE FIAMME *(The Forest Rangers)* ★★★
Regia di GEORGE MARSHALL. Con PAULETTE GODDARD, SUSAN HAYWARD, FRED MACMURRAY. ■ Una guardia forestale deve far fronte a una serie di incendi dolosi appiccati ai boschi da un losco individuo che agisce su commissione. Egli è anche oggetto di contesa amorosa tra la moglie e una ragazza dei boschi. L'incendiario esce di scena e le due donne si rappacificano. ■ AVVENTURA; COL.; 93'; USA, 1942.

PRESO! – MASCHI, IN GUARDIA DAL "SESSO DEBOLE" *(All Tied up)* ★★
Regia di JOHN MARK ROBINSON. Con ZACH GALLIGAN, TRACY GRIFFITH, LARA HARRIS, TERI HATCHER. ■ Un filmetto con poche pretese. Brian lavora in un giornale. È un donnaiolo impenitente ma ha deciso di prender moglie. Viene però lasciato sul più bello dalla sua ragazza, che si è sentita tradita. La vendetta è un piatto che si serve freddo. ■ COMMEDIA; COL.; 87'; USA, 1992.

PRESO TRA DUE FUOCHI *(Prisoner in the Middle)* ★★
Regia di JOHN O'CONNOR. Con KARIN DOR, DAVID JANSSEN, CHRISTOPHER STONE. ■ Durante una missione di routine in Medio Oriente un bombardiere americano deve prendere terra. È un miracolo se non esplode, al contatto col suolo, un missile a testata nucleare che è in dotazione del B-2. Un colonnello, che si trova in licenza in Israele, è chiamato a disinnescare l'ordigno. Ma l'ufficiale viene catturato dai guerriglieri arabi. ■ AVVENTURA; COL.; 93'; USA, 1974.

PRESTAMI IL ROSSETTO *(Coup de foudre)* ★★
Regia di DIANE KURYS. Con ISABELLE HUPPERT, GUY MARCHAND, MIOU-MIOU. ■ Due donne si incontrano a Lione dieci anni dopo il loro malriuscito matrimonio. Lena, ebrea di origine russa, aveva sposato Michel nel 1942, per sfuggire alla deportazione; Madeleine, studentessa di una scuola d'arte, perso l'amato fidanzato ha sposato Costa, attorucolo di varietà. Nasce tra loro un'amicizia fortissima, che risveglia una nuova voglia di vivere e nuovi impulsi vitali, forse anche un po' ambigui. Forti di questa sensazione, le due donne abbandonano i mariti per andare a vivere insieme in una nuova dimensione. ■ DRAMMATICO; COL.; 94'; FRANCIA, 1982. ■ OSCAR 1 NOM.

PRESTAMI TUA MOGLIE ★★
Regia di GIULIANO CARNIMEO. Con DIEGO ABATANTUONO, JANET AGREN, CLAUDINE AUGER, LANDO BUZZANCA, RENZO MONTAGNANI, DANIELA POGGI, WALTER VALDI. ■ Un meridionale a Milano vive alle spalle dell'amante che possiede un'agenzia di pubblicità. Ricompare la moglie di lui che se ne era andata cinque anni prima e il poveraccio, temendo che voglia chiedergli il divorzio e gli alimenti, si mette senza volerlo in un sacco di guai. ■ COMMEDIA; COL.; 99'; ITALIA, 1980.

PRESTANOME, IL *(The Front)* ★★★★
Regia di MARTIN RITT. Con WOODY ALLEN, HERSCHEL BERNARDI, ZERO MOSTEL, MICHAEL MURPHY. ■ Negli anni Cinquanta, il senatore americano MacCarthy dichiarò guerra a chiunque professasse idee antiamericane: la crociata degenerò ben presto in una vera e propria caccia alle streghe. Molti scrittori che non potevano più lavorare perché sospettati di filocomunismo facevano firmare i loro lavori a persone "pulite" politicamente. Howard, il protagonista del film, diventa così ricco e famoso in breve tempo senza alcun merito, ma il contatto quotidiano con persone di grande cultura e livello morale scuote la sua coscienza. Finisce anch'egli sotto inchiesta, ma riesce a non farsi sopraffare dalla paura e dichiara apertamente le sue idee, pur sapendo che queste gli procureranno la prigione. Il personaggio di Howard è reso magistralmente da Woody Allen, una volta tanto diretto da un altro: Martin Ritt, regista che fu sulla lista nera di MacCarthy. Eccellente anche l'interpretazione di Zero Mostel, lui pure all'epoca coinvolto in quegli avvenimenti. ■ COMMEDIA; COL.; 94'; USA, 1976. ■ OSCAR 1 NOM.

PRESTAZIONE STRAORDINARIA ★★
Regia di SERGIO RUBINI. Con MARGHERITA BUY, ALESSANDRO HABER, SIMONA IZZO, SERGIO RUBINI. ■ Ispirato a *Rivelazioni* di Michael Crichton. Una commedia insignificante che conferma *La stazione* come unico film riuscito di Rubini regista. Siamo in una casa editrice. Clara, dirigente, seduce gli impiegati per poi gettarli via. Per uno scambio di persona il modesto Aldo finisce nella rete della donna. Ma si rifiuta in nome della fidanzata. Così Clara va al contrattacco. Una Buy diversa ma non per questo credibile. ■ COMMEDIA; COL.; 115'; ITALIA, 1994.

PRESTIGE, THE ★★★
Regia di CHRISTOPHER NOLAN. Con CHRISTIAN BALE, DAVID BOWIE, EZRA BUZZINGTON, MICHAEL CAINE, REBECCA HALL, HUGH JACKMAN, SCARLETT JOHANSSON, PIPER PERABO, ANDY SERKIS. ■ Due giovani maghi apprendisti, Robert Angier e Alfred Borden, vengono istruiti e seguiti da Cutter, un ingegnere dei trucchi ed ex mago, ma durante un numero in cui la moglie di Angier viene legata e messa in una cassa di vetro piena d'acqua, qualcosa va storto e Angier incolperà l'amico dell'accaduto, tentando di vendicarsi. Inizia così un crudele gioco tra i due uomini su chi sia il migliore e la rivalità si trasformerà pian piano in ossessione. Ambientato a Londra nell'età vittoriana, *The Prestige* segue da vicino il percorso che porterà Angier (Hugh Jackman) e Borden (Christian Bale) alla scoperta della massima illusione, "The New Transported Man", ovvero una sorta di teletrasporto. Non è semplice entrare nell'ottica dei due rivali, perché sono uomini che amano la magia più di qualunque altra cosa e credono fermamente che il sacrificio sia il prezzo da pagare per un buon spettacolo. Eppure Christopher Nolan riesce a far prendere allo spettatore le parti dell'uno e dell'altro, trasportandolo in un'altra epoca, nell'illusione più spettacolare, sulla scena, tra i giochi di prestigio, nella tana del grande scienziato Nikola Tesla (un David Bowie in forma e sempre incredibilmente convincente, specie nei panni dell'inventore un po' folle). Fino all'ultima sorpresa. ■ AZIONE; COL.; 135'; GRAN BRETAGNA, USA, 2006.

PRESTIGIO DI RAZZA *(Prestige)* ★★
Regia di TAY GARNETT. Con ANN HARDING, ADOLPHE MENJOU. ■ Garnett fu un buon mestierante, autore di film molto popolari. *Prestigio di razza* è il suo primo film arrivato in Italia. ■ DRAMMATICO; B/N; 90'; USA, 1932.

PRESTO... A LETTO *(Jack und Jenny)* ★★
Regia di VICTOR VICAS. Con SENTA BERGER, BRETT HALSEY,

MICHAEL HINZ, OLGA TSCHECHOWA. ■ Una plurimaritata è rimasta per tutta la vita innamorata del suo primo uomo, un pittore. Anche lui ne ha passate di cotte e di crude, ma alla fine i due si ritroveranno e cominceranno una nuova esistenza. ■ COMMEDIA; COL.; 92′; GERMANIA, 1963.

PRESUNTO INNOCENTE *(Presumed Innocent)* ★★★
Regia di ALAN J. PAKULA. Con BRIAN DENNEHY, HARRISON FORD, RAUL JULIA, GRETA SCACCHI. ■ Tratto dal best-seller di Scott Turow, un procuratore nella vita, oltre che scrittore. Harrison Ford nel film è vice-procuratore capo e deve indagare sulla morte di Caroline, una collega della quale era stato amante. Ben presto però sarà lui a essere accusato dell'omicidio della donna e dovrà faticare non poco per dimostrare il contrario. Diretto con fermezza da Alan J. Pakula e interpretato molto bene sia da Ford che dagli altri, il film ha meritato il successo di pubblico. Lo sceneggiatore è Frank Pierson, già autore di *Quel pomeriggio di un giorno da cani*. ■ GIALLO; COL.; 128′; USA, 1990.

PRESUNTO VIOLENTO *(Believed Violent)* ★★
Regia di GEORGES LAUTNER. Con MARIO ADORF, MICHAEL BRANDON, SOPHIE DUEZ, MARIE LAFORÊT, ROBERT MITCHUM, JEAN-FRANÇOIS PERRIER. ■ Grande spiegamento di forze per una coproduzione affidata a un regista che ha già avuto modo di mostrare il suo talento. La storia è quella di uno scienziato che uccide l'amante della moglie. Viene ricoverato in clinica a Nizza ma viene anche rapito. ■ DRAMMATICO; COL.; 101′; FRANCIA, USA, 1994.

PRÊT-À-PORTER *(Ready to Wear)* ★★
Regia di ROBERT ALTMAN. Con KIM BASINGER, SOPHIA LOREN, MARCELLO MASTROIANNI, TIM ROBBINS, JULIA ROBERTS. ■ Sfilata di star, prevalentemente sprecate, per un film che condivide molto della vanità e della vacuità del mondo che si propone di criticare. Un lungo spot sul mondo della moda, con Kim Basinger nel ruolo di una giornalista televisiva, che non raggiunge il preteso obiettivo di film graffiante e provocatorio che ci si poteva aspettare dal regista. Anche il recupero di gloriosi abbinamenti (Loren-Mastroianni) ha un sapore nostalgico di tentativo mal riuscito. ■ COMMEDIA; COL.; 132′; USA, 1994. ■ GOLDEN GLOBES 2 NOM.

PRETE, IL *(Priest)* ★★★
Regia di ANTONIA BIRD. Con LINUS ROACHE, CATHY TYSON, TOM WILKINSON. ■ I sacerdoti protagonisti sono due: uno bello e omosessuale e l'altro anarchico e "sposato". Vivono a Liverpool in una realtà perbenista. La sceneggiatura della Bird, che proviene dalla televisione, è ricca di suggestioni e di interrogativi morali in costante ricerca di un equilibrio tra le diverse esigenze narrative. ■ DRAMMATICO; COL.; 106′; GRAN BRETAGNA, 1994.

PRETE BELLO, IL ★★
Regia di CARLO MAZZACURATI. Con ADRIANA ASTI, ROBERTO CITRAN, JESSICA FORDE. ■ Durante gli anni Trenta, in un villaggio del Veneto, un ragazzino compie il suo apprendistato adolescenziale aggregandosi a una banda di ladruncoli. Parallelamente alle sue vicende, si svolgono quelle del giovane parroco, travolto dalla passione per una ragazza di facili costumi. Dal romanzo di Goffredo Parise. ■ DRAMMATICO; COL.; 93′; ITALIA, 1989.

PRETE DA UCCIDERE, UN *(To Kill a Priest)* ★★
Regia di AGNIESZKA HOLLAND. Con JOSS ACKLAND, ED HARRIS, CHRISTOPHER LAMBERT. ■ È la storia vera dell'uccisione del cappellano di Solidarnosc, avvenuta in Polonia nel 1984 ad opera di alcuni ufficiali di polizia di Jaruzelski. Più che sulla figura del sacerdote, il film, diretto da una polacca transfuga da sei anni in Occidente, è imperniato su quella dello sciagurato capitano che fece torturare e uccidere il prete. ■ DRAMMATICO; COL.; 105′; GRAN BRETAGNA, 1988.

PRETE, FAI UN MIRACOLO ★★
Regia di MARIO CHIARI. Con SUSANNA MARTINKOVA, LORENZO PIANI, RENATA ZAMENGO. ■ Un giovane prete italiano si reca a New York dove vive un'esperienza umana sconvolgente. Tra l'altro, entra in contatto con alcuni giovani che predicano il suicidio come estrema condanna della società. Dopo aver tentato di dissuaderli dal loro proposito, finisce per lasciarsi convincere del tutto. ■ DRAMMATICO; COL.; 97′; ITALIA, 1974.

PRETE SCOMODO, UN ★★
Regia di PINO TOSINI. Con ENRICO MARIA SALERNO. ■ È la storia di don Milani, il parroco progressista che, dopo la guerra, venne rimosso dal suo incarico e trasferito a Barbiana, dove fondò una scuola gestita con un metodo teso al recupero dei ragazzi più sfortunati. ■ BIOGRAFICO; B/N; 103′; ITALIA, 1975.

PRETE SPOSATO, IL ★★
Regia di MARCO VICARIO. Con LANDO BUZZANCA, PIETRO DE VICO, SILVIA DIONISIO, MARIANGELA MELATO, MAGALI NOËL, ROSSANA PODESTÀ, SALVO RANDONE, LUCIANO SALCE, ENRICO MARIA SALERNO. ■ Un giovane sacerdote siciliano trasferitosi a Roma entra in contatto con l'alta borghesia e riceve continue sollecitazioni sessuali. Si innamora quindi di una prostituta e chiede ai superiori il permesso di sposarla pur rimanendo prete. Lei però comprende che per lui la missione sacerdotale è tutto e decide di lasciarlo in pace. ■ COMMEDIA; COL.; 98′; FRANCIA, ITALIA, 1970.

PRETORA, LA ★★
Regia di LUCIO FULCI. Con GIANNI AGUS, GIANCARLO DETTORI, EDWIGE FENECH, ORESTE LIONELLO. ■ Per distruggere la reputazione di Viola, un pretore in gonnella durissimo e incorruttibile, i suoi perseguitati fanno arrivare in paese la sorella gemella del magistrato. Grazie a un piccolo particolare fisico che la differenzia dalla sorella, Viola dimostra la sua innocenza e sposa un ricco conte. ■ EROTICO; COL.; 98′; ITALIA, 1976.

PRETTY BABY ★★★
Regia di LOUIS MALLE. Con KEITH CARRADINE, FRANCES FAYE, SUSAN SARANDON, BROOKE SHIELDS. ■ Il film si svolge a New Orleans, agli inizi del ventesimo secolo. Per Violet, nata e cresciuta in una casa d'appuntamenti, il mondo della prostituzione è l'ambiente naturale. A dodici anni viene venduta al miglior offerente e comincia anche lei la carriera che fu di sua madre. Nonostante l'amore e la protezione di un sensibile fotografo che per salvarla la sposa, il suo futuro non si presenta roseo: la madre, che ha sposato un ricco commerciante, torna a New Orleans a prenderla. ■ DRAMMATICO; COL.; 109′; USA, 1978. ■ OSCAR 1 NOM.

PRETTY PRINCESS *(The Princess Diaries)* ★★
Regia di GARRY MARSHALL. Con JULIE ANDREWS, HECTOR ELIZONDO, CAROLINE GOODALL, ANNE HATHAWAY, HEATHER MATARAZZO. ■ Premessa: Garry Marshall (*Pretty Woman*) ha una certa capacità nel raccontare fiabe facendo finta che siano possibili. Mia ha 15 anni ed è il classico brutto anatroccolo presa in giro dai compagni di classe, ma la ragazzina conserva una sua serenità. Scoprirà che la regina vedova del principato di Genevia altri non è che sua nonna (non ha più il padre) e che si deve preparare a governare un regno. Tutto dovrebbe restare segreto ma i media si impadroniscono del caso e la ragazzina deve decidere che fare. Accettare o non accettare? Film per ragazzine sognanti che riporta sullo schermo Julie Andrews. ■ COMICO; COL.; 96′; USA, 2001.

PRETTY WOMAN ★★★
Regia di GARRY MARSHALL. Con RALPH BELLAMY, RICHARD GERE, JULIA ROBERTS. ■ Incredibile successo di pubblico, una fiaba tra *Cenerentola* e *Il brutto anatroccolo* piena di contraddizioni. La trama è presto detta: un manager incontra una prostituta e le dà lezioni di classe, secondo la migliore tradizione di Pigmalione. Come in *My Fair Lady* le cose non sono semplici. Lei però non vuole tornare indietro e s'innamora; lui, dal canto suo, alla fine di una riunione d'affari decide che lei è la donna della sua vita. Peccato che, nonostante i soldi non possano comprare l'amore, il fascino del denaro di Richard Gere "concorra alla cotta". Si ha quindi l'impressione che ci sia stata, come si sospetta, una manipolazione del copione originale che doveva essere un po' più crudo e meno zuccheroso. ■ COMMEDIA; COL.; 117′; USA, 1990. ■ GOLDEN GLOBES 1 PR, 4 NOM.; OSCAR 1 NOM.

PREVARICATORI, I *(The Cheat)* ★★★
Regia di CECIL B. DE MILLE. Con JACK DEAN, SESSUE HAYAKAWA, FANNY WARD. ■ A Edith viene consegnata una grossa somma per conto della Croce Rossa. Perde i soldi speculando in Borsa ed è costretta a chiederli ad Aka, uno strozzino di origi-

ne orientale. Finisce malissimo. Un melodramma diretto dal grande De Mille. ■ DRAMMATICO; COL.; 60′; USA, 1915.

PREY FOR ROCK & ROLL ★★
Regia di ALEX STEYERMARK. Con MARC BLUCAS, SHELLY COLE, DREA DE MATTEO, GINA GERSHON, IVAN MARTIN, LORI PETTY. ■ Jacki ha dedicato tutta la propria vita al rock'n roll, inseguendo con determinazione il successo assieme alla sua *all-girl-band*, ma alla soglia dei quaranta sfondare è ancora un sogno. Tra drammi personali e crisi di mezza età, la band arriverà ad un bivio: fermarsi o accelerare in vista del rischioso grande salto finale. *Prey for Rock & Roll* è un'opera caratterizzata da forti toni drammatici, distante anni luce dal piglio festaiolo di *Rock star*, nonché dalla vena faceta da commedia di *School of Rock*. Si viaggia su ritmi blandi, per una narrazione appesantita da un sovraccarico di sequenze volte a delineare i caratteri in gioco, con poco spazio lasciato alla musica. ■ MUSICALE; COL.; 104′; USA, 2004.

PREY – LA CACCIA È APERTA *(Prey)* ★★
Regia di DARRELL ROODT. Con JAMIE BARTLETT, CONNOR DOWDS, JACOB MAKGOBA, BRIDGET MOYNAHAN, MARIUS ROBERTS, CARLY SCHROEDER, MUSO SEFATSA, ASHLEY TAYLOR, PETER WELLER. ■ La famiglia di Tom Newman non sta passando un bel momento. L'uomo, sposatosi di recente con la giovane e bellissima Emy, non riesce a far accettare la donna ai due figli, David e Jessica. Un safari potrebbe essere l'occasione giusta per la riappacificazione. Durante una escursione però Emy e i due figli di Tom sono oggetto di un agguato da parte di un branco di leoni che uccidono la loro guida. Barricati nella jeep, i protagonisti si trovano a dover fronteggiare non solo gli attacchi degli affamati felini, ma anche la scarsità di cibo ed acqua. ■ HORROR; COL.; 92′; SUDAFRICA, USA, 2007.

PREZZO, IL ★★★
Regia di ROLANDO STEFANELLI. Con CHIARA CASELLI, STEFANO DIONISI, BARBARA LERICI, HIDDE MAAS, ALESSANDRO REPOSSI. ■ Racconta la storia di Romano (Stefano Dionisi), alcolista, ex insegnante, che ha ormai perso il controllo della propria vita. L'occasione per riscattarsi gli viene offerta da un vecchio amico che gli propone di andare a Baltimora per ritirare una partita di hashish. Romano coinvolge nel viaggio anche la sua ex donna che è però all'oscuro di tutto. Il regista Stefanelli, al suo primo lungometraggio, ha saputo dimostrare tutta la sua abilità nella costruzione di questa storia "on the road" caratterizzata da un'ambientazione quasi sempre notturna. Unica pecca: la sceneggiatura. Un pizzico di tensione in più non avrebbe fatto male. ■ DRAMMATICO; COL.; 115′; ITALIA, 2000.

PREZZO DEL DEMONIO, IL *(El hombre y el monstruo)* ★★
Regia di RAFAEL BALEDON. Con HENRY RAMBAL, MARTHA ROTH, ABEL SALAZAR. ■ Un pianista di scarso talento cede l'anima al diavolo in cambio del successo: lo ottiene, ma diventa anche un mostro sanguinario. ■ HORROR; B/N; 93′; MESSICO, 1958.

PREZZO DEL DOVERE, IL *(Above and Beyond)* ★★
Regia di MELVIN FRANK, ROBERT PANAMA. Con ELEANOR PARKER, ROBERT TAYLOR, JAMES WITHMORE. ■ Un ufficiale americano viene rimpatriato durante la guerra per partecipare alla preparazione della prima bomba atomica. Il suo contegno chiuso e nervoso preoccupa la moglie e i collaboratori, ma quando il compito segreto viene rivelato (perché intanto la bomba è stata sganciata su Hiroshima), tutti si dimostrano estremamente comprensivi. ■ GUERRA; B/N; 122′; USA, 1953. ■ OSCAR 2 NOM.

PREZZO DELLA GLORIA, IL ★★
Regia di ANTONIO MUSU. Con PIERRE CRESSOY, GABRIELE FERZETTI. ■ Durante la guerra, un cacciatorpediniere della Marina italiana compie una missione pericolosa sotto la minaccia di aerei nemici. Il primo ufficiale è un uomo rude e attaccato al dovere: anche di fronte al pericolo non deroga. La ferrea condotta fa scuola e ci sono subito due "primi della classe" d'accordo con lui. ■ DRAMMATICO; COL.; 92′; ITALIA, 1955.

PREZZO DELLA LIBERTÀ, IL *(Cradle will Rock)* ★★★
Regia di TIM ROBBINS. Con JOAN CUSACK, JOHN CUSACK, BILL MURRAY, VANESSA REDGRAVE, JOHN TURTURRO, EMILY WATSON, CARY ELWES, PHILIP BAKER HALL, CHERRY JONES. ■ Nella New York disordinata della fine degli anni Trenta, si intrecciano i destini di una compagnia teatrale, decisa a portare in scena una pièce censurata dal governo federale perché dai contenuti pericolosamente comunisti, e di personaggi celebri (Nelson Rockefeller su tutti) o vicini alla gloria (un giovane e visionario Orson Welles, Diego Rivera, Frida Kahlo). Il terzo film di Tim Robbins, tenuto inspiegabilmente per quattro anni nel cassetto, si incentra sui temi del conflitto tra la libertà dell'artista e l'ottusità della censura. ■ DRAMMATICO; COL.; 132′; USA, 1999.

PREZZO DELLA PAURA, IL *(The Price of Fear)* ★★
Regia di ABNER BIBERMAN. Con LEX BARKER, MERLE OBERON. ■ Una agiata donna d'affari fa ricadere la colpa di un incidente d'auto da lei provocato su un giovanotto già sospettato di un omicidio. Una colpa esclude però l'altra: i due eventi hanno avuto luogo in due luoghi diversi alla stessa ora. ■ DRAMMATICO; B/N; 79′; USA, 1956.

PREZZO DELLA VITA, IL *(Picture Bride)* ★★★
Regia di KAYO HATTA. Con YOUKI KUDOH, TOSHIRO MIFUNE, CARY-HIROYUKI TAGAWA, AKIRA TAKAYAMA, TAMLIN TOMITA. ■ 1918. Riyo ha diciassette anni e raggiunge le Hawaii per incontrare un marito che ha conosciuto solo in una foto, che era però di almeno 25 anni anteriore. La ragazza rifiuta il matrimonio e va a lavorare nei campi. Non tutto però va per il verso giusto. Opera prima presentata nel 1995 al Sundance Film Festival. ■ DRAMMATICO; COL.; 98′; USA, 1994.

PREZZO DELLA VITTORIA, IL ★
(In de schaduw van de overwinning)
Regia di ATE DE JONG. Con EDWIN DE VRIES, JEROEN KRABBE, MARICKE VAN DER POL, LINDA VAN DYCK. ■ Olanda, seconda guerra mondiale: i tedeschi hanno occupato il paese ma i suoi abitanti non si sono arresi. Due uomini coraggiosi, diversi per estrazione sociale e temperamento ma uguali nella determinazione e nell'odio per i nazisti, si trovano a dover condurre in porto una missione che si concluderà tragicamente. ■ GUERRA; COL.; 100′; PAESI BASSI, 1986.

PREZZO DELL'INGANNO, IL *(Deception)* ★★★
Regia di IRVING RAPPER. Con JOHN ABBOTT, BETTE DAVIS, PAUL HENREID. ■ Il matrimonio tra il violoncellista Karel e la pianista Christina viene turbato dal ritorno di una vecchia fiamma della giovane donna, che minaccia di rivelare a Karel il suo passato. Christina lo uccide. Come sempre, una conturbante Bette Davis. ■ DRAMMATICO; B/N; 112′; USA, 1956.

PREZZO DELL'ONORE, IL ★★
Regia di FERDINANDO BALDI. Con MINO DORO, MARIA FRAU, VINCENZO MUSOLINO, GIOVANNA RALLI, MARIO VITALE. ■ Da una parte c'è un gruppo di boscaioli, dall'altra il prepotente don Nicola, che ha anche tentato di compromettere una ragazza. Lei prende coscienza, il signorotto non cambia, gli altri ottengono qualcosa. È un primo passo. ■ DRAMMATICO; B/N; 90′; ITALIA, 1952.

PREZZO DEL PERICOLO, IL *(Le prix du danger)* ★★★
Regia di YVES BOISSET. Con BRUNO CREMER, ANDRÉAS FERRÉOL, GÉRARD LANVIN, MICHEL PICCOLI. ■ A suo modo satira sul potere della televisione e sugli effetti che potrebbe provocare in futuro. Un operaio disoccupato partecipa a un gioco televisivo. In palio c'è un milione di dollari se riuscirà a sopravvivere alla spietata caccia di cinque killer. La storia è tratta da un racconto di Robert Sheckley, autore del famoso *La decima vittima*. Il film ha una sua dignità. ■ DRAMMATICO; COL.; 95′; FRANCIA, 1983.

PREZZO DEL PIACERE, IL *(Child of Manhattan)* ★★
Regia di EDWARD BUZZELL. Con JOHN BOLES, NANCY CARROLL. ■ Un ricchissimo banchiere americano sposa una ballerina incinta. Il bambino nasce morto e la donna, credendo che il marito abbia agito per pietà, divorzia. Un avvocato confusionario fa credere all'uomo che la ex moglie intende spillargli un bel po' di quattrini, ma alla fine tutto si chiarisce e i due si risposano. ■ COMMEDIA; B/N; 69′; USA, 1939.

PREZZO DEL POTERE, IL ★★
Regia di TONINO VALERI. Con MARIA CUADRA, GIULIANO GEMMA, FERNANDO REY, RAY SAUNDERS, WARREN VANDERS. ■ Il

presidente americano Garfield viene assassinato a Dallas alla fine della guerra di Secessione. Ci sono due possibili colpevoli: uno di questi inizia per conto suo delle indagini e smaschera i veri responsabili del complotto. Il caso Kennedy trasposto in epoca passata. ■ AVVENTURA; COL.; 108'; ITALIA, 1969.

PREZZO DEL SILENZIO, IL *(Best Kept Secrets)* ★★
Regia di JERROLD FREEDMAN. Con PATT DUKE ASTIN, PETER COYOTE, FREDERIC FORREST, MEG FOSTER. ■ La moglie di un poliziotto offre ospitalità a una famiglia di profughi salvadoregni. Scopre casualmente che non solo lei, ma anche i suoi familiari e gli amici sono stati posti sotto sorveglianza da una sezione "speciale" della polizia che non avrebbe dovuto esistere e che possiede, oltretutto, informazioni relative a fatti e persone della sua vita privata. ■ SPIONAGGIO; COL.; 95'; USA, 1989.

PREZZO DEL SUCCESSO, IL *(Career)* ★★★
Regia di JOSEPH ANTHONY. Con JOAN BLACKMAN, ANTHONY FRANCIOSA, CAROLYN JONES, SHIRLEY MACLAINE, DEAN MARTIN. ■ Vicenda di un attore: gli esordi difficili, i suoi matrimoni nati all'insegna del malinteso, la delusione politica, fino all'orlo della *débâcle* più totale. Ma c'è sempre qualcosa che fa scattare la molla della ripresa. Ottimo cast. ■ COMMEDIA; B/N; 105'; USA, 1959. ■ OSCAR 3 NOM.

PREZZO DI HOLLYWOOD, IL *(The Buddy Factor)* ★★
Regia di GEORGE HUANG. Con BENICIO DEL TORO, MICHELLE FORBES, KEVIN SPACEY, FRANK WHALEY. ■ L'assistente di un produttore, vessato dal suo capo per anni, una sera gli arriva a casa, lo lega a una sedia e comincia a torturarlo. Gliele fa pagare tutte, ma al momento decisivo il produttore ribalta la situazione e induce l'assistente a diventare come lui. Prova del fuoco l'assassinio di una bella produttrice. Dunque Hollywood come girone dell'inferno, tanto per cambiare. Spacey sempre più cattivo. ■ DRAMMATICO; COL.; 93'; USA, 1995.

PREZZO DI UN AMORE, IL *(Lady Killer)* ★★
Regia di MICHAEL SCOTT. Con MIMI ROGERS, JOH SHEA. ■ Lei è single, lavoratrice soddisfatta di sé ma sentimentalmente depressa. Mette un'inserzione sul giornale e trova l'uomo desiderato che la travolge sul piano sessuale, creandole più di un problema. ■ DRAMMATICO; COL.; 88'; USA, 1992.

PREZZO DI UNA VITA, IL *(Der Preis Furs Urleben)* ★★
Regia di HANS NOEVER. Con MARYLIN CLARK, MICHEL PICCOLI, MARTIN WEST. ■ Un uomo uccide sei colleghi d'ufficio. Nessuno sembra capire perché. Un giornalista scopre che sotto c'è una speculazione edilizia (su un'area inquinata). L'uomo ha voluto punire i responsabili e autopunirsi. ■ DRAMMATICO; COL.; 92'; FRANCIA, GERMANIA, 1980.

PRICK UP: L'IMPORTANZA DI ESSERE JOE ★★★
(Prick Up Your Ears)
Regia di STEPHEN FREARS. Con ALFRED MOLINA, GARY OLDMAN, VANESSA REDGRAVE. ■ Rievocazione dell'"amore proibito" fra Joe Orton, commediografo molto in auge nell'era dei Beatles, e l'intellettuale fallito Kenneth Halliwell. Dopo esser stato "pigmalionizzato" dal più colto Halliwell, Orton volò verso il successo, dimenticandosi sempre più spesso del partner, che un giorno lo uccise e si uccise. La storia è raccontata dall'agente letterario che curò il lancio di tutte le opere di Orton. ■ DRAMMATICO; COL.; 108'; GRAN BRETAGNA, 1987. ■ CANNES 1 PR; GOLDEN GLOBES 1 NOM.

PRIDE AND GLORY – IL PREZZO DELL'ONORE ★★
(Pride and glory)
Regia di GAVIN O'CONNOR. Con COLIN FARRELL, EDWARD NORTON, JON VOIGHT. ■ Quattro agenti della polizia di New York rimangono uccisi in un conflitto a fuoco. Sono gli uomini della narcotici di Francis Tierney Jr., figlio di Francis Tierney Senior, capo dei Detective di Manhattan e fratello di Ray, anche lui impiegato in polizia. Le indagini condotte da Ray, riluttante ad accettare il caso in cui sono coinvolti gli agenti uccisi e il cognato Jimmy Egan, svelano molto presto che non si è trattato affatto di un sequestro di droga finito tragicamente ma di un agguato barbaro e deliberato. Ray, sospettando che uno dei familiari possa essere implicato in un gravissimo caso di corruzione, dovrà scegliere tra la lealtà che lo lega alla famiglia e la fedeltà verso le istituzioni. ■ DRAMMATICO; COL.; 125'; USA, 2008.

PRIEST ★
Regia di SCOTT STEWART. Con PAUL BETTANY, LILY COLLINS, CAM GIGANDET, MAGGIE Q., KARL URBAN. ■ In un mondo in cui da sempre si combatte una lotta cruenta tra esseri umani e vampiri-mostri, la Chiesa è riuscita ad avere la meglio addestrando all'arte del combattimento una legione di preti guerrieri. Grazie a loro è stata finalmente debellata la minaccia infernale. ■ HORROR; COL.; 87'; USA, 2011.

PRIGIONE *(Fangelse)* ★★★
Regia di INGMAR BERGMAN. Con EVA HENNING, BIRGER MALMSTEN, DORIS SVEDLUND. ■ Uno dei film dell'esordio di Bergman. Un regista desidera realizzare una pellicola sul demonio e si fa aiutare da un amico che gli propone una storia per metà autobiografica e per metà riferita a una prostituta. Molto bella la scena in cui i due trovano un vecchio proiettore in un granaio e guardano un film muto. ■ DRAMMATICO; B/N; 80'; SVEZIA, 1949.

PRIGIONE, LA ★★
Regia di FERRUCCIO CERIO. Con LILIANA LAINE, GIORGIO PIAMONTI, MANUEL ROERO, GIANNI SANTUCCIO, ADRIANA SERRA. ■ Un giovane, impiegato nell'ufficio di un penitenziario, vive un'avventura con una donna brillante di passaggio in città. Lei aveva avuto rapporti con un detenuto, che interviene a scombinare i piani degli amanti. Il giovanotto torna ad amori più casalinghi. ■ DRAMMATICO; B/N; 93'; ITALIA, 1943.

PRIGIONE D'AMORE *(Serenade)* ★★
Regia di JEAN BOYER. Con LILIAN HARVEY, LOUIS JOUVET. ■ Schubert ha una relazione con una bellissima artista per cui compone la celebre *Serenata*. Ma la miseria in cui si dibatte segna la fine del loro rapporto. ■ DRAMMATICO; B/N; 90'; GERMANIA, 1941.

PRIGIONE DI DONNE ★★
Regia di BRUNELLO RONDI. Con MARTINE BROCHARD, ERNA SHURER, MARILÙ TOLO. ■ Il film vuole essere una denuncia degli istituti di pena italiani e prende lo spunto dall'arresto per spaccio di droga di una donna innocente. La protagonista viene tradotta in un carcere femminile dove conosce la vita dura, la promiscuità, il sadismo delle secondine: ne uscirà sconvolta. ■ DRAMMATICO; COL.; 90'; ITALIA, 1974.

PRIGIONE DI VETRO *(The Glass House)* ★★★
Regia di DANIEL SACKHEIM. Con BRUCE DERN, DIANE LANE, STELLAN SKARSGARD, LEELEE SOBIESKI. ■ Evochiamo subito la storica villa sul monte Rashmore di hitchcockiana memoria; quella suggestiva struttura disegnata dal grande Wright che ospitava James Mason e Cary Grant. La villa di vetro teatro di questa storia è altrettanto suggestiva e parte davvero integrante del plot. È in quella villa che gli adolescenti Ruby e Rehtt, vengono accolti dopo aver perso i genitori. Erin e Tery, la coppia che li accoglie, cerca in tutti i modi di sostenerli, di fargli dimenticare la tragedia, in attesa che il testamento venga aperto. Tutto sembra procedere bene, fino a quando i due ragazzi cominciano ad assistere a fatti strani. La casa che appariva un vero e proprio sogno, comincia invece ad assumere i connotati di un incubo. Anche i due disponibili e umanissimi ospiti forse non sono quelli che sembravano all'inizio. Ma i ragazzini si rivelano attrezzati anche per gli imprevisti più inquietanti. Il tutto molto corretto. ■ THRILLER; COL.; 100'; USA, 2001.

PRIGIONE MODELLO *(Doin' Time)* ★
Regia di GEORGE MENDELUK. Con JEFF ALTMAN, RICHARD MILLIGAN, JOHN VERNON, DEY YOUNG. ■ In un penitenziario, che non ha niente a che vedere con quello che si intende per prigione, ne accadono di cotte e di crude. Non solo a causa di quelli che vi sono rinchiusi: il più mattacchione sembra essere proprio il direttore. ■ COMICO; COL.; 75'; USA, 1984.

PRIGIONE SENZA SBARRE *(Prison sans barreaux)* ★★★★
Regia di LÉONIDE MOGUY. Con ANNIE DUCAUX, CORINNE LUCHAIRE. ■ La vicenda si svolge in una casa di correzione femminile: una delle ragazze internate si innamora del medico che è fidanzato con la direttrice del carcere. Quest'ultima, intuendo l'importanza di quel sentimento per la vita di entrambi, si ritira in buon ordine. ■ COMMEDIA; B/N; 90'; FRANCIA, 1938.

PRIGIONI DI DONNE *(Prisons de femmes)* ★★
Regia di Roger Richebé. Con Georges Flamant, Viviane Romance, Renée Saint-Cyr. ■ Una cupa storia che ha per protagonista Juliet, rimasta orfana bambina, allevata da due loschi figuri, finita in prigione, arrivata al matrimonio con un uomo ricco e ancora ricattata da un tipo conosciuto ai tempi del carcere. Ma per lei finirà bene. ■ Drammatico; b/n; 100′; Francia, 1928.

PRIGIONI DI DONNE *(Prisons de femmes)* ★★
Regia di Maurice Cloche. Con Danièle Delorme, Jacques Duby, Vega Vinci. ■ Si riapre dopo dieci anni un processo con cui è stata condannata per uxoricidio una commessa di farmacia che, innocente, sta scontando la pena in un triste calvario da un carcere all'altro. Ma, dopo anni, la verità viene a galla. ■ Drammatico; b/n; 92′; Francia, 1958.

PRIGIONIERA *(Mària Kèt ejszakàja)* ★★★
Regia di Béla Balogh. Con Gyula Csortos, Ester Szilagyi, Tivadar Uray. ■ Una giovane e bella pittrice conclude un patto con un ricco signore: lui le garantirà una vita di agi, lei rinuncerà all'amore. Come in una fiaba, si fanno avanti pretendenti, ma lei, fedele al patto, sposa il ricco signore. ■ Commedia; b/n; 94′; Ungheria, 1940.

PRIGIONIERA, LA *(La prisonnière)* ★★★
Regia di Henri-Georges Clouzot. Con Dany Carrel, Bernard Fresson, Laurent Terzieff, Elisabeth Wiener. ■ La moglie del pittore Gilbert si innamora del mercante d'arte Stanislas Hassler, con cui instaura un rapporto di totale dipendenza sessuale e psicologica. Egli ama fotografare le donne in pose oscene e la giovane si adatta. Il marito è desolato e furioso. Lei, in preda ai rimorsi, muore sotto un treno. ■ Drammatico; col.; 105′; Francia, Italia, 1969.

PRIGIONIERA DEL DESERTO, LA ★★
(La captive du desert)
Regia di Raymond Depardon. Con Sandrine Bonnaire, Dobi Kore, Dobi Wackinke. ■ Un film anomalo, suggestivo, ma non per il grosso pubblico. È la moderna odissea di una giovane che viene catturata dai predoni del deserto e tenuta prigioniera in una tenda. La lentezza del ritmo e la quasi totale assenza di dialoghi, visto che la donna non conosce la lingua dei suoi rapitori, sono mediati dalla mano leggera del regista e dalla grande interpretazione di Sandrine Bonnaire. ■ Drammatico; col.; 98′; Francia, 1990.

PRIGIONIERA DEL DESTINO, LA *(Opfergang)* ★★
Regia di Veit Harlan. Con Irene Meyendorff, Carl Raddatz, Kristina Söderbaum. ■ Un uomo è lacerato tra l'amore per la moglie e per l'affascinante Alga. Quest'ultima si ammala gravemente e la moglie si veste da uomo per dare da lontano l'estremo saluto ad Alga morente. L'ammalata, convinta si tratti dell'uomo che ama, si spegne serena. ■ Drammatico; col.; 91′; Germania, 1943.

PRIGIONIERA DELLA TORRE DI FUOCO ★★
Regia di Giorgio W. Chili. Con Elisa Cegani, Milly Vitale. ■ La vicenda si svolge nel quindicesimo secolo. Due giovani stringono un sodalizio malgrado l'ostilità delle rispettive famiglie; la loro amicizia dura anche quando entrambi si innamorano della stessa donna, prigioniera in un castello. Finale tragico. ■ Drammatico; b/n; 92′; Italia, 1952.

PRIGIONIERA DELL'ISOLA, LA *(La danse de la mort)* ★★
Regia di Marcel Cravenne. Con Maria Denis, Eric Von Stroheim. ■ Durante il Risorgimento un comandante asburgico in una colonia penale italiana domina la moglie, la figlia e i sottoposti in modo disumano. La moglie, esasperata, arriva a denunciarlo e lui la picchia. Ma tutto gli crolla intorno ed egli muore abbandonato da tutti. ■ Drammatico; b/n; 88′; Francia, 1946.

PRIGIONIERA DEL MAHARAJAH, LA ★★
(Die Gefangene des Maharadscha)
Regia di Veit Harlan. Con Willy Birgel, Adrian Hoven, Kristina Söderbaum. ■ Il maharajah padre e il maharajah figlio sono innamorati della stessa donna. Il padre fa allontanare il figlio e un perfido ministro fa di tutto per gettare ombre sull'onestà del giovanotto. Vince l'amore vero. ■ Avventura; col.; 95′; Germania, 1953.

PRIGIONIERA DEL SUDAN, LA *(Timbuktu)* ★★
Regia di Jacques Tourneur. Con Yvonne De Carlo, Victor Mature. ■ Un ufficiale francese di stanza a Timbuctu, nel Mali, cerca di domare la ribellione nazionalista araba capeggiata da Mohamed Adani. Ha con sé la bella moglie Nathalie: la vicenda personale si inserisce in un complesso piano politico che costerà la vita all'eroico ufficiale. ■ Avventura; b/n; 91′; USA, 1958.

PRIGIONIERA DI AMALFI, LA ★★
Regia di Giorgio Cristallini. Con Narciso Parigi, Luciana Vedovelli. ■ Durante il Risorgimento, il patriota Paolo, trovandosi ad Amalfi, rivede la contessina di Valbruna educanda in un convento. Il tutore di lei denuncia i patrioti alle guardie borboniche e fa rinchiudere la giovane in una torre. Arrivano i garibaldini: Paolo si salva e sposa la bella contessina. ■ Avventura; b/n; 93′; Italia, 1952.

PRIGIONIERA DI SIDNEY – VERSO NUOVI ORIZZONTI, LA *(Zu neuen Ufern)* ★★
Regia di Douglas Sirk. Con Willy Birgel, Zarah Leander. ■ Una cantante di successo si accusa di un furto per salvare l'uomo che ama. Questi, però, si è promesso ad un'altra che, venuta a conoscenza della storia, lo lascia e sposa un corteggiatore onesto e sicuro. Abbandonato da tutti l'uomo viene trovato morto, forse per suicidio. ■ Drammatico; b/n; 106′; Germania, 1937.

PRIGIONIERA DI UN SEGRETO ★★★
(Keeper of the Flame)
Regia di George Cukor. Con Katharine Hepburn, Spencer Tracy, Forrest Tucker, Richard Whorf. ■ Un importante uomo politico muore nel crollo di un ponte. Un giornalista riesce a penetrare nella villa dove la vedova si è ostinatamente rinchiusa, scopre che il defunto stava preparando un golpe e che la moglie lo ha lasciato morire, proteggendo nello stesso tempo la buona reputazione e la memoria di lui. ■ Drammatico; b/n; 100′; USA, 1943.

PRIGIONIERA N. 27, LA *(The Story of Molly X)* ★★
Regia di Crane Wilbur. Con Dorothy Hart, June Havoc, John Russell. ■ Molly X, una bella e giovane donna, è a capo di una banda che compie delle rapine ma è soprattutto decisa a stanare l'assassino del marito. Finita in carcere per il presunto omicidio del colpevole finalmente scoperto, ne esce rigenerata e pronta a nuova vita. ■ Drammatico; b/n; 82′; USA, 1949.

PRIGIONIERE *(Ladies of the Big House)* ★★★
Regia di Marion Gering. Con Wynne Gibson, Gene Raymond, Sylvia Sidney. ■ L'odissea di un marito e di una moglie accusati ingiustamente di un delitto non commesso, ma nonostante ciò condannati a lunghi anni di prigione. ■ Giallo; b/n; 76′; USA, 1931.

PRIGIONIERE DELL'ISOLA DEL DIAVOLO, LE ★★
Regia di Domenico Paolella. Con Guy Madison, Michèlle Mercier, Federica Ranchi. ■ Secolo diciottesimo, penitenziario femminile della Guyana. Vita durissima per le prigioniere sotto la gestione del terribile tenente Le Favre. Il patriota francese Herry si sostituisce al carceriere, ruba il tesoro dell'isola, libera la bella Martine e uccide Le Favre. ■ Avventura; col.; 92′; Italia, 1962.

PRIGIONIERI *(Surrender)* ★★
Regia di William K. Howard. Con Warner Baxter, Ralph Bellamy, C. Aubrey Smith. ■ Un ufficiale tedesco ama una ragazza che è innamorata di un prigioniero francese. Da un dramma di Pierre Benoit. ■ Guerra; col.; 91′; USA, 1931.

PRIGIONIERI DEL CIELO *(The High and the Mighty)* ★★★
Regia di William A. Wellman. Con Laraine Day, Jan Sterling, Claire Trevor, John Wayne. ■ L'aereo ha un motore in avaria, ma il valoroso comandante lo porterà sano e salvo a destinazione. ■ Drammatico; col.; 147′; USA, 1954. ■ Oscar 1 pr, 5 nom.

PRIGIONIERI DEL DESTINO *(Time Out of Mind)* ★★
Regia di Robert Siodmak. Con Phyllis Calvert, Ella Raines. ■ Un giovane rampollo di famiglia con tradizioni marinare

va a studiare musica a Parigi, contro le imposizioni del padre che lo vorrebbe navigante. Incontra una ricca americana che vuole comprargli il successo. Lo avrà più tardi, vicino al ritrovato amore della sua giovinezza. ■ DRAMMATICO; B/N; 88′; USA, 1947.

PRIGIONIERI DELLA CITTÀ DESERTA ★★
(Split Second)
Regia di DICK POWELL. Con KEITH ANDES, STEPHEN MCNALLY, JAN STERLING. ■ Il bandito Gordon, in fuga con due donne in ostaggio, finisce proprio nel poligono del Nevada dove sta per scoppiare una bomba atomica sperimentale. Il bandito va in fumo. ■ DRAMMATICO; B/N; 85′; USA, 1952.

PRIGIONIERI DELLA GUERRA ★★★
Regia di YERVANT GIANIKIAN, ANGELA RICCI LUCCHI. ■ Uno dei più bei documentari italiani. Si basa su materiale d'archivio dalla prima guerra mondiale. Vengono mostrate inoltre immagini dai campi di concentramento in Austria e in Siberia e da un campo orfani austriaco. ■ DOCUMENTARIO; B/N; 60′; ITALIA, 1995.

PRIGIONIERI DELL'ANTARTIDE ★★
(The Land Unknown)
Regia di VERGIL W. VOGEL. Con JOCK MAHONEY, SHAWN SMITH. ■ Un elicottero compie un atterraggio d'emergenza in un punto dell'Antartide. A bordo vi sono degli scienziati statunitensi tra cui la giovane Margaret, che viene rapita dal superstite di una precedente e sfortunata spedizione il quale dapprima li ricatta, poi viene a più miti consigli. ■ FANTASCIENZA; B/N; 78′; USA, 1957.

PRIGIONIERI DELLA PALUDE ★★
(Lure of the Wilderness)
Regia di JEAN NEGULESCO. Con JEFFREY HUNTER, JEAN PETERS, CONSTANCE SMITH. ■ All'inizio del Novecento, un cacciatore si smarrisce in una palude non lontana dal suo villaggio. Qui incontra un uomo e sua figlia sul cui capo pende una falsa accusa di omicidio. Essi non possono tornare alla società civile perché verrebbero messi in prigione. Il cacciatore si dà da fare per la revisione del processo e, dopo averla ottenuta, sposa la ragazza. ■ AVVENTURA; COL.; 92′; USA, 1952.

PRIGIONIERI DELLE TENEBRE ★★
Regia di ENRICO BOMBA. Con ROBERTO BRUNI, EDUARDO CIANELLI, ARMANDO FRANCIOLI, LUCIEN GALLAS, FOLCO LULLI, MILLY VITALE. ■ Fine Ottocento: il giovane Oliviero, figlio di un assassino, va a studiare a Londra e diventa un grande oculista. Ridarà la vista alla figlia cieca dell'uomo che suo padre aveva ucciso. ■ DRAMMATICO; B/N; 92′; ITALIA, 1952.

PRIGIONIERI DELL'ETERNITÀ ★★
(The Who Turned the Stone)
Regia di LESLIE KARDOS. Con CHARLOTTE AUSTIN, ANN DORAN, VICTOR JORY. ■ In un riformatorio femminile si verificano casi di morte inspiegabili. Il dottor Rogers e miss Adams, l'assistente sociale, scoprono che il gruppo dirigente dell'istituto vive da secoli usando l'energia vitale che sottrae alle ragazze. ■ FANTASCIENZA; B/N; 80′; USA, 1957.

PRIGIONIERI DELL'ISOLA INSANGUINATA, I ★★
(The Secret of Blood Island)
Regia di QUENTIN LAWRENCE. Con JACK HEDLEY, BARBARA SHELLEY, CHARLES TINGWELL, PATRICK WYMARK. ■ Un episodio di spionaggio durante l'ultima guerra, protagonista una giovane che opera a favore degli Alleati eludendo la sorveglianza dei guardiani giapponesi in un'isola della Malesia. ■ DRAMMATICO; COL.; 84′; GRAN BRETAGNA, 1964.

PRIGIONIERI DELL'OCEANO, I *(Lifeboat)* ★★★
Regia di ALFRED HITCHCOCK. Con MARY ANDERSON, TALLULAH BANKHEAD, WILLIAM BENDIX, JOHN HODIAK. ■ Otto persone si rifugiano a bordo di una scialuppa di salvataggio dopo che la nave è stata affondata da un sottomarino tedesco. Reazioni e crisi di ognuno di loro; c'è anche un tedesco che finge di non capire l'inglese: è un capitano del sottomarino, spietato e crudele come deve essere un tedesco. ■ GUERRA; B/N; 96′; USA, 1944. ■ OSCAR 3 NOM.

PRIGIONIERI DELL'ONORE *(Prisoners of Honor)* ★★★
Regia di KEN RUSSELL. Con RICHARD DREYFUSS, PETER FIRTH, OLIVER REED. ■ Con questo film Russell rievoca il famoso caso Dreyfuss, l'ufficiale dei servizi segreti francesi che, nel 1895, fu accusato di spionaggio a favore dei tedeschi. Dreyfuss venne degradato e portato sull'isola del Diavolo. Solo molti anni dopo venne riconosciuta la sua innocenza e fu reintegrato nell'esercito. Russell si è costruito da solo una brutta fama: la critica negli anni Ottanta-Novanta si occupa di lui solo se fa scandalo. Se realizza un'opera che riflette sulla storia per ragionare sul presente, ben recitata e con la giusta attenzione per il "clima" dell'epoca, sembra che non importi a nessuno. ■ STORICO; COL.; 99′; GRAN BRETAGNA, 1991.

PRIGIONIERI DELL'ORRORE ★★
(El sonido prehistorico)
Regia di JOSÉ ANTONIO NIEVES CONDE. Con ARTURO FERNANDEZ, SOLEDAD MIRANDA, JAMES PHILBROOK. ■ Un gruppo di archeologi cerca un tesoro nella zona montana della Grecia. Ma ad uno ad uno vengono uccisi barbaramente da una mano ignota. Si ode solo un ansimare in una caverna. Sorpresa finale. ■ FANTASCIENZA; B/N; 91′; SPAGNA, 1966.

PRIGIONIERI DEL MALE ★★
Regia di MARIO COSTA. Con BERNARD BLIER, MAY BRITT, VERA CARMI, FRANCISCO RABAL. ■ Nadia Ulianova viene in Italia dalla Russia comunista e atea per condurre uno studio sul cattolicesimo. Ritrova la sorella che vive a Napoli e si reca a Pompei dove, grazie a una sua improvvisa invocazione alla Madonna, un uomo viene miracolato. Subito dopo tra i due nasce un duraturo amore. ■ DRAMMATICO; B/N; 92′; ITALIA, 1955.

PRIGIONIERI DEL MARE ★★
Regia di NINO ZUCCHELLI. ■ Il figlio di un pescatore vorrebbe diventare oceanografo. Fa un lungo sogno, nel quale si assiste ad avventure sottomarine adatte ai ragazzi. ■ AVVENTURA; COL.; 94′; ITALIA, 1960.

PRIGIONIERI DEL PASSATO *(Random Harvest)* ★★★
Regia di MERVYN LE ROY. Con RONALD COLMAN, PHILIP DORN, GREER GARSON, REGINALD OWEN, SUSAN PETERS, HENRY TRAVERS, BRAMWELL FLETCHER. ■ Il protagonista della pellicola perde la memoria due volte. La prima volta approda al matrimonio con un'attrice; la seconda volta è per ricordare il suo passato, legato al suo primo matrimonio, che è poi la sua vera vita. E in questa vita resta, senza più vuoti di memoria. ■ DRAMMATICO; B/N; 124′; USA, 1942. ■ OSCAR 7 NOM.

PRIGIONIERI DEL SOGNO, I *(La fin du jour)* ★★★
Regia di JULIEN DUVIVIER. Con VICTOR FRANCEN, MADELEINE OZERAY, MICHEL SIMON. ■ Un anziano ex dongiovanni in pensione vuol far credere agli amici di poter ancora conquistare le donne e lusinga a tal punto una fanciulla da spingerla ad uccidersi. Un suo coetaneo salva la poverina. Il mancato seduttore, preso da follia, finisce in manicomio. ■ DRAMMATICO; B/N; 108′; FRANCIA, 1939. ■ VENEZIA 1 PR.

PRIGIONIERI DI SATANA *(The Purple Heart)* ★★
Regia di LEWIS MILESTONE. Con DANA ANDREWS, RICHARD CONTE, FARLEY GRANGER. ■ Un aereo americano è costretto ad atterrare in Giappone durante la seconda guerra mondiale. L'equipaggio è consegnato alle autorità giapponesi che, contro ogni convenzione internazionale, sottopongono gli uomini a tortura, affinché rivelino la base alleata cui fanno capo. Tutti preferiscono la morte piuttosto che il tradimento. ■ GUERRA; B/N; 99′; USA, 1944.

PRIGIONIERI DI ST. QUENTIN, I *(Men of St. Quentin)* ★★
Regia di WILLIAM BEAUDINE. Con DICK CURTIS, ANTHONY HUGHES, ELEANORE STEWARD. ■ Solito film carcerario con direttore buono che lavora a favore dei prigionieri. ■ DRAMMATICO; B/N; 93′; USA, 1942.

PRIGIONIERO, IL *(Johnny Apollo)* ★★★
Regia di HENRY HATHAWAY. Con DOROTHY LAMOUR, TYRONE POWER. ■ Un industriale finisce in galera per affari poco puliti. Suo figlio dapprima lo rinnega, poi le difficoltà dell'esistenza gli fanno comprendere il comportamento del padre e lo convincono a cercare ogni mezzo pur di rendergli la libertà. La sua determinazione lo spinge in ambienti poco puliti che gli costano una lieve condanna. Una ragazza che lo ama si sacrifica per salvarlo; padre

e figlio si riuniscono e, scontata la pena, cominciano una vita onesta. ■ DRAMMATICO; B/N; 93′; USA, 1940.

PRIGIONIERO, IL *(The Prisoner)* ★★★

Regia di PETER GLENVILLE. Con ALEC GUINNESS, JACK HAWKINS, WILFRID LAWSON. ■ Siamo in un'immaginaria nazione governata secondo principi tirannici e atei. Un religioso, guida spirituale della popolazione nei duri anni della seconda guerra mondiale, viene messo in prigione col pretesto di presunte azioni sovversive. Nella sua cella l'uomo viene sottoposto a torture morali e spirituali che lo abbattono fino ad annientarlo e poi viene rimesso in libertà: la gente non ha più alcuna fiducia in lui, ed egli accetta di portare per la vita il peso della sua solitudine. Un film eccellente ispirato al dramma del cardinale Mindzenty. ■ DRAMMATICO; B/N; 91′; GRAN BRETAGNA, 1954.

PRIGIONIERO, IL ★★

Regia di ALDO LADO. Con MARINA MALFATTI, JOSÉ QUAGLIO, JOHN STEINER. ■ Ispirato al racconto *Il duello* di Anton Cechov, il lungometraggio tratteggia il personaggio di un intellettuale dal carattere non troppo forte che viene spedito a domicilio coatto in un piccolo paese nel periodo dell'Italia fascista. Non è solo, è con una donna e il primo periodo è quasi piacevole. Poi perde l'entusiasmo e prova ad ambientarsi senza fortuna con gli altri antifascisti che vivono sul posto. Così avrà una crisi esistenziale che lo porterà alla tragedia. A parte qualche momento debole il film si mantiene a un buon livello. ■ DRAMMATICO; COL.; 90′; ITALIA, 1978.

PRIGIONIERO DEL CAUCASO, IL ★★
(Kaukazski Plennik)

Regia di SERGEJ BODROV. Con SERGEJ BODROV, OLEG MENSHIKOV, DIEMAL SIKHARULIDZE. ■ Abdul-Murat, un contadino ceceno, prende in ostaggio due militari dell'Armata Rossa che vuole scambiare con il figlio, prigioniero dei russi. Un giorno i due tentano di fuggire. Il primo, un veterano di guerra, viene ucciso e il secondo, il più giovane, è ripreso e rinchiuso in un buco profondo, attorniato dall'odio degli abitanti del piccolo villaggio. ■ DRAMMATICO; COL.; 98′; RUSSIA, 1996. ■ GOLDEN GLOBES 1 NOM; OSCAR 1 NOM.

PRIGIONIERO DEL GRATTACIELO ★★
(Subway in the Sky)

Regia di MURIEL BOX. Con VAN JOHNSON, EDWARD JUDD, HILDEGARDE KNEFF, ALBERT LIEVEN. ■ Una giovane soubrette prende in affitto a Berlino, subito dopo la fine della guerra, un attico da una signora americana. Ben presto scopre che l'ex marito di costei è costretto a nascondersi alla polizia, perché accusato di traffico di stupefacenti e di assassinio. Ma spesso le apparenze ingannano; proprio l'intervento della protagonista servirà a scagionare l'uomo al momento opportuno. ■ POLIZIESCO; B/N; 87′; GRAN BRETAGNA, 1959.

PRIGIONIERO DELLA MINIERA, IL ★★★
(Garden of Evil)

Regia di HENRY HATHAWAY. Con GARY COOPER, SUSAN HAYWARD, HUGH MARLOWE, CAMERON MITCHELL, RICHARD WIDMARK. ■ Un uomo rimane imprigionato in una miniera. La moglie, attraversando da sola un territorio infestato dagli indiani, si reca nella città più vicina e recluta quattro avventurieri che dietro compenso accettano di aiutarla. Il prigioniero viene tratto in salvo, ma durante il viaggio di ritorno i pellirossa attaccano la piccola comitiva della quale si salvano solo la donna e uno dei salvatori. ■ AVVENTURA; COL.; 100′; USA, 1954.

PRIGIONIERO DELLA MONTAGNA, IL ★★
(Flucht in die Dolomiten)

Regia di LUIS TRENKER. Con MARIANNE HOLD, YVONNE SANSON, LUIS TRENKER. ■ Un uomo, accusato di aver ucciso il fratello che gli ha rifiutato un prestito, decide di scoprire da solo il vero assassino. Questi è un compagno di lavoro che confessa il delitto poco prima di morire per un incidente: il protagonista, finalmente scagionato, può vivere serenamente accanto ai familiari. ■ DRAMMATICO; COL.; 91′; GERMANIA, ITALIA, 1955.

PRIGIONIERO DELLA PAURA *(The October Man)* ★★

Regia di ROY WARD BAKER. Con JOHN BOXER, JOAN GREENWOOD, JOHN MILLS, KAY WALSH. ■ Un chimico, che dopo un incidente d'auto è stato ricoverato in una clinica psichiatrica, ne esce guarito, trova lavoro e si fidanza. È però ossessionato dalla paura di ridiventare pazzo e quando una sua ammiratrice viene trovata uccisa teme di averla assassinata durante una crisi. Riuscendo a superare questo stato d'animo, trova il vero omicida e si libera definitivamente dei suoi timori. ■ DRAMMATICO; B/N; 100′; GRAN BRETAGNA, 1947.

PRIGIONIERO DELLA PAURA *(Fear Strikes Out)* ★★★

Regia di ROBERT MULLIGAN. Con KARL MALDEN, ANTHONY PERKINS. ■ Storia di un campione di baseball. Suo padre ha vissuto tutta la vita frustrato per essere un atleta fallito. Quando il figlio ha successo, il genitore diventa assillante al punto che il ragazzo rischia di impazzire. Uno psichiatra trova la chiave per la guarigione: è sufficiente che il padre lo lasci in pace. ■ DRAMMATICO; B/N; 100′; USA, 1957.

PRIGIONIERO DELLA SECONDA STRADA ★★★
(Prisoner of Second Avenue)

Regia di MELVIN FRANK. Con ANNE BANCROFT, JACK LEMMON, GENE SAKS, ELIZABETH WILSON. ■ Su New York incombe un'estate caldissima: un uomo, a causa della crisi generale, viene licenziato dopo alcuni anni di lavoro. Alla depressione causata dalla perdita di lavoro si aggiunge quella di un furto che fa cadere il nostro in una infelicità profonda. Sua moglie torna a lavorare, ma dopo poco tempo rimane senza impiego. Si ridurrebbe come il coniuge se questi non ritrovasse la fiducia in se stesso e un bel mucchio di soldi recuperati ad un ladro. ■ DRAMMATICO; COL.; 105′; USA, 1975. ■ DAVID DI DONATELLO 1 PR, 1 NOM.

PRIGIONIERO DELL'HAREM ★★
(You Know what Sailors Are)

Regia di KEN ANNAKIN. Con SARAH LAWSON, DONALD SINDEN, AKIM TAMIROFF. ■ Per salvarsi da un guaio combinato in stato di ebbrezza, un ufficiale inglese afferma di aver scoperto un'arma segreta. Un capo di Stato lo prende prigioniero e lo consegna alle numerose figlie perché lo sorveglino. Poco dopo, il militare viene liberato da un compagno e dalla propria fidanzata. ■ AVVENTURA; COL.; 89′; GRAN BRETAGNA, 1954.

PRIGIONIERO DELL'ISOLA DEGLI SQUALI, IL ★★
(The Prisoner of Shark Island)

Regia di JOHN FORD. Con WARNER BAXTER, GLORIA STUART. ■ Un medico accusato di aver partecipato al complotto contro Lincoln viene condannato alla reclusione a vita. Durante una grave epidemia ha modo di salvare parecchie vite umane; riacquisterà la libertà. ■ AVVENTURA; B/N; 95′; USA, 1935.

PRIGIONIERO DEL MALE *(Johnny Holiday)* ★★

Regia di WILLIS GOLDBECK. Con ALLEN ALLEN, WILLIAM BENDIX, STANLEY CLEMENT. ■ Un ragazzino lasciato a se stesso subisce l'influenza di un poco di buono e finisce in riformatorio. Lo mettono a lavorare all'allevamento dei cavalli e, suo malgrado, si affeziona agli animali e ad un superiore. Un giorno quest'ultimo uccide, per necessità, una delle bestie e il piccolo, non comprendendone i motivi, prende a odiarlo. Dopo una brutta esperienza a lieto fine torna a casa rinsavito. ■ DRAMMATICO; B/N; 92′; USA, 1950.

PRIGIONIERO DEL PASSATO ★★★
(The Return of the Soldier)

Regia di ALAN BRIDGES. Con ALAN BATES, JULIE CHRISTIE, IAN HOLM, GLENDA JACKSON, ANN MARGRET. ■ Gravemente ferito alla testa da una granata, un giovane ufficiale inglese della prima guerra mondiale torna a casa completamente privo di memoria. Ad attenderlo e a cercare di guarirlo ci sono tre donne; la moglie Kitty, altezzosa e formale, la cugina Jenny, zitella ma non priva di una certa dolcezza, e Margareth, il primo amore. Soltanto attraverso il dolore, il reduce potrà riconquistare i suoi ricordi. ■ DRAMMATICO; COL.; 101′; USA, 1982.

PRIGIONIERO DEL RE, IL ★★
(Der Gefangene des Königs)

Regia di CARL BOESE. Con HILDE HILDEBRAND, PAUL KEMP. ■ Medioevo. A causa di un errore, un farmacista è creduto capace di fabbricare oro. Due re se lo disputano, ma quando scoprono che l'invenzione non esiste lo condannano a morte. In prigione il poveretto scopre la formula di fabbricazione della porcellana. ■ AVVENTURA; B/N; 94'; GERMANIA, 1935.

PRIGIONIERO DEL RE, IL ★★
Regia di GIORGIO RIVALTA. Con PIERRE CRESSOY, ANDRÉE DEBAR, ARMANDO FRANCIOLI, XENIA VALDERI. ■ Il gemello di Luigi XIV viene imprigionato e costretto a portare sul viso una maschera che lo rende irriconoscibile. Si ribella, ma nemmeno la regina, al corrente del fatto, può revocare la decisione. Il giovane, infine, comprendendo di doversi sacrificare per il bene del paese, lascia la Francia per un'altra nazione dove potrà vivere serenamente. ■ DRAMMATICO; B/N; 93'; ITALIA, 1954.

PRIGIONIERO DEL TERRORE, IL ★★★
(Ministry of Fear)
Regia di FRITZ LANG. Con RAY MILLAND, MARJORIE REYNOLDS. ■ Un ex detenuto appena uscito di prigione viene derubato di una torta vinta ad un Luna Park. Incuriosito dall'insolito furto, inizia alcune indagini che lo coinvolgono in una seduta spiritica e poi nello scoppio di un ordigno. Resosi conto di aver sconvolto i piani di un'organizzazione spionistica, si rivolge a Scotland Yard: il capo dei banditi tenta di ucciderlo ma la sorella del fuorilegge, innamorata dell'ex detenuto diventato onesto, lo salva. ■ SPIONAGGIO; B/N; 85'; USA, 1943.

PRIGIONIERO DI AMSTERDAM, IL ★★★
(Foreign Correspondent)
Regia di ALFRED HITCHCOCK. Con ALBERT BASSERMANN, EDUARDO CIANNELLI, LARAINE DAY, EDMUND GWENN, HERBERT MARSHALL, JOEL MCCREA, GEORGE SANDERS. ■ Un reporter scopre che un rappresentante del movimento pacifista inglese non è morto assassinato come qualcuno tenta di far credere, ma è prigioniero di una nazione che vuole carpirgli preziosi segreti. Il capo dei rapitori è un importante personaggio britannico, della cui figlia il nostro eroe è innamorato. Allo scoppio della guerra, il traditore muore durante un incendio aereo che coinvolge anche la figlia e il giornalista. I due giovani, però, si salvano. ■ AVVENTURA; B/N; 119'; USA, 1940. ■ OSCAR 6 NOM.

PRIGIONIERO DI FORT ROSS, IL ★★
(North West Outpost)
Regia di ALLAN DWAN. Con NELSON EDDY, ILONA MASSEY, JOSEPH SCHILDKRAUT. ■ Storia di un ufficiale russo prigioniero. Sua moglie cerca di farlo fuggire, ma l'uomo verrà ucciso. La donna si consola sposando il comandante della prigione. ■ AVVENTURA; B/N; 91'; USA, 1947.

PRIGIONIERO DI GOROD, IL *(Gorody Fogoly)* ★★
Regia di ARZEN VON CSEREPY. Con EVA ADORJAN, ATTILA PETHOE. ■ Prima guerra mondiale: un militare ungherese in Russia viene catturato. Durante la rivoluzione comunista scappa, ma viene fermato al confine dai ribelli. Costretto a guidare un folto gruppo fino ad un castello dove sono rinchiusi alcuni ufficiali nemici, riesce a far fuggire il proprietario perché ne ama, riamato, la figlia. Un commissario del popolo, che si interessa di lei, cerca di uccidere il rivale, ma ha la peggio. ■ DRAMMATICO; B/N; 92'; UNGHERIA, 1940.

PRIGIONIERO DI GUAM, IL *(No Man is an Island)* ★★
Regia di RICHARD GOLDSTONE, JOHN MONKS JR. Con JEFFREY HUNTER, BARBARA PEREZ, MARSHALL THOMPSON. ■ Seconda guerra mondiale: un marinaio americano braccato dai giapponesi in un'isoletta si rifugia prima in una chiesa, poi si nasconde con l'aiuto della popolazione. Nonostante la situazione precaria raccoglie utili elementi per i compatrioti. ■ GUERRA; COL.; 114'; USA, 1962.

PRIGIONIERO DI MAGDEBURG, IL *(Trenk)* ★★
Regia di ENRST NEUBACH, HEINZ PAUL. Con HANS STÜWE, OLGA TSCHECHOWA, DOROTHEA WIECK. ■ Dura la vita del barone von Trenk, cavaliere senza macchia e senza paura, ingiustamente perseguitato da Federico di Prussia. Dopo molti anni di prigionia in fortezza lo fanno uscire. Con tante scuse. ■ AVVENTURA; B/N; 91'; GERMANIA, 1932.

PRIGIONIERO DI SANTA CRUZ, IL ★★
Regia di CARLO LUDOVICO BRAGAGLIA. Con JUAN DE LANDA, MARIA MERCADER. ■ Una giovane vuole sposarsi, ma suo padre, che anni prima ha ucciso involontariamente il padre del futuro genero, non dà il consenso. Della situazione approfitta il principale dell'uomo per chiedere in moglie la ragazza. Lei sta per cedere ma il padre, scagionato da ogni accusa, riunisce i due felici innamorati. ■ AVVENTURA; B/N; 90'; ITALIA, 1940.

PRIGIONIERO DI STALINGRADO, IL ★★
(Der Arzt von Stalingrad)
Regia di GÉZA VON CZIFFRA. Con EVA BARTÒK, OTTO EDUARD HASSE, HANNES MESSEMER, VERA TSCHECHOWA. ■ In un campo di concentramento russo, un medico tedesco salva alcuni compagni da morte certa. Un collega lo salva dalle rappresaglie e poco dopo il prigioniero può operare con successo il figlio del comandante nazista. Intanto viene deciso che un certo numero di reclusi vengano liberati: il medico è tra questi, ma cede il posto ad un altro che verrà ucciso per gelosia. ■ DRAMMATICO; B/N; 94'; GERMANIA, 1958.

PRIGIONIERO DI ZENDA, IL ★★★
(The Prisoner of Zenda)
Regia di REX INGRAM. Con RAMON NOVARRO, LEWIS STONE, ALICE TERRY. ■ Primo film di Ramon Novarro, antagonista di Rodolfo Valentino, che in questa occasione usa ancora il suo cognome originario, Samaniegos. Tratto dal romanzo di Hope, narra la storia dello spadaccino Rupert von Hentzau. ■ AVVENTURA; B/N; 92'; USA, 1922.

PRIGIONIERO DI ZENDA, IL ★★★★
§*(The Prisoner of Zenda)*
Regia di JOHN CROMWELL. Con MARY ASTOR, MADELEINE CARROLL, RONALD COLMAN, DOUGLAS FAIRBANKS JR, RAYMOND MASSEY, DAVID NIVEN, C. AUBREY SMITH. ■ Il cugino inglese del futuro re di uno Stato immaginario, prende il suo posto assomigliandogli come una goccia d'acqua, per non permettere al fratellastro del sovrano, che l'ha narcotizzato, di farsi incoronare in sua vece. Col suo coraggio e la sua intelligenza riesce quindi a far liberare il vero re; poi si ritira rinunciando all'amore della promessa sposa del sovrano. ■ AVVENTURA; B/N; 101'; USA, 1937. ■ OSCAR 1 NOM.

PRIGIONIERO DI ZENDA, IL *(The Prisoner of Zenda)* ★★★
Regia di RICHARD THORPE. Con LOUIS CALHERN, ROBERT COOTE, ROBERT DOUGLAS, STEWART GRANGER, DEBORAH KERR, JAMES MASON, LEWIS STONE. ■ Rifacimento dell'omonimo film di John Cromwell, con il colore e molti buoni attori, ma inferiore all'originale. ■ AVVENTURA; COL.; 101'; USA, 1952.

PRIGIONIERO DI ZENDA, IL *(The Prisoner of Zenda)* ★★
Regia di RICHARD QUINE. Con ELKE SOMMER, JEREMY KEMP, PETER SELLERS. ■ Parodia del vecchio soggetto avventuroso, con Peter Sellers nella parte di uno stalliere inglese che viene scambiato per il suo sosia, l'imbecille regnante di uno staterello mitteleuropeo. ■ COMMEDIA; COL.; 108'; USA, 1979.

PRIGIONIERO VOLONTARIO ★★
(O'Malley of the Mounted)
Regia di DAVID HOWARD. Con GEORGE O'BRIEN, IRENE WARE. ■ Un poliziotto canadese fa fuggire un bandito per conquistare la fiducia del suo capo. Il suo piano è entrare nella banda, che studia una rapina, e avvisare i colleghi. I malviventi sono catturati; la ragazza loro prigioniera sposa l'eroe. ■ COMMEDIA; B/N; 92'; USA, 1937.

PRIMA ANGÉLICA, LA ★★
Regia di CARLOS SAURA. Con LINA CANALEYAS, FERNANDO DELGADO, MARIA CLARA FERNANDEZ DE LOAYZA, JOSÉ LUIS LOPEZ VAZQUEZ. ■ Un editore di mezza età, Luis Cano, torna a Segovia dove aveva vissuto durante la guerra civile per traslare le ossa della madre, morta vent'anni prima. Il trasporto diventa il pretesto per intraprendere un viaggio nel passato (la guerra del luglio del 1936), sdoppiandosi in bambino e adulto allo stesso tempo. Vincitore del premio speciale della giuria al festival di Cannes del 1974, ultimo della cosiddetta "trilogia della famiglia", *La prima Angelica* prende ispirazione dalla lettura di Velle-Inclan: «Le cose non sono come noi le vediamo, ma come ce le ricordiamo». ■ DRAMMATICO; COL.; 107'; SPAGNA, 1974.

PRIMA AVVENTURA *(La primera aventura)* ★★
Regia di TULIO DEMICHELI. Con EMANUELE ALEJANDRO, PEPE CALVO, NANI DE ARCO, MARISENKA DOMOSLAWSKY, PIETRO MARI. ■ Un operaio viene accusato di aver rubato il denaro delle elemosine. Tre piccoli amici, valendosi del fiuto del loro cagnolino, individuano il vero colpevole. L'uomo uccide il cagnolino, ma poi è costretto, per evitare di essere sbranato dagli altri cani, ad autodenunciarsi in pubblico. ■ AVVENTURA; B/N; 92'; SPAGNA, 1965.

PRIMA CHE ARRIVI L'ALBA *(Hold Back the Night)* ★★
Regia di PHIL DAVIS. Con SHEILA HANCOCK, RICHARD PLATT, STUART SINCLAIR BLYTH, CHRISTINE TREMARCO, JULIE ANN WATSON. ■ Phil Davis, dopo il debutto con *Hooligans* nel 1995, torna su un tema scabroso: l'abuso sessuale in ambito familiare. L'adolescente Charleen, violentata dal padre, fugge e trova un confidente in Declan, un attivista animalista. Raggiunto lo zio di Edimburgo, scopre che è suo padre e suo nonno al contempo. Attori in parte in un film ad alto tasso emotivo. ■ DRAMMATICO; COL.; 104'; GRAN BRETAGNA, ITALIA, 1999.

PRIMA CHE M'IMPICCHINO *(Before I Hang)* ★★
Regia di NICK GRINDE. Con BRUCE BENNETT, BORIS KARLOFF, EVELYN KEYES. ■ Un medico scopre un siero per curare alcune malattie. La cura funziona, ma fa venir la voglia di ammazzare la gente. Finirà ucciso dalla polizia. ■ DRAMMATICO; B/N; 71'; USA, 1940.

PRIMA CHE SIA NOTTE *(Before night falls)* ★★★
Regia di JULIAN SCHNABEL. Con PEDRO ARMENDARIZ, HECTOR BABENCO, JAVIER BARDEM, JOHNNY DEPP, ANDREA DI STEFANO, OLIVIER MARTINEZ, SEAN PENN. ■ Reinaldo Arenas, scrittore e poeta cubano in esilio, è il protagonista del film. Arenas sin da bambino mostra un grande talento per la poesia. L'avvento della rivoluzione sembra essere estremamente positivo per un giovane che sente emergere in sé l'interesse per il proprio sesso. Ma presto il vento cambia e, dopo aver vinto a 20 anni un premio letterario, nel 1973 viene arrestato perché omosessuale e i suoi lavori vengono confiscati. Nel 1980 Castro autorizza omosessuali, ex carcerati e malati mentali a lasciare Cuba. Tra loro c'è Reinaldo che raggiunge gli Stati Uniti dove però le sue difficoltà non sono terminate. Julian Schnabel, dopo averci offerto nel 1996 *Basquiat* (dedicato alla vita dell'artista americano), ci propone ora, in una luce solare e patinata, una vicenda "realmente accaduta". Qualsiasi tensione si dissolve in un ritratto che vorrebbe essere anticonvenzionale e risulta invece di maniera. ■ BIOGRAFICO; COL.; 125'; USA, 2000. ■ GOLDEN GLOBES 1 NOM; OSCAR 1 NOM; VENEZIA 1 PR.

PRIMA CHE SIA TROPPO PRESTO ★★
Regia di ENZO DE CARO. Con VITTORIO CAPRIOLI, ENZO DE CARO, DALILA DI LAZZARO. ■ Il terzo componente del glorioso trio "La smorfia" (gli altri due erano nientemeno che Massimo Troisi e Lello Arena) tenta la strada solista dimostrando meno talento dei suoi ex compari. Il suo film, ambientato nella Napoli da poco terremotata, mischia scandali, militari americani, vecchietti da assistere e imprese alla Fantozzi con lodevole impegno e qualche buona trovata, ma concludendo poco di tutto. ■ COMMEDIA; COL.; 95'; ITALIA, 1981.

PRIMA CHE VENGA L'INVERNO ★★★
(Before Winter Comes)
Regia di JACK LEE THOMPSON. Con JOHN HURT, ANNA KARINA, ORI LEVY, DAVID NIVEN, ANTHONY QUAYLE, TOPOL. ■ Austria 1945. Un profugo giunto in un campo inglese collabora allo smistamento verso i paesi d'origine delle persone più duramente provate dalla guerra. Il comandante del campo viene a sapere dai russi che l'uomo è un disertore, tuttavia rifiuta di consegnarlo: dovrà obbedire alla richiesta quando riceverà l'ordine dai superiori. ■ DRAMMATICO; COL.; 102'; USA, 1968.

PRIMA COLPA *(First Offenders)* ★★
Regia di FRANK MCDONALD. Con WALTER ABEL, JOHNNY DOWNS. ■ Due giovani che non possono sposarsi decidono di suicidarsi. Mentre lei porta a termine il proposito, a lui manca il coraggio e finisce in prigione per omicidio. Quando ne esce decide di vendicarsi del magistrato che l'ha condannato e nel frattempo ha edificato una fattoria per dare lavoro agli ex detenuti. Si fa assumere, ma impara ad apprezzare l'uomo fino a salvargli la vita. ■ DRAMMATICO; B/N; 90'; USA, 1939.

PRIMA COLPA *(Caged)* ★★
Regia di JOHN CROMWELL. Con ELLEN CORBY, HOPE EMERSON, AGNES MOOREHEAD, ELEANOR PARKER. ■ La moglie di un rapinatore ucciso dagli agenti finisce, benché innocente, in galera per complicità. L'ambiente corrotto e malvagio non la risparmia: la guardiana la maltratta, il suo bambino le viene tolto, una compagna cerca di corromperla, finisce in cella di rigore. Quando esce di prigione è moralmente distrutta e si aggrega ad una banda di malviventi. ■ DRAMMATICO; B/N; 96'; USA, 1950. ■ OSCAR 3 NOM; VENEZIA 1 PR.

PRIMA COMUNIONE ★★★
Regia di ALESSANDRO BLASETTI. Con ALDO FABRIZI, LOUIS JOURDAN, GABY MORLAY, ENRICO VIARISIO. ■ È la mattina della prima comunione per una bambina, e il padre si reca personalmente a ritirare l'abitino bianco. In sartoria deve aspettare qualche minuto e al ritorno verso casa succedono diversi incidenti che aumentano inesorabilmente il ritardo. Venuto persino alle mani con uno sconosciuto, affida il pacco ad uno zoppo. Poi lo perde di vista, ma fortunatamente l'uomo, che è riuscito a rintracciarlo, glielo riporta quando ogni speranza sembra perduta. ■ COMMEDIA; B/N; 90'; ITALIA, 1950. ■ VENEZIA 1 PR.

PRIMA COSA BELLA, LA ★★★
Regia di PAOLO VIRZI. Con VALERIO MASTANDREA, MARCO MESSERI, CLAUDIA PANDOLFI, MICAELA RAMAZZOTTI, STEFANIA SANDRELLI. ■ Bruno Michelucci è infelice. Insegnante di lettere a Milano, si addormenta al parco, fa uso di droghe e prova senza riuscirci a lasciare una fidanzata che non ama più. Lontano da Livorno, città natale, sopravvive ai ricordi di un'infanzia romanzesca e alla bellezza ingombrante di una madre estroversa, malata terminale. Valeria, sorella spigliata di Bruno, è decisa a riconciliare il fratello col passato e col genitore. Precipitatasi a Milano alla vigilia della dipartita della madre, convince Bruno a seguirla a Livorno e in un lungo viaggio a ritroso nel tempo. Le stazioni della sua "passione" rievocano la vita e le imprese di Anna, madre esuberante e bellissima, moglie di un padre possessivo e scostante, croce e delizia degli uomini a cui si accompagna senza concedersi e a dispetto delle comari e della provincia. Domestica, segretaria, ragioniera, figurante senza mai successo, Anna passa attraverso i marosi della vita col sorriso e l'intenzione di essere soltanto la migliore delle mamme. ■ COMMEDIA; COL.; 116'; ITALIA, 2010. ■ DAVID DI DONATELLO 2 PR.

PRIMA DAMMI UN BACIO ★★
Regia di AMBROGIO LO GIUDICE. Con STEFANIA ROCCA, GIULIA STEIGERWALT, LUCA ZINGARETTI, FIORELLA MANNOIA, DAVIDE POLA. ■ Adele e Marcello nascono nello stesso momento e nella stessa stanza, da madri differenti. Inevitabile che i loro destini siano in qualche modo intrecciati: crescono insieme nella Bologna fascista, giocano insieme, e per gioco si fanno sposare da Loris, un loro amico chierichetto. Ma la guerra incombe, e tutto è destinato a mutare. Lo Giudice, uno dei più apprezzati registi italiani di videoclip, pur fra innumerevoli difficoltà produttive ed economiche, è riuscito a comporre un film interessante ed ispirato, direttamente debitore del Pupi Avati anni Ottanta. ■ SENTIMENTALE; COL.; 92'; ITALIA, 2003.

PRIMA DEL DILUVIO *(Avant le déluge)* ★★★
Regia di ANDRÉ CAYATTE. Con BERNARD BLIER, ISA MIRANDA, MARINA VLADY. ■ Cinque minorenni già duramente provati dalla vita decidono di scappare in un'isola del Sud. Il denaro indispensabile se lo procureranno col furto, ma vengono scoperti da un agente e lo uccidono. Poi eliminano il compagno che minaccia di denunciarli. Finiti in Corte d'Assise, sono condannati a pene lievi. ■ DRAMMATICO; B/N; 138'; FRANCIA, 1954. ■ CANNES 1 PR.

♥ **PRIMA DELL'ALBA** *(Before Sunrise)* ★★★
Regia di RICHARD LINKLATER. Con JULIE DELPY, ETHAN HAWKE. ■ Lui (americano) e lei (parigina) si incontrano sul treno che proviene da Budapest. Scendono a Vienna, camminano, parlano, si

confidano, si baciano. Un film dall'impianto rohmeriano che riesce a dare spazio alla parola senza rinunciare al cinema. ■ SENTIMENTALE; COL.; 98'; USA, 1995. ■ BERLINO 1 PR.

PRIMA DELLA LUNGA NOTTE – L'EBREO FASCISTA ★★

Regia di FRANCO MOLÉ. Con MARTINE BROCHARD, SILVIA DIONISIO, RAY LOVELOCK. ■ Due giovani si sposano, ma lui deve partire per la guerra d'Etiopia.Tornando, si impiega in un giornale a Modena e lascia la famiglia. I contrasti con la moglie sono ormai irreversibili: s'innamora della segretaria Elena, ma deve lasciare il lavoro, come anche suo padre, perché ebreo. Sentendo fallita la sua vita, si uccide. Dal romanzo di Luigi Preti. ■ DRAMMATICO; COL.; 103'; ITALIA, 1980.

PRIMA DELLA PIOGGIA *(Before the Rain)* ★★★8

Regia di MILCHO MANCHEVSKI. Con KATRIN CARTLIDGE, GRÉGOIRE COLIN, RADE SERBEDZIJA. ■ Una ragazza è ricercata dai familiari di un uomo che lei ha ucciso. Si rifugia in un monastero per poi fuggire con un giovane che sta prendendo i voti. Farà una fine tragica. Un fotografo che lavora a Londra torna in Macedonia e viene a conoscere una realtà di conflitto tra due popoli una volta in pace. Il regista è macedone ma è vissuto molto negli Stati Uniti. Viene da un paese dove si produce un film ogni due anni e ha quindi dovuto cercare una produzione inglese. Vive, come il protagonista del suo film, in un paese straniero e come esule vede con maggior obiettività le intolleranze tra macedoni e albanesi. Gli episodi che si intersecano vengono collegati tra loro in maniera atemporale come già fece Jim Jarmush in *Mystery Train* e come ha fatto, praticamente in contemporanea con Manchevski, Tarantino in *Pulp Fiction*. Attenzione alle facili critiche verso un cinema d'autore mediato dalla tecnica occidentale. Importanti le musiche. Una canzone dei Beastie Boys viene ripetuta più volte per legare temporalmente gli episodi. ■ DRAMMATICO; COL.; 115'; GRAN BRETAGNA, MACEDONIA, 1994. ■ OSCAR 8 1 NOM; VENEZIA 8 2 PR.

PRIMA DELLA RIVOLUZIONE ★★★

Regia di BERNARDO BERTOLUCCI. Con ADRIANA ASTI, FRANCESCO BARILLI, ALLEN MIDGET, MORANDO MORANDINI. ■ Un ragazzo di agiata famiglia ma di idee rivoluzionarie decide di abbandonare il mondo in cui ha sempre vissuto e con esso la sua fidanzata. Dopo una breve relazione con una giovane zia e un periodo di profondo sconvolgimento ideologico complicato dal suicidio di un amico, si arrende e torna in seno alla famiglia. ■ DRAMMATICO; B/N; 100'; ITALIA, 1964.

PRIMA DELL'URAGANO *(Battle Cry)* ★★★

Regia di RAOUL WALSH. Con MONA FREEMAN, VAN HEFLIN, TAB HUNTER, NANCY OLSON, ALDO RAY. ■ Alcune reclute si ritrovano in una scuola per marines e, dopo un periodo di addestramento, vengono mandate al fronte. Con gli episodi bellici si snodano le storie d'amore dei protagonisti. Uno di essi recupera una prostituta, un altro sposa una vedova di guerra, uno perde una gamba. ■ GUERRA; COL.; 149'; USA, 1955. ■ OSCAR 1 NOM.

PRIMA DEL TRAMONTO ★★★

Regia di STEFANO INCERTI. Con NINNI BRUSCHETTA, SIMONA CAVALLARI, VINCENZO PELUSO, SAIDA TAGHMAOUI. ■ Alì è un marocchino promesso sposo della figlia di un gangster. Decide però di non sposarsi e fuggire con la ragazza. In un universo violento e sarcastico alla Tarantino si infiltrano due malviventi e due impiegati di banca. Da non sottovalutare, il regista è lo stesso del riuscito *Il verificatore*. ■ DRAMMATICO; COL.; 101'; ITALIA, 1999.

PRIMA DI ANDAR VIA ★★

Regia di FILIPPO GILI. Con STEFANO ALESSANDRONI, FRIDA BRUNO, MICHELA MARTINI, LILIANA MASSARI, ROSSANA MORTARA, MARIO VALGOI. ■ Il film comincia con una normale storia d'amore, per passare poi ad un evento assurdo e a una notte che cambierà per sempre la vita di una famiglia. ■ DRAMMATICO; COL.; ITALIA, 2003.

PRIMA DI MEZZANOTTE *(Midnight Run)* ★★★

Regia di MARTIN BREST. Con ROBERT DE NIRO, CHARLES GRODIN, YAPHET KOTTO. ■ Un cacciatore di taglie accetta di dare la caccia a un ragioniere che ha alleggerito un boss della droga di quindici milioni di dollari. Lo cattura ma la sua missione è ostacolata da interventi dell'Fbi (che vuole l'uomo come testimone dei delitti mafiosi) e dei killer spediti dal boss. Pieno di ritmo, divertente, interpretato con immediata comunicativa da De Niro e da un sorprendente Charles Grodin. ■ POLIZIESCO; COL.; 122'; USA, 1988. ■ GOLDEN GLOBES 2 NOM.

PRIMA DI SERA ★★

Regia di PIERO TELLINI. Con GABY ANDRÉ, GIOVANNA RALLI, LYLA ROCCO, PAOLO STOPPA. ■ Un uomo perseguitato dall'insonnia va in farmacia a comprare un sonnifero. Gli viene invece dato, per errore, un terribile veleno. La polizia, avvertita, cerca di rintracciare il malcapitato. Questi si accorge dell'inseguimento e, poiché ha una piccola irregolarità da nascondere, fugge. Alla fine però si consegna spontaneamente. ■ COMMEDIA; B/N; 90'; ITALIA, 1953.

PRIMA DONNA CHE PASSA, LA ★★

Regia di MAX NEUFELD. Con NINÍ GORDINI-CERVI, CARLO LOMBARDI, GIUSEPPE RINALDI, ALIDA VALLI. ■ Siamo in Francia nel 1600: un ministro playboy vince la scommessa secondo la quale avrebbe sedotto, nel giro di pochissime ore, la prima donna di passaggio. In realtà è vittima di un equivoco e provvederà a garantire la buona fede della sua presunta "vittima" al geloso fidanzato. ■ COMMEDIA; B/N; 94'; ITALIA, 1940.

PRIMA DONNA, LA ★★

Regia di IVO PERILLI. Con RENATO BOSSI, MARIA MERCADER, ANNELISE UHLIG. ■ Una giovane attrice provinciale ruba involontariamente il ruolo principale e il fidanzato a una collega più anziana. Questa, ferita e umiliata, decide di ucciderla, ma all'ultimo momento si trattiene e consiglia semplicemente alla rivale di abbandonare la difficile e tempestosa carriera di attrice. ■ COMMEDIA; B/N; 92'; ITALIA, 1942.

PRIMA E DOPO *(Before and After)* ★★

Regia di BARBET SCHROEDER. Con EDWARD FURLONG, ALFRED MOLINA, LIAM NEESON, MERYL STREEP. ■ Ben e Carolyn vivono coi loro due figli in una cittadina del Massachusetts. Tutto va bene finché Jacob, il maschio sedicenne, viene accusato di aver ucciso la sua ragazza. Ben a quel punto si trasforma in vero complice del figlio, bruciando prove, giurando il falso, mentre la madre mantiene la propria integrità e racconta la verità, saputa dal figlio stesso. La ragazza è stata sì uccisa, ma è stata una disgrazia. Tutti pagano il giusto, ma sono (forse) più sereni. Spunto interessante buttato via da uno dei più monocordi e "ingessati" registi americani, capace di far apparire mediocre persino la Streep. ■ DRAMMATICO; COL.; 107'; USA, 1996.

PRIMA È STATA EVA, LA *(It Started with Eve)* ★★★

Regia di HENRY KOSTER. Con ROBERT CUMMINGS, DEANNA DURBIN, GUY KIBBEE, CHARLES LAUGHTON. ■ Un milionario in punto di morte chiede al figlio di presentargli la fidanzata. Il ragazzo, che non riesce a rintracciarla, porta a casa una sconosciuta dietro compenso. Il vecchio guarisce e la fanciulla è costretta a sostenere il ruolo entrando a tal punto nelle simpatie dell'uomo che questi, nonostante abbia scoperto l'inganno, fa in modo che il figlio la sposi. ■ COMMEDIA; B/N; 90'; USA, 1941. ■ OSCAR 1 NOM.

PRIMA LA MUSICA POI LE PAROLE ★★

Regia di FULVIO WETZL. Con GIGIO ALBERTI, ANNA BONAIUTO, ANDREJ CHALIMON, BARBARA ENRICHI, JACQUES PERRIN, AMANDA SANDRELLI. ■ Un bambino viene allevato dal padre che lo isola dal mondo e anche dalla figura materna. Alla morte del genitore si troverà solo ad affrontare una realtà che non lo comprende. Infatti il genitore gli ha insegnato a parlare con un codice linguistico del tutto particolare. Toccherà a una psicologa, che prende a cuore il suo caso, cercare di scoprirne la chiave d'accesso. Film anomalo nel panorama italiano. Si avvale di una buona idea di sceneggiatura anche se poi alcuni attori (Sandrelli e Chalimon in testa) non risultano in parte. All'estero è piaciuto. Vincitore del Castello d'argento al Festival di Bellinzona. ■ DRAMMATICO; COL.; 99'; ITALIA, 1999.

PRIMA LA TRAMA, POI IL FONDO ★★

Regia di LAURA BAGNOLI, FULVIO WETZL. ■ Renata Pfeiffer, artista che ha superato gli ottant'anni, narra di sé e della propria passione per la creatività in una molteplicità di forme espressive che vanno dall'uso delle lacche a quello dei metalli fino alle radiografie. Fulvio Wetzl (che qui dirige insieme a Laura Bagnoli) ha da sempre mostrato profondo interesse per storie e personaggi che si evolvono da una partenza misteriosa. ■ DOCUMENTARIO; COL.; 65′; ITALIA, 2013.

PRIMA LEGIONE, LA *(The First Legion)* ★★
Regia di DOUGLAS SIRK. Con LYLE BETTGER, CHARLES BOYER, BARBARA RUSH. ■ Un medico guarisce un gesuita paralitico da anni. Si grida al miracolo. Il medico lo smentisce, ma la sua ragazza, pure paralitica, spera di guarire anche lei miracolosamente. Il che avviene. Il medico, ateo, si converte. ■ DRAMMATICO; B/N; 86′; USA, 1951.

PRIMA LINEA *(Attack!)* ★★★★
Regia di ROBERT ALDRICH. Con EDDIE ALBERT, LEE MARVIN, JACK PALANCE, WILLIAM SMITHERS, ROBERT STRAUSS. ■ Francia, 1944: i tedeschi tentano con tutte le loro forze di arrestare l'avanzata nemica; il drappello di soldati americani mal comandati viene decimato e si rifugia in un casolare. L'ufficiale che li guida, e che ha dimostrato la sua vigliaccheria, viene ucciso da un soldato esasperato. Poco dopo i superstiti vengono tratti in salvo dai rinforzi: tutti sono pronti a tacere l'accaduto, ma il soldato si consegna spontaneamente perché vuole spiegare come si sono svolti i fatti. ■ GUERRA; B/N; 107′; USA, 1956. ■ VENEZIA 1 PR.

PRIMA LINEA, LA ★
Regia di RENATO DE MARIA. Con DUCCIO CAMERINI, LINO GUANCIALE, GIOVANNA MEZZOGIORNO FABRIZIO RONGIONE, RICCARDO SCAMARCIO. ■ Rovigo, 3 gennaio 1982. Sergio è il giovane fondatore dell'organizzazione armata di sinistra Prima Linea, attiva negli anni Settanta e dispersa negli Ottanta. Deciso ad assaltare il carcere in cui è detenuta da alcuni anni Susanna, compagna d'armi e d'amore, Sergio arruola un gruppo di ex "combattenti" per abbattere il muro di cinta della prigione e coprire l'evasione. Nel suo viaggio lungo il Polesine ripercorrerà la sua vita, dalla militanza alla lotta armata, fino alla clandestinità, ripassando nella testa i volti e gli sguardi di chi ha assassinato nel nome di uno slancio ribelle e utopico. Segregati dalle prigioni ideologiche, prima che da quelle fisiche, soffocato il loro amore e il loro spazio vitale, Sergio e Susanna, quelli immaginati almeno, trovano una controparte nel personaggio di Piero, ex militante di Lotta Continua. Troppa attenzione per caratteri decisamente sorpassati. ■ AZIONE; COL.; 96′; ITALIA, 2009.

PRIMA LINEA CHIAMA COMMANDOS ★★
(Tank Commandos)
Regia di BURT TOPPER. Con WALLY CAMPO, BRANDON CARROLL, GREG STEWART. ■ Seconda guerra mondiale: un gruppo di guastatori americani riesce, dopo pericolose avventure e non poche difficoltà, a far saltare un ponte del Salernitano sul quale dovrebbero transitare i carri armati tedeschi. ■ GUERRA; B/N; 90′; USA, 1959.

PRIMA LUCE, LA *(Prelude à la gloire)* ★★
Regia di GEORGES LACOMBE. Con ROBERTO BENZI, FELGA LAURI. ■ Un orfanello dalle straordinarie qualità musicali prende lezioni da un maestro deciso a coltivare il suo talento. Divenuto in breve tempo uno straordinario interprete, dirige un'orchestra di coetanei e quindi inizia una tournée. ■ COMM. MUSICALE; B/N; 95′; FRANCIA, 1949.

PRIMA NEVE, LA ★★
Regia di ANDREA SEGRE. Con GIUSEPPE BATTISTON, ANITA CAPRIOLI, JEAN-CHRISTOPHE FOLLY, PETER MITTERRUTZNER, PAOLO PIEROBON. ■ Pergine, piccolo paese del Trentino ai piedi della Val de Mocheni. È lì che è arrivato Dani, fuggito dal Togo e poi nuovamente costretto a fuggire dalla Libia in fiamme. Dani ha una figlia piccola e una meta, Parigi. In montagna, dove ha trovato lavoro presso un anziano apicoltore, fa la conoscenza di Michele, un bambino che soffre ancora per la perdita improvvisa del padre. Andrea Segre prosegue con questo suo secondo film di finzione, dopo *Io sono Li*, la personale ricerca del rapporto tra gli esseri umani e i luoghi che ne ospitano le vicende, sia che vi appartengano dalla nascita, sia che vi siano giunti per i rovesci della sorte. ■ DRAMMATICO, COL.; 96′, ITALIA, 2013

PRIMA NOTTE DEL DR. DANIELI, INDUSTRIALE COL COMPLESSO DEL... GIOCATTOLO, LA ★
Regia di GIANNI GRIMALDI. Con LANDO BUZZANCA, KATIA KRISTINE, FRANÇOISE PRÉVOST, ALFREDO RIZZO, SARO URZÌ. ■ Volgarissima storia di un uomo scioccato dal fatto che sua moglie sia vergine. ■ COMMEDIA; COL.; 93′; ITALIA, 1970.

PRIMA NOTTE DI NOZZE ★★
Regia di CORRADO PRISCO. Con ELENA FIORE, ALDO GIUFFRÉ, DAGMAR LASSANDER, ORESTE LIONELLO, ANNA MAZZAMAURO. ■ Quattro prime notti di altrettante coppie: la prima è un revival, la seconda è una sorpresa per il giovane che ha sposato un ermafrodita, la terza è quella di un ex garzone di macelleria sposato ad una contessina, l'ultima trascorre solitaria per lo sposo che un delinquente ha lasciato senza moglie e senza bagagli. ■ COMMEDIA; COL.; 92′; ITALIA, 1976.

PRIMA NOTTE DI QUIETE, LA ★★★
Regia di VALERIO ZURLINI. Con ALAIN DELON, GIANCARLO GIANNINI, LEA MASSARI, ADALBERTO MARIA MERLI, SONIA PETROVA, SALVO RANDONE, RENATO SALVATORI, ALIDA VALLI. ■ Un supplente colto, ma più portato agli svaghi che all'insegnamento, si innamora di un'allieva anche se convive con un'amante. La ragazza ha uno spasimante geloso ed è infedele a tutti e due. Il professore progetta la loro fuga ma il giorno stabilito, temendo che la sua donna si suicidi, torna indietro. Lungo la strada rimane vittima di un incidente mortale. ■ DRAMMATICO; COL.; 132′; ITALIA, 1972.

PRIMA NOTTE IN TRE, LA *(Whistling in the Dark)* ★★
Regia di SYLVAN SIMON. Con VIRGINIA GREY, ANN RUTHERFORD, RED SKELTON, CONRAD VEIDT. ■ Il film è una divertente satira delle pellicole poliziesche: racconta di un giovane, conduttore alla radio di una trasmissione sui delitti perfetti, che viene rapito da una banda di malfattori. Dovrà escogitare per loro il modo di uccidere una persona. Il protagonista rifiuta e, quando anche la sua fidanzata e un'amica vengono rapite, tenta di fuggire con loro. La polizia li salva appena in tempo. ■ COMICO; B/N; 77′; USA, 1941.

PRIMA NOTTE – LE NOZZE VENEZIANE, LA ★★
Regia di ALBERTO CAVALCANTI. Con MARTINE CAROL, VITTORIO DE SICA, JACQUES SERNAS. ■ Un uomo sposa un'avventuriera che crede ricca, e intende derubarla con un complice la notte di nozze. Invece si innamora di lei ed è il complice a compiere il furto dopo averli drogati entrambi. Il mancato ladro recupera la refurtiva e viene a sapere dalla moglie che i gioielli sono falsi. I due però si amano e tanto basta. ■ COMMEDIA; COL.; 93′; ITALIA, 1959.

PRIMA O POI ME LO SPOSO *(The Wedding Singer)* ★★
Regia di FRANK CORACI. Con DREW BARRYMORE, STEVE BUSCEMI, ALLEN CLOVER, MATTHEW GLAVE, BILLY IDOL, ADAM SANDLER, CHRISTINE TAYLOR. ■ Lei ha una storia con uno yuppie in carriera. Lui invece sta con una ragazza molto superficiale. Si incontrano. Si amano. Come mille altre volte al cinema (e in tv). Con la variante di un Buscemi non accreditato che canta e un Billy Idol a fare da vecchia gloria ospite. ■ COMMEDIA; COL.; 96′; USA, 1998.

PRIMA O POI MI SPOSO *(The Wedding Planner)* ★★
Regia di ADAM SHANKMAN. Con JUSTIN CHAMBERS, JENNIFER LOPEZ, MATTHEW MCCONAUGHEY, ALEX ROCCO, BRIDGETTE WILSON. ■ Mary Fior (la Lopez) organizza matrimoni. Mentre è presa nella preparazione delle nozze della miliardaria Fran Donnolly, rischia di essere travolta da un cassonetto delle immondizie. A salvarla è Steve Edison, un pediatra. È il colpo di fulmine. Peccato che Steve sia proprio il promesso sposo della ricca cliente Fran. Jennifer Lopez cambia registro e, dopo le allucinazioni di *The Cell*, e i precedenti *Anaconda* e *Out of Sight*, cerca la commedia romantica. Restiamo molto perplessi. ■ COMMEDIA; COL.; 102′; USA, 2001.

PRIMA O POI S...VENGO *(The Oh in Ohio)* ★
Regia di BILLY KENT. Con MISCHA BARTON, KEITH DAVID, DANNY DEVITO, LIZA MINNELLI, PARKER POSEY, PAUL RUDD. ■

Priscilla è una affascinante donna in carriera che non ha mai provato un orgasmo, il marito Jack è un professore che il matrimonio ha trasformato in un relitto. Dopo dieci anni di amplessi fallimentari finalmente decidono di affrontare il problema: si rivolgono a un consulente matrimoniale che consiglia l'uso di un vibratore. Lei non riesce più a farne a meno, lui la lascia e scopre un certo interesse per una sua studentessa. Le loro vite si dividono. Penoso il cammeo di Liza Minnelli (per la serie "cosa non si è disposti a fare pur di continuare a lavorare") e deludente il ruolo di Danny DeVito. Entrambi perdono fascino e ironia. Inevitabile la partecipazione della stellina di turno, Mischa Barton, che cerca invano di essere una nuova lolita. ■ COMMEDIA; COL.; 92'; USA, 2007.

PRIMA PAGINA *(The Front Page)* ★★★★
Regia di BILLY WILDER. Con CAROL BURNETT, VINCENT GARDENIA, JACK LEMMON, WALTER MATTHAU, SUSAN SARANDON, DAVID WAYNE. ■ Chicago, anni Trenta. Un giornalista sta per sposarsi e per ritirarsi dal mestiere, ma un avvenimento di grande richiamo richiederebbe di nuovo il suo intervento professionale: è scappato un condannato a morte, un anarchico a suo modo candido e idealista, del cui caso il protagonista si è a suo tempo interessato. Il terribile direttore del giornale inventa trucchi di ogni genere per convincere il giornalista a riprendere il suo posto: quando finalmente quest'ultimo si farà persuadere, renderà pubbliche tutte le losche manovre elettorali che stanno alla base della vicenda. Impagabile l'accoppiata Lemmon-Matthau nella terza edizione di un famoso soggetto tratto da una commedia di Charles MacArthur e Ben Echt, già usato per *The Front Page* di Milestone, mai giunto in Italia, e per *La signora del venerdì* di Hawks (in quest'ultimo caso, il ruolo principale era sostenuto da una donna, la bravissima Rosalind Russell). ■ COMMEDIA; COL.; 105'; USA, 1974. ■ DAVID DI DONATELLO 2 PR, 2 NOM; GOLDEN GLOBES 2 NOM.

PRIMA SPARO!... POI FACCIO L'AMORE ★
Regia di TERUO ISHII. Con JANNETTE LIN TSUI, MUGA TAKEWAKI, JITSUKO YOSHIMURA. ■ Un investigatore privato scopre casualmente un misterioso traffico. Stabilita l'esistenza di denaro falso e la complicità di una rispettabile personalità, riesce, con l'aiuto di un poliziotto, a farla arrestare con tutta la banda. ■ AVVENTURA; COL.; 90'; GIAPPONE, 1967.

PRIMA SQUADRIGLIA *(Första divisionen)* ★★
Regia di HASSE EKMAN. Con LARS HANSON, STIG JÄRREL, GUNNAN SJORBERG. ■ È la storia di quattro piloti dell'aviazione svedese: uno di essi è diventato duro e solitario a causa di una donna; un altro deve decidersi al volo; un terzo è costretto a rinunciare alla carriera a causa di un'infermità; il quarto muore in servizio. ■ DRAMMATICO; B/N; 91'; SVEZIA, 1941.

PRIMA TI PERDONO... POI TI AMMAZZO ★★
Regia di IGNACIO F. IQUINO. Con ERIKA BLANC, RICHARD HARRISON, FERNANDO SANCHO. ■ Western all'italiana di un certo garbo. Per salvare un criminale, i suoi complici fanno una strage cercando di uccidere il testimone a carico. Ma un uomo nella cui casa i banditi si sono nascosti farà tremenda vendetta. ■ WESTERN; COL.; 95'; ITALIA, 1970.

PRIMA TI SPOSO, POI TI ROVINO ★★★★
(Intolerable Cruelty)
Regia di JOEL COEN. Con GEORGE CLOONEY, JULIA DUFFY, GEOFFREY RUSH, BILLY BOB THORNTON, CATHERINE ZETA-JONES. ■ Marilyn Rexroth nutre un'autentica vocazione per il denaro che accumula collezionando, come figurine, mariti miliardari. Tra lei e i sogni a più zeri, lui, Miles Massey, avvocato brillante di Beverly Hills, che prima la incastra, poi la sposa, poi le soccombe e poi la redime, si redime, irrimediabilmente. Tornano i fratelli Coen con una commedia feroce a camminare lungo i marciapiedi assolati "degli angeli"; a raccontare, questa volta, co-sceneggiati e all'ombra di ville iperboliche della classe alto-borghese, quella annoiata intorno ad asettiche piscine "depurate" da poco opportuni amanti. Si avviano così le pratiche di divorzio, si organizzano cinicamente strategie post-matrimoniali dove gli avvocati drammatizzano, proprio come in un film dei Coen, persone e azioni con l'unico scopo di vincere, vincere e vincere. Massey, allora, costruisce davvero la sua perfettissima storia, anticipando successi e sconfitte del cuore, il suo, fino al romanticissimo epilogo sulle labbra Marilyn. Incredibile macchina spettacolare, quella dei Coen, governata dall'armonia totale degli elementi che nel loro cinema si corrispondono come una melodia. Una melodia che si avvia dalla "parola", quella scritta, autoriale e definitiva dei Coen, quella che gli attori, pure superlativi, devono solo "dire" perché al pubblico della prima come dell'ultima fila arrivi nella sua "intollerabile" perfezione. ■ COMMEDIA; COL., 100'; USA, 2003.

PRIMA TI SUONO E POI TI SPARO ★★
Regia di FRANZ ANTEL. Con HERBERT FUX, GEORGE HILTON, PIERO LULLI, RINALDO TALAMONTI. ■ Un bandito deruba i cittadini di un paese del West e uccide tutti gli sceriffi. Uno straniero, scambiato per un famoso pistolero (che invece è stato eliminato dal fuorilegge), affronta abilmente il misterioso bandito e lo scopre sotto le spoglie di un falso prete. ■ WESTERN; COL.; 92'; ITALIA, 1974.

PRIMAVERA *(Maytime)* ★★★
Regia di ROBERT Z. LEONARD. Con NELSON EDDY, JEANETTE MACDONALD. ■ Un'anziana cantante narra la dolorosa storia della sua vita: raggiunto il successo per merito di un maestro di canto, acconsente a sposarlo per gratitudine. Ma si innamora di un collega che incontra dopo anni di lontananza. Chiede al marito il divorzio, ma quello ammazza il rivale. Da quel giorno lei rimane desolatamente sola. ■ COMMEDIA; B/N; 132'; USA, 1937. ■ OSCAR 2 NOM.

PRIMAVERA *(Vesna)* ★★
Regia di GRIGORIJ ALEKSANDROV. Con NIKOLAJ CERKASOV, LUBOV PETROVNA ORLO, M. SIDORKIN. ■ Una ragazza accetta il ruolo di scienziata in un film biografico. Durante le riprese le accade un contrattempo e la vera scienziata, cedendo alle sue pressioni, ne prende il posto. Questo scambio dà origine a equivoci a lieto fine: l'attrice si innamora di un giornalista e la scienziata si fidanza col regista. ■ COMM. MUSICALE; B/N; 90'; URSS, 1947.

PRIMAVERA CARNALE *(Serieux comme le plaisir)* ★★
Regia di ROBERT BONAYOUN. Con JANE BIRKIN, SERGE GAINSBOURG, RICHARD LEDUC, GEORGES MANSART. ■ Due ragazzi e una ragazza dividono lo stesso appartamento e lo stesso letto in accordo e allegria. Quando subentra la noia, tutti e tre partono per cercare nuove avventure. Naturalmente le trovano. ■ COMMEDIA; COL.; 100'; FRANCIA, 1974.

PRIMAVERA DI MICHELANGELO, LA ★★
Regia di JERRY LONDON. Con F. MURRAY ABRAHAM, MARK FRANKEL, ORNELLA MUTI, JOHN STEINER, RICKY TOGNAZZI. ■ La giovinezza del grande Michelangelo, dalla nascita del suo genio all'incarico di affrescare la Cappella Sistina, e sullo sfondo gli avvenimenti politici e religiosi del Quattro-Cinquecento. Tra la Firenze dei Medici e la Roma papalina il giovane artista conosce personaggi come Lorenzo il Magnifico, Leonardo da Vinci e Gerolamo Savonarola. Buona la recitazione degli attori, mentre la regia non è esente da facilonerie di ricostruzione. ■ BIOGRAFICO; COL.; 240'; ITALIA, USA, 1990.

PRIMAVERA DI SOLE *(The Sun Comes up)* ★★
Regia di RICHARD THORPE. Con CLAUDE JARMAN JR, JEANETTE MACDONALD, LLOYD NOLAN. ■ Una cantante interrompe l'attività per la morte del marito; la riprende anni dopo e un'altra volta la interrompe a causa del decesso del figlio. Rifugiatasi in un paesino sperduto, accetta la compagnia di un orfano che vorrebbe farsi adottare. Un avvenimento drammatico spingerà l'artista, che si è affezionata al piccolo, a tenerlo con sé. ■ DRAMMATICO; COL.; 93'; USA, 1948.

PRIMAVERA, ESTATE, AUTUNNO, INVERNO... E ANCORA PRIMAVERA ★★★★
(Bom yeoreum gaeul gyeoul geurigo bom)
Regia di KIM KI-DUK. Con SEO JAE-KYEONG, KIM JONG-HO, KIM KI-DUK, HA YEO-JIN, OH YEONG-SU, KIM YOUNG-MIN. ■ Le favole morali sono una forma di espressione ideale per il cinema orientale. *Primavera, estate*... è un'ulteriore conferma di come, attraverso simboli e metafore, sia possibile fare cinema con semplicità e leggerezza, senza dimenticare le emozioni. È il racconto

della vita che si svolge in un luogo non luogo, immerso nella natura di Taiwan. In una casa-isola su un laghetto si seguono le esperienze di due monaci, uno adulto e uno giovane. Le stagioni passano, e ognuna di esse è un periodo dell'esistenza, vissuta fra felicità e dramma, sotto la veglia di un'immancabile e insostituibile spiritualità. Kim-ki-duk ci regala un altro "quadro" perfetto (il regista è stato anche pittore) sui perché dell'essere e sul trascorrere del tempo, che scandisce inesorabilmente le tappe della vita. Anche della nostra. ■ DRAMMATICO; COL.; 103′; COREA DEL SUD, GERMANIA, 2003.

PRIMAVERA ROMANA DELLA SIGNORA STONE, LA *(The Roman Spring of Mrs. Stone)* ★★
Regia di JOSÉ QUINTERO. Con WARREN BEATTY, CORAL BROWNE, VIVIEN LEIGH, LOTTE LENYA, JILL ST JOHN. ■ Un'attrice matura e ormai finita si reca in Italia per una vacanza. Un giovane bellimbusto, fallito il proposito di sfruttarla, la lascia. Lei allora si consola con un poveraccio che le fa una corte assidua. ■ DRAMMATICO; COL.; 104′; GRAN BRETAGNA, 1961. ■ OSCAR 1 NOM.

PRIMA VISIONE CON LA MORTE *(Matinée)* ★
Regia di RICHARD MARTIN. Con GILLIAN BARBER, BEATRICE BOEPPLE, RON WHITE. ■ Rassegna di film horror. Il terrore dallo schermo si trasferisce in sala. Ma il fatto grave è che due anni dopo il fenomeno si ripete. ■ HORROR; COL.; 95′; USA, 1988.

PRIMA VITTORIA *(In Harm's Way)* ★★★
Regia di OTTO PREMINGER. Con KIRK DOUGLAS, HENRY FONDA, PATRICIA NEAL, PAULA PRENTISS, TOM TRYON, JOHN WAYNE, BRANDON DE WILDE, JILL HAWORTH. ■ Un comandante della Marina americana affronta i giapponesi durante l'attacco a Pearl Harbor. Nonostante il suo coraggio, la nave riporta gravi danni. Più tardi il comandante tornerà in battaglia e compirà un'azione molto rischiosa: muoiono suo figlio e il suo secondo. Lui è gravemente ferito e gli viene amputata una gamba. ■ GUERRA; B/N; 165′; USA, 1964. ■ OSCAR 1 NOM.

PRIMA VOLTA, LA *(Smooth Talk)* ★
Regia di JOYCE CHOPRA. Con LAURA DERN, TREAT WILLIAMS. ■ Finalmente è di nuovo estate; per la quindicenne protagonista, cresciuta in una cittadina della periferia, è tempo di nuove ed esaltanti scoperte: un ragazzo di cui innamorarsi, i balli al ritmo del rock'n'roll, le pazze corse in auto. Ma come per ogni cosa, anche per imparare a crescere la vita richiede prove non sempre piacevoli. ■ COMMEDIA; COL.; 105′; USA, 1986.

PRIMA VOLTA, LA ★
Regia di MASSIMO MARTELLA. Con FRANCESCA CHIARANTANO, ALESSIA FUGARDI, MAX MALATESTA, MICAELA RAMAZZOTTI, MANUEL SCORCIA. ■ Ha proprio l'aria del film su commissione questa carrellata di episodi legati dalla presenza di alcuni dei protagonisti nello stesso vagone della metropolitana. Di ognuno conosceremo com'è stata "la prima volta". Dalla commessa costretta dal padrone alla fidanzata del fratello che inizia il giovane inibito. Con uno stile del tutto piatto che fa rimpiangere *Il tuffo*. Che non era un capolavoro. ■ DRAMMATICO; COL.; 114′; ITALIA, 1999.

PRIMA VOLTA..., LA *(Sytten)* ★★
Regia di ANNELISE MEINECHE. Con GHITA NORBY, OLE SOLTOF, BODIL STEEN, OLE MONTY, LILY BROBERG. ■ Un ragazzo molto giovane, desideroso di esperienze sessuali ma troppo timido per cercarle, trascorre un periodo di vacanza presso lo zio. La cuginetta se lo porta a letto, e così pure la cameriera e la governante. Ormai disinibito, il nostro approfitterà con successo di un'avventura durante il viaggio di ritorno. ■ COMMEDIA; COL.; 92′; DANIMARCA, 1965.

PRIMA VOLTA DI JENNIFER, LA *(Rachel, Rachel)* ★★★
Regia di PAUL NEWMAN. Con KATE HARRINGTON, DONALD MOFFAT, JAMES OLSON, ESTELLE PARSONS, JOANNE WOODWARD. ■ Jennifer conosce l'amore per la prima volta a trentacinque anni, dopo aver trascorso una grigia giovinezza, con la dispotica madre. Si tratta di un'avventura, ma Jennifer coltiva per qualche tempo un'illusione di maternità che potrebbe dare uno scopo alla sua vita. La nuova delusione le serve comunque per trovare il coraggio di abbandonare finalmente la cittadina dove ha sempre vissuto. ■ DRAMMATICO; COL.; 101′; USA, 1968. ■ OSCAR 4 NOM.

PRIMA VOLTA SULL'ERBA – DANZA D'AMORE SOTTO GLI OLMI, LA ★★
Regia di GIANLUIGI CALDERONE. Con CLAUDIO CASSINELLI, MONICA GUERRITORE, ANNE HEYWOOD, MARK LESTER, BRUNO ZANIN. ■ Hans, medico, e Margherita, pittrice, sono amanti. Persone decisamente emancipate per i loro tempi, il 1900, incoraggiano i loro figli, Franz e Lotte, ad avere liberi rapporti, ma proprio questo atteggiamento crea problemi ai due ragazzi. Problemi che svaniscono appena Hans e Margherita si lasciano. ■ DRAMMATICO; COL.; 92′; ITALIA, 1975.

PRIME ★★★
Regia di BEN YOUNGER. Con JON ABRAHAMS, ADRIANA BIASI, PALMER BROWN, BRYAN GREENBERG, MERYL STREEP, UMA THURMAN, DAVID YOUNGER. ■ Rafi è una donna di trentasette anni appena uscita da un divorzio, sola, depressa e in cura da una psichiatra. Incontra casualmente David, un giovane pittore di ventitré anni ed è amore a prima vista. Tra i due inizialmente sembra funzionare tutto alla perfezione, ma, con il passare del tempo, le diverse esigenze dovute alla differenza di età (Rafi vuole avere un figlio, David è attratto dalla playstation ed è ancora legato ai suoi amici), e le diverse culture di appartenenza (David è ebreo, Rafi no), rendono il percorso sentimentale della coppia difficile e accidentato. A complicare il tutto ci si mettono gli amici di Rafi che sono contrari a questa relazione e soprattutto Liza, la madre di David, che, guarda caso, è anche la psicoanalista di Rafi. Ottima interpretazione di una Meryl Streep mai sopra le righe. Uma Thurman è decisamente a suo agio nelle inedite vesti della donna matura in cerca dell'amore della vita. ■ COMMEDIA; COL.; 105′; USA, 2005.

PRIME ARMI *(Spirit of Culver)* ★★
Regia di JOSEPH SANTLEY. Con FREDDIE BARTHOLOMEW, JACKIE COOPER. ■ Dalla vita pericolosa della strada, un ragazzino passa a quella severa e disciplinata di un collegio militare. Inizialmente ha qualche problema, ma alla fine prevale la buona volontà e il piccolo ribelle si trasforma in un perfetto cadetto. ■ COMMEDIA; B/N; 89′; USA, 1939.

PRIME IMMAGINI DELL'ANNO NUOVO, LE *(New Year's Day)* ★★★
Regia di HENRY JAGLOM. Con MILOS FORMAN, HENRY JAGLOM, MELANIE WINTER. ■ In concorso alla Mostra di Venezia 1989, Janglom ragiona di speranze e delusioni, ma soprattutto di cinema, con il suo amico Milos Forman. È un tentativo di tirare le somme facendo cinema sul cinema. ■ COMMEDIA; COL.; 90′; USA, 1989.

PRIME LUCI DELL'ALBA ★★
Regia di LUCIO GAUDINO. Con FRANCESCO GIUFFRIDA, LAURA MORANTE, GIANMARCO TOGNAZZI. ■ Due mesi dopo l'uccisione dei genitori in un agguato di mafia due fratelli si incontrano. Uno, Elio, è un ingegnere affermato che ha lasciato la Sicilia. L'altro, Saro, è ricco di idee ma fragile e astratto. Il loro ritrovarsi mette a nudo le difficoltà che entrambi non riescono a superare. In concorso, senza possibilità di competere, al festival di Berlino. ■ DRAMMATICO; COL.; 86′; ITALIA, 2000.

PRIME TENTAZIONI *(Blue jeans)* ★★
Regia di HUGUES BURIN DES ROZIERS. Con GILLES BUDIN, BERANGÈRE DAUTUN, MICHEL GIBET, MARTHE MERCADIER. ■ Julien, in vacanza in Inghilterra, non riesce ad avere, come i suoi compagni, le prime avventure sentimental-sessuali. Fa amicizia con Jean-Pierre e subito nascono voci sul loro strano rapporto. A Jean-Pierre piace Janet e tuttavia un bel giorno scompare. Neanche questa volta però Julien sa approfittare della situazione. ■ COMMEDIA; COL.; 80′; FRANCIA, 1976.

PRIMI AMORI, PRIMI VIZI, PRIMI BACI *(Nos jours heureux)* ★★★
Regia di OLIVIER NAKACHE, ERIC TOLEDANO. Con JEAN BENGUIGUI, MARILOU BERRY, JULIE FOURNIER, LANNICK GAUTRY, JOSÉPHINE DE MEAUX, JEAN-PAUL ROUVE, OMAR SY. ■ Nell'estate del 1992, Vincent Rousseau si trova a dirigere per la prima

volta una colonia estiva per tre settimane. Radunata una squadra di animatori, parte in treno con una nutrita compagnia di giovani e giovanissimi alla volta del castello che li ospiterà. Gli infanti allo sbaraglio e gli educatori in piena deriva tardo-adolescenziale sono gli ingredienti di una serie di episodi tragicomici che strappano il riso anche allo spettatore più serioso. Convertito in *Primi amori, primi vizi, primi baci*, il titolo della commedia francese scritta e diretta a quattro mani da Eric Toledano e Olivier Nakache, non rende giustizia di quel sentimento di acuta nostalgia che si affacciava nell'originale *Nos jours heureux* e che di certo ha a che fare con la genesi della sceneggiatura, che affonda le sue radici nei ricordi personali degli autori. Prodotto sano di un cinema medio e non mediocre, *Primi amori, primi vizi, primi baci* può vantare un copione brillante e di interpreti capaci, come Jean-Paul Rouve (Vincent), Marilou Berry (già vista in *Così fan tutti* di Agnès Jaoui) e Joséphine de Meaux, che con questa pellicola ha vinto il premio per la miglior attrice al Festival Internazionale della Commedia dell'Alpe D'Huez 2006. ■ COMMEDIA; COL.; 103'; FRANCIA, 2006.

PRIMI DELLA LISTA, I ★★
Regia di ROAN JOHNSON. Con FABRIZIO BRANDI, DANIELA MOROZZI, SERGIO PIERATTINI, CLAUDIO SANTAMARIA, FRANCESCO TURBANTI. ■ Pisa, giugno del 1970. Invece di prepararsi per l'esame di maturità, Renzo Lulli e Fabio Gismondi si recano per un provino con la chitarra a casa di Pino Masi, cantautore ben inserito all'interno dell'ambiente della contestazione. Mentre i due studenti stanno eseguendo la "Ballata del Pinelli" davanti a quello che per loro è un leader indiscusso, arriva – segretissima – la notizia di un golpe. Tratto da vicende realmente accadute, il primo lungometraggio di Roan Johnson è un vivo racconto di viaggio. ■ COMMEDIA; COL.; 85'; ITALIA, 2011.

PRIMITIV ★
Regia di SAM GARDNER. Con HERY HARYA, BARRY PRINAR, HERMAN RUCKMAN. ■ Un gruppetto di scapestrati antropologi si smarrisce in una impenetrabile foresta solo per venire decimato da una primitiva tribù cannibale. Tanto sangue a buon mercato dietro la solita patina pseudo-impegnata. ■ HORROR; COL.; 92'; GIAPPONE, 1980.

PRIMI TURBAMENTI, I *(Faustine et le bel été)* ★★★
Regia di NINA COMPANEEZ. Con ISABELLE ADJANI, MURIEL CATALA, MARIANNE EGERIKS. ■ In una villa di campagna si intrecciano amori più o meno segreti ai quali assiste la giovane Faustine, cittadina in vacanza. Anche la ragazza finisce per lasciarsi coinvolgere e si butta tra le braccia di Joachim, uomo più che maturo. ■ COMMEDIA; COL.; 98'; FRANCIA, 1971.

PRIMO AMORE *(Lonesome)* ★★★
Regia di PAUL FEJOS. Con BARBARA KENT, EDDIE PHILLIPS, GLENN TRYON. ■ Coney Island. L'incontro tra un'impiegata ai telefoni e un operaio sboccia in amore. Scopriranno di abitare uno a un passo dall'altra. ■ COMMEDIA; B/N; 88'; USA, 1929.

PRIMO AMORE *(Chance of Heart)* ★★
Regia di JOHN BLYSTONE. Con JAMES DUNN, CHARLES FARRELL, JANET GAYNOR, GINGER ROGERS. ■ Due ragazzi e due ragazze, avvocati neolaureati, non intendono esercitare la professione e dalla California vanno a cercare fortuna a New York. Una coppia convolerà a giuste nozze. ■ COMMEDIA; B/N; 75'; USA, 1935. ■ OSCAR 1 NOM.

PRIMO AMORE *(Alice Adams)* ★★★
Regia di GEORGE STEVENS. Con KATHARINE HEPBURN, FRED MACMURRAY. ■ Una ragazza di modeste condizioni sociali aspira a frequentare il bel mondo. Per assecondarla, la madre convince il marito a gestire un'attività commerciale in proprio. Qualche equivoco e poi la ragazza troverà il vero amore. ■ COMMEDIA; B/N; 99'; USA, 1936. ■ OSCAR 1 NOM.

PRIMO AMORE ★★
Regia di CARMINE GALLONE. Con LEONARDO CORTESE, VALENTINA CORTESE. ■ Una romantica fanciulla si innamora di un giovane musicista italo-americano arrivato in Italia per cercare ispirazione. Al comparire dell'amante del giovane, la ragazza tenta il suicidio; non muore ma si ammala gravemente. La drammatica circostanza fa riflettere il musicista che, abbandonata l'americana, dedica il suo amore alla malata che improvvisamente guarisce. ■ COMMEDIA; B/N; 113'; ITALIA, 1941.

PRIMO AMORE ★★
Regia di MARIO CAMERINI. Con LORELLA DE LUCA, CARLA GRAVINA, RAF MATTIOLI, GERONIMO MEYNIER. ■ Gli amori più o meno sofferti di un gruppo di adolescenti nella Roma degli anni Cinquanta. ■ DRAMMATICO; B/N; 96'; ITALIA, 1959.

PRIMO AMORE ★★★
Regia di DINO RISI. Con RICCARDO BILLI, CATERINA BORATTO, MARIO DEL MONACO, ORNELLA MUTI, UGO TOGNAZZI. ■ Un vecchio comico d'avanspettacolo finito in una casa di riposo non accetta l'idea di vegetare in attesa della morte e, insieme alla giovane e bellissima cameriera dell'istituto, tenta nuovamente la sorte. Naturalmente la ragazza ha subito successo, anche perché la sua moralità piuttosto elastica le permette di ingraziarsi le persone giuste. Arrivata al successo, la ragazza ha un gesto di generosità verso il vecchio attore che le ha indicato la strada, ma l'uomo rifiuta sdegnoso. ■ DRAMMATICO; COL.; 117'; ITALIA, 1978.

PRIMO AMORE ★★
Regia di MATTEO GARRONE. Con MICHELA CESCON, VITALIANO TREVISAN. ■ Vittorio, un piccolo artigiano orafo veronese, ha un'ideale femminile molto preciso: il suo apprezzamento per il corpo e per la mente di una donna deve essere allo stesso livello e il corpo della donna deve essere molto magro. Incontra con un appuntamento al buio Sonia, che lo attrae ma che vuole con molti chili in meno. La donna accetta di adeguarsi ai suoi desideri ed inizia una dieta strettissima che la condurrà a una forma di schiavitù fisica e mentale. Si vorrebbe poter dire solo bene del film di Garrone che segue all'inatteso successo de *L'imbalsamatore*. Purtroppo non è possibile farlo. Lo scrittore Trevisan, che interpreta il ruolo del protagonista e ha offerto la materia narrativa per la sceneggiatura, rappresenta in modo puntuale e preciso l'evolvere di una "lucida follia" ma il regista, pur assecondato dalla performance fisica della protagonista femminile, spesso si lascia sfuggire il film di mano, introducendo il personaggio irrisolto sul piano recitativo del fratello di lei e, soprattutto, con la scena dell'attacco di fame al ristorante che sposta brutalmente l'asse del film verso il grottesco involontario. È un peccato perché la materia prima c'era e, anche se non era tutto oro, necessitava di una regia più matura. ■ DRAMMATICO; COL.; 100'; ITALIA, 2003. ■ BERLINO 1 PR; DAVID DI DONATELLO 1 PR. 3 NOM.

PRIMO ANNO, IL *(The First Year)* ★★
Regia di WILLIAM K. HOWARD. Con CHARLES FARRELL, JANET GAYNOR, MINNA GOMBELL. ■ Primi dodici mesi di vita in comune di due sposini. Non tutto fila liscio. La sposina ha pretese finanziarie che il marito fa fatica a soddisfare. Tutto si risolve quando è lei a guadagnare una forte somma. ■ COMMEDIA; B/N; 92'; USA, 1932.

PRIMO APPLAUSO ★
Regia di PINO MERCANTI. Con RICCARDO BILLI, CARLO DAPPORTO, MARIO RIVA, CLAUDIO VILLA. ■ Dopo un'audizione alla Rai, Aldo, modesto barista, diventa un cantante famoso. La celebrità rischia di mandare all'aria il suo fidanzamento con Anna, brava e semplice ragazza, ma alla fine i buoni sentimenti prevalgono. ■ COMMEDIA; B/N; 91'; ITALIA, 1957.

PRIMO APPUNTAMENTO *(Premier rendez-vous)* ★★
Regia di HENRI DECOIN. Con DANIELLE DARRIEUX, LOUIS JOURDAN, FERNAND LEDOUX. ■ Una collegiale si incontra segretamente con il suo corrispondente, un professore che si nasconde sotto il nome di un giovanotto. Giovanotto che la ragazza incontra davvero, a casa del professore e un nuovo amore nasce all'istante. ■ COMMEDIA; B/N; 105'; FRANCIA, 1941.

PRIMO APRILE 2000 *(1 April 2000)* ★★
Regia di WOLFGANG LIEBENEINER. Con JUDITH HOLZMEISTER, HILDE KRAHL, JOSEF MEINRAD. ■ Ambientato in una immaginaria società avveniristica che prevede riunite tutte le nazioni del mondo, il processo contro l'Austria ribelle rischia di terminare con una condanna. Ma il presidente del piccolo paese dimostra, aiutandosi con la macchina del tempo, come l'Austria abbia sem-

pre difeso la libertà dei popoli. Il verdetto finale è favorevole. ■ COMMEDIA; B/N; 90′; AUSTRIA, 1952.

PRIMO BACIO, IL *(First Love)* ★★
Regia di HENRY KOSTER. Con DEANNA DURBIN, ROBERT STACK, EUGENE PALLETTE, HELEN PARRISH, LEWIS HOWARD. ■ Un'orfanella viene ospitata da alcuni parenti. La cugina è gelosa di lei e i domestici, affezionatisi alla nuova arrivata, la proteggono dalle sue ire. Ad un ballo la fanciulla si lega ad un coetaneo; nonostante le manovre della parente e un intermezzo infelice potrà sposarlo. Moderno riadattamento della favola di Cenerentola, con i sette nani nelle vesti di un settetto di motociclisti. ■ COMMEDIA; B/N; 84′; USA, 1939. ■ OSCAR 2 NOM.

PRIMO BACIO, IL *(Les Beaux Gosses)* ★★
Regia di RIAD SATTOUF. Con EMMANUELLE DEVOS, NOEME LVOVSKY, ANTHONY SONIGO, ALICE TREMOLIERE. ■ Hervé, mediocre a scuola, si barcamena tra la madre con cui vive e gli amici. Un giorno si invaghisce di Aurore, compagna di classe con cui avrà le prime esperienze e delusioni della vita di coppia. Il migliore amico Camel lo segue nelle peripezie facendo di tutto per trovare a sua volta una ragazza. Una commedia adolescenziale leggera. ■ COMMEDIA; COL.; 90′; FRANCIA, 2009.

PRIMO CAVALIERE, IL *(First Knight)* ★★★
Regia di JERRY ZUCKER. Con SEAN CONNERY, BEN CROSS, RICHARD GERE, JOHN GIELGUD, JULIA ORMOND. ■ Portata la pace a Camelot, re Artù intende sposare la principessa Ginevra, che accetta l'offerta. Il cavaliere rinnegato Malagant, desideroso di appropriarsi delle terre di Ginevra, cerca di catturarla, ma interviene Lancillotto, vagabondo abilissimo con la spada. Vincolata dai doveri e dalla stima per Artù, Ginevra diventa regina e fa nominare Lancillotto cavaliere, ma la scelta tra il maturo sovrano e il giovane eroe è difficile. Quando tutto sembra perduto, è il destino a risolvere la situazione. Connery è grande anche solo quando muove un sopracciglio, Gere è un inedito Lancillotto segnato da traumi infantili. In una variante storico-avventurosa del mito arturiano, Zucker ricrea l'atmosfera e i ritmi narrativi del grande cinema hollywoodiano, aiutato dalla trionfale colonna sonora di Jerry Goldsmith. ■ AVVENTURA; COL.; 132′; USA, 1995.

PRIMO CERCHIO, IL *(The First Circle)* ★★
Regia di ALEXANDER FORD. Con PREBEN LERDORFF RYE, GUNTHER MALIZACHER, VERA TSCHECHOWA. ■ Dal romanzo "maledetto" di Aleksandr Solgenitsin. È la rievocazione dell'odissea dell'armata russa al comando del generale Samsonov durante la prima guerra mondiale. Gli alti comandi, con la loro inettitudine, provocheranno il massacro degli uomini di Samsonov da parte delle truppe persiane. ■ DRAMMATICO; COL.; 92′; DANIMARCA, 1972.

PRIMO CONTATTO *(Star Trek: First Contact)* ★★
Regia di JONATHAN FRANKES. Con LEVAR BURTON, JONATHAN FRAKES, BRENT SPINER, PATRICK STEWART. ■ I Borg sono esseri per metà macchine. Il capitano della nuova Enterprise li deve combattere compiendo anche un viaggio indietro nel tempo per impedire che si realizzi una mutazione pericolosa. La saga di *Star Trek* prosegue. ■ FANTASTICO; COL.; 110′; USA, 1996.

PRIMO DEI POCHI, IL *(The First of the Few)* ★★★
Regia di LESLIE HOWARD. Con LESLIE HOWARD, ROSAMUND JOHN, DAVID NIVEN. ■ Mitchell, un ingegnere inglese recatosi in Germania, ha modo di notare i progressi di quel paese nel settore aeronautico. La seconda guerra mondiale è alle porte e l'ingegnere dedica tutte le sue energie allo studio di un nuovo aereo: lo Spitfire. Mitchell muore prima di vedere realizzato il suo aereo. Sarà proprio questo stupendo caccia a vincere la battaglia d'Inghilterra. I "pochi" del titolo sono appunto i piloti degli Spitfire. ■ GUERRA; B/N; 117′; GRAN BRETAGNA, 1942.

PRIMO GIORNO D'INVERNO, IL ★★
Regia di MIRKO LOCATELLI. Con GIUSEPPE CEDERNA, MICHELA COVA, MATTIA DE GASPERIS, TERESA PATRIGNANI, ANDREA SEMENGHINI. ■ Valerio è un adolescente che vive nella provincia milanese. A casa ha una sorella minore della quale talvolta deve, di malavoglia, occuparsi. Nel mondo scolastico Valerio è costretto a percepire la propria diversità. Quella che lo spinge a isolarsi nella campagna o a compiere lunghi tragitti sul suo motorino che ogni tanto lo tradisce. Vorrebbe avere delle amicizie ma i compagni lo respingono e chi lo aiuta sa di mettere a repentaglio il proprio ruolo nel gruppo di quelli che contano. Un giorno, del tutto improvvisamente, accade qualcosa che gli cambia la vita e che lo spinge a commettere un grave errore. La notte più lunga dell'anno (il solstizio d'inverno) è appena trascorsa. ■ DRAMMATICO; COL.; 88′: ITALIA, 2008.

PRIMO INCONTRO *(Diener lassen bitten)* ★★
Regia di HANS HEINZ ZERLETT. Con HERBERT HUBNER, HANS SÖHNKER, ROSE STRADNER. ■ I Potter sono ricchi, ma assolutamente privi di nobiltà. L'aver comprato un castello non è servito per farsi accettare dal bel mondo, ma l'amore risana molte situazioni, e anche qui la favola finisce bene con la figlia dei borghesi che sposa un nobile rampollo. ■ COMMEDIA; B/N; 92′; GERMANIA, 1936.

PRIMO INCONTRO, IL ★★
Regia di GIORGIA CECERE. Con ALBERTO BOLL, FRANCESCO CHIARELLO, RITA CHIRINZI, MIRIANA PROTOPAPA, ISABELLA RAGONESE. ■ Puglia, anni '50. Nena è una giovane maestra, innamorata di un ragazzo dell'alta borghesia, messa sotto pressione dalle preoccupazioni della madre. Quando arriva la lettera di assunzione in una piccola scuola nel Sud salentino, fa le valigie e parte a malincuore, curiosa della sua nuova esperienza ma triste per la lontananza dal suo amore. Dopo le prime difficoltà di integrazione nella piccola comunità agreste, riesce a trovare un equilibrio che verrà nuovamente messo in discussione dalla notizia del tradimento del fidanzato. ■ DRAMMATICO; COL.; 90′; ITALIA, 2010.

PRIMO PECCATO *(Dream Boat)* ★★★
Regia di CLAUDE BINYON. Con ANNE FRANCIS, JEFFREY HUNTER, GINGER ROGERS, CLIFTON WEBB. ■ Un ex divo di Hollywood è diventato un severissimo professore universitario che non ama chiacchierare sul proprio passato. Per questo denuncia la società produttrice che ha rimesso in circolazione i suoi vecchi film. La vicenda trova spazio sui giornali e il professore conosce una nuova celebrità che lo induce a ritornare al suo antico e sicuramente più redditizio mestiere. ■ COMMEDIA; B/N; 83′; USA, 1952.

PRIMO PIANO SULL'ASSASSINO ★★★
(Johnny Skidmarks)
Regia di JOHN RAFFO. Con PETER GALLAGHER, JOHN LIGHTGOW, FRANCES MCDORMAND. ■ Il fotografo della polizia Johnny-la-morte vive tra cadaveri di giorno e tra foto rubate a mariti irreprensibili in compagnia di prostitute. Un giorno però il ricatto va troppo in là e coinvolge un serial killer. Sceneggiatura scontata, innervata però da una tensione molto interessante. ■ THRILLER; COL.; 99′; USA, 1997.

PRIMO PREMIO: MARIA ROSA ★★
Regia di SERGIO GRIECO. Con ISA BARZIZZA, CARLO CROCCOLO, FULVIA FRANCO. ■ Una mucca è il premio di una lotteria che un nobile decaduto di paese mette in palio ogni anno. È costume che la mucca sia restituita, ma Virgilio, che arriva da Roma, non sa dell'usanza e vuole tenersi l'animale. Dopo varie e divertenti vicissitudini, Virgilio restituisce la mucca ma in compenso trova l'amore. ■ COMMEDIA; B/N; 91′; ITALIA, 1952.

PRIMO RAGAZZO, IL *(Pervyi Paren)* ★★
Regia di SERGEI PARAJANOV. Con G. KARPOV, V. KOVALENKO. ■ Odarka è una ragazza molto attraente, desiderata da molti uomini del suo paese. In particolare Juska è quello che ha più possibilità. Si allena per diventare un bravo giocatore di calcio e convincerla così ad accettarlo. ■ COMMEDIA; COL.; 79′; RUSSIA, 1959.

PRIMO RIBELLE, IL *(Allegheny Uprising)* ★★
Regia di WILLIAM A. SEITER. Con GEORGE SANDERS, CLAIRE TREVOR, JOHN WAYNE. ■ John Smith è un pioniere del vecchio West che combatte i pellirosse e i trafficanti d'armi che li riforniscono. Per la sua lotta si mette anche nei guai con la legge e rischia di essere impiccato, quando un inviato del governo riconosce le sue richieste più che legittime e lo libera. ■ AVVENTURA; B/N; 81′; USA, 1939.

PRIMO TANGO A ROMA – STORIA D'AMORE E D'ALCHIMIA ★
Regia di LORENZO GICCA PALLI. Con ERIKA BLANC, PUPO DE

LUCA, ARNOLDO FOÀ, LEONARD MANN, ROSALBA NERI. ■ Nella Roma del dodicesimo secolo, un cavaliere del soppresso Ordine dei Templari trova rifugio con il suo scudiero a palazzo Colonna e in seguito a palazzo Orsini. Sparsasi in un baleno la voce delle loro prodezze amorose con le donne delle due nobili famiglie, i due diventano famosi come inventori di un elisir afrodisiaco. Non essendoci alcun elisir e non potendo esaudire le richieste, i due preferiscono fuggire, portando con loro la figlia del principe Colonna. ■ COMICO; COL.; 93′; ITALIA, 1973.

PRIMO UOMO, IL *(Le premier homme)* ★★★
Regia di GIANNI AMELIO. Con ULLA BAUGUÉ, JACQUES GAMBLIN, DENIS PODALYDES, MAYA SANSA, CATHERINE SOLA. ■ Lo scrittore Jean Cormery torna in Algeria, sua patria d'origine, per perorare la sua idea di un paese in cui musulmani e francesi possano vivere in armonia come nativi della stessa terra. Ma negli anni Cinquanta la questione algerina è ben lontana dal risolversi in maniera pacifica. L'uomo approfitta del viaggio per ritrovare sua madre e rivivere la sua giovinezza in un paese difficile, ma solare. Vivono le vicende di un bambino il cui padre è morto durante la prima guerra mondiale, la cui famiglia poverissima è retta da una nonna arcigna e dispotica. Gli anni Venti sono però per il piccolo Jean il momento della formazione, delle scelte più difficili, come quella di voler continuare a studiare nonostante tutte le difficoltà. Tornato a trovare il professor Bernard, l'insegnante che lo ha aiutato e sorretto, Cormery ascolta ancora una volta la frase che ha segnato la sua vita: "Ogni bambino contiene già i germi dell'uomo che diventerà". Adattamento del romanzo di Albert Camus di cui il protagonista è naturalmente l'alter ego. ■ DRAMMATICO; COL.; 98′; FRANCIA, ALGERIA, 2011.

PRIMO UOMO DELLO SPAZIO, IL ★★
(First Man into Space)
Regia di ROBERT DAY. Con ROBERT AYRES, MARLA LANDI, MARSHALL THOMPSON. ■ Il primo austronauta, tornato sulla Terra, è diventato un sanguinario assassino. ■ FANTASCIENZA; B/N; 77′; GRAN BRETAGNA, 1959.

PRIMO UOMO DIVENTATO DONNA – LA VERA STORIA DI CHRISTINE JORGENSEN, IL ★★
(The Christine Jorgensen Story)
Regia di IRVING RAPPER. Con JOHN HANSEN, JOHN W. HIMES, QUINN REDEKER, JOAN TOMPKINS. ■ Storia vera di un fotografo di moda che grazie ad una operazione chirurgica è diventato donna. ■ BIOGRAFICO; COL.; 89′; USA, 1970.

PRIMO UOMO SULLA LUNA, IL *(Man in the Moon)* ★★
Regia di BASIL DEARDEN. Con SHIRLEY ANN FIELD, MICHAEL HORDERN, KENNETH MORE. ■ William dovrebbe essere il primo uomo a metter piede sulla Luna, e infatti il razzo costruito per l'impresa parte regolarmente. Ma atterra a pochi chilometri dal centro spaziale di partenza e William rientra un attimo prima che un altro ripeta inutilmente la sua esperienza. ■ COMMEDIA; B/N; 96′; GRAN BRETAGNA, 1960.

PRIMULA AZZURRA DEI BASSIFONDI DI PARIGI, LA *(Milord l'arsouille)* ★★
Regia di ANDRÉ HAGUET. Con SIMONE BACH, LUCIENNE LEGRAND, JEAN-CLAUDE PASCAL, PASCALE ROBERTS. ■ Un giovane Lord trova una ballerinetta nei bassifondi della Parigi ottocentesca e la trasforma in una gentildonna solo per il gusto di stupire gli amici. Quando si sparge la voce che il giovane non è affatto un nobile ma un usurpatore del titolo che porta, tutti gli voltano le spalle tranne la fanciulla. Mentre gli eventi precipitano e la minaccia della rivoluzione rende più accorta la polizia, l'uomo deve fuggire dalla capitale, ma prima corre a dichiarare il suo amore alla ballerina. ■ COMMEDIA; COL.; 100′; FRANCIA, 1955.

PRIMULA BIANCA, LA ★★
Regia di CARLO LUDOVICO BRAGAGLIA. Con CARLO CAMPANINI, ANDREA CHECCHI, LAURA GORE, CARLO NINCHI. ■ Scambiato per un ladro, un giornalista finisce in mezzo ad una banda di delinquenti e partecipa ad una rapina. Naturalmente descrive l'operazione sul suo giornale e, oltre a far arrestare i colpevoli, diventa finalmente famoso. ■ COMMEDIA; B/N; 85′; ITALIA, 1946.

PRIMULA GIALLA, LA *(The Counterfeit Plan)* ★★
Regia di MONTGOMERY TULLY. Con PEGGIE CASTLE, MERVYN JOHNS, ZACHARY SCOTT. ■ Un ex bandito divenuto tranquillo signorotto di campagna, ricattato, è obbligato da un gangster a riprendere l'antica attività di falsario. Le banconote sono perfette, ma Scotland Yard si mette ben presto in allarme. Grazie alla collaborazione della figlia del falsario forzato, il gangster viene arrestato. ■ POLIZIESCO; B/N; 87′; GRAN BRETAGNA, 1956.

PRIMULA NERA, LA *(Lasse – Maya)* ★★
Regia di GUNNAR OLSSON. Con STURE LAGERWALL, LIANE LINDEN, MARGIT MANSTAD. ■ Un cuoco si trasforma in un giustiziere alla Robin Hood, rubando ai ricchi per donare ai poveri. La figlia di uno dei beneficiati non tarda ad innamorarsi di lui e divide le sue pene quando il ladro buono viene arrestato. Ma il re, che lo apprezza molto come cuoco, lo fa graziare. ■ AVVENTURA; B/N; 92′; SVEZIA, 1941.

PRIMULA ROSA, LA *(7 hommes et une garce)* ★★
Regia di BERNARD BORDERIE. Con SIDNEY CHAPLIN, PHILIPPE LEMAIRE, ETTORE MANNI, JEAN MARAIS, MARILÙ TOLO. ■ Due ufficiali napoleonici, durante la campagna d'Italia, vengono assediati dalla bella figlia di un nobile italiano che li mette in croce con le sue richieste amorose. Rischiano di finire in mano agli austriaci, ma poi è proprio la bella italiana che li salva e li fa diventare eroi loro malgrado. ■ COMMEDIA; COL.; 90′; FRANCIA, 1967.

PRIMULA ROSSA, LA *(The Scarlet Pimpernel)* ★★★
Regia di HAROLD YOUNG. Con NIGEL BRUCE, LESLIE HOWARD, RAYMOND MASSEY, MERLE OBERON. ■ Durante la Rivoluzione francese, un misterioso individuo chiamato Primula Rossa aiuta alcuni aristocratici a sfuggire alla ghigliottina. Un uomo si mette sulle sue tracce, involontariamente aiutato dalla moglie del fuorilegge, ma questi darà una severa lezione all'avversario e partirà con la consorte per l'Inghilterra. ■ AVVENTURA; B/N; 95′; GRAN BRETAGNA, 1935.

PRIMULA ROSSA DEL SUD, LA *(The Vanquished)* ★★★
Regia di EDWARD LUDWIG. Con COLEEN GRAY, JOHN PAYNE, JAN STERLING. ■ Dopo la guerra di Secessione, nelle città sudiste vengono inviati agenti di governo, ma non tutti sono persone oneste. Uno dei peggiori è un certo Hale, sul quale viene mandato ad indagare Grayson, un ex ufficiale del Sud. Per farlo, Grayson finge di collaborare con il disonesto e naturalmente questo gli costa la simpatia dei cittadini e della fidanzata. Quando Grayson consegna alle autorità Hale, tutto si chiarisce. ■ AVVENTURA; COL.; 84′; USA, 1953.

PRIMULA SMITH, LA *(Pimpernel Smith)* ★★★
Regia di LESLIE HOWARD. Con LESLIE HOWARD, MARY MORRIS. ■ Smith fa l'archeologo di professione e l'agente segreto per passione. Così, per liberare uno scienziato prigioniero dei nazisti, organizza una spedizione insieme ai suoi allievi nella Germania prebellica. Le avventure non mancano, e la liberazione dello scienziato è assicurata. ■ SPIONAGGIO; B/N; 121′; GRAN BRETAGNA, 1944.

PRINCE AVALANCE ★★★
Regia di DAVID GORDON GREEN. Con EMILE HIRSCH, LANCE LE GAULT, JOYCE PAYNE, PAUL RUDD, LYNN SHELTON. ■ Alvin, un tipo contemplativo e affidabile, e il fratello della sua fidanzata, il giovane e irrequieto Lance, trascorrono l'estate lontani dalla città, impegnati a dipingere la striscia di mezzo di una carreggiata di campagna. Nella solitudine forzata di quei luoghi, prende forma tra i due, passo dopo passo, tratto dopo tratto, un'amicizia imprevedibile che nasce dal paesaggio circostante, raso al suolo da un incendio un anno prima dell'arrivo della strana coppia, che, insieme alla striscia di mezzo, metafora chiara di una relazione in via di costruzione (con le sue intermittenze e la sua apertura a un futuro tutto da scrivere), illumina bene la cifra di un film che sa raccontare il molto con il poco. Gordon Green ritrova il miglior se stesso con questo remake di una pellicola islandese, dalla quale si può presumere vengano i sapori surreali e l'uso in chiave umoristica del silenzio. La bellezza maggiore di *Prince Avalanche* è soprattutto la malinconia che lo permea. ■ COMMEDIA; COL.; 90′; USA, 2013.

PRINCE OF PERSIA ★★
(Prince of Persia: The Sands of Time)
Regia di MIKE NEWELL. Con GEMMA ARTERTON, JAKE GYLLENHAAL, BEN KINGSLEY, ALFRED MOLINA, STEVE TOUSSAINT. ■ Nei territori dell'antica Persia, il piccolo Dastan è un orfano che viene sorpreso dalle guardie imperiali a rubare una mela al mercato. Presente alla scena, il re Sharaman nota con ammirazione il coraggio e l'incredibile destrezza del ragazzo, decidendo così di risparmiargli la vita e di accoglierlo a palazzo. Sedici anni dopo, Dastan viene considerato un nobile principe di Persia assieme ai due diretti discendenti del re, Tus e Garsiv, anche se le sue abitudini restano quelle di un ragazzo del popolo. Quando lo zio Nizam annuncia che nella città santa di Alamut vengono nascoste armi per i nemici della Persia, i tre principi conducono un attacco alla città e la espugnano grazie soprattutto all'intervento di Dastan. ■ AZIONE; COL.; 116'; USA, 2010.

PRINCE OF TEARS *(Lei Wangzi)* ★★
Regia di YONFAN. Con JOSEPH CHANG, CHIH-WEI FAN, TERRI KWAN, KENNETH TSANG. ■ Un puro film d'autore, un levigato *melò* tradizionale su amori irrealizzabili o tragicamente realizzati sullo sfondo della turbolenta Taiwan degli anni Cinquanta. La politica assume un ruolo centrale, puntando l'indice sulla carneficina perpetrata nel periodo del Terrore Bianco, una pagina di storia molto meno nota delle violenze compiute dal fronte opposto nella Cina continentale e che per molti versi ricorda una forma estrema e sanguinosa di maccartismo. Al centro c'è l'intreccio sentimentale della famiglia e dei personaggi che gravitano attorno ad essa, a lungo osservato dal punto di vista, innocente ma sincero, di due bambine, prima di trovare il suo climax nel finale, il racconto degli amanti perduti, che tali sono già dal principio. Bastano poche scene, infatti, per capire che la donna bellissima ed emancipata interpretata da Terri Kwan o il soldato Sun Han-sun (Joseph Chang) sono già spettri, icone di una bidimensionalità fiabesca. ■ DRAMMATICO; COL.; 120'; CINA, HONG KONG, TAIWAN, 2009.

PRINCESA ★★
Regia di HENRIQUE GOLDMAN. Con CESARE BOCCI, INGRID DE SOUZA, LULU PECORARI, MAURO PIROVANO. ■ Fernanda è un adolescente travestito brasiliano che sogna di diventare donna per potersi fare una famiglia e vivere normalmente. Arriva a Milano e si prostituisce con lo scopo di raccogliere i soldi necessari all'operazione. Il suo nome d'arte è "Princesa". Un giorno incontra Gianni. Gentile ma anche passionale, il cliente diventa un amante pronto a lasciare la famiglia. Ma il sogno divenuto realtà non appaga Fernanda che decide di ritornare sulla strada. Il tema è di quelli scabrosi ma Goldman è abile nel trattarlo senza cadere nel grottesco o nella volgarità gratuita. ■ COMM. DRAMMATICA; COL.; 89'; FRANCIA, GERMANIA, GRAN BRETAGNA, ITALIA, 2001.

PRINCESAS ★★
Regia di FERNANDO LEÓN DE ARANOA. Con LLUM BARRERA, MARIANA CORDERO, MICAELA NEVÁREZ, CANDELA PEÑA, VIOLETA PÉREZ, MONICA VAN CAMPEN. ■ Il mondo della prostituzione in un quartiere degradato della capitale spagnola. Caye fa la prostituta e risparmia fino all'ultimo centesimo per rifarsi il seno per lei troppo piccolo. Zulema, anche lei prostituta, è domenicana e manda i soldi al figlio di cinque anni e alla madre. Le due, prima quasi nemiche visto che le immigrate rubano i clienti alle indigene, nella difficoltà e nella sofferenza diventano amiche. In attesa che il giorno fortunato, quello che sogni da tutta la vita, quello che la vita te la può cambiare, arrivi. E da prostitute, ogni tanto riescono a scoprirsi o a inventarsi principesse. Fernando Leon de Aranoa trova un valido supporto nella bravura delle due attrici protagoniste (l'intensa Candela Peña, già vista in *Tutto su mia madre* di Almodóvar, e la quasi esordiente Micaela Nevárez) e nella colonna sonora in gran parte ritmata dalla musica ora malinconica ora esuberante di Manu Chao. ■ DRAMMATICO; COL.; 109'; SPAGNA, 2005.

PRINCESS BLADE, THE *(Shura Yukihime)* ★★
Regia di SHINSUKE SATO. Con HIDEAKI ITO, YOKO MAKI, YOICHI NUMATA, SHIRO SANO, YUMIKO SHAKU, KUYUSAKU SHIMADA. ■ Basato su un manga di successo, il film è un *semi-action movie* dall'ambientazione quasi-futuristica e pseudo-nipponica. Una volta caduta la monarchia, il clan guerriero di guardie imperiali Takemikazuchi mette all'asta la propria arte della spada, trasformandosi in un clan di mercenari ed assassini a pagamento. Qualsiasi ribellione o tentativo di abbandono da parte degli stessi membri è punito con la morte. Yuki, ultima discendente pura dei Takemikazuchi ed efficiente assassina, scoprirà che la morte della madre è collegata al clan, oramai totalmente snaturato. Cercherà vendetta. Incombe l'impressione del vuoto assoluto sotto la superficie della rappresentazione. Peccato per l'occasione perduta. ■ AZIONE; COL.; 93'; GIAPPONE, 2001.

PRINCIPAL: UNA CLASSE VIOLENTA, THE ★★
(The Principal)
Regia di CHRISTOPHER CAIN. Con JAMES BELUSHI, RAE DAWN CHONG, LOUIS GOSSETT JR. ■ Un insegnante di liceo un po' troppo svelto di mano (ha reagito violentemente alla notizia del divorzio della moglie) viene trasferito nella scuola più malfamata della città zeppa di teppistelli senza speranza. Urge un duro per questi mascalzoncelli e il manesco prof. si rivela l'uomo giusto al posto giusto. La scuola diventerà un istituto quasi perbene. ■ DRAMMATICO; COL.; 109'; USA, 1987.

PRINCIPE ABUSIVO, IL ★
Regia di ALESSANDRO SIANI. Con SERENA AUTIERI, CHRISTIAN DE SICA, SARAH FELDERBAUM, NELLO IORIO, ALESSANDRO SIANI. ■ Letizia è la principessa di un regno immaginario molto lontano. Bionda e incantevole è trascurata dai sudditi e dai tabloid che non hanno mai dimenticato il fascino della madre e della nonna. In soccorso accorre Anastasio, ciambellano di corte, esperto di etichetta e protocollo cerimoniale. È proprio lui a suggerire a Letizia la strategia per catturare il cuore dei sudditi e attirare l'attenzione della stampa: mostrarsi in pubblico con un plebeo. Lo sposo promesso, Antonio De Biase, viene pescato in quel di Napoli e condotto nel principato dove, disoccupato col vizio dello scrocco, si innamora perdutamente. ■ COMMEDIA; COL.; 97'; ITALIA, 2013.

PRINCIPE AMANTE, IL *(Drag)* ★★★
Regia di FRANK LLOYD. Con RICHARD BARTHELMESS, ALICE DAY, MARGARET FIELDING, LILA LEE, LUCIEN LITTLEFIELD. ■ Barthelmess è un editore del Vermont felicemente sposato con Alice Day. Tutto fila liscio finché non arrivano i parenti piantagrane della moglie che si installano in casa senza mai andersene lungo i 118 minuti del film. Una barba (*drag* appunto) che non finisce più ■ COMMEDIA; B/N; 118'; USA, 1928. ■ OSCAR 1 NOM.

PRINCIPE AZIM, IL *(The Drum)* ★★★
Regia di ZOLTAN KORDA. Con VALERIE HOBSON, RAYMOND MASSEY, SABÙ. ■ Un principe ereditario indiano è stato costretto alla fuga per non essere ucciso dallo zio usurpatore. Qualche tempo dopo però ritorna per aiutare gli inglesi, amici del padre defunto, a salvarsi dal tranello teso dal tiranno. Dopo la vittoria prende il posto che gli spetta. ■ AVVENTURA; COL.; 99'; GRAN BRETAGNA, 1938.

PRINCIPE AZZURRO, IL ★★
Regia di AKOS RATHONYI. Con ISTVAN ERC, TIBOR POLGAR. ■ Una fanciulla di modeste condizioni si finge miliardaria per accalappiare qualche riccone, ma finisce per sposare un autista, che si rivelerà un ricchissimo principe. ■ COMMEDIA; B/N; 94'; UNGHERIA, 1943.

PRINCIPE AZZURRO, IL ★★
Regia di ELISABETA BOSTAN. Con MIRCEA BREAZU, ANA SZELES, ION TUGEARU. ■ Per poter sposare l'amata, il principe azzurro supera tre terribili prove, ma all'ultimo momento beve alla fonte del desiderio e perde il diritto all'immortalità. La principessa, che lo ama, beve anche lei; così invecchieranno insieme. ■ FANTASTICO; COL.; 93'; ROMANIA, 1973.

PRINCIPE AZZURRO CERCASI ★★
(The Princess Diaries 2: Royal Engagement)
Regia di GARRY MARSHALL. Con JULIE ANDREWS, CALLUM BLUE, HECTOR ELIZONDO, ANNE HATHAWAY, KATHLEEN MARSHALL, HEATHER MATARAZZO, CHRIS PINE, TOM POSTON, JOHN RHYS-DAVIES. ■ Mia è pronta a farsi carico del suo nuovo ruolo

di principessa di Genovia. Appena trasferitasi a Palazzo con la bella nonna Regina Clarisse, però, scopre che i suoi giorni da regnante sono contati: secondo la legge di Genovia, infatti, la principessa non può essere incoronata finché non ha un re con cui condividere il trono! Che la parata dei pretendenti abbia inizio. ■ COMMEDIA ROSA; COL.; 115'; USA, 2004.

PRINCIPE BAJAJA, IL ★★
Regia di JIRÍ TRNKA. ■ Bajaja è un giovanotto povero ma di animo nobile. Salva da una triste fine le tre figlie del re e questi, riconoscente, gli fa sposare la più giovane. ■ ANIMAZIONE; COL.; 91'; CECOSLOVACCHIA, 1950.

PRINCIPE CERCA MOGLIE, IL *(Coming to America)* ★★
Regia di JOHN LANDIS. Con ARSENIO HALL, JAMES EARL JONES, EDDIE MURPHY. ■ Il principe ereditario di uno Stato africano non accetta il matrimonio predispostogli dal padre e se ne va a New York per trovare l'anima gemella. La trova nella figlia del proprietario di un fast food. Nuovo *en plein* commerciale di Eddie Murphy (che non contento di essere il protagonista, fa, mascherato, altre tre macchiette). Ma John Landis si fa notare per una delle sue regie meno personali e inventive. ■ COMMEDIA; COL.; 116'; USA, 1988. ■ OSCAR 2 NOM.

PRINCIPE CONSORTE – PARATA D'AMORE, IL ★★★
(The Love Parade)
Regia di ERNST LUBITSCH. Con MAURICE CHEVALIER, LUPINO LANE, JEANETTE MACDONALD, EUGENE PALLETTE. ■ Nell'operettistico Stato di Sylvania, il principe deve sposarsi. Contrasti fra amore e ragion di Stato. Vince l'amore. ■ COMMEDIA; B/N; 110'; USA, 1929. ■ OSCAR 7 NOM.

PRINCIPE CORAGGIOSO *(Prince Valiant)* ★★★
Regia di HENRY HATHAWAY. Con JANET LEIGH, JAMES MASON, VICTOR MCLAGLEN, DEBRA PAGET, ROBERT WAGNER. ■ Valiant è figlio di un re spodestato dal crudele Staigon. Per diventare un abile cavaliere e rimettere il padre sul trono, il principe si reca alla corte di re Artù e proprio qui scopre che Staigon ha agito con l'aiuto del perfido Sir Brack. Con l'aiuto della bella Aleta, Valiant compie la sua vendetta. ■ AVVENTURA; COL.; 100'; USA, 1954.

PRINCIPE CORONATO CERCASI PER RICCA EREDITIERA ★
Regia di GIANNI GRIMALDI. Con RENATO BALDINI, KATIA CHRISTINE, FRANCO FRANCHI, CICCIO INGRASSIA, LINDA SINI, SARO URZÌ. ■ Un principe siciliano decaduto sposa una bella miliardaria americana che vuole diventare principessa. Il matrimonio è solo per finta, ma i due finiscono con l'innamorarsi sul serio. ■ COMMEDIA; COL.; 111'; ITALIA, 1970.

PRINCIPE DALLA MASCHERA ROSSA, IL ★★
Regia di LEOPOLDO SAVONA. Con MARIA FIORE, FRANK LATIMORE, ELIO STEINER. ■ Nell'oscuro Medioevo, un duca e il suo feroce capitano delle guardie tiranneggiano un'intera regione. A vendicare i torti e ristabilire un po' di giustizia arriva un misterioso cavaliere chiamato il principe dalla Maschera Rossa. Solo con il tradimento il duca può far arrestare il cavaliere misterioso, ma quest'ultimo si libera con facilità e compie il definitivo atto di giustizia uccidendo il tiranno. ■ AVVENTURA; B/N; 92'; ITALIA, 1955.

PRINCIPE D'EGITTO, IL *(The Prince of Egypt)* ★★★
Regia di BRENDA CHAPMAN, STEVE HICKNER, SIMON WELLS. ■ L'esodo è accaduto di nuovo. Steven Spielberg, per lo scontro natalizio contro il "faraone" Disney, gli ha strappato Jeffrey Katzenberg, il produttore de *Il re leone*. La voglia di realizzare un film d'animazione che non si rivolga ai bambini è evidente. Non ci sono animaletti parlanti, gli unici personaggi vagamente comici sono i due sacerdoti egizi impegnati in dimostrazioni di magia. Per il resto si resta aderenti alla Bibbia, non si dimentica De Mille e ci si ricorda di Lawrence d'Arabia per il deserto. L'aderenza alla Bibbia viene però a cadere in uno degli elementi fondamentali: Mosè non viene adottato dalla figlia del faraone bensì dalla moglie del faraone. Così Mosè diviene fratello di Ramses contro cui dovrà lottare per conquistare la libertà per il suo popolo. Questo fa ruotare la vicenda attorno a un rapporto di amore fraterno che "deve" trasformarsi in rivalità a causa di un preteso obbligo dinastico di Ramses. Dove Spielberg e soci cedono alla filosofia hollywoodiana è nel finale. Non attendetevi il vitello d'oro o il mancato ingresso nella Terra Promessa. ■ ANIMAZIONE; COL.; 90'; USA, 1998. ■ GOLDEN GLOBES 2 NOM; OSCAR 1 PR, 2 NOM.

PRINCIPE DEGLI ATTORI, IL ★★★
(The Prince of Players)
Regia di PHILIP DUNNE. Con RICHARD BURTON, JOHN DEREK, RAYMOND MASSEY, MAGGIE MCNAMARA. ■ La guerra di Secessione americana è appena finita. Edwin, il figlio di un grande attore morto alcolizzato, è tormentato dall'idea di essere, come il padre, destinato alla follia. Nemmeno l'amore della tenera moglie, che muore dopo avergli dato una figlia, serve a lenire le sue angosce. Il fratello, geloso del suo successo, cerca la sua strada in politica ma finisce per diventare l'assassino del presidente Lincoln. L'avvenimento riesce a scuotere Edwin dal suo torpore, facendolo finalmente reagire. ■ DRAMMATICO; COL.; 102'; USA, 1955.

PRINCIPE DEI VICHINGHI, IL ★★
(El principe encadenado)
Regia di LUIS LUCIA RINGARRO. Con JAVIER ESCRIVÁ, KATIA LORITZ, ANTONIO VILAR. ■ Harald, l'ultimo erede del re dei vichinghi, è fatto prigioniero da Gudrum il quale teme l'avverarsi di una profezia secondo la quale la sua vita dipende dalle mancate imprese marittime dei vichinghi. Tuttavia Harald riesce a riorganizzare il suo popolo e a combattere Gudrum. Alla morte di questi, la liberazione è assicurata. ■ AVVENTURA; COL.; 93'; SPAGNA, 1960.

PRINCIPE DEL CIRCO, IL *(Merry Andrew)* ★★★
Regia di MICHAEL KIDD. Con DANNY KAYE, ANNA MARIA PIERANGELI. ■ Il professor Andrew, preside in una scuola, è triste perché sente che quella non è la sua professione ideale. Il casuale incontro con una famiglia siciliana, proprietaria di un circo, è per Andrew una rivelazione: quella è la vita che fa per lui. Sposa Concetta, una delle ragazze del circo, e inizia una nuova carriera di domatore. ■ COMMEDIA; COL.; 103'; USA, 1958.

PRINCIPE DEL DESERTO, IL *(Black Gold)* ★★
Regia di JEAN-JACQUES ANNAUD. CON RIZ AHMED, ANTONIO BANDERAS, FREIDA PINTO, TAHAR RAHIM, MARK STRONG. ■ Arabia agli inizi del ventesimo secolo. Due guerrieri che si sono duramente combattuti sono uno di fronte all'altro. Il vincitore Nesib, emiro di Hobeika, decide che il perdente Amar, sultano di Salmaah, dovrà consegnargli i suoi due figli Saleeh e Auda. I due bambini verranno cresciuti da Nesib e costituiranno la garanzia del rispetto del trattato che prevede che la "Striscia Gialla" (un'ampia fascia di deserto) divenga terra di nessuno e pertanto non rivendicabile. Quando però un petroliere texano gli dimostra che nella "Striscia Gialla" c'è il petrolio, Nesib infrange il trattato. ■ DRAMMATICO; COL.; 130'; FRANCIA, ITALIA, 2011.

PRINCIPE DEL PACIFICO, IL *(Le prince du Pacifique)* ★
Regia di ALAIN CORNEAU. Con FRANÇOIS BERLÉAND, THIERRY LHERMITTE, PATRICK TIMSIT, MARIE TRINTIGNANT. ■ Alfred De Morsac, capitano di una nave francese, alla fine della prima guerra mondiale sull'Isola delle Perle, approda in Polinesia. Si tratta di un vero e proprio paradiso, la cui popolazione, una tribù di guerrieri, è sottomessa al dominio francese e attende l'arrivo del leggendario Tefaraora, l'uomo che porrà fine all'oppressione: De Morsac viene considerato l'incarnazione dell'eroe, e suo malgrado comincia a lottare per liberare gli indigeni. ■ COMMEDIA; COL.; 90'; FRANCIA, 2002.

PRINCIPE DELLA CITTÀ, IL *(Prince of the City)* ★★★
Regia di SIDNEY LUMET. Con CARMINE CARIDI, KENNY MARINO, JERRY ORBACH, JAMES TOLKAN, TREAT WILLIAMS. ■ Basandosi su un romanzo-verità di Robert Daley, Sidney Lumet realizza uno dei suoi migliori film, aspro e drammatico come nella migliore tradizione americana. È la storia del detective della squadra narcotici Bob Leuci (nel suo film è diventato Ciello). Apparentemente un onesto ed efficiente poliziotto, in realtà Ciello è corrotto. Incastrato da un procuratore che vuol fare piazza pulita dei poliziotti propensi alle bustarelle, Ciello accetta di collaborare. Rivela gli intrallazzi suoi e dei colleghi, ma questo gli mette contro, oltre alla mala (che lo vuole morto), anche metà delle forze del-

l'ordine. ■ DRAMMATICO; COL.; 167'; USA, 1982. ■ GOLDEN GLOBES 2 NOM; OSCAR 1 NOM; VENEZIA 1 PR.

PRINCIPE DELLE DONNE, IL *(Boomerang)* ★★★
Regia di REGGIE HUDLIN. Con HALLE BERRY, ROBIN GIVENS, EDDIE MURPHY. ■ Il regista di *House Party* è stato promosso a servitore del potente Eddie Murphy. Resta ben poco del primo Murphy, è infatti ormai arrivato oltre i limiti del narcisismo e ha soffocato il vero talento. Marcus è un allegro dongiovanni ed è appagato dal suo lavoro, naturalmente ha sedotto il suo capo che è donna. Peccato che anche lei è una mangiauomini, così il povero tapino si innamora. Grande successo di pubblico. ■ COMMEDIA; COL.; 115'; USA, 1992.

PRINCIPE DELLE MAREE, IL *(The Prince of Tides)* ★★★★★
Regia di BARBRA STREISAND. Con KATE NELLIGAN, NICK NOLTE, BARBRA STREISAND. ■ Dal romanzo di Pat Conroy. Tom, scrittore del Mississippi, viene chiamato a New York da una psichiatra che sta curando sua sorella, a sua volta autrice di poesie. La donna ha tentato il suicidio, e non è la prima volta. La psichiatra ritiene che nella memoria del fratello ci siano i dati per poter risalire alle cause di questa infelicità "a cicli". Tom racconta dunque la sua storia. Veniva da una famiglia non felice ma molto creativa, governata quasi esclusivamente da una madre affascinante e forte. C'era anche un terzo fratello, morto giovanissimo. I ragazzi nuotavano felici nel fiume, si capivano e si proteggevano. Ma nel racconto di Tom c'è un buco nero e la psichiatra lo intuisce; alla fine dopotanta fatica e dolore ecco che il terribile ricordo torna a galla. Tom aveva subito una brutta violenza da bambino e aveva visto i suoi familiari uccidere per difendersi. Nel frattempo fra lo scrittore e la dottoressa s'è insinuato l'amore, coi relativi traumi familiari: entrambi sono sposati con figli. Alla fine tutto deve ritornare nella normalità. Tom lascia New York e torna a casa. L'esperienza lo ha arricchito. Nella scena finale commenta: «La mia famiglia mi ama, ho il mio lavoro, è più che sufficiente». Un film che ha davvero tutti gli ingredienti: sentimento, dolore, intelligenza e poesia. Davvero buoni Nolte e la Streisand. Il film ha ottenuto una decina di nomination e neppure un Oscar. È uno dei più belli dei primi anni Novanta. ■ DRAMMATICO; COL.; 132'; USA, 1991. ■ GOLDEN GLOBES 1 PR, 3 NOM; OSCAR 7 NOM.

PRINCIPE DELLE VOLPI, IL *(Prince of Foxes)* ★★★
Regia di HENRY KING. Con WANDA HENDRIX, TYRONE POWER, ORSON WELLES. ■ Andrea Orsini, uomo di fiducia di Cesare Borgia, tradisce il suo signore per amore della bella Camilla, moglie del governatore di una città che il Borgia vorrebbe conquistare. Durante la battaglia, organizzata da Andrea, il Borgia viene battuto e Camilla, rimasta vedova, sposa il bell'Andrea. ■ AVVENTURA; B/N; 107'; USA, 1949. ■ OSCAR 2 NOM.

PRINCIPE DI DONEGAL, IL ★★
(The Fighting Prince of Donegal)
Regia di MICHAEL O'HERLIHY. Con TOM ADAMS, SUSAN HAMPSHIRE, GORDON JACKSON, PETER MCENERY. ■ Il principe di Donegal, che vorrebbe unificare l'Irlanda, viene fatto prigioniero dagli inglesi ma riesce a fuggire. Benché il capitano Leeds, ufficiale della regina Elisabetta, gli renda la vita molto difficile, il giovane principe raggiunge il suo castello in Irlanda insieme a tutti i feudatari irlandesi, finalmente riuniti. ■ AVVENTURA; COL.; 104'; USA, 1966.

PRINCIPE DI HOMBURG, IL ★★
Regia di GABRIELE LAVIA. Con MASSIMO FOSCHI, MONICA GUERRITORE, GABRIELE LAVIA. ■ Trasportato dal palcoscenico sullo schermo, il dramma di von Kleist perde impatto e credibilità, forse anche a causa di Lavia, più bravo come interprete che come regista. Le vicende del giovane generale che, disubbedendo agli ordini, vince la battaglia, venendo per questo condannato a morte e poi graziato, si mescolano con l'amore per Natalia, nipote di quel Grande Elettore da cui dipende la sua vita. Drammone ottocentesco di tutto rispetto, anche se ingenuo e un po' superficiale. ■ DRAMMATICO; COL.; 97'; ITALIA, 1983.

PRINCIPE DI HOMBURG, IL ★★
Regia di MARCO BELLOCCHIO. Con TONI BERTORELLI, BARBARA BOBULOVA, FABIO CAMILLI, ANDREA DI STEFANO, ANITA LAURENZI. ■ Il principe di Homburg lancia la propria cavalleria contro gli svedesi senza prima avere atteso l'autorizzazione da parte del Principe Elettore. Viene pertanto arrestato e condannato a morte, benché la battaglia sia stata vinta. In carcere, grazie all'intervento della graziosa Natalia di cui è innamorato, cerca il modo per salvarsi la vita. L'Elettore gli concederà la grazia ma Homburg la rifiuterà perché dovrebbe ammettere di avere ritenuto l'ordine del superiore ingiusto, cosa che non pensa. Tratto dal dramma di Heinrich von Kleist, il film soffre delle contraddizioni del suo regista. Attentissimo alla messa in scena e (da sempre) al conflitto con l'autorità, Bellocchio non lo è altrettanto alla recitazione degli attori. Così l'interpretazione "onirica" di Di Stefano si rivela solamente impacciata, al contrario di quella di alta scuola proposta da Toni Bertorelli. Se le scelte di illuminazione rimandano al Rohmer della *Marchesa Von*, la lettura che mescola sogno e realtà si ispira alla messa in scena di Peter Brook. ■ DRAMMATICO; COL.; 85'; ITALIA, 1997.

PRINCIPE DI KAINOR, IL *(Le petit roi)* ★★
Regia di JULIEN DUVIVIER. Con ROBERT LYNEN, ARLETTE MARCHALL. ■ Un re nordico appena dodicenne è orfano di padre e crede che anche la mamma sia deceduta anni prima. I medici di corte complottano con i ministri per sopprimerlo, ma un medico italiano, dopo una visita, lo manda al mare. Resterà qui, dove ha ritrovato sua madre, finché le acque non si saranno calmate. ■ DRAMMATICO; B/N; 90'; FRANCIA, 1939.

PRINCIPE DI PENNSYLVANIA, IL ★★
(The Prince of Pennsylvania)
Regia di RON NYSWANER. Con BONNIE BEDELIA, KEANU REEVES, FRED WARD. ■ Unico film alla regia dello scrittore e sceneggiatore Nyswaner, che peraltro fa cilecca. Da segnalare solo la buona interpretazione di Fred Ward nel ruolo del padre minatore. Costui ha un figlio non completamente normale e che non sa ancora bene cosa fare nella vita. La moglie lo tradisce spesso e volentieri e così la situazione non è molto idilliaca. In più Rupert, il figlio, ha una passione per una donna più matura di lui e per coronare il sogno di vivere con lei agiatamente non trova di meglio che organizzare un rapimento. La cosa più assurda è che il malcapitato è proprio il minatore. ■ DRAMMATICO; COL.; 91'; USA, 1988.

PRINCIPE DI SCOZIA, IL *(The Master of Ballantrae)* ★★★
Regia di WILLIAM KEIGHLEY. Con BEATRICE CAMPBELL, ERROL FLYNN, YVONNE FURNEAUX, ANTHONY STEEL. ■ Il signore di Ballantrae, seguace dello sconfitto Stuart, per sfuggire alla cattura da parte dei soldati inglesi diventa un pirata. Dopo molti anni, divenuto ricco, torna al castello per vendicarsi del fratello che lo avrebbe tradito. Ma scopre che il fratello è innocente e riparte per la sua nuova terra, l'America, ben felice di aver mancato una vendetta. ■ AVVENTURA; COL.; 89'; USA, 1953.

PRINCIPE E IL PIRATA, IL ★★★
Regia di LEONARDO PIERACCIONI. Con LUCIO ALLOCCA, CLAUDIO ANGELINI, MASSIMO CECCHERINI, MELANIE GERREN, GIORGIO PICCHIANTI, LEONARDO PIERACCIONI, LUISA RANIERI, SILVAN. ■ Leopoldo è un tranquillo maestro elementare di Firenze a cui è morto il padre Pierino, giocatore d'azzardo e donnaiolo. Mentre il figlio lo piange nella camera mortuaria l'uomo risorge. Il decesso è stata una finta per sfuggire a creditori di somme ingentissime non benintenzionati. Ora Pierino deve sparire, ma dice al figlio che potrà recuperare 250 milioni a Saint Vincent. Dovrà però presentarsi dal notaio insieme al fratello che non ha mai saputo di avere. L'uomo, soprannominato Gimondi, ha passato la vita fra un carcere e l'altro. Partendo dal carcere di Palermo per arrivare in Val d'Aosta i due avranno modo di conoscersi e di aiutarsi. Pieraccioni opera quinta (come regista) e finalmente un ritorno a quel misto di pessimismo e voglia di superare le difficoltà che si era perso dopo *I laureati*. Grazie alla scelta dell'*on the road* traccia una serie di ritrattini di un'Italia che va dal camorrista al benestante valdostano senza mai calcare i toni. Riuscendo anche a tenere a freno un Ceccherini che si inserisce con misura nel ruolo di un fratello che fa i bancomat nelle cassette delle elemosine. Un film buddy-buddy insomma. Per gli interisti c'è una gag dedicata: scopritela e divertitevi. ■ COMMEDIA; COL.; 90'; ITALIA, 2001.

PRINCIPE E IL POVERO, IL ★★★
(The Prince and the Pauper)
Regia di WILLIAM KEIGHLEY. Con ERROL FLYNN, BILLY MAUCH, BOBBY MAUCH, CLAUDE RAINS. ■ Nella fantasiosa vicenda si racconta che il piccolo erede al trono d'Inghilterra incontra un ragazzo poverissimo, suo sosia, col quale scambia i vestiti, e che di conseguenza sta per essere incoronato al suo posto nonostante le veementi proteste. All'ultimo istante l'autentico principe reduce da pericolose avventure potrà farsi riconoscere. ■ FANTASTICO; B/N; 120′; USA, 1937.

PRINCIPE E IL POVERO, IL ★★★
(The Prince and the Pauper)
Regia di RICHARD FLEISCHER. Con ERNEST BORGNINE, REX HARRISON, DAVID HEMMINGS, CHARLTON HESTON, MARK LESTER, OLIVER REED, GEORGE C. SCOTT, RAQUEL WELCH. ■ Fleischer riprende la stessa trama del film di William Keighley. Meno fine ma più spettacolare. ■ COMMEDIA; COL.; 113′; PANAMA, 1977.

PRINCIPE E LA BALLERINA, IL ★★★
(The Prince and the Showgirl)
Regia di LAURENCE OLIVIER. Con MARILYN MONROE, LAURENCE OLIVIER, SYBIL THORNDYKE, RICHARD WATTIS. ■ Elsa è una ballerina che viene invitata dal granduca Carlo, reggente al trono di Carpazia, nella ambasciata di Londra. Siamo all'inizio del ventesimo secolo e la ballerina si trova coinvolta in intrighi di corte che riesce a dominare e a risolvere grazie alla sua ingenua semplicità. Il granduca ora l'ama e i due si lasciano con la promessa di riunirsi non appena il figlio del reggente diventerà maggiorenne, liberando così il padre dagli impegni del trono. ■ COMMEDIA; COL.; 117′; USA, 1957. ■ DAVID DI DONATELLO 1 PR, 1 NOM.

PRINCIPE E LA STELLA DELLA SERA, IL ★★
(Prince Avecernice)
Regia di VACLAV VORLICEK. Con JURAI DURDIAK, VLADIMIR MENSIK, LIBUSE SAFRANKOVA. ■ Un re parte lasciando il principe a vegliare sulle tre principesse sorelle. Ma fa loro visita una fanciulla, la Stella della Sera, seguita dal re del Vento, dal re della Luna e dal re del Sole che sposano le tre principesse. Il principe, tornato il re padre, parte alla ricerca delle sorelle e quando, dopo mille ostacoli, torna alla reggia, le trova lì con i mariti e la Stella della Sera che lui ha amato dal primo momento. ■ FIABESCO; COL.; 92′; CECOSLOVACCHIA, 1978.

PRINCIPE FOLLE, IL *(Herrscher ohne Krone)* ★★
Regia di HAROLD BRAUN. Con HORST BUCHHOLZ, ODILE VERSOIS. ■ Il giovane re di Danimarca viene curato da un medico tedesco che si innamora, ricambiato, della regina. Il re non vorrebbe dar credito alle voci di palazzo, ma quando la regina mette al mondo una bambina che somiglia al medico i dubbi divengono certezze e fa condannare la coppia. La regina viene graziata e il medico giustiziato. ■ DRAMMATICO; COL.; 94′; GERMANIA, 1957.

PRINCIPE FUSTO, IL ★★
Regia di MAURIZIO ARENA. Con MAURIZIO ARENA, CATHIA CARO, MEMMO CAROTENUTO, LORELLA DE LUCA. ■ Maurizio Arena, finto principe, fa innamorare un'ereditiera americana ma poi torna dalla fidanzata che lo aspetta. ■ COMMEDIA; B/N; 100′; ITALIA, 1960.

PRINCIPE GUERRIERO, IL *(The War Lord)* ★★
Regia di FRANKLIN J. SCHAFFNER. Con RICHARD BOONE, ROSEMARY FORSYTH, CHARLTON HESTON. ■ Il principe normanno Chrysagon si innamora della bella figlia del re dei frigi, promessa ad un altro. I guai cominciano quando Chrysagon rapisce la fanciulla e deve affrontare i frigi in armi. Ricorrendo alla sua arte diplomatica, il giovane principe riesce a convincere i nemici della sincerità dei suoi sentimenti e sposa la bella sequestrata. La pace ritorna. ■ AVVENTURA; COL.; 123′; USA, 1965.

PRINCIPE, IL GIOCOLIERE, IL GIGANTE, IL ★★
(The Selfish Giant)
Regia di PETER SANDER. ■ Sono tre cortometraggi realizzati in diversi periodi e raccolti in un unico titolo per la distribuzione. Sono tre favole famose di Oscar Wilde e Anatole France. ■ ANIMAZIONE; COL.; 92′; FRANCIA, GRAN BRETAGNA, 1972.

PRINCIPE LADRO, IL *(The Prince Who Was a Thief)* ★★
Regia di RUDOLPH MATÉ. Con TONY CURTIS, PIPER LAURIE. ■ Yussef ha ricevuto dal tiranno Mustafà l'incarico di uccidere il piccolo Hussein, legittimo erede al trono, ma non ha rispettato gli ordini e lo ha allevato come un figlio. Ora il ragazzo è diventato un abile ladro. Hussein aspetta l'occasione per rovesciare l'usurpatore e riprendersi il trono: ci riesce con l'aiuto dei nuovi amici (i ladri) e della bella Tina, che sposerà una volta diventato re. ■ AVVENTURA; COL.; 88′; USA, 1951.

PRINCIPE RIBELLE, IL ★★
Regia di PINO MERCANTI. Con MARIELLA LOTTI, MASSIMO SERATO, PAOLO STOPPA. ■ Il principe di Sant'Agata si è ribellato al dominio asburgico e ha dalla sua numerosi alleati. Tuttavia il mancato aiuto degli spagnoli gli crea grosse difficoltà e il giovane viene alla fine arrestato dal viceré. Finirebbe sul rogo, se la figlia del viceré non lo liberasse. ■ DRAMMATICO; B/N; 93′; ITALIA, 1947.

PRINCIPE SCOMPARSO, IL *(Incognito)* ★★
Regia di KURT GERRON. Con PIERRE BRASSEUR, RENÉE SAINT-CYR. ■ Un cameriere si fa passare per un misterioso principe dato per scomparso. Il principe lo sa e si diverte. Interviene anche, quando è necessario, per togliere dai guai lo sprovveduto giovane. Gli troverà un ottimo impiego. ■ COMMEDIA; B/N; 85′; FRANCIA, 1935.

PRINCIPE TUTTO MIO, UN *(The Prince and Me)* ★
Regia di MARTHA COOLIDGE. Con JULIA STILES, ELIZA BENNETT, JOHN BOURGEOIS, JAMES FOX, BEN MILLER, MIRANDA RICHARDSON, ALBERTA WATSON, ZACHARY KNIGHTON. ■ Il plot, banale e prevedibile, prevede il contrasto tra l'indolente erede al trono di Danimarca e la nostra bella (si fa per dire) protagonista, che porta entrambi a scoprire se stessi ed accettarsi nonostante le evidenti differenze. Julia Stiles, additata da anni come promessa ed attrice del futuro, in una Hollywood sempre più alla ricerca di facce e volti nuovi, finirà quarantenne a fare ancora la studentessa del college alle prese con una più o meno romantica storia d'amore che avrà, ovviamente, un lieto fine. ■ SENTIMENTALE; COL.; REPUBBLICA CECA, USA, 2004.

PRINCIPESSA ★★
Regia di GIORGIO ARCELLI. Con PIERA DEGLI ESPOSTI, VANESSA GRAVINA, RICCARDO LUPO, MICHELE RIONDINO, MORENA SALVINO. ■ Nella provincia piacentina la giovane Matilda cerca di tirare a campare come meglio può, divisa tra la voglia di fare l'attrice e il bisogno di lavorare che la spinge ad accettare qualsiasi ruolo, che sia anche quello di ragazza-lattina per promuovere una nuova bevanda. Quando conosce Andrea, un marchese che vive con la madre in un castello secolare, decide di accettare la parte di duchessina che lui le offre per far contenta la mamma spocchiosa. L'incontro con il giovane aristocratico le dà la possibilità di mettere momentaneamente da parte i suoi problemi personali (la rottura definitiva con il fidanzato, una gravidanza non desiderata, la separazione dei genitori) per fingersi *principessa* in attesa di fare i conti con la realtà. ■ DRAMMATICO; COL.; 90′; ITALIA, 2008.

PRINCIPESSA CHIARA, LA ★★
(O princezne Jasnence a letasicim sevci)
Regia di ZDENEK TROSKA. Con MICHAELA KUKLOVA, JAN POTMOSIL. ■ Una piccola produzione cecoslovacca per i bambini. È una favola dove tutti gli ingredienti sono messi in bella evidenza: dalla principessa del titolo alla strega malvagia, fino alla magia. ■ FANTASTICO; COL.; 90′; CECOSLOVACCHIA, 1986.

PRINCIPESSA DEGLI INTRIGHI, LA ★★
(Princess Caraboo)
Regia di MICHAEL AUSTIN. Con PHOEBE CATES, KEVIN KLINE, JOHN LIGHTGOW, STEPHEN REA. ■ Siamo nel secondo decennio del diciottesimo secolo a Devon. Un giornalista molto scaltro svela il mistero di una ragazza davvero trasgressiva, che per un certo periodo ha sconvolto gli ambienti bene della città. In realtà non era una principessa di Giava scampata a morte sicura per mano dei pirati, come lei millantava. ■ COMMEDIA; COL.; 98′; USA, 1994.

PRINCIPESSA DELLE CANARIE, LA ★★
Regia di PAOLO MOFFA. Con MARCELLO MASTROIANNI, SILVANA

PAMPANINI, GUSTAVO ROJO. ■ Gli spagnoli inviano una spedizione per conquistare le Canarie (siamo nel 1400, prima dell'impresa di Colombo). Gli indigeni resistono capeggiati dalla principessa Almadena. Di Almadena però si innamora don Diego, il capo della spedizione. Finisce con una conquista incruenta e con il matrimonio fra Diego e Almadena. ■ AVVENTURA; COL.; 105'; ITALIA, SPAGNA, 1954.

PRINCIPESSA DELLE OSTRICHE, LA ★★★
(Die Austerprinzessin)
Regia di ERNST LUBITSCH. Con VICTOR JANSON, HARRY LIEDTKE, OSSI OSWALDA. ■ Uno dei primi film di Lubitsch. Come *La bambola* anche questa è una fiaba per adulti. Una principessa viziata decide di sposarsi ma il futuro sposo si mette d'accordo con il segretario per una sostituzione di persona. Dopo il pranzo di nozze la principessa non vuole adempiere al suo dovere e il segretario utilizzerà uno stratagemma. ■ COMMEDIA; B/N; 47'; GERMANIA, 1919.

PRINCIPESSA DEL NILO, LA *(Princess of the Nile)* ★★
Regia di HARMON JONES. Con JEFFREY HUNTER, DEBRA PAGET, MICHAEL RENNIE, LEE VAN CLEEF. ■ Un'orda di beduini invade l'Egitto, detronizza il legittimo sovrano e prende prigioniera la principessa. Ma costei non si piega. Conduce una doppia vita: di giorno prigioniera, di notte ballerina nelle taverne e sobillatrice di popolo. Un principe straniero l'aiuta. Daranno la paga ai beduini. ■ AVVENTURA; COL.; 71'; USA, 1954.

PRINCIPESSA DEL SOGNO, LA ★★
Regia di ROBERTO SAVARESE. Con ANTONIO CENTA, IRASEMA DILIAN, MARIA MELATO, OLGA SOLBELLI. ■ Protagonista è una ragazza che vive squallidamente in un orfanotrofio. Lei però sogna il principe azzurro e un bel giorno lo incontra davvero. Si innamora e lo sposa. Sarà difficile superare l'opposizione dei suoceri, ma i due colombi ce la faranno. ■ COMMEDIA; B/N; 92'; ITALIA, 1942.

PRINCIPESSA DI BALI, LA *(Road to Bali)* ★★★
Regia di HAL WALKER. Con LEON ASKIN, BING CROSBY, BOB HOPE, DOROTHY LAMOUR, MURVYN VYE. ■ Bing Crosby e Bob Hope sono due attori di varietà che capitano in un'isola dei mari del Sud dove, nonostante la loro vocazione non precisamente eroica, riescono a rendersi utili, salvando Dorothy da una malvagia principessa polinesiana. ■ COMICO; COL.; 90'; USA, 1952.

PRINCIPESSA DI CLÈVES, LA ★★★
(La princesse de Clèves)
Regia di JEAN DELANNOY. Con JEAN MARAIS, LEA PADOVANI, MARINA VLADY. ■ La ventenne principessa di Clèves, sposata senza amore a un uomo di quattro lustri più vecchio di lei, s'innamora del duca di Nemours, il favorito della corte di Caterina de' Medici. La donna però, fedele al marito, cerca di reprimere il sentimento allontanandosi dalla corte. Non serve a niente. I nobili spettegolano lo stesso e il principe, non reggendo al disonore, muore. Morirà infine anche la principessa che fino all'ultimo s'è rifiutata di vedere l'amato duca di Nemours. ■ STORICO; COL.; 115'; FRANCIA, 1961.

PRINCIPESSA DI MENDOZA, LA *(That Lady)* ★★★
Regia di TERENCE YOUNG. Con OLIVIA DE HAVILLAND, GILBERT ROLAND. ■ Aña de Mendoza principessa d'Eboli, nobildonna spagnola alla corte di Filippo II, ama il nobile Antonio Perez. Ma il loro romanzo è malvisto dal geloso sovrano, innamorato di Aña. Filippo II fa accusare Perez di tradimento e lo fa imprigionare. Aña riesce a liberarlo. Perez può rifugiarsi in Aragona. Ma Aña, che ha dovuto rimanere accanto al re, morrà senza aver più rivisto l'amato. ■ STORICO; COL.; 100'; GRAN BRETAGNA, 1955.

PRINCIPESSA DI MOAK, LA *(Mohawk)* ★★
Regia di KURT NEUMANN. Con SCOTT BRADY, NEVILLE BRAND, RITA GAM, LORI NELSON. ■ Nel Nord-Ovest, alla metà del secolo diciottesimo, un pittore si reca presso la tribù dei Moak per studiarne i costumi e riprodurli nelle sue opere. Si innamora anche della figlia del capo. Ma intanto la pace è minacciata dagli intrighi di un rinnegato bianco. Il pittore dovrà lasciare da parte i pennelli e gli amoreggiamenti per trasformarsi in uomo d'azione, in modo da scongiurare una sanguinosa guerra tra soldati e pellirosse. ■ WESTERN; COL.; 79'; USA, 1956.

PRINCIPESSA E IL GUERRIERO, LA ★★★
(Der Krieger und die Kaiserin)
Regia di TOM TYKWER. Con BENNO FÜRMANN, JOACHIM KRÒL, FRANKA POTENTE, LARS RUDOLPH. ■ Sissi, infermiera di un istituto psichiatrico, viene investita da un camion "dirottato" da Bodo, in fuga dopo una rapina al supermercato. Sissi viene soccorsa dal giovane e tra i due è amore. Sissi si mette sulle tracce di Bobo e gli salva la vita. Un guerriero e una principessa per un melodramma moderno a tinte epiche, ricco di citazioni. Ecco il cinema di Tykwer: ritmo indiavolato e sospensione, amore e morte, speranza e presenza incombente del passato, caso e necessità. Il cinema è un mondo da scoprire e attraversare con la pienezza dei propri sensi, con la consapevolezza che ciò che ci guida e ciò che scegliamo hanno direzioni diverse. Sviluppato con maggiore prospettiva lineare, e non circolare come era stato in *Lola corre*, *La principessa e il guerriero* mette in scena la possibilità di riscatto anche per chi conduce un'esistenza sofferta. Una conferma per il migliore cinema europeo, che quando si cimenta con storie, immagini e volti forti può affermarsi anche rispetto al cinema statunitense. ■ DRAMMATICO; COL.; 132'; GERMANIA, 2000.

PRINCIPESSA E IL RANOCCHIO, LA ★★
(The Princess and the Frog)
Regia di RON CLEMENTS. Con JIM CUMMINGS, KEITH DAVID, JOHN GOODMAN, JENNIFER LEWIS, OPRAH WINFREY. ■ New Orleans, età del jazz. Tiana lavora sodo e senza sosta per accumulare il denaro che servirà a realizzare il sogno che lei e il padre formularono quando era bambina: un ristorante, con ottimo cibo e ottima musica. Intanto il principe reale Naveen sbarca in Lousiana e le ragazze della città impazziscono per vederlo, ma lui si lascia presto abbindolare dal malvagio Facilier, dedito alle arti oscure, e finisce trasformato in un ranocchio. Scambiando la bella Tiana per una principessa, nel corso di una festa da ballo, implora da lei il bacio che, secondo le favole, lo farà tornare umano. ANIMAZIONE; COL.; 97'; USA, 2009.

PRINCIPESSA E LO STREGONE, LA ★★
(Thousand and One Arabian Night)
Regia di JACK KINNEY. ■ È la fiaba di Aladino raccontata a cartoni animati. ■ ANIMAZIONE; COL.; 93'; USA, 1959.

PRINCIPESSA INNAMORATA, LA *(Adorable)* ★★
Regia di WILLIAM DIETERLE. Con HENRY GARAT, JANET GAYNOR. ■ A un ballo di corte una principessa incontra un aitante ufficiale e se ne innamora. ■ COMMEDIA; B/N; 85'; USA, 1933.

PRINCIPESSA MONONOKE *(Mononoke Hime)* ★★★
Regia di HAYAO MIYAZAKI. ■ Ashitaka, un giovane guerriero della dinastia Emishi, è costretto ad uccidere un cinghiale-demone diventato pazzo a causa di una ferita di arma da fuoco. Ferito dall'animale, il giovane deve lasciare il suo villaggio per evitare ai compaesani la maledizione del Demone e, a causa dell'avvelenamento ricevuto, è destinato ad una morte certa. Durante il suo viaggio si imbatte nella giovane San, allevata dai lupi e chiamata Principessa Mononoke, e nei suoi nemici umani, guidati da Lady Eboshi, volitiva leader di un villaggio che basa la sua esistenza sulla fabbricazioni di armi da fuoco, la quale ha come obiettivo la distruzione delle foreste abitate dai lupi e dagli altri animali cari a San. È chiaro che non si è di fronte ad una semplice favola di stampo disneyano: *Princess Mononoke* è una storia di valori, di magia, di crescita. È una rappresentazione a volte crudemente realistica, tuttavia ricca di quella filosofia e poesia tipiche del popolo del Sol Levante. *Mononoke* è il film della svolta per Miyazaki: nonostante molti temi trattati siano usuali nella sua cinematografia, come l'attenzione all'ambiente, le difficoltà dell'uomo in un'epoca di cambiamenti, il rapporto tra progresso e natura e il ruolo centrale che hanno nella storia i personaggi femminili, il film colpisce per la crudezza di alcune situazioni e per il generale pessimismo. Lontano anni luce dal Giappone ipertecnologico e caratterizzato dalle stramberie che fanno sorridere (a torto) gli occidentali, il Sol Levante di Miyhazaki è un luogo pregno di spiritualità che è sempre messa a rischio dalle azioni degli uomini. È stato un film storico anche dal punto di vista commerciale: ha incassato l'equivalente di 150 milioni di dollari nel solo Giap-

pone ed ha avuto un buon successo di pubblico e critica anche negli Stati Uniti. Caso unico, è stato anche distribuito in Italia, dove ahimè il doppiaggio ha stravolto la parte finale del film facendolo apparire molto più buonista e felice di quanto non sia in realtà. ■ ANIMAZIONE; COL.; 133′; GIAPPONE, 1997.

PRINCIPESSA PER UNA NOTTE ★★★
(Staraya, staraya skazka)
Regia di NADEZHDA KOSHEVEROVA. Con OLEG DAL, MARINA NEELOVA. ■ Si tratta della versione cinematografica di due celebri favole di Andersen: *Il soldato e la strega* e *L'acciarino magico*. ■ FANTASTICO; COL.; 94′; URSS, 1971.

PRINCIPESSA SISSI, LA *(Sissi)* ★★
Regia di ERNST MARISCHKA. Con KARLHEINZ BÖHM, JOSEF MEINRAD, MAGDA SCHNEIDER, ROMY SCHNEIDER, UTA FRANZ, GUSTAV KNUTH. ■ Storia molto romanzata e all'acqua di rose di Elisabetta di Baviera, sposa nemmeno troppo felice, e anzi destinata a tragica fine, dell'imperatore d'Austria Francesco Giuseppe. Qui invece Sissi è felicissima di sposare il giovane Franz che la va a corteggiare sulle montagne bavaresi. ■ STORICO; COL.; 120′; AUSTRIA, 1955.

PRINCIPESSA TAM-TAM, LA *(Princesse Tam-Tam)* ★★
Regia di EDMOND T. GRÉVILLE. Con JOSEPHINE BAKER, ALBERT PRÉJEAN. ■ Uno scrittore francese in crisi artistica finge di amare un'araba per poter trascriverne i dialoghi appassionati. Sua moglie accetta la corte di un rajah per ingelosirlo. Il coniuge la raggiunge con la bella che, però, seguirà il rajah mentre lui farà pace con la moglie. ■ COMMEDIA; B/N; 77′; FRANCIA, 1953.

PRINCIPESSA TARAKANOVA, LA *(Tarakanova)* ★★
Regia di FEDOR OZEP. Con ANNIE VERNAY, PIERRE-RICHARD WILM. ■ Una ragazza crede di poter aspirare al trono russo per diritto e ne informa l'imperatrice Caterina. Questa incarica l'amante di farla prigioniera e portarla da lei. L'uomo esegue la missione solo per metà perché si innamora della fanciulla e tenta di salvarla. Morirà con lei. ■ DRAMMATICO; B/N; 95′; FRANCIA, 1938.

PRINCIPESSINA ★★
Regia di PIERO BALLERINI. Con NERIO BERNARDI, ROSANNA DAL, MARIO SILETTI, ROBERTO VILLA. ■ Un principe italiano parte per la guerra d'Africa. Lascia la figlioletta in un collegio di lusso convinto che rimanga in buone mani. Ma quando lo danno per morto, la malvagia direttrice riduce la principessina a una sguattera peggio di Cenerentola. Lieto fine. ■ COMMEDIA; B/N; 90′; ITALIA, 1943.

PRINCIPESSINA CAPRICCIOSA, LA ★★
(The Exalted Flapper)
Regia di JAMES TINLING. Con SUE CAROL, BARRY NORTON. ■ Commedia senza pretese degli albori del sonoro. Una ragazza capricciosa fa strage di cuori finché non trova pane per i suoi denti. ■ COMMEDIA; B/N; 91′; USA, 1929.

PRINCIPE STUDENTE, IL *(The Student Prince)* ★★★
Regia di RICHARD THORPE. Con ANN BLYTH, LOUIS CALHERN, EDMUND PURDOM, JOHN ERICSON, EDMUND GWENN. ■ Karl Franz è l'erede di un trono mitteleuropeo che il nonno re manda all'università di Heidelberg perché impari a essere giovane, a divertirsi, a sciogliersi con le ragazze. Karl si scioglie, eccome. Fa innamorare e s'innamora di una giovane locandiera. Ma dovrà abbandonarla per le solite ragioni di Stato. ■ MUSICAL; COL.; 107′; USA, 1954.

PRINCIPE THORWALD, IL *(The Norseman)* ★★
Regia di CHARLES B. PIERCE. Con MEL FERRER, LEE MAJORS, CORNEL WILDE, JACK ELAM, SUSIE COELHO, CHRISTOPHER CONNELLY, JIMMY CLEM. ■ Un principe vichingo va alla ricerca del padre dato per disperso mentre navigava verso l'America. Thorwald ripete il viaggio e trova il padre, cieco e prigioniero degli indiani. I vichinghi, benché inferiori di numero, sopraffanno i pellirosse e liberano i loro compagni. ■ AVVENTURA; COL.; 95′; USA, 1978.

PRINCIPE VORONZEFF, IL *(Fürst Woronzeff)* ★★
Regia di ARTHUR ROBISON. Con BRIGITTE HELM, JEAN MURAT. ■ Il sosia di un principe russo in esilio riesce, dietro suo incarico, a far ottenere alla figlia del nobile l'eredità. Poi, però, se ne innamora. La ragazza a sua volta ama un altro; il finto nobile si separa da lei e trova conforto in un'altra donna. ■ DRAMMATICO; B/N; 92′; GERMANIA, 1934.

PRINCIPE YANEZ, IL *(Aan)* ★★
Regia di RAMJANKHAN MEHBOOBKHAN. Con DILIP KUMAR, PREM-TAH. ■ Storiella trita di amori vietati e di crudeli vendette. Trionfo finale dell'amore. ■ AVVENTURA; COL.; 90′; INDIA, 1952.

PRINCIPI E PRINCIPESSE *(Princes & Princesses)* ★★★
Regia di MICHEL OCELOT. ■ Una bambina e un bambino, grazie all'aiuto di un anziano tecnico di computer, riescono a proiettarsi nella magia di sei storie differenti di cui saranno l'eroina e l'eroe. Viaggeranno tra il passato e il futuro, in luoghi distanti e affascinanti. Dall'Antico Egitto al Medioevo, dall'arte giapponese alla più classica delle fiabe (il bacio della principessa al rospo) rovesciata in una situazione comicamente assurda. Michel Ocelot, dopo il successo di *Kirikù e la strega Karabà*, torna sugli schermi con sei storie realizzate con la tecnica delle silhouette. Potrebbe sembrare noiosa e "antica" ma è invece di grande efficacia. I bambini che hanno assistito in altri Paesi a questo film ne sono usciti divertiti e, soprattutto, sereni. Non ci sono "paure" eccessive, ma ritmi frenetici dei tempi "giusti" anche per i più piccini. ■ ANIMAZIONE; COL.; 70′; FRANCIA, 2000.

PRINCIPIO DEL DOMINO: LA VITA IN GIOCO, IL ★★★
(The Domino Principle)
Regia di STANLEY KRAMER. Con CANDICE BERGEN, GENE HACKMAN, MICKEY ROONEY, ELI WALLACH, RICHARD WIDMARK. ■ Roy, in carcere per avere commesso un delitto, viene fatto evadere da una misteriosa organizzazione che in cambio gli chiede di assassinare il presidente degli Stati Uniti. Roy manca il bersaglio e tenta di ricattare il capo dell'organizzazione, ma ci rimette la vita. Prima, però, riesce a sterminare parte della banda. ■ POLIZIESCO; COL.; 97′; USA, 1976.

PRINCIPIO DELL'INCERTEZZA, IL ★★★
Regia di MANOEL DE OLIVEIRA. Con LEONOR BALDAQUE, LEONOR SILVEIRA, RICARDO TREPA. ■ José e Antonio hanno sempre vissuto come fratelli inseparabili, condividendo ogni tipo di esperienza. Una volta adulti Antonio sposa la donna amata dal fratello, e ha come amante la socia di quest'ultimo, donna avida e molto pericolosa. Attraverso le vicende dei due protagonisti il regista portoghese mette in scena le tensioni tra l'alta società, cui appartiene Antonio, e il proletariato urbano, da cui proviene invece l'amico. Il film è stato presentato al Festival di Cannes 2002. ■ DRAMMATICO; COL.; 133′; PORTOGALLO, 2002.

PRINCIPIO SUPERIORE – RAPPRESAGLIA, IL ★★★
(Vissi princip)
Regia di JIRÍ KREJCÍK. Con JANA BREJCHOVA, FRANTISEK SMOLIK, BOHUS ZAHORSKY. ■ Un vecchio professore di liceo è chiamato "Principio superiore" dai suoi allievi e benevolmente preso in giro. Tuttavia, "Principio superiore" dimostrerà di che stoffa è fatto quando tre fra i suoi studenti saranno arrestati dalla Gestapo (a Praga è stato appena ucciso il gerarca Heydrich). A rischio della vita, il vecchio professore si batte per liberare i ragazzi. Purtroppo non ci riesce. ■ DRAMMATICO; B/N; 92′; CECOSLOVACCHIA, 1960.

PRIORE PER SCOTLAND YARD, UN ★★
(Crooks in Cloisters)
Regia di JEREMY SUMMERS. Con GRÉGOIRE ASLAN, RONALD FRASER, BARBARA WINDSOR. ■ Alcuni malfattori rapinano un treno e si rifugiano in un convento dove, travestiti da fraticelli, aspettano che si calmino le acque. Uno dei falsi monaci però commette un errore: fa giocare un amico per suo conto a Londra a una corsa di cani. La polizia lo viene a sapere e rintraccia il monastero. Un peccato, perché a furia di portare l'abito del monaco i lestofanti s'erano ravveduti. ■ COMICO; COL.; 97′; GRAN BRETAGNA, 1967.

PRIORITÀ ASSOLUTA *(Eve of Destruction)* ★★
Regia di DUNCAN GIBBINS. Con MICHAEL GREENE, GREGORY HINES, RENÉE SOUTENDIJK. ■ Per una volta lo scienziato è di sesso femminile e la robottina gira seminando il panico tra gli "uomini macho" che castra senza pietà. Qualcuno però deve mettere

fine al giochino. Per chi si accontenta. ■ FANTASCIENZA; COL.; 98′; USA, 1991.

PRISCILLA – LA REGINA DEL DESERTO ★★★
(Priscilla, Queen of the Desert)
Regia di STEPHAN ELLIOTT. Con GUY PEARCE, TERENCE STAMP, HUGO WEAVING. ■ Nella migliore tradizione del cinema kitsch. Troviamo Bernadette maturo transessuale, Mitzi travestito, con moglie e figli, Adam detto Felicia. Viaggiano in corriera attraverso l'Australia, ballano e cantano in play-back, dove capita. Ad esempio in un bar di ubriaconi e in un angolo di deserto, per gli indigeni. Accompagnati da una colonna sonora rigorosamente anni Settanta (tra Abba e Ritchie Family), giungono a Alice Springs, dove la consorte di Mitzi ha del lavoro per loro. Le loro solitudini unite sono ormai una solida amicizia. Secondo film per il regista dell'interessante *Frauds* con Phil Collins, presentato a Cannes nel 1993 e mai distribuito in Italia. Elliott sa coniugare lo spettacolo e l'introspezione dei protagonisti con sicura mano registica. Terence Stamp si è disegnato una interpretazione da Oscar. Nonostante il budget contenuto ha avuto successo in tutto il mondo. ■ COMMEDIA; COL.; 103′; AUSTRALIA, 1994. ■ GOLDEN GLOBES 2 NOM; OSCAR 1 PR, 1 NOM.

PRISONERS ★
Regia di WILLIAM H. BUSHNELL. Con HOWARD HESSEMAN, PETER HOOTEN, MAKO. ■ Benché siano appena adolescenti, nove ragazzi americani vengono inviati nel Vietnam. Un giorno, prendono prigioniero un soldato nemico in possesso di informazioni vitali per la loro sopravvivenza e devono fargliele rivelare ad ogni costo. ■ GUERRA; COL.; 90′; USA, 1987.

PRIVATE ★★★
Regia di SAVERIO COSTANZO. Con HEND AYOUB, MOHAMMAD BAKRI, LIOR MILLER, ARIN OMARY, TOMER RUSO. ■ Mohamed è un padre di famiglia e vive in Palestina con la moglie e i tre figli. Improvvisamente la porta della sua casa si spalanca. È l'esercito israeliano. Lui e la sua famiglia vengono relegati in alcune stanze. Divieto d'accesso assoluto al piano di sopra. *Private* è un titolo perfetto. *Private* è un microcosmo, la rappresentazione di un conflitto infinito nello spazio di un'abitazione. È un mondo privato in cui esiste una "politica privata", la politica della sopravvivenza in un luogo dove tutti sono vittime. Palestinesi e israeliani. Saverio Costanzo, documentarista in terra statunitense e già autore di progetti televisivi nazionali (sempre di nicchia), realizza un film nuovo, duro e privo di violenza fisica, concitato e denso di umanità. ■ DRAMMATICO; COL.; 90′; ITALIA, 2004. ■ DAVID DI DONATELLO 1 PR, 1 NOM.

PRIVATE PARTS ★★
Regia di BETTY THOMAS. Con MARY MCCORNACK, ROBIN QUIVERS, ALISON STERN, HOWARD STERN. ■ Storia di Howard Stern, disc-jockey americano leggendario. In trent'anni di carriera oltre che proporre dischi manda nell'etere battute fulminanti e provocatorie. C'è una teoria infinita di gruppi e cantanti. ■ COMMEDIA; COL.; 103′; USA, 1997.

PRIVILEGE ★★★
Regia di PETER WATKINS. Con JEREMY CHILD, PAUL JONES, JEAN SHRIMPTON. ■ Protagonista è un giovane idolo pop che per anni è stato strumentalizzato dai suoi impresari. Tant'è vero che ora soffre di crisi di identità. Una giovane pittrice comprende la sua vera natura e cerca di scuoterlo. Niente da fare: chi ha avuto il "privilegio" di essere personaggio non appartiene più a se stesso, non ha diritto a propri sentimenti, può essere solo quello che il pubblico desidera che sia. ■ DRAMMATICO; COL.; 101′; GRAN BRETAGNA, 1967.

PROBABILITÀ ZERO ★★
Regia di MAURIZIO LUCIDI. Con KATIA CHRISTINE, EZIO SANCROTTI, HENRY SILVA. ■ Precipita in un fiordo norvegese un aereo inglese con uno dei primi prototipi di radar. Urge recuperarlo prima che i tedeschi ne scoprano il funzionamento. Un commando, capitanato da Duke, penetra in un laboratorio con l'aiuto dei partigiani e riesce a recuperare il radar. ■ GUERRA; COL.; 92′; ITALIA, 1969.

PROCESSO, IL *(Der Prozess)* ★★★★
Regia di GEORG WILHELM PABST. Con EWALD BALSER, ERNST DEUTSCH, GUSTAV DIESSL. ■ Il fatto è realmente avvenuto alla fine del diciannovesimo secolo in un villaggio ungherese. Una ragazza scompare e la voce pubblica accusa la comunità ebraica di assassinio. Un commissario che fa parte di una cricca politica interessata a pescare nel torbido strappa una falsa testimonianza al figlio del rabbino locale. Quando per i poveretti tutto sembra perduto interviene energicamente un avvocato famoso, deputato al parlamento, che riesce abilmente a dimostrare la loro innocenza. ■ DRAMMATICO; B/N; 109′; AUSTRIA, 1947. ■ VENEZIA 2 PR.

PROCESSO, IL *(Le procès)* ★★★★
Regia di ORSON WELLES. Con ELSA MARTINELLI, JEANNE MOREAU, ANTHONY PERKINS, ORSON WELLES. ■ Dall'opera omonima di Franz Kafka. Joseph K. è un giovane impiegato. Un giorno lo arrestano senza che lui sappia perché. Lo portano davanti a un tribunale che lo processa senza però comunicargli i capi d'accusa. Dopo aver cercato di ribellarsi, Joseph accoglie il consiglio di alcune donne con cui ha avuto rapporti e si confessa colpevole. Ma non è una buona idea. Un giorno vengono a prenderlo e lo giustiziano. ■ DRAMMATICO; B/N; 120′; FRANCIA, ITALIA, 1962.

PROCESSO ALLA CITTÀ ★★★
Regia di LUIGI ZAMPA. Con MARIELLA LOTTI, AMEDEO NAZZARI, SILVANA PAMPANINI, PAOLO STOPPA. ■ Vigorosa rievocazione del processo Cuocolo che scosse l'opinione pubblica a Napoli all'inizio del ventesimo secolo. Uccidono un noto rappresentante della camorra. Il giudice Spicacci riesce a isolare una "rosa" di possibili colpevoli e spicca una serie di mandati di cattura. Ma gli indiziati hanno potenti amicizie negli ambienti più su della città. Spicacci viene tormentato (anche dalla moglie) perché desista. Sta quasi per persuadersi, ma un nuovo delitto lo convince ad andare fino in fondo. ■ GIALLO; B/N; 98′; ITALIA, 1953.

PROCESSO ALLA GIUSTIZIA ★★
(Im Namen einer Mutter)
Regia di ERICH ENGELS. Con CLAUS HOLM, ULLA JACOBSSON, DIETMAR SCHOENNER. ■ Una bambina viene uccisa da un maniaco. Ma appunto perché maniaco, l'uomo viene assolto per infermità mentale. Allora la madre della bambina lo uccide. È a sua volta processata, e si metterebbe in seri guai (insiste infatti a dire che il suo è stato un atto premeditato) se un abile avvocato non riuscisse a commuovere i giurati. La vendicatrice se la caverà con una lieve pena. ■ DRAMMATICO; B/N; 92′; GERMANIA, 1960.

PROCESSO ALL'AMORE ★★
Regia di ENZO LIBERTI. Con ELOISA CIANNI, CHECCO DURANTE, JANE HUGO, FRANCO SILVA. ■ Un fruttivendolo romano lavorando indefessamente ha fatto i soldi ed è riuscito a far studiare i figli. Il maschio, il più spocchioso, diventa avvocato, si fa attrarre dal bel mondo e s'allontana dalla sua fidanzatina di sempre per correre dietro a una bella altolocata. Ma la ragazzina è incinta. Il giovanotto, anche per le insistenze del padre, tornerà a lei e la sposerà. ■ DRAMMATICO; B/N; 92′; ITALIA, 1955.

PROCESSO AL ROCK AND ROLL ★★
(Shake, Rattle and Rock)
Regia di EDWARD L. CAHN. Con MICHAEL CONNORS, FATS DOMINO, LISA GAYE, STERLING HOLLOWAY. ■ Una vecchia signora prima odia il rock and roll e poi ne diventa una fan. ■ COMM.MUSICALE; B/N; 72′; USA, 1956.

PROCESSO A PORTE CHIUSE *(Das Dritte Geschlecht)* ★★
Regia di VEIT HARLAN. Con PAUL DAHLKE, PAULA WESSELY, CHRISTIAN WOLFF. ■ Processano in Germania una donna sotto accusa di favoreggiamento alla prostituzione. In realtà, spinse il figlio adolescente tra le braccia di una servetta, ma lo fece per salvarlo dall'influenza di un compagno di scuola omosessuale. Il ragazzo poi s'è innamorato della fantesca, ma il fatto ha destato la gelosia dell'amichetto: di qui la denuncia alla madre del giovane. I giudici, sentite tutte la campane, assolvono la donna. ■ DRAMMATICO; B/N; 91′; GERMANIA, 1957.

PROCESSO A STALIN ★★
Regia di FULVIO LUCISANO, RENATO MAY. ■ La vita e la morte

del dittatore russo vista attraverso brani di cinegiornali. Molti spezzoni sono inediti. ■ DOCUMENTARIO; B/N; 94'; ITALIA, 1963.

PROCESSO BELLAMY, IL *(Bellamy Trial)* ★★★
Regia di MONTE BELL. Con BETTY BRONSON, LEATRICE JOY, MARGARET LIVINGSTON, EDDIE NUGENT. ■ Girato muto, questo film fu parzialmente sonorizzato girando nuove scene. Si svolge tutto in tribunale: la vittima è Margaret Livingstone e l'accusata Beatrice Joy. ■ DRAMMATICO; B/N; 91'; USA, 1927.

PROCESSO CONTRO IGNOTI ★★
Regia di GUIDO BRIGNONE. Con LIANELLA CARREL, CESARE DANOVA. ■ Una bambina rapita viene trovata morta dopo che i ricchi genitori hanno pagato il riscatto. Gli indizi accusano Michele, giovane meccanico, che in realtà è stato l'inconsapevole complice dei rapitori assassini. I mandanti vengono scoperti e arrestati mentre il giovane operaio se la cava con pochi mesi di prigione. ■ DRAMMATICO; B/N; 94'; ITALIA, 1952.

PROCESSO DEI VELENI, IL *(L'affaire des poisons)* ★★
Regia di HENRI DECOIN. Con DANIELLE DARRIEUX, PAUL MEURISSE, VIVIANE ROMANCE. ■ Madame de Montespan sta invecchiando e perdendo il favore del re Luigi XIV. Si rivolge allora a una chiromante, madame Voisin, che, insieme a un losco abate, capeggia una setta che pratica la magia nera. La Voisin procura un veleno con cui la Montespan uccide la giovane favorita del re. Questi ordina un'inchiesta. La polizia mette le mani sui seguaci della setta, che vengono condannati e messi a morte. Solo la Montespan si salva. ■ STORICO; COL.; 103'; FRANCIA, 1955.

PROCESSO DELLE ZITELLE, IL ★★
Regia di CARLO BORGHESIO. Con ANTONIO GANDUSIO, ONDINA MARIS, ROBERTO VILLA, CARLO DAPPORTO. ■ Un giovanotto e una ragazza, per diversi motivi, hanno bisogno di un finto coniuge da presentare ai rispettivi familiari. Si mettono facilmente d'accordo per la commedia da recitare ma dopo un paio di giorni, come succede sempre nei film, sono innamorati davvero. ■ COMICO; B/N; 90'; ITALIA, 1944.

PROCESSO DEL SESSO, IL *(Jury Duty: the Comedy)* ★
Regia di MICHAEL SCHULTZ. Con STEPHEN BALDWIN, BRONSON PINCHOT, LYNN REDGRAVE. ■ Al modesto film di Schultz, che l'anno prima ha diretto un *Tarzan a Manhattan*, non giova in ogni caso il brutto titolo italiano. Accusato di essersi impossessato illecitamente del denaro, un ragioniere viene giudicato al processo da una giuria atipica, i cui membri sono persone adoperate per le indagini di mercato. ■ COMMEDIA; COL.; 100'; USA, 1990.

PROCESSO DI GIOVANNA D'ARCO, IL ★★★
(Le procès de Jeanne d'Arc)
Regia di ROBERT BRESSON. Con FLORENCE CARREZ, JEAN-CLAUDE FOURNEAU, ROGER HONORAT. ■ Un piccolo capolavoro di Bresson che in Italia è stato doppiato appositamente per la televisione. È il classico processo alla santa guerriera ma il regista ha inserito nella sceneggiatura parti inedite. Molto brava l'attrice che dopo il film è diventata una scrittrice. ■ STORICO; B/N; 95'; FRANCIA, 1963.

PROCESSO DI MARY DUGAN, IL ★★
(The Trial of Mary Dugan)
Regia di NORMAN Z. MCLEOD. Con TOM CONWAY, LARAINE DAY, MARY DUGAN, MARSHA A. HUNT, ROBERT YOUNG. ■ Una bella e timida ragazza di provincia va in città a lavorare. Incontra un brillante uomo d'affari che la prende sotto la sua protezione. Quando l'uomo viene trovato ucciso, la prima ad essere sospettata è Mary. Al processo si mette male, ma l'ex fidanzato della ragazza si rifà vivo e riesce a scoprire i veri assassini. ■ DRAMMATICO; B/N; 91'; USA, 1951.

PROCESSO DI NORIMBERGA, IL ★★
(Nürnberger Prozess)
Regia di FELIX PODMANICZKY. ■ Buon documentario che alterna le riprese del processo di Norimberga contro i criminali nazisti a riprese delle atrocità da loro commesse. ■ DOCUMENTARIO; B/N; 92'; GERMANIA, 1958.

PROCESSO DI VERONA, IL ★★★
Regia di CARLO LIZZANI. Con GIORGIO DE LULLO, VIVI GIOI, SILVANA MANGANO, SALVO RANDONE, FRANK WOLFF. ■ Dalla notte del Gran Consiglio del fascismo che abbatté Mussolini alla fondazione della Repubblica di Salò, al processo e fucilazione di Galeazzo Ciano e soci. ■ STORICO; B/N; 144'; ITALIA, 1963. ■ DAVID DI DONATELLO 1 PR, 1 NOM.

PROCESSO E MORTE DI SOCRATE ★★★
Regia di CORRADO D'ERRICO. Con ROSSANO BRAZZI, FILIPPO SCELZO, ERMETE ZACCONI. ■ Il film è un adattamento per il pubblico cinematografico del dialogo platonico *L'apologia di Socrate*. Racconta il processo intentato dal tribunale ateniese nei confronti di Socrate, accusato di corruzione dei giovani. Il grande filosofo pronuncia una difesa intelligente quanto inutile; poche ore dopo, alla fine di una dissertazione sulla morte e l'aldilà, beve la cicuta e muore attorniato dai suoi discepoli. ■ DRAMMATICO; B/N; 93'; ITALIA, 1940.

PROCESSO IN VATICANO *(Procès au Vatican)* ★★
Regia di ANDRÉ HAGUET. Con JEAN DEBUCOURT, FRANCE DESCAUT, VALENTINE TESSIER. ■ La vita di santa Teresa di Lisieux, raccontata in flash-back al momento della sua canonizzazione. ■ STORICO; B/N; 115'; FRANCIA, 1951.

PROCESSO PER DIRETTISSIMA ★★
Regia di LUCIO DE CARO. Con MARIO ADORF, BERNARD BLIER, GABRIELE FERZETTI, IRA FÜRSTENBERG. ■ Rievocazione molto libera e superficiale del caso Pinelli (l'anarchico che cadde dalla finestra del commissariato durante l'inchiesta per la strage di piazza Fontana). ■ GIALLO; COL.; 95'; ITALIA, 1974.

PRODE ANSELMO E IL SUO SCUDIERO, IL ★★
Regia di BRUNO CORBUCCI. Con RENZO MONTAGNANI, ENRICO MONTESANO, ALIGHIERO NOSCHESE. ■ Anselmo è un gran fifone e fugge in continuazione per non cadere nelle mani dei mercenari tedeschi che vogliono fargli la pelle. ■ COMICO; COL.; 98'; ITALIA, 1972.

PRODE FARAONE, IL *(Professor Beware)* ★★
Regia di ELLIOTT NUGENT. Con HAROLD LLOYD, PHYLLIS WELCH. ■ Messo in prigione per errore, un uomo ne fugge e cerca di raggiungere i compagni in partenza per l'Egitto. Lungo la strada viene tallonato da una ragazza innamorata di lui che dovrà sposare e poi difenderà, accorgendosi di ricambiarla, dall'opposizione paterna. Anche il malinteso inizia e viene chiarito. ■ COMMEDIA; B/N; 92'; USA, 1938.

PRODIGI DEL 2000, I *(Just Imagine)* ★
Regia di DAVID BUTLER. Con MISCHA AUER, EL BRENDEL, MAUREEN O'SULLIVAN. ■ Nel futuro pare che gli abitanti di New York non avranno più nemmeno un nome, ma saranno contraddistinti da un numero. E per sposarsi la gente avrà bisogno anche dell'approvazione governativa (per dimostrarsi degni di una donna ci si deve sottoporre a prove degne di un olimpionico). L'azione è ambientata nell'anno 1980 (come film "futuribile" non c'è male). ■ FANTASTICO; B/N; 90'; USA, 1931. ■ OSCAR 1 NOM.

♥ PRODUCERS, THE ★★★★
Regia di SUSAN STROMAN. Con ROGER BART, GARY BEACH, MATTHEW BRODERICK, WILL FERRELL, NATHAN LANE, ANDREA MARTIN, DEBRA MONK, UMA THURMAN. ■ Tutti conoscono Gene Kelly, Fred Astaire e i fratelli Marx. Pochi conoscono Jules Munshin, Tommy Rall, Keenan Wynn, James Withmore, Busby Berkeley, Donald O' Connor. Troppe citazioni, ma per una buona causa. Trattasi di grandi protagonisti del musical degli anni d'oro, talenti straordinari, ballerini attori e cantanti inventori di spettacolo, "vedibili" oggi come allora. Un esempio: Keenan Wynn e James Withmore si producevano nel numero "Brush up to Shakespeare" in *Baciami, Kate!*, irresistibile. La regista Susan Stroman, che ha curato anche la regia della pièce a Broadway, ripropone quella citazione. Se sei un adulto e possiedi quella memoria, ecco un forte valore aggiunto di fruizione, un paio di punti in più nella misura dell'evasione. Ma i punti non mancano anche senza il soccorso della citazione. Il racconto procede con uno stile sempre sul filo del rasoio, da una parte c'è la grande qualità, dall'altra ci potrebbe essere il grottesco. Prevale quasi sempre la qualità e quando il grottesco trionfa, è voluto, non subìto. I personaggi sono dolcemente estremizzati ma graditi e funzionali, agiscono come cartoni animati, nei gesti e nelle espressioni. La "colonia gay"

macchiettistica-con-gusto, la fa da padrona ed è un inserto simpatico e indispensabile. Il film è il richiamo di un classico della comicità di Mel Brooks, *Per favore non toccate le vecchiette*. Un produttore e un aspirante tale decidono che per guadagnare soldi è meglio produrre un insuccesso che un successo. Inventano lo spettacolo peggiore, col regista peggiore, con gli attori peggiori di tutti i tempi, una storia su Hitler. Sarà uno stuolo di vecchiette a finanziare l'operazione. E i soldi rimarranno nelle tasche dei produttori. Naturalmente Broadway impazzisce, successo mai visto. In questo quadro, canti e balli pieni di energia e di ironia, con un richiamo, appunto alla grande Hollywood che fu. Ma niente di nostalgico e datato, uno spettacolo di sostanza e gusto al quale non eravamo quasi più abituati. Del resto chi ha scritto "parole e musica" è lo stesso, vecchio Mel Brooks, al quale il cinema, "quel" cinema, sta come l'ossigeno sta all'acqua. Uma è ironica e supersexy. Bene. Molto bene. ■ MUSICAL; COL.; 134'; USA, 2005.

PROFANAZIONE, LA ★★
Regia di TIZIANO LONGO. Con TEODORO CORRÈ, JEAN SOREL, SIMONETTA STEFANELLI. ■ Un aitante medico ha una pronunciata simpatia per la bella suorina che lo aiuta nel suo lavoro in ospedale. Lei ricambia. Vanno a letto insieme. La ragazza chiede di esser sciolta dai voti per poter sposare il suo dottore. Ma i guai cominciano dopo le nozze. Lei è molto inibita. Il matrimonio si trascina fra musi e baruffe. Finché l'amore per il marito non persuaderà l'ex sorella a mettere da parte ogni remora. ■ DRAMMATICO; COL.; 92'; ITALIA, 1974.

PROF. DOTT. GUIDO TERSILLI, PRIMARIO DELLA CLINICA VILLA CELESTE,CONVENZIONATA CON LE MUTUE, IL ★★★
Regia di LUCIANO SALCE. Con CLAUDIO GORA, PUPELLA MAGGIO, ALBERTO SORDI, EVELYN STEWART, ALESSANDRO CUTOLO, IDA GALLI. ■ Il prof. dott. Tersilli è il "medico della mutua" che ha fatto carriera. Ora è primario in una clinica di lusso dove amministra i malati con lo stesso cinismo dei suoi anni giovani. ■ COMMEDIA; COL.; 104'; ITALIA, 1969.

PROFESSIONE ASSASSINO *(The Mechanic)* ★★★
Regia di MICHAEL WINNER. Con CHARLES BRONSON, JILL IRELAND, JEAN-MICHAEL VINCENT, KEENAN WYNN. ■ Charles Bronson, un killer professionista, prende con sé il giovane figlio di un "boss" defunto. Gli insegna tutti i rudimenti del mestiere che il ragazzo impara anche troppo velocemente. Non solo aiuta validamente il "maestro" nell'esecuzione di alcuni contratti, ma compie con gelida efficienza anche il suo primo incarico da solo. ■ GIALLO; COL.; 100'; USA, 1972.

PROFESSIONE ASSASSINO *(The Mechanic)* ★★
Regia di SIMON WEST. Con CHRISTA CAMPBELL, JEFF CHASE, BEN FOSTER, JASON STATHAM, DONALD SUTHERLAND. ■ Arthur Bishop è un killer specializzato nel far apparire come incidenti quelli che in realtà sono omicidi. Riceve gli incarichi da Dean, capo di una misteriosa compagnia di cui fa parte l'anziano e paralizzato Harry McKenna. Nel momento in cui Dean gli chiede di assassinare Harry, sospettato di tradimento, Arthur ha poche esitazioni e porta a termine la missione. Si troverà di lì a poco accanto proprio il figlio di Harry, Steve. Costui, assetato di vendetta, chiede ad Arthur di addestrarlo per essere in grado di uccidere chi ha eliminato suo padre. ■ AZIONE; COL.; 92'; USA, 2011.

PROFESSIONE: AVVENTURIERI ★★
(Profession aventuriers)
Regia di CLAUDE MULOT. Con NATHALIE DELON, CURD JÜRGENS, CHARLES SOUTHWOOD. ■ Un giovanotto inglese stufo della grigia realtà quotidiana si mette a fare il navigatore solitario. Naufraga, prende terra in una remota isola del Pacifico, mette le mani su un favoloso tesoro. Poi incontra una bella bionda con cui fa coppia e dopo nuove avventure diventano miliardari. Ma da un giorno all'altro preferiscono dare un calcio alla fortuna e tornare alla loro vita errabonda. ■ AVVENTURA; COL.; 80'; FRANCIA, 1972.

PROFESSIONE: AVVOCATO, MISSIONE: GIUSTIZIERE *(Out for Blood)* ★
Regia di RICHARD W. MUNCHKIN. Con SHARI SHATTUCK, DON THE DRAGON WILSON. ■ Un avvocato assiste impotente all'uccisione della moglie e del figlio da parte di alcuni criminali. L'uomo, che è un cultore delle arti marziali, in seguito alla sconvolgente esperienza ricorre alla psicoanalisi ma, allo stesso tempo, cerca anche gli assassini per farsi giustizia da sé. ■ AVVENTURA; COL.; 90'; USA, 1992.

PROFESSIONE BIGAMO ★★
Regia di FRANZ ANTEL. Con LANDO BUZZANCA, RAFFAELLA CARRÀ, TERRY TORDAY. ■ Un giovanotto siciliano ferroviere sulla linea Roma-Monaco ha una moglie in Italia e un'altra in Germania. Il suo andirivieni da una città all'altra ha permesso l'instaurarsi di due *ménage* abbastanza compatibili e ignari l'uno dell'altro. Ma un giorno le mogli lo scoprono e gli fanno causa. Durante il processo salta fuori un'altra consorte. ■ COMMEDIA; COL.; 99'; ITALIA, 1969.

PROFESSIONE DELLA SIGNORA WARREN, LA ★★
(Frau Warren Gewebe)
Regia di AKOS ROTHONYI. Con JOHANNA MATZ, LILLI PALMER. ■ La giovane Vivie comprende le motivazioni materne che giustificano la scelta di una vita scandalosa in alternativa alla fame, ma non può perdonare il fatto che la madre, benché ormai ricca, continui a gestire diverse case d'appuntamento. ■ DRAMMATICO; B/N; 102'; GERMANIA, 1959.

PROFESSIONE DETECTIVE *(Detective Sadie and Son)* ★
Regia di JOHN LLEWELLYN MOXEY. Con BRIAN MCNAMARA, DEBBIE REYNOLDS, SAM WANAMAKER. ■ Una signora gestisce un'agenzia di investigazioni con il figlio. New York è lo scenario per le avventure presentate, ma nessuna appare originale o interessante. Debbie Reynolds è poco credibile in questo ruolo. ■ POLIZIESCO; COL.; 100'; USA, 1987.

PROFESSIONE FIGLIO ★★
Regia di STEFANO ROLLA. Con VIRNA LISI, RONNIE VALENTE, MAX VON SIDOW. ■ Un ragazzino è specialista nel farsi adottare dalle coppie (senza figli) di suo gradimento. Quando non le gradisce più, se ne va, fingendo di essere morto. Va avanti così, di coppia in coppia. Ma quando trova un padre e una madre che potrebbero rimanere tali per tutta la vita, viene pescato dai precedenti genitori, sopraggiunti in tempo per fargli fare una figuraccia. ■ SENTIMENTALE; COL.; 92'; ITALIA, 1979.

PROFESSIONE... GIOCATTOLO *(Le jouet)* ★★
Regia di FRANCIS VEBER. Con MICHEL BOUQUET, SUZY DYSON, FABRICE GRECO, PIERRE RICHARD. ■ Un ragazzino figlio di miliardari, viziato ed egoista, pretende come regalo François, giornalista del settimanale di proprietà del padre. Per il giovanotto sono inizialmente grosse umiliazioni, anche perché deve stare al gioco, pena il licenziamento, ma a poco a poco il ragazzino gli si affeziona e François riesce a rieducarlo a modo suo. Un modo che gli costa davvero il posto. Ma il suo nuovo alleato salva la situazione. ■ COMMEDIA; COL.; 95'; FRANCIA, 1976.

PROFESSIONE GIUSTIZIERE *(The Evil that Men Do)* ★★
Regia di JACK LEE THOMPSON. Con CHARLES BRONSON, JOSEPH MAHER, THERESA SALDANA. ■ Un ex killer ritiratosi in un'isola del Pacifico viene indotto a tornare per punire un medico torturatore che ha ucciso un suo amico. Saranno le vittime del folle criminale a far giustizia. ■ AVVENTURA; COL.; 89'; USA, 1983.

PROFESSIONE KILLER *(Company of Killers)* ★★★
Regia di JERRY THORPE. Con VAN JOHNSON, RAY MILLAND, JOHN SAXON, FRITZ WEAVER. ■ Un killer al soldo dell'organizzazione riceve l'incarico di uccidere un uomo d'affari (chi ha dato la "commissione" è un collega della vittima designata che naviga finanziariamente in cattive acque). La polizia però è sulle tracce del sicario. Ricostruisce tutte le mosse e scopre i mandanti, ora, luogo e persona del contratto. I piedipiatti riusciranno a impedire l'assassinio, ma solo per il classico pelo. ■ GIALLO; COL.; 88'; USA, 1970.

PROFESSIONE PERICOLO *(The Stunt Man)* ★★
Regia di RICHARD RUSH. Con BARBARA HERSHEY, PETER O'TOOLE, STEVE RAILSBACK. ■ Un giovanotto, ricercato dalla polizia, riesce a far perdere le sue tracce mescolandosi a una troupe cinematografica. Lo impiegano come cascatore, ma il regista trova il modo di fargli rischiare la pelle anche in situazioni non pre-

viste dal copione. ■ AVVENTURA; COL.; 129′; USA, 1979. ■ GOLDEN GLOBES 1 PR, 5 NOM; OSCAR 3 NOM.

PROFESSIONE POLIZIOTTO *(Le marginal)* ★★
Regia di JACQUES DERAY. Con JEAN-PAUL BELMONDO, HENRY SILVA, CARLOS SOTTOMAYOR. ■ Jean Paul Belmondo è il commissario Jordan, noto come "Le Marginal" per i suoi modi poco ortodossi, ma efficaci. Va a Marsiglia per sgominare la banda di Metacci, un boss della droga. Ci riesce: con spettacolarità e violenza. ■ POLIZIESCO; COL.; 100′; FRANCIA, 1983.

PROFESSIONE REPORTER ★★★★
Regia di MICHELANGELO ANTONIONI. Con IAN HENDRY, JACK NICHOLSON, MARIA SCHNEIDER. ■ Un famoso reporter lanciatissimo nella professione, ma ormai sazio e annoiato dalla vita, scopre un giorno l'opportunità di ricominciare tutto daccapo. Rinvenuto il cadavere di un uomo che gli somiglia, inscena una finta morte, assumendo la personalità del defunto. Mal gliene incoglie. Il defunto era un trafficante d'armi che riforniva il movimento di ribellione a un dittatorello africano. Raggiunto dai killer del despota, il reporter viene ammazzato. Questa volta sul serio. Antonioni prende un canovaccio non precisamente inedito per tracciare un ulteriore capitolo sul malessere esistenziale della nostra epoca. Al solito il suo discorso è più suggestivo e affascinante che concluso e convincente. Ma la sua fantasia visiva ha modo di sbrigliarsi come non mai. ■ DRAMMATICO; COL.; 126′; ITALIA, 1974.

PROFESSIONISTA, IL *(Harry in Your Pocket)* ★★
Regia di BRUCE GELLER. Con JAMES COBURN, TONY GIORGIO, WALTER PIDGEON, MICHAEL SARRAZIN. ■ Un quartetto di ladruncoli formato da un vecchio professionista del furto, da un cassiere e da una coppia di giovani funziona egregiamente finché non intervengono complicazioni sentimentali. Il giovanotto è geloso della ragazza e il vecchio Harry, in un momento molto delicato di un'"operazione", preferisce farsi arrestare piuttosto che compromettere anche i due innamorati. ■ COMMEDIA; COL.; 103′; USA, 1973.

PROFESSIONISTE DEL PECCATO, LE ★★★
Working Girls)
Regia di LIZZIE BORDEN. Con AMANDA GOODWIN, ELLEN MC ELDUFF, LOUISE SMITH. ■ Una giornata "di lavoro" per alcune prostitute che ricevono in una casa attrezzata per lo scopo. Si può conservare un'anima solo separando nettamente il "fuori" con i sentimenti e il "dentro" con lo squallore, i controlli, le piccole rivalità. Uno sguardo femminile apparentemente freddo ma capace di profonda compassione. ■ DRAMMATICO; COL.; 90′; USA, 1986.

PROFESSIONISTI, I *(The Professionals)* ★★★★
Regia di RICHARD BROOKS. Con CLAUDIA CARDINALE, BURT LANCASTER, LEE MARVIN, JACK PALANCE. ■ Quattro uomini vengono ingaggiati da un ricco americano per andare in Messico e riportargli la giovane moglie rapita da un ribelle messicano. Compiuta la missione tra mille insidie, i quattro si rendono conto che l'americano è un uomo senza scrupoli, che tratta la moglie come una proprietà. Liberano la donna e l'uomo che l'aveva rapita, in realtà il suo amante, secondo un loro codice morale e senza contravvenire al patto con l'americano. Un gesto romantico che costa loro il premio pattuito. Richard Brooks, scomparso l'11 marzo 1992, autore, in tutti i sensi, del film, era un regista un po' sottovalutato. Probabilmente il senso dell'avventura che traspare in ogni suo film non è piaciuto a chi giudica i film d'azione un sottogenere. Certamente un film sull'amicizia virile, ma senza il compiacimento che spesso questo tema comporta. Il rispetto per la donna è tutto nel gesto finale, la liberazione, in cambio di nulla, di colei per la quale hanno rischiato la vita. Un grande film in attesa di un giudizio finale più onesto da parte di chi lo ha inserito nell'anonimo mucchio dei film da gettare. ■ WESTERN; COL.; 120′; USA, 1966. ■ OSCAR 3 NOM.

PROFESSIONISTI PER UNA RAPINA *(Zimmer 13)* ★★
Regia di HARALD REINL. Con EDDI ARENT, KARIN DOR, JOACHIM FUCHSBERGER, WALTER RILLA. ■ Un rapinatore e assassino minaccia di uccidere la figlia di un baronetto inglese se questi non lo aiuta in una rapina. Il baronetto chiama in aiuto un investigatore privato che sventa il colpo e mette fine alla carriera del delinquente. ■ GIALLO; B/N; 93 ; GERMANIA, 1964.

PROFESSIONISTI PER UN MASSACRO ★★
Regia di NANDO CICERO. Con JOSÉ BODALO, EDD BYRNES, GEORGE HILTON, GEORGE MARTIN, MILO QUESADA. ■ Tre soldati sudisti, condannati a morte dal loro generale, ricevono l'incarico di recuperare un carico d'oro rubato da un ufficiale disertore. Se lo faranno, saranno salvi. Il disertore s'è rifugiato in Messico, ma i tre lo raggiungono e gli riprendono il maltolto. Ma solo per tenerselo, lasciando tutti con un palmo di naso (il generale e una banda di messicani). ■ WESTERN; COL.; 91′; ITALIA, 1968.

PROFESSORE A TUTTO GAS *(Son of Flubber)* ★★★
Regia di ROBERT STEVENSON. Con FRED MACMURRAY, NANCY OLSON, KEENAN WYNN. ■ Il professor Brynard, già protagonista di *Professore tra le nuvole*, è perseguitato dalla sorte e ogni sua invenzione gli procura soltanto dei guai. Del tutto inaspettatamente la sua pistola per la pioggia, anche quella bocciata in un primo tempo, si rivela una manna per gli agricoltori. Da quel momento va tutto bene. ■ COMMEDIA; COL.; 100′; USA, 1962.

PROFESSORE MATTO, IL *(The Nutty Professor)* ★
Regia di TOM SHADYAC. Con EDDIE MURPHY, JADA PINKETT-SMITH. ■ Un professore obeso sogna di dimagrire. Trova la pozione giusta. Da quel momento la sua vita cambia totalmente. Rifacimento del famoso *Le folli notti del dottor Jerryl* con Jerry Lewis. Quello era un bel film. Questo è una fesseria. ■ FANTASTICO; COL.; 95′; USA, 1996. ■ GOLDEN GLOBES 1 NOM; OSCAR 1 PR, 1 NOM.

PROFESSORESSA DI LINGUE ★
Regia di DANILO DANI (pseud. di DEMOFILO FIDANI). Con FAUSTA BENNATI, FEMI BENUSSI, PUPO DE LUCA, DANIELA PASTORELLI. ■ Michele, rampollo di una ricca famiglia di commercianti, è rimandato in francese perché la balbuzie gli impedisce di superare l'esame. Arriva Pamela, bella e disinibita, e con la sua particolare "cura" guarisce il timido Michele. ■ EROTICO; COL.; 95′; ITALIA, 1976.

PROFESSORESSA DI SCIENZE NATURALI, LA ★
Regia di MICHELE MASSIMO TARANTINI. Con LILLI CARATI, ADRIANA FACCHETTI, MICHELE GAMMINO, GIACOMO RIZZO, ALVARO VITALI. ■ Appena laureata, Stefania ottiene il suo primo incarico in un liceo della Sicilia, ma la sua avvenenza provoca scompiglio non solo tra gli alunni ma in tutto il paese. ■ EROTICO; COL.; 90′; ITALIA, 1976.

PROFESSORESSA, FACCIAMO L'AMORE? ★★
(The Teacher)
Regia di HIKMET L. AVEDIS. Con RUDY HERRERA, ANTHONY JAMES, JAY NORTH, ANGELA TOPKINS. ■ Una professoressa molto avvenente e trascurata dal marito allaccia una relazione con un giovane allievo. Ralph, un giovane con turbe psichiche, è geloso del ragazzo e lo attira in un magazzino per ucciderlo. A sua volta Ralph cade sotto i colpi della professoressa, accorsa troppo tardi in aiuto del suo giovane amante. ■ DRAMMATICO; COL.; 98′; USA, 1974.

PROFESSORE TRA LE NUVOLE, UN ★★★
(The Absent Minded Professor)
Regia di ROBERT STEVENSON. Con LEON AMES, TOMMY KIRK, FRED MACMURRAY, NANCY OLSON, KEENAN WYNN. ■ Completamente preso dagli studi su una sostanza che crea energia, il professor Brynard dimentica per tre volte l'appuntamento in chiesa con la futura moglie. Naturalmente quest'ultima si arrabbia e per il professore la cosa più importante è riconciliarsi con la ragazza, molto più importante delle offerte che tre generali gli fanno per la sua incredibile scoperta. ■ COMMEDIA; COL.; 97′; USA, 1960. ■ OSCAR 3 NOM.

PROFESSORE VENGA ACCOMPAGNATO DAI SUOI GENITORI ★★
Regia di MINO GUERRINI. Con JACQUES DUFILHO, ALDO MACCIONE, PIERO MAZZARELLA, GABRIELLA PALLOTTA, DIDI PEREGO. ■ Approfittando del caos che regna in un liceo (sciopero degli studenti, sciopero degli insegnanti, occupazioni, interventi del-

la polizia), Petracco, professore di dichiarate idee fasciste, riesce a far cacciare il preside grazie all'involontario aiuto che gli alunni, pur odiandolo, gli danno. Quando è proprio Petracco a prendere il posto dell'ex, i ragazzi comprendono il loro errore. ■ COMMEDIA; COL.; 100′; ITALIA, 1974.

PROFESSORI NON MANGIANO BISTECCHE, I ★★
(Confidentially Connie)
Regia di EDWARD BUZZELL. Con LOUIS CALHERN, VAN JOHNSON, JANET LEIGH. ■ Joe è figlio di un ricco allevatore texano, ma al bestiame preferisce l'insegnamento. Il padre, che vorrebbe vederlo al suo fianco nei verdi pascoli, tenta di boicottargli la carriera universitaria. Spinto dalle necessità economiche, Joe sta quasi per cedere. Ma quando scopre i maneggi del padre, si arrabbia e rimane al college. ■ COMMEDIA; B/N; 74′; USA, 1953.

PROFESSOR KRANZ TEDESCO DI GERMANIA ★★
Regia di LUCIANO SALCE. Con ADOLFO CELI, VITTORIA CHAMAS, PAOLO VILLAGGIO, JOSÉ WILKER. ■ Filmetto sulle avventure del professor Franz Kranz, una delle macchiette meno riuscite di Villaggio. ■ COMICO; COL.; 113′; BRASILE, ITALIA, 1978.

PROFESSOR MATUSA E I SUOI HIPPIES, IL ★
Regia di LUIGI DE MARIA. Con CATERINA CASELLI, GIGLIOLA CINQUETTI, SERGIO LEONARDI, SHEILA ROSIN, LITTLE TONY. ■ Due ragazzi si amano ma il padre di lui, che è anche sindaco, si oppone al matrimonio. Quando tutto il paese acclama i fidanzati con feste e balli in loro onore, il sindaco capisce che non gli conviene inimicarsi i suoi elettori e concede l'approvazione. ■ COMMEDIA; B/N; 92′; ITALIA, 1968.

PROFESSOR MISTERO *(A III – es)* ★★
Regia di STEVE SEKELY. Con PÁL JÁVOR, MARIA LAZAR, JENŐ TÖRZS. ■ Il professor Mistero, un illusionista, tenta di sanare le sue rovinatissime finanze combinando un matrimonio tra un nobile e squattrinato giovanotto e una ricca americana. Ma il giovanotto ai soldi preferisce l'amore e fugge con l'assistente del mago. A questi non rimane che il suicidio. ■ DRAMMATICO; B/N; 91′; UNGHERIA, 1937.

PROFETA, IL ★★★
Regia di DINO RISI. Con FIORENZO FIORENTINI, VITTORIO GASSMAN, ORESTE LIONELLO, ANN MARGRET, LIANA ORFEI, YVONNE SANSON. ■ Dopo aver trascorso cinque anni sulla cima di un monte in assoluto ritiro dal mondo, Pietro, detto il profeta, torna in città e subito si mette in moto un ingranaggio che gli dà popolarità e quattrini. Pietro ha un ultimo guizzo di santità e vorrebbe tornare sulla montagna, ma una giovane e graziosa ragazza lo convince ad aprire un ristorante per continuare a far soldi sfruttando il personaggio. ■ COMMEDIA; COL.; 93′; ITALIA, 1967.

PROFETA, IL *(Un Prophète)* ★★
Regia di JACQUES AUDIARD. Con NIELS ARESTRUP, ADEL BENCHERIF, REDA KATEB, TAHAR RAHIM, HICHEN YACOUBI. ■ Malik El Djebena ha 19 anni quando viene condannato a sei anni di prigione. Entra con una banconota ripiegata su se stessa e dei vestiti troppo usurati, che a detta delle guardie non vale la pena di conservare. Quando esce ha un impero e tre macchine pronte a scortare i suoi primi passi. In mezzo c'è il carcere, la protezione offertagli da un mafioso corso, l'omicidio come rito d'iniziazione, l'ampliarsi delle conoscenze e dei traffici, le incursioni in permesso fuori dal carcere, dove gli affari prendono velocità. Ciò che avviene all'interno di una prigione, il cinema lo ha già raccontato altrove meglio che qui, per non parlare di come nasce un padrino. ■ DRAMMATICO; COL.; 150′; FRANCIA, ITALIA, 2009.

PROFETA DEL GOL – JOAHN CRUIYFF STORY, IL ★★
Regia di SANDRO CIOTTI. Con JOAHN CRUIYFF, GIACINTO FACCHETTI, SANDRO MAZZOLA, GIANNI RIVERA. ■ La storia dell'asso Joahn Cruiyff, che risollevò le sorti calcistiche olandesi. ■ DOCUMENTARIO; B/N; 92′; ITALIA, 1976.

PROFETI DELLE ORE CORTE, I *(Made)* ★★
Regia di JOHN MACKENZIE. Con JOHN CASTLE, ROY HARPER, MARGERY MASON, DOREMY VERNON, CAROL WHITE. ■ Valerie, separata dal marito e tornata a vivere con la madre, ha un bambino che viene trovato morto mentre lei è al seguito di una tournée del cantautore Mike, suo amante. La morte del piccolo viene sfruttata da Mike per comporre una canzone che ottiene enorme successo. Valerie allora accetta senza protestare, ormai completamente priva di volontà e soggiogata dall'uomo. ■ DRAMMATICO; COL.; 100′; GRAN BRETAGNA, 1972.

PROFEZIA *(Prophecy)* ★★★
Regia di JOHN FRANKENHEIMER. Con ARMAND ASSANTE, RICHARD A. DYSART, ROBERT FOXWORTH, TALIA SHIRE. ■ In una industria cartiera costruita in una riserva indiana sono usati sistemi di conservazione che danneggiano gli animali e di conseguenza gli uomini che se ne cibano. In seguito alle proteste degli indigeni, arriva per condurre un'inchiesta il dottor Vern, che non può che constatare la realtà del pericolo. Pericolo che ora incombe anche su di lui, perché la moglie si è cibata di un pesce contaminato. ■ DRAMMATICO; COL.; 95′; USA, 1979.

PROFEZIA DELLE RANOCCHIE, LA ★★★
(La prophétie des grenouilles)
Regia di JACQUES-RÉMY GIRERD. ■ Ai confini del mondo, lontano da tutto, una tranquilla famiglia si è trasferita in un grazioso casolare, in cima a una collina. In questo piccolo e grazioso nido vivono Ferdinand, marinaio in pensione, la moglie Juliette, originaria d'Africa e Tom, il figlio adottivo. Loro ospite è la figlia dei vicini che sono partiti per un safari possedendo un piccolo zoo familiare. Un giorno le ranocchie, esperte meteorologhe, annunciano un diluvio da 40 giorni in arrivo. Il silos della fattoria, con l'aiuto di un enorme pneumatico, si trasformerà in una nuova Arca. Film per i più piccoli ma capace di parlare anche agli adulti grazie anche a una grafica così raffinata da apparire assolutamente semplice. I temi della convivenza, del rispetto, della speranza ci sono tutti e ben delineati. ■ ANIMAZIONE; COL.; 86′; FRANCIA, 2003.

PROFEZIA DI UN DELITTO *(Initiation à la mort)* ★★★
Regia di CLAUDE CHABROL. Con GERT FRÖBE, FRANCO NERO, JEAN ROCHEFORT, STEFANIA SANDRELLI, GILA VON WEITERSHAUSEN. ■ Per ravvivare il suo matrimonio stanco, Sadry si reca a Djerba in vacanza con la moglie, ma appena arrivato incontra una ex fiamma e si lascia prendere da pericolose nostalgie. Un veggente, ospite dell'albergo, parla di un delitto che avverrà e in effetti Sadry, scoperto in compagnia dell'amante dalla moglie, tenta di uccidere quest'ultima. Ancora in preda all'ira, accusa il veggente di aver forzato il destino e lo uccide. ■ GIALLO; COL.; 95′; FRANCIA, 1975.

PROFONDA LUCE DEI SENSI, LA *(La messe dorée)* ★★
Regia di BENI MONTRESOR. Con LUCIA BOSÈ, STEFANIA CASINI, MAURICE RONET. ■ Una raffinata cena organizzata in una villa sontuosa da una coppia di mezza età si trasforma in un'orgia collettiva nella quale i giovani partecipanti cercano di annegare la propria noia. ■ DRAMMATICO; COL.; 95′; FRANCIA, 1974.

PROFONDO BLU *(Deep Blu)* ★★
Regia di ANDY BYATT, ALASTAIR FOTHERGILL. ■ Il mare e il deserto, distese infinite e silenziose della natura, hanno un effetto straordinario sulla nostra immaginazione perché nascondono piccoli e grandi segreti. Il 70% del globo è costituito da acqua (quasi come il nostro corpo), e un mondo parallelo fatto da grandi predatori rivela colori, suoni striduli e muti, e lotte per la sopravvivenza. Questo documentario girato dalla BBC Natural History Unit segue le orme di *Atlantis* di Luc Besson, con sprazzi di violenza e poesia, e qualche piccola noia. ■ DOCUMENTARIO; COL.; 90′; USA, 2003.

PROFONDO COME IL MARE *(The Deep, Blue Sea)* ★★
Regia di ANATOLE LITVAK. Con VIVIEN LEIGH, KENNETH MORE, ERIC PORTMAN, EMLYN WILLIAMS. ■ L'incontro tra Hester, giovane signora dell'alta società londinese, e Fred, pilota della Raf ed eroe di guerra, è fatale: lei lascia marito e privilegi sociali per vivere con il giovane. Ma il rapporto si esaurisce presto, gli entusiasmi iniziali si consumano nelle squallide stanze d'albergo in cui Fred è obbligato a vivere, data la sua professione. Delusa, Hester tenta il suicidio: salvata *in extremis*, rifiuta di tornare a vivere con il pilota ma anche di ricongiungersi al marito e se ne va sola. ■ DRAMMATICO; COL.; 99′; GRAN BRETAGNA, 1955. ■ VENEZIA 1 PR.

♥ PROFONDO ROSSO ★★★
Regia di DARIO ARGENTO. Con CLARA CALAMAI, GIULIANA CA-

LANDRA, DAVID HEMMINGS, GABRIELE LAVIA, GLAUCO MAURI, MACHA MÉRIL, DARIA NICOLODI, EROS PAGNI. ■ Marc, giovane pianista, assiste all'assassinio di una parapsicologa ma non sa individuare l'omicida. Si mette tuttavia a fare indagini e molte persone che lo aiutano vengono trovate uccise. Dopo aver evitato di rimanere assassinato a sua volta, Marc scopre l'insospettabile colpevole. ■ GIALLO; COL.; 123′; ITALIA, 1975.

PROFUGHI DELL'AMORE *(Daughters Courageous)* ★★★
Regia di MICHAEL CURTIZ. Con JOHN GARFIELD, PRISCILLA LANE, ROSEMARY LANE, CLAUDE RAINS, JEFFREY LYNN, FAY BAINTER, DONALD CRISP. ■ Un uomo torna dopo vent'anni alla famiglia che aveva abbandonato, ma naturalmente le cose sono cambiate e le sue speranze di trovare finalmente un rifugio tranquillo e smettere la sua vita errabonda rimangono deluse: la moglie sta per sposare un altro ed anche le figlie sono alla vigilia del matrimonio. All'uomo non rimane che riprendere i suoi vagabondaggi. ■ COMMEDIA; B/N; 107′; USA, 1939.

PROFUMO DELLA NOTTE, IL *(La señora)* ★
Regia di JORDI CADENA. Con HERMANN BONNIN, LUIS MERLO, SILVIA TORTOSA. ■ Teresa deve sposare don Nicola per salvare la famiglia dai debiti. Oppressa dalle ossessioni patologiche del marito la giovane si concederà prima al giovane cognato, seminarista cadetto, e alla morte di entrambi a un garzone. ■ DRAMMATICO; COL.; 101′; SPAGNA, 1987.

PROFUMO DELLA PAPAYA VERDE, IL ★★★
(L'odeur de la papaye vert)
Regia di TRAN ANH HUNG. Con NGUYEN ANH HOA, LU MAN SAN, TRAN NU VEN KHE, TRUONG THI LOC. ■ Esordio meritatamente premiato con la Caméra d'Or al Festival di Cannes. La papaya verde è una verdura che, una volta matura, diventa un frutto. Il suo odore rimanda il regista al ricordo materno nell'infanzia. Siamo in Vietnam negli anni Cinquanta. Mui è una bambina di dieci anni, figlia di contadini, che si reca in città per fare la domestica in una famiglia. La padrona di casa però è infelice. Tradita e abbandonata dal marito soffre ancora per la scomparsa della figlia piccola. Ha tre figli e il commercio di tessuti le permette appena di sopravvivere. Mui si affeziona alla padrona e quest'ultima vede in lei la figlia scomparsa. Quando dieci anni dopo la nuora della padrona premerà perché Mui vada a lavorare da Khuyen, amico di famiglia, la donna e la ragazza soffriranno per il distacco. Sembra una favola e lo è: con garbo e semplicità. Quasi un capolavoro. ■ DRAMMATICO; COL.; 100′; VIETNAM, 1993. ■ CANNES 1 PR; OSCAR 1 NOM.

PROFUMO DELLA SIGNORA IN NERO, IL ★★
Regia di FRANCESCO BARILLI. Con MAURIZIO BONUGLIA, MIMSY FARMER, MARIO SCACCIA. ■ I seguaci di una setta che pratica antichi rituali africani convincono la fragile Silvia ad espiare il delitto commesso da bambina. Silvia, che ha davvero spinto la madre alla morte, impazzisce e si uccide. Il suo corpo serve ai seguaci della setta per una cerimonia di cannibalismo. ■ DRAMMATICO; COL.; 101′; ITALIA, 1973.

PROFUMO DEL MOSTO SELVATICO, IL ★★★
(A Walk in the Clouds)
Regia di ALFONSO ARAU. Con GIANCARLO GIANNINI, ANTHONY QUINN, KEANU REEVES, AITANA SANCHEZ-GIJON. ■ Un soldato torna dalla seconda guerra mondiale. La moglie lo delude (si separano subito) e lui, in cerca di se stesso, incontra una ragazza incinta che non ha il coraggio di affrontare la famiglia. Lui accetta di fingersi il marito. L'inganno dura poco. Viene a galla la verità, ma nel frattempo i due si amano. Nonostante il grande peso mélo è una bella storia (ispirata al collaudatissimo *Quattro passi fra le nuvole* di Blasetti). Davvero buone le scene della fattoria, delle viti rigogliose e delle feste contadine. ■ SENTIMENTALE; COL.; 102′; USA, 1995. ■ GOLDEN GLOBES 1 PR, 1 NOM.

PROFUMO DI DONNA ★★★
Regia di DINO RISI. Con AGOSTINA BELLI, VITTORIO GASSMAN, ALESSANDRO MOMO, MOIRA ORFEI, FRANCO RICCI. ■ Durante un'esercitazione militare, due ufficiali rimangono vittime di un incidente e perdono la vista. Per due uomini di azione come loro la menomazione è insopportabile: decidono di suicidarsi insieme. Nel viaggio da Torino a Napoli, la città in cui deve raggiungere il commilitone per mettere in atto questo proposito, il capitano Fausto è accompagnato da un simpatico soldatino, che apprende dal più anziano molte cose sulla vita Fallito il tentativo di suicidio, i due si accorgono che la vita vale lo stesso la pena di essere vissuta: Fausto accetterà finalmente l'amore che la bella e tenace Sara gli offre da anni. ■ COMMEDIA; COL.; 100′; ITALIA, 1974. ■ CANNES 1 PR; DAVID DI DONATELLO 2 PR, 2 NOM; OSCAR 2 NOM.

PROFUMO DI DONNA *(Scent of a Woman)* ★★★8
Regia di MARTIN BREST. Con GABRIELLE ANWAR, CHRIS O'DONNELL, AL PACINO, JAMES REBHORN. ■ Dopo i *remake* dei film francesi ora gli americani hanno deciso di metter mano anche alle sceneggiature italiane. Questo film è infatti tratto, come l'omonimo film di Dino Risi, da *Il buio e il miele* di Giovanni Arpino. Solo che l'ambiente è New York. Frank Slade, tenente colonnello, si fa scortare da un giovane studente nei guai col proprio preside. Un po' burbero e un po' insofferente l'uomo è deciso a finire in bellezza la propria vita. Così ha scelto Manhattan per ubriacarsi di follie prima del suicidio. E se nel film di Risi è l'amore che gli fa cambiare idea, qui è il senso di protezione per il ragazzo, che difende davanti al preside del college. Grande interpretazione di Pacino, anche se piuttosto marcata, premiato con l'Oscar. Doppiato da Giancarlo Giannini. Martin Brest, già regista di *Un piedipiatti a Beverly Hills*, è invece piuttosto manierato. ■ COMMEDIA; COL.; 155′; USA, 1992. ■ GOLDEN GLOBES 8 3 PR, 4 NOM; OSCAR 8 1 PR, 4 NOM.

PROFUMO DI MARE *(Better Late than Never)* ★★★
Regia di BRYAN FORBES. Con ART CARNEY, DAVID NIVEN, MAGGIE SMITH. ■ Due ex soldati alleati, un inglese e un americano, vengono nominati amministratori di un patrimonio di miliardi da parte di una ragazza francese, ora morta, con la quale avevano avuto una relazione durante la guerra. Dovranno fare anche da tutori alla nipotina Bridget, che si affeziona ad entrambi. Una trasfusione di sangue rivelerà chi è il suo vero padre: ma anche l'altro resterà a vivere con loro. ■ COMMEDIA; COL.; 95′; GRAN BRETAGNA, 1982.

PROFUMO DI MORTE *(The Substitute)* ★★
Regia di MARTIN DONOVAN. Con AMANDA DONOHOE, NATASHA GREGSON WAGNER, DALTON JAMES. ■ Un'insegnante resta sconvolta dal tradimento del marito con una allieva e, dopo la morte dei due amanti in un incendio, la donna lascia la città. Un anno dopo, in una cittadina del Minnesota, viene assunta una supplente di inglese: è brava, bella e soprattutto coi ragazzi, disponibile a dare lezioni di sostegno a casa. I problemi iniziano quando l'insegnante di ruolo vuole tornare al lavoro. ■ THRILLER; COL.; 83′; USA, 1993.

PROFUMO DI UN GIORNO D'ESTATE, IL *(Shadrac)* ★★
Regia di SUSANNA STYRON. Con HARVEY KEITEL, ANDIE MACDOWELL, JOHN SAWYER. ■ Dal romanzo di William Styron, padre della regista. Un nero quasi centenario intende tornare nella casa dove era nato, per morirvi. Intenzione che crea problemi a molta gente. È lo spunto per vari discorsi sui pregiudizi e il razzismo. ■ DRAMMATICO; COL.; 90′; USA, 1998.

PROFUMO DI YVONNE, IL *(Le parfum d'Yvonne)* ★★
Regia di PATRICE LECONTE. Con RICHARD BOHRINGER, HIPPOLYTE GIRARDOT, SANDRA MAJANI, JEAN-PIERRE MARIELLE. ■ Yvonne fa perdere la testa a un ricco fannullone e a un aristocratico gay. Il tutto in un clima sfumato in cui gesti e occhiate costituiscono le azioni. La Majani sostituisce la Bouquet, impegnata in un altro film al momento delle riprese. ■ SENTIMENTALE; COL.; 89′; FRANCIA, 1994.

PROFUMO – STORIA DI UN ASSASSINO ★★★
(Perfume: the Story of a Murderer)
Regia di TOM TYKWER. Con CORINNA HARFOUCH, ANDRÉS HERRERA, DUSTIN HOFFMAN, RACHEL HURD-WOOD, ALAN RICKMAN, BEN WHISHAW. ■ Nel 1733, a Parigi, in condizioni disagiate, nasce Jean-Baptiste Grenouille. Fin da bambino, dotato di un olfatto molto sviluppato, Jean-Baptiste va alla ricerca di tutti gli odori del mondo. Una volta cresciuto, lavora nel negozio del profumiere Baldini, dove apprende tutti i segreti delle spezie e

delle essenze. La sua ossessione, però, rimane quella di riuscire a distillare e conservare il profumo delle donne. Questo incubo lo farà diventare un assassino. Sottoforma di kolossal europeo, Tom Tykwer, seguendo il romanzo di Süskind del 1985, immagina gli odori, i profumi con i frammenti di immagini, seguendo ciò che dice Baldini: «Ogni profumo racchiude tre accordi. L'accordo di testa, di cuore e infine di base». Ogni volta che Jean-Baptiste annusa, odora, le sequenze si frammentano, fin dal momento della sua nascita. Il regista costruisce una visione di un mondo settecentesco, putrido e illibato, nauseante e profumato, senza tuttavia farci mai provare l'esperienza di annusare. I liquidi, i corpi, la pelle sono il modo in cui "Il profumo" si manifesta, e nel corso dei 147 minuti di durata, alcuni tempi morti, anche per gli amanti del romanzo, risultano pesanti e infiniti, ma il finale illumina e l'orgia universale condita dalla colonna sonora sinfonica è una fotografia meravigliosa, sublime di cosa l'amore possa arrivare a rappresentare. L'imperfezione è dell'uomo, la violenza è del mondo. L'amore, invece, appartiene a ognuno di noi, che lo vive a modo proprio, anche quando il male prende il sopravvento. ■ DRAMMATICO; COL; 147'; FRANCIA, GERMANIA, SPAGNA, USA, 2006.

PROFUNDO CARMESÌ ★★
Regia di ARTURO RIPSTEIN. Con DANIEL GIMENEZ CACHO, REGINA OROZCO. ■ È il film-rivelazione diretto da Arturo Ripstein, ambientato nella povera provincia messicana degli anni Cinquanta. Un gigolò di professione, truffatore di vedove, fa coppia con un'infermiera grassa e sensuale che lo aiuta nell'assassinare, dopo averle derubate, le vittime individuate dai due amanti diabolici. ■ DRAMMATICO; COL.; 110'; FRANCIA, MESSICO, SPAGNA, 1996. ■ VENEZIA 3 PR.

PROGETTATO PER UCCIDERE *(Shadowchaser)* ★★
Regia di JOHN EYRES. Con MEG FOSTER, PAUL KOSLO, FRANK ZAGARINO. ■ Futuro prossimo: Stati Uniti. Un androide fugge da un laboratorio di ricerche militari e, a capo di una banda, rapisce la figlia del presidente Usa. I corpi speciali dopo una lunga caccia riescono a cingerli d'assedio in un ospedale. ■ FANTASTICO; COL.; 90'; USA, 1991.

PROGETTO CONDOR *(Condor)* ★★
Regia di VERGIL W. VOGEL, RAY WISE. Con CAROLYN SEYMOUR, CRAIG STEVENS. ■ Un agente segreto deve sventare a ogni costo i piani di una diabolica donna dalle ambizioni illimitate. Nell'impresa trova un inconsueto alleato: un cyborg femmina. ■ AVVENTURA; COL.; 91'; USA, 1986.

PROGETTO MICIDIALE *(The Internecine Project)* ★★
Regia di KEN HUGHES. Con HARRY ANDREWS, JAMES COBURN, LEE GRANT, IAN HENDRY. ■ Robert, una spia americana in missione a Londra, deve liberarsi definitivamente dei suoi più stretti collaboratori. Con diabolica astuzia spinge i quattro ad uccidersi a vicenda, ma proprio quando si sente sicuro del fatto suo viene assassinato da un collega a cui voleva semplicemenete soffiare il posto. ■ SPIONAGGIO; COL.; 89'; GRAN BRETAGNA, 1973.

PROGETTO MINDSTORM *(Mindstorm)* ★
Regia di RICHARD PEPIN. Con CLARENCE WILLIAMS III, ERIC ROBERTS, ANTONIO SABATO JR., EMANUELLE VAUGIER. ■ Tracy Wellman è un'investigatrice privata impegnata nel tentativo di trovare un bambino rapito da uno squallido pedofilo. La situazione è complicata ma, grazie all'aiuto dell'agente FBI Dan Oliver, il caso è risolto. Le fatiche per la Wellman non sono però concluse perché c'è un altro rompicapo da risolvere. La figlia di un noto politico è stata rapita da una setta segreta che compie strani riti magici. Ancora una volta l'inarrivabile Dan le darà una mano a risolvere il caso. *Progetto Mindstorm* è uno di quegli action movie che lasciano il tempo che trovano. ■ AZIONE; COL.; 97'; CANADA, 2001.

PROGETTO MORTALE *(The Patriot)* ★★
Regia di FRANK HARRIS. Con SIMONE GRIFFETH, GREGG HENRY, LESLIE NIELSEN. ■ Un superagente speciale, per colpe non sue, è stato congedato con disonore. Ma il suo vecchio capo lo va a ripescare quando si tratta di compiere un'impresa ritenuta impossibile: recuperare un ordigno a testata nucleare trafugato da agenti stranieri. Il protagonista assolve il compito, dopo un'epica battaglia sott'acqua. ■ AVVENTURA; COL.; 88'; USA, 1986.

PROGETTO 3001: DUPLICAZIONE CORPOREA ★★
(The Clones)
Regia di PAUL HUNT. Con STANLEY ADAMS, SUSAN HUNT, GREGORY SIERRA, OTIS YOUNG. ■ Quasi casualmente lo scienziato Jerry Appleby ha scoperto il modo di duplicare i corpi umani: il primo risultato è Jerry Appleby n. 2. I politici e i militari si mostrano interessati alla cosa perché intendono utilizzarla per scopi bellici e distruttivi. Aiutato dalla fidanzata e dal suo doppio, Jerry combatte contro il gruppo dei guerrafondai riuscendo a sterminarli, anche se questo costa la vita alla ragazza e a Jerry n. 2. ■ FANTASCIENZA; COL.; 95'; USA, 1973.

PROGNOSI RISERVATA *(Critical Condiction)* ★★
Regia di MICHAEL APTED. Con JOE MANTEGNA, RICHARD PRYOR, RACHEL TICOTIN. ■ Un grande imbroglione si è compromesso con la mafia. Per evitare il carcere duro si finge pazzo. Lo mettono nel manicomio criminale. Una notte di tempesta l'ospedale è sconvolto, gli ospiti sono presi dal panico e il protagonista è scambiato per un medico. Naturalmente l'errore non è destinato a riportare l'ordine e la disciplina dentro il manicomio. ■ COMMEDIA; COL.; 107'; USA, 1987.

PROGRAM, THE ★★
Regia di DAVID S. WARD. Con JAMES CAAN, OMAR EPPS, CRAIG SHEFFER, KRISTY SWANSON. ■ Seguiamo le vite di alcuni studenti di un campus americano. Fanno parte della squadra di football e sono decisi a vincere per onorare il proprio istituto. Caan è il loro allenatore. Famosa la sequenza del ragazzo sdraiato in mezzo all'autostrada. Buon ritorno di Caan dopo *Misery*. ■ DRAMMATICO; COL.; 115'; USA, 1993.

PROGRAMMATO PER UCCIDERE ★★
(Marked for Death)
Regia di DWIGHT H. LITTLE. Con KEITH DAVID, JOANNA PACULA, STEVEN SEAGAL, BASIL WALLACE. ■ Dopo il successo di *Nico* ecco il duro Steven Seagal che mostra ancora una volta la sua bravura nelle arti marziali, nelle sparatorie e negli scazzottamenti. I cattivi questa volta sono dei giamaicani, che appartengono a una società segreta dedita alla magia nera e con tanto di santone. Ma contro Seagal non c'è nulla da fare. ■ POLIZIESCO; COL.; 94'; USA, 1991.

PROIBITI AMORI DI TOKYO, I *(Akujo)* ★★
Regia di YASUKE WATANABE. Con MAKO MIDORI, MAYUMI OGAWA, HIZURU TALACHINO, TATSUO UMEMIYA. ■ Una giapponesina va a lavorare come domestica presso un'aristocratica famiglia. Ma gli aristocratici sono in realtà un gruppo di dissoluti, compreso il figlio del padrone che una sera, durante un'orgia, violenta la poverina. Costei rimane incinta e non accetta la proposta del padroncino di abortire. Lui allora tenta di ucciderla: ma sarà lei a far fuori lui. ■ DRAMMATICO; COL.; 92'; GIAPPONE, 1966.

PROIBITO *(Forbidden)* ★★★
Regia di FRANK CAPRA. Con RALPH BELLAMY, ADOLPHE MENJOU, BARBARA STANWYCK. ■ Una ragazza conosce in viaggio un ricco uomo politico e ne diviene l'amante. Rimane presto incinta, ma l'uomo ha moglie e figli e la ragazza per non essergli d'impiccio scompare dalla sua vita, tenendosi però la creatura. Dopo molti anni, un giornalista senza scrupoli viene a conoscere la verità e cerca di ricattare gli ex amanti. La donna lo uccide. Ma anche l'uomo politico muore, lasciando tutti i suoi beni all'antico amore. Ma lei ancora una volta si dimostra un cuor nobile: straccia il testamento e scompare. ■ DRAMMATICO; B/N; 83'; USA, 1932.

PROIBITO ★★★
Regia di MARIO MONICELLI. Con MEL FERRER, LEA MASSARI, AMEDEO NAZZARI, HENRY VILBERT. ■ In Sardegna, un lungo odio divide due famiglie rivali. Un giovane prete cerca di far da paciere, ma è peggio: una ragazza, che doveva esser data in sposa a un giovane del clan rivale per suggellare la pace tanto sospirata, si innamora invece proprio del sacerdote. Finisce in un regolamento di conti al termine del quale uno dei capi muore e l'altro finisce in galera. ■ DRAMMATICO; COL.; 100'; ITALIA, 1955.

PROIBITO AMARE *(Lost in Yonkers)* ★★
Regia di MARTHA COOLIDGE. Con RICHARD DREYFUSS, MERCE-

DES RUEHL, IRENE WORTH. ■ Con la sceneggiatura di Neil Simon, tratto da una commedia teatrale. Siamo nei primi anni Quaranta nei pressi di New York. Due adolescenti vivono con la nonna. Intorno a loro si muovono le figure dello zio e della zia. Il primo, Louie, simpatico e astuto. La seconda, Bella, senza marito e con la testa tra le nuvole. ■ COMMEDIA; COL.; 110'; USA, 1993.

PROIBITO RUBARE ★★
Regia di LUIGI COMENCINI. Con ADOLFO CELI, TINA PICA. ■ Una specie di *Città dei ragazzi* ambientata a Napoli. Protagonista è un giovane prete (Adolfo Celi, ventinovenne e con i capelli neri) che si prende cura dei piccoli "scugnizzi" sbandati, in una città che ancora porta i segni della guerra. Riesce a organizzare una piccola comunità dove i ragazzi vengono puliti, istruiti, rimessi all'onor del mondo. Ma mancano i fondi per portare avanti l'opera. Dopo varie peripezie si trovano, ma il prete non sa che provengono dai furti perpetrati dai garzoncelli: ne viene a conoscenza quando lo denunciano per furto. Alla fine però tutto s'accomoda. ■ DRAMMATICO; B/N; 85'; ITALIA, 1949.

PROIETTILE IN CANNA *(A Bullet is Waiting)* ★★
Regia di JOHN FARROW. Con BRIAN AHERNE, RORY CALHOUN, STEPHEN MCNALLY, JEAN SIMMONS. ■ In una zona desertica cade un elicottero con a bordo uno sceriffo e il suo prigioniero. I due trovano riparo in una capanna, abitata da un ex professore universitario e da sua figlia. La figlia s'innamora del prigioniero e il padre deve fare da arbitro nella contesa fra lui e lo sceriffo. Vince il prigioniero, ma il prof., con l'autorità del futuro suocero, lo persuaderà ugualmente a consegnarsi alla giustizia (si prevede mitissima pena). ■ AVVENTURA; COL.; 82'; USA, 1954.

PROIETTILE PER PRETTY BOY, UN ★★
(A Bullet for Pretty Boy)
Regia di LARRY BUCHANAN. Con FRANÇOISE FABIAN, MICHAEL HAYNES, JOCELYN LANE, ADAM ROARKE. ■ Un altro film biografico sui gangster degli anni ruggenti. Qui è di scena Floyd detto Pretty Boy, ragazzo del profondo Sud (portato sullo schermo anche dieci anni prima con John Ericson). Pretty Boy è uno dei duri della banda di John Dillinger, il nemico pubblico numero uno. Dopo una serie di colpi fortunati, separato dai suoi complici, Floyd è inseguito e ucciso dagli uomini dell'Fbi in un prato, poco distante dal paese in cui è nato. ■ GIALLO; COL.; 91'; USA, 1970.

PROIEZIONISTA, IL *(The Inner Circle)* ★★
Regia di ANDREJ KONCHALOVSKY. Con LOLITA DAVIDOVICH, BOB HOSKINS, TOM HULCE, ALEKSANDR ZBRUYEV, BESS MEYER, MARIYA BARANOVA. ■ Pur avendo una regia e un cast internazionali la produzione è italiana. Ambientato in Russia descrive, attraverso i ricordi di un proiezionista di nome Ivan, la situazione politica e sociale sotto la dittatura di Stalin. Al film non mancano cali di ritmo e qualche episodio scontato, tuttavia si fa apprezzare per l'interpretazione e per qualche buon momento nella conduzione della regia. ■ DRAMMATICO; COL.; 134'; ITALIA, 1992.

PROJECT A ★
Regia di JACKIE CHAN. Con YUEN BIAO, JACKIE CHAN, SAMO HUNG, DICK WEI, PO TAI. ■ Lor Sam Pau è il peggior delinquente della costa cinese. A nulla sono valsi i tentativi di intrappolarlo, anche perché l'uomo gode di appoggi potenti nel mondo della malavita organizzata. Tuttavia, il capo della polizia vuole mettere fine alle sue imprese criminose. ■ DRAMMATICO; COL.; 110'; HONG KONG, 1982.

PROJECT NIM ★★★
Regia di JAMES MARSH. Con JOYCE BUTLER, STEPHANIE LAFARGE, LAURA-ANN PETITTO, HERBERT TERRACE. ■ Primi anni Settanta. Herbert Terrace, scienziato comportamentista della Columbia University, cerca di insegnare il linguaggio dei segni agli scimpanzé. Comportamento in netto contrasto con la teoria di Noam Chomsky, che sostiene che solo gli uomini possono utilizzare un codice linguistico. Ecco che inizia il "Project Nim", dal nome dato al piccolo scimpanzé che, sottratto in cattività alla madre, viene assegnato a una famiglia impreparata ad accoglierlo. Nim viene quindi trasferito in una casa di campagna fuori New York dove l'esperimento non ottiene comunque i risultati sperati. ■ DOCUMENTARIO; COL.; 93'; GRAN BRETAGNA, 2011.

PROJECT X – UNA FESTA CHE SPACCA *(Project X)* ★
Regia di NIMA NOURIZADEH. Con KIRBY BLISS, OLIVER COOPER, JONATHAN DANIEL BROWN, DAX FLAME, THOMAS MANN ■ I. Thomas, Costa e JB vogliono organizzare una festa a casa del primo per il suo diciassettesimo compleanno, visto che i suoi genitori sono fuori città. L'idea è di dar vita ad un evento memorabile che innalzi la scarsissima popolarità dei tre. Solo che niente andrà secondo le intenzioni. ■ COMMEDIA; COL.; 88'; USA, 2012.

PROM. BALLO DI FINE ANNO ★★
Regia di JOE NUSSBAUM. Con NICHOLAS BRAUN, DANIELLE CAMPBELL, CHRISTINE ELISE, TREVOR PETERSON, AIMEE TEEGARDEN. ■ Nova Prescott è l'allieva del liceo cui sta a cuore la buona riuscita del ballo di fine anno. Non solo è una delle migliori studentesse, ma è anche la responsabile delle decorazioni della serata. Un incendio distrugge tutta la scenografia. Per aiutarla a porvi rimedio il preside le impone la presenza di Jesse Richter, lo studente più ribelle e meno interessato al rito del ballo. ■ COMMEDIA; COL.; 103'; USA, 2011.

PROMESSA, LA *(The pledge)* ★★★
Regia di SEAN PENN. Con BENICIO DEL TORO, AARON ECKHART, HELEN MIRREN, JACK NICHOLSON, VANESSA REDGRAVE, MICKEY ROURKE, SAM SHEPARD, ROBIN WRIGHT PENN. ■ Sean Penn, al suo terzo lungometraggio, dimostra la stoffa dell'abile confezionatore di film di buon livello capaci (ed è già molto) di tenere desta l'attenzione dello spettatore. Il film si ispira al romanzo omonimo dello scrittore svizzero Friedrich Dürrenmatt, anche se ben poco resta dello spirito tipicamente centroeuropeo di un autore che affermava la prevalenza del "gioco" sul "messaggio". L'ispettore di polizia Jerry Black è giunto al giorno della pensione. Arriva però la notizia del ritrovamento del cadavere straziato di una bambina e Black si offre per l'avvio delle indagini. Queste hanno breve durata perché il presunto colpevole viene catturato e sembra "firmare" la propria confessione sottraendo una pistola a un poliziotto e sparandosi in bocca. Il caso è chiuso, ma Black non è convinto: ha promesso solennemente alla madre di prendere l'assassino. Riesce così a scoprire un'area in cui il killer di bambine (tutte con le stesse caratteristiche) ha agito negli ultimi anni. Vi si installa rilevando un piccolo negozio di articoli vari e ottenendo la fiducia della barista locale che ha una figlia che per età e caratteristiche fisiche assomiglia alle uccise. Jerry è fermamente deciso a tutelare la piccola ma anche a prendere il killer. Penn gira con grande tatto, anche se manca quel salto di qualità che sta per arrivare ed è proprio dei grandi registi. ■ POLIZIESCO; COL.; 123'; USA, 2001.

PROMESSA ALL'ALBA *(Promise at Dawn)* ★★
Regia di JULES DASSIN. Con ASSAF DAYAN, FERNAND GRAVEY, ELSPETH MARCH, MELINA MERCOURI, DIDIER HAUDEPIN, FRANÇOIS RAFFOUL. ■ Dal romanzo autobiografico di Romain Gary. Gary, venticinquenne, racconta la storia della propria infanzia, o meglio quella della sua terribile madre. La madre sogna per lui un grande avvenire e per prepararglielo lavora, s'arrabatta, imbroglia. Dalla Russia fino alla Francia, a Nizza. Scoppia intanto la guerra e Romain diventa un eroe. Ma la madre non può saperlo: muore prima che il conflitto sia terminato. ■ DRAMMATICO; COL.; 101'; USA, 1971.

PROMESSA D'AMORE
Regia di UGO FABRIZIO GIORDANI. Con LUCA ANGELETTI, ETTORE BASSI, CHIARA CONTI, ANTONIA LISKOVA, TONY MUSANTE, CATHERINE SPAAK. ■ La storia di tre giovani orfani, Fabio, Carlo e Carola, che vivono in un istituto legati come fratelli e rifiutano di essere adottati. Si dividono quando diventeranno grandi, ma dopo otto anni si rincontreranno. Fabio sta per sposarsi, e il matrimonio sarà celebrato da Carlo, divenuto nel frattempo sacerdote. Anche Carola vuole essere presente al matrimonio, ma avrà un drammatico incidente. Inizia così a prendere vita di nuovo la loro unione. ■ DRAMMATICO; COL.; ITALIA, 2004.

PROMESSA DELL'ASSASSINO, LA ★★★
(Eastern Promises)
Regia di DAVID CRONENBERG. Con VINCENT CASSEL, SINÉAD CUSACK, VIGGO MORTENSEN, ARMIN MUELLER-STAHL, JERZY SKOLIMOWSKI, NAOMI WATTS. ■ Una ragazza russa muore dan-

do alla luce un figlio. L'ostetrica, Anna, ne traduce il diario alla ricerca dei parenti cui dare in affido il bambino. Scoprirà inquietanti rapporti con la mafia russa, giri di prostituzione e criminalità che rapidamente la stringono in una pericolosa rete... Cupo e inquietante, ambientato in una Londra umida e invernale, *La promessa dell'assassino* è forse uno dei lavori stilisticamente più compatti ed efficaci di Cronenberg. La fotografia che vira sul rosso e il nero, l'atmosfera sospesa in cui si muovono i protagonisti, costruiscono un mondo disturbante e precario. Il tutto consente la messa in scena dell'ossessione per il corpo come superficie d'iscrizione della propria memoria, luogo delle impronte del passato. I tatuaggi raccontano i trascorsi dei protagonisti nelle prigioni siberiane e gli incontri di lavoro si fanno nelle saune, per mostrare i disegni sulla pelle. Il film regala, tra le altre cose, una scena cult: Viggo Mortensen, nudo, lotta contro due energumeni in una sauna russa. Il sangue scuro e i colpi sordi delle lame sui muri la rendono una delle sequenze d'azione meglio riuscite degli ultimi anni. ■ THRILLER; COL.; 100'; CANADA, GRAN BRETAGNA, 2007.

PROMESSA DI SATANA, LA *(Evilspeak)* ★★
Regia di ERIC WESTON. Con R. G. ARMSTRONG, JOSEPH CORTESE, CLINT HOWARD, CLAUDE EARL JONES. ■ Il cadetto di un'accademia militare, perseguitato dai compagni, decide di vendicarsi a ogni costo. E il mezzo glielo dà la lettura di alcuni libri di magia nera. Satana, invocato dal ragazzo, lo accontenta, facendo una strage nel campo sportivo dove sono radunati gli "anziani" che tormentavano il ragazzo. ■ HORROR; COL.; 92'; USA, 1982.

PROMESSA È UNA PROMESSA, UNA ★★
(Jingle all the Way)
Regia di BRIAN LEVANT. Con JAMES BELUSHI, ARNOLD SCHWARZENEGGER, SIMBAD, PHIL HARTMAN, RITA WILSON. ■ Arnold nella parte di un papà troppo occupato che dimentica di fare il regalo di Natale al figlio. Dovrà impegnarsi duramente per rimediare. ■ COMMEDIA; COL.; 89'; USA, 1996.

PROMESSE, LA ★★
Regia di JEAN-PIERRE DARDENNE, LUC DARDENNE. Con OLIVIER GOURMET, ASSITA OUÉDRAOGO, JÉRÉMIE RENIER. ■ Nel Belgio dei nostri giorni, Igor, un giovane che lavora con il padre in una piccola ditta di costruzioni, assiste a un incidente mortale capitato a un immigrato extracomunitario in un cantiere. Il padre di Igor, sfruttatore di mano d'opera clandestina, tenta di mettere a tacere l'accaduto, suscitando però nel figlio un sentimento di ribellione per la disumanità con la quale vengono trattati i lavoratori clandestini. ■ DRAMMATICO; COL.; 93'; BELGIO, 1996.

PROMESSE DI MARINAIO ★★
Regia di TURI VASILE. Con ALBERTO BONUCCI, ANTONIO CIFARIELLO, RENATO SALVATORI, INGEBOR SCHÖNER. ■ Un gruppo di marinai è solito trascorrere le ore di libera uscita arrembando le ragazze dei porti di sbarco. Questa volta, però, i giovanotti si limiteranno a fare i paraninfi. Dedicheranno le loro energie a mandare a buon fine l'idillio fra un loro ufficiale e la direttrice di un negozio di dischi. ■ COMMEDIA; COL.; 94'; ITALIA, 1958.

PROMESSE E COMPROMESSI *(Miami Rhapsody)* ★★
Regia di DAVID FRANKEL. Con ANTONIO BANDERAS, GIL BELLOWS, MIA FARROW, PAUL MAZURSKY, SARAH JESSICA PARKER. ■ Gwyn è una bionda pubblicitaria in procinto di sposarsi che espone le sue perplessità sul passo che sta per compiere anche perché demotivata dai pessimi esempi di coppie che la circondano. ■ COMMEDIA; COL.; 95'; USA, 1995.

PROMESSI SPOSI, I ★★★
Regia di MARIO CAMERINI. Con GINO CERVI, ARMANDO FALCONI, ENRICO GLORI, LUIS HURTADO, DINA SASSOLI. ■ Dignitosa illustrazione del romanzo di Manzoni. Gli avvenimenti, i personaggi ci sono tutti: Renzo e Lucia, don Abbondio e don Rodrigo, fra Cristoforo e l'Innominato. ■ DRAMMATICO; B/N; 115'; ITALIA, 1941.

PROMESSI SPOSI, I ★★
Regia di MARIO MAFFEI. Con CARLO CAMPANINI, IVO GARRANI, ILARIA OCCHINI, MARIA SILVA, GIL VIDAL. ■ Rifacimento, molto scialbo, del precedente. Il regista non riesce che a elencare pedestremente i noti avvenimenti. ■ DRAMMATICO; COL.; 100'; ITALIA, SPAGNA, 1963.

PROMETHEUS ★★★
Regia di RIDLEY SCOTT. Con IDRIS ELBA, MICHAEL FASSBENDER, LOGAN MARSHALL-GREEN, GUY PEARCE, NOOMI RAPACE. ■ Anno 2089. Due scienziati terminano delle ricerche scoprendo che alcuni artefatti di migliaia di anni, ritrovati in diversi punti della Terra, riportano tutti l'immagine di creature giganti a indicare un pianeta. Ricostruito il pianeta e trovati i fondi da un miliardario morente, i due si imbarcano con un equipaggio misto di scienziati e piloti verso quel pianeta per scoprire quel che ritengono essere l'origine della vita sulla Terra. Troveranno i resti di una civiltà aliena e anche ciò che l'ha quasi estinta. Ci sono due anime in *Prometheus*, la prima è quella visiva (in gran forma) di Ridley Scott, la seconda è quella narrativa di Damon Lindelof, uno degli autori principali di *Lost*, abile creatore di misteri. Il risultato è un film a misura di serie, nato per avere uno o più sequel, ma non sempre abile nelle rivelazioni e nelle emozioni. *Prometheus* è anche un film molto semplice, costruito sulla medesima struttura narrativa di *Alien*. ■ FANTASCIENZA; COL.; 124'; USA, GRAN BRETAGNA, 2012.

PROMETTILO *(Zavet)* ★★★
Regia di EMIR KUSTURICA. Con ALEKSANDAR BERCEK, LJILJANA BLAGOJEVIC, MIKI MANOJLOVIC, UROS MILOVANOVIC, MARIJA PETRONIJEVIC. ■ Il giovane Tsane vive con il nonno e la loro mucca, Cvetka, in un villaggio semiabbandonato sulle colline. Fatta eccezione per la maestra (che ha come solo allievo Tsane) sono gli unici abitanti. Un giorno però la scuola viene chiusa e, per di più, il nonno sente approssimarsi la morte. Chiede allora al nipote di raggiungere la vicina città in cui si tiene il mercato. Dovrà vendere la mucca e poi mantenere tre promesse: comprare l'icona di un santo, acquistare qualcosa che gli piaccia e trovare una ragazza che accetti di diventare sua moglie. Grazie alla collaborazione dei figli di un amico del nonno Tsane riesce a mantenere le prime due promesse. Per la terza le cose si fanno un po' più complicate. ■ COMMEDIA; COL.; 130'; SERBIA, FRANCIA, 2007.

PROMISE, A ★★
Regia di PATRICE LECONTE. Con CHRISTELLE CORNIL, REBECCA HALL, RICHARD MADDEN, ALAN RICKMAN, MAGGIE STEED. ■ Germania 1912. Friedrich, un laureato di umili origini, viene assunto in un'acciaieria. Colpito dalla sua dedizione al lavoro, il vecchio proprietario lo vuole come segretario privato. Sempre più malato e sempre più spesso impedito ad uscire, il vecchio si fa raggiungere in casa dal segretario. Il quale incontra così la sua giovane moglie, bella e riservata. Col passare del tempo il giovane si innamora, ma non svela i suoi sentimenti. Quando il vecchio proprietario lo spedisce per due anni in Messico a curare degli affari la donna fa una promessa a Friedrich: quando lui tornerà sarà sua. Separati da un oceano, si scambiano lettere appassionate. Ma proprio alla vigilia del ritorno, scoppia la guerra. Tutti i collegamenti marittimi vengono sospesi e passeranno ben otto anni prima che Friedrich possa tornare. ■ SENTIMENTALE; COL.; 110'; USA, 2013.

PROMISE, THE *(Wuji)* ★
Regia di CHEN KAIGE. Con CECILIA CHEUNG, JANG DONG-GUN, HIROYUKI SANADA. ■ Tanto tempo fa. In un Paese lontano lontano... Può cominciare così la recensione dell'ultima "fatica" di quello che un tempo era considerato un maestro del cinema cinese e che ora realizza film di plastica. Perché questa storia di una bambina che per un sortilegio diventerà ricchissima ma non potrà mai conservare l'amore di un uomo si inserisce nel filone *Tigre e il dragone*, ma si riduce ad essere un film per preadolescenti in attesa che si trasformi in videogame (di cui ha le caratteristiche strutturali e visive): per di più con effetti speciali che vorrebbero essere travolgenti e che spesso denunciano tutta la loro artificiosità. ■ AZIONE; COL.; 128'; CINA, COREA DEL SUD, GIAPPONE, HONG KONG, 2005.

PROMISED LAND ★★
Regia di MICHAEL BELTRAMI. Con RUTH GERSON, LALAINE, CHAD SMITH. ■ Ethan Wildwood si crede James Dean e va in giro con una cadillac scassata con su scritto «Mettetemi nel film cui appartengo». In realtà è un attorucolo da strapazzo, anche se da bambino era divenuto celebre interpretando un piccolo cowboy.

Ethan oggi si rifugia in una quotidianità fatta di stenti e di fallimenti e nel ricordo di una fama che vorrebbe ancora. Beltrami è qui alla sua vera opera prima: un'opera che parla della ricerca di sé, della nostalgia per l'infanzia (il mondo dei desideri, dei sogni, delle utopie e della spensieratezza) ma, soprattutto, del bisogno d'Amore. La narrazione sembra essere divisa in due parti: la prima, più documentaristica, in cui il regista scava nella provincia americana e la seconda, di finzione (fin troppo), in cui i personaggi tentano di svelare i propri sentimenti e le proprie fragilità. ■ COMMEDIA; COL.; 99'; ITALIA, SVIZZERA, 2004.

PROMISED LAND ★★★
Regia di GUS VAN SANT. Con MATT DAMON, ROSEMARIE DEWITT, JOHN KRASINSKI, FRANCES MCDORMAND, SCOOT MCNAIRY. ■ Steve Butler è un agente in carriera che una grossa compagnia, la Global, invia insieme a una collega a McKinley, una cittadina rurale. Devono convincere gli abitanti a cedere i loro terreni per delle trivellazioni allo scopo di ricavarne gas naturale. Si prevede che, stretti dalla crisi, molti cederanno. Ma il compito si presenta invece meno semplice di quanto prospettato, anche perché entra in gioco Dustin Noble, un attivista ambientale apparentemente intenzionato a impedire il progetto della Global. Sceneggiato da Matt Damon insieme a John Krasinski, *Promised Land* avrebbe dovuto essere il film d'esordio di Damon dietro la macchina da presa. Non è stato così a causa di impegni dell'attore e la direzione è passata a Gus Van Sant. ■ DRAMMATICO; COL.; 106'; USA, 2013.

PROMISE ME THIS ★★
Regia di EMIR KUSTURICA. Con JAVIER BARDEM, ALEKSANDAR BERCEK, JULIETTE BINOCHE, LJILJANA BLAGOJEVIC, MIKI MANOJLOVIC. ■ Serbia. Il giovane Tsane vive con il nonno e la loro mucca, Cvetka, in un villaggio semiabbandonato sulle colline. Fatta eccezione per la maestra (che ha come solo allievo Tsane) sono gli unici abitanti. Un giorno però la scuola viene chiusa e, per di più, il nonno sente approssimarsi la morte. Chiede allora al nipote di raggiungere la vicina città in cui si tiene il mercato. Dovrà vendere la mucca e poi mantenere tre promesse: comprare un'icona di un santo, acquistare qualcosa che gli piaccia e trovare una ragazza che accetti di diventare sua moglie. Grazie alla collaborazione dei figli di un amico del nonno, Tsane riesce a mantenere le prime due promesse. Per la terza le cose si fanno un po' più complicate. Dopo un inizio da *Ispettore Gadget* di campagna, Kusturica si lancia in un fuoco di artificio di gag a volte ripetitive in cui non mancano lampi di bellezza e di genialità visiva (uno per tutti: il bagno di Tsane nella vasca colma di mele) ma che finiscono con il trasformare il suo film in una sorta di brillante quanto sterile *Hellzapoppin* serbo. Di cui, francamente, non si sentiva il bisogno. ■ DRAMMATICO, COL.; 130'; GRAN BRETAGNA, 2007.

PROMISES, PROMISES – PROMESSE, PROMESSE ★★
(Baby, it's You)
Regia di JOHN SAYLES. Con ROSANNA ARQUETTE, LEORA DANA, VINCENT SPANO. ■ Giovane amore contrastato dalle ambizioni di entrambi gli innamorati. Lei è un'impiegata aspirante attrice, lui crede di essere destinato alla gloria di Frank Sinatra, ma non riesce a sfondare (cosa evidente a tutti fin da principio, meno che alla sua ragazza). Una commedia esile, simpaticamente recitata e molto ben ambientata nel New Jersey. ■ COMMEDIA; B/N; 105'; USA, 1983.

PROMISES WRITTEN IN WATER ★
Regia di VINCENT GALLO. Con DELFINE BAFORT, VINCENT GALLO, LISA LOVE, SAGE STALLONE, HOPE TOMASELLI. ■ Una bellissima ragazza in fase terminale e un fotografo che accetta di occuparsi di lei, di preservare il suo corpo dal dolore. Per eseguire personalmente la sua volontà di essere cremata, l'uomo cerca e trova lavoro in un'elegante impresa di pompe funebri. Il terzo one man show di Vincent Gallo, che scrive, dirige, monta, musica e produce, è intriso di un coerente e sfacciato narcisismo, non per forza fastidioso, non abbastanza divertente. ■ DRAMMATICO; COL.; B/N; 75'; USA, 2010.

PROM NIGHT II – IL RITORNO ★
(Hello Mary Lou – Prom Night II)
Regia di BRUCE PITTMAN. Con MICHAEL IRONSIDE, JUSTINE LOUIS, WENDY LYON. ■ Secondo capitolo, giunto con notevole ritardo, della saga della reginetta di ballo della scuola, bruciata dal ragazzo geloso nel 1957. Ritorna la maledizione verso il figlio di quest'ultimo che ora è direttore alla stessa scuola. Nel primo episodio almeno c'era Jamie Lee Curtis. ■ HORROR; COL.; 99'; USA, 1986.

PROMONTORIO DELLA PAURA, IL *(Cape Fear)* ★★★
Regia di JACK LEE THOMPSON. Con MARTIN BALSAM, POLLY BERGEN, ROBERT MITCHUM, GREGORY PECK, TELLY SAVALAS. ■ Un cattivo soggetto vuole vendicarsi di un avvocato la cui testimonianza gli ha fatto passare molti anni in galera. È uno psicopatico e annuncia al suo nemico che, prima di fargli la festa, farà passare un brutto quarto d'ora alla moglie e alla figlioletta. L'avvocato decide di far perdere le sue tracce, portando la famigliola in un posto fuori mano. Ma il suo persecutore lo ritrova. Scontro terribile fra i due, alla fine del quale l'avvocato ha fortunosamente la meglio. ■ GIALLO; B/N; 105'; USA, 1963.

PRONIPOTI, I *(Jetsons: The Movie)* ★★
Regia di JOSEPH BARBERA, WILLE BARBERA. ■ Trasposizione cinematografica della famiglia "futurista" più famosa dei cartoni animati. Molto più famoso negli Stati Uniti dove questo film è uscito al cinema e ha riscosso un buon successo. Da noi arriva in videocassetta. George viene mandato dal suo capo su un satellite, perché esistono dei sabotatori che stanno creando dei problemi alla produzione. George assieme a Jane, Rosie e Astro si trasferisce quindi nel nuovo satellite per scoprire la verità quasi involontariamente. ■ ANIMAZIONE; COL.; 78'; USA, 1990.

PRONTI ALLA RISSA *(Ready to Rumble)* ★★
Regia di BRIAN ROBBINS. Con DAVID ARQUETTE, SCOTT CAAN, ROSE MCGOWAN, CINDY MOLLO, JOE PANTOLIANO, OLIVER PLATT. ■ Due giovani fan assistono costernati all'umiliante sconfitta del loro campione di wrestling, Jimmy King. L'uomo scompare dal ring dopo l'incontro per il titolo mondiale. I due decidono di rintracciarlo e quando lo ritrovano ad Atlanta, ubriaco e inferocito, si impegnano a restituire al loro King la dignità e la gloria di un tempo. Fortemente consigliato agli amanti del wrestling. Il fim è una successione di combattimenti con pause amene e divertenti. ■ COMMEDIA; COL.; 107'; USA, 2000.

PRONTI A MORIRE *(The Quick and the Dead)* ★★
Regia di SAM RAIMI. Con RUSSELL CROWE, LEONARDO DICAPRIO, GENE HACKMAN, LANCE HENRIKSEN, GARY SINISE, SHARON STONE. ■ Raimi costruisce un film ipercitazionista (Sergio Leone è il più saccheggiato) con il pretesto della presenza di Sharon Stone. L'idea del torneo tra pistoleri a eliminazione diretta non sarebbe malvagia se non ci fosse il problema che, dopo un po', il finale diventa prevedibile e l'interesse si perde. Gene Hackman se la cava, come sempre, da par suo. ■ WESTERN; COL.; 105'; USA, 1995.

PRONTI A TUTTO *(Downtown)* ★★★
Regia di RICHARD BENJAMIN. Con ANTHONY EDWARDS, PENELOPE ANN MILLER, JOE PANTOLIANO, FOREST WHITAKER. ■ Un altro film impostato sull'ormai collaudatissimo genere poliziesco con la coppia bianco-nero, anziano-recluta. Alex è un giovane poliziotto di Filadelfia a cui viene ucciso il compagno. Triste e amareggiato, Alex si ritrova inoltre trasferito in un distretto dei bassifondi, dove deve convivere con uno scontroso collega più anziano di lui: guarda caso anche il nuovo collega di colore ha subito in passato la perdita del compagno e piano piano questo porta i due a fare amicizia. Insieme seguono una pista legata al traffico della droga: un commercio di auto rubate che, esportate in Sudamerica, vengono reintrodotte negli Stati Uniti imbottite di droga. ■ POLIZIESCO; COL.; 96'; USA, 1990.

PRONTO AD UCCIDERE – ALLO SBARAGLIO ★★
Regia di FRANCO PROSPERI. Con MARTIN BALSAM, RICCARDO CUCCIOLLA, RAY LOVELOCK, ETTORE MANNI, ELKE SOMMER. ■ Massimo, poliziotto che ha un conto personale in sospeso con alcuni delinquenti, si finge trafficante di droga e riesce a entrare in una grossa organizzazione. Quando la sua trappola sta per scattare una donna gli soffia merce e denaro, lasciandogli solo la soddisfazione di arrestare i colpevoli. ■ POLIZIESCO; COL.; 92'; ITALIA, 1976.

PRONTO... C'È UNA CERTA GIULIANA PER TE ★★
Regia di MASSIMO FRANCIOSA. Con GIANNI DEI, PAOLO FERRARI, MITA MEDICI, FRANÇOISE PRÉVOST. ■ La semplice amicizia fra due liceali si trasforma a poco a poco in amore. Lui è un cocco di mamma, lei un'adolescente molto disinibita: logico che non tutto funzioni alla perfezione. Si separano, ma torneranno insieme per l'esame di maturità. Lui è promosso a pieni voti, lei sonoramente bocciata. Nessuno ha esami da riparare: faranno le vacanze insieme. ■ COMMEDIA; COL.; 97'; ITALIA, 1967.

PRONTO, CHI PARLA? ★★
Regia di CARLO LUDOVICO BRAGAGLIA. Con ANNETTE BACH, GINO BECHI, LAURA GORE. ■ La cameriera di una nobildonna e il cameriere di un cantante si innamorano telefonicamente, facendosi passare per i loro datori di lavoro. Ma costoro se ne accorgono. Decidono però di assecondare l'idillio e intanto hanno modo di frequentarsi. Finisce con le nozze degli innamorati proletari e dei loro padroni. ■ COMMEDIA; B/N; 91'; ITALIA, 1945.

PRONTO... LUCIA ★
Regia di CIRO IPPOLITO. Con ANNIE BELLE, CLELIA RONDINELLA, CARMELO ZAPPULLA. ■ Tonino, fidanzato con Lucia, emigra in Austria per lavorare in miniera. In un incidente perde la memoria e ne approfitta Helga, una ragazza madre austriaca, che lo fa passare per suo marito. Lucia, disperata, accetta di sposare l'antipatico ma ricco don Alfredo. In un altro incidente, Tonino riacquista la memoria, torna a Napoli e si riprende la sua amata Lucia. ■ DRAMMATICO; COL.; 94'; ITALIA, 1982.

PRONTO PER DUE *(Breakfast for Two)* ★★
Regia di ALFRED SANTELL. Con HERBERT MARSHALL, BARBARA STANWYCK, GLENDA FARRELL, ERIC BLORE, DONALD MEEK, ETIENNE GIRARDOT, FRANK M. THOMAS. ■ Una fanciulla ricca si innamora di un uomo rovinato dai vizi e si propone di redimerlo e sposarlo. La parte più difficile del suo compito è la seconda, perché esiste un'agguerrita rivale. Nonostante ciò con un intelligente stratagemma ne diventa la moglie. ■ COMMEDIA; B/N; 65'; USA, 1937.

PROOF – LA PROVA *(Proof)* ★★★
Regia di JOHN MADDEN. Con HOPE DAVIS, JAKE GYLLENHAAL, ANTHONY HOPKINS, GARY HOUSTON, GWYNETH PALTROW, ANNE WITTMAN. ■ Catherine è la figlia 27enne di un matematico geniale, affetto da pazzia. Il padre è appena morto, e ora è tempo per Catherine di camminare con le proprie gambe e liberarsi del peso inevitabile di un genitore così "problematico". Film interessante e affascinante come una formula complessa che potrebbe in qualsiasi momento essere risolta. ■ DRAMMATICO; COL.; 100'; USA, 2005. ■ GOLDEN GLOBES 1 NOM.

PROPOSTA, LA *(The Proposition)* ★★
Regia di LESLI LINKA GLATTER. Con KENNETH BRANAGH, BLYTHE DANNER, WILLIAM HURT, ROBERT LOGGIA, MADELEINE STOWE. ■ William Hurt si presenta nei panni di uno stimato borghese del New England. Siamo negli anni Trenta e sua moglie vorrebbe avere un figlio. La sterilità del coniuge li spinge a cercare un donatore (cosa per l'epoca inaudita). Le cose non andranno per il verso giusto grazie anche all'intervento di un uomo di Chiesa tanto integerrimo quanto tentato dalla bellezza della donna. Tra Branagh, la Stowe e Hurt è una gara a chi crede di meno alla sceneggiatura. Purtroppo si vede. ■ DRAMMATICO; COL.; 110'; USA, 1998.

PROPOSTA INDECENTE *(Indecent Proposal)* ★★
Regia di ADRIAN LYNE. Con WOODY HARRELSON, DEMI MOORE, OLIVER PLATT, ROBERT REDFORD. ■ Una giovane coppia a causa dei problemi economici si reca a Las Vegas per tentare la sorte al gioco. Ma ancora una volta la fortuna non li assiste. Viene loro in soccorso un affascinante miliardario che propone un patto sorprendente: in cambio di una notte d'amore con la giovane sposa corrisponderà ai due un milione di dollari. L'offerta turba il loro *ménage*. Infine, e non senza sofferenze, i due accettano. Le conseguenze saranno devastanti. Il marito non accetterà più di vivere con la donna che lo ha tradito per amor suo e rifiuterà il denaro. Ma il lieto fine è inevitabile. Film di grande successo proprio a causa dell'ipocrisia che dispensa sapientemente al pubblico. Una trama invereconda che solo per la presenza discreta di Redford appare meno insulsa di quanto non sia. Incredibile la supposizione che il laido Woody Harrelson possa competere con il pur attempato divo. Una barzelletta dilatata ad arte per la *pruderie* di un pubblico in vena di finte trasgressioni. ■ DRAMMATICO; COL.; 118'; USA, 1993.

PROPOSTA PER DIRE DI SÌ, UNA *(Leap Year)* ★★
Regia di ANAND TUCKER. Con AMY ADAMS, MATTHEW GOODE, JOHN LITHGOW, NOEL O'DONOVAN, ADAM SCOTT. ■ Al quarto anniversario senza proposta di matrimonio, Anna decide di appellarsi a un'antichissima tradizione irlandese che consente alle donne di pronunciare la fatidica richiesta ai fidanzati che l'hanno tirata per le lunghe, ma solo il 29 di febbraio, vale a dire ogni quattro anni. Trattandosi di un anno bisestile e di 24 ore in tutto a disposizione, la ragazza lascia in fretta Boston per raggiungere Jeremy a Dublino, dov'è in trasferta per lavoro, e mettersi in ginocchio davanti a lui. Ma la missione non sarà semplice. ■ COMMEDIA; COL.; 100'; USA, IRLANDA, 2010.

PROPRIETÀ NON È PIÙ UN FURTO, LA ★★★
Regia di ELIO PETRI. Con FLAVIO BUCCI, DARIA NICOLODI, SALVO RANDONE, MARIO SCACCIA, UGO TOGNAZZI. ■ Protagonista è un giovane impiegato, Total, allergico al denaro e soprattutto a chi ne ha e dimostra di considerarlo la cosa più importante della vita. Chi più odioso allora di un tronfio e ricchissimo commerciante di salumi? Total lo perseguita in tutti i modi, derubandolo, facendogli dispetti di ogni genere. Il commerciante, dopo aver cercato di farlo venire a miti consigli con le buone, decide di eliminarlo strangolandolo. ■ COMMEDIA; COL.; 126'; ITALIA, 1974.

PROPRIETÀ PRIVATA *(Nue Propriété)* ★★
Regia di JOACHIM LAFOSSE. Con KRIS CUPPENS, DIDIER DE NECK, ISABELLE HUPPERT, RAPHAËLLE LUBANSU, PATRICK DESCAMPS, JÉRÉMIE RENIER, YANNICK RENIER, SABINE RICHE, DIRK TUYPENS. ■ Thierry e François sono gemelli eterozigoti e vivono in un vecchio casale di campagna con la madre Pascale, separata e animosa verso l'ex marito. Madre e figli sembrano convivere serenamente fino a quando Pascale, innamoratasi del vicino di casa, decide di mettere in vendita l'immobile e andare a vivere con lui. Thierry, fortemente contrariato, ostacola la relazione della madre e la sua balzana intenzione di vendere. Frustrata e incapace di sostenere le pressioni del figlio, Pascale parte. In sua assenza la situazione familiare esplode, e Thierry e François finiranno col farsi male. ■ DRAMMATICO; COL.; 92'; BELGIO, FRANCIA, LUSSEMBURGO, 2006.

PROPRIETÀ RISERVATA *(Personal Property)* ★★★
Regia di WOODBRIGE STRONG VAN DYKE. Con JEAN HARLOW, REGINALD OWEN, ROBERT TAYLOR. ■ In Inghilterra, una affascinante vedova americana, prossima al tracollo finanziario, viene sorvegliata da un funzionario del fisco. Finiranno per innamorarsi l'uno dell'altra. ■ COMMEDIA; B/N; 84'; USA, 1937.

PROSCIUTTO PROSCIUTTO *(Jamón Jamón)* ★★★
Regia di JUAN JOSÉ BIGAS LUNA. Con PENELOPE CRUZ, ANNA GALIENA, JORDI MOLLÁ, STEFANIA SANDRELLI. ■ Silvia ama ricambiata José Luis. La madre di lei, Carmen, è stata da molto tempo abbandonata dal marito e si trova a campare di prostituzione. I genitori di Luis, Conchita e Manuel, possiedono una fabbrica di biancheria intima. Conchita non vuole che José Luis frequenti Silvia e corrompe il magazziniere Manuel per far cadere in trappola la ragazza. Da qui equivoci a non finire con duello finale a prosciuttate. Leone d'argento a Venezia e grande successo in Italia. ■ COMMEDIA; COL.; 96'; SPAGNA, 1992. ■ VENEZIA 1 PR.

PROSCRITTI, I *(Berg-Ejvind och hans hustru)* ★★
Regia di VICTOR SJÖSTRÖM. Con JOHN EKMAN, EDITH ERASTOFF, ARTUR ROLÉN, VICTOR SJÖSTRÖM, JENNY TSCHERNICHIN-LARSSON. ■ Tratto da un dramma scritto nel 1911 dall'islandese Jóhann Sigurjónsson, narra le vicende del bandito Berg-Ejvind. ■ DRAMMATICO; COL.; 72'; SVEZIA, 1918.

PROSPETTIVE DI UN DELITTO *(Vantage Point)* ★★
Regia di PETE TRAVIS. Con MATTHEW FOX, WILLIAM HURT, EDUARDO NORIEGA, DENNIS QUAID, EDGAR RAMIREZ, SAÏD TAGHMAOUI, SIGOURNEY WEAVER, FOREST WHITAKER, AYELET ZO-

RER. ■ Thomas Barnes è un agente dei servizi segreti in missione in Spagna. In occasione di un importante summit sulla guerra globale al terrorismo, il suo incarico è quello di proteggere il Presidente degli Stati Uniti, che soltanto un anno prima ha schermato da una pallottola. Mentre sta pronunciando il suo intervento, il capo di Stato americano viene colpito e ferito. Tra la folla scoppia il panico e due bombe. A strage avvenuta, saranno i punti di vista delle vittime scampate e dei carnefici spietati a ricostruire l'esatto ordine dei fatti. Niente è quello che sembra. Nessuno è chi dice di essere. Nella prima parte di *Prospettive di un delitto*, la migliore, si ha la sensazione che il film possa rappresentare l'intrigante e infinita variazione di un evento criminale, commissionato da una cellula terroristica ed eseguito otto volte per lo spettatore. Otto punti di vista diventano otto storie differenti, che rilasciano informazioni su tracce ancora aperte mentre ne vengono immesse delle nuove, che aprono nuovi enigmi. ■ THRILLER, COL., 90'; USA, 2008.

PROSSIMA APERTURA CASA DI PIACERE ★★
(Le grand délire)
Regia di DENIS BERRI. Con YVES BEEYTON, STEFANIA CASINI, JEAN SEBERG. ■ Due fratelli ereditano dal padre e si fanno persuadere da un amico anticonformista a investire i quattrini nella trasformazione della casa paterna in un bordello. Si inaugura la "maison" gestita familiarmente (tutte le donne della famiglia acconsentono a prostituirsi). Il commercio rende bene. L'unico improduttivo si rivela proprio l'anticonformista. ■ COMMEDIA; COL.; 90'; FRANCIA, 1975.

PROSSIMA FERMATA: PARADISO ★★
(Defending Your Life)
Regia di ALBERT BROOKS. Con ALBERT BROOKS, LEE GRANT, BUCK HENRY, SHIRLEY MACLAINE, MERYL STREEP, RIP TORN. ■ Il film dell'attore regista Albert Brooks ha un tema già visitato in altre occasioni. Come ad esempio in *Il paradiso può attendere*, che ha anche in comune l'attore Buck Henry, o il più recente *Nei panni di una bionda*. Un muore in un incidente d'auto. Finisce quindi a Judgement City dove si deciderà se rispedirlo sulla Terra a darsi una controllata oppure farlo rimanere ospite. Il protagonista nel frattempo si invaghisce di una donna che ha problemi simili ai suoi. Divertente e ben interpretato. ■ COMMEDIA; COL.; 95'; USA, 1991.

PROSSIMA VITTIMA, LA *(Eye For An Eye)* ★★★
Regia di JOHN SCHLESINGER. Con BEVERLY D'ANGELO, SALLY FIELD, ED HARRIS, JOE MANTEGNA, KIEFER SUTHERLAND. ■ La Field al cellulare ascolta in diretta l'assassinio della figlia. La ragazza è stata uccisa da un maniaco ben presto identificato dalla polizia. Però senza prove non si può far nulla. Così la donna si prepara a far giustizia da sé. E ci riesce. Molta adrenalina, e un Kiefer cattivo davvero efficace. Soddisfacente. ■ GIALLO; COL.; 108'; USA, 1996.

PROSSIMA VOLTA IL FUOCO, LA ★★
Regia di FABIO CARPI. Con MARIE-CHRISTINE BARRAULT, PATRIZIA DE CLARA, LILA KEDROVA, JACQUELINE LUSTIG, JEAN ROCHEFORT. ■ Amedeo, docente alla Sorbona, vive nella sua villa tentando di modificare l'ordine che la natura ha imposto ai suoi legami familiari. Inizia così un gioco di scambio di ruoli tra la madre, la moglie e la figlia. Morte e incesto finiranno per distruggerlo con il loro carico di ossessione e di colpa. Carpi sprofonda sempre più in un cinema intellettualistico datato e solipsistico. ■ DRAMMATICO; COL.; 78'; FRANCIA, ITALIA, 1993.

PROSSIMO TUO, IL ★★
Regia di ANNE RIITTA CICCONE. Con JEAN-HUGUES ANGLADE, LAURA MALMIVAARA, SULEVI PELTOLA, MASSIMO POGGIO, MAYA SANSA. ■ Tre storie che si intrecciano: il giornalista francese traumatizzato da un attentato in Iraq; la pittrice italiana che insegna arte all'adolescente figlia di immigrati; l'hostess finlandese che deve superare una ferita interiore. Tutti con un trauma o una paura: quella del prossimo, del vicino di casa, delle persone incontrate in metropolitana o del diverso. Poi ci sono gli ostacoli emotivi che spingono a tenere lontani gli altri come un tuffo che non riesce o la ricerca della pornografia su internet. ■ COMMEDIA; COL.; 124'; FINLANDIA, FRANCIA, ITALIA, 2008.

PROSSIMO UOMO, IL *(The Next Man)* ★★
Regia di RICHARD C. SARAFIAN Con ADOLFO CELI, SEAN CONNERY, CORNELIA SHARPE. ■ Abdul, ministro degli Esteri dell'Arabia Saudita, dà scandalo all'Onu dichiarando che per tutti i paesi arabi sarebbe auspicabile un accordo con Israele, paese tecnologicamente sviluppato. La dichiarazione, però, gli costa la vita. ■ FANTASTICO; COL.; 108'; USA, 1976.

PROSTITUTA AL SERVIZIO DEL PUBBLICO E IN REGOLA CON LE LEGGI DELLO STATO, UNA ★★
Regia di ITALO ZINGARELLI. Con PAOLO BONACELLI, JEAN-MARC BORY, GIANCARLO GIANNINI, GIOVANNA RALLI. ■ Oslavia è una prostituta di buon cuore che batte per sopravvivere e sogna ogni tanto una vita migliore per sé e i suoi figli. Si mette con un giovane pugile ma questi finisce in galera per averla difesa durante una rissa con alcuni magnaccia. Incontra un francese che sembra una persona a modo che potrebbe darle un'esistenza decente, ma l'uomo si rivela peggiore degli altri. Oslavia dovrà rassegnarsi al suo marciapiede. ■ DRAMMATICO; COL.; 94'; ITALIA, 1970.

PROSTITUTA PER IL GOVERNATORE, UNA ★★
(She Knows Too Much)
Regia di PAUL LYNCH. Con MEREDITH BAXTER-BIRNEY, ERIK ESTRADA, ROBERT URICH. ■ Il congresso americano è in subbuglio: sembra infatti che uno dei senatori sia coinvolto in una serie di azioni illegali. È necessario scoprire la verità prima che il paese perda la fiducia nei suoi governanti, perciò il caso viene affidato all'esperienza di un giovane agente e all'abilità di Samantha, un'affascinante ladra che sa come muoversi e chi contattare in certi ambienti. ■ POLIZIESCO; COL.; 90'; USA, 1988.

PROSTITUTION ★
Regia di JEAN-FRANÇOIS DAVY. Con MICHELINE, BRIGITTE, EMMA, EVA, AICHÉ NANA, NICOLE, ULLA. ■ Inchiesta sul mondo della prostituzione. ■ DOCUMENTARIO; B/N; 91'; FRANCIA, 1976.

PROSTITUZIONE *(Streetwalkin')* ★★
Regia di JOAN FREEMAN. Con ANTONIO FARGAS, DALE MIDKIFF, JULIE NEWMAR. ■ Protagonista è un'adolescente che il patrigno mascalzone costringe a battere il marciapiede. Un giorno la ragazza s'innamora di un bel giovanotto, ma col solo risultato di cambiare sfruttatore. Ora è il giovane che la batte e la deruba. La ragazza decide di fuggire da quella vita. ■ DRAMMATICO; COL.; 90'; USA, 1984.

PROTAGONISTI, I ★★
Regia di MARCELLO FONDATO. Con GABRIELE FERZETTI, SYLVA KOSCINA, JEAN SOREL, PAMELA TIFFIN. ■ In Sardegna un gruppo di turisti (tre uomini e due donne) a caccia di sensazioni combina un incontro con un famoso bandito locale. La scampagnata finisce in dramma. La polizia, che ha seguito i turisti per proteggerli, ingaggia battaglia con i banditi. I turisti prima appoggiano vigliaccamente i fuorilegge, poi li denunciano. Alla radio, il gruppetto di mascalzoni viene definito eroico. ■ DRAMMATICO; COL.; 92'; ITALIA, 1968.

PROTAGONISTI, I *(The Player)* ★★★★
Regia di ROBERT ALTMAN. Con WHOOPI GOLDBERG, TIM ROBBINS, GRETA SCACCHI, DEAN STOCKWELL, FRED WARD. ■ Griffin Mill è un produttore. È ai vertici di una compagnia cinematografica e la sua volontà è legge. Ha la Range Rover col fax, casa strepitosa, abiti Armani e decide quali copioni diventeranno film. Gli sceneggiatori gli raccontano cinquantamila soggetti all'anno e lui realizza dodici film. Un giorno riceve una lettera anonima, viene minacciato di morte. E continua a riceverne. Risale, attraverso il computer, al nome di uno sceneggiatore che mesi prima aveva avuto delle promesse non mantenute. Lo cerca e lo trova a Pasadena che sta guardando *Ladri di biciclette*. I due si parlano ma l'altro, scontrosissimo, non sta al gioco. C'è una lite e lo sceneggiatore finisce ucciso, involontariamente. Griffin conosce la compagna del morto e ne diventa l'amante. Viene anche inquisito ma la testimonianza chiave si rivela infondata, anzi, quasi comica. Nel frattempo assistiamo a varie istantanee del mondo hollywoodiano. Uno è potentissimo e un'ora dopo non lo è più. Accade allo stesso Griffin. Un regista sembra assolutamente onesto

e per fare il suo film accetta di essere sepolto dai compromessi. Ma qui tutto finisce bene. La moglie del produttore (che è sempre l'ex compagna dell'assassinato) saluta il maritino che arriva dal lavoro, lei è rosea e incinta. La coppia è felicissima. Tim Robbins e Altman sono stati entrambi premiati a Cannes. Il grande regista americano, dopo una serie di film che piacevano soprattutto a lui, "scende" nello spettacolare per manifestare ancora una volta la sua attitudine al suicidio e alla distruzione. E non è difficile distruggere l'ambiente del cinema, altri lo hanno fatto, e con risultati molto suggestivi, prima di lui; ricordiamo il celeberrimo *Viale del tramonto* come archetipo. Il trionfo dei cattivi felici e sorridenti è comunque un passo avanti nel cinismo. Il fatto di divertire e far sorridere mentre tutti i valori vengono capovolti non rende il film "meno cattivo". Ma si tratta comunque di un grande film. E c'è persino un esercizio di virtuosismo nel primo piano sequenza, di ben otto minuti, per chi ama il cinema da quell'ottica. Il budget non consentiva l'operazione di grandi star, ma il prestigio di Altman è altissimo e le grandi star sono apparse gratis. Interpretano se stessi attori come Burt Reynolds, Julia Roberts, Bruce Willis, Malcolm McDowell, Cher, Susan Sarandon, Rod Steiger, Peter Falk, Jeff Goldblum, Nick Nolte, James Coburn e Jack Lemmon. ■ DRAMMATICO; COL.; 124'; USA, 1992. ■ CANNES 🏆 2 PR; GOLDEN GLOBES 🏆 2 PR, 4 NOM; OSCAR 🏆 3 NOM.

PROTAGONISTS, THE ★★
Regia di LUCA GUADAGNINO. Con LAURA BETTI, PAOLO BRIGUGLIA, FABRIZIA SACCHI, TILDA SWINTON, ANDREW TIERNAN. ■ Una troupe italiana all'opera in Inghilterra sta realizzando un servizio sull'assassinio di Mohamed El-Sayed (realmente accaduto). L'attenzione è centrata sulle psicologie dei due giovani killer. Tentativo di fare un cinema italiano diverso, ma il rischio dell'estetismo fine a se stesso è forte. ■ DRAMMATICO; COL.; 90'; ITALIA, 1999.

PROTECTOR *(The Protector)* ★★
Regia di JAMES GLICKENHAUS. Con DANNY AIELLO, VICTOR ARNOLD, JACKIE CHAN. ■ Un poliziotto cino-americano, per vendicare un amico e liberare una bella, si esibisce brillantemente nel completo repertorio dei classici film di kung-fu in versione tecnologica. La vicenda è piuttosto banale, ma il protagonista Jackie Chan è encomiabile nel fare il verso a Bruce Lee. ■ POLIZIESCO; COL.; 91'; HONG KONG, 1986.

PROTEGGERE E SERVIRE *(To Protect and Serve)* ★
Regia di ERIC WESTON. Con JOSEPH CORTESE, LEZLIE DEANE, C. THOMAS HOWELL, RICHARD ROMANUS. ■ Howell è conosciuto come il ragazzo di *The Hitcher*; qui interpreta un poliziotto con gravi problemi di coscienza, perché sa che un teppista è stato picchiato a morte da alcuni agenti. Per di più, poiché un assassino sembra avere di mira proprio i poliziotti implicati nell'omicidio, sempre sul giovane cadono i sospetti di una attraente collega. ■ POLIZIESCO; COL.; 90'; USA, 1990.

PROTEST! *(Znameni raka)* ★★
Regia di JURAJ HERZ. Con ZORA BOZINAVA, CHARLA CHADIMOVA. ■ In un ospedale viene trovato ucciso un medico. Chi è stato? Forse la collega ex amante per vendicarsi di essere stata abbandonata per una giovane infermiera? Neppure per sogno: sarà proprio la dottoressa a scoprire la colpevole. ■ DRAMMATICO; COL.; 92'; CECOSLOVACCHIA, 1967.

PROTESTA DEL SILENZIO, LA ★★
(Amazing Grace and Chuck)
Regia di MIKE NEWELL. Con JAMIE LEE CURTIS, GREGORY PECK, WILLIAM L. PETERSEN. ■ Un ragazzino, per protesta contro la corsa al riarmo nucleare, prima inizia lo sciopero del baseball (si rifiuta di continuare a giocare), poi quello della fame. Presto molti altri imitano il suo esempio (compreso un divo del baseball che ci lascia la pelle). Messo alle strette da quel movimento di mutismo pacifista che s'allarga a macchia d'olio in tutto il paese, il presidente degli Usa sollecita al suo collega russo un trattato per lo smantellamento delle armi atomiche. ■ DRAMMATICO; COL.; 117'; USA, 1987.

PROTETTORE, IL *(Le protecteur)* ★★
Regia di ROGER HANIN. Con BRUNO CREMER, GEORGES GÉRET, JEAN SERVAIS. ■ Un architetto vuole riprendersi la figlia minorenne coinvolta in un giro di prostitute, ma non riesce a ritrovarla, causa l'omertà dell'organizzazione dei magnaccia. Il genitore però vuole andare fino in fondo. Uccide alcuni capi, ma perde ugualmente la partita. ■ GIALLO; COL.; 86'; FRANCIA, 1973.

PROTOCOL ★★
Regia di HERBERT ROSS. Con CLIFF DE YOUNG, GOLDIE HAWN, CHRIS SARANDON. ■ Un film minore del regista di *Provaci ancora, Sam* con Goldie Hawn intenta a rifare per l'ennesima volta il suo personaggio di ragazza apparentemente stupida. Una cameriera riesce a evitare che un attentato contro uno sceicco vada a segno e così entra nella sezione protocollo del dipartimento di Stato. Al dipartimento però la vogliono sfruttare, quindi lei prenderà seri provvedimenti. ■ COMMEDIA; COL.; 91'; USA, 1984.

PROVA, LA *(The Quest)* ★★
Regia di JEAN CLAUDE VAN DAMME. Con JACK MCGEE, ROGER MOORE, JEAN CLAUDE VAN DAMME. ■ Un campione di arti marziali organizza un incontro fra i più grandi rappresentanti delle varie lotte, in Tibet. L'unica cosa buona è che Van Damme (anche regista) ogni tanto sorride di se stesso. C'è un Roger Moore ospite stralunato. ■ AVVENTURA; COL.; 95'; ANTILLE OLANDESI, 1996.

PROVA A INCASTRARMI – FIND ME GUILTY ★★★
(Find Me Guilty)
Regia di SIDNEY LUMET. Con MICHALINA ALMINDO, JAMES BIBERI, PAUL BORGHESE, VIN DIESEL, PETER DINKLAGE, LINUS ROACHE, ALEX ROCCO, ANNABELLA SCIORRA, RON SILVER. ■ Il più lungo processo per crimini della storia degli Stati Uniti giunge sullo schermo ad opera di un grande "vecchio" del cinema americano: Sidney Lumet (classe 1924). Dopo anni di indagini la polizia riuscì a incriminare 20 membri della famiglia Lucchese con 76 capi d'imputazione. Il processo durò 21 mesi (1987-88) in un'aula in cui erano presenti 20 imputati con 19 difensori. Perché questa disparità? Perché il mafioso Jackie Dee DiNorscio (già condannato a 30 anni) non solo rifiutò di collaborare con la giustizia ma decise di difendersi da solo. La sua incultura mista a uno spirito caustico e a una assoluta identificazione con la lealtà dovuta alla famiglia trasformò questo dibattimento in un evento. ■ DRAMMATICO; COL.; 125'; USA, 2005.

♥ **PROVA A PRENDERMI** *(Catch Me If You Can)* ★★★★
Regia di STEVEN SPIELBERG. Con JAMES BROLIN, LEONARDO DICAPRIO, TOM HANKS, MARTIN SHEEN, JENNIFER GARNER, CHRISTOPHER WALKEN. ■ Frank W. Abagnale Jr. è il tipico ragazzo americano di buona famiglia degli anni Sessanta. Ma l'improvviso dissesto finanziario del padre e il divorzio dei genitori lo costringono ad andarsene di casa. Ma come sbarcare il lunario? Ad esempio ottenendo una divisa da pilota Pan Am, falsificando assegni della compagnia aerea e comprandosi una macchina marcatrice per alterare i numeri degli stessi. In poco tempo Frank, che cambia identità più velocemente dei propri abiti, diventa una delle priorità dell'Fbi ed in particolare dell'agente Hanratty, esperto in frodi bancarie e come il suo antagonista solo al mondo. Tra i due finirà per crearsi un insolito rapporto filiale. È senz'altro il miglior titolo dell'ultimo Spielberg. I temi sono quelli caratteristici dell'ultima fase – i rapporti con il padre, la ricerca di una propria identità –, ma stavolta il regista decide di divertire e divertirsi, cogliendo il bersaglio. Cast superlativo, regia impeccabile memore tanto della commedia di costume quanto della suspence hitchcockiana, un tono leggero mantenuto per due ore. ■ COMMEDIA; COL.; 140'; USA, 2002. ■ GOLDEN GLOBES 1 NOM; OSCAR 2 NOM.

PROVA A VOLARE ★★
Regia di LORENZO CICCONI MASSI. Con ANTONIO CATANIA, ENNIO FANTASTICHINI, ALESSANDRA MASTRONARDI, RICCARDO SCAMARCIO. ■ Alessandro, ventenne, si viene a trovare in una brutta situazione: è orfano e il peso derivante dal doversi occupare dell'azienda di famiglia è troppo gravoso, perciò decide di fuggire e di trovare lavoro come cameraman presso Tonino, curioso ed eccentrico titolare di un'agenzia fotografica specializzata in matrimoni. Gloria, sedicenne costretta a sposarsi a causa di una gravidanza non voluta, è anch'essa un'anima ribelle e proprio prima

della cerimonia fugge, sfruttando l'involontaria complicità di Alessandro, che si trova così suo malgrado coinvolto in un viaggio verso sud. Girato nel 2003, *Prova a volare* è uscito nelle sale dopo quattro anni, grazie alla presenza taumaturgica e presumibilmente redditizia di "Re Mida" Scamarcio che, a dire il vero, ha prontamente rinnegato il film, ritenendolo forse poco rappresentativo del suo talento. ■ DRAMMATICO; COL.; 93'; ITALIA, 2003.

PROVACI ANCHE TU, LIONEL ★★
Regia di ROBERTO MONTERO BIANCHI. Con ORCHIDEA DE SANTIS, CLAUDIO GORA, UBALDO LAY, ORESTE LIONELLO. ■ Lionel, nei panni di un investigatore a scartamento ridotto, è incaricato da una cliente di scovare un paio di mutandine lasciate in un posto compromettente. Agli slip dà la caccia anche una banda di spie per via di un microfilm nascosto negli stessi. ■ COMICO; COL.; 93'; ITALIA, 1973.

PROVACI ANCORA, MAMMA *(Bunny O'Hare)* ★★
Regia di GERD OSWALD. Con ERNEST BORGNINE, JACK CASSIDY, BETTE DAVIS, JAY ROBINSON. ■ Una vecchia signora si indebita fino al collo per soccorrere i figlioli scapestrati. Buttata fuori di casa, la vecchietta decide di darsi alle rapine, insieme a un venditore ambulante, ex bandito. Dopo una serie di colpi fortunati i due vengono scoperti, ma ce la faranno ugualmente a passare in auto il confine. ■ COMMEDIA; COL.; 91'; USA, 1971.

PROVACI ANCORA, SAM *(Play it Again, Sam)* ★★★
Regia di HERBERT ROSS. Con WOODY ALLEN, DIANE KEATON, JERRY LACY. ■ Un critico cinematografico occhialuto e complessato viene abbandonato dalla moglie. La separazione non lo guarisce dai complessi, anzi. Tanto più che nelle sue fantasie non manca mai di confrontare la propria squallida realtà con le imprese cinematografiche del suo idolo Humphrey Bogart. Ma alla fine lo aspetta la sua notte da leone: va a letto con la bella moglie di un amico e potrebbe persino portargliela via del tutto. Ma come il Bogart di Casablanca avrà la forza d'animo di rinunciare a lei per non rovinare un matrimonio. ■ COMMEDIA; COL.; 87'; USA, 1972.

PROVA D'AMORE, LA ★★
Regia di TIZIANO LONGO. Con ADRIANA ASTI, GABRIELE FERZETTI, ELY GALLEANI, JENNY TAMBURI, BRUNO ZANIN. ■ Delusioni d'amore di Angela, studentessa, che prima scopre che la madre non è così angelica come crede e poi che il fidanzato la tradisce. Si uccide. ■ DRAMMATICO; COL.; 90'; ITALIA, 1974.

PROVA DEL FUOCO, LA *(The Red Badge of Courage)* ★★★
Regia di JOHN HUSTON. Con JOHN DIERKES, BILL MAULDIN, AUDIE MURPHY. ■ Riabilitazione di Henry, soldato vigliacco, che nell'ultima battaglia trova il coraggio di combattere e di morire. ■ GUERRA; B/N; 69'; USA, 1951.

PROVA DI FORZA *(A Show of Force)* ★★
Regia di BRUNO BARRETO. Con LOU DIAMOND PHILLIPS, ROBERT DUVALL, ANDY GARCIA, AMY IRVING. ■ Tratto da un vero scandalo avvenuto a Portorico. Vengono eliminati due attivisti politici in uno scontro con la polizia. L'intera faccenda viene archiviata, ma una giornalista televisiva è intenzionata ad andare fino in fondo anche se viene minacciata. Un buon cast sprecato. ■ POLIZIESCO; COL.; 89'; USA, 1990.

PROVA DI MEMORIA ★★
Regia di MARCELLO ALIPRANDI. Con KARIN GIEGERICH, DONALD HODSON, IVANO MARESCOTTI, FRANCO NERO, LINO PATRUNO. ■ Franco Nero interpreta il ruolo di uno scrittore che torna a Praga dieci anni dopo la morte della sua amata. La donna si era suicidata. Almeno così pareva. ■ DRAMMATICO; COL.; 100'; ITALIA, 1992.

PROVA D'INNOCENZA *(Ordeal by Innocence)* ★★
Regia di DESMOND DAVIS. Con SARAH MILES, CHRISTOPHER PLUMMER, DONALD SUTHERLAND. ■ Dal romanzo *Le due verità* di Agatha Christie. Il professor Sutherland scopre con ritardo di avere in mano le prove dell'innocenza di un giovane nel frattempo impiccato per matricidio. Decide di riabilitarne la memoria, scontrandosi però con la sorprendente opposizione di familiari e polizia: la ricerca della verità costa cara. Onesto giallo deduttivo in puro stile Agatha Christie, sottolineato dalla colonna sonora di Dave Brubeck. ■ GIALLO; COL.; 87'; USA, 1984.

PROVA D'INNOCENZA ★★★
(Somebody Has to Shoot the Picture)
Regia di FRANK PIERSON. Con BONNIE BEDELIA, ARLISS HOWARD, ROY SCHEIDER. ■ Film televisivo costruito molto bene su una trama abbastanza consueta. Siamo di fronte all'assassinio di un poliziotto e Raymond è l'accusato. Processato e condannato alla sedia elettrica, diventa il "protetto" di un fotografo che deve fare un servizio su di lui. Il fotografo, grazie anche alla moglie del poliziotto ucciso, farà luce sull'intero caso. ■ GIALLO; COL.; 100'; USA, 1990.

PROVA D'INNOCENZA, UNA ★★
Regia di TONINO VALERI. Con ANGIOLA BAGGI, ENRICO MONTESANO, LUIGI PISTILLI. ■ Film televisivo con Enrico Montesano nella parte di un prete stimato e rispettato. Accade che, mentre sta guidando, è testimone di un incidente; inoltre un uomo morente si confessa. In carcere, c'è un uomo ingiustamente creduto colpevole di un omicidio. Va quindi a conoscere questo ragazzo innocente. ■ DRAMMATICO; COL.; 185'; ITALIA, 1990.

PROVA D'ORCHESTRA ★★★
Regia di FEDERICO FELLINI. Con BALDUIN BAAS, CLAUDIO CIOCCA, CLARA COLOSIMO, GIOVANNI JAVARONE, ELISABETTA LABI, ANDY MILLER, UMBERTO ZUANELLI. ■ È la cronaca di una giornata di prove di un gruppo di musicanti. Oltre alle grane sindacali, a boicottare la giornata ci si mettono anche le frustrazioni e i sentimenti d'odio e d'amore dei vari orchestrali. Per calmare la rivolta che scoppia improvvisa, ci vuole una grossa palla per demolizione che butta giù il muro della cappella dove l'orchestra è riunita. Da quel momento in poi il direttore riesce a portare a termine la prova, subito dopo si abbandona a un folle discorso pronunciato in tedesco, che nel suono e nella foga ricorda i discorsi di Hitler. ■ COMMEDIA; COL.; 70 ; ITALIA, 1979.

PROVA SCHIACCIANTE *(Shattered)* ★★★
Regia di WOLFGANG PETERSEN. Con TOM BERENGER, BOB HOSKINS, GRETA SCACCHI. ■ Marito e moglie hanno un incidente in macchina. La moglie se la cava con qualche graffio, ma l'uomo è davvero malconcio. Tornato in sé ha perso la memoria. L'aiuta a far luce un detective e scopre per cominciare una tresca amorosa della moglie. Il regista Peterson, conosciuto soprattutto per *La storia infinita*, ha setacciato materiale qua e là per costruire il suo film, prendendo un po' da Hitchcock (*La donna che visse due volte* e *Rebecca – La prima moglie*), un po' da Argento (*Quattro mosche di velluto grigio* e *Profondo rosso*) e qualche atmosfera da De Palma. Non paia azzardato il riferimento al regista italiano perché è conosciutissimo dagli addetti ai lavori statunitensi, e per scrupolo citiamo due scene per tutte, l'incidente al *ralenti* e la confessione dell'omicida. ■ GIALLO; COL.; 100'; USA, 1991.

PROVA SCHIACCIANTE *(The Burden of Proof)* ★★
Regia di JOHN P. FLYNN. Con BRIAN DENNEHY, HECTOR ELIZONDO, STEFANIE POWERS, VICTORIA PRINCIPAL. ■ Si tratta di una mini-serie televisiva uscita in Italia in videocassetta. È tratta da un romanzo di Scott Turow, l'autore di *Presunto innocente*, e risente di alcune banalità di sceneggiatura. Sandy è un avvocato che si interessa di politica. Dopo il suicidio della moglie, indagando, entrerà in un gioco pericoloso. ■ POLIZIESCO; COL.; 195'; USA, 1992.

PROVE APPARENTI *(Night Falls on Manhattan)* ★★
Regia di SIDNEY LUMET. Con RICHARD DREYFUSS, ANDY GARCIA, IAN HOLM. ■ Sean Casey, ex poliziotto nominato Pubblico Ministero a New York nel processo contro un noto trafficante di droga, accusato dell'omicidio di un ufficiale di polizia, vincerà trionfalmente la causa. Ma ben presto scoprirà che la verità non è sempre dalla parte della giustizia. Routine. ■ THRILLER; COL.; 114'; USA, 1997.

PROVE D'ACCUSA ★★
Regia di ERIN DIGNAM. Con WILLIAM HURT, SEAN PENN, ROBIN WRIGHT PENN. ■ Una donna si butta sotto un'automobile dopo un violento litigio con il fidanzato. Un procuratore distrettuale, indagando sull'episodio, scopre che l'uomo in questione ha già causato in passato il tentato suicidio di tutte le sue ex compagne.

Confuso dramma sul plagio sentimentale dal ritmo inesistente. ■ DRAMMATICO; COL.; 100′; USA, 1997.

PROVIDENCE ★★★★
Regia di ALAIN RESNAIS. Con PETER ARNE, DIRK BOGARDE, ELLEN BURSTYN, JOHN GIELGUD, DAVID WARNER. ■ Clive è uno scrittore ormai vecchio e malato, che ha compiuto molti errori nella vita. In una notte resa particolarmente difficile dai rimorsi, egli tenta di ricostruire a modo proprio la sua storia, attribuendo ad altri, i figli, le proprie colpe. Ma il giorno dopo, quando i figli arrivano a festeggiare il suo settantottesimo compleanno, Clive è ben felice di constatare quanto i due giovani siano retti e giusti. Il solo debole è lui. ■ DRAMMATICO; COL.; 107′; FRANCIA, SVIZZERA, 1977.

PROVINCIALE, IL ★★
Regia di LUCIANO SALCE. Con MARIA GRAZIA BUCCELLA, FRANCO FABRIZI, SERGIO LEONARDI, GIANNI MORANDI. ■ Gianni Morandi qui fa il giornalista. Si innamora di una squillo ma poi sposa la solita brava ragazza. ■ COMMEDIA; COL.; 107′; ITALIA, 1971.

PROVINCIALE, LA ★★★
Regia di MARIO SOLDATI. Con GABRIELE FERZETTI, FRANCO INTERLENGHI, GINA LOLLOBRIGIDA. ■ Vicenda, stile *Madame Bovary*, di Gemma, figlia d'un affittacamere, che non potendo sposare l'uomo che ama, suo fratellastro segreto, va a nozze con un tizio che non ama, e si lascia poi invischiare nelle manovre di una losca contessa che si installa in casa sua. ■ DRAMMATICO; B/N; 108′; ITALIA, 1952.

PROVINCIALE, LA *(Small Town Girl)* ★★★
Regia di WILLIAM A. WELLMAN. Con JANET GAYNOR, ROBERT TAYLOR. ■ Un miliardario ubriaco sposa un'ambiziosa provinciale. Lo scandalo è inevitabile poiché lui era già fidanzato e prossimo alle nozze. Viene deciso perciò che i due divorzieranno entro breve tempo. Al ritorno dal viaggio di nozze, però, marito e moglie sono davvero innamorati e decidono di non separarsi più. ■ COMMEDIA; B/N; 90′; USA, 1936.

PROVINCIALE A NEW YORK, UN ★★★
(The Out-of-Towners)
Regia di ARTHUR HILLER. Con SANDY BARON, SANDY DENNIS, JACK LEMMON, BILLY DEE WILLIAMS. ■ Dopo anni di tranquilla vita in provincia, George, dirigente industriale, viene trasferito nella metropoli tentacolare. Gli capita di tutto: rapinato, perso nel traffico, privo di una casa, preferisce rinunciare alla carriera e tornare alla pace del paesello e della famiglia. Ma sull'aereo lo attende l'ultima avventura: invece che verso casa viene dirottato a Cuba. ■ COMMEDIA; COL.; 97′; USA, 1969.

PROVINCIALI A PARIGI *(Innocents in Paris)* ★★
Regia di GORDON PARRY. Con CLAIRE BLOOM, MARGARET RUTHERFORD, RONALD SHINER, ALASTAIR SIM. ■ Le diverse vicende di una varia umanità che si avventura nella "Ville Lumière": una sfiorita attrice, un suonatore di grancassa, una ragazza di buona famiglia, uno scozzese in vacanza; a ciascuno la sua storia e a ciascuno il suo "momento magico" da ricordare per la vita. ■ COMMEDIA; B/N; 102′; GRAN BRETAGNA, 1953.

PROVINCIALINA, LA ★★
Regia di FERRUCCIO BIANCINI, CARL BOESE. Con RINA FRANCHETTI, UMBERTO MELNATI, ENRICO VIARISIO. ■ Una ragazza di provincia assiste un impresario teatrale dopo un incidente d'auto. Questi, per gioco e per gratitudine, le promette una parte nella sua prossima commedia. Lei lo prende in parola. Va in città e si presenta alle prove, attirandosi la gelosia della moglie dell'impresario. Tutto finirà bene. ■ COMMEDIA; B/N; 92′; ITALIA, 1934.

PROVINCIA MECCANICA ★★
Regia di STEFANO MORDINI. Con STEFANO ACCORSI, VALENTINA CERVI, BARBARA FOLCHITTO, IVAN FRANEK, MIRO LANDONI. ■ L'opera prima del documentarista Stefano Mordini racconta la storia di una famiglia anomala che vive nella provincia di Ravenna. Marco è un operaio che cerca di mantenere moglie e prole facendo i turni di notte come carrellista. Silvia si occupa dei figli a modo suo, cioè trascurandone l'educazione scolastica e lasciandoli crescere liberamente insieme a un cane e a un'iguana. In casa Battaglia regnano sovrani il caos e l'autarchia. Un *modus vivendi* anticonvenzionale che viene interrotto bruscamente dalle regole della società civile. Qual è il confine fra la libertà personale e le regole che la società impone? Peccato che la sceneggiatura di Mordini e Barbiera resti in superficie e non riesca a rendere le situazioni convincenti (come nella scena in cui Marco telefona al mago Wizard, o quella in cui lo vediamo al porto circondato da uno stuolo di pulcini). Stefano Accorsi è lezioso e troppo curato, la brava Valentina Cervi interpreta un personaggio "dannato" sino all'esagerazione. Un'altra occasione persa. ■ COMMEDIA; COL.; 100′; ITALIA, 2004.

PROVINCIA VIOLENTA ★★
Regia di MARIO BIANCHI. Con LINO CARUANA, ANTONELLA DOGAN, ALICIA LEONI. ■ Il capitano Sereni, che ha fama di duro, combatte contro un'organizzazione mafiosa che ricatta giovani donne ricche. Anche il commissario del quartiere è legato alla malavita e questo mette in serio pericolo Sereni, che viene salvato all'ultimo momento dall'intervento della polizia, mobilitata da una delle donne ricattate che si è decisa a reagire. ■ POLIZIESCO; COL.; 92′; ITALIA, 1978.

PROVOCAZIONE *(No es nada, mama... solo un juego)* ★
Regia di JOSÉ MARÍA FORQUÉ. Con DAVID HEMMINGS, FRANCISCO RABAL, ANDREA RAU, ALIDA VALLI. ■ *Fazendero* venezuelano, afflitto da turbe psichiche, sevizia tutte le cameriere di casa, che poi uccide e dà in pasto ai cani. La bella Lola vendica le colleghe. ■ DRAMMATICO; COL.; 93′; SPAGNA, VENEZUELA, 1973.

PROVVISORIO QUASI D'AMORE ★★
Regia di BRUNO BIGONI, ENRICO GHEZZI, FRANCESCA MARCIANO, ROBERTA MAZZONI, DANIELE SEGRE, SILVIO SOLDINI, KIKO STELLA. Con VICTOR CAVALLO, ENRICO GHEZZI, IRENE GRAZIOLI, DAVID RIONDINO. ■ Si tratta di una serie di cortometraggi più o meno riusciti che hanno per tema comune l'amore temporaneo. C'è un giallo, un tormentato amore intellettuale, un incontro notturno e anche la vicenda di una ninfomane che viene seguita da un ragazzo. I migliori sono *Antonio* e *Cleo* di Soldini e *Sirena* di Francesca Marciano. Peccato per il debutto del critico Enrico Ghezzi che ha costruito un piccolo film troppo intellettualizzato, anche se l'approccio godardiano è interessante. ■ FILM A EPISODI; COL.; 100′; ITALIA, 1988.

PROXIMITY ★
Regia di SCOTT ZIEHL. Con ROB LOWE, JONATHAN BANKS, JAMES COBURN, KELLY ROWAN, JOE SANTOS. ■ William Conroy finisce in carcere per un reato di lieve entità, ma lì scopre un complotto organizzato dalle guardie carcerarie ed è costretto a fuggire da coloro che dovrebbero proteggerlo. Nulla di nuovo in questo *action-movie* con poca *action* e molta, molta noia. ■ THRILLER; COL.; 86′; USA, 2001.

PRUDENZA E LA PILLOLA *(Prudence and the Pill)* ★★
Regia di FIELDER COOK. Con ROBERT COOTE, IRINA DEMICK, DEBORAH KERR, DAVID NIVEN, JOYCE REDMAN. ■ Gerald, scoperto che la moglie Prudence ha una relazione, sostituisce le sue pillole anticoncezionali con aspirina per aver la prova del suo tradimento e poter divorziare. ■ COMMEDIA; COL.; 92′; GRAN BRETAGNA, 1967.

PSICANALISTA PER SIGNORA ★★
(Le confident de ces dames)
Regia di JEAN BOYER. Con CARLO CAMPANINI, CAPRICE CHANTAL, FERNANDEL, SYLVA KOSCINA, LAURETTA MASIERO, UGO TOGNAZZI, BICE VALORI. ■ Il veterinario di un paese consiglia ai suoi clienti di fare a meno di medici e medicine, destando le ire della bella dottoressa del villaggio e del nipote di una vecchia contessa, la quale, grazie ai consigli del veterinario, non si decide a morire. ■ COMMEDIA; B/N; 85′; FRANCIA, ITALIA, 1959.

P.S. I LOVE YOU – NON È MAI TROPPO TARDI PER DIRLO *(P.S. I Love You)* ★★
Regia di RICHARD LAGRAVENESE. Con HILARY SWANK, KATHY BATES, GERARD BUTLER, HARRY CONNICK JR., GINA GERSHON, LISA KUDROW, JAMES MARSTERS, JEFFREY DEAN MORGAN. ■ Riscoprire la propria vita dopo una tragedia che l'ha distrutta, è possibile? Le lettere di Gerry (Gerard Butler) scritte all'amata

Holly (Hilary Swank) prima di morire e fatte recapitare periodicamente alla moglie disperata, nei mesi successivi, sono il migliore viatico verso una nuova esistenza. Ora non resta che aprire la porta di casa e osservare il mondo. Lagravanese, autore de *La leggenda del re pescatore* e de *I ponti di Madison County*, di emozioni e di sentimenti se ne intende, e con *P.S. I love you* mette in scena una commedia romantica (con sufficienti elementi drammatici) che colpisce al cuore. Nel bene e nel male. ■ COMMEDIA; COL.; 126′; USA, 2007.

P.S. TI AMO *(P.s. I Love You)* ★
Regia di DYLAN KIDD. Con GABRIEL BYRNE, TOPHER GRACE, MARCIA GAY HARDEN, LAURA LINNEY, PAUL RUDD. ■ Scott Feinstadt è un ragazzo che vuole entrare alla Columbia University's School of Fine Arts. Il curriculum inviato, da buon aspirante universitario, viene letto dalla responsabile alle ammissioni, Louise, che subito è attratta dal nome del giovane candidato: lo stesso del suo unico vero amore, pittore di talento, morto in un incidente stradale. L'incontro fra i due e la presenza della migliore amica di lei danno vita a una serie di scambi, di gelosie, di storie di sesso e di parole, che porterà Louise a riflettere sulla propria vita. Dylan Kidd abbandona con questo film la visione antiromantica e cinica della sua prima opera, per raccontare una storia d'amore atipica, immersa nella memoria, alla ricerca di un amore perso che appare ritrovato. Il regista non riesce tuttavia a costruire (e forse non lo desidera nemmeno) i dialoghi taglienti che avevano caratterizzato *Roger Dodger* e solo a tratti imprime alla storia una sua personalità, allontanandosi dal tono misterioso, al limite del soprannaturale, sempre in agguato. ■ COMMEDIA; COL.; 97′; USA, 2004.

PSYCHO ★★★
Regia di GUS VAN SANT. Con ANNE HECHE, WILLIAM H. MACY, JULIANNE MOORE, VIGGO MORTENSEN, VINCE VAUGHN. ■ Marion Crane ruba i soldi dall'ufficio, raggiunge il motel Bates e viene massacrata. Norman Bates fronteggerà il susseguirsi degli eventi fino al finale che tutti sanno. Non avete sbagliato scheda. Si tratta di un *remake* al dettaglio di narcisistica precisione. Van Sant affonda le unghie della sua visualità raffinata per costruire una rimessa in scena di un classico cercando di portare alla luce nel sottotesto tutte le venature di omosessualità (tema al quale è particolarmente interessato). Ci riesce mantenendosi comunque estremamente aderente al testo originario. Sta allo spettatore attento cogliere le variazioni, alcune palesi, altre estremamente rarefatte. ■ THRILLER; COL.; 102′; USA, 1998.

PSYCHO 2 ★★
Regia di RICHARD FRANKLIN. Con VERA MILES, ANTHONY PERKINS, MEG TILLY. ■ Norman Bates, tornato in libertà dopo 22 anni per gli omicidi commessi nel suo motel, cerca di reintegrarsi nella vita lavorando come cameriere. Ma la sorella di una vittima, che lo vuole in manicomio, lo fa impazzire di nuovo, imitando la voce della madre morta. Dopo una nuova ecatombe commessa da Norman c'è il colpo di scena: appare la vera madre, cassiera di un bar. Ma il folle uccide anche lei. ■ GIALLO; COL.; 113′; USA, 1982.

PSYCHO GIRL *(Psycho Girls)* ★
Regia di GERARD CICCORITTI. Con AGI GALLUS, JOHN HASLETT CUFF, DARLENE MIGNACCO. ■ Vittoria afferma irragionevolmente che sua sorella Sara ha ammazzato i genitori. La presunta colpevole finisce in manicomio, dove trascorre dodici lunghi anni a rimuginare la sua vendetta. Vendetta che non si fa attendere non appena viene rimessa in libertà. ■ GIALLO; COL.; 90′; USA, 1986.

PSYCHO 4 ★★
Regia di MICK GARRIS. Con OLIVIA HUSSEY, ANTHONY PERKINS. ■ Distribuito in homevideo e prodotto dalla televisione americana è forse la puntata cinematografica definitiva del capolavoro in origine diretto da Hitchcock. Protagonista è ancora una volta Norman Bates, lo psicopatico attaccato morbosamente all'immagine della madre defunta. Per via radiofonica l'"eroe", si fa per dire, racconta episodi che scavano all'origine del trauma. Poi passa alle minacce. ■ THRILLER; COL.; 92′; USA, 1990.

PSYCHOS IN LOVE ★
Regia di GORMAN BECHARD. Con CARMINE CAPOBIANCO, FRANK STEWART, DEBI THIBEAULT. ■ Un assassino psicopatico incontra e si innamora, ricambiato, di una donna folle quanto lui e come lui dedita all'omicidio. I due instaurano un rapporto fatto di passione e di sangue. ■ COMMEDIA; COL. 90′; ITALIA, 1987.

PSYCHO 3 ★★
Regia di ANTHONY PERKINS. Con JEFF FAHEY, ANTHONY PERKINS, DIANA SCARWID. ■ Norman Bates è di nuovo in libertà, più psicopatico che mai, con tanto di mamma imbalsamata al seguito. Questa volta sembra quasi che l'amore possa redimerlo, ma è tutto inutile: con il consueto sguardo allucinato Anthony Perkins (che qui dirige anche il "suo" Bates) trafiggerà più di una fanciulla. ■ THRILLER; COL.; 93′; USA, 1986.

PSYCH-OUT IL VELO SUL VENTRE *(Psych-Out)* ★★
Regia di RICHARD RUSH. Con BRUCE DERN, JACK NICHOLSON, DEAN STOCKWELL, SUSAN STRASBERG. ■ Improbabili disavventure di Jenny, ragazza fuggita dal riformatorio per cercare il fratello hippy a San Francisco, il quale, durante una crisi da allucinogeni, si lascia bruciare vivo in un incendio. Mediocre e fortemente datato. ■ DRAMMATICO; COL.; 82′; USA, 1968.

PSYCO ★★★★★
Regia di ALFRED HITCHCOCK. Con JOHN GAVIN, JANET LEIGH, VERA MILES, ANTHONY PERKINS, MARTIN BALSAM, JOHN MCINTIRE, SIMON OAKLAND. ■ Una bella impiegata ruba quarantamila dollari e fugge. Cambia la macchina, si trova nel mezzo di un temporale e decide di passare la notte in un motel. Il proprietario è Norman, all'apparenza un ottimo ragazzo che manifesta soltanto qualche piccola stranezza, come quella di impagliare uccelli. Il motel non ospita nessun altro cliente. La donna decide di fare una doccia prima di dormire. Sotto l'acqua viene aggredita e uccisa da un'altra donna, che si intravede appena. La mattina Norman scopre il corpo. Sconvolto fa pulizia, mette il cadavere nel bagagliaio e fa sparire la macchina nelle sabbie mobili. Sconvolto perché sa che l'assassina è sua madre, che è patologicamente gelosa del figlio e non sopporta neppure che parli con altre donne. Un investigatore privato, con l'aiuto del fidanzato della donna uccisa, riesce a risolvere la matassa, anche se ci rimette la vita. Norman e sua madre sono la stessa persona: il ragazzo è pazzo, dopo aver ucciso la madre per gelosia ne custodiva il corpo in soffitta e si identificava in lei non sopportando il rimorso del proprio delitto. *Psycho* non era certo il migliore dei film di Hitchcock ma a volte le vie del culto percorrono strade misteriose. Negli anni Sessanta la pratica dell'inconscio non era certamente una novità, lo scalpore c'era già stato nel 1944 con *Io ti salverò* (Gregory Peck, con l'aiuto della Bergman e di un "freudiano" risolve le proprie angosce risalendo analiticamente a un incidente infantile), ma Anthony Perkins aveva dato un'interpretazione di tale efficacia da divenire da quel momento il più famoso "pazzo" della storia del cinema, senza più una possibilità autentica di emanciparsi da quel ruolo. La critica non ha mai perdonato a Hitchcock l'eccesso di crudezza (e di effetto) di alcune scene. Ricordiamo le più famose: il teschio della madre seduta sulla sedia girevole, la morte del detective privato (Martin Balsam), la sinistra casa Bates sempre inquadrata contro un cielo minaccioso. Soprattutto la sequenza dell'uccisione di Janet Leigh sotto la doccia ha creato una vera psicosi collettiva. ■ GIALLO; B/N; 109′; USA, 1960. ■ OSCAR 4 NOM.

PSYCOMANIA *(Psicho Mania)* ★
Regia di DON SHARP. Con MARY LARKIN, ANN MICHELLE, BERYL REID, GEORGE SANDERS. ■ Teppista figlio di una medium diventa invulnerabile, insieme alla sua ragazza, per un patto con il diavolo. Ma la madre rompe il patto con un maleficio. ■ FANTASTICO; COL.; 91′; GRAN BRETAGNA, 1972.

PSYCOPATH *(The Psycophath)* ★
Regia di LARRY BROWN. Con TOM BASHAM, DAVE CARLILE, BARBARA GROVER, JEFF RICE. ■ Mister Robbey è l'idolo incontrastato di uno spettacolo televisivo per bambini. I suoi piccoli fan lo adorano e i suoi collaboratori lo tengono in grande considerazione. Nessuno può immaginare la corruzione e l'orrore che si nascondono dietro l'"innocente" facciata. ■ HORROR; COL.; 95′; USA, 1986.

PSYCOSISSIMO ★★
Regia di STENO. Con MONIQUE JUST, UGO TOGNAZZI, RAIMON-

DO VIANELLO, EDY WESSEL. ■ Due attorucoli vengono scambiati per killer a pagamento da un marito che vuole sbarazzarsi della moglie. Ma anche questa ha pagato due sicari per far fuori lui. I due finti assassini rischiano di finire in un tritacarne, ma se la cavano. ■ COMICO; COL.; 94'; ITALIA, 1961.

PSYCOTERROR *(L'assassin viendra ce soir)* ★★
Regia di JEAN MALEY. Con RENÉE COSINA, FRANÇOIS DEGUELT, PAULETTE DUBOST, RAYMOND SOUPLEX. ■ Una spia si sostituisce alla figlia di uno scienziato per rubargli la formula di un gas micidiale da lui scoperto. Ma il mestiere di spia è pieno d'insidie: finirà nelle sabbie mobili. ■ POLIZIESCO; B/N; 98'; FRANCIA, 1963.

PT 109, POSTO DI COMBATTIMENTO *(PT 109)* ★★
Regia di LESLIE H. MARTINSON. Con ROBERT CULP, JAMES GREGORY, TY HARDIN, CLIFF ROBERTSON. ■ Si racconta la storia di John Kennedy che, durante la guerra, giovane ufficiale di Marina, si comportò valorosamente contro i giapponesi. ■ GUERRA; B/N; 140'; USA, 1963.

P3K – PINOCCHIO 3000 *(P3K)* ★★
Regia di DANIEL ROBICHAUD. ■ Trasferito in un futuro lontano dieci secoli, il Pinocchio tecnologico di Mastro Geppetto ha il corpo di metallo, il cuore digitale e un software in testa che "salva in memoria" il bene e il male. Il Pinocchio robot vive a Scamboville, metropoli del 3000, governata da un sindaco che detesta la natura e ha a noia i bambini. Scamboli, moderno Mangiafuoco, costruisce grattacieli che soffocano il verde e una città dei balocchi con cui irretire e trattenere per sempre i bambini della città. Marlene, figlia ribelle di Scamboli e versione femminile e rivisitata di Lucignolo, è un ecologista convinta, una ragazza della via Gluck che sogna l'erba dove adesso sorge una città. E poi c'è Geppetto, falegname mutato in informatico che conserva intatto il sogno di creare un figlio da amare. ■ ANIMAZIONE; COL.; 80'; CANADA, FRANCIA, SPAGNA, 2004.

PUBBLICITARIO OFFRESI *(Lost in America)* ★★
Regia di ALBERT BROOKS. Con ALBERT BROOKS, JULIE HAGERTY, GARRY MARSHALL. ■ Due yuppy un bel giorno decidono di piantarla con la corsa al successo nella grande metropoli e vivere "on the road" alla maniera degli Hippy degli anni Sessanta. ■ COMMEDIA; COL.; 91'; USA, 1985.

PUBBLIFOLLIA *(Crazy People)* ★★
Regia di TONY BILL. Con DARYL HANNAH, DUDLEY MOORE, PAUL REISER. ■ Pellicola girata su misura per il comico statunitense Moore famoso per *10* e per *Arturo*. Evory è un pubblicitario con tutte le nevrosi relative. Però è un "comunicatore" onesto. Una fatica in più che lo porta ad essere ricoverato, oltre che maltrattato. Quando la sua "campagna" ha successo, da brutto anatroccolo diventa eroe. La solita critica paradossale a un certo mondo. ■ COMMEDIA; COL.; 90'; USA, 1990.

PUBERTÀ *(Les adolescentes)* ★
Regia di PEDRO MASÒ. Con ANTHONY ANDREWS, KOO STARK, VICTORIA VERA. ■ Aña, candida quindicenne spagnola, viene sedotta da un teppistello inglese, coinvolta in un traffico di foto porno e infine violentata dal resto della banda. ■ DRAMMATICO; COL.; 92'; SPAGNA, 1975.

PUBLIC ACCESS ★★
Regia di BRYAN SINGER. Con DINA BROOKS, LEIGH HUNT, RON MARQUETTE, JOHN RENSHAW, BURT WILLIAMS. ■ È uno dei primi film del regista de *I soliti sospetti*. Uno straniero arriva in una piccola città e ottiene di condurre una trasmissione su una tv locale. I telespettatori che telefonano in trasmissione possono litigare tra di loro. Strano, ma condotto con bravura. ■ DRAMMATICO; COL.; 85'; USA, 1992.

PUBLIC TOILET *(Renmin Gongche)* ★★
Regia di FRUIT CHAN. Con TSUYOSHI ABE, HYUK JANG, ZHE MA. ■ I bagni pubblici di Pechino sono il luogo in cui si intrecciano le vicende di alcuni personaggi improbabili: due giovani cinesi, due killer coreani, un killer di New York e due fratelli indiani, tutti in cerca di cure per sé o per persone care e, in ultima analisi, della salvezza intesa in senso metafisico. ■ DRAMMATICO; COL.; 102'; CINA, COREA, 2002. ■ VENEZIA 1 PR.

PUCCINI ★★
Regia di CARMINE GALLONE. Con GABRIELE FERZETTI, PAOLO STOPPA, MARTA TOREN. ■ Amori e infedeltà di Giacomo Puccini, che trascura la moglie Elvira per il soprano Cristina mentre anche le domestiche s'innamorano di lui. ■ BIOGRAFICO; COL.; 119'; ITALIA, 1952.

PUERTO ESCONDIDO ★★★
Regia di GABRIELE SALVATORES. Con DIEGO ABATANTUONO, CLAUDIO BISIO, ANTONIO CATANIA, VALERIA GOLINO. ■ Dopo il successo e l'Oscar di *Mediterraneo* Salvatores dirige un film surreale, disimpegnato ma non troppo. Più vicino a *Turné*, il suo film più riuscito, *Puerto Escondido* parte da un omicidio. La trama gialla è comunque solo un pretesto. Lo stile rimanda un po' al cinema di Aki Kaurismaki. Il protagonista conduce una vita da perfetto integrato nella società, conformista e apparentemente pieno di certezze. Deve però fuggire in Messico per colpa della morbosa amicizia di un poliziotto che ha commesso due delitti davanti a lui. Dopo aver conosciuto due disperati che si barcamenano tra combattimenti di galli e spaccio di droghe leggere trova una dimensione diversa rispetto alla sua esistenza precedente. Per un cambiamento reale però dovrà compiere un atto estremo, da fuorilegge, e assumerne la responsabilità. Il viaggio e la fuga nel cinema di Salvatores sono al capolinea. Buona prova di Abatantuono, un ruolo molto maschile per la Golino e uno azzeccato per Bisio. A coronare il tutto l'indiscutibile bravura di Antonio Catania e le musiche di Mauro Pagani. ■ COMMEDIA; COL.; 109'; ITALIA, 1992.

PUFFI, I *(The Smurfs)* ★★
Regia di RAJA GOSNELL. CON HANK AZARIA, ALAN CUMMING, GEORGE LOPEZ, KATY PERRY, JPNATHAN WINTERS. ■ Tutto tranquillo nel villaggio dei Puffi: Grande Puffo e i suoi cento figli lavorano, cantano preparando la festa della Luna blu, mentre il cattivo Gargamella cerca un modo di catturarli. Un errore di Puffo Tontolone però farà scoprire al mago malvagio l'ubicazione del villaggio e costringerà tutti a una fuga al termine della quale Grande Puffo, Puffetta, Puffo Coraggioso, Brontolone e Tontolone saranno scaraventati attraverso un vortice dimensionale a Manhattan e Gargamella con loro. ■ ANIMAZIONE; COL.; 90'; USA, Belgio, 2011.

PUGILATORE DI SING SING, IL *(Break Down)* ★★
Regia di EDMUND ANGELO. Con WILLIAM BISHOP, SHELDON LEONARD, ANN RICHARDS. ■ Confusa storia di Terry, pugile accusato ingiustamente di omicidio, che viene fatto uscire di prigione grazie ai buoni uffici dell'allenatore, amico di un giudice. Per sdebitarsi, il pugile affronta un combattimento. Perde e lascia il ring per amore della sua bella. ■ DRAMMATICO; B/N; 83'; USA, 1952.

PUGNALE CINESE, IL *(The Kennel Murder Case)* ★★★
Regia di MICHAEL CURTIZ. Con MARY ASTOR, PAUL CAVANAGH, RALPH MORGAN, WILLIAM POWELL. ■ William Powell nelle vesti di Philo Vance, il raffinato investigatore newyorkese uscito dalla fantasia di S. Van Dyne. Qui indaga, naturalmente con pieno successo, sull'assassinio di un collezionista di oggetti d'arte orientale. ■ GIALLO; B/N; 73'; USA, 1933.

PUGNALE DEL BIANCO, IL *(Coroner Creek)* ★★
Regia di RAY ENRIGHT. Con MARGUERITE CHAPMAN, GEORGE MACREADY, RANDOLPH SCOTT. ■ Un cowboy vendica l'assassinio della fidanzata. ■ AVVENTURA; COL.; 93'; USA, 1948.

PUGNALE SCOMPARSO, IL ★★
(Charlie Chan at the Opera)
Regia di BRUCE H. HUMBERSTONE. Con BORIS KARLOFF, KEYE LUKE, WARNER OLAND. ■ La polizia chiede aiuto a un investigatore privato per rintracciare un baritono fuggito dal manicomio. Qualche tempo dopo, l'uomo è segnalato in un teatro dove vengono uccisi due cantanti. Contrariamente alle apparenze, l'assassino non è pazzo e il detective riuscirà a dimostrarlo e a scoprire il vero colpevole. ■ GIALLO; B/N; 66'; USA, 1937.

PUGNALE SIAMESE, IL ★★
(Das Geheimnis des schwarzen Koffers)
Regia di WERNER KLINGLER. Con SENTA BERGER, JOACHIM HANSEN. ■ Scotland Yard contro il misterioso lanciatore di pu-

gnali che terrorizza Londra. C'è dietro una faccenda di droga. ■ GIALLO; B/N; 90'; GERMANIA, 1962.

PUGNI DI RABBIA ★★
Regia di CLAUDIO RISI. Con ALESSANDRA FASSIO, JOHARA, RICKY MEMPHIS. ■ Un aspirante pugile ha una ragazza che viene dall'Africa. Tutto procede bene ma in mezzo ci si mette la droga. Lui realizza il suo sogno, lei è meno fortunata. ■ DRAMMATICO; COL.; 100'; ITALIA, 1991.

PUGNI DI ROCCO, I ★★
Regia di LORENZO ARTALE. Con FAUSTO DI BELLA, FRANCO FRAGALÀ, ROSITA TOROSH. ■ Un manesco contadino, finito in galera per aver picchiato un debitore e cacciato di casa dal padre pacifista, diventa un "gorilla" d'un possidente, mettendosi contro la mafia. Riesce a sbarazzarsi di molti nemici, ma alla fine deve fare i conti con la polizia. ■ DRAMMATICO; COL.; 94'; ITALIA, 1972.

PUGNI FEROCI *(The Fierce Fist)* ★
Regia di HSU TIEN YUN. Con YOH HUWA, LO LIEH, CHA LING. ■ Una donna salvata da un esperto di kung-fu viene creduta infedele dal marito che la condanna a morte. Prima dell'esecuzione la donna viene rapita e un altro campione di arti marziali la libera, questa volta definitivamente, anche dal marito. ■ AVVENTURA; COL.; 91'; FORMOSA, 1977.

PUGNI IN TASCA, I ★★★★
Regia di MARCO BELLOCCHIO. Con LOU CASTEL, LILIANA GERACE, MARINO MASÉ, PAOLA PITAGORA. ■ Il maggiore di quattro fratelli, Augusto, ha la responsabilità di una famiglia di anormali; il più giovane, Leone, è epilettico e pazzo, la sorella Giulia è ferma ad uno stadio infantile, mentre il terzo, Sandro, è affetto da mania omicida, ed uccide prima la madre, poi Leone. Giulia sta per diventare sua complice, ma all'ultimo si tira indietro inorridita. ■ DRAMMATICO; B/N; 107'; ITALIA, 1965.

PUGNI... PUPE... E DINAMITE *(L'empire de la nuit)* ★★
Regia di PIERRE GRIMBLAT. Con ELGA ANDERSEN, EDDIE CONSTANTINE, GENEVIÈVE GRAD. ■ Il simpatico Eddie Constantine, il "duro" dalla faccia butterata e dal largo sorriso, in lotta contro una banda che tenta d'imbrogliare la vedova d'un impresario teatrale. Qualcosa però non quadra: quello che sembrava un cadavere improvvisamente dà segni di ottima salute. ■ COMMEDIA; B/N; 91'; FRANCIA, 1962.

PUGNI, PUPE E KARATE ★
Regia di JOE D'AMATO, (pseud. di ARISTIDE MASSACCESI). Con A. DANESI, RICHARD HARRISON. ■ I pirati e i poliziotti che danno loro la caccia si sono aggiornati: hanno imparato il karatè. Il film non è che un pretesto per scontri e lotte furibonde. ■ AVVENTURA; COL.; 92'; ITALIA, 1973.

PUGNI, PUPE E MARINAI ★★
Regia di DANIELE D'ANZA. Con MAURIZIO ARENA, ALBERTO BONUCCI, PAOLO FERRARI, GLORIA PAUL, UGO TOGNAZZI, RAIMONDO VIANELLO. ■ Tre marinai salgono su un motoscafo, ignorando che si tratta di un mezzo radiocomandato per manovre militari. Bombardamenti, fughe e disavventure. ■ COMMEDIA; B/N; 100'; ITALIA, 1961.

PUGNI, PUPE E PALLOTTOLE ★★
(Bonne chance, Charlie)
Regia di JEAN-LOUIS RICHARD. Con EDDIE CONSTANTINE, CARLA MARLIER, JULIEN VERDIER. ■ Cacciatore di criminali di guerra nazisti va in Grecia sulle tracce di ex gerarca del Reich. ■ GIALLO; B/N; 90'; FRANCIA, 1961.

PUGNI, PUPE E PEPITE *(North to Alaska)* ★★★
Regia di HENRY HATHAWAY. Con CAPUCINE, FRANÇOISE FABIAN, STEWART GRANGER, JOHN WAYNE. ■ Siamo in Alaska nel 1900: si è scatenata la "corsa all'oro" e sorgono come funghi le città minerarie, popolate solo da uomini. Sam McCord, che scava insieme ai fratelli George e Billy, un giorno va in città a prendere la fidanzata di George, ma la trova già sposata. Ingaggia allora una giovane ballerina di saloon, Michelle, per sostituire l'altra. Ma la ragazza s'innamora di lui, che la ricambia. Fra i tre minatori nascono allora vivaci rivalità di gelosia e d'interesse che si concludono con la gigantesca scazzottata finale. ■ AVVENTURA; COL.; 122'; USA, 1960.

PUGNO DI CRIMINALI, UN *(Big House U.S.A.)* ★★
Regia di HOWARD W. KOCK. Con CHARLES BRONSON, BRODERICK CRAWFORD, RALPH MEEKER. ■ Uno sciacallo approfitta della sparizione di un bambino, che è morto cadendo in un crepaccio, per imbastire un ricatto ed estorcere 200.000 dollari al padre. Catturato, finisce in carcere per un anno. Ma non gli importa, perché spera di godersi, appena uscito, il malloppo che ha nascosto. Gli andrà male. ■ POLIZIESCO; B/N; 82'; USA, 1955.

PUGNO DI FANGO, UN *(Claudelle English)* ★★
Regia di GORDON DOUGLAS. Con WILL HUTCHINS, ARTHUR KENNEDY, DIANE MCBAIN. ■ Claudelle, giovane leggerina, ha un mucchio di amanti. Il padre la rimprovera e lei lo informa che la mammina non è da meno. Uno dei suoi spasimanti viene ucciso da un rivale geloso e il padre del ragazzo spara a lei, per vendetta. ■ DRAMMATICO; B/N; 99'; USA, 1961. ■ OSCAR 1 NOM.

PUGNO DI FERRO *(Great Guy)* ★★
Regia di JOHN BLYSTONE. Con JAMES CAGNEY, MAE CLARKE. ■ Una banda appoggiata da alcune potenti personalità spadroneggia in una cittadina americana fino a quando un funzionario di polizia le dichiara guerra aperta. Senza lasciarsi intimorire dalle minacce o esitare a fare nomi, l'uomo fa imprigionare tutti i malviventi e i loro altolocati mandanti. ■ POLIZIESCO; B/N; 75'; USA, 1937.

PUGNO DI FERRO *(Killer McCoy)* ★★
Regia di ROY ROWLAND. Con ANN BLYTH, BRIAN DONLEVY, JAMES DUNN, MICKEY ROONEY. ■ Il figlio di un attore durante una festa parrocchiale si scopre un insospettato talento di boxeur. Spinto dagli amici, decide di darsi al professionismo e passa di vittoria in vittoria. Ma la gloria sportiva non lo guasta: appena può appende i guanti al chiodo, sposa una brava ragazza e si ritira a vita privata. ■ COMMEDIA; B/N; 104'; USA, 1949.

PUGNO DI POLVERE, UN *(Ten North Frederick)* ★★★
Regia di PHILIP DUNNE. Con GARY COOPER, GERALDINE FITZGERALD, SUZY PARKER, DIANE VARSI. ■ Ai funerali di un cittadino molto in vista, la figlia rievoca gli ultimi anni della vita del defunto. Da uomo ricco e invidiato a padre fallito, a marito tradito, a candidato sconfitto alle elezioni. Conosce una bella ragazza, coetanea dei figli, s'innamora, ma deve troncare la relazione. S'ammala e muore, rimpianto solo dai figli. ■ DRAMMATICO; COL.; 102'; USA, 1958.

PUGNO PROIBITO *(Kid Galahad)* ★★★
Regia di PHIL KARLSON. Con LOLA ALBRIGHT, CHARLES BRONSON, ELVIS PRESLEY, GIG YOUNG. ■ Protagonista è un giovanotto che si scopre per caso grosse qualità di pugile. Si affida a un manager abbastanza onesto e fa una grande carriera. Ma il racket di gangster cerca di intimidirlo per farlo perdere e incassare il ricavato di un giro di scommesse. Kid non si piega. Vince l'incontro che invece doveva perdere. I gangster devono rassegnarsi. ■ DRAMMATICO; COL.; 95'; USA, 1952.

PUGNO PROIBITO DELL'AGENTE WARNER, IL ★★
(Faites vos jeux, mesdames)
Regia di MARCEL OPHÜLS. Con NELLY BENEDETTI, DANIEL CECCALDI, EDDIE CONSTANTINE. ■ Una banda esclusivamente composta di donne (tutte ex spie che si sono date al libero professionismo) cattura un giovane scienziato. Agenti americani e russi cercano di liberarlo. La spunta l'agente Warner, che però si riporta a Washington un cervellone meno geniale del previsto. La perdita della donna amata (una della banda, catturata dai sovietici) gli ha causato infatti un trauma psichico. Urge recuperare anche la fanciulla. Lasciate fare a Warner. ■ GIALLO; B/N; 90'; FRANCIA, 1964.

PULCE NELL'ORECCHIO, LA *(A Flea in the Ear)* ★★★
Regia di JACQUES CHARRON. Con ROSEMARY HARRIS, REX HARRISON, LOUIS JOURDAN. ■ Protagonista è un avvocato parigino che la moglie sospetta d'infedeltà. Per metterlo alla prova, gli manda un messaggio anonimo che gli promette un incontro d'amore al Gatto d'Oro, noto albergo compiacente. Lui, stuzzicato, ci va. La consorte è in agguato. La faccenda è ancor più ingarbugliata dal fatto che nella locanda lavora un inserviente che è la copia quasi conforme dell'avvocato. Sarabanda di equivoci, poi tutto si chiarisce. ■ COMMEDIA; COL.; 94'; USA, 1967.

PULCINELLA CETRULLO D'ACERRA ★★
Regia di ALBERTO ATTANASIO. Con ROBERTO CHEVALIER, CARLO CROCCOLO, OTELLO TOSO. ■ In un parco di Napoli un gruppo di ragazzini assiste a uno spettacolo di marionette. Uno dei due rimane colpito dal personaggio di Pulcinella, tanto che poco dopo, addormentatosi su una panchina, lo sogna e con lui vive meravigliose avventure. ■ AVVENTURA; COL.; 92'; ITALIA, 1961.

PULP FICTION ★★★♉
Regia di QUENTIN TARANTINO. Con ROSANNA ARQUETTE, SAMUEL L. JACKSON, HARVEY KEITEL, TIM ROTH, ERIC STOLTZ, UMA THURMAN, JOHN TRAVOLTA, BRUCE WILLIS. ■ Alcune situazioni si intrecciano: ci sono due rapinatori alla Bonnie & Clyde che assaltano un ristorante. Ci sono Vincent e Jules (Travolta e Jackson), killer verbosi, pedanti e crudelissimi. C'è Butch (Willis), un pugile che bara in un incontro, per vincere le scommesse. C'è anche una parte per Keitel, virtuoso e grottesco. Vediamo il simpatico Travolta, morto ammazzato, rispuntare alla fine. Tutto il film vive sui contrasti: i personaggi parlano continuamente di argomenti "minimi e minimali". Discorsi di minuti sulla differenza fra la "pancina" e la "pancetta" delle donne o su un certo "massaggio ai piedi", seguiti da un'improvvisa esplosione di violenza. Un tempo per costruire e un tempo per esplodere. Straordinarie alcune sequenze, come quella in cui John Travolta, già principe ballerino ora fin troppo imbolsito, balla il twist maldestramente. O quella in cui la Thurman è vittima di un'overdose e viene salvata con un'inezione al cuore. È anche vero che la grande violenza viene sempre "corretta" da una soluzione ironica. Il trentatreenne Tarantino, dopo l'esordio col chiacchieratissimo *Le iene*, divenuto una sorta di re Mida delle sceneggiature (fra cui il celeberrimo *Assassini nati* di Stone), è una realtà del cinema internazionale. I grandi nomi presenti nel cast hanno lavorato praticamente gratis pur di essere nel film, com'era successo con gli ultimi lavori del maestro Altman. Tarantino, perfetto conoscitore di tutte le pieghe del cinema (da Godard agli ex pubblicitari), è furbo e geniale. Tutto è perfetto, ambizioso e intelligente. ■ HARD BOILED; COL.; 150'; USA, 1994. ■ CANNES ♉ 1 PR; GOLDEN GLOBES ♉ 1 PR, 6 NOM; OSCAR ♉ 1 PR, 7 NOM.

PULPITO, IL ★★
Regia di PIERLUIGI CIRIACI, FRANCESCO PIZZO. Con MAURO FESTA, GIUSEPPE MARINI, FRANCO MIRABELLA. ■ In un piccolo convento vivono cinque frati. Siamo nel sedicesimo secolo e sembra che il vescovo di Venezia intenda fare sosta presso il convento nel corso del suo viaggio alla volta di Roma. Mentre accudiscono uno di loro che sta morendo, i frati preparano l'accoglienza per il prelato e discettano sull'arte della predicazione. La loro aspettativa verrà delusa. Film dalle buone intenzioni che si perdono a causa di scelte registiche che poco hanno a che vedere con il linguaggio cinematografico. ■ DRAMMATICO; COL.; 85'; ITALIA, 1992.

PULSE ★
Regia di JIM SONZERO. Con KRISTEN BELL, RICK GONZALEZ, TATE HANYOK, CHRISTINA MILIAN, KEL O'NEILL, IAN SOMERHALDER. ■ In seguito alle funamboliche attività informatiche di un gruppo di giovani bucanieri dell'etere, una copiosa serie di suicidi collegati a strane apparizioni invade le cronache, imponendosi all'attenzione dell'opinione pubblica. La giovane Mattie, trascinata al centro degli eventi dall'attività di pirata informatico del fidanzato Josh, si troverà a fronteggiare spaventosi fenomeni a metà tra digitale e paranormale. ■ HORROR; COL.; 90'; USA 2006.

PULSE – SCOSSA MORTALE *(Pulse)* ★
Regia di PAUL GOLDING. Con CLIFF DE YOUNG, ROXANNE HART, JOEY LAWRENCE. ■ L'undicenne David giunge alla casa del padre e della sua seconda moglie per trascorrere le vacanze estive. Un'ansia inspiegabile lo pervade quando viene a sapere che uno dei vicini è morto colpito da una scarica elettrica dopo che la sua casa è stata misteriosamente rasa al suolo. ■ HORROR; COL.; 90'; USA, 1988.

PUMMARÒ ★★
Regia di MICHELE PLACIDO. Con THYWILL A. K. AMENYA, FRANCO INTERLENGHI, PAMELA VILLORESI, JAQUELINE WILLIAMS. ■ Discreto esordio nella regia per Michele Placido. Il tema del film è nato da episodi di razzismo avvenuti in Italia. La storia, molto realistica, prende in considerazione l'amore impossibile tra Kwaku, proveniente dal Ghana, ed Eleonora, una maestra di Verona; la ricerca da parte di Kwaku del fratello Giobbe; la difficoltà di trovare un lavoro dignitoso per un africano. Il protagonista ha preso da poco la laurea e vorrebbe andare in Canada per affinare le sue conoscenze di medicina. Scoprirà che suo fratello è stato ucciso e che spacciava droga. Placido appare per pochi secondi nei panni di un tassista. ■ DRAMMATICO; COL.; 100'; ITALIA, 1990.

PUMP UP THE VOLUME – ALZA IL VOLUME ★★
(Pump up the volume)
Regia di ALLAN MOYLE. Con ELLEN GREENE, SCOTT PAULIN, CHRISTIAN SLATER. ■ L'America è proprio un grande paese: ognuno può dire la sua e farsi ascoltare da migliaia di persone, pur rimanendo seduto alla propria scrivania. È quello che accade in *Pump up the Volume*. Mark, un giovane, timido studente dell'Arizona si improvvisa *entertainer* radiofonico: lui vuole cambiare l'America. L'audience sale alle stelle, la sua lotta diventa davvero qualcosa di importante trascinandolo agli eccessi più impensabili, tra musica rap e parolacce. Il sogno di poter cambiare veramente le cose svanisce quando il protagonista non riesce a salvare un suicida. ■ COMMEDIA; COL.; 100'; USA, 1990.

PUNCH-DRUNK LOVE ★★★
Regia di PAUL THOMAS ANDERSON. Con LUIS GUZMAN, ADAM SANDLER, PHILIP SEYMOUR HOFFMAN, EMILY WATSON. ■ Presentato a Cannes 2002. Il disagio paradossale, la solitudine confusa, l'impossibilità di liberarsi della zavorra obbligata – a cominciare da quella familiare – sono i temi di Anderson, così ben espressi in suoi film precedenti come *Boogie Nights* e *Magnolia*. Il protagonista è un giovane che avrebbe tutto, o quasi, ciò che occorre per vivere bene, solo che ci si trova malissimo. È coccolato all'esasperazione da ben sette sorelle. Lui, unico maschio, guadagna abbastanza ma odia quello che fa. Inoltre, per via di una certa telefonata erotica si trova ad essere perseguitato, pericolosamente. Conta poco che uno spiraglio di dolcezza, e di ossigeno, gli arrivi dalla dolce Emily Watson. Il destino ha una via obbligata. Quella di tutti i personaggi di Anderson. ■ COMMEDIA; COL.; 90'; USA, 2002. ■ CANNES 1 PR; GOLDEN GLOBES 1 NOM.

PUNISHER, THE ★
Regia di JONATHAN HENSLEIGH. Con JOHN TRAVOLTA, REBECCA ROMIJN-STAMOS, KEVIN NASH, MARK COLLIE, BEN FOSTER, LAURA HARRING, TOM JANE, EDDIE JEMISON. ■ Il "Punitore" ed il cinema non vanno troppo d'accordo. La conferma di questa evidente scarsa affinità si palesa alla fine del nuovo episodio "ufficiale" ispirato alle avventure del più atipico degli eroi Marvel, dopo l'agghiacciante edizione anni Ottanta con Dolph Lundgren. A fronte di una sequela ininterrotta di siparietti imbarazzanti e personaggi che scompaiono dalla storia senza un perché, il regista ha un unico guizzo creativo nella divertente scena che coinvolge il nostro eroe alle prese con un sicario superanabolizzato, ben interpretato dal mito del wrestling Kevin Nash, sulle note del *Rigoletto*. ■ AZIONE; COL.; 124'; USA, 2004.

PUNITION, LA ★★
Regia di PIERRE-ALAIN JOLIVET. Con AMIDOU, GEORGES GÉRET, KARIN SCHUBERT. ■ Venuta a Parigi in cerca di fortuna, una bella bionda è ben presto coinvolta in un giro di prostitute. Le fan fare la squillo di lusso nella capitale, salvo dirottarla nella succursale di Lione quando lei fa i capricci. La bionda però si ribella, fa innamorare il suo sorvegliante di Lione e con lui torna a Parigi, dove assiste all'uccisione del capo del giro delle prostitute. Ma nemmeno lei ne ha per molto: viene raggiunta e ammazzata da un killer inviato dalla madre del capo. ■ DRAMMATICO; COL.; 91'; FRANCIA, 1973.

PUNK ANGELS – I GLADIATORI DEL SABATO SERA *(Kalt wie Eis)* ★★
Regia di CARL SCHENKEL. Con DAVE BALKO, OTTO SANDER, BRIGITTE WOLLNER. ■ In un clima di violenza, sesso e droga la vicenda di un punk ricercato dalla polizia a Berlino Ovest. Anche se lo aiuteranno gli amici e la sua ragazza, finirà in carcere. ■ DRAMMATICO; COL.; 93'; GERMANIA, 1982.

PUNTO DEBOLE *(Split Image)* ★★
Regia di TED KOTCHEFF. Con KAREN ALLEN, BRIAN DENNEHY, MICHAEL O'KEEFE. ■ Buon film del regista del primo *Rambo*. Protagonista è un giovanotto campione negli studi e nello sport, la gioia dei suoi genitori. Ma un giorno si unisce a una setta religiosa che ricorda, in non pochi punti, il gruppo del reverendo Jim Jones che finì massacrato in Guyana. I genitori ingaggiano allora uno strano individuo perché riporti alla normalità il giovane. ■ DRAMMATICO; COL.; 111'; USA, 1981.

PUNTO D'IMPATTO *(The Last of the Finest)* ★★
Regia di JOHN MACKENZIE. Con BRIAN DENNEHY, JEFF FAHEY, JOE PANTOLIANO, BILL PAXTON. ■ Il tenente Frank è un ottimo poliziotto, legatissimo ai ragazzi della sua squadra, tenero in famiglia, ma duro nel lavoro. Conducendo un'indagine sul traffico della droga però agisce senza seguire gli ordini, e per questo viene punito; non si arrende e, con alcuni fedelissimi della sua squadra, continua le indagini e scopre che oltre alla droga si trafficano anche denaro sporco e armi, il tutto, sembra, con il beneplacito di alcuni membri della polizia. Tutto si sistemerà in un modo o nell'altro, ma non prima di pentimenti, menzogne e, ovviamente, cadaveri dall'una e dall'altra parte. Il ritmo è serrato, coinvolgente e il film in generale è ben diretto, anche se Mackenzie sembra non riuscire proprio ad astenersi dal fare accuse, denunciando improbabili intrighi politici legati al mercato delle armi e della droga. ■ AVVENTURA; COL.; 106'; USA, 1989.

PUNTO D'IMPATTO *(The Ledge)* ★★
Regia di MATTHEW CHAPMAN. Con CHRISTOPHER GORHAM, TERRENCE HOWARD, CHARLIE HUNNAM, LIV TYLER, PATRICK WILSON. ■ Gavin sta in bilico sul cornicione di un palazzo, deciso a gettarsi nel vuoto entro mezzogiorno. Lo raggiunge Hollis, poliziotto esperto nel mediare situazioni del genere, che ha da poco scoperto una terribile verità sulla propria vita privata. Dal dialogo tra i due uomini conosciamo le motivazioni dell'ateo Gavin, innamorato di Shauna, moglie di Joe, un fondamentalista cristiano che ha posto il rivale davanti ad un ricatto micidiale. *Punto d'impatto* parte da un'idea forte, da un cliffhanger tanto pratico quanto teorico che immette la narrazione su un binario teso, di certo difficile da percorrere fino in fondo, come spesso accade con le storie in cui l'inizio e la fine si toccano, lasciando al corpo del film il compito di spiegarne le cause. ■ DRAMMATICO; COL.; 101'; USA, 2011.

PUNTO DI NON RITORNO ★
Regia di PAUL ANDERSON. Con LAURENCE FISHBURNE, SAM NEILL, KATHLEEN QUINLAN. ■ Siamo nel 2047, un gruppo di recupero stellare cerca di raggiungere un'astronave scomparsa e poi riapparsa improvvisamente vicino a Nettuno. La fantascienza fa ormai il verso a se stessa. Il genere deve "riposare", o reinventarsi. ■ FANTASCIENZA; COL.; 95'; USA, 1998.

PUNTO DI ROTTURA *(Breaking Point)* ★★
Regia di BOB CLARK. Con ROBERT CULP, BO SVENSON, STEPHEN YOUNG. ■ Michael assiste ad un assassinio e accetta di testimoniare: questo rende lui e la sua famiglia il bersaglio di tutta la banda criminale che sta alle spalle dell'assassino. Michael si trasferisce in Canada, ma i fuorilegge se la prendono con i parenti rimasti negli Stati Uniti. Allora torna e compie personalmente giustizia. ■ DRAMMATICO; COL.; 92'; CANADA, USA, 1976.

PUNTO DI SVOLTA *(Keep the Change)* ★★
Regia di ANDY TENNANT. Con LOLITA DAVIDOVICH, BUCK HENRY, JACK PALANCE, WILLIAM L. PETERSEN, ANGELA PATON, LOIS SMITH. ■ Un film per la televisione. Tratto da un libro di Thomas McGuane, narra la storia di un pittore che deve difendere la propria terra e scopre dopo molti anni di avere una figlia. ■ DRAMMATICO; COL.; 92'; USA, 1992.

PUNTO ROSSO, IL ★★
Regia di MARCO CARLUCCI. Con ANGELO INFANTI, ANNA LONGHI, ANDY LUOTTO, ERNESTO MAHIEUX, FABRIZIO SABATUCCI, FRANCESCO VENDITTI. ■ Riccardo Simeoni è un trentacinquenne cabarettista romano, amico di Paolo, un pastore, di Mario, un giornalista scomodo, e di Michele, all'apparenza il più "normale" del gruppo, ma forse il più disperato. Riccardo fa vita di quartiere, dorme fino a tardi e si fa preparare il pranzo dalla vicina di casa che lo tratta come un figlio. Conosce anche una bella ragazza, Sara, che lavora in una casa famiglia e che non disdegna la sua corte buffa e discreta. Eppure Riccardo è insoddisfatto, attende un fischio di partenza, una chiamata alla vita che non arriva. Al suo posto arriva una morte: l'infarto sospetto di Mario, proprio mentre stava indagando sui segreti dell'economia italiana. Animato dalle migliori intenzioni, *Il punto rosso* ricalca la parabola del suo protagonista: una promessa di novità che non ha modo di fiorire. ■ DRAMMATICO; COL; 106'; ITALIA, 2006.

PUNTO ZERO *(Vanishing Point)* ★★
Regia di RICHARD C. SARAFIAN. Con DEAN JAGGER, CLEAVON LITTLE, BARRY NEWMAN. ■ Un ex campione del volante deve consegnare un'auto sull'altra costa dell'America. Ma guida troppo forte e la polizia gli è presto alle calcagna. Lui però non si ferma. È un uomo in crisi, nevrotizzato da molte esperienze sfortunate. La caccia si trascina attraverso molti Stati dell'America e il guidatore diventa una sorta di simbolo di ribellione al potere. Un disc-jockey di colore lo esalta dalla sua stazioncina radio. Ma il Robin Hood a quattro ruote morirà. ■ AVVENTURA; COL.; 107'; USA, 1971.

PUÒ SUCCEDERE ANCHE A TE ★★
(It Could Happen to You)
Regia di ANDREW BERGMAN. Con NICOLAS CAGE, SEYMOUR CASSEL, BRIDGET FONDA, ROSIE PEREZ. ■ Ormai Capra è tornato di moda, almeno a giudicare dalle imitazioni che gli sceneggiatori sfornano in continuazione. Charlie, sposato, è agente di polizia a New York. Conosce in un bar una cameriera, Yvonne. Non avendo i soldi per la mancia le promette la metà della vincita di una lotteria, in caso di fortuna. Il biglietto in possesso di Charlie è effettivamente quello vincente e l'uomo mantiene la promessa. Sua moglie non è d'accordo ma deve accettare la situazione. ■ COMMEDIA; COL.; 101'; USA, 1994.

PUPA, LA ★★
Regia di GIUSEPPE ORLANDINI. Con RICCARDO GARRONE, ETTORE MANNI, MICHÈLE MERCIER, LIA ZOPPELLI. ■ Uno stabile che in passato è stato casa di tolleranza è lasciato in eredità da un integerrimo cittadino. Ma a scoprire gli altarini dell'integerrimo un giorno arrivano in paese alcune ex pensionanti del bordello. Una di loro trasformerà la casa in un ristorante. ■ COMMEDIA; B/N; 92'; ITALIA, 1962.

PUPA DEL GANGSTER, LA ★★
Regia di GIORGIO CAPITANI. Con SOPHIA LOREN, ALDO MACCIONE, MARCELLO MASTROIANNI. ■ Una prostituta contesa da due boss della mala, stufa di essere manipolata, li denuncia alla polizia. I boss vengono arrestati, ma la pupa rischia più volte la pelle. La salva un innamorato, vice commissario di origine italiana. ■ COMMEDIA; COL.; 100'; ITALIA, 1974.

PUPAZZO, IL *(Amalio)* ★★
Regia di RENÉ CARDONA SR. Con LANDO BUZZANCA, QUETA CAVER, CLAUDIA ISLAS. ■ Una coppia di borghesi per ottenere una ricca eredità ha assolutamente bisogno di un figlio. Poiché il marito è sterile, i due cercano di convincere un povero tassista d'origine italiana a fare il donatore per la fecondazione artificiale. ■ COMMEDIA; COL.; 92'; MESSICO, 1978.

PUPE CALDE E MAFIA NERA ★★★
(Cotton Comes to Harlem)
Regia di OSSIE DAVIS. Con GODFREY CAMBRIDGE, CALVIN LOCKHART, RAIMOND ST. JACQUES. ■ È il primo dei due film tratti dai romanzi polizieschi di Chester Himes imperniati sui due detective di colore Beccamorto e Bara. Qui la pittoresca coppia deve mettere il sale sulla coda al losco Deke, un predicatore di Harlem che dietro le quinte del suo apostolato nasconde un'attività truffaldina: con la scusa di voler organizzare un ritorno dei neri all'Africa li deruba dei loro averi. Il grisbì accumulato da Deke viene rubato da un gruppo di mafiosi. Inizia una caccia vorticosa ad Harlem, al termine della quale Beccamorto e Bara trionfano riuscendo ad arrestare non solo i ladri ma anche il derubato (certo non più onesto di loro). ■ GIALLO; COL.; 97'; USA, 1969.

PUPO DA K.O., IL ★★
Regia di PAOLO SAGLIETTO. Con GIUSEPPE AICARDI, BEPPE LAN-

FREDI. ■ Un fanciullone grassoccio, grande appassionato di fumetti, ama immaginarsi nei panni di un intrepido sceriffo. L'occasione buona per tradurre i sogni in realtà arriva: tre lestofanti capitano in casa sua. Il grassoccio incredibilmente riuscirà a prenderli in trappola. ■ COMMEDIA; B/N; 92'; ITALIA, 1957.

PUPPET MASTER II ★
Regia di DAVID ALLEN. Con ELIZABETH MACLELLAN. ■ I giocattoli terrificanti continuano a essere prodotti, venduti e acquistati. Con le conseguenze che tutti possono prevedere e che pertanto perdono di efficacia. ■ HORROR; COL.; 91'; USA, 1989.

PURA AL CENTO PER CENTO ★★★
(The Girl from Missouri)
Regia di JACK CONWAY. Con JEAN HARLOW, FRANCHOT TONE, LIONEL BARRYMORE, LEWIS STONE, PATSY KELLY. ■ Una provinciale si trasferisce in città alla ricerca di un marito milionario. La sua prima vittima è un uomo d'affari che muore poco dopo; la seconda un politico che per togliersela di torno la fa arrestare con un pretesto. Suo figlio però ama la ragazza, che rende all'uomo pan per focaccia e lo costringe a dare il consenso alle nozze. ■ COMMEDIA; B/N; 75'; USA, 1935.

PURA FORMALITÀ, UNA ★★★
Regia di GIUSEPPE TORNATORE. Con GÉRARD DEPARDIEU, ROMAN POLANSKI, SERGIO RUBINI. ■ Abbandonato il taglio "turistico-italiano", questa volta Tornatore racconta una storia che parte sottotono e diventa complessa, fin troppo. Tra incubo e giudizio divino, tra purgatorio e fantasmi del passato. Della trama è meglio non svelare tutto. Basti sapere che un uomo, durante un tremendo temporale, viene condotto davanti a un commissario. È sospettato di omicidio e, nonostante neghi tutto, esistono molti indizi su di lui. Eccellente la recitazione di Polanski, misurato e pieno di sfumature. Bravo Depardieu, che riesce ad adattarsi a qualsiasi ruolo. Rubini ricorda molto il personaggio del suo primo film come regista, *La stazione*. ■ DRAMMATICO; COL.; 110'; ITALIA, 1994.

PURIFICAZIONE *(Mr. Soft Touch)* ★★★
Regia di HENRY LEVIN. Con TED DE CORSIA, GLENN FORD, JOHN IRELAND, EVELYN KEYES. ■ Il proprietario di un night, tornato dalla guerra, si accorge che il socio s'è impadronito di tutto. Deciso a vendicarsi, ruba una grossa somma dalla cassa del night. Braccato dai sicari del socio, si rifugia in un pensionato di vecchi. Ma i complici lo cercano anche lì e danno alle fiamme lo stabile. Il protagonista salva i vecchi, ma viene ucciso dai sicari. ■ GIALLO; B/N; 93'; USA, 1949.

PURITANA, LA *(La puritaine)* ★★
Regia di JACQUES DOILLON. Con SABINE AZÉMA, SANDRINE BONNAIRE, MICHEL PICCOLI. ■ La figlia di un attore di teatro fugge di casa senza una causa plausibile. Quando la ragazza avverte il padre che sta tornando, questi mette in scena uno spettacolo sui motivi che hanno guastato il loro rapporto. ■ DRAMMATICO; COL.; 90'; FRANCIA, 1986.

PURO CASHMERE ★★
Regia di BIAGIO PROIETTI. Con MAURO DI FRANCESCO, ANNA GALIENA, PAOLA ONOFRI. ■ Pasticcio giallo-rosa. Giuliano, maestro d'asilo, va al compleanno della sua ex e, oltre al suo nuovo fidanzato Jody, incontra Liliana (ex di Jody) e se ne innamora. Quest'ultima, dopo avergli macchiato uno splendido pullover, sparisce con la promessa di mandare a lavare il golf. Sparito golf e ragazza, egli identifica per caso il suo capo in una tintoria con spillato sopra un altro cognome. Quel cognome (che si rivela quello di un losco trafficante) è il perno delle successive avventure che coinvolgono Liliana e Jody in seri pasticci di "toto nero". ■ COMMEDIA; COL.; 98'; ITALIA, 1986.

PUROSANGUE *(Sporting Blood)* ★★
Regia di CHARLES BRABIN. Con MADGE EVANS, CLARK GABLE, ERNEST TORRENCE. ■ Un cavallo passa di proprietario in proprietario finché non ritorna a quello originario che lo allena come si deve. Il purosangue, così, riesce a vincere il derby del Kentucky. ■ COMMEDIA; B/N; 92'; USA, 1931.

PURO SICCOME UN ANGELO PAPÀ MI FECE MONACO... DI MONZA ★
Regia di GIANNI GRIMALDI. Con LANDO BUZZANCA, PAUL MÜLLER, DIDI PEREGO, IGLI VILLANI. ■ Il figlio cadetto di una famiglia nobiliare viene destinato ai voti. Ma in convento si inimica i frati che, per vendetta, denunciano all'Inquisizione una sua love story (ha fatto l'amore con una novizia e c'è scappato pure un marmocchio). Il giovanotto viene murato vivo. Lo liberano solo dopo cinquant'anni, ma per un miracolo è rimasto tale e quale (dentro e fuori). E per un analogo prodigio anche la novizia è riuscita a fermare il tempo. ■ COMICO; COL.; 90'; ITALIA, 1969.

PURPLE RAIN ★★
Regia di ALBERT MAGNOLI. Con MORRIS DAY, APOLLONIA KOTERO, WILLIAM PRINCE. ■ Prince è "The Kid", un cantante di colore che si esibisce con successo in un night. Conosce Apollonia, una cantante, e tra i due nasce una storia che va in crisi per il carattere brusco di Kid, oppresso da una difficile situazione familiare. La carriera di Kid ne risente; ci vorrà la morte del padre per scuoterlo e fargli ritrovare amore e successo. Colonna sonora famosa di Prince. ■ COMMEDIA; COL.; 111'; USA, 1984. ■ GOLDEN GLOBES 1 NOM; OSCAR 1 PR, 1 NOM.

PUSH ★★
Regia di PAUL MCGUIGAN. Con CAMILLA BELLE, CLIFF CURTIS, CHRIS EVANS, DAKOTA FANNING, DJIMON HOUNSOU. ■ Nick Gant è un telecinetico di seconda generazione, capace di muovere gli oggetti con la sola forza della mente. Traumatizzato dalla morte del padre, avvenuta dieci anni prima ad opera di una spietata agenzia governativa, Nick si è ritirato a vivere in un quartiere popoloso di Hong Kong, spendendo il suo tempo tra scommesse ai dadi e raggiri. Avvicinato da Cassie, un'adolescente chiaroveggente e saputella, viene coinvolto in un gioco pericoloso. Dovrà recuperare una valigia contenente un farmaco in grado di aumentare prestazioni e poteri in soggetti con capacità paranormali. ■ AZIONE; COL.; 120'; USA, 2009.

PUSHER, THE *(Layer Cake)* ★★
Regia di MATTHEW VAUGHN. Con DANIEL CRAIG, KENNETH CRANHAM, JAMIE FOREMAN, MICHAEL GAMBON, GEORGE HARRIS, COLM MEANEY, SIENNA MILLER. ■ *The Pusher*, cioè chi spaccia o comunque commercia la droga, racconta le vicende, ingarbugliatissime, di un giovane commerciante di cocaina. Il titolo originale *Layer Cake*, indica una torta a strati, vale a dire che, nella metafora proposta dal film, strato dopo strato si tenta di arrivare allo strato più alto. Film da raccomandare agli enigmisti, perché a forza di chiacchiere si finisce in un *cul de sac*, al festival delle scatole cinesi e, come direbbe qualcuno, "chi ci capisce è bravo". ■ THRILLER; COL.; 105'; GRAN BRETAGNA, 2005.

PUSSY LA BALENA BUONA *(A Whale of a Tale)* ★★
Regia di EWING M. BROWN. Con MARTY ALLEN, WILLIAM MOGIOGIO, WILLIAM SHATNER. ■ Il piccolo William è tanto amico dei mammiferi che vivono in un acquario vicino a casa sua che quando si perde in mare lo salva uno dei delfini spedito sulle sue tracce. E Pussy, un'orca marina, si rifiuta di mangiare finché non ritorna il piccolo amico umano. ■ COMMEDIA; COL.; 95'; USA, 1976.

PUTIFERIO VA ALLA GUERRA ★★★
Regia di ROBERTO GAVIOLI. ■ Guerra senza quartiere fra le formiche rosse e le formiche gialle. Queste ultime hanno la peggio, nonostante la coraggiosa Putiferio abbia cercato di organizzare la resistenza. Persa la guerra, Putiferio passa alla guerriglia. Ma presto tutte le formiche dovranno dimenticare le rivalità per far fronte comune contro la minaccia del Formichiere. ■ ANIMAZIONE; COL.; 93'; ITALIA, 1968.

PUTNEY SWOPE ★★★
Regia di ROBERT DOWNEY SR. Con ANTONIO FARGAS, LAURA GREENE, ARNOLD JOHNSON, ARCHIE RUSSELL. ■ Uno stragavante ma divertente film underground, che attraverso una galleria di personaggi pazzi, lunari, anticonformisti conduce una satira non di rado centrata su alcune delle più vistose contraddizioni del mondo occidentale negli anni Sessanta. ■ COMMEDIA; COL.; 88'; USA, 1970.

PUTTANA DEL RE, LA *(La putain du roi)* ★★
Regia di ALEX CORTI. Con TIMOTHY DALTON, STÉPHANE FREISS, VALERIA GOLINO. ■ Il regista austriaco Corti ci propone questo

spettacolino, infarcito di elementi da romanzo d'appendice, che oggi prende il nome di telenovela. Tratto da un racconto di Jacques Tournier (ambientato nel 1600), il film prende le mosse dalla cotta che il re prende per una contessina di 14 anni. Peccato che sia già sposata col ciambellano, ma dopotutto chi può fermare un re? Così la poverina decide di lasciarsi sedurre, ma si vendica di molti personaggi che le avevano dato fastidio. Purtroppo le cose non vanno sempre per il verso giusto: i francesi invadono Torino e la povera ragazza si ammala di vaiolo. Il re morirà ma prima ucciderà il malvagio ciambellano. ■ DRAMMATICO; COL.; 135'; FRANCIA, GRAN BRETAGNA, ITALIA, 1990.

PUTTANA GALERA – COLPO GROSSO AL PENITENZIARIO ★★
Regia di GIANFRANCO PICCIOLI. Con MAURIZIO ARENA, FRANCO CITTI, DAGMAR LASSANDER, PHILIPPE LEROY, RAYMOND PELLEGRIN. ■ Un galeotto medita vendetta ai danni d'un mercante d'armi e la cosa gli riesce facile da realizzare quando il nemico approda con il suo panfilo sull'isola dove sorge il penitenziario in cui è rinchiuso. Riesce ad evadere per farsi consegnare alcuni miliardi, ma si sa: la farina del diavolo finisce in crusca, e anche i biglietti di banca spariscono. ■ COMMEDIA; COL.; 94'; ITALIA, 1977.

PUZZLE INSANGUINATO *(Sensations)* ★★
Regia di CHUCK VINCENT. Con BLAKE BAHNER, REBECCA LYNN. ■ A causa di un errore nel recapitare due lettere, una coppia di scrittori viene suo malgrado coinvolta in un importante giro di sostanze stupefacenti. La loro vita è in pericolo. ■ DRAMMATICO; COL.; 90'; GRAN BRETAGNA, 1988.

PUZZOLE ALLA RISCOSSA *(Furry Vengeance)* ★★
Regia di ROGER KUMBLE. Con BRENDAN FRASER, KEN JEONG, ANGELA KINSEY, WALLACE SHAWN, BROOKE SHIELDS. ■ La grande società immobiliare che ha in progetto di abbattere l'ennesima foresta per far spazio ad un complesso residenziale sta per ritrovarsi contro un banda di agguerriti animali. Non solo le puzzole del titolo (che poi non hanno un ruolo centrale, semmai è l'orsetto lavatore il vero leader) ma anche orsi, scoiattoli, aquile e via dicendo, tutti sono coalizzati nelle perfide vendette ai danni di chi vuole distruggere il loro habitat naturale per soldi. ■ COMMEDIA; COL.; 91'; USA, EMIRATI ARABI UNITI, 2010.

Q

QUADERNO DELLA SPESA, IL ★★
Regia di Tonino Cervi. Con Laura Betti, Claudio Bigagli, Carlo Croccolo, Domiziana Giordano, Gabriele Lavia. ■ Ultimo lavoro dello scomparso Tonino Cervi, *Il quaderno della spesa* è un intenso dramma ambientato nella Lucca dei primi del Novecento. Antonia è una giovane cuoca che lavora nella casa di una nobildonna. Si innamora di Augusto, uno scrittore affermato, ma in crisi, e lo sposa. Quando la coppia attraversa difficoltà economiche, la donna è costretta a tornare a lavorare come cuoca: intanto, coltiva velleità letterarie e annota su un insospettabile quaderno della spesa, non ricette bensì un romanzo che tiene segreto per non frustrare il marito. ■ Drammatico; col.; 96′; Italia, 2003.

QUADRATO DELLA VIOLENZA, IL ★★
(The Crooked Circle)
Regia di Joseph Kane. Con Steve Brodie, John Smith, Fay Spain. ■ Solito dramma pugilistico: un bravo ragazzo diventa boxeur per potersi sposare, ma, nonostante i buoni consigli del fratello, cade in balìa d'una banda di gangster che trucca gli incontri. Alla fine la coscienza si risveglia: il giovane denuncia i malvagi e si prepara a guadagnare il titolo mondiale. ■ Drammatico; b/n; 73′; USA, 1958.

QUADRI CHE SCOTTANO *(Hot Paint)* ★
Regia di Sheldon Larry. Con Cyrielle Claire, John Glover, Gregory Harrison, John Larroquette. ■ Phil, un aspirante attore, si ritrova a sua insaputa a fare da autista a Gus, un amico d'infanzia che si è dato al furto di quadri. Gus ruba quella che pensa essere un'opera qualsiasi, mentre si tratta di un Renoir di valore incalcolabile. ■ Poliziesco; col.; 100′; USA, 1988.

QUADRIGLIA D'AMORE *(Anything Goes)* ★★★
Regia di Robert Lewis. Con Bing Crosby, Mitzi Gaynor, Donald O'Connor, Jean Marie Zizi. ■ Un produttore di riviste e un attore della sua compagnia si recano rispettivamente a Londra e a Parigi per trovare una soubrette per il loro spettacolo. Non solo entrambi hanno successo, ma s'innamorano anche delle loro scoperte. ■ Comm. musicale; col.; 106′; USA, 1956.

QUADRIGLIA DELL'ILLUSIONE, LA ★★★
(Four's a Crowd)
Regia di Michael Curtiz. Con Olivia De Havilland, Errol Flynn, Rosalind Russell. ■ Le coppie si sciolgono e si ricompongono in questa commedia anni Trenta, che prende l'avvio dalla vicenda di un ricco manager editoriale che vuol chiudere il suo giornale in perdita. ■ Commedia; b/n; 91′; USA, 1938.

QUADROPHENIA ★★★
Regia di Franc Roddam. Con Leslie Ash, Philip Daniels, Philip Davis, Sting, Mark Wingett. ■ Nei primi anni Sessanta, un giovanotto sbandato si sente realizzato solo nella musica rock e nelle risse tra le bande dei rockers e quelle dei mods. Alla fine, però, viene scacciato da casa e dal lavoro e non trova altra soluzione che suicidarsi gettandosi in scooter dalle scogliere di Dover. ■ Musicale; col.; 115′; Gran Bretagna, 1979.

QUA LA MANO ★★
Regia di Pasquale Festa Campanile. Con Lilli Carati, Adriano Celentano, Philippe Leroy, Renzo Montagnani, Enrico Montesano, Enzo Robutti, Adriana Russo. ■ Due episodi interpretati da due attori di cassetta. Nel primo, Montesano è un vetturino romano che riesce a diventare amico del papa; nel secondo, Celentano è un parroco con la mania del ballo che riesce a vincere una gara di danza. ■ Commedia; col.; 130′; Italia, 1980. ■ David di Donatello 1 pr, 1 nom.

QUA LA MANO PICCHIATELLO *(Smorgasbord)* ★★
Regia di Jerry Lewis. Con Milton Berle, Sammy Davis jr, Jerry Lewis. ■ Jerry, che non va d'accordo con il mondo, è costretto a farsi psicanalizzare. Regredendo con la mente sin all'epoca degli antenati, scopre che la mancata integrazione è un fatto atavico. Ma la sua malattia è così acuta che ne resta colpito anche lo psicoanalista. ■ Commedia; col.; 83′; USA, 1983.

QUALCHE GIORNO CON ME ★★★
(Quelques jours avec moi)
Regia di Claude Sautet. Con Daniel Auteuil, Sandrine Bonnaire, Danielle Darrieux, Dominique Lavanant, Thérèse Liotard, Jean-Pierre Marielle. ■ Un uomo d'affari ritorna a casa, a Parigi, dopo un soggiorno in clinica psichiatrica e trova un ambiente familiare compromesso; anche la moglie lo tradisce con un impiegato della ditta. Egli inizia, tuttavia, a girare la provincia per affari e, a Limoges, incontra una ragazza che gli piace. Scopre, anche, alcuni ammanchi nella filiale locale della sua azienda. Anche la ragazza lo tradisce, mettendosi con un poco di buono. Anzi, sarà per salvarla che l'uomo si lascerà incolpare di un delitto, il cui vero autore è il nuovo compagno della sua donna. ■ Commedia; col.; 130′; Francia, 1988.

QUALCHE NUVOLA ★★
Regia di Saverio Di Biagio. Con Michele Alhaique, Giorgio Colangeli, Aylin Prandi, Primo Reggiani, Greta Scarano. ■ In un quartiere popolare ai margini della città eterna, vive Diego, un giovane coscienzioso che ama il proprio mestiere, fa il muratore, stimato dal datore di lavoro, e sta per sposarsi con Cinzia. Sono cresciuti insieme, nello stesso condominio, sullo stesso pianerottolo. Per guadagnare qualche soldo in più e far fronte alle imminenti spese per il matrimonio, il ragazzo accetta un lavoro extra, la ristrutturazione di un grazioso appartamento nel centro storico abitato dalla bella e giovane nipote del capo, Viola. ■ Commedia; col.; 99′; Italia, 2012.

QUALCOSA CHE SCOTTA *(Susan Slade)* ★★★
Regia di Delmer Daves. Con Troy Donahue, Dorothy McGuire, Lloyd Nolan, Connie Stevens. ■ Una ragazza rimane incinta del fidanzato morto. I genitori, per salvarla dallo scandalo, si trasferiscono all'estero e, al ritorno negli Stati Uniti, raccontano che il piccino è figlio loro. La giovane è corteggiata da due uomini, uno ricco e antipatico e l'altro povero e simpatico. Quando la verità viene a galla il ricco se la squaglia, il povero la sposa. ■ Drammatico; col.; 91′; USA, 1961.

QUALCOSA CHE VALE *(Something of Value)* ★★★
Regia di Richard Brooks. Con Wendy Hiller, Rock Hudson, Frederick O'Neal, Sidney Poitier, Dana Wynter. ■ Dal 1952 al 1956 il Kenya fu sconvolto dalla guerriglia dei Mau Mau, una setta nazionalista guidata da Jomo Kenyatta, che compì diverse azioni terroristiche prima di essere distrutta. In seguito Kenyatta ottenne l'indipendenza del paese e divenne uno dei più prestigiosi capi africani. Questo film di Richard Brooks tenta, a

caldo, di descrivere la rivolta cercando d'esaminare sia le ragioni dei bianchi sia quelle dei neri. Si racconta, infatti, di due uomini di razze diverse, ma amici, che sono costretti a combattersi. Il nero rimane ucciso, ma il bianco alleverà suo figlio preparandolo a tempi migliori. ■ DRAMMATICO; B/N; 113'; USA, 1957.

QUALCOSA DI BIONDO ★★
Regia di MAURIZIO PONZI. Con SOPHIA LOREN, PHILIPPE NOIRET, DANIEL J. TRAVANTI, RICKY TOGNAZZI. ■ La tassinara Aurora (Loren) intraprende un viaggio attraverso l'Italia alla ricerca del padre di suo figlio, che deve essere sottoposto ad una costosa operazione per riacquistare la vista. Durante il suo peregrinare avrà vari incontri, prima del logico e lacrimevole lieto fine. Film leggerino e facilmente dimenticabile. ■ COMMEDIA; COL.; 100'; ITALIA, 1984. ■ DAVID DI DONATELLO 1 PR, 1 NOM.

QUALCOSA DI CUI... SPARLARE ★★
(Something to Talk About)
Regia di LASSE HALLSTRÖM. Con ROBERT DUVALL, DENNIS QUAID, JULIA ROBERTS, GENA ROWLANDS. ■ Da un regista svedese trasportato in America, una storia (adattata da Callie Khouri da un proprio racconto) che, malgrado gli interpreti, non va oltre la *soap-opera*. Grace ripudia il marito infedele, ma tra le pressioni dei genitori, i pettegolezzi di paese e soprattutto la constatata impossibilità di rifarsi una vita in proprio, ritorna sulle proprie decisioni. ■ COMMEDIA; COL.; 105'; USA, 1995. ■ GOLDEN GLOBES 1 NOM.

QUALCOSA DI DIABOLICO *(Something Evil)* ★★
Regia di STEVEN SPIELBERG. Con RALPH BELLAMY, SANDY DENNIS, DARREN MCGAVIN. ■ Uno dei prodotti televisivi diretti dal giovane Spielberg. Girato nel periodo che intercorre tra *Duel* e *Sugarland Express*, il film tratta di fenomeni paranormali. Tutto avviene in una vecchia fattoria, in Pennsylvania, comprata da una famiglia in cerca di tranquillità. ■ HORROR; COL.; 73'; USA, 1972.

QUALCOSA DI DON ORIONE ★★★
Regia di MARCELLO SIENA. Con RENATO DE CARMINE, MASSIMO FOSCHI, ENRICO MARIA SALERNO. ■ Con l'apporto della sceneggiatura scritta da Ermanno Olmi, questo film segue le fasi salienti della vita del famoso religioso che ha dato se stesso per aiutare i bambini sfortunati. Tra il documento e la finzione il regista se la cava con misura e naturalezza. Notevole l'interpretazione di Enrico Maria Salerno. ■ BIOGRAFICO; COL.; 105'; ITALIA, 1990.

QUALCOSA DI PERSONALE ★★★
(Up, Close and Personal)
Regia di JON AVNET. Con STOCKARD CHANNING, JOE MANTEGNA, MICHELLE PFEIFFER, ROBERT REDFORD. ■ Warren è un grande giornalista televisivo (è stato inviato alla Casa Bianca), Tally è giornalista apprendista, ambiziosissima. Lui l'assume e la fa partire dalla gavetta. Ma poi la sostiene e protegge e Tally diventa una numero uno. Quando viene assunta da un'altra rete Warren le sta comunque vicino, tanto da compromettere la sua carriera. Intanto si amano con grande passione. Tentando un clamoroso colpo d'ala con un servizio a Panama, Warren viene ucciso e lei assiste praticamente in diretta. Storia abbastanza convenzionale, ma Michelle e Robert sono la più bella coppia che il cinema abbia messo insieme da molto tempo. Lui è ancora l'unico vero, grande divo del cinema (*appeal* e carisma, non solo bravura). Film senza altissime pretese che fa bene al cinema. ■ SENTIMENTALE; COL.; 124'; USA, 1996. ■ GOLDEN GLOBES 1 NOM; OSCAR 1 NOM.

QUALCOSA DI SINISTRO STA PER ACCADERE ★★★
(Something Wicked This Way Comes)
Regia di JACK CLAYTON. Con DIANE LADD, JONATHAN PRICE, JASON ROBARDS. ■ Dal racconto di Ray Bradbury. Una carovana da circo mette le tende in un piccolo paese in America all'inizio del Novecento. Il capo della carovana, Mr. Dark, sembra poter esaudire tutti i sogni delle persone che si rivolgono a lui. Ma non gratis. I clienti saranno trasformati in mostri e costretti a unirsi alla troupe di Mr. Dark. ■ FANTASTICO; COL.; 95'; USA, 1983.

QUALCOSA DI SPECIALE *(Love Happens)* ★★
Regia di BRANDON CAMP. Con JENNIFER ANISTON, AARON ECKHART, DAN FOGLER, JUDY GREER, MARTIN SHEEN. ■ Burke Ryan è un terapista di successo votato al prossimo. Perduta la moglie tre anni prima in un terribile incidente ha scritto un libro sulla rielaborazione del lutto e il superamento del dolore. A Seattle, per un seminario che dovrebbe concludersi con un consistente contratto professionale, incontra Eloise Chandler, una giovane donna che colleziona uomini sbagliati e gestisce, con migliori risultati, un'attività floreale. Nei corridoi dell'hotel Burke ed Eloise si scontrano e si incontrano, ciascuno con le sue paure e col peso di un passato mai rimosso. Un appuntamento e un concerto dopo, si innamoreranno trovando una nuova prospettiva di vita. ■ DRAMMATICO; COL.; 109'; USA, CANADA, GRAN BRETAGNA, 2009.

QUALCOSA DI STRAORDINARIO *(Big Miracle)* ★★
Regia di KEN KWAPIS. Con DREW BARRYMORE, KRISTEN BELL, JOHN KRASINSKI, DERMOT MULRONEY, TIM BLAKE NELSON. ■ Alaska, 1989. Un reporter televisivo scopre tre balene rimaste intrappolate sotto una lastra di ghiaccio durante una migrazione. La lastra è troppo lunga per essere percorsa sott'acqua ed ha un solo buco dal quale i cetacei possono emergere a prendere fiato. Il servizio realizzato per un canale televisivo locale attira i canali nazionali, imprenditori spietati diventati amici dell'ambiente per l'occasione e addirittura una rompighiaccio sovietica, grazie all'intervento del presidente Reagan. Tutto per cavalcare l'interesse di una nazione intenerita di fronte alla sorte di tre balene. Il film si ispira a una storia vera. ■ COMMEDIA; COL.; 107; USA, GRAN BRETAGNA, 2012.

QUALCOSA DI TRAVOLGENTE *(Something Wild)* ★★★
Regia di JONATHAN DEMME. Con JEFF DANIELS, MELANIE GRIFFITH, RAY LIOTTA. ■ Charles, un agente di cambio di New York, incontra una giovane donna che è un turbine di avvenimenti: prima lo conduce in un motel e lo seduce, poi lo coinvolge in una rapina, infine in una violenta rivalità con il suo ex marito, un avanzo di galera che Charles riesce ad uccidere in uno scontro finale. ■ THRILLER; COL.; 113'; USA, 1987. ■ GOLDEN GLOBES 1 PR, 3 NOM.

QUALCOSA È CAMBIATO *(As Good As It Gets)* ★★★★🏆
Regia di JAMES L. BROOKS. Con CUBA GOODING JR., HELEN HUNT, GREG KINNEAR, JACK NICHOLSON. ■ Melvin è uno scrittore nevrotico, igienista, misantropo e via dicendo. È odioso e non perde occasione per offender la gente. Ha scontri durissimi col suo vicino Simon, pittore gay, e con il suo cane. Lo sopporta solo una cameriera del locale in cui Melvin mangia abitualmente. Un giorno la cameriera è assente: dovrà rinunciare al lavoro per star vicina al figlio malato. Succede anche che il pittore finisca in ospedale e che Melvin sia costretto a badare al cane. Il "cattivone" procura anche un medico molto bravo al figlio della cameriera, solo per farla tornare al lavoro, dice lui. Ma non è così. Ci accorgiamo che in realtà è un cuore d'oro. Sostiene i due nuovi amici, scopre che dentro di sé... Qualcosa è cambiato, appunto. Alla fine succede persino l'impossibile, arriva l'amore. Film quasi perfetto, soprattutto intelligente, imprevedibile, vitale, da cui esce un magnifico, sofferto amore per la vita. Dopo la bravura di Nicholson (che ha vinto il suo terzo premio Oscar), di Helen Hunt (anche lei Oscar come attrice protagonista) e poi di tutti gli altri, il maggior pregio del film è forse il dialogo, di alto profilo anche letterario (ma senza mai oltrepassare il confine del compiacimento): lo si deve a Mark Andrus e allo stesso Brooks. Il regista ospita un nero e un gay nel suo film, come ormai suggerisce "correttamente e politicamente" la buona educazione. Greg Kinnear dà corpo a un omosessuale simpatico, a un carattere che lascia che i "normali siano normali". Come faceva Rupert Everett nel *Matrimonio del mio migliore amico* e Kevin Kline in *In & out*. I potentati gay americani hanno deciso di farsi accettare per simpatia piuttosto che per aggressività. ■ COMMEDIA; COL.; 138'; USA, 1998. ■ GOLDEN GLOBES 🏆 3 PR, 6 NOM; OSCAR 🏆 2 PR, 7 NOM.

QUALCOSA IN CUI CREDERE ★★
(Something to Believe In)
Regia di JOHN HOUGH. Con TOM CONTI, WILLIAM MCNAMARA, MARIA PITILLO. ■ Maggie, attrice alle prime armi, è molto malata. Allora parte per l'Italia in cerca del miracolo della Madonna

piangente di Trevino. Trova la guarigione e anche l'amore. Altro prodottino del neofilone mistico. ■ COMMEDIA; COL.; 113'; USA, 1998.

QUALCOSA IN PIÙ ★★
Regia di ANDREW WHIT. Con CHAD BROW, ALEX GOLFIS, ANN MARGARETE HUGHES, MAXSIMINA PERSON, KREG SCHMIDT. ■ George si innamora perdutamente di una bellissima ragazza, figlia di un diplomatico, che però nasconde un segreto. Quando George scopre che è un ermafrodito, non demorde, anzi la convince ad andare a vivere con lui e con sua moglie, stabilendo così un ménage a tre che finirà in dramma, quando la moglie caccerà di casa l'intrusa. ■ DRAMMATICO; COL.; 84'; ITALIA, 1989.

QUALCOSA NELL'ARIA *(Après mai)* ★★★
Regia di OLIVIER ASSAYAS. Con FELIX ARMAND, LOLA CRETON, CAROLE COMBES, INDIA MENUEZ, CLEMET METAYER. ■ Parigi, primi anni '70. Gilles è un liceale come molti in contraddizione tra l'impegno politico nei collettivi e la volontà di trovare un percorso individuale nella vita e nell'arte. Quando la ragazza che ama, Laure, lo lascia per seguire una strada più estrema e confusa, Gilles si rifugia in Italia con alcuni amici e un nuovo amore, Christine, per sfuggire alle indagini sul ferimento grave di un vigilante. Iscritto all'accademia di Belle Arti, in lui si fa sempre più strada l'idea di voler fare cinema. Un cinema non strettamente politico, né quello filoamericano che estremizza la fiction e non appartiene al tempo che vive, ma una terza via: quella intrapresa dallo stesso regista Assayas. ■ DRAMMATICO; COL.; 122'; FRANCIA, 2012.

QUALCOSA STRISCIA NEL BUIO ★★
Regia di MARIO COLUCCI. Con LUCIA BOSÈ, FARLEY GRANGER, GIACOMO ROSSI STUART. ■ Il pretesto per mostrare ragazze nude è dato da un'ovvia storia del terrore: un gruppo di persone, tra cui è un assassino, è costretto dal crollo d'un ponte a pernottare in un vecchio castello. Lo spirito d'una donna licenziosa assassinata in quel luogo spinge i protagonisti a sterminarsi l'un l'altro nel corso di un'orgia. Tra gli interpreti una rediviva Lucia Bosè e un altrettanto redivivo Farley Granger (l'attore che aveva interpretato il debole ufficiale austriaco in *Senso*). ■ EROTICO; COL.; 90'; ITALIA, 1971.

QUALCUNO COME TE *(Someone Like You)* ★★
Regia di TONY GOLDWYN. Con ELLEN BARKIN, ASHLEY JUDD, GREG KINNEAR, MARISA TOMEI. ■ Jane Goodale lavora in un talk show televisivo, ma i suoi problemi nascono sul piano sentimentale da quando ha scoperto una teoria che le ha aperto gli occhi sul mondo maschile. Sembra che sia scientificamente provato che un toro si rifiuti di montare una mucca per la seconda volta nonostante tutti gli artifici e i mimetismi che si possano mettere in atto. Anche i maschi della razza umana sarebbero tendenzialmente portati a un comportamento analogo. Che fare? Jane vorrebbe trovare una soluzione in una commedia che non ha troppe pretese. ■ COMMEDIA; COL.; 97'; USA, 2001.

QUALCUNO CON CUI CORRERE ★★
(Mishehu Larutz Ito)
Regia di ODED DAVIDOFF. Con BAR BELFER, YONATAN BAR OR. ■ Tratto dal romanzo omonimo di David Grossman. Assaf, un adolescente impiegato temporaneamente alla Protezione animali, ha una (com)missione da compiere: restituire un cane alla sua padrona e recapitare alla stessa una multa di centocinquanta shekel per la negligenza mostrata nella cura dell'animale. Sarà proprio Dinka, un magnifico Labrador color miele a guidare Assaf per le strade di Gerusalemme alla ricerca di Tamar, una ragazzina fuggita da casa con un cane e una chitarra nel tentativo disperato di trovare il fratello tossicodipendente. I loro destini si incroceranno presto e sarà l'ostinata volontà di Assaf a salvare i due fratelli da Pesach, un protettore criminale che sfrutta il talento artistico dei ragazzi di strada. ■ DRAMMATICO; COL.; 118'; ISRAELE, 2006.

QUALCUNO DA AMARE *(Someone to Love)* ★★
Regia di HENRY JAGLOM. Con HENRY JAGLOM, SALLY KELLERMAN, ANDREA MARCOVICCI, ORSON WELLES. ■ Una specie di *amarcord* del regista Jaglom che, durante una riunione di amici in un vecchio teatro, disserta e fa dissertare sulla necessità di amare e sull'inevitabile logorio degli stessi sentimenti. Orson Welles, nella sua ultima apparizione cinematografica, interviene ogni tanto sornionamente e dà certamente al film i suoi migliori momenti. ■ DRAMMATICO; COL.; 102'; USA, 1987.

QUALCUNO DA AMARE *(Untamed Heart)* ★★
Regia di TONY BILL. Con ROSIE PEREZ, KYLE SECOR, CHRISTIAN SLATER, MARISA TOMEI. ■ Il regista di *Dentro la grande mela*, già produttore de *La stangata*, ci propone un filmetto strappalacrime con due attori promettenti. Caroline e Adam lavorano in un bar di Minneapolis. Ma tra i due sboccerà l'amore e quando il ragazzo avrà dei problemi cardiaci senza speranza i fazzoletti si sprecano. Erano molte le star di Hollywood che volevano partecipare al film (Brad Pitt e Madonna tra gli altri) e si stenta a capire il perché. A metà strada tra *Scelta d'amore* e *Paura d'amare*, il film spreca il talento di Marisa Tomei, premio Oscar per *Mio cugino Vincenzo*. ■ COMMEDIA; COL.; 98'; USA, 1993.

QUALCUNO DA AMARE *(Like Someone in Love)* ★★
Regia di ABBAS KIAROSTAMI. Con DENDEN, RYO KASE, TADASHI OKUNO, RIN TAKANASHI. ■ Akiko è una studentessa con un fidanzato geloso e che, di tanto in tanto, si prostituisce. Salita su un taxi dopo un'animata discussione col suo disinvolto pappone, accetta suo malgrado di concedersi a un vecchio professore in pensione. Raggiunta la casa dell'uomo, piena di libri e cultura, Akiko scambia poche battute e rifiuta una zuppa prima di addormentarsi nuda nel suo letto. La mattina seguente i due si ritrovano in auto sulle strade di Tokyo. La loro relazione prenderà da quel momento una direzione inaspettata. Abbas Kiarostami oggi è costretto all'esilio per muoversi con indipendenza, contro i tabù islamici e la censura di governo. Lontano dalla sua terra e dalla sua cultura gira così copie conformi al cinema che produceva in patria. ■ DRAMMATICO; COL.; 109'; IRAN, FRANCIA, GIAPPONE, 2012.

QUALCUNO DA ODIARE *(King Rat)* ★★★
Regia di BRYAN FORBES. Con TOM COURTENAY, JAMES FOX, JOHN MILLS, GEORGE SEGAL. ■ Prigionieri inglesi in un campo di concentramento giapponese vivono di stenti. Tra loro un prigioniero americano, che traffica con i guardiani, conducendo una vita più sopportabile dei suoi più sfortunati compagni, molti dei quali muoiono a causa del clima e delle malattie. Il comportamento dell'americano attira l'odio dei suoi compagni. Quando giungono le truppe inglesi e traggono in salvo i superstiti, alcuni di loro vorrebbero uccidere l'americano. Un ufficiale inglese giustifica il suo ruolo, ricordando ai suoi commilitoni che in qualche modo sono debitori del prigioniero americano: l'odio per lui li ha tenuti in vita. Niente a che fare con il cinico umorismo di *Stalag 17*, né con l'epica testardaggine del protagonista de *Il ponte sul fiume Kwai*. È una intelligente variante tratta da un romanzo di James Clavell e diretta da Bryan Forbes, un regista inglese che prometteva più di quanto abbia mantenuto. Questo è probabilmente il suo miglior film. Girato in un crudo bianco e nero, il film si raccomanda per la partecipazione corale di un gruppo di attori straordinari, dominati dal miglior George Segal che lo schermo abbia mostrato. ■ DRAMMATICO; B/N; 133'; GRAN BRETAGNA, USA, 1965. ■ OSCAR 2 NOM.

QUALCUNO DIETRO LA PORTA ★★★
(Quelqu'un derrière la porte)
Regia di NICOLAS GESSNER. Con CHARLES BRONSON, HENRI GARCIN, JILL IRELAND, ADRIANO MAGISTRETTI, ANTHONY PERKINS. ■ Uno psichiatra decide di vendicarsi della moglie adultera servendosi di un malato d'amnesia ricoverato nella sua clinica. A poco a poco, infatti, lo convince d'essere lui il marito della fedifraga spingendolo ad uccidere il seduttore: così il medico ha ottenuto ciò che voleva senza rischiare alcuna condanna. In seguito, però, lo psichiatra ha un chiarimento con la moglie e, spinto dal rimorso, si costituisce. Un buon giallo, con bravi interpreti. ■ POLIZIESCO; COL.; 85'; FRANCIA, 1973.

QUALCUNO HA TRADITO ★
Regia di FRANCO PROSPERI. Con MARINA BERTI, ELSA MARTINELLI, JEAN SERVAIS, ROBERT WEBBER. ■ Un gangster americano parte per Marsiglia per preparare un colpo. L'uomo è fermamente convinto che la legge della malavita sia giusta: i traditori vanno puniti con la morte. Così, quando trova la polizia ad aspet-

tarlo, si mette subito a caccia della spia. Ha però una tragica sorpresa: è stato proprio lui che involontariamente ha tradito i compagni. Si offrirà spontaneamente alla morte. ■ POLIZIESCO; COL.; 90′; ITALIA, 1968.

QUALCUNO HA UCCISO MIO MARITO ★★
(Somebody Killed her Husband)
Regia di LAMONT JOHNSON. Con JEFF BRIDGES, FARRAH FAWCETT, MARY MCCARTHY. ■ Un professore diventa l'amante di una bella signora insoddisfatta. Il marito di lei muore e ai due viene una paura matta di essere incolpati di omicidio. Una Farrah Fawcett solo volenterosa non sostiene adeguatamente questo giallo-rosa memore di certe commedie anni Trenta con Claudette Colbert o Carole Lombard. ■ GIALLO; COL.; 97′; USA, 1978.

QUALCUNO HA VISTO UCCIDERE ★★
(Un par de zapatos del 32)
Regia di RAFAEL ROMERO MARCHENT. Con FRANCO GIACOBINI, SYLVA KOSCINA, RAY MILLAND. ■ Un uomo intende uccidere il marito della sua amante. Ingaggia così un professionista che fa saltare l'aereo sul quale l'uomo è partito, anche se con lui muoiono altre 150 persone. Il killer si presenta al mandante e pretende più soldi, l'altro per tutta risposta lo uccide. Ma c'è un tale che ha visto tutto. Il resto del film è tutto un inseguimento, con un finale ad altissima tensione. ■ GIALLO; COL.; 90′; ITALIA, SPAGNA, 1973.

QUALCUNO IN ASCOLTO ★★
Regia di FALIERO ROSATI. Con OLIVER BENNY, ANNE CANOVAS, VINCENT SPANO. ■ Un tecnico, che dalla sua stazione controlla ogni immagine proveniente dai satelliti, assiste un giorno a un omicidio. Cerca allora di localizzare il luogo e i personaggi del fatto, e così facendo scopre un intrigo internazionale, che minaccia la pace nel mondo. Il tecnico riuscirà a distanza a sventare il complotto con l'aiuto di un piccolo radioamatore. ■ AVVENTURA; COL.; 71′; ITALIA, 1988.

QUALCUNO LO CHIAMA AMORE ★★
(Some Call It Loving)
Regia di JAMES B. HARRIS. Con VERONICA ANDERSON, LISA FARROW, ZALMAN KING, RICHARD PRYOR, CAROL WHITE. ■ Un sassofonista trova in un baraccone da circo una ragazza che è in stato di coma da diversi anni, "la bella addormentata". Il giovane la compera e la porta nella sua grande casa dove, risvegliatala, tenta di plasmarla secondo il suo ideale di donna. Ma la ragazza sfugge al suo padrone che, ricatturatala, la fa ritornare nel suo sonno. ■ FANTASTICO; COL.; 103′; USA, 1972.

QUALCUNO MI AMA *(Somebody Loves Me)* ★★
Regia di IRVING S. BRECHER. Con BETTY HUTTON, RALPH MEEKER. ■ La storia di un comico americano degli inizi del Novecento, Benny Fields. Dapprima ottiene successo solo perché è sposato a una stella del varietà, poi decide di lasciare la moglie per costruirsi una carriera da solo e, alla fine, ci riesce rappacificandosi inoltre col suo amore. ■ COMM. MUSICALE; COL.; 97′; USA, 1953.

QUALCUNO PAGHERÀ ★★
Regia di SERGIO MARTINO. Con ERNEST BORGNINE, GIULIANO GEMMA, DANIEL GREENE. ■ Un giovane pugile vien preso sotto la protezione di un boss che controlla il racket della boxe. Ma si ribella al boss quando questi gli chiede di perdere un incontro. La ribellione gli costa una terribile lezione. Ma il boxeur avrà egualmente la meglio sul gangster. ■ AVVENTURA; COL.; 92′; ITALIA, 1988.

QUALCUNO STA PER MORIRE *(One False Move)* ★
Regia di CARL FRANKLIN. Con BILL PAXTON, BILLY BOB THORNTON, CINDY WILLIAMS. ■ Una donna bella e decisa è a capo di una banda di criminali. Dopo aver messo le mani su un carico di droga i delinquenti si dirigono alla volta di Star City, nell'Arkansas, ricorrendo spesso alla violenza. Una volta giunti a destinazione, lo sceriffo della città scopre che quella spietata donna è il suo amore di un tempo. ■ DRAMMATICO; COL.; 105′; USA, 1991.

QUALCUNO STA UCCIDENDO I PIÙ GRANDI CUOCHI D'EUROPA ★★★
(Who Is Killing the Great Chefs of Europe?)
Regia di TED KOTCHEFF. Con JACQUELINE BISSET, JEAN-PIERRE CASSEL, ROBERT MORLEY, PHILIPPE NOIRET, LUIGI PROIETTI, JEAN ROCHEFORT, STEFANO SATTA FLORES, GEORGE SEGAL. ■ Un medico dice al grassissimo Max che morirà se non si metterà a dieta ferrea. A favorire Max accade una cosa strana: vengono uccisi tre grandi cuochi che il grassone conosceva e frequentava. Vengono sospettati una giovane pasticciera e un americano che vuole aprire dei pessimi ristoranti, ma il colpevole è naturalmente un altro. ■ GIALLO ROSA; COL.; 110′; USA, 1978. ■ GOLDEN GLOBES 2 NOM.

QUALCUNO VERRÀ *(Some Came Running)* ★★★
Regia di VINCENTE MINNELLI. Con MARTHA HYER, ARTHUR KENNEDY, SHIRLEY MACLAINE, DEAN MARTIN, FRANK SINATRA. ■ Uno scrittore, tornato dalla seconda guerra mondiale, si scontra con le ipocrisie della sua piccola città di provincia facendo amicizia con persone poco rispettabili, ma di gran cuore. Decide addirittura di sposarsi con una ragazza ritenuta una poco di buono. Costei, però, viene uccisa subito dopo il matrimonio da un suo antico amante. ■ DRAMMATICO; COL.; 136′; USA, 1959. ■ OSCAR 5 NOM.

♥ **QUALCUNO VOLÒ SUL NIDO DEL CUCULO** ★★★★★🏆
(One Flew Over the Cuckoo's Nest)
Regia di MILOS FORMAN. Con DANNY DEVITO, BRAD DOURIF, LOUISE FLETCHER, CHRISTOPHER LLOYD, JACK NICHOLSON, PHIL ROTH, WILL SAMPSON. ■ Un altro titolo d'epoca che a buon diritto fa parte della leggenda del cinema. Nessun film è stato più faticosamente prodotto. Viene da molto lontano. Il grande Kirk Douglas voleva interpretarlo e produrlo fin dagli anni Cinquanta. Aveva acquistato i diritti del romanzo di Ken Kesey, chiedeva finanziamenti a tutti i suoi conoscenti, che poi erano i produttori, grandi o piccoli. Ma per quei tempi il soggetto era giudicato troppo a rischio. Era un altro cinema, un'altra Hollywood. Doveva essere un altro Douglas, Michael, a realizzare il sogno del padre. Anche se per Kirk non fu proprio la stessa cosa. Si dice anzi che ci sia rimasto male. Michael affidò il film a Forman, un regista non proprio sconosciuto, che aveva dovuto lasciare la Cecoslovacchia durante la famosa primavera di Praga del Sessantotto. Jack Nicholson fa la parte di un pregiudicato che si fa internare in una clinica psichiatrica per sfuggire a guai maggiori. È vivace e intelligente, ed è un ribelle. Dunque comincia col sovvertire tutto. Induce i ricoverati a protestare, li porta a fare una gita in barca, fa loro scoprire un'altra vita fuori da quel luogo. Naturalmente si fa nemici medici e infermieri che per neutralizzarlo alla fine lo riducono un vegetale. Ma il suo amico, un indiano gigantesco, per salvargli la vita... lo uccide, poi sfonda il cancello della clinica e va verso la libertà che aveva cominciato ad assaporare. Film dunque dalle molteplici letture: la clinica può essere semplicemente il mondo e non è poi così chiara la linea che divide i sani dai pazzi. Le norme vigenti, dure e bloccate, alla fine possono essere solo un pretesto di discriminazione, ingiusto e criminale. Viva dunque l'eroe poco di buono che si batte sapendo di perdere. Naturalmente non erano casuali i richiami di libertà che venivano da Praga, e nemmeno il vento *liberal* che soffiava in quegli anni in America. Anche se Kesey c'era arrivato molto prima: ma è una prerogativa precisa del cinema arrivare più tardi della letteratura di almeno una generazione. Dunque grande film, premiato giustamente con tutti gli Oscar più importanti (film, regista, sceneggiatore, Nicholson e Fletcher, l'infermiera). Jack Nicholson, con la sua recitazione nevrotica e sopra le righe, definì perfettamente il suo personaggio (quello di *Shining*, *Voglia di tenerezza*, *Le streghe di Eastwick*) e divenne uno dei massimi divi del cinema moderno, in compagnia dei suoi grandi coetanei, gli straordinari ragazzi del 1937: Hoffman, Redford, Beatty e Jane Fonda. ■ DRAMMATICO; COL.; 133′; USA, 1975. ■ DAVID DI DONATELLO 🏆 2 PR, 2 NOM; GOLDEN GLOBES 🏆 5 PR, 5 NOM; OSCAR 🏆 5 PR, 9 NOM.

QUALE AMORE ★★
Regia di MAURIZIO SCIARRA. Con GIORGIA FERRERO, ARNOLDO FOÀ, ANDONI GRACIA, VANESSA INCONTRADA, MAGDA MERCATALI, GIORGIO PASOTTI, MARIA SCHNEIDER. ■ Un giovane della buona borghesia luganese, con incarichi nell'alta finanza, si innamora perdutamente di una bella pianista. La donna gli darà tre figli ma sarà all'origine di una crescente gelosia, che si trasfor-

merà in ossessione omicida. L'uomo racconterà la sua passione a uno sconosciuto, in attesa come lui in un aeroporto. Maurizio Sciarra affronta un testo letterario alto come *La Sonata a Kreutzer* di Lev Tolstoj. Traspone la Russia del grande autore letterario nell'odierna Svizzera delle banche e il doppio salto mortale (dalla letteratura al cinema e dal passato al presente) causa al film più di un'ammaccatura. ■ DRAMMATICO; COL.; 100′; ITALIA, 2005.

QUALUNQUEMENTE ★★

Regia di GIULIO MANFREDONIA. Con ANTONIO ALBANESE, DAVIDE GIORDANO, LORENZA INDOVINA, NICOLA RIGNANESE, SERGIO RUBINI. ■ Uno spettro si aggira per la Calabria: è lo spettro della legalità. Contro questo spiacevole inconveniente, rappresentato dal candidato sindaco di Marina di Sopra, certo De Santis, la parte "furba" del paese schiera l'uomo della provvidenza: Cetto La Qualunque, di ritorno da un periodo di latitanza con una nuova moglie, che chiama Cosa, e la di lei bambina, che non chiama proprio. Volgare, disonesto, corrotto, ma soprattutto fiero di essere tutto questo e molto di peggio, Cetto prima ricorre alle intimidazioni mafiose, poi a dosi inimmaginabili di propaganda becera, quindi assolda uno specialista. Il fine, e cioè la vittoria alle elezioni, giustifica interamente i mezzi, che in questo caso vanno dal comizio in chiesa, all'offerta di ragazze seminude come fossero caramelle scartate, all'incarceramento del figlio Melo in sua vece. Fino alla più sporca delle truffe. Il personaggio creato da Antonio Albanese e Piero Guerrera balza dal piccolo al grande schermo, vale a dire dalla misura spazio-temporale dello sketch al lungometraggio di narrazione. ■ COMMEDIA; COL.; 96′; ITALIA, 2011.

QUAM MIRABILIS ★★

Regia di ALBERTO RONDALLI. Con GIADA BALESTRINI, ELISABETTA FALENI, ANNA SIVELLI. ■ È un film interessante girato con pochi mezzi. L'amore tra una suora di clausura e una novizia. Alla fine la suora desisterà dal progetto di lasciare la veste. ■ DRAMMATICO; B/N; 57′; ITALIA, 1994.

QUAND J'ÉTAIS CHANTEUR ★★

Regia di XAVIER GIANNOLI. Con CÉCILE DE FRANCE, GÉRARD DEPARDIEU, ALAIN CHANONE, MARIE KREMER. ■ Alain, cantante cinquantenne di Clermont-Ferrand, si esibisce nei locali per feste aziendali e inaugurazioni. Si tinge i capelli ma è consapevole della sua età e si accontenta della sua fama locale. Tutto questo gli basta fino a quando non incontra Marion, un'agente immobiliare di 27 anni, madre di un bambino avuto troppo presto da un uomo che non ama più. Il cinema francese va visto in originale. Perché solo così si può godere delle raffinatezze di sceneggiatura, dei cambi di tono, delle sfumature che valorizzano le interpretazioni. Le cover delle canzoni sono accattivanti, risentire Bobby Solo in un film d'Oltralpe con il suo *Una lacrima sul viso* è un'idea singolare e non sgradevole. ■ COMMEDIA; COL.; 110′; FRANCIA, 2005.

QUANDO ALICE RUPPE LO SPECCHIO ★★

Regia di LUCIO FULCI. Con PIER LUIGI CONTI, RITA DE SIMONE, BRETT HALSEY. ■ Un uomo, che è un misto tra Landru, Barbablù e Monsieur Verdoux, uccide alcune ignare donne per denaro. Una addirittura la fa a pezzi e ne mangia una fetta. I soldi gli servono per scommettere alle corse di cavalli. Finale con coscienza materializzata. Girato con pochi mezzi e volutamente esagerato, può divertire gli appassionati dello *splatter-movie*. ■ HORROR; COL.; 85′; ITALIA, 1989.

QUANDO BACI UNA SCONOSCIUTA ★★
(Once You Kiss a Stranger)

Regia di ROBERT SPARR. Con PAUL BURKE, PHILIP CAREY, MARTHA HYER, CAROL LYNLEY. ■ Un campione di golf, irritato perché regolarmente battuto da un rivale, riceve una strana proposta da una ragazza: lei ucciderà l'eterno vincitore se lui, in cambio, ucciderà un medico. L'uomo, pensando a uno scherzo, accetta. Scoprirà poi che la donna, una psicopatica, parlava seriamente e si troverà in mezzo ai guai. ■ POLIZIESCO; COL.; 106′; USA, 1970.

QUANDO BRENDAN INCONTRA TRUDY ★★
(When Brendan Met Trudy)

Regia di KIERON J. WALSH. Con PETER MCDONALD, PAULINE MCLYNN, FLORA MONTGOMERY, MARIE MULLEN, DON WYCHERLEY. ■ Siamo a Dublino. Brendan (McDonald) ricorda la sua storia d'amore con Trudy (Montgomery). La ragazza era parsa fragile, timida all'approccio in un pub. Ecco gli amici comuni, ecco il sesso ed ecco la doccia fredda: Trudy era una ladra, capace anche di fare degli adepti, compreso Brendan. Il film rappresenta due "prime volte". Lo script è infatti il primo originale di Roddy Doyle, romanziere, autore, fra gli altri, di *The Commitments* e di *Due sulla strada* diventati film. Anche per il regista Walsh è la "prima volta". ■ DRAMMATICO; COL.; 95′; GRAN BRETAGNA, IRLANDA, 2001.

QUANDO C'È LA SALUTE *(Tant qu'on a la santé)* ★★★

Regia di PIERRE ETAIX. Con EMIL CORYN, PIERRE ETAIX, DARIO MESCHI, DENISE PERRONE. ■ Etaix è stato collaboratore di Tati ed è un buon attore comico. I suoi film, pur divertenti, non raggiungono però le vette del maestro. Qui racconta le disavventure d'un tizio alla caccia della natura incontaminata e del silenzio. Ma anche nella foresta vergine le scimmie sono ormai dotate di chitarra elettrica. ■ COMMEDIA; COL.; 80′; FRANCIA, 1968.

QUANDO C'ERA LUI... CARO LEI ★★

Regia di GIANCARLO SANTI. Con MARIA GRAZIA BUCCELLA, GIANNI CAVINA, SALVATORE FUNARI, HUGO PRATT, PAOLO VILLAGGIO. ■ Un benzinaio incontra due antichi compagni che erano stati fascisti come lui. Viaggiando in macchina, i tre ricordano i bei tempi del duce, mentre vengono a galla fatti pubblici e privati del personaggio. Ma c'è una sorpresa finale. ■ COMMEDIA; COL.; 100′; ITALIA, 1978.

QUANDO C'ERA SILVIO ★★

Regia di BEPPE CREMAGNANI, ENRICO DEAGLIO, RUBEN H. OLIVA. ■ Il documentario racconta della vita di Berlusconi con immagini inedite e documenti mai visti. Saranno svelati i misteri della sua villa, della ricrescita dei suoi capelli, il continuo moltiplicarsi della sua ricchezza, inoltre è presente anche il filmato integrale della lite al Parlamento Europeo di Strasburgo tra Silvio Berlusconi e Mark Shulz. Un film divertente che fa ridere e pensare. È tutto vero. ■ DOCUMENTARIO; COL.; 89′; ITALIA, 2005.

QUANDO CHIAMA UNO SCONOSCIUTO ★★
(When a Stranger Calls)

Regia di FRED WALTON. Con TONY BECKLEY, CHARLES DURNING, CAROL KANE. ■ Un marinaio pazzo uccide i figli piccoli di un dottore e farebbe lo stesso con la loro baby-sitter, se la polizia non intervenisse. Sette anni dopo, evade dal manicomio criminale e si mette in caccia della baby-sitter, nel frattempo sposatasi e divenuta madre. Ma il poliziotto che l'aveva agguantato la prima volta, ha intuito le intenzioni del folle, arriva *in extremis* a casa della donna ed elimina definitivamente il maniaco. ■ GIALLO; COL.; 97′; USA, 1979.

QUANDO COMINCIA L'AMORE *(Ihr erstes Erlebnis)* ★★

Regia di JOSEF VON BAKY. Con VOLKER VON COLLANDE, ILSE WERNER. ■ Il primo film di von Baky, autore tra l'altro del famoso *Le avventure del barone di Münchhausen*, era stato nel 1936 *Intermezzo*, poi rifatto dagli americani con Ingrid Bergman e Leslie Howard. All'atmosfera di quel film si ispira anche questa pellicola: lì si racconta dell'impossibile amore d'un affermato violinista per una semplice ragazza, qui il violinista diventa un pittore e la giovane una sua allieva. ■ DRAMMATICO; B/N; 92′; GERMANIA, 1940.

QUANDO DICO CHE TI AMO ★

Regia di GIORGIO BIANCHI. Con CATERINA CASELLI, ALIDA CHELLI, LUCIO DALLA, LOLA FALANA, ENZO JANNACCI, TONY RENIS. ■ Un giovane aspirante cantante ha sei fidanzate, ma s'innamora veramente d'una settima. Prima che possa licenziare le altre, tutte e sette scoprono la verità e lo abbandonano. Una nuova canzone sarà il mezzo con cui il giovane conquisterà il successo e riuscirà a farsi perdonare dall'unica che amava veramente. ■ COMM. MUSICALE; COL.; 99′; ITALIA, 1967.

QUANDO DONNA VUOLE *(Youth Takes a Fling)* ★★★

Regia di ARCHIE MAYO. Con ANDREA LEEDS, JOEL MCCREA. ■ Il regista della *Foresta pietrificata* realizza qui una commedia abbastanza divertente su un giovane di campagna che va a New York spinto dalla speranza di potersi imbarcare su una nave per coronare il suo grande sogno di diventare marinaio. L'amore che una bella ragazza prova per lui non gli fa cambiare idea. Ci penserà, però, il mal di mare. ■ COMMEDIA; B/N; 79′; USA, 1938.

QUANDO ERAVAMO GIOVANI *(Young and Willing)* ★★★
Regia di EDWARD H. GRIFFITH. Con ROBERT BENCHLEY, EDDIE BRACKEN, SUSAN HAYWARD, WILLIAM HOLDEN. ■ Tre giovanotti desiderosi di sfondare in campo teatrale dividono il loro appartamento con tre ragazze. Lo fanno per risparmiare e hanno solennemente promesso di non innamorarsi gli uni delle altre, ma avviene l'inevitabile e una coppia si sposa segretamente. Il padre della sposa, informato, piomba nell'appartamento e rimane sconvolto, ma il successo che il gruppo riporta interpretando un dramma di uno dei suoi membri (che diventa inaspettatamente un successo comico) lo addolcirà. ■ COMMEDIA; B/N; 82′; USA, 1942.

QUANDO ERAVAMO MUTI ★★
Regia di RICCARDO CASSANO. Con FRANCESCA BERTINI, MARIO BONNARD, EMILIO GHIONE, ITALIA ALMIRANTE MANZINI. ■ Un film di montaggio realizzato cucendo insieme vari spezzoni di film muti collegati con scene parlate e cantate in modo da formare una storia. ■ DOCUMENTARIO; B/N; 91′; ITALIA, 1933.

QUANDO ERAVAMO RE *(When We Were Kings)* ★★★
Regia di LEON GAST. Con MOHAMMED ALÌ, JAMES BROWN, GEORGE FOREMAN, SPIKE LEE, MIRIAM MAKEBA. ■ Eccezionale documentario vincitore del Premio Oscar 1996, sul match leggendario avvenuto nel 1974 a Kinshasa, nello Zaire, tra Mohammed Alì, sfidante, e George Foreman, detentore del titolo. Il film racconta anche gli avvenimenti accaduti nei giorni prima dell'incontro, in particolare il grande concerto di musica nera, con Miriam Makeba, James Brown e B.B. King. ■ DOCUMENTARIO; B/N; 88′; USA, 1996.

QUANDO ERAVAMO REPRESSI ★★
Regia di PINO QUARTULLO. Con FRANCESCA D'ALOIA, ALESSANDRO GASSMAN, LUCREZIA LANTE DELLA ROVERE, PINO QUARTULLO. ■ Tratto da una commedia teatrale, il film rappresenta in modo scherzoso uno scambio di coppie. Quattro trentenni decidono, per ravvivare la loro vita di routine, di incrociare le proprie esperienze sessuali. Un po' alla maniera della commedia all'italiana e senza volgarità, il film segue i protagonisti fino al finale tranquillizzante in cui tutto torna come prima. C'è anche, nella particina del sessuologo, il padre di Alessandro, e cioè Vittorio Gassman. ■ COMMEDIA; COL.; 100′; ITALIA, 1992.

QUANDO GLI ANGELI DORMONO ★★
Regia di RICARDO GASCÓN. Con CLARA CALAMAI, AMEDEO NAZZARI. ■ Due divi d'anteguerra in un film che racconta la storia di un operaio ambizioso che, pur di riuscire, trascura la donna amata, tradisce i compagni nel corso di uno sciopero e, infine, si rende conto di avere sprecato tutta la sua vita. ■ DRAMMATICO; B/N; 92′; ITALIA, SPAGNA, 1948.

QUANDO GLI ANGELI PIANGONO ★
Regia di MARINO GIROLAMI. Con AURELIO FIERRO, SYLVA KOSCINA, FAUSTO TOZZI. ■ Un reduce dalla prigionia in Russia scopre che la sua fidanzata si è nel frattempo sposata con un cantante. I due si amano ancora, ma, nobilmente, decidono di lasciarsi anche perché il marito è diventato cieco in un incidente. Alla fine, però, il cantante scoprirà la verità per colpa di un losco ricattatore e, opportunamente, morirà per lo choc. ■ DRAMMATICO; B/N; 94′; ITALIA, 1958.

QUANDO GLI ELEFANTI VOLAVANO ★★
(Operation Dumbo Drop)
Regia di SIMON WINCER. Con DOUG. E. DOUG, DANNY GLOVER, DENIS LEARY, RAY LIOTTA. ■ Guerra del Vietnam. Alcuni soldati devono recuperare nella giungla un elefante sacro, per una festa. Ci riescono. Una storia a mezza strada fra le edificanti parabole di Disney e Tarzan. Tutte le problematiche e i drammi di quella guerra non vengono nemmeno sfiorati. ■ AVVENTURA; COL.; 108′; USA, 1996.

QUANDO GLI UOMINI ARMARONO LA CLAVA E ...CON LE DONNE FECERO DIN DON ★★
Regia di BRUNO CORBUCCI. Con VITTORIO CAPRIOLI, NADIA CASSINI, VALERIA FABRIZI, MARIA PIA GIANCARO, ALDO GIUFFRÉ, GISELA HAHN, ELIO PANDOLFI, ANTONIO SABATO. ■ Uno dei film nati sulla scia del successo di *Quando le donne avevano la coda*. S'ispira a due commedie di Aristofane, ambientandole però all'età della pietra. ■ EROTICO; COL.; 95′; ITALIA, 1971.

QUANDO I CALIFFI AVEVANO LE CORNA ★
Regia di AMASI DAMIANI. Con ALDO BUFI LANDI, MARIA PIA GIANCARO, MARGARET ROSE KIEIL, GORDON MITCHELL, GIORGIA TANI. ■ I successi ottenuti dalle imitazioni del *Decameron* e dei *Racconti di Canterbury* di Pasolini indussero numerosi produttori a preparare adattamenti dalla novellistica araba, quando *Il fiore delle Mille e una notte* era ancora in lavorazione. ■ EROTICO; COL.; 92′; ITALIA, 1973.

QUANDO I DINOSAURI SI MORDEVANO LA CODA ★★
(When Dinosaurs Ruled the Earth)
Regia di VAL GUEST. Con SEAN CAFFREY, ROBIN HAWDON, MAGDA KONOPKA, VICTORIA VETRI. ■ Nella preistoria, una ragazza della tribù delle montagne sfugge al sacrificio umano e trova l'amore di un giovane pescatore appartenente alla tribù del mare. I due sono perseguitati, ma riescono ad allontanarsi grazie all'aiuto dei dinosauri di cui hanno potuto guadagnare l'amicizia. ■ FANTASTICO; COL.; 100′; GRAN BRETAGNA, 1970. ■ OSCAR 1 NOM.

QUANDO IL DESTINO SI TINGE DI NERO ★★
(Paint it Black)
Regia di TIM HUNTER. Con SALLY KIRKLAND, MARTIN LANDAU, RICK ROSSOVICH, MONIQUE VAN DE VEN. ■ John Dunbar è uno scrittore famoso. Chi lo circonda prova per lui o una profonda ammirazione o un'inestinguibile invidia. Marion, ad esempio, lo ama mentre Eric lo detesta e cerca di imbrogliarlo. ■ DRAMMATICO; COL.; 101′; USA, 1989.

QUANDO IL GIORNO VERRÀ *(Watch on the Rhine)* ★★★
Regia di HERMAN SHUMLIN. Con GEORGE COULOURIS, BETTE DAVIS, GERALDINE FITZGERALD, PAUL LUKAS, LUCILLE WATSON. ■ Prima della guerra, un tedesco nazista, in visita a Washington con la moglie americana, elimina un diplomatico rumeno che potrebbe denunciare le sue attività di cospiratore ai danni della rete spionistica dell'Asse. ■ SPIONAGGIO; B/N; 114′; USA, 1943. ■ OSCAR 1 PR, 4 NOM.

QUANDO IL PENSIERO DIVENTA CRIMINE ★★
(Lonely Killer)
Regia di BORIS SZULZINGER. Con GEORGES AMINEL, ROLAND MADEN, DOMINIQUE ROLLIN. ■ Due giovanotti parigini omosessuali conducono una vita di scippi, di vagabondaggio e di prostituzione. Ritenendosi al di sopra della legge comune, uccidono in maniera gratuita un operaio, si fotografano a vicenda e mandano le istantanee a un giornalista che è stato loro amante. L'uomo, sconvolto, le consegna alla polizia e i due vengono arrestati. ■ POLIZIESCO; COL.; 94′; BELGIO, 1973.

QUANDO IL RAMO SI SPEZZA ★★
(When the Bough Breaks)
Regia di MICHAEL COHN. Con MARTIN SHEEN, TARA SUBKOFF, ALLY WALKER. ■ Piove a catinelle a Houston e così dal terreno emerge una busta di plastica che contiene sette mani, ognuna con un numero tatuato nel palmo. L'ispettrice Audrey Nacleah dovrà darsi da fare per scoprire il serial killer. ■ THRILLER; COL.; 98′; USA, 1993.

QUANDO IL SOLE SCOTTA *(La route de Salina)* ★★
Regia di GEORGES LAUTNER. Con ED BEGLEY JR, MIMSY FARMER, RITA HAYWORTH, MARC POREL, IVANO STACCIOLI, ROBERT WALKER. ■ Un uomo, che vagabonda per il sud-ovest degli Stati Uniti, viene scambiato dalla proprietaria di una stazione di servizio per il proprio figlio sparito anni prima. Il vagabondo pensa di approfittare della situazione, ma si pente quando appare la sua presunta sorella, una nevrotica che aveva avuto un rapporto incestuoso con lo scomparso. ■ DRAMMATICO; COL.; 95′; FRANCIA, 1971.

QUANDO I MONDI SI SCONTRANO ★★
(When Worlds Collide)
Regia di RUDOLPH MATÉ. Con RICHARD DEER, PETER HANSON, BARBARA RUSH. ■ Uno scienziato scopre che la Terra entro un anno scomparirà a causa d'una catastrofe celeste. Viene organizzata

una specie di arca spaziale che dovrebbe portare in salvo 44 giovani destinati a perpetuare la razza umana. Lo scienziato sceglie di rimanere sul pianeta condannato insieme con un milionario che aveva fatto leva su tutto il suo potere per trovare la salvezza. ■ FANTASCIENZA; COL.; 81′; USA, 1951. ■ OSCAR 1 PR, 2 NOM.

QUANDO I PICCIOTTI SGARRANO ★★
Regia di ROMOLO CAPPADONIA. Con ROMOLO CAPPADONIA, ANTONELLA COMANDÉ, SALVATORE GIULIANO JR., ENRICA SALTUTTI. ■ *Quando i picciotti sgarrano* è un poliziottesco atipico, un film che forse si avvicina più alla lezione dei noir duri e violenti conditi di sesso alla Di Leo che ai classici film di Massi, Lenzi e Corbucci. È un film sulla mafia ambientato a Messina, che imposta un discorso coraggioso e originale sul racket dei pescherecci. Il regista descrive usi e costumi locali, girando in presa diretta le feste in onore del santo patrono e diversi rituali mafiosi (le candele spente con le dita dagli uomini d'onore che significano sentenza di morte), ma trova anche il modo per dare voce alle tentazioni separatistiche. ■ POLIZIESCO; COL.; 98′; ITALIA, 1978.

QUANDO LA BESTIA URLA *(Monkey on My Back)* ★★
Regia di ANDRÉ DE TOTH. Con DIANNE FOSTER, CAMERON MITCHELL. ■ Un pugile che ha sprecato le sue energie facendo la bella vita non riesce più a salire sul ring. S'arruola così nei marines e, durante la guerra, si comporta eroicamente. Purtroppo s'ammala di malaria ed esagera con la morfina, diventando un tossicomane. Sarà la giovane moglie a dargli la forza di guarire. ■ DRAMMATICO; B/N; 93′; USA, 1957.

QUANDO LA CITTÀ DORME ★★★★
(While the City Sleeps)
Regia di FRITZ LANG. Con DANA ANDREWS, RHONDA FLEMING, SALLY FORREST, IDA LUPINO, THOMAS MITCHELL, GEORGE SANDERS. ■ Il debole proprietario di un giornale promette il posto di direttore a quello dei suoi giornalisti che saprà individuare il colpevole di un assassinio. Alla fine però viene preferito un altro, l'amante della moglie del proprietario. Ci vorrà un discorso franco e deciso perché chi veramente se lo merita possa avere il giusto premio. ■ POLIZIESCO; B/N; 100′; USA, 1956.

QUANDO LA COPPIA SCOPPIA ★★
Regia di STENO. Con CLAUDE BRASSEUR, DALILA DI LAZZARO, ENRICO MONTESANO. ■ Un uomo è abbandonato dalla moglie stufa di lui. Cerca di riprendersela, carpendo le confidenze della figlioletta, rimasta con la madre. Viene così a sapere che la donna ha un altro. Il marito affronta il rivale, si scazzotta con lui. Alla fine però i due diventano amici. Il marito rinuncia alla consorte e si mette con una divorziata conosciuta qualche tempo prima. ■ COMMEDIA; COL.; 97′; ITALIA, 1981.

QUANDO LA GANG COLPISCE *(Terror at Midnight)* ★★
Regia di FRANKLIN ADREON. Con SCOTT BRADY, JOAN VOHS. ■ La fidanzata di un poliziotto è sospettata di duplice omicidio. In realtà ha solo commesso una leggerezza: dopo aver investito un agente è fuggita e ha portato la macchina da un ambiguo carrozziere che è stato ucciso dalla moglie gelosa, a sua volta eliminata dai complici del marito a causa di un affare di automobili rubate. Alla fine la verità trionfa. ■ POLIZIESCO; B/N; 70′; USA, 1956.

QUANDO L'ALBA SI TINGE DI ROSSO ★★★
(A Man Called Gannon)
Regia di JAMES GOLDSTONE. Con ANTHONY FRANCIOSA, MICHAEL SARRAZIN, JUDI WEST. ■ Amicizia virile tra un cowboy e un giovane vagabondo: dapprima il ragazzo pende dalle labbra dell'uomo più anziano che gli insegna a comportarsi da uomo e a usare la pistola. Più tardi, però, il cowboy rifiuta di mettersi contro la legge e di partecipare a una guerra per il diritto sui pascoli e il giovane, invece, capeggia i facinorosi. Alla fine, il mandriano risolverà pacificamente i contrasti, anche se dovrà prendersi una pallottola dal suo ex protetto. ■ WESTERN; COL.; 105′; USA, 1968.

QUANDO LA MOGLIE È IN VACANZA ★★★★
(The Seven Year Itch)
Regia di BILLY WILDER. Con TOM EWELL, EVELYN KEYES, MARILYN MONROE, SONNY TUFTS. ■ Un impiegato rimasto solo in città, perché la famiglia è andata in villeggiatura, prova un'attrazione sempre maggiore per la vicina di casa bionda e sexy. Alla fine però si spaventa per le possibili conseguenze e fugge a raggiungere la moglie. ■ COMMEDIA; COL.; 105′; USA, 1955.

QUANDO L'AMORE BRUCIA L'ANIMA ★★🏅
(Walk the Line)
Regia di JAMES MANGOLD. Con LARRY BAGBY, DAN BEENE, RIDGE CANIPE, GINNIFER GOODWIN, SHELBY LYNNE, DAN JOHN MILLER, HAILEY ANNE NELSON, ROBERT PATRICK, JOAQUIN PHOENIX, LUCAS TILL, REESE WITHERSPOON. ■ Costante come un treno, tagliente come un rasoio, Johnny Cash non ha mai rinunciato a cavalcare il proprio destino, a costo di esserne disarcionato. Questo ritratto biografico ripercorre la vita del mito, dall'infanzia nel countryside al servizio militare, dagli esordi, quando il rock'n'roll era una questione di scintille, al concerto del 1968 nella prigione di Folsom. Quando l'onda del successo è impetuosa e il talento rischia di seppellire l'uomo, l'amore per June Carter può essere insieme dannazione e salvezza. Dai campi di cotone dell'Arkansas a idolo delle folle d'America. ■ BIOGRAFICO; COL.; 136′; USA, 2005. ■ GOLDEN GLOBES 🏅 3 PR, 3 NOM; OSCAR 🏅 1 PR, 5 NOM.

QUANDO L'AMORE È FIAMMA ★★
(Neokonchennaya povest)
Regia di FRIEDRICH ERMLER. Con SERGEJ BONDARCIUK, ELINA BYSTRITSKAIA, SOFIYA GIATSINTOVA. ■ Storia d'amore tra una donna medico e un uomo paralizzato alle gambe. Lui non osa dichiararle il suo sentimento temendo che lei lo corrisponda solo per pietà. I due si lasciano, poi lei torna da lui per smentire le calunnie d'un collega invidioso e lo choc guarisce il malato, assicurando così il lieto fine alla vicenda. ■ COMMEDIA; COL.; 91′; URSS, 1955.

QUANDO L'AMORE È POESIA *(Now and Forever)* ★★
Regia di MARIO ZAMPI. Con VERNON GRAY, JANETTE SCOTT. ■ Un regista italiano che si fece un buon nome in Inghilterra dove era emigrato racconta dell'amore tra una ragazza di buona famiglia, trascurata dalla madre con cui vive, e il figlio d'un garagista. I due, contrastati dai genitori, decidono di fuggire in Scozia per sposarsi. Saranno raggiunti, ma otterranno finalmente il consenso al matrimonio. ■ COMMEDIA; COL.; 91′; GRAN BRETAGNA, 1956.

QUANDO L'AMORE È ROMANZO ★★
(The Helen Morgan Story)
Regia di MICHAEL CURTIZ. Con ANN BLYTH, RICHARD CARLSON, GENE EVANS, ALAN KING, PAUL NEWMAN. ■ La storia di una cantante americana degli anni ruggenti: il suo progressivo discendere verso l'alcolismo e il suo sfortunato amore per un contrabbandiere di whisky cinico e ambizioso. ■ BIOGRAFICO; B/N; 118′; USA, 1957.

QUANDO L'AMORE È VELENO ★★
(Liebe kann wie Gift sein)
Regia di VEIT HARLAN. Con WILLY BIRGEL, JOACHIM FUCHSBERGER, SABINA SESSELMANN. ■ Una ragazza di ricca famiglia, trascurata dal padre, cede alle lusinghe d'un bieco pittore che la ritrae nuda e le fa sperimentare una vita di sregolatezze. I genitori, quando il quadro viene esposto, cacciano la poverina che scende uno dopo l'altro i gradini verso il baratro, finché muore in un letto d'ospedale, assistita da un giovane medico che non è stato capace di salvarla col suo amore. ■ DRAMMATICO; B/N; 90′; GERMANIA, 1966.

QUANDO L'AMORE SE N'È ANDATO ★★★
(Where Love Has Gone)
Regia di EDWARD DMYTRYK. Con MICHAEL CONNORS, BETTE DAVIS, SUSAN HAYWARD, JOEY HEATHERTON, ANNE SEYMOUR. ■ Una ragazza uccide l'amante della madre. Nel corso degli interrogatori la colpevole descrive la vita di depravazione e di umiliazione a cui l'aveva costretta la genitrice snaturata e confessa d'aver, in realtà, voluto uccidere lei. La giovane sarà condannata, ma andrà serena in carcere, sapendo che il padre l'aspetterà per sottrarla all'arpia. Da un best-seller di Harold Robbins che si ispira al dramma di Lana Turner. ■ DRAMMATICO; COL.; 114′; USA, 1964. ■ OSCAR 1 NOM.

QUANDO LA MORTE PORTAVA L'ELMETTO ★★
(Dzien oczyszczenia)
Regia di JERZY PASSENDORFER. Con ALEXANDER BIELOWSKI, JA-

NUEZ BUKOWSKI, ANATOL GOLIK, EMIL KAREWICZ, BARBARA SOLTYSIK. ■ Nell'ultima fase della seconda guerra mondiale, un'unità di partigiani polacchi si batte contro gli occupanti tedeschi agli ordini di un rigido ex ufficiale dell'esercito. I nemici sono preponderanti e il luogotenente della banda capisce che è necessario allearsi a un altro gruppo di resistenti composto da sovietici, nonostante lui, personalmente, provi odio per i russi. Il comandante che si oppone viene destituito: le due compagnie, unite, sconfiggeranno i nazisti. ■ GUERRA; COL.; 95'; POLONIA, 1970.

QUANDO LA NEVE IMBIANCA I CAPELLI ★
(The Winners)
Regia di EMIL NOFAL, ROY SARGEANT. Con MARCELLO FIASCONARO, TONY JAY, JOE STEWARDSON, MADELEINE USHER. ■ Un industriale considera la vita una gara sportiva e impone ai figli di essere ottimi atleti. A un certo punto, però, i giovani si ribellano e una serie di disgrazie piomba sulla famiglia. Il vecchio padre non demorde e, per dimostrare d'essere ancora vincente, s'iscrive a una maratona. I figli allora si rappacificano e partecipano anch'essi alla gara in modo che il trofeo rimanga in famiglia. ■ DRAMMATICO; COL.; 92'; SUDAFRICA, 1973.

QUANDO LA NOTTE ★
Regia di CRISTINA COMENCINI. Con MICHELA CESCON, DENIS FASOLO, CLAUDIA PANDOLFI, FILIPPO TIMI, THOMAS TRABACCHI. ■ Estate. Marina, sposata e con un bambino piccolo, arriva in montagna per trascorrere un mese di vacanza con lui. La casa in cui alloggia è fuori dal paese ed appartiene al solitario e cupo Manfred, guida alpina. Il piccolo piange e non dorme esasperando Marina. Finché una notte accade qualcosa nel suo appartamento. Manfred sfonda la porta, trova il bambino ferito e lo soccorre. Da quel momento ha inizio una sorta di indagine reciproca: Marina e Manfred hanno dentro delle ferite che cercano inutilmente di nascondere anche a se stessi. Ci sono dei romanzi che vengono totalmente traditi dalla loro trasposizione cinematografica perché chi ne ha scritto la sceneggiatura non ha compreso il loro significato più profondo. Ci sono anche romanzi che andrebbero sottratti ai loro autori quando questi sono anche registi. Soprattutto i registi non dovrebbero scrivere romanzi. Le eccezioni ci sono, ma sono rarissime. Il pubblico degli addetti, a Venezia, ha accolto il film molto male, persino con risate, là dove non si doveva ridere. ■ DRAMMATICO; COL.; 114'; ITALIA, 2011.

QUANDO LA PELLE BRUCIA ★★
Regia di RENATO DALL'ARA. Con BRUNO CATTANEO, LISSIA KALENDA, OLGA SOLBELLI. ■ In Polesine, un uomo abbandona il suo paese ritenendo che la moglie si sia suicidata e trova lavoro in una fattoria. Le proprietarie di questa vorrebbero abbandonarla, perché le continue trivellazioni metanifere causano un progressivo abbassamento dei terreni. L'unico che vuole lottare è un vecchio che incendia un pozzo di metano. Deluso, l'uomo torna al paese d'origine e scopre che la moglie non è morta, ma è fuggita con una compagnia di guitti. ■ DRAMMATICO; B/N; 95'; ITALIA, 1966.

QUANDO LA VITA È ROMANZO *(I'll Take Romance)* ★★
Regia di EDWARD H. GRIFFITH. Con MELVIN DOUGLAS, STUART ERWIN, GRACE MOORE. ■ Un impresario teatrale per convincere una nota cantante lirica a firmare il contratto col Colon di Buenos Aires finge di essersi innamorato di lei. Naturalmente, la finzione diventa realtà. ■ SENTIMENTALE; B/N; 91'; USA, 1937.

QUANDO LE DONNE AMANO *(Adorables créatures)* ★★★
Regia di CHRISTIAN-JAQUE. Con MARTINE CAROL, EDWIGE FEUILLÈRE, ANTONELLA LUALDI. ■ Il filo tra i vari episodi è dato dalle avventure d'un giovanotto ricco e bello che, all'inizio del film, si sposa con una diciottenne e si ricorda dei suoi passati amori. ■ COMM. A EPISODI; B/N; 110'; FRANCIA, ITALIA, 1953.

QUANDO LE DONNE AVEVANO LA CODA ★★★
Regia di PASQUALE FESTA CAMPANILE. Con SENTA BERGER, PAOLA BORBONI, LANDO BUZZANCA, GIULIANO GEMMA, ALDO GIUFFRÉ, RENZO MONTAGNANI, FRANCESCO MULÉ, LINO TOFFOLO, FRANK WOLFF. ■ Alcuni cavernicoli vissuti in assoluto isolamento, dopo essere stati abbandonati da bambini, incontrano per la prima volta una donna. Accantonata l'idea di mangiarsela, i trogloditi scoprono l'amore e ciò fa nascere tra loro una terribile rivalità, che cesserà solo quando cadranno prigionieri di una tribù di amazzoni. ■ COMMEDIA; COL.; 105'; ITALIA, 1971.

QUANDO LE DONNE PERSERO LA CODA ★★
Regia di PASQUALE FESTA CAMPANILE. Con MARIO ADORF, SENTA BERGER, LANDO BUZZANCA, RENZO MONTAGNANI, FRANCESCO MULÉ, LINO TOFFOLO, FRANK WOLFF. ■ Seguito di *Quando le donne avevano la coda*: nella pacifica comunità di cavernicoli arriva l'inventore del danaro e del capitalismo che riesce a impadronirsi della bella del gruppo per instradarla alla prostituzione. ■ COMMEDIA; COL.; 94'; ITALIA, 1972.

QUANDO LE DONNE SI CHIAMAVANO MADONNE ★★
Regia di ALDO GRIMALDI. Con DON BACKY, FRANCESCA BENEDETTI, VITTORIO CAPRIOLI, STEFANIA CAREDDU, MARIO CAROTENUTO, CARLO DE MEJO, EDWIGE FENECH, PAOLO TURCO. ■ Uno degli ultimi stanchi prodotti del filone *Decameron*. Il pretesto per le solite scene sexy è dato da un processo per adulterio e dai tentativi di tre amici per conquistare tre inaccessibili bellezze. ■ COMMEDIA; COL.; 92'; ITALIA, 1973.

QUANDO LE LEGGENDE MUOIONO ★★★
(When the Legends Die)
Regia di STUART MILLAR. Con LUANA ANDERS, JOHN WAR EAGLE, FREDERIC FORREST, VITO SCOTTI, RICHARD WIDMARK. ■ Un pellerossa del giorno d'oggi è costretto a seguire la vita dell'uomo bianco. Parrebbe trovare la felicità come domatore da rodeo, ma il suo manager lo truffa per ubriacarsi, la sua ragazza lo lascia e una frattura lo costringe per parecchio tempo in ospedale. Tornerà a vivere tra la sua gente. ■ WESTERN; COL.; 105'; USA, 1973.

QUANDO LE MONTAGNE FINISCONO ★★
Regia di DANIELE CARNACINA. Con FELICE ANDREASI, GIUSEPPE CEDERNA, ANGELA FINOCCHIARO, MARGARET MAZZANTINI. ■ Un disegnatore di fumetti si reca presso i luoghi montani in cui è nato per rappacificare la madre e il padre. Interessante per le scelte stilistiche e per il cast. ■ PSICOLOGICO; COL.; 87'; ITALIA, 1994.

QUANDO LE NUVOLE SE NE VANNO – DOUGLAS SUPERSTIZIOSO *(When the Clouds Roll by)* ★★★
Regia di VICTOR FLEMING. Con DOUGLAS FAIRBANKS, RALPH LEWIS, ALBERT MACQUARRIE. ■ Il dottor Ulrich Metz, durante un convegno, dice di aver fatto esperimenti non su animali, ma su un uomo. Pieno di effetti sonori, divertente, è una satira sulla medicina e la psicoanalisi con un bravissimo Fairbanks e il futuro regista di *Via col vento*, pieno di idee. ■ COMMEDIA; COL.; 70'; USA, 1919.

QUANDO LE SIGNORE SI INCONTRANO ★★★
(When Ladies Meet)
Regia di ROBERT Z. LEONARD. Con JOAN CRAWFORD, GREER GARSON, HERBERT MARSHALL, ROBERT TAYLOR. ■ Una giovane scrittrice ama un uomo sposato e idealizza l'adulterio nel romanzo che sta scrivendo. Un giovanotto innamorato di lei infrange le sue illusioni combinando un incontro a cui partecipa anche la moglie tradita, che si rivela una persona ben diversa dall'arpia descritta dall'adultero. Troncata la relazione, l'autrice sposerà chi le ha aperto gli occhi. ■ COMMEDIA; B/N; 108'; USA, 1941. ■ OSCAR 1 NOM.

QUANDO L'INFERNO SI SCATENA ★★
(When Hell Broke Loose)
Regia di KENNETH G. CRANE. Con CHARLES BRONSON, RICHARD JEACKEL, VIOLET RENSING. ■ Si racconta la storia dei famosi "Lupi mannari", reparti nazisti che nel 1944 si travestivano da americani per poter compiere sabotaggi e azioni di disturbo dietro le linee. Alcuni di loro ricevono l'incarico di eliminare il generale Eisenhower ma, per fortuna, la sorella di un "lupo" è innamorata di un soldato americano e il comando alleato viene informato in tempo per sventare la minaccia. ■ GUERRA; B/N; 78'; USA, 1959.

QUANDO L'ODIO BRUCIA *(Les violents)* ★★
Regia di HENRI CALEF. Con FRANÇOISE FABIAN, FERNAND LEDOUX, PAUL MEURISSE. ■ Un poliziotto indaga su una serie di omicidi che sta decimando la famiglia di due loschi e ricchi cugini. Riuscirà naturalmente a risolvere il caso. ■ POLIZIESCO; B/N; 92'; FRANCIA, 1958.

QUANDO MARTA URLÒ DALLA TOMBA ★
(La mansion de la niebla)
Regia di FRANCISCO LARA POLOP, PEDRO LAZAGA. Con FRANCO FANTASIA, AMALIA GADÉ, ANNA LISA NARDI, EVELYN STEWART. ■ Confuso film italo-spagnolo dell'orrore con venature erotiche: un gruppo assortito di personaggi deve fermarsi per una notte in una tetra magione e viene decimato, a quel che pare, da fantasmi inquieti. Si scoprirà poi che si tratta di una diabolica messa in scena. ■ HORROR; COL.; 90'; ITALIA, SPAGNA, 1973.

QUANDO MENO TE L'ASPETTI *(Raising Helen)* ★★
Regia di GARRY MARSHALL. Con JOHN CORBETT, JOAN CUSACK, PARIS HILTON, KATE HUDSON, SAKINA JAFFREY, HELEN MIRREN, HAYDEN PANETTIERE, AMBER VALLETTA. ■ Abituata ad essere disponibile 24 ore su 24 sul lavoro, Helen (Kate Hudson) vede sconvolta la propria vita da una tragedia: la sorella e il cognato muoiono in un incidente stradale e i due figli, anziché essere affidati alla più disponibile sorella Jenny (Joan Cusack), tutta casa e famiglia, vengono consegnati a lei, che si trova schiacciata tra i nuovi compiti di madre adottiva e le pretese di Dominique (Helen Mirren), suo capo e direttore di un'agenzia per modelle. La commedia di Garry Marshall (Pretty Woman) negli Usa ha avuto buoni incassi. Il film è stato girato nel quartiere del Queens, a New York. ■ MUSICAL; COL.; 119'; USA, 2004.

QUANDO MENO TE LO ASPETTI ★★
(Au bout du conte)
di AGNES JAOUI. Con JEAN-PIERRE BACRI, AGATHE BONITZER, VALERIE CROUZET, ARTHUR DUPONT, AGNES JAOUI. ■ C'era una volta una ragazzina romantica di nome Laura, che una sera ballò a una festa con un principe azzurro di nome Sandro, il quale scappò a mezzanotte lasciando una scarpa sulle scale. E c'era una volta il padre di Sandro, Pierre, a cui tanti anni prima una donna aveva predetto la data della morte, che ora si è fatta imminente. E poi Maxime, affascinante lupo solitario, e la sua vicina di casa Marianne, aspirante attrice. La coppia d'oro della commedia intellettuale francese s'immerge nel contesto della fiaba tradizionale esplorando i retroscena tragicomici delle credenze, delle superstizioni e delle paure contemporanee. ■ COMMEDIA; COL.; 112'; FRANCIA, 2013.

QUANDO MI SEI VICINO *(Solange du da bist)* ★★
Regia di HAROLD BRAUN. Con OTTO WILHELM FISCHER, MARIA SCHELL. ■ Un regista cinematografico, riaccompagnando a casa una comparsa rimasta leggermente ustionata sul set, ne apprende la drammatica storia e decide di ricavarne un film interpretato da lei stessa. A poco a poco tra regista e attrice nasce un sentimento di forte simpatia, ma lei, girando la scena del suo forzato abbandono del marito durante la guerra, capisce d'amare ancora il coniuge e rinuncia al nuovo amore. ■ DRAMMATICO; B/N; 92'; GERMANIA, 1953.

QUANDO MORIRE *(Right to Die)* ★
Regia di PAUL WENDKOS. Con BONNIE BARTLETT, MICHAEL GROSS, JOANNA MILES, RAQUEL WELCH. ■ Alla notizia che un male incurabile la condanna, Emily (Raquel Welch), psicologa e madre felice, rimane sconvolta. Le angosce e le paure vengono in gran parte superate grazie all'amore del marito, alle cure dell'infermiera e al sostegno della psichiatra. ■ DRAMMATICO; COL.; 90'; USA, 1987.

QUANDO MUORE UNA STELLA ★★★
(The Legend of Lylah Clare)
Regia di ROBERT ALDRICH. Con ERNEST BORGNINE, VALENTINA CORTESE, ROSSELLA FALK, PETER FINCH, KIM NOVAK, GABRIELE TINTI. ■ Un tipico film di Hollywood su Hollywood: un produttore, realizzando un film su una grande stella morta, scopre il dramma e la vigliaccheria nascosti sotto il successo e la leggenda della scomparsa. ■ DRAMMATICO; COL.; 130'; USA, 1968.

QUANDO PASSI DA QUESTE PARTI... ★★★
(Griffin and Phoenix: a Story of Love and Death)
Regia di DARYL DUKE. Con GEORGE CHANDLER, JILL CLAYBURGH, PETER FALK, SALLY KIRKLAND. ■ Gino Griffin ha un cancro e sa che più o meno gli resta un anno di vita. Dopo aver cercato inutilmente la comprensione della sua famiglia, si isola e conosce Sarah, una giovane donna condannata a morire di leucemia. Fra i due nasce una grande intesa, tanto che vanno a vivere insieme. Si promettono che, quando verrà la fine, quello che sopravvivrà non dovrà seguire l'altro né all'ospedale né al cimitero. La prima a star male è la donna, ma Gino non resiste e la va a trovare in ospedale. Quando Sarah muore, ancora una volta Gino non mantiene la promessa. Sulla tomba legge: «Sapevo che saresti passato da queste parti». Ottimi i due protagonisti. ■ DRAMMATICO; COL.; 100'; USA, 1976.

QUANDO SATANA IMPUGNÒ LA COLT ★★
Regia di RAFAEL ROMERO MARCHENT. Con ALBERTO DE MENDOZA, PETER LEE LAWRENCE, ELENA SAMARINA, RITA VELASQUEZ. ■ Un giovane povero ama la figlia dei suoi padroni, promessa però a un ricco allevatore. I due fuggono ma, ripresi, sono separati. Il giovane viene aiutato da un cacciatore di taglie che gli insegna a sparare. Può quindi vendicarsi e fuggire nuovamente con la sua bella. Questa volta purtroppo il cacciatore di taglie lo insegue per guadagnare il denaro che è stato messo sulla sua testa. I due uomini si uccidono tra di loro. ■ WESTERN; COL.; 91'; ITALIA, SPAGNA, 1971.

QUANDO SEI NATO NON PUOI PIÙ NASCONDERTI ★★
Regia di MARCO TULLIO GIORDANA. Con ADRIANA ASTI, ALESSIO BONI, MICHELA CESCON, RODOLFO CORSATO, MATTEO GADOLA, ANDREA TIDONA. ■ Sandro è il giovane figlio di un industriale bresciano. La sua esperienza quotidiana lo mette a contatto con persone provenienti da diversi paesi extracomunitari, ma la sorte che lo attende gliene farà sperimentare direttamente le profonde sofferenze. Infatti, nel corso di una vacanza in barca a vela verrà sbalzato fuoribordo, creduto morto dai genitori ma salvato e issato a bordo di una "carretta del mare" che trasporta clandestini. Qui diventerà amico di due giovani romeni, Radu e Alina. Una volta sbarcati e alloggiati in un centro di raccolta i tre conserveranno il loro legame al punto che Sandro chiederà ai genitori di adottarli. *Quando sei nato* viene dopo due opere di alto impegno sia civile che cinematografico come *I cento passi* e *La meglio gioventù*. Questa volta qualcosa non ha funzionato. Giordana, Rulli e Petraglia hanno scritto una sceneggiatura che non riesce a commuovere e che, sul piano dell'analisi sociale, ingabbia gli elementi nello stereotipo di buona volontà. Gli scafisti sono dei "cattivi" quasi ridicoli. Metà dei clandestini sembra presa da un casting di modelli. Lo stesso Alessio Boni appare a disagio nel ruolo dell'industrialotto in bilico tra solidarietà e difesa del proprio benessere. Si salvano il giovane protagonista Matteo Gadola, che rende credibile la determinazione altruistica del suo personaggio, e Andrea Tidona che offre al sacerdote che si occupa del Centro di accoglienza una ruvidezza carica di umanità davvero efficace. ■ DRAMMATICO; COL.; 115'; FRANCIA, GRAN BRETAGNA, ITALIA, 2005. ■ DAVID DI DONATELLO 1 NOM.

QUANDO SI AMA *(Break of Hearts)* ★★
Regia di PHILIP MOELLER. Con JOHN BEAL, CHARLES BOYER, KATHARINE HEPBURN, JEAN HERSHOLT. ■ Un direttore d'orchestra sposa un'aspirante compositrice, ma i due si lasciano e lui si dà all'alcool. La coppia si rincontra e la moglie torna con lui, guarendolo. ■ DRAMMATICO; B/N; 80'; USA, 1935.

QUANDO SOFFIA IL VENTO *(When the Wind Blows)* ★★
Regia di JIMMY T. MURAKAMI. ■ Una coppia di anziani pensionati, Jim e Hilda, vive tranquilla nella campagna inglese. Ma un giorno scoppia la guerra atomica. I due si rinchiudono nel rifugio che il previdente Jim ha attrezzato, confidando di uscirne in pochi giorni. Ma passano mesi ed anni, mentre essi attendono fiduciosi, senza nemmeno sospettare che l'intera umanità è stata annientata. Moriranno senza accorgersene. ■ ANIMAZIONE; COL.; 86'; GRAN BRETAGNA, 1986.

QUANDO SOFFIA IL VENTO DEL NORD ★★
(When the North Wind Blows)
Regia di STEWART RAFFILL. Con HENRY BRANDON, DAN HAGGERTY, HERBERT NELSON. ■ Un vecchio cacciatore, torturato dal ricordo del ferimento accidentale di un ragazzo, si rifugia nella più desolata delle pianure siberiane, con la sola compagnia di

due tigri. Un uomo del suo villaggio d'origine però lo segue fin là per indurlo a ritornare alla civiltà. ■ AVVENTURA; COL.; 93'; USA, 1974.

QUANDO SUONA LA CAMPANA ★★

Regia di PAOLO SOLVAY. Con BRAD HARRIS, ALFREDO RIZZO, BRIGITTE SKAY, JOHN TURNER. ■ Molti anni dopo la fine della seconda guerra mondiale, un ex soldato tedesco torna nel paese italiano dove ha combattuto e chiede al parroco notizie d'un partigiano a cui aveva risparmiato la vita. Il sacerdote racconta la lunga serie di sciagure capitate al poveretto, culminate con la pazzia e con l'uccisione del disgraziato da parte dei carabinieri. ■ GUERRA; COL.; 95'; ITALIA, 1970.

QUANDO TORNA L'INVERNO *(Un singe en hiver)* ★★★

Regia di HENRI VERNEUIL. Con JEAN-PAUL BELMONDO, GABRIELLE DORZIAT, SUZANNE FLON, JEAN GABIN, NOËL ROQUEVERT. ■ Un ex coloniale diventato gestore d'una locanda in un piccolo centro marittimo conosce un giovanotto giunto in quel luogo per visitare la figlia, ospite d'un collegio. I due fanno amicizia e si raccontano le loro avventure immaginarie, poi ci sarà il duro risveglio alla realtà. ■ COMMEDIA; B/N; 105'; FRANCIA, 1963.

QUANDO TORNA PRIMAVERA ★★★
(It Happens Every Spring)

Regia di LLOYD BACON. Con TED DE CORSIA, PAUL DOUGLAS, RAY MILLAND, JEAN PETERS. ■ Un timido professore ama la sua preside, ma non osa dichiararsi. Un giorno scopre una vernice che respinge il legno. Spalmandola su delle palle da baseball diventa un campione di quello sport e, con il successo, trova l'amore. ■ COMMEDIA; B/N; 80'; USA, 1949. ■ OSCAR 1 NOM.

QUANDO TRAMONTA IL SOLE ★

Regia di GUIDO BRIGNONE. Con MARIA FIORE, CARLO GIUFFRÉ, ABBE LANE, GIACOMO RONDINELLA. ■ Un operaio napoletano ama moltissimo la musica: pur non conoscendo le note, diventa un affermato compositore di canzoni, mentre un suo amico ottiene la celebrità come cantante. Il compositore riesce, dopo molte peripezie, ad ottenere l'amore di una ragazza. Proprio allora, però, l'eccessiva fatica lo stronca e muore d'infarto. ■ MUSICALE; COL.; 94'; ITALIA, 1955.

QUANDO TUTTO CAMBIA *(Then she found me)* ★★

Regia di HELEN HUNT. Con MATTHEW BRODERICK, LYNN COHEN, COLIN FIRTH, HELEN HUNT, BETTE MIDLER. ■ April Epner ha 39 anni, è insegnante e si sta sposando con rito ebraico con un amico d'infanzia, Ben. Circa un anno dopo la ritroviamo in crisi totale. I suoi tentativi di avere un figlio non hanno avuto successo. Ben, un adolescente mai cresciuto, non regge alla pressione e abbandona la moglie. In questo marasma di emozioni Epner sembra trovare conforto in Frank, divorziato di recente e con due figli. "Sembra" trovare conforto, ma non è proprio così. ■ COMMEDIA; COL.; 100'; USA, 2007.

QUANDO UNA DONNA AMA *(Riptide)* ★★★

Regia di EDMUND GOULDING. Con HERBERT MARSHALL, ROBERT MONTGOMERY, NORMA SHEARER. ■ Il regista, che aveva appena realizzato *Grand Hotel*, racconta la storia d'una giovane moglie che si dispera perché il marito è lontano. Un amico di famiglia cerca di distrarla per farle dimenticare il suo cruccio e, per colpa di alcuni pettegoli giornalisti, la coppia rischia il divorzio. Ma poi tutto s'accomoda. ■ COMMEDIA; B/N; 90'; USA, 1934.

QUANDO UNA RAGAZZA È BELLA ★★
(Bring Your Smile Along)

Regia di BLAKE EDWARDS. Con KEEFE BRASSELLE, FRANKIE LANE, CONSTANCE TOWERS. ■ Una maestra di canto, stanca della vita di provincia, fugge a New York dove conosce un compositore di canzoni senza fortuna. Lei gli scrive le parole, un giovane cantante le interpreta e i tre giungono al successo. Riappare però l'antico fidanzato della ragazza che se la porta via. Il compositore, ormai innamorato della sua collaboratrice, riuscirà alla fine a riconquistarla. ■ COMM. MUSICALE; B/N; 84'; USA, 1955.

QUANDO UNO SGUARDO PUÒ UCCIDERE ★
(If Looks Could Kill)

Regia di CHUCK VINCENT. Con ALAN FISHER, TIM GAIL, KIM LAMBERT. ■ Siamo di fronte all'ennesima variazione sul tema di chi spia di nascosto qualcuno che non sa di essere spiato. Hitchcock, De Palma e cento altri hanno fatto meglio rispetto a Chuck Vincent. ■ THRILLER; COL.; 85'; USA, 1986.

QUANDO VENNERO LE BALENE ★★★
(When the Whales Came)

Regia di CLIVE REES. Con BARBARA EWING, HELEN MIRREN, HELEN PEARCE, MAX RENNIE, PAUL SCOFIELD, DAVID THRELFALL. ■ In un villaggio delle isole Shilley, al largo della costa inglese, nasce un'amicizia tra un vecchio solitario che emerge da un passato inquietante (è il superstite di una tragedia che seguì una moria di balene) e due ragazzini. La storia delle balene si ripete: i cacciatori vorrebbero farne sterminio. Allora il vecchio profetizza una sciagura uguale a quella da lui vissuta per chi ucciderà i cetacei. Gli uomini rinsaviscono e la maledizione delle balene verrà sventata. Spettacolo del mare e della grande natura nordica. ■ DRAMMATICO; COL.; 103'; GRAN BRETAGNA, 1989.

QUANDO VERRÀ LA PIOGGIA *(The Intended)* ★★

Regia di KRISTIAN LEVRING. Con OLYMPIA DUKAKIS, BRENDA FRICKER, JANET MCTEER. ■ Un viaggio in Malesia si trasforma in un incubo per una coppia inglese nel 1924. ■ DRAMMATICO; COL.; 110'; DANIMARCA, GRAN BRETAGNA, 2002.

QUANDO VOLANO LE CICOGNE ★★★★🎖
(Letiat Zhuravli)

Regia di MIKHEIL KALATOZOV. Con ALEXEJ BALATOV, VASILIJ MERCURIEV, TATIANA SAMOJLOVA, ALEKSANDR SVORIN. ■ Una ragazza di Mosca ama un giovane che parte volontario durante la seconda guerra mondiale. Lei l'attende ma, durante un bombardamento tedesco, viene violentata da un cugino imboscato del fidanzato ed è costretta a sposarlo. Tornata la pace, la poveretta si deve rassegnare a una vita infelice, perché il suo amore è caduto eroicamente in battaglia. L'unica sua consolazione sarà il volo delle cicogne che ammirava col fidanzato. ■ DRAMMATICO; B/N; 97'; URSS, 1958. ■ CANNES 🎖 1 PR.

QUANTE BELLE SERAFINE PER LE STRADE CITTADINE *(Die Engel von St. Pauli)* ★

Regia di JÜRGEN ROLAND. Con RAINER BASEDOW, HORST FRANK, HERBERT FUX, KARL LIEFFEN. ■ Lotta tra due gangster amburghesi per il controllo di St. Pauli, il famoso quartiere della prostituzione. Uno dei due, il meno peggio, eliminerà il rivale facendolo arrestare e, inoltre, scoprirà l'assassino di una delle sue ragazze. ■ POLIZIESCO; COL.; 93'; GERMANIA, 1970.

QUANTE VOLTE... QUELLA NOTTE ★★

Regia di MARIO BAVA. Con DANIELA GIORDANO, BRETT HALSEY, PASCALE PETIT, DICK RANDALL, BRIGITTE SKAY. ■ Una ragazza racconta alla madre che il suo accompagnatore ha cercato di violentarla. Lui, invece, dà agli amici una versione del tutto diversa e un testimone un'altra ancora. Uno psicoanalista tira le somme e afferma che la verità non è conoscibile. ■ EROTICO; COL.; 95'; ITALIA, 1972.

QUANTEZ ★★

Regia di HARRY KELLER. Con JAMES BARTON, FRED MACMURRAY, DOROTHY MALONE. ■ Dopo una rapina quattro banditi, tre uomini e una donna, si rifugiano a Quantez, un villaggio abbandonato a causa di una rivolta indiana. Nel gruppo scoppiano liti e gli indiani attaccano: rimangono vivi solo la ragazza e il meno peggio degli uomini, che decidono di sposarsi e di rifarsi una vita. ■ WESTERN; COL.; 80'; USA, 1957.

QUANTO BASTA PER MORIRE *(Fatal Judgment)* ★

Regia di GILBERT CATES. Con TOM CONTI, PATTY DUKE, JOE REGALBUTO, PHILIP STEARLING. ■ Il film si ispira al caso realmente accaduto a una infermiera del Massachusetts che il tribunale chiama in giudizio quando muore il malato terminale che le è stato affidato. ■ DRAMMATICO; COL.; 100'; USA, 1988.

QUANTO COSTA MORIRE ★★

Regia di SERGIO MEROLLE. Con ANDREA GIORDANA, JOHN IRELAND, RAYMOND PELLEGRIN. ■ Un villaggio è terrorizzato da una banda di ladri di bestiame obbligata a svernare in quel luogo dalla neve. L'unico ad opporsi, dopo l'uccisione dello sceriffo, è il giovane figlio adottivo di questi, che viene aiutato da uno dei fuorilegge (in realtà è il suo vero padre). Il giovane finirà per sterminare gli avversari, ma il genitore ci lascerà la pelle. ■ WESTERN; COL.; 95'; ITALIA, 1968.

QUANTO È BELLO LU MURIRE ACCISO ★★★
Regia di ENNIO LORENZINI. Con GIULIO BROGI, ANGELA GOODWIN, ALESSANDRO HABER, STEFANO SATTA FLORES. ■ Il film rievoca, con i toni del dramma popolare, la sfortunata spedizione di Sapri condotta da Carlo Pisacane nel 1857 per liberare l'Italia meridionale dai Borboni. ■ STORICO; COL.; 85'; ITALIA, 1975. ■ DAVID DI DONATELLO 1 PR, 1 NOM.

QUANTO È DIFFICILE ESSERE TEENAGER! ★★
(Confessions of a Teenager Drama Queen)
Regia di SARA SUGARMAN. Con ADAM GARCIA, GLENNE HEADLY, CAROL KANE, LINDSAY LOHAN, ELI MARIENTHAL. ■ Lola è una ragazza Newyorkese vivace, alla moda e piena di sogni. Il suo più grande desiderio, infatti, è quello di diventare un'attrice famosa. Quando però i suoi genitori decidono di trasferirsi nella tranquilla cittadina di Dellwood, nel New Jersey, la ragazza vede sfumare tutti i suoi progetti. Una commedia vivace e frizzante. Lindsay Lohan, attrice di origine italo-irlandese, grazie alla sua semplicità e al suo carisma è diventata ben presto una tra le giovani star più contese di Hollywood. ■ COMMEDIA; COL.; 97'; USA, 2004.

QUANTO ROMPE MIA MOGLIE *(Vas-y, maman)* ★★
Regia di NICOLE DE BURON. Con ANNIE GIRARDOT, ELEONORE KLARWEIN, PIERRE MONDY. ■ Una casalinga stanca di lavori domestici scrive un libro che la fa diventare improvvisamente famosa: da quel momento in famiglia cominciano i guai e il marito l'abbandona. L'incidente che capita al figlio riunisce finalmente la irrequieta coppia. ■ COMMEDIA; COL.; 95'; FRANCIA, 1978.

QUANTO SEI BELLA ROMA ★★
Regia di MARINO GIROLAMI. Con LORELLA DE LUCA, MARIA FIORE, CLAUDIO VILLA. ■ Il regista realizzò diversi film col cantante Claudio Villa, allora all'apice della fama. Qui si racconta di un paio di giovanotti romani che, nonostante siano regolarmente fidanzati, fanno i pappagalli con due turiste americane. ■ COMM. MUSICALE; COL.; 92'; ITALIA, 1959.

QUANTRILL, IL RIBELLE *(Quantrill's Raiders)* ★★
Regia di EDWARD L. BERNDS. Con DIANE BREWSTER, STEVE COCHRAN, LEO GORDON. ■ Il film s'ispira alla figura storica del "generale" Quantrill, capo guerrigliero sudista che terrorizzò il Kansas durante la guerra civile americana. Qui un capitano del Sud va da lui per organizzare azioni di sabotaggio ai danni dei nordisti, ma quando scopre che costui non è altri che un bandito assetato di sangue, avvisa i suoi nemici perché gli preparino una degna accoglienza. ■ WESTERN; COL.; 68'; USA, 1958.

45° PARALLELO ★★
Regia di ATTILIO CONCARI. Con VALERIA D'OBICI, THOM HOFFMAN, ANDREA PUGLISI, ENZO RUBITTI. ■ Nella cornice della natura emiliana bagnata dal Po e geograficamente delimitata dal 45° parallelo, ogni estate si ritrovano una donna di nome Anna, un ragazzino ospite della zia per le settimane di vacanza e un fotografo straniero. Per qualche tempo le loro esistenze tanto diverse si fondono e si toccano nell'idilliaco panorama della pianura padana. ■ COMMEDIA; COL.; 93'; ITALIA, 1986.

40 ANNI VERGINE *(The 40 Year Old Virgin)* ★★
Regia di JUDD APATOW. Con ELIZABETH BANKS, LOREN BERMAN, STEVE CARELL, ELIZABETH DECICCO, KAT DENNINGS, MARIKA DOMINCZYK, CATHERINE KEENER, ROMANY MALCO, SHELLEY MALIL, LESLIE MANN, SETH ROGEN, PAUL RUDD. ■ Andy Stitzer ha un lavoro sicuro in un negozio di elettronica, è sereno ma ha un "problema": a quarant'anni è ancora vergine. Quando i suoi colleghi lo scoprono, faranno di tutto per portarlo al fatidico obiettivo... Se il flano di lancio dimostra una volgarità gratuita di matrice interamente italiana (più aspetti, più sarà duro), il film, pur concedendosi più di una scena non propriamente da educande, riesce a mostrare in modo divertente e divertito il classico problema che nessuno vorrebbe mai ammettere. Si è visto di peggio. ■ COMMEDIA; COL.; 116'; USA, 2005.

QUARANTADUESIMA STRADA *(42nd Street)* ★★★★
Regia di LLOYD BACON. Con WARNER BAXTER, GEORGE BRENT, BEBE DANIELS, RUBY KEELER, UNA MERKEL, DICK POWELL, GINGER ROGERS. ■ Uno dei migliori musical hollywoodiani dell'età d'oro. La trama non è che un pretesto per gli scintillanti numeri musicali e per le favolose coreografie di Busby Berkley, ma sarà imitata in decine di altri film. La sera della prima, la diva di una compagnia di rivista si rompe una gamba. Viene scelta a sostituirla la brutta anatroccola del corpo di ballo che, secondo una famosa battuta del regista interpretato da Warner Baxter «esce dal camerino come una novellina, ma vi ritornerà come una stella». In una parte minore appare Ginger Rogers che, in seguito, darà ottima prova di sé ne *La danza delle luci* e, soprattutto, a partire da *Carioca* dello stesso 1933, nei film girati in coppia con Fred Astaire. ■ MUSICAL; B/N; 85'; USA, 1933. ■ OSCAR 2 NOM.

40 FUCILI AL PASSO APACHE ★★
(40 Guns to Apache Pass)
Regia di WILLIAM N. WITNEY. Con MICHAEL BURNS, AUDIE MURPHY, LORAINE STEPHENS. ■ L'ex fante americano più decorato della seconda guerra mondiale interpreta qui un ufficiale di cavalleria che ha la missione di scortare un carico di fucili a ripetizione indispensabili per soffocare la rivolta degli Apaches. Purtroppo i suoi soldati si ribellano, sobillati da un losco sottufficiale, e vogliono vendere le armi agli indiani. L'ufficiale, aiutato dal futuro cognato, sventerà la minaccia. ■ WESTERN; COL.; 95'; USA, 1967.

40 GIORNI E 40 NOTTI *(40 Days and 40 Nights)* ★★★
Regia di MICHAEL LEHMANN. Con MAGGIE GYLLENHAAL, JOSH HARTNETT, MONET MAZUR, VANESSA SHAW, SHANNYN SOSSAMON. ■ È il momento di Josh Hartnett, aitante-tormentato in *Pearl Harbor* e in *Black Hawk Down*, ora bello e divertente, in questo film destinato alla piccola mitologia giovanile. Perché l'idea portante è buona: l'astinenza sessuale, ben giocata. Josh è uno studente di San Francisco, abbandonato dalla ragazza, che per ripicca comincia a sciupare femmine. Fino ad avere una crisi esagerata, che lo porta addirittura alle allucinazioni: vede donne formose e nude dappertutto. Allora decide di punirsi: per quaranta giorni e notti rinuncerà al sesso. Solo che fa l'incontro della vita, e come fai a gestire un innamoramento così intenso senza... quel dettaglio? Divertente per "quella" fascia. ■ COMMEDIA; COL.; 101'; GRAN BRETAGNA, USA, 2002.

40 GRADI ALL'OMBRA DEL LENZUOLO ★★
Regia di SERGIO MARTINO. Con BARBARA BOUCHET, MARTY FELDMAN, EDWIGE FENECH, DAYLE HADDON, ALBERTO LIONELLO, ALDO MACCIONE, TOMAS MILIAN, ENRICO MONTESANO. ■ Si parla di una signora che, per una serie di equivoci, finisce per diventare amante dello scemo del villaggio; degli stratagemmi di una coppia di sposi per riuscire ad eccitarsi; di una riccona che dopo aver cercato inutilmente di sfuggire a un "guardiaspalla" antipatico finirà per apprezzarlo; di un corriere di valuta che usa i soldi affidatigli per sedurre la moglie del cliente; di un cane geloso che infrange sul nascere un grande amore. ■ COMMEDIA; COL.; 105'; ITALIA, 1975.

QUARANTA METRI QUADRATI DI GERMANIA ★★★
(40 mq. Deutschland)
Regia di TEVFIK BASER. Con OZAY FECHT, MUSTAFÈ GULFINAR, YAMN OKAY. ■ Un operaio turco, da qualche anno stabilitosi in Germania, si sposa e porta la moglie a vivere in un piccolo appartamento. Però, gelosissimo, ogni volta che esce la chiude a chiave in casa. Questa virtuale prigionia fa quasi impazzire la donna. Solo la morte può liberarla. Per sua fortuna è quella del bestiale marito. ■ DRAMMATICO; COL.; 80'; GERMANIA, TURCHIA, 1986.

QUARANTAMILA CAVALIERI ★★
(Forty Thousand Horsemen)
Regia di CHARLES CHAUVEL. Con BETTY BRYANT, GRANT TAYLOR. ■ Uno di quei film in cui si parla della prima guerra mondiale volendo far propaganda per la seconda. Nel 1916 le truppe turche, guidate da ufficiali tedeschi, occupano Gerusalemme e impiccano per spionaggio un francese. La figlia di costui viene aiutata dagli arabi che la travestono da uomo ed ha varie peripezie, finché non viene salvata da una divisione di cavalleria australiana. ■ GUERRA; B/N; 94'; USA, 1941.

40.000 DOLLARI PER NON MORIRE *(The Gambler)* ★★★
Regia di KAREL REISZ. Con JAMES CAAN, MORRIS CARNOVSKY, LAUREN HUTTON, PAUL SORVINO. ■ Un insegnante col vizio del gioco recupera, grazie al prestito fattogli dalla madre, un'ingente somma che deve restituire ad un creditore. Prima di farlo, però, si reca ad un casinò e, dopo una clamorosa vincita, perde nuovamente tutto. Si rimette alla pari con un'azione sporca e, quando si rende conto di ciò che ha fatto, si comporta in modo da essere assassinato. ■ DRAMMATICO; COL.; 111'; USA, 1974. ■ GOLDEN GLOBES 1 NOM.

49° UOMO, IL *(The 49th Man)* ★★
Regia di FRED F. SEARS. Con RICHARD DENNING, SUZANNE DOLBERT, JOHN IRELAND. ■ Un agente americano in Francia smaschera i componenti della banda che tenta di introdurre clandestinamente nel suo paese un ordigno atomico. Catturato, riesce a fuggire e a tornare dai suoi capi, dai quali apprende che la vicenda è stata solo una montatura per mettere alla prova la sua efficienza. Ma c'è chi ha approfittato della storia: il nostro giunge appena in tempo a salvare San Francisco da una terribile catastrofe atomica. ■ DRAMMATICO; B/N; 73'; USA, 1953.

48 ORE *(48HRS.)* ★★★
Regia di WALTER HILL. Con EDDIE MURPHY, NICK NOLTE, JAMES REMAR. ■ Un pericoloso forzato riesce ad evadere seminando cadaveri e si reca a San Francisco per recuperare un bottino da mezzo milione di dollari. Per catturarlo, l'ispettore Cates si fa aiutare da un furbo detenuto, al quale concede una licenza di 48 ore. Alla fine riusciranno a trovare ed eliminare l'evaso, mentre la comune avventura tra inseguimenti e sparatorie li ha resi amici. ■ POLIZIESCO; COL.; 97'; USA, 1982.

QUARANTA CARATI *(Man on a Ledge)* ★★
Regia di ASGER LETH. Con ELIZABETH BANKS, MANDY GONZALEZ, WILLIAM SADLER, SAM WORTHINGTON. ■ Nick Cassidy è un ex poliziotto di New York evaso dalla prigione in cui scontava una lunga pena per aver rubato e poi rivenduto un prezioso diamante di un potente uomo d'affari. Ora Nick si trova sul cornicione di una stanza del Roosevelt Hotel a settantotto metri dal suolo, proclama la propria innocenza e minaccia di buttarsi giù. Paralizzato il traffico e attirata l'attenzione dei media, Nick pretende la presenza della detective Lydia Spencer, nota per aver tentato senza successo di evitare un tentativo di suicidio qualche tempo prima. Ciò che la donna cerca di capire è: Nick vuole davvero suicidarsi o ha un altro fine? ■ THRILLER; COL.; 102'; USA, 2011.

QUARANTA PISTOLE *(Forty Guns)* ★★
Regia di SAMUEL FULLER. Con DEAN JAGGER, BARBARA STANWYCK, BARRY SULLIVAN. ■ Una cittadina del West è soggiogata dal dominio di una proprietaria terriera che ha al suo servizio quaranta pistoleri. Un agente federale ristabilisce la legalità. La donna, dapprima sua avversaria, ammette di aver avuto torto e si impegna a correggere i propri metodi. ■ WESTERN; B/N; 80'; USA, 1957.

"44 MAGNUM" PER L'ISPETTORE CALLAGHAN, UNA *(Magnum Force)* ★★★
Regia di TED POST. Con CLINT EASTWOOD, HAL HOLBROOK, MITCHELL RYAN, DAVID SOUL. ■ Un tenente di polizia dai metodi sbrigativi sospetta che gli autori di un assassinio, effettuato a scopi politici, si trovino tra gli agenti. Ottenute le prove, con uno stratagemma risale fino al capo e lo elimina. Scritto da Milius e Cimino. ■ POLIZIESCO; COL.; 124'; USA, 1973.

47 MORTO CHE PARLA ★★★
Regia di CARLO LUDOVICO BRAGAGLIA. Con DANTE MAGGIO, SILVANA PAMPANINI, TOTÒ. ■ Il figlio di un nobiluomo avarissimo si impadronisce della sua parte di eredità e sposa la fidanzata. Il padre, dopo essere stato vittima di un pesante scherzo (gli hanno fatto credere di essere morto), destina l'altra metà dei suoi beni, come voluto dal testamento, alla costruzione di una scuola. ■ COMICO; B/N; 89'; ITALIA, 1950.

QUARANTENA *(Quarantine)* ★
Regia di JOHN ERICK DOWDLE. Con JENNIFER CARPENTER, STEVE HARRIS, JAY HERNANDEZ, JOHNATHON SCHAECH, COLUMBUS SHORT. ■ Angela è la conduttrice di un reality che vuole mostrare la vita di chi lavora mentre gran parte degli abitanti della città (Los Angeles) dorme. Quella notte tocca a una stazione di pompieri. Dopo aver mostrato i locali della caserma e la vita che vi si conduce arriva il momento dell'azione. In un palazzo una donna sembra aver perso la ragione. La pattuglia, accompagnata dalla polizia, entra nel suo appartamento e scopre un essere femminile imbrattato di sangue che si scaglia con violenza verso un vigile del fuoco cercando di morderlo. ■ HORROR; B/N; 89'; USA, 2008.

QUARANTESIMI RUGGENTI, I *(Les quarantièmes rugissants)* ★★★
Regia di CHRISTIAN DE CHALONGE. Con JULIE CHRISTIE, JACQUES PERRIN, MICHEL SERRAULT. ■ Un meccanico, trattato con spocchia da un famoso navigatore solitario, s'iscrive alla più terribile delle gare, il giro del mondo in barca a vela senza scalo. Per poco non vince. Muore a pochi chilometri dalla meta, ma dimostra chi è al mondo intero. ■ AVVENTURA; COL.; 132'; FRANCIA, 1983.

48 ORE A BEVERLY HILLS *(He's my Girl)* ★
Regia di GABRIELLE BEAUMONT. Con T.K. CARTER, DAVID HALLIDAY. ■ Bryan e Reggie vivono a Detroit, sono musicisti e vorrebbero sfondare a Hollywood. Partecipano a un concorso per videoclip e lo vincono. Il premio consiste proprio in un viaggio a Hollywood, ma per ottenerlo bisogna essere sposati. ■ COMMEDIA; COL.; 104'; USA, 1988.

48 ORE PER NON MORIRE *(Rage)* ★★
Regia di GILBERTO GAZCÓN. Con GLENN FORD, DAVID REYNOSO, STELLA STEVENS. ■ Il medico di un campo di lavoro messicano respinge l'amore di una ragazza perché non sa perdonarsi di aver involontariamente lasciato morire, qualche tempo prima, moglie e figlio. Un giorno viene morso da un cane idrofobo e parte verso la città, sapendo di avere solo poche ore per salvarsi. Ci riesce, benché dedichi parte di quel tempo prezioso a un'ammalata. Finalmente sereno, ricambierà il sentimento della ragazza. ■ DRAMMATICO; COL.; 103'; MESSICO, 1966.

QUARANTUNESIMO, IL *(Sorok pervgi)* ★★★
Regia di GRIGORI CHUKHRAJ. Con ISOLDA ISVITSKAIA, NIKOLAJ KRIUCKIOV, OLEG STRIGENOV. ■ Nel corso della rivoluzione bolscevica, una donna dalla mira infallibile ha ucciso quaranta nemici. Le viene affidato un prigioniero da trasferire. Durante il viaggio i due si innamorano ma lui, alla vista dei compagni, tenta di scappare. La donna allora lo ammazza. ■ DRAMMATICO; COL.; 92'; URSS, 1956. ■ CANNES 1 PR.

QUARRY LA CAVA, THE *(The Quarry)* ★★
Regia di MARION HANSEL. Con JODY ABRAHAMS, SYLVIA ESAU, JOHN LYNCH, OSCAR PETERSEN, SERGE-HENRI VALCKE. ■ Un uomo inseguito dalla polizia sudafricana riceve soccorso da un sacerdote che cerca però di sedurlo. Lo uccide, lo getta in una cava e si presenta alla comunità che il prete doveva raggiungere spacciandosi per lui. Due piccoli ma viventi trovano il cadavere e vengono imputati di omicidio. Il falso sacerdote è chiamato a testimoniare. La Hansel mette in scena un thriller monocorde. Troppi coproduttori per un film stanno spesso a testimoniare la scarsa fiducia che ognuno di essi aveva nel soggetto. Talvolta a torto talaltra (questo è il caso) a ragione. ■ THRILLER; COL.; 114'; BELGIO, FRANCIA, GERMANIA, SPAGNA, 1998.

QUARTA GUERRA, LA *(The Fourth War)* ★★
Regia di JOHN FRANKENHEIMER. Con JÜRGEN PROCHNOW, ROY SCHEIDER. ■ Siamo nel 1988 sul confine tra Germania e Cecoslovacchia. Ci sono due eserciti e due colonnelli: uno americano reduce dal Vietnam e uno russo reduce dall'Afghanistan. La guerra che combattono diventa praticamente un affare personale. Nel titolo si fa riferimento alla risposta di Einstein alla domanda: «Che armi verranno usate nella terza guerra mondiale?», e cioè: «Non so alla terza, ma alla quarta useremo archi e frecce». Un film che un professionista come Frankenheimer non poteva sbagliare del tutto, ma il risultato è lo stesso negativo proprio perché la sceneggiatura non è all'altezza. ■ DRAMMATICO; COL.; 102'; USA, 1989.

QUARTA PAGINA ★★
Regia di NICOLA MANZARI. Con PAOLA BARBARA, GINO CERVI, VALENTINA CORTESE, ARMANDO FALCONI, CLAUDIO GORA. ■ Il

film si snoda in sette episodi legati da un filo conduttore: l'impiegato di una società assicuratrice deve scoprire dove sia finito il commesso di una banca, misteriosamente scomparso mentre portava con sé una grossa somma. L'uomo, aiutato da una sveglia collaboratrice, risolve il puzzle e sposa la ragazza. ■ COMMEDIA; B/N; 91'; ITALIA, 1942.

QUARTA PARETE ★★
Regia di ADRIANO BOLZONI. Con TERESA DANIEL, CORINNE FONTAINE, PETER LAWFORD, FRANÇOISE PRÉVOST, PAOLO TURCO. ■ Un ragazzo italiano educato in un college inglese torna nella sua casa di Roma. Qui ritrova un padre cinico e avido di denaro, una madre dedita all'alcool e ad avventure extraconiugali, una sorella lesbica che finirà per uccidersi. ■ DRAMMATICO; COL.; 92'; ITALIA, 1968.

QUARTA RIPRESA *(The Miracle Kid)* ★★
Regia di WILLIAM BEAUDINE. Con CAROL HUGHES, TOM NEAL. ■ Due coniugi divorziati sono proprietari di una azienda ciascuno e ne hanno affidato la pubblicità al medesimo agente che si trova così tra due fuochi. Una brillante trovata pubblicitaria attizza ancor più gli animi dei contendenti che finiranno però col riconciliarsi. ■ COMMEDIA; B/N; 93'; USA, 1941.

QUARTA VITTIMA, LA *(The Scarecrow)* ★★★
Regia di SAM PILLSBURY. Con JOHN CARRADINE, TRACY MANN, JONATHAN SMITH. ■ Un villaggio della Nuova Zelanda è turbato dall'arrivo di un misterioso straniero (uno spettrale John Carradine in una delle sue ultime apparizioni). Di lì a poco alcune persone cominciano a sparire misteriosamente. Un ragazzino sospetta che sia stato lo straniero a ucciderli. Un piccolo (ma molto ben fatto) thriller tratto da un romanzo di Ronald Hugh Morrison (non immemore di certi capitoli *mystery* del *Tom Sawyer* di Mark Twain). ■ HORROR; COL.; 87'; NUOVA ZELANDA, 1982.

QUARTET ★★★
Regia di JAMES IVORY. Con ISABELLE ADJANI, ALAN BATES, MAGGIE SMITH. ■ Londra 1927. Marya si ritrova senza un soldo quando il marito Stephen viene arrestato per furto di opere d'arte e accetta l'ospitalità di una ricca coppia non più giovane. Ben presto Marya diventa l'amante del suo ospite. Quando Stephen esce scopre tutto, ma si dimenticherà dei propositi di vendetta con la moglie di un suo amico. Anche Marya, nel frattempo, ha già cambiato amante. ■ DRAMMATICO; COL.; 101'; FRANCIA, GRAN BRETAGNA, 1981. ■ CANNES 1 PR.

QUARTET ★★
Regia di DUSTIN HOFFMAN. Con PAULINE COLLINS, BILLY CONNOLLY, TOM COURTENAY, ALBERT FINNEY, MAGGIE SMITH. ■ Un angolo felice della campagna inglese ospita Beecham House, casa di riposo per musicisti e cantanti. Ogni anno, in occasione dell'anniversario della nascita di Giuseppe Verdi, gli ospiti organizzano un gala e si esibiscono per sostenere Beecham e scongiurarne lo smantellamento. Ma ecco che la routine di Reggie, Wilf e Cissy viene sconvolta dall'arrivo a pensione di Jean Horton, elemento mancante e artista di punta del loro leggendario quartetto, nonché ex moglie di un Reggie ancora ferito. Dustin Hoffman s'improvvisa regista animato da uno spirito appassionato ma anche da una sana dose di modestia e ottiene un risultato precisamente in linea, modesto con brio. Pensato per un pubblico di amanti della musica e dei cioccolatini allo sherry più che del cinema con la maiuscola, *Quartet* vale comunque la visione della reunion di quattro attori senza età. ■ COMMEDIA; COL.; 98'; GRAN BRETAGNA, 2012.

QUARTETTO ★
Regia di SALVATORE PISCICELLI. Con ANNA AMMIRATI, BEATRICE FAZI, MADDALENA MAGGI, RAFFAELLA PONZO. ■ Mettiamoci una storia "esemplare" del nostro tempo, storia di cinema intendiamo: ci saranno ragazze che si occupano di video-verità, ci saranno i soliti amori e non potrà mancare anche l'implicazione omosessuale. Ci sarà la solita dialettica vuoto-confusa a determinare il solito malessere di vivere borghese e la solita ossessione di ricerca fuori da "quei" parametri. E può, in questo contesto, mancare il riferimento al maligno "dogma"? (Tutto in presa diretta, sempre buona la prima, macchina a mano con relativo fastidio allo stomaco, solo luce naturale). Col "valore aggiunto" di attori dilettanti che più dilettanti non si può. Pensare che Piscicelli aveva firmato cose discrete. ■ DRAMMATICO; COL.; 100'; ITALIA, 2001.

QUARTETTO BASILEUS ★★★
Regia di FABIO CARPI. Con OMERO ANTONUTTI, ALAIN CUNY, GABRIELE FERZETTI. ■ Gli affiatatissimi componenti di un quartetto d'archi, insieme da trent'anni, alla morte del primo violino vedono improvvisamente la loro vita sfasciarsi. D'un tratto si manifestano gli amari segni della vecchiaia. Un ottimo film psicologico di un regista (Fabio Carpi) tra i più fini e intelligenti del cinema italiano. ■ DRAMMATICO; COL.; 125'; ITALIA, 1983.

QUARTETTO D'INVASIONE *(Invasion Quartet)* ★★★
Regia di JAY GARDNER LEWIS. Con GRÉGOIRE ASLAN, SPIKE MILLIGAN, BILL TRAVERS. ■ Quattro ufficiali inglesi, stanchi di una lunga inattività, decidono di compiere una missione per conto proprio. Rubano un'imbarcazione, sbarcano in Francia e mettono fuori uso un cannone dopo appassionanti peripezie. Proprio quando stanno per tornare in patria una nuova avventura li persuade a rimandare il rientro. ■ COMMEDIA; B/N; 87'; GRAN BRETAGNA, 1961.

QUARTETTO PAZZO ★★★
Regia di GUIDO SALVINI. Con GINO CERVI, ANNA MAGNANI, RINA MORELLI, PAOLO STOPPA. ■ L'azione si svolge in una giornata, tutta in interni, e ha per protagoniste due coppie. Dopo momenti di incertezza, la storia finisce in maniera soddisfacente per tutti quanti. ■ COMMEDIA; B/N; 70'; ITALIA, 1944.

QUARTIERE ★★
Regia di SILVANO AGOSTI. Con PAOLA AGOSTI, SERGIO BINI, VICTORIA ZINNY. ■ Film a episodi ambientato in un quartiere popolare di Roma. Protagonisti dei vari capitoli sono una ragazza violentata da un gruppo di giovani, un anziano barbone che vive un'insperata avventura amorosa, un giovane omosessuale e un uomo che s'innamora di una tigre vista allo zoo. ■ DRAMMATICO; COL.; 92'; ITALIA, 1987.

QUARTIERE CINESE *(Limehouse Blues)* ★★
Regia di ALEXANDER HALL. Con GEORGE RAFT, ANNA MAY WONG. ■ Un contrabbandiere elimina un rivale e ne accoglie in casa l'ignara figlia. Si innamora di lei, ma la ragazza preferisce un altro. Il suo padrino paga per farlo togliere di mezzo, ma al momento fatale, pentito, lo salva dal killer. ■ DRAMMATICO; B/N; 95'; USA, 1934.

QUARTIERE DEI LILLÀ *(Porte des lilas)* ★★★
Regia di RENÉ CLAIR. Con GEORGES BRASSENS, PIERRE BRASSEUR, DANY CARREL, HENRI VIDAL. ■ Un bandito inseguito dalla polizia si rifugia in una casa del quartiere dei lillà. Il ragazzo che l'abita e un amico acconsentono ad aiutarlo nella fuga. Intanto una ragazza scopre l'esistenza del malvivente, che la fa innamorare per estorcerle del denaro. Poi confida tutto al suo ospite il quale, sdegnato, lo ammazza. ■ DRAMMATICO; B/N; 96'; FRANCIA, 1957. ■ OSCAR 1 NOM.

QUARTIERE DEI PIÙ VIOLENTI, IL ★★
(Todeschüsse am Broadway)
Regia di HARALD REINL. Con MIHA BALCH, HEIDI BOHLEN, GEORGE NADER, HEINZ WEISS. ■ Un pericoloso gangster sfuggito all'Fbi si sottopone ad una plastica facciale. Un agente si mette sulle sue tracce in concorrenza con una misteriosa banda che vuole sapere dove l'uomo ha nascosto una grossa quantità d'oro rubato. Giungono contemporaneamente a scoprire il covo: per il bandito finisce male. ■ POLIZIESCO; COL.; 92'; GERMANIA, 1974.

QUARTIERE FRANCESE *(French Quarter)* ★★
Regia di DENNIS KANE. Con LINDSAY BLOOM, BRUCE DAVISON, VIRGINIA MAYO. ■ Una ragazza dei nostri giorni scopre di essere la reincarnazione di una prostituta minorenne che visse a Storyville, il quartiere più malfamato di New Orleans all'inizio del Novecento. Gli stessi attori interpretano le due storie. ■ DRAMMATICO; COL.; 94'; USA, 1977.

QUARTIERE LATINO *(Quartier Latin)* ★★
Regia di PIERRE COLOMBIER. Con JUNIE ASTOR, BLANCHETTE BRUNOY, BERNARD LANCRET. ■ Un giovane borghese si innamora di una studentessa. Per starle vicino, si finge povero e affit-

ta una stanza accanto alla sua. La ragazza, scoperto l'inganno, tenta il suicidio, temendo di essere per l'uomo un semplice capriccio; lui invece le chiede di sposarlo. ■ COMMEDIA; B/N; 131'; FRANCIA, 1939.

QUARTIERE MALEDETTO *(One Third of a Nation)* ★★
Regia di DUDLEY MURPHY. Con LEIF ERICKSON, SYLVIA SIDNEY. ■ Un proprietario di immobili favorevole ad un moderno sviluppo urbanistico viene osteggiato dalla sorella, dura e conservatrice. Il fratello di un'inquilina, storpio a causa di un incendio scoppiato nella casa, le dà nuovamente fuoco: è il primo passo per la rinascita del rione. ■ DRAMMATICO; B/N; 79'; USA, 1939.

QUARTIERI ALTI ★★★
Regia di MARIO SOLDATI. Con PAOLA BORBONI, VALENTINA CORTESE, VITTORIO SANIPOLI, MASSIMO SERATO. ■ Una donna matura ha un giovane amante. Questi si innamora di una fanciulla, alla quale tenta di nascondere il suo poco edificante passato. Lei però ne viene messa al corrente e il giovanotto, posto di fronte ad una scelta, opta per un sereno avvenire con la ragazza. ■ COMMEDIA; B/N; 87'; ITALIA, 1943.

QUARTIERI DI LUSSO *(Smartest Girl in Town)* ★★
Regia di JOSEPH SANTLEY. Con GENE RAYMOND, ANN SOTHERN. ■ Un ricco giovane si innamora di una fotomodella e si finge indossatore per conquistarla. Dopo qualche tempo la sua speranza diventa realtà, e allora rivela la verità alla futura moglie. ■ COMMEDIA; B/N; 92'; USA, 1936.

QUARTO ANGELO, IL *(The Fourth Angel)* ★★
Regia di JOHN IRVIN. Con BRIONY GLASSCO, JEREMY IRONS, CHARLOTTE RAMPLING, FORREST WHITAKER. ■ Jack, giornalista inglese di successo, vede morire moglie e due figlie durante un dirottamento, salva il bimbo più piccolo. I terroristi, serbi, sono catturati, ma misteriosamente subito rilasciati. Jack è furibondo, vuole giustizia. Grazie alle cospicue conoscenze riesce ad avere qualche informazione. Insomma fra Parigi e Londra scova gli assassini e comincia a uccidere. Sospettato e aiutato da un agente Fbi (Whitaker) alla fine scopre che "sotto" c'era tutt'altro: il denaro non la politica e il solito agente Cia deviato. Regia piatta e plot stravisto, con Irons, proprio a disagio, a metà strada fra Bronson dei *Giustiziere della notte* e Gibson degli *Arma letale*. ■ THRILLER; COL.; 100'; USA, 2001.

QUARTO A NORD-OVEST, UN *(The Last Adventurers)* ★★
Regia di ROY KELLINO. Con ROY EMERTON, NORA HOWARD, NIAL MACGINNIS. ■ Il proprietario di un battello salva un marinaio da un naufragio e lo assume. Un rivale, pungolato dalla figlia, glielo ruba, ma il ragazzo viene di nuovo salvato dal suo benefattore e ne sposa la figlia. ■ AVVENTURA; B/N; 77'; GRAN BRETAGNA, 1937.

QUARTO COMANDAMENTO, IL ★★★
(La passion Beatrice)
Regia di BERTRAND TAVERNIER. Con MONIQUE CHAUMETTE, JULIE DELPY, BERNARD-PIERRE DONNADIEU. ■ Nel 1330 François, un castellano dei Pirenei, torna a casa dopo una guerra rovinosa. Incupito ed esacerbato, saccheggia i villaggi vicini e tiranneggia i familiari, fra cui la bella figlia diciottenne. François un giorno la violenta e pretende di sposarla. Ma la ragazza lo uccide. Ottimo film di Tavernier con interpreti e personaggi eccezionali. Un Medioevo così è difficile vederlo al cinema. ■ DRAMMATICO; COL.; 131'; FRANCIA, 1987.

QUARTO DESIDERIO, IL *(The Fourth Wish)* ★★★
Regia di DON CHAFFEY. Con ROBERT BETTLES, JOHN MEILLON, ROBYN NEVIN. ■ Un uomo abbandonato dalla moglie decide di dedicare la sua vita all'educazione del figlio piccolo. Ma presto scopre che il ragazzo ha la leucemia. Afflitto dal dolore, l'uomo gli chiede se ha qualche desiderio. Il ragazzo vorrebbe rivedere la madre, avere un cane tutto per sé, stringere la mano alla regina d'Inghilterra. E il padre, con tutte le sue forze, cerca di accontentarlo. ■ DRAMMATICO; COL.; 94'; AUSTRALIA, 1976.

QUARTO D'ITALIA, UN ★★
Regia di VIRGILIO TOSI. ■ Un film propagandistico a favore delle Casse di Risparmio. ■ DOCUMENTARIO; COL.; 92'; ITALIA, 1962.

QUARTO GRADO *(Tight Spot)* ★★
Regia di PHIL KARLSON. Con LORNE GREENE, BRIAN KEITH, EDWARD G. ROBINSON, GINGER ROGERS. ■ Una detenuta, unica testimone a carico di un malvivente, viene fatta uscire di prigione per deporre contro di lui. La sua paura è vinta solo dal sacrificio della sorvegliante, morta per salvarla. Il poliziotto che dovrebbe proteggerla e che in realtà è pagato dal malvivente favorisce l'ingresso ad un killer ma poi, pentito, lo affronta e muore con lui. ■ POLIZIESCO; B/N; 97'; USA, 1955.

QUARTO NON ARRIVA, IL *(Der Vierte kommt nicht)* ★★
Regia di MAXIMILIAN W. KIMMICH. Con FERDINAND MARIAN, DOROTHEA WIECK. ■ La polizia indaga (con successo) sulla misteriosa morte di un cassiere di banca. ■ DRAMMATICO; B/N; 95'; GERMANIA, 1939.

QUARTO POTERE *(Citizen Kane)* ★★★★★
Regia di ORSON WELLES. Con RAY COLLINS, DOROTHY COMINGORE, JOSEPH COTTEN, GEORGE COULOURIS, AGNES MOOREHEAD, EVERETT SLOANE, PAUL STEWART, RUTH WARRICK, ORSON WELLES. ■ Si narra la vicenda di Charles Foster Kane, magnate dell'editoria. Il film inizia con un *flash-back*. Kane è morto, si cerca di interpretare la sua incredibile personalità, le sue speranze e le sue azioni. L'uomo è morto pronunciando la parola "Rosebud". Un giornalista si assume l'incarico di venire a capo del mistero andando a parlare con le persone che furono più vicine al magnate. Comincia dal suo più grande amico, Leland (Cotten), che sostenne Kane fin dall'inizio, quando il grand'uomo sembrava animato da irresistibile spinta di onestà e fu da questi licenziato quando non si schierò dalla sua parte in una vicenda di scarsa importanza. Appare un assistente di Kane, che conosce alcuni fatti, appare la seconda moglie, una cantante con le virgolette, come venne definita per il suo poco talento. Kane tentò anche la via politica, ma venne fermato con un ricatto. Conobbe tutti i grandi uomini del suo tempo. Raccolse in un incredibile castello milioni di cimeli e di cianfrusaglie. Ed ecco la soluzione del mistero: "Rosebud" era il nome della piccola slitta con cui Charles giocava da bambino. Come a dire che a fronte di una vita così articolata, importante, decisiva per molti, rimane un pezzo di legno che brucia in una caldaia. Titolo santificato dal cinema. Da molti ritenuto degno leader di una classifica ideale di film. Fu girato nella seconda metà del 1940 quando Welles aveva appena venticinque anni. Welles fece un film allarmante, incredibilmente pensato, nei contenuti e nella tecnica. Era il trionfo del cinema per il cinema, dove niente è reale e naturale, dove le luci arrivano da fonti impossibili (celebre la sequenza delle ballerine alla festa, che vengono illuminate dal pavimento). Il regista usò obiettivi particolari per dare significati espressivi a seconda di ciò che voleva comunicare: il soffitto a opprimere appena sopra la testa, il grandangolo che isola, piccolissimo, il soggetto; i giochi di ombre che indicano precarietà e una fine che non sarà certamente lieta. Welles, che aveva già stupito gli americani coi suoi geniali interventi radiofonici (famoso quello dell'invasione della Terra da parte dei marziani, tanto realistico da sconvolgere il paese), li stupì con un film che rappresentava l'esatto opposto del sogno americano raccontando la vicenda di un eroe che finisce male. Welles si ispirò alla vera storia dell'editore William Hearst e introdusse per primo nel cinema la pratica, seppur popolare, freudiana, alla quale avrebbe presto attinto un grande maestro come Hitchcock. Il film esce dal quadro del suo tempo, rimane un manifesto ancora valido. ■ DRAMMATICO; B/N; 120'; USA, 1941. ■ OSCAR 1 PR, 9 NOM.

QUARTO PROTOCOLLO *(The Fourth Protocol)* ★★
Regia di JOHN MACKENZIE. Con PIERCE BROSNAN, MICHAEL CAINE, JOANNA CASSIDY. ■ Un generale del Kgb, intenzionato a scatenare una guerra nucleare contro gli Stati Uniti, vara il "piano Aurora" per montare una bomba atomica da un kilotone. Il controspionaggio inglese mobilita l'agente Preston, che riesce a sventare il piano, seminando il cammino di cadaveri. ■ SPIONAGGIO; COL.; 119'; GRAN BRETAGNA, 1987.

QUARTO TIPO, IL *(The Fourth Kind)* ★★
Regia di OLATUNDE OSUNSANMI. Con ENZO CLIENTI, COREY JOHNSON, MILLA JOVOVICH, HAKEEM KAE-KAZIM, WILL PAT-

TON. ■ Milla Jovovich ci spiega che lei è un'attrice e nel film interpreta la dottoressa Abigail Tyler, detta Abbey, in una ricostruzione drammatica di fatti avvenuti nei primi giorni dell'ottobre del 2000 nella città di Nome, in Alaska. Per la privacy i nomi sono stati cambiati, ma ci viene detto che il regista ha inserito del reale materiale d'archivio, girato dalla stessa Abbey. Ed è proprio la "vera" Abbey a comparire nella prima intervista, con il volto contratto e scavato, per cominciare a raccontare l'accaduto. Poi l'immagine di Milla Jovovich le si sovrappone interpretandone la parte. Will, il marito di Abbey, è stato misteriosamente ucciso una notte mentre dormiva accanto a lei. Per studiare questa morte Abbey si reca a Nome. ■ THRILLER; COL., 98′; USA, 2009.

QUARTO UOMO, IL *(Kansas City Confidential)* ★★★
Regia di PHIL KARLSON. Con PRESTON FOSTER, COLEEN GRAY, JOHN PAYNE. ■ Un ex poliziotto compie una rapina con tre banditi. Ognuno di essi non conosce l'altro, e poiché si sono serviti di un camion uguale a quello di un innocente, questi viene arrestato e poi rilasciato. Si improvvisa allora detective, sgomina la banda e promette all'ex poliziotto colpito a morte di non svelare il suo segreto: si è infatti innamorato di sua figlia. ■ DRAMMATICO; B/N; 98′; USA, 1952.

QUARTO UOMO, IL *(The Fourth Man)* ★★★
Regia di PAUL VERHOEVEN. Con THOM HOFFMAN, JEROEN KRABBE, RÉNÉE SOUTENDIJK. ■ Il protagonista si chiama come l'autore del romanzo da cui è tratto il film: Gerard Reve. È un giovane scrittore omosessuale con evidenti problemi psichici. Nel viaggio da Amsterdam alla cittadina di Flessinga dove deve tenere una conferenza, conosce una donna con la quale trascorre il week-end. Scoprirà che la donna è rimasta vedova tre volte: è una strega che uccide i suoi uomini e lui, per evitare di essere "il quarto uomo", se ne va. ■ DRAMMATICO; COL.; 98′; PAESI BASSI, 1982.

QUASI ADULTI *(Almost Grown)* ★
Regia di DAVID CHASE. Con TIMOTHY DALY, EVE GORDON. ■ La vicenda inizia negli anni Sessanta e ha per protagonisti Susie e Norman, studenti liceali. I due ragazzi si innamorano ma rischiano di perdersi per seguire le mode del momento, una delle quali esorta al libero amore. Ma la passione di entrambi per la musica farà sì che possano ritrovarsi e unirsi in matrimonio. ■ COMMEDIA; COL.; 95′; USA, 1988.

QUASI AMICI *(Intouchables)* ★★★
Regia di OLIVIER NAKACHE, ERIC TOLEDANO. Con FRANÇOIS CLUZET, AUDREY FLEUROT, CLOTILDE MOLLET, ANNE LE NY, OMAR SY. ■ La vita derelitta di Driss, tra carcere, ricerca di sussidi statali e un rapporto non facile con la famiglia, subisce un'impennata quando, a sorpresa, il miliardario paraplegico Philippe lo sceglie come aiutante personale. Incaricato di stargli sempre accanto per spostarlo, lavarlo e aiutarlo nella fisioterapia, Driss non tiene a freno la sua personalità poco austera e contenuta. Diventa così l'elemento perturbatore in un ordine fatto di regole e paletti, e stringe un legame di sincera amicizia con il suo superiore, cambiandogli in meglio la vita. Campione d'incassi in patria è anche un campione d'integrazione tra i più classici estremi, *Quasi amici* è una favola del vivere semplice e autentico come ricetta di vera felicità. ■ COMMEDIA; COL.; 112′; FRANCIA, 2011.

QUASI INCINTA *(Almost Pregnant)* ★
Regia di MICHAEL DELUISE. Con JOHN CALVIN, JEFF CONWAY, TANYA ROBERTS. ■ Lei vuole a tutti i costi un figlio, ma lui ha un deficit spermatozoico. Per risolvere il problema si cerca un "padre-sostituto" ricco della materia prima necessaria. Siamo dalle parti di *Porcelloni* con battutacce e doppi sensi diffusi a piene mani. ■ COMMEDIA; COL.; 92′; USA, 1992.

QUASI NIENTE *(Presque Rien)* ★★
Regia di SÉBASTIEN LIFSHITZ. Con JÉRÉMIE ELKAÏM, MARIE MATHERON, DOMINIQUE REYMOND, STÉPHANE RIDEAU. ■ Opera d'esordio sugli schermi italiani del giovane regista francese Sebastien Lifshitz. Nell'estate dei suoi diciotto anni il timido Mathieu arriva nel piccolo e assolato paesino di mare dove è solito trascorrere le vacanze con i parenti: una madre malinconica sull'orlo di una crisi depressiva, una zia mortalmente soporifera, un cugino petulante e appiccicoso. Ma in spiaggia c'è anche Cèdric, bello, abbronzato, sfacciato. Gli sguardi tra i due, e le aspettative dolci e amare che ne conseguono, rendono l'estate meno noiosa del previsto. ■ DRAMMATICO; COL.; 100′; BELGIO, FRANCIA, 2002.

QUASI QUASI... ★★
Regia di GIANLUCA FUMAGALLI. Con FABIO DE LUIGI, NERI MARCORÈ, MARINA MASSIRONI. ■ Paola, che studia da estetista, è stata lasciata dal marito per un altro uomo. Vergognandosi dell'accaduto dice a tutti che il consorte è morto e cerca di rifarsi una vita con un preside che, a sua volta, le nasconde l'esistenza di un figlio. Finché un giorno l'ex marito muore davvero e lascia in eredità metà dell'abitazione in cui la donna vive al suo compagno. Paola si trova così ad affrontare un mondo sconosciuto. Siamo dalle parti di *Le fate ignoranti*, ma con molto meno estro e attenzione all'umanità dei personaggi. La nota positiva del film è lei, Marina Massironi, capace di mettere in luce tutte le qualità del suo personaggio. Ed è un lavoro difficile data la pochezza del contesto. Ci riesce con abilità ma, da attrice matura qual è, dovrà scegliere, per il futuro, registi solidi come quelli che ha già incontrato sul suo cammino (Soldini, Piccioni). Da non perdere, a tal proposito, *Agata e la tempesta* del 2004, di Silvio Soldini. ■ COMMEDIA; COL.; 85′; ITALIA, 2002.

QUASI QUASI MI SPOSO ★★
Regia di VITTORIO SINDONI. Con BENEDETTA BUCCELLATO, LUCIANO DE CRESCENZO, ENRICO MARIA SALERNO, FABIO TRAVERSA. ■ È la storia d'amore tra due giovani neo-laureati, entrambi in cerca di lavoro e completamente diversi caratterialmente. Da segnalare le brillanti comparse di Renzo Arbore e di Luciano Salce, che non riescono però a rallegrare questo film pseudo-sociologico. ■ COMMEDIA; COL.; 96′; ITALIA, 1982.

QUASI UNA TRUFFA *(A Touch of Carceny)* ★★
Regia di GUY HAMILTON. Con JAMES MASON, VERA MILES, GEORGE SANDERS. ■ Un uomo s'innamora della fidanzata di un amico. Per prenderla in moglie e guadagnare anche molti soldi, finge di aver trafugato importanti documenti in modo da poter ricattare la stampa, che si è lanciata in una campagna scandalistica nei suoi confronti. Il piano però fallisce perché la donna non è d'accordo, e lui si rassegna a perderla. ■ COMMEDIA; B/N; 92′; USA, 1960.

QUATERMASS CONCLUSION: LA TERRA ESPLODE *(Quatermass Conclusion)* ★★
Regia di PIERS HAGGARD. Con BARBARA KELLERMAN, SIMON MACCORKINDALE, JOHN MILLS, MARGARET TYZACK. ■ Il personaggio del professor Quatermass venne inventato per una serie televisiva della Bbc nel 1953 e fu protagonista di diversi film. Qui il nostro eroe si sacrifica per combattere un misterioso culto che provoca la scomparsa di numerosi giovani. ■ FANTASCIENZA; COL.; 107′; GRAN BRETAGNA, 1980.

14ª ORA *(14 Hours)* ★★★★
Regia di HENRY HATHAWAY. Con RICHARD BASEHART, BARBARA BEL GEDDES, PAUL DOUGLAS, DEBRA PAGET. ■ Un ragazzo moralmente distrutto da una famiglia che non lo ama e dal timore di rendere infelice la fidanzata, sale su un cornicione per suicidarsi. Un vigile lo vede e lo raggiunge per cercare di dissuaderlo. Poco alla volta il giovane si convince a desistere, ma quando sta per rientrare nell'appartamento perde l'equilibrio e precipita. ■ DRAMMATICO; B/N; 92′; USA, 1951. ■ OSCAR 1 NOM.

14 AMAZZONI, LE *(The 14 Amazons)* ★
Regia di CHENG KANG. Con TING KUAI CHIAO, SHENG FAN MEI, TSUNG HVA, TSUNG PAO. ■ La madre e la vedova di un valoroso guerriero armano un piccolo esercito di sole donne e vanno all'assalto del crudele signore e delle sue truppe che invadono il loro territorio. Dopo pericolose avventure, tranelli e scaramucce distruggono le forze nemiche. ■ AVVENTURA; COL.; 92′; HONG KONG, 1973.

14 ANNI VERGINE *(Full of it)* ★★
Regia di CHRISTIAN CHARLES. Con JOHN CARROLL LYNCH, CARMEN ELECTRA, KATE MARA, RYAN PINKSTON, TERI POLO. ■ Il primo giorno di liceo, Sam scopre con orrore che la sua vita nell'istituto sarà tutt'altro che semplice e felice: snobbato dalle ra-

gazze, vessato dai maschi, ridicolizzato per la sua statura decisamente sotto la media e per il saluto affettuoso che mamma e papà gli riservano all'entrata. Senza perdere tempo, cerca aiuto presso il consulente psicologico della scuola, ma tutto quel che si sente rispondere è che l'unica via di salvezza è la menzogna. Deve spacciarsi per quello che non è, solo così otterrà la popolarità che cerca, la sincerità è una virtù da perdenti. Pronto a tutto, Sam le spara più grosse che può, ma, come per magia, le frottole si avverano, finendo per complicargli irrimediabilmente la vita. ■ COMMEDIA; COL.; 93'; USA, SUDAFRICA, 2007.

14 DELLA BOND STREET, I *(The Fourteen)* ★★
Regia di DAVID HEMMINGS. Con LIZ EDMISTON, FRANK GENTRY, CHRISTIAN KELLY, PETER NEWBY, JACK WILD. ■ Quattordici fratelli, rimasti orfani di entrambi i genitori, vengono divisi e assegnati a diversi orfanotrofi. Reg, il maggiore, non accetta l'idea della separazione e tenta in ogni modo di riunire la sua "tribù". La gente comincia a parlare della loro vicenda e si commuove per loro, tanto che una coppia di agricoltori si dichiara disposta ad adottarli. ■ DRAMMATICO; COL.; 105'; GRAN BRETAGNA, 1979.

14-18 EUROPA IN FIAMME *(14-18)* ★★★
Regia di JEAN AUREL. ■ Il film mostra, servendosi di documenti storici spesso inediti, tutti gli avvenimenti salienti che prepararono la prima guerra mondiale, l'attentato di Sarajevo e le battaglie fino alla pace del 1918. ■ DOCUMENTARIO; B/N; 95'; FRANCIA, 1963.

14 KILOMETROS ★★
Regia di GERARDO OLIVARES. Con MAHAMADOU ALZOUMA, AMINATA KANTA, ADOUM MOUSSA VIOLETA. ■ Violeta, una ragazzina che vive in un villaggio del Mali, decide di scappare da casa per evitare il matrimonio combinato con un balordo da cui subì molestie da bambina. Intanto nel vicino Niger Buba trascorre le sue giornate tra la passione per il calcio e la necessità di fare il meccanico per vivere. Decide insieme al fratello di tentare una sorte migliore in Europa. Violeta e i due ragazzi si incontrano durante il viaggio verso il Marocco e condividono la meta dello Stretto di Gibilterra, quei 14 chilometri che separano l'Africa dall'Europa. È l'inizio di un durissimo cammino. ■ DRAMMATICO; COL.; 95'; SPAGNA, 2007.

QUATTORDICI O GUERRA – FURORE NELLE STRADE *(Wild in the Streets)* ★★
Regia di BARRY SHEAR. Con HAL HOLBROOK, CHRISTOPHER JONES, DIANE VARSI, SHELLEY WINTERS. ■ Un cantante, idolo dei giovani, accetta di appoggiare la candidatura di un futuro senatore, poiché dietro sua richiesta è stata abbassata ai quattordici anni l'età minima per votare. Lentamente, forzando i giovani e assopendo la resistenza degli anziani con massicce dosi di droga, il senatore diventa presidente degli Usa. Intanto però il tempo passa ed egli, ormai "vecchio", dovrà subire la rivolta dei giovanissimi. ■ FANTASTICO; COL.; 97'; USA, 1968. ■ OSCAR 1 NOM.

QUATTRINI A PALATE *(Money for Nothing)* ★★
Regia di MONTY BANKS. Con DONALD CALTHROP, SEYMOUR HICKS, BETTY STOCKFELD. ■ Dietro al nome di Monty Banks si cela quello di Mario Bianchi. Uno dei suoi film più noti è *Ciao amici!*, con Laurel e Hardy. ■ COMMEDIA; B/N; 92'; GRAN BRETAGNA, 1932.

QUATTRO ALLA FRONTIERA *(Cuatro en la frontera)* ★★
Regia di ANTONIO SANTILLANA. Con DANIELLE GODET, FRANK LATIMORE, ADRIANO RIMOLDI. ■ Un investigatore, incaricato di scoprire la provenienza e l'appartenenza di un carico d'oro rubato, ha le prove che un bracciante, apparentemente povero, è complice di quello come di altri traffici. Il poliziotto viene ucciso, ma un agente dell'Interpol arresta il malvivente. ■ DRAMMATICO; B/N; 94'; SPAGNA, 1957.

QUATTRO ALLA MORGUE – VIOLENZA A NEW YORK *(Four for the Morgue)* ★★
Regia di JOHN SLEDGE JR. Con LEO BRUNO, JESSIE DAVIS, STACY HARRIS, ED PYLE, LOUIS SIRGO. ■ Due poliziotti risolvono brillantemente quattro misteriosi casi. ■ POLIZIESCO; B/N; 82'; USA, 1962.

4 AMICHE E UN PAIO DI JEANS ★★
(The Sisterhood of the Traveling Pants)
Regia di KEN KWAPIS. Con ALEXIS BLEDEL, JENNA BOYD, AMERICA FERRERA, BLAKE LIVELY, AMBER TAMBLYN. ■ Per la prima volta quattro amiche inseparabili stanno per trascorrere una lunga estate separate. Lena va in Grecia a trovare i suoi parenti, Bridget ad allenarsi in un campus in Messico, Carmen trascorre le vacanze col padre in Carolina del Sud, mentre Tibby resta a casa a realizzare il suo primo film. A tenerle unite sono un paio di jeans "magici" che si passeranno come testimone delle loro avventure. Tratto dal romanzo *Quattro amiche e un paio di jeans* di Ann Brashares, di cui sono già stati pubblicati due seguiti. ■ COMMEDIA; COL.; 95'; USA, 2005.

QUATTRO AMICI E UN MATRIMONIO ★★
(Sione's Wedding)
Regia di CHRIS GRAHAM. Con IAHETO AH HI, TEUILA BLAKELY, CILLA BROWN, DAVID FANE, OSCAR KIGHTLEY, SHIMPAL LELISI, PUA MAGASIVA, ROBBIE MAGASIVA. ■ Quando il matrimonio diventa evento e analisi sociale. Ambientato nella comunità samoana di Auckland, il film narra le vicissitudini di un gruppo di trentenni dediti a scorribande, ragazze da una notte e via dicendo. Ancora terribilmente e irrimediabilmente afflitti dalla sindrome di Peter Pan i quattro, Michael, Albert, Stanley e Sefa, si ritrovano un giorno obbligati ad abbandonare le loro giovanilistiche avventure e quanto meno tentare la strada dell'età adulta. Sione infatti, il fratello minore di Michael, si sposa secondo la tradizione samoana e amici e fratello potranno presentarsi solo, per quanto comanda la tradizione e il volere di Sione, se si saranno trovati delle relazioni stabili e durature. ■ COMMEDIA; COL.; 97'; NUOVA ZELANDA, 2006.

QUATTRO BASSOTTI PER UN DANESE ★★★
(The Ugly Dachshund)
Regia di NORMAN TOKAR. Con DEAN JONES, SUZANNE PLESHETTE, CHARLIE RUGGLES. ■ Due coniugi posseggono cinque cani: lei preferisce i quattro bassotti, lui il danese, e perciò spesso litigano. Un giorno il danese vince un concorso per cani, mentre un bassotto della donna si piazza agli ultimi posti. ■ COMMEDIA; COL.; 93'; USA, 1965.

QUATTRO BASTARDI PER UN POSTO ALL'INFERNO *(Shark!)* ★★★
Regia di SAMUEL FULLER. Con ARTHUR KENNEDY, SILVIA PINAL, BURT REYNOLDS, BARRY SULLIVAN. ■ Un avventuriero viene assunto sull'imbarcazione di un professore che, come non tarda a scoprire, intende riportare in superficie un carico d'oro. La donna che si trova a bordo cerca di eliminarlo, senza successo, con l'aiuto di un poliziotto corrotto; il protagonista uccide lui e provoca una falla nell'imbarcazione che, guidata dalla donna, sta prendendo il largo. ■ AVVENTURA; COL.; 92'; USA, 1968.

QUATTRO BELVE SCATENATE *(5 filles eu furie)* ★★
Regia di MAX PÉCAS. Con MARC BONSEIGNEUR, MICHEL MONFORT, MARIA TAMAR. ■ Un tesoro nascosto durante la guerra suscita l'avidità di cinque ragazze. La maggiore di esse, che vuole entrarne in possesso a tutti i costi, obbliga con la forza un ragazzo del luogo a rivelarle il posto in cui è seppellito. Quando vi giunge, però, trova il corpicino del figlioletto che credeva smarrito anni prima. ■ DRAMMATICO; B/N; 88'; FRANCIA, 1969.

QUATTRO BRAVI RAGAZZI ★
Regia di CLAUDIO CAMARCA. Con LORENZO BIANCHI, MATTEO CHIOATTO, MICHELE PLACIDO, RICCARDO SALERNO. ■ Presentato alla Mostra di Venezia. Marcione è uno sfruttatore di omosessuali. Intorno a lui, satellite catalizzatore, alcuni giovani cercano uno sfogo alla vita ordinaria e noiosa. Così in una Milano notturna e per nulla rassicurante sfilano personaggi ai margini. Una sequenza di realtà virtuale nel finale è l'unica scena riuscita. Regia ancora troppo acerba come gli interpreti, Michele Placido fuori parte. ■ DRAMMATICO; COL.; 90'; ITALIA, 1993.

QUATTRO CAPORALI E MEZZO E UN COLONNELLO TUTTO D'UN PEZZO ★★
Regia di BITTO ALBERTINI. Con MIMMO BALDI, FRANCESCO MULÉ, PIERROTS, NINO TERZO, MAX TURILLY. ■ Alcune reclu-

te danno filo da torcere al loro comandante, ma il loro capo si comporta talmente bene nel corso delle manovre da essere decorato. È sempre per merito suo che un nanetto, impossibilitato a fare il militare per la statura, viene destinato al servizio di leva. ■ COMMEDIA; COL.; ITALIA, 1973.

QUATTRO CAVALIERI DELL'APOCALISSE, I ★★★
(The Four Horsemen of the Apocalypse)
Regia di REX INGRAM. Con POMEROY CANNON, ALICE TERRY, RODOLFO VALENTINO. ■ Tratto dal romanzo di Vincente Blasco-Ibanez è il film che rivela al pubblico Rodolfo Valentino. ■ DRAMMATICO; COL.; 120′; USA, 1921.

QUATTRO CAVALIERI DELL'APOCALISSE, I ★★★
(The Four Horsemen of the Apocalypse)
Regia di VINCENTE MINNELLI. Con CHARLES BOYER, LEE J. COBB, GLENN FORD, PAUL HENREID, PAUL LUKAS, INGRID THULIN. ■ Allo scoppio della seconda guerra mondiale, due cugini si schierano su fronti opposti: uno diventa ufficiale nazista, l'altro, nascondendosi dietro una patina di menefreghismo, guida in realtà la resistenza francese. Alla testa di alcuni partigiani attacca la postazione tenuta dal parente: periranno entrambi. ■ DRAMMATICO; COL.; 153′; USA, 1961.

QUATTRO CAVALIERI DELL'OKLAHOMA, I ★★
(Al Jennings of Oklahoma)
Regia di RAY NAZARRO. Con DAN DURYEA, DICK FORAN, GLORIA HENRY, GALE STORM. ■ Un giovane avvocato, figlio di un giudice, sopprime il mandante dell'uccisore di un fratello, quindi fugge e si mette a capo di una pericolosa banda. Qualche tempo dopo apre uno studio legale e si fidanza; ricercato scappa, ma viene arrestato e condannato all'ergastolo. Una revisione del processo gli assegnerà una pena leggera. ■ AVVENTURA; COL.; 79′; USA, 1951.

QUATTRO CAVALIERI DEL TERRORE, I ★★
(Hell's Crossroads)
Regia di FRANKLIN ADREON. Con HENRY BRANDON, PEGGIE CASTLE, STEPHEN MCNALLY, ROBERT VAUGHN. ■ Western macchinoso con bandito che si redime nel finale. ■ WESTERN; B/N; 73′; USA, 1957.

♥ QUATTROCENTO COLPI, I ★★★★
(Les quatre cents coups)
Regia di FRANÇOIS TRUFFAUT. Con JEAN-PIERRE LÉAUD, CLAIRE MAURIER, ALBERT RÉMY. ■ Un ragazzino incompreso dalla madre, che lo ha avuto da un amante, e dal patrigno che lo sopporta appena, combina un guaio dietro l'altro e invece di frequentare regolarmente la scuola se ne va a spasso con un amichetto. Un giorno, sorpreso nel tentativo di rubare, finisce in riformatorio. Da qui fugge per soddisfare il desiderio di vedere il mare. ■ DRAMMATICO; B/N; 93′; FRANCIA, 1959. ■ CANNES 1 PR; OSCAR 1 NOM.

400.000 DOLLARI SULL'ASSO DI CUORI ★★
(Juego sucio eu Panamá – As de corazon)
Regia di TULIO DEMICHELI. Con CHRIS ROBINSON, MICKEY ROONEY, PILAR VELASQUEZ. ■ Uno scrittore vince 400.000 dollari che lascia in deposito a un amico fidato dicendogli di conservarli per qualche giorno oppure di darli a chi pesca un asso di cuori (nel caso lo scrittore muoia). In effetti, gli attentati alla vita dell'uomo sono molti, ma tutti a vuoto, e nel finale colpi di scena a ripetizione. ■ GIALLO; COL.; 92′; SPAGNA, 1974.

490 + 1 = 491 *(491)* ★★★
Regia di VILGOT SJÖMAN. Con LARS HANSON, LARS LIND, LEIF NYMARK, STIG TÖRNBLOM. ■ Un assistente sociale animato da buone intenzioni si fa affidare un gruppetto di criminali, persuaso che riuscirà a rieducarli. I giovani, apparentemente propensi all'esperimento, abusano di quella libertà insperata per compiere soprusi, furti, violenze, fino a vendere i mobili del loro ospite. Quest'ultimo accetta da una prostituta i soldi per ricomprarli, ma viene denunciato proprio da uno dei delinquenti. Un altro lo difende e muore. ■ DRAMMATICO; B/N; 95′; SVEZIA, 1964.

QUATTRO CHIAVI, LE *(Vier Schlüssel)* ★★
Regia di JÜRGEN ROLAND. Con GUNTHER HUNGEHEUER, IDA KROTTENDORF, HELMUT LANGE. ■ Alcuni malviventi imprigionano con un tranello gli impiegati della banca che vogliono derubare per farsi consegnare le quattro chiavi indispensabili ad aprire la cassaforte. Il furto riesce, ma i colpi di pistola esplosi per fermare il guardiano spingono una coppietta ad avvertire la polizia. Il capo dei banditi tenta la fuga con un ostaggio, ma uno dei bancari si sacrifica per farlo arrestare. ■ GIALLO; B/N; 94′; GERMANIA, 1965.

QUATTRO CROCI DI EL PASO, LE *(Todo por nada)* ★★
Regia di ALBERTO MARISCAL. Con PEDRO ARMENDARIZ, HENRY CALHOUN, JORGE RUSSECK. ■ Due fratelli vogliono vendicarsi di alcuni banditi. Uno lo ammazzano subito, gli altri li inseguono nel deserto sopportando la sete, la fatica e gli indiani. In una casa isolata trovano un vecchio, il cui figlio è stato ucciso dagli uomini cui danno la caccia. Ripartiti tutti insieme li raggiungono e li eliminano. ■ WESTERN; COL.; 92′; SPAGNA, 1972.

QUATTRO CUCCIOLI DA SALVARE *(The Hunted)* ★★
Regia di JOE CAMP. Con NANCY FRANCIS, FRANK INN, RED STEAGALL. ■ Benji, il cagnetto bastardo reso celebre dai filmetti per ragazzi di Joe Camp, ritorna in questa simpatica avventura. Qui Benji prende sotto la sua protezione quattro cuccioli di puma, rimasti senza madre. Li difende contro un lupo e un orso. Poi trova loro un'altra madre. ■ AVVENTURA; COL.; 85′; USA, 1987.

QUATTRO CUORI E UNA RAGAZZA ★★
(Es war einmal ein Walzer)
Regia di VIKTOR JANSON. Con MARTHA EGGERTH, PAUL HÖRBIGER, ROLF VON GOTH. ■ Un giovane, che ha dilapidato le sostanze paterne, si fidanza con un'ereditiera. Poco dopo entra in crisi perché si è innamorato di un'altra. Anche la sua promessa ha perso la testa per un altro e le due coppie, dopo peripezie di ogni sorta, decidono di aprire un ristorante per aiutarsi vicendevolmente. ■ COMMEDIA; B/N; 92′; GERMANIA, 1932.

4 DEL CLAN DAL CUORE DI PIETRA, I ★★
(El clan de los nazarenos)
Regia di JOAQUÍN LUIS ROMERO MARCHENT. Con ALEXANDRA BASTEDO, JAVIER ESCRIVÁ, ANTONIO SABATO. ■ Lo spretato padre Chris (pieno di fisime antireligiose) mette insieme una banda di rapinatori. Fra un colpo e l'altro i vari componenti litigano fra loro, si innamorano, si tradiscono e alla fine si uccidono. Rimane solo una donna. ■ DRAMMATICO; COL.; 91′; SPAGNA, 1976.

QUATTRO DEL DRAGO NERO, I *(The Duel)* ★★
Regia di CHANG CHEN. Con DAVID CHAING, YU HUI, TI LUNG, WANG PING. ■ Uno dei tanti prodotti a base di kung-fu: un ragazzo fa assassinare il proprio padre per sostituirlo al comando della banda; il fratellastro però lo uccide in duello prima di essere a sua volta eliminato. ■ DRAMMATICO; COL.; 94′; HONG KONG, 1973.

QUATTRO DEL GETTO TONANTE, I ★★
Regia di FERNANDO CERCHIO. Con DAWN ADDAMS, ANDREA CHECCHI, ANTONIO CIFARIELLO, MASSIMO GIROTTI, GIULIA RUBINI. ■ È appena terminata la seconda guerra mondiale: un pilota indiano decide, con quattro compagni, di preparare in segreto una pattuglia acrobatica che possa gareggiare con quelle straniere. Dopo incidenti tecnici e sentimentali, il gruppo è pronto ad esibirsi pubblicamente: uno di loro, alzatosi in volo in sostituzione del compagno ritardatario, precipita e muore; ma è proprio la sua donna a incoraggiare gli altri a perseverare. ■ DRAMMATICO; COL.; 98′; ITALIA, 1956.

QUATTRO DELITTI IN ALLEGRIA ★★★
(La cité de la peur, une comédie familiale)
Regia di ALAIN BEREBARIAN. Con ALAIN CHABAT, DOMINIQUE FARRUGIA, CHANTAL LAUBY. ■ Cannes, festival del cinema. Un serial killer sta uccidendo i proiezionisti. Un addetto stampa, giunto sulla Croisette per pubblicizzare un film di infimo livello, entra nel mirino dell'omicida. Divertente prestazione del protagonista di *Peccato che sia femmina*. ■ COMMEDIA; COL.; 102′; FRANCIA, 1994.

QUATTRO DELL'APOCALISSE, I ★★
Regia di LUCIO FULCI. Con HARRY BAIRD, LYNNE FREDERICK, TOMAS MILIAN, MICHAEL J. POLLARD, FABIO TESTI. ■ Un baro appena uscito di prigione lega con una prostituta incinta, un nero non del tutto savio e un bevitore accanito. Mentre viaggiano, un

bandito abusa della donna e ferisce a morte il bevitore. Il nero impazzisce completamente, lei muore di parto. Il baro si vendicherà. ■ WESTERN; COL.; 105′; ITALIA, 1975.

QUATTRO DELL'AVE MARIA, I ★★★
Regia di GIUSEPPE COLIZZI. Con TERENCE HILL, LIVIO LORENZON, BROCK PETERS, BUD SPENCER, ELI WALLACH. ■ Un detenuto appena scarcerato deruba due pistoleri e spende in brevissimo tempo tutto il denaro. Viene acciuffato dalla coppia quando sta per uccidere l'uomo che lo ha mandato in galera e si salva proponendo un grosso guadagno in una bisca. Infatti scoprono che i tavoli da gioco sono truccati, e ne approfittano per vincere una somma altissima. L'ex carcerato rinuncia alla sua vendetta. ■ WESTERN; COL.; 132′; ITALIA, 1968.

QUATTRO DELL'OCA SELVAGGIA, I ★★★
(The Wild Geese)
Regia di ANDREW V. MCLAGLEN. Con RICHARD BURTON, STEWART GRANGER, RICHARD HARRIS, HARDY KRÜGER, ROGER MOORE. ■ Un facoltoso baronetto inglese (Granger) incarica un colonnello avventuriero (Burton) di recuperare il vecchio e saggio presidente di un paese africano, fatto prigioniero da un avversario golpista. Il colonnello prende con sé alcuni fedeli amici e riesce nell'impresa, ma, quando il gruppo deve abbandonare l'Africa, il baronetto, essendo intanto mutate le condizioni politiche, cerca di far fuori i suoi mercenari. Alcuni ci lasciano la pelle, compreso il presidente nero, ma il colonnello riesce a tornare in Inghilterra e a uccidere il baronetto. ■ AVVENTURA; COL.; 134′; USA, 1978.

QUATTRO DELL'OCA SELVAGGIA II, I ★★
(Wild Geese II)
Regia di PETER HUNT. Con BARBARA CARRERA, SCOTT GLENN, LAURENCE OLIVIER. ■ Un gruppo di mercenari viene assoldato per liberare Rudolf Hess (un Laurence Olivier somigliante in modo impressionante al novantenne nazista) dal carcere di Spandau. I servizi spionistici di mezzo mondo ritengono che Hess abbia delle importanti verità da rivelare, ma lui non è della stessa opinione. Buone scene di azione e montagne di cadaveri, ma il primo capitolo era tutta un'altra cosa. ■ AVVENTURA; COL.; 109′; GRAN BRETAGNA, 1986.

QUATTRO DEL PATER NOSTER, I ★★
Regia di RUGGERO DEODATO. Con ORESTE LIONELLO, ENRICO MONTESANO, LINO TOFFOLO, PAOLO VILLAGGIO. ■ Tre creduloni recuperano una refurtiva, ma vengono accusati di esserne i ladri e messi in prigione. Un bandito li fa fuggire e li deruba, poi perde tutto il denaro. I nostri, fallito il tentativo di recuperarlo, truccano la roulette di una casa da gioco e vincono una discreta somma prima di essere coinvolti in un pestaggio. ■ COMMEDIA; COL.; 98′; ITALIA, 1969.

QUATTRO DEL TEXAS, I *(4 for Texas)* ★★★
Regia di ROBERT ALDRICH. Con URSULA ANDRESS, CHARLES BRONSON, ANITA EKBERG, DEAN MARTIN, FRANK SINATRA. ■ Un pistolero entra casualmente in possesso di un'ingente somma di denaro. Un suo rivale vuole portargliela via con l'aiuto di un banchiere disonesto, ma, quando si accorge che l'uomo manovra per eliminare anche lui, si allea all'ex avversario, sconfigge il banchiere e lo manda in galera. La vicenda si chiude in bellezza con il matrimonio dei protagonisti. ■ AVVENTURA; COL.; 124′; USA, 1963.

QUATTRO DI CHICAGO, I ★★
(Robin and the Seven Hoods)
Regia di GORDON DOUGLAS. Con SAMMY DAVIS JR, PETER FALK, DEAN MARTIN, FRANK SINATRA. ■ Un gangster dal cuore d'oro, che all'occorrenza aiuta i poveri con i suoi guadagni, ha per acerrimo avversario l'assassino del capomafia di Chicago del quale ha usurpato il posto. Dopo numerosi scontri avrà la meglio su di lui e sulla figlia, che ha costituito una banda tentando di sopraffarlo. ■ COMMEDIA; COL.; 103′; USA, 1964. ■ OSCAR 2 NOM.

QUATTRO DISPERATI, I *(The Plunderers)* ★★
Regia di JOSEPH PEVNEY. Con JEFF CHANDLER, DOLORES HART, MARSHA A. HUNT, JOHN SAXON. ■ Quattro banditi spadroneggiano in una cittadina del West. Uno di essi uccide lo sceriffo seminando la discordia tra i compagni; un altro tenta di approfittare della donna di un allevatore, che lo uccide. Più tardi l'uomo affronta altri due banditi e risparmia il quarto. ■ WESTERN; B/N; 93′; USA, 1960.

QUATTRO DITA DELLA FURIA, LE *(Invincible Boxer)* ★
Regia di KUNG MIN. Con LEE LIN LIN, LIU LAN YING, CHAUATIENG PAO CHAO. ■ Il maestro di una scuola di arti marziali ha messo gli occhi su una bella rivale che lo respinge in tutti i modi. Allora lui, per piegarla, le uccide il fratello. Alcuni amici soccorrono la ragazza e fanno strage di nemici. ■ AVVENTURA; COL.; 95′; HONG KONG, 1972.

QUATTRO DOLLARI DI VENDETTA ★★
(Cuatro dólares de venganza)
Regia di ALFONSO BALCAZAR GRANDA. Con GHIA ARLEN, ANGELO INFANTI, ROBERT WOOD. ■ Due soldati amano la stessa ragazza. Uno viene condannato a morte perché ritenuto responsabile di una rapina, ma il colpevole è l'altro. Trionfo finale del buono. ■ WESTERN; COL.; 92′; SPAGNA, 1965.

QUATTRO DONNE ASPETTANO *(Until They Sail)* ★★
Regia di ROBERT WISE. Con SANDRA DEE, JOAN FONTAINE, PIPER LAURIE, PAUL NEWMAN, JEAN SIMMONS. ■ È la storia di quattro sorelle della Nuova Zelanda, che durante la seconda guerra mondiale soffrono e sperano per i loro uomini. ■ DRAMMATICO; B/N; 95′; USA, 1957.

QUATTRO DONNE NELLA NOTTE *(Bonnes à tuer)* ★★
Regia di HENRI DECOIN. Con MICHEL AUCLAIR, CORINNE CALVET, DANIELLE DARRIEUX, LYLA ROCCO. ■ Un giornalista, che si è arricchito con affari poco puliti, invita a casa sua le donne che hanno avuto un peso nella sua vita la prima moglie, l'amante, la fidanzata incinta di un altro, l'avida seconda moglie. Egli tenta di uccidere quest'ultima ma invano; esasperato dalle ingiuste accuse della prima moglie, tenta di spingerla nel vuoto ma precipiterà al posto di lei. ■ DRAMMATICO; B/N; 90′; FRANCIA, 1954.

4:44 LAST DAY ON EARTH ★★
Regia di ABEL FERRARA. Con WILLEM DAFOE, PAUL HIPP, SHANYN LEIGH, NATASHA LYONNE. ■ Toppo tardi per fermare la fine del mondo. E così, come da peggiori profezie eco-apocalittiche, alle 4:44 di un giorno X tutto avrà fine, per una coppia di amanti come per l'umanità intera. "Al Gore was right". Una profezia recepita tardivamente quella apocalittica del quasi-presidente degli Stati Uniti d'America, sorta di santone che, insieme al Dalai Lama e alle sue riflessioni sull'umanità, ricorre in loop come coro morale del film di Abel Ferrara. Un Ferrara quasi pacificato, quasi sereno di fronte all'apocalisse incombente. ■ FANTASCIENZA; COL.; 82′; USA, 2011.

QUATTRO FACCE DEL WEST, LE *(Four Faces West)* ★★
Regia di ALFRED E. GREEN. Con CHARLES BICKFORD, FRANCES DEE, JOEL MCCREA. ■ Un agricoltore, per salvare il proprio ranch dalla rovina, rapina una banca (però, da brava persona, rilascia una cambiale). Fugge, inseguito (nientemeno) dal famoso sceriffo Pat Garrett, che forse non lo prenderebbe, se l'uomo non perdesse tempo, per strada, a curare una famiglia malata. Il fuggiasco è catturato, ma se la caverà con poco. ■ WESTERN; B/N; 90′; USA, 1948.

QUATTRO FANTASMI PER UN SOGNO ★★
(Heart & Souls)
Regia di RON UNDERWOOD. Con ROBERT DOWNEY JR., CHARLES GRODIN, KYRA SEDGWICK. ■ Simpatica ma prevedibile storiella che attinge da elementi molto sfruttati dal cinema. C'è un grave incidente stradale. Un autobus fa quattro vittime, ma per problemi divini non vanno in cielo. Prima di guadagnarsi l'ambito premio dovranno rendere felice un bravo giovane. ■ COMMEDIA; COL.; 99′; USA, 1993.

QUATTRO FANTERIA *(Die Deutschmeister)* ★★
Regia di ERNST MARISCHKA. Con PAUL HÖRBIGER, SUSSI NICOLETTI, MAGDA SCHNEIDER, ROMY SCHNEIDER, GRETI SCHORG. ■ Ultimi anni dell'Ottocento: una ragazza di campagna si trasferisce a Vienna affinché si compia una profezia. In città conosce infatti un nobile che si innamora di lei e un giovane artista del quale ricambia l'affetto. Con uno stratagemma riesce a far pervenire

all'imperatore le musiche che lui ha scritto, assicurandogli il successo. ■ COMMEDIA; COL.; 109'; AUSTRIA, 1955.

QUATTRO FARFALLE PER UN ASSASSINO ★★
(Straight on Till Morning)
Regia di PETER COLLINSON. Con TOM BELL, SHANE BRIANT, ANNIE ROSS, RITA TUSHINGHAM. ■ Una giovane scrittrice si trasferisce a Londra e si innamora di un ragazzo. Questi ha ucciso e uccide tutte le donne che stanno con lui solo per qualità fisiche, ma poiché la giovane sembra diversa non le fa alcun male. Uccide invece la sua amica e la scrittrice scopre la verità, ancora più terribile in quanto aspetta un figlio. ■ DRAMMATICO; COL.; 96'; GRAN BRETAGNA, 1972.

QUATTRO FIGLI DI KATIE ELDER, I ★★★
(The Sons of Katie Elder)
Regia di HENRY HATHAWAY. Con MICHAEL JR ANDERSON, EARL HOLLIMAN, MARTHA HYER, DEAN MARTIN, JOHN WAYNE. ■ Quattro ragazzi si riuniscono per il funerale della madre, morta misteriosamente dopo aver venduto il terreno in maniera poco chiara. Decidono di indagare spaventando un commerciante, che dapprima li fa incriminare per l'omicidio dello sceriffo, quindi tenta di ucciderli prima del processo. Le sue manovre però vengono scoperte ed egli muore nel duello col maggiore dei fratelli. ■ WESTERN; COL.; 122'; USA, 1965.

QUATTRO FIGLIE *(Four Daughters)* ★★★
Regia di MICHAEL CURTIZ. Con JOHN GARFIELD, LOLA LANE, PRISCILLA LANE, ROSEMARY LANE, GALE PAGE, CLAUDE RAINS. ■ Dramma intimista: un giovane artista riesce a sposare, dopo lunghe traversie, la figlia di un professore che lo aveva ospitato. ■ DRAMMATICO; B/N; 90'; USA, 1938. ■ OSCAR 4 NOM.

QUATTRO FIGLI UNICI ★★
Regia di FULVIO WETZL. Con ROBERTO CITRAN, IVANO MARESCOTTI, PIERO NATOLI, MARIELLA VALENTINI. ■ Bisogna proprio dire che la storia è originale, anche se un tantino inverosimile. Dopo il divorzio Virginia vive con i due figli, Micol e Paolo. La prima è proprio sua, mentre il secondo è nato da un precedente matrimonio dell'ex marito. Paolo un giorno scompare e Giorgio, il nuovo uomo di Virginia, scopre che Micol registrava le conversazioni casalinghe. Per scoprire la ragione della fuga di Paolo si ascoltano così i nastri. ■ COMMEDIA; COL.; 103'; ITALIA, 1992.

QUATTRO FILIBUSTIERI, I *(Mickey's Trarter)* ★★★
Produzione DISNEY. ■ Paperino, Pippo, Pluto e Topolino sono i quattro protagonisti di altrettante divertenti avventure sul mare. ■ ANIMAZIONE; COL.; 92'; USA, 1967.

QUATTRO GIORNATE DI NAPOLI, LE ★★★★
Regia di NANNI LOY. Con REGINA BIANCHI, ALDO GIUFFRÉ, LEA MASSARI, JEAN SOREL, GIAN MARIA VOLONTÉ, GEORGES WILSON. ■ Su soggetto di Vasco Pratolini, un film drammaticamente umano sulla rivolta dei napoletani, iniziata il 28 settembre 1943, prima dell'arrivo degli Alleati. Fu una ribellione spontanea, portata avanti con armi e mezzi di fortuna, per un disperato bisogno di libertà. ■ DRAMMATICO; B/N; 110'; ITALIA, 1962. ■ OSCAR 2 NOM.

QUATTRO GIORNI A SETTEMBRE ★★
(O que e isso companheiro?)
Regia di BRUNO BARRETO. Con ALAN ARKIN, PEDRO CARDOSO, LUIS FERNANDO GUIMARAES, FERNANDO TORRES. ■ Nel settembre del 1969 un gruppo di terroristi brasiliani, appartenenti all'MR-8, sequestra l'ambasciatore americano Charles Burke Elbrick. Barreto racconta quella storia aderendo "sufficientemente" alla verità. Ma si sa, all'autore che ha firmato *Donna Flor e i suoi mariti* la fantasia non manca. ■ DRAMMATICO; COL.; 110'; BRASILE, 1997. ■ OSCAR 1 NOM.

QUATTRO INESORABILI, I ★★
Regia di PRIMO ZEGLIO. Con ROBERTO CAMARDIEL, ROBERT HUNDAR, RED ROSS, ADAM WEST. ■ Per vendicarsi di una taglia sfumata, quattro killer riescono a far accusare di omicidio un ranger. Questi fugge dal carcere e loro lo inseguono per incassare la taglia offerta dalla vedova. L'evaso ne uccide tre, ma viene catturato e condannato alla pena capitale. Un amico gli inscena una finta esecuzione. Il bandito superstite, credendosi al sicuro, si scopre e viene arrestato. ■ WESTERN; COL.; 95'; ITALIA, 1965.

QUATTRO IN LEGGE *(The Brothers in Law)* ★★★
Regia di ROY BOULTING. Con RICHARD ATTENBOROUGH, IAN CARMICHAEL, TERRY THOMAS. ■ Un giovane avvocato vorrebbe ripercorrere la strada di un suo antenato che fu un principe del foro, ma gli vanno tutte storte. Finché un giorno deve difendere un ladro che conosce la legge perfettamente. Grazie ai suggerimenti del suo cliente l'avvocato vince la causa. Da quel momento, una volta rotto il ghiaccio, il giovane non sbaglia più un colpo. ■ COMMEDIA; B/N; 94'; GRAN BRETAGNA, 1957.

QUATTRO IN MEDICINA *(Doctor in the House)* ★★★
Regia di RALPH THOMAS. Con DIRK BOGARDE, KAY KENDALL, KENNETH MORE, MURIEL PAVLOW, JAMES ROBERTSON JUSTICE. ■ Un laureando in medicina in attesa degli esami corteggia una bella infermiera. Un'azione apparentemente irregolare rischia di compromettere l'esito del suo corteggiamento, ma i suoi professori, in onore dei tempi passati in cui anch'essi si resero protagonisti di qualche birichinata, lasciano perdere. Dopo la laurea, sposa la sua innamorata. ■ COMMEDIA; COL.; 92'; GRAN BRETAGNA, 1954.

QUATTRO IN PARADISO – AVVENTURIERI DEL BENGALA *(The Young in Heart)* ★★
Regia di RICHARD WALLACE. Con DOUGLAS FAIRBANKS JR, JANET GAYNOR. ■ Una famiglia di sfruttatori si aggrega ad una signora anziana e ricchissima per farsi lasciare l'ingente patrimonio. Per mostrare disinteresse trovano un'occupazione, e questo basta per cambiarli radicalmente. Quando la donna si ammala, l'aiutano e quindi la ospitano nella loro casa. ■ COMMEDIA; B/N; 90'; USA, 1938. ■ OSCAR 3 NOM.

QUATTRO IN UNA JEEP *(Die vier im Jeep)* ★★
Regia di LEOPOLD LINDTBERG. Con VIVECA LINDFORS, RALPH MEEKER, YOSSI YADIN. ■ Una giovane viennese ha il marito prigioniero in un campo di concentramento russo. Un giorno l'uomo fugge e riesce a raggiungerla; insieme sfuggono ai sovietici ma vengono feriti. Un militare americano aiuta i due a raggiungere un ospedale francese. ■ DRAMMATICO; B/N; 93'; SVIZZERA, 1951. ■ BERLINO 1 PR.

QUATTRO MANI PER SPACCARE, QUATTRO PIEDI PER UCCIDERE ★
Regia di PETER CHALONG. Con SOMBUT ANUMA, CHAN SING, JEANNETTE YU, YUNG KAO. ■ Avventure violente in chiave kung-fu. ■ AVVENTURA; COL.; 92'; HONG KONG, 1974.

QUATTRO MARMITTONI ALLE GRANDI MANOVRE ★
Regia di FRANCO MARTINELLI. Con LINO BANFI, GIANFRANCO D'ANGELO, SERGIO LEONARDI, RAF LUCA, ANGELO PELLEGRINO. ■ Quattro ragazzi vengono reclutati per il servizio di leva e passano il tirocinio comune a tutti i soldati, dalle esercitazioni all'allarme, dal silenzio al rancio. Alle grandi manovre battono gli americani. ■ COMMEDIA; COL.; 92'; ITALIA, 1974.

QUATTRO MATRIMONI E UN FUNERALE ★★★
(Four Weddings and a Funeral)
Regia di MIKE NEWELL. Con SIMON GALLOW, HUGH GRANT, ANDIE MACDOWELL, KRISTIN SCOTT THOMAS. ■ Dal regista di *Ballando con uno sconosciuto*, una commedia inglese, senza pretese, dal felice tocco e dal grande successo mondiale. Interpreti tutti efficaci. I matrimoni e il funerale fanno da sfondo e da motore alla vicenda di un giovane. Charles ha una grande passione per il gentil sesso. Di bell'aspetto e piuttosto viziato, ritardatario cronico, non ha nessuna intenzione di rinunciare al ruolo di scapolo e dongiovanni. Una sua amica nutre per lui un sentimento inespresso. Durante il ricevimento al matrimonio di un amico conosce Carrie, un'affascinante americana. Passano una notte d'amore e poi lei scompare per riapparire al successivo matrimonio. Durante la terza cerimonia Carrie sposa un ricco molto più anziano di lei, ma ben presto si separano. Quando Charles sta per dire il fatidico sì, Carrie arriva all'ultimo momento. Il funerale invece si riferisce a un amico omosessuale e crea un momento di commozione nella vicenda umoristica. Nel ruolo secondario ma esilarante di un prete alle prime armi, Rowan Atkinson, alias *Mr.*

Bean. ■ COMMEDIA; COL.; 113′; GRAN BRETAGNA, 1994. ■ GOLDEN GLOBES 1 PR, 4 NOM; OSCAR 2 NOM.

QUATTRO MINUTI *(Vier Minuten)* ★★★
Regia di CHRIS KRAUS. Con MONICA BLEIBTREU, VADIM GLOWNA, HANNAH HERZSPRUNG, RICHY MÜLLER, SVEN PIPPIG, JASMIN TABATABAI, NADJA UHL. ■ L'ottantenne Traude Krüger si reca ogni giorno presso il carcere femminile di Lickau, dove insegna a suonare il pianoforte a un numero sempre più esiguo di allieve. Il corso rischia di essere chiuso ma la donna, grazie anche alla solidarietà di un guardiano, riesce a convincere il direttore. Un giorno però sarà la stessa guardia carceraria, massacrata di botte da una detenuta, Jenny, a cambiare idea. Jenny è infatti in carcere accusata di omicidio. Ha uno straordinario talento per il piano, ma è preda di crisi di violenza che la gettano nello sconforto. Traude, inizialmente diffidente nei suoi confronti, deciderà di insistere riuscendo, nonostante i vincoli ufficiali e ufficiosi dal personale del carcere, a portarla fino alle soglie di un concorso per giovani pianisti. I film sul rapporto insegnante-allievo/a in cui l'uno cerca di spingere l'altro a esprimere il suo talento grazie al rigore rischiano sempre di fare la stessa fine: conflitti, incomprensioni, progressi e poi il trionfo che fa contenti tutti. Non è così in *4 minuti*, dove la dinamica narrativa è molto più complessa a matura. ■ DRAMMATICO; COL.; 112′; GERMANIA, 2006.

QUATTRO MOGLI, LE *(Cuatro mujeres)* ★★
Regia di ANTONIO DEL AMO ALGARA. Con MARIA DENIS, FOSCO GIACHETTI, CARLOS MUÑOZ. ■ Una donna entra in un bar. I quattro uomini che stanno giocando insieme a carte l'hanno conosciuta in circostanze diverse: uno l'ha chiesta in moglie, ma lei lo ha respinto; il secondo era un suo collega ma la gelosia della moglie li ha separati; il terzo la considera una sorella; l'ultimo se n'è servito come modella per un quadro, poi l'ha cacciata. Ma adesso che l'ha rivista non la lascerà più. ■ COMMEDIA; B/N; 92′; SPAGNA, 1947.

QUATTRO MONACI, I ★★
Regia di CARLO LUDOVICO BRAGAGLIA. Con PEPPINO DE FILIPPO, ALDO FABRIZI, LUCIANA GILLI, ERMINIO MACARIO, NINO TARANTO. ■ Quattro malviventi si travestono da frati e si fanno ospitare in un convento. Tempo dopo, con la scusa di proteggere i religiosi, pretendono tangenti dai negozianti e dalle persone più in vista. I loro crimini si fanno tanto audaci da spedirli in prigione. Qui si scopre la loro vera identità. ■ COMMEDIA; COL.; 90′; ITALIA, 1972.

QUATTRO MORTI IRREQUIETI ★★
(Stop, You're Killing Me)
Regia di ROY DEL RUTH. Con BRODERICK CRAWFORD, MARGARET DUMONT, VIRGINIA GIBSON, CLAIRE TREVOR. ■ Alla fine del proibizionismo, un commerciante di birra alle prese con alcuni banchieri decide di affittare una lussuosa villa per gettare loro polvere negli occhi. Nell'abitazione si trovano i cadaveri di quattro banditi sui quali la polizia ha posto una taglia: così, mentre prima l'uomo si è sbarazzato dei loro cadaveri, adesso cerca di recuperarli. Il finale, naturalmente, è rosa: l'uomo paga i suoi debiti e fa incassare la taglia al fidanzato della propria figlia. ■ COMMEDIA; COL.; 86′; USA, 1952.

QUATTRO MOSCHE DI VELLUTO GRIGIO ★★★
Regia di DARIO ARGENTO. Con MICHAEL BRANDON, ALDO BUFI LANDI, MIMSY FARMER, JEAN-PIERRE MARIELLE. ■ Un giovane, che ha ucciso per legittima difesa, viene perseguitato dal testimone che ha fotografato l'omicidio. La sua cameriera viene ammazzata e la moglie se ne va. L'investigatore assunto dall'uomo viene assassinato, e anche una ragazza che gli è rimasta vicina subisce la stessa sorte. Alla fine, a un pelo dalla morte, il giovanotto scopre chi è l'assassino. ■ GIALLO; COL.; 105′; ITALIA, 1971.

QUATTRO MOSCHETTIERI, I ★★
Regia di CARLO CAMPOGALLIANI. Con MARIONETTE. ■ Modesto film per ragazzi: i quattro moschettieri e due servitori riescono a catturare, dopo avventure strabilianti, i ladri che hanno rubato le scarpette della regina e a riportargliele. ■ AVVENTURA; B/N; 94′; ITALIA, 1936.

QUATTRO MOSCHETTIERI, I ★★
Regia di CARLO LUDOVICO BRAGAGLIA. Con CARLO CROCCOLO, PEPPINO DE FILIPPO, ALDO FABRIZI, ERMINIO MACARIO, NINO TARANTO. ■ Una parodia del famoso romanzo di Dumas: quattro ladri, precedendo i moschettieri della regina, rubano la collana che lei ha donato ad un nobile inglese. Poi però, impietositi dal suo dolore, gliela rendono. In compenso si impadroniscono degli anelli di Richelieu. ■ COMMEDIA; COL.; 105′; ITALIA, 1963.

QUATTRO NOTTI CON ALBA ★★
Regia di LUIGI FILIPPO D'AMICO. Con CHELO ALONSO, PETER BALDWIN, VITTORIO CONGIA, RAOUL GRASSILLI, ETTORE MANNI. ■ Una pattuglia italiana in Libia perde i contatti col proprio reparto. Ad essa si aggrega una prostituta che il comandante protegge dalle brame dei soldati. Dopo qualche scontro con il nemico, i nostri tornano sani e salvi alla base. ■ GUERRA; B/N; 92′; ITALIA, 1962.

QUATTRO NOTTI DI UNO STRANIERO ★
(Quatres nuits d'un étranger)
Regia di FABRIZIO FERRARO. Con CATERINA GUELI ROJO, MARCO TETI. ■ Una coppia di silenziosi compagni di viaggio, a spasso per Parigi. L'ispirazione, dichiarata ed evidente, è quella de *Le notti bianche* di Dostoevskji. Fabrizio Ferraro con questo film chiude il dittico aperto con *Penultimo paesaggio*, cercando nella stessa città e, in fondo, anche nelle stesse suggestioni il motivo di un legame, forte e fragile al tempo stesso, capace di unire, senza parole, per giorni e ore, ma anche di dividere. Bianco e nero, assenza o quasi di dialoghi. ■ DRAMMATICO; B/N; 90′; ITALIA, 2013.

QUATTRO NOTTI DI UN SOGNATORE ★★★★
(Quatre nuits d'un rêveur)
Regia di ROBERT BRESSON. Con GUILLAME DES FORETS, ISABELLE WEINGARTEN. ■ Tratto da *Le notti bianche* di Dostoevskij. Due giovani parigini, Marthe e Jacques, si ritrovano spesso nello stesso luogo e si raccontano le reciproche storie. Ad un certo punto lui si innamora di lei, ma, poiché questo sentimento non viene ricambiato, il ragazzo, nella solitudine della sua camera, registra col magnetofono una vicenda d'amore a lieto fine di cui lui è il protagonista. Un grande Robert Bresson. ■ COMMEDIA; COL.; 85′; FRANCIA, ITALIA, 1979.

QUATTRO PASSI SUL LENZUOLO *(Loving Couples)* ★★
Regia di JACK SMIGHT. Con JAMES COBURN, SHIRLEY MACLAINE, SUSAN SARANDON. ■ Due maturi coniugi, entrambi medici, sono sempre stati troppo indaffarati per avere il tempo di essere veramente una coppia. L'avventura extramatrimoniale è quasi inevitabile. Lui si mette con un'annunciatrice tv, lei con un giovanotto. Per combinazione, i due giovani erano già amanti per conto loro. Dopo qualche tempo di gioco delle coppie, ognuno ritrova la compagna di prima. ■ COMMEDIA; COL.; 97′; USA, 1980.

QUATTRO PASSI TRA LE NUVOLE ★★★★
Regia di ALESSANDRO BLASETTI. Con ADRIANA BENETTI, GUIDO CELANO, GINO CERVI, GIUDITTA RISSONE, CARLO ROMANO. ■ Un uomo sposato con figli accetta di fingersi marito di una ragazza incinta che torna a casa dopo molto tempo. La commedia viene presto scoperta e l'uomo riprende la solita vita, dopo essere riuscito a ottenere per la fanciulla il perdono dei genitori. ■ COMMEDIA; B/N; 97′; ITALIA, 1942.

QUATTRO PAZZI IN LIBERTÀ *(The Dream Team)* ★★
Regia di HOWARD ZIEFF. Con PETER BOYLE, MICHAEL KEATON, CHRISTOPHER LLOYD. ■ Quattro ospiti di un ospedale psichiatrico sono condotti in gita per la città dal loro medico curante, convinto (a ragione) che i matti si curano slegandoli. Ma durante il tragitto il dottore scompare (si saprà dopo che è stato ferito perché testimone di un delitto). I quattro psicotici in balìa di loro stessi si comportano molto meglio dei cosiddetti savi della pazza pazza New York. ■ COMMEDIA; COL.; 113′; USA, 1989.

QUATTRO PER CORDOBA *(Cannon for Cordoba)* ★★★
Regia di PAUL WENDKOS. Con PETER DUEL, DON GORDON, GEORGE PEPPARD, GIOVANNA RALLI, GABRIELE TINTI, RAF VALLONE. ■ Stati Uniti e Messico danno la caccia ad un pericoloso bandito. Falliti tutti i tentativi di catturarlo, gli americani inviano quattro uomini con l'incarico di ucciderlo. Ad essi si unisce l'a-

mante del malvivente che, una volta giunti sul posto, li tradisce. Nonostante ciò, il bandito e i suoi uomini vengono eliminati. ■ AVVENTURA; COL.; 94'; USA, 1970.

QUATTRO PERLE, LE *(Whipsaw)* ★★★
Regia di SAM WOOD. Con MYRNA LOY, SPENCER TRACY. ■ Una donna è pedinata sia dai malviventi che dalla polizia, perché sa dove si trova una preziosissima refurtiva. Insieme ad un agente che si finge avventuriero, del quale non ignora la vera attività, ma che accetta per farsi proteggere, giunge in un casolare e assiste la proprietaria durante il parto. L'episodio ha il potere di trasformare la donna. ■ AVVENTURA; B/N; 83'; USA, 1935.

QUATTRO PERSONE SPAVENTATE ★★★
(Four Frightened People)
Regia di CECIL B. DE MILLE. Con MARY BOLAND, CLAUDETTE COLBERT, WILLIAM GARGAN, HERBERT MARSHALL. ■ Su un bastimento scoppia un'epidemia: due coppie, che sono sfuggite al contagio, sbarcano in un territorio selvaggio e pieno di insidie. Dopo avventure a non finire raggiungono sani e salvi una regione abitata da uomini bianchi. ■ COMMEDIA; B/N; 78'; USA, 1934.

QUATTRO PISTOLERI DI SANTA TRINITÀ, I ★★
Regia di GIORGIO CRISTALLINI. Con RAYMOND BUSSIÈRES, VALERIA FABRIZI, PETER LEE LAWRENCE, EVELYN STEWART. ■ Una ragazza sfugge alla morte per mano di alcuni banditi e parte portando con sé i preziosi documenti dei quali essi volevano impossessarsi. Un giornalista e uno sceriffo, che intende ritrovare i banditi, la proteggono. Si ritrovano tutti in una taverna: lo sceriffo viene sopraffatto, ma il giornalista uccide i malviventi. ■ WESTERN; COL.; 91'; ITALIA, 1971.

QUATTRO PISTOLEROS, I *(Escape from Red Rock)* ★★
Regia di EDWARD L. BERNDS. Con BRIAN DONLEVY, EILEEN JANSSEN, GARY MURRAY. ■ Per aiutare il fratello accusato di omicidio un uomo si rende complice di un bandito. Poi si nasconde nella casa di alcuni amici, che nel frattempo sono stati massacrati dagli indiani. Giungono intanto il bandito e i suoi uomini, inseguiti dallo sceriffo. I malviventi sono uccisi dagli indiani e i due fratelli si allontanano verso un futuro migliore. ■ WESTERN; COL.; 95'; USA, 1957.

QUATTRO PISTOLE VELOCI *(Four Fast Guns)* ★★
Regia di WILLIAM J. HOLE JR. Con EDGAR BUCHANAN, JAMES CRAIG, MARTHA VICKERS. ■ Un abile pistolero protegge una cittadina. Due sicari tentano di ucciderlo, ma invano; il terzo, suo amico, gli ordina di andarsene. Egli acconsente per evitare uno scontro, ma poco dopo è costretto ad ucciderlo. Provato dagli avvenimenti, lascia quel luogo con una giovane e bella vedova. ■ WESTERN; B/N; 72'; USA, 1959.

QUATTRO PIUME, LE *(The Four Feathers)* ★★★
Regia di LOTHAR MENDES. Con RICHARD ARLEN, CLIVE BROOK, FAY WRAY, WILLIAM POWELL. ■ Prima della partenza per il Sudan, un ufficiale inglese decide di restare a casa. I suoi commilitoni gli mandano le piume del disonore; lui decide di partire per l'Africa e riesce a riabilitarsi. ■ AVVENTURA; B/N; 93'; GRAN BRETAGNA, 1929.

QUATTRO PIUME, LE *(The Four Feathers)* ★★★★★
Regia di ZOLTAN KORDA. Con JOHN CLEMENTS, JUNE DUPREZ, RALPH RICHARDSON, C. AUBREY SMITH. ■ Nel 1885 il generale Gordon è stato ucciso in Sudan dai Dervisci. Dieci anni dopo l'Inghilterra riorganizza la spedizione punitiva. Il tenente Harry Favershom, alla vigilia della partenza, dà le dimissioni: ritiene che ci siano missioni e doveri più nobili rispetto ad andare a conquistare colonie. In sostanza la sua sarebbe una sorta di obiezione di coscienza. Tre suoi compagni d'armi gli fanno recapitare ciascuno una piuma, simbolo di vigliaccheria. Anche Elda, la fidanzata, si schiera contro di lui. Harry capisce che la sua, sostanzialmente, era paura. Decide dunque di rimediare: per restituire le piume dovrà compiere altrettanti eroismi. In Africa salva la vita a uno degli ufficiali accecato da un colpo di sole, poi libera gli altri due fatti prigionieri dai Dervisci. L'ultima piuma (quella di Elda) è forse la più difficile. Harry smaschera il generale, padre della ragazza, che da cinquant'anni raccontava un eroismo che era in realtà uno splendido incidente. Un vero, grande classico dell'avventura. Film che va oltre la pura evasione. Zoltan Korda, ungherese coltissimo, innamorato dell'Inghilterra, comprende la situazione come solo uno straniero illuminato poteva. Offre degli inglesi un quadro di grande dignità, caparbietà e coraggio. L'Inghilterra era minacciata da Hitler, il tenente Favershom, che si trasforma quando è il momento di farlo, semplicemente rappresenta tutto il popolo inglese che, di fronte al pericolo, seppe tirar fuori da se stesso forza e carattere capaci prima di resistere, poi di ribaltare la situazione. A quel tempo *Le quattro piume* fece epoca, per l'originalità del *plot*, e per lo sfarzo e la ricchezza della produzione. Da ricordare ancora l'efficacia e l'essenzialità del dialogo e la musica di Miklos Rozsa. Un'ultima menzione per il generale interpretato da Aubrey Smith, caratterista massimo. ■ AVVENTURA; COL.; 115'; GRAN BRETAGNA, 1939. ■ VENEZIA 1 PR.

QUATTRO PIUME, LE ★★★
Regia di SHEKHAR KAPUR. Con WES BENTLEY, DJIMON HOUNSON, KATE HUDSON, ALEX JENNINGS, KRIS MARSHALL, HEATH LEDGER, RUPERT PENRY-JONES. ■ La quinta trasposizione cinematografica dell'omonimo romanzo di A. E. W. Mason. In piena epoca vittoriana, alla fine dell'Ottocento, la Gran Bretagna cerca di conquistare il Sudan: alla vigilia della partenza per l'Africa, Harry Feversham, giovane militare dalla carriera promettente, si dimette, sopraffatto dal terrore per l'impresa. I tre amici e commilitoni, insieme alla fidanzata, inviano a Harry una piuma ciascuno: le quattro piume sono il simbolo della sua codardia. Harry, cercherà di riscattarsi. Shekhar Kapur torna a dirigere un film in costume, dopo il successo di *Elizabeth*, cimentandosi ancora una volta con un periodo fondamentale per la storia della Gran Bretagna, portando sul grande schermo atmosfere e valori di altri tempi. ■ AVVENTURA; COL.; 125'; USA, 2002.

QUATTRO PORTE DEL DESERTO, LE ★★
Regia di ANTONELLO PADOVANO. Con AURE ATIKA, GIORGIO CARECCIA, NADIA CARLOMAGNO, MICHELE MELEGA, DINO SANTORO, LUCIANO SCARPA, BEBO STORTI. ■ Ispirato alla vita del missionario benedettino Charles De Foucault, vissuto fra la fine dell'Ottocento e gli inizi del Novecento, che fra i primi esplorò le regioni aride del deserto marocchino nel tentativo di convertire le popolazioni Tuareg. Morirà da martire nel 1916 ucciso con un colpo di fucile. ■ DRAMMATICO; COL.; ITALIA, 2004.

QUATTRO RAGAZZE ALL'ABBORDAGGIO ★★
(Two Tickets to Broadway)
Regia di JAMES V. KERN. Con GLORIA DE HAVEN, JANET LEIGH, TONY MARTIN. ■ Un cantante e quattro ragazze, dopo alterne speranze di successo, credono di essere stati ingaggiati da un grosso impresario. Giunti nell'ufficio del presunto finanziatore, scoprono la verità: riescono ugualmente a ottenere una parte nel suo spettacolo e a raggiungere finalmente il successo tanto agognato. ■ COMM. MUSICALE; COL.; 106'; USA, 1952. ■ OSCAR 1 NOM.

QUATTRO RAGAZZE CORAGGIOSE ★★★
(Die vier Gesellen)
Regia di CARL FROELICH. Con INGRID BERGMAN, CARSTA LÖCK, SABINE PETERS, HANS SÖHNKER, URSULA HERKING. ■ Quattro disegnatrici vanno a vivere insieme e tutte ottengono, dopo molte difficoltà, un impiego. Poi però si dividono. ■ COMMEDIA; B/N; 92'; GERMANIA, 1938.

QUATTRO RAGAZZE IN GAMBA ★★
(Four Girls in Town)
Regia di JACK SHER. Con ELSA MARTINELLI, GEORGE NADER, GRANT WILLIAMS. ■ Una casa di produzione cinematografica cerca un nuovo volto femminile per un "colossal". Tra le candidate vengono scelte quattro ragazze che hanno alle spalle esperienze diverse ma comunque negative. ■ COMMEDIA; COL.; 85'; USA, 1956.

QUATTRO RAGAZZE SOGNANO ★★
Regia di GUGLIELMO GIANNINI. Con ENRICO GLORI, PAOLO STOPPA, VANNA VANNI. ■ Una ragazza eredita improvvisamente un ricco appartamento e alcune azioni che un notaio disonesto cerca di rubarle. Fortunatamente, un gangster dal cuore d'oro assume le difese dell'ingenua fanciulla e, dopo averle assicurato

ciò che le spetta, se la prende in moglie, deciso a cambiare vita. ■ COMMEDIA; B/N; 94′; ITALIA, 1943.

QUATTRO RIVALI, I *(Road House)* ★★★
Regia di JEAN NEGULESCO. Con CELESTE HOLM, IDA LUPINO, RICHARD WIDMARK, CORNEL WILDE. ■ Un dongiovanni impenitente approfitta di tutte le ragazze che cantano nel suo locale. L'ultima però gli resiste, e lui se ne innamora. Al ritorno da un viaggio è deciso a chiederla in moglie, ma scopre che sta per sposarsi col direttore. Allora lo licenzia e lo accusa di furto, poi lo riassume con uno scopo ben preciso: fare sua la donna. La pagherà cara. ■ DRAMMATICO; B/N; 95′; USA, 1948.

QUATTRO ROSE ROSSE ★★
Regia di NUNZIO MALASOMMA. Con FOSCO GIACHETTI, JEAN-CLAUDE PASCAL, OLGA VILLI. ■ Un ragazzo, fidanzato, si innamora di un'indossatrice sulla quale ha messo gli occhi un banchiere. Costui, per toglierlo di mezzo, avverte anonimamente la sua promessa e fa credere a lui che l'indossatrice sia la sua amante. Il ragazzo sposa la fidanzata. Anni dopo rivede l'indossatrice che chiarisce l'equivoco. Il banchiere, folle di gelosia, ammazza la donna. ■ DRAMMATICO; B/N; 86′; ITALIA, 1951.

QUATTRO SALTI AL SAVOY *(Stompin' at Savoy)* ★★
Regia di DEBBIE ALLEN. Con JASMINE GUY, MARIO VAN PEEBLES, LYNN WHITFIELD, VANESSA WILLIAMS. ■ New York. Siamo alla fine degli anni Trenta. Lo spunto del titolo è dato dal locale di concerti jazz. Giungono in città quattro ragazze che vogliono realizzare i propri sogni. Sono di colore, provinciali e non abituate alle usanze cittadine. Molti saranno gli ostacoli. ■ DRAMMATICO; COL.; 91′; USA, 1992.

QUATTRO SCATENATI DI HONG KONG, I ★
(Four Raiders)
Regia di CHANG CHEN. Con CHEN KUAN-TAI, DAVID CHIANG, CHING LI. ■ Un reduce della seconda guerra mondiale viene messo ingiustamente in prigione. Tre suoi amici lo liberano e insieme si vendicano della banda che li perseguita. La polizia, che li crede malviventi, li uccide. ■ AVVENTURA; COL.; 92′; HONG KONG, 1974.

QUATTRO SPIE SOTTO IL LETTO *(Les barbouzes)* ★★★
Regia di GEORGES LAUTNER. Con FRANCIS BLANCHE, BERNARD BLIER, MIREILLE DARC, JESS HAHN, LINO VENTURA, ANDRÉ WEBER. ■ Un importantissimo uomo d'affari muore improvvisamente, lasciando erede la moglie di una fortuna in denaro e di pericolosi brevetti. Alcune spie russe si fanno concorrenza per rubarli, ma si alleano all'arrivo dei cinesi. La vincerà un agente francese del quale la vedova si è innamorata. ■ SPIONAGGIO; B/N; 105′; FRANCIA, 1964.

QUATTRO SPORCHI BASTARDI *(C.C. and Company)* ★★
Regia di SEYMOUR ROBBIE. Con ANN MARGRET, JOE NAMATH, WILL SMITH. ■ Un giovane difende una ragazza dalle voglie degli amici, che lo derubano di una discreta somma. Lui la recupera. Per vendicarsi "gli amici" rapiscono la ragazza e gli chiedono un forte riscatto. Lui sfida il capo della banda ad una folle corsa in moto. Trionfo del bene. ■ DRAMMATICO; COL.; 88′; USA, 1970.

QUATTRO SUPERMATTI IN VIAGGIO ★★
(Quand c'est parti, c'est parti – J'ai mon voyage)
Regia di DENIS HÉROUX. Con FRANCIS BLANCHE, JEAN LEFEBVRE, DOMINIQUE MICHEL, RÉGIS SIMARD, RENÉ SIMARD. ■ Una famiglia francese si reca in Canada per passare vacanze "diverse": il marito spera infatti di incontrare i pellirosse e i cacciatori, nonché la fauna in completa libertà. Non appena giunti alla meta, hanno difficoltà a farsi comprendere; poi ci sono incidenti e contrattempi, fra i quali uno scambio di persona. ■ COMMEDIA; COL.; 91′; FRANCIA, 1972.

QUATTRO TASSISTI, I ★★
Regia di GIORGIO BIANCHI. Con GINO BRAMIERI, PEPPINO DE FILIPPO, ALDO FABRIZI, GRAZIELLA GRANATA, ERMINIO MACARIO, DIDI PEREGO. ■ Quattro episodi tutti da ridere: una affascinante autista convince un ragazzo a lasciare la fidanzata per sposare lei; una falsa suora deruba un tassista; un altro tassinaro viene preso per il naso da una ricca e stramba signora; infine un autista rischia di essere assassinato dall'uomo che credeva di aver visto uccidere. ■ COMMEDIA; B/N; 90′; ITALIA, 1963.

QUATTRO TOCCHI DI CAMPANA *(A Gunfight)* ★★★
Regia di LAMONT JOHNSON. Con JANE ALEXANDER, KAREN BLACK, JOHNNY CASH, KIRK DOUGLAS, DANA ELCAR, RAF VALLONE. ■ In un paesino messicano si incontrano due famosi killer: uno di essi, il più anziano, vi risiede con la famiglia; l'altro è in cerca di una buona sistemazione. Dapprima essi fanno amicizia, poi il bisogno di denaro li spinge a battersi. Sopravviverà il più giovane. ■ WESTERN; COL.; 90′; USA, 1971.

...4... 3... 2... 1... MORTE ★★
Regia di PRIMO ZEGLIO. Con PINKAS BRAUN, LUIS DARILA, LANG JEFFRIES, ESSY PERSSON. ■ Sulla Luna, quattro astronauti incontrano i due abitanti di un lontanissimo pianeta, destinato a morire, se essi non troveranno il modo di salvarlo. I quattro li conducono sulla Terra e li salvano dal tentato rapimento di alcuni criminali, che vorrebbero sfruttare la loro intelligenza per governare il mondo. Gli alieni, dopo l'incontro con un illustre scienziato, ripartono con la certezza che il loro pianeta sopravviverà. ■ FANTASCIENZA; COL.; 79′; ITALIA, 1967.

QUATTRO VERITÀ, LE ★★
Regia di LUIS GARCÍA BERLANGA, ALESSANDRO BLASETTI, HERVÉ BROMBERGER, RENÉ CLAIR. Con CHARLES AZNAVOUR, LESLIE CARON, SYLVA KOSCINA, HARDY KRÜGER, MICHEL SERRAULT, MONICA VITTI. ■ Quattro episodi: nel primo un povero e fortunato suonatore ambulante rinuncia al suicidio per l'interessamento di due estranei; nel secondo un uomo e una donna, chiusi in casa da una serratura difettosa, si innamorano reciprocamente; nel terzo un marito geloso diventa socio di un rivale; nell'ultimo una moglie riconquista in modo rocambolesco il marito infedele. ■ COMMEDIA; B/N; 114′; ITALIA, 1963. ■ DAVID DI DONATELLO 1 PR, 1 NOM.

QUATTRO VOLTI DELLA VENDETTA, I ★★
(Code Seven, Victim Five)
Regia di ROBERT LYNN. Con LEX BARKER, WALTER RILLA, ANN SMYRNER, VÉRONIQUE VENDELL. ■ Uno sconosciuto uccide il cameriere di un ricchissimo uomo d'affari. Quest'ultimo ingaggia un investigatore privato che scampa a diversi attentati e trova una traccia. Dopo altri quattro omicidi, il detective scopre finalmente chi è l'assassino. ■ AVVENTURA; COL.; 80′; GRAN BRETAGNA, 1964.

QUATTRO ZAMPE A SAN FRANCISCO ★★ ★★
(Homeward Bound II: Lost in San Francisco)
Regia di DAVID R. ELLIS. Con KEVIN CHEVALIA, KIM GREIST, ROBERT HAYS, VERONICA LAUREN. ■ Due cani e una gatta. Al momento della partenza per le vacanze dei padroni un animale ha paura di essere portato in un luogo pericoloso e fugge seguito dai compagni. Riusciranno comunque a tornare tutti a casa, sperando di sfruttare il successo di *Fuga a quattro zampe*. ■ COMMEDIA; COL.; 88′; USA, 1996.

QUEBEC ★★
Regia di GEORGE TEMPLETON. Con JOHN BARRYMORE JR., CORINNE CALVET. ■ Siamo in Canada al tempo della rivolta contro gli inglesi: a capo dei ribelli sono un uomo e la sua amante. Una spia fa fallire il piano. ■ AVVENTURA; COL.; 85′; USA, 1951.

QUEENIE IN LOVE ★★
Regia di AMOS KOLLEK. Con VICTOR ARGO, VALERIE GEFFNER, JOE GRIFASI, LOUISE LASSER, MARK MARGOLIS, AUSTIN PENDLETON. ■ *Queenie In Love* sembra proprio essere una replica del precedente *Fast Food, Fast Woman*: stessi protagonisti metropolitani, stessa visione immanente della vita, stessa atmosfera di fondo. Chi non ha visto *Fast Food*, non dovrebbe perdersi neppure *Queenie In Love*. Le esilaranti acrobazie della bravissima ventiquattrenne Queenie, interpretata da una grande Valerie Geffner, che si era fatta notare appunto in *Fast Food*, sono accompagnate da gag azzeccate e da una scanzonata visione della vita piena di ironia e di autoironia. Adesso da Amos Kollek ci attendiamo una qualche evoluzione. ■ COMMEDIA; COL.; 103′; FRANCIA, USA, 2001.

QUEENIE – LA STELLA DI CALCUTTA *(Queenie)* ★★
Regia di LARRY PEERCE. Con CLAIRE BLOOM, KIRK DOUGLAS,

MIA SARA. ■ Dal romanzo di Michael Korda, che raccontò, romanzandola, la storia di sua zia, la celebre attrice Merle Oberon. Nata a Calcutta da padre indù e madre inglese, fu prostituta in India e ballerina di cabaret a Londra. Dove però incontrò un produttore, il potente Alexander Korda, che la sposò e ne fece una diva del cinema. ■ DRAMMATICO; COL.; 200′; USA, 1986.

QUEEN KELLY ★★★
Regia di ERICH VON STROHEIM. Con WALTER BYRON, SEENA OWEN, GLORIA SWANSON. ■ Kelly, orfana, viene sedotta da un principe. Dopo altre vicissitudini dovrà andare in Africa per l'eredità lasciatale dalla zia: un bordello. La zia la costringe però a sposare un uomo anziano, che fortunatamente muore dopo il matrimonio. Ricostruito solo negli anni Ottanta, presenta una cattiveria che fece molto scalpore. Reso mitico da Billy Wilder che ha inserito la scena del primo piano della Swanson, tra le candele, in *Viale del tramonto*. ■ DRAMMATICO; B/N; 95′; USA, 1928.

QUEEN KONG *(Queen Kong – Queen Gorilla)* ★★
Regia di FRANK AGRAMA. Con ROBIN ASKWITH, ROGER HAMMOND, VALERIE LEON. ■ King Kong in versione femminile. ■ COMMEDIA; COL.; 90′; GRAN BRETAGNA, 1976.

QUEEN – LA REGINA, THE *(The Queen)* ★★★
Regia di STEPHEN FREARS. Con JAMES CROMWELL, ALEX JENNINGS, HELEN MCCRORY, HELEN MIRREN, MICHAEL SHEEN, SYLVIA SYMS. ■ La morte improvvisa della principessa Diana, nell'agosto del 1997, lascia costernato il popolo britannico e attonita la famiglia reale. La tragedia non manca di coinvolgere, emotivamente e politicamente, il governo inglese e il neoeletto primo ministro Tony Blair. La separazione dal principe Carlo, la controversa storia con Dodi Al Fayed, l'incidente mortale che spegne Diana in un tunnel di Parigi mettono a dura prova il protocollo "di corte". Elisabetta II, erede della tradizione vittoriana, incapace di gestire la vita pubblica di Diana, mostra un identico imbarazzo nel gestirne la dipartita. Il rifiuto della regina di esibire la bandiera a mezz'asta sopra i salotti di Buckingham Palace, di dichiarare pubblicamente il proprio cordoglio e la fuga nel castello scozzese di Balmoral, mettono a dura prova la sua popolarità. L'intervento di Blair e la volontà della regina di comprendere e contenere la reazione degli inglesi al lutto, condurranno ai funerali pubblici di Diana e al ritrovato consenso di Sua Altezza Reale. Immediatamente dopo *Mrs Henderson presenta*, Stephen Frears torna a riferirci di una Signora, anche lei di sangue blu ma decisamente meno flessibile e mondana: Elisabetta II, regina degli inglesi e suocera della defunta principessa Diana. Con un gusto tutto english e una grazia tutta sua, Frears coglie la relazione tra la regina e la principessa nel momento del collasso. ■ BIOGRAFICO; COL.; 100′; GRAN BRETAGNA, 2006.

QUEGLI ANNI SELVAGGI *(These Wilder Years)* ★★★
Regia di ROY ROWLAND. Con JAMES CAGNEY, WALTER PIDGEON, BARBARA STANWYCK. ■ Un ricco uomo d'affari di una certa età vuole ritrovare il figlio avuto da una relazione giovanile. Ci riesce, ma comprende di essere per lui un perfetto estraneo. Si consolerà adottando una giovanissima ragazza madre. ■ COMMEDIA; B/N; 91′; USA, 1956.

QUEI BRAVI RAGAZZI *(Goodfellas)* ★★★★
Regia di MARTIN SCORSESE. Con LORRAINE BRACCO, ROBERT DE NIRO, RAY LIOTTA, JOE PESCI, PAUL SORVINO. ■ Una storia di mafia vista in un'ottica diversa e originale. Infatti tutto è analizzato in chiave grottesca e il protagonista per una volta non è un pezzo grosso della malavita. Martin Scorsese ci regala il suo miglior film dai tempi di *Toro scatenato*. Henry Hill è un ragazzino affascinato dalla vita avventurosa di alcuni personaggi che vivono nel suo stesso quartiere. L'ambiente in cui riesce a entrare lo porterà via via al furto, all'omicidio, al traffico di droga. Per uscirne dovrà rivolgersi all'Fbi. Con questo film Scorsese ha vinto il Leone d'Argento alla Mostra di Venezia e Joe Pesci l'Oscar come miglior attore non protagonista. ■ DRAMMATICO; COL.; 145′; USA, 1990. ■ GOLDEN GLOBES 5 NOM; OSCAR 1 PR, 6 NOM; VENEZIA 2 PR.

QUEI CARI PARENTI *(Danger – Love at Work)* ★★
Regia di OTTO PREMINGER. Con JACK HALEY, ANN SOTHERN. ■ Un giovane avvocato si reca presso una stravagante famiglia che deve firmare un contratto di compravendita. Gli strambi individui ne combinano di tutti i colori mettendo a dura prova la sua resistenza. Finalmente ottiene i sospirati consensi, ma nuove avventure lo attendono quando si innamora di una delle giovani componenti della famiglia. Tutto però si risolve per il meglio. ■ COMMEDIA; B/N; 81′; USA, 1937.

QUEI DANNATI GIORNI DELL'ODIO E DELL'INFERNO... ★★
Regia di SEAN MARKSON. Con JOHN BARCLAY, MARIA PIA CONTE, FERNANDO SANCHO, ALBERTO SEVERI, PAUL SULLIVAN. ■ Seconda guerra mondiale: una nave greca raggiunge Creta con un preziosissimo carico destinato ad essere trasportato in Inghilterra. Una sedicente giornalista che fa la spia per i tedeschi riesce ad avvertirli delle manovre: durante uno scontro a fuoco lei muore; il carico, con l'aiuto dei partigiani, viene posto in salvo e imbarcato. ■ GUERRA; COL.; 94′; ITALIA, 1971.

QUEI DISPERATI CHE PUZZANO DI SUDORE E DI MORTE *(Los desperados)* ★
Regia di JULIO BUCHS. Con LEO ANCHORIZ, ERNEST BORGNINE, ALBERTO DE MENDOZA, GEORGE HILTON. ■ Un soldato uccide tutti quelli che hanno lasciato morire la sua ragazza e suo figlio. ■ WESTERN; COL.; 90′; SPAGNA, 1969.

QUEI DUE ★★
Regia di GENNARO RIGHELLI. Con EDUARDO DE FILIPPO, PEPPINO DE FILIPPO, ASSIA NORIS. ■ Due poveri diavoli si adattano a qualsiasi mestiere pur di sopravvivere. Un giorno incontrano una ragazza e assieme a lei mettono su un numero di varietà. Cacciati dal teatro, conducono una misera vita. Entrambi amano la fanciulla, ma lei preferirà loro un musicista. ■ COMMEDIA; B/N; 75′; ITALIA, 1935.

QUEI DUE – IL SOTTOSCALA *(Staircase)* ★★★
Regia di STANLEY DONEN. Con AVRIL ANGERS, RICHARD BURTON, REX HARRISON, BEATRIX LEHMANN, CATHLEEN NESBITT. ■ Due omosessuali vivono insieme, tra liti e rappacificazioni, da molti anni. Una sera uno di essi, che è stato sorpreso in abiti femminili, viene denunciato. In attesa del processo, fa amicizia con uno sconosciuto. Ne segue una litigata furibonda: il giorno dopo l'incriminato si presenta al tribunale e respinge l'aiuto dell'amante. Poi, comprendendo che gli è indispensabile, lo chiama. ■ COMMEDIA; COL.; 100′; GRAN BRETAGNA, 1969.

QUEI FANTASTICI PAZZI VOLANTI ★★
(Rocket to the Moon)
Regia di DON SHARP. Con TROY DONAHUE, GERT FRÖBE, HERMIONE GINGOLD, BURL IVES, LIONEL JEFFRIES, DALIAH LAVI. ■ Siamo all'inizio del Novecento e un ricchissimo Lord ha costruito un'astronave che farà atterrare sulla Luna. Un brillante inventore sostituisce alla sua guida un uomo senza scrupoli, che decide di far fallire l'impresa. Il guastafeste perirà, vittima del suo stesso piano. ■ AVVENTURA; B/N; 105′; GRAN BRETAGNA, 1967.

QUEI LORO INCONTRI ★
Regia di DANIÈLE HUILLET, JEAN-MARIE STRAUB. Con ANGELA NUGARA, GRAZIA ORSI, VITTORIO VIGNERI. ■ Quando, tra il 1945 e il 1947, Cesare Pavese scrisse i *Dialoghi con Leucò* compì un gesto culturale veramente anticonformista. In un periodo in cui il Realismo dominava sia sul piano letterario che su quello cinematografico, lo scrittore piemontese risaliva addirittura fino al Mito greco per trattare i grandi temi dell'umanità: il senso della vita, della morte, del dolore, del destino. La mannaia dell'accusa di "disimpegno" cadde sul suo capo con un vigore che nel 1950 avrebbe contribuito al suo suicidio. Quando nel 2006 Jean-Marie Straub e Danièle Huillet hanno proposto cinque di quei dialoghi facendoli recitare in modo volutamente straniato e straniante a degli attori immobilizzati in un bosco della campagna toscana, non compiono quello che vorrebbero accreditarci come un gesto anticonformistico contro l'omologazione culturale in campo cinematografico. Molto più semplicemente distruggono la bellezza del testo di Pavese, sentendosi ben protetti da un conformismo analogo a quello che distrusse lo scrittore. ■ DRAMMATICO; COL.; 68′; FRANCIA, GERMANIA, ITALIA, 2006.

QUEIMADA ★★★
Regia di GILLO PONTECORVO. Con GIAMPIERO ALBERTINI, MARLON BRANDO, DANA GHIA, EVARISTO MARQUEZ, RENATO SALVATORI. ■ Un inglese mandato ai Caraibi riesce a far sollevare l'isola contro i portoghesi: lo scopo è quello di sostituire al governo di questi quello dei compatrioti. Fa amicizia con un nero, che diventa capo dei ribelli e anni dopo conquista l'indipendenza al suo paese. L'inglese torna all'isola per ucciderlo; dopo alcuni scontri lo fa prigioniero e, poiché si è rifiutato di fuggire, lo lascia al suo destino. Poco dopo viene abbattuto da un rivoluzionario. ■ DRAMMATICO; COL.; 112'; ITALIA, 1969. ■ DAVID DI DONATELLO 1 PR, 1 NOM.

QUEI PARACUL... PI DI JOLANDO E MARGHERITO ★
Regia di JERRY MASON. Con RICHARD HARRISON, GORDON MITCHELL, OLGA PETROVA. ■ Filmetto di serie C: dietro i nomi inglesi si nascondono artigiani di casa nostra. ■ AVVENTURA; COL.; 92'; ITALIA, 1975.

QUEI POCHI GIORNI D'ESTATE ★★
Regia di LORENZO ARTALE. Con ROY CICCOLINI, TONY CUCCHIARA, LIANA DORY, BEATRICE MANCINI, STEFANIA NELLI. ■ Mario è povero, mentre Mariella è di famiglia ricchissima. Il giovane pensa che sia la diversa condizione sociale a spingere Mariella a lasciarlo. Invece la ragazza è ammalata di cancro, sa di avere pochi mesi di vita e non vuole che il giovane soffra per lei. ■ DRAMMATICO; B/N; 91'; ITALIA, 1964.

QUEI TEMERARI SULLE LORO PAZZE SCATENATE SCALCINATE CARRIOLE ★★★
(Those Daring Young Men in Their Jaunty Jalopies)
Regia di KEN ANNAKIN. Con ANDRÉ BOURVIL, LANDO BUZZANCA, WALTER CHIARI, TONY CURTIS, MIREILLE DARC, SUSAN HAMPSHIRE, NICOLETTA MACHIAVELLI, TERRY THOMAS. ■ Durante un rally di Montecarlo, ai concorrenti capitano le avventure più strane: ad un gangster, che si era iscritto per contrabbandare gioielli, rubano la ruota di scorta che conteneva i preziosi, due vigili urbani italiani scoprono l'intrigo e vincono la corsa, un gruppo di giovani infermieri abbandona la corsa per curare alcuni feriti. Saranno proprio le ragazze a vincere, almeno moralmente, la gara. ■ AVVENTURA; COL.; 125'; GRAN BRETAGNA, USA, 1969.

QUEI TEMERARI SULLE MACCHINE VOLANTI ★★★
(Those Magnificent Men in Their Flying Machines)
Regia di KEN ANNAKIN. Con JEAN-PIERRE CASSEL, IRINA DEMICK, JAMES FOX, SARAH MILES, ROBERT MORLEY, ALBERTO SORDI, TERRY THOMAS. ■ Un originale Lord inglese organizza la prima gara aerea della storia: la trasvolata della Manica. I partecipanti sono numerosi malgrado l'aviazione sia ancora neonata, e non tutti sono leali. ■ AVVENTURA; COL.; 132'; GRAN BRETAGNA, 1965. ■ OSCAR 1 NOM.

QUEL BANDITO SONO IO ★★★
Regia di MARIO SOLDATI. Con GORDON HARKER, JEAN KENT, MARGARET RUTHERFORD. ■ Un onesto cassiere di banca ha la disgrazia di somigliare come una goccia d'acqua ad un famoso gangster, che naturalmente approfitta della faccenda per realizzare colpi magistrali. Finché la rivalità con un altro bandito non mette fine alle imprese del gangster, liberando dall'incubo il povero cassiere. ■ COMMEDIA; B/N; 83'; ITALIA, 1949.

QUEL CALDO AMORE *(Quelques arpents de neige)* ★★
Regia di DENIS HÉROUX. Con MYLÈNE DEMONGEOT, JEAN DUCEPPE, CHRISTINE OLIVIER, DANIEL PILON. ■ A metà dell'Ottocento, i due gruppi etnici canadesi, gli inglesi e i francesi, combattevano aspramente tra loro. Giacomo, un giovane tornato al paese natale con il padre e la sorella, si trova coinvolto nella guerra civile e viene ucciso, mentre aiuta la sorella a mettersi in salvo con l'uomo che ama. Nemmeno ai due giovani innamorati però tocca sorte migliore. ■ DRAMMATICO; COL.; 90'; CANADA, 1973.

QUEL CALDO MALEDETTO GIORNO DI FUOCO ★★
Regia di PAOLO BIANCHINI. Con ENNIO BALBO, JOHN IRELAND, CLAUDIE LANGE, RADA RASSIMOV, EVELYN STEWART, ROBERT WOODS. ■ Gatlin, l'inventore della mitragliatrice, viene sottratto alla protezione di una commissione federale incaricata di scortarlo fino a Washington. Viene accusato un agente della famosa agenzia Pinkerton, ma è lo stesso Pinkerton che, non convinto della colpevolezza del proprio dipendente, scopre il vero responsabile. ■ WESTERN; COL.; 95'; ITALIA, 1968.

QUEL CERTO NON SO CHE *(That Certain Feeling)* ★★★
Regia di MELVIN FRANK, NORMAN PANAMA. Con BOB HOPE, EVA MARIE SAINT, GEORGE SANDERS. ■ Dorothy, segretaria di un famoso scrittore di fumetti, chiede aiuto all'ex marito quando il suo principale va in crisi creativa. L'ex marito accetta per bisogno, ma non gli vanno le attenzioni che il celebre scrittore ha nei confronti della sua ex moglie. In breve i due coniugi capiscono di amarsi ancora e tornano insieme. Anche economicamente le cose si aggiustano. ■ COMMEDIA; COL.; 103'; USA, 1956.

QUEL CERTO NON SO CHE *(The Thrill of it All)* ★★
Regia di NORMAN JEWISON. Con EDWARD ANDREWS, DORIS DAY, ARLENE FRANCIS, JAMES GARNER. ■ Per la casalinga Beverly la tentazione di diventare diva della tv è troppo forte, ma la nuova attività finisce per mettere in crisi il suo matrimonio. La saggia Beverly, a quel punto, non esita e lascia gli studi televisivi per la cucina di casa. ■ COMMEDIA; COL.; 108'; USA, 1963.

QUEL CHE RESTA DEL GIORNO ★★★★
(The Remains of the Day)
Regia di JAMES IVORY. Con JAMES FOX, ANTHONY HOPKINS, CHRISTOPHER REEVE, EMMA THOMPSON. ■ Stevens (Hopkins) è stato per trent'anni il maggiordomo di Lord Darlington (Fox), gentiluomo formale e ingenuo e molto influente, che prima della guerra stava dalla parte dei nazisti. Quando Darlington muore la tenuta viene acquistata da certo Lewis (Reeve), americano pragmatico, ma con un suo stile. Stevens si mette così in viaggio per riassumere l'antica governante Sara Kenton (Thompson), che se n'era andata vent'anni prima, per (infelicemente) sposarsi. La ritrova, ma le cose rimangono come sono. Nel frattempo Stevens è stato maggiordomo impeccabile, mancando persino di assistere il padre morente per non compromettere il perfetto servizio di una cena, e ignorando tutto il resto della vita, sentimenti compresi, incapace di giudicare gli errori enormi del suo padrone che, come tale, era sempre dalla parte del giusto. Il maggiordomo sembra vacillare solo quando la governante gli dichiara il suo amore, anche se subito torna formale e non riesce a liberarsi dei lacci. Tratto dal romanzo di Kazuo Ishiguro, il film è indubbiamente seducente. Ambiente, interpretazione, storia, dialogo, tutto perfetto. Del resto il nostro tempo sembra fatto apposta per farsi incantare dall'eleganza, dall'onore, dal senso del dovere, dalla limpidezza dei sentimenti, dalla forma quando aderisce alla sostanza. Efficaci anche le istantanee storiche che mostrano una società inglese snob, distaccata e ingenua, e "politicamente dilettante", capace di credere a un ministro tedesco che definisce Hitler un "uomo di pace". ■ DRAMMATICO; COL.; 134 ; USA, 1993. ■ DAVID DI DONATELLO 2 PR, 2 NOM; GOLDEN GLOBES 5 NOM; OSCAR 8 NOM.

QUEL CORPO DI DONNA *(A Woman for All Men)* ★★
Regia di ARTHUR MARKS. Con LIOS HALL, DON PORTEY, ALEX ROCCO. ■ Karen, prostituta di gran classe, riesce a sposare il ricchissimo McCoy. Subito dopo la donna seduce il figliastro Steve, non senza che il vecchio ne venga informato. Quando McCoy cerca di uccidere il figlio è invece costui che ha la meglio sul padre. Il cadavere viene nascosto benissimo, ma c'è una testimone che ha visto troppo. I due amanti non la faranno franca. ■ GIALLO; COL.; 82'; USA, 1974.

QUEL DANNATO PUGNO DI UOMINI ★★★
(Meanest Men in the West)
Regia di CHARLES S. DUBIN, SAMUEL FULLER. Con CHARLES BRONSON, LEE J. COBB, MIRIAM COLON, SARA LANE, LEE MARVIN. ■ È la storia di due fratelli: Kalig ha ucciso il padre e Harge rapina le banche. Durante una delle sue imprese, Harge cade in un'imboscata, scopre che a fare la spia è stato suo fratello e nello scontro decisivo lo uccide. Due telefilm della serie *Il virginiano*, rimontati intersecando le storie. ■ WESTERN; COL.; 93'; USA, 1965.

QUEL DIAVOLO DI RAGAZZA ★★★
(Quelle drôle d'une gosse)
Regia di YVES MIRANDE. Con LUCIEN BAROUX, DANIELLE DAR-

RIEUX, ALBERT PRÉJEAN. ■ Brillante commedia che segna il passaggio alla regia del soggettista e sceneggiatore Yves Mirande. ■ COMMEDIA; B/N; 85'; FRANCIA, 1935.

QUEL DIAVOLO D'UOMO *(Ein Teufelskerl)* ★★
Regia di GEORG JACOBY. Con GEORGE ALEXANDER, LIDA BAAROVA, GUSTAV FRÖHLICH. ■ Un giovane ufficiale invaghitosi della bella fidanzata del proprio colonnello non esita a fingersi un semplice cocchiere per starle vicino. Alla lunga, riesce a far innamorare la fanciulla e il burbero colonnello è costretto ad accettare la realtà. ■ COMMEDIA; B/N; 91'; GERMANIA, 1935.

QUEL FANTASMA DI MIO MARITO ★★
Regia di CAMILLO MASTROCINQUE. Con WALTER CHIARI, MADY SAINT MICHEL. ■ Vivia è la vivace consorte di Gianni, giornalista inviato speciale in Palestina, dove si svolge la lotta tra arabi e israeliani. Vivia spera che il marito si copra di gloria, ma quando le compare davanti il suo fantasma, si dispera credendolo morto. Gianni non è morto, in realtà ha subito un grave incidente, ma un medico lo ha poi riportato in vita. Al ritorno di Gianni, la moglie, messa da parte ogni velleità di gloria, consiglierà il marito di passare in campagna il resto della sua vita. ■ COMMEDIA; B/N; 95'; ITALIA, 1950.

QUEL FANTASTICO ASSALTO ALLA BANCA ★★★
(The Great Bank Robbery)
Regia di HY AVERBACK. Con ZERO MOSTEL, KIM NOVAK, AKIM TAMIROFF, CLINT WALKER. ■ La banca di Friendly è presa di mira da parecchi delinquenti che aspirano a vuotarne la cassaforte, ma anche da un giovane agente che deve introdursi nottetempo come un delinquente per esaminare in segreto alcuni documenti. L'intervento di una bella ragazza fa sì che il più organizzato dei delinquenti riesca a mettere le mani sull'oro, ma non prima che il giovane agente abbia compiuto la missione. ■ WESTERN; COL.; 98'; USA, 1969.

QUEL FENOMENO DI MIO FIGLIO *(That's my Boy)* ★★
Regia di HAL WALKER. Con JERRY LEWIS, DEAN MARTIN. ■ Jack è schiacciato dalla fama del padre, celebre giocatore di rugby. Sa cosa il genitore si aspetta da lui e ce la mette tutta per diventare a sua volta un asso, ma non combina che guai. Finché un caro amico non riesce ad infondergli la necessaria fiducia in se stesso: da quel momento Jack diventa un campione. ■ COMICO; B/N; 98'; USA, 1951.

QUEL FENOMENO DI RAGAZZA *(Une fille épatante)* ★★
Regia di RAOUL ANDRÉ. Con GRÉGOIRE ASLAN, SOPHIE DESMARETS, RAYMOND ROULEAU. ■ Dominique, una ragazza truffaldina che campa facendo "l'investita" dai ricchi proprietari di fuoriserie, finisce per caso in un complicato affare di contrabbando d'oro. Il commissario incaricato delle indagini la crede una complice della banda, Dominique è convinta che il simpatico ispettore sia un ladro. ■ COMMEDIA; B/N; 88'; FRANCIA, 1955.

QUEL FICCANASO DELL'ISPETTORE LAWRENCE ★★
Regia di JUAN BOSCH. Con RAF BALDASSARRE, MARIA KOSTI, ANTONIO PICA, ANTHONY STEFFEN. ■ Un commissario di Scotland Yard arriva in Portogallo per indagare sull'assassinio di un collega legato al traffico di droga. La sua attenzione si concentra su un capo mafia, ma alla fine la sorpresa non manca: non è il gangster il responsabile delle azioni criminose, ma il solito insospettabile. ■ DRAMMATICO; COL.; 93'; ITALIA, 1974.

QUEL FREDDO GIORNO NEL PARCO ★★★
(That Cold Day in the Park)
Regia di ROBERT ALTMAN. Con SUSANNE BENTON, MICHAEL BURNS, SANDY DENNIS. ■ Una ragazza accoglie in casa sua un giovane che ha passato la notte nel parco, sotto la pioggia. Il ragazzo ritorna anche il giorno dopo e la ragazza chiude porte e finestre per impedirgli di fuggire. Lei vorrebbe fare l'amore, ma lui si rifiuta e la offende affermando di preferire la compagnia di una prostituta. La ragazza ne chiama una e, dopo che ha fatto l'amore con la prostituta, lo uccide. ■ DRAMMATICO; COL.; 113'; USA, 1969.

QUEL GIARDINO DI ARANCI FATTI IN CASA ★★
(I Ought to Be in Pictures)
Regia di HERBERT ROSS. Con DINAH MANOFF, ANN MARGRET, WALTER MATTHAU. ■ Attratta dal mondo dello spettacolo, Libby, scatenata diciannovenne, parte per Hollywood, dove spera di sfondare grazie alle amicizie del padre, autore cinematografico e televisivo, che non vede da oltre quindici anni. Piombata in casa del genitore, che, ormai riposta ogni ambizione, vive una tranquilla esistenza da pensionato, Libby ridimensiona i suoi sogni, ma scopre le gioie dell'amore paterno e, dopo un po', decide di tornare dalla mamma. Da una commedia di Neil Simon. ■ COMMEDIA; COL.; 107'; USA, 1982.

QUEL GIORNO *(Ce jour-là)* ★★
Regia di RAOUL RUIZ. Con JEAN-FRANÇOIS BALMER, JEAN-LUC BIDEAU, BERNARD GIRAUDEAU, LAURENT MALET, MICHEL PICCOLI, RUFUS, CHRISTIAN VADIM, ELSA ZYLBERSTEIN. ■ Una ragazza eredita un consistente patrimonio, ma i parenti gelosi assoldano un killer per ucciderla. Quest'ultimo s'innamora della sua vittima, così quando la famiglia si riunisce per festeggiare, la giovane decide di tornare in famiglia, ma solo per fare una sommaria giustizia. Dimenticabile. ■ COMMEDIA; COL.; 110'; FRANCIA, SVIZZERA, 2003.

QUEL GIORNO A RIO *(Blame it on Rio)* ★★
Regia di STANLEY DONEN. Con JOSEPH BOLOGNA, MICHAEL CAINE, VALERIE HARPER. ■ Due quarantenni, cognati e amici, sono in crisi con le rispettive mogli. Decidono di partire per una vacanza a Rio portandosi dietro le giovani figlie. La vacanza porterà sorprese spiacevoli, ma i piccoli drammi dei protagonisti faranno riunire i quarantenni un po' balordi alle rispettive mogli. ■ COMMEDIA; COL.; 100'; USA, 1984.

QUEL GIORNO DIO NON C'ERA – IL CASO DEFREGGER ★★
Regia di OSVALDO CIVIRANI. Con ADRIANA GIUFFRÉ, ANNA MISEROCCHI, IVANO STACCIOLI. ■ Un episodio di guerra particolarmente crudele (il saccheggio di un intero paese sugli Appennini e lo sterminio dei suoi abitanti), viene alla luce dopo molti anni, quando il responsabile di quell'eccidio è divenuto vescovo a conclusione di una brillante carriera ecclesiastica. Il vescovo si difende con il solito pretesto dell'obbedienza, ma naturalmente la sua figura morale ne esce distrutta. ■ DRAMMATICO; COL.; 90'; ITALIA, 1970.

QUEL GIORNO IL MONDO TREMERÀ *(Armaguedon)* ★★
Regia di ALAIN JESSUA. Con ALAIN DELON, MICHEL DUCHAUSSOY, RENATO SALVATORI, JEAN YANNE. ■ Uno psicopatico che ce l'ha con il mondo intero mette a punto un meccanismo che farà saltare un teatro pieno di gente. Un commissario, valendosi dell'aiuto di uno psichiatra, inizia le indagini. Quando il pazzo (che è riuscito a parlare in televisione a tutta Europa) sta per mettere in atto il suo progetto viene ucciso dai tiratori scelti della polizia. ■ DRAMMATICO; COL.; 96'; FRANCIA, 1977.

QUEL GRAN PEZZO DELLA UBALDA TUTTA NUDA E TUTTA CALDA ★
Regia di MARIANO LAURENTI. Con UMBERTO D'ORSI, EDWIGE FENECH, PIPPO FRANCO, KARIN SCHUBERT. ■ I mariti di Fiamma e di Ubalda, invece di accontentarsi delle grazie delle loro rispettive mogli, aspirano a conquistare le mogli altrui. Tanto brigano, che alla fine, distrutti dalle troppe fatiche amorose, ci rimettono in virilità, ma le mogli hanno già trovato i rimpiazzi. ■ EROTICO; COL.; 91'; ITALIA, 1972.

QUELLA CANAGLIA DI PICK *(The Fast Companions)* ★★
Regia di KURT NEUMANN. Con TOM BROWN, MAUREEN O'SULLIVAN, MICKEY ROONEY. ■ Un film avventuroso di poche pretese. ■ AVVENTURA; B/N; 92'; USA, 1932.

QUELLA CAROGNA DELL'ISPETTORE STERLING ★★
Regia di EMILIO P. MIRAGLIA. Con PAUL CAREY, BEBA LONCAR, CHARLES PALMER, HENRY SILVA. ■ Radiato dalla polizia per una ingiusta accusa di omicidio, l'ispettore Sterling finge di cadere in una trappola ordita dalla stessa banda di criminali che gli hanno ucciso il figlio per scoprire chi è il loro capo. Amara sorpresa finale. ■ GIALLO; COL.; 91'; ITALIA, 1968.

QUELLA CAROGNA DI FRANK MITRAGLIA ★★
(À tout casser)
Regia di JOHN BERRY. Con CATHERINE ALLÉGRET, EDDIE CON-

STANTINE, JOHNNY HALLIDAY, ANNABELLA INCONTRERA, MICHEL SERRAULT. ■ Tra il proprietario di un night, che usa il locale come copertura delle sue imprese, e un gruppo di ragazzi che vogliono aprire una cantina dove poter suonare il rock, si apre una guerra dichiarata. Il gangster teme che il rumoroso locale dei ragazzi attiri la polizia, che potrebbe dare qualche noia anche a lui dato che sta preparando un grosso colpo. Malgrado tutto il colpo gli riesce, ma i ragazzi gli sottraggono il bottino per riconsegnarlo alla polizia. ■ COMMEDIA; COL.; 98′; FRANCIA, 1968.

QUELLA CASA NEL BOSCO ★★
(The Cabin in the Woods)
Regia di DREW GODDARD. Con KRISTEN CONNOLLY, CHRIS HEMSWORTH, ANNA HUTCHISON, FRAN KRANZ, JESSE WILLIAMS. ■ Cinque studenti di college partono su un camper per trascorrere un weekend di assoluto relax in una casa nel bosco. Fatto rifornimento in una pompa di benzina gestita da un uomo inquietante, giungono a destinazione. Ormai a loro agio nella baita, una botola si apre svelando una cantina colma di strani oggetti: di lì a poco saranno presi d'assalto da una famiglia di zombi, mentre da una sala-bunker un gruppo di tecnici osserva attraverso telecamere nascoste ogni loro mossa. ■ HORROR; COL.; 95′; USA, 2011.

QUELLA CERTA ETÀ *(That Certain Age)* ★★★
Regia di EDWARD LUDWIG. Con JACKIE COOPER, MELVIN DOUGLAS, DEANNA DURBIN. ■ La figlia adolescente di un editore si innamora di uno scrittore che lavora per suo padre. Preoccupati per il suo atteggiamento, genitori e scrittore fanno arrivare di gran carriera una bellissima donna che finge di essere la moglie dello scrittore. La ragazzina rinsavisce immediatamente e torna ai coetanei. ■ COMMEDIA; B/N; 95′; USA, 1938. ■ OSCAR 2 NOM.

QUELLA CERTA ETÀ *(Le blé en herbe)* ★★★
Regia di CLAUDE AUTANT-LARA. Con NICOLE BERGER, RENÉE DEVILLERS, EDWIGE FEUILLÈRE. ■ Le prime inquietudini amorose sono vissute intensamente da Filippo e Vinca, due adolescenti che trascorrono insieme, con le rispettive famiglie, le vacanze al mare. Filippo è attirato da una bella signora quarantenne e Vinca ne è gelosa. La fine delle vacanze, con la separazione, tronca la loro breve relazione. ■ COMMEDIA; B/N; 106′; FRANCIA, 1953.

QUELLA CHE AVREI DOVUTO SPOSARE ★★★
(There's Always Tomorrow)
Regia di DOUGLAS SIRK. Con FRED MACMURRAY, BARBARA STANWYCK. ■ Clifford ha una bella famiglia, ma si sente trascurato e rivolge le sue attenzioni a Norma, una ex compagna di scuola ancora nubile. L'amicizia tra i due procede e migliora al tal punto da far pensare a Clifford di abbandonare moglie e figli, che tanto non si curano di lui. Ma è proprio Norma, che ha avuto un drammatico incontro con i ragazzi, a fargli capire quanto si sta sbagliando. ■ COMMEDIA; B/N; 84′; USA, 1955.

QUELLA CHE NON DEVI AMARE *(Guest Wife)* ★★★
Regia di SAM WOOD. Con DON AMECHE, CLAUDETTE COLBERT. ■ Chris ha un caro amico scapolo che ha bisogno, per certi suoi maneggi, di una finta moglie. Chris gli presta la sua. Mary dapprima è divertita dalla novità, ma presto la situazione la stanca e si finge innamorata del giornalista: immediatamente Chris mette fine al gioco. ■ COMMEDIA; B/N; 90′; USA, 1945. ■ OSCAR 1 NOM.

QUELLA CHE TU NON SEI *(Florence est folle)* ★★
Regia di GEORGES LACOMBE. Con ANNIE DUCAUX, ANDRÉ LUGUET. ■ Lucilla, che era fin troppo seria, dopo una malattia nervosa è diventata fin troppo disinibita e trascina il povero marito in tutti i locali notturni dove si esibisce con il nome d'arte di Florence. Per un po' l'uomo sopporta, ma quando la sua gelosia esplode Lucilla capisce che è ora di darsi una regolata. ■ COMMEDIA; B/N; 101′; FRANCIA, 1944.

QUELLA CHIARA NOTTE D'OTTOBRE ★★
Regia di MASSIMO FRANCIOSA. Con DON BACKY, IRINA DEMICK, ANITA EKBERG, SILVANO TRANQUILLI, VENANTINO VENANTINI. ■ Due amanti assistono ad un atto criminale compiuto da alcuni delinquenti. L'episodio, invece di unirli, li divide irrimediabilmente. ■ DRAMMATICO; COL.; 91′; ITALIA, 1970.

QUELLA COSA CHIAMATA AMORE ★★
(The Thing Called Love)
Regia di PETER BOGDANOVICH. Con SANDRA BULLOCK, SAMANTHA MATHIS, DERMOT MULRONEY, RIVER PHOENIX. ■ L'ultimo film interpretato da River Phoenix prima della tragica morte. Si tratta di un'opera minore di Bogdanovich che ci descrive una storia minimalista. Siamo a Nashville, dove la musica country impazza, e alcuni ragazzi vogliono diventare cantanti famosi. ■ COMMEDIA; COL.; 110′; USA, 1993.

QUELLA DANNATA PATTUGLIA ★★
Regia di ROBERTO BIANCHI MONTERO. Con HERBERT ANDREAS, DALE CUMMINGS, MONTY GREENWOOD, LEX MANSON, FABIO TESTI. ■ Nella guerra del deserto, il capitano Clay, accompagnato da sei valorosi, ha l'incarico di far saltare i depositi di carburante dei tedeschi. Malgrado l'incontro con l'equipaggio di un aereo nemico, la squadra si introduce nel campo e mina i serbatoi. La missione è compiuta, ma i sette muoiono tutti. ■ GUERRA; COL.; 93′; ITALIA, 1969.

QUELLA DI CUI SI MORMORA *(My Reputation)* ★★★
Regia di CURTIS BERNHARDT. Con GEORGE BRENT, BARBARA STANWYCK. ■ Una giovane vedova incontra un ufficiale e se ne innamora, ma l'uomo è nemico del matrimonio. La relazione continua, ma provoca molti pettegolezzi che arrivano fino ai figli della donna, che vivono in collegio. Per non affliggere i ragazzi la vedova è disposta a lasciare l'uomo che ama, ma questi risolve il problema sposando la vedovella. ■ DRAMMATICO; B/N; 94′; USA, 1946.

QUELLA ETÀ MALIZIOSA ★★
Regia di SILVIO AMADIO. Con NINO CASTELNUOVO, GLORIA GUIDA, ANITA SANDERS. ■ Napoleone fa il giardiniere in una villa dell'isola d'Elba. Le due padrone di casa, madre e figlia, fanno di tutto per provocarlo e, quando la figlia uccide un pescatore che ha tentato di violentarla, la madre dispone le cose in modo da far cadere la colpa su Napoleone. Questi fugge in gran fretta dall'isola, ripensando alla stessa fuga compiuta dal suo illustre predecessore e omonimo. ■ DRAMMATICO; COL.; 93′; ITALIA, 1975.

QUELLA FANTASTICA, PAZZA FERROVIA ★★
(The Railway Children)
Regia di LIONEL JEFFRIES. Con JENNY AGUTTER, BERNARD CRIBBINS, DINAH SHERIDAN. ■ Tre fratelli che vivono a Londra (due bambine e un maschietto) sono costretti con la madre a trasferirsi in provincia, perché il padre è finito in prigione ingiustamente. L'unico loro divertimento è veder passare i treni, ma poi piano piano fanno amicizia con ragazzi del luogo. ■ COMMEDIA; COL.; 108′; GRAN BRETAGNA, 1974.

QUELLA FOLLE ESTATE *(Hot Bubblegum)* ★★
Regia di BOAZ DAVIDSON. Con AVY CHADASH, ZACHI NOY, JONATHAN SEGAL. ■ Tre adolescenti hanno il chiodo fisso delle ragazze. L'estate sarà una grossa occasione per fare esperienza. Almeno così credono. Qualcuno in effetti qualcosa combina. E non solo con le coetanee. ■ COMMEDIA; COL.; 94′; ISRAELE, 1981.

QUELLA MERAVIGLIOSA INVENZIONE ★★
(Free for All)
Regia di CHARLES BARTON. Con ANN BLYTH, ROBERT CUMMINGS. ■ Parker ha inventato un sistema per trasformare l'acqua in preziosa benzina, ma proprio quando sta per vendere vantaggiosamente la formula, un incidente gli fa perdere la memoria. ■ COMMEDIA; B/N; 83′; USA, 1949.

QUELL'ANGOLO DELLA STRADA ★★
(A Mother's Justice)
Regia di NOEL NOSSECK. Con MEREDITH BAXTER, CARRIE HAMILTON. ■ Una madre si trova di fronte al dramma dello stupro della figlia. Decide, per arrivare a risultati concreti, di sostituirsi alla polizia nell'indagine. Tratto da una storia vera. ■ DRAMMATICO; COL.; 100′; USA, 1992.

QUELLA NOSTRA ESTATE *(Spencer's Mountain)* ★★★
Regia di DELMER DAVES. Con DONALD CRISP, HENRY FONDA, MAUREEN O'HARA. ■ Clay e Olivia hanno nove figli. Tutto va bene finché il maggiore non chiede di poter andare all'università.

Clay non può permetterselo, ma l'intervento del parroco risolve tutti i problemi. ■ COMMEDIA; COL.; 119′; USA, 1963.

QUELLA NOTTE *(Cette nuit là)* ★★★
Regia di MAURICE CAZENEUVE. Con MYLÈNE DEMONGEOT, MAURICE RONET, JEAN SERVAIS. ■ André è innamorato di Silvia, moglie di Jean, suo dipendente. Pur di averla, approfitta di un incidente nel quale Jean ha colpito un uomo, facendo credere al giovane d'aver compiuto un assassinio. Ricatta Silvia promettendo di aiutare Jean a fuggire, ma la donna rifiuta di concederglisi e intanto Jean scopre che l'uomo colpito non è per nulla morto. Insieme a quell'imbroglio vengono fuori altri pasticci combinati da André, che si uccide piuttosto di venire arrestato. ■ POLIZIESCO; B/N; 100′; FRANCIA, 1958.

QUELLA NOTTE CHE INVENTARONO LO SPOGLIARELLO *(The Night They Raided Minsky's)* ★★★
Regia di WILLIAM FRIEDKIN. Con BRITT EKLAND, ELLIOTT GOULD, JASON ROBARDS, FORREST TUCKER, NORMAN WISDOM. ■ Per sfuggire all'asfissiante atmosfera di casa, Rachel fugge a New York e finisce in un teatro gestito da Fowler, un tipo sempre ai margini della legge. Rachel, molto ingenua, non si rende conto dell'ambiente in cui vive e quando il padre la raggiunge minacciando severe punizioni, per rappresaglia sale sul palcoscenico e comincia a spogliarsi. La arrestano, ma la sua indipendenza è salva. ■ COMMEDIA; COL.; 99′; USA, 1968.

QUELLA NOTTE CON TE *(Unfinished Business)* ★★★
Regia di GREGORY LA CAVA. Con IRENE DUNNE, PRESTON FOSTER, ROBERT MONTGOMERY, EUGENE PALLETTE. ■ Nancy è innamorata di Steve, giovane rampollo di una ricca famiglia di New York. Steve, dopo averla corteggiata per gioco, sposa una ragazza dell'alta società. Nancy incontra per caso Tom, fratello minore di Steve, che si innamora di lei e lo sposa, ma per tutta la vita non fa che pensare a Steve, malgrado questi si comporti sempre male con lei. ■ COMMEDIA; B/N; 96′; USA, 1941.

QUELLA NOTTE IN CASA COOGAN ★★
(The Night God Screamed)
Regia di LEE MADDEN. Con JEANNE CRAIN, BARBARA HANCOCK, ALEX NICOL, DANIEL SPELLING. ■ Un giudice, che aveva condannato a morte alcuni fanatici assassini seguaci di una setta, parte lasciando i figli in custodia alla vedova di una delle vittime. Il giudice non sa che i superstiti della setta hanno giurato di vendicarsi, e quando torna trova la donna e i ragazzi uccisi. ■ HORROR; COL.; 90′; USA, 1971.

QUELLA PAZZA FAMIGLIA FIKUS *(Fire Sale)* ★★★
Regia di ALAN ARKIN. Con ALAN ARKIN, ANJANETTE COMER, VINCENT GARDENIA, ROB REINER. ■ I componenti della famiglia Fikus sono pressoché tutti pazzi. Il capo è il vecchio Benjamin e i due figli hanno grossissimi problemi (uno ha una moglie sempre sull'orlo del suicidio e l'altro ha un'idea più balzana dell'altra). Il vecchio muore e i due figli dovrebbero ottenere una polizza assicurativa, che però è scaduta. Ma i fratelli Fikus non si disperano più di tanto. ■ COMMEDIA; COL.; 88′; USA, 1977.

QUELLA PESTE DI PIERINA ★
Regia di MICHELE MASSIMO TARANTINI. Con ORESTE LIONELLO, MARINA MARFOGLIA, LUCIO MONTANARO. ■ Pierina, come è facile intuire, è una scatenata ragazza, petulante e dispettosa, che si diverte a combinare scherzi a casa e a scuola, che ostenta un comportamento impertinente e un linguaggio sboccato. Tutto il resto è noia. ■ COMMEDIA; COL.; 92′; ITALIA, 1982.

QUELLA PICCOLA DIFFERENZA ★★
Regia di DUCCIO TESSARI. Con PINO CARUSO, ELISABETTA DE GALLEANI, CARLO HINTERMANN, JULIETTE MAYNIEL, VICTORIA ZINNY. ■ Oltre ad una regolare moglie, Marino ha due amanti e se la cava benissimo con tutte e tre. Perciò resta scioccato quando il medico gli dice che sta cambiando sesso e che in breve tempo sarà una vera donna. Marino decide di aspettare con filosofia gli eventi, poi si accorge che il medico si era sbagliato. ■ COMMEDIA; COL.; 91′; ITALIA, 1970.

QUELLA PROVINCIA MALIZIOSA ★★
Regia di GIANFRANCO BALDANELLO. Con LIDIA COSTANZO, DANIELE VARGAS, KARIN WELL. ■ Un ricco industriale non vede di buon occhio la relazione tra suo figlio Fabrizio e la bella Antonella, che posa nuda per i settimanali maschili. Ma non c'è nulla da fare: malgrado la fanciulla sia anche infedele, il giovanotto è cotto. ■ COMMEDIA; COL.; 92′; ITALIA, 1975.

QUELLA SERA DORATA ★★★
(The City of Your Final Destination)
Regia di JAMES IVORY. Con CHARLOTTE GAINSBOURG, ANTHONY HOPKINS, LAURA LINNEY, OMAR METWALLY, HIROYUKI SANADA. ■ Omar Razaghi è un giovane dottorando iraniano-canadese della University of Colorado, fidanzato con l'ambiziosa e algida Deirdre, insegnante di letteratura straniera. La sua borsa di studio e la sua relazione sentimentale sono allacciate e vincolate alla stesura della biografia "da autorizzare" di Jules Gund, autore sudamericano morto suicida dopo il successo del suo unico romanzo. Impedito a proseguire nel progetto dal diniego dei Gund, è indotto dalla fidanzata a partire alla volta dell'Uruguay per incontrare gli eredi e dissuaderli. Arrivato a Ochos Rìos la realtà avrà la meglio sul libro, innamorandolo e invischiandolo nel labile equilibrio della famiglia Gund. Guardando *Quella sera dorata* non si può che dire "Merchant-Ivory", la casa di distribuzione a cui appartengono e fanno capo i film patinati del regista. Primo autore a rappresentare la Old England delle *good manners* e a proporre una compiaciuta rappresentazione del passato, Ivory non smentisce e non ritratta il suo cinema, adattando per lo schermo il romanzo omonimo di Peter Cameron, idealmente prossimo alla cifra stilistica del regista californiano. ■ DRAMMATICO; COL.; 118′; GRAN BRETAGNA, 2009.

QUELLA SERA SULLA SPIAGGIA ★★
(Un soir, sur la plage)
Regia di MICHEL BOISROND. Con MARTINE CAROL, JEAN DESAILLY, GIANNI GARKO, DALIAH LAVI, ANNIBALE NINCHI. ■ La figlia subnormale del guardiano di una villa viene trovata uccisa. Durante le indagini, il commissario porta a galla tutti i vizi e i rapporti inconfessabili degli abitanti: la giovane vedova proprietaria, il medico di famiglia, lo scrittore ospite e i giovani figli della vedova. L'assassino è l'ultimo dei sospettati. ■ DRAMMATICO; B/N; 85′; FRANCIA, 1961.

QUELLA SPORCA DOZZINA *(The Dirty Dozen)* ★★★★
Regia di ROBERT ALDRICH. Con ERNEST BORGNINE, CHARLES BRONSON, JOHN CASSAVETES, GEORGE KENNEDY, TRINI LOPEZ, LEE MARVIN, ROBERT RYAN, TELLY SAVALAS, DONALD SUTHERLAND. ■ A dodici militari condannati a morte per reati gravi viene offerta una possibilità di salvezza: partecipare ad una pericolosa missione, nella Francia occupata dai tedeschi, al comando del maggiore Reisman. Quest'ultimo riesce a fare di quel gruppo di delinquenti una pattuglia legata da un vero spirito di corpo, e la missione riesce: gli ufficiali tedeschi saltano in aria insieme al castello che li ospitava. Ma della pattuglia di disperati soltanto uno torna a casa. ■ DRAMMATICO; COL.; 150′; USA, 1967. ■ OSCAR 1 PR, 4 NOM.

QUELLA SPORCA DOZZINA II ★★
(The Dirty Dozen: The Next Mission)
Regia di ANDREW V. MCLAGLEN. Con ERNEST BORGNINE, RICHARD JAECKEL, LEE MARVIN. ■ Un'altra missione impossibile per il maggiore Reisman. A capo di un "commando" (naturalmente composto di militari che non hanno più niente da perdere) deve penetrare nelle linee tedesche e uccidere un generale nazista. Almeno questo il motivo ufficiale della spedizione. Ma c'è un trucco. Reisman però saprà affrontare tutti gli imprevisti. ■ GUERRA; COL.; 100′; USA, 1985.

QUELLA SPORCA DOZZINA: MISSIONE DI MORTE *(The Dirty Dozen: The Deadly Mission)* ★★
Regia di LEE H. KATZIN. Con ERNEST BORGNINE, VINCE EDWARDS, TELLY SAVALAS. ■ Ancora la sporca dozzina (i dodici cambiano da film a film, ma sempre sporchi rimangono) assemblata da Telly Savalas per impedire a un gruppo di scienziati tedeschi di portare a compimento gli esperimenti di un nuovo gas mortale. Missione compiuta, naturalmente. ■ GUERRA; COL.; 100′; USA, 1987.

QUELLA SPORCA DOZZINA: MISSIONE NEI BALCANI *(The Dirty Dozen: The Fatal Mission)* ★★
Regia di LEE H. KATZIN. Con ERNEST BORGNINE, ERIK ESTRADA, TELLY SAVALAS. ■ La sporca dozzina contro l'Orient Express. Il famoso treno è stato adibito dai nazisti al trasporto di pezzi grossi (militari e scienziati) in Turchia. I dodici del maggiore Reisman devono attaccare e distruggere. C'è anche di mezzo una donna (per la prima volta nella fatidica serie). ■ GUERRA; COL.; 100'; USA, 1988.

QUELLA SPORCA STORIA DI JOE CILENTO *(Mordnacht in Manhattan)* ★★
Regia di HARALD PHILIPP. Con VINCENT BRADLEY, MONICA GRIMM, SUSAN MITCHELL, GEORGE NADER. ■ Jeff Gordon, ispettore dell'Fbi, combatte contro Joe Cilento, capo della banda che impazza in un quartiere di New York. Malgrado le azioni criminose siano protette dall'omertà degli abitanti, Gordon vince la sua battaglia. ■ POLIZIESCO; B/N; 91'; GERMANIA, 1965.

QUELLA SPORCA STORIA NEL WEST ★★
Regia di ENZO GIROLAMI CASTELLARI. Con STEFANIA CAREDDU, ANDREA GIORDANA, ENNIO GIROLAMI, GILBERT ROLAND, PEDRO MARIA SANCHEZ. ■ La madre di Johnny, dopo che il marito è stato ucciso dal bandito Santana, si è risposata con il cognato. Johnny, che ha dei dubbi sulla vicenda, riesce a far confessare a Santana d'aver ricevuto l'incarico di uccidere dal fratello della vittima. La vendetta, ora, è l'unico scopo di Johnny. Mettendo contro lo zio e il bandito provoca indirettamente la morte di entrambi. ■ WESTERN; COL.; 94'; ITALIA, 1968.

QUELLA SPORCA ULTIMA META *(The Longest Yard)* ★★★🏆
Regia di ROBERT ALDRICH. Con EDDIE ALBERT, MICHAEL CONRAD, ED LAUTER, BURT REYNOLDS. ■ Finito in carcere per ubriachezza e guida pericolosa, il campione di rugby Crewe è costretto dal direttore ad allenare una squadra di detenuti che dovrà battersi contro quella dei poliziotti. Lo scontro è duro e i poliziotti giocano pesante: perciò Crewe, che in un primo momento si era accordato col direttore per la vittoria dei poliziotti, si impegna a fondo e fa vincere la propria squadra. ■ DRAMMATICO; COL.; 123'; USA, 1974. ■ GOLDEN GLOBES 🏆 1 PR, 3 NOM; OSCAR 🏆 1 NOM.

QUELLA SPORCA ULTIMA NOTTE *(Capone)* ★★
Regia di STEVE CARVER. Con SUSAN BLAKELY, JOHN CASSAVETES, BEN GAZZARA, HARRY GUARDINO, SYLVESTER STALLONE. ■ Il giovane Al Capone entra nel "giro" come braccio destro di Johnny Torrio e, grazie alla sua furbizia e mancanza di scrupoli, diventa il numero uno. Elimina tutti i suoi avversari, ma poi viene tradito dal suo amico Nitti, che lo fa condannare per evasione fiscale. Al Capone entra nella prigione di Alcatraz per uscirne ormai vecchio e quasi pazzo. ■ DRAMMATICO; COL.; 101'; USA, 1975.

QUELLA STRANA CASA *(Grandmother's House)* ★
Regia di PETER RADER. Con ERIC FOSTER, KIM VALENTINE. ■ Dopo la morte del padre, Lynn e David si trasferiscono nella casa dei nonni. Il comportamento di questi ultimi si rivela però insolito tanto che i due giovani, dopo averli sorvegliati, cominciano a credere che abbiano l'abitudine di assassinare gli sconosciuti che transitano in quei paraggi. ■ HORROR; COL.; 90'; USA, 1989.

QUELLA STRANA RAGAZZA CHE ABITA IN FONDO AL VIALE *(The Little Girl Who Lives Down the Lane)* ★★★
Regia di NICOLAS GESSNER. Con JODIE FOSTER, SCOTT JACOBY, MARTIN SHEEN, ALEXIS SMITH. ■ Rynn, tredicenne figlia di un poeta pazzo e suicida, vive da sola in una casa un po' sinistra. Diventa una sorta di "bimba omicidi", togliendo di mezzo col cianuro tutti coloro che in qualche modo le danno fastidio. Quando un maniaco sessuale abusa di lei, la ragazza vorrebbe suicidarsi col cianuro, ma l'uomo la costringe a cambiare i bicchieri e si avvelena. ■ DRAMMATICO; COL.; 94'; USA, 1975.

QUELLA STRANA VOGLIA D'AMARE ★
Regia di MARIO IMPEROLI. Con CHRISTIAN BORROMEO, GEORGE EASTMAN, MARINA GIORDANA, PHILIPPE LEROY, BEBA LONCAR. ■ I fratelli Marco e Angela hanno rapporti incestuosi. Un giorno arriva a casa loro la bella Claudia, della quale Marco si innamora. Angela, gelosissima, fa in modo che la rivale venga uccisa da un energumeno. Tutto torna come prima. ■ DRAMMATICO; COL.; 93'; ITALIA, 1977.

QUELLA STREGA DI PIPPI CALZELUNGHE *(Pippi ausser raud und baud)* ★★
Regia di OLLE HELLBOM. Con INGER NILLSON, MARIA PERSSON, WALTER RICHTER, KURT ZIPS. ■ Pippi fa da accompagnatrice a Timmy e Annika, i due fratellini suoi amici, nei viaggi fantastici che i bambini si divertono a compiere. Ma anche le avventure più belle ad un certo punto non bastano più: torna la nostalgia di casa e della mamma. Pippi riprende da sola i suoi vagabondaggi. ■ AVVENTURA; COL.; 91'; SVEZIA, 1972.

QUELLA TERRIBILE NOTTE *(L'autre femme)* ★★
Regia di FRANÇOIS VILLIERS. Con ANNIE GIRARDOT, RICHARD JOHNSON, FRANCISCO RABAL, ALIDA VALLI. ■ Appena trasferita su un'isola spagnola, Agnes fa la conoscenza di Daniel, un uomo che vive con il sospetto di aver ucciso la moglie. Agnes si innamora di lui e cerca di dimostrare la sua innocenza, ma Daniel si uccide proprio quando la donna ha raccolto prove concrete della colpevolezza di un altro. ■ DRAMMATICO; B/N; 105'; FRANCIA, 1964.

QUELLA TRABANT VENUTA DALL'EST *(Go Trabi Go)* ★★
Regia di PETER TIMM. Con MARIE GRUBER, CLAUDIA SCHMUTZLER, WOLFGANG STUMPF. ■ Protagonista del film è l'auto Trabant, il corrispettivo della nostra Cinquecento, che trasporta una famigliola, composta di padre, madre e figlia, diretta in Italia per una piacevole vacanza. Filmetto post-caduta muro che mostra un nucleo familiare proveniente dall'ex Germania dell'Est. ■ COMMEDIA; COL.; 92'; GERMANIA, 1991.

QUELLA VECCHIA CANAGLIA ★★
Regia di CARLO LUDOVICO BRAGAGLIA. Con CARMEN BONI, RUGGERO RUGGERI. ■ Un celebre chirurgo si è invaghito di una ragazza del Luna Park, ma quest'ultima gli preferisce un giovane acrobata. Quando l'innamorato della fanciulla cade dal trapezio e si ferisce gravemente, il medico non esita a tentare una difficilissima operazione per salvargli la vita. Il suo coraggio verrà premiato dal successo. ■ DRAMMATICO; B/N; 92'; ITALIA, 1934.

QUELLA VILLA ACCANTO AL CIMITERO ★★
Regia di LUCIO FULCI. Con PAOLO MALCO, CATRIONA MCCOLL, ANITA STRINDBERG. ■ Uno scrittore si trasferisce con la famiglia nel New England dove deve fare ricerche su un misterioso medico scomparso un centinaio di anni prima. Dopo una serie di inquietanti avvenimenti, lo scrittore scopre che il terribile dottore non è mai morto, vive in cantina e continua a campare uccidendo tutti quelli che gli capitano a tiro (trapiantandone gli organi su se stesso). ■ HORROR; COL.; 93'; ITALIA, 1981.

QUELLA VILLA IN FONDO AL PARCO ★★
Regia di GIULIANO CARNIMEO. Con JANET AGREN, EVA GRIMALDI, DAVID WARBECK. ■ Muore una top model nei Caraibi, pare per i morsi di un topo. La sorella corre sul luogo per indagare sulle cause della morte e ha il sospetto che non siano stati i topi ad ucciderla. Infatti non sono animali, ma strani esseri (nani con la faccia da sorci). Uno viene ucciso. Ma forse non è il solo. ■ HORROR; COL.; 91'; ITALIA, 1987.

QUELLE *(Für zwei groschen Zärtlichkeit)* ★★
Regia di ARTHUR MARIA RABENALT. Con KAY FISHER, CLAUS HOLM, INGMAR ZEISBERG. ■ Una ragazza scappata di casa in seguito a gravi dissapori familiari viene coinvolta suo malgrado in un giro di squillo. Nonostante tutto, trova un bravo ragazzo che la vuole sposare; per una serie di equivoci rischia di perdere completamente l'amore e la fiducia di lui, ma poi tutto si accomoda. ■ DRAMMATICO; B/N; 94'; GERMANIA, 1957.

QUELLE ADORABILI CANAGLIE *(Bad Attitudes)* ★
Regia di ALAN MYERSON. Con RICHARD GILLILAND. ■ Quando si è ragazzini e protagonisti di un film può capitare di tutto. Come a questi cinque undicenni che scappano dalla colonia e diventano spettatori del dirottamento di un aereo. ■ COMMEDIA; COL.; 88'; USA, 1991.

QUELLE CINQUE DURE PELLACCE *(Gonin no shô kin kasegi)* ★★
Regia di EIJKI KUDO. Con TOMOKO MAYAMA, OKI MINORI, TO-

MISABURO WAKAYAMA. ■ Un medico arriva in un forte dove si sono asserragliati contadini ribelli alle angherie dei signorotti locali. Un attacco in massa delle forze imperiali stronca la resistenza dei contadini; il medico, con i suoi assistenti, è l'unico a salvarsi. ■ AVVENTURA; COL.; 95'; GIAPPONE, 1972.

♥ QUELLE DUE *(The Children's Hour)* ★★★
Regia di WILLIAM WYLER. Con FAY BAINTER, JAMES GARNER, AUDREY HEPBURN, MIRIAM HOPKINS, SHIRLEY MACLAINE. ■ Da un lavoro teatrale di Lillian Hellman. Karen e Martha, proprietarie di una scuola privata, sono accusate da una allieva di omosessualità. L'accusa provoca uno scandalo che porta alla rovina economica le due donne, finché la ragazzina terribile confessa alla zia d'aver inventato tutto. La zia dichiara pubblicamente la sua intenzione di riparare, ma Martha, alla quale l'accusa ha provocato una profonda crisi esistenziale, si uccide. ■ DRAMMATICO; B/N; 107'; USA, 1962. ■ OSCAR 5 NOM.

QUELLE SPORCHE ANIME DANNATE ★★
Regia di PAOLO SOLVAY. Con JEFF CAMERON, KRISTA NELL, DONALD O'BRIEN, ALFREDO RIZZO. ■ Da pistolero deciso a vendicare l'assassinio del fratello, Tom diventa difensore dei contadini perseguitati da Shannon, ricco proprietario terriero. Saputo che Shannon è anche l'assassino del fratello, Tom lo combatte con successo. ■ WESTERN; COL.; 91'; ITALIA, 1971.

QUELL'ESTATE ★★
Regia di GUENDALINA ZAMPAGNI. Con ALESSANDRO BERTOLUCCI, MICHELE CESARI, DIANE FLERI, ALESSANDRO HABER, PAMELA VILLORESI. ■ Estate 1981, Casal di Pari (Grosseto). La famiglia Rienzi trascorre le vacanze estive nella casa di campagna sui colli toscani, come ogni anno. Ma questo è diverso dagli altri. Il padre Vittorio deve combattere con i postumi di un infarto e soprattutto con un matrimonio che sembra in crisi irreversibile. La madre Marinella si è rintanata in un silenzio che cela pensieri infelici. La figlia maggiore Eleonora è una ventenne che deve fare i conti con una gravidanza indesiderata e la ricerca dell'uomo giusto, mentre suo fratello Matteo, rimandato in tre materie a scuola, scopre i primi palpiti dell'adolescenza. ■ COMMEDIA; COL.; 82'; ITALIA, 2012.

QUELL'ESTATE DEL '42 *(Summer of '42)* ★★★
Regia di ROBERT MULLIGAN. Con GARY GRIMES, JERRY HOUSER, JENNIFER O'NEILL. ■ Durante la guerra, un adolescente conosce una giovane donna che soffre per la lontananza del marito, in Europa a combattere. Alla notizia che il marito è rimasto ucciso, costei inizia una relazione con il ragazzo, ma il loro amore è di breve durata: la donna riparte, lasciando all'innamorato adolescente una tenera lettera d'addio. ■ DRAMMATICO; COL.; 102'; USA, 1971. ■ GOLDEN GLOBES 2 NOM; OSCAR 1 PR, 4 NOM.

QUELL'ESTATE MERAVIGLIOSA ★★
(The Greengage Summer – Loss of Innocence)
Regia di LEWIS GILBERT. Con DANIELLE DARRIEUX, KENNETH MORE, CLAUDE NOLLIER, SUSANNAH YORK. ■ Il misterioso signor Elliott si prende cura di un gruppo di ragazzi inglesi in vacanza in Francia, quando la loro madre viene ricoverata in ospedale. La giovane Joyce si innamora di lui, ma questo non le impedisce di crederlo un pericoloso delinquente e di denunciarlo. Elliott, che è davvero un ladro, scappa ma durante la fuga non trascura di fermarsi per avvertire lo zio dei ragazzi di correre a riprenderli. La tappa gli è fatale: viene arrestato. ■ DRAMMATICO; COL.; 99'; GRAN BRETAGNA, 1961.

QUELLE STRANE OCCASIONI ★★★
Regia di LUIGI COMENCINI, LUIGI MAGNI, NANNI LOY. Con OLGA KARLATOS, NINO MANFREDI, VALERIA MORICONI, STEFANIA SANDRELLI, ALBERTO SORDI, PAOLO VILLAGGIO. ■ Nel primo episodio (Magni) un italiano vive ad Amsterdam facendo il prostituto. L'unica con la quale non riesce ad avere rapporti è la moglie, che deve "lavorare" con un partner turco. Nel secondo (Comencini) un architetto gelosissimo di moglie e figlia viene a sapere che la consorte ha un amante e che la figlia va a letto col fidanzato. Nel terzo (Nanni Loy), una ragazza e un prete (Alberto Sordi) restano bloccati in ascensore. Il prete approfitta della situazione, poi dimostra a parole di non aver fatto nulla di male. ■ COMM. A EPISODI; COL.; 115'; ITALIA, 1976.

QUELLI BELLI SIAMO NOI ★★
Regia di GIORGIO MARIUZZO. Con LINO BANFI, LOREDANA BERTÉ, CARLO DAPPORTO, ORCHIDEA DE SANTIS, CARLO DELLE PIANE, GIAN, RIC, ELSA VAZZOLER. ■ Un giovane meccanico, cantautore per hobby, è innamorato di Elisabetta, giovane siciliana. C'è qualche intoppo che rischia di mandare a monte il loro amore, ma grazie all'intervento di due fedeli amici tutto si chiarisce. ■ COMICO; COL.; 90'; ITALIA, 1970.

QUELLI CHE CONTANO ★★
Regia di ANDREA BIANCHI. Con BARBARA BOUCHET, MARIO LANDI, VITTORIO SANIPOLI, HENRY SILVA, FAUSTO TOZZI. ■ Tony, "picciotto d'onore", arriva in Sicilia dagli Stati Uniti per seminare zizzania tra le due famiglie che spadroneggiano nell'isola. A missione compiuta, può entrare di diritto nella ristretta rosa dei padrini più potenti. ■ DRAMMATICO; COL.; 92'; ITALIA, 1974.

QUELLI CHE MAI DISPERANO *(White Corridors)* ★★★
Regia di PATRICK JACKSON. Con PETULA CLARK, JAMES DONALD, MOIRA LISTER, GOOGIE WITHERS. ■ Una donna, già visitata e dichiarata sana dal dottor Groon, è visitata da Sophie Dean che le diagnostica un tumore. Sophie opera immediatamente la donna salvandole la vita e il dottor Groon è costretto a dare le dimissioni permettendo a Sophie di diventare primario. Intanto il fidanzato di Sophie, mentre si dedicava a ricerche su un nuovo antibiotico, si infetta e chiede alla ragazza di iniettargli il siero sul quale lavorava. Il medicinale non è ancora stato sperimentato, ma Sophie lo somministra egualmente all'ammalato, rischiando così di perdere la sua carica e di venire radiata dall'albo dei medici. Fortunatamente, il vaccino funziona: la vita del ricercatore è salva. ■ DRAMMATICO; B/N; 102'; GRAN BRETAGNA, 1951.

QUELLI CHE NON SI SALVANO *(Bad Boy)* ★★
Regia di HERBERT MEYER. Con JOHNNY DOWNS, ROSALIND KEITH. ■ Per amore di una cantante di night, John, da bravo ragazzo che era, diventa un falsificatore di assegni, finisce in prigione e, uscitone, imbocca definitivamente la strada della criminalità. Sposa la ragazza causa di tutti i suoi guai che continua la sua opera di demolizione: con continui tradimenti e inganni provoca la violenta reazione del giovane che in un conflitto a fuoco rimane ferito. Muore tra le braccia della povera madre. ■ DRAMMATICO; B/N; 91'; USA, 1939.

QUELLI CHE SANNO UCCIDERE *(Les étrangers)* ★★
Regia di JEAN-PIERRE DESAGNAT. Con SENTA BERGER, MICHEL CONSTANTIN, JULIAN MATEOS, HANS MAYER. ■ Un bandito ha nascosto in una miniera i diamanti rubati, ma è ferito e chiede aiuto ad una giovane coppia che vive in una casa isolata. Chamoun e May accettano di aiutarlo, ma in realtà Chamoun mira a recuperare la refurtiva e pensa che il bandito possa condurlo al luogo dove è custodita. Dopo drammatiche avventure, che mettono la sua vita in pericolo, Chamoun riesce nel suo intento, mentre il bandito viene ucciso dallo sceriffo del paese. ■ DRAMMATICO; COL.; 105'; FRANCIA, 1969.

QUELLI DEL CASCO ★★
Regia di LUCIANO SALCE. Con LUIGI DE FILIPPO, PAOLO PANELLI, DANIELA POGGI. ■ Uno studente si innamora di una bella ragazza che ha visto su un manifesto. Non sa che è una sua compagna di scuola (il viso sull'effigie è coperto da un casco) da sempre innamorata di lui. Quando lo scopre, è ben lieto di ricambiarla. ■ COMICO; COL.; 91'; ITALIA, 1987.

QUELLI DELLA BANDA BERETTA ★★
(Le gang des otages)
Regia di EDOUARD MOLINARO. Con DANIEL CAUCHY, GÉRARD DARRIEU, BULLE OGIER, GILLES SEGAL. ■ Tre asociali, una ex prostituta, un ex ladro, uno schizofrenico, compiono insieme imprese criminali ai danni di un tale Cerutti, gangster e mafioso. I tre si liberano anche di lui e la polizia li arresta. Il capo ispettore se li lascia sfuggire, mentre un umile agente li ferma per caso credendoli tre ladri di mezza tacca. ■ POLIZIESCO; COL.; 94'; FRANCIA, 1972.

QUELLI DELLA CALIBRO 38 ★★
Regia di MASSIMO DALLAMANO. Con CAROLE ANDRÉ, MARCEL

BOZZUFFI, FABRIZIO CAPUCCI, IVAN RASSIMOV, RICCARDO SALVINO. ■ Una squadra di agenti speciali combatte il "Marsigliese" che ricatta l'intera città: o gli verrano pagati cinque miliardi o farà saltare tutto. Chi riesce a fermare il bandito però non sono i superagenti, ma il commissario Vanni, che il questore aveva esonerato dal servizio. ■ POLIZIESCO; COL.; 105'; ITALIA, 1976.

QUELLI DELL'ACCADEMIA MILITARE ★★
(Hollywood Air Force)
Regia di BERT CONVY. Con LLOYD BRIDGES, CHRIS LEMMON, VIC TAYBACK. ■ Il colonnello Arker comanda il più sgangherato reparto della "Air Force" americana, composto da attori e cantanti. Si attende la visita dell'ambasciatore rumeno e Vince Tucker, un soldato, con l'aiuto dell'infermiera Nancy, neutralizza i suoi capi con iniezioni debilitanti e addestra gli sfaticati militari per una vivace parata. Scherzi goliardici d'ogni genere e danzatori acrobati fan sì che la sfilata sia un vero successo agli occhi dell'ambasciatore. ■ FARSESCO; COL.; 101'; USA, 1986.

QUELLI DELLA MONTAGNA ★★
Regia di ALDO VERGANO. Con MARIELLA LOTTI, AMEDEO NAZZARI. ■ Durante la guerra, due amici si trovano a combattere fianco a fianco sulle montagne. Entrambi sono ufficiali, ma uno è di grado superiore all'altro e questo crea qualche incomprensione. Quando il superiore rimane ucciso, l'altro comprende quanto meschini fossero i suoi dubbi sulla lealtà dell'amico. ■ DRAMMATICO; B/N; 92'; ITALIA, 1943.

QUELLI DELL'ANTIRAPINA – QUATTRO MINUTI PER QUATTRO MILIARDI ★★
Regia di GIANNI SIRAGUSA. Con LEA LANDER, JOHN RICHARDSON, ANTONIO SABATO. ■ L'avvocato Vitale è un vero genio della rapina. Stando in prigione ne organizza una da quattro miliardi, poi evade insieme a un certo Raffaele. Quando si incontra con i suoi complici per spartire il bottino, ha però la sorpresa di scoprire che Raffaele è un carabiniere del reparto antirapina. ■ POLIZIESCO; COL.; 92'; ITALIA, 1977.

QUELLI DELLA PALLOTTOLA SPUNTATA 1 E 2 ★★★
(Police Squad 1, 2)
Regia di JIM ABRAHAMS, REZA BADIYI, JOE DANTE, PAUL KRASNY, GEORG STANFORD BROWN, DAVID ZUCKER. Con LESLIE NIELSEN, ALAN NORTH. ■ *La pallottola spuntata* è nata per la televisione e in questi episodi si possono verificare le origini dei film che hanno riscosso un considerevole successo. Sempre ancorata al filone demenziale, la serie mostra gag e trovate comiche in ogni puntata. Leslie Nielsen è perfetto per la parodia intelligente del telefilm poliziesco. ■ COMICO; COL.; 143'; USA, 1982.

QUELLI DELLA SAN PABLO *(The Sand Pebbles)* ★★★
Regia di ROBERT WISE. Con RICHARD ATTENBOROUGH, CANDICE BERGEN, RICHARD CRENNA, LARRY GATES, MAKO, STEVE MCQUEEN. ■ Il marinaio Jack Holman è imbarcato sulla *San Pablo*, nave americana ormeggiata alla foce di un fiume cinese nel periodo in cui i cinesi avevano dichiarato guerra agli stranieri. Jack vorrebbe disertare e rifugiarsi in una missione diretta da un pastore evangelico, ma, quando riesce a raggiungere il luogo, trova il suo sospirato rifugio circondato e assediato. Jack ci rimette la vita, come tutti gli altri, nel tentativo di difendere la missione. ■ DRAMMATICO; COL.; 179'; USA, 1966. ■ OSCAR 8 NOM.

QUELLI DELLA SPIAGGIA *(Summer Job)* ★★
Regia di PAUL M. MADDEN. Con SHERRIE ROSE, RENÉ SUGART. ■ Amori, intrighi e scherzi fanno da menu a questo film di genere demenzial-balneare. Gli appassionati troveranno pane per i loro denti. ■ COMMEDIA; COL.; 90'; USA, 1989.

QUELLI DELLA VIRGINIA *(The Howards of Virginia)* ★★★
Regia di FRANK LLOYD. Con CARY GRANT, MARTHA SCOTT. ■ Saga familiare nell'America della guerra d'Indipendenza, con molto patriottismo e molte avventure. ■ AVVENTURA; B/N; 122'; USA, 1940. ■ OSCAR 2 NOM.

QUELLI DEL PALMO D'ACCIAIO ★
Regia di T. SHU. Con TAN PANK, TIEN PENG, NANCY YEN. ■ Il direttore di una scuola di arti marziali prepara i suoi allievi per combattere la malavita di Hong Kong. ■ AVVENTURA; COL.; 92'; HONG KONG, 1973.

QUELL'IDIOTA DI NOSTRO FRATELLO ★★
(Our Idiot Brother)
Regia di JESSE PERETZ. Con ELIZABETH BANKS, STEVE COOGAN, ZOOEY DESCHANEL, EMILY MORTIMER, PAUL RUDD. ■ Ned Rochlin vende prodotti di agricoltura biologica al mercato. Un giorno asseconda un poliziotto che si dichiara in crisi chiedendogli del fumo e viene arrestato. Uscito dal carcere scopre che la sua ragazza si è messa con un altro. A Ned non resta che chiedere aiuto alla sua famiglia, una madre e tre sorelle. La sua connaturata propensione alla sincerità non gli sarà d'aiuto nel farsi accettare. Il Sundance Film Festival è spesso efficace nell'individuare film indipendenti sulle problematiche della società contemporanea. Jesse Peretz offre un ritratto corretto della quotidianità negli States. ■ COMMEDIA; COL.; 95'; USA, 2011.

QUELL'INCERTO SENTIMENTO ★★★
(That Uncertain Feeling)
Regia di ERNST LUBITSCH. Con MELVYN DOUGLAS, BURGESS MEREDITH, MERLE OBERON. ■ Il marito trascura la moglie e lei si lascia corteggiare da un playboy. Il consorte si accorge che la donna sta per lasciarlo e per rimediare la fa ingelosire. Punta nell'orgoglio, la donna fa un rapido dietro-front e parte alla riconquista del coniuge distratto. ■ COMMEDIA; B/N; 84'; USA, 1941. ■ OSCAR 1 NOM.

QUELLO CHE CERCHI ★★
Regia di MARCO SIMON PUCCIONI. Con ANTONELLA ATTILI, STEFANIA ORSOLA GARELLO, MARCELLO MAZZARELLA, ANTAL NAGY. ■ Impero, investigatore privato, ha il compito di proteggere e sorvegliare Davide, un giovane emarginato, figlio di un suo vecchio amico. I due compiranno insieme un lungo percorso, soprattutto simbolico, attraverso tutta l'Italia: tra riflessioni filosofiche e atmosfere surreali, il regista mette insieme un giallo che vuole essere anche metafora esistenziale. ■ DRAMMATICO; COL.; 96'; ITALIA, 2002.

QUELLO CHE GIÀ CONOSCI SUL SESSO E NON PRENDI PIÙ SUL SERIO *(Sex Shop)* ★★
Regia di CLAUDE BERRI. Con CLAUDE BERRI, JULIET BERTO, FRANCESCA ROMANA COLUZZI, NATHALIE DELON, JEAN-PIERRE MARIELLE. ■ Il proprietario di una libreria trasforma il suo commercio intellettuale in un altro ben più redditizio: divenuta sexshop, la libreria fa guadagnare moltissimo, ma rischia di rovinare la vita coniugale del proprietario. Per fortuna il giovanotto ha una moglie con la testa sulle spalle, che gli fa capire che l'amore è più importante del sesso. ■ COMMEDIA; COL.; 105'; FRANCIA, 1972.

QUELLO CHE GLI OCCHI NON VEDONO ★
(Nowhere in Sight)
Regia di DOUGLAS JACKSON. Con CHRISTOPHER HEYERDAHL, RICHARD JUTRAS, ANDREW MCCARHY, HELEN SLATER. ■ Un automobilista, a causa di un infarto, investe una ragazza rendendola cieca. Un anno dopo inizia per lei una nuova vita: un fidanzato amorevole, un bell'appartamento e, purtroppo, la cecità cui ancora stenta ad abituarsi. Il buio si fa ancora più cupo il giorno in cui due psicopatici si introducono in casa sua per costringerla a rivelar loro la combinazione della cassaforte dello zio ricco. Un soggetto ricco di colpi di scena portato sullo schermo senza fantasia. ■ THRILLER; COL.; 93'; CANADA, USA, 2000.

QUELLO CHE GLI UOMINI NON DICONO ★★★
(Selon Charlie)
Regia di NICOLE GARCIA. Con JEAN-PIERRE BACRI, VINCENT LINDON, BENOÎT MAGIMEL, FERDINAND MARTIN, PATRICK PINEAU, BENOÎT POELVOORDE, ARNAUD VALOIS. ■ In una cittadina di provincia bagnata dall'Atlantico si incrociano le vite e si intrecciano le storie di sei uomini: Jean-Louis Bertagnat, vanesio sindaco della città, Pierre, giovane insegnante di scienze al liceo, Mathieu, ambizioso paleontologo, Adrien, tennista professionista in piena crisi esistenziale, Joss, ladro stolto che progetta il colpo del secolo, e Serge Torres, assistente di talassoterapia col vizio dell'adulterio. Fra sei adulti fragili, scorretti e sbagliati si muove con candore e giudizio il piccolo Charlie, figlio di Serge. Il colpo di boomerang messo a segno dal ragazzo risolverà gli equivoci e provocherà rilevanti rivelazioni. Presentato in concorso a Cannes

nel 2006, il film è un sinfonico omaggio all'esistenza dell'attore. Non solo perché Nicole Garcia ha selezionato una sorta di nazionale francese di campioni di recitazione, da Jean-Pierre Bacri a Vincent Lindon, da Benoît Magimel a Benoît Poelvoorde. La cineasta francese si è resa anche irreperibile agli occhi dello spettatore, lasciando che la scena pullulasse di rifinite voci attoriali. ■ COMMEDIA; COL.; 90′; FRANCIA, 2006.

QUELLO CHE LE RAGAZZE NON DICONO ★★
Regia di CARLO VANZINA. Con PAOLO CALISSANO, MARTINA COLOMBARI, IRENE FERRI, CARLOTTA MITI, WALTER NUDO, SABRINA PARRAVICINI, VINCENZO PELUSO. ■ I fratelli Vanzina ritornano con una storia insolita, tutta al femminile, tra carriera e sentimenti. Le giovani donne sono accomunate dal fatto di vivere nella stessa città, Milano, e di fantasticare ad occhi aperti sul loro futuro. Nulla sembra pregiudicare questo legame fino a quando non arriva Gigi, un musicista, che sconvolgerà la vita di tre di loro, mettendone a repentaglio l'amicizia. Il regista, che non ha perso il gusto di raccontare la vita di tutti i giorni, ci propone una commedia all'italiana con un occhio ai cambiamenti della società. Un cast eterogeneo di giovani esordienti, una storia garbata con fugaci accenni mélo dove le protagoniste si confidano le loro esperienze sessuali... Si sorride, anche con amarezza. ■ COMMEDIA; COL.; 100′; ITALIA, 2000.

QUELLO CHE MI È COSTATO AMARE *(Pétrus)* ★★
Regia di MARC ALLÉGRET. Con PIERRE BRASSEUR, CORINNE CALVET, FERNANDEL, SIMONE SIMON. ■ Petrus, un onesto fotografo coinvolto per caso nella lite tra Migo, una ballerina, e il suo collega e innamorato, si interessa vivamente alla sorte della ragazza. Fa il possibile per convincere il giovanotto a non lasciarla perché è convinto che Migo soffrirebbe troppo, ma, quando il ballerino la abbandona davvero, la ragazza si accorge che quel che prova per Petrus non è riconoscenza, ma amore. ■ COMMEDIA; B/N; 95′; FRANCIA, 1946.

QUELLO CHE SO SULL'AMORE ★★
(Playing for Keeps)
Regia di GABRIELE MUCCINO. Con JESSICA BIEL, GERARD BUTLER, DENNIS QUAID, UMA THURMAN, CATHERINE ZETA-JONES. ■ George Dryer è un calciatore costretto da un infortunio a lasciare prematuramente il campo e la carriera. Dopo aver confezionato donne e trofei, dopo un figlio e il naufragio del proprio matrimonio, George prova a inventarsi una nuova vita, proponendosi alle televisioni come cronista sportivo. Tra un tentativo e l'altro, si trasferisce a pochi metri dalla casa di Lewis, il figlio di pochi anni che vive con la madre e il suo nuovo compagno. Deciso a rigare dritto e a riguadagnare la fiducia e l'affetto del suo bambino, George accetta di allenare la squadra di Lewis. ■ COMMEDIA; COL.; 100′; USA, 2013.

QUELLO CHE SPARA PER PRIMO ★★★
(Un nommé La Rocca)
Regia di JEAN BECKER. Con BÉATRICE ALTARIBA, JEAN-PAUL BELMONDO, CHRISTINE KAUFMANN, PIERRE VANECK. ■ Per scagionare l'amico Xavier arrestato ingiustamente, La Rocca si dà da fare per scoprire il vero colpevole, ma finisce anche lui dietro le sbarre. In prigione viene offerta ai due amici l'occasione di guadagnarsi la libertà, accettando di partecipare ad una pericolosa missione: eliminare le mine seminate in una vasta zona durante la guerra. I due accettano: Xavier perde un braccio nell'impresa, ma entrambi tornano in libertà. Per poco, perché per un banale litigio Xavier uccide La Rocca e, ovviamente, torna in prigione. ■ DRAMMATICO; B/N; 90′; FRANCIA, 1961.

QUELL'OSCURO OGGETTO DEL DESIDERIO ★★★★
(Cet obscur objet du désir)
Regia di LUIS BUÑUEL. Con JULIEN BERTHEAU, CAROLE BOUQUET, ANGELA MOLINA, FERNANDO REY. ■ Il vecchio Mathieu si innamora pazzamente della giovane Conchita. Costei gli fa mantenere anche la madre e concede all'uomo quel tanto che basta per tenerlo legato. Il povero Mathieu è dunque costantemente frustrato, lotta disperatamente per liberarsi della ragazza, ma non ci riesce. Di lite in lite il vecchio e la ragazza continuano la loro tormentata relazione. ■ DRAMMATICO; COL.; 100′; FRANCIA, 1977. ■ GOLDEN GLOBES 1 NOM; OSCAR 2 NOM.

QUELLO SPORCO DISERTORE ★★
(El hombre que vino del odio)
Regia di LEON KLIMOVSKY. Con MIGUEL DEL CASTILLO, LANG JEFFRIES, BEDY MORATTI, LUCIANA PALUZZI, JULIO PENA, DENNIS SAFREN. ■ Un disertore americano fuggito dal Vietnam arriva in Italia dopo aver fatto il contrabbandiere in India. Il suo proposito è quello di cominciare una nuova vita insieme a Teresa, una ragazza che lo ama, ma il suo passato lo perseguita. Costretto con un ricatto ad occuparsi di un'esule albanese, il giovanotto rischia più volte la pelle, ma a morire è invece Teresa. A quel punto la voglia di ricominciare è passata e il disertore, per espiare, si costituisce. ■ AVVENTURA; COL.; 92′; SPAGNA, 1971.

QUELLO STRANO CANE... DI PAPÀ ★★
(The Shaggy D.A.)
Regia di ROBERT STEVENSON. Con TIM CONWAY, DEAN JONES, SUZANNE PLESHETTE. ■ Grazie a un sortilegio legato a un antico anello, il giovane avvocato Wilby si trasforma in un cane ogni volta che viene letta una certa formula. Per il povero avvocato, che ha mire politiche, la situazione è davvero insostenibile, perché la trasformazione avviene nelle circostanze più inopportune. Una muta di cani spezzerà l'incantesimo. ■ FANTASTICO; COL.; 91′; USA, 1976.

QUELLO STRANO SENTIMENTO ★★
(That Funny Feeling)
Regia di RICHARD THORPE. Con BOBBY DARIN, SANDRA DEE, DONALD O'CONNOR, LARRY STORCH, NITA TALBOT. ■ Joan ha ricevuto l'incarico di occuparsi dell'appartamento di Tom da un'agenzia e, quando incontra il giovanotto, non lo riconosce. Per darsi delle arie finge di essere la proprietaria della casa, ma quando si accorge di recitare la commedia con il vero proprietario, che invece di smentirla le ha dato corda, decide di vendicarsi. Tutto finisce bene tra i due. ■ COMMEDIA; COL.; 93′; USA, 1965.

QUELL'ULTIMO GIORNO ★★
Regia di KOSTANTIN LOPUSCIANSKI. Con ROLAN BYRON, I. RYKLIN, V. SABANIN. ■ Dopo la tragedia nucleare che ha distrutto quasi totalmente la vita sul nostro pianeta, dove l'equilibrio delle stagioni è stato sconvolto e persino il giorno e la notte sono diversi da prima, un gruppetto di sopravvissuti si adopera senza tregua per non morire, per non cedere al panico e alla disperazione. ■ FANTASTICO; COL.; 85′; URSS, 1986.

QUELL'ULTIMO PONTE *(A Bridge Too Far)* ★★★
Regia di RICHARD ATTENBOROUGH, SIDNEY HAYERS. Con DIRK BOGARDE, JAMES CAAN, MICHAEL CAINE, SEAN CONNERY, ELLIOTT GOULD, GENE HACKMAN, ANTHONY HOPKINS, LAURENCE OLIVIER, MAXIMILIAN SCHELL, LIV ULLMANN. ■ Nel 1944, 35.000 paracadutisti alleati scendono in Olanda con lo scopo di impadronirsi di una serie di ponti che favoriranno l'avanzata delle forze alleate. L'impresa non riesce per un ponte di troppo. ■ GUERRA; COL.; 150′; GRAN BRETAGNA, PAESI BASSI, USA, 1977.

QUELL'UOMO SARÀ MIO *(Jersey Girl)* ★★
Regia di DAVID BURTON MORRIS. Con JOSEPH BOLOGNA, JAMI GERTZ, SHERYL LEE, JOSEPH MAZZELLO, DYLAN MCDERMOTT. ■ Toby Mastallone sogna un principe azzurro formato Manhattan. Per lei, che vive nel New Jersey, sembra un desiderio destinato a rimanere tale. Un incidente stradale le fa incontrare invece Sal, italo-americano di Queens, New York. La storia d'amore può iniziare e giungere, tra un ostacolo e l'altro, all'immancabile lieto fine. ■ COMMEDIA; COL.; 95′; USA, 1992.

QUEL MALEDETTO COLPO AL RIO GRANDE EXPRESS *(The Train Robbers)* ★★★
Regia di BURT KENNEDY. Con ANN MARGRET, RICARDO MONTALBAN, ROD TAYLOR, JOHN WAYNE. ■ Spacciandosi per la vedova dell'uomo che ha rapinato il Rio Grande Express, Belinda chiede ad un ex ufficiale di aiutarla a recuperare il bottino, mai ritrovato, per restituirlo alla compagnia e riabilitare la memoria del marito. L'ex ufficiale riesce nell'impresa, anche se una banda di delinquenti tenta in ogni modo di derubarlo. Subito dopo aver consegnato il denaro nelle mani di Belinda, che riparte immedia-

tamente, l'ex ufficiale scopre che la donna è soltanto una truffatrice. ■ WESTERN; COL.; 92'; USA, 1972.

QUEL MALEDETTO GIORNO DELLA RESA DEI CONTI ★★
Regia di SERGIO GARRONE. Con DOMINIC BARTO, BRUNO CORAZZARI, GEORGE EASTMAN, NELLO PAZZAFINI, COSTANZA SPADA. ■ Il giovane medico George Benton dà la caccia a quelli che crede gli assassini di tutta la sua famiglia. In realtà, i colpevoli dello sterminio dei Benton sono i fratelli Fargas, e George non tarda a conoscere la verità. La sua vendetta è terribile: l'unico dei Fargas che sopravvive alla sua furia sarà condotto in carcere per essere impiccato. ■ WESTERN; COL.; ITALIA, 1973.

QUEL MALEDETTO GIORNO D'INVERNO... DJANGO E SARTANA ALL'ULTIMO SANGUE ★★
Regia di DEMOFILO FIDANI. Con STET CARSON, DENNIS COLT, HUNT POWERS, DEAN STRATFORD. ■ Per incassare una taglia e contemporaneamente vendicare la morte di due amici, Django aiuta il giovane sceriffo Ronson, fresco di nomina, a sbarazzarsi delle bande di due feroci criminali. Ad operazione ultimata, però, il giovincello risulta essere il famigerato killer Sartana. ■ WESTERN; COL.; 93'; ITALIA, 1970.

QUEL MALEDETTO ISPETTORE NOVAK ★★
(File of the Golden Gose)
Regia di SAM WANAMAKER. Con JOHN BARRIE, YUL BRYNNER, CHARLES GRAY, EDWARD WOODWARD. ■ Peter Novak, agente americano, e Arthur Thompson, di Scotland Yard, danno la caccia ad una banda internazionale di falsari e riescono ad infiltrarsi nelle file dell'organizzazione. Thompson viene scoperto e ucciso quasi subito, ma Novak riesce ad ingannare i criminali fino all'ultimo minuto, quando finalmente la polizia può intervenire e arrestare tutti, capobanda compreso. ■ POLIZIESCO; COL.; 105'; GRAN BRETAGNA, 1969.

QUEL MALEDETTO PONTE SULL'ELBA ★★
Regia di LEON KLIMOVSKY. Con ANGEL DEL POZO, TAB HUNTER, HOWARD ROSS, CLAUDE TRIUMPH, ERIKA WALNER, ROSSANA YANNI. ■ Il sergente Richard, insieme a cinque soldati, ha il compito di far saltare il ponte sul fiume Elba, in Germania, per impedire ai russi di avanzare troppo ed evitare possibili questioni a guerra finita. L'impresa costa la vita a quasi tutti i suoi uomini, ma è solo per l'eroico sacrificio di Erika, una giovane prigioniera polacca, che il ponte salta in aria. ■ GUERRA; COL.; 109'; ITALIA, 1969.

QUEL MALEDETTO TRENO BLINDATO ★★
Regia di ENZO GIROLAMI CASTELLARI. Con PETER HOOTEN, BO SVENSON, FRED WILLIAMSON. ■ 1944, Ardenne. Un gruppo di soldati americani, in prigione per diversi reati, approfitta di un bombardamento per fuggire. Sotto il comando di un tenente gli uomini (c'è un po' di tutto, dal mafioso al tedesco disertore) cercano di raggiungere la Svizzera, ma finiscono per partecipare a un'azione pericolosissima e determinante ai fini della guerra. Se ne salva uno solo. ■ GUERRA; COL.; 92'; ITALIA, 1977.

QUEL MALEDETTO ULTIMO GIORNO DI SCUOLA *(Prom Night 2)* ★★
Regia di BRUCE PITTMAN. Con MICHAEL IRONSIDE, WENDY IYON, JUSTIN LOUIS. ■ 1957. Mary Lou ha trovato la morte in seguito alla reazione eccessiva di un fidanzato geloso. Trent'anni dopo costui si ritrova preside del college in cui avvenne la tragedia e Mary Lou s'impossessa della fidanzata di suo figlio per vendicarsi. Gli effetti speciali sono all'altezza del genere, mentre la sceneggiatura si limita a riproporre situazioni già viste. ■ HORROR; COL.; 100'; USA, 1993.

QUEL MERAVIGLIOSO DESIDERIO ★★★
(That Wonderful Urge)
Regia di ROBERT B. SINCLAIR. Con TYRONE POWER, GENE TIERNEY. ■ Un giovane giornalista ha scritto un sacco di cattiverie sul conto di una bella ereditiera. La fanciulla, per vendicarsi, racconta a tutti di aver sposato il giovanotto e avergli regalato un milione di dollari, facendolo passare così per un cacciatore di dote. Nel tentativo di convincerla a ritrattare tutto, il giornalista si innamora davvero, ricambiato, della bella capricciosa. Ogni guaio è risolto con un vero matrimonio. ■ COMMEDIA; B/N; 82'; USA, 1948.

QUEL MOSTRO DI SUOCERA *(Monster-In-Law)* ★★
Regia di ROBERT LUKETIC. Con WILL ARNETT, JANE FONDA, JIMMY JEAN-LOUIS, JENNIFER LOPEZ, MONET MAZUR, AMBER MEAD, ADAM SCOTT, WANDA SYKES, MICHAEL VARTAN. ■ Charlie, una precaria dallo sguardo latino e dai fianchi forti, incontra davanti all'oceano l'uomo dei suoi sogni, Kevin: bello, biondo, ricco e naturalmente vincente. L'esageratamente fantastico Kevin Fields vuole lei e soltanto lei, Charlie ricambia e direbbe sì se non fosse per quel dettaglio "mostruoso" che alcuni chiamano suocera. Viola è la "mammina cara" di Kevin, conduttrice televisiva appena licenziata con la licenza di "abbattere" la nuora. Due settimane al matrimonio ed è scontro fra titani: la suocera attacca ma la nuora si difende. Saranno fiori d'arancio. ■ COMMEDIA; COL.; 101'; USA, 2005.

QUEL MOTEL VICINO ALLA PALUDE *(Death Trap)* ★★★
Regia di TOBE HOOPER. Con NEVILLE BRAND, MARILYN BURNS, MEL FERRER, STUART WHITMAN. ■ Il vecchio Judd possiede un motel vicino a una palude. È un pazzo omicida e usa un coccodrillo per soddisfare la sua mania. Una decina di persone viene divorata dall'alligatore affamato, ma alla fine l'animale mangia anche il padrone. ■ HORROR; COL.; 96'; USA, 1976.

QUEL MOVIMENTO CHE MI PIACE TANTO ★★
Regia di FRANCO ROSSETTI. Con FRANCESCA BENEDETTI, MARTINE BROCHARD, MARIO COLLI, CARLO GIUFFRÉ, RENZO MONTAGNANI. ■ In vista delle elezioni, un avvocato decide di crearsi una facciata pulita e abbandona per prima cosa l'amante, donna sposata. Questa per vendicarsi gli presenta una ragazzina, convinta che si tratti di una prostituta. Si è sbagliata: la ragazzina è serissima e l'avvocato se la sposa. ■ COMMEDIA; COL.; 103'; ITALIA, 1975.

QUEL NANO INFAME *(Little Man)* ★
Regia di KEENEN IVORY WAYANS. Con TRACY MORGAN, LOCHLYN MUNRO, CHAZZ PALMINTERI, MOLLY SHANNON, KERRY WASHINGTON, MARLON WAYANS, SHAWN WAYANS, JOHN WITHERSPOON. ■ Periferia di Chicago. Una giovane coppia di sposi, ricchi, belli e giovani, desidera a tutti i costi avere dei bambini, come coronamento di una vita pressoché perfetta. Un giorno, fuori dalla porta di casa, trovano una cesta con dentro un bambino. O almeno ciò che a loro sembra essere un bambino. In realtà è un ladro appena uscito di prigione, un uomo estremamente basso e dai lineamenti infantili. La coppia decide di prendersi cura del "bambino" e lo accoglie in casa. Guai a non finire. Il politically scorrect che ha caratterizzano il lavoro dei Wayans qui rimane solo a livello formale, in un linguaggio forzatamente scurrile e basso. ■ COMMEDIA; COL.; 90'; USA, 2006.

QUEL NOSTRO GRANDE AMORE ★★
Regia di TULIO DEMICHELI. Con CARMEN BERNARDOS, GIANCARLO DEL DUCA, SARA MONTIEL, MASSIMO SERATO. ■ Sara riscatta la sua povertà diventando una cantante famosa, ma la sua vita sentimentale è disastrosa. Sposatasi senza amore per dare un padre al bambino che aspetta, si ritrova sola e disperata. Più tardi trova l'uomo della sua vita, ma la gelosia di una ex rivale le toglie anche quell'unica felicità. ■ DRAMMATICO; COL.; 93'; ITALIA, 1967.

QUEL NOSTRO IMPOSSIBILE AMORE ★★
(La bella Lola)
Regia di ALFONSO BALCAZAR GRANDA. Con ANTONIO CIFARIELLO, LUISA MATTIOLI, SARA MONTIEL, FRANK VILLARD. ■ Antonio, nobile rampollo di ricca famiglia, comincia per scommessa a corteggiare Lola, cantante di night, ma poi finisce per innamorarsi sul serio. La madre del giovane chiede a Lola di lasciare il figlio per non compromettergli la carriera. La ragazza obbedisce, ma comincia a bere. Quando il giovanotto, che ha finalmente compreso, corre a riprendersela la trova in fin di vita. ■ DRAMMATICO; COL.; 91'; SPAGNA, 1963.

QUEL PAZZO VENERDÌ *(Freaky Friday)*
Regia di MARK S. WATERS. Con MARK HARMON, JAMIE LEE CURTIS, LINDSAY LOHAN, CHAD MICHAEL MURRAY, STEPHEN TOBOLOWSKY, CHRISTINA VIDAL. ■ Una madre, psicologa in carriera, e la figlia, rockettara incallita, non si capiscono: l'una

vorrebbe voti migliori e disciplina, l'altra comprensione e maggiore appoggio. In seguito ad una furibonda lite al ristorante cinese, grazie a due biscotti della fortuna magici avverrà un incredibile scambio di corpi: nei panni l'una dell'altra le due cercheranno disperatamente una soluzione al problema, sperimentando in prima persona rispettive vite e problemi annessi. Remake del classico Disney *Tutto accadde un venerdì*, il titolo ricama con brio intorno al tema – sempre buono per la commedia – del *body-switching*, proiettando la deliziosa Lohan nell'olimpo del *teen-movie* hollywoodiano e, naturalmente, nei sogni dei teenager di tutta la galassia. Tutto si regge intorno al gioco-a-due forzato tra le protagoniste, in linea con gli standard del genere qui felicemente arrangiati in chiave moderna. Partendo da questi presupposti, con una Jamie Lee Curtis in più nella ricetta non è un'impresa dare corpo ad un prodotto, se non proprio brillante, quantomeno vivace. ■ COMMEDIA; COL.; USA, 2003. ■ GOLDEN GLOBES 1 NOM.

QUEL POMERIGGIO DI UN GIORNO DA CANI ★★★
(Dog Day's Afternoon)
Regia di SIDNEY LUMET. Con SULLY BOYAR, JAMES BRODERICK, JOHN CAZALE, CHARLES DURNING, AL PACINO, CHRIS SARANDON. ■ Sal e Sonny, due reduci dal Vietnam, assaltano una banca, ma la polizia interviene prima che riescano a fuggire. Asserragliati all'interno dell'edificio con numerosi ostaggi, i due chiedono di poter fuggire all'estero con un aereo. Durante l'assedio le storie dei due (anche l'omosessualità di Sonny) diventano di pubblico dominio e la gente, che si raduna all'esterno per assistere alla conclusione, comincia a "tifare" per loro. Uno spietato ufficiale della polizia riesce comunque ad arrestare Sonny, mentre Sal rimane ucciso. ■ DRAMMATICO; COL.; 130'; USA, 1975. ■ GOLDEN GLOBES 5 NOM; OSCAR 1 PR, 6 NOM.

QUEL POMERIGGIO MALEDETTO ★★
Regia di MARIO SICILIANO. Con TITA BARKER, LEE VAN CLEEF, ROBERT WIDMARK. ■ Henry esce di prigione grazie all'intervento del mafioso Max. Una volta fuori, si vede affidare l'incarico di eliminare proprio chi l'ha aiutato: accetta, anche se a malincuore. Da quel momento l'uomo inizia la carriera di killer; lo fermerà un nuovo venuto pieno di ambizioni. ■ DRAMMATICO; COL.; 94'; ITALIA, SPAGNA, 1979.

QUELQUES JOURS EN SEPTEMBRE ★★
Regia di SANTIAGO AMIGORENA. Con JULIETTE BINOCHE, SARA FORESTIER, NICK NOLTE, TOM RILEY, JOHN TURTURRO. ■ Qualche giorno a settembre. Qualche giorno prima dell'11 settembre 2001. Questa l'ambientazione del film di Santiago Amigorena, sceneggiatore di Klapisch per *Ognuno cerca il suo gatto* e *Autoreverse*, che sceglie di raccontare in questa pellicola la strage delle Twin Towers in chiave intimistica e privata (a differenza degli spettacolari *United 93* e *World Trade Center*). La storia è infatti quella di un padre, agente americano della Cia evocato per tutto il film, che tenta, tramite una collega francese, un riavvicinamento alla figlia abbandonata in Francia dieci anni prima. Le due donne, in viaggio tra Parigi e Venezia, vengono affiancate nei loro spostamenti dal figlio adottivo (americano) dell'uomo, con il quale la ragazza instaura immediatamente un rapporto di complicità mascherato sotto l'apparente conflitto tra cultura americana ed europea. Questo viaggio a tre fatto di cene raffinate, vino e sbronze, è accompagnato però dalla minacciosa presenza dello psicopatico William Pound – un inquietante John Turturro – che segue ogni loro mossa. Una storia dalle alte ambizioni, che mescola spionaggio, politica, temi privati, senza riuscire ad approfondire in maniera convincente nessun aspetto della vicenda. ■ DRAMMATICO; COL.; 110'; FRANCIA, ITALIA, PORTOGALLO, 2006.

QUEL RAGAZZO DELLA CURVA B ★★
Regia di ROMANO SCANDARIATO. Con BENITO ARTESI, NINO D'ANGELO, LAURENTINA GUIDOTTI. ■ La storia ruota intorno allo stadio di Fuorigrotta. Nino, napoletano tifoso del Napoli, fidanzato con Maria, fonda un club per tifosi "genuini" e non violenti. La camorra ci mette il naso, ma Nino è incorruttibile e tifoso verace. Trionfo del Napoli, dei buoni sentimenti, e matrimonio con Maria. ■ COMMEDIA; COL.; 94'; ITALIA, 1986.

QUEL ROSSO MATTINO DI GIUGNO ★★★
(Atentat u Sarajevu)
Regia di VELJKO BULAJIC. Con RADOS BAJIC, FLORINDA BOLKAN, IRFAN NENSUR, CHRISTOPHER PLUMMER, MAXIMILIAN SCHELL. ■ Nel 1914 l'arciduca Francesco Ferdinando, nipote ed erede dell'imperatore d'Austria Francesco Giuseppe, si reca a Sarajevo con la moglie. Un resistente serbo, Gavrilo Princip, contrario al dominio austriaco, uccide a colpi di pistola il granduca e la moglie: è la scintilla che farà scoppiare la prima guerra mondiale. ■ DRAMMATICO; COL.; 91'; CECOSLOVACCHIA, JUGOSLAVIA, 1975.

QUEL TESORO DI PAPÀ ★★
Regia di MARINO GIROLAMI. Con AURELIO FIERRO, ENNIO GIROLAMI, YVONNE MONLAUR, RAFFAELE PISU. ■ Marina, figlia di un nobile spiantato, si innamora di un autista, ma la zia ostacola la *love story* sognando per la nipote un matrimonio altolocato. Il giovane autista è in realtà il rampollo di una ricca famiglia, che ha voluto mettere alla prova la sincerità della fanciulla. Un bel matrimonio conclude la storia. ■ COMMEDIA; B/N; ITALIA, 1959.

QUEL TIPO DI DONNA *(That Kind of Woman)* ★★★
Regia di SIDNEY LUMET. Con TAB HUNTER, SOPHIA LOREN, GEORGE SANDERS. ■ La bella amante di un uomo ricco e raffinato perde la testa per un soldatino incontrato in treno. È duro abbandonare il lusso e la sicurezza, ma all'amore non si comanda. Una Loren in trasferta per una storiella zuccherosa. ■ COMMEDIA; B/N; 92'; USA, 1959.

QUEL TRENO PER YUMA *(3:10 to Yuma)* ★★★★
Regia di DELMER DAVES. Con LEORA DANA, FELICIA FARR, GLENN FORD, VAN HEFLIN, HENRY JONES. ■ Dan, povero contadino, ma abilissimo tiratore, deve scortare Waden, pericoloso bandito, al carcere di Yuma. La missione è pericolosa perché gli uomini di Waden lo aspettano alla stazione, ma Dan, non senza aver superato difficoltà di ogni genere, riesce a salire sul treno con il suo prigioniero. ■ WESTERN; B/N; 96'; USA, 1956.

QUEL TRENO PER YUMA *(3:10 to Yuma)* ★★★
Regia di JAMES MANGOLD. Con CHRISTIAN BALE, RUSSELL CROWE, PETER FONDA, BEN FOSTER, KEVIN DURAND, LOGAN LERMAN, GRETCHEN MOL, LUCE RAINS, DALLAS ROBERTS, VINESSA SHAW, ALAN TUDYK. ■ Remake non significa quasi niente. Remake di un western non significa niente. L'"originale" è del 1957, è di cinquant'anni più vecchio, semplicemente, e non riesce a mandare segnali o echi, a lasciare eredità. È tutto troppo lontano. Allora c'era il "western", coi suoi codici semplici, reiterati, banali e magnifici e col finale rassicurante. C'erano Glenn Ford e Van Heflin, la musica di Tiomkin e la voce di Frankie Laine, c'era il buono e c'era il cattivo che poi era anche lui buono. Soprattutto c'era l'eroe, quell'"eroe", che nel cinema di oggi, e non solo nel cinema, è soltanto uno da sfottere. Adesso il western è un genere desolato. Da allora è cambiato il pubblico, il cinema, è cambiata la chimica. È cambiato tutto. Allora valeva un storia semplice, un unico segmento. Adesso ci sono almeno altre tre o quattro costole. Parlano, parlano, spiegano. Il contadino Evans (Bale), che trae una vita durissima, per sé e la famiglia, dal piccolo ranch che sta per perdere per i debiti, accetta, per duecento dollari, di fare da scorta per portare il pericolosissimo Wade (Crowe) alla prigione di Yuma. La scorta, braccata dai compagni del bandito, si assottiglia. Nel viaggio i due cominciano con l'odiarsi, continuano col rispettarsi, finiscono (quasi) amici, anche se il contadino non rinuncia al suo compito, anche quando rimane solo senza alcuna speranza di caricare il prigioniero su quel treno delle tre e dieci. Nel frattempo il figlio maggiore di Evans è costretto a crescere in fretta e a diventare uomo nel dolore, e la faticosa integrità del contadino ha finito col conquistare il bandito. Se si dimentica il classico di Delmer Daves, se lo si lascia vivere autonomamente, il film di Mangold è un'intensa avventura, un po' troppo spiegata. Col paesaggio che diventa "attore" (sì, come allora), con una violenza che non deborda, e con qualche citazione di Leone, che Crowe (a suo agio, come dappertutto) ha definito «il vero grande maestro del western». Con buona pace di Ford, Hawks, Mann e dello stesso Daves. ■ WESTERN; COL.; 117'; USA, 2007.

QUEL VIOLENTO MATTINO D'AUTUNNO ★★
(Le petit matin)
Regia di JEAN-GABRIEL ALBICOCCO. Con MATHIEU CARRIÈRE, CATHERINE JOURDAN, MADELEINE ROBINSON. ■ Nella Francia occupata, i nazisti requisiscono la villa dove vive la giovane Nina. Un giovane tenente, Karl, si innamora della ragazza che lo ricambia, inizialmente per ripicca contro il cugino Jean che l'ha rifiutata, poi per amore. Per starle vicino Karl diserta, ma alla fine, deluso e amareggiato, si uccide. ■ DRAMMATICO; COL.; 99'; FRANCIA, 1971.

QUERCIA DEI GIGANTI, LA *(Tap Roots)* ★★★
Regia di GEORGE MARSHALL. Con SUSAN HAYWARD, VAN HEFLIN, BORIS KARLOFF, JULIE LONDON. ■ La vallata dei Dabney, riesce a mantenersi estranea al conflitto che vede gli stati del Nord contro quelli del Sud. Il fidanzato di Martha, figlia maggiore dei Dabney, si è tuttavia arruolato nell'esercito dei confederati. Il ritorno del giovane porterà gli orrori della guerra anche nel tranquillo paese. ■ AVVENTURA; COL.; 109'; USA, 1948.

QUERELLE DE BREST *(Querelle)* ★★★
Regia di RAINER WERNER FASSBINDER. Con BRAD DAVIS, JEANNE MOREAU, FRANCO NERO. ■ Querelle (in italiano significa "magnaccia") è un bel marinaio imbarcato sulla nave *Vangeur* nel porto di Brest. A terra c'è un bordello dove intreccia nefande tresche e rapporti omosessuali. Poi s'imbarca di nuovo e si concede al suo comandante, innamorato di lui da tempo. Ultimo film di Fassbinder tratto dal romanzo omonimo di Jean Genet, è subito diventato un *cult-movie*. In Italia il film è stato rimaneggiato dalla censura che ha tagliato 48 metri di pellicola. ■ DRAMMATICO; COL.; 106'; GERMANIA, 1982.

QUESTA DONNA È MIA *(I Take This Woman)* ★★★
Regia di W. S. VAN DYKE II. Con HEDY LAMARR, SPENCER TRACY. ■ Un medico votato alla cura della povera gente apre una clinica di lusso per far piacere alla moglie che proviene dal gran mondo. Una crisi, causata dalla presenza di un ex corteggiatore della donna, porta i due coniugi ad un confronto e a una confessione leale e sincera: la moglie lo ama e non pretende da lui nessun sacrificio. Il medico torna quindi al suo vecchio ambulatorio. ■ COMMEDIA; B/N; 96'; USA, 1940.

QUESTA È LA MIA DONNA ★★
(Night of the Quarter Moon)
Regia di HUGO HAAS. Con JOHN DREW BARRYMORE, NAT KING COLE, ANNA KASHFI, JULIE LONDON. ■ Ginny ha tra gli avi di famiglia una persona di razza nera. Il marito lo sa, ma la suocera no e, quando la notizia diventa di dominio pubblico, fa di tutto per separare i due. Non ci riesce: l'amore vince. ■ DRAMMATICO; B/N; 96'; USA, 1959.

QUESTA È LA MIA VITA *(Vivre sa vie)* ★★★
Regia di JEAN-LUC GODARD. Con ANNA KARINA, GILLES QUEANT, SADY REBBOT. ■ Da commessa Nanà diventa prostituta: ha cominciato occasionalmente per bisogno urgente di denaro, poi è rimasta definitivamente sul marciapiede. Tenta di liberarsi del suo protettore, ma questi, durante una lite, la uccide. ■ DRAMMATICO; B/N; 85'; FRANCIA, 1962. ■ VENEZIA 1 PR.

QUESTA È LA VITA *(It's a Date)* ★★
Regia di WILLIAM A. SEITER. Con DEANNA DURBIN, KAY FRANCIS. ■ Madre e figlia, entrambe attrici. La madre già famosa, la figlia agli esordi. Per la ragazza il debutto è talmente importante da scoraggiare la discreta corte che un affascinante gentiluomo le fa. Però ci resta male quando il gentiluomo, conosciuta la madre, trasferisce su di lei ogni attenzione. Delusione di breve durata: il successo ottenuto le fa dimenticare ogni cosa e la madre può sposarsi. ■ COMMEDIA; B/N; 100'; USA, 1940.

QUESTA È LA VITA ★★★
Regia di ALDO FABRIZI, GIORGIO PÀSTINA, MARIO SOLDATI, LUIGI ZAMPA. Con LUCIA BOSÈ, MIRIAM BRU, WALTER CHIARI, ALDO FABRIZI, NINO TARANTO, TOTÒ. ■ Tratti da altrettante novelle di Luigi Pirandello, gli episodi del film raccontano le vicende di un gobbo rimasto prigioniero in una giara (Pàstina), di una ragazza madre che chiede l'elemosina per potersi comperare un ventaglio (Soldati), di uno jettatore che ottiene un certificato ufficiale da sfruttare per guadagnare soldi con le sue straordinarie qualità (Zampa), di un testimone di nozze che fa celebrare un matrimonio che rischiava il rinvio (Fabrizi). ■ COMMEDIA; B/N; 92'; ITALIA, 1954.

QUESTA È LA VITA *(Así es la vida...)* ★★
Regia di ARTURO RIPSTEIN. Con ARCELIA RAMIREZ, PATRICIA REYES ESPINDOLA, LUIS FELIPE TOVAR, ERNESTO YANEZ. ■ A Città del Messico Giulia, che vive praticando aborti clandestini, si trova improvvisamente a perdere tutto: il lavoro per cominciare, inoltre il padrone di casa la sfratta, e per finire il marito la lascia per un'altra donna. Dunque Giulia deve ricominciare tutto rifarsi una vita e un'identità, soprattutto, pensare ai due figli. Dopo la giusta disperazione iniziale Giulia reagisce, sostenuta da due obiettivi: sopravvivere e vendicarsi. Trova in sé forze davvero sconosciute. Il film è (lontanamente) tratto dalla tragedia Medea. Ripstein ha un suo certo stile, riconosciuto a suo tempo nientemeno che da Buñuel. ■ DRAMMATICO; COL.; 98'; FRANCIA, MESSICO, 2000.

QUESTA LIBERTÀ DI AVERE... LE ALI BAGNATE ★★
Regia di ALESSANDRO SANTINI. Con FEMI BENUSSI, MARK DAMON, FRANCO SILVA. ■ Pierre scrive, ma nessuno pubblica i suoi capolavori. Il giovanotto decide allora di ricattare un editore, ma poi finisce per ucciderlo. Una sua amica si suicida, mentre Pierre inizia tranquillamente una relazione con una giovane hippy. Ma tutta la faccenda è un sogno ad occhi aperti. ■ DRAMMATICO; COL.; 93'; ITALIA, 1970.

QUESTA NOTTE È ANCORA NOSTRA ★★
Regia di PAOLO GENOVESE, LUCA MINIERO. Con MASSIMILIANO BRUNO, FRANCO CALIFANO, TIZIANA CRUCIANI, VALENTINA IZUMI, MAURIZIO MATTIOLI, FRANCESCO PANNOFINO, ILARIA SPADA, NICOLAS VAPORIDIS. ■ Il venticinquenne romano Massimo lavora nell'impresa di pompe funebri del padre, ma sogna di sfondare nella musica insieme all'amico e collega Andrea. Il pittoresco impresario Cicchilitti consiglia loro di scritturare una cinesina dotata di fondoschiena e voce gradevoli in ugual misura (perché «il culo non canta ma conta») per affiancarli nel brano *Occhi da orientale*. Dopo una serie di audizioni fallimentari, si imbattono in Jing, una bella ragazza cinese di seconda generazione. La fanciulla li snobba finché Andrea non ha il colpo di genio: perché Massimo non la seduce? L'incontro/scontro di culture è affrontato superficialmente ma senza volgarità e lo sguardo sui giovani è stereotipato ma meno irritante che in altre pellicole del genere. ■ COMMEDIA; COL.; 98'; ITALIA, 2007.

QUESTA NOTTE MI INCARNERÒ NEL TUO CADAVERE *(Esta noite encarnerei no teu cadaver)* ★★
Regia di JOSÉ MOJICA MARINS. Con NADIA FREITAS, JOSÉ MOJICA MARINS, ROQUE RODRIGUEZ. ■ Un becchino dalle idee naziste vuole avere un figlio di una razza superiore e terrorizza un paesino brasiliano. Cerca una donna superiore e quelle non adatte fanno una brutta fine. Diretto da un regista culto del trash che nel 1997 è stato protagonista di una retrospettiva a Riminicinema. In lingua originale con sottotitoli. ■ HORROR; COL.; 105'; BRASILE, 1966.

QUESTA NOTTE O MAI *(This Could Be the Night)* ★★★
Regia di ROBERT WISE. Con JOAN BLONDELL, PAUL DOUGLAS, ANTHONY FRANCIOSA, JEAN SIMMONS, JULIE WILSON. ■ Anna è la segretaria di Rocco e Tony, proprietari di un night club. È diversa dalle solite donnine da night, e proprio per questo Tony se ne innamora. Ma non è portato al matrimonio e la ragazza se ne va. Dopo poco Tony si accorge di non poter resistere senza di lei: va a cercarla e promette di sposarla. ■ COMMEDIA; B/N; 103'; USA, 1957.

QUESTA NOTTE O MAI *(Heute Nacht oder nie)* ★★
Regia di DANIEL SCHMID. Con HARRY BÄR, INGRID CAVEN, PETER CHATEL. ■ Un film interessante del regista svizzero di *Violanta*. Alcuni attori sono scritturati in una villa. I proprietari vogliono provare a fare i servitori invertendo i ruoli per una sera. La rappresentazione si ispira a *Madame Bovary*. ■ DRAMMATICO; B/N; 90'; SVIZZERA, 1972.

QUESTA NOTTE O MAI PIÙ *(Das Lied einer Nacht)* ★★
Regia di ANATOLE LITVAK. Con JAN KIEPURA, MAGDA SCHNEI-

DER. ■ Uno dei primi film di Litvak, girato prima che il regista emigrasse in America. È una sorta di dramma musicale. ■ DRAMMATICO; B/N; 90'; GERMANIA, 1932.

QUESTA PAZZA PAZZA PAZZA GIOVENTÙ ★★
(Loca juventud)
Regia di MANUEL MUR OTI. Con CARLO CAMPANINI, JOSELITO JIMENEZ, MARISA MERLINI, IRINA SIMONI. ■ Gli amici di Johnny danneggiano la roulotte dove Paola trascorre le vacanze con i genitori. Sentendosi responsabile, il ragazzo si impegna a lavorare per rifondere il danno. Mesi dopo si presenta a Venezia, a casa di Paola, con la somma e trova la ragazza che lo stava aspettando, non per i soldi ma per amore. ■ COMMEDIA; COL.; 92'; SPAGNA, 1963.

QUESTA RAGAZZA È DI TUTTI ★★★
(This Property Is Condemned)
Regia di SYDNEY POLLACK. Con ALAN BAXTER, CHARLES BRONSON, ROBERT REDFORD, KATE REID, NATALIE WOOD. ■ Alva si è innamorata di Owen, un ispettore delle ferrovie ospite della pensione gestita dalla madre. Quando l'uomo ritorna a New Orleans Alva vorrebbe seguirlo, ma la madre si intromette e la ragazza accetta di sposare il primo che capita. Fugge subito dopo il matrimonio e finalmente riesce a ricongiungersi ad Owen, ma tace sul suo matrimonio per paura. Paura che la tormenta fino a portarla alla morte. ■ DRAMMATICO; COL.; 110'; USA, 1966.

QUESTA SPECIE D'AMORE ★★★
Regia di ALBERTO BEVILACQUA. Con EWA AULIN, ANGELO INFANTI, EVI MALTAGLIATI, JEAN SEBERG, UGO TOGNAZZI. ■ Federico e Giovanna, una coppia in crisi: lui è figlio di un onest'uomo che ha provato le persecuzioni dei fascisti per le sue idee di libertà e giustizia; lei, figlia di un industriale ricchissimo, è superficiale e viziata. Quando Federico cerca rifugio nella casa paterna, Giovanna lo segue: il contatto con quel mondo fatto di cose e sentimenti autentici, ben diverso da quello vuoto e formale nel quale è vissuta, la fa riavvicinare al marito. Anche Federico, riaccostandosi al padre, ha ritrovato la dignità che aveva perso mettendosi al servizio del suocero. ■ DRAMMATICO; COL.; 108'; ITALIA, 1971. ■ DAVID DI DONATELLO 1 PR, 1 NOM.

QUESTA STORIA QUA ★★
Regia di ALESSANDRO PARIS, SIBYLLE RIGHETTI. Con MARCO GHERARDI, IVANA LENZI, NOVELLA ROSSI, VASCO ROSSI, GIULIO SANTAGATA. ■ Zocca a Zocca, tutto quello che nella vita di Vasco Rossi ha riguardato il suo paese d'origine, i parenti e quegli amici che sono poi stati di volta in volta la sua band, il suo manager e il suo rifugio. Dalla nascita fino alle trasferte a Los Angeles e poi di nuovo al paese. Alessandro Paris e Sybille Righetti ricostruiscono, con passione e un profluvio di materiale video e fotografico inedito (messo a disposizione da amici parenti e conoscenti di Vasco), non una singola vita ma tutto quel movimento e quel giro umano e sentimentale che si è alimentato intorno e addosso a Vasco Rossi. Tutto ciò che appartiene unicamente a Vasco Rossi rimane quindi fuori da un documentario che guarda e ascolta la musica spiegandone le radici umane e trovando le sue ragioni nelle foto di gruppo e nei racconti goliardici. Con un'insistenza sui paesaggi che è rara nei documentari biografici ma che in questo caso è più che mai calzante, i due registi scelgono una prospettiva molto particolare che trova riscontro negli interventi in voce fuoricampo dello stesso cantante (frutto di interviste fatte per l'occasione), in cui i ricordi delle persone e degli eventi si mescolano ai luoghi. ■ BIOGRAFICO; COL.; 75'; ITALIA, 2011.

QUESTA TERRA È LA MIA TERRA ★★★
(Bound for Glory)
Regia di HAL ASHBY. Con DAVID CARRADINE, RONNY COX, MELINDA DILLON. ■ È la vera storia di Woody Guthrie, cantante e suonatore di chitarra. Siamo nel 1936, l'America sta vivendo il momento drammatico della grande crisi. Guthrie raggiunge gli Stati del sud e si unisce a una squadra di disperati come lui. Lotta con loro per un migliore trattamento nel lavoro. Viene scoperto dal padrone di una radio; col suo talento potrebbe aver successo se si integrasse, ma preferisce sostenere con le sue canzoni le lotte dei lavoratori. ■ BIOGRAFICO; COL.; 135'; USA, 1976. ■ GOLDEN GLOBES 3 NOM; OSCAR 2 PR, 6 NOM.

QUESTA TERRA È MIA *(This Land is Mine)* ★★★
Regia di JEAN RENOIR. Con CHARLES LAUGHTON, MAUREEN O'HARA, GEORGE SANDERS. ■ L'incitamento alla resistenza ai nazisti costa ad un professore l'arresto e la condanna alla fucilazione. Prima che la condanna venga eseguita, riesce comunque a leggere ai suoi commossi allievi la dichiarazione dei diritti dell'uomo. ■ DRAMMATICO; B/N; 103'; USA, 1943. ■ OSCAR 1 PR, 1 NOM.

QUESTA VOLTA PARLIAMO DI UOMINI ★★★
Regia di LINA WERTMÜLLER. Con PATRIZIA DE CLARA, MARGARET LEE, NINO MANFREDI, LUCIANA PALUZZI, MILENA VUKOTIC. ■ Il film è a episodi: nel primo un industriale in crisi finanziaria spinge la moglie a rubare per procurargli il denaro di cui ha bisogno; nel secondo un lanciatore di coltelli che ha colpito a morte la propria partner si dispera pensando alle difficoltà per sostituirla; nel terzo un contadino passa le giornate disprezzando la propria moglie, che lo mantiene; nell'ultimo una moglie, esasperata dall'atteggiamento di superiorità che il marito ostenta, lo uccide. ■ COMMEDIA; COL.; 92'; ITALIA, 1965.

QUESTA VOLTA TI FACCIO RICCO! ★★
Regia di GIANFRANCO PAROLINI. Con ROBIN MACDAVID, RUDY ROLAND, ANTONIO SABATO, KARIN SCHUBERT, GEORGE WANG. ■ Joe e Rod campano alla giornata, sempre sognando i milioni che un giorno riusciranno a fare. Si trasformano anche in corrieri della droga, ma la loro natura non è sufficientemente crudele per quel mestiere. Così, ogni giorno, i due soci affrontano la vita pieni di speranza e arrivano a sera pieni di delusione. ■ COMMEDIA; COL.; 91'; ITALIA, 1974.

QUESTE MALEDETTE VACANZE ★★
(Ces sacrées vacances)
Regia di ROBERT VERNAY. Con SOPHIE DESMARETS, PIERRE DESTAILLES, JEAN TISSIER. ■ Giorgio e Claudette, ceramisti, partono per le vacanze con i figlioletti, ma durante il viaggio la sfortuna si accanisce contro di loro: incidenti automobilistici, incontri casuali con una banda di ladri per cui sono ritenuti complici dei suddetti da parte della polizia, che li mette in prigione. Tutto finisce bene quando arriva un miliardario americano che, convinto delle doti artistiche di Giorgio, lo assume con un lauto stipendio. ■ COMMEDIA; B/N; 102'; FRANCIA, 1955.

QUESTE PAZZE PAZZE DONNE ★★
Regia di MARINO GIROLAMI. Con MISCHA AUER, VALERIA FABRIZI, FRANCO FRANCHI, CICCIO INGRASSIA, MAGALI NOËL, ENRICO MARIA SALERNO, RAIMONDO VIANELLO. ■ Film a episodi: in *La garçonnière* un industriale porta l'amante in un appartamento e vi trova la moglie in compagnia del marito dell'amante; in *Il gentil sesso* un giovanotto romano viene salvato dalle prepotenze dei suoi ex cognati da parte di un gruppo di campionesse di lotta libera; in *Pochi ma buoni* un integerrimo signore cambia il suo atteggiamento dopo aver trascorso quattro giorni in una casa abitata da un gruppo di disinibite fanciulle; in *Siciliani a Milano* due commercianti che si servono delle proprie mogli per le relazioni pubbliche si ritrovano in breve rovinati nel portafoglio e nella reputazione. ■ COMMEDIA; B/N; 92'; ITALIA, 1964.

QUESTI BENEDETTI RAGAZZI *(De pokkers unger)* ★★
Regia di ASTRID HENNING-JENSEN, BJARNE HENNING-JENSEN. Con TOVE MAËS, PREBEN NEERGAARD, HENRY NIELSEN. ■ In un quartiere popolare, il portiere di un caseggiato viene accusato di furto. Alcuni ragazzi, che sono suoi amici e certi della sua innocenza, tentano in ogni modo di aiutarlo, ma soltanto Christian, il capo del gruppo, può farlo. Christian ha visto il vero colpevole mentre rubava, ma ha taciuto perché considerava il vecchio portiere un pericolo per la sua autorità. All'ultimo momento però racconta tutto al commissario. ■ AVVENTURA; B/N; 93'; DANIMARCA, 1947. ■ VENEZIA 1 PR.

QUESTI DANNATI QUATTRINI *(Double Dynamite)* ★★
Regia di IRVING CUMMINGS. Con GROUCHO MARX, JANE RUSSELL. ■ Johnny ama Mimì, ma è povero e non osa dichiarare il suo amore. Però un giorno salva la vita ad un allibratore clandestino che lo ripaga con mille dollari e preziosi consigli su come giocarli. In breve, la cifra in possesso di Johnny diventa di 60.000

dollari, esattamente l'ammanco che si verifica nella banca in cui lavorano lui e Mimì. Arrestati, i due hanno un bel da fare per dimostrare la loro innocenza. ■ COMMEDIA; B/N; 80′; USA, 1951.

QUESTI FANTASMI ★★★
Regia di EDUARDO DE FILIPPO. Con MARIA FRAU, RENATO RASCEL. ■ Pasquale e Maria, marito e moglie, vivono senza pagare l'affitto in un vecchio palazzo napoletano infestato dai fantasmi, almeno secondo chiacchiere del quartiere. Maria ha un assiduo e ricco corteggiatore che le invia regali e denaro e Pasquale è convinto, in buona fede, che siano i fantasmi a lasciargli quel ben di Dio. Una sera Pasquale scopre il corteggiatore della moglie e, sempre scambiandolo per un fantasma, lo ringrazia commosso per tutto il bene che gli fa. La sua buonafede commuove l'uomo che, prima di sparire per sempre, gli lascia una grossa somma di denaro. ■ COMMEDIA; B/N; 95′; ITALIA, 1954.

QUESTI FANTASMI ★★★
Regia di RENATO CASTELLANI. Con VITTORIO GASSMAN, ALDO GIUFFRÉ, MARGARET LEE, SOPHIA LOREN, FRANCESCO TENSI. ■ La prima parte della pellicola segue fedelmente la trama della commedia (vedi film precedente), ma il finale è modificato: scoperta la verità, Pasquale finge di uccidere la moglie per salvare la faccia, sconta pochi anni di galera e parte con la donna (che amava troppo per uccidere davvero) per l'estero. ■ COMMEDIA; COL.; 104′; ITALIA, 1967.

QUESTI NOSTRI GENITORI *(Das doppelte Lottchen)* ★★
Regia di JOSEF VON BACKY. Con GUTTA GÜNTHER, ISA GÜNTHER. ■ Due gemelle vivono da anni separate, ignorando l'una l'esistenza dell'altra. Luisa vive in Germania con la madre e Carlotta in Austria con il padre. Incontrandosi per caso in una colonia estiva e scoperta la loro parentela, le due ragazzine si scambiano i ruoli: Luisa andrà a vivere con il padre e viceversa. Il progetto matrimoniale del padre costringe Luisa ad avvertire la sorella che si precipita a Vienna con la madre. L'incontro dei genitori ha ottimo esito: i due tornano insieme con grande gioia delle figlie. ■ COMMEDIA; B/N; 94′; GERMANIA, 1950.

QUESTIONE D'AMORE, UNA *(A Question of Love)* ★★★
Regia di JERRY THORPE. Con JANE ALEXANDER, NED BEATTY, BONNIE BEDELIA, GENA ROWLANDS. ■ Gena Rowlands recita da par suo impersonando il ruolo di una donna che divorzia dopo aver scoperto le proprie tendenze omosessuali. L'ex marito però vuole impedire che il figlio, che lei ama riamata, la possa frequentare. Lei farà di tutto per far prevalere i suoi diritti di madre. ■ DRAMMATICO; COL.; 98′; USA, 1978.

QUESTIONE DI CUORE ★★
Regia di FRANCESCA ARCHIBUGI. Con ANTONIO ALBANESE, KIM ROSSI STUART. ■ Angelo è un giovane carrozziere che accumula beni, Alberto uno sceneggiatore di successo che spreca parole. Colpiti al cuore da un infarto e dalla vita, vengono ricoverati nella stessa notte e nella stessa clinica. Vicini di letto e lontani di mondi, Angelo e Alberto scoprono una zona franca, dove scambiarsi emozioni, ricaricare il cuore e risollevare lo spirito. Angelo, padre di due figli e marito innamorato di Rossana, organizza il disagio seguìto alla malattia, Alberto, fidanzato senza più voglie di Carla, esplora la sua infelicità e cerca parole per raccontarla. Dimessi dalla clinica, la casa di Angelo diventerà l'officina in cui mettere a punto il motore. Se *Mignon è partita*, *Verso sera*, *L'albero delle pere* e *Lezioni di volo* misuravano gli intervalli fra generazioni e le irriducibili incomprensioni fra padri/madri e figli/figlie, *Questione di cuore* confronta e incontra la stessa età. ■ DRAMMATICO; COL.; 104′; ITALIA, 2008.

QUESTIONE DI PELLE *(Les tripes au soleil)* ★★
Regia di CLAUDE BERNARD AUBERT. Con MARA BERNI, JACQUES RICHARD, MILLY VITALE. ■ Bob, bianco, e Bessy, nera, partecipano insieme ad una festa. L'episodio scatena le ire razziali dei bianchi (che picchiano a sangue Bob) e conseguentemente la vendetta dei neri. Il padre di Bob e quello di Bessy si incontrano nel deserto. La circostanza drammatica in cui si trovano (sono stremati e senza acqua) li avvicina facendo loro dimenticare ogni questione di pelle. Riusciti a tornare in città, comprendono che non potranno più vivere tra gente tanto ottusa e razzista: partono con le rispettive famiglie. ■ DRAMMATICO; B/N; 98′; FRANCIA, 1959.

QUESTIONE DI PUNTI DI VISTA ★★★
(36 vues du Pic Saint-loup)
Regia di JACQUES RIVETTE. Con JANE BIRKIN, JACQUES BONNAFFÉ, SERGIO CASTELLITTO, ANDRÉ MARCON, JULIE-MARIE PARMENTIER. ■ Dopo quindici anni di assenza, Kate ritorna al mondo circense, abbandonato da giovane dopo la tragedia di un grave incidente. Il padre, direttore del piccolo circo in tournée, è morto da poco tempo e gli acrobati rimasti, scioccati dalla perdita, devono fare i conti con l'insuccesso del loro spettacolo itinerante. Bloccati in un piccolo paesino alle porte di Parigi, cercano di riavvicinarsi lentamente a Kate. Durante la preparazione dei nuovi sketch, arriva Vittorio, misterioso viaggiatore italiano, che, affascinato dall'eccentricità del gruppo e dall'animo tormentato di Kate, decide di fermarsi per qualche tempo. L'incontro tra le due anime solitarie costringerà tutti a fermarsi e riflettere sui traumi del passato. Rivette è ossessionato dal legame tra arte e vita. In questa chiave sceglie un piccolo tendone rudimentale, lo arricchisce di luci e colori e lo sveste del carattere esagerato da baraccone ambulante. Il non-luogo sospeso del circo viene così rappresentato nella sua essenzialità: non ci sono elefanti addestrati né tigri o cavalli ma solo un gruppetto di clown e qualche acrobata. L'assenza totale di musica e la presenza algida e apatica dell'esiguo pubblico pagante, ammanta la costruzione silenziosa dei sentimenti di un'aria triste e desolata. Se i drammi del cuore affrontano con gravità la ricerca di un senso compiuto, le scenette teatrali dei clown e l'estrosità di Vittorio (che ride quando gli altri non lo fanno e si intromette negli affari degli sconosciuti con picchi buffi di petulanza), temperano i tormenti interiori. ■ DRAMMATICO; COL.; 75′; FRANCIA, ITALIA, 2009.

QUESTIONE DI VITA O DI MORTE *(Tiger Bay)* ★★★
Regia di JACK LEE THOMPSON. Con HORST BUCHHOLZ, HAYLEY MILLS, JOHN MILLS. ■ Un marinaio polacco uccide la sua ragazza infedele e rapisce una bambina che è stata testimone del delitto. ■ DRAMMATICO; B/N; 101′; GRAN BRETAGNA, 1959. ■ BERLINO 1 PR.

QUESTIONE D'ONORE *(Tit for Tat)* ★★★
Regia di CHARLES ROGERS. Con MAE BUSCH, BOBBY DUNN, CHARLIE HALL, OLIVER HARDY, STAN LAUREL, JAMES C. MORTON. ■ Questo divertentissimo cortometraggio si propone come prosecuzione ideale del famosissimo *Them Thar Hills (Vita in campagna*, 1934), nel quale la stessa coppia Charlie Hall-Mae Busch incontrava Stanlio e Ollio in una roulotte in montagna. La lite scoppiava dopo che i due comici si erano involontariamente ubriacati con la moglie del gelosissimo Hall. In questa pellicola Stanlio e Ollio aprono un negozio di materiale elettrico proprio vicino all'emporio di generi alimentari gestito da Hall e la moglie. I due comici inizialmente cercano di compiere qualche tentativo di rappacificazione in nome del buon vicinato, ma la miccia si riaccende e si assiste così ad un susseguirsi di dispetti e ripicche, che porterà alla quasi totale distruzione dei due negozi.. ■ COMICO; B/N; 19′; USA, 1935.

QUESTIONE D'ONORE *(A Question of Honor)* ★★
Regia di JUD TAYLOR. Con DANNY AIELLO, BEN GAZZARA, PAUL SORVINO, ROBERT VAUGHN. ■ Joe Di Falco, ufficiale della polizia newyorkese, è un uomo sereno: ha una famiglia che adora, un lavoro che gli piace, è stimato dai suoi colleghi. Un brutto giorno, però, finisce nel mirino di una potente banda di malviventi. ■ POLIZIESCO; COL.; 150′; USA, 1982.

QUESTIONE D'ONORE, UNA ★★
Regia di LUIGI ZAMPA. Con BERNARD BLIER, NICOLETTA MACHIAVELLI, SANDRO MERLI, UGO TOGNAZZI, LEOPOLDO TRIESTE. ■ Un pastore sardo, ingiustamente accusato d'omicidio, è dovuto fuggire a Milano senza poter consumare il matrimonio con la giovane sposa. Un giorno un notabile del suo paese gli propone di tornare di nascosto per uccidere un suo nemico; in cambio lui farà in modo di scagionarlo. L'uomo finge di accettare, ma in realtà passa la notte in cui dovrebbe commettere l'omicidio con la moglie. Quando la vittima designata viene uccisa da un altro, lui

è ritenuto l'assassino. Ormai il pastore è scagionato dalla vecchia accusa, ma la moglie è rimasta incinta e, poiché l'uomo non può rivelare d'essere il padre, è costretto ad ucciderla per salvaguardare il suo onore. ■ COMMEDIA; COL.; 113'; ITALIA, 1966.

QUESTIONE PRIVATA, UNA ★★
Regia di GIORGIO TRENTIN. Con CIP BARCELLINI, VALERIA CIANGOTTINI, UMBERTO FINO, GIOVANNA LENZI, NINO SEGURINI. ■ Nel 1944, un partigiano che opera in Piemonte viene a sapere che forse la ragazza di cui è innamorato gli è stata infedele con un suo compagno. L'uomo vorrebbe saperne di più, ma il supposto colpevole è stato catturato dai fascisti. Incomincia quindi una caccia disperata nel tentativo di fare prigioniero un repubblichino che potrebbe essere scambiato col prigioniero. La ricerca sarà però vana e il partigiano rimarrà ucciso dai fascisti. ■ GUERRA; B/N; 92'; ITALIA; 1967.

QUESTI PAZZI AGENTI SEGRETI! ★★
(The Last of the Secret Agents?)
Regia di NORMAN ABBOTT. Con MARTY ALLEN, THEO MARCUSE, REMO PISANI, STEVE ROSSI, NANCY SINATRA. ■ Blanda satira dei film di James Bond condita da musiche e canzoni. Due pasticcioni vengono assunti come agenti segreti e lottano contro la solita super organizzazione criminale che compie furti di opere d'arte. Inaspettatamente riescono a vincere. ■ COMMEDIA; COL.; 90'; USA, 1967.

QUESTI PAZZI, PAZZI ITALIANI ★★
Regia di TULLIO PIACENTINI. ■ Numeri musicali intervallati da cartoni animati sui vizi nazionali. Non si tratta di un film per ragazzi, visto che frequenti sono le allusioni un po' pesantucce. ■ ANIMAZIONE; COL.; 95'; ITALIA, 1965.

QUESTI RAGAZZI ★★★
Regia di MARIO MATTOLI. Con PAOLA BARBARA, VITTORIO DE SICA, GIUDITTA RISSONE, ENRICO VIARISIO. ■ Una zia autoritaria costringe due giovani al matrimonio. Questi, già in viaggio di nozze, si rendono conto di non andare d'accordo e vanno dalla parente per dirglielo. A poco a poco, però, s'accorgeranno d'amarsi, dando ragione alla zia che, dal canto suo, impalmerà il medico del paese. ■ COMMEDIA; B/N; 70'; ITALIA, 1937.

QUESTI SONO I 40 *(This is 40)* ★★
Regia di JUDD APATOW. Con ALBERT BROOKS, MEGAN FOX, JOHN LITHGOW, LESLIE MANN, PAUL RUDD. ■ Debbie e Pete sono entrati nei quarant'anni e il momento non è dei migliori: due figlie, Sadie e Charlotte, che non si sopportano, e il loro rapporto è in crisi. Pensare a un futuro insieme non è più così facile. Non ci troviamo di fronte all'ennesima riproposizione de *La guerra dei Roses*. Apatow è interessato a una storia più complessa. ■ COMMEDIA; COL.; 134'; USA, 2012.

QUESTO AMORE AI CONFINI DEL MONDO ★★
Regia di GIUSEPPE MARIA SCOTESE. Con ANTONIO CIFARIELLO, AEGLE MARTIN, FAUSTO TOZZI, DOMINIQUE WILLIAMS. ■ Una ragazza sposa un piantatore della Terra del Fuoco, ma non ha vita facile, sia perché suscita la gelosia di una ex amante del marito, sia perché è turbata dalle visite saltuarie di un bell'avventuriero. Alla fine la donna e l'avventuriero decidono di fuggire verso il Cile e, benché feriti, riescono a passare il confine. ■ DRAMMATICO; COL.; 94'; ARGENTINA, ITALIA, 1964.

QUESTO CORPO TANTO DESIDERATO ★★
(Ce corps tant desiré)
Regia di LUIS SASLAVSKY. Con DANY CARREL, DANIEL GÉLIN, BELINDA LEE, MAURICE RONET. ■ È la storia di una prostituta parigina che suscita una grande passione in un giovane ricco che però non si decide a sposarla, perché teme lo scandalo. Il giovane uccide addirittura un uomo che lo prendeva in giro per la sua relazione poco ortodossa. Quando esce di prigione cerca ancora la ragazza, ma questa si è sposata con un brav'uomo. ■ DRAMMATICO; B/N; 98'; FRANCIA, 1959.

QUESTO DIFFICILE AMORE *(The Family Way)* ★★★
Regia di JOHN BOULTING, ROY BOULTING. Con HYWELL BENNETT, JOHN COMER, HAYLEY MILLS, JOHN MILLS, MARJORIE RHODES. ■ Due giovani sposi, anziché partire per il viaggio di nozze, sono costretti a sistemarsi nella casa dei genitori di lui. L'atmosfera è naturalmente poco romantica e nascono voci di una simpatia tra lei e il cognato. Per fortuna riusciranno ad andarsene e tutto s'appianerà. ■ COMMEDIA; COL.; 115'; GRAN BRETAGNA, 1967.

QUESTO È IL GIARDINO ★★
Regia di GIOVANNI DAVIDE MADERNA. Con DELIA BOCCARDO, DENIS FASOLO, CAROLINA FRESCHI, EMANUELA MACCHNIZ, ALESSANDRO QUATTRO. ■ Due studenti del Conservatorio, Laura e Carlo, si amano e cercano di costruire una vita a due. L'impegno di arredare l'appartamento in una Milano priva di qualsiasi slancio vitale fa da contrappunto alla loro relazione. Quando se lo troveranno svuotato dai ladri, scopriranno un giardino (che dovrebbe essere quello dell'Eden ma che non si rivela tale). Film ambizioso che rivela un autore di talento. Miglior opera prima a Venezia 1999. ■ DRAMMATICO; COL.; 95'; ITALIA, 1999.

QUESTO È IL MIO UOMO *(That's My Man)* ★★
Regia di FRANK BORZAGE. Con DON AMECHE, JOE FRISCO, KITTY IRISH, ROSCOE KARNS, CATHERINE MCLEOD. ■ Un impiegato di banca scopre un puledro prodigioso e diventa ricchissimo. Più tardi ritira il cavallo dalle corse e, per colpa del vizio del gioco, ritorna povero. Abbandona la famiglia, ma la moglie saprà ridargli la fiducia nella vita facendo tornare a correre l'animale. ■ COMMEDIA; COL.; 98'; USA, 1947.

QUESTO E QUELLO ★★
Regia di SERGIO CORBUCCI. Con SYLVA KOSCINA, NINO MANFREDI, RENATO POZZETTO. ■ Due episodi: nel primo Giulio, disegnatore di fumetti in crisi, incontra una ragazza che gli fa tornare la voglia di lavorare. Se ne innamora ma scopre che era stata mandata dall'editore. Nel secondo, un attempato gentiluomo ha un incontro d'amore con la giovanissima figlia di una sua ex fiamma, ma si sente male. ■ COMMEDIA; COL.; 119'; ITALIA, 1983.

QUESTO IMPOSSIBILE OGGETTO ★★
(L'impossible objet)
Regia di JOHN FRANKENHEIMER. Con MICHEL AUCLAIR, ALAN BATES, LEA MASSARI, DOMINIQUE SANDA. ■ Uno scrittore americano s'innamora di una signora. I due abbandonano le rispettive famiglie e fuggono in Marocco, dove lei ha una bambina. Quando però la piccina muore in un incidente i due si lasciano. ■ DRAMMATICO; COL.; 117'; FRANCIA, 1972.

QUESTO ME LO SPOSO IO *(Bride for Sale)* ★★
Regia di WLLIAM D. RUSSELL. Con GEORGE BRENT, CLAUDETTE COLBERT, ROBERT YOUNG. ■ In un ufficio di consulenza tributaria lavora un'ottima impiegata che, però, è ossessionata dall'idea di trovare un marito. Il principale, per giocarle uno scherzo, le presenta un amico irresistibile, ma, quando la donna pare sul punto di mettere l'anello al dito, il principale s'accorge di amarla. Si sposeranno. ■ COMMEDIA; B/N; 87'; USA, 1949.

QUESTO MERAVIGLIOSO MONDO – QUESTO NOSTRO MONDO ★★
Regia di UGO LAZZARI, ANGELO NEGRI. ■ Documentario su alcuni aspetti spettacolari del mondo: le città dei pionieri nel West, Disneyland, i pozzi di petrolio brasiliani, l'India ecc. ■ DOCUMENTARIO; COL.; 92'; ITALIA, 1956.

QUESTO MIO FOLLE CUORE *(My Foolish Heart)* ★★★
Regia di MARK ROBSON. Con DANA ANDREWS, SUSAN HAYWARD, ROBERT KEITH, KENT SMITH, LOIS WHEELER. ■ Una donna è contesa tra due uomini. Fa l'amore con il primo, che muore in guerra, ma sposa l'altro. Nasce una bambina, figlia del caduto. Il padre putativo non se ne accorge ma, dopo qualche tempo, la coppia si sfalda. La madre alleverà la piccina nel ricordo dell'amore perduto. ■ DRAMMATICO; B/N; 98'; USA, 1949. ■ OSCAR 2 NOM.

QUESTO MONDO È MERAVIGLIOSO ★★★
(It's a Wonderful World)
Regia di W. S. VAN DYKE II. Con CLAUDETTE COLBERT, GUY KIBBEE, NAT PENDLETON, JAMES STEWART. ■ Un investigatore privato vuole salvare un suo cliente dall'accusa d'omicidio. Ha un indizio, una mezza moneta trovata accanto al cadavere, ma la polizia lo ricerca come complice. Alla fine, con l'aiuto di una ragazza, scoprirà il colpevole e sposerà la compagna d'avventura. ■ GIALLO ROSA; B/N; 86'; USA, 1939.

QUESTO MONDO È PER TE ★
Regia di Francesco Falaschi. Con Eugenia Costantini, Cecilia Dazzi, Matteo Petrini, Fabrizia Sacchi, Paolo Sassanelli. ■ Teo ha 19 anni, l'esame di maturità tra pochi minuti, un padre irascibile e rompiscatole e una madre in cerca di libertà, in campagna, con un altro uomo. Il sogno di Teo è quello di fare lo scrittore. Vorrebbe iscriversi alla scuola Carter, ma gli servono 7mila euro che non ha. Non ha nemmeno un lavoro. Intanto al padre viene diagnosticato un grave male e anche Chiara, la ragazza che ha appena conosciuto e che gli fa girare la testa, minaccia di andarsene in Armenia. ■ Commedia; col.; 82′; Italia, 2011.

QUESTO MONDO PROIBITO ★★
Regia di Fabrizio Gabella. ■ Questo film non è da confondersi con i soliti documentari sexy alla *Mondo cane*, pur trattando il tema della tortura e del sadismo. Infatti alla sua realizzazione hanno collaborato Alba De Céspedes e Salvatore Quasimodo. ■ Documentario; col.; 91′; Italia, 1963.

QUESTO NOSTRO AMORE *(This Love of Ours)* ★★★
Regia di William Dieterle. Con Sue England, Carl Esmond, Charles Korvin, Merle Oberon, Claude Rains. ■ Un film americano che si rifà alla commedia di Pirandello, *Come prima, meglio di prima*: un marito scaccia la moglie che reputa infedele e alleva la figlia nel culto della madre dicendole che costei è morta. Anni dopo la coppia si rappacifica, ma la donna è presentata alla giovane come se fosse una seconda moglie. La ragazza, entusiasta della madre che non ha mai conosciuto, la rifiuta finché non le viene rivelata la verità. ■ Drammatico; b/n; 86′; USA, 1945. ■ Oscar 1 nom.

QUESTO NOSTRO SIMPATICO MONDO DI PAZZI ★★★
(Tout le monde il est beau, tout le monde il est gentil)
Regia di Jean Yanne. Con Bernard Blier, Jacques François, Michel Serrault, Marina Vlady. ■ Un giornalista radiofonico viene licenziato per la spregiudicatezza e l'anticonformismo delle sue trasmissioni. Un suo spettacolo satirico lo riporta sulla cresta dell'onda. L'uomo torna al suo posto di lavoro, ma la verità è troppo pericolosa e sarà cacciato nuovamente. ■ Commedia; col.; 106′; Francia, 1973.

QUESTO PAZZO, PAZZO MONDO DELLA CANZONE ★
Regia di Bruno Corbucci, Gianni Grimaldi. Con Alberto Bonucci, Valeria Fabrizi, Margaret Lee, Jenny Luna, Sandra Mondaini, Gianni Morandi, Aroldo Tieri, Edoardo Vianello. ■ Numeri musicali intervallati da scenette comiche. Spaccato anni Sessanta. ■ Musicale; col.; 93′; Italia, 1966.

QUESTO PAZZO, PAZZO, PAZZO MARESCIALLO SCASSAMAZZO ★★
(Les malabars sont au parfum)
Regia di Guy Lefranc. Con Amarande, Roland Armontel, Paul Préboist, Henry Salvador. ■ In uno staterello dell'America Latina il losco capo della polizia si vende ai vari ministri e prepara attentati ai danni del presidente della Repubblica, ma le sue infernali macchinazioni eliminano invece proprio i committenti per colpa d'un ignaro maresciallo di polizia a cui affida le sue micidiali bombe e che, maldestramente, le recapita sempre agli indirizzi sbagliati. ■ Comico; col.; 85′; Francia, 1966.

QUESTO PAZZO, PAZZO, PAZZO, PAZZO MONDO *(It's a Mad Mad Mad Mad World)* ★★★★
Regia di Stanley Kramer. Con Milton Berle, Sid Caesar, Ethel Merman, Mickey Rooney, Terry Thomas, Spencer Tracy. ■ Tutto è originato da un gangster, vittima di un incidente stradale che, morente, confessa ai suoi soccorritori dove ha nascosto un favoloso bottino. Questi si buttano in una frenetica caccia senza esclusione di colpi, a cui partecipa anche un corrotto ufficiale di polizia interpretato da Spencer Tracy al suo penultimo film. ■ Commedia; col.; 192′; USA, 1963. ■ Oscar 1 pr, 6 nom.

QUESTO PAZZO SENTIMENTO *(That Old Feeling)* ★★★
Regia di Carl Reiner. Con Dennis Farina, Paula Marshall, Bette Midler, Gail O'Grady. ■ Due divorziati, in occasione delle nozze della figlia con un politico repubblicano, riscoprono l'antica passione e riprendono a fare l'amore. Il gioco delle coppie continuerà scompaginando le storie che si credevano ormai definite. Reiner realizza una commedia sofisticata avendo dalla sua due protagonisti esperti del genere. ■ Commedia; col.; 105′; USA, 1997.

QUESTO PICCOLO GRANDE AMORE ★
Regia di Riccardo Donna. Con Emanuele Bosi, Mary Petruolo, Mariella Valentini. ■ Due passi dal cuore e da Piazza del Popolo si incontrano e si innamorano Andrea e Giulia. Andrea è uno studente di architettura cresciuto in periferia, Giulia una liceale borghese viziata nel centro di Roma. Diversi per estrazione e frequentazioni, i giovani amanti imparano ad amarsi "giù al faro" e lontani dalle contestazioni degli anni Settanta. Ebbri di "baci a labbra salate", vivono spensierati la loro età e il loro sentimento fino a quando la vita non presenta loro il conto e una cartolina rosa. Partito per la leva, Andrea si strugge in caserma in attesa della licenza e del suo piccolo grande amore. Costretti alla cattività, Giulia e Andrea provano a resistere alla lontananza e alla separazione, ritrovandosi e perdendosi "dentro il rosso di un tramonto". ■ Sentimentale; col., 110′; Italia, 2009.

QUESTO SÌ CHE È AMORE ★★
Regia di Filippo Ottoni. Con Donatella Ceccarello, Christopher George, Guy Hamilton, Sven Valsecchi. ■ Un bambino che non possiede anticorpi nel sangue è costretto a vivere in una gabbia di vetro. Gli fanno compagnia alcuni amici e i suoi passatempi. Raramente si vede la madre e mai il padre. Il bimbo intuisce che i suoi genitori stanno per divorziare e così, la notte di Natale, scappa dall'ospedale e li raggiunge a casa. Si fa promettere che non si separeranno, poi muore fra le loro braccia. ■ Drammatico; col.; 92′; Italia, 1977.

QUESTO SPORCO MONDO MERAVIGLIOSO ★
Regia di Mino Loy, Luigi Scattini. ■ Il film riprende la formula di *Mondo cane* di Jacopetti. ■ Documentario; col.; 93′; Italia, 1971.

QUESTO TUO FRAGILE CORPO MERAVIGLIOSO ★★
(The Body)
Regia di Roy Battersby. ■ Documentario sul corpo: i suoi organi, l'igiene, il parto, la vita sessuale. ■ Documentario; col.; 94′; Gran Bretagna, 1974.

QUE VIVA MEXICO ★★★
Regia di Sergej M. Eisenstein. Con Grigorij Alexsandrov, Sergej Bondarciuk. ■ Si tratta della più recente riedizione del tormentato kolossal che il maestro Eisenstein (*La corazzata Potemkin*) girò in Messico, senza mai completarlo, nel 1931. In sei diversi episodi, il cui materiale grezzo ammontava ad un totale di circa quarantadue ore, Eisenstein si proponeva di celebrare la rivoluzione popolare più importante del secolo dopo quella sovietica: quella messicana del 1911. Ma la sua monumentale opera non vide mai la luce. In varia misura parte di quello sterminato materiale, montato da altri, fu utilizzato per realizzare alcuni film (tra cui *Lampi sul Messico*, vari cortometraggi e documentari) nonché quest'ultimo *Que viva Mexico!*, interessante culturalmente. ■ Storico; b/n; URSS, 1979.

¡QUE VIVA MEXICO! ★★★
Regia di Sergej M. Eisenstein. Con Félix Balderas, Martín Hernández, David Liceága, Julio Saldívar, Isabel Villaseñor. ■ La sceneggiatura prevedeva un prologo, un epilogo e quattro episodi. Il film avrebbe dovuto raccontare la storia del Messico, dalla dittatura di Porfirio Diaz del 1900 fino alle rivoluzioni del 1910-'16, ma rimase incompiuto. Due anni dopo parte del materiale venne montato con il titolo di *Lampi sul Messico*. Nel 1955 l'americano Jay Leyda recuperò parte del negativo e montò circa quattro ore di pellicola che intitolò *Studi per il film messicano di Eisenstein*. ■ Drammatico; b/n; 91′; Messico, 1931.

QUICK ★★
Regia di Rick King. Con Robert Davi, Martin Donovan, Jeff Fahey, Teri Polo. ■ Premiato come migliore thriller dell'anno all'International Film Festival di Houston. Quick è una killer professionista incaricata di uccidere Brewer e recuperare i tre milioni di dollari che l'uomo ha sottratto al suo boss. Quando si accorge che l'ex amante, della squadra narcotici, la sta cercando, la donna

dimentica il suo "contratto" e fugge verso il Messico con Brewer e i soldi. La caccia si scatena. ■ THRILLER; COL.; 90′; USA, 1993.

QUICKLY – SPARI E BACI A COLAZIONE ★★
Regia di ALBERTO CAVALLONE. Con JANE AVRIL, BERYL CUNNINGHAM, MAGDA KONOPKA, SERGIO LEONARDI, ANTHONY VERNON. ■ Dopo il colpo, una ladra fugge con la chiave della cassetta di sicurezza che contiene il bottino lasciando i complici con un palmo di naso. Inizia una caccia che condurrà i personaggi in giro per il mondo. Sarà un agente delle assicurazioni a impadronirsi del malloppo. ■ POLIZIESCO; COL.; 91′; ITALIA, 1974.

QUICKSILVER ★★
Regia di TOM DONNELLY. Con KEVIN BACON, JAMI GERTZ, PAUL RODRIGUEZ. ■ Jack è un giovanotto svelto che ama l'imprevisto e il brivido. Gioca in borsa e si ritrova in bolletta. Ma è pieno di risorse. Inventa il "quicksilver", cioè un servizio di pronta consegna in bicicletta (una specie di pony express non motorizzato). Ma i guai accadono anche lì. ■ COMMEDIA; COL.; 93′; USA, 1985.

QUI COMINCIA L'AVVENTURA ★★
Regia di CARLO DI PALMA. Con SALVATORE BECCARO, FERNANDO CAMERINI, CLAUDIA CARDINALE, NINETTO DAVOLI, GUIDO LEONTINI, MONICA VITTI. ■ In un paese della Puglia una ragazza rimane affascinata da una donna arrivata in motocicletta che le racconta le sue avventure mirabolanti. Le due partono per Milano dove la centaura avrebbe un amore che l'aspetta. Giunte nel capoluogo lombardo dopo varie peripezie, si scoprirà che l'avventuriera non è che una semplice "mascherina" di cinema e che il suo principe azzurro non esiste affatto. Le due donne rimarranno però insieme e si metteranno alla ricerca della vera libertà. ■ COMMEDIA; COL.; 105′; ITALIA, 1975.

QUI DOVE BATTE IL CUORE *(Where the Heart Is)* ★★
Regia di MATT WILLIAMS. Con DYLAN BRUNO, STOCKARD CHANNING, JOAN CUSACK, KEITH DAVID, JAMES FRAIN, ASHLEY JUDD, NATALIE PORTMAN. ■ Tratto dal romanzo omonimo di Billie Letts, il film racconta la storia di Novalee Nation (Natalie Portman), ragazza diciassettenne povera e incinta la cui unica famiglia è rappresentata dal suo ragazzo, Willy Jack (Dylan Bruno). I due percorrono l'America a bordo di una vecchia automobile. Quando Willy, per un motivo misterioso sparisce, abbandonandola, Novalee si ritrova sola. Per fortuna ad accudire lei e il bambino – che nel frattempo è nato – ci pensa una strana famiglia che, dopo aver assistito al parto avvenuto sul pavimento di un grande magazzino, decide di prendersi cura della giovane. Novalee riesce così ad avere la famiglia che ha sempre sognato. Diretto da Matt Williams, al suo esordio alla regia, ma ben più noto come produttore, il film risulta noioso e alquanto lento nello svolgimento della trama. ■ DRAMMATICO; COL.; 120′; USA, 2000.

QUIEN SABE? ★★★
Regia di DAMIANO DAMIANI. Con MARTINE BESWICK, LOU CASTEL, ANDREA CHECCHI, KLAUS KINSKI, GIAN MARIA VOLONTÉ. ■ Verso il 1917, un giovane sicario americano riceve l'incarico dal governo di Città del Messico di eliminare un generale ribelle. Per compiere la sua missione l'uomo s'aggrega a un rozzo ex rivoluzionario diventato bandito. I due diventano amici e si salvano reciprocamente la vita. Compiuta la sua missione il sicario porterebbe negli Stati Uniti il messicano, ma questi si ricorda del suo passato rivoluzionario, uccide l'americano e distribuisce i soldi del compenso ai poveri, affinché possano comprare armi per continuare la lotta. ■ WESTERN; B/N; 102′; ITALIA, 1967.

QUIET AMERICAN, THE ★★★
Regia di PHILLIP NOYCE. Con MICHAEL CAINE, BRENDAN FRASER, DO THI HAI YEN, TZI MA, RADE SERBEDZIJA, ROBERT STANTON. ■ Vietnam 1952. Il reporter britannico Thomas Fowler si trova nel Sudest asiatico da lungo tempo quando nella sua vita entra Alden Pyle, un americano addetto al programma di assistenza sanitaria. Il giovane e quasi timido funzionario si innamora della giovane vietnamita, Phuong, che vive con Fowler. Nonostante questo lo aiuta in una missione difficile. Gliela porta via però quando si scopre che le promesse di matrimonio che l'uomo, ormai anziano, ha fatto alla ragazza non possono realizzarsi a causa dell'opposizione al divorzio da parte della moglie. Sarà però Fowler a scoprire altre (e ben più gravi) menzogne dell'americano. Noyce gira, da Graham Greene, un film "vecchia maniera" che ricorda il cinema degli anni Sessanta. Lo fa con la dovuta nostalgia per il cinema di genere che rafforza la denuncia, davvero aspra, nei confronti dei metodi utilizzati dalle forze del Bene per raggiungere i loro obiettivi. Pyle è un buono solo in apparenza e per la vecchia Inghilterra (rappresentata da un Michael Caine candidato all'Oscar), che di colonialismo se ne intende molto, più perfido dei brutali sudditi di Sua Maestà all'opera nelle Indie. La seduzione qui non è tanto quella dell'incantevole Phuong che sembrerebbe essere il perno della vicenda, quanto piuttosto quella di un cinismo rivestito da falsi ideali. ■ THRILLER; COL.; 118′; USA, 2003. ■ GOLDEN GLOBES 1 NOM; OSCAR 1 NOM.

QUIET – SEGRETI SVELATI, THE ★
Regia di JAMIE BABBIT. Con SHAWN ASHMORE, CAMILLA BELLE, ELISHA CUTHBERT, MARTIN DONOVAN, EDIE FALCO, KATY MIXON. ■ Dot è una giovane ragazza sordomuta che, dopo aver perso entrambi i genitori, viene adottata dai coniugi Deer. Presso la nuova famiglia si troverà a scontrarsi continuamente con Nina, la figlia dei Deer, ma diventerà scomoda custode di oscuri segreti, lei stessa già depositaria di un segreto che finirà per cambiare le vite di coloro che le stanno intorno. Il film si perde in rivoli adolescenziali quanto mai banali e scontati. ■ THRILLER; COL.; 96′; USA, 2006.

QUIJOTE ★★★
Regia di MIMMO PALADINO. Con LUCIO DALLA, ALESSANDRO BERGONZONI, ENZO MOSCATO, GINESTRA PALADINO, BEPPE SERVILLO. ■ Il film parte dalle filastrocche dei Pupi, il teatro non è la Mancia ma il Sannio, cioè Paduli, Benevento, dove l'artista è nato. E non c'era bisogno di ricostruzioni in cartapesta, la scenografia è quella naturale delle opere, disseminate fra le rocce e fra i prati. Paladino assume l'idea generale della poetica di Cervantes, non ha bisogno di aderire a niente. Non intende adattare il cinema alla carta. Kijiote è un simbolo trasversale nel tempo: agli albori del Seicento Cervantes soffriva il passaggio da una cultura umana e felice come il Rinascimento verso un futuro nebuloso senza una sostanza promessa. Voleva opporsi alla crisi ineluttabile e allora sognava in grande: avrebbe sistemato tutto lui, e sarebbe approdato sull'isola felice col suo scudiero Sancho. Paladino cerca di dare le sue indicazioni. E certo non è felice, perché gli sbocchi, nella nostra epoca sono... nebulosi. Così si consegna a ciò che più lo tutela, il suo mestiere composito. E spera che chi assiste, a sua volta si faccia tutelare. E si affida ad artisti e testi affidabili, e secondo la meccanica di concetto-che-richiama-concetto, ecco inseriti due endecasillabi che arrivano da un altro contenitore *L'Orlando furioso*: "Le donne i cavalier l'arme gli amori/ Le cortesie l'audaci imprese io canto". Fra queste licenze d'arte Paladino ricorre a certi suoi amici, "artisti attori", come l'omologo compagno di corrente Enzo Cucchi, che fa mago Merlino, o il poeta scrittore Edoardo Sanguineti, che fa se stesso. Quijote è Beppe Servillo, e Sancho è Lucio Dalla. Digressione: Servillo certo ricorda il Reigueira, ma Dalla è praticamente il clone di Tamiroff. Sono quelli di Welles. Tutte le regole del racconto – di cinema e letteratura – sono scardinate. Ma Paladino firma un'opera vera. ■ STORICO; COL.; 75′; ITALIA, 2006.

QUILLER MEMORANDUM ★★★
(The Quiller Memorandum)
Regia di MICHAEL ANDERSON. Con SENTA BERGER, ALEC GUINNESS, GEORGE SANDERS, GEORGE SEGAL, MAX VON SIDOW. ■ Il protagonista, Quiller, è un agente segreto, molto più realistico di 007, che lotta contro un gruppo neonazista nella Germania del miracolo economico. Alla fine Quiller riesce a sgominare gli avversari, ma si rende conto che la sua vittoria è solo parziale. ■ SPIONAGGIO; COL.; 105′; GRAN BRETAGNA, 1966.

QUILLS – LA PENNA DELLO SCANDALO *(Quills)* ★★★
Regia di PHILIP KAUFMAN. Con MICHAEL CAINE, JOAQUIN PHOENIX, GEOFFREY RUSH, KATE WINSLET. ■ Ritratto made in Usa del Marchese de Sade. La vicenda si svolge all'interno del sanatorio dove era detenuto il marchese. Quills propone una versione in "nero" decisamente affascinante e convincente: una lettura ori-

ginale, che risiede nell'idea che la scrittura sia dispensatrice di vita, ma anche di morte. Sin dalle prime inquadrature, il protagonista viene presentato intento a scrivere e a passare furtivamente i propri manoscritti a Madeleine, dolce carceriera grazie alla quale quei testi prendono forma in carta stampata. La scrittura è la linfa vitale che anima il marchese: il divieto che gli viene imposto dal nuovo direttore del sanatorio – un Michael Caine ambiguo e spietato – lo spinge ad azioni inconsulte che produrranno reazioni a catena, con tragiche conseguenze. È interessante notare come Kaufman abbia costruito l'intera narrazione a partire da un singolo personaggio e dalla sua ossessione, per giungere, in realtà, a comporre un affresco corale, cogliendo gli umori e gli orrori di un'epoca. ■ DRAMMATICO; COL.; 124'; USA, 2000. ■ GOLDEN GLOBES 2 NOM; OSCAR 3 NOM.

QUINDICI FORCHE PER UN ASSASSINO ★★
Regia di NUNZIO MALASOMMA. Con SUSY ANDERSEN, TOMAS BLANCO, CRAIG HILL, MARIA MONTEZ, ALDO SAMBRELL. ■ Un cowboy bracca due bande di banditi, momentaneamente alleate dal pericolo, in cui ritiene si trovino gli assassini della fidanzata. Scoprirà poi che i fuorilegge sono innocenti e che il colpevole è il suo migliore amico. Questi verrà eliminato dall'unico superstite del gruppo di innocenti perseguitati. ■ WESTERN; B/N; 94'; ITALIA, 1968.

15 MINUTI – FOLLIA OMICIDA A NEW YORK ★
(15 Minutes)
Regia di JOHN HERZFELD. Con ED BURNS, ROBERT DE NIRO, VERA FARMIGA, KELSEY GRAMMER, KAREL RODEN, OLEG TABAKOV, CHARLIZE THERON. ■ È sicuramente destinato a far discutere questo film di John Herzfeld per la tematica "bollente" che affronta. Due criminali dell'Est, il ceco Emil e il russo Oleg, entrano negli Stati Uniti con un visto turistico. Una volta a New York iniziano le loro azioni criminali. Il lancio americano recita (tenendo presente la frase pronunciata da Andy Warhol «In futuro tutti saranno famosi per 15 minuti»): «Crimine, tragedia, caos: possiamo temerli, ma non c'è dubbio che essi portino fama, denaro e potere. Così fino a che punto saranno disposte a spingersi le persone più disperate della società per ottenere i loro 15 minuti?». Il film intreccia così il tema della televisione pronta a qualsiasi bassezza per sacrificare sull'altare dell'audience e della criminalità che trae vantaggio e stimolo da questa situazione. Con una polizia dalle mani semilegate che deve farsi giustizia da sola. ■ POLIZIESCO; COL.; 120'; USA, 2001.

QUI NON È IL PARADISO ★★
Regia di GIANLUCA MARIA TAVARELLI. Con ERIKA BERNARDI, VALERIO BINASCO, ANTONIO CATANIA, FABRIZIO GIFUNI. ■ Terzo lungometraggio del torinese Gianluca Maria Tavarelli, il film racconta la storia del postino Renato Sapienza (Fabrizio Gifuni) che, per rompere la routine quotidiana dalla quale si sente soffocato, decide di svaligiare il furgone blindato delle Poste per poi andare ai Caraibi e godersi quell'angolo di paradiso. Egli attua il suo piano nel migliore dei modi: nessuna sparatoria, niente armi, solo ritagli di Topolino al posto delle banconote. Quando il furto viene scoperto, Sapienza è uno dei primi sospetti, perché ha fatto perdere le sue tracce proprio nei giorni delle indagini. Il commissario Lucidi (Antonio Catania) ricostruisce, proprio come un puzzle, la vita di Sapienza e giunge alla conclusione che l'uomo in realtà si sentiva triste e deluso. Il commissario ha tutta l'intenzione di ritrovarlo. Film amaro, con slanci e ricadute anche nella regia. ■ THRILLER; COL.; 104'; ITALIA, 2000.

QUINTA COLONNA, LA *(Ismertien ellenfel)* ★
Regia di RODRIGUEZ ENDRE. Con FOLDENY LASZLO, ELISABETTA SIMOR. ■ Una ragazza è costretta a fare la spia perché il nemico, che tiene in suo potere il padre, la ricatta. S'innamora però dell'inventore di un meraviglioso motore aereo e si redime. ■ SPIONAGGIO; B/N; 95'; UNGHERIA, 1959.

QUINTANA ★
Regia di GLENN VINCENT DAVIS. Con FEMI BENUSSI, PEDRO MARIA SANCHEZ, GEORGE STEVENSON. ■ Quintana è un emulo di Zorro, che agisce in un Messico di maniera contro un bieco e tirannico governatore, che vuole forzare alle nozze una bella ragazza tenendo prigioniero il suo fidanzato. Naturalmente, alla fine, i buoni trionfano. ■ AVVENTURA; COL.; 91'; ITALIA, 1972.

QUINTA OFFENSIVA, LA *(Sut je ska)* ★★★
Regia di STIPE DELIC. Con RICHARD BURTON, MILENA DRAVIC, IRENE PAPAS, LJUBA TADIC, BATA ZIVOJINOVIC. ■ Gli jugoslavi hanno girato un numero sterminato di film sulla loro Resistenza: questo però spicca per l'impegno produttivo. Si tratta infatti di una pellicola che voleva celebrare degnamente il trentennale della quinta offensiva dell'esercito popolare, quando le truppe, guidate da Tito, riuscirono a spezzare l'accerchiamento tedesco. Il capo tedesco è interpretato da Richard Burton. ■ GUERRA; COL.; 87'; JUGOSLAVIA, 1973.

QUINTA PERSONALITÀ, LA *(The Five of Me)* ★★
Regia di PAUL WENDKOS. Con DAVID BIRNEY, MITCHELL RYAN, DEE WALLACE, JAMES WHITMORE JR. ■ Diretto da un esperto in film televisivi narra la vicenda di Henry Hawksworth, realmente esistito, ammalato di schizofrenia. La vita non è semplice avendo cinque personalità distinte. ■ DRAMMATICO; COL.; 100'; USA, 1981.

V SQUADRIGLIA HURRICANES *(Angels One Five)* ★★
Regia di GEORGE MORE O'FERRALL. Con MICHAEL DENISON, DULCIE GRAY, JACK HAWKINS. ■ Un film celebrativo delle imprese compiute dalla Raf durante la Battaglia d'Inghilterra. Vengono descritte le avventure di una squadriglia di piloti da caccia. In primo piano un giovane colonnello, burbero ma buono, e un pilota timido che riesce a farsi apprezzare prima di morire eroicamente. ■ GUERRA; B/N; 92'; GRAN BRETAGNA, 1951.

QUINTA STAGIONE, LA ★★
Regia di GORDON VORSTER. Con MARTIN DREYER, GERBEN KAMPER, ELIZE LIZAMORE, JEAN-LOUIS ROUX. ■ Due giovani molto diversi tra loro si incontrano e si innamorano. Lui, Steven, è reduce da trascorsi poco edificanti che vuole cancellare dalla memoria; lei, invece, deve affrontare un pericoloso intervento agli occhi. Entrambi hanno in comune la speranza in un futuro sereno. ■ DRAMMATICO; COL.; 95'; SUDAFRICA, 1978.

QUINTA STAGIONE, LA *(La cinquieme saison)* ★★★
Regia di PETER BROSENS, JESSICA WOODWORTH. Con SAM LOUWYCK, AURELIA POIRER, DJANGO SCHREVENS, GILL VANCOMPERNOLLE. ■ Una misteriosa calamità colpisce un paesino delle Ardenne: l'inverno non se ne vuole andare e il ciclo della natura ne è presto sconvolto. Alice e Thomas, bambini, trovando riparo sotto l'ala dell'adulto Pol, un apicoltore itinerante con un figlio disabile, lottano per dare un senso alla vita, mentre attorno ogni gioia si spegne. Così facendo, però, suscitano la rabbia e l'invidia del resto degli abitanti. Dopo aver girato in Mongolia e Perù, Peter Brosens e Jessica Woodworth scelgono la loro terra, il Belgio, per raccontare la storia di una crisi, umana e sistemica. Gli autori riprendono la meditazione sulla vita rurale e l'idea di una deformazione fisica di ciò che sfugge la morale. ■ DRAMMATICO; COL.; 93'; BELGIO, 2012.

QUINTET ★★★
Regia di ROBERT ALTMAN. Con BIBI ANDERSSON, BRIGITTE FOSSEY, VITTORIO GASSMAN, PAUL NEWMAN, FERNANDO REY. ■ Il ghiaccio ha ormai coperto gran parte della Terra: sopravvive solo una città dove gli ultimi superstiti tirano avanti giocando a "quintet", un gioco in cui il vincitore ha diritto di vita e di morte sugli altri. Uno straniero riesce a battere i migliori campioni. Quando chiede il premio gli dicono che il gioco è fine a se stesso e la vittoria permette soltanto di continuare a giocare. ■ FANTASCIENZA; COL.; 119'; USA, 1979.

QUINTO CAVALIERE È LA PAURA, IL ★★★★
(A paty jezdec je strach)
Regia di ZBYNEK BRYNYCH. Con MIROSLAV MACHACEK, ZDENA PROCHAKOVA, OLGA SCHENPLUGOVA. ■ Nella Praga occupata dai nazisti un medico ebreo esce dal suo nascondiglio per trovare la morfina necessaria a curare un partigiano ferito. La ricerca mostra all'uomo tutta la decadenza morale in cui è caduta la città. Il giorno dopo, quando la Gestapo viene ad arrestarlo, si suicida davanti agli occhi dei poliziotti. ■ DRAMMATICO; B/N; 93'; CECOSLOVACCHIA, 1964.

QUINTO ELEMENTO, IL *(Le cinquième élement)* ★★
Regia di LUC BESSON. Con IAN HOLM, MILLA JOVOVICH, GARY OLDMAN, BRUCE WILLIS. ■ Un'avventura sulla sopravvivenza umana, sul bene e sul male, ambientata a New York nel 2003. Korben Dallas, ex membro delle forze speciali dell'Esercito federale, confinato al ruolo di tassista, è costretto a ricercare il "quinto elemento", una sorta di oggetto magico che unito agli altri quattro (aria, acqua, fuoco, terra), saprà scongiurare una forza demoniaca, costituita da una massa gassosa e di fuoco, che sta per abbattersi sulla Terra. Super kolossal costato oltre novanta milioni di dollari, premiato dal pubblico, ma non dalla critica. ■ FANTASCIENZA; COL.; 127′; FRANCIA, 1997. ■ CANNES 1 PR; OSCAR 1 NOM.

QUINTO IMPERO – IERI COME OGGI ★★★
(O Quinto Imperio – Ontem como hoje)
Regia di MANOEL DE OLIVEIRA. Con RIARDO TREPA, DAVID ALMEIDA, LUIS MIGUEL CINTRA, RUY DE CARVALHO, GLORIA DE MATOS. ■ Tratto dal dramma di Josè Regio, è la storia del re Sebastiano, che nutriva l'utopia di conquistare il mondo per creare una terra in cui regnava la pace. Un solo regnante, un solo Papa, un solo popolo. In seguito a una sconfitta sul campo, il suo corpo non fu mai trovato e il mito narra che prima o poi riapparirà tra le nebbie per portare avanti il suo sogno. L'antica leggenda è il punto di partenza di cui si avvale il vecchio maestro portoghese per una riflessione su temi di attualità e sulla crisi odierna di ideali così come recita il sottotitolo *Ieri come oggi*. ■ DRAMMATICO; COL.; 127′; FRANCIA, PORTOGALLO, 2004.

QUINTO: NON AMMAZZARE! *(The Suspect)* ★★★
Regia di ROBERT SIODMAK. Con HENRY DANIELL, DEAN HARENS, ROSALIND IVAN, CHARLES LAUGHTON, ELLA RAINES. ■ Un bravo borghese è tormentato dalla moglie arpia e si consola amando una tenera ragazza. Un giorno comunica alla megera che vuole divorziare: nasce una discussione e la donna rimane uccisa. L'uomo si sposa con la ragazza, ma non ha pace: decide pertanto di costituirsi. ■ POLIZIESCO; B/N; 85′; USA, 1944.

QUINTO NON AMMAZZARE ★
Regia di LEON KLIMOVSKY. Con RAF BALDASSARRE, SARAH ROSS, DIANA SOREL, STEVEN TEDD. ■ Confuso western all'italiana: un ex colonnello malato di tubercolosi promette di recuperare diecimila dollari rubati da alcuni banditi travestiti da lebbrosi. Ci riuscirà aiutato da un timido giovanotto a cui ha insegnato ad usare la pistola, ma i fuorilegge gli faciliteranno il compito sterminandosi a vicenda. ■ WESTERN; COL.; 94′; ITALIA, 1969.

QUINTO POTERE *(Network)* ★★★★
Regia di SIDNEY LUMET. Con FAYE DUNAWAY, ROBERT DUVALL, PETER FINCH, WILLIAM HOLDEN, BEATRICE STRAIGHT. ■ Howard è un commentatore televisivo con un larghissimo seguito. Il suo indice di gradimento però scende e i capi decidono di licenziarlo. Howard allora dichiara davanti alle telecamere che si ucciderà. Da quel momento ha un successo strepitoso (specie da quando, credendosi direttamente in contatto con Dio, diventa una sorta di profeta trascinatore). Quando il suo indice riprende a scendere, Howard viene ucciso nello studio da un terrorista nero (tutto è organizzato, naturalmente). Nelle pieghe dell'intreccio si muovono i tradizionali personaggi di una grande organizzazione: l'amministratore arrivista, la "creativa" fanatica (fa l'amore bisbigliando indici di gradimento) e il direttore di buonsenso. Il tutto in un'atmosfera supernevrotica. Il film ha preso lo spunto da un fatto vero: una donna si era suicidata davanti alla telecamera prima che i tecnici potessero fermarla. Peter Finch e Faye Dunaway hanno ottenuto l'Oscar nel 1977. ■ DRAMMATICO; COL.; 121′; USA, 1976. ■ DAVID DI DONATELLO 1 PR, 1 NOM; GOLDEN GLOBES 4 PR, 5 NOM; OSCAR 4 PR, 9 NOM.

QUIZ SHOW ★★★★
Regia di ROBERT REDFORD. Con RALPH FIENNES, ROB MORROW, DAVID PAYMER, PAUL SCOFIELD, MARTIN SCORSESE, JOHN TURTURRO, ELIZABETH WILSON. ■ La vicenda e i nomi sono veri. Dal libro *Remembering America* di Richard Goodwin. Nel 1958 furoreggia il gioco televisivo *Twenty One*, il *Lascia o raddoppia* americano. L'eroe del momento è l'ebreo Herbert Stampel (Turturro), che sembra imbattibile. I vari responsabili del *network*, la NBC, ritengono sia arrivato il momento di sostituire il protagonista con un altro, bello, ricco e famoso: si tratta infatti di Charles Van Doren (Fiennes), professore della leggendaria Columbia University, nella cui famiglia ci sono docenti e poeti illustri e un paio di premi Pulitzer. La produzione e lo *sponsor* (un colosso farmaceutico) sono d'accordo nel truccare il gioco. Van Doren in sostanza conosce prima domande e risposte e per molte settimane diventa "popolare come Elvis". Ma il perdente non si rassegna e denuncia a destra e a manca. Finché interviene il detective governativo Richard Goodwin (l'autore del libro, interpretato da Morrow). Costui, zelantissimo, scopre tutto. Ma Van Doren è un personaggio talmente affascinante che lo stesso detective vorrebbe salvarlo. Charles, che aveva accettato la situazione non certo di buon grado, non riesce ad essere disonesto a oltranza, così rende una commovente confessione davanti al Gran Giurì. Film diretto e pulito, con grandi contenuti dettati da esempi efficaci e non da pronunciamenti astratti. La didascalia è: «Il giorno in cui l'America perse l'innocenza». È l'ennesimo attacco del cinema alla televisione, strumento mistificatore. Durante il processo il detective cerca di mettere alle corde il sistema network-sponsor, ma un dirigente assume la responsabilità in prima persona, salvando la televisione. E Goodwin ammette: «Volevamo incastrare la tivù e invece la tivù ha incastrato noi». L'imbroglio c'è stato, ma che imbroglio era se il pubblico era contento, il concorrente felice, il *network* aveva grande audience e lo sponsor enormi vendite? Chi era il danneggiato? ■ DRAMMATICO; COL.; 127′; USA, 1995. ■ GOLDEN GLOBES 4 NOM; OSCAR 4 NOM.

QUORE ★★
Regia di FEDERICA PONTREMOLI. Con GIGIO ALBERTI, MICHELA NOONAN, CARLA SIGNORIS, MARIELLA VALENTINI. ■ La protagonista è Paola, di professione musicista: suona il contrabbasso. La sua situazione familiare non è delle più facili: il papà ubriacone, la futura suocera che non si rassegna all'età, le amiche-colleghe molto competitive. Tutto il gruppetto ha firmato un contratto per una tournée importante. L'unica a non averlo fatto è proprio Paola, ma ha una buonissima ragione: il suo test di gravidanza è risultato positivo. Si tratta di fare la solita scelta: lavoro o... mamma? ■ COMMEDIA; COL.; 90′; ITALIA, 2001.

QUOTA PERISCOPIO *(Up Periscope)* ★★
Regia di GORDON DOUGLAS. Con JAMES GARNER, ALAN HALE JR, ANDRA MARTIN, EDMOND O'BRIEN. ■ Un ufficiale della Marina americana deve recarsi in un'isola del Pacifico per impadronirsi del codice segreto dei giapponesi. Durante il viaggio di andata, litiga spesso col rigido comandante del sommergibile che deve portarlo a destinazione, ma poi impara ad apprezzarlo e i due diventano amici, collaborando all'immancabile buon risultato della missione. ■ GUERRA; COL.; 111′; USA, 1959.

QUO VADIS? ★★★
Regia di ENRICO GUAZZONI. Con LEA GIUNCHI, AMLETO NOVELLI, GUSTAVO SERENA. ■ Dal romanzo del premio Nobel Henryk Sienkiewicz. È la prima versione che, distribuita in quasi tutta Europa e negli Stati Uniti, ebbe un grandissimo successo. Il costo fu di quasi cinquantamila lire dell'epoca, ma gli incassi li coprirono abbondantemente. L'amore di Vinicio e Licia minacciato da Nerone. ■ STORICO; B/N; 119′; ITALIA, 1913.

QUO VADIS? *(Quo Vadis)* ★★★★★
Regia di MERVYN LE ROY. Con LEO GENN, DEBORAH KERR, PATRICIA LAFFAN, ROBERT TAYLOR, PETER USTINOV. ■ Marco Vinicio, console romano, torna a Roma dopo grandi vittorie. Conosce la schiava Licia e se ne innamora. Pur di strapparla alla famiglia che l'ha adottata ricorre ai favori dell'imperatore Nerone, con la mediazione dell'amico Petronio. Ma Licia, cristiana, viene salvata e nascosta dal gigante Ursus. Marcello riesce a sapere che Licia sarà presente a una riunione nelle catacombe. Travestito, vi partecipa e assiste al discorso di Pietro: «Beati i miti...». Quando cerca di riprendersi la giovane viene gravemente ferito. La stessa Licia lo cura e si innamora di lui. Nel frattempo Nerone fa incendiare Roma e uccidere i cristiani nell'arena. Licia stessa viene catturata e portata nell'arena, ma Ursu la salva. Marco, costretto ad assistere legato, si libera e con l'aiuto di alcuni amici ribalta la si-

tuazione. Il popolo si rivolta a Nerone, che viene ucciso da una sua schiava. Marco, convertito, lascia Roma con Licia. Dal romanzo di Henryk Sienkiewicz. Prodotto a Roma dalla MGM che reinvestì, anche per ragioni fiscali, i proventi italiani. Il film è stato sempre giudicato un polpettone *colossal* per il grande *budget*, il colore, lo sfarzo, la ricostruzione spettacolare, i divi e i costumi. In realtà proprio per queste caratteristiche *Quo Vadis?*, nel tempo, si è rivelato un capolavoro: da quando il cinema, appunto, ha messo a fuoco i suoi significati, liberandosi dall'obbligo di appartenenza alle arti nobili e privilegiando i valori spettacolari e di evasione per cui era nato. Aggiungiamo poi il grande successo di pubblico, la certosina ricerca storica (con interventi di grandi specialisti della romanità), la straordinaria colonna di Miklos Rozsa (che ha letteralmente inventato il "suono" della Roma antica, creando un precedente imprescindibile per tutti) ed ecco che il film può far parte a buon diritto della categoria dei titoli fondamentali nel filone avventura-storia. ■ STORICO; COL.; 171'; USA, 1951. ■ OSCAR 7 NOM.

QUO VADIS? ★★

Regia di FRANCO ROSSI. Con KLAUS MARIA BRANDAUER, BARBARA DE ROSSI, MASSIMO GIROTTI, MAX VON SIDOW. ■ Dal romanzo di Sienkiewicz, il film racconta la travagliata storia d'amore tra Marco Vinicio, un nobile romano, e una bella cristiana, Licia, nei tempi tristi e pericolosi dell'impero di Nerone. I due coroneranno il loro sogno grazie all'aiuto di Petronio Arbitro e del fortissimo schiavo Ursus. Il libro ha ispirato un altro lungometraggio dal titolo omonimo del 1951. ■ STORICO; COL.; 360'; ITALIA, 1985.

QUO VADIS BABY? ★★

Regia di GABRIELE SALVATORES. Con GIGIO ALBERTI, ANGELA BARALDI, LUIGI MARIA BURRUANO, ANDREA RENZI, CLAUDIA ZANELLA. ■ Gabriele Salvatores, uno dei punti di riferimento più rassicuranti del nostro cinema, si è concesso una curiosa vacanza, realizzando un film inutile, che nasce dal desiderio di sperimentare nuove tecniche, che poi nuove non sono. Preso un piccolo romanzo di Grazia Verasani, edito dalla stessa Colorado Noir (e la sua casa di produzione), Salvatores racconta una vicenda nella quale si respira un'aria di casa Argento, senza la truculenza morale e visiva della premiata ditta romana. Affidandosi ad un turpiloquio di maniera, con parolacce a raffica, la pellicola racconta la mesta vicenda di una quarantenne investigatrice privata, fumatrice accanita, solitaria e poco attraente, che si vede recapitare un pacco contenente numerose videocassette che mostrano le immagini private, ma non imbarazzanti, della sorella morta sedici anni prima. La poveretta si confida con la telecamera, racconta le sue aspirazioni, non nasconde la sua filosofia di vita basata sul "carpe diem". Inizia così una sorta di indagine, sulla scorta delle videocassette, un tentativo di sciogliere i nodi di una famiglia votata al *cupio dissolvi*. Infatti Giorgia Cantini (Angela Baraldi), la protagonista, svolge il suo lavoro presso l'agenzia di cui è proprietario il padre, un uomo scostante e impettito. E qui si manifesta la solita sindrome da mancanza di affetto, con i luoghi comuni che tali situazioni comportano. Segue l'incontro con Andrea Berti (Gigio Alberti), un docente stropicciato e nemmeno giovane, dal quale la Cantini è attratta, facendo i conti con i suoi arretrati sessuali. Tra verità e menzogne la donna scopre numerosi altarini, grazie anche all'aiuto disinteressato di un commissario di polizia (Andrea Renzi), il solo personaggio umanamente decente dell'intera vicenda, affollata da "mostri" metropolitani. Il finale, quanto mai prevedibile, lancia una sorta di ammonimento, che Salvatores invia da esperto cinefilo, affidandosi a Fritz Lang, del quale sono mostrate le sequenze finali di *M, il mostro di Düsseldorf*, con la voce fuori campo che ci invita a proteggere i nostri figli. Scopriamo così che si tratta di un film sull'infanzia senza che vi siano bambini. Tutti i problemi della protagonista e la drammatica fine della sorella sono il frutto di un'infanzia costellata di violenza e autoritarismo. Ma guarda un po'! Girato in HD, sistema digitale ad alta definizione, il film è penalizzato, oltre che dalla vicenda stessa, da questa tecnica, dal colore monocromatico e dalla scarsa luminosità. Quanto agli interpreti, tutti insieme, sembrano una bella compagnia di filodrammatici, capitanata dalla scostante Baraldi, dalla dizione approssimativa e dal look da rabbiosa insegnante di liceo. Il titolo è una citazione di *Ultimo tango a Parigi*, gli interni sono fatiscenti, il commissario beve caffè in auto come si conviene ad un poliziotto di Los Angeles, le battute sono scadenti, lo spettatore depresso. Ma il cinema italiano è vivo! ■ DRAMMATICO; COL.; 103'; ITALIA, 2005.

R

RABBIA, LA ★★
Regia di GIOVANNI GUARESCHI, PIER PAOLO PASOLINI. ■ Una buona idea realizzata in maniera inefficace: metà del film è diretta da Pasolini, notoriamente di sinistra, l'altra metà da Guareschi, notoriamente di destra. I due cercano di spiegare la ragione delle varie tensioni sociali. ■ DOCUMENTARIO; B/N; 100'; ITALIA, 1965.

RABBIA, LA ★★
Regia di LOUIS NERO. Con GIORGIO ALBERTAZZI, TINTO BRASS, ARNOLDO FOÀ, FRANCO NERO, NICO ROGNER. ■ Un giovane cineasta esordiente è entrato in depressione: nessun produttore sembra intenzionato a finanziare il film su cui lavora da 5 anni. «Con l'arte non si campa» continuano a ripetergli, «film del genere non vendono», ma lui non si arrende e decide di rapinare una banca. Sorretto moralmente dai suoi due amici sceneggiatori, ma scoraggiato dai nostalgici discorsi di un regista sul viale del tramonto, il giovane riesce nell'impresa, ma ad attenderlo al varco l'ennesimo bastone fra le ruote... Forse conviene abbandonare il mondo del cinema e dedicarsi alle rapine, chissà che non ci siano più possibilità di riuscita. Il trentenne regista Louis Nero, è al suo quarto film e al secondo insieme all'attore e co-produttore Franco Nero. ■ DRAMMATICO; COL.; 104'; ITALIA, 2007.

RABBIA AD HARLEM *(A Rage in Harlem)* ★★★
Regia di BILL DUKE. Con ROBIN GIVENS, GREGORY HINES, FOREST WHITAKER. ■ Presentato a Cannes nel 1991 e giunto sui nostri schermi a un anno di distanza questo film può considerarsi un gioiellino nell'ambito della commedia. Diretto con mano sicura e con un ottimo ritmo da Bill Duke il film ha buoni interpreti, tutti di colore. Il protagonista, Forest Whitaker (era Charlie Parker in *Bird* di Clint Eastwood), è un ragazzo grasso, timido, molto religioso e che non è mai stato con una donna. Ne conosce una decisamente sensuale e si ritrova in un giro di sparatorie, travestimenti e affari loschi. Tutti vogliono entrare in possesso della refurtiva di una banda. ■ COMMEDIA; COL.; 107'; USA, 1991.

RABBIA DEI MORTI VIVENTI, LA ★★
(I Drink Your Blood)
Regia di DAVID DURSTON. Con RHONDA FULTZ, RILEY MILLS, GEORGE PATTERSON, JADINE WONG. ■ Un gruppo di ragazzi, che si definiscono "figli di Satana", violenta una giovanissima. Il fratello di questa, per vendicarla, li avvelena facendo mangiare loro dei dolci contenenti del sangue di cane idrofobo. Una delle ragazze condannate contagia a sua volta altri uomini che diffondono l'epidemia. La polizia è costretta ad ucciderli tutti. ■ HORROR; COL.; 85'; USA, 1973.

RABBIA DI VIVERE *(The Jesus Trip)* ★★
Regia di RUSSELL MAYBERRY. Con BILLY GREEN BUSH, ROBERT PORTER, ELIZABETH TIPPY WALKER. ■ La polizia insegue un gruppo di hippies motorizzati: qualcuno, infatti, ha nascosto nei bolidi una grossa quantità di droga. I ragazzi si rifugiano in un convento e prendono in ostaggio una suora. Nonostante le loro proteste e quelle della religiosa, convinta della loro innocenza, vengono abbattuti senza pietà. ■ DRAMMATICO; COL.; 84'; USA, 1971.

RABBIA GIOVANE, LA *(Badlands)* ★★
Regia di TERRENCE MALICK. Con WARREN OATES, MARTIN SHEEN, SISSY SPACEK. ■ Una minorenne si innamora di un ragazzo disoccupato che uccide il mancato suocero perché si oppone alla loro relazione. Poi fuggono insieme, seminando vittime tra gli inseguitori. Proprio quando la ragazza decide di abbandonare il violento amante, la polizia li acciuffa; lui è condannato alla pena capitale, lei a qualche mese di galera. ■ DRAMMATICO; COL.; 95'; USA, 1973.

RABBIA IN CORPO, LA *(La rage au corps)* ★★
Regia di RALPH HABIB. Con FRANÇOISE ARNOUL, PHILIPPE LEMAIRE, RAYMOND PELLEGRIN. ■ Una ragazza di montagna con tendenze ninfomani conosce e sposa un ingegnere parigino che la porta con sé in città. Dapprima sembra che la vita coniugale abbia guarito la giovane donna, ma un losco sfruttatore la prende nelle sue grinfie per instradarla al vizio. Poi la ragazza trova la forza per ribellarsi al cattivo e, tornata dal marito, guarisce definitivamente con l'aiuto della medicina. ■ DRAMMATICO; B/N; 95'; FRANCIA, 1953.

RABBIT HOLE ★★★
Regia di JOHN CAMERON MITCHELL. Con TAMMY BLANCHARD, AARON ECKHART, NICOLE KIDMAN, MILES TELLER, DIANNE WIEST. ■ Becca e Howie Corbett sono una delle tante coppie benestanti delle villette residenziali del Queens, anche se da otto mesi le loro vite sono come sospese, congelate nell'elaborazione di un lutto. Da quando il figlio di quattro anni è stato investito da una macchina, i due hanno sviluppato un meccanismo opposto di rimozione. Howie tende semplicemente a obliare l'evento, facendo rivivere ogni sera la presenza del figlio attraverso i filmati del proprio telefonino; Becca cerca invece volontario isolamento, dedicandosi alla cura del giardino, della cucina e alla sistematica eliminazione di tracce e ricordi. In questo limbo che sembra impossibile superare, Howie comincia a legare con una donna conosciuta durante una seduta di terapia di gruppo, mentre Becca decide di aprirsi con il giovane adolescente che era alla guida della macchina quel giorno fatale. ■ DRAMMATICO; COL.; 90'; USA, 2010.

RABDOMANTE, IL ★★
Regia di FABRIZIO CATTANI. Con LUCIANNA DE FALCO, ANTONIO GERARDI, ANDREA OSVART, MASSIMO SARCHIELLI, RICCARDO ZINNA, PASCAL ZULLINO. ■ Harja vive la sua recente gravidanza come un cordone che la tiene legata all'uomo che l'ha comprata per possederla, un malavitoso prepotente quanto potente di nome Ninì. Nella fuga dai suoi tirapiedi la giovane donna dell'Est trova rifugio nella masseria di Felice, un quarantenne affetto da schizofrenia con il dono della rabdomanzia. A unirli, oltre alla solitudine e all'estraneità, sarà proprio Ninì, il quale ha messo una taglia sulla testa della sua sposa nonché uno scagnozzo alla ricerca dell'uomo che gli sta rovinando il business dell'acqua, scovando fonti idriche nei campi aridi della Basilicata. ■ DRAMMATICO, COL.; 100'; ITALIA, 2007.

RABID SETE DI SANGUE *(Rabid)* ★★
Regia di DAVID CRONENBERG. Con MARILYN CHAMBERS, FRANK MOORE, HOWARD RYSHPAN. ■ A seguito di un incidente stradale, una ragazza riporta terribili ustioni. Viene apparentemente rimessa a nuovo da un chirurgo. In realtà la sua mente è sconvolta e non sopporta l'avventuroso trapianto di pelle operato dal dottore. Diventa una specie di vampiro che morde a tutto spiano e tra-

sforma in vampiri le sue vittime. Sarà una di queste alla fine a ucciderla. ■ HORROR; COL.; 91′; CANADA, 1976.

RACCOMANDATO DI FERRO, IL ★★
Regia di MARCELLO BALDI. Con FRANCA MARZI, ALESSANDRA PANARO, ROBERTO RISSO, MARIO RIVA. ■ Mario Riva, allora sulla cresta dell'onda, interpreta un impiegato sbruffone e fortunato che ha ottenuto il posto spacciandosi per amico d'un ministro. Un capufficio che lo odia, sospettando la bugia, pensa di metterlo in imbarazzo presentandolo all'uomo politico venuto a visitare lo stabilimento, ma, ancora una volta, la fortuna l'aiuta perché la personalità finge di riconoscerlo per allontanarsi da alcuni scocciatori. ■ COMMEDIA; B/N; 92′; ITALIA, 1959.

RACCONTAMI UNA STORIA ★
Regia di FRANCESCA ELIA. Con ELENOIRE CASALEGNO, PATRIZIO COLOMBO, ANTONELLA D'ARCANGELO, SIMONE FAUCCI, DAVIDE GEMMANI, LILIANA ORICCHIO VALLASCIANI. ■ È Natale. Ricky è un bambino di dieci anni che non può proprio accettare la crisi che stanno attraversando i suoi genitori; il papà è sempre fuori per lavoro e la mamma tenta invano di tenere il figlio all'oscuro di quello che sta succedendo in casa. Lui però vive di ricordi e si consola con il suo supereroe preferito, Trashcrash, e con il migliore amico nonché compagno di classe. ■ COMMEDIA; COL.; 95′; ITALIA, 2006.

RACCONTI A DUE PIAZZE *(Lit à deux places)* ★★
Regia di JEAN DELANNOY, FRANÇOIS DUPONT-MIDY, GIANNI PUCCINI, AL WORLD. Con DOMINIQUE BOSCHERO, LANDO BUZZANCA, NINO CASTELNUOVO, SYLVA KOSCINA, MARGARET LEE, FRANCO PARENTI, JEAN RICHARD, MICHEL SERRAULT. ■ Una serie di episodi blandamente erotici su alcuni viaggiatori costretti a dividere la stanza d'una locanda: sono un professore scambiato per un maniaco sessuale, un pazzo che impone al futuro cognato di dirgli come si comporterà nel talamo nuziale e una coppia napoletana che per campare si finge lui morto e lei prostituta per pagare il funerale. ■ COMM. A EPISODI; B/N; 105′; FRANCIA, ITALIA, 1966.

RACCONTI DALLA CRIPTA *(Tales from the Crypt)* ★★★
Regia di RICHARD DONNER, WALTER HILL, ROBERT ZEMECKIS. Con LARRY DRAKE, JOE PANTOLIANO, BILL SADLER, MARY E. TRAINOR, ROBERT WHUL. ■ Il film si compone di tre singoli episodi, la cui ispirazione è stata suggerita dai fumetti più in voga negli anni Cinquanta e Sessanta. I titoli: *L'uomo che era la morte*, *È attraverso tutta la casa*, *Sotterra quel gatto, è davvero morto*. ■ HORROR; COL.; 80′; USA, 1989.

RACCONTI DALLA TOMBA *(Tales from the Crypt)* ★★★
Regia di FREDDIE FRANCIS. Con JOAN COLLINS, PETER CUSHING, ROY DOTRICE, RICHARD GREENE, PATRICK MAGEE. ■ I cinque episodi che costituiscono il film sono introdotti da un prologo in cui un misterioso frate in una catacomba fa rivivere alcuni peccatori che raccontano i loro crimini: una donna commette uxoricidio, ma viene uccisa da un pazzo; un uomo scappa con l'amante, ma un incidente sfigura lui e acceca lei; un giovane costringe al suicidio un rivale, ma il fantasma di questi gli strappa il cuore; un industriale viene distrutto da una magica statuetta; il direttore d'un ospizio per ciechi è divorato da un cane. ■ HORROR; COL.; 92′; GRAN BRETAGNA, 1973.

RACCONTI DALLA TOMBA VOLUME 2 ★★
(Tales From the Crypt Volume 2)
Regia di HOWARD DEUTCH, TOM HOLLAND, MARY LAMBERT. Con AMANDA PLUMMER, LEA THOMPSON, M. EMMER WALSH. ■ Due registi esperti del genere orrorifico, Tom Holland (*La bambola assassina*) e Mary Lambert (*Pet Sematary*) più un "mestierante di commedie" (*Bella in rosa*) per tre storie di paura. Una travagliata "prima notte di matrimonio"; un uomo in pensione alle prese con gli "animaletti" della consorte; una bellezza femminile che fa uno strano patto. ■ HORROR; COL.; 90′; USA, 1992.

RACCONTI DA STOCCOLMA *(När mörkret faller)* ★★
Regia di ANDERS NILSSON. Con BIBI ANDERSSON, MINA AZARIAN, LIA BOYSEN, PETER ENGMAN, PER GRAFFMAN, ANNIKA HALLIN, OLDOZ JAVIDI, BAHAR PARS, REUBEN SALLMANDER, CESAR SARACHU, NISTI STÊRK. ■ Quando scende la notte Stoccolma si scopre intollerante e violenta. Dentro le case e fuori, sulle strade, esplode l'odio incontrollato di padri, mariti, fratelli. In una di queste notti si incrociano i destini di Leyla, figlia di una numerosa famiglia mediorientale, cresciuta secondo un rigido codice morale e religioso, Carina, madre generosa e giornalista di talento, umiliata dalle parole e dalle percosse di un marito meschino e geloso, e Aram, giovane proprietario di un locale, innamorato di uno degli uomini della sicurezza e minacciato da malviventi anti-gay. Con modi e tempi diversi, Leyla, Carina e Aram impareranno a difendersi e a reagire ai soprusi. Il mondo è duro con tutti quelli che cercano di adattarlo alle proprie esigenze e alle proprie inclinazioni. Anders Nilsson esplicita tutto il senso del sotteso a una violenza, a un sopruso, a un abuso. Un'occasione sprecata per ribadire le ragioni profonde di un'ingiustizia: la pratica della violenza contro chi vuole essere se stesso. ■ DRAMMATICO; COL.; 133′; GERMANIA, SVEZIA, 2006.

RACCONTI DEL CUSCINO, I *(The Pillow Book)* ★★
Regia di PETER GREENAWAY. Con EWAN MCGREGOR, YOSHI OIDA, VIVIAN WU. ■ Tratto da "Pillow Book" di Sei Shonagon. L'erotismo secondo Greenaway. Il corpo femminile come poesia, ispirazione e scrittura. Riconoscibilissimo lo stile del regista, astratto e lento, con qualche suggestivo picco come quando la protagonista seppellisce in un bonsai il libro fatto con la pelle dell'amante. Ma il film è dilatato, si ha la sensazione di non uscirne mai. ■ DRAMMATICO; COL.; 126′; FRANCIA, OLANDA, 1996.

RACCONTI DELLA CRIPTA, I *(Bordello of Blood)* ★
Regia di GILBERT ADLER. CON ERIKA ELENIAK, ANGIE EVERHART, COREY FELDMAN, WHOOPI GOLDBERG, CHRIS SARANDON. ■ Katherine cerca disperatamente suo fratello, scomparso in modo misterioso. L'unica cosa che sa è che prima di svanire nel nulla è entrato dentro un bordello gestito da una focosa rossa tutta curve dal nome tutt'altro che rassicurante: Lilith. Ben presto, assieme al suo amico Rafe, scoprirà che dietro quella casa chiusa c'è molto di più. Il predicatore Jimmy Current, tutt'altro che incline al perdono dei peccatori, lo ha edificato al fine di punire chi sporcava il buon nome di Cristo. Come? Mettendoci dentro bellissime vampire e mostri che riesce a tenere a bada grazie a una magica "chiave". Il film doveva essere il secondo episodio di una trilogia horror ideata dagli autori della serie della HBO *I racconti della cripta* ma il terzo capitolo non è mai stato girato dato che la Universal non credeva nel progetto. ■ HORROR; COL.; 87′; USA, 1996.

RACCONTI DELLA LUNA PALLIDA DI AGOSTO, I *(Ugetsu monogatari)* ★★★★
Regia di KENJI MIZOGUCHI. Con TANAKA KINUYO, MACHIKO KYÔ, MITO MITSUKO, MASAYUKI MORI, SAKAE OZAWA. ■ Nel Giappone medievale sconvolto dalle lotte feudali un contadino spinge la moglie alla prostituzione pur di diventare samurai, mentre un vasaio è sequestrato da una misteriosa principessa, in realtà un fantasma che dice d'amarlo. Quando l'uomo riuscirà a sfuggire al suo malefico influsso e tornare al suo villaggio scoprirà che la moglie è morta. Il film parte da una raccolta di novelle tradizionali e critica indirettamente la società feudale e la guerra. ■ DRAMMATICO; B/N; 97′; GIAPPONE, 1953. ■ OSCAR 1 NOM; VENEZIA 1 PR.

RACCONTI DELL'ETA' DELL'ORO ★★★
(Amintiri din Epoca de Aur)
Regia di HANNO HÖFER, RAZVAN MARCULESCU, CRISTIAN MUNGIU, CONSTANTIN POPESCU, IOANA URICARU. Con AVRAM BIRAU, TEODOR CORBAN, PAUL DUNCA, EMANUEL PARVU, ALEXANDRU POTOCEAN. ■ Storie di vita ordinaria in Romania sotto il regime comunista di Ceausescu. La visita dell'ispettore, la fotografia del leader da ritoccare, un maiale consegnato erroneamente vivo da tagliare, l'imbottigliamento dell'aria: cinque leggende urbane bizzarre, ridicole, commoventi. Sono *I racconti dell'età dell'oro*, quegli ultimi quindici anni di dittatura che hanno visto il paese in ginocchio per la fame e la povertà. Film a più mani alla maniera della commedia all'italiana degli anni belli, concepito collettivamente e non a staffetta. ■ COMMEDIA; COL.; 100′; ROMANIA, FRANCIA, 2009.

RACCONTI DELLO ZIO TOM, I *(Song of the South)* ★★★
Regia di HARVE FOSTER, WILFRED JACKSON. Con JAMES BA-

SKETT, BOBBY DRISCOLL, RUTH WARRICK. ■ Un ragazzo nel sud, prima della guerra civile americana, è triste perché il padre è lontano. L'unico suo conforto è il vecchio schiavo Remus, ribattezzato Tom dal doppiaggio italiano, e le sue storie meravigliose realizzate a cartoni animati. ■ COMMEDIA; COL.; 95'; USA, 1946. ■ OSCAR 2 PR, 3 NOM.

RACCONTI DEL TERRORE, I *(Tales of Terror)* ★★★

Regia di ROGER CORMAN. Con LEONA GAGE, PETER LORRE, DEBRA PAGET, MAGGIE PIERCE, VINCENT PRICE, BASIL RATHBONE. ■ Uno degli ottimi film del terrore prodotti e diretti da Roger Corman, l'uomo di cinema americano idolatrato dalla critica francese. Come al solito l'ispiratore è Poe: sono sceneggiati tre dei suoi racconti. ■ HORROR; COL.; 90'; USA, 1963.

RACCONTI D'ESTATE ★★★

Regia di GIANNI FRANCIOLINI. Con DANY CARREL, LORELLA DE LUCA, FRANCO FABRIZI, GABRIELE FERZETTI, FRANCA MARZI, MARCELLO MASTROIANNI, MICHÈLE MORGAN, ALBERTO SORDI. ■ Tra gli episodi, i migliori sono quelli che mostrano Sordi amministratore-amante d'una grassa cantante lirica che finisce per essere costretto a sposare e Mastroianni, commissario che s'innamora della ladra francese, la Morgan, che deve tradurre in Francia. ■ COMMEDIA; COL.; 113'; ITALIA, 1958.

RACCONTI DI CANTERBURY, I ★★★★🏆

Regia di PIER PAOLO PASOLINI. Con LAURA BETTI, JOSÉPHINE CHAPLIN, FRANCO CITTI, NINETTO DAVOLI, HUGH GRIFFITH, ALAN WEBB. ■ Secondo film della *Trilogia della vita* in cui Pasolini ridusse per lo schermo le famose raccolte di novelle del Trecento. Questa volta è di scena l'Inghilterra di Geoffrey Chaucer con i suoi pellegrini sulla via dell'abbazia di Canterbury per onorare la tomba di san Thomas Beckett. I racconti che narrano per ingannare la noia del viaggio sono ora drammatici, ora farseschi, ora teneri, ora grossolani. ■ COMMEDIA; COL.; 110'; ITALIA, 1973. ■ BERLINO 🏆 1 PR.

RACCONTI DI CUCINA - KITCHEN STORIES ★★

(Salmer fra kjøkkenet)

Regia di BENT HAMER. Con REINE BRYNOLFSSON, JOACHIM CALMEYER, BJØRN FLOBERG, TOMAS NORSTRÖM. ■ Negli anni Cinquanta l'Istituto Svedese per la Ricerca Domestica promosse uno studio col fine di ottimizzare l'economia dei movimenti delle casalinghe. L'assurda realtà diventa un film, e l'indagine sociologica si sposta in Norvegia, in un paesino abitato solo da maschi single. Kolke, uno degli studiosi, segue la vita domestica di Isak dall'alto di un seggiolone, per evitare di condizionarlo. Il loro rapporto, all'inizio pressoché inesistente, comincia a stringere e ben presto i due capiscono che è impossibile capirsi senza comunicare. ■ COMMEDIA; COL.; 92'; NORVEGIA, SVEZIA, 2003.

RACCONTI DI GIOVANI AMORI ★★★

Regia di ERMANNO OLMI. Con RENATA CARNIGLIA, GIUSTINO DE PAOLI, GRAZIELLA MENICHELLI, GIOVANNA CLAUDIA MONGINO, ROBERTO NANNAVECCHIA, LUCIANO PIERGIOVANNI. ■ Tre episodi realizzati da Olmi per il pubblico televisivo e riuniti poi in un film che ebbe scarsa diffusione. ■ FILM A EPISODI; B/N; 93'; ITALIA, 1968.

RACCONTI DI GIOVANI MOGLI ★★

(Young Wives' Tale)

Regia di HENRY CASS. Con DEREK FARR, JOAN GREENWOOD, AUDREY HEPBURN, NIGEL PATRICK. ■ Commediola inglese abbastanza vivace e divertente su due giovani coppie di sposi afflitte dai figli terribili, dalla mancanza cronica di baby-sitter e dai tanti piccoli guai della vita a due. C'è anche un quasi adulterio, subito scongiurato. ■ COMMEDIA; B/N; 78'; GRAN BRETAGNA, 1956.

RACCONTI DI HOFFMANN, I ★★★

(The Tales of Hoffmann)

Regia di MICHAEL POWELL, EMERIC PRESSBURGER. Con ROBERT HEIPMANN, LÉONIDE MASSINE, MOIRA SHEARER, LUDMILLA TCHERINA. ■ Il regista e parte degli interpreti sono i medesimi d'un altro film musicale inglese che ebbe un grande successo, *Scarpette rosse* del 1948. Si tratta d'una riduzione cinematografica, con splendidi colori, del noto balletto con musica di Offenbach, ispirato all'opera del novellista romantico. Hoffmann viene ingannato dal diavolo e, in una birreria, racconta agli amici studenti le sue avventure con tre donne misteriose, una ballerina, una bambola meccanica, una cortigiana veneziana. La ballerina viene a raggiungere il poeta ma, trovandolo ubriaco, fugge con un uomo che è l'incarnazione del demonio. ■ MUSICALE; COL.; 127'; GRAN BRETAGNA, 1952. ■ CANNES 1 PR; OSCAR 2 NOM.

RACCONTI DI NATALE DI BEATRIX POTTER, I ★★★

(Tales of Beatrix Potter)

Regia di REGINALD MILLS. Con CAROLE AINSWORTH, SALLY ASHBY, FREDERICK ASHTON. ■ Il film è una fiaba preziosa e raffinata tratta dai racconti di Beatrix Potter, specializzata in produzioni per l'infanzia, nata a Londra nel 1863 e scomparsa durante la seconda guerra mondiale. Alle sequenze che hanno per protagonisti gli animali si alternano stupendi balletti eseguiti dai componenti del Royal Ballet del Covent Garden. ■ FANTASTICO; COL.; 90'; GRAN BRETAGNA, 1971.

RACCONTI DI TERRAMARE, I *(Gedo Senki)* ★★

Regia di GORO MIYAZAKI. ■ I draghi hanno invaso il mondo degli umani e qualcosa o qualcuno ha spezzato l'equilibrio di Terramare. Gli animali muoiono, il raccolto è compromesso, gli uomini impazziscono e i figli uccidono i padri. Arren, giovane principe di Enland colpevole di parricidio, fugge dal castello inseguito e tormentato da un'ombra, la sua parte oscura e malvagia. Sulla strada per Hort Town incontra Sparviere, arcimago saggio e potente alla ricerca della causa che ha alterato l'armonia del mondo. ■ ANIMAZIONE; COL.; 115'; GIAPPONE, 2006.

RACCONTI DI VITTORIA ★★★

Regia di ANTONIETTA DE LILLO. Con VITTORIA BELCASTRO, ENZO DE CARO, ENZO MOSCATO. ■ Antonietta De Lillo si ispira al monologo *Pozzi d'amore* di Enzo Moscato e al racconto *In alto a sinistra* di Erri De Luca e ricrea uno spazio teatrale in cui mettere in scena la finzione e la realtà della lotta contro il cancro della dottoressa Belcastro. ■ DRAMMATICO; COL.; 75'; ITALIA, 1995.

RACCONTI IMMORALI DI BOROWCZYK, I ★★★

(Contes immoraux)

Regia di WALERIAN BOROWCZYK. Con PASCALE CHRISTOPHE, LUISE DANVERS, FABRICE LUCHINI, PALOMA PICASSO. ■ Sono quattro episodi preceduti da un documentario sull'erotismo del passato. ■ DRAMMATICO; COL.; 92'; FRANCIA, 1974.

RACCONTI INCANTATI *(Bedtime Stories)* ★★

Regia di ADAM SHANKMAN. Con GUY PEARCE, KERI RUSSELL, ADAM SANDLER. ■ Skeeter Bronson è il figlio dell'ex proprietario di un hotel che, anni prima, era stato costretto a vendere a Nottingham, assolutamente privo di scrupoli. Ora Skeeter è ancora nell'albergo ma come riparatore degli impianti. Un giorno sua sorella Wendy, che non vede quasi mai, gli chiede di occuparsi dei suoi due figli perché costretta ad allontanarsi dalla città. Il nuovo compito è foriero di maggiori soddisfazioni. ■ COMMEDIA; COL.; 99'; USA, 2008.

RACCONTI ROMANI ★★★

Regia di GIANNI FRANCIOLINI. Con MAURIZIO ARENA, VITTORIO DE SICA, FRANCO FABRIZI, ALDO GIUFFRÉ, SILVANA PAMPANINI, GIOVANNA RALLI, MARIO RIVA, TOTÒ. ■ Il filo conduttore è dato dalle imprese di alcuni amici che decidono di darsi alle truffe spinti da un compagno più furbo che finisce per cavarsela sempre. ■ COMMEDIA; COL.; 110'; ITALIA, 1955. ■ DAVID DI DONATELLO 2 PR, 2 NOM.

RACCONTO CRUDELE DELLA GIOVINEZZA ★★★

(Seishun Zankoku Monogatari)

Regia di NAGISA OSHIMA. Con YUSUKE KAWAZU, YOSHIKO KUGA, MIYUKI KUWANO, ASAO SANO, KEI SATO, FUMIO WATANABE. ■ Un film del genere "yakuza", cioè il "nero" giapponese, e un quadro sulla violenza insita nei giovani che cercano di arrivare ai loro scopi con troppa facilità. Mako, una giovane, viene molestata da un uomo di mezza età. Un ragazzo la salva. Poi quest'ultimo si rivela un sadico. Uno dei primi film di Oshima, realistico e spietato. ■ DRAMMATICO; COL.; 97'; GIAPPONE, 1960.

RACCONTO D'AMORE *(Love Story)* ★★

Regia di LESLIE ARLISS. Con STEWART GRANGER, MARGARET

LOCKWOOD, PATRICIA ROC. ■ Una pianista, condannata dal mal di cuore, s'innamora d'un professionista che sta per diventare cieco. Lui si sottopone a una rischiosa operazione e lei si ritrae in disparte. Guarito, l'uomo saprà però ritrovare la donna. ■ DRAMMATICO; B/N; 108'; GRAN BRETAGNA, 1946.

RACCONTO D'AUTUNNO *(Conte d'automne)* ★★★
Regia di ERIC ROHMER. Con ALAIN LIBOLT, MARIE RIVIÈRE, BEATRICE ROMAND. ■ Dopo aver raccontato l'adolescenza in *Un ragazzo, tre ragazze...* e la giovinezza in *Racconto d'inverno*, Romher affronta l'età matura, dove (quasi) tutto rimane lo stesso – sentimenti, amore, cattiveria – salvo l'esperienza, che dovrebbe soccorrere. I rapporti si intrecciano fra due donne, figli e mariti e l'esterno. L'amore può sempre incombere, a tutte le età. Solito stile leggero e sapiente di Romher. ■ COMMEDIA; COL.; 111'; FRANCIA, 1998.

RACCONTO DELLA GIUNGLA, IL ★
Regia di GIBBA. ■ Il film si ispira senza particolare estro o trovate alle avventure di Robinson Crusoe di Daniel DeFoe. ■ ANIMAZIONE; B/N; 92'; ITALIA, 1974.

RACCONTO DELL'ANCELLA, IL ★★
(The Handmaid's Tale)
Regia di VOLKER SCHLÖNDORFF. Con FAYE DUNAWAY, ROBERT DUVALL, NATASHA RICHARDSON. ■ Sono passati i tempi de *Il tamburo di latta* per Schlondorff, che ormai lavora sempre più spesso negli Stati Uniti. Questo film è tratto dal romanzo omonimo di Margaret Atwood ed è stato sceneggiato addirittura dal premio Nobel Harold Pinter. Siamo nel futuro prossimo dove il grado d'inquinamento e le terribili radiazioni impediscono la fertilità della maggior parte delle donne. Così la Repubblica di Gilead intende creare una nuova razza e rapisce le donne che dovrebbero avere le giuste qualità. La ribellione però non tarderà a scoppiare. ■ DRAMMATICO; COL.; 107'; USA, 1990.

RACCONTO DI CANTERBURY, UN ★★★
(A Canterbury Tale)
Regia di MICHAEL POWELL, EMERIC PRESSBURGER. Con ERIC PORTMAN, SHEILA SIM, JOHN SWEET. ■ Doppiato appositamente dalla Rai, si tratta di un inedito della celebre coppia di registi. Si narrano le storie di due uomini e una donna: un soldato americano, un sergente inglese e un'ausiliaria. Il punto d'incontro è la città di Canterbury. Un discorso sul materialismo che si scontra con gli ideali in un'opera che inaugura molte delle costanti del cinema di Powell. Il titolo vuole essere una stupida reminiscenza pasoliniana. In sostanza serve a ingannare. ■ COMMEDIA; COL.; 105'; GRAN BRETAGNA, 1944.

RACCONTO DI NATALE *(Un conte de Noël)* ★★
Regia di ARNAUD DESPLECHIN. Con MATHIEU AMALRIC, EMILE BERLING, FRANÇOIS BERTIN, CATHERINE DENEUVE, JEAN-PAUL ROUSSILLON. ■ Abel e Junon Vuillard avevano due figli: Joseph ed Elizabeth. Joseph si ammalò e si rese necessario un trapianto di midollo osseo. Né i genitori né Elizabeth erano compatibili. Abel e Junon decisero allora di mettere al mondo un altro figlio sperando nella possibilità di una donazione. Ma anche il piccolo Henri non era compatibile e Joseph morì a 7 anni. Con la nascita del quarto figlio, Ivan, progressivamente il lutto per la perdita di Joseph sembrò essere rielaborato. Anni dopo Elizabeth, scrittrice teatrale di successo aiutò il fratello Henri, sull'orlo della bancarotta, ma a un patto: non avrebbe dovuto mai più presentarsi davanti a lei. Sono trascorsi altri anni e si avvicina il Natale, Junon apprende di essere stata colpita dallo stesso male di Joseph. Dunque occorre cercare un donatore in famiglia. ■ DRAMMATICO; COL.; 150'; FRANCIA, 2008.

RACCONTO D'INVERNO *(Conte d'hiver)* ★★★
Regia di ERIC ROHMER. Con HENRY FURIC, FREDRIC VAN DEN DRIESSCHE, CHARLOTTE VERY. ■ Dopo *Racconto di primavera*, secondo episodio della saga rohmeriana delle stagioni. La consueta analisi minimalista, forse meno coinvolgente del solito ma supportata dalla consueta maestria nella direzione degli attori, soprattutto le attrici. La protagonista è una ragazza madre che cerca di risolvere i propri problemi. È indecisa però tra due uomini molto diversi tra loro. Un altro capitolo nell'enciclopedia Rohmer. ■ COMMEDIA; COL.; 114'; FRANCIA, 1991.

RACCONTO DI PRIMAVERA *(Conte de printemps)* ★★★
Regia di ERIC ROHMER. Con FLORENCE DARREL, HUGUES QUESTER, ANNE TEYSSÈDRE. ■ Primo lungometraggio del ciclo *Racconti delle quattro stagioni*. Natasha ha invitato per le vacanze l'amica Jeanne, che è professoressa, per buttarla tra le braccia del padre, perché la ragazza non può sopportare la fidanzatina del genitore. Il gioco di gruppo è reso molto realisticamente secondo il costume del grande regista francese. Pregevole. ■ COMMEDIA; COL.; 112'; FRANCIA, 1990.

RACHEL GETTING MARRIED ★★
Regia di JONATHAN DEMME. Con ANNA DEAVERE SMITH, ROSEMARIE DEWITT, ANISA GEORGE, ANNE HATHAWAY, BILL IRWIN, MATHER ZICKEL. ■ Uscita dal centro di riabilitazione per partecipare al matrimonio della sorella maggiore, Kym travolge l'apparente pace familiare con la sua problematica esuberanza. Tra riunioni di tossicodipendenti anonimi, preparativi nuziali, incomprensioni e liti, affronterà il drammatico episodio che ha segnato la vita di tutta la famiglia. Kym è una ragazza interrotta che per anni ha vissuto segregata nei centri di recupero, dai quali è entrata e uscita ripetutamente. Per espiare la colpa si è costruita una gabbia nell'inferno della dipendenza. "Pulita" da nove mesi e decisa a rientrare in casa e riprendersi l'affetto della famiglia, si piazza al centro della scena, sotto le luci dei riflettori. Tuttavia, di fronte all'ostilità della sorella, subisce poco alla volta un cambiamento e lascia che il tormento di una vita venga finalmente a galla. Figura negativa al limite della ripugnanza, Kym ottiene l'empatia dello spettatore solo nel momento in cui si apre al prossimo e a se stessa nel tentativo di lasciarsi alle spalle la colpa e condividerla. Nel trasporre sul grande schermo la sceneggiatura di Jenny Lumet, figlia del celebre Sidney, Demme sceglie la linea dell'onestà documentaristica come cifra stilistica e la compassione come strumento per avvicinarsi alla storia di Kym. ■ DRAMMATICO; COL.; 105'; USA, 2008.

RACHIDA ★★★
Regia di YAMINA BACHIR CHOUIKH. Con ZACHI BOULENAFED, IBTISSEM DJOUADI, RACHIDA MESSAOUDEN. ■ Rachida insegna con passione in una scuola ad Algeri. Un giorno riceve l'ordine di portare un pacco-bomba nella sua scuola. Si rifiuta e diviene oggetto di un attentato. Fugge con la madre in un paese ma anche qui il fondamentalismo incombe. Rachida comunque non si arrende e trova il coraggio per tornare a parlare di pace ai bambini. Film un po' didascalico ma importante per le tematiche che sviluppa in un contesto come quello algerino contemporaneo. ■ DRAMMATICO; COL.; 100'; ALGERIA, FRANCIA, 2003.

RA CHOI ★★
Regia di MICKAEL FRANK. Con NINA KAREN FERNANDEZ, PAUL HE, NAMMI LE BENSON, CHARLES NGUYEN. ■ Ambientato nella periferia di Sidney, il film è la storia di cinque ragazzi di strada, Dac, Kien, Lanh, Trinh e Lucy che, vittime della sfortuna, tentano di costruirsi una vita a loro misura. È un viaggio commovente nel quale la loro forza d animo è spesso l'unica risorsa di cui dispongono. ■ DRAMMATICO; COL.; 117'; AUSTRALIA, 2005.

RACKET DEI SEQUESTRI, IL *(The Squeeze)* ★★
Regia di MICHAEL APTED. Con STEPHEN BOYD, EDWARD FOX, DAVID HEMMINGS, STACY KEACH, CAROL WHITE. ■ La moglie e la figlia di un banchiere vengono rapite da una banda di malviventi. L'unica condizione per il loro rilascio è che l'uomo permetta loro di rapinare la banca. L'ex marito della rapita, detective privato, inizia le indagini che spaventano i malviventi e li inducono a spingere il banchiere ad ucciderlo. Fallito il tentativo, questi si allea al detective che può liberare le due donne ed eliminare i banditi. ■ POLIZIESCO; COL.; 107'; GRAN BRETAGNA, 1977.

RADIAZIONI BX DISTRUZIONE UOMO ★★★
(The Incredible Shrinking Man)
Regia di JACK ARNOLD. Con APRIL KENT, RANDY STUART, GRANT WILLIAMS. ■ Un uomo investito da una misteriosa nuvola radioattiva si accorge di diminuire di peso e di statura. Il fenomeno si fa sempre più marcato. Dapprima l'uomo trova un mi-

nimo di conforto nella compagnia di una nana, poi le sue dimensioni diventano microscopiche, finché anche i gatti diventano per lui un pericolo. Non smetterà tuttavia di lottare. ■ FANTASCIENZA; B/N; 81′; USA, 1957.

RADICE QUADRATA DI TRE *(Lidrîs cuadrade di Trê)* ★★
Regia di LORENZO BIANCHINI. Con TOMAS MARCUZZI, ALEX NAZZI, MASSIMILIANO PIVIDORE. ■ Raccontata tutto in flashback, l'opera prima di Lorenzo Bianchini è ambientata nei sotterranei di un edificio scolastico nel quale rimangono intrappolati tre giovani studenti. ■ HORROR; COL.; 97′; ITALIA, 2001.

RADICI DEL CIELO, LE *(The Roots of Heaven)* ★★★
Regia di JOHN HUSTON. Con ERROL FLYNN, JULIETTE GRÉCO, TREVOR HOWARD, ORSON WELLES. ■ Si racconta d'un uomo che cerca in tutti i modi d'impedire lo sterminio degli elefanti africani e che riesce ad ottenere simpatie per la sua causa. ■ AVVENTURA; COL.; 131′; USA, 1959.

RADICI DELLA PAURA, LE *(The Evil)* ★★
Regia di GUS TRIKONIS. Con RICHARD CRENNA, JOANNA PETTET, ANDREW PRINE. ■ Una coppia di sposi, entrambi medici e scienziati, acquista una vecchia villa, nella quale si sistema con un gruppo di sette amici. Ma nella villa si verificano terrificanti fenomeni e gli ospiti vengono uccisi ad uno ad uno da una presenza demoniaca. Si salvano solo i due coniugi. ■ HORROR; COL.; 90′; USA, 1980.

RADICI DELL'ODIO, LE *(Into the Homeland)* ★★
Regia di LESLI LINKA GLATTER. Con POWERS BOOTHE, C. THOMAS HOWELL, PAUL LE MAT. ■ Da un giorno all'altro la figlia del protagonista scompare nel nulla. Gli indizi, pochi in verità, lo portano in un piccolo paese dove una combriccola di fanatici nazisti comanda. E la figlia? Sorpresa finale. Interessante anche se a tratti inverosimile, rientra nei *sequel* (come concetto, non come trama) de *I ragazzi venuti dal Brasile*. ■ DRAMMATICO; COL.; 115′; USA, 1987.

RADIO, LA ★★
Regia di DAVIDE SORDELLA. Con BARBORA BOBULOVA, FABRIZIO GIFUNI, FABRIZIO RONGIONE. ■ Storia basata su tre fratelli che durante un pranzo di Natale, si ritrovano nello scantinato della casa dove erano soliti andare da bambini. Sono 10 anni che i tre non si rivedevano. Ritrovano anche una radio sintonizzata su una stazione che trasmette telefonate senza censura. È come una sorte di confessionale, dove ognuno racconta qualcosa. I tre fratelli decidono di fare un gioco: il telefono ruota sul tavolino e chi esce deve fare una telefonata alla radio. Si scopriranno cose nuove, e il passato diventa una vera malattia. ■ DRAMMATICO; COL.; 85′; INGHILTERRA, ITALIA, 2003.

♥ **RADIO AMERICA** *(A Prairie Home Companion)* ★★★★
Regia di ROBERT ALTMAN. Con WOODY HARRELSON, L.Q. JONES, GARRISON KEILLOR, KEVIN KLINE, TOMMY LEE JONES, LINDSAY LOHAN, VIRGINIA MADSEN, JOHN C. REILLY, MAYA RUDOLPH, MERYL STREEP, LILY TOMLIN. ■ Il racconto di ciò che accade dietro le quinte di uno dei più importanti show radiofonici andato in onda in America a partire dal 1974, che nel film viene improvvisamente cancellato. Va in onda l'ultima puntata, un "Last Waltz". L'ottantunenne Bob Altman dirige con la fermezza del grande regista questa sua opera-testamento prima della scomparsa. Senza farsi mettere sotto da Garrison Keillor (conduttore nella realtà di un programma che ha nel mondo anglofono 35 milioni di ascoltatori) e con la voglia di mettere in scena un *Nashville* uguale e contrario. Contrario perché qui siamo nello spazio chiuso di uno studio di registrazione radiofonico con pubblico in sala. Uguale perché c'è la stessa voglia politica (nel senso più positivo del termine) di raccontare un pezzo di America che finisce con il rappresentarla tutta. ■ COMMEDIA; COL.; 100′; USA, 2006.

RADIO DAYS ★★★
Regia di WOODY ALLEN. Con MIA FARROW, SETH GREEN, DIANNE WIEST. ■ Woody Allen è del 1935 e la sua formazione, oltre che da libri, musica e generica comunicazione newyorkese, è dovuta in gran parte alla radio. Almeno è ciò che lascia intendere con questo film. Adolescente negli anni del dopoguerra ha vissuto la sindrome della radio, allora del tutto simile a quella della televisione, nel nostro tempo. C'erano le novelas, i quiz, i giornali, proprio come adesso. In più c'era lo sforzo attivo della fantasia che doveva dare forma a ciò che veniva suggerito dall'udito. Davvero bei tempi, e Allen si rivela onesto e nostalgico. Lui non appare nel film, racconta soltanto fuori campo. Ecco dunque i personaggi della sua vita reale, in quella New York, intrecciarsi con quelli suggeriti dalla radio. Ci sono i parenti che concorrono a tutti i quiz radiofonici, quelli che non perdono una puntata, quelli che consumano tutti i prodotti suggeriti dalla pubblicità. Allen, grande ammiratore di Fellini, ha dunque realizzato il suo *Amarcord*. Il punto d'arrivo è la prima serata al Radio Music Hall, al quale Allen partecipò come scrittore di testi comici. E fu l'inizio... Va detto che in questo caso gran parte del merito va a Oreste Lionello, il doppiatore di Woody, che regge quasi da solo tutto il film come voce narrante. ■ COMMEDIA; COL.; 85′; USA, 1987. ■ OSCAR 2 NOM.

RADIOFOLLIE *(Sing, Baby, Sing)* ★★★
Regia di SIDNEY LANFIELD. Con ALICE FAYE, ADOLPHE MENJOU. ■ Un giornalista, su incarico dell'impresario di una cantante di varietà, inventa uno scandalo sulla donna allo scopo di lanciarla. I due fanno baruffa perché lei non è d'accordo, ma alla fine si sposano. ■ COMM. MUSICALE; B/N; 87′; USA, 1936. ■ OSCAR 1 NOM.

RADIOFRECCIA ★
Regia di LUCIANO LIGABUE. Con STEFANO ACCORSI, LUCIANO FEDERICO, FRANCESCO GUCCINI. ■ Anni settanta. Un gruppo di ragazzi cerca di mettere insieme una radio libera in ricordo di un amico "trasgressivo". Piccolo spazio per piccolo gergo, piccole storie e piccole idee: "la droga è come la musica, anzi, meglio". Con Guccini che fa il barista e un richiamo a *Trainspotting* della bassa. ■ DRAMMATICO; COL.; 112′; ITALIA, 1998.

RADIOGRAFIA DI UN COLPO D'ORO ★★
(They Went to Rob Las Vegas)
Regia di ANTONIO ISASI ISASMENDI. Con MAURIZIO ARENA, FABRIZIO CAPUCCI, LEE J. COBB, GEORGES GÉRET, ROGER HANIN, GARY LOCKWOOD, JACK PALANCE, JEAN SERVAIS. ■ Un gangster muore nel tentativo di rapinare alcuni inespugnabili furgoni blindati. Suo fratello, desideroso di vendetta, vuole riuscire nell'impresa fallita dal parente. Quasi ce la fa, ma il diavolo ci mette la coda. Fra gli attori, molti nomi dalla fama ormai un po' appannata. ■ POLIZIESCO; COL.; 92′; SPAGNA, USA, 1969.

RADIO KILLER *(Joy Ride)* ★★
Regia di JOHN DAHL. Con JESSICA BOWMAN, LEELEE SOBIESKI, LEWIS THOMAS, PAUL WALKER. ■ Lewis ha deciso di passare le vacanze in viaggio con la sua ragazza. Decide di percorrere un tratto di strada insieme al fratello: questi avrà l'idea di fare uno scherzo via radio a un camionista, che si rivela essere un maniaco omicida decisamente pericoloso, deciso a vendicarsi. ■ THRILLER; COL.; 96′; USA, 2001.

RADIO NELLA TEMPESTA, LA *(The Storm)* ★★
Regia di HAROLD YOUNG. Con CHARLES BICKFORD, NAN GREY. ■ Due fratelli radiotelegrafisti sono in dissidio: il minore è innamorato di una infermiera imbarcata con loro su una nave mercantile, il maggiore trova antipatica la ragazza. Durante una traversata, però, il più giovane ha un attacco d'appendice: sarà l'infermiera ad operarlo e a salvarlo seguendo le istruzioni che l'altro riesce a captare per radio. L'avvenimento rabbonisce il radiotelegrafista, che non intralcia più la relazione del fratello minore. ■ DRAMMATICO; B/N; 75′; USA, 1939.

RADIO WEST ★★★
Regia di ALESSANDRO VALORI. Con PIER GIORGIO BELLOCCHIO, MASSIMO BOSI, MARCO COCCI, KASIA SMUTNIAK, PIETRO TARICONE. ■ Missione italiana in Kosovo. Tre volontari, catapultati nella sofferenza e nel dolore di un'insensata guerra fratricida, sono costretti a lottare per la propria vita per aiutare una donna sconosciuta. Un connubio che funziona quello tra la famiglia Bellocchio (Pier Giorgio protagonista e Marco revisore della sceneggiatura) e Pietro Taricone (star del primo Grande Fratello televisivo). Una storia tesa, rapporti sempre rimessi in discussione e buon ritmo narrativo. Si tratta di un'opera prima interessante con il tallone d'Achille nel finale. ■ GUERRA; COL.; 95′; ITALIA, 2004.

RAFFICA DI PIOMBO, UNA ★
Regia di PAOLO HEUSCH. Con PEPE CALVO, ROBERT HOFFMAN, OMAR SOULFIKAR, MARILÙ TOLO. ■ In un paese arabo, il figlio di un capo si intromette nella lotta che due emiri conducono per impadronirsi del trono dello sceicco. Grazie a un carico d'armi, il suo intervento sarà decisivo. Il protagonista riuscirà, inoltre, a guadagnarsi l'amore della principessa. ■ AVVENTURA; COL.; 93'; ITALIA, 1966.

RAFFICHE SULLA CITTÀ *(Rafles sur la ville)* ★★
Regia di PIERRE CHENAL. Con BELLA DARVI, MARCEL MOULOUDJI, CHARLES VANEL. ■ Un poliziotto carogna, nel corso di una caccia a uno spietato evaso, manda allo sbaraglio un collega sperando che questi venga ucciso in modo che lui abbia via libera con la moglie. L'infame piano va a monte e il poliziotto si riscatta sacrificando la propria vita. ■ POLIZIESCO; B/N; 85'; FRANCIA, 1958.

RAFFLES ★★
Regia di HARRY ABBADIE D'ARRAST. Con RONALD COLMAN, BRAMWELL FLETCHER, KAY FRANCIS. ■ Raffles, il ladro gentiluomo, sta escogitando un piano per derubare una signora dell'alta società di una collana di inestimabile valore. Non lo fa per avidità, ma per salvare un amico che la disperazione ha portato sull'orlo del suicidio. ■ AVVENTURA; B/N; 93'; USA, 1930.

RAFFLES ★★★
Regia di SAM WOOD. Con OLIVIA DE HAVILLAND, DUDLEY DIGGES, DAVID NIVEN, DOUGLAS WALTON, DAME MAY WHITTY. ■ Il personaggio di Raffles, ladro gentiluomo creato nel 1899 dall'inglese Ernest William Hornung, imparentato con Conan Doyle, in America e in Gran Bretagna ha una popolarità superiore a quella del suo omologo Arsenio Lupin (che nacque solo nel 1904). In questo film il simpatico lestofante s'innamora d'una ragazza e, per colpa sua, finisce per farsi scoprire. ■ POLIZIESCO; B/N; 72'; USA, 1940.

RAFFLES, IL LADRO GENTILUOMO *(Raffles)* ★★
Regia di GEORGE HARVEY. Con ARTHUR EDEN, SHEILA POWELL, RICHARD WALTON. ■ Nuova versione delle avventure di Raffles: qui il bandito, arrestato, promette d'evadere in un giorno stabilito per non mancare a un appuntamento preso con una ragazza. Riuscirà a mantenere l'impegno. ■ POLIZIESCO; B/N; 90'; MESSICO, 1963.

RAGAN ★★
Regia di LUCIANO LELLI. Con ROSSELLA COMO, TY HARDIN, ANTONELLA LUALDI, GUSTAVO ROJO. ■ In una nazione sudamericana, il legittimo presidente è stato deposto da un colpo di Stato militare. Un rivoluzionario assolda alcuni mercenari guidati dal pilota americano Ragan per salvare l'uomo politico prigioniero. L'impresa avrà successo, nonostante l'americano rischi di mandarla a monte perché innamorato d'una spia dei governativi. ■ AVVENTURA; COL.; 95'; ITALIA, 1968.

RAG. ARTURO DE FANTI, BANCARIO PRECARIO ★★
Regia di LUCIANO SALCE. Con ENRICA BONACCORTI, CARLO GIUFFRÉ, ANNA MAZZAMAURO, GIGI REDER, ANNA MARIA RIZZOLI, CATHERINE SPAAK, PAOLO VILLAGGIO. ■ Un bancario e la moglie, trovandosi in difficoltà finanziarie, decidono di dividere la loro casa coi rispettivi amanti, ma arrivano anche il marito e la moglie di questi che a loro volta si portano dietro i nuovi partner. ■ COMMEDIA; COL.; 92'; ITALIA, 1980.

RAGAZZA A LAS VEGAS, UNA ★★
(Lay the Favorite)
Regia di STEPHEN FREARS. Con REBECCA HALL, JOSHUA JACKSON, VINCE VAUGHN, BRUCE WILLIS, CATHERINE ZETA-JONES. ■ Beth si guadagna da vivere facendo lo striptease a domicilio a Tallassee, cittadina di provincia. In seguito a una brutta esperienza raggiunge Las Vegas dove troverà lavoro, grazie alla sua memoria per i numeri, presso Dink, proprietario di una società di scommesse legali. Dovrà però vedersela con la gelosia della moglie Tulip. Chi ha in mente lo Stephen Frears regista di commedie come *Eroe per caso*, *Lady Henderson presenta* o *The Queen – La regina* fatticherà a ritrovarlo in questo film. La sceneggiatura consiste nell'adattamento di un'autobiografia di una certa Beth Raymer che ha raccontato la sua trasformazione da aspirante cameriera a fortunata collettrice di scommesse. ■ COMMEDIA; COL.; 94'; USA, GRAN BRETAGNA, 2012.

RAGAZZA ALLA PARI ★
Regia di MINO GUERRINI. Con ROSSELLA COMO, CARLO GIUFFRÉ, GLORIA GUIDA. ■ Il pretesto per far spogliare Gloria Guida e alcune altre attrici è dato dalla storiella d'una ragazza alla pari, falsa ingenua. I suoi datori di lavoro la prestano ai coinquilini perché faccia i servizi domestici. Naturalmente i servizi resi sono di ben altra natura. ■ EROTICO; COL.; 90'; ITALIA, 1976.

RAGAZZA ALLARMANTE, UNA *(Love and Hisses)* ★★★
Regia di SIDNEY LANFIELD. Con SIMONE SIMON, WALTER WINCHELL. ■ Una cantante francese è osteggiata da un giornalista radiofonico che, pur non avendola mai sentita cantare, le si oppone perché non vuole che una straniera giunga al successo negli Stati Uniti. La donna si presenta al suo rivale senza svelare la propria identità e fra i due nasce l'amore. ■ COMMEDIA; B/N; 84'; USA, 1937.

RAGAZZA ALLARMANTE, UNA ★★★
(Good Girls go to Paris)
Regia di ALEXANDER HALL. Con JOAN BLONDELL, MELVIN DOUGLAS. ■ Una camerierina che lavora alla mensa di un'università americana vorrebbe diventare ricca sposando qualche studente danaroso. Un professore la dissuade e l'imbarca sul treno che dovrebbe riportarla al paesello: lei invece va a New York, dove incontra il professore che sposerà. ■ COMMEDIA; B/N; 75'; USA, 1939.

RAGAZZA A RIMORCHIO, UNA *(Les petits matins)* ★★★
Regia di JACQUELINE AUDRY. Con ARLETTY, GILBERT BÉCAUD, BERNARD BLIER, PIERRE BRASSEUR, DANIEL GÉLIN, ROBERT HOSSEIN, PIERRE MONDY, LINO VENTURA. ■ Il viaggio in autostop di una ragazza che vuole raggiungere la Costa Azzurra per trascorrervi le vacanze è il pretesto per una galleria di personaggi interpretati dai più famosi attori francesi. ■ COMMEDIA; B/N; 110'; FRANCIA, 1961.

RAGAZZA A SAINT-TROPEZ, UNA ★★★
(Le gendarme de Saint-Tropez)
Regia di JEAN GIRAULT. Con LOUIS DE FUNÈS, MICHEL GALABRU, GENEVIÈVE GRAD. ■ Il protagonista è un burbero ed efficiente brigadiere dei gendarmi che, trasferito a Saint-Tropez, cerca di ristabilire la disciplina dei suoi uomini e di eliminare la piaga dei nudisti particolarmente affezionati a quelle spiagge. ■ COMMEDIA; COL.; 95'; FRANCIA, 1965.

RAGAZZACCIO *(Mauvais garçon)* ★★★
Regia di CLAUDE MARTIN. Con DANIELLE DARRIEUX, HENRY GARAT. ■ Una giovane avvocatessa si propone di non sposarsi pur di seguire la professione. Prende particolarmente a cuore il caso di un giovane teppista che cerca di redimere, ma alla fine scopre che si tratta dell'ottimo partito che il padre voleva farle sposare e che ha accettato quel travestimento pur di conquistarla. ■ COMMEDIA; B/N; 80'; FRANCIA, 1937.

RAGAZZA CHE DORME ★★
Regia di ANDREA FORZANO. Con ANDREA CHECCHI, ORETTA FIUME, CHECCO RISSONE. ■ Un mugnaio vuole vendere una Madonna trecentesca e la affida per il restauro a un giovane pittore. La figlia del mugnaio, contraria alla vendita, si reca dal restauratore e, non trovandolo, s'addormenta. Il giovane torna e, colpito dalla bellezza di lei, dipinge uno splendido quadro. I problemi economici sono risolti perché il pittore, diventato famoso, sposerà la ragazza e non ci sarà più bisogno di vendere la Madonna. ■ COMMEDIA; B/N; 94'; ITALIA, 1941.

RAGAZZA CHE GIOCAVA CON IL FUOCO, LA ★★
(Flickan som lekte med elden)
Regia di DANIEL ALFREDSON. Con LENA ENDRE, ANNIKA HALLIN, MICHAEL NYQVIST, PER OSCARSSON, NOOMI RAPACE. ■ Mikael Blomkvist è tornato alla guida della rivista «Millennium» ed è pronto a pubblicare un numero speciale sulla piaga del trafficking, la tratta delle donne dall'Est Europa per scopi di sfruttamento sessuale. Grazie al lavoro coraggioso di un giovane collaboratore e della sua compagna, sta per fare nomi e cognomi, sen-

za badare alla posizione sociale dei malcapitati. Ma un triplice omicidio riscrive le sue priorità, poiché la principale sospettata altri non è che Lisbeth Salander, la donna che odia gli uomini che odiano le donne, la donna che Mikael, il seduttore, non si toglie dalla testa. Convinto della sua innocenza, Blomkvist cerca di arrivare a lei prima della polizia e di un terribile gigante biondo, che marca la linea di collegamento tra il male politico e il male privato, nascosto nel passato personale di Lisbeth. Cambio alla regia per il secondo capitolo della trilogia tratta dal caso editoriale di Stieg Larsson. ■ THRILLER; 129′; SVEZIA, 2009.

RAGAZZA CHE HO LASCIATO, LA ★★
(The Girl He Left Behind)
Regia di DAVID BUTLER. Con TAB HUNTER, ALAN KING, JESSIE ROYCE LANDIS, NATALIE WOOD. ■ Si racconta d'un giovanotto viziato che viene chiamato alle armi: dapprima cercherà in tutti i modi di farsi congedare, poi il cameratismo farà di lui un buon soldato. Sarà addirittura nominato caporale istruttore. ■ COMMEDIA; B/N; 103′; USA, 1956.

RAGAZZA CHE SAPEVA TROPPO, LA ★★★
Regia di MARIO BAVA. Con VALENTINA CORTESE, LETICIA ROMAN, JOHN SAXON. ■ Una ragazza inglese in Italia si mette ad indagare su alcuni delitti in cui è rimasta senza sua colpa implicata e riesce a scoprirne l'autore. ■ POLIZIESCO; COL.; 92′; ITALIA, 1963.

RAGAZZA CHIAMATA AMORE, UNA ★★
(Une fille nommée amour)
Regia di SERGIO GOBBI. Con MARIE-FRANCE BOYER, ANNABELLA INCONTRERA, FRANÇOISE LECCIA, DANIEL MOSMANN. ■ Una ragazza rimane paralizzata in seguito a un incidente. Rimasta sola la sera di carnevale, scruta con un binocolo la città e scorge un Arlecchino che fugge dopo aver aggredito un'altra maschera. L'uomo si rifugia proprio dalla paralitica e fra i due nasce l'amore. Più tardi l'Arlecchino viene ferito mortalmente: tornerà dalla ragazza solo per morire tra le sue braccia. A questo punto la protagonista si risveglia in ospedale, subito dopo l'incidente, e capisce che è stato tutto un sogno. ■ DRAMMATICO; COL.; 79′; FRANCIA, 1969.

RAGAZZA CHIAMATA TAMIKO, UNA ★★★
(A Girl Named Tamiko)
Regia di JOHN STURGES. Con LAURENCE HARVEY, FRANCE NUYEN, MICHAEL WILDING. ■ Un fotografo russo, espatriato in Giappone, vorrebbe ottenere la cittadinanza americana e, per questo motivo, non esita a fingersi innamorato di una statunitense. Però, nel frattempo, conosce una giapponesina, se ne innamora e rinuncia al suo sogno proprio quando sarebbe a portata di mano. ■ DRAMMATICO; COL.; 110′; USA, 1963.

RAGAZZA CINESE *(China Girl)* ★★
Regia di HENRY HATHAWAY. Con LYNN BARI, GEORGE MONTGOMERY, GENE TIERNEY. ■ In Birmania, durante la guerra cino-giapponese, un cinereporter americano, già fuggito da un campo di concentramento nipponico, s'innamora d'una ragazza cinese che col padre inizia una propaganda patriottica contro gli invasori. La giovane muore in un bombardamento e l'americano decide di prendere le armi per vendicarla. ■ GUERRA; B/N; 95′; USA, 1943.

RAGAZZA CON GLI STIVALI ROSSI, LA ★★★
(La femme aux bottes rouges)
Regia di JUAN BUÑUEL. Con LAURA BETTI, CATHERINE DENEUVE, ADALBERTO MARIA MERLI, FERNANDO REY, JACQUES WEBER. ■ Un milionario nemico della fantasia creatrice invita nella sua villa alcuni artisti per scatenarli gli uni contro gli altri. Il gioco gli andrà male perché sarà la sua fredda razionalità ad essere sconfitta. ■ FANTASTICO; COL.; 95′; FRANCIA, 1975.

RAGAZZA CON I GIACINTI, LA ★★
Regia di HASSE EKMAN. Con GÖSTA CEDERLUND, ANDERS EK, EVA HENNING, KEVE HJELM, KARL-ARNE HOLMSTEN, MARIANNE LÖFGREN, ULF PALME, BIRGIT TENGROTH. ■ Una giovane ragazza sola, Dagmar, si suicida nella propria stanza impiccandosi al gancio del lampadario. Uno scrittore e sua moglie, che vivono nell'appartamento vicino, scoprono che Dagmar ha lasciato a loro tutti i propri averi. Lo scrittore, turbato dalla disgrazia, inizia a fare ricerche sul passato della donna. Presto la sua indagine porta alla luce un intricato mistero che coinvolge il padre della ragazza e un suo amante senza nome.... ■ DRAMMATICO; COL.; 89′; SVEZIA, 1950.

RAGAZZA CON IL BASTONE, LA *(The Walking Stick)* ★★
Regia di ERIC TILL. Con SAMANTHA EGGAR, DAVID HEMMINGS, EMLYN WILLIAMS. ■ Una ragazza è poliomielitica e ciò le fa perdere ogni interesse alla vita, ma un giorno trova l'amore di un giovane e ottiene la carica sufficiente per guarire. Purtroppo scoprirà poi che l'uomo è un imbroglione e dovrà denunciarlo. ■ DRAMMATICO; COL.; 101′; GRAN BRETAGNA, 1970.

♥ RAGAZZA CON LA PISTOLA, LA ★★★
Regia di MARIO MONICELLI. Con STANLEY BAKER, ANTHONY BOOTH, CARLO GIUFFRÉ, CORIN REDGRAVE, MONICA VITTI. ■ Una ragazza siciliana, molto legata alle tradizioni, accetta tacitamente di farsi rapire da un compaesano perché spera in un matrimonio riparatore. Il seduttore, però, fugge spaventato in Inghilterra e lei lo segue armata di pistola per vendicare il suo onore. A poco a poco le idee più libere della società britannica conquistano la giovane meridionale che, quando ritrova il seduttore, non pensa minimamente di usare l'arma e gli preferisce un medico inglese. ■ COMMEDIA; COL.; 102′; ITALIA, 1968. ■ DAVID DI DONATELLO 2 PR, 2 NOM; OSCAR 1 NOM.

RAGAZZA CON LA VALIGIA, LA ★★★
Regia di VALERIO ZURLINI. Con LUCIANA ANGELILLO, RENATO BALDINI, CLAUDIA CARDINALE, CORRADO PANI, JACQUES PERRIN, ROMOLO VALLI, GIAN MARIA VOLONTÉ. ■ Un seduttore da strapazzo illude una povera ballerina e l'abbandona. La ragazza, però, non demorde e si presenta a casa dell'uomo che, per levarsela di torno, non trova di meglio che farla ricevere dall'ingenuo e romantico fratello minore. Fra i due nasce l'amore finché un prete, preoccupato della piega che stanno prendendo gli avvenimenti, convince la ballerina a partire. Il ragazzo interviene nuovamente a salvare la giovane da un bellimbusto, poi entrambi capiscono che il loro amore è impossibile. ■ DRAMMATICO; B/N; 103′; FRANCIA, ITALIA, 1961. ■ DAVID DI DONATELLO 1 PR, 1 NOM.

RAGAZZA CON L'ORECCHINO DI PERLA, LA ★★★
(Girl with a Pearl Earring)
Regia di PETER WEBBER. Con COLIN FIRTH, SCARLETT JOHANSSON, CILLIAN MURPHY, JUDY PARFITT, TOM WILKINSON. ■ Nell'Olanda della seconda metà del XVII secolo, la giovane Griet si trova a prestare servizio nella casa del maestro Johannes Vermeer. Le loro differenze culturali e sociali non impediscono che il pittore scopra nella ragazza una particolare predisposizione all'arte: di lei farà la sua musa ispiratrice nonché modella per un ritratto che rimarrà icona della pittura fiamminga. Sguardi complici e silenzi carichi di emozioni riempiono le atmosfere barocche di cui il film del britannico Peter Webber è abile testimone. ■ DRAMMATICO; COL.; 95′; GRAN BRETAGNA, LUSSEMBURGO, 2003. ■ GOLDEN GLOBES 2 NOM; OSCAR 2 NOM.

RAGAZZA CORAGGIOSA, LA *(Jean's Plan)* ★★
Regia di A.C. HAMMOND. Con BILLIE BROOKS, VIVIAN PICKLES. ■ Una coraggiosa bambina riesce a sfuggire a un rapinatore portando con sé, nascosta in un orsacchiotto di pelouche, una preziosa collana. Per ragazzi. ■ POLIZIESCO; B/N; 92′; GRAN BRETAGNA, 1953.

RAGAZZA DAGLI OCCHI DI GATTO, LA ★
(Das Mädchen mit den Katzenaugen)
Regia di EUGEN YORK. Con JOACHIM FUCHSBERGER, MADY RAHL, VERA TSCHECHOWA. ■ Un commissario di polizia amburghese, seguendo le tracce d'una banda di ladri di gioielli, scopre che una cantante di night e suo padre, custode d'un cimitero d'auto, sono inconsapevolmente coinvolti. I due aiuteranno l'investigatore anche se il vecchio, prima della fine, perderà la vita. I colpevoli saranno infine assicurati alla giustizia. ■ POLIZIESCO; B/N; 93′; GERMANIA, 1961.

RAGAZZA DAGLI OCCHI D'ORO, LA ★★★
(La fille aux yeux d'or)
Regia di JEAN-GABRIEL ALBICOCCO. Con PAUL GUERS, MARIE LAFORÊT, FRANÇOISE PRÉVOST. ■ Opera prima del delicato regista Albicocco. Pur ambientandolo in epoca moderna, si ispira a un romanzo di Balzac: un giovane s'innamora d'una ragazza, ma

ben presto si accorge di avere un rivale. Fa delle indagini e scopre che il rivale è in realtà una donna. Inizia fra i due una lotta che pare vinta dall'uomo perché la giovane accetta di sposarlo. Però prima che i due possano andarsene l'altra donna uccide l'amante. ■ DRAMMATICO; B/N; 115'; FRANCIA, 1962.

RAGAZZA DAGLI OCCHI VERDI, LA ★★★
(Girl with Green Eyes)
Regia di DESMOND DAVIS. Con PETER FINCH, LYNN REDGRAVE, RITA TUSHINGHAM. ■ A Dublino, una sensibile ragazza s'innamora d'un raffinato scrittore già sposato. La loro storia non può durare anche se lei va a Londra sperando, inutilmente, che lui la raggiunga. ■ DRAMMATICO; B/N; 91'; GRAN BRETAGNA, 1964.

RAGAZZA DAL BIKINI ROSA, LA *(September Storm)* ★★
Regia di BYRON ASKIN. Con ASHER DAWN, JOANNE DRU, MARK STEVENS, ROBERT STRAUSS. ■ Quattro avventurieri, tre uomini e una ragazza, cercano di recuperare un tesoro affondato con una nave presso le Baleari. Scoppiano tensioni tra il gruppo, ma l'impresa sembra coronata dal successo finché non interviene la guardia costiera spagnola che sequestra il danaro. Nonostante tutto, la ragazza e uno dei compagni sono soddisfatti perché hanno capito d'amarsi. ■ AVVENTURA; COL.; 99'; USA, 1961.

RAGAZZA DALLA CALDA PELLE, LA ★★
(Riot on Sunset Strip)
Regia di ARTHUR DREIFUSS. Con MICHAEL EVANS, MIMSY FARMER, ALDO RAY. ■ Uno dei primi film sulla contestazione, molto semplicistico e ambiguo. Gli hippies invadono il famoso Viale del Tramonto di Hollywood e i benpensanti protestano. Il nuovo capo della polizia li tratta con gentile fermezza finché gli spacciatori di droga, irritati dalla sua efficienza, non gli rapiscono e violentano la figlia. Ma il poliziotto saprà tenere i nervi a posto. ■ DRAMMATICO; B/N; 85'; USA, 1966.

RAGAZZA DALLA PELLE DI CORALLO, LA ★★
Regia di OSVALDO CIVIRANI. Con ISABELLA BIAGINI, EDUARDO FAJARDO, NORMA JORDAN, ROSANNA SCHIAFFINO, GABRIELE TINTI. ■ Un italiano a Santo Domingo lascia la moglie femminista per una bellissima mulatta. Il suo ospite e un rivale in amore gli rendono la vita difficile: fortunatamente a trarlo d'impiccio intervengono l'amante e la polizia. ■ COMMEDIA; COL.; 91'; ITALIA, 1976.

RAGAZZA DALLA PELLE DI LUNA, LA ★★
Regia di LUIGI SCATTINI. Con ZEUDI ARAJA, BEBA LONCAR, UGO PAGLIAI, GIACOMO ROSSI STUART. ■ Una coppia di coniugi in crisi spera di ritrovare l'armonia in una vacanza alle Seychelles, ma lui s'innamora d'una bella indigena e lei gli rende la pariglia con uno scrittore fallito. Alla fine, però, i due torneranno insieme. ■ DRAMMATICO; COL.; 91'; ITALIA, 1973.

RAGAZZA DAL LIVIDO AZZURRO, LA ★★
Regia di E.W. EMO. Con RENATO CIALENTE, EVA MAGNI, HILDA SPRINGER, SERGIO TOFANO, ENRICO VIARISIO. ■ Una corista riesce a diventare una stella menando per il naso il direttore della compagnia. ■ COMMEDIA; B/N; 91'; ITALIA, 1933.

RAGAZZA DAL PIGIAMA GIALLO, LA ★★
Regia di FLAVIO MOGHERINI. Con DALILA DI LAZZARO, MEL FERRER, RAY MILLAND, MICHELE PLACIDO, HOWARD ROSS. ■ Il film inizia con la scoperta del cadavere di una ragazza. In flashback si narra la storia di una donna sposata che ha due amanti, un medico e un operaio. Perso il figlio avuto dal marito, lei decide di lasciarlo per unirsi al medico. Questi però la respinge. Il marito la ritrova e la picchia fino a lasciarla esanime. L'operaio la uccide, la infila in un'auto e le dà fuoco. Un poliziotto, a prezzo della propria vita, riuscirà a mandare in galera l'assassino. ■ GIALLO; COL.; 103'; ITALIA, 1977.

RAGAZZA DA SEDURRE, UNA ★★★
(A Very Special Favor)
Regia di MICHAEL GORDON. Con CHARLES BOYER, LESLIE CARON, ROCK HUDSON, DICK SHAWN, WALTER SLEZAK, NITA TALBOT. ■ Un avvocato francese perde una causa perché il suo avversario, un affascinante americano, è riuscito a conquistare la donna che veste i panni di giudice. L'europeo, ammirato, propone allora a costui di far innamorare di sé la propria figlia, una psicanalista che sembra ormai condannata allo zitellaggio. La donna si dimostrerà un osso duro, ma alla fine l'americano, sinceramente innamorato, avrà partita vinta. ■ COMMEDIA; COL.; 104'; USA, 1965.

RAGAZZA DA 20 DOLLARI, LA *(Wicked Woman)* ★★
Regia di RUSSELL ROUSE. Con PERCY HELTON, BEVERLY MICHAELS. ■ Un'astuta ragazza riesce a far invaghire di sé il proprietario del bar dove lavora. I due amanti decidono perfino di vendere il locale, nonostante appartenga per metà alla moglie di lui, e di fuggire col ricavato, ma un vecchietto scopre la tresca e ricatta la giovane imponendole il suo amore. Il debole barista sorprende i due e rinsavisce. La giovane truffatrice, licenziata su due piedi, si mette alla caccia di un altro pollo. ■ DRAMMATICO; B/N; 77'; USA, 1954.

RAGAZZA DEI LILLÀ, LA ★
Regia di FLAVIO MOGHERINI. Con MARIO ADORF, MIMSY FARMER, LAURENT TERZIEFF. ■ Un archeologo onesto e idealista, alla ricerca della mitica necropoli di un re etrusco, si scontra con gli interessi di un gruppo di "tombaroli" d'alto bordo. Ma gli spiriti degli etruschi non si limitano a guardare. ■ DRAMMATICO; COL.; 92'; ITALIA, 1986.

RAGAZZA DEI MIEI SOGNI, LA *(One Good Turn)* ★★
Regia di JOHN PADDY CARSTAIRS. Con JOAN RICE, NORMAN WITSDOM. ■ Il simpatico e pasticcione tuttofare di un orfanotrofio ha diversi problemi: ha incautamente promesso di comprare un costoso giocattolo a un bambino, alcuni loschi affaristi vogliono impadronirsi del terreno su cui sorge l'istituto, inoltre è anche innamorato non corrisposto di una maestra. Dopo molte peripezie riuscirà a risolvere quasi tutto ma la ragazza gli rimarrà irraggiungibile. ■ COMMEDIA; B/N 90'; GRAN BRETAGNA, 1956.

RAGAZZA DEI SOGNI, LA *(The Rachel Papers)* ★★
Regia di DAMIAN HARRIS. Con DEXTER FLETCHER, JONATHAN PRYCE, IONE SKYE, JAMES SPADER. ■ Commediola piena di luoghi comuni anche se con qualche sprazzo di originalità. Un ragazzo fatica a trovare la sua immaginaria ragazza ideale. Decide allora di chiedere al computer setacciando nel suo passato campionario di conquiste. Trova una ragazza che all'apparenza risponde a tutti i requisiti. Ma non è tutto oro ciò che luccica. ■ COMMEDIA; COL.; 90'; USA, 1991.

RAGAZZA DEL BAGNO PUBBLICO, LA *(Deep End)* ★★★
Regia di JERZY SKOLIMOWSKI. Con JANE ASHER, DIANA DORS, JOHN MOULDER-BROWN, KARL MICHAEL VOGLER. ■ Un quindicenne lavora in uno squallido bagno pubblico londinese. S'innamora d'una collega ventenne che lo ignora, pur provocandolo inconsciamente. Un giorno la ragazza perde un prezioso anello regalatole dall'amante e il giovane le offre di ritrovarlo se in cambio lei gli si concederà. Ciò avviene, ma quando lei s'allontana, il quindicenne ne provoca incidentalmente la morte. Mentre il corpo della donna s'inabissa nella piscina del bagno pubblico, il ragazzo si butta per raggiungerla. ■ DRAMMATICO; COL.; 88'; GERMANIA, USA, 1970.

RAGAZZA DEL BERSAGLIERE, LA ★★★
Regia di ALESSANDRO BLASETTI. Con ANTONIO CASAGRANDE, GRAZIELLA GRANATA, TONY RENIS, RENATO SALVATORI, LEOPOLDO TRIESTE, FRANCA VALERI. ■ Una libera ragazza emiliana s'innamora d'un bersagliere napoletano. I due vorrebbero sposarsi, ma lui affoga facendo il bagno nel fiume. Da quel momento la donna non riesce ad amare nessun altro perché, sul più bello, le appare il fantasma del fidanzato che, alla fine, riuscirà a farsi seguire nell'altro mondo. ■ FANTASTICO; COL.; 108'; ITALIA, 1967. ■ DAVID DI DONATELLO 1 PR, 1 NOM.

RAGAZZA DEL DANUBIO, LA *(Das Kind der Donau)* ★
Regia di GEORG JACOBY. Con HARRY FUSS, FRED LIEWEHR, MARIKA ROK. ■ Grazie all'allestimento di uno spettacolo musicale, un gruppo di giovani riesce a trovare il denaro per restituire alla bella e simpatica soubrette Marika un battello fluviale che era appartenuto a suo padre. Matrimonio finale. ■ COMM. MUSICALE; COL.; 92'; AUSTRIA, 1951.

RAGAZZA DELLA DOMENICA, LA ★★★
(Everything I Have is Yours)
Regia di ROBERT Z. LEONARD. Con GOWER CHAMPION, MARGE

CHAMPION, MONICA LEWIS. ■ Lui e lei non solo sono una affiatata coppia di sposi ma anche una meravigliosa coppia di ballerini. Lei rimane incinta e deve essere sostituita da una partner di cui a poco a poco diventa gelosa. Un impresario, grazie a uno stratagemma, riuscirà a rappacificare i coniugi. ■ COMM. MUSICALE; COL.; 92′; USA, 1953.

RAGAZZA DEL LAGO, LA ★★★
Regia di ANDREA MOLAIOLI. Con OMERO ANTONUTTI, MARCO BALIANI, ANNA BONAIUTO, HEIDI CALDART, ENRICO CAVALLERO, SARA D'AMARIO, DENIS FASOLO, FABRIZIO GIFUNI, VALERIA GOLINO, NELLO MASCIA, GIULIA MICHELINI, NICOLE PERRONE, ALESSIA PIOVAN, FRANCO RAVERA, FAUSTO SCIARAPPA, TONI SERVILLO. ■ Una giovane donna, annegata in un lago della provincia friulana, viene rinvenuta nuda lungo la sponda. Sulla morte misteriosa di Anna, studentessa e giocatrice di hockey, indaga il commissario Giovanni Sanzio, padre ruvido e introverso di Francesca. Affetto da una dermatite atipica e dimenticato dalla consorte che soffre di una malattia degenerativa del sistema nervoso, Sanzio ricerca con passione metodica le ragioni pubbliche del delitto e quelle private della vita. Procedendo in un'indagine investigativa ed esistenziale, scoverà l'assassino e il principio d'ordine nel perverso sconvolgimento dell'omicidio. Tratto dal romanzo della norvegese Karin Fossum e sceneggiato dal questa volta "scompagnato" Petraglia, il film di Molaioli mutua i fiordi nei laghi della Carnia proponendo nella forma del giallo tematiche solitamente scartate dalla fiction consolatoria. Sopra un cinema che promuove frammenti di felicità senza prezzo, *La ragazza del lago* si impone e fa la differenza. Cimentandosi col cinema di genere, il regista romano gira un film sull'Italia di oggi, sulla provincia omologata tanto a nord quanto a sud. Il regista lavora "in togliere", eliminando i dati di cronaca e tutto quello che avrebbe reso scabrosa la vicenda. Alla fine rimane la storia di un dolore insopportabile, formalizzato nelle convenzioni narrative e stilistiche del genere. Più il film si avvicina alle dinamiche profonde ed eterne dei rapporti umani, più riesce a fissare lo sfondo, la copertura, il dato quotidiano. Film "discreto", enfatizzato dalla mediocrità generale del cinema italiano. ■ DRAMMATICO; COL.; 95′; ITALIA, 2006.

RAGAZZA DELL'ALTRO *(Joyride)* ★★
Regia di JOSEPH RUBEN. Con DESI ARNAZ JR, ROBERT CARRADINE, MELANIE GRIFFITH. ■ Due ragazzi e una ragazza, stufi della vita in California, decidono di partire per l'Alaska in cerca di avventure. Per strada commettono una rapina e si coprono la fuga prendendo come ostaggio una ragazza (presto consenziente, però). ■ AVVENTURA; COL.; 92′; USA, 1977.

RAGAZZA DELLA NOTTE, LA *(Vivre la nuit)* ★★
Regia di MARCEL CAMUS. Con CATHERINE JOURDAN, ALBERT MINSKY, JACQUES PERRIN, SARO URZÌ, VENANTINO VENANTINI. ■ Un giovane ambizioso, pensando di poter far carriera come direttore di locali notturni gestiti da un gangster, si dedica alla dura lotta contro un concorrente perdendo la ragazza che ama. Riuscirà a ritrovarla solo quando capirà d'aver sbagliato. ■ COMMEDIA; COL.; 100′; FRANCIA, 1968.

RAGAZZA DELLA PORTA ACCANTO, LA ★★
(The Girl Next Door)
Regia di LUKE GREENFIELD. Con ELISHA CUTHBERT, JUNE HAVER, EMILE HIRSCH, CHRIS MARQUETTE, TIMOTHY OLYPHANT, JAMES REMAR. ■ Matthew ha diciotto anni, è un secchione e frequenta due amici alquanto sfigati. Quando la bella Danielle diviene la sua vicina di casa, Matthew non trova di meglio che innamorarsene perdutamente. La fanciulla, apparentemente innocente e acqua e sapone, divertita dall'impacciato corteggiamento, nasconde un segreto dietro il suo dolce visino: è una pornostar. La storia raccontata, non rende giustizia al concatenarsi di assurde situazioni che nascono in seguito alla gustosa *sorpresa*. C'è da divertirsi a seguire le vicende dei protagonisti e dei personaggi di supporto. Dal fantomatico Samnang, giovane genio asiatico invitato a studiare negli Stati Uniti, al cinico produttore che svezza Matthew, ai professori stereotipati del Campus. ■ COMMEDIA; COL.; 100′; USA, 2004.

RAGAZZA DELLA QUINTA STRADA, LA ★★★
(Fifth Avenue Girl)
Regia di GREGORY LA CAVA. Con WALTER CONNOLLY, GINGER ROGERS, VERREE TEASDALE. ■ Un anziano milionario dai gusti semplici è angustiato dai parenti, ostentatamente snob. Vagando per il parco conosce una ragazza dalle idee semplici. Approfittando del fatto di essere stato fotografato con lei da alcuni paparazzi, impone la ragazza ai parenti come se fosse la sua amante. Lei saprà mettere a posto gli snob e, alla fine, sposerà il figlio del benefattore. ■ COMMEDIA; B/N; 83′; USA, 1939.

RAGAZZA DELLA SALINA, LA ★★
(Harte Männer Heisse Liebe – Salz und Brot)
Regia di FRANTISEK CAP. Con MARIO ADORF, ISABELLE COREY, MARCELLO MASTROIANNI, JESTER NAEFE. ■ Confuso melodramma su una ragazza costretta dalla povertà ad andare a lavorare in una salina. È insidiata dal sorvegliante, ma protetta da un bravo ragazzo che finirà per sposarla. ■ DRAMMATICO; B/N; 91′; GERMANIA, ITALIA, JUGOSLAVIA, 1957.

RAGAZZA DELLA STANZA N. 13, LA ★
(Girl in Room 13)
Regia di RICHARD CUNHA. Con ANDREA BAYARD, BRIAN DONLEVY, ELIZABETH HOWARD. ■ Un detective privato insegue un'assassina dagli Stati Uniti in Brasile. Durante la caccia, incappa in una banda di falsari. Dovrà affrontare anche quelli, ma avrà vittoria completa. ■ GIALLO; COL.; 94′; USA, 1961.

RAGAZZA DELLA TORBIERA DI STORMYR, LA ★★★
(Girl from stormy croft)
Regia di VICTOR SJÖSTRÖM. Con NILS AHRÉN, GRETA ALMROTH, JOSUA BENGTSSON, GEORG BLOMSTEDT, TEKLA BORGH. ■ Adattamento del romanzo del 1907 della scrittrice svedese Selma Lagerlöf. ■ DRAMMATICO; B/N; 82′; SVEZIA, 1917.

RAGAZZA DELLE BALENE, LA *(Whale Rider)* ★
Regia di NIKI CARO. Con KEISHA CASTLE-HUGHES, CLIFF CURTIS, VICKY HAUGHTON, RAWIRI PARATENE, GRANT ROA. ■ Secondo una tradizione millenaria, i Maori abitanti in un villaggio della Nuova Zelanda discendono direttamente da Paikea, "colui che viaggia sul dorso della balena". Seguendo la leggenda, il primogenito maschio del capo del villaggio incarna Paikea e deve seguirne le gesta, proteggendo la comunità dalle avversità. Porounagi è il figlio di Koro, il capo della tribù, ed è giunto per lui il momento di garantire la discendenza. Sua moglie però muore dando alla luce due gemelli, di cui solo la femmina sopravvive. Porounagi è sconvolto dal dolore e abbandona il villaggio affidando la piccola Pai alle cure del nonno Koro, che non vuole riconoscere la discendenza di Paikea in una femmina, e della nonna Flowers, che invece in ciò non vede nessuna difficoltà. La giovane Pai, dal canto suo, ha tutte le intenzioni di resuscitare lo spirito degli antenati. Il film ha creato un certo richiamo attorno a sé, promettendo di mostrare e raccontare una Nuova Zelanda che l'occidente non conosce, fatta di antiche tradizioni, di mitici guerrieri e di perduti legami con la natura. Le attese sono purtroppo ampiamente deluse, perché *La ragazza delle balene* è un film noioso, di una banalità disarmante, oltre che tecnicamente ed esteticamente di qualità piuttosto bassa. ■ AVVENTURA; COL.; 104′; GERMANIA, NUOVA ZELANDA, 2002. ■ OSCAR 1 NOM.

RAGAZZA DELLO SCANDALO, LA ★★
(A French Mistress)
Regia di ROY BOULTING. Con AGNÈS LAURENT, CECILIA PARKER, JAMES ROBERTSON JUSTICE. ■ In un tradizionalissimo collegio maschile inglese piomba come insegnante di francese una bella ragazza d'oltremanica che si innamora del figlio del rettore. Costui vuole ostacolare l'idillio perché crede d'aver scoperto che la ragazza altri non è che una sua figlia illegittima e licenzia la bella insegnante. Scoppiano tumulti tra gli studenti ma il rettore, scoperto che le sue paure sono infondate, darà via libera al matrimonio. ■ COMMEDIA; B/N; 98′; GRAN BRETAGNA, 1966.

RAGAZZA DELLO SLUM, LA *(Backstreet Dreams)* ★
Regia di RUPERT HITZIG. Con SHERILYN FENN, ANTHONY FRANCIOSA, JASON O'MALLEY, BROOKE SHIELDS. ■ Una giovane psi-

cologa si innamora di un malvivente, padre di un bambino portatore di handicap. ■ DRAMMATICO; COL.; 105′; USA, 1990.

RAGAZZA DEL METRÒ, LA ★

Regia di ROMANO SCANDARIATO. Con NINO D'ANGELO, NINETTO DAVOLI, ROBERTA OLIVIERI. ■ Un ragazzo incontra una ragazza. L'inizio è tale e quale ai dieci precedenti film di D'Angelo. Tranne che per il luogo dell'incontro (una fermata della metropolitana). Il seguito è tale e quale: l'amore divampa, ma trova opposizione dai rispettivi *entourages*. Alla fine i buoni sentimenti trionfano. ■ SENTIMENTALE; COL.; 91′; ITALIA, 1988.

RAGAZZA DEL MIO MIGLIORE AMICO, LA ★★

(My Best Friend's Girl)

Regia di HOWARD DEUTCH. Con ALEC BALDWIN, JASON BIGGS, LIZZY CHAPLAN, DANE COOK, KATE HUDSON. ■ Dustin è innamorato della collega Alexis, la quale però non è poi così interessata a lui se, dopo cinque settimane di incontri gli chiede di restare *soltanto* buoni amici. Diventa quindi per lui indispensabile chiedere l'aiuto del compagno di appartamento Tank. Costui ha una sorta di specializzazione: se un uomo viene lasciato da una donna lui fa in modo di conoscerla, uscire con lei e disgustarla a tal punto che lei non vorrà fare altro che ritornare tra le protettive braccia di chi ormai considerava un ex. Tank entra quindi in azione con Alexis utilizzando l'ormai collaudata strategia. Ma le cose non vanno come previsto. ■ COMMEDIA; COL.; 103; USA, 2008.

RAGAZZA DEL PALIO, LA ★★

Regia di LUIGI ZAMPA. Con BRUCE CABOT, DIANA DORS, VITTORIO GASSMAN, TINA LATTANZI, FRANCA VALERI, ENRICO VIARISIO. ■ Una bella texana vince un telequiz e ottiene in premio di passare una vacanza in Italia; qui incontra un principe senese che, scambiatala per una milionaria, la corteggia. Più tardi, chiarito l'equivoco, il nobile l'abbandona. La ragazza, per vendicarsi, sfrutta le sue abilità di cowgirl per vincere il Palio a favore di una contrada avversaria a quella del principe che, conquistato, la sposa. ■ COMMEDIA; COL.; 102′; ITALIA, 1957.

RAGAZZA DEL PECCATO, LA *(En cas de malheur)* ★★★

Regia di CLAUDE AUTANT-LARA. Con BRIGITTE BARDOT, EDWIGE FEUILLÈRE, JEAN GABIN, FRANCO INTERLENGHI. ■ Un celebre avvocato parigino di mezza età viene interpellato da una ragazza che gli si offre in cambio della sua difesa in un processo per rapina. L'uomo s'innamora perdutamente e vorrebbe addirittura abbandonare la moglie, una donna intelligente e comprensiva, per andare a vivere con la giovane che, oltre tutto, è rimasta incinta di lui. La ragazza però viene uccisa da un ex amante e l'avvocato rientra nei ranghi. ■ DRAMMATICO; B/N; 120′; FRANCIA, 1958.

RAGAZZA DEL PORTO, LA *(Waterfront Lady)* ★★

Regia di JOSEPH SANTLEY. Con FRANK ALBERTSON, ANN RUTHERFORD. ■ Un giovane deve nascondersi dalla polizia perché ingiustamente accusato di omicidio. Ha lasciato che lo sospettassero per salvare il suo capo, il padrone d'una casa da gioco. Nella fuga s'innamora d'una ragazza onesta che sposerà, lasciando il mondo equivoco del gioco, quando cadranno le accuse su di lui. ■ DRAMMATICO; B/N; 90′; USA, 1937.

RAGAZZA DEL PRETE, LA ★★

Regia di DOMENICO PAOLELLA. Con ISABELLA BIAGINI, MARIO CAROTENUTO, HÉLÈNE CHANEL, ELIO CROVETTO, NICOLA DI BARI, UMBERTO D'ORSI, SUSANNA MARTINKOVA, ANTONELLA STENI. ■ Un pretino pugliese a Roma s'innamora d'una turista tedesca e scrive segretamente una canzone a lei dedicata. Il fratello del sacerdote, un cantante in cerca di fortuna, scopre la melodia e la porta al successo, poi consiglia al prete d'andarsene con la ragazza: così avviene. ■ COMMEDIA; COL.; 92′; ITALIA, 1970.

RAGAZZA DEL QUARTIERE, LA ★★★

(Two for the Seesaw)

Regia di ROBERT WISE. Con EDDIE FIRESTONE, ELISABETH FRASER, SHIRLEY MACLAINE, ROBERT MITCHUM, EDMOND RYAN. ■ Un avvocato di provincia arriva a New York con i nervi a pezzi perché il suo matrimonio è appena fallito. Nella grande città conosce una ragazza vivace. I due, credendo d'amarsi, provano a vivere insieme, ma sarà lei a capire che lui ama ancora sua moglie e a lavorare per una rappacificazione. ■ DRAMMATICO; B/N; 120′; USA, 1962. ■ OSCAR 2 NOM.

RAGAZZA DEL RIFORMATORIO, LA ★★★

(Born Innocent)

Regia di DONALD WRYE. Con LINDA BLAIR, KIM HUNTER, ALLYN MCLERIE, JOANNA MILES. ■ Una ragazzina viene ritrovata dopo l'ennesima fuga da casa e mandata in riformatorio. Qui subisce vergognose umiliazioni da parte delle compagne invidiose e trova un po' di comprensione in una sorvegliante. Il suo ritorno di prova a casa è un vero fallimento e così, chiusa nuovamente tra le mura del carcere, si riadatta velocemente all'ambiente. ■ DRAMMATICO; COL.; 100′; USA, 1975.

RAGAZZA DEL RODEO, LA *(Born Reckless)* ★★

Regia di HOWARD W. KOCK. Con CAROL OLIWART, JEFF RICHARDS, MAMMI VAN DOREN. ■ Un campione di rodeo perde alcune gare importanti che risolverebbero la sua traballante posizione finanziaria perché invaghito d'una fatalona. Per fortuna la fidanzata del cowboy metterà le cose a posto. ■ COMMEDIA; COL.; 79′; USA, 1959.

RAGAZZA DEL SECOLO, LA ★★★★

(It Should Happen to You)

Regia di GEORGE CUKOR. Con JUDY HOLLIDAY, PETER LAWFORD, JACK LEMMON, MICHAEL O'SHEA. ■ Una provinciale a New York vuole sfondare a tutti i costi e per farlo ha una brillante idea: spende tutti i suoi soldi per far scrivere su un enorme cartellone pubblicitario il suo nome. La trovata ha successo e la ragazza ottiene la celebrità che cercava, ma vi rinuncia per l'amore di un fotografo. ■ COMMEDIA; B/N; 87′; USA, 1955. ■ OSCAR 1 NOM.

RAGAZZA DEL VAGONE LETTO, LA ★

Regia di FERDINANDO BALDI. Con CARLO DE MEJO, SILVIA DIONISIO, ZORA KEROVA, WERNER POCHAT, VENANTINO VENANTINI. ■ Tre teppisti si scatenano su un treno. L'unico che saprà opporsi alla loro aggressione sarà un detenuto politico. ■ DRAMMATICO; COL.; 93′; ITALIA, 1979.

RAGAZZA DI AMBURGO, LA *(La fille de Hambourg)* ★★

Regia di YVES ALLÉGRET. Con DANIEL GÉLIN, JEAN LEFEBVRE, HILDEGARDE NEFF. ■ Un marinaio francese sbarcato ad Amburgo cerca di ritrovare la ragazza che era stata gentile con lui, deportato durante la guerra. La trova finalmente, ma lei ha preso una brutta strada: fa la lottatrice sexy in un locale di infimo ordine. Ciononostante l'amore parrebbe trionfare. Però il marinaio rimane mortalmente ferito in una rissa e la ragazza, vista infrangersi quell'ultima speranza di riscatto, si avvelena. ■ DRAMMATICO; B/N; 95′; FRANCIA, 1960.

RAGAZZA DI BERLINO, LA *(Friederike von Barring)* ★★

Regia di ROLF THIELE. Con MARTIN HELD, CARL RADDATZ, NADIA TILLER. ■ La vita di una ballerina berlinese che ha solo due amori: la danza e la sua città. Potrebbe infatti rimanere al sicuro in America, ma ritorna nella Germania sconvolta dalla guerra. ■ DRAMMATICO; B/N; 90′; GERMANIA, 1959.

RAGAZZA DI BOEMIA – NOI SIAMO ZINGARELLI, LA *(The Bohemian Girl)* ★★★

Regia di JAMES W. HORNE. Con OLIVER HARDY, STAN LAUREL. ■ In questo film i due comici fanno parte di una compagnia di zingari e hanno adottato una bimbetta. Durante la sosta in un castello, il proprietario la riconosce come sua figlia e li mette in prigione, credendo che l'abbiano rapita. ■ COMICO; B/N; 70′; USA, 1936.

RAGAZZA DI BUBE, LA ★★★

Regia di LUIGI COMENCINI. Con CLAUDIA CARDINALE, GEORGE CHAKIRIS, MARC MICHEL. ■ È appena terminata l'ultima guerra. Una giovane contadina si innamora di un partigiano che è costretto a nascondersi dopo un delitto politico. I due si separano temporaneamente: lei trova lavoro in città e un ragazzo disposto a sposarla. Sta per accettare quando giungono notizie dell'antico amore. Rimasta sola ad aiutarlo e a confortarlo, lo aspetterà fino a quando avrà scontato la pena. ■ DRAMMATICO; B/N; 111′; ITALIA, 1963. ■ DAVID DI DONATELLO 1 PR, 1 NOM.

RAGAZZA DI CAMPAGNA, LA *(The Country Girl)* ★★★

Regia di GEORGE SEATON. Con BING CROSBY, JACQUELINE FON-

TAINE, WILLIAM HOLDEN, GRACE KELLY, GENE REYNOLDS, ANTHONY ROSS. ■ Un regista di teatro assume un attore bravo e famoso, ma semialcolizzato. È l'uomo stesso a raccontargli di avere preso quel vizio dalla moglie, traumatizzata dalla morte del figlio. Lei, però, ha smesso e sembra dominare il marito; in realtà ne è la vittima da anni. Uno choc provvidenziale restituisce all'attore la capacità professionale e l'immutato affetto della consorte. ■ DRAMMATICO; B/N; 104'; USA, 1955. ■ OSCAR 2 PR, 7 NOM.

RAGAZZA DI FRONTE, LA *(La fille d'en face)* ★★★
Regia di JEAN-DANIEL SIMON. Con JOEL BARBOUTH, FRANCO DANI, MARIKA GREEN, ANTOINE MARIN, BERNARD VERLEY. ■ Un ragazzo complessato per il suo aspetto fisico viene a sapere, per puro caso, il numero telefonico della bella dirimpettaia. Facendosi coraggio riesce a farsi dare un appuntamento, al quale non ha però il coraggio di recarsi. Al secondo tentativo rinuncia a farsi riconoscere: un altro ragazzo, non migliore di lui, sta abbordando la sua "conquista". ■ COMMEDIA; COL.; 82'; FRANCIA, 1967.

RAGAZZA DI LAS VEGAS, LA *(The Girl Rush)* ★★
Regia di ROBERT PIROSH. Con GLORIA DE HAVEN, FERNANDO LAMAS, ROSALIND RUSSELL. ■ Una ragazza eredita un casinò a Las Vegas e riesce a mandarlo avanti con l'aiuto di due innamorati, un latin lover e un play-boy. Rosalind Russell, a quaranta e passa annetti, è decisamente improponibile in parti che le sarebbero calzate come un guanto vent'anni prima. ■ COMMEDIA; COL.; 92'; USA, 1955.

RAGAZZA DI LATTA, LA ★★
Regia di MARCELLO ALIPRANDI. Con ROBERTO ANTONELLI, ELENA PERSIANI, SYDNE ROME. ■ Il dipendente di una grossa ditta è un oppositore del conformismo: per dimostrarlo assume un atteggiamento opposto a quello dei suoi colleghi. Sua moglie, tradizionalista, lo delude, e lui si invaghisce di una ragazza apparentemente in armonia con i suoi ideali. Anche lei, però, si adatta alla mentalità comune. La delusione lo farà rientrare nei ranghi. ■ COMMEDIA; COL.; 98'; ITALIA, 1970.

RAGAZZA DI MADAME CLAUDE, LA ★★★
(Le téléphone rose)
Regia di EDOUARD MOLINARO. Con MIREILLE DARC, MICHAEL LONSDALE, PIERRE MONDY, FRANÇOISE PRÉVOST. ■ Un piccolo industriale in cattive acque vaglia una proposta di fusione prospettatagli da una ditta parigina. Giunto nella capitale viene accolto con tutti gli onori dal potenziale socio, che gli affianca una prostituta di lusso. L'uomo se ne innamora e per lei trascura moglie e affari; la ragazza, toccata da quel sentimento, abbandona la finzione per ricambiarlo sinceramente. ■ COMMEDIA; COL.; 95'; FRANCIA, 1975.

RAGAZZA DI MANHATTAN, LA ★★
(Girl from Manhattan)
Regia di ALFRED E. GREEN. Con DOROTHY LAMOUR, CHARLES LAUGHTON, GEORGE MONTGOMERY. ■ Un pastore protestante, ex campione di football, si lascia coinvolgere dalle manovre di uno speculatore edilizio, che vorrebbe far chiudere un vecchio ritrovo per costruirci una nuova chiesa (in realtà per rivendere l'area a caro prezzo). Ma in soccorso degli espropriati arriva una modella di Manhattan, nipote di uno di essi, che persuade il pastore a non prestarsi alla manovra. ■ COMMEDIA; B/N; 81'; USA, 1948.

RAGAZZA DI MANILA, LA ★★
(Rote Rosenfur eine Call Girl)
Regia di BOBBY A. SUAREZ. Con JULIA KENT, MANFRED SEIPOLD, PAUL WERNER. ■ Una ragazza americana va a Manila a ricercare gli assassini della sorella gemella. Le sue vicende s'intrecciano con quelle di una prostituta e di un giovane malato di cancro. ■ DRAMMATICO; COL.; 91'; GERMANIA, 1987.

RAGAZZA DI MILLE MESI – TOGNAZZI E LA MINORENNE, LA ★★
Regia di STEFANO VANZINA. Con DANIELLE DE METZ, SOPHIE DESMARETS, FRANCESCO MULÉ, UGO TOGNAZZI, RAIMONDO VIANELLO. ■ Un disegnatore di moda con problemi sentimentali, intenzionato ad andarsene all'estero, affitta la villa ad una signora e a sua figlia, ritardata mentale. Lui se ne innamora ed è pronto a sposarla; la ragazza gli confida di essere normalissima e di lavorare per alcune persone che vogliono costringerlo a rimanere. L'uomo si vendica e poi la prende in moglie. ■ COMICO; B/N; 95'; ITALIA, 1961.

RAGAZZA DI MONTEREY, LA ★
(The Girl from Monterey)
Regia di WALLACE W. FOX. Con ARMIDA, VEDA ANN BORG, EDGAR KENNEDY. ■ Una ragazza manager di boxe cerca di dissuadere il fratello pugile dal combattere contro il suo fidanzato. Ma una fatalona si mette in mezzo e s'accaparra il fidanzato con lo scopo di spomparlo prima dell'incontro. Ma alla fine l'avrà vinta la manager. ■ DRAMMATICO; B/N; 92'; USA, 1943.

RAGAZZA DI NASHVILLE, LA ★★★🏆
(Coal Miner's Daughter)
Regia di MICHAEL APTED. Con BEVERLY D'ANGELO, TOMMY LEE JONES, SISSY SPACEK. ■ Premio Oscar a Sissy Spacek, al suo meglio nella parte di Loretta Lynn, mitica cantante del country & western. Figlia di un minatore, va in sposa a tredici anni a un trentenne. I due si trasferiscono nel West dove Loretta mette al mondo quattro figli. Per caso una canzone da lei incisa per gioco entra nelle hit parade. È l'inizio di un successo che però rischia di ucciderla a soli vent'anni. ■ BIOGRAFICO; COL.; 125'; USA, 1980. ■ GOLDEN GLOBES 🏆 2 PR, 4 NOM; OSCAR 🏆 1 PR, 7 NOM.

RAGAZZA DI NOME GIULIO, LA ★★★
Regia di TONINO VALERI. Con SILVIA DIONISIO, MALISA LONGO, GIANNI MACCHIA, ANNA MOFFO, ESMERALDA RUSPOLI. ■ Una giovane veneziana trascurata dalla madre e plagiata dalla cameriera-amante accetta di fidanzarsi con un timido giovane. Prima delle nozze vuole però avere un'esperienza sessuale, ma non riesce a portarla a termine con nessuno degli uomini ai quali si accosta, nemmeno dopo un intervento chirurgico. Il suo ultimo mancato amante finirà male. ■ DRAMMATICO; COL.; 103'; ITALIA, 1970.

RAGAZZA DI NOME XIAO XIAO, UNA ★★★
(Xiangu Xiao Xiao)
Regia di XIE FEI. Con LIU QING, NE RENHUA. ■ Nella Cina prima di Mao, una ragazza non si fa piegare dalle dure leggi del clan. Costretta a sposare un bambino di due anni, si ribella e intreccia una love story con un cugino. La storia getta il "disonore" sulla sua famiglia. Uno dei primi film cinesi a trovare distribuzione in Italia. ■ DRAMMATICO; COL.; 90'; CINA, 1986.

RAGAZZA DI PARIGI, LA *(That Girl from Paris)* ★★
Regia di LEIGH JASON. Con JACK OAKIE, LILY PONS. ■ Per sottrarsi ad un matrimonio non voluto una cantante si imbarca clandestinamente, con quattro musicisti, su una nave diretta in America. Qui passa numerosi guai con l'ufficio immigrazione, finché gli amici non la tolgono dall'impaccio. Uno di essi la sposa. ■ COMMEDIA; B/N; 110'; USA, 1936. ■ OSCAR 1 NOM.

RAGAZZA DI PASSAGGIO, LA ★
Regia di GIANNI DA CAMPO. Con ANNA FURIA, BRIGITTE JANDL, DUILIO LAURENTI. ■ Una giovane milanese si trasferisce temporaneamente a Venezia. Qui fa amicizia con un giovane, al quale confida il suo triste burrascoso passato sentimentale. La comprensione del ragazzo le restituirà fiducia nella vita. ■ COMMEDIA; B/N; 108'; ITALIA, 1970.

RAGAZZA DI PIAZZA SAN PIETRO, LA ★★
Regia di PIERO COSTA. Con SUSANA CANALES, WALTER CHIARI, VITTORIO DE SICA, JOHNNY DORELLI. ■ Disavventure di quattro personaggi romani, un vedovo con tre figli che vendono oggetti sacri in Piazza S. Pietro. ■ COMMEDIA; B/N; 100'; ITALIA, 1958.

RAGAZZA DI PIGALLE, LA ★★
(Pigalle, carrefour des illusions)
Regia di PIERRE CHEVALIER. Con ALICE ARNO, BÉATRICE COSTANTINI, JEAN-MICHEL DHERMAY, EVELYNE SCOTT. ■ Una spogliarellista viene ingaggiata da un impresario implicato nel traffico di stupefacenti. Un misterioso medaglione che le era stato consegnato dall'uomo finisce nelle mani della polizia, che ci trova nascosto un microfilm. L'oggetto passa in varie mani finché torna in quelle del proprietario, naturalmente privo del prezioso contenuto. La polizia scoverà e arresterà il colpevole. ■ DRAMMATICO; COL.; 73'; FRANCIA, 1972.

RAGAZZA DI PRAGA, UNA ★★
Regia di SERGIO PASTORE. Con FRANCO CITTI, JEANNETTE LEN. ■ Una giovane cecoslovacca avversa al comunismo si trasferisce in Italia dove viene accolta da una connazionale, affermata attrice. Diventa amante di un drammaturgo che la porta al successo, la costringe a rinunciare al loro figlio e la lascia. Intanto i russi invadono Praga: la ragazza vi fa ritorno quando viene a sapere che l'ex fidanzato è stato ucciso; anche lei, contraria al nuovo governo, viene soppressa. ■ DRAMMATICO; B/N; 92'; ITALIA, 1971.

RAGAZZA DI PROVINCIA, LA *(Let's Be Happy)* ★★★
Regia di HENRY LEVIN. Con ROBERT FLEMYNG, ZENA MARSHALL, TONY MARTIN, VERA-ELLEN. ■ Jenny, ragazza americana, ha ereditato un po' di denaro da un parente scozzese: ne approfitta per visitare la Scozia. Già in viaggio ha occasione di misurare la differenza di mentalità fra americani e scozzesi. Le viene in aiuto un certo Smith, che non tarda a corteggiarla. Ma nascono complicazioni: Smith corre dietro a un'indossatrice e Jenny è assediata da un Lord in bolletta. La ragazza tornerà in America, ma poco dopo Smith la raggiungerà e la sposerà. ■ COMM. MUSICALE; COL.; 93'; GRAN BRETAGNA, 1957.

RAGAZZA DI RIO, LA *(Chica de Rio)* ★★
Regia di CHRISTOPHER MONGER. Con PATRICK BARLOW, HUGH LAURIE, VANESSA NUNES, SANTIAGO SEGURA, LIA WILLIAMS. ■ Raymond vive una vita grigia e monotona: ha una moglie fredda e insensibile e lavora come impiegato in una banca. Nel tempo libero può però coltivare il suo hobby preferito, la samba. Un giorno la sua vita cambia drasticamente: scopre infatti che la moglie ha una relazione col suo capufficio. Deciso a prendersi una rivincita e a dare una svolta alla sua vita, Raymond vola a Rio de Janeiro con un unico scopo: incontrare e conquistare una bellissima ragazza apparsa su una famosa rivista di samba. ■ COMMEDIA; COL.; 102'; GRAN BRETAGNA, SPAGNA, 2001.

RAGAZZA DI ROSE HILL, LA ★★★
(La femme de Rose Hill)
Regia di ALAIN TANNER. Con JEAN-PHILIPPE ECOFFEY, MARIE GAYDU, DENIS PERÓN. ■ È l'improbabile storia di Julie, principessa nera di Rose Hill, isole Mauritius, che va in Svizzera per conoscere il suo sposo che l'ha scelta su un catalogo. Ma lui, Marcel, fa il contadino e non ha bisogno di una principessa, ma di una moglie che lo aiuti sul lavoro; sarà facile allora per Julie cedere all'amore di un giovane ricco del luogo, e ancor più facile, dopo notti di passione, ritrovarsi incinta di lui. I problemi si accavalleranno sempre più, tra gelosie, prepotenze e risvolti passionali vari. Il tutto condito con immagini fiabesche e commoventi. Il film è abbastanza scorrevole grazie agli attori, alla regia e ai toni *mélo* di cui è impregnata tutta la pellicola. Rischia di compromettersi solo nel finale, dove si assiste ad un calderone di amore, morte, razzismo e violenza uniti insieme per poter sottolineare, una volta di più, il tema della discriminazione razziale. ■ DRAMMATICO; COL.; 94'; FRANCIA, SVIZZERA, 1989.

RAGAZZA DI SCORTA, LA *(Escort Girl)* ★★
Regia di DONOVAN WINTER. Con DAVID DIXON, MARIKA MANN, MARIA O'BRIEN. ■ La vigilia di Natale, alcune persone sole si rivolgono ad un'agenzia specializzata per cercare un compagno: una donna farà conoscere al timidissimo accompagnatore le gioie del sesso, un ragazzo rifiuterà le proposte di una vedova. Ben pochi dei protagonisti saranno soddisfatti di questa esperienza. ■ COMMEDIA; COL.; 92'; GRAN BRETAGNA, 1974.

RAGAZZA DI SPITFIRE GRILL, LA ★★
The Spitfire Grill)
Regia di LEE DAVID ZLOTOFF. Con ELLEN BURSTYN, ALLISON ELLIOTT, WILL PATTON. ■ Lo Spitfire Grill è una tavola calda la cui proprietaria accoglie Percy, appena uscita di prigione per aver ucciso un violentatore. Percy si inserisce subito in una piccola comunità di donne e ne diventa il riferimento. Scorrono problemi e sentimenti, la vita ordinaria della provincia. Superfluo, a dir poco. ■ COMMEDIA; COL.; 103'; USA, 1996.

RAGAZZA DI SUTTON, LA *(Taming Sutton's Gal)* ★★
Regia di LESLEY SELANDER. Con JACK KELLY, JOHN LUPTON, GLORIA TALBOTT. ■ Due fattorie sono abitate rispettivamente da una coppia losca e da due donne e un ospite. Gli uomini vengono alle mani per una questione di selvaggina; la donna sposata cerca di uccidere il marito: lui dapprima dà la colpa ai vicini e ne assalta la casa, poi capisce l'errore e fa fuori la moglie. L'ospite sposa la più giovane delle due donne. ■ DRAMMATICO; B/N; 73'; USA, 1957.

RAGAZZA DI TONY, LA *(Goodbye Columbus)* ★★★
Regia di LARRY PEERCE. Con RICHARD BENJAMIN, JACK KLUGMAN, ALI MACGRAW, NAN MATTIN, MICHAEL MEYERS. ■ Un ragazzo dal modesto impiego si innamora di una coetanea di ricca famiglia. Quando diventa il suo amante, i genitori di lei gli propongono un'alternativa: sposarla e ottenere un impiego ben remunerato o lasciarla. Il giovane sceglie l'ultima soluzione. ■ COMMEDIA; COL.; 105'; USA, 1969. ■ OSCAR 1 NOM.

RAGAZZA DI TRIESTE, LA ★★
(Les Coups Chassent la Nuit)
Regia di BERNARD BORDERIE. Con JEAN-PIERRE AUMONT, CARLA DEL POGGIO, ROLDANO LUPI. ■ Un agente segreto si reca in Italia per recuperare un prezioso documento. Gli avversari lo individuano e cercano di eliminarlo, ma lui si salva grazie all'aiuto di una cantante della quale si è innamorato. Finge di abbandonarla perché i capi lo richiamano al suo dovere, porta a termine la missione e la salva quando lei, disperata, sta per uccidersi. ■ DRAMMATICO; B/N; 98'; FRANCIA, ITALIA, 1951.

RAGAZZA DI TRIESTE, LA ★★
Regia di PASQUALE FESTA CAMPANILE. Con MIMSY FARMER, BEN GAZZARA, ORNELLA MUTI. ■ Nasce un rapporto inquietante e violento tra Dino, disegnatore di fumetti, e Nicole, una ragazza incontrata sulla spiaggia di Trieste. Molto bella e altrettanto misteriosa, la ragazza è in realtà ricoverata in un ospedale psichiatrico da dove esce per incontrare lui. L'amore non basta per guarirla, e infatti sotto gli occhi di Dino, Nicole sparirà nel mare. Tratto dall'omonimo romanzo di Festa Campanile che ha ridotto il suo libro in maniera non sempre brillante. Bella la fotografia. ■ DRAMMATICO; COL.; 108'; ITALIA, 1982.

RAGAZZA DI VIA CONDOTTI, LA ★★
Regia di GERMÀN LORENTE. Con FEMI BENUSSI, MICHEL CONSTANTIN, CLAUDE JADE, FREDERICK STAFFORD. ■ Un investigatore privato cerca l'assassino di sua moglie, uccisa mentre si trovava con l'amante. Il suo avvocato trova l'omicida e lo fa eliminare, poi manda in galera anche il cliente (c'è di mezzo l'Anonima Ricatti) che giura di vendicarsi. ■ GIALLO; COL.; 93'; ITALIA, 1973.

RAGAZZA DI VIA MILLELIRE, LA ★★
Regia di GIANNI SERRA. Con ORIA CONFORTI, MARIA MONTI, MARIO ORLANDO. ■ Nessuna speranza per Betty, tredicenne immigrata del sud, che consuma una stentata esistenza in un quartiere malfamato di Torino. Per lei c'è poco da scegliere: violenza, prostituzione e droga oppure un inutile centro d'assistenza sociale. ■ DRAMMATICO; COL.; 126'; ITALIA, 1981.

RAGAZZA DI VIA VENETO, LA ★★
Regia di ENZO GIROLAMI CASTELLARI. Con GIULIO CALÌ, CARLO GIUSTINI, ANNA MARIA MONETA CAGLIO. ■ Due fidanzati di modeste condizioni aspirano alla fama e alla ricchezza: lei vorrebbe fare l'indossatrice e poi l'attrice, lui il pugile. La fortuna sorride alla ragazza che viene notata da un produttore, ma il futuro sposo le mette i bastoni fra le ruote. Dopo un incontro di boxe in cui viene battuto anche il giovane rinuncia ai suoi sogni. ■ COMMEDIA; B/N; 94'; ITALIA, 1955.

RAGAZZA ED UNA PISTOLA, UNA *(My Gun is Quick)* ★★
Regia di GEORGE A. WHITE. Con WHITNEY BLAKE, ROBERT BRAY, DONALD RANDOLPH. ■ Un detective si appassiona alle indagini riguardanti un delitto, sia perché conosceva l'uccisa, sia perché sospetta che l'assassinio sia collegato ad un grosso furto. Segue una traccia che si rivela fondata quando uno dei sospettati viene eliminato. Dopo diversi colpi di scena recupera il bottino e consegna alla giustizia l'assassino. ■ POLIZIESCO; B/N; 92'; USA, 1957.

RAGAZZA E IL GENERALE, LA ★★★
Regia di PASQUALE FESTA CAMPANILE. Con VIRNA LISI, UMBERTO ORSINI, ROD STEIGER. ■ Prima guerra mondiale: un soldato italiano cattura, quasi per caso, un ufficiale nemico. Ma il pri-

gioniero scappa mentre viene trasportato al quartier generale. Il soldato lo riprende con l'aiuto di una contadina. Le difficoltà dell'impresa obbligano i tre ad aiutarsi reciprocamente e a fraternizzare. Quasi giunti a destinazione, il soldato e la ragazza rimangono uccisi. ■ GUERRA; COL.; 103'; ITALIA, 1967.

RAGAZZA E IL SUO SOGNO, UNA ★
(What a Girl Wants)
Regia di DENNIE GORDON. Con AMANDA BYNES, COLIN FIRTH, KELLY PRESTON. ■ Daphne arriva in Inghilterra alla ricerca del padre. Ma lo spirito anticonformista della ragazza si adatta con difficoltà agli ambienti aristocratici in cui vive il genitore. La protagonista è una star della tv americana. Questo è praticamente l'unico motivo di interesse per ragazzine "born in the Usa" di età compresa tra i 9 e i 15 anni. ■ COMMEDIA; COL.; 105'; USA, 2003.

RAGAZZA E QUATTRO MITRA, UNA ★★★
(Une fille et des fusils)
Regia di CLAUDE LELOUCH. Con AMIDOU, RENÉ BAROUH, JEAN-PIERRE KALFON, JANINE MAGNAN, JACQUES PORTER. ■ Quattro operai delusi si danno al gangsterismo dopo un accurato allenamento teorico e pratico. Rapiscono un'attricetta scambiandola per una diva; i produttori del film che questa sta girando fiutano il colpo pubblicitario e accettano di pagare il riscatto. Durante lo scambio un incidente provoca un morto e dei feriti: i banditi, divisi dal drammatico avvenimento, si ammazzano a vicenda. ■ DRAMMATICO; B/N; 106'; FRANCIA, 1965.

RAGAZZA FORTUNATA, UNA *(She's Got Every Thing)* ★★
Regia di JOSEPH SANTLEY. Con GENE RAYMOND, ANN SOTHERN. ■ Un'orfana di fresca data è piena di debiti. I suoi creditori le trovano un impiego presso un grosso industriale sperando che si innamori di lei e che la ragazza, diventando sua moglie, possa pagarli. La giovane, all'oscuro di tutto, si innamora del principale che all'inizio la crede complice dei creditori. Alla fine, risolto ogni dubbio, decide di sposarla. ■ COMMEDIA; B/N; 94'; USA, 1938.

RAGAZZA FUORISTRADA, LA ★★
Regia di LUIGI SCATTINI. Con ZEUDI ARAJA, MARTINE BROCHARD, LUCRETIA LOVE, LUC MERENDA. ■ Un giornalista recatosi per un servizio in Africa si innamora di una ragazza del luogo, la presenta ai genitori e, nonostante la loro perplessità, la prende in moglie. Lo scherzo combinato da due amici respinti lo induce a credere che la giovane lo abbia tradito e, addolorato, la trascura deliberatamente. Lei lo abbandona e torna tra la sua gente. ■ COMMEDIA; COL.; 91'; ITALIA, 1971.

RAGAZZA IN BLU *(Divka v modrém)* ★★
Regia di OTAKAR VÀVRA. Con LIDA BAAROVA, OLDRICH NOVY. ■ Un giovane si innamora della ragazza ritratta in un dipinto antico. Gli amici, per fargli uno scherzo, sostituiscono l'immagine con una ragazza in carne e ossa, mettendo in moto una serie di divertenti equivoci. Il giovane, scoperta la verità, getta il quadro e preferisce sposare la ragazza. ■ COMMEDIA; B/N; 93'; CECOSLOVACCHIA, 1940.

RAGAZZA INDIAVOLATA *(Hallo Janine)* ★★
Regia di CARL BOESE. Con RUDI GODDEN, JOHANNES HEESTERS, MARIKA RÖKK. ■ Un conte stravagante si fa passare per un amico compositore, che a sua volta ha preso il suo nome. Una ballerinetta ottiene quindi dal nobile la parte principale in una nuova rivista. Lo scambio di identità dà origine a equivoci divertenti che si concludono felicemente. ■ COMMEDIA; B/N; 93'; GERMANIA, 1939.

RAGAZZA INGLESE, LA *(Secret World)* ★★
Regia di PAUL FEYDER, ROBERT FREEMAN. Con JACQUELINE BISSET, GISÈLE PASCAL, MARC POREL. ■ Una bella ragazza inglese va in Francia a trovare il suo ex amante, un castellano francese. La sua presenza non è gradita dalla moglie del castellano, folle di gelosia, né dal figlio, un giovane amorale, quando la ragazza respinge le sue *avances*. Ma un nipote, un ragazzino ancora sotto choc per la perdita dei genitori, trarrà beneficio dalla vicinanza della visitatrice. Ritroverà la salute mentale e conoscerà i primi palpiti d'amore. ■ DRAMMATICO; COL.; 94'; FRANCIA, GRAN BRETAGNA, 1969.

RAGAZZA IN NERO *(To koritsi me ta mavra)* ★★
Regia di MICHAEL CACOYANNIS. Con GEORGES FOUNDAS, DIMITRI HORN, ELLIE LAMBETTI. ■ Uno scrittore in vacanza si innamora di una ragazza dalla vita infelice: sua madre infatti ha un amante, la sorella si è suicidata e il fratello la tormenta. Un pretendente respinto insidia la ragazza e, per mettere nei guai lo scrittore, provoca la morte di alcuni bambini. La ragazza lo manda in galera e accetta la proposta di matrimonio dell'innamorato. ■ DRAMMATICO; B/N; 92'; GRECIA, 1956.

RAGAZZA IN PRESTITO, LA ★★
Regia di ALFREDO GIANNETTI. Con TONY ANTHONY, ROSSANO BRAZZI, NINO DAL FABBRO, ANNIE GIRARDOT, MARISA MERLINI. ■ Un quarantenne assillato dalla paura della vecchiaia passa intere giornate in palestra. La sua amante, che gli è vicina da molti anni, vorrebbe che la sposasse, ma lui rifiuta per non perdere la propria egoistica libertà. Abbandonato dalla compagna, si consola con un'altra. ■ DRAMMATICO; B/N; 95'; ITALIA, 1971.

RAGAZZA INTRAPRENDENTE, UNA ★★
(Une fille à papa)
Regia di RENÉ GUISSART. Con LUCIEN BAROUX, JOSETTE DAY, JEAN SERVAIS. ■ Una ragazza vince un grosso premio e parte per le vacanze, accompagnata da un anziano conoscente che spaccia per suo padre. L'uomo la difende da un cacciatore di dote e le fa conoscere un onesto professionista che la sposerà. ■ COMMEDIA; B/N; 85'; FRANCIA, 1936.

RAGAZZA IN VETRINA, LA ★★★
Regia di LUCIANO EMMER. Con BERNARD FRESSON, MAGALI NOËL, LINO VENTURA, MARINA VLADY. ■ Un minatore italiano lavora in Olanda. Dopo una drammatica esperienza decide di tornare in patria, ma una sera un conoscente lo porta in un quartiere di prostitute dove lui ha un'amica. Il minatore conosce una ragazza e ben presto se ne innamora. Pur di restare accanto a lei rinuncerà a lasciare il paese. ■ DRAMMATICO; B/N; 86'; ITALIA, 1960.

RAGAZZA MADE IN PARIS, LA *(Made in Paris)* ★★★
Regia di BORIS SEGAL. Con EDIE ADAMS, RICHARD CRENNA, LOUIS JOURDAN, ANN MARGRET. ■ Una ragazza americana, direttrice di un negozio di abbigliamento, si reca a Parigi. Qui fa la conoscenza di un sarto e di un giornalista che mettono in crisi il suo legame sentimentale, ma poi capirà che il fidanzato è il solo uomo al quale vuole bene. ■ COMMEDIA; COL.; 101'; USA, 1966.

RAGAZZA MERAVIGLIOSA, LA *(La chica de trebole)* ★★
Regia di SERGIO GRIECO. Con ROCIO DURCAL, MARGHERITA GIRELLI, MARISA MERLINI. ■ Una bella sartina diventa indossatrice per puro caso e, frequentando ambienti più raffinati di quelli ai quali è abituata, trascura le vecchie amicizie. Fa conoscenza con un ragazzo di condizioni sociali elevate al quale le colleghe, invidiose, rivelano le sue origini. Lui però la sposa ugualmente. ■ COMMEDIA; COL.; 93'; SPAGNA, 1965.

RAGAZZA NUDA – STRIP-TEASE, UNA *(Strip-Tease)* ★★
Regia di JACQUES POITRENAUD. Con DARRY COWL, KRISTA NICO, UMBERTO ORSINI, DANY SAVAL. ■ Una ballerina mancata si vota allo spogliarello. Nel locale in cui si esibisce si innamora di un nobile che la stanca presto con la sua vacuità. La ragazza allora torna alla danza, più che mai decisa a emergere. ■ DRAMMATICO; B/N; 90'; FRANCIA, 1963.

RAGAZZA PARIGINA, LA *(Femmes vicieuses)* ★
Regia di JEAN LURET. Con LAWRENCE CASEY, SARAH CRESPI, GRETA VAILLANT. ■ Una donna, per vendicarsi di un presunto affronto fattole vent'anni prima, rivela all'ex fidanzato che la ragazza con la quale lui fa l'amore è figlia di loro due. Le conseguenze del gesto sono immediate: l'uomo subisce uno choc e la giovane viene salvata appena in tempo dal tentativo di suicidio. ■ DRAMMATICO; COL.; 92'; FRANCIA, GRECIA, 1976.

RAGAZZA PER BENE?, UNA *(Nice Girl?)* ★★★
Regia di WILLIAM A. SEITER. Con ROBERT BENCHLEY, WALTER BRENNAN, DEANNA DURBIN, ROBERT STACK, FRANCHOT TONE. ■ La figlia di un professore di provincia approfitta della visita di un giovane newyorkese per farsi portare in città. La ragazza passa da un'avventura all'altra senza troppi danni e con la convin-

zione che quella vita non sia per lei. Allora torna a casa e sposa l'innamorato. ■ COMMEDIA; B/N; 95'; USA, 1941.

RAGAZZA PER L'ESTATE, UNA *(Une fille pour l'été)* ★★
Regia di EDOUARD MOLINARO. Con MICHEL AUCLAIR, PASCALE PETIT, GEORGES POUJOULY, MICHELINE PRESLE. ■ Amare avventure sentimentali di un pittore a Saint-Tropez. L'uomo, insoddisfatto della propria vita privata e del proprio lavoro, contribuirà indirettamente con le sue indecisioni a spingere al suicidio una povera ragazza. ■ DRAMMATICO; COL.; 88'; FRANCIA, 1959.

RAGAZZA PER UN'ORA *(Girl of the Night)* ★★
Regia di JOSEPH CATES. Con ANNE FRANCIS, JOHN KERR, KAY MEDFORD, LLOYD NOLAN. ■ Una prostituta assiste all'assassinio di una collega e, sconvolta, si reca da uno psicanalista. Questi riesce a toglierla dalla strada: la ragazza si iscrive ad un istituto artistico e si innamora di un professore. Più tardi, convinta di non poter cambiare, lo lascia e torna all'amante di prima. Per evitare di finire sui marciapiedi un'altra volta, lo lascia però definitivamente. ■ DRAMMATICO; B/N; 93'; USA, 1960.

RAGAZZA PIÙ BELLA DEL MONDO, LA ★★★
(Billy Rose's Jumbo)
Regia di CHARLES WALTERS. Con STEPHEN BOYD, DORIS DAY, JIMMY DURANTE, MARTHA RAYE. ■ Il proprietario di un circo spende quasi tutto il guadagno degli artisti nel gioco d'azzardo. Un giovane appena assunto si innamora di sua figlia e nessun ostacolo impedisce ai due innamorati di sposarsi. ■ COMMEDIA; COL.; 125'; USA, 1962. ■ OSCAR 1 NOM.

RAGAZZA PIUTTOSTO COMPLICATA, UNA ★★★
Regia di DAMIANO DAMIANI. Con FLORINDA BOLKAN, GABRIELLA GRIMALDI, LUIGI PROIETTI, JEAN SOREL, CATHERINE SPAAK. ■ Da un racconto di Moravia. Un uomo si inserisce casualmente in una telefonata fra due donne. Incuriosito dalla situazione, riesce a conoscerne una e a diventarne l'amante. Ma la presenza dell'altra donna (che, si scopre, è matrigna della più giovane) continua a turbare la loro relazione. La complessa vicenda sfocerà in tragedia. ■ DRAMMATICO; COL.; 112'; ITALIA, 1969.

RAGAZZA PURO SANGUE, UNA *(The Girl Said No)* ★★
Regia di ANDREW L. STONE. Con ROBERT ARMSTRONG, IRENE HARVEY. ■ Una soubrettina respinge un ragazzo che, per vendicarsi, le fa credere di avere importanti influenze e organizza uno spettacolo-bidone. Ad esso intervengono però anche degli autentici critici che ne parlano favorevolmente, decretandone il successo. I due giovani si sposano. ■ COMMEDIA; B/N; 92'; USA, 1937. ■ OSCAR 1 NOM.

RAGAZZA ROSEMARIE, LA ★★★
(Das Mädchen Rosemarie)
Regia di ROLF THIELE. Con CARL RADDATZ, NADIA TILLER, PETER VAN EYCK. ■ Storia di una prostituta che viene strumentalizzata a fini di spionaggio industriale e ricatti. Sarà uccisa. ■ DRAMMATICO; B/N; 100'; GERMANIA, 1958.

RAGAZZA SENZA FISSA DIMORA, LA ★★
(Rue du départ)
Regia di TONY GATLIF. Con CHRISTINE BOISSON, FRANÇOIS CLUZET, ANN-GISEL GLASS. ■ Clara, una brava ragazza fuggita di casa, finisce in carcere dove conosce Mimì, leader di una comunità di barboni dove Clara viene ospitata. S'innamora di Paul, un marinaio che cerca l'uccisore del padre. Sarà lui a liberarla da malviventi che la tengono prigioniera. ■ DRAMMATICO; COL.; 93'; FRANCIA, 1986.

RAGAZZA SENZA STORIA, LA ★★★
(Abschied von Gestern)
Regia di ALEXANDER KLUGE. Con PALMA FALCK, HANS KORTE, ALEXANDRA KLUGE. ■ Vincitore del Leone d'argento a Venezia. Film d'esordio di Kluge, uno dei migliori registi tedeschi ma quasi sconosciuto al grosso pubblico. Una ragazza ebrea con valigia fa ogni tipo di lavoro per mantenersi. Diventa ladra e rimane incinta ma riuscirà ad assicurare alla giustizia il padre della bambina. ■ DRAMMATICO; B/N; 89'; GERMANIA, 1966. ■ VENEZIA 1 PR.

RAGAZZA SFRENATA, UNA *(Excess Baggage)* ★
Regia di MARCO BRAMBILLA. Con BENICIO DEL TORO, ALICIA SILVERSTONE, CHRISTOPHER WALKEN. ■ Una ragazza finge il proprio rapimento per interessare il padre. Tutto si complica quando entra in scena un ladro vero. Ci scappa anche l'amorino. ■ COMMEDIA; COL.; 98'; USA, 1998.

RAGAZZA SOTTO IL LENZUOLO, LA ★★
Regia di MARINO GIROLAMI. Con CHELO ALONSO, MARIO CAROTENUTO, WALTER CHIARI, RAIMONDO VIANELLO. ■ Un ladro si finge archeologo per poter frugare con tranquillità nelle cantine di un castello. Qui soggiorna il fantasma di una principessa che perde il lenzuolo e diventa visibile. Durante le ricerche per ritrovarlo, si affeziona al ladro: riesce a redimerlo e a proteggerlo dalla polizia. Infine ritrova il lenzuolo e la serenità. ■ COMMEDIA; COL.; 90'; ITALIA, 1961.

RAGAZZA SULL'ALTALENA, LA ★★★
(The Girl in a Swing)
Regia di GORDON HESSLER. Con RUPERT FRAZER, MEG TILLY. ■ Un uomo d'affari, in viaggio, conosce una bella ragazza e se ne innamora. Tutto fila per il meglio e i due vivono un ottimo rapporto su tutti i piani. Lei è contenta anche di andare a Londra, dove l'uomo abita, e di sposarlo. Ma la ragazza dà la sensazione di nascondere qualcosa. Buona la tensione costruita dal regista e brava Meg Tilly. ■ THRILLER; COL.; 114'; USA, 1989.

RAGAZZA SULLA SCOPA, LA *(Divka na kosteti)* ★★
Regia di VACLAV VORLICEK. Con PETRA CERNOKA, JAN HRUSÍNSKY, VLASTIMIL ZAVREL. ■ Nel regno sotterraneo della magia, Saxana vorrebbe diventare strega ma il suo profitto è pessimo. Un vecchio bidello in pensione le svela la formula per andare nel mondo degli umani e lei si trova così bene da volerci rimanere per sempre. La seguirà anche il vecchio bidello e rinunceranno per sempre alla magia per avere in cambio amore e amicizia. Fiaba divertente. ■ FIABESCO; COL.; 92'; CECOSLOVACCHIA, 1971.

♥ **RAGAZZA SUL PONTE, LA** *(La Fille sur le pont)* ★★★
Regia di PATRICE LECONTE. Con DANIEL AUTEUIL, DEMETRE GEORGALAS, LUC PALUN, VANESSA PARADIS, FREDERIC PFLUGER. ■ Il film più riuscito del regista francese dai tempi di *Il marito della parrucchiera* e prima di *L'uomo del treno*. Girato in bianco e nero, la storia descrive un amore come solo i francesi sanno fare. Adele, nottetempo, viene salvata dal suicidio da Gabor, un lanciatore di coltelli. Fare l'assistente in questo tipo di lavoro è molto pericoloso e l'uomo riesce a convincere solo aspiranti suicide a lavorare con lui. Non sapendo dove andare Adele lo segue. Il loro rapporto rimane allo stadio dell'amicizia. Diventerà amore più tardi, dopo che Adele avrà conosciuto un altro uomo. Bravi entrambi gli interpreti. ■ COMMEDIA; COL.; 90'; FRANCIA, 1999. ■ GOLDEN GLOBES 1 NOM.

RAGAZZA SUPER SPRINT, LA *(Les portes claquent)* ★★
Regia di JACQUES POITRENAUD. Con CATHERINE DENEUVE, FRANÇOISE DORLÉAC, NOËL ROQUEVERT, MAURICE SARFATI, DANY SAVAL. ■ Una stramba famiglia è la protagonista del film: il padre non sa imporsi, la madre è immatura, le figlie non hanno cervello e il figlio, con la compagna, studia un composto capace di sostituire la benzina. Per il collaudo scelgono la Rolls del corteggiatore della nonna settantenne. L'esperimento fallisce rumorosamente, il padre smette di finanziare le prove del figlio. ■ COMMEDIA; B/N; 90'; FRANCIA, 1960.

RAGAZZA TERRIBILE, LA ★★
(Das schreckliche Mädchen)
Regia di MICHAEL VERHOEVEN. Con MONIKA BAUMGARTNER, HANS-REINHARDT MULLER, LENA STOLZE. ■ Una giovane e coraggiosa donna tedesca, spinta da un forte desiderio di giustizia, lotta da sola contro la propria città per denunciare i crimini commessi durante il nazismo da alcuni eminenti concittadini. La minacciano apertamente, ma Sonja resiste e vince il muro di indifferenza che la circonda. ■ DRAMMATICO; COL.; 93'; GERMANIA, 1989. ■ BERLINO 1 PR; GOLDEN GLOBES 1 NOM; OSCAR 1 NOM.

RAGAZZA TUTTA D'ORO, UNA ★★
Regia di MARIANO LAURENTI. Con PIETRO DE VICO, RICKY SHAINE, ENRICO SIMONETTI, THE PIPERS, IVA ZANICCHI. ■ Un musicista porta a Roma una ragazza dalla bella voce per lanciarla. Alcuni amici della debuttante, che l'hanno preceduta nella ca-

pitale, sono finiti in galera, ma l'uomo li ha fatti liberare e li ospita nella propria abitazione. La ragazza ha successo e gli amici costituiscono un complessino, il loro capo si fidanza con la cantante. ■ COMM. MUSICALE; B/N; 93'; ITALIA, 1967.

RAGAZZA TUTTA NUDA ASSASSINATA NEL PARCO ★★
Regia di ALFONSO BRESCIA. Con ADOLFO CELI, IRINA DEMICK, ROBERT HOFFMAN, HOWARD ROSS, PILAR VELASQUEZ. ■ Un miliardario viene assassinato e un agente assicurativo riesce a installarsi nella sua villa per compiere indagini. Dopo due delitti e un suicidio, il giovane confessa alla figlia del defunto di essere lui l'assassino e di essersi così vendicato del criminale di guerra. La ragazza, malata di cuore, muore; lui viene eliminato dalla sua complice. ■ GIALLO; COL.; 95'; ITALIA, 1972.

RAGAZZA VIOLENTA, UNA *(Unholy Rollers)* ★★★
Regia di VERNON ZIMMERMAN. Con CLAUDIA JENNINGS, LOUIS QUINN, BETTY ANNE REES. ■ Karen, da operaia mal pagata e poco rispettata dal principale, diventa pattinatrice in un circo. La sua brama di successo la spinge a scalzare una rivale con metodi poco ortodossi e a diventare in poco tempo la beniamina del pubblico. Anche la televisione si interessa di lei, e alla fama la ragazza aggiunge il denaro. Il suo datore di lavoro, però, per rispondere al mutato atteggiamento degli spettatori, ingaggia una nuova "stella". Karen, sconvolta, provoca una rissa sulla pista ed esce dal tendone dimenticando qualsiasi prudenza. Una automobilista la investe e la uccide. ■ DRAMMATICO; COL.; 88'; USA, 1972.

RAGAZZA YÈ-YÈ, LA *(The Swinger)* ★★★
Regia di GEORGE SIDNEY. Con ROBERT COOTE, ANTHONY FRANCIOSA, HORACE MACMAHON, ANN MARGRET, YVONNE ROMAIN. ■ Una ragazza non riesce a far pubblicare i suoi racconti, che sono troppo "puliti", su una rivista di successo. Un romanzo scabroso che ha riadattato e presentato come autobiografico viene ugualmente respinto, perché non credono che sia suo. Allora organizza una finta orgia e finalmente si interessano di lei, ma per motivi tutt'altro che professionali. Solo con molte difficoltà la ragazza riesce a cancellare l'immagine di sé che ha dovuto crearsi. ■ COMMEDIA; COL.; 81'; USA, 1966.

RAGAZZE *(Career Girls)* ★★★
Regia di MIKE LEIGH. Con MARK BENTON, KATE BYERS, KATRIN CARTLIDGE, ANDY SERKIS, LYNDA STEADMAN. ■ Mike Leigh ci racconta, dopo il successo di *Segreti e bugie* e qualche film prima di *Il segreto di Vera Drake*, di due ex compagne di studi che si ritrovano dopo sei anni. In giro per la città troveranno programmaticamente pezzi del loro passato. La vita non è bella e Leigh ce lo ribadisce con una sceneggiatura in cui gli incontri sono prevedibili ma, e qui sta il bello, il regista e sceneggiatore ne è consapevole fino in fondo. ■ COMMEDIA; COL.; 87'; GRAN BRETAGNA, 1997.

RAGAZZE A BEVERLY HILLS *(Clueless)* ★★
Regia di AMY HECKERLING. Con STACEY DASH, BRITTANY MURPHY, PAUL RUDD, ALICIA SILVERSTONE. ■ La protagonista è Cher, ragazza ricca e viziata, con qualche complesso (sua madre è morta per un intervento di chirurgia estetica). Frequenta un gruppo di suoi pari. Tutto è in discussione tranne la verginità, che è sacra. Ottimo successo negli Usa, con attribuzioni sociali che forse il film non sapeva di avere. ■ COMMEDIA; COL.; 98'; USA, 1996.

RAGAZZE ALLA FINESTRA *(Belles on Their Toes)* ★★
Regia di HENRY LEVIN. Con JEANNE CRAIN, JEFFREY HUNTER, MYRNA LOY, DEBRA PAGET. ■ La vedova di un ingegnere rifiuta di affidare ai parenti i figli più piccoli, affinché tutti contribuiscano all'andamento familiare. I primi tempi sono difficili ma poi, con l'aiuto di un industriale, la donna riesce ad aprire una scuola professionale. La figlia, per dare il suo aiuto all'impresa, rinuncia al matrimonio, come fa la stessa vedova nei confronti dell'industriale. ■ COMMEDIA; COL.; 89'; USA, 1952.

RAGAZZE AMERICANE *(Our Modern Maidens)* ★★
Regia di JACK CONWAY. Con JOAN CRAWFORD, DOUGLAS FAIRBANKS JR, ROD LA ROCQUE. ■ Un giovanotto sta per sposarsi con una ricca ragazza (Joan Crawford per una volta nel ruolo dell'antagonista). Poco prima delle nozze però il giovane ha un'avventura con un'amica della promessa. Dall'avventura nasce un figlio che costringerà l'uomo a lasciare la Crawford e a regolarizzare la situazione della ragazza madre. ■ SENTIMENTALE; B/N; 92'; USA, 1929.

RAGAZZE AUDACI *(Playgirl)* ★★
Regia di JOSEPH PEVNEY. Con COLLEEN MILLER, BARRY SULLIVAN, SHELLEY WINTERS. ■ Una ragazza di campagna si trasferisce a New York, si innamora di un giornalista e viene lanciata con successo sulle pagine di un fotoromanzo. Il direttore della rivista si invaghisce di lei e la sua amante, gelosa, lo uccide accidentalmente. A sua volta l'assassina resta uccisa per difendere la rivale da alcuni malviventi e, prima di morire, rassicura il giornalista sull'onestà della ragazza. ■ DRAMMATICO; B/N; 85'; USA, 1954.

RAGAZZE CHE SOGNANO *(Our Blushing Brides)* ★★★
Regia di HARRY BEAUMONT. Con JOAN CRAWFORD, HEDDA HOPPER, ROBERT MONTGOMERY, ANITA PAGE. ■ Tre belle commesse riescono a trovare un principe azzurro per ciascuna. ■ COMMEDIA; B/N; 79'; USA, 1930.

RAGAZZE CHE SOGNANO *(Rings on her Fingers)* ★★★
Regia di ROUBEN MAMOULIAN. Con LAIRD CREGAR, HENRY FONDA, GENE TIERNEY. ■ Una commessa lascia l'impiego per seguire una coppia di imbroglioni. Un giorno però s'innamora di una delle loro vittime e decide di rimanere con lui. L'uomo rifiuta il "risarcimento" perché non conosce la complicità della ragazza e allora lei lo fa vincere al gioco. Proprio quando stanno per partire lei viene fermata dalla polizia. ■ COMMEDIA; B/N; 85'; USA, 1942.

RAGAZZE DA MARITO *(Leanyvasar)* ★★
Regia di FELIX PODMANICZKY. Con KISS MANYL, JANOS SARDY, ZITA SZELECZKY. ■ Un ragazzo si innamora della figlia di un debitore. Durante una scampagnata con amici si sposano, credendo sia un gioco, mentre uno dei ragazzi ha fatto in modo che il matrimonio sia autentico. Seguono vari incidenti che si concludono con la benedizione del suocero e il saldo della somma. ■ COMMEDIA; B/N; 92'; UNGHERIA, 1941.

RAGAZZE DA MARITO ★★
Regia di EDUARDO DE FILIPPO. Con EDUARDO DE FILIPPO, PEPPINO DE FILIPPO, TITINA DE FILIPPO, ANNA MARIA FERRERO. ■ Un impiegato ministeriale, per recuperare una somma persa che serviva alle vacanze della famiglia, accetta una tangente. Durante la villeggiatura una delle figlie perde l'"onore" e si sottomette ad un matrimonio "riparatore"; la minore si fidanza con un giovane povero e l'altra sposa un uomo ricco. Intanto i superiori dell'impiegato scoprono le sue manovre e lo licenziano. ■ COMMEDIA; B/N; 90'; ITALIA, 1952.

RAGAZZE DEI QUARTIERI ALTI, LE *(Uptown Girls)* ★★
Regia di BOAZ YAKIN. Con DONALD FAISON, DAKOTA FANNING, HEATHER LOCKLEAR, BRITTANY MURPHY, AUSTIN PENDLETON, MARLEY SHELTON, JESSE SPENCER. ■ Molly, svampita figlia di un defunto divo del rock, è in bolletta in seguito alla fuga del proprio commercialista. Per sbarcare il lunario si vedrà costretta a fare da baby-sitter ad una viziatissima bambina di nome Ray: l'incontro-scontro tra le due personalità sarà esplosivo. La solita spassosa/irritante maschera di Brittany Murhpy fa il contrappunto alla creatura aliena dalle sembianze infantili chiamata Dakota: il risultato è la tipica commedia soft americana, a tratti piacevolmente sgangherata ma decisamente tutt'altro che memorabile. ■ COMMEDIA; COL.; 92'; USA, 2003.

RAGAZZE DEL COYOTE UGLY, LE *(Coyote Ugly)* ★★★
Regia di DAVID MCNALLY. Con MARIA BELLO, ADAM GARCIA, JOHN GOODMAN, PIPER PERABO. ■ Violet compone canzoni, ha un certo talento ma non ha il coraggio di affrontare il pubblico. Dal New Jersey affronta New York per aver successo. L'approdo è il Coyote Ugly, un locale dove le ragazze oltre a servire ballano sul bancone in mezzo ai giovani clienti eccitati e "fuori di testa". Violet si adegua, tiene d'occhio il padre e il nuovo ragazzo. Alla fine supera anche il complesso del pubblico. Favoletta del successo ben fatta, che non si lascia toccare dagli stereotipi cattivi di quegli ambienti – nemmeno uno spacciatore o un travestito –: scatenata, ingenua e pulita, divertente, quasi vecchia maniera. ■ COMMEDIA; COL.; 100'; USA, 2000.

RAGAZZE DELINQUENTI *(Delinquent Daughters)* ★
Regia di AL HERMAN. Con MARJORIE REYNOLDS, THEODORE VON ELTZ, MORGAN WALLACE. ■ Dopo il fallimento del suo matrimonio, una donna, impossibilitata ad allevare la figlia, deve lasciarla in un orfanotrofio. Molti anni più tardi, la donna divenuta magistrato e giudice del tribunale dei minorenni, si trova davanti come accusata una ragazza che potrebbe essere sua figlia. ■ DRAMMATICO; B/N; 90′; USA, 1938.

RAGAZZE DELLA CASA BIANCA, LE *(Dick)* ★★
Regia di ANDREW FLEMING. Con JIM BREUER, KIRSTEN DUNST, WILL FERRELL, DAVE FOLEY, TERI GARR, MICHELLE WILLIAMS. ■ Nixon assume due accompagnatrici per il suo cane ma queste, scoperti i suoi pessimi comportamenti in privato, passano materiale al Washington Post. Commediola divertente che in originale gioca sul doppio senso (il soprannome di Richard Nixon e dell'organo sessuale maschile). ■ COMMEDIA; COL.; 95′; USA, 1999.

RAGAZZE DELLA SPIAGGIA, LE *(The Beach's Girls)* ★
Regia di PAT TOWNSEND. Con DEBRA BLEE, VAL KLINE, JEANNA TOMASINA. ■ Sesso, droga e idiozia per tre ragazzotte in vacanza nella splendida casa sulla spiaggia avuta in prestito dallo zio. Nuvole di marijuana e saune fanno da contorno alla desolazione di un film senza storia. ■ COMMEDIA; COL.; 91′; USA, 1982.

RAGAZZE DELLA TERRA SONO FACILI, LE ★★
(Earth Girls Are Easy)
Regia di JULIEN TEMPLE. Con JIM CARREY, GEENA DAVIS, JEFF GOLDBLUM. ■ Tre alieni (più simili a orsachiotti che a uomini) arrivano sulla Terra e cascano nella piscina di una ragazza, che una delusione d'amore ha reso molto disponibile. I tre si tosano e vanno a spasso per l'America, dove tutti li scambiano per giovanotti come gli altri. Anzi migliori, secondo il parere di alcune ragazze che incontrano. ■ COMMEDIA; COL.; 98′; USA, 1989.

RAGAZZE DI BROADWAY, LE *(Career Girl)* ★★
Regia di WALLACE W. FOX. Con IRIS ADRIAN, FRANCES LANGFORD, EDWARD NORRIS, CRAIG WOOD. ■ Una giovane provinciale si trasferisce in città per tentare la carriera artistica. Dopo molte delusioni, alcune sue amiche e colleghe, che si sono rese conto del suo talento, scrivono per lei una rivista; l'impresario, però, accetta i soldi che gli offre il fidanzato della giovane per non farla recitare e annulla gli accordi. Lui, pentito, torna a casa, rinunciando alla ragazza che nel frattempo si è innamorata di un altro. ■ COMMEDIA; B/N; 69′; USA, 1943.

RAGAZZE DI BUONA FAMIGLIA ★★
(Les saintes intouchés)
Regia di PIERRE MONTAZEL. Con BERNARD BLIER, MARIE-FRANCE PISIER, PERRETTE PRADIER, GISELLE SANDRÉ. ■ Storia di una ragazza ricca e cleptomane che guarisce dalla mania di rubare sposando un bel fusto. ■ COMMEDIA; B/N; 93′; FRANCIA, 1963.

RAGAZZE DI CAMPAGNA *(The Land Girls)* ★★★
Regia di DAVID LELAND. Con ANNA FRIEL, CATHERINE MCCORMACK, RACHEL WEISZ. ■ Inghilterra 1941. Tre ragazze entrano a far parte dell'esercito femminile, la guerra è alla porte. Conoscono il giovane Joe, che le seduce tutte innamorandosi di una delle tre. La guerra scoppia e tutto viene travolto. Leggero, pieno di sentimento e di nostalgia (per la giovinezza e speranze relative). Leland aveva dato buona prova di sé nel precedente *Vorrei che tu fossi qui*. ■ COMMEDIA; COL.; 110′; GRAN BRETAGNA, 1997.

RAGAZZE DI CITTÀ *(Girls Town)* ★★
Regia di JIM MCKAY. Con AUNJANUE ELLIS, IDINA HARRIS, LILI TAYLOR. ■ Vincitore del premio speciale della giuria al festival di Sundance, fa parte di un genere che si è fatto spazio nel cinema indipendente americano: i giovani e i loro problemi. Quattro liceali vivono la loro amicizia senza profondità. Quando una di loro si suicida le altre devono affrontare la realtà e i problemi della vita. ■ COMMEDIA; COL.; 90′; USA, 1996.

RAGAZZE DI GRENOBLE, LE *(Les filles de Grenoble)* ★★
Regia di JOEL LE MOIGN. Con REGIS ANDER, GEORGES BERTHOMIEU, ALAIN DOUTEY. ■ Una prostituta di origine italiana, stanca dei soprusi e delle violenze alle quali viene sottoposta con le sue colleghe, si rivolge a un giudice, ma non osa confessare tutta la verità per paura di mettere in pericolo la vita di suo figlio. Un'ennesima violenza, però, la convince a vuotare il sacco. ■ DRAMMATICO; COL.; 88′; FRANCIA, 1982.

RAGAZZE DI HARVEY, LE *(The Harvey Girls)* ★★★
Regia di GEORGE SIDNEY. Con RAY BOLGER, PRESTON FOSTER, JUDY GARLAND, JOHN HODIAK, ANGELA LANSBURY. ■ Una ragazza si è fidanzata, tramite lettera, con uno sconosciuto e lo raggiunge per sposarlo. Quando si accorge che è un uomo rude e privo di istruzione, rinuncia al proposito e si accorda con alcune giovani per impiantare un ristorante. Una collega gelosa glielo incendia e lei ritiene responsabile l'uomo che ama, proprietario anch'egli di un ristorante. Poi la rivale dice la verità e tutto si accomoda. ■ AVVENTURA; B/N; 101′; USA, 1946. ■ OSCAR 1 PR, 2 NOM.

RAGAZZE DI JIMMY, LE ★★
(A Night in the Life of Jimmy Reardon)
Regia di WILLIAM RICHERT. Con MATTHEW PERRY, RIVER PHOENIX, MEREDITH SALENGER. ■ Un ragazzotto simpatico e bellocchio è l'idolo delle donne del suo quartiere, coetanee e anche donne sposate non gli resistono. Il padre allora lo iscrive a una scuola di Chicago perché pensi solo agli studi. Ma lui se ne scappa alle Hawaii con la fanciulla di cui è innamorato sul serio. ■ COMMEDIA; COL.; 90′; USA, 1987.

RAGAZZE DI OKINAWA, LE *(Himayuri no to)* ★★
Regia di JAMI TASIOKA. Con KIAGO KAGIVA, EIJI OKADA. ■ Gli americani sbarcano a Okinawa: alcune studentesse giapponesi si offrono come infermiere per i loro connazionali e sono continuamente obbligate a spostarsi per sfuggire al nemico. Quando si trovano intrappolate, preferiscono morire con i soldati piuttosto che arrendersi. ■ GUERRA; B/N; 91′; GIAPPONE, 1955.

RAGAZZE DI PIAZZA DI SPAGNA, LE ★★★
Regia di LUCIANO EMMER. Con LILIANA BONFATTI, LUCIA BOSÈ, EDUARDO DE FILIPPO, COSETTA GRECO, MARCELLO MASTROIANNI. ■ La storia di tre sartine e dei loro amori: la prima rinuncia a fare l'indossatrice per sposare il fidanzato operaio; la seconda tenta di uccidersi quando scopre che il futuro sposo mira solo al suo appartamento, ma un taxista la dissuade e la prende in moglie; la terza, piuttosto piccola, vorrebbe un uomo alto ma finisce per accettare la corte di un fantino che l'ama da sempre. ■ DRAMMATICO; B/N; 91′; ITALIA, 1952.

RAGAZZE DI SANFREDIANO, LE ★★★
Regia di VALERIO ZURLINI. Con CORINNE CALVET, ANTONIO CIFARIELLO, ROSSANA PODESTÀ, GIOVANNA RALLI, GIULIA RUBINI. ■ Un giovane e affascinante meccanico fila contemporaneamente con cinque ragazze. Quella che ha promesso di sposare, delusa, sta per suicidarsi, ma lui rinnova la promessa e lei rinuncia; un'altra dice di essere stata sedotta proprio durante la festa di fidanzamento; la terza ha abbandonato per lui il fidanzato; la quarta lo lascia. La quinta sarebbe disposta a portarlo con sé, lontano da Firenze, ma il fratello del dongiovanni la costringe a rimanere. ■ COMMEDIA; B/N; 114′; ITALIA, 1954.

RAGAZZE DI SATANA, LE *(Satan's Cheerleaders)* ★
Regia di GREYDON CLARK. Con JOHN CARRADINE, YVONNE DE CARLO, JOHN IRELAND. ■ Un insegnante preso in giro dalle majorettes del suo college decide di vendicarsi facendo rapire le fanciulle dalla setta di adoratori di Satana. Parodia quasi del tutto involontaria del filone horror sulle messe nere. ■ HORROR; COL.; 90′; USA, 1977.

RAGAZZE D'OGGI ★★★
Regia di LUIGI ZAMPA. Con MARISA ALLASIO, MIKE BONGIORNO, LILLI CERASOLI, PAOLO STOPPA. ■ Un vedovo ha tre figlie: una è fidanzata con un bravo ragazzo, l'altra con un uomo sposato in attesa di divorzio, la terza con uno scapestrato che lascerà. La seconda, dopo un tentativo di suicidio causato dall'opposizione del potenziale suocero, viene da questi accolta benevolmente perché ha capito che è una ragazza perbene. ■ COMMEDIA; COL.; 90′; ITALIA, 1955.

RAGAZZE E GIOVANOTTI DEL 1890 ★★
(Florodora Girl)
Regia di HARRY BEAUMONT. Con WALTER CATLETT, ILKA CHA-

SE, MARION DAVIES, LAWRENCE GRAY. ■ Divertente satira del mondo americano di fine Ottocento. ■ COMMEDIA; B/N; 80'; USA, 1930.

RAGAZZE FOLLI *(Entrée des artistes)* ★★★
Regia di MARC ALLÉGRET. Con JULIEN CARETTE, JANINE DARCEY, JEAN-CLAUDE DAUPHIN, LOUIS JOUVET, ODETTE JOYEUX. ■ Una studentessa respinge un compagno, poi cerca di riprenderlo. Il tentativo va a vuoto perché lui ama un'altra. Visti inutili tutti i suoi sforzi la ragazza si suicida facendo in modo che sembri un delitto e il compagno l'assassino. Il caso permette alla polizia di scoprire la verità. ■ DRAMMATICO; B/N; 99'; FRANCIA, 1938.

RAGAZZE FOLLI *(Futures vedettes)* ★★★
Regia di MARC ALLÉGRET. Con MISCHA AUER, BRIGITTE BARDOT, JEAN MARAIS, ISABELLE PIA. ■ Un professore sposato ha due ferventi ammiratrici tra le allieve: una diventa sua amante, l'altra perde la madre e un collega dell'insegnante, che l'ama, la conforta meglio che può. Quando la moglie del professore, che era in tournée, ritorna, l'uomo lascia la ragazza che col dolore acquista sensibilità artistica e successo. ■ COMMEDIA; B/N; 100'; FRANCIA, 1955.

RAGAZZE, IL MOSTRO È INNAMORATO ★
(Big Man on Campus)
Regia di JEREMY PAUL KAGAN. Con ALLAN KATZ, COREY PARKER, TOM SKERRITT. ■ Ripescaggio della vicenda del gobbo di Notre-Dame nei soliti registri della commedia studentesca americana: comicità superficialotta e un po' sexy. Un mostruoso ragazzo vive nascosto nelle condotte di un campus frequentato da universitari belli e ricchi e solo la passione per una ragazza lo fa uscire dal suo rifugio. ■ COMMEDIA; COL.; 102'; USA, 1989.

RAGAZZE IN CAMERA *(Carry on Abroad)* ★★
Regia di GERALD THOMAS. Con BERNARD BRESSLAW, KENNETH CONNOR, CHARLES HAWTREY, SIDNEY JAMES. ■ Una coppia in crisi, due ragazze desiderose di nuove esperienze, alcuni religiosi e altre persone si trovano insieme in un viaggio turistico organizzato. All'albergo in cui scendono ne succedono di tutti i colori: l'ultima disavventura è il crollo della costruzione. Prima del ritorno a casa, le situazioni sentimentali dei protagonisti si risolvono. ■ COMMEDIA; COL.; 90'; GRAN BRETAGNA, 1972.

RAGAZZE IN CATENE *(Girls in Chains)* ★★
Regia di EDGARD GEORGE ULMER. Con DOROTHY BURGESS, CLANCY COOPER, BARBARA PEPPER, ROBIN RAIMOND. ■ La cognata di un poco di buono perde il posto di lavoro e viene assunta in un riformatorio femminile. I suoi metodi umanitari e rieducativi si scontrano con quelli feroci del direttore, che è manovrato proprio dal suo parente. Diversi incidenti occorsi alle ragazze fanno sì che la polizia ripulisca l'ambiente. La ragazza, messa a capo dell'istituto, sposa un ispettore. ■ DRAMMATICO; B/N; 70'; USA, 1943.

RAGAZZE INDIAVOLATE *(The Doughgirls)* ★★
Regia di JAMES V. KERN. Con JACK CARSON, ANN SHERIDAN, ALEXIS SMITH, JANE WYMAN. ■ Secondo conflitto mondiale: una giovane sposa in viaggio di nozze trova, nell'appartamento che ha prenotato, un'amica e il marito. Poco dopo giungono un'altra coppia, uno studioso, una russa e una ragazza col fidanzato. La situazione si fa insostenibile perché nessuno vuole andarsene, poi tutto si aggiusta per il meglio. ■ COMMEDIA; B/N; 102'; USA, 1944.

RAGAZZE INNAMORATE *(Ladies in Love)* ★★★
Regia di EDWARD H. GRIFFITH. Con DON AMECHE, CONSTANCE BENNETT, JANET GAYNOR, SIMONE SIMON, LORETTA YOUNG. ■ Tre ragazze abitano nello stesso appartamento e si innamorano di altrettanti ragazzi che, dopo una breve relazione, le abbandonano. Una programma il suicidio, ma è l'amica a bere il veleno e a salvarsi per miracolo. Quando è ristabilita sposa un medico, l'altra un ricco uomo d'affari; l'ultima apre un negozio. ■ COMMEDIA; B/N; 97'; USA, 1936.

RAGAZZE IN PERICOLO *(Jeunes filles en détresse)* ★★★
Regia di GEORG WILHELM PABST. Con MARCELLE CHANTAL, ANDRÉ LUGUET, MICHELINE PRESLE. ■ In un collegio femminile che ospita le figlie di genitori separati capita anche la figlia dell'avvocato che ha permesso molti di quei divorzi. Le compagne la boicottano e lei sottoscrive una richiesta per l'abolizione di quella legge. L'iniziativa giunge alle orecchie di un giudice che, pur approvandola, non può accettarla. Il trambusto è servito almeno a riunire alcune coppie. ■ COMMEDIA; B/N; 90'; FRANCIA, 1939. ■ VENEZIA 1 PR.

RAGAZZE INQUIETE *(Dance Hall)* ★★
Regia di CHARLES CRICHTON. Con BONAR COLLEANO, DONALD HOUSTON, NATASHA PARRY. ■ Un'operaia trascura il fidanzato per la passione del ballo. In una sala incontra un uomo che le fa la corte, ma quando scopre la sua doppiezza lo lascia e sposa il fidanzato. Tempo dopo, presa dalla nostalgia, riprende a ballare e l'ex corteggiatore lancia alcune frasi allusive e infondate nei confronti della donna che provocano i sospetti del marito: i due però si amano e restano insieme. ■ COMMEDIA; B/N; 80'; GRAN BRETAGNA, 1950.

RAGAZZE INTERROTTE *(Girl, Interrupted)* ★★
Regia di JAMES MANGOLD. Con CLEA DUVALL, WHOOPI GOLDBERG, ANGELINA JOLIE, VANESSA REDGRAVE, WINONA RYDER. ■ Susanna (Ryder) arriva al Claymoore Hospital, una clinica psichiatrica per le cosiddette ragazze interrotte, sofferenti cioè di patologie che hanno deviato la loro personalità. Tutte cercano di ritrovare un'identità. Chi ha il problema del sesso, chi degli affetti eccetera. Susanna, che sembrerebbe la meno compromessa, avrà comunque da imparare. ■ COMMEDIA; COL.; 125'; USA, 1999. ■ GOLDEN GLOBES 1 PR, 1 NOM; OSCAR 1 PR, 1 NOM.

RAGAZZE IN UNIFORME *(Mädchen in Uniform)* ★★★
Regia di CARL FROELICH, LEONTINE SAGAN. Con HERTHA THIELE, DOROTHEA WIECK. ■ L'ambiente è quello di un collegio femminile severissimo. Manuela vive tutta la giornata in attesa del bacio serale da parte della sua istitutrice. Una sera, mezza ubriaca, Manuela manifesta a tutti il suo amore per l'istitutrice. I provvedimenti nei confronti della ragazza sono esagerati, tanto che la portano a tentare il suicidio. ■ DRAMMATICO; B/N; 95'; GERMANIA, 1931.

RAGAZZE IN UNIFORME *(Mädchen in Uniform)* ★★★
Regia di GÉZA VON RADVANYI. Con LILLI PALMER, ROMY SCHNEIDER. ■ Una giovane orfana viene mandata in collegio. La bontà e la gentilezza dell'istitutrice riescono a farle superare la tristezza di quella condizione. Tra le due donne si stabilisce una simpatia che nella ragazza diventa quasi morbosa e provoca uno scandalo. L'istitutrice viene licenziata e l'allieva cerca di suicidarsi: glielo impediscono e l'insegnante rimane. ■ DRAMMATICO; COL.; 101'; GERMANIA, 1958.

RAGAZZE NELL'ARTIGLIO *(Gambling Daughters)* ★★
Regia di MAX NOSSECK. Con CECILIA PARKER, ROGER PRYOR. ■ Due ingenue collegiali cadono nella rete di alcuni malviventi che promettendo loro molti soldi le mettono in guai seri. Dopo numerose disavventure, le amiche delle ragazze e la polizia smascherano i componenti della banda. ■ DRAMMATICO; B/N; 95'; USA, 1941.

RAGAZZE NEL PALLONE *(Lady Bugs)* ★★
Regia di SIDNEY J. FURIE. Con JONATHAN BRANDIS, RODNEY DANGERFIELD, ILENE GRAFF, JACKEE HARRY. ■ Chester Lee è sull'orlo del licenziamento. Riesce a salvarsi raccontando di essere stato un grande giocatore di calcio. Il titolare, che ha una squadra femminile, gliela affida: non lo licenzierà, se vincerà il campionato. A risolvere la situazione arriva il figliastro di Chester, grande giocatore, che, in panni femminili, porta la squadra alla vittoria e trova modo di innamorarsi della figlia del padrone. Così tutto si aggiusta. Filmetto scontato che strappa qualche piccola risata. Furie faceva di meglio. ■ COMMEDIA; COL.; 91'; USA, 1992.

RAGAZZE NEL PALLONE *(Bring it on)* ★
Regia di PEYTON REED. Con JESSE BRADFORD, KIRSTEN DUNST, ELIZA DUSHKU, GABRIELLE UNION. ■ Alle origini di tutta la vicenda sta un furto commesso da un ex capitano di un gruppo di quelle che chiamiamo "ragazze pon pon" e che gli americani definiscono "cheerleaders". Questo impedisce loro di partecipare al campionato annuale delle "high schools". Un pretesto per mostrare qualche paio di gambe ben tornite e gonnelline svolazzanti

del genere "ti vedo non ti vedo". Con, in aggiunta, la descrizione dello stress competitivo e degli allenamenti che non riguardano solo gli atleti in campo ma anche le loro accese (e combattive) sostenitrici. ■ COMMEDIA; COL.; 98′; USA, 2000.

RAGAZZE PERDUTE *(Good Time Girl)* ★★
Regia di DAVID MACDONALD. Con JEAN KENT, DENNIS PRICE, FLORA ROBSON. ■ Una ragazza fuggita di casa trova lavoro in un locale notturno. Un ragazzo, geloso delle premure del suo principale, riesce a far arrestare la giovane per un furto non commesso e a mandarla in prigione. Lei fugge, diventa l'amante di un giocatore di professione che la deruba, si unisce a due avventurieri e compie rapine e aggressioni. Nuovamente arrestata subisce una pesante condanna. ■ DRAMMATICO; B/N; 93′; GRAN BRETAGNA, 1947.

RAGAZZE PER L'ORIENTE ★★
(Das Nachtlokal zum Silbermond)
Regia di WOLFGANG GLÜCK. Con PETER ALEXANDER, JURG HOLL, MARISA MELL, MARINA PETROWA. ■ Un gruppo di ragazze accetta di lavorare in un locale del Medio Oriente. Una di esse scopre il nascondiglio di molti gioielli, frutto di alcune rapine nelle quali è coinvolta la proprietaria del locale. La polizia viene immediatamente avvertita: la donna preferisce uccidersi piuttosto che finire in galera. ■ DRAMMATICO; B/N; 91′; GERMANIA, 1959.

RAGAZZE SENZA NOME *(Untamed Youth)* ★★
Regia di HOWARD W. KOCK. Con LORI NELSON, JOHN RUSSELL, MAMMI VAN DOREN. ■ Due sorelle finiscono in una fattoria-riformatorio. Il suo proprietario ha sposato la direttrice per poter sfruttare le prigioniere nel lavoro dei campi. Una di esse, sfinita dalla fatica, muore. Una delle sorelle va a casa dell'uomo che l'ha fatta chiamare con la scusa di sentirla cantare. La salvano appena in tempo dal suo tentativo di violenza. Il direttore carogna finisce in galera. ■ DRAMMATICO; B/N; 80′; USA, 1957.

RAGAZZE SOLE *(Club de femmes)* ★★
Regia di JACQUES DEVAL, JULES KRUGER. Con DANIELLE DARRIEUX, RAYMOND GALLE, VALENTINE TESSIER. ■ In Francia è stato costruito un piccolo villaggio dove abitano ragazze sole. Nonostante i buoni propositi della fondatrice ne accadono di tutti i colori, grazie alla compiacenza di una centralinista che favorisce le scappatelle delle ragazze con i rispettivi amanti. Dopo un episodio drammatico, ritorna l'ordine e una certa tranquillità. ■ DRAMMATICO; B/N; 106′; FRANCIA, 1936.

RAGAZZE SOTTO ZERO *(Quick, Before it Melts)* ★★
Regia di DELBERT MANN. Con ANJANETTE COMER, GEORGE MAHARIS, ROBERT MORSE. ■ Comiche disavventure di un giornalista in viaggio verso l'Antartide con un fotografo. È fidanzato, tuttavia non rimane insensibile al fascino di una bella ragazza, suscitando le rimostranze del futuro suocero e della sua promessa. Più tardi rischia di finire in prigione, ma il fortunatissimo resoconto di un matrimonio celebrato tra i ghiacci gli varrà ricompense e successo. ■ COMMEDIA; COL.; 98′; USA, 1964.

RAGAZZE SPERDUTE *(Missing Daughters)* ★★
Regia di CHARLES C. COLEMAN JR. Con RICHARD ARLEN, ROCHELLE HUDSON. ■ Molte ragazze scappate di casa finiscono in locali notturni equivoci e vengono coinvolte nelle losche attività dei proprietari, che le uccidono se tentano di rivelarle. Un giornalista della radio, che si è riproposto di trovare queste fanciulle, si mette sulle tracce dei malviventi e riesce a mandarli in prigione. ■ DRAMMATICO; B/N; 92′; USA, 1939.

RAGAZZE VIENNESI *(Wiener Mädeln)* ★★
Regia di WILLI FORST. Con WILLI FORST, JUDITH HOLZMEISTER, CURD JÜRGENS, DORA KOMAR, HANS MOSER. ■ Le tre figlie di una nota personalità favoriscono la carriera di un giovane musicista. Questi si innamora della maggiore, che però sposa un altro. Tempo dopo ha modo di dimostrare la propria riconoscenza alle ragazze aiutandone il padre, caduto in miseria a causa di speculazioni sbagliate. Poi si promette a una delle sorelle, che lo ama da sempre. ■ BIOGRAFICO; COL.; 93′; AUSTRIA, 1944.

RAGAZZE VINCENTI *(A League of Their Own)* ★★★
Regia di PENNY MARSHALL. Con GEENA DAVIS, TOM HANKS, JON LOVITZ, MADONNA, LORI PATTY. ■ Oregon 1943. Quasi tutti i giovani sono in guerra e le ragazze cercano di sostituirli in alcuni ruoli indispensabili come per esempio il baseball. Dottie e Kit, sorelle, organizzano una squadra e, contro ogni previsione, la faccenda funziona. Ad allenare c'è un certo Jimmy, preparato ma chiuso e pieno di problemi. Fra una partita e l'altra, un traguardo dopo l'altro, le ragazze vivono la loro vita, si fanno esperienze e si realizzano. Quella stagione rimarrà per tutti indimenticabile. Dopo molti anni il gruppetto si ritrova, alcuni sono nonni, altri non ci sono più. È bello e commovente ricordare quei tempi. Gli americani sanno gestire piuttosto bene i film sullo sport. Un buon prodotto. ■ COMMEDIA; COL.; 128′; USA, 1992. ■ GOLDEN GLOBES 2 NOM.

RAGAZZI *(Streit um den Knaben Jo)* ★★
Regia di ERICH WASCHNECK. Con LIL DAGOVER, WILLY FRITSCH. ■ Una donna ha avuto un figlio al Cairo in un periodo di disordini. Anni dopo vi torna e incontra casualmente un ragazzino somigliante come una goccia d'acqua al proprio marito. Temendo uno scambio di neonati inizia alcune indagini, dalle quali risulterà che il piccolo è figlio di un parente del marito. ■ COMMEDIA; B/N; 92′; GERMANIA, 1937.

RAGAZZI ATTORI *(Babes in Arms)* ★★★
Regia di BUSBY BERKELEY. Con JUDY GARLAND, MICKEY ROONEY, CHARLES WINNINGER. ■ Judy Garland e Mickey Rooney quando facevano coppia da ragazzi ed erano il tandem under venti più indiavolato di Hollywood. Il film è tratto da una celebre commedia musicale di Rodgers e Hart, ma ne serba solo una canzone *Where or when*. Mickey e Judy sono i figli di un ex attore di rivista. Riescono a montare uno spettacolo per conto loro (avrà grande successo e attirerà anche l'attenzione degli impresari di New York). ■ MUSICAL; B/N; 91′; USA, 1939.

RAGAZZI DE' BORGATA ★
Regia di BRUNO VANI. Con GIANLUCA CINCONZE, STEFANIA DE LUCA, MASSIMILIANO SETTESOLDI. ■ Carlo e Raffaella, fratello e sorella, gestiscono un negozio di materiali elettrici. Una tentata rapina porterà alla morte di un ragazzo geloso di Carlo. Le pistole usate erano ad acqua. Film artigianale uscito solo a Roma e per soli tre giorni. ■ DRAMMATICO; COL.; 73′; ITALIA, 1998.

RAGAZZI DEGLI ANNI '50, I *(Book of Love)* ★
Regia di ROBERT SHAYE. Con KEITH COOGAN, MICHAEL MCKEAN, CHRIS YOUNG. ■ Il tentativo di fare un film nostalgico ma con un occhio allo stile *Porky's* ha fatto fallire questo progetto. È pieno di luoghi comuni sugli anni Cinquanta: brillantina, James Dean, le auto truccate e pesanti anacronismi. Un ragazzo appena giunto in città si innamora della ragazza del campione locale di football. ■ COMMEDIA; COL.; 85′; USA, 1991.

RAGAZZI DEI PARIOLI, I ★★
Regia di SERGIO CORBUCCI. Con SCILLA GABEL, ENNIO GIROLAMI, RAF MATTIOLI, ALESSANDRA PANARO. ■ Due giovani romani si fingono produttori cinematografici per conoscere attricette: due di esse cadono nella rete e finiscono nell'appartamento del più scatenato. Questi cerca di approfittare di una stellina, che cade malamente e sviene. Rimessosi dal terrore di averla uccisa, si ravvede. ■ DRAMMATICO; B/N; 102′; ITALIA, 1959.

RAGAZZI DEL CAPITANO NEMO, I ★★
(Ukradená vzducholod)
Regia di KAREL ZEMAN. Con JAN BOR, JAN MALAT, JOSEF STRANIK. ■ Alcuni ragazzini approdano, dopo un viaggio in aerostato, sull'isola del capitano Nemo Sulle loro tracce si pongono alcuni militari che vogliono impadronirsi di una formula nascosta all'interno del velivolo stesso. Sorpresina finale. ■ FANTASCIENZA; COL.; 94′; CECOSLOVACCHIA, 1967.

RAGAZZI DEL CIMITERO, I *(I Was a Teenage Zombie)* ★
Regia di ELIAS MICHALAKIS. Con PETER BUSH, CASSIE MADDEN, STEVE MCCOY. ■ Alcuni giovani uccidono uno spacciatore di droga e ne gettano il cadavere nelle acque radioattive di un lago. Ma il malvagio spacciatore resuscita e cerca di ucciderli uno dopo l'altro. Per difendersi i giovani gettano il corpo di un compagno morto nel lago. Lo zombie buono eliminerà quello malvagio. ■ HORROR; COL.; 81′; USA, 1986.

RAGAZZI DEL CORO, I *(The Choirboys)* ★★★
Regia di ROBERT ALDRICH. Con CHARLES DURNING, LOUIS GOSSETT JR, PERRY KING, CLYDE KUSATSU. ■ Gli agenti di un distretto newyorkese, nonostante le apparenze, sono uomini fragili e insicuri: uno dei più giovani, irrimediabilmente complessato, si suiciderà; un altro ammazzerà un omosessuale per reazione a uno scherzo crudele dei colleghi. C'è poi l'anziano capo della buoncostume e c'è anche un poliziotto prossimo alla pensione che si assume colpe che non ha per evitare severe repressioni ai più giovani. ■ DRAMMATICO; COL.; 119′; USA, 1977.

RAGAZZI DEL FIUME, I *(River's Edge)* ★★
Regia di TIM HUNTER. Con CRISPIN GLOVER, DENNIS HOPPER, KEANU REEVES. ■ In una piccola città dell'Oregon, un gruppo di adolescenti passa il tempo fra bevute, spinelli e party sessuali. Uno di essi strangola una compagna. Gli altri cercano di coprire il delitto. Film girato rozzamente, ma efficacemente secondo i moduli di certo cinema "sporco" ma incisivo all'americana. Un pugno di personaggi di qualche interesse (tra cui il maniaco di Dennis Hopper). Ma il bersaglio principale (il ritratto del disagio di una generazione) è senz'altro fallito. ■ DRAMMATICO; COL.; 99′; USA, 1986.

RAGAZZI DEL GIUDICE HARDY, I ★★
(Judge Hardy's Children)
Regia di GEORGE BRACKETT SEITZ. Con MICKEY ROONEY, ANN RUTHERFORD, LEWIS STONE. ■ Il giudice Hardy crede d'aver avuto una promozione a Washington e si reca nella capitale tirandosi dietro tutta la famiglia. Non sa che sta per diventare l'uomo di paglia di un gruppo di affaristi. Quando lo sa, se ne torna in fretta e furia al paesello. ■ COMMEDIA; B/N; 87′; USA, 1938.

RAGAZZI DEL JUKE-BOX, I ★
Regia di LUCIO FULCI. Con FRED BUSCAGLIONE, MARIO CAROTENUTO, BETTY CURTIS, TONY DALLARA. ■ Il proprietario di una casa discografica ha un debole per la musica melodica, mentre la figlia è una sostenitrice dei cosiddetti urlatori. Il dissidio è insanabile. Quando l'uomo, in conseguenza di uno scandalo, finisce in prigione, la ragazza prende le redini dell'industria e la orienta verso una produzione più moderna. Il genitore, dato il successo commerciale del nuovo corso, accetta di buon grado il cambiamento. ■ COMMEDIA; B/N; 102′; ITALIA, 1959.

RAGAZZI DELLA BUON COSTUME, I ★★
(Les chiens chauds)
Regia di CLAUDE FOURNIER. Con GEOFFREY BOWES, NICOLE MORIN, HARRY REEMS. ■ McClean comanda la squadra del Buon Costume di una città canadese e giura di ripulire la città. I suoi uomini sono costretti perfino a travestirsi da prostitute per arrestare più gente, ma alla fine si stufano e tendono un tranello al loro capo che ci casca in pieno e viene degradato. Commedia inutile e volgarotta. ■ COMMEDIA; COL.; 92′; CANADA, 1980.

RAGAZZI DELLA 56ª STRADA, I *(The Outsiders)* ★★★
Regia di FRANCIS FORD COPPOLA. Con MATT DILLON, C. THOMAS HOWELL, DIANE LANE. ■ Le gesta e i caratteri dei componenti di una banda di giovanissimi, i "Greasers", in una cittadina Usa negli anni Sessanta. Dal capo, Dallas, violento e strafottente, al timido e impacciato Pony Boy, a Johnny. Dopo aver ucciso un rivale i tre fuggono e salvano dei bambini da un incendio, ma Johnny rimane ustionato e muore. Dallas, disperato, commette una rapina con una pistola scarica, ma viene ucciso dalla polizia. Affresco a tratti vigoroso, a tratti retorico del "malessere metropolitano". ■ DRAMMATICO; COL.; 91′; USA, 1983.

RAGAZZI DELLA MARINA ★★
Regia di FRANCESCO DE ROBERTIS. Con MEMMO CAROTENUTO, SILVIO NOTO, LYLA ROCCO, LYNN SHAW. ■ La trama del film serve come pretesto per presentare il viaggio intorno al mondo dell'incrociatore *Montecuccoli*. Su di esso viaggiano alcuni cadetti e tre marinai pressati da problemi di diversa natura. L'esperienza sul mare e l'influenza benigna dei superiori ne miglioreranno il carattere. ■ COMMEDIA; COL.; 94′; ITALIA, 1958.

RAGAZZI DELLA MIA VITA, I
(Riding in cars with boys) ★★★
Regia di PENNY MARSHALL. Con DREW BARRYMORE, MIKA BOOREM, LORRAINE BRACCO, PETER FACINELLI, ADAM GARCIA, BRITTANY MURPHY, ROSIE PEREZ, JAMES WOODS. ■ Nonostante l'eccessiva durata, questa commedia, con spunti drammatici, è riuscita. L'odissea di Beverly ha inizio quando a 15 anni si sposa con un buono a nulla, drogato e ubriacone. Siamo nel 1968 e la ragazza deve gestire il *ménage*, bambino piccolo compreso. I genitori le vogliono bene ma non la capiscono. Mentre lei sogna di scrivere romanzi. Quando avrà il coraggio di liberarsi del marito le si porrà il problema del figlio. Tratto da una storia vera raccontata in un romanzo di Beverly D'Onofrio. Brava Drew Barrymore che riesce a gestire un ruolo difficile in bilico tra commedia e dramma. Rosie Perez in un cameo interpreta la nuova compagna del marito di Beverly, mentre il padre poliziotto è James Woods. ■ COMMEDIA; COL.; 132′; USA, 2001.

RAGAZZI DELLA MONTAGNA BLU, I ★★
(Barna fran blasjofjallet)
Regia di JONAS SIMA. Con CARIA LINDER, LASSE PETERSON, LOVA SIMA. ■ Sei fratellini, rimasti soli dopo la morte della mamma nella loro casetta semisepolta dalla neve, decidono di avventurarsi verso la città, attraverso i boschi. ■ AVVENTURA; COL.; 92′; SVEZIA, 1981.

RAGAZZI DELLA NOTTE ★
Regia di JERRY CALÀ. Con JERRY CALÀ, FRANCESCA RETTONDINI, SERGIO VASTANO. ■ Film manifesto in difesa delle discoteche. Jerry Calà non pagherà più le consumazioni in questi locali visto che ne propugna, con spirito degno di ben altra causa, la sopravvivenza *tout court*. I ragazzi, in un film come questo, sono tutti bravi e buoni mentre i genitori, ovviamente, non capiscono niente. ■ COMMEDIA; COL.; 90′; ITALIA, 1995.

RAGAZZI DELLA NOTTE, I ★
(The Children of the Night)
Regia di ROBERT MARKOWITZ. Con NICHOLAS CAMPBELL, KATHLEEN QUINLAN, MARIO VAN PEEBLES. ■ Una studentessa decide di svolgere la tesi di laurea sulla vita delle prostitute minorenni. La sua università respinge la proposta e la ragazza si rivolge altrove. Una sera trova una giovane prostituta ferita con un rasoio e l'ospita per una notte. Il coinvolgimento sempre più diretto con l'ambiente diventa pericoloso. Un film male interpretato, diretto con mano televisiva. Del tutto inutile. ■ DRAMMATICO; COL.; 104′; USA, 1985.

RAGAZZI DELLA PERIFERIA SUD, I ★
Regia di GIANNI MINELLO. Con MARTA BIFANO, ALESSANDRA MIDA, STEFANO SABELLI. ■ L'esistenza alla quale sono condannati quasi tutti i giovani nati e cresciuti ai bordi delle grandi metropoli, in un ambiente corrotto fatto di disperazione e miseria che portano alla droga, all'omicidio e alla prostituzione. ■ DRAMMATICO; COL.; 95′; ITALIA, 1985.

RAGAZZI DELLA PORTA ACCANTO, I ★★
(The Boys Next Door)
Regia di PENELOPE SPHEERIS. Con MAXWELL CAULFIELD, PATTI D'ARBANVILLE, CHARLIE SHEEN. ■ Nel giorno della licenza liceale Roy e Bo, diciottenni cinici e strafottenti, fingono un omicidio sul piazzale della scuola. Il tragico scherzo, peraltro deplorato dagli insegnanti e dagli studenti, continua per loro anche nella vita. Roy confessa all'amico di sentirsi spinto da un violento istinto omicida e lo trascina in un serie di bravate, dapprima paranoiche e poi ferocemente violente, quali l'uccisione di un benzinaio, di una coppia di fidanzati, di una prostituta e di un omosessuale. Durante una terribile notte, a Bo non resta altro, per liberarsene, che uccidere Roy e consegnarsi alla polizia. ■ DRAMMATICO; COL.; 88′; USA, 1985.

RAGAZZI DELLA ROMA VIOLENTA, I ★★
Regia di RENATO SAVINO. Con CRISTINA BUSINARI, SARAH CRESPI, EMILIO LOCURCIO, GINO MILLI. ■ Il film è ispirato a episodi realmente accaduti: narra di un ragazzo dei quartieri alti, capo di un gruppo politico di destra, che sopprime e sottomette con la violenza i suoi nemici: spinge al suicidio una ragazza, ne violenta e ne uccide un'altra, tortura un insegnante anarchico, si fa promotore di una rapina e quindi muore in un incidente d'auto. ■ DRAMMATICO; COL.; 92′; ITALIA, 1976.

RAGAZZI DELLA STRADA, I *(News Boys' Home)* ★★
Regia di HAROLD YOUNG. Con WENDY BARRIE, JACKIE COOPER, EDMUND LOWE. ■ Lotta senza quartiere tra i proprietari di due testate: uno è disonesto ma potente e rende la vita difficile all'altra, un'inesperta ragazza appena succeduta al padre, costretta a licenziare buona parte del personale. Fortunatamente l'ex direttore, dopo drammatiche vicissitudini, risolleva le sorti del giornale e sposa la giovane donna. ■ DRAMMATICO; B/N; 72'; USA, 1938.

RAGAZZI DELLA VIA PAAL, I *(No Greater Glory)* ★★★
Regia di FRANK BORZAGE. Con GEORGE BREAKSTON, JIMMY BUTLER, FRANKIE DARRO, JACKIE SEARL, LOIS WILSON. ■ Negli anni Trenta, a Budapest, due gruppi di giovanissimi si contendono il possesso di un campo da gioco. Il giovane protagonista riprende agli avversari la bandiera che essi avevano rubato ai compagni, ma viene scoperto e punito con un bagno forzato. Qualche giorno dopo, benché ammalato, si unisce ai suoi in una furibonda mischia: l'inopportuna scappatella gli è fatale. I ragazzi, storditi dal dolore per la morte dell'amico, dimenticano per sempre gli antichi rancori. ■ DRAMMATICO; B/N; 78'; USA, 1934.

RAGAZZI DELLA VIA PAAL, I *(A Pàl utcai fiùk)* ★★★
Regia di ZOLTĂN FĂBRI. Con WILLIAM BURLEIGH, ANTHONY KEMP, MARI TÖRÖCSIK. ■ Dignitosa e poetica trasposizione del libro di Molnàr. ■ DRAMMATICO; COL.; 104'; UNGHERIA, 1969. ■ OSCAR 1 NOM.

RAGAZZI DELL'HULLY GULLY, I ★
Regia di MARCELLO GIANNINI. Con ALICIA BRANDET, AVE NINCHI, CLAUDIO PRIVITERA. ■ Un nobile si è arricchito diventando compositore musicale. Dichiara che assegnerà la sua ambita eredità a chi tra i numerosi parenti saprà designare in anticipo il vincitore di un concorso di canzoni. La fortuna arride a una coppia di nostalgici vecchietti. ■ COMM. MUSICALE; B/N; 90'; ITALIA, 1964.

RAGAZZI DEL MARAIS, I *(Les enfants du Marais)* ★★
Regia di JEAN BECKER. Con ANDRÉ DUSSOLLIER, SUZANNE FLON, JACQUES GAMBLIN, MICHEL SERRAULT, JACQUES VILLERET. ■ Un film del buon tempo antico girato da un figlio d'arte. La rievocazione di un mondo che fu (il Marais e la zona paludosa che circonda un tratto del fiume Loira). Le caratterizzazioni sono tutte "giuste" ma il film sembra una vecchia fotografia a cui siano stati attribuiti colori troppo vividi. Così tutto finisce col sembrare troppo bello per essere stato vero. ■ COMMEDIA; COL.; 115'; FRANCIA, 1999.

RAGAZZI DEL MASSACRO, I ★★
Regia di FERNANDO DI LEO. Con PIER PAOLO CAPPONI, MARZIO MARGINE, SUSAN SCOTT. ■ Un gruppo di alunni di una scuola serale viene accusato di aver drogato, seviziato e ucciso una delle insegnanti. Un commissario di polizia, dopo numerosi interrogatori, riesce a strappare un indizio ad un ragazzo impotente, che più tardi si suiciderà. Dopo drammatiche disavventure riuscirà a risalire fino al mandante. ■ POLIZIESCO; COL.; 91'; ITALIA, 1969.

RAGAZZI DEL MAX'S BAR, I *(Inside Moves)* ★★★
Regia di RICHARD DONNER. Con DAVID MORSE, JOHN SAVAGE, DIANA SCARWID. ■ Sopravvissuto a uno sfortunato tentativo di suicidio che lo ha lasciato menomato, Roary capita per caso al Max's bar, dove incontra un campionario di varia umanità e scopre il valore della solidarietà. Tra gli avventori, anche Jerry, che Roary trasformerà in un campione di basket, e la bella Louise, che gli restituirà la gioia di vivere. ■ DRAMMATICO; COL.; 113'; USA, 1980. ■ OSCAR 1 NOM.

RAGAZZI DEL PRATER, I *(Praterbuben)* ★★
Regia di PAUL MARTIN. Con FRITZ IMHOFF, PEPI KRAMER GLOCKNER, HERMANN THIMIG. ■ Il figlio di un impresario affitta, spacciandosi per il padre, un teatro, dove un anziano autore di riviste al quale è affezionato potrà rappresentare il suo lavoro. L'inganno viene scoperto e gli attori se ne vanno, ma alcuni ragazzi, amici dell'artista, li sostituiscono con enorme successo. L'impresario accetta di portare la rivista in giro per l'Europa. ■ COMMEDIA; B/N; 94'; AUSTRIA, 1948.

RAGAZZI DEL 42° PLOTONE, I ★
Regia di MARK DAVIS. Con CHRISTOPHER ALAN, SHERRIE ROSE. ■ La vicenda si svolge durante la guerra in Vietnam. In un campo militare americano giunge una showgirl che porta in giro uno spettacolo per le truppe. Durante la sua esibizione i vietcong sferrano un attacco di sorpresa e due dei soldati si assumono il compito di portare in salvo la ragazza. ■ GUERRA; COL.; 90'; USA, 1985.

RAGAZZI DEL SABATO, I *(Aloha, Bobby and Rose)* ★★
Regia di FLOYD MUTRUX. Con ROBERT CARRADINE, LEIGH FRENCH, DIANNE HULL, PAUL LE MAT, TIM MCINTIRE. ■ Un giovane dall'avvenire incerto fa amicizia con una ragazza madre. Un giorno egli finge per scherzo una rapina in un locale, ma il proprietario, credendola autentica, uccide accidentalmente un dipendente. I due giovani scappano alla volta del Messico ma, giunti a metà strada, tornano indietro perché lei vuole suo figlio. Gli agenti, non comprendendo le intenzioni del ragazzo, lo ammazzano. ■ DRAMMATICO; COL.; 85'; USA, 1975.

RAGAZZI DEL SABATO SERA, I *(Samedi soir)* ★★
Regia di YANNICK ANDREI. Con ANNE MARIE BELLINI, FABRIZIO CAPUCCI, DANIEL CAUCHY. ■ Due fratelli assistono ad un match di boxe durante il quale un loro amico viene battuto. La loro dura reazione provoca il suicidio dell'allenatore avversario. Uno dei ragazzi, che le circostanze fanno credere un assassino, fugge con la sua compagna. Dopo l'incontro con alcuni malviventi che molestano lei e picchiano lui, il giovane decide di presentarsi alla polizia. ■ DRAMMATICO; B/N; 85'; FRANCIA, 1961.

RAGAZZI DI BANDIERA GIALLA, I ★
Regia di MARIANO LAURENTI. Con RENATA PACINI, GIANNI PETTENATI, MARISA SANNIA. ■ Due gruppi di giovani, i cui capi sono rivali in amore, prendono in affitto due diversi locali che adibiscono a ritrovi musicali. La ragazza contesa incide con successo una canzone e un discografico si innamora di lei. I due avversari, dopo alterne vicende, si riconciliano e aprono insieme un nuovo dancing. ■ COMM. MUSICALE; COL.; 93'; ITALIA, 1967.

RAGAZZI DI BROADWAY, I *(Babes on Broadway)* ★★★
Regia di BUSBY BERKELEY. Con JUDY GARLAND, MARGARET O'BRIEN, MICKEY ROONEY. ■ Seguito di *Ragazzi attori*. Questa volta la compagnia di attori e ballerini in erba rischia grosso: un debutto a Broadway. O la va o la spacca. Con Mickey e Judy come capocomici non può non andare. Rooney si produce in una serie di eccezionali numeri musicali. E Judy non è da meno (famosa una sua imitazione di Carmen Miranda). ■ MUSICAL; B/N; 118'; USA, 1941. ■ OSCAR 2 NOM.

RAGAZZI DI CAMP SIDDONS, I *(Follow Me, Boys!)* ★★★
Regia di NORMAN TOKAR. Con LILLIAN GISH, FRED MACMURRAY, VERA MILES, CHARLIE RUGGLES. ■ Un ex suonatore vagabondo di jazz si stabilisce in una cittadina, trova lavoro come commesso e ben presto, divenuto popolare dopo aver fondato un gruppo di boyscout, sposa la ragazza che ama. Poiché lei non può avere figli adottano un orfanello che diventerà medico; anni dopo l'uomo, costretto al riposo da una malattia di cuore, avrà la soddisfazione di dare il proprio nome ad un campeggio per ragazzi. ■ COMMEDIA; COL.; 131'; USA, 1966.

RAGAZZI DI HAPPY DAYS E LE RAGAZZE PULLOVER, I *(Sweater Girls)* ★★
Regia di DON JONES. Con MEEGAN KING, HARRY MOSES, NOELLE NORTH, KATE SARCHET. ■ Sulla scia di *American graffiti* un'altra storia che ripropone un affresco degli anni Cinquanta: questa volta i problemi che affliggono i giovanissimi protagonisti sono legati al sesso. ■ COMMEDIA; COL.; 92'; USA, 1975.

RAGAZZI DI MALIBU BEACH, I *(Malibu Beach)* ★★
Regia di RICK ROSENTHAL. Con JAMES DOUGHTON, KIM LANKFORD, SUSAN PLAYER. ■ Una ragazza assume l'incarico di "bagnina" alla spiaggia di Malibu. Ma mentre lei guarda i ragazzini che fanno il bagno cercando di evitare loro dei rischi, un gruppo di tipi da spiaggia guarda lei e cerca di portarsela a letto (chi sceglierà la bella? Il culturista o il giovanotto senza arte né parte?). ■ COMMEDIA; COL.; 94'; USA, 1978.

RAGAZZI DI PROVINCIA *(The Rat Race)* ★★★
Regia di ROBERT MULLIGAN. Con TONY CURTIS, JACK OAKIE, DEBBIE REYNOLDS. ■ Un musicista si trasferisce in città in cerca di fortuna. Affitta una stanza d'albergo e la divide con una ragazza in cattive acque. Lei, riconoscente, gli ricompra gli strumenti

che alcuni teppisti gli hanno derubato. Per fare ciò si indebita col suo datore di lavoro che, non riuscendo a farsi rimborsare come desidera, le prende tutta la sua roba. È il musicista che ancora una volta l'aiuta; poi si accorge di ricambiare i suoi sentimenti. ■ COMMEDIA; B/N; 105'; USA, 1960.

RAGAZZI DI TORINO SOGNANO TOKYO E VANNO A BERLINO, I ★
Regia di VINCENZO BADOLISANI. Con VINCENZO BADOLISIANI, LUCIANO DARIO, CRISTINA GIACHINO. ■ Vicende metropolitane di un gruppo di amici che vede in Berlino la meta delle proprie aspirazioni pseudo-musicali. Film povero di idee e di mezzi, velleitario e insulso. ■ COMMEDIA; COL.; 93'; ITALIA, 1985.

RAGAZZI DI VIA PANISPERNA, I ★★★
Regia di GIANNI AMELIO. Con MARIO ADORF, LAURA MORANTE, ANDREA PRODAN. ■ È la storia di Enrico Fermi, di Ettore Majorana e del gruppo dei giovani che misero le basi, in un laboratorio romano, per la nuova era nucleare. In particolare è la storia di Majorana, la personalità forse più brillante e certo più enigmatica del gruppo, misteriosamente scomparso poco prima della guerra. Gianni Amelio, dopo un silenzio di cinque anni, ci dà un film davvero stimolante (rende appassionante un argomento che la maggior parte degli spettatori non ha mai digerito nemmeno sui banchi del liceo). ■ BIOGRAFICO; COL.; 180'; ITALIA, 1989.

RAGAZZI DURI NON BALLANO, I ★★
(Tough Guys Don't Dance)
Regia di NORMAN MAILER. Con RYAN O'NEAL, ISABELLA ROSSELLINI, LAWRENCE TIERNEY. ■ Uno dei rari casi in cui uno scrittore dirige un film tratto da un suo romanzo. La produzione è di Coppola e le musiche di Badalamenti. Qualcosa comunque non funziona. Siamo nel Massachussetts e un ex-truffatore aspirante scrittore viene accusato di aver ucciso la moglie e un'altra donna. In realtà è innocente. Il padre cerca di aiutarlo ma un poliziotto senza scrupoli vuole la sua testa. ■ DRAMMATICO; COL.; 110'; USA, 1987.

RAGAZZI FORTUNATI *(Sonntags Kinder)* ★★
Regia di JÜRGEN VON ALTEN. Con THEO LINGEN, RUDOLF PLATTE, JOHANNES RIEMANN. ■ È l'ultimo film di von Alten giunto in Italia, una storia ottimista che servì a tener alto il morale dei tedeschi. ■ COMMEDIA; B/N; 92'; GERMANIA, 1941.

RAGAZZI FUORI ★★
Regia di MARCO RISI. Con FRANCESCO BENIGNO, ALEX DI SANZO, ROBERTO MARIANO, ALFREDO LI BASSI, MAURIZIO PROLLO, SALVATORE TERMINI. ■ I personaggi sono gli stessi di *Mery per sempre*, usciti dal carcere. Il film percorre le loro vicissitudini in una Palermo piena di disperazione. Natale cerca invano lavoro e fa una rapina, verrà arrestato per un reato non commesso; Mery attende il processo e si prostituisce; Antonio lavora al mercato senza licenza e tornerà in galera; Ching Cong invece finirà ucciso da un poliziotto per aver rubato uno stereo portatile. Pur con alcune riserve il film ha comunque una sua efficacia nel sottolineare i problemi dei minorenni lasciati allo sbando. ■ DRAMMATICO; COL.; 116'; ITALIA, 1990. ■ DAVID DI DONATELLO 2 PR, 2 NOM; VENEZIA 2 PR.

RAGAZZI IN GAMBA *(Reg'lar Fellers)* ★★
Regia di ARTHUR DREIFUSS. Con BUDDY BOLES, JANET DEMPSEY, BILLY LEE. ■ Un'anziana signora si rifiuta di vedere il nipotino perché suo figlio non ha sposato la donna che lei desiderava. Alcuni giovani amici della nuora, dopo aver sventato un tentato furto ai danni della loro protetta, riusciranno a farla accettare alla suocera. ■ COMMEDIA; B/N; 65'; USA, 1941.

RAGAZZI IRRESISTIBILI, I *(The Sunshine Boys)* ★★★🏆
Regia di HERBERT ROSS. Con CAROL ARTHUR, RICHARD BENJAMIN, GEORGE BURNS, WALTER MATTHAU, LEE MEREDITH. ■ Una coppia di attori meravigliosamente in sintonia sul piano professionale non riesce a trovare lo stesso accordo nella vita di tutti i giorni. Finita l'epoca d'oro del successo, vivono l'uno di qualche sketch pubblicitario, l'altro della carità della figlia. Una trasmissione televisiva permette ai due protagonisti di ritrovarsi, ma gli antichi rancori esplodono quasi subito. Uno di essi, colpito da infarto, decide di ritirarsi in un pensionato per attori, senza sapere che il collega ha adottato la medesima soluzione. ■ COMMEDIA; COL.; 111'; USA, 1975. ■ GOLDEN GLOBES 🏆 3 PR, 4 NOM; OSCAR 🏆 1 PR, 4 NOM.

RAGAZZI MIEI *(The Boys Are Back)* ★★
Regia di SCOTT HICKS. Con EMMA BOOTH, LAURA FRASER, GEORGE MAC KAY, NICHOLAS MCANULTY, CLIVE OWEN. ■ Joe Warr è un giornalista sportivo britannico che si è trasferito in Australia per seguire la seconda moglie Katy dalla quale ha avuto un figlio, Artie, che a sei anni resta orfano di madre. Ora Joe, che è stato spesso lontano per lavoro, si deve occupare del piccolo. La sua idea di base consiste nel lasciare ampia libertà al fanciullo. La situazione si fa più complessa quando Joe viene raggiunto per le vacanze estive da Harry, il figlio adolescente avuto dal primo matrimonio. ■ DRAMMATICO; COL.; 104'; AUSTRALIA, GRAN BRETAGNA, 2009.

RAGAZZINA, LA ★
Regia di MARIO IMPEROLI. Con COLETTE DESCOMBES, GLORIA GUIDA, AUDRES RESINO. ■ Una bellissima sedicenne è ambita sia dai compagni di scuola che da maturi personaggi. Un coetaneo tenta di pagare le sue "prestazioni" ma lei rifiuta, perché ha preso una cotta per un professore. Il quale va a letto con la moglie di un importante professionista disposto a sborsare una grossa cifra per le grazie della ragazzina. ■ EROTICO; COL.; 90'; ITALIA, 1974.

RAGAZZINA PARIGINA, LA *(Femmes viciuses)* ★
Regia di JEAN LURET. Con LAWRENCE CASEY, SARAH CRESPI, GRETA VAILLANT. ■ Un ufficiale viene richiamato in guerra il giorno delle nozze e non fa più ritorno. Incontratolo molti anni dopo, la sposa mancata si vendica facendogli credere che la sua attuale giovane amante sia in realtà il frutto del loro amore passato. ■ DRAMMATICO; COL.; 90'; FRANCIA, GRECIA, 1976.

RAGAZZINA PERVERSA, LA ★★
(Une Verge pour Saint-Tropez)
Regia di GEORGES FRIEDLAND. Con JEAN-PIERRE DELAMOUR, PAUL MÜLLER, MARIANNE REMONT. ■ Una giovanissima abbandonata a se stessa scappa di casa con uno sbandato che finge di amarla per offrirla in pasto ai guardoni. Uno di loro la riporta indietro, ma lei prima ammazza il compagno. ■ DRAMMATICO; COL.; 94'; ITALIA, FRANCIA, 1975.

RAGAZZINE DI BUONA FAMIGLIA ★
(Les petites filles modèles)
Regia di JEAN-CLAUDE ROY. Con BEATRICE ARNAC, BELLA DARVI, MICHÈLLE GIRARDON. ■ Camille e Madeleine vivono con la madre (donna di facili costumi) nel castello di famiglia conducendo apparentemente vita severa, ma segretamente desiderose di essere rese "donne". Finalmente accadrà durante una festa. ■ COMMEDIA; COL.; 92'; USA, 1970.

RAGAZZI NON MI CREDERANNO, I ★★
(The Boy Will Never Believe Me)
Regia di URI ZOHAR. Con GIDEON SHEMER, TOPOL, GALIA TOPOL. ■ Durante il viaggio verso la città nella quale deve divorziare, un militare ha una serie di avventure all'apparenza incredibili, che egli si ripropone di narrare agli amici benché sappia in partenza che non gli crederanno. Quando rivede la moglie sente di amarla ancora, ma è troppo tardi per tornare sui propri passi. Concluse le formalità torna dai compagni. ■ COMMEDIA; COL.; 91'; ISRAELE, 1973.

RAGAZZI PERDUTI *(Lost Boys)* ★★
Regia di JOEL SCHUMACHER. Con KIEFER SUTHERLAND, JASON PATRICK, DIANNE WIEST. ■ Una donna divorziata con due figli adolescenti si stabilisce nella casa del padre in un villaggio della California apparentemente tranquillo. In realtà è infestato da una banda di vampiri. Il figlio maggiore si innamora di una bella vampiretta (però suscettibile di normalizzazione), la madre addirittura del capo vampiro. ■ HORROR; COL.; 97'; USA, 1987.

RAGAZZI PROIBITI *(Blueberry Hill)* ★
Regia di STRATHFORD HAMILTON. Con MARGARET AVERY, JENNIFER RUBIN, CARRIE SNODGRESS. ■ Scontri ed incomprensioni fra una madre vedova e la figlia sedicenne, che vorrebbe fuggire dal paesino dove vive per fare fortuna. Ambientato nell'America degli anni Cinquanta. ■ DRAMMATICO; COL.; 95'; USA, 1987.

RAGAZZI STANNO BENE, I ★★
(The Kids Are All Right)
Regia di LISA CHOLODENKO. Con ANNETTE BENING, JOSH HUTCHERSON, JULIANNE MOORE, MARK RUFFALO, MIA WASIKOWSKA. ■ Nic e Jules sono una perfetta coppia lesbica di mezza età. Profondamente innamorate l'una dell'altra, hanno costruito col tempo un sereno ambiente familiare assieme ai due figli adolescenti, Joni e Laser. Quando Joni compie diciotto anni, è il fratello minore a farle pressioni perché si rivolga alla banca del seme e scopra l'identità del donatore segreto con cui condividono il patrimonio genetico. Inizialmente scettica, Joni si mette sulle tracce del padre e scopre che questi è Paul, un dongiovanni che gestisce un ristorante biologico alla periferia di Los Angeles. Quando per caso le due madri vengono a conoscenza del fatto, non resta che introdurre Paul all'interno del nucleo familiare. Mentre la versione nostrana della commedia moderna e progressista arranca incerta fra il desiderio di trasgressione, la campagna di sensibilizzazione e il timore della contestazione dei benpensanti, da una tipica produzione *indie* americana arriva una commedia che riesce a coniugare perfettamente tematiche gay e valori tradizionali. ■ COMMEDIA; COL.; 104'; USA, 2010.

RAGAZZI VENUTI DAL BRASILE, I ★★★
(The Boys from Brazil)
Regia di FRANKLIN J. SCHAFFNER. Con DENHOLM ELLIOTT, UTA HAGEN, RICHARD HARRIS, JAMES MASON, LAURENCE OLIVIER, LILLI PALMER, GREGORY PECK. ■ Un anziano ebreo viennese si dedica alla caccia dei criminali nazisti ancora in vita. Un giorno, uno dei suoi seguaci viene ucciso dopo avergli segnalato la presenza di un gruppo di neonazisti. L'israeliano scopre che questi sono riusciti a far crescere, affidandoli a diverse famiglie sparse in tutto il mondo, dei piccoli Hitler ottenuti fantascientificamente con il metodo della clonazione. Una volta scoperti, i responsabili decidono di sospendere l'operazione. ■ DRAMMATICO; COL.; 123'; GRAN BRETAGNA, USA, 1978. ■ GOLDEN GLOBES 1 NOM; OSCAR 3 NOM.

RAGAZZO ALLA CORTE DI RE ARTÙ, UN ★★★
(A Kid in King Arthur's Court)
Regia di MICHAEL GOTTLIEB. Con JOSS ACKLAND, PALOMA BAEZA, ART MALIK, THOMAS IAN NICHOLAS. ■ Calvin è un ragazzino californiano piuttosto imbranato. Grazie a un terremoto finisce nel regno di Re Artù dove viene istruito alle arti cavalleresche per dare il suo contributo alla lotta contro il cattivo Lord Belasco. Sarà proprio lui a sconfiggerlo tornando poi nel nostro tempo al momento giusto. Finirà infatti nel bel mezzo di una partita di baseball rivelandosi determinante per la vittoria della propria squadra. ■ AVVENTURA; COL.; 89'; USA, 1995.

RAGAZZO CHE ABITAVA IN FONDO AL MARE ★
Regia di MARIO SANTOCCHIO. Con CRISTINA CAPPELLI, GERVASIO CELENTANO, TIZIANA DE GIACOMO, DANIELE FERRARI, VALENTINA LAMBERTI. ■ Nell'autunno 2009 vengono spedite tre videocassette presso l'abitazione della giovane giornalista Nicole T. Osservando le immagini, la cronista si accorge del grosso scoop che ne potrebbe trarre: si tratta di un videodiario degli ultimi giorni di vita di un ragazzo. La giornalista riesce a farsi produrre un documentario dalla redazione, che dirigerà lei stessa. ■ DRAMMATICO; COL.; 87'; ITALIA, 2010.

RAGAZZO CHE FERMÒ IL NIAGARA, IL ★★
(The Boy Who Stopped Niagara)
Regia di LESLIE MACFARLANE. Con JEFFREY MARTIN, NORAH MCDARLANE. ■ Un ragazzino e sua sorella in visita alle cascate del Niagara perdono i contatti col resto del gruppo e giungono al posto di controllo. Nonostante le raccomandazioni dell'addetto, che si allontana per rintracciare i suoi compagni, il piccolo manovra una leva che ferma il corso dell'acqua e tutti gli impianti azionati elettricamente. Dopo qualche minuto di panico, tutto riprende a funzionare. Ma si è trattato solo di un sogno. ■ AVVENTURA; B/N; 93'; CANADA, GRAN BRETAGNA, 1946.

RAGAZZO CHE SAPEVA AMARE, IL ★★
Regia di VINCENZO DELL'AQUILA. Con VITTORIO CONGIA, ANTONIO MARSINA, DIDI PEREGO, NADIA SCARPITTA. ■ Un giovane cameriere è innamorato della figlia di una nobildonna. Anche lei lo ama, ma lo respinge perché è promessa ad un altro. Costui, per liberarsi del rivale, lo fa accusare di un furto non commesso. Il ragazzo perde il posto, ma i suoi colleghi trovano il vero colpevole. La fanciulla si unisce a lui. ■ COMMEDIA; COL.; 93'; ITALIA, 1967.

RAGAZZO CHE SAPEVA VOLARE, IL ★★★
(The Boy Who Could Fly)
Regia di NICK CASTLE. Con BONNIE BEDELIA, LUCY DEAKINS, JAY UNDERWOOD. ■ Milly, una giovane orfana di padre, fa amicizia con Eric, suo coetaneo affetto da autismo, privo di genitori. Il ragazzo, prigioniero del suo mutismo, è convinto di saper volare. L'amicizia tra i due si trasforma in dolce complicità. Rinchiuso in manicomio per essere curato, Eric fugge nella sua soffitta, dove lo raggiunge Milly, inseguito da poliziotti e infermieri. Saliti sul tetto della scuola, i due ragazzi spiccano il volo e tra la meraviglia generale sorvolano i compagni, poi Eric si stacca da Milly, non prima di averle detto due o tre parole, le prime della sua vita. Una buona sceneggiatura ne fa un film delicatissimo. ■ FANTASTICO; COL.; 114'; USA, 1986.

RAGAZZO CHE SORRIDE – MATTINO, IL ★
Regia di ALDO GRIMALDI. Con AL BANO, SUSANNA MARTINKOVA, ROCKY ROBERTS. ■ Crede che la moglie lo tradisca, ma la poverina frequenta un ginecologo solo per guarire dalla sterilità. Lieto fine e bambino in vista. ■ COMMEDIA; COL.; 95'; ITALIA, 1968.

RAGAZZO CHIAMATO TEX, UN *(Tex)* ★★
Regia di TIM HUNTER. Con MATT DILLON, EMILIO ESTEVEZ, MEG TILLY. ■ Il passaggio dalla fanciullezza all'età adulta non è mai facile. È traumatizzante soprattutto per Tex, un quindicenne orfano di madre e trascurato dal padre, spesso in giro per disputare campionati di rodeo. Tex vuole essere sereno come tutti i suoi coetanei, ma si accorge ben presto che tra i sogni e la realtà l'abisso è profondo. ■ AVVENTURA; COL.; 105'; USA, 1982. ■ GOLDEN GLOBES 1 NOM.

RAGAZZO COME GLI ALTRI, UN ★★
(Just One of the Guys)
Regia di LISA GOTTLIEB. Con TONI HUDSON, JOYCE HYSER, BILLY JACOBY, CLAYTON ROHNER. ■ La giovane Terry vuole iscriversi a un concorso per giornalisti, ma scopre che sono ammessi solo i maschi. Lungi dallo scoraggiarsi, decide di travestirsi. Scoprirà che vivere da uomo è meno semplice di quanto sembri. ■ COMMEDIA; COL.; 105'; USA, 1985.

RAGAZZO COME TANTI, UN ★
Regia di GIANNI MINELLO. Con EDY BIAGETTI, ANTONIO GRAZIANO, STEFANIA LUPI, STEFANO MIONI. ■ Un giovane provinciale parte alla scoperta della grande città. L'idea romantica che si è fatto della sua avventura cozza contro una realtà di droga, di sfruttamento e di sangue. Dovrà dare fondo a tutte le sue risorse di buon senso per tirarsene fuori senza esserne segnato. ■ DRAMMATICO; COL.; 100'; ITALIA, 1985.

RAGAZZO CON LA BICICLETTA ★★★
(Le Gamin Au Vélo)
Regia di JEAN-PIERRE DARDENNE, LUC DARDENNE. Con CECILE DE FRANCE, THOMAS DORET, OLIVIER GOURMET, JEREMIE RENIER, FABRIZIO ROGNONE. ■ Cyril ha dodici anni, una bicicletta e un padre insensibile che non lo vuole più. "Parcheggiato" in un centro di accoglienza per l'infanzia e affidato alle cure dei suoi assistenti, Cyril non ci sta e ostinato ingaggia una battaglia personale contro il mondo e contro quel genitore immaturo che ha provato "a darlo via" insieme alla sua bicicletta. Durante l'ennesima fuga incontra e sceglie per sé Samantha, una parrucchiera dolce e sensibile che accetta di occuparsi di lui nel fine settimana. La convivenza non sarà facile, Cyril fa a botte con i coetanei, si fa reclutare da un bullo del quartiere, finisce nei guai con la legge e ferisce nel cuore e al braccio Samantha. Ma in sella alla bicicletta e a colpi di pedali Cyril (ri)troverà la strada di casa. Dopo il tentativo di rinnovamento formale e prospettico del loro cinema (*Il matrimonio di Lorna*), i fratelli belgi ritrovano la cinetica e un personaggio che avanza negli spazi attraversati e nel proprio destino. ■ DRAMMATICO; COL.; 87'; BELGIO, FRANCIA, ITALIA, 2011.

RAGAZZO DAGLI OCCHI CHIARI – DESERTO BIANCO, IL ★★
Regia di EMILIO MARSILI. Con ALESSANDRO D'ALATRI, FRANCO LEO, EDOARDO TORRICELLA. ■ Un giovane orfano di madre, lasciato solo nell'albergo di montagna dal padre, decide di fuggire insieme ad un giovane che vuole espatriare clandestinamente. Durante la marcia, la coppia incontra alcuni personaggi, tra i quali un malvivente che avrà occasione di salvare la vita al giovane protagonista. Questi, maturato dall'esperienza, torna indietro, pronto ad affrontare più serenamente le difficoltà dell'esistenza. ■ AVVENTURA; COL.; 94′; ITALIA, 1969.

RAGAZZO DAI CAPELLI VERDI, IL ★★★
(The Boy with Green Hair)
Regia di JOSEPH LOSEY. Con BARBARA HALE, PAT O'BRIEN, ROBERT RYAN, DEAN STOCKWELL. ■ Un ragazzino di dieci anni, orfano di guerra, resta così vivamente impressionato da una pianta sempreverde, il colore della speranza, che una mattina si sveglia con i capelli della stessa tinta. Mentre i compagni lo deridono, e gli adulti pensano ad una malattia sconosciuta, altri ragazzini, orfani come lui, sostengono che è stato destinato ad una missione di pace. Dopo una breve quanto inutile fuga, il ragazzino, riportato a casa, accetta il suo destino. ■ COMMEDIA; COL.; 82′; USA, 1948.

RAGAZZO DAL CUORE DI FANGO, IL ★★
Regia di SERGIO CORBUCCI. Con RENATO BALDINI, LILLI CERASOLI, MARUJITA DIAZ. ■ Un ragazzo uccide involontariamente la moglie di un medico. Costui, che trattiene la sua ira a causa della sorellina malata del colpevole, la guarisce e trova lavoro al giovane. Venuto a conoscenza della miseria in cui lui e altra gente si dibatte, si prodiga per aiutare tutti, trascurando la professione. Il suo protetto nella lotta contro il capo degli ex complici resta ferito gravemente e lui gli salva la vita. ■ DRAMMATICO; B/N; 92′; ITALIA, 1957.

RAGAZZO DAL KIMONO D'ORO – KARATE WARRIOR, IL ★
Regia di LARRY LUDMAN. Con JANET AGREN, JARED MARTIN, KIM ROSSI STUART. ■ Un ragazzo di quindici anni parte alla ricerca del padre, insabbiatosi alle Filippine. Trova il genitore, ma anche un energumeno che lo riempie di botte. Dopo un corso accelerato di karatè, il ragazzo è in grado di far fuori l'energumeno e di liberare la zona dalla minaccia di quest'ultimo. Debole imitazione di *Karate Kid*. ■ AVVENTURA; COL.; 95′; ITALIA, 1987.

RAGAZZO DAL KIMONO D'ORO II, IL ★
Regia di LARRY LUDMAN. Con CHRISTOPHER ALLEN, AMY BAXTER, KIM ROSSI STUART. ■ Secondo episodio di un'inutile serie che scimmiotta i film di karatè cinesi e americani. Anthony, il ragazzo che si diletta nella nobile arte della difesa, questa volta è negli Stati Uniti alle prese con i Tiger. Uscito solo in videocassetta. ■ AVVENTURA; COL.; 89′; ITALIA, 1988.

RAGAZZO DAL KIMONO D'ORO III, IL ★
Regia di LARRY LUDMAN. Con CHRISTOPHER ALLEN, DORIAN D. FIELD, RON WILLIAMS. ■ Terza tappa, questa volta senza Rossi Stuart. Due giovani cercano di combattere una banda il cui leader è un campione di karatè. Vanno a studiare da Akay grande maestro della difesa e dell'attacco. Il livello è sempre più basso. Come il precedente non è uscito nelle sale di cinema ma solo in homevideo. ■ AVVENTURA; COL.; 89′; ITALIA, 1991.

RAGAZZO DELLA BAIA, IL *(The Bay Boy)* ★★
Regia di DANIEL PETRIE JR. Con PETER DONAT, KIEFER SUTHERLAND, LIV ULLMANN. ■ Canada, 1936. In un villaggio di minatori vive un ragazzo di sedici anni, Donald. La sua famiglia è un disastro: padre disoccupato, madre bigotta e fratello handicappato. Donald si affeziona quindi a due sorelle, figlie del sergente di polizia del paese che è, in realtà, un feroce assassino. Donald l'ha visto uccidere. Per non essere denunciato, il sergente cerca di eliminarlo. ■ COMMEDIA; COL.; 101′; CANADA, 1984.

RAGAZZO DELLA TEMPESTA, IL *(Storm Boy)* ★★★
Regia di HENRI SAFRAN. Con PETER CUMMINS, DAVID GULPILIL, GREG ROWE. ■ Un ragazzo diviene uomo vivendo in una zona costiera pressoché disabitata con la sola compagnia del padre, di un vecchio aborigeno e di uno stormo di pellicani. Un bel film australiano, destinato soprattutto ai ragazzi, che ha segnalato la rinascita del cinema degli antipodi. ■ AVVENTURA; COL.; 91′; AUSTRALIA, 1976.

RAGAZZO DEL MARE, IL *(The Dove)* ★★
Regia di CHARLES JARROTT. Con IVORY BARRY, JOSEPH BOTTOMS, JOHN MCLIAM, DEBORAH RAFFIN. ■ Storia abbastanza noiosa di un giovane navigatore solitario che alla fine del viaggio si sposa. ■ COMMEDIA; COL.; 105′; USA, 1974. ■ GOLDEN GLOBES 1 NOM.

RAGAZZO DEL PONY EXPRESS, IL ★★
Regia di FRANCO AMURRI. Con JERRY CALÀ, ISABELLA FERRARI, TIBERIO MURGIA. ■ Un giovane laureato disoccupato s'impiega in un Pony Express – agenzia di recapito a domicilio – e compra la moto necessaria con i proventi di uno "scippo involontario" ai danni di una bella ragazza che dapprima lo denuncia alla polizia, poi se ne innamora. ■ COMMEDIA; COL.; 94′; ITALIA, 1986.

RAGAZZO DI BORGATA ★★
Regia di GIULIO PARADISI. Con STEFANO ARQUILLA, ENNIO PANOSETTI, RITA TUSHINGHAM. ■ Un ragazzo della periferia romana sbarca il lunario con piccoli furti che non lo soddisfano, perché il bottino è troppo esiguo; infatti, influenzato dai facoltosi compagni di scuola, mira alla ricchezza, a suo parere necessaria per essere felici. Quando il padre esce di prigione dopo un banalissimo furto, lo piega alle proprie idee e lo guida in alcuni grossi colpi. Il denaro arriva abbondante e con esso un costosissimo bar. Possono dire di essere veramente felici? ■ COMMEDIA; COL.; 93′; ITALIA, 1976.

RAGAZZO DI CALABRIA, UN ★★★
Regia di LUIGI COMENCINI. Con DIEGO ABATANTUONO, THÉRÈSE LIOTARD, GIAN MARIA VOLONTÉ. ■ In un paesino della Calabria, un ragazzo tredicenne, Mimì, ha la passione della corsa. Ma il padre lo ostacola, perché vorrebbe che lui studiasse, mentre la madre lo aiuta di nascosto, e si reca da don Peppino, capo del paese, per indurlo a persuadere il padre a lasciarlo correre. Allenato da Felice, un vecchio autista zoppo che crede in lui, Mimì diventa un campione e vince la maratona. ■ COMMEDIA; COL.; 106′; ITALIA, 1987. ■ VENEZIA 1 PR.

RAGAZZO DI CAMPAGNA, IL ★★
Regia di CASTELLANO & PIPOLO. Con MASSIMO BOLDI, DONNA OSTERBUHR, RENATO POZZETTO. ■ Il campagnolo Pozzetto, stufo della monotonia e del duro lavoro di contadino, si trasferisce a Milano alla ricerca di una vita un po' più eccitante. Goffo e imbranato com'è riuscirà soltanto a ficcarsi in comiche situazioni e a farsi ripetutamente truffare. Film cucito addosso a Pozzetto, divertente secondo le aspettative. ■ COMICO; COL.; 93′; ITALIA, 1984.

RAGAZZO DI EBALUS, IL ★★
Regia di GIUSEPPE SCHITO. Con RICCARDO CUCCIOLLA, SAVERIO MARCONI, THERESE ANN SAVOY. ■ Un giovane terrorista attraversa l'Italia in fuga, inseguito dalla polizia e dagli ex compagni che vogliono eliminarlo. Si rifugia in Puglia dove nella casa di un vecchio contadino trova la pace, si riappacifica con se stesso e il mondo. Ma dura poco. Un'ex compagna lo trova e lo uccide. ■ DRAMMATICO; COL.; 110′; ITALIA, 1984.

RAGAZZO E IL POLIZIOTTO, IL ★★
(Smokey Bites the Dust)
Regia di CHARLES B. GRIFFITH. Con WALTER BARNES, JANET JULIAN, JIMMY MCNICHOL. ■ Un giovane mascalzoncello batte una contea americana passando da una macchina rubata all'altra. Invano lo sceriffo locale gli dà una caccia spietata. Il mascalzoncello rapisce anche la figlia dell'uomo della legge. ■ AVVENTURA; COL.; 85′; USA, 1981.

RAGAZZO E LA QUARANTENNE – STORIA DI UN GIORNO D'AMORE, IL *(Say Hello to Yesterday)* ★★
Regia di ALVIN RAKOFF. Con EVELYN LAYE, JEAN SIMMONS, LEONARD WHITING. ■ Un ragazzo di modesta estrazione sociale corteggia la moglie non più giovane ma ancora bella di un operatore finanziario. Lei dapprima si schermisce, poi accetta la sua compagnia. I due diventano amanti, ma solo per un giorno: lei infatti, nonostante qualche nube passeggera, è soddisfatta della sua situazione familiare. ■ COMMEDIA; COL.; 92′; GRAN BRETAGNA, 1971.

RAGAZZO E L'AQUILA, IL *(The Boy and the Eagle)* ★★
Regia di WILLIAM LASKY. Con MIKE MOORE. ■ Un ragazzo sciancato è costretto all'inattività e passa le giornate in riva al mare. Trova un'aquila ferita: la cura amorevolmente e le insegna nuovamente a volare. L'uccello si riprende e finalmente spicca il volo verso il cielo: anche il ragazzo è guarito. ■ AVVENTURA; COL.; 92'; USA, 1948.

RAGAZZO E UNA RAGAZZA, UN *(Le grand Dadais)* ★★
Regia di PIERRE GRANIER-DEFERRE. Con YVONNE CLECH, DANIÈLE GAUBERT, JACQUES PERRIN, EVA RENZI. ■ Alain lascia la fidanzatina Emmanuelle per l'amore libero che egli crede di trovare in Patricia. Alain e Patricia fanno una gita sulla Costa Azzurra pagandosela con soldi poco puliti. Lì incontrano Emmanuelle che ha una relazione con un altro. Alain se ne dispera. Tragiche conseguenze della crisi. ■ DRAMMATICO; COL.; 93'; FRANCIA, 1967.

RAGAZZO E UNA RAGAZZA, UN ★★
Regia di MARCO RISI. Con JERRY CALÀ, MONICA SCATTINI, MARINA SUMA. ■ Lei, bellissima ragazza napoletana arrivata a Milano per frequentare l'università; lui, sbruffoncello milanese un po' nevrotico. Si incontrano, si piacciono, si amano. Lei rimane incinta e abortisce, lui va in crisi e la pianta. Varie peripezie e una nuova gravidanza (portata a termine), prima del matrimonio finale. ■ COMMEDIA; COL.; 89'; ITALIA, 1983.

RAGAZZO HA VISTO L'ASSASSINO E DEVE MORIRE, IL *(Eye Witness)* ★★
Regia di JOHN HOUGH. Con SUSAN GEORGE, LIONEL JEFFRIES, MARK LESTER. ■ Gli assassini di un uomo politico africano di passaggio in un'isola dei nostri mari hanno un solo testimone oculare, il piccolo Ziggy Armstrong-Smith. Lo cercano per farlo fuori, mentre il ragazzo cerca di mettersi in contatto con la polizia. ■ DRAMMATICO; COL.; 91'; GRAN BRETAGNA, 1972.

RAGAZZOLA, LA ★★
Regia di GIUSEPPE ORLANDINI. Con GIULIANO GEMMA, GABRIELLA GIORGELLI, AGNÈS SPAAK. ■ Trama esile: una ragazza uscita dal riformatorio lascia il fidanzato e sposa un venditore ambulante. ■ COMMEDIA; B/N; 92'; ITALIA, 1965.

RAGAZZO, LA TUA PELLE SCOTTA ★★★
(The Learning Tree)
Regia di GORDON PARKS. Con ALEX CLARKE, DANA ELCAR, ESTELLE EVANS, KYLE JOHNSON. ■ Il problema razziale negli Stati Uniti. Un ragazzo nero ha visto lo sceriffo bianco uccidere un altro nero. Un po' di *suspence* e poi lieto fine. ■ DRAMMATICO; COL.; 107'; USA, 1969.

RAGAZZO SELVAGGIO *(Le garçon sauvage)* ★★
Regia di JEAN DELANNOY. Con PIERRE-MICHEL BECK, MADELEINE ROBINSON, FRANK VILLARD. ■ La mamma prostituta sfruttata da un violento mette a balia il figlio. Poi lui cresce e parte marinaio. La mamma continua il suo mestiere. ■ DRAMMATICO; B/N; 112'; FRANCIA, 1951.

RAGAZZO SELVAGGIO, IL *(L'enfant sauvage)* ★★★
Regia di FRANÇOIS TRUFFAUT. Con JEAN-PIERRE CARGOL, PIERRE FABRE, FRANÇOISE SEIGNER, FRANÇOIS TRUFFAUT, PAUL VILLÉ. ■ Il film, tratto dalla famosa memoria del medico parigino Jean Itard, è palesemente ispirato al pensiero pedagogico del filosofo ginevrino Rousseau. Nella Francia di fine 700 alcuni contadini scoprono nei boschi dell'Aveyron un ragazzo che vive allo stato brado, semianimalesco. Lo catturano e lo affidano agli scienziati di Parigi. Tutto nel ragazzo è bestiale: ha gli artigli, si esprime a grugniti ed è mordace. In dottor Itard, figlio dei Lumi, non dispera di riuscire a "civilizzarlo" e lo conduce nella sua villa di campagna. Con metodo e pazienza inizia la sua "cura" che si protrae per settimane e settimane, registrando progressi insignificanti. Una notte, il ragazzo fugge per tornare libero nei boschi, ma imprevedibilmente ritorna e il dottore può riprendere la cura, questa volta con significativi risultati. Film di grande lirismo che testimonia dell'amore del regista per l'infanzia e della sua fredda disapprovazione dei metodi educativi invasivi. ■ DRAMMATICO; B/N; 85'; FRANCIA, 1969.

RAGAZZO SUL DELFINO, IL *(Boy on a Dolphin)* ★★
Regia di JEAN NEGULESCO. Con ALAN LADD, SOPHIA LOREN, LAURENCE NAISMITH, CLIFTON WEBB. ■ In Grecia, una pescatrice di spugne trova in fondo al mare una preziosa, antica statuetta raffigurante un ragazzo in groppa a un delfino. Un losco mercante d'arte trama, ma la donna ha la meglio. Si innamora anche di un archeologo americano. ■ AVVENTURA; B/N; 111'; USA, 1957. ■ OSCAR 1 NOM.

RAGAZZO TUTTO AMERICANO, UN ★★
(The All American Boy)
Regia di CHARLES EASTMAN. Con ANNE ARCHER, NED GLASS, JON VOIGHT. ■ Un giovane americano vuol evadere a tutti i costi dal buco di provincia in cui abita da sempre. Ci riesce, o crede di riuscirci per mezzo della boxe. Il giovane potrebbe diventare un campione, ma le cose gli vanno storte. Rimarrà un fallito. ■ DRAMMATICO; COL.; 118'; USA, 1973.

RAGAZZO TUTTO FARE *(The Bellboy)* ★★
Regia di JERRY LEWIS. Con BOB CLAYTON, ALEX JERRY, JERRY LEWIS. ■ Il film punta sull'abilità mimica di Jerry Lewis in veste di lift d'albergo, un pasticcione pieno di buone intenzioni, cui tocca venire incontro ai capricci dei clienti, portare a spasso cagnolini eccetera. La trama è debole. ■ COMICO; B/N; 72'; USA, 1960.

RAGAZZO TUTTO NUOVO, UN *(The New Guy)* ★★
Regia di ED DECTER. Con ZOOEY DESCHANEL, DJ QUALLS, ELIZA DUSHKU, EDDIE GRIFFIN, LYLE LOVETT. ■ Gil è il ragazzo più popolare del liceo, e non c'è ragazza che non perda la testa per lui, suscitando l'ira degli altri ragazzi della scuola. Il mistero sul suo passato lo rende ancora più affascinate. In realtà Dizzy, questo è il suo vero nome, si è trasferito da un altro liceo dove era il ragazzo meno popolare della scuola. Gil nasconde gelosamente questo segreto, convinto che se la notizia circolasse perderebbe il suo successo. ■ COMMEDIA; COL.; 93'; USA, 2002.

RAGE – FUOCO INCROCIATO ★★
Regia di TONINO RICCI. Con STEVE ELLIOTT, CHRIS HUERTA, CONRAD NICHOLS. ■ Ancora una storia del dopo-bomba, cioè della dura vita degli scarsi superstiti a un'ecatombe nucleare. L'uranio è divenuto la materia prima per la sopravvivenza. Non è facile trovarlo e quando lo si trova tocca difenderlo con tutti i mezzi dagli altri sopravvissuti. ■ AVVENTURA; COL.; 95'; ITALIA, 1987.

RAGE – FURIA PRIMITIVA *(Primal Rage)* ★★
Regia di VITTORIO RAMBALDI. Con SARAH BUXTON, PATRICK LOWE, BO SVENSON. ■ Un professore fa strani esperimenti con le scimmie. Uno studente troppo curioso viene morso da un animale. Verrà colto da rabbia omicida. Il figlio del mago degli effetti speciali Carlo Rambaldi prova nella regia. Qualche buon "effetto" (ci mancherebbe altro) ma una storia (e un'abilità narrativa) di serie C. ■ HORROR; COL.; 92'; USA, 1988.

RAGGI MORTALI DEL DOTTOR MABUSE, I ★★
(Die Todesstrahlen des Dr. Mabuse)
Regia di HUGO FREGONESE. Con YVONNE FURNEAUX, CLAUDIO GORA, PETER VAN EYCK. ■ Film tra l'orrore, il fantascientifico e il parapsicologico: il terribile dottor Mabuse si è reincarnato in uno scienzato pazzo che da un laboratorio sottomarino tenta di distruggere il mondo. Gli andrà male. ■ DRAMMATICO; B/N; 95'; ITALIA, 1969.

RAGGIO DI SOLE *(La mioche)* ★★
Regia di LÉONIDE MOGUY. Con LUCIEN BAROUX, GABRIELLE DORZIAT. ■ Un trovatello viene adottato da un professore, che lo introduce nascostamente presso l'istituto femminile dove insegna. Qui il piccolo trova tante mamme, cioè tutte le allieve. Quando la vera mamma si presenta a riprendersi il pupo, il professore, per non perderlo, la sposa. ■ COMMEDIA; B/N; 98'; FRANCIA, 1936.

RAGGIO INFERNALE, IL ★
Regia di GIANFRANCO BALDANELLO. Con TED CARTER, DELPHY MAUREEN, GORDON SCOTT. ■ Il solito professore ha inventato il solito raggio della morte ed è stato rapito dalla solita banda. Ma il solito agente segreto, aiutato dalla solita bellona, mette tutto a posto. ■ AVVENTURA; COL.; 92'; ITALIA, 1967.

RAGGIO INVISIBILE, IL *(The Invisible Ray)* ★★
Regia di LAMBERT HILLYER. Con FRANCES DRAKE, BORIS KARLOFF, FRANK LAWTON, BELA LUGOSI. ■ Uno scienziato che ha scoperto un minerale micidiale vuole tenere per sé il privilegio di usarlo, e ne è anzi contagiato tanto che uccide con il tocco delle mani chi tenta di fermarlo. Il film è notevole per la partecipazione di grandi interpreti dell'orrore. ■ DRAMMATICO; B/N; 81'; USA, 1936.

RAGGIO VERDE, IL *(Le rayon vert)* ★★★🏆
Regia di ERIC ROHMER. Con AMIRA CHEMAKHI, SYLVIE RICHEZ, MARIE RIVIÈRE. ■ Girato con modesti mezzi e attori semplici, il film ha vinto il Leone d'oro al Festival di Venezia del 1986. Fa parte del filone cinema-verità, narra la quotidianità, i malumori, le più segrete debolezze e le attese di una ragazza qualunque, una segretaria parigina. Delphine, timida e malinconica, è single da due anni e cerca il "Principe Azzurro"; le vacanze si avvicinano e lei non sa ancora dove andare. Accetta l'invito di un'amica a Cherbourg, ma si rivela un disastro, come pure un soggiorno in montagna. Ricambia infine il sorriso di un ragazzo sconosciuto, perché, come vuole la leggenda tramandata da Jules Verne, crede di vedere in lui il raggio verde che scende dal sole al tramonto. ■ COMMEDIA; COL.; 98'; FRANCIA, 1985. ■ VENEZIA 🏆 3 PR.

RAGIONE DEL PIÙ DEBOLE, LA ★★
(La raison du plus faible)
Regia di LUCAS BELVAUX. Con ELIE BELVAUX, LUCAS BELVAUX, DANIÈLA BISCONTI, ANDRÉE CAMBIER, ERIC CARAVACA, CHRISTIAN CRAHAY, CLAUDE SEMAL, FELIX VALENTINO. ■ Titoli di testa: il cancello di una fabbrica si chiude davanti alle persone incredule. Un uomo senza lavoro, il protagonista, è un uomo senza potere, frustrato dall'impossibilità di dare alla sua famiglia una vita agiata. Si occupa della casa, accudisce il figlio, dedica attenzioni alla moglie, ma non può permettersi neppure uno scooter di seconda mano. Quando proprio dai compagni di svago viene la proposta di una rapina, e i quattro, tre quasi sprovveduti e un professionista ex-galeotto, si dedicano al progetto di un grottesco e goffo colpo. ■ COMMEDIA; COL.; 116'; BELGIO, FRANCIA, 2006.

RAGIONE DI STATO *(La raison d'état)* ★★
Regia di ANDRÉ CAYATTE. Con MICHEL BOUQUET, FRANÇOIS PÉRIER, MONICA VITTI, JEAN YANNE. ■ Questa volta Cayatte svela i retroscena dei traffici d'armi. Meno vigoroso di altri suoi film. ■ DRAMMATICO; COL.; 100'; FRANCIA, ITALIA, 1978.

RAGIONE E SENTIMENTO *(Sense and Sensibility)* ★★★★🏆
Regia di ANG LEE. Con HUGH GRANT, ALAN RICHMAN, EMMA THOMPSON, KATE WINSLET, GREG WISE. ■ Dal romanzo di Jane Austen. Inghilterra fine Settecento. Muore Henry Dashwood che ha due famiglie. I suoi averi vanno al maschio primogenito. L'altra famiglia si trova praticamente sul lastrico. Madre e tre figlie vivono modestissimamente ma senza perdere la dignità. Le ragazze in età hanno le loro vicende amorose. La romantica Marian spasima per un bellimbusto che la farà molto soffrire. Ripiegherà su un colonnello comprensivo e molto più grande di lei. Elinor, razionale, equilibrata, romantica trattenuta, dopo una lunga attesa, sarà a sua volta finalmente felice. È singolare come un regista di Taiwan sia riuscito a cogliere lo spirito inglese di quella stagione. Conta senz'altro la sceneggiatura scritta dalla Thompson, che le ha valso il premio Oscar. Case stupende, campagna dolce di laghi e di fiumi, la pioggia che fa incontrare gli amanti, i sonetti di Shakespeare, i balli a Londra, l'educazione, i sentimenti formali di quel tempo. Tutto comunque dipende dallo stato sociale, cosa valida soprattutto per le donne. Soltanto fatti eccezionali potranno cambiare le cose. Il testo della grande scrittrice inglese ha certamente facilitato tutto quanto. Il film ha avuto la "nomination" ed è stato battuto da *Braveheart*, ma il risultato avrebbe anche potuto essere ribaltato e nessuno avrebbe urlato allo scandalo. ■ SENTIMENTALE; COL.; 135'; GRAN BRETAGNA, 1996. ■ BERLINO 🏆 1 PR; GOLDEN GLOBES 🏆 2 PR, 6 NOM; OSCAR 🏆 1 PR, 7 NOM.

RAGIONE PER AMARE, UNA *(Something about love)* ★★
Regia di TOM BERRY. Con JAN RUBES, STEFAN WODOSLAWSKY. ■ Dopo essere stata attrice hollywoodiana per diversi anni, Wally abbandona la Mecca del cinema per incontrare suo padre, un uomo che si sente di dover riscoprire e rivalutare. ■ DRAMMATICO; COL.; 90'; USA, 1988.

RAGIONE PER MORIRE, UNA *(Reason to Die)* ★★
Regia di TIM SPRING. Con WINGS HAUSER, ANNELINE KRIEL. ■ Un cacciatore di taglie, Corner, è bravo nel suo mestiere: dopo molti anni di attività sa come cavarsela in ogni caso. Ma questa volta si trova a dover affrontare un pazzo di nome Wilson. ■ POLIZIESCO; COL.; 90'; USA, 1989.

RAGIONE PER VIVERE E UNA PER MORIRE, UNA ★★
Regia di TONINO VALERII. Con JAMES COBURN, REINHARD KOLLDEHOFF, TELLY SAVALAS, BUD SPENCER. ■ Il colonnello nordista Pennbroke, espulso dall'esercito per codardia, riesce a riconquistare Fort Holman con l'aiuto di un drappello di avanzi di galera sbaragliando i soldati di guarnigione. ■ WESTERN; COL.; 120'; FRANCIA, GERMANIA, ITALIA, SPAGNA, 1972.

RAGIONI DELL'ARAGOSTA, LE ★★
Regia di SABINA GUZZANTI. Con ANTONELLO FASSARI, SABINA GUZZANTI, CINZIA LEONE, PIERFRANCESCO LOCHE, STEFANO MASCIARELLI, FRANCESCA REGGIANI. ■ Un pescatore di aragoste contatta Sabina Guzzanti per sensibilizzarla sullo spopolamento del mare nella Sardegna occidentale. Inizialmente non interessata, l'attrice si entusiasma quando scopre il passato di operaio alla Fiat del pescatore. Non solo, ma allestire uno spettacolo per attirare l'attenzione dei media sulle aragoste potrebbe essere l'occasione per riunire la banda di *Avanzi* dopo 15 anni. Senza contare che Pierfrancesco Loche, una delle colonne del gruppo di allora, si è trasferito nel villaggio di Su Pallosu e sarebbe felice di ospitarli. Inizia così un'avventura artistica e umana intensa ma anche densa di ostacoli. Il fulcro del film sta nel pudico ritratto di una generazione che credeva di cambiare il mondo e che dal mondo, come tutti, è stata molto ammaccata. ■ COMMEDIA; COL.; 100'; ITALIA, 2007.

RAGION PURA, LA ★★★
Regia di SILVANO AGOSTI. Con ELEONORA BRIGLIADORI, LAURA LINZI, FRANCO NERO. ■ Una coppia (Franco Nero, un regista, ed Eleonora Brigliadori) vive ormai nella rassegnazione di una reciproca indifferenza sessuale. La coppia, sposata da 15 anni e incapace di avere figli, si interroga sul senso della relazione. Però qualcosa di assolutamente inatteso accade. Nel sonno, incosciamente, la donna elenca al partner la lista dei suoi desideri erotici. L'uomo inizia ad esaudirli e tra i due nasce allora una passione d'amore destinata a durare, intensa e sempre nuova, per tutta la vita. ■ COMMEDIA; COL.; 83'; ITALIA, 2001.

RAGNATELA DI MORTE *(Sole Survivor)* ★
Regia di THOM EBERHARDT. Con KURT JOHNSON, ANITA SKINNER. ■ Uno spaventoso disastro aereo ha causato la morte di tutti i passeggeri fuorché Denise. Una fortuna della quale la giovane non sa capacitarsi e che comunque non durerà a sufficienza perché possa goderne. Infatti i fantasmi degli altri passeggeri la perseguiteranno. ■ HORROR; COL.; 100'; USA, 1986.

RAGNATELA D'INGANNI *(Web of Deceit)* ★★
Regia di SANDOR STERN. Con LINDA PURL, JAMES READ, BARBARA RUSH. ■ Lauren, un'avvocatessa d'assalto, cura la difesa di un meccanico accusato di aver assassinato, dopo averne approfittato, una ragazza. Appare quasi subito chiaro che il giovane è innocente e che le prove sono poco attendibili. Avrà filo da torcere da parte dell'accusa. Interessante nella sua prima parte il film si fa via via più lento riprendendosi poi parzialmente nel finale. ■ POLIZIESCO; COL.; 92'; USA, 1990.

RAGNI DELLA METROPOLI, I *(Gambling House)* ★★
Regia di TED TETZLAFF. Con WILLIAM BENDIX, VICTOR MATURE, TERRY MOORE. ■ Giallo ambientato nel mondo del gioco clandestino, degli avventurieri, dei tenutari di bische, dei ricatti. Marc, il protagonista, si redime attraverso l'amore e cambia vita, non prima di aver sistemato i suoi avversari. ■ GIALLO; B/N; 80'; USA, 1951.

RAGNO E LA MOSCA – L'INAFFERRABILE SIGNOR LECOQ, IL *(The Spider and the Fly)* ★★
Regia di ROBERT HAMER. Con NADIA GRAY, ERIC PORTMAN, GUY ROLFE. ■ L'ispettore Maubert fa arrestare lo scassinatore Lecoq,

poi lo tira fuori di galera per servirsene in un'importante missione di guerra. ■ Poliziesco; b/n; 95'; Gran Bretagna, 1950.

RAGNO NERO, IL *(The Spider's Web)* ★★
Regia di Ray Taylor. Con Warren Hull, Iris Meredith. ■ Il ragno nero è il poliziotto Dick che si traveste da "malavitoso" per dare la caccia ai seguaci di una setta che mira ad impadronirsi di tutto il paese. Dick riesce a scoprire l'insospettabile capo della setta, grazie all'aiuto della moglie. ■ Poliziesco; b/n; 90'; USA, 1938.

RAGTIME ★★★
Regia di Miloš Forman. Con Debbie Allen, James Cagney, Elizabeth McGovern, Mary Steenburgen. ■ La vicenda si dipana dal 1906 al 1914, nel periodo d'oro del jazz. Una ballerina ha sposato un giovane miliardario il quale, non sopportando il fatto che la bella moglie sia raffigurata nuda in cima al Madison Square Garden, impazzisce e uccide l'architetto che ha ideato quella pubblicità. La vedova di questo ha allora una relazione con un rampollo della borghesia, la cui domestica ha avuto un figlio da un pianista di colore. È proprio quest'uomo il protagonista della seconda parte del film: un pompiere bianco gli insozza la macchina nuova e il nero cerca disperatamente di ottenere giustizia, trovando però soltanto la morte. ■ Drammatico; col.; 155'; USA, 1981. ■ Golden Globes 1 pr, 4 nom; Oscar 8 nom.

RAIN ★★
Regia di Christine Jeffs. Con Alicia Fulford, Sarah Peirse. ■ È una calda estate. Janey e la sua famiglia si sistemano in una casetta vicino al mare. Le giornate si trascinano uguali, tra l'ozio del mattino e le feste della sera in cui gli adulti ballano, bevono e flirtano. Una serenità di facciata che nasconde profonde crepe nel matrimonio dei genitori di Janey. Opera prima della neozelandese Christine Jeff che ripercorre strade già battute ma lo fa con sensibilità. ■ Drammatico; col.; 92'; USA, 2003.

RAINBOW, THE ★★★
Regia di Ken Russell. Con Sammi Davis, Amanda Donohoe, David Hemmings, Glenda Jackson, Paul McGann. ■ Un altro film dell'accoppiata Russell-Jackson. Si tratta di una storia molto vicina a *Donne in amore* e si può considerare come il prologo di quel capolavoro. Una giovane ragazza inglese è divisa tra un professore e un soldato. ■ Drammatico; col.; 104'; Gran Bretagna, 1989.

RAINBOW – IL MONDO SEGRETO DEI COLORI ★★★
(Rainbow)
Regia di Bob Hoskins. Con Dan Aykroyd, Tery Finn, Bob Hoskins, Saul Rubinek. ■ Nel punto in cui finisce l'arcobaleno quattro ragazzini trovano un cratere e un cane. Ha così inizio la caccia ai tesori dell'arcobaleno. Solo che, una volta rubatagli parte del suo oro, hanno inizio inquietanti fenomeni: il mondo perde i colori e il caldo si fa sempre più opprimente. Bisognerà sbrigarsi a rimettere tutto a posto. ■ Fantastico; col.; 99'; Canada, Gran Bretagna, 1996.

RAIN MAN – L'UOMO DELLA PIOGGIA ★★★🏆
(Rain Man)
Regia di Barry Levinson. Con Tom Cruise, Valeria Golino, Dustin Hoffman. ■ Dustin Hoffman nella parte di un malato di autismo (patologia che rende la possibilità di comunicare molto ardua, e che impedisce l'autosufficienza dei colpiti, li condanna all'emarginazione). Hoffman ha ereditato tre miliardi e il suo giovane fratello (Tom Cruise), traffichino di pochi scrupoli, cerca di mettere le mani su una fetta, con la scusa di avere l'affido. Ma un viaggio verso Los Angeles riavvicinerà i due fratelli. Paradossalmente sarà proprio l'handicappato a giovare di più al fratello sano, facendogli vincere una ragguardevole somma (Dustin è un genio della matematica, anche se severamente carente in altre attività intellettuali). ■ Drammatico; col.; 104'; USA, 1988. ■ Berlino 🏆 1 pr; David di Donatello 🏆 2 pr, 2 nom; Golden Globes 🏆 2 pr, 4 nom; Oscar 🏆 4 pr, 8 nom.

RAJA ★★
Regia di Jacques Doillon. Con Najat Benssallem, Lola Doillon, Pascal Greggory. ■ Fred è un signore di mezza età, francese, ancora piuttosto affascinante. Raja è una ragazza, marocchina, non bella: viso spigoloso, irregolare, occhi fieri. Raja lavora, insieme ad altre sue coetanee, nel giardino del ricco europeo. I due sono diversi per colore della pelle ed estrazione sociale, ma si riconoscono e si avvicinano: entrambi, infatti, sono feriti, delusi, maltrattati dalla vita. Ma l'Amore è più forte dell'istinto di sopravvivenza? Un film che vorrebbe essere intenso, giocato sulle sfumature degli sguardi e dei gesti trattenuti, ma che invece non riesce ad essere profondo nell'indagare la malinconia e lo stato di deriva psicologica e morale dei protagonisti. ■ Drammatico; col.; 112'; 2003.

RALLY DEI CAMPIONI, IL *(On Any Sunday)* ★★
Regia di Bruce Brown. Con Steve McQueen. ■ Lungometraggio sulle gare motociclistiche, molto popolari negli Stati Uniti. ■ Documentario; col.; 92'; USA, 1971.

RALLY PIÙ PAZZO D'AFRICA, IL *(Safari 3000)* ★★
Regia di Harry Hurwitz. Con David Carradine, Stockard Channing, Christopher Lee. ■ Il classico rally africano, condito, questa volta, oltre che dai soliti leoni, elefanti e zulù, anche da qualche situazione comica e da un pizzico di erotismo. ■ Commedia; col.; 91'; USA, 1982.

RALPH SPACCATUTTO *(Wreck-it Ralph)* ★★★
Regia di Rich Moore. Con Brandon Jane Lynch, T. Jackson, Jack McBrayer, John C. Reilly, Sarah Silverman. ■ Ralph Spaccatutto è il cattivo del videogioco arcade Felix Aggiustatutto. Disegnato per servire un unico scopo, da trent'anni distrugge il muro del condominio per dar modo al martello magico del bravo ragazzo Felix di riparare il danno e godersi la medaglia, la torta e l'affetto dei condomini. ■ Animazione; col.; 101'; USA, 2012.

♥ RAMBO *(First Blood)* ★★★
Regia di Ted Kotcheff. Con Richard Crenna, Brian Dennehy, Sylvester Stallone. ■ John Rambo è reduce del Vietnam, è malinconico e deluso, la guerra gli ha lasciato segni profondi. Va a trovare un suo commilitone e viene a sapere che è appena morto di cancro. Riprende dunque la sua strada e si imbatte nello sceriffo locale che gli ordina di andarsene. Rambo non intende subire imposizioni, del resto non ha fatto proprio niente. Lo sceriffo lo provoca e, con l'aiuto dei suoi agenti, lo arresta. Rambo, che in Vietnam ne ha viste di tutti i colori e si porta dentro brutte memorie, esplode. Addestrato a combattimenti al limite delle possibilità umane, ha facilmente ragione dei poliziotti e riesce a fuggire. Comincia la caccia all'uomo fra boschi, torrenti e rocce. Rambo gioca in casa, ferisce e uccide. Si muove persino la guardia nazionale ma l'ex soldato sembra davvero invulnerabile. Farebbe una strage maggiore se non intervenisse il suo ex comandante, colonnello Trautman, a fermarlo. Rambo si arrende e, piangendo, urla tutta la sua rabbia di essere umano disperato e abbandonato dalla società, per la quale aveva rischiato la vita e compromesso la propria integrità. Film di grande successo popolare, divenuto oggetto di strane strumentalizzazioni e definizioni. Si è detto che Rambo fosse la traduzione dei concetti della politica di Reagan: dunque col ricorso ai soliti termini "destra", "fascismo", "edonismo" eccetera. *Rambo* non è un buon film, è un astuto prodotto che funziona bene nei tempi, nei "muscoli" e nelle sequenze d'azione. Tutto il resto è da lasciare alle infinite possibilità dialettiche della critica. Il film ha avuto due *sequels*. Questi sì che hanno cercato altre implicazioni politiche, inutili e demagogiche. Rambo diventava via via l'angelo sterminatore dei vecchi nemici vietnamiti e degli storici nemici russi, rappresentati esattamente come i Sioux e gli Apaches dei film western. Il film ha aperto la strada a un'infinità di produzioni che hanno ricalcato nei modi e nei tempi quell'originale, con un canovaccio proposto e riproposto, e ora quasi bloccato. ■ Drammatico; col.; 97'; USA, 1982.

RAMBO 2 – LA VENDETTA ★★
(Rambo: First Blood Part II)
Regia di George Pan Cosmatos. Con Richard Crenna, Charles Napier, Sylvester Stallone. ■ Condannato ai lavori forzati, Rambo riceve dal suo colonnello una proposta di libertà anticipata in cambio di una nuova missione impossibile: tornare in Vietnam e documentare con prove fotografiche la presenza di prigionieri americani dimenticati. Inutile dire che il no-

stro eroe andrà ben oltre: massacrerà qualche centinaio di russi e vietcong, libererà i prigionieri e tornerà vittoriosamente alla base con un elicottero del nemico. Film mediocre, ma di grandissimo successo di pubblico. È il prototipo di un certo cinema superpatriottico dell'era Reagan. ■ AVVENTURA; COL.; 95'; USA, 1985. ■ OSCAR 1 NOM.

RAMBO 3 *(Rambo III)* ★★
Regia di PETER MACDONALD. Con RICHARD CRENNA, MARC DE JONGE, SYLVESTER STALLONE. ■ Rambo s'è ritirato a vita privata (una vita "non violenta" in un monastero). Ma un giorno deve imbracciare di nuovo il mitra. Il suo ex comandante, il colonnello Trautman, è stato preso prigioniero dai russi in Afghanistan. Rambo lo libera dopo aver fatto polpette di mezza armata rossa. Terzo capitolo delle avventure dell'eroe spaccatutto. Il *plot* è infantile, ma le scene d'azione realizzate come Dio comanda. ■ AVVENTURA; COL.; 101'; USA, 1988.

RAMONA ★★
Regia di EDWIN CAREWE. Con WARNER BAXTER, DOLORES DEL RIO. ■ Storia della bellissima Ramona, meticcia desiderata da molti, che sposa un suo amico d'infanzia. Dolori, amori, drammi sino al lieto fine. ■ DRAMMATICO; B/N; 90'; USA, 1928.

RAMONA ★★
Regia di HENRY KING. Con DON AMECHE, KENT TAYLOR, LORETTA YOUNG. ■ La meticcia Ramona, allevata da una signora, viene chiesta in sposa da un amico d'infanzia, ma lei sposa un indiano. Poi i due si ritroveranno. ■ DRAMMATICO; B/N; 90'; USA, 1936.

RAMONA E BEEZUS *(Ramona and Beezus)* ★★
Regia di ELIZABETH ALLEN. Con JOHN CORBETT, SELENA GOMEZ, GINNIFER GOODWIN, JOEY KING, BRIDGET MOYNAHAN. ■ Ramona ha nove anni e una fantasia fuori dell'ordinario che la mette spesso in ridicolo con i compagni di scuola e col vicinato. In famiglia è molto amata ma spesso i suoi pasticci superano la capacità di pazienza dei genitori e mettono in imbarazzo la sorella maggiore, Beezus, che alla piccola peste deve anche la storpiatura del suo nome, Beatrice. Le cose si complicano quando il padre delle due perde il lavoro e, per salvare la casa dal pignoramento, Ramona decide di prendere pericolosamente in mano la situazione. Tratto dai romanzi di Beverly Cleary, e in particolare da *Ramona forever*, *Ramona e Beezus* è, nel suo genere e per il suo fine, un film praticamente perfetto, sia dal punto di vista artistico che commerciale, specie perché questo incontro avviene nel segno del gusto e della qualità. ■ COMMEDIA; COL.; 103'; USA, 2010.

RAMON IL MESSICANO ★★
Regia di MAURIZIO PRADEAUX. Con ROBERT HUNDAR, WILMA LINDAMAR, JEAN LOUISE. ■ Faide e vendette tra Slim Baxter e la famiglia Morales che cattura la donna di Baxter, Esmeralda. Slim affronta i nemici personali con una banda di pistoleros, ma per averla vinta definitivamente si traveste da prete e rapisce la fidanzata che sta per sposare Ramon Morales. Li fa fuori tutti. ■ WESTERN; COL.; 92'; ITALIA, 1967.

RAN ★★★★
Regia di AKIRA KUROSAWA. Con TATSUYA NAKADAI, AKIRA TERAO. ■ Nel Giappone feudale del 1500 si combatte la lotta fratricida tra Taro e Jiro, figli del potentissimo Hidetora, infiammati da odio smisurato. La loro sete di vendetta porterà morte e distruzione per tutto il paese. Grandiosa, spettacolare, violenta rappresentazione della follia umana e delle crudeltà del fato, a metà strada fra tragedia greca e dramma shakespeariano, il film si muove tra maestose scene campali (premio Oscar per i costumi) sorrette da un'impeccabile fotografia, alternate a sequenze che si ricollegano direttamente al teatro tradizionale nipponico. ■ DRAMMATICO; COL.; 161'; GIAPPONE, 1986. ■ GOLDEN GLOBES 1 NOM; OSCAR 1 PR, 4 NOM.

RANCH DEGLI SPIETATI, IL *(Oklahoma John)* ★★
Regia di JAIME JESUS BALCAZAR. Con SABINE BETHMANN, RICK HORN. ■ Giunto in un paese del West governato dalla legge del più forte, lo sceriffo Oklahoma John si ritrova a indagare su un misterioso delitto i cui testimoni sono stati man mano ammazzati. Alla base di tutto c'è la lotta per il possesso del petrolio di cui la zona è ricca. ■ WESTERN; COL.; 95'; SPAGNA, 1965.

RANCH DELLA VIOLENZA, IL *(This Rugged Land)* ★★
Regia di ARTHUR HILLER. Con TERRY MOORE, RYAN O'NEAL. ■ Il cowboy Paul Moreno finirebbe male, se l'amministratore del Garret Ranch, Jim Redigo, non lo facesse assolvere dall'accusa di avere violentato la figlia del proprietario. Moreno e Redigo riescono anche a sollevare le sorti dell'azienda opponendosi all'ostruzionismo degli altri lavoranti. ■ DRAMMATICO; B/N; 76'; USA, 1962.

RANCH DELLE TRE CAMPANE, IL ★★
(South of St. Louis)
Regia di RAY ENRIGHT. Con DOUGLAS KENNEDY, DOROTHY MALONE, JOEL MCCREA, ZACHARY SCOTT, ALEXIS SMITH. ■ Si narra di tre avventurieri, già proprietari del ranch delle Tre Campane, che agiscono nel turbine della guerra civile americana, alleandosi a occasionali conoscenti. Uno di essi, con una donna, ricostituirà il ranch dopo la guerra: la vita va avanti. ■ WESTERN; COL.; 88'; USA, 1949.

RANCH DELLE TRE PISTOLE, IL ★★
(Los hermanos do diablo)
Regia di CHANO URUETA. Con DACIA GONZALES, CARLOS NIETO, DAVID REYNOSO. ■ "Los hermanos do diablo" sono tre fratelli messicani, Juan, José e Julio, che recuperano il bestiame di una fattoria per riattivarla e sono osteggiati dall'apache Dente di Lupo, sobillato a sua volta dal pistolero Waco Taylor. Troppo dura la lotta per la vita negli Stati Uniti: meglio tornare al Messico. ■ WESTERN; B/N; 95'; MESSICO, 1966.

RANCHO BRAVO *(The Rare Breed)* ★★★
Regia di ANDREW V. MCLAGLEN. Con BRIAN KEITH, JULIET MILLS, MAUREEN O'HARA, JAMES STEWART. ■ Un western atipico, perché non c'è violenza: James Stewart è un cowboy dai modi piuttosto rozzi che deve trasbordare il toro "Vendicatore", capostipite di una nuova razza di bovini. In un'atmosfera agreste sbocciano gli amori: quello del simpatico protagonista per la bella vedova Price, quello della figlia di lei per un giovane. ■ WESTERN; COL.; 97'; USA, 1965.

RANCHO NOTORIUS ★★★
Regia di FRITZ LANG. Con MARLENE DIETRICH, MEL FERRER, ARTHUR KENNEDY. ■ Un uomo sconvolto dall'uccisione della sua donna in un attentato cerca gli assassini sulla base delle parole di un amico morente. Guidato da questa debole traccia arriva al covo della banda capeggiata da un uomo e da una donna. ■ AVVENTURA; COL.; 89'; USA, 1952.

RANCID ALUMINIUM ★★
Regia di EDWARD THOMAS. Con KEITH ALLEN, STEVEN BERKOFF, JOSEPH FIENNES, TARA FITZGERALD, SADIE FROST, RHYS IFANS. ■ Pete Thompson ha appena ereditato l'azienda di famiglia. Potrebbe godersi l'eredità ma, viziato e credulone com'è, decide di credere a quello che gli racconta l'amico Sean Deeny. Costui, un contabile con il pelo sullo stomaco non esita a presentargli la situazione dell'azienda sotto la luce più cupa per riuscire a impadronirsene. Sean propone come via d'uscita un prestito da dei finanziatori stranieri avvolti nel mistero. Trovarsi incastrato dalla Mafia russa è un tutt'uno per Pete. Per il quale la vita si complica. Un film di genere di quelli "già visti". Messo in scena con professionalità ma senza lampi. ■ DRAMMATICO; COL.; 87'; GRAN BRETAGNA, 2000.

RAND ROVER ★★
Regia di ARDUINO SACCO. Con NORA ARON, RINO BOLOGNESI, FRANCA GONELLA. ■ Una coppia in crisi parte per le vacanze. La donna incoraggia un ammiratore a seguirla. Questi parte con due amici e, dopo un costante tallonamento, ferma i due, costringe lui all'immobilità e violenta lei, che si rende conto di amare ancora suo marito. ■ DRAMMATICO; COL.; 94'; ITALIA, 1978.

RANE DEL MARE, LE *(The Frogmen)* ★★★
Regia di LLOYD BACON. Con DANA ANDREWS, JEFFREY HUNTER, GARY MERRILL, ROBERT WAGNER, RICHARD WIDMARK. ■ Durante la guerra, all'ufficiale Lawrence tocca di sostituire l'amatissimo comandante di una squadra di sommozzatori, e guastatori sottomarini, caduto in un'azione. Lawrence si comporta eroi-

camente, guadagnandosi l'ammirazione dei sottoposti. ■ GUERRA; B/N; 96'; USA, 1951. ■ OSCAR 2 NOM.

RANGERS: ATTACCO ORA X ★★
Regia di ROBERTO BIANCHI MONTERO. Con RICK BOYD, BEN CARRÈ, DALE CUMMINGS, CARLO HINTERMANN. ■ Il maggiore americano Higginson si fa catturare dalle SS per compiere una missione segreta all'interno del campo di concentramento di Altring, proprio mentre alcuni internati stanno organizzando la fuga sotto la guida del colonnello Davenport. Entrambi i tentativi avranno esito tragico. ■ GUERRA; COL.; 93'; ITALIA, 1970.

RANGO ★★★
Regia di GORE VERBINSKI. Con NED BEATTY, ABIGAIL BRESLIN, JOHNNY DEPP, ISLA FISHER, ALFRED MOLINA. ■ Chiuso in un piccolo acquario scoperto, abituato a relazionarsi unicamente ad una palma finta, un insetto morto e una bambola a cui mancano la testa, un braccio e le gambe, un camaleonte si crede un attore. Mentre viene trasportato in macchina lungo il deserto al confine tra Stati Uniti e Messico un imprevisto lo sbalza fuori dall'abitacolo e cambia tutta la sua vita. ■ ANIMAZIONE; COL.; 107'; USA, 2011.

RANOCCHIETTA E LA BALENA, LA ★★
(La grenouille et la balène)
Regia di JEAN-CLAUDE LORD. Con DENIS FOREST, FANNY LAUZIER, MARINA ORSINI. ■ La grande amicizia tra una bambina e un delfino. La piccola che ha il soprannome del titolo e percepisce gli ultrasuoni delle balene farà di tutto per non perdere la compagnia di un simpatico delfino. ■ COMMEDIA; COL.; 92'; CANADA, 1988.

RANSOM – IL RISCATTO *(Ransom)* ★★★★
Regia di RON HOWARD. Con MEL GIBSON, DELROY LINDO, BRAWLEY NOLTE, RENE RUSSO, GARY SINISE, LILI TAYLOR. ■ Tom Mullen (Gibson) possiede una linea aerea, è un uomo di grande successo, deciso e d'azione. Gli rapiscono il figlio di dieci anni (interpretato da Brawley Nolte, figlio di Nick). Si viene a sapere quasi subito che il rapitore, insieme ad altri complici, è un poliziotto deluso e invidioso di Tom. Alla richiesta del riscatto il padre, mettendosi contro tutti, dall'Fbi alla moglie, dichiara in televisione che non pagherà e che userà quei cinque milioni di dollari per dare la caccia ai rapitori, "per tutta la vita". Da quel momento è un susseguirsi di colpi di scena mai prevedibili. Finalmente un film autenticamente d'azione e d'emozione, senza esplosioni al rallenty, senza paradossi alla Schwarzenegger e senza qualche entità visionaria che salti fuori. Si potrebbe dire storia vecchia maniera. Si tratta di un *remake* di un film del 1956, *Il ricatto più vile*, con Glenn Ford. Ron Howard è una delle poche "sicurezze" del cinema statunitense a cavallo tra due secoli: racconta delle storie e le racconta bene. ■ POLIZIESCO; COL.; 121'; USA, 1996. ■ GOLDEN GLOBES 1 NOM.

RANSOM, STATO DI EMERGENZA PER UN RAPIMENTO *(Ransom)* ★★
Regia di CASPER WREDE. Con SEAN CONNERY, ISABEL DEAN, ROBERT HARRIS, IAN MCSHANE, JEFFREY WICKHAM. ■ Un energico capo di polizia, cui viene affidato il compito di presiedere a uno scambio di ostaggi tra governi e terroristi, provoca una sparatoria a bordo dell'aereo su cui si è imbarcato. Con i veri terroristi muoiono anche i finti, in realtà agenti segreti sotto mentite spoglie. ■ DRAMMATICO; COL.; 98'; GRAN BRETAGNA, 1974.

RANTOLO NEL BUIO, UN *(A Reflection of Fear)* ★★
Regia di WILLIAM A. FRAKER. Con SALLY KELLERMAN, SONDRA LOCKE, MITCHELL RYAN, ROBERT SHAW, MARY URE. ■ In una vecchia villa si verificano una serie di omicidi: vengono uccise la madre e la nonna della giovane Marguerite, che vive circondata da pesci carnivori e macabri bambolotti. E non è finita: un corteggiatore della ragazza muore in mare, il padre sfugge a un attentato. ■ GIALLO; COL.; 102'; USA, 1971.

RAPACE, IL *(Le rapace)* ★★★
Regia di JOSÈ GIOVANNI. Con AURORA CLAVEL, ROSA FURMAN, LINO VENTURA. ■ Nel 1930, i rivoluzionari messicani assoldano un killer che viene da fuori per ammazzare il presidente. Dopo il delitto, i rivoluzionari vogliono far fuori lo straniero e anche il loro capo Miguel. Lo straniero aiuterà quest'ultimo a fuggire. ■ AVVENTURA; COL.; 115'; FRANCIA, 1968.

RAPACITÀ *(Greed)* ★★★★
Regia di ERICH VON STROHEIM. Con GIBSON GOWLAND, CESARE GRAVINA, ZASU PITTS. ■ Tratto dal romanzo di Frank Norris. Quasi interamente girato in esterni, cosa singolare a Hollywood, il film ha una carica espressiva notevole. McTeague è un giovane minatore giunto in città come apprendista dentista. Riesce ad aprire uno studio a San Francisco e grazie all'amico Marcus conosce e sposa Trina. Uccide la moglie avara e fugge con 5000 dollari nel deserto della Death Valley, futuro scenario della sua fine. Nonostante la prima versione durasse 3 ore e 40 minuti, la produzione la ridusse a 1 ora e 35, mutilando uno dei capolavori della Storia del cinema. Rich Schmidlin ha realizzato nel 1999 una ricostruzione del director's cut del 1924 di circa 4 ore. ■ DRAMMATICO; COL.; 108'; USA, 1924.

RAPA NUI ★★
Regia di KEVIN REYNOLDS. Con SANDRINE HOLT, JASON SCOTT LEE, ESAI MORALES. ■ Prodotto da Kevin Costner, e diretto dal regista di *Fandango* e *Robin Hood, principe dei ladri*, il film non è niente di più di un documento ben fotografato sull'isola di Pasqua e la sua antica storia. ■ AVVENTURA; COL.; 119'; USA, 1994.

RAPE OF THE RED TEMPLE, THE ★
(Huoshao hongliangsi/Burning Paradise)
Regia di RINGO LAM. Con WILLIE CHI, JOHN CHING-TUNG, CARMEN LEE. ■ Uno stregone ha imprigionato i monaci di Shaolin in un tempio ma un piccolo esperto di kung fu lo sconfigge. ■ AVVENTURA; COL.; 105'; HONG KONG, 1994.

RAPIMENTO *(Rapture)* ★★
Regia di JOHN GUILLERMIN. Con MELVYN DOUGLAS, MURRAY EVANS, PATRICIA GOZZI, GUNNEL LINDBLOM, DEAN STOCKWELL. ■ Un marinaio arriva alla isolata casa Larbaud sulla costa bretone, accolto in modo diverso da ognuno dei tre abitanti: il padre, la figlia, la governante. La sua presenza, a poco a poco, riuscirà a sconvolgere completamente la vita della famigliola, minata da angosce sotterranee, fino al drammatico finale. ■ DRAMMATICO; B/N; 104'; FRANCIA, USA, 1965.

RAPIMENTO A PARIGI *(Chaque minute compte)* ★★
Regia di ROBERT BIBAL. Con JEAN LARA, RAYMOND SOUPLEX, VERA VALMONT, DOMINIQUE WILMS. ■ Sorel è direttore della fabbrica di proprietà di Clément Leroy. In realtà, egli fa parte di una banda capeggiata da Perez e progetta di rapire la figlia di Clément. La sua doppia vita ha tragicamente fine, perché il complotto viene sventato da un amico di Clément. ■ GIALLO; B/N; 90'; FRANCIA, 1959.

RAPIMENTO DI UN PRESIDENTE, IL ★★
(The Kidnapping of the President)
Regia di GEORGE MENDELUK. Con AVA GARDNER, HAL HOLBROOK, WILLIAM SHATNER. ■ Dal romanzo di Charles Templeton. Un gruppo di terroristi del Terzo Mondo rapisce il presidente degli Stati Uniti. Ma il capo dei servizi segreti riuscirà a salvare il primo cittadino. ■ DRAMMATICO; COL.; 91'; CANADA, USA, 1980.

RAPIMENTO E RISCATTO *(Proof of life)* ★★★
Regia di TAYLOR HACKFORD. Con DAVID CARUSO, RUSSELL CROWE, ANTHONY HEALD, DAVID MORSE, PAMELA REED, MEG RYAN. ■ L'ingegnere Peter Bowman viene rapito da un gruppo di guerriglieri andini. La società per cui lavora non paga il riscatto perché sta per essere assorbita da un'altra multinazionale. La moglie Alice si rivolge quindi a un negoziatore di professione. Mentre i contatti procedono con tutte le difficoltà del caso, tra i due nasce, quasi inavvertito, un sentimento. È successo anche sul set e Russell Crowe ha così fatto saltare uno dei matrimoni più collaudati di Hollywood: quello tra Meg Ryan e Dennis Quaid che durava da molti anni. Ora la storia è finita ma resta il film. Non è solo l'ennesimo thriller. Ha anche una sua tesi esplicita: i guerriglieri del Centroamerica non sono più degli idealisti utopici. Sono degli appartenenti a vere e proprie bande che organizzano sequestri per garantirsi la sopravvivenza. ■ THRILLER; COL.; 135'; USA, 2000.

RAPIMENTO QUASI PERFETTO, UN ★★
(Jimmy the Kid)
Regia di GARY NELSON. Con GARY COLEMAN, PAUL LE MAT, DEE WALLACE. ■ Dal romanzo di Donald Westlake *Come ti rapisco il pupo*. Questa volta il pupo rapito è il nero Gary Coleman (il pestifero "Arnold" della serie tv). Il suo rapitore è John Dortmunder, lo sfigatissimo antieroe dei gialli di Westlake. Dal rapimento non ci ricaverà niente, in compenso sarà per il piccolo quell'amico e, se vogliamo, quella figura paterna di cui il ricco rampollo aveva urgente bisogno. ■ COMMEDIA; COL.; 85'; USA, 1982.

RAPINA, LA *(The Rebel Set)* ★★
Regia di GENE FOWLER JR. Con KATHLEEN CROWLEY, JOHN LUPTON, GREGG PALMER, EDWARD C PLATT. ■ Un gangster si allea a tre personaggi senza arte né parte per compiere una rapina in una banca. Poi decide di sopprimerli per tenersi l'intero bottino. Uno dei tre, però, scampa all'esecuzione e collabora con la polizia all'arresto del capobanda. ■ POLIZIESCO; B/N; 72'; USA, 1959.

RAPINA, LA *(3000 Miles to Graceland)* ★★
Regia di DEMIAN LICHTENSTEIN. Con DAVID ARQUETTE, KEVIN COSTNER, COURTNEY COX, KEVIN POLLAK, KURT RUSSELL, CHRISTIAN SLATER. ■ Dopo "Ocean" ecco che Las Vegas è di nuovo nel mirino dei rapinatori. La situazione è suggestiva se non rassicurante, infatti la città del gioco ospita una sorta di giubileo di Elvis Presley. La grande confusione dovrebbe dunque favorire i piani di Costner e compagni che si travestono, appunto da Elvis. Come sempre rapinare – il Casinò naturalmente – è più facile che gestire la spartizione successiva. La novità è un Costner che fa il cattivo. La sua ennesima iniziativa inutile invece, novità non lo è più. Peccato. Il cast di tutto rispetto è l'unico valore del film. Certo non lo è il linguaggio esasperato e fastidioso di questo regista. ■ AVVENTURA; B/N; 123'; USA, 2002.

RAPINA AL CAIRO *(Cairo)* ★★
Regia di WOLF RILLA. Con FATEN HAMAMA, RICHARD JOHNSON, GEORGE SANDERS. ■ Una banda tenta il trafugamento del tesoro di Tutankamen. Ma i gangster si scatenano ben presto l'uno contro l'altro e la polizia poi fa il resto. ■ POLIZIESCO; B/N; 95'; USA, 1963.

RAPINA AL CAMPO 3 *(A Prize of Arms)* ★★
Regia di CLIFF OWEN. Con STANLEY BAKER, TOM BELL, HELMUT SCHMIDT. ■ Tre banditi (uno esperto nell'uso degli esplosivi) svaligiano la cassa di un campo militare, poi nascondono il bottino nella gomma di scorta del loro camion. Non gli andrà liscia. ■ DRAMMATICO; B/N; 105'; GRAN BRETAGNA, 1961.

RAPINA AL COMPUTER *(Bellman and True)* ★
Regia di RICHARD LONCRAINE. Con BERNARD HILL, RICHARD HOPE, DEREK NEWARK. ■ Un pericoloso bandito vuole fare un colpo in banca, costringe allora un mago dei computer ormai alcolizzato e il di lui figlio a metterne fuori uso il complesso sistema di allarmi. Alla rapina segue una movimentata e spettacolare fuga. ■ THRILLER; COL.; 112'; GRAN BRETAGNA, 1988.

RAPINA ALLA DILIGENZA *(Stagecoach War)* ★★
Regia di LESLEY SELANDER. Con WILLIAM BOYD, RUSSELL HAYDEN, HARVEY STEPHENS. ■ Hopolong Cassidy va alla caccia di un gruppo di banditi che rapinano le diligenze. I lestofanti sono mascherati, ma usano durante le loro imprese cantare un motivetto (sarà proprio quello a mettere Cassidy sulla pista giusta). ■ WESTERN; B/N; 95'; USA, 1940.

RAPINA ALL'ALBA *(Ça n'arrive qu'aux vivantes)* ★★
Regia di TONY SAYTOR. Con MAGALI NOËL, GISÈLE PASCAL, RAYMOND PELLEGRIN. ■ Un uomo viene ricattato da una banda in procinto di effettuare una rapina che fa del suo negozio di elettrodomestici il suo luogo di riunione. Decide infine di ribellarsi: si mette a dare la caccia ai malviventi, ne uccide il boss e recupera il bottino. ■ DRAMMATICO; B/N; 86'; FRANCIA, 1959.

RAPINA ALLE TRE *(Atraco a las tres)* ★★
Regia di JOSÉ MARÍA FORQUÉ. Con CASTO SENDRA CASSEN, JOSÉ LUIS LOPEZ VAZQUÉZ, GRACITA MORALES. ■ Lo spunto è originale: alcuni impiegati di una banca di provincia decidono di rapinare la loro stessa agenzia spinti alla ribellione anche dalla presenza di un odioso direttore. Peccato che una banda vera venga a rompere le uova nel paniere. Tutto s'aggiusta per il meglio. ■ COMMEDIA; B/N; 92'; SPAGNA, 1965.

RAPINA AL QUARTIERE OVEST ★★
Regia di FILIPPO WALTER RATTI. Con MARA FIÈ, CLELIA MATANIA, LAWRENCE MONTAIGNE. ■ Dopo una rapina, un bandito uccide il suo complice perché non cada in mano alla legge. Fuggito, incappa nelle reti di uno strano tipo di filatelico che lo venderebbe per trenta denari, ma riesce a scappare. Uccide il filatelico, ma viene fatto fuori dalla polizia. ■ DRAMMATICO; B/N; 92'; ITALIA, 1960.

RAPINA AL SOLE *(Par un beau matin d'été)* ★★★
Regia di JACQUES DERAY. Con JEAN-PAUL BELMONDO, ADOLFO CELI, GERALDINE CHAPLIN, SOPHIE DAUMIER, GABRIELE FERZETTI. ■ Una banda rapisce a scopo di estorsione la figlia di un magnate. Dopo il colpo, i complici litigano e si fanno fuori. Rimane vivo Francis, alquanto distrutto dall'accaduto, a cui non rimane che liberare la giovane. ■ DRAMMATICO; B/N; 100'; FRANCIA, 1965.

RAPINA AL TRENO POSTALE *(Robbery)* ★★★
Regia di PETER YATES. Con STANLEY BAKER, JAMES BOOTH, FRANK FINLAY, BARRY FOSTER, JOANNA PETTET. ■ Precisa ricostruzione cinematografica della storica rapina al treno postale Glasgow-Londra. ■ DRAMMATICO; COL.; 114'; GRAN BRETAGNA, 1967.

♥ **RAPINA A MANO ARMATA** *(The Killing)* ★★★★
Regia di STANLEY KUBRICK. Con VINCE EDWARDS, COLEEN GRAY, STERLING HAYDEN. ■ È la storia di un colpo organizzato da un ex galeotto ai danni di una ricevitoria delle corse ai cavalli. Al momento di dividere il bottino, avviene una sparatoria cui partecipa un nuovo arrivato. Il capo fugge, ma gli si spalanca la valigia e i soldi volano dispersi dal vento. ■ POLIZIESCO; B/N; 83'; USA, 1955.

RAPINA... A NAVE ARMATA *(Sail a Crooked Ship)* ★★
Regia di IRVING S. BRECHER. Con DOLORES HART, ERNIE KOVACS, ROBERT WAGNER. ■ Una coppia di fidanzati (lui lavora nell'impresa navale del padre di lei), imbarcatisi su una delle navi di proprietà dell'armatore, cadono nella trappola del "Capitano" Bugsy, in realtà un malvivente coadiuvato da relativa banda. ■ COMMEDIA; B/N; 88'; USA, 1962.

RAPINA A S. FRANCISCO *(No Time to Be Young)* ★★
Regia di DAVID RICH. Con DOROTHY GREEN, TOM PITTMAN, ROGER SMITH, ROBERT VAUGHN. ■ Tre giovani scontenti della propria esistenza non trovano di meglio che progettare una rapina. Con il ricavato intendono rifarsi una vita e fuggire oltre confine. Ma per tutti l'epilogo è tragico. ■ POLIZIESCO; B/N; 82'; USA, 1957.

RAPINA DEL SECOLO, LA *(Six Bridges to Cross)* ★★★
Regia di JOSEPH PEVNEY. Con JULIE ADAMS, TONY CURTIS, GEORGE NADER. ■ Dopo molti errori Jerry sembra finalmente aver messo la testa a posto: il matrimonio con una giovane vedova sembrerebbe la miglior prova del suo ravvedimento. Ma un brutto giorno il suo amico poliziotto Gallagher scopre che Jerry è l'autore di una rapina compiuta nella sede di una compagnia d'assicurazioni. Abbandonato anche dalla moglie, Jerry tenta di convincere i suoi complici a restituire il denaro rubato, ma gli ex compagni lo uccidono. ■ POLIZIESCO; B/N; 96'; USA, 1955.

RAPINA DEL SECOLO A BEVERLY HILLS ★★
(The Taking of Beverly Hills)
Regia di SIDNEY J. FURIE. Con MATT FREWER, HARLEY JANE KOZAK, KEN WAHL. ■ Una banda di malviventi riesce a derubare gli abitanti di Beverly Hills con uno stratagemma. Dopo essersi travestiti da poliziotti fingono di tenere sotto controllo la zona inquinata da sostanze velenose. Durante l'evacuazione agiscono indisturbati. Film deludente di un grande professionista della regia. ■ POLIZIESCO; COL.; 95'; USA, 1991.

RAPINA DI MONTPARNASSE, LA *(Le caïd)* ★★★
Regia di BERNARD BORDERIE. Con FERNANDEL, BARBARA LAAGE, GEORGES WILSON. ■ Un integerrimo professore viene scambiato per un noto criminale da alcuni gangster che hanno compiuto una rapina. Non gli resta che far fuori la banda; il bottino lo devolverà a opere di bene. ■ GIALLO; B/N; 90'; FRANCIA, 1964.

RAPINA IN BERKELEY SQUARE ★★
(A Nightingale Sang in Berkeley Square)
Regia di Ralph Thomas. Con Richard Jordan, David Niven, Elke Sommer. ■ Un ex galeotto appena dimesso da una prigione inglese è costretto col ricatto a partecipare a una rapina organizzata dal raffinato *boss* della mala David Niven. Una storia risaputa, però sorretta da un cast di buon livello (ci sono anche Gloria Grahame e Hugh Griffith). ■ Giallo; col.; 102′; USA, 1979.

RAPINA... MITTENTE SCONOSCIUTO ★★
(Special Delivery)
Regia di Paul Wendkos. Con Tom Atkins, Michael C. Gwynne, Cybill Shepherd, Bo Svenson. ■ Quattro reduci del Vietnam, incapaci di reintegrarsi nella vita normale, compiono una rapina. Durante la fuga due di essi vengono acciuffati, uno muore e l'altro è costretto a sbarazzarsi della refurtiva nascondendola. Dopo svariate vicende riesce a recuperarla e parte con la nuova amichetta per una vacanza. Finale con colpo di scena per nulla disprezzabile. ■ Drammatico; col.; 99′; USA, 1976.

RAPINA PERFETTA, LA *(Al drig i livet)* ★★
Regia di Arne Ragneborn. Con Lars Ekborg, Sven Eric Gamble, Arne Ragneborn, Ingrid Thulin. ■ Tutto sembra andare per il meglio per un giovane capo-banda che ha messo a punto una rapina: il guardiano del municipio dove avviene il colpo è stato prontamente eliminato, i complici li ha fatti fuori senza scrupoli. Sta per espatriare quando accade l'imprevisto e tutto il denaro finisce in cenere. ■ Drammatico; b/n; 93′; Svezia, 1953.

RAPINA PIÙ PAZZA DEL MONDO, LA ★★★
(The Bank Shot)
Regia di Gower Champion. Con Sorrell Brooke, Joanna Cassidy, George C. Scott. ■ C'è una banca sistemata in una costruzione prefabbricata, c'è un gangster irruento e geniale e un poliziotto che lo tallona con encomiabile tenacia. ■ Commedia; col.; 83′; USA, 1974.

RAPINA PIÙ SCASSATA DEL SECOLO, LA ★★
(The Great St. Trinian's Train Robbery)
Regia di Frank Launder. Con Dora Bryan, George Cole, Frankie Howard. ■ Il bottino di una rapina viene nascosto in una scuola cadente e fuori uso. Ma, imprevedibilmente, le ex allieve ora diplomate di un collegio decidono di rimettere in funzione l'edificio. Come rimpossessarsi del malloppo? I rapinatori approfittano della confusione creata da una festa per introdursi nella scuola; trafugano il bottino, ma le donne li inseguono e li bloccano. ■ Commedia; col.; 95′; Gran Bretagna, 1966.

RAPINA RECORD A NEW YORK ★★★
(The Anderson Tapes)
Regia di Sidney Lumet. Con Martin Balsam, Dyan Cannon, Sean Connery, Ralph Meeker. ■ Anderson, un fuorilegge appena uscito di prigione, organizza un colpo. Nella banda che riesce a mettere insieme c'è anche un killer che, nei piani del capo, dovrà essere eliminato a impresa compiuta. La polizia è però avvisata e, in un crescendo drammatico, arresta tutti i componenti della gang, uccidendone anche qualcuno. ■ Poliziesco; b/n; 98′; USA, 1971.

RAPINATORI, I *(The Plunderers)* ★★
Regia di Joseph Kane. Con Adrian Booth, Rod Cameron, Ilona Massey, Forrest Tucker. ■ Un ufficiale entra in una banda di malfattori facendosi credere un bandito. Ben presto si guadagna la stima del capo. Quest'ultimo poi si accorge di avere a che fare con un uomo onesto: durante un attacco degli indiani combatte e muore da eroe, permettendo all'ufficiale di salvarsi insieme alla sua compagna. ■ Avventura; col.; 87′; USA, 1948.

RAPINATORI DEL PASSO, I *(Fury at Gunsight Pass)* ★★
Regia di Fred F. Sears. Con Neville Brand, Davis Brian. ■ A un bottino sottratto da una piccola banca del West sono interessati: una banda che agisce in proprio, cercando di scavalcare il capo, il figlio del banchiere, un impresario di pompe funebri, il bandito Waiti. Ma il malloppo è ben nascosto in una cassa da morto. ■ Western; b/n; 68′; USA, 1956.

RAPITI DAI... TUPAMAROS *(The Magnificent Two)* ★★
Regia di Cliff Owen. Con Eric Morecambe, Virgilio Teixeira, Ernie Wise. ■ Il film vorrebbe essere una parodia delle rivoluzioni negli Stati sudamericani: un milanese e un romano (evidentemente il doppiaggio italiano si è sbizzarrito) vengono implicati, durante un viaggio nell'immaginaria Repubblica di Parazuellas, in una serie di avvenimenti comici. Non manca una battaglia finale fatta con soldatini di piombo e l'irruzione di un piacevole esercito di guerrigliere. ■ Commedia; col.; 92′; Gran Bretagna, 1967.

RAPPIN' ★★
Regia di Joel Silberg. Con Rutanya Alda, Lisa Valenza, Mario Van Peebles. ■ "Rappin'" è una specie di gergo da strada, un modo di parlare frenetico, mangiandosi le parole, senza tirare il fiato. Non dovrebbe essere efficace come mezzo di comunicazione. E invece lo è. Almeno quando lo usa il giovane Hoods, teppistello ravveduto. Hoods vuole evitare che sua nonna venga sfrattata (i proprietari della casa vogliono demolirla). E usa il rappin' per convincere il giudice del tribunale degli sfratti a ritornare sulle sue decisioni. ■ Comm. musicale; col.; 92′; USA, 1985.

RAPPORTI DI CLASSE *(Klassenverhältnisse)* ★★
Regia di Danièle Huillet, Jean-Marie Straub. Con Christian Heinisch, Reinhald Schnell, Klaus Traube. ■ Basato sul romanzo *America* di Kafka, che viene trasposto sullo schermo per la prima volta (ma il modo in cui lo Straub è tutt'altro che eccezionale). Abbastanza fedele nei fatti al libro, è la storia di un ragazzo di sedici anni che emigra in America dalla Cecoslovacchia. Nella "terra promessa dell'umanità" non si trova gran che bene. Trova avidità, ipocrisia e sopraffazione. ■ Drammatico; col.; 126′; Germania, 1984.

RAPPORTO AL CAPO DELLA POLIZIA ★★★
(Report to the Commissioner)
Regia di Milton Katselas. Con Susan Blakely, Yaphet Kotto, Michael Moriarty. ■ A New York, emblema del mondo contemporaneo dilaniato dalla violenza, un giovane poliziotto idealista si scontra con la dura realtà e provoca involontariamente la morte di una giovane collega. Finirà per suicidarsi. ■ Poliziesco; col.; 112′; USA, 1974.

RAPPORTO A QUATTRO *(Justine)* ★★★
Regia di George Cukor. Con Anouk Aimée, Dirk Bogarde, Robert Forster, Anna Karina, Philippe Noiret, Michael York. ■ Dal *Quartetto di Alessandria* di Lawrence Durrell. Alessandria d'Egitto, 1930: il mandato inglese sul Paese viene a scadere. La bellissima moglie di un commerciante di armi spregiudicatamente tenta di sedurre un diplomatico inglese per aiutare l'attività del marito. Lo invischia nella faccenda finché lui si suicida. Lei si salva, concedendosi al ministro in carica. ■ Drammatico; col.; 116′; USA, 1969.

RAPPORTO A TRE *(Come Together)* ★★
Regia di Saul Swimmer. Con Tony Anthony, Rosemarie Dexter, Luciana Paluzzi. ■ Dato per morto, Tony torna dal Vietnam e trova la fidanzata sposata a un altro e sistemata nella casetta che lui stesso aveva comperato e sistemato. Trasferitosi a Roma, dove lavora come cascatore, Tony seduce contemporaneamente due turiste americane dal triste passato e muore con loro in un incidente d'auto. ■ Drammatico; col.; 93′; USA, 1976.

RAPPORTO CONFIDENZIALE – MR. ARKADIN ★★★
(Confidential Report – Mr. Arkadin)
Regia di Orson Welles. Con Mischa Auer, Patricia Medina, Michael Redgrave, Akim Tamiroff, Orson Welles. ■ Arkadin, uomo ricchissimo dal passato non limpido, fa uccidere uno dopo l'altro i testimoni degli inizi della sua fortuna, sparsi in tutto il mondo. Van Stratten, l'uomo incaricato di ricercarli, rivelerà alla figlia di Arkadin tutto il passato del padre. ■ Drammatico; b/n; 99′; USA, 1955.

RAPPORTO FULLER, BASE STOCCOLMA ★★
Regia di Sergio Grieco. Con Ken Clark, Jess Hahn, Beba Loncar, Lincoln Tate. ■ Si cerca di provocare la guerra tra gli Stati Uniti e l'Unione Sovietica. Implicati nella trama, un agente americano e una ballerina russa. Ma il responsabile del complotto è un altro. ■ Giallo; col.; 95′; Francia, Italia, 1968.

RAPPORTO PELICAN, IL *(The Pelican Brief)* ★★★
Regia di ALAN J. PAKULA. Con JOHN LITHGOW, JULIA ROBERTS, SAM SHERPARD, DENZEL WASHINGTON. ■ Un'aspirante avvocato, Darby Shaw, indaga sulla morte di due giudici e arriva a scoprire un complotto che partirebbe da Washington, addirittura dal presidente. Il rapporto della ragazza fa riferimento a un luogo abitato dai pellicani che interessa per scopi industriali e anti-ecologici. Il suo uomo viene ucciso dopo che lo scritto arriva all'Fbi. Un giornalista le darà una mano. Dal romanzo di Grisham un film compatto e riuscito. ■ POLIZIESCO; COL.; 140'; USA, 1994.

RAPPRESAGLIA *(Reprisal!)* ★★
Regia di GEORGE SHERMAN. Con FELICIA FARR, KATHRYN GRANT, GUY MADISON. ■ Frank Madden nasconde la sua origine indiana per non perdere i suoi diritti su una proprietà. Qui spadroneggiano tre fratelli fuorilegge, che Madden riesce a sgominare con l'aiuto di una pellerossa che poi sposerà, passando apertamente dalla parte degli indiani oppressi. ■ WESTERN; COL.; 74'; USA, 1956.

RAPPRESAGLIA ★★
Regia di GEORGE PAN COSMATOS. Con DELIA BOCCARDO, RICHARD BURTON, MARCELLO MASTROIANNI, LEO MCKERN, RENZO MONTAGNANI, RENZO PALMER, GIANCARLO PRETE, ANTHONY STEEL. ■ Si intreccia alla rievocazione di un tragico episodio storico, l'eccidio alle Fosse Ardeatine, una vicenda di fantasia imperniata sul furto di un prezioso quadro del Masaccio. ■ DRAMMATICO; COL.; 102'; ITALIA, FRANCIA, 1973.

RAPSODIA *(Rhapsody)* ★★★
Regia di CHARLES VIDOR. Con JOHN ERICSON, VITTORIO GASSMAN, ELIZABETH TAYLOR. ■ La figlia di un magnate va a Berna a studiare musica solo per rimanere vicina a un bel violinista. Vorrebbe tenerlo tutto per sé, impedendogli di dedicarsi al suo lavoro. Lui la lascia e lei sposa un pianista. Riesce a rovinare anche questo, ma poi gli resta vicina anche se ha nel cuore l'altro. ■ DRAMMATICO; COL.; 115'; USA, 1954.

RAPSODIA D'AGOSTO *(Rhapsody in August)* ★★★★
Regia di AKIRA KUROSAWA. Con RICHARD GERE, HISASHI IGAWA, NARUMI KAYASHIMA, SACHIKO MURASE. ■ Giappone, dalle parti di Hiroshima. Tre cugini adolescenti vivono con la nonna Kane. I ragazzi vestono in jeans, scarpe da ginnastica e sembrano davvero dei giovani americani. La vecchia naturalmente è del tutto diversa e anche se un suo fratello è emigrato negli Stati Uniti non può dimenticare la bomba atomica e suo marito morto proprio a Hiroshima nell'agosto del 1945. Kane ha un suo modo di intendere la vita e la memoria; è tradizionale, mistica e fantasiosa, e non intende altro che la sua terra e le sue tradizioni. Quando arriva dall'America a trovarla il nipote (Richard Gere, che nella versione originale ha recitato in giapponese) i ragazzi, entusiasti, lo accolgono e lo ascoltano. Quando giunge la notizia della morte del fratello di Kane, la vecchia, nel grande dolore, si pente di non essere andata in America a trovarlo per l'ultima volta. Lo shock è decisivo. Ricordi e sentimenti si intrecciano e Kane non trova più riscontri nella realtà. Tutto è inutile. Nella scena finale la vecchia fugge correndo sotto un temporale, reggendo l'ombrello che si rivolta nel vento, proprio come uno dei fiori citati in una canzone tradizionale giapponese. Indimenticabili certe scene fra parole e natura, e il grande occhio nel cielo, che nella fantasia di Kane rappresenta il destino, passato e proiettato, al quale non si sfugge, come non era sfuggito suo marito alla morte nucleare. Il film è stato presentato al Festival di Cannes. La lentezza iniziale è una licenza che si può concedere a un regista che non ha bisogno di ricorrere alle leggi delle sceneggiature attuali (polveroni iniziali) per farsi vedere. ■ DRAMMATICO; COL.; 135'; GIAPPONE, 1991.

RAPSODIA D'AMORE *(Wenn die Musik nicht war)* ★★
Regia di CARMINE GALLONE. Con KARIN HARDT, PAUL HÖRBIGER. ■ Produzione tedesca e regia italiana, come si usava in quegli anni. Un giovane pianista allievo di Liszt è innamorato di una ragazza di ricca famiglia. Vince la resistenza della famiglia di lei anche con l'aiuto del grande compositore. ■ COMMEDIA; B/N; 92'; GERMANIA, 1935.

RAPSODIA D'AMORE *(Rêves d'amour)* ★★
Regia di CHRISTIAN STENGEL. Con ANNIE DUCAUX, PIERRE-RICHARD WILM. ■ Biografia romanzata di Franz Liszt: l'amore tempestoso per una contessa, la dedizione all'arte, le tournées. ■ DRAMMATICO; B/N; 105'; FRANCIA, 1964.

RAPSODIA IN BLU *(Rhapsody in Blue)* ★★★
Regia di IRVING RAPPER. Con ROBERT ALDA, CHARLES COBURN, JOAN LESLIE, ALEXIS SMITH. ■ Biografia di George Gershwin. Conosce inizi duri e difficili, poi si reca a Parigi per completare la sua preparazione: il successo gli arride ma muore prematuramente, solo e sfiduciato. ■ BIOGRAFICO; B/N; 139'; USA, 1945. ■ OSCAR 2 NOM.

RAPSODIA PER UN KILLER *(Fingers)* ★★★
Regia di JAMES TOBACK. Con JIM BROWN, TISA FARROW, HARVEY KEITEL. ■ Un giovane pianista sta preparando un esame al conservatorio e, intanto, riscuote per il padre gangster i soldi ricavati da scommesse illegali. Gli toccherà vendicare il genitore, ucciso da un rivale. Sconvolto dall'episodio, non riuscirà a dedicare la necessaria attenzione al suo esame e verrà bocciato. ■ DRAMMATICO; COL.; 91'; USA, 1978.

RAPSODIA UCRAINA *(Ucrainskaja rapsodja)* ★★★
Regia di SERGEI PARAJANOV. Con E. KOCHMAN, N. OUJVII, OLGA PETRENKO. ■ Una ragazza, durante la seconda guerra mondiale, partecipa a un concorso per voci nuove e diventa una cantante famosa. Il suo amore è andato in Germania per combattere. Uno dei primi film di Parajanov, senza la visionarietà degli ultimi anni ma con una forte personalità. ■ DRAMMATICO; COL.; 83'; RUSSIA, 1961.

RAPSODIA UNGHERESE *(Ungarische Rhapsodie)* ★★
Regia di HANS SCHWARZ. Con LIL DAGOVER, WILLY FRITSCH, DITA PARLO, FRITZ GREINER. ■ Soggetto operettistico nobilitato dalla presenza di tre ottimi interpreti. ■ COMMEDIA; B/N; 92'; GERMANIA, 1929.

RAPTORS *(Killing Birds)* ★
Regia di CLAUDIO LATTANZI. Con LIN GATHRIGHT, SAL MAGGIORE, ROBERT VAUGHN, LARA WENDEL. ■ Mister Brown, un mite ornitologo, è andato a combattere in Vietnam come molti altri. Al ritorno non preannunciato a casa trova la moglie a letto con un uomo. Accecato dall'odio e dal disgusto, si vendica della donna, dei genitori di lei e del rivale. Il solo a sfuggire alla sua furia cieca è il figlio. ■ HORROR; COL.; 90'; ITALIA, 1987.

RAPTUS ★★
Regia di MARINO GIROLAMI. Con SILVIO BAGOLINI, PIERRE CRESSOY, UMBERTO LIBERATI, FOLCO LULLI, PIERO LULLI, DANIELE VARGAS. ■ Film vagamente psicoanalitico. Per salvare un suo cliente assassino, un avvocato fa ricorso a Freud. Casa di cura invece di ergastolo. ■ DRAMMATICO; COL.; 94'; ITALIA, 1969.

RAPTUS SEGRETI DI HELEN, I ★★
(What's the Matter with Helen?)
Regia di CURTIS HARRINGTON. Con DEBBIE REYNOLDS, DENNIS WEAVER, SHELLEY WINTERS. ■ Due donne colpite dal destino aprono una scuola di ballo a Hollywood: Adele si rifà una vita anche grazie a un rapporto affettivo, mentre Helen, sotto l'influenza di una sua sorella che ha doti parapsicologiche, diventa folle e commette due delitti. ■ DRAMMATICO; COL.; 101'; USA, 1971. ■ OSCAR 1 NOM.

RAPUNZEL. L'INTRECCIO DELLA TORRE ★★★
(Tangled)
Regia di NATHAN GRENO, BYRON HOWARD. Con ZACHARY LEVI, MANDY MOORE, DONNA MURPHY, RON PERLMAN, JEFFREY TAMBOR. ■ Raperonzolo, o meglio Rapunzel, non doveva nascere, troppo male stava la madre (Regina) durante le doglie. Fortunatamente però i soldati sguinzagliati dal padre (il Re) in tutto il regno avevano trovato il fiore dai poteri taumaturgici sbocciato da una goccia di sole caduta sulla Terra, e l'infuso con esso realizzato la curò. Nacque così una bambina dalla folta chioma che ereditò i poteri della pianta che l'aveva aiutata a nascere. Quello che i regnanti non sapevano era che il fiore era stato fino a quel momento usato da una donna malvagia, la quale da centinaia d'anni se ne serviva per tornare giovane ad ogni segno d'invecchiamento. ■ ANIMAZIONE; COL.; 94'; USA, 2010.

RASCAL, L'ORSETTO LAVATORE *(Rascal)* ★★
Regia di NORMAN TOKAR. Con STEVE FORREST, ELSA LANCHESTER, BILL MUMY. ■ I genitori di due allegri ragazzini non approvano che i loro figli allevino un procione cucciolo. La loro preoccupazione maggiore riguarda le galline che potrebbero fare una brutta fine. I ragazzini saranno costretti a ingolosire l'animale con altro cibo. Inutile dire che il procione è il migliore sul campo e gli spettatori lo apprezzeranno. Prodotto dalla Walt Disney. ■ AVVENTURA; COL.; 90'; USA, 1969.

RASCEL FIFÌ ★★
Regia di GUIDO LEONI. Con DARIO FO, ANNIE FRATELLINI, FRANCA RAME, RENATO RASCEL. ■ Un gangster fa di tutto per rovinare due concorrenti che hanno aperto un night: al centro delle gesta c'è il pestifero Renatino, figlio di Renato (è sempre Rascel). ■ COMICO; B/N; 84'; ITALIA, 1956.

RASCEL MARINE ★★
Regia di GUIDO LEONI. Con ERNESTO CALINDRI, CELINA CELY, PAOLO FERRARI, KAIDA HORES, RENATO RASCEL. ■ Marines e giapponesi durante l'ultima guerra si contendono un'isola del Pacifico, dove c'è la capanna di un vecchio indigeno che ha due figlie. Doppio idillio tra due soldati delle parti avverse e due hawaiane. E gli altri uomini? Provvede il vecchio saggio a procurare una donna per ciascuno. ■ COMICO; COL.; 106'; ITALIA, 1958.

RAS DEL QUARTIERE, IL ★★
Regia di CARLO VANZINA. Con DIEGO ABATANTUONO, ISABELLA FERRARI, LINO TROISI. ■ Un punk dal cuore tenero a capo di una banda di teppistelli aiuta un padre a ritrovare la figlia scappata di casa. Dovrà battersi con una banda rivale, ma alla fine ne uscirà vincitore, e con una moto in regalo. ■ COMICO; COL.; 88'; ITALIA, 1983.

RASHÔMON *(Rasho-mon)* ★★★★★
Regia di AKIRA KUROSAWA. Con MACHIKO KYÔ, TOSHIRO MIFUNE, MASAYUKI MORI. ■ Nel Giappone medievale, un samurai attraversa un bosco con la moglie avvolta da un ampio velo per recarsi a un tempio. La donna attrae sessualmente un fuorilegge, che li osserva passare. Questi violenta la donna e uccide il marito. La versione dei fatti viene raccontata in modo diverso dal bandito, dalla donna, dallo spirito dell'uomo ucciso, che parla per bocca di una medium, da un vagabondo che ha assistito, non visto, alla scena. Qual è la verità? Film decisivo per la storia del cinema. Arrivò sconosciuto a Venezia e divenne subito leggenda. Aprì la via al cinema d'oriente fino a quel momento pressoché ignorato. E fece conoscere uno dei massimi maestri di ogni tempo. ■ DRAMMATICO; B/N; 88'; GIAPPONE, 1950. ■ OSCAR 1 PR, 2 NOM; VENEZIA 1 PR.

R.A.S. NULLA DA SEGNALARE ★★
(R.A.S. rien à signaler)
Regia di YVES BOISSET. Con PHILIPPE LEROY, JACQUES SPIESSER, JACQUES VILLERET, MICHELE ZACCARIA. ■ Episodio della guerra d'Algeria: alcuni comunisti sono strumentalizzati e usati contro i fellagah. Uno diserta, uno si suicida, un altro ancora trova la morte in combattimento. Ottima interpretazione di Philippe Leroy nella parte dell'ambiguo maggiore Le Coq, causa della rovina dei soldati idealisti. ■ DRAMMATICO; COL.; 110'; FRANCIA, 1973.

RASOI ★★
Regia di MARIO MARTONE. Con IAIA FORTE, TONI SERVILLO, TONINO TAUTI. ■ Si tratta di un mediometraggio abbinato a un cortometraggio di Kenneth Branagh, *Il canto del cigno*. È una commedia teatrale ripresa per il cinema. Sono varie testimonianze di uomini e donne di Napoli. Un cieco carico di memorie, una regina in cerca del consorte, una donna che non riesce a dormire, una statua raffigurante la Madonna che prende vita. ■ DRAMMATICO; COL.; 55'; ITALIA, 1993.

RASPUTIN *(La tragédie impériale)* ★★★
Regia di MARCEL L'HERBIER. Con HARRY BAUR, MARCELLE CHANTAL, PIERRE-RICHARD WILM. ■ La presenza di Rasputin alla corte degli zar ha effetti disastrosi. L'uomo, dotato di una innegabile carica carismatica, esercita una potente suggestione sul popolo e sulla nobiltà, ma diventa pericoloso e viene soppresso. Predice la disfatta della classe al potere e della famiglia imperiale. ■ BIOGRAFICO; B/N; 116'; FRANCIA, 1938.

RASPUTIN *(Raspoutine)* ★★
Regia di GEORGES COMBRET. Con PIERRE BRASSEUR, ISA MIRANDA, MILLY VITALE. ■ Biografia romanzata del monaco Rasputin, dai primi successi nel paese natale alla corte degli zar dove guarisce l'erede al trono e conquista il favore dell'imperatrice. Alcuni aristocratici, che gli attribuiscono la rovina della famiglia imperiale, lo uccidono. ■ BIOGRAFICO; COL.; 80'; ITALIA, 1954.

RASPUTIN ★★
Regia di LOUIS NERO. Con OTTAVIANO BLITCH, FRANCESCO CABRAS, DIANA DELL'ERBA, FRANCO NERO, DANIELE SAVOCA. ■ Pietrogrado, 19 dicembre 1916. Il principe Feliks Jusupov scorta il monaco Rasputin nel suo palazzo con la scusa di volergli presentare la moglie. Ad attendere il mistico, invece, ci sono dello sherry avvelenato e dei pasticcini al cianuro, preparati da alcuni tra i più influenti personaggi di corte, riuniti in complotto. Ci saranno anche dei colpi di pistola e il lancio del corpo, di notte, nelle acque ghiacciate del fiume Moika. Da queste Rasputin verrà recuperato ancora vivo, a testimonianza di una resistenza fuori dell'ordinario, che ha confermato e perpetrato oltre la morte una leggenda già nata e cresciuta durante la sua vita. Louis Nero si assume il compito di far riemergere la figura storica di Rasputin, "the black monk", dalle accuse di occultismo per invertire la direzione del suo viaggio terreno e trasformarla da una discesa agli inferi ad un percorso iniziatico, modellato per volontà dello stesso Rasputin su quello del martirio del Cristo. ■ DRAMMATICO; COL.; 85'; ITALIA, 2011.

RASPUTIN E L'IMPERATRICE ★★★
(Rasputin and the Empress)
Regia di RICHARD BOLESLAWSKI. Con ETHEL BARRYMORE, JOHN BARRYMORE, LIONEL BARRYMORE. ■ Film rimasto famoso per l'interpretazione dei mitici fratelli Barrymore. Nella vicenda dell'impero russo e della famiglia dei Romanov entra la strana figura del monaco profeta Rasputin che ha una grande influenza sull'imperatrice. Rasputin viene ucciso e la rivoluzione si profila all'orizzonte. ■ STORICO; B/N; 123'; USA, 1933. ■ OSCAR 1 NOM.

RASPUTIN IL MONACO FOLLE ★★
(Rasputin the Mad Monk)
Regia di DON SHARP. Con CHRISTOPHER LEE, RICHARD PASCO, BARBARA SHELLEY. ■ Il monaco Rasputin compie la sua *escalation* verso le alte sfere della corte moscovita, fino a ottenere i favori della zarina di cui guarisce il figlio, ma il suo tristo fascino lo porterà a miseranda fine: morirà avvelenato. ■ DRAMMATICO; COL.; 92'; GRAN BRETAGNA, 1955.

RATATAPLAN ★★★
Regia di MAURIZIO NICHETTI. Con EDY ANGELILLO, ANGELA FINOCCHIARO, MAURIZIO NICHETTI. ■ Un ingegnere appena laureato si adatta a fare il barista. Più tardi fonda una scalcinata compagnia di attori che alla prima rappresentazione deve scappare a causa di un grosso fiasco. Sogna di danzare con una bella ragazza ma, poiché lei non lo degna di uno sguardo, la fa ballare col suo robot-sosia. Ad un tratto il meccanismo si inceppa e il burattino meccanico si ubriaca. Il nostro allora si accompagna ad una fanciulla bruttina e con lei va a divertirsi in un insolito magazzino di stracci. ■ COMMEDIA; COL.; 95'; ITALIA, 1979.

RATATOUILLE ★★★
Regia di BRAD BIRD, JAN PINKAVA. ■ Remy è un topolino dotato di un olfatto straordinario e di un talento naturale per la buona cucina. Dopo una serie di rocamboleschi accadimenti, si trova separato dalla sua colonia e finisce a Parigi, sede del ristorante che porta il nome del suo chef preferito: il famoso Gusteau. Qui Remy fa conoscenza con il giovane ed imbranato Linguini, un timido sguattero che, grazie ai consigli del topo-chef, diventa ben presto famoso e celebrato. I due sembrano invincibili, ma resta da superare il giudizio del temibile Anton Ego, il più feroce tra i critici culinari francesi... Se la tecnica, incredibile, raggiunta dagli animatori Pixar (i peli dei ratti sono impressionanti e così pure le vedute sulla skyline di Parigi) permette ai personaggi di acquisire un realismo tangibile, Brad Bird (già regista dell'ottimo *Gli Incredibili*) conferisce ad essi un surplus di umanità, grazie ad una serie di trovate narrative e sceniche originali e convincenti. ■ ANIMAZIONE; COL.; 117'; USA, 2007.

RATBOY ★★
Regia di SONDRA LOCKE. Con SONDRA LOCKE, ROBERT TOWNSEND. ■ Ennesima storia con un protagonista "diverso", alienato e ripudiato da una società insensibile. È la storia di un ragazzo che somiglia vagamente a un topo e che viene salvato da una giornalista. Esordio alla regia della ex compagna di Clint Eastwood, che oltre ad essere dietro la macchina da presa interpreta il ruolo della giornalista. Da citare il trucco al volto opera di Rick Baker; il giudizio è appena sufficiente. ■ DRAMMATICO; COL.; 105'; USA, 1986.

RATCATCHER ★★★
Regia di LYNNE RAMSAY. Con WILLIAM EADIE, TOMMY FLANAGAN, MANDY MATTHEWS, LYNNE RAMSAY JR., MICHELLE STEWART. ■ James ha dodici anni. Vive nella periferia di Glasgow ingombra di rifiuti. Il padre è spesso ubriaco, un amico gli annega davanti agli occhi mentre lui guarda. Una ragazzina si offre a tutti e forse si concederà anche a lui. Gli resta un sogno: quello di andare a vivere in una casa degna di questo nome. Lynne Ramsay coglie la disperazione profonda che marca senza scampo una personalità in formazione. Un'opera prima premiata e degna di attenzione. ■ DRAMMATICO; COL.; 93'; GRAN BRETAGNA, 1999.

RAT RACE ★★★
Regia di JERRY ZUCKER. Con ROWAN ATKINSON, JOHN CLEESE, WHOOPI GOLDBERG, CUBA GOODING JR., SETH GREEN, JON LOVITZ, BRECKIN MEYER. ■ L'eccentrico proprietario di casinò a Las Vegas, Donald Sinclair, organizza una caccia al tesoro. Una mezza dozzina di persone (da sole o accompagnate da un partner) devono gareggiare per conquistare una grossa somma di denaro depositata in una stazione che dista 563 miglia da Las Vegas. Le regole sono: nessuna regola. I partecipanti, assai diversi tra loro, vanno dalla donna di buon cuore che ha appena ritrovato la bambina che adottò 27 anni prima, al turista italiano che sa l'inglese in modo approssimativo ed è preda di attacchi di narcolessia. I riferimenti a *Questo pazzo pazzo pazzo mondo* non mancano e, guardando più indietro, tornano alla mente i frenetici inseguimenti dei film della Keystone e di Buster Keaton. Il tutto sempre un po' sopra le righe (è lo stile degli Zucker, pensate all'*Aereo più pazzo del mondo*) ma con attori tutti all'altezza anche nei ruoli minori. ■ COMICO; COL.; 112'; USA, 2002.

RATS – NOTTE DI TERRORE ★★
Regia di BRUNO MATTEI. Con ALEX MCBRIDE, RICHARD RAYMOND, JANNA RYANN. ■ Siamo nel 2000: dopo l'esplosione dell'ultima bomba atomica, una decina di ragazzi e ragazze si trovano in una città abbandonata e infestata da enormi e mostruosi ratti, che li aggrediscono. Al colmo del terrore credono di essere salvati da degli umani sopravvissuti, ma si accorgono che anche loro sono degli enormi e feroci ratti. ■ HORROR; COL.; 93'; ITALIA, 1985.

RATTLERS ★
Regia di JOHN MACGAULEY. Con SAM CHEW, ELISABETH CHAUVET, RON GOLD, DAN PRIEST. ■ Da qualche tempo i serpenti sono aumentati di numero e ostentano un comportamento insolito, attaccando anche senza essere provocati. Per fronteggiare la difficile situazione la polizia interpella Tom, uno studioso di rettili, che giunge sul luogo con la sua assistente Ann. Le ricerche lo conducono a una miniera situata nei pressi di un fortino militare. ■ DRAMMATICO; COL.; 90'; USA, 1976.

RATTO DELLE SABINE, IL ★★
Regia di RICHARD POTTIER. Con MYLÈNE DEMONGEOT, SCILLA GABEL, FOLCO LULLI, ROGER MOORE. ■ Per popolare la Città Eterna appena fondata, i Romani rapiscono le figlie dei Sabini durante una festa. Grave affronto che, più che con una guerra, si risolverà grazie all'azione pacificatrice delle donne. Intanto il padre fondatore Romolo s'invola con la bella Rea, pare, su un carro di fuoco. ■ AVVENTURA; COL.; 96'; ITALIA, 1961.

RATTO DELLE SABINE, IL – PROFESSOR TROMBONE, IL ★★★
Regia di MARIO BONNARD. Con CARLO CAMPANINI, LIA CORELLI, CLELIA MATANIA, OLGA SALBELLI, ALDO SILVANI, TOTÒ. ■ Una compagnia di teatranti di quart'ordine riscuote scarso successo nella cittadina dove è accampata. Il maestro di scuola, scrittore in erba, propone un suo testo intitolato *Il ratto delle Sabine*, che gli attori recitano volentieri. Fiasco totale e guazzabuglio in sala. ■ COMMEDIA; B/N; 72'; ITALIA, 1945.

RATTO DELLE ZITELLE, IL *(The Lemon Drop Kid)* ★★
Regia di SIDNEY LANFIELD. Con BOB HOPE, MARILYN MAXWELL. ■ Un tipo disinvolto, soprannominato "Pasticca di limone", vivacchia sulle corse dei cavalli; incappa in un gangster cui deve risarcire la somma che gli ha fatto perdere. Organizza un pensionato per nubili anziane per tirar su dei soldi; un concorrente rapisce le zitelle: "Pasticca" recupera denari e vecchiette. ■ COMMEDIA; B/N; 91'; USA, 1951.

RATTO DI MONNA LISA, IL *(Der Raub der Mona Lisa)* ★★
Regia di GÉZA VON BOLVÀRY. Con WILLY FORST, GUSTAF GRÜNDGENS, TRUDE VON MOLO. ■ Nel 1911, un pittore italiano riuscì a trafugare dal museo del Louvre la celeberrima *Gioconda*. L'artista si tenne l'opera qualche tempo, poi la restituì. ■ COMMEDIA; B/N; 92'; GERMANIA, 1931.

RAUL – DIRITTO DI UCCIDERE ★
Regia di ANDREA BOLOGNINI. Con LAURA BETTI, STEFANO DIONISI, NICOLA FARRON, PINO FERRARA, GIANCARLO GIANNINI, ALESSANDRO HABER, VIOLANTE PLACIDO. ■ Raul è l'uomo del sottosuolo, pensatore sfaccendato nella Roma fascista e barocca, portatore malsano del superomismo e del "diritto di uccidere". Formalizzato il suo pensiero in un breve saggio, Raul lo mette in atto macchiandosi del duplice omicidio di una vecchia usuraia e di sua sorella, rientrata anzitempo. Avvilito dalla pochezza della vittima e dall'impresa che difetta di qualsivoglia componente nobile o eroica, Raul si trascinerà come un allucinato eroe kafkiano lungo i corridoi del "Palazzaccio" di Giustizia, prima di costituirsi e di abbracciare il modello esistenziale proposto da Sonia, prostituta pentita e redenta. Che dire di questo film nato già trent'anni fa da un progetto di Mauro Bolognini, scritto da Suso Cecchi D'Amico, Masolino D'Amico (suo figlio) e Luigi Bazzoni, diretto da Andrea Bolognini (suo nipote), musicato da Andrea Morricone (figlio del più noto Ennio) e recitato da Violante Placido (figlia di Michele)? Che ancora una volta ringraziamo Giancarlo Giannini per la sua forza espressiva, per il suo magnetismo, per la sua padronanza tecnica capace ormai di trascendere regie mediocri e ruoli decadenti. ■ DRAMMATICO; COL.; 97'; ITALIA, 2004.

RAUS KAMMARADEN *(Alle Menschen werden Brüder)* ★★
Regia di ALFRED VOHRER. Con DORIS KUNSTMANN, HARALD LEIPNITZ, RAINER VON AETENFELS. ■ Storia di due fratelli, uno buono e l'altro feroce SS. Per un pelo il buono si salva e l'SS crepa. ■ GIALLO; COL.; 94'; GERMANIA, 1977.

RAVANELLO PALLIDO ★★
Regia di GIANNI COSTANTINO. Con MARGHERITA ANTONELLI, GIANFRANCO BARRA, MICHELE DI MAURO, LUCIANA LITTIZZETTO, NERI MARCORÈ, ENRICO PAPI, GERMANA PASQUERO, RENATO SCARPA. ■ Gemma Mirtilli lavora come segretaria di un'agenzia di modelle gestita da Claudio Pignatti, un bellimbusto intrallazzatore e poco professionale. Gemma è bruttina, single, con un amico parrucchiere gay che le dà consigli estetici e un fidanzato appassionato di biliardo e soprannominato Mummia per la sua loquacità. La vita scorre monotona finché Gemma viene identificata come una fantomatica modella (che in realtà non esiste) che dovrebbe rappresentare le donne normali. È il successo. Luciana Littizzetto tenta la strada del cinema dopo il successo in tv. Emerge nettamente nel film il peso della sua presenza. ■ COMMEDIA; COL.; 91'; ITALIA, 2000.

RAVE – BALLANDO UN ALTRO RITMO ★
(Rave – Dancing to a Different Beat)
Regia di SHABBA-DOO. Con ANGEL ASHLEY, RAY ORIEL, GINA PHILIPS, ADOLFO QUINONES. ■ Adolfo Quinones (sotto pseudonimo) dirige un film impostato tutto sulla musica. Cerca così di mettere a frutto la propria esperienza di ballerino-coreografo in un film in cui ciò che più conta sono le evoluzioni dei dancers. ■ COMM. MUSICALE; COL.; 95'; USA, 1994.

RAVEN, THE ★★
Regia di JAMES MCTEIGUE. Con JOHN CUSACK, LUKE EVANS,

ALICE EVE, BRENDAN GLEESON, OLIVER JACKSON-COHEN. ■ 1849. Edgar Allan Poe vive a Baltimora in pessime condizioni economiche, elemosinando bevute nelle locande e spazio nei giornali locali per pubblicare le sue poesie. Unica luce della sua esistenza è Emily, giovane e ricca figlia di un militare in pensione, che lo scrittore vuole sposare contro il fermo volere del padre. Una notte la polizia ritrova il cadavere di due donne, una madre e una figlia, in un appartamento chiuso dall'interno, senza vie di fuga. L'ispettore Emmett Fields riconosce nella scena dell'omicidio gli stessi dettagli narrati da Poe nel racconto *I delitti della Rue Morgue* e decide di coinvolgerlo nelle indagini. Lo scrittore diviene così, suo malgrado, l'unica persona in grado di interpretare gli indizi lasciati sul luogo dall'estimatore assassino. *The Raven* utilizza un espediente meta letterario, e già praticato, trasformando uno scrittore in un personaggio delle sue opere. ■ THRILLER; COL.; USA, UNGHERIA, SPAGNA, 2012.

RAWFORCE – FORZA BRUTA *(Raw Force)* ★
Regia di EDWARD MURPHY. Con GEOFF BINNEY, JOHN DRESDEN, JILIAN KESNER, CAMERON MITCHELL. ■ Appassionati di arti marziali, nelle quali sono perfettamente addestrati, tre giovani americani partono alla volta di un'isoletta giapponese abitata da una setta di monaci. Questi, maniaci assassini e antropofagi, fingono un'accoglienza calorosa perché gli ospiti non sospettino quali siano le loro reali intenzioni. ■ DRAMMATICO; COL.; 90'; USA, 1982.

RAWHEAD REX ★★
Regia di GEORGE PALTOU. Con DAVID DUKES, KELLY PIPER, RONAN SMITH. ■ Da un racconto di Clive Barker. Uno studioso va con la sua famiglia ad abitare in un piccolo villaggio inglese e s'imbatte nel demonio in persona che s'è incarnato nella persona del vicario del paese. ■ HORROR; COL.; 91'; GRAN BRETAGNA, 1987.

RAY ★★★
Regia di TAYLOR HACKFORD. Con JAMIE FOXX, CURTIS ARMSTRONG, PATRICK BAUCHAU, WARWICK DAVIS, AUNJANUE ELLIS, KURT FULLER, REGINA KING, KERRY WASHINGTON. ■ *This kid can do it. He is the One* (*Questo ragazzo ce la può fare. È lui l'uomo giusto*). Le parole di Ray Charles a Hackford, il regista di *Ray*, quando *The genius* ascoltò suonare Jamie Foxx al piano agli albori del progetto, sono la migliore sintesi di cosa rappresenti il film biografico su uno degli artisti che hanno inventato la black music. E non solo. *Ray* si apre sui colori forti del profondo sud statunitense, durante l'infanzia del giovane musicista. La vita per i *coloured*, così come venivano chiamati negli anni Quaranta gli afroamericani, non è facile. L'unica via di scampo per fuggire dalla povertà è trasferirsi in città in cerca di fortuna. Non certo favorito dalla sorte per una malattia infantile che lo conduce alla cecità, il giovane Ray va all'avventura, sull'onda del Gospel e del Country. È l'interpretazione di Jamie Foxx, a fare la differenza e a valere la visione. Foxx, scelto per questo ruolo in seguito alla performance in *Ogni maledetta domenica*, suona il piano, come Ray, dall'età di 3 anni e da adolescente dirigeva un coro gospel. Nonostante non conoscesse nel dettaglio la musica del *genio*, l'attore ha frequentato scuole di Braille, partecipato a sessioni di registrazioni soul e blues, e ha vissuto per dodici ore al giorno con gli occhi bendati, per capire realmente cosa significasse essere un non vedente. *Non volevo solamente imitarlo, volevo catturare l'essenza del suo spirito, del suo modo di essere*, ha dichiarato Foxx. È lui il mattatore, ed è impressionante come un film di due ore e mezza, possa reggersi sulle spalle di una persona sola. One man band. One man soul. ■ BIOGRAFICO; COL.; 152'; USA, 2004. ■ GOLDEN GLOBES 1 PR, 2 NOM; OSCAR 2 PR, 4 NOM.

RAY MASTER, L'INAFFERRABILE ★★
Regia di VITTORIO SALA. Con ALAN COLLINS, FELIX MARTEN, GASTONE MOSCHIN, LIANA ORFEI. ■ Un avventuriero di gran classe riesce a sottrarre il favoloso brillante "Montagna di Luce" da una sala del museo, eludendo il sistema di allarmi e il circuito televisivo interno, ma per poco una banda di gangster non gli soffia il faticato bottino. Nemmeno lui, però, se lo godrà. ■ DRAMMATICO; COL.; 93'; ITALIA, 1966.

RAZORBACK – OLTRE L'URLO DEL DEMONIO ★★★
(Razorback)
Regia di RUSSELL MULCAHY. Con GREGORY HARRISON, BILL KERR, JUDY MORRIS. ■ Nella casa di un vecchio cacciatore australiano una notte irrompe un "razorback", mostruoso cinghiale grande come un rinoceronte, che fa a pezzi il nipotino. Accusato di omicidio e ritenuto visionario, il vecchio viene assolto per insufficienza di prove e giura di vendicarsi scovando e uccidendo la bestiaccia. Ma il mostro uccide lui. Sarà, però, la sua ultima vittima. Horror australiano che ha rivelato il talento visionario di Mulcahy (*Highlander*). Peccato che il fantoccione del "razorback" sia deludente. ■ HORROR; COL.; 95'; AUSTRALIA, 1985.

RAZZABASTARDA ★★
Regia di ALESSANDRO GASSMAN. Con GIOVANNI ANZALDO, ALESSANDRO GASSMAN, SERGIO MEOGROSSI, MICHELE PLACIDO. ■ Roman è un pusher rumeno arrivato in Italia trent'anni prima, devoto alla Madonna Nera, a cui lo lega un voto: prega ogni giorno per suo figlio e per il suo futuro. Nicu ha pochi anni e tanta vergogna delle sue origini, che nasconde alla sua ragazza. Invadente e chiassoso, Roman (sopravv)vive per Nicu, spacciando coca e affidandosi a un avvocato che qualche anno prima gli aveva evitato la galera. Sulla strada si accompagna con Geco, socio in affari pugliese, che media la relazione tra padre e figlio. Affascinato da un amico, un tossicodipendente dalla cultura spicciola, Nicu decide di sfidare il padre allo stesso gioco, comprando droga e rivendendola a un sedicente "professore". Scritto, diretto e interpretato da Alessandro Gassman, *Razzabastarda* si organizza intorno alla presenza reale, nel bene e nel male, della figura paterna, riflettendo, in maniera decisamente naïf, sulla "dipendenza" e sull'idea dell'avvenire come possibilità. Ispirata alla *piece* teatrale *Cuba and his Teddy Bear*, l'opera prima di Gassman si perde dentro un bianco e nero sparato, da cui esce soltanto attraverso nuvole di fumo, che ricadono in un interno rosso e magico, promettendo una redenzione impossibile. ■ DRAMMATICO; COL.; 196'; ITALIA, 2013.

RAZZA PADRONA *(Supermarkt)* ★★
Regia di RONALD KLICK. Con RUDOLF BRAND, WALTER KONUT, WITTA POHL, MICHAEL REHBERG, EVA SCHUKARDT. ■ Calvario di un giovane emarginato di Amburgo che nessuno aiuta veramente. Nemmeno una ragazza che cerca redenzione. Willi fa il borsaiolo, si prostituisce, si dà alle rapine, finché la ragazza stessa lo denuncia alla polizia. ■ DRAMMATICO; COL.; 92'; GERMANIA, 1974.

RAZZA SCHIAVA *(Slavers – Sklavenjäger)* ★★
Regia di JÜRGEN GOSLAR. Con BRITT EKLAND, RON ELY, TREVOR HOWARD, RAY MILLAND, CAMERON MITCHELL. ■ In Africa nera, alcuni bianchi catturano centinaia di neri per inviarli come schiavi in Brasile. Un giorno giungono sul posto il nipote di un trafficante d'armi e una coppia di tedeschi. Il ragazzo, immischiatosi involontariamente negli interessi dei negrieri, viene catturato dagli stessi ma riesce a liberarsi. Quando torna dallo zio scopre che questi è uno dei negrieri e lo uccide. Quindi si consola con una fresca vedova. ■ DRAMMATICO; COL.; 92'; GERMANIA, 1977.

RAZZA SELVAGGIA ★★★
Regia di PASQUALE SQUITIERI. Con ENZO CANNAVALE, ANGELO INFANTI, STEFANO MADIA, SAVERIO MARCONI, SIMONA MARIANI. ■ Un meridionale immigrato a Torino si lascia coinvolgere da un compaesano privo di scrupoli che ha fatto fortuna in una turbinosa vacanza, ma ben presto scopre che l'amico è un drogato. Finale drammatico. ■ DRAMMATICO; COL.; 99'; ITALIA, 1980.

RAZZA VIOLENTA ★
Regia di FERNANDO DI LEO. Con CAROLE ANDRÉ, HARRISON MULLER, HENRY SILVA, WOODY STRODE. ■ Mike Martin, agente speciale della Cia, viene incaricato di indagare su un traffico internazionale di droga che prende il via dal "Triangolo d'oro" ed è coordinato da un suo ex commilitone disertore. Lo aiuteranno Sharon, una misteriosa ragazza, e Fra, la *maîtresse* di un bordello locale. ■ AVVENTURA; COL.; 92'; ITALIA, 1983.

RAZZA VIOLENTA *(Deadly Breed)* ★★
Regia di CHARLES T. KANGANIS. Con BLAKE BAHNER, ADDISON

RANDALL, WILL SMITH. ■ Un avvocato, Walker, segue alcuni detenuti che hanno ottenuto la libertà vigilata: è il loro garante. Alcuni di questi vengono uccisi brutalmente e la polizia compie indagini molto superficiali. Sarà Walker a scoprire che cosa si nasconde dietro gli omicidi. ■ POLIZIESCO; COL.; 83′; USA, 1989.

RAZZIATORI, I *(The Marauders)* ★★
Regia di GERALD MAYER. Con DAN DURYEA, JEFF RICHARDS, KEENAN WYNN. ■ Morto il vecchio Rutherford, il suo contabile malvagio cerca di impadronirsi delle ricchezze del morto. Ci rimetterà la pelle. ■ WESTERN; COL.; 81′; USA, 1955.

RAZZI VOLANTI *(Keep 'em Flying)* ★★
Regia di ARTHUR LUBIN. Con BUD ABBOTT, LOU COSTELLO, MARTHA RAYE. ■ Gianni, Pinotto e Jack entrano all'Accademia d'aviazione. Jack si innamora dell'ausiliaria Linda e aiuta il fratello di lei a cavarsela in certe situazioni. Gianni e Pinotto si innamorano di due gemelle, che scambiano tra di loro spesso e volentieri. ■ COMICO; B/N; 86′; USA, 1940.

RCL. RIDOTTE CAPACITA' LAVORATIVE ★★
Regia di MASSIMILIANO CARBONI. Con EMANUELE DELL'AQUILA, ALESSANDRO DI RIENZO,, DANIELE MARANIELLO, DAVIDE ROSSI, PAOLO ROSSI. ■ Pomigliano d'Arco. Trenta giorni dopo il referendum (indetto e indotto dalla FIAT) sull'intesa tra azienda e sindacati per il piano di rilancio dello stabilimento a spese di "alcuni" (sostanziali) diritti dei lavoratori, Paolo Rossi approda nella provincia napoletana per i sopralluoghi di un ipotetico film. Accompagnato da una troupe ridotta e naïf, il piccolo "maestro" di Monfalcone osserva, sotto un Borsalino e la canicola estiva, un comune cresciuto, trasformato e stravolto dalla presenza della celebre industria automobilistica, insediatasi intorno agli anni Sessanta. ■ DOCUMENTARIO; COL.; 72′; ITALIA, 2010.

RDF – RUMORI DI FONDO ★★★
Regia di CLAUDIO CAMARCA. Con GIUDITTA DEL VECCHIO, FRANCESCO DOMINEDÒ, ANTONELLO FASSARI, FRANCESCO MEONI, ANDREA OCCHIPINTI. ■ Nella periferia romana vivono pastori molto particolari: potendo, rapinano e, dovendo, uccidono. Ci sono due fratelli innamorati della stessa donna, il "buono" è solo ladro, il cattivo è anche assassino. Viene ucciso un usuraio (Fassari) e la vicenda si conclude nel sangue con la polizia che assedia i pastori-assassini in una baracca. Tecnica molto americana, violenza iperrealista, una licenza strana ed efficace di un autore che cerca disperatamente (e ne ha tutte le ragioni) di emanciparsi dalla povertà del cinema italiano. Ma, tirate le somme, Camarca non riesce a fare quello che si proponeva. Il risultato è una contaminazione romanesco-tarantineggiante con troppi artifici. Una menzione per Occhipinti, efficace poliziotto. Un attore che non ha assolutamente ottenuto ciò che meritava. È bravo, bello, e ha *appeal*. Dunque inadatto al cinema italiano, che premia a oltranza attori come Silvio Orlando, che è bravo e basta, ma è sempre protagonista, supermacho e amoroso. Misteri del movimento italiano. ■ DRAMMATICO; COL.; 80′; ITALIA, 1996.

READER – A VOCE ALTA, THE *(The Reader)* ★★★
Regia di STEPHEN DALDRY. Con RALPH FIENNES, BRUNO GANZ, DAVID KROSS, LENA OLIN, KATE WINSLET. ■ Michael è un ragazzo che nella Berlino del dopoguerra viene sedotto da Hanna, una avvenente donna sulla trentina. Fra un amplesso e l'altro Michael le legge i testi classici, a cominciare dall'Odissea. Molti anni dopo i destini tornano a incontrarsi. La donna è processata per il suo passato di capò in un lager. Michael fa in modo di ritrovarla e di rileggerle ancora i classici, seppure da lontano attraverso delle audiocassette, perché la donna era analfabeta. Con grande applicazione Hanna impara a leggere e dunque, con la "cultura" prende coscienza del suo passato, dei delitti commessi inconsapevolmente. Ma adesso è "consapevole" e, come si dice, il destino bussa alla sua porta. Sofferenza finale di tutti. Il film si piega alla letteratura. Quando *entrano* i versi o le frasi dei grandi autori, il cinema sembra arrestarsi attonito. Nobile azione di reciproco soccorso, col libro a prevalere, naturalmente. ■ DRAMMATICO; COL.; 124′; USA, GERMANIA, 2008.

REAL FICTION *(Shilje sanghwang)* ★★
Regia di KIM KI-DUK. Con LEE JE-RAK, KIM JIN-AH, JU JIN-MO, KIM KI-YEON, SON MIN-SEOK. ■ Un ritrattista di strada viene maltrattato da tutti. Una ragazza lo riprende con la sua videocamera e lo convince a seguirla in un teatro, dove un attore lo mette di fronte a tutte le sue più profonde frustrazioni. Il ragazzo si decide a compiere così la sua vendetta, che sarà rapida, implacabile e brutale. Scritto in pochi giorni, girato in appena 200 minuti, con l'ausilio di 11 aiuto-registi e 10 telecamere, il quarto film di Kim Ki-duk è più un'onanistica rappresentazione che non un film vero e proprio – e infatti *L'isola*, dello stesso anno, ha ben altro respiro. ■ SPERIMENTALE; COL.; 84′; COREA DEL SUD, 2000.

REALI DI FRANCIA, I ★★
Regia di MARIO COSTA. Con CHELO ALONSO, RIK BATTAGLIA, GÉRARD LANDRY, LIANA ORFEI. ■ Divertente fumettone ispirato vagamente all'omonima saga. Duelli a non finire fra spagnoli, francesi e arabi. ■ AVVENTURA; COL.; 90′; ITALIA, 1959.

REALITY ★★★
Regia di MATTEO GARRONE. Con ANIELLO ARENA, NELLO IORIO, GRAZIELLA MARINA, NANDO PAONE, LOREDANA SIMIOLI. ■ Luciano Ciotola vive a Napoli in un palazzo fatiscente con la moglie e i figli avendo come coinquilini numerosi parenti. Gestisce una pescheria mentre con la moglie ha attivato un traffico illegale di prodotti casalinghi automatizzati. Luciano ha una vocazione per l'esibizione spettacolare così il giorno in cui i familiari lo sollecitano a partecipare a un casting de *Il Grande Fratello* non si sottrae. Entra così in una spirale di attese che trasformerà la sua vita. Matteo Garrone ha dichiarato: "Dopo *Gomorra* volevo fare un film diverso, volevo cambiare registro così ho deciso di tentare la via della commedia". Sul piano formale ha sicuramente affermato il vero ma su quello del contenuto profondo non è così. *Reality* è, anche se potrebbe sembrare impossibile, un film ancora più tragico di *Gomorra*. Siamo di fronte a una distorsione della percezione del reale che ha metastatizzato una vasta fascia della cosiddetta "audience". Attraverso le vicende di Luciano (uno straordinario Aniello Arena che ha costruito la sua professionalità attoriale in carcere) Garrone non racconta solo Napoli. Gira in una città che ormai conosce bene e che gli offre un ritmo recitativo che sarebbe difficile trovare altrove ma è dell'Italia tutta che ci offre uno squarcio doloroso. ■ DRAMMATICO; COL.; 115′; ITALIA, 2012.

REAL MEN – NOI UOMINI DURI *(Real Men)* ★★
Regia di DENNIS FELDMAN. Con JAMES BELUSHI, JOHN RITTER. ■ Un lungometraggio che racchiude in sé più generi, dal fantastico allo spionaggio, alla commedia, che si salva per la simpatia dei suoi interpreti. Un agente della Cia e un suo aiutante devono evitare che gli extraterrestri vengano in contatto con gente senza scrupoli. Ci riusciranno tra una gaffe e l'altra. ■ COMMEDIA; COL.; 83′; USA, 1987.

REAL STEEL ★★
Regia di SHAWN LEVY. Con KEVIN DURAND, DAKOTA GOYO, HUGH JACKMAN, EVANGELINE LILLY, ANTHONY MACKIE. ■ In un futuro non troppo lontano il pugilato non è più una questione umana, a combattere sono dei robot manovrati dai loro tecnici e gli incontri sono violentissimi. Un ex pugile caduto in disgrazia, e ora condannato a far combattere robot scassati in incontri di bassa lega, deve riconciliarsi con il figlio undicenne dopo la morte della madre. Con lui troverà e rimetterà in sesto un modello vecchissimo di robot-pugile che si rivelerà un'arma formidabile per farsi strada nel mondo della boxe robotica e per riunire padre e figlio in una passione comune. ■ AZIONE; COL.; 127′; USA, 2011.

REALTÀ ROMANZESCA *(Frauen sind keine Engel)* ★★
Regia di WILLI FORST. Con MARTE HARELL, CURD JÜRGENS, RICHARD ROMANOVSKY, ALEX VON AMBESSER. ■ Un regista in crociera su un piroscafo viene a sapere che a bordo c'è una donna inseguita da un agente che la ritiene colpevole dell'assassinio del marito. È tutta una messinscena per attirare l'attenzione del regista, che alfine accetta la sceneggiatura e si innamora della donna. ■ DRAMMATICO; B/N; 92′; AUSTRIA, 1943.

REALTÀ ROMANZESCA ★★
Regia di WANG XIAO-SHUAI. ■ Rassegna di fatti di cronaca incredibili quanto veri, come quello di due giovani che si baciano in taxi e le cui dentiere rimangono incastrate cosicché devono attra-

versare la città a bocche unite, o dell'uomo che imita il canto degli uccelli ingannando un cacciatore che gli spara. ■ DOCUMENTARIO; COL.; 94'; ITALIA, 1968.

RE A NEW YORK, UN *(A King in New York)* ★★★★
Regia di CHARLIE CHAPLIN. Con DAWN ADDAMS, MAXIME AUDLEY, PHIL BROWN, CHARLIE CHAPLIN, MICHAEL CHAPLIN, JERRY DESMONDE, HARRY GREEN, JOAN INGRAM. ■ Un re europeo deposto sceglie gli Stati Uniti per la garanzia di libertà che questo paese offre. Ma l'aggressività della polizia, la violenza diffusa, la pubblicità battente, la commissione per le attività antiamericane lo disgustano. Famosa la sequenza dell'incontro con il giovane fanatico estremista, interpretato dal figlio di Chaplin, Michael. Un film che venne un po' maltrattato alla sua uscita, ma che il tempo ha rivalutato. Chaplin si vendicò dell'America, che lo aveva praticamente costretto a scappare negli anni della caccia alle streghe proclamata dal senatore McCarthy. ■ COMMEDIA; B/N; 105'; GRAN BRETAGNA, 1957.

RE-ANIMATOR ★★
Regia di STUART GORDON. Con BRUCE ABBOTT, BARBARA CRAMPTON, DAVID GALE. ■ Giovane medico pazzo inventa un siero che rianima i morti, sia interi che a pezzi. Ma i "resuscitati" non sono particolarmente docili. Film granguignolesco, ricco di effetti speciali (alcuni dei quali azzeccati) e con qualche buona trovata, talmente eccessivo, disgustoso e folle da risultare divertente. Da un racconto di H.P. Lovecraft. ■ HORROR; COL.; 86'; USA, 1986.

RE-ANIMATOR 2 *(Bride of Re-Animator)* ★★★
Regia di BRIAN YUZNA. Con BRUCE ABBOTT, JEFFREY COMBS, DAVID GALE. ■ Il regista di *Society* alle prese con il *sequel* del *Re-Animator* diretto da Stuart Gordon. Il titolo originale, traducibile in *La sposa di Re-Animator*, fa riferimento al secondo episodio della saga di Frankenstein. Questa volta i dottori West e Cain hanno avuto un incarico in Perù. Scoprono che il siero da loro inventato nel primo capitolo, aggiunto a un liquido presente nell'iguana, permette di far "resuscitare" parti singole del corpo senza necessariamente avere dipendenza dal cervello. Per gli amanti del genere è un gioiellino. ■ HORROR; COL.; 99'; USA, 1989.

REASONABLE MAN – VERDETTO BIANCO ★★
(A Reasonable Man)
Regia di GAVIN HOOD. Con JANINE ESER, NIGEL HAWTHORNE, GAVIN HOOD, VUSI KUNENE. ■ Un giovane africano viene accusato di aver ucciso un bambino di appena un anno. Il motivo presunto: credeva che la giovane vittima fosse un "tikoloshe", ovvero uno spirito maligno. C'è un avvocato che si impegna a difenderlo: nonostante tutto sembri contro di lui, anche in termini morali. Eppure le indagini da lui condotte riveleranno dei nuovi ed inquietanti risvolti, a proposito del delitto. Addirittura l'avvocato scoprirà che la sua stessa vita ha dei legami con quel tragico evento. ■ THRILLER; COL.; 103'; FRANCIA, SUDAFRICA, 1999.

REAZIONE A CATENA *(Chain Reaction)* ★★
Regia di ANDREW DAVIS. Con JOANNA CASSIDY, MORGAN FREEMAN, KEANU REEVES. ■ Un "tecnico d'azione" (Reeves) fa parte del gruppo che fa la scoperta del secolo: un'energia derivata dall'idrogeno dunque pulita, di basso costo eccetera. Gli equilibri economici del mondo derivati dal petrolio sarebbero sconvolti. Il gruppo di scienziati viene massacrato, si salva solo lui in compagnia della ragazza-scienziato. Fuggono per tutto il film. Una sorta di *Speed* e di *Il Fuggitivo* messi insieme. Davis è bravo in queste storie, qui però non decolla. ■ AVVENTURA; COL.; 106'; USA, 1996.

REAZIONE A CATENA – ECOLOGIA DEL DELITTO ★★★
Regia di MARIO BAVA. Con CLAUDINE AUGER, ISA MIRANDA, LUIGI PISTILLI, ANNA MARIA ROSATI, CLAUDIO VOLONTÉ. ■ Un'anziana nobildonna vive solitaria sulla sua proprietà che un modernista vorrebbe trasformare in villaggio turistico. La contessa viene uccisa, anche il suo assassino viene ucciso, alcuni ragazzi che scoprono il delitto sono fatti fuori. Altri assassini prima della fine, poi la solita sorpresa. ■ HORROR; COL.; 90'; ITALIA, 1971.

REBECCA, LA PRIMA MOGLIE *(Rebecca)* ★★★★★🏆
Regia di ALFRED HITCHCOCK. Con JUDITH ANDERSON, NIGEL BRUCE, JOAN FONTAINE, LAURENCE OLIVIER, GEORGE SANDERS. ■ A Montecarlo, una timida ragazza inglese dissuade dal suicidio Max De Winter, da poco vedovo. Max inizia a frequentarla e alla fine le chiede di sposarlo. In patria, nell'antica dimora di Menderley, sorgono le prime difficoltà: la nuova signora De Winter si rende conto che tutti la considerano inferiore a Rebecca, la prima moglie. Gli sbalzi d'umore di Max e la spettrale presenza della signora Danvers, governante che vive nel ricordo della defunta, non fanno che accentuare la sensazione di estraneità. A una festa in costume, la Danvers induce l'ignara ragazza a indossare un vestito di Rebecca, per umiliarla e spingerla a uccidersi. Ma quella sera viene ritrovato il panfilo su cui Rebecca scomparve in mare. Max racconta alla moglie che Rebecca gli era infedele e che morì accidentalmente durante un litigio, costringendolo a simulare l'affondamento. Ora le prove sono contro di lui e Jack Favell, amante di Rebecca, cerca di farlo accusare. I De Winter affrontano uniti le avversità e quando una rivelazione finale libera Max da ogni sospetto, alla signora Danvers non resta che un'ultima, disperata follia. Di fronte al divieto del produttore Selznick di alterare la trama del romanzo di Daphne Du Maurier, Hitchcock è costretto a convertire ogni dettaglio in una sorgente di *suspence*, per evitare la banalità del melodramma. Ecco allora l'iniziale di Rebecca diventare un'angosciante presenza su ogni oggetto, dando al personaggio di Joan Fontaine la sensazione di essere un'intrusa che può essere scoperta e punita da un istante all'altro. Perfetta è l'assoluta malvagità incarnata da Judith Anderson, alla cui ombra scura dietro le tende lo stesso Hitchcock farà riferimento girando *Psycho*. Quando finalmente la storia scivola nel giallo, il regista può percorrere il binario più familiare dell'innocente accusato di un crimine e condurre la vicenda alla spettacolare conclusione. L'inganno del cinema provvede a far dimenticare che la grande casa in fiamme è soltanto un modellino. Oscar al film. ■ DRAMMATICO; B/N; 93'; USA, 1940. ■ OSCAR 🏆 2 PR, 11 NOM.

REBEL HIGH ★
Regia di HARRY JAKOBS. Con WAYNE FLEMING, KEN ROBINSON. ■ Un liceo americano vanta un record poco edificante ma unico: alla sua direzione, infatti, si sono alternati ben 69 presidi in due soli anni. Cosa riescano a combinare gli studenti e perché esasperino tanto il loro superiore è quello che si appresta a scoprire il settantesimo designato. ■ COMMEDIA; COL.; 95'; USA, 1988.

REBEL MATT – SOLDATO RIBELLE *(Rebel)* ★★
Regia di MICHAEL JENKINS. Con BRYAN BROWN, DEBBIE BYRNE, MATT DILLON, BILL HUNTER. ■ Sidney 1942: Rebel, giovane marine americano, decorato al valore, è diventato disertore per disgusto nei confronti della guerra. Si innamora contraccambiato di una cantante ballerina che lo proteggerà in casa sua, ma la polizia militare non gli dà tregua e verrà arrestato. ■ DRAMMATICO; COL.; 90'; AUSTRALIA, 1985.

RE BURLONE, IL ★★
Regia di ENRICO GUAZZONI. Con LUIGI CIMARA, MARIA DENIS, ARMANDO FALCONI, LUISA FERIDA. ■ Alla corte del "Re Burlone" Francesco II ha luogo un complotto capeggiato dalla figlia di un condannato politico cui partecipano ufficiali di idee liberali che tentano di imporre la Costituzione e i diritti dell'uomo. Scoperti, i congiurati raggiungono a cavallo lo Stato pontificio. ■ COMMEDIA; B/N; 92'; ITALIA, 1935.

REBUS ★★
Regia di NINO ZANCHIN. Con PEPE CALVO, IVAN DESNY, LAURENCE HARVEY, CAMILLA HORN, ANN-MARGRET, LUIS MORRIS. ■ Un poliziesco ben condotto, con buone trovate e un po' di folclore: a Beirut, un croupier di casinò viene ingaggiato per scoprire i frodatori di bische e i loro sistemi. Il denaro vinto illecitamente viene ritrovato su un aereo nelle mani di una turista americana. I bari vengono smascherati. ■ GIALLO; COL.; 94'; ITALIA, 1969.

REBUS ★★
Regia di MASSIMO GUGLIELMI. Con MASSIMO GIROTTI, CHRISTOPHE MALAVOY, CHARLOTTE RAMPLING. ■ Nel 1952 una bella donna ingaggia un meccanico-pilota di Parigi perché la porti al

rally Biarritz-San Sebastian. I due vivono giorni d'amore. Poi lei, coinvolta forse in un affare di spionaggio, sparisce. Trentacinque anni dopo l'uomo ripercorre lo stesso itinerario e ritrova a Biarritz l'auto Bugatti che lui portò là da Parigi nel 1952. Esordio di un giovane veneziano che il cinema dimostra di saperlo fare, ma corre ancora troppo dietro a certi modelli francesi che allo spettatore odierno dicono ormai pochino. ■ DRAMMATICO; COL.; 125'; FRANCIA, ITALIA, 1989.

REBUS PER L'ASSASSINO, UN *(The Last of Sheila)* ★★★
Regia di HERBERT ROSS. Con RICHARD BENJAMIN, DYAN CANNON, JAMES COBURN, JOAN HACKETT, JAMES MASON, RAQUEL WELCH. ■ Un produttore invita un gruppo di persone di cinema sul suo yacht e le sottopone al gioco della verità per scoprire l'assassino di sua moglie. Egli stesso viene ucciso e così una delle donne. L'assassino naturalmente è il meno sospettabile. Il film è tanto complicato che è quasi impossibile seguirne l'intreccio. ■ DRAMMATICO; COL.; 120'; USA, 1973.

REBUS PER UN ASSASSINO *(The Winter Kills)* ★★★
Regia di WILLIAM RICHERT. Con RICHARD BOONE, JEFF BRIDGES, STERLING HAYDEN, JOHN HUSTON, DOROTHY MALONE, TOSHIRO MIFUNE, TOMAS MILIAN, ANTHONY PERKINS. ■ Parata di stelle per un film che allude chiaramente all'assassinio di J.F. Kennedy. È la storia di un ipotetico presidente americano ucciso nel 1960 a Filadelfia e delle indagini che un uomo fa vent'anni dopo su quell'attentato cercando invano di scoprire le ragioni che hanno portato alla morte di suo fratello, implicato nel caso. ■ DRAMMATICO; COL.; 97'; USA, 1979.

REBUS PER UN DELITTO *(Une Affaire d'Hommes)* ★★
Regia di NICHOLAS RIBOWSKI. Con CLAUDE BRASSEUR, JEAN-LOUIS TRINTIGNANT. ■ Il famoso commissario Servolle ha stretto amicizia con un certo Fauget. Quest'ultimo non è gradito alla moglie del poliziotto. Un film girato con professionismo e supportato da una buona interpretazione degli attori. ■ POLIZIESCO; COL.; 85'; FRANCIA, 1981.

REC ★
Regia di JAUME BALAGUERÓ, PACO PLAZA. Con CARLOS LASARTE, PABLO ROSSO, FERRÁN TERRAZA, MANUELA VELASCO, DAVID VERT, JORGE YAMAM. ■ *Mentre voi dormite*: questo il nome del programma televisivo condotto da Angela. Una notte nella vita di una caserma dei vigili del fuoco di Barcellona, seguita in diretta dalla ragazza e dal suo cameraman Pablo. E proprio la macchina da presa del ragazzo diventa l'occhio dei due registi del film, Jaume Balagueró e Paco Plaza, finendo così per far coincidere il girato di *Mentre voi dormite* con il film stesso. HORROR; COL.; 85'; SPAGNA, 2007.

[REC] 2 ★★
Regia di JAUME BALAGUERÒ, PACO PLAZA. Con NICO BAIXAS, JAVIER BOTET, JONATHAN MELLOR, MANUELA VELASCO, OSCAR ZAFRA. ■ Mentre in un condominio di Barcellona una misteriosa epidemia che trasforma le persone in zombi cannibali ha ormai infettato tutti gli abitanti, da fuori una squadra delle forze speciali irrompe nell'edificio, capitanata da un dottore, per verificare lo stato dell'epidemia e riprendere contatto con gli inquilini e i vigili del fuoco scomparsi. ■ HORROR; COL.; 85'; SPAGNA, 2009.

[REC 3] LA GENESI *([REC]^3 Génesis)* ★
Regia di PACO PLAZA. Con CLAIRE BASCHET, LETICIA DOLERA, DIEGO MARTÍN, ISMAEL MARTÍNEZ, ALEX MONNER. ■ Le nozze di Koldo e Clara sono un'occasione di festa. Ogni cosa è in armonia, tutto procede nel migliore dei modi, tra chiacchiere e risate. Atun, il cameraman, riprende tutto, come in un cinéma vérité. C'è uno zio però che ha una mano fasciata dopo il morso di un cane, e non sta per niente bene: nel pieno dei balli si getta dall'alto di una balaustra e, mentre lo soccorrono, comincia a mordere all'impazzata. È l'inizio di una strage. ■ HORROR; COL.; 101'; SPAGNA, 2012.

RECINTO, IL *(Ménesgazda)* ★★★
Regia di ANDRÁS KOVÁCS. Con FERENC FABIÈN, SÈNDOR HORVÈTH, JOZSEF MADARAS, KÈROLY SINKA. ■ Nel 1950 un onesto ma fanatico funzionario del partito comunista viene inviato a sovrintendere un allevamento di cavalli. Nonostante i suoi sforzi e la sua buona volontà, entra in contrasto coi suoi collaboratori, ex ufficiali hortisti, e finisce per essere ucciso. ■ DRAMMATICO; COL.; 93'; UNGHERIA, 1978.

RECITA, LA *(O thiasos)* ★★★★
Regia di THÉO ANGELOPULOUS. Con ALIKI GHEORGULI, VANGHELIS KAZAN, EVA KOTAMANIDU. ■ Un gruppo di attori nomadi passa da una città all'altra rappresentando un dramma simile allo shakespeariano *Giulietta e Romeo*. Inizia poi la seconda guerra mondiale, della quale essi vivono tutte le fasi, dalla caduta di Metaxas all'elezione del maresciallo Papagos. Improvviso scoppia un dramma familiare, che ricalca la storia degli Atridi: una delle attrici uccide il marito per stare con l'amante e viene poi uccisa con lui dal figlio istigato dalla sorella. Terzo film del regista greco dopo *Ricostruzione di un delitto* (1970) e *I giorni del '36* (1972). Una nuova dimostrazione di padronanza del mezzo cinematografico e una trama suggestiva al servizio dei propri ideali. ■ DRAMMATICO; COL.; 230'; GRECIA, 1975.

RECITA A QUATTRO, UNA *(La bande des quatre)* ★★★
Regia di JACQUES RIVETTE. Con BULLE OGIER, BENOÎT RÉGENT. ■ Una recita impegnativa e una insegnante di teatro dispotica mettono a dura prova nervi e capacità delle allieve. L'autore de *La bella scontrosa* traccia un affascinante spaccato della preparazione psicologica degli attori teatrali con la speranza di emergere. ■ DRAMMATICO; COL.; 155'; FRANCIA, 1988.

RECLUSA: LA RABBIA DI UNA MADRE ★
(Locked Up: A Mother's Rage)
Regia di BETHANY ROONEY. Con ANGELA BASSETT, CHERYL LADD, DIANA MULDAUR. ■ Messa ingiustamente in carcere per una storia di droga che riguarda il suo uomo, Cheryl Ladd (*Millennium*) è la donna che, insieme alla propria innocenza, rivendica il diritto per ogni madre di continuare a vedere i figli anche in prigione. Alla fine verrà rilasciata. ■ DRAMMATICO; COL.; 90'; USA, 1991.

RECLUSE *(Women in Prison)* ★★
Regia di LAMBERT HILLYER. Con WYN CAHOON, SCOTT COLTON, ARTHUR LOFT. ■ Il capo di una banda, deciso a non lasciarsi sfuggire una sua complice che si trova rinchiusa in riformatorio, ricatta la direttrice: consegna della prigioniera in cambio delle prove dell'innocenza di sua figlia accusata di un delitto. La prigioniera verrà però uccisa da altre recluse. ■ DRAMMATICO; B/N; 93'; USA, 1936.

RECLUTA, LA *(The Rookie)* ★★
Regia di CLINT EASTWOOD. Con SONIA BRAGA, CLINT EASTWOOD, RAUL JULIA, CHARLIE SHEEN. ■ Dopo due buoni film come *Bird* e *Cacciatore bianco, cuore nero* Eastwood, per risollevare le finanze e ritrovare il vasto pubblico di un tempo, si è fatto trascinare in questa impresa più commerciale e meno artistica. Purtroppo siamo nel prevedibile e nel già visto. C'è il solito poliziotto con grande esperienza e quello giovane che ha bisogno di imparare. Inoltre c'è di mezzo un malvivente che si occupa del traffico di auto usate. Costui, coadiuvato da una bella assistente procace e dal grilletto facile, darà filo da torcere ai due. ■ POLIZIESCO; COL.; 122'; USA, 1990.

RECLUTA DELL'ANNO, LA *(Rookie of the Year)* ★★
Regia di DANIEL STERN. Con GARY BUSEY, T. IAN NICHOLAS, DANIEL STERN. ■ L'attore Stern, popolare grazie alla parte del ladro in *Mamma ho perso l'aereo*, è diventato anche regista. I risultati sono scarsi. Si immagina che la squadra di baseball dei Chicago Cubs sia in crisi e che i giocatori si rivolgano a un bambino per salvare la situazione. Infatti il battitore dopo un intervento al braccio non è più lo stesso. Filmetto televisivo per ragazzini annoiati. ■ COMMEDIA; COL.; 105'; USA, 1993.

RECLUTE *(Recruits)* ★★
Regia di RAFAL ZEILINSKY. Con DOUG ANNEAR, ALAN DEVEAU, JOHN TERREL. ■ Lo sceriffo di una cittadina Usa, per screditare il sindaco ed essere eletto al suo posto, arruola una squadra di balordi sgangherati. Ma questi prendono sul serio il loro compito e riescono a ripulire la città da una banda di teppisti. ■ COMMEDIA; COL.; 90'; USA, 1987.

RECLUTE E SEDUTTORI *(Private popsicle)* ★★
Regia di BOAZ DAVISON. Con YIFTACH KATZUR, ZACHI NOY, JO-

NATHAN SEGAL. ■ Tre ragazzi israeliani vanno sotto le armi e subito si danno molto da fare con le soldatesse. Uno di essi ha più fortuna degli altri. Conquisterà e sposerà una bella collega. ■ COMMEDIA; COL.; 93′; ISRAELE, 1983.

RECOIL ★★
Regia di PAUL WENDKOS. Con TIGE ANDREWS, VERA MILES, HAROLD J. STONE, ROBERT TAYLOR. ■ L'ufficiale di polizia Matt Halbrook scopre il capo di una organizzazione di gioco clandestino e viene in contatto con la moglie di questo, che per i suoi rapporti con la polizia rischia di essere uccisa. Matt interviene a salvarla. ■ POLIZIESCO; B/N; 95′; USA, 1963.

RECTA PROVINCIA, LA ★★
Regia di RAOUL RUIZ. Con IGNACIO AGÜERO, HÉCTOR AGUILAR, BÉLGICA CASTRO, CHAMILA RODRIGUEZ, HERNÁN VALLEJOS. ■ Rosalba e Paulino sono madre e figlio: lei, rimpicciolita dagli anni, vive religiosamente; lui è un uomo cresciuto troppo, che vive ancora con la madre perché, come ci ripete continuamente la voce narrante «non ha testa». Quando Paulino trova nei campi un osso umano con dei fori, che può essere suonato come un flauto, decide di intonare una melodia e la voce dello spirito una volta proprietario di quel miserevole resto umano li implora di partire alla ricerca delle altre ossa del suo scheletro, ricomporlo e dargli sepoltura. Inizia così l'odissea di Paulino e Rosalba attraverso *La recta provincia*, un luogo molto particolare, incastonato tra le montagne delle Ande, in cui angeli e demoni, santi, madonne e streghe si rincorrono per giocarsi il destino degli uomini. ■ FIABESCO; COL.; 120′; CILE, 2007.

RECUPERANTI, I ★★★
Regia di ERMANNO OLMI. Con ANDREINO CARLI, ORESTE COSTA, MARIO COVOLO, IVANO FRIGO, ANTONIO LUNARDI, ALESSANDRA MICHELETTO, MARILENA ROSSI, PIETRO TOLIN. ■ Soggetto di Mario Rigoni, Tullio Kezich, Ermanno Olmi. Un reduce di guerra, tornato al paese, trova la fidanzata. I giovani emigrano, i vecchi non ci sono più, la vita è diversa. Si mette a fare il "recuperante" di ordigni bellici, un lavoro sempre al limite del pericolo di un'esplosione. Alcuni recuperanti muoiono. Solo il lavoro "vero" redime il giovane e gli dà coscienza di sé. ■ DRAMMATICO; COL.; 95′; ITALIA, 1969.

RED ★★★
Regia di ROBERT SCHWENTKE. Con MORGAN FREEMAN, JOHN MALKOVICH, HELEN MIRREN, MARY-LOUISE PARKER, BRUCE WILLIS. ■ Frank Moses è un ex agente della CIA in pensione, che vive in una villetta uguale alle altre cercando di fare una vita uguale alle altre. Purtroppo per lui e per Sarah, la ragazza ingenua e sognatrice che ha conosciuto al telefono, i segreti di Stato in possesso di Frank lo hanno trasformato da strumento di morte a bersaglio dell'Intelligence: qualcuno da eliminare e in fretta. Inizia così quella che può apparire come la fuga di Frank Moses, ma altro non è che il giro di reclutamento dei vecchi compagni: il vecchio Joe, il folle Marvin, il russo Ivan, lady Victoria, dopo di che la canna della pistola compie un giro di 180 gradi e la fuga si fa vendetta, la diaspora riunione, la pensione una nuova missione. Tratto dal breve fumetto *DC Comics* scritto da Warren Ellis e illustrato da Cully Hammer, *Red* è stato completamente reinventato nella sceneggiatura dei fratelli Hoeber, responsabili dell'inserimento dei compagni di ventura del protagonista e del tono divertito e alleggerito del film. ■ THRILLER; COL.; 111′; USA, CANADA, 2010.

RED 2 ★★★
Regia di DEAN PARISOT. Con BYUN-HUN LEE, JOHN MALKOVICH, HELEN MIRREN, BRUCE WILLIS, CATHERINE ZETA-JONES. ■ Frank Moses e Sarah cercano di vivere una vita il più normale possibile, con soddisfazione del primo e disappunto della seconda, che sperava in un po' più di vivacità dal rapporto con una spia. La morte inscenata da un vecchio amico obbliga Frank a tornare in azione, dovendo malvolentieri portarsi dietro la compagna. Allontanandosi sempre di più dalla miniserie a fumetti, scritta da Warren Ellis, fonte d'ispirazione per i personaggi, il secondo film di *Red* cambia regista e vira sulla commedia screwball, mantenendo però fisso il punto di vista maschile e portando avanti il discorso del primo film. ■ AVVENTURA; COL.; 111′; USA, 2013.

REDACTED ★★★★
Regia di BRIAN DE PALMA. Con FRANÇOIS CAILLAUD, PATRICK CARROLL, ROB DEVANEY, IZZY DIAZ, MIKE FIGUEROA, TY JONES, PAUL O'BRIEN, KEL O'NEILL, DANIEL SHERMAN. ■ Iraq, 2006 Una pattuglia di soldati americani, soffocati dal caldo e annoiati dalla ripetitività della missione, decide durante una partita a poker di appagare i propri appetiti sessuali stuprando un'adolescente. Rush e Flake, imbottiti di droga, fanno scempio della ragazza e della sua famiglia, McCoy, contrario sin dal principio all'iniziativa, fa la guardia alla casa mentre Salazar registra l'evento sognando di entrare nella scuola di cinema. Il soldato McCoy è blandito dal grasso e ottuso Rush, che cerca di convincerlo della legittimità dell'accaduto. Non prende una posizione netta, ma col tempo l'indignazione lo condurrà a denunciare alle autorità militari i compagni d'armi, confessando lo stupro che non ha consumato ma nemmeno impedito. L'ostinazione del soldato si spingerà fino alla "pubblicazione" in Internet del video incriminante di Salazar. Il pessimismo di De Palma sulle possibilità concrete di vittoria del singolo sul Sistema era già stato dichiarato, se pure in maniera più accattivante e con la propensione tutta hollywoodiana al lieto fine, in *Vittime di guerra* e nel *Falò delle vanità*: rispettivamente un *morality play* e una commedia grottesca sulla bassezza della natura umana e sull'involuzione del sistema capitalista. La questione morale, al centro di queste opere, torna a farsi urgente in *Redacted*, ispirato a un fatto di cronaca ignorato e passato sotto silenzio. De Palma rinuncia a fare un cinema politico nel senso hollywoodiano, coniugato a una massiccia dose di spettacolarità, preferendo questa volta una narrazione piana e fluida. In primo piano rimane unicamente il desolante paesaggio umano e morale di un gruppo di ragazzi convinti che l'Iraq sia un pianeta sconosciuto, dove i valori possono essere ribaltati. ■ GUERRA; COL.; 190′; USA, 2007.

RED ALERT – ALLARME ROSSO *(Red Alert)* ★★
Regia di BILLY HALE. Con ADRIENNE BARBEAU, MICHAEL BRANDON, WILLIAM DEVANE. ■ In una centrale nucleare si verifica un inspiegabile guasto. Immediatamente il computer Proteus, predisposto per evenienze di quel genere, reagisce alla presunta dispersione di radiazioni mortali bloccando tutte le uscite e imprigionando nella base i quattordici tecnici che vi stanno lavorando. Un buon prodotto medio. ■ DRAMMATICO; COL.; 106′; USA, 1977.

REDBELT ★★
Regia di DAVID MAMET. Con TIM ALLEN, ALICE BRAGA, CHIWETEL EJIOFOR, JOE MANTEGNA, EMILY MORTIMER. ■ Mike Terry, veterano della Guerra del Golfo, è un insegnante di Jiu-Jitsu che lavora alacremente nella propria scuola di arti marziali e autodifesa, essendosi sempre rifiutato di combattere come mercenario. Nonostante gli affari vadano male, la sua condotta è impeccabile, ma quando per una serie di eventi fa la conoscenza di un organizzatore di incontri e di una star del cinema, la sua vita cambia per sempre. Stavolta David Mamet gioca in casa: il regista pratica da anni le arti marziali, e sa come affrontare la materia. ■ AZIONE; COL.; 99′; USA, 2008.

RED DRAGON ★★★
Regia di BRETT RATNER. Con RALPH FIENNES, ANTHONY HOPKINS, HARVEY KEITEL, EDWARD NORTON, MARY-LOUISE PARKER, PHILIP SEYMOUR HOFFMAN, EMILY WATSON. ■ Tratto dal primo romanzo della trilogia di Thomas Harris dedicata al personaggio di Hannibal "The Cannibal" Lecter, *Red Dragon* è l'antecedente de *Il silenzio degli innocenti*: Lecter, aiuta, come consulente, l'agente dell'Fbi Will Graham, che tempo prima l'ha arrestato. Questi è costretto suo malgrado a chiedere l'aiuto di Lecter per riuscire a catturare un pericoloso serial killer che tenta di emulare proprio le efferatezze commesse a suo tempo dallo psichiatra. L'assassino massacra un'intera famiglia ogni notte di luna piena. A Graham restano tre settimane per sventare il prossimo delitto. Hannibal ha ancora una volta il volto di Anthony Hopkins, che per questo ruolo ha già vinto un Oscar: per interpretare *Red Dragon*, però, l'attore è stato ringiovanito di quasi 20 anni, per rendere la storia coerente con la cronologia del romanzo che ave-

va già avuto una trasposizione cinematografica negli anni Ottanta con *Manhunter – frammenti di un omicidio* di Michael Mann. ■ THRILLER; COL.; 110′; USA, 2002.

RE DEGLI ZINGARI, IL *(King of the Gypsies)* ★★★
Regia di FRANK PIERSON. Con STERLING HAYDEN, JUDD HIRSCH, SUSAN SARANDON, BROOKE SHIELDS, SHELLEY WINTERS. ■ Il figlio del re degli zingari rapisce una zingara, la sposa e ne ha due figli. Il maggiore, sconvolto dalla violenza che regna nella sua casa (il padre picchia la madre e la sorella e si ubriaca), fugge e si innamora di una fanciulla americana. Torna dai suoi in occasione della morte del nonno, dal quale riceve il titolo di re. Suo padre, infuriato, provoca la morte della sorella. Lui allora lo ammazza. ■ DRAMMATICO; COL.; 112′; USA, 1978.

RE DEI BARBARI, IL *(Sign of the Pagan)* ★★★
Regia di DOUGLAS SIRK. Con JEFF CHANDLER, JACK PALANCE, LUDMILLA TCHÉRINA. ■ Gli Unni di Attila (impersonato da Jack Palance) premono sull'impero romano. L'imperatore Teodosio manovra per tenerli a bada, il centurione romano Marciano (Jeff Chandler) sposa la sorella dell'imperatore, Pulcheria, e diventa imperatore. Il papa Leone ferma gli Unni con la potenza e la mitezza della sua parola. ■ AVVENTURA; COL.; 92′; USA, 1954.

RE DEI CAMPI ELISI, IL *(Le roi des Champs Elysées)* ★★
Regia di MAX NOSSECK. Con LUCINE CALLAMAND, COLETTE DARFEUIL, PAULETTE DUBOST, JACQUES DUMESNIL, MADELEINE GUITTY, BUSTER KEATON. ■ Buster Keaton distribuisce biglietti di banca veri al posto di quelli fasulli di una agenzia di pubblicità (un lavoro cui si era impegnato per arrontondare i suoi guadagni di modesto commediante); poi finisce nel covo di un gangster. Non è una delle sue comiche più riuscite. ■ COMMEDIA; B/N; 70′; FRANCIA, 1935.

RE DEI CHIROMANTI, IL *(Palmy Days)* ★★★
Regia di EDWARD SUTHERLAND. Con EDDIE CANTOR, WALTER CATLETT, CHARLOTTE GREENWOOD, GEORGE RAFT. ■ Uno dei tanti film di Eddie Cantor, un comico americano degli anni Trenta che in Italia non ebbe mai molto successo. ■ COMICO; B/N; 77′; USA, 1931.

RE DEI COMMEDIANTI, IL *(Nur ein Komödiant)* ★★
Regia di ERICH ENGEL. Con ROBERT FOSTER, HILDE VON STOLZ. ■ Un commediante arriva nel ducato dell'imbelle Schoemberg, dove il potere è nelle mani del cancelliere. Grazie alla sua somiglianza con il duca, sventa un'azione antipopolare smascherando il cancelliere. Questi gli spara. L'attore morente entra nella stanza del duca declamando: "Vi porto il cuore del vostro popolo". ■ AVVENTURA; B/N; 94′; AUSTRIA, 1935.

RE DEI CRIMINALI – L'INVINCIBILE SUPERMAN, IL ★★
Regia di PAOLO BIANCHINI. Con LIZ BARRETT, ALDO BUFI LANDI, DIANA LORIS, VALENTINO MACCHI, GUY MADISON, KEN WOOD. ■ Un fusto dotato di forza erculea e capacità sensoriali fuori del comune indaga sulla sparizione di vari sportivi. Essi sono prigionieri di uno scienziato megalomane che ne fa cavie da esperimenti. Introdottosi nel suo laboratorio, salva tutti e redime la bella assistente perversa. ■ FANTASCIENZA; B/N; 92′; ITALIA, 1967.

RE DEI FALSARI, IL *(Le cave se rebiffe)* ★★
Regia di GILLES GRANGIER. Con BERNARD BLIER, MARTINE CAROL, JEAN GABIN. ■ Il disegnatore Grisbì è ingaggiato da una banda di falsari per organizzare la stampa di biglietti falsi. Lui se la cava, i complici vengono arrestati. ■ COMMEDIA; B/N; 95′; FRANCIA, 1961.

RE DEI FIAMMIFERI, IL *(The Match King)* ★★
Regia di HOWARD BRETHERTON. Con LILY DAMITA, GLENDA FARRELL, WARREN WILLIAM. ■ Uno dei primi film di un regista che poi si specializzò in western di serie B. ■ COMMEDIA; B/N; 93′; USA, 1932.

RE DEI GIARDINI DI MARVIN, IL ★★★
(The King of Marvin Gardens)
Regia di BOB RAFELSON. Con ELLEN BURSTYN, BRUCE DERN, JACK NICHOLSON, JULIA A. ROBINSON. ■ Dario, un radiocronista che conduce una rubrica serale, è chiamato dal fratello ad Atlantic City per dargli consigli su un affare. La situazione familiare è estremamente intricata e termina con l'assassinio del fratello da parte della moglie. Dario torna alla sua radio e racconta, durante una lunga trasmissione, tutta la sua tragedia familiare. ■ DRAMMATICO; COL.; 103′; USA, 1972.

RE DEI GRIZZLY, IL *(King of the Grizzlies)* ★★
Regia di RON KELLY. Con HUGH WEBSTER, CHRIS WIGGINS, JOHN YESNO. ■ È la storia dell'amicizia fra un indiano Cree e un Grizzly. Si conoscono quando l'orso è un cucciolo orfano con problemi di sopravvivenza. L'indiano lo salva. Ma i problemi arrivano anche quando il plantigrado è divenuto adulto e supera i due metri di altezza. I cacciatori lo braccano sulle Montagne Rocciose e sarà ancora il pellerossa a intervenire provvidenzialmente. ■ AVVENTURA; COL.; 93′; USA, 1969.

RE DEI MOSTRI, IL ★
(Godzilla Raids Again – Gojira no Gyakushu)
Regia di MOTOYOSHI ODA. Con FRED KASAY, SUSY SETSUKO, JACK WALLACE. ■ I soliti mostri di gomma che si divertono a mangiare palazzi e grattacieli. Come un kamikaze, un giovanotto si sacrifica per salvare l'umanità. ■ AVVENTURA; B/N; 94′; GIAPPONE, 1957.

RE DEI PELLIROSSA, IL *(The Last of the Mohicans)* ★★
Regia di GEORGE BRACKETT SEITZ. Con BINNIE BARNES, BRUCE CABOT, RANDOLPH SCOTT. ■ I Mohicani sono alleati dei francesi durante la guerra dei sette anni, e come alleati invadono un forte inglese rapendo le figlie del comandante. Le ragazze si salveranno e una sposerà il suo innamorato. ■ WESTERN; B/N; 91′; USA, 1936. ■ OSCAR 1 NOM.

RE DEI RE, IL *(The Kings of Kings)* ★★★
Regia di CECIL B. DEMILLE. Con DOROTHY CUMMING, JOSEPH SCHILDKRAUT, ERNEST TORRENCE, HENRY BYRON WARNER. ■ La vita del Messia nell'ottica di Maria Maddalena, donna di facili costumi in terra di Gerusalemme. Quando la donna viene infatti a sapere che Giuda, un suo spasimante, si è unito a Gesù, vuole conoscere quest'uomo prodigioso. Rimane affascinata anche lei e lo segue fino alla resurrezione. Grande la regia e la scelta delle inquadrature, famosa la scena dell'occhio di un cieco che mostra al pubblico, di riflesso, Gesù giunto a miracolarlo. Nicholas Ray ne farà un remake negli anni Sessanta. ■ STORICO; COL.; 151′; USA, 1927.

RE DEI RE, IL *(The King of Kings)* ★★★
Regia di NICHOLAS RAY. Con HARRY GUARDINO, HURD HATFIELD, JEFFREY HUNTER, VIVECA LINDFORS, ROBERT RYAN, CARMEN SEVILLA. ■ La vita di Gesù in una pellicola spettacolare e non priva di poesia. ■ STORICO; COL.; 168′; USA, 1961.

RE DEL CIRCO, IL ★★
Regia di TULLIO COVAZ. Con CLARA CALAMAI, MAURIZIO D'ANCORA. ■ Per amore un giovane vuole diventare domatore di belve: potrà così stare accanto alla sua bella. Per il suo debutto il direttore ha deciso di usare belve "finte" ma un rivale in amore le sostituisce con quelle vere e piuttosto feroci. La buona stella degli innamorati aiuta il giovanotto a superare la difficile prova. ■ COMMEDIA; B/N; 92′; ITALIA, 1940.

RE DEL FAR WEST, IL *(Destry Rides Again)* ★★
Regia di BENJAMIN STOLOFF. Con CLAUDIA DELL, TOM MIX. ■ Il leggendario Tom Mix dà corpo all'altrettanto leggendario pistolero Tom Destry. Ritenuto morto, l'eroe è invece vivo e vegeto e intenzionato a togliere di mezzo i banditi che hanno cercato di ucciderlo. ■ WESTERN; B/N; 53′; USA, 1932.

RE DEL JAZZ, IL *(The King of Jazz)* ★★★
Regia di JOHN MURRAY ANDERSON. Con BING CROSBY, PAUL WHITEMAN. ■ Film musicale basato sull'esibizione dell'orchestra di Paul Whiteman e sulle canzoni del re del jazz Bing Crosby. ■ COMM. MUSICALE; B/N; 101′; USA, 1930. ■ OSCAR 1 PR, 1 NOM.

RE DEL JAZZ, IL *(The Benny Goodman Story)* ★★★
Regia di VALENTINE DAVIES. Con STEVE ALLEN, DONNA REED. ■ Nato povero, Benny Goodman compie le tappe d'obbligo di un *self made man* americano: suona nelle sale da ballo popolari e nelle case private delle ricche famiglie. In una di queste conosce Alice, che lo seguirà per tutta la vita, dividendo con lui le prime gioie e le prime affermazioni. ■ BIOGRAFICO; COL.; 116′; USA, 1956.

RE DELL'AFRICA, IL *(Mighty Joe Young)* ★★
Regia di Ernest Beaumont Schoedsack. Con Ben Johnson, Terry Moore. ■ Jane è cresciuta nella giungla africana e sin da bambina il suo compagno di giochi era un gorilla. Rimasta sola dopo la morte del padre, si lascia convincere da un impresario a recarsi in America per dare spettacoli con il suo animale addomesticato. Jane parte, ma il gorilla, non abituato alla città, combina qualche guaio: la ragazza comprende che solo nella foresta potrà essere felice e torna a casa. ■ Avventura; b/n; 94′; USA, 1949. ■ Oscar 1 pr, 1 nom.

RE DELLA LOUISIANA, IL *(Louisiana Purchase)* ★★
Regia di Irving Cummings. Con Bob Hope, Vera Zorina. ■ Bob Hope fa il senatore: è accusato ingiustamente, ma riuscirà a scoprire i veri colpevoli di un traffico illecito. Molte risate. ■ Commedia; col.; 98′; USA, 1941. ■ Oscar 2 nom.

RE DELLA MALA, IL ★★
Regia di Jürgen Roland. Con Herbert Fleischmann, Patrizia Gori, Horst Janson, Henry Silva. ■ Tra Werner, re della mala amburghese, e Luck, mafioso fuggito dagli Usa, scoppia la guerra. L'americano vorrebbe quasi spodestare il tedesco ma ad impedire ai due di compiere atti irreparabili c'è la storia d'amore dei loro figli Eric e Silvia. Questa volta però sono Romeo e Giulietta ad avere la meglio mentre i rispettivi genitori muoiono per la loro malvagità. ■ Drammatico; col.; 92′; Italia, 1972.

RE DELLA NOTTE, IL *(O rei da noite)* ★★★
Regia di Hector Babenco. Con Paulo José, Vick Militello, Marilia Pera. ■ È la storia di un dongiovanni senza qualità. Quando scopre che la sua fidanzata è malata, la lascia. Conosce tre sorelle. Sposa la maggiore, che muore subito. Sposa allora la seconda (nel frattempo è divenuto l'amante di una sciantosa) ma il matrimonio è infelice. Decide di avvelenare la consorte e mettersi con la terza sorella. Finirà (giustamente) come un barbone dopo aver sperperato il denaro di tutte le sue donne. ■ Drammatico; col.; 105′; Brasile, 1974.

RE DELLA PRATERIA, IL *(These Thousand Hills)* ★★
Regia di Richard Fleischer. Con Don Murray, Patricia Owens, Lee Remick. ■ Un giovane cacciatore, Lat Evans, aspira a diventare un ricco ranchero e il primo gradino della scalata al successo lo supera grazie all'aiuto di Callie, ragazza ospite di una casa d'appuntamenti che si innamora di lui. Lat fa una brillante carriera non solo come proprietario terriero, ma anche come politicante e, dimenticato facilmente l'aiuto di Callie, sposa una giovane aristocratica. Soltanto dopo molti anni, la morte di un amico lo costringerà a fare un bilancio della propria esistenza facendogli comprendere i suoi errori nei confronti di chi gli voleva bene davvero. Ma forse non è troppo tardi per riparare. ■ Western; col.; 96′; USA, 1959.

RE DELL'ARENA, IL *(The Kid from Spain)* ★★★
Regia di Leo McCarey. Con Eddie Cantor, Ken Maynard, Lydia Roberti. ■ La Morte Nera, una banda di sanguinari gangster, ha ramificazioni anche tra gli artisti di un circo. Il capitano Ken si fa assumere per indagare meglio e gli incidenti che gli capitano durante le esibizioni a cavallo confermano i suoi sospetti. I criminali non riescono ad eliminarlo e il capitano li arresta tutti. ■ Commedia; b/n; 90′; USA, 1933.

RE DELLA RISATA, I *(4 Clowns)* ★★★
Regia di Robert Youngson. Con Charlie Chase, Oliver Hardy, Buster Keaton, Stan Laurel. ■ Il film è un'antologia di cortometraggi girati dai quattro comici americani dagli inizi della loro carriera fino alle ultime interpretazioni. ■ Comico; b/n; 91′; USA, 1972.

RE DELLA RISATA, IL *(Bright Lights)* ★★
Regia di Busby Berkeley. Con Joe E. Brown, Patricia Ellis. ■ Una coppia di comici, marito e moglie, è costretta a separarsi artisticamente e la donna rinuncia alle scene per non intralciare la carriera del marito. Questi prende una sbandata per la sua nuova partner ma la fiamma dura poco e l'uomo rientra nei ranghi familiari, pentitissimo. ■ Commedia; b/n; 83′; USA, 1935.

RE DELLA SPIAGGIA, I *(Side Out)* ★★
Regia di Peter Israelson. Con Peter Horton, C. Thomas Howell, Harley Jane Kozak, Christopher Rydell, Courtney Thorne-Smith. ■ Ennesimo film che ha come polo d'azione la spiaggia e tutto quello che la circonda. In questo caso la vicenda si svolge sul campo di pallavolo. In realtà Monroe, il protagonista, dovrebbe trovarsi in tribunale, e non su un campo di beach-volley; infatti è un giovane avvocato che, venuto dalla provincia per operare nello studio dello zio, viene invece sviato dalla strada forense da un ex campione della suddetta specialità. ■ Commedia; col.; 95′; USA, 1990.

RE DELLA TERRA SELVAGGIA ★★★
(Beasts of the Southern Wild)
Regia di Benh Zeitlin. Con Levy Easterly, Pamela Harper, Dwight Henry, Lowell Landes, Quvenzhané Wallis. ■ Hushpuppy ha sei anni e vive sola con il padre Wink nelle paludi del sud della Louisiana, in una zona chiamata la Grande Vasca, per gli allagamenti a cui va incontro in occasione dei cicloni. Mentre lo spettro di un terribile uragano spaventa la comunità del luogo, mettendo in fuga molti, Wink scopre di essere gravemente malato e di dover preparare la figlia a cavarsela da sola. Il suo desiderio è che Hushpuppy non abbandoni la sua terra, ma ne diventi un giorno il re, la creatura più forte. *Re della terra selvaggia* è un esordio storico, di quelli che contengono una tale potenza che rischiano di segnare la vita del suo autore per sempre. Perché è un film nel quale accade una magia, per cui le contraddizioni coesistono fruttuosamente e ciò che altrove sarebbe sembrato un difetto qui diventa una ricchezza. "Chi è l'uomo?", urla Wink. "Io sono l'uomo", risponde Hushpuppy. ■ Drammatico; col.; 91′; USA, 2012.

RE DELLE CORSE, IL *(Le gentleman d'Epsom)* ★★
Regia di Gilles Grangier. Con Louis De Funès, Jean Gabin, Madeleine Robinson. ■ Tramonto patetico di un ufficiale di cavalleria costretto a vivere di espedienti sfruttando la sua conoscenza dei cavalli. Anche quando invita a cena una vecchia fiamma, ora consorte di un ricco americano, l'ex ufficiale paga il conto con un assegno a vuoto, poi torna ai suoi traffici poco chiari negli ippodromi. ■ Commedia; b/n; 93′; Francia, 1962.

RE DELLE ISOLE, IL *(The Hawaiians)* ★★
Regia di Tom Gries. Con Geraldine Chaplin, Khigh Dhiegh, Charlton Heston, John Phillip Law, Virginia Ann Lee. ■ Un ex commerciante di schiavi eredita vaste aree coltivabili nell'arcipelago hawaiano. Diventa ricco e aiuta una donna cinese, molto portata per gli affari, ad emanciparsi tanto da diventare, dopo di lui, la proprietaria più ricca delle isole. Il matrimonio tra i loro figli suggella e unisce le due piccole potenze. ■ Avventura; col.; 132′; USA, 1970. ■ Oscar 1 nom.

RE DELL'OMBRA, IL *(The Sleeping Cardinal)* ★★
Regia di Leslie Stephenson Hiscott. Con Ian Fleming, Norma McKinnel, Arthur Wontner. ■ Il famoso Sherlock Holmes alle prese con un rapinatore di banche che costringe con il ricatto il giovane rampollo di una nobile famiglia decaduta ad aiutarlo nell'esportare i quattrini rubati. Naturalmente Holmes saprà fermare il criminale. ■ Poliziesco; b/n; 84′; Gran Bretagna, 1931.

RE DELL'OPERA, IL *(Metropolitan)* ★★
Regia di Richard Boleslawski. Con Virginia Bruce, Jane Darwell, Cesar Romero, Lawrence Tibbett. ■ Un corista del famoso teatro Metropolitan rischierebbe di trascorrere tutta la sua vita come anonimo cantore se non fosse per una attrice che organizza una serie di tournée in giro per l'America. Insieme al giovane baritono debutta una cantante che, al primo successo, confessa il suo amore al felicissimo giovanotto. ■ Musical; b/n; 76′; USA, 1935.

RE DEL PECOS, IL *(King of the Pecos)* ★
Regia di Joseph Kane. Con Muriel Evans, Cy Kendall, John Wayne. ■ Un allevatore prepotente vuol mettere le mani sull'intera regione e non esita a sterminare una famigliola. Scampa solo un ragazzino che, divenuto uomo, fa del suo meglio per farla pagare all'assassino dei suoi. Dapprima con i metodi legali (trascina in tribunale l'allevatore). Poi a colpi di pistola. ■ Western; b/n; 54′; USA, 1936.

RE DEL RING – MEZZO SECOLO DI PUGILATO, I ★★
Registi vari. ■ Il film è un'antologia di brani filmati durante gli

incontri dei grandi campioni degli anni Quaranta e Cinquanta, da Dempsey a Carpentier, da Carnera a Joe Louis. ■ DOCUMENTARIO; B/N; 93′; ITALIA, 1958.

RE DEL ROCK AND ROLL, IL *(Rock, Rock, Rock)* ★★
Regia di WILL PRICE. Con ALAN FREED, JACQUELINE KERR, FRED MANFRED, TEDDY RANDAZZO. ■ La storia d'amore tra due studenti, Tommy e Dori, è il filo conduttore piuttosto esile di questo film pieno di brani musicali. Tommy diventa una stella del rock e Dori riesce a rimanere la sua ragazza malgrado una fitta concorrenza. ■ COMM. MUSICALE; B/N; 77′; USA, 1956.

RE DEL SOLE, I *(Kings of the Sun)* ★★
Regia di JACK LEE THOMPSON. Con RICHARD BASEHART, YUL BRYNNER, GEORGE CHAKIRIS, SHIRLEY ANN FIELD. ■ Il popolo dei Maya è assalito da una tribù guerriera armata di spade di bronzo, contro le quali a nulla servono le armi in legno del popolo del sole. I Maya fuggono a nord, dove incontrano una popolazione che diventa loro alleata nella lotta contro gli invasori. ■ AVVENTURA; COL.; 108′; USA, 1963.

REDEMPTION ★★
Regia di MIGUEL GOMES. Il 21 gennaio del 1975, in un villaggio del Portogallo del nord, un bambino scrive ai genitori in Angola per dire loro come è triste il Portogallo. Il 13 luglio del 2011, a Milano, un vecchio ricorda il suo primo amore. Il 6 maggio del 2012, a Parigi, un uomo dice alla figlioletta che non sarà mai un vero padre. Durante una cerimonia nuziale, il 3 settembre del 1977, a Lipsia, la sposa lotta contro un'opera di Wagner che non riesce a togliersi dalla testa. Ma dove e quando questi poveri diavoli hanno cominciato a cercare redenzione? ■ DOCUMENTARIO; COL.; 26′; PORTOGALLO, FRANCIA, GERMANIA, ITALIA, 2013.

REDENZIONE *(Redemption)* ★★
Regia di FRED NIBLO. Con RENÉE ADORÉE, ELEANOR BOARDMAN, JOHN GILBERT, CONRAD NAGEL. ■ Questa versione cinematografica del *Cadavere vivente* di Tolstoj fu il primo film sonoro di John Gilbert. La pellicola ha dunque soltanto un valore di documento storico, essendo quello artistico pressoché nullo. ■ DRAMMATICO; B/N; 95′; USA, 1930.

REDENZIONE *(Redemption)* ★★
Regia di YVES MIRANDE. Con LUCIEN BAROUX, JULES BERRY, MARCELLE CHANTAL. ■ Per ottenere la cittadinanza francese ed evitare il rimpatrio, una straniera sposa un giovanotto squattrinato promettendogli una bella somma. L'accordo è che i due divorzieranno subito dopo, ma la donna finisce nei guai con la giustizia e il neomarito è così sollecito nell'assisterla che il matrimonio per finta diventa una vera unione. ■ DRAMMATICO; B/N; 91′; FRANCIA, 1936.

REDENZIONE ★★
Regia di MARCELLO ALBANI. Con VERA CARMI, LUIGI CIMARA, MARIO FERRARI, LAURO GAZZOLO, MARIA MELATO, LUIGI PAVESE, CAMILLO PILOTTO, CARLO ROMANO. ■ Le imprese delle prime squadre di camicie nere sono viste in aureola di santità in contrapposizione alle nefandezze dei "sovversivi". ■ DRAMMATICO; B/N; 92′; ITALIA, 1942.

REDENZIONE ★★
Regia di PIERO CASERINI. Con JUAN DE LANDA, LUISA ROSSI, MARCO VICARIO. ■ La sedotta e abbandonata Nicuzza uccide il giovane barone padre del suo bambino cieco. La famiglia del seduttore propone alla ragazza di affidare a loro il bimbo perché possano provvedere a farlo operare e a rendergli la vista. Naturalmente Nicuzza deve rinunciare a lui per sempre. La ragazza accetta il ricatto, consegna il bambino e poi si uccide. ■ DRAMMATICO; B/N; 93′; ITALIA, 1952.

REDENZIONE, LA ★★
Regia di VINCENZO LUCCI CHIARISSI. ■ Attraverso i capolavori dell'arte italiana, il regista ha ricostruito la storia della redenzione umana dal peccato di Adamo ed Eva all'avvento di Maria Vergine. ■ DOCUMENTARIO; B/N; 95′; ITALIA, 1958.

RED E TOBY NEMICIAMICI ★★★
(The Fox and the Hound)
Regia di TED BERMAN, RICHARD RICH, ART STEVENS. PRODUZIONE DISNEY. ■ Dall'inesauribile fantasia del gruppo Disney ci giunge quest'altro piccolo classico per bambini di tutte le età: la volpe Red e il segugio Toby sono inseparabili amici d'infanzia, ma crescendo si troveranno a combattere l'uno contro l'altro. Un meccanismo perfetto, splendidamente animato, che diverte e commuove. ■ ANIMAZIONE; COL.; 81′; USA, 1981.

RED EYE ★★★
Regia di WES CRAVEN. Con TINA ANDERSON, GUY CHAPMAN, BRIAN COX, NOELLE DRAKE, TOM ELKINS, KYLE GALLNER, RAND GAMBLE, CARL GILLIARD, PAULINA HUNTER, LAURA JOHNSON, RACHEL MCADAMS, CILLIAN MURPHY. ■ *Red eye* è la storia di un duello tra due creature che avrebbero potuto amarsi e che finiscono per combattersi spietatamente. Messi in cantina i suoi *Scream*, Wes Craven cambia registro e si immerge in un thriller tradizionale, eppure incalzante. Per due terzi il racconto si svolge all'interno di un aereo in volo, in cui la giovane Lisa è praticamente ostaggio di chi le siede accanto, Jackson, un uomo dal fascino perverso che ha un progetto criminale: eliminare un uomo politico che occuperà una suite dell'hotel in cui lavora la fanciulla. ■ THRILLER; COL.; 85′; USA, 2005.

RED HEAT ★★
Regia di ROBERT COLLECTOR. Con LINDA BLAIR, SYLVIA KRISTEL, WILLIAM OSTRANDER. ■ Una ragazza americana va in Germania a trovare il suo fidanzato. Ma si caccia nei guai e finisce nel carcere femminile di Zwickau, dove rischia di non uscire viva. ■ DRAMMATICO; COL.; 92′; USA, 1985.

RE DI CUORI, IL *(Le roi)* ★★
Regia di MARC-GILBERT SAUVAJON. Con MAURICE CHEVALIER, SOPHIE DESMARETS, ANNIE DUCAUX. ■ Re Giovanni IV di Cerdagne in visita a Parigi è al centro dell'attenzione, soprattutto femminile, per il suo fascino. Ne nasce una serie di equivoci, ma il *savoir-faire* del re appiana tutto. ■ COMMEDIA; B/N; 93′; FRANCIA, 1949.

RE DI DENARI ★★
Regia di ENRICO GUAZZONI. Con ROSINA ANSELMI, MARIA DENIS, MARIO FERRARI, ANGELO MUSCO. ■ Il nipote di un ricco contadino ha sedotto la figlia di un nobile: il matrimonio riparatore si impone, ma la famiglia di lei storce il naso e pretende la separazione dei due colombi subito dopo le nozze. Il contadino rileva tutti i debiti dello schizzinoso nobile che, diventando suo debitore, cala immediatamente le arie e non oppone più ostacoli all'amore dei due ragazzi. ■ COMMEDIA; B/N; 89′; ITALIA, 1936.

RE D'INGHILTERRA NON PAGA, IL ★★
Regia di GIOVACCHINO FORZANO. Con ANDREA CHECCHI, SILVANA JACHINO, LUIGI PAVESE, OSVALDO VALENTI. ■ Nella Firenze del Quattrocento, due banche prestano denaro al re d'Inghilterra che non paga il suo debito mandando in rovina i due banchieri. Un terzo concorrente che era stato escluso dall'operazione e quindi ha ancora i capitali intatti rappacifica gli amici e le finanze sposando la figlia di uno dei due rovinati. ■ DRAMMATICO; B/N; 94′; ITALIA, 1941.

RE DI POGGIOREALE, IL ★★
Regia di DUILIO COLETTI. Con ERNEST BORGNINE, YVONNE SANSON, KEENAN WYNN. ■ Nella Napoli stremata dalla seconda guerra mondiale, Giuseppe Navarra si industria per aiutare i suoi concittadini con mille espedienti e a spese delle truppe alleate ben rifornite di viveri. Navarra diventa quasi una leggenda, conosciuto anche dai bambini come il re di Poggioreale, ma quando con la fine del conflitto la situazione si normalizza, viene completamente dimenticato. ■ DRAMMATICO; B/N; 92′; ITALIA, 1961.

RE DI ROMA – AQUILA IMPERIALE, IL ★★
(Napoléon II – L'aiglon)
Regia di CLAUDE BOISSOL. Con JEAN-PIERRE CASSEL, JACQUES JANNOD, JEAN MARAIS, GEORGES MARCHAL, BERNARD VERLEY. ■ Il figlio del grande Napoleone Bonaparte cresce alla corte imperiale austriaca tra i nemici di suo padre che vorrebbero costringerlo ad odiare il genitore. Il re di Roma delude le aspettative degli austriaci, ma non può accontentare nemmeno i bonapartisti che gli offrono di tornare sul trono di Francia. Minato dalla tisi muo-

re tra le braccia della madre Maria Luisa, duchessa di Parma. ■ STORICO; COL.; 105′; FRANCIA, 1961.

RE D'ISRAELE, IL *(Sins of Jezabel)* ★★
Regia di REGINALD LE BORG. Con PAULETTE GODDARD, JOHN HOYT, GEORGE NADER. ■ L'argomento è biblico: la perfida principessa fenicia Jezabel, sposa del re Akab e seguace del dio Baal, porta morte e distruzione alla corte d'Israele. Finirà mangiata dai cani. ■ STORICO; COL.; 95′; USA, 1953.

REDIVIVI, I *(The Frozen Dead)* ★★
Regia di HERBERT LEDER. Con DANA ANDREWS, KATHLEEN BRECK, ANNA FALK, KAREL STEPANEK. ■ Nell'allucinante laboratorio del dottor Norberg vengono riportati in vita alcuni capi del nazismo che da anni giacevano ibernati. In teoria dovrebbero riprendere il potere, ma pazzi erano e pazzi sono rimasti. Riescono a liberarsi del dottor Norberg ma non della nipote Jean e del suo amico medico. I due giovani riescono ad avere la meglio sul gruppo di criminali e riportano le cose alla normalità. ■ HORROR; B/N; 95′; GRAN BRETAGNA, 1966.

RED LIGHTS ★★
Regia di RODRIGO CORTÉS. Con ROBERT DE NIRO, TOBY JONES, CILLIAN MURPHY, JOELY RICHARDSON, SOGOURNEY WEAVER. ■ Margareth Matheson e il suo assistente Tom Buckley sono due importanti ricercatori esperti di paranormale del paese, quindi principali smascheratori di ciarlatani, guaritori e medium. La dottoressa Matheson in carriera non ha mai confermato un solo evento paranormale e il caso più clamoroso di tutti, quello del chiaroveggente cieco Simon Silver, è la sua ossessione. Chiunque cerchi di smascherare Silver fa una brutta fine. Ora il sedicente medium vuole portare in scena per l'ultima volta uno dei suoi affollati spettacoli psichici. Il segreto di ogni inganno è distrarre lo spettatore, farlo concentrare su un elemento per non notare il trucco. ■ THRILLER; COL.; 113′; USA, SPAGNA, 2012.

RED RIDING HOOD – CAPPUCCETTO ROSSO ★★
Regia di GIACOMO CIMINI. Con KATHLEEN ARCHEBALD, IAON GUNN, JUSTINE POWELL, ROBERT PURVIS, REMO REMOTTI, ANTONELLA SALVUCCI, SUSANNA SATTA. ■ Jenny McKenzie è una bambina che ha avuto un'infanzia molto difficile. Il padre è stato ucciso quando era stato da poco nominato membro della Suprema Corte degli Stati Uniti. Voleva ripristinare la giustizia e la moralità compromessa da una società sempre più corrotta. La madre era una ninfomane, sempre occupata con dei fidanzati più giovani di lei. Infine la nonna, attrice di teatro disoccupata, impegnata a proporsi per nuove parti, era ben lontana dai classici stereotipi di nonna con la sua nipotina. Un giorno la vita di Jenny cambia, quando la madre la porta a Roma e la abbandona per seguire un nuovo fidanzato. ■ DRAMMATICO; COL.; 90′; ITALIA, 2003.

RED RIVER *(Red River Range)* ★
Regia di GEORGE SHERMAN. Con RAY CORRIGAN, POLLY MORAN, JOHN WAYNE. ■ Tre indomiti cavalieri sono incaricati dal governatore del Texas di mettere fine alle imprese di una banda di razziatori di bestiame nella zona del fiume Rosso. Ci riescono infilando uno di essi (John Wayne) fra le file dei predatori. ■ WESTERN; B/N; 56′; USA, 1938.

RED ROAD ★★
Regia di ANDREA ARNOLD. Con ANDREW ARMOUR, MARTIN COMPSTON, TONY CURRAN, KATE DICKIE, PAUL HIGGINS, NATHALIE PRESS. ■ Jackie è una giovane donna con un segreto che da tempo le impedisce di vivere compiutamente. Impiegata come operatrice in un centro di sorveglianza nella periferia di Glasgow, osserva scorrere la vita anonima degli altri attraverso le telecamere a circuito chiuso. Strade, vie, negozi, cortili, finestre, il suo occhio arriva dappertutto, a soccorrere una donna aggredita, a sorridere di un uomo e il suo cane, a spiare una domestica, a vigilare sulla sicurezza di quella piccola comunità. Un giorno tra i volti anonimi riconosce un uomo che risveglia in lei un dolore rimosso. Ossessionata da lui comincia a indagare e a osservare la sua vita misera, spesa tra un appartamento fatiscente e un pub fumoso. Lo pedinerà fino a provocare un incontro, alla ricerca disperata di una spiegazione che la liberi dai sensi di colpa e dal passato. Darsi delle regole per comunicare è il pensiero che ha ispirato il film, primo di una trilogia intitolata *Advance Party*. Il progetto, prodotto dalla Zentropa di von Trier, dalla Sigma Film dello scozzese Gillian Berrei e dalla produttrice danese Sisse Graum Jorgensen, stabilisce delle regole pratiche: riprese in digitale, tre città scozzesi, una compagnia stabile di attori che conservano lo stesso ruolo, un gruppo di personaggi per tre registi esordienti. ■ DRAMMATICO; COL ; 90′; DANIMARCA, GRAN BRETAGNA, 2006.

RED ROCK WEST ★★
Regia di JOHN DAHL. Con NICOLAS CAGE, DENNIS HOPPER, VANCE JOHNSON, CRAIG REAY. ■ Michael va a cercare lavoro a Red Rock West e si ritrova assoldato per uccidere la moglie del proprietario del bar. La donna gli offrirà il doppio del compenso per uccidere il marito e da quel momento l'uomo si ritroverà coinvolto in un gioco pericoloso che lo vede tra le prede. Il noir è indubbiamente il genere preferito da John Dahl e da suo fratello Rick (produttore del film). Peccato che questa loro passione si riversi in un film di routine con un Nicolas Cage vittima predestinata sin dall'inizio e un Dennis Hopper decisamente sopra le righe. ■ DRAMMATICO; COL.; 99′; USA, 1993.

REDS ★★★
Regia di WARREN BEATTY. Con WARREN BEATTY, DIANE KEATON, JACK NICHOLSON, MAUREEN STAPLETON. ■ "I dieci giorni che sconvolsero il mondo", ovvero la Rivoluzione d'Ottobre vista con gli occhi di un giornalista americano e di sua moglie. Storia, politica, amore e libertà si fondono in un filmone costato quasi quaranta miliardi e forse non del tutto convincente, ma pervaso da una grande passione e da un'innegabile spettacolarità. ■ DRAMMATICO; COL.; 200′; USA, 1981. ■ DAVID DI DONATELLO 1 PR, 1 NOM; GOLDEN GLOBES 2 PR, 6 NOM; OSCAR 3 PR, 12 NOM.

RED SCORPION – SCORPIONE ROSSO ★
(Red Scorpion)
Regia di JOSEPH ZITO. Con DOLPH LUNDGREN, M. EMMER WALSH, AL WHITE. ■ Un soldato sovietico va in Africa per assassinare il capo di un gruppo di ribelli. Solo per i patiti di Lundgren. ■ AVVENTURA; COL.; 102′; USA, 1989.

RED SIREN *(La Sirène Rouge)* ★
Regia di OLIVIER MEGATON. Con ASIA ARGENTO, FRANCES BARBER, JEAN-MARC BARR, ALEXANDRA NEGRÃO. ■ Una ragazzina di dodici anni denuncia la madre alla polizia con l'accusa di aver ucciso la babysitter. La donna realizza snuff movies. La bambina cerca di raggiungere il padre in Portogallo. Ci sarà certamente qualcuno pronto a difenderla in questo film di marchio Besson che ha come punto di riferimento un libro di Maurice G. Dantec. Per il resto tutto è come appunto il marchio prevede: patinatura e adrenalina a mille. Ma destinata a non lasciare tracce. ■ DRAMMATICO; COL.; 116′; FRANCIA, 2002

REDUCE, IL *(The Farmer)* ★★★
Regia di DAVID BERLATSKY. Con GARY CONWAY, MICHAEL DANTE, TIMOTHY SCOTT, ERIC WESTON. ■ Un reduce dell'ultima guerra torna alla sua malandata fattoria. Nonostante ogni sforzo la situazione non migliora, poiché la banca gli rifiuta qualsiasi prestito. Diviene intanto amico di un ricattatore e amante della sua ragazza. Il primo, individuato dai malviventi che spremeva, finisce all'ospedale. Il reduce rifiuta di ucciderlo, ma quando perde le cose che più ama si ribella ed elimina, uno ad uno, tutti i nemici. ■ DRAMMATICO; COL.; 98′; USA, 1977.

RE ED IO, IL *(The King and I)* ★★★
Regia di WALTER LANG. Con MARTIN BENSON, YUL BRYNNER, DEBORAH KERR, RITA MORENO. ■ Il re dell'ancor arretrato Siam incarica un'insegnante inglese, giovane e bella vedova, di aprire le menti dei suoi numerosi figli. Benché rude e primitivo, il re è un uomo di notevole intelligenza e l'inglese ne subisce suo malgrado il fascino. Ma anche la donna diventa ben presto il consigliere ufficiale del sovrano, ed è a lei che quest'ultimo, prima di morire, affida l'erede al trono. ■ COMMEDIA COL.; 133′; USA, 1956. ■ OSCAR 5 PR, 9 NOM.

RE E IL MONSIGNORE, IL *(Le bon roi Dagobert)* ★★★
Regia di PIERRE CHEVALIER. Con GINO CERVI, FERNANDEL, MARTHE MERCADIER, PASCALE ROBERTS. ■ Nei sogni del pic-

colo Robert, scolaro distratto, la storia del re Dagoberto assume caratteri casalinghi: i personaggi storici hanno tratti familiari e le vicende stesse sono adattate a misura quotidiana. ■ COMMEDIA; B/N; 98′; FRANCIA, 1963.

REEKER ★
Regia di DAVE PAYNE. Con DEVON GUMMERSALL, TINA ILLMAN, MICHAEL IRONSIDE, ARIELLE KEBBEL, ERIC MABIUS, DEREK RICHARDSON, SCOTT WHYTE. ■ Un gruppo di ragazzi è in viaggio in auto per recarsi a un rave party: quando l'automobile si guasta, sono costretti a rifugiarsi in un motel che sorge in mezzo al nulla. A complicare le cose c'è anche la presenza di uno spacciatore di droga che li insegue per vendicarsi della truffa subita da uno dei cinque: ben presto oscure presenze, apparizioni misteriose e terribili miasmi cominciano a tormentare i giovani che, uno dopo l'altro, perdono la vita. Ennesimo film della serie "teenager idioti che trovano la morte nei peggiori modi possibili", *Reeker* è ovviamente stracolmo di cliché e luoghi comuni. ■ HORROR; COL.; 90′; USA, 2005.

RE E LA BALLERINA, IL ★★★
(The King and the Chorus Girl)
Regia di MERVYN LE ROY. Con JOAN BLONDELL, FERNAND GRAVEY, EDWARD EVERETT HORTON, JANE WYMAN. ■ Un aristocratico si innamora di una ballerina delle Folies Bergère. ■ COMMEDIA; B/N; 134′; USA, 1937.

RE E LA REGINA, IL *(Rois et Reine)* ★★
Regia di ARNAUD DESPLECHIN. Con MATHIEU AMALRIC, NATHALIE BOUTEFEU, CATHERINE DENEUVE, EMMANUELLE DEVOS, MAURICE GARREL, JEAN-PAUL ROUSSILLON. ■ Strutturato come un'opera teatrale in due atti e un epilogo, il film si apre sulla musica di *Moon River*, che fa da sottofondo allo scorrere del traffico per le vie di Parigi, per introdurre i due personaggi, protagonisti di storie parallele, apparentemente indipendenti. Nora, gallerista d'arte trentacinquenne, che vive con il padre malato e il figlio Elias, in attesa di sposarsi con un uomo che non ama ma le conferisce la certezza di un affetto; Ismael, folle suonatore di viola, che viene rinchiuso in un ospedale psichiatrico per i suoi presunti tentativi di suicidio. Le loro strade non si incontrano, se non in un momento, quando le condizioni del padre di Nora si aggravano drammaticamente, per condividere ciò che avevano vissuto insieme per qualche anno. Desplechin descrive le relazioni e i rapporti familiari, nel loro percorso in bilico fra vita e morte, ragione e pazzia. ■ DRAMMATICO; COL.; 150′; FRANCIA, 2004.

REFURTIVA NASCOSTA *(Buried Lost)* ★★
Regia di GEORGE BRACKETT SEITZ. Con ROBERT TAYLOR. ■ Un cassiere di banca finisce in prigione per aver rubato una grossa somma, ma la sua intenzione è quella di scontare la breve pena e poi di darsi alla bella vita. Gli investigatori della società assicuratrice però non dormono e quando il cassiere fugge per riprendersi i quattrini e riparare all'estero lo bloccano con le mani nel sacco. ■ GIALLO; B/N; 92′; USA, 1935.

REGALO, IL *(Le cadeau)* ★★
Regia di MICHEL LANG. Con CLAUDIA CARDINALE, CLIO GOLDSMITH, PIERRE MONDY. ■ Stufo della routine quotidiana, un bancario dimesso accetta il prepensionamento e decide di concedersi un lungo viaggio di piacere. I colleghi gli fanno però un sorprendente regalo: una splendida ragazza-squillo lo accompagnerà a Venezia. ■ COMMEDIA; COL.; 108′; FRANCIA, 1981.

REGALO A SORPRESA ★
Regia di FABRIZIO CASINI. Con MASSIMO CECCHERINI, PAOLO GASPARINI, GIUSEPPE GIACOBAZZI, FRANCESCA LEONI, ROBERTO NOBILE. ■ Luca vive comodamente con la madre e non vuole saperne di convivere con la fidanzata, Elena. Un giorno però lei, stanca di aspettarlo, rompe il rapporto. Per recuperare la situazione Luca offre ad Elena un anello che fa impacchettare in un uovo di Pasqua di cioccolata. Ma il pasticciere si sbaglia ed Elena si ritrova con la sorpresa di un altro cliente... una frusta sadomaso. E non gradisce. Luca, con l'aiuto dello strampalato amico Marco, cercherà di rimediare ritrovando l'anello. Un percorso ad ostacoli alla ricerca dell'amore perduto. ■ COMMEDIA; COL.; 75′; ITALIA, 2013.

REGALO DI NATALE ★★★
Regia di PUPI AVATI. Con DIEGO ABATANTUONO, GIANNI CAVINA, CARLO DELLE PIANE. ■ Quattro amici di vecchia data si ritrovano la notte di Natale per una partita di poker, che si rivela ben presto tutt'altro che amichevole. Sul piatto, oltre a un bel po' di soldi, c'è il bilancio della vita di ognuno: i fallimenti, le sconfitte, i tradimenti, le menzogne, gli inganni. È uno tra i più bei film di Avati, lucido, amaro, avvincente, con in più un Abatantuono sorprendente nel suo primo ruolo drammatico. ■ DRAMMATICO; COL.; 101′; ITALIA, 1986. ■ DAVID DI DONATELLO 2 PR, 2 NOM; VENEZIA 1 PR.

REGARDE LES HOMMES TOMBER – GUARDA GLI UOMINI CADERE *(Regarde les hommes tomber)* ★★
Regia di JACQUES AUDIARD. Con MATHIEU KASSOVITZ, BULLE OGIER, JEAN-LOUIS TRINTIGNANT, JEAN YANNE. ■ Simon vuole vendicare un amico poliziotto caduto in coma. Cerca allora le prove per incastrare due personaggi piuttosto strani: uno anziano e nevrotico e l'altro giovane e sottomesso. Simon finisce per essere plagiato dai due. ■ DRAMMATICO; COL.; 100′; FRANCIA, 1994.

REGENERATION ★★
Regia di GILLIES MACKINNON. Con JONATHAN PRYCE, JAMES WILBY. ■ 1917: in Scozia, in un ospedale militare, si curano i reduci della guerra. Sassoon e Owen sono due poeti traumatizzati che cercano di ritrovare se stessi. Lo psicologo che li cura usa sistemi all'avanguardia, che danno buoni risultati. Nel frattempo si ragiona sulla guerra, sul bene e sul male. Presentato a Venezia. Debole. ■ DRAMMATICO; COL.; 100′; GRAN BRETAGNA, 1998.

REGGAE SUNSPLASH ★★★
Regia di STEFAN PAUL. Con BOB MARLEY, PETER TOSH. ■ Una chicca per gli appassionati di musica reggae: il lungo filmato mostra infatti i massimi rappresentanti del genere, Bob Marley e Peter Tosh, durante un festival canoro svoltosi in Giamaica. Di lì a poco Marley sarebbe morto, e la pellicola rappresenta una delle sue ultime apparizioni. ■ MUSICALE; COL.; 90′; GIAMAICA, 1980.

REGGIA SUL FIUME, LA ★★
Regia di ALBERTO SALVI. Con GINO GIANCHI, LEDA GLORIA, RENZO NERUSI, LIANA PERSI, POLIDOR. ■ La reggia sul fiume è una baracca dove vivono tre barboni per vocazione, capaci di catturare un ladro ricercato dall'Interpol per guadagnare la taglia: non per loro, che del denaro non saprebbero che farsene, ma per una giovane che ne ha bisogno per sposarsi. ■ COMMEDIA; B/N; 92′; ITALIA, 1940.

REGINA *(Regine)* ★★
Regia di ERICH WASCHNECK. Con OLGA TSCHECHOWA, LUISE ULLRICH, ADOLF WOHLBRÜCK. ■ Una semplice contadina diventa la moglie di un ricco ingegnere e questo scatena l'invidia di una donna rifiutata. Durante un'assenza del marito, la giovane sposa è calunniata a torto e torna nella sua casa di campagna per suicidarsi, ma l'ingegnere arriva appena in tempo per salvarla. ■ COMMEDIA; B/N; 93′; GERMANIA, 1934.

REGINA ★★★
Regia di SALVATORE PISCICELLI. Con FABRIZIO BENTIVOGLIO, GIULIANA CALANDRA, IDA DI BENEDETTO. ■ Crisi esistenziale d'una attrice di teatro non troppo nota, Regina, che durante la recita del *Macbeth* si sente male e viene ricoverata in un ospedale di montagna. Tornata in città viene presa da un morboso sentimento per un uomo più giovane di lei e dal passato equivoco. Poi, da lui, pretende la propria morte. ■ DRAMMATICO; COL.; 87′; ITALIA, 1987.

REGINA CRISTINA, LA *(Queen Christina)* ★★★★
Regia di ROUBEN MAMOULIAN. Con GRETA GARBO, JOHN GILBERT, IAN KEITH, C. AUBREY SMITH, LEWIS STONE, ELIZABETH YOUNG. ■ La regina di Svezia, Cristina, ha molti pretendenti che vorrebbero sposarla per ragioni di Stato. Ma l'incontro con un diplomatico spagnolo, avvenuto casualmente, è fatale per entrambi. Cristina abdica per poter vivere la sua storia d'amore, ma uno dei suoi cortigiani sfida a duello lo spagnolo e lo uccide. Sola, senza trono e senza amore, Cristina comincia i suoi vagabondaggi per l'Europa. Grande esercizio di cinema. Mamoulian dispose un'ambientazione straordinaria, la Garbo fu capace di una suggestione addirittura più intensa del solito (famoso il suo sguardo vuoto

nell'ultima scena del film, ottenuto dopo giorni e giorni di tentativi). L'unica nota stonata è Gilbert, costretto a parlare, lui divo del muto. L'attore era stato imposto a forza dalla Garbo. ■ STORICO; B/N; 97′; USA, 1933.

REGINA D'AFRICA, LA *(The African Queen)* ★★★★★
Regia di JOHN HUSTON. Con THEODORE BIKEL, HUMPHREY BOGART, PETER BULL, KATHARINE HEPBURN, ROBERT MORLEY. ■ Charlie, che viaggia sulla vecchia barca *Regina d'Africa*, accoglie Rosy, scampata alla distruzione della missione africana nella quale viveva con il fratello. Lui è un ubriacone provato dalla vita, lei una zitella sensibile e di carattere, ma un po' bacchettona. Gli avvenimenti che vivranno insieme avvicineranno personalità tanto contrastanti. Siamo in piena prima guerra mondiale e nella regione dei grandi laghi i tedeschi dominano la zona con una nave da guerra. Rosy convince Charlie a tentare di risalire il fiume per distruggere la nave, ma subito dopo aver preparato un siluro, i due vengono catturati e la *Regina d'Africa* affondata. Stanno per essere impiccati dai tedeschi quando il relitto della *Regina d'Africa* con ancora attaccato il siluro fa saltare in aria la nave da guerra e tutti quelli che sono a bordo. Rosy e Charlie si salvano e possono coronare col matrimonio la loro storia d'amore. È uno dei grandi film americani, uno dei pochi che trovano d'accordo critica e pubblico. I due protagonisti forniscono un'interpretazione straordinaria e anche Huston fece vibrare corde nuove nel repertorio dei due (Bogart riesce persino ad essere comico). Humphrey Bogart ottenne con questo film l'unico Oscar della sua carriera. ■ AVVENTURA; COL.; 105′; USA, 1952. ■ OSCAR 1 PR, 4 NOM.

REGINA DEGLI SCACCHI, LA ★
Regia di CLAUDIA FLORIO. Con ETTORE BASSI, TONI BERTORELLI, BARBARA BOBULOVA, VALERIA D'OBICI. ■ Una ragazza si rifugia nel mondo certo degli scacchi per non affrontare il proprio difficile passato familiare: quando lo farà, crescerà come persona, ma perderà le sue eccezionali capacità di gioco. Liberamente tratto da una storia vera, il film è un pasticciaccio confuso di scrittura e regia: sembra uno sceneggiato televisivo dei peggiori. Sprecati il talento di Toni Bertorelli e la sensibilità del compositore Luis Bacalov. ■ DRAMMATICO; COL.; 93′; ITALIA, 1999.

REGINA DEI BARBARI, LA *(The Barbarian Queen)* ★
Regia di HECTOR OLIVERA. Con LANA CLARKSON, KATT SHEA, FRANK ZAGARINO. ■ Un crudele "signore della guerra" ha massacrato una tribù di amazzoni. Ma quattro delle donne si salvano e iniziano una terribile vendetta contro lo sterminatore e i suoi sgherri. ■ AVVENTURA; COL.; 94′; ARGENTINA, USA, 1985.

REGINA DEI CASTELLI DI CARTA, LA ★
(Luftslottet som sprängdes)
Regia di DANIEL ALFREDSON. Con LENA ENDRE, ANNIKA HALLIN, MICHAEL NYQVIST, PER OSCARSSON, NOOMI RAPACE. ■ Sopravvissuta al confronto col padre e alla furia del fratellastro, Lisbeth Salander viene ricoverata in ospedale con una pallottola in testa. A un passo dalla morte e a due camere dalla stanza di Alexander Zalachenko, la ragazza che odia gli uomini e su tutti il genitore disertore, è una minaccia per la Sezione, ramo deviato e criminale della SÄPO (i servizi segreti svedesi). Sfinita dagli abusi e dai soprusi, Lisbeth è decisa a rivelare al mondo le mostruosità commesse dal padre e dallo spregevole dottor Teleborian, disposto di nuovo a redigere a suo danno una falsa perizia psichiatrica. Per salvaguardare Zalachenko, preziosa fonte di informazioni, e il loro circolo corrotto operativo dagli anni Settanta, i "servizi" organizzeranno una violenta rappresaglia. A difesa della verità e della vita di Lisbeth ancora una volta interverrà Mikael Blomkvist. Terzo e ultimo capitolo della trilogia cinematografica tratta da uno dei casi editoriali più straordinari degli ultimi anni, *Millennium* di Stieg Larsson. ■ THRILLER; COL.; 148′; SVEZIA, DANIMARCA, GERMANIA, 2009.

REGINA DEI DANNATI, LA *(Queen of the damned)* ★
Regia di MICHAEL RYMER. Con AALIYAH, MARGUERITE MOREAU, LENA OLIN, VINCENT PEREZ, STUART TOWNSEND. ■ Sembra quasi che una sorta di maledizione abbia accompagnato l'uscita di questo film horror: la giovane protagonista Aaliyah, infatti, è morta in un incidente aereo subito dopo la fine delle riprese. Il vampiro Lestat, risvegliatosi dopo un sonno di secoli, decide di diventare un divo del rock. La sua musica risveglia Akasha, madre di tutti i vampiri, ma la sua improvvisa celebrità scatena anche le ire e le invidie delle altre creature delle tenebre. Si scatena così l'ennesima, sanguinolenta (prevedibile e noiosa) lotta fratricida tra le forze dell'occulto: ma perché ci sembra già tutto visto e rivisto? ■ HORROR; COL.; 100′; USA, 2001.

REGINA DEI DESPERADOS, LA *(Montana Belle)* ★★
Regia di ALLAN DWAN. Con SCOTT BRADY, GEORGE BRENT, JANE RUSSELL. ■ La vedova di un fuorilegge si lega ad una banda di delinquenti e in breve, indossando abiti maschili, supera i suoi maestri in fatto di ruberie. L'incontro con Tom, proprietario di una casa da gioco, le è fatale e per amore finisce in prigione. Poco le importa, perché Tom la aspetterà. ■ WESTERN; COL.; 81′; USA, 1952.

REGINA DEI PIRATI, LA *(Anne of the Indies)* ★★
Regia di JACQUES TOURNEUR. Con HERBERT MARSHALL, DEBRA PAGET, JEAN PETERS. ■ L'intrepida corsara Anna, meglio conosciuta come Capitan Provvidenza, è praticamente imbattibile finché non si innamora di Pierre, un altro pirata messole alle costole dagli inglesi. Questi viene comunque scoperto da Anna che non ha il coraggio di ucciderlo ma lo aiuta a fuggire insieme alla moglie. È lei a rimetterci la vita, ma Pierre è salvo. ■ AVVENTURA; COL.; 81′; USA, 1951.

REGINA DEI TAGLIABORSE, LA *(I Was a Shoplifter)* ★★
Regia di CHARLES LAMONT. Con SCOTT BRADY, MONA FREEMAN. ■ Una banda di ladri ricatta i poveri cleptomani scoperti a rubare nei grandi magazzini costringendoli a lavorare per loro. Un poliziotto, introdottosi nell'ambiente con un trucco, riesce a scoprire e far saltare l'organizzazione. ■ POLIZIESCO; B/N; 82′; USA, 1950.

REGINA DEI TARTARI, LA ★★
Regia di SERGIO GRIECO. Con CHELO ALONSO, FOLCO LULLI, MARIO PETRI, JACQUES SERNAS. ■ Tania, pupilla di Igor, alla morte di questi diventa regina dei Tartari. Malok, che avrebbe più diritto di lei alla successione, non osa adoperare la maniera forte perché è innamorato della donna. Ma il rimedio alla controversia i due lo trovano con il matrimonio. ■ AVVENTURA; COL.; 93′; ITALIA, 1960.

REGINA DEI VAMPIRI, LA *(Vampire Circus)* ★★
Regia di ROBERT YOUNG. Con ADRIENNE CORRI, JOHN MOULDER BROWN, THORLEY WALTERS. ■ Un'intera famiglia di vampiri terrorizza un villaggio: i morti-viventi hanno organizzato nientemeno che un circo. Gli abitanti, per liberarsi dell'incomodo, appiccano fuoco al tendone e trafiggono con paletti di legno gli inconsueti artisti. ■ HORROR; COL.; 87′; GRAN BRETAGNA, 1971.

REGINA DEI VICHINGHI, LA *(The Viking Queen)* ★★
Regia di DON CHAFFEY. Con ADRIENNE COR, DONALD HOUSTON, ANDREW KEIR, DON MURRAY. ■ Tra il conquistatore Valerio, romano, e la principessa Alina, figlia del re dei Britanni, nasce l'amore. Il gran sacerdote, che vede in pericolo la sua autorità, non è d'accordo e provoca uno scontro tra i due eserciti. Alina, sconfitta, si uccide piuttosto che finire a Roma come prigioniera. ■ AVVENTURA; COL.; 91′; GRAN BRETAGNA, 1966.

REGINA DEL FAR WEST, LA *(Cattle Queen of Montana)* ★★
Regia di ALLAN DWAN. Con GENE EVANS, RONALD REAGAN, BARBARA STANWYCK. ■ La figlia di un proprietario terriero è l'unica della famiglia scampata alla strage compiuta dagli indiani. Questi ultimi, sobillati da un bianco che vuole impadronirsi delle terre di tutta la valle, si trovano a fronteggiare un gruppo di resistenti tra cui Colorado, uno dei loro che ha frequentato l'università dei bianchi e si è "civilizzato". L'indiano buono e i bianchi bistrattati dai prepotenti alla fine hanno la meglio, aiutati anche da un ufficiale degli Stati Uniti in incognito. ■ WESTERN; COL.; 88′; USA, 1954.

REGINA DEL KARATE, LA ★★
Regia di LUNG CHIEN. Con CHANG CHING, HSIEN CHIN, CHIN CHU. ■ Un'anziana donna cinese, alla quale i figli hanno lasciato in custodia i nipoti prima di sparire nel nulla, decide di partire alla loro ricerca. Capita nel bel mezzo di lotte tra bande di crimi-

nali, ma trova validi alleati che sconfiggeranno per lei i suoi nemici. ■ DRAMMATICO; COL.; 92′; HONG KONG, 1972.

REGINA DELLA NOTTE *(Women of Glamour)* ★★
Regia di GORDON WILES. Con VIRGINIA BRUCE, MELVIN DOUGLAS. ■ Un pittore di successo lascia la fidanzata, ragazza di ottima famiglia, perché si è innamorato di una ragazza di cattivissima reputazione. In un sussulto di onestà, la ragazza perduta gli spiega perché lui non dovrebbe sposarla, ma l'uomo non vuol sentire ragioni e pronuncia il fatale "sì". ■ COMMEDIA; B/N; 92′; USA, 1937.

REGINA DELLA NOTTE *(Cérémonie d'amour)* ★★
Regia di WALERIAN BOROWCZYK. Con JOSY BERNARD, MATHIEU CARRIÈRE, MARINA PIERRO. ■ Borowczyk, regista abbonato all'erotismo e alle storie di trasgressioni, si lancia sul classico di André Pierre de Mandiargues sull'onda delle musiche di Bach. Il risultato, come sempre con Borowczyck, è più curioso e impertinente che convincente. Protagonista è un quarantenne molto sicuro di sé che esce malconcio dalla notte d'amore con una prostituta (con unghioni affilatissimi lei lo fa a brani). Sanguinante e sconvolto, assiste al suicidio di una passante e viene arrestato per omicidio. ■ DRAMMATICO; COL.; 95′; FRANCIA, 1988.

REGINA DELLA POVERA GENTE – CENERENTOLA ED ERNESTO, LA ★★
Regia di PEDRO RAMIREZ. Con FRANCO INTERLENGHI, ANTONELLA LUALDI. ■ La tranquillità del piccolo mondo di Giulia viene sconvolta dalla notizia, falsa, che un avvocato imbroglione mette in giro: quella di una favolosa eredità. Giulia diventa il centro dell'attenzione e delle premure di tutti, ma perde l'innamorato. Questi tornerà soltanto quando la notizia si rivelerà infondata. ■ COMMEDIA; B/N; 93′; ITALIA, 1957.

REGINA DELLA SCALA ★★
Regia di CAMILLO MASTROCINQUE. Con GIUSEPPE ADDOBBATI, MARGHERITA CAROSIO. ■ Una tenue vicenda d'amore tra un direttore d'orchestra e una giovane cantante fa da filo conduttore a questo film, allacciando tra loro vari episodi che raccontano la storia del teatro milanese. ■ COMM. MUSICALE; B/N; 94′; ITALIA, 1936.

REGINA DELLA SIERRA MORENA, LA ★★
(La Duquesa de Benameji)
Regia di LUIS LUCIA. Con JORGE MISTRAL, AMPARO RIVELLES. ■ Tra un bandito della Sierra e una nobile dama che egli ha rapito nasce un grande amore. La nobildonna tenta di ottenere la grazia per l'amato dal governatore ma una zingara innamorata del bandito tradisce tutta la banda e ferisce a morte la bella duchessa. Sul letto di morte di quest'ultima banditi e uomini di legge si rappacificano. ■ AVVENTURA; B/N; 91′; SPAGNA, 1949.

REGINA DELLE AMAZZONI, LA ★★
Regia di VITTORIO SALA. Con GIANNA MARIA CANALE, ALBERTO FARNESE, DORIAN GRAY, DANIELA ROCCA, ROD TAYLOR. ■ Due guerrieri finiti per caso nel regno delle Amazzoni rischierebbero di fare la fine dei loro predecessori: usati come riproduttori della specie e uccisi, se due fanciulle non si innamorassero di loro. In più i due compiono un'azione a difesa del regno: la loro salvezza è garantita. ■ AVVENTURA; COL.; 93′; ITALIA, 1960.

REGINA DELLE NEVI, LA *(Snezaja Koroleva)* ★★
Regia di LEV ATAMANOV. ■ La vecchia favola di Andersen disegnata per il cinema dai sovietici con buon gusto e molta poesia. Gerda, a costo di incredibili sacrifici, riesce a liberare l'amato Kai dalla crudele tirannia della regina delle nevi. ■ ANIMAZIONE; COL.; 94′; URSS, 1957.

REGINA DELLE PIRAMIDI, LA ★★★
(Land of the Pharaohs)
Regia di HOWARD HAWKS. Con SIDNEY CHAPLIN, JOAN COLLINS, JACK HAWKINS, ALEX MINOTIS. ■ È la storia del grande faraone Cheope, che fece costruire l'omonima piramide. Cheope viene ucciso dalla seconda moglie, bellissima ma avida e perfida, appena la piramide è completata. Il suo fedele sacerdote, con un abile inganno, convince l'infedele regina ad entrare nella gigantesca tomba e subito dopo chiude la pesante porta per sempre. ■ AVVENTURA; COL.; 106′; USA, 1955.

REGINA DELL'INFERNO, LA *(Night Angel)* ★
Regia di DOMENIQUE OTHENIN-GIRARD. Con ISA ANDERSEN, KAREN BLACK. ■ Lilith è una dea malvagia. Vuole utilizzare i propri poteri contro la redazione di un periodico di moda. ■ HORROR; COL.; 90′; USA, 1989.

REGINA DELLO STRIP-TEASE, LA ★
(Juventud a la intémperie)
Regia di IGNACIO F. IQUINO. Con RITA CADILLAC, JUAN CAPRI, MARIA DEL SOL, MANUEL GIL. ■ Un commissario indaga sull'assassinio della donna amata dal proprio figlio, anche per scagionare il ragazzo da ogni sospetto. Scopre così loschi intrighi nei quali sono implicati importanti e insospettabili personaggi. Il poliziotto va avanti senza lasciarsi spaventare e li fa arrestare tutti. ■ GIALLO; B/N; 95′; SPAGNA, 1961.

REGINA DEL RIO DELLE AMAZZONI, LA ★★
(Lana die Königin der Amazonen)
Regia di GÉZA VON CZIFFRA. Con DIETER APPLER, ANTON DIFFRING, MICHAEL HINZ, CATHERINE VON SCHELL. ■ Due spedizioni s'inoltrano nel cuore dell'Amazzonia. Un gruppo cerca l'oro, l'altro, capitanato da uno scienziato, vuol trovare le tracce di un'antica tribù di donne guerriere. La tribù c'è ancora: le diavolesse attaccano scienziati e cercatori e ne fanno strage. Si salva un giovane perché riesce a far innamorare la regina delle Amazzoni. ■ AVVENTURA; COL.; 94′; GERMANIA, 1964.

REGINA DI BROADWAY, LA *(In Person)* ★★
Regia di WILLIAM A. SEITER. Con GEORGE BRENT, GINGER ROGERS. ■ Ginger Rogers impersona qui una celebre attrice di teatro e di cinema che per il superlavoro s'è fatta venire l'esaurimento. Un medico le prescrive riposo in montagna nonché la compagnia di un altro dottore in grado di farle recuperare l'equilibrio psicofisico. La cura riesce ottimamente. Al termine medico e paziente si sposeranno felicemente. ■ COMMEDIA; B/N; 85′; USA, 1935.

REGINA DI NAVARRA, LA ★★
Regia di CARMINE GALLONE. Con GINO CERVI, RENATO CIALENTE, LEONARDO CORTESE, ELSA MERLINI. ■ Francesco I è stato fatto prigioniero da Carlo V nella battaglia di Pavia, ma interviene Margherita (futura moglie di Enrico di Navarra) a rimettere le cose a posto. Combina cioè il matrimonio di Francesco con la sorella di Carlo. Una volta cognati, i due sovrani fanno pace. ■ STORICO; B/N; 93′; ITALIA, 1932.

REGINA DI PICCHE, LA *(Trouble for Two)* ★★★
Regia di J. WALTER RUBEN. Con LOUIS HAYWARD, ROBERT MONTGOMERY, REGINALD OWEN, ROSALIND RUSSELL. ■ Ispirato al *Club dei suicidi* di Robert Louis Stevenson. L'accento però non è tanto messo sul club, organizzazione criminale che provvede all'eliminazione dei propri soci inadempienti, quanto sul battibecco amoroso fra un principe ereditario in vacanza a Londra e la promessa sposa che lo segue nella capitale inglese a sua insaputa. ■ GIALLO; B/N; 75′; USA, 1936.

REGINA DI SABA, LA ★★
Regia di PIETRO FRANCISCI. Con GINO CERVI, GINO LEURINI, LEONORA RUFFO, FRANCO SILVA. ■ Salomone è in lotta contro il regno di Saba e manda suo figlio Roboam a spiare nel campo nemico. Roboam durante la missione s'innamora della figlia del re, Balkis. Balkis un giorno diventa regina, ma quando scopre l'identità di Roboam porta il suo esercito nel regno d'Israele. Nella battaglia sotto le mura di Gerusalemme, Balkis è battuta e fatta prigioniera. Niente paura: il saggio Salomone ha già trovato il modo di sistemare tutto, dando la regina in moglie a Roboam. Corona un sogno d'amore e toglie motivo a qualsiasi prosecuzione della guerra. ■ STORICO; B/N; 98′; ITALIA, 1952.

REGINA DI VENERE, LA *(Queen of outer Space)* ★★
Regia di EDWARD L. BERNDS. Con BARBARA DARROW, ERIC FLEMING, ZSA ZSA GABOR, DAVE WILLOCK. ■ Quattro astronauti capitano su Venere. Il pianeta è governato da una terribile regina sfigurata per le radiazioni nucleari. I quattro vengono condannati a morte dalla tiranna (che ha un odio personale per il sesso forte), ma interviene una bionda venusiana innamorata di uno dei terrestri a salvarli, capeggiando una rivolta contro la regina ar-

pia. Costei muore. I buoni fanno rotta verso la Terra. ■ FANTASCIENZA; COL.; 93′; USA, 1958.

REGINA MARGOT, LA *(La reine Margot)* ★★
Regia di JEAN DRÉVILLE. Con ARMANDO FRANCIOLI, JEANNE MOREAU, FRANÇOISE ROSAY, ANDRÉ VERSINI. ■ Primo ruolo di protagonista per Jeanne Moreau, nei panni dell'eroina di Dumas, figlia di Caterina de' Medici e moglie di Enrico di Navarra. Margot è un'anima bella coinvolta nella lotta fra le fazioni dei Guisa e dei Navarra. La madre l'ha data in sposa a Enrico, ma solo per attirare in trappola costui e farlo trucidare nella notte di S. Bartolomeo. Enrico però sfugge a tutte le trappole: sarà lui il nuovo re di Francia dopo la morte di Carlo IX figlio di Caterina. Margot sarà regina, ma intanto il conte de la Mole, un nobile ugonotto suo amante, è stato decapitato per ordine di Caterina. ■ AVVENTURA; COL.; 93′; FRANCIA, ITALIA, 1954.

REGINA MARGOT, LA *(La reine Margot)* ★★
Regia di PATRICE CHÉREAU. Con ISABELLE ADJANI, JEAN-HUGUES ANGLADE, ASIA ARGENTO, DANIEL AUTEUIL, MIGUEL BOSÈ, VIRNA LISI. ■ La guerra tra cattolici e protestanti porta a un inutile massacro. La regina Margot costretta al matrimonio di un uomo che non ama deve assistere ai delitti della madre. Quest'ultima per uccidere i nemici finisce con lo sterminare la propria famiglia. Un progetto che stava a cuore al vecchio Marcel Carné è stato diretto invece dal regista di stampo teatrale Chéreau. Peccato perché il lavoro di Dumas nelle sue mani diventa accurato nelle scenografie e nei costumi ma molto manierato nella regia. Alcune scene sono estremamente violente. Le interpretazioni sono quindi rese innocue e banali, tranne il personaggio forte e negativo di Virna Lisi che ha vinto il premio a Cannes. Oltre a Virna Lisi, nel cast ci sono gli italiani Asia Argento e Claudio Amendola, che se la cavano bene nonostante gli ostacoli di sceneggiatura. Successo di pubblico. ■ STORICO; COL.; 158′; FRANCIA, 1994. ■ CANNES 2 PR; GOLDEN GLOBES 1 NOM; OSCAR 1 NOM.

REGINA PER CESARE, UNA ★★
Regia di PIERO PIEROTTI. Con GIORGIO ARDISSON, PASCALE PETIT, GORDON SCOTT, AKIM TAMIROFF. ■ Ovvero la giovinezza di Cleopatra. Vediamo Cleopatra accendere gli ultimi lampi di passione nel vecchio generale Pompeo ormai prossimo a tragica fine e presentarsi a Giulio Cesare avvolta in un tappeto orientale. Cesare se ne innamora: farà in modo di regalarle il regno d'Egitto, a scapito del fratello di lei, Tolomeo, legittimo erede al trono. ■ STORICO; COL.; 92′; ITALIA, 1962.

REGINA SANTA *(Reina Santa)* ★★
Regia di RAFAEL GIL. Con LUISITA ESPANA, MARUCHI FRESNO, ANTONIO VILAR. ■ Isabella d'Aragona diventa regina del Portogallo. Avrà il suo bel daffare per tutta la vita. Prima con il marito, che la tradisce senza troppi riguardi, poi con i figli sempre in lotta fra loro. Alla morte del padre scoppia la guerra fra l'infante e i due fratellastri. Ma Isabella con i suoi buoni uffici riesce a scongiurarla; poi si ritira in convento. ■ STORICO; B/N; 93′; SPAGNA, 1946.

REGINA TRA DUE CUORI, UNA *(Fit for a King)* ★★
Regia di EDWARD SEDGWICK. Con JOE E. BROWN, PAUL KELLY, HELEN MACK. ■ Due reporter americani si accodano allo staff di un nobile europeo che sta preparando la presa di potere da parte di una principessa. Uno dei reporter si innamora della regale fanciulla, tutt'altro che propensa a prendersi sulle spalle gli affari di Stato. La ragion di Stato per una volta non vince: saranno gli innamorati ad avere l'ultima parola. ■ COMMEDIA; B/N; 94′; USA, 1937.

REGINA VERGINE, LA *(Young Bess)* ★★★
Regia di GEORGE SIDNEY. Con STEWART GRANGER, DEBORAH KERR, CHARLES LAUGHTON, JEAN SIMMONS. ■ La giovinezza di Elisabetta I d'Inghilterra. Figlia di Enrico VIII e di Anna Bolena, le viene concesso di entrare a corte poco prima della morte del padre. Si innamora dell'ammiraglio Tom Seymour, ma costui sposa la vedova del re, Caterina Parr. Muore anche Caterina e sembra non ci siano più problemi alla love story fra la principessa e Seymour, ma il fratello dell'ammiraglio lo fa imprigionare e condannare a morte. Dopo qualche anno Elisabetta diventa regina, ma in ricordo di Tom, non vorrà mai sposarsi. ■ STORICO; COL.; 112′; USA, 1953. ■ OSCAR 2 NOM.

REGINE PER UN GIORNO *(Reines d'un jour)* ★★
Regia di MARION VERNOUX. Con JANE BIRKIN, CLÉMENTINE CÉLARIÉ, HÉLÈNE FILLIÈRES, SERGI LÓPEZ. ■ La giornata di 4 donne e una bambina parigine: Hortense medita di tradire il marito, Marie Laure scopre di essere incinta e viene licenziata, la moglie del conducente d'autobus Luis decide finalmente di lasciarlo, Marlene si prepara a rincontrare il suo antico amore, mentre la piccola Lucie viene abbandonata a scuola dai genitori per un equivoco. Il film è un puzzle ben incastrato di vicende paradigmatiche fino al grottesco, costruito per mostrare le sfaccettature dell'animo femminile e la sostanziale capacità delle donne di reagire positivamente alle situazioni. Il femminismo di fondo gli nuoce non poco, ma rimane pur sempre il brillante sapore della commedia. ■ COMMEDIA; COL.; 96′; FRANCIA, 2001.

REGINETTA DEI MONELLI, LA *(Dimples)* ★★★
Regia di WILLIAM A. SEITER. Con ROBERT KENT, FRANK MORGAN, SHIRLEY TEMPLE, HELEN WESTLEY. ■ A New York nel diciannovesimo secolo, un vecchio, trovandosi in cattive acque, fa adottare la sua nipotina da una facoltosa famiglia. Appena può, però, se la riprende. La piccolina diverrà alla fine una stella del teatro. ■ COMMEDIA; B/N; 78′; USA, 1936.

REGINETTA DEI SIGMA CHI, LA ★★
(The Sweethart of Sigma Chi)
Regia di EDWIN L. MARIN. Con BUSTER CRABBE, ELYSE KNOX. ■ Il "sigma chi" è il simbolo del club di un'università americana. La reginetta è la bella del gruppo che flirta con quasi tutti i soci ma alla fine si decide per l'aitante campione di regate. ■ COMMEDIA; B/N; 92′; USA, 1933.

REGINETTA DELLA NOTTE *(Manhattan Butterfly)* ★★
Regia di LEWIS D. COLLINS. Con WILLIAM BAKEWELL, DOROTHY GRAINGER. ■ Una cantante si trova impegolata con la malavita. Per sfuggire ai suoi protettori scappa all'estero. Dopo un po' ci ripensa e torna in America. I malviventi tentano di ucciderla, ma le andrà bene. ■ COMMEDIA; B/N; 95′; USA, 1936.

REGINETTA DELLE NEVI, LA *(Winter Carnival)* ★★
Regia di CHARLES F. REISNER. Con RICHARD CARLSON, VIRGINIA GILMORE, ANN SHERIDAN, ROBERT WALKER. ■ Durante una gara di sci, una signora divorziata incontra il suo antico boyfriend, che lasciò per sposare un uomo che la rese infelice. Ora, ammaestrata dall'esperienza, si riaccosta al giovanotto che ha continuato ad amarla. ■ COMMEDIA; B/N; 105′; USA, 1939.

REGIONE CENTRALE, LA *(La region centrale)* ★★
Regia di MICHAEL SNOW. ■ Un altro film particolare del regista canadese. Siamo tra i monti del Quebec. Una camera da presa telecomandata si muove in un unico spazio, riprendendo in continuazione tutto ciò che la circonda. ■ DOCUMENTARIO; COL.; 186′; CANADA, 1971.

REGISTA DI MATRIMONI, IL ★★★★
Regia di MARCO BELLOCCHIO. Con SILVIA AJELLI, BRUNO CARIELLO, CORINNE CASTELLI, SERGIO CASTELLITTO, GIANNI CAVINA, MAURIZIO DONADONI, DONATELLA FINOCCHIARO, SAMI FREY, SIMONA NOBILI, CLAUDIA ZANELLA. ■ Franco Elica è un padre turbato dal matrimonio della figlia con un fervente cattolico ed è un regista in crisi che sta preparando su commissione l'ennesima riduzione dei Promessi Sposi. Uno scandalo scoppiato all'interno della produzione "manzoniana" lo costringe a una fuga a sud, dove incontrerà Enzo, umile regista di matrimoni, e Ferdinando Gravina, illustre principe decaduto di Palagonia. Il nobile siciliano propone a Franco Elica di partecipare alle nozze della figlia Bona e di "cinematografare" l'evento. Elica, invece, se ne innamora, e sostituendosi alla provvidenza, filmerà per lei un diverso finale, di connubio? Di nubilato? Di fuga? Tre sono gli epiloghi possibili di un film-omnia che procede per scene sospese e sequenze non finite. Al centro del cinema di Bellocchio c'è ancora una volta un soggetto femminile, una principessa quasi sposa di cui filma la progressione umana, l'enfasi emotiva e la scelta finale di un sentimento (libero per Elica, costretto per lo sposo) che esiste a prescindere da tutto, dalla famiglia, dalla so-

cietà, dalla religione, e si trasforma in qualcosa di reale come una corsa in treno verso un amore probabilmente edonistico (non riproduttivo), ma maledettamente seducente per l'immaginario collettivo. ■ DRAMMATICO; COL.; 107'; ITALIA, 2005.

REGNO DEL FUOCO, IL *(Reign of Fire)* ★★
Regia di ROB BOWMAN. Con CHRISTIAN BALE, GERARD BUTLER, MATTHEW MCCONAUGHEY, IZABELLA SCORUPCO. ■ Nel 2020 la Terra è dominata dai draghi e gli uomini sopravvivono in piccole comunità sotto assedio. Leader di una delle comunità è Quinn, che da ragazzino involontariamente aveva favorito il riemergere alla luce dei mostri, i quali, evoluti e affamati, sembrano destinati al predominio. *Il regno del fuoco* avrebbe le carte in regola per essere un buon b-movie ma dopo i primi promettenti minuti la sceneggiatura si smarrisce, risolvendosi in un pastiche incoerente di scene e situazioni riciclate dagli ultimi decenni di cinema d'azione. ■ FANTASCIENZA; COL.; 101'; USA, 2002.

REGNO DEL TERRORE, IL *(The Black Book)* ★★★
Regia di ANTHONY MANN. Con RICHARD BASEHART, ROBERT CUMMINGS, ARLENE DAHL, RICHARD HART. ■ Anthony Mann racconta la Rivoluzione francese come un thriller in costume. L'eroe è un giovane seguace di Barras, il futuro capo del *golpe* contro Robespierre e Saint-Just. Barras, per portare a compimento il colpo di Stato, ha bisogno di impossessarsi del "libro nero" in cui sono segnati tutti i nemici del dittatore giacobino. Incarica perciò un giovane amico di trafugarlo: questi ci riesce. Robespierre e i seguaci vengono arrestati. ■ AVVENTURA; COL.; 89'; USA, 1949.

REGNO DI GA'HOOLE. LA LEGGENDA DEI GUARDIANI, IL ★★★
(Legend of the Guardians: The Owls of Ga'Hoole)
Regia di ZACK SNYDER. CON RYAN KWANTEN, ANTHONY LAPAGLIA, HELEN MIRREN, JIM STURGESS, DAVID WENHAM. ■ In un mondo fantastico non ben precisato (che per quanto ne sappiamo potrebbe anche essere il nostro) i gufi vivono in un regime di caste, basato sulle diverse razze tra le quali il barbagianni è la più considerata. Leggenda vuole che esistano anche due diversi schieramenti, da una parte i malvagi gufi dell'Abbazia di Sant'Egolio e dall'altra i gufi guardiani del Regno di Ga'Hoole, i quali vivono nel mitologico Grande Albero. Su questi presupposti si inserisce la storia di Soren e Kludd, fratelli caduti dal nido che, loro malgrado, scopriranno come le leggende siano realtà e finiranno ben presto arruolati su fronti opposti. ■ ANIMAZIONE; COL.; 97'; USA, AUSTRALIA, 2010.

REGOLA DEL GIOCO, LA *(La règle du jeu)* ★★★★
Regia di JEAN RENOIR. Con MARCEL DALIO, NORA GRÉGOR, JEAN RENOIR, ROLAND TOUTAIN. ■ In un castello, uomini e donne si danno a giochi erotici. Fra questi c'è un aviatore che si è innamorato della moglie di un aristocratico. Lui vorrebbe avere con la donna un rapporto serio e sincero, ma la "règle du jeu", la regola del gioco, tollera la relazione sessuale, non l'amore vero. Quando l'aviatore viene ucciso per sbaglio da un guardiacaccia, tutto rientra nella normalità. Amaro apologo, che preannunciava la rovina dell'Europa. ■ DRAMMATICO; B/N; 112'; FRANCIA, 1939.

REGOLA DEL SOSPETTO, LA *(The Recruit)* ★★
Regia di ROGER DONALDSON. Con COLIN FARRELL, AL PACINO, GABRIEL MACHT, BRIDGET MOYNAHAN. ■ James Clayton si fa notare per la sua intelligenza e per i suoi metodi non tradizionali tra i nuovi agenti Cia. In particolare il veterano Walter Burke decide di dargli una mano per far sì che entri a far parte dell'agenzia. Finisce così che il nuovo agente si vede assegnare un incarico importante: scoprire una pericolosa infiltrazione. Siamo alle solite: il veterano gioca al gatto col topo con il nuovo arrivato e gli fa comprendere a sue spese che la vecchia regola del diffidare nella Cia vale in modo particolare. Il genere viene rispettato con qualche variante. Pacino, va da sé, è efficace. Ma può bastare? Forse no. ■ THRILLER; COL.; 105'; USA, 2003.

REGOLAMENTO DI CONTI *(Les hommes)* ★★
Regia di DANIEL VIGNE. Con MARCEL BOZZUFFI, MICHEL CONSTANTIN, ANGELO INFANTI, HENRY SILVA. ■ Guerra senza quartiere fra cosche mafiose corse. Un "duro" crede di esser stato denunciato da un altro della gang. E appena può lo fa fuori. Ma l'omicidio gli attira la vendetta del fratello del morto. Costui riconosce le buone ragioni dell'omicida, ma l'onore della "famiglia" gli impone di "far giustizia". Il vuoto sarà creato attorno al "duro" che alla fine si rassegnerà a farsi uccidere dal migliore amico. ■ GIALLO; COL.; 100'; FRANCIA, 1966.

REGOLE DEL GIOCO, LE *(Lucky You)* ★★★
Regia di CURTIS HANSON. Con ERIC BANA, DREW BARRYMORE, ROBERT DUVALL, SAVERIO GUERRA, DEBRA MESSING, HORATIO SANZ, JEAN SMART, CHARLES MARTIN SMITH. ■ A Las Vegas Huck è conosciuto per essere un tipo poco affidabile. La sua vita è un susseguirsi di vittorie e sconfitte, che incassa seduto al tavolo da gioco. La passione per il poker gli è stata tramandata dal padre, nei confronti del quale nutre rancore per aver abbandonato la madre. A pochi giorni dal campionato mondiale di poker, Huck deve fare i conti con l'ascendente negativo del genitore e con Billie Offer, una giovane cantante in cerca di lavoro che riesce a colpire il suo cuore. Eric Bana è Huck ed è molto abile nel tracciare il profilo del giocatore, soprattutto al tavolo verde quando, di fronte al padre (Robert Duvall), perde le staffe e la faccia da poker. La scintillante Las Vegas, ripulita dagli omicidi di *CSI*, è catturata con efficienza dalla fotografia di Peter Deming (*Mulholland Drive*) che la trasforma in una cartolina per turisti con la febbre del gioco. ■ DRAMMATICO; COL.; 123'; USA, 2007.

REGOLE DELLA CASA DEL SIDRO, LE ★★★
(The Cider House Rules)
Regia di LASSE HALLSTRÖM. Con MICHAEL CAINE, KIERAN KULKIN, TOBEY MAGUIRE, CHARLIZE THERON. ■ Maine, anni Trenta. Un medico (Caine) gestisce un ospedale e alleva un infermiere (Maguire) fino a farlo diventare bravo quasi quanto lui. Ma il giovane un giorno decide di andarsene. Approda in una fattoria dove si lavora il sidro, e lì impara tutto: la fatica, le differenze, l'impegno, un po' di violenza, l'amore. Insomma la vita. A quel punto è pronto per ritornare alla casa di cure, completo e preparato a sostituire il medico che è morto. Irving (*Il mondo secondo Garp*) è uno dei più grandi autori americani. Sempre capace di trovare una mediazione fra storia e letteratura. Curando personalmente la sceneggiatura ha avuto persin troppa paura del cinema e ha finito per togliere troppo. Chi ha letto il libro non ha potuto non accorgersi del profilo, troppo più basso, del film. Comunque è una gran bella storia. Magari ce ne fossero molte come questa! ■ DRAMMATICO; COL.; 131'; USA, 2000. ■ GOLDEN GLOBES 2 NOM; OSCAR 2 PR, 7 NOM.

REGOLE DELLA TRUFFA, LE *(Flypaper)* ★★
Regia di ROB MINKOFF. Con TIM BLAKE NELSON, PATRICK DEMPSEY, ASHLEY JUDD, MEKHI PHIFER, JEFFREY TAMBOR. ■ Un uomo arriva allo sportello di una banca per farsi cambiare dei soldi in taglio piccolo, piccolissimo. Mentre un'avvenente cassiera lo sta servendo, il locale è messo sotto assedio da due diverse bande di rapinatori giustamente sorprese della reciproca presenza. Messi in chiaro i propri campi d'azione, il gruppo di hacker dotato di sofisticate tecnologie che mira al caveau e la coppia di scalcinati delinquenti con l'intenzione di scassinare il bancomat dovranno vedersela con il singolare personale bancario bloccato all'interno, ma soprattutto con l'agitato cliente rimasto senza medicine. Sceneggiatori del successo *Una notte da leoni*, Jon Lucas e Scott Moore calano gli umori della commedia nella struttura di un tipico racconto di rapina con tanto di flashback in bianco e nero di ciò che allo spettatore non è stato permesso vedere. ■ COMMEDIA; COL.; 100'; USA, 2011.

REGOLE DELL'ATTRAZIONE, LE ★★★
(The Rules of Attraction)
Regia di ROGER AVARY. Con JESSICA BIEL, FAYE DUNAWAY, KID PARDUE, IAN SOMERHALDER, SHANNYN SOSSAMON, JAMES VAN DER BEEK. ■ Ad una festa in un campus universitario, Lauren perde la verginità nel peggior modo immaginabile. Scopriamo che avrebbe voluto farlo con Victor, che neanche si ricorda di lei, o magari con Sean Bateman, cinico spacciatore del college che stupisce tutti e se stesso innamorandosi della pura Lauren. Senza sapere che non è a lei che ha spezzato il cuore e che non è lei che ogni giorno gli manda quelle misteriose lettere d'amore. Da Bret

Easton Ellis un film oltremodo malvagio, cinico e nichilista. Eppure incredibilmente romantico. In mezzo alla confusione generale, nel film, alcune cose brillano di luce intensa: su tutte, la scena del suicidio. Van Der Beek supera agilmente la prova "post-Dawson's Creek", facendo la parte del bastardo con risultati notevoli: i discorsi che fa con se stesso sono perle di indimenticabile *nonsense*. Peccato che Avary si conceda un film al decennio, visti i risultati: *Le regole dell'attrazione* è un pugno nello stomaco, proprio come ogni amore non corrisposto. ■ SENTIMENTALE; COL.; 110′; USA, 2002.

REGOLE D'ONORE *(Rules of Engagement)* ★★★
Regia di WILLIAM FRIEDKIN. Con ANNE ARCHER, PHILIP BAKER HALL, SAMUEL L. JACKSON, BEN KINGSLEY, TOMMY LEE JONES, GUY PEARCE. ■ Il colonnello dei marines Childers (Jackson), eroe di guerra dai tempi del Vietnam, ha l'incarico di evacuare l'ambasciatore statunitense (Kingsley) da una città dello Yemen. L'ambasciata è presa di mira da cecchini, il colonnello si accorge che anche fra la gente che manifesta si nascondono terroristi armati. Dopo aver assistito alla morte di due suoi uomini ordina di sparare sulla folla. Dipartimento, giornali, opinione pubblica eccetera, lo accusano di assassinio di innocenti. Lo difende un vecchio compagno, colonnello e avvocato Hodges (Jones), che torna nello Yemen per raccogliere prove. Nel frattempo il consigliere per la sicurezza ha provveduto a distruggere una cassetta che mostra i manifestanti armati e prova di fatto l'innocenza del colonnello: meglio far ricadere la colpa dell'incidente su un ufficiale che sugli Usa. Ma alla fine giustizia è fatta. Storia vecchia maniera rappresentata da un regista che è una sicurezza per efficacia e capacità di racconto, senza esagerare nel "linguaggio". ■ DRAMMATICO; COL.; 120′; USA, 2000.

REIGN OVER ME ★★
Regia di MIKE BINDER. Con SAFFRON BURROWS, DON CHEADLE, JADA PINKETT SMITH, ADAM SANDLER, DONALD SUTHERLAND, LIV TYLER. ■ Il film prende il titolo da una canzone degli Who: *Love, Reign O'er Me* ("Amore, regna su di me"). Una delle tante hit anni Settanta che Charlie Fineman (Adam Sandler) ascolta in cuffia a tutto volume mentre, solitario, vaga per le strade di New York sul suo curioso monopattino a motore. Charlie ha perso moglie e figlie nella tragedia dell'11 settembre: erano a bordo di uno degli aerei che si schiantarono contro le Torri Gemelle. Da allora si è chiuso completamente in se stesso, rifugiandosi nella sua sterminata collezione di dischi in vinile, refrattario al mondo, deciso a difendere il suo diritto a non ricordare. Diagnosi: disordine da stress post traumatico. L'incontro casuale con Alan Johnson (Don Cheadle), affermato dentista a Manhattan e suo vecchio compagno d'università, lo costringerà ad affrontare i suoi demoni interiori, avviandolo lentamente verso una possibile guarigione. *Reign Over Me* è un film onesto, toccante, che tratta argomenti difficili spesso con levità (non mancano gli scambi di battute divertenti) e non indulge mai nel melodramma. ■ DRAMMATICO; COL.; 125′; USA, 2007.

REINAS ★★★
Regia di MANUEL GÓMEZ PEREIRA. Con BETIANA BLUM, VERÓNICA FORQUÉ, GINÉS GARCÍA MILLÁN, DANIEL HENDLER, LLUÍS HOMAR, RAÚL JIMÉNEZ, PACO LEÓN, CARMEN MAURA, MARISA PAREDES, JORGE PERUGORRÍA. ■ A tre giorni dalle nozze, cinque madri devono fare i conti con la "triste" verità: il matrimonio dei loro figli potrebbe non corrispondere esattamente alle loro aspettative. Saranno venti le coppie di gay che in un lussuoso albergo di Madrid pronunceranno il loro fatidico sì. Firmato da Manuel Gómez Pereira, regista di film brillanti come *Off Key*, *Tra le gambe* e *Salsa rosa*, *Reinas* miscela abilmente gli ingredienti della sophisticated comedy, con quelli un po' più terrigni della comicità della scuola almodovariana. Il risultato è una pellicola di buona fattura che, pur attingendo a un argomento attuale come il riconoscimento dei matrimoni gay in Spagna, non si lascia intrappolare in un film a tesi, tantomeno ambisce a diventare un manifesto di rivendicazione omosessuale. I personaggi di *Reinas* sfuggono l'eccessiva caratterizzazione, grazie ad una scrittura che misura sapientemente un umorismo gentile e scanzonato, mai sboccato né grottesco. ■ COMMEDIA ROSA; COL.; 107′; SPAGNA, 2005.

RE IN ESILIO *(The Exile)* ★★★
Regia di MAX OPHÜLS. Con HENRY DANIELL, DOUGLAS FAIRBANKS JR, MARIA MONTEZ. ■ Carlo Stuart, erede al trono d'Inghilterra, deve fuggire per scampare alle persecuzioni dei soldati del dittatore Cromwell. Ma i suoi persecutori arrivano anche in Francia. Un colonnello di Cromwell rintraccia Carlo in un mulino e impegna con lui un duello mortale. Carlo vince. Qualche tempo dopo, morto Cromwell, gli inglesi lo invitano a tornare. ■ DRAMMATICO; B/N; 95′; USA, 1947.

REINETTE E MIRABELLE ★★★
(Quatre aventures de Reinette et Mirabelle)
Regia di ERIC ROHMER. Con JESSICA FORDE, PHILIPPE LAUDENBACK, JOELLE MIQUEL. ■ Rimasta appiedata in una strada di campagna per una foratura, la giovane Mirabelle trova aiuto dalla coetanea Reinette che vive in un cascinale. Le due ragazze divengono sinceramente amiche, e dopo aver assistito una mattina all'alba all'"ora blu", zona magica tra la notte e il giorno, vanno insieme a Parigi, dove vivono piccole avventure quotidiane tra allegria e malinconie, piccole furbizie e scrupoli di onestà. Un Rohmer un po' prolisso, ma sempre magistrale nel delineare le psicologie femminili. ■ COMMEDIA; COL.; 98′; FRANCIA, 1986.

RELAZIONE INTIMA *(The Ski Bum)* ★★
Regia di BRUCE CLARK. Con ZALMAN KING, JOSEPH MELL, CHARLOTTE RAMPLING. ■ Arriva in una stazione sciistica un affarista che vuol piantarci su una grossa speculazione. A lui si oppone un giovane maestro di sci che presto però si trova contro tutti, dai soci alla bella amante, convinta dai quattrini e dalla potenza del pescecane. Il giovane perderà la sua stazione e solo per un pelo salverà la pelle. ■ DRAMMATICO; COL.; 136′; USA, 1975.

RELAZIONE PRIVATA, UNA ★★
(Une liaison pornographique)
Regia di FRÉDÉRIC FONTEYNE. Con NATHALIE BAYE, SERGI LÓPEZ, JACQUES VIALA. ■ Noiosetto com'è, potrebbe appartenere a *Dogma*. Questo film racconta con monotonia la cronaca di un amore in tristi stanze d'albergo. Un amore in cui non succede nulla, protagonisti non gradevolissimi, atmosfere "francesi" che piacciono solo ai Francesi. ■ COMMEDIA; COL.; 80′; BELGIO, FRANCIA, 1999. ■ VENEZIA 1 PR.

RELAZIONI INTIME *(Intimate Relations)* ★★
Regia di PHILIP GOODHEW. Con RUPERT GRAVES, MATTHEW WALKER, JULIE WALTERS. ■ Fine anni Cinquanta. Una donna matura, col marito alcolizzato, si innamora di un giovane pericoloso. La tragedia è dietro l'angolo. Film diretto e interpretato in stile televisivo ma con metodo. ■ DRAMMATICO; COL.; 105′; CANADA, GRAN BRETAGNA, 1996.

RELAZIONI MORTALI *(Deadly Relations)* ★★
Regia di BILL CONDON. Con SHELLEY FABARES, ROBERT URICH. ■ Da fuori è una famiglia normale, come tante. Ma l'autoritarismo spesso violento del padre rende vittime la moglie e le quattro figlie. E quando queste ultime tentano di ribellarsi, lui perde la ragione. Si salvi chi può. Drammone a tinte fosche, incupito dal fatto che è una storia vera. Anzi più di una. ■ DRAMMATICO; COL.; 89′; USA, 1992.

RELAZIONI PERICOLOSE ★★★
(Les liaisons dangereuses 1960)
Regia di ROGER VADIM. Con JEANNE MOREAU, GÉRARD PHILIPE, ANNETTE STROYBERG, JEAN-LOUIS TRINTIGNANT, JEANNE VALÉRIE. ■ Juliette è una donna passionale e vendicativa che non manda giù il fatto che il suo amante l'abbia abbandonata per sposare la giovane Cécile. Perciò persuade lo spregiudicato Valmont a sedurre la ragazza. Valmont ci sta, ma intanto s'è innamorato di una terza donna che lo distrae dall'impegno con Juliette. I due spregiudicati comunque finiranno male: Valmont ammazzato e Juliette orribilmente deturpata. ■ DRAMMATICO; B/N; 98′; FRANCIA, 1959.

♥ RELAZIONI PERICOLOSE, LE ★★★
(Dangerous Liaisons)
Regia di STEPHEN FREARS. Con GLENN CLOSE, JOHN MALKOVICH, MICHELLE PFEIFFER. ■ Una perfida marchesa per umiliare un suo ex amante fa ricorso a un altro ex, Valmont, che si incari-

ca di sedurre, prima del matrimonio, la promessa sposa dell'amante di cui sopra. Valmont assolve l'incarico, ma la faccenda gli costa l'amore dell'unica donna cui tiene veramente. Valmont muore in duello. La marchesa viene scacciata dalla città. Versione fastosa e anche divertente del famoso romanzo epistolare di Chordelos de Laclos che scandalizzò per secoli. Oggi i motivi di scandalo si sono esauriti tutti. ■ DRAMMATICO; COL.; 120′; USA, 1988. ■ OSCAR 3 PR, 7 NOM.

RELAZIONI PROIBITE *(Träfracken)* ★★
Regia di LARS-MAGNUS LINDGREN. Con GUNNAR BJÖRNSTRAND, ALLAN EDWALL, ESSY PERSSON. ■ Una giovane donna, ricoverata in una clinica in seguito a un incidente d'auto, viene a sapere che una paziente è appena defunta. La morte non è accidentale e la protagonista sospetta che la colpevole sia un'infermiera. Esterna allora i suoi sospetti al direttore della clinica, con il bel risultato di essere anche lei ammazzata dal terribile primario, che si rivela un maniaco omicida. ■ GIALLO; B/N; 93′; SVEZIA, 1966.

RE LEAR *(Korol' Lir)* ★★★
Regia di GRIGORI KOSINTZEV. Con YURI CHARVET, ELSA RADZINYA SZOLKONIS, KARL SEBRIS. ■ Trasposizione del celebre dramma di Shakespeare nell'edizione tradotta dallo scrittore Boris Pasternak. ■ STORICO; B/N; 120′; URSS, 1970.

RE LEAR *(King Lear)* ★★★
Regia di PETER BROOK. Con JACK MACGOWRAN, PAUL SCOFIELD, IRENE WORTH. ■ Peter Brook porta sullo schermo la sua celebrata messinscena del *Lear* ambientando la storia in un clima cupo e invernale da antica saga nordica. Paul Scofield ripete la sua performance nella parte del vecchio re shakespeariano che divide il regno fra le sue figlie e se ne pente. Cacciato da loro, impazzisce e muore. ■ DRAMMATICO; COL.; 137′; GRAN BRETAGNA, 1971.

RE LEAR *(King Lear)* ★★★
Regia di MICHAEL ELLIOT. Con COLIN BLAKELY, ANNA CALDER-MARSHALL, JOHN HURT, JEREMY KEMP, ROBERT LINDSAY, LEO MCKERN, LAURENCE OLIVIER. ■ Per gli amanti dell'attore Olivier, ma anche di Shakespeare, ecco una versione in forma "teatro tv" sulla tragedia del re di Britannia. Lear, scacciato dal suo regno per mano delle figlie usurpatrici, ritrova in Cordelia, la figlia prediletta, un conforto ai suoi mali. Ma un'irrimediabile spirale di morte si avvolge intorno alla casa reale. ■ DRAMMATICO; COL.; 150′; GRAN BRETAGNA, 1984.

RE LEAR *(King Lear)* ★★
Regia di JEAN-LUC GODARD. Con WOODY ALLEN, JEAN-LUC GODARD, NORMAN MAILER, MOLLY RINGWALD, PETER SELLARS. ■ Una versione molto originale del dramma shakespeariano. Un regista sta cercando di preparare un film su re Lear. In ballo entrano uno scrittore, Mailer nel ruolo di se stesso e altri personaggi. Un film nel film, senza le riprese, con un cameo di Woody Allen. Sperimentale, solo per chi ama Godard. ■ DRAMMATICO; COL.; 93′; SVIZZERA, USA, 1987.

RE LEONE, IL *(The Lion King)* ★★★🏆
Regia di ROGER ALLERS, ROB MINKOFF. PRODUZIONE DISNEY. ■ Dalla Walt Disney un altro campione d'incassi, il più grande successo di tutti i tempi di un cartone animato. Questa volta il computer viene utilizzato per dare toni meno artefatti rispetto ad *Aladdin*. Quattro anni di lavoro sono stati necessari per la realizzazione e quaranta milioni di dollari. Simba è un leoncino in balia dello zio Scar. Costui ha ucciso il padre di Simba, re Mufasa, e con l'aiuto delle iene ha cacciato il piccolo erede al trono. In esilio troverà degli alleati per ottenere di nuovo il regno. La storia ricorda in parte un vecchio cartone animato giapponese. ■ ANIMAZIONE; COL.; 90′; USA, 1994. ■ GOLDEN GLOBES 🏆 3 PR, 3 NOM; OSCAR 🏆 2 PR, 2 NOM.

RELIC – L'EVOLUZIONE DEL TERRORE ★★
(The Relic)
Regia di PETER HYAMS. Con PENELOPE ANN MILLER, TOM SIZEMORE. ■ La biologa Margo Green e il tenente di polizia Vincent D'Agosta devono affrontare e sconfiggere una spaventosa creatura giunta dall'Amazzonia, che compie delitti sanguinari dentro un grande Museo di Storia Naturale, nel corso della sua pomposa inaugurazione, alla presenza di tante autorità cittadine. Come sarà possibile vincere questo mostro, il cui DNA è impazzito? ■ HORROR; COL.; 110′; USA, 1997.

RELIGIOSA, LA *(La religieuse)* ★★
Regia di GUILLAUME NIICLOUX. Con LOUISE BOURGOIN, PAULINE ETIENNE, MARTINA GEDECK, ISABELLE HUPPERT, FRANÇOISE LEBRUN. ■ Francia. Attorno al 1768. La giovane Suzanne viene inviata in convento dai genitori contro la propria volontà. Cerca di resistere ma scopre di essere figlia illegittima e di dover scontare la colpa materna. Trova inizialmente una Madre Superiora anziana e comprensiva, ma quando questa muore, colei che le succede la sottopone a una serie di angherie insopportabili. Denis Diderot, che scrisse il romanzo a cui il film si ispira, aveva un fratello sacerdote, una sorella morta in convento e aveva subito una tonsura a 13 anni a cui era seguita una reclusione in un convento con relativa fuga. Aveva quindi più di un motivo per scrivere un romanzo di denuncia nei confronti della costrizione a una vita religiosa non voluta. Guillaume Nicloux a sua volta proviene da una famiglia religiosa e dichiara di aver pensato di entrare in seminario fino a che la preadolescenza e la lettura del romanzo in oggetto lo indirizzarono su altre vie. Si può comprendere quindi con quale spirito abbia affrontato questa rilettura cinematografica. Perché di rivisitazione si tratta dopo che sia Rivette che Grualt hanno in passato affrontato il romanzo offrendogli un finale (che in Diderot è assente). Nicloux esplora una possibilità diversa: il coraggio nella rivendicazione del diritto all'autodeterminazione viene premiato. ■ DRAMMATICO; COL.; 100′; FRANCIA, GERMANIA, BELGIO, 2013.

RELITTO, IL ★★
Regia di MIHALIS KAKOGIANNIS. Con FRANCO FABRIZI, VAN HEFLIN, ELLIE LAMBETI. ■ Un miliardario americano parte per un viaggio in mare con il figlioletto. I due fanno naufragio. Mentre, aggrappati a una tavola di legno, aspettano i soccorsi, il miliardario rivede in flash-back episodi della sua vita trascorsa (tra cui un supposto tradimento della moglie). Alla fine, quando ormai le speranze sembrano svanire, i due vengono salvati. ■ DRAMMATICO; B/N; 92′; GRECIA, ITALIA, 1961.

REMAKE ★★
Regia di ANSANO GIANNARELLI. Con ROBERTO ACCORNERO, DANIELA MORELLI, SILLI TOGNI. ■ Durante il Festival del cinema di Locarno, una giornalista racconta ad un critico, del quale era stata innamorata, la sua vita: del primo marito morboso e sadico, del secondo assente ed egoista, passando dalla realtà dei ricordi alla fantasia, e inventando un nuovo rapporto con il critico. Ma neanche in lui trova l'amore. ■ COMMEDIA; COL.; 109′; ITALIA, 1987.

REMEMBER ME ★★
Regia di ALLEN COULTER. Con PIERCE BROSNAN, CHRIS COOPER, EMILIE DE RAVIN, LENA OLIN, ROBERT PATTINSON. ■ New York, 1991. Una donna viene uccisa sulla banchina di una metropolitana davanti agli occhi della sua bambina. Sopravvissuta alla morte della madre e all'affetto apprensivo del padre, dieci anni dopo quella bambina è una diciannovenne fragile ma determinata a farcela. Studentessa di sociologia col vizio del dessert a inizio pasto, Ally incontra e innamora l'introverso Tyler Hawkins, figlio arrabbiato di un ricco uomo di affari, che ha perso il primogenito in circostanze tragiche e ha dimenticato di corrispondere gli altri "eredi". Travolti da amore e passione Ally e Tyler condividono un lutto doloroso e la voglia di ricominciare. Ma il destino deciderà altrimenti, ferendo per sempre la loro vita e la loro città. ■ DRAMMATICO; COL.; 114′; USA, 2010.

REMÌ *(Remì – Ienakiko)* ★★
Regia di OSAMU DEZAKI. ■ Un condensato della serie televisiva a cartoni animati tratta da *Senza famiglia*. ■ ANIMAZIONE; COL.; 93′; GIAPPONE, 1979.

REMO E ROMOLO (STORIA DI DUE FIGLI DI UNA LUPA) ★★
Regia di MARIO CASTELLACCI, PIER FRANCESCO PINGITORE. Con GABRIELLA FERRI, PIPPO FRANCO, ENRICO MONTESANO. ■ La storia di Roma rivisitata dal gruppo del Bagaglino (Franco, Montesano, Castellacci e Pingitore). Romolo uccide Remo, ma non

riesce egualmente a levarselo di torno. Il gemello continua a importunarlo sotto vesti di fantasma. Quando Romolo, fondata Roma e rapite le Sabine, muore, all'inferno trova ad accoglierlo, manco a dirlo, il petulantissimo Remo. ■ COMMEDIA; COL.; 95'; ITALIA, 1976.

REM 1 EXPERIMENT *(Defense Play)* ★★
Regia di ULLI LOMMEL. Con MARK DROTMAN, KIM KINCAID, PAUL RUGG, CAREY SHEARER. ■ Rem è il nome di un robot che improvvisamente non risponde più ai comandi dei suoi costruttori. Questi, per evitare che diventi pericoloso, si rassegnano a distruggerlo ma Max, un adolescente che lavora sul posto, decide di "far fuggire" il robot. ■ FANTASCIENZA; COL.; 85'; USA, 1986.

RENAISSANCE ★★
Regia di CHRISTIAN VOLCKMAN. ■ Parigi, 2054. Il caso del rapimento della bella Ilona Tasuiev, giovane scienziata impiegata presso l'azienda Avalon, viene affidato al bravo agente Kars. Quando si mette sulle sue tracce, il poliziotto scopre che in gioco non c'è solo il destino della ragazza ma quello dell'umanità intera. Ilona, infatti, è la chiave di una scoperta rivoluzionaria e terribile, che passa sotto il nome in codice di protocollo Renaissance. Il trentaquattrenne francese Christian Volckman, reduce dal successo del cortometraggio *Maaz*, passa al lungo con un thriller fantascientifico d'animazione che gli è valso il primo premio al Festival di Annecy (2006). Realizzato in bianco e nero combinando tecnologie 3D e motion capture. ■ ANIMAZIONE; COL.; 105'; FRANCIA, GRAN BRETAGNA, LUSSEMBURGO, 2006.

RENALDO E CLARA *(Renaldo and Clara)* ★★★
Regia di BOB DYLAN. Con JOAN BAEZ, BOB DYLAN, SARAH DYLAN, RONNIE HAWKINS. ■ Il film, della durata di quattro ore, presenta ventidue pezzi musicali di Dylan (regista per la prima volta) e venticinque di altri autori. Esiste una versione di 122 minuti. ■ COMM. MUSICALE; COL.; 292'; USA, 1978.

RENDEZ-VOUS ★★★
Regia di ANDRÉ TÉCHINÉ. Con JULIETTE BINOCHE, JEAN-LOUIS TRINTIGNANT, LAMBERT WILSON. ■ Delicata (come è caratteristica di Téchiné), ma anche violenta (come non è sua caratteristica) vicenda di una maturazione emotiva. Juliette Binoche è una ragazza di provincia che va a Parigi decisa a conquistare il successo come attrice, valendosi anche, senza particolari scrupoli, dell'attrazione che esercita sugli uomini. Ma va a letto con gli uomini sbagliati. Uno dei quali, un giovane attore di successo, muore (ma praticamente è un suicidio) in un incidente stradale. A recuperare la ragazza (come donna e come attrice) sarà il suocero del defunto, un regista teatrale, che la prende come protagonista di *Romeo e Giulietta*. ■ DRAMMATICO; COL.; 90'; FRANCIA, 1985. ■ CANNES 1 PR.

RENDITION – DETENZIONE ILLEGALE ★★★
(Rendition)
Regia di GAVIN HOOD. Con ALAN ARKIN, JAKE GYLLENHAAL, OMAR METWALLY, YIGAL NAOR, PETER SARSGAARD, MERYL STREEP, REESE WITHERSPOON. ■ *Rendition*, letteralmente "consegna" rende pubblica un'aberrante e poco conosciuta consuetudine che il governo degli Stati Uniti adotta nei confronti dei cittadini sospettati di terrorismo. La consegna straordinaria, infatti, è quella che vede coinvolto nel film Anwar El-Ibraimi (Omar Metwally), cittadino egiziano da anni residente in America e occupato nel settore dell'ingegneria chimica, precipitosamente arrestato dopo il ritorno da un viaggio di affari e trasferito in gran segreto in una località islamica per essere torturato e ridotto in condizioni disumane. Ad assistere al macabro spettacolo è chiamato Douglas Freeman (Jake Gyllenhall), agente della Cia addetto al reperimento delle informazioni durante gli interrogatori. Incipit kafkiano per un thriller classico e pieno di suspence, che assottiglia una volta ancora il limite fra documentario e finzione, lanciando un appello ai diritti umani che è insieme monito e condanna. ■ THRILLER; COL.; 120'; SUDAFRICA, USA, 2007.

RENEGADE ★★
Regia di RALPH HEMECKER. Con LORENZO LAMAS, BRANSCOMBE RICHMOND. ■ Lamas è Reno Raines, un poliziotto costretto a salvarsi con la fuga da una falsa accusa di omicidio. Vive facendo il cacciatore di taglie, spostandosi in moto e affrontando i criminali a colpi di arti marziali. Si tratta di un *pilot* televisivo: nel cast c'è anche l'ex compagna del bel tenebroso, Kathleen Kinmont. ■ AVVENTURA; COL.; 101'; USA, 1991.

RENEGADE – UN OSSO TROPPO DURO ★★
Regia di E.B. CLUCHER. Con ROSS HILL, TERENCE HILL, ROBERT VAUGHN. ■ Un simpatico vagabondo manda all'aria le trame di uno speculatore che vuole impadronirsi di una vallata. Negli intervalli di tempo fa da padre al figlioletto di un ex commilitone, che sta scontando una pena per un delitto che non ha commesso. ■ AVVENTURA; COL.; 93'; ITALIA, 1987.

RENNA, LA *(Prancer)* ★★
Regia di JOHN HANCOCK. Con RUTANYA ALDA, SAM ELLIOTT, CLORIS LEACHMAN. ■ Siamo vicini al Natale e Jessica, di nove anni, non si sente di festeggiare. Abita con il padre vedovo e dalla morte della madre la bambina si è rinchiusa in se stessa. Ma ecco che arriva come d'incanto una renna di una specie che non esiste più. Curandola e allevandola, la piccola ritrova la serenità. Almeno fino a quando il padre, senza conoscere i retroscena, vende la renna a un mercante. Quando poi Jessica, col fratello, tenta di liberarla viene picchiata dall'omaccio. Ora però la famiglia è riunita e la renna liberata potrà tornare tra i boschi. Adatto ai più piccoli. ■ AVVENTURA; COL.; 100'; USA, 1989.

RENNA BIANCA, LA *(Valkoinen peura)*
Regia di ERIK BLOMBERG. Con MIRJAMI KUOSMANEN, ARVO LEHESMAA, HEIMO LEPISTÖ, ÅKE LINDMAN, KALERVO NISSILÄ, JOUNI TAPIOLA, INKE TARKAS. ■ Aslak è un pastore di renne. Il lavoro lo porta spesso a viaggiare per lunghe settimane. La sua giovane moglie Pirita, sola e annoiata, decide di consultare l'indovino Tsalkku-Nilla. Questi le predice che, all'inizio dell'inverno, diventerà una strega. Una miscela di terrore e desiderio accompagna la conversione di Pirita alla stregoneria. ■ DRAMMATICO; COL.; 73'; FINLANDIA, 1952.

RENT ★★
Regia di CHRIS COLUMBUS. Con ROSARIO DAWSON, TAYE DIGGS, WILSON JERMAINE HEREDIA, JESSE L. MARTIN, IDINA MENZEL, ADAM PASCAL, ANTHONY RAPP, TRACIE THOMS. ■ *Rent*, che si inserisce nella new wave dell'ultima generazione di musical, è una fotografia anni Novanta di una New York afflitta dalla piaga dilagante del virus HIV che coinvolge quattro dei protagonisti. La trama, non particolarmente coinvolgente, narra la vita nella metropoli di 8 personaggi che si amano, si drogano e lottano per la sopravvivenza in una metropoli tanto affascinante quanto cinica. Se Rosario Dawson buca lo schermo con facilità con la sua innata carica erotica, il resto del cast non si solleva dalla media. ■ MUSICAL; COL.; 135'; USA, 2005.

RENTRÉE, LA ★★
Regia di FRANCO ANGELI. Con LIVIA BONIFAZI, FRANCO DI FRANCESCANTONIO, NANDO GAZZOLO, FRANCESCO SALVI. ■ Mario Gibellini è un pugile soprannominato "il danseur". Il film scandisce in dodici parti (come le riprese di un match) la sua vita. Con la sua passione per il ring e con un'aderenza totale tra mondo della boxe e vita privata Mario si muove in una periferia industriale rielaborata in digitale che intensifica l'atmosfera di dolorosa attesa di una vittoria che forse verrà. Dipende a che prezzo. Francesco Salvi, con venti chili di meno, torna sullo schermo in un ruolo distante anni luce da quelli che eravamo soliti attribuirgli. Non si limita ad essere solo protagonista ma è anche autore della sceneggiatura e di alcune canzoni. Gli attori che cercano una nuova strada vanno sempre apprezzati. Onore al merito. ■ DRAMMATICO; COL.; 91'; ITALIA, 200[illegible].

RE PER QUATTRO REGINE, UN ★★★
(The King and Four Queens)
Regia di RAOUL WALSH. Con CLARK GABLE, ELEANOR PARKER, JO VAN FLEET. ■ Clark Gable nei panni di Dan Kehoe, un avventuriero che vuol mettere le mani sul bottino di un colpo effettuato tempo prima da quattro fratelli, famosi banditi. Il malloppo ora è custodito dalla madre dei desperados e dalle quattro vedove, giovani e belle. Kehoe le affascina tutte e riesce a involarsi con i

soldi. Ma una delle ragazze gli si appiccica. Dovrà sposarsela. ■ WESTERN; COL.; 86′; USA, 1956.

RE PER UNA NOTTE *(King of Comedy)* ★★★
Regia di MARTIN SCORSESE. Con ROBERT DE NIRO, JERRY LEWIS, TONY RANDALL. ■ Un giovane aspirante attore comico tampina un divo della tv cercando di convincerlo a lanciarlo nel suo show. Il divo prima si libera con vaghe promesse poi lo fa cacciare dagli uscieri. Allora il giovane tenta una carta disperata: sequestra il divo barattando la sua libertà con la possibilità di recitare uno sketch in tv. Ci riesce e, anche se dopo lo arrestano, è ormai diventato una celebrità nazionale. ■ COMMEDIA; COL.; 109′; USA, 1983.

RE PER UN GIORNO *(Gospodin Za Edin Den)* ★★
Regia di NIKOLAI VOLEV. Con STOYAN GUDEV, TODOR KOLEV, ORDANKA STEFANOVA, VELIKO STOYANOV. ■ Pourko è un povero diavolo squattrinato. Poiché è dotato di immaginazione e inventiva, prima cerca di farsi strada come musicista, quindi tenta altre vie. Rimasto con pochi spiccioli e persa ogni speranza di realizzare i suoi sogni, investe tutto quello che ha in un abito molto elegante, quindi si reca in città per illudersi, almeno un giorno, di poter vivere come un signore. ■ COMMEDIA; COL.; 95′; BULGARIA, 1987.

RÉPÉTITION, LA ★★
Regia di CATHERINE CORSINI. Con EMMANUELLE BÉART, SAMI BOUAJILA, PASCALE BUSSIÈRES. ■ Al primo lungometraggio Catherine Corsini perde una buona occasione. Ha a disposizione due attrici come la Béart e la Bussières ma le spreca non utilizzando al meglio una sceneggiatura che le avrebbe consentito maggiori variazioni. Due amiche d'infanzia, Nathalie e Louise, smettono di vedersi a causa della gelosia della seconda nei confronti della prima. Quando si ritrovano da adulte Nathalie ha realizzato il proprio sogno di diventare attrice mentre Louise ha ripiegato sul matrimonio e l'ortodonzia. Ma non ha dimenticato l'attrazione verso l'amica che coinvolge in un gioco intricato fino ad averla tra le sue braccia. La vendetta sta per essere servita. Un testo come questo, nelle mani di un grande autore come Sautet sarebbe potuto diventare una partitura sulle variazioni dei sentimenti. Affidato alla Corsini diventa un melodramma rosa in cui la prevedibilità regna incontrastata. ■ DRAMMATICO; COL.; 100′; FRANCIA, 2001.

REPLAY DI UN OMICIDIO *(F/X2)* ★★
Regia di RICHARD FRANKLIN. Con BRYAN BROWN, BRIAN DENNEHY, RACHEL TICOTIN. ■ Si tratta del secondo capitolo di *FX effetto mortale* del 1985. Rollye Tyler, durante le indagini per l'arresto di un pericoloso maniaco, deve affrontare la perdita di un amico poliziotto, misteriosamente assassinato. Alcune grosse medaglie rubate e appartenenti al Vaticano saranno un altro aspetto della faccenda nella quale Tyler verrà aiutato da McCarthy, un poliziotto privato. Buon film d'azione, per gli appassionati del genere. ■ POLIZIESCO; COL.; 108′; USA, 1991.

REPLICANT, THE ★
Regia di RINGO LAM. Con CATHERINE DENT, IAN ROBISON, MICHAEL ROOKER, JEAN-CLAUDE VAN DAMME. ■ *The replicant* è un film perfetto. Perché? Perché è negativo sotto ogni punto di vista. La storia? Ridicola, né credibile (cioè realistica), né fantascientifica (nessuna tensione, molti sbadigli e qualche risata involontaria): un poliziotto va in pensione senza essere riuscito a catturare il serial killer che da più di dieci anni uccide mamme cattive per vendicarsi della sua che lo chiudeva sempre nello sgabuzzino. Ma a quelli dell'ente per la sicurezza americano viene un'idea geniale: da un capello lasciato un giorno dall'assassino sul luogo del delitto tirano via il DNA, e clonano il serial killer. Poi danno questo clone al poliziotto: finché lui, come un cagnolino al guinzaglio, lo porterà a casa del "fratello genetico". ■ AZIONE; COL.; 95′; USA, 2001.

REPLICANTE, IL *(The Wraith)* ★★
Regia di MIKE MARVIN. Con NICK CASSAVETES, RANDY QUAID, CHARLIE SHEEN. ■ Un giovane è assassinato da una banda di teppisti, ma ritorna sotto forma di replicante (mezzo uomo mezzo robot) e si vendica sanguinosamente. Mediocre thriller con un cast zeppo di cognomi noti (ma sono i figli e i nipoti dei grandi). ■ THRILLER; COL.; 92′; USA, 1986.

REPLI-KATE ★★
Regia di FRANK LONGO. Con KURT FULLER, ALI LANDRY, EUGENE LEVY, JAMES RODAY. ■ Max è un brillante genetista, ma con le donne... Succede allora che clona Kate, la ragazza dei suoi sogni, e le insegna a comportarsi come un maschio: videodipendente, alcooldipendente e sessodipendente. Tutto qua: film leggerino che si regge sulla fragile trama costituita dall'esistenza delle due Kate. Malintesi, equivoci anche spassosi che alla fine rendono piacevole la visione del film. Da vedersi in homevideo comodamente seduti in poltrona. ■ COMMEDIA; COL.; 119′; USA, 2002.

REPO MAN, IL RECUPERATORE *(Repo Man)* ★★
Regia di ALEX COX. Con EMILIO ESTEVEZ, VONETTA MCGEE, HARRY DEAN STANTON. ■ Un giovane licenziato da un supermarket trova lavoro presso una ditta che rimuove le auto a pagamento. Un giorno rimuove un camion che forse nasconde un extraterrestre rinchiuso colà da uno scienziato atomico impazzito. ■ DRAMMATICO; COL.; 92′; USA, 1984.

REPTILICUS ★★
Regia di SIDNEY W. PINK. Con MARIA BEHRENS, PAUL LUKATHER, ANN SMYRNER. ■ In un laboratorio, un'équipe di scienziati sta esaminando la coda di un mostro preistorico. Ma il mostro non è morto: reagisce alla confortevole temperatura crescendo a dismisura e seminando il terrore nella metropoli. Lo neutralizzano dopo molte peripezie e sparandogli in bocca un razzo avvelenato. ■ FANTASCIENZA; COL.; 92′; SVEZIA, USA, 1961.

REPUBBLICA DI MUSSOLINI – R.S.I., LA ★★
Regia di ANGELO GRIMALDI. ■ Ricostruzione della vicenda della Repubblica di Salò, condotta con l'ausilio di un fior di consulente storico (Fredrick Deakin). ■ DOCUMENTARIO; B/N; 92′; ITALIA, 1976.

REPUBBLICA DI SAN GENNARO, LA ★
Regia di MASSIMO COSTA. Con ANNA AMMIRATI, ALDO GIUFFRÉ, GIANFELICE IMPARATO, LUCREZIA LANTE DELLA ROVERE, VINCENZO PELUSO. ■ Nel 2013 l'Italia non c'è più. La Repubblica del Nord si è insediata e tutti i meridionali residenti in Padania vengono chiusi in riserve con filo spinato. Gennaro Strummolo, che si trova a Milano, cerca di integrarsi in tutti i modi fino al punto di milanesizzare il cognome. Ma non è facile. Un film fiacco tratto da un testo teatrale che sulla scena aveva forse un'altra presa. ■ COMMEDIA; COL.; 100′; ITALIA, 2002.

REPULSIONE *(Repulsion)* ★★★★
Regia di ROMAN POLANSKI. Con CATHERINE DENEUVE, JOHN FRASER, YVONNE FURNEAUX, IAN HENDRY. ■ Caroline è una bella bionda che, nonostante le apparenze, ha grossi problemi sessuali. I convegni amorosi fra la disinibita sorella maggiore e il suo fidanzato, cui le è toccato assistere, finiscono per sconvolgerla del tutto. Precipita, durante l'assenza della coppia, in uno stato di schizofrenia che la porta a uccidere un giovane spasimante, poi il padrone di casa. ■ DRAMMATICO; B/N; 104′; GRAN BRETAGNA, 1965. ■ BERLINO 1 PR.

REQUIEM ★★★
Regia di HANS-CHRISTIAN SCHMID. Con SANDRA HÜLLER, BURGHART KLAUßNER, IMOGEN KOGGE. ■ Germania meridionale, anni Settanta. Michaela, 21 anni, lascia il paese per andare a studiare all'Università a Tubinga. La madre è contraria perché la ragazza soffre di epilessia ma il padre la agevola. La famiglia è molto religiosa e Michaela comincia a soffrire di visioni di esseri che vogliono impedirle di accostarsi ai simboli della fede e alla preghiera. La sua patologia diventa sempre più preoccupante. La soluzione che la famiglia trova è di affidarla a un esorcista nonostante il parere contrario dell'anziano parroco che la vorrebbe invece far visitare da uno psichiatra. La ragazza morirà per consunzione dopo numerose sedute di esorcismo. I fatti narrati nel film sono realmente accaduti e il pregio di Hans-Christian Schmid sta nel portarli sullo schermo senza falsi pregiudizi ma con la compassione profonda nei confronti di un "caso" che poteva essere curato. Infatti non è la "Chiesa" ad essere messa in discussione ma una sua lettura del disturbo psichico. Non è secondario infatti che sia il giovane sacerdote e non l'anziano ad insistere per

l'esorcismo. Sostenuto da una notevole interpretazione offerta dalla giovane protagonista Sandra Hüller il film fa propria la lezione del Loach di *Family Life* ma senza omaggi cinefili. Cerca cioè di raccontare un disagio profondo facendo leva sulla difficoltà (per chi sta intorno al malato psichico) di individuare talvolta la giusta terapia anche a causa di pregiudizi difficili da sradicare. ■ DRAMMATICO; COL.; 93'; GERMANIA, 2006. ■ BERLINO 1 PR.

♥ REQUIEM FOR A DREAM ★★★
Regia di DARREN ARONOFSKY. Con ELLEN BURSTYN, JENNIFER CONNELLY, KEITH DAVID, LOUISE LASSER, CHRISTOPHER MCDONALD. ■ A Coney Island si intessono le vicende di Sara Goldfarb, teledipendente con l'assillo di partecipare a uno show televisivo, di suo figlio Harry, tossicodipendente con l'aspirazione di avviare una boutique con la sua ragazza, anch'ella tossicodipendente, e del loro comune amico Tyrone. I sogni si trasformeranno in incubi e la dura realtà della droga cancellerà le aspirazioni e le illusioni. Il film, duro e a tratti allucinante, è un viaggio nella disperazione e nello squallore della droga vera e di quella televisiva, entrambe causa di abbrutimento dello spirito e del corpo. Il regista racconta questa drammatica realtà soprattutto con la virulenza espressiva delle immagini, della musica e della fotografia ricercatissima, il tutto amalgamato da un montaggio serrato. Darren Aronofsky confeziona un film riuscito solo in parte. È ancora giovane e (forse) promettente. Staremo a vedere. ■ DRAMMATICO; COL.; 100'; USA, 2000. ■ GOLDEN GLOBES 1 NOM; OSCAR 1 NOM.

REQUIEM PER DOMINIC *(Requiem für Dominic)* ★★★
Regia di ROBERT DORNHELM. Con FELIX MITTERER, VIKTORIA SCHUBERT, ANGELICA SCHULTZ. ■ Un esiliato rumeno che abita a Vienna, Paul Weiss, va a Timisoara per rintracciare e riabbracciare il suo grande amico Dominic. Viene a sapere che è un traditore ma non ci può credere. Lo va a trovare all'ospedale dove è legato al letto. La moglie chiede che Paul faccia luce su questa assurda macchinazione. Ci riuscirà ma Dominic morirà prima di poter essere dichiarato innocente. Un buon lavoro dal regista di *Echo Park* che ha usato un metodo a metà tra il documentario e il cinema verità. Si tratta di una storia totalmente vera e le riprese con Dominic a letto, incredibilmente commoventi, sono autentiche. ■ DRAMMATICO; COL.; 90'; GERMANIA, ROMANIA, 1990. ■ GOLDEN GLOBES 1 NOM.

REQUIEM PER UN AGENTE SEGRETO ★★
Regia di SERGIO SOLLIMA. Con DANIELA BIANCHI, GIULIO BOSETTI, STEWART GRANGER, PETER VAN EYCK. ■ Bingo è un mercenario che accetta una missione per conto del servizio segreto americano. Deve affrontare fra l'altro un vecchio nemico che ha istruito un giovane allievo apposta per ucciderlo. A metà dell'incarico, però, i servizi segreti avversari si mettono d'accordo. Bingo s'adegua. Non così il giovane aiuto idealista che viene ucciso. Bingo allora contravviene all'ordine dei pezzi grossi e salda il conto agli assassini. ■ POLIZIESCO; COL.; 92'; ITALIA, 1965.

REQUIEM PER UN COMMISSARIO DI POLIZIA ★★
(Un officier de police sans importance)
Regia di JEAN LARRIAGA. Con NICOLE COURCEL, CHARLES DENNER, ROBERT HOSSEIN, RAYMOND PELLEGRIN. ■ Un gruppo di giovani sbandati (due maschi e una femmina) s'impossessa di un grosso incasso. Ad essere accusato però è il fratello maggiore di uno dei tre, che rischia vent'anni di galera. Per salvarlo, il fratellino prende in ostaggio un commissario di polizia cercando di barattare la libertà di questi con quella del congiunto. Ma va a finire male: muore il commissario e anche i giovani, falciati dalla polizia. ■ GIALLO; COL.; 90'; FRANCIA, 1972.

REQUIEM PER UN GRINGO ★★
Regia di JOSÉ LUIS MERINO. Con FEMI BENUSSI, LANG JEFFRIES, FERNANDO SANCHO. ■ Una banda di *desperados*, in fuga dopo una rapina, uccide il fratello di un ranchero. Questi giura vendetta. Dà la caccia ai banditi e li fa fuori uno ad uno. Nell'ultima sparatoria gli viene in aiuto anche un'eclissi di sole. ■ WESTERN; COL.; 95'; ITALIA, 1968.

REQUIEM PER UN PISTOLERO ★★
(Requiem for a Gunfighter)
Regia di SPENCER GORDON BENNETT. Con ROD CAMERON, MIKE MAZURKI, SID MCCOY, STEPHEN MCNALLY. ■ Un famoso fuorilegge capita in una cittadina e viene scambiato per il nuovo giudice. Lui sta al gioco e la cosa presto gli piace. Diventa un serio tutore della legge e in tale veste mette a posto una banda che taglieggia il paese. Quando la sua identità viene scoperta, lui s'è ormai guadagnate le simpatie generali e resterà per sempre nella cittadina. ■ WESTERN; COL.; 91'; USA, 1965.

REQUIESCANT ★★
Regia di CARLO LIZZANI. Con LOU CASTEL, MARK DAMON, PIER PAOLO PASOLINI. ■ Il giovane pistolero Requiescant si mette alla ricerca della sorella. Ma la ragazza è caduta nelle mani di un sanguinario latifondista. Requiescant, in odio al sanguinario, farà causa comune con un gruppo di peones che si sono ribellati. Il malvagio viene punito. Ma la *revolución* continua. Requiescant da guerrigliero di complemento diverrà capopopolo. ■ WESTERN; COL.; 110'; ITALIA, 1967.

RESA D'AMORE *(The Princess Comes Across)* ★★★
Regia di WILLIAM K. HOWARD. Con DOUGLAS DUMBRILLE, CAROLE LOMBARD, FRED MACMURRAY, ALISON SKIPWORTH. ■ Love story a bordo di un transatlantico fra un direttore d'orchestra e una bella bionda che afferma di essere una principessa europea. In realtà è un'attricetta in cerca di scritture. Le cose sono complicate da un assassinio a bordo. Il musicista cattura l'omicida. Nozze con l'attricetta che confessa pubblicamente la sua finzione. ■ COMMEDIA; B/N; 76'; USA, 1936.

RESA DEI CONTI, LA ★★★
Regia di SERGIO SOLLIMA. Con WALTER BARNES, TOMAS MILIAN, LUISA RIVELLI, LEE VAN CLEEF. ■ Jonathan Corbett, famoso pistolero, riceve l'incarico di catturare il giovane messicano Cuchillo, accusato di aver ucciso e violentato una ragazza. La caccia è lunga e Cuchillo riesce sempre a eludere il suo inseguitore. Quando finalmente Corbett riesce ad agguantarlo, si sarà anche chiarito le idee sulla faccenda della violenza carnale (in realtà l'assassino è un giovane-bene imparentato con il datore di lavoro di Corbett). ■ WESTERN; COL.; 108'; ITALIA, 1966.

RESA DEI CONTI A LITTLE TOKYO ★★
(Showdown in Little Tokyo)
Regia di MARCK L. LESTER. Con TAGAWA CARY-HIROYUKI, BRANDON LEE, DOLPH LUNDGREN. ■ Film con colpi di kung-fu tra un poliziotto ammazzatutti e i temibili yakuza. Accanto al superdecorato Lundgren il figlio del grande Bruce Lee. Lester si conferma come regista poco originale ma di sicuro mestiere. ■ POLIZIESCO; COL.; 80'; USA, 1991.

RESA DEI CONTI PER UN PEZZO DA NOVANTA ★★
(Neà)
Regia di D.D. FOLLET. Con BARBARA FREY, FRANÇOISE HARDY. ■ Scontri "già visti" tra bande di mafiosi, violenza a buon mercato, soluzioni narrative improbabili. Il film si lascia guardare stancamente per l'assoluta mancanza di qualsiasi stimolo psicologico. ■ DRAMMATICO; B/N; 93'; FRANCIA, 1974.

RESA DEL SEBASTOPOLI – L'INCROCIATORE SEBASTOPOLI, LA *(Weisse Sklaven)* ★★
Regia di KARL ANTON. Con WERNER HINZ, CAMILLA HORN, KARL JOHN. ■ Scoppia la rivoluzione russa. A Sebastopoli, la figlia del governatore se la passerebbe male se non intervenisse l'ex cameriere del governatore ora divenuto gerarca rivoluzionario. È ovvio che l'ex non l'ha fatto per umanità (il film è ferocemente anticomunista) ma per piegare la ragazza alle sue voglie. Interviene però un innamorato della stessa che organizza un colpo di mano che consentirà loro di fuggire incolumi dalla città. ■ DRAMMATICO; B/N; 91'; GERMANIA, 1936.

RESA DI PAPÀ, LA *(Father's Son)* ★★
Regia di WILLIAM BEAUDINE. Con JOHN HALLIDAY, IRENE RICH, LEWIS STONE. ■ Un ragazzo inquieto litiga col padre e scappa di casa. Ma un dottore amico di famiglia lo convince a tornare indietro. ■ DRAMMATICO; B/N; 94'; USA, 1933.

RESA DI TITÌ, LA ★★
Regia di GIORGIO BIANCHI. Con NINO BESOZZI, PAOLA BORBONI, ROSSANO BRAZZI, CLARA CALAMAI. ■ Un playboy vuol portarsi a letto una bella signora. Per farle dir di sì, non trova di meglio che proporle un accoppiamento fra i loro cagnetti, così d'avere il permesso anche del marito di lei per frequentare la casa. Le manovre però non ottengono l'effetto desiderato: la signora lo manda a quel paese. ■ COMMEDIA; B/N; 92'; ITALIA, 1946.

RE SCORPIONE, IL *(The Scorpion King)* ★★★
Regia di CHUCK RUSSELL. Con MICHAEL CLARKE DUNCAN, PETER FACINELLI, KELLY HU, DWAYNE JOHNSON. ■ Diciamo fantapreistoria. Potrebbe trattarsi, per il cinema, di una via (quasi) nuova da percorrere, L'azione si svolge tremila anni prima di Cristo a Gomorra, città ambiguamente evocativa, dove un tiranno intende compiere un vero e proprio genocidio per sete di potere. La sua forza deriva anche da un misterioso mago. L'unico che possa opporsi a tale tragedia è Mathayus, cui dà volto e (soprattutto) corpo the Rock (Dwayne Johnson), il nuovo Schwarzenegger dai tratti hawayani. Tutto sommato si tratta di un lavoro molto interessante. ■ AVVENTURA; COL.; 94'; USA, 2002.

RESERVATION ROAD ★★
Regia di TERRY GEORGE. Con EDDIE ALDERSON, JENNIFER CONNELLY, SEAN CURLEY, ELLE FANNING, JOAQUIN PHOENIX, MARK RUFFALO, SAMUEL RYAN FINN. ■ Ethan Learner è un professore sposato con Grace e padre orgoglioso di Emma e Josh. Dwight Arno è un avvocato separato dalla moglie e padre part-time di Lucas. Sulla Reservation Road si incrociano i destini di Ethan e Dwight, che investe e uccide Josh. Sotto shock e incapace di reagire all'incidente, Dwight fugge via, lasciando Ethan a piangere il suo bambino sul ciglio della strada. Dopo i funerali i coniugi Learner provano a superare la loro tragedia, ma se Grace guarda avanti per il bene della piccola Emma, Ethan è ossessionato dalla vendetta. Sarà l'inizio di una dolorosa caccia all'uomo. *Reservation Road*, adattamento della novella omonima di John Burnham Schwartz, è una lancinante ecografia della solitudine di fronte ai traumi e ai buchi vuoti della vita. La morte è qualcosa che al cinema viene generalmente relegata ai margini, qualcosa con cui è difficile fare i conti: non se ne parla, non la si vede, non è condivisibile, non è comunicabile. In *Reservation Road* è proprio la morte invece il tema su cui si fonda il film. ■ DRAMMATICO; COL.; 102'; USA, 2007.

RESIDENT EVIL ★★★
Regia di PAUL W. S. ANDERSON. Con MILLA JOVOVICH, ERIC MABIUS, JAMES PUREFOY, MICHELLE RODRIGUEZ. ■ Tratto dall'omonimo videgioco di ambientazione horror, ormai un cult del genere. Siamo in un futuro non troppo lontano: un'oscura società sta conducendo esperimenti illegali in una base segreta, "l'Alveare"; la vicenda si complica quando a causa di un incidente entra in funzione il sistema di allarme: il computer centrale, seguendo la procedura programmata, sigilla la base e stermina tutti coloro che si trovano al suo interno. Milla Jovovich interpreta Alice, un'agente speciale che, con la sua squadra, è incaricata di investigare sull'accaduto e far sì che i residui degli esperimenti contenuti nella base non provochino ulteriori danni: ma una volta penetrati all'interno dell'Alveare non mancheranno le sorprese. Con l'ampio uso di effetti speciali tradizionali e molti riferimenti ai classici dell'horror, *Resident Evil* si rivolge a un pubblico piuttosto vasto e non solo ai fans del videogioco originale, a differenza dei precedenti *Tomb Raider* e *Final Fantasy*. ■ FANTASCIENZA; COL.; 100'; GERMANIA, GRAN BRETAGNA, USA, 2002.

RESIDENT EVIL: APOCALYPSE ★★
Regia di ALEXANDER WITT. Con MILLA JOVOVICH, MIKE EPPS, ODED FEHR, MATTHEW G. TAYLOR, IAIN GLEN, SIENNA GUILLORY, JARED HARRIS, SANDRINE HOLT, ZACK WARD. ■ *Resident Evil: Apocalypse* segna il debutto dietro la macchina da presa (almeno come regista principale, data la sua esperienza come direttore di seconde unità) di Alexander Witt. Giusto per andare sul sicuro, il regista si è apparentemente limitato ad amplificare tutti gli elementi caratteristici della saga ludica e non: più zombie, più lickers, più cani, più spari più, più, più, mescendo il tutto con una piccolissima dose di umorismo (nero) che tutto sommato non guasta. Certo, la bidimensionalità dei personaggi agghiaccia, così come la scontatezza della maggior parte dei dialoghi (dialoghi? Quali dialoghi?). ■ AZIONE; COL.; 94'; USA, 2004.

RESIDENT EVIL: EXTINCTION ★★
Regia di RUSSELL MULCAHY. Con ASHANTI, CHRISTOPHER EGAN, MIKE EPPS, ODED FEHR, IAIN GLEN, JASON O'MARA, MILLA JOVOVICH, ALI LARTER, SPENCER LOCKE. ■ Dopo l'apocalisse, l'estinzione. Il solito virus che trasforma gli esseri umani in zombi ha invaso la Terra, rendendola un deserto malsano e infestato. I sopravvissuti vagano in carovane blindate alla costante ricerca di benzina. Nel paradosso cospirativo più assoluto, alla fine del mondo, della civiltà, restano saldi solo i satelliti spia della mega corporazione Umbrella. ■ AZIONE; COL.; 95'; AUSTRALIA, FRANCIA, GERMANIA, GRAN BRETAGNA, USA, 2007.

RESIDENT EVIL: RETRIBUTION ★
Regia di PAUL W.S. ANDERSON. Con KEVIN DURAND, SIENNA GUILLORY, MILLA JOVOVICH, ALI LARTER, MICHELLE RODRIGUEZ. ■ Prigionieri della nave corazzata *Arcadia*, Alice e compagni vengono attaccati da un plotone di velivoli da guerra. Caduta in acqua e svenuta, Alice pare risvegliarsi in una tranquilla casetta della periferia americana, dove vive sposata con Carlos, dal quale ha avuto una figlia, Becky. Ma gli zombie bussano alla porta o, per meglio dire, l'abbattono. ■ AZIONE; COL.; 128'; GERMANIA, USA, 2012.

RE SI DIVERTE – RIGOLETTO, IL ★★★
Regia di MARIO BONNARD. Con PAOLA BARBARA, ROSSANO BRAZZI, DORIS DURANTI, MARIA MERCADER, MICHEL SIMON. ■ Al posto del duca di Mantova dell'opera qui c'è il re di Francia Francesco I, gran cacciatore di femmine. Il suo buffone, il gobbo Rigoletto, lo asseconda, finché un giorno scopre che l'ultima conquista del sovrano è sua figlia, Gilda. Rigoletto tenta allora di uccidere il sovrano, ma è la figlia, innamorata di Francesco, a farsi uccidere in sua vece. Rigoletto perde la ragione. ■ DRAMMATICO; B/N; 93'; ITALIA, 1941.

RESISTENZA EROICA *(Fighter Attack)* ★★
Regia di LESLEY SELANDER. Con ANTHONY CARUSO, STERLING HAYDEN, J. CARROL NAISH, JOY PAGE. ■ Un ufficiale americano, paracadutato in Italia durante l'occupazione tedesca, si unisce a un gruppo di resistenti sulle montagne. Combatte al loro fianco e s'innamora di una bella staffetta, suscitando la gelosia dell'innamorato di lei. ■ GUERRA; B/N; 80'; USA, 1953.

RESPIRO ★★
Regia di EMANUELE CRIALESE. Con VINCENZO AMATO, FRANCESCO CASISA, VERONICA D'AGOSTINO, VALERIA GOLINO. ■ Il secondo film del regista Emanuele Crialese è un'opera strana e difficile, come la storia che racconta. Grazia (Valeria Golino) è la moglie di uno dei tanti pescatori di Lampedusa, ma non si è mai adattata alla piccola, monotona vita dell'isola: fa il bagno nuda, canta a squarciagola le canzoni di Patty Pravo, e spesso si chiude nei suoi silenzi che solo uno dei figli, Pasquale, si sforza di capire. Gli "altri", quelli normali, vorrebbero convincere il marito a farla vedere da uno psichiatra, ma lei preferirebbe morire. La storia è quasi inesistente, fatta più che altro di singole inquadrature che tendono a "fotografare" l'opprimente realtà dell'isola. Valeria Golino presta alla protagonista l'infinita tristezza del suo sguardo perennemente altrove. ■ DRAMMATICO; COL.; 100'; ITALIA, 2002.

RESPIRO DEL DIAVOLO, IL *(Whisper)* ★
Regia di STEWART HENDLER. Con JOSH HOLLOWAY, SARAH WAYNE CALLIES, BLAKE WOODRUFF. ■ Max sta tentando di rifarsi una vita normale con la sua ragazza Roxanne. Il suo passato di malavitoso però non lo aiuta e la banca non gli concede un credito per aprire un luogo di ristoro. Non gli resta che accettare l'ennesima proposta fuori dalla legge: rapire David, un ragazzino di dieci anni, ma molto, molto scomodo. ■ DRAMMATICO; COL.; 95'; USA, 2007.

RESPONSABILE DELLE RISORSE UMANE, IL ★★
(The Human Resources Manager)
Regia di ERAN RIKLIS. Con GURI ALFI, ROZINA CAMBOS, MARK

IVANIR, JULIAN NEGULESCO, NOAH SILVER. ■ Licenziamenti e assunzioni all'ordine del giorno. Il mestiere del responsabile delle risorse umane sta tutto lì: conoscere i candidati, sottoporli a colloquio e infine accettarli o rimandarli a casa alla ricerca di un'altra opportunità. Semplice, chiaro e diretto. Talmente meccanico da ridurre al minimo le implicazioni umane degli incontri e ampliare al massimo quelle utilitaristiche. Può capitare quindi di dimenticare volti e nomi dei propri dipendenti, così come accade al protagonista del film, accusato da un giornalista d'assalto di non essersi interessato alla morte tragica di una ex dipendente, rimasta uccisa in un attentato terroristico in Israele. Nessun parente reclama il suo corpo e il manager, messo alle strette dal senso di colpa, decide di partire per un lungo viaggio verso il paese natale della ragazza, un villaggio sperduto nella fredda Romania, alla ricerca di un parente disponibile a fare il riconoscimento. ■ DRAMMATICO; COL.; 103'; ISRAELE, GERMANIA, FRANCIA, 2010.

RESTA PURA AMORE MIO ★★
(Rosy und der Herr aus Bobby)
Regia di ROLF THIELE. Con UWE FRIEDRICHSEN, HEIDI HANSEN, HORST TAPPERT. ■ La diciassettenne figlia di un magistrato riceve dal padre le chiavi di casa. Poiché i genitori le lesinano i soldi, lei si procura molti duplicati delle stesse, che consegna a sconosciuti in cambio di un acconto su prestazioni che non concede mai. Un giorno una sua amica distratta fornisce l'indirizzo esatto della sua abitazione; suo padre evita lo scandalo costringendo il "cliente" e la figlia a fidanzarsi. ■ COMMEDIA; COL.; 92'; GERMANIA, 1971.

RESTING PLACE ★★
Regia di JOHN KORTY. Con RICHARD BRADFORD, JOHN LIGHTGOW, G.D. SPRADLIN. ■ Un ufficiale americano reduce dal Vietnam scorta la salma di un commilitone caduto in combattimento perché venga seppellita nel cimitero della sua città natale in Georgia con tutti gli onori tributati a un eroe di guerra. Ma il defunto era un nero e i razzisti della città insorgono contro il funerale solenne. ■ DRAMMATICO; COL.; 100'; USA, 1986.

RESTLESS ★★
Regia di AMOS KOLLEK. Con RAN DANKER, MOSHE IVGY, PHYLLIS SOMMERVILLE, KAREN YOUNG. Moshe una ventina di anni fa ha lasciato Israele, la moglie e il figlio che lei portava in grembo. Non ha voluto più sapere nulla di loro e ha raggiunto gli Stati Uniti. Ora sopravvive facendo lavori saltuari e proponendo le sue ciniche composizioni poetiche in un bar di Manhattan. Il figlio Tzach è intanto diventato un soldato molto apprezzato che opera in Libano. Fino a quando un giorno si verifica una grave incidente proprio mentre Tzach sta parlando al cellulare con il padre che era riuscito a rintracciare. Il destino sembra ormai voler mettere i due uomini su un percorso che li obbligherà a incontrarsi. Grazie alla bravura di Moshe Ivgy che interpreta il padre e alla tenera e materna presenza della barista Yolanda (Karen Young) in cui l'uomo cerca una sorta di sostituzione della moglie abbandonata, il film assume una sua ruvida consistenza che riesce a parlare sia al cuore che alla testa dello spettatore. ■ DRAMMATICO; COL.; 100'; BELGIO, CANADA, FRANCIA, GERMANIA, ISRAELE, 2007.

RESTO DELLA NOTTE, IL ★
Regia di FRANCESCO MUNZI. Con STEFANO CASSETTI, SANDRA CECCARELLI, VICTOR COSMA, AURÉLIEN RECOING, LAURA VASILIU. ■ Silvana Boarin è la moglie di Giovanni, un industriale bresciano, spesso assente per motivi di lavoro: una buona scusa per nascondere una relazione. C'è anche una colf rumena (e come poteva mancare) che ha un fidanzato appena uscito dal carcere. C'è anche il tossicodipendente Marco. Basta così. ■ DRAMMATICO; COL.; 100'; ITALIA, 2008.

RESTO DEL PAP'OCCHIO, IL ★★
Regia di RENZO ARBORE. Con RENZO ARBORE, ROBERTO BENIGNI, ANDY LUOTTO, ISABELLA ROSSELLINI. ■ Ossia, quello che per ragioni di lunghezza della pellicola era stato eliminato dall'edizione integrale de *Il pap'occhio*. Ritroviamo alcuni dei protagonisti della trasmissione televisiva *L'altra domenica*, che si producono in gag e scenette all'insegna del divertimento. ■ COMMEDIA; COL.; 55'; ITALIA, 1980.

RESTO DI NIENTE, IL ★★★
Regia di ANTONIETTA DE LILLO. Con MARIA DE MEDEIROS, RAFFAELE DI FLORIO, MIMMO ESPOSITO, MARCO MANCHISI, ENZO MOSCATO, LUCIA RAGNI, ROSARIO SPARNO. ■ Eleonora Pimentel De Fonseca nasce nel 1752 a Roma. Portoghese di nascita e nobile di origine, si trasferisce a Napoli con la famiglia, vivendo i primi anni della propria vita fra cultura e poesia. Il fallimento del matrimonio di interesse con il Conte De Solis, seduttore e repressore, rinforza il desiderio di Eleonora di immergersi nella poesia che personalmente scrive, e frequentare i circoli letterari dell'epoca, che per primi diffondevano le teorie liberiste francesi in opposizione all'idea di monarchia. Questo idealismo, che abbraccia con convinzione, la conduce a essere considerata reazionaria, e a essere imprigionata dal regime. Il cinema della staticità di Antonietta De Lillo, descrive gli umori e le filosofie di un'epoca di fortissimo cambiamento, aperta alla libertà e all'uguaglianza, e ancora così rigida perché legata alla storia. *Il resto di niente* è un film affascinante, colto e intenso. ■ STORICO; COL.; 103'; ITALIA, 2004. ■ DAVID DI DONATELLO 1 PR, 1 NOM.

RESTO È SILENZIO, IL *(Der Rest ist Schweigen)* ★★★
Regia di HELMUT KÄUTNER. Con HEINZ DRACHE, HARDY KRÜGER, PETER VAN EYCK. ■ Trasposizione moderna dell'*Amleto*. Qui il protagonista è l'erede di una famiglia di magnati dell'acciaio della Ruhr. Torna dall'America dopo molti anni e trova la madre sposata con lo zio Paul che ha preso in mano l'azienda. Il giovanotto viene presto a sapere che il padre morì per colpa di Paul che lo denunciò durante la guerra alla Gestapo. La vendetta di Amleto non si farà troppo attendere. Ma il finale è un tantino più ottimista che non in Shakespeare. ■ DRAMMATICO; B/N; 105'; GERMANIA, 1960.

RESTORATION – IL PECCATO E IL CASTIGO ★★
(Restoration)
Regia di MICHAEL HOFFMAN. Con ROBERT DOWNEY JR., HUGH GRANT, IAN MCKELLEN, SAM NEILL, MEG RYAN, DAVID THEWLIS. ■ Vincitore di due Oscar per costumi e scenografia. Tratto dal romanzo di Rose Tremain, ambientato nel quindicesimo secolo. Robert, studente inglese in medicina, ha la fortuna di curare i cani di sua maestà Carlo II. Non contento si sposa con una delle favorite del re, ma la sua scalata avrà un'inevitabile discesa. Lavorerà in un manicomio e dovrà vedersela con la peste e con Londra in fiamme. ■ DRAMMATICO; COL.; 120'; USA, 1995. ■ OSCAR 2 PR, 2 NOM.

RESURRECTIO ★★
Regia di ALESSANDRO BLASETTI. Con VENERA ALEXANDRESCU, DANIELE CRESPI, LIA FRANCA. ■ È la storia di un poveraccio condotto alla perdizione da una fatalona e convinto a rimettersi in carreggiata dall'amore sincero di una virginale fanciulla. ■ DRAMMATICO; B/N; 64'; ITALIA, 1931.

RESURRECTION, THE ★★
(Sungnyangpali sonyeoui jaerim)
Regia di JANG SUN WOO. Con YIM EUN KYUNG, KIM HYUN SUNG, KIM JIN PYO, JIN SING. ■ Joo, fattorino di un ristorante e abbastanza sfortunato, passa tutto il suo tempo libero in una sala giochi e ripone tutte le proprie speranze di gloria nel sogno di diventare un gamer professionista. Presentataglisi l'opportunità di partecipare ad uno strano gioco virtuale (chiamato "The Resurrection"), senza pensarci due volte si tufferà letteralmente dentro un'avventura ludica che non assicura il ritorno alla vita reale. Con 10 milioni di dollari di budget e oltre 4 anni di lavorazione, l'opera si presenta come un delle più imponenti e costose produzioni coreane mai realizzate e come uno dei più colorati e rovinosi fiaschi al box office. ■ FANTASTICO; COL.; 124'; COREA DEL SUD, 2002.

RESURREZIONE *(We Live Again)* ★★★
Regia di ROUBEN MAMOULIAN. Con JANE BAXTER, SAM JAFFE, FREDRIC MARCH, C. AUBREY SMITH, ANNA STEN. ■ La più celebre e riuscita delle versioni del capolavoro di Tolstoj. March e la Sten come Dimitri e Caterina erano pressoché perfetti. ■ DRAMMATICO; B/N; 82'; USA, 1934.

RESURREZIONE ★★
Regia di FLAVIO CALZAVARA. Con DORIS DURANTI, CLAUDIO

GORA, GUIDO NOTARI, GERMANA PAOLIERI. ■ Un principe russo seduce una giovane fantesca e poi l'abbandona. Qualche anno dopo se la ritrova davanti: lui magistrato, lei prostituta implicata in un fattaccio di cronaca nera. La ragazza finisce in Siberia. Il principe, per espiare, la segue. ■ DRAMMATICO; B/N; 105'; ITALIA, 1944.

RESURREZIONE *(Auferstehung – Resurrection)* ★★
Regia di ROLF HANSEN. Con MIRIAM BRU, HORST BUCHHOLZ, LEA MASSARI, MARISA MERLINI. ■ Dignitosa ma scialba versione del romanzo tolstoiano. ■ DRAMMATICO; COL.; 95'; GERMANIA, ITALIA, 1958.

RETAGGIO DI SANGUE ★★
Regia di MAX CALANDRI. Con ANNA DI LORENZO, ROBERTO LAURI. ■ Un aristocratico ama la sua giovanissima pupilla, ma costei lo respinge per mettersi con il fattore. L'aristocratico uccide il fattore. Vent'anni dopo, nuova tragedia familiare: la figlia della pupilla e del fattore fa innamorare i due figli maschi dell'aristocratico. Dramma della gelosia. Muore uno dei maschi; il superstite si sposa la fanciulla. ■ DRAMMATICO; B/N; 92'; ITALIA, 1956.

RETATA, LA *(Dragnet)* ★★
Regia di TOM MANKIEWICZ. Con DAN AYKROYD, TOM HANKS, CHRISTOPHER PLUMMER. ■ Un poliziotto cerca di prendere in trappola un sedicente reverendo che passa per un esempio di pubblica morale, ma contemporaneamente è a capo di una setta di adoratori del male. Dan Aykroyd fa la parodia di una serie radiofonica e televisiva famosa negli anni Cinquanta in Usa. Ma da noi no. Per questo molte allusioni probabilmente divertenti risultano un po' oscure nella traduzione italiana. ■ GIALLO; COL.; 103'; USA, 1987.

RETE, LA *(La red)* ★★
Regia di EMILIO FERNÁNDEZ. Con CROX ALVARADO, ROSSANA PODESTÀ, ARMANDO SILVESTRE. ■ Un rapinatore inseguito dalla polizia si rifugia presso un antico complice che vive in un villaggio di pescatori con la sua bella amante. La ragazza si innamora del nuovo venuto. I due uomini si battono per lei. Interviene la polizia che ne uccide uno. L'altro si butta in mare con la fanciulla: moriranno tra le onde. ■ DRAMMATICO; B/N; 83'; MESSICO, 1953.

RETE PIENA DI SABBIA, UNA ★★
Regia di ELIO RUFFO. Con CYRUS ELIAS, FULVIA FRANCO, GABRIELLA GIORGELLI, OLGA SOLBELLI. ■ Un regista tv torna al suo paese natale in Calabria per girare un documentario. Ma i maggiorenti del posto, che gli hanno commissionato il film, vorrebbero che impostasse l'opera secondo le loro direttive: dovrebbe fare cioè un film turistico che eluda i problemi sociali della zona. Lui gira lo stesso un'opera polemica, ma i mafiosi del posto riescono a bloccargli l'uscita del film. Il regista torna a Roma deciso a riprovarci, questa volta con i soldi di una notabile progressista. ■ DRAMMATICO; B/N; 90'; ITALIA, 1967.

RETROSCENA ★★
Regia di ALESSANDRO BLASETTI. Con ELISA CEGANI, GIOVANNI GRASSO, CAMILLO PILOTTO, FILIPPO ROMITO. ■ Love story fra una pianista e un baritono che si incontrano su un transatlantico. L'amore passa in secondo piano quando lui canta alla Scala e riceve feroci stroncature. Le nozze arriveranno dopo che lui sarà riuscito a riottenere il successo, cantando però sotto falso nome. ■ COMMEDIA; B/N; 105'; ITALIA, 1939.

RETURNER ★
Regia di TAKASHI YAMAZAKI. Con TAKESHI KANESHIRO, KIRIN KIKI, GORO KISHITANI, YUKIKO OKAMOTO, ANNE SUZUKI. ■ Chiariamo: fare citazioni è ammissibile; copiare interi pezzi di film e farne un patchwork, lo è un po' meno. *Returner* si racconta così: il soggetto è identico a quello di *Terminator*; l'apertura è una sparatoria presa da *The Matrix*; poi il neo-Neo abbandona la diffidenza per la giovane Milly proprio come accadeva in *Leon*; i due sfuggono dai cattivi e li sbaragliano in un inseguimento in moto uguale uguale a quello di *Mission: Impossible II*; poi trovano l'alieno che è E.T., non uno che gli somiglia, proprio E.T.; e come può chiudersi un film di fantascienza che si rispetti se non con la riproposizione fedele del finale di *Incontri ravvicinati del terzo tipo*? ■ FANTASCIENZA; COL.; 116'; GIAPPONE, 2002.

RETURN OF THE MAN FROM U.N.C.L.E., THE ★★
Regia di RAY AUSTIN. Con PATRICK MACNEE, TOM MASON, DAVID MCCALLUM, ROBERT VAUGHN. ■ Il malvagio Trush riesce a rubare un congegno nucleare di potenza micidiale. Egli è disposto a non innescarlo a patto che la nazione accetti di versargli un riscatto di 350 milioni di dollari, che dovranno essergli recapitati dal notissimo agente segreto Napoleon Solo. La polizia, sapendo di non poter intervenire efficacemente, deve cedere e contatta Solo. ■ SPIONAGGIO; COL.; 95'; USA, 1982.

RETURN TO ME ★★
Regia di BONNIE HUNT. Con JAMES BELUSHI, MINNIE DRIVER, DAVID DUCHOVNY, ROBERT LOGGIA. ■ Un uomo, rimasto da poco vedovo a causa di un incidente stradale, si innamora di una donna, ex malata di cuore, che ha appena subito un intervento: nessuno dei due sa che il cuore della donna è quello che è stato donato dalla moglie dell'uomo. Film sentimentale che cerca di ricalcare il sentimentalismo "autentico" dei vecchi film degli anni Cinquanta. Il risultato è un eccesso di coincidenze che rasentano l'impossibile, ma che combinate riescono a strappare qualche piccolo sorriso. ■ COMMEDIA; B/N; 116'; USA, 2000.

REUBEN, REUBEN ★★★
Regia di ROBERT ELLIS MILLER. Con ROBERT BLOSSOM, TOM CONTI, KELLY MCGILLIS. ■ Il poeta Gowan (Conti) vivacchia tra conferenze, sbronze e avventure galanti. La sua vita sembra rifiorire quando incontra Geneva (McGillis) e se ne innamora, ricambiato. Ma il dramma è beffardamente in agguato. Sceneggiato da Julius J. Epstein il film, oltre al debutto della splendida Kelly McGillis, offre una impareggiabile prova di Tom Conti nel ruolo dell'amaro e arguto protagonista. ■ DRAMMATICO; COL.; 101'; USA, 1983. ■ GOLDEN GLOBES 3 NOM; OSCAR 2 NOM.

RE VAGABONDO, IL *(The Vagabond King)* ★★
Regia di MICHAEL CURTIZ. Con KATHRYN GRAYSON, WALTER HAMPDEN, CEDRIC HARDWICKE, RITA MORENO, ORESTE. ■ Biografia in chiave musicale di François Villon, poeta maledetto nella Francia di Luigi XI. Durante l'assedio di Parigi, Villon contesta duramente la politica del re e gli vuota i magazzini dei viveri. Il monarca decide allora di cooptarlo nel suo ministero. Villon vince la battaglia con i borgognoni e si guadagna l'amore di una bella dama. ■ COMM. MUSICALE; COL.; 86'; USA, 1956.

REVAK LO SCHIAVO DI CARTAGINE ★★
(The Barbarians – Revak the Rebel)
Regia di RUDOLPH MATÉ. Con JACK PALANCE, GUY ROLFE, MILLY VITALE, AUSTIN WILLS. ■ Un principe africano e la sorella vengono fatti prigionieri e ridotti in schiavitù dal governatore di Cartagine. Ma il principe è un duro: organizza una rivolta, approfittando anche del fatto che la sorella del tiranno ha un debole per lui. La ribellione riesce. Il tiranno è ucciso. Revak e gli altri rivoltosi fuggono da Cartagine. ■ AVVENTURA; COL.; 93'; USA, 1960.

REVANCHE. TI UCCIDERÒ *(Revanche)* ★★
Regia di GÖTZ SPIELMANN. Con JOHANNES KRISCH, ANDREAS LUST, IRINA POTAPENKO, URSULA STRAUSS, JOHANNES THANHEISER. ■ In città o si diventa arroganti o farabutti: con queste parole, a pochi minuti dall'inizio, viene descritto Alex, il quale, uscito di galera qualche tempo prima dell'inizio del racconto, ora fa l'autista per il padrone di un bordello e ha commesso il terribile errore di innamorarsi, ricambiato, della prostituta più richiesta. Insieme meditano la fuga per la quale gli occorrono però parecchi soldi. C'è solo un modo per Alex di procurarseli: una rapina ben fatta. Purtroppo un piccolo ingranaggio del meccanismo non va per il verso giusto. ■ THRILLER; COL.; 121'; AUSTRIA, 2008.

REVENANTS – QUELLI CHE RITORNANO, LES ★
(Les revenants)
Regia di ROBIN CAMPILLO. Con DJEMEL BAREK, BRUNO CREMER, VICTOR GARRIVIER, MARIE MATHERON. ■ Si può fare un film di zombi senza neanche una scena di cannibalismo? Senza neanche una goccia di sangue? Senza un inseguimento al rallentatore né una serrata al supermarket? La risposta a tutte le domande,

da oggi, è sì. Come? Risposta altrettanto semplice: basta (e bisogna) essere francesi. Non per generalizzare, ma è forte il sospetto che solo in un film francese si potesse vedere una scena in cui una donna e il suo compagno "redivivo" analizzano questa nuova e quantomeno bizzarra situazione con un silenzio di tre minuti buoni. Che tristezza. ■ DRAMMATICO; COL.; 103'; FRANCIA, 2004.

REVENGE ★★

Regia di PINO TOSINI. Con GISELA HAHN, THOMAS HUNTER, BEDY MORATTI, GLORIA PAUL. ■ Un giovane magnate di pochissimi scrupoli riesce a far uccidere lo zio dall'amante. Lo scopo è quello di arrivare alla presidenza della società di cui fa parte. Ma il suo concorrente principale alla nomina, che è anche il figlio dell'ucciso, ha capito tutto. Lo affronta e lo uccide. Il delitto è coperto dall'omertà familiare. ■ DRAMMATICO; COL.; 92'; ITALIA, 1969.

REVENGE 2 ★

Regia di STEVE PERRY. Con JEFF FAHEY, AMANDA PAYS. ■ Un detective indaga sull'uccisione dell'amico. Fra poliziotti ottusi, contrasti con l'ex moglie e un'inevitabile avventura sentimentale, il giovanotto scopre il responsabile: un industriale che, illegalmente, scarica rifiuti chimici nocivi. Scontata anche la resa dei conti finale. ■ AVVENTURA; COL.; 98'; USA, 1990.

REVENGE – VENDETTA *(Revenge)* ★★

Regia di TONY SCOTT. Con KEVIN COSTNER, SALLY KIRKLAND, TOMAS MILIAN, ANTHONY QUINN, MADELEINE STOWE. ■ Un "Top Gun" va a trovare in Messico un boss suo amico, Tibey. Questi gli è riconoscente perché ha avuto salva la vita per merito suo. Jay però s'innamora della moglie di Tibey che scopre tutto e cerca di uccidere lui e fa violentare lei, prima di rinchiuderla in un bordello. Ma Jay è ancora vivo e vuole salvarla. Due stellette per il successo. ■ DRAMMATICO; COL.; 123'; USA, 1989.

REVERENDO COLT ★

Regia di LEON KLIMOVSKY. Con GERMAN COBOS, RICHARD HARRISON, GUY MADISON. ■ Un pistolero disgustato dal proprio mestiere decide di appendere la colt e di farsi predicatore. Ma non è facile convincere i benpensanti del suo ravvedimento. Il suo prode atteggiamento nei confronti di una banda di fuorilegge dissiperà ogni dubbio. ■ WESTERN; COL.; 92'; ITALIA, 1970.

REVOLUTION ★★★

Regia di HUGH HUDSON. Con NASTASSJA KINSKI, ANNIE LENNOX, AL PACINO, JOAN PLOWRIGHT, DONALD SUTHERLAND. ■ Anno 1776: in America si respirano le prime avvisaglie della Rivoluzione. A New York, assediata dagli inglesi, un uomo decide di arruolarsi tra i coloni dopo che gli insorti gli hanno sequestrato la barca da pesca, sua unica fonte di sostentamento. Suo figlio, appena quattordicenne, è arruolato come tamburino dagli inglesi. Tra padre e figlio, più volte separati e ritrovati, si inserisce una bella ragazza borghese, contagiata dall'atmosfera rivoluzionaria. ■ STORICO; COL.; 123'; USA, 1985.

REVOLUTIONARY ROAD ★★★

Regia di SAM MENDES. Con LEONARDO DI CAPRIO, KATHRYN HAHN, DAVID HARBOUR, KATE WINSLET. ■ Revolutionary Hill, 1955. Frank e April Wheeler sono una giovane coppia middle class che coltiva noia e anticonformismo in un sobborgo benestante (e benpensante) di New York. April partecipa con modesti risultati alle recite della filodrammatica locale e Frank indugia in un lavoro ordinario in attesa di "trovare la sua strada" e il suo essere straordinario. Belli e colti, intelligenti e sofisticati, i Wheeler sono ammirati dai più ovvi vicini di casa e da un'inopportuna agente immobiliare. Nel privato, invece, la coppia prova a resistere all'amore finito e ai silenzi infiniti, alle notti bianche e ai bicchieri pieni. Frank inizia una squallida liaison impiegatizia, April si inventa una vita a Parigi, dove vorrebbe trasferire la sua famiglia e la sua inquietudine. L'idea romantica della fuga riaccende la passione nel talamo e la fiducia nel futuro ma la "rivoluzione" cova sulla Revolutionary road. Dal romanzo omonimo di Richard Yates. Sam Mendes trasforma l'infiammabilità inesplosa e trattenuta di una giovane coppia di coniugi in un film che scoppia nel momento in cui sfiora la realtà. La Revolutionary road è percorsa da un'energia (in)controllata, che pulsa sotto la compostezza della messa in scena, suggerendo ciò che si deve assolutamente tacere. ■ DRAMMATICO; COL.; 119'; USA, GRAN BRETAGNA, 2008.

REVOLVER ★★★

Regia di SERGIO SÓLLIMA. Con AGOSTINA BELLI, PAOLA PITAGORA, OLIVER REED, FABIO TESTI. ■ Il direttore di un penitenziario viene costretto col ricatto a liberare un detenuto, Ruiz. La moglie del direttore è stata rapita e per liberarla il marito s'incolla alle costole di Ruiz pronto a usarlo, in ogni momento, come moneta di scambio. Ma le cose vanno in maniera del tutto inaspettata. ■ GIALLO; COL.; 115'; ITALIA, 1972.

REW ★

Regia di SERGIO GOBBI. Con NIELS ARESTRUP, RAOUL BOVA, MARUSCHKA DETMERS, CECILE PALLAS, LUCA ZINGARETTI. ■ A Berlino Paul Mansart è all'ergastolo da dieci anni per terrorismo. Una nuova serie di attentati insanguina la Germania quindi si decide di sottoporlo a un esperimento di realtà virtuale per scavare nei suoi ricordi. Bova fa quello che può. ■ DRAMMATICO; COL.; 93'; FRANCIA, ITALIA, 1998.

REY – NEGLI ANNI '70 LA COCAINA AVEVA UN SOLO RE, EL ★★

Regia di JOSÉ ANTONIO DORADO. Con RAUL ARANDA, CRISTINA UMAÑA, MARLON MORENO, OLIVER PAGES, VANESSA SIMON, FERNANDO SOLÓRZANO. ■ Pedro Rey è un uomo con grandi aspirazioni e un piccolo bar che gestisce nonostante le difficoltà economiche, mentre difende il suo quartiere dalla malavita, pur facendone parte. Grazie a uno spiccato talento imprenditoriale e ad alcune importanti conoscenze, riesce a mettere in piedi un traffico internazionale di cocaina. Ma lungo la scalata verso il successo perde il controllo e se stesso. José Antonio Dorado si avvale della figura di un giornalista – assunto, nella finzione, dallo stesso Pedro Rey per redigere la sua biografia – per narrare la vita e le opere del primo narcotrafficante della storia colombiana. Il ritratto del protagonista nasce dalle caratteristiche di una serie di personaggi realmente esistiti, attraverso i quali il regista ricrea un unico volto. ■ AZIONE; COL.; 100'; COLOMBIA, FRANCIA, SPAGNA, 2004.

RIAVANTI... MARSCH! ★★

Regia di LUCIANO SALCE. Con SILVIA DIONISIO, CARLO GIUFFRÉ, OLGA KARLATOS, ALBERTO LIONELLO, SANDRA MILO, RENZO MONTAGNANI, STEFANO SATTA FLORES. ■ Quando ormai il servizio militare è un ricordo, cinque quarantenni si ritrovano nuovamente in caserma per un "richiamo" alle armi. A tutti e cinque torna la voglia di combinare scherzi come da ragazzi e la fine del corso d'aggiornamento li lascia con molta nostalgia. ■ COMMEDIA; COL.; 118'; ITALIA, 1979.

RIBALTA DEI SOGNI, LA *(Pájaros de cristal)* ★★

Regia di ERNESTO ARANCIBA. Con ALBA ARNOVA, MECHA ORTIZ, GEORGES RIVIÈRE. ■ Rivalità amorosa fra una celebre ballerina ormai dedicatasi all'insegnamento e la sua più promettente allieva. L'uomo conteso sembra propendere per la più giovane, ma un incidente alla celebre ballerina lo spinge a chiedere generosamente alla stessa di sposarlo. Quest'ultima però si tira generosamente da parte lasciando il successo e l'innamorato alla rivale. ■ COMMEDIA; B/N; 94'; ARGENTINA, 1955.

RIBALTA DI GLORIA *(Yankee Doodle Dandy)* ★★★★

Regia di MICHAEL CURTIZ. Con JAMES CAGNEY, JEANNE CAGNEY, ROSEMARY DE CAMP, WALTER HUSTON, JOAN LESLIE. ■ James Cagney nella biografia filmata del cantante attore ballerino-scrittore di cineriviste George M. Cohan. Per questo film ebbe l'Oscar (che non gli toccò mai per le parti di gangster). Vediamo George nascere nel retroscena di un teatro e formare per anni un gruppo molto popolare con i genitori e la sorella. Durante la guerra 1915-1918 compone l'inno dell'esercito americano. Arriva il secondo conflitto e Cohan, per i suoi meriti artistici e patriottici, viene invitato alla Casa Bianca (il racconto della propria vita che fa al presidente costituisce il pretesto per il lungo flash-back) e decorato da Roosevelt. ■ BIOGRAFICO; B/N; 126'; USA, 1942. ■ OSCAR 3 PR, 8 NOM.

RIBALTA NERA *(Black Limelight)* ★★
Regia di PAUL L. STEIN. Con JOAN MARION, RAYMOND MASSEY. ■ Una ragazza è trovata uccisa. Il primo sospettato è il suo amante, un uomo sposato. La moglie di costui, con encomiabile *fair play*, si dà da fare per scagionarlo. Si offre come esca al vero assassino e con uno stratagemma lo fa sorprendere dalla polizia. ■ GIALLO; B/N; 70′; GRAN BRETAGNA, 1938.

RIBELLE, IL *(None but the Lonely Heart)* ★★★★
Regia di CLIFFORD ODETS. Con ETHEL BARRYMORE, GEORGE COULOURIS, JUNE DUPREZ, DAN DURYEA, BARRY FITZGERALD, CARY GRANT, JANE WYATT. ■ Una delle due regie (l'altra fu *Inchiesta in prima pagina*) del commediografo Clifford Odets. Cary Grant impersona un giovane operaio londinese incerto sull'indirizzo da dare alla propria vita: non sa se scegliere l'onesto lavoro e l'onesto matrimonio, oppure la relazione con una donna sposata e guadagni poco puliti nella cricca del marito di lei. Alla fine, dopo la morte della madre, si decide: lascerà la città, le buone e le cattive amicizie e diventerà sindacalista. ■ DRAMMATICO; B/N; 113′; USA, 1944. ■ OSCAR 1 PR, 4 NOM.

RIBELLE, IL *(All the Right Moves)* ★★
Regia di MICHAEL CHAPMAN. Con TOM CRUISE, CRAIG T. NELSON, LEA THOMPSON. ■ In una cittadina americana un giovane sogna di diventare ingegnere grazie ad una borsa di studio guadagnata come campione di rugby. Ma si scontra con l'allenatore, il quale lo emargina fin quando non sarà costretto a chiedere scusa, ottenendo infine la sospirata borsa di studio. ■ COMMEDIA; COL.; 91′; USA, 1983.

RIBELLE – STORIA DI ENZA, LA ★★
(The Green-Eyed Blonde)
Regia di BERNARD GIRARD. Con BEVERLY LONG, SUSAN OLIVER, LINDA PLOWMAN. ■ Una bella biondina, rinchiusa da anni in casa di correzione, sta per uscire quando si scopre che ha allevato un bimbo in galera. Allora le aggravano la pena. Lei sconvolta evade, ma nella fuga trova la morte assieme al fidanzato che voleva aiutarla. ■ DRAMMATICO; B/N; 76′; USA, 1958.

RIBELLE, LA ★★
Regia di AURELIO GRIMALDI. Con LAURA BETTI, PENELOPE CRUZ, STEFANO DIONISI, LORENZA INDOVINA. ■ Enza e sua sorella Rosaria rubano nei supermercati. Colte sul fatto vengono affidate a un istituto di suore. Enza è bisognosa di affetto e, durante un permesso domenicale, fa l'amore con un ragazzo appena conosciuto. Crede di aver trovato il modo per uscire dall'istituto ma non è così. Pensa poi di aver trovato un rapporto vero con Franchino. Rimane incinta e, verificata l'inconsistenza anche di questo ragazzo, lo lascia decidendo di tenere il bambino. Grimaldi torna da regista a raccontare un ambiente che ben conosce. Penelope Cruz collabora con lui nel disegnare il ritratto di una minorenne costantemente in bilico tra ritrosia e abbandono. ■ DRAMMATICO; COL.; 88′; ITALIA, 1993.

RIBELLE DALLA MASCHERA NERA, IL ★★
(The Highwayman)
Regia di LESLEY SELANDER. Con CHARLES COBURN, PHILIP FRIEND, WANDA HENDRIX, VIRGINIA HUSTON, VICTOR JORY. ■ Un avido e corrotto signorotto taglieggia una contea inglese (siamo nel diciottesimo secolo). A lui s'oppone una specie di Zorro, di giorno pastore protestante, di notte invincibile cavaliere mascherato. Finisce in un'ecatombe: il cavaliere uccide il tiranno, ma la sua donna intanto s'è suicidata e lui stesso muore, preso a fucilate da una pattuglia di soldati. ■ AVVENTURA; COL.; 82′; USA, 1952.

RIBELLE DEI CONTRABBANDIERI, IL ★★
Regia di LUIS LUCIA. Con JORGE MISTRAL, AMPARO RIVELLES. ■ Lorenzo, difensore degli oppressi, ama la bella Regina, ma la zingara Rosita, gelosissima, uccide la rivale. Il triste evento serve comunque a mettere la parola fine alla sanguinosa lotta tra i ribelli e le autorità, divenute ora più concilianti. ■ AVVENTURA; B/N; 80′; SPAGNA, 1962.

RIBELLE DEI TROPICI, IL *(The End of the River)* ★★
Regia di DEREK TWIST. Con ROBERT DOUGLAS, BIBÍ FERREIRA, ESMOND KNIGHT, SABÙ. ■ Manuel è un giovanotto figlio di indigeni che ha il dono di cacciarsi sempre nei guai. Lo processano per omicidio e lui racconta la sua storia. Lavorava per un padrone che lo sfruttava, si ribellò, poi riuscì a ricostruirsi un'altra vita e a formarsi una famigliola. Ma, coinvolto in un conflitto rivoluzionario, aveva finito per perdere tutto. I giudici, riconosciute le attenuanti per il comportamento di Manuel, lo mandano libero. ■ AVVENTURA; B/N; 83′; GRAN BRETAGNA, 1947.

RIBELLE DELLA MONTAGNA, IL *(Der Feuerteufel)* ★★
Regia di LUIS TRENKER. Con JUDITH HOLZMEISTER, LUIS TRENKER. ■ È la storia del boscaiolo Stumberger che guidò gli alpigiani della Carinzia contro gli eserciti invasori di Napoleone. Dopo strenua resistenza Stumberger viene sconfitto, anche perché abbandonato dall'Austria di Metternich. Ma arrivano i tempi cupi anche per Napoleone: l'imperatore francese è sconfitto a Lipsia e Stumberger viene liberato. ■ AVVENTURA; B/N; 93′; GERMANIA, 1940.

RIBELLE DEL SUD, LA *(Belle Starr)* ★★★
Regia di IRVING CUMMINGS. Con DANA ANDREWS, RANDOLPH SCOTT, GENE TIERNEY. ■ Storia romanzata di Belle Star, la banditessa che imperversò nell'Oklahoma nella seconda metà dell'Ottocento. Dopo la guerra di Secessione, la vediamo respingere le attenzioni di un innamorato nordista e unirsi alla banda di Sam Starr, un guerrigliero sudista che continua la lotta. Belle e Sam si sposano e per molti anni danno filo da torcere all'esercito, finché l'uomo non viene catturato e Belle non rimane uccisa in un agguato per mano di due sicari. ■ WESTERN; COL.; 87′; USA, 1941.

RIBELLE DEL WEST, LA *(The Lady from Cheyenne)* ★★
Regia di FRANK LLOYD. Con EDWARD ARNOLD, ROBERT PRESTON, LORETTA YOUNG. ■ Arriva in una città del West una bella donna apparentemente dolce, tranquilla e sottomessa. In realtà è un peperino. Non solo fonda una scuola, ma anche si batte con successo per far avere il voto alle donne dello Stato. ■ WESTERN; COL.; 87′; USA, 1941.

RIBELLE DEL WEST, LA *(The Redhead from Wyoming)* ★★
Regia di LEE SHOLEM. Con WILLIAM BISHOP, ALEX NICOL, MAUREEN O'HARA. ■ Un losco speculatore cerca di trarre profitto dai conflitti di allevatori nel Wyoming. Lo fronteggia uno sceriffo che riesce alla fine a prevalere con l'aiuto di una ballerina di saloon ex amante dello speculatore. ■ WESTERN; COL.; 80′; USA, 1953.

RIBELLE DI ALGERI, IL *(L'insoumis)* ★★
Regia di ALAIN CAVALIER. Con ALAIN DELON, MAURICE GARREL, GEORGES GÉRET, LEA MASSARI. ■ Un giovane aderente all'Oas (il gruppo formato dai generali ribelli a De Gaulle dopo l'abbandono dell'Algeria) accetta di rapire un'avvocatessa che si batte per gli algerini. Ma s'innamora della sua vittima e non esita a mettersi contro i compagni. Mal gliene incoglie: questi lo braccano e lo feriscono mortalmente. ■ DRAMMATICO; B/N; 90′; FRANCIA, 1964.

RIBELLE DI CASTELMONTE, IL ★★
Regia di VERTUNNIO DE ANGELIS. Con ALDO BUFI LANDI, JOHN KITZMILLER, GÉRARD LANDRY, IVANO STACCIOLI. ■ Una specie di Robin Hood italiano conduce una lotta senza quartiere contro un tirannello e i suoi sgherri. Si innamora però della nipote del tiranno, che approfitta della situazione per prenderlo in trappola. Il fuorilegge si libera, uccide il tiranno e sposa la disinvolta damigella. ■ AVVENTURA; B/N; 93′; ITALIA, 1964.

RIBELLE DI CASTIGLIA, IL ★★
(Don Juan de Serralonga)
Regia di RICARDO GASCÓN. Con MARIA ASQUERINO, AMEDEO NAZZARI. ■ Lotta in Castiglia fra due famiglie. Una è condotta dal valoroso Juan, l'altra da uno meno valoroso che però, fattosi eleggere dal governatore, riesce ad avere l'esercito dalla sua e a sopraffare Juan. Costui viene giustiziato, nonostante abbia sposato la sorella del rivale. La donna fugge sui monti giurando vendetta. ■ AVVENTURA; B/N; 95′; SPAGNA, 1947.

RIBELLE DI GIAVA, IL *(Fair Wind to Jawa)* ★★
Regia di JOSEPH KANE. Con ROBERT DOUGLAS, FRED MACMURRAY, VICTOR MCLAGLEN, VERA RALSTON. ■ Un capitano è alla

ricerca di un mitico tesoro: un forziere di diamanti inabissato nel mare di Giava con la nave che lo trasportava. Ma il bottino fa gola anche a un feroce corsaro. La caccia si conclude in un'isola poco prima che un terremoto la distrugga. La tempesta manda poi a picco la nave dei pirati. ■ AVVENTURA; COL.; 92'; USA, 1953.

RIBELLE D'IRLANDA, IL *(Captain Lightfoot)* ★★
Regia di DOUGLAS SIRK. Con ROCK HUDSON, JEFF MORROW, BARBARA RUSH, KATHLEEN RYAN. ■ Nell'Irlanda che combatte contro gli inglesi (siamo nel XVIII secolo) un bollente giovane si unisce ai rivoltosi. Diventa il braccio destro di Captain Fulmine, il capo dei ribelli, e s'innamora della figlia di costui. Dopo mille avventure, Fulmine viene ferito e decide di prendersi una vacanza in Francia. Tanto c'è il giovane aiutante a sostituirlo in Irlanda. ■ AVVENTURA; COL.; 91'; USA, 1955.

RIBELLE DI SCOZIA, IL *(Kidnapped)* ★★
Regia di DELBERT MANN. Con MICHAEL CAINE, JACK HAWKINS, TREVOR HOWARD. ■ David è un giovanissimo scozzese che l'avido zio fa rapire da un losco capitano. Sulla nave di questi, David stringe amicizia con Alan Breck, uno dei capi della rivolta dei clan scozzesi contro l'Inghilterra. David rimane in seguito coinvolto nell'uccisione di un Lord scozzese collaborazionista. Incolpano lui, mentre il vero omicida è Alan. Questi, per salvare il compagno d'avventure, deciderà di consegnarsi. ■ AVVENTURA; COL.; 104'; GRAN BRETAGNA, 1971.

RIBELLE. THE BRAVE *(Brave)* ★★★
Regia di MARK ANDREWS. Con BILLY CONNOLLY, KEVIN MCKIDD, EMMA THOMPSON, REESE WITHERSPOON, JULIE WATERS. ■ La principessa Merida è tutta suo padre: coraggiosa, audace e insofferente alle regole di corte, preferisce cavalcare e tirare con l'arco piuttosto che sedere a tavola composta o curare i suoi lunghissimi capelli rossi. Costretta a sposare uno tra i pretendenti che si scontrano per la sua mano, decide di sovvertire le regole e rinnegare la tradizione, subendo la conseguente ira materna. Fuggita nei boschi per la disperazione incontra una vecchia strega che le offre un rimedio magico ai suoi problemi. Invece che acquietare i contrasti con la madre, il rimedio trasformerà quest'ultima in un orso, l'animale più odiato dal battagliero padre, quello che anni prima gli staccò una gamba. Buono il segmento che anticipa la comparsa improvvisa del titolo e che, come ogni prologo che si rispetti, mette anche in scena un livello di lettura più profondo della trama: l'idea allargata di coraggio intesa come l'unione di forza, ardore e sentimentalismo. ■ ANIMAZIONE; COL.; 93'; USA, 2012.

RIBELLE TORNA IN CITTÀ, IL *(Rebel in Town)* ★★
Regia di ALFRED L. WERKER. Con BEN COOPER, J. CARROL NAISH, JOHN PAYNE, RUTH ROMAN. ■ Un ufficiale sudista con i suoi tre figli si avvicina a una cittadina nordista. Uno dei figli uccide per sbaglio un ragazzino del luogo. È incolpato uno dei fratelli che va in paese a chiedere ammenda. Lo salva il padre del fanciullo. Il colpevole vero la pagherà. ■ WESTERN; B/N; 78'; USA, 1956.

RIBELLI DEI SETTE MARI, I *(Captain Caution)* ★★
Regia di RICHARD WALLACE. Con BRUCE CABOT, LEO CARRILLO, ALAN LADD, VICTOR MATURE, LOUISE PLATT. ■ All'indomani dello scoppio della guerra fra l'Inghilterra e le colonie americane, una nave da carico yankee è catturata dagli inglesi. L'equipaggio si libera e si dà alla pirateria. L'uomo che ha preso il comando è però un emerito filibustiere che trascina gli americani in imprese da codice penale. Toccherà al capitano mercantile metterlo in riga. ■ AVVENTURA; B/N; 85'; USA, 1940. ■ OSCAR 1 NOM.

RIBELLI DEL KANSAS, I *(The Jayhawkers)* ★★
Regia di MELVIN FRANK. Con JEFF CHANDLER, NICOLE MAUREY, FIER PARKER. ■ Sta per terminare la guerra di Secessione. Darcy, individuo ambizioso e di pochi scrupoli, approfitta del disordine generale per costruirsi un piccolo impero nel Kansas. Un giovane è inviato dal governatore a neutralizzarlo. I due però diventano amici: non sarà facile all'agente governativo, giunto al punto cruciale, superare ogni remora e prendere a pistolettate l'aspirante dittatore. ■ WESTERN; COL.; 100'; USA, 1958.

RIBELLI DELLA NOTTE, I ★★
(The Children of Time Square)
Regia di CURTIS HANSON. Con JOANNA CASSIDY, BRANDON DOUGLAS, HOWARD E. ROLLINS JR, LARRY B. SCOTT. ■ Il quattordicenne Eric abbandona la famiglia per cercare l'avventura a New York. Privo di esperienza, di amicizia e di denaro, finisce inevitabilmente a contatto con i bassifondi cittadini e la loro miseria. Accetta l'"ingaggio" in una banda di piccoli spacciatori, i Leopards, e si trova a dover difendere la propria vita durante lo scontro con una banda avversaria. ■ DRAMMATICO; COL.; 95'; USA, 1987.

RIBELLI DELLA VANDEA, I *(Les Chouans)* ★★
Regia di HENRI CALEF. Con LOUIS JOUVET, JEAN MARAIS, MADELEINE ROBINSON. ■ È la storia degli scioani, il gruppo dei nobili fedeli al re che nella Vandea condussero una lotta, rivelatasi inutile, contro le truppe di Napoleone. L'eroe è il prode marchese di Montauran che però s'innamora di Maria, agente segreto del ministro della polizia Fouché. La cosa non sta bene alla fanatica Madame du Gua che capeggia con Montauran i vandeani. Finisce male: in uno scontro fra i ribelli e l'esercito muoiono tutti: Madame, Maria e Montauran. ■ AVVENTURA; B/N; 99'; FRANCIA, 1948.

RIBELLI DELL'HONDURAS, I ★★
(Appointment in Honduras)
Regia di JACQUES TOURNEUR. Con JACK ELAM, GLENN FORD, ZACHARY SCOTT, ANN SHERIDAN. ■ Un ardimentoso americano riceve l'incarico di portare denaro al generale Prieto, un patriota dell'Honduras che s'è ribellato alla dittatura. S'imbarca su una nave e, giunto vicino alla destinazione, obbliga il capitano a sbarcarlo insieme a un gruppo di alleati. Dopo una faticosa marcia attraverso la giungla, l'americano e i compagni riescono a raggiungere il campo dei ribelli. ■ AVVENTURA; COL.; 79'; USA, 1953.

RIBELLI DELL'ISOLA, I *(Sauvage Mutiny)* ★★
Regia di SPENCER GORDON BENNETT. Con ANGELA STEVENS, JOHNNY WEISSMULLER. ■ Il protagonista è Jim della Giungla. Qui deve convincere una tribù di neri a sgombrare l'isola natale, che tra poco sarà teatro di esperimenti nucleari. Non è facile persuaderli. A complicare le cose si mettono anche agenti segreti russi che vogliono causare una carneficina per strumentalizzarla politicamente contro americani e inglesi. Ma alla fine Jim riuscirà nell'impresa. ■ AVVENTURA; B/N; 73'; USA, 1953.

RIBELLI DEL PORTO, I *(Little Old New York)* ★★
Regia di HENRY KING. Con WARD BOND, ALICE FAYE, RICHARD GREENE, FRED MACMURRAY. ■ Storia romanzata di Robert Fulton, che inventò la nave a vapore. ■ AVVENTURA; B/N; 100'; USA, 1940.

RIBELLI DEL SAHARA, I *(A Yank in Libya)* ★★
Regia di AL HERMAN. Con DUNCAN RENALDO, HENRY BYRON WARNER, JOAN WOODBURY. ■ Durante la guerra in Africa, agenti segreti nazisti cercano di sollevare le tribù arabe contro gli Alleati e gli americani. Un giornalista americano però sventa le loro manovre. ■ GUERRA; B/N; 67'; USA, 1942.

RIBELLI DI CARNABY STREET, I *(The Jokers)* ★★
Regia di MICHAEL WINNER. Con HARRY ANDREWS, MICHAEL CRAWFORD, OLIVER REED. ■ Due fratelli appartenenti a un'altolocata famiglia londinese progettano un colpo grosso: vogliono rubare i gioielli della corona d'Inghilterra. Ci riescono con un piano audace. La polizia scopre uno di loro che finisce in prigione. Di lì a poco lo raggiunge il fratello che ha già pronto un sensazionale piano di fuga. ■ GIALLO; COL.; 105'; GRAN BRETAGNA, 1967.

RIBELLIONE *(Boule de suif)* ★★
Regia di CHRISTIAN-JAQUE. Con PALAU, MICHELINE PRESLE, LOUIS SALOU. ■ Nella Francia invasa dai prussiani (1870) un gruppo di borghesi in viaggio viene catturato dai soldati stranieri. Il comandante prussiano si dice disposto a lasciarli andare se una viaggiatrice, una prostituta soprannominata "Palla di sego", acconsentirà ad andare a letto con lui. I borghesi, in una umiliante gara di vigliaccheria, spingono la ragazza perché accetti la proposta. Lei alla fine ci va, ma per uccidere l'ufficiale. ■ DRAMMATICO; B/N; 103'; FRANCIA, 1946.

RIBELLIONE DEGLI IMPICCATI, LA ★★
(La rebellion de los colgados)
Regia di ALFRED CREVENNA. Con PEDRO ARMENDARIZ, CARLOS LOPEZ MOCTEZUMA. ■ Per estinguere un debito, un povero contadino messicano è costretto assieme ai suoi figli a lavorare in una piantagione di mogano. Ma le condizioni di vita nei campi di lavoro sono insopportabili. Le angherie dei sorveglianti spingono un giorno il contadino a ribellarsi. Gli aguzzini vengono uccisi. L'uomo e i figlioli tornano al loro villaggio dove vivranno felici e contenti. ■ DRAMMATICO; B/N; 93'; MESSICO, 1954.

RIBELLI PER CASO ★★★
Regia di VINCENZO TERRACCIANO. Con ANTONIO CATANIA, GIOVANNI ESPOSITO, GIANNI FERRERI, GEA MARTIRE, TIBERIO MURGIA, ANTONIO PETROCELLI, RENATO SCARPA. ■ Adriano è un impiegato, Ciro un fruttivendolo, Guido un professore, Antonio un bancario, Luigi un commerciante di vini. Non hanno niente in comune, ma si trovano tutti nella stessa corsia di ospedale a Napoli. Nasce un'idea: organizzare una cena di sabato sera in cui mangiare senza regole. Si trovano così asserragliati in corsia con tanto di forze dell'ordine all'esterno. La scelta, per almeno due di loro, è: mangiare e forse morire o arrendersi. Film destinato apparentemente a una limitata circolazione quello dell'esordiente Terracciano (preceduto da *Per tutto il tempo che ci resta*, 1998 e – per il momento – senza seguito). L'idea di leggere il cibo come occasione di rivolta individuale contro la malasanità è sicuramente originale. ■ COMMEDIA; COL.; 100'; ITALIA, 2001.

RICAMATRICI, LE *(Brodeuses)* ★★★
Regia di ÉLÉONORE FAUCHER. Con ARIANE ASCARIDE, JACKY BERROYER, MARIE FÉLIX, THOMAS LAROPPE, LOLA NAYMARK, ARTHUR QUEHEN. ■ Claire ha diciassette anni. Quando scopre di essere incinta di cinque mesi, decide di partorire in gran segreto. Trova rifugio dalla signora Melikian, una ricamatrice che lavora per l'alta moda. Giorno per giorno, punto dopo punto, man mano che la pancia di Claire cresce, fra le due donne si instaura un rapporto madre-figlia. Di grande qualità le interpreti (Ariane Ascaride, musa di Guediguian, triste e depressa nell'elaborazione del lutto che l'ha colpita, ma capace d'un tratto di illuminarsi con un sorriso e Lola Naymark, dalla splendida chioma rosso fuoco), e valida anche la regia della Faucher che predilige i primi piani ed i colori pastello per raccontare una storia di ordinaria tristezza ma credibile nel suo happy end. Poche parole, mai fuori luogo, un film finalmente non urlato, fintamente dimesso, misurato, pudico e riuscito, da vedere. ■ DRAMMATICO; COL.; 89'; FRANCIA, 2005.

RICATTATORE, IL ★★
(The Patient Vanishes – This Man is Dangerous)
Regia di LAWRENCE HUNTINGTON. Con JAMES MASON, MICHAEL RENNIE, FREDERICK VALK. ■ Il figlio di un ispettore di Scotland Yard (anche lui poliziotto, ma privato) riceve da un lord l'incarico di ritrovargli la figlia rapita da una banda di ricattatori. Il giovanotto la pesca, ma sarebbe ucciso dai gangster se all'ultimo minuto non arrivasse provvidenzialmente il genitore. ■ GIALLO; B/N; 82'; GRAN BRETAGNA, 1941.

RICATTO *(The Shop at Sly Corner)* ★★
Regia di GEORGE KING. Con DEREK FARR, OSCAR HOMOLKA, MURIEL PAVLOW. ■ Il ricattato è un negoziante londinese dai burrascosi trascorsi. Un commesso, venuto a conoscenza del suo passato, prima si fa dare del denaro, poi pretende addirittura che gli conceda la mano di sua figlia. Il negoziante allora lo uccide. Scoperto dalla polizia, si suicida. ■ GIALLO; B/N; 92'; GRAN BRETAGNA, 1947.

RICATTO, IL *(The Take)* ★
Regia di LEON ICHASO. Con LISA HARTMAN, LARRY MANETTI, RAY SHARKEY. ■ Ha scontato con il carcere un passo falso commesso in passato e ora, ormai fuori dalla polizia, cerca di riabilitarsi anche nei confronti della moglie. Ma ancora gli va male: un poco di buono lo introduce ben presto nel giro degli stupefacenti. ■ DRAMMATICO; COL.; 87'; USA, 1990.

RICATTO ALLA MALA *(Un verano para matar)* ★★
Regia di ANTONIO ISASI ISASMENDI. Con OLIVIA HUSSEY, KARL MALDEN, CHRISTOPHER MITCHUM, RAF VALLONE. ■ Un giovanotto, per vendicare la morte del padre, giura di ucciderne l'assassino, pezzo grosso della mafia. Intanto comincia con il rapirgli la figlia. I due ragazzi però s'innamorano. Lui rinuncia alla vendetta e decide di partire. Finisce male solo per un vecchio poliziotto, pagato dalla mafia, che lascia andare i giovani e ne deve rispondere con la propria pelle ai datori di lavoro. ■ GIALLO; COL.; 93'; SPAGNA, 1972.

RICATTO A TRE GIURATI *(Three for Jamie Dawn)* ★★
Regia di THOMAS CARR. Con LARAINE DAY, RICARDO MONTALBAN. ■ Un'ereditiera è accusata d'aver ucciso l'amante. L'avvocato difensore, che vuol vincere la causa a tutti i costi, non esita a ricattare tre membri della giuria (un giovane disoccupato, un'attrice in declino, un immigrato cecoslovacco) promettendo loro la soluzione dei rispettivi problemi. I tre da principio cedono, poi il senso del dovere ha il sopravvento. L'ereditiera verrà condannata per votazione unanime della giuria. ■ DRAMMATICO; B/N; 81'; USA, 1956.

RICATTO D'AMORE *(The Proposal)* ★★
Regia di ANNE FLETCHER. Con MALIN AKERMAN, SANDRA BULLOCK, CRAIG T. NELSON, RYAN REYNOLDS, BETTY WHITE. ■ New York le aspirazioni di un ragazzo che sogna un futuro nell'editoria, magari anche da scrittore, si infrangono contro le infinite vessazioni del suo capo, la classica donna tutto lavoro e niente divertimento. Il giorno in cui però il capo rischia di essere deportato nel natio Canada per problemi di visto si presenta l'occasione per un matrimonio di interesse, operazione di certo rischiosa ma potenzialmente foriera della sospirata promozione. L'unico problema sarà tenere in piedi la rappresentazione senza che nessuno, nemmeno l'immigrazione, se ne accorga. La commedia matrimoniale newyorchese, un vero e proprio genere a sé, va in trasferta in Alaska, dove risiedono i genitori dello sposo e dove si svolgerà gran parte del film. ■ COMMEDIA; COL.; 107'; USA, 2009.

RICATTO DI UN COMMISSARIO DI POLIZIA A UN GIOVANE INDIZIATO DI REATO ★★
(Les aveux les plus doux)
Regia di ÉDOUARD MOLINARO. Con CAROLINE CELLIER, ROGER HANIN, PHILIPPE NOIRET, MARC POREL. ■ Un giovanotto, con un complice, ha commesso una rapina. C'è scappato il morto. Il giovane è catturato, ma non rivela il nome del complice. Un commissario, per farlo parlare, gli promette una mezz'oretta di *tête-à-tête* con la fidanzata. Ma poi non mantiene la promessa. Il giovane allora ritratta. Viene battuto a sangue dagli sbirri, ma li denuncia. Saranno messi sotto inchiesta. ■ DRAMMATICO; COL.; 92'; FRANCIA, 1970.

RICATTO DI UN PADRE, IL ★★
Regia di GIUSEPPE VARI. Con EDUARDO CIANNELLI, ETTORE MANNI, FRANCO SILVA, JANET VIDOR. ■ Drammone strappalacrime. Un usuraio scopre che un suo debitore è il padre putativo di sua figlia. Complicazioni e dramma finale. ■ DRAMMATICO; B/N; 94'; ITALIA, 1956.

RICATTO PIÙ VILE, IL *(Ransom!)* ★★
Regia di ALEX SEGAL. Con GLENN FORD, ROBERT KEITH, LESLIE NIELSEN, DONNA REED. ■ Rapiscono il figlio di un ricco industriale. Il padre dapprima vorrebbe pagare, poi si persuade che, per salvare il ragazzo, gli conviene adottare la linea dura. Va in tv e dichiara che il danaro del riscatto non vuole darlo ai rapitori, ma ai poliziotti e a chiunque gli darà notizie del figlio. I fatti gli daranno ragione: i sequestratori intimoriti gli restituiranno gratis il figliolo. ■ DRAMMATICO; B/N; 109'; USA, 1955.

RICCA, GIOVANE E BELLA *(Rich, Young and Pretty)* ★★★
Regia di NORMAN TAUROG. Con WENDELL COREY, DANIELLE DARRIEUX, JANE POWELL. ■ La figlia di un allevatore texano, di passaggio a Parigi, stringe amicizia con una famosa attrice. Ignora che la donna è sua madre che lasciò il Texas quando lei aveva due anni. A raccontarle tutto è il padre che teme che la ex voglia riprendersi la figlia. Inoltre lo preoccupa il flirt che la fanciulla ha intrecciato con il figlio di un diplomatico francese. Le cose però si concluderanno bene. ■ COMMEDIA; COL.; 95'; USA, 1952. ■ OSCAR 1 NOM.

RICCARDO CUOR DI LEONE ★★
(King Richard and the Crusaders)
Regia di DAVID BUTLER. Con REX HARRISON, LAURENCE HARVEY, VIRGINIA MAYO, GEORGE SANDERS. ■ Riccardo d'Inghilterra combatte per la liberazione del Santo Sepolcro. Ma nel suo esercito si annidano nemici peggiori dei saraceni. Riccardo è ferito in un agguato e salvato da un medico arabo che alla fine si rivelerà come il Saladino, il leale comandante dell'esercito avversario. Sir Kenneth, un cavaliere scozzese, sistemerà i congiurati, ucciderà il capo del complotto e sposerà la cugina di Riccardo. ■ STORICO; COL.; 114'; USA, 1954.

RICCARDO III *(Richard III)* ★★★★
Regia di LAURENCE OLIVIER. Con CLAIRE BLOOM, JOHN GIELGUD, LAURENCE OLIVIER. ■ Laurence Olivier attore e regista si prende il gusto di rifare da par suo il gobbo Riccardo di Gloucester, divenuto re d'Inghilterra attraverso una serie forse ineguagliata di ammazzamenti di consanguinei. Dopo aver fatto uccidere i fratelli e i loro eredi, Riccardo viene affrontato dal giovane conte di Richmond e sconfitto in battaglia: non gli serve lanciare a combattimento quasi concluso il fatidico grido: "Un cavallo, un cavallo per il mio regno". ■ STORICO; COL.; 133'; GRAN BRETAGNA, 1956. ■ BERLINO 1 PR; OSCAR 1 NOM.

RICCARDO III *(Richard III)* ★★★
Regia di RICHARD LONCRAINE. Con ANNETTE BENING, JIM BROADBENT, ROBERT DOWNEY JR., IAN MCKELLEN, KRISTIN SCOTT THOMAS, MAGGIE SMITH, JOHN WOOD. ■ Riccardo, alla morte di suo fratello Edoardo IV re (York) d'Inghilterra, non si accontenta della reggenza e usurpa il trono, uccidendo tutti, fratello, nipoti, moglie e nemici. Poi viene sconfitto e ucciso nella battaglia di Bosworth (1485) da Enrico Tudor, erede dei Lancaster. Dall'adattamento teatrale di Richard Eyre. Shakespeare aveva fatto di Riccardo il più grande e corrotto assassino della storia (nobile) dell'uomo. Il regista Loncraine ha spostato la vicenda agli anni Trenta, con tanti simboli, a cominciare da Riccardo che assomiglia stranamente a Hitler. In sostanza le lotte per il potere sono sempre le stesse, nei vari secoli. L'"artificio" è quello di far parlare i personaggi aderendo rigorosamente al testo classico, con un contrasto singolare che comunque ha funzionato se il film ha vinto l'Orso d'argento a Berlino e se ha ottenuto ben quattro "nomination" all'Oscar. La sensazione è comunque quella di un eccesso di artificio: ci sono persino le canzoni di Al Jolson ad accompagnare l'azione. Una bella sorpresa dalla Bening. Fuori discussione la bravura di Ian McKellen, ritenuto il massimo attore shakespeariano contemporaneo. ■ DRAMMATICO; COL.; 100'; GRAN BRETAGNA, 1996. ■ BERLINO 1 PR; GOLDEN GLOBES 1 NOM; OSCAR 2 NOM.

RICCARDO III, UN UOMO, UN RE ★★
(Looking for Richard)
Regia di AL PACINO. Con ALEC BALDWIN, AL PACINO, AIDAN QUINN, WINONA RYDER, KEVIN SPACEY. ■ Al Pacino è l'ideatore, il regista e l'interprete di questo vero e proprio viaggio nel testo di Shakespeare; un'opera di altissimo valore a metà tra film, documentario ed inchiesta. Questa rilettura, a volte irriverente, a volte esilerante, di Riccardo III, ci spiega (o meglio ce lo spiega il tassista di colore interrogato a proposito da Pacino) perché Shakespeare funziona dappertutto: perché racconta sentimenti e passioni umani che rimangono immutabili nel tempo. Una ricerca che piace più a Pacino che a tutti gli altri. ■ COMMEDIA; COL.; 109'; USA, 1996.

RICCHE E FAMOSE *(Rich and Famous)* ★★★★
Regia di GEORGE CUKOR. Con CANDICE BERGEN, JACQUELINE BISSET, DAVID SELBY. ■ È la storia dell'odio-amore fra due antiche compagne di collegio. Una è diventata un'apprezzata scrittrice, l'altra, sulla sua scia, è divenuta anche lei famosa, ma come autrice commerciale. La rivalità professionale fra le due s'acutizza quando il marito della "commerciale" dichiara di essere innamorato dell'impegnata e la figlia della coppia si mette con l'amante giovane dell'impegnata. Ultimo film "per donne" di Cukor (morirà poco dopo) tratto da una commedia di John Van Druten che già aveva fornito lo spunto a Vincent Sherman per *L'amica* con Bette Davis. ■ COMMEDIA; COL.; 117'; USA, 1981.

RICCHEZZA NAZIONALE *(Les Pigmées de Carlo)* ★★
Regia di RADU MIHAILEANU. Con STÉPHANE RIDEAU, SONIA ROLLAND, YVES VERHOEVEN. ■ Marc ed Olivier fanno parte di una troupe cinematografica che parte per il Bangui, nella Repubblica Centrafricana alla ricerca di un gruppo di pigmei. Partiti con in mente lo stereotipo del "buon selvaggio", i due assistenti si troveranno davanti un popolo altamente urbanizzato che vive in condizione di sottoproletariato. ■ GROTTESCO; COL.; 101'; FRANCIA, 2002.

RICCHEZZA SENZA DOMANI ★★
Regia di FERDINANDO MARIA POGGIOLI. Con DORIS DURANTI, CLAUDIO GORA, GUIDO NOTARI, LAMBERTO PICASSO. ■ La ricchezza è quella di un industriale che, dopo aver tanto penato per fare quattrini, si accorge di essere, nel privato, un fallito (la moglie lo disprezza, gli operai lo odiano). Per fortuna una bella nipote arriva a tirargli su il morale. L'industriale dona la fabbrica ai dipendenti e si ritira in campagna. La moglie, dipinta all'inizio come molto frivola e salottiera, incredibilmente lo segue nella vita campestre. ■ COMMEDIA; B/N; 84'; ITALIA, 1939.

RICCHI E POVERI – BRISCOLA ★★
Regia di ALDO ROSSI. Con CARLO CAMPANINI, LIA RAINER. ■ Durante un processo saltano fuori le vicende di tre sfigati. Un romano si vede la moglie portata via da una colonia di nudisti. Un industrialotto per poter concludere un contratto con un ricchissimo arabo è costretto (almeno lui così crede) a offrirgli anche la sua bella signora. Infine il marito di una riccona è turlupinato da una sedicente capitana d'industria tedesca. ■ COMMEDIA; COL.; 95'; ITALIA, 1982.

RICCIO, IL *(Le hérisson)* ★★★
Regia di MONA ACHACHE. Con ARIANE ASCARIDE, JOSIANE BALASKO, ANNE BROCHET, TOGO IGAWA, GARANCE LE GUILLERMIC. ■ Renée, portinaia introversa e scontrosa di un elegante palazzo parigino, è una donna colta, appassionata degli amanti di Tolstoj e delle sorelle (Munekata) di Ozu. Ha cinquantaquattro anni, un gatto e un segreto doloroso mai rivelato. L'arrivo di monsieur Ozu, un ricco giapponese dal cuore nobile, e la disarmante intelligenza di Paloma, figlia dodicenne di genitori ottusi, eluderanno le spine e riveleranno "l'eleganza del riccio". Allo stesso modo, la guardiola di Renée diventerà per Kakuro e Paloma luogo di sospensione e altrove in cui riparare e *pescare* "un sempre nel mai". Perde "l'eleganza" nel titolo e diventa un film il caso letterario del 2007, che vanta ristampe, premi letterari e centinaia di migliaia di copie vendute. *Il riccio*, della debuttante Mona Acha che sfida l'immaginario dei lettori, incarnando sullo schermo i personaggi letterari di Muriel Barbery e il suo racconto intimo, chiuso in un condominio e in atmosfere di acceso lirismo. La generosità narrativa dell'autrice cede il passo nel film a una sorta di diario intimo simile a quello redatto dalla Paloma letteraria e mutuato in immagini attraverso una vecchia videocamera. ■ DRAMMATICO; COL.; FRANCIA, ITALIA, 2009.

RICCIOLI D'ORO *(Curly Top)* ★★★
Regia di IRVING CUMMINGS. Con JOHN BOLES, ROCHELLE HUDSON, SHIRLEY TEMPLE. ■ Shirley Temple interpreta un'orfanella adottata da un facoltoso industriale. Ringrazia sistemando gli affari del benefattore e favorendo il matrimonio di lui con la sua sorella maggiore. ■ COMMEDIA; B/N; 75'; USA, 1935.

RICCO E IL POVERO, IL ★★
(Ferien in Tirol – Zärtliches Geheimnis)
Regia di WOLFGANG SCHLEIF. Con THÉRÈSE GIEHSE, HANS SÖNHKER. ■ Durante una vacanza in Tirolo, un ragazzino ricco salva dall'annegamento un coetaneo. I due scoprono di somigliarsi come due gocce d'acqua. Allora decidono di scambiarsi i ruoli (il salvato è figlio di una modesta famiglia della valle). La commedia regge finché non arrivano i rispettivi genitori, entrambi vedovi. Ma papà e mamma dei ragazzotti si conoscono. Anzi, si sono amati in gioventù. Ne approfitteranno per rimettersi insieme. ■ AVVENTURA; B/N; 91'; GERMANIA, 1956.

RICCO E STRANO *(Rich and Strange)* ★★★
Regia di ALFRED HITCHCOCK. Con JOAN BARRY, HENRY KENDALL, PERCY MARMONT. ■ È la storia di una coppia di giovani e

ricchi coniugi in giro per il mondo. ■ DRAMMATICO; B/N; 92'; GRAN BRETAGNA, 1932.

RIC E GIAN ALLA CONQUISTA DEL WEST ★★
Regia di OSVALDO CIVIRANI. Con GIAN, CRAIG HILL, FRANCESCO MULÉ, TIBERIO MURGIA, RIC. ■ Tentativo mal riuscito di lanciare in cinema la coppia di comici. Ric e Gian, nel West, riescono a portare a destinazione un carico d'oro. ■ COMMEDIA; COL.; 91'; ITALIA, 1967.

RICERCA DELLA FELICITÀ, LA ★★
(The Pursuit of Happyness)
Regia di GABRIELE MUCCINO. Con KURT FULLER, THANDIE NEWTON, JADEN SMITH, WILL SMITH, CECIL WILLIAMS. ■ Chris Gardner è un brillante venditore senza fortuna nella San Francisco degli anni Ottanta. Padre affettuoso di Christopher, un vivace bambino di cinque anni, e marito di una scontrosa compagna, Chris fatica a sbarcare il lunario. La moglie, incapace di reggere la crisi, abbandona marito e figlio per cercare fortuna a New York. Rimasto solo, Chris cerca tenacemente e ottiene un posto da stagista non retribuito presso una società di consulenza finanziaria. Senza stipendio, sfrattato dall'appartamento e poi dalla stanza di un infimo motel, Chris e il suo bambino cercheranno di sopravvivere dormendo nei ricoveri per i senza tetto o nei bagni pubblici della metropolitana. Indossando sempre il suo abito migliore e l'orgoglio di chi non vuole mollare, Chris troverà una porzione di felicità. Gabriele Muccino ricomincia dall'America, lasciando a casa il suo cinema d'interni, di famiglie borghesi in crisi e di dialoghi urlati, accelerati e quasi sempre travolti dalla musica. Il film promette all'inizio ma non mantiene cammin facendo. Ripetitivo e prevedibile. ■ DRAMMATICO; COL.; 117'; USA, 2006.

RICERCATI: UFFICIALMENTE MORTI ★★★
(Extreme Prejudice)
Regia di WALTER HILL. Con POWERS BOOTHE, MARIA CONCHITA ALONSO, MICHAEL IRONSIDE, NICK NOLTE. ■ Benteen, un ranger del Texas deciso a combattere la droga venduta da Cash Bailey, si interseca con un gruppo di reduci del Vietnam che risultano ufficialmente morti, che hanno assunto un'altra identità per dare anche loro la caccia a Bailey. In realtà il maggiore che li capeggia ha il solo scopo di procurarsi armi e documenti segreti. Smascherato da Benteen, il maggiore viene ucciso dai suoi stessi uomini. ■ AVVENTURA; COL.; 105'; USA, 1987.

RICERCATO PER OMICIDIO ★★
(Cet homme est dangereux)
Regia di JEAN SACHA. Con GRÉGOIRE ASLAN, EDDIE CONSTANTINE, COLETTE DERÉAL. ■ Un agente dell'Interpol, per sgominare una banda dedita al traffico della droga e ai sequestri, si finge un pericoloso delinquente. Così entra nella gang e può impedire, fra l'altro, il rapimento di una miliardaria. Le cose si complicano perché un'altra cricca di malfattori interviene catturando sia l'agente che la ragazza. Per fortuna *in extremis* arrivano i colleghi dell'Interpol. ■ POLIZIESCO; B/N; 92'; FRANCIA, 1954.

RICERCHE DIABOLICHE *(Monster on the Campus)* ★★
Regia di JACK ARNOLD. Con ARTHUR FRANZ, JOANNA MOORE, JUDSON PRATT. ■ Un giovane professore in biologia compie alcune rischiose ricerche. Un giorno, ha la cattiva idea di iniettarsi il sangue di un pesce. Di lì a poco si trasforma in un mostro anfibio che sparge il terrore all'interno dell'ateneo. Urge eliminarlo, con il consenso della sua donna. ■ FANTASCIENZA; B/N; 76'; USA, 1957.

RICETTE D'AMORE *(Drei Sterne)* ★★
Regia di SANDRA NETTELBECK. Con SERGIO CASTELLITTO, MAXIME FOERSTE, MARTHA GEDECK. ■ Martha lavora come chef in un rinomato ristorante francese di Amburgo, il Lido: single convinta, delusa dagli uomini, ha scelto da tempo di concentrarsi solo sul lavoro vivendo un'esistenza piuttosto monotona, scandita dai ritmi del ristorante. Un giorno però la sorella muore in un incidente e Martha è costretta ad occuparsi della nipotina, rimasta sola al mondo. Ma questo non è l'unico evento che sconvolge la vita della donna: costretta a una breve assenza dal ristorante, quando torna scopre che il proprietario, ha assunto Mario, uno chef italiano, per aiutarla sul lavoro in un momento così difficile. L'allegria e la voglia di vivere dell'uomo, nonostante i contrasti iniziali, riusciranno lentamente a conquistare anche la gelida Martha. ■ SENTIMENTALE; COL.; 105'; AUSTRIA, GERMANIA, ITALIA, SVIZZERA, 2001.

RICHIAMO, IL ★★
Regia di CLAUDIO BONDI. Con BRUNO BENDONI, SILVIA COHEN, IVANO MARESCOTTI. ■ Opera prima curiosa per il tema prescelto. Fine Settecento, un marchese ornitologo vuole schedare tutte le specie di uccelli di selva. Lo aiuterà un bracconiere che lo condurrà anche al suicidio. ■ PSICOLOGICO; COL.; 97'; ITALIA, 1995.

RICHIAMO, IL ★★
Regia di STEFANO PASETTO. Con CESAR BORDON, JULIETA CARDINALI, SANDRA CECCARELLI, FRANCESCA INAUDI, GUILLERMO PFENING. ■ Lucia è una hostess con la passione per il pianoforte, ed ha un marito medico, che la tradisce. Si consola con l'amicizia con Lea, uno spirito libero che sogna di lasciare Buenos Aires per la Patagonia. Opera seconda di Stefano Pasetto, *Il richiamo* racconta del disagio e di fughe possibili. Abitato da donne e scritto da una donna, il dramma minimalista e dolente gravita attorno a due nodi narrativi: il caso e l'occasione. ■ DRAMMATICO; COL.; 93'; ITALIA, ARGENTINA, 2011.

RICHIAMO DEI FIGLI, IL *(Seed)* ★★
Regia di JOHN M. STAHL. Con JOHN BOLES, BETTE DAVIS, GENEVIÈVE TOBIN. ■ Uno scrittore smanioso di successo lascia la famiglia (moglie e cinque figli) per dedicarsi tutto alla sua arte. Raggiunge il successo, infatti, ma dopo qualche anno sente la nostalgia della famiglia. La moglie, di buon carattere, acconsente a fargli frequentare i ragazzi, ormai cresciuti (tra questi, a stento riconoscibile, una giovanissima Bette Davis). ■ DRAMMATICO; B/N; 93'; USA, 1931.

RICHIAMO DELLA FORESTA, IL ★★★
(Call of the Wild)
Regia di WILLIAM A. WELLMAN. Con CLARK GABLE, JACK OAKIE, REGINALD OWEN, LORETTA YOUNG. ■ Il titolo del romanzo di Jack London è solo un pretesto per narrare le avventure di due cercatori d'oro nel Klondike. ■ AVVENTURA; B/N; 81'; USA, 1935.

RICHIAMO DELLA FORESTA, IL *(Call of the Wild)* ★★
Regia di KEN ANNAKIN. Con RIK BATTAGLIA, GEORGE EASTMAN, CHARLTON HESTON, MICHÈLE MERCIER, MARIA ROHM. ■ Storia di Buck, cane da slitta, attraverso le pianure gelate dell'Alaska. Battaglie con i lupi, ma più ancora con gli uomini. ■ AVVENTURA; COL.; 100'; USA, 1972.

RICHIAMO DELLA FORESTA, IL ★★
(The Call of the Wild: Dog of the Yukon)
Regia di PETER SVATEK. Con RUTGER HAUER, LUC MORISETTE, CHARLES POWELL. ■ Il cane Buck, creato da Jack London, vive nuovamente al cinema. Seguiamo così il suo ingresso nel branco del corriere postale, i maltrattamenti, la fuga, la vita con il nuovo padrone. Fino alla morte del suo amico a due zampe che lo lascerà libero di tornare alla foresta. Rutger Hauer continua il suo vagabondaggio da un film all'altro. ■ AVVENTURA; COL.; 90'; CANADA, 1996.

RICHIAMO DELLA FORESTA, IL *(Call of the Wild)* ★★
Regia di RICHARD GABAI. Con VERONICA CARTWRIGHT, ARIEL GADE, CHRISTOPHER LLOYD, WES STUDI, AIMEE TEEGARDEN. ■ Un percorso di formazione quello che si appresta a compiere Ryann, capricciosa bambina bostoniana che viene affidata controvoglia al nonno durante le vacanze in Europa dei genitori. Bill, nonno affabile e tradizionalista, abita in una baita immersa nei boschi innevati del Montana, ed è proprio la vita del posto, che scorre uguale a se stessa, ad annoiare l'imbronciata ragazzina, abituata a ben altri passatempi. Dopo lo scetticismo iniziale, Ryann inizia ad appassionarsi alla vita di montagna: a rendere possibile il cambiamento è il ritrovamento di un cane ferito a cui la bimba si affeziona da subito e di cui si prende cura con un ritrovato entusiasmo. ■ AVVENTURA; COL.; 100'; USA, 2009.

RICHIAMO DELLA TERRA, IL *(The Far Call)* ★★
Regia di ALLAN DWAN. Con WARNER BAXTER, LEILA HYAMS, CHARLES MORTON. ■ Uno dei primi film sonori della Fox. La

produzione si era affidata a uno dei grandi mestieranti del cinema americano. Il film narra la storia di una famiglia di pionieri che deve combattere contro mille difficoltà per sopravvivere. ■ WESTERN; B/N; 93′; USA, 1929.

RICHIAMO DEL LUPO, IL ★★
Regia di GIANFRANCO BALDANELLO. Con JOAN COLLINS, JACK PALANCE, ELISABETTA VIRGILI. ■ Ennesimo rimaneggiamento del famoso libro di Jack London *Il richiamo della foresta*. ■ AVVENTURA; COL.; 95′; ITALIA, 1975.

RICHIAMO DEL NORD, IL *(Wild Geese Calling)* ★★
Regia di JOHN BRAHM. Con JOAN BENNETT, HENRY FONDA, WARREN WILLIAM. ■ Un ex boscaiolo diventa albergatore, in Alaska, in società con Dick, un avventuriero. Ma questi gli insidia la moglie, che non cede. Riappacificazione finale dopo una notte di tempesta. ■ AVVENTURA; B/N; 77′; USA, 1941.

RICHIAMO DEL SANGUE, IL *(Call of the Blood)* ★★
Regia di JOHN CLEMENTS, LADISLAO VAJDA. Con KAY HAMMOND, CARLO NINCHI, LEA PADOVANI. ■ Un anziano amante tradito, per vendicarsi della donna amata, mette nei guai il figlio di lei inducendolo a sedurre una contadina, che si uccide per la vergogna. A sua volta il padre della stessa uccide il seduttore: vendetta è finalmente fatta. ■ DRAMMATICO; B/N; 93′; GRAN BRETAGNA, ITALIA, 1948.

RICHIAMO DEL SILENZIO, IL *(L'appel du silence)* ★★
Regia di LEON POIRIER. Con PIERRE DU GUIGNAUD, ALICE TISSOT. ■ Ufficiale francese diventa missionario in Africa. Edificante. ■ DRAMMATICO; B/N; 109′; FRANCIA, 1936.

RICHIAMO D'OTTOBRE *(The Return of October)* ★★★
Regia di JOSEPH H. LEWIS. Con GLENN FORD, JAMES GLEASON, TERRY MOORE, DAME MAY WHITTY. ■ Lo spirito di un vecchio si reincarna in un cavallo chiamato "Ottobre" che, vincendo il derby, fa la fortuna della nipote. ■ COMMEDIA; COL.; 98′; USA, 1948.

RICHIAMO NELLA TEMPESTA – GLI AMANTI DELL'INFINITO – E LE STELLE NON ATTESERO INVANO, IL ★★
Regia di ORESTE PALELLA. Con RENATO BALDINI, SILVANA PAMPANINI, GABRIELLA SANGRO. ■ Una giovane paralizzata si innamora del fidanzato della cugina senza averlo mai visto, soltanto attraverso le descrizioni della parente. Dopo la morte, la ragazza ottiene di poter scendere sulla terra per trascorrere una serata con l'amato. Quest'ultimo promette di seguirla presto. ■ FANTASTICO; B/N; 94′; ITALIA, 1952.

RICHIE RICH – IL PIÙ RICCO DEL MONDO ★
(Richie Rich)
Regia di DONALD PETRIE. Con MACAULAY CULKIN, EDWARD HERRMANN, JOHN LARROQUETTE. ■ Ancora Macaulay Culkin (fortuna che anche i divi bambini crescono) in una storia con morale esibita: l'amore dei genitori non ha prezzo. Nel conto sono compresi anche una parodia da *Intrigo internazionale* e una microlezione di aerobica condotta dalla modella Claudia Schiffer. ■ COMMEDIA; COL.; 95′; USA, 1994.

RICKY BOBBY: LA STORIA DI UN UOMO CHE SAPEVA CONTARE FINO A UNO ★
(Talladega Nights: The Ballad of Ricky Bobby)
Regia di ADAM MCKAY. Con SACHA BARON COHEN, LESLIE BIBB, GARY COLE, WILL FERRELL, JOHN C. REILLY. ■ Nato su un'auto in corsa, Ricky Bobby ha la velocità nel sangue e vive l'infanzia nel mito delle gare. Dopo un'adolescenza di scorribande in auto, segnata dall'abbandono da parte del padre – pilota semiprofessionista e donnaiolo –, il non più giovanissimo Ricky si ritrova a lavorare come meccanico nella meno blasonata delle scuderie Nascar. In seguito all'abbandono del pilota della scuderia, Ricky avrà la possibilità di portare a termine una gara, esibendo le proprie innate capacità di guida. ■ COMMEDIA; COL.; 108′; USA, 2006.

RICKY E BARABBA ★
Regia di CHRISTIAN DE SICA. Con CHRISTIAN DE SICA, FRANCO FABRIZI, SYLVA KOSCINA, MARISA MERLINI, RENATO POZZETTO. ■ Terzo titolo di Christian De Sica come regista. Da quando ha cominciato peggiora di film in film. Tutto trito e condito male. Barabba è un barbone che vive di espedienti. Salva la vita a Ricky, ricco industriale che si voleva suicidare, e diventano ben presto amici. ■ COMICO; COL.; 96′; ITALIA, 1992.

RICKY. UNA STORIA D'AMORE E DI LIBERTÀ ★★
(Ricky)
Regia di FRANCOIS OZON. Con ALEXANDRA LAMY, SERGI LOPEZ, MELUSINE MAYANCE, ARTHUR PEYRET, ANDRE WILMS. ■ Katie vive in una periferia con la figlia Lisa e lavora in un laboratorio chimico. Un giorno sul lavoro incontra Paco ed è subito passione. Quando nasce il piccolo Ricky l'uomo pare tramutarsi nel convivente pigro e pantofolaio che delega tutto alla donna di casa. Il colpo di scena è l'apparire di macchie rosse che sembrano lividi sulla schiena del neonato mentre questi è affidato al padre. Katie comincia a dubitare di Paco finché questi se ne va. La situazione si complica quando a Ricky spuntano due alette da pollo senza piume che crescono a vista d'occhio. All'iniziale sconcerto, soprattutto quando il bimbo viene trovato sopra un armadio, segue il tentativo di madre e sorella di assecondare i voli del "freak". Quando la creatura decolla nel bel mezzo di un supermercato e si culla nell'aria tra i neon dell'illuminazione la cittadina si accorge della stranezza: "un bambino telecomandato!". Un melodramma sociale che si trasforma in una storia grottesca e fantastica. ■ COMMEDIA DRAMMATICA; COL.; 90′; FRANCIA, ITALIA, 2009.

RICOMINCIA DA OGGI *(Ça commence aujourd'hui)* ★★★
Regia di BERTRAND TAVERNIER. Con VERONIQUE ATALY, DIDIER BEZACE, NADIA KACI, MARIA PITARRESI, PHILIPPE TORRETON. ■ Cittadina di provincia francese con alto tasso di disoccupati. Il dirigente di una scuola materna si trova ogni giorno a confronto con una realtà difficile. Lo Stato è lontano e attento solo alle pratiche burocratiche. Bisogna allora intervenire in prima persona, rischiando magari di sbagliare. Un film "politico" di un regista che non ha mai il timore di "scontentare" a destra o a sinistra, ma sa fare un cinema necessario per riflettere sulla contemporaneità. ■ DRAMMATICO; COL.; 118′; FRANCIA, 1999.

RICOMINCIARE AD AMARSI ANCORA ★★
(Falling in Love Again)
Regia di STEVEN PAUL. Con ELLIOTT GOULD, STUART PAUL, MICHELLE PFEIFFER, SUSANNAH YORK. ■ Logorati dalla vita in comune, due coniugi rimpiangono i bei tempi del loro amore e cercano un modo per uscire dalla crisi. Soltanto ritornando nei luoghi della loro giovinezza potranno ricominciare ad amarsi. ■ COMMEDIA; COL.; 103′; USA, 1980. ■ GOLDEN GLOBES 1 NOM.

RICOMINCIARE A VIVERE *(Hope Floats)* ★★
Regia di FOREST WHITAKER. Con SANDRA BULLOCK, HARRY CONNICK JR, GENA ROWLANDS. ■ Birdee (Bullock) scopre che il marito l'ha tradita. Forte e orgogliosa dà il taglio netto. Poco dopo le muore la madre. Dunque la voglia di risarcimento è davvero forte, ed ecco all'orizzonte il nuovo amore. Niente da ricordare. ■ DRAMMATICO; COL.; 114′; USA, 1998.

RICOMINCIO DA CAPO *(Groundhog Day)* ★★★
Regia di HAROLD RAMIS. Con CHRIS ELLIOTT, ANDIE MACDOWELL, BILL MURRAY, STEPHEN TOBOLOWSKY. ■ Ramis, regista di filmetti demenziali a basso quoziente intellettuale, è stato baciato dalla fortuna. Infatti ha ricevuto un soggetto originale – e paradossale – scritto da Danny Rubin. Bill Murray è un insopportabile meteorologo in trasferta a Punxsutawney. Nella ridente cittadina montana sta infatti per essere celebrata la "giornata della marmotta". È in tandem con una produttrice, Andie MacDowell, piuttosto conformista. Per uno scherzo del destino il protagonista si trova a dover rivivere la medesima giornata all'infinito. Pur essendo comico il film è anche una riflessione sull'alienazione e sul malessere della società. ■ COMMEDIA; COL.; 103′; USA, 1992.

RICOMINCIO DA TRE ★★★½
Regia di MASSIMO TROISI. Con LELLO ARENA, FIORENZA MARCHEGIANI, MASSIMO TROISI. ■ Gaetano, un timido giovanotto della provincia di Napoli, stufo della vita familiare, decide di venirsene al Nord. Incontra una bella ragazza che gli darà modo di superare tutte le sue inibizioni. Un giorno però la ragazza gli ri-

vela di essere incinta. Chi è il padre del nascituro? Forse Gaetano, forse qualcun altro. Gaetano, dopo molti tentennamenti, abbozza. ■ COMMEDIA; COL.; 109'; ITALIA, 1981. ■ DAVID DI DONATELLO 2 PR, 2 NOM.

RICORDA IL MIO NOME *(Remember my Name)* ★★★
Regia di ALAN RUDOLPH. Con GERALDINE CHAPLIN, MOSES GUNN, ANTHONY PERKINS. ■ Un'ex detenuta torna alla città natale dove il marito si è risposato. Inizia a perseguitare lui e la moglie, che dopo un certo tempo la fa arrestare. Evita la prigione proprio grazie all'ex coniuge che viene abbandonato dalla sposa. Dopo una notte con la prima moglie lui viene chiuso in casa dalla stessa, che in poche ore dilapida tutti i suoi risparmi e fugge. ■ DRAMMATICO; COL.; 96'; USA, 1978.

RICORDAMI ★★
Regia di FERDINANDO BALDI. Con GINO LEURINI, NARCISO PARIGI, ELEONORA RUFFO. ■ Un giovane figlio di papà s'innamora di una bella ragazza che ha investito con la sua auto, la rende madre e vorrebbe sposarla. Ma siamo a Napoli negli anni Cinquanta, le convenzioni si impongono e il padre del giovane trama per dividere la coppia, che si riunirà dopo mille peripezie. ■ DRAMMATICO; B/N; 93'; ITALIA, 1955.

RICORDANDO HEMINGWAY ★★
(Wrestling Ernest Hemingway)
Regia di RANDA HAINES. Con SANDRA BULLOCK, ROBERT DUVALL, RICHARD HARRIS, PIPER LAURIE, SHIRLEY MACLAINE. ■ Randa Haines, dopo *Figli di un dio minore* e *Un medico, un uomo*, non ha ancora perso il vizio. Le storie lacrimevoli e sdolcinate sono ancora il suo forte. Duvall e Harris si limitano al sicuro professionismo. Brava come sempre Shirley MacLaine. Siamo nel periodo estivo e assistiamo all'amicizia di due uomini in piena vecchiaia. La solitudine e i problemi amorosi a fare da sfondo. ■ COMMEDIA; COL.; 122'; USA, 1993.

RICORDA QUELLA NOTTE *(Remember the Night)* ★★
Regia di MITCHELL LEISEN. Con FRED MACMURRAY, BARBARA STANWYCK. ■ Un magistrato s'innamora di una bella ladra, e vorrebbe salvarla dal carcere. Ma lei, per amore, vuole espiare. Lo sposerà a pena scontata. ■ COMMEDIA; B/N; 94'; USA, 1940.

RICORDARE ANNA
Regia di WALO DEUBER. Con BIBIANA BEGLAU, MATHIAS GNÄDINGER, PIPPO POLLINA. ■ Viktor Looser vive solo di ricordi. Non è in grado di superare la morte della figlia Anna. Quando scopre di essere ammalato, Viktor decide di dare un ultimo sguardo al passato ma in modo molto diverso. Si reca quindi nel luogo a cui sua figlia era molto legata: la Sicilia. ■ DRAMMATICO; COL.; 96'; SVIZZERA, 2005.

RICORDATI DI ME ★★★
Regia di GABRIELE MUCCINO. Con MONICA BELLUCCI, FABRIZIO BENTIVOGLIO, LAURA MORANTE, SILVIO MUCCINO, NICOLETTA ROMANOFF. ■ Prendete Stefano Accorsi e Giovanna Mezzogiorno alla fine de *L'ultimo bacio*, aggiungete 20 anni ed ecco comparire magicamente Fabrizio Bentivoglio e Laura Morante, protagonisti di quello che, se non è il seguito ufficiale del film che tanto successo ha dato al giovane regista, sicuramente è la quadratura del cerchio, la conclusione del trittico sui difficili equilibri della famiglia media italiana iniziato con *Come te nessuno mai*. Se i protagonisti de *L'ultimo bacio* cercavano l'amore, qui è l'essere riconosciuti e riconoscibili l'obiettivo primario dell'agire, obiettivo davanti al quale anche l'accoppiata amore/sesso cede il passo. Di fatto l'unico personaggio positivo alla fine della storia è quello interpretato da una sorprendentemente valida Monica Bellucci: unica ad accettare il caro prezzo delle sue scelte e grazie a questo unica persona veramente libera. Infatti traendo le somme la "morale" esce con le ossa rotte: solo il caso, presentatosi sotto la forma di incidente, interrompe il precipitare della crisi familiare. La meschinità generale in cui navigano i personaggi diventa protagonista essa stessa ed il sorriso ebete di Bentivoglio, che chiude il sipario sulla storia, non lascia presagire un futuro felice alla già provata famigliola. Non è proprio una salutare ventata di ottimismo ma almeno l'autocritica sulla società gli italiani la sanno ancora fare. ■ DRAMMATICO; COL.; 100'; ITALIA, 2003.

RICORDATI DI NAPOLI ★
Regia di PINO MERCANTI. Con AURELIO FIERRO, ALBERTO LIONELLO, DOLORES PALUMBO, GIULIA RUBINI. ■ Una giovane napoletana "combina un guaio" con un cantante italo-americano, che prima l'abbandona, poi si pente e la sposa. ■ COMMEDIA; COL.; 92'; ITALIA, 1975.

RICORDATI VENEZIA *(Your Ticket is no Longer Valid)* ★★
Regia di GEORGE KACZENDER. Con RICHARD HARRIS, JEANNE MOREAU, GEORGE PEPPARD. ■ Tutti i nodi vengono al pettine per un potente uomo d'affari (famoso anche per le conquiste amorose). La sua società è in crisi e lui comincia a soffrire crisi di impotenza che mettono a dura prova anche il suo sistema nervoso. È la fine per lui? Forse no. Quando s'è ormai rassegnato a fare il guardone, la sua virilità ha un soprassalto... Dal romanzo di Romain Gary. ■ DRAMMATICO; COL.; 95'; CANADA, 1979.

RICORDI DELLA CASA GIALLA ★★★
(Recordaçoes da casa amarela)
Regia di JOÃO CÉSAR MONTEIRO. Con MANUELA DE FREITAS, JOÃO CÉSAR MONTEIRO. ■ Un film premiato alla Mostra di Venezia del 1989 con il Leone d'Argento. Siamo a Lisbona e seguiamo le piccole vicende di alcune persone che vivono in un condominio e in particolare quella di un uomo di cultura sui cinquant'anni alle prese con una profonda crisi esistenziale. Contiene alcuni spunti interessanti e una buona interpretazione del protagonista, l'autore-regista in persona. ■ DRAMMATICO; COL.; 194'; PORTOGALLO, 1989. ■ VENEZIA 1 PR.

RICORDI DI ABBEY, I *(The Browning Version)* ★★
Regia di MIKE FIGGIS. Con ALBERT FINNEY, MATTHEW MODINE, GRETA SCACCHI. ■ Giorni nostri in Inghilterra. Nello storico e ben frequentato collegio di Abbey, il gonfio e severo Albert Finney è il professore di greco e latino licenziato per motivi che non ci è dato di sapere, mentre sua moglie Greta Scacchi, bella e vogliosetta, lo tradisce col restio Matthew Modine; l'azione, che si svolge durante gli ultimi due giorni di permanenza di Finney al collegio, promette, nel primo tempo, sviluppi e approfondimenti che non arriveranno mai; la conclusione, infatti, scivola rapidamente sulla malinconia del professore caduto in disgrazia, consolato però dall'affettuosa comprensione di un allievo del liceo e forse anche dal biglietto da visita di un ex allievo ora abile consulente finanziario. Totalizzando complessivamente quattro battute, si intravvede Julian Sands nel ruolo di futuro sostituto di Finney. ■ DRAMMATICO; COL.; 90'; GRAN BRETAGNA, USA, 1994.

RICORDI DI BRIGHTON BEACH ★★
(Brighton Beach Memoirs)
Regia di GENE SAKS. Con BLYTHE DANNER, BOB DISHY. ■ Tratto dall'autobiografia di Neil Simon, nato in una famiglia ebrea. La sua adolescenza, prima della seconda guerra mondiale, viene trattata con garbo e ironia in questo film diretto da Gene Sacks, non nuovo a trasposizioni cinematografiche dalle opere del commediografo americano. ■ COMMEDIA; COL.; 105'; USA, 1986.

RICORDI PERDUTI *(Souvenirs perdus)* ★★★
Regia di CHRISTIAN-JAQUE. Con BERNARD BLIER, PIERRE BRASSEUR, SUZY DELAIR, DANIÈLE DELORME, EDWIGE FEUILLÈRE, YVES MONTAND, FRANÇOIS PÉRIER, GÉRARD PHILIPE. ■ A Parigi, quattro storie di esseri travolti dalla vita raccontate da quattro oggetti che si ritrovano all'ufficio oggetti smarriti. Pregevole l'interpretazione. ■ DRAMMATICO; B/N; 105'; FRANCIA, 1950.

RICORDO DELLE BELLE COSE, IL ★★
(Se Souvenir des Belles Choses)
Regia di ZABOU BREITMAN. Con ZABOU BREITMAN, BERNARD CAMPAN, ISABELLE CARRÉ, ANNE LE NY. ■ La clinica Les Ecureils ospita pazienti che hanno perduto la memoria in seguito ad un trauma o ad una malattia. Tra Claire e Philippe, due degenti, nasce una passione intensa, ma mentre l'uomo riuscirà, grazie all'amore, ha recuperare il ricordo dell'incidente in cui sono morti la moglie e il figlio, l'amnesia di Claire diventa ogni giorno più profonda. ■ SENTIMENTALE; COL.; FRANCIA, 2003.

RICORDO MORTALE *(Dangerous Pursuit)* ★
Regia di SANDOR STERN. Con ALEXANDRA POWERS. ■ Jo, dopo aver passato la notte con un killer, riesce a costruirsi una vita con

un uomo e a trovare un lavoro migliore. Ma il killer torna nella sua vita per angosciarla. Thriller manierato per nulla originale. ■ POLIZIESCO; COL.; 88′; USA, 1989.

RICORDO SEGRETO ★★
Regia di JOSEPH HARDY. Con JOSEPH BOTTOMS, PETER DONAT, JAMES RAY, ELIZABETH TAYLOR. ■ Spinta dalla necessità economica, una professoressa affitta una stanza di casa a uno studente. Per giorni e giorni i due vivono sotto lo stesso tetto scambiandosi solo le indispensabili cortesie, poi lui scopre qualcosa accaduto alla donna molto tempo prima e molte cose cambiano. ■ COMMEDIA; COL.; 80′; USA, 1978.

RICOSTRUZIONE DI UN AMORE *(Reconstruction)* ★★★
Regia di CHRISTOFFER BOE. Con MARIA BONNEVIE, NICOLAS BRO, IDA DWINGER, HELLE FAGRALID, KRISTER HENRIKSSON, NIKOLAJ LIE KAAS, MALENE SCHWARTZ, PETER STEEN. ■ Copenaghen. Alex incontra Aimée e se ne innamora perdutamente al punto di lasciare Simone, la sua ragazza. È l'inizio di un incubo perché il giorno dopo scoprirà che nessuno lo riconosce più. Anche il suo appartamento è cambiato. Come uscire dall'incubo? Un film intellettualmente raffinato ma capace di coinvolgere nel suo gioco sottile. ■ SENTIMENTALE; COL.; 91′; DANIMARCA, 2004.

RICOSTRUZIONE DI UN DELITTO *(Anaparastasi)* ★★
Regia di THÉO ANGHELOPULOS. Con PETROS CHOIDAS, THANOS GRAMMENOS, THULA STATHOPULU, YANNIS TOTSIKAS. ■ Una donna, temporaneamente sola, diventa amante del guardiacaccia. Quando il marito ritorna lo sopprimono e nascondono il cadavere. I poliziotti non riuscirebbero ad arrestare i colpevoli se il fratello dell'assassina non li accusasse apertamente. I due complici, finiti in galera, si incolpano reciprocamente con violenza. ■ DRAMMATICO; B/N; 110′; GRECIA, 1970.

RICREAZIONE – LA SCUOLA È FINITA ★★★
(Recess: School's Out)
Regia di CHUCK SHEETZ. ■ La scuola è finita e tutti sono in vacanza. T.J. però è costretto a rimanere a casa mentre tutti i compagni sono al campo estivo. Unica consolazione: lunghe passeggiate pensose. Un giorno però vede brillare una luce verde da una finestra dell'edificio scolastico. Genitori e polizia non gli credono. L'unico disposto a dargli credito è il preside che però viene smaterializzato. T.J. richiama gli amici e insieme si danno da fare per scoprire il mistero. Un ex dirigente scolastico ha inventato un cannone il cui raggio laser smaterializza le persone e crea un clima stabilmente invernale. Bisogna porre rimedio alla situazione, altrimenti: addio vacanze! Gli insegnanti potranno dare una mano? Il film con una grafia un po' stereotipata affronta, con la voglia di divertire, un tema "sacro" come quello delle vacanze. Per gli studenti e per i docenti. ■ ANIMAZIONE; COL.; 83′; USA, 2001.

RIDE BENE... CHI RIDE ULTIMO ★★
Regia di MARCO ALEANDRI, GINO BRAMIERI, PINO CARUSO, WALTER CHIARI. Con GINO BRAMIERI, PINO CARUSO, ORCHIDEA DE SANTIS, MACHA MÉRIL, ROBERTA PALADINI, GABRIELLA PALLOTTA, ANNA MARIA RIZZOLI, LUCIANO SALCE. ■ Sono quattro barzellette: nella prima un timido sagrestano viene violentato da tre turiste; nella seconda un industriale milanese si piega ai desideri di uno sceicco per concludere un favoloso contratto; nella terza un commesso viaggiatore si finge marito di una donna per ingannare il medico di controllo della sua ditta (il coniuge autentico, però, crede che la moglie lo tradisca e spara); nell'ultima una comparsa viene scambiata per un prete e ascolta alcune confessioni. ■ COMMEDIA; COL.; 105′; ITALIA, 1977.

RIDENDO E SCHERZANDO ★★
Regia di MARCO ALEANDRI. Con GINO BRAMIERI, WALTER CHIARI, LICINIA LENTINI, MACHA MÉRIL, DIDI PEREGO, LUCIANO SALCE, STEFANO SATTA FLORES. ■ Sono quattro episodi che hanno per tema il tradimento: un professionista riceve una ragazza come regalo d'anniversario; una moglie cerca di far eliminare il marito dal proprio domestico; un quasi omonimo di Sindona corre il rischio di essere arrestato e si salva a stento; un gelosissimo marito si serve di espedienti teatrali per riuscire a consumare il matrimonio. ■ COMMEDIA; COL.; 94′; ITALIA, 1978.

RIDERÀ – CUORE MATTO ★
Regia di BRUNO CORBUCCI. Con FERRUCCIO AMENDOLA, LUCIO FLAUTO, MARISA SOLINAS, LITTLE TONY. ■ Film creato per far cantare Little Tony. Un "musicarello" come tanti altri ma che oggi si rivede come documento di un tempo che non c'è più. ■ MUSICALE; COL.; 91′; ITALIA, 1967.

RIDERE PER RIDERE *(The Kentucky Fried Movie)* ★★
Regia di JOHN LANDIS. Con BILL BIXBY, MASTER BONG-SOO HAN, EVAN KIM, GEORGE LAZENBY, DONALD SUTHERLAND. ■ Opera minore (da dimenticare) del regista di *Una poltrona per due* e *Tutto in una notte*. Si tratta di un fritto misto di una ventina di sketch che propongono spot televisivi, sequenze di film di ogni risma, battute di personaggi più o meno famosi. Tra le numerosissime comparse si notano Woody Allen e Donald Sutherland. ■ COMMEDIA; COL.; 78′; USA, 1977.

RIDERE, RIDERE, RIDERE ★★
Regia di EDOARDO ANTON. Con RICCARDO BILLI, CARLO DAPPORTO, NICO PEPE, MARIO RIVA, TINO SCOTTI. ■ Una serie di barzellette sceneggiate, con i soliti personaggi: il direttore del manicomio, il seduttore, il commesso eccetera. ■ COMICO; B/N; 94′; ITALIA, 1954.

RIDERS ★
Regia di GÉRARD PIRÈS. Con STEPHEN DORFF, NATASHA HENSTRIDGE, BRUCE PAYNE. ■ Slim, Otis, Frank e Alex sono uniti dalla passione per gli sport estremi. I quattro decidono di impiegare il loro talento per tentare un'impresa impossibile: cinque rapine in cinque giorni, bottino previsto venti milioni di dollari, in modo da sistemarsi definitivamente. È sempre più evidente come il bessonismo abbia prodotto dei bei danni al cinema d'azione francese. Che, dimenticate le sue specificità (studio dei caratteri, umorismo di fondo) sembra alla ricerca disperata di eguagliare Hollywood sul piano del puro action, con risultati ahimè modesti. ■ AZIONE; COL.; 83′; FRANCIA, GRAN BRETAGNA, 2002.

RIDICULE ★★★
Regia di PATRICE LECONTE. Con FANNY ARDANT, CHARLES BERLING, BERNARD GIRAUDEAU, JEAN ROCHEFORT. ■ Alla corte di Versailles i veleni non si versano nei bicchieri ma si sciolgono nelle parole. Tra una conversazione colta e motti di spirito ben calibrati, il nobile Puceludon cerca di ottenere da Luigi XVI il risanamento delle paludi malariche che si trovano nei suoi possedimenti. Raggiungerà lo scopo solo con l'avvento della Rivoluzione. Film asciutto che evita i compiacimenti di genere. ■ COMMEDIA; COL.; 102′; FRANCIA, 1996. ■ GOLDEN GLOBES 1 NOM; OSCAR 1 NOM.

RIDING GIANTS ★★
Regia di STACY PERALTA. Con JEFF CLARK, DARRICK DOERNER, LAIRD JOHN HAMILTON, DAVE KALAMA, BRIAN L. KEAULANA, BUZZY KERBOX, TITUS KINIMAKA. ■ Il documentario ripercorre la storia del surf, dalle origini in Polinesia, fino alla sua riscoperta americana agli inizi del ventesimo secolo e "all'ondata" di ritorno determinata dall'aumentato interesse per questo sport nella California degli anni quaranta. Il regista ci mostra quello che non è soltanto uno sport, ma una ricerca di forti emozioni. ■ DOCUMENTARIO; COL.; 105′; FRANCIA, USA, 2005.

RIDING THE BULLET ★★
Regia di MICK GARRIS. Con DAVID ARQUETTE, ERIKA CHRISTENSEN, BARBARA HERSHEY, JONATHAN JACKSON, BARRY W. LEVY, CLIFF ROBERSTON, JACKSON WARRIS. ■ Le vicende del protagonista Alan sono legate a un improvviso viaggio di ritorno a casa a causa del ricovero della madre. Ogni persona che gli offre un passaggio nasconde un'insidia e aggiunge una dose di insicurezza alla sua già tormentata (e sdoppiata) personalità). Il regista Mick. ■ HORROR; COL.; 98′; CANADA, GERMANIA, USA, 2004.

RIDI, PAGLIACCIO! ★★
Regia di CAMILLO MASTROCINQUE. Con FOSCO GIACHETTI, LAURA SOLARI. ■ Disavventure di una giovane cassiera che, per salvare un collega di lavoro del quale è innamorata, va in galera al suo posto. Uscita dal carcere scopre che l'uomo l'ha tradita e poi le muore anche la madre. Disperata si getta nel fiume, ma viene

salvata da un acrobata. Poco dopo, questi cade dal trapezio rischiando di morire. Ma non può mancare il lieto fine. ■ DRAMMATICO; B/N; 94′; ITALIA, 1941.

RIDI, PAGLIACCIO, RIDI *(Laugh, Clown, Laugh)* ★★★
Regia di HERBERT BRENON. Con NILS ASTHER, LON CHANEY, CISSY FITZGERALD, BERNARD SIEGEL, LORETTA YOUNG. ■ Tito e Simone lavorano come clown acrobati in un circo italiano. Un giorno Tito raccoglie una bambina abbandonata dai genitori sulla riva di un fiume. La bambina, chiamata Simonetta, cresce e diviene una splendida ragazza di cui si invaghisce il conte Luigi Revelli che briga per sposarla. Tito, che è segretamente innamorato di Simonetta, si separa da Simone e cade in una profonda depressione a causa di Simonetta. Casualmente un giorno, dopo tre anni, incontra di nuovo Simone, che è divenuto un mendicante, e i due vecchi amici si riuniscono e divengono i clown Flick e Flock. La passione di Tito per Simonetta non si è spenta, e alla fine lei decide di sposarlo per pietà. Tito, che conosce questa realtà, durante un'esibizione acrobatica cade malamente e, morendo tra le braccia di Simone, gli raccomanda di dire a Luigi di essere premuroso con lei. ■ DRAMMATICO; B/N; USA, 1928. ■ OSCAR 1 PR, 1 NOM.

RIDOLINI, COMICHE GROTTESCHE ★★★
Regia di LARRY SEMON. Con LARRY SEMON. ■ La pellicola si compone di quattro comiche in cui il grande comico Ridolini, al secolo Larry Semon, dà sfogo a tutta la sua verve aggressivamente spiritosa. I titoli: *L'impresa audace di Ridolini*, *La scimmia bianca*, *La schedina*, *Ridolini alla fattoria*. ■ COMICO; B/N; 65′; USA, 1923.

RIDOLINI, IL RE DELLA RISATA ★★★
Regia di LARRY SEMON. Con LARRY SEMON. ■ Quattro cortometraggi in cui le occasioni per divertirsi si sprecano: sono intitolati *La belva nera*, *Ridolini contro la banda*, *Ridolini spasimante*, *Ridolini cuoco*. ■ COMICO; B/N; 65′; USA, 1924.

RIDOLINI PRENDE MOGLIE ★★★
Regia di LARRY SEMON. Con LARRY SEMON. ■ A Ridolini piace fantasticare, tanto che ne combina di tutti i colori. Alla fine, nonostante la sua sbadataggine, riuscirà persino a trovare moglie. ■ COMICO; B/N; 70′; USA, 1923.

RIDOLINI SCERIFFO ★★★
Regia di LARRY SEMON. Con LARRY SEMON. ■ Le tragicomiche disavventure del nostro eroe stavolta sono ambientate in un paesino del West. Tra un guaio e una risata, il lieto fine è scontato. ■ COMICO; B/N; 65′; USA, 1923.

RIEDUCAZIONE, LA ★★
Regia di DAVIDE ALFONSI, ALESSANDRO FUSTO, DANIELE GUERRINI, DENIS MALAGNINO. Con MARCO DONATUCCI, DANIELE MALAGNINO, DENIS MALAGNINO, PABLO SALLUSTI, GIANLUCA TIBERI. ■ Un gruppo di quattro giovani italiani – Alessandro Fusto, Davide Alfonsi, Daniele Guerrini e Denis Malagnino, riuniti in un collettivo che si chiama "Amanda Flor" – ha realizzato un piccolo miracolo: un lungometraggio fresco e intelligente, a bassissimo costo, solo 500 euro. Il film affronta un tema molto attuale: la fatica di trovare un lavoro nel nostro Paese, le frustrazioni, i problemi, gli ostacoli quotidiani delle professioni "atipiche" cioè, nella maggior parte dei casi, precarie. È la storia di un neolaureato che, in attesa della prima occupazione, si dedica al volontariato in parrocchia; un giorno, suo padre decide di tagliargli i viveri e di mandarlo a lavorare in un cantiere edile. *La rieducazione* è un'opera sincera perché vissuta dai suoi autori in prima persona; infatti hanno messo a disposizione di questo progetto proprio i loro stipendi da "precari". ■ DRAMMATICO; COL.; 96′; ITALIA, 2006.

RIEN NE VA PLUS ★★★
Regia di CLAUDE CHABROL. Con FRANÇOIS CLUZET, ISABELLE HUPPERT, MICHEL SERRAULT. ■ Victor e Betty girano la Francia in camper truffando i casinò. Vivono nel lusso e si divertono. Rubare è davvero una grande gioia. Un "divertimento" del grande autore francese, intelligente e sottile come sempre. Premiato al festival di San Sebastiano. ■ COMMEDIA; COL.; 95′; FRANCIA, 1997.

RIFARSI UNA VITA *(Juninatten)* ★★
Regia di PER LINDBERG. Con INGRID BERGMAN. ■ Una ragazza è accusata di aver "plagiato" un uomo che le ha sparato. Processata, cambia città per la vergogna, e infine trova il grande amore e la serenità. ■ DRAMMATICO; B/N; 95′; SVEZIA, 1938.

RIFFA, LA ★★
Regia di FRANCESCO LAUDADIO. Con MONICA BELLUCCI, MASSIMO GHINI, GIULIO SCARPATI. ■ Come nell'episodio diretto da Vittorio De Sica in *Boccaccio '70* dove Sofia Loren si metteva in palio come premio in una piazza romagnola, anche qui, per cause più serie, Francesca decide di organizzare una "riffa", cioè una lotteria. La donna infatti è rimasta vedova con una figlia e una gran quantità di debiti e attrae gli uomini come il miele. Col ricavato dei biglietti, venduti a 100 milioni cadauno, la sua situazione finanziaria sarà sanata. Non è abbastanza brava Monica Bellucci, attrice protagonista, e il film, pur partendo da una buona idea, non risulta convincente. ■ COMMEDIA; COL.; 91′; ITALIA, 1991.

RIFF – RAFF – L'AVVENTURIERO DI PANAMA ★★
(Riffraff)
Regia di TED TETZLAFF. Con ANNE JEFFREYS, PAT O'BRIEN, WALTER SLEZAK. ■ Il detective Dan Hammer sulle tracce di una mappa topografica indicante ricchi giacimenti petroliferi, con il solito contorno di pugni, fughe e cadaveri. ■ DRAMMATICO; B/N; 80′; USA, 1947.

RIFF, RAFF – MEGLIO PERDERLI CHE TROVARLI *(Riff Raff)* ★★★
Regia di KEN LOACH. Con ROBERT CARLYLE, JIMMY COLEMAN, EMER MCCOURT. ■ Un buon film e allo stesso tempo semplice. Tra ironia e tragedia Loach mostra una visione realistica della Gran Bretagna sotto la signora Thatcher attraverso la metafora di un cantiere edile. Il protagonista è Steve che, uscito di galera, va a lavorare a Londra. Gli altri operai lo accolgono bene e lo aiutano a trovare alloggio in una casa popolare. Conosce una ragazza. I problemi di cantiere sono molti: dalla mancanza di igiene all'assenza di sicurezza. Ci sono un arresto e un licenziamento entrambi ingiusti e quando un'impalcatura cede e muore un operaio, la vendetta sarà pesante. Ottima la colonna sonora di Stewart Copeland, autore già di *Rusty il selvaggio* di Coppola ed ex batterista dei Police. ■ COMMEDIA; COL.; 94′; GRAN BRETAGNA, 1991.

RIFIFI *(Du Rififi chez les hommes)* ★★★★
Regia di JULES DASSIN. Con ROBERT MANUEL, CARL MÖHNER, JEAN SERVAIS, CLAUDE SYLVAIN. ■ Un gruppo di gangster, a Parigi, compie un colpo favoloso, praticando un buco nel tetto di una gioielleria e impadronendosi di un bottino enorme. Ma uno della banda, Cesare, regala un anello a una cantante, il cui amico, un gangster rivale, capisce la verità e scatena una caccia all'uomo per impossessarsi della refurtiva. Tra le due bande scoppia una guerra senza esclusione di colpi. Gli autori del furto, Tony il Laureato, Jo lo Svedese e gli altri finiranno tutti uccisi, non prima di aver creato larghi vuoti nella gang avversaria. Tratto da un famoso romanzo di August Le Breton, il film è divenuto celebre a sua volta, dopo essere stato premiato a Cannes, come uno dei migliori esempi di film poliziesco. ■ GIALLO; B/N; 116′; FRANCIA, 1955. ■ CANNES 1 PR.

RIFIFI AD AMSTERDAM ★★
Regia di TERENCE HATHAWAY. Con ROGER BROWNE, FRANK LISTON, AIDA POWER, UMBERTO RAHO. ■ Un agente della Cia riesce a sventare i piani del solito scienziato pazzo che vuole impadronirsi del mondo con un raggio laser. Scontato e macchinoso. ■ GIALLO; COL.; 92′; ITALIA, 1966.

RIFIFI A TOKYO *(Rififi in Tokyo)* ★★
Regia di JACQUES DERAY. Con KARLHEINZ BÖHM, BARBARA LASS, CHARLES VANEL, MICHEL VITOLD. ■ Due bande, una "buona" e l'altra "cattiva", tentano di impadronirsi di un diamante custodito nella Banca del Giappone. Il capo di una delle due gang riesce a scassinare la cassaforte, ma rimane chiuso dentro e si uccide. Il rivale però non lo sa. ■ GIALLO; COL.; 90′; FRANCIA, 1962.

RIFIFI FRA LE DONNE *(Du Rififi chez les femmes)* ★★
Regia di ALEX JOFFÉ. Con ROBERT HOSSEIN, SILVIA MONTFORT, NADIA TILLER. ■ Preparazione e realizzazione di un grosso colpo alla Banca del Belgio, senza però il classico buco dal tetto, ma

con la solita rivalità tra due bande di rapinatori. ■ GIALLO; B/N; 110'; FRANCIA, 1959.

RIFIFI INTERNAZIONALE ★★
(Du Rififi à Paname – Rififi in Paris)
Regia di DENYS DE LA PATELLIÈRE. Con CLAUDE BRASSEUR, GERT FRÖBE, JEAN GABIN, GEORGE RAFT, NADJA TILLER. ■ Un boss della mala francese è costretto ad entrare in guerra con tutto, o quasi, il gangsterismo americano per il controllo del traffico dell'oro. Finisce a bombe a mano. ■ GIALLO; COL.; 96'; FRANCIA, 1966.

RIFLESSI DI LUCE ★★
Regia di MARIO BIANCHI. Con LAURA GEMSER, PAMELA PRATI, LOREDANA ROMITO. ■ Inferno familiare nella casa di un musicista infermo. Il padrone di casa è, per ovvie ragioni, d'umor nero. Ma non è che la famiglia gli dia molto conforto. Una delle figlie è lesbica, l'altra bisessuale, e l'unico maschio è meglio perderlo che trovarlo. ■ DRAMMATICO; COL.; 92'; ITALIA, 1988.

RIFLESSI DI PAURA *(Mirrors)* ★
Regia di ALEXANDRE AJA. Con CAMERON BOYCE, ERICA GLUCK, MARY BETH PEIL, PAULA PATTON, AMY SMART, KIEFER SUTHERLAND. ■ Ben Carson è il capo della sicurezza di un grande magazzino, all'interno del quale da qualche tempo avvengono morti misteriose. Nello stesso luogo anni prima un grande incendio aveva ucciso buona parte dello staff, compresa la sorella di Ben. Un giorno l'uomo scopre che in uno specchio del negozio dove lavora sembra annidarsi uno spirito maligno carico di rancore e desideroso di vendetta. ■ HORROR; COL.; 105'; USA, 2008.

RIFLESSI IN UN CIELO SCURO ★★
Regia di SALVATORE MAIRA. Con MAURIZIO DONADONI, FRANÇOISE FABIAN, ANNA KANAKIS, VALERIE PERRINE. ■ Un'alcolizzata, Valeria, ospita una giovane, Kim, che si droga. Hanno anche cercato di stuprarla e allora Valeria si dà da fare per farla uscire dalla dipendenza. Kim, quando guarirà, farà in modo di ricambiare. In una piccola parte ritroviamo Valerie Perrine, indimenticato partner di Dustin Hoffman in *Lenny*. ■ DRAMMATICO; COL.; 95'; ITALIA, 1991.

RIFLESSI IN UN OCCHIO D'ORO ★★★
(Reflections in a Golden Eye)
Regia di JOHN HUSTON. Con MARLON BRANDO, ROBERT FORSTER, JULIE HARRIS, BRIAN KEITH, ELIZABETH TAYLOR. ■ La moglie di un maggiore americano, che alloggia con lui in un campo militare, annoiata dalla vita che vi si conduce, tradisce il marito e riceve visite notturne di un soldato, bruscamente interrotte dal marito tradito, a sua volta turbato da pulsioni omosessuali. ■ DRAMMATICO; COL.; 108'; USA, 1967.

RIFLESSI IN UNO SPECCHIO SCURO *(The Offence)* ★★★
Regia di SIDNEY LUMET. Con IAN BANNEN, SEAN CONNERY, TREVOR HOWARD, VIVIEN MERCHANT. ■ Il poliziotto Johnson, impegnato nella caccia ad un maniaco sessuale, picchia fino alla morte un indiziato. Contaminato dalle brutture che è costretto a sopportare subisce una sorta di deformazione professionale che lo induce ad identificarsi con il mostro. ■ DRAMMATICO; COL.; 112'; GRAN BRETAGNA, 1973.

RIFLESSI SULLA PELLE *(The Reflecting Skin)* ★★★
Regia di PHILIP RIDLEY. Con JEREMY COOPER, LINDSAY DUNCAN, VIGGO MORTENSEN. ■ Il film d'esordio di un talento visionario. Protagonista è un bambino dall'indole piuttosto cattiva, forse parente dei bambini di *Giro di vite* di James. Seth non ha ancora dieci anni ma ne vede delle belle. Con degli amici fa scoppiare una povera rana, ma c'è di peggio. Innanzitutto il padre, accusato di aver ucciso un amico di Seth, si dà fuoco. Seth però sa che i responsabili sono i teppisti. Inoltre c'è una madre insopportabile e così il bambino si rifugia sempre più nelle sue fantasie. Leggendo storie di vampiri crede che una vicina sia in realtà un'arpia dai denti acuminati. ■ DRAMMATICO; COL.; 99'; GRAN BRETAGNA, 1990.

RIFORMATORIO *(Reformatory)* ★★
Regia di LEWIS D. COLLINS. Con JACK HOLT, CHARLOTTE WYNTERS. ■ Dirigenti corrotti rendono la vita impossibile ai ragazzi di un riformatorio e un tentativo d'evasione si conclude tragicamente. Arriva un direttore onesto che rimette tutto a posto, non senza fatica. ■ DRAMMATICO; B/N; 94'; USA, 1938.

RIFUGIO, IL *(Hide-Out)* ★★★
Regia di WOODBRIGE STRONG VAN DYKE. Con EDWARD ARNOLD, ROBERT MONTGOMERY, MAUREEN O'SULLIVAN. ■ Un gangster si trova al centro della lotta fra due bande rivali. Dopo aver rischiato più volte la vita, si rifugia in un solitario villaggio dove si redime grazie all'amore di una bella contadina. ■ POLIZIESCO; B/N; 92'; USA, 1934. ■ OSCAR 1 NOM.

RIFUGIO, IL *(Le Refuge)* ★★
Regia di FRANÇOIS OZON. Con ISABELLE CARRÈ, LOUIS-RONAN CHOISY, PIERRE LOUIS-CALIXTE, MELVYL POUPAUD, CLAIRE VERNET. ■ Louis muore di overdose, lasciando sola la compagna Mousse, eroinomane anch'essa proprio quando questa ha scoperto di essere incinta. Nonostante i ricchi genitori di Louis le chiedano di abortire, Mousse si rifiuta e si ritira in solitudine in una villa in riva al mare. La visita di Paul, fratello di Louis, altererà i già precari equilibri. Ozon, anche se talora esagera e talaltra esce proprio di strada, ha nelle sue corde questa maestria, la capacità di scavare in profondità in situazioni in cui i sentimenti agiscono sottopelle. ■ DRAMMATICO; COL.; 88'; FRANCIA, 2009.

RIFUGIO DEI DANNATI, IL *(Paranoiac)* ★★
Regia di FREDDIE FRANCIS. Con SHEILA BURRELL, OLIVER REED, JANETTE SCOTT. ■ Macchinazione in un castello inglese ai danni di un'orfanella per carpirle l'eredità. ■ DRAMMATICO; B/N; 80'; GRAN BRETAGNA, 1962.

RIFUGIO SEGRETO *(Secret Valley)* ★★
Regia di HOWARD BRETHERTON. Con RICHARD ARLEN, VIRGINIA GREY. ■ Una sposina scopre, due ore dopo le nozze, che il marito è un bandito ricercato e fugge. Lui la insegue, ma viene bloccato da un cowboy buono, che conquisterà a sua volta la fuggitiva. ■ DRAMMATICO; B/N; 93'; USA, 1936.

RIGOLBOCHE ★★★
Regia di CHRISTIAN-JAQUE. Con JOE ALEX, ANDRÉ BERLEY, JULES BERRY, MADY BERRY, ANDRÉ LEFAUR, MISTINGUETT. ■ Una entraîneuse, temendo di venire arrestata dalla polizia, fugge da Dakar a Parigi dove, sotto falso nome, ottiene grande successo come vedette di music-hall. Un film a metà tra il dramma e il musical, che punta soprattutto sui fastosi numeri coreografici, ma che offre una buona occasione di vedere la grande Mistinguett. ■ COMMEDIA; COL.; 95'; FRANCIA, 1937.

RIGOLETTO ★★★
Regia di CARMINE GALLONE. Con TITO GOBBI, MARCELLA GOVONI, LINA PAGLIUGHI. ■ Trasposizione cinematografica della celebre opera verdiana. Il gobbo di Mantova vuole vendicarsi del rapimento della figlia Gilda ad opera del duca, ma fa uccidere per errore la figlia stessa. ■ COMM. MUSICALE; B/N; 105'; ITALIA, 1947.

RIGOLETTO E LA SUA TRAGEDIA ★★
Regia di FLAVIO CALZAVARA. Con GÉRARD LANDRY, ALDO SILVANI, GUALTIERO TUMIATI, JANET VIDOR. ■ Ennesimo rifacimento per lo schermo della celeberrima opera di Verdi. ■ COMM. MUSICALE; COL.; 91'; ITALIA, 1954.

RIMASE UNO SOLO E FU LA MORTE PER TUTTI! ★★
Regia di EDOARDO MULARGIA. Con SOPHIA KAMMARA, TONY KENDALL, JAMES ROGERS, DEAN STRAFFORD. ■ Lo sceriffo Dakota viene ingiustamente accusato di strage dal capo dei banditi che vuole liberarsi di lui, ma suo fratello trova le prove che lo scagionano e lo aiuta a vendicarsi. ■ WESTERN; COL.; 91'; ITALIA, 1971.

RIMBALZI D'AMORE *(Just Wright)* ★
Regia di SANAA HAMRI. Con MEHCAD BROOKS, PAM GRIER, MICHAEL LANDES. QUEEN LATIFAH, PAULA PATTON. ■ Leslie Wright lavora come fisioterapista in un ospedale a Manhattan ma vive in un appartamento nel New Jersey assieme ai genitori e alla migliore amica Morgan. Una sera si recano assieme alla partita di basket con differenti obiettivi: Leslie perché appassionata tifosa della squadra locale, Morgan perché intenzionata a incontrare un ricco giocatore dell'NBA. Sulla via del ritorno, Leslie incontra per caso Scott McKnight, giocatore di punta della squadra, che la invita a un party per il suo compleanno. Leslie si presenta alla festa

con Morgan, che pare attirare da subito le attenzioni del giocatore professionista. Il campo da basket si colora di rosa. ■ COMMEDIA; COL.; 100′; USA, 2010.

RIMINI RIMINI ★★
Regia di SERGIO CORBUCCI. Con LAURA ANTONELLI, SERENA GRANDI, PAOLO VILLAGGIO. ■ Vacanze a Rimini per tutti i tipi. Si spazia dal rigido pretore, che s'innamora di una maggiorata, a Liliana, signora desiderosa di stringere più stretti rapporti con un culturista e che poi finisce ricattata da un ragazzino. Dal giovane prete che non disdegna una suora straniera ad un trio di fratelli, protettori della sorella, Noce Bovi, rimasta vedova (almeno così pare) di uno "scomparso" che riappare più vivo che mai. Non mancano tipi ancor più pittoreschi. ■ FARSESCO; COL.; 114′; ITALIA, 1987.

RIMINI RIMINI UN ANNO DOPO ★★
Regia di BRUNO CORBUCCI. Con CORINNE CLÉRY, GIANFRANCO D'ANGELO, MARIA ROSARIA OMAGGIO. ■ Un dongiovanni si finge omosessuale per poter avvicinare più facilmente una bella ragazza che gli resiste. Un tipo da spiaggia ormai anziano è messo KO da un'indigestione. Uno strozzino finanzia, senza saperlo, l'avventura extraconiugale della sua consorte. Infine due coniugi meridionali sono costretti, contro tutti i loro principi, allo *swopping* (lo scambio dei partner). Tutto a Rimini, in un'estate qualunque. ■ COMMEDIA; COL.; 94′; ITALIA, 1988.

RIMORSO ★
Regia di ARMANDO GROTTINI. Con MIRKO ELLIS, MARIA GRAZIA FRANCIA, OTELLO TOSO. ■ Macchinosa storia di due innamorati che vengono coinvolti, loro malgrado, in drammatiche uccisioni a sfondo passionale. Nel finale, scontato, verità e amore trionfano. ■ DRAMMATICO; B/N; 92′; ITALIA, 1952.

RIMORSO CHE UCCIDE *(Una ventana a la vida)* ★★
Regia di MARIO SOFFICI. Con RICARDO GALACHE, DIANA MAGGI, MARIO SOFFICI. ■ Buone le intenzioni di sviluppare il dramma di un medico, che per amore della bella moglie, desiderosa di una vita lussuosa, esercita la professione senza tanti scrupoli. Salvo, alla fine, tornare sulla retta via. ■ DRAMMATICO; B/N; 94′; ARGENTINA, 1953.

RIMPATRIATA, LA ★★★
Regia di DAMIANO DAMIANI. Con DOMINIQUE BOSCHERO, WALTER CHIARI, FRANCISCO RABAL, LETICIA ROMAN. ■ Alcuni amici, ognuno dei quali ha trovato il suo posto nella vita, si ritrovano per passare una serata in allegria e libertà che ricordi la loro spensierata giovinezza. Ma il tempo passato crea un distacco fra di loro e si lasciano con la convinzione non manifesta, ma sentita, di non rivedersi più. ■ DRAMMATICO; B/N; 100′; ITALIA, 1963.

RINASCITA *(The Man Who Came Back)* ★★
Regia di RAOUL WALSH. Con CHARLES FARRELL, JANET GAYNOR. ■ Raoul Walsh è uno dei massimi narratori del cinema americano. I suoi film presentano sempre un grande equilibrio di racconto, interpretazione e spettacolarità. Caratteristiche visibili anche nei suoi primi film parlati, come questo. ■ AVVENTURA; B/N; 74′; USA, 1931.

RING *(Ringu)* ★★★
Regia di HIDEO NAKATA. Con NANAKO MATSUSHIMA, MIKI NAKATANI, HIROYUKI SANADA, YUKO TAKEUCHI. ■ Una leggenda-metropolitana diventa realtà: c'è una videocassetta in giro e se la guardi, dopo una settimana muori. Reiko, una giornalista, è scettica in proposito. Quando per un'assurda coincidenza muoiono sua cugina e un suo amico, si insospettisce e scopre che i due hanno visto il video insieme proprio una settimana prima. Reiko coinvolge il suo ex-marito Ryuji in un'indagine frenetica per salvare le loro stesse vite, dopo che i due hanno visto la cassetta, che li porta a riesumare un misterioso caso paranormale del passato. Come molto spesso accade per l'horror giapponese, l'idea di partenza di *Ringu* vale mezzo film. Quando la seconda parte sconfina nella ghost story, il relativismo culturale ci impedisce di godere del genuino e reverenziale terrore che i nipponici hanno per i fantasmi, e che purtroppo, agli occhi degli spettatori occidentali, rende alcune trovate che dovrebbero far paura piuttosto inefficaci. Un film comunque tanto interessante da meritarsi due sequel, un remake hollywoodiano e una nutrita schiera di ammiratori che ne hanno fatto un "cult". ■ HORROR; COL.; 96′; GIAPPONE, 1998.

RING, THE ★★★
Regia di GORE VERBINSKI. Con BRIAN COX, DAVID DORFMAN, MARTIN HENDERSON, NAOMI WATTS. ■ Quattro adolescenti muoiono, in luoghi diversi ma alla medesima ora, in circostanze strane. Rachel, zia di una delle vittime, su richiesta della sorella indaga sul mistero, e viene così a scoprire che esiste una videocassetta che, a sette giorni esatti dalla sua visione, porta ad una morte orribile chi la guarda. Nel tentativo di dipanare l'intricata matassa, coinvolge nelle indagini anche il piccolo figlio Aidan e l'ex fidanzato. Riprendendo fedelmente l'omonima pellicola che in Giappone ha fatto scalpore nel 1998, Verbinski costruisce una pellicola avvincente e coinvolgente: un possibile piccolo classico dell'horror. ■ HORROR; COL.; 110′; USA, 2003.

RING 2 *(Ringu 2)* ★
Regia di HIDEO NAKATA. Con DAISUKE BAN, KYÔKO FUKADA, KENJIRO ISHIMARU, FUMIYO KOHINATA, NANAKO MATSUSHIMA, MIKI NAKATANI, RIKYIA OTAKA, HITOMI SATO. ■ Esistono due tipi di sequel: quelli che hanno senso di esistere e quelli che non lo hanno. Visto il meritato successo del primo *Ringu* (condizione necessaria ma non sufficiente) prendiamo per buono che questo sequel abbia senso di esistere. Anche tra i sequel che hanno senso di esistere esistono due tipi di sequel: quelli che cercano di vivacchiare di rendita dall'episodio precedente e quelli che stanno in piedi da soli. *Ringu 2* appartiene alla prima categoria. Ma tra i sequel che provano a vivere di rendita esistono ancora altri due tipi di sequel: quelli che onestamente si limitano a vivere di rendita e quelli che cercano di non farsi "beccare". *Ringu 2* appartiene alla seconda categoria. ■ HORROR; COL.; 95′; GIAPPONE, 1999.

RING 2, THE *(The Ring Two)* ★★
Regia di HIDEO NAKATA. Con SIMON BAKER, DAVID DORFMAN, RYAN MERRIMAN, SISSY SPACEK, EMILY VANCAMP, NAOMI WATTS. ■ "Devi guardarlo ora!" *The ring 2* ha origine nuovamente dalla videocassetta, ma è il soggetto del filmato ad essere protagonista (ecco ancora la concentricità). Samara, la bambina abbandonata del video, perseguita Rachel Keller madre del piccolo Aidan e li insegue nella realtà e nella mente. L'unica via di scampo è ricostruire la vita di Samara per affrontarla direttamente prima che l'orrore mortale colpisca definitivamente. Gli stereotipi del genere non mancano, ma questo J-horror (horror giapponese di cultura pop) dai mille elementi, ha una atmosfera cupa e livida, di stampo tipicamente statunitense, e un'iconografia nipponica (la sequenza del pozzo), che ne fanno un film inquietante. Niente salti sulla sedia, niente sangue a litri, solo una continua malsana sensazione che qualcuno ci stia osservando dallo schermo. ■ HORROR; COL.; USA, 2005.

RINGER – L'IMBUCATO, THE *(The Ringer)* ★★
Regia di BARRY W. BLAUSTEIN. Con BILL CHOTT, BRIAN COX, KATHERINE HEIGL, JOHNNY KNOXVILLE, JED REES. ■ Steve Barker è un dirigente che si mette nei guai per avere assunto Stavi come tuttofare personale, dopo averlo licenziato dall'azienda in cui lavoravano entrambi. Il disperato bisogno di soldi lo convince a partecipare alle Paraolimpiadi, che prevedono un grosso premio finale, fingendosi un disabile. L'irriverente commedia prodotta dai fratelli Farrelly gioca con il tabù dell'handicap, coinvolgendo l'ideatore e attore del programma *Jackass*, Johnny Knoxville che, in un ruolo perfetto per Jim Carrey, si rende protagonista di numerose situazioni "politically uncorrect". ■ COMMEDIA; COL.; 94′; USA, 2006.

RINGO DEL NEBRASKA ★
Regia di ANTHONY ROMAN. Con YVONNE BAITIEN, PETER CARTER, KEN CLARK, RED ROSS. ■ Ringo, abile pistolero, sventa le manovre dell'astuto Carter uccidendolo dopo aver sterminato la sua banda. ■ WESTERN; COL.; 95′; ITALIA, 1966.

RINGO E GRINGO CONTRO TUTTI ★★
Regia di BRUNO CORBUCCI. Con LANDO BUZZANCA, MARIA MARTINEZ, MONICA RANDAL, RAIMONDO VIANELLO. ■ Due soldati sudisti, cadendo in una serie interminabile di comici equivoci, inducono il governo a credere che sia di nuovo scoppiata la ri-

voluzione. Tutto finisce in gloria con la riabilitazione dei due maldestri soldati. ■ COMMEDIA; COL.; 104'; ITALIA, 1966.

RINGO IL CAVALIERE SOLITARIO ★★
Regia di RAFAEL ROMERO. Con ARMANDO CALVO, PIERO LULLI, PETER MARTELL, JESUS PUENTE. ■ Western di nessuna emozione: racconta la storia di un agente, Daniel, e di un soldato nordista, Allan, che riescono a sgominare un gruppo di banditi. Ma Daniel commette l'errore di uccidere il fratello di Allan e questo mette fine alla loro solida amicizia. ■ WESTERN; COL.; 93'; ITALIA, 1968.

RINGO IL TEXANO *(The Texican)* ★★
Regia di LESLEY SELANDER. Con BRODERICK CRAWFORD, DIANA LORYS, ANTONIO MOLINO ROJO, AUDIE MURPHY, ALDO SAMBRELL. ■ Ringo parte per il Texas dove intende vendicare il fratello ucciso. Dopo mille attentati a cui riesce a sfuggire, individua e sgomina la banda assassina. ■ WESTERN; COL.; 91'; SPAGNA, USA, 1965.

RINGO, IL VOLTO DELLA VENDETTA ★
Regia di MARIO CAIANO. Con ALFONSO GODA, ANTHONY STEFFEN, AMEDEO TRILLI. ■ Banditi, coloni, un baro e uno sceriffo si mettono in caccia di un favoloso tesoro. Il tesoro viene trovato dal solito eroe silenzioso e solitario, ma ci sono voluti molti morti. ■ WESTERN; COL.; 100'; ITALIA, 1966.

RINGO, PREGA IL TUO DIO... ORA T'AMMAZZO ★★
Regia di STERLING HAYDEN. Con BETTY FARREL, MONTGOMERY LYNN, ROGER MILLER. ■ La bella Elena Vargas è appetita da troppi e innesca un'impressionante serie di uccisioni. Pare che ad avere la meglio sia Ringo Dominguez, ma quando costui perde la testa del tutto, interviene il padre di Elena (sceriffo) e lo uccide. ■ WESTERN; COL.; 94'; ITALIA, 1968.

RING 0 –THE BIRTHDAY *(Ringu 0: Bâsudei)*
Regia di NORIO TSURUTA. Con KUMIKO ASO, RYÛJI MIZUKAMI, YUKIE NAKAMA, SEIICHI TANABE. ■ Diceva la leggenda metropolitana che c'è una videocassetta che se la vedi, entro una settimana muori. E c'è un nastro con delle registrazioni che se le senti, entro una settimana muori. Per non parlare del telefonino che se ci parli, entro una settimana muori. Restiamo in attesa dell'ombrello che se lo apri, entro una settimana muori, e del bicchiere che se ci bevi, entro una settimana muori. Che dire di più? ■ HORROR; COL.; 95'; GIAPPONE, 2000.

RINNEGATA *(Renegade Girl)* ★★
Regia di WILLIAM BERKE. Con EDWARD BROPHY, ALAN CURTIS, ANN SAVAGE. ■ Una ragazza, dopo aver visto assassinare il fratello, promette la sua mano a chi lo vendicherà. Attratti da una così alta posta, i pretendenti finiscono con l'ammazzarsi vicendevolmente. La stessa ragazza morirà, dopo avere vendicato personalmente il fratello. ■ DRAMMATICO; B/N; 93'; USA, 1946.

RINNEGATI, I *(Renegades)* ★★★
Regia di GEORGE SHERMAN. Con EVELYN KEYES, WILLARD PARKER, LARRY PARKS. ■ In una famiglia di banditi, Bill si rifiuta di accettare il loro modo di vivere e se ne stacca cercando, tra mille difficoltà, di rifarsi una vita onesta. Le sue intenzioni non vanno però a buon esito e Bill finisce per essere ucciso. ■ WESTERN; COL.; 92'; USA, 1946.

RINNEGATI DELLA FRONTIERA, I ★★
(Frontier Bad Men)
Regia di WILLIAM H. MCGANN. Con DIANA BARRYMORE, NOAH BEERY JR, LON CHANEY JR, ROBERT PAIGE. ■ Tre cowboy capitano ad Abilene, la città del bestiame (dove arrivano le mandrie provenienti dal Texas). Scoprono presto che le vacche sono sistematicamente razziate da una banda di *desperados* e che chi tira le fila è un misterioso capo, che i tre alla fine smaschereranno. ■ WESTERN; B/N; 77'; USA, 1943.

RINNEGATI DELL'ISOLA MISTERIOSA, I ★★
(The Enchanted Island)
Regia di ALLAN DWAN. Con DANA ANDREWS, DON DUBBINS, JANE POWELL, ARTHUR SIELDS. ■ Due marinai di una baleniera si ribellano al dispotico comandante e si mettono a navigare liberi per i mari del Sud. Sbarcano su un'isola, trovano una bella ragazza, ma anche la morte, per uno di essi. ■ AVVENTURA; COL.; 94'; USA, 1958.

RINNEGATI DEL WYOMING, I *(Wyoming Renegades)* ★★
Regia di FRED F. SEARS. Con WILLIAM BISHOP, PHILIP CAREY, GENE EVANS, MARTHA HYER. ■ Storia del Branco Selvaggio: Butch Cassidy e Sundance Kid impazzano nel Wyoming, finché un loro ex collega per riabilitarsi agli occhi della fidanzata e dei concittadini non sventa il loro ultimo colpo e con quattro pugni non li mette a posto. ■ WESTERN; B/N; 73'; USA, 1955.

RINNEGATI DI CAPITAN KIDD, I ★★
Regia di ROBERTO BIANCHI MONTERO. Con KARIN BAAL, BRIGITTE COREY, CARLO GIUSTINI. ■ Per riscuotere una grossa polizza assicurativa, alcuni malfattori decidono di affondare la nave capitanata da Kidd. La malefatta non riesce grazie all'intervento di tre marinai che, al momento opportuno, sventano il criminoso agguato. ■ AVVENTURA; COL.; 93'; ITALIA, 1963.

RINNEGATI DI FORT GRANT, I *(Fuerte perdido)* ★★
Regia di JOSÉ MARIA ELORRIETA. Con WILLIAM MENDER, JOHN SULLIVAN. ■ Una carovana si dirige da Tucson a Fort Grant. Ma il capocarovana è un losco individuo che progetta di buttare i pionieri nelle grinfie degli Apaches di Geronimo. Quasi ci riesce, ma uno della comitiva, che lo sospettava da tempo, riuscirà a salvare *in extremis* parte dei viaggiatori. ■ WESTERN; B/N; 94'; SPAGNA, 1965.

RINOCERONTE, IL *(Rhinoceros)* ★★
Regia di TOM O'HORGAN. Con KAREN BLACK, ZERO MOSTEL, GENE WILDER. ■ Versione della più celebre commedia di Jonesco (la più difficile da filmare). Apprezzabile è solo l'interpretazione (soprattutto di Mostel e della Black). La vicenda, apertamente assurda, è quella di un gruppo di persone che si tramutano a poco a poco in rinoceronti. Intanto intrecciano sottili disquisizioni: accettare la trasformazione come un nuovo *status* oppure ribellarsi. ■ GROTTESCO; COL.; 101'; USA, 1974.

RINUNCIA *(Spiegel des Lebens)* ★★
Regia di GÉZA VON BOLVÀRY. Con PETER PETERSEN, PAULA WESSELY. ■ Un uomo che non ha potuto laurearsi in medicina esercita abusivamente. Sua figlia è invece regolarmente iscritta a quella facoltà ed ama un compagno di corso. Un errore potrebbe far incriminare il padre; allora la figlia se ne assume la responsabilità, anche se ciò rischia di farle perdere il fidanzato da cui aspetta un bambino. Poi tutto si accomoderà. ■ DRAMMATICO; B/N; 93'; GERMANIA, 1939.

RINUNCIA, LA *(The Abdication)* ★★★
Regia di ANTHONY HARVEY. Con GRAHAM CROWDEN, CYRIL CUSACK, PETER FINCH, PAUL ROGERS, LIV ULLMANN. ■ Riduzione filmata di un dramma con vaghi intenti femministi su Cristina di Svezia. Buona interpretazione, ma il film non ha la carica leggendaria de *La regina Cristina*, interpretato da Greta Garbo nel 1933. ■ DRAMMATICO; COL.; 103'; USA, 1974.

RINUNZIE *(Gallant Lady)* ★★
Regia di GREGORY LA CAVA. Con CLIVE BROOK, ANN HARDING. ■ Una giovane, che ha avuto un bambino senza essere sposata, affida il piccino a una coppia; poi, messasi con un decoratore, riesce ad uscire dalla miseria. In seguito spezza il cuore al socio che l'amava in silenzio perché sposa l'uomo a cui aveva affidato il figlio (a quest'ultimo è morta nel frattempo la moglie). ■ DRAMMATICO; B/N; 86'; USA, 1933.

RIO ★★
Regia di CARLOS SALDANHA. Con JEMAINE CLEMENT, JESSE EISENBERG, ANNE HATAWAY, LESLIE MANN, TRACY MORGAN. ■ Blu è un ara macao strappato in fasce alla giungla brasiliana dalla sconsideratezza e dai commerci illeciti dell'uomo. Trasferito nel freddo inverno del Minnesota in seguito a un incidente, viene soccorso e adottato da Linda, fanciulla appassionata di libri e della vita sedentaria. Addomesticato e cresciuto a cioccolata e biscotti, Blu è un pappagallo colto che sperimenta la vita tra quattro mura. Incapace di volare a causa della cattività, compensa la deficienza con l'ingegno e la fantasia. ■ ANIMAZIONE; COL.; 96'; USA, CANADA, BRASILE, 2011.

RIO BRAVO *(Rio Grande)* ★★★★
Regia di JOHN FORD. Con HARRY CAREY JR, CLAUDE JARMAN JR, BEN JOHNSON, STAN JONES, VICTOR MCLAGLEN, MAUREEN

O'HARA, JOHN WAYNE. ■ Nel 1880, un colonnello della cavalleria americano è fustrato perché non può inseguire i predoni apache oltre il confine messicano. L'ufficiale è sposato e ha un figlio, ma da quindici anni non vede la famiglia perché durante la guerra civile è stato costretto a bruciare la piantagione della moglie, simpatizzante sudista, e questa non l'ha più perdonato. Ora, però, scopre che suo figlio si è arruolato nel reggimento e ben presto giungerà la moglie per riaverlo indietro. Il colonnello riuscirà infine a sconfiggere gli indiani, a riappacificarsi con la moglie e a scoprire che il suo ragazzo è diventato un uomo, mentre la banda suona *Dixie*, l'inno del Sud. Terzo film della *Triologia della cavalleria* di Ford. Nonostante alcuni lo ritengano il meno riuscito, costituisce un'indimenticabile rassegna di personaggi e un'ottima ricreazione dell'atmosfera militare come era stata dipinta dal pittore Frederic Remington. La pellicola è una specie di seguito de *Il massacro di Fort Apache*: il colonnello interpretato da Wayne si chiama infatti Kirby Yorke, come il personaggio da lui interpretato nell'altro film. ■ WESTERN; B/N; 105'; USA, 1950.

RIO CONCHOS ★★★
Regia di GORDON DOUGLAS. Con WARNER ANDERSON, RICHARD BOONE, ANTHONY FRANCIOSA, EDMOND O'BRIEN, STUART WHITMAN. ■ Un gruppo di disperati, composto da un ufficiale dell'esercito con un pessimo stato di servizio, un pistolero, un cavalleggero nero e un pittoresco bandito messicano, riceve l'incarico dalle autorità militari di trovare chi rifornisce d'armi modernissime i predoni apache. Alla fine scopriranno che alla testa del complotto c'è un ex generale sudista impazzito, che sogna di rinverdire i fasti della Confederazione sconfitta. Un western strano e barocco: indimenticabile la scena della casa del generale: una capanna con una facciata fasulla che ricorda le ville virginiane. ■ WESTERN; COL.; 107'; USA, 1965.

RIO DIABLOS *(Die Banditen von Rio Grande)* ★
Regia di HELMUT M. BACKHAUS. Con DIMITRI BITENC, WOLFGANG KIELING, HARALD LEIPNITZ, GERLINDE LOCKER, MARIA PERSCHY. ■ Pesante western teutonico su tre maestrine rapite da banditi texani. La presenza delle giovani donne suscita tensioni nella banda che saranno risolte dall'arrivo della cavalleria. ■ WESTERN; COL.; 93'; GERMANIA, 1967.

RIO LOBO ★★★
Regia di HOWARD HAWKS. Con JACK ELAM, MIKE HENRY, CHRISTOPHER MITCHUM, JENNIFER O'NEILL, JORGE RIVERO, JOHN WAYNE. ■ Per il suo ultimo film, il grande regista Howard Hawks collabora ancora una volta con John Wayne. Durante la guerra di Secessione, un colonnello nordista riceve l'incarico di scortare un carico d'oro. Viene però assalito da truppe sudiste che non solo s'impadroniscono del tesoro, ma gli uccidono anche alcuni uomini. Finito il conflitto, l'ufficiale chiede la collaborazione dei soldati nemici, che hanno condotto l'azione, per ritrovare i traditori che hanno passato ai confederati le informazioni necessarie per l'operazione. Costoro sono diventati padroni di un villaggio del West. Gli ex nemici, diventati alleati, li sbaraglieranno. ■ WESTERN; COL.; 114'; USA, 1970.

RIO NEGRO *(Os Bandeirantes)* ★★
Regia di MARCEL CAMUS. Con LOURDES DE OLIVEIRA, ALMIRO DO ESPRITU SANTO, RAYMOND LOYER, JOHN REICH. ■ In Amazzonia, quattro avventurieri scoprono un giacimento diamantifero. Uno di loro elimina due compagni e fugge col tesoro. Il superstite vuole vendicarsi, ma numerose avventure in tutto il Brasile gli faranno cambiare idea. ■ DRAMMATICO; B/N; 92'; BRASILE, FRANCIA, ITALIA, 1961.

RIO RITA ★★★
Regia di LUTHER REED. Con JOHN BOLES, BEBE DANIELS. ■ Rio Rita è la proprietaria di un omonimo albergo. Dopo molte difficoltà riuscirà ad avere partita vinta sulla rivale e a conquistare l'uomo che ama. Film girato agli albori del sonoro. ■ COMMEDIA; B/N; 95'; USA, 1929.

RIO RITA ★★★
Regia di SYLVAN SIMON. Con BUD ABBOTT, JOHN CARROLL, LOU COSTELLO, KATHRYN GRAYSON. ■ Stessa trama del precedente, ma questa volta, a complicare le cose, ci sono anche degli agenti segreti nazisti e le buffonerie di Gianni e Pinotto. ■ COMMEDIA; B/N; 91'; USA, 1942.

RIPARO ★★
Regia di MARCO SIMON PUCCIONI. Con GISELLA BURINATO, FRANCESCO CARNELUTTI, MARIA DE MEDEIROS, ANTONIA LISKOVA, MOUNIR OUADI, VITALIANO TREVISAN. ■ Anna e Mara si amano contro le costrizioni sociali, ora latenti, ora manifeste, che investono la coppia mettendone in tensione ruoli, abitudini, codici comportamentali e caratteriali. Il loro già precario equilibrio viene definitivamente destabilizzato da Anis, un giovane immigrato magrebino, attratto dalle promesse dell'Occidente. Nascosto nel bagagliaio dell'auto delle due donne, di ritorno da una vacanza in Tunisia, Anis supera la frontiera. Sarà l'inizio di una convivenza lunga e difficile, che dovrà fare i conti con la disapprovazione della madre di Anna, col biasimo silente del padre di Mara e con le regole inflessibili della società. Cinque anni dopo *Quello che cerchi*, un film certificato da Nanni Moretti e uscito in sale "protette", capaci di garantire all'autore un pubblico selezionato e sensibile, Marco Simon Puccioni torna ad affrontare le forme irrisolte dell'amore. ■ DRAMMATICO; COL.; 100'; ITALIA, 2007.

RIPETENTE FA L'OCCHIETTO AL PRESIDE, LA ★
Regia di MARIANO LAURENTI. Con LINO BANFI, ANNA MARIA RIZZOLI, CARLETTO SPOSITO, ALVARO VITALI. ■ Solita commediola scolastica, moderatamente sexy: la ripetente figlia di un industriale del nord, vedendosi trascurata da un compagno, finge di amoreggiare col preside Lino Banfi. ■ COMMEDIA; COL.; 93'; ITALIA, 1980.

RIPLEY'S GAME ★★★
Regia di LILIANA CAVANI. Con CHIARA CASELLI, JOHN MALKOVICH, DOUGRAY SCOTT, RAY WINSTONE. ■ Dal romanzo di Patricia Highsmith. Mr. Ripley è un raffinato quanto crudele trafficante in opere d'arte. Concluso alla sua maniera un affare per lui vantaggioso, si ritira nella sua villa in Veneto con la compagna musicista. Qui lo raggiunge il suo ex braccio destro che chiede aiuto per eliminare a Berlino dei potenti rivali slavi. Ripley non vuole entrare in gioco in prima persona ma vuole mettere alla prova l'onestà di fondo di un corniciaio che non lo stima. È sicuro che costui, gravemente ammalato, cederà dinanzi alla prospettiva di forti guadagni e si trasformerà in killer. Liliana Cavani gira un film come qualsiasi altro professionista del genere. Il suo tocco personale non compare mai mentre è evidente il piacere con cui Malkovich delinea un personaggio già portato sullo schermo in precedenza e cerca di distanziarsi il più possibile dall'immagine che ne ha dato di recente il cinema americano. Il film ruota totalmente intorno a lui. Ed è bene che sia così, anche perché l'attore ci aggiunge quel tanto di "hannibalesco" che non guasta. ■ THRILLER; COL.; 110'; GRAN BRETAGNA, ITALIA, 2002.

RIPOSO DEL GUERRIERO, IL *(Le repos du guerrier)* ★★★
Regia di ROGER VADIM. Con BRIGITTE BARDOT, ROBERT HOSSEIN, MACHA MÉRIL, JACQUELINE POREL, JAMES ROBERTSON JUSTICE. ■ Una tranquilla ragazza borghese sbaglia porta in albergo e così salva la vita a un aspirante suicida, un giovane intellettuale violento e ribelle. Ben presto fra i due nasce l'amore, ma l'uomo si mostra restio ai tentativi fatti dalla ragazza per spingerlo a una vita costruttiva. Finché, dopo numerose scenate, i due hanno una spiegazione tra le rovine dell'abbazia di S. Galgano e lui si mostra pentito. ■ DRAMMATICO; COL.; 101'; FRANCIA, 1962.

RIPOSSEDUTA *(Repossessed)* ★★★
Regia di BOB LOGAN. Con NED BEATTY, LINDA BLAIR, LESLIE NIELSEN. ■ Parodia piuttosto riuscita del genere horror-demoniaco. È proprio Linda Blair, ex protagonista degli *Esorcisti* e di qualche *Casa* che autoironizza in questo film. Troviamo, nel ruolo dell'esorcista, il mirabile Leslie Nielsen de *La pallottola spuntata*. La protagonista è diventata una buona donna di casa con marito e figli, ma il messaggio demoniaco la riacciuffa attraverso il televisore. Dopo le inutili prove di un giovane prete, si chiede aiuto a padre Mayii. Al posto di croci, aglio e scalpelli si allontanerà il maligno a suon di rock. Si inverte quindi la tesi degli anni Sessanta in cui si diceva che il rock era la musica del diavolo. ■ COMMEDIA; COL.; 92'; USA, 1990.

RIPPER – LETTERA DALL'INFERNO *(Ripper)* ★
Regia di JOHN EYRES. Con A.J. COOK, DANIELLA EVANGELISTA, DEREK HAMILTON, CLAIRE KEIM, RYAN NORTHCOTT, BRUCE PAYNE. ■ Jack lo Squartatore è la fonte di ispirazione di un serial killer che compie una serie di efferati omicidi fra gli studenti di una classe di criminologia. Gli indiziati, come sempre, sono tutti i presenti, dal professore, alla sopravvissuta a un violento assassinio, a un ombroso poliziotto. Nessuno escluso. Le morti si susseguono, come da copione, una dopo l'altra fino alla scena finale in una casa in mezzo a un bosco. Chi rimarrà vivo? Il film di Eyres concentra nella sua durata tutti gli stereotipi del genere, con riferimenti ai classici dell'horror fra cui *Venerdì 13* e *Copycat*. ■ HORROR; COL.; 83'; CANADA, 2001.

RIPPER 2 – LETTER FROM WITHIN ★
Regia di JONAS QUASTEL. Con NICHOLAS IRONS, ERIN KARPLUK, COLIN LAWRENCE, JANE PEACHEY, MHAIRI STEENBOCK. ■ In seguito agli eventi narrati in *Ripper – Lettera dall'Inferno*, Molly Keller, unica sopravvissuta a ben due carneficine, è ospite presso un istituto di cure mentali. Le verrà offerta la possibilità di seguire una cura sperimentale a Praga, sotto la guida di uno scienziato (pazzo) di larghe vedute: non sarà certo la distanza a interrompere la scia di sangue che pare seguire la ragazza. Chiunque avesse commesso l'errore di guardare il primo *Ripper* e pensasse di aver individuato un horror di insuperabile bassezza si dovrà ricredere davanti alla sontuosa inutilità di questo sequel. ■ HORROR; COL.; GRAN BRETAGNA, 2004.

RIPRENDIAMOCI FORT ALAMO! – IL GENERALE MAX *(Viva Max!)* ★★★
Regia di JERRY PARIS. Con PAMELA TIFFIN, PETER USTINOV, JONATHAN WINTERS, KEENAN WYNN. ■ Un generale dell'esercito messicano, per farsi ammirare dalla propria donna, passa il confine degli Usa trascinandosi dietro i suoi riluttanti soldati e occupa la storica missione di Alamo, dove nel 1836 i texani guidati da Davy Crockett resistettero eroicamente contro le truppe messicane. Il generale vorrebbe semplicemente ottenere una dichiarazione laudativa dal governo americano, ma dovrà vedersela con alcuni reazionari "vigilantes" convinti d'avere a che fare con una invasione comunista (siamo a fine Novecento). ■ COMMEDIA; COL.; 92'; USA, 1972.

RIPRENDIMI ★★
Regia di ANNA NEGRI. Con ALESSANDRO AVERONE, FRANCESCA CUTOLO, MARCO FOSCHI, STEFANO FRESI, VALENTINA LODOVINI, CRISTINA ODASSO, MARINA ROCCO, ALBA ROHRWACHER. ■ Lucia e Giovanni vivono a Roma e lavorano nel mondo della creatività, lei come montatrice, lui come attore. Un mondo senza certezze, senza continuità, fatto d'illusioni e continue ricostruzioni. Lucia ogni giorno taglia e incolla, rimette i "pezzettini" (le immagini) nel giusto ordine per produrre senso. Ma la vita, quella vera, qualche volta non ha nessun senso, e così capita che suo marito se ne vada di casa, lasciandola con un bimbo di poco più di un anno in braccio, per "cercarsi", in un anelito di libertà che, in compenso, confina lei nella prigione della solitudine, della rabbia, dell'abbandono. Alba Rorwacher, per la prima volta protagonista dopo tante apparizioni a margine, crea un personaggio efficace di giovane donna apparentemente fragile e in realtà vitale e appassionata. ■ DRAMMATICO; COL.; 96'; ITALIA, 2008.

RIPUDIATA *(East Lynne)* ★★★
Regia di FRANK LLOYD. Con CLIVE BROOK, ANN HARDING, CONRAD NAGEL. ■ Dramma di una signora inglese a fine secolo, che il marito ingiustamente abbandona. ■ DRAMMATICO; B/N; 93'; USA, 1931. ■ OSCAR 1 NOM.

RIPUDIATA *(Puerta cerrada)* ★★
Regia di LUIS SASLAVSKY. Con AGUSTIN IRUSTA, LIBERTAD LAMARQUE, ANGELINA PAGANO. ■ Una sciantosa sposa un giovane di buona famiglia, ma i parenti di lui tagliano i viveri alla coppia che vive in ristrettezze. La donna, ingannata dal fratello, torna a calcare le scene per risolvere la situazione, ignorando che ormai lei e il marito hanno ottenuto il perdono. Scoppia una lotta tra cognati e il giovane sposo rimane ucciso. Viene incolpata del delitto la donna che sconta venti anni di prigione. Uscita, vorrebbe rivedere il figlio, ma si rende conto che ormai è di troppo e nobilmente si allontana. ■ DRAMMATICO; B/N; 94'; ARGENTINA, 1939.

RIPUDIATA ★★
Regia di GIORGIO W. CHILI. Con ALBERTO FARNESE, LAURA MUCCI, HÉLÈNE REMY. ■ Sullo sfondo delle lotte per l'indipendenza nazionale del 1848-'49, la storia di una baronessa piemontese sposata a un nobile pontificio, calunniata dalla perfida cognata, costretta a diventare sciantosa, accecata da una cannonata e, infine, perdonata e guarita. ■ DRAMMATICO; B/N; 93'; ITALIA, 1954.

RISAIA, LA ★★★
Regia di RAFFAELLO MATARAZZO. Con MICHEL AUCLAIR, FOLCO LULLI, ELSA MARTINELLI. ■ Il padrone di una risaia riconosce in una sua mondina la figlia illegittima e la protegge senza svelarle la verità. La ragazza ha un fidanzato, ma è concupita da un bieco nipote di suo padre. Questi tenta di violentarla e l'innamorato, cercando d'impedirlo, uccide il mascalzone. Il padrone della risaia pagherà la sua antica colpa assumendosi la responsabilità di questa morte e permettendo ai due giovani di sposarsi. ■ DRAMMATICO; COL.; 100'; ITALIA, 1956.

RISALIAMO I CAMPI ELISI ★★
(Remontons les Champs Elysées)
Regia di SACHA GUITRY. Con LUCIEN BAROUX, JOSELINE GAËL, SACHA GUITRY. ■ Un professore tiene lezione ai suoi allievi. Camminando per gli Champs Elysées ricorda avvenimenti che avvennero in quel viale nel corso di tre secoli (parla di Napoleone, della Rivoluzione francese, della Repubblica). ■ STORICO; B/N; 100'; FRANCIA, 1938.

RISATE A CREPAPELLE *(Stoogemania)* ★★
Regia di CHUCK WORKMAN. Con MELANIE CHARTOFF, JOSH MOSTEL. ■ Presa in giro del supermaniaco del cinema (è impersonato da Josh Mostel, figlio del corpacciuto caratterista Zero Mostel), talmente maniaco da aver fatto un culto dei tre comici più scassati del cinema americano, i Three Stooges. Il film è pieno di inserti dei brani dei film degli Stooges (colorizzati col computer). ■ COMMEDIA; COL.; 93'; USA, 1986.

RISATE ALL'ITALIANA ★★
Con WALTER CHIARI, PEPPINO DE FILIPPO, VITTORIO DE SICA, UGO TOGNAZZI, TOTÒ, RAIMONDO VIANELLO. ■ Film di montaggio realizzato con spezzoni provenienti da varie pellicole comiche del dopoguerra. ■ COMMEDIA; B/N; 92'; ITALIA, 1964.

RISATE DI GIOIA ★★★
Regia di MARIO MONICELLI. Con FRED CLARK, BEN GAZZARA, ANNA MAGNANI, TOTÒ, EDY VESSEL. ■ La notte di capodanno Gioia, una comparsa non più giovanissima, impone la propria compagnia a un amico, attore di quart'ordine, che invece vorrebbe compiere dei furti insieme a un giovinastro. I tre hanno diverse avventure e Gioia s'illude che il farabutto la ami finché, verso l'alba, costui non tenta un furto sacrilego. La donna cerca d'impedirglielo e, per un equivoco, viene arrestata. ■ COMMEDIA; B/N; 106'; ITALIA, 1960.

RISATE IN PARADISO *(Laughter in Paradise)* ★★★
Regia di MARIO ZAMPI. Con BEATRICE CAMPBELL, FAY COMPTON, ALASTAIR SIM. ■ Un burlone si prende una vendetta postuma sui parenti: il suo testamento promette una favolosa eredità se i congiunti faranno ognuno la cosa più contraria alla loro natura. Così un Casanova è costretto a sposare una zitella, un timido ad assalire, pistola in pugno, il capufficio ecc. Tutti traggono un vantaggio immediato dalle loro imprese, ma non l'eredità che si rivela inesistente. ■ COMMEDIA; B/N; 93'; GRAN BRETAGNA, 1951.

RISCATTO DEGLI INDIANI, IL *(The Deerslayer)* ★★
Regia di KURT NEUMANN. Con LEX BARKER, RITA MORENO, FORREST TUCKER. ■ Natty con un amico si trova su un barcone in mezzo a un lago del territorio indiano. Il proprietario del natante è un ex pirata che vive scotennando i pellerossa e rivendendo le capigliature ai militari inglesi (l'azione si svolge verso il 1750). Natty dovrà faticare molto per salvare le due figlie del pirata dalla vendetta indiana. ■ WESTERN; COL.; 78'; USA, 1958.

RISCATTO DI UN GANGSTER, IL *(Johnny Rocco)* ★★
Regia di PAUL LANDRES. Con RUSS CONWAY, COLEEN GRAY, STEPHEN MCNALLY, RICHARD NYER. ■ Un gangster deve difen-

dersi dai complici che vorrebbero eliminare lui e il figlioletto. Per fortuna interverrà la polizia a salvare l'uomo, pronto a mutar vita dopo la prigione. ■ POLIZIESCO; B/N; 94′; USA, 1962.

RISCATTO – TU SEI IL MIO GIUDICE ★★
Regia di MARINO GIROLAMI. Con FRANCO INTERLENGHI, FOLCO LULLI, FRANCA MARZI. ■ Due reduci sono ingiustamente condannati a una lunga pena detentiva. Il vero colpevole, imprigionato per un altro crimine, li conosce in carcere e, dopo molte esitazioni, troverà la forza di espiare confessando la propria colpa e facendo liberare gli innocenti. ■ DRAMMATICO; B/N; 95′; ITALIA, 1953.

RISCHIO A DUE *(Two for the Money)* ★★★
Regia di D.J. CARUSO. Con ARMAND ASSANTE, CHARLES CARROLL, KEVIN CHAPMAN, MATTHEW MCCONAUGHEY, AL PACINO, JEREMY PIVEN, GERARD PLUNKETT, CARLY POPE, RENE RUSSO,. ■ Walter Abrams è un esperto delle scommesse che ha attivato un'attività lucrosa e apparentemente legale. Giunge da Las Vegas ad affiancarlo il più giovane Brandon accompagnato dalla moglie Toni innamorata di lui ed ex alcolista come Walter. Il quale trasforma il look di Brandon e lo lancia nel grande giro. *Rischio a due* non è tanto un film sul mondo delle scommesse più o meno clandestine (ne abbiamo già visti tanti, forse troppi ed alcuni sono dei capolavori) quanto piuttosto sulla psicologia degli scommettitori. Come afferma Abrams "Siamo tutti limoni. Abbiamo tutti bisogno di perdere". Il rischio è il centro propulsore dell'impulso a tentare ancora. Finché si vince si riprova finché non si perderà e a quel punto, persi casa, lavoro e famiglia, si sentirà l'adrenalina che scorre sempre più velocemente nel sangue. La sceneggiatura offre a tutti e tre gli attori la possibilità di emergere ma, come ormai sempre accade quando in cartellone c'è Al Pacino, qualcuno "più uguale degli altri" non può mancare. ■ COMMEDIA; COL.; 122′; USA, 2005.

RISCHIO D'IMPATTO *(Ground Control)* ★★
Regia di RICHARD HOWARD. Con KELLY MCGILLIS, KIEFER SUTHERLAND. ■ I sensori elettronici delle macchine che regolano il traffico aereo sono come impazziti. Molti apparecchi stanno atterrando e volando e rischiano la collisione. Potrebbe essere una catastrofe. Ci pensa un tecnico a sventare il sicuro disastro. ■ THRILLER; COL.; 98′; USA, 1998.

RISCHIO DI VIVERE, IL RISCHIO DI MORIRE, IL ★★
(Wenn es nacht wird auf der Reeperbahn)
Regia di ROLF OLSEN. Con TANJA GRUBER, MARIANNE HOFFMANN, ERICK SHUMAN. ■ Film che tenta goffamente di denunciare l'ipocrisia della borghesia tedesca e, nel contempo, mostra scene erotiche. Il figlio di un ricco industriale fa parte d'una banda di giovinastri che droga le fanciulle per darle in pasto a viziosi benestanti. Un giorno, per errore, anche la ragazza del protagonista subisce questa sorte proprio con il padre industriale. La giovane si suiciderà per la vergogna, mentre i due uomini s'accorderanno per soffocare lo scandalo. ■ DRAMMATICO; COL.; 93′; GERMANIA, 1968.

RISCHIOSE ABITUDINI *(The Grifters)* ★★★
Regia di STEPHEN FREARS. Con ANNETTE BENING, JOHN CUSACK, ANJELICA HUSTON. ■ Primo film di produzione americana, dopo *Le relazioni pericolose*, per Stephen Frears. Tratto da un romanzo giallo di Jim Thompson, il lungometraggio ha un'atmosfera inquietante e violenta. Una donna ha come attività principale il gioco d'azzardo. Dopo molti anni di separazione incontra di nuovo, a Los Angeles, il figlio che, con la sua ragazza, si occupa di affari illegali. Riprendono i rapporti all'insegna dei tradimenti, dell'odio, di finte complicità nell'interesse per il denaro. Finale crudelissimo. Forse eccessivamente fredda la recitazione, anche se lo esigeva il copione. ■ GIALLO; COL.; 113′; USA, 1991. ■ GOLDEN GLOBES 1 NOM; OSCAR 4 NOM.

RISCHIO SICURO *(Security Risk)* ★★
Regia di HAROLD D. SCHUSTER. Con JOHN IRELAND, KEITH LARSEN, DOROTHY MALONE. ■ Il primo film prodotto da Roger Corman, è un thriller senza particolari pregi sulla guerra fredda. Uno scienziato americano è ucciso dal suo assistente che vuol vendere le sue scoperte allo spionaggio russo. Ma un agente dell'Fbi mangia la foglia. L'assassino fa una brutta fine. ■ THRILLER; B/N; 91′; USA, 1954.

RISCHIOSO INGANNO *(For Hire)* ★
Regia di JEAN PELLERIN. Con BRONWEN BOOTH, ROB LOWE, JOE MANTEGNA, CHARLES POWELL. ■ Trama più che vista: convinto di essere in fin di vita un uomo ne combina di tutti i generi finché scopre la verità e si trova nei guai. Tutto già visto quindi e neppure riabilitato da un minimo tentativo di originalità. ■ COMMEDIA; COL.; 97′; CANADA, USA, 1997.

RISCHIO TOTALE *(Narrow Margin)* ★★
Regia di PETER HYAMS. Con ANNE ARCHER, GENE HACKMAN, JAMES B. SIKKING. ■ Sorta di remake di *Le Iene di Chicago* di Richard Fleischer, il film non va oltre una confezione affrettata e il già visto. Una donna incontra un avvocato. C'è un flirt ma tutto precipita rapidamente; lui viene ucciso da un sicario e lei è testimone oculare del delitto. Il mandante si mette sulle sue tracce e toccherà a un vice-procuratore proteggerla e farla arrivare sana e salva al processo, dopo alcune sparatorie. ■ GIALLO; COL.; 97′; USA, 1990.

RISE ★★
Regia di SEBASTIAN GUTIERREZ. Con SAMAIRE ARMSTRONG, PAUL CASSELL, MICHAEL CHIKLIS, JAMES D'ARCY, ROBERT FORSTER, ZACH GILFORD, CARLA GUGINO, MARGO HARSHMAN, LUCY LIU. ■ Sadie Blake è una reporter che un giorno si sveglia misteriosamente in un obitorio scoprendo di essere diventata una vampira a causa di uno sfortunato incontro con una setta che venera i non-morti. La giovane però non ha nessuna voglia di unirsi al branco, ma allo stesso tempo non può fare nulla per cambiare la sua condizione. ■ HORROR; COL.; USA, 2005.

RISERVE, LE *(The Replacements)* ★★
Regia di HOWARD DEUTCH. Con JON FAVREAU, GENE HACKMAN, ORLANDO JONES, BROOKE LANGTON, KEANU REEVES. ■ Nel 1987 i giocatori di football americano scesero in sciopero. Per evitare disastri a sponsor e società, i presidenti assunsero giocatori non professionisti. L'allenatore McGinty (Hackman) mette insieme una squadra di strani personaggi, fra cui Shane Falco (Reeves), l'unico (ex) professionista. Le "riserve" sapranno comunque farsi onore. Lontano dalla grinta di Stone nel (quasi) omologo *Ogni maledetta domenica*, è solo un compito discretamente eseguito. ■ DRAMMATICO; COL.; 114′; USA, 2000.

RISING, THE *(The Rising-Ballad of Mangal Pandey)* ★★★
Regia di KETAN MEHTA. Con CORAL BEED, AMIN HAJEE, AAMIR KHAN, KAILASH KHER, KIRON KHER, RANI MUKHERJEE, AMISHA PATEL, TOBY STEPHENS. ■ A metà Ottocento l'Impero Britannico con la Compagnia delle Indie schiacciava l'India sotto il tallone di una "civilizzazione" motivata esclusivamente da interessi di sfruttamento commerciale. Mangal Pandey, un soldato poi facente parte della guarnigione inglese, guidò la prima vera rivolta. Il motivo occasionale fu l'introduzione di nuovi fucili i cui contenitori di polvere da sparo dovevano essere lacerati con i denti. Il grasso che li circondava era però di origine animale (mucca e maiale) e ciò per i soldati hindu e mussulmani rappresentava un sacrilegio. Il film racconta, attraverso l'amicizia tra il soldato Pandey e il capitano Gordon (parzialmente emarginato dai suoi superiori in quanto cattolico), le tappe di una vicenda che portò all'impiccagione di Pandey. Aamir Khan (già protagonista di "Lagaan") dà qui vita a un personaggio forte e determinato. ■ STORICO; COL.; 150′; INDIA, PAKISTAN, 2005.

RISKY BUSINESS – FUORI I VECCHI... I FIGLI BALLANO *(Risky Business)* ★★
Regia di PAUL BRICKMAN. Con CURTIS ARMSTRONG, TOM CRUISE, REBECCA DEMORNAY. ■ Joe, un liceale, viene convinto da una prostituta ad usare la sua abitazione (mentre i genitori sono in viaggio) come casa d'appuntamento. Ma l'ex protettore della ragazza si vendica svaligiando la casa, proprio mentre stanno tornando i genitori. Joe riesce a ricomprare i mobili facendosi a sua volta pagare dalle donne; diventa un *gigolò*. Film emblematico degli anni Ottanta quando il mito borghese dell'arricchimento ra-

pido ha sostituito gli ideali giovanili degli anni Sessanta. ■ COMMEDIA; COL.; 96′; USA, 1983. ■ GOLDEN GLOBES 1 NOM.

RISO AMARO ★★★
Regia di GIUSEPPE DE SANTIS. Con DORIS DOWLING, VITTORIO GASSMAN, SILVANA MANGANO, RAF VALLONE. ■ Un bandito, aiutato da una bella complice, ruba una collana; poi, per sfuggire alla polizia, i due si aggregano a un gruppo di mondine. Il furfante, scoperto che il gioiello è falso, vuole rifarsi rubando il riso e, a tal fine, seduce una delle ragazze, ma il colpo andrà male: troverà tragica morte per l'intervento di un onesto sergente dell'esercito e della complice redentasi. La mondina, scoperto d'essere stata ingannata, si suicida. ■ DRAMMATICO; B/N; 100′; ITALIA, 1949. ■ OSCAR 1 NOM.

RISOLUTORE, IL *(A Man Apart)* ★
Regia di F. GARY GRAY. Con VIN DIESEL, TIMOTHY OLYPHANT. ■ L'agente Vetter sta per incastrare dei trafficanti di droga colombiani quando sua moglie viene improvvisamente rapita. A tirare le fila è il cattivissimo Diablo, ben deciso a dimostrare di non temere la polizia. Ma la morte della consorte convincerà Vetter a mettersi al di fuori della legge per perseguire la tremenda vendetta. Rimasto a lungo bloccato in America dagli stessi produttori, insoddisfatti del risultato, *Il risolutore* è un saldo estivo per eccellenza. ■ AZIONE; COL.; 100′; USA, 2002.

RISORGERE PER AMARE *(Les jeux sont faits)* ★★★
Regia di JEAN DELANNOY. Con CHARLES DULLIN, MARCELLO PAGLIERO, MICHELINE PRESLE. ■ In un paese dominato dalla dittatura viene ucciso un operaio oppositore del regime proprio mentre un marito assassina la moglie. I due fantasmi s'incontrano, s'innamorano e ottengono di tornare a vivere per ricominciare da capo. Debbono però rimanere insieme per un giorno prima che la risurrezione diventi definitiva. L'operaio fallisce la prova perché va ad aiutare i propri compagni nella rivolta contro il tiranno. ■ FANTASTICO; B/N; 90′; FRANCIA, 1949.

RISORSE UMANE *(Ressources humaines)* ★★
Regia di LAURENT CANTET. Con JALIL LESPERT, JEAN-CLAUDE VALLOD. ■ Un neolaureato visita, nel quadro di uno stage, la fabbrica dove lavora suo padre (Vallod, che è un vero operaio senza lavoro) da trentacinque anni. Si scontrano due età e due culture. Il ragazzo scopre che la fabbrica non è davvero quella che si studia all'università. Quadro di una certa fascia sociale in Francia. ■ DRAMMATICO; COL.; 100′; FRANCIA, 1999.

RISO TRAGICO – LE AVVENTURE DEL CAPITANO DAVIDSON *(Laughing Anne)* ★★
Regia di HERBERT WILCOX. Con WENDELL COREY, MARGARET LOCKWOOD, FORREST TUCKER. ■ Il capitano di una nave che fa rotta nei mari del Sud conosce una sciantosa, che è in balia di un ex pugile diventato bandito. I due fuggono insieme, ma la donna abbandona il capitano perché non si sente degna di lui. Anni dopo si ritrovano: la ragazza ha ora un bambino che dice essere figlio del capitano. L'ex pugile tenta d'impadronirsi del prezioso carico della nave e nella lotta viene ucciso. Ma prima di morire si vendica ferendo mortalmente la donna, che confessa che il bimbo non è figlio del capitano. Costui ne avrà egualmente cura in ricordo del suo antico amore. ■ DRAMMATICO; COL.; 90′; USA, 1954.

RISPOSIAMOCI, TESORO! *(Grounds for Marriage)* ★★★
Regia di ROBERT Z. LEONARD. Con KATHRYN GRAYSON, VAN JOHNSON, REGINALD OWEN, PAULA RAYMOND, LEWIS STONE, BARRY SULLIVAN. ■ Un medico e una cantante lirica divorziano. Dopo qualche tempo lui vorrebbe risposarsi, ma un abbassamento di voce fa sì che i due si rincontrino nelle vesti di medico e di malata. Il divorzio sarà annullato. ■ COMMEDIA; B/N; 91′; USA, 1950.

RISPOSTA ARMATA *(Armed Response)* ★★
Regia di FRED OLEN RAY. Con DAVID CARRADINE, MAKO, LEE VAN CLEEF. ■ Una famiglia di ex reduci dal Vietnam si trova coinvolta in una guerra di bande a Chinatown. Quando due dei figli sono uccisi, il padre e il figlio superstite vanno alla caccia degli uomini del clan e li distruggono. ■ THRILLER; COL.; 85′; USA, 1986.

RISTORANTE ALL'ANGOLO, IL *(Blood Diner)* ★★
Regia di JACKIE KONG. Con RICHARD BURKS, CARL CREW, LISA GUGGENHEIM. ■ Un fanatico indù seguace di un culto pagano viene ucciso dalla polizia. Ma i suoi nipoti lo resuscitano e con lui preparano un rito sacrificale per una crudele divinità indiana. Una vergine dovrà essere sacrificata. I nipoti si mettono a uccidere tutte le ragazze che capitano nel ristorantino. ■ HORROR; COL.; 82′; USA, 1988.

RISVEGLI *(Awakenings)* ★★★
Regia di PENNY MARSHALL. Con ROBERT DE NIRO, JOHN HEARD, JULIE KAVNER, MAX VON SYDOW, ROBIN WILLIAMS. ■ Ispirandosi al libro omonimo e all'esperienza dello psicologo e scrittore Oliver Sacks, il film vorrebbe dare un quadro umano e psicologico dei disadattati. Siamo alla fine degli anni Sessanta e il dottor Sayer scopre un farmaco in grado di ridare vita concreta a malati cronici. Il caso di un quarantenne in letargo da trent'anni è al centro della storia. La sua parziale ripresa, come quella di altri pazienti, però sarà solo temporanea. Efficace l'interpretazione di Robin Williams, mentre Robert De Niro in quella del malato risulta caricato e le "smorfie" troppo spesso prendono il sopravvento. La regia è piatta, mentre la musica di Randy Newman è suggestiva. Successo di pubblico e candidatura all'Oscar per Robert De Niro. ■ DRAMMATICO; COL.; 121′; USA, 1990. ■ GOLDEN GLOBES 1 NOM; OSCAR 3 NOM.

RISVEGLIO DELLE TENEBRE, IL ★
(The Seeker: The Dark Is Rising)
Regia di DAVID L. CUNNINGHAM. Con FRANCES CONROY, JAMES COSMO, CHRISTOPHER ECCLESTON, ALEXANDER LUDWIG, IAN MCSHANE, JIM PIDDOCK, GREGORY SMITH, AMELIA WARNER. ■ Settimo figlio del settimo figlio, Will è il guerriero eletto che i membri della Luce attendono per sconfiggere le Tenebre dopo secoli di lotta. Il giovane, dotato di superpoteri, farà alcune brevi incursioni nel Medioevo per cercare una serie di segni magici. Tratto dalla serie di romanzi di Susan Cooper, *The dark is rising* e in particolare dal secondo, *The seeker*, *Il risveglio delle tenebre*, più che un blockbuster per bambini pare un film scritto da un bambino, privo dell'originalità di un *Harry Potter*, come dell'interesse dei racconti da cui è tratto. ■ AZIONE, COL.; 94′; USA, 2007.

RISVEGLIO *(Nest of Broadway)* ★★
Regia di HARRY BEAUMONT. Con MADGE EVANS, JOHN GILBERT. ■ Due famosi divi del muto cercarono disperatamente con questo film di rimanere a galla dopo la crisi causata dal sonoro. ■ COMMEDIA; B/N; 93′; USA, 1931.

RISVEGLIO *(A regi nyar)* ★★
Regia di FELIX PODMANICZKY. Con HANNA HONTHY, ERSZI SIMOR. ■ Per ripicca, una cantante non accetta la corte dell'uomo che l'ha abbandonata venti anni prima e cerca di combinare un matrimonio tra sua figlia e il figlio dell'amico. Fatica sprecata: i due giovani si conoscono già e sono già cotti. ■ COMMEDIA; B/N; 92′; UNGHERIA, 1941.

RISVEGLIO DEL DINOSAURO, IL ★★
(The Beast from 20.000 Fathoms)
Regia di EUGÈNE LOURIÉ. Con PAUL CHRISTIAN, CECIL KELLAWAY, PAULA RAYMOND. ■ Negli anni Cinquanta, la guerra fredda teneva il mondo nel terrore di un possibile attacco nucleare. Risultato di questa diffusa psicosi furono i numerosissimi film fantastici in cui un orribile mostro scatenato faceva strage dell'umanità. In questo caso il simbolo è trasparentissimo: un dinosauro risvegliato proprio da un'esplosione atomica che scioglie i ghiacci che l'avevano imprigionato. ■ FANTASTICO; B/N; 80′; USA, 1953.

RISVEGLIO DELLA MUMMIA, IL *(La momia azteca)* ★
Regia di KING MILLER. Con STEVE GRANT, LESLIE HARRISON, GAY ROMAN. ■ Trattandosi di una produzione messicana la mummia non è egizia, ma azteca. Uno scienziato, convinto che esista la reincarnazione, ipnotizza la fidanzata che torna indietro nel passato a quando era stata sacrificata e a quando un giovane era stato sepolto vivo perché aveva osato baciarla. Ricerche archeologiche faranno ritrovare la mummia del sepolto vivo che si rianimerà, sempre innamorato della ragazza. ■ HORROR; B/N; 93′; MESSICO, 1960.

RISVEGLIO DELL'ISTINTO, IL ★★
(Les régates de San Francisco)
Regia di CLAUDE AUTANT-LARA. Con SUZY DELAIR, FOLCO LULLI, LAURENT TERZIEFF. ■ In un porticciolo di pescatori, un adolescente soffre perché la madre amoreggia con un giovane che, dal canto suo, ha anche una relazione con una ragazzina. Scoppia la tragedia: il padre della giovane, volendo vendicare l'onore della figlia, uccide per sbaglio proprio l'innocente ragazzo. ■ DRAMMATICO; COL.; 75'; FRANCIA, ITALIA, 1960.

RISVEGLIO DI UN POPOLO, IL *(Song of the Eagles)* ★★
Regia di RALPH MURPHY. Con RICHARD ARLEN, CHARLES BICKFORD, MARY BRIAN. ■ L'odissea di una famiglia di onesti commercianti rovinati dal proibizionismo. Il divieto della vendita di alcool rovina i disgraziati e favorisce solo i gangster. ■ DRAMMATICO; B/N; 94'; USA, 1933.

RITA DA CASCIA ★★
Regia di ANTONIO LEONVIOLA. Con MARCELLO GIORDA, UGO SASSO, ELENA ZARESCHI. ■ Nell'Italia feudale sconvolta dagli odi tra guelfi e ghibellini, una donna viene sposata a forza a un rozzo marito per motivi politici. Il marito viene ucciso, i figli le muoiono prima di potersi macchiare d'omicidio per vendetta e lei può finalmente farsi suora come aveva sempre desiderato, diventando la veneratissima Santa Rita da Cascia. ■ BIOGRAFICO; B/N; 92'; ITALIA, 1943.

RITA LA FIGLIA AMERICANA ★★
Regia di PIERO VIVARELLI. Con FABRIZIO CAPUCCI, UMBERTO D'ORSI, RITA PAVONE, TOTÒ, LINA VOLONGHI. ■ Un nuovo ricco ama la musica classica e odia le canzoni. Arriva a casa sua una ragazza americana, adotatta dopo un terremoto, e lui pensa di farne una grande concertista. Sarà lei a conquistarlo alla musica leggera. ■ COMM. MUSICALE; B/N; 95'; ITALIA, 1965.

RITA LA ROSSA *(Redhead from Manhattan)* ★★
Regia di LEW LANDERS. Con MICHAEL DUANE, LUPE VELEZ. ■ La cantante Rita, proveniente dall'Europa, è scambiata dalla polizia per una spia nazista. Più tardi ottiene il successo sostituendosi a una cugina di cui è la sosia sui palcoscenici di Broadway e trova l'amore di un sassofonista. ■ COMMEDIA; B/N; 92'; USA, 1943.

RITA, LA ZANZARA ★★
Regia di LINA WERTMÜLLER. Con GINO BRAMIERI, VITTORIO CONGIA, PEPPINO DE FILIPPO, TURI FERRO, GIANCARLO GIANNINI, RITA PAVONE, NINO TARANTO, BICE VALORI, MILENA VUKOTIC. ■ Si racconta d'una pestifera ragazzina ospite di un collegio che ha la mania della musica leggera e che riesce a far innamorare un professore timido (Giannini), che di nascosto compone canzoni. La regia, sotto lo pseudonimo di George Brown, è di Lina Wertmüller. ■ COMMEDIA; COL.; 110'; ITALIA, 1966.

RITA, RITA, RITA *(Educating Rita)* ★★
Regia di LEWIS GILBERT. Con MICHAEL CAINE, JULIE WALTERS, MICHAEL WILLIAMS. ■ Schietta, simpatica e un po' invadente, Rita è una giovane parrucchiera ignorante, sposata a un muratore più ignorante di lei. Per emanciparsi, Rita decide di iscriversi ai corsi popolari dell'università. Ma si ritrova nella classe di Franck, un professore cinico e ubriacone. Tra l'insegnante e l'allieva si instaura un rapporto profondo e scambievole: lui le darà l'istruzione che tanto desidera, lei gli restituirà dignità e ottimismo. Due ottimi interpreti e profusione di buoni sentimenti. ■ COMMEDIA; COL.; 110'; GRAN BRETAGNA, 1983. ■ GOLDEN GLOBES 2 PR, 4 NOM; OSCAR 3 NOM.

RITA, SUE E BOB IN PIÙ *(Rita, Sue and Bob Too)* ★★★
Regia di ALAN CLARKE. Con GEORGE COSTIGAN, SIOBHAN FINNERAN, MICHELLE HOLMES. ■ Due ragazzotte di un quartiere povero in una città dello Yorkshire cercano di reagire allo squallore delle loro esistenze (sono anche bruttine). Facendo le baby-sitter per i figli di un ricco signore, diventano le amanti dell'uomo (che ne mette una incinta). La cosa viene scoperta dalla moglie che se ne va assieme ai figli. Lui rimane con le due ragazze. Saranno tutti contenti. ■ COMMEDIA; COL.; 95'; GRAN BRETAGNA, 1986.

RITMI DI BROADWAY *(Broadway Rhytm)* ★★
Regia di ROY DEL RUTH. Con GLORIA DE HAVEN, GEORGE MURPHY, GINNY SIMUS. ■ Un produttore di Broadway cerca stelle per la sua nuova rivista. Le troverà in una diva di Hollywood e nella sua stessa sorella. ■ COMM. MUSICALE; COL.; 114'; USA, 1952.

RITMO DEL SILENZIO – MAFIA DOCKS, IL ★
Regia di ANDREA MARFORI. Con DENISE CROSBY, RENA NIEHAUS, VAN QUATTRO. ■ La ragazza di Larry, Jamie Lee, viene uccisa perché a conoscenza di troppi elementi sul traffico della droga. Larry cercherà, senza troppa convinzione, di venire a capo della sua scomparsa. Assisterà all'eliminazione reciproca dei due boss del traffico della droga e della prostituzione. ■ DRAMMATICO; COL.; 90'; ITALIA, 1991.

RITMO DEL SUCCESSO, IL *(Center Stage)* ★★
Regia di NICHOLAS HYTNER. Con PETER GALLAGHER, DONNA MURPHY, SUSAN MAY PRATT, ZOË SALDANA, AMANDA SCHULL. ■ Il film racconta i sogni e le speranze di un gruppo di giovani studenti di danza dell'American Ballet di New York. Essi si dedicano interamente alla propria passione allenandosi ogni giorno e sperando così di farsi largo in un ambiente fortemente competitivo. A guidarli nella danza è il "ritmo del successo": tutti mirano infatti al prestigio e alla gloria. Diretto dal regista Nicholas Hytner, il film colpisce lo spettatore non per la trama, quasi inesistente, ma per i numeri di alto livello eseguiti da ballerini professionisti e per le coreografie spettacolari. ■ COMMEDIA; COL.; 114'; USA, 2000.

RITMO DIABOLICO *(The Gene Krupa Story)* ★★★
Regia di DON WEIS. Con JAMES DARREN, SUSAN KOHNER, SAL MINEO. ■ La biografia romanzata del famosissimo batterista jazz Gene Krupa. ■ BIOGRAFICO; B/N; 101'; USA, 1959.

RITO, IL *(Riten)* ★★★
Regia di INGMAR BERGMAN. Con GUNNAR BJÖRNSTRAND, ANDERS EK, ERIK HELL, INGRID THULIN. ■ Un magistrato deve giudicare se una performance interpretata da una piccola compagnia, due uomini e una donna, sia o no oscena. Chiede che venga rappresentata davanti a lui e, nonostante lo spettacolo sia abbastanza innocente, salta addosso all'attrice e muore di colpo. ■ DRAMMATICO; B/N; 72'; SVEZIA, 1969.

RITO, IL *(The Rite)* ★★
Regia di MIKAEL HAFSTRÖM. Con ALICE BRAGA, CIARAN HINDS, ANTHONY HOPKINS, TOBY JONES, COLIN O'DONOGHUE. ■ Dopo *L'ultimo esorcismo*, un altro film esorcistico compare sugli schermi a rinverdire i fasti di un filone che sembra non avere mai fine. Il giovane Michael Kovak è quotidianamente a contatto con la morte, aiutando il padre nell'impresa funebre di famiglia. Per fuggire da quella tetra realtà e ottenere un'educazione gratuita, Michael entra in seminario, pur senza una vera e propria vocazione. Dopo quattro anni, alla vigilia dell'ordinazione a sacerdote, Michael vorrebbe lasciare: sente che la sua fede non è solida. Scrive un'e-mail di dimissioni, ma prima di spedirla qualcosa lo scuote: una ragazza, vittima morente di un incidente stradale, gli chiede la benedizione e lui, scosso, gliela impartisce. Michael riceve una proposta: partecipare a un corso di esorcismo a Roma nell'ambito di un nuovo programma del Vaticano. Benché ancora poco convinto, Michael accetta, anche per la prospettiva di passare due mesi a Roma, presentata come una città ancor più caotica di quanto non sia, per enfatizzare il contrasto con la quiete dei palazzi vaticani. L'approccio con il corso non è dei migliori: Michael non crede alla realtà degli esorcismi. Padre Xavier, che tiene il corso, lo indirizza allora all'esperto esorcista Padre Lucas. E con Padre Lucas, Michael comincia a dover rivedere le proprie convinzioni. ■ THRILLER; COL.; 114'; USA, 2011.

RITO D'AMORE ★
Regia di ALDO LADO. Con FRANCESCO CASALE, LARRY HUCKMANN, BEATRICE RING. ■ Tratto da un vero caso di antropofagia accaduto in Francia, che finì su tutti i giornali d'oltralpe. Siamo a Parigi ed è la storia di Yuro e Valeria, ossessionati dal sesso. Sarà un disastro. ■ DRAMMATICO; COL.; 87'; ITALIA, 1989.

RITORNA IL CAPATAZ ★★
Regia di GIORGIO SIMONELLI. Con SILVANA PAMPANINI, RENATO RASCEL, VIRGILIO RIENTO. ■ Non si tratta altro che di una rabberciatura di *Io sono il capataz*, film uscito originariamente nel 1950. ■ COMMEDIA; B/N; 94'; ITALIA, 1958.

RITORNA IL SOLE *(Their own desire)* ★★★
Regia di E. Mason Hopper. Con Belle Bennett, Cecil Cunningham, Mary Doran, Helene Millard, Robert Montgomery, Norma Shearer, Lewis Stone. ■ Ancora un film su amore, gelosia e divorzio tra le classi abbienti. Harriet (Lewis Stone) è sposato con la bisbetica Harriet (Belle Bennet) da cui si separa per unirsi con Bet (Hellen Millard) una donna più equilibrata. La figlia di Harriet, Lally (Norma Shearer), prende le parti della madre e rifiuta di frequentare il padre dopo la separazione. Lally si lega a Jack che in realtà è il figlio di Bet. Harriet vieta alla figlia di vederlo di nuovo. I due giovani si incontrano di nascosto e sorpresi in barca da una terribile tempesta, che si abbatte sul lago Michigan, sono dati per dispersi. In realtà sono riparati su una piccola isola. È Harriet che li trova e li salva. La figlia lo perdona. Grande successo di botteghino. Il film presenta due debuttanti destinati a un grande avvenire: Norma Shearer e Robert Montgomery. ■ Commedia; b/n; 30′; USA, 1929. ■ Oscar 1 nom.

RITORNA IL TERZO UOMO *(Trent's Last Case)* ★★★
Regia di Herbert Wilcox. Con Margaret Lockwood, John McCallum, Orson Welles, Michael Wilding. ■ La fonte ispiratrice è *Quarto potere* diretto dallo stesso Welles: un potentissimo banchiere muore in circostanze misteriose; un giornalista scoprirà la verità. ■ Poliziesco; b/n; 90′; Gran Bretagna, 1953.

RITORNA L'AMORE *(Made for Each Other)* ★★★
Regia di John Cromwell. Con Charles Coburn, Carole Lombard, James Stewart, Lucille Watson. ■ Una coppia di giovani sposi è in crisi: lui non ha la grinta sufficiente per riuscire nella vita e, convinto d'essere un fallito, propone alla moglie di lasciarlo. A questo punto, però, il loro bambino s'ammala gravemente e solo un siero portato fortunosamente da un aviatore gli ridà la salute. La crisi riporta la serenità fra i due coniugi. ■ Drammatico; b/n; 93′; USA, 1938.

RITORNA LA VITA *(Retour à la vie)* ★★★
Regia di Henri-Georges Clouzot, Jean Dréville, Georges Lampin, André Cayatte. Con Louis Jouvet, Noël-Noël, Serge Reggiani, Patricia Roc. ■ Tre episodi sul ritorno alla vita civile dei deportati in Germania dopo la seconda guerra mondiale. ■ Drammatico; b/n; 120′; Francia, 1950.

RITORNANO QUELLI DELLA CALIBRO 38 ★★
Regia di Joseph Warren. Con Giampiero Albertini, Max Delys, Dagmar Lassander, Antonio Sabato. ■ Un poliziotto arresta l'esattore di una banda di taglieggiatori e gli carpisce utilissime informazioni. Il capo dei banditi elimina tutti quelli che potrebbero tradirlo, ma viene ugualmente individuato. Per sfuggire alla cattura, si rifugia in una scuola e prende in ostaggio un'intera classe; un tiratore scelto provvederà a eliminarlo dopo un drammatico episodio. ■ Poliziesco; col.; 93′; Italia, 1977.

RITORNA SE MI AMI *(Flight Command)* ★★★
Regia di Frank Borzage. Con Ruth Hussey, Walter Pidgeon, Robert Taylor. ■ Un simpatico cadetto ottiene l'amicizia del comandante, di sua moglie e del fratello di questa, inventore di un nuovo dispositivo che dovrebbe facilitare il volo cieco. L'inventore muore, la sorella ha un tracollo e il cadetto cerca di consolarla. La donna teme d'innamorarsi del giovane e, dopo aver confessato tutto al marito, parte. Il cadetto viene emarginato dai commilitoni, ma durante le manovre salva la vita al comandante usando il dispositivo inventato dal morto e tutto s'aggiusta. ■ Drammatico; b/n; 116′; USA, 1940. ■ Oscar 1 nom.

RITORNERÀ PRIMAVERA *(One More Spring)* ★★
Regia di Henry King. Con Warner Baxter, Janet Gaynor, Walter Woolf King. ■ Tre giovani, due uomini e una ragazza, rovinati dalla grande crisi, decidono di vivere insieme per combattere contro le avversità. La loro bontà sarà premiata: tutti e tre faranno fortuna. ■ Commedia; b/n; 87′; USA, 1934.

RITORNO *(Letty Lynton)* ★★★
Regia di Clarence Brown. Con Joan Crawford, Robert Montgomery, May Robson. ■ Una ragazza contesa fra due innamorati rischia grosso quando uno di questi muore avvelenato. Accusata di omicidio, verrà scagionata proprio dall'altro pretendente. ■ Drammatico; b/n; 94′; USA, 1932.

RITORNO *(Waterloo Road)* ★★★
Regia di Sidney Gilliat. Con Stewart Granger, John Mills, Joy Shelton. ■ Un soldatino britannico s'assenta senza permesso dalla caserma per rivedere la moglie. Non la trova in casa e, dopo una lunga ricerca per le vie di Londra sconvolta dai bombardamenti, la scopre tra le braccia di un imboscato. Uno scatenato incontro di pugilato riporterà la pace in famiglia. ■ Commedia; b/n; 76′; Gran Bretagna, 1944.

RITORNO *(Powrof)* ★★
Regia di Jerzy Passendorfer. Con Alina Janowska, Andrzej Lapicki, Kazimierz Opalinski. ■ Un ex partigiano torna a Varsavia dopo quindici anni. Niente è più come prima. Né i posti, né le persone e nemmeno lui, il reduce. ■ Drammatico; b/n; 95′; Polonia, 1960.

RITORNO, IL *(Vosvrašcenie)* ★★★🏆
Regia di Andrei Zvyagintsev Con Ivan Dabronrdvav, Vladimir Garin, Konstantin Lavronenko. ■ Andrei e Ivan sono due fratelli adolescenti. Tuffarsi in acqua dall'alto di una torre di legno è fuori discussione per Ivan, il più piccolo e scontroso dei due, che ha paura dell'altezza ma non ci sta a farsi chiamare "codardo". Un giorno a casa c'è qualcuno di veramente inaspettato ad attendere i due ragazzi: quel padre che da dodici anni non vedono, il cui ricordo è vago e sbiadito come la sola foto che lo ritrae in loro compagnia. Dove, come, perché: niente domande. Papà è tornato, e solo questo conta. Il passaggio dei due protagonisti all'età adulta, nonostante la drammaticità degli eventi che lo scandiscono, è raccontato con delicatezza e poesia, senza mai scadere nell'ovvio. Da menzionare i due giovani protagonisti, in una prova di grande spessore, e in particolare lo sfortunato Vladimir Garin, scomparso durante le riprese del film. ■ Drammatico; col.; 105′; Russia, 2003. ■ Golden Globes 🏆 1 nom; Venezia 🏆 1 pr.

RITORNO A BERLINO ★★★
(Welcome to Germany – Der Passagier)
Regia di Thomas Brasch. Con Tony Curtis, Matthias Habich, Alexandra Stewart. ■ Un regista americano (ma di origine tedesca) sulla sessantina giunge a Berlino a girare un film, la storia di un gruppo di ebrei costretti dai nazisti a interpretare un film antisemita. Il regista sembra in grossa crisi creativa e solo dopo un po' la troupe si accorge che lui stesso fu tra gli ebrei coinvolti oltre quarant'anni prima e che sta rivivendo, come in uno psicodramma, l'antica tragedia. ■ Drammatico; col.; 105′; Germania, 1988.

RITORNO A BRIDESHEAD *(Brideshead Revisited)* ★★★
Regia di Julian Jarrold. Con Michael Gambon Matthew Goode, Emma Thompson, Ben Whishaw. ■ 1925. Oxford Charles Ryder, originario di Paddington e aspirante pittore, conosce il raffinato e trasgressivo Sebastian Flyte figlio di Lord e Lady Marchmain. Charles viene rapidamente attratto dalla vitalità di Sebastian divenendone l'amante e accettando di essere invitato nella sontuosa dimora di Brideshead. Nel corso di una delle visite conosce Julia, sorella di Sebastian, innamorandosene. La famiglia è però rigidamente cattolica e mentre può sopportare l'eccentricità del figlio non potrà mai ammettere che Julia possa sposare un "ateo" come Charles. Ispirato a un romanzo di Evelyn Vaugh, Jarrold si propone con sicurezza come il più valido continuatore possibile del cinema di James Ivory. Come lui infatti è in grado di gestire senza leziosità gratuite un film in costume e sa lavorare su un'opera letteraria traendone la sostanza. ■ Drammatico; col.; 135′; Gran Bretagna, 2008.

RITORNO A CASA *(The Homecoming)* ★★★
Regia di Peter Hall. Con Cyril Cusack, Ian Holm, Michael Jayston. ■ Versione molto fedele (anzi pedissequa) della celebrata pièce di Harold Pinter. Un giovane, assente da casa da molti anni, porta la moglie a conoscere il padre e i due fratelli. Begli arnesi, il suocero e i due cognati. La donna deve sorbirsi per ore e ore le loro mattane. Regia puramente teorica, ma interpreti eccezionali. ■ Drammatico; col.; 111′; Gran Bretagna, 1973.

♥ **RITORNO A CASA** *(Je Rentre à la Maisone)* ★★★★
Regia di MANOEL DE OLIVEIRA. Con LEONOR BALDAQUE, ANTOINE CHAPPEY, CATHERINE DENEUVE, JOHN MALKOVICH, MICHEL PICCOLI, LÉONOR SILVEIRA. ■ L'arte insegna la vita, la vita insegna a vivere. Ma entrambe non bastano per affrontare il destino nel migliore dei modi quando un incidente stradale ti toglie moglie, figlia e genero. La maturità e la saggezza non arrivano mai al capolinea, è quello che impara l'anziano attore di teatro Gilbert. La cui vita si è spesso giocata sul filo dell'apparire, del non averne mai abbastanza, dell'essere quasi invincibile: lo capiamo da come recita Ionesco, sul palcoscenico. Dopo la tragedia tutto cambia: Gilbert capisce di essere oggetto di un gioco perverso, di non aver capito tutto, di dover afferrare ancora qualcosa. Anche in questo film del maestro Manoel de Oliveira le situazioni esistenziali più dense e complesse passano attraverso immagini e situazioni apparentemente comuni, banali, ripetute e ripetitive. Così apparentemente "innocue" da "annoiare" lo spettatore distratto, talvolta. Eppure la vita è lì, nel suo nascondere le cose più "alte in mezzo al quotidiano, talvolta dentro la spazzatura". Per questo si fanno pura poesia le immagini di Gilbert davanti e dietro la vetrina di un negozio di scarpe, e di un bistrot: in qualunque posizione siamo "oggetti" d'acquisto, potenziali "attori", "non vedenti" della vita. Lo sguardo di de Oliveira richiede fatica, talvolta in maniera sproporzionata rispetto ai contenuti e alle emozioni che vuole comunicare allo spettatore. Anche in questo film. Ma vale sempre la pena di seguirlo, ascoltarlo, "vederlo", questo nostro grande anziano (classe 1908) dell'esistenza e del cinema. ■ DRAMMATICO; COL.; 90'; FRANCIA, 2001.

RITORNO A CASA GORI ★★★
Regia di ALESSANDRO BENVENUTI. Con ALESSANDRO BENVENUTI, ATHINA CENCI, SABRINA FERILLI, ALESSANDRO HABER, ILARIA OCCHINI. ■ Muore zia Adelina (Occhini). Ma prima di lasciare la sua casa osserva i parenti dall'alto. Gli amori, le speranze, gli inganni, i depressi, i delusi, i velleitari, le cose che non cambiano mai. Ci si commuove, si sorride. Benvenuti migliora di film in film. Uno dei (più o meno) nuovi toscani che hanno il loro spazio nel cinema italiano. ■ COMMEDIA; COL.; 95'; ITALIA, 1996.

RITORNO A COLD MOUNTAIN *(Cold Mountain)* ★★★
Regia di ANTHONY MINGHELLA. Con RENÉE ZELLWEGER, NICOLE KIDMAN, JUDE LAW, BRENDAN GLEESON, NATALIE PORTMAN, GIOVANNI RIBISI, PHILIP SEYMOUR HOFFMAN, DONALD SUTHERLAND. ■ Il Sud e la guerra di Secessione continuano a tenere banco (anche nel nuovo millennio) sul grande schermo. Minghella in apertura dimostra di aver appreso la lezione di *Braveheart* e di *Salvate il Soldato Ryan* applicandola alla battaglia di Petersburg che apre il film. Lì viene ferito Inman che, non appena ripresosi, decide di disertare per raggiungere l'amata Ada che sta difendendo con le unghie e con i denti la sua fattoria dopo la morte del padre. A sostenerla con un atteggiamento da maschiaccio una cowgirl di nome Ruby interpretata con spirito dalla Zelweger. Mentre la Kidman non ha un capello fuori posto (come nei film di una volta) la narrazione procede in alternato narrando del viaggio dell'uno e della lotta dell'altra. Storia di due innamorati che quasi non si conoscono, girata in gran parte in Romania, perché gli States non sono più quelli di una volta, *Cold Mountain* vorrebbe essere cinema classico. Talvolta ci illude di esserlo ma poi torna a narrare come la Hollywood di oggi vuole. ■ DRAMMATICO; COL.; 155'; USA, 2003. ■ GOLDEN GLOBES 1 PR, 8 NOM; OSCAR 1 PR, 6 NOM.

RITORNO AL FUTURO *(Back to the Future)* ★★★
Regia di ROBERT ZEMECKIS. Con MICHAEL J. FOX, CHRISTOPHER LLOYD. ■ Marty, simpatico ragazzotto americano, conosce il classico "scienziato pazzo", che ha sottratto un carico di plutonio a un gruppo di terroristi libici per alimentare la sua "creatura": un'automobile trasformata in macchina del tempo. Sarà proprio il simpatico adolescente a sperimentare l'efficacia del veicolo temporale, ritrovandosi proiettato in un 1955 che gli sembra alieno e misterioso quanto Marte. Nel passato, Marty rischia di combinare un bel pasticcio e di compromettere la sua stessa esistenza, facendo innamorare la sua futura madre: meglio tornare subito a casa, cioè nel futuro, approfittando di un prevedibilissimo (per lui) fenomeno meteorologico. ■ FANTASTICO; COL.; 118'; USA, 1984. ■ GOLDEN GLOBES 4 NOM; OSCAR 1 PR, 4 NOM.

RITORNO AL FUTURO PARTE II ★★★
(Back to the Future II)
Regia di ROBERT ZEMECKIS. Con MICHAEL J. FOX, CHRISTOPHER LLOYD, JAMES TOLKAN. ■ Il giovane Marty si lascia ancora convincere a usare la macchina del tempo dello squinternato Doc Brown. I due fanno un viaggio nel duemila. Quando però ritornano all'epoca attuale, la trovano molto cambiata. La città è diventata un bordello e chi comanda è un vecchio nemico del padre di Marty. Urge un nuovo viaggio nel passato per cambiare di nuovo il destino del posto e dei suoi abitanti. ■ FANTASTICO; COL.; 107'; USA, 1989. ■ OSCAR 1 NOM.

RITORNO AL FUTURO – PARTE III ★★
(Back to the Future – Part III)
Regia di ROBERT ZEMECKIS. Con MICHAEL J. FOX, CHRISTOPHER LLOYD, MARY STEENBURGEN. ■ Se il secondo episodio della saga, a parte una strana atmosfera depressiva, era già minestra riscaldata, il terzo è quasi insopportabile. L'idea di andare nel vecchio West e tre battute che fanno ridere non giustificano la fatica. Siamo nel 1955 e il giovane McFly scopre che il suo amico scienziato nel 1885 è stato ucciso a Hill Valley, quindi deve tornare indietro nel tempo per evitare che ciò accada. Successo e soldi per l'intera troupe. ■ FANTASTICO; COL.; 118'; USA, 1990.

RITORNO ALLA FELICITÀ *(Heimkehr ins Glück)* ★★
Regia di CARL BOESE. Con PAUL HÖRBIGER, LUISE ULRICH. ■ In un castello svizzero, per un equivoco, si crede che un vagabondo sia un industriale e viceversa. Dopo una serie di vicissitudini, il ricco troverà l'amore e perciò ricompenserà l'uomo che, senza volerlo, l'ha aiutato. ■ COMMEDIA; B/N; 95'; GERMANIA, 1938.

RITORNO ALLA LAGUNA BLU ★
(The Return to the Blue Lagoon)
Regia di WILLIAM A. GRAHAM. Con MILLA JOVOVICH, BRIAN KRAUSE, LISA PELIKAN. ■ La produzione è del regista del primo capitolo. Cambiano gli interpreti e i personaggi non sono gli stessi, sono passati pure undici anni. I due "discendenti" sono Richard e Lilli. Il primo è il figlio dei protagonisti di *Laguna blu* che viene tratto in salvo da un naufragio come la ragazza. Una vedova li aiuta per i primi anni, poi dovranno cavarsela da soli. Tutto comunque, comprese regia e recitazione, lascia il tempo che trova. ■ COMMEDIA; COL.; 90'; USA, 1990.

RITORNO ALL'ALBA *(Retour à l'aube)* ★★
Regia di HENRI DECOIN. Con RAYMOND CORDY, DANIELLE DARRIEUX, PIERRE DUX. ■ Una giovane provinciale si reca da sola a Budapest per l'apertura di un testamento. L'atmosfera della grande città le dà alla testa: cede alle lusinghe di un mascalzone ed è anche costretta ad aiutare un ladro in fuga. Rilasciata dalla polizia dopo una notte di interrogatori, pentita e frastornata torna al paesello. ■ DRAMMATICO; B/N; 90'; FRANCIA, 1938.

RITORNO ALL'AMORE *(Girl Loves Boy)* ★★
Regia di DUNCAN MANSFIELD. Con ERIC LINDEN, CECILIA PARKER. ■ Il giovane figlio d'un ricco perde la testa per una pianista e spende un sacco di soldi per organizzarle un concerto, ma ricompare un'avventuriera che il giovane ingenuo aveva sposato tempo prima e che l'aveva abbandonato. Costei inizia a ricattarlo. Per fortuna alla fine si scoprirà che la donna era già coniugata e che il matrimonio è nullo. ■ COMMEDIA; B/N; 94'; USA, 1937.

RITORNO ALLA QUARTA DIMENSIONE ★★
(My Science Project)
Regia di JONATHAN BETEUL. Con DENNIS HOPPER, RICHARD MASUR, JOHN STOCKWELL, ANN WEDGEWORTH. ■ Un gruppo di ragazzi riesce a inventare una macchina per viaggiare nel tempo. Divertente soprattutto per la partecipazione di alcuni veterani come Dennis Hopper, nel ruolo di un professore rimasto alla gestualità e ai vestiti hippies della sua giovinezza. ■ FANTASCIENZA; COL.; 94'; USA, 1985.

RITORNO ALLA TERRA ★★
Regia di MARIO FRANCHINI. Con MARCELLA ALBANI, OLGA DIMITRIEVNA. ■ Una giovane coppia di sposi decide di stabilirsi in

campagna. L'accoglienza ostile dei contadini cesserà quando lei avrà salvato una piccina che rischiava di morire. ■ DRAMMATICO; B/N; 92'; ITALIA, 1934.

RITORNO ALLA VITA *(Counsellor at Law)* ★★★
Regia di WILLIAM WYLER. Con JOHN BARRYMORE, BEBE DANIELS, MELVYN DOUGLAS. ■ Versione cinematografica di un grande successo di Broadway, è la storia di un avvocato newyorkese. ■ DRAMMATICO; B/N; 78'; USA, 1933.

RITORNO ALLA VITA *(Todos somos necesarios)* ★★
Regia di LEONARDO DE PALMA, JOSÉ ANTONIO NIEVES CONDE. Con LIDA BAAROVA, ALBERTO CLOSAS, FOLCO LULLI, MIRELLA UBERTI. ■ Un medico, condannato ingiustamente al carcere, finisce di scontare la pena ed esce accompagnato da due compagni di prigione. Sul treno, che riporta i tre a casa, un bambino s'ammala improvvisamente di difterite e si rende necessaria un'operazione. Il medico si rifiuta d'eseguirla perché ormai odia la società, ma cambierà idea di fronte all'abnegazione dei compagni. ■ DRAMMATICO; B/N; 93'; ITALIA, SPAGNA, 1957.

RITORNO AL NIDO ★★
Regia di GIORGIO FERRONI. Con LUCIANO DE AMBROSIS, BIANCA DORIA, ERMINIO SPALLA. ■ Si tratta del secondo episodio di *Senza famiglia*. Il piccolo Remigio perde il buon girovago Vitali, ma ritrova finalmente la mamma. ■ DRAMMATICO; B/N; 93'; ITALIA, 1946.

RITORNO AL PASSATO *(Les couloirs du temp)* ★★
Regia di JEAN-MARIE POIRÉ. Con CHRISTIAN CLAVIER, JEAN RENO, MURIEL ROBIN. ■ Secondo episodio de *I visitatori* che tanto successo ha avuto in Francia quanto disinteresse ha trovato nel nostro paese. Si tratta di una comicità tipicamente d'oltralpe che da noi ha avuto riscontri solo negli anni Settanta. Ritroviamo il Conte di Montmirail e il suo scudiero che devono intercettare gioie e reliquie e riportarle nella giusta epoca. ■ COMICO; COL.; 98'; FRANCIA, 1998.

RITORNO A PEYTON PLACE ★★
(Return to Peyton Place)
Regia di JOSÉ FERRER. Con MARY ASTOR, JEFF CHANDLER, CAROL LYNLEY, ELEANOR PARKER, TUESDAY WELD. ■ Grace Metalious ebbe un grande successo col suo romanzo *I peccatori di Peyton Place* e scrisse anche il seguito del libro da cui venne tratto questo film: un personaggio, che si ispira alla Metalious stessa, si trova nei guai perché ha denunciato in un libro le magagne dei propri vicini. ■ DRAMMATICO; B/N; 122'; USA, 1961.

RITORNO A TAMAKWA *(Indian Summer)* ★★
Regia di MIKE BENDER. Con ALAN ARKIN, MATT CRAVEN, DIANE LANE, BILL PAXTON, ELIZABETH PERKINS, VINCENT SPANO, KIMBERLY WILLIAMS. ■ Dopo vent'anni che non si vedono, alcuni amici decidono di ritornare al campeggio estivo di Tamakwa, luogo del loro ultimo incontro di gioventù. Durante la settimana di vacanza il gruppo si scatena in una prevedibile rassegna di gare sportive, allegre grigliate e scherzi notturni. Il tutto coronato dagli inevitabili amori estivi. ■ COMMEDIA; COL.; 93'; USA, 1993.

RITORNO A WARBOW *(Return to Warbow)* ★★
Regia di RAY NAZARRO. Con PHILIP CAREY, CATHERINE MCLEOD. ■ Un bandito evade con due complici dal penitenziario di Yuma e torna a Warbow, dove sono rimasti la sua ragazza e il fratello di lui, che avrebbe dovuto custodirgli il bottino. Giunto in paese scopre però che la donna si è sposata pur avendo un figlio da lui. Con il riscatto riesce a farsi aiutare dalla coppia a rintracciare il fratello che, pur avendogli sperperato il danaro, gli racconta che è nascosto in una miniera. Qui tutti i malvagi troveranno la morte. ■ WESTERN; B/N; 92'; USA, 1958.

RITORNO DAL FIUME KWAI, IL ★★
(Return from the River Kwai)
Regia di ANDREW V. MCLAGLEN. Con DENHOLM ELLIOTT, EDWARD FOX, CHRISTOPHER PENN. ■ Dopo la distruzione del fatidico ponte sul fiume Kwai, i prigionieri inglesi che l'avevano costruito sono trasferiti dal campo di concentramento della Birmania in Giappone via nave. Ma durante il viaggio il bastimento viene affondato dalle navi alleate. Molti prigionieri muoiono, ma anche i loro carcerieri nipponici. ■ AVVENTURA; COL.; 93'; GRAN BRETAGNA, USA, 1988.

RITORNO DALLA MORTE *(Welcome Home)* ★★★
Regia di FRANKLIN J. SCHAFFNER. Con BRIAN KEITH, KRIS KRISTOFFERSON, JOBETH WILLIAMS. ■ È il seguito di *Urla del silenzio*. Il comandante Jake si rifà una vita e una famiglia, ma dimenticare è impossibile. Venne dedicato a Trey Wilson, caratterista morto poco dopo le riprese. Mai titolo fu più profetico (e funesto). ■ DRAMMATICO; COL.; 92'; USA, 1989.

RITORNO DALL'ETERNITÀ *(Back from Eternity)* ★★★
Regia di JOHN FARROW. Con ANITA EKBERG, ROBERT RYAN, ROD STEIGER. ■ La solita ricetta che consiste nel mettere in una situazione pericolosa vari personaggi e nel mostrare come i vari caratteri reagiscono di fronte alla paura della morte. Questa volta si tratta dei passeggeri d'un aereo sudamericano: il più carogna risulta essere un poliziotto, i più buoni un gangster e un rivoluzionario. ■ DRAMMATICO; B/N; 95'; USA, 1956.

RITORNO DALL'IGNOTO ★★
(Return from Witch Mountain)
Regia di JOHN HOUGH. Con BETTE DAVIS, CHRISTOPHER LEE, DENVER PYLE. ■ Seguito di *Incredibile viaggio verso l'ignoto*, discreto horror-fantastico di produzione Disney (che naturalmente non poteva abbondare in orrori). Qui, i due protagonisti, due bimbetti con poteri paranormali, tornano dalla "Montagna delle streghe" dove avevano trovato rifugio. Ma solo per infilarsi nelle grinfie di una coppia di malefici individui (Bette Davis e Lee) che li vogliono usare per i loro loschi scopi. A fatica i ragazzi si salveranno anche questa volta. ■ FANTASTICO; COL.; 95'; USA, 1978.

RITORNO DALL'INFERNO *(Come Back)* ★★★
Regia di HALL BARTLETT. Con MOIRA CHEN, MICHAEL LANDON, JÜRGEN PROCHNOW. ■ Un giornalista americano in Laos denuncia clandestinamente, con articoli e foto, le violenze del regime comunista e la persecuzione dei profughi. Fatto pedinare da una bella spia, se ne innamora, ricambiato. Scacciato dal Laos, vi torna per rapire la ragazza, e vi riesce dopo mille peripezie. Una storia realmente accaduta e resa con efficacia. ■ AVVENTURA; COL.; 150'; USA, 1982.

RITORNO DALL'ISOLA DEL TESORO ★★
(Return to Treasure Island)
Regia di EWALD ANDRÉ DUPONT. Con DAWN ADDAMS, PORTER HALL, TAB HUNTER. ■ Nella "Locanda dell'Ammiraglio Benbow" vive la discendente di Jim Hawkins, il ragazzo protagonista del libro, e fa mostra di sé la famosa mappa. Due bande vogliono impadronirsi di questa perché una parte dell'oro è rimasta sull'isola, ma la ragazza riuscirà ad avere partita vinta. ■ AVVENTURA; COL.; 75'; USA, 1956.

RITORNO DAL NULLA *(The Basketball Diaries)* ★★★
Regia di SCOTT KALVERT. Con LORRAINE BRACCO, LEONARDO DICAPRIO, BRUNO KIRBY, JULIETTE LEWIS. ■ Il film si ispira al romanzo *Jim entra nel campo di basket* di Jim Carroll sotto forma di diario romanzato. Kalvert cerca di sfruttare l'appeal del giovane DiCaprio per raccontare una storia di dissoluzione nel precipitare nel vortice della droga. Trova nell'attore e nella Lewis due interpreti che danno di più di quanto la regia non sembri chiedere. ■ DRAMMATICO; COL.; 102'; USA, 1995.

RITORNO DEGLI EWOKS, IL ★
(Ewoks: The Battle for Endor)
Regia di JIM WHEAT, KEN WHEAT. Con WILFORD BRIMLEY, WARWICK DAVIS, AUBREE MILLER. ■ Una strega minaccia una bambina, che però è protetta da un Ewok e da un eremita. Sequel di *L'avventura degli Ewoks*. ■ AVVENTURA; COL.; 100'; USA, 1985.

RITORNO DEGLI ZOMBI, IL ★
Regia di CHARLES MCCRANN. Con CHARLES AUSTIN, PAUL HASKIN, DENNIS HELFEND, BEVERLY SHAPIRO. ■ I morti viventi sono sempre stati fonte di feconda ispirazione: eccoli perciò protagonisti di questa ennesima avventura all'insegna dell'orrore, del sangue e dei trucchi più raccapriccianti. ■ HORROR; COL.; 90'; USA, 1986.

RITORNO DEI GIOCATTOLI ASSASSINI, IL ★
(Puppet Master 4)
Regia di Jeff Burr. Con Jason Adams, Gordon Currie, Teresa Hill, Chandra West. ■ Basta un'occhiata al titolo originale per capire che il riferimento ai film sui *Giocattoli assassini*, quelli della serie americana *Demonic Toys*, è un'indebita filiazione. Per quanto riguarda la trama, assistiamo a scontri inauditi tra i giocattoli in questione e gli ancor più terribili "Totem". Ma il capo dei giocattoli possiede un nuovo e diabolico strumento di guerra, il "decapitron", che gli consente di mutare la testa in un'arma a piacere. ■ Horror; col.; 76'; USA, 1993.

RITORNO DEI MAGNIFICI SETTE, IL ★★★
(Return of the Seven)
Regia di Burt Kennedy. Con Yul Brynner, Emilio Fernandez, Robert Fuller, Julian Mateos, Warren Oates, Fernando Rey. ■ Il successo de *I Magnifici sette* di John Sturges fece produrre, sei anni dopo, questo seguito. Del gruppo primitivo non rimane che Yul Brynner, perché gli audaci pistoleri erano stati sterminati nel corso del primo film. Egli assolda altri sei mercenari per liberare i *peones* di tre villaggi messicani sequestrati dal solito prepotente. ■ Western; col.; 96'; USA, 1966. ■ Oscar 1 nom.

RITORNO DEI MORTI VIVENTI, IL ★★
(The Return of the Living Dead)
Regia di Dan O'Bannon. Con Don Calfa, Clu Gulager, James Karen. ■ A Louisville, Frank, guardiano di un'impresa di pompe funebri, mostra a Freddie, il suo nuovo giovane aiutante, degli strani contenitori. Contengono degli zombi e quando i due li urtano inavvertitamente, i mostri assetati di cervelli umani si liberano e fanno strage. Ci vorrà una bomba atomica e 4000 morti per risolvere la situazione. ■ Horror; col.; 85'; USA, 1984.

RITORNO DEI MORTI VIVENTI – PARTE II, IL ★
(The Return of Living Dead – Part II)
Regia di Ken Wiederhorn. Con Dana Ashbrook, James Karen, Thom Mathews. ■ Durante un trasferimento, un contenitore cade da un camion dell'esercito americano e ne fuoriesce uno spirito che ridesta i morti dal loro sonno. Comincia una sanguinosa lotta tra uomini e zombi. ■ Horror; col.; 89'; USA, 1987.

RITORNO DEI POMODORI ASSASSINI, IL ★
(Return of the Killer Tomatoes)
Regia di John De Bello. Con George Clooney, Anthony Stark. ■ Ennesima variabile de *L'invasione degli ultracorpi*, questa volta in versione demenziale. È la seconda puntata de *L'attacco dei pomodori assassini*. Oltre ai pomodori mutanti c'è lo scienziato schizoide e chi più ne ha più ne metta. ■ Comico; col.; 99'; USA, 1987.

RITORNO DEI RAGAZZI VINCENTI, IL ★★
(The Sandlot 2)
Regia di David Evans. Con Neilen Benvegnu, Sean Berdy, Samantha Burton, McKenzie Freemantle, Steve Garvey, Greg Germann, James Earl Jones, Brett Kelly, Jessica King, Max Lloyd-Jones, Griffin Reilly Evans, Teryl Rothery, Reece Thompson, Cole Evan Weiss, James Willson. ■ Un campetto di sabbia (*sandlot* come recita il titolo originale) è il luogo in cui avviene il lancio di un modellino di nave spaziale destinato a dare notorietà a un misconosciuto ingegnere della Nasa. È un amico della figlia, appassionato di missilistica, a far partire involontariamente il razzo creando più di un problema. Anche perché, nel terreno in cui atterra, domina il terribile cane denominato "Great Fear". Il primo *Sandlot* risale al 1993. In questo ci sono aspetti surreali molto divertenti e profili di ragazzini davvero strambi. In negativo si rileva un cameo di James Earl Jones: assolutamente ininfluente. ■ Commedia; col.; 97'; USA, 2005.

RITORNO DEI REBELS, IL *(The Return of the Rebels)* ★
Regia di Noel Nosseck. Con Jamie Farr, Don Murray. ■ Un camping estivo viene assalito e preso "in ostaggio" da una banda di teppisti che sfasciano tutto ciò che capita loro a tiro e spaventano a morte i villeggianti. La responsabile del luogo, una vedova, riesce a contattare Sonny, un ex innamorato: gli chiede di radunare i *Rebels*, un gruppo di adolescenti che qualche anno prima era rispettato in tutta la zona, per riportare la tranquillità nel campeggio dopo averne scacciato gli sgraditi nuovi "ospiti" ■ Drammatico; col.; 100'; USA, 1981.

RITORNO DEI TRE MOSCHETTIERI, IL ★★★
(The Return of the Muskeeters)
Regia di Richard Lester. Con Kim Cattrall, Oliver Reed, Michael York. ■ Venti anni dopo D'Artagnan si ritrova con Athos, Porthos e Aramis. La politica però li divide. In Francia i principi si stanno rivoltando contro il cardinale Mazarino. Ma i moschettieri si rimettono di nuovo insieme per combattere la figlia di Milady, una perfida bionda che vuole vendicare la madre, uccisa dai quattro vent'anni prima. ■ Avventura; col.; 101'; Gran Bretagna, 1989.

RITORNO DEI VENDICATORI, IL ★★
(The Bandits of Corsica)
Regia di Ray Nazarro. Con Richard Greene, Paula Raymond. ■ Nella Corsica del primo Ottocento due fratelli gemelli, ex siamesi, lottano fra di loro e contro un tiranno finché il fratello cattivo non muore chiedendo perdono a quello buono. ■ Avventura; b/n; 81'; USA, 1953.

RITORNO DEI VIGILANTI, IL *(The Vigilantes Return)* ★★
Regia di Ray Taylor. Con Andy Devine, Jon Hall, Margaret Lindsay. ■ I *vigilantes* erano privati cittadini che si riunivano in comitati per esercitare una spicciativa giustizia nelle città del West nelle quali mancava una polizia efficiente. Qui un agente federale s'incarica di formare uno di questi gruppi per sconfiggere il solito prepotente. Ci riuscirà con l'aiuto d'una bella ragazza e di un fedele amico. ■ Western; col.; 67'; USA, 1947.

RITORNO DEL CAMPIONE, IL *(The Stratton Story)* ★★
Regia di Sam Wood. Con June Allyson, Agnes Moorehead, Frank Morgan, James Stewart, Bill Williams. ■ James Stewart interpreta Monty Stratton, un campione di baseball che perse una gamba in un incidente, ma che riuscì a tornare a giocare grazie a un arto artificiale e alla sua grande forza di volontà. ■ Biografico; b/n; 106'; USA, 1949. ■ Oscar 1 pr, 1 nom.

RITORNO DEL DOTTOR X, IL ★★★
(The Return of Doctor X)
Regia di Vincent Sherman. Con Humphrey Bogart, Rosemary Lane, Wayne Morris. ■ Un assassino giustiziato si trasforma in vampiro e va a caccia di sangue finché non viene eliminato. ■ Horror; b/n; 62'; USA, 1939.

RITORNO DEL FIGLIOL PRODIGO – UMILIATI, IL ★★★
Regia di Danièle Huillet, Jean-Marie Straub. Con Enrico Achilli, Andrea Balducci, Dolando Bernardini, Giampaolo Cassarino, Federico Ciaramella, Rosalba Curatola, Giacinto Di Pascoli. ■ Ispiritato al romando di Vittorini *Le donne di Messina*, il film è articolato in due parti, *Il ritorno del figliol prodigo* e *Umiliati*. Alla fine della seconda guerra mondiale, un gruppo di persone perse durante un tempesta, decidono di insediarsi in un paese abbandonato, creando una specie di comunità primitiva. Il tentativo è quello di dimenticare i dolori della guerra, e di dare una risposta ai problemi della fame, della paura, della miseria, nonché proteggersi dalla violenza. ■ Drammatico; col.; 64'; Francia, Germania, Italia, 2003.

RITORNO DEL GLADIATORE PIÙ FORTE DEL MONDO, IL ★★
Regia di Al Albert. Con Raf Baldassarre, Maria Pia Conte, Brad Harris, Margaret Rose Keil. ■ Un film d'avventure in costume con protagonista un eroe fortissimo. ■ Avventura; col.; 93'; Italia, 1972.

RITORNO DELLA SCATENATA DOZZINA, IL ★★
(Cheaper by the Dozen 2)
Regia di Adam Shankman. Con Hilary Duff, Carmen Electra, Bonnie Hunt, Eugene Levy, Steve Martin, Piper Perabo, Tom Welling. ■ Tre anni dopo gli eventi narrati in *Una scatenata dozzina*, la famiglia Baker si trova ad una svolta: Nora, la figlia maggiore, aspetta un bimbo ed è in procinto di cambiare città, Lorraine e Charlie, terminati gli studi superiori, si accingo-

no ad abbandonare l'affollato nido familiare. Così, una volta annusata l'aria di smobilitazione, papà Tom organizzerà una nostalgica vacanza al lago per tutta la famiglia, come ai vecchi tempi. Appena giunti al lago, i Baker incontreranno i Murtaugh, conoscenti e rivali di vecchia data. La competizione pseudo-sportiva riservata ai villeggianti rinnoverà l'ardore agonistico tra i due capofamiglia. ■ COMMEDIA; COL.; 94'; USA, 2005.

RITORNO DELL'ASSASSINO, IL *(Jet over the Atlantic)* ★★
Regia di BYRON HASKIN. Con GUY MADISON, ILONA MASSEY, VIRGINIA MAYO, GEORGE RAFT. ■ Dramma aviatorio: su un jet in viaggio dalla Spagna agli Stati Uniti c'è un poliziotto con un uomo arrestato per omicidio e la fidanzata di costui, certa della sua innocenza. Un pazzo omicida rischia di far saltare l'apparecchio, ma agente e indiziato riusciranno ad eliminarlo. Quando l'aereo arriverà a New York, si scoprirà che l'uomo è veramente innocente: potrà così vivere felice con la sua ragazza, libero da ogni angoscia. ■ DRAMMATICO; B/N; 95'; USA, 1961.

RITORNO DELLE AQUILE, IL ★★
(The Holcroft Covenant)
Regia di JOHN FRANKENHEIMER. Con ANTHONY ANDREWS, MICHAEL CAINE, LILLI PALMER. ■ Dal romanzo *Il patto*, di Robert Ludlum. L'architetto Caine si trova inaspettatamente erede di un'immensa fortuna lasciatagli dal padre, un generale nazista disgustato dagli orrori della guerra, affinché ne faccia uso per risarcire chi dalla guerra ha più subito. Ma l'enorme somma di denaro fa gola a molti, inclusi ex nazisti ed agenti segreti. Non sarà facile per Caine districarsi fra attentati e cadaveri. ■ AVVENTURA; COL.; 112'; GRAN BRETAGNA, 1985.

RITORNO DELL'INCREDIBILE HULK, IL ★★
(Bride of the Incredible Hulk)
Regia di KENNETH JOHNSON. Con BILL BIXBY, LOU FERRIGNO, MARIETTE HARTLEY. ■ Stufo di tramutarsi, ad ogni accesso d'ira o di paura, nel mostruoso Hulk, David Barner, il timido alter ego del gigante verdastro, va a farsi curare da una dottoressa. Tra i due nasce un tenero sentimento, che però non ha futuro. La donna è afflitta da male incurabile. Muore. Barner rimane con Hulk. ■ HORROR; COL.; 99'; USA, 1979.

♥ **RITORNO DELLO JEDI, IL** *(Return of the Jedi)* ★★★
Regia di RICHARD MARQUAND. Con CARRIE FISHER, HARRISON FORD, MARK HAMILL. ■ Il seguito di *Guerre stellari*. Luke Skywalker, il cavaliere jedi dotato della "Forza", si riunisce agli amici ed alla flotta per combattere la "Morte Nera", la poderosa macchina da guerra dell'imperatore. Dopo alterne vicende e combattimenti, tutto si risolve nel duello finale tra Luke e Lord Dart Fener, che ha scoperto essere suo padre. Ma è questi che lo salva, uccidendo l'imperatore. Grande spettacolarità ed effetti speciali a profusione. ■ FANTASCIENZA; COL.; 133'; USA, 1983. ■ OSCAR 1 PR, 5 NOM.

RITORNO DELL'UOMO INVISIBILE, IL ★★★
(The Invisible Man Returns)
Regia di JOE MAY. Con NAN GREY, CEDRIC HARDWICKE, CECIL KELLAWAY, VINCENT PRICE, JOHN SUTTON. ■ Nel 1933, Hollywood aveva ottenuto un grande successo con *L'uomo invisibile* di James Whale, ispirato al racconto di Wells. Alla fine della pellicola il protagonista moriva. Qui suo fratello usa la formula e rende invisibile un innocente condannato a morte, che evade e scopre il vero colpevole. Una trasfusione di sangue ridarà la visibilità all'uomo che rischiava d'impazzire come il suo predecessore. ■ FANTASTICO; B/N; 81'; GRAN BRETAGNA, 1940. ■ OSCAR 1 NOM.

RITORNO DEL LUPO, IL *(Whistling in Dixie)* ★★★
Regia di SYLVAN SIMON. Con GEORGE BANCROFT, DIANA LEWIS, ANN RUTHERFORD, RED SKELTON. ■ Red Skelton, comico abbastanza popolare negli anni Quaranta e Cinquanta, interpreta il protagonista di una trasmissione radiofonica, *Il ritorno del lupo* appunto, che si occupa di svelare crimini insoluti. Ci riuscirà anche stavolta per un caso originato dalla caccia a un tesoro nascosto dai sudisti al tempo della guerra di Secessione. ■ COMMEDIA; B/N; 74'; USA, 1943.

RITORNO DEL MARINAIO, IL *(Sailor's Return)* ★★★
Regia di JACK GOLD. Con TOM BELL, MICK FORD, BERNARD HILL. ■ Dal bel romanzo di David Garnett. Un marinaio torna dall'Africa con un bel po' di quattrini e con un'avvenente moglie di colore. Ma nella città natia si scontra con inaspettati pregiudizi razziali. In una rissa per difendere l'onore della moglie, il marinaio perde la vita. La donna è costretta ad andarsene. Ma nemmeno in Africa può tornare. Finirà i suoi giorni come cameriera nella casa che fu del suo defunto marito. ■ DRAMMATICO; COL.; 112'; GRAN BRETAGNA, 1978.

RITORNO DEL MONNEZZA, IL
Regia di CARLO VANZINA. Con CLAUDIO AMENDOLA, KASPAR CAPPARONI, ALESSANDRO DI CARLO, GABRIELLA LABATE, LUIS MOLTENI, ELISABETTA ROCCHETTI, ENZO SALVI, PAOLO TRIESTINO. ■ Gli spudorati propugnatori della "cultura" del fango in questa italietta agonizzante, mettono a segno un colpo da maestro con questo monumento al nulla, escrementizio fin dal titolo. Questo "reprise" della fortunata serie degli anni Settanta, che vedeva Tomas Milian nei panni del trucido ispettore Giraldi, è di un bieco improponibile, indifendibile. Gli amanti degli originali degli anni Settanta storceranno il naso per la dissacrazione; coloro che già detestavano quel cinema di genere avranno l'ennesima conferma che al peggio non c'è mai fine; per tutti gli altri, che lo apprezzino o meno, speriamo almeno nel senso civile di una virtù perduta: il pudore. ■ COMMEDIA; COL.; 90'; ITALIA, 2005. ITALIA, 2005.

RITORNO DEL PISTOLERO, IL ★★★
(Return of the Gunfighter)
Regia di JAMES NEILSON. Con CHAD EVERETT, ANA MARTIN, MORT MILLS, ROBERT TAYLOR. ■ Un anziano pistolero si prefigge di vendicare il massacro di una famiglia messicana. Scopre che il colpevole è il solito prepotente, ma ha qualche ritegno ad affrontarlo perché costui è fratello di un bravo ragazzo che si è innamorato dell'unica superstite del massacro. Alla fine dopo la tradizionale sparatoria, i buoni vinceranno. ■ WESTERN; COL.; 100'; USA, 1967.

RITORNO DI ARSENIO LUPIN, IL ★★★
(Signé Arsène Lupin)
Regia di YVES ROBERT. Con ROGER DUMAS, ROBERT LAMOUREUX, YVES ROBERT, ALIDA VALLI. ■ Secondo episodio delle avventure del celebre ladro gentiluomo interpretato dall'attore regista Robert Lamoureux. Nel 1919 Arsenio, che patriotticamente si era arruolato in aviazione per respingere gli invasori tedeschi, torna al futuro e si mette alla caccia del favoloso tesoro dell'ordine del Toson d'Oro seguendo una traccia nascosta in alcuni quadri. Dopo varie avventure in Francia e in Italia, riuscirà nell'impresa nonostante l'opposizione di un'astuta concorrente. ■ POLIZIESCO; B/N; 100'; FRANCIA, ITALIA, 1960.

RITORNO DI BLACK STALLION, IL ★★
(Black Stallion Returns)
Regia di ROBERT DALVA. Con KELLY RENO, VINCENT SPANO, WOODY STRODE. ■ Black, un magnifico stallone arabo, che in America ha vinto molte corse (vedi *Black Stallion* di Carroll Ballard), viene rubato da una tribù di Berberi e riportato in Africa, dove deve partecipare a una famosa gara nel deserto. Ma il suo piccolo padrone lo segue e se lo riprende. ■ AVVENTURA; COL.; 93'; USA, 1983.

RITORNO DI BUTCH CASSIDY, IL ★★★
(Butch and Sundance: The Early Days)
Regia di RICHARD LESTER. Con TOM BERENGER, JEFF COREY, WILLIAM KATT. ■ Stando al titolo italiano questo film dovrebbe seguire cronologicamente il famoso *Butch Cassidy*. In realtà racconta di come nacque l'amicizia tra Cassidy e Kid quando erano entrambi giovanissimi. ■ WESTERN; COL.; 110'; USA, 1979. ■ OSCAR 1 NOM.

RITORNO DI CAGLIOSTRO, IL ★★
Regia di DANIELE CIPRÌ, FRANCO MARESCO. Con LUIGI MARIA BURRUANO, ROBERT ENGLUND, FRANCO VITO GAIEZZA. ■ Sicilia, anni Cinquanta. I fratelli Carmelo e Salvatore La Marca fondano una casa di produzione cinematografica, la Trinacria cinematografica, per fare concorrenza a Cinecittà. I due fratelli riescono a trovare i finanziatori per un kolossal, *Il ritorno di Caglio-*

stro. Ciprì e Maresco devono essersi in qualche modo stancati di continuare a provocare scandalo ma di non fare incassi. Hanno allora deciso di conservare il loro tradizionale e irriverente sarcasmo applicandolo a una struttura narrativa in grado di provocare la risata bassa in sala. Perché questo film è di sicuro un omaggio al cinema ma è soprattutto l'abile contaminazione di una farsaccia di serie B (chi è del Nord può pensare ai Legnanesi ma ogni area del nostro Paese ha le sue compagnie vernacolari che sanno che basta nominare le parti basse per suscitare la risata) con una struttura narrativa alla "Ed Wood". Se poi si aggiungono i critici che rifanno se stessi con grande autoironia (spicca nel terzetto Gregorio Napoli) si sono accontentate differenti fasce di pubblico. Ognuno ricorderà (e ne parlerà agli amici) ciò che più lo ha interessato. Forse l'epoca dello scandalo ricercato e gratuito è finita. Per sempre, speriamo. ■ COMMEDIA; COL.; 103'; ITALIA, 2003.

RITORNO DI CASANOVA, IL ★★
Regia di PASQUALE FESTA CAMPANILE. Con GIULIO BOSETTI, FRANCESCA MARCIANO, CARLO SIMONI, MARIA SPINA, PIERO VIDA. ■ Dal lavoro di Arthur Schniztler con la sceneggiatura dello scrittore Piero Chiara. Siamo a Mantova, il vecchio Casanova è in profonda crisi e dimora in una locanda di quart'ordine. Sta aspettando che alcuni vecchi amici gli trovino un lavoro a Venezia. Sta scrivendo un'autobiografia che spera possa fargli guadagnare qualcosa. Arriverà una notizia positiva da Venezia, anche se alla fine sarà costretto a fare letteralmente la spia. ■ DRAMMATICO; COL.; 120'; ITALIA, 1979.

RITORNO DI CASANOVA, IL *(Le retour de Casanova)* ★★
Regia di EDOUARD NIERMANS. Con JACQUES BOUDET, ALAIN DELON, PHILIPPE LEROY, FABRICE LUCHINI, ELSA LUNGHINI, WADECK STANCZAK. ■ Tratto dal romanzo di Arthur Schnitzler e presentato al Festival di Cannes. Alain Delon per la prima volta accetta fino in fondo la sua vecchiaia e interpreta Casanova in fase di disarmo. Ma il gioco non vale la candela. Televisivo. ■ COMMEDIA; COL.; 92'; FRANCIA, 1993.

RITORNO DI CHEN, LA FURIA SCATENATA, IL ★
(The Fists of Vengeance)
Regia di CHEN HUNG MAN. Con TANG HSIN, CHIANG PIN, KURATA YASUAKI. ■ L'eroe si ribella contro gli sfruttatori giapponesi, che tolgono a un villaggio cinese la polvere rossa necessaria per la fabbricazione dell'acciaio. ■ AVVENTURA; COL.; 93'; HONG KONG, 1974.

RITORNO DI CLINT IL SOLITARIO, IL ★★
Regia di GEORGE MARTIN. Con KLAUS KINSKI, MARINA MALFATTI, GEORGE MARTIN. ■ Un pistolero ritorna a casa, ma la famiglia lo accoglie con freddezza, tanto che l'uomo viene ufficialmente assunto come semplice cowboy nel ranch della moglie solo dopo che ha promesso di non usare più le armi. Così, quando appare il solito prepotente, il nostro eroe fa la figura del vigliacco. Finalmente, l'uccisione d'un innocente lo scatena. ■ WESTERN; COL.; 95'; ITALIA, SPAGNA, 1973.

RITORNO DI DESPERADO, IL ★★
(The Return of Desperado)
Regia di E.W. SWACKHAMER. Con ROBERT FOXWORTH, ALEX MACARTHUR, MARCY WALKER. ■ Proseguimento di *Desperado* con l'attore Alex MacArthur. L'uomo cerca ancora di provare la propria innocenza ma è inseguito da un cacciatore di taglie. Ha inoltre l'innamoramento facile e questa volta si infatua della nipote del direttore del giornale di un paesino, dove comanda un losco individuo. Più debole del già manierato primo episodio. ■ WESTERN; COL.; 96'; USA, 1988.

RITORNO DI DIAVOLIK, IL *(Ogon Batto)* ★
Regia di TERENCE MARVIN JR. Con PETER CONWAY, THOMAS LEE, DEBORAH SCOTT. ■ Film di fantascienza giapponese con super eroe che lotta contro un mostro spaziale che vuole assoggettare la Terra. ■ FANTASCIENZA; B/N; 92'; GIAPPONE, 1974.

RITORNO DI DON CAMILLO, IL ★★★
Regia di JULIEN DUVIVIER. Con GINO CERVI, FERNANDEL, LEDA GLORIA, PAOLO STOPPA. ■ Il sacerdote, alla fine della pellicola precedente, veniva mandato per punizione in esilio in una desolata chiesetta di montagna. Qui si raccontano le sue avventure in quel luogo, il suo ritorno per opera di Peppone che lo vuole alleato in una lotta contro un latifondista e, infine, l'alluvione del Po durante la quale i due amici-nemici si prodigano per aiutare i paesani. ■ COMMEDIA; B/N; 90'; ITALIA, 1953.

RITORNO DI DON RICCARDO – LA SPADA DEL VENDICATORE, IL *(Don Ricardo Returns)* ★★
Regia di TERRY MORSE. Con FRED COBRY, MARTIN GAVRALAY, BARON LITA, PAUL NEWLAN. ■ La pellicola si svolge nella California messicana del primo Ottocento, teatro abituale delle imprese di Zorro, ma questa volta non compare il mitico cavaliere nero. Un nobile viene fatto rapire da un cugino che vuole sottrargli proprietà e fidanzata, ma riuscirà a tornare e a vendicarsi con l'aiuto di un erculeo peon. ■ AVVENTURA; B/N; 63'; USA, 1946.

RITORNO DI GEREMIA, IL ★★
(The Return of the Shaggy Dog)
Regia di STUART GILLARD. Con GARY KROEGER, MICHELE LITTLE, CINDY MORGAN, TODD WARING. ■ Un giovane avvocato è vittima di un maleficio: un anello appartenuto ai Borgia lo può trasformare in un cane che si comporta come un uomo. Tra una trasformazione e l'altra affronta ogni sorta di problemi, compresa una crisi nel rapporto con la moglie. Tipico film della produzione Walt Disney. ■ COMMEDIA; COL.; 90'; USA, 1987.

RITORNO DI GODZILLA, IL *(Nankai no Daiketto)* ★★
Regia di JUN FUKUDA. Con AKIHIKO HIRATA, KUMI MIZUNO, AKIRA TAKARADA. ■ Due naufraghi capitati in un'isola apparentemente deserta scoprono che in realtà si tratta d'una base militare in cui si progetta la costruzione della bomba nucleare. Con l'aiuto di un buon mostro preistorico, fortunosamente risvegliato dal sonno, riusciranno a distruggerla. ■ FANTASCIENZA; COL.; 91'; GIAPPONE, 1971.

RITORNO DI GORGO, IL *(The Son of Godzilla, Part II)* ★★
Regia di ISHIRÔ HONDA. Con DICK KENNEDY, KUMI MIZUNO, KENJI SAHARA, JOHN WEMBLEY. ■ Riedizione de *Il figlio di Godzilla*. ■ FANTASCIENZA; COL.; GIAPPONE, 1977.

RITORNO DI HARRY COLLINGS, IL ★★★
(The Hired Hand)
Regia di PETER FONDA. Con VERNA BLOOM, PETER FONDA, WARREN OATES, ROBERT PRATT. ■ Harry Collings è un cowboy vagabondo che ha abbandonato la moglie per mettersi a vagare in compagnia d'un amico attraverso tutto il West. Un giorno si stanca e torna a casa. La moglie non crede che questo ritorno sarà definitivo e purtroppo ha ragione. Per liberare l'amico preso prigioniero da alcuni vecchi avversari, Harry affronta la sua ultima sparatoria e muore. ■ WESTERN; COL.; 93'; USA, 1971.

RITORNO DI IRONSIDE, IL *(The Return of Ironside)* ★★
Regia di GARY NELSON. Con RAYMOND BURR, CLIFF GORMAN. ■ Burr ritorna per l'ultima volta nei panni del famoso commissario sulla sedia a rotelle. Deve indagare su un dipartimento di polizia e sulla misteriosa morte di un importante funzionario. ■ POLIZIESCO; COL.; 89'; USA, 1993.

RITORNO DI JAFAR, IL *(The Return of Jafar)* ★★
Regia di TOBY SHELTON, ALAN ZASLOVE, TAD STONES. ■ Prodotto per il mercato dell'homevideo, basato sui personaggi di *Aladdin* della Walt Disney. La vendetta del terribile Jafar, uscito dalla lampada, per fortuna di Aladdin non si consuma. ■ ANIMAZIONE; COL.; 67'; USA, 1994.

RITORNO DI JESS IL BANDITO, IL ★★
(Jesse James Rides Again)
Regia di FRED C. BRANNON. Con ROY BARCROFT, CLAYTON MOORE, LINDA STIRLING. ■ Western che ha per protagonista Jesse James, il Robin Hood del Missouri. Si rifà più alla leggenda che alla storia. Braccato dalla polizia, il fuorilegge capita in una fattoria e ha generosa ospitalità da parte dei coloni. Li ripagherà scoprendo il petrolio nel loro terreno e difendendoli da uno speculatore. ■ WESTERN; B/N; 91'; USA, 1947.

RITORNO DI JOE DAKOTA, IL *(Joe Dakota)* ★★
Regia di RICHARD BARTLETT. Con JOCK MAHONEY, LUANA PATTEN. ■ Un geologo, scoperto il petrolio nel terreno di Joe Dakota, ordisce una macchinazione ai suoi danni per impadronirsene. Il

piano fallisce, ma un operaio, ritenendo il petrolio responsabile di tutto, incendia il pozzo. ■ WESTERN; B/N; 79′; USA, 1957.

RITORNO DI JOSELITO, IL *(El caballo blanco)* ★★
Regia di RAFAEL BALEDON. Con ANTONIO AGUILAR, SARA GARCIA, JOSELITO JIMENEZ, DAVID REYNOSO. ■ Joselito lotta contro una banda di rapinatori di diligenze. ■ AVVENTURA; B/N; 93′; SPAGNA, 1968.

RITORNO DI LASSIE, IL *(Challenge to Lassie)* ★★
Regia di RICHARD THORPE. Con GERALDINE BROOKS, DONALD CRISP, EDMUND GWENN. ■ Stavolta Lassie non torna a casa, ma al cimitero dove è stato appena sepolto il suo padrone. Basato su un fatto vero, accaduto a Edimburgo, in Scozia, nell'Ottocento. Il cane però era un fox terrier, e divenne una specie di eroe nazionale. ■ AVVENTURA; COL.; 76′; USA, 1949.

RITORNO DI MARCELLINO, IL *(Barcos de papel)* ★★
Regia di ROMAN VIÑOLY BARRETO. Con PABLITO CALVO, JARDEL FILHO, ALBERTO OMEDO. ■ Un bambino povero non desidererebbe altro che una boccia di vetro, ma il bieco padroncino fa di tutto per impedirgli di soddisfare questo desiderio. Il disgraziato, alla fine, va sotto a un camion e il cattivo, pentito, lo farà morire felice dandogli il sospirato dono. ■ DRAMMATICO; B/N; 85′; ARGENTINA, 1962.

RITORNO DI MARTIN GUERRE, IL ★★★
(Le retour de Martin Guerre)
Regia di DANIEL VIGNE. Con NATHALIE BAYE, GÉRARD DEPARDIEU, ROGER PLANCHON. ■ Siamo verso la metà del sedicesimo secolo in Francia. Martin Guerre e Bertrande si sposano, ma ben presto lui parte per fare il soldato. Torna dopo otto anni completamente trasformato: più allegro e più lavoratore. La felicità di Bertrande dura poco: qualcuno sostiene che suo marito non è il vero Martin e il sospetto diventerà presto una certezza. L'uomo che è tornato è solo un impostore e verrà punito per questo. ■ DRAMMATICO; COL.; 123′; FRANCIA, 1981. ■ OSCAR 1 NOM.

RITORNO DI MONTECRISTO, IL ★★
(The Return of Monte Cristo)
Regia di HENRY LEVIN. Con BARBARA BRITTON, LOUIS HAYWARD, GEORGE MACREADY. ■ Al nipote del conte inventato da Dumas padre, capitano di avventure molto simili a quelle del nonno. Ingiustamente accusato da alcuni loschi figuri che vogliono impadronirsi delle sue sostanze, viene deportato nell'isola del Diavolo. Evade e si vendica. ■ AVVENTURA; B/N; 91′; USA, 1946.

RITORNO DI MR. HARDY, IL ★★★
(Andy Hardy Comes Home)
Regia di HOWARD W. KOCK. Con PATRICIA BRESLIN, FAY HOLDEN, CECILIA PARKER, MICKEY ROONEY, TEDDY ROONEY. ■ Andy ritorna al paesello per impiantare una fabbrica, rivede gli amici d'un tempo, riallaccia antiche amicizie, ma tutti gli sembrano contrari. Alla fine, però, riuscirà nel suo intento. ■ COMMEDIA; COL.; 78′; USA, 1970.

RITORNO DI PERRY MASON, IL ★★★
(Perry Mason Returns)
Regia di RON SATLOF. Con RAYMOND BURR, BARBARA HALE, WILLIAM KATT. ■ Della Street, già segretaria del celebre avvocato Perry Mason, è accusata di omicidio. Naturalmente il suo ex principale non esita a impegnarsi in aula per provare la sua innocenza. ■ GIALLO; COL.; 90′; USA, 1986.

RITORNO DI RAFFLES, IL *(The Return of Raffles)* ★★
Regia di MANSFIELD MARKHAM. Con GEORGE BARRAUD, CAMILLA HORN. ■ Il bandito rinuncia a un furto in una casa perché riconosce nella proprietaria una sua antica fiamma e finisce per passare a un'esistenza più onesta. ■ POLIZIESCO; B/N; 92′; GRAN BRETAGNA, 1932.

RITORNO DI RINGO, IL ★★★
Regia di DUCCIO TESSARI. Con GIULIANO GEMMA, HALLY HAMMOND, FERNANDO SANCHO. ■ La vicenda s'ispira agli ultimi libri dell'*Odissea*; Ringo, reduce della guerra di Secessione, torna al paese d'origine, ma, avute notizie poco rassicuranti, si traveste da mendicante prima di rientrare a casa dove l'aspettano la moglie e la figlia. In effetti, trova le donne prigioniere dei banditi messicani. Inevitabili la vendetta e il sanguinoso epilogo. ■ WESTERN; COL.; 96′; ITALIA, 1966.

RITORNO DI TEXAS JOHN, IL *(Gunfight at Sandoval)* ★★
Regia di HARRY KELLER. Con DAN DURYEA, BEVERLY GARLAND, TOM TRYON. ■ Texas John, un ranger, si sostituisce a un bandito ucciso in uno scontro a fuoco e conduce in trappola anche i suoi complici. ■ WESTERN; COL.; 80′; USA, 1962.

RITORNO DI ZANNA BIANCA, IL ★★
Regia di LUCIO FULCI. Con HARRY CAREY JR, RENATO CESTIÉ, RENATO DE CARMINE, VIRNA LISI, FRANCO NERO, JOHN STEINER. ■ Il povero Jack London avrebbe affrettato il suicidio se avesse saputo che i suoi libri avrebbero originato queste riduzioni italiane, di grande successo, in cui il Klondike è fatto in casa, buone suorine si alleano a insopportabili bambini biondi per lottare contro i prepotenti e si riciclano i resti del western all'italiana. ■ AVVENTURA; COL.; 100′; ITALIA, 1974.

RITORNO – MELODIE DI SOGNO ★★
Regia di GÉZA VON BOLVÀRY. Con ROSSANO BRAZZI, MAURIZIO D'ANCORA, BENIAMINO GIGLI, MARTA HARREL, LIZZI WALDMÜLLER. ■ Due allievi di conservatorio, lei cantante, lui musicista, si amano. La donna ha successo, l'uomo no ed è costretto ad adattare le melodie di una sua opera per il teatro di rivista. Alla fine, però, con l'aiuto di lei, riuscirà ad affermarsi. ■ MUSICALE; B/N; 91′; ITALIA, 1940.

RITRATTI *(The Portrait)* ★★★
Regia di ARTHUR PENN. Con LAUREN BACALL, CECILIA PECK, GREGORY PECK. ■ Girato per la televisione da Arthur Penn. Una giovane artista ritorna a casa dei genitori. Stanno per cambiare abitazione e la riunione risolve alcuni problemi. ■ COMMEDIA; COL.; 100′; USA, 1993.

RITRATTO DI BORGHESIA IN NERO ★★★
Regia di TONINO CERVI. Con SENTA BERGER, PAOLO BONACELLI, GIULIANA CALANDRA, CAPUCINE, ORNELLA MUTI, STEFANO PATRIZI, GIANCARLO SBRAGIA, MATTIA SBRAGIA. ■ Un giovane pianista si reca a Venezia e diventa amante di una vedova. Questa vorrebbe che il figlio sposasse una coetanea di nobilissima famiglia, ma costei si innamora del pianista che per lei lascia l'amante. La vedova, non tollerando la doppia sconfitta, fa di tutto per separare i due giovani, ma viene uccisa dalla rivale. La polizia nulla può contro la potentissima famiglia dell'assassina. ■ DRAMMATICO; COL.; 105′; ITALIA, 1978.

RITRATTO DI DORIAN GRAY, IL ★★★
(The Picture of Dorian Gray)
Regia di ALBERT LEWIN. Con HURD HATFIELD, ANGELA LANSBURY, PETER LAWFORD, DONNA REED, GEORGE SANDERS. ■ Il giovane libertino Dorian Gray commette ogni sorta di sregolatezza, ma i segni di questa vita dissipata non rimangono sul suo volto, rimangono invece su un suo ritratto. A poco a poco il dipinto diventa un'ossessione per l'uomo che cerca di distruggerlo causando così la propria morte. ■ DRAMMATICO; COL. E B/N; 110′; USA, 1945. ■ OSCAR 1 PR, 3 NOM.

RITRATTO DI JENNIE, IL *(Portrait of Jennie)* ★★★
Regia di WILLIAM DIETERLE. Con ETHEL BARRYMORE, JOSEPH COTTEN, LILLIAN GISH, JENNIFER JONES, DAVID WAYNE. ■ Un pittore disperato perché privo d'ispirazione conosce Jennie, una misteriosa ragazza, da cui si sente attratto. Nei frequenti incontri che seguono, l'uomo comincia a dipingerle il ritratto, ma poi fa una scoperta sconvolgente: Jennie, morta affogata dieci anni prima, non è che un fantasma. Desideroso di rivederla si reca in riva al mare dove è avvenuto l'incidente mortale e, per un attimo, a rischio di affogare anch'egli, ha l'ultima visione del suo amore impossibile. ■ FANTASTICO; B/N; 86′; USA, 1948. ■ OSCAR 1 PR, 2 NOM; VENEZIA 1 PR.

RITRATTO DI SIGNORA *(Portrait of a Lady)* ★★
Regia di JANE CAMPION. Con SALLY DUVALL, JOHN GIELGUD, BARBARA HERSHEY, NICOLE KIDMAN, JOHN MALKOVICH, MARY-LOUISE PARKER, SHELLEY WINTERS. ■ Dal romanzo di Henry James. Provincia inglese, 1870: Isabella Archer, giovane e splendida americana, riceve una cospicua eredità alla morte dello zio. Inutilmente corteggiata da nobili e ricchi, approda a Firenze dove cade

nella rete di Osmond (Malkovich) raffinato finto gentiluomo, in realtà fasullo e prepotente. Complice l'infida Madame Merle (Hershey), Isabella sarebbe solo lo strumento per fornire una dote alla figlia del marito. Dopo anni di pessimo e infelice rapporto la donna torna in Inghilterra. Forse si libererà. Grande romanzo, stupendi attori, budget adeguato, la scenografia naturale (Roma, Firenze, i vecchi palazzi, i saloni, i giardini, l'antiquariato) più nobile possibile. Tutto servito abbastanza male da una regista che non resiste alla tentazione di mostrare, scena dopo scena, sistematicamente, i propri muscoli. Autocompiacimento a oltranza, ogni quadro studiato in eccesso, inquadrature oblique, sdoppiamenti di immagine, tutto sopra le righe e molti momenti di vuoto. Davvero un peccato. Campion non è certamente brava come Scorsese (*L'età dell'innocenza*), ma nemmeno come Ivory (*Casa Howard*) o Ang Lee (*Ragione e sentimento*). Nicole bella da togliere il fiato, è anche abbastanza brava. ■ DRAMMATICO; COL.; 135′; USA, 1996. ■ GOLDEN GLOBES 1 NOM; OSCAR 2 NOM; VENEZIA 1 PR.

RITRATTO DI UN ASSASSINO *(Portrait d'un assassin)* ★★
Regia di BERNARD ROLAND. Con ARLETTY, JULES BERRY, PIERRE BRASSEUR, MARCEL DALIO, MARCEL DIEUDONNÉ, MARIA MONTEZ, ERIC VON STROHEIM. ■ Una femmina fatale, impresario di numeri circensi, adesca con la sua bellezza alcuni acrobati a cui impone numeri pericolosissimi. Fra gli altri, cade nelle sue spire un motociclista che per lei abbandona la moglie. Costei prova a fare il numero del marito e muore. L'uomo, saputolo, rinsavisce e uccide la vamp; poi si costituisce. ■ DRAMMATICO; B/N; 100′; FRANCIA, 1949.

RITRATTO DI UN KILLER *(Portrait of a Hitman)* ★★
Regia di ALLAN A. BUCKHANTZ. Con JACK PALANCE, RICHARD ROUNDTREE, ROD STEIGER. ■ Un boss della malavita (Steiger) ingaggia un vecchio ma infallibile killer (Palance), perché uccida un suo nemico giurato. Ma sorge un guaio: la vittima designata un tempo era amico del killer e gli salvò la vita. Inoltre i due hanno amato la stessa donna. ■ THRILLER; COL.; 86′; USA, 1977.

RITRATTO DI UN SERIAL KILLER *(Rampage)* ★★
Regia di WILLIAM FRIEDKIN. Con MICHAEL BIEHN. ■ Il solito ispettore di polizia dà la caccia al solito psicopatico non riuscendo a superare il trauma per la morte della figlioletta. Ciò che lo distingue dalla marea di film con tale trama, e che, se anche come opera minore, lo assimila ad altri come *Il silenzio degli innocenti*, è l'attenta "indagine" psicologica che Friedkin – autore de *L'esorcista* e de *Il braccio violento della legge* – compie sui personaggi, soprattutto su quello del "cattivo". Non mancano momenti di intensa carica emotiva. ■ THRILLER; COL.; 97′; USA, 1991.

RITRATTO IN NERO *(Portrait in Black)* ★★★
Regia di MICHAEL GORDON. Con RICHARD BASEHART, SANDRA DEE, ANTHONY QUINN, JOHN SAXON, LANA TURNER. ■ La moglie di un milionario, d'accordo con l'amante, uccide il marito, ma i due sono costretti ad eliminare anche un ricattatore. La coppia è destinata a non avere pace perché la figliastra della prima vittima ha dei sospetti: un tentativo d'uccidere pure lei porterà alla tragica morte dell'assassina. ■ DRAMMATICO; COL.; 112′; USA, 1960.

RITROVARSI *(The Palm Beach Story)* ★★★
Regia di PRESTON STURGES. Con MARY ASTOR, CLAUDETTE COLBERT, JOEL MCCREA, RUDY VALLEE. ■ La giovane moglie d'un architetto si reca a Palm Beach per divorziare perché la coppia è in difficoltà economiche e lei non vuole essere di peso al marito. Durante il viaggio le capitano molti guai ed equivoci, ma alla fine tutto si aggiusta: il divorzio non si farà. ■ COMMEDIA; B/N; 90′; USA, 1942.

RITROVARSI *(Safe Passage)* ★★
Regia di ROBERT ALLAN ACKERMANN. Con ROBERT SEAN LEONARD, SUSAN SARANDON, SAM SHEPARD. ■ Marito, moglie e sette figli. Lei è assillante e condizionata dal paranormale. Marito e figli le stanno alla larga. Ma quando uno dei ragazzi è coinvolto in una vicenda pericolosa e non si hanno notizie, tutti si ritrovano. Dialettica e conflitti, con troppe parole. Lieto fine. Forse non sarebbe nemmeno approdato sui nostri schermi se la Sarandon non avesse vinto l'Oscar con *Dead Man Walking*, girato successivamente. ■ COMMEDIA; COL.; 99′; USA, 1994.

RITROVARSI ALL'ALBA ★★
Regia di ADOLFO PIZZI. Con SILVIO BAGOLINI, PHILIPPE HERSENT, FRANCA MARZI, DARIO MICHAELIS. ■ Un ingegnere minerario che lavora all'isola d'Elba a causa di uno sciopero dei minatori trascura la moglie, che cade preda dei ricatti d'un bieco contrabbandiere che impone alla donna di recarsi a Roma per un illecito incontro. Qui l'uomo è ucciso e la donna arrestata; così il marito, venuto a conoscenza di tutto, quasi la ripudia. Per fortuna una frana che mette in pericolo la vita di lui lo farà rinsavire. ■ DRAMMATICO; B/N; 94′; ITALIA, 1954.

RITUALS *(The Creeper)* ★★
Regia di PETER CARTER. Con LAWRENCE DANE, HAL HOLBROOK, KEN JAMES. ■ Una specie di *Tranquillo week-end di paura* canadese. Cinque turisti vanno a fare una vacanza "sportiva" nelle foreste della regione di Calgary. Ci rimetteranno quasi tutti la pelle. ■ DRAMMATICO; COL.; 100′; CANADA, 1980.

RIUNIONE DI CLASSE ★★
(National Lampoon's Class Reunion)
Regia di MICHAEL MILLER. Con GERRIT GRAHAM, MICHAEL LERNER, SHELLEY SMITH. ■ Terza avventura della serie basata sulle storie della nota rivista umoristica. Un gruppo di ex liceali fa una rimpatriata in grande stile. Ma la festa è sconvolta dall'irruzione di un maniaco assassino inseguito dalla polizia. ■ COMMEDIA; COL.; 84′; USA, 1982.

RIUNIONE DI CONDOMINIO *(Mille millièmes)* ★★★
Regia di RÉMI WATERHOUSE. Con GUILLAUME CANET, IRÈNE JACOB, PATRICK CHESNAIS, JEAN-PIERRE DARROUSSIN, ALBERT DELPY, GREGORY DERANGERE. ■ I condomini dello stabile sito al numero 29 di Rue des Oursins si danno appuntamento per la consueta riunione annuale di condominio. L'amministratore Jean-Louis, uomo senza scrupoli, dirige la riunione e, tra liti, dissapori e piccoli contrasti, si consumano le storie di un teatro di varia umanità. Alla fine forse i condomini avranno trovato una maggiore comprensione, ma... Tipica commedia francese di caratteri, *Riunione di condominio* è un buon risultato. La sceneggiatura è scritta in punta di penna, gli attori reggono il gioco con spirito e la regia asseconda con bravura i loro estri. Lasciando un messaggio – ci si dovrebbe impegnare maggiormente a capire esigenze e personalità altrui – che sarà pur minimo, ma di questi tempi è bene ripetere. ■ COMMEDIA; COL.; 90′; FRANCIA, 2002.

RIUNIONE DI FAMIGLIA *(En Mand kommer hjem)* ★★
Regia di THOMAS VINTERBERG. Con THOMAS BO LARSEN, OLIVER MØLLER KNAUER. ■ In occasione del 750° anniversario di una piccola cittadina di provincia, un celebre cantante d'opera viene invitato a tornare a casa per esibirsi in concerto durante i festeggiamenti. Il suo arrivo sconvolge l'esistenza del giovane Benjamin, che viene a sapere che l'uomo è in realtà il padre che credeva morto quando lui era ancora un bambino. Cresciuto in una famiglia problematica, il ragazzo ha riportato una forma di balbuzie che viene aggravata dalla nuova scioccante scoperta. Tuttavia l'ospite onorario non sa di avere un figlio e mosso dall'affetto per il giovane balbuziente lo coinvolgerà nella sua vita. ■ COMMEDIA; COL.; 100′; DANIMARCA, SVEZIA, 2007.

RIUSCIRÀ IL NOSTRO EROE A RITROVARE IL PIÙ GRANDE DIAMANTE DEL MONDO? ★★
Regia di GUIDO MALATESTA. Con RAY DANTON, LUCIANA GILLI, LEWIS JORDAN, FRANCESCO MULÉ, AGNÈS SPAAK. ■ Un poliziotto privato cerca di recuperare una gemma, di proprietà della corona britannica, sottratta dall'infedele capo del servizio segreto inglese. Dopo aver compiuto pericolose indagini a Montecarlo, Beirut e Amburgo, scopre che il quartier generale dei ladri è un manicomio. Il favoloso brillante finisce però sotto uno schiacciasassi. ■ AVVENTURA; COL.; 92′; ITALIA, 1971.

RIUSCIRÀ L'AVVOCATO FRANCO BENENATO A SCONFIGGERE IL SUO ACERRIMO NEMICO IL PRETORE CICCIO DE INGRAS? ★★
Regia di MINO GUERRINI. Con LINO BANFI, MEMMO CAROTENUTO, FRANCO FRANCHI, CICCIO INGRASSIA, FRANCESCO MULÉ. ■ Il film narra della lotta tra un austero pretore, Ciccio, e un truffaldino avvocato, Franco. Alla fine il pretore crede di essere riu-

scito ad eliminare il rivale che millantava di essere laureato in giurisprudenza, ma, trasferito da Roma a Milano, se lo troverà promosso suo superiore. ■ COMMEDIA; COL.; 88′; ITALIA, 1971.

RIUSCIRANNO I NOSTRI EROI A RITROVARE L'AMICO MISTERIOSAMENTE SCOMPARSO IN AFRICA? ★★★
Regia di ETTORE SCOLA. Con FRANCA BETTOJA, BERNARD BLIER, GIULIANA LOJODICE, NINO MANFREDI, ALBERTO SORDI, MANUEL ZARZO. ■ Uno spocchioso editore romano, accompagnato da un suo mite ragioniere, parte per l'Africa portoghese, allora sconvolta dalla guerriglia, per ritrovare il cognato scomparso nel corso di un viaggio. Dopo numerose avventure che mettono a dura prova l'alto concetto che l'editore ha di sé, i due scoprono l'amico diventato stregone di un villaggio indigeno. Riescono a riportarlo sulla nave in partenza per l'Italia, ma il cognato si butta in mare per raggiungere gli amatissimi indigeni. ■ COMMEDIA; COL.; 128′; ITALIA, 1968.

RIVA DEI BRUTI, LA ★★
Regia di MARIO CAMERINI. Con CARMEN BONI, CARLO LOMBARDI, CAMILLO PILOTTO. ■ Edizione italiana di *Dangerous Paradise* di William Wellman del 1930. ■ DRAMMATICO; B/N; 92′; ITALIA, 1930.

RIVA DEI BRUTI, LA *(Frisco Kid)* ★★★
Regia di LLOYD BACON. Con JAMES CAGNEY, RICARDO CORTEZ, LILY DAMITA, MARGARET LINDSAY. ■ La giovane direttrice di un giornale, nella San Francisco dell'Ottocento, scatena una campagna di stampa contro la malavita della città. La reazione è talmente forte che i cittadini in rivolta organizzano un vero e proprio tribunale dopo aver "arrestato" i capi della mala. Tra questi ultimi c'è un marinaio del quale, suo malgrado, la giornalista è innamorata e per il quale deciderà di chiedere la grazia. ■ DRAMMATICO; B/N; 77′; USA, 1935.

RIVA DEI PECCATORI, LA *(Lady from Louisiana)* ★★
Regia di BERNARD VORHAUS. Con CHARLES COBURN, SIGRID GURIE, JOHN WAYNE. ■ Un avvocato viene chiamato a New Orleans da un vecchio generale accortosi che il proprio "braccio destro" è un criminale. Questi viene ucciso e tutti, compresa la figlia del generale, sono convinti che l'assassino sia il giovane avvocato. Non sarà difficile, per l'uomo di legge, dimostrare la propria innocenza. ■ AVVENTURA; B/N; 82′; USA, 1941.

RIVA DEL DESTINO, LA *(Frau im Storm)* ★★
Regia di GERHARD LAMPRECHT. Con HERTA FEILER, ATTILA HÖRBIGER. ■ Un operaio salva la vita ad una donna che si era gettata nel Danubio. In questo modo egli lega la propria vita a quella piuttosto complicata e pericolosa di lei. Il mondo della malavita non contamina il giovane che anzi, sconfitto uno dei capi, libera definitivamente l'amata da ricatti e sopraffazioni. ■ DRAMMATICO; B/N; 93′; GERMANIA, 1939.

RIVA DELLA PAURA, LA *(The River Changes)* ★★
Regia di OWEN CRUMP. Con HARALD MARESCH, ROSSANA RORY. ■ Quasi una favola allegorica realizzata in piena "caccia alle streghe": la vicenda del villaggio, annesso con la forza ad una nazione dominata con il terrore, è un chiaro riferimento all'Urss e ai Paesi cosiddetti "satelliti". ■ DRAMMATICO; B/N; 80′; USA, 1956.

RIVA DELLE TRE GIUNCHE, LA ★★
(La rivière des trois jonques)
Regia di ANDRÉ PERGAMENT. Con LISE BOURDIN, JEAN GAVEN, DOMINIQUE WILMS. ■ Una principessa e il suo amante Igor conducono a Hong Kong una vita lussuosa, ma che dà adito a sospetti. E infatti il controspionaggio francese riesce a far assumere dalla coppia una certa Monique. I sospetti erano fondati: la principessa e il suo socio sono dei veri banditi di altissimo livello. La loro ultima impresa sarebbe quella di rubare delle bombe batteriologiche. Monique e un altro agente sventano il piano. ■ AVVENTURA; COL.; 92′; FRANCIA, 1956.

RIVALE, LA ★★
Regia di ANTON GIULIO MAJANO. Con ANNA MARIA FERRERO, GÉRARD LANDRY, ROBERTO RISSO. ■ Dopo molti anni trascorsi all'estero, Roberto torna in Italia e potrebbe sposare Agnese, donna amata in passato e ora vedova. Invece si innamora, ricambiato, della giovanissima Barbara. Agnese, che non si dà pace, lo calunnia e ritratta solo quando Roberto rimane gravemente ferito in un incidente. Ma ormai è troppo tardi per tutti. ■ DRAMMATICO; B/N; 93′; ITALIA, 1955.

RIVALE DELL'IMPERATORE, LA ★★
Regia di JACOPO COMIN. Con ANTONIO CENTA, VALENTINA CORTESE, RICHARD GREEN. ■ Tra il favorito dell'imperatrice Caterina di Russia e la donna che capeggia la rivolta in Crimea nasce l'amore. I due giovani, fedeli al sentimento più che all'imperatrice, vengono arrestati e condannati a morte, ma qualcuno, all'ultimo momento, li aiuta a fuggire in un paese vicino. ■ AVVENTURA; B/N; 91′; ITALIA, 1951.

RIVALE DI MIA MOGLIE, LA *(Geneviève)* ★★
Regia di HENRY CORNELIUS. Con JOHN GREGSON, KAY KENDALL, DINAH SHERIDAN. ■ Tra Wendy e Alan, suo marito, c'è di mezzo Geneviève. Non è una donna, ma una vecchia automobile alla quale Alan presta cure eccessive che scatenano la gelosia di Wendy. Durante una gara automobilistica la coppia arriva quasi al divorzio, ma per assurdo è proprio la vecchia Geneviève a riunire i due sposi. ■ COMMEDIA; COL.; 86′; GRAN BRETAGNA, 1953. ■ OSCAR 2 NOM.

RIVALE DI MIA MOGLIE, LA *(La rivale)* ★★
Regia di SERGIO GOBBI. Con BIBI ANDERSSON, JEAN PIAT, VALENTINE TESSIER. ■ Edgard tradisce la moglie Blanche con Claire solo per avere un piacevole diversivo. Blanche scopre la tresca, ma invece di dare in escandescenze insinua nel marito il dubbio d'essere a sua volta tradito. Così il bravo Edgard rientra nella routine familiare. ■ COMMEDIA; COL.; 88′; FRANCIA, 1974.

RIVALI *(Rivals)* ★★
Regia di KRISHNA SHAH. Con JOAN HACKETT, SCOTT JACOBY, ROBERT KLEIN. ■ Un amore morboso unisce una donna al figlio di dieci anni. La madre è divorziata, ma ha un nuovo amante con cui si vede all'insaputa del figlio. Un giorno decide di fare le cose alla luce del sole. Sposa l'amante, sperando che il ragazzino la prenda bene. Speranza infondata: il ragazzo cerca di uccidere il patrigno. ■ DRAMMATICO; COL.; 92′; USA, 1972.

RIVALITÀ *(Silver Queen)* ★★
Regia di LLOYD BACON. Con GEORGE BRENT, BRUCE CABOT, PRISCILLA LANE. ■ Una ragazza apre una casa da gioco: con i guadagni intende pagare i debiti lasciati dal padre. Ma il fidanzato usa quel denaro per imbastire affari lucrosi. Quando un altro uomo si innamora disinteressatamente della ragazza, le malefatte del fidanzato vengono a galla. ■ COMMEDIA; B/N; 80′; USA, 1942. ■ OSCAR 2 NOM.

RIVALITÀ ★★
Regia di GIULIANO BIAGETTI. Con FRANCA MARZI, SARO URZÌ, MARCO VICARIO. ■ Un medico appena laureato inizia la sua attività in un paesino dove incontra la sorda ostilità del vecchio medico e delle autorità. Tanto che, scoraggiato, decide di andarsene, ma un incidente lo costringe a rimandare la partenza. Conquista la fiducia della popolazione e sposa una ragazza del posto. ■ DRAMMATICO; B/N; 94′; ITALIA, 1953.

RIVALITÀ EROICA *(Today We Live)* ★★★
Regia di HOWARD HAWKS. Con GARY COOPER, JOAN CRAWFORD, ROLLO LLOYD, FRANCHOT TONE, ROBERT YOUNG. ■ Prima guerra mondiale: una ragazza e tre suoi innamorati si ritrovano al fronte. Due moriranno, il terzo sposerà la bella. Notevole il cast. ■ DRAMMATICO; B/N; 113′; USA, 1933.

RIVALITÀ SENZA RIVALI ★★
Regia di NICK GRINDE. Con NORMAN FOSTER, EVELYN KNAPP, PURNELL PRATT. ■ Due produttori di cinegiornali, che si sono fatti concorrenza per anni, decidono di por fine alle ostilità e unire le società quando i loro figli, novelli Romeo e Giulietta, si innamorano. ■ COMMEDIA; B/N; 79′; USA, 1935.

RIVE DELLA MORTE, LE *(El Rio y la Muerte)* ★★
Regia di LUIS BUÑUEL. Con COLUMBA DOMÍNGUEZ, JAIME FERNÁNDEZ, MIGUEL TORRUCO. ■ Un film minore di Buñuel girato in Messico (a tempo di record: solo due settimane di riprese) negli anni Cinquanta. È la storia di un giovane medico costretto a tornare al suo paese natio per vendicare la morte del padre. Il ge-

nitore è stato ucciso da una famiglia rivale e la madre reclama la vendetta. Ma il medico non accetta questa assurda logica della violenza. Finirà per fare pace con il clan avversario. ■ DRAMMATICO; B/N; 93'; MESSICO, 1954.

RIVEDERTI ANCORA *(Madness of the Heart)* ★★
Regia di CHARLES BENNETT. Con PAUL DUPUIS, MARGARET LOCKWOOD. ■ Lydia sposa un nobile francese la cui famiglia non è per nulla soddisfatta di quella unione, tanto più che la ragazza sta diventando cieca. Approfittando della sua menomazione, Verité, la ricca e nobile fanciulla che avrebbe voluto essere al suo posto, tenta di uccidere Lydia, ma è lei a morire in un incidente. Lydia e il marito abbandonano per sempre la casa paterna. ■ DRAMMATICO; B/N; 105'; GRAN BRETAGNA, 1949.

RIVELAZIONE *(Now and Forever)* ★★★
Regia di HENRY HATHAWAY. Con GARY COOPER, CAROLE LOMBARD, SHIRLEY TEMPLE. ■ Un uomo che ha trascorso la sua vita disonestamente tenta di redimersi per amore della figlioletta, ma la vita è dura e non offre molte possibilità. Una nobile signora propone all'uomo di affidarle la bambina perché possa provvedere ad una buona educazione; l'uomo, coperto dai debiti, non può che accettare. Pochi giorni dopo muore, ferito da un ex compagno di malavita. ■ DRAMMATICO; B/N; 81'; USA, 1934.

RIVELAZIONE *(The Old Swimmin' Hole)* ★★
Regia di ROBERT MCGOWAN. Con MARCIA MAE JONES, JACKIE MORAN. ■ Lui è figlio di una vedova che l'ha allevato coraggiosamente tra molte difficoltà, lei è figlia del medico del paese, vedovo a sua volta. I due ragazzi si amano e riescono a far cadere i propri genitori nella trappola matrimoniale. ■ COMMEDIA; B/N; 84'; USA, 1940.

RIVELAZIONI *(Disclosure)*
Regia di BARRY LEVINSON. Con MICHAEL DOUGLAS, DEMI MOORE, DONALD SUTHERLAND. ■ Tom Sanders è un alto dirigente di una azienda elettronica. Quando si prospetta una sua promozione viene scavalcato da una donna, Meredith Johnson, che è stata una sua vecchia fiamma. La donna lo attira nel suo ufficio e tenta di sedurlo. Sanders sembra cedere, ma poi respinge quello che è un vero e proprio assalto alla baionetta. La donna giura vendetta. A sorpresa lo accusa di averla violentata. Sanders è messo in minoranza e si affida a un avvocato. Una registrazione scagiona l'uomo, ma Sanders scopre che nulla era casuale in quel tentativo di seduzione da parte di Meredith. Lui era la vittima sacrificale sull'altare dell'azienda. Ma Sanders la spunterà. Tratto da un abile romanzo del prolifico Michael Crichton, il film di Levinson non delude le aspettative di chi ha il solo scopo di abbandonarsi al piacere di assistere a un plot stimolante, eseguito con abilità. ■ DRAMMATICO; COL.; 128'; USA, 1994.

RIVELAZIONI DI UN MANIACO SESSUALE AL CAPO DELLA SQUADRA MOBILE ★★
Regia di ROBERTO BIANCHI MONTERO. Con FARLEY GRANGER, ANNABELLA INCONTRERA, SYLVA KOSCINA, SILVANO TRANQUILLI. ■ Cinque cadaveri di donne vengono ritrovati orrendamente seviziati e mutilati. La polizia è sottosopra anche perché le donne erano sposate a grossi papaveri della città. Si tratta di delitti compiuti da un maniaco, ma individuarlo non è semplice. Solita sorpresa finale. ■ POLIZIESCO; COL.; 91'; ITALIA, 1972.

RIVER WILD – IL FIUME DELLA PAURA, THE ★★
(The River Wild)
Regia di CURTIS HANSON. Con KEVIN BACON, DAVID STRATHAIRN, MERYL STREEP. ■ Un'istruttrice di canoa e un architetto alle prese con le rapide di un fiume in un film in cui molti avvenimenti sono prevedibili e ciò che stupisce veramente è soprattutto la *performance* atletico-attoriale di Meryl Streep. ■ DRAMMATICO; COL.; 111'; USA, 1994. ■ GOLDEN GLOBES 2 NOM.

RIVINCITA, LA *(Uz zase skacu pres kaluze)* ★★
Regia di KAREL KACHYNA. Con VLADIMIR DLOUHY, ZDENA HADRBOLCOVA, KAREL HLUSICKA. ■ A causa di un innocente scherzo tra amici, un adolescente perde l'uso delle gambe e rimane paralizzato. La forza di volontà, unita all'aiuto dei familiari e dei compagni, riuscirà a fargli accettare la menomazione, permettendogli di non rinunciare alla sua più grande passione: cavalcare. ■ DRAMMATICO; COL.; 92'; CECOSLOVACCHIA, 1981.

RIVINCITA DEI NERDS, LA *(Revenge of the Nerds)* ★
Regia di JEFF KANEW. Con ROBERT CARRADINE, ANTHONY EDWARDS, JULIE MONTGOMERY. ■ I Nerds sono dei collegiali piuttosto miti e quindi destinati ad essere bistrattati dagli Alpha Beta, ma l'astuzia a volte vale più dei muscoli. ■ COMMEDIA; COL.; 90'; USA, 1984.

RIVINCITA DEI NERDS 2, LA ★★
(Revenge of the Nerds, II: Nerds in Paradise)
Regia di JOE ROTH. Con CURTIS ARMSTRONG, ROBERT CARRADINE, ANDREW CASSESE. ■ I Nerds (ovvero l'associazione degli studenti di fisico scarso) dopo aver battuto su tutta la linea il gruppo degli Alpha Beta (formato da bei fusti) sono ora gli studenti più popolari del college. Al punto che sono designati per rappresentare la scuola al Congresso annuale delle Associazioni studentesche, dove incontrano ancora gli Alpha Beta, decisi a prendersi una clamorosa rivincita. ■ COMICO; COL.; 90'; USA, 1987.

RIVINCITA DELLE BIONDE, LA *(Legally blonde)* ★★★
Regia di ROBERT LUKETIC. Con MATTHEW DAVIS, RAQUEL WELCH, REESE WHITERSPOON, LUKE WILSON. ■ Dal romanzo di Amanda Brown, avvocatessa bionda che ha davvero vissuto questa storia. Si parte da una tesi di "carattere": la "bionda" verrebbe identificata come superficiale, troppo vivace, incostante. La mora sarebbe invece affidabile, fondamentalmente "seria", comprensiva. Insomma la prima sarebbe "da mostrare", la seconda "da sposare". Abbiamo usato il condizionale, ma nel film Matthew non ha proprio dubbi in proposito: la sua fidanzata deve essere irreprensibile. Matthew infatti si prepara alla carriera di senatore e guai ad avere scheletri, anche piccoli, negli armadi. Così decide di troncare. Tanto più che dietro l'angolo c'è già la mora con tutti i requisiti. Ma Elle ha davvero gli attributi e decide non solo di vincere, ma di stravincere. Si iscrive alla prestigiosissima università di Harvard, eccelle subito, diventerà un grande avvocato, assumerà cause importantissime. Ma per "stravincere" non basta la carriera, ci vuole anche l'amore, che arriva nei panni dell'aitante Luke Wilson. Insomma trionfo completo. Fulminante apparizione di un'ancora bellissima Raquel Welch. ■ COMMEDIA; B/N; 96'; USA, 2001. ■ GOLDEN GLOBES 1 NOM.

RIVINCITA DELL'UOMO INVISIBILE, LA ★★
(The Invisible Man's Revenge)
Regia di FORD BEEBE. Con JOHN CARRADINE, ALAN CURTIS, JON HALL. ■ Un pazzo furioso fugge dal manicomio e incontra uno scienziato altrettanto sconvolto di mente che ha inventato un siero che rende invisibili. Il primo pazzo fa da cavia al secondo e l'esperimento riesce. Ma quando l'uomo invisibile vuol tornare normale perché gli piace una fanciulla, uccide lo scienziato e sta per compiere un secondo assassinio quando la polizia lo blocca per sempre. ■ FANTASTICO; B/N; 77'; USA, 1944.

RIVINCITA DI BACCARAT, LA ★★
(La revanche de Baccarat)
Regia di JACQUES DE BARONCELLI. Con PIERRE BRASSEUR, SOPHIE DESMARETS. ■ È il seguito di *Rocambole*. Baccarat fa scarcerare Armando di Chamery, sospettato, e smaschera Rocambole. In realtà lei ama quest'ultimo che non dovrà languire in carcere per molto. ■ AVVENTURA; COL.; 95'; FRANCIA, ITALIA, 1947.

RIVINCITA DI BRUCE LEE, LA *(Ferocius to Ferocius)* ★
Regia di WANG HONG CHANG. Con CHEN CHIANG, CHU HUA CHIANG, KUDATA YATRUAKI. ■ Un commissario di polizia, un gangster e un maestro di arti marziali sono complici di un imponente traffico d'armi. Gli affari prosperano fino a quando un agente Cia e un amico, espertissimi di kung-fu, non sistemano la faccenda. ■ DRAMMATICO; COL.; 92'; HONG KONG, 1976.

RIVINCITA DI CLEM, LA *(The Good Old Soak)* ★★
Regia di J. WALTER RUBEN. Con WALLACE BEERY, UNA MERKEL. ■ Un padre, per coprire una malefatta del figlio, si lascia accusare dalla moglie di averle rubato alcuni titoli azionari. Il figlio non accetta e confessa alla madre la verità, riportando la pace in famiglia. ■ DRAMMATICO; B/N; 69'; USA, 1937.

RIVINCITA DI IVANHOE, LA ★★
Regia di TANIO BOCCIA. Con ANDREA AURELI, GILDA LOUSEK, DUILIO MARZIO, CLYDE ROGERS. ■ Ivanhoe e i nobili sassoni sono fedeli a Riccardo Cuor di Leone che combatte in Terra Santa, mentre in Inghilterra spadroneggia il principe Giovanni. Questi tenta di liberarsi di Ivanhoe, ma il giovanotto è tutt'altro che malleabile e resiste fino al ritorno del re. ■ AVVENTURA; COL.; 92'; ITALIA, 1965.

♥ **RIVINCITA DI NATALE, LA** ★★★★
Regia di PUPI AVATI. Con DIEGO ABATANTUONO, GIANNI CAVINA, CARLO DELLE PIANE, GEORGE EASTMAN, ALESSANDRO HABER. ■ Il tavolo verde di Avati si accende ancora e riluce degli sguardi di cinque personaggi in cerca di se stessi e di un momento che per tutti, vincente o perdente, si imprime in una vita che non sempre è quella che sembra, e, molto frequentemente, rappresenta una dura realtà. Franco, 18 anni dopo una sconfitta in una partita a carte che lo ha segnato (anche economicamente), cerca i suoi "compagni di ventura" per giocare una rivincita su molti fronti. Lele, critico cinematografico malato di cancro, Ugo, conduttore televisivo, Stefano, proprietario del "luogo del delitto", l'avvocato Santelia. I protagonisti fra giochi delle parti si presentano nuovamente a rivivere quell'attimo che li mette a confronto in valore assoluto, senza considerare la loro condizione di vita attuale. La tensione della vecchia amicizia è ora dentro il mazzo di carte, che legge e mette a confronto ancora una volta l'anima e il cuore di chi è coinvolto. Il regista mette in scena gli uomini ancor prima dei luoghi, e li innalza alla magia del cinema. Le interpretazioni superlative e i tempi drammatici costruiscono un'opera "da camera" perfetta in ogni dettaglio. Quando il Cinema italiano è realtà a ventiquattro fotogrammi al secondo. ■ DRAMMATICO; COL.; 99'; ITALIA, 2003. ■ DAVID DI DONATELLO 1 NOM.

RIVINCITA DI TARZAN, LA *(Tarzan's Revenge)* ★★
Regia di DAVID ROSS LEDERMAN. Con ELEANOR HOLM, GLENN MORRIS. ■ Una ragazza americana, in Africa con la famiglia per una vacanza, incontra nella giungla Tarzan e se ne innamora. Quando i genitori decidono di tornare in patria, la ragazza annuncia il suo proposito di sposare l'uomo-scimmia. ■ AVVENTURA; B/N; 70'; USA, 1938.

RIVINCITA DI ZORRO, LA *(Zorro the Avenger)* ★★
Regia di CHARLES BARTON. Con CHARLES CORVIN, JONATHAN HALE, GUY WILLIAMS. ■ Questa volta Zorro, il giustiziere nero che si nasconde sotto le vesti di don Diego, damerino pigro e vigliacco, ha a che fare con un avventuriero che vorrebbe vendere il territorio della California ad una potenza straniera non ben identificata. Zorro combatte contro il traditore e lo fa fuggire per sempre. ■ AVVENTURA; B/N; 93'; USA, 1958.

RIVISTA DELLE NAZIONI, LA *(The Show of Shows)* ★★★
Regia di JOHN ADOLFI. Con JOHN BARRYMORE, DOUGLAS FAIRBANKS JR, MYRNA LOY, LORETTA YOUNG. ■ La Warner era probabilmente lo studio che aveva la miglior tecnica sonora. Nel 1929 produsse questo film giocando i suoi maggiori assi. Da John Barrymore (del tutto a disagio in un musical) a tutti i suoi divi che andavano per la maggiore, compreso il ventenne figlio di Douglas Fairbanks. Un altro grande asso era appunto il sonoro. ■ MUSICAL; B/N; 92'; USA, 1929.

RIVISTA DI STELLE *(Variety Girls)* ★★★
Regia di GEORGE MARSHALL. Con GARY COOPER, BING CROSBY, PAULETTE GODDARD, MARY HATCHER, BOB HOPE, BARBARA STANWYCK. ■ Due giovanissime ragazze tentano la strada di Hollywood spalleggiandosi e aiutandosi l'una con l'altra, ad entrambe andrà tutto bene e le porte dell'olimpo si spalancheranno per loro. ■ COMM. MUSICALE; B/N; 83'; USA, 1947.

RIVOLTA, LA *(Crisis)* ★★★
Regia di RICHARD BROOKS. Con JOSÉ FERRER, CARY GRANT, RAMON NOVARRO. ■ Un neurochirurgo in viaggio di nozze in un immaginario paese dell'America Latina si trova coinvolto nelle guerre civili tra due dittatori. Entrambi hanno bisogno delle sue cure e la vacanza del dottore diventa una serie di "straordinari" in sala operatoria con scorte armate. ■ COMMEDIA; B/N; 95'; USA, 1950.

RIVOLTA, LA *(Riot)* ★★★
Regia di BUZZ KULIK. Con JIM BROWN, CLIFFORD DAVID, GENE HACKMAN, MIKE KELLIN. ■ In una prigione dell'Arizona alcuni detenuti organizzano una rivolta per coprire il loro tentativo di fuga. Il direttore sventa il loro piano e soltanto uno riesce a riconquistare la libertà. Tutti gli altri rimangono uccisi. Film di buona efficacia, con attori in stato di grazia. ■ DRAMMATICO; COL.; 97'; USA, 1969.

RIVOLTA, LA *(Le mur)* ★★★
Regia di YILMAZ GÜNEY. Con MALIK BERRICHI, TUNCEL KURTIZ, AYCE EMEL MESCI. ■ È la storia di alcuni ragazzi prigionieri nella tremenda prigione di Ankara in Turchia. Sottoposti ad ogni specie di sevizie, senza cibo né acqua, e picchiati tentano una rivolta per essere trasferiti in un altro carcere, sperando che sia migliore. Ma non esiste un carcere migliore. Terrificante denuncia del regista di *Yol* e di *Il gregge*, il curdo Yilmaz Güney, evaso realmente dalle prigioni turche. I ragazzi protagonisti non sono attori professionisti. ■ DRAMMATICO; COL.; 107'; FRANCIA, 1983.

RIVOLTA A FORT LARAMIE *(Revolt at Fort Laramie)* ★★
Regia di LESLEY SELANDER. Con JOHN DEHNER, FRANCES HELM, GREGG PALMER. ■ In un forte la notizia della guerra di Secessione porta lo scompiglio totale il comandante e metà dei soldati sono infatti degli Stati del sud. Il colonnello raduna quindi i conterranei per raggiungere i paesi d'origine, ma gli indiani assaltano la loro carovana. Sarebbero tutti massacrati se il nuovo ufficiale, nordista, non corresse in loro aiuto superando gli odi di parte. ■ WESTERN; COL.; 73'; USA, 1956.

RIVOLTA AL BLOCCO 11 *(Riot in Cell Block 11)* ★★★
Regia di DON SIEGEL. Con NEVILLE BRAND, LEO GORDON, EMILE MEYER. ■ Tutti i detenuti più "difficili" sono rinchiusi nel blocco 11 ed è lì che scoppia la rivolta. Le richieste dei prigionieri, trattamento più umano e possibilità di imparare un lavoro, sono accettate dal governatore, ma il capo dei rivoltosi ci rimette per sempre la libertà. ■ DRAMMATICO; B/N; 80'; USA, 1954.

RIVOLTA AL BRACCIO D *(House of Women)* ★★
Regia di WALTER DONIGER. Con ANDREW DUGGAN, CONSTANCE FORD, SHIRLEY KNIGHT. ■ In un carcere femminile il direttore si innamora di una detenuta e, temendo di perderla, impedisce che la sua domanda di libertà provvisoria venga inoltrata. Allora la donna organizza una rivolta durante la quale muore un bimbo, figlio di una detenuta che impazzisce. La tragedia serve a riportare la calma e a far cacciare il disonesto direttore. ■ DRAMMATICO; B/N; 85'; USA, 1962.

RIVOLTA AL BRACCIO DELLA MORTE ★★
(Los evadidos)
Regia di SIDNEY FINCH. Con ANNIE BLACKMAN, GEORGE FARREL, MARGARET SULLIVAN, ALAN TODD. ■ Malriuscito tentativo di fuga di un detenuto, che sarà però l'unico a salvarsi dalla strage finale. ■ DRAMMATICO; B/N; 93'; MESSICO, 1966.

RIVOLTA ALL'ISOLA DELL'INFERNO ★★
(Las manos sangrientas)
Regia di CARLOS HUGO CHRISTENSEN. Con SAIDI CABRAL, CARLOS COTRIM, ARTURO DE CORDOVA. ■ Uccisi i guardiani, i detenuti dell'isola dell'inferno tentano la fuga, ma uno alla volta sono ripresi o addirittura uccisi. Adriano, che ha organizzato il tutto, impazzisce. ■ DRAMMATICO; B/N; 92'; BRASILE, 1955.

RIVOLTA AL MOLO N. 6 *(New Orleans Uncensored)* ★★★
Regia di WILLIAM CASTLE. Con ARTHUR FRANZ, BEVERLY GARLAND. ■ Dan sogna di comperare una nave e mettersi nel trasporto fluviale. Per guadagnare la somma necessaria accetta un lavoro al porto di New Orleans e finisce nel bel mezzo dell'organizzazione criminale capeggiata da Saxon. Inizialmente Dan chiude gli occhi e addirittura accetta un lavoro poco chiaro per Saxon, ma la presenza di Marie, vedova di un onest'uomo ucciso dai sicari di Saxon, gli scuote la coscienza. Collaborando con la polizia, Dan fa in modo che la banda venga annientata. ■ DRAMMATICO; B/N; 76'; USA, 1955.

RIVOLTA DEGLI SCHIAVI, LA ★★
Regia di NUNZIO MALASOMMA. Con GINO CERVI, RHONDA FLEMING, LANG JEFFRIES, ETTORE MANNI, DARIO MORENO. ■ Nel-

la Roma imperiale i cristiani hanno vita difficile e Claudia, nel tentativo di salvare la vita della cugina Agnese, convertita, finisce in prigione anche lei. Qui incontra Vibio, uno schiavo che guida la rivolta dei prigionieri. Costretto a cedere per evitare una strage, l'imperatore libera tutti i prigionieri e Vibio, divenuto uomo libero, sposa la bella Claudia. ■ AVVENTURA; COL.; 105'; ITALIA, 1960.

RIVOLTA DEI BARBARI, LA ★★
Regia di GUIDO MALATESTA. Con GABRIELE ANTONINI, ROLAND CAREY, MARIO FELICIANI, GAETANO SCALA, MARIA SPINA. ■ Un console romano viene inviato, sotto altre vesti, in una provincia per scoprire dove vadano a finire le paghe dei soldati. Il console scopre ben presto che il ladro è il governatore corrotto e lo inchioda alle sue responsabilità. Consegnato il disonesto alle autorità romane, viene nominato governatore al suo posto. ■ AVVENTURA; COL.; 93'; ITALIA, 1965.

RIVOLTA DEI COWBOYS, LA *(Showdown at Abilene)* ★★
Regia di CHARLES HAAS. Con MARTHA HYER, JOCK MAHONEY. ■ Un reduce della guerra civile, Jim Trask, torna ad Abilene e trova la sua ex fidanzata promessa ad un ricco allevatore, Dave. Jim riprende la sua carica di sceriffo e scopre alcune cose poco pulite sul conto di Dave e del suo braccio destro, un violento che sobilla i contadini contro gli allevatori. Durante uno scontro, Dave e il suo "socio" si eliminano a vicenda e Jim, ristabilito l'ordine, può tornare dalla fidanzata, non più ex. ■ WESTERN; COL.; 80'; USA, 1956.

RIVOLTA DEI GLADIATORI, LA ★★
Regia di VITTORIO COTTAFAVI. Con GIANNA MARIA CANALE, ETTORE MANNI. ■ L'Armenia, provincia romana, è teatro di congiure che vedono la bella Amira tentare in ogni modo di spodestare il legittimo re Osroe, ancora bambino. Marco, tribuno dell'impero, arriva per mettere ordine nella zona e rischia di venire a sua volta eliminato dagli sgherri di Amira. Salvato da un ex schiavo da lui liberato, Marco porta in salvo Osroe. ■ AVVENTURA; COL.; 98'; ITALIA, 1958.

RIVOLTA DEI MERCENARI, LA ★★
Regia di PIERO COSTA. Con SUSANNA CANALES, VIRGINIA MAYO, CORRADO SAMMARTIN. ■ Innamorato della bella Patrizia, nobile esposta alle angherie del perfido Keller, Lucio organizza una scorta armata per difendere le terre della nobildonna. Arriva a fingere di allearsi con Keller per combatterlo meglio ma Patrizia, che si crede tradita, lo abbandona. Nell'ultima, decisiva battaglia, Lucio può dimostrare le sue vere intenzioni, salvando definitivamente il feudo dell'amata. ■ AVVENTURA; COL.; 92'; ITALIA, 1961.

RIVOLTA DEI PRETORIANI, LA ★★
Regia di ALFONSO BRESCIA. Con GIULIANO GEMMA, RICHARD HARRISON, PIERO LULLI, MOIRA ORFEI, PAOLA PITTI. ■ L'imperatore Domiziano è corrotto e perfido e il popolo ne ha abbastanza di lui. Anche i pretoriani sono sul punto di ribellarsi e l'occasione viene data a Valerio, loro capo, dall'arresto di Lucilla, la donna che il giovane ama. Alla testa dei suoi fedeli e del popolo infuriato, il prode Valerio libera Lucilla e uccide Domiziano. ■ AVVENTURA; COL.; 98'; ITALIA, 1964.

RIVOLTA DEI SEMINOLE, LA *(Seminole Uprising)* ★★
Regia di EARL BELLAMY. Con KARIN BOOTH, GEORGE MONTGOMERY. ■ La tribù di Falco Nero si ribella e l'esercito manda sul luogo Kem, un mezzosangue. La situazione viene complicata dalla presenza di un ufficiale vigliacco. L'intervento del mezzosangue è provvidenziale: alla fine tutto si sistema, l'ufficiale viene ucciso e Falco Nero addirittura salva la vita ad alcuni bianchi che stavano morendo di sete. ■ WESTERN; B/N; 74'; USA, 1955.

RIVOLTA DEI SETTE, LA ★★
Regia di ALBERTO DE MARTINO. Con NANDO GAZZOLO, LIVIO LORENZON, PAOLA PITTI, TONY RUSSELL, MASSIMO SERATO. ■ Milo, re di Sparta, ha tradito la lega degli Achei, che cercano le prove per condannarlo. Keros, un giovane gladiatore, le trova ma viene arrestato dalle guardie di Milo. Evaso, il giovane si impadronisce delle prove che porta ad Atene, al capo della lega. ■ AVVENTURA; COL.; 91'; ITALIA, 1965.

RIVOLTA DEI SIOUX, LA *(Punos de Roca)* ★★
Regia di MARTIN B. MILLER. Con MARY DOUGLAS, JAMES HOWARD, CHARLES B. WALTON. ■ Una riserva *comanche* si trova proprio nella zona tra il confine degli Stati Uniti e il Messico. Una banda di ladri di bestiame si allea con i Sioux, nemici dei *Comanches*, per attraversare con le mandrie rubate la riserva e riparare in Messico. I *Comanches* si rivolgono ad un bianco loro amico, Dinamite Jack, il quale li aiuta ad organizzare una difesa tanto valida che i Sioux e i ladri di bestiame sono definitivamente sconfitti. ■ WESTERN; B/N; 93'; MESSICO, 1958.

RIVOLTA DEI TEENAGERS, LA *(Teenage Rebellion)* ★★
Regia di NORMANN T. HERMAN. ■ 1968: anno fatale per le masse giovanili. Dell'avvenimento storico hanno profittato gli autori di questo modesto documentario per girare scene sulla "rivolta giovanile" in Europa e in America. ■ DOCUMENTARIO; B/N; 92'; USA, 1968.

RIVOLTA DEL DRAGO, LA ★
Regia di WOO YIN SENG. Con TIEN LING, YA YOUNG. ■ Due ex ergastolani giapponesi spadroneggiano in una piccola industria cinese che, come l'intera regione, è sottoposta al dominio nipponico. Ne approfittano fino a quando giunge il campione di kung-fu di turno che rimette le cose a posto uccidendo gli aguzzini. ■ AVVENTURA; B/N; 91'; HONG KONG, 1978.

RIVOLTA DELL'APACHE, LA *(Apache Drums)* ★★★
Regia di HUGO FREGONESE. Con COLEEN GRAY, STEPHEN MCNALLY. ■ Sam Leeds, di professione giocatore, è un baro e il sindaco di Spanish Boot lo caccia. La regione è infestata dagli Apaches sul sentiero di guerra e Sam è costretto a tornare portando la notizia della strage dei viaggiatori della diligenza. Nel momento del pericolo, Sam tira fuori una grinta insospettata che gli procura la simpatia dei concittadini che fino ad allora lo avevano disprezzato. ■ WESTERN; B/N; 75'; USA, 1951.

RIVOLTA DELLE EX, LA *(Ghosts of Girlfriends Past)* ★★
Regia di MARK WATERS. Con LACEY CHABERT, ROBERT FORSTER, JENNIFER GARNER, MATTHEW MCCONAUGHEY, BRECKIN MEYER. ■ Connor Mead è un celebre fotografo di moda col vizio delle donne e della poligamia. Costretto suo malgrado a partecipare alle nozze del fratello minore, lo sciupafemmine incallito torna alla tenuta del defunto zio Wayne. Allergico all'istituzione del matrimonio e fermamente deciso a far saltare in aria matrimonio e torta nuziale, sarà al contrario costretto a rivedere il suo cinismo e il suo antisentimentalismo da tre fantasmi in gonnella. A bordo di un letto a due piazze viaggerà avanti e indietro nel tempo alla ricerca del suo cuore perduto. Tra fughe e viaggi metafisici, Connor rivedrà Jenny, ex amata, lasciata e mai dimenticata. Forse per il seduttore impenitente è tempo di amare. *La rivolta delle ex* è un viaggio impossibile nel tempo, quello della seconda chance e dell'opportunità riparatrice, che impegna il protagonista a riformulare la propria vita e a compiere il desiderio inesaudito dell'amore. ■ COMMEDIA; COL.; 100'; USA, 2009.

RIVOLTA DELLE RECLUSE, LA *(Women's Prison)* ★★★
Regia di LEWIS SEILER. Con IDA LUPINO, CLEO MOORE, JAN STERLING. ■ In un penitenziario femminile, la severità eccessiva ed ossessiva della direttrice provoca la morte di una donna. Tra le altre detenute scoppia la rivolta malgrado i tentativi del medico, che ha sempre parteggiato per loro. La direttrice impazzisce e l'intervento delle guardie evita il suo linciaggio. ■ DRAMMATICO; B/N; 80'; USA, 1955.

RIVOLTA DEL MESSICO, LA *(Juarez y Maximiliano)* ★★
Regia di MIGUEL TORRES CONTRERAS. Con LIONEL ATWILL, MEDEA DE NOVARA, CONRAD NAGEL. ■ È la storia dell'arciduca Massimiliano d'Asburgo, fratello dell'imperatore austriaco Francesco Giuseppe, al quale Napoleone III offre la corona di imperatore del Messico. Massimiliano accetta, convinto che il popolo sia d'accordo, ma si accorge ben presto che i messicani lo considerano uno straniero usurpatore. Con la guida di Benito Juarez, il popolo messicano caccia gli stranieri e condanna alla fucilazione l'imperatore. ■ STORICO; B/N; 93'; MESSICO, 1934.

RIVOLTA DEL SUDAN, LA *(East of Sudan)* ★★
Regia di NATHAN J. JURAN. Con DEREK FOWLDS, ANTHONY QUAYLE, SYLVIA SYMS. ■ Mentre infuria la guerra civile tra nativi e inglesi nel Sudan, alla fine dell'Ottocento, un gruppo di fuggiaschi

tenta di raggiungere Kartum attraversando il territorio occupato dai ribelli. Ci riescono solo grazie all'aiuto di un indigeno. ■ AVVENTURA; COL.; 94′; GRAN BRETAGNA, 1964.

RIVOLTA DI FRANKENSTEIN, LA ★★
(The Evil of Frankenstein)
Regia di FREDDIE FRANCIS. Con PETER CUSHING, DUNCAN LAMONT, PETER WOODTHORPE. ■ Costretto a fuggire per non essere arrestato, il barone Frankenstein si rifugia sulle montagne e qui, tra i ghiacci, ritrova perfettamente ibernato il mostro che aveva fabbricato qualche anno prima. Lo riporta in vita con l'aiuto di un ipnotizzatore. ■ HORROR; COL.; 89′; GRAN BRETAGNA, 1964.

RIVOLTA DI HAITI, LA *(Lydia Bailey)* ★★
Regia di JEAN NEGULESCO. Con ANNE FRANCIS, CHARLES KORVIN, DALE ROBERTSON. ■ Nella Haiti in rivolta contro l'autorità francese, capita Albion, giovane avvocato con l'incarico di rintracciare Lydia, cittadina americana, per farle firmare il testamento con il quale il padre lascia ogni sostanza al governo americano. Il generale francese, che deve soffocare la rivolta, è il marito di Paolina Bonaparte. ■ AVVENTURA; COL.; 89′; USA, 1952.

RIVOLTA DI LYSISTRATA ★★
(Der Aufstand der Lysistrata)
Regia di FRITZ KORTNER. Con KARIN KERNKE, BARBARA RÜTTING, ROMY SCHNEIDER. ■ Durante la guerra del Peloponneso, le donne ateniesi scioperano contro i loro uomini per convincerli a far pace con Sparta. ■ COMMEDIA; B/N; 93′; GERMANIA, 1962.

RIVOLTA INDIANA NEL WEST *(Oklahoma Territory)* ★★
Regia di EDWARD L. CAHN. Con TED DE CORSIA, GLORIA TALBOTT, BILL WILLIAMS. ■ Il film si ispira a una serie televisiva che aveva per protagonista Temple Houston, personaggio storico, figlio del famoso generale Sam Houston, vincitore della battaglia di San Jacinto, che si guadagnò una discreta fama come avvocato. Qui Temple riesce a far assolvere un capo indiano ingiustamente accusato d'omicidio e a sposarne la figlia. ■ WESTERN; B/N; 67′; USA, 1965.

RIVOLTA NEL WEST *(The Black Lash)* ★★
Regia di RON ORMOND. Con RAY BENNET, LASH LA RUE, AL FUZZY ST JOHN, PEGGY STEWART. ■ Il film in realtà è il condensato d'una serie di episodi, prodotti sul finire degli anni Trenta, che avevano per protagonisti due re del western di serie B: "Lash" La Rue, un cowboy senza paura che preferiva la frusta alle pistole, e Fuzzy St. John, che gli faceva da spalla comica. ■ WESTERN; B/N; 95′; USA, 1965.

RIVOLTOSI DI ALCANTARA, I *(Diego Corrientes)* ★
Regia di ANTONIO ISASI ISASMENDI. Con MARISA DE LEZA, EULALIA DEL PINO, EMILIO QUESADA, JOSÉ SUAREZ. ■ Mediocre film di cappa e spada: c'è il bieco e tirannico nobile, il valoroso ribelle, la fidanzata del nobile che ama il ribelle e che riesce a salvargli la vita. ■ AVVENTURA; B/N; 92′; SPAGNA, 1960.

RIVOLTOSI DI BOSTON, I *(Johnny Tremain)* ★★★
Regia di ROBERT STEVENSON. Con LUANA PATTEN, HAL STALMASTER, JEFF YORK. ■ I patrioti di Boston, insofferenti al dominio inglese, organizzano una protesta sempre più efficace che sfocerà nella battaglia di Lexington (1775) fra truppe britanniche e rivoltosi. ■ STORICO; COL.; 80′; USA, 1961.

RIVOLUZIONARIO, IL *(The Revolutionary)* ★★★
Regia di PAUL WILLIAMS. Con SEYMOUR CASSEL, ROBERT DUVALL, JENNIFER SALT, JON VOIGHT, COLLIN WILCOX. ■ Presa di coscienza di uno studente americano nei moti studenteschi a cavallo tra gli anni Sessanta e Settanta. Diventerà sempre più estremista fino ad imboccare la via del terrorismo. ■ DRAMMATICO; COL.; 100′; GRAN BRETAGNA, 1970.

RIVOLUZIONE A CUBA ★★
Regia di LUCIANO MALASPINA. ■ Il film monta spezzoni documentaristici per raccontare la storia della rivoluzione cubana. ■ DOCUMENTARIO; B/N; 93′; ITALIA, 1966.

RIVOLUZIONE D'OTTOBRE ★★★
(La revolution d'Octobre)
Regia di FRÉDÉRIC ROSSIF. ■ Il grande documentarista francese celebra il cinquantenario della rivoluzione russa del 1917 con questo film di montaggio. ■ DOCUMENTARIO; B/N; 94′; FRANCIA, 1967.

RIZE ★★★
Regia di DAVID LACHAPELLE. Con LIL C., DRAGON, LA NIÑA, MISS PRISSY, TOMMY THE CLOWN, TIGHT EYEZ. ■ *Rize*, ovvero l'alba di una nuova avanguardia legata al mondo della danza. Il palcoscenico è South Central, conosciuto per essere uno dei quartieri duri della città degli angeli. Qui, nel 1992, Tommy "il clown" inventa un nuovo modo di animare le feste dei bambini in stile hip hop. Non pensa solo a farli divertire ma diventa anche, per molti di loro, un punto di riferimento per tenerli fuori dalle gang. L'attrazione alternativa è un nuovo modo di ballare, lontano dalla break dance, fatto di frenetici movimenti e di volti truccati da pagliacci. ■ DOCUMENTARIO; COL.; 86′; USA, 2005.

RKO 281 – LA VERA STORIA DI QUARTO POTERE ★★
(RKO 281)
Regia di BENJAMIN ROSS. Con BRENDA BLETHYN, JAMES CROMWELL, LIAM CUNNINGHAM, MELANIE GRIFFITH, JOHN MALKOVICH, ROY SCHEIDER, LIEV SCHREIBER. ■ Il giovane Orson Welles, già famoso per le sue imprese radiofoniche, giunge a Hollywood per girare il suo primo film. Non è però *La guerra dei mondi* come molti vorrebbero. È il ritratto impietoso (sotto altre ma riconoscibili sembianze) di William Hearst, il magnate dell'editoria. Inutilmente lo sceneggiatore Mankiewicz cerca di farlo desistere sapendo i guai a cui andrà incontro. Hearst, che si è visto portare sullo schermo anche su un piano molto privato, reagisce facendo guerra al film e giungendo vicino al risultato di farlo scomparire dalla circolazione. Sarà il suo stesso tracollo economico ad impedirgli di andare fino in fondo e a salvare *Quarto Potere*. Prodotto per la HBO e la BBC, il film ha vinto 3 Emmy e il Golden Globe per la miglior miniserie. Il suo passaggio sul grande schermo risente della sua origine televisiva accentuandone il contenuto didattico. Ma mancano i nervi e questo si sente. ■ STORICO-BIOGRAFICO; B/N; 87′; GRAN BRETAGNA, USA, 1999.

ROAD, THE ★★★
Regia di JOHN HILLCOAT. Con ROBERT DUVALL, VIGGO MORTENSEN, GUY PEARCE, KODI SMIT-MCPHEE, CHARLIZE THERON. ■ Sulla strada un uomo e un bambino procedono dietro a un carrello e dentro "una notte più buia del buio e un giorno più grigio di quello passato". Una pioggia radioattiva ha spento i colori del mondo, una guerra o forse un'apocalisse nucleare ha distrutto la natura e le sue creature: gli alberi cadono, gli uccelli hanno perso l'intenzione del volo, il mare ha esaurito il blu, gli uomini non sognano più e si nutrono di uomini e crudeltà. Dal passato verso un futuro che non si vede si muovono un padre e un figlio. In viaggio verso sud, il genitore racconta al bambino la sua vita a colori, piena di musica e della dolcezza bionda di sua madre, inghiottita dalla notte e dalla paura di sopravvivere. Lungo la strada il ragazzo esplorerà la propria umanità, imparando la conoscenza del bene e del male. ■ DRAMMATICO; COL.; 111′; USA, 2009.

ROADIE – LA VIA DEL ROCK *(Roadie)* ★★★
Regia di ALAN RUDOLPH. Con ART CARNEY, ALICE COOPER, DEBORAH HARRY, KAKI HUNTER, HARLE KILGORE, MEAT LOAF, GAILARD SARTAIN. ■ Un ragazzone texano s'innamora di una ragazzina che fa parte di un complesso rock e, smesso di fare il camionista, diventa l'autista del gruppo. Lei però è innamorata del cantante pop Alice Cooper e il nostro dovrà faticare parecchio per averla vinta. ■ COMM. MUSICALE; COL.; 105′; USA, 1980.

ROAD TO GUANTANAMO, THE ★★★
Regia di MICHAEL WINTERBOTTOM. Con RIZ AHMED, FARHAD HARUN, WAQAR SIDDIQUI, ARFAN USMAN. ■ Quattro amici di età che va dai 19 ai 23 anni (Ruhel, Asif, Shafiq e Monir) partono dall'Inghilterra per il matrimonio di uno di loro in Pakistan. Siamo nell'autunno del 2001. Dopo una serie di vicissitudini tre di loro vengono arrestati dalle truppe americane e portati nella base di Guantanamo. Ne usciranno due anni dopo totalmente scagionati dall'accusa di terrorismo dopo aver subito torture psicologiche e fisiche brutali. Il regista inglese decide di intervistare i tre protagonisti e di ricostruire con non attori quanto da loro narrato. L'obiezione che può subito emergere è ovvia: Winterbottom ha

fatto le verifiche necessarie? È sicuro che quanto raccontato dai tre corrisponda a verità? La risposta è sin troppo facile: per certo i giovani avevano un alibi di ferro e nonostante questo si sono fatti due anni di Guantanamo come terroristi pericolosissimi. A questo si può aggiungere che se fosse vera anche solo la metà delle torture da loro raccontate come subite ad opera dei soldati americani questo sarebbe già più che sufficiente per parlare di barbarie. Winterbottom mette poi a segno un colpo di genialità da ricercatore quando mostra una dichiarazione di Donald Rumsfeld che afferma testualmente "Stiamo rispettando in massima parte la Convenzione di Ginevra sui Diritti Umani". L´uomo di punta dell'Amministrazione Bush dice la verità: quello che sta oltre alla massima parte precipita nel buio o nel sole a picco su celle di metallo in mezzo a un cortile della base di Guantanamo al cui ingresso (Camp Delta) si legge: "Honour Bound to Defend Freedom". Per molto, molto meno Richard Nixon dovette lasciare la Casa Bianca. Erano altri tempi? Forse. ■ DRAMMATICO; COL.; 95′; GRAN BRETAGNA, 2006. ■ BERLINO 1 PR.

ROAD TO NOWHERE ★★★
Regia di MONTE HELLMAN. Con CLIFF DE YOUNG, JOHN DIEHL, TYGH RUNYAN, SHANNYN SOSSAMON, DOMINIQUE SWAIN. ■ Mitch Haven è un giovane regista che vuole realizzare un film basato su una vera crime story che coinvolge un maturo politico del North Carolina e la sua giovane amante, Velma Duran. Mentre lavora alla sceneggiatura e cerca il giusto volto per la protagonista, s'imbatte nel provino della semisconosciuta Laurel Graham, che pare la reincarnazione del personaggio reale. E così è: Laurel è Velma Duran, lo sa lei e lo sa anche un detective assicurativo prestato al set come muratore. Intanto, Mitch Haven trasforma malauguratamente la passione per il film che sta girando in passione cieca per la sua musa. All'inizio lo vediamo mostrare il girato alla blogger (l'ex Lolita di Adrien Lyne) che per prima, con un articolo sui misteri del fatto di cronaca, aveva risvegliato il suo interesse. Il maestro chiamato da Coppola per tagliare *Apocalypse Now*, produttore de *Le Iene* e dunque fautore dell'esordio di Quentin Tarantino, poteva raccontare qualsiasi storia e... così ha fatto. ■ THRILLER; COL.; 121′; USA, 2010.

ROAD TRIP ★★
Regia di TODD PHILLIPS. Con RACHEL BLANCHARD, PAUL COSTANZO, BRECKIN MEYER, D.J. QUALLS, ANTHONY RAPP, SEANN WILLIAM SCOTT, AMY SMART, FRED WARD. ■ Josh, uno studente universitario, viene abbordato ad una festa da Beth, che decide di riprendere con una telecamera la loro notte di sesso. La mattina seguente Josh si accorge che la cassetta è stata spedita alla sua fidanzata Tiffany, che studia a Austin in Texas. Parte così con tre amici, molto diversi tra loro, intenzionato a salvare il suo rapporto. Tra gag demenziali e tormentoni (vedi il serpente) ben distribuiti, Todd Phillips dimostra di conoscere bene i Fratelli Farrelly (*Tutti pazzi per Mary*) e le università americane. Non è *American Pie* e nenanche *Porkys*. Anche se un trailer insulso cerca di spacciarcelo come tale. ■ COMMEDIA; COL.; 94′; USA, 2000.

ROBA CHE SCOTTA *(Hot Stuff)* ★★
Regia di DOM DELUISE. Con LUIS AVALOS, OSSIE DAVIS, DOM DELUISE, MARC LAWRENCE, SUZANNE PLESHETTE, JERRY REED. ■ Tre poliziotti e una poliziotta che formano una squadra speciale addetta a reprimere i piccoli furti sono nei guai perché, nonostante la loro buona volontà, non riescono a trovare le prove necessarie ad incastrare i ladri. Riusciranno a risolvere il problema sostituendosi a un ricettatore. ■ COMMEDIA; COL.; 87′; USA, 1979.

ROBA DA MATTI *(The Good Humor Man)* ★★
Regia di LLOYD BACON. Con LOLA ALBRIGHT, JACK CARSON, JEAN WALLACE. ■ Una maliarda distrae un onesto gelataio, mentre i suoi complici gli rubano il camioncino per compiere una rapina a una banda. Dopo molte peripezie il poveretto riuscirà a provare di non essere complice dei banditi. ■ COMICO; B/N; 79′; USA, 1951.

ROBA DA MATTI *(Madhouse)* ★★
Regia di TOM ROPELEWSKI. Con KIRSTIE ALLEY, ALISON LA PLACA, JOHN LARROQUETTE. ■ Mark e sua moglie Jessica, mentre cercano di passare tranquillamente la loro seconda luna di miele, si vedono piombare in casa prima i cugini Fred e Berenice, poi la sorella di Jessica Claudia col figlio Jonathan e infine i vicini. A fatica i coniugi riusciranno a liberarsi dagli sgraditi ospiti. Scappa anche qualche risata. ■ COMMEDIA; COL.; 94′; USA, 1990.

ROBA DA MATTI ★★
Regia di ENRICO PITZIANTI. ■ Luglio 2009. Enrico Pitzianti riceve una telefonata dalla presidentessa dell'Associazione Asarp (Associazione sarda per la riforma psichiatrica), Gisella Trincas, che dal 1995 gestisce Casamatta, una struttura che ospita otto persone in cura presso i centri di salute mentale della Asl n. 8 di Cagliari. Purtroppo, dopo quindici anni di attività, devono chiudere perché il padrone di casa non vuole rinnovare loro il contratto di affitto. Nel documentario emergono: la difficile applicazione della legge Basaglia in Sardegna da parte di Gisella Trincas; la realtà di operatori e persone afflitte da un disagio mentale che cercano un'esistenza normale; il concetto di disagio mentale e la sofferenza; il realismo profondamente psicologico, e così semplice, di coloro che, fra gesti e parole, si offrono allo spettatore. ■ DOCUMENTARIO; COL.; 80′; ITALIA, 2012.

ROBA DA RICCHI ★★
Regia di SERGIO CORBUCCI. Con SERENA GRANDI, RENATO POZZETTO, PAOLO VILLAGGIO. ■ Tre episodi ambientati a Montecarlo. Pozzetto è un prete di cui si innamora appassionatamente la principessa di Monaco. Serena Grandi commette una truffa con l'aiuto volontario di Paolo Villaggio, un goffo assicuratore innamorato di lei. Infine Lino Banfi fa il nuovo ricco pugliese in vacanza con tutta la famiglia sulla Costa Azzurra (la moglie gli metterà le corna con un cantautore). ■ COMMEDIA; COL.; 104′; ITALIA, 1987.

ROBERTA ★★★
Regia di WILLIAM A. SEITER. Con LUIS ALBERNI, FRED ASTAIRE, IRENE DUNNE, GINGER ROGERS, RANDOLPH SCOTT, VICTOR VARCONI, HELEN WESTLEY. ■ L'amore tra una principessa russa, diventata grazie alla rivoluzione disegnatrice di moda a Parigi, e il suo padrone americano. ■ COMM. MUSICALE; B/N; 85′; USA, 1935. ■ OSCAR 1 NOM.

ROBERTO SUCCO ★
Regia di CÉDRIC KAHN. Con STEFANO CASSETTI, PATRICK DELL'ISOLA, ISILD LE BESCO. ■ Un ragazzo di bell'aspetto aggancia senza difficoltà adolescenti attratte dal bel tenebroso. La sua personalità, in realtà, è così instabile e violenta da commettere delitti efferati. Roberto Succo si ispira al libro di Pascale Froment *Je te tue, histoire vraie de Roberto Succo*,ma non riesce ad elaborare, dai fatti di cronaca nera verificatisi tra l'Italia e la Francia negli anni Ottanta, niente di più di un film con un personaggio ben interpretato dall'esordiente Stefano Cassetti. Le vicende di un personaggio psicologicamente disturbato non vengono mai lette secondo una cifra stilistica che voglia indagarne, se non altro, il mistero. Sono solo e semplicemente "esposte", con incongruenze risibili. ■ DRAMMATICO; COL.; 124′; FRANCIA, 2001.

ROBIN E I 2 MOSCHETTIERI E MEZZO ★
(Anju to zushio-maru – The Orphan Brother)
Regia di YUGO ARIKAWA, TAJI YABUSHITA. ■ Il solito orfanello con l'aiuto dei soliti animaletti riesce a provare l'innocenza del padre e a farsi nominare governatore dall'imperatore. ■ ANIMAZIONE; B/N; 92′; GIAPPONE, 1961.

ROBIN E MARIAN *(Robin and Marian)* ★★
Regia di RICHARD LESTER. Con SEAN CONNERY, DENHOLM ELLIOTT, RICHARD HARRIS, AUDREY HEPBURN, IAN HOLM, ROBERT SHAW, NICOL WILLIAMSON. ■ Nel 1199, il violento re Riccardo Cuor di Leone muore in una stupida scaramuccia lasciando liberi due cavalieri del suo seguito, Robin Hood e Little John che venti anni prima erano stati i capi dei famosi fuorilegge di Sherwood. I due decidono di ritornare nel luogo che è stato teatro delle loro gesta e qui ritrovano i vecchi amici, Marian, l'amore di Robin, e lo sceriffo di Nottingham. Ma tutti sono diventati più vecchi e Marian è addirittura badessa di un convento. Robin riprende la lotta, uccide lo sceriffo, ma Marian, per paura di perderlo, l'avvelena suicidandosi subito dopo. ■ AVVENTURA; COL.; 112′; GRAN BRETAGNA, 1976.

ROBIN HOOD ★★★★
Regia di ALLAN DWAN. Con WALLACE BEERY, ENID BENNET, DOUGLAS FAIRBANKS. ■ Le famose gesta di Robin Hood secondo Fairbanks e il suo grande istrionismo comico con una forte dose di autoironia. Fondamentale perché ha ispirato le altre trasposizioni sullo schermo. ■ AVVENTURA; COL.; 115′; USA, 1922.

ROBIN HOOD ★★★
Regia di WOLFGANG REITHERMAN, PRODUZIONE DISNEY. ■ Divertente versione animata della famosa leggenda. I personaggi sono tutti umanizzati in stile Walt Disney. Robin e Marian sono due volpi, Riccardo e Giovanni due leoni, frate Tuck e Little John due orsi, lo sceriffo un lupo, Alan a-Dale un gallo e così via. ■ ANIMAZIONE; COL.; 83′; USA, 1974. ■ OSCAR 1 NOM.

ROBIN HOOD ★★
Regia di RIDLEY SCOTT. Con MARK ADDY, CATE BLANCHETT, RUSSELL CROWE, WILLIAM HURT, MARK STRONG. ■ Nell'Inghilterra del XIII secolo, Robert Longstride è un abile arciere dell'esercito di Riccardo I, impavido sovrano in guerra coi francesi. Una freccia uccide il monarca e convince Robert e i suoi amici a congedarsi dall'armata e a fare ritorno a casa, ma nel tragitto soccorrono Sir Loxley, incaricato di annunciare l'avvenuta morte di Riccardo e di consegnare la sua corona. Sul punto di morte il nobile uomo strappa all'arciere una promessa, dovrà restituire la sua spada al vecchio padre nella contea di Nottingham. Uomo di parola, Robert si recherà nella tenuta di Loxley, dove per volere del vecchio Walter assumerà l'identità del figlio defunto e i diritti sulla bella consorte, Marion. Superba e riottosa, la donna non vuole saperne di quell'impostore che si rivela però gentiluomo. Scoperto di essere figlio dell'uomo che scrisse la Carta della Foresta, sventato un complotto francese ai danni dell'Inghilterra e deciso a reagire ai soprusi di Giovanni Senzaterra e senza cuore, Robert impugnerà arco e frecce e cavalcherà coi suoi uomini per la vittoria. Viene riscritta la vicenda di Robin e la stessa storia inglese (una licenza su tutte: Riccardo non morì in Palestina), ma Scott e il suo fido Crowe (che sembra il gladiatore che fa l'arciere), e il cinema, tutto possono permettersi. ■ AVVENTURA; COL.; 148′; USA, GRAN BRETAGNA, 2010.

ROBIN HOOD DELLA CONTEA NERA ★★
(The Hellfire Club)
Regia di ROBERT S. BAKER. Con ADRIENNE CORRI, KAI FISCHER, KEITH MITCHELL. ■ Nel Seicento, il legittimo erede di un Lord viene cresciuto da saltimbanchi, mentre un bieco cugino gli usurpa il titolo, ma riuscirà ad ottenere giustizia dal re e a uccidere il fellone in duello. ■ AVVENTURA; B/N; 93′; GRAN BRETAGNA, 1961.

ROBIN HOOD DELL'ELDORADO – LAMPI SUL MESSICO *(The Robin Hood of El Dorado)* ★★★
Regia di WILLIAM A. WELLMAN. Con WARNER BAXTER, ANN LORING. ■ La California a partire dal 1770 fu prima spagnola e poi messicana; nel 1847 passò agli Usa. Pochi mesi dopo, in quel paese fu scoperto l'oro e i latino-americani furono sommersi dai prepotenti cercatori yankee, che si infischiavano dei diritti di chi era lì prima di loro. Gli oppressi videro quindi come loro idolo il bandito Joaquin Murieta (a lui dedicò un poema anche Pablo Neruda) che pareva vendicarli. Il fuorilegge fu ucciso e decapitato. ■ WESTERN; B/N; 86′; USA, 1936.

ROBIN HOOD DEL RIO GRANDE, IL ★★
(Blackjack Ketchum, Desperado)
Regia di EARL BELLAMY. Con HOWARD DUFF, VICTOR JORY, MAGGIE MAHONEY. ■ Un cowboy uccide per legittima difesa il fratello di un grande allevatore che vuole vendicarsi. Sarà invece l'involontario assassino ad avere partita vinta e a liberare la regione dal dominio del rivale. ■ WESTERN; B/N; 76′; USA, 1956.

ROBIN HOOD E I COMPAGNI DELLA FORESTA ★★★
(The Story of Robin Hood and His Merrie Men)
Regia di HAROLD FRENCH. Con JOAN RICE, RICHARD TODD. ■ Una discreta versione della storia del famoso bandito di Sherwood a cura degli studi Disney: Robin riesce, a dispetto dello sceriffo e del principe Giovanni, a trovare il denaro necessario per pagare il riscatto per Riccardo Cuor di Leone tenuto prigioniero dell'imperatore Enrico VI. ■ AVVENTURA; B/N; 83′; USA, 1952.

ROBIN HOOD E I PIRATI ★★
Regia di GIORGIO C. SIMONELLI. Con LEX BARKER, JACKIE LANE, ROSSANA RORY, MARIO SCACCIA. ■ Versione italiana che si discosta abbastanza dalla leggenda tradizionale. Qui Robin è un nobile che si allea ai pirati che l'avevano rapito per vendicarsi di un rivale che gli ha usurpato il titolo. ■ AVVENTURA; COL.; 95′; ITALIA, 1961.

ROBIN HOOD JUNIOR *(Reckless Kelly)* ★★
Regia di YAHOO SERIOUS (pseud. di GREG PEAD). Con MELORA HARDIN, ALEXEJ SAYLE, YAHOO SERIOUS, HUGO WEAVING. ■ Secondo film diretto e interpretato da Greg Pead, in arte Serious, dopo *Einstein junior*. Un fuorilegge australiano sullo stile di Robin Hood, deve fare l'attore a Hollywood per poter acquistare l'isola dove vive con la sua piccola comunità. ■ COMICO; COL.; 95′; AUSTRALIA, USA, 1993.

ROBIN HOOD – LA LEGGENDA ★★
(Robin Hood – The Legend)
Regia di JOHN IRVIN. Con PATRICK BERGIN, EDWARD FOX, JÜRGEN PROCHNOW, UMA THURMAN. ■ La storia è la stessa di sempre. Robin ritorna nella sua terra e trova il fratello di re Riccardo che la fa da padrone. Riunita una compagnia di diseredati compie la sua opera di giustizia e amoreggia con Lady Marian. La variante semmai è da ricercarsi nell'ambientazione livida e monocromatica. Un trattamento che sembra rifarsi più alla austerità di un Bergman che a un piacevole intrattenimento domenicale. Inoltre il film è stato prodotto contemporaneamente a quello di Costner, che pur con tutti i suoi difetti era un'operazione diretta al pubblico. Una sconfitta annunciata, con un protagonista inadeguato, a causa della scarsa simpatia che suscita ed una Lady Marian uscita da una copertina di Vogue. ■ AVVENTURA; COL.; 116′; GRAN BRETAGNA, 1991.

ROBIN HOOD, L'ARCIERE DI SHERWOOD ★
(Robin Hood Dies)
Regia di FRANK BELLMUNT. Con CHARLY BRAVO, LUIS INDUNI, MARIA RENIU, FERNANDO RUBIO. ■ Mediocre versione spagnola delle avventure del famoso bandito. ■ AVVENTURA; COL.; 92′; SPAGNA, 1976.

ROBIN HOOD, L'INVINCIBILE ARCIERE ★
Regia di JOSÉ LUIS MERINO. Con PASQUALE BASILE, FRANCA POLESELLO, CHARLES QUINEY. ■ Robin aiuta una coppia di fidanzati a sposarsi nonostante le trame di un bieco barone. ■ AVVENTURA; COL.; 94′; ITALIA, SPAGNA, 1971.

ROBIN HOOD, PRINCIPE DEI LADRI ★★★
(Robin Hood: Prince of Thieves)
Regia di KEVIN REYNOLDS. Con KEVIN COSTNER, MORGAN FREEMAN, MARY ELIZABETH MASTRANTONIO, CHRISTIAN SLATER. ■ Robin di Locksley, di ritorno dalle crociate con il suo amico Azeem, viene espropriato delle sue terre dallo sceriffo della contea di Nottingham. Robin, divenuto nel frattempo Robin Hood, riunisce tutti i diseredati del luogo; li incita alla rivolta e, dopo avere sconfitto l'untuoso tiranno, sposa Lady Marian, con la benedizione di re Riccardo, quest'ultimo interpretato, in un fulminante cammeo, dal grande Sean Connery. Il lodevole sforzo di non far rimpiangere il divino Errol Flynn è parzialmente riuscito. Al film non manca nessuno degli ingredienti necessari. Duelli, colpi di scena, ambientazione semirealistica e qualche ricorso all'agiografia sono gli elementi fondamentali di una pellicola votata al successo già prima di essere realizzata. Il regista Kevin Reynolds, già autore di *Fandango* e del misconosciuto *Belva di guerra*, non ha tradito le sue grandi potenzialità. Peccato che seguiranno due clamorosi flop: *Waterworld*, proprio con Costner, e *Rapa Nui*. Kevin Costner, invece, ha intelligentemente evitato il confronto con i suoi predecessori, rappresentando un Robin moderno e un po' defilato sul piano fisico per via di qualche chilo di troppo che a stento riesce a nascondere. Mary Elizabeth Mastrantonio è la più deprimente Lady Marian della storia del cinema. ■ AVVENTURA; COL.; 140′; USA, 1991. ■ GOLDEN GLOBES 2 NOM; OSCAR 1 NOM.

ROBIN HOOD – UN UOMO IN CALZAMAGLIA ★★
(Robin Hood: Men in Tights)
Regia di MEL BROOKS. Con MEL BROOKS, CARY ELWES, RI-

CHARD LEWIS, ROGER REES. ■ Un Mel Brooks affaticato. Rende in forma di musical la leggenda di Robin Hood. Ovviamente in chiave demenziale. Ma le battute e le trovate sono vecchie e si salva ben poco. Il personaggio più riuscito è quello del rabbino impersonato dallo stesso Mel Brooks. Nel ruolo di don Giovanni c'è Dom De Luise. Un gruppo di colore rap introduce la storia e la conclude. Grande successo di pubblico. ■ COMICO; COL.; 102'; USA, 1993.

ROBINSON CRUSOE – LA VERA STORIA *(Crusoe)* ★★★
Regia di CALEB DESCHANEL. Con COLIN BRUCE, AIDAN QUINN, ADE SAPARA. ■ Ancora il romanzo di Defoe per una versione superiore alla media. Robinson, prima di naufragare, è un mercante di schiavi. Il naufragio, la solitudine, l'amicizia con Venerdì saranno un'ottima occasione per rivedere radicalmente le sue convinzioni sulla vita. ■ AVVENTURA; COL.; 91'; USA, 1988.

ROBINSON CRUSOE NELL'ISOLA MISTERIOSA ★★
(Robinson Crusoe of Clipper Island)
Regia di MARK WRIGHT. Con MAMO CLARK, RAY MALA, WILLIAM NEWELL. ■ Il Robinson Crusoe del titolo non è il protagonista del romanzo di Defoe, ma un postelegrafonico hawaiano inviato a reggere l'ufficio di un'isola dove i suoi predecessori sono stati assassinati. Scoprirà che sotto c'è un'operazione di contrabbando. ■ AVVENTURA; B/N; 100'; USA, 1950.

ROBINSON NELL'ISOLA DEI CORSARI ★★★
(Swiss Family Robinson)
Regia di KEN ANNAKIN. Con JAMES MACARTHUR, DOROTHY MCGUIRE, JOHN MILLS. ■ Il film racconta di una famiglia elvetica che, lasciata l'Europa sconvolta dalle guerre napoleoniche, naufraga su un'isola dell'oceano Pacifico dove trova i terribili pirati malesi. ■ AVVENTURA; COL.; 128'; USA, 1960.

ROBINSON, UNA FAMIGLIA SPAZIALE, I ★★★
(Meet the Robinsons)
Regia di STEPHEN J. ANDERSON. ■ In una notte buia e tempestosa, una donna incappucciata abbandona un fagotto davanti alla porta di un orfanotrofio e sparisce nella pioggia. Dodici anni dopo, il piccolo Lewis aspetta ancora che qualche coppia di buon cuore si decida ad adottarlo, ma ormai di possibili genitori ne ha visti tanti e tutti sono scappati a gambe levate di fronte al suo talento d'inventore, geniale e pasticcione. Quando sta per perdere le speranze, dopo che anche il suo ultimo prototipo – lo scanner mnemonico – pare averlo tradito, Lewis fa la conoscenza di Wilbur Robinson, un coetaneo apparso dal nulla, e vola con lui nel futuro a scoprire che tutto è ancora possibile: basta solo inventarlo! Tratto dal libro per bambini *A Day with Wilbur Robinson* di William Joyce. ■ ANIMAZIONE; COL.; 82'; USA, 2007.

ROBOCOP ★★★
Regia di PAUL VERHOEVEN. Con NANCY ALLEN, DAN O'HERLIHY, PETER WELLER. ■ Un poliziotto è catturato da una banda di gangster cui dava la caccia, torturato e ucciso. Ma qualcosa di lui rimane viva e viene innestata in un robot che il capo della polizia fa adottare dal corpo per gli incarichi più pericolosi (è invulnerabile). Ma il robot ha la memoria dell'agente ucciso e, riconosciuti i suoi carnefici, dà loro una caccia spietata, sterminandoli (e uccidendo il loro capo, un alto funzionario della polizia). ■ POLIZIESCO; COL.; 103'; USA, 1987. ■ OSCAR 1 PR, 3 NOM.

ROBOCOP 2 ★★
Regia di IRVIN KERSHNER. Con NANCY ALLEN, GALYN GEORG, TOM NOONAN, PETER WELLER. ■ Una droga potentissima, la Nuke, è in grado di ridurre le capacità mentali della gente. Ma Robocop, il poliziotto robot che ha il cervello del mitico agente Murphy, veglia per difendere la città dai criminali che vorrebbero sottometterla al loro potere. Inoltre, un terrificante robot assassino fa la sua apparizione sulla scena. Robocop avrà la meglio, ma il gangster, che ha progettato l'automa cattivo, non gliela perdonerà. Sospensione atta a favorire la serialità di queste avventure. ■ FANTASCIENZA; COL.; 110'; USA, 1990.

ROBOCOP 3 ★
Regia di FRED DEKKER. Con NANCY ALLEN, ROBERT J. BURKE, JILL HENNESSY. ■ Un giapponese vuole radere al suolo interi quartieri popolari per realizzare un suo progetto di urbanizzazione. Vittima, tra gli altri, la piccola Nikko di padre americano e madre giapponese. La bambina, abile nell'uso del computer, dà una mano a chi osteggia il progetto, aiutata a sua volta da Robocop. L'ironia è in aumento ma la serializzazione è da incubo in questo terzo, e speriamo ultimo, episodio della serie. ■ FANTASTICO; COL.; 104'; USA, 1993.

ROBOT E LO SPUTNIK, IL *(The Invisible Boy)* ★★
Regia di HERMAN HOFFMAN. Con PHILIP ABBOT, DIANE BREWSTER, RICHARD EYER. ■ Il figlio di uno scienziato gioca con un meraviglioso robot che gli insegna a diventare invisibile. Poi dovrà lottare con un cervello elettronico impazzito che vuol distruggere il mondo. ■ FANTASCIENZA; B/N; 85'; USA, 1957.

ROBOT HOLOCAUST *(Terminal Entry)* ★
Regia di TIM KINCAID. Con NORRIS CULF, JENNIFER DELORA, NADINE HARTSTEIN, JOE BUZZ VON ORSTEINER. ■ La Terra non è che un gigantesco ammasso di macerie dove i robot spadroneggiano. A New York, ogni strada è un campo di battaglia e i cittadini rimasti sono impegnati fino alla morte a difendere il genere umano. Il segreto per liberarsi degli odiosi tiranni meccanici, purtroppo, è ben custodito. ■ FANTASCIENZA; COL.; 90'; USA, 1987.

ROBOTS ★★★
Regia di CARLOS SALDANHA, CHRIS WEDGE. Voci di HALLE BERRY, MEL BROOKS, AMANDA BYNES, DREW CAREY, GREG KINNEAR, EWAN MCGREGOR, ROBIN WILLIAMS. ■ La verve che aveva caratterizzato *L'era glaciale* è rimasta intatta in questo *Robots*, che suscita in più di un'occasione momenti di grande ilarità. Un grande pregio del film è di non puntare esclusivamente su riferimenti metacinematografici, ma anche e soprattutto su elementi ludici o ricordi che dovrebbero fare facilmente breccia nella memoria dei trentenni (l'allegro chirurgo, le costruzioni, i "mostri" coi quali si era soliti giocare). Tecnicamente sontuoso, con dettagli curati fino all'inverosimile che si fanno apprezzare soprattutto nelle scene d'azione, ben dirette, coreografate e montate, *Robots* offre una carrellata di personaggi simpatici e alla mano, del tutto privi di sostanza drammaturgica, ma ricchi di umanità e ben pennellati da una sceneggiatura brillante che regala a tutti il giusto spazio, garantendo al film quella coralità che ha reso valide pellicole come *Shrek 2* e *Gli Incredibili*. ■ ANIMAZIONE; COL.; 91'; USA, 2004.

ROBOWAR ★★
Regia di VINCENT DAWN (pseud. di BRUNO MATTEI). Con REB BROWN, CATHERINE HICKLAND, MAX LAUREL. ■ Una macchina micidiale, metà uomo e metà robot, viene spedita fra i guerriglieri. Sorta di Attila fantascientifico, dove passa Robowar non cresce erba. Viene allora organizzata una spedizione, in cui è presente l'inventore, per poter fermare una macchina tanto violenta e distruttrice. ■ FANTASCIENZA; COL.; 95'; ITALIA, 1989.

ROB ROY ★★★
Regia di MICHAEL CATON-JONES. Con JOHN HURT, JESSICA LANGE, LIAM NEESON, TIM ROTH, ERIC STOLTZ. ■ Rifacimento britannico dell'omonimo film hollywoodiano del 1954 con Richard Todd. Qui è Liam Neeson a interpretare Robert Roy MacGregor, eroe delle Highlands nel XVII secolo. Accusato di un furto compiuto invece da un nobile inglese, Rob Roy reagisce e si trasforma con successo in uno strenuo difensore della causa nazionalista scozzese. Sfide e duelli fino al confronto finale col vero colpevole. Resurrezione del filone di cappa e spada con accurata ricostruzione d'epoca. ■ AVVENTURA; COL.; 140'; GRAN BRETAGNA, 1995. ■ GOLDEN GLOBES 1 NOM; OSCAR 1 NOM.

ROB ROY, IL BANDITO DI SCOZIA ★★★
(Rob Roy, the Highland Rogue)
Regia di HAROLD FRENCH. Con GLYNIS JOHNS, RICHARD TODD. ■ All'inizio del Settecento, i montanari scozzesi si ribellano alla nuova dinastia degli Hannover, che ha sostituito quella degli Stuart sul trono di Gran Bretagna. Loro capo è Rob Roy che, dopo numerose avventure, viene catturato dagli inglesi. Ma per fortuna il re lo grazierà. ■ AVVENTURA; COL.; 81'; USA, 1954.

ROCAMBOLE ★
Regia di GABRIEL ROSCA. Con JIM GÉRALD, LEDA, MAX MAXUDIAN, ROLLA NORMAN. ■ Prima riduzione cinematografica so-

nora delle avventure di Rocambole. ■ AVVENTURA; B/N; 91′; FRANCIA, 1933.

ROCAMBOLE ★★★

Regia di JACQUES DE BARONCELLI. Con PIERRE BRASSEUR, CARLA CANDIANI, SOPHIE DESMARETS, LUCIEN NAT. ■ Rocambole prende il posto di un nobile ricchissimo che viene condannato al bagno penale. Baccarat, una cortigiana redenta, si prepara a ristabilire la giustizia. ■ AVVENTURA; B/N; 105′; FRANCIA, ITALIA, 1946.

ROCAMBOLE ★★

Regia di BERNARD BORDERIE. Con LILLA BRIGNONE, ALBERTO LUPO, CHANNING POLLOCK, EDY VESSEL, FRANCO VOLPI. ■ Il regista della serie di *Angelica* dirige in veste d'attore un illusionista americano, diventato popolare grazie ad ironiche riedizioni di vecchi romanzoni. ■ AVVENTURA; COL.; 100′; FRANCIA, 1962.

ROCCE D'ARGENTO, LE ★★
(Silver City – High Vermilion)

Regia di BYRON HASKIN. Con YVONNE DE CARLO, BARRY FITZGERALD, EDMOND O'BRIEN. ■ Un cercatore d'argento, che ha affittato un terreno, scopre un importante filone. Il proprietario vuole impedirgliene lo sfruttamento, ma non ci riuscirà grazie a un prode geologo. ■ WESTERN; COL.; 90′; USA, 1953.

ROCCE ROSSE *(Davy Crockett, Indian Scout)* ★★

Regia di LEW LANDERS. Con ELLEN DREW, GEORGE MONTGOMERY, PHILIP REED. ■ Verso il 1845 Davy Crockett, cugino ed omonimo dell'eroe di Alamo, guida con un amico indiano una carovana di pionieri verso la California; dovranno vedersela con gli indiani e con una ragazza mezzo sangue che, innamorata dell'amico di Davy, si redimerà. ■ WESTERN; B/N; 95′; USA, 1949.

ROCCIA DI FUOCO, LA *(New Mexico)* ★★

Regia di IRVING REIS. Con LEW AYRES, ANDY DEVINE, ROBERT HUTTON. ■ Un eroico ufficiale di cavalleria sacrifica la propria vita per impedire agli indiani d'impossessarsi d'un deposito d'armi. ■ WESTERN; COL.; 76′; USA, 1952.

ROCCIA INCANTATA, LA ★

Regia di GIORGIO MORELLI. Con GINO CRAY TESTA, IRENE GENNA, DINA SASSOLI. ■ Sui monti del Gran Sasso, una ragazza reincontra il giovanotto di città che l'ha sedotta e resa madre e lo minaccia con un fucile. L'uomo precipita in un burrone, la donna impazzisce. ■ DRAMMATICO; B/N; 92′; ITALIA, 1950.

ROCCO E I SUOI FRATELLI ★★★★★

Regia di LUCHINO VISCONTI. Con CLAUDIA CARDINALE, ALAIN DELON, SPIROS FOCAS, ANNIE GIRARDOT, ROGER HANIN, CLAUDIA MORI, CORRADO PANI, KATINA PAXINOU, RENATO SALVATORI. ■ La storia di cinque fratelli lucani immigrati a Milano con la madre dà modo al regista di realizzare un potente affresco, che ha i toni della tragedia greca, sullo sradicamento dei meridionali. Rocco, interamente buono (un personaggio ispirato all'*Idiota* di Dostoevskij), cerca di tenere unita la famiglia, accettando perfino di intraprendere l'odiata carriera di pugile; ma tutto è inutile: Simone prende una brutta strada e finisce per ammazzare una povera prostituta, sua ex amante, che ora gli preferisce Rocco; Vincenzo rinnega la sua origine contadina diventando un piccolo borghese; Ciro è pure costretto a rifiutare le proprie origini diventando operaio. La speranza di un ritorno al sud rimane solo al più piccolo, Luca. Il film è probabilmente il capolavoro di Visconti e si avvale di un ottimo cast e di eccellenti collaboratori (Pratolini e Suso Cecchi D'Amico per il soggetto, Festa Campanile, Franciosa e Medioli per la sceneggiatura, Rotunno per la fotografia, Rota per le musiche). ■ DRAMMATICO; B/N; 180′; ITALIA, 1960. ■ DAVID DI DONATELLO 1 PR, 1 NOM; VENEZIA 1 PR.

ROCCO E LE SORELLE ★

Regia di GIORGIO SIMONELLI. Con MEMMO CAROTENUTO, TIBERIO MURGIA, MOIRA ORFEI, ANNA RANALLI. ■ Blanda parodia del film di Visconti: un siciliano parte per Milano con le quattro sorelle che sorveglia ferreamente, ma viene arrestato per equivoco e le ragazze trovano l'amore. ■ COMMEDIA; B/N; 95′; ITALIA, 1961.

ROCK, THE ★★★

Regia di MICHAEL BAY. Con MICHAEL BIEHN, NICOLAS CAGE, SEAN CONNERY, ED HARRIS. ■ The Rock veniva chiamata la prigione di Alcatraz, chiusa nel 1963. La leggenda racconta che mai un solo detenuto sia riuscito a evadere da quella "rocca" situata proprio nel mezzo della baia di San Francisco. È proprio in quella prigione, divenuta meta turistica, che un generale dei marines (Harris) nasconde tre missili con testate di gas nervino: vuole protestare per come il governo ha trattato i reduci del Vietnam. Se non gli daranno un centinaio di milioni di dollari farà esplodere i missili su San Francisco. A risolvere la situazione vengono chiamati un chimico (Cage) e un ex agente inglese (Connery), l'unico detenuto che sia riuscito, trent'anni prima, a evadere da Alcatraz. Complice un certo pentimento del generale, i due riescono nell'impresa. Film da massimi incassi, che è esattamente ciò che vuole essere: tensione, trovate, montaggio frenetico, un mix fra *Die Hard*, *Indiana Jones* e *James Bond*. ■ AVVENTURA; COL.; 136′; USA, 1996. ■ OSCAR 1 NOM.

ROCK È FEMMINA, IL *(Splitz)* ★

Regia di DOMINIC PARIS. Con ROBIN JOHNSON, RAYMOND SERRA. ■ Un college americano è ancora una volta teatro della vicenda. Questa volta però sono alcune studentesse scatenate che, per protestare contro alcuni provvedimenti da attuarsi nell'ambito della scuola, mettono in pratica scherzi piuttosto pesanti. ■ COMMEDIA; COL.; 90′; USA, 1985.

ROCKER – IL BATTERISTA NUDO, THE ★★
(The Rocker)

Regia di PETER CATTANEO. Con CHRISTINA APPLEGATE, JOSH GAD, JANE LYNCH, EMMA STONE, RAINN WILSON. ■ Un chitarrista fallito, che vent'anni prima faceva parte di una rock-band anni Ottanta, ma ne era stato allontanato "calorosamente", ha una seconda chance di raggiungere il successo tanto sognato, entrando a far parte della teen-band di cui il nipote è leader. Inizialmente riluttante, una volta inserito nel gruppo il musicista comincia raccogliere i primi risultati. ■ COMMEDIA; COL.; 108′; USA, 2008.

ROCKET GIBRALTAR – IL SOGNO DEL MARE ★★
(Rocket Gibraltar)

Regia di DANIEL PETRIE JR. Con BURT LANCASTER. ■ In una casa di Long Island si ritrovano il professor Rockwell, il proprietario, con i figli e i nipoti. Tutti vogliono festeggiare degnamente il compleanno del nonno e riusciranno a farlo felice in una maniera per lui inaspettata e completa. ■ COMMEDIA; COL.; 95′; USA, 1988.

ROCK HOTEL *(Playing for)* ★★

Regia di BOB WEINSTEIN, HARVEY WEINSTEIN. Con DANIEL GIORDANO, LEON GRANT, MATTHEW PENN. ■ Tre ragazzi di New York si mettono in testa di realizzare sui resti di un vecchio edificio un ostello per giovani. Il presidente di una multinazionale chimica osteggia i tentativi dei tre e dei loro amici, che tuttavia, con l'aiuto di un ex carcerato, riescono alla fine nell'intento. ■ COMMEDIA; COL.; 92′; USA, 1986.

ROCK HUDSON ★★★

Regia di JOHN NICOLELLA. Con DAPHNE ASHBROOK, THOMAS IAN GRIFFITH. ■ La vita di Rock Hudson, dai suoi primi tentativi in piccole parti ai trionfi, alla morte. Il film cerca di essere aderente alla verità postuma sull'attore morto di Aids nel 1985. Vediamo Thomas Griffith, discretamente somigliante al divo, dare corpo e volto al giovane Rock nei suoi primi film: truccato da indiano in *Winchester '73*, sul set del *Gigante* e così via. Hudson si sposò ma tradiva la moglie con dei nerboruti frequentatori di palestre. Dopo il divorzio il divo accettò in un certo senso la sua tendenza, anche se gli Studios fecero di tutto per tenerla nascosta. Col declino arrivò un difficile intervento al cuore e, intorno ai sessant'anni, il manifestarsi dell'Aids. Dopo un'intensa cura a Parigi e una piccola parte in *Dynasty*, Rock Hudson ebbe un peggioramento galoppante e morì fra le braccia del suo compagno. Nonostante i limiti intrinseci di una produzione televisiva, il regista riesce ad essere attendibile e a risolvere il non facile problema dell'"effusione" omosessuale. La *fiction* è arricchita da immagini autentiche del bellissimo Rock nei suoi momenti migliori. ■ BIOGRAFICO; COL.; 87′; USA, 1990.

ROCK MACHINE *(The Idolmaker)* ★★

Regia di TAYLOR HACKFORD. Con OLYMPIA DUKAKIS, TOVAH

FELDSHUH, PETER GALLAGHER, JOE PANTOLIANO, RAY SHARKEY. ■ Un giovane, che avrebbe le doti (ma non il fisico) per sfondare come cantante rock, decide di mettersi a fare il manager. È bravo anche in quello: prende su ragazzotti quando non sono niente e ne fa altrettanti Elvis Presley. Ma per una ragione o per l'altra lo abbandonano tutti. Un giorno lui si stufa e decide di tentare la fortuna in prima persona, proponendosi come cantante rock, nonostante l'aspetto da impiegato del catasto. ■ DRAMMATICO; COL.; 119′; USA, 1981. ■ GOLDEN GLOBES 1 PR, 2 NOM.

ROCK'N'ROLL ★★
Regia di VITTORIO DE SISTI. Con RODOLFO BANCHELLI, ROSARIA BICCICA, MACHA MÉRIL, CARLO MONNI. ■ Una coppia di fidanzati si esibisce nelle competizioni di rock'n'roll. Lei gelosa del comportamento del partner, lo lascia e lui cerca disperatamente un'altra che la sostituisca. All'ultimo momento la ragazza rinuncia al suo proposito e vince col compagno gara dopo gara fino al traguardo più ambito: il titolo mondiale. ■ COMM. MUSICALE; COL.; 105′; ITALIA, 1978.

ROCKNROLLA ★★
Regia di GUY RITCHIE. Con GERARD BUTLER, THANDIE NEWTON, TOM WILKINSON. ■ In una Londra in frenesia immobiliare l'ammanicato magnate Lenny Cole decide chi, come e quando possa ottenere nuove licenze, sfruttando la sua posizione a sfavore dei meno potenti. One Two e l'amico Mumbles sono stati appena fregati dal ricco businessman – che li aveva illusi con il miraggio di un permesso d'uso, salvo poi impedirne l'accettazione – e hanno una settimana di tempo per restituirgli il prestito di due milioni. Archiviati due flop (*Travolti dal destino* e il sottovalutato *Revolver*) e un matrimonio ingombrante, Guy Ritchie torna alla formula del cinema che gli ha dato il successo e alla malavita londinese fatta di feroci criminali e gangster da strapazzo. ■ AZIONE; COL.; 114′; USA, 2008.

ROCK OF AGES ★★★
Regia di ADAM SHANKMAN. Con MALIN AKERMAN, ALEC BALDWIN, MARY J. BLIGE, DIEGO BONETA, RUSSELL BRAND, TOM CRUISE, PAUL GIAMATTI, JULIANNE HOUGH, CATHERINE ZETA-JONES. ■ Nel 1987 a Los Angeles il Bourbon Club è il centro della scena musicale rock della città. In questo mitico locale s'incontrano Sherry, ragazza di provincia in cerca di fortuna come cantante, e Drew, che con lei condivide la passione per la musica. Tra i due è amore a prima vista. Intorno a loro ruoteranno le vicende di una serie di personaggi leggendari come Stacee Jaxx, icona del rock che sembra aver perso la sua anima realmente ribelle in favore del successo economico. Il rock degli anni Ottanta, che favolosa incognita. Adam Shankman, che già si era distinto con un musical piuttosto frizzante come *Hairspray*, ci racconta quel momento musicale e le sue contraddizioni portando al cinema la trasposizione del successo di Broadway Rock of Ages. ■ MUSICAL; COL.; 123′; USA, 2010.

ROCK STAR ★★
Regia di STEPHEN HEREK. Con JENNIFER ANISTON, TIMOTHY HOLYPHANT, TIMOTHY SPALL, MARK WAHLBERG. ■ Pare che questo film sia ispirato alla storia, apparsa sul *New York Times*, di un musicista dilettante, specializzato nell'imitazione di una rock star, che il destino porta a debuttare nello spettacolo vero, sostituendo il suo idolo. È quanto accade a Chris, che si guadagna la vita riparando macchine fotocopiatrici, e in piccoli spettacoli imita il suo idolo, Bobby Beers, l'eroe degli *Steel Dragon*. Incoraggiato dalla sua ragazza che, a sua volta, crede ciecamente in lui, compone canzoni e cerca di dar forza al suo gruppo. Ecco che, incredibilmente, avviene il miracolo: si tratta proprio di sostituire Bobby Beers. Ma questo è il primo passo, ci sono in arrivo difficoltà di tipo diverso, ma ancora più pesanti. Per cominciare si tratta di adattare la propria identità. Perché Beers è una cosa, Chris un'altra. ■ COMM. MUSICALE; COL.; 104′; USA, 2001.

ROCKSTAR IN CERCA D'AMORE, UNA ★
(Hard to Hold)
Regia di LARRY PIERCE. Con JANET ELIBER, PATTI HANSEN, RICK SPRINGFIELD. ■ Jamie, un musicista, si innamora della bella Diana. Ma una ex fidanzata gelosa contrasta l'idillio e le fan cercano di scoraggiare una storia che potrebbe diventare molto importante per entrambi. ■ COMMEDIA; COL.; 95′; USA, 1984.

♥ ROCKY ★★★🏆
Regia di JOHN G. AVILDSEN. Con BURGESS MEREDITH, TALIA SHIRE, SYLVESTER STALLONE, BURT YOUNG. ■ Un giovane vive alla giornata, disputando ogni tanto qualche incontro di boxe per tirare avanti. Il campione mondiale dei pesi massimi, rimasto senza uno sfidante alla sua altezza, offre a chiunque voglia, purché bianco e inesperto, l'opportunità di misurarsi con lui. La sorte favorisce il nostro che, dopo un ferreo allenamento, rimane nel quadrato per tutte e quindici le riprese, avvenimento unico nel curriculum del campione. ■ DRAMMATICO; COL.; 119′; USA, 1976. ■ DAVID DI DONATELLO 🏆 1 PR, 1 NOM; GOLDEN GLOBES 🏆 1 PR, 6 NOM; OSCAR 🏆 3 PR, 9 NOM.

ROCKY 2 ★★★
Regia di SYLVESTER STALLONE. Con BURGESS MEREDITH, TALIA SHIRE, SYLVESTER STALLONE, CARL WEATHERS, BURT YOUNG. ■ Proseguono le vicende del pugile buono interpretato da Stallone. Il nostro campione, malconcio, si sposa e con i soldi guadagnati compra una casa. La sua felicità giunge al colmo quando diventa padre, ma per tirare avanti si deve adattare ai lavori più umili perché non possiede un titolo di studio. Il suo antico rivale lo sfida di nuovo, sicuro di poterlo battere. Lui, invece, incoraggiato dalla moglie, riprende gli allenamenti con tenacia e caparbietà e conquista il titolo mondiale. ■ DRAMMATICO; COL.; 119′; USA, 1979.

ROCKY 3 ★★
Regia di SYLVESTER STALLONE. Con TALIA SHIRE, SYLVESTER STALLONE, BURT YOUNG. ■ In *Rocky II* avevamo visto il pugile conquistare il campionato del mondo dei pesi massimi dopo la vittoria su Apollo Creed; qui lo ritroviamo sempre più trionfante e ormai trasformato in un uomo di spettacolo. Ma la sonora sconfitta inflittagli da un gigantesco rivale e la morte del suo vecchio manager riportano Rocky con i piedi per terra. ■ DRAMMATICO; COL.; 99′; USA, 1982. ■ GOLDEN GLOBES 1 NOM; OSCAR 1 NOM.

ROCKY 4 ★★
Regia di SYLVESTER STALLONE. Con DOLPH LUNDGREN, BRIGITTE NIELSEN, TALIA SHIRE, SYLVESTER STALLONE, CARL WEATHERS, BURT YOUNG. ■ Apollo Creed, ex rivale e grande amico di Rocky, sfida il gigantesco pugile sovietico Ivan Drago e muore sotto i terribili colpi dell'avversario. Rocky decide allora di onorare la memoria dell'amico recandosi a Mosca e combattendo a sua volta contro il terribile Drago. I due si allenano in segreto: Drago secondo i più moderni ritrovati della bio-ingegneria, Rocky spaccando legna e correndo nella neve. Ma sarà proprio l'americano a trionfare, dopo quindici round all'ultimo sangue, e a pronunciare un sermone finale sulla pace nel mondo. ■ DRAMMATICO; COL.; 91′; USA, 1985.

ROCKY 5 ★★
Regia di JOHN G. AVILDSEN. Con BURGESS MEREDITH, TALIA SHIRE, SYLVESTER STALLONE, BURT YOUNG. ■ Quinto capitolo della saga di Rocky. Stallone, che aveva stabilito di farlo morire, ha dovuto obbedire alla United Artists e inventare un finale più lieto. Comunque il pugile, entrato ormai nella leggenda, si accontenta di fare l'allenatore per un giovane sbandato che ospita in casa propria. Ovviamente il ragazzo tradirà la sua fiducia e lo obbligherà a un duello fuori da un bar, davanti alle telecamere. La vita di Rocky nel frattempo è tornata al vecchio tenore per colpa del commercialista che lo ha rovinato. Diretto come il primo episodio (1976) da Avildsen, soffre un po' di sentimentalismo e ha qualche calo di ritmo. Successo di pubblico. ■ DRAMMATICO; COL.; 105′; USA, 1990.

ROCKY BALBOA ★★★
Regia di SYLVESTER STALLONE. Con GERALDINE HUGHES, SYLVESTER STALLONE, ANTONIO TARVER, MIKE TYSON, MILO VENTIMIGLIA, BURT YOUNG. ■ Adriana è morta, e Rocky da qualche tempo, malinconico, gestisce un ristorante con discreto successo. La sua è una vita tranquilla, fatta di lavoro e di valori, dalla relazione con il figlio all'amicizia con il vecchio Paulie. A Rocky, però, manca qualcosa per ritornare a credere, dopo il lutto subito: la boxe. C'è qualcosa di nuovo nel personaggio eroico, manifesto

del sogno americano, incontrato trent'anni prima sulle strade di Philadelphia. O forse, qualcosa di nuovo non c'è fra il *Rocky* del 1976 e *Rocky Balboa* del 2006, perché in entrambi i casi la figura dell'eroe buono è alla ricerca del cambiamento, di un nuovo inizio, di qualcosa che gli consenta di scorgere uno spiraglio di luce. Rocky oggi, ha infatti perso ciò che ama (Adriana) e paradossalmente conduce con successo l'attività di ristoratore, ma questo non gli basta, perché lui è carnale, attaccato ai valori che contano (la famiglia, l'amicizia, la lealtà) e quel locale trendy, in cui gira fra i tavoli da buon padrone di casa raccontando ai clienti le sue storie di boxe, è perfino troppo. Il parallelo fra il ring dell'esistenza, su cui conquistare le vittorie è sempre molto difficile, e il ring sportivo, della durata di 15, 12, 10 riprese, reiteranti, che terminano e iniziano continuamente, ora è più concreto. La favola è finita e la consapevolezza degli anni che passano conferisce a Stallone la capacità di riflettere sulla dignità dell'uomo, sulla forza di volontà e sui limiti dei propri mezzi. ■ DRAMMATICO; COL.; 102′; USA, 2006.

ROCKY HORROR PICTURE SHOW, THE ★★★
Regia di JIM SHARMAN. Con BARRY BOSTWICK, TIM CURRY, SUSAN SARANDON. ■ Una coppia capita nel castello di un extraterrestre che li introduce ad alcuni segreti sconosciuti all'uomo. L'esperienza li traumatizza irrimediabilmente benché l'alieno, deciso a ritornare sul suo pianeta, li lasci andare. ■ COMM. MUSICALE; COL.; 95′; USA, 1975.

RODAGGIO MATRIMONIALE ★★★
(Period of Adjustment)
Regia di GEORGE ROY HILL. Con JANE FONDA, ANTHONY FRANCIOSA, JIM HUTTON, LOIS NETTLETON. ■ Due coppie appena sposate attraversano gravi difficoltà e credono di essere arrivate sulla soglia del divorzio. In realtà tutto si aggiusterà e i matrimoni, dopo questo periodo di rodaggio, cominceranno a funzionare. ■ COMMEDIA; COL.; 112′; USA, 1962. ■ OSCAR 1 NOM.

RODAN, IL MOSTRO ALATO *(Rodan)* ★★
Regia di ISHIRÔ HONDA. Con AKIHIKI HIVATA, KENJI SAWADA, YUMI SHIRAKAWA. ■ Nel 1954, il regista Honda divenne abbastanza famoso con il suo film *Godzilla*, sulle distruzioni operate da un mostro preistorico risvegliato da un'esplosione atomica. Tutti compresero che il lucertolone era un simbolo ingenuo del pericolo nucleare che aveva così duramente colpito il Giappone. Questo film ripete la storia moltiplicando il numero dei mostri. ■ FANTASTICO; COL.; 92′; GIAPPONE, 1958.

RODOLFO VALENTINO *(Valentino)* ★★
Regia di LEWIS ALLEN. Con RICHARD CARLSON, ANTHONY DEXTER, PATRICIA MEDINA, ELEANOR PARKER. ■ Biografia molto romanzata del divo del cinema muto. Sulla nave che lo porta in America, Valentino s'innamora di una bella signora. Scopre poi che è una stella del cinema e, mentre lui continua a far fortuna, i due s'incontrano spesso. Il marito di lei è però geloso e Rudy, per stornare i sospetti, si butta in un'avventura che lo porterà alla morte. ■ BIOGRAFICO; COL.; 102′; USA, 1951.

ROGER DODGER – ROGER SCHIVAGUAI ★★★
Regia di DYLAN KIDD. Con JENNIFER BEALS, ELIZABETH BERKLEY, JESSE EISENBERG, ISABELLA ROSSELLINI, CAMPBELL SCOTT. ■ Il giovane e ingenuo Nick fugge da casa per recarsi a New York, dove vive suo zio Roger, manager di successo e dongiovanni spregiudicato: lo zio trascina il nipote in cerca di avventure, verso una vera e propria educazione sentimentale. Una commedia brillante dell'esordiente Kidd, imperniata sul contrasto tra l'innocenza e il sentimentalismo del giovane e il divertente cinismo del più esperto zio. A Venezia 2002 premio Opera Prima. ■ COMMEDIA; COL.; 104′; USA, 2002. ■ VENEZIA 1 PR.

ROGER & ME ★★★
Regia di MICHAEL MOORE. Con MICHAEL MOORE. ■ Un film documentario che ha ricevuto in America un consenso di pubblico insospettato. Il giornalista Moore esordisce nel cinema con *Roger & Me*, presentato in Italia con i sottotitoli, lungometraggio arrabbiato e divertente ambientato nella cittadina di Flint nel Michigan, dove la General Motors ha chiuso undici stabilimenti facendo rimanere senza lavoro circa 30.000 operai. Anomalo e intrigante, è senz'altro da non perdere. ■ DOCUMENTARIO; COL.; 91′; USA, 1989.

ROGER IL RE DEI CIELI ★★
(Ace Eli and Rodger of the Skies)
Regia di BILL SAMPSON (pseud. di JOHN ERMAN). Con PAMELA FRANKLIN, ROSEMARY MURPHY, CLIFF ROBERTSON. ■ Scritto da Steven Spielberg e diretto da John Erman (Sampson è un nome fittizio) è la storia simpatica ma alquanto di maniera di un ex asso dell'aviazione nella prima guerra mondiale. Dieci anni dopo la fine del conflitto lo vediamo vagabondare per l'America assieme al figlio undicenne, esibendosi in fiere di paese. ■ COMMEDIA; COL.; 92′; USA, 1973.

ROGO *(By Cove)* ★★
Regia di CARL SCHENKEL. Con PAMELA SUE MARTIN, TIM MATHESON. ■ "Me ne vado dalla città caotica, tentacolare, inquinata", pensa il protagonista. Meglio rifugiarsi in campagna, in un paese isolato. Non l'avesse mai fatto, sembra di essere finiti ad Arkam. Argomento plurisfruttato, che anche qui si rivela essere senza infamia e senza lode. Almeno c'è tensione. ■ THRILLER; COL.; 97′; USA, 1987.

RO. GO. PA. G. ★★★★
Regia di JEAN-LUC GODARD, UGO GREGORETTI, PIER PAOLO PASOLINI, ROBERTO ROSSELLINI. Con LAURA BETTI, JEAN-MARC BORY, LISA GASTONI, ROSANNA SCHIAFFINO, ALEXANDRA STEWART, UGO TOGNAZZI, ORSON WELLES. ■ RoGoPaG è il bizzarro titolo che il produttore Alfredo Bini ha ricavato dalle iniziali dei cognomi dei registi che hanno diretto i vari episodi. Il più interessante è l'episodio di Pasolini, *La ricotta*. In questo cameo c'è il superamento del neorealismo e l'adozione di un nuovo linguaggio narrativo, quasi a tornare alle origini del cinema. Basterebbe pensare alla scena in cui Pasolini ricorre all'accelerazione dell'immagine per raccontare la corsa alla conquista della ricotta: è un tempo da vecchia comica che Pasolini dipinge di tragico-grottesco grazie alla molla della fame che aziona la scena. Tra gli altri episodi il più ispirato è *Il pollo ruspante* di Ugo Gregoretti, dileggio di un certo miracolo economico all'italiana raffigurato da un magistrale Ugo Tognazzi. Più intellettualistico l'episodio di Godard, *La fine del mondo*, sugli effetti psicologici di un disastro nucleare a Parigi. In una città stralunata si muovono inespressivi personaggi, già segnati dall'alienazione. Il racconto però lascia perplessi e non coinvolge su nessun piano. Più infelice l'episodio di Roberto Rossellini, *Illibatezza*, condotto sulla personalità di Rosanna Schiaffino. A proposito di questa prova di Rossellini, Tullio Kezich ha scritto: «diremo soltanto che Rossellini sembra impegnato masochisticamente a far sfigurare quelli di noi che lo considerano un maestro, e a dar ragione ai suoi superficiali detrattori». ■ FILM A EPISODI; COL. E B/N; 110′; ITALIA, 1963.

ROGUE – IL SOLITARIO *(War)* ★
Regia di PHILIP G. ATWELL. Con JET LI, JOHN LONE, JASON STATHAM. ■ Jack Crawford, coraggioso e spericolato agente dell'Fbi, sconvolto dalla morte di un suo collega e amico, inizia una caccia personale ai mandanti dell'omicidio, che appartengono alla mafia giapponese. Anche all'interno dell'organizzazione però ci sono tensioni e tradimenti e mano a mano che l'indagine di Jack procede, la situazione precipita... ■ AZIONE; COL.; 100′; USA, 2007.

ROGUE RIVER ★★
Regia di JOHN RAWLINS. Con RORY CALHOUN, FRANK FENTON, PETER GRAVES. ■ Un vecchio cercatore d'oro è accusato di aver rapinato una banca. Lo sceriffo locale, che ha un vecchio rancore con lui, non lo aiuta. Ma il nipote dello sceriffo riesce a dimostrare l'innocenza del vecchietto. ■ WESTERN; COL.; 93′; USA, 1951.

ROIS ET REINE – I RE E LA REGINA ★★★
(Rois et Reine)
Regia di ARNAUD DESPLECHIN. Con MATHIEU AMALRIC, VALENTIN LELONG, JEAN-PAUL ROUSSILLON, CATHERINE ROUVEL. ■ Strutturato come un'opera teatrale in due atti e un epilogo, il film si apre sulla musica di *Moon River*, sottofondo allo scorrere del traffico per le vie di Parigi, per introdurci i due personaggi, protagonisti di due storie parallele, apparentemente indipendenti.

Nora, gallerista d'arte trentacinquenne, che vive con il padre malato e il figlio Elias, in attesa di sposarsi con un uomo che non ama ma le conferisce la certezza di un affetto; Ismael, folle suonatore di viola, che viene rinchiuso in un ospedale psichiatrico per i suoi presunti tentativi di suicidio. Due film a confronto, due vite agli opposti, due modi di affrontare l'esistenza, due passati che conducono a dolorose scelte. Desplechin descrive le relazioni e i rapporti familiari, nel loro percorso in bilico fra vita e morte, ragione e pazzia, e dichiara l'apparenza delle situazioni e le certezze, in un momento presenti, e nell'attimo dopo non più. ■ DRAMMATICO; COL.; 150′; FRANCIA, 2004.

ROJO, EL ★★

Regia di LEO COLMAN. Con PETER CARTER, MIRKO ELLIS, RICHARD HARRISON, NIEVES NAVARRO. ■ El Rojo torna dopo molti anni di assenza al paese natale con uno scopo preciso: vendicarsi dei quattro assassini che hanno massacrato la sua famiglia per derubarla. Ad uno ad uno El Rojo uccide tre dei malviventi, l'ultimo lo lascia in vita per consegnarlo alla legge. ■ WESTERN; COL.; 90′; ITALIA, 1966.

ROLE MODELS ★★

Regia di DAVID WAIN. Con ELIZABETH BANKS, CHRISTOPHER MINTZ-PLASSE, PAUL RUDD, SEANN WILLIAM SCOTT, BOBB'E J. THOMPSON. ■ Danny e Wheeler sono i venditori svogliati di un energy-drink per teenagers. In seguito a una sbronza e a un alterco con un pubblico ufficiale, vengono arrestati, processati e costretti dalla corte a scontare centocinquanta ore presso un centro di formazione per bambini, a ciascuno di loro verrà affidata la cura e la responsabilità di un minore. Superato il primo colloquio con la bizzarra direttrice, ex galeotta con problemi superati di dipendenza, Danny e Wheeler incontrano Augie, un nerd sedicenne ossessionato dai giochi di ruolo, e Ronnie, un bullo di colore col vizio della trivialità. Tra una canzone dei Kiss e una battaglia nelle "terre di mezzo", i quattro frontman se le "suoneranno" di santa ragione, imparando molto presto a volersi bene in un lungo viaggio verso la maturità. Trattasi di commedia di formazione, abitata da quattro protagonisti che prendono più pugni in faccia dalla vita di quanti riescano a darne. La sfida del film è mettere insieme due adulti mai cresciuti e due ragazzini cresciuti troppo in fretta. ■ COL.; 101′; USA, GERMANIA, 2008.

ROLF ★

Regia di MARIO SICILIANO. Con ANTONIO MARSINA, KETTY NICOLS, ANTONIO RACCOSTA. ■ Rolf, ex mercenario, ha cambiato vita e sogna di sposare la sua Joanna, ma alcuni ex commilitoni lo coinvolgono in un traffico di droga. Rolf accetta, ma soltanto a fin di bene. I trafficanti truffati uccidono Joanna e Rolf si vendica senza pietà. ■ AVVENTURA; COL.; 92′; ITALIA, 1983.

ROLL BOUNCE ★★

Regia di MALCOLM D. LEE. Con J.D. BALLEW, TAI'ISHA DAVIS, MIKE EPPS, DIANE FISHER, RICK GONZALEZ, MEAGAN GOOD, WESLEY JONATHAN, CHI MCBRIDE, CHARLIE MURPHY, BOW WOW. ■ Fine degli Anni Settanta. Un gruppo di ragazzi di colore che pratica la roller-dance vede chiudere la pista su cui si tenevano gli allenamenti. Ne trovano una che però è controllata da skaters che non li vedono di buon occhio. La sfida danzante è inevitabile. ■ COMMEDIA; COL.; 112′; USA, 2005.

ROLLERBALL ★★★

Regia di NORMAN JEWISON. Con MAUD ADAMS, JAMES CAAN, JOHN HOUSEMAN. ■ Nel 2017, il mondo è retto da un cervello elettronico. Non ci sono più guerre, ma per incanalare l'aggressività umana viene istituito un gioco simile a quelli gladiatori: il rollerball. Un campione di questo sport si dimostra capace di pensare e il sistema gli impone di ritirarsi perché vede in lui un potenziale ribelle. L'uomo, che si rifiuta, riuscirà a vincere i pericolosissimi incontri. ■ FANTASCIENZA; COL.; 128′; USA, 1975.

ROLLERBALL ★★★

Regia di JOHN MCTIERNAN. Con LL COOL J, CHRIS KLEIN, JEAN RENO. ■ Il Rollerball è un insieme di pattinaggio, di football americano, di hockey e motociclismo. I "campioni" si affrontano come gladiatori, ogni colpo è permesso, molti ci lasciano la pelle. Siamo in un futuro in cui gli uomini sono riusciti a risolvere i loro problemi: non c'è più la fame, non ci sono più le guerre. Dunque occorre gestire, in un modo o nell'altro, l'aggressività. Remake di un film del 1975. ■ FANTASCIENZA; B/N; 120′; USA, 2002.

ROLLER BLADE ★

Regia di DONALD G. JACKSON. Con JEFF HUTCHINSON, SHAUN MICHELLE, SUZANNE SOLARI. ■ Nel tardo Medioevo, in un'epoca di streghe e di incantesimi, solo i più forti sopravvivono. Bisogna vedere se a governare il territorio sarà il crudele dottor Saticoy, che si avvale di un esercito feroce, o una stirpe di donne guerriere che combattono l'ingiustizia e il male. I gruppi rivali lotteranno fino alla completa distruzione di uno dei due. ■ FANTASTICO; COL.; 95′; USA, 1987.

ROLLERBLADES – SULLE ALI DEL VENTO ★★

(Airborne)

Regia di ROB BOWMAN. Con SETH GREEN, SHANE MCDERMOTT, BRITTNEY POWELL. ■ Un film che parte dai nuovi pattini a rotelle lanciati negli Stati Uniti a fine anni Ottanta e ormai famosi in tutto il mondo. Un ragazzo californiano appassionato di surf e di pattini, cambia zona. Trova problemi di inserimento e molte ostilità, ma lui, impassibile, avrà amore e gloria. ■ DRAMMATICO; COL.; 95′; USA, 1992.

ROLLERBOY, IL *(Stiegler or Steigler: a Disperate Case)* ★★

Regia di OVIDIO G. ASSONITIS. Con EDDIE DEEZEN, DANA HANDLER, STEVE TRACY. ■ Un giovanotto di paese esperto nel pattinaggio va in California, trova lavoro in un "roller dromo" e s'innamora di una bella pattinatrice. Ma viene pestato da tre giovinastri che ronzano intorno alla bella, va a scuola di karatè e diventa un duro. Ma la ragazza lo preferiva ingenuo e indifeso e lo pianta. ■ COMMEDIA; COL.; 101′; USA, 1980.

ROLLERCAR, SESSANTA SECONDI E VAI! ★★

(Gone in 60 Seconds)

Regia di H.B. HALICKI. Con MARION BUSIA, GEORGE COLE, H.B. HALICKI, JAMES MCINTIRE. ■ Il regista-attore-produttore è un guidatore automobilistico specializzato in numeri acrobatici. La trama, le avventure di un gruppo di onesti ladri d'auto, non è dunque che un pretesto per numeri spettacolari. ■ AVVENTURA; COL.; 103′; USA, 1974.

♥ ROLLERCOASTER – IL GRANDE BRIVIDO ★★★

(Rollercoaster)

Regia di JAMES GOLDSTONE. Con TIMOTHY BOTTOMS, HENRY FONDA, HARRY GUARDINO, GEORGE SEGAL, SUSAN STRASBERG, RICHARD WIDMARK. ■ Un pazzo ha provocato un gravissimo incidente in un Luna Park americano e minaccia altre rappresaglie se non gli verrà consegnata una certa somma di denaro. L'agente del servizio di sicurezza, scelto per le trattative con il misterioso attentatore, riesce a scoprirlo e a evitare così una strage. ■ GIALLO; COL.; 119′; USA, 1977.

ROLLING STONES CROSSFIRE HURRICANE, THE ★★

Regia di BRETT MORGEN. CON MICK JAGGER, KEITH RICHARDS, CHARLY WATTS, RON WOOD, BILL WYMAN. ■ Dal 1963 al 2013, i Rolling Stones compiono cinquant'anni di attività e si celebrano in un documentario che racconta i loro primi trent'anni. A partire dalla prima formazione, le cover blues e il successo devastante e immediato, passando poi per le prime canzoni originali, la scoperta come autori, i guai legali e un'immagine da ribelli continuamente rinforzata da media e polizia, il documentario racconta con rapidità anche la morte di Brian Jones e i fatti di Altamont. I Rolling Stones secondo i Rolling Stones. *Crossfire hurricane* è un progetto prodotto da Mick Jagger in cui Charlie Watts, Ron Wood e Keith Richards hanno preso parte come produttori esecutivi, di fatto un ricamino su misura per l'immagine che la band oggi vuole veicolare di sé. Impossibile quindi attendersi qualcosa di interessante o anche solo di audace. ■ DOCUMENTARIO; COL.; 90′; USA, 2013.

ROLLING STONES SECONDO GODARD, I ★★

(One Plus One)

Regia di JEAN-LUC GODARD. Con MICK JAGGER, BRIAN JONES, KEITH RICHARDS, CHARLIE WATTS, ANNE WIAZEMSKY, BILL WYMAN. ■ Una serie di brevi episodi, nel classico stile di Godard, intercalati dalle prove di registrazione dei Rolling Stones. Il gruppo è alle prese con un unico brano, *Simpathy for the Devil*, che avrebbe fatto parte di *Beggar's Banquet*, uno dei capolavori assoluti della loro carriera. In seguito però la canzone sarebbe divenuta tristemente famosa, perché durante la sua esecuzione ad un concerto un ragazzo fu pugnalato da un "Hell's Angels", incaricato del servizio d'ordine. Un po' prolisso, il film è consigliato ai tanti fan del gruppo, quelli più resistenti. ■ DOCUMENTARIO; COL.; 99′; GRAN BRETAGNA, 1968.

ROLLING THUNDER ★★

Regia di JOHN P. FLYNN. Con JAMES BEST, WILLIAM DEVANE, TOMMY LEE JONES. ■ Un uomo torna dal Vietnam dopo otto anni di prigionia e trova che la sua famiglia è stata sterminata. L'uomo che era in condizioni psicofisiche miserande, ritrova tutte le sue energie per condurre una lenta, elaborata vendetta nei confronti degli assassini della moglie e del figlio. Scritto da Paul Schrader (*Il bacio della pantera*). ■ DRAMMATICO; COL.; 99′; USA, 1977.

ROLLS-ROYCE GIALLA, UNA ★★★

(The Yellow Rolls-Royce)

Regia di ANTHONY ASQUITH. Con INGRID BERGMAN, ALAIN DELON, REX HARRISON, ISA MIRANDA, JEANNE MOREAU, GEORGE C. SCOTT, OMAR SHARIF. ■ L'auto è dapprima regalata da un nobile inglese alla propria moglie sul finire degli anni Venti, ma poiché lei la usa come alcova viene ceduta a un gangster americano in visita in Italia con la piccante amante. Finisce poi per essere usata dai partigiani jugoslavi durante il secondo conflitto mondiale. ■ FILM A EPISODI; COL.; 122′; GRAN BRETAGNA, 1965.

ROLY POLY MAN – UN DETECTIVE... MOLTO SPECIALE, THE *(The Roly Poly Man)* ★★

Regia di BILL YOUNG. Con ZOE BERTRAM, PAUL CHUBB, LES FOXCROFT, SUSAN LYONS. ■ Dick Trent è un detective privato che si trova ad affrontare una morte sospetta. Passo dopo passo, con l'aiuto di una dottoressa e di un amico tecnologicamente ben attrezzato, scoprirà delitti sempre più efferati. Sino a che la sua ex moglie verrà trovata cadavere nel suo ufficio. Nel corso della vicenda spesso il thriller si tramuta in commedia. ■ COMMEDIA; COL.; 83′; AUSTRALIA, 1994.

♥ ROMA ★★★★

Regia di FEDERICO FELLINI. Con BRITTA BARNES, PIA DE DOSES, FIONA FLORANCE, RENATO GIOVANNOLI, PEDRO GONZALES, ANNA MAGNANI, MARNE MAITLAND, MARCELLO MASTROIANNI, ALBERTO SORDI, ALVARO VITALI. ■ Il regista dà un ritratto di Roma e dei suoi rapporti con la città in una sorta di documentario fantastico. Così, a scene che ricostruiscono l'arrivo del giovane Fellini nella capitale se ne susseguono altre che illustrano, grottescamente, la Roma di oggi e di ieri. ■ COMMEDIA; COL.; 120′; ITALIA, 1972. ■ GOLDEN GLOBES 1 NOM.

ROMA A MANO ARMATA ★★

Regia di UMBERTO LENZI. Con GIAMPIERO ALBERTINI, ARTHUR KENNEDY, MAURIZIO MERLI, TOMAS MILIAN, MARIA ROSARIA OMAGGIO, IVAN RASSIMOV. ■ Solito film su commissario violento che, incurante delle ammonizioni del questore e dei consigli della fidanzata psicologa, usa le maniere forti e stermina la solita banda di spacciatori di droga. ■ POLIZIESCO; COL.; 95′; ITALIA, 1976.

ROMA BENE ★★★★

Regia di CARLO LIZZANI. Con SENTA BERGER, VITTORIO CAPRIOLI, MARIO FELICIANI, PHILIPPE LEROY, VIRNA LISI, NINO MANFREDI, MICHÈLE MERCIER, GASTONE MOSCHIN, UMBERTO ORSINI, IRENE PAPAS. ■ Il film cerca di dare un'immagine del corrotto mondo della buona società romana, legando insieme vari personaggi col pretesto di un'inchiesta condotta da un disincantato commissario. Alla fine, non si riuscirà a perseguire penalmente nessuno, ma il destino eliminerà i corrotti che, tuffatisi in mare da uno yacht per fare un bagno, non riusciranno più a salire sul panfilo essendosi dimenticati di calare la scaletta di corda. ■ DRAMMATICO; COL.; 113′; ITALIA, 1971.

ROMA CITTÀ APERTA ★★★★★

Regia di ROBERTO ROSSELLINI. Con ALDO FABRIZI, ANNA MAGNANI, MARIA MICHI, MARCELLO PAGLIERO. ■ Nella Roma occupata dai tedeschi si incrociano alcune storie. Pina, vedova con un bambino, sta per sposarsi con Francesco. La Gestapo è sulle tracce di certo ingegner Manfredi, capo partigiano. Tutto questo avviene nella giurisdizione di don Pietro, riferimento di tutti, adulti e bambini. Il comandante tedesco si vale della collaborazione di Marina, che fa la spia in cambio di cocaina. La Gestapo fa irruzione nel palazzo, cattura Francesco, ma si fa sfuggire Manfredi. Pina muore falciata da una raffica di mitra, mentre rincorre il camion che porta via il suo uomo. Manfredi viene alla fine catturato e muore sotto tortura. Don Pietro, che ha portato soldi ai partigiani, viene fucilato. Roma era appena stata liberata e Roberto Rossellini diresse questo film con pochi mezzi. Il regista perfezionava il neorealismo, quel modo di narrare che doveva essere tanto vicino alla realtà da confondersi con essa. Nei contenuti e nelle immagini. I tedeschi che radunano i prigionieri, spingendoli coi fucili, la gente per strada, i gruppi di bambini, la scena della morte della Magnani sembrano istantanee della guerra. La drammaticità, la verità della ricostruzione hanno l'effetto di rilanciare il dramma e il coinvolgimento. Da questo film usciva un'immagine del popolo italiano ben diversa da quella accreditata fino ad allora: gente passiva, capace soltanto di obbedire allo scomodissimo alleato tedesco e di tradirlo al momento opportuno. Cinquant'anni dopo Steven Spielberg nel suo *Schindler's List* cerca di infondere nelle scene la drammaticità e la verità del realismo alla Rossellini. Gli è riuscita la drammaticità, non la verità. *Celluloide* di Lizzani ripropone la stessa storia di questo capolavoro. ■ DRAMMATICO; B/N; 98′; ITALIA, 1945. ■ CANNES 1 PR; OSCAR 1 NOM.

ROMA CITTÀ LIBERA – LA NOTTE PORTA CONSIGLIO ★★★

Regia di MARCELLO PAGLIERO. Con ANDREA CHECCHI, VALENTINA CORTESE, VITTORIO DE SICA, ENNIO FLAIANO. ■ La Roma dell'immediato dopoguerra vista attraverso le avventure d'un intellettuale e di un ladro che incontrano un ministro che ha perso la memoria. L'atmosfera del film non è realistica ma quasi surreale e alcuni personaggi sono divertentissimi. ■ COMMEDIA; B/N; 81′; ITALIA, 1948.

ROMA COME CHICAGO – BANDITI A ROMA ★★

Regia di ALBERTO DE MARTINO Con JOHN CASSAVETES, RICCARDO CUCCIOLLA, GABRIELE FERZETTI, LUIGI PISTILLI, ANITA SANDERS. ■ Due banditi rapinano una banca romana. Uno è catturato subito, l'altro, braccato dalla polizia, è preso da una specie di frenesia omicida e uccide varie persone, tra cui la moglie del complice che, uscito di galera, gliela farà pagare. Discreto esempio di poliziesco all'italiana. Il protagonista è il celebre regista-attore americano John Cassavetes. ■ POLIZIESCO; COL.; 103′; ITALIA, 1969.

ROMA CONTRO ROMA ★★

Regia di GIUSEPPE VARI. Con SUSY ANDERSEN, JOHN BARRYMORE JR., IDA GALLI, ETTORE MANNI. ■ Uno degli ultimi esempi del film di "fantastoria": un centurione ha la missione di scoprire perché scompaiono tanti soldati romani nella provincia dell'Asia Minore. Apprenderà alla fine che un perfido sacerdote usa la magia per far rivivere i legionari uccisi e per scatenarli contro Roma. I buoni trionferanno. ■ AVVENTURA; COL.; 93′; ITALIA, 1964.

ROMA DROGATA – LA POLIZIA NON PUÒ INTERVENIRE ★★

Regia di LUCIO MARCACCINI. Con GUIDO ALBERTI, MARCEL BOZZUFFI, BUD CORT, EVA CZEMERYS, LEOPOLDO TRIESTE. ■ Un astuto commissario per incastrare un grosso spacciatore di droga mafioso pedina uno studente ma, proprio quando crede di aver risolto il caso, è ostacolato da alcuni potenti complici. Studente e spacciatore sono eliminati dalla mafia stessa. ■ POLIZIESCO; COL.; 94′; ITALIA, 1976.

ROMA, L'ALTRA FACCIA DELLA VIOLENZA ★★

Regia di FRANCO MARTINELLI. Con MARCEL BOZZUFFI, ENNIO GIROLAMI, ROBERTA PALADINI, ANTHONY STEFFEN. ■ Giallo all'italiana piuttosto complicato: una ragazza viene uccisa durante una rapina, un furgone portavalori viene assalito con spreco di morti. Le indagini riservano insolite sorprese. ■ POLIZIESCO; COL.; 92′; FRANCIA, ITALIA, 1976.

ROMANA, LA ★★★
Regia di LUIGI ZAMPA. Con FRANCO FABRIZI, DANIEL GÉLIN, GINA LOLLOBRIGIDA, RAYMOND PELLEGRIN. ■ A Roma, negli anni Trenta, una giovane modella, illusa da un mascalzone, diventa prostituta. Conosce un bravo ragazzo che potrebbe redimerla, ma questi è un antifascista e, arrestato dalla polizia, cede e tradisce i compagni. Roso dai rimorsi, si suiciderà, nonostante i disperati tentativi di lei per salvarlo. ■ DRAMMATICO; B/N; 91′; ITALIA, 1954.

ROMANCE ★★★
Regia di MASSIMO MAZZUCCO. Con LUCA BARBARESCHI, WALTER CHIARI, PATRIZIA FACHINI. ■ Giulio e Andrea, padre e figlio, non si vedono da anni. In una baita in montagna, isolati da tutti, hanno l'occasione di ritrovarsi, di rileggere gli errori del passato e del presente, di fare un bilancio della vita e del loro rapporto. Ne usciranno con rinnovato ottimismo. Eccellente la prova di Walter Chiari in un ruolo drammatico. ■ DRAMMATICO; COL.; 94′; ITALIA, 1986. ■ VENEZIA 2 PR.

ROMANCE ★★
Regia di CATHERINE BREILLAT. Con FRANÇOIS BÉRLEAND, FABIEN DE JOMARON, CAROLINE DUCEY, ROCCO SIFFREDI, SAGAMORE STÉVENIN. ■ Maria continua ad amare Paul che non vuole più fare l'amore con lei. Minaccia di tradirlo e una notte in un bar incontra un uomo che ha perso la moglie quattro mesi prima. Si lascia toccare da lui, ci va a letto ma non vuole più vederlo. Il direttore didattico della scuola in cui insegna la invita a casa e la sottopone a pratiche sadiche. Durante un rapporto sessuale con Paul rimane incinta. Capisce allora che può sostituire il rapporto di coppia con la maternità. Film in costante bilico tra il ridicolo, la pornografia pura e la riflessione sul rapporto tra morte e sessualità che, seppur scontata, trova a tratti (in particolare nel finale) accenti di visionaria sincerità. ■ EROTICO; COL.; 99′; FRANCIA, 1999.

ROMANCE & CIGARETTES ★★
Regia di JOHN TURTURRO. Con P.J. BROWN, STEVE BUSCEMI, JAMES GANDOLFINI, EDDIE IZZARD, ADAM LEFEVRE, MANDY MOORE, KUMAR PALLANA, MARY-LOUISE PARKER, SUSAN SARANDON, ELAINE STRITCH, BARBARA SUKOWA, DAVID THORNTON, AIDA TURTURRO, CHRISTOPHER WALKEN, KATE WINSLET. ■ Il primissimo piano dell'alluce di Gandolfini che dorme paciosamente nel suo letto, in apertura di film, fa pensare irrimediabilmente ai fratelli Coen, (produttori di "Romance & Cigarettes"), ma l'opera di John Turturro è un film che ha una sua personalità, a partire dall'essere semi-musical. Nick Murder, è un operaio che vive con la moglie Kitty e le tre figlie adolescenti. La tranquillità famigliare viene però turbata dall'affair che Nick intraprende con la focosa Tula, rossa dal sesso facile. Quando Kitty scopre che il marito la tradisce, fra i due, si instaura un regime da separati in casa. *Romance & Cigarettes* parla ironicamente attraverso la musica senza essere un musical vero e proprio. Battute in rima, titoli delle canzoni nei dialoghi, e canzoni vere e proprie (principalmente dei classici del passato) interpretate dagli attori sul cantato originale. Amori veri, amori forti, sigarette, e un fondo di tristezza sono i temi animati dai personaggi, tutti fantastici che si prodigano a danzare (anche in modo conturbante, se pensiamo al decolletè di Tula) dando vita a un colorato carosello. Il linguaggio volutamente spinto e volgare, ci restituisce una comicità grassa, e allo stesso tempo leggera, con battute sottili e fulminanti (i dialoghi fra Nick e Tula sono eccezionali) e dialoghi surreali. ■ MUSICAL; COL.; 115′; USA, 2005.

ROMAN POLANSKI: A FILM MEMOIR ★★★
Regia di LAURENT BOUZEREAU. ■ Roman Polanski si trova agli arresti domiciliari nel momento in cui sta per ricevere un premio alla carriera al festival di Zurigo. Accetta così di farsi intervistare dall'amico di lunga data Andrew Braunsberg. Si comincia parlando della reazione all'improvvisa incarcerazione per poi dare ampio spazio alla rievocazione dell'infanzia del regista. È qui che Polanski, spesso considerato freddo e scostante, rivela per la prima volta come il suo fare cinema e le tematiche che affronta abbiano origine dalla vita di quel bambino ebreo i cui genitori, sbagliando, rientrarono in Polonia da Parigi poco prima che il conflitto iniziasse. Le parole si spezzano in gola quando Roman racconta della deportazione della madre ad Auschwitz o della ricomparsa del padre dopo una lunga assenza (prima di essere a sua volta deportato a Mauthausen). Una volta tanto la messa a nudo del privato di un artista non è finalizzata al gossip, ma a far comprendere meglio il suo cinema. ■ DOCUMENTARIO; COL.; 94′; ITALIA, 2012.

ROMANTICA AVVENTURA, UNA ★★★
Regia di MARIO CAMERINI. Con ERNESTO ALMIRANTE, GINO CERVI, LEONARDO CORTESE, MASSIMO GIROTTI, ASSIA NORIS, OLGA SOLBELLI. ■ Sul finire dell'Ottocento, una signora borghese spiega perché non riesce ad andare d'accordo col marito, un'ottima pasta d'uomo, ma un po' rozzo: non può dimenticare che durante il Risorgimento si era innamorata di un nobile cospiratore. Adesso, però, si rende conto che il vero amore è suo marito. ■ COMMEDIA; B/N; 81′; ITALIA, 1940.

ROMANTICA DONNA INGLESE, UNA ★★★
(The Romantic English Woman)
Regia di JOSEPH LOSEY. Con HELMUT BERGER, MICHAEL CAINE, NATHALIE DELON, GLENDA JACKSON, MICHAEL LONSDALE. ■ La moglie di uno scrittore s'innamora d'un avventuriero. Il marito scopre la tresca e caccia i due amanti. Quando finisce il danaro, anche l'amore finisce e la donna viene nuovamente ripresa dal marito. Sceneggiato da Tom Stoppard. ■ DRAMMATICO; COL.; 115′; GRAN BRETAGNA, 1975.

ROMANTICI EQUIVOCI *(Picture Perfect)* ★★★
Regia di GLENN GORDON CARON. Con JENNIFER ANISTON, KEVIN BACON, ILLEANA DOUGLAS, OLYMPIA DUKAKIS, JAY MOHR. ■ Jennifer Aniston proviene dal serial televisivo *Friends* della Fox. Qui, come in *L'oggetto del mio desiderio*, fa la trentenne che lavora. I suoi meriti non vengono riconosciuti, si deve "noleggiare" un fidanzato che diventa casualmente un eroe nazionale. Il ritratto del mondo della pubblicità non è roseo. ■ COMMEDIA; COL.; 100′; USA, 1997.

ROMANTICISMO ★★★
Regia di CLEMENTE FRACASSI. Con CLARA CALAMAI, FOSCO GIACHETTI, TAMARA LEES, AMEDEO NAZZARI. ■ Nel 1854, un nobile lombardo mostra simpatia per gli austriaci, ma è in realtà affiliato alla "Giovane Italia". Sua moglie, fervente patriota, all'oscuro dello stratagemma, prende a disprezzare il marito e si butta tra le braccia di un traditore polacco che denuncia il nobile. I due sposi si rappacificano, mentre il marito viene arrestato. ■ STORICO; B/N; 102′; ITALIA, 1951.

ROMANTICO AVVENTURIERO – IL FUORILEGGE DEL TEXAS *(The Gunfighter)* ★★★
Regia di HENRY KING. Con MILLARD MITCHELL, GREGORY PECK, HELEN WESTCOTT. ■ Jim Ringo è un pistolero stanco, che viene costretto dalla sua fama ad uccidere imbecilli in cerca di gloria. Spera si stare in pace con la moglie grazie all'aiuto di uno sceriffo comprensivo, ma nuovamente viene sfidato a duello. Si lascia uccidere. ■ WESTERN; B/N; 84′; USA, 1950. ■ OSCAR 1 NOM.

ROMANZA DELL'AMORE, LA *(It's a Great Life)* ★★
Regia di SAM WOOD. Con VIVIAN DUNCAN, LAWRENCE GRAY, ROSETTE. ■ Sam Wood, un onesto artigiano hollywoodiano destinato a dirigere *Per chi suona la campana*, dirige un film dalla trama inconsistente. ■ COMMEDIA; B/N; 93′; USA, 1929.

ROMANZO *(Romance)* ★★
Regia di CLARENCE BROWN. Con GRETA GARBO, LEWIS STONE. ■ Greta Garbo in uno dei suoi film meno visti. E meno considerati da pubblico e critica. Fa la cantante d'opera italiana (tutta da ridere) legata da anni per interesse ad un anziano magnate. Un giorno trova quel che crede il vero amore (dopo averne teorizzato per metà film) in un giovane seminarista, ingenuo al di là di ogni immaginazione. È bellissimo (finché dura). Ma naturalmente non dura. ■ DRAMMATICO; B/N; 76′; USA, 1930. ■ OSCAR 2 NOM.

ROMANZO *(Romans)* ★
Regia di AKE OHBERG. Con PETER KRENDER, STURE LAGERWALL, SONJA WIGERT. ■ Una ragazza convince un imprenditore

carico di debiti a non cedere la sua azienda e a cercare di farla tornare in attivo. I due, insieme, riusciranno nell'impresa e si sposeranno. ■ COMMEDIA; B/N; 91'; SVEZIA, 1941.

ROMANZO A PASSO DI DANZA ★

Regia di GIANCARLO CAPELLI. Con ELVIRA BETRONE, STELLA LE BERT, ROBERTO REY, LILY VINCENTI. ■ Un coreografo scopre che una ragazza, scappata di casa per fare la ballerina, è in realtà sua figlia illegittima. La riporterà alla madre che sposerà. ■ DRAMMATICO; B/N; 93'; ITALIA, 1943.

ROMANZO CRIMINALE ★★★

Regia di MICHELE PLACIDO. Con STEFANO ACCORSI, PIERFRANCESCO FAVINO, ELIO GERMANO, ANNA MOUGLALIS, KIM ROSSI STUART, CLAUDIO SANTAMARIA, RICCARDO SCAMARCIO, GIANMARCO TOGNAZZI, JASMINE TRINCA. ■ Il Libanese ha un sogno: conquistare Roma. Per realizzare quest'impresa senza precedenti mette su una banda spietata ed organizzata. Le vicende della banda e dell'alternarsi dei suoi capi (il Libanese, il Freddo, il Dandi) si sviluppano nell'arco di venticinque anni, intrecciandosi in modo indissolubile con la storia oscura dell'Italia delle stragi, del terrorismo e della strategia della tensione prima, dei ruggenti anni Ottanta e di Mani Pulite poi. Per tutto questo tempo, il commissario Scialoia dà la caccia alla banda, cercando contemporaneamente di conquistare il cuore di Patrizia, la donna del Dandi. Tratto dall'omonimo romanzo di Giancarlo De Cataldo il film di Michele Placido si rivela come la sua opera più compiuta e più complessa sul piano stilistico. Il regista/attore è riuscito a realizzare una fusione agile (e a non far pesare le due ore e mezza di proiezione) tra il suo cinema di impegno civile, il livello della ricostruzione anche cronachistica e (cosa che sembrava ardua considerato l'esito in particolare del suo ultimo film) il versante letterario. Narrazione pura, storia patria e caratteri ben delineati ma mai stereotipi danno luogo a un film "all'americana" nel senso non deteriore del termine. Questi piccoli delinquenti feroci che sono riusciti a terrorizzare Roma per anni finendo poi invischiati in trame più grandi di loro vengono seguiti con finezza psicologica e con grande attenzione anche sul piano lessicale. Sono "veri", in qualche momento possiamo anche quasi "capire" il perché del loro agire ma Placido non li "giustifica" mai. In questo aiutato da un gruppo di protagonisti tutti assolutamente adatti alla parte assegnata. Con, in più, una dark lady interpretata da Anna Mouglalis vero perno dei rapporti tra il mondo dei "buoni" (Scialoia) e quello di coloro che buoni non saranno mai perché costantemente spinti da quello che il loro socio mafioso definisce un "sentimento nobile": la vendetta. ■ DRAMMATICO; COL.; 130'; FRANCIA, GRAN BRETAGNA, ITALIA, USA, 2005. ■ DAVID DI DONATELLO 8 PR, 14 NOM.

ROMANZO D'AMORE ★★

Regia di DUILIO COLETTI. Con ROSSANO BRAZZI, DANIELLE DARRIEUX. ■ Storia romanzata dell'amore tra la principessa ereditaria di Sassonia e il musicista Enrico Toselli. I due riescono a sposarsi, ma hanno un momento di separazione. Lui si ammala e lei non può corrergli al fianco per dargli l'ultimo saluto, perché scoppia la prima guerra mondiale. La principessa impazzirà. ■ DRAMMATICO; B/N; 94'; FRANCIA, ITALIA, 1950.

ROMANZO DELLA MIA VITA – LUCIANO TAJOLI, IL ★

Regia di LIONELLO DE FELICE. Con ANTONELLA LUALDI, GIULIETTA MASINA, LUCIANO TAJOLI. ■ In quegli anni il cantante melodico Luciano Tajoli era popolarissimo ed ebbe questo onore abbastanza insolito per i divi della canzone italiana: un film biografico. Da giovane è colpito dalla poliomielite che lo lascia menomato: ha una bellissima voce, ma non può cantare l'opera a causa del suo handicap. Riuscirà a trovare il successo nella musica leggera e troverà l'amore. ■ BIOGRAFICO; B/N; 100'; ITALIA, 1953.

ROMANZO DI ELENA NEIL, IL *(Common Clay)* ★★

Regia di VICTOR FLEMING. Con LEW AYRES, CONSTANCE BENNETT, TULLY MARSHALL. ■ Una cameriera svelta e furba trova lavoro in una casa di gente danarosa. Farà innamorare il giovane padrone. Soap opera di grande successo all'epoca. Lanciò Constance Bennett e la costrinse a ripetere il ruolo per almeno una mezza dozzina di film. ■ SENTIMENTALE; B/N; 92'; USA, 1930.

ROMANZO DI LILLIAN RUSSELL, IL ★★★

(Lillian Russell)

Regia di IRVING CUMMINGS. Con DON AMECHE, EDWARD ARNOLD, LEO CARRILLO, ALICE FAYE, HENRY FONDA, WARREN WILLIAM. ■ Biografia di una cantante del varietà americano attorno al 1890: ama un giornalista, ma lo perde di vista; poi sposa un musicista che muore; subito dopo rincontra il suo primo amore e, naturalmente, lo sposa. ■ COMMEDIA; B/N; 127'; USA, 1940. ■ OSCAR 1 NOM.

ROMANZO DI MILDRED, IL *(Mildred Pierce)* ★★★

Regia di MICHAEL CURTIZ. Con EVE ARDEN, ANN BLYTH, JACK CARSON, JOAN CRAWFORD, ZACHARY SCOTT. ■ Mildred vuole che le due figlie, diversamente da lei, abbiano una vita di agi. Perciò divorzia dal marito, un onesto pover'uomo, apre con enormi sacrifici un locale a Hollywood e sposa un viveur che potrebbe dar lustro alla famiglia. Naturalmente va tutto male: la figlia minore muore e la figlia maggiore si rivela una carogna: arriva al punto d'uccidere il patrigno che era diventato il suo amante. ■ DRAMMATICO; B/N; 111'; USA, 1945. ■ OSCAR 1 PR, 5 NOM.

ROMANZO DI MONTECRISTO, IL ★

(El conde de Montecristo)

Regia di ROBERTO GAVALDÓN. Con ANITA BLANC, MAPI CORTEZ, ARTURO DE CORDOVA. ■ Edmondo Dantés, imprigionato sotto la falsa accusa d'essere bonapartista, evade, diventa ricchissimo e si vendica, sotto il falso nome di conte di Montecristo, dei suoi nemici. ■ AVVENTURA; B/N; 91'; MESSICO, 1946.

ROMANZO DI THELMA JORDAN, IL ★★★

(The File on Thelma Jordan)

Regia di ROBERT SIODMAK. Con WENDELL COREY, PAUL KELLY, BARBARA STANWYCK. ■ Thelma Jordan, amante di un gangster, progetta l'uccisione della ricca zia, e per crearsi un alibi conosce un procuratore distrettuale. Fra i due nasce però un vero amore e la donna cerca allora d'eliminare anche il complice amante, ma muore anche lei. ■ DRAMMATICO; B/N; 100'; USA, 1949.

ROMANZO DI TILLIE – CHARLOT MILIONARIO PER UN'ORA, IL *(Tillie's Punctured Romance)* ★★★

Regia di MACK SENNETT. Con CHARLIE CHAPLIN, CHARLEY CHASE, CHESTER CONKLIN, MARIE DRESSLER, MABEL NORMAND, MACK SWAIN. ■ Tratto da una commedia teatrale di grande successo a Broadway, il film racconta le disavventure dell'opulenta Tillie che viene raggirata da un imbroglione di città il quale aspira a sottrarle i suoi averi. Ma la bonaria e astuta donna avrà la meglio sulle sue malefatte. Nonostante la storia sia abbastanza insignificante, Marie Dressler, già famosissima in teatro, ha la possibilità di dimostrare anche sullo schermo le sue grandi abilità di attrice comica. ■ COMICO; COL.; 72'; USA, 1914.

ROMANZO DI UNA DONNA *(Der Schritt von Wege)* ★★

Regia di GUSTAF GRÜNDGENS. Con KARL LUDWIG DIEHL, MARIANNE HOPPE. ■ Un bravo funzionario guglielmino scopre che la moglie l'ha tradito otto anni prima. Non se la prende particolarmente, ma le convenzioni sociali lo obbligano a uccidere in duello il seduttore e ad allontanare dalla moglie la figlia. La donna, colpevole solo di leggerezza, si lascia morire. ■ DRAMMATICO; B/N; 95'; GERMANIA, 1939.

ROMANZO DI UNA DONNA, IL ★★

(Una mujer cualquiera)

Regia di RAFAEL GIL. Con MARIA FELIX, ANTONIO VILAR. ■ Una moglie, separata dal marito, ha un'avventura con uno sconosciuto che si rivela un bandito e che la trascina di peripezia in peripezia finché la donna non si ribella uccidendolo. ■ DRAMMATICO; B/N; 92'; SPAGNA, 1949.

ROMANZO DI UNA STRAGE ★★

Regia di MARCO TULLIO GIORDANA. Con MICHELA CESCON, LAURA CHIATTI, PIERFRANCESCO FAVINO, FABRIZIO GIFUNI, VALERIO MASTANDREA. ■ Milano, dicembre 1969. Giuseppe Pinelli è un ferroviere milanese. Marito, padre e anarchico, ispira il circolo anarchico Ponte della Ghisolfa. Luigi Calabresi è vice-responsabile della polizia politica della Questura di Milano. Segue e sorveglia le opinioni politiche della sinistra extraparlamentare. Impegnati con intelligenza e rigore su fronti opposti, si incontrano e scontrano tra un corteo e una convocazione. L'esplosione alla Banca nazionale dell'agricoltura di Piazza Fontana, in cui muoiono diciassette persone e ne restano ferite ottantotto, provoca un collasso alla nazione e una tensione in quella "corrispondenza cordiale". Convocato la sera dell'attentato e interrogato per tre giorni, Pinelli muore in circostanze misteriose, precipitando dalla finestra dell'ufficio di Calabresi. Assente al momento del tragico evento, il commissario finisce per diventarne responsabile e vittima. Perseguitato con implacabile risolutezza dagli esponenti di Lotta Continua, "implicato" dalla Questura e abbandonato dai "dirigenti", continuerà a indagare sulla strage, scoprendo il coinvolgimento della destra neofascista veneta e la responsabilità di apparati dello Stato. Una promozione e un trasferimento rifiutati confermeranno la sua integrità, determinandone il destino. È un film secco e pudico quello di Marco Tullio Giordana che mette mano e cuore su una delle pagine più tragiche della nostra storia recente. *Romanzo di una strage* semplifica e interpreta, in chiave "romanzesca", secondo il titolo, una strage impunita. ■ DRAMMATICO; COL.; 129′; ITALIA, 2012.

ROMANZO DI UNA VITA, IL *(Edison the Man)* ★★★
Regia di CLARENCE BROWN. Con CHARLES COBURN, RITA JOHNSON, GENE LOCKHART, LYNNE OVERMAN, SPENCER TRACY. ■ Nel 1929 il vecchio Thomas Alva Edison, il grande inventore americano, racconta a due studenti la storia della sua vita e delle sue scoperte. Il film termina con lo scienziato che ammonisce l'umanità sui pericoli del progresso usato per costruire armi distruttive. ■ BIOGRAFICO; B/N; 107′; USA, 1940. ■ OSCAR 2 NOM.

ROMANZO DI UN BARO, IL *(Le roman d'un tricheur)* ★★★
Regia di SACHA GUITRY. Con PIERRE ASSY, SERGE GRAVE, SACHA GUITRY. ■ Un vero gioiello della satira e dell'umorismo. Sacha Guitry nei panni di un uomo intento a scrivere la propria storia. La tesi è: essere disonesti paga. Dopo aver perso tutta la famiglia per un avvelenamento, cresce e diventa un truffatore. Per ribadire la tesi conclude dicendo che l'unico atto onesto da lui compiuto lo ha ridotto sul lastrico. ■ COMMEDIA; B/N; 80′; FRANCIA, 1936.

ROMANZO DI UN CHIRURGO – LA STORIA DI UN CHIRURGO, IL *(La nuit s'achève)* ★★
Regia di PIERRE MÉRÉ. Con VICTOR FRANCEN, GEORGES ROLLIN, LUDMILLA TCHERINA. ■ Groviglio di passioni in un ospedale algerino nei pressi di una miniera di fosfati. Un medico e un minatore amano entrambi un'infermiera. In un incidente il minatore rimane accecato. A questo punto compare un famoso chirurgo, che è dovuto fuggire dalla Francia per esperimenti illeciti e che, si scoprirà, è il padre del medico. Costui potrebbe ridare la vista al minatore: lo farà usando gli occhi del figlio morto per infezione. ■ DRAMMATICO; B/N; 103′; FRANCIA, 1951.

ROMANZO DI UN GIOVANE POVERO, IL ★★★
(Le roman d'un jeune homme pauvre)
Regia di ABEL GANCE. Con MARIE BELL, SATURNIN FABRE, PIERRE FRESNAY. ■ Un nobile impoverito diventa intendente in una famiglia di ricchi borghesi, per mantenere la sorellina. Dopo un po' s'innamora della figlia del suo datore di lavoro e riesce a sposarla dopo aver smascherato il fellone che l'ha mandato in rovina ed essere tornato in possesso del suo patrimonio. ■ DRAMMATICO; B/N; 120′; FRANCIA, 1935.

ROMANZO DI UN GIOVANE POVERO, IL ★★★
Regia di GUIDO BRIGNONE. Con CATERINA BORATTO, TINA LATTANZI, AMEDEO NAZZARI, PAOLO STOPPA, ERMETE ZACCONI. ■ Nuova versione realizzatta dagli italiani durante la seconda guerra mondiale con attori di tutto rispetto. ■ DRAMMATICO; B/N; 92′; ITALIA, 1943.

ROMANZO DI UN GIOVANE POVERO, IL ★★
Regia di MARINO GIROLAMI. Con SUSANNA GONZALES, PAUL MÜLLER, GUSTAVO ROJO. ■ Un'altra riduzione del celebre romanzo di Patricia Highsmith. ■ DRAMMATICO; B/N; 94′; ITALIA, 1958.

ROMANZO DI UN GIOVANE POVERO, IL ★★
Regia di CESARE CANEVARI. Con RAFFAELE CURI, MARIA PIA GIANCARO, SANDRO QUASIMODO, ERNA SCHURER. ■ Nuova versione del famoso romanzo con una spolverata di sesso. ■ DRAMMATICO; COL.; 95′; ITALIA, 1974.

ROMANZO DI UN GIOVANE POVERO ★★
Regia di ETTORE SCOLA. Con MARIO CAROTENUTO, ISABELLA FERRARI, ROLANDO RAVELLO, ALBERTO SORDI. ■ La via migliore al delitto perfetto è farlo commettere da un estraneo, la variante di Patricia Highsmith suggerisce lo scambio di favori tra sconosciuti. In questo caso l'idea, nata da una scherzosa conversazione tra due vicini di casa, vede come bersagli la madre dell'uno e l'ex moglie dell'altro. Senza entrare nei binari del giallo, il film tenta la via della critica alla società borghese, senza però dimostrarsi particolarmente incisivo. ■ DRAMMATICO; COL.; 110′; ITALIA, 1995. ■ VENEZIA 1 PR.

ROMANZO DI UN LADRO DI CAVALLI, IL ★★★
(Romance of a Horsethief)
Regia di ABRAHAM POLONSKY. Con JANE BIRKIN, YUL BRYNNER, SERGE GAINSBOURG, MARILÙ TOLO, LINDA VERAS, ELI WALLACH. ■ Nel 1904, nella Polonia divisa tra la Germania e la Russia, un giovane ebreo prospera rubando cavalli che rivende oltre confine. I suoi affari hanno però un crollo quando un capitano dei cosacchi requisisce tutti i quadrupedi per la guerra contro i giapponesi. Il giovane fa un ultimo gigantesco colpo e fugge in America portando con sé una giovane propagandista socialista, che era destinata alla deportazione in Siberia. ■ COMMEDIA; COL.; 109′; ITALIA, 1973.

ROMANZO DI UN MAESTRO, IL *(Maestro levita)* ★
Regia di LUIS CÉSAR AMADORI. Con PEPE ARIAS, MECHA ORTIZ, MARIA SANTOS. ■ Un buon maestro rurale segue nella grande città la donna di cui si è innamorato e rimane sconvolto dalla corruzione che vi trova. Scoppia un'epidemia e l'insegnante ritorna al suo posto accompagnato dalla donna, che, felice, si sacrificherà per lui. ■ DRAMMATICO; B/N; 92′; ARGENTINA, 1947.

ROMANZO DI UN MEDICO, IL *(Roman eines Arztes)* ★★
Regia di JÜRGEN VON ALTEN. Con CAMILLA HORN, ALBRECHT SHOENHALS. ■ Un nobile medico s'accolla la colpa della moglie, assassina del proprio amante, per permetterle di badare al figlioletto. Scelta infelice: viene condannato, radiato dall'albo e, per di più, la donna, incostante e leggera, lascia che il piccino muoia. Liberato, il dottore conoscerà una bella vedova con figlio, che salverà con un'operazione. La moglie finalmente pentita confesserà, permettendo al marito di rifarsi una vita con la nuova famiglia. ■ DRAMMATICO; B/N; 93′; GERMANIA, 1940.

ROMANZO NEL WEST *(Tall in the Saddle)* ★★
Regia di EDWIN L. MARIN. Con WARD BOND, GEORGE GABBY HAYES, ELLA RAINES, ELIZABETH RISDON, RUSSELL WADE, JOHN WAYNE. ■ Un cowboy si trova coinvolto nella lotta tra due donne, una buona l'altra cattiva, per il possesso di un ranch. Aiuterà a vincere la buona, che poi sposerà. ■ WESTERN; B/N; 87′; USA, 1944.

ROMANZO POPOLARE ★★★
Regia di MARIO MONICELLI. Con VINCENZO CROCITTI, ORNELLA MUTI, MICHELE PLACIDO, PIPPO STARNAZZA, UGO TOGNAZZI. ■ Un operaio milanese d'una certa età sposa la figlia d'immigrati meridionali, da cui ha un bambino. Durante uno sciopero l'operaio conosce un giovane poliziotto e i due, nonostante combattano su due fronti opposti, fanno amicizia. L'agente diventa però l'amante della ragazza e l'operaio, dimentico di tutte le sue idee progressiste, scaccia l'adultera. Anni dopo lei, che è stata abbandonata dal poliziotto, va a visitare il marito tormentato dalla solitudine. Forse si rappacificheranno. ■ COMMEDIA; COL.; 110′; ITALIA, 1974. ■ DAVID DI DONATELLO 1 PR, 1 NOM.

ROMA ORE 11 ★★★
Regia di GIUSEPPE DE SANTIS. Con LUCIA BOSÈ, CARLA DEL POGGIO, MARIA GRAZIA FRANCIA, MASSIMO GIROTTI, LEA PADOVANI, DELIA SCALA, RAF VALLONE. ■ Il film, uno degli ultimi nel filone del neorealismo, nacque da un tragico episodio di cronaca: a causa della disoccupazione, si presentò un tal numero

di ragazze a una ditta, che cercava una dattilografa, che una scala crollò facendo una vittima e numerose ferite. La pellicola ricostruisce l'episodio. ■ DRAMMATICO; B/N; 105'; ITALIA, 1952.

ROMA, PARIS, BARCELONA ★★★
Regia di PAOLO GRASSINI, ITALO SPINELLI. Con EMILIO BONUCCI, ENRICA ORIGO, GIULIO SCARPATI. ■ Renato è a Parigi come rifugiato politico e fa il libraio. Incontra Francesco e Lucilla, due suoi ex compagni, che devono portare a termine un incarico a Barcellona e chiedono aiuto. Così il passato riemerge soprattutto per Renato, che è combattuto da dubbi. Girato in bianco e nero il film è ambientato alla fine degli anni Settanta, cioè dopo il fatidico "1977". Uno dei migliori film italiani indipendenti. ■ DRAMMATICO; B/N; 85'; ITALIA, 1989.

ROMAREY: OPERAZIONE MAZAREF ★
(Romarey, das Mädchen mit den grünen Augen)
Regia di HARALD REINL. Con GERDA CORBETT, JOACHIM HANSEN, CAROLA VON KAYSER. ■ In Africa, Romarey, una ragazza dotata di poteri parapsicologici, aiuta un industriale perseguitato da Mazaref, un misterioso individuo. I buoni trionferanno. ■ AVVENTURA; COL.; 92'; GERMANIA, 1967.

ROMA RIVUOLE CESARE ★★★
Regia di MIKLÓS JANCSÓ. Con FABIO GAMMA, HIRAM KELLER, GINO LAVAGETTO, LORENZO PIANI, ANNA SPOGLI, LINO TROISI. ■ In Numidia nel 44 a.C., i ribelli indigeni si uniscono ad alcuni romani, oppositori di Cesare, in una lotta contro l'oppressione romana. Il movimento sembra avere successo, ma giunge un messaggero che annuncia la morte del dittatore e offre il potere a Ottaviano, suo nipote, che faceva parte dei rivoluzionari. Il giovane accetta, ma così facendo spinge al suicidio i suoi compagni che non possono accettare più di essergli alleati. ■ DRAMMATICO; COL.; 95'; ITALIA, 1972.

ROMA VIOLENTA ★★
Regia di FRANCO MARTINELLI. Con RICHARD CONTE, MAURIZIO MERLI, SILVANO TRANQUILLI. ■ Maurizio Merli interpreta, come al solito, un poliziotto violento che, per vendicare il fratello ucciso in una rapina, si scatena contro la delinquenza formando un gruppo di *vigilantes*. Forse un collaboratore rimasto paralizzato riuscirà a convincerlo a desistere. ■ POLIZIESCO; COL.; 92'; ITALIA, 1975.

ROMBO DI TUONO *(Missing in Action)* ★★
Regia di JOSEPH ZITO. Con JAMES HONG, CHUCK NORRIS, M. EMMET WALSH. ■ L'atletico colonnello Braddock (Norris) viene rispedito in Vietnam alla ricerca di soldati americani ritenuti ancora prigionieri dei guerriglieri. Onesto film spettacolare, di pura e genuina azione, con un carismatico Norris (autentico campione di arti marziali) nel ruolo principale. ■ AVVENTURA; COL.; 98'; USA, 1984.

ROMEO AND JULIET ★★★
Regia di PAUL CZINNER. Con DAVID BLAIR, DESMOND DOYLE, MARGOT FONTEYN, RUDOLF NUREYEV. ■ Si tratta del balletto di Sergej Prokofiev, dalla tragedia di Shakespeare, interpretato dal Royal Ballet, con Nureyev e la Fonteyn come protagonisti. ■ COMM. MUSICALE; COL.; 126'; GRAN BRETAGNA, 1967.

ROMEO DEVE MORIRE *(Romeo Must Die)* ★★★
Regia di ANDRZEJ BARTKOWIAK. Con AALIYAH, ANTHONY ANDERSON, EDOARDO BALLERINI, JET LI, DELROY LINDO, RUSSEL WONG. ■ Anche se non si tratta del "Romeo e Giulietta" di Shakespeare, è una lotta tra due fazioni rivali, una asiatica e l'altra afroamericana, a costituire il nucleo di questo film che, prodotto da Joel Silver, ha riscosso, a sorpresa, un enorme successo. Il Romeo in questione è un cinese, Han (Jet Li), vero asso delle arti marziali, che evade dalla prigione di Hong Kong e arriva negli States per aiutare la sua famiglia. Han diventa presto il bersaglio non solo del clan degli afroamericani, ma anche di sconosciuti killers. La Giulietta della storia è Trish (Aaliyah), afroamericana, desiderosa di porre fine alla guerra in corso tra le due famiglie rivali. Degni di nota sono gli effetti speciali del film curati dal team di *Matrix* e la colonna sonora hip-hop. ■ AZIONE; COL.; 115'; USA, 2000.

ROMEO E GIULIETTA ★★★★
Regia di FRANCO ZEFFIRELLI. Con PAT HETWOOD, OLIVIA HUSSEY, JOHN MCENERY, MILO O'SHEA, LEONARD WHITING. ■ Nuova versione della tragedia a cura di Franco Zeffirelli. Il film vincitore di due premi Oscar (Pasquale de Santis per la Miglior fotografia e Danilo Donati per i Migliori costumi) fece conoscere al mondo lo sfarzoso estetismo di Zeffirelli e la sua capacità di tradurre nel linguaggio del grande schermo il fascino del grande teatro. Il film venne inoltre valorizzato dalla splendida colonna sonora composta da Nino Rota. L'intensa passionalità dei due protagonisti, perfetti nei loro ruoli, fece gran scalpore all'epoca per la loro giovanissima età, poco più che adolescenti (15 anni lei, 17 lui). Zeffirelli ha confezionato una miscela indimenticabile di bellezza, eleganza, sensualità, avventura e azione. ■ DRAMMATICO; B/N; 152'; GRAN BRETAGNA, ITALIA, 1967. ■ DAVID DI DONATELLO 1 PR, 1 NOM; OSCAR 2 PR, 4 NOM.

ROMEO + GIULIETTA DI WILLIAM SHAKESPEARE *(William Shakespeare's Romeo + Juliet)* ★★★
Regia di BAZ LUHRMANN. Con CLAIRE DANES, BRIAN DENNEHY, LEONARDO DICAPRIO, JOHN LEGUIZAMO, PAUL SORVINO, DIANE VENORA. ■ Luhrmann entra in pista nel *revival* cinematografico shakespeariano degli anni Novanta. Lo fa con taglio deciso, attualizzando senza timore pur conservando i ritmi del Bardo. Realizza un film interessante in cui la regia è consapevole del compito che le spetta e dirige gli attori inserendoli in una struttura visiva determinante. Parole e immagini sono perfettamente integrate in un film in cui non è il rock a dominare, come si potrebbe credere. È l'invenzione quella che domina. ■ DRAMMATICO; COL.; 120'; USA, 1996. ■ BERLINO 1 PR; OSCAR 1 NOM.

ROMERO ★★
Regia di JOHN DUIGAN. Con ANA ALICIA, RICHARD JORDAN, RAUL JULIA, TONY PEREZ, TONY PLANA, LUCY REJNA, EDDIE VELEZ. ■ Nel 1977 il Salvador è sottosopra: preti guerriglieri, appoggiati dal vescovo Romero, combattono dalla parte dei *campesinos* contro il regime, appoggiato dall'esercito, che tortura e uccide. Durante la messa, Romero accusa il regime e invoca la pace nel paese lacerato dalla lotta civile. La sua vita ormai è minacciata e un assassino prezzolato gli spara in chiesa sotto gli occhi dei fedeli. ■ DRAMMATICO; COL.; 104'; USA, 1989.

ROMMEL CHIAMA CAIRO *(Rommel ruft Kairo)* ★
Regia di WOLFGANG SCHLEIF. Con ADRIAN HOVEN, ELISABETH MÜLLER, PETER VAN EYCK. ■ Durante la seconda guerra mondiale, un abile agente tedesco al Cairo riesce ad entrare in possesso dei piani inglesi e, dopo molte peripezie, a comunicarli al maresciallo Rommel. Gli inglesi, però, vengono a conoscenza della cosa e modificano i piani tendendo una trappola all'Afrika Korps e vincendo la guerra del deserto. La spia tedesca, catturata, avrà salva la vita in riconoscimento del suo valore. ■ SPIONAGGIO; B/N; 94'; GERMANIA, 1959.

ROMMEL, LA VOLPE DEL DESERTO ★★★
(The Desert Fox)
Regia di HENRY HATHAWAY. Con CEDRIC HARDWICKE SIR, JAMES MASON, JESSICA TANDY. ■ Le vittorie ottenute dall'Afrika Korps nel corso della seconda guerra mondiale resero popolare il comandante Erwin Rommel anche fra i suoi avversari; la sua fama aumentò considerevolmente nel dopoguerra, quando si scoprì che fu costretto al suicidio da Hitler. ■ GUERRA; B/N; 88'; USA, 1951.

ROMOLO E REMO ★★
Regia di SERGIO CORBUCCI. Con MASSIMO GIROTTI, VIRNA LISI, STEVE REEVES, GORDON SCOTT, ORNELLA VANONI. ■ Romolo e Remo, ignari della loro origine, lottano contro i sabini di Tito Tazio, ma Remo è prepotente e i due fratelli si dividono. Più tardi Romolo fonda Roma ed è costretto a uccidere il gemello. ■ AVVENTURA; COL.; 108'; ITALIA, 1962.

ROMPIBALLE, IL *(L'emmerdeur)* ★★★
Regia di ÉDOUARD MOLINARO. Con JACQUES BREL, NINO CASTELNUOVO, CAROLINE CELLIER, JEAN-PIERRE DARRAS, LINO VENTURA. ■ Un coscienzioso assassino di professione s'appresta ad eliminare un pericoloso testimone, che potrebbe far condannare un'intera cosca mafiosa quando, per caso, si trova a salvare un aspirante suicida. L'uomo, riconoscente, s'appiccica al sicario

mandandogli a monte i piani preparati: e i due finiranno entrambi in prigione. ■ COMMEDIA; COL.; 88′; FRANCIA, 1974.

ROMPIBALLE... ROMPE ANCORA, IL ★★
(Fantasia chez les ploucs)
Regia di GÉRARD PIRÈS. Con LUIGI BONOS, MIREILLE DARC, JACQUES DUFILHO, NANNI LOY, LINO VENTURA, JEAN YANNE. ■ Il film uscì in Italia nel 1976 e i distributori gli appiopparono un titolo che voleva farlo passare per il seguito de *Il rompiballe*, sempre con Lino Ventura, uscito l'anno prima con grande successo. In realtà si tratta di un'avventura umoristica ambientata in America che ha per protagonisti due furbi distillatori clandestini di whisky, uno sceriffo, un gangster e la sua amante. ■ COMMEDIA; COL.; 90′; FRANCIA, 1970.

ROMPICUORI, IL *(The Heartbreak Kid)* ★★★
Regia di ELAINE MAY. Con JEANNIE BERLIN, CHARLES GRODIN, AUDRA LINDLEY, CYBILL SHEPHERD. ■ Un giovanotto d'origine ebraica sposa una ragazzotta, ma già nel viaggio di nozze s'innamora della figlia d'un banchiere. Divorzia per risposarsi, ma alla festa di nozze capisce d'aver nuovamente sbagliato. ■ COMMEDIA; COL.; 104′; USA, 1972. ■ GOLDEN GLOBES 3 NOM; OSCAR 2 NOM.

ROMPISCATOLE, IL *(The Cable Guy)* ★
Regia di BEN STILLER. Con MATTHEW BRODERICK, JIM CARREY, LESLIE MANN. ■ Carrey è l'uomo del cavo, capace di installare tutti i canali della televisione anche quelli segreti. Dovrebbe essere una satira televisiva. Non merita altre parole questa fesseria con l'attore più "idiota" della storia del cinema. E gli hanno dato venti milioni di dollari per fare questo film. ■ COMICO; COL.; 91′; USA, 1996.

ROMUALD ET JULIETTE ★★★
Regia di COLINE SERREAU. Con DANIEL AUTEUIL, FIRMINE RICHARD, PIERRE VERNIER. ■ Uno yuppie, magnate delle industrie alimentari, sta per essere spodestato da una coppia di soci di pochi scrupoli. Ma la donna delle pulizie, una simpatica, giunonica nera oltre i quaranta, lo mette in guardia. Finisce che lo yuppie si innamora della colf. Per lei decide di lasciare la famiglia (senza soverchi drammi da parte dei familiari). Sposerà la brava donna e si accollerà anche la numerosa figliolanza di lei (cinque figli da altrettanti precedenti matrimoni). ■ COMMEDIA; COL.; 104′; FRANCIA, 1989.

ROMY & MICHELLE ★★
(Romy and Michelle's High School)
Regia di DAVID MIRKIN. Con ALAN CUMMING, JANEANE GAROFALO, LISA KUDROW, MIRA SORVINO. ■ Due ragazze incontrano alcune vecchie compagne di scuola. Sembrerebbe che tutte, tranne loro, abbiano avuto una vita entusiasmante. Allora le due, non prive di fantasia, inventano. Niente da rilevare, o da ricordare. ■ COMMEDIA; COL.; 91′; USA, 1997.

RONDA DI MEZZANOTTE ★★★
Regia di LLOYD FRENCH. Con OLIVER HARDY, STAN LAUREL. ■ Due divertenti comiche sonore di Stanlio e Ollio, girate nel 1933 e unite per formare un lungometraggio. ■ COMICO; B/N; 90′; USA, 1939.

RONDE, LA ★★★★
Regia di MAX OPHÜLS. Con JEAN-LOUIS BARRAULT, DANIELLE DARRIEUX, DANIEL GÉLIN, ISA MIRANDA, GÉRARD PHILIPE, SERGE REGGIANI, SIMONE SIGNORET, SIMONE SIMON, ANTON WALBROOK. ■ La storia è tratta dalla famosa commedia di Arthur Schnitzler ed è un girotondo d'amori che cominciano e si concludono con una piccola prostituta passando per un soldato, una cameriera, un signorino di buona famiglia, una signora, il marito di lei, una sarta, un poeta, una attrice, un ufficiale. ■ COMMEDIA; B/N; 97′; FRANCIA, 1950. ■ OSCAR 3 NOM; VENEZIA 2 PR.

RONDINE FA PRIMAVERA, UNA ★★★
(Une hirondelle a fait le printemps)
Regia di CHRISTIAN CARION. Con FRÉDÉRIC PIERROT, JEAN-PAUL ROUSSILLON, MATHILDE SEIGNER, MICHEL SERRAULT. ■ Sandrine, una parigina, stufa dello stress cittadino decide di comprare una fattoria: creerà un'attività moderna, insomma la "farà rendere". Il venditore è un vecchio contadino, che per contratto ha il diritto di rimanere nel podere per tutta la vita. Sandrine cerca di coinvolgere il vecchio, che si trova malissimo fra computer e progetti cartacei. Con l'arrivo dell'inverno, che costringe a un rapporto più stretto, i due cominciano a capirsi. ■ COMMEDIA; COL.; 103′; FRANCIA, 2000.

RONDINE SENZA NIDO ★★★
(Rebecca of Sunnybrook Farm)
Regia di ALLAN DWAN. Con RANDOLPH SCOTT, SHIRLEY TEMPLE. ■ Uno dei successi di Shirley Temple. Qui è una orfanella che diventa stella della radio, ingannando un perfido patrigno che voleva sfruttarne le doti artistiche. ■ COMMEDIA; B/N; 80′; USA, 1938.

RONDINI IN VOLO ★★
Regia di LUIGI CAPUANO. Con ANDREA CHECCHI, DINA SASSOLI, MASSIMO SERATO. ■ Un pilota dell'aeronautica scopre che, vicino a un campo d'atterraggio abbandonato, vive la moglie impazzita di un suo commilitone caduto. L'ufficiale, aiutato da un cappellano militare, riuscirà ad evitare che il campo sia destinato a una cooperativa comunista e lo farà diventare, invece, un campeggio per i figli dei caduti. Tale abnegazione farà rinsavire la povera signora. ■ AVVENTURA; B/N; 92′; ITALIA, 1950.

RONDINI IN VOLO – TRE SORELLE DA MARITO ★★★
(Les petites du quai aux fleurs)
Regia di MARC ALLÉGRET. Con ADRIANA BENETTI, BERNARD BLIER, DANIÈLE DELORME, LOUIS JOURDAN, ODETTE JOYEUX, GÉRARD PHILIPE. ■ Storia di tre giovani sorelle in cerca di marito. ■ COMMEDIA; B/N; 93′; FRANCIA, 1943.

RONIN ★★★
Regia di JOHN FRANKENHEIMER. Con SEAN BEAN, ROBERT DE NIRO, JEAN RENO, STELLAN SKARSGARD. ■ Finita la guerra fredda l'ambiente trabocca di spie rimaste senza lavoro. I "Ronin" sono appunto i Samurai rimasti senza padrone. Un gruppo formato da ex agenti (Cia, KGB, MI5, eccetera) è assoldato per recuperare una misteriosa valigia, non se ne saprà mai il contenuto. I professionisti si mettono in azione e alla fine la valigia rimane senza padrone, ma non ha importanza. Film d'attori, di *location* e di grande azione. La *location* magnifica: si va da Parigi, a Cap Ferrat con corse sulle varie *corniches*, ad Arles. Ci sono inseguimenti in macchina e capovolgimenti di fronte. Naturalmente, su tutti, "comanda" De Niro, come è giusto. Ma "comanda" anche Frankenheimer, un quasi ottantenne pieno di energia. Divertente e liberatorio, vecchia maniera. ■ THRILLER; COL.; 121′; FRANCIA, USA, 1998.

RONNY ★
Regia di REINHOLD SCHÜNZEL. Con WILLY FRITSCH, KATHE VON NAGY. ■ Un principe appassionato di operette si innamora di una costumista improvvisatasi cantante. ■ COMM. MUSICALE; B/N; 65′; GERMANIA, 1932.

RONZIO DELLE MOSCHE, IL ★
Regia di DARIO D'AMBROSI. Con MARCO BALIANI, GIORGIO COLANGELI, GRETA SCACCHI. ■ In un mondo futuribile dove noia e conformismo la fanno da padrone, un'equipe di medici si trova a dover studiare gli ultimi tre pazzi rimasti sulla Terra, per scoprire dove sia l'origine della loro diversità e riportarla fra gli uomini. D'Ambrosi, qui al suo esordio come regista, è l'inventore del cosiddetto "teatro patologico", caratterizzato dalla rappresentazione estrema delle sensazioni e da uno sguardo particolare sulla diversità. Tenta di riportare i suoi stilemi sul grande schermo ma l'operazione, non priva di un certo fascino, riesce solo in parte: nonostante la bravura degli attori, infatti, manca l'interazione diretta con il pubblico, e la vicenda non è mediata attraverso l'interpretazione dello spettatore, facendo diventare il film una sorta di "teatro filmato" della sofferenza. ■ COMMEDIA; COL.; 90′; 2003.

ROOMMATES: UN ADORABILE TESTARDO ★★★
(Roommates)
Regia di PETER YATES. Con ELLEN BURSTYN, PETER FALK, JULIANNE MOORE. ■ L'importanza della famiglia: questo il messaggio del film che non è stato tuttavia adeguatamente apprezzato dalla critica e dal pubblico. È la storia vera di un agente di polizia che, alla "tenera" età di settant'anni, decide di allevare suo nipote rimasto orfano. Inizia così un percorso di crescita psicolo-

gica al termine del quale le vite di entrambi finiranno, inevitabilmente, per cambiare. Il personaggio irascibile e ribelle di Rocky Holzcek (Peter Falk) nel ruolo del nipote, domina l'intero film. ■ COMM. DRAMMATICA; COL.; 108'; USA, 1995.

ROSA BIANCA, LA *(Sophie Scholl – Die letzten Tage)* ★★★
Regia di MARC ROTHERMUND. Con JOHANNA GASTDORF, ALEXANDER HELD, ANDRÉ HENNICKE, FABIAN HINRICHS, JULIA JENTSCH, FLORIAN STETTER. ■ Una ragazza normale capace di azioni eccezionali: appare così Sophie Scholl nel ritratto di Mark Rothermund. Una ragazza normale che ascolta con l'amica del cuore le canzoni di Billie Holiday, che beve vino e fuma sigarette, che s'incanta davanti a un brano di musica classica e si accende di passione quando parla del suo fidanzato, soldato al fronte. Ma una ragazza che crede nella libertà e che vuole salvare il suo paese dal massacro in cui Hitler lo sta precipitando (siamo nel 1943: le sorti della seconda guerra mondiale sono ormai segnate). Per questo Sophie fonda con il fratello e alcuni amici il gruppo della Rosa Bianca: per combattere il nazismo attraverso le parole dei volantini che distribuiscono al popolo tedesco esortandolo alla resistenza contro il regime. È il 18 febbraio quando i fratelli Scholl decidono di diffondere i loro ciclostilati all'Università di Monaco, ed è il 22 febbraio quando, poco più che ventenni, vengono giustiziati per alto tradimento. Tutto raccontato senza retorica, senza sentimentalismi: le inquadrature insistite in cui la protagonista guarda il cielo dai vetri delle finestre dietro a cui è prigioniera dicono un mondo in un'immagine, bastano da sole a giustificare l'Orso al regista Rothermund e all'attrice Julia Jentsch. Qualche piccola perplessità sulla parte centrale, costruita sui verbali degli interrogatori della Gestapo ai membri della Rosa Bianca, che nella sua verbosità rischia di farsi, a tratti, ripetitiva. Ma quello di Sophie Scholl, pur già raccontato altre volte al cinema, resta un esempio la cui forza di monito rimane intatta nel tempo. ■ DRAMMATICO; COL.; 117'; GERMANIA, 2004. ■ BERLINO 2 PR; OSCAR 1 NOM.

ROSA BIANCA PER GIULIA, UNA ★★★
(Where Danger Lives)
Regia di JOHN FARROW. Con FAITH DOMERGUE, CHARLES KEMPER, ROBERT MITCHUM, MAUREEN O'SULLIVAN, CLAUDE RAINS. ■ Un medico s'innamora di un'aspirante suicida che ha operato. Scoperto che la donna è sposata, ha una discussione col marito in seguito alla quale crede d'aver ucciso l'uomo. I due amanti fuggono verso il Messico, ma il medico avrà una sconvolgente sorpresa. ■ DRAMMATICO; B/N; 84'; USA, 1950.

ROSA DEL SUD, LA *(So Red the Rose)* ★★★
Regia di KING VIDOR. Con WALTER CONNOLLY, ROBERT CUMMINGS, RANDOLPH SCOTT, MARGARET SULLIVAN. ■ Una ricca famiglia spadroneggia su una piantagione, ma la sua prosperità viene spazzata via dagli invasori nordisti durante la guerra di Secessione. Due giovani cugini, dopo l'uragano, si sposeranno per ricostruirla. ■ DRAMMATICO; B/N; 82'; USA, 1935.

ROSA DEL TEXAS, LA *(The Gay Caballero)* ★★
Regia di ALFRED L. WERKER. Con VICTOR MCLAGLEN, CONCHITA MONTENEGRO, GEORGE O'BRIEN. ■ Un campione di football dell'università va in California a prendere possesso di un ranch avuto in eredità. Trova però che la sua terra è minacciata da un possidente messicano, che non esita a servirsi di banditi pur di ingrandirsi a spese degli altri *rancheros*. Il campione affronta gli uomini del messicano e li elimina a uno a uno. ■ WESTERN; B/N; 95'; USA, 1932.

ROSA DI BAGDAD, LA ★★★
Regia di ANTON GINO DOMENEGHINI. ■ Un perfido principe, con l'aiuto di un mago, fa innamorare di sé la figlia del califfo di Bagdad, ma i suoi piani sono sventati da un giovane musico di corte. ■ ANIMAZIONE; COL.; 91'; ITALIA, 1949.

ROSA DI RIO GRANDE, LA *(Rose of the Rio Grande)* ★★
Regia di WILLIAM NIGH. Con JOHN CARROLL, MOVITA. ■ Un bieco generale, dopo un golpe, diventa governatore, ma si trova a combattere contro un nobile spadaccino che gli darà il fatto suo. ■ AVVENTURA; B/N; 60'; USA, 1939.

ROSA DI SANGUE ★★
Regia di JEAN CHOUX. Con CAMILLO APOLLONI, GUILLAME DE SAX, GEORGES FLAMANT, FEDELE GENTILE, VIVIANE ROMANCE. ■ In un paese latino-americano, una ragazza guida la ribellione contro un generale perché pensa che costui abbia abusato di sua sorella. Troppo tardi scoprirà che lui è innocente ed entrerà in convento per espiare. ■ AVVENTURA; B/N; 95'; FRANCIA, ITALIA, 1940.

ROSA DI WASHINGTON, LA ★★★
(The Rose of Washington Square)
Regia di GREGORY RATOFF. Con ALICE FAYE, WILLIAM FRAWLEY, AL JOLSON, TYRONE POWER. ■ Negli anni Venti, una stella di Ziegfeld ama un poco di buono ricercato dalla polizia. L'amore della moglie lo farà redimere: si costituirà. ■ COMMEDIA; B/N; 86'; USA, 1939.

ROSA E CORNELIA ★★
Regia di GIORGIO TREVES. Con ATHINA CENCI, CHIARA MUTI, STEFANIA ROCCA. ■ La vicenda, tratta da una fortunata commedia di Remo Binosi, che l'ha sceneggiata per Treves, è ambientata nel 1748 e narra di una gravidanza indesiderata della contessina Cornelia, rinchiusa in una casa di campagna con la dama di compagnia (Athina Cenci) e con una fantesca (Stefania Rocca, bravissima) che dovrà uccidere il "frutto del peccato". Peccato che Chiara Muti sia noiosa nel ruolo di Cornelia e che quel che funzionava a teatro (magnifiche interpreti Elisabetta Pozzi e Maddalena Crippa) non funzioni al cinema. ■ COMMEDIA; COL.; 90'; ITALIA, 1999.

ROSA E LO SCIACALLO, LA *(The Rose and the Jackal)* ★
Regia di JACK GOLD. Con CHRISTOPHER REEVE. ■ Il film è ambientato in piena guerra civile americana. L'investigatore Pinkerton sta coi nordisti e si occupa del loro servizio segreto. Si innamora di una spia sudista dopo averla fatta arrestare. Fumettone storico, tutto fumo e niente arrosto. ■ DRAMMATICO; COL.; 95'; USA, 1990.

ROSA FUNZECA ★★
Regia di AURELIO GRIMALDI. Con IDA DI BENEDETTO, LALLA ESPOSITO, ENNIO FANTASTICHINI, ALDO GIUFFRÉ, PRIMO REGGIANI. ■ Il regista Grimaldi e l'attrice Di Benedetto sulla strada a cui si sentono più legati e nella quale procedono più sicuri. Grimaldi non riesce a prescindere da Pasolini e qui semplicemente rifà *Mamma Roma*. Ida è a proprio agio in ruoli di popolana, spesso di prostituta. Rosa Funzeca è appunto una prostituta che cerca di aprire un'attività "per bene" per poter stare col figlio cresciuto in un collegio di preti. Ma il chiosco di fiori non funziona e così bisogna tornare all'antico. Ma non è facile far convivere quel tipo di vita con l'educazione di un figlio. La regia intenderebbe essere "colta" (il film è in b/n) ma è troppo statica. Il valore migliore è la protagonista. Ma non basta. ■ DRAMMATICO; B/N; 90'; ITALIA, 2002.

ROSA GIALLA DEL TEXAS, LA ★★
(The Return of Jack Slade)
Regia di HAROLD SCHUSTER. Con MARIE BLANCHARD, NEVILLE BRAND, JOHN ERICSON. ■ Jack Slade fu personaggio storico e venne anche immortalato nelle pagine di Mark Twain: agente delle compagnie di trasporti, eliminò i banditi con tale ferocia da finire impiccato. Il regista Harold Schuster gli aveva dedicato un film nel 1953, *Jack Slade, l'indomabile*. Ora lo stesso regista propone una specie di seguito: il figlio di Jack, desideroso di riscattare la memoria del padre, si finge bandito per catturare una banda. ■ WESTERN; B/N; 79'; USA, 1956.

ROSA L. *(Die Geduld der Rosa L.)* ★★★
Regia di MARGARETHE VON TROTTA. Con DANIEL OLBRYCHSKI, OTTO SANDER, BARBARA SUKOWA. ■ Il titolo letteralmente significa *La pazienza di Rosa* ovvero Rosa Luxemburg, che dal carcere di Wronke, Germania, scrive le sue memorie di rivoluzionaria intellettuale, dall'infanzia trascorsa in Polonia fino ai fermenti sociali di fine Ottocento che precederanno la Rivoluzione d'Ottobre del 1917. Racconta dell'esperienza del carcere zarista per la sua attività rivoluzionaria socialista accanto a Leo Jogiches col quale convive e dal quale poi si separa. Dedicatasi poi al giornalismo di sinistra, finisce in carcere anche a Berlino. Coinvolta nei moti rivoluzionari del 1918 viene assassinata dai milita-

ri al potere nel 1919. Suggestiva la ricostruzione dell'ambiente. ■ BIOGRAFICO; COL.; 122'; GERMANIA, 1985. ■ CANNES 1 PR.

ROSALBA, LA FANCIULLA DI POMPEI ★

Regia di NATALE MONTILLO. Con RENATO BALDINI, SILVANA MUZI, ELLI PARVO, ROBERTO RISSO. ■ La figlia e la seconda moglie d'un contadino campano amano entrambe un bel giovane nei guai per una storia di cambiali. La spunta la figlia, ma un antico amante della matrigna, venuto a conoscenza della storia, vuole ricattare il giovanotto. Il bieco viene ucciso dalla donna più anziana, però viene arrestato il bell'innocente. Colpo di scena: la matrigna scopre di essere veramente madre della fanciulla, va sotto un'auto e, morente, confessa permettendo ai colombi di vivere felici. ■ DRAMMATICO; B/N; 92'; ITALIA, 1952.

ROSALIE ★★★

Regia di WOODBRIGE STRONG VAN DYKE. Con NELSON EDDY, ELEANOR POWELL. ■ Un cadetto di West Point si innamora d'una bella europea e scopre che costei è principessa d'uno staterello mitteleuropeo. Per amore la ragazza rinuncerà alla corona e diventerà moglie di un semplice tenente. ■ COMM. MUSICALE; B/N; 118'; USA, 1938.

ROSALIE VA A FAR LA SPESA ★★★
(Rosalie Goes Shopping)

Regia di PERCY ADLON. Con BRAD DAVIS, JUDGE REINHOLD, MARIANNE SÄGEBRECHT. ■ Rosalie è una madre di famiglia di origine tedesca che, per dare una vita simpatica e confortevole alla sua numerosa famiglia (il marito è un pilota che ha perso il posto per una malattia agli occhi), pasticcia parecchio con gli assegni e le carte di credito. Si profilano tempi cupi, quando Rosalie ha il colpo di genio. Pasticcia sì, ma ad alto livello. Imbroglia un direttore di banca e guadagna cifre favolose. Al punto che medita persino di dare la scalata a Wall Street. Divertente, ma più che altro un veicolo per la straripante Marianne Sägebrecht. ■ COMMEDIA; COL.; 94'; GERMANIA, USA, 1989.

ROSAMUNDA NON PARLA... SPARA ★★★
(Elle cause plus... elle flingue)

Regia di MICHEL AUDIARD. Con MAURICE BIRAUD, ROGER CAREL, ANNIE GIRARDOT. ■ Clara Tambour, nota come Rosamunda Du Bois de la Faisanderie, ha molto ascendente sugli abitanti di un quartiere malfamato. Coloro che vi si avventurano sono massacrati da un infernale e bizzarro macchinario. Dopo la morte di un primo ardimentoso commissario, è la volta del suo successore, Camillo. L'arrivo di un hippy, che somiglia al Cristo delle immagini tradizionali, porta la pace fra la popolazione del quartiere. Il giovane ripartirà con Rosamunda. ■ FANTASTICO; COL.; 85'; FRANCIA, 1973.

ROSA NEL FANGO *(Rose Bernd)* ★★

Regia di WOLFGANG STAUDTE. Con KÄTHE GOLD, MARIA SCHELL, RAF VALLONE. ■ La contadina Rosa lavora presso il ricco Flamm. Della ragazza si innamora un operaio, Guglielmo, ma a sedurla è il padrone. C'è di mezzo anche il padre di Rosa, che le ha scelto come marito il mite Augusto. La donna resta incinta, ma partorisce un bambino morto. È dunque al massimo della disperazione, ma a soccorrerla accorre Augusto. ■ DRAMMATICO; COL.; 90'; GERMANIA, 1957.

ROSA NERA, LA *(The Black Rose)* ★★★

Regia di HENRY HATHAWAY. Con CÉCILE AUBRY, TYRONE POWER, ORSON WELLES. ■ Bayan, a capo di una spedizione che mira alla conquista dell'impero cinese, vuole offrire in dono al Gran Khan una splendida fanciulla chiamata "Rosa Nera", che però riesce a fuggire con un arciere inglese. I due sono poi catturati dall'imperatrice cinese. Nelle sue mani cade anche un nobile inglese, amico dell'arciere. Durante un'evasione, questi muore e "Rosa Nera" scompare. Essa verrà ritrovata da Bayan, nel frattempo vincitore dei cinesi, che l'offrirà in dono al re normanno Guglielmo, conquistatore dell'Inghilterra. ■ AVVENTURA; COL.; 100'; USA, 1950. ■ OSCAR 1 NOM.

ROSANNA – L'ODIO E L'AMORE – LA MORTE AL DI LÀ DEL FIUME *(Roseanna McCoy)* ★★

Regia di IRVING REIS. Con RICHARD BASEHART, CHARLES BICKFORD, JOAN EVANS, FARLEY GRANGER, RAYMOND MASSEY. ■ Il mito di Romeo e Giulietta portato nel West. Un giovane e una giovane si amano teneramente, ma le loro famiglie si odiano a morte. ■ AVVENTURA; B/N; 100'; USA, 1949.

ROSA NUDA, LA *(Naked in the Dark)* ★★

Regia di TATA ESTEBAN. Con MICHAEL DE MESA, LIZA LORENA, CHANDA ROMERO. ■ Dinkee, complessato fin da bambino dalla madre prostituta, rivive le sue esperienze con la psicanalista del manicomio ove è internato. ■ DRAMMATICO; COL.; 74'; FILIPPINE, 1988.

ROSA PER TUTTI, UNA ★★

Regia di FRANCO ROSSI. Con MARIO ADORF, LANDO BUZZANCA, CLAUDIA CARDINALE, NINO MANFREDI. ■ Rosa, infermiera a Rio de Janeiro, ha sette amanti ai quali è equamente legata. Quando uno di questi, il barista italiano, comincia a dimostrarsi eccessivamente geloso, lo lascia. La donna inizia poi un rapporto con un dottore, anch'esso italiano (Manfredi), che, con discorsi persuasivi, le dà un certo equilibrio. Ma le successive incertezze del dottore la risospingono gradatamente al suo precedente sistema di vita. ■ COMMEDIA; COL.; 110'; ITALIA, 1965.

ROSA PURPUREA DEL CAIRO, LA ★★★
(The Purple Rose of Cairo)

Regia di WOODY ALLEN. Con DANNY AIELLO, JEFF DANIELS, MIA FARROW. ■ Negli anni della Grande Depressione la malinconica Cecilia (Farrow) trova evasione dalla sua vita di privazioni (un lavoro in lavanderia e un marito disoccupato e ubriacone) passando pomeriggi interi in un cinema, dove proiettano senza sosta il feuilleton *La rosa purpurea del Cairo*. Accade che il bel protagonista del "film nel film" (Daniels), colpito dall'assidua presenza della sognante Cecilia e stanco della monotonia del suo ruolo, abbandoni lo schermo per vivere maldestramente con lei una tenera e ironica storia d'amore. Film intelligente, delizioso, malinconico e divertito che solo Woody Allen poteva rendere con tanta grazia e ironia. ■ COMMEDIA; COL.; 82'; USA, 1985. ■ GOLDEN GLOBES 1 PR, 4 NOM; OSCAR 1 NOM.

ROSA ROSSA, LA ★★★

Regia di FRANCO GIRALDI. Con GIAMPIERO ALBERTINI, ANTONIO BATTISTELLA, ELISA CEGANI, ALAIN CUNY. ■ La storia si snoda nel periodo tra le due guerre. In un paese friulano fa ritorno un nobile ufficiale, partito trent'anni prima. Assieme a lui ricompaiono molti ricordi: primo fra tutti quello di una rosa rossa che un'ignota innamorata poneva tutti i giorni nella sua camera. Il gesto si ripete e l'uomo muore. Nessuno riesce ancora a capire chi sia la misteriosa ammiratrice. ■ DRAMMATICO; COL.; 93'; ITALIA, 1973.

ROSA SCOMPIGLIO E I SUOI AMANTI ★★
(Rambling Rose)

Regia di MARTHA COOLIDGE. Con LAURA DERN, ROBERT DUVALL, DIANE LADD. ■ Siamo alla metà degli anni Trenta negli Stati Uniti del sud. Una ragazza passa da un'avventura amorosa all'altra scandalizzando i benpensanti e fa soprattutto innervosire un medico "nordista". Viene però sostenuta dalla famiglia che l'ospita e che le dà lavoro. Scorrevole, ordinario, senza infamia e senza lode. Brave le due attrici principali, figlia e madre nella vita, candidate all'Oscar per la migliore interpretazione femminile. ■ DRAMMATICO; COL.; 113'; USA, 1991. ■ GOLDEN GLOBES 2 NOM; OSCAR 2 NOM.

ROSA SULLE ROTAIE, LA *(La roue)* ★★★

Regia di ABEL GANCE. Con IVY CLOSE, GABRIEL DE GRAVONE, SEVERIN-MARS. ■ Uno dei migliori film di Gance. Girato con una tecnica in anticipo sui tempi, oltre che supportato da un montaggio all'avanguardia. Una storia drammatica sul mondo delle ferrovie. ■ DRAMMATICO; COL.; 95'; FRANCIA, 1922.

ROSA TATUATA, LA *(The Rose Tatoo)* ★★★

Regia di DANIEL MANN. Con BURT LANCASTER, ANNA MAGNANI, MARISA PAVAN. ■ Serafina è talmente legata al suo consorte che, quando questi muore, ne custodisce i resti nella propria abitazione, facendo dell'urna che li contiene un oggetto di morbosa venerazione. Venuta poi a conoscenza di un adulterio del marito, Serafina si libera dell'urna e si concede ad Alvaro, strano individuo che le ricorda comunque il marito. ■ DRAMMATICO; B/N; 109′; USA, 1955. ■ OSCAR 3 PR, 8 NOM.

ROSA TIGRATA *(Tiger Rose)* ★★★
Regia di GEORGE FITZMAURICE. Con MONTE BLUE, LUPE VELEZ. ■ Rifacimento di un film muto del 1923. Lei è innamorata di un ferroviere, che in realtà è un assassino. La salva il buon sergente della polizia a cavallo. Rin Tin Tin, bravissimo, è il buon cane della Lupe Velez. ■ DRAMMATICO; B/N; 93′; USA, 1929.

ROSAURO CASTRO – IL TIRANNO *(Rosauro Castro)* ★★
Regia di ROBERTO GAVALDÓN. Con PEDRO ARMENDARIZ, CARLOS LOPEZ MOCTEZUMA. ■ Rosauro Castro spadroneggia in un borgo messicano. Fa uccidere un avversario politico e grazia un suo amico, purché questi non lo denunci alle autorità. L'uomo però non rispetta il ricatto e Castro, venutolo a sapere, lo insegue fino a catturarlo. La ribellione dei familiari genera una sparatoria in cui il tiranno viene ucciso. ■ DRAMMATICO; B/N; 94′; MESSICO, 1951.

ROSE, THE ★★★
Regia di MARK RYDELL. Con ALAN BATES, FREDERIC FORREST, BETTE MIDLER. ■ Il film è la storia di una cantante rovinata dall'abuso di alcool e droga (ispirata a Janis Joplin, benché i produttori e il regista l'abbiano negato per evitare, forse, eventuali rimborsi ai parenti della defunta). Morirà durante una recita che avrebbe dovuto coronare la fulminea carriera. ■ DRAMMATICO; COL.; 134′; USA, 1979. ■ GOLDEN GLOBES 2 PR, 3 NOM; OSCAR 4 NOM.

ROSEANNA ★★
Regia di HANS ABRAMSON. Con BRAULO CASTILLO, HANS ERNBACK, GIO PETRÉ. ■ Le indagini sull'omicidio di Roseanna McGraw portano gli inquirenti a sospettare di Folke Bengtson. Essi si servono di Sonia per attirare l'uomo in un tranello. Mentre sta per uccidere la donna, Folke viene catturato dalla polizia dopo un inutile tentativo di fuga. ■ GIALLO; COL.; 91′; SVEZIA, 1967.

ROSEAUX SAUVAGES – L'ETÀ ACERBA, LES ★★★
Regia di ANDRÉ TÉCHINÉ. Con ELODIE BOUCHEZ, GAEL MOREL, STÉPHANE RIDEAU. ■ Maité, Serge, Henri e François sono quattro ragazzi colti in una fase di crisi della loro crescita. Questa si inserisce nella crisi di una nazione, la Francia, sempre più costretta nell'imbuto della guerra di Algeria. Techiné abbandona temporaneamente gli intellettualismi che gli sono cari per offrirci il ritratto di alcune personalità in fase di formazione. Con uno sguardo rivolto al passato senza mai dimenticare il presente. E con un gruppo di attori veramente bravi. ■ DRAMMATICO; COL.; 113′; FRANCIA, 1994.

ROSE BLU, LE ★★
Regia di ANNA GASCO, TIZIANA PELLERANO, EMANUELA PIOVANO. Con LAURA BETTI, NINETTO DAVOLI. ■ Un documentario toccante girato nel carcere *Le Vallette* di Torino con l'apporto delle detenute. Girato con video e pellicola a sedici millimetri. Durante la lavorazione del film cinque detenute morirono a causa di un incendio. ■ DOC. MUSICALE; COL.; 80′; ITALIA, 1990.

ROSE CHE NON COLSI, LE *(Fade-in)* ★★
Regia di JUD TAYLOR. Con JANE HAMPTON, BARBARA LODEN, BURT REYNOLDS. ■ Breve incontro fra una regista cinematografica (che va a fare i sopralluoghi per il suo prossimo film) e un fusto locale. Non vivranno felici e contenti (almeno insieme). Uno dei primi ruoli cinematografici di Burt Reynolds. ■ SENTIMENTALE; COL.; 90′; USA, 1968.

ROSE DEL DESERTO, LE ★★
Regia di MARIO MONICELLI. Con MORAN ATIAS, FULVIO FALZARANO, ALESSANDRO HABER, GIORGIO PASOTTI, MICHELE PLACIDO. ■ È l'estate del 1940. Le truppe italiane sono in Libia. Il terzo reparto della sezione sanità si accampa in un'oasi sperduta del deserto libico: la convinzione di tutti è che il soggiorno sarà breve, brevissimo. C'è anche un frate fra i soldati: un uomo che aiuta la popolazione locale a sopravvivere sia alla vita difficile che alla guerra. Per tutti il soggiorno in Libia appare più come una missione umanitaria che una guerra. In poco tempo però il conflitto si avvicina in modo impressionante e il campo viene preso d'assalto tanto da soldati in fuga che da feriti. E la guerra prende davvero il sopravvento. Mario Monicelli, classe 1915, maestro indiscusso del cinema italiano e internazionale, prodigiosa firma di tanti capolavori, è arrivato, in età davvero ammirevole, a firmare la sua sessantacinquesima regia. E ci parla ancora della guerra, come aveva così magistralmente fatto in *La grande guerra*. Purtroppo l'esito artistico è ben lontano da quella pellicola. Liberamente tratto da *Il deserto della Libia* di Mario Tobino e dal brano "Il soldato Sanna" in *Guerra in Albania* di Giancarlo Fusco, il film appare un tentativo benemerito. Chapeau, comunque, al maestro. ■ DRAMMATICO; COL.; 102′; ITALIA, 2006.

ROSE DELLA CASTELLANA, LE ★★
(Bride of the Regiment)
Regia di JOHN FRANCIS DILLON. Con MYRNA LOY, VIVIENNE SEGAL. ■ Siamo in un Medioevo di maniera. La protagonista Myrna Loy è chiaramente fuori ruolo. ■ AVVENTURA; B/N; 91′; USA, 1930.

ROSE DI DANZICA, LE ★★★
Regia di ALBERTO BEVILACQUA. Con HELMUT BERGER, OLGA KARLATOS, FRANCO NERO, ELEONORA VALLONE. ■ Il barone Erich Lehner ha il compito di scortare un prigioniero: il generale ribelle Konrad. La vicinanza e la conseguente confidenza favoriscono l'amicizia tra i due uomini e Konrad spiega al giovane Erich la sua avversione al nuovo clima politico della Germania (che porterà al nazismo). Le ragioni di Konrad sono valide e provocano nel giovane carceriere una crisi di coscienza, che finisce per associarlo alle idee di rivoluzione che circolano tra molti giovani suoi connazionali. ■ DRAMMATICO; COL.; 93′; ITALIA, 1979.

ROSE DI MATMATA, LE *(Les roses de Matmata)* ★★
Regia di JOSÉ PINHEIRO. Con JEAN-LUC BIDEAU, DAYLE HADDON. ■ Un'archeologa ricerca le tracce di un'antica leggenda secondo la quale tre rose sarebbero fiorite nel deserto. Le sue ricerche sono però ostacolate da alcuni disonesti petrolieri interessati alla zona in cui la spedizione comandata dalla donna sta effettuando gli scavi. ■ AVVENTURA; COL.; 92′; BELGIO, 1987.

ROSE E FRANÇOIS ★★★
(Bonne fête papa – Mords pas on t'aime)
Regia di YVES ALLÉGRET. Con CATHERINE ALLÉGRET, SYLVIANE BRESSY, YVES COUDRAY, BERNARD FRESSON. ■ Un ragazzino vive in campagna col nonno, avendo come unica amica e compagna una coetanea. Un giorno suo padre lo riprende, nonostante le sue proteste. Il bambino non riesce a comunicare con lui e, scoperto che sua madre è viva, con l'inganno la fa tornare a casa, ma poi la caccia via. Il padre, per impedirgli di commettere altre sciocchezze, lo riporta dal nonno. La sua amichetta nel frattempo è stata mandata in collegio. ■ DRAMMATICO; COL.; 103′; FRANCIA, 1976.

ROSE E PISTOLE ★★
Regia di CARLA APUZZO. Con ANNA AMMIRATI, DUCCIO GIORDANO, LUIGI PETRUCCI. ■ Prodotto dal regista Salvatore Piscicelli e ambientato a Napoli. Un macellaio ex-marito di Rosa, geloso del nuovo uomo della donna, assolda un killer per uccidere la coppia. Tra il dramma e l'ironia. ■ COMMEDIA; COL.; 81′; ITALIA, 1999.

ROSELYNE E I LEONI *(Roselyne et les lions)* ★★
Regia di JEAN-JACQUES BEINEIX. Con GABRIEL MONNET, ISABELLE PASCO, GERARD SANDOZ. ■ Versione accorciata rispetto all'originale, il film è il quarto per il giovane regista francese Beineix. Se *Diva* era passabile, *Betty Blue*, un buon film, *Lo specchio del desiderio* un guazzabuglio presuntuoso, questo risulta esile nella trama e pesante nella narrazione. Thierry è un ragazzo affascinato dal mondo del circo e vuole diventare domatore di leoni. Pur di imparare decide di lavorare in cambio di lezioni, e così conosce Roselyne che, seppur giovane, è un'abile domatrice. Insieme poi passano da un circo all'altro, ma un giorno Thierry viene ferito da un leone per colpa di un black-out. ■ COMMEDIA; COL.; 118′; FRANCIA, 1989.

ROSE MARIE ★★★
Regia di W. S. VAN DYKE II. Con NELSON EDDY, JEANETTE MACDONALD. ■ Una celebre diva della lirica ha un fratello delinquente che è fuggito dal carcere. La donna si innamora del poli-

ziotto che ha il compito di catturare il congiunto. Questo sentimento le provoca una grande crisi esistenziale che supera soltanto quando l'ufficiale le dichiara che il suo amore è pienamente corrisposto. ■ COMM. MUSICALE; B/N; 110′; USA, 1936.

ROSE MARIE ★★

Regia di MERVYN LE ROY. Con ANN BLYTH, HOWARD KEEL, FERNANDO LAMAS. ■ Un sergente delle Giubbe Rosse s'innamora di una ragazza che però ama un altro uomo. Remake del film del 1936. ■ COMM. MUSICALE; COL.; 115′; USA, 1954.

♥ ROSEMARY'S BABY – NASTRO ROSSO A NEW YORK *(Rosemary's Baby)* ★★★★

Regia di ROMAN POLANSKI. Con SIDNEY BLACKMER, JOHN CASSAVETES, MAURICE EVANS, MIA FARROW, RUTH GORDON. ■ Rosemary, sposata ad un attore sconosciuto, vede il marito diventare di colpo famoso. Il bambino che le nasce qualche mese dopo, secondo le dichiarazioni di una vicina di casa che l'ha assistita e del marito stesso, è morto. Ma un caso porta Rosemary a scoprire una messa nera nella quale un neonato, dai tratti demoniaci, è il protagonista. La donna comprende l'atroce verità: il marito ha ceduto il figlio in cambio del successo. Demoniaco o no, il bimbo è comunque il figlio e Rosemary accetta di prendersi cura di lui. ■ FANTASTICO; COL.; 136′; USA, 1967. ■ DAVID DI DONATELLO 2 PR, 2 NOM; OSCAR 1 PR, 2 NOM.

♥ ROSENCRANTZ E GUILDENSTERN SONO MORTI *(Rosencrantz and Guildenstern are Dead)* ★★★☆

Regia di TOM STOPPARD. Con RICHARD DREYFUSS, GARY OLDMAN, TIM ROTH. ■ I due personaggi dell'*Amleto* di Shakespeare sono i protagonisti di questo eccentrico intrattenimento teatrale che, malgrado abbia vinto il Leone d'oro alla mostra di Venezia, non ha molto a che fare con il cinema. Comunque, come noto, i protagonisti si recano alla corte del re di Danimarca per indagare sulla follia di Amleto. Verranno giustiziati senza venire a capo di nulla. Un'inspiegabile versione cinematografica di un testo in bilico tra il grottesco e la commedia dell'arte. Si può comunque apprezzare la bravura degli interpreti in ruoli più facili di quanto sembri. Gary Oldman e Tim Roth per la recitazione si sono ispirati a Stanlio & Olio. Nient'altro che onanismo culturale. ■ COMMEDIA; COL.; 117′; GRAN BRETAGNA, 1989. ■ VENEZIA ☆ 2 PR.

ROSE NERE *(Schwarze Rosen – Roses noires)* ★★

Regia di PAUL MARTIN. Con WILLY BIRGEL, LILIAN HARVEY. ■ Corteggiata dal governatore di una provincia finlandese occupata dai russi e innamoratasi di un cospiratore che ha curato per le ferite riportate in uno scontro (e che in seguito è stato catturato dai gendarmi), una famosa ballerina offre se stessa al governatore in cambio della scarcercazione del giovane. Ma, nonostante la sua liberazione, la ballerina s'uccide. ■ DRAMMATICO; B/N; 94′; GERMANIA, 1935.

ROSE NERE *(Har ald Haidfaste)* ★★

Regia di RUNE CARLSTEN. Con AMEDEO ECK, VIVECA LINDFORS, GUNOR LIOBERG. ■ Bert ama Marta e ne uccide il fidanzato durante una colluttazione. Occultato il cadavere, i due non riescono a liberarsi dal rimorso e si lasciano. Quando Bert decide di tornare da Marta, è troppo tardi perché lei nel frattempo ha deciso di sposare un avvocato. Vittima di un infarto, Bert muore. Subito dopo, per la disperazione, Marta si uccide. ■ DRAMMATICO; B/N; 95′; SVEZIA, 1949.

ROSENSTRASSE ★★★

Regia di MARGARETHE VON TROTTA. Con KATJA RIEMANN, MARIA SCHRADER, JÜRGEN VOGEL. ■ Rosenstrasse è il nome di una strada di Berlino dove, nel 1943, centinaia di donne manifestarono protestando contro la deportazione dei loro propri mariti, riuscendo a farli liberare. *Rosenstrasse* è anche il titolo dell'ultimo film di Margarethe von Trotta, che quei fatti li rievoca attraverso la memoria di chi li ha vissuti direttamente – è il caso della protagonista femminile Ruth –, che però nel tempo ha preferito rimuoverli, così anche di chi quei fatti tenta di ricostruirli, servendosi della memoria altrui. È il caso della figlia di Ruth, Hannah, la quale ai giorni nostri tenta, riuscendovi, di ricostruire quel passato, andando ad intervistare la donna che salvò la vita alla propria madre. In un'alternanza di tempi e di spazi, tra una New York contemporanea e una Berlino sospesa tra un presente e un passato denso di dolorosi ricordi, *Rosenstrasse* è un film che trova il suo giusto ritmo strada facendo, nel dipanarsi della vicenda. Una regia robusta, quella di Margarethe von Trotta – che non si azzarda ad intraprendere sperimentalismi ma, al contrario, propone una scrittura piuttosto lineare, eppure efficace – la quale dimostra ancora una volta il suo talento nell'avvicinarsi ad un argomento e nel riuscire a trattarlo con grande sensibilità, prediligendo uno sguardo tutto al femminile. ■ DRAMMATICO; COL.; 136′; GERMANIA, 2003. ■ VENEZIA 1 PR.

ROSE ROSSE PER ANGELICA ★★

Regia di STENO. Con GIULIO BOSETTI, RAFFAELLA CARRÀ, CARLOS ESTRADA, MARIO FELICIANI, JACQUES PERRIN. ■ Un aristocratico scioperato e imbelle, Enrico de Verlaine, assiste alla morte del Marsigliese, capo dei popolani. Questo ed altri fatti, non ultimo l'amore di Angelica per l'ucciso, lo spingono a battersi per più nobili ideali. Prende così l'identità del Marsigliese e combatte a fianco dei rivoltosi. Lo scoppio della rivoluzione lo libera da una situazione precaria. ■ AVVENTURA; COL.; 92′; ITALIA, 1965.

ROSE ROSSE PER IL DEMONIO *(Demons of the Mind)* ★★

Regia di PETER SYKES. Con PAUL JONES, PATRICK MACGEE, YVONNE MITCHELL. ■ Emil, figlio di un nobile misantropo, e psichicamente deviato, è indicato da un medico come l'assassino di alcune giovani donne, perite misteriosamente nei dintorni del castello dove egli vive col padre ed un fratello. La rivelazione costa al medico la vita, ma il barone vuole anche sopprimere i figli, secondo lui troppo anormali per vivere. Ucciso Emil, non ultimerà il suo proposito per l'intervento della popolazione inferocita. ■ HORROR; COL.; 89′; GRAN BRETAGNA, 1973.

ROSE ROSSE PER IL FÜHRER ★★

Regia di FERNANDO DI LEO. Con NINO CASTELNUOVO, JAMES DALY, MIA GENBERG, ANNA MARIA PIERANGELI. ■ Per recuperare un importante progetto caduto nelle mani dei tedeschi, il maggiore Liston approntа un piano che, pur con fatica, ha successo. Ma si viene a sapere che il documento contiene informazioni false: la notizia genera l'amaro risentimento dell'ignaro maggiore. ■ GUERRA; COL.; 93′; ITALIA, 1968.

ROSE SCARLATTE ★★

Regia di VITTORIO DE SICA, GIUSEPPE AMATO. Con VITTORIO DE SICA, UMBERTO MELNATI, RENÉE SAINT-CYR. ■ Per un equivoco nell'ordinazione di un mazzo di rose scarlatte, fra marito e moglie si apre un divertente gioco di adulteri mancati i cui soggetti sono i coniugi stessi. Il rapporto segreto tra i due cessa quando la donna si reca all'ultimo appuntamento. Il marito pensa così che la moglie voglia tradirlo e decide di lasciarla, ma il suo disperato pentimento lo convince a ritornare da lei. ■ COMMEDIA; B/N; 65′; ITALIA, 1940.

ROSE TRAGICHE *(Moss Rose)* ★★

Regia di GREGORY RATOFF. Con ETHEL BARRYMORE, PEGGY CUMMINGS, VICTOR MATURE, VINCENT PRICE. ■ Due donne, una ballerina e la fidanzata di Michele, vengono assassinate allo stesso modo. La polizia arresta Michele perché lo sospetta del duplice omicidio. Un'ambiziosa ragazza innamorata del giovane predispone con la madre di lui, Lady Margaret, un'abile linea di difesa. Sorpresa finale. ■ DRAMMATICO; COL.; 82′; USA, 1947.

ROSETTA ★★★☆

Regia di JEAN-PIERRE DARDENNE, LUC DARDENNE. Con EMILIE DUQUENNE, FABRIZIO RONGIONE, ANNE YERNAUX. ■ Periferia di Bruxelles. Rosetta vive con la madre in una bidonville. La madre è alcolizzata e si prostituisce per una bottiglia. Rosetta è il capofamiglia, lavora ma viene licenziata, si arrabatta fra mille espedienti, vende vecchi abiti, pesca in una riserva. Ha dolori insopportabili alla pancia (si scalda col fono) e corre, corre sempre. C'è un ragazzo che l'aiuta, la fa anche lavorare (in nero), ma lei fa la spia e lo fa licenziare per rubargli il lavoro. E corre. Viene di nuovo licenziata. La madre è andata a farsi disintossicare, torna e ricade. E Rosetta è ancora d'accapo, sola, nella bidonville. E pensa di farla finita, ma la bombola del gas è vuota, ne compra una nuova, la porta con fatica. Il ragazzo che ha tradito arriva in suo aiuto. Così la speranza non muore. Negli anni Novanta si parla tanto di *Dogma* ed ecco il film dogma-che-più-dogma-non-si-può. La cinepresa a spalla tallona Rosetta a dieci centimetri per tutto il film. Ma i contenuti e la sostanza riescono a intergrarsi con l'artificio, che altrimenti sarebbe mortale (come lo è nel caso di *Idioti* dell'inventore del Dogma von Trier). Film amaro, povero, ma per qualche verso geniale e indispensabile. Vincitore della Palma d'oro a Cannes 1999. ■ DRAMMATICO; COL.; 91′; FRANCIA, 1999. ■ CANNES 🏆 2 PR.

ROSIE! ★★
Regia di DAVID LOWELL RICH. Con BRIAN AHERNE, VANESSA BROWN, SANDRA DEE, ROSALIND RUSSELL. ■ Due sorelle, Edith e Mildred, decidono di intervenire legalmente per porre freno agli sprechi della loro ricchissima madre, Rosie Lord. Gli avvocati difensori riescono comunque a spuntarla. Rosie potrà spendere i suoi soldi come vuole. ■ COMMEDIA; COL.; 98′; USA, 1967.

ROSIE – IL DIAVOLO NELLA MIA MENTE ★★★
(Rosie – Een duivel in mijn Kop)
Regia di PATRICE TOYE. Con ARANKA COPPENS, SARA DE ROO, DIRK ROOFTHOOFT, FRANK VERCRUYSSEN, JOOST WIJNANT. ■ Costruito sui flashback, il film racconta la storia di Rosie, una tredicenne molto legata a una madre che la tratta come una sorella minore. La ragazzina si inventa allora un compagno di giochi immaginario fino a finire rinchiusa in una scuola per bambini difficili. L'opera prima della regista, anche se con qualche incertezza, dimostra una sincera attenzione per l'universo di un'adolescente difficile. ■ DRAMMATICO; COL.; 95′; BELGIO, 1998.

ROSINA FUMO VIENE IN CITTÀ PER FARSI IL CORREDO ★★
Regia di CLAUDIO GORA. Con EWA AULIN, HIRAM KELLER, ROBERTO LANDE, LIA ZOPPELLI. ■ Le avventure metropolitane di Rosina, avvenente e rigogliosa fanciulla, hanno per epilogo un torbido festino durante il quale Francesco, suo invadente corteggiatore, riesce a violentarla. Fortunatamente giunge sul posto il fidanzato di lei, Sandrone, che con bruta violenza punisce gli ospiti della villa. ■ COMMEDIA; COL.; 92′; ITALIA, 1972.

ROSMUNDA E ALBOINO ★★
Regia di CARLO CAMPOGALLIANI. Con GUY MADISON, JACK PALANCE, ELEONORA ROSSI DRAGO. ■ Alboino, re dei Longobardi, sconfigge i Gepidi e per conquistare Roma stipula con loro un'alleanza a patto che Rosmunda divenga sua sposa. La morte del fratello del re, avvenuta in un torneo, fa precipitare la situazione. Alboino fa strage di Gepidi e costringe Rosmunda a sposarlo. Però il marito di lei, Amalchi, riunite le forze disponibili, riesce a vendicarsi. ■ STORICO; COL.; 91′; ITALIA, 1961.

ROSOLINO PATERNÒ, SOLDATO ★★★
Regia di NANNI LOY. Con PETER FALK, LORENZA GUERRIERI, ORSO MARIA GUERRINI, MARTIN LANDAU, NINO MANFREDI. ■ Un generale americano destina alla conquista del forte Xifonio cinque uomini, tra cui il prigioniero Rosolino Paternò, nativo del luogo. Penetratavi a fatica, la pattuglia si rende subito contro dell'inutilità della propria missione: i cannoni da distruggere erano stati in precedenza trasferiti. Il tentativo di evitare un ulteriore bombardamento agli abitanti della zona, attraverso la distruzione totale del forte, fallisce: gli Alleati avanzano inesorabilmente. ■ COMMEDIA; COL.; 101′; ITALIA, 1970.

ROSSA, LA ★★
Regia di LUIGI CAPUANO. Con FULVIA FRANCO, VIRNA LISI, FRANCO RICCI. ■ Amelia torna al suo paese dopo alcuni anni trascorsi in Francia, dove è divenuta amica di Pierre Dupont, pregiudicato per un furto di gioielli. Per espatriare insieme a Dupont intende servirsi dell'ignaro Salvatore, un pescatore del luogo che, venuto a conoscenza della vera personalità di Amelia, non si presta all'operazione. Il tentativo di vendetta della ragazza fallisce: cade da una scala, ma prima di morire chiede perdono. ■ DRAMMATICO; B/N; 94′; ITALIA, 1955.

ROSSA, LA ★★
Regia di HELMUT KAUTNER. Con GIORGIO ALBERTAZZI, ROSSANO BRAZZI, RUTH LEUWERICK. ■ Francisca, stanca della monotona quotidianità della sua esistenza, divisa tra marito ed amante, parte per Venezia dove conosce Fabio e Patrick. Quest'ultimo la invischia in una sua vicenda personale e se ne serve per uccidere Kramer, suo nemico. Disgustata la donna resiste alle proposte di Fabio ed abbandona Venezia. ■ DRAMMATICO; B/N; 92′; ITALIA, 1962.

ROSSA DALLA PELLE CHE SCOTTA, LA ★★
Regia di RENZO RUSSO. Con ERIKA BLANC, FARLEY GRANGER, KRISTA NELL. ■ Stanco e disperato per i suoi continui tradimenti, un pittore di poche prospettive, John Ward, uccide la donna con cui vive, "La Rossa". Uno dei suoi amanti però ne spia le notti agitate fino a farlo arrestare dalla polizia. ■ DRAMMATICO; COL.; 91′; ITALIA, 1972.

ROSSA MASCHERA DEL TERRORE, LA ★★
(The Oblong Box)
Regia di GORDON HESSLER. Con PETER ARNE, RUPERT DAVIES, CHRISTOPHER LEE, VINCENT PRICE. ■ Vittima di un maleficio, Edwards Markham assume mostruose sembianze ed il fratello è costretto a segregarlo. Ritenuto morto e già sepolto, è salvato per puro caso da un medico. Edward si vendica uccidendo molte persone in modo crudele; perirà alla fine per mano del fratello, al quale comunque riuscirà, con un morso, a trasmettere i propri poteri malefici. ■ HORROR; COL.; 91′; USA, 1969.

ROSSA OMBRA DI RIATA, LA *(The Deadly Trackers)* ★★
Regia di BARRY SHEAR. Con RICHARD HARRIS, AL LETTIERI, ROD TAYLOR. ■ Dopo una rapina, per sfuggire alla cattura, una banda uccide la moglie ed il figlio dello sceriffo Riata. Egli decide di vendicarsi e fa fuori tutti i componenti della banda, meno Brend. Catturato da due sceriffi e poi rilasciato dal giudice Gutierrez grazie ad alcuni cavilli legali, Brend è infine raggiunto e giustiziato da Riata. Neppure quest'ultimo riuscirà a sfuggire alla morte che sopraggiungerà per mano di Gutierrez. ■ WESTERN; COL.; 110′; USA, 1974.

ROSSETTO, IL ★★★
Regia di DAMIANO DAMIANI. Con PIERRE BRICE, PIETRO GERMI, GEORGIA MOLL, LAURA VIVALDI. ■ Un giovane rappresentante scontento e arrivista ha un'amante. Un giorno la uccide e involontaria testimone è una tredicenne che si innamora del giovane. Costui riesce in un primo tempo a far sì che la piccola non parli. Ma il commissario (Germi) ha capito tutto, fa parlare la bambina e va ad arrestare l'assassino a casa della sua ricca fidanzata. ■ DRAMMATICO; B/N; 94′; ITALIA, 1960.

ROSSIGNOL ET L'ALOUETTE – L'USIGNOLO E L'ALLODOLA, LE *(Es war nicht die Nachtigall)* ★★
Regia di SIGI ROTHEMUND. Con JEAN-CLAUDE BOUILLON, SYLVIA KRISTEL. ■ In una lussuosissima villa, Paolo scopre l'amore grazie alla spregiudicata Yvonne, mentre la timida Angela trova nell'attempato Ralph un banco di prova per le sue abitudini amorose. Paolo ed Angela, superate le reciproche titubanze, si promettono amore duraturo, ma l'ormai intraprendente giovanotto non ha pensieri che per Yvonne. ■ COMMEDIA; COL.; 93′; GERMANIA, 1974.

ROSSINI ★★★
Regia di MARIO BONNARD. Con NINO BESOZZI, GERMANA PAOLIERI, PAOLO STOPPA. ■ La vita di Rossini è vista attraverso tutte le memorabili tappe della sua carriera artistica, ma anche dentro i drammi familiari, in particolare nel difficile periodo successivo alla perdita della voce da parte di Isabella Colbran, sua moglie e principale protagonista di tutte le sue opere. ■ BIOGRAFICO; B/N; 120′; ITALIA, 1942.

ROSSINI! ROSSINI! ★★
Regia di MARIO MONICELLI. Con SABINE AZÉMA, JACQUELINE BISSET, SERGIO CASTELLITTO, GIORGIO GABER, PHILIPPE NOIRET. ■ Un film televisivo presentato alla Mostra di Venezia. Vivace biografia del musicista de *Il barbiere di Siviglia*. Oltre al professionismo di tutti gli attori a partire da Noiret, bisogna sottolineare la piccola grande interpretazione di Giorgio Gaber. Purtroppo per quanto riguarda la sceneggiatura si poteva creare qualcosa di un po' più originale. ■ BIOGRAFICO; COL.; 134′; ITALIA, 1991. ■ DAVID DI DONATELLO 1 PR, 1 NOM.

ROSSO COME IL CIELO ★★★
Regia di CRISTIANO BORTONE. Con LUCA CAPRIOTTI, MARCO

COCCI, SIMONE COLOMBARI, ROSANNA GENTILI, PAOLO SASSANELLI. ■ Agli inizi del 1970, un bambino, Mirco Mencacci, si ferisce con un colpo di fucile e perde la vista. Costretto a frequentare le scuole per non vedenti, Mirco sviluppa la passione per il suono e col tempo diventerà uno dei più grandi montatori cinematografici audio italiani. Questa storia realmente accaduta è un modo, per Cristiano Bortone, di mettere in luce sia le problematiche dei non vedenti, relegati in istituti differenziati, sia le capacità artistiche di un uomo che ha costruito un successo sulla diversità. *Rosso come il cielo* è un film dolce e aggressivo, critico e pieno di pathos, che non deve essere valutato per la messa in scena non particolarmente innovativa e degna di nota, ma per la poesia con cui il percorso di un uomo, segnato fin dall'infanzia, rappresenta un simbolo di reazione agli accadimenti della sua vita e del nostro paese. ■ DRAMMATICO, COL.; 96'; ITALIA, 2005.

ROSSO D'AUTUNNO *(Silent Fall)* ★★
Regia di BRUCE BERESFORD. Con RICHARD DREYFUSS, JOHN LITHGOW, LIV TYLER. ■ Presentato al festival di Berlino e approdato da noi due anni dopo. Un bambino autistico viene affidato alla cure di uno specialista, Dreyfuss appunto. Liv è la sorella del bimbo, l'unica che lo capisca. In realtà Liv è cattivissima e fra una relazione incestuosa e un'altra uccide a destra e a manca. Ma Dreyfuss la incastra. Ordinaria e scontata amministrazione. Ma resta al film il merito di aver scoperto la Tyler. ■ DRAMMATICO; COL.; 103'; USA, 1996.

ROSSO DI SERA ★★
Regia di BEPPE CINO. Con CRISTIANA BORGHI, FRANCO CITTI, MASSIMO VENTURIELLO. ■ Un trentacinquenne proveniente dai gruppi del dissenso fa il punto della situazione. Tutta la sua vita è stata un fallimento: l'università, il matrimonio, la politica, il lavoro. Lui però rimane convinto di aver sempre agito per il meglio. Più "duro" di così... ■ DRAMMATICO; COL.; 93'; ITALIA, 1989.

ROSSO E IL BLU, IL ★★★
Regia di GIUSEPPE PICCIONI. Con MARGHERITA BUY, SILVIA D'AMICO, DAVIDE GIORDANO, ROBERTO HERLITZKA, RICCARDO SCAMARCIO. ■ Giuliana è la preside scrupolosa di un liceo, dove arriva sempre per prima, predisponendo e perfezionando aule e servizi. Fiorito è un professore di storia dell'arte che ha perso il gusto della bellezza e dell'insegnamento. Prezioso è il giovane supplente di lettere che vorrebbe salvare il mondo e interessare i suoi alunni a colpi di poesia. Operativi dentro una scuola alla periferia di Roma, Giuliana, Fiorito e Prezioso sono costretti da variabili di pochi anni e tanti brufoli a rivedere posizioni e convinzioni. Perché davvero non si smette mai di imparare. Il cinema di Giuseppe Piccioni incontra spesso destini e vite. In quell'incrocio di traiettorie inattese e nell'attrito che si produce, il regista comincia a scavare, frugando nel disagio ed esponendo la bellezza e la fatica di vivere. Una lavanderia, un'auto, un set, una piscina, sono i luoghi dove i suoi personaggi, sempre un po' *fuori dal mondo*, si tormentano mai appagati e mai riconciliati. ■ COMMEDIA; COL.; 98'; ITALIA, 2012.

ROSSO E L'ORO, IL *(Czerwone i zlote)* ★★★
Regia di STANISLAW LENARTOWICZ. Con JADWIGA CHOJNACKA, ZDZISLAW KARCZEWSKI. ■ Un vagabondo giunge in un paesino della Polonia ed assume l'identità di Ignazio, disperso in guerra, originario del luogo e suo ex commilitone. Dapprima circondato dal sospetto, ma poi benvoluto per la sua umanità, il pover'uomo decide di rivelare la verità. La popolazione ha preso a cuore la sua storia e lo invita a rimanere. ■ COMMEDIA; COL.; 92'; POLONIA, 1972.

ROSSO E NERO ★★
Regia di DOMENICO PAOLELLA. Con WALTER CHIARI, CARLO CROCCOLO, RENATO RASCEL. ■ Avventure galanti e parodie dei più noti generi hollywoodiani. ■ COMMEDIA; B/N; 93'; ITALIA, 1954.

ROSSO IL CIELO DEI BALCANI *(Sofia)* ★★
Regia di JOHN REINHARDT. Con GEORGE BAXTER, PATRICIA MORRISON, GENE RAYMOND. ■ Il controspionaggio americano è sulle tracce di uno scienziato austriaco, prigioniero dei russi. Braden, un loro emissario, si trasferisce a Sofia. Riesce a rintracciarlo ed a condurlo presso l'esercito alleato; in seguito rientra a Sofia dove viene arrestato. Lo scienziato cade però in un tranello e, recatosi a Sofia, viene ucciso. Braden invece riesce a salvarsi grazie ai servizi segreti. ■ SPIONAGGIO; B/N; 82'; USA, 1948.

ROSSO MALPELO ★★
Regia di PASQUALE SCIMECA. Con VINCENZO ALBANESE, ANTONIO CIURCA, RAFFAELLA ESPOSITO, ALESSANDRA LEANZA, MARCELLO MAZZARELLA, OMAR NOTO. ■ In un tempo imprecisato della storia ma in un luogo definito dalla lingua, il siciliano, un ragazzo di pochi anni e tanti affanni lavora in una miniera di zolfo e cerca di sopravvivere alle angherie della vita. Alla morte del padre, sepolto dal crollo di una galleria, Malpelo si prende cura della sorella e della madre, indifferenti al lutto e impegnate nei corteggiamenti. Rimasto solo e senza casa, in seguito al fidanzamento delle due donne, Malpelo entra in miniera per non uscirne mai più. Vivo. Il film è un'opera sull'infanzia negata, a tutte le latitudini. ■ DRAMMATICO; COL.; 90'; ITALIA, 2007.

ROSSO NEL BUIO ★★★
(Blood Relatives – Les liens de sang)
Regia di CLAUDE CHABROL. Con STÉPHANE AUDRAN, AUDE LANDRY, LISA LANGLOIS, LAURENT MALET, DONALD PLEASENCE, DONALD SUTHERLAND. ■ Una ragazza scampata alla furia di un pazzo sconosciuto denuncia l'accaduto ad un poliziotto. Poco dopo afferma che l'uomo – che in quell'occasione ha ammazzato sua cugina – è suo fratello, innamorato della defunta. Il giovane viene messo in prigione, ma un particolare porta la polizia su una nuova pista. ■ DRAMMATICO; COL.; 100'; CANADA, FRANCIA, 1977.

ROSSO SANGUE ★
Regia di PETER NEWTON (pseud. di JOE D'AMATO). Con ANNIE BELLE, KATIA BERGER, CHARLES BORROMEL. ■ Nella precipitazione della fuga, un uomo si ferisce in maniera seria. Ricoverato in ospedale, deve sottoporsi a un'operazione che lo costringerà a una forzata degenza. E proprio l'ospedale sarà il teatro delle sue prime, non comuni imprese. ■ HORROR; COL.; 80'; USA, 1979.

ROSSO SANGUE *(Mauvais sang)* ★★★
Regia di LEOS CARAX. Con JULIETTE BINOCHE, DENIS LAVANT, MICHEL PICCOLI, HUGO PRATT. ■ A Parigi, alla fine del Novecento, la gente muore se fa l'amore mercenario. Urge un antidoto e un giovane s'incarica di trovarlo per conto di un potente *boss*. Lo trova ma la polizia lo uccide. Avventura abbastanza divertente girata come un "comic" alla Milo Manara. ■ DRAMMATICO; COL.; 125'; FRANCIA, 1986.

ROSSO SEGNO DELLA FOLLIA – UN'ACCETTA PER LA LUNA DI MIELE, IL ★★
Regia di MARIO BAVA. Con FEMI BENUSSI, LAURA BETTI, STEVE FORSYTH, DAGMAR LASSANDER. ■ John Arrington è preda di raptus nei quali uccide numerose indossatrici ed infine la moglie. Sempre scampato all'incriminazione, si innamora di Helen, falsa modella, in realtà poliziotto: sarà lei a consegnarlo nelle mani della polizia. ■ HORROR; COL.; 91'; ITALIA, 1969.

ROTAIA, LA *(Scherben)* ★★★
Regia di LUPU PICK. Con WERNER KRAUSS, EDITH POSCA, HERMINE STRASSMANN-WITT. ■ Tutto si svolge nella casa di un casellante che vive con moglie e figlia. Dramma in puro stile "Kramerspiel", intenso e commovente. ■ DRAMMATICO; COL.; 64'; GERMANIA, 1921.

ROTAIE ★★★
Regia di MARIO CAMERINI. Con DANIELE CRESPI, MAURIZIO D'ANCORA, KÄTHE VON NAGY. ■ Due amanti poverissimi trovano un portafoglio piuttosto fornito. Coi soldi vivono da gran signori per un paio di settimane, poi tutto ritorna come prima. ■ DRAMMATICO; B/N; 93'; ITALIA, 1929.

ROTAIE DELLA MORTE, LE *(The Challenge)* ★★
Regia di JOHN GILLING. Con JAYNE MANSFIELD, ANTHONY QUAYLE. ■ Jim, trascinato in una banda di rapinatori da Billy, una ragazza che lo ama, è arrestato in seguito ad una rapina il cui bottino è nascosto in un luogo che solo lui conosce. Quando Jim esce di prigione, la banda gli rapisce il figlio avuto dalla prima

moglie per estorcergli il denaro. Le difficoltà che l'uomo affronta per riavere il figlio sono molte, ma l'arresto della banda e l'amore di Billy gli consentono di iniziare una nuova esistenza. ■ DRAMMATICO; B/N; 95'; GRAN BRETAGNA, 1960.

ROTAIE INSANGUINATE *(Santa Fé)* ★★
Regia di IRVING PICHEL. Con JANIS CARTER, JEROME COURTLAND, RANDOLPH SCOTT. ■ I componenti di una famiglia si separano a causa dei problemi economici insorti in conseguenza della guerra civile. Tom accetta di lavorare alla costruzione di una ferrovia, mentre gli altri fratelli sono fuorviati da alcuni speculatori. Nel conflitto che segue, Tom ha modo di mettere in evidenza tutto il suo coraggio, mentre i fratelli escono perdenti. ■ AVVENTURA; COL.; 89'; USA, 1951.

ROTE KAKADU, DER ★★
Regia di DOMINIK GRAF. Con MAX RIEMELT, JESSICA SCHWARZ, RONALD ZEHRFELD. ■ Nel 1961 viene eretto a Berlino il celeberrimo muro, che dividerà il lato est della Germania da quello ovest per circa un trentennio. Durante l'estate di quell'anno tanto importante, Siggi, giovane e promettente scenografo trasferitosi a Dresda, dove vive e lavora la zia attrice, s'invaghisce di Luise, moglie a Wolle, ribelle maniaco del rock 'n roll. Sarà la coppia ad introdurlo, al ritmo delle disubbidienti sonorità d'oltreoceano, nel Pappagallo Rosso, locale in cui le storie di tanti ragazzi s'intrecciano sulle ali di un rock destinato però a calare d'intensità, dinanzi a quella che è la seria minaccia della costruzione di un muro in grado di isolare l'intera "metà" est del paese. Dominik Graf tinge il suo film con i toni tipici della giovinezza, in cui vive quel sentimento indisciplinato che "non ci sta", costi quel che costi. ■ COMMEDIA; COL.; 128'; GERMANIA, 2006.

ROTHSCHILD, I *(Die Rothschild)* ★★
Regia di ERICH WASCHNECK. Con ERICH PONTO, GISELA UHLEN. ■ Dopo aver avviato alcune spericolate attività finanziarie, Nathan Rothschild dopo la battaglia di Waterloo porta a termine una grossa operazione di Borsa che gli consente di sconfiggere tutti i suoi nemici dell'alta finanza. ■ STORICO; B/N; 91'; GERMANIA, 1940.

R.O.T.O.R. ★★
Regia di CULLEN BLAINE. Con RICHARD GESSWEIN, JAYNE SMITH, MARGARET TRIGG. ■ Uno scienziato, il dottor Colayron, ha ideato e realizzato un robot dalle capacità stupefacenti. Ma un giorno il robot si "ribella" ai comandi che gli vengono impartiti e fugge, gettando nel panico il suo costruttore. A questi non rimane che dare l'allarme e tentare di recuperare il pericoloso umanoide. ■ FANTASCIENZA; COL.; 90'; USA, 1987.

ROTTA DEL TERRORE, LA *(Journey Into Far)* ★★
Regia di DANIEL MANN. Con VINCENT PRICE, SAM WATERSTON, SHELLEY WINTERS. ■ Dal romanzo di Eric Ambler (già portato sullo schermo nel 1952 da Orson Welles e Norman Foster). Protagonista è uno scienziato che sta per partire da Istanbul diretto a New York con l'esito delle sue ricerche. Una serie di attentati lo accompagneranno in un viaggio d'incubo attraverso il mondo. ■ GIALLO; COL.; 103'; USA, 1977.

ROTTA SUI CARAIBI *(Ship Ahoy!)* ★★
Regia di EDWARD BUZZELL. Con ELEANOR POWELL, RED SKELTON. ■ Alcune spie dei giapponesi, per far giungere a Portorico i progetti di una nuova mina magnetica, si servono di una ballerina che si esibisce su una nave diretta alle Antille. Una serie di avventure umoristiche fa da sfondo al periglioso tragitto della valigia coi progetti. Alla fine tutto si risolve con la scoperta dello stratagemma e con il recupero dei progetti da parte delle autorità locali. ■ COMICO; B/N; 95'; USA, 1942.

ROTTA VERSO LA TERRA ★★
(Star Trek IV: The Voyage Home)
Regia di LEONARD NIMOY. Con DEFOREST KELLEY, LEONARD NIMOY, WILLIAM SHATNER. ■ L'equipaggio della *Star Trek* fa un salto indietro nel tempo di trecento anni, per andare a catturare in un acquario della California due balene, necessarie a risolvere problemi di energia ed ecologia. La direttrice dell'acquario dapprima li osteggia, poi si unisce a loro. ■ FANTASCIENZA; COL.; 119'; USA, 1986. ■ OSCAR 4 NOM.

ROTTA VERSO L'IGNOTO ★★★
(Star Trek VI: The Undiscovered Country)
Regia di NICHOLAS MEYER. Con DEFOREST KELLEY, LEONARD NIMOY, WILLIAM SHATNER. ■ Dovrebbe trattarsi del sesto capitolo cinematografico di *Star Trek* dopo venticinque anni di avventure coi personaggi a bordo dell'*Enterprise*. Cattivissimi "falchi" cercano in tutti modi di rendere vano il tentativo di pace tra le superpotenze. I nostri eroi li sconfiggeranno. Priva di ritmo, quest'ultima avventura è riuscita comunque ad ottenere buoni incassi. Tra gli attori ospiti David Warner e Christopher Plummer. ■ FANTASCIENZA; COL.; 105'; USA, 1991. ■ OSCAR 2 NOM.

ROTTE A TUTTE LE ESPERIENZE ★★
(Les filles expertes)
Regia di GUY MARIA. Con VALÉRIE BOISGEL, MARCEL CHARVEY, OLIVER MATHOT. ■ Un'infermiera appena assunta in un castello si rende conto di strane manovre: un maggiordomo dotato di poteri ipnotici tiene in pugno il proprietario e finisce per influenzare anche lei. Le cose si complicano quando si scopre la mancanza del testamento del nobile stesso. Dopo un drammatico episodio la polizia arresta il maggiordomo. ■ HORROR; COL.; 90'; FRANCIA, 1977.

ROTTWEILER ★
Regia di BRIAN YUZNA. Con PAULINA GÀLVEZ, CORNELL JOHN, WILLIAM MILLER, JACINTO MOLINA, IRENE MONTALÀ. ■ Dante e Ula, fidanzati, partecipano ad un live-role-game che consiste nell'infiltrarsi in terra straniera partendo da zero. Saliti su un barcone di immigrati clandestini, vengono catturati e separati dalle forze di polizia di quella che appare come una dittatura militare filo-spagnola. Un anno dopo Dante si risveglierà in galera: evaso e affetto da parziale amnesia, cercherà di ritrovare Ula, ma verrà braccato da un infaticabile e feroce rottweiler semi-robotico. ■ AZIONE; COL.; 95'; SPAGNA, 2004.

ROULETTE, LA *(The Lady Gambles)* ★★★
Regia di MICHAEL GORDON. Con STEPHEN MCNALLY, ROBERT PRESTON, BARBARA STANWYCK. ■ Una folle passione per il gioco d'azzardo spinge Joan Boothe a dissipare tutto il patrimonio del marito e, per ultimo, a ritrovarsi su un marciapiede picchiata da alcuni giocatori di dadi. Il ricovero in ospedale ed il ritorno del marito danno alla donna un'ultima speranza di vita normale. ■ DRAMMATICO; B/N; 99'; USA, 1949.

ROULETTE CINESE *(Chinesisches Roulette)* ★★★
Regia di RAINER WERNER FASSBINDER. Con MARGIT CARSTENSEN, ANNA KARINA, ULLI LOMMEL. ■ Misteriosamente, otto personaggi si ritrovano riuniti in una villa di campagna. Ci sono due coniugi, che avevano finto di partire per altri luoghi; i loro rispettivi amanti; la loro unica figlia, poliomielitica, con la sua infermiera muta; un'inquietante cameriera, ex nazista, e suo figlio, segreto amante dell'infermiera. La piccola invalida propone ai convitati un gioco crudele, la "roulette cinese": domande malvagie e risposte efferate, in una sorta di mostruoso gioco della verità che potrà essere concluso soltanto da un liberatorio colpo di pistola. ■ DRAMMATICO; COL.; 86'; GERMANIA, 1976.

ROULETTE RUSSA *(Russian Roulette)* ★★★
Regia di LOU LOMBARDO. Con BO BRUNDIN, DENHOLM ELLIOTT, GORDON JACKSON, CHRISTINA RAINES, GEORGE SEGAL. ■ Kossighin sta per arrivare in Canada: un agente Cia è incaricato di proteggerlo da un connazionale che avrebbe seri motivi personali per tentare di ucciderlo. L'uomo, però, viene rapito dagli stessi sovietici sovversivi che vogliono servirsi di lui per eliminare il premier e scatenare così gravi ripercussioni mondiali. L'agente Cia, che è stato sequestrato assieme al "sicario", riesce a fuggire e a salvare la vita dell'eminente personalità in uno spettacolare finale. ■ POLIZIESCO; COL.; 93'; GRAN BRETAGNA, 1975.

ROULOTTE E ROULETTE ★★
Regia di TURI VASILE. Con MARIO CAROTENUTO, ABBE LANE, MARISA MERLINI. ■ Tre brillanti avventurieri trascorrono una vacanza sulle spiagge italiane a bordo di una roulotte. Ben presto però le loro velleità vengono frustrate da una serie di brucianti esperienze. ■ COMMEDIA; COL.; 92'; ITALIA, 1960.

'ROUND MIDNIGHT – A MEZZANOTTE CIRCA ★★★
(Autour de minuit)
Regia di BERTRAND TAVERNIER. Con FRANÇOIS CLUZET, DEXTER GORDON, SANDRA REAVES-PHILLIPS. ■ Un film sul jazz e in particolare sul "be-bop". Dale Turner, grandissimo sax tenore nero, torna nel 1959 a Parigi. Suo devoto ammiratore è il pubblicitario squattrinato Francis Borier che lo ascolta dal marciapiede, fuori dal locale "Blue Note". Una sera si fa coraggio e si presenta al suo "mito". Ne diventa amico, assistente, protettore, curandolo e controllandone le bevute frequenti. Finisce per recuperarlo anche dai bar più infimi. Stabilisce con quell'uomo candido e semplice, che vive solo per la sua musica, un rapporto unico, fatto di ammirazione e bontà. Turner, al tramonto della vita, ritrova la freschezza del suo talento. ■ DRAMMATICO; COL.; 131'; FRANCIA, USA, 1986. ■ DAVID DI DONATELLO 1 PR, 1 NOM; GOLDEN GLOBES 2 NOM; OSCAR 1 PR, 2 NOM; VENEZIA 1 PR.

ROVESCIO DELLA MEDAGLIA, IL ★★
(White Man's Burden)
Regia di DESMOND NAKANO. Con MARGARET AVERY, HARRY BELAFONTE, KELLY LYNCH, JOHN TRAVOLTA. ■ Un uomo che lavora in una fabbrica dolciaria viene licenziato per una gelosia ingiustificata del suo datore di lavoro. Per vendetta lo rapisce ma poi si pente. Il tutto avviene in una società dominata da un razzismo alla rovescia: i neri discriminano i bianchi. ■ DRAMMATICO; COL.; 89'; USA, 1995.

ROXANNE ★★
Regia di FRED SCHEPISI. Con SHELLEY DUVALL, DARYL HANNAH, STEVE MARTIN. ■ Trasposizione moderna del *Cyrano di Bergerac*. Steve Martin fa il capo pompiere di una città di provincia. Intelligente, colto, simpatico, ma afflitto da un enorme naso, si innamora di una bellissima bionda, ma lei gli preferisce un collega più bello. Martin è talmente innamorato che si offre come consigliere del bello (molto imbranato in amore). Quando però costui muore in un incidente, Martin potrà rivelarsi alla bellissima, che scopre di amarlo nonostante il nasone. ■ COMMEDIA; COL.; 107'; USA, 1987. ■ GOLDEN GLOBES 1 NOM.

ROXY, IL RITORNO DI UNA STELLA ★★
(Welcome Home, Roxy Carmichael)
Regia di JIM ABRAHAMS. Con JEFF DANIELS, WYNONA RIDER. ■ Dal regista de *L'aereo più pazzo del mondo* e *Hot Shots*, un film più in linea con le platee in cerca di buoni sentimenti e sogni a perdere. Come l'ex compagno di lavoro Jerry Zucker ha diretto *Ghost* così Abrahams si sposta dalla commedia demenziale a quella, se vogliamo, più convenzionale e punteggiata di rosa. Si tratta di una favola dal finale realistico. C'è un paesino che sta preparando una grossa accoglienza a una concittadina famosa, la star Roxy Carmichael. In questo contesto si vengono a conoscere una ragazzina fanatica che spera di essere la figlia di Roxy e un ex della diva, che ormai si è costruito una nuova vita con una famiglia. Conferma (siamo a inizio anni Novanta) del nuovo astro femminile Winona Ryder e della congenialità di Daniels per il cinema commedia. ■ COMMEDIA; COL.; 95'; USA, 1990.

ROYAL AFFAIR ★★★
Regia di NICOLAJ ARCEL. Con DAVID DENCIK, MIKKEL FOLSGAARD, MADS MIKKELSEN, ALICIA VICANDER, TRINE YRHOLM. ■ Christian VII di Danimarca a 17 anni è già re e sposa la cugina principessa Caroline Matilda sorella del re d'Inghilterra Giorgio III. Dopo il matrimonio la sua instabilità mentale si accentua manifestandosi in una promiscuità sessuale che esclude, salvo che per la procreazione di un erede, la moglie dai rapporti. Strumento del tutto passivo di un Consiglio di Corte assolutamente reazionario, Christian cambia atteggiamento dopo aver conosciuto Johann Friedrich Struensee. Costui è un medico tedesco convinto assertore delle idee dell'Illuminismo il quale, divenuto suo dottore personale, riesce a instillare i propri ideali nel re il quale li impone ai suoi ministri sempre meno disposti a ottemperare ai suoi ordini. Intanto la sempre più negletta Caroline inizia una relazione con Struensee. Il film propone uno sguardo inedito su un Paese del quale conosciamo spesso solo vagamente il passato. Riesce cioè a mostrare, non dimenticando mai lo spettacolo, la penetrazione delle idee dell'Illuminismo in un contesto finalmente diverso da quello francese a cui il cinema ci ha abituato. ■ DRAMMATICO; COL.; 128'; DANIMARCA, SVEZIA, REPUBBLICA CECA, GERMANIA, 2012.

ROYAL FLASH – L'EROICO FIFONE *(Royal Flash)* ★★★
Regia di RICHARD LESTER. Con ALAN BATES, FLORINDA BOLKAN, MALCOLM MCDOWELL, OLIVER REED. ■ La trama è incentrata su un sordido complotto organizzato da Otto von Bismarck, che vuole conquistare il potere in una piccola nazione. Per raggiungere il suo scopo si serve di Harry Flashman, straordinariamente somigliante al principe di quel paese. Alcuni patrioti scoprono l'intrigo; Flashman riesce comunque a salvarsi e addirittura ad impadronirsi del tesoro del regno. Questo gli verrà poi a sua volta sottratto dalla furba Lola Montez. ■ COMMEDIA; COL.; 102'; USA, 1975.

ROYAL WEEK END, A *(Hyde Park on Hudson)* ★★★
Regia di ROGER MICHELL. Con OLIVIA COLMAN, LAURA LINNEY, ELIZABETH MARVEL, BILL MURRAY, SAMUEL WEST. ■ Nel giugno 1939 il presidente Franklin Delano Roosevelt e sua moglie Eleanor ospitano il re, quel Giorgio VI della balbuzie, e la regina d'Inghilterra per un weekend nella tenuta della madre del presidente, chiamata Hyde Park on Hudson. Gli inglesi sono sulla soglia del conflitto con la Germania di Hitler e hanno disperatamente bisogno dell'aiuto degli Stati Uniti. Non per niente, si tratta della prima visita in assoluto di un monarca inglese in terra americana. Complice un picnic a base di hot dog, il weekend si rivelerà l'occasione per l'avvio di una relazione speciale tra i due paesi. Il film di Michell, per movimentare la drammaturgia e tingere di romanticismo l'insieme, è un parallelo con un'altra relazione speciale, quella tra il carismatico Roosevelt e la dimessa Daisy interpretati dai bravi Murray e Linney. ■ DRAMMATICO; COL.; 94'; GRAN BRETAGNA, 2012.

ROY COLT E WINCHESTER JACK ★★
Regia di MARIO BAVA. Con GIORGIO GARGIULO, BRETT HALSEY, ISA MIRANDA, MARILÙ TOLO. ■ Due bande rivali si contendono la mappa di un tesoro. Alla fine di una violenta sparatoria sopravvivono solo i rispettivi capi, Winchester e "Il reverendo". Essi catturano lo sceriffo Colt e lo costringono a collaborare nella ricerca del tesoro. Lo trovano dopo parecchi tentativi. Manila compagna di Winchester, approfitta delle dispute tra i tre per allontanarsi col malloppo. ■ WESTERN; COL.; 94'; ITALIA, 1970.

R-POINT ★★★
Regia di KONG SOO-CHANG. Con SON BYUNG-HO, OH TAE-KYUNG, PARK WON-SANG, KAM WOO-SEONG. ■ Verso la fine del conflitto del Vietnam, un ridotto plotone di soldati Coreani viene inviato ad investigare sul luogo della scomparsa in circostanze misteriose di una nutrita squadra dello stesso esercito. Una volta giunti al punto denominato R-Point, secondo le coordinate giunte dalle ultime segnalazioni radio dei dispersi, i militari si stabiliranno in uno spettrale caseggiato in rovina circondato dalle tombe dei soldati morti nei pressi. Kong Soo-Chang, all'esordio, confeziona un horror psicologico che, seppur accostandosi per ambientazione a *The Bunker* (produzione Usa-Uk del 2001), non fa il verso a nessuno sottolineando la buona vena attuale coreana, scevra oggi da qualsiasi reverenzialismo succube verso Hollywood.. ■ HORROR; COL.; 106'; COREA DEL SUD, 2004.

R.P.M. – RIVOLUZIONE PER MINUTO *(R.P.M.)* ★★★
Regia di STANLEY KRAMER. Con GARY LOCKWOOD, ANN MARGRET, ANTHONY QUINN, PAUL WINFIELD. ■ Paco è un professore universitario aperto ai problemi degli studenti. Nominato per questo motivo, durante i moti del 1968, rettore dell'ateneo, non può però accogliere che una parte delle rivendicazioni dei rivoltosi, i quali non tardano a minacciarlo violentemente. L'asprezza dell'atteggiamento dei capi della sommossa gli consiglia di richiedere l'intervento della polizia, che dopo duri scontri libera l'università. Amareggiato se ne va, accompagnato dagli improperi di chi voleva aiutare. ■ DRAMMATICO; COL.; 97'; USA, 1970.

RUBA AL PROSSIMO TUO... ★★★
Regia di FRANCESCO MASELLI. Con LEON ASKIN, CLAUDIA CARDINALE, ROCK HUDSON. ■ Tra mille ostacoli e con l'aiuto di un funzionario di polizia americano, Esmeralda restituisce alcuni

gioielli ai legittimi proprietari, entrando nella loro villa protettissima senza che questi si accorgano di nulla. Mentre sono nella villa, però, Esmeralda ruba altri gioielli e fugge. Il funzionario la raggiunge: insieme espatriano in Libano. ■ COMMEDIA; COL.; 115'; ITALIA, 1969.

RUBACCHIOTTI, I *(The Borrowers)* ★★
Regia di PETER HEWITT. Con JIM BROADBENT, JOHN GOODMAN, HUGH LAURIE, BRODELY PIERCE, MARK WILLIAMS. ■ Sotto il pavimento di legno vivono esseri alti pochi centimetri molto abili nel rubare piccoli oggetti per loro molto utili. Un giorno il cattivissimo avvocato Potter decide di far abbattere la casa in cui i piccoli vivono. È indispensabile fermarlo. Nato da una serie televisiva e da racconti della scrittrice Mary Norton pubblicati nel 1955, il film risente di una certa patina di vecchio. Il che non giova. ■ COMMEDIA; COL.; 93'; GRAN BRETAGNA, 1997.

RUBACUORI ★★
Regia di GUIDO BRIGNONE. Con GRAZIA DEL RIO, ARMANDO FALCONI, MARY KID. ■ Un intraprendente funzionario di banca si concede numerose avventure extraconiugali. Scoperto dalla moglie per via di un prezioso, di cui era venuto misteriosamente in possesso in un locale notturno, le promette che da lì in avanti sarà un marito perfetto. Ma il vecchio lupo non riuscirà a vincere il desiderio di nuove avventure. ■ COMMEDIA; B/N; 92'; ITALIA, 1931.

RUBARE ALLA MAFIA È UN SUICIDIO ★★★
(Across 110th Street)
Regia di BARRY SHEAR. Con ANTHONY FRANCIOSA, YAPHET KOTTO, ANTHONY QUINN. ■ Una potente organizzazione mafiosa incarica Nick di Salvio di trovare tre banditi, autori di una rapina ai danni della banda stessa. Anche la polizia è sulle tracce dei responsabili. La lotta accanita si conclude con l'intervento risolutore delle forze dell'ordine e con l'uccisione dei malviventi. ■ DRAMMATICO; COL.; 102'; USA, 1973.

RUBICON ★
Regia di LEIDULY RISAN. Con EWA CARLSSON, JACK FJELDSTAD. ■ Al largo delle coste norvegesi alcune unità della Nato stanno procedendo a importanti esercitazioni. Accadono alcuni strani incidenti e il dottor Hoff sospetta che la loro causa sia da riportare alle esercitazioni. ■ DRAMMATICO; COL.; 100'; NORVEGIA, 1988.

RUBY ★★★
Regia di CURTIS HARRINGTON. Con JANIT BALDWIN, ROGER DAVIS, PIPER LAURIE, STUART WHITMAN. ■ Negli anni Trenta, l'amante della cantante Ruby viene ucciso da un gangster che rapisce la ragazza. Sedici anni dopo il fantasma del morto s'incarna nella figlia sordomuta e stermina tutti i complici dell'assassino. Convinto che anche la donna sia responsabile della sua fine, non la risparmierà. ■ HORROR; COL.; 84'; USA, 1977.

RUBY, FIORE SELVAGGIO *(Ruby Gentry)* ★★★
Regia di KING VIDOR. Con CHARLTON HESTON, JENNIFER JONES, KARL MALDEN. ■ Una ragazza di umili origini, Ruby Corey, dopo un matrimonio mal riuscito, reincontra il suo primo amore Boacke Tackman e ritorna con lui. Ma Tackman sarà ucciso dal fratello di Ruby, che a sua volta ucciderà l'assassino. ■ DRAMMATICO; B/N; 82'; USA, 1953.

RUBY – IL TERZO UOMO A DALLAS *(Ruby)* ★★
Regia di JOHN MACKENZIE. Con DANNY AIELLO, SHERILYN FENN, ARLISS HOWARD. ■ Nonostante la buona prova di Aiello, il film non riesce a convincere. È la storia di Ruby che uccise Lee Oswald, l'assassino (o almeno creduto tale) del presidente degli Stati Uniti, Kennedy. Ruby era padrone di un nightclub con *striptease* e protettore di una bella ballerina. Sapeva arrangiarsi, ma era un personaggio scialbo e con una certa dose di ingenuità. ■ DRAMMATICO; COL.; 110'; USA, 1992.

RUBY IN PARADISO *(Ruby in Paradise)* ★★★
Regia di VICTOR NUÑEZ. Con ALLISON DEAN, TODD FIELD, ASHLEY JUDD, BENTLEY MITCHUM. ■ Un regista di valore, per nulla prolifico. Il suo terzo film e il primo distribuito in Italia (gli altri risalgono al 1979 e al 1985). Presentato al Festival di Cannes. Siamo a Panama City, in Florida. Ruby è da poco arrivata ed è commessa in un negozio di amenità turistiche. Il suo problema era un fidanzato che la maltrattava. Ora si trova davanti al figlio della padrona del negozio e la situazione non è migliore. Viene licenziata e comincia a tenere un diario. Si prenderà la sua rivincita. Minimale, come ormai gran parte delle produzioni indipendenti americane. ■ COMMEDIA; COL.; 116'; USA, 1993.

RUBY SPARKS ★★★
Regia di JONATHAN DAYTON, VALERIE FARIS. Con ANTONIO BANDERAS, ANNETTE BENING, STEVE COOGAN, PAUL DANO, ZOE KAZAN. ■ Calvin Weir-Fields è un giovane scrittore già di successo con il suo primo romanzo. Ora però gli anni sono passati e la creatività sembra averlo abbandonato (complice anche una vita amorosa non gratificante) fino a quando comincia a sognare di una ragazza, Ruby, che diviene la sua fonte di ispirazione. Il blocco dello scrittore sembra superato finché un giorno Ruby si materializza in casa sua. Calvin se ne innamora e ha un vantaggio: può farle fare ciò che vuole. La premiata coppia Dayton-Faris torna dietro la macchina da presa e lo fa alla sua maniera. Offre il ruolo da protagonista alla giovane attrice Zoe Kazan, che ha scritto la sceneggiatura di un'apparente romantic comedy. ■ COMMEDIA; COL.; 104'; USA, 2012.

RUDY – IL SUCCESSO DI UN SOGNO *(Rudy)* ★★
Regia di DAVID ANSPAUGH. Con SEAN ASTIN, NED BEATTY, CHARLES DUTTON, JASON MILLER, LILI TAYLOR. ■ Rudy, giovane giocatore di football dell'Illinois, vuole diventare un campione. Nonostante gli ostacoli frapposti dal padre e dal fratello, il ragazzo giungerà al successo dopo che la morte del suo amico lo avrà segnato profondamente. Il sogno americano vince ancora una volta sullo schermo con un film sul mondo dello sport realizzato con attenzione ai particolari. ■ DRAMMATICO; COL.; 113'; USA, 1993.

RUE BARBARE ★★★
Regia di GILLES BÉHAT. Con CHRISTINE BOISSON, BERNARD GIRAUDEAU, JEAN-PIERRE KALFON ■ Chet, ex teppista di periferia, ha cambiato vita: lavora come operaio e tira a campare con moglie e padre. Una sera, però, soccorre una ragazza cinese brutalmente violentata e seviziata dal suo ex capo-banda, che lo convoca nel suo covo e lo invita a farsi gli affari suoi a suon di botte. Quando l'unico testimone dello stupro viene trovato ucciso, Chet si scatena e decide di chiudere i conti con il suo passato sfidando a un brutale duello l'ex compagno di scorribande. Vincerà, ma si ritroverà solo. ■ DRAMMATICO; COL.; 107'; FRANCIA, 1983.

RUE CASES-NÈGRES ★★★
Regia di EUZHAN PALCY. Con GARRY CADENAT, DOUTA SECK, DARLING LÉGITIMUS. ■ In una cittadina della Martinica c'è la Rue Cases-Nègres, un piccolo quartiere, dove la vita trascorre serenamente per i bambini, un po' meno per gli adulti che lavorano nei campi di canne. Un bozzetto riuscito sulla quotidianità di una tipica comunità martinicana, il periodo è quello dei primi anni Trenta. Il film dell'esordiente Euzhan Palcy vinse il Leone d'Argento per l'opera prima alla Mostra di Venezia. La regista avrebbe conquistato la notorietà con il film successivo, *Un'arida stagione bianca*. ■ COMMEDIA; COL.; 103'; FRANCIA, MARTINICA, 1983. ■ VENEZIA 2 PR.

RUE DES PLAISIRS ★★
Regia di PATRICE LECONTE. Con LAETITIA CASTA, VINCENT ELBAZ, PATRICK TIMSIT. ■ Parigi, anni Quaranta. Il Palazzo orientale un bordello per clientela raffinata, sta per chiudere. Una delle ultime prostitute rimaste è Marion che sogna di diventare una stella del music-hall e di trovare l'uomo della sua vita. Sembra poterlo trovare in Dimitri Josco. Costui le viene presentato da Petit Louis che, innamorato di lei, intende sacrificarsi per la sua felicità. Leconte è un regista dall'indubbio talento e gli attori che ha a disposizione conoscono il loro mestiere. Ma non basta utilizzare il richiamo di una Casta per giustificare un film che utilizza tutta la retorica (vista e stravista) del cinema "alla francese" con sottolineature poetiche. Prevert è morto (purtroppo) e sotto i ponti della Senna è scorsa tanta acqua. Anche se qui non sembrerebbe. ■ DRAMMATICO; COL.; 90'; FRANCIA, 2002.

RUGANTINO ★★★
Regia di PASQUALE FESTA CAMPANILE. Con ADRIANO CELENTA-

NO, PIPPO FRANCO, CLAUDIA MORI, RENZO PALMER, MARIA SPINA, PAOLO STOPPA, SERGIO TOFANO, TONI UCCI. ■ Rugantino desidera ardentemente Rosina, sposata a Gnecco, e ne ottiene l'amore solo quando costui è condannato all'esilio per l'assassinio di un improvviso corteggiatore della moglie. Venuto a sapere dell'accaduto, Gnecco ritorna di nascosto a Roma, ma è ucciso da un cospiratore prima di poter porre riparo al tradimento. Rugantino, incolpato del delitto, sceglie di morire pur di non deludere la stima di Rosina. ■ COMMEDIA; COL.; 110'; ITALIA, 1973.

RUGGENTI ANNI VENTI, I *(The Roaring Twenties)* ★★★★
Regia di RAOUL WALSH. Con HUMPHREY BOGART, JAMES CAGNEY, PRISCILLA LANE, JEFFREY LYNN. ■ Il film descrive il difficile momento del primo dopoguerra e i guasti provocati dal conflitto sul tessuto economico e sociale e sulle coscienze. I tempi sono duri e la crisi economica colpisce il tenore di vita. Tre reduci della prima guerra mondiale, Lloyd Hart, praticante avvocato, George Hally, gestore di un saloon, Eddie Bartlett, disoccupato, decidono di passare all'azione. Eddy costruisce un traffico clandestino di liquori e prende come partner i due amici. Gli affari vanno a gonfie vele e le loro tasche sono piene di dollari fino a quando rivalità sentimentali e di potere iniziano a minare il sodalizio. Le eccellenti interpretazioni di James Cagney e Humphrey Bogart fanno di questo film un classico del genere gangester. ■ POLIZIESCO; B/N; 104'; USA, 1939.

RUGGINE ★★
Regia di DANIELE GAGLIANONE. Con STEFANO ACCORSI, VALERIO MASTANDREA, VALERIA SOLARINO, GIAMPAOLO STELLA, FILIPPO TIMI. ■ Nord Italia. Fine anni Settanta. Estate. Alla periferia di una città in un quartiere abitato da immigrati del sud e del nord est un gruppo di ragazzini, capitanati dal siciliano Carmine ha costituito come proprio dominio il Castello, due vecchi silos arrugginiti. Nel quartiere giunge un nuovo medico condotto, il dottor Boldrini. Il suo atteggiamento aristocratico intimorisce un po' gli abitanti che lo temono e ammirano al contempo. I bambini scopriranno un suo terribile segreto, non facile da svelare. ■ DRAMMATICO; COL.; 109'; ITALIA, 2011.

RUGGITO DEL TOPO, IL *(The Mouse That Roared)* ★★★
Regia di JACK ARNOLD. Con WILLIAM HARTNELL, MARGARET RUTHERFORD, JEAN SEBERG, PETER SELLERS. ■ I venti uomini che compongono l'esercito del ducato di Gran Fenwick, un immaginario Stato europeo, riescono a impadronirsi della bomba Q, con la quale ricattano Europa e America, risanando la situazione economica del loro staterello. Ma alla fine si scopre che la bomba Q non funziona. ■ COMMEDIA; COL.; 89'; GRAN BRETAGNA, 1959.

RUGRATS – IL FILM *(The Rugrats Movie)* ★★
Regia di IGOR KOVALYOV, NORTON VIRGIEN. ■ I Rugrats (ratti da tappeto) sono dei bambini avventurosi divenuti famosi in una serie televisiva. Tommy Pickles, leader in pannolino del gruppo, si ritrova dinanzi alla nascita di un fratellino, fugge in un bosco, incontra (insieme ai suoi amici) delle scimmie e un lupo e trova aiuto dagli adulti. ■ ANIMAZIONE; COL.; 80'; USA, 1998.

RUINS *(Ru'evine)* ★★★
Regia di JANEZ BURGER. Con POLDE BIBIC, NATA'A BURGER, GREGOR CU'IN, VI'NJA FICOR, VESNA JEVNIKAR, JANJA MAJZELJ, NATA'A MATJASEC. ■ Una performance spettacolare, che si crede debba inaugurare un prestigioso festival di teatro, deve essere rappresentata all'aperto. Nel corso delle prove vengono al pettine i nodi delle esistenze dei componenti della compagnia. Ottimo studio sull'egoismo e sulla libertà di vaga ispirazione bergmaniana, ma con un tocco surreale e ironico, la pellicola è sostenuta da un cast molto valido. ■ DRAMMATICO; COL.; 100'; SLOVENIA, 2004.

RULLO DI TAMBURI *(Drum Beat)* ★★★
Regia di DELMER DAVES. Con CHARLES BRONSON, AUDREY DALTON, ALAN LADD, MARISA PAVAN. ■ Le trattative di pace con gli indiani Modoc sono condotte da Johnny McKay, distintosi per precedenti azioni contro gli indiani. Alcuni drammatici avvenimenti portano alla rottura dei negoziati. Il capitano Jack, un rinnegato che comanda la frazione più intransigente dei Modoc, è un nemico irriducibile oltreché un ostacolo sulla via della pace: per questo McKay decide di affrontarlo a duello. Jack viene catturato e condannato a morte. Il trattato di pace può essere così firmato; McKay, per parte sua, coronerà il suo sogno d'amore con Nancy. ■ WESTERN; COL.; 111'; USA, 1954.

RUMBA ★★★
Regia di MARION GERING. Con CAROLE LOMBARD, MARGO, GAIL PATRICK, GEORGE RAFT. ■ Per lanciare un balletto, si inventa una storia d'amore fra una ricca ereditiera e un ballerino. Inutile dire che la finzione diventerà realtà. Ottimi attori. ■ DRAMMATICO; B/N; 77'; USA, 1935.

RUMBA DELL'AMORE *(Cuban Love Song)* ★★★
Regia di W. S. VAN DYKE II. Con JIMMY DURANTE, LOUISE FAZENDA, LAWRENCE TIBBETT, LUPE VELEZ. ■ Un marinaio torna a Cuba per cercare la donna di cui si era innamorato anni prima. Lei è morta, ma gli ha lasciato un figlio, che il marinaio porta con sé negli Stati Uniti. ■ SENTIMENTALE; B/N; 86'; USA, 1932.

RUMBERA ★★
Regia di PIERO VIVARELLI. Con FRANCO INTERLENGHI, BARBARA LIVI, MICHÈLE MERCIER, FRANCO TREVISI, PEPPE ZARBO. ■ Vita romanzata della danzatrice cubana che, negli Anni Venti, fece passare la rumba dai quartieri dei neri ai grandi teatri. Vivarelli, attento anche al sociale, racconta diligentemente. ■ BIOGRAFICO; COL.; 105'; ITALIA, 1998.

RUM DIARY. CRONACA DI UNA PASSIONE, THE ★★★
(The Rum Diary)
Regia di BRUCE ROBINSON. Con JOHNNY DEPP, AARON ECKHART, AMBER HEARD, RICHARD JENKIS, MICHAEL RISPOLI. ■ Paul Kemp, bravo giornalista e gran bevitore, arriva a Puerto Rico per scrivere su un quotidiano locale sull'orlo del fallimento. Al giornale, oltre al direttore Lotterman, Kemp conosce il fotografo Sala, che diviene suo amico e sodale, e il reietto Moberg, un ex redattore risucchiato dal gorgo dell'alcool e dalla passione per i discorsi di Hitler. Ma l'incontro che gli cambia la vita è quello con la bellissima Chenault, fidanzata di Sanderson, un ricco affarista che sta progettando la costruzione di una serie di alberghi di lusso su un'isoletta incontaminata e vuole Kemp dalla sua parte per indorare la pillola da servire alla popolazione locale. Una chevrolet rossa e Johnny Depp raccontato da un regista non abbastanza visionario. Dal romanzo di Hunter Stockton Thompson. ■ AVVENTURA; COL.; 120'; USA, 2011.

RUMORI FUORI SCENA *(Noises Off)* ★★★
Regia di PETER BOGDANOVICH. Con CAROL BURNETT, MICHAEL CAINE, DENHOLM ELLIOTT, JULIE HAGERTY, MARILU HENNER, MARK LINN-BAKER, CHRISTOPHER REEVE, JOHN RITTER, NICOLETTE SHERIDAN. ■ Tratta dall'omonima opera di Michael Frayn, si tratta di una commedia scoppiettante, dal ritmo incalzante e con spassosissime gag che si susseguono vorticosamente. La trama del film riguarda le varie fasi della costruzione di uno spettacolo da parte di una bizzarra compagnia: dalle prove, al debutto, alla tournée, che inizialmente risulta essere positiva, ma poco tempo dopo si rivela un disastro per ripicche e screzi fra attori – sul palcoscenico e fuori accade di tutto: interruzioni, errori, isterie, conflitti, tensioni, rappacificazioni – ma alla prima a Broadway è un trionfo. Regia sardonica e impeccabile, con degli straordinari attori tutti in stato di grazia, parecchie e buone le occasioni di risata. Era dai tempi della "screwball comedy" degli anni Trenta che non ci si divertiva così vedendo una commedia. ■ COMMEDIA; COL.; 101'; USA, 1992.

RUN ★★
Regia di GEOFF BURROWES. Con PATRICK DEMPSEY, KELLY PRESTON. ■ Il regista Geoff Burrowes (*Indomabile*) gioca sulla presenza tutt'altro che eroica di Dempsey (*Playboy in prova*) per il ruolo del protagonista in fuga dai criminali e dalla polizia. Nel film è un povero meccanico che ha la disgrazia di essere coinvolto in una rissa in cui perde la vita il figlio del boss della zona. ■ AVVENTURA; COL.; 88'; USA, 1991.

RUNAWAY ★★★
Regia di MICHAEL CRICHTON. Con CYNTHIA RHODES, TOM SELLECK, GENE SIMMONS. ■ Il sergente Ramsay e la sua bella aiutante devono lottare contro Luther che si serve dei robot, diffu-

sissimi in tutta la zona, per compiere una serie di efferati delitti. Questi ha anche inventato un micromissile che uccide a distanza. In uno scontro finale i due agenti avranno la meglio e così trionferà anche il loro amore. Molta suspense e una bella idea di partenza. Un altro buon prodotto d'azione del regista del "mondo dei robot". ■ AVVENTURA; COL.; 100′; USA, 1985.

RUNNING *(Running Scared)* ★
Regia di WAYNE KRAMER. Con CAMERON BRIGHT, VERA FARMIGA, JOHNNY MESSNER, MICHAEL CUDLITZ, IVANA MILICEVIC, ALEX NEUBERGER, JOHN NOBLE, CHAZZ PALMINTERI, PAUL WALKER. ■ Per oltre dieci anni Joey Gazelle si è districato con successo tra l'essere un amorevole padre di famiglia e al tempo stesso un affiliato della mafia italiana del boss Perello a Grimley, New Jersey. Joey si mette nei guai quando, invece di seguire le istruzioni del capo mafioso per far sparire una pistola che "scotta", nasconde l'arma nella cantina della sua casa. Ma Oleg, l'amico di suo figlio, la trova e se la porta via. ■ AZIONE; COL.; 122′; GERMANIA, USA, 2006.

RUNNING BRAVE ★★
Regia di D. S. EVERETT (pseud. di DONALD SHEBIB). Con ROBBY BENSON, CLAUDIA CRON, PAT HINGLE. ■ La storia di Billy Mills, un giovane indiano Sioux, che vinse la gara dei diecimila metri piani alle Olimpiadi di Tokyo del 1964. Robby Benson è bravo nei panni del complessato protagonista. Anche meglio Pat Hingle, il suo burbero (non senza motivo) *coach*. ■ DRAMMATICO; COL.; 105′; USA, 1983.

RUNNING – IL VINCITORE *(Running)* ★★
Regia di STEVEN HILLIARD STERN. Con SUSAN ANSPACH, LAWRENCE DANE, MICHAEL DOUGLAS, JENNIFER MCKINNEY. ■ Il sogno di Michael è partecipare alla corsa olimpionica e per questo ha sacrificato l'amore della moglie, l'unità della famiglia, un regolare impiego. Vive compiendo lavori diversi e poco impegnativi fino al giorno in cui riesce davvero a partecipare alla maratona. Potrebbe anche arrivare primo, ma un incidente lo mette fuori gara all'ultimo momento. Michael non si arrende e arriva fino al traguardo, applaudito dal pubblico come vincitore morale. ■ DRAMMATICO; COL.; 103′; CANADA, 1979.

RUOLO DELLA MIA FAMIGLIA NELLA RIVOLUZIONE MONDIALE, IL ★★
(Uloga moje periodice u svetskoj revoluciji)
Regia di BATA ČENGIĆ. Con MILENA DRÁVIC, ERIKA DRUZOVIC, MICA TOMIC. ■ I componenti di una famiglia medio borghese jugoslava reagiscono diversamente alla rivoluzione socialista. Oguno secondo le proprie idee si adatta, si dispera o esulta. ■ COMMEDIA; COL.; 92′; JUGOSLAVIA, 1971.

RUOTA, LA *(La roue)* ★★
Regia di ANDRÉ HAGUET. Con CATHERINE ANOUILH, PIERRE MONDY, JEAN SERVAIS. ■ Norma è la figlia adottiva di Pierre, operaio delle ferrovie che ha già un ragazzo, Roland. Tuttavia Pierre è più attaccato alla ragazza che non al figlio naturale e, quando Norma si innamora, il padre reagisce male, facendola fuggire di casa. L'intervento di amici e parenti fa rinsavire l'uomo che chiede a Norma di tornare. ■ DRAMMATICO; B/N; 103′; FRANCIA, 1956.

RUOTA DI SCORTA DELLA SIGNORA BLOSSOM, LA *(The Bliss of Mrs. Blossom)* ★★★
Regia di JOSEPH MCGRATH. Con RICHARD ATTENBOROUGH, JAMES BOOTH, FREDDIE JONES, SHIRLEY MACLAINE. ■ Robert e Harriet sono sposati da anni e la noia regna tra loro. Harriet la combatte allacciando una relazione con un giovanotto, Ambrose. Quando la loro love story viene scoperta Robert chiede il divorzio. Dopodiché Harriet e Ambrose si sposano, ma anche questa coppia si annoia. Il matrimonio è davvero la tomba dell'amore e lo prova il fatto che il nuovo amante di Harriet è l'ex marito. ■ COMMEDIA; COL.; 93′; GRAN BRETAGNA, 1968.

RUSH HOUR 2 – COLPO GROSSO AL DRAGO ROSSO *(Rush hour 2)* ★★
Regia di BRETT RATNER. Con JACKIE CHAN, CHRIS TUCKER. ■ Dopo il successo americano del primo episodio, passato quasi inosservato in Europa, rieccoci ad un'altra avventura umoristico-acrobatica dell'accoppiata Jackie Chan – Chris Tucker. Questa volta tocca al logorroico poliziotto di Los Angeles andare in trasferta ad Hong Kong: la scusa è riaccompagnare a casa l'ispettore capo Lee, e prendersi una bella vacanza, ma un'attentato all'ambasciata cambierà i loro piani. Eccesso di arti marziali orientali, parolacce occidentali, e ridicole parodie poliziesche infarciscono il film, la cui comicità sarebbe tutta da discutere. ■ AZIONE; COL.; 90′; USA, 2001.

RUSH HOUR – DUE MINE VAGANTI *(Rush Hour)* ★
Regia di BRETT RATNER. Con PHILIP BAKER HALL, JACKIE CHAN, ELIZABETH PEÑA, CHRIS TUCKER, TOM WILKINSON. ■ Una coppia di poliziotti (cinese e nero) con la solita vicenda. Jackie Chan rinuncia al suo stile per mettersi a disposizione di una regia frammentata e incapace di riprodurre i ritmi di Hong Kong. ■ AZIONE; COL.; 98′; USA, 1998.

RUSH HOUR – MISSIONE PARIGI *(Rush Hour 3)* ★★
Regia di BRETT RATNER. Con YVAN ATTAL, PHILIP BAKER HALL, JACKIE CHAN, JULIE DEPARDIEU, DANA IVEY, ZHANG JINGCHU, YOUKI KUDOH, NOÉMIE LENOIR, TZI MA, ROMAN POLANSKI, HIROYUKI SANADA, CHRIS TUCKER, MAX VON SYDOW. ■ Durante un importante meeting internazionale contro la criminalità organizzata, l'ambasciatore Han, sul punto di rivelare la lista dei capi mondiali delle Triadi cinesi, viene ferito da un colpo di pistola e rimane in fin di vita. Lee, guardia del corpo nonché amico di lunga data dell'ambasciatore, si lancerà a capofitto in un'indagine che lo porterà fino in Francia, dove si recherà seguito suo malgrado dal zelante Carter, compagno in passato di rocambolesche quanto improbabili avventure. Dopo anni di preparativi, Jackie Chan e Chris Tucker tornano a impersonare rispettivamente Lee e Carter, leggendaria quanto strampalata coppia di ispettori di polizia, a chiudere quella che si afferma come la trilogia action-comedy più prolifica della storia del cinema contemporaneo a livello di incassi. Il terzo, attesissimo, episodio di *Rush Hour* riprende le fila della serie e le ripropone in un contesto neutro per i protagonisti, quello francese. ■ AZIONE; COL.; 90′; USA, 2007.

RUSHMORE ★★
Regia di Wes Anderson. Con Seymour Cassel, Brian Cox, Bill Murray, Jason Schwartzman, Olivia Williams, Luke Wilson, Owen Wilson. ■ Max Fischer è un quindicenne che ha trovato la sua unica ragione di vita: frequentare la Rushmore Academy. Si scopre innamorato della dolce maestrina vedova miss Cross. Questo amore impossibile e l'espulsione dalla Rushmore lo costringeranno a confrontarsi con un'inevitabile crescita emotiva e con la ricerca di un suo posto nel mondo al di fuori della scuola. Il texano Wes Anderson, qui alla sua seconda opera (scritta, come la precedente e la successiva, insieme all'attore/amico fidato Owen Wilson) mette già in campo quelli che saranno i tratti caratteristici del suo cinema: adolescenti inquieti e capricciosi, adulti immaturi e flemmatici che si lasciano vivere in un mondo bizzarro e surreale, illuminato dai colori pop della provincia americana. Accompagnate dalle note retrò di canzoni degli anni Sessanta e Settanta: Cat Stevens, i Kinks, John Lennon sono l'immaginario sonoro prediletto dal regista e dal suo fido collaboratore/compositore Mark Mothersbaugh. ■ COMMEDIA; COL.; 93′; USA, 1998.

RUSSIA D'OGGI *(This is Russia)* ★★
Regia di SID FEDER. ■ Documentario girato in piena guerra fredda. ■ DOCUMENTARIO; COL.; 92′; USA, 1958.

RUSSIA SOTTO INCHIESTA ★★
Regia di ROMOLO MARCELLINI. ■ Documentario sulla Russia finanziato molto probabilmente dall'azienda di soggiorno sovietica. ■ DOCUMENTARIO; COL.; 91′; ITALIA, 1963.

RUSSICUM I GIORNI DEL DIAVOLO ★★
Regia di PASQUALE SQUITIERI. Con F. MURRAY ABRAHAM, DANNY AIELLO, TREAT WILLIAMS. ■ Un gruppo di gesuiti di Roma prepara un viaggio del papa in Russia. Attorno al loro convento si agitano agenti segreti di varie potenze, tra cui gli emissari del capo della Cia a Roma (che in realtà fa il doppio gioco con i russi da molti anni). Confuso thriller di Squitieri che crede che le trame delle spie vaticane fossero di enorme interesse per il pubblico italiano. ■ DRAMMATICO; COL.; 113′; ITALIA, 1988.

RUSTY IL SELVAGGIO *(Rumble Fish)* ★★★
Regia di FRANCIS FORD COPPOLA. Con MATT DILLON, DENNIS HOPPER, DIANE LANE, MICKEY ROURKE. ■ Rusty, un sedicenne inquieto figlio di un ex avvocato alcolizzato abbandonato dalla moglie, capeggia una piccola banda di coetanei a Tulsa in Oklahoma, ma sogna la California dove è fuggito il fratello maggiore, un mito per lui. Un giorno questi viene ucciso da un poliziotto. Rusty se ne andrà in California. Ottimo Mickey Rourke, nella parte del fratello. ■ DRAMMATICO; COL.; 94′; USA, 1984. ■ GOLDEN GLOBES 1 NOM.

RUVIDO E IL LISCIO, IL *(The Rough and the Smooth)* ★★★
Regia di ROBERT SIODMAK. Con WILLIAM BENDIX, TONY BRITTON, NADIA TILLER. ■ Un giovane archeologo rischia di perdere la reputazione per amore di una bella avventuriera. La donna riesce ad incantare il giovane per qualche tempo, ma il suicidio di uno dei suoi amanti porta a galla una squallida situazione. Inorridito, il giovanotto torna dalla ex fidanzata, che lo ha atteso fiduciosa. ■ DRAMMATICO; B/N; 99′; GRAN BRETAGNA, 1959.

RUY BLAS ★★
Regia di PIERRE BILLON. Con DANIELLE DARRIEUX, GIOVANNI GRASSO, JEAN MARAIS. ■ Uno studente che prende il posto di un nobile nella corte di Carlo I re di Spagna dovrebbe essere usato come strumento di vendetta da un ministro contro la regina. Gli avvenimenti però seguono un'altra direzione, perché il falso nobile si innamora di sua maestà e per non tradirla uccide il perfido ministro; poi rivolge la spada contro se stesso. ■ DRAMMATICO; COL.; 93′; FRANCIA, 1974.

RXM: DESTINAZIONE LUNA *(Rocketship X-M)* ★★
Regia di KURT NEUMANN. Con LLOYD BRIDGES, OSA MASSEN. ■ Invece che sulla Luna, come previsto, cinque scienziati finiscono su Marte. Gli abitanti del pianeta, selvaggi e regrediti all'età della pietra dopo una guerra atomica, li aggrediscono e ne uccidono due. Gli altri tre cercano di rientrare sulla Terra, ma muoiono nel tentativo. Prima però spiegano per radio ai terrestri come si riduce un pianeta dopo una guerra atomica. ■ FANTASCIENZA; B/N; 77′; USA, 1950.

S

SAADIA ★★
Regia di ALBERT LEWIN. Con MEL FERRER, RITA GAM, MICHEL SIMON, CORNEL WILDE. ■ Un giovane medico francese attivo in Marocco fa amicizia con un capo locale occidentalizzante, con cui divide anche l'amore per la bellissima berbera Saadia, che lo ha sostenuto contro alcuni capi tribù oscurantisti. Il medico cavallerescamente si ritira. ■ DRAMMATICO; COL.; 82′; USA, 1954.

SÁBADO ★★
Regia di JUAN VILLEGAS. Con MARIANA ANGHILERI, DANIEL HENDLER, LEONARDO MURÚA, GASTÓN PAULS, EVA SOLA, CAMILA TOKER. ■ Film d'esordio alla regia del regista argentino Villegas. Tre coppie in crisi e annoiate si incontrano un sabato. L'illusione di un cambiamento dura fino alla domenica mattina. Film con qualche buona idea nei dialoghi e nel montaggio che lontanamente richiama le atmosfere di Rohmer. Il film pecca, però, di manierismo. ■ COMMEDIA; COL.; 72′; ARGENTINA, 2001.

SABATO, DOMENICA E LUNEDÌ ★★★
Regia di LINA WERTMÜLLER. Con LUCIANO DE CRESCENZO, LUCA DE FILIPPO, SOPHIA LOREN, PUPELLA MAGGIO. ■ Film girato per la televisione, tratto dalla commedia omonima del grande Eduardo De Filippo, con il figlio Luca nel ruolo che fu del padre. Una coppia vive insieme da trent'anni ed è apparentemente felice. Ci sono tre figli già grandi e anche il padre della donna, una zia e il fidanzato della figlia. Qualcosa s'incrina nel loro rapporto per colpa di un ragù e per la pesante maleducazione del marito nei confronti di un professore da sempre molto gentile con la moglie. Bravi tutti gli interpreti, misurato De Filippo e bravissima Sophia Loren. Lina Wertmüller ritorna al meglio di se stessa con questa pellicola d'impostazione teatrale, mettendoci molta poesia e una punta di grottesco. ■ DRAMMATICO; COL.; 140′; ITALIA, 1990.

SABATO, DOMENICA E VENERDÌ ★★
Regia di FRANCO CASTELLANO, PASQUALE FESTA CAMPANILE, SERGIO MARTINO, PIPOLO. Con BARBARA BOUCHET, ADRIANO CELENTANO, EDWIGE FENECH, MICHELE PLACIDO, MILENA VUKOTIC. ■ Tre episodi di commedia all'italiana: nel primo un ragioniere sposa una bella giapponese e la segue a Tokyo dove apre un ristorante pugliese; nel secondo un giovanotto sposa una ragazza siciliana per salvarla dalle ire paterne; nel terzo un impresario teatrale sposa la sua prima ballerina per evitare che, unendosi a un altro, possa lasciare il suo posto nel balletto. ■ COMMEDIA; COL.; 118′; ITALIA, 1979.

SABATO ITALIANO ★★★
Regia di LUCIANO MANUZZI. Con FRANCESCO BARILLI, CHIARA CASELLI, STEFANO DIONISI, FRANCESCA NERI, ISABELLE PASCO. ■ Rimini, estate. Marina viene ingaggiata da dei ragazzini per uno strip e viene inseguita dalle loro madri. Contemporaneamente Danielle, che è giunta da Parigi per incontrarsi con Roberto, si consola dell'interesse del suo uomo per il poker seducendo Ricky. Nicola è arrivato da Latina con l'amico Enzo per cercare Linda che l'ha lasciato. Si troveranno tutti coinvolti in un megaincidente stradale. Un ritratto lucido e inquietante del popolo notturno che anima la riviera romagnola e non solo quella. ■ DRAMMATICO; COL.; 89′; ITALIA, 1992.

SABATO SERA A LETTO DA NOI *(The Wife Swappers)* ★★
Regia di DEREK FORD. Con JAMES DONNELLY, DENYS HAWTHORNE, VALERIE ST JOHN, LARRY TAYLOR. ■ Episodi imperniati sullo scambio delle coppie, con intervento dell'immancabile psicanalista che spiega le ragioni profonde di questo comportamento. ■ DRAMMATICO; COL.; 91′; GRAN BRETAGNA, 1970.

SABATO SERA, DOMENICA MATTINA ★★★★
(Saturday Night and Sunday Morning)
Regia di KAREL REISZ. Con SHIRLEY ANN FIELD, ALBERT FINNEY, RACHEL ROBERTS, NORMAN ROSSINGTON. ■ Jimmy, un operaio di Nottingham, ha una vita sentimentale molto disordinata. Innamoratosi della moglie di un amico, la mette incinta e la costringe ad abortire. Scoperto e punito dal marito tradito, finisce per sposare la giovane Dorren. ■ DRAMMATICO; B/N; 89′; GRAN BRETAGNA, 1960.

SABATO TRAGICO *(Violent Saturday)* ★★★
Regia di RICHARD FLEISCHER. Con ERNEST BORGNINE, LEE MARVIN, VICTOR MATURE, STEPHEN MCNALLY, SYLVIA SIDNEY. ■ In un cittadina della provincia americana, un padre di famiglia è in crisi con i suoi e con l'ambiente di lavoro. Ritroverà se stesso e la stima di tutti comportandosi eroicamente durante una rapina che riuscirà a sventare da solo. ■ DRAMMATICO; B/N; 91′; USA, 1955.

SABBIA *(Sand)* ★★
Regia di LOUIS KING. Con RORY CALHOUN, CHARLES GRAPEWIN, COLEEN GRAY, MARK STEVENS. ■ Jeff è un allevatore che ha uno stallone. Joan è proprietaria di un ranch e della cavalla Lady. I due animali fuggono insieme e i padroni, sulle loro tracce, si innamorano l'uno dell'altra. C'è un rivale in amore che vorrebbe anche uccidere il cavallo ribelle. Ma trionfano le due coppie (uomini e cavalli). ■ AVVENTURA; COL.; 78′; USA, 1949. ■ OSCAR 1 NOM.

SABBIA NELLE TASCHE, LA ★★
Regia di FILIPPO GRILLI. Con SIMONE FARINA, MARCO MAGGIONI, NICOLETTA MONACO, LUCA PIROLA, LORENZO POZZI. ■ Il film si ispira ad una storia vera e spinge a interrogarsi sul fondamento dei tanti pregiudizi sui clandestini. Sono soltanto stereotipi di una società che nel diverso vede essenzialmente un nemico, oppure in questa percezione estrema vi è un fondamento di logica? Senza volersi spacciare per un'opera politica o didattica di accoglienza e di rispetto *La sabbia nelle tasche* porta alla luce un mondo poco noto e difficilmente percettibile dal grande pubblico. ■ DRAMMATICO; COL.; 80′; ITALIA, 2012.

SABBIE DEL TEMPO, LE *(The Sands of Time)* ★
Regia di GARY NELSON. Con JAMES BROLIN, MICHAEL NOURI, AMANDA PLUMMER, DEBORAH RAFFIN. ■ Da un romanzo di Sidney Sheldon. Diviso in due parti, è la tipica miniserie televisiva. Siamo in Spagna, dove un colonnello vuole la pelle di un rivoluzionario, Jaime Miro. Anche le suore non fanno una bella figura in questo polpettone. ■ DRAMMATICO; COL.; 185′; USA, 1992.

SABBIE DI KALAHARI, LE *(The Sands of the Kalahari)* ★★
Regia di CYRIL ENDFIELD. Con HARRY ANDREWS, STANLEY BAKER, THEODORE BIKEL, STUART WHITMAN, SUSANNAH YORK. ■ Un gruppo di viaggiatori su un aereo compie un atterraggio di fortuna nel deserto del Kalahari, dove inizia un'estenuante lotta per la sopravvivenza. L'unica donna del gruppo viene concupita da un avventuriero, che uccide anche un passeggero. Il pilota tor-

na con i soccorsi e salva i superstiti, mentre l'assassino è ucciso da un gruppo di scimmie. ■ AVVENTURA; COL.; 119'; GRAN BRETAGNA, 1965.

SABBIE MOBILI *(Quicksand)* ★★
Regia di IRVING PICHEL. Con BARBARA BATES, PETER LORRE, MICKEY ROONEY. ■ Un giovane garagista, un po' fesso e un po' farabutto, si mette nei guai per portare al ballo un'amichetta. Metterà la testa a posto e sposerà la ragazza. ■ DRAMMATICO; B/N; 79'; USA, 1951.

SABBIE MOBILI *(Ruchmo Piaski)* ★★★
Regia di WLADYSLAW SLESICKI. Con HENRY BOROWSKY, MALGORZATA BRAUNECK, MAREK WALCZEWSKI, GRZEGORZ ZUCHOWICZ. ■ Padre e figlio trascorrono un periodo di vacanze in tenda in un luogo tranquillo, un cordone lagunare tra lago e mare. Capita lì una ragazza, cui danno ospitalità. Ambedue provano per lei una forte attrazione. Quando questa se ne andrà, i rapporti tra padre e figlio non saranno più quelli di prima. ■ COMMEDIA; B/N; 94'; POLONIA, 1971.

SABBIE ROSSE *(Along the Great Divide)* ★★★
Regia di RAOUL WALSH. Con JOHN AGAR, WALTER BRENNAN, KIRK DOUGLAS, VIRGINIA MAYO. ■ Un western vecchio stile. Lo sceriffo salva il vecchio Pop che sta per essere linciato per un omicidio non commesso. Ha tutti contro, specie gli allevatori. Finale trionfo per i buoni. ■ WESTERN; B/N; 88'; USA, 1951.

SABBIE ROVENTI *(Virgin Island)* ★★
Regia di PATRICK JACKSON. Con JOHN CASSAVETES, VIRGINIA MASKELL, SIDNEY POITIER. ■ Tina ed Evan si sposano e, acquistata una piccola isola nel mare delle Antille, vi si stabiliscono, sollevando problemi inaspettati: il governatore vorrebbe togliere loro l'isola. Tina rimane incinta. Tutto si sistema, anche perché altre persone arrivano sull'isola condividendo la scelta di vita dei due giovani coniugi. ■ DRAMMATICO; COL.; 84'; GRAN BRETAGNA, 1958.

SABOTAGGIO *(Sabotage)* ★★★★
Regia di ALFRED HITCHCOCK. Con OSCAR HOMOLKA, JOHN LODER, SYLVIA SIDNEY. ■ Lo spione di turno è il proprietario di un cinema londinese. Ottima libera trasposizione de *L'agente segreto* di Conrad, girata da Hitchcock in patria prima del trasferimento a Hollywood. ■ SPIONAGGIO; B/N; 76'; GRAN BRETAGNA, 1936.

SABOTAGGIO – DIVISIONE FANTASMA CANARIS ★★
(Division Brandenburg)
Regia di HARALD PHILIPP. Con HAMES E. JAGER, PETER NEUSSER, WOLFGANG REICHMANN. ■ Durante l'ultima guerra, due ufficiali tedeschi compiono atti di sabotaggio per conto dell'organizzazione di spionaggio della Germania nazista. Uno di loro è inetto, l'altro abile e attivo. Sorgono contrasti. Il primo ci lascia la vita, scambiato per un militare russo. Il secondo porta a termine la missione. ■ SPIONAGGIO; B/N; 91'; GERMANIA, 1960.

SABOTATORI *(Danger)* ★★★
Regia di ALFRED HITCHCOCK. Con ALAN BAXTER, ROBERT CUMMINGS, OTTO KRUGER, PRISCILLA LANE. ■ Un operaio resta vittima di un'esplosione in una fabbrica di aeroplani. Si pensa a un sabotaggio; il responsabile sarebbe un collega della vittima. Questi, aiutato da una ragazza, trova il vero colpevole, che fugge in cima alla statua della Libertà (la scena è rimasta famosa) da dove precipita. L'operaio innocente sposa colei che l'ha aiutato. ■ POLIZIESCO; B/N; 108'; USA, 1942.

♥ **SABRINA** *(Sabrina Fair)* ★★★★
Regia di BILLY WILDER. Con HUMPHREY BOGART, AUDREY HEPBURN, WILLIAM HOLDEN, MARTHA HYER, JOHN WILLIAMS. ■ Quando uscì il film l'impatto fu enorme. Com'era successo per Rossella ai tempi di *Via col vento* le mamme chiamarono Sabrina le loro bambine. Sabrina è la figlia dell'autista di una ricchissima famiglia di New York. Da dietro un albero vede le favolose feste del bel mondo e si innamora del fatuo ma affascinante William Holden, che nemmeno sa della sua esistenza. La ragazza arriva a tentare il suicidio. Ma quando torna da Parigi dopo aver frequentato una scuola di cucina e aver cambiato *look*, Holden la nota e la corteggia. Ma un ricco non può, in un certo ambiente, sposare una povera. Ci pensa il fratello maggiore Bogart a prendere in mano la situazione. Ma sbaglia i conti, si innamora a sua volta e sarà lui a sposare Sabrina. L'attrice naturalmente dovette molto al regista Wilder che sapeva come valorizzare i talenti (basti pensare alla Marilyn Monroe di *A qualcuno piace caldo*) e fece aderire la sceneggiatura alla personalità della Hepburn. Il film è pieno di sequenze famose, come la lezione di cucina a Parigi, o la grande festa in cui tutti ballano e Bogart, tutto dedito al lavoro, saltella invece su una lastra di plastica, ultima invenzione della ditta. ■ COMMEDIA; B/N; 113'; USA, 1954. ■ OSCAR 1 PR, 6 NOM.

SABRINA *(Sabrina Fair)* ★★
Regia di SYDNEY POLLACK. Con HARRISON FORD, GREG KINNEAR, JULIA ORMOND, JOHN WOOD. ■ La conosciuta storia di Sabrina, figlia dell'autista di una ricchissima famiglia. Da ragazzina insignificante a donna stupenda e completa. Prima la corteggia il vacuo David, poi è la volta del serioso Linus, che alla fine la sposa. I *remake* hanno in partenza un destino triste. In questo caso il *gap* è davvero eccessivo. Diamo per buono il carisma di Harrison Ford (era Bogart), ma il semisconosciuto Kinnear è inchiodato in partenza dal fantasma di Holden. E di fronte alla magica Audrey, la Ormond risulta terrificante, col suo fisico che esplode di salute: nel contesto "originale" sarebbe stata una plausibile cameriera di Audrey. Pollack fa del suo meglio, ma questo è uno dei suoi peggiori risultati. ■ COMMEDIA; COL.; 127'; USA, 1996. ■ GOLDEN GLOBES 3 NOM; OSCAR 2 NOM.

SACCHEGGIATORI DEL SOLE, I ★★
(Plunders of the Sun)
Regia di JOHN WILLIERS FARROW. Con GLENN FORD, DIANA LYNN, PATRICIA MEDINA. ■ Al Colby accetta l'incarico di portare oltre il confine un pacchetto sigillato, pur di guadagnare un po' di quattrini. Nel pacchetto c'è la mappa di un tesoro azteco. Si scatenano brame intorno a questo tesoro. Alla fine Colby se ne impossessa e lo consegna alle autorità messicane. In compenso trova l'amore. ■ AVVENTURA; B/N; 91'; USA, 1953.

SACCO A PELO A TRE PIAZZE *(The Sure Thing)* ★★
Regia di ROB REINER. Con JOHN CUSACK, DAPHNE ZUNIGA. ■ Due matricole universitarie si incontrano durante un corso di inglese e, qualche mese più tardi, affrontano un viaggio insieme: lei deve raggiungere il fidanzato, lui ha appuntamento con una ragazza "che ci sta", ma si innamorano. ■ COMMEDIA; COL.; 94'; USA, 1985.

SACCO BELLO, UN ★★★
Regia di CARLO VERDONE. Con ISABELLA BERNARDI, MARIO BREGA, VERONICA MIRIEL, RENATO SCARPA, CARLO VERDONE. ■ Il film lanciò il cabarettista romano Carlo Verdone che vi interpreta ben cinque personaggi: un bulletto, un prete, un hippy di mezza età, un professore e un tipo asfissiante. ■ COMMEDIA; COL.; 99'; ITALIA, 1980. ■ DAVID DI DONATELLO 1 PR, 1 NOM.

SACCO DI ROMA, IL ★★
Regia di FERRUCCIO CERIO. Con PIERRE CRESSOY, HÉLÈNE REMY, LUIGI TOSI. ■ Storia romanzata del sacco di Roma del 1517 da parte di spagnoli e lanzichenecchi, mentre la città è lacerata da lotte tra fazioni. Due giovani delle casate nemiche degli Orsini e dei Colonna si innamorano; si sposeranno dopo la vittoria della città contro gli invasori. ■ DRAMMATICO; B/N; 90'; ITALIA, 1953.

SACCO D'ORO, UN *(Pot o' Gold)* ★★★
Regia di GEORGE MARSHALL. Con PAULETTE GODDARD, JAMES STEWART, CHARLES WINNINGER. ■ L'idea di un programma pubblicitario ritmato dalle note di un'orchestrina jazz, di cui il nipote è un brillante componente, manda in collera un vecchio uomo d'affari; ma il successo della trasmissione è tale che lo zio finirà col valutare positivamente il ruolo della musica. ■ COMMEDIA; B/N; 86'; USA, 1941.

SACCO E VANZETTI ★★★
Regia di GIULIANO MONTALDO. Con RICCARDO CUCCIOLLA, ROSANNA FRATELLO, GIAN MARIA VOLONTÉ. ■ L'iniquo verdetto di condanna a morte contro i due anarchici italiani, accusati di rapina a mano armata e omicidio, suscita emozione e rabbia in tut-

to il mondo. Lo sdegno diviene ancora più grande quando, durante sette lunghi anni, vengono preordinatamente respinte tutte le richieste di riapertura del processo e di revisione del giudizio avanzate dai difensori dei due imputati. La definitiva esecuzione non eliminerà il pesante sospetto che Sacco e Vanzetti siano stati giudicati più per la presunta pericolosità delle loro idee politiche che per il capo d'accusa loro addebitato. ■ DRAMMATICO; COL.; 111′; ITALIA, 1970. ■ CANNES 1 PR.

SACRAMENT, THE ★★
Regia di TI WEST. Con JOE AWANBERG, GENE JONES, AJ KENTUCKER AUDLAY, AMY SEIMETZ. ■ Un giornalista e un video operatore di Vice Media, piattaforma di produzione e distribuzione alternativa di contributi video in rete, decidono di seguire un amico e collega fotografo alla ricerca della sorella, ritiratasi in una comunità rurale, fuori dagli Stati Uniti. Nel cuore di una foresta isolata, fuori dal controllo del governo e dei mezzi di comunicazione, i tre raggiungono la parrocchia Eden, dove circa duecento persone vivono secondo le regole di un capo carismatico che chiamano "Padre", immersi in quella che appare come un'utopia realizzata di autarchia e non violenza. Ben presto, però, alcuni segnali inquietanti portano i tre a ricredersi sulla benevolenza del leader spirituale e sulle sue reali intenzioni. ■ HORROR; COL.; 95′, USA, 2013.

SACRIFICATI – I SACRIFICATI DI BATAAN, I ★★
(They Were Expendable)
Regia di JOHN FORD. Con JACK HOLT, ROBERT MONTGOMERY, DONNA REED, MARSHALL THOMPSON, JOHN WAYNE. ■ È la storia di due ufficiali della Marina americana che combattono contro i giapponesi con molto coraggio ma con poca intelligenza. ■ DRAMMATICO; B/N; 135′; USA, 1945. ■ OSCAR 2 NOM.

SACRIFICIO *(Offert)* ★★★★
Regia di ANDREI TARKOVSKIJ. Con SUSAN FLEETWOOD, GUDRUN GISLADOTTIR, ERLAND JOSEPHSON. ■ Mentre Alexander, un anziano ex attore, circondato da moglie e da figli sta celebrando il suo compleanno, la tv annuncia che è scoppiata la guerra atomica. L'uomo cade in ginocchio, offrendo tutti i suoi beni in cambio della salvezza dei suoi cari. Il giorno seguente, dopo aver offerto il suo amore ad una delle domestiche, convinto che questo servirà a scongiurare i pericoli, scopre che tutto è tornato normale. Fedele al voto, dà fuoco allora alla casa; viene portato via in ambulanza, creduto folle. Un invito a ritrovare i valori spirituali. ■ DRAMMATICO; COL.; 147′; SVEZIA, 1986. ■ CANNES 1 PR.

SACRIFICIO DEL SANGUE, IL *(Le puritain)* ★★
Regia di JEFF MUSSO. Con JEAN-LOUIS BARRAULT, PIERRE FRESNAY. ■ Un avvocato, prigioniero dei suoi pregiudizi, uccide una prostituta di cui è segretamente e morbosamente innamorato e tenta di far ricadere la colpa del delitto su uno dei suoi clienti. Ma la polizia non si lascerà ingannare. ■ DRAMMATICO; B/N; 97′; FRANCIA, 1937.

SACRIFICIO FATALE *(Rapture)* ★★
Regia di MICHAEL TOLKIN. Con PATRICK BAUCHAU, MIMI ROGERS, VICTORIA WILLIAMS. ■ Il regista è l'autore dello script di *I protagonisti* di Altman. Un'impiegata dei telefoni si fa irretire dalla falsa religione evangelica che profetizza l'Apocalisse. Si sposa, ma il marito muore. Medita il suicidio decidendo di portare nell'aldilà anche la figlia. ■ DRAMMATICO; COL.; 95′; USA, 1991.

SACRIFICIO SUPREMO – BRACCATO *(Le traqué)* ★★★
Regia di FRANK TUTTLE. Con DANE CLARK, SIMONE SIGNORET. ■ Trovato dopo lunghe peripezie il denaro necessario a far espatriare il suo ex amante, un pregiudicato sfuggito al processo in seguito al sanguinoso intervento della sua banda, Denise deve scegliere se tornare con lui o sposare il suo attuale fidanzato. Decide per il bandito, temendo la sua vendetta, ma l'impossibile unione ha brevissima durata: mentre la donna si sta allontanando, la polizia è ormai addosso al gangster e nella sparatoria i due ex amanti muoiono. ■ DRAMMATICO; B/N; 92′; FRANCIA, 1950.

SACRO E PROFANO *(Never so Few)* ★★
Regia di JOHN STURGES. Con PETER LAWFORD, GINA LOLLOBRIGIDA, STEVE MCQUEEN, FRANK SINATRA. ■ Storia d'amore travagliata fra un capitano dell'esercito americano di stanza in Birmania durante l'ultima guerra e una bella profuga. Le vicende belliche li tengono lontani, ma alla fine si ricongiungeranno. ■ DRAMMATICO; COL.; 123′; USA, 1959.

SACRO GRA ★★★½
Regia di GIANFRANCO ROSI. ■ Intorno al Grande raccordo anulare di Roma (Gra) si svolgono diverse esistenze. Un nobile piemontese decaduto che vive con la figlia in un appartamento in periferia, un pescatore d'anguille, un esperto botanico che combatte per la sopravvivenza delle palme, un paramedico con una madre affetta da demenza senile, delle prostitute transessuali, un nobile che vive in un castello affittato come set per fotoromanzi, alcuni fedeli che osservano un'eclisse al Divino Amore attribuendola alla Madonna, e delle ragazze immagine di un bar. Nonostante sia raccontato in maniera non lineare, incrociando le diverse storie che il regista ha scelto di seguire, *Sacro Gra* appare come un road movie che non attraversa nulla, come se il regista avesse solcato un territorio fermandosi in diversi punti per documentarne l'eterogeneità. Invece è un cerchio il percorso battuto in due anni di lavorazione, tragitto che per antonomasia non conduce a nulla ma collega tutto. Intorno alla mastodontica struttura che racchiude Roma Rosi ha studiato l'elemento umano, come sempre avviene nei suoi documentari che partono da un paesaggio per indagare i suoi abitanti. Leone d'oro alla Mostra di Venezia 2013. ■ DOCUMENTARIO; COL.; 90′; ITALIA, 2013.

SADE ★★★
Regia di BENOÎT JACQUOT. Con DANIEL AUTEUIL, JEANNE BALIBAR, GREGOIRE COLIN, MARIANNE DENICOURT, ISILD LE BESCO. ■ 1794, Prigione di Saint Lazare. Il Marchese de Sade viene trasferito nella più confortevole clinica di Picpus. Nel viaggio in carrozza che lo condurrà al ricovero, popolato da aristocratici pazzi e proscritti, il libertino incontra l'ingenua ma curiosa Emilie. Mentre le teste cadono nella fossa dell'orrore, nei giardini di Picpus Sade mette in scena l'ateismo contrapposto alla celebrazione dell'Ente Supremo di Roberspierre. Il Marchese consuma la vista sulle sue memorie e sul viso angelico di Emilie. Ed è la Storia a decidere per gli uomini, è la condizione "eccezionale" dell'incontro tra il Marchese ed Emilie a consegnare alcuni alla Memoria ed altri alla Morte. Jacquot sospende in un passaggio storico "putrido fino al midollo" ma pur sempre in "fermentazione", l'alba di un'iniziazione che sboccia e il tramonto di una saggezza che riflette su se stessa. E così Emilie e Sade diventano il *tableau vivant* di un attimo storico infinito che da Rivoluzione si fa Terrore e poi ancora Vita. ■ BIOGRAFICO; COL.; 100′; FRANCIA, 2000.

SADICO, IL *(Who Killed Teddy Bear)* ★★
Regia di JOSEPH CATES. Con SAL MINEO, JEAN MURAY, JULIET PROWSE, ELAINE STRITCH. ■ Minacciata da lettere anonime, Nora si rivolge alla polizia. Al suo posto il sadico scrivano uccide per errore un'altra donna e il fatto mette sulla buona strada il commissario che individua l'assassino. ■ GIALLO; B/N; 91′; USA, 1965.

SADISMO *(Performance)* ★★★
Regia di DONALD CAMMELL. Con MICHELE BRETON, JAMES FOX, MICK JAGGER, ANITA PALLENBERG, ANN SIDNEY. ■ Completamente inebetito dagli effetti di una potente droga ingerita durante uno squallido festino, Chas, un feroce bandito, non riesce a sfuggire alle ricerche dei membri della sua stessa banda, i quali vogliono punirlo per un omicidio commesso inutilmente. ■ FANTASTICO; COL.; 106′; GRAN BRETAGNA, 1970.

SADKO ★★
Regia di ALEKSANDER LUKIC PTUSKO. Con ALLA LARIONOVA, SERGHEI STALIAROV. ■ Da un fiaba russa: Sadko passa molte avventure alla ricerca della felicità. ■ FANTASTICO; COL.; 92′; URSS, 1952. ■ VENEZIA 1 PR.

SAETTA NERA, LA *(Der schwarze Blitz)* ★★
Regia di HANS GRIMM. Con OLIVER GRIMM, MARIA PERSCHY, TONI SAILER. ■ Uno sciatore è ingiustamente accusato di aver rubato una speciale sciolina per danneggiare un avversario. Decide perciò di non partecipare alla gara per mostrare la sua innocenza.

Scoperto il vero colpevole e feritosi accidentalmente il rivale, il nostro eroe vince la gara. ■ COMMEDIA; COL.; 94′; GERMANIA, 1958.

SAFARI ★★
Regia di EDWARD H. GRIFFITH. Con TULLIO CARMINATI, MADELEINE CARROLL, DOUGLAS FAIRBANKS JR. ■ Durante un safari, nel bel mezzo di una violenta tempesta, Linda, spasimante del capo-spedizione Charles, è costretta a trascorrere una notte sola con Jim, abile cacciatore. Charles mette cinicamente a repentaglio la vita del rivale, mancando a bella posta un belva che sta per assalirlo. Linda, com'è ovvio, è delusa e finisce per innamorarsi di Jim. ■ AVVENTURA; B/N; 80′; USA, 1940.

SAFARI ★★
Regia di TERENCE YOUNG. Con EARL CAMERON, JANET LEIGH, VICTOR MATURE. ■ Accecato dal dolore per l'uccisione del figlio e della vecchia zia da parte dei banditi Mau-Mau, Ken, cacciatore ardito e coraggioso, decide ad ogni costo di farla pagare a tutti i colpevoli. La sua vendetta sarà tremenda. ■ DRAMMATICO; COL.; 91′; GRAN BRETAGNA, 1956.

SAFARI 5000 ★★
Regia di KOREYOSHI KURAHARA. Con RURIKO ASAOKA, ALAIN CUNY, YÛJIRÔ ISHIHARA, TOSHIRO MIFUNE, TATSUYA NAKADAI, EMMANUELLE RIVA. ■ I rischi del mestiere di pilota automobilistico sono messi in evidenza dall'affettuosa ma convinta rivalità in corsa dei due protagonisti: la passione per i bolidi allontana temporaneamente da loro anche le rispettive consorti. ■ DOCUMENTARIO; COL.; 91′; GIAPPONE, 1969.

SAFARI EXPRESS ★★
Regia di DUCCIO TESSARI. Con URSULA ANDRESS, BIBA, ENZO BOTTESINI, GIULIANO GEMMA, JACK PALANCE. ■ La vicenda si svolge in Africa. Un bianco fa amicizia con una bella e misteriosa ragazza senza memoria. Può così salvarla da alcuni attentati preparati da un olandese, che vuole appropriarsi di un favoloso giacimento di uranio, e delle cui malefatte la protagonista è pericolosa testimone. Ritrovata la memoria, la ragazza potrà aiutare gli amici a sconvolgere i piani del nemico che morirà in un incidente. ■ COMMEDIA; COL.; 92′; GERMANIA, ITALIA, 1976.

SAFARI NEI TROPICI *(Flucht in die Tropennacht)* ★★
Regia di PAUL MAY. Con ERICA BEER, CLAUS HOLIN, BERNARD WICKI. ■ Murphy chiama con urgenza a Nairobi suo fratello per chiedergli di uccidere sua moglie in modo da incassare l'assicurazione. Un safari offrirà il pretesto per il delitto. Ma c'è di mezzo un cacciatore guida, che si innamora (corrisposto) della donna e finisce per smascherare i due fratelli. ■ AVVENTURA; COL.; 95′; GERMANIA, 1957.

SAFE ★★
Regia di TODD HAYNES. Con XANDER BERKELEY, PETER FRIEDMAN, JULIANNE MOORE. ■ Carol vive nella Los Angeles dorata delle ville e del lusso di Beverly Hills. Ma anche questo mondo non è indenne ai virus e la protagonista vede trasformarsi gli attacchi di tosse in una discesa nel dolore che prevede, quali tappe del calvario, terapie e comunità. ■ DRAMMATICO; COL.; 116′; USA, 1995.

SAFE HOUSE. NESSUNO È AL SICURO *(Safe House)* ★★★
Regia di DANIEL ESPINOSA. Con VERA FARMIGA, BRENDAN GLEESON, RYAN REYNOLDS, SAM SHEPARD, DENZEL WASHINGTON. ■ Latitante da dieci anni, Tobin Frost, ex agente della Cia in possesso di un microchip con documenti compromettenti, viene catturato e portato nella Safe House gestita da Matt Weston, ufficiale leale all'organizzazione. Durante l'interrogatorio, un gruppo di mercenari fa irruzione nella zona protetta cercando di uccidere la pericolosa spia, che riesce però a fuggire insieme al suo custode. Ora, il compito di Matt è quello di portare in salvo il detenuto in un gioco sporco in cui buoni e cattivi si confondono. Ryan Reynolds sintetizza tutti gli argomenti messi in campo: il tema della crescita, dell'onore, e dello scontro con una realtà nascosta. ■ THRILLER; COL.; 115′; USA, SUDAFRICA, 2012.

SAFE MEN ★★
Regia di JOHN HAMBURG. Con HARVEY FIERSTEIN, PAUL GIAMATTI, MICHAEL LERNER, SAM ROCKWELL, STEVE ZAHN. ■ Due cantanti da quattro soldi intrattengono un pubblico esiguo in un locale polacco. Nel frattempo due scassinatori aprono una cassaforte ordinando una cena messicana take-away. Film acido e surreale quanto basta (osservate il mafioso ebreo). ■ COMMEDIA; COL.; 94′; USA, 1998.

SAFFO *(Sapho ou la fureur d'aimer)* ★★
Regia di GEORGES FARREL. Con DAWN ADDAMS, AVE NINCHI, GABRIELE TINTI, RENAUD VERLEY, MARINA VLADY. ■ Dedita ai piaceri, Saffo si innamora di un giovane, che prima la ricambia ma poi, per motivi d'interesse, la lascia per sposare la figlia di un ricco. I suoi sentimenti lo portano di nuovo da Saffo, ma alla fine subirà da quest'ultima un rifiuto definitivo. ■ COMMEDIA; COL.; 89′; FRANCIA, 1970.

SAFFO, VENERE DI LESBO ★★
Regia di PIETRO FRANCISCI. Con TINA LOUISE, KERWIN MATHEWS, ENRICO MARIA SALERNO. ■ Faone, ferito, si rifugia nel tempio di Afrodite dove si innamora di una delle sacerdotesse, Saffo. Il loro amore è ostacolato da Iperbio, capo dei gendarmi del re, che riesce a far allontanare Faone. Ma questi ritorna ed in un drammatico duello uccide l'odioso rivale. ■ AVVENTURA; COL.; 90′; ITALIA, 1960.

SAGA DEI COMANCHES, LA *(Comanches)* ★★
Regia di GEORGE SHERMAN. Con DANA ANDREWS, LINDA CRISTAL, KENT SMITH. ■ I Comanches uccidono gli uomini di un villaggio messicano e rapiscono le donne. Alcuni militari, inviati al loro accampamento per trattare la pace, esigono la restituzione delle prigioniere. Il capo indiano accetta, ma un altro pellerossa arma i suoi uomini e dichiara guerra ai bianchi. Per evitare stragi inutili alcuni bianchi e alcuni pellirosse si battono in duello come gli Orazi e Curiazi. Vincono i bianchi. ■ AVVENTURA; COL.; 87′; USA, 1956.

SAGA DEI FORSYTE, LA *(That Forsyte Woman)* ★★★
Regia di COMPTON BENNETT. Con ERROL FLYNN, GREER GARSON, JANET LEIGH, WALTER PIDGEON, ROBERT YOUNG. ■ Il soggetto è tratto molto liberamente dal famoso romanzo di Galsworthy, e narra la storia di una ricca famiglia inglese formata da cinque fratelli. ■ DRAMMATICO; COL.; 114′; USA, 1949. ■ OSCAR 1 NOM.

SAGA DEI PIONIERI, LA *(Wyoming)* ★★★
Regia di JOSEPH KANE. Con JOHN CARROLL, BILL ELLIOTT, VERA RALSTON. ■ Un allevatore perde la moglie alla nascita della loro figlia. La bambina, divenuta grandicella, si reca in Europa e torna a casa divenuta donna. La situazione è diventata drammatica, perché l'uomo deve fronteggiare i pionieri che reclamano alcune fette di terreno di sua proprietà. I contrasti si fanno sempre più acuti finché l'uomo cede per amore della figlia, innamorata di un avversario, e firma un accordo. ■ WESTERN; B/N; 84′; USA, 1947.

SAGGEZZA NEL SANGUE, LA *(Wise Blood)* ★★★★
Regia di JOHN HUSTON. Con NED BEATTY, BRAD DOURIE, HARRY DEAN STANTON. ■ Il vecchio John Huston riesce ancora a dare la zampata del leone in questa brillante trasposizione del romanzo di Flannery O'Connor. Protagonista è un giovane provinciale del profondo Sud, psichicamente alterato, che persegue la sua folle ambizione di fondare una nuova Chiesa di Cristo senza Cristo. ■ DRAMMATICO; COL.; 110′; USA, 1979.

SAGRASCIA ★★
Regia di BONIFACIO ANGIUS. Con STEFANO DEFFENU, DANIELE MARROSU, GIUSEPPE MEZZETTIERI, FRANCESCA NIEDDA, PIETRO PITTALIS. ■ Antonio ha pochi anni e tante biglie. Sfuggito alla nonna, Antonio scivola e sviene. Ma l'intervento provvidenziale del Santo che porta il suo nome lo restituisce alla vita e a quella nonna devota che lo "cuce" dentro un saio e lo invita a onorare la grazia ricevuta. Il ragazzino intraprenderà un viaggio onirico affollato di uomini e animali, di portieri senza attaccanti e di piloti senza corsa, di cani più belli di cavalli e di mucche più belle di un uomo, di mele precipitate e di meloni lanciati, e di vite "miracolate". ■ COMMEDIA; COL.; 80′; ITALIA, 2011.

SAHARA ★★
Regia di ZOLTAN KORDA. Con BRUCE BENNETT, HUMPHREY BO-

GART, LLOYD BRIDGES, J. CARROL NAISH. ■ È la storia dell'equipaggio di un carro armato disperso nel deserto. ■ GUERRA; B/N; 97'; USA, 1943. ■ OSCAR 3 NOM.

SAHARA ★★
Regia di ANDREW V. MCLAGLEN. Con HORST BUCHHOLZ, STEVE FORREST, JOHN RHYS-DAVIES, BROOKE SHIELDS, LAMBERT WILSON. ■ Anno 1928. La bella figlia di una fabbricante d'automobili si traveste da uomo per partecipare a un rally nel deserto e salvare così l'azienda paterna dalla crisi. Anche a causa delle scorrettezze di un concorrente tedesco, che approfitta della gara per vendere armi, la fanciulla viene rapita dagli arabi e finisce con lo sposare uno sceicco. ■ AVVENTURA; COL.; 104'; USA, 1983.

SAHARA ★★★
Regia di BRECK EISNER. Con JUDE AKUWIDIKE, MARK ASPINALL, RAKIE AYOLA, PENELOPE CRUZ, DELROY LINDO, WILLIAM H. MACY, MATTHEW MCCONAUGHEY, GLYNN TURMAN, LAMBERT WILSON, STEVE ZAHN. ■ Il protagonista Dirk Pitt, è al centro di numerose avventure raccontate dallo scrittore Clive Cussler, che ha un largo seguito di estimatori non necessariamente giovani. Cussler racconta con fantasiose variazioni, spostando il suo eroe Pitt nei luoghi della Terra più impervi, avventure impossibili ma energetiche, tecnologicamente attendibili, facendo del suo eroe una sorta di Indiana Jones, Topolino e James Bond, mentre il ruolo di Paperino è delegato al personaggio di Al Giordino. *Sahara*, diretto dall'esordiente Breck Eisner, racconta del ritrovamento di una moneta d'oro da parte di Pitt, che seguendo le indicazioni di una leggenda si mette alla caccia di un tesoro che dovrebbe condurlo alla "nave della morte", una nave dei tempi della guerra civile che nasconde un tesoro inestimabile. Assieme al suo compagno d'avventure Al e alla dottoressa Eva Rojas, si ritrova in pieno deserto del Sahara con un programma di avventure che per un tipo come Pitt è ordinaria amministrazione. Spettacolarità, allegria, sfacciataggine e azione a tutto campo distinguono *Sahara* da altri prodotti sussiegosi pur trattandosi di film di genere. ■ AVVENTURA; COL.; 124'; USA, 2005.

SAHARA CROSS ★
Regia di TONINO VALERI. Con MICHEL CONSTANTIN, FRANCO NERO, PAMELA VILLORESI. ■ Film-polpettone con tecnici petroliferi, terroristi e una bella donna. Avventure piuttosto confuse. ■ COMMEDIA; COL.; 92'; ITALIA, 1977.

SAI CHE C'È DI NUOVO? *(The Next Best Thing)* ★
Regia di JOHN SCHLESINGER. Con BENJAMIN BRATT, ILLEANA DOUGLAS, RUPERT EVERETT, MADONNA, MALCOM STUPMF. ■ Madonna e Everett, lui gay, lei etero, amici per la pelle. In una situazione favorevole (alcool, autocompassione ecc.) ci scappa il sesso, e ci scappa anche il figlio. Il gay rivendica il diritto di essere il padre anche se la madre si è messa con un altro (etero). Poi si scopre che il figlio non era del gay. Dunque complicata rivendicazione: il diritto ai figli anche se sono di un altro. Mancava. ■ COMMEDIA; COL.; 97'; USA, 2000.

SAI COSA FACEVA STALIN ALLE DONNE? ★★
Regia di MAURIZIO LIVERANI. Con BENEDETTO BENEDETTI, HELMUT BERGER, MARGARET LEE, SILVIA MONTI, PIERO VIDA. ■ Un film, non del tutto riuscito, che ironizza sull'importanza del mito di Stalin nella sinistra italiana. Un ex partigiano s'identifica nel capo comunista che imita nel vestire ed entra in crisi con il XX Congresso del partito comunista russo del 1956: risolverà i suoi problemi adottando come modello Ho Chi Mihn. ■ COMMEDIA; COL.; 85'; ITALIA, 1969.

SAIGON ★★
Regia di LESLIE FENTON. Con DOUGLAS DICK, ALAN LADD, VERONICA LAKE. ■ Tre reduci che hanno combattuto con l'aviazione americana nella seconda guerra mondiale accettano di trasportare con il loro aereo un losco finanziere e la sua segretaria verso Saigon. Il più giovane dei tre, condannato da una ferita, s'innamora della ragazza, ma questa sposerà il più anziano dopo che il poveretto morrà nella lotta col passeggero, rivelatosi una spia. ■ AVVENTURA; B/N; 94'; USA, 1947.

SAIGON *(Off Limits)* ★★★
Regia di CHRISTOPHER CROWE Con WILLEM DAFOE, GREGORY HINES, FRED WARD. ■ A Saigon, durante la guerra nel Vietnam, due sergenti americani indagano sugli assassini di sette prostitute. Fortemente indiziato è un ufficiale americano. Ma quale? Il maggior sospettato si suicida, ma gli ammazzamenti continuano. Solido film d'avventure, che molto si giova della convincente ambientazione. ■ POLIZIESCO; COL.; 104'; USA, 1988.

SAIGON COMMANDO *(Saigon Commandos)* ★★
Regia di CLARK HENDERSON. Con JOHN ALLE NELSON, P.J. SOLES, RICHARD YOUNG. ■ A Saigon, mentre infuria la guerra, vengono commessi alcuni assassini che hanno a che vedere con il commercio degli stupefacenti. Mark Stryker, soldato a riposo, riceve l'incarico di scoprire il mandante e renderlo inoffensivo. L'uomo inizia le indagini con la collaborazione di alcuni elementi scelti e di un'affascinante giornalista; quando scopre che i fili dell'organizzazione sono tirati da alcuni politici è costretto a difendersi, poiché i suoi avversari riescono a far cadere su di lui i sospetti dei suoi capi. ■ GUERRA; COL.; 90'; USA, 1987.

SAIGON MISSIONE VIETNAM *(Transit à Saigon)* ★★
Regia di JEAN LEDUC. Con SIMONE CUC, ROSINE HONG, LINH-XUAN, PIERRE MASSIMI, ODILE VERSOIS. ■ Brutto film su un professionista francese coinvolto dai vietcong in un traffico di stupefacenti che dovrebbe finanziare la lotta contro gli americani. Con l'aiuto della polizia sgominerà la banda. ■ AVVENTURA; B/N; 88'; FRANCIA, 1968.

SAIMIR ★★★★
Regia di FRANCESCO MUNZI. Con XHEVDET FERI, ANNA FERRUZZO, LAVINIA GUGLIELMAN, MISHEL MANOKU. ■ Saimir ha sedici anni, è albanese e vive dietro una finestra aperta sul mare di Ostia. Le sue notti sono lunghe, infinite come il numero di immigrati clandestini che raccoglie sul litorale laziale e che poi suo padre traffica coi piccoli imprenditori agricoli della zona. Saimir è poi e soprattutto un adolescente che vive un'età straordinaria dentro una realtà e una condizione altrettanto straordinarie: quella dell'immigrazione e dell'emarginazione. Fa quello che può, Saimir, per riorganizzare la sua vita e il suo disagio, creandosi delle possibilità, cercando soluzioni adeguate per diventare la persona che vuole diventare. Il regista e il direttore della fotografia impressionano l'educazione esistenziale e sentimentale di Saimir su una pellicola livida e de-saturata dai colori accesi della post-adolescenza per indicare quella zona liminale in cui non si è più e non si è ancora. Ci sono voluti tre anni per produrre un film che ha l'incanto e la pesante leggerezza dell'adolescente Doinel di Truffaut, tre anni per trovare produttori col coraggio di osare. ■ DRAMMATICO; COL.; 88'; ITALIA, 2004. ■ DAVID DI DONATELLO 2 NOM; VENEZIA 1 PR.

SAINT ANGE ★★
Regia di PASCAL LAUGLER. Con VIRGINIE LEDOYEN, VIRGINIE DARMON, LOU DOILLON, MARIE HENRY, DORINA LAZAR, CATRIONA MACCOLL, ERIC PRAT, JÉRÔME SOUFFLET. ■ Saint Ange è un orfanotrofio sperduto in mezzo alle Alpi francesi. Qui viene mandata a lavorare come donna delle pulizie la silenziosa Anna. Gli unici rimasti nell'edificio, pieno di stanze e corridoi vuoti, sono un'orfana e la cuoca, che inizia a preoccuparsi quando Anna le rivela di udire voci e passi di bambini. Un discreto film "horror", che ha nella fotografia, nella lugubre ambientazione e nel volto intenso delle due belle interpreti i pregi maggiori ma che, come molti, troppi film di questo genere, scade drammaticamente in un finale assurdo e ridicolo che svilisce tutto quanto di buono fatto prima da regista e cast. Un'altra occasione persa. ■ HORROR; COL.; 98'; FRANCIA, 2004.

SAINT-EX *(Saint Ex)* ★★
Regia di ANAND TUCKER. Con BRUNO GANZ, MIRANDA RICHARDSON. ■ Il film racconta la vita di Antoine de Saint-Exupéry cercando di fonderla con le atmosfere del suo capolavoro, *Il piccolo principe*, ispirandosi al libro *Antoine de Saint-Exupéry: The Life and Death of a Little Prince*. L'operazione si

può definire come parzialmente riuscita. ■ BIOGRAFICO; COL.; 84′; GRAN BRETAGNA, 1995.

SAINT JACK ★★★
Regia di PETER BOGDANOVICH. Con JOSS ACKLAND, PETER BOGDANOVICH, DENHOLM ELLIOTT, BEN GAZZARA, JAMES VILLIERS. ■ Storia di un lenone che non accetta di ricattare una nota personalità che frequenta la casa di piacere di cui è proprietario. ■ COMMEDIA; COL.; 112′; USA, 1979. ■ VENEZIA 1 PR.

SAINT LOUIS BLUES ★★★
Regia di ALLEN REISNER. Con PEARL BAILEY, NAT KING COLE, EARTHA KITT. ■ La biografia del pianista di jazz William Handy, autore del famosissimo *Saint Louis Blues*, qui impersonato da Nat King Cole. ■ BIOGRAFICO; B/N; 93′; USA, 1959.

SAINT TROPEZ BLUES *(Saint-Tropez Blues)* ★★
Regia di MARCEL MOUSSY. Con JACQUES HIGELIN, MARIE LAFORÊT, PIERRE MICHEL. ■ Avventure di due studenti parigini in vacanza a Saint-Tropez. Lei ama lui ma, inibita, lo rifiuta preferendo la corte di un altro. Alla fine però si deciderà. ■ COMMEDIA; COL.; 95′; FRANCIA, 1961.

SAINT TROPEZ – SAINT TROPEZ ★
Regia di FRANCO CASTELLANO, PIPOLO. Con JERRY CALÀ, DEBORA CAPRIOGLIO, SERENA GRANDI, DEMETRA HAMPTON, MAURIZIO MICHELI, ALBA PARIETTI. ■ Costruito sul modello di *Abbronzatissimi*. Le solite trovate (per modo di dire) sulla spiaggia. ■ COMMEDIA; COL.; 90′; ITALIA, 1992.

SAINT TROPEZ VICE *(Police des Moeurs)* ★★
Regia di JEAN ROUGERON. Con YVES JOUFFROY, WANDA MENDRES, HENRY POIRIER. ■ Secerine, aspirante indossatrice, si lascia facilmente sedurre da Toni che le promette una sicura carriera. Ma il losco individuo desidera unicamente venderla a un ricco emiro. Solo l'intervento dello zio della ragazza e della polizia riusciranno a salvarla da un infausto destino. ■ POLIZIESCO; COL.; 95′; FRANCIA, 1987.

SAKISS, VENDETTA INDIANA ★★
(The Vanishing American)
Regia di JOSEPH KANE. Con SCOTT BRADY, AUDREY TOTTER, FORREST TUCKER. ■ Sakiss, un bianco che ha vissuto molto tempo con gli indiani, riesce a salvare una tribù di pellirosse da una banda di speculatori che li affama e sposa una ragazza pure insidiata dai banditi. ■ WESTERN; B/N; 92′; USA, 1955.

SALAAM BOMBAY! ★★★
Regia di MIRA NAIR. Con NANA PATEKAR, SHAFIQ SYED, RAGHUBIR YADAV. ■ Il film-rivelazione di una talentuosa regista indù (però diplomata a una scuola di cinema americana), l'unica donna (per ora) al suo paese arrivata al lungometraggio e l'unica ad approdare negli anni Ottanta sul mercato italiano. Il film racconta l'odissea di un ragazzino di dieci anni, arrivato a Bombay con la convinzione di guadagnare in fretta le cinquecento rupie promesse alla madre. Ma nella metropoli piomba in una sorta di girone infernale popolato di criminali, di prostitute e di drogati. ■ DRAMMATICO; COL.; 113′; INDIA, 1988. ■ GOLDEN GLOBES 1 NOM; OSCAR 1 NOM.

SALA DI MUSICA, LA *(Jalsaghar)* ★★★
Regia di SATYAJIT RAY. Con CHHABI BISWAS, TULSI LAHIRI, KALI SARKAR. ■ Un altro capolavoro del grande regista Ray. Lo straziante ritratto di un appassionato di musica. Finisce in miseria, per aver speso i soldi nell'organizzare concerti, e in solitudine, dopo la morte della moglie e del figlio. Decide di dare un ultimo concerto, come canto del cigno. ■ DRAMMATICO; B/N; 100′; INDIA, 1958.

SALADINO ★★★
Regia di YOUSSEF CHAHINE. Con LEILA FAWZI, NADIA LOUTFI, SALAN ZULFIKAR. ■ Gli egiziani cercano di rivaleggiare con i kolossal occidentali con questo film che racconta le avventure di Saladino, il re egiziano medievale che si guadagnò una fama di perfetto cavaliere anche tra i suoi rivali crociati. Saladino conquista Gerusalemme togliendola ai cristiani e Riccardo Cuor di Leone impara che l'arabo è più leale dei suoi alleati francesi e tedeschi. ■ STORICO; COL.; 93′; EGITTO, 1967.

SALAMANDRA DEL DESERTO, LA ★★★
Regia di RICCARDO FREDA. Con SABI DOR, ETTORE MANNI, LEA NANNI, CLAUDIA WIEDEKIND. ■ Nei tempi biblici, un pastore compra una moglie per uno dei suoi figli, ma scoppia una passione tra il patriarca e la schiava e la tribù rischia di cadere in rovina. Film girato da un regista italiano per gli israeliani. ■ DRAMMATICO; COL.; 85′; ISRAELE, ITALIA, 1971.

SALAMANDRA D'ORO, LA *(The Golden Salamander)* ★★
Regia di RONALD NEAME. Con ANOUK AIMÉE, TREVOR HOWARD, HERBERT LOM, JACQUES SERNAS. ■ Un regista famoso per i suoi film di amara satira realizza qui un giallo: in Tunisia, un archeologo inglese si trova coinvolto in un traffico d'armi e rischia d'essere eliminato dai contrabbandieri, ma viene salvato dalla ragazza che ama. ■ POLIZIESCO; B/N; 87′; GRAN BRETAGNA, 1950.

SALAMANDRA, LA ★★
Regia di ALAIN TANNER. Con JEAN-LUC BIDEAU, JACQUES DENIS, BULLE OGIER. ■ Rosemonde, una ventenne, ha ferito lo zio ma è stata prosciolta. Paul, un giornalista, deve scrivere per la tv una sceneggiatura su quel fatto di cronaca. Comincia con un amico a indagare e a fare domande alla ragazza. ■ DRAMMATICO; B/N; 125′; SVIZZERA, 1971.

SALARIO DELLA PAURA, IL ★★★
(Sorcerer – Wages of Fear)
Regia di WILLIAM FRIEDKIN. Con AMIDOU, BRUNO CREMER, FRANCISCO RABAL, ROY SCHEIDER. ■ Quattro uomini che per motivi diversi sono sfuggiti alla prigione nel loro paese si incontrano in uno Stato sudamericano retto da un dittatore violento e affamatore. Ricattati da quella polizia, accettano di trasportare per un lungo percorso un carico pericolosissimo. ■ DRAMMATICO; COL.; 122′; USA, 1977. ■ OSCAR 1 NOM.

SALE E PEPE, SUPER SPIE HIPPY *(Salt and Pepper)* ★★
Regia di RICHARD DONNER. Con MICHAEL BATES, SAMMY DAVIS JR, PETER LAWFORD, ILONA RODGERS. ■ Due dei membri del famoso clan di Frank Sinatra in una avventura di spionaggio nella Londra degli anni Sessanta. ■ COMMEDIA; COL.; 101′; USA, 1968.

SALERNO ORA X *(A Walk in the Sun)* ★★★
Regia di LEWIS MILESTONE. Con DANA ANDREWS, RICHARD CONTE, STERLING HOLLOWAY, JOHN IRELAND, GEORGE TYNE. ■ Una pattuglia americana compie, con inutili perdite, una missione priva di grande importanza nel corso della campagna d'Italia del 1943. ■ GUERRA; B/N; 117′; USA, 1946.

SALE SULLA PELLE, IL *(Salt on our Skin)* ★★
Regia di ANDREW BIRKIN. Con CLAUDINE AUGER, PETRA BERNDT, VINCENT D'ONOFRIO, GRETA SCACCHI. ■ Tratto da un libro di successo di Benoîte Groult. Siamo alla fine degli anni Cinquanta e la ricca figlia di un religioso scozzese vive un rapporto d'amore. Il problema è che lui è un povero pescatore e la ragazza non si decide al grande passo. Sporadicamente, una volta all'anno, si ritrovano mentre lei passa il resto del tempo con altri uomini. Alla fine il pescatore muore. Il tema delle differenze culturali e classiste vuole mascherare la solita storiella sentimentale. ■ DRAMMATICO; COL.; 105′; CANADA, FRANCIA, GERMANIA, 1992.

SALLY E I PARENTI PICCHIATELLI ★★★
(Sally and St. Anne)
Regia di RUDOLPH MATÉ. Con ANN BLYTH, EDMUND GWENN, JOHN MCINTIRE. ■ La famiglia di Sally, una ragazzina irlandese molto devota a sant'Anna, deve fronteggiare l'ira d'un assessore comunale, pure d'origine irlandese, che vuole farla sloggiare dalla casa che abita. Grazie all'aiuto della santa i nostri eroi avranno partita vinta. ■ COMMEDIA; B/N; 90′; USA, 1952.

SALMONBERRIES – A PIEDI NUDI NELLA NEVE ★★
(Salmonberries)
Regia di PERCY ADLON. Con CHUCK CONNORS, K.K. LANG, ROSEL ZECH. ■ Un'opera minore dell'autore di *Bagdad Café* e *Rosalie va a fare la spesa*. Siamo in Alaska dove avviene l'incontro di due donne: la prima si chiama Kotz ed è un androgino di vaga

origine esquimese; la seconda è Wita, tedesca. Non si può dire che tutto fili liscio, ma tra loro ben presto si crea un legame di affetto sincero. Kotz, in uno slancio di generosità, regala un biglietto all'amica per permetterle di rivedere Berlino. ■ DRAMMATICO; COL.; 95′; USA, 1991.

SALMO ROSSO – IL POPOLO CHIEDE ANCORA ★★★
(Még kér a nép)
Regia di MIKLÓS JANCSÓ. Con LAJOS BALÁSZOVITIS, ANDRAS BALINT, ANDREA DRAHOTA. ■ La rivolta dei contadini ungheresi alla fine dell'Ottocento è vista e narrata dal regista del film con ritmi musicali che danno all'intera vicenda l'impronta di un rituale. Il primo tentativo di rivoluzione fallisce, ma lo spirito che anima gli uomini cova sotto la cenere pronto ad esplodere nuovamente. ■ DRAMMATICO; COL.; 88′; UNGHERIA, 1971. ■ CANNES 1 PR.

SALOMÈ ★
Regia di CHARLES BRYANT. Con ROSE DIONE, MITCHELL LEWIS, ALLA NAZIMOVA. ■ Degno di nota solo per essere la prima versione cinematografica del dramma di Oscar Wilde. ■ STORICO; B/N; 50′; USA, 1923.

SALOMÈ *(Salome, where She Danced)* ★★★
Regia di CHARLES LAMONT. Con DAVID BRUCE, ROD CAMERON, YVONNE DE CARLO. ■ Le avventure di una ballerina austriaca nella seconda metà dell'Ottocento. Costretta a fuggire da Berlino perché coinvolta in un affare di spionaggio, giunge in America dove fa innamorare un bandito ex ufficiale sudista. A San Francisco lui uccide un agente tedesco che voleva far pagare alla bella la sua attività spionistica. I due, finalmente uniti, riusciranno a scappare con l'aiuto di un principe russo. ■ AVVENTURA; COL.; 90′; USA, 1945.

SALOMÈ *(Salome)* ★★★
Regia di WILLIAM DIETERLE. Con JUDITH ANDERSON, STEWART GRANGER, RITA HAYWORTH, CHARLES LAUGHTON. ■ La nota vicenda biblica della danza di Salomè davanti ad Erode Antipa per ottenere la decapitazione di Giovanni il Battista. ■ STORICO; COL.; 103′; USA, 1953.

SALOMÈ ★★★
Regia di CARMELO BENE. Con CARMELO BENE, DONYALE LUNA, LYDIA MANCINELLI, GINO MAROTTA, VERUSCHKA, PIERO VIDA. ■ Una delle bizzarre e geniali riduzioni di Carmelo Bene, che questa volta scompone e riduce la *Salomè* di Oscar Wilde. ■ DRAMMATICO; COL.; 80′; ITALIA, 1973.

SALOMÈ ★★
Regia di CLAUDE D'ANNA. Con JO CHAMPA, TOMAS MILIAN, PAMELA SALEM. ■ Ancora la storia di Salomè, la figliastra del re Erode, che balla la danza dei sette veli credendo in questo modo di salvare la testa del profeta Giovanni Battista. Ma la testa cade lo stesso, per ordine del crudele patrigno. Versione ambiziosa di un velleitario regista che crede di fare del nuovo, acconciando i militari romani con divise da SS. ■ DRAMMATICO; COL.; 97′; ITALIA, 1986.

SALOMONE E LA REGINA DI SABA ★★
(Solomon and Sheba)
Regia di KING VIDOR. Con YUL BRYNNER, GINA LOLLOBRIGIDA, MARISA PAVAN, GEORGE SANDERS. ■ L'ultimo film di King Vidor, uno stanco kolossal girato in Spagna con un cast italo-americano sugli amori del re biblico e della fascinosa regina araba. Il film venne iniziato con Tyrone Power nella parte del protagonista, ma il poveretto morì in scena. ■ STORICO; COL.; 139′; USA, 1959.

SALON KITTY ★★★
Regia di TINTO BRASS. Con HELMUT BERGER, MARIA MICHI, STEFANO SATTA FLORES, THERESE ANN SAVOY, JOHN STEINER, INGRID THULIN. ■ Durante il nazismo, un ambizioso ufficiale delle SS ha l'idea d'installare microfoni nell'aristocratico bordello della mezzana Kitty per scoprire gli oppositori al regime e per ricattare i potenti. La fucilazione di un simpatico ufficiale della Luftwaffe gli farà scatenare contro le ragazze che lo ripagheranno della stessa moneta, mentre Berlino viene distrutta dalle bombe. ■ DRAMMATICO; COL.; 130′; ITALIA, 1975.

SALON MEXICO ★★
Regia di EMILIO FERNANDEZ. Con MIGUEL INCLAN, MARGA LORPEZ. ■ Una ballerina viene sfruttata da un tipaccio, ma un giorno conosce un bravo poliziotto che scaccia il malvagio. Questi, però, torna alla carica minacciando ricatti: ne scoppia una lite con la donna ed entrambi cadono uccisi. ■ DRAMMATICO; B/N; 95′; MESSICO, 1951.

SALÒ O LE 120 GIORNATE DI SODOMA ★★★
Regia di PIER PAOLO PASOLINI. Con PAOLO BONACELLI, CATERINA BORATTO, GIORGIO CATALDI, UMBERTO P. QUINTAVALLE. ■ L'ultimo film di Pier Paolo Pasolini si rifà al celebre romanzo di de Sade trasportandolo al tempo della Repubblica di Salò. È un'amara favola sul potere che uccide e schiavizza. ■ DRAMMATICO; COL.; 116′; FRANCIA, ITALIA, 1975.

SALSA ★★
Con RAY BARRETT, BILLY COBHAM, SANTANA. ■ Salsa è il nome di un genere musicale che costituisce l'ossatura principale del film. Se ne ammirano alcuni degli artisti più rappresentativi, in concerto, brani di repertorio e spezzoni cinematografici, ai quali si alternano stelle del rock quali il complesso dei Santana e Billy Cobham. ■ COMM. MUSICALE; COL.; 80′; USA, 1980.

SALSA ★★★
Regia di JOYCE BUÑUEL. Con MICHEL AUMONT, CHRISTIANNE GOUT, VINCENT LECOEUR. ■ Diretto da una regista americana trasferitasi negli anni Sessanta in Francia dopo aver sposato il figlio di Luis Buñuel. Siamo a Parigi, dove è fiorita una colonia cubana in cui la musica salsa regna sovrana. Viene colpito da questa febbre anche un giovane pianista classico, bianco, dunque guardato con sospetto. Risolve tutto... tingendosi. ■ COMMEDIA; COL.; 103′; FRANCIA, 1999.

SALSA ROSA ★★
Regia di MANUEL GOMEZ PEREIRA. Con VERÓNICA FORQUÉ, JUANJO PUIGCORBÉ, MARIBEL VERDÚ. ■ Koro è la moglie di Rosario che fa il cuoco. Ana ha sposato Tomás, che fa il chirurgo. Koro sfida Ana a mettere alla prova la fedeltà dei reciproci partner costruendo occasioni di tentazione. Siamo dalle parti della *pochade*, in un film che cerca di volgere in farsa l'ironia di Almodóvar e la *cattiveria* di Bigas Luna. ■ COMMEDIA; COL.; 90′; SPAGNA, 1991.

SALT ★★★
Regia di PHILIP NOYCE. Con ANDRE BRANGHER, CHIWETEL EJIOFOR, ANGELINA JOLIE, DANIEL OLBRYCHSKI, LIEV SCHREIBER. ■ Evelyn Salt è un'agente CIA che ha già rischiato la vita in missioni pericolose e ha così ottenuto la più alta considerazione da parte dei suoi superiori. Un giorno però si presenta una spia russa che fa una rivelazione che le sconvolgerà l'esistenza: il Presidente russo verrà assassinato in occasione della sua visita negli Stati Uniti per i funerali di Stato del Vicepresidente americano recentemente scomparso. L'agente al centro di questo complotto è Evelyn Salt. Phillip Noyce ben conosce la materia e ha firmato titoli come *Giochi di potere*, *Sotto il segno del pericolo* o *The Quiet American*. ■ THRILLER; COL.; 100′; USA, 2010.

SALTELLANDO SULL'ARCOBALENO ★★
(Swingin on a Rainbow)
Regia di WILLIAM BEAUDINE. Con GERTRUDE ASTOR, STANLEY BROWN, JANE FRAZE, MINNA GOMBELL, HARRY LANGDON, TIM RYAN, AMELITA WARD. ■ Una giovane scrittrice di canzoni si reca a New York per cercare il direttore di una banda che le ha rubato alcuni testi. Una volta arrivata nella grande metropoli, conoscerà un ragazzo col suo stesso problema. Tra i due scocca la scintilla. Discreto musical senza grandi pretese, ma con una buona colonna sonora e un cast pieno di buona volontà, con uno stanco Harry Langdon al suo ultimo ruolo cinematografico. ■ MUSICAL; B/N; 72′; USA, 1945.

SALTO MORTALE *(Man on a Tightrope)* ★★
Regia di ELIA KAZAN. Con GLORIA GRAHAME, FREDRIC MARCH, ADOLPHE MENJOU, CAMERON MITCHELL, TERRY MOORE. ■ Un piccolo circo che agisce in un paese dell'Europa orientale riesce a passare la frontiera verso la libertà in barba alle mene dei rossi. ■ DRAMMATICO; B/N; 105′; USA, 1953.

SALTO NEL BUIO *(Innerspace)* ★★★
Regia di JOE DANTE. Con DENNIS QUAID, MEG RYAN, MARTIN SHORT. ■ Un avveniristico processo di miniaturizzazione (iniettano su un coniglio-cavia un pilota con la sua navicella ridotti a dimensioni minime) è distrutto dall'arrivo di una banda di lestofanti che si vuole impadronire del progetto. Nel trambusto il pilota non viene immesso nel coniglio, ma nel sedere di un timido commesso. Tra i due inizia una strana convivenza, che farà correre al timido parecchie avventure e che finirà con la sconfitta dei lestofanti (che saranno a loro volta miniaturizzati). Divertente commedia avventurosa benissimo confezionata dalla *factory* di Steven Spielberg. ■ AVVENTURA; COL.; 120'; USA, 1987. ■ OSCAR 1 PR, 1 NOM.

SALTO NEL VUOTO ★★★
Regia di MARCO BELLOCCHIO. Con ANOUK AIMÉE, MICHEL PICCOLI, MICHELE PLACIDO. ■ Mauro e Marta Ponticelli, fratello e sorella alle soglie della vecchiaia, vivono da anni un rapporto di dipendenza affettiva come una coppia sopraffatta da anni di convivenza. Marta rasenta la follia nelle sue allucinanti ribellioni al suo ruolo di donna-ombra del fratello ed è proprio quest'ultimo invece a capitolare quando Marta, con un ultimo e inaspettato rifiuto alla rassegnazione, si riprende la propria vita. ■ FANTASTICO; COL.; 120'; ITALIA, 1980. ■ CANNES 2 PR; DAVID DI DONATELLO 1 PR, 1 NOM.

SALTON SEA, THE ★
Regia di D.J. CARUSO. Con VINCENT D'ONOFRIO, DOUG HUTCHISON, VAL KILMER, PETER SARSGAARD. ■ È la storia di Danny Parker, un tossicodipendente, e della sua vita in un ambiente fatto di violenza, corruzione e sprezzo per le donne. Il tema è trattato in modo così ripetitivo ed amorale da far ricordare *Trainspotting* come un capolavoro. L'aderenza degli attori ai personaggi è totale. Purtroppo. ■ THRILLER; COL.; 103'; USA, 2002.

SALTY, IL CUCCIOLO DEL MARE *(Salty)* ★★
Regia di RICOU BROWNING. Con NINA FOCH, JULIUS W. HARRIS, CLINT HOWARD, LINDA SCRUGGS, MARK SLADE. ■ Un ragazzino è grande amico di Salty, leone marino; la bestiola combina un sacco di pasticci finché la polizia, esasperata da un incendio del quale la ritiene a torto colpevole, la rinchiude in un acquario. La verità si fa strada e l'animale può tornare dal suo padrone. Un film per ragazzi gustoso e spettacolare. ■ COMMEDIA; COL.; 92'; USA, 1976.

SALUDOS AMIGOS ★★★★
Regia di NORMAN FERGUSON, WILFRED JACKSON, JACK KINNEY, HAMILTON LUSKE, BILL ROBERTS, WALT DISNEY. ■ Nel 1941, il dipartimento di Stato propose a Disney un viaggio nell'America Latina allo scopo di realizzare alcuni film tesi a celebrare la collaborazione tra gli Usa e quei paesi. Il primo risultato fu questa ottima pellicola, un misto di brani documentari e di cartoni animati. ■ ANIMAZIONE; COL.; 50'; USA, 1943. ■ OSCAR 3 NOM.

SALUTI DAL CARO ESTINTO *(Passed Away)* ★★
Regia di CHARLIE PETERS. Con BLAIR BROWN, TIM CURRY, BOB HOSKINS, FRANCES MCDORMAND, WILLIAM L. PETERSEN. ■ Commediola della Hollywood minore, supportata da buoni interpreti. Una grande famiglia si riunisce per dare l'ultimo saluto a un parente deceduto. La presenza della bara in casa non impedisce una serie di amoreggiamenti. ■ COMMEDIA; COL.; 93'; USA, 1992.

SALUTI E BACI *(Grüsse und Küsse, Veronika)* ★★
Regia di CARL BOESE. Con FRANZISKA GAAL, PAUL HÖRBIGER. ■ Un industriale assolda una fioraia che finga di essere sua moglie. Deve infatti risultare sposato per tranquillizzare la consorte gelosa d'un socio, che non vuole che suo marito abbia amicizie con scapoli. La ragazza, però, lo ama da tempo e la finzione diventa realtà, come il pubblico si aspetta. ■ COMMEDIA; B/N; 92'; GERMANIA, 1935.

SALUTI E BACI ★★
Regia di GIORGIO SIMONELLI. Con ARTURO BRAGAGLIA, CATHERINE ERARD, GIANCARLO NICOTRA. ■ Un presentatore radiofonico conduce una squallida ora del dilettante in uno sperduto paesino. La maestrina prende il microfono e invita tutti a spedire cartoline a un povero bimbo solo. L'iniziativa ha enorme successo; presentatore e insegnante si sposeranno dopo essere riusciti a recuperare un prezioso francobollo finito per sbaglio su una cartolina indirizzata al piccino. ■ COMMEDIA; B/N; 91'; FRANCIA, ITALIA, 1953.

SALUTO DEL SERPENTE – L'AMERICA DEI SUPEREROI, IL *(So Proudly We Hail)* ★★
Regia di LIONEL CHETWYND. Con EDWARD HERRMANN, CHAD LOVE, DAVID SOUL. ■ Prodotto televisivo di media qualità che ha come argomento lo stravolgimento che spesso i mass-media compiono su idee politiche e sociali. Chi approfitta di tale fenomeno è il leader di un partito neonazista con l'involontario aiuto di un professore universitario. La situazione però verrà chiarita. ■ DRAMMATICO; COL.; 90'; USA, 1989.

SALVADOR ★★★
Regia di OLIVER STONE. Con JAMES BELUSHI, JOHN SAVAGE, JAMES WOODS. ■ Il giornalista Richard, americano, decide di andare con l'amico Rock in Salvador, dove la vita, secondo lui, è più piacevole. Ma qui le cose stanno ben diversamente: violenza, guerriglia e morte sono all'ordine del giorno. La destra è armata da Reagan. Mentre rischia di continuo la vita, Richard s'innamora di Maria, giovane donna con bambini. La situazione precipita dopo l'assassinio dell'arcivescovo Romero; corre altro sangue e sarà solo un sogno, quello di Richard (tornare in America con Maria). ■ DRAMMATICO; COL.; 123'; USA, 1986. ■ OSCAR 2 NOM.

SALVADOR ALLENDE ★★
Regia di PATRICIO GUZMÁN. Con SALVADOR ALLENDE, FIDEL CASTRO, HENRY KISSINGER, RICHARD NIXON, AUGUSTO PINOCHET. ■ Il film ripercorre la storia del Cile a partire dall'11 settembre del 1973, giorno in cui si verificò il colpo di stato che portò alla morte del presidente Allende, che più di ogni altro aveva inseguito il sogno della democrazia. A quel tragico giorno seguirono 17 anni di repressioni che segnarono indelebilmente il futuro di quel paese. ■ DOCUMENTARIO; B/N; 100'; BELGIO, CILE, FRANCIA, GERMANIA, MESSICO, SPAGNA, 2004.

SALVADOR – 26 ANNI CONTRO *(Salvador (Puig Antich)* ★★
Regia di MANUEL HUERGA. Con DANIEL BRÜHL, CELSO BUGALLO, INGRID RUBIO, MERCEDES SAMPIETRO, LEONARDO SBARAGLIA, TRISTÁN ULLOA, LEONOR WATLING. ■ Spagna, primi anni Settanta. Salvador Puig Antich è uno dei giovani militanti del Movimento Ibèrico de Liberaciòn, un gruppo di estrema sinistra che "espropria" ai ricchi per dare ai lavoratori. Le numerose rapine in banca, messe a segno in Catalogna per finanziare l'attività militare del movimento e le relative pubblicazioni, allarmano la polizia del "generalissimo" Francisco Franco. Nel settembre del 1973 gli agenti della Brigata Socio-Politica catturano due dei componenti del MIL, ma durante il conflitto a fuoco Salvador viene ferito e un ispettore di polizia ucciso. Arrestato e accusato della morte del poliziotto, il ragazzo viene condannato alla pena capitale. La sua famiglia, la Spagna e il mondo intero attendono con lui un atto di clemenza. Il governo franchista gli negherà la grazia e la pietà. L'efficacia secca della rappresentazione della morte nel film di Huerga non cede mai al languore del sentimento, ma non manca di commuovere. ■ DRAMMATICO; COL.; 134'; GRAN BRETAGNA, SPAGNA, 2006.

SALVA LA TUA VITA! *(Julie)* ★★
Regia di ANDREW L. STONE. Con DORIS DAY, LOUIS JOURDAN, BARRY SULLIVAN. ■ La moglie di un pianista scopre che questi ha assassinato il primo marito di lei per poterla sposare, ma la polizia non le crede. Il cattivo verrà punito nel corso d'una drammatica scena su un aereo. ■ POLIZIESCO; B/N; 99'; USA, 1956. ■ OSCAR 2 NOM.

SALVARE LA FACCIA ★★
Regia di EDWARD ROSS. Con ROSSANO BRAZZI, NINO CASTELNUOVO, ALBERTO DE MENDOZA, ADRIENNE LA RUSSA, PAOLA PITAGORA. ■ La figlia di un ricco industriale diventa l'amante di un mascalzone che si serve di alcune fotografie compromettenti

per ricattare la famiglia di lei. Il padre della giovane, spalleggiato dai congiunti, soffoca lo scandalo rinchiudendo la poveretta in ospedale psichiatrico. Uscita, la ragazza organizza un complicatissimo piano grazie al quale stermina amante e familiari risparmiando solo il padre che tiene in suo potere grazie al ricatto. ■ DRAMMATICO; COL.; 92′; ITALIA, 1969.

SALVATAGGIO, IL *(The Rescue)* ★★

Regia di FERDINAND FAIRFAX. Con KEVIN DILLON, CHRISTINE HARMOS, MARC PRICE, NED VAUGHN. ■ Quattro ufficiali americani vengono catturati ed accusati di spionaggio nella Corea del Nord, mentre stanno effettuando il recupero di un sottomarino disperso. I loro giovani figli decidono di tentare di liberarli visti i tentennamenti del governo. Ci riusciranno. ■ AVVENTURA; COL.; 104′; USA, 1988.

SALVATE IL CANE ★

Regia di PAUL AARON. Con KATHERINE HELLMOND, TONY RANDALL, CINDY WILLIAMS. ■ Storiellina commovente della Walt Disney. Una simpatica attrice di nome Becky non trova lavoro e non riesce nemmeno a lavorare in uno spot pubblicitario di cibo per cani. È molto affezionata al proprio cane, che ha bisogno di essere operato. Servono dunque soldi e lei farà di tutto per procurarseli, finendo nei guai. ■ COMMEDIA; COL.; 92′; USA, 1988.

SALVATE IL "GRAY LADY" *(Gray Lady Down)* ★★★

Regia di DAVID GREENE. Con NED BEATTY, DAVID CARRADINE, CHARLTON HESTON, STACY KEACH. ■ Un sommergibile di ritorno alla base viene speronato da un mercantile e finisce su un fondale pericolosissimo. Una nave viene mandata immediatamente sul posto e ad essa si associa l'inventore di un piccolo sommergibile che si rivela molto efficace durante le operazioni di aggancio. L'uomo morirà per evitare l'inabissamento del mezzo, sul quale altri uomini si sono sacrificati per i compagni. ■ DRAMMATICO; COL.; 111′; USA, 1977.

SALVATE IL RE *(The Brigand)* ★★★

Regia di PHIL KARLSON. Con ANTHONY DEXTER, JODY LAWRENCE, ANTHONY QUINN. ■ In un paese d'operetta, si svolge una vicenda molto simile a quella de *Il prigioniero di Zenda*. Il re rimane ferito in un attentato e il suo posto è preso da un parente illegittimo e scavezzacollo che gli assomiglia perfettamente. La fine è però diversa: il monarca muore ed è il sosia a regnare al suo posto, accanto alla bella principessa. ■ AVVENTURA; COL.; 94′; USA, 1952.

SALVATE IL SOLDATO RYAN ★★★★🏆

(Saving Private Ryan)

Regia di STEVEN SPIELBERG. Con EDWARD BURNS, MATT DAMON, JEREMY DAVIES, TOM HANKS, GIOVANNI RIBISI, TOM SIZEMORE. ■ Seconda guerra mondiale: una madre americana sta per ricevere nello stesso giorno la notizia della morte di tre dei suoi figli su diversi fronti della guerra. Il comandante in capo generale Marshall dà ordine che il quarto fratello, Ryan, sbarcato in Normandia, venga rintracciato e portato a casa. Sarà il capitano Miller (Hanks) a eseguire l'ordine. Nei primi venti minuti assistiamo allo sbarco di un anfibio sulla famosa spiaggia di Omaha, punto avanzato e cruciale dello sbarco in Normandia del 6 giugno 1944. È la parte più intensa del film. Tanto reale che lo spettatore davvero sbarca sulla spiaggia coi marines. Mutilazioni, morti, ferite, braccia che cadono, viscere che escono. Però tutto ha una ragione. Reale che più reale non si può: è stato l'impegno del regista, che difficilmente manca i suoi obiettivi. Poi la storia diventa, diciamo, normale, forse addirittura con troppe chiacchiere. I soldati si inoltrano nel territorio, combattono, si pongono domande sulla guerra, trovano Ryan, che non vuole tornare a casa, e quasi tutti muoiono. Opera importante, ancora una volta, e ancora una volta con la prerogativa del discorso definitivo (per il cinema naturalmente) su un certo evento storico di significato epocale. Era stato così anche per *Schindler's List*. Premio Oscar per miglior film, a Spielberg per la miglior regia e altri premi minori. ■ GUERRA; COL.; 167′; USA, 1998. ■ GOLDEN GLOBES 🏆 2 PR, 5 NOM; OSCAR 🏆 5 PR, 11 NOM.

SALVATE LA TERRA *(The Lost Missile)* ★★

Regia di WILLIAM BERKE. Con LARRY KERR, ROBERT LOGGIA, ELLEN PARKER. ■ Un misterioso missile irradia un tale calore da distruggere le terre sorvolate: anche New York rischia la fine. Per fortuna, uno scienziato con l'aiuto di una nuova bomba al plutonio sventerà la minaccia. ■ FANTASCIENZA; B/N; 70′; USA, 1959.

SALVATE LA TIGRE *(Save the Tiger)* ★★★

Regia di JOHN G. AVILDSEN. Con NORMAN BURTON, JACK GILFORD, LAURIE HEINEMAN, JACK LEMMON. ■ La tigre, dicono gli ecologi, è un animale in via d'estinzione e bisogna salvarla, ma anche il protagonista di questo film è il rappresentante di una specie in via d'estinzione. Si tratta infatti di un bravo borghese americano che non capisce più il mondo in cui si trova a vivere: tutti i suoi ideali sono crollati. In una scena, rimasta famosa, recita a una ragazza hippy con cui ha avuto un'avventura i nomi di personaggi famosi ai suoi tempi e lei non ne riconosce nessuno. Il poveretto ha perfino la tentazione d'appiccare un incendio alla sua fabbrica per riscuotere l'assicurazione che risolverebbe, almeno, i suoi guai finanziari. ■ DRAMMATICO; COL.; 101′; USA, 1972. ■ GOLDEN GLOBES 3 NOM; OSCAR 1 PR, 3 NOM.

SALVATE MIA FIGLIA ★★

Regia di SERGIO CORBUCCI. Con JUAN DE LANDA, FRANCA MARZI, ERMANNO RANDI. ■ Un film pieno di buoni sentimenti: un agricoltore ruba dei gioielli per pagare l'operazione alla figlia gravemente malata. Pentito, consegna il bottino a un prete che gli dà i soldi necessari. Questi è in realtà un ladro che viene arrestato e metterebbe nei guai il contadino se il chirurgo non rifiutasse l'onorario permettendo la restituzione del denaro. ■ DRAMMATICO; B/N; 91′; ITALIA, 1951.

SALVATORE GIULIANO ★★★★

Regia di FRANCESCO ROSI. Con SALVO RANDONE, FRANK WOLFF. ■ Il regista ricostruisce l'avventura di Salvatore Giuliano, il celeberrimo bandito del dopoguerra siciliano, con immagini mirabilmente fotografate e collegate con la sua voce. Il protagonista è sempre visto di sfuggita o di spalle e i misteri della vicenda non sono risolti, ma solo proposti all'attenzione dello spettatore. ■ DRAMMATICO; B/N; 107′; ITALIA, 1962. ■ BERLINO 1 PR.

SALVATORE – QUESTA È LA VITA ★★

Regia di GIAN PAOLO CUGNO. Con GIANCARLO GIANNINI, GABRIELE LAVIA, ENRICO LO VERSO, ERNESTO MAHIEUX, ALESSANDRO MALLIA, MAURIZIO NICOLOSI, GALATEA RANZI, LUCIA SARDO. ■ Salvatore è orfano e vive in Sicilia con la nonna Maria e la sorellina Mariuccia. Perduto il padre in un tragico incidente di lavoro, Salvatore si fa carico delle responsabilità e degli oneri, dimenticando molto presto il gioco e la scuola. Salvatore pesca in mare, coltiva i pomodori in campagna, gestisce le faccende domestiche e ogni notte racconta le favole alla sorellina. Marco Brioni, un giovane maestro trasferitosi da Roma, incuriosito dalle assenze frequenti decide di indagare. I sopralluoghi dell'insegnante, prima saltuari poi regolari, stabiliranno un contatto con il bambino, favorendo il suo apprendimento e la nascita di un sentimento filiale. ■ DRAMMATICO; COL.; 90′; ITALIA, 2006.

SALVERÒ IL MIO AMORE *(Two Loves)* ★★★

Regia di CHARLES WALTERS. Con LAURENCE HARVEY, JACK HAWKINS, SHIRLEY MACLAINE. ■ Due insegnanti bianchi, un uomo e una donna, prestano la loro opera presso una scuola per Maori in Nuova Zelanda. Lei è convinta della propria professione, lui è un giovane immaturo. L'uomo corteggia la donna ma lei, pur essendone attratta, lo respinge. Quando lui muore in un incidente, lei si sente responsabile. Un ispettore scolastico saprà guarirla dal complesso di colpa e darle il vero amore. ■ DRAMMATICO; COL.; 100′; USA, 1961.

SALVERÒ MIA FIGLIA ★★

(In the Best Interest of the Child)

Regia di DAVID GREEN. Con ED BEGLEY JR, MEG TILLY, MARTA WOODWARD. ■ Un film per la tv abbastanza insipido nonostante la scabrosità dell'argomento. Una donna eccessivamente apprensiva teme che la figlia, una bambina che ha problemi e che non lega coi coetanei, sia vittima delle attenzioni particolari dell'ex marito. L'uomo, in effetti, viene condannato con l'accusa di incesto ma è poi la madre a passare dei guai. ■ DRAMMATICO; COL.; 100'; USA, 1990.

SALVERÒ TUA FIGLIA *(The Outsider)* ★★
Regia di PAUL L. STEIN. Con MARY MACGUIRE, GEORGE SANDERS. ■ Mediocre film su un inventore che realizza un letto speciale in grado di guarire la figlia zoppa di un noto chirurgo. Il padre della ragazza è contrario all'esperimento che invece avrà successo. Guaritore e guarita si sposeranno benedetti dal chirurgo, convertito alle idee del genero. ■ COMMEDIA; B/N; 92'; USA, 1949.

SALVO ★★
Regia di FABIO GRASSADONIA, ANTONIO PIAZZA. Con SALEH BAKRI, LUIGI LO CASCIO, GIUDITTA PERRIERA, MARIO PUPELLA, SARA SERRAIOCCO. ■ Salvo è lo scagnozzo di un boss locale. Gli fa da autista, guardia del corpo e "ripulitore". Proprio durante una di queste pulizie, in casa della sua vittima scopre la sorella di questo, una non vedente che non ha il coraggio di uccidere. Decide così di rapirla e nasconderla al mondo sostenendo di averla fatta fuori. Ma nel mondo della malavita morire è tanto facile quanto è difficile amare. La *semaine de la critique* di Cannes l'ha accettato "all'unanimità". L'opera prima di Antonio Piazza e Fabio Grassadonia è un poliziesco che rifiuta ogni tono noir e preferisce sporcarsi le mani nel gangster movie all'americana e all'occorrenza anche nel western. ■ DRAMMATICO; COL.; 104'; ITALIA, FRANCIA, 2012.

SALVO D'ACQUISTO ★★
Regia di ROMOLO GUERRIERI. Con ISA DANIELI, GIUSTINO DURANO, LINA POLITO, MASSIMO RANIERI, IVAN RASSIMOV, ENRICO MARIA SALERNO, MASSIMO SERATO. ■ Il film celebra il sacrificio del carabiniere Salvo D'Acquisto, medaglia d'oro della Resistenza. Il 25 luglio 1943, il milite decide di rimanere al suo posto per aiutare la popolazione civile contro la prepotenza dei tedeschi e, nel corso di una rappresaglia, si offre al plotone d'esecuzione per salvare la vita agli ostaggi. ■ DRAMMATICO; COL.; 110'; ITALIA, 1975.

SAMANTHA FOX MISSIONE MANILA ★
(Too Hot to Handle)
Regia di DON SCHAIN. Con CHERI CAFFARO, CORINNE CALVET, JOHN VAN DREELEN. ■ Una specie di James Bond in gonnella, che in realtà è una assassina stipendiata dai servizi segreti occidentali, va a Manila incaricata di una missione pericolosa. Per poco non assassinano lei. ■ AVVENTURA; COL.; 90'; FILIPPINE, USA, 1979.

SAMANTHA, IL SORRISO DELLA VITA *(Samantha)* ★
Regia di STEPHEN LA ROCQUE. Con HECTOR ELIZONDO, DERMOT MULRONEY, MARTHA PLIMPTON. ■ Una ragazza, divenuta maggiorenne, viene informata dai genitori di essere una ex neonata abbandonata da loro adottata e cresciuta. Cercherà, con poca fortuna, i genitori naturali. ■ COMMEDIA; COL.; 100'; USA, 1991.

SÀMARA ★★
Regia di MASSIMO D'ORZI. Con MARCO BALIANI, DENIS BEJZAKU, FEDERICA PULIVENTI, JALE TASIR NAFAS, FILIPPO TROJANO. ■ Luis, un giovane saltimbanco dotato di profonda sensibilità e fervida immaginazione, attraversa un bosco in cerca della città di Sàmara, dove si dice che la gente viva gioiosamente d'arte e di spettacolo e che tutti gli artisti vengano accolti e celebrati per il loro talento. Incontra Rosita, una bella danzatrice viandante di cui si innamora, ricambiato, e Morito, un ragazzo figlio di artisti di strada. Per scacciare i demoni di alcune inquietanti presenze femminili, Luis decide di proseguire la ricerca di Sàmara assieme a loro e di coinvolgerli nell'organizzazione di uno spettacolo. ■ DRAMMATICO; COL.; 110'; ITALIA, 2009.

SAMARITAN *(Samaritan: The Mitch Snyder Story)* ★★
Regia di RICHARD T. HEFFRON. Con JOE SENECA, MARTIN SHEEN, CICELY TYSON. ■ La vera storia di Mitch Snyder, un veterano del Vietnam che fu il promotore di una serie di clamorosi sit-in davanti alla Casa Bianca. Snyder si batteva per dare una casa a tanti americani che ancora non l'avevano negli anni Settanta. ■ DRAMMATICO; COL.; 100'; USA, 1986.

SAMARITANA, LA *(Samaria)* ★★★
Regia di KIM KI-DUK. Con JI-MIN KWAK, UHL LEE, MIN-JUNG SEO. ■ Seul. Due liceali molto amiche con un sogno: mettere insieme i soldi per andare in Europa. Così una delle due decide di prostituirsi ma con lo spirito di una prostituta orientale i cui clienti, dopo aver fatto l'amore con lei, diventavano buddhisti. Vuole dare gioia. L'amica non condivide il suo atteggiamento ma le tiene i contatti. Finché un giorno, per sfuggire all'arresto, la baby prostituta si getta da una finestra e muore. Da quel momento l'amica prenderà il suo posto ricercando tutti suoi clienti. L'importante regista coreano Kim-ki-Duk torna sul tema della sessualità e del senso di colpa che porta con sé. Lo affronta questa volta dal punto di vista del rapporto con la religione. Buddhismo e Cristianesimo a confronto in una storia in cui pedofilia e amore paterno si mescolano, come suggerisce il titolo, alla figura della Samaritana che dà acqua a chi ha sete. Un film forse meno risolto degli altri del regista ma capace di far pensare senza cadute di stile. ■ DRAMMATICO; COL.; 95'; COREA, 2004. ■ BERLINO 1 PR.

SAMBA D'AMORE *(Greenwich Village)* ★★★
Regia di WALTER LANG. Con DON AMECHE, VIVIAN BLAINE, CARMEN MIRANDA. ■ Un giovane musicista di provincia arriva al Greenwich Village, il quartiere degli artisti di New York. S'innamora di una cantante. Sospettando che la donna sia d'accordo con un truffatore, che gli aveva promesso un concerto nella prestigiosa Carnegie Hall, la lascia. Lei per riconquistarlo riuscirà a fargli tenere il sospirato concerto. ■ COMM. MUSICALE; COL.; 82'; USA, 1944.

SAMBA TRAORÉ
Regia di IDRISSA OUEDRAOGO. Con MARIAM KABA, ABDOULAYE KOMBOUDRY, BAKARY SANGERÉ. ■ Il giovane Samba compie una rapina e torna al villaggio con il bottino. Qui cerca di condurre una vita normale anche se corrono voci sulla sua improvvisa ricchezza. Si sposa e apre un bar, ma quando sarà necessario portare la moglie in città per il parto, non avrà il coraggio di tornare sul luogo del delitto. Suo padre capisce tutto e lo punisce incendiandogli la casa e la polizia lo arresta. La moglie saprà attenderlo. L'Africa che Ouedraogo ci racconta in questo suo quarto film sfugge, ancora una volta, agli stereotipi occidentali. È una narrazione per immagini che si richiama alla tradizione orale per riflettere sull'inevitabile conflitto tra città e villaggio. ■ DRAMMATICO; COL.; 85'; BURKINA FASO, FRANCIA, 1992. ■ BERLINO 1 PR.

SAMBO ★★
Regia di PAOLO WILLIAM TAMBURELLA. Con NANDO BRUNO, DINA GALLI, LAURO GAZZOLO, AVE NINCHI, PAOLO STOPPA. ■ Un vetturino romano viene illuso da un nobile spiantato circa una sicura vittoria al sambo, un gioco d'azzardo brasiliano. I due istruiscono un sudamericano che deve recarsi a Rio e, certi d'arricchirsi, s'ingolfano nei debiti. Per fortuna una vincita al casareccio totocalcio li toglierà dai guai. ■ COMMEDIA; B/N; 93'; ITALIA, 1950.

SAM IL SELVAGGIO *(Savage Sam)* ★★
Regia di NORMAN TOKAR. Con KEVIN CORCORAN, BRIAN KEITH, TOMMY KIRK, DEWEY MARTIN. ■ Il film racconta di un cane, Sam, che nel Texas dell'Ottocento riesce a salvare i tre padroncini rapiti dai Comanches. ■ WESTERN; COL.; 103'; USA, 1964.

SAM LEE PRINCIPE CINESE *(Son of the Gods)* ★★
Regia di FRANK LLOYD. Con RICHARD BARTHELMESS, CONSTANCE BENNETT, DICKIE MOORE. ■ Protagonista è un principe orientale che intraprende un viaggio attraverso l'Europa persuaso di avere molto da imparare in Occidente. Ma l'esperienza è abbastanza disastrosa. Tornerà in Cina. ■ SENTIMENTALE; B/N; 92'; USA, 1930.

SAMMY 2 – LA GRANDE FUGA ★★
(Sammy's Adventures 2)
Regia di BEN STASSEN. Con PAT CARROLL, CHRIS ANDREW CIULLA, MELANIE GRIFFITH, CARLOS MCCULLERS II, BILLY UNGER. ■ Nel giorno della schiusa delle uova Sammy e il suo amico Ray stanno assistendo alla nascita delle nuove tartarughe di mare

quando arriva un gruppo di uomini a catturarli e chiuderli in un gigantesco acquario/ristorante, in cui gli avventori mangiano ammirando sulla volta di vetro i tanti pesci che nuotano. ■ ANIMAZIONE; COL.; 92′; BELGIO, 2012.

SAMMY E ROSIE VANNO A LETTO ★★★
(Sammy & Rosie Get Laid)
Regia di STEPHEN FREARS. Con FRANCES BARBER, CLAIRE BLOOM, SHASHI KAPOOR. ■ Un maturo indù, già uomo politico importante in patria, arriva in Europa, a cercare un po' di pace a Londra, dove vivono il figlio e la nuora. Ma nella città che ha mitizzato da ragazzo trova troppe tensioni, troppi odi razziali (il quartiere è pieno di immigrati) e il matrimonio del figlio è un vero disastro. L'indù s'impicca. Tragicommedia sull'incapacità di vivere (i vecchi non riescono ad abitare un mondo che non riconoscono più, i giovani non riescono e basta) molto ben condotta da uno specialista in *divertissement* dal tragico finale. ■ DRAMMATICO; COL.; 101′; GRAN BRETAGNA, 1987.

SAMMY VA AL SUD *(Sammy Going South)* ★★★
Regia di ALEXANDER MACKENDRICK. Con HARRY H. CORBETT, CONSTANCE CUMMINGS, FERGUS MCCLELLAND, EDWARD G. ROBINSON. ■ Un ragazzino rimasto orfano in seguito al bombardamento di Porto Said nel 1956 decide di riunirsi a una parente che vive in Sud Africa. Non riuscirebbe a compiere il lunghissimo viaggio se non finisse sotto la protezione di un vecchio e simpatico contrabbandiere di preziosi. ■ AVVENTURA; COL.; 128′; GRAN BRETAGNA, 1963.

SAMOA *(Return to Paradise)* ★★
Regia di MARK ROBSON. Con GARY COOPER, ROBERTA HAYNES, JOHN HUDSON, BARRY JONES. ■ Un religioso di stanza in un'isola governa con eccessiva severità una comunità di nativi. Uno straniero, giuntovi casualmente, riesce a far concedere loro maggiore libertà e si unisce ad un'indigena che muore di parto. Anni dopo ritorna e impone un freno all'esuberanza amorosa della figlia. Le starà accanto e le troverà un bravo ragazzo. ■ AVVENTURA; B/N; 100′; USA, 1953.

SAMOA – 52ª STRADA *(52nd Street)* ★★
Regia di HAROLD YOUNG. Con KENNY BAKER, LEO CARRILLO, IAN HUNTER, PETER PETERSEN. ■ Il rampollo di un'aristocratica famiglia sposa contro il volere dei suoi una soubrette che muore di parto. La figlia, secondo il desiderio della madre, viene educata nei migliori collegi, ma quando il padre è costretto ad aprire un night per dissesti finanziari non esita a diventarne la cantante. La sua bravura induce tutti i parenti alla riconciliazione. ■ COMMEDIA; B/N; 84′; USA, 1937.

SAMOA REGINA DELLA GIUNGLA ★★
Regia di GUIDO MALATESTA. Con ROGER BROWNE, EDWIGE FENECH, IVY HOLZER, IVANO STACCIOLI. ■ Un gruppo di persone, alla ricerca di un giacimento di diamanti nella Malesia, incappa in una serie di drammatiche disavventure. Guidata da una indigena al luogo segreto, la comitiva si smembra per le sorde rivalità insorte dopo il trafugamento dei diamanti: solo Alain decide di seguire il saggio Clint, che ha nel frattempo bloccato coloro che volevano fuggire con i gioielli. ■ AVVENTURA; COL.; 92′; ITALIA, 1968.

SAMSARA ★★
Regia di PAN NALIN. Con NEELESHA BAVORA, CHRISTY CHUNG, SHAWN KU, TENZIN TASHI. ■ Un giovane monaco tibetano, il più promettente tra gli allievi del suo monastero, ha appena terminato un periodo di meditazione lungo tre anni, tre mesi e tre giorni. Dopo questa esperienza mistica lo attende un'altra prova importante: l'incontro con una splendida ragazza lo costringerà a confrontarsi con la propria sessualità. ■ SENTIMENTALE; COL.; 138′; GERMANIA, 2001.

SAMURAI *(Miyamoto Musashi)* ★★
Regia di KENJI MIZOGUCHI. Con AKIHIKO HIRATA, TOSHIRO MIFUNE, RENTARO MIKUNI. ■ Takezo (Mifuni) e Matahachi (Mikuni) abbandonano il villaggio per combattere e, dopo una sconfitta dell'esercito per cui servono, riparano nella casa di una vedova Oko (Mito) che seduce Matahachi, che viene così meno alla parola data alla fedele Otsu. Talkezo torna al villaggio, ma la famiglia di Matahachi lo fa arrestare e condannare a morte. Talkezo è salvato dalla morte da un monaco che lo avvia allo studio del codice dei samurai. Otsu e Takezo si innamorano e lei gli promette di attenderlo fino a quando egli sarà pago della sua vita di cavaliere errante. ■ AVVENTURA; COL.; 92′; GIAPPONE, 1944. ■ OSCAR 1 PR, 1 NOM.

SAM WHISKEY ★★
Regia di ARNOLD LAVEN. Con OSSIE DAVIS, BURT REYNOLDS, WILLIAM SCHALLERT, CLINT WALKER. ■ Sam Whiskey è convinto da una vedova fascinosa a recuperare un carico di lingotti, che il marito defunto aveva in precedenza rubato alla Zecca e che ora giacciono sui fondali di un fiume: la donna desidera che vengano riportati di nascosto al loro posto. Dopo non poche fatiche l'uomo, insieme ad alcuni aiutanti, riesce nell'intento. ■ AVVENTURA; COL.; 96′; USA, 1969.

SAN BABILA ORE 20: UN DELITTO INUTILE ★★★
Regia di CARLO LIZZANI. Con DANIELE ASTI, PIETRO BRAMBILLA, GIULIANO CESAREO. ■ Una squadraccia fascista compie una serie impressionante di delitti, dalla violenza carnale all'attentato dinamitardo, alle provocazioni contro studenti di sinistra. La loro carriera finisce per la confessione di una delle vittime. ■ DRAMMATICO; COL.; 105′; ITALIA, 1976

SANCTA MARIA – LA MUCHACHA DE MOSCÙ ★★
Regia di EDGAR NEVILLE. Con ARMANDO FALCONI, CONCHITA MONTES, AMEDEO NAZZARI. ■ Quando l'uomo che ama è in pericolo di vita per il contagio di un morbo letale, una giovane russa, fino a quel momento comunista, scopre per la prima volta la rassicurante consolazione della fede. Una preghiera alla Madonna porta lei alla conversione e l'uomo alla guarigione. ■ COMMEDIA; B/N; 91′; ITALIA, 1941.

SANCTUM 3D *(Sanctum)* ★★
Regia di ALISTER GRIERSON. Con IOAN GRUFFUDD, ALICE PARKINSON, RICHARD ROXBURGH, RHYS WAKEFIELD, DAN WYLLIE. ■ In una riserva di grotte in Nuova Guinea, un gruppo di speleologi si occupa della perlustrazione di un sistema di cave sottomarine alla ricerca di nuovi condotti e di anfratti ancestrali. Il più giovane della compagnia è Josh, figlio adolescente del capo-speleologo Frank, in pieno dissidio paterno. Assieme al ricco finanziatore della spedizione Carl e alla sua fidanzata Victoria, Josh raggiunge il gruppo di esploratori nelle profondità delle caverne mentre si consuma una tragedia: dopo aver trovato un nuovo passaggio che porta a una grande cattedrale degli abissi, Frank non è riuscito a mettere in salvo la sommozzatrice Judes, rimasta senza ossigeno. La morte della collega fa esplodere le tensioni tra Frank e Josh, che arrivano ad accusarsi a vicenda per quanto successo, ma proprio in quel momento una tempesta tropicale si abbatte sulla riserva, rendendo impossibile la risalita e costringendo il gruppo a passare attraverso i fondali dell'oceano per poter riemergere in superficie. ■ AZIONE; COL.; USA, AUSTRALIA, 2010.

SANDOKAN ALLA RISCOSSA ★★
Regia di LUIGI CAPUANO. Con FRANCA BETTOJA, RAY DANTON, GUY MADISON, MARIO PETRI. ■ Saputo che il proprio padre, il sultano di Sarawak, è stato trucidato da coloro che ora usurpano il suo trono, il giovane Sandokan vuole vendicarlo; con l'aiuto dell'amico Yanez e dopo una drammatica lotta egli riprenderà possesso del proprio regno. ■ AVVENTURA; COL.; 91′; ITALIA, 1964.

SANDOKAN CONTRO IL LEOPARDO DI SARAWAK ★★
Regia di LUIGI CAPUANO. Con FRANCA BETTOJA, RAY DANTON, GUY MADISON, MARIO PETRI. ■ Il Leopardo di Sarawak, James Brook, rapisce Samoa, la moglie di Sandokan, allo scopo di vendicare il padre da lui ucciso. Caduto in un tranello tesogli attraverso una lettera di Samoa, la cui volontà è stata annullata in seguito ad un procedimento ipnotico, Sandokan riesce comunque a fuggire ed a liberare Samoa. La lotta tra i due si conclude in un duello con la morte di Brook. ■ AVVENTURA; COL.; 90′; ITALIA, 1964.

SANDOKAN, LA TIGRE DI MOMPRACEM ★★★
Regia di UMBERTO LENZI. Con RIK BATTAGLIA, ANDREA BOSIC,

GENEVIÈVE GRAD, STEVE REEVES, MARIO VALDEMARIN. ■ Sandokan fallisce il tentativo di liberare il proprio padre prigioniero degli inglesi, ma riesce comunque a portare via con sé, come ostaggio, la nipote del governatore. Nonostante il tradimento di un compagno che conduce gli inglesi ad un passo dal ribelle, l'eroe sfugge agli invasori per l'intervento tempestivo dei suoi "tigrotti". Alla fine la nipote del governatore si innamora di lui. ■ AVVENTURA; COL.; 95'; ITALIA, 1963.

SANDOKAN – PARTE I (PARTE PRIMA) ★★★
Regia di SERGIO SOLLIMA. Con CAROLE ANDRÉ, KABIR BEDI, ANDREA GIORDANA, PHILIPPE LEROY. ■ Un giovane ribelle si oppone alla dominazione coloniale degli inglesi, comandati da James Brook, sulle isole della Malesia. Catturato e ferito, viene curato da Marianna, figlia di un nobile inglese, di cui si innamora e con la quale fugge aiutato dal fido Yanez. Di nuovo catturato e condannato a morte, Sandokan riesce ancora a salvarsi fingendosi morto, ma ciò gli costa la separazione da Marianna, divenuta nel frattempo sua sposa. ■ AVVENTURA; COL.; 126'; ITALIA, 1976.

SANDOKAN – PARTE II (PARTE SECONDA) ★★★
Regia di SERGIO SOLLIMA. Con CAROLE ANDRÉ, KABIR BEDI, ANDREA GIORDANA, PHILIPPE LEROY. ■ Marianna sta per tornare in Inghilterra, quando Yanez la raggiunge e le comunica che Sandokan è ancora vivo. Questi assale la carovana su cui viaggia Marianna e la libera. La giovane vive per un anno insieme agli indigeni preoccupandosi della loro emancipazione. Ma lo sconfitto James Brook non si rassegna e, dopo aver provocato una epidemia di colera sull'isola, la invade con ingenti forze. Marianna muore, ma il dolore di Sandokan si trasforma in coraggio e, unitosi ad altri ribelli, l'eroe è pronto di nuovo a combattere per la liberazione del suo popolo. ■ AVVENTURA; COL.; 115'; ITALIA, 1976.

SANDOK, IL MACISTE DELLA GIUNGLA ★★
Regia di UMBERTO LENZI. Con SEAN FLYNN, ALESSANDRA PANARO, MARIE VERSINI. ■ Un ingegnoso stratagemma ideato dal governatore inglese porta alla liberazione di Cinzia, figlia del viceré, e del tenente Millimer, rapiti da alcuni ribelli. Un altro tenente, fintosi perseguitato dagli inglesi, si introduce tra i ribelli e, a liberazione degli ostaggi avvenuta, guida l'esercito alla cattura dei rivoltosi. ■ AVVENTURA; COL.; 91'; ITALIA, 1964.

SANDRINE NELLA PIOGGIA ★★
Regia di TONINO ZANGARDI. Con SARA FORESTIER, ADRIANO GIANNINI, ALESSANDRO HABER, LUCA LIONELLO, GOYA TOLEDO. ■ Leonardo è un poliziotto in prima linea con una fidanzata che non si decide a sposare. Durante una rapina, nel tentativo di fermare i banditi, colpisce e uccide accidentalmente una giovane donna. In preda al rimorso attacca al chiodo la pistola e sceglie una vita riparata dietro una scrivania. A "stanarlo" ci penserà Sandrine, ragazza bionda e suadente con un segreto, un piano e l'intenzione di innamorarlo. ■ DRAMMATICO; COL.; 105'; ITALIA, 2008.

SAN FRANCISCO ★★★★
Regia di WOODBRIGE STRONG VAN DYKE. Con CLARK GABLE, JACK HOLT, JEANETTE MACDONALD, JESSIE RALPH, SPENCER TRACY. ■ San Francisco, 1906. Una cantante è contesa dal proprietario di un pubblico locale, per il quale lei lavora e di cui è innamorata, e dal direttore dell'Opera. Il terrificante terremoto causa la morte del direttore e la separazione tra i due innamorati. Il loro successivo ritrovarsi è interpretato dall'uomo come un segno ammonitore della presenza di Dio e la conversione alla fede non ne è che la logica conclusione. ■ DRAMMATICO; B/N; 115'; USA, 1936. ■ OSCAR 2 PR, 7 NOM.

SANGAREE ★★
Regia di EDWARD LUDWIG. Con ARLENE DAHL, FERNANDO LAMAS. ■ Morales, amministratore delle terre del defunto generale Darby e ufficiale sanitario della zona, difende vittoriosamente una nave, carica di prodotti destinati all'esportazione, dall'assalto dei pirati. I suoi primi sospetti cadono su Nancy, ma successivamente viene a sapere che chi sabota l'azienda è Marta, di lui innamorata ma respinta. Il matrimonio tra Morales e l'ingiustamente sospettata Nancy conclude la stanca vicenda. ■ AVVENTURA; COL.; 94'; USA, 1953.

SAN GIOVANNI DECOLLATO ★★
Regia di AMLETO PALERMI. Con FRANCO COOP, TITINA DE FILIPPO, SILVANA JACHINO, TOTÒ. ■ In mezzo a chiassosi riti di devozione a san Giovanni Battista, un ciabattino corre insieme alla moglie al recupero della figlia, scappata di casa per evitare le nozze con un presuntuoso mafiosetto e sposare invece l'amato studente. La violenza del mancato promesso inviperisce il ciabattino che lo scaccia; i due fidanzati possono così felicemente sposarsi. ■ COMMEDIA; B/N; 89'; ITALIA, 1940.

SANGRAAL LA SPADA DI FUOCO ★
Regia di MICHAEL E. LEMICK. Con YVONNE FRASCHETTI, ANTHONY FREEMAN, PETER MACCOY. ■ Si narra la storia di Sangraal che dopo mille peripezie e guerre contro i malvagi troverà la forza di continuare a lottare per far trionfare la giustizia. Fra dèi e mortali la raggiungerà. ■ AVVENTURA; COL.; 91'; ITALIA, 1982.

SANGUE *Nessuna stella*
Regia di PIPPO DELBONO. Con MARGHERITA DELBONO, PIPPO DELBONO, ANNA FENZI, GIOVANNI SENZANI. ■ Delbono mostra l'agonia della mamma, Senzani, il brigatista, racconta con orgoglio come uccise Peci. Girato col cellulare e una digitale. I due si autoaccreditano come maestri di memoria storica. Raramente si è visto di peggio dal 1895. ■ DRAMMATICO, COL.; 92'; ITALIA, SVIZZERA, 2013.

SANGUE A CA' FOSCARI ★★
Regia di MAX CALANDRI. Con INGE BERG, MASSIMO SERATO. ■ Il nobile cavaliere Della Rosa si oppone all'elezione a Doge di un protetto dei Visconti. Calunniato dalla patrizia famiglia milanese l'uomo è condannato a morte, ma lo salva il provvidenziale intervento di un frate che ha saputo la verità da una donna in punto di morte. ■ DRAMMATICO; B/N; 93'; ITALIA, 1946.

SANGUE A CASABLANCA *(Die Reise nach Marrakech)* ★★
Regia di RICHARD EICHBERG. Con KARL LUDWIG DIEHL, MARIA HOLST, LUISE ULLRICH. ■ Una donna, trascurata dal marito, comincia a sbandare. Diventa amante di Jack togliendolo a Liliana. Una fitta serie di lettere anonime complica la situazione. Quando la maliarda scopre che l'autrice è Liliana, la uccide. ■ DRAMMATICO; B/N; 92'; GERMANIA, 1949.

SANGUE AL KM 148 *(H-8...)* ★★
Regia di NIKOLA TANHOFER. Con DJURDIA IVEZIC, MIRA NIKOLIC, ANTUN VRDOLJAK. ■ La situazione ricorda quella del famoso *Ponte di San Luis Rey*: si raccontano le vite e i drammi delle otto vittime di uno spaventoso incidente stradale. ■ DRAMMATICO; B/N; 90'; JUGOSLAVIA, 1958.

SANGUE ALL'ALBA *(Whistle Stop)* ★★
Regia di LÉONIDE MOGUY. Con AVA GARDNER, VICTOR MCLAGLEN, GEORGE RAFT. ■ Una bellona è contesa da un proprietario di night e un giocatore. Il primo commette un delitto e fa in modo che la colpa ricada sul secondo. Ma se ne pentirà. ■ POLIZIESCO; B/N; 85'; USA, 1946.

SANGUE ALLA TESTA *(Le sang à la tête)* ★★★
Regia di GILLES GRANGIER. Con RENÉE FAURE, PAUL FRANKEUR, JEAN GABIN, JOSÉ QUAGLIO, CLAUDE SYLVAIN. ■ Per riottenere l'amore della moglie, un rozzo possidente è costretto a fare i conti con la propria vita. Riuscirà nel suo intento a prezzo di un radicale cambiamento. ■ DRAMMATICO; B/N; 83'; FRANCIA, 1956.

SANGUE AL SOLE – CODINE *(Codine)* ★★
Regia di HENRI COLPI. Con FRANÇOISE BRION, RAZVAN PETRESCO, ALEXANDRU VIRGIL PLATON. ■ Codine, gigante introverso e anche pericoloso, salvata la madre del piccolo amico Adrian da una malattia contagiosa, scopre una tresca fra la sua donna Irene e il fido amico Alexis, che non esita a uccidere. Dapprima fugge, poi torna a casa per consegnarsi alla giustizia. Ma viene ucciso da sua madre, che gli versa in gola dell'olio bollente. ■ DRAMMATICO; COL.; 95'; ROMANIA, 1963.

SANGUE ARDENTE *(The Trill of Brazil)* ★★
Regia di SYLVAN SIMON. Con EVELYN KEYES, KEENAN WYNN.

■ Una donna intende divorziare per risposarsi. Suo marito, che non vuole la separazione, firma tutte le carte con un inchiostro che svanisce. In seguito, quando è costretto a firmare di nuovo, provvede a derubare il rivale dei preziosi documenti. Dopo comiche disavventure la donna si arrende all'amore del coniuge. ■ COMM. MUSICALE; B/N; 91'; USA, 1946.

SANGUE BIANCO *(The Planter's Wife)* ★★
Regia di KEN ANNAKIN. Con MARIA BAILLIE, CLAUDETTE COLBERT, JACK HAWKINS, ANTHONY STEEL. ■ Frazer, proprietario di una piantagione di caucciù, la moglie Liz ed il figlioletto Mike vivono sotto l'incubo dell'assalto di bande di ribelli. Mentre per ragioni di sicurezza Liz e Mike stanno per lasciare la loro terra per far ritorno in Inghilterra, un improvviso attacco dei teppisti consiglia la donna a schierarsi a fianco del marito: i ribelli vengono scacciati. ■ AVVENTURA; B/N; 91'; GRAN BRETAGNA, 1952.

SANGUE BLU *(Kind Hearts and Coronets)* ★★★★
Regia di ROBERT HAMER. Con JOAN GREENWOOD, ALEC GUINNESS, VALERIE HOBSON, DENNIS PRICE. ■ Il figlio di un cantante e di una nobile viene rinnegato dalla famiglia. Il ragazzo, per vendicarsi, uccide tutti i parenti e diventa duca. La sua amante, al corrente del segreto, vuole obbligarlo a sposarla, lui rifiuta, viene processato e condannato alla pena capitale. La donna, per salvarlo, presenta le prove che il delitto per il quale l'uomo è stato incriminato è in realtà un suicidio. Ma un ultimo colpo di scena chiude il film ambiguamente. ■ COMMEDIA; B/N; 104'; GRAN BRETAGNA, 1949. ■ VENEZIA 1 PR.

SANGUE CALDO *(Man with the Gun)* ★★
Regia di RICHARD WILSON. Con HENRY HULL, ROBERT MITCHUM, KAREN SHARPE, JAN STERLING. ■ Un pistolero accetta di sgominare una banda di rapinatori. Il loro capo affida ad alcuni dei suoi uomini l'incarico di eliminarlo. È il pistolero, invece, che ha la meglio su di loro. La morte della sua bambina lo rende furioso: penetra nel covo dei banditi e lo incendia, si salva miracolosamente da un attentato e alla morte del capo, ferito, decide di cambiare vita con l'aiuto della moglie ■ WESTERN; B/N; 83'; USA, 1955.

SANGUE CALDO *(Hot Blood)* ★★
Regia di PHILIPPE BLOT. Con SYLVIA KRISTEL, ALICIA MORO. ■ Un miliardario spagnolo ha due figli. Il maggiore dovrà diventare un torero, come da tradizione. Ma l'altro, che ha la corrida nel sangue, non ci sta. Arriverà a dichiarare guerra alla famiglia e a rapinare la banca di papà. Tragedia in vista. ■ DRAMMATICO; COL.; 82'; USA, 1989.

SANGUE CHIAMA SANGUE ★★
Regia di LUIGI CAPUANO. Con GERMAN COBOS, STEPHEN FORSYTH, FERNANDO SANCHO. ■ Alcuni banditi rubano in un convento e ammazzano alcuni frati. Il fratello di un ucciso recupera la refurtiva approfittando dell'avidità dei ladri, quindi ne uccide il capo. Il prezioso malloppo può finalmente tornare ai religiosi. ■ WESTERN; COL.; 92'; ITALIA, 1968.

SANGUE D'ARTISTA *(Immer wenn Ich Glücklich Sei)* ★★
Regia di KARL LAMAC. Con MARTHA EGGERTH, PAUL HÖRBIGER, FRITZ VAN DONGEN. ■ Una cantante si innamora di un proprietario terriero e lo sposa. Dopo qualche tempo la nostalgia per il passato la spinge ad evitare alcuni ex colleghi, il che provoca il risentimento del marito. Dopo una vivace discussione, l'uomo accetta che la moglie prosegua la carriera. ■ COMMEDIA; B/N; 90'; AUSTRIA, 1953.

SANGUE DEGLI ALTRI, IL *(Le sang des autres)* ★★
Regia di CLAUDE CHABROL. Con STÉPHANE AUDRAN, JEAN-PIERRE AUMONT, JODIE FOSTER, SAM NEILL, MICHAEL ONTKEAN, MICHELINE PRESLE, LAMBERT WILSON. ■ Riduzione cinematografica da una produzione televisiva di sei ore. Tratto da un romanzo di Simone De Beauvoir e ambientato durante la seconda guerra mondiale a Parigi. Una ragazza si sacrifica per amore di un combattente della Resistenza. Chabrol minore. ■ DRAMMATICO; COL.; 130'; FRANCIA, 1984.

SANGUE DELLE VERGINI – RED HORROR, IL ★
(Sangre de virgenes)
Regia di EMILE VEYRA. Con RICHARD BAULEX, SUSAN BELTRAM, GLORIA PRAT. ■ Stupidissimo film di vampiri con un pochino di sesso. ■ HORROR; COL.; 92'; ARGENTINA, 1976.

SANGUE DEL VAMPIRO, IL *(Blood of the Vampire)* ★★
Regia di HENRY CASS. Con BARBARA SHELLEY, DONALD WOLFIT. ■ Un medico viene imprigionato. Il suo collega addetto al carcere è un vampiro resuscitato bisognoso di sangue umano, che prende dai detenuti, per sopravvivere. La fidanzata del recluso non crede alla notizia che sia morto, si presenta come domestica al tristo personaggio e incontra l'amato. I due stanno per cadere nelle mani del vampiro quando il suo assistente lo rinnega e lo fa sbranare dai ferocissimi cani guardiani. ■ HORROR; COL.; 87'; GRAN BRETAGNA, 1958.

SANGUE DI CAINO *(The Road to Denver)* ★★
Regia di JOSEPH KANE. Con LEE J. COBB, MONA FREEMAN, JOHN PAYNE. ■ Due fratelli di diverso carattere in cerca d'avventura prendono strade differenti. Il più serio trova lavoro e si affeziona ad una ragazza; l'altro si fa assumere da un tipo poco raccomandabile. Diverse peripezie mettono contro i due fratelli; la pecora nera sta per uccidere l'altro ma viene fermato. Deciso a redimersi, comincia a lavorare insieme con lui. ■ WESTERN; COL.; 90'; USA, 1955.

SANGUE DI CONDOR *(Yawar Mallku)* ★★★
Regia di JORGE SANJINÉS ARMAYO. Con BENEDICTA MENDOZA HUANCA, VINCENTE VERNEROS SALINAS, MARCELINO YANAHUAYA. ■ Un gruppo di americani del "Peace Corp" in missione sulle montagne boliviane porta cibo e aiuto e sterilizza le donne. Il capo della comunità, dopo aver consultato gli dèi, li punisce privandoli della virilità. Inseguito dalla polizia e ferito si rifugia da un fratello, che non ha il denaro per pagargli una trasfusione di sangue. ■ DOCUMENTARIO; B/N; 78'; BOLIVIA, 1969.

SANGUE DI DRACULA, IL *(Chi o Suu Me)* ★★
Regia di MICHIO YAMAMOTO. Con MIDORI FUJITA, MORI KISHIDA. ■ Una pittrice rivive nei suoi quadri una tragedia della sua infanzia, quando fu salvata per miracolo da un vampiro. Costui, affascinato dalle sue tele, contagia coloro che la circondano per arrivare fino a lei. Il suo fidanzato la porta sul luogo del trauma e scopre la base segreta del mostro, che avrebbe partita vinta se non cadesse incidentalmente su un paletto appuntito. ■ HORROR; COL.; 93'; GIAPPONE, 1971.

SANGUE DI NOMADI – VENDETTA DI ZINGARA ★
Regia di ALDO MOLINARI. Con FELGA LAURI, SERGIO RAIMONDI, ANNA VITA. ■ Un uomo diventa amante di una ragazza, poi di sua sorella. La ragazza lo scopre qualche tempo dopo e inutilmente cerca di riportare l'amato a sé. L'uomo vorrebbe per forza sposare la prima ma questa, decisa a evitare qualsiasi sofferenza alla sorella, lo uccide e si suicida. ■ DRAMMATICO; B/N; 90'; ITALIA, 1950.

SANGUE DI SBIRRO ★★
Regia di AL BRADLEY. Con GEORGE EASTMAN, JACK PALANCE, JENNY TAMBURI. ■ Un poliziotto è stato ucciso da un mafioso e suo figlio decide di vendicarlo. Scampato ad un attentato, non segue il consiglio di due colleghi del padre, che lo invitano ad andarsene, e si allea con un gangster. Sorpresa finale. ■ POLIZIESCO; COL.; 91'; ITALIA, 1976.

SANGUE DI ZINGARA ★
Regia di MARIO BASAGLIA. Con MAURIZIO ARENA, GINO LEURINI, MARIA PIAZZAI, ALDO SILVANI, OLGA SOLBELLI. ■ Il proprietario di un castello viene accusato di aver ucciso la fidanzata. Qualche tempo dopo, non essendo sufficienti le prove a suo carico, viene scarcerato. Nel frattempo sua madre ha venduto la terra e il castello ad un ragazzo, convinto che in esso si nasconda un favoloso tesoro. È stato lui ad uccidere la giovane, che lo ostacolava, e la sua amante confessa tutto ad un prete. Il sacrificio della giovane consentirà l'arresto dell'assassino. ■ DRAMMATICO; B/N; 94'; ITALIA, 1956.

SANGUE E ARENA *(Blood and Sand)* ★★★
Regia di FRED NIBLO. Con LILA LEE, NITA NALDI, RODOLFO VALENTINO. ■ Divenuto il torero più popolare di Spagna dopo una tormentata gioventù, Juan Gallardo (Rodolfo Valentino) sposa

l'amata Carmen (Lila Lee). Un giorno però Juan incontra Doña Sol (Nita Naldi), vedova bella e conturbante, della quale si invaghisce. Il nuovo legame, però, dura poco: la difficile situazione rende Juan inquieto, al punto che rimane ferito durante una corrida. I baci castissimi (siamo negli anni Venti) ma appassionati del sensuale Rodolfo Valentino, attorno a cui il film venne costruito su misura, divennero leggendari. Il dramma sentimentale del regista Fred Niblo (anche lui di origini italiane) venne ripreso con altrettanto successo nel 1941 da Rouben Mamoulian, con Tyrone Power al posto di Valentino e con la partecipazione di Rita Hayworth. ■ DRAMMATICO; B/N; 108'; USA, 1922.

SANGUE E ARENA *(Blood and Sand)* ★★★★
Regia di ROUBEN MAMOULIAN. Con LINDA DARNELL, RITA HAYWORTH, ALLA NAZIMOVA, TYRONE POWER, ANTHONY QUINN. ■ Dopo anni di sogni e sacrifici Gallardo è diventato un grande torero, ha tolto sua madre dalla miseria e si è sposato. Durante una corrida attira l'attenzione della bellissima e inquietante Rita Hayworth. Gallardo perde la testa. Niente conta più per lui. E lei, la maliarda, si diverte per qualche settimana, poi lo butta via. Il torero, distrutto, affronta ancora il toro, che lo uccide. *Sangue e arena* era già "culto" prima che lo facesse Power. Tratto da un romanzo di Ibañez era stato il cavallo di battaglia nientemeno che di Rodolfo Valentino. Il regista Mamoulian, un vero mago delle scenografie sfarzose e magniloquenti, concepì sequenze memorabili, come quella in cui Power si addormenta mentre Rita Haywort canta *Verde luna*, o la vestizione del torero, o lo spettacolo nell'arena. Sentimento, dramma, violenza, povertà e ricchezza, morte, divismo. E sapiente mediazione fra spettacolo e qualità. Sono le vie del "culto". ■ DRAMMATICO; COL.; 123'; USA, 1941. ■ OSCAR 1 PR, 3 NOM.

SANGUE E LA ROSA, IL *(...Et mourir de plaisir)* ★★★
Regia di ROGER VADIM. Con MEL FERRER, ELSA MARTINELLI, ANNETTE VADIM. ■ Una vampira si reincarna in una sua discendente, dando adito a sospetti per il suo strano comportamento. Morde infatti una cameriera, quindi una parente, nonostante l'intervento del fidanzato. Durante la fuga la vampira si imbatte in alcune munizioni che saltano in aria. Un paletto le si conficca nel cuore e lei muore insieme alle sue vittime. ■ DRAMMATICO; COL.; 87'; FRANCIA, 1960.

SANGUE E LA SFIDA, IL ★★
Regia di NICK NOSTRO. Con ANDREA CHECCHI, ROSSELLA COMO, JOSÉ GRECI, GÉRARD LANDRY. ■ In un paese dell'America Latina, un ribelle libera i prigionieri del tiranno locale. Alcuni traditori provocano la morte di molti suoi compagni ed egli fomenta la rivoluzione. Il dittatore muore e lui torna alla sua fattoria con la sposa. ■ AVVENTURA; COL.; 91'; ITALIA, 1962.

SANGUE E LUCI *(Sang et lumières)* ★★
Regia di GEORGES ROUQUIER. Con ZSA ZSA GABOR, DANIEL GÉLIN, HENRY VILBERT. ■ Un torero, scosso dalla tragica fine di un collega, si ritira e accoglie nella sua casa la nipote del defunto. Il suo impresario, l'amante e un giornalista, però, tanto fanno che riescono a convincerlo a riprendere il lavoro. Il giornalista, al quale l'impresario non ha pagato il favore resogli, svela alcune sue losche manovre al torero. Questi caccia tutti e, nonostante un cattivo presentimento, affronta il toro che lo uccide. ■ DRAMMATICO; COL.; 99'; FRANCIA, 1953.

SANGUE E METALLO GIALLO ★★
(The Yellow Mountain)
Regia di JESSE HIBBS. Con LEX BARKER, MALA POWERS. ■ Due amici, che sfruttano insieme una miniera, si innamorano della stessa ragazza. Quando uno di essi scopre che il socio si è alleato con un rivale e tenta di conquistare la fanciulla se ne va. In seguito però ricostituirà l'alleanza per difendere gli interessi comuni e fonderà una società per lo sfruttamento del giacimento. ■ WESTERN; COL.; 78'; USA, 1954.

SANGUE FACILE *(San qiang pai an jing qi)* ★★★
Regia di ZHANG YIMOU. Con YE CHENG, HONGLEI SUN, NI YAN, XIAO SHEN-YANG. ■ In un piccolo villaggio sui monti del Passo Jiayu vivono il vecchio e avaro Wang, proprietario di un negozio di spaghetti cinesi, e la sua giovane moglie, innamorata del suo dipendente, e due servi. Un giorno arriva una carovana di mercanti persiani e la donna compra una nuova arma: una pistola. Solo con quella potrà liberarsi del depravato marito. Wang viene però informato dell'acquisto dell'arma e dell'adulterio. Decide allora di assoldare un killer: il poliziotto Zhang, che si mette in azione. Zhang Yimou si diverte e si vede. La fonte di ispirazione viene dichiarata in apertura. Si tratta del film d'esordio dei fratelli Coen *Blood Simple*. L'idea è quella di trasferirne il soggetto in Cina. Cosa nasce da questa commistione? Un'ora e mezzo di evasione. Sembra che Yimou sia a proprio agio anche nella nostra commedia dell'arte. ■ DRAMMATICO; COL.; 95'; CINA, 2009.

SANGUE FIAMMINGO *(A Dog of Flanders)* ★★
Regia di JAMES B. CLARK. Con MONIQUE AHRENS, THEODORE BIKEL, DONALD CRISP, DAVID LADD. ■ Un ragazzino si occupa della fattoria quando il nonno si ammala. Alla sua morte, deluso per non aver vinto una gara di pittura, decide di partire. Prima, però, si reca ad ammirare una tela di Rubens, l'artista preferito: incontra un pittore che lo prende sotto la sua protezione. ■ AVVENTURA; COL.; 96'; USA, 1959.

SANGUE GITANO *(Wings of Morning)* ★★
Regia di HAROLD SCHUSTER. Con ANNABELLA, HENRY FONDA. ■ Una gitana, vedova ripudiata di un nobile divenuta regina degli zingari, torna sul territorio dei suoi antichi parenti con un gruppo di zingari. La storia si ripeterà: un'altra gitana sposerà un aristocratico. ■ AVVENTURA; COL.; 89'; USA, 1937.

SANGUE INDIANO *(Black Gold)* ★★
Regia di PHIL KARLSON. Con KATHERINE DE MILLE, ELYSE KNOX, DUCKY LONIE, ANTHONY QUINN. ■ Un indiano prende con sé un piccolo orfano. Per diventare ricco e prendersi una rivincita nei confronti dei bianchi vuole vincere una corsa a cavallo di un puledro che ha allevato personalmente. La fortunosa scoperta di petrolio sulla sua terra gli porta il benessere desiderato, ma un incidente provoca anzitempo la sua morte. È il piccolo orfano a montare sul cavallo e a vincere. ■ AVVENTURA; COL.; 78'; USA, 1947.

SANGUE INNOCENTE *(Beyond Forgiveness)* ★
Regia di BOB MISIOROWSKI. Con THOMAS IAN GRIFFITH, RUTGER HAUER, JOANNA TRZEPIECINSKE. ■ Frank Washinski è un poliziotto che, per vendicare l'omicidio del fratello, organizza a Varsavia un commercio di organi in combutta con un gruppo criminale che agisce in tutto il mondo. Lo stile gangsteristico trasferito nell'Europa ex comunista non sortisce grandi effetti. ■ POLIZIESCO; COL.; 89'; POLONIA, USA, 1995.

SANGUE – LA MORTE NON ESISTE ★★
Regia di LIBERO DE RIENZO. Con MANUELA BARILOZZI, LIBERO DE RIENZO, ELIO GERMANO, LUCA LIONELLO. ■ Stella vuole fare la ballerina e vuole andare a New York, per fuggire dal dolore provocato dalla morte della madre, dal padre assente ma opprimente con cui vive e dal fratello. Iuri vive ai confini della realtà immerso in una casa buia, colma di libri e di oggetti inquietanti. Stella e Iuri hanno poco più di vent'anni, sono fratelli e si amano incestuosamente e profondamente. Passeranno la notte più lunga della loro vita ad un rave party, in un interminabile viaggio lisergico, alla scoperta delle loro paure, delle loro angosce e del loro rapporto. ■ DRAMMATICO; COL.; 104'; ITALIA, 2005.

SANGUE MISTO *(Bhowani Junction)* ★★★
Regia di GEORGE CUKOR. Con AVA GARDNER, STEWART GRANGER, FRANCIS MATTHEWS, BILL TRAVERS. ■ Una ragazza, figlia di un inglese e di un'indiana, è tormentata dalla sua condizione. Arruolatasi nell'esercito indiano uccide, per difendersi, un ufficiale inglese. Al processo la ragazza viene assolta, ma le sue disavventure non sono finite: presa in ostaggio da un terrorista viene salvata da due uomini, entrambi innamorati di lei. Ne sposerà uno. ■ DRAMMATICO; B/N; 110'; GRAN BRETAGNA, 1955.

SANGUE NEL SOGNO *(Strange Illusion)* ★★
Regia di EDGARD GEORGE ULMER. Con SALLY EILERS, JAMES LYDON, SONIA SOREL, WARREN WILLIAM. ■ Il figlio di un giudice defunto per cause apparentemente naturali sogna che il padre

è stato assassinato. Inizia delle indagini personali e scopre che il corteggiatore della madre è un pericoloso malvivente. L'uomo, insospettito, lo fa internare. Alcuni amici del ragazzo, però, avvertono la polizia che lo salva mentre il bandito, che è proprio l'assassino, sta per uccidere anche lui. ■ DRAMMATICO; B/N; 80'; USA, 1945.

SANGUE PAZZO ★★
Regia di MARCO TULLIO GIORDANA. Con MONICA BELLUCCI, ALESSIO BONI, LUCA ZINGARETTI. ■ 1945. A pochi giorni dalla Liberazione Osvaldo Valenti, attore famoso e ufficiale della X Mas guidata da Junio Valerio Borghese, decide di consegnarsi a una brigata partigiana comandata da Golfiero, regista inviso al regime e mandato in passato al confino. Quella che Valenti cerca è la salvezza per sé e la sua compagna Luisa Ferida. A partire da questa resa si ripercorre la vita dei due personaggi rimasti a lungo sulla ribalta del cinema italiano. Valenti, incontra Luisa attricetta alle prime armi e ne fa la sua amante. Da quel momento inizia un rapporto intriso di passione e di voglia di ribellarsi al conformismo di regime, pur rimanendo Valenti un sostenitore del fascismo. Nel momento del crollo di tutte le speranze di una revanche nazifascista i due però godono di una pessima fama. La vox populi vuole infatti che abbiano coadiuvato le abominevoli azioni di tortura della banda guidata dallo psicopatico Koch e che Luisa abbia anche danzato nuda per eccitare i torturatori. Sarà questo marchio d'infamia (mai supportato da prove convincenti) che li condurrà all'esecuzione. ■ DRAMMATICO; COL.; 150'; ITALIA, 2008.

SANGUE PIÙ FANGO UGUALE LOGOS PASSIONE ★★
Regia di ELSA DE GIORGI. Con FERNANDO CAJATI, ELSA DE GIORGI, ANNA LEONARDI, GIULIO SCARPATI. ■ Il film è diviso in due parti: la passione e la resurrezione di Gesù e quella di Lazzaro. La prima è dialogata (la regista si è ispirata alle *laudi* drammatiche e alle sacre rappresentazioni medievali); la seconda è recitata. ■ RELIGIOSO; COL.; 93'; ITALIA, 1974.

SANGUE RIBELLE *(Call her Savage)* ★★
Regia di JOHN FRANCIS DILLON. Con CLARA BOW, GILBERT ROLAND. ■ Una ragazza meticcia rinnega il suo sangue indiano, ma si caccia nei guai. Tornerà infine alla tribù. ■ AVVENTURA; B/N; 88'; USA, 1932.

SANGUE RIBELLE *(Driver Dagg, Faller Regn)* ★★
Regia di GUSTAF EDGREN. Con ALF KJELLIN, MAI ZETTERLING. ■ Una ragazza è innamorata di un giovane, ma il padre si oppone e vuole farle sposare un altro. Il giorno del matrimonio, però, lei fugge con l'innamorato e vive con lui e un anziano pescatore. Quando la fanciulla dà alla luce un bel maschietto la famiglia si riconcilia. ■ DRAMMATICO; B/N; 90'; SVEZIA, 1946.

SANGUE SELVAGGIO *(Wild Brian Kent)* ★★
Regia di HOWARD BRETHERTON. Con RALPH BELLAMY, MAE CLARKE. ■ Un ragazzo senza denaro viene picchiato dal padrone dell'albergo in cui è alloggiato e buttato fuori. Una donna e sua figlia lo accolgono in casa, e lui le aiuta a districarsi da una situazione imbarazzante. Un ricco imprenditore, per acquistare la loro proprietà, la incendia, ma viene scoperto e arrestato. Il ragazzo e la sua ospite si dichiarano il reciproco amore. ■ COMMEDIA; B/N; 80'; USA, 1936.

SANGUE SOTTO LA LUNA *(Without Warning)* ★★
Regia di ARNOLD LAVEN. Con MEG RANDALL, ADAM WILLIAMS. ■ Un misterioso assassino uccide le donne bionde a colpi di forbici. La polizia, dopo accurate indagini e la testimonianza di un poliziotto, lo trova e ne circonda la casa proprio mentre sta per compiere un nuovo omicidio. La sua vittima si salva ed egli muore abbattuto dagli agenti: si trattava di un marito tradito in continuazione dalla biondissima consorte. ■ POLIZIESCO; B/N; 70'; USA, 1952.

SANGUE SUL BOSFORO *(Crouching Beast)* ★★
Regia di VICTOR W. HANBURY. Con PETER GAWTHORNE, WYNNE GIBSON, FRITZ KORTNER. ■ Prima guerra mondiale: ferve la lotta, in Turchia, tra il capo della polizia segreta locale e due agenti alleati che preparano l'invasione degli inglesi. La coppia sfugge a molti attentati e porta a buon fine la missione. ■ SPIONAGGIO; B/N; 80'; GRAN BRETAGNA, 1946.

SANGUE SUL DESERTO ★★
(Intikon el Habib – Emraa min narr)
Regia di GIANNI VERNUCCIO. Con SAMIA GAMAL, EMOD HAMDI, ASSIBA ROUCHDI. ■ Una ragazza viene salvata dall'assassino inconsapevole dei suoi genitori. Più tardi lo sposa e lui, inseguito da alcuni nemici, si consegna a loro per evitare rappresaglie. Salvatosi da una "prova della verità" torna dalla moglie, che, sebbene abbia scoperto il suo segreto, lo perdona e rimane con lui. ■ DRAMMATICO; B/N; 92'; EGITTO, 1949.

SANGUE SUL FIUME *(Powder River)* ★★
Regia di LOUIS KING. Con RORY CALHOUN, CORINNE CALVET, CAMERON MITCHELL. ■ Un ex cercatore d'oro si fa nominare sceriffo per indagare e punire gli assassini di un collega. A lui si unisce un chirurgo che ha lasciato la professione per omicidio colposo. Insieme respingono l'assalto dei banditi ad un carico d'oro, quindi li uccidono. L'uomo di legge scopre che il medico è lo sconosciuto uccisore dell'amico, lo sfida ma quello muore d'infarto. ■ WESTERN; COL.; 78'; USA, 1954.

SANGUE SULLA LUNA – VENTO DI TERRE SELVAGGE *(Blood on the Moon)* ★★★
Regia di ROBERT WISE. Con BARBARA BEL GEDDES, ROBERT MITCHUM, ROBERT PRESTON. ■ Un allevatore di bestiame si accorda con un ispettore governativo per impadronirsi della mandria del rivale, rivenderla e dividerne il profitto. Un amico dell'allevatore, per il quale ha iniziato da poco a lavorare, finge di collaborare coi due, poi sventa il piano. Si accende una furibonda lotta che termina con la morte del disonesto, la galera per l'ispettore e il matrimonio tra il nostro e una figlia del finto rivale. ■ AVVENTURA; B/N; 88'; USA, 1948.

SANGUE SULLA NEVE *(La nuit blanche)* ★★
Regia di RICHARD POTTIER. Con PIERRE BRASSEUR, CLAUDE FARREL, PIERRE LARQUEY. ■ Una donna, trovata svenuta sulla neve, viene salvata ma perde la memoria. La polizia risale alla sua identità e alle sue avventure: si tratta di una cantante che ha provocato, a causa della sua ambizione, la morte dell'amante. Il fratello del morto ha continuato a perseguitarla deciso ad ucciderla, ma quando si è accorto di amarla si è suicidato davanti ai suoi occhi. ■ DRAMMATICO; B/N; 100'; FRANCIA, 1948.

SANGUE SULLA SABBIA – IL TREDICI *(Trinadzat')* ★★
Regia di MICHAIL ROMM. Con ELENA KUSMINA, I. NOVOLSEL'SEV. ■ Uno dei consueti film di propaganda della Russia stalinista: un gruppo di militari, la moglie del loro ufficiale e uno studioso attraversano, per tornare a casa, un territorio infido. Nelle vicinanze di un pozzo trovano un'arma, segno della presenza di rivoluzionari. L'ufficiale manda a chiedere rinforzi, che quando giungono trovano un solo superstite. ■ DRAMMATICO; B/N; 92'; URSS, 1937.

SANGUE SULL'ASFALTO *(Délit de fuite)* ★★★
Regia di BERNARD BORDERIE. Con AIMÉ CLARIOND, ANTONELLA LUALDI, FOLCO LULLI, FELIX MARTEN. ■ Un giornalista crede di aiutare una bella ragazza coinvolta in un omicidio colposo, ma in realtà si tratta di una trappola predisposta da alcuni loschi individui. Punizione finale dei cattivi. ■ POLIZIESCO; B/N; 95'; FRANCIA, 1959.

SANGUE SUL SAGRATO ★★
Regia di GOFFREDO ALESSANDRINI. Con CARLO GIUSTINI, PIERO LULLI, CARLO NINCHI, VIRGILIO RIENTO, LUISA ROSSI. ■ Un'orfana di guerra, al termine di un viaggio tragico e avventuroso, trova lavoro grazie all'interessamento di un sacerdote. Il figlio del principale si innamora di lei e lei lo ricambia. Quando rimane incinta, il ragazzo, per procurarsi i soldi, porta a termine una fruttuosa rapina. La ragazza confessa tutto al sacerdote che viene ucciso dall'amante perché non parli. Ma questi sarà eliminato dalla polizia. ■ DRAMMATICO; B/N; 94'; ITALIA, 1951.

SANGUE SUL SOLE *(Blood on the Sun)* ★★
Regia di FRANK LLOYD. Con JAMES CAGNEY, SYLVIA SIDNEY. ■ Un reporter americano scopre e pubblica alcune informazioni considerate segrete dai giapponesi. Gli avversari lo perseguitano e uccidono un collega, che aveva rubato i documenti compromettenti, insieme alla moglie. Il nostro smaschera i responsabili e avverte le autorità del suo paese affinché prendano i provvedi-

menti necessari. ■ POLIZIESCO; B/N; 98′; USA, 1945. ■ OSCAR 1 PR, 1 NOM.

SANGUE VIENNESE *(Wiener Blut)* ★★
Regia di WILLI FORST. Con WILLY FRITSCH, MARIA HOLST, FRED LIEWEHR, HANS MOSER. ■ Un diplomatico a Vienna tradisce la moglie. Lei lo riconquista ingelosendolo. Poi fa in modo che la sua missione abbia successo. Imponenti scenografie, regia attenta e interpreti eccellenti. ■ COMMEDIA; B/N; 110′; AUSTRIA, 1942. ■ VENEZIA 1 PR.

SANGUE VIVO ★★★
Regia di EDOARDO WINSPEARE. Con LUCIA CHIURI, CLAUDIO GIANGRECO, LAMBERTO PROBO, ALESSANDRO VALENTI, IVAN VERARDO, PINO ZIMBA. ■ Il "sangue vivo" è quello che scorre nelle vene delle vittime del terribile ragno taranta i cui morsi provocano crisi epilettiche. È grazie ad una musica, la pizzicata, che questi malati tornano pian piano in loro: il ritmo dei tamburi li aiuta infatti a regolarizzare le pulsazioni del cuore e quindi a guarire. Parlata in dialetto e sottotitoli in italiano caratterizzano questa pellicola coinvolgente e capace di trasmettere forti emozioni. ■ DRAMMATICO; COL.; 95′; ITALIA, 2000.

SANGUINARI, I *(Crashout)* ★★
Regia di LEWIS R. FOSTER. Con LUTHER ADLER, WILLIAM BENDIX, GENE EVANS, ARTHUR KENNEDY. ■ Sei evasi tentano di raggiungere il luogo in cui hanno nascosto la refurtiva. Uccidono il medico che ha curato uno di loro, quindi portano a termine una rapina e sopprimono un poliziotto. Uno dei banditi viene ucciso perché vuole andarsene con una ragazza, un altro muore accidentalmente. I superstiti giungono alla meta: uno di essi tenta di eliminare i compagni per tenersi tutto il malloppo, ma ne è sopraffatto. Il superstite, innamorato di una vedova, si costituisce. ■ DRAMMATICO; B/N; 90′; USA, 1957.

SANGUINARIA, LA ★★★
(Deadly is the Female – Gun Crazy)
Regia di JOSEPH H. LEWIS. Con PEGGY CUMMINGS, JOHN DALL, BERRY KROEGER. ■ Una donna amante del lusso costringe il marito, appassionato d'armi, a soddisfare i suoi desideri attraverso furti e rapine. Inseguiti dalla polizia, la donna, che è già ricorsa all'omicidio pur di raggiungere i propri fini, è pronta a sparare anche contro uno sceriffo ed un giornalista, amici d'infanzia del marito, ma è freddata da questi. Poi anche lui muore sotto le scariche della polizia. ■ DRAMMATICO; B/N; 86′; USA, 1949.

SANGUINARIO, IL *(Sitting Target)* ★★
Regia di DOUGLAS HICKOX. Con IAN MCSHANE, OLIVER REED, JILL ST JOHN. ■ Un recluso per rapina ed omicidio vuole vendicarsi di Pat, la moglie infedele. Evaso dal carcere insieme ad un altro prigioniero, uccide vari uomini senza però raggiungere la moglie. Il suo compagno tenta di scappare col bottino della rapina e di incontrarsi con Pat, con la quale è d'accordo, ma i due sono raggiunti dal marito; egli prima lo ammazza, poi si dà volontariamente la morte nel rogo causato da un incidente stradale in cui anche Pat è perita. ■ DRAMMATICO; COL.; 93′; GRAN BRETAGNA, 1972.

SANGUISUGA CONDUCE LA DANZA, LA ★
Regia di ALFREDO RIZZO. Con FEMI BENUSSI, KRISTA NELL, GIACOMO ROSSI STUART. ■ In un castello c'è una torbida atmosfera di terrore, dovuta alla leggenda secondo la quale chi lo abita prima decapita la moglie e poi si uccide gettandosi in mare. Alcune donne vengono effettivamente decapitate, ma poi la polizia scopre la verità. ■ GIALLO; COL.; 87′; ITALIA, 1975.

SANJURO *(Tsubaki Sanjuro)* ★★★
Regia di AKIRA KUROSAWA. Con TOSHIRO MIFUNE, TATSUYA NAKADAI, TAKASHI SHIMURA. ■ Un samurai, Sanjuro, offre rifugio a nove uomini, inseguiti dai soldati di alcuni prepotenti signorotti che hanno nelle loro mani un funzionario a conoscenza di tutti i loro soprusi. Sanjuro libererà il funzionario e punirà i feudatari riportando la pace nella zona. ■ DRAMMATICO; B/N; 96′; GIAPPONE, 1962.

SAN MICHELE AVEVA UN GALLO ★★★
Regia di PAOLO TAVIANI, VITTORIO TAVIANI. Con GIULIO BROGI, VIRGINIA CIUFFINI, SAMY PAVEL, RENATO SCARPA. ■ Narra di un anarchico che guida una sommossa fallita ed è per questo condannato a morte. La pena gli viene commutata in prigione a vita e lui, per non abbattersi, immagina di essere l'interlocutore di dibattiti politici e sogna che la rivoluzione trionfi. Anni dopo, durante un trasferimento, ha uno scambio di idee con altri "ribelli" e capisce di essere completamente estraneo ai loro sistemi di lotta. Profondamente deluso e amareggiato, l'uomo si suicida. ■ DRAMMATICO; COL.; 90′; ITALIA, 1972.

SAN PASQUALE BAYLONNE, PROTETTORE DELLE DONNE ★
Regia di LUIGI FILIPPO D'AMICO. Con LANDO BUZZANCA, STELLA CARNACINA, MEMMO CAROTENUTO, ORCHIDEA DE SANTIS, LIONEL STANDER. ■ In un paese sperduto, un uomo si finge mago per adescare le donne del luogo. Smascherato dal parroco, è costretto a pentirsi pubblicamente. ■ COMMEDIA; COL.; 100′; ITALIA, 1976.

SAN REMO CANTA ★★
Regia di DOMENICO PAOLELLA. ■ Cantanti, musicisti, autori concorrono al noto trofeo canoro; il documento che ne esce non ha pregi particolari se non per gli appassionati di musica leggera. ■ DOC. MUSICALE; B/N; 90′; ITALIA, 1956.

SAN REMO, LA GRANDE SFIDA ★
Regia di PIERO VIVARELLI. Con MARIO CAROTENUTO, VANIA PROTTI, TEDDY RENO. ■ Per assicurarsi la vittoria al festival della canzone, due noti editori si fanno una lotta accanita. ■ COMM. MUSICALE; B/N; 93′; ITALIA, 1960.

SANSONE *(Sanson)* ★★
Regia di MAURICE TOURNEUR. Con HARRY BAUR, GABY MORLAY. ■ Un banchiere è tradito dalla moglie. Per vendicarsi decide di sconfiggere il rivale in Borsa, ma, pur riuscendovi, si accorge di aver dissipato anche gran parte delle sue ricchezze. Deciso a rifarsi una posizione all'estero, partirà insieme alla moglie ormai pentita. ■ AVVENTURA; B/N; 88′; FRANCIA, 1936.

SANSONE ★★
Regia di GIANFRANCO PAROLINI. Con MARA BERNI, BRIGITTE COREY, BRAD HARRIS. ■ Sansone restituisce il regno di Sullan alla regina Mila, violentemente spodestata dal suo viscido consigliere Warkalla. Quest'ultimo, dopo una lotta incerta, vistosi perduto, tenta di scappare col tesoro ma viene implacabilmente raggiunto da Sansone. ■ AVVENTURA; COL.; 90′; ITALIA, 1961.

SANSONE *(Marmaduke)* ★★
Regia di TOM DEY. Con STACY FERGUSON, RON PERLMAN, JEREMY PIVEN, AMANDA SEYFRIED, OWEN WILSON. ■ Sansone è il gigantesco alano della famiglia Winslow. La sua ingombrante presenza e il suo carattere irrequieto e poco raffinato non gli inibiscono l'amore incondizionato di ognuno dei membri, il padre Phil, giovane esperto di comunicazione e marketing, la madre Debbie e i loro tre figli. Quando Phil riceve un'offerta di lavoro da parte di un'importante ditta di cibo energizzante per cani, la famiglia Winslow, cane e gatto compresi, si trasferisce in California. Là, Sansone si confronta con il duro ambiente gerarchico dei parchi di Orange County e con le difficoltà di socializzazione all'interno dei vari gruppi canini. ■ COMMEDIA; COL.; 87′; USA, 2010.

SANSONE CONTRO IL CORSARO NERO ★★
Regia di LUIGI CAPUANO. Con PIERO LULLI, ELISA MAINARDI, ROSALBA NERI, ALAN STEEL. ■ L'amore tra Sansone e la figlia di un principe è osteggiato con ogni mezzo da un malvagio consigliere, che vuole inoltre impadronirsi del potere. L'eroe, però, dopo aver sbaragliato gli uomini del Corsaro Nero, che attentano periodicamente all'integrità dei territori su cui il principe regna, elimina anche il subdolo consigliere, riportando la pace. ■ AVVENTURA; COL.; 91′; ITALIA, 1963.

SANSONE CONTRO I PIRATI ★★
Regia di AMERIGO ANTON. Con TULLIO ALTAMURA, MARGARET LEE, KIRK MORRIS, DANIELE VARGAS. ■ Un terrificante pirata imperversa nel mare delle Antille depredando navi e vendendo come schiave le donne catturate. Una di queste, riuscita a fuggire, avverte Sansone che insieme al fido Ganor distrugge il perfido pirata. ■ AVVENTURA; COL.; 92′; ITALIA, 1963.

SANSONE E DALILA *(Samson and Delilah)* ★★★
Regia di CECIL B. DE MILLE. Con HEDY LAMARR, ANGELA LANSBURY, VICTOR MATURE, GEORGE SANDERS. ■ Grondante vendetta per il rifiuto che Sansone ha opposto al suo amore, Dalila, figlia di un ricco filisteo, carpisce il segreto della sua terribile forza fisica e lo fa catturare esponendolo alla pubblica derisione. Ma la donna, che non ha smesso di amarlo, aiuta Sansone a raggiungere le colonne del tempio di Dagone che il gigante, recuperate parzialmente le forze, riesce a spezzare: nel crollo egli muore insieme a Dalila e ai Filistei. ■ DRAMMATICO; COL.; 128'; USA, 1949. ■ OSCAR 2 PR, 5 NOM.

SANSONE E DALILA *(Samson and Delilah)* ★★
Regia di JAMES L. CONWAY. Con JOHN BECK, JAMES OLSON, ANN TURKEL. ■ Una versione molto economica (di derivazione televisiva) della storia di Sansone, capo del popolo d'Israele (eletto solo in virtù della sua forza colossale). Irretito dalla cortigiana Dalila, al soldo dei Filistei, suoi nemici giurati, Sansone è catturato e accecato. Ma si vendicherà facendo franare un tempio sui suoi nemici. ■ STORICO; COL.; 93'; USA, 1978.

SANSONE E IL TESORO DEGLI INCAS ★★
Regia di PIERO PIEROTTI. Con MARIO PETRI, ANNA MARIA POLANI, TONI SAILER, ALAN STEEL. ■ Sulle tracce di uno straordinario tesoro, Alan e Sansone con i loro compagni, dopo aver debellato una banda di fuorilegge, sono catturati dagli Incas, che decidono di sacrificarli agli dèi. La regina degli Incas, Mysia, si innamora di Alan, ma anch'essa a sua volta viene destinata dal gran sacerdote al sacrificio. Sarà la potenza di Sansone a far crollare il tempio e a consentire quindi la fuga dei prigionieri e di Mysia. ■ AVVENTURA; COL.; 90'; ITALIA, 1964.

SANTA CITTADINA, LA *(Citizen Saint)* ★★
Regia di HAROLD YOUNG. Con CARLA DARE, JUNE HARRISON, JULIE HAYDON. ■ Una discreta biografia di santa Francesca Cabrini, che passò gran parte della sua vita in America. ■ BIOGRAFICO; B/N; 76'; USA, 1947.

SANTA CLAUSE *(The Santa Clause)* ★★
Regia di JOHN PASQUIN. Con TIM ALLEN, WENDY CREWSON, JUDGE REINHOLD. ■ Come parlare di coppie in crisi e di figli contesi in un clima natalizio. Esiste Babbo Natale? La Disney costruisce un film in equilibrio instabile tra il suo cinema "classico" e la strizzatina d'occhio al pubblico adolescenziale allevato a telefilm. Gli ingredienti non si amalgamano e ne esce un impasto non lievitato tra fiabesco e reale. ■ COMMEDIA; COL.; 97'; USA, 1994.

SANTA CLAUSE È NEI GUAI ★★
(The Santa Clause 3: The Escape Clause)
Regia di MICHAEL LEMBECK. Con TIM ALLEN, ANN-MARGRET, ALAN ARKIN, ABIGAIL BRESLIN, SPENCER BRESLIN, WENDY CREWSON, ERIC LLOYD, ELIZABETH MITCHELL, JUDGE REINHOLD, MARTIN SHORT. POLO NORD. ■ Scott Alvin, alias Santa Clause, alias Babbo Natale è alle prese con i preparativi per iniziare la consueta distribuzione dei regali. Quest'anno però tutto sembra andare storto: la moglie si sente trascurata e reclama un po' di tempo per sé; Scott chiama i genitori di lei perché le stiano vicino, ma deve in tutti i modi riuscire a mantenere il segreto sulla sua identità. ■ COMMEDIA; COL.; 98'; USA, 2006.

SANTA CRUZ *(El rebozo de Soledad)* ★★
Regia di ROBERTO GAVALDÓN. Con PEDRO ARMENDARIZ, ARTURO DE CORDOVA, ESTELA INDA, DOMINGO SOLER. ■ A Santa Cruz spadroneggia David, arrogante emissario dei ricchi possidenti della zona. Una dolce ragazza, Soledad, è contesa da un medico di nobili sentimenti e da un giovane focoso e passionale, ma leale. Sarà questi a conquistarla, ma Soledad morirà di parto nonostante il prodigarsi del buon medico. ■ DRAMMATICO; B/N; 92'; MESSICO, 1952.

SANTA GIOVANNA *(Saint Joan)* ★★★
Regia di OTTO PREMINGER. Con JEAN SEBERG, RICHARD TODD, RICHARD WIDMARK. ■ Buona trasposizione del dramma omonimo di George Bernard Shaw su Giovanna d'Arco. ■ DRAMMATICO; B/N; 110'; GRAN BRETAGNA, USA, 1957.

SANTA LUCIA LUNTANA... ★
Regia di ALDO VERGANO. Con GIULIO DONNINI, FRANCA MARZI, ERMANNO RANDI. ■ Una storia di contrabbando di stupefacenti è rozzamente intrecciata a vicende sentimentali il cui protagonista è Francesco, che guida ignaro il motoscafo della banda. Preso contemporaneamente d'amore per Luisa e dal desiderio per Anna, spregiudicata moglie del contrabbandiere, saprà uscire dal giro mafioso per sposare Luisa. ■ DRAMMATICO; B/N; 94'; ITALIA, 1951.

SANTA MARADONA ★★
Regia di MARCO PONTI. Con STEFANO ACCORSI, ANITA CAPRIOLI, LIBERO DE RIENZO, MANDALA TAYDE. ■ Andrea (Accorsi) vive a Torino, si è appena laureato, passa da un colloquio di lavoro all'altro, divide l'appartamento con Bart (De Rienzo). La vita scorre piatta, anzi, proprio nel nulla. Poi appare la bruna Dolores (Caprioli), ed è amore a prima vista con Andrea. Ma inibizioni e incomprensioni riprecipitano tutto come prima. Alla fine però ecco un sussulto: mai arrendersi, lottare. In *Santa Maradona* qualcosa c'è, pur nel voler fare e dire troppo. La storia diventa noiosa e astratta quando entra in gioco Dolores. Apprezzabile comunque la scrittura (più della regia) di Ponti, esordiente che viene dalla pubblicità. Discreta ventata generale. Accorsi è un po' sempre lo stesso (solita nevrosi, solita ambiguità) ma, si sa, ha mercato. Straordinario invece Libero De Rienzo dette da lui battute discrete diventano ottime. Davvero una sorpresa. Ne sentiremo parlare. ■ COMMEDIA; COL.; 95'; ITALIA, 2001. ■ DAVID DI DONATELLO 2 PR, 2 NOM.

SANTANA IL KILLER DAL MANTELLO NERO ★★
(El hombre de negro)
Regia di RAÚL DE ANDA. Con NARCISO BUSQUETS, RODOLFO DE ANDA, JOSÉ ELIAS MORENO. ■ Charles si serve dell'aiuto di un pistolero, Santana, che gli insegna l'arte del colpire, per vendicare il padre, ammazzato insieme al suo gregge dal violento Jim Williams. Preso da una forsennata foga vendicatrice, Charles non s'accontenta di aver ucciso Williams e alcuni suoi scagnozzi; Santana gli si oppone per evitare ulteriori inutili stragi, ma muore in duello con Charles. ■ WESTERN. COL.; 92'; SPAGNA, 1972.

SANTARELLINA *(Mam'zelle Nitouche)* ★★★
Regia di MARC ALLÉGRET. Con JANIE MARÈSE, RAIMU. ■ Santarellina è una ragazza inquieta che cresce in un convento. Un giorno fugge per incontrare un ufficiale. *Gags* e situazioni comiche. ■ COMMEDIA; B/N; 90'; FRANCIA, 1931.

SANTARELLINA *(Mam'zelle Nitouche)* ★★★
Regia di YVES ALLÉGRET. Con LOUIS DE FUNÈS, JEAN DEBUCOURT, FERNANDEL, ANNA MARIA PIERANGELI. ■ Un'altra versione della nota vicenda. Ottimo Fernandel. ■ COMMEDIA; COL.; 105'; FRANCIA, 1953.

SANTA SANGRE ★★★
Regia di AXEL JODOROWSKY. Con BLANCA GUERRA, AXEL JODOROWSKY, GUY STOCKWELL. ■ Coerente col suo talento visionario e fedele al manifesto stilato a suo tempo con Arrabal, Topor, Marceau, Jodorowski, "prodotto" da Claudio Argento, descrive ancora una volta le angosce passando per i corridoi del sangue e della crudeltà. Un giovane è rinchiuso in manicomio dopo aver subito lo shock della morte violenta dei genitori. Diventerà assassino spinto dal fantasma della madre. Può piacere o essere detestato senza vie di mezzo. ■ DRAMMATICO; COL.; 110'; ITALIA, 1989.

SANT'ELENA, PICCOLA ISOLA ★★★★
Regia di UMBERTO SCARPELLI, RENATO SIMONI. Con MERCEDES BRIGNONE, CARLA CANDIANI, ELSA DE GIORGI, SALVO RANDONE, RUGGERO RUGGERI, ALBERTO SORDI, PAOLO STOPPA. ■ Il 15 ottobre del 1815, dopo la disfatta di Waterloo, gli inglesi "rinchiudono" Napoleone a Sant'Elena, isola in mezzo all'oceano Atlantico. Il film si rifà a documenti autentici, alcuni dei quali fanno parte del memoriale dello stesso Bonaparte. Viene mostrato un diario dove Napoleone studente scrive «Sant'Elena, una piccola isola...». Sono le ultime parole del diario. L'imperatore viene accompagnato da una delegazione di fedelissimi. Emerge la figura del "carceriere" di Napoleone, sir Hudson Lowe, che trattò sin troppo male il suo "prigioniero", facendosi odiare... dal regista e poi da tutti, persino dagli stessi inglesi. Dirette e forti le battute antibritanniche: non solo Napoleone era stato in guerra con gli inglesi, lo era anche

l'Italia nel 1943. Il film è un collettore di notizie interessanti: il gruppo dell'imperatore era di 44 persone, fra generali, conti e contesse, antichi veterani, domestici eccetera, e costava dodicimila sterline l'anno. Tanto che sir Lowe chiese una partecipazione allo stesso imperatore. Uno dei contrasti maggiori riguardò il titolo con cui rivolgersi a lui. Napoleone intendeva essere chiamato imperatore, non generale. Napoleone sconfitto ma orgoglioso, naturalmente tristissimo, ricorda e scrive. Cammina sui sentieri di quell'isola di pietre e di nulla. Passano gli anni, il gruppo si assottiglia, Napoleone malato allo stomaco si spegne lentamente. Le sue ultime parole sembrano essere «...le mie truppe...». Muore il 5 maggio del 1821. Il film è magnifico, per ricerca, interpretazioni, estetica, storia e Storia. Non c'è nulla di convenzionale. Lo si deve a Simoni, critico e regista teatrale, che firmava il suo unico film. La colonna sonora è... Beethoven: soprattutto inserti della Settima e della Quinta, e si rivela perfetta a sostenere quella vicenda. Ruggero Ruggeri, uno dei massimi attori dell'intero cartello italiano, diede una performance impressionante, per intensità e verità, anche se era troppo vecchio – 71 anni a fronte dei 46 di Bonaparte nel 1815 –. ■ BIOGRAFICO; 94'; ITALIA, 1943.

SANTIAGO ★★★
Regia di GORDON DOUGLAS. Con ALAN LADD, LLOYD NOLAN, ROSSANA PODESTÀ. ■ Per portare a destinazione un carico d'armi, Cash si imbarca su un battello del Mississippi sul quale viaggia un suo vecchio rivale, Pike, anche lui recante materiale bellico. L'artiglieria spagnola ostacola la consegna del carico a Maceo, capo dei ribelli cubani; quest'ultimo è costretto a rifugiarsi sui monti. Un duello tra Cash e Pike decide della destinazione del carico, che Pike vorrebbe vendere subito agli spagnoli: Cash la spunta ed è conquistato alla causa dei ribelli. ■ AVVENTURA; COL.; 93'; USA, 1956.

SANTISSIMI, I *(Les valseuses)* ★★★
Regia di BERTRAND BLIER. Con GÉRARD DEPARDIEU, PATRICK DEWAERE, BRIGITTE FOSSEY, MIOU-MIOU, JEANNE MOREAU. ■ Le avventure di due giovani e, nonostante tutto, simpatici avanzi di galera, scandite da un dialogo corrosivo e fuori dai denti, offrono il pretesto per un umorismo tagliente e di nuovo genere. ■ COMMEDIA; COL.; 117'; FRANCIA, 1974.

SANTO, IL *(The Saint)* ★★★
Regia di PHILLIP NOYCE. Con HENRY GOODMAN, VAL KILMER, VALERY NIKOLAEV, RADE SERBEDZIJA, ELISABETH SHUE. ■ Ancora una ripresa dai telefilm anni Sessanta. Questa volta si tratta di Simon Templar. Avendo trascorso un'infanzia infelice in un collegio di gesuiti, il nostro utilizza i nomi dei Santi per nascondere la propria identità al fine di compiere furti clamorosi. Questa volta riesce a rubare la formula della fusione fredda che vuole vendere alla mafia russa. Sulla sua strada si mette però una bella fisica nucleare. ■ AVVENTURA; COL.; 114'; USA, 1997.

SANTO DISONORE ★★★
Regia di GUIDO BRIGNONE. Con ELLI PARVO, ANTONIO VILAR. ■ Pietro Forcella, un patriota nella Roma del 1870, è accusato della morte del padre, ma non può difendersi perché, impegnato in una cospirazione, non vuole provocarne il fallimento né tanto meno consentire la cattura dei compagni. Scampato per miracolo alla pena capitale e condannato a trent'anni, riesce a rifugiarsi nel castello di un suo compagno di lotta. Si verrà poi a sapere che il vero assassino è Alfredo, intimo amico di Pietro. ■ STORICO; B/N; 94'; ITALIA, 1949.

SANTO PATRONO, IL ★★
Regia di BITTO ALBERTINI. Con LUCIO DALLA, GENNARO MASINI, ALBERTO SORRENTINO, TONI UCCI. ■ Le gerarchie ecclesiastiche sanciscono che il patrono di Ponteparadiso è stato erroneamente santificato e si risolvono a sostituirlo con san Silvestro. La cosa suscita l'ostile rifiuto della cittadinanza: da quel momento la vita del nuovo parroco diviene difficile. Solo grazie ad una spiritosa ed efficace iniziativa dei ragazzi del posto, che organizzano addirittura un finto miracolo, le autorità religiose desistono dal loro proposito. ■ COMMEDIA; COL.; 91'; ITALIA, 1972.

SANTO PRENDE LA MIRA, IL *(Le saint prend l'affût)* ★★★
Regia di CHRISTIAN-JAQUE. Con RAFFAELLA CARRÀ, DANIEL EVENOU, JESS HAHN, JEAN MARAIS, JEAN YANNE. ■ Simon Templar, il ladro gentiluomo, aiuta un malvivente all'ultimo colpo che si è messo nei pasticci con i servizi segreti americani e tedeschi: gli protegge la figlia, gli recupera il bottino e gli permette di ritirarsi, soddisfatto, dalle proprie losche attività. ■ AVVENTURA; COL.; 97'; FRANCIA, 1967.

SANTO STEFANO ★★★
Regia di ANGELO PASQUINI. Con CLAUDIO AMENDOLA, CLAUDIO BIGAGLI, ANDREA DE ROSA, LAURA MORANTE. ■ Penitenziario di Santo Stefano. Il direttore D'Assisi cerca di umanizzare la realtà carceraria incontrando però forti resistenze da parte delle autorità. Sul piano personale D'Assisi si trova a confrontarsi con il legame di amicizia che si instaura tra suo figlio Antonio e Nicola, un carcerato che gli fa quasi da precettore. Quando Nicola tenterà la fuga Antonio dovrà decidere se rivelare dove si trova nascosto o tacere. ■ DRAMMATICO; COL.; 87'; ITALIA, 1997.

SAPEVANO SOLO UCCIDERE (SAGUARO) ★★
Regia di TANIO BOCCIA. Con DADA GALLOTTI, KIRK MORRIS, ALAN STEEL, LARRY WARD. ■ Dopo un assalto subito da una banda di messicani guidata da un certo Saguaro, Jeff si lancia alla ricerca dei malviventi in direzione di Lake City. Eletto sceriffo del paese per acclamazione della popolazione, avrà partita vinta. ■ WESTERN; COL.; 87'; ITALIA, 1968.

SAPORE DEL DELITTO, IL ★★★
(The Amazing Dr. Clitterhouse)
Regia di ANATOLE LITVAK. Con HUMPHREY BOGART, EDWARD G. ROBINSON, CLAIRE TREVOR. ■ Per trovare conferma a certe sue tesi sulla patologia del delinquente, un neurologo, il dr. Clitterhouse, diviene membro di una banda. Quando, conclusi gli esperimenti, decide di uscire dall'organizzazione, ne uccide il capo che tenta di ricattarlo per via di un manoscritto scientifico rimasto casualmente nelle sue mani. Arrestato per omicidio, il tribunale, ironia della sorte, lo assolve per incapacità di intendere e di volere. ■ DRAMMATICO; B/N; 87'; USA, 1938.

SAPORE DEL GRANO, IL ★★
Regia di GIANNI DA CAMPO. Con LORENZO LENA, MARCO MESTRINER, ALBA MOTTURA, MARINA VLADY. ■ Un giovane insegnante, orfano di madre, è affezionato a tutti i suoi allievi e in particolare a Duilio, che ha subito la sua stessa perdita e vive col padre e la matrigna. Questa, per paura che il rapporto tra il figliastro e il professore superi certi limiti, persuade il marito a intervenire. ■ DRAMMATICO; COL.; 100'; ITALIA, 1986.

SAPORE DELLA CILIEGIA, IL *(Ta'm e guilass)* ★★★♉
Regia di ABBAS KIAROSTAMI. Con ABDOL-HOSSEIN BAGHERI, HOMAYON ERSHADI, SAFAR-ALI MORADI. ■ Un uomo gira per tutto un giorno d'estate alla ricerca di chi lo seppellirà nel momento in cui dovesse attuare la decisione di uccidersi. Nessuno vuole aderire alla sua richiesta tranne un impiegato di un Museo che cerca di fargli gustare nuovamente il sapore della vita. Palma d'oro (meritata) a Cannes 1997. ■ DRAMMATICO; COL.; 98'; IRAN, 1997. ■ CANNES ♉ 1 PR.

SAPORE DELL'ACQUA, IL *(De Smaak van Water)* ★★★
Regia di ORLOW SEUNKE. Con JOOP ADMIRAAL, DORIN CURVERS, GERARD THOOLEN. ■ Un assistente sociale che lavora in un centro per emarginati si difende con un'apparente freddezza dal coinvolgimento emotivo nei casi umani con cui viene in contatto. Ma questa corazza si incrina quando incontra una ragazza di quattordici anni orfana e ritardata, ridotta ad uno stato quasi animale. Con tenerezza il giovane tenta di riportarla ad una condizione umana, ma quando vi è riuscito interviene la burocrazia. ■ DRAMMATICO; COL.; 100'; PAESI BASSI, 1982. ■ VENEZIA 1 PR.

SAPORE DELLA PAURA, IL *(La traque)* ★★
Regia di SERGE R. LEROY. Con JEAN-LUC BIDEAU, MIMSY FARMER, MICHAEL LONSDALE, JEAN-PIERRE MARIELLE. ■ Un efferato episodio di violenza carnale nei confronti di una giovane escursionista minaccia gravemente la vuota rispettabilità di un gruppo di notabili. Non esiteranno a lasciar morire la ragazza nelle sabbie mobili. ■ DRAMMATICO; COL.; 95'; FRANCIA, 1975.

SAPORE DELLA PELLE, IL *(Amok)* ★★
Regia di DINOS DIMOPOULOS. Con ZORAS TSAPELIS, LEFTERIS

VOURNAZ, FLORETTA ZANA. ■ Un ex criminale nazista e la sua banda cercano su un isolotto un tesoro sottratto agli ebrei durante la guerra. Allo scopo si avvalgono, con la forza, di un gruppo di donne evase da una prigione. In mezzo a sevizie e percosse, una di loro trova il tesoro ma non ne rivela l'ubicazione. Un'altra donna, ebrea, riesce a fuggire con l'aiuto del figlio del nazista e ad avvertire la polizia. Il criminale trova successivamente la morte e la giovane ebrea può iniziare così una nuova vita con il suo compagno. ■ DRAMMATICO; B/N; 92'; GRECIA, 1965.

SAPORE DELLA SAGGEZZA, IL ★★★
(The Getting of Wisdom)
Regia di BRUCE BERESFORD. Con SUSANNAH FOWLE, HILARY RYAN, JOHN WATERS. ■ Dal romanzo autobiografico di Ethel Florence (meglio nota come Henry Richardson). L'autrice racconta la sua adolescenza al Presbyterian Ladies' College di Melbourne nel 1910. Una bella rievocazione del periodo e una protagonista non sempre convincente (da selvatica ragazzina di campagna a signorina colta e sicura di sé). ■ DRAMMATICO; COL.; 100'; AUSTRALIA, 1977.

SAPORE DELLA VENDETTA, IL ★★
(Persecucción hasta valencia)
Regia di JULIO COLL CLARAMOUNT. Con ANA CASTOR, LORENZA GUERRIERI, TOM TRYON. ■ Un ex agente dell'Interpol, scontati tre anni di carcere in seguito ad un errore giudiziario, è incaricato da un corriere della droga di recuperare un carico d'eroina trafugato da una banda rivale. Coglie l'occasione per riabilitarsi: recupera l'eroina e consegna i malfattori agli agenti. ■ AVVENTURA; COL.; 94'; SPAGNA, 1967.

SAPORE DELLA VITTORIA, IL ★★
(Remember The Titans)
Regia di BOAZ YAKIN. Con DONALD FAISON, WOOD HARRIS, RYAN HURST, WILL PATTON, DENZEL WASHINGTON. ■ I Titans ricordati nel titolo sono la squadra di football americano che negli anni Settanta venne allenata da Herman Boone (Washington), coach di colore, che arrivò a quel ruolo così importante contro i fortissimi pregiudizi che vigevano allora. I neri potevano giocare, ma non assumersi la responsabilità della squadra, neppure se avevano dato prova di grandi qualità. Dunque Boone, che ha ottenuto ottimi risultati in squadre universitarie, arriva ad Alexandra, in Virginia, stato fisiologicamente razzista, preparato ad affrontare la discriminazione; si vede invece riconoscere la propria bravura e diventa allenatore in prima. A quel punto deve combattere con gli stessi giocatori, quelli bianchi naturalmente, che mal sopportano di dover obbedire a un nero. Ma Herman, con grinta e intelligenza, ce la fa. La storia ha certamente sapori agiografici e porta acqua a quella tesi. In America ha creato dibattiti ai quali non si sono sottratti neppure personaggi come Michael Jordan. Per il resto c'è la giusta tensione e una violenza forse esagerata, seppure nel football, che fa della violenza una delle sue grandi prerogative. Film forse "troppo americano", che rappresenta uno sport che non ha mai del tutto convinto gli italiani. ■ DRAMMATICO; COL.; 113'; USA, 2001.

SAPORE DELL'INGANNO – FOURTH STORY, IL ★
(Fourth Story)
Regia di IVAN PASSER. Con CLIFF DE YOUNG, MARK HARMON, MIMI ROGERS, M. EMMER WALSH. ■ Un detective privato riceve l'incarico da una donna che vuole ritrovare il coniuge. Ben presto scopre di avere qualcosa in comune con l'uomo scomparso. Poco coinvolgente. ■ GIALLO; COL.; 90'; USA, 1991.

SAPORE DELL'OMICIDIO, IL *(A Taste for Killing)* ★
Regia di LOU ANTONIO. Con JASON BATEMAN, MICHAEL BIEHN, HENRY THOMAS. ■ Due figli di papà decidono di trascorrere le vacanze su una piattaforma petrolifera: si guadagna e si fa gavetta, pensano. Ma gli operai non vedono di buon occhio i due giovani arroganti. L'unico che sembra dalla loro parte si rivelerà un killer. Era meglio restare a casa. Curiosa vicenda, a tratti avvincente. Complimenti al traduttore del titolo: era così difficile *Il gusto dell'omicidio*? ■ THRILLER; COL.; 83'; USA, 1992.

SAPORE DEL PECCATO, IL *(Extrana ternura)* ★★
Regia di DANIEL TINAYRE. Con JOSEPH BRIAN, JEAN MARTIN, LOUIS TASCHLIN. ■ Il giovane Robert è ostacolato nel suo amore per una avvenente cantante, Olivia, dal suo morboso tutore. Questi vuole fermamente che la relazione abbia fine e per questo non esita a boicottare il debutto di Olivia come attrice. La donna accoglie con freddezza il ritorno di Robert che, disperato, si uccide. ■ DRAMMATICO; B/N; 92'; ARGENTINA, 1967.

SAPORE DEL SANGUE, IL *(Clay Pigeons)* ★★★
Regia di DAVID DOBKIN. Con GEORGINA CATES, JANEANE GAROFALO, JOAQUIN PHOENIX, GREGORY SPORLEDER, VINCE VAUGHN, SCOTT WILSON. ■ In un paesino del Montana, Clay e Earl passano il tempo bevendo e sparando alle bottiglie vuote. Earl scopre che Clay è l'amante di sua moglie Amanda e pensa di vendicarsi uccidendosi e facendo ricadere la colpa su Clay. Quest'ultimo viene a conoscenza del piano e lo ritiene un cattivo scherzo fino a quando Earl si uccide davvero. Clay racconta la storia ad Amanda che decide di lasciarlo. Nella vita di Clay appare, però Lester Long (Vince Vaugh), uno strano camionista cowboy, e tra lui e il giovane nasce subito una sincera amicizia. Dopo che Clay casualmente rinviene un cadavere di una donna uccisa a coltellate da un serial killer, entra sulla scena l'agente Dale Shelby (Janeane Garofalo) e le cose per Clay si fanno davvero complicate. Diretto dall'esordiente David Dobkin, è un film duro e divertente che poggia sulla solida sceneggiatura di Matt L. Healy, altro interessante esordiente sparito quasi subito. ■ THRILLER; B/N; 104'; USA, 2000.

SAPORE DI DONNA *(The Devil's Widow)* ★★★
Regia di RODDY MCDOWALL. Con CYRIL CUSACK, AVA GARDNER, IAN MCSHANE, RICHARD WATTIS. ■ Tom è l'ultimo amante della ricchissima Mikie. Quando si innamora di Susan, la donna lo fa rapire da uno dei membri fissi della sua corte e lo sottopone ad un pericolosissimo gioco. Nonostante Tom ne esca vivo grazie anche all'aiuto di Susan, Mikie rinuncia ai suoi propositi di vendetta perché Oliver è pronto a prendere il posto di Tom. ■ DRAMMATICO; COL.; 107'; USA, 1971.

SAPORE DI HAMBURGER *(Better off Dead)* ★★
Regia di SAVAGE STEVE HOLLAND. Con JOHN CUSACK, DIANE FRANKLIN, DAVID STIERS. ■ Un sedicenne piantato dalla sua ragazza perché non ha vinto una gara di sci, trova conforto e nuovi stimoli in una francesina che è venuta ad abitare vicino casa sua. La ragazza lo incoraggia e lo allena finché lui non riesce a battere l'odiato rivale, snobbando poi la vecchia fiamma. ■ COMMEDIA; COL.; 98'; USA, 1985.

SAPORE DI MARE ★★
Regia di CARLO VANZINA. Con JERRY CALÀ, KARINA HUFF, MARINA SUMA, VIRNA LISI. ■ L'estate di un gruppo di ragazzi nella Versilia degli anni Sessanta, tra picnic, giochi di spiaggia, l'intrecciarsi dei flirt e delle delusioni, i falò notturni in riva al mare. Tutta la tipologia degli adolescenti, dall'aspirante playboy ai figli di papà, dal ragazzino innamorato della signora alla coppia che "fa sul serio", sull'onda della nostalgia e sul filo delle più belle canzoni degli anni Sessanta, quando la contestazione era ancora lontana. Un film abile e fresco. ■ COMMEDIA; COL.; 98'; ITALIA, 1982. ■ DAVID DI DONATELLO 1 PR, 1 NOM.

SAPORE DI MARE 2 – UN ANNO DOPO ★★
Regia di BRUNO CORTINI. Con MAURO DI FRANCESCO, ELEONORA GIORGI, KARINA HUFF. ■ Seconda parte del film vacanziero di Carlo Vanzina all'insegna della nostalgia per gli spensierati anni Sessanta, ritmati dalle belle canzoni dell'epoca. Sulle spiagge della Versilia s'intrecciano amori, si allacciano amicizie, si vivono gli ultimi giorni di una stagione felice. ■ COMMEDIA; COL.; 105'; ITALIA, 1983.

SAPORE DI MIELE *(A Taste of Honey)* ★★★★
Regia di TONY RICHARDSON. Con DORA BRYAN, MURRAY MELVIN, RITA TUSHINGHAM. ■ Dopo una vicenda sentimentale intrisa di amarezza e di sofferenza con un marinaio di colore, la giovane Jo si lascia platonicamente attrarre da Geoffrey che nutre per lei un sentimento sincero. Quando quest'ultimo apprende che Jo aspetta un figlio dal marinaio, copre la ragazza di tutte le attenzioni che le sue tristi vicissitudini meritano; nella delicata situazione Jo ritrova perfino l'affetto della madre Helen, donna sva-

porata e sciattona. ■ DRAMMATICO; COL.; 100'; GRAN BRETAGNA, 1961. ■ CANNES 2 PR.

SAPORE DI PARIGI, IL *(Maxime)* ★★★
Regia di HENRI VERNEUIL. Con CHARLES BOYER, FELIX MARTEN, MICHÈLE MORGAN. ■ Parigi, 1914. Un vecchio ganimede ridotto in povertà corteggia una bella donna per conto di un giovane amico: ne ricaverà qualche amarezza e, alla fine, si ritirerà in buon ordine. ■ COMMEDIA; B/N; 124'; FRANCIA, 1958.

SAPORE DI RUGGINE E OSSA, UN ★★★
(De rouille et d'os)
Regia di JACQUES AUDIARD. Con MARION COTILLARD, CORINNE MASIER, CÉLINE SALLETTEO, MATTHIAS SCHOENAERTS, ARMAND VERDURE. ■ Nel nord della Francia Alì si ritrova improvvisamente sulle spalle Sam, il figlio di cinque anni che conosce appena. Senza un tetto né un soldo, i due trovano accoglienza a sud, ad Antibes, in casa della sorella di Alì. Tutto sembra andare subito meglio. Il giovane padre trova un lavoro come buttafuori in una discoteca e, una sera, conosce Stephane, bella e sicura, animatrice di uno spettacolo di orche marine. Una tragedia, però, rovescia presto la loro condizione. A partire da alcuni racconti del canadese Craig Davidson, Audiard e Thomas Bidegain, già coppia creativa nel *Profeta*, creano un racconto cinematografico dove trama e regia sono estremamente coerenti verso il melodramma dalle tinte forti, per poi addolcire l'impatto della storia con "la ruggine" di un personaggio maschile straordinario. ■ DRAMMATICO; COL.; 120'; BELGIO, FRANCIA, 2012.

SAPORE DI UN BACIO, IL *(The Travelling Saleslady)* ★★★
Regia di RAY ENRIGHT. Con JOAN BLONDELL, GLENDA FARRELL, WILLIAM GARGAN. ■ Esilaranti disavventure di una commessa viaggiatrice: il suo articolo è uno speciale dentifricio che assume il sapore del whisky al mattino, del martini prima di pranzo e dello champagne la sera. Un ruolo su misura per la brava Joan Blondell, esperta in commedie svaporate. ■ COMMEDIA; B/N; 91'; USA, 1935.

SAPORI DELLA VITA, I *(Soul Food)*
Regia di GEORGE TILLMAN JR. Con VIVICA A. FOX, VANESSA WILLIAMS. ■ In una famiglia nera c'è un rito intoccabile: la cena della domenica. È il modo, e il sortilegio, col quale la nonna tiene insieme la famiglia, specie le tre irrequiete ragazze. Intorno al rito si intrecciano tutte le storie. Mangiare è di moda, dai tempi della grande abbuffata, al pranzo di Babette, alla cena di Scola. ■ COMMEDIA; COL.; 115'; USA, 1998.

SAPORI E DISSAPORI *(No Reservations)* ★★
Regia di SCOTT HICKS. Con BOB BALABAN, ABIGAIL BRESLIN, PATRICIA CLARKSON, AARON ECKHART, CATHERINE ZETA-JONES. ■ Kate Armstrong, una chef affermata, perfezionista e dedita completamente al suo lavoro, si occupa di un ristorante molto chic di Manhattan, in cui vengono serviti piatti dall'aspetto delizioso e invitante. Ha un rapporto davvero pessimo con Nick, il suo aiutante cuoco: i due litigano continuamente, anche perché lui ha idee tutte sue su come andrebbero preparati i cibi. All'improvviso, le viene affidata la nipotina Zoe, di soli otto anni, e la situazione si complica ulteriormente. Quando poi Kate si rende conto che si sta innamorando di Nick, capisce d'un tratto che gli atteggiamenti che ha sempre avuto devono necessariamente cambiare. ■ COMMEDIA; COL.; 105'; AUSTRALIA, USA, 2007.

SAPROFITA, IL ★★
Regia di SERGIO NASCA. Con JANET AGREN, CINZIA BRUNO, AL CLIVER, VALERIA MORICONI, LEOPOLDO TRIESTE. ■ Incapace di esprimersi correttamente per via di un trauma infantile, un giovane è costretto a rinunciare alla propria vocazione al sacerdozio: viene così assunto come autista da una baronessa, di cui presto si innamora. Convintala della possibilità di un miracolo, si reca a Lourdes insieme al figlio di lei Parsifal, anche lui impedito da un'infermità alle gambe. Durante il viaggio Parsifal si affeziona ad una giovane che, finito il viaggio, l'ex seminarista non esita a sedurre in una camera d'albergo. Un furibondo litigio tra i due giovani si conclude in tragedia: Parsifal cade dalle scale e muore. In seguito a questo trauma il giovane riacquista la parola e grida al miracolo. ■ DRAMMATICO; COL.; 100'; ITALIA, 1974.

SARABANDA TRAGICA *(Saraband for Dead Lovers)* ★★
Regia di BASIL DEARDEN. Con STEWART GRANGER, JOAN GREENWOOD. ■ Il matrimonio tra Sofia Dorotea e Giorgio (elettore di Hannover, poi re d'Inghilterra), deciso in base ad una opportunità politica, si rivela profondamente infelice. Trovato l'amore nella persona di Konigsmark, Sofia lo ricambia, ma non si avvede della rivalità di una contessa della corte, che, rosa dalla gelosia, fa uccidere l'uomo e imprigionare la donna sotto l'accusa di adulterio. Condannata a trent'anni e vicina alla morte, detta al figlio le proprie memorie. ■ STORICO; COL.; 96'; GRAN BRETAGNA, 1947. ■ OSCAR 1 NOM.

SARAFINA! – IL PROFUMO DELLA LIBERTÀ ★★★
(Sarafina!)
Regia di DARRELL ROODT. Con WHOOPI GOLDBERG, LELETI KHUMALO, MIRIAM MAKEBA. ■ A Soweto una insegnante di colore, che non accetta la violenza e la discriminazione, porta in classe la sua voglia di libertà. Una sua allieva, la coraggiosa Sarafina, vuole affrontare il tema dell'*apartheid* nella rappresentazione scolastica, inevitabile lo scontro con i bianchi. Il soggetto è drammatico ma è pur sempre un musical: con balli, canti, efficaci coreografie e la bella colonna sonora di Mbongeni Ngena. ■ MUSICALE; COL.; 126'; SUDAFRICA, 1992.

SARAH BERNHARDT – LA PIÙ GRANDE ATTRICE DI TUTTI I TEMPI *(The Incredible Sarah)* ★★★
Regia di RICHARD FLEISCHER. Con GLENDA JACKSON, DANIEL MASSEY, YVONNE MITCHELL, DOUGLAS WILMER. ■ È la storia romanzata della famosissima attrice del diciannovesimo secolo. Dopo qualche particina acquista celebrità soprattutto grazie ad un battibecco con Napoleone III e sua moglie. Diventa amante di un nobile, lo segue in Belgio, quindi torna nella capitale francese. In questo periodo il suo successo è clamoroso, ma dopo una relazione con un ex diplomatico nonché ex amante di un'amica non trova più nessuno che voglia farla recitare. Sarah apre un teatro di sua proprietà e nonostante il pubblico sia deciso a denigrarla ottiene un successo strepitoso e definitivo. ■ DRAMMATICO; COL.; 106'; GRAN BRETAGNA, USA, 1976. ■ GOLDEN GLOBES 1 NOM; OSCAR 2 NOM.

SARAHASARÀ ★★
Regia di RENZO MARTINELLI. Con LUCIO ALLOCCA, GIULIO BROGI, KIM ENGELBRECHT, CIRO ESPOSITO, DENISE NEWMAN. ■ Sarah è una bambina sudafricana claudicante. Sa però nuotare in modo perfetto. Il suo sogno è quello di partecipare alla Capri-Napoli, gara per professionisti. Riuscirà a farcela nonostante gli ostacoli che il colore della sua pelle e l'handicap le frappongono. Renzo Martinelli è senz'altro un esperto di cinema sportivo. Qui si è avvalso della supervisione alla sceneggiatura di Nadine Gordimer, premio Nobel. Peccato però che i pregi del film siamo riconoscibili più nella tecnica di ripresa dell'attività natatoria che nella storia che risulta "falsa". ■ DRAMMATICO; COL.; 106'; ITALIA, 1994.

SARAI IL MIO AMORE *(I'll be your Sweetheart)* ★★
Regia di VAL GUEST. Con MARGARET LOCKWOOD, VIC OLIVER, MICHAEL RENNIE. ■ Nella Londra del diciannovesimo secolo, una potente organizzazione criminale rastrella tutte le composizioni musicali di giovani autori per stamparle clandestinamente. Uno di questi decide di combattere la banda, formando una società parallela, ma dopo i primi buoni risultati ne viene sopraffatto. In occasione della morte di uno tra gli autori più noti, che lascia la moglie in uno stato miserevole, un deputato solleva il problema dei diritti d'autore ai Comuni. ■ DRAMMATICO; B/N; 90'; GRAN BRETAGNA, 1945.

SARAJEVO ★★
Regia di FRITZ KORTNER. Con EWALD BAISER, KLAUS KINSKI, HANS THIMIG, LUISE ULLRICH. ■ La ricostruzione particolareggiata e densa di annotazioni inedite del famosissimo attentato all'erede al trono d'Austria Francesco Ferdinando, causa occasionale della prima guerra mondiale. Ottimo ritmo e buon realismo accomunati anche a una leggera ironia. Tra gli attentatori troviamo un giovane Klaus Kinski, impetuoso ma non ancora minato dal suo egocentrismo. Doppiaggio curato dalla Rai. ■ STORICO; COL.; 80'; AUSTRIA, 1955.

SARA MAY ★★
Regia di MARIANNA SCIVERES. Con SERENA AUTIERI, BIAGIO BARONE, VANNI FOIS, LUCIA SARDO. ■ Commedia ambientata nella Sicilia degli anni Cinquanta. Narra la storia di Don Nanè e della sua famiglia. Don Nanè non era un tipo qualunque, sognava da sveglio, pensava di avere la voce di Caruso, lo sguardo di Jean Gabin e il portamento di un torero. ■ DRAMMATICO; COL.; 90′; ITALIA, 2004.

SARANDA ★
Regia di ANTONIO MOLLICA. Con ALBERT FARLEY, ELENA PIRONTI, DEAN REED, PATTY SHEPARD. ■ Al termine della guerra di Secessione, un soldato sudista, Alec Kellaway, è animato da un profondo desiderio di rivincita, ma quando si accorge che le mire dei suoi compagni sono rivolte unicamente ai carichi d'oro dei vincitori, li abbandona e ne consegna il capo, Kimberlay, ai nordisti. Questi, scontata la pena, vuole vendicarsi, ma sulla sua strada trova anche un giovane meticcio, Saranda, innamorato della figlia di Alec; i due riescono a sconfiggere la banda di Kimberlay. ■ WESTERN; COL.; 91′; ITALIA, 1970.

SARANNO FAMOSI *(Fame)* ★★★★
Regia di ALAN PARKER. Con EDDIE BARTH, IRENE CARA, LEE CURRERI. ■ Nella "High School of the performing di Manhattan" a New York molti ragazzi fanno le audizioni per essere ammessi. I prescelti hanno quattro anni per studiare e per specializzarsi nella loro arte preferita (danza, musica, recitazione ecc.) e anche per maturare affrontando i problemi della loro vita. Alla fine del corso un grande spettacolo dimostra la loro bravura, ma diventeranno tutti famosi? Un bel musical di successo che ha ispirato la serie di telefilm. ■ MUSICAL; COL.; 134′; USA, 1980. ■ GOLDEN GLOBES 1 PR, 4 NOM; OSCAR 2 PR, 5 NOM.

SARANNO UOMINI ★★
Regia di SILVIO SIANO. Con MASSIMO GIROTTI, SILVANA PAMPANINI, ALDO SILVANI. ■ Da un riformatorio escono tre giovani che intraprendono ciascuno una strada diversa: Antonio diventa sacerdote, Aldo fa il meccanico mentre Giacomo diviene un piccolo malvivente. In seguito ad alcuni atti di violenza e ad un furto, Giacomo fa sequestrare Aldo, che, in possesso della refurtiva, aveva chiesto ospitalità a don Antonio. In un conflitto a fuoco è uccisa la donna di Giacomo, Sara, mentre la delicata posizione di don Antonio è compresa dal parroco che lo perdona. ■ DRAMMATICO; B/N; 93′; ITALIA, 1956.

SARATI IL TERRIBILE *(Sarati le terrible)* ★★
Regia di ANDRÉ HUGON. Con HARRY BAUR, JACQUELINE LAURENT, GEORGES RIGAUD. ■ Dilapidate le ricchezze della famiglia, un giovane trova l'amore nella nipote di un locandiere. Nonostante l'opposizione dello zio i due riescono a sposarsi. ■ DRAMMATICO; B/N; 102′; FRANCIA, 1937.

SARATOGA ★★★
Regia di JACK CONWAY. Con LIONEL BARRYMORE, CLARK GABLE, JEAN HARLOW, FRANK MORGAN, WALTER PIDGEON. ■ Uno spregiudicato bookmaker tenta di attrarre in un vorticoso giro di scommesse un ricco industriale. Del bookmaker alla fine si innamora la fidanzata dell'industriale, in precedenza fiera oppositrice delle sue losche manovre: alla fine insieme riescono a spillargli una grossa somma. ■ DRAMMATICO; B/N; 94′; USA, 1937.

SARATOGA *(Saratoga Trunk)* ★★★
Regia di SAM WOOD. Con JERRY AUSTIN, FLORENCE BATES, INGRID BERGMAN, GARY COOPER, FLORA ROBSON. ■ A New Orleans, Claudia Dulaine, nonostante nutra la speranza di sposare un uomo benestante, si innamora di un cowboy. I due si lasciano per incompatibilità di carattere, ma il destino li fa di nuovo incontrare; questa volta Claudia non se lo lascia scappare e lo sposa. ■ DRAMMATICO; B/N; 135′; USA, 1943. ■ OSCAR 1 NOM.

SAREMO FELICI
Regia di GIANFRANCESCO LAZOTTI. Con JO CHAMPA, MAURIZIO FERRINI. ■ Alcuni amici sui trent'anni si ritrovano a Cesenatico in un periodo in cui l'assenza del turismo di massa rende la cittadina più romantica e godibile. Uomini e donne si scambiano ricordi e rimpianti, speranze e sogni di un'esistenza migliore. ■ COMMEDIA; COL.; 95′; ITALIA, 1989.

SARÒ COME TU MI VUOI *(Som du vill ha mei)* ★★
Regia di GÖSTA CEDERLUND. Con LAURITZ FALK, STIG JÄRREL. ■ Divenuta improvvisamente passionale grazie ad una misteriosa iniezione, una donna accetta le profferte di un direttore d'orchestra e parte con lui, lasciando il marito in uno stato di profonda prostrazione. Ma l'eccitazione dura poco e la donna, alla prima stazione, scende dal treno per tornare dal marito. ■ COMMEDIA; B/N; 94′; SVEZIA, 1943.

SARÒ TUA *(If You Could Only Cook)* ★★★
Regia di WILLIAM A. SEITER. Con JEAN ARTHUR, HERBERT MARSHALL. ■ Divertente storia di un giovane industriale che viene scambiato per disoccupato da una ragazza. Insieme trovano lavoro come cuoca e cameriere in casa di un gangster. Quando i due si lasciano e l'industriale sta per sposare una ragazza che non ama, interviene il gangster che rapisce il giovanotto e lo obbliga a sposare la giovane cuoca. Naturalmente il giovanotto è felice dell'obbligo. ■ COMMEDIA; B/N; 70′; USA, 1935.

SARTA, LA *(The Dressmaker)* ★★
Regia di JIM O'BRIEN. Con JANE HORROCKS, JOAN PLOWRIGHT, BILLIE WHITELAW. ■ Nellie è un'attempata sarta piuttosto tradizionalista e moralista, sua sorella è proprio l'opposto e anzi frequenta i soldati americani giunti in città. Siamo nel 1944 a Liverpool. La nipotina vive con loro e s'infatua proprio di un giovane soldato senza però lasciarsi sedurre. Entra allora in gioco la zia spregiudicata a rovinare tutto e a tessere il dramma. Girato alla classica maniera inglese, soprattutto dell'ultima ondata, il film si ricorda per la buona interpretazione ma non per l'originalità. ■ DRAMMATICO; COL.; 92′; GRAN BRETAGNA, 1988.

SARTANA NELLA VALLE DEGLI AVVOLTOI ★★
Regia di ROBERTO MAURI. Con WILLIAM BERGER, ALDO BERTI, CARLO GIORDANA, WAYDE PRESTON. ■ Sartana è sulle tracce di una banda che tenta di espatriare con un grosso quantitativo d'oro rubato all'esercito. Dopo avere più volte rischiato la morte, sgomina la banda, già decimata da dissapori interni, ed è oltrettutto gratificato dell'oro recuperato da due ufficiali dell'esercito, soddisfatti per parte loro di avere recuperato un documento importantissimo per il governo. ■ WESTERN; COL.; 91′; ITALIA, 1970.

SARTANA NON PERDONA *(Sonora)* ★★
Regia di ALFONSO BALCAZAR GRANDA. Con JACK ELAM, GEORGE MARTIN, GILBERT ROLAND. ■ Un pistolero e un cacciatore di taglie, Sartana e Kitchener, inseguono insieme, anche se per diversi motivi, la banda di Slim; raggiuntala, la vendetta si compie: Slim muore e i due protagonisti sono pronti per la prossima avventura. ■ WESTERN; COL.; 92′; SPAGNA, 1968.

SARTO DI PANAMA, IL *(The Tailor of Panama)* ★★★
Regia di JOHN BOORMAN. Con PIERCE BROSNAN, JAMIE LEE CURTIS, CATERINE MCCORMACK, HAROLD PINTER, GEOFFREY RUSH. ■ Harry Pendel è un inglese che vive a Panama dove ha aperto una sartoria che garantisce la confezione su misura di abiti di alta classe. Siamo nel 1999 e il Canale di Panama è stato da poco riconsegnato al governo locale, ma non tutti sono favorevoli a questa decisione. Un agente britannico, Andy Osnard, viene inviato sul posto per tenere sotto controllo la situazione. Avendo bisogno di informazioni, cerca un partner desideroso di raccontare e ricattabile per il modo in cui ha avviato la propria attività in loco. Harry comincia a raccontare e si inventa una "opposizione silenziosa" pronta a ribellarsi e aggiunge che il Canale sta per essere venduto. Andy passa le informazioni e si innesca un meccanismo che induce gli americani a intervenire in forze. Sarà possibile arrestare l'operazione? John Boorman si è finalmente lasciato andare e ha realizzato il film liberatorio della sua vita. Si lascia alle spalle *Excalibur* e *Rangoon* e realizza un film sul genere spionistico in cui tutti gli elementi, grazie all'intervento di uno che se ne intende come Le Carré, vengono proposti e ribaltati ironicamente. Geoffrey Rush (ieri Sade oggi sarto) è sempre più poliedrico e "presente" sulla scena senza strafare. ■ SPIONAGGIO; COL.; 111′; GRAN BRETAGNA, IRLANDA, 2000.

SARTO PER SIGNORA *(Le couturier de ces dames)* ★★
Regia di JEAN BOYER. Con SUZY DELAIR, FERNANDEL. ■ Un ambizioso sarto, Fernando Vignarc, corona finalmente il suo so-

gno di vedere sfilare in un atelier numerosi modelli da lui creati. La presenza della moglie alla sfilata crea qualche problema a Fernando per via di alcune piccanti vicende accadute durante la precedente gestione dell'atelier. Ma i due, al momento della separazione, scopertisi innamorati più di prima, ritornano insieme. ■ COMMEDIA; B/N; 95′; FRANCIA, 1956.

SASSO IN BOCCA, IL ★★★
Regia di GIUSEPPE FERRARA. Con FRANCA ASCIUTTO, GIUSEPPE DI BELLA, ACCURSIO DI LEO. ■ Storia della mafia in Italia e in America, e, soprattutto, dei suoi legami col potere politico ed economico. Molto scrupoloso e di grande interesse. ■ DOCUMENTARIO; B/N; 105′; ITALIA, 1970.

SATANA IN CORPO *(Cry of the Banshee)* ★★
Regia di GORDON HESSLER. Con HUGH GRIFFITH, ESSY PERSSON, VINCENT PRICE. ■ Una strega bruciata viva si vendica satanicamente del proprio accusatore. ■ HORROR; COL.; 87′; GRAN BRETAGNA, 1970.

SATANICI RITI DI DRACULA, I ★★★
(The Satanic Rites of Dracula)
Regia di ALAN GIBSON. Con PETER CUSHING, WILLIAM FRANKLIN, CHRISTOPHER LEE. ■ Dracula è un insospettabile premio Nobel e ha soggiogato ai suoi riti molti notabili londinesi, che riunisce in una lugubre villa in campagna. Farà una brutta fine. ■ HORROR; COL.; 88′; GRAN BRETAGNA, 1970.

SATANIK ★★
Regia di PIERO VIVARELLI. Con MAGDA KONOPKA, LUIGI MONTINI, JULIO PENA, UMBERTO RAHO. ■ Bevuto un miracoloso intruglio che ridà gioventù e fascino, dopo averne ucciso l'inventore una donna scopre che il suo effetto è di breve durata e non esita ad assassinare per questo anche i suoi occasionali amanti. Ma la polizia è ormai sulle tracce della diabolica zitella: nel tentativo di evitare la cattura, la donna precipita in un burrone. ■ DRAMMATICO; COL.; 85′; ITALIA, 1968.

SATANK, LA FRECCIA CHE UCCIDE ★★
(Santa Fé Passage)
Regia di WILLIAM N. WITNEY. Con ROD CAMERON, FAITH DOMERGUE, JOHN PAYNE. ■ Una carovana è assalita dagli indiani e una freccia ferisce seriamente Kirby, amato da Aurelia. Jess, geloso di Kirby, ordisce un sordido piano grazie al quale il suo rivale possa cadere nelle mani degli indiani. Kirby, inseguito dal loro capo Satank, ingaggia con lui un feroce duello; quando sta per essere sopraffatto, è salvato dalla madre di Aurelia che uccide il grande capo. L'avventura si conclude felicemente. ■ WESTERN; COL.; 70′; USA, 1955.

SATAN'S SADISTS *(Satan's Sadists)* ★★
Regia di AL ADAMSON. Con SCOTT BRADY, RUSS TAMBLYN, KENT TAYLOR. ■ Macchiatosi di ogni genere di violenza, Angelo, che capeggia una banda di delinquenti, insegue John Martin, l'unico riuscito a scampare alle sue vessazioni. Morirà alla fine per mano di uno dei suoi luogotenenti. ■ DRAMMATICO; COL.; 88′; USA, 1969.

SATANTANGO ★★★
Regia di BELA TARR. Con PETER BERLING, ERIKA BOK, PUTYI HORVATH, MIHALY VIG. ■ Un medico alcolizzato è l'unico abitante di un paesino che è stato preso di mira da due imbroglioni. Costoro hanno parlato ai paesani e li hanno convinti ad abbandonare le proprie case e investire i propri soldi per formare un'altra comunità. Il medico scrive la storia. Era dai film di Tarkovski che non si vedeva una fotografia così lirica, poetica e avvolgente. ■ DRAMMATICO; B/N; 450′; GERMANIA, SVIZZERA, UNGHERIA, 1993.

SATELLITE ★★
Regia di MARIO SCHIFANO. ■ È il diario della creazione e della produzione di un film sperimentale. ■ DOCUMENTARIO; COL.; 91′; ITALIA, 1970.

SATELLITI CONTRO LA TERRA, I *(Super Giant)* ★★
Regia di TERUO ISHII. Con TAKAMATSU, KEN UTSUI, YAMODA. ■ Il supereroe di turno libera uno scienziato prigioniero coi figli su un satellite artificiale e sgomina l'organizzazione che progettava di dominare il mondo. ■ FANTASCIENZA; COL.; 90′; GIAPPONE, 1961.

SATIN ROUGE ★★★
Regia di RAJA AMARI. Con HIYAM ABBAS, FAOUZIA BADR, HEND EL FAHEM, MAHER KAMOUN. ■ Nella Tunisi odierna, sospesa fra tradizione e cambiamenti, Lilia, una giovane vedova pudica e "perbene", veglia con devozione sull'integrità della vita della figlia adolescente Salma. Sospettando una sua relazione con Chokri, il percussionista del night Satin Rouge, una sera decide di andargli a parlare. Le si apre così davanti un mondo diverso e affascinante, da cui Lilia si sente attratta, pur cercando di fuggirne per i suoi atavici timori. È un inno alla fuga dalle convenzioni sociali e dai bigottismi inutili, questa scoppiettante commedia con cui la giovane regista tunisina si è aggiudicata, con pieno merito, il premio di miglior film al 20° Torino Film Festival. Mischiando con perizia e ironia la lentezza dei rituali con la frenesia della danza del ventre, la Amari riafferma, grazie anche alla straordinaria fisicità della protagonista, il predominio del movimento e del cambiamento sulla staticità: una lezione di tolleranza e di liberazione, sempre accettabile ma, di questi tempi, anche di triste attualità. ■ DRAMMATICO; COL.; 91′; FRANCIA, TUNISIA, 2003.

SATIRICOSISSIMO ★★
Regia di MARIANO LAURENTI. Con GIANCARLO BADESSI, EDWIGE FENECH, FRANCO FRANCHI, CICCIO INGRASSIA, KARIN SCHUBERT. ■ Franco e Ciccio, addormentatisi dopo una festa in costume, sognano di essere nella Roma di Nerone. Incaricati dal folle imperatore di bruciare Roma, sono scoperti e condannati ai giochi del circo, ma si svegliano sul più bello. ■ COMICO; COL.; 89′; ITALIA, 1970.

SATISFACTION ★
Regia di JOAN FREEMAN. Con JUSTIN BATEMAN, LIAM NEESON, JULIA ROBERTS. ■ Tra gli interpreti di questo sdolcinato filmetto troviamo due giovani Julia Roberts e Liam Neeson, ma la loro presenza non risolve i problemi di qualità. Quattro ragazze, dopo aver terminato il liceo, formano un gruppo musicale. Si aggiunge a loro un ragazzo ma le esibizioni sono rare. Alla fine il gruppo riesce a conoscere un famoso musicista che dà una mano. Tra quest'ultimo e una delle ragazze nasce l'amore. ■ COMMEDIA; COL.; 93′; USA, 1988.

SATURNO CONTRO ★★
Regia di FERZAN OZPETEK. Con STEFANO ACCORSI, AMBRA ANGIOLINI, LUCA ARGENTERO, MARGHERITA BUY, LUIGI DIBERTI, ENNIO FANTASTICHINI, PIERFRANCESCO FAVINO, ISABELLA FERRARI, LUNETTA SAVINO, FILIPPO TIMI, MICHELANGELO TOMMASO, MILENA VUKOTIC, SERRA YILMAZ. ■ Davide scrive favole per ragazzi e vive con Lorenzo, un giovane pubblicitario che ama profondamente la vita e i suoi amici. Intorno alla loro tavola, sempre ricca e generosa, si concentrano gli affetti più cari: Angelica, psicologa avversaria del fumo e sostenitrice dell'amicizia; Antonio, marito di Angelica e bancario in bancarotta esistenziale; Neval, traduttrice turca che "interpreta" gli umori dei compagni; Roberto, marito "sbirro" di Neval a cui tartaglia il suo amore; Sergio, ex di Davide e nullafacente che vive di rendita; Roberta, drogata impenitente che lavora quando è lucida con Saturno contro e gli amici a favore, e Paolo, new entry bisessuale col diploma in medicina e il vizio della scrittura. Durante una delle tante affollatissime cene, Lorenzo cade in coma. Sulla panca dell'ospedale gli amici veglieranno il suo sonno, in attesa della ricongiunzione e della ricomposizione del loro mondo affettivo. Pur avendo gli astri a favore, almeno al momento della creazione, la sensazione è quella di un cinema normalizzato e presuntuoso. ■ DRAMMATICO; COL.; 100′; ITALIA, 2006.

SATURN 3 ★★★
Regia di STANLEY DONEN. Con ED BISHOP, KIRK DOUGLAS, FARRAH FAWCETT, HARVEY KEITEL, DOUGLAS LAMBERT. ■ In un satellite che ruota attorno alla terza luna di Saturno vivono due scienziati, un uomo e una donna, che si amano. Sopraggiunge dalla Terra una navicella con a bordo un uomo e un robot che, entrambi, s'innamorano della ragazza. Ne nascono contrasti alla fine dei quali tutti, esclusa la donna, moriranno. ■ FANTASCIENZA; COL.; 88′; GRAN BRETAGNA, 1980.

SATYRICON ★★
Regia di GIAN LUIGI POLIDORO. Con TINA AUMONT, DON BACKY, MARIO CAROTENUTO, FRANCO FABRIZI, GRAZIELLA GRANATA, FRANCESCO PAU, UGO TOGNAZZI. ■ La notizia che Fellini stava preparando la sua versione del *Satyricon*, il famoso romanzo latino attribuito a Petronio Arbitro, cortigiano di Nerone, fece produrre questa versione che sperava di sfruttarne la fama. Tognazzi, irritato col regista romagnolo che gli aveva promesso il ruolo di protagonista nel famoso *Viaggio di G. Mastorna* e poi non aveva mantenuto l'impegno, accettò d'interpretare il personaggio di Trimalcione. Quando uscì il film la critica lo liquidò con poche frasi sprezzanti. In realtà, pur non potendo certo rivaleggiare con le immagini visionarie della versione felliniana, anche questo racconto delle avventure di Encolpio e Gitone è tutto sommato discreto, pur indulgendo a qualche volgarità. ■ COMMEDIA; COL.; 110′; ITALIA, 1969.

SAUL E DAVID ★★★
Regia di MARCELLO BALDI. Con ELISA CEGANI, GIANNI GARKO, LUZ MARQUEZ, NORMAN WOOLAND. ■ Dio sceglie David come re d'Israele suscitando l'invidia di Saul, monarca in carica, che perseguita l'eletto del Signore finché non cade combattendo contro i Filistei. ■ STORICO; COL.; 90′; ITALIA, 1965.

SAUVAGE INNOCENCE ★★★
Regia di PHILIPPE GARREL. Con JULIA FAURE, MATHIEU GENET, JÉRÔME HUGUET, MEHDI BELHAJ KACEM, VALÉRIE KÉRUZORÉ, MICHEL SUBOR. ■ François Mauge vuole girare un film sull'eroina, droga che anni addietro uccise sua moglie. Intende affidare la parte all'attrice di cui è innamorato, ma non riesce a trovare altro produttore se non un losco individuo che gli propone di far passare alla frontiera una valigia piena di droga, per incassare i soldi necessari alla realizzazione del film. Le radici profonde di questa storia si trovano nella vita del regista Philippe Garrel. ■ DRAMMATICO; B/N; 123′; FRANCIA, OLANDA, 2001.

SAUVE-MOI ★★★
Regia di CHRISTIAN VINCENT. Con RONA HAETNER, JEAN-ROFGER MILO, KAROLE ROCHER, ROSCHDY ZEM. ■ Mehdi (Roschdy Zem) gira per le strade di Roubaix a bordo del suo taxi clandestino; vive di espedienti. Ha alcuni amici importanti. Sergio lavora in un supermercato, Willy è un magazziniere, Marc fa la guardia giurata, vive con Cécile. Un giorno Mehdi incontra Agatha, una ragazza piena di vita. È di passaggio, ha bisogno di un letto, di un tetto, di soldi. Agatha stravolgerà Medhi e i suoi, aprirà loro nuovi orizzonti, li salverà. *Sauve-Moi* racconta l'indigenza disperata delle persone senza alcun tipo di assistenza, contrastata dalla forza di Agatha che si ribella alla disperazione. La sua energia sconvolge l'ambiente, contesta la tristezza dei luoghi e delle persone. Il film dopo una buona partenza si adagia un po' nella seconda parte e può ingenerare qualche impazienza nello spettatore. ■ DRAMMATICO; COL.; 100′; FRANCIA, 2000.

SAVAGE GRACE ★★
Regia di TOM KALIN. Con STEPHEN DILLANE, JULIANNE MOORE. ■ Barbara Daly era una modella e aspirante starlette quando sposò Brooks Beakeland, nipote di Leo l'industriale che aveva fatto fortuna con la bakelite. Il film ce la fa incontrare a New York nel 1946 poco dopo la nascita del suo unico figlio Anthony. Barbara è una parvenu nel mondo dei ricchi e non perde occasione per mostrare la sua eccentricità. Messa di fronte all'evidenza dell'omosessualità del figlio, Barbara farà di tutto per "recuperarlo" giungendo fino al rapporto sessuale. Il finale tragico è alle porte. ■ DRAMMATICO; COL.; 93′; FRANCIA, USA, SPAGNA, 2007.

SAVANA SELVAGGIA ★★
Regia di ANTONIO CLIMATI, MARIO MORRA. ■ Il film è composto da un'interminabile sequenza di immagini pseudo-documentaristiche tendenti al raccapricciante, al gratuitamente crudele e al sanguinario in genere. Non si salvano né uomini né animali, e neppure gli spettatori di tale filmaccio. ■ DOCUMENTARIO; COL.; 91′; ITALIA, 1981.

SAVED! ★★
Regia di BRIAN DANNELLY. Con EVA AMURRI, MACAULAY CULKIN, MARTIN DONOVAN, CHAD FAUST, PATRICK FUGIT, JENA MALONE, HEATHER MATARAZZO, MANDY MOORE, MARY-LOUISE PARKER, ELIZABETH THAI. ■ Mary è una buona cristiana che frequenta una buona scuola cristiana a Baltimora dove ha dei buoni amici cristiani, soprattutto Hilary Faye, e il suo perfetto ragazzo cristiano Dean. La sua vita sembra perfetta fino al giorno in cui scopre che il suo Dean è gay. Dopo aver avuto una visione di Gesù nella sua piscina, fa di tutto per riportare il fidanzato sulla retta via, incluso concedergli la propria verginità. Niente riuscirà ad aiutarla visto che Dean viene preso e mandato in un centro "degayficatore" e Mary finisce incinta. Ironico e amaro, *Saved!* presenta con garbo e pudore temi scottanti e attuali come il fervore religioso, l'omosessualità, la diversità derivante dall'essere disabili, il valore dell'amicizia e i problemi che comporta una gravidanza inattesa. ■ COMMEDIA; COL.; 92′; USA, 2004.

SAVE THE LAST DANCE ★★
Regia di THOMAS CARTER. Con FELICIA FIELDS, VINCE GREEN, TERRY KINNEY, BIANCA LAWSON, DOROTHY MARTIN, FREDRO STARR, JULIA STILES, SEAN PATRICK THOMAS. ■ Storia di Sara, ballerina classica, che alla morte della mamma deve lasciare il paesello e raggiungere il padre che abita a Chicago. Sara conosce Dereck, ballerino nero di hip-hop. Naturalmente si innamorano. Lo spettacolo ha le sue difficoltà, tutte già viste in mille film e comunque tutto va bene e alla fine la coppia mista trionfa. Tanti bei significati. Grande successo presso il giovane pubblico americano, naturalmente. ■ COMMEDIA; COL.; 112′; USA, 2001.

SAVIOR
Regia di PREDRAG ANTONIJEVIC. Con NASTASSJA KINSKI, DENNIS QUAID, STELLAN SKARKSGARD. ■ A Joshua i terroristi islamici uccidono moglie e figli. Lui si vendica ed è costretto a fuggire. Approda nel Montenegro a combattere a fianco dei serbi. Naturalmente prende coscienza di tutto. Alla fine è proprio cambiato, è un uomo consapevole e completo. Dopo tanta sofferenza. ■ DRAMMATICO; COL.; 104′; USA, 1998.

SAVIOUR SQUARE *(Plac Zbawiciela)* ★★
Regia di JOANNA KOS-KRAUZE, KRZYSZTOF KRAUZE. Con JOWITA BUDNIK, BEATA FUDALEJ, DAWID GUDEJKO, NATAN GUDEJKO, ARKADIUSZ JANICZEK, EWA WENCEL. ■ Plac Zbawiciela è una celebre piazza di Varsavia, scelta dai due registi, co-sceneggiatori e coniugi, come titolo per il suo valore evocativo (in italiano suona come Piazza del Salvatore). La trama di questo film è piuttosto semplice: un matrimonio entra in crisi alla notizia che la casa sognata dai due coniugi non verrà consegnata alla scadenza convenuta perché il costruttore, nel frattempo, ha dichiarato bancarotta. È necessario nuovo denaro per risolvere la questione e il figlio è costretto a rivolgersi alla madre, che non è davvero un'amica. ■ DRAMMATICO; COL.; 105′; POLONIA, 2006.

SAXOFONE ★★★
Regia di RENATO POZZETTO. Con MASSIMO BOLDI, MARIANGELA MELATO, COCHI PONZONI, RENATO POZZETTO, TEO TEOCOLI. ■ Uno strano tipo, soprannominato Saxofone a causa dello strumento dal quale non si separa mai, conosce una donna sposata. Lei rimane affascinata dalla sua personalità ma lui, che dispensa consigli a tutto andare e ama la propria indipendenza, non raccoglie le sue profferte amorose. ■ COMMEDIA; COL.; 97′; ITALIA, 1978.

SAW – L'ENIGMISTA *(Saw)*
Regia di JAMES WAN. Con TOBIN BELL, CARY ELWES, MICHAEL EMERSON, DANNY GLOVER, KEN LEUNG, BENITO MARTINEZ, DINA MEYER, MONICA POTTER, SHAWNEE SMITH. ■ È un thriller-horror, che stabilisce il record della violenza. Citiamo due nomi: James Wan, regista e sceneggiatore, e Leigh Whannell, sceneggiatore. Esordienti. Li citiamo perché vengano, in futuro (perché certamente avranno un futuro) evitati. Il regista ha dichiarato (ridendo): «Voglio che la gente sia molto scossa, quando uscirà dal cinema, totalmente scossa. È questo il mio scopo». Le gente (non tutta certo) è uscita dalla sala non "scossa", ma animata da sentimenti "diversi", ben più intensi e peggiori. Chi scrive (che ha visto e scritto molto) è uscito soprattutto con una convinzione: il confine è stato superato. Ogni autore si pone sempre un compito, che è quello di incidere su chi vedrà l'opera. Questi due, cinicamente, ridendo appunto, si sono posti quello dei record: di vio-

lenza, di delirio e tutto il resto. Ci si mette a tavolino e si decidono i record: le budella estratte, la tortura alla bambina, come usare la sega (*saw* vuol dire sega), e cento particolari come questi. Si tratta di superare quelli di prima: Tarantino, Carpenter, Craven, i maestri, erano arrivati fino lì, noi andiamo oltre. Ma i tre citati sopra hanno dell'altro, sono autori veri, Tarantino è il talento che sappiamo, malignetto ma ironico per lo meno, Carpenter ha "reinventato" la fantascienza, Craven, prima che regista, era stato docente di letteratura. Ma da dove viene l'educazione sentimentale di Wan e Whannell? Dai maestri della letteratura e del cinema, o piuttosto da videoclip che sono la summa e la sintesi del mucchio horror precedente e che andrebbero letti e filtrati possedendo la giusta cultura di base? Come sempre vale il racconto più che l'astrazione. Il "pretesto" di tutto viene da due uomini che si ritrovano incatenati in una cantina (water pieno di tutto e naturalmente ci vanno messe dentro le mani, un cadavere maciullato che si rialzerà alla fine, e sempre il sangue presente come costante normale e quotidiana). Uno dei due, per salvarsi, dovrà uccidere l'altro. Per il resto la sceneggiatura è sbrindellata e incomprensibile, al servizio, episodicamente, delle invenzioni da record. Eccone alcune: un uomo nudo e grasso (c'era già in *Seven*, ma qui si fa di meglio, appunto) potrà salvarsi uscendo da una gabbia di ferro, filo spinato, punte, molle e così via. Ci si butta contro fino a farsi uscire i succhi gastrici. Una donna si sveglia con uno scafandro (studiato naturalmente per terrorizzare) che scoppierà se lei non lo aprirà con una chiave che si trova nello stomaco del cadavere lì per terra. Con un coltello la donna apre la pancia, estrae gli intestini, ma c'è la sorpresa, l'uomo non è morto, è solo narcotizzato. Uno dei due incatenati sente, al cellulare, le voci della moglie e della figlia (sette anni) torturate dal maniaco. Il telefono gli sfugge di mano. La catena, al piede, gli impedisce di raggiungere l'apparecchio, pieno di urla strazianti. Vicino c'è (ma guarda) una sega. L'uomo comincia ad amputarsi il piede. Mentre mamma e bambina continuano ad essere torturate, due individui, un altro maniaco e un ex poliziotto, sanguinolenti e urlanti, si rincorrono per raggiungere e uccidere l'uomo che non finisce mai di tagliarsi il piede. E via di questo passo. ■ THRILLER; COL.; 100′; USA, 2004.

SAW 2 – LA SOLUZIONE DELL'ENIGMA *(Saw II)*
Regia di DARREN LYNN BOUSMAN. Con TOBIN BELL, TIM BURD, JOHN FALLON, DINA MEYER, BEVERLEY MITCHELL, EMMANUELLE VAUGIER, DONNIE WAHLBERG. ■ L'enigmista continua il suo sadico gioco con un gruppo di sfortunate vittime rinchiuse insieme e costrette ad uccidersi tra loro. Un detective, Eric Mason, cercherà di acciuffarlo. Seconda parte analoga alla prima. Ecco allora il consueto inanellamento di obbrobri sostenuto per di più da una sceneggiatura che per arrivare alla fatidica ora e mezza mette in scena un detective così poco perspicace che neanche l'ispettore Clouseau. Quello però ci divertiva. Questo invece è solo un espediente narrativo che si potrebbe anche saltare. L'horror e il thriller sono generi che ci hanno dato grandi film, ma qui la produzione avrebbe dovuto avere coraggio e titolare per capitoli: Efferatezza 1, Efferatezza 2 ecc. Tanto solo di questo si tratta. ■ THRILLER; COL.; 91′; USA, 2005.

SAW III – L'ENIGMA SENZA FINE *(Saw III)*
Regia di DARREN LYNN BOUSMAN. Con TOBIN BELL, ANGUS MACFADYEN, DINA MEYER, SHAWNEE SMITH, BAHAR SOOMEKH, DONNIE WAHLBERG. ■ Solita efferatezza, appunto. ■ Horror; COL.; 107′; USA, 2006.

SAW IV
Regia di DARREN LYNN BOUSMAN. Con TOBIN BELL, LYRIQ BENT, ATHENA KARKANIS, JUSTIN LOUIS, COSTAS MANDYLOR, SCOTT PATTERSON, MIKE REALBA, SIMON REYNOLDS, BETSY RUSSELL. ■ Come sopra. ■ HORROR; COL.; 94′; USA, 2007.

SAW 5
Regia di DAVID HACKL. Con TOBIN BELL, COSTAS MANDYLOR. HORROR; COL.; 88′; USA, 2008.

SAW VI
Regia di KEVIN GREUTERT. Con TOBIN BELL, COSTAS MANDYLOR, PETER OUTERBRIDGE, BETSY RUSSELL, MARK ROLSTON. HORROR; COL.; 90′; USA, CANADA, GRAN BRETAGNA, AUSTRALIA, 2009.

SAW 3D
Regia di KEVIN GREUTERT. Con DEAN ARMSTRONG, TOBIN BELL, CHAD DONELLA, COSTAS MANDYLOR, BETSY RUSSELL. ■ La franchise horror più caratteristica e influente dell'ultimo decennio ritorna a breve distanza da *Saw VI*, abbandonando la numerazione progressiva per enfatizzare l'utilizzo della tridimensionalità. ■ HORROR; COL.; 90′; USA, CANADA, 2010.

SAYONARA ★★★
Regia di JOSHUA LOGAN. Con MARLON BRANDO, RED BUTTONS, JAMES GARNER, RICARDO MONTALBAN, KENT SMITH, MIKO TAKA, MIYOSHI UMEKI. ■ Ai tempi della guerra di Corea, un maggiore texano dell'aviazione di stanza in Giappone è contrario alle relazioni che i suoi colleghi intrecciano con donne nipponiche, finché non s'innamora anche lui di una giapponesina che finirà per sposare. Meno fortunata sarà un'altra coppia interrazziale, costretta al suicidio. ■ COMMEDIA; COL.; 147′; USA, 1957. ■ DAVID DI DONATELLO 1 PR, 1 NOM; OSCAR 4 PR, 10 NOM.

SBAFATORI, GLI *(Les pique – Assiettes)* ★★
Regia di JEAN GIRAULT. Con BÉATRICE ALTARIBA, FRANCIS BLANQUE, DARRY COWL. ■ Gli "sbafatori" del titolo sono tre balordi, due uomini e una donna, che passano dalla povertà alla ricchezza e di nuovo alla povertà in seguito ad alcune grottesche avventure tra Parigi e la Costa Azzurra. Alla fine decideranno di mettere la testa a partito. ■ COMMEDIA; B/N; 75′; FRANCIA, 1961.

SBAGLIO DI ESSERE VIVO, LO ★★★
Regia di CARLO LUDOVICO BRAGAGLIA. Con LUIGI ALMIRANTE, GINO CERVI, VITTORIO DE SICA, DINA GALLI, ISA MIRANDA. ■ Un giovanotto viene considerato morto. Risvegliatosi, dapprima pensa di sfruttare la situazione per evitare le seccature degli iscritti allo stato civile, ma subito cominciano le difficoltà, tanto che finirà per rifugiarsi al cimitero. ■ COMMEDIA; B/N; 92′; ITALIA, 1945.

SBALLATI D'AMORE (A LOT LIKE LOVE) ★★
(A lot Like Love)
Regia di NIGEL COLE. Con MOON BLOODGOOD, AIMEE GARCIA, LEE GARLINGTON, TY GIORDANO, BIRDIE M. HALE, ASHTON KUTCHER, TARYN MANNING, AMANDA PEET, JEREMY SISTO. ■ Fin dal primo momento tra Oliver ed Emily, due giovani conosciutisi durante un viaggio in aereo, sembra nascere qualcosa d'importante. In realtà, Emily è appena uscita da una storia e ha soltanto voglia di dimenticare, Oliver sembra avere ben altre priorità. Tre anni dopo, a capodanno, Emily è stata appena lasciata dal suo ragazzo e, pur di non restare sola, telefona a Oliver. In genere lo schema della commedia sentimentale è abbastanza semplice: superare tutta una serie di ostacoli prima di poter coronare il proprio sogno d'amore. Qui il meccanismo si ribalta, infatti i due instaurano fin dall'inizio un rapporto molto fisico ma che non ha solide basi affettive, poi però impiegano sette lunghi anni prima di essere in grado di riconoscere i propri sentimenti. ■ COMMEDIA ROSA; COL.; 107′; USA, 2005.

SBALLATO, GASATO, COMPLETAMENTE FUSO ★★
Regia di STENO. Con DIEGO ABATANTUONO, EDWIGE FENECH, ENRICO MARIA SALERNO. ■ Giornalista frustrata, costretta a redigere una insulsa rubrichetta, Patrizia sfida il suo direttore: scriverà una grande inchiesta e, se non ce la farà, gli concederà le sue grazie. Lieto fine matrimoniale. ■ COMMEDIA; COL.; 96′; ITALIA, 1982.

SBAMM! ★★
Regia di FRANCO ABUSSI. Con VALERIA D'OBICI, EZIO GREGGIO, EL PASADOR. ■ Un giovane centralinista frustrato, caotico e pasticcione, è fidanzato con la figlia di un ricco discografico, che lo aiuterà a realizzare il suo sogno di dirigere un'orchestra. ■ COMMEDIA; COL.; 80′; ITALIA, 1980.

SBANCATA – L'INAFFERRABILE MR. VABANK, LA *(Vabank)* ★★
Regia di JULIUSZ MACHULSKI. Con JAN MACHULSKI, LEONARD PIETRASZACK, WITOLD PYRKOSZ. ■ Henry, uscito di prigione dopo sei anni, scopre che Kramer, il complice che lo aveva tradi-

to, è divenuto presidente di una grossa banca. Assieme ad alcuni amici organizza un colpo alla banca di Kramer e fa in modo che questi venga incolpato del furto. Lui riprende finalmente l'interrotta carriera di suonatore di tromba. ■ COMMEDIA; COL.; 113'; POLONIA, 1989.

SBANDATI – FINE D'ESTATE, GLI ★★★

Regia di FRANCESCO MASELLI. Con LUCIA BOSÈ, ANTONIO DE TEFFÉ, ISA MIRANDA, JEAN-PIERRE MOCKY. ■ Un gruppo di ragazzi di buona famiglia, sfollati in campagna, è indeciso se, dopo l'8 settembre 1943, prendere la via della Resistenza partigiana. Alcuni lo faranno e perderanno la vita, altri fuggiranno al sicuro in Svizzera. ■ DRAMMATICO; B/N; 102'; ITALIA, 1955.

SBANDATO! ★★

Regia di ANTERO MORRONI. Con ANALANDA, ANNA DI LORENZO, UBALDO GRAM. ■ Dopo l'8 settembre 1943, un soldatino sbandato trova rifugio presso una famiglia di contadini. Una collaborazionista, per vendetta, li accusa d'aver compiuto un attentato, ma il soldatino, per ripagare gli ospiti, se ne assume la responsabilità finendo fucilato. ■ DRAMMATICO; B/N; 92'; ITALIA, 1955.

SBARCO DI ANZIO, LO ★★★

Regia di DUILIO COLETTI. Con PETER FALK, GIANCARLO GIANNINI, EARL HOLLIMAN, ARTHUR KENNEDY, ROBERT MITCHUM, ROBERT RYAN. ■ Un corrispondente di guerra è testimone degli errori del comando alleato durante lo sbarco di Anzio del 1943. I generali americani sono tutti individuabili, ma hanno un nome inventato. ■ GUERRA; COL.; 117'; ITALIA, 1968.

SBATTI IL MOSTRO IN PRIMA PAGINA ★★★

Regia di MARCO BELLOCCHIO. Con LAURA BETTI, FABIO GARRIBA, JACQUES HERLIN, CARLA TATÒ, GIAN MARIA VOLONTÉ. ■ A Milano, una studentessa liceale viene violentata e uccisa. Il redattore capo di un grande quotidiano indipendente scatena una campagna contro un extraparlamentare accusandolo del delitto. Riuscirebbe ad incastrare il poveretto, grazie alle "rivelazioni" di una sua matura ed isterica ex amante, se un giornalista più scrupoloso non individuasse il vero colpevole. ■ DRAMMATICO; COL.; 93'; ITALIA, 1972.

SBIRRI ★

Regia di ROBERTO BURCHIELLI. Con LUCA ANGELETTI, RAOUL BOVA, ALESSANDRO SPERDUTI. ■ Matteo Gatti è un giornalista televisivo che non ha mai avuto problemi nell'esporsi in prima linea quando lo ha ritenuto necessario per realizzare reportage che mettessero i fatti in primo piano. Una tragedia familiare lo ha colpito: il figlio adolescente in gita a Milano ha assunto una pastiglia di ecstasi ed è morto. Matteo riesce a convincere il suo direttore per la realizzazione di un'inchiesta sul mondo dello spaccio di stupefacenti. ■ POLIZIESCO; COL.; 100'; ITALIA, 2009.

SBIRRI BASTARDI *(Sweeney 2)* ★★

Regia di TOM CLEGG. Con DENHOLM ELLIOTT, GEORGINA HALE, JOHN THAW, DENNIS WATERMAN. ■ L'ispettore Regan e il sergente Carter danno battaglia ad una banda di abilissimi ladri che uccidono i testimoni per non lasciare nessuna traccia. I due poliziotti seguono i banditi fino all'isola di Malta ed è lì che approntano un piano per arrestarli. ■ POLIZIESCO; COL.; 108'; GRAN BRETAGNA, 1978.

SBIRRO DALLA FACCIA D'ANGELO, UNO ★★★
(Toma: Best of the Safecrackers)

Regia di RICHARD BENNETT. Con TONY MUSANTE, SIMON OAKLAND, SUSAN STRASBERG. ■ Un gruppo di poliziotti segue da vicino una banda di malviventi: aspetta un loro passo falso per metterli tutti sotto chiave. Con un trucco, uno degli agenti riesce ad entrare nella banda nonostante la diffidenza del "braccio destro" del capo. Assieme ai momentanei complici porta a termine un colpo, ma durante la fuga riesce ad avvertire i poliziotti e si salva miracolosamente dalla vendetta dei compagni. ■ POLIZIESCO; COL.; 91'; USA, 1976.

SBIRRO, IL BOSS E LA BIONDA, LO ★★★
(Mad Dog and Glory)

Regia di JOHN MCNAUGHTON. Con ROBERT DE NIRO, BILL MURRAY, UMA THURMAN. ■ Martin Scorsese, dopo aver visto *Henry – Pioggia di sangue*, ha deciso di "produrre" questo regista indipendente (all'epoca aveva circa 40 anni), dandogli un cast di primo piano. Diciamo subito che il film è riuscito nei limiti un po' ristretti della commedia convenzionale, colpa della sceneggiatura hollywoodiana. Ma l'interpretazione è di ottimo livello e la regia, pur sbilanciata, ci regala alcuni passaggi indimenticabili. Un poliziotto salva la vita a un gangster e questi, per ringraziarlo, gli offre per una settimana una bella ragazza. I due si innamorano e scoppia un putiferio. Presentato fuori concorso a Cannes. ■ COMMEDIA; COL.; 108'; USA, 1992.

SBIRRO, LA TUA LEGGE È LENTA... LA MIA NO! ★★

Regia di STELVIO MASSI. Con MASSIMO DAPPORTO, MAURIZIO MERLI, MARIO MEROLA, FRANCISCO RABAL, CARMEN SCARPITTA, REMO VARISCO. ■ Un commissario, inviato in missione speciale a Milano, riesce a sgominare una banda d'assassini grazie all'aiuto di un amico mafioso d'onore. ■ POLIZIESCO; COL.; 92'; ITALIA, 1979.

SBIRRO NELLA NOTTE, UNO *(Midnight Cop)* ★★

Regia di PETER PATZAK. Con ARMIN MUELLER-STAHL, MICHAEL YORK. ■ Poliziotto di giorno, trascorre la notte suonando il sax in vari locali. Gli fa compagnia l'amico-collega, anche lui musicista dilettante. La figlia di quest'ultimo però resta coinvolta in un affare più grosso di lei: c'è della droga in ballo. Meglio posare il sax e impugnare la pistola. Poliziesco romantico e minimalista, con il veterano York e il semisconosciuto Mueller-Stahl. ■ DRAMMATICO; COL.; 95'; USA, 1988.

SBIRRO TUTTOFARE, UNO *(Metro)* ★★

Regia di THOMAS CARTER. Con CARMEN EJOGO, EDDIE MURPHY, MICHAEL RAPAPORT, MICHAEL WINCOTT. ■ Un poliziotto specializzato nelle trattative con i criminali che non possono sfuggire dal luogo in cui hanno commesso un crimine e il suo ultimo "caso". La lotta contro un rapinatore pluriomicida vede Eddie Murphy affiancato da un collega bianco secondo la più scontata stereotipia del cinema di genere. Si salvano solo le scene d'azione. ■ AVVENTURA; COL.; 117'; USA, 1997.

SBIRULINO ★

Regia di FLAVIO MOGHERINI. Con GIANNI AGUS, SERGIO LEONARDI, SANDRA MONDAINI. ■ Le avventure di Sbirulino, il bimbo-clown che vive nel paesino di Sottocielo, quando lascia la sua adorata campagna per andare a Roma. Combinerà, innocentemente, tanti pasticci, ma alla fine riuscirà a rimediare a tutto. E torna in campagna a vivere spensierato. Sbirulino è il personaggio creato da Sandra Mondaini che ebbe tanto successo fra i bambini. ■ COMMEDIA; COL.; 91'; ITALIA, 1982.

SBORNIA, LA *(Blotto)* ★★★★

Regia di JAMES PARROTT. Con ANITA GARVIN, CHARLIE HALL, OLIVER HARDY, STAN LAUREL, TINY SANDFORD. ■ Credendo di essere riuscito a ingannare la moglie con il pretesto di doversi recare urgentemente a una riunione di lavoro, l'ingenuo Stanlio esce di casa e si reca con Ollio in un night-club con l'intento di scolarsi di nascosto (sono gli anni del proibizionismo) una bottiglia di liquore, che l'astuta moglie però, accorgendosi dell'impiccio, aveva sostituito con del tè mescolato a una svariata quantità di spezie, dal tabasco al peperoncino. Divertentissimo cortometraggio, fra i primi completamente sonori della coppia Laurel & Hardy. Ne esistono anche due versioni "straniere", con due diverse attrici nelle vesti della signora Laurel: una versione spagnola, dal titolo *La Vida Nocturna*, con Linda Loredo, e una francese conosciuta come *Une nuit extravagante*, con Georgette Rhodes. ■ COMICO; B/N; 26'; USA, 1930.

SBORNIA DI DAVIDE, LA *(The Big Hangover)* ★★★

Regia di NORMAN KRASNA. Con EDGAR BUCHANAN, VAN JOHNSON, ELIZABETH TAYLOR. ■ Durante la guerra, il soldatino americano David si è dovuto nascondere dai tedeschi in una cantina piena di botti di cognac e ha corso il rischio d'affogare nel liquore quando un bombardamento ha infranto i tini. Ora è divenuto un giovane avvocato, ma, in seguito allo choc, basta che assaggi una goccia d'alcool per ubriacarsi. Per fortuna incontra una bella ragazza che saprà guarirlo. ■ COMMEDIA; B/N; 82'; USA, 1950.

SBOTTONATE *(Unzipped)* ★
Regia di DOUGLAS KEEVE. Con CARLA BRUNI, NAOMI CAMPBELL, CINDY CRAWFORD, LINDA EVANGELISTA, ISAAC MIZRAHI, KATE MOSS. ■ La cinepresa tallona lo stilista americano Isaac Mizrahi durante la preparazione di una sfilata. Passano quasi tutte le più belle top model del mondo, citate nel cast. Celebrazione, agiografia di questo personaggio che si crede al centro del mondo. Fotografato con macchina a spalla, un po' in b/n e un po' a colori, a volte con immagini sfuocate (chissà perché?) e "warohleggianti". Per un risultato fastidioso, tollerabile solo da qualche addetto gay e masochista. ■ DOCUMENTARIO; B/N; 80'; USA, 1996.

SBUCATO DAL PASSATO *(Blast From the Past)* ★★
Regia di HUGH WILSON. Con DAVE FOLEY, BRENDAN FRASER, ALICIA SILVERSTONE, SISSY SPACEK, CHRISTOPHER WALKEN. ■ Una famiglia americana si autosegrega per 35 anni in un bunker temendo l'atomica. Tornerà ad uscire trovandosi in un mondo alieno. Tanta ammirazione per l'*american way of life* che sopravvive a tutto da parte di un regista che aveva cominciato con *Scuola di polizia*. ■ COMMEDIA; COL.; 111'; USA, 1999.

SCACCHIERA DI SPIE *(The Salzburg Connection)* ★★
Regia di LEE H. KATZIN. Con KAREN JENSEN, ANNA KARINA, JOE MARROS, BARRY NEWMAN. ■ La Cia incarica un avvocato americano di recuperare una cassa contenente l'elenco delle spie naziste della seconda guerra mondiale, sepolta in un lago austriaco. ■ SPIONAGGIO; COL.; 92'; USA, 1973.

SCACCO AL BUIO ★★
Regia di JERRY JAMESON. Con OSSIE DAVIS, BURT REYNOLDS. ■ Una giovane donna si trova in carcere con l'accusa di omicidio. Si è sempre dichiarata innocente e poiché viene fatta oggetto di tentativi per sopprimerla, il detective Stryker decide di occuparsi della faccenda. ■ POLIZIESCO; COL.; 95'; USA, 1989.

SCACCO ALLA FOLLIA *(Schachnovelle)* ★★★
Regia di GERD OSWALD. Con CLAIRE BLOOM, HANSJÖRG FELMY, CURD JÜRGENS. ■ Nel 1938, un austriaco oppositore del nazismo è chiuso in una stanzetta e lasciato completamente solo: si vuole costringerlo a rivelare un importante segreto. Il poveretto riesce per caso ad impadronirsi di un manuale scacchistico e con mollica di pane come pedine e una coperta a quadri come scacchiera riesce a vincere la follia che stava per attanagliarlo. ■ DRAMMATICO; B/N; 91'; GERMANIA, 1960.

SCACCO ALLA MAFIA – LA MORTE IMPROVVISA ★★
Regia di WARREN KIEFER. Con PIER PAOLO CAPPONI, MARIA PIA CONTE, MICAELA PIGNATELLI. ■ Pasticcio giallo sulle avventure di una drogata americana che, giunta in Italia con un carico di stupefacenti che dovrebbe consegnare alla mafia, se lo tiene per sé suscitando la caccia spietata dell'organizzazione criminale. ■ POLIZIESCO; COL.; 93'; ITALIA, 1972.

SCACCO ALLA MORTE *(Echec au porteur)* ★★★
Regia di GILLES GRANGIER. Con PAUL MEURISSE, JEANNE MOREAU, SERGE REGGIANI. ■ Per un tragico errore, un bambino s'impossessa di un pallone che in realtà contiene una potente bomba destinata da alcuni trafficanti di droga a un traditore. La polizia scopre cosa è avvenuto, ma non conosce il nome del ragazzino in pericolo. Per fortuna il caso la aiuterà. ■ DRAMMATICO; B/N; 86'; FRANCIA, 1959.

SCACCO ALLA REGINA *(Le joueur d'échecs)* ★★★
Regia di JEAN DRÉVILLE. Con FRANÇOISE ROSAY, CONRAD VEIDT. ■ Tra Settecento e Ottocento, una delle cose che suscitò maggiore ammirazione fu l'automa di Kemplen: un misterioso pupazzo meccanico capace di giocare a scacchi e di vincere perfino Napoleone. Questo film s'ispira ai fatti storici e racconta che nel fantoccio era nascosto un patriota polacco che voleva così fuggire alla persecuzione di Caterina II. ■ AVVENTURA; B/N; 90'; FRANCIA, 1938.

SCACCO ALLA REGINA ★★★
Regia di PASQUALE FESTA CAMPANILE. Con ALDO GIUFFRÉ, HAYDÉE POLITOFF, ROSANNA SCHIAFFINO, GABRIELE TINTI, ROMOLO VALLI. ■ Una fantasiosa ragazza viene assunta come segretaria da un'attrice estremamente possessiva e, a poco a poco, ne diventa la schiava sottoponendosi ad umiliazioni sempre più gravi in un rapporto masochistico. Erotismo ben confezionato sotto il pretesto della critica sociale. ■ COMMEDIA; COL.; 98'; ITALIA, 1969.

SCACCO AL PATIBOLO *(Buried Alive)* ★★
Regia di VICTOR HALPERIN. Con PAUL MCVEY, BEVERLY ROBERTS, ROBERT WILCOX. ■ Un detenuto è completamente redento, ma non gliene va bene una: autista del direttore, può uscire dal penitenziario ma, essendo rimasto coinvolto in una rissa, viene privato della grazia su cui contava. Cerca poi di far desistere un compagno in procinto di fuggire e, per un equivoco, viene accusato d'omicidio e condannato a morte. Sarà salvato all'ultimo minuto. ■ DRAMMATICO; B/N; 90'; USA, 1939.

SCACCO AL RE NERO *(Sugar Hill)* ★
Regia di LEON ICHASO. Con THERESA RANDLE, WESLEY SNIPES, MICHAEL WRIGHT. ■ Roemello è stufo di Harlem, della violenza e della droga. Vorrebbe andarsene con l'amata Melissa ma uscire dall'ambiente è più difficile di quanto creda. ■ DRAMMATICO; COL.; 123'; USA, 1993.

SCACCO INTERNAZIONALE ★★
Regia di NINY ROSATI. Con LIZ BARRETT, DANIELA BIANCHI, TAB HUNTER, EDWARD ROSS. ■ Un giornalista americano a Roma si trova coinvolto in una storia di spionaggio e scopre che la moglie, comunista russa, sta con i suoi nemici. La consegna alla polizia pur amandola: si ritroveranno quando lei avrà scontato la pena. ■ SPIONAGGIO; COL.; 92'; ITALIA, 1969.

SCACCO MATTO *(Uncovered)* ★★
Regia di JIM MCBRIDE. Con KATE BECKINSALE, SINEAD CUSACK, JOHN WOOD. ■ Tratto da *La tavola fiamminga* di Arturo Perez-Reverte. Siamo a Barcellona dove un quadro fiammingo ha bisogno di essere restaurato. La donna che se ne occupa comincia a notare connessioni con una certa macabra storia. Nel frattempo un assassino comincia a colpire. ■ GIALLO; COL.; 100'; GRAN BRETAGNA, SPAGNA, 1994.

SCACCO MATTO A SCOTLAND YARD ★★★
(Double Exposure)
Regia di RICHARD QUINE. Con RICHARD BASEHART, HONOR BLACKMAN, PETER FALK, BERNARD FOX, JOHN WILLIAMS. ■ Una fortunata, ennesima avventura del simpatico tenente italo-americano Colombo. Un'attrice uccide accidentalmente il proprio impresario e, con l'aiuto del marito, trasporta il cadavere nella sua abitazione e simula un omicidio per rapina. Il nostro, ospite di Scotland Yard, si occupa del caso ufficiosamente e con la consueta abilità riesce, dopo un secondo delitto, a smascherare i colpevoli e a consegnarli alla giustizia. ■ POLIZIESCO; COL.; 100'; USA, 1978.

SCACCO MORTALE *(Knight Moves)* ★★
Regia di CARL SCHENKEL. Con DANIEL BALDWIN, CHRISTOPHER LAMBERT, DIANE LANE, TOM SKERRITT. ■ Un giallo ambientato nel mondo degli scacchi, prodotto e interpretato da Lambert che ha al fianco la moglie Diane Lane, con la quale resta sposato fino al 1994. Peter, giocatore di scacchi, è sospettato dalla polizia di essere un sanguinario assassino di belle ragazze. Come antefatto un'antica partita a scacchi che si era risolta con un atto violento da parte del perdente. Storia poco coerente e recitazione insoddisfacente per una regia manierata. Successo di pubblico. ■ GIALLO; COL.; 117'; USA, 1991.

SCACCO PAZZO ★★
Regia di ALESSANDRO HABER. Con VITTORIO FRANCESCHI, ALESSANDRO HABER, MONICA SCATTINI. ■ Antonio, pochi giorni prima di sposarsi, è vittima di un incidente stradale che lo porta a regredire ad uno stadio infantile. Suo fratello maggiore Valerio deve prendersi cura di lui e per farlo deve ricorrere ad assurdi stratagemmi: travestendosi ora da mamma, ora da papà, non solo asseconda la demenza puerile di Antonio, ma rinfocola le relazioni di famiglia che sembravano sepolte. Marianna, fidanzata di Valerio, si intromette tra i due per cercare di dar loro una mano, ma...Tratto dall'omonima pièce teatrale diretta nel 1990 da Nanni Loy (da un testo di Vittorio Franceschi), con gli stessi attori di allora, è il debutto di Haber dietro la macchina da presa. ■ COMMEDIA NERA; COL.; 95'; ITALIA, 2003.

SCADENZA TRENTA GIORNI ★★
Regia di LUIGI GIACOSI. Con LILLA BRIGNONE, ANTONIO GANDUSIO, NAIS JAGO, ROBERTO VILLA. ■ Un giovane ricco e viziato s'innamora di una ragazza scesa al suo albergo che dichiara di essere nubile. In realtà la donna è sposata, ma ha avuto un litigio col marito. Alla fine, tutto s'accomoderà. ■ COMICO; B/N; 91'; ITALIA, 1948.

SCAFANDRO E LA FARFALLA, LO ★★★
(*Le scaphandre et le papillon*)
Regia di JULIAN SCHNABEL. Con MATHIEU AMALRIC, PATRICK CHESNAIS, EMMANUELLE SEIGNER. ■ Jean-Dominique Bauby si risveglia dopo un lungo coma in un letto d'ospedale. È il caporedattore di «Elle» e ha accusato un malore mentre era in auto con uno dei figli. Jean-Do scopre ora un'atroce verità: il suo cervello non ha più alcun collegamento con il sistema nervoso centrale. Il giornalista è totalmente paralizzato e ha perso l'uso della parola oltre a quello dell'occhio destro. Gli resta solo il sinistro per poter lentamente riprendere contatto con il mondo. Dinanzi a domande precise (ivi compresa la scelta delle lettere dell'alfabeto ordinate secondo un'apposita sequenza) potrà dire "sì" battendo una volta le ciglia oppure "no" battendole due volte. Con questo metodo riuscirà a dettare un libro che uscirà in Francia nel 1997 con il titolo che ora ha il film. ■ DRAMMATICO; COL.; 112'; FRANCIA, 2007.

SCAFANDRO INFERNALE, LO *(The Frog)* ★★
Regia di JACK RAYMOND. Con CAROL GOODNER, GORDON HARKER. ■ Un ispettore di Scotland Yard lotta contro un misterioso criminale che agisce avvolto in un cupo scafandro che lo fa assomigliare a una rana. Alla fine il poliziotto riuscirà ad ucciderlo e scoprirà l'insospettabile identità del nemico lungamente combattuto. ■ POLIZIESCO; B/N; 75'; GRAN BRETAGNA, 1937.

SCALA, LA ★★
Regia di GENNARO RIGHELLI. Con GIORGIO BIANCHI, FRANCO COOP, MARIA JACOBINI, CARLO NINCHI. ■ Sulla scala danno molti appartamenti. In uno di questi si consuma il dramma di una donna che ha tradito il marito e che è tenuta segregata da lui. La donna accetta la sua situazione nella speranza di rivedere la sua bambina. Ma un giorno giunge la notizia che la bambina è morta. Il dolore riunisce i due coniugi. ■ DRAMMATICO; B/N; 93'; ITALIA, 1931.

SCALA A CHIOCCIOLA, LA *(The Spiral Staircase)* ★★★★
Regia di ROBERT SIODMAK. Con ETHEL BARRYMORE, GEORGE BRENT, DOROTHY MCGUIRE, KENT SMITH. ■ Agli inizi del Novecento, una città americana di provincia è terrorizzata da un maniaco omicida che colpisce sempre donne con qualche menomazione fisica. Una ragazza, rimasta muta in seguito a choc, che assiste una vecchia signora, scopre un cadavere in cantina e si ritrova subito perseguitata dal folle. Se la caverà per un pelo e lo spavento le farà riacquistare la parola. ■ GIALLO; B/N; 83'; USA, 1946. ■ OSCAR 1 NOM.

SCALA AL PARADISO *(A Matter of Life and Death)* ★★★
Regia di MICHAEL POWELL, EMERIC PRESSBURGER. Con MARIUS GORING, KIM HUNTER, ROGER LIVESEY, DAVID NIVEN. ■ Un pilota della Raf, abbattuto, si salva per miracolo, ma ha continui mancamenti in cui sogna che un inviato celeste lo viene a prelevare per portarlo, attraverso una lunga scala, in Paradiso. Durante l'ultima crisi, la più grave, si immagina di dover sottostare a una specie di processo in cui alcuni personaggi storici perorano la sua causa e, indirettamente, la causa della democrazia in lotta. Alla fine l'uomo guarisce e può sposarsi con la fidanzata, ausiliaria americana. ■ FANTASTICO; COL.; 104'; GRAN BRETAGNA, 1946.

SCALA BUIA, LA *(The Unseen)* ★★
Regia di PETER FOLEG. Con BARBARA BACH, STEPHEN FURST, LELIA GOLDONI. ■ Film terrificante prodotto in Canada. Qui lo spauracchio di turno è un giovane demente frutto di un amore incestuoso. Le sue vittime sono una bella giornalista televisiva e gli altri membri della sua troupe. ■ HORROR; COL.; 89'; CANADA, 1981.

SCALA DELLA FOLLIA, LA *(Dark Places)* ★★★
Regia di DON SHARP. Con JANE BIRKIN, CHRISTOPHER LEE, HERBERT LOM. ■ Un gruppo di persone cerca d'impossessarsi d'una grossa somma nascosta in una vecchia casa da un pazzo morto. Riesce nell'intento un uomo che è stato ricoverato col defunto in manicomio, ma rivive la notte dell'orrore in cui questi aveva sterminato la famiglia e diventa un folle omicida. ■ HORROR; COL.; 91'; GRAN BRETAGNA, 1975.

SCALDAPANCHINA, GLI *(The Benchwarmers)* ★
Regia di DENNIS DUGAN. Con ERINN BARTLETT, JON HEDER, JON LOVITZ, ROB SCHNEIDER, MOLLY SIMS, DAVID SPADE. ■ Gus, Richie e Clark hanno passato l'adolescenza in panchina aspettando la loro occasione in campo come nella vita. Diversi anni dopo, quella chance arriva. In seguito a un intervento generoso in cui sottraggono Nelson, il figlio di un noto miliardario, dalle grinfie dei bulletti di turno, i tre scaldapanchina giocano una vera partita di baseball. A organizzarla e a finanziarla è Mel, padre di Nelson, in debito morale coi tre trentenni. ■ COMMEDIA; COL.; 80'; USA, 2006.

SCALO A ORLY *(Escale à Orly)* ★★
Regia di JEAN DRÉVILLE. Con DIETER BORSCHE, DANY ROBIN, HEINZ RÜHMANN. ■ Una hostess e un pilota decidono di sposarsi, ma sorgono alcune difficoltà e i due bisticciano. La lotta contro alcuni trafficanti di droga nascosti su un aereo li farà tornare insieme. ■ COMMEDIA; B/N; 105'; FRANCIA, 1958.

SCALPS ★
Regia di WERNER KNOX (pseud. di BRUNO MATTEI). Con MAPY GALAN, VASSILI KARIS. ■ Yarin, una fiera e orgogliosa pellerossa, incontra Matt, un giovane americano. I rapporti tra i due sono dapprima difficoltosi e apparentemente inconciliabili, poi si fanno via via dolci e molto più che amichevoli. ■ AVVENTURA; COL.; 100'; ITALIA, SPAGNA, 1986

SCAMBIAMOCI LE MOGLI *(His and Hers)* ★★★
Regia di BRIAN DESMOND HURST. Con WILFRID HYDE-WHITE, NICOLE MAUREY, JANETTE SCOTT, TERRY THOMAS. ■ Uno scrittore ha uno strepitoso successo con libri di viaggi esotici e in realtà inganna tutti perché finge soltanto di partire, ma non si muove assolutamente dall'Inghilterra. Quando gli capiterà di fare un viaggio e di raccontare quel che veramente è successo sarà un fiasco, da cui lo salverà solo l'astuzia della moglie. ■ COMMEDIA; COL.; 90'; GRAN BRETAGNA, 1960.

SCAMBIO DI IDENTITÀ *(Mrs. Winterbourne)* ★★
Regia di RICHARD BENJAMIN. Con BRENDAN FRASER, RICKI LAKE, SHIRLEY MACLAINE, MIGUEL SANDOVAL. ■ Tratto dal romanzo di Cornell Woolrich *I Married a Dead Man*, il film di Benjamin racconta di una ragazza incinta che sostituisce la nuora di una ricca famiglia di Boston. Essendo la ragazza morta in un incidente ferroviario con il marito, la fanciulla ne assume l'identità per tentare di porre rimedio alla propria indigenza. Il clima da favoletta è sempre in agguato. ■ COMMEDIA; COL.; 104'; USA, 1996.

SCAMBISTA, LO *(Der Wisselwachter)* ★★★
Regia di JOS STELLING. Con STÉPHANE EXCOFFIER, JOHN KRAAYKAMP, JIM VAN DER WOUDE. ■ Un treno si ferma per pochi secondi in una stazioncina di montagna, occupata solo da un giovane selvatico e solitario, lo scambista. Una bella donna scende per errore. E viene lasciata a terra dal convoglio. Passeranno mesi prima che un altro treno si fermi lì. La raffinata signora è costretta a passare tutto il tempo con quel troglodita dello scambista. Quando fra i due s'instaura quasi una love story, ma un convoglio si ferma e la donna se ne va. Il ferroviere si lascia morire. ■ DRAMMATICO; COL.; 94'; PAESI BASSI, 1986.

SCAMPAGNATA, LA *(Une partie de campagne)* ★★★★
Regia di JEAN RENOIR. Con SYLVIA BATAILLE, JACQUES BRUNIUS, ANDRÉ GABRIELLO, JEANNE MARKEN, JEAN RENOIR. ■ Verso il 1880, un bottegaio parigino porta la famiglia a fare una scampagnata in un'osteria sulla Marna. Due giovanotti corteggiano la moglie e la figlia del bravo borghese, ma mentre la donna più anziana vuole solo divertirsi la più giovane prova un vero amore per l'uomo. Un anno dopo costui rivedrà la ragazza, diventata moglie infelice dello squallido socio del padre. Capolavoro del grande regista francese. Il film ebbe vita travagliata: girato nel 1936, rimase incompiuto e venne montato solo nel 1946.

Ispiratori della breve pellicola sono Maupassant e gli impressionisti. Collaboratori alla regia furono Becker, Visconti, Cartier-Bresson. ■ DRAMMATICO; B/N; 40′; FRANCIA, 1936.

SCAMPOLO ★★★

Regia di NUNZIO MALASOMMA. Con GIACOMO ALMIRANTE, LUISA GARELLA, AMEDEO NAZZARI, CARLO ROMANO, LILIA SILVI. ■ Il film racconta di una ragazza che riesce a conquistare un giovane ingegnere portandolo via a un'amante capricciosa e irritabile. La nuova coppia lascia Roma e parte per la Sardegna, dove lui deve trasferirsi per lavoro. ■ COMMEDIA; B/N; 281′; ITALIA, 1941.

SCAMPOLO '53 ★★

Regia di GIORGIO BIANCHI. Con MARIA FIORE, UMBERTO SPADARO, HENRI VIDAL. ■ Rifacimento di *Scampolo*, con l'attrice che aveva colpito il pubblico per la sua freschezza in *Due soldi di speranza* di Castellani (1953). ■ COMMEDIA; COL.; 91′; FRANCIA, ITALIA, 1953.

SCANDAL ★★★

Regia di MICHAEL CATON-JONES. Con BRIDGET FONDA, JOHN HURT, JOANNE WHALLEY-KILMER. ■ In questo lungometraggio viene ricostruito, anche se un po' superficialmente, l'ambiente a cavallo tra gli anni Cinquanta e Sessanta in Inghilterra. La protagonista è una ragazza ambiziosa e di facili costumi istruita dal dottor Ward, che la fa entrare nei letti del jet-set. I guai e lo scandalo arrivano quando la ragazza finisce in quello del ministro Profumo. Presentato fuori concorso a Cannes, il film è gradevole e ha una sua ricerca espressiva. ■ DRAMMATICO; COL.; 116′; GRAN BRETAGNA, 1989. ■ GOLDEN GLOBES 1 NOM.

SCANDALE – DELITTI E CHAMPAGNE, LE ★★★
(The Champagne Murders)

Regia di CLAUDE CHABROL. Con STÉPHANE AUDRAN, YVONNE FURNEAUX, ANTHONY PERKINS, MAURICE RONET. ■ Un azionista di una fabbrica di champagne, appena guarito da uno choc, comincia a vedere cadaveri di donne. Sospetta che si tratti di una macchinazione tesa a fargli cedere il proprio pacchetto azionario, ma anche chi dovrebbe averla organizzata muore. Soluzione a sorpresa. ■ POLIZIESCO; COL.; 126′; FRANCIA, 1967.

SCANDALI AL MARE ★★

Regia di MARINO GIROLAMI. Con CARLO DAPPORTO, BICE VALORI, RAIMONDO VIANELLO. ■ Vari episodi che si svolgono in un grande albergo di una località marina collegati dal personaggio fisso del portiere. ■ COMMEDIA; COL.; 91′; ITALIA, 1961.

SCANDALI E STANGATE *(Scandalous)* ★

Regia di BOB COHEN. Con JOHN GIELGUD, ROBERT HAYS, PAMELA STEPHENSON. ■ C'è un giornalista televisivo che cerca scandali a ogni costo e finisce col prendersi una stangata. Fidandosi troppo di una ragazza troppo bella, crede infatti a una storia da "intrigo internazionale", ma intanto è proprio lui a essere accusato di omicidio. Il reporter, però, è innocente: Gielgud è il vero cattivo. ■ GIALLO; COL.; 92′; USA, 1989.

SCANDALI NUDI ★

Regia di ENZO DI GIANNI. Con MARIO CAROTENUTO, FANFULLA, FRANCO FRANCHI, CARLO GIUFFRÉ, CICCIO INGRASSIA. ■ Un impresario teatrale calabrese vuole lanciare lo spogliarello nel suo paesino e si reca a Roma per reclutare ragazze, ma, la sera del debutto, le donne locali gli distruggono il teatro. ■ COMMEDIA; B/N; 94′; ITALIA, 1964.

SCANDALO *(Scandal)* ★★

Regia di WESLEY H. RUGGLES. Con JOHN BOLES, LAURA LA PLANTE. ■ Una commedia un po' audace diretta dal noto attore e regista del muto Wesley H. Ruggles e interpretata da una delle sue attrici preferite. Il risultato non eccelle. ■ COMMEDIA; B/N; 110′; USA, 1929.

SCANDALO ★★★

Regia di SALVATORE SAMPERI. Con ANDRÉA FERRÉOL, LISA GASTONI, CLAUDIA MARSANI, FRANCO NERO, RAYMOND PELLEGRIN. ■ Nel 1939, nella provincia francese, una farmacia è retta da una coppia di coniugi molto borghesi. La moglie prova un'infatuazione sempre più forte per il garzone di bottega e questi si vendica delle sgarberie a cui era stato sottoposto obbligando l'amante a tutta una serie d'umiliazioni che culminano nella richiesta di dargli la figlia adolescente. La madre, incapace di reagire, acconsente, ma si avvelena mentre il paese è investito dall'avanzata tedesca. ■ DRAMMATICO; COL.; 94′; ITALIA, 1976.

SCANDALO, LO ★★

Regia di ANNA GOBBI. Con ANOUK AIMÉE, MICAELA CENDALI, PHILIPPE LEROY. ■ In un castello, un'annoiata coppia altoborghese riceve gli amici. In realtà, il marito è amante di una delle ospiti e un altro è stato da lui pagato perché finga d'essere innamorato della moglie che, alla fine, scopre tutto. Finita la vacanza ritornano alla solita vita, sempre più vuota. ■ DRAMMATICO; B/N; 93′; ITALIA, 1967.

SCANDALO A CORTE *(A Royal Scandal)* ★★★

Regia di OTTO PREMINGER. Con MISCHA AUER, TALLULAH BANKHEAD, ANNE BAXTER, CHARLES COBURN, WILLIAM EITHE, VINCENT PRICE. ■ Si racconta della rapida carriera di un tenentino russo del Settecento che diventa colonnello per essere entrato nelle grazie di Caterina II. Il suo declino sarà però altrettanto rapido: scavalcato da un ambasciatore, si ritroverà soldato semplice e si consolerà con una ragazza di sangue meno nobile. ■ COMMEDIA; B/N; 94′; USA, 1945.

SCANDALO A FILADELFIA ★★★★
(The Philadelphia Story)

Regia di GEORGE CUKOR. Con CARY GRANT, JOHN HALLIDAY, KATHARINE HEPBURN, JOHN HOWARD, RUTH HUSSEY, JAMES STEWART, ROLAND YOUNG. ■ Un'aristocratica ragazza di Filadelfia, affascinante ma dotata d'un carattere impossibile, mette alla porta il marito e progetta un nuovo matrimonio con un arricchito. Durante i preparativi per le seconde nozze, sotto gli occhi sornioni di una coppia di giornalisti, il respinto riuscirà a riguadagnare il cuore della giovane dopo una memorabile sbronza che le farà abbassare le arie. Forse la migliore commedia americana del periodo d'oro (con *Susanna* di Howard Hawks), egregiamente interpretata dalla Hepburn, da Grant e da Stewart che, nei panni del giornalista, ebbe l'Oscar (un altro lo ottenne l'autore dello spumeggiante dialogo, Donald Ogden Stewart). Nel 1956 ne venne girata una nuova versione, *Alta società*, con Frank Sinatra, Grace Kelly e Bing Crosby. ■ COMMEDIA; B/N; 112′; USA, 1940. ■ OSCAR 2 PR, 6 NOM.

SCANDALO AI CAMPI ELISI ★★
(Scandale aux Champs Elysées)

Regia di ROGER BLANC. Con FRANÇOISE CHRISTOPHE, JACQUES FATH, PIERRE RENOIR. ■ Un commissario indaga su alcuni misteriosi delitti avvenuti in una casa di mode parigina. Dapprima pensa d'aver trovato il colpevole nel direttore, ma ben presto si accorgerà che la verità è un'altra. ■ POLIZIESCO; B/N; 95′; FRANCIA, 1953.

SCANDALO AL COLLEGIO ★★★
(How to be Very, Very Popular)

Regia di NUNNALLY JOHNSON. Con CHARLES COBURN, ROBERT CUMMINGS, BETTY GRABLE, SHEREE NORTH. ■ Due ballerine, testimoni involontarie di un omicidio, si rifugiano in un severo collegio maschile; ne nasce una serie d'equivoci (soprattutto dopo che una delle ragazze è stata ipnotizzata e si butta in danze sfrenate a sentire la parola *Salomè*), ma poi tutto s'accomoda con un doppio matrimonio. ■ COMMEDIA; COL.; 89′; USA, 1955.

SCANDALO AL GRAND HOTEL *(Thin Ice)* ★★★

Regia di SIDNEY LANFIELD. Con JOAN DAVIS, SONJA HENIE, TYRONE POWER, ARTHUR TREACHER. ■ Un'istruttrice di sci svizzera si innamora di un uomo che prende lezioni. ■ COMM. MUSICALE; B/N; 78′; USA, 1937. ■ OSCAR 1 NOM.

SCANDALO ALL'AMBASCIATA ★★
(Skandal in der Botschaft)

Regia di ERIK ODE. Con VIKTOR DE KOWA, JEANETTE SCHULTZE, MICHI TAMAK. ■ Una spia convince i propri superiori a scarcerare un suo amico scassinatore affinché questi si impadronisca dei documenti chiusi nella cassaforte dell'ambasciata di un paese straniero. Il piano ha successo e il ladro ottiene la libertà e l'amore. ■ SPIONAGGIO; B/N; 91′; GERMANIA, 1951.

SCANDALO ALLA RIBALTA *(Lady Paname)* ★★★
Regia di HENRY JEANSON. Con SUZY DELAIR, LOUIS JOUVET. ■ Piccante commediola su una ballerina che riesce a diventare una stella grazie ai consigli di un attempato fotografo e che alla fine trova l'amore di un musicista. ■ COMMEDIA; B/N; 106'; FRANCIA, 1953.

SCANDALO ALLE ASSISE – LA TRAPPOLA ★★
(La souricière)
Regia di HENRI CALEF. Con BERNARD BLIER, DANIELLE GODET, FRANÇOIS PÉRIER. ■ Dramma di coscienza di un giovane avvocato. Un suo assistito gli confida di essere il vero responsabile di un assassinio, per il quale viene condannato alla ghigliottina un innocente. Alla fine il legale si scatena e costringe il colpevole a confessare. ■ DRAMMATICO; B/N; 100'; FRANCIA, 1951.

SCANDALO AL RANCH *(Rancho de Luxe)* ★★
Regia di FRANK PERRY. Con JEFF BRIDGES, SLIM PICKENS, SAM WATERSTON. ■ È la storia di due giovani ladri di bestiame dei tempi moderni. Un giovanotto di New York (Bridges) e un mezzo indiano (Sam Waterston) decidono di razziare il ranch di un pomposo allevatore. Ci riescono ma non la faranno franca. ■ WESTERN; COL.; 93'; USA, 1974.

♥ **SCANDALO AL SOLE** *(A Summer Place)* ★★★★★
Regia di DELMER DAVES. Con SANDRA DEE, TROY DONAHUE, ARTHUR KENNEDY, DOROTHY MCGUIRE. ■ Molly (Dee), coi suoi genitori, arriva, su uno splendido yacht, in un'isola sulla costa del Maine, per le vacanze estive. Conosce subito Johnny (Donahue), figlio dei proprietari dell'unico albergo. La mamma di Johnny (McGuire) era stata a suo tempo innamorata del padre di Molly. Rivedendosi, i due genitori scoprono che nulla è cambiato, sono sempre innamorati. Anche fra i due ragazzi nasce un sentimento. La situazione precipita e vengono a galla le due verità. Gli antichi innamorati rompono i loro matrimoni e i due ragazzi ne rimangono traumatizzati, ma anche loro sono innamorati davvero e tutto viene superato. Molly rimane incinta. Sono giovani e si vogliono bene, sapranno affrontare la vita, aiutati dai "nuovi" genitori. Un film che non ha alcuna pretesa artistica, confezionato secondo il più puro stile hollywoodiano, col solo intento di portare molta gente nelle sale cinematografiche. Splendidi panorami con le onde che si rifrangono sugli scogli, modelli bellissimi, i quattro protagonisti compresi. Vaste, forse esagerate incursioni nel *mélo* e filosofia amoroso-sessuale davvero spicciola. Dunque film bello e assolutamente non grande. Ma sono pochissimi, nella storia del cinema, i titoli che hanno altrettanto condizionato moda e comportamento e che hanno tanto chiaramente manifestato e allarmato. Due temi così decisivi e proposti contemporaneamente non potevano avere minore impatto. I genitori di tutto il mondo seppero che ci si poteva persino separare; seppero che due adulti infelici avevano diritto alla felicità, anche a scapito di qualcuno. Appresero inoltre che i loro figli adolescenti avevano scoperto il sesso, e lo facevano. Se non fosse per qualche tentazione linguistica (Dorothy McGuire dice ai ragazzi: «Siamo in una casa di vetro, non tiriamo sassi») il film potrebbe reggere anche oltre i limiti detti. Piace immaginare la stessa storia raccontata da un regista svedese, in bianco e nero, con attori meno belli, con toni più smorzati, insomma con meno Hollywood e senza spettacolo: la critica l'avrebbe idolatrata. I due ragazzi divennero gli idoli dei loro coetanei in tutto il mondo (gli *short* di Donahue furono adottati dai giovani anche se non erano alti uno e novanta, così come i golfini gemelli di Sandra Dee) e fecero altri film insieme. Una menzione per il tema musicale che identificò *Scandalo* più degli stessi attori, e che è stato negli anni riproposto dagli spot pubblicitari. ■ COMMEDIA; COL.; 130'; USA, 1959.

SCANDALO A MIAMI *(Miami Expose)* ★★★
Regia di FRED B. SEARS. Con LEE J. COBB, PATRICIA MEDINA. ■ Un poliziotto cerca di vendicare la morte di un collega, rimasto ucciso per errore nel corso di un attentato fallito contro la vedova di un gangster. Scoprirà che la città di Miami è controllata da un gruppo di biscazzieri, aiutati da un politicante corrotto che prospera con i ricatti. ■ POLIZIESCO; B/N; 90'; USA, 1957.

SCANDALO A PALAZZO *(Le bon plaisir)* ★★
Regia di FRANCIS GIROD. Con CATHERINE DENEUVE, MICHEL SERRAULT, JEAN-LOUIS TRINTIGNANT. ■ Dal romanzo di Françoise Giroud, ministro della Cultura durante la presidenza di Giscard D'Estaing. La poltrona del presidente della Repubblica francese (Trintignant) trema quando, in circostanze fortuite, emerge e viene dato alle stampe un suo errore di gioventù. Film di grande eleganza formale, venato di ironia ma privo di mordente (eccetto, probabilmente, che per i francesi). ■ DRAMMATICO; COL.; 104'; FRANCIA, 1983.

SCANDALO A PARIGI, UNO *(A Scandal in Paris)* ★★★
Regia di DOUGLAS SIRK. Con SIGNE HASSO, CAROLE LANDIS, GEORGE SANDERS, AKIM TAMIROFF. ■ Il personaggio storico di François Vidocq, forzato dall'evasione facile che in epoca napoleonica divenne capo della polizia parigina, affascinò Balzac e Hugo e, in anni recenti, tornò alla fama con diverse serie dedicategli dalla televisione. Questa è invece una versione americana, molto romanzata, della sua vita: Vidocq organizza un furto, ma si ravvede per amore della figlia di un ministro. ■ AVVENTURA; B/N; 100'; USA, 1946.

SCANDALO BLAZE *(Blaze)* ★★★
Regia di RON SHELTON. Con LOLITA DAVIDOVICH, JERRY HARDIN, RICHARD JENKINS, PAUL NEWMAN. ■ L'anziano governatore della Louisiana si innamora di una bella e giovane spogliarellista. Già inviso a molti per le sue idee progressiste e per la battaglia a favore dell'integrazione razziale, diventa la vittima di uno scandalo. Oppositori e famiglia arrivano a farlo rinchiudere come pazzo in una clinica dove gli somministrano psicofarmaci. I suoi sostenitori, infine, lo tirano fuori e lo aiutano a rientrare nella lotta politica. Nel bene e nel male avrà accanto fino alla fine la ragazza. Dal libro autobiografico di Blaze Starr, la ragazza scandalo. Paul Newman è un po' acciaccato ma abbastanza credibile. ■ DRAMMATICO; COL.; 118'; USA, 1989. ■ OSCAR 1 NOM.

SCANDALO DEL GIORNO, LO *(After Office Hours)* ★★★
Regia di ROBERT Z. LEONARD. Con CONSTANCE BENNETT, BILLIE BURKE, STUART ERWIN, CLARK GABLE, HARVEY STEPHENS. ■ Il dinamico direttore di un giornale riassume una giornalista precedentemente licenziata per compiere indagini su un bellimbusto d'alto rango. I due scopriranno che l'uomo ha ucciso l'amante che gli era diventata d'intralcio e si sposeranno. ■ COMMEDIA; B/N; 75'; USA, 1935.

SCANDALO DELLA SUA VITA, LO ★★★
(A Woman of Distinction)
Regia di EDWARD BUZZELL. Con EDMUND GWENN, RAY MILLAND, ROSALIND RUSSELL. ■ L'integerrima direttrice di una scuola americana ha un segreto: durante la guerra, quando era ausiliaria in Europa, ha avuto una figlia da un ufficiale francese e ora fa passare la piccina per adottata. Il segreto viene svelato involontariamente da un astronomo inglese: ne nasce una girandola di equivoci che sarà sanata dal matrimonio tra i due. ■ COMMEDIA; B/N; 85'; USA, 1950.

SCANDALO DEL VESTITO BIANCO, LO ★★★
(The Man in the White Suit)
Regia di ALEXANDER MACKENDRICK. Con JOAN GREENWOOD, ALEC GUINNESS, CECILIA PARKER. ■ Alec Guinness in quegli anni interpretò spesso personaggi che avevano nome Holland: si trattava sempre di ometti dall'aspetto comune coinvolti in avventure paradossali. Qui Mr. Holland è un chimico che inventa una fibra indistruttibile e refrattaria ad ogni tipo di sporco con la quale si confeziona un vestito bianco. La scoperta mette in agitazione sia gli industriali tessili che i sindacati, ma alla fine si scoprirà che la stoffa si autodistrugge dopo poche ore. ■ COMMEDIA; B/N; 84'; GRAN BRETAGNA, 1951. ■ OSCAR 1 NOM.

SCANDALO DI BROADWAY *(Broadway Scandals)* ★★
Regia di GEORGE ARCHAINBAUD. Con JACK EGAN, SALLY O'NEILL, CHARLES WILSON. ■ Due ragazzi incontrano una ragazza e si innamorano entrambi di lei. La trama è un pretesto per molte canzoni. ■ COMMEDIA; B/N; 93'. USA, 1929.

SCANDALO DI NOTTE *(Fast and Loose)* ★★
Regia di GORDON PARRY. Con STANLEY HOLLOWAY, KAY KEN-

DALL, BRIAN REECE. ■ Un tizio scende un attimo dal treno su cui viaggia con la moglie e, incontrata una vecchia amica, perde il mezzo. La moglie che ha visto la scena crede che il marito sia scappato con un'altra, ma, alla fine, tutto s'accomoderà. ■ COMMEDIA; B/N; 75'; GRAN BRETAGNA, 1953.

SCANDALO IN FAMIGLIA *(Lover Come Back)* ★★★
Regia di WILLIAM A. SEITER. Con LUCILLE BALL, GEORGE BRENT, VERA ZORINA. ■ La moglie di un corrispondente di guerra resiste per tutto il secondo conflitto mondiale alle lusinghe dei corteggiatori, ma quando torna il marito ha l'impressione che lui non le sia stato altrettanto fedele. Per mettere alla prova il consorte la signora rischia il divorzio, poi tutto s'accomoda. ■ COMMEDIA; B/N; 90'; USA, 1946.

SCANDALO IN SOCIETÀ *(Young Blood Hawke)* ★★
Regia di DELMER DAVES. Con JAMES FRANCISCUS, EVA GABOR, GENEVIÈVE PAGE, SUZANNE PLESHETTE. ■ Un giovane scrittore di provincia arriva a New York, dove pare aprirsi per lui una facile carriera e dove diventa l'amante d'una signora del gran mondo. In seguito ha varie disgrazie: la sua fortuna declina, il figlio dell'amante si suicida, lui s'ammala gravemente. Quando la donna finalmente propone di sposarlo, il giovane rifiuta quella facile ricchezza e capisce di amare un'altra. ■ COMMEDIA; B/N; 137'; USA, 1965.

SCANDALO INTERNAZIONALE *(A Foreign Affair)* ★★★★
Regia di BILLY WILDER. Con JEAN ARTHUR, MARLENE DIETRICH, JOHN LUND, MILLARD MITCHELL. ■ Una rigida senatrice americana, imbevuta di moralismo, viene inviata ad ispezionare le truppe di stanza a Berlino nell'immediato dopoguerra e rimane scandalizzata dall'eccessiva fraternizzazione che c'è tra occupanti e occupati. In particolare, non le va giù che un misterioso ufficiale yankee protegga una sciantosa ex amante di un gerarca nazista. Decide di scoprirne l'identità, ma si confida proprio con il colpevole, un insospettabile capitano, e questi, per distoglierla dalle indagini, finge d'amarla. La senatrice si trasforma e la finzione diventerà realtà. ■ COMMEDIA; B/N; 116'; USA, 1948. ■ OSCAR 2 NOM.

SCANDALO PER BENE ★★★
Regia di ESODO PRATELLI. Con CESCO BASEGGIO, MAURIZIO D'ANCORA, LAURO GAZZOLO, EVI MALTAGLIATI, CARLO NINCHI, CAMILLO PILOTTO, GIUSEPPE PORELLI, ELISA ZAGO, EMILIO ZAGO. ■ Tratto da una novella del Bandello: nella Venezia del Cinquecento, due mercanti rivali corteggiano l'uno la moglie dell'altro. Le due donne, diventate amiche, imbastiscono una colossale beffa ai danni dei consorti. ■ COMMEDIA; B/N; 92'; ITALIA, 1940.

SCANDALO PERBENE, UNO ★★★
Regia di PASQUALE FESTA CAMPANILE. Con VITTORIO CAPRIOLI, GIULIANA DE SIO, BEN GAZZARA. ■ Ricostruzione accurata ed imparziale della famosa vicenda dello "smemorato di Collegno", che divise l'Italia degli anni Venti: un uomo privo di memoria, che vive come un barbone, viene reclamato da due famiglie che riconoscono in lui un parente da tempo scomparso. Nessuno riuscirà mai a stabilire con certezza se quell'uomo fosse il professor Canella, sposato e di buona famiglia, dato per disperso in guerra, o l'anarchico ex galeotto Bruneri. ■ DRAMMATICO; COL.; 107'; ITALIA, 1984. ■ DAVID DI DONATELLO 1 PR, 1 NOM.

SCANDALO PREMEDITATO *(Design for Scandal)* ★★★
Regia di NORMAN TAUROG. Con EDWARD ARNOLD, GUY KIBBEE, WALTER PIDGEON, ROSALIND RUSSELL. ■ Un direttore di giornale, per vendicarsi del giudice che gli ha imposto di pagare alimenti gravosi alla moglie da cui è divorziato, organizza uno scandalo che dovrebbe travolgere il magistrato in gonnella, ma gli va male perché tra il giornalista incaricato di sedurre la donna e costei nasce un vero amore. ■ COMMEDIA; B/N; 85'; USA, 1941.

SCANDALOSA GILDA ★★
Regia di GABRIELE LAVIA. Con MONICA GUERRITORE, GABRIELE LAVIA. ■ Dopo aver spiato le evoluzioni erotiche del marito con la sua amante, una donna fugge e decide di vendicarsi offrendosi al primo uomo che incontra. Si imbatte in un disegnatore di fumetti, che, pur perplesso dallo strano comportamento della signora, finisce con l'innamorarsene. Ma lei, calata nel ruolo della donna di ghiaccio, gli concede il suo corpo, non la sua mente. Quando l'auto sulla quale viaggiano i due amanti occasionali cade in un viadotto, la donna, sopravvissuta, torna alla sua vita. ■ DRAMMATICO; COL.; 85'; ITALIA, 1985.

SCANDALO SEGRETO ★★★
Regia di MONICA VITTI. Con ELLIOTT GOULD, CATHERINE SPAAK, MONICA VITTI. ■ Margherita riceve in regalo da un amico regista una telecamera molto moderna, automatica, completa di telecomando. La sua vita cambierà radicalmente e la macchina le rivelerà non solo il tradimento del marito con la sua migliore amica ma anche la desolazione della propria esistenza. Mentre il film procede si nota che la telecamera comincia a muoversi anche quando Margherita non preme il telecomando: è qualcuno che la spia. Un film originale tutto in soggettiva dal punto di vista della telecamera. Senza presunzione la Vitti, che non intende proseguire nella regia, può dire di aver vinto la sua piccola scommessa. ■ COMMEDIA; COL.; 86'; ITALIA, 1990.

SCANDALO SIBELIUS, LO *(Frauenarzt Dr. Sibelius)* ★★
Regia di RUDOLF JUGERT. Con LEX BARKER, SENTA BERGER, ANITA OHFER, BARBARA RÜTTING. ■ Il ginecologo Sibelius ha una moglie morbosamente gelosa. Costei sospetta che un'antica fiamma del medico si sia fatta ricoverare nella sua clinica solo per riallacciare la relazione. Si renderà conto dell'infondatezza dei suoi sospetti quando la ragazza morirà per un male incurabile. ■ DRAMMATICO; B/N; 91'; GERMANIA, 1964.

SCANDERBERG, L'EROE ALBANESE ★★
(Velini voin Albanyi, Scanderberg)
Regia di SERGEI YOUKTEVITCH. Con ADVIS ALIBALI, AKAKI KHORAVA, SEMYON SOKOLOVSKI. ■ Il film ricostruisce, con larghezza di mezzi, la vita di Giorgio Castariota detto Scanderberg, il principe che all'inizio del Quattrocento lottò contro gli invasori ottomani per liberare l'Albania. ■ STORICO; COL.; 93'; URSS, 1956.

SCANNERS ★★★
Regia di DAVID CRONENBERG. Con STEPHEN LACK, PATRICK MCGOOHAN, JENNIFER O'NEILL. ■ Gli Scanners sono misteriosi individui dotati di micidiali poteri telepatici e capitanati da tale Revok. Contro di loro scende in campo Vale, che scopre di essere il fratello di Revok e che entrambi sono figli del professor Ruth, da una cui diabolica scoperta sono stati originati i mutanti Scanners. Il primo, deciso, successo internazionale di David Cronenberg (*La mosca*, *Il pasto nudo*, *Crash*). ■ FANTASTICO; COL.; 102'; CANADA, 1982.

SCANNERS 2 – IL NUOVO ORDINE ★★
(Scanners 2: The New Order)
Regia di CHRISTIAN DUGUAY. Con DAVID HEWLETT, YVAN PONTON, DEBORAH RAFFIN. ■ Dave scopre di essere in grado di leggere nella mente altrui e viene sfruttato da Forrester, un poliziotto fanatico. Costui utilizza la buonafede del ragazzo per fare carriera senza alcuno scrupolo. Quando Dave se ne accorge per Forrester si prepara una brutta fine. Cronenberg è ormai lontano e la distanza è evidente, anche se si rimane a un livello professionale accettabile. ■ HORROR; COL.; 100'; USA, 1990.

SCANO BOA ★★
Regia di RENATO DALL'ARA. Con ALAIN CUNY, CARLA GRAVINA, WALTER SANTESSO, JOSÉ SUAREZ. ■ Scano Boa è un paesino di pescatori sul delta del Po dove vivono un padre e una figlia accusati di portare disgrazia. Durante la pesca allo storione il padre muore. La figlia sposerà un pescatore che l'ha messa incinta prendendola con la violenza. ■ DRAMMATICO; B/N; 91'; ITALIA, 1962.

SCANSATI... A TRINITÀ ARRIVA EL DORADO ★
Regia di DICK SPITFIRE (pseud. di DEMOFILO FIDANI). Con STAN COOPER, DANIELA GIORDANO, GORDON MITCHELL. ■ Due imbroglioni debbono vedersela con un pazzoide che si crede Dio. ■ WESTERN; COL.; 90'; ITALIA, 1975.

SCANZONATISSIMO ★★
Regia di DINO VERDE. Con ROSSELLA COMO, ALIGHIERO NOSCHESE, ELIO PANDOLFI, ANTONELLA STENI. ■ Riduzione cine-

matografica di una rivista di Dino Verde che ebbe molto successo soprattutto per i numeri del bravissimo imitatore Alighiero Noschese. ■ COMMEDIA; B/N; 92'; ITALIA, 1963.

SCAPOLO – ALBERTO IL CONQUISTATORE, LO ★★★
Regia di ANTONIO PIETRANGELI. Con LILLI GRECO, VIRNA LISI, NINO MANFREDI, ROSSANA PODESTÀ, ALBERTO SORDI. ■ Sordi interpreta egregiamente un impiegato romano che si dichiara scapolo impenitente, ma che, a poco a poco, comincia a convincersi che è meglio sposarsi. L'uomo conosce diverse ragazze ed è indeciso su chi sarà la sua futura moglie. Alla fine un'energica ragazza sarà la prescelta. ■ COMMEDIA; B/N; 98'; ITALIA, 1956.

SCAPOLO D'ORO, LO ★★
Regia di GARY SINYOR. Con JAMES CROMWELL, HAL HOLBROOK, ARTIE LANGE, CHRIS O'DONNELL, PETER USTINOV, RENÉE ZELLWEGER. ■ Remake di *Seven Chances* di Buster Keaton. Uno scapolo incallito chiede in modo scortese alla fidanzata di sposarlo. Costei rifiuta. Peccato che l'uomo scopra, di lì a poco, di poter ricevere un'ingente eredità solo se si sposerà entro ventiquattr'ore. Passate in rassegna le ex la scelta torna sulla fidanzata. ■ COMMEDIA; COL.; 102'; USA, 1999.

SCAPOLO IN PARADISO, UNO ★★★
(Bachelor in Paradise)
Regia di JACK ARNOLD. Con BOB HOPE, JIM HUTTON, AGNES MOOREHEAD, JANIS PAIGE, PAULA PRENTISS, LANA TURNER. ■ Uno scrittore specializzato in libri su popoli esotici ha dei guai col fisco e gli ritirano il passaporto. Decide allora di scrivere un libro sugli americani e studia un tipico paesino di provincia, ma gli capiteranno molti guai. ■ COMMEDIA; COL.; 109'; USA, 1961. ■ OSCAR 1 NOM.

SCAPPAMENTO APERTO *(Echappement libre)* ★★
Regia di JEAN BECKER. Con JEAN-PAUL BELMONDO, JEAN-PIERRE MARIELLE, FERNANDO REY, ENRICO MARIA SALERNO, JEAN SEBERG. ■ Un contrabbandiere riceve l'incarico di portare una donna in auto verso l'India. Durante l'avventurosissimo viaggio s'accorge che la carrozzeria della vettura è d'oro e cerca d'impadronirsene. Non ci riuscirà, ma conquisterà la ragazza. ■ AVVENTURA; B/N; 104'; FRANCIA, 1965.

SCAPPA, SCAPPA... POI TI PRENDO! ★★
(I'm Gonna Git You Sucka)
Regia di KEENEN IVORY WAYANS. Con BERNIE CASEY. ■ Film demenziale che prende in giro i thriller d'avventura. Girato con attori di colore, il lungometraggio narra di un ragazzo che vuole vendicare la morte del fratello. Stravagante la madre del protagonista, che è soldato, grande lottatrice di kung-fu. Per chi ama il genere. ■ COMMEDIA; COL.; 90'; USA, 1988.

SCAPPATELLA CON IL MORTO *(Sibling Rivarly)* ★★★
Regia di CARL REINER. Con KIRSTIE ALLEY, CARRIE FISHER, BILL PULLMAN. ■ Marjorie è felicemente sposata con un medico piuttosto conosciuto, ha una stupenda casa e sta pensando di diventare scrittrice. Ha una sorella ancora nubile con idee particolarmente confuse e che si adopra per farle prendere un amante. Costui però muore d'infarto e di colpo la serena vita di Marjorie si trasforma in un incubo. Niente di eccezionale ma, costruito con una buona sceneggiatura e con divertenti situazioni. ■ COMMEDIA; COL.; 92'; USA, 1991.

SCAPPO DALLA CITTÀ 2 *(City Slickers II)* ★★
Regia di PAUL WEILAND. Con BILLY CRYSTAL, JON LOVITZ, JACK PALANCE, DANIEL STERN. ■ I due amici Mitch e Phil sono questa volta alla ricerca di un tesoro. Per l'occasione torna in vita anche Curly, personaggio che fece vincere l'Oscar a Jack Palance. Con loro anche il fratello di Mitch. Avventure paradossali a volontà. ■ COMICO; COL.; 116'; USA, 1994.

SCAPPO DALLA CITTÀ – LA VITA, L'AMORE E LE VACCHE *(City Stickers)* ★★★
Regia di RON UNDERWOOD. Con BILLY CRYSTAL, BRUNO KIRBY, JACK PALANCE, DANIEL STERN. ■ Interessante più di quanto ci si possa aspettare da una commedia hollywoodiana che ha ottenuto incassi record negli Stati Uniti. Per scappare dalla vita stressante della città, tre amici, dopo un'esperienza fallita in Spagna, decidono di andare nel West e vivere un'avventura diversa. Trasportano una mandria di vacche lungo un tragitto faticoso e al termine scopriranno con amarezza che le bestie sono destinate al mercato. «Povere vacche, e pensare che si fidavano di noi!», è il commento di Billy Crystal, e non è l'unica citazione da *Balla coi lupi*. Viene altresì citato *Fiume rosso* di Howard Hawks e a noi italici ricorda *Noi uomini duri* di Ponzi. Crystal, ormai esperto della commedia, dopo i risultati di *Harry ti presento Sally*, lo ha interpretato e prodotto. Breve ma importantissima la partecipazione di Jack Palance, dal volto scolpito nella roccia, che gli è valsa un Oscar. ■ COMMEDIA; COL.; 109'. USA, 1991. ■ GOLDEN GLOBES 1 PR, 3 NOM; OSCAR 1 PR, 1 NOM.

SCAPRICCIATIELLO ★
Regia di LUIGI CAPUANO. Con FULVIA FRANCO, GABRIELE TINTI, EVA VANICEK. ■ Un giovane sta per sposarsi quando una bella acquaiola lo accusa di essere il padre di un bimbo che in realtà è frutto della sua relazione con un guappo fuggito all'estero. La verità finirà per trionfare. ■ DRAMMATICO; B/N; 91'; ITALIA, 1956.

♥ SCARAMOUCHE ★★★
Regia di GEORGE SIDNEY. Con MEL FERRER, NINA FOCH, STEWART GRANGER, JANET LEIGH, ELEANOR PARKER, LEWIS STONE, HENRY WILCOXON. ■ In Francia, alla vigilia della Rivoluzione, un giovane poeta donnaiolo vede un bieco ministro del re, spadaccino provetto, uccidere un suo amico, oppositore della monarchia, e decide di vendicarlo. Nascostosi in una compagnia di comici sotto la maschera di Scaramouche, aspetta il momento propizio e impara a maneggiare la spada. La resa dei conti verrà a teatro nel corso di una rappresentazione. Però, prima d'immergere la spada nel petto del fellone, l'eroe scoprirà che questi è suo fratello e rinuncerà al suo progetto preferendo sposare una bella contessina. ■ AVVENTURA; COL.; 118'; USA, 1952.

♥ SCARFACE ★★★
Regia di BRIAN DE PALMA. Con STEVEN BAUER, ROBERT LOGGIA, AL PACINO, MICHELLE PFEIFFER. ■ L'irresistibile "carriera" di Tony Montana: da piccolo delinquente cubano a boss della malavita e del traffico di droga negli States. L'ultimo appuntamento, dopo aver ottenuto successo, amore e denaro, sarà con la morte. Brian De Palma, alle prese con il rifacimento di un classico (diretto da Howard Hawks nel 1932), non fa rimpiangere l'originale (la prima parte, specialmente, ha sequenze di grande cinema). Al Pacino conduce un cast di grandi caratteristi (fra questi Murray Abrahm). ■ DRAMMATICO; COL.; 170'; USA, 1983. ■ GOLDEN GLOBES 3 NOM.

SCARFACE – LO SFREGIATO *(Scarface)* ★★★★
Regia di HOWARD HAWKS. Con ANN DVORAK, BORIS KARLOFF, KAREN MORLEY, PAUL MUNI, OSGOOD PERKINS, GEORGE RAFT. ■ Ben Hecht, grande sceneggiatore di Hollywood, si ispirò per questo film, una delle più belle pellicole sui gangster, alla storia di Al Capone, ma ci sono alcune importanti differenze: Tony Camonte, il protagonista, non viene arrestato per evasione fiscale e si è voluto raffigurare nel personaggio una specie di principe dei tempi moderni, al di sopra di ogni morale. Tony, infatti, è legato da amore morboso alla sorella Cesca. Il suo declino comincia quando uccide il suo fido luogotenente che crede l'amante di lei. Impressionante il finale: Tony e Cesca rispondono ridendo al fuoco della polizia finché il riso si trasforma in pianto per colpa dei lacrimogeni, mentre la donna viene uccisa. Ottima la regia di Hawks e l'interpretazione di Muni e di Raft, il luogotenente che ha il vezzo di lanciare sempre in aria una monetina. ■ POLIZIESCO; B/N; 90'; USA, 1932.

SCARLATTI *(Lady in White)* ★★★
Regia di FRANK LA LOGGIA. Con LEN CARIOU, KATHERINE HELMOND, ALEX ROCCO. ■ Un ragazzino fin troppo curioso ficca il naso in una misteriosa abitazione dove vive una donna spettro biancovestita. Il contatto con i fantasmi verrà utile. Attraverso loro il ragazzino risolverà il mistero di un omicidio rimasto impunito anni prima. ■ HORROR; COL.; 108'; USA, 1988.

SCARLET DIVA ★★
Regia di ASIA ARGENTO. Con ASIA ARGENTO, JOE COLEMAN, FRANCESCA D'ALOJA, HERBERT FRISCH, DARIA NICOLODI, JEAN SHEPHERD. ■ La storia di una diva del cinema erotico della qua-

le conosciamo vita, morte, miracoli ed epidermide. Lo gira, con la supponenza naif che le è propria, Asia Argento. Coinvolgendo mamma Daria nel ruolo della madre e l'effettista di papà, Stivaletti. L'esito non è travolgente. ■ DRAMMATICO; COL.; 89′; ITALIA, 2000.

SCARPE AL SOLE, LE ★★★

Regia di MARCO ELTER. Con CESCO BASEGGIO, CARLO LUDOVICI, CAMILLO PILOTTO, ISA POLA. ■ Nel 1915 tre alpini, un "vecio" e due "bocia", partono per la guerra. Dopo numerose avventure, sarà proprio il veterano a cadere eroicamente nel tentativo di difendere il proprio villaggio dagli austriaci dopo Caporetto. ■ GUERRA; B/N; 91′; ITALIA, 1955.

SCARPE DA TENNIS *(Hard Feelings)* ★★

Regia di DARYL DUKE. Con VINCENT BUFFANO, CARL MAROTTE, CHARLAINE WOODWARD. ■ Ambientato in Canada negli anni Sessanta, è la storia di un'educazione sentimentale. Un confuso adolescente (ha parecchie difficoltà a scuola e in famiglia) si sveglia a contatto con una bella e vivace ragazza nera. ■ COMMEDIA; COL.; 110′; CANADA, 1981.

SCARPE D'ORO, LE *(Manneken Pis)* ★★★

Regia di FRANK VAN PASSEL. Con ANTJE DE BOECK, ANN PETERSEN, FRANK VERCRUYSSEN. ■ Uno sguattero si trasferisce da un orfanotrofio di provincia a Bruxelles. Qui si innamora di una guidatrice di tram. La loro storia d'amore viene sviluppata sfruttando ironia e tristezza, traumi d'infanzia e caricature in un film d'esordio che merita attenzione. ■ COMMEDIA; COL.; 93′; BELGIO, 1995.

SCARPE GROSSE ★★

Regia di DINO FALCONI. Con OLINDO CRISTINA, LAURO GAZZOLO, TINA LATTANZI, AMEDEO NAZZARI, GASTONE SCHIRATO, LILIA SILVI. ■ Un contadino, figlio illegittimo di un nobile, ne eredita la vasta tenuta e, vincendo l'opposizione dei parenti, la fa rifiorire. ■ COMMEDIA; B/N; 92′; ITALIA, 1940.

SCARPETTA DI VETRO, LA *(The Glass Slipper)* ★★★

Regia di CHARLES WALTERS. Con LESLIE CARON, BARRY JONES, ELSA LANCHESTER, MICHAEL WILDING, ESTELLE WINWOOD. ■ La favola di Cenerentola in una sontuosa versione della Metro Goldwyn Mayer che rifugge dagli elementi fantastici. ■ COMM. MUSICALE; COL.; 94′; USA, 1954.

SCARPETTA E LA ROSA, LA ★★★
(The Slipper and the Rose)

Regia di BRYAN FORBES. Con RICHARD CHAMBERLAIN, ANNETTE CROSBIE, EDITH EVANSON, MICHAEL HORDERN, KENNETH MORE. ■ La favola di Cenerentola in una versione musicale ambientata nell'impero asburgico del Settecento, con musiche gradevoli e buoni attori. ■ COMM. MUSICALE; COL.; 146′; GRAN BRETAGNA, 1976. ■ GOLDEN GLOBES 2 NOM; OSCAR 2 NOM.

SCARPETTE ROSSE *(The Red Shoes)* ★★★★

Regia di MICHAEL POWELL, EMERIC PRESSBURGER. Con MARIUS GORING, ROBERT HELPMANN, LÉONIDE MASSINE, MOIRA SHEARER, LUDMILLA TCHERINA, ANTON WALBROOK. ■ Lo stregonesco impresario di una compagnia di balletti aiuta due suoi giovani protetti, un compositore e una ballerina, ad ottenere il successo con il balletto *Scarpette rosse*, ispirato alla favola di Andersen. Le due rivelazioni si sposano e lei promette d'abbandonare il palcoscenico, ma non sa resistere e, contro il volere del marito, torna a ballare. Alla scenata che segue la giovane risponde con il suicidio. ■ DRAMMATICO; COL.; 133′; GRAN BRETAGNA, 1948. ■ OSCAR 2 PR, 5 NOM.

SCARY MOVIE ★★

Regia di KEENEN IVORY WAYANS. Con JON ABRAHAMS, CARMEN ELECTRA, SHANNON ELIZABETH, SHAWN WAYANS. ■ Raccontare la trama di questo film è inutile e pretenzioso. La trama non conta. Contano invece l'accumulo di parodie, l'assoluta mancanza di limiti di buon gusto (come ormai hanno insegnato a molti i fratelli Farrelly) e la voglia assoluta di far ridere grosso. Quindi si può cominciare con la ormai "classica" telefonata (*Scream*) alla Drew (vedi il riferimento alla Barrymore) di turno con la consueta domanda sui film horror preferiti. Un suono inusuale interrompe il maniaco al telefono. Ma non si tratta dei pop corn che esplodono sul fuoco. È una scoreggia della ragazza. Le "citazioni" provengono da ogni dove: da *Blair Witch Project* ad *Amistad*. Da *Titanic* a *Il sesto senso*. ■ COMICO; COL.; 90′; USA, 2000.

SCARY MOVIE 2 ★★

Regia di KEENEN IVORY WAYANS. Con VERONICA CARTWRIGHT, DAVID CROSS, TIM CURRY, JAMES DEBELLO, CHRIS ELLIOTT, ANNA FARIS, REGINA HALL, JAMES WOODS. ■ Come poteva mancare il sequel di un film che ha incassato tanto? Poiché per il numero due occorre inventarsi qualcosa che non sia solo la fotocopia del precedente, ecco che l'invenzione consiste in una memoria de *L'esorcista*, con James Woods, religioso esorcista appunto, investito dal solito vomito verde dall'irresistibile effetto cinematografico. Segue una vicenda ambientata in un castello dove è stata organizzata una ricerca sull'insonnia. Per il resto, effetti e trucchi li conosciamo già tutti. In attesa del tre. ■ HORROR; COL.; 82′; USA, 2001.

SCARY MOVIE 3 ★

Regia di DAVID ZUCKER. Con PAMELA DENISE ANDERSON, PETER BOYLE, ANNA FARIS, EDDIE GRIFFIN, REGINA HALL, QUEEN LATIFAH, JENNY MCCARTHY, LESLIE NIELSEN, CHARLIE SHEEN. ■ Le indagini di un'ambiziosa giornalista su misteriosi fenomeni sono il filo conduttore di una serie di gag demenziali che hanno in realtà poco in comune tra loro, se non il fatto di essere tutte parodie di scene topiche di altrettanti film cult. Ce n'è per tutti da *The Ring* a *Signs*. Ivi compresa Pamela Anderson che ironizza sul suo silicone. La banda Zucker sembra essere tornata ai tempi di *Ridere per ridere*. Ma i tempi sono cambiati. Oppure no? ■ COMICO; COL.; 90′; USA, 2003.

SCARY MOVIE 4 ★★★

Regia di DAVID ZUCKER. Con ANTHONY ANDERSON, CRAIG BIERKO, CARMEN ELECTRA, ANNA FARIS, REGINA HALL, LESLIE NIELSEN, BILL PULLMAN, SIMON REX, CHARLIE SHEEN, KIMANI RAY SMITH. ■ David Zucker, regista simbolo del genere comico-demenziale (*L'aereo più pazzo del mondo*, *Una pallottola spuntata*) torna a dirigere il quarto episodio di una delle serie di maggior successo tra il pubblico adolescente. Anna Faris nei panni di Cindy Campbell è la custode di una vecchia casa che si innamora del suo vicino. Ma la Terra è invasa dagli alieni e Cindy si ritroverà ad affrontare numerosi pericoli in compagnia dell'amica Brenda. *Scary Movie*, ormai un marchio di fabbrica della dissacrazione dei mostri sacri del botteghino, questa volta prende di mira *La guerra dei mondi*, *The Village*, *Million Dollar Baby* e gli horror giapponesi *The Ring* e *The Grudge*. Volgarotto ma simpatico, *Scary Movie* è un assegno circolare: per i produttori, che a fronte di investimenti contenuti si vedono tornare in cassa decine di milioni di dollari, e per il pubblico che, tutto sommato, si fa un bel po' di risate. Più ordinato, intelligente e creativo rispetto agli episodi precedenti, ■ COMMEDIA; COL.; 83′; USA, 2006.

SCARY MOVIE 5 ★★

Regia di MALCOLM LEE. CON ERICA ASH, LINDSAY LOHAN, SIMON REX, CHARLIE SHEEN, ASHLEY TISDALE, MIKE TYSON, GRACIE WHITTON, KATT WILLIAMS. ■ Dopo che Charlie Sheen (che interpreta se stesso) è stato ucciso da un fantasma nella sua camera da letto in cui si stava dando da fare con Lindsay Lohan, i suoi tre figli vengono rapiti e ritrovati dopo qualche tempo in un'abitazione nel bosco. Affidati allo zio Dan e a sua moglie Jody, ben presto appare chiaro che con loro è entrato nella casa anche uno spirito malvagio. La logica produttiva è quella dell'instant movie: un plot di base su cui costruire parodie di film usciti da qualche tempo (vedi, in questo caso e a titolo di esempio, la serie di *Paranormal Activity*, *L'alba del pianeta delle scimmie*, *Black Swan*). Così qui ritroviamo una scena dal recente *Evil Dead* ancora inedito in Italia o numerosi elementi da *La madre* che fa da leit motiv. ■ COMMEDIA; COL.; 85′; USA, 2013.

SCASSINATORE, LO *(The Burglar)* ★★

Regia di PAUL WENDKOS. Con DAN DURYEA, JAYNE MANSFIELD, MARTHA VICKERS. ■ Tre ladri e una ragazza rubano una preziosa collana a una chiromante, ma sono perseguitati da un poliziotto corrotto che vuole tenersi il bottino per sé. Riuscirà ad impossessarsene, ma non potrà goderselo. ■ POLIZIESCO; B/N; 90′; USA, 1958.

SCASSINATORI, GLI *(La casse)* ★★★
Regia di HENRI VERNEUIL. Con JEAN-PAUL BELMONDO, DYAN CANNON, JOSÉ LOUIS DE VILLALONGA, ROBERT HOSSEIN, RENATO SALVATORI, OMAR SHARIF. ■ Un corrotto poliziotto greco dà la caccia a una banda di ladri con lo scopo d'impossessarsi del loro bottino. Dopo alcune sconfitte uno dei fuorilegge riuscirà ad eliminarlo, ma i diamanti per cui sono morti tanti uomini andranno perduti. Un cast pieno di divi. ■ POLIZIESCO; COL.; 127'; FRANCIA, 1972.

SCATENATA DOZZINA, UNA *(Cheaper by the dozen)* ★★
Regia di SHAWN LEVY. Con HILARY DUFF, BONNIE HUNT, ASHTON KUTCHER, STEVE MARTIN, PIPER PERABO, TOM WELLING. ■ Tom e Kate, in barba alle statistiche demografiche, hanno dodici figli. Quando Tom viene chiamato ad allenare una prestigiosa squadra di football, la famiglia vive non pochi problemi a trasferirsi nella nuova casa in città. ■ COMMEDIA; COL.; 98'; USA, 2003.

SCATENATA DOZZINA 2, UNA ★★
(Cheaper by the Dozen 2)
Regia di ADAM SHANKMAN. Con HILARY DUFF, CARMEN ELECTRA, BONNIE HUNT, PIPER LAURIE, EUGENE LEVY, STEVE MARTIN, TOM WELLING. ■ I Baker sono tornati. Questa volta si troveranno ad affrontare una battaglia senza esclusione di colpi con un'altra famiglia. Tom e Kate organizzano una vacanza memorabile con i loro 12 figli sul lago del Wisconsin dove da sempre le loro famiglie li portavano per l'estate. Qui incontrano Jimmy Murtaugh, vecchio rivale di Tom, anche lui a capo di una numerosa famiglia. ■ COMMEDIA; COL.; 94'; USA, 2005.

SCATENATI CAMPIONI DEL KARATE, GLI ★
(The Shaolin Avengers)
Regia di CHANG CHEN. Con MARY BELLS, SAN, ALEXANDER SENG. ■ Violentissimo e interminabile combattimento tra tre campioni di karate e una banda di fuorilegge che hanno ucciso i loro genitori. Se ne salva solo uno. ■ AVVENTURA; COL.; 92'; HONG KONG, 1976.

SCATENATO, LO ★★
Regia di FRANCO INDOVINA. Con CARMELO BENE, VITTORIO GASSMAN, GILA GOLAN, CLAUDIO GORA, JACQUES HERLIN, MARTHA HYER, LUIGI PROIETTI, MASSIMO SERATO. ■ Un divo dei caroselli pubblicitari è perseguitato dai vari animali che gli rovinano la carriera. Alla fine il poveretto troverà pace sostituendosi a uno scimmione dello zoo. Apologo non del tutto riuscito, nonostante l'ottimo cast. ■ COMMEDIA; COL.; 93'; ITALIA, 1968.

SCATOLA MISTERIOSA, LA *(The Squeeze)* ★★
Regia di ROBERT MALCOLM YOUNG. Con RAE DAWN CHONG, MICHAEL KEATON. ■ Artista incompreso inciampa in un cadavere e anche in una scatola misteriosa contesa da varie persone disposte a uccidere per essa. L'incompreso comprende poi che la scatola serve a comandare a distanza le palline di una lotteria. ■ GIALLO ROSA; COL.; 101'; USA, 1987.

SCATOLA MUSICALE, LA *(The Music Box)* ★★★★
Regia di JAMES PARROTT. Con GLADYS GALE, BILLY GILBERT, WILLIAM GILLESPIE, CHARLIE HALL, OLIVER HARDY, LILYAN IRENE, STAN LAUREL, SAM LUFKIN. ■ Stanlio e Ollio vengono incaricati di consegnare un pianoforte in una casa situata in cima a una lunga scalinata. Non combineranno altro che guai... Il film, giustamente premiato con l'Oscar come miglior cortometraggio comico dell'anno, è uno dei più riusciti della coppia. ■ COMICO; B/N; 30'; USA, 1932.

SCAVENGERS – L'AVVOLTOIO BIANCO *(Scavengers)* ★
Regia di DUNCAN MCLACHLAN. Con BRENDA BAKKE, KENNETH GILMAN. ■ Una serie di documenti di importanza capitale per la nazione americana viene sottratta da sconosciuti. La Cia, subito contattata da chi di dovere, manda i suoi agenti alla ricerca del materiale trafugato. ■ SPIONAGGIO; COL.; 90'; USA, 1988.

SCEGLIETE UNA STELLA *(Pick a Star)* ★★★
Regia di EDWARD SEDGWICK. Con MISCHA AUER, JACK HALEY, PATSY HALEY, CHARLES HALTON, ROSINA LAWRENCE. ■ Il pretesto per legare i vari numeri musicali è dato dalle avventure di una ragazza che, conosciuto per caso un attore, viene portata a Hollywood dove diviene una stella. ■ COMM. MUSICALE; B/N; 70'; USA, 1937.

SCEGLI IL MALE MINORE *(The Lesser Evil)* ★
Regia di DAVID MACKAY. Con COLM FEORE, TONY GOLDWYN, ARLISS HOWARD, DAVID PAYMER, STEVEN PETRARCA. ■ Quattro amici su una scogliera bevono birra e fanno i gradassi con una pistola carica. Finita la birra sono finiti anche i colpi della pistola, ed i quattro amici sono divenuti quattro assassini. Sono passati 22 anni... I quattro impuniti sono persone in vista della loro comunità. Il passato ritorna nei panni di un detective della Omicidi che riesuma quei fatti. Incontratisi di nuovo, i quattro uomini sono costretti a riportare alla luce quel tragico episodio e a guardare in faccia il presente. Ognuno quella notte si è reso colpevole di qualcosa. Adesso non possono più fuggire, nascondersi. Possono solo scegliere il male minore. ■ THRILLER; COL.; 96'; USA, 1998.

SCEICCO, LO *(The Sheik)* ★★
Regia di GEORGE MELFORD. Con AGNES AYRES, ADOLPHE MENJOU, RODOLFO VALENTINO. ■ L'astro di Valentino sta ormai per nascere. In questo film, sorta di anticipazione del più famoso *Il figlio dello sceicco*, è un principe d'Oriente che tenta le armi della seduzione con una bella, quanto resistente, donna inglese. ■ COMMEDIA; B/N; 73'; USA, 1921.

SCEICCO BIANCO, LO ★★★★
Regia di FEDERICO FELLINI. Con BRUNELLA BOVO, GINA MASCETTI, GIULIETTA MASINA, ALBERTO SORDI, LEOPOLDO TRIESTE. ■ Una coppia di sposini provinciali si reca a Roma in viaggio di nozze. Lei, appena può, fugge per andare a vedere il suo idolo, il divo dei fotoromanzi che interpreta il personaggio dello Sceicco Bianco. Dapprima la donna accetta la pesante corte dell'attorucolo, ma poi si rende conto di quanto sia fasullo e torna dal marito che intanto ha avuto una sua avventuretta con una prostituta. Primo film interamente diretto da Fellini. Nonostante l'ottima interpretazione di Sordi non fu un successo, ma venne in seguito molto rivalutato ed è oggi considerato, giustamente, un piccolo classico. ■ COMMEDIA; B/N; 86'; ITALIA, 1952.

SCEICCO ROSSO, LO ★★
Regia di FERNANDO CERCHIO. Con LUCIANA GILLI, ETTORE MANNI, CHANNING POLLOCK. ■ Nel Marocco dell'Ottocento lo Sceicco Rosso, eroico difensore dei deboli, è stato ucciso dal bieco usurpatore al trono, ma ritorna a combattere i malvagi. A vittoria ottenuta si scoprirà che è un insospettabile ingegnere, in realtà figlio dell'eroe morto. ■ AVVENTURA; COL.; 91'; ITALIA, 1962.

SCELTA, LA *(My Body my Child)* ★★
Regia di MARVIN J. CHOMSKY. Con JACK ALBERTSON, JOSEPH CAMPANELLA, VANESSA REDGRAVE. ■ Una madre di famiglia per uscire dalla depressione provocatale dalla morte della madre, cerca di avere un altro figlio. Ma la sua decisione non porterà la felicità (né a lei né alla sua famiglia). ■ DRAMMATICO; COL.; 100'; USA, 1982.

SCELTA D'AMORE *(Some Mother's Son)* ★★★
Regia di TERRY GEORGE. Con FIONNULA FLANAGAN, AIDAN GILLEN, JOHN LYNCH, HELEN MIRREN, DAVID O'HARA. ■ Ancora un film sull'IRA. Questa volta ci si occupa della resistenza opposta da Bobby Sands e altri suoi compagni di carcere ai metodi violenti del sistema penitenziario britannico. Nel momento in cui lo sciopero della fame sembra procedere verso l'autoannullamento, quale posizione debbono prendere le madri dei detenuti? Stare al loro fianco nella lotta fino alla morte o cercare di sottrarli al martirio? ■ DRAMMATICO; COL.; 111'; GRAN BRETAGNA, IRLANDA, 1996.

SCELTA D'AMORE – LA STORIA DI HILARY E VICTORY *(Dying Young)* ★★
Regia di JOEL SCHUMACHER. Con VINCENT D'ONOFRIO, JULIA ROBERTS, CAMPBELL SCOTT. ■ È stato paragonato a *Love Story* e c'è ovviamente del vero, ma forse è più vicino ad *Anonimo Veneziano* di Enrico Maria Salerno. Il protagonista è un giovane attratto dai quadri di Klimt, in *Anonimo* era un adulto e un direttore d'orchestra: quindi amore per la pittura e amore per la musica. Le analogie comunque si fermano qua. Lei si chiama Hilary e ha deciso di accudire Victor, ricco e malato di leucemia. I due si innamorano ma la morte incombe. Dunque gli elementi ci sono tut-

ti: lei è una specie di santa, lui ha il dolore e quella punta di cinismo che possiede chi sa di dover morire, il rapporto è un crescendo di mielosità e di altruismo. Per fortuna non arriva all'estremizzazione del dolore come in *Love Story*, ma il risultato non convince lo stesso. La regia di Joel Schumacher è fin troppo moralista e prevedibile. ■ DRAMMATICO; COL.; 113′; USA, 1991.

SCELTA DI BARBARA, LA *(Barbara)* ★★
Regia di CHRISTIAN PETZOLD. Con RAINER BOCK, JASNA FRITZI BAUER, NINA HOSS, MARK WASCHKE, RONALD ZEHRFELD. ■ Estate 1980. A causa di una richiesta di visto di uscita dalla Germania Est Barbara, una dottoressa, viene trasferita da Berlino in un ospedale di campagna. Il suo fidanzato Jörg, che vive all'Ovest sta pianificando la sua fuga. Barbara svolge con scrupolo il suo lavoro di chirurgo pediatra, ma si tiene a distanza dai colleghi che pensa di dover frequentare ancora per poco tempo. Il primario Andre è però interessato a lei e non solo professionalmente. Man mano che il giorno della fuga si avvicina la situazione per Barbara, tenuta sotto stretto controllo dalla Stasi (la polizia politica) si complica. ■ DRAMMATICO; COL.; 105′; GERMANIA, 2012.

SCELTA DI DAVY, LA *(Ton ombre est la mienne)* ★★
Regia di ANDRÉ MICHEL. Con PHILIPPE FOURQUET, JILL HAWORTH, MARCELLO PAGLIERO. ■ Una ragazza francese è stata allevata da una famiglia di cambogiani che l'ha trovata sperduta in una foresta durante la guerra. Divenuta donna, sta per sposare il figlio dei genitori adottivi, quando il vero fratello di lei si fa vivo. L'ha cercata per tutti questi anni. Ha cercato una bambina, ora trova una bella ragazza. Il giovane è preso da una folle (e incestuosa) passione. Perseguita la sorella e ucciderebbe l'innamorato di lei se un tempestivo incidente non lo togliesse di mezzo. ■ DRAMMATICO; COL.; 92′; FRANCIA, 1963.

SCELTA DI EILEEN, LA ★
Regia di RUDOLF VAN DEN BERG. Con LAYSETTE ANTONY, THOM HOFFMAN. ■ Marianna, una giovane donna, perde tragicamente la vita. Philippe, un suo affezionatissimo amico, non sa darsene pace fino al giorno in cui incontra casualmente Eileen, una ragazza che assomiglia in maniera straordinaria alla defunta. Il protagonista dovrà penare a lungo per scoprire la vera natura dei suoi sentimenti, scavando nei più profondi recessi del suo animo. ■ DRAMMATICO; COL.; 105′; PAESI BASSI, 1988.

SCELTA DIFFICILE DEL DOTTOR GILLESPIE, LA ★★
(Three Men in White)
Regia di WILLIS GOLDBECK. Con LIONEL BARRYMORE, VAN JOHNSON, MARILYN MAXWELL. ■ Due giovani medici del Blair Hospital (entrambi ansiosi di diventare i prediletti del dottor Gillespie) si arrovellano su un caso di intossicazione. Uno dei due s'è innamorato della ragazza intossicata. Ma è l'altro che riuscirà a trovare la terapia. ■ DRAMMATICO; B/N; 85′; USA, 1944.

SCELTA DI SOPHIE, LA *(Sophie's Choice)* ★★★
Regia di ALAN J. PAKULA. Con KEVIN KLINE, PETER MCNICOL, MERYL STREEP. ■ La scelta di Sophie, ebrea ex internata in un campo di sterminio nazista, fu quella di abbandonare al suo destino la figlioletta per salvare se stessa e l'altro figlio, divenendo collaboratrice del comandante del lager di Auschwitz. Una scelta che ha segnato angosciosamente la sua vita, e che racconta, dopo la guerra, a Stingo, uno scrittore coinquilino nella casa in cui abita a New York, che è diventato amico suo e del marito, un geniale ma nevrotico intellettuale. Lo strano ménage a tre continua finché Sophie, dopo essersi concessa allo scrittore innamoratosi di lei, si suicida insieme al marito. ■ DRAMMATICO; COL.; 157′; USA, 1983. ■ GOLDEN GLOBES 1 PR, 2 NOM; OSCAR 1 PR, 5 NOM.

SCELTE D'ONORE *(Wisegirls)* ★★
Regia di DAVID ANSPAUGH. Con MARIAH CAREY, MIRA SORVINO, MELORA WATERS. ■ Meg ha subito la morte del fidanzato in un incidente d'auto e ha dovuto interrompere gli studi. Va a lavorare come cameriera ed è causa di una rissa tra mafiosi che le procura molti guai. Collaborerà con la polizia, sgominerà diversi malavitosi e preserverà l'amicizia al femminile che era nata tra lei e altre due ragazze. Film senza infamia e senza lode ma diretto con mestiere. ■ COMMEDIA; COL.; 96′; USA, 2002.

SCELTE PERICOLOSE *(The Maker)*
Regia di TIM HUNTER. Con FAIRUZA BALK, MICHAEL MADSEN, MATTHEW MODINE, MARY-LOUISE PARKER, JONATHAN RHYS MEYERS. ■ Tim Hunter, con questo film molto personale, affonda il coltello nella piaga della microcriminalità di provincia. Il furto al furgone postale è il passatempo preferito di un gruppo di sbandati fino a quando arriva in città il fratello di uno di loro. Si passa rapidamente a un altro, pericoloso, livello. ■ DRAMMATICO; COL.; 98′; USA, 1997.

SCELTE PROIBITE ★★
(The Beans of Egypt, Maine/Forbidden Choices)
Regia di JENNIFER WARREN. Con RUTGER HAUER, KELLY LYNCH, MARTHA PLIMPTON. ■ Earle, ossessionata dal padre religioso ed egoista, si innamora di Beal, figlio dei vicini. Rimane incinta e fugge con lui. ■ COMMEDIA; COL.; 100′; USA, 1994.

SCEMO DI GUERRA ★★★
Regia di DINO RISI. Con BERNARD BLIER, MICHEL COLUCHE, BEPPE GRILLO. ■ Libia, 1941: il sottotenente Lupi, ufficiale medico, viene destinato a un avamposto nel deserto comandato dal maggiore Beluschi, che desidera soltanto ritornare al più presto in Italia, e dal capitano Pilli, uno psicotico guerrafondaio ben protetto politicamente. Quando Beluschi riesce a coronare il suo sogno e viene richiamato in patria, la base rimane nelle mani dell'ufficiale squilibrato, che Lupi rincontrerà tempo dopo in prima linea, ormai definitivamente impazzito. ■ DRAMMATICO; COL.; 108′; FRANCIA, ITALIA, 1985.

SCEMO E PIÙ SCEMO *(Dumb and Dumber)* ★★
Regia di PETER FARRELLY. Con JIM CARREY, JEFF DANIELS, LAUREN HOLLY. ■ Vicissitudini disastrose di due cretini irresistibili, la cui fortuna deriva dal tentativo degli interlocutori di dare un senso alle loro assurdità. Jeff Daniels recita, Jim Carrey è quasi naturale. Con la loro comicità brutale e istintiva riescono comunque a scatenare le risate del pubblico di teenager cui è destinata la pellicola, prodotta sull'onda dell'improvviso successo di Carrey. Non a caso sui due protagonisti è stata immediatamente realizzata una serie di cartoni animati. ■ COMMEDIA; COL.; 105′; USA, 1995.

SCEMO E PIU SCEMO – INIZIÒ COSÌ ★
(Dumb and Dumberer: When Harry met Lloyd)
Regia di TROY MILLER. Con LUIS GUZMÁN, ERIC CHRISTIAN OLSEN, DEREK RICHARDSON. ■ Alla fine degli anni Ottanta, Harry e Lloyd si incontrano nelle aule del liceo di città. Harry, fino a quel giorno, ha studiato privatamente a casa con la madre; Lloyd, invece, vive nel seminterrato della scuola con il padre, che lavora come custode. Entrambi non sono propriamente dei geni: ma la loro presenza fa molto comodo al disonesto preside del liceo, che vuole intascarsi un grosso finanziamento destinato alla creazione di classi differenziali. Ma la demenza dei due sarà superiore persino ai suoi macchiavellismi. La moda del "prequel" – ultima frontiera di una Hollywood sempre più a corto di idee – contagia anche il comico. Con risultati purtroppo disastrosi. ■ COMICO; COL.; 85′; USA, 2003.

SCENE DA UN CRIMINE *(Scenes of the Crime)* ★★
Regia di DOMINIQUE FORMA. Con JEFF BRIDGES, NOAH WYLE. ■ Lenny, in procinto di sposarsi, sta per lasciare il lavoro di autista per un boss. Giunto all'ultimo incarico si trova coinvolto senza volerlo nel rapimento di un facoltoso uomo d'affari, Jimmy Berg. Così il progetto di ritirarsi rischia di sfumare. Schema abusato dal cinema americano quello dell'"ultima giornata". Qui viene riproposto senza particolare originalità cercando di porre in rilievo una supposta inscindibilità dell'essere maschi dalla violenza e con un riferimento, tanto per gradire, a Steve McQueen. Che dall'aldilà forse ringrazia e forse no. ■ THRILLER; COL.; 95′; GERMANIA, USA, 2001.

SCENE DA UN MATRIMONIO ★★★★
(Scener ur ett Aktenksap)
Regia di INGMAR BERGMAN. Con BIBI ANDERSSON, ERLAND JOSEPHSON, JAN MALMSJÖ, LIV ULLMANN, ANITA WALL. ■ Una coppia di sposi con due bambine è apparentemente felicissima, ma a poco a poco i due si accorgono di non comunicare più. Lui si fa

un'amante, e marito e moglie divorziano. Più tardi, quando entrambi sono risposati, si rendono conto che è possibile iniziare un rapporto su basi nuove. ■ DRAMMATICO; COL.; 155′; SVEZIA, 1973. ■ DAVID DI DONATELLO 1 PR, 1 NOM; GOLDEN GLOBES 1 PR, 1 NOM.

SCENE DI CACCIA IN BASSA BAVIERA ★★★★
(Jagdszenen aus Niederbayern)
Regia di PETER FLEISCHMANN. Con ELSE QUECKE, MARTIN SPERR, ANGELA WINKLER. ■ Un lindo paesetto bavarese è in realtà un nido di serpi intolleranti che non accettano i "diversi". Un poveraccio è rifiutato da tutti perché è stato in prigione e si comincia a mormorare che sia omosessuale. I nervi del perseguitato cedono: strangola l'unica ragazza che si è dimostrata gentile con lui quando questa gli dice che è il padre del bambino che aspetta. I buoni villici organizzano una caccia all'assassino che si tramuterebbe in un linciaggio se non intervenisse la polizia. ■ DRAMMATICO; COL.; 85′; GERMANIA, 1969.

SCENE DI LOTTA DI CLASSE A BEVERLY HILLS ★★★
(Scene from the Class Struggle in Beverly Hills)
Regia di PAUL BARTEL. Con ED BEGLEY JR, JACQUELINE BISSET, RAY SHARKEY. ■ Clare Lipkin, ex attrice di soap-opera, abita a Beverly Hills ed è appena diventata vedova. Vuole ritornare sulla breccia e sistemare la sua situazione sentimentale ma a mischiare le carte ci sono parenti e amici. In special modo, il suo domestico e quello della sua amica Elisabeth hanno fatto una scommessa che prevede la conquista delle due donne. Diretto dall'ex regista indipendente Paul Bartel il film va visto come una parodia delle *situation comedies* televisive. La qualità è nella miscela di raffinatezza e volgarità di cui è intessuta la sceneggiatura. Per onestà il regista ha detto di aver attinto a due film di assoluta qualità: *La regola del gioco* di Renoir e *Il fascino discreto della borghesia* di Buñuel. ■ COMMEDIA; COL.; 102′; USA, 1989.

SCENE DI UN'AMICIZIA TRA DONNE *(Lumière)* ★★
Regia di JEANNE MOREAU. Con LUCIA BOSÈ, KEITH CARRADINE, CAROLINE CARTIER, BRUNO GANZ, JEANNE MOREAU, FRANCINE RACETTE. ■ Tre attrici, ospiti di una collega non più giovanissima, si confidano le esperienze passate e presenti, professionali e sentimentali. La donna, diventata il perno della loro vita, accetta di sposare un corteggiatore. Un innamorato timido, già destinato a morire di una malattia terribile, si uccide. ■ DRAMMATICO; COL.; 95′; FRANCIA, 1976.

SCERIFFA, LA ★★★
Regia di ROBERTO MONTERO BIANCHI. Con TINA DE MOLA, TINA PICA, TINO SCOTTI, UGO TOGNAZZI. ■ Una napoletana, vedova di uno sceriffo ucciso dai banditi, ne raccoglie la stella e sgomina i malvagi con la pistola e gli spaghetti. ■ COMICO; B/N; 91′; ITALIA, 1959.

SCERIFFA DELL'OKLAHOMA, LA *(Oklahoma Annie)* ★★
Regia di ROBERT G. SPRINGSTEEN. Con JUDY CANOVA, JOHN RUSSELL, GRANT WITHERS. ■ Western commedia sulle avventure di un'indiavolata ragazza che vuole diventare vice sceriffo e che ci riuscirà, conquistando in più l'amore del tutore dell'ordine. ■ WESTERN; B/N; 90′; USA, 1952.

SCERIFFO, LO *(Texas Gunfighter)* ★★
Regia di PHIL ROSEN. Con SHEILA MANNERS, KEN MAYNARD. ■ Un bandito diventa sceriffo per amore di una ragazza e sconfigge i suoi ex complici. Tipico western di serie interpretato da uno specialista del genere. ■ WESTERN; B/N; 86′; USA, 1937.

SCERIFFO CHE NON SPARA, LO ★
Regia di JOSÉ LUIS MONTER. Con VINCENT CASHINO, MICKEY HARGITAY, AICHÉ NANA. ■ Uno sceriffo non vuole più sparare perché ha ucciso il padre per un tragico errore. ■ WESTERN; COL.; 92′; ITALIA, 1965.

SCERIFFO D'ACCIAIO, LO *(The Fighting Deputy)* ★★
Regia di SAM NEWFIELD. Con CHARLES KING, PHOEBE LOGAN, FRED SCOTT. ■ Il figlio dello sceriffo prende il posto del padre, ma deve subito ritirarsi perché la ragazza che ama è cugina di un terribile bandito. Quando però i fuorilegge gli uccidono il genitore, il giovane ci ripensa e stermina i cattivi. ■ WESTERN; B/N; 54′; USA, 1937.

SCERIFFO DALLA FRUSTA D'ACCIAIO, LO ★★
(The Vanishing Outpost)
Regia di RON ORMOND. Con SUE HUSSEY, LASH LA RUE, AL FUZZY ST JOHN. ■ Alla fine degli anni Trenta negli Usa venivano prodotti i cosiddetti *serial*. Il film è il condensato di una di queste serie. ■ WESTERN; B/N; 81′; USA, 1951.

SCERIFFO DI FERRO, LO *(The Iron Sheriff)* ★★
Regia di SIDNEY SALKOW. Con JOHN DEHNER, CONSTANCE FORD, STERLING HAYDEN. ■ Dopo una paziente ricerca, uno sceriffo riesce a provare l'innocenza del proprio figlio che rischia l'impiccagione perché ingiustamente accusato di aver rapinato una diligenza. ■ WESTERN; B/N; 76′; USA, 1959.

SCERIFFO DI MESA GRANDE, LO *(Three in the Trail)* ★★
Regia di HOWARD BRETHERTON. Con WILLIAM BOYD, JAMES ELLISON, CLARA KIMBALL YOUNG. ■ Hopalong Cassidy e i suoi amici arrivano a Mesa Grande e si trovano coinvolti nelle imprese di una banda di ladri di bestiame. Lo sceriffo del posto è d'accordo con i fuorilegge, ma Cassidy lo smaschera e mette i desperados in condizioni di non poter più nuocere. ■ WESTERN; B/N; 92′; USA, 1936.

SCERIFFO DI ROCKSPRING, LO ★
Regia di ANTHONY GREEN. Con COSETTA GRECO, RICHARD HARRISON, MARIA MORGAN. ■ Una ragazzina mormone, aiutata da un coetaneo, riesce a catturare un pericoloso bandito e rappacifica il paesino di Rockspring, che era diviso in fazioni per l'elezione del "piccolo sceriffo", un bambino che deve, secondo una tradizione locale, aiutare il rappresentante della legge per una settimana. ■ WESTERN; COL.; 90′; ITALIA, 1972.

SCERIFFO È SOLO, LO *(Frontier Gun)* ★★
Regia di PAUL LANDRES. Con JOHN AGAR, BARTON MACLANE, JOYCE MEADOWS. ■ Uno sceriffo si trova solo a lottare contro il padrone del paese, ma, dopo che suo padre e la sua ragazza sono rimasti vittime di attentati, la cittadinanza si scuote e viene a dargli manforte contro i banditi. ■ WESTERN; COL.; 93′; USA, 1961.

SCERIFFO EXTRATERRESTRE... POCO EXTRA E MOLTO TERRESTRE, UNO ★★★
Regia di MICHELE LUPO. Con JOE BUGNER, CARY GUFFEY, RAIMUND HARMSTORF, BUD SPENCER ■ In una cittadina americana, l'improvvisa mancanza di energia elettrica induce gli abitanti a credere all'arrivo di alcuni extraterrestri. Lo sceriffo incontra un bambino che lo convince, dopo incredibili imprese, di essere un abitante di Vega. Prima che una navicella spaziale venga a riprenderlo, egli lo difende da alcuni banditi che vogliono impossessarsi della sua favolosa arma. ■ COMMEDIA; COL.; 95′; ITALIA, 1979.

SCERIFFO FEDERALE ★★
(The Badge of Marshal Brennan)
Regia di ALBERT C. GANNAWAY. Con JIM DAVIS, CARL SMITH, ARLEEN WHELAN. ■ Un bandito di buon cuore assiste uno sceriffo morente e, raccattatane la stella, ne prende il posto redimendosi. ■ WESTERN; B/N; 90′; USA, 1957.

SCERIFFO IMPLACABILE, LO *(Five Bold Women)* ★★
Regia di JORGE LOPEZ PORTILLO. Con MERRY ANDERS, JEFF MORROW. ■ Uno sceriffo deve scortare cinque prigioniere al penitenziario, ma si trova in difficoltà a causa degli indiani e del marito di una delle donne che vuole liberare la moglie. Alla fine sarà proprio costei a salvare il poliziotto, sacrificando la propria vita. ■ WESTERN; COL.; 80′; USA, 1960.

SCERIFFO IN GONNELLA, LO ★★★
(The Second Time Around)
Regia di VINCENT SHERMAN. Con STEVE FORREST, ANDY GRIFFITH, JULIET PROWSE, DEBBIE REYNOLDS, THELMA RITTER. ■ Una giovane vedova che lavora nella fattoria di una vecchia signora uccide un bandito e viene eletta sceriffo onorario. Il vero tutore dell'ordine, in realtà capo della banda, la rapisce ma viene ucciso da un giocatore che si è innamorato della donna. ■ WESTERN; COL.; 99′; USA, 1962.

SCERIFFO NON PAGA IL SABATO, LO ★
(La ley del forastiero)
Regia di ROY ROWLAND. Con GEORGE GÖTZ, DANIEL MARTIN,

SILVIA SOLAR, ALEXANDRA STEWART. ■ Uno sceriffo federale giunge in un paesotto dominato da una banda che, a detta di tutti, ubbidisce al paralitico padrone di una miniera. Scoprirà che il vero colpevole è un altro e sgominerà i fuorilegge. ■ WESTERN; COL.; 91′; SPAGNA, 1966.

SCERIFFO SCALZO, LO *(Follow that Dream)* ★★★
Regia di GORDON DOUGLAS. Con ANNE HELM, ARTHUR O'CONNELL, ELVIS PRESLEY. ■ Un campagnolo eletto sceriffo sbaraglia alcuni gangster che volevano impiantare una casa da gioco. ■ COMMEDIA; COL.; 110′; USA, 1962.

SCERIFFO SENZA PISTOLA, LO ★★★
(The Boy from Oklahoma)
Regia di MICHAEL CURTIZ. Con ANTHONY CARUSO, LON CHANEY JR, WALLACE FORD, NANCY OLSON, WILL ROGERS JR. ■ Un corrotto sindaco offre il posto di sceriffo a un bravo cowboy dall'aria sempliciotta che si rivela un osso duro. ■ WESTERN; B/N; 88′; USA, 1953.

SCERIFFO SENZA STELLA, LO *(The Christmas Kid)* ★★
Regia di SIDNEY W. PINK. Con LOUIS HAYWARD, JEFFREY HUNTER, GUSTAVO ROJO. ■ Lo sceriffo si lascia corrompere da una fatalona al soldo della banda di fuorilegge che domina il paese, ma poi gli uccidono il padre e lui si scatena, sgominando i fuorilegge. ■ WESTERN; COL.; 93′; SPAGNA, 1968.

SCERIFFO TUTTO D'ORO, UNO ★
Regia di RICHARD KEAN. Con JACQUES BERTHIER, LOUIS MCJULIAN, KATHLEEN PARKER. ■ Un disonesto sceriffo salva un bandito dal linciaggio per averlo suo complice in un colpo da mezzo milione di dollari. Alla fine il corrotto sarà arrestato e il fuorilegge scagionato. ■ WESTERN; COL.; 94′; ITALIA, 1967.

SCHEGGE DI APRIL *(Pieces of April)* ★★★
Regia di PETER HEDGES. Con KATIE HOLMES, PATRICIA CLARKSON, SEAN HAYES, DEREK LUKE, ALISON PILL, OLIVER PLATT. ■ Un Giorno del Ringraziamento davvero indimenticabile e pieno di problemi per la giovane April, alle prese con forni non funzionanti e una famiglia alquanto problematica. Attorniata da caratteristi di chiara fama, Oliver Platt in testa, anche la Holmes fa bella figura e ci restituisce il ritratto di una giovane problematica e tenace, pronta a tutto pur di passare e far passare un giorno indimenticabile alla cerchia dei propri affetti. Leggera e gradevole, la commedia, pur non offrendo nessun elemento davvero originale, a parte il bizzarro look della protagonista, centra il bersaglio del cuore e suscita simpatia. ■ COMMEDIA; COL.; 80′; USA, 2003.

SCHEGGE DI FOLLIA *(Heathers)* ★★★
Regia di MICHAEL LEHMANN. Con SHANNEN DOHERTY, WINONA RYDER, CHRISTIAN SLATER. ■ Veronica frequenta un liceo americano e vive a contatto con le manie e le abitudini perbeniste e venali. Anche se non approva fino in fondo questa situazione decide di far buon viso a cattivo gioco. Le cose però cambiano quando incontra un ragazzo che si ribella alle regole e col quale fa amicizia. Costui si sente come un giustiziere che deve togliere le erbacce dall'orto. Tutto però sfocia nell'eccesso. Un film interessante che mostra come il perbenismo e il conformismo statunitense possano essere causa di un'insoddisfazione sotterranea. ■ HORROR; COL.; 102′; USA, 1989.

SCHEGGE DI PAURA *(Primal Fear)* ★★★★
Regia di GREGORY HOBLIT. Con RICHARD GERE, LAURA LINNEY, JOHN MAHONEY, EDWARD NORTON. ■ L'avvocato Martin Veil accetta di difendere un giovane imputato dell'omicidio dell'arcivescovo di Chicago. Il ragazzo era stato coinvolto forzatamente in video porno dal prelato e quindi ci sarebbe un valido movente. L'avvocato dimostrerà che la verità è un'altra. ■ THRILLER; COL.; 129′; USA, 1996. ■ GOLDEN GLOBES 1 PR, 1 NOM; OSCAR 1 NOM.

SCHERMO VELATO, LO *(The Celluloid Closed)* ★★
Regia di ROB EPSTEIN, JEFFREY FRIEDMAN. Con TONY CURTIS, WHOOPI GOLDBERG, TOM HANKS, SHIRLEY MACLAINE, SUSAN SARANDON, JOHN SCHLESINGER, LILY TOMLIN, GORE VIDAL. ■ Storia gay del cinema. Dalle primissime riprese che risalgono addirittura al 1895, a *Philadlephia*, con Tom Hanks. I due registi sono specialisti in documentari. Il film è tratto dal libro: *Celluloid Closed – Homosexuality in the Movies*. Una festa per i gay. ■ DOCUMENTARIO; B/N; 90′; USA, 1995.

SCHERZARE COL FUOCO *(Stick)* ★★
Regia di BURT REYNOLDS. Con CANDICE BERGEN, BURT REYNOLDS, GEORGE SEGAL. ■ Stick esce di galera desideroso di rifarsi una nuova vita, ma, per aiutare un amico, rimane coinvolto in un affare di droga. Per nascondersi diventa l'autista di un miliardario e s'innamora, ricambiato, della sua consulente legale. Ma prima di cominciare questa nuova vita affronta l'uomo che gli ha ucciso l'amico e rapito la figlia avuta da un suo matrimonio fallito. Burt Reynolds dirige se stesso offrendoci il tipico personaggio di *macho* dal cuore d'oro. ■ AVVENTURA; COL.; 109′; USA, 1985.

SCHERZI DA PRETE ★★
Regia di PIER FRANCESCO PINGITORE. Con PIPPO FRANCO, COCHI PONZONI, LINO TOFFOLO. ■ Parodia di un episodio tratto dalla cronaca, il caso del vescovo ribelle Lefèbvre: un religioso romano celebra la Messa in dialetto e a nulla valgono le esortazioni della Santa Sede per indurlo a tornare alla tradizione. Una principessa, aiutata dal sindaco e da molti parrocchiani, dà man forte al prete che sogna addirittura la fondazione di un nuovo partito democristiano. Poco dopo, però, la nobildonna, ricattata da un vescovo, si ritira. Il nostro, abbandonato da tutti, parte per l'Africa. ■ COMMEDIA; COL.; 90′; ITALIA, 1978.

SCHERZI DEL CUORE *(Playing by Heart)* ★★★
Regia di WILLARD CARROLL. Con GILLIAN ANDERSON, ELLEN BURSTYN, SEAN CONNERY, ANGELINA JOLIE, NASTASSJA KINSKI, DENNIS QUAID, GENA ROWLANDS, MADELEINE STOWE. ■ Paul e Hannah sono sposati da quarant'anni ma un episodio risalente a venticinque anni prima li manda in crisi. Non è che le loro figlie se la cavino meglio. Joanna si innamora di un ragazzo che la tiene a distanza perché sieropositivo. Meredith, regista teatrale, non sa più cos'è l'amore dopo aver scoperto che un suo ex è omosessuale e sta morendo di Aids. Grace tradisce il marito con il sacerdote che deve celebrare l'anniversario di matrimonio di Paul e Hannah. Gli attori la fanno da padroni in un film la cui fine non è poi così lieta. ■ DRAMMATICO; COL.; 119′; USA, 1998.

SCHERZI DI CUORE *(Romantic Comedy)* ★★
Regia di ARTHUR HILLER. Con DUDLEY MOORE. ■ Un commediografo di Broadway ammogliato conosce una timida professoressa di lettere e con lei scrive delle commedie di successo. Ognuno dei due prova qualcosa per l'altro ma non riescono a confessarselo per molto tempo. L'amore vincerà dopo la separazione coniugale di lui. Una commediola romantica diretta con buon artigianato da Arthur Hiller (*Love Story*) e interpretata da Dudley Moore, meno "sopra le righe" del solito. ■ COMMEDIA; COL.; 103′; USA, 1983.

SCHERZI MALIGNI *(Frauds)* ★★★
Regia di STEPHAN ELLIOTT. Con JOSEPHINE BYRNES, PHIL COLLINS, HUGO WEAVING. ■ Un film carico di tensione e con un'intelligente sceneggiatura. Il cantante Phil Collins è bravo a rendere il lato malvagio e grottesco del protagonista. Dallo stesso regista di *Priscilla, la regina del deserto*. Un assicuratore usa metodi ai limiti della truffa. ■ THRILLER; COL.; 95′; AUSTRALIA, 1993.

SCHERZO, LO *(Zert)* ★★★
Regia di JAROMIL JIRES. Con JANA DITETOVA, LUDEK MUNZAR, JOSEF SOMR. ■ Tratto da un romanzo di Milan Kundera, che ha curato anche la sceneggiatura. Siamo in Cecoslovacchia nel secondo dopoguerra. Uno studente, Ludvik, per fare uno scherzo spedisce una lettera all'amica Helena. Lei non intuisce l'ironia, lo denuncia e lui finisce in un campo di rieducazione. ■ COMMEDIA; B/N; 81′; CECOSLOVACCHIA, 1968.

SCHERZO DEL DESTINO IN AGGUATO DIETRO L'ANGOLO COME UN BRIGANTE DA STRADA ★★★
Regia di LINA WERTMÜLLER. Con PIERA DEGLI ESPOSTI, RENZO MONTAGNANI, UGO TOGNAZZI. ■ Un ministro rimane bloccato all'interno della sua macchina blindata. Un collega cerca di liberarlo, ma l'assurda situazione mette in crisi tutta la sua organizzazione familiare. Metafora sui mali d'Italia con una Lina Wertmüller meno pesante e più allusiva del consueto. ■ COMMEDIA; COL.; 90′; ITALIA, 1983.

SCHIACCIANOCI, LO *(Nutcracker)* ★★
Regia di ANWAR KAWADRI. Con JOAN COLLINS, WILLIAM FRANKLIN, CAROL WHITE. ■ Joan Collins nella parte di un'impresaria di un balletto inglese. Vorrebbe ad ogni costo nella sua compagnia una celebre danzatrice russa, e tanto insiste che un giorno l'artista scappa in Occidente. Ma la Collins è proprio pestifera. La ballerina presto si pente del suo colpo di testa. ■ DRAMMATICO; COL.; 91'; GRAN BRETAGNA, 1982.

SCHIACCIANOCI IN 3 D, LO *(The Nutcracker in 3D)* ★
Regia di ANDREI KONCHALOVSKY. Con FRANCES DE LA TOUR, ELLE FANNING, RICHARD E. GRANT, NATHAN LANE, JOHN TURTURRO. ■ Vienna, anni Venti. Mary ha nove anni, un fratello più piccolo che non la lascia in pace e una vivida fantasia. Alla vigilia di Natale i genitori lasciano i due bambini con l'amato zio Albert, che fa dono a Mary di uno schiaccianoci di legno. Con la complicità della notte, il giocattolo si anima e conduce Mary in una dimensione parallela e meravigliosa. ■ ANIMAZIONE; COL.; 107'; GRAN BRETAGNA, 2009.

SCHIAFFO, LO *(Red Dust)* ★★★★
Regia di VICTOR FLEMING. Con MARY ASTOR, CLARK GABLE, JEAN HARLOW, GENE RAYMOND. ■ Il capo di una piantagione del Sudest asiatico s'innamora a poco a poco di una ragazza di piccola virtù condotta nell'azienda da un suo sottoposto. A un certo punto, però, l'uomo s'infatua della distinta moglie d'un tecnico e trascura la ragazza, finché una scenata culminata col ferimento del piantatore non gli farà capire che la piccola prostituta è la donna per lui. ■ AVVENTURA; B/N; 83'; USA, 1932.

SCHIAFFO, LO *(La gifle)* ★★★
Regia di CLAUDE PINOTEAU. Con ISABELLE ADJANI, ANNIE GIRARDOT, FRANCIS PERRIN, LINO VENTURA, GEORGES WILSON. ■ Un professore di liceo, separato dalla moglie, prende a schiaffi la figlia che gli annuncia la sua intenzione di andare a vivere con un uomo. La ragazza scappa in Inghilterra dalla madre e ne nasce una serie di peripezie che porteranno la coppia più anziana sulla via della riconciliazione e faranno trovare alla ragazza un uomo migliore. ■ COMMEDIA; COL.; 105'; FRANCIA, 1974. ■ DAVID DI DONATELLO 1 PR, 1 NOM.

SCHIAVA D'AMORE *(Rabà Liubví)* ★★★★
Regia di NIKITA MICHALKOV. Con OLEG BASILASVILI, KONSTANTIN GRIGORJEV, ALEKSANDER KALJAGIN, RODION NAKHAPETOV, ELENA SOLOVEJ. ■ Nel 1919 la rivoluzione bolscevica ha trionfato in quasi tutta la Russia, ma in Crimea c'è ancora un governo bianco e tutti si comportano come se lo zarismo non fosse ancora caduto. Tra gli altri ci sono i componenti di una troupe cinematografica impegnata, tra mille difficoltà, a realizzare il film *Schiava d'amore*. La prima attrice, una diva capricciosa, s'innamora di un operatore, ma questi è un bolscevico e viene ucciso dalla polizia. Lei cerca, per onorare la sua memoria, di salvare del materiale cinematografico importante per i "rossi", ma si ritroverà su un tram che corre all'impazzata senza manovratore, inseguita dai cosacchi. ■ DRAMMATICO; COL.; 100'; URSS, 1975.

SCHIAVA DEGLI APACHES *(Trooper Hook)* ★★★
Regia di CHARLES MARQUIS WARREN. Con EARL HOLLIMAN, JOEL MCCREA, BARBARA STANWYCK. ■ Una donna, rapita diversi anni prima dagli Apaches, deve sottostare a varie umiliazioni mentre, accompagnata da un sergente che l'ha liberata, torna dal marito. Alla fine il consorte legittimo e il capo apache che le ha dato un figlio si elimineranno a vicenda e lei sposerà il cavalleggero. ■ WESTERN; B/N; 81'; USA, 1957.

SCHIAVA DEL MALE *(Experiment Perilous)* ★★★
Regia di JACQUES TOURNEUR. Con GEORGE BRENT, HEDY LAMARR, PAUL LUKAS. ■ Il regista d'origine francese specializzato in film di *suspense* racconta la storia di un medico che scopre che un distinto signore è in realtà un pazzo criminale. Cercherà di sottrarre alla sua influenza la moglie di cui si è innamorato. ■ DRAMMATICO; B/N; 91'; USA, 1944. ■ OSCAR 1 NOM.

SCHIAVA DEL PECCATO ★★★
Regia di RAFFAELLO MATARAZZO. Con FRANCO FABRIZI, MARCELLO MASTROIANNI, SILVANA PAMPANINI. ■ Una prostituta si salva da un disastro ferroviario con una piccola profuga rimasta orfana. Per adottarla si redime. Un uomo che aveva avuto una relazione con la donna crede che la piccina sia sua e lei, perseguitata da un losco figuro, si decide ad affidargliela. Alcuni anni dopo l'ex prostituta incontrerà nuovamente la figlia adottiva, ma questa non la riconoscerà. ■ DRAMMATICO; B/N; 101'; ITALIA, 1954.

SCHIAVA DEL PIRATA, LA *(Pirates of Tripoli)* ★★
Regia di FELIX E. FEIST. Con PAUL HENREID, PATRICIA MEDINA, JOHN MILSAN. ■ Avventure tra i pirati barbareschi nella Libia dell'Ottocento. Una principessa spodestata chiede aiuto a un corsaro che l'aiuterà a riconquistare il trono. ■ AVVENTURA; COL.; 72'; USA, 1955.

SCHIAVA DEL SUDAN, LA *(Sudan)* ★★
Regia di JOHN RAWLINS. Con TURHAN BEY, JON HALL, MARIA MONTEZ. ■ La regina del Sudan si traveste per andare alla ricerca del giovane che crede l'assassino del padre. L'uomo la salverà dagli schiavisti e la ragazza scoprirà la sua innocenza. Insieme sconfiggeranno il vero colpevole e si sposeranno. ■ AVVENTURA; COL.; 76'; USA, 1945.

SCHIAVA DI BAGDAD, LA *(Shéhérazade)* ★★★
Regia di PIERRE GASPARD-HUIT. Con GÉRARD BARRAY, ANNA KARINA, MARILÙ TOLO, ANTONIO VILAR. ■ Discreto film d'avventura che si basa sui rapporti, storicamente esatti, intercorsi tra Carlo Magno e Harun el Rashid, il califfo delle *Mille e una notte*. Rinaldo, un paladino, viene inviato a Badgad per cementare l'amicizia tra i due sovrani e incontra la schiava Shéhérazade di cui s'innamora e per la quale dovrà lungamente lottare. ■ AVVENTURA; COL.; 125'; FRANCIA, 1963.

SCHIAVA DI ROMA, LA ★★
Regia di SERGIO GRIECO. Con GUY MADISON, MARIO PETRI, ROSSANA PODESTÀ. ■ Un tribuno romano riceve da Giulio Cesare l'ordine di bloccare un esercito gallo che dovrebbe riunirsi con quello di Vercingetorige. Riuscirà nella missione aiutato da una schiava germanica ex prigioniera dei celti. ■ AVVENTURA; COL.; 91'; ITALIA, 1961.

SCHIAVA DI SINGAPORE, LA *(State Street Sadie)* ★★★
Regia di ARCHIE MAYO. Con MYRNA LOY, CONRAD NAGEL, WILLIAM RUSSELL. ■ Uno dei primi film sonori, girato in vitaphone. La Loy e Nagel combattono vittoriosamente contro una banda di malviventi. ■ AVVENTURA; B/N; 90'; USA, 1928.

SCHIAVA E SIGNORA *(The President's Lady)* ★★★
Regia di HENRY LEVIN. Con SUSAN HAYWARD, CHARLTON HESTON. ■ La moglie di un uomo cinico si innamora del procuratore Jackson e viene accusata di adulterio (siamo negli anni Cinquanta e il perbenismo è imperante). Jackson fa carriera e diventa presidente degli Stati Uniti. La donna amata, divenuta sua moglie, viene riaccettata socialmente, ma, ormai distrutta fisicamente e moralmente, muore. ■ BIOGRAFICO; B/N; 96'; USA, 1953. ■ OSCAR 2 NOM.

SCHIAVA IO CE L'HO E TU NO, LA ★★
Regia di GIORGIO CAPITANI. Con ADRIANA ASTI, LANDO BUZZANCA, CATHERINE SPAAK. ■ Un siciliano benestante oppresso sia dalla moglie che dall'amante compera in Brasile una bellissima schiava; ma anche questo rapporto è pur sempre un legame. Inutilità profonda dei rapporti umani o immaturità dell'uomo? ■ COMMEDIA; COL.; 93'; ITALIA, 1972.

SCHIAVE BIANCHE *(Le bal des espions)* ★★
Regia di MICHEL CLÉMENT. Con FRANÇOISE ARNOUL, ROSANNA SCHIAFFINO. ■ Una cantante di cabaret finisce, per una serie di circostanze fortuite, in un giro di spionaggio e di spaccio di droga. Le mettono a sua insaputa un prezioso microfilm nella valigia. Riuscirà a dimostrare la sua innocenza mentre le bande rivali si distruggono fra di loro. ■ DRAMMATICO; B/N; 75'; FRANCIA, 1960.

SCHIAVE BIANCHE – VIOLENZA IN AMAZZONIA ★
Regia di MARIO GARIAZZO. Con ELVIRE AUDRAY, WILL GONZALES. ■ Conclusi gli studi in Inghilterra, la bella figlia di un proprietario terriero brasiliano torna a casa per festeggiare il suo diciottesimo compleanno, ma gli indios feroci massacrano i suoi genitori e la vendono all'asta come schiava. ■ AVVENTURA; COL.; 91'; ITALIA, 1985.

SCHIAVE DELLA CITTÀ, LE *(Lady in the Dark)* ★★★
Regia di MITCHELL LEISEN. Con RAY MILLAND, GINGER ROGERS. ■ La direttrice di una rivista di moda e di un atelier non è una bellezza, ma viene corteggiata dal maturo proprietario dell'impresa per cui lavora. Attraverso una cura psicanalitica risolve il complesso della sua scarsa avvenenza che l'ha portata a gettarsi solo nel lavoro. Dopo troverà l'amore vero. ■ COMMEDIA; COL.; 100'; USA, 1944. ■ OSCAR 3 NOM.

SCHIAVE DELLA METROPOLI, LE ★★
(The Flesh is Weak)
Regia di DON CHAFFEY. Con JOHN DEREK, MILLY VITALE. ■ Una ragazza lascia la provincia per trovare lavoro a Londra e finisce in un giro di prostituzione gestito da un certo Jones, di cui si è innamorata. Ormai incapace di fare un altro mestiere, tenta almeno di mettersi in proprio, ma Jones non si lascia scappare una donna da sfruttare. Alla fine lei lo denuncia e tenta una strada migliore. ■ DRAMMATICO; B/N; 88'; GRAN BRETAGNA, 1957.

SCHIAVE DI CARTAGINE, LE ★★
Regia di GUIDO BRIGNONE. Con MARISA ALLASIO, GIANNA MARIA CANALE, JORGE MISTRAL. ■ La perfida Giulia Marzia fa accecare la buona schiava Lea innamorata di Marco Valerio. Questi ritroverà Lea in prigione e la sposerà col rito cristiano. ■ AVVENTURA; B/N; 91'; ITALIA, 1956.

SCHIAVE ESISTONO ANCORA, LE ★★
Regia di ROBERTO MALENOTTI. ■ Film-denuncia sulla schiavitù che resta ai giorni nostri un fatto sociale incontestabile: dagli harem alle case di piacere dell'Oriente e dell'Occidente. ■ DOCUMENTARIO; B/N; 92'; ITALIA, 1963.

SCHIAVE NELL'ISOLA DEL PIACERE, LE ★
(Virgins of the Seven Seas)
Regia di KUEI CHIC HUNG. Con DIANA DRUBE, TAMARA ELLIOT, SONJA JEANINE. ■ Ragazze in crociera nei mari dell'Oriente sono catturate dai pirati per conto del mercante di schiave Chow. Ma la terribile Mei Mei le addestra al karatè e le schiave faranno polpette dei loro acquirenti. ■ DRAMMATICO; COL.; 94'; HONG KONG, 1974.

SCHIAVI DEL DESTINO ★★
Regia di JOHN MANTLEY. Con SEBASTIAN CABOT, FAYE MARLOWE, JUDITH TUTAEF. ■ Si tratta di tre episodi (di provenienza televisiva) ricavati da romanzi ottocenteschi: *Non farmi domande*, *I tre cercatori*, *L'idolo*. ■ DRAMMATICO; B/N; 90'; USA, 1957.

SCHIAVI DELLA COLPA *(Man to Man)* ★★★
Regia di ALLAN DWAN. Con PHILLIPS HOLMES, GRANT MITCHELL, LUCILLE POWERS. ■ Un ragazzo è scacciato dal college dove studia perché suo padre è accusato di omicidio. Anche quando il padre è scagionato, il figlio continua a odiare il genitore per colpa del quale ha dovuto interrompere gli studi. Ma poi padre e figlio torneranno amici. ■ DRAMMATICO; B/N; 68'; USA, 1930.

SCHIAVI DELL'AMORE DELLE AMAZZONI ★★
(Love Slaves of the Amazons)
Regia di CURT SIODMAK. Con GIANNA SEGALE, DON TAYLOR. ■ Pete, un archeologo americano, organizza una spedizione in Amazzonia. Ben presto si imbatte in una tribù di donne guerriere. Gli unici esseri civili sono Marco (unico uomo, usato per procreare) e Gina, una scienziata. Marco viene ucciso e Pete fugge con Gina. Tornato in America, rispetta il segreto della tribù delle Amazzoni. ■ AVVENTURA; COL.; 81'; USA, 1957.

SCHIAVI DELL'ODIO *(La posésion)* ★★
Regia di JULIO BRACHO. Con GILBERTO GONZALES, EVA MARTINO, JORGE NEGRETE, JULIO VILLAREAL. ■ Due compari messicani sono in conflitto per il possesso di un terreno e coinvolgono i loro rispettivi figlioli che, pur amandosi, devono lasciarsi. I due vecchi finiscono ammazzati, il popolo insorge contro la loro tirannia, i giovani possono amarsi. ■ DRAMMATICO; B/N; 93'; MESSICO, 1950.

SCHIAVI DI BABILONIA, GLI *(Slaves of Babylon)* ★★
Regia di WILLIAM CASTLE. Con LINDA CHRISTIAN, RICHARD CONTE. ■ Nabucodonosor distrugge Gerusalemme e imprigiona gli ebrei superstiti. Viene intanto scovato Ciro, imperatore della Persia, che vive da pastore. Incoronato e armato contro il despota, lo sconfiggerà, liberando gli ebrei in cattività che ritorneranno alla loro terra. ■ AVVENTURA; COL.; 82'; USA, 1953.

SCHIAVI DI NEW YORK *(Slaves at New York)* ★★★
Regia di JAMES IVORY. Con MARY BETH HURT, BERNADETTE PETERS, CHRIS SARANDON. ■ Dai racconti di Tama Yanowitz. La fauna degli artisti (o presunti tali) di Manhattan vista dagli occhi (alquanto ingenui) di una svampita disegnatrice di cappellini. Film diretto e recitato brillantemente, che però perde per strada tutti i veleni del testo originale (nonostante la sceneggiatura della stessa Tama). ■ COMMEDIA; COL.; 124'; USA, 1989.

SCHIAVI PIÙ FORTI DEL MONDO, GLI ★★
Regia di MICHELE LUPO. Con ROGER BROWNE, SCILLA GABEL, GORDON MITCHELL, GIACOMO ROSSI STUART. ■ Il buon tribuno inviato da Roma a mettere ordine nella provincia d'Africa fa fuori in duello il cattivo centurione, libera gli schiavi e sposa una bellona. ■ AVVENTURA; B/N; 90'; ITALIA, 1964.

SCHIAVITÙ *(L'esclave)* ★★
Regia di YVES CIAMPI. Con DANIEL GÉLIN, BARBARA LAAGE, ELEONORA ROSSI DRAGO. ■ Michel è un giovane pianista deluso nelle sue ambizioni e, per la frustrazione, ricorre alla morfina che gli dà la carica per il suo lavoro. Per uscire dalla schiavitù della droga, si ricovera in casa di cura e la moglie lo aiuta. Intanto il successo arriva, ma il pianista non può più fare a meno della droga. ■ DRAMMATICO; B/N; 99'; FRANCIA, 1953.

SCHIAVO D'AMORE *(Of Human Bondage)* ★★★
Regia di JOHN CROMWELL. Con BETTE DAVIS, FRANCES DEE, LESLIE HOWARD, REGINALD OWEN. ■ Storia di un uomo a cui una minorazione fisica ha impedito di avere una vita amorosa normale. Cade vittima di una donna volgare, che lo tiranneggia per anni. Infine la donna morirà e l'uomo potrà trovare il vero amore. ■ DRAMMATICO; B/N; 83'; USA, 1934.

SCHIAVO D'AMORE *(Of Human Bondage)* ★★
Regia di EDMUND GOULDING. Con PAUL HENREID, ELEANOR PARKER, ALEXIS SMITH. ■ Trama uguale all'omonimo film di John Cromwell, ma gli attori e il regista sono molto meno bravi. ■ DRAMMATICO; B/N; 105'; USA, 1946.

SCHIAVO D'AMORE *(Of Human Bondage)* ★★★
Regia di KEN HUGHES. Con LAURENCE HARVEY, ROBERT MORLEY, KIM NOVAK. ■ Nuova versione del romanzo di Maugham. ■ DRAMMATICO; B/N; 98'; GRAN BRETAGNA, 1963.

SCHIAVO DELLA FURIA *(Raw Deal)* ★★★
Regia di ANTHONY MANN. Con RAYMOND BURR, MARSHA A. HUNT, JOHN IRELAND, DENNIS O'KEEFE, CLAIRE TREVOR. ■ Fatto arrestare e condannare dal boss mafioso Rick, John evade di prigione con l'aiuto della donna del gangster che lo ama. Scappano entrambi, e ad essi si aggiunge Ann, anche lei innamorata di John. Alla fine i due rivali muoiono in uno scontro a fuoco. Ann resta libera e sola. ■ POLIZIESCO; B/N; 79'; USA, 1948.

SCHIAVO DELLA VIOLENZA ★★
(I Married a Communist)
Regia di ROBERT STEVENSON. Con LARAINE DAY, ROBERT RYAN. ■ Film di propaganda anticomunista, nemmeno troppo sottile, incentrato sulle disavventure di un sindacalista. ■ DRAMMATICO; B/N; 73'; USA, 1949.

SCHIAVO DELL'ORO, LO *(Scrooge)* ★★★
Regia di BRIAN DESMOND HURST. Con KATHLEEN HARRISON, MERVYN JOHNS, ALASTAIR SIM. ■ Il vecchio avaro Scrooge, visitato da uno spiritello, capisce la grettezza della sua vita e diventa buono. ■ COMMEDIA; B/N; 86'; GRAN BRETAGNA, 1951.

SCHIAVO DEL PASSATO *(The Late George Apley)* ★★★
Regia di JOSEPH LEO MANKIEWICZ. Con VANESSA BROWN, RONALD COLMAN, PEGGY CUMMINGS. ■ George Apley è un rigido conservatore bostoniano che governa la famiglia con intransigenza. Combina i matrimoni come si usa in una certa società, senza tenere conto dei sentimenti. Solo la figlia Eleanor, che ha la tempra del padre, gli tiene testa e riesce a sposare l'uomo che ama. ■ COMMEDIA; B/N; 98'; USA, 1947.

♥ SCHINDLER'S LIST – LA LISTA DI SCHINDLER *(Schindler's List)* ★★★★
Regia di STEVEN SPIELBERG. Con RALPH FIENNES, BEN KING-

SLEY, BEATRICE MACOLA, LIAM NEESON, JONATHAN SAGALLE. ■ Tratto dal libro di Thomas Keneally è la vera storia di Oscar Schindler, industriale tedesco, che nel 1938 capisce che è bene legarsi ai comandanti militari. Li frequenta nei locali notturni, offre bottiglie costose. Quando gli ebrei sono relegati nel ghetto di Cracovia Schindler riesce a farsene assegnare alcune centinaia come operai in una fabbrica di pentole. All'inizio sembra sfruttarli, in realtà li salva. Di fronte alla persecuzione spietata, trasforma quella sua prima iniziativa in una vera missione, fino a comprare letteralmente le vite di quasi milleduecento ebrei (la famosa lista) che sicuramente morirebbero nel campo di Auschwitz. Film concepito e costruito per essere definitivo, come memoria, opera d'arte e documento. La qualità cinematografica è altissima, del resto nessuno ne avrebbe dubitato conoscendo le doti di Spielberg. L'impressione in chi vede il film è profonda, molto studiata è la mediazione fra il cuore e il pensiero. Il regista ha usato il bianco e nero ispirandosi ai documentari dell'epoca nelle sequenze corali e alle immagini espressioniste nelle scene private. Ci sono momenti straordinari, come l'attacco al ghetto di Cracovia e alcuni episodi del campo di concentramento. Quando "tocca" Auschwitz e deve sintetizzare in pochi momenti, al regista basta mostrare il grande fumaiolo nella notte per far capire tutto. C'è anche una piccola licenza squisitamente cinematografica, quando vediamo una bambina che riesce a salvarsi dalla strage del ghetto e poi la troviamo morta su un carro nel campo: per farla riconoscere le è stato colorato il cappottino di rosso pallido. Trattandosi del più importante cineasta contemporaneo, capace di muovere il costume, è doveroso essere severi. Ma è davvero difficile essere critici. Si può parlare di troppa Hollywood presente nonostante il tentativo di nasconderlo (certo, Spielberg non è Rossellini) e si può parlare di troppa pianificazione, anche strumentale: con tanto movimento (presentazioni in Germania, a Varsavia, in Israele, con l'avallo di Wiesenthal, il grande nemico dei nazisti, e con l'intervento delle potenti comunità ebraiche del mondo), come si sarebbe potuta negare a Spielberg una bella messe di Oscar? Infatti ne ha raccolti sette, compresi i due maggiori, al film e alla regia. Ma ribadiamo: è un film che "rimarrà". ■ DRAMMATICO; COL.; 200'; USA, 1993. ■ GOLDEN GLOBES 🏆 3 PR, 6 NOM; OSCAR 🏆 7 PR, 12 NOM.

SCHIUMA DEI GIORNI, LA *(L'écume des jours)* ★★
Regia di CHARLES BELMONT. Con BERNARD FRESSON, BARBARA FREY, JACQUES PERRIN, MARIE-FRANCE PISIER, ALEXANDRA STEWART. ■ Storia surreale di tre amici: uno ha il culto del filosofo Jean-Saul Partre (*sic*), l'altro distilla alcool da un pianoforte, il terzo è maggiordomo. ■ COMMEDIA; COL.; 91'; FRANCIA, 1968.

SCHIVATA, LA *(L'esquive)* ★★
Regia di ABDEL KECHICHE. Con HAFET BEN-AHMED, NANOU BENHAMOU, OSMAN ELKHARRAZ, SARA FORESTIER, CAROLE FRANCK. ■ L'opera seconda di Kechiche (Leone d'oro nel 2000 come esordiente con *Tutta colpa di Voltaire*) fotografa lo spaccato di un sobborgo parigino scegliendo come protagonista una ragazza carina e smaliziata, Lydia, che frequenta un corso di teatro, e si muove fra amici e spasimanti. Lei è amica d'infanzia di Krimò, un giovane introverso di origine maghrebina, ma lui è convinto che fra loro ci dovrebbe essere qualcosa di più. Penalizzato dalla traduzione poco curata e dal doppiaggio con forti inflessioni romane (possiamo comprendere, comunque, che il budget per un film come questo non sia elevato), *La schivata* si distingue proprio nei dialoghi. Kechiche, prendendo spunto da *Gioco del caso e dell'amore* di Marivaux che gli studenti devono interpretare, rappresenta un mondo dal quale non si può sfuggire perché ognuno è condizionato dal ceto d'origine. Lo fa con sincerità, seguendo i ragazzi con l'obiettivo come fosse uno di loro. ■ DRAMMATICO; COL.; 117'; FRANCIA, 2003.

SCHIZOID ★★
Regia di DAVID PAULSEN. Con KLAUS KINSKI, CHRISTOPHER LLOYD, CRAIG WASSON. ■ Alcune pazienti dell'inquietante psichiatra Kinski vengono misteriosamente e barbaramente assassinate una ad una. Thriller prevedibile, che ricerca soltanto l'effettaccio sanguinolento. ■ THRILLER; COL.; 80'; USA, 1981.

SCHIZOPOLIS ★★
Regia di STEVEN SODERBERGH. Con BETSY BRANTLEY, MIGUEL FERRER, STEVEN SODERBERGH. ■ Un film visionario del regista di *Sesso, bugie e videotape*. L'attore e regista interpreta lo scribacchino di un sacerdote della New Age. Costui è in pericolo perché un sicario lo cerca per ucciderlo. ■ COMMEDIA; COL.; 96'; USA, 1997.

SCHOOL FOR SCOUNDRELS ★★
Regia di TODD PHILLIPS. Con JOANNE BARON, JACINDA BARRETT, MICHAEL CLARKE DUNCAN, JON HEDER, CYNTHIA LOEBE, SARAH SILVERMAN, BILLY BOB THORNTON. ■ La vita di Roger è seriamente condizionata da timidezza patologica e goffaggine cronica che, insieme a una generosa razione di cattiva sorte, lo accompagnano nel quotidiano. La spirale negativa raggiunge il suo apice quando il giovane viene cacciato dall'associazione di volontariato "Fratello maggiore", perché rifiutato dall'ennesimo bambino. In piena depressione, Roger si affida al compassionevole consiglio di un conoscente: chiamare un misterioso numero e seguire le istruzioni, garantendosi così l'accesso alle lezioni top secret di quello che si scoprirà essere il Dottor P., losco individuo che in cambio di una cifra tutt'altro che simbolica insegna ai bisognosi l'arte di avere una personalità (non per forza la propria, anzi). Con un concept che si presenta come potenziale "10 anni dopo" del recente ma già mitico *Napoleon Dynamite* (con cui condivide il protagonista) e rubacchia senza troppi scrupoli da *Terapia d'urto*, Todd Phillips si affaccia alla commedia con un esito accettabile. ■ COMMEDIA; COL.; 98'; USA, 2006.

SCHOOL OF ROCK ★★★
Regia di RICHARD LINKLATER. Con JACK BLACK, KEVIN ALEXANDER CLARK, JOAN CUSACK, JOEY GAYDOS JR., SARAH SILVERMAN, MIKE WHITE. ■ Immaginate una *jam session* di 110 minuti in cui l'intera storia del rock viene rivisitata, reinterpretata ed utilizzata per dare nerbo ad una storia già vista e stravista ma sempre efficace: ecco *School of Rock*. Il plot ricalca perfettamente i classici canovacci del tema. Il musicista, bravo ma incontrollabile, viene cacciato dalla band da lui stesso creata e, grazie ad un inganno, si sostituisce all'amico professore nella scuola più prestigiosa e *politically correct* dello Stato; seguono varie peripezie che lo portano a far scoprire negli annoiati studenti l'amore per la musica ed il senso della vita. Linklater, fine intellettuale e amante dei ricami formali e stilistici, trova incredibilmente i tempi comici esatti e grazie a un cast straordinario e a una colonna sonora semplicemente epocale (poteva essere altrimenti?), realizza un film di straordinaria banalità che riesce al contempo ad essere irresistibile e perfetto nell'intento per il quale è stato pensato: divertire. ■ COMMEDIA; COL.; 108'; USA, 2003.

SCHOPENHAUER ★
Regia di GIOVANNI DAVIDE MADERNA. Con RUDI GALOPPINI, MICHELA NOÈ, FILIPPO TICOZZI, FILIPPO USELLINI. ■ Due studenti universitari, un ragazzo e una ragazza, si recano in un paese della provincia di Pavia per intervistare uno scrittore filosofo. Ad accoglierli nella vecchia casa sono due giovani molto introversi che lo scrittore mantiene in cambio delle faccende domestiche. Il filosofo, che è chiuso nella sua stanza, tarda però nel presentarsi e i due si fermano per la notte. Anche il giorno seguente l'ambito personaggio non li riceve. Nell'attesa cominciano a delinearsi le difficoltà che i due ragazzi stanno affrontando nella costruzione delle loro identità. ■ DRAMMATICO; COL.; 65'; ITALIA, 2006.

SCHULTZE VUOLE SUONARE IL BLUES ★★★
(Schultze Gets the Blues)
Regia di MICHAEL SCHORR. Con HORST KRAUSE, KARL-FRED MÜLLER, HARALD WARMBRUNN. ■ Tre amici minatori vanno in pensione e cadono in depressione cronica. Tra loro Schultze, scapolo, non sa proprio come riempire le giornate: in birreria la solita noia, con la fisarmonica le solite polke. In una notte insonne, a Schultze capita per caso di sentire alla radio una canzone di musica zydeco, una sorta di polka velocizzata all'estremo, e "si prende il blues". Perde la testa per il "sound creolo della Louisiana" e si dedica anima e corpo a raccattare i soldi per fare un viaggio in Louisiana. Dalla Germania un film insolito e sgangherato, proprio

come il suo protagonista che di punto in bianco dà di matto per il blues neanche fosse un virus. Schultze è un adorabile, rubicondo disadattato sociale, che riesce a dare alla propria vita una svolta impensabile, andandosi a cacciare in situazioni tragicomiche che lo rendono irresistibilmente simpatico. Presentato a Venezia 2003. ■ COMMEDIA; COL.; 109'; GERMANIA, 2003.

SCIACALLI *(Jackals)* ★★

Regia di GARY GRILLO. Con WILFORD BRIMLEY, GERALD MCRANEY, JAMESON PARKER. ■ I due interpreti di *Simon & Simon* ancora insieme, ma con ruoli mutati. Il biondo fa sempre il buono, un bravo poliziotto del New Mexico. Il baffuto invece è un crudele trafficante di immigrati clandestini. Li fa immigrare, li deruba e li uccide. E cerca di uccidere il biondo, quando questi lo ricerca per i suoi misfatti. ■ DRAMMATICO; COL.; 91'; USA, 1986.

SCIACALLI, GLI *(The Looters)* ★★

Regia di ABNER BIBERMAN. Con JULIE ADAMS, RORY CALHOUN, RAY DANTON. ■ Peter è un avventuriero che fa momentaneamente lega con il bravo Jesse che vive in solitudine fra le montagne. Insieme si prodigano al recupero di un aereo caduto nella zona e al salvataggio dei superstiti, tra cui una donna. Ma, mentre Peter vuole rapinare e uccidere lo sparuto gruppo, Jesse lo porta in salvo. ■ DRAMMATICO; B/N; 87'; USA, 1955.

SCIACALLI DEL COMANDANTE STRASSER, GLI ★★
(The Last Escape)

Regia di WALTER E. GRAUMAN. Con PINKAS BRAUN, JOHN COLLIN, STUART WHITMAN. ■ Sta per finire la seconda guerra mondiale: l'ufficiale americano Lee Mitchell, travestito da SS, prende prigionieri due tecnici tedeschi esperti di missilistica. Le vere SS scoprono il raggiro e comincia una serie di serrate avventure. Anche i russi si mettono in mezzo, ma Mitchell la fa in barba a tutti. ■ GUERRA; B/N; 90'; GRAN BRETAGNA, 1969.

SCIACALLI DELL'ANNO 2000, GLI *(The Ravagers)* ★★

Regia di RICHARD COMPTON. Con ERNEST BORGNINE, ART CARNEY, RICHARD HARRIS. ■ Nella terra sconvolta dalla guerra atomica, un gruppo di predatori dà la caccia a un vagabondo che ha ucciso uno di loro. Ma costui non si fa prendere. Anzi, riesce a mettersi a capo di una piccola comunità di gente contraria a farsi scannare dai predatori senza reagire. ■ FANTASCIENZA; COL.; 92'; USA, 1979.

SCIACALLI DI HONG KONG, GLI *(The Scavengers)* ★★

Regia di JOHN CROMWELL. Con VINCE EDWARDS, CAROL OHMART. ■ Sua moglie è scomparsa e lui la va a cercare a Hong Kong. La trova implicata in loschi affari. La donna muore e lui torna in America con una nuova compagna. ■ AVVENTURA; B/N; 79'; USA, 1959.

SCIACALLI NELL'OMBRA *(The Prowler)* ★★★

Regia di JOSEPH LOSEY. Con VAN HEFLIN, EVELYN KEYES, JOHN MAXWELL. ■ Una donna si innamora di un agente di polizia e insieme studiano un piano per sopprimere il marito. Lo mettono in condizione di chiamare la polizia di notte, l'agente arriva e lo uccide. Dichiara poi che si è trattato di un errore e viene assolto. Ma un bambino in arrivo è la prova lampante della relazione e manda a monte quello che doveva essere un delitto perfetto. ■ DRAMMATICO; B/N; 92'; USA, 1951.

SCIACALLI SI MUORE *(Moonshine County Express)* ★★

Regia di JOHN TRIKONIS. Con WILLIAM CONRAD, SUSAN HOWARD, JOHN SAXON. ■ Nell'America del proibizionismo, tre sorelle fanno concorrenza al potente boss Starky. Lui le vuole eliminare, ma saranno le tre ragazze, aiutate da un giovanotto innamorato di una di loro, a consegnarlo alla polizia. ■ AVVENTURA; COL.; 95'; USA, 1980.

SCIACALLO, LO *(L'ainé de Fercheaux)* ★★★

Regia di JEAN-PIERRE MELVILLE. Con JEAN-PAUL BELMONDO, MICHÈLE MERCIER, STEFANIA SANDRELLI, CHARLES VANEL. ■ Un industriale europeo scappa in America per non rispondere delle conseguenze del suo fallimento. Si lega con un certo Michel, che però lo deruba del denaro che si è portato dietro. Il fallito viene poi ucciso da due delinquenti durante una rapina. Michel torna in tempo per vederlo morire. ■ DRAMMATICO; COL.; 102'; FRANCIA, 1963.

SCIALLA! (STAI SERENO) ★★

Regia di FRANCESCO BRUNI. Con FABRIZIO BENTIVOGLIO, BARBORA BOBULOVA, GIUSEPPE GUARINO, PRINCE MANUJIBEYA, FILIPPO SCICCHITANO. ■ Bruno Beltrame ha tirato i remi in barca. Del suo antico talento di scrittore è rimasto quel poco che gli basta per scrivere su commissione i libri degli altri, biografie di calciatori e personaggi della televisione. La sua passione per l'insegnamento ha lasciato il posto a uno svogliato tran-tran di ripetizioni a domicilio a studenti altrettanto svogliati, fra i quali spicca il quindicenne Luca, ignorante come gli altri, ma vitale ed irriverente. Un bel giorno la madre del ragazzo si fa viva, come un fantasma dal passato, con una rivelazione che butta all'aria la vita di Bruno: Luca è suo figlio. ■ COMMEDIA; COL.; 90'; ITALIA, 2011.

SCIALUPPE A MARE *(Away All Boats)* ★★★

Regia di JOSEPH PEVNEY. Con JEFF CHANDLER, GEORGE NADER. ■ L'ufficiale Hawks viene posto al comando di una nave da trasporto durante l'ultima guerra. È un uomo intransigente e solo. La dura disciplina che impone all'equipaggio gli attira ostilità, ma alla fine Hawks riesce, morendo, a salvare la sua nave e l'equipaggio. ■ AVVENTURA; COL.; 114'; USA, 1956.

SCIAMANE, LE ★

Regia di ANNA RITA CICCONE. Con CECILIA DAZZI, NINO FRASSICA, PIERO NATOLI, ANTONELLA PONZIANI. ■ Claudia è una quasi trentenne candidata a una vita da isterica perdente. L'unica sua speranza è trovare consolazione da parte di stregoni più o meno ciarlatani. Per di più è narcolettica e si addormenta all'improvviso dove capita. Un giorno però indossa un amuleto consegnatole dalla mamma e da vittima si trasforma in persecutore. Il cast (nell'ordine di cui sopra) spiega il film: una promessa non del tutto mantenuta, una promessa, un attore/regista prezzemolo di Cinecittà e un comico ormai spompato. ■ COMMEDIA; COL.; 90'; ITALIA, 2000.

SCIAMPISTE&CO. *(Vénus Beauté)* ★★★

Regia di TONIE MARSHALL. Con NATHALIE BAYE, ROBERT HOSSEIN, BULLE OGIER, AUDREY TAUTOU. ■ Il Vénus è un salone di bellezza dove s'intrecciano storie femminili molto parigine, condotte con brio e leggerezza di tocco. Protagoniste tre estetiste, tra amarezze e speranze. Storia di tutti i giorni, gradevole. ■ COMMEDIA; COL.; 105'; FRANCIA, 2000.

SCIARADA *(Charade)* ★★★

Regia di STANLEY DONEN. Con JAMES COBURN, CARY GRANT, AUDREY HEPBURN, WALTER MATTHAU. ■ Una giovane signora abitante a Parigi apprende che il marito, di cui sapeva pochissimo e dal quale stava divorziando, è stato ucciso in circostanze misteriose. C'è di mezzo una somma esorbitante; alcuni killer inseguono la donna, non avendo trovato i soldi addosso al morto. Un affascinante ed enigmatico gentiluomo comincia ad aiutare la ragazza, ma fino all'ultimo non si saprà né il suo vero nome né, soprattutto, il suo ruolo nella complicata vicenda. ■ GIALLO ROSA; COL.; 113'; USA, 1963. ■ DAVID DI DONATELLO 1 PR, 1 NOM; OSCAR 1 NOM.

SCIARADA ALLA FRANCESE *(Cherchez l'idole)* ★★

Regia di MICHEL BOISROND. Con FRANK ALAMO, DOMINIQUE BOSCHERO, MYLÈNE DEMONGEOT, FRANK FERNANDEL, EDDY MITCHELL, SYLVIE VARTAN. ■ Storiella-pretesto per far cantare i big dell'epoca della canzone francese. Un diamante preziosissimo finisce per sbaglio in una chitarra elettrica che passa per le mani di questi celebri cantanti. ■ COMM. MUSICALE; COL.; 85'; FRANCIA, 1963.

SCIARADA PER QUATTRO SPIE ★★★
(Avec la peau des autres)

Regia di JACQUES DERAY. Con JEAN BOOISE, JEAN SERVAIS, MARILÙ TOLO, LINO VENTURA. ■ L'agente segreto Maurice viene inviato in missione a Vienna, dove dovrebbe mettersi in contatto con lo scomparso collega Margerie. Aiutato da altri, tra cui un avvocato e una giovane cantante, mette le mani sui documenti segreti di Margerie. Scopre a sue spese che questi è un traditore. Al suo capo consegnerà i documenti, ma non dirà del tradimento. ■ AVVENTURA; COL.; 94'; FRANCIA, 1966.

SCIARPA VERDE, LA *(The Green Scarf)* ★★★
Regia di George More O'Ferrall. Con Leo Genn, Michael Redgrave, Ann Todd. ■ Lo scrittore Vauthier, cieco, sordo e muto, è stato rieducato da un abate e ha trovato nell'amore della bella moglie Solange un motivo di vita. Durante un viaggio in piroscafo verso l'America, Solange lo tradisce con un passeggero, che viene trovato morto. Vauthier, credendo sia stato ucciso dalla moglie, si accusa del delitto. Solange è innocente e torna dallo sfortunato marito. ■ Drammatico; b/n; 96'; Gran Bretagna, 1954.

SCIENCE OF SLEEP, THE ★★
Regia di Michel Gondry. Con Alain Chabat, Charlotte Gainsbourg, Gael García Bernal. ■ Stephane, un giovane che si lascia convincere dalla madre ad andare a lavorare a Parigi, si innamora, non ricambiato, dell'affascinante Stephanie. Dotato di grande immaginazione e di un'attività onirica fuori dal comune, ben presto Stephane è sopraffatto dalla sua stessa fantasia, che gli impedisce di riconoscere e distinguere il confine tra la realtà e il mondo onirico. Servendosi delle più svariate tecniche dell'animazione, Gondry mette in scena e visualizza le fantasie del personaggio, insieme alle scene "reali", creando un *pastiche* narrativo e visivo. Come già era accaduto per l'esordio al lungometraggio, *The science of sleep* indaga sulle possibilità fruitive del corpo umano e ne visualizza le emozioni. Col limite però, come talvolta accade ai film sperimentali, di cadere vittima delle sue stesse trappole. ■ Fantascienza; col.; 105'; Francia, 2005.

SCIMITARRA DEL SARACENO, LA ★★
Regia di Piero Pierotti. Con Chelo Alonso, Lex Barker, Graziella Granata, Massimo Serato. ■ Il buon Drago è incaricato dalla Repubblica di Venezia di combattere il cattivo Dragut e di liberare Bianca. Ce la farà. ■ Avventura; col.; 92'; Italia, 1959.

SCIMITARRE DEI MONGOLI, LE ★★★
(Saga of the Vagabonds)
Regia di T. Sugie. Con Toshiro Mifune, Misa O'Hara, John Philips. ■ Un principe mongolo viene accusato dall'ambizioso fratello del furto di un tesoro e, divenuto una specie di Robin Hood orientale, alla testa di un gruppo di avventurieri ruba ai ricchi per dare ai poveri, si riscatta dell'accusa, assale la reggia e compie giustizia. ■ Avventura; col.; 91'; Giappone, 1960.

SCIMITARRE DI RASCID PASCIÀ, LE *(Tudor)* ★★
Regia di Lucian Bratu. Con Gea Barton, Olga Dorache, Ernesto Mattei, Emanuele Petri. ■ Il patriota rumeno Tudor si mette alla testa del movimento di liberazione contro il dominio turco all'inizio dell'Ottocento e riesce a sconfiggere i dominatori. Invano Rascid Pascià si batte con i suoi eserciti: la nazione rumena è nata. ■ Drammatico; b/n; 93'; Romania, 1962.

SCIMMIA BIANCA – IL RE DELLA FORESTA ★★
Regia di René Cardona Jr. Con Peggy Bass, Jorge Graham, Hugo Stiglitz. ■ Un ragazzino viene allevato da una famiglia di scimmie e, novello Tarzan, si unisce ad una bianca generando a sua volta un figlio. L'erede dell'uomo-scimmia avrebbe la possibilità di rientrare nel mondo cosiddetto civile, ma preferisce restare nella giungla. ■ Avventura; col.; 94'; Messico, 1976.

SCIMMIA SULLA SPALLA, LA *(Monkey Grip)* ★★
Regia di Ken Cameron. Con Colin Friels, Harold Hopkins, Candy Raymond. ■ È la storia d'amore di una ragazza madre con un tossicodipendente. Storia travagliata oltre che dalla condizione di lui, anche dalla reticenza di lei a prendersi cura dell'uomo, dopo le tribolazioni passate ad allevare la prole senza marito. ■ Drammatico; col.; 101'; Australia, 1982.

SCIMMIE COME NOI *(Le chateau des singes)* ★★★
Regia di Jean-François Laguionie. Voci di Massimo Lopez, Tullio Solenghi. ■ In seguito a un cataclisma il popolo delle scimmie si trova diviso in due. Una parte dei sopravvissuti si è ritirata a vivere sulle cime degli alberi. Gli altri hanno trovato rifugio sulle rive di un lago, all'ombra delle piante. Quelli che stanno in alto sparlano di quelli in basso e viceversa. Un giorno, la giovane scimmia Korn, più curiosa e coraggiosa delle altre, decide di scendere e di andare a verificare di persona. Simpatico film d'animazione per i più piccini. Per ricordarci che non di solo Disney o Giappone vive l'animazione. ■ Animazione; col.; 80'; Francia, Germania, Gran Bretagna, Ungheria, 2001.

SCINTILLE TRA DUE CUORI ★★
(Those Endearing Young Charms)
Regia di Lewis Allen. Con Laraine Day, Ann Harding, Robert Young. ■ Elena si innamora profondamente di un dongiovanni, Jack, amico di Giorgio che a sua volta la ama. Dapprima Jack pensa solo a una facile avventura, ma poi si innamora davvero di Elena. ■ Commedia; b/n; 88'; USA, 1945.

SCIOPÈN ★★★
Regia di Luciano Odorisio. Con Giuliana De Sio, Adalberto Maria Merli, Michele Placido. ■ Si sparge la voce che a Chieti si voglia formare una banda musicale di fama internazionale e che il direttore debba essere il maestro di musica della cittadina: Francesco Maria Vitale. Ma poi viene fatto il nome di Andrea Serano, anche lui di Chieti e amico di Vitale, che pertanto si mette in concorrenza con lui. Tutto finisce nel nulla. Leone d'oro come "migliore opera prima" a Venezia nel 1982. ■ Commedia; col.; 100'; Italia, 1982. ■ Venezia 1 pr.

SCIOPERO *(Stacka)* ★★★
Regia di Sergej M. Ejsenstein. Con Grigorij Aleksandrov, Michail Gomorov, Maksim Strauch. ■ Siamo nel 1912. La Russia è ancora governata dallo zar. Un lavoratore viene ingiustamente accusato di aver rubato. Amareggiato si suicida, impiccandosi in fabbrica. Gli operai scioperano per protestare contro l'ingiustizia. Vanno avanti per giorni e quando arriva la polizia a cavallo ha inizio un massacro. Film di propaganda ma sorretto da una grande tecnica espressiva. È l'opera d'esordio del grande regista sovietico. ■ Drammatico; b/n; 97'; URSS, 1925.

SCIOPERO DEI MILIONI, LO ★★
Regia di Raffaello Matarazzo. Con Nino Besozzi, Chiaretta Gelli, Nino Taranto. ■ Impiegato del banco lotto è concupito dalla ricca direttrice del banco stesso. Ma ci sono di mezzo il marito di lei e la moglie di lui. Cambia mestiere e si dà all'avanspettacolo. ■ Commedia; b/n; 94'; Italia, 1947.

SCIOPERO DELLE MOGLI, LO ★★
(The Second Greatest Sex)
Regia di George Marshall. Con Jeanne Crain, George Nader. ■ Siamo nel West. Per porre fine alle lotte dei loro uomini, le mogli fanno sciopero. Tutto tornerà a posto. ■ Comm. musicale; col.; 87'; USA, 1955.

SCIOPERO IN FAMIGLIA *(Jo la romance)* ★★
Regia di Gilles Grangier. Con Georges Guétary, Ginette Leclerc, Félix Oudart. ■ Marina Levermont è la frivola figlia di un ricco industriale che arriva al suo quinto matrimonio con Giorgio Ivernen, un cantante di cabaret. Come gli altri mariti, anche Giorgio viene fagocitato dal suocero che gli dà un impiego pro forma nella sua industria automobilistica. Riacquisterà la propria identità e l'amore della moglie riprendendo la sua antica attività. ■ Commedia; b/n; 90'; Francia, 1948.

SCIPIONE DETTO ANCHE L'AFRICANO ★★★
Regia di Luigi Magni. Con Turi Ferro, Vittorio Gassman, Silvana Mangano, Marcello Mastroianni, Ruggero Mastroianni, Woody Strode. ■ Publio Cornelio Scipione detto l'Africano (Marcello Mastroianni) e suo fratello detto l'Asiatico (Ruggero Mastroianni, suo fratello nella realtà) sono accusati di peculato da Catone il Censore. Si tratta soltanto di una manovra politica. L'Africano, che è integerrimo, si difende dall'accusa ma scopre che suo fratello è colpevole. Prende allora la colpa su di sé, poi, avendo capito che uomini della sua statura morale danno sui nervi ai comuni mortali, va in esilio. ■ Commedia; col.; 108'; Italia, 1970.

SCIPIONE L'AFRICANO ★★★★
Regia di Carmine Gallone. Con Memo Benassi, Francesca Braggiotti, Isa Miranda, Annibale Ninchi, Camillo Pilotto. ■ Questo kolossal italiano, pur con qualche difetto, specialmente nel dialogo, è un bellissimo film storico, molto cinematografico, non indegno dei modelli d'Oltreoceano. La trama è semplice: a Canne Annibale distrugge l'esercito romano, ma a Zama

la vendetta di Roma sarà totale. Le legioni, sotto la guida di Scipione, abbatteranno definitivamente la potenza cartaginese. ■ STORICO; B/N; 120′; ITALIA, 1937. ■ VENEZIA 1 PR.

SCIPPO, LO ★★
Regia di NANDO CICERO. Con PAOLO FERRARI, GABRIELE FERZETTI, MARGARET LEE, MARIO PISU, ENRICO MARIA SALERNO, ANNETTE STROYBERG, VALERIA VALERI. ■ La signorina Speranza si reca in banca a riscuotere una grossa cifra per conto del commendator Frascà per cui lavora. Viene scippata da due giovani che fuggono in motoretta. Questi si scontrano con l'auto su cui viaggia la moglie di Frascà con l'amico. Speranza, che in realtà aveva organizzato il colpo, finisce male come tutti gli altri. ■ COMMEDIA; COL.; 90′; ITALIA, 1966.

SCIROCCO D'INVERNO *(Sirokko / Sirocco d'Hiver)* ★★★
Regia di MIKLÓS JANCSÓ. Con JACQUES CHARRIER, JOZEF MADRAAS, GEZA POLGAR, EWA SWANN, MARINA VLADY. ■ Il film ricostruisce liberamente i preparativi dell'atto terroristico del 9 ottobre 1934 quando Alessandro di Serbia e il ministro francese Louis Barthou furono assassinati dai nazionalisti croati e macedoni a Marsiglia. Questo avvenimento offre lo spunto al grande regista ungherese per compiere le sue riflessioni sull'insanabile conflitto tra potere e libertà. Un Jancsó più ermetico del solito che invia messaggi cifrati al suo paese attraverso questo lontano episodio della storia dei Paesi slavi. ■ DRAMMATICO; COL.; 78′; FRANCIA, UNGHERIA, 1969.

SCIROCCO – L'ODIATO E AMATO VENTO DEL SUD *(Chamsin)* ★★
Regia di WELT RELIN. Con NEDA ARNERIC, GERALD ROBARD, MARIA SCHELL. ■ Una madre "distratta" dimentica in un collegio una figlia avuta al di fuori del matrimonio e la ragazza, una volta cresciuta, scatena folli passioni, guarda caso, nei suoi fratelli che si uccideranno a vicenda pur di averla. ■ DRAMMATICO; COL.; 93′; GERMANIA, 1970.

SCISSORS – FORBICI *(Scissors)* ★★
Regia di FRANK DE FELITTA. Con RONNY COX, STEVE RAILSBACK, SHARON STONE. ■ La bella Sharon Stone, prima di *Basic Instinct*, si trova a dover fare i conti con un vecchio shock. La mette con le spalle al muro lo psicoanalista dopo che lei subisce violenza e si difende con delle forbici. Piano piano riuscirà a "ricordare" e potrà in parte superare il trauma. ■ DRAMMATICO; COL.; 105′; USA, 1991.

SCIUSCIÀ ★★★★★
Regia di VITTORIO DE SICA. Con MARIA CAMPI, EMILIO CIGOLI, FRANCO INTERLENGHI, ANIELLO MELE, RINALDO SMORDONI. ■ Gli sciuscià sono i ragazzini lustrascarpe (dall'americano "shoeshine" che significa, lustrare le scarpe). Si guadagnano qualche spicciolo sulle scarpe dei soldati americani a Napoli, siamo nel 1945. Pasquale e Giuseppe vogliono comprarsi un cavallo. Raccogliere i soldi necessari solo lustrando sarebbe impossibile, così si fanno invischiare in una faccenda di mercato nero e finiscono in riformatorio, dove incontrano una realtà orrenda che li mette a dura prova, compromettendo la loro stessa amicizia. Durante un tentativo di fuga uno dei ragazzi muore cadendo da un ponte, l'amico, prima di essere ripreso dalle guardie, lo tiene, disperato, fra le braccia. Il primo capolavoro di De Sica divenuto successo oltre confine, premiato con un Oscar. Lo sguardo è per i ragazzi, un tema carissimo al regista che aveva già firmato *I bambini ci guardano*. Nel 1948, con *Ladri di biciclette*, De Sica finiva la sua trilogia dei bambini. Registriamo la magnifica performance di Franco Interlenghi, che sarebbe diventato un volto indispensabile di quel cinema. *Sciuscià* è uno dei titoli che hanno costruito la leggenda del cinema italiano di quella stagione, leggenda per il mondo. Apriva una strada che sarebbe rimasta solo nostra. ■ DRAMMATICO; B/N; 90′; ITALIA, 1946. ■ OSCAR 1 PR, 2 NOM.

SCIUSCIÀ NEL VIETNAM *(Hoa-binh)* ★★
Regia di RAOUL COUTARD. Con BUI THY THANH, NUYNH CAZENAS, XUAN HA, PHI LAN, LAN PHUONG, LE QUYNH. ■ La guerra del Vietnam vista da parte di un uomo che combatte tra i vietcong. Il film è recitato esclusivamente da attori vietnamiti. ■ DRAMMATICO; COL.; 91′; FRANCIA, 1969. ■ OSCAR 1 NOM.

SCOBIE MALONE ★★
Regia di TERRY OHLSSON. Con JAMES CONDON, JUDY MORRIS, JACK THOMPSON. ■ Un detective donnaiolo indaga sull'uccisione di una squillo avvenuta all'Opera House di Sydney. Dal romanzo *Helga's Web* di John Cleary. Tentativo non molto riuscito, da parte del rinascente cinema australiano, di imitare i "neri" americani degli anni Quaranta. ■ GIALLO; COL.; 90′; AUSTRALIA, 1975.

SCOCCIATORI, GLI *(Les casse-pieds)* ★★★
Regia di JEAN DRÉVILLE. Con BERNARD BLIER, MARGUERITE DEVAL, NOËL-NOËL, JEAN TISSIER. ■ Una carrellata sui vari tipi di scocciatori che ci affliggono quotidianamente. Pretesto per alcuni ottimi saggi di recitazione. ■ COMMEDIA; B/N; 75′; FRANCIA, 1948.

SCOGLIERA DEI DESIDERI, LA *(Boom!)* ★★★
Regia di JOSEPH LOSEY. Con RICHARD BURTON, NOEL COWARD, MICHAEL DUNN, JOANNA SHIMKUS, ELIZABETH TAYLOR, ROMOLO VALLI. ■ "Boom" è il rumore che fa l'onda contro gli scogli: infatti la storia si svolge su un'isola del Mediterraneo, dove una miliardaria dal passato turbolento vive sola. Arriva un poeta, chiamato "Angelo della morte" perché ha assistito persone celebri nelle ultime ore. ■ DRAMMATICO; COL.; 113′; GRAN BRETAGNA, 1968.

SCOGLIERA DELLA MORTE, LA ★★★
(The Night my Number Came up)
Regia di LESLIE NORMAN. Con ALEXANDER KNOX, MICHAEL REDGRAVE, SHEILA SIM. ■ Dopo un sogno premonitore, il comandante pilota Lindsay conduce il suo aereo su una rotta anomala, la radio di bordo subisce un guasto e una serie di strane circostanze porta a un atterraggio di emergenza, fortunatamente senza vittime. In seguito il comandante spiegherà la sua visione profetica. ■ DRAMMATICO; B/N; 94′; GRAN BRETAGNA, 1955.

SCOGLIERA DEL PECCATO, LA ★★
Regia di ROBERTO BIANCHI MONTERO. Con GINO CERVI, MARGARET GENSKE, DELIA SCALA. ■ Una donna fatale torna dal maturo amante che lei ha rovinato e che ora vive solo e distrutto dall'alcool in una miserabile capanna. Seduce anche un giovane pescatore, che si dà alla malavita. E poi un terzo, di cui diviene l'amante. Morta lei, la serenità torna. La donna è davvero portatrice di peccato? ■ DRAMMATICO; B/N; 93′; ITALIA, 1950.

SCOIATTOLO, LO *(Die Bergkatze)* ★★★★
Regia di ERNST LUBITSCH. Con PAUL BIENSFELDT, WILHELM DIEGELMANN, PAUL GRAETZ, MAX GRONERT, PAUL HEIDEMANN, MARGA KÖHLER, ERWIN KOPP, POLA NEGRI. ■ *Lo Scoiattolo* ("Die Bergkatze", letteralmente "il gatto delle montagne") è stato il primo grande flop commerciale di Ernst Lubitsch, che invece amava moltissimo il film. Il primo conflitto mondiale è finito da poco, e il regista realizza un'opera modernissima e grottesca, una spassosa farsa sulla guerra dove si susseguono a gran ritmo battaglie (a palle di neve), inseguimenti e seduzioni, mentre tutto il paesaggio concorre a creare l'atmosfera surreale e fantastica in cui il film è immerso: per la messinscena Lubitsch incaricò il pittore e scenografo Ernst Stern, che aveva lavorato per lunghi anni con Max Reinhardt. ■ COMMEDIA; COL.; 81′; GERMANIA, 1921.

SCOLLATURA, LA *(El escote)* ★
Regia di ANTONIO VERDAGUER. Con LAURA CONTI, ABEL FOLK, FERRAN RANÉ, JAIME VALLS. ■ Una ragazza tiene un programma sulla radio locale di Ibiza a uso dei vacanzieri: storielle erotiche, collegamenti con tipi assatanati eccetera. Insomma, c'è tutto il repertorio "notturno" di potenziali voyeur e gente che non ha niente da fare. ■ COMMEDIA; COL.; 99′; SPAGNA, 1989.

SCOMMESSA CON LA MORTE *(The Dead Pool)* ★★
Regia di BUDDY VAN HORN. Con LIAM BEESON, PATRICIA CLARKSON, CLINT EASTWOOD. ■ Quinta avventura dell'ispettore Callaghan. Stavolta "Dirty Harry", il più duro poliziotto di Los Angeles, è il bersaglio di una serie di attentati. Chi è il mandante? Un boss della mala da lui mandato in galera o un paranoico fanatico del cinema horror? Tutt'e due. Qualche buona scena d'azione (un inseguimento mozzafiato con un'automobilina carica di esplosivo), ma il personaggio ormai ha poco o nulla da dire. ■ POLIZIESCO; COL.; 91′; USA, 1988.

SCOMMESSA IMPOSSIBILE, UNA *(The Longshot)* ★★
Regia di PAUL BARTEL. Con TIM CONWAY, HARVEY KORMAN, JACK WESTON. ■ Quattro persone hanno bisogno urgente di 5000 dollari per un affare che li renderà ricchi. Prendono in prestito la somma, ma il diavolo ci metterà la coda e loro rimangono senza la camicia. Il regista e sceneggiatore Paul Bartel (*Scene di lotta di classe a Beverly Hills*) è meno graffiante del solito. ■ COMMEDIA; COL.; 89′; USA, 1986.

SCOMMESSA MORTALE *(Deadly Bet)* ★
Regia di RICHARD W. MUNCHKIN. Con STEPHEN VINCENT LEIGH, CHARLENE TILTON. ■ Il protagonista ama scommettere negli incontri di kickboxing. Gli va però male quando punta la sua ragazza: di qui il lungo e doloroso ravvedimento dell'uomo al quale, infine, viene restituita l'amata. ■ AVVENTURA; COL.; 91′; USA, 1990.

SCOMODI OMICIDI *(Mulholland Falls)* ★★★
Regia di LEE TAMAHORI. Con JENNIFER CONNELLY, BRUCE DERN, MELANIE GRIFFITH, MICHAEL MADSEN, JOHN MALKOVICH, NICK NOLTE, CHAZZ PALMINTERI, CHRIS PENN, TREAT WILLIAMS. ■ Hoover (Nolte) è a capo di una squadra speciale che non fa proprio complimenti, basta un sospetto per riempire di botte, o peggio, un presunto criminale. C'è qualcosa di segreto e losco che riguarda il governo. Hoover non si ferma. L'antagonista è uno scienziato psicotico (Malkovich naturalmente) che fa ricerche letali in nome della ragion di stato. Alla fine salta tutto. Atmosfere anni Quaranta-Cinquanta, perfette per queste storie. Tensione e un pizzico di "morbosità" registica di Tamahori, talentuoso neozelandese, che ricordiamo in *Warriors*. Qualcosa di nuovo e di buono. ■ POLIZIESCO; COL.; 90′; USA, 1996.

SCOMODO TESTIMONE, UNO *(Eye Witness)* ★★★
Regia di PETER YATES. Con WILLIAM HURT, CHRISTOPHER PLUMMER, SIGOURNEY WEAVER. ■ Un trafficante d'armi è ucciso a New York. Nessuno ha visto i killer, ma un guardiano notturno, per suscitare l'interesse di una bella giornalista che sta svolgendo un'inchiesta sulla faccenda, finge di essere stato testimone. L'espediente ha successo: il guardiano riesce ad essere simpatico alla bella. Ma le sue imprudenti dichiarazioni in tv attirano l'attenzione della polizia e dei killer. Dopo una serie di colpi di scena si scopre che il mandante dell'omicidio è un ricco ebreo di origine russa (e che l'uccisione era la conclusione di un losco intrigo internazionale). ■ GIALLO; COL.; 102′; USA, 1981.

SCOMPARSA DI FINBAR, LA ★★
(The Disappearance of Finbar)
Regia di SUE CLAYTON. Con LUKE GRIFFIN, ELEANOR METHVEN, LORRAINE PILKINGTON, JONATHAN RHYS MEYERS, FANNY RISBERG. ■ Finbar, un giovanissimo e incontenibile dublinese, un giorno scompare. Un amico lo ritrova tre anni dopo a Stoccolma e comincia a girovagare con lui. Girato in "stile Kaurismaki" il film risente di una sorta di mancanza di baricentro. ■ COMMEDIA; COL.; 99′; GRAN BRETAGNA, IRLANDA, SVEZIA, 1996.

SCOMPARSA DI MISS DRAKE, LA *(Okay America)* ★★
Regia di TAY GARNETT. Con LEW AYRES, LOUIS CALHERN, MAUREEN O'SULLIVAN. ■ Un giornalista è sulle tracce di una banda di gangster che ha rapito la figlia di un importante uomo politico per ricattare il padre, stretto collaboratore del presidente Usa. La ragazza alla fine viene liberata, ma a prezzo della vita del coraggioso giornalista. ■ DRAMMATICO; B/N; 90′; USA, 1932.

SCOMPARSA DI PATÒ, LA ★★
Regia di ROCCO MORTELLITI. Con FLAVIO BUCCI, MAURIZIO CASAGRANDE, DANILO FORMAGGIA, NINO FRASSICA, NERI MARCORÉ. ■ 1890, Vigata. Nel corso della recita del Venerdì Santo, detta il "Mortorio", il ragioniere Antonio Patò, impiegato nella banca locale, scompare. Il suo ruolo era quello di Giuda che, una volta messosi il cappio al collo, doveva cadere in una botola. Botola che risulta vuota. La moglie si rivolge al delegato di pubblica sicurezza Ernesto Bellavia che si trova a fianco nelle indagini il maresciallo dei carabinieri Paolo Giummaro, stanco di occuparsi di piccole beghe paesane e pronto per la grande inchiesta. I due procederanno fianco a fianco, con una rivalità che progressivamente diventa cooperazione. Un giallo in piena regola dal romanzo di Andrea Camilleri. ■ DRAMMATICO; COL.; 105′; ITALIA, 2010.

SCOMPARSA DI STELLA PARISH, LA ★★★
(I Found Stella Parish)
Regia di MERVYN LE ROY. Con KAY FRANCIS, IAN HUNTER, PAUL LUKAS. ■ Per fare un colpo, un giornalista rovina la carriera di una promettente attrice. Ma si innamora di lei e con una campagna stampa favorevole riesce a farla tornare al successo e infine a sposarla. ■ DRAMMATICO; B/N; 84′; USA, 1935.

SCOMPARSI DI S. AGIL, GLI ★★★
(Les disparus de St. Agil)
Regia di CHRISTIAN-JAQUE. Con ARMAND BERNARD, MICHEL SIMON. ■ In un collegio francese scompaiono due ragazzi. Un compagno fa indagini e scopre che uno degli amici è prigioniero di una banda, il cui capo è il direttore dell'istituto, mentre l'altro ha tentato di emigrare in America. ■ DRAMMATICO; B/N; 100′; FRANCIA, 1938.

SCOMPARSO – MISSING *(Missing)* ★★★♉
Regia di CONSTANTIN COSTA-GAVRAS. Con JACK LEMMON, MELANIE MAYRON, SISSY SPACEK. ■ Un giovane statunitense, che vive con la moglie in una capitale del Sudamerica, viene coinvolto in un colpo di Stato e, a causa delle sue idee politiche, viene fatto sparire. Nonostante il disinteresse delle ambasciate e dei politici, il padre e la moglie lo cercano disperatamente, fino a quando una nota ufficiale non li informa della sua morte. Il padre denuncerà le autorità competenti, ma sarà tutto inutile: il caso verrà archiviato. ■ DRAMMATICO; COL.; 112′; USA, 1982. ■ CANNES ♉ 2 PR; GOLDEN GLOBES ♉ 4 NOM; OSCAR ♉ 1 PR, 4 NOM.

SCOMUNICATE DI SAN VALENTINO, LE ★★
Regia di SERGIO GRIECO. Con CORRADO GAIPA, PAOLO MALCO, FRANÇOISE PRÉVOST, FRANCO RESSEL, JENNY TAMBURI. ■ Nel sedicesimo secolo, due innamorati spagnoli sono divisi dalla rivalità delle loro famiglie. La ragazza si rinchiude in convento. L'uomo la cerca, ma incappa nella badessa che, innamoratasi di lui, consegna la giovane all'Inquisizione per liberarsene. Il gioco continua fino allo scorno della badessa e al trionfo degli amanti. ■ DRAMMATICO; COL.; 91′; ITALIA, 1973.

SCONCERTO ROCK ★★
Regia di LUCIANO MANUZZI. Con VICTOR CAVALLO, LORELLA MORLOTTI, PIETRO VALSECCHI. ■ Tre giovani animatori di una tv privata riescono a far prosperare la piccola emittente, grazie ai proventi pubblicitari, sino a farla diventare pericolosa antagonista della tv di Stato, fin quando si trovano in crisi per la defezione di uno sponsor. Ma una brillante idea risolverà la situazione. ■ COMMEDIA; COL.; 89′; ITALIA, 1982.

SCONFINATA GIOVINEZZA, UNA ★★
Regia di PUPI AVATI. Con FABRIZIO BENTIVOGLIO, LINO CAPOLICCHIO, GIANNI CAVINA, SERENA GRANDI, FRANCESCA NERI. ■ Lino Settembre e Chicca sono sposati da tanti anni. Un matrimonio felice e affiatato, nonostante le differenze: lui giornalista sportivo per «Il Messaggero», lei docente universitaria di filologia romanza, proveniente da una famiglia di primari e pianisti, dove tutti figliano come conigli. Lino e Chicca non hanno figli, non sono arrivati, ma quando Lino comincia ad accusare i primi segni di una demenza senile precoce e degenerativa, Chicca si trova a fargli da mamma, ad occuparsene come fosse un bambino. ■ DRAMMATICO; COL.; 98′; ITALIA, 2010.

SCONFITTA DELL'ORO, LA *(Am seidenen Faden)* ★★
Regia di ROBERT ADOLF STEMMLE. Con WILLY FRITSCH, KATHE VON NAGY. ■ Un giovane torna dalla guerra e si associa a un inventore nel lancio di un telaio meccanico per fabbricare stoffe sintetiche. Si innamora anche della figlia di un banchiere arricchitosi in modo non sempre limpido. Dopo iniziali difficoltà il successo gli arride. ■ DRAMMATICO; B/N; 92′; GERMANIA, 1938.

SCONFITTA DELLO SCAPOLO – AVVENTURIERO DELL'AMORE, LA *(Elle et moi)* ★★
Regia di GUY LEFRANC. Con JEAN CAMET, JACQUELINE GAUTIER, FRANÇOIS PÉRIER, DANY ROBIN. ■ Due giovani diversi per temperamento ed educazione si sposano e hanno una serie di disavventure, specie nel trovar casa a Parigi. Finale con tentato sui-

cidio nella Senna della mogliettina e salvataggio da parte del marito. ■ COMMEDIA; B/N; 101'; FRANCIA, 1952.

SCONFITTA DI DON GIOVANNI, LA ★★
(Une jeune fille savait)
Regia di MAURICE LEHMANN. Con ANDRÉ LUGUET, FRANÇOIS PÉRIER, DANY ROBIN. ■ Un vecchio attore ha puntato la sua vita sulla conquista delle donne e vorrebbe che anche suo figlio Lolò facesse altrettanto. Questi, invece, trova la brava ragazza che gli resiste. Hanno ragione i giovani, che constatano il fallimento dell'arida filosofia del dongiovanni. ■ COMMEDIA; B/N; 110'; FRANCIA, 1947.

SCONFITTA DI SATANA, LA *(Alias Nick Beal)* ★★
Regia di JOHN FARROW. Con RAY MILLAND, THOMAS MITCHELL, AUDREY TOTTER. ■ L'americano buono con senso della giustizia è qui esemplificato dal procuratore Foster che, vinta la sua battaglia contro i malviventi, si candida a governatore dello Stato. I nemici riescono a corromperlo, mettendogli anche vicino una sciantosa che gli rovina la reputazione, ma l'eroe finisce per vincere. ■ DRAMMATICO; B/N; 93'; USA, 1949.

SCONOSCIUTA, LA ★★
Regia di GIUSEPPE TORNATORE. Con MARGHERITA BUY, PIERA DEGLI ESPOSTI, CLARA DOSSENA, PIERFRANCESCO FAVINO, CLAUDIA GERINI, ALESSANDRO HABER, ANGELA MOLINA, MICHELE PLACIDO, XENIA RAPPOPORT. ■ Di Irena non si sa molto, solo che è arrivata in Italia dall'Ucraina. O forse è tornata, dopo alcuni anni, per chiudere un conto. Con l'aiuto di un portinaio interessato, trova lavoro presso la famiglia Adacher, una coppia di orafi con una figlia affetta da una cronica incapacità di difendersi. Irena si occupa della piccola, la conquista e le insegna a reagire. Sembra cominciare a trovar pace, ma ecco che si ripresenta il male che ha condizionato il suo passato e che ha le sembianze dell'aguzzino Muffa. Un cast di attori noti – Favino, Gerini, Degli Esposti, Buy, Molina- vortica senza protagonismi attorno alla "sconosciuta" Xenia Rappoport, interprete russa di scuola teatrale, cuore e corpo del film, che sulla sua figura si regge senza barcollare. La schiavitù sessuale delle ragazze che entrano nel nostro paese dalla frontiera orientale non è qui materia da denuncia sociale, ma sfondo di un incalzante thriller psicologico macchiato di orrore che ci aggancia fino agli ultimi minuti, quando fa capolino qualche inquadratura troppo lunga con sussulti di sentimentalismo. ■ DRAMMATICO; COL.; 118'; ITALIA, 2006.

SCONOSCIUTA DI MONTREAL, LA ★★
(L'inconnue de Montréal)
Regia di JEAN DEVAIVRE. Con RENÉ DARY, PAUL DUPUIS, PATRICIA ROC. ■ L'ex partigiano Paul Laforêt, ora poliziotto sotto mentite spoglie, individua nella fidanzata dell'antico compagno di lotta Pierre Chambrac una ricercata dalla polizia per un crimine, il cui autore alla fine risulterà essere un altro. Anche lei, tuttavia, viene condannata per compartecipazione all'impresa. ■ GIALLO; B/N; 112'; FRANCIA, 1950.

SCONOSCIUTA N. 13, LA *(L'inconnue n. 13)* ★★
Regia di JEAN-PAUL PAULIN. Con RENÉ DARY, MARCELLE DERRIEN. ■ Un cronista aiuta un bambino abbandonato a ricongiungersi alla madre, ricoverata in manicomio. Guarigione della poveretta e trionfo finale dei buoni. ■ DRAMMATICO; B/N; 93'; FRANCIA, 1949.

SCONOSCIUTO, LO *(The Unknown)* ★★★
Regia di TOD BROWNING. Con LON CHANEY, JOAN CRAWFORD, NORMAN KERRY. ■ Una cruda e violenta storia dall'autore di *Freaks*. Un ladro si fa credere mutilato alle braccia per sfuggire alla polizia. Lavora in un circo e si innamora della figlia del direttore. Quest'ultimo viene ucciso dal ladro perché scopre l'inganno e a nulla servirà per il malvivente farsi amputare realmente le braccia per conquistare la ragazza che odia essere abbracciata. ■ DRAMMATICO; B/N; 65'; USA, 1927.

SCONOSCIUTO, LO *(The Unknown Man)* ★★★
Regia di RICHARD THORPE. Con KEEFE BRASSELLE, ANN HARDING, WALTER PIDGEON, LEWIS STONE, BARRY SULLIVAN. ■ Un accusato di omicidio viene processato e assolto. Il verdetto però non convince il suo avvocato che, ricredendosi, lo fa incriminare nuovamente giungendo al mandante del delitto commesso dal giovane assassino. Quest'ultimo crede di essere al di sopra di ogni prova di colpevolezza e, con la propria aria sprezzante verso la giustizia, induce Mason ad ucciderlo in un momento di collera. L'avvocato, ormai anch'esso colpevole, non desidera che la propria morte e si fa volutamente accoltellare dal giovane che aveva prima difeso e poi denunciato. ■ DRAMMATICO; B/N; 86'; USA, 1951.

SCONOSCIUTO, LO *(Attention, les enfants regardent!)* ★★★
Regia di SERGE R. LEROY. Con FRANÇOISE BRION, RICHARD COSTANTINI, ALAIN DELON, TIPHAINE LEROUX, ADELITA RAQUENA, SOPHIE RENOIR, THIERRY TORCHET. ■ Una coppia di cinematografari abbandona i propri tre figli in una villa della Costa Azzurra perché impegnata in un film. Gli angioletti, suggestionati dalla tv, prima eliminano la governante spagnola, poi uccidono uno sconosciuto (Alain Delon) che s'aggirava nel parco. ■ DRAMMATICO; COL.; 103'; FRANCIA, 1978.

SCONOSCIUTO ALLA MIA PORTA, UNO ★★★
(Stranger at my Door)
Regia di WILLIAM N. WITNEY. Con MACDONALD CAREY, PATRICIA MEDINA. ■ Clay Anderson, dopo aver compiuto una rapina in una banca, si rifugia in una fattoria accompagnato da un bambino, Dodie, incontrato durante la fuga. La fattoria è di proprietà di un pastore che tenta di redimere il bandito. Il dramma esplode però quando lo sceriffo ferisce involontariamente Dodie nel tentativo di arrestare Clay; questi, sicuro della morte del bimbo, si vuole vendicare e va alla ricerca dello sceriffo per ucciderlo. Sarà lui invece a trovare la morte, mentre il bambino è riuscito a salvarsi miracolosamente. ■ DRAMMATICO; B/N; 85'; USA, 1956.

SCONOSCIUTO ALLA PORTA, LO ★★
(When a Stranger Calls Back)
Regia di FRED WALTON. Con CHARLES DURNING, CAROL KANE, GENE LYTHGOW, JILL SCHOELEN. ■ Si tratta del proseguimento di *Quando chiama uno sconosciuto* del 1979. Stesso regista e stessi attori, Carol Kane e Charles Durning. Sono passati alcuni anni da quando Julie rischiò la vita per mano dello psicopatico. Ora sente che può accadere di nuovo. Ma all'inizio non le credono. ■ GIALLO; COL.; 90'; USA, 1993.

SCONOSCIUTO ALLA PORTA, UNO ★★★
(Pacific Heights)
Regia di JOHN SCHLESINGER. Con MELANIE GRIFFITH, MICHAEL KEATON, MATTHEW MODINE. ■ Ritorno al cinema thriller dai tempi de *Il maratoneta* per il regista inglese ormai naturalizzato americano. Il film è un chiaro omaggio ad Alfred Hitchock. Una giovane coppia non sposata compra un vecchio palazzo con tre appartamenti ma fa l'errore di affittarne uno allo psicopatico di turno. Tenteranno di sfrattarlo ma la legge di San Francisco lo protegge a oltranza. Dovranno ricorrere a un avvocato e a un processo, ma la cosa non è semplice e il terrore è appena cominciato. Costruito con grande perizia tecnica e di sceneggiatura il film può essere considerato un buon lavoro. Michael Keaton è un grande psicopatico; con luci e ombre anche la Griffith e Modine sono all'altezza. Appare anche Schlesinger in un ascensore, come era solito fare Hitchcock. ■ THRILLER; COL.; 103'; USA, 1990.

SCONOSCIUTO DEL TERZO PIANO, LO ★★★
(Stranger on the Third Floor)
Regia di BORIS INGSTER. Con ELISHA COOK, PETER LORRE, JOHN MCGUIRE, MARGARET TALLICHET. ■ Un giornalista è testimone oculare in due differenti circostanze: nella prima con la sua testimonianza provoca la condanna di un imputato, nella seconda contribuisce alla propria salvezza; accusato di un assassinio commesso nella casa in cui abita, fornirà la descrizione del presunto assassino alla propria fidanzata. Finale mozzafiato. ■ GIALLO; B/N; 64'; USA, 1940.

SCONOSCIUTO DI SAN MARINO, LO ★★
Regia di VITTORIO COTTAFAVI. Con VITTORIO DE SICA, ANNA MAGNANI. ■ È la storia del pentimento di un giovane nazista. Ha un'amnesia e diventa un uomo mitissimo, ma quando la memoria gli torna si trasforma in una vera belva. Però la sua coscienza mantiene un fondo di lucidità: l'unica via d'uscita è il suicidio. ■ DRAMMATICO; B/N; 86'; ITALIA, 1948.

SCONOSCIUTO IN CASA, UNO ★★
(Stranger in the House)
Regia di Pierre Rouve. Con Geraldine Chaplin, Bobby Darin, James Mason. ■ Tre ragazzi bene (uno è addirittura figlio del capo della polizia) formano una piccola banda. Il gioco diventa ben presto dramma e un ragazzo viene ucciso. Il colpevole la pagherà. ■ Giallo; col.; 95′; Gran Bretagna, 1967.

SCONOSCIUTO IN CASA, UNO *(Natural Enemy)* ★★
Regia di Douglas Jackson. Con Sabine Azéma, Eddy Mitchell, Donald Sutherland. ■ Un marito e una moglie. Lei ha avuto un figlio da un matrimonio precedente, ne vorrebbe un altro. Tutto filerebbe liscio, ma il primo figlio vuole vendicarsi della madre che lo aveva abbandonato ai tempi della rivoluzione giovanile. Scontato e inutile, nonostante Sutherland. ■ Drammatico; col.; 90′; USA, 1996.

SCONOSCIUTO NELLA MIA VITA, UNO ★★
(A Stranger in my Arms)
Regia di Helmut Käutner. Con June Allyson, Mary Astor, Sandra Dee. ■ Pike, reduce dell'ultima guerra, va al paese di Donald, suo grande amico, per portare notizie sulla sua morte. In paese Donald è considerato un eroe, ma Pike sa che la verità è molto diversa. Di Pike si innamora la vedova del morto. Dopo confessioni e qualche piccolo dramma, i due iniziano insieme una nuova vita. ■ Drammatico; b/n; 84′; USA, 1958.

SCONOSCIUTO NEL MIO LETTO, UNO ★★
(Un chien dans un jeu de quilles)
Regia di Fabien Collin. Con Sophie Daumier, Christian Marquand, Elke Sommer. ■ Le abitanti di una villa si invaghiscono di Rodolfo, un diplomatico uscito di casa in seguito ad una lite con la propria moglie e da loro scambiato per un ladro internazionale. Il finale riporterà le cose a posto: Rodolfo dalla moglie e le sue tre innamorate alla solita vita. ■ Commedia; b/n; 90′; Francia, 1962.

SCONTENTI, GLI ★★
Regia di Giuseppe Lipartiti. Con Lucia Banti, Renato Speziali, Enrico Viarisio. ■ Bastiano, un improvvisato accalappiacani, ha una relazione con la contessa Luce. Il fatto provoca le reazioni di Angelina, la fidanzata di Bastiano. Quest'ultimo fugge mettendo in libertà i cani che aveva in custodia. Gli abitanti del paese, persone già facilmente irritabili, vengono scossi dalla notizia di una presunta malattia contagiosa dei cani e reagiscono anch'essi contro Bastiano che, catturato, verrà salvato *in extremis*. ■ Commedia; b/n; 90′; Italia, 1961.

SCONTRI STELLARI OLTRE LA TERZA DIMENSIONE *(Starcrash)* ★★
Regia di Lewis Coates. Con Marjoe Gortner, David Hasselhoff, Caroline Munro. ■ L'imperatore dell'universo mobilita eroi galattici in difesa del proprio regno. La vittoria finale arriderà ai volenterosi guerrieri. ■ Fantascienza; col.; 92′; USA, 1978.

SCONTRO AL VERTICE *(Highpoint)* ★★
Regia di Peter Carter. Con Beverly D'Angelo, Richard Harris, Christopher Plummer. ■ Un industriale, che ha rubato dieci miliardi, scappa inseguito da poliziotti e da mafiosi (che sui miliardi vantavano qualche, chiamiamolo così, diritto). Per far perdere le tracce si finge morto. Ma non inganna un contabile che si è fatto assumere come guardia del corpo della sorella e della madre del fuggiasco. La resa dei conti (per tutti) è sul grattacielo più alto di Toronto. ■ Avventura; col.; 91′; Canada, 1980.

SCONTRO DI CIVILTÀ PER UN ASCENSORE IN PIAZZA VITTORIO ★★
Regia di Isotta Toso. Con Ahmed Hafiene, Daniele Liotti, Marco Rossetti, Kasia Smutniak, Serra Yilmaz. ■ In un condominio di Piazza Vittorio convive suo malgrado una comunità multietnica. L'ingresso alla palazzina è vigilato da Benedetta, portinaia intollerante e indiscreta sempre impegnata nella maldicenza e nella pulizia dell'ascensore. Nel condominio vivono i fratelli Manfredini: Marco, avvocato che ha smesso la toga in seguito al drammatico suicidio in carcere del padre, e Lorenzo che vive di espedienti e che muore misteriosamente in ascensore. Amedeo, condomino modello col vizio della filantropia, viene accusato del suo presunto omicidio. Proverà a difenderlo e a dargli voce Nurit, fuoriuscita iraniana in cerca di asilo politico e di un miracolo. Ostinata e persuasiva, la donna convincerà i litigiosi condomini ad assistere Amedeo, fino a farlo assolvere dall'incriminazione. ■ Drammatico; col.; 96′; Italia, 2010.

SCONTRO DI TITANI *(Clash of the Titans)* ★★★
Regia di Desmond Davis. Con Ursula Andress, Harry Hamlin, Laurence Olivier. ■ La mitologia greca viene rivisitata con parecchie licenze all'americana in questa narrazione della gesta di Perseo (Hamlin) alle prese con cavalli alati e mostri vari (tra i quali la Medusa). Olivier e la Andress, nei rispettivi ruoli di Giove e Venere, sembrano a loro agio fra tanti effetti speciali. ■ Avventura; col.; 114′; USA, 1981.

SCONTRO FINALE – WARRIORS *(Warriors)* ★
Regia di Shimon Danton. Con Gary Busey, Wendy Fulford, Michael Paré. ■ Scontato, ha come interpreti due specialisti del genere d'azione. Colin deve stare alle costole di Vail, che milita in un commando segreto. ■ Avventura; col.; 98′; USA, 1993.

SCONTRO TRA TITANI *(Clash of the Titans)* ★
Regia di Louis Leterrier. Con Gemma Arterton, Ralph Fiennes, Mads Mikkelsen, Liam Neeson, Sam Worthington. ■ Nato da una delle molte scappatelle di Zeus con una mortale e cresciuto da un'umile famiglia di pescatori, Perseo è un vero eroe proletario che sogna di sovvertire l'ordine naturale delle cose andando a combattere gli dei stessi. Siccome non è l'unico mortale a pensarla così, il padre degli dei, aizzato dal fratello Ade che intanto mira a fargli le scarpe, decide di ricordare agli umani il suo potere liberando la più grande delle piaghe prese in prestito dalla mitologia nordica: il Kraken. L'unico modo per evitare che la creatura degli abissi distrugga la città di Argo è sacrificare Andromeda, figlia del re, che la stessa madre ha definito "Più bella di Afrodite". ■ Avventura; col.; 106′; USA, Gran Bretagna, 2010.

SCOOBY-DOO ★★
Regia di Raja Gosnell. Con Rowan Atkinson, Linda Cardellini, Matthew Lillard, Sarah Michelle Gellar, Freddie Prinze Jr. ■ I personaggi dei cartoons firmati Hanna e Barbera approdano al cinema: Scooby è ora un personaggio a 3D creato al computer, mentre gli altri sono attori incredibilmente somiglianti agli originali. Il film comincia con la divisione del gruppo: da allora Shaggy e Scooby passano le loro giornate mangiando; Fred è una star; Velma lavora per la NASA; Daphne, è diventata cintura nera di arti marziali. Il team sarà poi riunito dal proprietario di un parco di divertimenti, per indagare su alcuni fatti sospetti. Come da copione, le indagini proseguono tra gag e colpi di scena, per arrivare alla soluzione del mistero. Il film, pur ricalcando la struttura degli episodi originali, non riesce ad appassionare e risulta meno riuscito di altre trasposizioni cinematografiche di fumetti o cartoons. ■ Commedia; col.; 100′; USA, 2002.

SCOOBY-DOO 2 – MOSTRI SCATENATI ★★
(Scooby-Doo 2: Monsters Unleashed)
Regia di Raja Gosnell. Con Peter Boyle, Alicia Silverstone, Linda Cardellini, Seth Green, Matthew Lillard, Sarah Michelle Gellar, Tim Blake Nelson, Freddie Prinze Jr,. ■ Un inquietante uomo mascherato inizia a creare e scatenare mostri nella città di Coolsville Scooby, Shaggy e il resto della Misteri & Affini indagano. Divertimento per famiglie e/o per amanti della serie animata televisiva. La digitalizzazione riesce a conservare lo stile del cartoon offrendogli una marcia in più. ■ Avventura; col.; 88′; USA, 2004.

SCOOP ★
Regia di Ennio Marzocchini. Con Antonello Baranta, Alberto Pozzolini. ■ Per poter realizzare un "colpo" giornalistico, un uomo inscena un finto sequestro di persona. Le cose vanno esattamente come previsto, e la faccenda finisce con grande rilievo su tutte le testate. ■ Drammatico; col.; 90′; Italia, 1984.

SCOOP ★★★
Regia di Woody Allen. Con Woody Allen, Romola Garai, Hugh Jackman, Scarlett Johansson, Kevin McNally, Ian

MCSHANE, ANTHONY STEWART HEAD. ■ Sondra (Scarlett Johansson) è una giornalista in erba che riceve dal fantasma di un famoso reporter, appena morto, alcune informazioni su un serial killer ancora in libertà. Sebbene grazie a circostanze ben poco credibili, Sondra ha in mano l'occasione della sua vita. E insieme al mago da avanspettacolo Sid Waterman inizia a seguire le tracce del presunto assassino, l'aristocratico e affascinante Peter Lyman. Woody Allen, dopo *Match Point*, gira ancora una volta a Londra, e si mette in gioco in prima persona, interpretando la figura di un improbabile mago dai trucchi da strapazzo. La sua presenza è sempre ben accolta dal pubblico perché garantisce una dose di battute (almeno tre indimenticabili) che danno colore e vita a un film semplice, a una commedia-thriller dai risvolti prevedibili, con il piacere di vedere gli attori immersi alla perfezione nei ruoli. La sua nuova musa Scarlett Johansson è coccolata da Allen a tal punto da farla apparire in quasi tutte le sequenze del film. La sua è ancora una volta un'interpretazione corretta, nei dettagli e nell'insieme. Poi viene Hugh Jackman che, abituato a ruoli fantasy, si trova comunque a suo agio nei panni del lord inglese, con un sorriso accennato che stenderebbe ogni donna. E infine Woody stesso, in equilibrio fra magia e santità, che si mette in gioco e si diverte ancora a irridersi, a scherzare con la morte, a ironizzare su ebraismo e "Union Jack", consapevole del fatto che *Scoop* è un giocattolino che non ha niente della perfezione di *Match Point*, e proprio per questo ha un finale tradizionale. Certo che, con le parole, Woody Allen le magie le fa veramente. ■ COMMEDIA; COL.; 96′; GRAN BRETAGNA, USA, 2006.

SCOPERTA, LA ★★
Regia di ELIO PICCON. Con CARLO CAMPANINI, GIUSVA FIORAVANTI, ALESSANDRO MOMO, CARLO TAMBERLANI. ■ Una trama appena accennata (alcuni ragazzi che stanno girando un fotoromanzo conoscono per caso gli allievi di un collegio paolino) per propagandare gli scopi di questa istituzione educativa. ■ COMMEDIA; COL.; 90′; ITALIA, 1969.

SCOPERTA DELL'ALBA, LA ★★
Regia di SUSANNA NICCHIARELLI. Con MARGHERITA BUY, SARA FABIANO, LINO GUANCIALE, SUSANNA NICCHIARELLI, SERGIO RUBINI. ■ Caterina Astengo è sospesa nella vita e nel lavoro. In attesa di vincere un concorso e di trovare una casa, vive con un fidanzato svagato e sperimentatore. Da trent'anni Caterina e Barbara, la sorella più giovane ma altrettanto scordata, non hanno più notizie del padre, professore universitario scomparso e probabilmente rapito dalle Brigate Rosse nella Roma degli anni '80. Alla morte della madre decidono di vendere la casa al mare dove sono stati felici tutti insieme e dove la loro infanzia si è interrotta. Nel fare l'inventario, Caterina nota che il telefono, staccato da anni, emette un segnale. Per gioco compone il numero della casa romana in cui è cresciuta e con sua grande sorpresa le risponde una bambina. Poche battute e Caterina comprende che quella voce è la sua, una voce di dodici anni colta una settimana prima della sparizione del padre. ■ DRAMMATICO; COL.; 92′; ITALIA, 2011.

SCOPERTA DELLA VITA, LA ★★★
Regia di KIRA MURATOVA. Con SERGEJ POPOV, NINA RUSLANOVA, ALEKSEJ ZHARKOV. ■ Michail si unisce a Ljuba e Nikolaj che viaggiano con un camioncino. Sono intenzionati a costruire una casa. ■ COMMEDIA; COL.; 79′; URSS, 1978.

SCOPONE SCIENTIFICO, LO ★★★
Regia di LUIGI COMENCINI. Con JOSEPH COTTEN, BETTE DAVIS, SILVANA MANGANO, ALBERTO SORDI. ■ Una miliardaria americana sfida da parecchi anni a scopone scientifico una coppia di baraccati romani: da una parte c'è il piacere della vecchia miliardaria di dimostrare che la vittoria è e sarà sempre sua (poiché i soldi per giocare alla coppia antagonista è lei a fornirli), dall'altra la speranza di marito e moglie in una vincita che cambierebbe radicalmente la loro vita. I due riescono anche ad avere la meglio ma, in un modo o nell'altro, i soldi tornano sempre alla vecchia giocatrice. La sottile vendetta è un dolce avvelenato donato alla miliardaria in partenza per l'America. ■ COMMEDIA; COL.; 116′; ITALIA, 1972. ■ DAVID DI DONATELLO 2 PR, 2 NOM.

SCOPRENDO FORRESTER *(Finding Forrester)* ★★★★★
Regia di GUS VAN SANT. Con F. MURRAY ABRAHAM, ROB BROWN, SEAN CONNERY, GLENN FITZGERALD, MICHAEL NOURI, ANNA PAQUIN, MICHAEL PITT. ■ Jamal Wallace è uno studente del Bronx con una grande passione per la letteratura e un altrettanto grande amore per il basket. Casualmente entra in contatto con William Forrester, uno scrittore che dopo aver avuto il Premio Pulitzer con l'unico libro pubblicato, era poi scomparso e nessuno ne aveva saputo più nulla. A lui, che diviene il suo maestro, Jamal sottopone un racconto che viene giudicato positivamente. Il ragazzo ha ricevuto un'offerta di borsa di studio da una prestigiosa istituzione privata. Ma c'è un ostacolo: il docente di letteratura trova il suo testo troppo pregevole e non crede che un ragazzo del Bronx possa arrivare a tanto. Pertanto è meglio che resti al suo posto e pensi al basket. Nel frattempo anche Forrester trova un aiuto in Jamal e inizia a uscire di nuovo dall'appartamento in cui si era autorecluso. Il ragazzo però non riesce a risollevare le sorti della propria squadra e tutto sembra risolversi negativamente quando... Gus Van Sant mantiene fermo il proprio sguardo sugli individui al margine e sulle età di passaggio. Questa volta lo fa con alle spalle un produttore/attore decisamente straordinario: Sean Connery. Il regista non solo non esaspera i toni ma sottolinea la propria continuità autoriale con un cameo affidato a Matt Damon. *Will Hunting* è ancora presente, così come sono realmente presenti nel mondo ragazzi dotati che avrebbero ancora un desiderio che il luogo comune dà per ormai estinta: quello di studiare per migliorarsi. ■ COMM. DRAMMATICA; COL.; 136′; USA, 2000.

SCORCIATOIA PER L'INFERNO *(Short Cut to Hell)* ★★★
Regia di JAMES CAGNEY. Con WILLIAM BISHOP, ROBERT IVERS, GEORGANN JOHNSON. ■ Da *Una pistola in vendita* di Graham Greene. Uno speculatore senza scrupoli fa uccidere da un sicario un suo rivale, poi denuncia il sicario. Costui riesce a sottrarsi alla polizia e si mette in cerca dell'uomo che l'ha tradito. Lo trova lo uccide e viene a sua volta ucciso dalla polizia. ■ POLIZIESCO; B/N; 87′; USA, 1956.

SCORE, THE ★★
Regia di FRANK OZ. Con ANGELA BASSETT, MARLON BRANDO, ROBERT DE NIRO, GARY FARMER, EDWARD NORTON. ■ Bastano un ottimo attore (e discreto regista) come Norton e due divinità del pari di De Niro e Brando per fare un buon film?... Ovviamente no, ma sono tutti e tre additivi indispensabili per insaporire un piatto altrimenti sciapo e incolore. Nick (De Niro), ladro di professione ormai prossimo alla pensione, ha da poco deciso di ritirarsi per dedicarsi, oltre che alla propria compagna, anche alla gestione di un Jazz Club; ma ecco che Max (Brando), ricettatore e amico di lunga data di Nick, si fa vivo proponendo un ultimo colpo molto rischioso: rubare uno scettro francese di valore inestimabile dalla dogana di Montreal. Per Nick i dubbi sono molti, prima di tutto quelli relativi all'effettiva affidabilità del terzo socio, Jackie (Norton), ma la pesante ipoteca che grava sul Club lo convince definitivamente. Inevitabile lo scontro generazionale e piacevole il sottile, ma neanche tanto, rimando al reale cambio di testimone tra la vecchia generazione d'attori formatasi all'Actor's Studio e la nuova, qui rappresentata da un sempre più sorprendente Norton. Ultimo film per Brando, scomparso nel 2004. ■ THRILLER; COL.; 123′; USA, 2001.

SCORPIO ★★★
Regia di MICHAEL WINNER. Con JOHN COLICOS, ALAIN DELON, GAYLE HUNNICUTT, BURT LANCASTER, PAUL SCOFIELD. ■ Protagonisti sono due agenti, uno francese, Laurier detto Scorpio, e Cross; il primo è l'allievo, il secondo il maestro; a volte, però, l'allievo deve superare il maestro: le cose impongono a Laurier di eliminare Cross, poiché sospettato di complicità con un agente sovietico. Da questo momento in poi, il film si dipana in complicate vicende: dall'inizio alla fine del racconto Laurier non vuole sopprimere il collega avversario e, nel momento in cui sarà costretto a farlo, troverà anch'egli la morte: l'amicizia è indissolubile. ■ POLIZIESCO; COL.; 114′; USA, 1972.

SCORPION ★★
Regia di WILLIAM READ. Con ROBERT LOGAN, DON MURRAY,

ALLEN WILLIAMS. ■ Un gruppo di terroristi tiene in ostaggio i passeggeri di un aereo all'aeroporto di Los Angeles. Per risolvere il caso viene chiamato un agente della Cia, Scorpion, esperto in tattiche anti-terrorismo. ■ AVVENTURA; COL.; 93'; USA, 1986.

SCORPIONE, LO *(Le scorpion)* ★★
Regia di SERGE HANIN. Con ELGA ANDERSEN, JACQUES BERNARD, DANIEL SORANO. ■ Una banda di gangster ingaggia uno scassinatore per una rapina. Ma lo scassinatore al momento dell'esecuzione capisce di essere stato truffato: la banda aveva già effettuato il colpo, lasciando nei guai l'ingenuo rapinatore. Sarà poi un abile detective a scoprire l'imbroglio e a smascherare i veri colpevoli. ■ GIALLO; B/N; 100'; FRANCIA, 1962.

SCORPIONE D'ORO, LO *(My Favorite Blonde)* ★★★
Regia di SIDNEY LANFIELD. Con MADELEINE CARROLL, BOB HOPE, GALE SONDERGAARD. ■ Un artista di varietà diventa, senza volerlo, agente di controspionaggio nel momento in cui porta, appuntata sul vestito, una spilla a forma di scorpione che contiene un documento importantissimo. Ad appuntargliela senza volerlo è stata una vera agente del servizio segreto. Saputa la verità, l'artista decide di vivere fino in fondo la sua nuova parte, aiutando, tra mille pericoli, la ragazza nella consegna del documento. ■ COMMEDIA; B/N; 78'; USA, 1942.

SCORPIONE NERO, LO *(The Black Scorpion)* ★★
Regia di EDWARD LUDWIG. Con RICHARD DENNING, CARLOS RIVAS. ■ Dopo un terremoto, tornano in vita due enormi scorpioni che spargono terrore e distruzione. I guai aumentano quando i mostri cominciano a riprodursi, ma l'ingegno umano avrà infine la meglio. ■ FANTASTICO; COL.; 88'; USA, 1957.

SCORPIONI, GLI *(Roadflower)* ★
Regia di DERAN SARAFIAN. Con DAVID ARQUETTE, CHRISTOPHER LAMBERT, CRAIG SHEFFER. ■ Lambert deve confrontarsi con dei pazzi omicidi che lo inseguono dal deserto fino nel cuore della metropoli. L'azione non manca ma è l'emozione a latitare. Purtroppo. ■ AVVENTURA; COL.; 89'; USA, 1993.

SCORRIDORI DEL MARE, GLI *(Naked Sea)* ★★★
Regia di ALLEN H MINER. ■ Documentario molto spettacolare sulla pesca dei tonni. ■ DOCUMENTARIO; B/N; 91'; USA, 1959.

SCORTA, LA ★★
Regia di RICKY TOGNAZZI. Con CLAUDIO AMENDOLA, CARLO CECCHI, LEO GULLOTTA, ENRICO LO VERSO, RICKY MEMPHIS, TONY SPERANDEO. ■ Tognazzi è riuscito a dare un ritmo americano, quindi molto coinvolgente e senza fiato, a questo suo terzo film. Al di là quindi delle analogie con il caso Falcone (il film è comunque ispirato al giudice Taurisano), ucciso con la sua scorta in un attentato, il successo di pubblico di *La scorta* è da ricercare nella costruzione della sceneggiatura, del montaggio e della regia. La scorta è quella di un sostituto procuratore di Varese. Costui viene chiamato a Trapani in seguito all'omicidio di un giudice. ■ DRAMMATICO; COL.; 92'; ITALIA, 1993. ■ DAVID DI DONATELLO 5 PR, 5 NOM.

SCORTICATELI VIVI ★★
Regia di MARIO SICILIANO. Con ANTHONY FREEMAN, THOMAS KERR, BRYAN ROSTROM. ■ Rudy deve lasciare l'Italia perché ha troppi debiti con gente che non esiterebbe ad ucciderlo. Raggiunge l'Africa, dove il fratellastro comanda una divisione di mercenari, con l'intenzione di derubarlo. Riesce infatti a sottrargli i diamanti: poco importa se nel tentativo di impedire il furto il fratellastro muore. ■ DRAMMATICO; COL.; 92'; ITALIA, 1978.

SCORTICATORE, LO *(Der Schinder Hannes)* ★★★
Regia di HELMUT KAUTNER. Con CURD JÜRGENS, MARIA SCHELL, FRITZ TILLMANN. ■ Avventure di Hannes lo Scorticatore, una specie di Robin Hood tedesco, bandito di buon cuore, a cui si associa anche il figlio di un ricco derubato. Finale drammatico. ■ AVVENTURA; COL.; 90'; GERMANIA, 1958.

SCOSSA ★★
Regia di FRANCESCO MASELLI, CARLO LIZZANI, UGO GREGORETTI, NINO RUSSO. Con PAOLO BRIGUGLIA, GIANFRANCO QUERO, MASSIMO RANIERI, AMANDA SANDRELLI, LUCIA SARDO. ■ Quattro storie separate, dirette da quattro registii, per raccontare uomini, eventi, momenti e sentimenti legati al terremoto di Messina e Reggio Calabria del 1908. Innumerevoli morti e una devastazione che è continuata per anni, vengono rievocate attraverso le storie di una mamma tra le macerie che cerca aiuto, uno uomo scambiato per sciacallo, un intellettuale in visita e un pescatore che aspetta la sua nuova dimora. Con stili, idee, tecniche e velleità differenti Citto Maselli, Nino Russo, Ugo Gregoretti e Carlo Lizzani esaminano aspetti differenti di quell'evento. ■ DRAMMATICO; COL.; 95'; ITALIA, 2011.

SCOTLAND YARD CHIAMA INTERPOL PARIGI ★★
(Scotland Yard)
Regia di JOHN KNIGHT, GEOFFREY MULLER, MONTGOMERY TULLY. Con HUGH MOXEY, RUSSELL NAPIER, GORDON NEEDHAM. ■ Sono tre film della serie *Scotland Yard* intrecciati in maniera approssimativa: tre casi, risolti dal medesimo ispettore. ■ POLIZIESCO; B/N; 92'; GRAN BRETAGNA, 1956.

SCOTLAND YARD CONTRO DR. MABUSE ★★
(Scotland Yard jagt Dr. Mabuse)
Regia di PAUL MAY. Con SABINE BETHMANN, DIETER BORSCHE, PETER VAN EYCK. ■ Il leggendario Mabuse di Fritz Lang è finito, chissà come, in un filmetto senza pretese. Qui si è reincarnato in un altro scienziato folle che vuole sottomettere il mondo, ma un agente segreto inglese saprà debellarlo. ■ FANTASTICO; B/N; 94'; GERMANIA, 1963.

SCOTLAND YARD IN ASCOLTO ★★
(Information Received)
Regia di ROBERT LYNN. Con HERMIONE BADDELEY, SABINA SESSELMANN, WILLIAM SYLVESTER. ■ Un poliziotto si finge scassinatore per imbrogliare i veri banditi: naturalmente la manovra ha pieno successo. ■ POLIZIESCO; B/N; 77'; GRAN BRETAGNA, 1961.

SCOTLAND YARD MOSAICO DI UN DELITTO ★★★
(Jigsaw)
Regia di VAL GUEST. Con YOLANDE DONLAN, RONALD LEWIS, JACK WARNER. ■ L'ispettore Fellows e il suo amico Wilks, sempre in disaccordo sulla maniera di condurre le indagini, riusciranno comunque a risolvere il mistero di una donna decapitata. ■ GIALLO; B/N; 107'; GRAN BRETAGNA, 1962.

SCOTLAND YARD NON PERDONA *(Payroll)* ★★★
Regia di SIDNEY HAYERS. Con TOM BELL, MICHAEL CRAIG, FRANÇOISE PRÉVOST, BILLIE WHITELAW. ■ Jenny, una donna coraggiosa, decide di vendicare il proprio marito, ucciso durante una rapina. Dovrà vedersela anche con un collega del morto, basista del colpo ora in preda ai rimorsi, ma alla fine avrà partita vinta. ■ POLIZIESCO; B/N; 105'; GRAN BRETAGNA, 1961.

SCOTLAND YARD OPERAZIONE SOHO ★★
(The Primitives)
Regia di ALFRED TRAVERS. Con BILL EDWARDS, RIO FANNING, JAN HOLDEN, GEORGE MIKELL. ■ Scotland Yard indaga sui componenti di un complesso artistico, sospettati di furti di gioielli nel corso delle loro tournée. Per effettuare il loro ultimo colpo, i quattro ladri si trasferiscono nell'appartamento disabitato di un giornalista sportivo. Il suo rientro anticipato induce uno dei quattro criminali a toglierlo di mezzo per eliminare ogni rischio. Gli piazza una bomba nella valigia prima di una sua nuova partenza. Gli altri membri della banda, non condividendo il gesto del compagno, riescono a salvare il giornalista, cadendo però tra le braccia della polizia. ■ POLIZIESCO; B/N; 84'; GRAN BRETAGNA, 1966.

SCOTLAND YARD PRECEDENZA ASSOLUTA ★★
(Moment of Decision)
Regia di GORDON HALES, JOHN KNIGHT, MONTGOMERY TULLY. Con RAY BARRETT, PAT HEALY, RUSSELL NAPIER, HOWARD PAYS. ■ Il film è formato da tre telefilm diversi: narrano rispettivamente il caso del cadavere di una ragazza trovata nel parco di Wimbledon, quello di un bambino rapito, quello del ritrovamento di cadaveri decomposti in fusti di catrame. ■ POLIZIESCO; B/N; 80'; GRAN BRETAGNA, 1966.

SCOTLAND YARD SEZIONE OMICIDI ★★
(The Frightened City)
Regia di JOHN VIVIAN LEMONT. Con SEAN CONNERY, JOHN GREGSON, HERBERT LOM. ■ I gestori di molti locali pubblici sono terrorizzati dalle minacce di bande di gangster riunite in sin-

dacati per estorcere grosse somme di denaro in cambio della loro protezione. La polizia riesce con difficoltà a sgominare l'organizzazione criminosa, facilitata dalla scomparsa di uno dei capi più importanti e dalla conseguente rinascita della rivalità tra i gangster. ■ POLIZIESCO; B/N; 97′; GRAN BRETAGNA, 1961.

SCOTT PILGRIM VS. THE WORLD ★★

Regia di EDGAR WRIGHT. Con MICHAEL CERA, KIERAN CULKIN, CHRIS EVANS, ANNA KENDRICK, MARY ELIZABETH WINSTEAD. ■ Scott Pilgrim è un ventitreenne ancora preda di una forma di tardiva adolescenza sentimentale. Suona il basso in una band indie rock, come tutti quelli della sua generazione ha subito una severa formazione a base di videogiochi 8bit e cerca una storia d'amore "sicura" con una diciassettenne, esercitando nichilismo un tanto al chilo. Quando nella sua vita irrompe Ramona, newyorkese, bellissima, tutto passa in secondo piano, anche il piccolo particolare che, per poter davvero avere una relazione con lei, Scott dovrà combattere e soprattutto sconfiggere i suoi sette ex, riuniti in una confraternita finalizzata ad indirizzare la vita futura della ragazza da loro (un tempo) amata. L'attesa trasposizione della serie di 6 volumi a fumetti del canadese Brian Lee O'Malley (intitolata semplicemente *Scott Pilgrim*) dopo 7 anni di successo di nicchia arriva al cinema e non delude. ■ AZIONE; COL.; 112′; USA, CANADA, GRAN BRETAGNA, 2010.

SCOZZESE ALLA CORTE DEL GRAN KHAN – LE AVVENTURE DI MARCO POLO, UNO ★★★

(The Adventures of Marco Polo)

Regia di ARCHIE MAYO. Con GARY COOPER, SIGRID GURIE, BASIL RATHBONE. ■ Uno scozzese alla corte del Gran Khan si innamora, ricambiato, della principessa. Il primo ministro, intanto, imprigiona il sovrano e cerca di impadronirsi del potere. Il nostro si allea col capo di una città ribelle e, al termine di una furiosa lotta, riesce a riportare la pace in quelle terre. La censura fascista ha trasformato Marco Polo in uno scozzese. ■ AVVENTURA; B/N; 100′; USA, 1938.

SCRATCH-DANCE *(Heavenly Bodies)* ★★

Regia di LAWRENCE DANE. Con CYNTHIA DALE, LAURA HENRY, RICHARD REBIERE. ■ Samantha e due amiche aprono una palestra di danza aerobica e gli affari vanno a gonfie vele, finché arriva la citazione di sfratto dal locale. L'azione di sfratto è mossa da Debbie, che dirige una palestra simile ed è gelosa di Samantha. Fra le due ragazze ci sarà una massacrante gara di resistenza. Samantha vince e rimarrà nella sua palestra. Siamo sul filone di *Flashdance*, dove le esibizioni ginniche si adattano a ritmi martellanti. ■ COMMEDIA; COL.; 89′; USA, 1985.

SCREAM ★★★

Regia di WES CRAVEN. Con DAVID ARQUETTE, DREW BARRYMORE, NEVE CAMPBELL. ■ Un serial killer terrorizza gli abitanti di una cittadina della California. Un poliziotto e una giornalista televisiva, che non nasconde il proprio arrivismo, cercano di fermarlo. Sidney, una ragazzina la cui madre è stata uccisa dal killer, si troverà ad affrontarlo. «Non uccidermi», implora l'assassino nel finale «voglio tornare nel sequel». In questa frase è condensato il senso di un film che lavora sulle convenzioni del genere per metterle in evidenza, non rinunciando comunque a fare cinema. Se la "didattica" fosse sempre così avvincente! ■ HORROR; COL.; 110′; USA, 1996.

SCREAM 2 ★★

Regia di WES CRAVEN. Con NEVE CAMPBELL, ELISE NEAL, JADA PINKETT-SMITH. ■ Sidney (Campbell) si trasferisce dalla cittadina di Wodsboro, teatro della sua pessima esperienza, in un college del Midwest. Ma i vecchi fantasmi bianchi tornano e non le danno pace. Stessa atmosfera del primo film, con minore ispirazione. ■ HORROR; COL.; 120′; USA, 1998.

SCREAMERS – URLA DALLO SPAZIO ★★

Regia di CHRISTIAN DUGUAY. Con ROY DUPUIS, JENNIFER RUBIN, PETER WELLER. ■ Scritto da Philip K. Dick, il profeta della fantascienza moderna. Weller è contaminato e morirà se non troverà un antidoto. Con lui perirà l'umanità intera. Ma la macchina adatta viene costruita e i nemici battuti. Film che replica tutte le situazioni dei classici del genere. ■ FANTASCIENZA; COL.; 107′; USA, 1996.

SCREAM 4 ★★

Regia di WES CRAVEN. Con DAVID ARQUETTE, NEVE CAMPBELL, COURTNEY COX, HAYDEN PANETTIERE, EMMA ROBERTS. ■ Quindici anni dopo gli efferati omicidi di Woodsboro, Sidney Prescott è diventata una scrittrice di successo grazie a un romanzo che racconta la sua esistenza tormentata dai serial killer, mentre *Stab*, la serie di film horror ispirata a quei delitti, è ormai una saga interminabile piena di cliché e di allusioni. Woodsboro è tornata ad essere una tranquilla cittadina, dove vivono serenamente lo sceriffo Riley e sua moglie Gale Weathers, oltre che la cugina adolescente di Sidney, Jill. Ma alla vigilia del ritorno in città della giovane eroina per la presentazione del suo romanzo, qualcuno pare determinato a compiere nuovi massacri indossando ancora una volta la maschera di Ghostface. ■ HORROR; COL.; 103′; USA, 2011.

SCREAM 3 ★★

Regia di WES CRAVEN. Con DAVID ARQUETTE, NEVE CAMPBELL, COURTNEY COX, PATRICK DEMPSEY. ■ Sequel dei due precedenti horror per adolescenti. Una trilogia che si rispetti ha sempre le sue regole. Se il primo *Scream* smontava e rimontava le regole del cinema horror e il secondo le infrangeva, questo terzo capitolo è totalmente senza regole... perlomeno in apparenza. Craven dimostra di sapersi reinventare senza perdere la sua vena orrorifica e anarcoide. Tre anni dopo aver lasciato il Windsor College, Sidney Prescott (Neve Campbell) si è trasferita nel Nord della California dove spera finalmente di essere lasciata in pace dal killer. Intanto a Hollywood si gira *Stab 3 ritorno a Woodsboro*, il film che racconta i fatti accaduti nel primo *Scream*. Sul set accadono fatti strani: gli attori muoiono per mano del solito killer che indossa la famosa maschera (quella de *L'urlo* di Munch). Sidney, la cronista Gale (Courtney Cox) e il poliziotto Linus (David Arquette) decidono allora di prendere in mano la situazione. La vicenda, attraverso colpi di scena, si avvia verso l'epilogo che in un fragore di effetti speciali chiarirà finalmente tutto il mistero per porre la parola "The end" sulla fortunata trilogia. ■ HORROR; B/N; 116′; USA, 2000.

SCRIGNO DEI SOGNI, LO *(La boite aux rêves)* ★★★

Regia di YVES ALLÉGRET. Con HENRI GUISOL, GÉRARD PHILIPE, VIVIANE ROMANCE, SIMONE SIGNORET, FRANK VILLARD. ■ Una ragazza si innamora di un pittore che, disdegnando qualsiasi rapporto sentimentale, si disinteressa completamente di lei. Quando però la fanciulla dichiara che sposerà un avventuriero, l'artista, rendendosi conto di amarla, non farà più mistero dei sentimenti nei suoi confronti. ■ COMMEDIA; B/N; 99′; FRANCIA, 1944.

SCRIGNO DELLE SETTE PERLE, LO ★★★

(Melody Time)

Regia di WALT DISNEY, PROD. DISNEY. ■ Si tratta di una fantasia animata musicale alla quale hanno prestato la voce alcuni attori americani. ■ ANIMAZIONE; COL.; 75′; USA, 1948. ■ VENEZIA 1 PR.

SCRIGNO ORIENTALE, LO *(The Shanghai Chest)* ★★

Regia di WILLIAM BEAUDINE. Con MANTAN MORELAND, PHILIP VAN ZANDT, ROLAND WINTERS. ■ Charlie Chan deve risolvere un caso di triplo omicidio. Ci riesce confrontando le impronte digitali sui luoghi dei tre delitti. ■ AVVENTURA; B/N; 56′; USA, 1948.

SCRITTO SUL VENTO *(Something in the Wind)* ★★★

Regia di IRVING PICHEL. Con JOHN DALL, DEANNA DURBIN, DONALD O'CONNOR. ■ Un ricchissimo giovane sta per sposare una sua pari, ma si innamora di una cantante, che i parenti hanno interesse a far tacere a causa dei suoi rapporti poco chiari con un defunto membro della famiglia. La vicenda si ingarbuglia quando un cugino del protagonista inventa un bambino inesistente per sposare la sua promessa. Dopo questa e altre complicazioni il protagonista si fidanza con la cantante. ■ COMMEDIA; B/N; 89′; USA, 1946.

SCRIVILO SUI MURI ★★

Regia di GIANCARLO SCARCHILLI. Con MATTIA BRACCIALARGHE, CRISTIANA CAPOTONDI, DANIELE DE ANGELIS, DOLCENE-

RA, LUDOVICO FREMONT, ANNA GALIENA, FRANCESCA MEZZANO, PRIMO REGGIANI, MICHAEL SCHERMI, YVONNE SCIÒ, ALESSANDRO TIBERI. ■ Sole è una studentessa universitaria annoiata da Filippo, il fidanzato bene, e "salvata" da Pierpaolo, uno sconosciuto, sul davanzale di una finestra del sesto piano. Il ragazzo la introduce nel mondo colorato dei writer, invitandola a partecipare ai loro esclusivi raid notturni. Treni, auto, muri, facciate, la creatività e le bombolette spray dei C.D. (Civil Disobedience) non risparmiano nessuno spazio urbano. Attirata dalla spettacolarità delle loro azioni, Sole entra ufficialmente nel gruppo, riprendendo con la telecamera le loro imprese. Invaghitasi di Alex, il miglior amico di Pierpaolo, la ragazza è decisa a conquistarne il cuore. Tra murales e graffiti, la luce di Sole metterà a dura prova la loro amicizia. Attigendo alla cultura dei writer, nata nei ghetti americani e scoppiata negli anni Ottanta sui muri "immacolati" del vecchio continente, Giancarlo Scarchilli gira una commedia sentimentale "armata" di vernice e bombolette spray, finendo per realizzare l'ennesima opera corale-giovanilistica. ■ COMMEDIA; COL.; 89'; ITALIA, 2007.

SCRIVIMI FERMO POSTA ★★★
(The Shop Around the Corner)
Regia di ERNST LUBITSCH. Con SARA HADEN, FRANK MORGAN, JAMES STEWART, MARGARET SULLAVAN. ■ È la tragicomica storia di una coppia di innamorati che si conoscono solo tramite lettera e che lavorano fianco a fianco in un negozio, ignorando che l'altro è il proprio corrispondente. Sulla carta si trovano adorabili, nella vita insopportabili. Alla fine, però, tutto si accomoda. ■ COMMEDIA; B/N; 97'; USA, 1939.

SCRIVIMI UNA CANZONE *(Music And Lyrics)* ★★★
Regia di MARC LAWRENCE. Con DREW BARRYMORE, HALEY BENNETT, BRAD GARRETT, HUGH GRANT, KRISTEN JOHNSTON, CAMPBELL SCOTT. ■ Ad Alex Fletcher, una popstar degli anni Ottanta ormai in declino, viene proposta un'occasione irrinunciabile: scrivere una canzone per Cora Corman, l'idolo del momento, e cantarla insieme a lei. Il sogno di un ritorno dignitoso sulle scene – dopo anni di esibizioni in alberghi e luna park di fronte a un pubblico di donne tutte grida e nostalgia – si smaterializza quando viene a sapere che il tempo a disposizione è risicato. Alex non è mai stato bravo con le parole e non scrive un brano da quindici anni. Proprio quando pensa di non potercela fare scopre che Sophie Fisher – una bizzarra annaffiatrice-supplente che gli entra in casa come un tornado – ha un dono particolare per le rime e la convince ad aiutarlo. Gli sforzi dei due daranno vita alla canzone *Way Back Into Love*, che li guiderà sulla strada dell'amore. La commedia romantica di Marc Lawrence gioca con l'estetica degli anni Ottanta e ridicolizza con affetto usi e costumi di un'epoca fortunata. ■ COMMEDIA; COL.; 96'; USA, 2007.

SCROCCONE E IL LADRO, LO ★★
(What's the Worst That Could Happen?)
Regia di SAM WEISMAN. Con DANNY DEVITO, NORA DUNN, WILLIAM FICHTNER, GLENNE HEADLY, MARTIN LAWRENCE, JOHN LEGUIZAMO, BERNIE MAC, LARRY MILLER, RICHARD SCHIFF. ■ Kevin, ladro professionista, e Max, manager con l'hobby del furto, si confrontano in una sorta di gara all'ultimo furto. Il tutto viene innescato da Kevin che ruba un anello a Max (che fra l'altro lo coglie in flagrante). L'oggetto ha un valore puramente affettivo. Punti nell'orgoglio i due "ladri" si impegnano in una vera e propria gara di furti che li trascinerà in situazioni e in posti particolari, come un asilo infantile o addirittura lo schermo televisivo. Il film è basato sulla comicità della coppia De Vito-Lawrence che insieme si rivelano "funzionali" e divertenti, rendendo di conseguenza "funzionale" e divertente il film. ■ COMMEDIA; COL.; 97'; USA, 2002.

SCUDO DEI FALWORTH, LO ★★★
(The Black Shield of Falworth)
Regia di RUDOLPH MATÉ. Con TONY CURTIS, JANET LEIGH. ■ Un ragazzo, cresciuto da contadino dopo l'eccidio dei genitori titolati, diventa cavaliere e si schiera a fianco del re. Costui acconsente che egli affronti in duello il nemico assassino, il quale ci rimette la vita. I suoi accoliti intanto tentano di impadronirsi del trono, ma il nostro riesce a sconfiggerli. Può così sposare la nobile fanciulla che ama. ■ AVVENTURA; COL.; 99'; USA, 1954.

SCUDO UMANO, LO *(The Human Shield)* ★
Regia di TED POST. Con HANA AZOULAY-HASFARI, MICHAEL DUDIKOFF, TOMMY HINKLEY. ■ Un militare torna in Iraq per liberare il fratello incarcerato. L'azione non manca ma tutto è già visto, inquadratura per inquadratura. La guerra del Golfo era appena andata in scena e qualcuno ha voluto approfittarne. ■ AVVENTURA; COL.; 88'; USA, 1992.

SCUGNIZZI ★★
Regia di NANNI LOY. Con ALDO GIUFFRÉ, LEO GULLOTTA, GERARDO SCALA. ■ Tutto ruota intorno a una rappresentazione musical-teatrale messa in piedi da un modesto regista siciliano che deve far recitare i giovani reclusi dell'istituto minorile di Nisida. Le prove, la rappresentazione al teatro San Carlo di Napoli e le vicende reali e toccanti della città si alternano però senza omogeneità. I momenti migliori sono negli episodi reali, che però a volte eccedono nella ricerca del sensazionalismo (si veda l'episodio dei topi). La buona volontà di Loy, che forse ha preso troppo a cuore il tema non riuscendo ad estraniarsi sufficientemente, non basta. ■ DRAMMATICO; COL.; 122'; ITALIA, 1989. ■ DAVID DI DONATELLO 2 PR, 2 NOM; VENEZIA 1 PR.

SCUGNIZZO, LO ★★
Regia di ALFONSO BRESCIA. Con RIK BATTAGLIA, MARCO GIRONDINO, ANGELA LUCE. ■ Per poter curare Angela, la madre adottiva, lo scugnizzo Gennarino fugge dal riformatorio e si allea ad un camorrista potente, don Salvatore. I suoi sforzi sono però inutili perché la donna nel frattempo muore. ■ DRAMMATICO; COL.; 105'; ITALIA, 1979.

SCUGNIZZO A NEW YORK, UNO ★
Regia di MARIANO LAURENTI. Con ENZO CERUSICO, NINO D'ANGELO, CLAUDIA VEGLIANTE. ■ Nino, emigrato a New York dove lavora come cantante in un ristorante, sogna solo di tornare a Napoli. Tra una canzone, un bacio e una lacrima lo aiuterà a trovare i soldi un amico pugile. ■ COMMEDIA; COL.; 98'; ITALIA, 1984.

SCULACCIATA, LA ★★
Regia di PASQUALE FESTA CAMPANILE. Con MARISA BARTOLI, GINO PERNICE, SYDNE ROME, ANTONIO SALINES, TONI UCCI. ■ Un uomo sposato diventa improvvisamente impotente e sua moglie non riesce a risvegliare la sua virilità né con i consigli presi da un rotocalco né con i più raffinati approcci erotici. Solo quando salverà la donna dal suicidio l'uomo ritroverà il suo equilibrio sessuale. ■ COMMEDIA; COL.; 95'; ITALIA, 1974.

SCUOLA, LA ★★
Regia di DANIELE LUCHETTI. Con FABRIZIO BENTIVOGLIO, ANNA GALIENA, ENRICA MARIA MODUGNO, SILVIO ORLANDO, ANTONIO PETROCELLI. ■ Tratto dai libri di Domenico Starnone, già divenuti spettacolo teatrale con il titolo *Sottobanco*, il film di Luchetti si divide in tre parti. 1) È l'ultimo giorno di scuola in un istituto superiore della periferia romana. Bisogna completare le interrogazioni perché al pomeriggio 2) si deve tenere lo scrutinio. Ma il ricordo della gita a Verona 3) torna a più riprese. Luchetti realizza un ritratto della scuola italiana sempre in attesa di riforma visto, finalmente, dalla parte degli insegnanti. Se il "bestiario" risente di un'eccessiva concentrazione di caratteri, alcuni dei quali sfiorano la macchietta, bisogna riconoscere al regista un'attenzione ai veri problemi della scuola. Mancanza di incentivazioni, pressappochismo, buona volontà non supportata da una struttura adeguata portano gli allievi come il fantomatico Cardini (che sa fare bene la "mosca") a rimanere intrappolati, nonostante tutto, in una realtà aliena e alienante. Si ride e si sorride con l'amaro in bocca grazie anche a un cast perfettamente omogeneo e a dei ragazzi "veri" che vorrebbero una scuola ideale senza neanche un'aula per le lezioni. ■ COMMEDIA; COL.; 104'; ITALIA, 1995.

SCUOLA DEGLI ORRORI, LA ★★
(Return to Horror High)
Regia di BILL FROEHLICH. Con VINCE EDWARDS, SCOTT JACOBY, ALEX ROCCO. ■ Una troupe cinematografica va a girare un film dell'orrore al liceo Crippen dove qualche tempo prima sono avvenuti diversi omicidi (che il regista intende raccontare). Ma il kil-

ler si aggira ancora nelle vicinanze e compie un altro massacro. Questa volta fra i membri della troupe. ■ HORROR; COL.; 90′; USA, 1987.

SCUOLA DEI DRITTI, LA *(School of Scoundrels)* ★★★
Regia di ROBERT HAMER. Con IAN CARMICHAEL, JANETTE SCOTT, ALASTAIR SIM, TERRY THOMAS. ■ Un piccolo industriale, vittima cronica degli imbroglioni, si iscrive alla "Scuola dei dritti". Quando ne esce, mettendo in pratica gli insegnamenti ricevuti si fa beffe di tutti coloro che l'hanno imbrogliato e riconquista persino la ragazza che un amico gli ha portato via. ■ COMMEDIA; B/N; 94′; GRAN BRETAGNA, 1960.

SCUOLA DEI TIMIDI, LA ★★
Regia di CARLO LUDOVICO BRAGAGLIA. Con CARLA DEL POGGIO, ALBERTO RABAGLIATI. ■ In una scuola per timidi si incontrano e si innamorano la figlia di un industriale e un aspirante cantante. Costui, spronato dalla gelosia per la ragazza, trova il coraggio di affrontare sia lei che il pubblico ottenendo la generale approvazione. Avviato verso una promettente carriera, può chiederla in sposa. ■ COMMEDIA; B/N; 92′; ITALIA, 1941.

SCUOLA DELLA VIOLENZA, LA *(To Sir, With Love)* ★★★
Regia di JAMES CLAVELL. Con LULU, JUDY GEESON, SUZY KENDALL, SIDNEY POITIER, CHRISTIAN ROBERTS. ■ Un nero appena laureato accetta di insegnare in una scuola inglese che ha procurato non poche noie ai colleghi a causa dei vivacissimi studenti che la frequentano. Anch'egli all'inizio trova molte difficoltà a farsi comprendere e rispettare dai ragazzi che però, dopo qualche tempo, gli danno fiducia. Egli, nonostante la possibilità di un impiego migliore, non abbandonerà il suo posto. ■ DRAMMATICO; COL.; 105′; GRAN BRETAGNA, 1966.

SCUOLA DELL'ODIO, LA *(Pressure Point)* ★★★
Regia di HUBERT CORNFIELD. Con BOBBY DARIN, PETER FALK, SIDNEY POITIER. ■ Seconda guerra mondiale: uno psichiatra militare nero prende in cura un razzista convinto e spietato. Dopo qualche tempo i superiori, contro il suo parere, decidono di congedarlo. Il medico vorrebbe rassegnare le dimissioni, poi ci ripensa e prosegue nel suo duro lavoro. ■ COMMEDIA; B/N; 91′; USA, 1962.

SCUOLA DI BUONE MANIERE *(Reform School Girls)* ★★
Regia di TOM DE SIMONE. Con PAT AST, LINDA CAROL, SYBIL DANNING. ■ Quel carcere è pieno di feccia; il raggio femminile poi è indescrivibile. Così si ricorre ai mezzi più assurdi per tenere l'ordine. Si tratta ovviamente di una parodia, che a tratti è anche ben riuscita. Peccato che il genere non sia popolare in Italia. ■ COMICO; COL.; 94′; USA, 1986.

SCUOLA DI GENI *(Real Genius)* ★★
Regia di MARTHA COOLIDGE. Con WILLIAM ATHERTON, GABE JARRET, VAL KILMER. ■ Gli studenti di una scuola riservata ai geni in erba non sono meno "demenziali" e fracassoni della norma. A farne le spese sarà un professore spocchioso dalle mire criminali. ■ COMMEDIA; COL.; 104′; USA, 1985.

SCUOLA DI GOLF *(Caddyshack)* ★★★
Regia di HAROLD RAMIS. Con CHEVY CHASE, SCOTT COLOMBY, RODNEY DANGERFIELD, SARAH HOLCOMB, TED KNIGHT, BILL MURRAY, MICHAEL O'KEEFE. ■ Un miliardario vuole trasformare un campo di golf in un'area commerciale, ma il presidente del club annesso non è della stessa idea. Tra i ricchi ed eccentrici soci del club, e i meno eccentrici e danarosi portamazze, c'è Danny, un caddie che è disposto a tutto pur di guadagnare i soldi necessari a mantenersi al college. A tratti ricalca vicende avvenute nella vita reale di Bill Murray, qui in una delle prime prove cinematografiche della sua carriera. ■ COMMEDIA; COL.; 99′; USA, 1980.

SCUOLA DI HOSTESS *(Stewardess School)* ★★
Regia di KEN BLANCATO. Con SANDAHL BERGMAN, BRETT CULLEN, VICKI FREDRICK. ■ Prova d'esame per le diplomande di una scuola per assistenti di volo. Apriti cielo: durante il volo di prova un pilota si dimostra un incapace, un industriale zeppo di Lsd va in tilt. E come se non bastassero loro, tra i viaggiatori si cela un terrorista cretino che fa esplodere una bomba al momento sbagliato. ■ COMMEDIA; COL.; 93′; USA, 1987.

SCUOLA DI LADRI ★★
Regia di NERI PARENTI. Con LINO BANFI, MASSIMO BOLDI, PAOLO VILLAGGIO. ■ Tre cugini derelitti, Dalmazio, guardia a una banca, Amalio, dog-sitter, Episto, venditore ambulante, si conoscono tramite un vecchio zio paralizzato, Aliprando. Costui è in effetti un ladro in pensione, che vive agiatamente e che vuol continuare le sue imprese attraverso i nipoti. Cerca di addestrarli con poco successo. Li arrestano e quando li liberano riprendono la loro attività malvolentieri. Lo zio Aliprando bidonerà i tre ingenui e fuggirà con l'ultimo malloppo e con una bella cameriera aggiuntasi alla banda. E si scoprirà che non era nemmeno loro parente! ■ FARSESCO; COL.; 94′; ITALIA, 1986.

SCUOLA DI LADRI – PARTE SECONDA ★★
Regia di NERI PARENTI. Con MASSIMO BOLDI, FLORENCE GUERIN, PAOLO VILLAGGIO. ■ Due maldestri ladruncoli, appena usciti di prigione, si mettono in contatto con il "cervello" della loro ex banda, un vecchio marpione che si finge cieco. Costui fa loro compiere un colpo favoloso: un furto da trenta miliardi (in gioielli) su una nave da crociera. Imprevedibilmente il colpo va bene. Ma il finto cieco ha pronta una sorpresina. ■ FARSESCO; COL.; 95′; ITALIA, 1987.

SCUOLA DI MARINA *(Up your Anchor)* ★★
Regia di DAN WOLMAN. Con ZACHI NOY, JONATHAN SEGALL, PEGGY SMITH. ■ Tre ragazzi israeliani frequentano i corsi di un collegio nautico. Ma di diventare grandi navigatori hanno poca voglia. Una crociera è più che altro un'occasione per fare un po' di mattane. Ma un giorno esagerano. O meglio esagera uno dei tre che si porta a letto una bella ragazza (che si rivela poi essere la figlia del comandante). ■ COMMEDIA; COL.; 91′; ISRAELE, 1985.

SCUOLA DI MEDICINA *(Stitches)* ★★
Regia di ALAN SMITHEE. Con EDDIE ALBERT, GEOFFREY LEWIS, PARKER STEVENSON. ■ Commedia demenziale incentrata sulle gesta di tre studenti goliardi che ne combinano veramente di tutti i colori, tra cadaveri da sezionare e infermiere vogliose. Preoccupante la percentuale di gag azzeccate. ■ COMICO; COL.; 87′; USA, 1985.

SCUOLA DI MOSTRI *(The Monster Squad)* ★★
Regia di FRED DEKKER. Con ANDRÉ GOWER, STEPHEN MACHT, DUNCAN REGEHR. ■ Dracula, la Mummia, Frankenstein, l'Uomo Lupo piombano in una pacifica cittadina. La polizia non li combatte perché non crede alla loro esistenza. Ma un gruppo di ragazzetti seguaci di un horror club li individuano subito e dopo una lunga lotta li debellano. ■ COMMEDIA; COL.; 81′; USA, 1987.

SCUOLA DI POLIZIA *(Police Academy)* ★★
Regia di HUGH WILSON. Con KIM CATTRALL, GEORGE GAYNES, STEVE GUTTENBERG. ■ Un'ordinanza del sindaco, che elimina ogni selezione per l'ammissione alla polizia, fa sì che una demenziale fauna di sbandati, insoddisfatti, disoccupati e fanatici si presenti per l'arruolamento. E gli addestratori non sono meno folli. Il film, campione d'incassi, è un fuoco di fila di gag riuscite, di personaggi azzeccati e situazioni esilaranti. È il primo capitolo della serie che seguirà, e decisamente il migliore. ■ COMICO; COL.; 95′; USA, 1984.

SCUOLA DI POLIZIA 2: PRIMA MISSIONE ★★
(Police Academy 2: Their First Assignment)
Regia di JERRY PARIS. Con STEVE GUTTENBERG, BUBBA SMITH, MICHAEL WINSLOW. ■ Un gruppo di novellini viene inviato a dare manforte alla squadra di polizia, impotente di fronte alle scorribande di un gruppo di teppisti. I nuovi arrivati sono volenterosi, ma decisamente goffi e inesperti. All'ennesima sconfitta delle forze dell'ordine, saranno però proprio i simpatici pivelli a risolvere la situazione. ■ COMMEDIA; COL.; 87′; USA, 1985.

SCUOLA DI POLIZIA 3: TUTTO DA RIFARE ★★
(Police Academy 3: Back in Training)
Regia di JERRY PARIS. Con GEORGE GAYNES, BOBCAT GOLDTHWAIT, STEVE GUTTENBERG. ■ Un duello all'ultimo sangue fra due scuole di polizia, delle quali una sola scamperà alla chiusura, è il pretesto per un'ora e mezzo di gag sempre più stanche e sfruttate. ■ COMICO; COL.; 82′; USA, 1986.

SCUOLA DI POLIZIA 4: CITTADINI IN... GUARDIA ★★
(Police Academy 4: Citizens on Patrol)
Regia di JIM DRAKE. Con STEVE GUTTENBERG, BUBBA SMITH,

MICHAEL WINSLOW. ■ Lassard, comandante della polizia, pensa sia una buona idea addestrare i cittadini attuando così la prevenzione dei crimini. Con ciò, potrebbe anche ingraziarsi i suoi superiori. Ma il gruppo, capeggiato da una vivace vecchietta, provoca un mucchio di guai. L'odioso capitano Harris osteggia l'iniziativa. Quando gli esponenti di una commissione vengono per verificare la validità dell'operazione, il sergente Mahoney provoca un'evasione, ed è qui che i cittadini danno prova delle loro indubbie capacità. ■ COMMEDIA; COL.; 89'; USA, 1987.

SCUOLA DI POLIZIA 5: DESTINAZIONE MIAMI ★★
(Police Academy 5: Assignment Miami)
Regia di ALAN MYERSON. Con GEORGE GAYNES, DAVID GRAF, BUBBA SMITH. ■ Il quinto episodio si svolge a Miami, dove lo svagato comandante Lassard della benemerita scuola di polizia va per guadagnarsi un'onorificenza. Il suo concorrente, il maligno capitano Bassotto, cerca ancora una volta di metterlo in cattiva luce, ma un caso di furto di gioielli (risolto naturalmente dagli ex allievi di Lassard) manda a monte le sue manovre. ■ COMICO; COL.; 90'; USA, 1988.

SCUOLA DI POLIZIA 6: LA CITTÀ È ASSEDIATA ★★
(Police Academy 6: City Under Siege)
Regia di PETER BONERZ. Con GEORGE GAYNES, BUBBA SMITH, MICHAEL WINSLOW. ■ Il comandante di polizia Lassard e i suoi poliziotti questa volta devono sgominare una banda criminale capeggiata da un malvivente che vuole dominare l'attività cittadina dei commercianti. Sempre più ripetitiva la dispensa di risate di questo film-serial che negli Stati Uniti, al suo sesto episodio, ha incassato solo 5 miliardi rispetto ai 38 raggiunti alla partenza. ■ COMICO; COL.; 84'; USA, 1989.

SCUOLA DI POLIZIA 7: MISSIONE A MOSCA ★
(Police Academy 7: Mission to Moscow)
Regia di ALAN METTER. Con GEORGE GAYNES, DAVID GRAF, CHRISTOPHER LEE, MICHAEL WINSLOW. ■ Si è perplessi a dover indicare come "comica" questa settima puntata della serie, in cui i nostri debbono vedersela con un capomafia russo esperto in videogame. Christopher Lee fa il capo della polizia moscovita rimpiangendo i canini di Dracula. ■ COMICO; COL.; 82'; USA, 1994.

SCUOLA DI SESSO *(Jekyll and Hyde... Together Again)* ★★
Regia di JERRY BELSON. Con BESS ARMSTRONG, MARK BLANKFIELD, TIM THOMERSON. ■ Parodia del celebre *Dottor Jekyll* di Stevenson. Qui il Jekyll di turno è un timido, inibito medico dei nostri giorni che scopre una sostanza in grado di disinibirlo. Involontariamente la aspira e si trasforma in un assatanato donnaiolo (a conti fatti, più simpatico dell'originale). ■ COMMEDIA; COL.; 87'; USA, 1982.

SCUOLA DI SPIE *(Carve her Name with Pride)* ★★★
Regia di LEWIS GILBERT. Con VIRGINIA MCKENNA, PAUL SCOFIELD, JACK WARNER. ■ Violette è una francesina che vive a Londra. Siamo nel 1940, proprio nel momento della grande ritirata delle forze francesi. Violette conosce Etienne e se ne innamora. Il giovane parte per combattere, muore poco dopo e la ragazza dà alla luce una bambina. Violette viene integrata nel servizio segreto; paracadutata in Francia, compie molte difficili missioni. Nell'ultima si sacrifica per i suoi compagni. ■ DRAMMATICO; B/N; 119'; GRAN BRETAGNA, 1958.

SCUOLA D'ONORE *(School Ties)* ★★
Regia di ROBERT MANDEL. Con BRENDAN FRASER, AMY LOCANE, CHRIS O'DONNELL. ■ La nostra squadra di football è un disastro, si preoccupano i ragazzi di un college per bene. Urgono rinforzi, prendiamo uno "straniero". Quel ragazzo è un fenomeno, sarà dei nostri. Però è anche ebreo. Chi ha detto che gli inglesi non sono razzisti? Vinceremo comunque. Sport e sentimento sono ben miscelati, ma spesso la retorica incombe. ■ COMMEDIA; B/N; 103'; USA, 1992.

SCUOLA È FINITA, LA ★★
Regia di VALERIO JALONGO. Con VINCENZO AMATO, FULVIO FORTI, VALERIA GOLINO, MARCELLO MAZZARELLA, ANTONELLA PONZIANI. ■ Roma, Istituto Pestalozzi. Nella porta dell'aula c'è un buco dove si possono scrutare alunni che bivaccano invece di studiare, che spacciano invece di ascoltare. Uno di loro, Alex Donadei, arriva al quinto piano e sotto l'effetto delle "paste" si getta giù, ma è illeso. A combattere questo declino, nella selva di insegnanti burocrati e annoiati, ci sono anche la professoressa Quarenghi e il professor Talarico, supereroi imperfetti per i loro problemi personali, ma che vedono la bellezza anche in mezzo ai mostri e cercheranno di salvare Alex da genitori irresponsabili. ■ DRAMMATICO; COL.; 85'; ITALIA, SVIZZERA, 2010.

SCUOLA ELEMENTARE ★★
Regia di ALBERTO LATTUADA. Con RICCARDO BILLI, LISE BOURDIN, MARIO RIVA. ■ Un insegnante meridionale si trasferisce a Milano e si innamora di una supplente che lavora nella sua stessa scuola. Lei, però, lo abbandona, e lui accetta di associarsi ad un bidello in un grosso affare. L'iniziativa ha fortuna ma il maestro, che sente una profonda nostalgia per la scuola, vi fa definitivamente ritorno. ■ COMMEDIA; B/N; 97'; ITALIA, 1954.

SCUOLA ELEMENTARE *(Obecna Skola)* ★★★
Regia di JAN SVĚRÁK. Con LIBUSE SAFRANKOVA, ZDENEK SVĚRÁK, JAN TRISKA. ■ Anno scolastico 1946-47 in una scuola alla periferia di Praga. L'insegnante Igor Hnizdo viene incaricato di tenere a freno la classe più indisciplinata. Riesce rapidamente a ottenere il risultato ma ha un lato debole: gli piacciono troppo le donne. Per questo viene ben presto fatto oggetto di pettegolezzi che lo porteranno all'allontanamento dall'incarico. Verrà però riabilitato. Nomination all'Oscar come film non in lingua inglese. ■ COMMEDIA; COL.; 104'; CECOSLOVACCHIA, 1991. ■ OSCAR 1 NOM.

SCUOLA GUIDA *(Moving Violations)* ★★
Regia di NEAL ISRAEL. Con JAMES KEACH, JOHN MURRAY, JENNIFER TILLY. ■ Un bel gruppetto di incorreggibili automobilisti viene condannato a frequentare i corsi di scuola guida tenuti dal severissimo poliziotto stradale Halik e dalla sua amante Virginia. Grossi guai in vista per tutti, soprattutto per Halik e Virginia, i primi responsabili della "condanna" degli automobilisti. Risate demenziali e pecorecce sulla scia di *Scuola di polizia*. ■ COMMEDIA; COL.; 90'; USA, 1985.

SCUOLA PER CANAGLIE *(School for Scoundrels)* ★★
Regia di TODD PHILLIPS. Con JACINDA BARRETT, MICHAEL CLARKE DUNCAN, JON HEDER, SARAH SILVERMAN, BILLY BOB THORNTON. ■ La vita di Roger è seriamente condizionata da timidezza patologica e goffaggine cronica che, insieme a una generosa razione di cattiva sorte, lo accompagnano nel quotidiano. La spirale negativa raggiunge inediti livelli di bassezza quando il giovane viene cacciato dall'associazione di volontariato "fratello maggiore", perché rifiutato dall'ennesimo bambino. In piena depressione, Roger si affida al compassionevole consiglio di un conoscente: chiamare un misterioso numero e seguire le istruzioni, garantendosi così l'accesso alle lezioni top secret di quello che si scoprirà essere il Dottor P., losco individuo che in cambio di una cifra tutt'altro che simbolica insegna ai bisognosi l'arte di avere una personalità. ■ COMMEDIA; COL.; 100'; USA, 2006.

SCURE DI GUERRA DEL CAPO SIOUX, LA ★★
(The Lawless Eighties)
Regia di JOSEPH KANE. Con ANTHONY CARUSO, BUSTER CRABBE, TED DE CORSIA, MARILYN SARIS, JOHN SMITH. ■ Un disonesto agente governativo vuole provocare la guerra tra bianchi e indiani per rubare i beni a loro destinati. A contrastarlo sono un religioso, sopravvissuto ad un suo tranello, e un pistolero, che provocano la fuga di un capo indiano ingiustamente accusato di aver distrutto, insieme ai suoi uomini, una fattoria. Il cattivo è smascherato e ucciso, il pistolero sposa la ragazza che ama, mentre tra bianchi e pellirossa è sancita definitivamente la pace. ■ WESTERN; B/N; 70'; USA, 1957.

SCUSA MA TI CHIAMO AMORE ★★
Regia di FEDERICO MOCCIA. Con LUCA ANGELETTI, FRANCESCO APOLLONI, RAOUL BOVA, CECILIA DAZZI, VERONICA LOGAN, IGNAZIO OLIVA, PINO QUARTULLO, MICHELA QUATTROCIOCCHE, DAVIDE ROSSI, LUCA WARD. ■ Alex non si dà pace da quando è stato lasciato dalla fidanzata. L'incontro con Niki, però, gli cambierà la vita. Peccato che lei sia più giovane di lui di vent'anni,

frequenti l'ultimo anno di liceo e viva ancora con i genitori. Federico Moccia sa come arrivare ai cuori delle sue lettrici. Merito di una penna agile con la quale esplora il loro universo regalando sogni che nella vita reale, probabilmente, non vedranno avverarsi mai. Forte di uno zoccolo duro di fedelissime fan, lo scrittore giovanilistico più produttivo d'Italia decide di passare dietro la macchina da presa. Una mossa furba e azzeccata, fosse anche solo per la scelta del protagonista maschile che sa come far vibrare le corde emotive delle donne di tutte le età. ■ DRAMMATICO; COL.; 105'; ITALIA, 2008.

SCUSA MA TI VOGLIO SPOSARE ★

Regia di FEDERICO MOCCIA. Con LUCA ANGELETTI, FRANCESCA ANTONELLI, FRRANCESCO APOLLONI, RAOUL BOVA, MICHELA QUATTROCIOCCHE. ■ Niki e Alex stanno felicemente insieme nonostante la differenza d'età; lei frequenta l'università, lui è un pubblicitario di successo. Mentre i suoi amici disintegrano la loro vita amorosa col tradimento o con l'indifferenza, Alex si convince a chiedere Niki in sposa, durante un weekend a Parigi. Entusiasta, la ragazza finisce però nelle grinfie delle future cognate, che le rubano i preparativi. Delusa e stressata, Niki lascia Alex e va in vacanza ad Ibiza con Guido, un coetaneo che la corteggia. Anche sorvolando alla massima velocità sul deserto del plot, in *Scusa ma ti voglio sposare*, scritto e diretto da Federico Moccia sull'onda del successo di *Scusa ma ti chiamo amore*, resta comunque arduo scorgere un'oasi dove trovar conforto all'arsura. ■ SENTIMENTALE; COL.; 100'; ITALIA, 2010.

SCUSA, ME LO PRESTI TUO MARITO? ★★★
(Good Neighbor Sam)

Regia di DAVID SWIFT. Con SENTA BERGER, JACK LEMMON, DOROTHY PROVINE, EDWARD G. ROBINSON, ROMY SCHNEIDER. ■ Un pubblicitario, per aiutare un'amica prossima a ricevere una grossa eredità, benché sposato con un'altra finge di essere suo marito e passa la notte a casa sua. Un industriale li fotografa e li presenta come esempio di coppia americana modello; il protagonista è così costretto a continuare la commedia mentre l'ex marito dell'amica si accompagna a sua moglie. Ricevuta l'eredità, le cose, dopo un ultimo batticuore, si aggiustano. ■ COMMEDIA; COL.; 130'; USA, 1964.

SCUSA MI PIACE TUO PADRE *(The Oranges)* ★★

Regia di JULIAN FARINO. Con ALLISON JANNEY, CATHERINE KEENER, HUGH LAURIE, LEIGHTON MEESTER, OLIVER PLATT. ■ Orange Drive, sobborgo nel New Jersey, è un posto tranquillo. Le famiglie Walling e Ostroff sono amiche da sempre e conducono una vita serena. È solo Nina Ostroff, la primogenita poco più che ventenne, che non ama vivere lì, ma torna a casa per il Ringraziamento a causa di una delusione amorosa. All'improvviso, tra la ragazza e il capofamiglia dei Walling, David, nasce una storia d'amore che mette a soqquadro le due famiglie. ■ COMMEDIA; COL.; 92'; USA, 2011.

SCUSA SE È POCO ★★

Regia di MARCO VICARIO. Con DIEGO ABATANTUONO, UGO TOGNAZZI, MONICA VITTI. ■ Due episodi, entrambi imperniati sulla crisi di una coppia di mezza età: nel primo, due coniugi divorziati affittano, l'uno all'insaputa dell'altra, lo stesso appartamento; nel secondo, la moglie di uno stimato dentista scrive sotto falso nome un romanzo pornografico di grande successo. ■ COMMEDIA; COL.; 90'; ITALIA, 1982.

SCUSATE IL RITARDO ★★

Regia di MASSIMO TROISI. Con LELLO ARENA, GIULIANA DE SIO, MASSIMO TROISI, LINA POLITO. ■ Vincenzo, giovane napoletano disoccupato e apatico, conosce Anna e ne rimane attratto. La relazione però dura poco: lei è insoddisfatta del loro rapporto e lo lascia. Vincenzo soffre, ma non per molto: lei torna rassegnata ad accettarlo così com'è. Opera seconda dell'ex "Smorfia" dopo *Ricomincio da tre*, con una simpatica parte anche per l'amico Lello Arena. ■ COMMEDIA; COL.; 109'; ITALIA, 1982. ■ DAVID DI DONATELLO 2 PR, 2 NOM.

SCUSI, DOV'È IL FRONTE? ★★★
(Which Way to the Front?)

Regia di JERRY LEWIS. Con STEVE FRANKEN, JERRY LEWIS, JAN MURRAY, JOHN WOOD. ■ Durante la seconda guerra mondiale, un giovane miliardario riformato organizza un piccolo esercito personale, sbarca in Italia e, grazie alla sua somiglianza con un generale tedesco, ordina alle truppe la ritirata. Gli americani, dopo qualche esitazione, avanzano. Il nostro fa esplodere il bunker di Hitler, quindi si traveste da importante ufficiale giapponese con l'intento di mandare all'aria i piani dei nipponici. ■ COMICO; COL.; 96'; USA, 1970.

SCUSI DOV'È IL WEST? *(The Frisco Kid)* ★★★

Regia di ROBERT ALDRICH. Con RAMON BIERI, VAL BISOGLIO, HARRISON FORD, GENE WILDER. ■ Alla fine del diciannovesimo secolo un rabbino giovane e pasticcione arriva in America per raggiungere la comunità ebraica di San Francisco. Tra gangster e pellirosse il religioso ha una vita difficile, ma con una buona dose di fortuna conclude felicemente il suo viaggio. ■ COMICO; COL.; 122'; USA, 1978.

SCUSI, FACCIAMO L'AMORE? ★★

Regia di VITTORIO CAPRIOLI. Con CLAUDINE AUGER, PIERRE CLEMENTI, BEBA LONCAR, TANYA LOPERT. ■ Un giovane meridionale trasferitosi al Nord in occasione dei funerali paterni, imita le imprese amorose del genitore con le ricche e annoiate signore della società bene. Dopo qualche tempo si innamora di una fanciulla che la madre fa scappare. Il ragazzo, allora, si accompagna ad un nobile benestante. ■ COMMEDIA; COL.; 95'; ITALIA, 1968.

SCUSI, LEI CONOSCE IL SESSO? ★★

Regia di VITTORIO DE SISTI. Con MIRELLA PAMPHILI, GIANNI PAULONE. ■ Panoramica della vita sessuale dell'uomo. ■ DOCUMENTARIO; COL.; 93'; ITALIA, 1968.

SCUSI, LEI È FAVOREVOLE O CONTRARIO? ★★★

Regia di ALBERTO SORDI. Con BIBI ANDERSSON, ANITA EKBERG, TINA AUMONT, PAOLA PITAGORA, ALBERTO SORDI. ■ Un industriale è separato dalla moglie. Nonostante ciò, molto contraddittoriamente, si dichiara contrario al divorzio: intanto mantiene sei amanti, alle quali dedica un giorno la settimana ciascuna, mentre la domenica è riservata al riposo in completa solitudine. ■ COMMEDIA; COL.; 100'; ITALIA, 1966.

SCUSI LEI È NORMALE? ★★

Regia di UMBERTO LENZI. Con ENZO CERUSICO, RAY LOVELOCK, ALDO MACCIONE, RENZO MONTAGNANI, ANNA MARIA RIZZOLI. ■ Un pretore moralista dichiara guerra alla pornografia e il nipote, che vive con un omosessuale travestito, si dà da fare per salvare dalle ire dello zio non solo se stesso ma anche la bella Anna, attrice di pornofotoromanzi. Ma anche l'integerrimo ha un tallone di Achille in fatto di sesso e il travestito lo scopre presto. ■ COMMEDIA; COL.; 94'; ITALIA, 1969.

SCUSI, LEI È VERGINE? *(Dulcima)* ★★

Regia di FRANK NESBITT. Con JOHN MILLS, CAROL WHITE, STUART WILSON. ■ Da un lavoro di H.E. Bates. Una bella e povera fanciulla che lavora come domestica nella casa di un ricco vedovo ne diventa presto l'amante per spillargli quattrini. Un giorno, però, si innamora di un coetaneo e rifiuta la proposta di matrimonio dell'anziano compagno. Questi, disperato, uccide il rivale. ■ DRAMMATICO; COL.; 98'; GRAN BRETAGNA, 1972.

SCUSI, MA LEI LE PAGA LE TASSE? ★★

Regia di MINO GUERRINI. Con LINO BANFI, UMBERTO D'ORSI, FRANCO FRANCHI, CICCIO INGRASSIA, KARIN SCHUBERT. ■ Un funzionario del fisco, per fare carriera, persegue con accanimento gli evasori. Suo nipote, giunto dalla Sicilia, gli viene assegnato quale aiutante, ma provoca guai tali che entrambi vengono relegati al ruolo di manovali. L'ex funzionario tenta di identificare il vincitore di una lotteria nazionale, scoperta che gli consentirebbe di riottenere il posto, ma è il nipote a riuscire nell'intento soffiandogli la promozione. ■ COMMEDIA; COL.; 92'; ITALIA, 1971.

SCUSI, SI POTREBBE EVITARE IL SERVIZIO MILITARE? ... NO! ★★

Regia di LUIGI PETRINI. Con RENATO CECILIA, ORCHIDEA DE SANTIS, GIANNI DEI, RICCARDO GARRONE, ERNA SCHURER. ■ Un uomo sposato e con prole, a causa di un errore burocratico di molti anni prima, viene chiamato al servizio militare. In caserma fa amicizia con un giovane buontempone che si fidanza con una delle sue figlie. L'uomo, non credendo alla sincerità di quel sentimento, riesce a far mandare il ragazzo in Sardegna ma l'altro, con uno stratagemma, fa in modo che la fidanzata lo segua. ■ COMMEDIA; COL.; 90'; ITALIA, 1974.

S. DARKO ★
Regia di CHRIS FISHER. Con ELIZABETH BERKLEY, DAVEIGH CHASE, BRIANA EVIGAN, JACKSON RATHBONE, ED WESTWICK. ■ Sette anni dopo la morte del fratello Donnie, Samantha Darko lascia la Virginia con l'amica Corey, per cercare fortuna come ballerina in California. La loro automobile si guasta nei pressi della cittadina di Conejo Springs e le due sono costrette a fermarsi in un motel. Il mattino dopo un meteorite si abbatte sul locale mulino, scavando un enorme cratere. Dall'impatto si salva Iraq Jack, un giovane reduce, grazie alla visione notturna del fantasma di Samantha che gli annuncia l'imminente fine del mondo. La ragazza fa anche la conoscenza del bel Randy, il cui fratellino è misteriosamente scomparso, e del timido Jeremy, che è entrato in possesso del meteorite, dopo lo schianto. Ma un litigio con Corey e un inspiegabile incidente, a metà storia, sembrano riscrivere il film da capo. ■ DRAMMATICO, COL.; 103'; USA, 2009.

SDF – STREET DANCE FIGHTERS *(You Got Served)* ★
Regia di CHRISTOPHER B. STOKES. Con DREUX FREDERIC, JENNIFER FREEMAN, MEAGAN GOOD, OMARI GRANDBERRY, STEVE HARVEY, JARELL HOUSTON, MARQUES HOUSTON, CHRISTOPHER JONES, DEMARIO THORNTON. ■ L'arena è il luogo dove Elgin e David ballano con la loro squadra vincendo tutti gli "incontri". Tranne uno. E la loro amicizia, che appare solida e indistruttibile, prima dello scontro finale si incrina per un malinteso. Solo quando i due protagonisti sono messi definitivamente alla prova sapranno se il loro legame può essere di nuovo vincente. Non sono sufficienti i numeri di abilità dei ballerini a salvare il film dalla banalità e dal torpore dei dialoghi e delle situazioni. ■ MUSICALE; COL.; 90'; USA, 2004.

S 2 S BASE MORTE CHIAMA SUNIPER ★★
(La traite des blanches)
Regia di GEORGES COMBRET. Con UMBERTO D'ORSI, PIERO GERLINI, PAUL GUERS, MAGALI NOËL. ■ Una ragazza si innamora di un giovane insospettabile che in realtà fa parte di un'organizzazione per il reclutamento di prostitute. Quando se ne rende conto cerca di fuggire con una compagna, ma viene riacciuffata e deve subire pesanti ritorsioni. Più tardi, però, riesce a prendere il volo. ■ DRAMMATICO; B/N; 93'; FRANCIA, 1965.

SE... *(If...)* ★★★
Regia di LINDSAY ANDERSON. Con MALCOLM MCDOWELL, ROBERT SWANN, RICHARD WARWICK, DAVID WOOD. ■ Il film è un'aspra critica al sistema educativo dei college inglesi, dove gli anziani tormentano i nuovi arrivati e i professori i loro studenti, dove è molto diffusa l'omosessualità, l'insegnamento è infarcito di nozionismo e la disciplina militaresca. Al termine di un anno scolastico tre allievi, trovate in cantina alcune armi, se ne servono per sparare su insegnanti e autorità. ■ DRAMMATICO; COL.; 111'; GRAN BRETAGNA, 1969. ■ CANNES 1 PR.

SEABISCUIT ★★
Regia di GARY ROSS. Con ELIZABETH BANKS, JEFF BRIDGES, CHRIS COOPER, WILLIAM H. MACY, TOBEY MAGUIRE, GARY STEVENS. ■ America, anni Trenta. Sono gli anni della Grande Depressione e la crisi economica si riflette in quella personale dei tre protagonisti. Chris Howard, nonostante sia il maggior venditore di auto del Paese, ha perso ogni gioia di vivere dopo la morte del figlio in un incidente stradale. Tom Smith, ultimo cowboy in un mondo che è cambiato, non riesce ad adattarsi alla modernità. Red Pollard fa il pugile per tirare avanti, nonostante sia mezzo cieco, ma coltiva una profonda passione per i cavalli. A cambiare le loro vite arriva Seabiscuit, un cavallo figlio di un grande campione delle corse. Seabiscuit però, al contrario del padre, è un brocco, ha le gambe storte, non sembra avere altra sorte che il macello. Chris lo compra e lo fa allenare da Tom e cavalcare da Red: Seabiscuit diventa un campione contro ogni pronostico e ridà un motivo per vivere ai tre. Basato su una storia vera (che ha già dato origine a una trasposizione cinematografica nel 1949), *Seabiscuit* ha avuto un successo inatteso sul mercato americano ma, causa di una sceneggiatura troppo enfatica, l'impressione è quella di un Frank Capra fuori tempo massimo, oltretutto del tutto incapace della cattiveria sottesa a molta della produzione migliore del Maestro. Negli occhi rimane qualche bella sequenza, un cast in parte, una ricostruzione iconografico/storica molto puntuale: in bocca, un sapore un po' troppo zuccheroso. Per famiglie. ■ DRAMMATICO; COL.; 141'; USA, 2003. ■ GOLDEN GLOBES 1 NOM; OSCAR 5 NOM.

SEAFOOD – UN PESCE FUOR D'ACQUA *(SeeFood)* ★★
Regia di AUN HOE GOH. Con STEVEN BONE, COLIN CHONG, JASON COTTOM, KENNIE DOWLE, CHI-REN. ■ Nelle profondità marine, due pescatori di frodo si appropriano di alcune uova di squalo bambù alla cui specie appartiene anche Pup. Dopo aver assistito impotente al rapimento, l'indomito pesciolino va alla ricerca dei suoi potenziali fratellini per salvarli dalle grinfie degli spietati bracconieri. ■ ANIMAZIONE; COL.; 78'; MALESIA, 2011.

SEARCHING FOR DEBRA WINGER ★★★
Regia di ROSANNA ARQUETTE. Con JANE FONDA, MELANIE GRIFFITH, DARYL HANNAH, ANJELICA HUSTON, FRANCES MCDORMAND, DEBRA WINGER. ■ Rosanna Arquette gira il suo primo documentario e sceglie come soggetto l'emblematica vicenda dell'attrice Debra Winger, che dal 1996 ha lasciato hollywood ritirandosi a vita privata. Il documentario cerca di capire perché molte attrici, dopo un periodo dorato che corrisponde alla loro migliore forma fisica, sono messe da parte dalle produzioni, mentre i loro colleghi maschi continuano a lavorare senza riguardo per l'età. La Winger, che ha ottenuto 3 nomination all'Oscar, ha abbandonato a 46 anni all'apice della carriera e solo di recente si è concessa a sporadiche interpretazioni. Inchiesta verità sul patinato mondo di Hollywood. ■ DOCUMENTARIO; B/N; 97'; USA, 2002.

SEA'S WOMAN – LA DONNA DEL MARE ★
Regia di SERGIO PASTORE. Con GIORGIO ARDISSON, GIOVANNA LENZI, PASCAL PERSIANO. ■ Psicologicamente frustrata, Ellida si abbandona al ricordo del marinaio al quale in gioventù aveva giurato eterno amore. Al riapparire dell'uomo, Ellida sceglie comunque di restare con un marito che finalmente si accorge di amare. Film pretenzioso quanto sconclusionato e mal recitato. ■ DRAMMATICO; COL.; 91'; ITALIA, 1984.

SE AVESSI UN MILIONE *(If I Had a Million)* ★★★★
Regia di ERNST LUBITSCH. Con MARY BOLAND, GARY COOPER, W.C. FIELDS, CHARLES LAUGHTON, JACK OAKIE, GEORGE RAFT, MAY ROBSON, CHARLES RUGGLES. ■ Un vecchio e ricchissimo signore, credendo di aver ancora poco da vivere, delude i parenti dividendo i suoi soldi tra alcuni sconosciuti scelti a caso tra gli abitanti della città. Alcune di queste persone possono così risolvere i loro problemi finanziari, altri se ne servono per aiutare i loro simili. Felice per aver agito in questo modo, il vecchio sente che la sua salute sta migliorando. ■ COMMEDIA; B/N; 88'; USA, 1932.

SEBASTIAN ★★
Regia di DAVID GREENE. Con DIRK BOGARDE, LILLI PALMER, SUSANNAH YORK. ■ Dirk Bogarde è una ex spia venuta dal freddo, ora confinato in un impiegatizio lavoro di decifrazione dei codici per conto del servizio segreto inglese. Il suo tran-tran e la sua love story con una bella ragazza vengono sconvolti quando un intrigo internazionale si va a svolgere proprio dietro l'angolo di casa sua. ■ SPIONAGGIO; COL.; 100'; GRAN BRETAGNA, 1968.

SEBASTIANE ★★★
Regia di PAUL HUMFRESS, DEREK JARMAN. Con BARNEY JAMES, NEIL KENNEDY, LEONARDO TREVIGLIO, RICHARD WARWICK. ■ La storia di san Sebastiano rivecuta e corretta da un collettivo omosessuale. Registi e sceneggiatori hanno voluto rivisitare un episodio storico secondo la loro ottica. Una curiosità: il film è interamente parlato in latino. ■ DRAMMATICO; COL.; 80'; GRAN BRETAGNA, 1976.

SEBASTOPOLI O MORTE *(Charge of the Lancers)* ★★★
Regia di WILLIAM CASTLE. Con JEAN-PIERRE AUMONT, PAULETTE GODDARD. ■ Siamo in Crimea, alla metà del secolo diciannovesimo, durante la guerra di inglesi e francesi contro i russi. Un ufficiale inglese in missione viene catturato dai nemici, che tentano inutilmente di farlo parlare. Un suo compagno, incaricato di

cercarlo, sfugge fortunosamente alla cattura ed entra a Sebastopoli travestito da zingaro. Qui riesce a mettersi in contatto col prigioniero e ad avvisare il comando: l'assalto ha esito felice. ■ AVVENTURA; COL.; 90′; USA, 1953.

SE CAMILLO LO SAPESSE ★★★
(On demande un assassin)
Regia di ENRST NEUBACH. Con ARMAND BERNARD, FERNANDEL, NOËLLE NORMAN. ■ Camillo è un debosciato che il padre, stufo di pagare debiti, scaccia a pedate. Decide di togliersi la vita, ma non ne ha il fegato e affida l'incarico a un killer a pagamento. Ma prima dell'esecuzione del contratto la sua ragazza lo convince a desistere dal proposito: urge fermare il killer. Finale imprevedibile. ■ COMMEDIA; B/N; 90′; FRANCIA, 1945.

SE C'È RIMEDIO PERCHÉ TI PREOCCUPI? ★
Regia di CARLO SARTI. Con UMBERTO BORTOLANI, CARLO SARTI, SOFIA SPADA. ■ Opera d'esordio di un regista che dovrebbe imparare da subito a far uso di attori che sappiano recitare. Altrimenti diventa impossibile far arrivare oltre la cerchia dei parenti e degli amici una storia come questa – un paleontologo innamorato di una prostituta – che avrebbe anche la pretesa di ispirarsi ad Allen. Da allora nessun seguito per il registra, se si esclude un cortometraggio. ■ COMMEDIA; COL.; 81′; ITALIA, 1995.

SE CHIUDI GLI OCCHI ★
Regia di LISA ROMANO. Con GIOVANNA DI RAUSO, NINO FRASSICA. ■ Veronica è una giovane madre single. Sta guidando la sua macchina sul lungomare quando, nei pressi di una curva, evita per miracolo un frontale con un'auto che ha invaso la sua corsia. L'auto impazzita, dopo la sbandata, finisce in acqua, ma Veronica, sconvolta, anziché soccorrere il malcapitato alla guida, tira dritto e torna a casa. Mentre l'uomo giace in coma, lei si nasconde, coperta dall'amica Sara, l'unica a cui ha rivelato i fatti. Ma gli eventi prendono una piega imprevista quando nel baule dell'uomo la polizia rinviene il cadavere di una donna, vittima di un espianto multiplo di reni. ■ DRAMMATICO; COL.; 90′; ITALIA, 2008.

SE CI PROVI... IO CI STO *(Cops and Robbers)* ★★
Regia di ARAM AVAKIAN. Con JOSEPH BOLOGNA, CLIFF GORMAN, SHEPPERD STRUDWICK. ■ Due poliziotti, stanchi della grama vita di tutori dell'ordine, si concedono una "vacanza": per un giorno invece che guardie saranno ladri. Compiono infatti un'audace rapina, mentre la città è in festa per gli onori pubblici agli astronauti reduci dalla Luna. Il delitto, una volta tanto, paga. Torneranno, ricchi, a fare i bravi piedipiatti. ■ POLIZIESCO; COL.; 89′; USA, 1973.

SE CI SEI BATTI DUE COLPI ★★★
(The Time of their Lives)
Regia di CHARLES BARTON. Con BUD ABBOTT, LOU COSTELLO, MARJORIE REYNOLDS. ■ Durante la guerra d'Indipendenza americana, due poveracci, presi per traditori, vengono uccisi. I loro spiritelli però vagano inquieti per secoli, in attesa della buona occasione per dimostrare la loro innocenza. L'occasione arriva nel 1945, quando la villa che fu teatro del dramma viene ricostruita. Gli spiritelli si mettono a infastidire i nuovi abitanti finché questi non trovano, apparentemente, per caso, una lettera che servirà alla loro riabilitazione postuma. Soddisfatti, gli spettri abbandonano il luogo. ■ COMICO; B/N; 82′; USA, 1946.

SECONDA AURORA *(The Life of Jimmy Dolan)* ★★
Regia di ARCHIE MAYO. Con DOUGLAS FAIRBANKS JR, GUY KIBBEE, LORETTA YOUNG. ■ Fairbanks junior è un vagabondo di buon carattere che viene scambiato per un pugile ricercato per omicidio. L'uomo trova rifugio in un istituto per piccoli mutilati. Nelle sequenze di boxe è riconoscibile un giovanissimo John Wayne. ■ DRAMMATICO; B/N; 92′; USA, 1933.

SECONDA B ★★★
Regia di GOFFREDO ALESSANDRINI. Con UGO CESERI, MARIA DENIS, DINA PERBELLINI, SERGIO TOFANO. ■ Un maturo professore ha una love story molto casta con una collega. Ma alla castità non crede una maliziosa allieva innamorata dell'insegnante. I due professori vengono bollati come pubblici peccatori. Alla fine tutto si aggiusta. ■ COMMEDIA; B/N; 78′; ITALIA, 1934. ■ VENEZIA 1 PR.

SECONDA MOGLIE, LA ★★
(The Second Woman – Here Lies Love)
Regia di JAMES V. KERN. Con BETSY DRAKE, JOHN SUTTON, ROBERT YOUNG. ■ In una città di provincia, un architetto è sospettato di aver causato intenzionalmente la morte della sua fidanzata (che la polizia ha archiviato come accidentale). Lui stesso è uscito dalla faccenda con gravi turbe. Una bella ragazza innamorata di lui lo persuaderà, e con lui i cittadini tutti, della sua completa innocenza. ■ GIALLO; B/N; 91′; USA, 1950.

SECONDA MOGLIE, LA
Regia di UGO CHITI. Con MARIA GRAZIA CUCINOTTA, GIORGIO NOÈ, LAZAR RISTOVSKI. ■ La Cucinotta è la ragazza madre che sposa il vedovo maturo con figlio che, guarda caso, si innamora della matrigna, la quale non è indifferente al giovane. Pruriti e drammini. Siamo negli anni Cinquanta e, si sa, la morale era diversa, anche se un marito aveva tutto il diritto di scocciarsi anche allora. Un disegno prevedibile con una protagonista che si cerca a tutti i costi di spacciare come una nuova Sophia. E non lo è. ■ DRAMMATICO; COL.; 122′; ITALIA, 1998.

SECONDA NOTTE, LA ★★
Regia di NINO BIZZARRI. Con MARGHERITA BUY, KARA DONATI, MAURICE GARREL. ■ Fabris è rimasto vedovo e per ricordare la moglie passa tutte le vacanze nel luogo del primo incontro. In una di queste trasferte rimane colpito da una ragazza e, con messaggi anonimi, la corteggia. ■ COMMEDIA; COL.; 95′; ITALIA, 1986.

SECONDA NOTTE DI NOZZE, LA ★★★
Regia di PUPI AVATI. Con ANTONIO ALBANESE, MIA BENEDETTA, PINO CALABRESE, VALERIA D'OBICI, SANDRO DORI, ANGELA LUCE, ROBERT MADISON, NERI MARCORÈ, MARISA MERLINI, MANUELA MORABITO, PATRIZIO PELIZZI, KATIA RICCIARELLI, TONY SANTAGATA. ■ Secondo dopoguerra. Rimasta vedova e in difficoltà economiche, Liliana è costretta ad abbandonare Bologna insieme al figlio Nino, ladro per istinto. In Puglia c'è lo zio mai conosciuto che possiede qualche avere ed è stato a lungo ricoverato in manicomio, e Nino convince la madre a traslocare da lui. Liliana, accolta nella masseria del fragile Giordano, cognato un tempo innamorato di lei, finirà per risvegliare antiche passioni e odi sopiti. Le vecchie zie di Giordano, Suntina ed Eugenia, ostili da tempo alla famiglia di Liliana, non le renderanno la vita facile. Antonio Albanese regala al regista un'interpretazione tanto trattenuta quanto intensa, mentre Marcoré fa dimenticare il timido e impacciato protagonista de *Il cuore altrove* offrendo al suo personaggio tratti di luciferina cialtronaggine. ■ COMMEDIA; COL.; 103′; ITALIA, 2005. ■ DAVID DI DONATELLO 4 NOM.

SECONDA OMBRA, LA ★★★
Regia di SILVANO AGOSTI. Con REMO GIRONE, EVA MAURI, VICTORIA ZINNY. ■ Il film è dedicato allo psichiatra Franco Basaglia e narra la sua vicenda umana e professionale come nuovo direttore dell'ospedale psichiatrico di Gorizia, da cui inizia il suo percorso di cambiamento dell'istituzione manicomiale in Italia. ■ DRAMMATICO; COL.; 84′; ITALIA, 2000.

SECONDA PELLE *(Orphans Descending)* ★★
Regia di PETER HALL. Con KEVIN ANDERSON, VANESSA REDGRAVE, BRAD SULLIVAN. ■ Dal regista di *È stata via* un film dal risultato contraddittorio e con l'interpretazione di Vanessa Redgrave a volte sublime e a volte sopra le righe. La protagonista è Lady Torrance, eroina di un lavoro del drammaturgo Tennessee Williams, che conduce una vita difficile. Il marito ha causato tempo addietro il fallimento e la morte del genitore di lei. Tutto sembra appianarsi per via di un giovane vagabondo che la donna conosce. Ma il marito crudele non le darà tregua. ■ DRAMMATICO; COL.; 117′; USA, 1990.

SECONDA SIGNORA CARROLL, LA ★★★
(The Two Mrs. Carroll)
Regia di PETER GODFREY. Con HUMPHREY BOGART, NIGEL BRUCE, ALEXIS SMITH, BARBARA STANWYCK. ■ Giallo genere "donna spaventata". La terrorizzata di turno è Barbara Stanwyck, sposata con il pittore Humphrey Bogart. Lei sospetta che lui abbia assassinato la sua precedente moglie, e il sospetto diviene quasi certezza quando un nuovo omicidio è nell'aria. Barbara infatti

sente la propria salute declinare (sospetto avvelenamento) e assiste agli incontri nient'affatto innocenti del marito con una ricca e spregiudicata ragazza. Difatti il pittore vuol procurarsi una veloce vedovanza, e per un pelo non ci riesce. ■ GIALLO; B/N; 99′; USA, 1947.

SECONDA VITTORIA, LA *(The Second Victory)* ★★
Regia di GERALD THOMAS. Con ANTHONY ANDREWS, HELMUT GRIEM, MAX VON SIDOW. ■ Ambientata in Austria con una troupe anglo-australiana, è la storia di una caccia all'uomo tra le montagne. Un famigerato nazista fugge dal campo di concentramento alleato e cerca di raggiungere il suo villaggio natale. Lo insegue un ufficiale inglese, che però non riuscirà a riportarlo indietro. Il nazista è sterminato da alcuni reduci di un campo di sterminio. ■ AVVENTURA; COL.; 94′; GRAN BRETAGNA, 1986.

SECONDA VOLTA, LA ★★★
Regia di MIMMO CALOPRESTI. Con VALERIA BRUNI TEDESCHI, SIMONA CARAMELLI, NANNI MORETTI. ■ Torino. Il professor Sajevo pedina una ragazza, Lisa. L'abborda in un ristorante e si fa riconoscere: «Sono quello cui hai sparato, mi sono salvato per un pelo». Lisa, ex brigatista, lavora e la sera rientra in prigione, è in semilibertà. Sajevo vorrebbe una punizione più severa, lo dice anche al giudice. I due alla fine si incontrano e si spiegano. Dei professori in "quegli" anni si diceva: «Colpirne uno per educarne cento». Moretti chiede: «Avete colpito me, dove sono i cento che avete educato?». C'è un confronto dialettico, in più ci sono le emozioni. Sostanzialmente "quella" stagione non è servita a niente. Ci ha rimesso gente che non c'entrava, come Sajevo. La morale è: è stata un'esperienza, ricordiamola, ma voltiamo pagina. Un film italiano sopra la media, che è quasi sempre bassa. Storia di indulgenza: indulgenza delle vittime, indulgenza speculare delle due critiche politiche opposte. Moretti, uomo di sinistra, non ha goduto invece della generale indulgenza della critica, che lo ha accusato di tradimento. Forse è per questo che il film si solleva dalla media. ■ DRAMMATICO; COL.; 80′; ITALIA, 1995.

SECONDA VOLTA NON SI SCORDA MAI, LA ★★
Regia di FRANCESCO RANIERI MARTINOTTI. Con FRANCESCO ALBANESE, CLARA BINDI, ELISABETTA CANALIS, MIRIAM CANDURRO, ENZO DE CARO, FIORENZA MARCHEGIANI, MARCO MESSERI, PAOLO RUFFINI, NICCOLÒ SENNI, ALESSANDRO SIANI, SERGIO SOLLI. ■ Giulio Terracciano è un trentenne apatico, impiegato part-time in un'agenzia immobiliare. Durante una rimpatriata tra vecchi compagni di scuola ritrova Ilaria Fiorito, la bella sorella di un amico. Invaghitosi nel tempo breve di uno sguardo, scopre che la giovane donna è sentimentalmente impegnata con Alberto Ridolfi, un ricco e prestigioso avvocato penalista. Il suo amore avrà la meglio sulle resistenze di Ilaria, che capitolerà davanti al mare di Napoli. La commedia leggera leggera di Siani fa leva sulla ripetizione, sull'accumulo, sull'enumerazione dei clichè e sulle fissazioni degli italiani. ■ COMMEDIA; COL.; 100′; ITALIA, 2007.

SECOND CIVIL WAR – LA SECONDA GUERRA CIVILE, THE *(The Second Civil War)* ★★★
Regia di JOE DANTE. Con BEAU BRIDGES, JOANNA CASSIDY, JAMES COBURN, JAMES EARL JONES, ELIZABETH PEÑA. ■ Comicità corrosiva con grandi mezzi se si considera che è prodotto dalla tv via cavo HBO. Futuro prossimo negli USA, con un miliardo di immigrati che preoccupano il governatore dell'Idaho. Costui chiude le frontiere per avere l'indipendenza e il presidente degli USA gli dà un ultimatum. C'è il rischio di una guerra civile. La tv comincia a sfruttare il caso per fare interminabili dirette. Una satira che sembra far riferimento al caso italiano della Padania. Beau Bridges è all'altezza. ■ COMICO; COL.; 100′; USA, 1997.

SECOND NAME *(El segundo nombre)* ★★
Regia di PACO PLAZA. Con TERESA GIMPERA, CRAIG HILL, ERICA PRIOR. ■ Theodore Logan si suicida sparandosi un colpo in testa. La figlia Daniella cerca di ricostruire gli eventi accaduti negli ultimi giorni di vita del padre per scoprire le ragioni del gesto. La sua ricerca la conduce a scoperte inquietanti sulla vera natura della personalità del genitore. Ennesimo horror spagnolo, *Second name* – tratto da un romanzo del caposcuola Ramsey Campbell – è una pellicola bifronte. La sceneggiatura è intrigante, così come il tentativo di far paura partendo non da improbabili mostri ma da un quotidiano che man mano si rivela terrificante. Però il regista, che è bravo a creare un'atmosfera paranoica e claustrofobia, purtroppo non lo è altrettanto a padroneggiare la narrazione, che scorre ripetitiva impedendo di appassionarsi a quanto accade sullo schermo, almeno fino a un finale – intelligente – più lugubre e disperato della media. ■ HORROR; COL.; 93′; SPAGNA, 2002.

SECONDO AMORE *(All that Heaven Allows)* ★★★
Regia di DOUGLAS SIRK. Con CHARLES DRAKE, VIRGINIA GREY, ROCK HUDSON, AGNES MOOREHEAD, JANE WYMAN. ■ Una donna ancor giovane, vedova con due figli già grandi, si innamora del suo giardiniere, un fusto con dieci anni meno di lei. Ma la love story, sincera e appassionata da entrambe le parti, si scontra con l'opposizione dei figli e dell'ambiente pettegolo della cittadina. I due si separano, ma un incidente occorso al giovane sarà l'occasione per una riunione definitiva. ■ DRAMMATICO; COL.; 89′; USA, 1955.

SECONDO PONZIO PILATO ★★
Regia di LUIGI MAGNI. Con LANDO BUZZANCA, NINO MANFREDI, STEFANIA SANDRELLI. ■ Tour de force per Nino Manfredi, nei panni del governatore della Palestina che mandò a morte Cristo. Pilato è visto come uno scettico signore romano, che cerca, senza riuscirci, di dare una spiegazione razionale a tutto (resurrezione compresa). Si convince infine che sua è la colpa della morte di Gesù. E per autopunirsi (o meglio per troncare una vita ormai troppo travagliata dai dubbi e dai rimorsi) chiede all'imperatore di essere messo a morte. Verrà accontentato. ■ STORICO; COL.; 108′; ITALIA, 1988.

SECONDO RISVEGLIO DI CHRISTA KLAGES, IL ★★
(Das zweite Erwachen der Christa Klages)
Regia di MARGARETHE VON TROTTA. Con TINA ENGEL, SYLVIA REIZE, PETER SCHNEIDER, KATHERINA THALBACH. ■ Giunta alla disperazione, una donna che gestisce un piccolo asilo decide di rapinare una banca. Dopo il colpo scappa in Portogallo in un centro agricolo. Qui cambierà mentalità e capirà che ci sono altri mezzi per reagire alle avversità. Racconto morale della Trotta che ebbe una buona accoglienza dal pubblico tedesco. ■ DRAMMATICO; COL.; 89′; GERMANIA, 1978.

SECONDO TEMPO ★★
Regia di FABIO BASTANIELLO. Con YAN AUGUSTO, BEPPE CONVERTINI, ELENA DORONINA, BRUCE KETTA, LISA MASTROIANNI. ■ Il personaggio principale, Nick, è un poliziotto infiltrato dotato di telecamera nascosta. Sta svolgendo un'indagine a carico di un gruppo di tifosi, accompagnando lo spettatore in viaggio attraverso le dinamiche che animano la curva e le scintille che scatenano la violenza durante una partita di calcio, in questo caso un errore arbitrale allo scadere del secondo tempo (da cui il titolo del film). ■ DOCU-FICTION; COL.; 90′; ITALIA, 2010.

SECONDO TRAGICO FANTOZZI, IL ★★★
Regia di LUCIANO SALCE. Con ANNA MAZZAMAURO, GIGI REDER, PAOLO VILLAGGIO. ■ Continuano le disavventure del mezze maniche più frustrato d'Italia. Questa volta Fantozzi viene addirittura costretto dal suo direttore a rivivere la scena fatidica della scalinata della *Corazzata Potemkin*, il film preferito del suo capo, cioè a precipitare in carrozzella vestito da neonato. Divertente, ma il filone comincia a essere un po' troppo sfruttato. ■ COMICO; COL.; 105′; ITALIA, 1976.

SECRET, THE ★★
Regia di KAREN ARTHUR. Con BRUCE BOXLEITNER, KIRK DOUGLAS, BROCK PETERS. ■ Nel New England abitano un padre geloso, di origine irlandese, e suo figlio Entrambi non sanno leggere né scrivere. E il maestro di scuola si preoccupa. ■ DRAMMATICO; COL.; 89′; USA, 1991.

SECRETARY ★★
Regia di STEVEN SHAINBERG. Con JAMES SPADER, JEREMY DAVIES, MAGGIE GYLLENHAAL. ■ Il film ha vinto al Sundance Film Festival 2002 un premio speciale della giuria per l'originalità, la protagonista è una segretaria/dattilografa appena dimessa da una clinica psichiatrica dopo un tentativo di suicidio. Piuttosto brutti-

na, trova impiego in uno studio legale dove viene strapazzata, anche fisicamente, da un odioso avvocato con tendenze sadomaso. Tra l'uomo e la donna si instaura un perverso rapporto di carnefice-vittima al quale quest'ultima si abbandona sempre più compiaciuta ricercando meticolosamente le punizioni che il primo le infligge. Il gelido avvocato, vinto dal senso di colpa, ricorrerà infine al classico gesto riparatore. Commedia insolita, briosa e paradossale, ha stregato la critica americana anche per aver sdrammatizzato un tema "tabù" e di eccezionale attualità: il mobbing e la persecuzione sui luoghi di lavoro. ■ COMMEDIA; COL.; 104'; USA, 2002.

SECRET HONOR ★★★
Regia di ROBERT ALTMAN. Con PHILIP BAKER HALL. ■ Questo film rappresenta il dramma personale di un uomo importante: Richard Milhous Nixon, ex presidente USA. Egli è solo nel suo studio e sta dettando i suoi pensieri in un registratore, lo circondano solo le telecamere a circuito chiuso, i ritratti alle pareti, una bottiglia di Chivas Regal e una pistola carica. A volte parla a se stesso, a volte ad un giudice, a volte ad un uomo che chiama Roberto; con i suoi monologhi racconta la sua vita, la sua infanzia a scuola, la sua carriera politica, parla della sua famiglia e soprattutto dello scandalo Watergate, delle sue vere ragioni che dal suo punto di vista designano lo scandalo come un atto di "onore segreto". ■ DRAMMATICO; COL.; 90'; USA, 1984.

SECRET SERVICE *(Licensed to Kill)* ★★
Regia di LINDSAY SHONTEFF. Con TOM ADAMS, PETER BULL, KAREL STEPANEK. ■ Uno scienziato viene misteriosamente ucciso mentre tratta con il governo inglese per la vendita di un'importante scoperta (una formula in grado di eliminare la forza di gravità). Il fratello subentra nella contrattazione, ma un agente del servizio segreto britannico, guardia del corpo del professore, scopre che questi sta vendendo una formula fasulla, d'accordo con il fratello che risulta vivo e vegeto. Quando i due vedono scoperto l'inghippo sparano, ma l'agente segreto li elimina. ■ SPIONAGGIO; COL.; 97'; GRAN BRETAGNA, 1967.

SECRET WINDOW ★★
Regia di DAVID KOEPP. Con MARIA BELLO, JOHNNY DEPP, CHARLES DUTTON, TIMOTHY HUTTON, VING RHAMES, JOHN TURTURRO. ■ Mort, celebre scrittore, attraversa un periodo nero: ha appena divorziato, non riesce a scrivere niente, dorme tutto il giorno. Sembra il fondo, ma può andar peggio, e infatti compare il misterioso John Shooter che, manoscritti alla mano, lo accusa di avergli copiato un racconto. L'uomo non è molto propenso a discutere la cosa civilmente. Un altro film tratto da un romanzo di King da segnalare per le convincenti performance del solito efficace Johnny Depp (alle prese con il blocco dello scrittore) e di un violento e sovraeccitato John Turturro. ■ THRILLER; COL.; 95'; USA, 2004.

SEDDOK – L'EREDE DI SATANA ★★
Regia di ANTON GIULIO MAJANO. Con SERGIO FANTONI, IVO GARRANI, SUSANNE LORET, ALBERTO LUPO. ■ Per guarire la donna che ama, cui un incidente ha deturpato orribilmente il volto, un professore ha approntato un miracoloso siero. Ma le guarigioni sono temporanee, e per trovare un nuovo siero, che può essere ottenuto solo utilizzando una particolare ghiandola femminile, lo scienziato non esita a uccidere parecchie giovani donne. La catena di delitti sembra non avere fine, finché la polizia non scopre tutto. ■ HORROR; B/N; 92'; ITALIA, 1960.

SE DEVO ESSERE SINCERA ★★
Regia di DAVIDE FERRARIO. Con LUCIANA LITTIZZETTO, DINO ABBRESCIA, MIA BENEDETTA, LIDIA BIONDI, DONATELLA FINOCCHIARO, NERI MARCORÈ, FABIO TROIANO. ■ La noia di una vita un po' troppo abitudinaria dell'insegnante Adelaide viene spezzata dall'omicidio di una collega. Inizia infatti a seguire le indagini e anche a cedere alle lusinghe del commissario che le conduce. Quando il quadro del giallo si delinea, anche la crisi matrimoniale di Adelaide si risolve. Il nuovo film di Davide Ferrario (*Dopo mezzanotte*) è una commedia tra il comico e il giallo, ambientata a Torino, con protagonista una Littizzetto, finalmente a suo agio con il cinema. Commedia divertente e mai sopra le righe, una regia attenta, ironica e divertita. Liberamente tratto da *La collega tatuata* di Margherita Oggero. ■ COMMEDIA; COL.; 107'; ITALIA, 2004.

SEDIA A ROTELLE, LA *(Un meurtre est un meurtre)* ★★★
Regia di ETIENNE PÉRIER. Con JEAN-CLAUDE BRIALY, ROBERT HOSSEIN, CATHERINE SPAAK. ■ Ovvero i guai della cattiva coscienza. Sono quelli che capitano a un giovane concessionario che un incidente automobilistico ha privato della consorte. Il vedovo è a dir poco allegro (ha un'amante che è prontissima a consolarlo), ma il fatto di essersi augurato più volte la morte della sua signora lo rende facilmente ricattabile. Colpi di scena a ripetizione. ■ GIALLO; COL.; 103'; FRANCIA, 1972.

SEDIA DEL TESTIMONE, LA *(The Witness Chair)* ★★
Regia di GEORGE NICHOLLS JR. Con WALTER ABEL, ANN HARDING. ■ Un impiegato viene processato per l'uccisione del suo direttore. Tutte le prove sono contro di lui. Il processo si sta avviando verso una condanna che sembra inevitabile, quando la segretaria del defunto chiede di essere ascoltata come teste. Il finale riserva una sorpresa. ■ GIALLO; B/N; 64'; USA, 1936.

SEDIA ELETTRICA *(Call it Murder)* ★★
Regia di CHESTER ERSKINE. Con HUMPHREY BOGART, SIDNEY FOX, HENRY HULL, LYNNE OVERMAN. ■ Una donna che ha ucciso l'amato, sorpreso con un'altra donna, viene condannata a morte. L'omicidio è stato preterintenzionale, ma il capo dei giurati non si è commosso e ha spinto i colleghi a votare la colpevolezza. Solo quando si trova in analoga situazione (la figlia ha accoppato il fidanzato infedele) ha un ripensamento. Per fortuna non è tardi. ■ DRAMMATICO; B/N; 80'; USA, 1934.

SEDIA ELETTRICA ★★
Regia di DEMOFILO FIDANI. Con SILVIO NOTO, SHEILA ROSIN, DEAN STRATFORD. ■ Un gangster ha giurato di vendicare la morte del fratello, un capobanda ucciso, insieme alla gran parte dei suoi uomini, dai killer di una cosca rivale. La vendetta, con l'aiuto della ragazza del boss della cosca, viene portata a compimento. Ma lo sterminatore è di lì a poco catturato dalla polizia: verrà condannato alla sedia elettrica. ■ DRAMMATICO; COL.; 91'; ITALIA, 1969.

SEDICENNI, LE *(Rendez-vous de juillet)* ★★★
Regia di JACQUES BECKER. Con BRIGITTE AUBER, NICOLE COURCEL, DANIEL GÉLIN, MAURICE RONET. ■ Un giovanotto e il suo amico stanno per partire per un viaggio di studi nel Congo. Hanno qualche pensiero per le loro ragazze. E fanno bene: queste accettano infatti la corte di due dongiovanni di losca fama, una per leggerezza, l'altra perché spera di strappare un buon contratto in teatro. Al momento della partenza le coppie si rappacificano. ■ COMMEDIA; B/N; 95'; FRANCIA, 1949.

SEDICENNI, LE ★★★
Regia di LUIGI PETRINI. Con DINO, FRANCA BADESCHI, ANNA MARIA CHECCHI, LORENZA GUERRIERI. ■ Tre episodi comico sentimentali. Un liceale s'innamora di una turista nordica: le promette di raggiungerla durante le vacanze, sempre che abbia i soldi per viaggiare e che sia promosso. Una compagna dello studente ha un romanzetto con un commissario di polizia che, dopo l'iniziale resistenza, sarà attratto dai suoi vezzi. Infine un dongiovanni di professione smetterà di correre la cavallina dopo uno spavento salutare. ■ COMMEDIA; COL.; 112'; ITALIA, 1966.

SEDICIANNI ★★
Regia di TIZIANO LONGO. Con EVA CZEMERYS, ELY GALLEANI, ANTHONY STEFFEN. ■ Una sedicenne inquieta invidia la felicità della bella mamma con il suo nuovo amico, un aitante quarantenne. Durante l'assenza della genitrice gli ronza intorno finché l'uomo non cede alle sue fresche carni. Fine della felicità di mamma. ■ DRAMMATICO; COL.; 93'; ITALIA, 1974.

16-0-60 *(Dezesseis Zero Sessenta)* ★★
Regia di VINICIUS MAINARDI. Con ANTONIO CALLONI, MARCÉLIA CARTAXO, MAITÉ PROENCA. ■ 16060 giorni corrispondono all'incirca a 44 anni. Equivalgono all'età del protagonista, un miliardario brasiliano che ospita in casa propria la famiglia di una persona che ha ucciso per errore. Le due famiglie sono molto diverse per estrazione culturale ma si accomunano nel costruire un

agghiacciante groviglio di vipere. ■ DRAMMATICO; B/N; 85′; BRASILE, 1995.

SEDOTTA *(Le vrai coupable)* ★★

Regia di PIERRE THEVENARD. Con FRANCE DESCAUT, PHILIPPE LEMAIRE, RAYMOND SOUPLEX. ■ Una ragazza viene trovata morta. Ammazzata a colpi di pugnale, è la prima conclusione della polizia. Ma due ispettori non ne sono molto convinti e indagano sul passato della ragazza: vengono così a conoscere la tragica verità. ■ DRAMMATICO; B/N; 90′; FRANCIA, 1951.

SEDOTTA E ABBANDONATA ★★★★

Regia di PIETRO GERMI. Con LANDO BUZZANCA, STEFANIA SANDRELLI, SARO URZÌ. ■ Il pamphlet si risolve spesso in un *tour de force* del bravo Saro Urzì, che ha la parte di un padre di famiglia la cui figlia minore viene sedotta dal fidanzato della sorella. Urge riparare il torto subito. Ma prima è il giovanotto che si esime, dandosi alla macchia. Poi è la ragazza a non volerne più sapere. Al povero padre viene un colpo: morirà il giorno delle nozze. I giovani vivranno insieme infelici e scontenti. ■ COMMEDIA; B/N; 125′; ITALIA, 1966. ■ CANNES 1 PR; DAVID DI DONATELLO 2 PR, 2 NOM.

SEDOTTI E BIDONATI ★★

Regia di GIORGIO BIANCHI. Con ALBERTO BONUCCI, FRANCO FRANCHI, CICCIO INGRASSIA, LEOPOLDO TRIESTE. ■ Due siciliani ricchissimi e stupidissimi s'innamorano di due gemelle siamesi e stanziano una grossa cifra perché vengano separate con un'operazione. In realtà le ragazze non sono affatto siamesi: hanno organizzato la truffa per spennare i siciliani. L'imbroglio riesce. Rovinati finanziariamente, i due credono di poter ripetere la truffa ai danni di qualche riccona ma questa volta, oltre ai soldi, ci rimettono anche la libertà. ■ COMICO; B/N; 90′; ITALIA, 1964.

SEDUCED ★★

Regia di JERROLD FREEDMAN. Con GREGORY HARRISON, CYBILL SHEPHERD. ■ Un avvocato giovane e ambizioso sta tentando una rischiosa operazione in Borsa quando viene coinvolto in una serie di oscure manovre. Ne rimane invischiata anche la sua amante, vedova di un magnate della finanza misteriosamente ucciso. ■ GIALLO; COL.; 95′; USA, 1987.

SEDUTO ALLA SUA DESTRA ★★★

Regia di VALERIO ZURLINI. Con FRANCO CITTI, JEAN SERVAIS, WOODY STRODE. ■ La storia riprende alla lontana quella del sacrificio di Cristo e meno alla lontana è modellata sulle ultime ore del leader congolese Patrice Lumumba, assassinato dai mercenari al soldo dei proprietari bianchi di miniere. Mentre, tra una tortura e l'altra, Lumumba (qui Ubi) giace in una misera cella, stringe amicizia con un ladruncolo italiano che verrà ucciso insieme al leader perché non rimangano testimoni. ■ DRAMMATICO; COL.; 89′; ITALIA, 1968.

SEDUTTORE, IL ★★

Regia di FRANCO ROSSI. Con LIA AMANDA, LEA PADOVANI, JACQUELINE PIERREUX, ALBERTO SORDI. ■ Sposato con una brava donna che gli perdona ogni marachella, cerca, presentandosi sotto mentite spoglie, di portarsi a letto una dolce vedovella e una biondona francese. I nodi vengono al pettine quando entrambe le donne capitano nella trattoria gestita dalla moglie del "seduttore". Nonostante la figuraccia, il nostro si mostrerà incorreggibile. ■ COMMEDIA; B/N; 85′; ITALIA, 1954.

SEDUTTORE A DOMICILIO *(Loverboy)* ★★

Regia di JOAN MICKLIN SILVER. Con KIRSTIE ALLEY, PATRICK DEMPSEY, CARRIE FISHER, KATE JACKSON. ■ Da fattorino di fast-food a gigolò, la strada è breve per il giovane Randy. Dopo la prima consegna, è già inserito in un giro di signore vogliose e trascurate dal marito ma, soprattutto, disposte a pagare bene i suoi servizi. Alla fine, però, le dame dovranno rinunciare al loro oggetto del desiderio, perché Randy metterà la testa a partito e presenterà a casa la sua ragazza. ■ COMICO; COL.; 102′; USA, 1989.

SEDUTTORI DELLA DOMENICA, I *(Sunday Lovers)* ★★

Regia di BRYAN FORBES, EDOUARD MOLINARO, DINO RISI, GENE WILDER. Con ROGER MOORE, LYNN REDGRAVE, GENE WILDER. ■ Quattro episodi. Il migliore è il primo, nel quale l'autista di un nobile inglese che, durante le assenze del padrone, si finge proprietario del castello per attirarvi delle ragazze, deve far fronte all'arrivo contemporaneo di una parente del Lord, che lo conosce. ■ COMMEDIA; COL.; 127′; FRANCIA, 1980.

SEDUTTRICE, LA *(Born to Be Bad)* ★★★

Regia di NICHOLAS RAY. Con MEL FERRER, JOAN FONTAINE, JOAN LESLIE, ROBERT RYAN, ZACHARY SCOTT. ■ Isabella è una bella bionda timida in apparenza, ma in realtà furba e ambiziosa. Malgrado sia fidanzata con un giovane scrittore, aspira a nozze altolocate. E le ottiene facendo innamorare un milionario della città. Da sposata però vorrebbe riprendersi lo scrittore come amante. Alla fine le sue trame vengono scoperte. ■ DRAMMATICO; B/N; 94′; USA, 1950.

SEDUZIONE *(Papacido lindo)* ★★

Regia di FERNANDO DE FUENTES. Con MANOLITA SAVAL, FERNANDO SOLER. ■ Una ragazza di provincia lascia il paese per tentare la carriera cinematografica. Diventa una stella famosa, ma non dimentica il suo antico fidanzato, un bravo ragazzo del villaggio. Lo ritroverà e si sposeranno. ■ DRAMMATICO; B/N; 94′; MESSICO, 1939.

SEDUZIONE *(The Lady in Question)* ★★★

Regia di CHARLES VIDOR. Con BRIAN AHERNE, GLENN FORD, RITA HAYWORTH. ■ Il personaggio principale è qui sostenuto da Brian Aherne, bravo padre di famiglia giurato a un processo. Durante il dibattito riesce a convincere i colleghi dell'innocenza dell'imputata, Rita, accusata d'aver ucciso un uomo. Non solo, ma quando la ragazza torna a piede libero, la prende come commessa nel suo negozio e non scoraggia la passione che il suo primogenito nutre per lei. Qualche dubbio sull'innocenza della quasi nuora gli viene in seguito dopo aver sentito qualche voce malevola sul conto di lei, ma alla fine tutto s'accomoda. ■ DRAMMATICO; B/N; 81′; USA, 1940.

SEDUZIONE, LA ★★

Regia di FERNANDO DI LEO. Con LISA GASTONI, MAURICE RONET, JENNY TAMBURI. ■ Un giornalista sulla quarantina torna in Sicilia dopo molti anni passati come inviato speciale nei paesi più diversi e riprende la relazione con una sua ex fiamma, ora vedova e con figlia adolescente. Tutto sembra preludere a un nuovo felice periodo per i due maturi innamorati, ma la ragazzina inizia una sottile opera di seduzione nei confronti del giornalista. Questi per un po' resiste, poi accoglie nel suo letto la fanciulla. Quando la madre viene a sapere della tresca, sulle prime sembra prenderla bene (accetta persino di intraprendere un ménage a tre pur di non perdere l'uomo), poi spara al giornalista. ■ DRAMMATICO; COL.; 96′; ITALIA, 1973.

SEDUZIONE DEL MALE, LA *(The Crucible)* ★★

Regia di NICHOLAS HYTNER. Con JOAN ALLEN, DANIEL DAY-LEWIS, WINONA RYDER. ■ Tratto da *Crogiolo* di Arthur Miller. Nel 1600 a Salem, in America, una ragazza riesce a convincere la comunità di essere vittima, suo malgrado, del demonio. Lancia accuse, viene creduta e molti vengono condannati. Trionfano i pregiudizi morali e la superstizione. Scritto durante la tristemente celebre caccia alle streghe degli anni Cinquanta. Uno dei grandi drammi di Miller tradotto in film senza alcun appeal. Cadenza lenta e noiosa. Non bastano gli attori a sollevarne le sorti. ■ DRAMMATICO; COL.; 123′; USA, 1996. ■ GOLDEN GLOBES 2 NOM; OSCAR 2 NOM.

SEDUZIONE DEL POTERE, LA ★★★
(The Seduction of Joe Tynan)

Regia di JERRY SCHATZBERG. Con ALAN ALDA, BARBARA HARRIS, MERYL STREEP. ■ Un affascinante senatore democratico americano inizia la corsa per la nomination alla Casa Bianca, e la sua vita ne è sconvolta. Oltre agli impegni di carriera che lo allontanano dalla famiglia, allaccia una relazione con una bella avvocatessa. Quando la moglie minaccia di lasciarlo con i figli, torna in famiglia, ma solo per dare al paese un'immagine irreprensibile. ■ COMMEDIA; COL.; 107′; USA, 1983.

SEDUZIONE MORTALE *(Angel Face)* ★★★

Regia di OTTO PREMINGER. Con MONA FREEMAN, HERBERT MARSHALL, ROBERT MITCHUM, BARBARA O'NEIL, JEAN SIMMONS. ■ La figlia di un riccone, viziata e legata da morboso affetto al padre, fa innamorare un giovane infermiere strappandolo alla dolce fidanzata. Un giorno il padre e la matrigna della fanciulla muoiono in un incidente e il giovane sospetta che sia stata la ragazza a provocarlo. Difatti è così. E la pestifera ereditiera ci riprova: dopo aver ammazzato anche il suo innamorato, si suicida. ■ DRAMMATICO; B/N; 90′; USA, 1953.

SEDUZIONE MORTALE *(Woman of Desire)* ★★
Regia di ROBERT GINTY. Con STEVEN BAUER, BO DEREK, JEFF FAHEY, ROBERT MITCHUM. ■ Capace di fare innamorare di sé gli uomini che le stanno intorno, la spregiudicata Christina è l'amante di Ted. L'uomo scompare quando il mare è in tempesta e sulla barca si trovano anche il fratello gemello e un amico, Jack. In tribunale Christina accusa Jack di omicidio, finché il ritrovamento del corpo della vittima non smentisce clamorosamente la sua testimonianza. ■ THRILLER; COL.; 95′; USA, 1993.

SEDUZIONE PERICOLOSA *(Sea of Love)* ★★★
Regia di HAROLD BECKER. Con ELLEN BARKIN, JOHN GOODMAN, AL PACINO. ■ Un detective deve scoprire chi ha ucciso degli uomini a colpi di revolver dopo averli fatti spogliare. Il detective e un collega fanno dei "provini-incontro" ma nel momento in cui l'investigatore mette le mani su una donna sospetta se ne innamora. Un giallo manieristico del quale rimane solo la buona prova dell'attrice Ellen Barkin. Bella la canzone che dà il titolo al film in originale, un brano anni Sessanta che l'omicida suona prima di colpire. Successo di pubblico. ■ GIALLO; COL.; 113′; USA, 1989. ■ GOLDEN GLOBES 1 NOM.

SEEDIQ BALE ★★
Regia di TE-SHENG WEI. Con MASANOBU ANDÔ, UMIN BOYA, LIN CHING-TAI, SABU KAWAHARA, JU-LUNG MA. ■ Inizi del XX secolo. Gli orgogliosi guerrieri dell'Arcobaleno difendono le loro tradizioni ancestrali dagli invasori stranieri e non, finché la Cina non cede Taiwan al Giappone. Ne segue un sanguinoso scontro di civiltà tra l'esercito di occupazione nipponico e la furia degli indomabili aborigeni. Wei Te-sheng si cimenta con un genere di cui poco o nulla conosce, il film di guerra. Il risultato è corretto. ■ DRAMMATICO; COL.; 150′; TAIWAN, 2011.

SEED OF INNOCENCE ★★
Regia di BOAZ DAVISON. Con MARY CANNON, SHIRLEY STOLER, TIM WEAD. ■ Due adolescenti hanno una love story. Ci scappa un figlio. I genitori di entrambi vorrebbero che lei abortisse (non sono ancora pronti per il matrimonio). Ma i ragazzi decidono di tenersi il pupo. Per sfuggire all'ambiente pettegolo della provincia, se ne vanno a New York verso una nuova vita. ■ SENTIMENTALE; COL.; 91′; USA, 1980.

SE È MARTEDÌ ALLORA SIAMO IN BELGIO ★★
(If it's Tuesday, it Still Must Be Belgium)
Regia di BOB SWEENEY. Con CLAUDE AKINS, COURTNEY COX, STEPHEN FURST. ■ Un gruppo di americani fa un giro turistico in Europa. Rifacimento del film quasi omonimo del 1969. ■ COMMEDIA; COL.; 100′; USA, 1987.

SE È MARTEDÌ DEVE ESSERE IL BELGIO ★★★
(If it's Tuesday, this Must Be Belgium)
Regia di MEL STUART. Con IAN MCSHANE, MILDRED NATWICK, SUZANNE PLESHETTE. ■ Un gruppo di turisti americani si propone di visitare in tre settimane le più famose città d'Europa. Le loro vicende fanno da sfondo alla love story fra Charles, la guida, e una bella americana, Samantha. A Venezia Samantha cede alla corte di Charles: si sposeranno alla fine delle tre settimane. ■ COMMEDIA; COL.; 99′; USA, 1969.

SE FOSSE A MODO MIO *(If I Had my Way)* ★★
Regia di DAVID BUTLER. Con BING CROSBY, GLORIA JEAN, CHARLES WINNINGER. ■ Un'orfanella vorrebbe essere accolta nella casa di alcuni parenti di città, ma costoro non vogliono saperne. La ragazzina è costretta a guadagnarsi da sola il pane. Ci riesce: lei e i suoi amici vengono assunti per cantare in un ristorante. Faranno fortuna e lanceranno il locale. ■ MUSICALE; B/N; 95′; USA, 1944.

SE FOSSI DEPUTATO ★★
Regia di GIORGIO SIMONELLI. Con MARISA MERLINI, GIUSEPPE SPADARO, NINO TARANTO. ■ Un giovanotto scavezzacollo va a Roma a far fortuna, accompagnato dalle benedizioni e dai denari delle sue affezionate ziette. A Roma prende una serie di bidoni ma le zie, venute a conoscenza della candidatura di un suo omonimo al Parlamento, lo scambiano per il nipote e organizzano una serie di festeggiamenti. Quando lo viene a sapere, il giovanotto cerca di sostituirsi al deputato, ma viene scoperto. Le zie lo perdoneranno. ■ COMICO; B/N; 90′; ITALIA, 1949.

SE FOSSI IL PADRONE *(Wenn ich der König wäre)* ★★
Regia di KAKLA HUBLER. Con VIKTOR DE KOWA, CAMILLA HORN, WALTER STEINBECK. ■ Un operaio, che si ritiene sottoimpiegato nella fabbrica in cui lavora da anni, si lascia scappare spesso e volentieri la frase: «Se fossi io il padrone». Finché non lo prendono in parola, affidandogli per un certo periodo la direzione dell'azienda. Vogliono insomma tirargli una fregatura, ma il giovane darà invece ottima prova di sé. ■ COMMEDIA; B/N; 92′; GERMANIA, 1935.

SE FOSSI IN TE ★★
Regia di GIULIO MANFREDONIA. Con PAOLA CORTELLESI, FABIO DE LUIGI, GIOELE DIX, LUNETTA SAVINO, EMILIO SOLFRIZZI. ■ Tre uomini tristi e persi: Bebo, imprenditore depresso, Christian, un disc-jockey bambino vecchio, e Andrea, impiegato normotipo con una parvenza di famiglia. Si incontrano di notte in riva al mare e si scambiano nevrosi e ruoli. Ciascuno entra nei panni dell'altro. La tesi sarebbe che in crisi di identità tanto vale cercarne un'altra per vedere se va meglio. "Solito" filmetto italiano: niente a che fare col cinema del capostipite Moretti. Una menzione per Dix. ■ COMMEDIA; COL.; 90′; ITALIA, 2001.

SE FOSSI RE *(Education de prince)* ★★★
Regia di ALEXANDER ESWAY. Con ALERME ANDRÉ, LOUIS JOUVET, ROBERT LYNEN, ELVIRE POPESCO. ■ Stufo dei continui rivolgimenti politici del suo paese, un capitalista cerca di ripristinare la monarchia. Incarica un furbo agente di trovargli un re passabile e questi lo accontenta. Ma il giovane aristocratico designato non è entusiasta al pensiero di mettersi corona e manto di ermellino. Si convincerà e convincerà la sua riottosa e borghese fidanzata. ■ COMMEDIA; B/N; 95′; FRANCIA, 1938.

SE GLI ALTRI SPARANO... IO CHE C'ENTRO? ★★
(Je sais rien mais je dirai tout)
Regia di PIERRE RICHARD. Con BERNARD BLIER, VICTOR LANOUX, PIERRE RICHARD. ■ Il giovane fratello di un magnate viene costretto dal padre a prendere le redini dell'azienda. Ma il rampollo combina un mucchio di pasticci, l'ultimo e più apocalittico quando fa assumere un gruppetto di ragazzi pacifisti e anarchici. Costoro diventano i dipendenti apparentemente più zelanti della fabbrica d'armi del loro sciocco protettore, all'unico scopo di impadronirsi dei cannoni e di radere al suolo l'edificio. ■ COMICO; COL.; 91′; FRANCIA, 1973.

SEGNALE DI FUMO *(Smoke Signal)* ★★
Regia di JERRY HOPPER. Con DANA ANDREWS, PIPER LAURIE, REX REASON. ■ Gli indiani sono in rivolta e un fortino deve essere evacuato. La guarnigione cerca di trasferirsi in un centro abitato fra le insidie dei pellirosse e della natura. L'unico che potrebbe salvare i soldati è un certo Halliday, amico del capo indiano e per questa ragione tenuto in conto di rinnegato dal comandante militare. Alla fine, però, Halliday farà ricredere tutti. Il maggiore acconsentirà a lasciarlo fuggire per avviare una trattativa. ■ WESTERN; COL.; 88′; USA, 1955.

SEGNALE ROSSO, IL *(Le signal rouge)* ★★★
Regia di ENRST NEUBACH. Con DENISE VERNAC, FRANK VILLARD, ERIC VON STROHEIM. ■ Un medico è rimasto gravemente ferito in un disastro ferroviario nel quale la moglie ha perso la vita. Il trauma subito lo spinge a compiere a più riprese attentati al rapido che passa nella città. Per fortuna i suoi tentativi vanno tutti a monte. Il medico si fa curare e guarisce. Ma intanto s'è verificato un nuovo disastro e un rivale in amore gliene attribuisce la colpa. Il medico, disperato, si butta sotto il primo treno che passa. ■ DRAMMATICO; B/N; 105′; FRANCIA, 1948.

SEGNALI DAL FUTURO *(Knowing)* ★★
Regia di ALEX PROYAS. Con ROSE BYRNE, NICOLAS CAGE, CHANDLER CANTERBURY, BEN MENDELSOHN, LARA ROBINSON.

■ Il professore di astrofisica John Koestler non crede nel destino ma le sue convinzioni vengono scosse quando il figlio entra in possesso di un documento scritto 50 anni prima da una bambina della sua stessa scuola. Sul foglio sono indicati solo numeri uno dopo l'altro, numeri che l'occhio allenato dello scienziato comincia a decifrare per caso scoprendo che indicano giorno e numero di vittime dei principali disastri dell'ultimo mezzo secolo e di alcuni che devono ancora verificarsi. Mischiando horror e fantascienza e cercando di spiazzare in ogni momento lo spettatore grazie ad una storia dai risvolti imprevedibili, il film, come spesso capita ai film di Proyas, nella prima parte fa grandi promesse che però non vengono mantenute nella seconda. ■ THRILLER; COL.; 121′; USA, GRAN BRETAGNA, 2009.

SEGNALI NELLA NEBBIA *(Convoy)* ★★★
Regia di PENN TENNYSON. Con CLIVE BROOK, JUDY CAMPBELL, JOHN CLEMENTS. ■ Con piglio documentaristico è ricostruito il conflitto sui mari, l'epopea delle navi-scorta ai convogli mercantili mandati a rifornire l'Inghilterra. Protagonista è il comandante di una di queste navi-scorta che affronta l'ennesima missione con l'animo in tumulto (gli hanno affibbiato come secondo ufficiale l'ex amante della moglie). Il convoglio viene attaccato da una corazzata tedesca. Il protagonista ingaggia battaglia con la sua sola unità mentre gli altri natanti si mettono in salvo. Gli inglesi hanno la meglio durante il combattimento, ma il secondo ufficiale e molti marinai periscono eroicamente. ■ GUERRA; B/N; 90′; GRAN BRETAGNA, 1941.

SEGNI DEL MALE, I *(The Reaping)* ★★
Regia di STEPHEN HOPKINS. Con IDRIS ELBA, DAVID MORRISSEY, WILLIAM RAGSDALE, STEPHEN REA, ANNASOPHIA ROBB, HILARY SWANK. ■ Niente miracoli, è solo scienza. Così Katherine Winter, dopo aver perduto una figlia e rinunciato all'abito religioso e alla sua opera da missionaria, è decisa – stavolta vestendo i panni di un docente universitario – a smascherare presunti miracoli in nome di una più fondata dottrina scientifica. Tutto volge al meglio fino a quando Doug, un giovane insegnante di una piccola cittadina, la invita a indagare su una serie di strani fenomeni che la gente del luogo crede essere il frutto vendicativo di Dio. ■ HORROR; COL.; 110′; USA, 2007.

SEGNI PARTICOLARI: BELLISSIMO ★★
Regia di FRANCO CASTELLANO, PIPOLO. Con ADRIANO CELENTANO, SIMONA MARIANI, FEDERICA MORO. ■ Scrittore quarantenne, scapolo impenitente conteso da una miriade di donne, decide di sposarsi e di mettere la testa a partito, ma sceglie la donna sbagliata. Sarà una giovane e avvenente vicina di casa, spacciatasi dapprima per sua figlia, a fargli capire che è lei invece la donna giusta. ■ COMMEDIA; COL.; 82′; ITALIA, 1983.

SEGNO, IL *(De två saliga)* ★★★
Regia di INGMAR BERGMAN. Con HARRIET ANDERSSON, IRMA CRISTENSON, PER MYRBERG. ■ Girato per la televisione svedese, è un altro grande film del maestro. Un'opera in chiave mistica attraverso una coppia che ha il suo primo incontro in una chiesa. La donna dopo il matrimonio manifesta un carattere instabile e un'ossessione la perseguita: la presenza del demonio. L'uomo, innamorato, tenta di aiutarla in tutti i modi. ■ DRAMMATICO; COL.; 81′; SVEZIA, 1986.

SEGNO DEGLI HANNAN, IL *(Last Embrace)* ★★★
Regia di JONATHAN DEMME. Con SAM LEVENE, JANET MARGOLIN, CHARLES NAPIER, ROY SCHEIDER. ■ Un ebreo newyorkese subisce una lunga serie di attentati e, in uno di essi, perde la moglie. Alla fine un ex agente israeliano gli rivelerà cosa c'è dietro quella persecuzione e lui riuscirà a salvarsi per un pelo. ■ POLIZIESCO; COL.; 102′; USA, 1979.

SEGNO DEI QUATTRO, IL *(The Sign of Four)* ★★★
Regia di GRAHAM CUTTS. Con ISLA REVAN, ARTHUR WONTNER. ■ La storia, tratta da uno dei romanzi più noti di Conan Doyle, racconta di un direttore di carcere che, su indicazione di un recluso che spera in una riduzione della pena, mette le mani su un sostanzioso bottino, naturalmente per tenerselo. Quando esce, il recluso lo fa fuori. Ma il tesoro non sarà goduto dai malfattori. Interviene Sherlock Holmes, fa arrestare il galeotto e i suoi complici e restituisce il malloppo ai legittimi proprietari. ■ GIALLO; B/N; 75′; GRAN BRETAGNA, 1933.

SEGNO DEI QUATTRO, IL *(The Sign of Four)* ★★
Regia di DESMOND DAVIS. Con CHERIE LUNGHI, IAN RICHARDSON, THORLEY WALTERS. ■ Dal romanzo di Conan Doyle. Un ex galeotto si vendica di un ufficiale che lo aveva mandato in galera anni prima e gli aveva sottratto un tesoro. Con l'aiuto di un malefico nano, uccide il maggiore e i suoi due figli. La polizia non ci capisce niente, ma Sherlock Holmes sì, insegue i due assassini sul Tamigi e li mette in condizioni di non nuocere. ■ GIALLO; COL.; 104′; GRAN BRETAGNA, 1982.

SEGNO DEL CAPRICORNO, IL ★★★
(The Sign of the Ram)
Regia di JOHN STURGES. Con PEGGY ANN GARNER, ALEXANDER KNOX, SUSAN PETERS, RON RANDELL, DAME MAY WHITTY. ■ Un drammone a forti tinte che ha come caratteristica principale quella di avere per protagonista, nel personaggio di una paralitica, un'attrice (Susan Peters) veramente impedita nell'uso delle gambe. Interpreta la giovane moglie di un facoltoso uomo d'affari che dalla sua carrozzella pretende di dirigere la vita di tutta la famiglia, comprese le storie d'amore dei figliastri. Dopo aver mandato a monte i matrimoni di due di essi, la paralitica quasi causa la morte per avvelenamento della segretaria del marito, da lei ritenuta una rivale. Quando i suoi intrighi vengono scoperti, la disgraziata si uccide. ■ DRAMMATICO; B/N; 84′; USA, 1948.

SEGNO DEL FALCO, IL *(Mark of the Hawk)* ★★★
Regia di MICHAEL AUDLEY. Con JUANO HERNANDEZ, EARTHA KITT, JOHN MCINTIRE, SIDNEY POITIER. ■ Negli anni Cinquanta, due fratelli neri si battono contro l'apartheid cui i bianchi sottopongono la gente di colore in Sudafrica. Uno vuole arrivare a una soluzione politica del conflitto, l'altro invece imbocca la via del terrorismo. ■ DRAMMATICO; COL.; 83′; GRAN BRETAGNA, 1958.

SEGNO DELLA CROCE, IL *(The Sign of the Cross)* ★★★★
Regia di CECIL B. DE MILLE. Con CLAUDETTE COLBERT, CHARLES LAUGHTON, FREDRIC MARCH. ■ Il primo film storico sonoro di Cecil B. De Mille. Claudette Colbert nel ruolo di Poppea fa il bagno nel latte e il trentenne Charles Laughton (Nerone) sembra un lattante un po' troppo cresciuto. ■ STORICO; B/N; 120′; USA, 1932. ■ OSCAR 1 NOM.

SEGNO DELLA LEGGE, IL *(The Tin Star)* ★★★
Regia di ANTHONY MANN. Con NEVILLE BRAND, HENRY FONDA, BETSY PALMER, ANTHONY PERKINS. ■ Un ex sceriffo divenuto cacciatore di taglie capita in un paesino del West dove gli tocca far da maestro e protettore a uno sceriffo novellino. Di aiuto il giovanotto ne ha bisogno: prima uccidono il medico del villaggio e bisogna catturare gli assassini, poi, una volta presi i responsabili, tocca difenderli dalla folla che invoca il linciaggio. ■ WESTERN; B/N; 93′; USA, 1957. ■ OSCAR 1 NOM.

SEGNO DELLA LIBELLULA, IL *(Dragonfly)* ★★
Regia di TOM SHADYAC. Con KATHY BATES, KEVIN COSTNER, LINDA HUNT, JOE MORTON. ■ Il dottor Joe Darrow (Kevin Costner) ha perso la moglie Emily, anch'essa medico, durante una missione umanitaria in Venezuela. Ma lei è veramente morta? O in qualche modo esiste un universo parallelo dal quale lei tenta disperatamente di mettersi in contatto? Darrow non sa se interpretare gli strani segnali che vede intorno a sé come messaggi di Emily o come frutto di un suo esaurimento personale (povero Costner, ci crediamo che sia vicino all'esaurimento: se continua ad interpretare questi film!). Joe si convince che i bambini del reparto di oncologia dove Emily lavorava possano in qualche modo aiutarlo a ritrovarla: forse la libellula che continuano a disegnare è un simbolo... Sesto senso, paranormale e universi paralleli sono temi scottanti da gestire, specie se non si vuole cadere nell'involontariamente comico o nella melassa del prevedibile finale. Il regista non riesce a dare un taglio sufficientemente intimista al film, né è aiutato dalla sceneggiatura, troppo debole e poco convincente. Provaci ancora, Kevin: prima o poi ti capiterà di tornare a fare un buon film, o ti serve l'aiuto di un medium per azzeccarne uno? ■ DRAMMATICO; COL.; 120′; USA, 2002.

SEGNO DEL LEONE, IL *(Le signe du lion)* ★★★★
Regia di Eric Rohmer. Con Stéphane Audran, Van Doude, Jean-Luc Godard, Jess Hahn. ■ Il film d'esordio di Rohmer, mai distribuito nel nostro circuito cinematografico, trasmesso per la prima volta negli anni Ottanta su Raitre. Pierre è pittore e fatica a tirare avanti. Quando sembra che gli venga riconosciuta un'eredità si indebita per festeggiare. Ma il sogno svanisce presto perché il destinatario dei soldi è il cugino. ■ Commedia; col.; 100'; Francia, 1959.

SEGNO DEL PERICOLO, IL ★★
(Postmark for Danger – Portrait of Alison)
Regia di Guy Green. Con Robert Beatty, Terry Moore, William Silvester. ■ Vicenda aggrovigliatissima, non per nulla ideata da Francis Durbridge, gran fornitore di intrighi spionistici per gli sceneggiati tv anche nel nostro paese. Protagonista è un pittore che si vede commissionare il ritratto di una ragazza perita in un incidente automobilistico. Nell'incidente è morto anche il fratello del pittore e si ha ragione di credere che il decesso sia dovuto a cause dolose. Finale a sorpresa. ■ Giallo; b/n; 84'; Gran Bretagna, 1955.

SEGNO DEL POTERE, IL *(Gold)* ★★★
Regia di Peter Hunt. Con Ray Milland, Roger Moore, Susannah York. ■ Siamo in Sudafrica, e una cricca di speculatori complotta per sabotare i lavori di scavo in una miniera d'oro. Al momento opportuno le gallerie vengono inondate: un colpo di mano che rischia di distruggere il lavoro di anni e le vite dei minatori. Per fortuna c'è l'intrepido ingegnere Roger Moore che con coraggio e spirito d'iniziativa salva l'azienda e le vite dei dipendenti. Un dirigente carogna che s'era venduto agli speculatori sarà dagli stessi eliminato. ■ Avventura; col.; 120'; Gran Bretagna, 1975. ■ Oscar 1 nom.

SEGNO DEL VENDICATORE, IL ★★
Regia di Roberto Mauri. Con Gabriele Antonini, Robert Hundar, Alfredo Rizzo. ■ Un cattivo duca uccide il vecchio conte e ne usurpa il feudo e le ricchezze. Ma ha fatto i conti senza il giovane figlio del defunto, che si traveste da giustiziere mascherato e accende la rivolta fra il popolo della contea. La ribellione ha buon esito: il duca la paga cara. ■ Avventura; col.; 94'; Italia, 1962.

SEGNO DI ALLAH, IL *(Bethsabée)* ★★
Regia di Léonide Moguy. Con Danielle Darrieux, Georges Marchal, Paul Meurisse, Jean Murat. ■ Una rivalità amorosa divide due ufficiali della Legione straniera. Una parigina di facili costumi ha amato entrambi, tradendoli però spesso e volentieri. Uno degli ufficiali muore con il nome della donna sulle labbra. Non l'avesse mai fatto: la figlia del comandante in capo, che era innamorata del defunto, si scaglia contro la parigina cercando di rovinarla con una serie di calunnie. Non riuscendo nel suo intento, la uccide. ■ Avventura; b/n; 90'; Francia, 1948.

SEGNO DI FUOCO ★★
Regia di Nino Bizzarri. Con Laura Betti, Chiara Caselli, Viktor Laszlo, Rémi Martin. ■ Lisbona. Un rapporto emotivamente violento tra Raul e Norma. Lui da quando l'ha vista non fa che desiderarla, così fa in modo di incontrarla e alla fine riesce a fare l'amore con lei. Non è però sola e quindi vuole troncare subito la relazione. Lui non si dà per vinto e insiste. Un film con uno stile particolare, più vicino al cinema d'Oltralpe che al nostro. ■ Commedia; col.; 95'; Francia, Italia, Portogallo, 1990.

SEGNO DI ROBIN HOOD, IL *(Cruz diablo)* ★★
Regia di Fernando De Fuentes. Con Emilio Fernandez, Lupita Gallardo, Ramon Pereda. ■ Robin Hood non c'entra; la vicenda si svolge in Messico nell'Ottocento. C'è un signorotto che taglieggia una regione e un bandito mascherato che ruba al ricco per dare al povero. Il mascherato non è che il legittimo proprietario di quelle terre. Un giorno rivela la sua identità, smaschera il tiranno e lo uccide. Ma anche lui è ferito. Le terre contese diverranno proprietà della figlia del tiranno, che il mascherato ha deciso di adottare. ■ Avventura; b/n; 92'; Messico, 1934.

SEGNO DI VENERE, IL ★★★
Regia di Dino Risi. Con Peppino De Filippo, Vittorio De Sica, Sophia Loren, Alberto Sordi, Franca Valeri. ■ Due cugine: una bellona e l'altra bruttina. La bellona non cerca marito, però lo trova nella persona di un aitante pompiere. La bruttina spera di trovarlo, di volta in volta, in un buffo fotografo, in un trafficone truffaldino, in un anziano squattrinato. Alla fine, però, tutti se la svignano. ■ Commedia; b/n; 100'; Italia, 1955.

SEGNO DI ZORRO, IL *(The Mark of Zorro)* ★★★★
Regia di Fred Niblo. Con Noah Beery, Douglas Fairbanks, Charles Hill Mailes, Walt Whitman. ■ Si tratta della prima apparizione (e che apparizione!) sul grande schermo di Zorro, l'eroe mascherato inventato da Johnston McCulley in *La maledizione di Capestrano*. In questo racconto compariva per la prima volta l'immagine del misterioso cavaliere nero che nella California spagnola, contesa tra messicani e americani, riparava eroicamente i torti subiti dai deboli, e in genere dal popolo vessato dai governanti, con fendenti sferzanti come quelli di uno scudiscio. La sua spada serviva per firmare le imprese, e tutti sanno che il suo segno, la sua firma appunto, è la "zeta", vistosamente incisa sul volto o sui pantaloni del nemico di turno, fosse un militare arrogante o un signorotto prepotente. Il film, di una vitalità senza pari, è un capolavoro del muto, con il grande Douglas Fairbanks, che dismesse le vesti del giovanottone americano rubacuori si reinventava nel ruolo di Zorro, l'infingardo aristocratico che di nascosto veste i panni del giustiziere. Lo stesso Fairbanks scrisse la sceneggiatura. Il successo fu immediato, dando il via ad intere serie di film che negli anni Trenta venivano perlopiù raccolti in serial, con una dozzina di episodi ciascuno, abbinati spesso alla proiezione del film in cartellone. Anche se il vero boom del personaggio Zorro si ebbe tra gli anni Cinquanta e Settanta, con una cinquantina di film, i due terzi dei quali prodotti dal cinema italiano, spesso in coproduzione con la Spagna. ■ Avventura; b/n; 90'; USA, 1920.

SEGNO DI ZORRO, IL *(The Mark of Zorro)* ★★★
Regia di Rouben Mamoulian. Con J. Edward Bromberg, Linda Darnell, Tyrone Power, Basil Rathbone. ■ La storia è conosciutissima: per liberare la California da un governatore tiranno, il rampollo di una nobile casata si finge di giorno un innocuo damerino per trasformarsi la notte in eroe al servizio del popolo contro il tiranno. ■ Avventura; b/n; 84'; USA, 1940. ■ Oscar 1 nom.

SEGNO DI ZORRO, IL ★★
Regia di Mario Caiano. Con Gaby André, Sean Flynn, Folco Lulli, Mario Petri. ■ Identica trama del precedente, realizzata però molto peggio. Il nuovo Zorro è Sean Flynn, figlio di Errol. ■ Avventura; col.; 90'; Italia, 1963.

SEGRETA PASSIONE DI JUDITH HEARNE, LA ★★★
(The Lonely Passion of Judit Hearne)
Regia di Jack Clayton. Con Wendy Hiller, Bob Hoskins, Maggie Smith. ■ Una zitella inglese, dopo la morte della zia, va ad abitare in una modesta pensione di Dublino dove incontra un uomo di mezza età che potrebbe essere un'inaspettata occasione d'amore. Forse sarà così, anche se prima la povera donna dovrà passare un calvario di umiliazioni e di alcolismo. Dal primo romanzo scritto da Brian Moore. Un solido, tradizionale film inglese con il prevedibile (ma sempre apprezzabile) gruppo di interpreti di grandissimo livello. ■ Drammatico; col.; 116'; Gran Bretagna, 1987.

SEGRETARIA, LA *(Men Are not Gods)* ★★
Regia di Walter Reisch. Con Rex Harrison, Miriam Hopkins, Sebastian Shaw. ■ Un celebre attore specializzato nel ruolo di Otello si innamora della propria segretaria. La moglie dell'attore, però, che aspetta un bambino, persuade la ragazza a interrompere la relazione. L'uomo non la prende bene. Anzi, farebbe fare alla consorte la fine di Desdemona se non apprendesse che questa sta per dargli un figlio. ■ Commedia; b/n; 92'; Gran Bretagna, 1937.

SEGRETARIA, LA ★★
Regia di Paco Polop. Con Emilio Gutierrez Caba, Philippe Leroy, Ornella Muti. ■ Un ricco e maturo uomo d'affari si porta a letto la segretaria adolescente e, quando la ragazza vor-

rebbe interrompere la relazione, la ricatta rinfacciandole i favori da lui fatti alla famiglia di lei. La fanciulla si piega, ma un giovanotto che l'ama saprà liberarla dall'incomodo protettore. ■ DRAMMATICO; COL.; 93'; ITALIA, SPAGNA, 1974.

SEGRETARIA DI PAPÀ, LA *(Nigifta)* ★★
Regia di SIGURA WALLEN. Con VIBEKE FALK, STURE LAGERWALL. ■ Due giovani coniugi si amano, ma litigano spesso perché lei è gelosissima e lui non vuole rinunciare alle proprie avventure amorose. La nascita di un bimbo risolverà la situazione. ■ COMMEDIA; B/N; 91'; SVEZIA, 1941.

SEGRETARIA PER TUTTI, LA ★★
Regia di AMLETO PALERMI. Con VITTORIO DE SICA, ARMANDO FALCONI, UMBERTO MELNATI, GIUDITTA RISSONE. ■ Una storiella sentimentale che cerca di rincorrere il successo del più noto *La segretaria privata*. ■ COMMEDIA; B/N; 95'; ITALIA, 1933.

SEGRETARIA PRIVATA DI ANDY HARDY, LA ★★
(Andy Hardy's Private Secretary)
Regia di GEORGE BRACKETT SEITZ. Con KATHRYN GRAYSON, MICKEY ROONEY, LEWIS STONE. ■ Andy Hardy viene bocciato all'esame per l'ammissione all'università. Ma il regolamento gli dà una seconda chance e Andy si butta nello studio a corpo morto, aiutato da una graziosa brunetta. ■ COMMEDIA; B/N; 101'; USA, 1941.

SEGRETARIA PRIVATA, LA ★★★
Regia di GOFFREDO ALESSANDRINI. Con NINO BESOZZI, ELSA MERLINI, SERGIO TOFANO, CESARE ZOPPETTI. ■ La storia, quella di una moderna Cenerentola, è ambientata in una banca. C'è l'impiegata frizzante ma seria e un capo del personale che non gradisce troppo la sua serietà. Ma per fortuna anche un direttore-principe azzurro che prende a benvolere la ragazza. Fino a proporle il matrimonio, naturalmente. ■ COMMEDIA; B/N; 90'; ITALIA, 1931.

SEGRETARIA QUASI PRIVATA, LA *(The Desk Set)* ★★★
Regia di WALTER LANG. Con JOAN BLONDELL, KATHARINE HEPBURN, DINA MERRILL, SPENCER TRACY, GIG YOUNG. ■ La Hepburn è un'impiegata dell'ufficio informazioni, un pozzo di scienza dalla memoria sensazionale, una colonna dell'azienda fino al giorno in cui i capi non decidono di acquistare un cervellone elettronico. Per fortuna la ragazza avrà la meglio sulla macchina e riuscirà anche a sposare un burbero ingegnere (Tracy) che le insegnerà a utilizzare il cervellone. ■ COMMEDIA; COL.; 103'; USA, 1957.

SEGRETARIA TUTTO FARE ★★
(Miss Grant Takes Richmond – Innocence is Bliss)
Regia di LLOYD BACON. Con LUCILLE BALL, JANIS CARTER, JAMES GLEASON, WILLIAM HOLDEN. ■ Una bella dattilografa trova lavoro nell'ufficio del giovane uomo d'affari Richmond, che in realtà è un disonesto allibratore. Quando la donna se ne renderà conto lo salverà da una situazione intricata convertendolo al matrimonio e a una vita onesta. ■ COMMEDIA; B/N; 87'; USA, 1948.

SEGRETARIO A MEZZANOTTE ★★
(Take a Letter, Darling)
Regia di MITCHELL LEISEN. Con MACDONALD CAREY, FRED MACMURRAY, ROSALIND RUSSELL. ■ Una donna manager si innamora del segretario factotum senza manifestarglielo, anzi accettando l'offerta di matrimonio di un altro. Ma, alla vigilia delle nozze, il segretario manda tutto all'aria e sposa la sua direttrice. ■ COMMEDIA; B/N; 93'; USA, 1942. ■ OSCAR 3 NOM.

SEGRETARIO PRIVATO, IL *(Ihr Privatsekretär)* ★★
Regia di CHARLES KLEIN. Con MARIA ANDERGAST, GUSTAV FRÖHLICH. ■ Una ricca famiglia tedesca attende l'arrivo del nipote che da molti anni vive in America. Questi però ritarda e quando arriva trova un altro che si spaccia per lui. L'impostore è un ladro di gioielli. Il nipote vero, per smascherarlo, si fa assumere nella casa come segretario. Prenderà il lestofante con le mani nel sacco, lo assicurerà alla giustizia e poi riassumerà, con gioia di tutti, la sua vera identità. ■ COMMEDIA; B/N; 94'; GERMANIA, 1940.

SEGRETI *(Secrets)* ★★★
Regia di FRANK BORZAGE. Con LESLIE HOWARD, MARY PICKFORD. ■ Una donna veglia il marito malato, e intanto ricorda i tempi della loro giovinezza, quando erano poveri e felici tra i pionieri del West. Al termine di questo suo viaggio attraverso i ricordi, ritrova il marito finalmente guarito. ■ COMMEDIA; B/N; 85'; USA, 1933.

SEGRETI *(Secrets)* ★★
Regia di PIERRE BLANCHAR. Con PIERRE BLANCHAR, SUZY CARRIER, MARIE DÉA. ■ Una ricca signora si invaghisce del precettore del figlio, ma costui ama corrisposto la pupilla della signora. La dama allora cerca di sbarazzarsi della rivale, spingendola a un matrimonio di convenienza. Il dramma sta per esplodere quando un amico di casa persuade la signora a mettersi il cuore in pace. ■ DRAMMATICO; B/N; 100'; FRANCIA, 1943.

SEGRETI *(A Thousand Acres)* ★★
Regia di JOCELYN MOORHOUSE. Con KEITH CARRADINE, COLIN FIRTH, JENNIFER JASON LEIGH, JESSICA LANGE, MICHELLE PFEIFFER, JASON ROBARDS. ■ Il riferimento al *Lear* shakespeariano è evidente. Un padre divide la sua tenuta tra le tre figlie. Una va a fare l'avvocato in città mentre tra le altre due una dipende dall'altra. Tra tribunali e scene madri la vicenda va avanti grazie al cast di tutto rispetto. Sarebbe stato necessario il Sam Shepard di una volta per farne un *country-drama* teso e avvincente. ■ DRAMMATICO; COL.; 105'; USA, 1997. ■ GOLDEN GLOBES 1 NOM.

SEGRETI CHE SCOTTANO ★★★
(Deux billets pour Mexico)
Regia di CHRISTIAN-JAQUE. Con IRA FÜRSTENBERG, GEORGES GÉRET, PETER LAWFORD. ■ Un'organizzazione criminale sta preparando il furto di una valigia diplomatica, quando un ladruncolo la precede. Inizia così una caccia attraverso l'Europa da parte dell'organizzazione e dei servizi segreti interessati ai codici contenuti nel bagaglio. Sarà uno 007 americano ad avere la meglio: il ladruncolo gli cederà la valigia in cambio della libertà e dell'impunità per sé e la sua donna. ■ SPIONAGGIO; COL.; 92'; FRANCIA, 1967.

SEGRETI DEL CUORE, I *(The Myth of Fingerprints)*
Regia di BART FREUNDLICH. Con BLYTHE DANNER, JULIANNE MOORE, ROY SCHEIDER, NOAH WYLE. ■ Giorno del Ringraziamento; dopo tre anni quattro fratelli si ritrovano tutti insieme in famiglia. Molti dei rapporti non funzionano per varie incomprensioni. Il tacchino è una buona occasione per cercare di capirsi. Ottima interpretazione di tutti, figli e genitori, in un contesto che ormai diventa tendenza: quella della famiglia intorno al tavolo in "quel" giorno. Produzione indipendente che dimostra come con l'intelligenza si possa supplire alla mancanza del grande budget. Merito di Freundlich, scrittore al suo primo film. ■ DRAMMATICO; COL.; 97'; USA, 1998.

SEGRETI DELLA CASA DELLE TORTURE, I ★
Regia di USHY TERVO. Con LOTY ROSE, JETY STEEL. ■ Si tratta di un truce horror-film giapponese. Il "cattivo" è un inglese mascalzone che circuisce le giapponesine per poi indurle alla prostituzione. Dopo un'interminabile serie di amplessi, torture, fumerie d'oppio e orribili tatuaggi, le vittime troveranno la forza di ribellarsi. ■ HORROR; COL.; 90'; GIAPPONE, 1974.

SEGRETI DELLA FLOTTA, I *(Navy Spy)* ★★
Regia di CRANE WILBUR. Con ELEANOR HUNT, CONRAD NAGEL. ■ Un gruppo di spie rapisce un giovane ufficiale di Marina che ha fatto una scoperta d'importanza strategica. La marina incarica allora un detective di ritrovare l'inventore. Al detective si accoda la petulante fidanzata, che lui cerca inutilmente di allontanare. Ma sarà proprio merito di quest'ultima se l'inventore potrà essere salvato. ■ GIALLO; B/N; 92'; USA, 1937.

SEGRETI DEL LAGO, I *(The Deep End)* ★★
Regia di SCOTT MCGEHEE, DAVID SIEGEL. Con RAYMOND J. BARRY, JOSH LUCAS, TILDA SWINTON, JONATHAN TUCKER, GORAN VISNJIC. ■ Il film è tratto da un romanzo di Elisabeth Sanxay Holding, pubblicato in Italia nel 1947 col titolo *Una barriera di vuoto*. La vicenda si svolge ai giorni nostri, nella zona del lago Tahoe, dove Margaret Hall possiede una bella casa in cui vive coi due figli, uno dei quali, Beau, il maggiore, è omosessuale. C'è anche un marito ma è ufficiale di Marina e non c'è mai. Beau

viene "insidiato" da un gay maturo e pericoloso. La formula del malcapitato "normale" che si trova in una spirale più grande di lui funziona dai tempi di Hitchcock (anche perché lui la faceva funzionare), ma qui mancano troppi di "quegli" elementi. ■ THRILLER; COL.; 100'; USA, 2001.

SEGRETI DELLA MENTE, I *(Chatroom)* ★
Regia di HIDEO NAKATA. Con MATTHEW BEARD, AARON JOHNSON, DANIEL KALUUYA, HANNAH MURRAY, IMOGEN POOTS. ■ Vita sociale azzerata e vita online densa di appuntamenti. I personaggi di *Chatroom* sono così, chi per un verso e chi per l'altro schifano la propria vita e la propria realtà, trovando solo online persone con cui comunicare in grado di comprenderli. Ma nelle chatroom si aggira anche una mela marcia che finge di comprendere e in realtà vuole manipolare. Noto in tutto il mondo per essere stato il regista di *Ringu*, film che contribuì a definire la categoria di j-horror e renderla famosa anche grazie a un remake americano (*The ring*), Hideo Nakata fino ad oggi non è riuscito a sopravvivere al proprio mito. Schiacciato da una serie sequel e di pellicole già fin dallo script non all'altezza di quell'exploit, con *Chatroom* porta in scena una variazione sul tema dei mezzi di comunicazione che portano morte. ■ DRAMMATICO; COL.; 97'; GRAN BRETAGNA, 2010.

SEGRETI DELLE CITTÀ PIÙ NUDE DEL MONDO, I ★★
Regia di LUCIANO MARTINO. ■ Documentario ecologico basato sulla tesi che l'umanità è votata all'autodistruzione. ■ DOCUMENTARIO; COL.; 95'; ITALIA, 1971.

♥ SEGRETI DI BROKEBACK MOUNTAIN, I ★★★🏆
(Brokeback Mountain)
Regia di ANG LEE. Con SCOTT MICHAEL CAMPBELL, LINDA CARDELLINI, TOM CAREY, ANNA FARIS, JAKE GYLLENHAAL, ANNE HATHAWAY, CHEYENNE HILL, HEATH LEDGER, KATE MARA, BROOKLYNN PROULX, RANDY QUAID, MICHELLE WILLIAMS. ■ Ispirato ad un racconto di Annie Proulx. Siamo negli anni Sessanta. Ennis e Jack, devono trasferire un gregge su un pascolo di montagna, quel Brokeback del titolo. E lì, fra i monti, in solitudine nasce la loro storia d'amore, che riprenderà ciclicamente per molti anni. Nel frattempo i due vivranno, parallelamente, una sorta di vita normale. Ang Lee è giustamente accreditato. Questo film gli ha portato la vittoria a Venezia e quattro Golden Globe. Significa santificarlo. Ed è troppo. Come molti artisti "importati" Lee sa leggere la cultura del paese ospitante, lo aveva fatto benissimo con gli inglesi con *Ragione e sentimento*. *Brokeback Mountain* possiede qualità. Ma il valore aggiunto sta proprio nella storia d'amore omosessuale. Un uomo e una donna sarebbero stati meno "interessanti". Il film sarebbe stato uno dei tanti (in realtà non tanti) di buona qualità. Insomma è stata acquisita la trasgressione (anche se ormai sarebbe trasgressione, nei film, una storia d'amore fra sessi diversi) in chiave di "finalmente qualcosa di nuovo". O magari "finalmente qualcosa di naturale". O meglio "finalmente qualcosa da distruggere" che sarebbe l'anticonoioso-macho-convenzional mito del West, anzi del Western. E questo è un abbaglio immane. Il West qui non c'entra nulla. Per cominciare questi sono (quasi) gli anni del Vietnam, non della Frontiera. West significava, appunto, civilizzazione verso l'Ovest, progresso, legge, nuove città, diciannovesimo secolo. L'eroe del West non era come questi due, non era un pecoraio, era, quasi sempre, l'uomo della legge, colui che, individualmente, in forza di una dotazione particolare (l'eroe appunto) guida la collettività. Cooper in *Mezzogiorno di fuoco*, è uno sceriffo. Wayne in *Sentieri selvaggi* è un reduce tormentato. Ladd in *Il cavaliere della valle solitaria* è uno straniero che protegge i deboli. Flynn in *Custer* è l'eroe delle guerre indiane. Non sono cow boy. Certo c'erano anche quelli, come lo stesso Wayne in *Fiume rosso*, con tanto di "amicizia virile" verso Clift, diventata poi latente omosessualità (o magari neppure latente) quando bisognava parlar male del western e i buoni cominciarono ad essere gli indiani. È anche una questione di modelli. I giovani protagonisti del film di Lee, Gyllenhaal e Ledger, malinconici e dolci, ci sta che si innamorino. Gary Cooper e John Wayne che si baciano non è proprio facile immaginarseli. ■ DRAMMATICO; COL.; 134'; USA, 2005. ■ DAVID DI DONATELLO 🏆 1 NOM; GOLDEN GLOBES 🏆 5 PR, 7 NOM; OSCAR 🏆 3 PR, 8 NOM; VENEZIA 🏆 1 PR.

SEGRETI DI FAMIGLIA *(Tetro)* ★★★
Regia di FRANCIS FORD COPPOLA. Con KLAUS MARIA BRANDAUER, ALDEN EHRENREICH, VINCENT GALLO, CARMEN MAURA, MARIBEL VERDU. ■ Benjamin, che sta per compiere 18 anni, va a cercare a Buenos Aires il fratello Angelo (che tutti conoscono come Tetro dall'abbreviazione del cognome). Tetro ha rotto da tempo i ponti con la famiglia e in particolare con il padre Carlo (musicista di fama mondiale) e ora vive con Miranda facendo il tecnico delle luci in un teatrino locale e scrivendo testi che non piacciono ad Alone, la più importante e potente critica letteraria del Paese. L'incontro tra i due è conflittuale e riproporrà i fantasmi famigliari che Benjamin credeva di aver esorcizzato. Francis Ford Coppola realizza un lungometraggio completamente suo (nel senso che ne ha scritto anche soggetto e sceneggiatura). Si percepisce sin dalla prima inquadratura in uno splendido bianco e nero (il dettaglio del volto di Tetro che osserva una falena che sbatte ripetutamente contro una lampadina) che in questo film c'è la voglia da parte del regista di guardare dentro se stesso e la propria vita. ■ DRAMMATICO; COL.; 127'; USA, ARGENTINA, SPAGNA, ITALIA, 2009.

SEGRETI DI FILADELFIA, I ★★★
(The Young Philadelphians)
Regia di VINCENT SHERMAN. Con BRIAN KEITH, PAUL NEWMAN, BARBARA RUSH, ALEXIS SMITH, ROBERT VAUGHN. ■ Newman è qui il rampollo di una grande famiglia di Filadelfia. Rampollo illegittimo, però (anche se nessuno sa chi sia il vero padre), considerato con sospetto dalla gente-bene e quindi obbligato a farsi strada a gomitate. Furbo, simpatico, arrampicatore e pronto a parecchi compromessi, si fa un nome come avvocato. Tuttavia, nonostante le apparenze, è di buona stoffa: quando un suo amico d'infanzia viene processato ne assume la difesa (sebbene la cosa gli procuri l'avversione di tutto il clan) ottenendone l'assoluzione. ■ DRAMMATICO; B/N; 136'; USA, 1959. ■ OSCAR 3 NOM.

SEGRETI DI STATO ★★★
Regia di PAOLO BENVENUTI. Con ANTONIO CATANIA, DAVID COCO, SERGIO GRAZIANI, FRANCESCO GUZZO, ALDO PUGLIESI. ■ Paolo Benvenuti lascia per la prima volta la sua ricerca rigorosa su un passato non recente per affrontare il terreno doppiamente insidioso del film-denuncia e del confronto con un classico ormai consacrato del cinema mondiale: *Salvatore Giuliano* di Francesco Rosi. Se su questo secondo piano non è quasi possibile un paragone perché lo stile asciutto e "povero" del regista toscano è lontanissimo da quello del maestro napoletano, la difficoltà sta nell'intervento sul materiale storico. Per quanto era efficace nella sua oculata scansione *Gostanza da Libbiano*, questo *Segreti di Stato* rischia di essere poco convincente e addirittura poco producente per la tesi che vuole enunciare proprio a causa della sua scena madre. È la scena in cui si vuole dimostrare, grazie alla messa in fila di carte con la riproduzione del volto dei personaggi (che purtroppo ricorda tanto la strategia pubblicitaria dell'Amministrazione Bush in Iraq), che a Portella della Ginestra ci fu un'azione di fuoco che vide coinvolti tutti: dalla Cia alla X Mas, dal governo al Vaticano. Siccome Benvenuti non ha il nervosismo didascalico di un Giuseppe Ferrara e dato che questo è un film e non un saggio stampato, tutto viene più enunciato che provato. ■ DRAMMATICO; COL.; 85'; ITALIA, 2003.

SEGRETI DI TWIN PEAKS, I *(Twin Peaks)* ★★★
Regia di DAVID LYNCH. Con SHERYL LEE, KYLE MACLACHLAN, MICHAEL ONTKEAN. ■ Il *pilot* della famosissima serie televisiva con accorgimenti che lo rendono compiuto e autonomo. Siamo dunque a Twin Peaks, luogo ameno dove viene commesso l'assassinio della bella e giovane Laura Palmer. Chi può avere avuto interesse alla sua morte? È quello che cercherà di scoprire l'agente dell'Fbi Cooper con l'ausilio dello sceriffo locale. Diretto da David Lynch, è condotto sullo stile di *Velluto Blu* e *Cuore selvaggio*, impostato cioè sulla satira del provincialismo americano attraverso l'esasperazione dei luoghi comuni. In più l'inconfondibile visionarietà del maestro. Gli attori più che altro assecondano la

necessità di un'interpretazione sopra le righe o incredibilmente estraniata. ■ POLIZIESCO; COL.; 110'; USA, 1990.

SEGRETI E BUGIE *(Secrets and Lies)* ★★★🏆
Regia di MIKE LEIGH. Con BRENDA BLETHYN, MARIANNE JEAN-BAPTISTE, TIMOTHY SPALL. ■ Madre, figlia, fratello della madre, amici della figlia. Incomprensione, solitudine, tentativi di risolvere i rapporti. La vita scorre fra vicende desolatamente normali. Lunghi discorsi su inezie con qualche squarcio improvviso come la presa di contatto di una ragazza con la madre che non ha mai conosciuto. Alla fine puoi anche essere ben disposto e impegnarti, ma rimane un'amarezza senza soluzione. Amatissimo dalla critica, vincitore della Palma d'oro a Cannes 1996, molto ben interpretato con Brenda Blethyn (la madre) in evidenza, a sua volta vincitrice a Cannes e "nominata" all'Oscar. In sostanza un bel lavoro, anche se troppo beatificato. ■ COMMEDIA; COL.; 144'; GRAN BRETAGNA, 1996. ■ CANNES 🏆 2 PR; GOLDEN GLOBES 🏆 1 PR, 3 NOM; OSCAR 🏆 5 NOM.

SEGRETI INCONFESSABILI ★★
Regia di MICHAEL THORNHILL. Con ARTHUR DIGNAM, MARK LEE. ■ Un uomo politico famoso e apprezzato è sposato da diversi anni e ha un figlio. Irreprensibile in famiglia e nella sua professione, non riesce a sottrarsi a una parte morbosa della sua personalità che lo costringe ad un'esistenza "parallela" nella quale dà libero sfogo ai desideri più inconfessabili. ■ DRAMMATICO; COL.; 120'; AUSTRALIA, 1987.

SEGRETI SEGRETI ★★★
Regia di GIUSEPPE BERTOLUCCI. Con GIULIA BOSCHI, ROSSANA PODESTÀ, LINA SASTRI. ■ Sette donne sono le protagoniste di questa storia che attraversa uno spaccato della società italiana. Tutto comincia quando Laura, borghese e terrorista, uccide un suo compagno ferito, durante un attentato. Finisce in tribunale (dopo il suicidio della madre quando i carabinieri le entrano in casa) ora pentita, e si trova davanti ad un giudice (donna) che però pensa ai suoi problemi: ha appena saputo che il marito la tradisce. Un bel film con una parata di brave attrici del nostro cinema. Tra tutte spicca Alida Valli, che è la vecchia "tata" della ragazza. ■ DRAMMATICO; COL.; 93'; ITALIA, 1984. ■ DAVID DI DONATELLO 1 PR, 1 NOM.

SEGRETISSIMO ★★
Regia di FERNANDO CERCHIO. Con MAGDA KONOPKA, GORDON SCOTT. ■ Un agente della Cia, incaricato di indagare su un aristocratico tedesco che ha varcato la cortina di ferro chiedendo asilo politico, scopre che lo scopo dell'uomo è quello di negoziare segreti che scottano. Tuttavia, l'uomo della Cia sarà battuto da una bella e astuta spia sovietica. ■ SPIONAGGIO; COL.; 92'; ITALIA, 1965.

SEGRETISSIMO, SPIONAGGIO ★★
(Ballade pour un voyou)
Regia di JEAN-CLAUDE BONNARDOT. Con HILDEGARDE KNEFF, PHILIPPE NOIRET, LAURENT TERZIEFF. ■ Un giovanotto è incaricato da una banda di spie di portare alla frontiera una valigia contenente alcuni segreti di Stato. Il ragazzo parte ma, strada facendo, si rende conto che, non appena assolto l'incarico, lo elimineranno. Perciò scappa. Ma le spie gli sono subito addosso, come del resto la polizia. Il giovane è raggiunto in un bosco e fatto fuori. Ma i documenti non li avrà nessuno, perché la valigia contiene una carica che nella sparatoria esplode, distruggendo il contenuto. ■ SPIONAGGIO; COL.; 90'; FRANCIA, 1964.

SEGRETO, IL *(Le secret)* ★★★
Regia di ROBERT ENRICO. Con MARLÈNE JOBERT, PHILIPPE NOIRET, JEAN-LOUIS TRINTIGNANT. ■ Un giovane fugge dal manicomio criminale e si rifugia in una casa di montagna abitata da due coniugi. Afferma di essere a conoscenza di segreti che scottano e per questa ragione di essere inseguito da alcuni killer. I coniugi non sanno se credergli. Pagheranno le loro incertezze con la vita. ■ DRAMMATICO; COL.; 100'; FRANCIA, 1974.

SEGRETO, IL ★★
Regia di FRANCESCO MASELLI. Con FRANCO CITTI, STEFANO DIONISI, NASTASSJA KINSKI. ■ Lucia, cameriera in un fast-food, dopo un tentato suicidio fa amicizia con Carlo che si guadagna da vivere facendo il pony express. La donna conduce il giovane a vivere in una casa abusiva. Malgrado l'attrazione reciproca nascono presto non pochi problemi di comprensione e convivenza. ■ DRAMMATICO; COL.; 110'; ITALIA, 1989.

SEGRETO, IL *(Le Secret)* ★★
Regia di VIRGINIE WAGON. Con MICHEL BOMPOIL, ANNE COESENS, QUENTIN ROSSI, TONY TODD. ■ Marie ha 35 anni. È sposata ferlicemente da 12 anni con François. Hanno un figlio di 2 anni: Paul. Marie è una venditrice porta a porta di enciclopedie. Un giorno suona alla porta di Bill, un ballerino americano di colore per il quale perde la testa. Ha così inizio un rapporto molto intenso, anche se l'americano non nasconda di avere rapporti anche con un'altra donna. Intanto il rapporto coniugale di Marie va in pezzi. Fino a quando... Nella sceneggiatura resta un qualcosa di artificialmente inconcluso nell'abbandono di questa donna normale che poi cambia improvvisamente rotta con un finale melò. ■ DRAMMATICO; COL.; 107'; FRANCIA, 2000.

SEGRETO ARDENTE *(Brennedes Geheimnis)* ★★★
Regia di ROBERT SIODMAK. Con ALFRED ABEL, WILLI FORST, LUCIE HÖFLICH. ■ Tratto da *Adolescenza* di Stefan Zweig. Nel 1919 un'affascinante signora moglie di un diplomatico conosce in una stazione invernale un barone austriaco che le fa una corte pressante. La nascente love story è interrotta dal figlio adolescente della donna, gelosissimo (della mamma o del barone? Tutt'e due). Il racconto di Zweig ha ispirato anche un film con Faye Dunaway. ■ DRAMMATICO; B/N; 90'; GERMANIA, 1933.

SEGRETO D'AMORE ★★
Regia di WLADIMIR SLAVINSKI. Con MARIE BROZOVA, OTOMAR KORBELAR. ■ Un uomo finisce in carcere sotto falsa accusa. Non reggendo al disonore, si suicida. Ma un magistrato suo amico s'impegna a riabilitarlo e a prendersi cura della figliola. Manterrà la promessa riparando all'ingiustizia commessa dalla legge. ■ DRAMMATICO; B/N; 91'; CECOSLOVACCHIA, 1940.

SEGRETO DEGLI INCAS, IL *(The Secret of the Incas)* ★★
Regia di JERRY HOPPER. Con CHARLTON HESTON, NICOLE MAUREY, THOMAS MITCHELL, YMA SUMAC, ROBERT YOUNG. ■ Una spedizione scientifica si avventura nelle Ande alla ricerca delle vestigia della civiltà Incas. Si aggregano al gruppo un americano (la guida) e una bella ragazza. L'americano vorrebbe mettere le mani sui tesori, ma la ragazza lo distoglie dall'insano proposito. Un suo connazionale, invece, è troppo avido: ruba e uccide, ma ci rimette la pelle. ■ AVVENTURA; COL.; 101'; USA, 1955.

SEGRETO DEI CANDELABRI, IL ★★
(Die Leuchter des Kaisers)
Regia di KARL HARTL. Con KARL LUDWIG DIEHL, SYBILLE SCHMITZ. ■ Fine del diciannovesimo secolo. Un gruppo di avventurieri dà la caccia a due candelabri gemelli, che contengono le prove dell'attività segreta di un aristocratico polacco. Anche costui ne è alla ricerca disperata, come del resto la sua più acerrima rivale, una nobildonna russa. Sarà l'uomo a recuperare i documenti compromettenti e a far infine innamorare di sé la bella rivale. ■ AVVENTURA; B/N; 95'; GERMANIA, 1936.

SEGRETO DEI SOLDATI D'ARGILLA, IL ★★
Regia di ROY FERGUSON. Con CALISTO CALISTI, LUCIANA PALUZZI, DALE ROBERTSON. ■ Un funzionario dell'Onu perde la vita in circostanze misteriose. La figlia del defunto e un giornalista americano scoprono che l'uomo era legato a doppio filo a una banda di assassini, per i quali fungeva da corriere del denaro. Ora non si trovano i 15 milioni di dollari affidati dalla banda al funzionario. Il grisbì è nascosto in una catacomba. Saranno la ragazza e il giornalista a trovarlo, ma un avventuriero e uno spregiudicato poliziotto tedesco a spartirselo. ■ AVVENTURA; COL.; 90'; ITALIA, 1971.

♥ SEGRETO DEI SUOI OCCHI, IL ★★★★
(El Secreto de Sus Ojos)
Regia di JUAN JOSE CAMPANELLA. Con RICARDO DARIN, GUILLERMO FRANCELLA, JOSE LUIS GIOIA, PABLO RAGO, SOLEDAD VILLAMIN. ■ Benjamín Esposito è un assistente del Pubblico Ministero in pensione. Dopo una vita passata a rincorrere assassini decide di dedicarsi alla stesura di un romanzo. Per farlo ripensa al

vecchio caso Morales degli anni Settanta, archiviato dalla polizia negli scaffali polverosi dello Stato, ma per lui rimasto sospeso in un tessuto di pensieri senza possibilità di scioglimento. La morte della ragazza, stuprata e uccisa brutalmente da un conoscente che rimarrà impunito, lascia nello sconforto Ricardo Morales, il novello marito, apparentemente tranquillo ma in fondo assetato di vendetta. Nel percorso all'indietro di Esposito, si inserisce anche l'amore per Irene, segretaria del Pubblico Ministero, sentimento nato e negato, mai vissuto. Il film di Juan José Campanella è un thriller dalle implicazioni legali, ma è anche un'opera sentimentale sull'amore impossibile, oltre che una storia politica di denuncia morale. Gli avvenimenti si concatenano l'uno con l'altro, scorrono lungo la via del tempo, mettendo a fuoco un particolare momento storico (la dittatura militarista argentina tra la fine degli anni Settanta e l'inizio degli Ottanta) ma, nell'operazione, si inserisce anche la volontà di rappresentare una storia piccola, tenuta in piedi da pochi personaggi, per riflettere sul comportamento umano universale. Questo equilibrio tra privato e pubblico è la forza del film. ■ DRAMMATICO; COL.; 129'; ARGENTINA, SPAGNA, 2009. ■ OSCAR 🏆 1 PR.

SEGRETO DEL BOSCO VECCHIO, IL ★★★
Regia di ERMANNO OLMI. Con GIULIO BROGI, LINO P. MARDEN, PAOLO VILLAGGIO, RICCARDO ZANNANTONIO. ■ Presentato alla Mostra di Venezia, questo film di Olmi non ha ottenuto il riscontro di critica che ci si aspettava. Forse ci sono stonature qua e là, come ad esempio le voci degli animali e del vento doppiate con enfasi troppo teatrale e recitata. Alcune cadute di ritmo. Ciononostante si tratta di un'opera suggestiva. Pare che Olmi abbia filmato le stagioni in tempo reale e che quindi le riprese siano state lunghe e laboriose. Il colonnello Procolo è diventato responsabile di una foresta vecchia di secoli. Tutore del nipotino, che non potrà ereditare fino alla maggior età, il vecchio vuole vendere legname abbattendo gli alberi. Uno di essi, travestito da guardia forestale, cerca di impedirglielo. Procolo, vedendo poi il bambino come una minaccia al suo potere, cerca in più riprese di metterlo in pericolo. Quando poi, schiavizzato il vento, sarà a un passo dal riuscirci, andrà alla sua ricerca morendo lui stesso in una tormenta. ■ DRAMMATICO; COL.; 130'; ITALIA, 1993. ■ DAVID DI DONATELLO 1 PR, 1 NOM.

SEGRETO DEL CARCERATO, IL *(Southside 1-1000)* ★★
Regia di BORIS INGSTER. Con DON DE FORE, ANDREA KING, GEORGE TOBIAS. ■ Un agente del Tesoro americano cerca di mettere le mani su una gang di falsari. Si finge uno spacciatore e guadagna la fiducia del capobanda, che è una donna. Ma sopraggiunge un ex galeotto (l'incisore della banda), che trova il modo di smascherare l'agente del governo. Questi, però, non si fa uccidere, anzi sarà lui ad avere la meglio sui falsari. ■ GIALLO; B/N; 73'; USA, 1950.

SEGRETO DEL CASTELLO, IL *(Uncle Silas)* ★★
Regia di CHARLES FRANK. Con DERRICK DE MARNEY, KATINA PAXINOU, JEAN SIMMONS. ■ L'orfana Carolina viene affidata allo zio Silas, che vive in un vecchio castello. Questi, per impadronirsi dell'ingente eredità di Carolina, la promette in sposa al figlio. Di fronte ad un netto rifiuto da parte della ragazza, Silas decide di ucciderla. Ma nel finale l'amore e la bontà trionfano. ■ DRAMMATICO; B/N; 103'; GRAN BRETAGNA, 1947.

SEGRETO DEL COYOTE, IL ★★
Regia di MARIO CAIANO. Con PAOLA BARBARA, FERNANDO CASANOVA, MARIO FELICIANI, PIERO LULLI. ■ Il Coyote è una specie di Zorro che all'indomani dell'annessione della California agli Stati Uniti si batte contro le angherie cui gli yankees sottopongono la popolazione messicana. L'anima nera della situazione è un malvagio governatore che il Coyote smaschera. Le autorità americane interverranno ed eleggeranno al suo posto un uomo onesto e retto. ■ WESTERN; COL.; 91'; ITALIA, SPAGNA, 1963.

SEGRETO DEL DOTTORE, IL *(Alias the Doctor)* ★★
Regia di LLOYD BACON. Con RICHARD BARTHELMESS, NORMAN FOSTER, LUCILLE LA VERNE. ■ Due giovani, entrambi studenti di medicina. Uno è un serio: si laurea brillantemente. L'altro è uno scavezzacollo: non solo non si laurea, ma ha anche il fegato di tentare, da studente, un'operazione. Il paziente gli muore sotto i ferri. L'altro giovane, cuor nobile, si assume la colpa. Alla fine tutto si chiarisce. ■ DRAMMATICO; B/N; 69'; USA, 1933.

SEGRETO DEL DOTTOR KILDARE, IL ★★
(The Secret of Dr. Kildare)
Regia di HAROLD S. BUCQUET. Con LIONEL ATWILL, LEW AYRES, LIONEL BARRYMORE. ■ Il dottor Kildare si prende un'altra brutta gatta da pelare. Un miliardario gli chiede di seguire il caso della figlia che teme di diventare cieca. Kildare la rassicura che sono tutte fisime. Ma la faccenda si complica ulteriormente. La ragazza s'è innamorata del dottorino, il quale dura un po' di fatica a esimersi (la fanciulla è bella e suo padre è un finanziatore dell'ospedale). ■ DRAMMATICO; B/N; 84'; USA, 1939.

SEGRETO DEL GAROFANO CINESE, IL ★★
(Das Geheimnis der chinesichen Nelke)
Regia di RUDOLF ZEHETGRUBER. Con CORRADO ANNICELLI, DOMINIQUE BOSCHERO, BRAD HARRIS. ■ Multinazionali petrolifere e servizi segreti si fronteggiano per impossessarsi di una formula che sostituisce il petrolio. Rapiscono la figlia dello scienziato scopritore per ricattarlo, ma un investigatore privato libera la ragazza e sgomina agenti e petrolieri. ■ GIALLO; COL.; 92'; GERMANIA, 1964.

SEGRETO DEL GIAGUARO, IL ★
Regia di ANTONELLO FASSARI. Con DARIO BALLANTINI, ANTONELLO FASSARI, PIOTTA, ENRICO SALIMBENI. ■ Il "Giaguaro" è impegnato a conquistare le donne con le sue mutande leopardate e a cercare di aiutare gli amici di quartiere. Nato sull'onda di un effimero successo musicale, è un film che ha un protagonista di fronte al quale Alvaro Vitali sarebbe Clark Gable. ■ COMMEDIA; COL.; 104'; ITALIA, 2000.

SEGRETO DEL GIURATO, IL *(The Jury's Secret)* ★★
Regia di TED SLOMAN. Con KENT TAYLOR, FAY WRAY. ■ Un giovane scrittore uccide un industriale. In un primo tempo riesce ad eludere la giustizia ma poi, persuaso anche dalla fidanzata, si costituisce. ■ DRAMMATICO; B/N; 62'; USA, 1937.

SEGRETO DEL GOLFO, IL *(Assignment in Britany)* ★★
Regia di JACK CONWAY. Con JEAN-PIERRE AUMONT, SUSAN PETERS, RICHARD WHORF. ■ Un capitano dell'esercito francese, grazie alla perfetta somiglianza, si sostituisce ad un agente nazista ucciso. Scoperto, riesce a malapena a sfuggire alla morte e a trasmettere agli Alleati importanti informazioni, mentre intorno a lui si succedono uccisioni a non finire. ■ SPIONAGGIO; B/N; 92'; USA, 1943.

SEGRETO DELLA COSTA D'ORO, IL *(Paradise)* ★★
Regia di BILL HUGHES. Con MICHAEL BEECHER, TINA GRENVILLE, ALAN WILSON. ■ Un uomo che ha tagliato i ponti con la vita tentacolare della città vive da anni tranquillo su una spiaggia dei Tropici chiamata Paradise. Un giorno lo va a trovare la ex moglie che, più o meno, lo costringe a riprendere il suo vecchio lavoro di detective. Si tratta di ritrovare un'adolescente scomparsa. In ballo è la cifra non indifferente di due milioni di dollari. ■ AVVENTURA; COL.; 91'; AUSTRALIA, 1976.

SEGRETO DELLA FELICITÀ, IL ★★★
(Le secret de Polichinelle)
Regia di ANDRÉ BERTHOMIEU. Con RAIMU, FRANÇOISE ROSAY. ■ Felice conclusione di una relazione illecita tra un giovane di buona famiglia e una ragazza che gli dà un figlio. Scontata la reazione dei genitori che in un primo tempo si oppongono alle nozze, poi cedono al fatto compiuto e alla gioia di avere un nipotino. ■ COMMEDIA; B/N; 90'; FRANCIA, 1936.

SEGRETO DEL LAGO, IL ★★★
(The Secret of Convict Lake)
Regia di MICHAEL GORDON. Con ETHEL BARRYMORE, GLENN FORD, ZACHARY SCOTT, GENE TIERNEY. ■ Alcuni forzati, riusciti a evadere, giungono in un paese vicino al lago, abitato solo da donne, poiché gli uomini sono alla ricerca di oro sulle montagne. Tra gli evasi c'è James, condannato ingiustamente, che scopre che è stato Rudy, abitante in quel paese, a farlo condannare. Ne nasce così una violenta sparatoria, in cui Rudy viene ucciso da James: giustizia è fatta. ■ AVVENTURA; B/N; 83'; USA, 1952.

SEGRETO DELLA PIRAMIDE D'ORO, IL *(Tribes)* ★★
Regia di KEN KWAPIS. Con PETER FALK, JEFF GOLDBLUM, CYNDI LAUPER. ■ Caccia a un tesoro nascosto sulle Ande. Al grisbì aspirano, oltre ad alcune canaglie (di cui una simpatica e le altre molto meno), anche due sensitivi, un uomo e una donna. Le canaglie si eliminano a vicenda. Rimangono i due sensitivi che, intanto, si sono innamorati. Film mediocre, ma che offre alla cantante Cyndi Lauper una buona occasione per far vedere che sa anche recitare. ■ AVVENTURA; COL.; 99'; USA, 1988.

SEGRETO DELLA PORTA CHIUSA, IL ★★
(Woman with no Name)
Regia di LADISLAO VAJDA. Con PHYLLIS CALVERT, HELEN CHERRY, EDWARD UNDERDOWN. ■ Yvonne, durante un bombardamento a Londra, perde la memoria. Non ricorda di avere un marito e una sorellastra; non ricorda neppure il suo nome. Ne approfitta la perfida sorellastra che, innamorata del marito, la induce a credere di esserne l'amante. La nascita di una bimba dipana questa aggrovigliata matassa, restituendo ad Yvonne la memoria e l'amore del marito. ■ DRAMMATICO; B/N; 83'; GRAN BRETAGNA, 1950.

SEGRETO DELLA SIERRA DOURADA, IL ★★
Regia di PINO BELLI. ■ Ennesimo documentario che illustra le usanze delle tribù del Mato Grosso. ■ DOCUMENTARIO; B/N; 91'; ITALIA, 1956.

SEGRETO DELLA SPADA, IL ★★
(He-Man and She-Ra – The Secret of the Sword)
Regia di ED FRIEDMAN. Con LOU KACHIVANS, MARSH LAMORE, BILL REED, GWEN WETZLER. ■ Nel tetro paese di Etheria si combatte l'eterna lotta fra il Bene e il Male (indovinate un po' chi vincerà). Fantasy dozzinale e animazione di serie B. ■ ANIMAZIONE; COL.; 90'; USA, 1985.

SEGRETO DELLA STREGA, IL ★★
(The Case of the Witch Who Wasn't)
Regia di JEAN BEAUDRY. Con VINCENT BOLOUC, MARIE-STÉPHANE GAUDRY, KESNAMELLY NEFF. ■ Una storiella per ragazzi sulla difficoltà di comunicazione tra diverse generazioni. Alcuni di loro conoscono una vecchia signora che in molti asseriscono sia una strega. Cercano di aiutarla come possono perché capiscono che è solamente una persona sola e psicologicamente debole. ■ COMMEDIA; COL.; 90'; CANADA, 1990.

SEGRETO DELLA VECCHIA SIGNORA, IL ★★
(From the Mixed-up Files of Mrs. Basil E. Frankweiler)
Regia di FIELDER COOK. Con INGRID BERGMAN, RICHARD MULLIGAN, GEORGE ROSE. ■ Delicata fiaba con una delle ultime apparizioni di Ingrid Bergman (che a cinquantotto anni fece, con una punta di civetteria, la settantacinquenne). Due ragazzini della periferia di New York decidono di conoscere la vita del centro, ma il primo giorno si perdono nei meandri del Museo di New York. Una vecchia signora (la Bergman) li prenderà in simpatia. La vacanza newyorkese sarà proprio tutta da ricordare. ■ COMMEDIA; COL.; 105'; USA, 1973.

SEGRETO DELLE PIRAMIDI, IL ★★★
(Charlie Chan in Egypt)
Regia di LOUIS KING. Con RITA HAYWORTH, WARNER OLAND, PAT PATTERSON. ■ Misteriose uccisioni e sparizioni nella tomba del sacerdote Ameti. Arriva il solito investigatore, in questo caso il celebre Charlie Chan, e risolve l'enigma del sarcofago. ■ GIALLO; B/N; 72'; USA, 1935.

SEGRETO DELLE ROSE, IL ★★
Regia di ALBINO PRINCIPE. Con MARIO CAROTENUTO, ADRIANO CECCONI, MARIAN DE KONING. ■ Sdolcinata vicenda di un'olandese, Marian, che, per dimenticare il suo fallito matrimonio, giunge in Italia e passa di avventura in avventura, riportando cocenti delusioni. Prende così la strada del ritorno, portando con sé un orfanello, per ricominciare fiduciosa la vita accanto al marito. ■ COMMEDIA; B/N; 92'; ITALIA, 1958.

SEGRETO DELLE TRE PUNTE, IL ★★
Regia di CARLO LUDOVICO BRAGAGLIA. Con MASSIMO GIROTTI, TAMARA LEES, UMBERTO SPADARO. ■ Intricata storia che ci riporta all'unificazione della Sicilia all'Italia. Un ex combattente garibaldino durante il ritorno all'isola si sostituisce ad un emissario borbonico che era stato ucciso dai briganti, per spiare i piani del nemico. Scoperto e condannato a morte, si salva per la deposizione di un brigante. ■ DRAMMATICO; B/N; 80'; ITALIA, 1952.

SEGRETO DELL'ISOLA DI ROAN, IL ★★★
(The Secret of Roan Inish)
Regia di JOHN SAYLES. Con EILEEN COLGAN, JENI COURTNEY. ■ Vivono le leggende di un'isola dove una bambina di grande fantasia coglie magie che agli altri sfuggono. Quando un suo fratellino scompare in mare con la culla, lo ritrova prestando fede alla favola delle foche. Musiche di grande suggestione, pescatori, vecchie case abbandonate che riprendono a vivere, gente che crede e gente che non crede. Magnifica atmosfera. Film con più chiavi di lettura e simboli alla portata di chi ha voglia di interpretarli. In sostanza la nostra civiltà avrebbe grande bisogno di fantasia. Cominciamo con l'apprezzare storie come questa. ■ FANTASTICO; COL.; 100'; USA, 1996.

SEGRETO DELLO SCORPIONE, IL ★★
(The Scorpio Letters)
Regia di RICHARD THORPE. Con OSCAR BEREGI, ALEX CORD, SHIRLEY EATON, ARTHUR MALET, LAURENCE NAISMITH. ■ Joe Christopher, del controspionaggio americano, viene inviato a Parigi per cercare di scoprire chi ha ucciso un agente inglese. Entra così in contatto con la banda dello Scorpione, nata per opporsi all'invasione tedesca e trasformatasi poi in un'associazione criminale. Dopo vari colpi di scena, Christopher riesce a smantellare l'organizzazione, uccidendone il capo. ■ SPIONAGGIO; COL.; 98'; USA, 1966.

SEGRETO DELLO SPARVIERO NERO, IL ★★
Regia di DOMENICO PAOLELLA. Con LEX BARKER, LIVIO LORENZON, NADIA MARLOWA. ■ Lo Sparviero Nero è un corsaro che per conto dell'Inghilterra deve impadronirsi di importanti documenti in possesso di una banda di pirati. Dopo rocambolesche situazioni, riesce a portare in salvo i documenti, pagando con la vita. ■ AVVENTURA; COL.; 91'; ITALIA, 1962.

SEGRETO DELL'UOMO SBAGLIATO, IL ★★★
(I Want what I Want)
Regia di JOHN DEXTER. Con HARRY ANDREWS, JILL BENNETT, ANNE HEYWOOD. ■ Il film narra con toni misurati e di buon gusto la difficile vita e le ostilità che circondano un transessuale. Roy, nato uomo ma intimamente donna, riesce a raggiungere il proprio equilibrio grazie a un intervento correttivo che lo fa vivere e amare come un essere femminile. ■ DRAMMATICO; COL.; 105'; GRAN BRETAGNA, 1971.

SEGRETO DELL'UOMO SOLITARIO, IL ★★
Regia di ERNESTO GUIDA. Con GIULIO BOSETTI, MIMSY FARMER, NADA, DIDI PEREGO. ■ Cristiano, benestante di una certa età, vive solo in una casa tra la brughiera e il mare sulla costa sarda, amato teneramente da Ghiana, una contadina sposata. L'arrivo nel casolare vicino della giovane ed affascinante Sara, che accudisce il marito malato di mente sconvolge la vita di Cristiano e il suo rapporto con Ghiana, suscitando in lui amore ed angoscia. ■ DRAMMATICO; COL.; 110'; ITALIA, 1989.

SEGRETO DEL MEDAGLIONE, IL *(The Locket)* ★★★
Regia di JOHN BRAHM. Con BRIAN AHERNE, LARAINE DAY, ROBERT MITCHUM, GENE RAYMOND. ■ Un trauma infantile, la perdita di un medaglione molto caro, ha procurato a una ragazza uno squilibrio psichico che le causa ricorrenti crisi di amnesia e cleptomania. Si mette con vari uomini e li abbandona tutti quando arrivano le crisi. Sta per sposarsi e il giorno delle nozze, per un caso fortuito, ritrova il famoso medaglione. Il ritrovamento non la guarisce. Anzi, la fa sprofondare definitivamente nella pazzia. ■ DRAMMATICO; B/N; 86'; USA, 1947.

SEGRETO DEL MIO SUCCESSO, IL ★★★
(The Secret of My Success)
Regia di HERBERT ROSS. Con MICHAEL J. FOX, RICHARD JORDAN, HELEN SLATER. ■ Un giovanotto pieno di iniziative trova lavoro come fattorino nella grossa multinazionale diretta da un lontano zio. All'insaputa del parente (e di tutti, o quasi, gli altri dipendenti) s'impossessa dello studio di un dirigente da cui, sotto

falso nome, impartisce ordini, elargisce consigli, passa preziose informazioni. La sua doppia vita non può durare a lungo. Il giovanotto viene scoperto. Ma, poiché da manager ha dato ottima prova, non lo licenziano, anzi lo mettono al posto dello zio (che invece come dirigente non ha brillato). ■ COMMEDIA; COL.; 93′; USA, 1986. ■ GOLDEN GLOBES 1 NOM.

SEGRETO DEL NARCISO D'ORO, IL ★★
(Das Geheimnis der Narzissen – The Devil's Daffodil)
Regia di AKOS RATHONYI. Con JOACHIM FUCHSBERGER, CHRISTOPHER LEE. ■ La polizia inglese è incapace di sgominare una banda di spacciatori e assassini; interviene un detective privato che, con l'aiuto di un poliziotto cinese, assicura alla giustizia i colpevoli. ■ GIALLO; B/N; 90′; GERMANIA, GRAN BRETAGNA, 1961.

SEGRETO DEL P. 22, IL *(Emergency Landing)* ★★
Regia di WILLIAM BEAUDINE. Con EVELYN BRENT, CAROL HUGHES, FORREST TUCKER. ■ Un pilota collaudatore e un progettista di aerei rivoluzionari si trovano nei guai. Ma un'ereditiera innamorata del pilota viene in loro soccorso. ■ AVVENTURA; B/N; 72′; USA, 1941.

SEGRETO DEL SAHARA, IL *(The Steel Lady)* ★★
Regia di EWALD ANDRÉ DUPONT. Con ROD CAMERON, JOHN DEHNER, TAB HUNTER. ■ Avventura nel deserto di quattro uomini che durante l'ultima guerra tentano di raggiungere una vicina base a bordo di un carro armato tedesco sul quale sono nascoste preziose gemme che i beduini stanno cercando. Questo ricco carico li costringe ad affrontare pericolose situazioni, ma quando tutto sembra perduto arriva un aereo a salvarli. ■ AVVENTURA; B/N; 92′; USA, 1953.

SEGRETO DEL SAHARA, IL ★★★
Regia di ALBERTO NEGRIN. Con BEN KINGSLEY, DAVID SOUL, MICHAEL YORK. ■ Uno studioso inglese vuole scoprire il segreto della Montagna Parlante nel deserto del Sahara. Anche un feroce sceicco e un capitano della Legione straniera hanno il suo stesso scopo. Arriva per primo lo studioso, che però paga la scoperta con la perdita della vista. Ma intanto la regina dei guerrieri della Montagna Parlante s'è innamorata di lui. Lo farà di nuovo vedere e lo aiuterà a combattere lo sceicco e il capitano. ■ AVVENTURA; COL.; 84′; ITALIA, 1988.

SEGRETO DEL SUCCESSO, IL ★★
Regia di MASSIMO MARTELLI. Con NADIA CARLOMAGNO, ANTONIO CATANIA, ENZO IACCHETTI, PAOLO MELANDRINO, PAOLO MARIA VERONICA. ■ Cico e Bob sono due attori comici di nessun successo, un po' per propria incapacità e un po' per colpa di un manager a dir poco folkloristico. Ma la falsa notizia che li dà per morti in un incendio cambia le loro prospettive. Da morti i due diventano tanto famosi da vedersi attribuire l'attenzione costante dei mass media. Finalista al premio Solinas, *Il segreto del successo* è purtroppo un buon esempio di come una sceneggiatura interessante non basti ad assicurare un buon film. Colpa di una regia sciatta e priva di verve, di attori scarsi, di un inutile (e qua e là imbarazzante) ricorrere a presunte celebrità del piccolo schermo nella speranza di satireggiare la tv spazzatura. ■ COMMEDIA; COL.; 100′; ITALIA, 2003.

SEGRETO DEL TIBET, IL *(Werewolf of London)* ★★
Regia di STUART WALKER. Con VALERIE HOBSON, HENRY HULL, WARNER OLAND. ■ Uno scienziato inglese si reca in Tibet alla ricerca di una miracolosa pianta che possa guarire la licantropia, la malattia del "lupo mannaro". Ma, morso da un individuo preda del male, ne rimane a sua volta vittima. Torna a Londra e viene ucciso dalla polizia mentre tenta, ormai contagiato, di uccidere la moglie. ■ HORROR; B/N; 75′; USA, 1935.

SEGRETO DI AGATHA CHRISTIE, IL *(Agatha)* ★★★
Regia di MICHAEL APTED. Con TIMOTHY DALTON, CELIAN GREGORY, DUSTIN HOFFMAN, HELEN MORSE, VANESSA REDGRAVE. ■ Ispirato a un episodio autentico quanto misterioso, il film vorrebbe spiegare la sparizione della famosa scrittrice di gialli Agatha Christie, che negli anni Venti si eclissò per alcuni giorni. La scrittrice non raccontò mai a nessuno dove e perché si fosse nascosta in quel periodo, quindi la risposta del film è assolutamente frutto di fantasia. ■ DRAMMATICO; COL.; 98′; USA, 1979. ■ OSCAR 1 NOM.

SEGRETO DI ALEXINA, IL *(Mystère Alexina)* ★★★
Regia di RENÉ FERET. Con BERNARD FREY, VALERIE STROH. ■ Nel diciannovesimo secolo, una giovane istitutrice vive una vita tranquilla e rispettata. È carina, religiosa, virtuosa. Ma un giorno i sensi di lei sono sconvolti dall'attrazione che sente di provare per un'altra insegnante. Scoppia lo scandalo. Alexina si rivolge a un medico: la spiegazione è semplice e sconvolgente. Quando nacque commisero un piccolo errore. Non era una femmina, ma un maschio. ■ DRAMMATICO; COL.; 86′; FRANCIA, 1985.

SEGRETO DI ANNA ROTTNER, IL ★★
(Die Kellerin Anna)
Regia di PETER PAUL BRAUER. Con FRANZISKA KINZ, OTTO WENRICKE. ■ Un giovane aspirante musicista, dopo dissapori con il padre, si trasferisce a Salisburgo per studiare al conservatorio. Qui viene riconosciuto come figlio da una cameriera che, rimasta vedova, lo aveva dato in adozione, con la promessa di rinunciare per sempre a lui. Sarà lo stesso padre putativo a permettere il ricongiungimento tra madre e figlio. ■ DRAMMATICO; B/N; 92′; GERMANIA, 1941.

SEGRETO DI BUDDA – AGENTE 310, SPIONAGGIO SEXY, IL *(Heisser Hafen Hong Kong)* ★★
Regia di JÜRGEN ROLAND. Con BRAD HARRIS, MARIANNE KOCH. ■ Viene rubato un segreto ad una industria chimica di Tokyo. Avventurosamente e casualmente entra in possesso del microfilm un giornalista, che decide di indagare, aiutato da un'amica. L'avventura si conclude positivamente e la banda di spie viene sgominata. ■ AVVENTURA; COL.; 93′; GERMANIA, 1962.

SEGRETO DI CRISTOFORO COLOMBO, IL ★★
(Alba de America)
Regia di JUAN DE ORDUÑA. Con MARIA MARTIN, AMPARO RIVELLES, ANTONIO VILAR. ■ Il film racconta le vicissitudini che il navigatore dovette affrontare per convincere re Ferdinando a concedergli i mezzi per allestire le tre caravelle e partire alla scoperta del Nuovo mondo. ■ AVVENTURA; B/N; 94′; SPAGNA, 1951.

SEGRETO DI DON GIOVANNI, IL ★★
Regia di CAMILLO MASTROCINQUE. Con GINO BECHI, SILVANA PAMPANINI. ■ Un marito galante perde la voce per le troppe avventure e, disperato, decide di uccidersi. Ma, non avendo il coraggio, commissiona la propria fine ad una banda di malfattori. Riconciliatosi con la moglie cambia idea, ma la banda vuole ucciderlo a tutti i costi. Lieto fine. ■ COMICO; B/N; 85′; ITALIA, 1947.

SEGRETO DI ELENA – IL TRADIMENTO DI ELENA MARIMON, IL *(Le secret d'Hélène Marimon)* ★★
Regia di HENRI CALEF. Con CARLA DEL POGGIO, ISA MIRANDA, FRANK VILLARD. ■ Una donna sposata tradisce il marito con un commilitone di questi. Dopo non vuol più vedere l'amante e si porta il rimorso per tutta la vita. Molti anni dopo l'amante incontra la figlia che gli fa da segretaria. La vecchia storia torna alla luce. I tre alla fine si riuniranno. ■ DRAMMATICO; B/N; 100′; FRANCIA, ITALIA, 1954.

SEGRETO DI FATIMA, IL *(La señora de Fatima)* ★★
Regia di RAFAEL GIL. Con INES ORSINI, FERNANDO REY, MARIAN SALGADO. ■ La piccola Lucia, figlia d'un pastore, conduce le greggi a pascolare nelle campagne di Fatima, in Portogallo, insieme a due cuginetti. Un giorno i tre bambini hanno la visione della Vergine, che parla loro ripetutamente. ■ BIOGRAFICO; B/N; 92′; SPAGNA, 1951.

SEGRETO DI JOCKO, IL *(The Leavenworth Case)* ★★
Regia di LEWIS D. COLLINS. Con DONALD COOK, JEAN ROUVEROL. ■ La zia di due ragazze uccide con il veleno un anziano possidente che ha sposato una delle nipoti, nel timore che possa renderla infelice e sperperare il suo patrimonio. La polizia brancola nel buio, ma il medico della vittima smaschera la vecchia signora, con l'aiuto di una scimmietta ammaestrata, Jocko. ■ GIALLO; B/N; 73′; USA, 1936.

SEGRETO DI KATE, IL *(Kate's Secret)* ★
Regia di ARTHUR ALLAN SEIDELMAN. Con MEREDITH BAXTER-BIRNEY, SHARI BELAFONTE, BEN MASTERS. ■ La signora Stark

è bulimica, cioè ha sempre un gran bisogno di mangiare. Per non rompere l'armonia in famiglia decide di non dir nulla. Ma finisce invece per creare grossi problemi. ■ DRAMMATICO; COL.; 100′; USA, 1986.

SEGRETO DI MARY HARRISON, IL ★★
(The Corpse Came C.O.D.)
Regia di HENRY LEVIN. Con JOAN BLONDELL, GEORGE BRENT, ADELE JERGENS. ■ Cadaveri in serie nei teatri di posa di una casa cinematografica. Prima viene ucciso il costumista, poi il direttore della pubblicità. Il giornalista Job, al quale si è rivolta l'attrice Mary Harrison, scopre l'autore dei delitti. I colpi di scena e il ritmo dell'azione conferiscono un discreto interesse alla vicenda. ■ POLIZIESCO; B/N; 87′; USA, 1947.

SEGRETO DI MAYERLING, IL ★★★
(Le secret de Mayerling)
Regia di JEAN DELANNOY. Con DOMINIQUE BLANCHAR, JEAN DEBUCOURT, CLAUDE FARREL, JEAN MARAIS. ■ Storia del tragico romanzo d'amore tra l'arciduca Rodolfo d'Austria, figlio dell'imperatore Francesco Giuseppe, e la giovane Maria Vetsera. Oltre che per lo scandalo nato dalla relazione, l'arciduca è osteggiato perché coinvolto nella congiura di alcuni patrioti ungheresi, che cercano di liberarsi del giogo austriaco. Rodolfo, chiesto al papa l'annullamento del precedente matrimonio, si rifugia a Mayerling, dove i due amanti, dopo il fallimento della cospirazione, vengono uccisi prima che possano farlo essi stessi. Secondo un'altra versione storica, Rodolfo si suicidò. ■ STORICO; B/N; 90′; FRANCIA, 1949.

SEGRETO DI MONTECRISTO, IL ★★
(Le secret de Monte Cristo)
Regia di ALBERT VALENTIN. Con PIERRE BRASSEUR, MARCELLE DERRIEN. ■ Il film racconta, fantasiosamente, come Alessandro Dumas trasse ispirazione per il suo romanzo *Il conte di Montecristo* da un fatto realmente avvenuto. ■ AVVENTURA; B/N; 85′; FRANCIA, 1952.

SEGRETO DI MONTECRISTO, IL ★★
(The Treasure of Monte Cristo)
Regia di ROBERT S. BAKER, MONTY BERMAN. Con PETER ARNE, PATRICIA BREDIN, RORY CALHOUN, GIANNA MARIA CANALE, JOHN GREASON. ■ Un bandito cattura un gruppo di inglesi che cerca un tesoro nell'isola di Montecristo. Uno di questi resta ferito dopo aver trovato il tesoro e il bandito, che gli deve la vita, lo conduce per mare da un medico. Un altro dei cercatori, il conte Boldrini, cerca di impadronirsi dell'oro, ma viene ucciso e il forziere finisce in fondo al mare. ■ AVVENTURA; COL.; 95′; GRAN BRETAGNA, 1961.

SEGRETO DI MORA TAU, IL *(Zombies of Mora Tau)* ★★
Regia di EDWARD L. CAHN. Con ALLISON HAYES, GREGG PALMER, AUTUMN RUSSELL. ■ Una spedizione giunge in Africa per recuperare il tesoro di una nave affondata. Una vecchia del luogo li avverte che il tesoro è custodito da un esercito di "zombi", cadaveri viventi, che uccidono chiunque tenti di impadronirsi dei diamanti. Dopo numerose uccisioni, il cofano di diamanti già recuperato viene ributtato in mare, e gli zombi si placano. ■ FANTASTICO; B/N; 70′; USA, 1957.

SEGRETO DI NORA MORAN, IL ★★
(The Sin of Nora Moran)
Regia di PHILIP GOLDSTONE. Con PAUL CAVANAGH, ZITA JOHANN. ■ In attesa dell'esecuzione, una donna condannata a morte rivive la sua vita, dal lavoro in un circo equestre alla relazione con un industriale, che uccide il suo precedente amante, un domatore. Nora per salvarlo si autoaccusa, ma quando sta per essere giustiziata arriva la notizia che il colpevole ha confessato. ■ DRAMMATICO; B/N; 57′; USA, 1933.

SEGRETO DI POLLYANNA, IL *(Pollyanna)* ★★★
Regia di DAVID SWIFT. Con KARL MALDEN, ADOLPHE MENJOU, HAYLEY MILLS, JANE WYMAN. ■ L'allegria di una ragazzina di dodici anni, che dopo la morte dei genitori è andata a vivere con una vecchia zia, anima un intero paese. La sua gioia di vivere non si spegne nemmeno quando la bambina rimane paralizzata per una brutta caduta. ■ AVVENTURA; COL.; 134′; USA, 1960. ■ OSCAR 1 PR, 1 NOM.

SEGRETO DI RINGO, IL ★★
(El secreto del capitan O'Hara)
Regia di ARTUR RUIZ CASTILLO. Con GERMAN COBOS, MARTHA DOVAN, JOHNNY HARRISON, ANGEL TER. ■ Un ufficiale della cavalleria americana, il capitano O'Hara, salva una ragazza destinata a sposare un altro ufficiale del forte, il capitano Brush. Tra i due uomini c'è un'antica ruggine, perché O'Hara non salvò il fratello dell'ufficiale. Ma durante un attacco dei pellirosse i due si riappacificano, prima che il capitano Brush muoia. ■ WESTERN; COL.; 90′; SPAGNA, 1965.

SEGRETO DI SANTA VITTORIA, IL ★★
(The Secret of Santa Vittoria)
Regia di STANLEY KRAMER. Con HARDY KRÜGER, VIRNA LISI, ANNA MAGNANI, ANTHONY QUINN. ■ Santa Vittoria è un paese italiano famoso per il suo vino. I tedeschi durante l'occupazione vogliono farsi dire ad ogni costo dove è nascosta la famosa riserva da un milione di bottiglie. Ma la riserva è imboscata bene. E il sindaco, da tutti ritenuto un imbelle, non parla nonostante le pressioni anche violente cui è sottoposto dal maggiore nazista. I tedeschi devono partirsene con le pive nel sacco. ■ COMMEDIA; COL.; 140′; USA, 1969. ■ OSCAR 2 NOM.

SEGRETO DI STATO *(State Secret)* ★★★
Regia di SIDNEY GILLIAT. Con DOUGLAS FAIRBANKS JR, JACK HAWKINS, GLYNIS JOHNS, HERBERT LOM. ■ In uno Stato dei Balcani, un celebre chirurgo inglese compie una difficile operazione. Il paziente è il dittatore del luogo che muore sotto i ferri. Ma il capo dell'esercito, per ragioni di ordine pubblico, vuole tenere nascosta la morte e sequestra il chirurgo, mentre fa esibire un sosia del dittatore. Il medico riesce a fuggire e insieme a una donna cerca di passare il confine attraverso un valico montuoso. A pochi metri dalla salvezza viene ripreso. E starebbe per essere fatto fuori, se il sosia del dittatore non venisse ucciso in pubblico. Ormai il chirurgo può essere lasciato libero. ■ AVVENTURA; B/N; 104′; GRAN BRETAGNA, 1950.

SEGRETO DI STATO ★★
Regia di GIUSEPPE FERRARA. Con MASSIMO DAPPORTO, MASSIMO GHINI, ADALBERTO MARIA MERLI. ■ Dopo Dalla Chiesa e Moro, Ferrara torna al suo argomento preferito: la denuncia delle inquietanti collusioni tra i poteri dello Stato (palesi e occulti) e la criminalità organizzata. Questa volta il regista abbandona la ricostruzione-inchiesta per dedicarsi a una trama di fantasia, in cui può concedere anche un po' di spazio a inseguimenti e sparatorie da cinema d'azione. ■ DRAMMATICO; COL.; 110′; ITALIA, 1995.

SEGRETO DI SUOR ANGELA, IL ★★
(Le secret de Soeur Angèle)
Regia di LÉO JOANNON. Con SOPHIE DESMARETS, RAF VALLONE. ■ Suor Angela resta coinvolta nell'uccisione di un antiquario noto come un poco di buono e intravede il volto dell'assassino. A distanza di tempo, imbarcandosi da Marsiglia per l'Indocina, la suora rivede il killer che, braccato dalla polizia e ignaro dell'identità di Angela, le confida il suo crimine. La giovane suora, impietosita dalla vicenda, si prende cura del povero Marcello. Lui s'innamora e finirà per costituirsi alla polizia. ■ DRAMMATICO; B/N; 97′; FRANCIA, 1956.

SEGRETO DI UNA DONNA, IL *(Whirlpool)* ★★★
Regia di OTTO PREMINGER. Con RICHARD CONTE, JOSÉ FERRER, GENE TIERNEY. ■ Il malvagio ipnotizzatore David Korvo incontra in un grande magazzino Anna William, malata di cleptomania e moglie di un noto psicologo. Korvo la convince ad abbandonarsi ai suoi poteri paranormali e lei accetta, illusa di guarire. Ma il progetto di Korvo è un altro: tramite Anna egli spera di recuperare un disco con dati compromettenti per lui, ora nelle mani del marito della donna. Recupera il disco e riesce anche a sbarazzarsi di una sua vecchia amante, facendo ricadere la responsabilità dell'omicidio su Anna. Ma il marito di questa, che partecipa alle indagini della polizia, lo smaschererà. ■ GIALLO; B/N; 97′; USA, 1949.

SEGRETO DI UNA STELLA, IL *(Sor intrépida)* ★★
Regia di RAFAEL GIL. Con DOMINIQUE BLANCHARD, MARIA DULCE, FRANCISCO RABAL. ■ Suor Maria, affermata cantante lirica prima di entrare in convento, non ha ancora preso ufficial-

mente il velo e già è in contrasto con la maestra delle novizie. La donna vorrebbe rendersi utile nel vicino ospedale assistendo i malati, ma i suoi slanci vengono interpretati dalla priora come peccati di presunzione. Finalmente, dopo avere con uno stratagemma convertito un infermo che non voleva confessarsi, Maria viene ordinata e parte missionaria tra i lebbrosi. ■ DRAMMATICO; B/N; 90'; SPAGNA, 1956.

SEGRETO DI VERA DRAKE, IL *(Vera Drake)* ★★★🏆
Regia di MIKE LEIGH. Con IMELDA STAUNTON, HEATHER CRANEY, PHILIP DAVIS, RICHARD GRAHAM, ALEX KELLY, DANIEL MAYS, ADRIAN SCARBOROUGH, PETER WIGHT. ■ Nell'Inghilterra anni Cinquanta, Vera Drake si prodiga per la famiglia, l'anziana madre e persino un vicino di casa malato. Quello che nessuno sa è che Vera aiuta ragazze ad abortire: una pratica illegale, che la donna compie per altruismo, senza preoccuparsi delle conseguenze. Mike Leigh continua ad esplorare l'universo che a lui è più congeniale: quello dei vinti, degli sconfitti dalla vita. Vera Drake, anche lei "vinta", si dà da fare per alleviare le sofferenze altrui. È una donna profondamente buona che finirà in carcere. Leigh dice di voler affrontare la tematica dell'aborto avvalendosi della distanza nel tempo che dovrebbe evitare la polemica. In realtà questo è un film su un mondo che trascina tristemente la propria esistenza ed in cui, forse per la prima volta, non c'è differenza tra ricchi e poveri. Il disagio esistenziale è di tutti. La differenza la fa, come al solito, il denaro. Che però per Vera non conta. Perché lei è un'anima pura. ■ DRAMMATICO; COL.; 125'; GRAN BRETAGNA, 2004. ■ GOLDEN GLOBES 🏆 1 NOM; OSCAR 2 NOM; VENEZIA 🏆 2 PR.

SEGRETO DI VILLA PARADISO, IL ★★
Regia di DOMENICO GAMBINO. Con LUISA FERIDA, GIOVANNI GRASSO. ■ Un agente segreto argentino incaricato di sgominare una banda di falsari viene ucciso nei pressi di "Villa Paradiso", un locale notturno assai malfamato. Tre suoi colleghi sguinzagliati alla sua ricerca capiscono che la zecca clandestina si trova proprio all'interno di quel bislacco night club. Fingendosi clienti vi si introducono, ma vengono riconosciuti e catturati dai malviventi. Sarà una ballerina a salvarli e ad aiutarli a far arrestare la cricca dei falsari. ■ POLIZIESCO; B/N; 92'; ITALIA, 1940.

SEGRETO INVIOLABILE, IL ★★
Regia di JULIO FLECHER DE GOMAR. Con TONY D'ALGY, MARIA MERCADER, JOSÉ NIETO. ■ Un famosissimo scassinatore viene momentaneamente rilasciato di prigione per "collaudare" un nuovo tipo di cassaforte. Lo scasso non riesce, e il bandito viene ricondotto in cella. Durante la notte però evade e corre a prendersi la rivincita con la cassaforte che gli ha resistito, poi ritorna nella sua cella. Del clamoroso colpo viene accusato per fortuite circostanze un ignaro professore che finirebbe sicuramente dietro le sbarre se il vero scassinatore, nel frattempo rilasciato, non rivendicasse l'onore della sua azione. ■ COMMEDIA; B/N; 91'; ITALIA, 1939.

SEGRETO MORTALE *(Full Confession)* ★★
Regia di JOHN FARROW. Con JOSEPH CALLEIA, SALLY EILERS, VICTOR MCLAGLEN. ■ Un uomo uccide un poliziotto, poi va in prigione per il furto di una pelliccia. Del delitto da lui commesso viene accusato un altro. In carcere il cappellano intuisce la verità, ma l'uomo non parla: vuole uscire presto e sposarsi. Alla fine le parole del cappellano suscitano una profonda crisi di coscienza: confesserà. ■ DRAMMATICO; B/N; 73'; USA, 1939.

SEGRETO SULLA CARNE, IL *(The Lady Has Plans)* ★★★
Regia di SIDNEY LANFIELD. Con ALBERT DEKKER, PAULETTE GODDARD, RAY MILLAND. ■ Seconda guerra mondiale. Un gruppo di contrabbandieri intende trasferire gli importanti piani di un'arma automatica dagli Usa a Lisbona. I disegni vengono tatuati sulla schiena di una donna. Però c'è un cambiamento di persona: la nuova ragazza-corriere si introduce nell'organizzazione e smaschera tutti. ■ GIALLO; B/N; 77'; USA, 1942.

SEGRETO TRA DI NOI, UN *(Fireflies in the Garden)* ★
Regia di DENNIS LEE. Con WILLEM DAFOE, CARRIE-ANN MOSS, JULIA ROBERTS, EMILY WATSON. ■ Michael ha seguito le orme di suo padre ed è diventato uno scrittore. Il suo ultimo romanzo, *Fireflies in the Garden*, racconta della sua famiglia e rappresenta un riscatto umano e professionale nei confronti di un padre padrone che non gli ha mai dimostrato né affetto né stima. Per questo non ha ancora deciso se pubblicarlo o meno. Tutti stanno per riunirsi in occasione dei festeggiamenti per il diploma di sua madre. Durante il tragitto però l'auto dei genitori incappa in un incidente e la donna muore sul colpo. Quello che doveva essere un giorno di festa si trasforma in una tragica riunione familiare e toccherà a Michael, a sua sorella e a sua zia Jane il compito di rimettere insieme i pezzi di un passato difficile fatto di angoscia e repressione, che nessuno di loro è riuscito ancora a scrollarsi di dosso. ■ DRAMMATICO; COL.; 120'; USA, 2008.

SEGUACI DI BRUCE LEE, I ★
Regia di TONG MING CHEN. Con PAN LON, CHOU PING, TIENE KAO. ■ Tornato ricco al paese, Chen trova la fidanzata promessa ad un altro. Vorrebbe affrontare il rivale, ma l'arrivo di una banda di malviventi costringe i due pretendenti ad allearsi. ■ AVVENTURA; COL.; 92'; HONG KONG, 1975.

SEGUENDO LA FLOTTA *(Follow the Fleet)* ★★★
Regia di MARK SANDRICH. Con FRED ASTAIRE, LUCILLE BALL, BETTY GRABLE, HARRIET HILLARD, GINGER ROGERS, RANDOLPH SCOTT. ■ Due ballerini che qualche anno prima formavano un'applaudita coppia si riuniscono per caso (lui è marinaio), capiscono di amarsi e decidono di sposarsi. Anche la sorella della ragazza troverà l'amore. L'equipaggio della nave, poi, organizzerà uno spettacolo musicale per finanziare il restauro di una vecchia imbarcazione appartenente al padre delle due ragazze. ■ COMM. MUSICALE; B/N; 110'; USA, 1936.

SEGUGIO, IL ★★
Regia di BERNARD ROLAND. Con MEMMO CAROTENUTO, VALERIA FABRIZI, HENRY SALVADOR, NINO TARANTO. ■ Henry Salvador è il protagonista di un'intricata e comica vicenda: due bande rivali cercano di entrare in possesso di un cadavere, nella cui gamba di legno è stata nascosta della droga. ■ COMICO; COL.; 90'; ITALIA, 1962.

SEGUI IL TUO CUORE *(Charlie St. Cloud)* ★★
Regia di BURR STEERS. Con AMANDA CREW, ZAC EFRON, RAY LIOTTA, DONAL LOGUE, CHARLIE TAHAN. ■ Charlie St.Cloud è un appassionato di competizioni in barca a vela a cui fa partecipare anche il fratellino Sam con cui ha un ottimo rapporto. Una sera però, mentre lo ha in custodia, sono entrambi vittime di un incidente stradale. Sam muore mentre Charlie sopravvive miracolosamente. Cinque anni dopo lo ritroviamo guardiano del cimitero in cui Sam è sepolto. Non va più in barca e ogni sera al tramonto allena il fratello che fa la sua puntuale ricomparsa. Nel momento in cui nella sua vita entra Tess, sua ex compagna di scuola e ora in procinto di partire per un viaggio intorno al mondo in solitario in barca a vela, Charlie sembra pronto a rinunciare all'amore per restare fedele a Sam. ■ DRAMMATICO; COL.; 99'; USA, CANADA, 2010.

SEGUI LE OMBRE ★★
Regia di LUCIO GAUDINO. Con GAETANO AMATO, FRANCESCO DI LEVA, NICOLA DI PINTO, DANIELA GARGIULO, EMANUELA GARUCCIO, MOIRA GRASSI, LUIGI IACUZIO. ■ 1946. Una serie di delitti inspiegabili insanguinano Sorrento. Il brigadiere Gatta, da poco lì trasferito, avverte che un velo omertoso rende difficoltosa la ricostruzione del puzzle che porta alla verità. Mosso dal senso di giustizia, il carabiniere non demorde e si mette ad indagare... ■ DRAMMATICO; COL.; 90'; ITALIA, 2003.

SEGUITE IL VOSTRO CUORE *(Follow your Heart)* ★★
Regia di AUBREY SCOTTO. Con MICHAEL BARTLETT, MARION TALLEY. ■ Una giovane donna, cresciuta in una famiglia di musicisti, decide di fidanzarsi con un uomo che non ama la musica; ma alla fine gli preferisce un tenore ed entra a far parte della compagnia lirica ambulante di questi. ■ COMMEDIA; B/N; 93'; USA, 1936.

SEGUITE QUEST'UOMO *(Suivez cet homme)* ★★★
Regia di GEORGES LAMPIN. Con RENÉ BLANCHARD, BERNARD BLIER, SUZY PRIM. ■ Film giallo di buona fattura in cui viene rievocata l'attività di un commissario di polizia parigino. Due in particolare sono le inchieste che hanno permesso al semplice com-

missario di diventare capo della squadra mobile: quella riguardante la morte di un usuraio e l'assassinio di un gioielliere. ■ DRAMMATICO; B/N; 95'; FRANCIA, 1952.

SEGUNDA PIEL ★★
Regia di GERARDO VERA. Con JAVIER BARDEM, ARIADNA GIL, JORDI MOLLÁ, CECILIA ROTH. ■ Elena e Alberto sono in crisi coniugale. La donna sospetta che il marito abbia un'amante. Scoprirà che manca l'apostrofo. Alberto ammette di aver iniziato una relazione con Diego, un chirurgo ortopedico. L'insolito triangolo provocherà più di uno squilibrio. Il dramma è in agguato. Javier Bardem, in attesa della consacrazione veneziana, disegna un personaggio complesso perfettamente coadiuvato da Jordi Mollá. Una storia gay che non esclude le donne e contribuisce ad alimentare la fama di un cinema spagnolo sempre sull'orlo di trame trasgressive. Ma un storia iberica "regolare" la vedremo mai? ■ DRAMMATICO; COL.; 94'; SPAGNA, 1999.

SEI BAMBINE E IL PERSEO ★★
Regia di GIOVACCHINO FORZANO. Con AUGUSTO DI GIOVANNI, ELENA ZARESCHI. ■ È la storia della realizzazione della statua del Perseo che Benvenuto Cellini modella al suo ritorno a Firenze, dopo un lungo periodo passato in Francia. A quest'opera, avversata da parecchi suoi nemici, concorrono, assistendolo moralmente, le sei nipotine. ■ AVVENTURA; B/N; 90'; ITALIA, 1940.

SEI CANAGLIA, MA TI AMO *(Love that Brute)* ★★
Regia di ALEXANDER HALL. Con PAUL DOUGLAS, JEAN PETERS, CESAR ROMERO. ■ Ed, esponente della malavita, si innamora di un'insegnante, Ruth, e per tenerla vicina si procura un figlio della cui educazione Ruth si deve occupare. Attraverso le rivelazioni di un altro gangster, Ruth scopre la vera identità di Ed, ma ormai l'amore ha vinto e Ruth parte con Ed e con il presunto figlio per ricominciare una nuova vita. ■ GIALLO ROSA; B/N; 85'; USA, 1950.

SEICENTO DI BALAKLAVA, I ★★★
(The Charge of the Light Brigade)
Regia di TONY RICHARDSON. Con HARRY ANDREWS, JILL BENNETT, JOHN GIELGUD, DAVID HEMMINGS, TREVOR HOWARD, VANESSA REDGRAVE. ■ È la storia della brigata degli ussari che nel 1854, comandata da Lord Cardigan, subì una grave sconfitta da parte dell'esercito russo a Sebastopoli, nonostante la famosa "carica dei 600". Varie le motivazioni della sconfitta: l'incapacità e la rivalità tra comandanti, il timore di perdere la brigata, che era la perla del reggimento. ■ STORICO; COL.; 130'; GRAN BRETAGNA, 1968.

600 GIORNI DI SALÒ, I ★★★
Regia di NICOLA CARACCIOLO, EMANUELE VALERIO MARINO. ■ Un film-documento prodotto dall'Istituto Luce con la Rai, che non vuol parteggiare per nessuno, dando semplicemente nelle immagini il quadro di un'epoca della nostra storia. Si parte dalla ripresa del potere fascista con l'appoggio del nazismo fino alla Liberazione. ■ DOCUMENTARIO; COL.; 88'; ITALIA, 1991.

SEI COLPI IN CANNA *(Hound Dog Man)* ★★
Regia di DON SIEGEL. Con FRANÇOISE FABIAN, CAROL LYNLEY, STUART WHITMAN. ■ Blackie, impenitente dongiovanni e sciupafemmine, corteggia sistematicamente ogni bella ragazza che arriva a portata di mano. Durante un party prende di mira la donna sbagliata e per poco non viene ucciso dal marito di lei. È la lezione che ci voleva: Blackie mette la testa a posto, sposa una brava ragazza e mette su una piccola fattoria. ■ AVVENTURA; COL.; 87'; USA, 1960.

SEI COME SEI ★★★
Regia di MASSIMO CAPPELLI, LUCA LUCINI, HERBERT SIMONE PARAGNANI, GUERINO SCIULLI, ANSELMO TALOTTA, ANDREA ZACCARIELLO. Con MADDALENA MAGGI, KATIA PIEROBELLI, LUCIA POLI, STEFANO SCANDALETTI, LUCA ZINGARETTI. ■ Già *Lo sguardo digitale*, è composto da sei corti: *Ampio, luminoso, vicino metro* di Massimo Cappelli, *Appuntamento al buio* di Hebert Simone Paragnani, *L'Ospite* di Guerino Scialli, *Una seconda occasione* di Anselmo Calotta, *Il sorriso di Diana* di Luca Lucini, *Una specie di appuntamento* di Andrea Zaccariello. I corti sono stati realizzati sulle sei sceneggiature vincenti il Premio Cinecittà Digital 2000. I film, che hanno avuto un buon successo al Festival di Berlino, sono stati tutti realizzati con una telecamera digitale ad alta definizione. Visione interessante. ■ COMM. A EPISODI; COL.; 97'; ITALIA, 2001.

SEI DANNATI IN CERCA DI GLORIA ★★
(The Invincible Six)
Regia di JEAN NEGULESCO. Con CURD JÜRGENS, ELKE SOMMER, STUART WHITMAN. ■ Tre avventurieri vivono e agiscono in Iran (c'è ancora lo Scià). Tentano di rubare il tesoro della Corona, ma non ci riescono e devono fuggire. Si rifugiano in un villaggio e devono vedersela con un bandito di nome Nazar. Il gruppo intanto si è ingrossato, ma tra uno scontro e l'altro rimangono in quattro. Uno resta nel villaggio e gli altri partono per nuove avventure. ■ AVVENTURA; COL.; 96'; USA, 1971.

SEI DELLA GRANDE RAPINA, I *(The Split)* ★★★
Regia di GORDON FLEMYNG. Con JIM BROWN, DIAHANN CARROLL, JULIE HARRIS. ■ Un nero di nome MacLane, che ha compiuto una grossa rapina insieme ad altri, ha l'incarico di nascondere la refurtiva. Lui la tiene in casa. Gli uccidono la moglie e gli rubano i soldi. I complici se la prendono con lui, cercano di farlo parlare e poi di ucciderlo. MacLane sospetta che il ladro-assassino sia uno della banda. Con l'aiuto di un poliziotto privato indaga e scopre l'insospettabile verità. ■ GIALLO; COL.; 95'; USA, 1969.

SEI DONNE PER L'ASSASSINO ★★
Regia di MARIO BAVA. Con EVA BARTÒK, CAMERON MITCHELL, THOMAS REINER. ■ Direttore e proprietaria di un elegante atelier di moda uccidono un'indossatrice per coprire un delitto avvenuto in passato e inducono la polizia a sospettare di un altro. Ma ogni morte ne chiama un'altra: per proteggere il loro segreto i due devono moltiplicare le vittime. Tuttavia qualcosa nei loro rapporti si incrina: finiranno per ammazzarsi tra loro. ■ GIALLO; COL.; 92'; ITALIA, 1966.

SEI GENDARMI IN FUGA *(Le gendarme en balade)* ★★
Regia di JEAN GIRAULT. Con LOUIS DE FUNÈS, GUY GROSSO, JEAN LEFEBVRE. ■ Il maresciallo Cruchеau della gendarmeria di Saint-Tropez e cinque suoi commilitoni non vogliono andare in pensione. Così, indossate di frodo le divise dei poliziotti, tentano un nostalgico ritorno ai bei tempi. I sei "nonnetti" piovono in un collegio maschile da cui sono spariti cinque allievi modello: riusciranno a ritrovarli, intenti a preparare addirittura una bomba atomica. ■ COMMEDIA; COL., 90'; FRANCIA, 1971.

SEI GIÀ CADAVERE AMIGO... TI CERCA GARRINGO ★★
Regia di JUAN BOSCH. Con RAF BALDASSARRE, RICHARD HARRISON, FERNANDO SANCHO. ■ Un ricco possidente di nome Miller costringe i suoi vicini a cedergli i loro appezzamenti sottocosto: chi si ribella finisce cadavere. È quanto capita al povero Govan, il cui figlio decide di vendicarsi. Miller assolda un killer per sbarazzarsi di lui. Tutto però gli va storto, e il figlio di Govan riuscirà perfino a soffiargli la fidanzata. ■ WESTERN; COL.; 91'; ITALIA, 1971.

SEI GIORNI DI LICENZA *(Sechs Tage Heimaturlaub)* ★★
Regia di JÜRGEN VON ALTEN. Con GUSTAV FRÖHLICH, KÄTHE HAACK. ■ Filmetto di propaganda girato in un momento cruciale della guerra, quando il vento sembrava soffiare in favore della Germania. ■ COMMEDIA; B/N; 93'; GERMANIA, 1941.

SEI GIORNI, SETTE NOTTI *(Six Days Seven Nights)*
Regia di IVAN REITMAN. Con HARRISON FORD, ANNE HECHE. ■ Lui è un pilota d'aerei sgangherato che ha lasciato la civiltà. Lei una manager rampante che si trova lì per un servizio fotografico. Il posto sono le isole del Pacifico dalle parti di Tahiti. L'aereo è costretto a un atterraggio di fortuna in un'isola (quasi) deserta. Per alcuni giorni i due litigano, poi simpatizzano, poi si amano. Poi tornano alla civiltà. Lieto fine. Filmetto che vale per il mare e il cielo. Non certo per i protagonisti. Per Ford un errore di percorso, per la Heche, lesbica fin troppo sbancierata, un'occasione, se mai lo era, perduta. ■ COMMEDIA; COL.; 91'; USA, 1998.

6 GIORNI SULLA TERRA ★★
Regia di VARO VENTURI. Con LUDOVICO FREMONT, LAURA GLAVAN, MARINA KAZANKOVA, MASSIMO POGGIO, VARO VENTURI. ■ Il dottor Davide Piso è un professore universitario, amato dagli studenti più ingenui, bistrattato dai colleghi più cinici. La ma-

teria di cui si occupa, il rapimento dell'anima umana da parte degli alieni, mette in crisi il dipartimento di bio-chimica. Isolato nel suo ristretto gruppo di ricerca, Davide continua a collezionare casi di persone possedute da extraterrestri, umani estrosi che, sotto ipnosi, svelano la presenza di un'identità aliena nel corpo. ■ FANTASCIENZA; COL.; 101'; ITALIA, 2010.

SEI GIOVANE SOLO UNA VOLTA ★★
(You're Only Young Once)
Regia di GEORGE BRACKETT SEITZ. Con MICKEY ROONEY, ANN RUTHERFORD, LEWIS STONE. ■ La famiglia del giudice Hardy va in vacanza. Ma non sono ferie di tutto riposo per l'esimio magistrato. Andy ne combina molte delle sue solite. E gli Hardy incontrano un affarista di non specchiata onestà, che costringe il giudice a fare il giudice anche d'estate. ■ COMMEDIA; B/N; 78'; USA, 1937.

SEI GRADI DI SEPARAZIONE ★★★
(Six Degrees of Separation)
Regia di FRED SCHEPISI. Con STOCKARD CHANNING, WILL SMITH, DONALD SUTHERLAND. ■ Paul, sedicente figlio di Sidney Poitier, conquista la fiducia dei Kittridge, agiata coppia newyorkese. La tolleranza dei due ha però un sussulto quando risulta che il ragazzo è un abile maestro nell'inganno, la cui tecnica consiste nell'introdursi nelle case di persone abbienti. I Kittridge tentano di allontanarlo, ma l'impresa non risulta facile. ■ DRAMMATICO; COL.; 112'; USA, 1995. ■ GOLDEN GLOBES 1 NOM; OSCAR 1 NOM.

SEI JELLATO AMICO, HAI INCONTRATO SACRAMENTO ★
Regia di GIORGIO CRISTALLINI. Con JENNY ATKINS, TY HARDIN, CHRISTIAN HAY. ■ Il giustiziere Sacramento viene assunto gratis da una famiglia perseguitata da un prepotente. Metterà tutto a posto. ■ WESTERN; COL.; 94'; ITALIA, 1972.

SE IL SOLE NON TORNASSE ★★★
(Si le soleil ne revient pas)
Regia di CLAUDE GORETTA. Con PHILIPPE LÉOTARD, CHARLES VANEL. ■ Il vecchio "stregone" di un paesino di campagna va dicendo che la fine del mondo è ormai prossima. Tutti gli abitanti del borgo ne sono sconvolti: solo la giovane e saggia Isabelle non cede al panico e aspetta fiduciosa che i mesi si susseguano ai mesi. Grande l'interpretazione del vecchio Charles Vanel scomparso poco tempo dopo, il 15 aprile 1989. ■ DRAMMATICO; COL.; 120'; SVIZZERA, 1987.

SEI MATTI A BORDO *(Alf's Button a Float)* ★★
Regia di MARCEL VARNEL. Con BUD FLANAGAN, AGNES LAUGHLIN. ■ L'ultimo frammento della miracolosa lampada di Aladino è diventato, attraverso complicate vicissitudini, un bottone della giubba di un marinaio. Questi abusa del fantomatico genio che compare ad ogni suo ordine per soddisfare qualunque capriccio. Nelle peripezie gli sono compari cinque strani individui: tutti insieme, dopo essersi sbizzarriti col servizievole genio, decidono di rendergli la libertà regalandogli il bottone. ■ AVVENTURA; B/N; 90'; GRAN BRETAGNA, 1938.

6000 KM DI PAURA ★★
Regia di BITTO ALBERTINI. Con OLGA BISERA, MARCEL BOZZUFFI, JOE DALLESANDRO, ELEONORA GIORGI. ■ Paul e Joe, piloti di rally, sono rivali non soltanto in campo sportivo; Joe è stato infatti legato sentimentalmente alla moglie di Paul. Quest'ultimo si rende conto che Joe vorrebbe soffiargli il posto di capitano nella squadra automobilistica e tenta di boicottare la sua partecipazione ad un safari motoristico. Joe vi partecipa egualmente ma non vince perché corre in aiuto di Paul, che ha avuto un gravissimo incidente. Nessuno dei due taglia il traguardo. ■ DRAMMATICO; COL.; 93'; ITALIA, 1978.

SEI MOGLI DI BARBABLÙ, LE ★★★
Regia di CARLO LUDOVICO BRAGAGLIA. Con ISA BARZIZZA, CARLO NINCHI, TOTÒ. ■ Ripudiata la moglie, Totò fugge all'estero e torna in Italia sotto mentite spoglie. Tutti credono che sia un famoso ispettore di polizia ed egli stesso, immedesimandosi nel personaggio, inizia a dare la caccia al bandito Barbablù che ha rapito sei donne dopo averne ucciso i mariti. L'indagine riesce, sia pure attraverso tragicomici risvolti, e Totò finisce per risposarsi con una giovane giornalista. ■ COMICO; B/N; 87'; ITALIA, 1950.

SEI MOGLI DI ENRICO VIII, LE ★★★★
(The Private Life of Henry VIII)
Regia di ALEXANDER KORDA. Con ROBERT DONAT, ELSA LANCHESTER, CHARLES LAUGHTON, MERLE OBERON. ■ Enrico Tudor, re d'Inghilterra nella prima metà del secolo sedicesimo. Qui c'è solo la storia privata, i rapporti con le sue molte mogli, da Caterina d'Aragona (che sposò dopo che era rimasta vedova del fratello) dalla quale volle divorziare per sposare Anna Bolena, da Jane Seymour a Caterina Howard a Anna di Clèves fino all'ultima Caterina Parr, che riuscirà a sopravvivere al terribile consorte. ■ STORICO; B/N; 97'; GRAN BRETAGNA, 1933. ■ OSCAR 1 PR, 2 NOM.

SE INCONTRI DJANGO CERCATI UN POSTO PER MORIRE *(O cabeleira)* ★★
Regia di MILTON AMARAL. Con MARLENE FRANGA, MILTON REIBERO, HELIO SOUTO. ■ Orfano di entrambi i genitori e adottato da un poco di buono, Django diventa ben presto un temutissimo bandito le cui scorrerie sconvolgono l'America Latina. Incontra un vecchio amore e decide di abbandonare quella vita e di redimersi. Il passato però non si lascia ripudiare: gli innamorati rimarranno vittime degli eventi. ■ AVVENTURA; COL.; 94'; SPAGNA, 1970.

SE INCONTRI SARTANA PREGA PER LA TUA MORTE ★★
Regia di FRANK KRAMER. Con WILLIAM BERGER, SIDNEY CHAPLIN, GIANNI GARKO. ■ Bande rivali si scontrano intorno a una cassa d'oro rubata da una diligenza. L'unico che la spunta è Sartana, sopravvissuto a un agguato grazie a una placca di rame antiproiettile. Per vendicarsi, farà una strage. ■ WESTERN; COL.; 95'; ITALIA, 1968.

SE IO FOSSI ONESTO ★★★
Regia di CARLO LUDOVICO BRAGAGLIA. Con VITTORIO DE SICA, MARIA MERCADER. ■ Un ricco giovanotto implicato in una faccenda di firme false riesce a farsi sostituire al processo da un tizio che per poche migliaia di lire accetta di correre il rischio dell'incriminazione. Scaduta la pena, quest'ultimo viene rilasciato e accolto da un vecchio zio che lo crede veramente suo nipote, non avendolo mai incontrato in precedenza. Tra il supposto nipote e una lontana cugina s'intesse un idillio mentre il vero nipote, che da due anni ha preso il posto del suo alter ego come ingegnere, riesce a far fortuna. ■ COMMEDIA; B/N; 92'; ITALIA, 1942.

SE IO FOSSI RE *(The Vagabond King)* ★★
Regia di LUDWIG BERGER. Con DENNIS KING, JEANETTE MACDONALD. ■ Storia del "poeta maledetto" François Villon e di come, secondo la leggenda, salvò Parigi dall'assedio dei borgognoni con la benedizione di Luigi XI. Villon qui è il cantante Dennis King (*Fra' Diavolo*). ■ AVVENTURA; B/N; 91'; USA, 1931. ■ OSCAR 1 NOM.

SEI ORE A TERRA *(Farewell Again)* ★★
Regia di TIM WHELAN. Con LESLIE BANKS, FLORA ROBSON. ■ Appena sbarcato in Inghilterra dopo cinque anni di permanenza in India, un reggimento riceve l'ordine di tornare a bordo e ripartire per l'Estremo Oriente, causa improvvisi disordini scoppiati laggiù. I militari reagiscono in vario modo, non sempre entusiasta. Ma il senso del dovere ha la meglio e i soldati, senza neppure una defezione, si rimbarcano. ■ AVVENTURA; B/N; 85'; GRAN BRETAGNA, 1938.

SEI ORE DI PERMESSO *(Urlaub auf Ehrenwort)* ★★
Regia di KARL RITTER. Con FRITZ KAMPERS, INGEBORG THEEK. ■ Durante la guerra, una compagnia di militari tedeschi passa da Berlino. Ma non c'è tempo per una licenza: il contingente deve ripartire entro sei ore. Gli uomini però sono tutti berlinesi e il comandante decide di mandarli ugualmente in permesso. Corre un grave rischio: se uno solo non torna per lui è la corte marziale. Ma tornano tutti. ■ COMMEDIA; B/N; 94'; GERMANIA, 1940. ■ VENEZIA 1 PR.

SEI ORE DI TEMPO ★★
Regia di SILVIO LAURENTI ROSA. Con RENZO BORRELLI, MEMMO CAROTENUTO, ARIANE DHAY. ■ Durante la guerra d'Africa, un'autocolonna italiana viene bombardata. Unico scampato al-

l'azione è Alfredo, un giovane poco di buono che nella fuga riesce anche ad impadronirsi di una valigia contenente un'ingente somma di denaro. Giunto in una cittadina coloniale portoghese, si innamora di una giovane spia, ma poco tempo dopo in un accesso di gelosia giunge ad ucciderla. Rientrato in Italia, è braccato dalla polizia e rimane ucciso dopo un assedio di sei ore. ■ DRAMMATICO; B/N; 95'; ITALIA, 1954.

SEI PALLOTTOLE PER RINGO KID ★★
(Freddie und das Lied der Prarie)
Regia di SOBEY MARTIN. Con RIK BATTAGLIA, BEBA LONCAR, FREDDY QUINN. ■ Il boss Perkins spadroneggia nel villaggio di Moon Valley, ma nessuno alza un dito per fermarlo. Solo al ritorno di Ringo Kid, un giovane pistolero che difende la legge aiutato da tre amici, la situazione torna sotto controllo. Ma l'ordine imposto da Ringo non piace ad Anita, la bella vicesceriffo di Moon Valley, che arresta i quattro eroi sotto l'accusa di furto. L'imputazione si rivelerà però falsa e Ringo, uscito di prigione, eliminerà Perkins in duello. ■ WESTERN; COL.; 91'; GERMANIA, 1966.

SEI PALLOTTOLE PER SEI CAROGNE *(The Jackals)* ★★
Regia di ROBERT D. WEBB. Con ROBERT GUNNER, DIANA IVARSON, VINCENT PRICE. ■ A Yellowrock, una città sudafricana abbandonata dai cercatori d'oro, esaurita la "febbre", giungono cinque banditi, stremati dalla fame per una lunga fuga nel deserto. Qualcuno però è rimasto a setacciare tra la sabbia in cerca di pepite: un vecchio e sua nipote, la bella Willie. Uno dei banditi, Strecht, costringe il minatore a cedergli metà dell'oro trovato, promettendogli in cambio protezione, ma i complici di Strecht non sono d'accordo e tentano un saccheggio. Finiscono tutti ammazzati e Strecht, redento, riesce perfino ad impalmare la giovane Willie. ■ AVVENTURA; COL.; 105'; SUDAFRICA, 1968.

SEI PEZZI FACILI
Regia di DANIELE BASILIO, MICHELE CARRILLO, MARCO CHIARINI, CLAUDIO CICALA, CLAUDIO CUPELLINI, PAOLO TRIPODI. Con MICHELE ALHAIQUE, MARIA PIA CALZONE, LUIGI DIBERTI, EKATERINA KOPNINA, SABINO MANZARI, ELENA NICASTRO, FRANCESCO SALVI, RICCARDO SCAMARCIO, ROBERTO TURCHETTA. ■ Il film è composto di sei cortometraggi realizzati dai ragazzi della Scuola Nazionale di Cinema. Le sei diverse troupe di allievi si sono anche occupate di scenografia, fotografia, montaggio, suono, costume. ■ SPERIMENTALE; COL.; 100'; ITALIA, 2003.

SEI PISTOLE SPARANO *(Guns Smoke Mesa)* ★★
Regia di HARRY FRASER. Con JIM NEVILL, DAVE TEX O'BRIEN. ■ Tre agenti della polizia texana, in missione segreta e senza distintivi, giungono ad una casa devastata dai banditi che hanno ucciso i coniugi proprietari per impadronirsi del documento di proprietà di una miniera. Nella casa, oltre a rinvenire il documento, i tre incontrano il bambino degli uccisi. I banditi nel frattempo riescono a far credere che gli autori della strage siano gli stessi agenti e nei confronti di questi ultimi si scatena una furiosa caccia all'uomo. Tutto, naturalmente, va per il meglio. ■ WESTERN; B/N; 80'; USA, 1935.

SEI SIMPATICHE CAROGNE – UNO SCACCO TUTTO MATTO ★★
Regia di ROBERT FIZ. Con MARIA GRAZIA BUCCELLA, ADOLFO CELI, EDWARD G. ROBINSON. ■ Tutti i dipendenti di una banca vengono rapiti dalla banda di Sir George McDowell alla vigilia di un grosso versamento e sostituiti con altrettanti sosia. Il colpo riesce, ma i sequestrati riescono a fuggire e ad avvertire la polizia. Sir George, che in fondo è un buono, preferisce al carcere la restituzione sottobanco dell'intero bottino. I sosia nottetempo rientrano in banca e vi riportano il denaro. ■ GIALLO; COL.; 99'; ITALIA, 1968.

SEI SOLO, AGENTE VINCENT *(Made in L. A.)* ★★
Regia di MICHAEL MANN. Con SCOTT BLANKE, ELY POUGET. ■ Michael Mann dirige ancora un poliziesco tutto ritmo e tensione. Il giovane sergente Vincent, passato alla sezione omicidi, è un poliziotto determinato. Ma i successi della sua squadra antirapina sono messi in discussione dall'arrivo in città di una nuova banda di criminali. Comincia una caccia serrata ai rapinatori tra sparatorie, spargimenti di sangue e giochi d'astuzia. ■ POLIZIESCO; COL.; 99'; USA, 1989.

SEI TU L'AMORE? ★★
Regia di ALFREDO SABATO, GUIDO TRENTO. Con LUISA CASELOTTI, MARIO DE DOMINICIS, ALBERTO RABAGLIATI. ■ Uno dei primi sonori nostrani, è la versione cinematografica di un'operetta. ■ MUSICALE; B/N; 90'; ITALIA, 1930.

SEI TU L'AMORE *(Vous seule que j'aime)* ★★
Regia di HENRI FRESCOURT. Con REDA CAIRE, PAULINE CARTON, MONA GOYA. ■ Una bambina orfana di un acrobata morto in un incidente di circo viene accolta da un giovane cantante e da un pagliaccio. Cresciuta, la ragazza intreccia un flirt con un famoso tenore statunitense che se ne innamora perdutamente e ne finanzia l'educazione. Ma nel collegio che la ospita il legame con il tenore fa scoppiare uno scandalo: il cantante vola allora dall'America per chiarire la situazione e per unirsi alla promessa. ■ DRAMMATICO; B/N; 95'; FRANCIA, 1939.

SEI UNA CAROGNA... E T'AMMAZZO! ★
(Una cuerda ed almanecer)
Regia di MANUEL ESTEBA. Con PIERRE BRICE, FERNANDO SANCHO, STEVEN TEDD. ■ Protagonista è il solito giustiziere dalla mira infallibile. ■ WESTERN; COL.; 92'; SPAGNA, 1972.

SEI UOMINI D'ACCIAIO *(Steel)* ★★
Regia di STEVE CARVER. Con GEORGE KENNEDY, LEE MAJORS, JENNIFER O'NEILL. ■ Jane Cassidy vuole portare a termine l'impresa iniziata dal padre: costruire in tre settimane gli ultimi nove piani di un grattacielo al cui progetto si oppongono i dirigenti di una banca e lo stesso zio della ragazza. Rischiando la propria vita Jane e l'amico Mike riescono ad ultimare il tetto dell'edificio proprio allo scadere del termine concesso. ■ DRAMMATICO; COL.; 99'; USA, 1978.

SELENA ★★
Regia di GREGORY NAVA. Con JACKIE GUERRA, JENNIFER LOPEZ, CONSTANCE MARIE, ALEX MENESES, JON SEDA. ■ La storia di Selena Quintanilla-Perez, che da orfana riscattata dal padre all'età di 10 anni giunse a scalare le vette delle classifiche messicane e a diventare la regina della musica latina, morendo tragicamente nel 1995 a soli 23 anni. ■ MUSICALE; COL.; 127'; USA, 1997.

S. ELENA PICCOLA ISOLA ★★★
Regia di RENATO SIMONI. Con CARLA CANDIANI, RUBI D'ALMA, RUGGERO RUGGERI. ■ Napoleone trascorre gli ultimi anni circondato da impietosi e irriverenti carcerieri. Sprazzi di orgogliosa fierezza e momenti di struggente e malinconica rassegnazione suggellano la fine della sua esistenza. La morte sopraggiunge come una liberazione per tutti. ■ STORICO; B/N; 90'; ITALIA, 1942.

SELLA D'ARGENTO ★★
Regia di LUCIO FULCI. Con GIULIANO GEMMA, ETTORE MANNI, CINZIA MONREALE, SVEN VALSECCHI. ■ Roy vorrebbe vendicare l'assassinio del padre sterminando tutti i componenti della famiglia Barrett, ma scopre che il piccolo Thomas e la sorella Margaret sono anch'essi vittime del depravato zio. Diventa quindi loro alleato e, fatta giustizia, la vita riprende a sorridere. ■ WESTERN; COL.; 94'; ITALIA, 1978.

SELL OUT! ★★
Regia di YEO JOONHAN. Con KEE THUAN CHYE, PETER DAVIS, JERRICA LAI. ■ Alla Fony, una multinazionale il cui motto ufficiale è essere originali, la dirigenza pretende dai propri dipendenti di copiare le idee altrui, realizzare prodotti di mercato pronti a guastarsi al termine della garanzia e soprattutto vendere e vendersi a qualunque costo e a discapito della creatività. Temendo il licenziamento, Rafflesia Pong, la conduttrice di un programma di scarso successo sul mondo dell'arte, cede al richiamo (e all'audience) del reality inventandosi un nuovo format dove l'intervistato di turno pronuncia le sue ultime parole prima di spirare. ■ MUSICAL; COL.; 106'; MALESIA, 2008.

SELON MATTHIEU ★★
Regia di XAVIER BEAUVOIS. Con NATHALIE BAYE, ANTOINE CHAPPEY, BENOÎT MAGIMEL, FRED ULYSSE. ■ In una città della Normandia, Francis divide gli stessi spazi esistenziali, l'azienda e il tempo libero, con i suoi figli: Eric, da poco sposato e fra breve padre, e Matthieu, fratello minore, introverso e scontroso. In seguito a una banale sigaretta, fumata sul luogo di lavoro, Francis

viene licenziato senza preavviso e con effetto immediato. L'uomo, rassegnato, finisce, per sua volontà o per una casualità fatale, investito da un'auto. Matthieu, sconvolto, si convince del suicidio del padre e intraprende una battaglia privata, più simile a una vendetta. Difficile collocare in un genere cinematografico che gli corrisponda perfettamente l'ultimo lungometraggio di Beauvois. ■ DRAMMATICO; COL.; 100'; FRANCIA, 2000.

SE LO SCOPRE GARGIULO ★★
Regia di ELVIO PORTA. Con RICHARD ANCONINA, NICOLA DE PINTO, GIULIANA DE SIO. ■ Un'infermiera, sposata infelicemente al rampollo di una famiglia "importante" di Napoli, deve trovare in fretta e furia un milione per evitare una denuncia contro suo padre. La ricerca la porta nei bassifondi di Napoli dove incontra guappi, trafficanti di droga, imbroglioni d'ogni risma. Elvio Porta, bravo come sceneggiatore di Nanny Loy per *Mi manda Picone*, non si dimostra altrettanto sicuro dietro la macchina da presa. ■ COMMEDIA; COL.; 117'; ITALIA, 1988.

SELVA DEI DANNATI, LA *(La mort en ce jardin)* ★★★
Regia di LUIS BUÑUEL. Con GEORGES MARCHAL, SIMONE SIGNORET, CHARLES VANEL. ■ Un film minore di Buñuel. La popolazione di Cuchazo si ribella al provvedimento del governo che vieta l'estrazione dei diamanti dal sottosuolo. Dopo la rivolta persino il vecchio Castain e sua figlia Maria, del tutto innocenti, vengono ricercati dalla polizia e sono costretti a scappare con un avventuriero di nome Clark. Nella fuga incontrano una prostituta e un missionario che si uniscono a loro. La marcia verso il Brasile è faticosissima e Castain, che aveva già dato segni di squilibrio, impazzisce completamente e ammazza il missionario. Clark sarà costretto ad ucciderlo. ■ DRAMMATICO; B/N; 110'; FRANCIA, MESSICO, 1958.

SELVAGGI ★
Regia di CARLO VANZINA. Con ANTONELLO FASSARI, EZIO GREGGIO, LEO GULLOTTA, CINZIA LEONE. ■ Un aereo con a bordo otto italiani e due modelle straniere precipita su un'isola deserta. Qui ha modo di fare mostra di sé un campionario di varia umanità: si va dal berlusconiano al veterocomunista, dalle bellone alle meno belle, dal meridionale al nordista. Vanzina continua imperturbabile un percorso di coerente vacuità. Fare appello alla commedia all'italiana degli anni Sessanta è l'unica cosa davvero comica. ■ COMICO; COL.; 100'; ITALIA, 1995.

SELVAGGI, I *(The Wild Angels)* ★★★
Regia di ROGER CORMAN. Con BRUCE DERN, PETER FONDA, NANCY SINATRA. ■ In uno scontro tra giovani bande rivali, Loser rimane gravemente ferito, ma portato in ospedale viene da qui rapito dai suoi compagni. Muore così per mancanza di assistenza medica e i suoi amici decidono di seppellirlo nel paese natale. Durante la cerimonia funebre, però, il capo della banda ed i suoi complici rimangono sconvolti dalla freddezza delle parole di circostanza pronunciate dal pastore. All'arrivo della polizia, tutti fuggono tranne il capobanda. ■ DRAMMATICO; COL.; 93'; USA, 1968.

SELVAGGIA ★★
Regia di ALDO DE BASSAN. Con ELIO GUARINO, STEFANO MAGGINI, LETIZIA STEPHEN. ■ Maia, ragazza selvaggia cacciata dalla popolazione sotto il sospetto di stregoneria, vive sulla cima di una montagna abruzzese con il pastore Marco, e invano il parroco del paese tenta di convincere i due giovani a regolarizzare la loro posizione. Una mattina Marco parte per la montagna all'insaputa della sua partner e questa, in procinto di partorire, decide di andare alla sua ricerca, inseguita tra l'altro da una folla di compaesani che l'accusano di sortilegi. Maia muore dopo un estenuante inseguimento e dopo aver dato alla luce un bambino. ■ DRAMMATICO; B/N; 93'; ITALIA, 1957.

SELVAGGIA BIANCA *(White Savage)* ★★★
Regia di ARTHUR LUBIN. Con JON HALL, MARIA MONTEZ, SABU. ■ Una principessa bianca è a capo di una tribù di indigeni. È corteggiata da un pescatore del luogo e da un brigante che vorrebbe impadronirsi segretamente del suo tesoro. Questi giunge ad uccidere il fratello della principessa e a far incolpare il suo rivale, che però viene liberato *in extremis* e riesce a smascherare il complotto. Il bandito muore con il tesoro già nelle mani, travolto da un terremoto, mentre il pescatore si unisce alla principessa. ■ AVVENTURA; COL.; 75'; USA, 1943.

SELVAGGIA – GEOMETRA PRINETTI SELVAGGIAMENTE OSVALDO, LA ★★
Regia di FERDINANDO BALDI. Con STEFANIA CASINI, MARIA PIA GIANCARO, PIPPO SANTONASTASO. ■ Osvaldo accetta un impiego come geometra presso un'impresa che costruisce villaggi turistici in un'isola dei Caraibi. Il romantico giovanotto sogna di incontrare una bella isolana ancora selvaggia da "allevare" e portare a casa come moglie. Conosce una splendida fanciulla che all'apparenza risponde alle sue aspettative, ma in realtà si tratta di una raffinatissima parigina in vacanza che si diverte a prendersi gioco di lui. ■ COMMEDIA; COL.; 90'; ITALIA, 1976.

SELVAGGIA MANO DI BRUCE LEE, LA ★
(Wild Wirlwind)
Regia di YANG SHIH CHIN. Con FU WEI LIEK, WILMA SANTOS, PETER TAI. ■ Solito pseudo-giallo a colpi di kung-fu, questa volta orfano, nonostante il titolo, della presenza di Bruce Lee. Un poliziotto indaga sui misteri e i complotti di una famiglia, scova i colpevoli e trova l'amore. ■ AVVENTURA; COL.; 91'; HONG KONG, 1980.

SELVAGGI DELLA PRATERIA, I ★★
(The Wild Westerners)
Regia di OSCAR RUDOLPH. Con DUANE EDDY, NANCY KOVACK, JAMES PHILBROOK. ■ L'ispettore Jim McDowell e alcuni agenti partono verso il Montana per indagare su una serie di rapine. Giunto sul luogo delle indagini, McDowell e i suoi aiutanti vengono accolti dallo sceriffo locale e da un amico di questo, i veri responsabili delle scorrerie avvenute in passato. La fidanzata dell'ispettore assiste infatti ad un assassinio perpetrato dai due complici e per questo viene rapita. Nulla comunque possono i malviventi contro l'astuzia del nostro eroe che riesce a sgominarli con l'aiuto degli indiani. ■ WESTERN; COL.; 70'; USA, 1963.

SELVAGGINA DI PASSO *(Wildwechsel)* ★★★
Regia di RAINER WERNER FASSBINDER. Con HARRY BAER, EVA MATTES, JÖRG VON LIEBENFELS. ■ Hanni, sedicenne figlia di Erwin e Hilda, ha una relazione con il ventiduenne Franz, un operaio sbandato che finisce in prigione quando i genitori di Hanni lo accusano di aver corrotto una minorenne. Quando lui torna in libertà, Hanni gli confida di essere incinta e gli propone di uccidere suo padre Erwin che lei odia. Accusati quindi di omicidio, Hanni abortisce e al momento della sentenza racconta che il loro non era vero amore. ■ DRAMMATICO; COL.; 120'; GERMANIA, 1972.

SELVAGGIO, IL *(Bordertown)* ★★★
Regia di ARCHIE MAYO. Con BETTE DAVIS, PAUL MUNI, EUGENE PALLETTE. ■ Un giovane avvocato messicano di umilissime origini abbandona la sua professione e dedica la sua esistenza a una sfrenata corsa alla ricchezza. Raggiunta l'agiatezza si ricorda di una fanciulla che incontrò quando ancora faceva l'avvocato e decide di farle la corte. La ragazza però rifiuta gli approcci del ricchissimo penalista motivando i suoi rifiuti con l'incolmabile distanza sociale che li separa. Amareggiato, il giovane riconosce la vacuità della sua esistenza e ritorna al paese di sua madre. ■ DRAMMATICO; B/N; 90'; USA, 1935.

SELVAGGIO, IL *(The Wild One)* ★★★★
Regia di LÁSZLÓ BENEDEK. Con MARLON BRANDO, ROBERT KEITH, LEE MARVIN, MARY MURPHY. ■ Per una rissa in un bar Cino, leader di un gruppo di motociclisti attaccabrighe, finisce in galera. Il suo rivale, Johnny, capo di un'altra banda di centauri, salva la vita alla bella Kitty, figlia di un poliziotto. Alle manifestazioni di simpatia della ragazza egli però reagisce cinicamente e questo disgusta Kitty che fugge. La vicenda si complica quando Johnny è accusato ingiustamente di omicidio per un incidente automobilistico. Saranno Kitty e suo padre Harry a scagionarlo con la loro testimonianza. ■ DRAMMATICO; B/N; 79'; USA, 1954.

SELVAGGIO È IL VENTO *(Wild is the Wind)* ★★★
Regia di GEORGE CUKOR. Con JOSEPH CALLEIA, ANTHONY FRANCIOSA, DOLORES HART, ANNA MAGNANI, ANTHONY QUINN.

■ Gioia, sorella della defunta moglie di un ricco ma rozzo allevatore italo-americano del Nevada, viene da questi sposata in seconde nozze e chiamata negli Stati Uniti dall'Italia. Ma la loro relazione degenera quando Gioia si accorge che il marito Gino ama in lei solo l'immagine della sorella morta. Cede così alle lusinghe di un giovanotto del ranch molto caro all'allevatore che, venuto a conoscenza del fatto, non esita a picchiarlo a sangue. I due innamorati capiscono il loro errore e lo stesso Gino comincia a considerare la sua nuova moglie per quello che effettivamente è e non solo per ciò che gli ricorda. ■ DRAMMATICO; B/N; 114'; USA, 1958. ■ BERLINO 1 PR; DAVID DI DONATELLO 1 PR, 1 NOM; OSCAR 3 NOM.

SELVAGGIO E L'INNOCENTE, IL ★★
(The Wild and the Innocent)
Regia di JACK SHER. Con SANDRA DEE, JOANNE DRU, AUDIE MURPHY. ■ Una ragazza e un giovane cacciatore, cresciuti nella foresta e abituati alla vita nomade, decidono di trasferirsi in città. Diana, la ragazza, è segretamente innamorata del suo compagno di viaggio, Tommy, ma questi non la ricambia. Finiscono così l'una prostituta al saloon dello sceriffo e l'altro invaghito di un'altra donna di facili costumi. Ma Tommy presto ci ripensa e si accorge di amare Diana. Riuscirà a trovarla e a redimerla dopo aver ucciso lo sceriffo. ■ WESTERN; B/N; 84'; USA, 1959.

SELVAGGIO WEST *(Escort West)* ★★
Regia di FRANCIS D. LYON. Con VICTOR MATURE, ELAINE STEWART. ■ Un uomo e sua figlia, che viaggiano su un carro, fanno la conoscenza di due donne che viaggiano su un altro (vanno tutti nel Nevada). Dopo molte avventure una delle due muore e i due adulti superstiti si sposano. ■ WESTERN; B/N; 75'; USA, 1958.

SEMANA SANTA ★★
Regia di PEPE DANQUART. Con FÉDOR ATKINE, OLIVIER MARTINEZ, MIRA SORVINO, ALIDA VALLI. ■ Questa volta il serial killer non agisce a New York o a Los Angeles, ma a Siviglia nella caliente Andalusia, durante la guerra civile spagnola. L'arma che usa è adeguata alla nuova location delle sue gesta. Trattasi infatti di banderillas, sì, quelle usate per ferire la schiena del toro durante le corride. L'assassinio agisce durante i giorni della settimana santa, appunto. Fra gli agenti incaricati delle indagini c'è anche la fascinosa Maria, interpretata da Mira Sorvino. Sarà lei a riannodare il filo, sottile, che unisce tutti i delitti. Malgrado l'ottima sceneggiatura, tratta dal romanzo omonimo di David Hewson, la regia non regge e il copione pasticcia tra i vari piani narrativi. ■ THRILLER; B/N; 95'; GERMANIA, 2001.

SEMBRA MORTO... MA È SOLO SVENUTO ★★
Regia di FELICE FARINA. Con SERGIO CASTELLITTO, MARINA CONFALONE, ANITA ZAGARIA. ■ Fratello e sorella orfani prendono cattive strade: lei si mette con un trafficante di droga, lui diventa un professionista del bidone. Finiranno male. ■ DRAMMATICO; COL.; 91'; ITALIA, 1987.

SEME DELLA DISCORDIA, IL ★★
Regia di PAPPI CORSICATO. Con LUCILLA AGOSTI, VALERIA FABRIZI, ISABELLA FERRARI, IAIA FORTE, ALESSANDRO GASSMAN, MONICA GUERRITORE, ANGELO INFANTI, CATERINA MURINO, ELEONORA PEDRON, ROSALIA PORCARO, MARTINA STELLA, MICHELE VENITUCCI. ■ Veronica è la bella e verace proprietaria di un negozio di abbigliamento, ha sposato Mario, un rappresentante di fertilizzanti, e ha una madre invadente, ossessionata dall'idea di un nipotino. Persuasi da mamma Luciana a fare il test di fertilità, Veronica si scoprirà incinta e Mario sterile. La misteriosa gravidanza della donna verserà la coppia in una profonda crisi. Se Mario cercherà rifugio tra le braccia di floride amanti, Veronica investigherà sul "colpevole" della maternità con il sostegno di Gabriele, vigilante del quartiere segretamente innamorato di lei. Liberamente ispirato alla novella *La Marchesa von O* di Heinrich von Kleist, *Il seme della discordia* è la storia di un avvenimento fuori dal comune: una gravidanza (in)desiderata frutto di una violenza notturna, che resta invisibile allo spettatore e che la protagonista crede di aver sognato. Il film di Corsicato è la lunga ricerca della verità a partire dall'evidenza che qualcosa è accaduto. L'intera architettura di questo *divertissement* in piena luce (del sole) si regge su una gravidanza, sul paradosso di un realtà in cui l'estremo senso e il non senso si toccano. Il film è destinato a rimanere negli occhi prima che nella testa. Un "sogno" che ha una dimensione fisica forte, un'allucinazione che cerca e trova un rilievo totale e totalizzante nei corpi "gravidi". Di vita, di cinema. ■ COMMEDIA; COL.; 85'; ITALIA, 2008.

SEME DELLA FOLLIA, IL *(In the Mouth of Madness)* ★★★
Regia di JOHN CARPENTER. Con JULIE CARMEN, CHARLTON HESTON, SAM NEILL, JÜRGEN PROCHNOW. ■ John Trent, investigatore privato, viene incaricato di un caso che lo conduce ai confini della realtà: ritrovare uno scrittore di best-seller dell'orrore (un personaggio alla Stephen King) misteriosamente scomparso. Il detective si trova coinvolto in una vicenda in cui la realtà si confonde pericolosamente con la fantasia. Sam Neill interpreta un tipico eroe carpenteriano, tormentato dal sospetto che tutto possa essere frutto di una sua allucinazione. ■ HORROR; COL.; 103'; USA, 1994.

SEME DELLA GRAMIGNA, IL *(Weeds)* ★★
Regia di JOHN HANCOCK. Con WILLIAM FORSYTHE, JOE MANTEGNA, NICK NOLTE, LANE SMITH, JOHN TOLES-BEY. ■ La vera storia dell'ergastolano Rick Cluchey ha interessato per anni il regista di *California Dreaming*. Nolte ha il ruolo del rapinatore che, dopo la condanna e un tentato suicidio, matura dietro le sbarre un notevole interesse per i libri. Scrive allora uno spettacolo teatrale che viene allestito in carcere e che suscita l'interesse di una giornalista. La donna fa di tutto perché l'uomo ottenga la scarcerazione. ■ DRAMMATICO; COL.; 115'; USA, 1987.

SEME DELL'ALTRO, IL ★
Regia di ROLF VON SYDOW. Con GABRIELE BUCH, ELISABETTA FANTI, GUNTHER SCHRAMM. ■ Da una coppia felice del jet-set di Amburgo nasce inaspettatamente un figlio nero che il marito interpreta subito come il frutto di un'avventura della consorte. Quest'ultima, disperata e sicura della propria fedeltà, si uccide dando fuoco alla casa. A tragedia conclusa, il parere di un illustre medico spiegherà scientificamente l'accaduto. ■ DRAMMATICO; COL.; 92'; ITALIA, 1969.

SEME DELLA VIOLENZA, IL ★★★
(The Blackboard Jungle)
Regia di RICHARD BROOKS. Con LOUIS CALHERN, GLENN FORD, ANNE FRANCIS, MARGARET HAYES, VIC MORROW, SIDNEY POITIER. ■ Nonostante la sua buona volontà e lo slancio che caratterizza la sua vocazione di insegnante, Richard Dadier si trova ben presto in difficoltà. La sua scolaresca, in un istituto di avviamento al lavoro di una delle zone più povere della città, si rifiuta di collaborare con lui. Gli allievi più ostili arrivano ad accusarlo presso il direttore della scuola di pregiudizi razziali e gli attribuiscono false relazioni con le sue colleghe. Dadier è sul punto di abbandonare la cattedra quando si accorge che qualcun altro nell'istituto ha raccolto la sua battaglia. Con l'appoggio di altri professori trova nuovo coraggio e riesce a spuntarla accattivandosi le simpatie dei suoi allievi. ■ DRAMMATICO; B/N; 101'; USA, 1956. ■ OSCAR 4 NOM.

SEME DELL'ODIO, IL *(The Wilby Conspiracy)* ★★★
Regia di RALPH NELSON. Con MICHAEL CAINE, PERSIS KHAMBATTA, SIDNEY POITIER, NICOL WILLIAMSON. ■ L'avvocatessa Rina Van Niekirk riesce a far assolvere il vicepresidente di un'organizzazione per la tutela dei diritti degli uomini di colore, che in Sudafrica vivono soggiogati dai bianchi. Il dissidente ripara all'estero in compagnia del suo legale e del marito di quest'ultima, l'ingegnere inglese Kyo. Ma anche al di fuori delle frontiere sudafricane l'organizzazione per l'emancipazione dei neri è perseguitata e persino il tranquillo ingegnere sarà costretto a darsi da fare per salvare la pelle. ■ AVVENTURA; COL.; 105'; GRAN BRETAGNA, 1974.

SEME DELL'UOMO, IL ★★★
Regia di MARCO FERRERI. Con ANNIE GIRARDOT, MARCO MARGINE, ANNE WIAZEMSKY. ■ La fine del mondo è incombente e una giovane coppia si rifugia nelle campagne in attesa del giudizio universale, che tarda però a giungere: i due cominciano a spazientirsi. Alla coppia si aggiunge un'altra ragazza, Anna, che ben

presto diviene l'amante di Cino. Questi vorrebbe avere da lei un figlio che la sua partner gli aveva sempre negato, ma la sua compagna di fuga, folle di gelosia, uccide Anna e la dà in pasto all'ignaro Cino. Costui si vendica violentandola dopo averla drogata, ma non riuscirà ad avere da lei la progenie tanto bramata. Finiranno entrambi vittime della furia degli elementi. ■ DRAMMATICO; COL.; 113'; ITALIA, 1970.

SEME DEL TAMARINDO, IL *(The Tamarind Seed)* ★★★
Regia di BLAKE EDWARDS. Con JULIE ANDREWS, OSCAR HOMOLKA, ANTHONY QUAYLE, OMAR SHARIF. ■ Una superspia sovietica disillusa dal comunismo e una piacente 007 americana disillusa dall'amore si incontrano alle Barbados. Cia e Kgb, increduli ed allarmati, ordinano il rimpatrio dei rispettivi agenti, ma il colonnello russo preferisce scappare e chiedere asilo politico in Gran Bretagna. Gli inglesi lo accettano in cambio di favori spionistici, ma i servizi segreti russi lo vogliono morto. E infatti lui, facendosi credere tale, ripara in Canada a vita privata. La sua compagna non tarda a raggiungerlo. ■ SPIONAGGIO; COL.; 125'; INGHILTERRA, 1974.

SEME SELVAGGIO *(Wild Seed)* ★★
Regia di BRIAN G. HUTTON. Con ROSS ELIOTT, CECILIA KAYE, MICHAEL PARKS. ■ Lasciati i genitori adottivi per raggiungere il vero padre, una ragazza diciassettenne incontra un giovane vagabondo che, abbandonati i propositi iniziali di derubarla, decide invece di proteggerla e di aiutarla nella sua ricerca. Ma all'incontro col padre una brutta sorpresa attende l'ingenua Daffy: egli ha ormai una nuova famiglia e non intende curarsi di lei. Ben decisa a non tornare sui suoi passi, decide di affrontare la vita con il suo lunatico partner. ■ DRAMMATICO; B/N; 99'; USA, 1966.

SE MI AMATE *(Critical Care)*
Regia di SIDNEY LUMET. Con HELEN MIRREN, KYRA SEDGWICK, JAMES SPADER. ■ L'ambiente è un ospedale e tutto ciò che vi accade. Drammi più o meno grandi, amori provvisori, interessi, i parenti, la morte. La televisione ci informa adeguatamente su quel mondo, e Lumet non riesce ad aggiungervi nulla. ■ DRAMMATICO; COL.; 106'; USA, 1997.

SE MIA MOGLIE LO SAPESSE *(Everybody Does it)* ★★★
Regia di EDMUND GOULDING. Con CHARLES COBURN, LINDA DARNELL, PAUL DOUGLAS, CELESTE HOLM. ■ L'idea fissa di divenire cantante ossessiona Doris e turba la pace domestica della famiglia Borland. Riesce a debuttare e ottiene un discreto successo di critica. Il suo entusiasmo è comunque fiaccato dal severo giudizio di una star della canzone, la celebre Cecile, che oltre a stroncare le sue illusioni riesce quasi a rubarle il marito, lanciandolo come cantante lirico. Ma tutto finisce per il meglio. ■ COMMEDIA; B/N; 98'; USA, 1949.

SE MI ARRABBIO SPACCO TUTTO ★
Regia di GEORGE OVADIA. Con GINA BARON, SASI KESUET, PAUL SMITH, URI ZOHAR. ■ Copia israeliana del fortunato binomio italiano Bud Spencer-Terence Hill: un gigante buono aiuta l'amico intelligente a scoprire gli intrighi di un rivale che aspira alla mano della bella figlia di un industriale di Tel Aviv. ■ COMMEDIA; COL.; 90'; ISRAELE, 1976.

SE MI LASCI TI CANCELLO ★★
(Eternal Sunshine of the Spotless Mind)
Regia di MICHEL GONDRY. Con JIM CARREY, KIRSTEN DUNST, MARK RUFFALO, TOM WILKINSON, KATE WINSLET, ELIJAH WOOD. ■ Joel e Clementine sono una coppia molto innamorata. Un giorno però, la ragazza, stanca della sua relazione ormai in fase di declino, decide, mediante un esperimento scientifico, di farsi asportare dalla mente la parte relativa alla storia con Joel. Il giovane, una volta venuto a conoscenza di questo, sceglie di fare altrettanto ma durante il procedimento cambia idea. Il regista Gondry, si avvale del geniale sceneggiatore Charlie Kaufman (*Essere John Malkovich*, *Il Ladro di orchidee*) per dare vita ad un'opera originale, dal sapore dolce-amaro. Il film del creatore di *Human Nature* però, nonostante sia particolarmente coinvolgente, delude le aspettative, a causa di una narrazione frammentata che, al contrario di molte altre pellicole montate con lo stesso stile, confonde lo spettatore, lasciandolo perplesso anche quando al termine del film si arriva alla comprensione globale. Inoltre, per alcuni risvolti della trama, quest'opera ricorda fortemente il thriller *Vanilla Sky*, remake dello strepitoso *Apri gli occhi* di Alejandro Amenabar. Fortunatamente, i quattro protagonisti principali, donano a questa commedia una sostanziosa dose di profondità e di spessore. ■ FANTASTICO; COL.; 108'; USA, 2004. ■ GOLDEN GLOBES 4 NOM; OSCAR 1 PR, 2 NOM.

SEMINOLE ★★★
Regia di BUDD BOETTICHER. Con BARBARA HALE, ROCK HUDSON, ANTHONY QUINN. ■ Caldwell torna come ufficiale al forte dove aveva vissuto la sua infanzia insieme a una bambina e a un piccolo meticcio. Quest'ultimo è diventato un capo indiano e durante gli scontri con i soldati si ritrova faccia a faccia con l'antico compagno di giochi. L'indiano salva la vita al bianco, ma viene a sua volta ucciso da un altro pellerossa che lo crede un traditore. ■ WESTERN; COL.; 87'; USA, 1953.

SEMINÒ MORTE... LO CHIAMAVANO IL CASTIGO DI DIO ★
Regia di ROBERTO MAURI. Con ZARA CILLI, BRAD HARRIS, JOSÉ TORRES. ■ Un uomo al quale hanno sterminato l'intera famiglia si vendica uccidendo uno dopo l'altro tutti gli assassini. ■ WESTERN; COL.; 90'; ITALIA, 1972.

SE MI VUOI SPOSAMI *(Honky Tonk)* ★★★
Regia di JACK CONWAY. Con CLARK GABLE, FRANK MORGAN, CLAIRE TREVOR, LANA TURNER. ■ Una ragazza sposa un giocatore d'azzardo (e baro) approfittando di un momento in cui l'uomo è in preda ai fumi dell'alcool. Lo scopo della sposina è redimere il marito, ma questi non vuol saperne di smettere d'imbrogliare la gente e lei è costretta a seguirlo nelle sue fughe precipitose. ■ COMMEDIA; B/N; 105'; USA, 1941.

SEMMELWEIS ★★
Regia di GIANFRANCO BETTETINI. Con GIULIO BROGI, TINO CARRARO, ALAIN CUNY. ■ Storia del famoso e sfortunato scienziato ungherese, che riuscì a trovare il sistema perché i malati non venissero infettati dai loro stessi medici. Semmelweis muore pazzo e (pare) incompreso da tutti. Solo qualche anno dopo la morte la sua grandezza verrà riconosciuta. ■ DRAMMATICO; COL.; 110'; ITALIA, 1980.

SEMPLICE DESIDERIO, UN *(A Simple Wish)*
Regia di MICHAEL RITCHIE. Con TERI GARR, ROBERT PASTORELLI, AMANDA PLUMMER, MARTIN SHORT, KATHLEEN TURNER, MARA WILSON. ■ Un cocchiere newyorkese dovrà lasciare la città se non riuscirà ad essere protagonista a Broadway. La figlia di sette anni lo vuole aiutare ma combina guai grazie all'aiuto di un aspirante fata al maschile. Alla fine tutto andrà per il meglio. Fiaba meno convenzionale di quello che si può pensare. ■ FIABESCO; COL.; 89'; USA, 1997.

SEMPRE NEI GUAI *(Nothing but Trouble)* ★★★
Regia di HAROUN TARZIEFF. Con MARY BOLAND, OLIVER HARDY, STAN LAUREL, PHILIP MERIVALE. ■ Dopo vari tentativi inutili, Stan e Oliver trovano lavoro nella casa di un nobile. Combinano guai di ogni genere. ■ COMICO; B/N; 92'; USA, 1944.

SEMPRE NEL MIO CUORE *(Ever in my Heart)* ★★★
Regia di ARCHIE MAYO. Con RALPH BELLAMY, BARBARA STANWYCK. ■ Durante la prima guerra mondiale un professore tedesco che aveva sposato un'americana torna in Europa per combattere a favore della sua patria. Incaricato di una missione di spionaggio fra le linee americane, viene riconosciuto dalla moglie, crocerossina. La donna, che lo ama ancora, non lo denuncia ma mette del veleno nel suo vino. Moriranno tutti e due. ■ DRAMMATICO; B/N; 92'; USA, 1932.

SEMPRE NEL MIO CUORE *(Always in my Heart)* ★★
Regia di JO GRAHAM. Con KAY FRANCIS, WALTER HUSTON, GLORIA WARREN. ■ Storia di un galeotto innocente che riesce finalmente a riunirsi alla sua famiglia. ■ DRAMMATICO; B/N; 92'; USA, 1942. ■ OSCAR 1 NOM.

SEMPRE PIÙ DIFFICILE ★★
Regia di PIERO BALLERINI. Con LUIGI ALMIRANTE, NERIO BERNARDI, ORETTA FIUME, GERMANA PAOLIERI, UMBERTO SPADARO. ■ Commedia di regime che vede un nobile squattrinato vivere di espedienti alle spalle dei suoi elettori. Naturalmente la vicenda è

ambientata negli anni immediatamente precedenti il fascismo che, secondo la tesi del film, fece piazza pulita di simili imbroglioni. ■ COMMEDIA; B/N; 90'; ITALIA, 1943.

SEMPRE RIVALI *(Women of All the Nations)* ★★
Regia di RAOUL WALSH. Con HUMPHREY BOGART, EDMUND LOWE, VICTOR MCLAGLEN. ■ Due uomini che furono commilitoni durante la prima guerra mondiale si ritrovano sette anni dopo la fine del conflitto a Brooklyn. Uno gestisce un bagno turco, l'altro è rimasto nell'esercito e vorrebbe che il primo vi facesse ritorno. Alla fine sarà accontentato. ■ AVVENTURA; B/N; 71'; USA, 1933.

SENILITÀ ★★★
Regia di MAURO BOLOGNINI. Con BETSY BLAIR, CLAUDIA CARDINALE, ANTHONY FRANCIOSA, PHILIPPE LEROY. ■ Un intellettuale quarantenne allaccia una relazione con una ragazza molto giovane e bella e priva di qualsiasi scrupolo morale. I suoi tradimenti a lungo andare deteriorano il rapporto e i due si lasciano. L'uomo resta completamente solo quando la sorella, anche lei delusa sentimentalmente, si suicida. ■ DRAMMATICO; B/N; 118'; ITALIA, 1962.

SENNA ★★
Regia di ASIF KAPADIA. ■ Ayrton Senna. approda alla Formula 1 e si contraddistingue per uno stile di guida spettacolare e frenetico. Le sue autentiche prodezze automobilistiche, la forte devozione religiosa e l'accesa rivalità con il compagno di scuderia Alain Prost, lo portano presto a divenire una celebrità dentro e fuori dai circuiti. Per un Brasile sempre più povero e martoriato, Ayrton diventa l'emblema del riscatto e della vittoria, mentre per la Federazione della Formula 1 il giovane pilota è un talento incapace di sottostare alle politiche di gioco e ai giochi della politica. ■ DOCUMENTARIO; COL.; 105'; GRAN BRETAGNA, 2010.

SE NON AVESSI PIÙ TE ★★
Regia di ETTORE M. FIZZAROTTI. Con VITTORIO CONGIA, LAURA EFRIKIAN, GIANNI MORANDI, DOLORES PALUMBO, NINO TARANTO, ENRICO VIARISIO. ■ Un giovane cantautore non può sposarsi per non perdere le ammiratrici ma, innamoratissimo di Carla, ricorre a nozze segrete. Numerosi equivoci sorgono tra marito e moglie quando i giornalisti inventano una love story tra il cantante e una bella ragazza, equivoci che il giovane risolve rivelando pubblicamente la notizia del suo matrimonio non più segreto. ■ COMMEDIA; B/N; 95'; ITALIA, 1965.

SE NON CI FOSSIMO NOI DONNE ★★
(Government Girl)
Regia di DUDLEY NICHOLS. Con OLIVIA DE HAVILLAND, ANNE SHIRLEY, SONNY TUFTS. ■ In piena guerra Brown deve occuparsi di aeroplani per conto del ministero e la sua posizione infastidisce qualcuno che arriva, dopo gravi diffamazioni, a portarlo sotto inchiesta. Brown non si salverebbe se non fosse per la difesa appassionata (e documentata) della sua segretaria, che è anche innamorata di lui. ■ COMMEDIA; B/N; 94'; USA, 1943.

SE NON FACCIO QUELLO NON MI DIVERTO ★★★
(Portnoy's Complaint)
Regia di ERNEST LEHMAN. Con RICHARD BENJAMIN, KAREN BLACK, JILL CLAYBURGH, LEE GRANT. ■ Fortemente complessato da una educazione frustrante ricevuta dalla madre, Alexander non riesce ad avvicinare le donne. Quando ci prova, è un disastro e dopo un ennesimo tentativo il giovane si rivolge allo psicanalista. ■ COMMEDIA; COL.; 101'; USA, 1972.

SE NON SON MATTI NON LI VOGLIAMO ★★
Regia di ESODO PRATELLI. Con ARMANDO FALCONI, ANTONIO GANDUSIO, GERMANA PAOLIERI, RUGGERO RUGGERI, PAOLO STOPPA. ■ Per continuare a ricevere l'eredità del loro compagno di follie giovanili, tre anziani devono rinverdire le "mattane" in base ai precisi ordini di un odioso avvocato. Lo sforzo costa la vita ad uno e la follia ad un altro: il terzo rinuncia ai soldi per campare gli ultimi anni in tranquillità. ■ DRAMMATICO; B/N; 92'; ITALIA, 1941.

SENSI ★★
Regia di GABRIELE LAVIA. Con MIMSY FARMER, MONICA GUERRITORE, GABRIELE LAVIA. ■ Lavia sceneggia, dirige e interpreta questo thriller nel quale un killer, che i complici vogliono eliminare, viene travolto dalla passione più sfrenata per una sconosciuta che altri non è che un'inviata per assassinarlo. Film fastidiosamente tetro, che conferma che l'ambiente naturale del suo autore rimane il teatro. ■ DRAMMATICO; COL.; 93'; ITALIA, 1986.

SENSI INQUIETI *(Climats)* ★★
Regia di STELLIO LORENZI. Con JEAN-PIERRE MARIELLE, EMMANUELLE RIVA, ALEXANDRA STEWART, MARINA VLADY. ■ Philippe ha sposato Isabelle dopo aver divorziato da Odile, ma non riesce a togliersi dal cuore la prima moglie. Isabelle si rende conto che il marito non potrà mai appartenerle e si rassegna a perderlo. Non solo, ma è proprio lei a facilitare la riappacificazione tra i due ex coniugi. ■ DRAMMATICO; B/N; 143'; FRANCIA, 1961.

SENSI PROIBITI *(Secrets)* ★★
Regia di PHILIP SAVILLE. Con JACQUELINE BISSET, SHIRLEY KNIGHT HOPKINS, ROBERT POWELL. ■ Padre, madre, figlia: apparentemente una famiglia felice ma in realtà ognuno dei componenti ha problemi di difficile convivenza e ognuno dei tre scarica le proprie tensioni vivendo un'esperienza sessuale al di fuori dell'ambito familiare. Tutti a casa, subito dopo, e più tranquillamente. ■ DRAMMATICO; COL.; 86'; GRAN BRETAGNA, 1971.

SENSITIVE, LE *(Wonder Women)* ★★
Regia di ROBERT VINCENT O'NEIL. Con ROBERTA COLLINS, MARIA DE ARAGON, ROSS HAGEN, NANCY KWAN. ■ In un laboratorio segreto costruito su un'isola delle Filippine, una dottoressa esegue strani esperimenti di trapianti. Per procurarsi la materia prima, vale a dire gli organi umani, le sue guerriere, novelle amazzoni, rapiscono in tutto il mondo esemplari maschili fisicamente perfetti. Ma le amazzoni sono pur sempre donne e una di loro si innamora di un detective incaricato di far luce sulle strane sparizioni, e lo aiuta a debellare l'organizzazione criminale. ■ FANTASCIENZA; COL.; 86'; USA, 1973.

SENSITIVITÀ ★★
Regia di ENZO GIROLAMI CASTELLARI. Con CATERINA BORATTO, LEONORA FANI, VINCENT GARDENIA, WOLFANGO SOLDATI. ■ Lilian e Lilith sono sorellastre, ma lo scoprono soltanto dopo che le minacce della seconda e la curiosità della prima sulle proprie origini hanno causato morti a non finire. Anche le due giovani muoiono in un incendio che le sorprende in un incestuoso abbraccio. ■ DRAMMATICO; COL.; 92'; ITALIA, SPAGNA, 1979.

♥ SENSO ★★★★
Regia di LUCHINO VISCONTI. Con MASSIMO GIROTTI, FARLEY GRANGER, RINA MORELLI, ALIDA VALLI. ■ La contessa Livia Serpieri, moglie di un aristocratico filoaustriaco, parteggia segretamente per i patrioti italiani. L'incontro con un giovane ufficiale austriaco, Franz Mahler, è fatale. La contessa si innamora perdutamente del giovane, che sembra ricambiarla. In realtà l'uomo cerca di ottenere del denaro per comprare il suo esonero. È la vigilia della battaglia di Custoza. Avuto il denaro il giovane scompare. Accecata dalla gelosia, Livia, dopo un drammatico confronto con l'ex amante, lo denuncia. L'uomo viene fucilato sotto gli occhi della donna, ormai preda di una follia senza speranza. *Senso* è un film che rasenta la perfezione. Frutto di tutte le belle qualità del regista, messe assieme, la pellicola ha una carica espressiva di inestinguibile bellezza. L'inizio nel teatro, davvero travolgente, sembra dire che la realtà di quel momento storico non poteva che essere rappresentata con enfasi lirica. In questo caso con una grande intuizione che unisce il melodramma rappresentato sul palcoscenico alle vicende vissute dai protagonisti, con la medesima tensione romantica. L'impeto del tenore, che intona il celebre *Di quella pira*, le uniformi bianche degli ufficiali austriaci e la pioggia di volantini tricolori dipingono con rapidi e magistrali tocchi il momento storico. Sequenza da incorniciare. Come i rumori delle battaglie e lo slancio passionale di Alida Valli. Franz Mahler, autentico angelo del male, doveva in un primo tempo essere interpretato da Marlon Brando. Per quanto Farley Granger sia bravo non possiamo che rimpiangere questa assenza. Unico punto debole, facilmente individuabile, è la collaborazione ai dialoghi di Tennessee Williams e Paul Bowles, lontani dalla materia che compone il film. La loro influenza si evidenzia soprattutto nella sequenza nella quale la contessa Serpieri scova il

suo amante con una giovane prostituta. La violenza dei dialoghi sembra condurre il film nelle paludi tenebrose del Sud degli Stati Uniti. L'uso del colore è strepitoso. Sorprendente l'omogeneità, nonostante la collaborazione di tre diversi direttori della fotografia. Morto in un incidente durante le riprese G. R. Aldo (Aldo Graziati), fu sostituito da Robert Krasker. Mentre la fulminante sequenza della fucilazione è opera del quasi esordiente Giuseppe Rotunno. *Senso*, tratto da un racconto breve di Camillo Boito, può essere considerato il film più viscontiano del suo autore e vanta una perfetta aderenza al clima storico che rappresenta. La chiacchierata maniacalità del regista per i dettagli è in realtà una lezione per il cinema italiano più incline a una sciatteria di stampo politico, che rinnega i valori espressivi e culturali a vantaggio di contenuti evaporati per mancanza di un contenitore. ■ DRAMMATICO; COL.; 115'; ITALIA, 1954.

SENSO DELL'AMORE, IL *(She's the One)* ★★★
Regia di EDWARD BURNS. Con JENNIFER ANISTON, MAXIME BAHNS, EDWARD BURNS, CAMERON DIAZ, JOHN MAHONEY. ■ Genitori irlandesi che cercano, inutilmente, una pianificazione familiare; fratelli che si scambiano i vecchi amori; mariti infedeli alla moglie ma fedeli all'amante; matrimoni che nascono da un istante di follia. Questi sono gli ingredienti del film di Burns che ripropone, a breve distanza di tempo, l'ambiente già proposto in *I fratelli McMullen*. ■ DRAMMATICO; COL.; 96'; USA, 1996.

SENSO DELLA VERTIGINE, IL ★★
Regia di PAOLO BOLOGNA. Con FRANCESCO MAGALDI, EROS PAGNI, ROSELLA TESTA. ■ Una giovane donna si ritrova vedova. Il marito si è suicidato o è stato ucciso da lei? Un altro uomo compare sulla scena, si innamora della donna e si va a cacciare in un ginepraio di ricatti e di ambiguità. ■ DRAMMATICO; COL.; 87'; ITALIA, 1992.

SENSO DI SMILLA PER LA NEVE, IL ★★
(Smilla's Sense of Snow)
Regia di BILLE AUGUST. Con GABRIEL BYRNE, RICHARD HARRIS, JULIA ORMOND, VANESSA REDGRAVE. ■ Nata in Groenlandia, Smilla vive da molti anni a Copenaghen. Dopo la morte di un bambino, Isaiach, suo vicino di casa, liquidata dalla polizia come una banale caduta da un tetto, la ragazza, esperta glaciologa, sospetta in realtà un omicidio, esaminando le orme lasciate sulla neve dal piccolo. Dall'omonimo best-seller di Peter Høeg. ■ DRAMMATICO; COL.; 115'; USA, 1996.

SENSO '45 ★★
Regia di TINTO BRASS. Con FRANCO BRANCIAROLI, LOREDANA CANNATA, ANNA GALIENA, GABRIEL GARKO, ANTONIO SALINES. ■ Marzo 1945. Asolo. Livia Mazzoni, moglie di un gerarca fascista, deve raggiungere a Venezia Helmut Schultz, un SS tanto perverso quanto attraente che è diventato il suo amante. Nel corso del viaggio la donna ripensa al suo cedimento nei confronti di una sensualità sempre più morbosa. La stessa città che l'attende vive giorni di corruzione diffusa. *Senso '45*, ovvero il tentativo di rifarsi una verginità da parte di Tinto Brass. Perché Brass sa fare cinema ma negli ultimi decenni ha preferito fare soldi. Quando si è accorto di incassare meno è tornato sui suoi passi. Non nel senso del sesso (che non può mancare) ma in quello della ricercatezza formale e della recitazione. Così questa volta abbiamo Morricone alla colonna sonora e non più un'anatomia da scoprire ma un'attrice che (come la Sandrelli de *La chiave*) osa. Se ci aggiungiamo un bello da calendario come Garko il gioco è (o sembra) fatto. Anche se il richiamo a Visconti è francamente eccessivo. ■ EROTICO; COL.; 128'; ITALIA, 2002.

SENSORIA *(Parapsycho – Spektrum der Angst)* ★★
Regia di PETER PATZAK. Con DEBBIE BERGER, WILLIAM BERGER, WOLFGANG GASSER, MARISA MELL, PETER NEUSSER. ■ Tre episodi: nel primo un uomo incontra nel giorno del suo compleanno una donna morta molti anni prima. Nel secondo la figlia di un professore, in contatto telepatico con l'amante del padre, muore insieme alla sua corrispondente. Nel terzo una giovane sposa è misteriosamente attirata da un uomo che la spinge al suicidio. ■ DRAMMATICO; COL.; 93'; GERMANIA, 1975.

SENSUALITÀ ★★
Regia di CLEMENTE FRACASSI. Con MARCELLO MASTROIANNI, AMEDEO NAZZARI, ELEONORA ROSSI DRAGO. ■ Franca ama Riccardo ma per reagire all'indifferenza dell'uomo sposa il di lui fratello, Carlo. Soltanto allora Riccardo si accorge dell'amore che prova per la donna, ma ancora la respinge per non far torto a Carlo. Esasperata Franca lo uccide con una fucilata e cade a sua volta sotto i colpi del marito. ■ DRAMMATICO; B/N; 96'; ITALIA, 1951.

SENSUALITÀ MORBOSA *(Sweet Kill)* ★★
Regia di CURTIS HANSON. Con TAB HUNTER, ISABEL JEWELL, CHERIE LATIMER, LINDA LEIDER. ■ Eddie è bello, forte, affascinante: però è impotente e ogni volta che avvicina una ragazza la realtà gli si presenta drammatica, sconvolgendogli la mente e spingendolo ad uccidere la donna che è con lui. Molte ragazze muoiono in questo modo senza che nessuno scopra il colpevole, del resto già condannato alla solitudine perenne. ■ DRAMMATICO; COL.; 90'; USA, 1975.

SENTENZA, LA *(La sentence)* ★★★
Regia di JEAN VALÈRE. Con ROGER HANIN, ROBERT HOSSEIN, MARINA VLADY. ■ Per un'azione di partigiani contro i tedeschi, cinque patrioti vengono arrestati e condannati a morte. Lo sbarco alleato è imminente e i cinque sperano di essere salvati. Ma lo sbarco tarda e i cinque affrontano il plotone di esecuzione con coraggio e dignità. ■ GUERRA; B/N; 79'; FRANCIA, 1959.

SENTENZA CHE SCOTTA *(Beyond this Place)* ★★
Regia di JACK CARDIFF. Con VAN JOHNSON, JEAN KENT, VERA MILES. ■ Un uomo viene condannato per un crimine commesso da altri, ma il figlio non si arrende fino a che, dopo qualche anno, riesce a smascherare i veri responsabili e a far uscire di prigione il proprio genitore. ■ DRAMMATICO; B/N; 89'; GRAN BRETAGNA, 1959.

SENTENZA DI MORTE ★★
Regia di MARIO LANFRANCHI. Con ELEONORA BROWN, ADOLFO CELI, RICHARD CONTE, TOMAS MILIAN, ENRICO MARIA SALERNO. ■ Quattro rapinatori hanno ucciso un uomo, ma il fratello della vittima si mette sulle loro tracce per compiere vendetta. Sfruttando le debolezze e le manie di ognuno dei quattro, il giovane li uccide tutti, uno alla volta. ■ WESTERN; COL.; 92'; ITALIA, 1968.

SENTI CHI PARLA *(Look Who's Talking)* ★★★
Regia di AMY HECKERLING. Con KIRSTIE ALLEY, OLYMPIA DUKAKIS, GEORGE SEGAL, JOHN TRAVOLTA. ■ Questo film ha ottenuto ovunque un enorme successo di pubblico. Una giovane donna americana, consulente fiscale, è incinta ma il padre del bambino, che è sposato, dopo aver fatto delle promesse si fa scoprire nelle braccia di un'altra. Lei lo lascia e nasce il bimbo. Si innamorerà contraccambiata di un tassista che da baby-sitter del piccolo ne diverrà padre ufficiale. Poco riuscito, ma con una buona trovata, quella di far sentire i pensieri del bimbo (fin da quando è nella pancia della mamma) attraverso una voce: Bruce Willis nell'originale e Villaggio-Fantozzi nella versione italiana. Travolta con questo lungometraggio ha riconquistato una certa popolarità. ■ COMMEDIA; COL.; 90'; USA, 1989.

SENTI CHI PARLA 2 *(Look Who's Talking Too)* ★★
Regia di AMY HECKERLING. Con KIRSTIE ALLEY, OLYMPIA DUKAKIS, JOHN TRAVOLTA. ■ Se già la prima parte non brillava per doti particolari se non per le grosse potenzialità commerciali, in questo caso tutto è stato fatto frettolosamente pur di riuscire a battere il ferro ancora caldo. Ora i due protagonisti totalizzano due figli e i problemi sono moltiplicati, come pure le voci interiori dei bambini che in Italia sono doppiati da Paolo Villaggio, Lino Banfi e Anna Mazzamauro. ■ COMMEDIA; COL.; 81'; USA, 1990.

SENTI CHI PARLA ADESSO! ★★
(Look Who's Talking Now)
Regia di TOM ROPELEWSKI. Con KIRSTIE ALLEY, OLYMPIA DUKAKIS, JOHN TRAVOLTA. ■ Nella famiglia dei due precedenti episodi i problemi continuano a non mancare. Questa volta sono impersonati da due cani. Uno è Scag, un bastardo portato a casa dal marito. L'altro è Lizzie, una barboncina di proprietà di Sa-

mantha, la donna per cui John fa il pilota privato. Ancora serialità, battute fiacche e (grande novità) cani in azione. ■ COMMEDIA; COL.; 97′; USA, 1993.

SENTIERI DELLA RABBIA, I *(Halls of Anger)* ★★
Regia di PAUL BOGART. Con EDWARD ASNER, JEFF BRIDGES, CALVIN LOCKHART. ■ Un insegnante nero va a lavorare in una scuola con problemi d'integrazione. Nel senso che in minoranza sono gli studenti di pelle bianca, sistematicamente maltrattati dalla maggioranza di colore. Un Jeff Bridges alle prime armi fa lo studente minoritario. ■ DRAMMATICO; COL.; 96′; USA, 1970.

♥ **SENTIERI SELVAGGI** *(The Searchers)* ★★★★
Regia di JOHN FORD. Con WARD BOND, JEFFREY HUNTER, VERA MILES, JOHN WAYNE, NATALIE WOOD. ■ 1868: la guerra civile è finita da tre anni ed Ethan (Wayne) torna a casa. Viene accolto dalla famiglia del fratello. Qualche giorno dopo, con un gruppo di coloni partecipa a una battuta contro una banda di indiani. Nel frattempo la famiglia di suo fratello viene trucidata, tranne una nipotina di pochi anni che viene rapita dagli indiani. Insieme al giovane Martin (J. H.) Ethan comincia la ricerca, che durerà dieci anni. Alla fine trova la ragazza che è diventata un'indiana. Ethan è sul punto di ucciderla, ma all'ultimo momento si ravvede e la porta a casa. Il film è considerato un capolavoro persino dalla grande critica ufficiale, che ha sempre ritenuto il western un genere minore e troppo popolare. Nella più recente classifica stilata da critici di tutto il mondo *Sentieri selvaggi* è addirittura al quarto posto. In realtà Ford aveva realizzato altri capolavori, più puliti e rigorosi, come *Ombre rosse* e *Sfida infernale*, ma *Sentieri selvaggi* presenta un versante "intellettuale" e spurgato del mito che lo fa preferire (da "quella" critica appunto) ai precedenti titoli, più ingenui e aderenti a una morale più rassicurante e "bonariamente" manichea. Si tratta comunque di un grande film che dibatte i grandi temi fordiani e ne aggiunge altri. Wayne non era mai stato così negativo e isterico: l'attore si piacque tanto che diede a suo figlio, nato in quei giorni, il nome di Ethan. Wayne e il giovane compagno percorrono territori e stagioni, nel deserto, nella neve, fra gli indiani, i banditi, i piccoli e grandi paesi, guidati da una notizia, da un sentito dire. Ciclicamente tornano a casa, sempre più stanchi e delusi, ma ripartono e continuano a cercare la ragazza. Faticano a oltranza per la propria identità e coerenza. ■ WESTERN; COL.; 119′; USA, 1956.

SENTIERO, IL *(Na putu)* ★★
Regia di JASMILA ZBANIĆ. Con ERMIN BRAVO, ZRINKA CVITESIC, MIRIJANA KARANOVIC, MARIJA KOHN, LEON LUCEV. ■ Sarajevo. Luna fa la hostess, mentre il suo compagno Amar il controllore di volo. Per avere un figlio sono anche disposti all'inseminazione artificiale. Ma Amar, dopo esser stato sospeso dal lavoro per uso di alcolici in servizio, incontra un ex commilitone divenuto musulmano integralista che gli offre un lavoro come insegnante di computer in una comunità musulmana. I percorsi di Amar e Luna iniziano a dividersi. Jasmila Zbanić torna sugli schermi a Berlino dopo aver vinto l'Orso d'Oro con *Il segreto di Esma*. ■ DRAMMATICO; COL.; 100′; BOSNIA-HERZEGOVINA, GERMANIA, CROAZIA, 2010.

SENTIERO DEGLI AMANTI, IL *(Back Street)* ★★★
Regia di DAVID MILLER. Con JOHN GAVIN, SUSAN HAYWARD, VERA MILES. ■ Rita e Paul si innamorano, ma lui è sposato con una donna che non intende concedergli il divorzio e che quando viene a sapere della relazione affronta la rivale in pubblico e dà in escandescenze. Paul tenta un'ultima volta di convincere la consorte, ma nella discussione che avviene in automobile perde il controllo della guida e finisce contro un albero. Entrambi muoiono, e i due figli di Paul chiedono a Rita di andare a vivere con loro. ■ DRAMMATICO; B/N; 107′; USA, 1961. ■ OSCAR 1 NOM.

SENTIERO DEGLI APACHES, IL ★★★
(California Passage)
Regia di JOSEPH KANE. Con ADELE MARA, ESTELITA RODRIGUEZ, FORREST TUCKER. ■ Mike ha ucciso Bob Martin per legittima difesa ma la sorella, Bess Martin, odia egualmente Mike e arriva a credere che il giovane sia un ladro perché Linc (che in realtà è il criminale che impazza nella zona) le racconta storie assurde sul conto del giovane. Finché Tommy, fratello più piccolo di Bess, casualmente scopre le prove della colpevolezza di Linc. Quest'ultimo tenta di eliminare il ragazzo e anche la ingenua Bess, ma a salvare entrambi sarà il tanto bistrattato Mike. ■ WESTERN; B/N; 92′; USA, 1951.

SENTIERO DEI CUORI PERDUTI, IL ★★
(The Painted Trail)
Regia di ROBERT HILL. Con TOM KEENE, ELEANORE STEWART. ■ Per avvicinare i componenti della banda di contrabbandieri che deve arrestare, un poliziotto si finge ladro e ricercato. Ma il capobanda non è uno sprovveduto e scopre subito la sua vera identità. Nello scontro che segue il poliziotto riesce ad avere la meglio. ■ WESTERN; B/N; 91′; USA, 1938.

SENTIERO DEI DISPERATI, IL *(Le zat d'Amérique)* ★★
Regia di JEAN-GABRIEL ALBICOCCO. Con CHARLES AZNAVOUR, FRANCO FABRIZI, MARIE LAFORÊT. ■ Emigrato in Paraguay, Carlo si rende presto conto che per lui tutto il mondo è paese e che non riuscirà facilmente a vincere la miseria. Tenta anche la strada del contrabbando, ma gli va male e per non finire in galera deve raggiungere il Cile. La donna che lo ama lo convincerà a tornare definitivamente in Italia. ■ DRAMMATICO; COL.; 85′; FRANCIA, 1963.

SENTIERO DEI MILIARDARI, IL ★★
(El sol sale todos los dias)
Regia di ANTONIO DEL AMO ALGARA. Con MARISA DE LEZA, ENRIQUE DIOSDADO, MERCEDES MONTERREY. ■ Un uomo, che vive in campagna insieme ad un ragazzino orfano, si unisce ad una banda di girovaghi che organizza spettacoli da circo equestre. Quando la giovane acrobata del gruppo gli fa capire di essere innamorata di lui, l'uomo, turbato, torna a casa, ma poi capisce che la sua vita è legata al circo e raggiunge nuovamente i compagni. ■ COMMEDIA; B/N; 91′; SPAGNA, 1955.

SENTIERO DEI RICORDI, IL *(Stealing Home)* ★★
Regia di WILL ALDIS, STEVEN KAMPMANN. Con BLAIR BROWN, JODIE FOSTER, MARK HARMON. ■ Un uomo rivive la sua vita attraverso il ricordo di una baby-sitter che si è suicidata e che era l'unica a credere in lui. Ricorda il suo passato di atleta e l'attività "ribelle" della ragazza. Buona prestazione della Foster in questo film dolce-amaro. ■ DRAMMATICO; COL.; 98′; USA, 1988.

SENTIERO DEI SIOUX, IL *(The Homesteaders)* ★★
Regia di LEWIS D. COLLINS. Con BILL ELLIOTT, ROBERT LOWERY, EMMET LYNN. ■ In California, i pionieri americani hanno il loro daffare per difendersi dai messicani e per questo chiedono armi. Del trasporto è incaricato Mike, che riesce a portarle a destinazione malgrado i numerosi assalti di indiani e messicani. Dopo un'ultima, durissima battaglia contro il generale Rodriguez, finalmente la pace regna nel tormentato paese. ■ WESTERN; B/N; 80′; USA, 1953.

SENTIERO DEL CREPUSCOLO, IL ★★
(Along the Sundown)
Regia di SAM NEWFIELD. Con BILL BOYD, LEE POWELL. ■ Il proprietario di una miniera è vittima di una macchinazione del concorrente che gli sostituisce il minerale buono con altro scadente. Gli interessi legati alla miniera provocano anche un omicidio e tre poliziotti arrivano per indagare facendosi credere minatori. Nello scontro finale il vecchio proprietario rimane ucciso, ma la figlia trova un difensore in uno dei tre agenti. ■ AVVENTURA; B/N; 95′; USA, 1943.

SENTIERO DELLA FELICITÀ, IL *(Les beaux jours)* ★★
Regia di MARC ALLÉGRET. Con JEAN-PIERRE AUMONT, RAYMOND ROULEAU, SIMONE SIMON. ■ Un ragazzo minato da un male incurabile si innamora di una compagna di studi. La ragazza ama un altro, ma per non dare un dolore al malato tace. Il ragazzo muore e la fanciulla si sente legata da un assurdo impegno di fedeltà alla sua memoria. Quando però il giovane che ama parte, non sopportandone la lontananza lo raggiunge. ■ COMMEDIA; B/N; 80′; FRANCIA, 1935.

SENTIERO DELLA FORTUNA, IL *(Fortune Lane)* ★★
Regia di JOHN BAXTER. Con DOUGLAS BARR, GEORGE CARNEY, BRIAN WESKE. ■ Il film narra le vicende della famiglia Quentin, agricoltori inglesi. Il primogenito vorrebbe dedicarsi agli studi di

ingegneria, ma incontra l'opposizione paterna. Per guadagnare i soldi che gli servono per costruire una macchina di sua invenzione, il giovanotto si mette a lavorare come pulitore di vetri. La sua tenacia sarà premiata. ■ AVVENTURA; B/N; 94'; GRAN BRETAGNA, 1948.

SENTIERO DELLA GLORIA, IL *(Gentleman Jim)* ★★★
Regia di RAOUL WALSH. Con WARD BOND, ERROL FLYNN, ALAN HALE, ALEXIS SMITH. ■ È la storia vera di Corbett, pugile elegante e pieno di stile, del suo incontro con Sullivan, dotato solo di una forza bruta. L'incontro mondiale è naturalmente vinto da Corbett. ■ AVVENTURA; B/N; 104'; USA, 1942.

SENTIERO DELLA RAPINA, IL ★★
(Ride a Crooked Trail)
Regia di JESSE HIBBS. Con WALTER MATTHAU, AUDIE MURPHY, GIA SCALA. ■ Joe intende rapinare la banca di Little Rock e per riuscirci si fa nominare sceriffo dal giudice. Si accorda poi con un ladro che, all'ultimo momento, lo tradisce compiendo da solo, e prima del previsto, il colpo. Joe insegue il bandito e lo arresta, per consegnarlo poi al giudice. Confessa inoltre la verità sul proprio conto deciso a rassegnare le dimissioni. Ma il giudice le rifiuta affermando che Joe si è meritato il posto che occupa. ■ WESTERN; COL.; 87'; USA, 1958.

SENTIERO DELLA VENDETTA, IL *(Gun Fever)* ★★
Regia di MARK STEVENS. Con FELICIA FARR, JOHN LUPTON, MARK STEVENS, LARRY STORCH. ■ Due cercatori d'oro, Simon e Lucas, sono nella vita ottimi amici. Quando i genitori di Lucas cadono vittime di una razzia compiuta da alcuni Sioux a danno dei bianchi, il ragazzo giura di vendicarsi del bandito bianco che ha istigato gli indiani al massacro. Simon promette all'amico di aiutarlo a compiere la sua vendetta. Raggiungeranno, ognuno per proprio conto, il covo del bandito, avendo la meglio su di lui. ■ WESTERN; B/N; 85'; USA, 1957.

SENTIERO DELLA VIOLENZA, IL *(Gunman's Walk)* ★★★
Regia di PHIL KARLSON. Con KATHRYN GRANT, VAN HEFLIN, TAB HUNTER. ■ Di due fratelli uno, Ed, è rissoso, prepotente, antipatico; l'altro, Davey, è tranquillo, educato, pacifista. Ed compie il primo assassinio involontariamente ma a questo ne fa seguire altri, convinto che il padre, come sempre, lo toglierà dai guai. Invece il padre è deciso a lasciare che la legge lo punisca e per questo si mette sulle tracce del figlio che si è nascosto. Ed è pronto a minacciare con le armi perfino il proprio padre, che dovrà ucciderlo per legittima difesa. È questo il castigo per il vecchio. ■ WESTERN; COL.; 97'; USA, 1958.

SENTIERO DELL'ODIO, IL ★★
Regia di SERGIO GRIECO. Con ANDREA CHECCHI, CARLA DEL POGGIO, ERMANNO RANDI. ■ I Pietramal e i Mascari, pastori calabresi, sono come i Capuleti e i Montecchi: si odiano e se ne combinano di tutti i colori. Solo che questa volta non c'è la storia d'amore a nobilitare il tutto, anzi, la fanciulla di una delle famiglie viene brutalmente uccisa. Questa disgrazia servirà comunque a spegnere per sempre gli antichi rancori. ■ DRAMMATICO; B/N; 92'; ITALIA, 1951.

SENTIERO DELL'ORO, IL *(Finger on the Trigger)* ★★
Regia di SIDNEY W. PINK. Con RORY CALHOUN, TODD MARTIN, JAMES PHILBROOK, SILVIA SOLAR. ■ La guerra di Secessione è finita per tutti ma non per il maggiore Adams, comandante di Fort Grant. Quando gli indiani attaccano, però, deve accettare l'aiuto del nordista Larry. ■ WESTERN; COL.; 87'; SPAGNA, USA, 1965.

SENTIERO DEL NORD, IL *(Northwest Trail)* ★★
Regia di DERWIN ABRAHAMS. Con MADGE BELLAMY, JOHN LITEL, BOB STEELE. ■ Una banda di contrabbandieri d'oro, in Canada, deruba una ragazza in viaggio per raggiungere uno zio. Un ufficiale di polizia le offre il suo aiuto ottenendo un doppio risultato: arresta i malviventi e sposa la fanciulla riconoscente. ■ AVVENTURA; COL.; 62'; USA, 1945.

SENTIERO DEL PECCATO, IL *(Transgression)* ★★
Regia di HERBERT BRENON. Con PAUL CAVANAGH, RICARDO CORTEZ, KAY FRANCIS. ■ Dal romanzo "solo per donne" di Kate Jordan. Affascinata da un latin lover, una signora dell'alta società lascia per lui casa e marito. Un passo azzardato di cui presto si pente amaramente. ■ DRAMMATICO; B/N; 90'; USA, 1931.

SENTIERO DEL PINO SOLITARIO, IL ★★★
(The Trail of the Lonesome Pine)
Regia di HENRY HATHAWAY. Con HENRY FONDA, FRED MACMURRAY, SYLVIA SIDNEY. ■ Un ingegnere arriva in Kentucky per compiere lavori ferroviari nella zona e si ritrova coinvolto nelle lotte tra due famiglie. Vincerà l'amore, quello dell'ingegnere per una ragazza appartenente ad una delle due famiglie. È uno dei primissimi film girati a colori. ■ AVVENTURA; COL.; 102'; USA, 1936. ■ OSCAR 1 NOM; VENEZIA 1 PR.

SENTIERO DI GUERRA *(Warpath)* ★★
Regia di BYRON HASKIN. Con DEAN JAGGER, EDMOND O'BRIEN, FORREST TUCKER. ■ Per vendicare la fidanzata uccisa, un ufficiale rinuncia al proprio grado e si arruola come soldato semplice nel reggimento dove militano i presunti assassini. Ma il comune pericolo, cioè i pellirosse, costringe il giovane ad allearsi con i suoi nemici. ■ AVVENTURA; COL.; 95'; USA, 1951.

SENTIERO SOLITARIO *(The Lonely Trial)* ★★
Regia di JOSEPH KANE. Con RAYMOND HATTON, CY KENDALL, BOB KORTMAN, JOHN WAYNE. ■ Un soldato di ritorno dalla guerra di Secessione, non ancora conclusa, sconfigge un pericoloso uomo politico. ■ WESTERN; B/N; 55'; USA, 1936.

SENTIMENTI, I *(Les sentiments)* ★★★
Regia di NOÉMIE LVOVSKY. Con JEAN-PIERRE BACRI, NATHALIE BAYE, VALERIA BRUNI TEDESCHI, ISABELLE CARRÉ, MELVIL POUPAUD, CÉCILE REIGHER, BAKARY SANGERÉ. ■ Nella colorata campagna francese vivono Carole, signora sulla cinquantina, madre di due figli adolescenti, e suo marito Jacques, medico della zona, ormai rassegnato, senza più entusiasmo verso la moglie e, forse, verso tutto il resto. Un giorno, la loro fin troppo tranquilla esistenza viene scossa dall'arrivo di una giovane coppia di sposi, François ed Edith che abiteranno proprio nella villetta di fronte. Le due coppie fanno amicizia, ma, quasi inconsapevolmente, Edith e Jacques si innamoreranno dando vita a un vortice di sentimenti inaspettati ed elettrizzanti. Lvovsky fonde leggerezza e dramma esistenziale. All'inizio il racconto ha lo stile della commedia, anche un po' superficiale, ma poi l'analisi delle emozioni va più a fondo e i personaggi sfociano nel dolore e nella disillusione. ■ COMM. DRAMMATICA; COL.; 90'; FRANCIA, 2003.

SENTINEL *(The Sentinel)* ★★
Regia di MICHAEL WINNER. Con MARTIN BALSAM, JOHN CARRADINE, JOSÉ FERRER, AVA GARDNER, CRISTINA RAINES, CHRIS SARANDON, ELI WALLACH. ■ Una bella fotomodella di New York partecipa ad una misteriosa festa satanica in una casa in cui, oltre a lei, abitava soltanto un vecchio prete. Gli invitati allo strano party arrivano tutti dall'aldilà e la ossessionano con le loro inquietanti presenze. La ragazza sarà costretta a farsi suora per vegliare contro il ritorno fra gli uomini di queste anime dannate. ■ HORROR; COL.; 93'; USA, 1976.

SENTINEL, THE ★★
Regia di CLARK JOHNSON. Con KIM BASINGER, RITCHIE COSTER, MARTIN DONOVAN, MICHAEL DOUGLAS, EVA LONGORIA, KIEFER SUTHERLAND. ■ Pete Garrison è un agente dei Servizi Segreti con un passato da eroe: salvò la vita del presidente Reagan nell'attentato del 1981. Adesso deve salvaguardare quella della First Lady, con cui ha un'appassionata relazione, perché un complotto sembra minacciare presidente e consorte. A concepirlo sono degli ex agenti del KGB assistiti da una talpa all'interno dei Servizi Segreti e ad esserne ingiustamente accusato è l'agente Garrison. Incastrato e prossimo all'arresto, Pete fugge avviando un'indagine personale nel tentativo di sventare l'attentato e di riscattarsi dall'accusa di tradimento. ■ DRAMMATICO; COL.; 108'; USA, 2006.

SENTINELLE DI BRONZO ★★
Regia di ROMOLO MARCELLINI. Con DORIS DURANTI, FOSCO GIACHETTI, GIOVANNI GRASSO. ■ Pochi mesi prima della guerra etiopica, un fortino italiano in Somalia è assediato dagli abissini. Il comandante e un sergente con le loro azioni eroiche riescono a mettere in fuga i nemici. ■ GUERRA; B/N; 92'; ITALIA, 1937.

SENTIRSI DIRE QUELLO CHE I GENITORI NON VORREBBERO MAI ★
Regia di GIUSEPPE LAZZARI. Con MICHELE MADDALONI, FRANCESCO MARIOTTINI, CATERINA MAZZUCCO, VINCENZO TAORMINA. ■ Fin da bambini Filippo e Ludovico vivono due esistenze opposte. Filippo cresce in una famiglia povera di Agrigento, vessato dagli altri ragazzi e molestato dagli adulti. Ludovico vive invece in una famiglia benestante di Brescia con un padre ricco ma assente e una madre colta ma distratta. A vent'anni, Filippo ha sviluppato intelligenza e sensibilità creativa, ma anche due braccia buone per i cantieri operai, mentre Ludovico gestisce i rapporti con amici e genitori con arroganza, arrabbiato col mondo e con se stesso nel rimpianto di una fidanzata perduta in un incidente. I loro destini paralleli si incontrano in un parco a Milano, dove di notte si consuma un giro di prostituzione maschile per tutti i ragazzi in cerca di soldi facili. ■ DRAMMATICO: COL.; 95′; ITALIA, 2010.

SENTIVANO... UNO STRANO ECCITANTE PERICOLOSO PUZZO DI DOLLARI ★★
Regia di ITALO ALFARO. Con DANTE MAGGIO, ROBERT MALCOM, ROSALBA NERI, PIERO VIDA. ■ Il milione di dollari destinato alla costruzione della ferrovia fa gola a molti: al banchiere Costello, al fuorilegge Brocco Kid, al pistolero Jenkins. Ognuno cerca di imbrogliare e battere gli altri sul tempo, ma tutti resteranno a mani vuote. ■ WESTERN; COL.; 91′; ITALIA, 1973.

SENTO CHE MI STA SUCCEDENDO QUALCOSA ★★★
(The April Fools)
Regia di STUART ROSENBERG. Con CHARLES BOYER, CATHERINE DENEUVE, PETER LAWFORD, JACK LEMMON, MYRNA LOY. ■ All'anonimo impiegato Brubaker capita la grande occasione per farsi strada nella vita e nel mondo degli affari. Ma l'incontro con Catherine, moglie infelice dell'uomo che dovrebbe fargli fare carriera, cambia il suo modo di pensare da un giorno all'altro. Infischiandosene della carriera, i due volano a Parigi. ■ COMMEDIA; COL.; 95′; USA, 1969.

SENZA ALCUNA DIFESA UNA DONNA SOLA ★★
(One of Her Own)
Regia di ARMAND MASTROIANNI. Con GREG EVIGAN, LORI LOUGHLIN, MARTIN SHEEN. ■ Una donna è da poco entrata a far parte della polizia e viene molestata da un suo collega. Per ritrovare la tranquillità dovrà ricorrere ad un avvocato. Bravo Martin Sheen. ■ POLITICO; COL.; 89′; USA, 1994.

SENZA AMORE *(Without Love)* ★★★
Regia di HAROLD S. BUCQUET. Con LUCILLE BALL, KATHARINE HEPBURN, SPENCER TRACY. ■ Due scienziati, uomo e donna, decidono di compiere preziosi esperimenti insieme, ma per farlo debbono dividere lo stesso tetto. Per evitare chiacchiere si sposano, ma con l'accordo che il matrimonio sia soltanto formale. Ma l'amore, del tutto inaspettato, nasce tra i due rendendo effettiva la loro unione. ■ COMMEDIA; B/N; 111′; USA, 1945.

SENZA AMORE ★
Regia di RENATO GIORDANO. Con FRANCESCO DE VITO, GIACOMO FURIA, ELEONORA NERI, FAUSTO VERGINELLI, LIDIA VITALE. ■ Figlio illegittimo di un padre finito presto in carcere e di una madre disillusa e socialmente emarginata, Luigi è un bambino che trascorre tutto sommato felicemente le sue giornate, fra partite a calcio per le strade del beneventano e spettacoli di balletto trasmessi in TV, finché a scuola comincia a ricevere le attenzioni di un vigile che lavora come addetto comunale per l'istituto. Questi, lavoratore integerrimo e buon padre di famiglia, passa presto da dolciumi e gesti di affetto ad abusi sessuali, pagando con denaro e con feste per il piccolo l'omertà della madre. Ma quando il compagno della sorella di Luigi, Gaetano, sorprende l'uomo durante uno di questi abusi, lo minaccia violentemente e lo fa fuggire. Con gli anni saranno ancora molti i traumi che si porterà dentro. ■ DRAMMATICO; COL.; 100′; ITALIA, 2007.

SENZA APPARENTE MOTIVO *(Incendiary)* ★★
Regia di SHARON MAGUIRE. Con SIDNEY JOHNSTON, MATTHEW MACFAYDEN, EWAN MCGREGOR, MICHELLE WILLIAMS. ■ Londra. Jane, una donna bellissima e madre affettuosa intrattiene una relazione extra coniugale con Jasper un affermato broker della City. Proprio mentre Jane e Jasper sono insieme, avviene un tragico attentato nel centro di Londra dove il marito e il figlioletto della donna perdono la vita. Jane, tormentata dai sensi di colpa, non si vuole però rassegnare alla perdita del bambino il cui corpo non è stato identificato. Proprio quando Jane ormai sfinita dalla ricerca, inizia a credere alla versione ufficiale, Jasper scoprirà che quel maledetto giorno qualcosa di molto strano è successo e che qualcuno sta cercando di nascondere cosa è davvero accaduto. ■ DRAMMATICO; COL.; 96′; GRAN BRETAGNA, 2008.

SENZA ARTE NE' PARTE ★★
Regia di GIOVANNI ALBANESE. Con GIUSEPPE BATTISTON, GIULIO BERANEK, DONATELLA FINOCCHIARO, VINCENZO SALEMME, HASSANI SHAPI. ■ Il pastificio di Alfonso Tammaro, impresario arrogante e senza scrupoli, chiude i battenti davanti ai suoi operai per spalancarli su una fabbrica meccanizzata e all'avanguardia. Enzo, Carmine e Bandula, colleghi e amici accomunati dal licenziamento e dallo stesso destino precario, si concedono una rappresaglia a suon di musica. Dopo un'improduttiva ricerca di lavoro, i tre operai vengono reclutati dallo stesso Tammaro come custodi di una preziosa collezione di opere d'arte contemporanea. Sconcertati dal valore delle opere di cui non comprendono il credito e per cui collezionisti privati sono disposti a spendere cifre da capogiro, Enzo, Carmine e Bandula decidono di improvvisarsi artisti. Avviato il processo di falsificazione, finiranno presto in un gioco più grande di loro che li condurrà all'asta di una prestigiosa galleria romana. ■ COMMEDIA; COL.; 90′; ITALIA, 2011.

SENZA BANDIERA ★★
Regia di LIONELLO DE FELICE. Con VIVI GIOI, MASSIMO SERATO, UMBERTO SPADARO. ■ Prima guerra mondiale. Per derubare di preziosi incartamenti il console austriaco, gli agenti del controspionaggio italiano chiedono l'aiuto di un celebre scassinatore. Il gruppo porta a felice compimento l'impresa mentre il diplomatico austriaco si uccide. ■ AVVENTURA; B/N; 90′; ITALIA, 1951.

SENZA BUCCIA ★★
Regia di MARCELLO ALIPRANDI. Con LILLI CARATI, MAURIZIO INTERLANDI, OLGA KARLATOS, ILONA STALLER. ■ In un gruppo di giovanissimi in vacanza nelle Eolie e alle prese con problemi di genere sessuale capita Adriana, trentenne ed esperta, che risolve la situazione sbloccando i tabù del timido Daniele. ■ COMMEDIA; COL.; 104′; ITALIA, SPAGNA, 1979.

SENZA CAPO D'ACCUSA *(Framed)* ★★
Regia di PHIL KARLSON. Con GABRIEL DELL, JOE DON BAKER, JOHN MARLEY, CONNY VAN DYKE. ■ Il proprietario di un locale notturno finisce in prigione, ma la serie di avvenimenti che lo ha portato a questo non gli è molto chiara. Appena lo lasciano uscire in libertà vigilata, l'uomo cerca di ricostruire i fatti e scopre un gigantesco intrigo che coinvolge tutti gli uomini in vista della città. ■ DRAMMATICO; COL.; 106′; USA, 1974.

SENZA CATENE *(Unchained)* ★★
Regia di HALL BARLETT. Con BARBARA HALE, ELROY HIRSCH, CHESTER MORRIS. ■ In un carcere modello si alternano vicende che vedono i prigionieri dimostrare la loro volontà di espiare le proprie colpe, incensando, di conseguenza, il direttore dell'istituto di pena. ■ DRAMMATICO; B/N; 75′; USA, 1955. ■ OSCAR 1 NOM.

SENZA CIELO ★★★
Regia di ALFREDO GUARINI. Con GUSTAV DIESSL, FOSCO GIACHETTI, ISA MIRANDA. ■ Tre esploratori italiani raggiungono il Mato Grosso per ritrovare alcuni colleghi dispersi. Si imbattono in un medico bianco a capo di una feroce tribù d'indigeni e rischiano di rimetterci la pelle: ma la compagna del medico li aiuta e fugge con loro. ■ AVVENTURA; B/N; 91′; ITALIA, 1940.

SENZA CUORE *(L'homme sans coeur)* ★★
Regia di LÉO JOANNON. Con MARIE GLOIR, PIERRE RENOIR. ■ Per nascondere il presunto tradimento della moglie, un uomo non esita ad uccidere e rinuncia ad ogni difesa durante il processo. Dopo qualche anno di prigione evade, scopre l'esistenza di una figlia e la moglie gli dimostra la sua innocenza. A quel punto, l'uomo scompare per sempre dalla vita delle due donne. ■ DRAMMATICO; B/N; 88′; FRANCIA, 1937.

SENZA DESTINO *(Sorstalanság)* ★★
Regia di Lájos Koltai. Con Zoltán Bezerédy, Marcel Nagy, Miklós B. Székely, Péter Vall. ■ La prigionia dello scrittore ungherese Imre Kertész, ebreo deportato, da bambino, nei campi di concentramento di Auschwitz e Buchenwald. Quella che era un'infanzia felice e spensierata si trasforma presto in una maturità dolorosa, vissuta in un vortice di crudeltà e degenerazione. ■ Drammatico; col.; 130′; Germania, Gran Bretagna, Ungheria, 2004.

SENZA DI LORO L'INFERNO È VUOTO ★★
(Hell is Empty)
Regia di John Ainsworth. Con Martine Carol, Shirley Ann Field, Carl Möhner, James Robertson Justice, Anthony Steel. ■ Tre rapinatori, dopo aver ucciso una guardia per poter fuggire, si rifugiano nel castello dei Grant che sorge su un'isoletta in mezzo al lago. Uno dei tre, James, è in fondo un buon ragazzo e sarà infatti l'unico a cavarsela con pochi anni, perché i Grant testimonieranno in suo favore dopo che la polizia sarà piombata sull'isola ad arrestare i malviventi. ■ Avventura; col.; 95′; Gran Bretagna, 1966.

SENZA DIO, I *(A Lawless Street)* ★★★
Regia di Joseph H. Lewis. Con Angela Lansbury, Jean Parker, Randolph Scott. ■ Un coraggioso sceriffo combatte, in una cittadina del West, contro un potente gruppo di affaristi che assoldano abili killer per sbarazzarsi di lui. Anche la moglie, non sopportando l'angoscia quotidiana, l'ha lasciato, ma l'uomo di legge porta a termine il suo compito, poi depone le armi e corre a raggiungere la moglie. ■ Western; b/n; 78′; USA, 1955.

SENZA DIO, I ★★
Regia di Roberto Bianchi Montero. Con Chris Avram, Erika Blanc, Antonio Sabato. ■ Nella California di frontiera una serie di rapine e delitti mette Minnesota Killer e El Santo, due pistoleri, sulle tracce del bandito Cerbancho. ■ Western; col.; 92′; Italia, 1972.

SENZA DI TE È NOTTE *(Ohne dich wird es Nacht)* ★★
Regia di Curd Jürgens. Con Eva Bartòk, René Deltgen, Curd Jürgens. ■ Un celebre avvocato diventa schiavo della droga che ha cominciato a prendere per ovviare a crisi di amnesia che lo assalivano. La moglie tenta di salvarlo, ma quando si rende conto che per il marito non c'è speranza decide di seguire la sua stessa sorte. ■ Drammatico; b/n; 95′; Germania, 1956.

SENZA DOMANI *(L'entraîneuse)* ★★
Regia di Albert Valentin. Con Gilbert Gil, Michèle Morgan. ■ Una prostituta trascorre una vacanza in una località balneare come una donna normale, ma l'arrivo di un suo ex cliente interrompe quelle serene giornate. Tuttavia l'episodio ha fatto nascere nella ragazza il desiderio di una vita onesta. ■ Drammatico; b/n; 94′; Francia, 1938.

SENZA DOMANI *(Nowhere to Go)* ★★
Regia di Seth Holt. Con Bernard Lee, Bessie Love, George Nader, Maggie Smith. ■ Film imperniato sulle vicende criminose di Paul Gregory che, con l'aiuto di un amico, è riuscito a rubare 55.000 sterline, ricavate da una vendita di monete antiche. Versata la parte spettante al socio e depositata la propria in una cassetta di sicurezza presso una banca, andrà incontro a una serie di vicissitudini al termine delle quali troverà la morte. ■ Drammatico; b/n; 87′; Gran Bretagna, 1958.

SENZA ESCLUSIONE DI COLPI *(Bloodsport)* ★★
Regia di Newton Arnold. Con Leah Ayres, Norman Burton, Donald Gibb, Jean-Claude Van Damme, Forest Whitaker. ■ Un marine americano esperto in arti marziali vuole cimentarsi nel kumité, una feroce gara che si tiene annualmente a Hong Kong, tra assi del kung-fu. Lo sconsigliano di andare, ma lui è irremovibile. Si scontra quindi con un individuo gigantesco e terrificante e lo batte. Ritornerà in America carico di gloria. Ma l'unico pegno prezioso per il neocampione è la spada del samurai, che consegnerà al suo maestro Tanaka. ■ Avventura; col.; 93′; USA, 1989.

SENZA ESCLUSIONE DI COLPI 2 ★
(American Kickboxer)
Regia di Frans Nel. Con John Barrett, Keith Vitali. ■ Il richiamando al numero uno (quello con Van Damme) si deve, come al solito, a una cattiva abitudine italiana. La storia parla di due amici, esperti di arti marziali, che diventano rivali e finiscono per contendersi il titolo di campione del mondo di kickboxing. ■ Avventura; col.; 89′; USA, 1990.

SENZA FAMIGLIA *(Sans famille)* ★★★
Regia di Marc Allégret. Con Robert Lynen, Vanni Marcoux. ■ La lacrimosa storia tratta dal famoso romanzo di Hector Malot. ■ Drammatico; b/n; 114′; Francia, 1934.

SENZA FAMIGLIA *(Sans famille)* ★★★
Regia di André Michel. Con Bernard Blier, Pierre Brasseur, Gino Cervi, Simone Renant. ■ Il piccolo Remi viene "venduto" dal suo patrigno a un giramondo, viene sfruttato e passa di padrone in padrone. Dopo mille avventure arriva a Londra dove crede di incontrare suo padre. Ma non è così: il suo finto padre è solo un ladro. Remi cresce ma la sua vita è sempre difficile. Finisce anche in prigione, ne evade e alla fine incontra sua madre, quella vera. ■ Drammatico; col.; 100′; Francia, Italia, 1958.

SENZA FAMIGLIA *(Chibikko Remi to meiken capi)* ★★
Regia di Yugo Serikawa. ■ Versione a cartoni animati del celebre romanzo. ■ Animazione; col.; 93′; Giappone, 1972.

SENZA FAMIGLIA, NULLATENENTI, CERCANO AFFETTO ★★★
Regia di Vittorio Gassman. Con Isa Bellini, Rossana Di Lorenzo, Corrado Gaipa, Vittorio Gassman, Toni Ucci, Paolo Villaggio. ■ Agostino, un poveraccio sbandato, ha una fissazione: ritrovare la madre. Sarebbe facilmente preso in giro da persone senza scrupoli se su di lui non vegliasse Armando, anche lui spiantato ma meno sprovveduto. La conclusione è comunque triste per entrambi: Agostino finisce in un ospedale psichiatrico, Armando in prigione. Quando entrambi tornano in libertà, Armando riprende la sua vita errabonda, mentre Agostino tenta di integrarsi nella società che lo aveva sempre respinto. ■ Commedia; col.; 90′; Italia, 1972.

SENZA FAMIGLIA – RITORNO AL NIDO ★★
Regia di Giorgio Ferroni. Con Luciano De Ambrosis, Bianca Doria, Erminio Spalla. ■ Una versione italiana del romanzo di Hector Malot, girata a Venezia durante la Repubblica di Salò. Il piccolo De Ambrosis è il vagabondo Remì, l'ex pugile Erminio Spalla l'attore girovago Vitalis che gli fa da padre. ■ Drammatico; b/n; 92′; Italia, 1944.

SENZA FILTRO ★★★
Regia di Mimmo Raimondi. Con Alessandro J.Ax Aleotti, DJ Jad, Luciano Federico, Anna Melato, Cochi Ponzoni, Kay Rush. ■ Una storia di amicizie, di rischi, di musica hip hop e funky in una Milano in bilico costante tra la possibilità di perdersi e quella di salvarsi. Nico vive in periferia. Suonava e componeva canzoni ma da quando Mosè, il suo migliore amico, è entrato nel buco nero dell'eroina non se la sente più di farlo. Fa le pulizie in un locale, cerca di frenare le propensioni per il rischio dell'amico Manu e tiene d'occhio la sorella come se fosse suo padre (che se n'è andato da casa). Pian piano la voglia di fare musica ritorna e un evento drammatico la farà nuovamente esplodere. Un film sincero quello di Raimondi con gli "Articolo 31". Sincero nel suo ritmo che assomiglia a quello di una canzone che dura 90 minuti ma che non dà mai la sensazione di una storia messa insieme per sostenere una compilation. Film sincero nel mostrare un ambiente sempre in bilico tra trasgressione, droga, criminalità e voglia di una vita non omologata ma vera. ■ Comm. Musicale; col.; 90′; Italia, 2001.

SENZA GLORIA *(Friedemann Bach)* ★★
Regia di Traugott Müller. Con Anna Damman, Max Eckart, Eugene Klöpfer. ■ È l'infelice storia di Friedmann, figlio del grande Johannes Sebastian Bach, che per tutta la vita tentò di sottrarsi all'ombra del genio paterno. ■ Drammatico; b/n; 93′; Germania, 1941.

SENZA INDIZIO *(Without a Clue)* ★★★
Regia di Thom Eberhardt. Con Michael Caine, Paul Freeman, Ben Kingsley. ■ Una banda di falsari capeggiata dal perfido Moriarty minaccia l'intera economia britannica e il ministro

chiede aiuto a Sherlock Holmes. Ma Sherlock non esiste, è una invenzione del dottor Watson. Il quale, per non deludere l'inviato di Sua Maestà, è costretto a presentare un Holmes fasullo, nella persona di un attorucolo da quattro soldi, ubriacone e donnaiolo. ■ GIALLO; COL.; 106′; GRAN BRETAGNA, 1988.

SENZA LEGAMI *(Szabad léleglzet)* ★★
Regia di MÁRTA MÉSZÁROS. Con MARIANN MOOL, GABOR NAGY, JOZSEF SZÉKHELY. ■ Una giovane operaia si innamora di uno studente, ma quando lui vuole presentarla ai suoi genitori cominciano i guai. La differenza di classe sembra essere un ostacolo insormontabile per i coniugi "borghesi" e la ragazza è costretta a lasciare il giovanotto. ■ COMMEDIA; B/N; 80′; UNGHERIA, 1973.

SENZA LEGGE, I *(Tumbleweed)* ★★
Regia di NATHAN J. JURAN. Con AUDIE MURPHY, LORI NELSON. ■ A causa della sua amicizia con Tigre, giovane capo pellerossa, Jim si mette nei guai con i suoi connazionali che lo credono un assassino. In realtà Blandom, proprietario terriero trovato ucciso, è morto perché al fratello faceva gola l'argento trovato nelle terre del congiunto. Sempre con l'aiuto dell'indiano, che purtroppo ci rimette la vita, Jim riesce a provare la sua innocenza e fa arrestare il vero colpevole. ■ WESTERN; COL.; 79′; USA, 1953.

SENZA LIMITI *(Relentless)* ★★
Regia di WILLIAM LUSTIG. Con JUDD NELSON, LEO ROSSI. ■ Un assassino con un grande trauma infantile, per via del padre, uccide consultando la guida telefonica. Un agente di polizia è sulle sue tracce. Buona interpretazione del protagonista, che ricordiamo per *Fandango*. ■ POLIZIESCO; COL.; 89′; USA, 1989.

SENZA MADRE *(My Pal Gus)* ★★
Regia di ROBERT PARRISH. Con JOANNE DRU, AUDREY TOTTER, RICHARD WIDMARK. ■ Dave, divorziato, si innamora dell'insegnante che è riuscita a domare il suo terribile figlio Gus, ma la ex moglie gli crea mille ostacoli. Per mettere a tacere definitivamente la donna e tenere con sé il bambino, Dave rinuncia a tutte le sue ricchezze, che regala alla ex in cambio di pace e libertà. ■ DRAMMATICO; B/N; 83′; USA, 1953.

SENZA MAMMA *(Romance of Limberlost)* ★★
Regia di WILLIAM NIGH. Con ERIC LINDEN, JEAN PARKER. ■ Laura è stata allevata da una zia che la costringe a sposare un uomo ricco ma brutale. Quest'ultimo rimane ucciso durante una animata discussione con il proprio garzone che voleva evitare una triste sorte a Laura, ma un innamorato della ragazza, avvocato, difende il giovane in tribunale e lo fa assolvere. ■ DRAMMATICO; B/N; 81′; USA, 1938.

SENZA MOVENTE *(Sans mobile apparent)* ★★★
Regia di PHILIPPE LABRO. Con LAURA ANTONELLI, SACHA DISTEL, CARLA GRAVINA, DOMINIQUE SANDA, ERICH SEGAL, JEAN-LOUIS TRINTIGNANT. ■ Il commissario Carrel deve risolvere il mistero di alcune uccisioni apparentemente slegate fra loro ma che hanno invece un comune denominatore: una recita fatta vent'anni prima dalle vittime. Carrel salva la vita ai partecipanti alla recita ancora sopravvissuti e scopre il movente e l'assassino. ■ GIALLO; COL.; 97′; FRANCIA, 1971.

SENZA NESSUNA PIETÀ *(Remembrance of Love)* ★★
Regia di JACK SMIGHT. Con PAM DAWBER, KIRK DOUGLAS, CHANA EDEN, YORAM GAR. ■ Joseph ha amato intensamente e disperatamente una donna, che ha perso nel corso della guerra. Quando il rimpianto diventa insopportabile, l'uomo decide di recarsi in Israele a visitare i luoghi in cui anni prima era stato felice. Ma ancora una volta, come in un crudele playback, si troverà ad affrontare la realtà di un antisemitismo mai placato e lo stesso tormento di allora. ■ DRAMMATICO; COL.; 90′; USA, 1982.

SENZA NESSUN TIMORE *(Getting it Right)* ★★
Regia di RANDAL KLEISER. Con JESSE BIRDSALL, HELENA BONHAM CARTER, JOHN GIELGUD, LYNN REDGRAVE. ■ Quanti complessi si fa il protagonista: a trent'anni, mai avuto una donna, nemmeno per sbaglio. Ah, se... E all'improvviso si ritrova con tre spasimanti. Oddio, come stavo meglio prima. Randal Kleiser gioca abilmente con nevrosi e complessi, senza eccedere nella farsa o nel dramma. ■ COMMEDIA; COL.; 102′; GRAN BRETAGNA, 1989.

SENZA NOME, I *(Le cercle rouge)* ★★★
Regia di JEAN-PIERRE MELVILLE. Con ANDRÉ BOURVIL, ALAIN DELON, YVES MONTAND, FRANÇOIS PÉRIER, GIAN MARIA VOLONTÉ. ■ Un ex galeotto, un ex poliziotto e un ladro italiano si accordano per rapinare un gioielliere parigino. Il furto, organizzato fin nei minimi particolari, riesce, ma il commissario Mattei, un duro, riesce a risalire fino ai tre. Nello scontro con la polizia nessuno dei ladri si salva. ■ POLIZIESCO; COL.; 125′; FRANCIA, 1970.

SENZA NOME E SENZA REGOLE ★★★
(Ngo hai sui/Who Am I?))
Regia di BENNY CHAN, JACKIE CHAN. Con JACKIE CHAN, MICHELLE FERRE, ED NELSON, RON SMERCZAK, MIRAI YAMAMOTO. ■ Jackie Chan è un agente segreto che ha perso la memoria e non sa più chi è. Si perde in una tribù di africani, partecipa a una tappa della Parigi-Dakar e poi si trova a combattere usando zoccoli olandesi ad Amsterdam. *Slapstick kung fu* ad alto grado adrenalinico quello del regista/attore hongkonghese. ■ AZIONE; COL.; 105′; HONG KONG, 1998.

SENZA PAURA ★★
Regia di STEFANO CALVAGNA. Con ALESSIO BONI, MARIA GANGALE, MASSIMO MONETTI, VINCENZO MONTI. ■ Due ragazzi romani, una banda improvvisata e un colpo da 80 milioni. Ma la polizia è sulle loro tracce. Li aspetta però un colpo più pericoloso. ■ DRAMMATICO; COL.; 84′; ITALIA, 2000.

SENZA PAURA, I *(Operation Bottleneck)* ★★
Regia di EDWARD L. CAHN. Con NORMAN ALDEN, RON FOSTER, MIKO TAKA. ■ Un ufficiale americano viene catturato durante la guerra di Corea, ma proprio la ragazza che dovrebbe interrogarlo e strappargli preziose informazioni si innamora di lui e lo aiuta a fuggire. ■ GUERRA; B/N; 78′; USA, 1960.

SENZA PECCATO *(La femme perdue)* ★★
Regia di JEAN CHOUX. Con JEAN GALLAND, JEAN MURAT, RENÉE SAINT-CYR. ■ Un marinaio dopo un litigio abbandona la fidanzata, che per sopravvivere con la figlioletta appena nata accetta la corte e la proposta di matrimonio fattale da un uomo ricco. Molti anni dopo il marinaio si ripresenta e vorrebbe far valere i propri diritti di paternità, ma un saggio sacerdote riesce a fargli cambiare idea. ■ DRAMMATICO; B/N; 95′; FRANCIA, 1942.

SENZA PELLE ★★★
Regia di ALESSANDRO D'ALATRI. Con ANNA GALIENA, MASSIMO GHINI, KIM ROSSI STUART. ■ Riccardo e Gina sono felicemente sposati con un figlio. Lui fa l'autista e lei è impiegata alle poste. Vivono una vita di risparmi e di rinunce, ma sereni. Un giorno entra nella loro vita Saverio un ragazzo dal carattere difficile e debole psicologicamente. Saverio si innamora di Gina e comincia sistematicamente una corte che diventa troppo insistente. Buona seconda prova di D'Alatri dopo *Americano rosso*. ■ COMMEDIA; COL.; 100′; ITALIA, 1994.

SENZA PERDONO *(Nancy Steel is Missing)* ★★★
Regia di GEORGE MARSHALL. Con JUNE LANG, PETER LORRE, VICTOR MCLAGLEN. ■ Per punire il proprio padrone che ha facilitato l'intervento americano nella prima guerra mondiale, un domestico tedesco gli rapisce la figlia. Molti anni dopo si ripresenta nella stessa casa con la ragazza, che fa passare per sua figlia, e si fa riassumere. Quando un altro domestico tenta di far passare una ragazza qualsiasi come figlia del ricco proprietario, il rapitore confessa la verità. ■ DRAMMATICO; B/N; 85′; USA, 1937.

SENZA PIETÀ ★★★
Regia di ALBERTO LATTUADA. Con PIERRE CLAUDÉ, CARLA DEL POGGIO, JOHN KITZMILLER. ■ Cercando il proprio fratello, la giovane Angela finisce in un giro di contrabbando e prostituzione dal quale un militare americano di colore tenta invano di strapparla. ■ DRAMMATICO; B/N; 95′; ITALIA, 1948.

SENZA RAGIONE ★★
Regia di SILVIO NARIZZANO. Con DUILIO DEL PRETE, MARK LESTER, FRANCO NERO, TELLY SAVALAS. ■ Il capo di una piccola banda di rapinatori improvvisamente impazzisce e, oltre ad uccidere una ragazza del gruppo, costringe gli altri alle imprese criminose più assurde. La morte farà giustizia delle sue follie. ■ POLIZIESCO; COL.; 90′; ITALIA, 1972.

SENZA REDINI *(Sem Controle)* ★
Regia di CRIS D'AMATO. Con CADU FÁVERO, VANESSA GERBELLI, DIRCE MIGLIACCIO, EDUARDO MOSCOVIS, MILENA TOSCANO, MARCELO VALLE. ■ Passione e pazzia si ritrovano in questa trama piena di suspence. Danilo Porto è un regista di teatro ossessionato dall'idea di realizzare un'opera sull'ultimo condannato alla pena di morte in Brasile. La pièce si rivela un fallimento. Danilo vorrebbe arrendersi, ma ritrova entusiasmo quando conosce Aline che gli dà suggerimenti decisivi. Drammatico; COL.; 93'; Brasile, 2007.

SENZA RESPIRO *(Soho Incident)* ★★
Regia di VERNON SEWELL. Con RONA ANDERSON, FAITH DOMERGUE, LEE PATTERSON. ■ Jim è un ragazzo molto sveglio che va a Londra in cerca di fortuna. Conosce Betty e si fidanza con lei, ma poco dopo viene irretito da una fatalona che quasi lo fa diventare un gangster. Jim apre gli occhi quando scopre che lei è la donna di un gangster. A questo punto diventa pericoloso e i banditi, per ricattarlo, gli rapiscono la fidanzata. Jim riesce con gran fatica a salvarla. I cattivi finiscono uccisi e la bellona va in prigione. ■ DRAMMATICO; B/N; 77'; GRAN BRETAGNA, 1956.

SENZA RICORSO *(No recourse)* ★
Regia di MARY LAMBERT. Con MARK JOY, JOSHUA MORROW, TERRY O'QUINN, RACHEL WARD, AL WIGGINS. ■ Caitlin, infermiera emancipata corteggiata da un ricco (e anziano) uomo d'affari, in men che non si dica si ritrova sposata, casalinga annoiata e trascurata dal marito. Decide così di consolarsi con il figlio di lui, muscoloso ribelle in canottiera che ben poco ha a che vedere col dimesso genitore. Il triangolo, come previsto, non funziona, e dopo omicidi, incidenti e azioni legali, la donna sarà l'unica a uscire in piedi da questa brutta (in tutti i sensi) storia. ■ DRAMMATICO; COL.; 88'; USA, 1997.

SENZA RIFUGIO *(No Place Like Home)* ★
Regia di LEE GRANT. Con KATHY BATES, JEFF DANIELS, CHRISTINE LAHTI, ANNE PITONIAK. ■ Un incendio ha distrutto la casa e insieme le speranze della modesta famiglia Cooper. Lui si arrangiava con i lavori che capitavano e ora si butta nell'alcool, lei deve rinunciare al suo posto di cameriera e il figlio, poi, si lascia prendere in un giro di droga. ■ DRAMMATICO; COL.; 100'; USA, 1989.

SENZA RIMPIANTO *(Without Regret)* ★★
Regia di HAROLD YOUNG. Con PAUL CAVANAGH, ELISSA LANDI, KENT TAYLOR. ■ Una donna sposa un medico dopo che il suo precedente marito viene creduto morto. Invece l'uomo si ripresenta e nasce una intricata vicenda di ricatti e assassinii; il tardivo pentimento del ricomparso aggiusterà tutto. ■ DRAMMATICO; B/N; 94'; GRAN BRETAGNA, 1935.

SENZA RIPARO *(Harbour Beat)* ★
Regia di DAVID ELFICK. Con JOHN HANNAH, STEVEN VIDLER. ■ Ovvio, trito e ritrito giallo imperniato sui colleghi diversi ma compagni per forza. In questo caso uno è elegante, rubacuori, snob. L'altro è un "burino" dal cuore buono. Il dovere li renderà amici o quasi. ■ POLIZIESCO; COL.; 87'; USA, 1990.

SENZA RITORNO *(High Conquest)* ★★
Regia di IRWIN ALLEN. Con ANNA LEE, GILBERT ROLAND. ■ Due rivali in amore: uno è esperto di alta moltagna e sfida il rivale per farsi bello agli occhi della ragazza contesa. Ma l'inesperto si salva, mentre lo sfidante rimane vittima di un incidente. ■ DRAMMATICO; B/N; 91'; USA, 1947.

SENZA SAPERE NIENTE DI LEI ★★★
Regia di LUIGI COMENCINI. Con GABRIELLA GALVANI, PHILIPPE LEROY, PAOLA PITAGORA, SILVANO TRANQUILLI. ■ Un investigatore di una società assicuratrice deve scoprire se una donna è morta per cause naturali o se è stata assassinata. Pensando a quest'ultima ipotesi l'uomo diventa amico della figlia della donna per ottenere preziose informazioni. Riesce a risalire fino alla verità, ma non può riferirla ai suoi superiori perché muore in un incidente provocato dalla ragazza. ■ GIALLO; COL.; 96'; ITALIA, 1969.

SENZA SCAMPO *(Rogue Cop)* ★★★
Regia di ROY ROWLAND. Con ANNE FRANCIS, JANET LEIGH, GEORGE RAFT, ROBERT TAYLOR. ■ Due fratelli poliziotti: uno integerrimo, l'altro venduto alla malavita. Quando i criminali uccidono l'onesto, l'altro rinsavisce e stermina un'intera banda. ■ POLIZIESCO; B/N; 92'; USA, 1954. ■ OSCAR 1 NOM.

SENZA SCAMPO *(The Hooked Generation)* ★★
Regia di WILLIAM GREFE. Con STEVE ALAIMO, JOHN DAVIS CHANDLER, JEREMY SLATE. ■ Quattro reduci dal Vietnam si comportano proprio male. Commerciano in droga e ammazzano con estrema facilità i clienti che si mostrano esosi. Finiranno male. ■ DRAMMATICO; COL.; 92'; USA, 1969.

SENZA SCRUPOLI ★★
Regia di TONINO VALERI. Con CINZIA DE PONTI, ANTONIO MARSINA, MARZIO ONORATO, SANDRA WEY. ■ La moglie di un gioielliere diventa l'amante di un bandito che, dopo aver tentato di svaligiarle la casa, l'aveva brutalmente stuprata. Dopo aver partecipato a una rapina, aver assistito a un omicidio e aver visto morire il suo uomo, la volubile signora parte per le vacanze con il legittimo consorte. ■ DRAMMATICO; COL.; 93'; ITALIA, 1985.

SENZA SCRUPOLI 2 ★
Regia di CARLO AUSINO. Con VIRNA ANDERSON, MARCELLO GARGIA FOCAL, ANGELA MININNI, LUANA PERDON. ■ Una pornostar viene violentata una notte in una autorimessa da uno sconosciuto, che ritornerà a trovarla altre volte. La ragazza, vinta l'iniziale paura, prova piacere con quest'uomo, e alla fine i due si innamorano. Quando l'uomo viene ucciso, lei ritorna nella città di provincia da dove era venuta e lì incontra un giovanotto con cui, dopo varie difficoltà, stabilisce un rapporto. Sarà lui a salvarla da una banda che, nottetempo, entrerà nella villa isolata di lei e la violenterà. Ennesima lotta e trionfo finale dell'amore con fuga dei fantasmi del passato. ■ DRAMMATICO; COL.; 86'; ITALIA, 1990.

SENZA SOLE NÉ LUNA ★★
Regia di LUCIANO RICCI. Con IVO GARRANI, GIANCARLO SBRAGIA, SERENA VERGANO. ■ Durante i lavori per il traforo del monte Bianco, le vicende degli operai si intrecciano alla storica impresa. ■ DRAMMATICO; B/N; 90'; ITALIA, 1963.

SENZA SORRISO *(Sin la sorrisa de Dios)* ★★
Regia di JULIO SALVADOR. Con PEDRO FORCEL, PEPITO MORATALLA, CONRADO SANMARTIN. ■ Un ragazzino cresciuto sulla strada è recuperato da un giovane maestro che gli insegna i veri valori della vita. ■ COMMEDIA; B/N; 91'; SPAGNA, 1955.

SENZA SOSTA *(The Mini Skirt Mob)* ★★
Regia di MAURY DEXTER. Con DIANE MCBAIN, JEREMY SLATE, HARRY DEAN STANTON. ■ Luna di miele di terrore per un campione di rodeo. Durante una sosta degli sposini in riva a un lago, una banda di pazzi teppisti drogati, capitanati da una terribile virago, li aggredisce. Gli sposi reagiscono, riescono a fuggire, ma la banda li bracca senza pietà. ■ AVVENTURA; COL.; 93'; USA, 1968.

SENZA TETTO NÉ LEGGE *(Sans toit ni loi)* ★★★★🏆
Regia di AGNÈS VARDA. Con SANDRINE BONNAIRE, STÉPHANE FREISS, MACHA MÉRIL. ■ In un campo coltivato nel sud della Francia, all'alba di un giorno invernale, un contadino trova il cadavere di una ragazza. La polizia non riesce a identificare la giovane vagabonda e ritiene che questa sia morta per il freddo e gli stenti. Il film della Varda, premiato con il Leone d'oro a Venezia nel 1985, è costruito con una serie di flash-back. Parlano le persone che avevano conosciuto la ragazza prima della sua morte inspiegabile. Dalle testimonianze vien fuori il ritratto doloroso e commovente di una giovane ribelle che aveva scelto di vivere senza tetto né legge. ■ DRAMMATICO; COL.; 105'; FRANCIA, 1985. ■ VENEZIA 🏆 1 PR.

SENZA TRACCIA *(Without a Trace)* ★★
Regia di STANLEY JAFFE. Con DAVID DUKES, JUDD HIRSCH, KATE NELLIGAN. ■ Un bambino scompare. La madre, una signora separata, lo cerca insieme alla polizia e al padre, che è tornato. Si mobilitano anche stampa e televisione, si ricorre persino a veggenti e sensitivi, ma inutilmente. Infine viene ritrovato in casa di un poveraccio che l'aveva rapito per fargli accudire la sorella paralitica. ■ DRAMMATICO; COL.; 120'; USA, 1982.

SENZA TREGUA *(Shattered Promises)* ★★
Regia di JOHN KORTY. Con EMBETH DAVIDTZ, BRIAN DENNEHY,

SUSAN RUTTAN, TREAT WILLIAMS. ■ Il sergente di polizia Reed sta indagando sull'omicidio della moglie di un noto legale. Deve però andare coi piedi di piombo. Infatti il suo superiore e alcuni agenti sono pedine della mafia. ■ POLIZIESCO; COL.; 120′; USA, 1992.

SENZA TREGUA *(Hard Target)* ★★
Regia di JOHN WOO. Con LANCE HENRIKSEN, JEAN-CLAUDE VAN DAMME. ■ New Orleans. Alcune persone sono scomparse e nessuno sa che fine abbiano fatto. Chance deve cercare un ex soldato e scopre che qualcuno organizza una caccia umana. Potrebbe essere uno dei tanti film d'azione senza nessuna particolare originalità. In realtà si tratta del primo prodotto hollywoodiano di un dotato regista di Hong Kong. ■ AVVENTURA; COL.; 95′; USA, 1993.

SENZA TREGUA IL ROCK'N'ROLL ★★
(Rock Around the Clock)
Regia di FRED F. SEARS. Con LISA GAYE, JOHNNY JOHNSTON. ■ Un impresario sull'orlo del fallimento conosce per caso un complessino di provincia che suona una nuova musica, il rock and roll. Stipula il contratto con la energica leader del gruppo, Lisa. Il successo arriva quasi istantaneamente. ■ COMM. MUSICALE; B/N; 77′; USA, 1955.

SENZA UNA DONNA ★★
Regia di ALFREDO GUARINI. Con SILVANA JACHINO, GIUSEPPE LUGO. ■ Un barbiere, due tenori e un duca si trasferiscono in un castello isolato per vivere lontano dai propri simili e soprattutto dalle donne: un fragile proposito che avrà breve durata. ■ COMMEDIA; B/N; 90′; ITALIA, 1943.

SENZA UN ATTIMO DI TREGUA *(Point Blank)* ★★★
Regia di JOHN BOORMAN. Con ANGIE DICKINSON, LEE MARVIN, KEENAN WYNN. ■ Il gangster Walker vuole a tutti i costi recuperare la sua parte di bottino rubatogli dal suo complice dopo la rapina. Le avventure sono molte e anche un po' oscure, ma alla fine Walker rinuncia. ■ POLIZIESCO; COL.; 92′; USA, 1967.

SENZA UN FILO DI CLASSE *(Where's poppa)* ★★★
Regia di CARL REINER. Con RAE ALLEN, RUTH GORDON, RON LEIBMAN, GEORGE SEGAL. ■ Gordon Hocheiser promette al padre in punto di morte di provvedere alla vecchia madre. Questa entra a tal punto nella vita del figlio da non permettergli di farsi una famiglia e di continuare con successo la propria professione. È l'amore per una giovane e graziosa infermiera a dare a Gordon il coraggio per rompere i legami con la madre; la vecchia viene infatti messa in un ospizio e i due fidanzati scappano insieme. ■ COMMEDIA; COL.; 82′; USA, 1970.

SENZA VELI ★★
Regia di CARMINE GALLONE. Con ISA BARZIZZA, INGE EGGER, GINO MATTERA. ■ Giovane studente fallito diventa cantante in una compagnia di varietà. Due ragazze lo concupiscono. Dapprima preferisce la frivola, poi sceglie la più sincera. ■ COMMEDIA; COL.; 91′; ITALIA, 1953.

SENZA VIA DI SCAMPO *(No Way Out)* ★★★
Regia di ROGER DONALDSON. Con KEVIN COSTNER, GENE HACKMAN, SEAN YOUNG. ■ Un ufficiale di marina va a letto con l'amante di un uomo politico. Costui uccide la ragazza, conoscendo la sua infedeltà, ma non l'identità del partner. Poi monta un'inchiesta fasulla dando l'incarico delle indagini all'ufficiale. Costui vede gli indizi accumularsi sulla sua persona ma *in extremis* riesce a provare la colpevolezza del senatore. Sorpresissima finale. ■ THRILLER; COL.; 116′; USA, 1987.

SENZA VIA D'USCITA ★★
Regia di PIERO SCIUMÉ. Con ROGER HANIN, PHILIPPE LEROY, MARISA MELL. ■ Prendendo come spunto il rapimento del proprio figlio, un impiegato di banca tesse un piano per sbarazzarsi della moglie e per arricchirsi e godere della libertà e dei soldi con l'amante. Simula infatti una rapina durante un suo viaggio con un grosso quantitativo di denaro per conto della banca e induce la moglie al suicidio con continui ricordi del figlio scomparso. Ma il suo crimine perfetto è reso vano dalla follia di cui lui stesso cade preda. ■ DRAMMATICO; COL.; 90′; ITALIA, 1971.

SENZA VIA D'USCITA *(Quicksand: No Escape)* ★★
Regia di MICHAEL PRESSMAN. Con TIM MATHESON, DONALD SUTHERLAND. ■ Un poliziotto scopre un grosso giro di tangenti in cui è coinvolto un architetto. Ma invece di denunciarlo, lo ricatta. Purtroppo muore in un incidente (sarà un caso?). Ma l'architetto non se ne rallegra: qualcun altro ritenta il ricatto. Modesto giallo con un Donald Sutherland che ormai è la parodia di se stesso. ■ POLIZIESCO; COL.; 88′; USA, 1991.

SENZA VOLTO *(En kvinnas ansikte)* ★★
Regia di GUSTAV MOLANDER. Con INGRID BERGMAN, GEORG RYDEBERG. ■ Una ricattatrice orrendamente deturpata in volto viene curata da un chirurgo che la donna voleva ricattare. Il chirurgo le dà un nuovo volto, la donna cambia tipo di vita, lavora onestamente e si affeziona ad un bimbo di famiglia ricca al quale fa da istitutrice. Dopo averlo salvato da un tentativo di rapimento, la donna incontra ancora il chirurgo e tra i due nasce un affetto, facilitato dal fallimento del rapporto coniugale dell'uomo. ■ DRAMMATICO; B/N; 92′; SVEZIA, 1938. ■ VENEZIA 1 PR.

SEOM *(The isle)* ★★★★
Regia di KIM KI-DUK. Con HANG-SUN JANG, JAE-HYUNG CHO, JUNG SUH, SUNG.HEE PARK, YOO-SUK KIM. ■ Un'isola, un grande prato d'acqua su cui riposano tante piccole case galleggianti, come tende per occasionali campeggiatori. Un ragazzo appena fuggito da un orribile delitto è lì per togliersi la vita. La custode/barcaiola (una Caronte al femminile) di questo strano parco acquatico fa di notte la prostituta fra una casetta e l'altra. Ma poi conosce lui, smette. Li attrae la disperazione reciproca, il bisogno di cercare e trovare qualcosa. L'acqua che li divide è il liquido dal quale tutti pescano, nel quale tutti depositano i propri escrementi; è il simbolo della vita ma anche lo spazio che separa le esistenze l'una dall'altra. In due differenti momenti di disperazione cercano il suicidio con un gruppo d'ami: lui mettendoselo in bocca, lei nel pube. Ma come se fossero pesci finiscono per "pescarsi", incontrarsi, amarsi. Si dovranno liberare da alcuni fardelli, prima: lui del poliziotto che è venuto a cercarlo fin lì, lei della prostituta che si è innamorata di lui. Le loro due "isole" di solitudine diventano una sola (solitudine?), anche se questo non impedirà comunque il consumarsi di un (possibile) dramma finale. Le due sequenze degli ami, insieme ad altre in cui i due protagonisti squartano dei pesci e delle rane vive sono di violenza espressiva inusitata. Si tratta peraltro di sequenze narrativamente utili, soprattutto all'interno di un paesaggio umano e geografico così silente. In piena linea con molto cinema orientale (da Tsai Ming Liang – Taiwan – a Wong Kar Wai – Hong Kong), dove a parlare, a volte ad "esplodere", sono i vuoti. Ma quei quattro pugni nello stomaco sono così necessari, all'interno di una storia già di per sé intensa, forte, "umana"? O saranno soltanto un deterrente alla distribuzione in Europa di un film peraltro così bello? ■ DRAMMATICO; COL.; 86′; COREA DEL SUD, 1985.

SEPARATI IN CASA ★★
Regia di RICCARDO PAZZAGLIA. Con MARINA CONFALONE, SIMONA MARCHINI, RICCARDO PAZZAGLIA. ■ La carenza di alloggi fa sì che due coniugi debbano continuare a vivere sotto lo stesso tetto nonostante la separazione legale in atto. Inconvenienti ed equivoci a non finire, ma penserà il figlio della coppia a sistemare tutto. Il professor Pazzaglia porta sul grande schermo con risultati discreti una situazione comica ampiamente collaudata all'interno di *Quelli della notte* (programma dal quale proviene anche la Marchini). ■ COMMEDIA; COL.; 104′; ITALIA, 1986.

SE PERMETTETE PARLIAMO DI DONNE ★★★
Regia di ETTORE SCOLA. Con VITTORIO GASSMAN, ANTONELLA LUALDI, GIOVANNA RALLI. ■ Film a episodi con il mattatore Gassman alle prese con vari esemplari della fauna femminile. ■ COMMEDIA; COL.; 105′; ITALIA, 1964.

SEPOLCRO D'ACQUA, IL *(Maléfices)* ★★
Regia di HENRI DECOIN. Con JEAN-MARC BORY, JULIETTE GRÉCO, LISELOTTE PULVER. ■ Una strana e confusa storia di stregoneria e d'amore: Myriam, un'affascinante donna che ha soggiornato a lungo in Africa, chiama un veterinario per curare il suo gattopardo malato. I due si innamorano, ma moriranno insieme affogati. ■ DRAMMATICO; B/N; 104′; FRANCIA, 1962.

SEPOLCRO DEI RE, IL ★★
Regia di FERNANDO CERCHIO. Con ERNO CRISA, ETTORE MAN-

NI, DEBRA PAGET. ■ La figlia dei reali di Siria, Shila, è sposa forzata del faraone Nemorat. Questi viene ucciso da una congiura; in punto di morte, convinto della colpevolezza della moglie, ordina che Shila venga sepolta insieme a lui. La donna verrà salvata dal suo amante che, con la collaborazione dell'architetto del sepolcro reale, si addentrerà nella piramide evitando i trabocchetti. ■ AVVENTURA; COL.; 92'; ITALIA, 1960.

SEPOLCRO INDIANO, IL *(Das indische Grabmal)* ★★★
Regia di JOE MAY. Con BERNHARD GOETZKE, MIA MAY, CONRAD VEIDT. ■ Da un soggetto di Fritz Lang e Thea von Harbou. Pieno di effetti speciali, il film ha come personaggio chiave il misterioso principe di Eschnapur. ■ AVVENTURA; B/N; 93'; GERMANIA, 1921.

SEPOLCRO INDIANO, IL *(Das indische Grabmal)* ★★
Regia di RICHARD EICHBERG. Con GUSTAV DIESSL, LA JANA, KITTY JANTZEN. ■ A un ingegnere tedesco viene affidato il compito di costruire un enorme sepolcro nei possedimenti di un marajà indiano. Secondo gli intendimenti del sovrano, la costruzione dovrà essere la prigione a vita della propria moglie colpevole di tradimento. L'ingegnere scopre la vera natura del suo lavoro e, nel contempo, un complotto ai danni del marajà. La moglie adultera morirà difendendo il proprio marito e sovrano dai congiurati. ■ AVVENTURA; B/N; 90'; GERMANIA, 1937.

SEPOLCRO INDIANO, IL *(Das indische Grabmal)* ★★★
Regia di FRITZ LANG. Con PAUL HUBSCHMIDT, DEBRA PAGET, WALTER REYER. ■ Questa seconda parte del dittico iniziato con *La tigre di Eschnapur* continua e conclude le avventure dei due innamorati, la danzatrice Seetha e l'ingegnere tedesco Berger: i due vengono catturati dal principe Chandra e la ballerina, per salvare la vita al suo amato, acconsente a sposare lo stesso sovrano. Alla vigilia delle nozze, i sacerdoti del tempio, che tramano per il potere, fanno scoppiare una rivolta; sarà lo stesso Berger a soffocarla e a unirsi finalmente a Seetha, sotto la benedizione del riconoscente ed amareggiato principe. ■ AVVENTURA; COL.; 101'; GERMANIA, 1960.

SEPOLTA VIVA ★★
Regia di ALDO LADO. Con AGOSTINA BELLI, MAURIZIO BONUGLIA, DOMINIQUE DAREL, FRANÇOIS PERRIN. ■ Il duca Philippe ha sposato la figlia di un pescatore, Cristina. I fratelli del duca, gelosi, durante una sua assenza rapiscono Cristina e la imprigionano in una torre, facendola credere morta al marito. Uno dei fratelli si uccide per dispiaceri amorosi, mentre Philippe, scoperta la verità e soccorsa la moglie, uccide in duello l'altro fratello. ■ DRAMMATICO; COL.; 110'; ITALIA, 1973.

SEPOLTA VIVA, LA ★★
Regia di GUIDO BRIGNONE. Con EVI MALTAGLIATI, PAUL MÜLLER, MILLY VITALE. ■ In Sicilia durante il regime borbonico, il crudele conte Federico, con la complicità dell'amante, tenta di uccidere la matrigna e la sorella Eva, animosa garibaldina. Il duello fra Federico e Giorgio, un ottimo ufficiale innamorato di Eva, mette fine alla vita e ai crimini del conte. ■ AVVENTURA; B/N; 95'; ITALIA, 1948.

SEPOLTI VIVI *(Buried Alive)* ★
Regia di GÉRARD KIKOINE. Con JOHN CARRADINE, DONALD PLEASENCE, ROBERT VAUGHN, KAREN WITTER. ■ Sfortunata cattedra per Janet, professoressa di storia naturale, che viene trasferita in una scuola correzionale femminile; altrettanto sfortunata questa trasposizione cinematografica di una novella di Poe. Karen Witter, la bella protagonista di turno, non si nota se non quando urla. Ultimo film interpretato da John Carradine prima della morte. ■ HORROR; COL.; 91'; USA, 1989.

SEPOLTO VIVO *(The Premature Burial)* ★★★
Regia di ROGER CORMAN. Con HAZEL COURT, RAY MILLAND, RICHARD NEY. ■ È la storia della follia di un uomo, terrorizzato dall'ossessione di rimanere sepolto vivo. La sua paura si trasforma in realtà: colto da collasso quando scopre che il padre era stato sepolto vivo, viene a sua volta interrato prima del tempo; riesce poi a fuggire dal luogo sepolcrale e, ormai folle, sotterra la moglie ancora viva e uccide il suocero, per poi essere ammazzato dalla sorella. ■ HORROR; COL.; 81'; USA, 1962.

SEPOLTO VIVO *(Buried Alive)* ★★
Regia di FRANK DARABONT. Con WILLIAM ATHERTON, JENNIFER JASON LEIGH, TIM MATHESON. ■ Intrigo vecchiotto ma supportato da un buon ritmo e da una discreta interpretazione. Una donna, in combutta col proprio amante, decide di assassinare il marito con un intruglio velenoso ricavato da un pesce. Come suggerisce il titolo, i due seppelliscono il cadavere ma non tutto va per il giusto verso. ■ HORROR; COL.; 89'; USA, 1990.

SEPTEMBER SONGS ★★★
(September Songs: The Music of Kurt Weill)
Regia di LARRY WEINSTEIN. Con NICK CAVE, ELVIS COSTELLO, LOU REED, TERESA STRATAS. ■ Storia del grande compositore Kurt Weill, interpretato da artisti di epoche diverse, dalla Stratas a Reed. ■ DOCUMENTARIO; COL.; 89'; CANADA, 1995.

SEPTEMBER TAPES ★
Regia di CHRISTIAN JOHNSTON. Con GEORGE CALIL, BABA JON, WALI RAZAQI, SUNIL SADARANGANI. ■ Il fragore di un'esplosione, nella realtà o sullo schermo, provoca inevitabilmente dei brividi, che richiamano gli orrori della guerra. Quando in un film, nella fattispecie un docu-drama, questi suoni tetri sono il sottofondo quotidiano di una troupe cinematografica che sta girando, il set acquisisce un non so che di inquietante, percepibile dal primo all'ultimo spettatore. In Afghanistan, un anno dopo "l'11 settembre", un giornalista, un cameraman e una guida reclutata sul posto si immergono nella pericolosa Kabul, per seguire le tracce di Osama Bin Laden. Il film di Johnston, girato con la camera a mano e strutturato in capitoli, rappresentati da 8 cassette (i *tapes* del titolo, mezzo tipico utilizzato dai reporter sul campo), narra le giornate dei tre personaggi ai confini con la morte e ci confonde con interviste reali e immagini di finzione. Cosa c'è di vero in questo film? Sicuramente il viaggio della troupe, che ha rotto il divieto USA di recarsi in Afghanistan, e ha vissuto nelle incertezze di una zona di guerra. Per discutere sul cinema verità e sulla verità fatta cinema. ■ DOCU-FICTION; COL.; 90'; USA, 2004.

SEPTIÈME CIEL, LE ★★★
Regia di BENOÎT JACQUOT. Con FRANCINE BERGÉ, FRANÇOIS BERLÉAND, SANDRINE KIBERLAIN, VINCENT LINDON, PHILIPPE MAGNAN. ■ La moglie sta male, ruba nei negozi, sviene, non va più a lavorare, è una delle tante donne che si sentono trascurate, inascoltate, disamorate e non amate; il marito chirurgo, disattento e donnaiolo, pare non accorgersi di nulla, s'insospettisce soltanto quando la moglie, grazie a una terapia di ipnosi, riprende a stare bene. ■ DRAMMATICO; B/N.; 91'; FRANCIA, 1997.

SE QUALCUNO DEVE MORIRE ★★
Regia di SERGIU NICOLAESCU. Con ARTHUR BERGER, JOANNA BULLA, GEORGE FORBES, SERGIU NICOLAESCU. ■ Teodoro è sempre stato considerato lo scemo del villaggio; l'unica occasione di eroismo della sua vita gli viene data dai compaesani durante l'occupazione nazista. Prima che Teodoro possa portare a termine la sua missione, arrivano i russi a ricacciare i nazisti e l'uomo perde il suo momento magico. Ad aiutarlo, se pure in modo crudele, penserà un bambino, suo unico amico. ■ DRAMMATICO; COL.; 95'; ROMANIA, 1976.

SE QUELL'IDIOTA CI PENSASSE... ★★
Regia di NINO GIANNINI. Con ANNIBALE BRETONE, FANNY MARCHIÒ, ROBERTO VILLA. ■ Un giovane tenta di suicidarsi per motivi sentimentali, ma viene salvato da un colonnello. Questi convince il giovane a fingersi morto, per provocare e vagliare le reazioni della donna che ama e delle persone amiche. Questa esperienza insegna molto al ragazzo. ■ COMMEDIA; B/N; 91'; ITALIA, 1939.

SEQUENZA ESPLOSIVA *(Aftermath)* ★
Regia di DOUGLAS JACKSON. Con STEVE ADAMS, SEAN YOUNG CHIP CHUIPKA, HENRI PARDO, TIM POST, AMANDA JANE TILSON. ■ Harper, un pluri-sospettato per attentati terroristici, è testimone chiave in un processo, e viene messo sotto la protezione dell'agente speciale Rachel Anderson, un cui ex collega ed amico aveva perso la vita proprio in uno degli attacchi di Harper. Combattuta tra il senso del dovere e l'avversione per il suo protetto, Rachel dovrà sventare un piano per far saltare in aria la Corte nel

giorno del processo uccidendo così il supertestimone. Si tratta di ordinaria amministrazione di genere. ■ AZIONE; COL.; 96′; CANADA, 2002.

SEQUESTRATI DI ALTONA, I ★★★

Regia di VITTORIO DE SICA. Con SOPHIA LOREN, FREDRIC MARCH, FRANÇOISE PRÉVOST, MAXIMILIAN SCHELL, ROBERT WAGNER. ■ Un ufficiale della Wehrmacht si è rinchiuso, alla fine della guerra, in casa del padre, per paura di essere imprigionato. Una volta conosciuta Johanna, moglie del fratello, capisce di non poter più vivere in quelle condizioni e fugge dal proprio nascondiglio. Arrestato, viene subito rilasciato grazie alla stessa Johanna; la vita però gli riesce difficile anche al di fuori della prigione e dell'antico nascondiglio: sconterà la sua codardia ed il suo amore per la cognata con la morte in un banale incidente. ■ DRAMMATICO; B/N; 113′; ITALIA, 1968.

SEQUESTRO DI PERSONA ★★★

Regia di GIANFRANCO MINGOZZI. Con FRANCO NERO, CHARLOTTE RAMPLING, FRANK WOLFF. ■ Discreto giallo, con sequestro di un ragazzo, lotte tra i componenti della banda rapitrice e morte finale dell'insospettabile capobanda ■ DRAMMATICO; COL.; 96′; ITALIA, 1968.

SEQUESTRO SOFFIANTINI, IL ★★

Regia di RICCARDO MILANI. Con ANNA BONAIUTO, LINO CAPOLICCHIO, CLAUDIA PANDOLFI, MICHELE PLACIDO, CLAUDIO SANTAMARIA, TONY SPERANDEO. ■ Per raccontare i 237 giorni del sequestro dell'imprenditore bresciano Giuseppe Soffiantini, Riccardo Milani sceglie la via più difficile ma l'unica che possa dare dignità ad una storia che, nella sua tragedia, ha dello straordinario. Il regista privilegia infatti una ricostruzione precisa e dettagliata, scandita da frequenti didascalie in sovrimpressione, senza scadere in un documentarismo asettico e ovattato. ■ DRAMMATICO; COL.; 180′; ITALIA, 2002.

SEQUESTRO SOSPETTO, UN ★

(Jack Spanner, Private Eye)

Regia di LEE H. KATZIN. Con ERNEST BORGNINE, ROBERT MITCHUM, STELLA STEVENS. ■ Anche i detective privati vanno in pensione. E anche per loro spesso l'ultimo caso è il più difficile. Così anche il settantenne Mitchum (sulla scena) deve ritrovare la nipote di un amico, rapita (o scomparsa?). Ovviamente non fallirà. Giallo (per la tv statunitense) dalle poche pretese, di maniera e con John e Jim Mitchum a fianco del sempre bravo Robert. La famiglia non ne esce troppo bene, in verità. ■ POLIZIESCO; COL.; 93′; USA, 1992.

SEQUOIA ★★★

Regia di CHESTER FRANKLIN. Con RUSSELL HARDIE, SAMUEL HINDS, JEAN PARKER. ■ Storia di una famiglia che vive sulle Montagne Rocciose. Pretesto per girare uno straordinario documentario. ■ COMMEDIA; B/N; 90′; USA, 1934.

SERA C'INCONTRAMMO, UNA ★★

Regia di PIERO SCHIVAZAPPA. Con JOHNNY DORELLI, FRAN FULLENWIDER, LIA TANZI. ■ Minnie Bennett, una ricchissima e grassissima donna capricciosa, si invaghisce di un povero pendolare lombardo, Odeon Prandoni. Contro la sua volontà lo sposa e lo abbandona, lasciando a Odeon l'unica eredità di un figlio probabilmente grasso e volgare quanto l'irresponsabile madre. ■ COMMEDIA; COL.; 100′; ITALIA, 1975.

SERA DEL BALLO, LA *(Dance 'Til Dawn)* ★

Regia di PAUL SCHNEIDER. Con TEMPEST BLEDSOE, BRIAN BLOOM, ALYSSA MILANO, ALAN THICKE. ■ Il film segue alcuni giovani liceali al ballo finale. Il corso infatti è terminato e devono affrontare la vita. ■ COMMEDIA; COL.; 92′; USA, 1988.

SERA DELLA PRIMA, LA *(Opening Night)* ★★★

Regia di JOHN CASSAVETES. Con JOAN BLONDELL, JOHN CASSAVETES, BEN GAZZARA, LAURA JOHNSON, GENA ROWLANDS. ■ Myrthe è un'attrice di successo non più giovane che si trova ad affrontare sulla scena un personaggio molto simile alla sua realtà di donna affermata che non accetta la vecchiaia e l'insuccesso. La crisi che segue è accentuata dalla morte di una giovanissima ammiratrice, nella quale Myrthe identifica la propria giovinezza irrimediabilmente perduta. Per liberarsi da questa ossessione la donna ricorre persino all'aiuto di un esorcista che "uccide" il fantasma della ragazza morta. Una volta sul palcoscenico, l'attrice inventa a soggetto il proprio personaggio invece di ripetere un testo che in qualche modo potrebbe ancora danneggiarla: solo così Myrthe accetta l'inevitabile "viale del tramonto". ■ DRAMMATICO; COL.; 100′; USA, 1977. ■ BERLINO 1 PR; GOLDEN GLOBES 2 NOM.

SERA DI MAGGIO, UNA ★★

Regia di GIORGIO PASTINA. Con CARLA CALÒ, BARBARA FLORIAN, CARLO TAMBERLANI. ■ Brighenti, collaboratore fedelissimo di un industriale, si compromette per debiti di gioco; il figlio per pagare i debiti canta in una trattoria. La figlia dell'industriale, innamorata del giovane ma corteggiata dal barone Laurenti, scopre la triste vicenda e tenta di salvare la situazione sentimentale e familiare. Chiede aiuto a Laurenti, che viene ucciso dall'amante in una lite per gelosia. La figlia dell'industriale viene sospettata, ma verrà poi scagionata grazie al suo innamorato. I due riusciranno così a sposarsi, mentre Brighenti riprenderà il proprio lavoro. ■ DRAMMATICO; B/N; 90′; ITALIA, 1955.

SERAPHINE ★★

Regia di MARTIN PROVOST. Con ANNE BENNENT, GENEVIEVE MNICH, YOLANDE MOREAU, NICO ROGNER, ULRICH TUKUR. ■ Senlis, Piccardia, 1914. Séraphine Louis è un'umile governante che di giorno lavora come donna delle pulizie e lavandaia a cottimo e di notte dipinge fra le mura di un piccolo appartamento. Séraphine non ha alcuna conoscenza delle tecniche pittoriche. La sua arte trae forza dalla fede religiosa e dalla contemplazione delle forme della natura. Un giorno, presso la casa nella quale presta servizio, viene ad alloggiare il celebre critico d'arte tedesco Wilhelm Uhde, fra i più importanti collezionisti e mecenati delle esposizioni parigine. Uhde, dopo aver scoperto per caso uno dei quadri della domestica, rimane colpito dai colori e dalla grande vitalità della sua arte e decide di coltivarne il talento. ■ DRAMMATICO; COL.; 125′; FRANCIA, BELGIO, GERMANIA, 2008.

SERAFINO ★★★

Regia di PIETRO GERMI. Con ADRIANO CELENTANO, FRANCESCA ROMANA COLUZZI, OTTAVIA PICCOLO, SARO URZÌ. ■ Serafino, un giovane e scanzonato pastore, riceve una grossa eredità. Dilapida ben presto il patrimonio in regali agli amici e per questo, ritenuto squilibrato, viene fatto interdire dallo zio avaro. Una relazione con la cugina sembra costringere Serafino ad un matrimonio riparatore, al quale riesce a sfuggire, tornandosene alle pecore e ai monti. ■ COMMEDIA; COL.; 93′; ITALIA, 1968.

SERATA DI GALA AL CIRCO PETER *(Artisten)* ★★

Regia di HARRY PIEL. Con HILDE HILDEBRAND, SUSI LANNER, HARRY PIEL. ■ Un acrobata, ormai alcolizzato per dimenticare un amore impossibile, cade dal trapezio e viene salvato da un elefante. Assistito da una ragazza orfana, scopre con sorpresa di innamorarsene e di esserne contraccambiato. Lascerà l'alcool e l'amore impossibile per dedicarsi alla sua arte e al nuovo affetto. ■ DRAMMATICO; B/N; 92′; GERMANIA, 1935.

SERATA D'ONORE *(Tribute)* ★★★

Regia di BOB CLARK. Con ROBBY BENSON, JACK LEMMON, LEE REMICK. ■ Dopo aver saputo di essere affetto da un male forse incurabile, Scottie Templeton vuole saldare i suoi debiti con la vita a partire dall'irrisolto rapporto con il figlio Jud. Tra strane avventure galanti e festini goliardici, padre e figlio stentano a riavvicinarsi, ma alla fine il ragazzo capirà la grande generosità di quel genitore burlone anche davanti alla morte. ■ COMMEDIA; COL.; 121′; USA, 1980. ■ BERLINO 1 PR; GOLDEN GLOBES 1 NOM; OSCAR 1 NOM.

SERATA TRAGICA *(Première)* ★★

Regia di GÉZA VON BOLVÀRY. Con ATTILA HÖRBIGER, ZARAH LEANDER, KARL MARTELL. ■ È l'inchiesta condotta da un commissario di polizia, durante la "prima" di una importante rivista teatrale, sul delitto del finanziatore del teatro, ucciso nel proprio palco nel corso della serata. Dopo molti abbagli, il commissario troverà il vero colpevole. ■ GIALLO; B/N; 94′; GERMANIA, 1937.

SERA... UN TRENO, UNA *(Une soir, un train)* ★★★

Regia di ANDRÉ DELVAUX. Con ANOUK AIMÉE, ADRIANA BOGDAN, YVES MONTAND. ■ La storia racconta di una coppia che viaggia in treno. A un certo punto lui scende e prosegue a piedi. Si tratta di una allucinazione: la donna in realtà è morta. Pieno di simboli piuttosto oscuri. ■ DRAMMATICO; COL.; 88′; BELGIO, 1968.

SERENATA *(Serenade)* ★★★
Regia di ANTHONY MANN. Con JOAN FONTAINE, MARIO LANZA, VINCENT PRICE. ■ Damon Vincenti, un brillante tenore innamorato di una ricca impresaria, fugge da San Francisco, città dove stava per svolgersi la prova più impegnativa della sua carriera, dopo aver scoperto che la sua amata lo tradisce. In Messico, trova l'affetto di una giovane, Ivana Monter, che contraccambia con il matrimonio. Ritrovata la fiducia in se stesso, Damon ritorna a San Francisco e al canto. A nulla serviranno i tentativi dell'antico amore per riconquistarlo. ■ COMMEDIA; COL.; 121′; USA, 1956.

SERENATA ALLA LUNA *(The Neon Bible)* ★★★
Regia di TERENCE DAVIES. Con DENIS LEARY, GENA ROWLANDS, DIANA SCARWID. ■ Un bambino americano stravede per la zia che si oppone agli altri membri della famiglia, ferventi religiosi. È una cantante di mezza età affascinante e sognatrice. Il bambino diventa ragazzo. Dopo la morte del padre soldato, con la madre ormai pazza, dovrà maturare, mentre la zia farà i bagagli, e partire. ■ DRAMMATICO; COL.; 93′; GRAN BRETAGNA, 1995.

SERENATA AL VENTO ★★
Regia di LUIGI DE MARCHI. Con BIANCA MARIA FERRARI, TAMARA LEES. ■ Don Leandro, l'insegnante di Lolì, ha una relazione con una donna sposata che abita nello stesso stabile della propria alunna. Una sera, fuggendo dall'abitazione dell'amante per il sopraggiungere del marito, capita casualmente nella camera di Lolì, che l'aiuta a nascondersi, dimenticando però il proprio cappello. Il padre scopre la compromettente prova e impone ai due giovani di sposarsi. ■ COMMEDIA; COL.; 95′; ITALIA, 1956.

SERENATA AMARA ★★
Regia di PINO MERCANTI. Con LILIANA BONFATTI, UMBERTO SPADARO, CLAUDIO VILLA. ■ Storia di due amici pugilatori che diventano nemici per amore della bella Maria. Poi si riconcilieranno e uno morirà durante un incontro di boxe. ■ DRAMMATICO; B/N; 92′; ITALIA, 1952.

SERENATA A MARIA ★★
Regia di LUIGI CAPUANO. Con MARISA BELLI, SERGIO BRUNI, PIETRO DE VICO, MARIA FIORE. ■ Stefano ama Maria che però resta incinta di un altro uomo. Nel frattempo Stefano diventa un celebre cantante e torna con Maria. ■ DRAMMATICO; B/N; 92′; ITALIA, 1957.

SERENATA A VALLECHIARA *(Sun Valley Serenade)* ★★★
Regia di BRUCE H. HUMBERSTONE. Con MILTON BERLE, SONJA HENIE, JOHN PAYNE. ■ Un direttore d'orchestra jazz si innamora di una ragazza che aveva assunto per semplici scopi pubblicitari. ■ COMMEDIA; B/N; 86′; USA, 1941. ■ OSCAR 3 NOM.

SERENATA D'AMORE ★★
Regia di FRANCO LATTANZI. Con NANDO CHECCHI, GIULIETTA MANGANO, EMILIO PERICOLI. ■ Una ballerina è fidanzata ad un uomo che ha una relazione con un'altra donna. Quando lo scopre, la ragazza accetta di sposare un cantante, da tempo innamorato di lei. ■ COMMEDIA; COL.; 91′; ITALIA, 1965.

SERENATA DI SCHUBERT *(Love Time)* ★★
Regia di JAMES TINLING. Con NILS ASTHER, PAT PATERSON. ■ Sciagurata biografia di Schubert contro ogni verosimiglianza storica: la figlia di un duca bandito dall'imperatore si innamora follemente di Schubert giurandogli eterno amore. ■ COMMEDIA; B/N; 94′; USA, 1934.

SERENATA MESSICANA *(Honeymoon)* ★★
Regia di WILLIAM KEIGHLEY. Con GUY MADISON, SHIRLEY TEMPLE, FRANCHOT TONE. ■ Un giovane perdigiorno si innamora di una vicina di casa e per suscitare il suo interesse fa cantare un amico mimando le parole perché lei creda che quella bella voce gli appartiene. La fanciulla comprende l'inganno e finisce per innamorarsi e sposare il vero cantante. ■ COMMEDIA; B/N; 74′; USA, 1947.

SERENATA MESSICANA *(Primavera en el corazón)* ★★
Regia di ROBERTO RODRIGUEZ. Con IRASEMA DILIAN, ENRIQUE RAMBALL, ANDY RUSSELL. ■ Seguendo lo stesso canovaccio del precedente di Keighley, la storia viene riproposta in musica. ■ COMM. MUSICALE; COL.; 74′; MESSICO, 1955.

SERENATA PER SEDICI BIONDE ★★
Regia di MARINO GIROLAMI. Con RICCARDO BILLI, LILIANA FELDMANN, MARIO RIVA, CARLETTO SPOSITO, CLAUDIO VILLA. ■ Un gruppo di ragazze francesi è costretto dalla pioggia a riparare in un castello diroccato nel quale, di notte, entrano l'erede e i suoi amici. La mattina dopo giunge un pazzo che finanzia, con assegni falsi, la trasformazione della dimora in albergo. Nonostante gli incidenti l'inaugurazione ha lieto esito, e il proprietario trova un acquirente. ■ COMMEDIA; B/N; 90′; ITALIA, 1957.

SERENATA TRAGICA – GUAPPARIA ★★
Regia di GIUSEPPE GUARINO. Con CARLO GIUSTINI, FOLCO LULLI, LUIGI PAVESE, MIRELLA UBERTI. ■ Due uomini sono rivali in affari e in amore. Il più ricco riesce a far condannare l'altro per spaccio di stupefacenti e a strappare una promessa di matrimonio alla sua fidanzata. Uscito dal carcere l'uomo viene accusato, tempo dopo, di aver ucciso il rivale; il vero colpevole, però, si costituisce e i due innamorati possono sposarsi. ■ DRAMMATICO; B/N; 91′; ITALIA, 1951.

SERENATELLA SCIUÉ SCIUÉ ★
Regia di CARLO CAMPOGALLIANI. Con AURELIO FIERRO, VIRGILIO RIENTO, GABRIELE TINTI, MARIA TERESA VIANELLO. ■ Due donne, Tina che fa la pizzaiola e Lisa che ha un negozio, non si possono soffrire, ma hanno rispettivamente un nipote e una figlia che si amano. ■ COMMEDIA; B/N; 93′; ITALIA, 1958.

SERENDIPITY – QUANDO L'AMORE È MAGIA ★★
(Serendipity)
Regia di PETER CHELSOM. Con KATE BECKINSALE, JOHN CUSACK, EUGENE LEVY, JEREMY PIVEN, MOLLY SHANNON. ■ Sarah e Jonathan si incontrano a New York poco prima di Natale, si guardano negli occhi e scocca il classico colpo di fulmine. Ma né lui né lei sono liberi: i due, dopo aver passato la serata insieme, decidono allora di affidare al destino il loro prossimo incontro. Lei scrive il proprio recapito su un vecchio libro che andrà a rivendere sulle bancarelle il giorno dopo, lui su una banconota: si guardano un'ultima volta e si separano. Passano dieci anni, entrambi stanno per sposarsi, ma Jonathan riceve in regalo dalla promessa sposa proprio quel libro che riporta un numero di telefono... Serendipity in inglese significa "trovare una cosa senza cercarla": il fatto che i due si ritrovino dopo dieci anni senza apparentemente essersi cercati ci fa arrivare alla conclusione che probabilmente gli Stati Uniti in realtà sono grandi come Cinisello Balsamo. Ironie a parte, il film in realtà non vuole vendersi per niente di più di ciò che è, e quindi una commedia romantica e scherzosa sul potere del destino e dell'amore. Una New York da cartolina e un'atmosfera patinata fanno da sfondo ai due romantici Kate Beckinsale e John Cusak. ■ COMMEDIA; COL.; 90′; USA, 2001.

SERENGETI NON MORIRÀ ★★
(Serengeti darf nicht sterben)
Regia di BERNHARD GRZIMEK, MICHAEL GRZIMEK. ■ È un interessante documentario ambientato nell'Africa australe nel parco nazionale di Serengeti. ■ DOCUMENTARIO; COL.; 90′; GERMANIA, 1959.

♥ SERENITY ★★★
Regia di JOSS WHEDON. Con MORENA BACCARIN, ADAM BALDWIN, CHIWETEL EJIOFOR, NATHAN FILLION, RON GLASS, SUMMER GLAU. ■ Il capitano Malcolm Reynolds e la sua piccola squadra di mercenari attraversa la galassia con la nave spaziale Serenity in cerca di ogni tipo di ingaggio purché sia ben pagato. Fino a quel momento tutto è sempre filato liscio, ma quando a bordo salgono il giovane dottor Simon Tam e sua sorella River, una ragazza telepatica venuta a conoscenza di alcun segreti che nessuno avrebbe dovuto scoprire, l'equipaggio della Serenity deve iniziare una dura battaglia per la sopravvivenza. Tratto dalla serie televisiva Firefly, *Serenity* è una fresca boccata d'ossigeno. Il punto di forza del film è il suo essere "user friendly": nessuna complicazione a livello narrativo, nessuna esigenza di conoscere episodi passati o precedenti, nessun virtuosismo registico fine a se stesso. ■ FANTASCIENZA; COL.; 119′; USA, 2005.

SERGENTE, IL *(The Sergeant)* ★★★
Regia di JOHN P. FLYNN. Con FRANK LATIMORE, JOHN PHILIP LAW, LUDMILA MIKAËL, ROD STEIGER. ■ Un sottufficiale americano trasferito in Francia impone una disciplina severa ai soldati impreparati. Per uno di essi prova un sentimento morboso, che lo spinge a seguirlo ovunque vada, anche nelle ore libere. Non riuscendo a strapparlo alla fidanzata si suiciderà. ■ DRAMMATICO; COL.; 107′; USA, 1968. ■ DAVID DI DONATELLO 1 PR, 1 NOM.

SERGENTE BERRY *(Sergent Berry)* ★★
Regia di HERBERT SELPIN. Con HANS ALBERS, HERMA RELIN. ■ Un poliziotto che ha arrestato per puro caso due pericolosissimi banditi viene giudicato una specie di superman e incaricato di una missione quasi impossibile. Fortunato anche questa volta, trova subito i malfattori e salva dalle loro grinfie una ragazza che sposerà. ■ POLIZIESCO; B/N; 91′; GERMANIA, 1938.

SERGENTE BILKO *(Sgt. Bilko)* ★★
Regia di JONATHAN LYNN. Con DAN AYKROYD, PHIL HARTMAN, GLENNE HEADLY, STEVE MARTIN. ■ A Fort Baxter, campo militare, vive la rivalità durissima, anche violenta, fra il sergente Bilko (Martin) e il maggiore Thorn (Hartman). Gag continue che ricordano vagamente quelle di Jerry Lewis (*Il sergente Picchiatello*). A Martin manca sempre qualcosa per avere davvero successo qui da noi. ■ COMMEDIA; COL.; 94′; USA, 1996.

SERGENTE BUM!, IL *(South Sea Woman)* ★★★
Regia di ARTHUR LUBIN. Con CHUCK CONNORS, BURT LANCASTER, VIRGINIA MAYO. ■ Un ufficiale accusato di tradimento rifiuta di discolparsi. Lo fa per lui una ragazza, raccontando l'odissea della quale sono stati protagonisti assieme ad un terzo compagno di avventure, sacrificatosi in un attacco contro i giapponesi per salvare la loro vita. L'accusato è assolto, il defunto decorato alla memoria. ■ AVVENTURA; B/N; 99′; USA, 1953.

SERGENTE CARVER, IL *(The Texas Rangers)* ★★
Regia di PHIL KARLSON. Con GEORGE MONTGOMERY, GALE STORM. ■ Il presidente degli Stati Uniti, subito dopo la guerra di Secessione, costituisce un corpo di polizia specializzato nella caccia alle bande ribelli del Texas. Quando i malviventi si coalizzano per fronteggiarlo, il governo libera un poco di buono che, guidando gli agenti nel covo dei fuorilegge, può riabilitarsi. ■ AVVENTURA; COL.; 68′; USA, 1951.

SERGENTE DI FERRO, IL *(Les misérables)* ★★★
Regia di RICHARD BOLESLAWSKI. Con JOHN CARRADINE, ROCHELLE HUDSON, CHARLES LAUGHTON, FREDRIC MARCH. ■ Jean Valjean, fuorilegge redento, adotta una bambina ed è costretto a nascondersi per fuggire a un implacabile poliziotto. Nel corso di una rivolta popolare gli salva la vita e l'uomo, incapace di arrestarlo, si suicida. ■ DRAMMATICO; B/N; 110′; USA, 1935. ■ OSCAR 4 NOM.

SERGENTE DI FUOCO, IL *(Death before Dishonor)* ★★
Regia di TERRY LEONARD. Con FRED DRYER, BRIAN KEITH, JOANNA PACULA. ■ Un sergente a capo di un manipolo di marines, che sono a difesa dell'ambasciata americana in uno Stato arabo in Medio Oriente, si scatena contro i terroristi arabi quando questi sequestrano, torturano e uccidono un suo giovane commilitone. Aiutato dal servizio segreto israeliano, scopre il covo e fa una strage. Effetti spettacolari in un film tutto d'azione. ■ GUERRA; COL.; 91′; USA, 1986.

SERGENTE DI LEGNO, IL *(At War with the Army)* ★★
Regia di HAL WALKER. Con JERRY LEWIS, DEAN MARTIN. ■ Seconda guerra mondiale: due amici si ritrovano sotto le armi. Uno, dongiovanni e irrequieto, vorrebbe essere trasferito al fronte; l'altro spera in una licenza che gli permetta di rivedere la moglie, e che non gli viene mai concessa a causa dei guai che combina sistematicamente. L'ultimo glielo combina proprio l'amico, ma dopo comiche disavventure tutto finisce per il meglio. ■ COMICO; B/N; 93′; USA, 1951.

SERGENTE D'ISPEZIONE ★
Regia di ROBERTO SAVARESE. Con LUISELLA BONI, PINA BOTTIN, MARIO RIVA, ELEONORA RUFFO. ■ È la vicenda di quattro amici sotto le armi. Due si sposano, un terzo non riesce a dichiararsi alla fanciulla del cuore per troppa timidezza, il quarto continua volontariamente il servizio militare e prende il posto di un superiore. ■ COMMEDIA; B/N; 93′; ITALIA, 1959.

SERGENTE E LA SIGNORA, IL ★
(Christmas in Connecticut)
Regia di PETER GODFREY. Con DENNIS MORGAN, UNA O'CONNOR, BARBARA STANWYCK. ■ La redattrice di una rivista d'arredamento ha fatto credere al suo editore di possedere una meravigliosa villa e di essere sposata. Un imprevisto fa sì che l'uomo scopra tutto e la perdoni. ■ COMMEDIA; B/N; 101′; USA, 1950.

SERGENTE FLEP INDIANO RIBELLE ★★
(Flap – The Last Warrior)
Regia di CAROL REED. Con CLAUDE AKINS, TONY BILL, VICTOR JORY, ANTHONY QUINN, SHELLEY WINTERS. ■ Un indiano, stanco della miserabile esistenza che conduce con il suo popolo nelle riserve, chiede al governo che vengano rispettati i diritti garantiti dal trattato di pace. Un giorno, durante una delle ennesime dimostrazioni, viene assassinato da un agente. Gli altri pellirosse, adesso, sono più che mai decisi a portare avanti la lotta. ■ COMMEDIA; COL.; 106′; USA, 1970.

SERGENTE IMMORTALE *(Immortal Sergeant)* ★★★
Regia di JOHN M. STAHL. Con HENRY FONDA, THOMAS MITCHELL, MAUREEN O'HARA. ■ Seconda guerra mondiale: durante un'azione sul fronte italiano un gruppo di soldati inglesi viene sconfitto. Sopravvivono pochi uomini che si trascinano faticosamente, e che vengono decimati in uno scontro successivo. Il comandante, ferito, si suicida per non rallentare la marcia degli altri. Il suo posto è preso da un caporale che ritrova le proprie linee, viene promosso per il suo coraggio e, durante una licenza, si sposa. ■ GUERRA; B/N; 91′; USA, 1942.

SERGENTE KLEMS, IL ★★
Regia di SERGIO GRIECO. Con TINA AUMONT, PIER PAOLO CAPPONI, HOWARD ROSS, MASSIMO SERATO, PETER STRAUSS. ■ Durante la prima guerra mondiale, un soldato tedesco, salvatosi dall'accusa di spionaggio, viene inviato nella Legione straniera. Finito in Africa, fugge dal reparto e viene catturato dai marocchini. Un suo ex attendente gli salva la vita ed egli, alla testa degli indigeni, riporta alcune vittorie. Catturato dai nemici viene condannato all'ergastolo e muore qualche anno dopo nella Guyana. ■ AVVENTURA; COL.; 90′; ITALIA, 1971.

SERGENTE MADDEN, IL *(Sergeant Madden)* ★★
Regia di JOSEF VON STERNBERG. Con WALLACE BEERY, ALAN CURTIS, LARAINE DAY. ■ Il figlio di un poliziotto, poliziotto anch'egli, aspira a una rapida carriera e, trasportato dal temperamento impulsivo, uccide un ladro piuttosto che lasciarselo sfuggire. Preso di mira da un malvivente, che riesce a mandarlo in galera, fugge, ammazza il suo accusatore e un collega. Il padre, deciso a fermarlo, gli fa sapere che sua moglie sta per partorire: il ragazzo si reca a trovarla ed è ammazzato dagli agenti. ■ DRAMMATICO; B/N; 82′; USA, 1939.

SERGENTE ROMPIGLIONI, IL ★
Regia di PIER GIORGIO FERRETTI Con MARIO CAROTENUTO, FRANCESCA ROMANA COLUZZI, FRANCO FRANCHI. ■ Un ufficiale italiano ama tanto la disciplina quanto la musica operistica. Un giorno, fraintendendo le intenzioni di un superiore che gli ha raccomandato i componenti di un complesso, li torchia senza pietà. I ragazzi allora, con un trucco, lo mandano a Castrocaro, dove il nostro scoprirà l'inganno. ■ COMMEDIA; COL.; 93′; ITALIA, 1973.

SERGENTE ROMPIGLIONI DIVENTA... CAPORALE ★
Regia di MARIANO LAURENTI. Con MARIO COLLI, MARIA PIA CONTE, FRANCO FRANCHI. ■ Un ufficiale italiano viene inviato al quartier generale della Nato per scoprirvi una spia. Se la prende con un innocente mentre favorisce, inconsapevolmente, le manovre di un agente cinese. Combinerà tanti guai che verrà degradato. ■ COMMEDIA; COL.; 100′; ITALIA, 1975.

SERGENTE RYKER, IL *(Sergeant Ryker)* ★★★
Regia di BUZZ KULIK. Con BRADFORD DILLMAN, PETER GRAVES, LEE MARVIN, VERA MILES, LLOYD NOLAN. ■ Un ufficiale americano viene accusato di spionaggio durante la guerra di Corea. Il suo unico testimone, un superiore, non può provare di averlo incaricato personalmente della missione poiché è defunto. Il pub-

blico ministero, dubbioso, fa rimandare il processo che non approda a risultati migliori. Solo il caso salva l'imputato dalla morte, ma non dissipa le incertezze. ■ DRAMMATICO; COL.; 85'; USA, 1968.

SERGENTE YORK, IL *(Sergeant York)* ★★★★★
Regia di HOWAR HAWKS. Con WALTER BRENNAN, GARY COOPER, JOAN LESLIE, GEORGE TOBIAS, MARGARET WYCHERLY. ■ Hollywood, che ne aveva costruito il personaggio con molta attenzione, nel 1940 attribuì a Gary Cooper (su precisa disposizione di Washington) un ruolo decisamente importante, quello del leggendario sergente Alvyn York, che era stato il massimo eroe americano della prima guerra mondiale. Il fatto non era solo cinematografico, l'America era sul punto di entrare in guerra, ma una gran parte del governo premeva per il non intervento, e la stessa opinione pubblica era confusa. La storia di York era straordinariamente esemplare: era un contadino del Tennessee che non voleva combattere per motivi religiosi. Lo fece soltanto quando capì che combattere avrebbe contribuito a salvare altre vite, e la libertà. Diretto da Hawks, un grande autore, oltre che narratore, Cooper fu magnifico. Le sequenze in cui cattura un'intera compagnia, il suo dolore consapevole, il ritorno a casa, il matrimonio con la fidanzata che l'ha aspettato paziente contribuirono a convincere gli americani più di tutti i proclami e le propagande. La missione era dunque compiuta. Certo, il film aveva grandi qualità, con un'attenzione quasi europea al realismo e al rigore e diede modo a Cooper di vincere il suo primo Oscar. Un attore, dunque, può contribuire a vincere la guerra. Se è Gary Cooper. ■ AVVENTURA; B/N; 134'; USA, 1941. ■ OSCAR 2 PR, 11 NOM.

SERIOUS MAN, A ★★★
Regia di ETHAN COEN, JOEL COEN. Con ADAM ARKIN, RICHARD KIND, SARI LENNICK, FRED MELAMED, MICHAEL STUHLBARG. ■ Qualche parte nel Mid West, 1967. Larry Gopnik è un professore di fisica con poche pretese e molti guai. La moglie gli preferisce il più serio Sy Ableman e vuole un divorzio rituale per (ri)sposarsi nella fede, il figlio fuma spinelli e ascolta i Jefferson Airplane in attesa di celebrare il suo *Bar mitzvah*, la figlia si lava principalmente i capelli e gli ruba il denaro per rifarsi il naso, il fratello russa sul suo divano e redige un diario sul calcolo delle probabilità, uno studente coreano lo corrompe col denaro e lo minaccia di diffamazione, una bella vicina si offre nuda ai raggi del sole e al suo sguardo, un vicino di casa taglia la sua erba sempre meno verde. Come sempre, dietro e prima di ogni storia coeniana c'è un piccolo evento, un incontro fortuito, una notizia di cronaca, un romanzo o addirittura un poema in versi, insomma ogni cosa può diventare pretesto e scintilla per avviare la giostra dell'assurdo e lo splendore registico dei fratelli di Minneapolis. Questa volta il sipario si alza su uno *shtetl* polacco dove un uomo, una donna e un supposto *dybbuk* (un'anima posseduta) interagiscono e parlano una lingua antica e minoritaria, l'*yiddish*. *A serious man* si impegna a raccontarci l'impossibilità di una famiglia (e di una vita) perfetta e l'irraggiungibilità di una felicità inattaccabile. ■ COMMEDIA; COL.; 105'; USA, GRAN BRETAGNA, 2009.

SE RITORNERAI *(Si tu reviens)* ★★
Regia di JACQUES-DANIEL NORMAN. Con REDA CLAIRE, JEAN DUNOT, NICOLE VATTIER. ■ Un giovane fa pervenire al padre della ragazza che ama la somma necessaria a saldare il debito che l'uomo ha contratto proprio con il padre del ragazzo. I suoi genitori lo cacciano di casa ed egli se ne va lontano. La fanciulla, innamorata di un altro, può finalmente sposarsi con l'approvazione del genitore. ■ DRAMMATICO; B/N; 102'; FRANCIA, 1936.

SERPE DI ZANZIBAR, LA *(West of Zanzibar)* ★★
Regia di TOD BROWNING. Con LIONEL BARRYMORE, LON CHANEY, MARY NOLAN. ■ Un prestigiatore, Phroso, si vuole vendicare di Crane che gli ha portato via la moglie e lo ha reso deforme. Dapprima diventa sovrano di una tribù indigena che si diletta in sacrifici umani, poi cerca di vendicarsi sulla figlia di Crane. ■ DRAMMATICO; B/N; 70'; USA, 1928.

SERPENTE, IL *(Le serpent)* ★★★
Regia di HENRI VERNEUIL. Con DIRK BOGARDE, YUL BRYNNER, HENRY FONDA, VIRNA LISI, PHILIPPE NOIRET. ■ Un funzionario russo chiede asilo politico all'America tramite la Francia, e per provare la sua buonafede rivela i nomi di alcuni connazionali infiltrati nelle loro organizzazioni. Ma si tratta di un diabolico trucco. ■ DRAMMATICO; COL.; 128'; FRANCIA, 1973.

SERPENTE ALATO, IL *(Winged Serpent)* ★★
Regia di LARRY COHEN. Con DAVID CARRADINE, CANDY CLARK, MICHAEL MORIARTY. ■ Un folle con un vecchio culto azteco fa resuscitare una crudele divinità che sotto forma di serpente alato svolazza sui grattacieli di Manhattan artigliando e divorando tutti i malcapitati. Un poveraccio scampa e guida (dietro compenso) la polizia alla caccia dell'animalaccio. Truculento, ma ingegnoso ed emozionante film horror dell'autore di *Baby Killer*. ■ HORROR; COL.; 91'; USA, 1981.

SERPENTE A SONAGLI ★★
Regia di RAFFAELLO MATARAZZO. Con NINO BESOZZI, LILLA BRIGNONE, ANDREINA PAGNANI. ■ L'istitutrice di un collegio femminile viene avvelenata. All'inizio i sospetti ricadono su una delle educande, ma poi un abile e simpatico detective riuscirà a scoprire l'identità dell'assassino. ■ GIALLO; B/N; 95'; ITALIA, 1935.

SERPENTE A SONAGLI *(Lucky John)* ★★
Regia di JOSÉ ANTONIO BALANOS. Con VIRGIL FRYE, GLEN LEE, EVARISTO MARQUEZ, JAMES WESTERFIELD. ■ Un becchino alleva un trovatello che, divenuto grande, lo abbandona. Il ragazzo ama la donna di un bandito e quando viene respinto la uccide. Poi ammazza anche il rivale, che fa in tempo a ferirlo mortalmente. ■ WESTERN; COL.; 92'; MESSICO, 1976.

SERPENTE DI FUOCO – IL VIAGGIO, IL *(The Trip)* ★★
Regia di ROGER CORMAN. Con BRUCE DERN, PETER FONDA, DENNIS HOPPER, SALLI SACHSE, SUSAN STRASBERG. ■ Un uomo sposato e tradito dalla moglie si rifugia nella droga per cercare di vedere chiaro in se stesso. Durante il "viaggio" ha numerose e disperate allucinazioni, al termine delle quali comprende che quella con la consorte è una storia finita. ■ DRAMMATICO; COL.; 85'; USA, 1967.

SERPENTE D'ORO, IL ★
(Mission Impossible: The Golden Serpent)
Regia di DON CHAFFEY. Con PETER GRAVES, TONY HAMILTON. ■ Proseguono le vicende degli improvvisati avventurieri di *Missione impossibile*, che inspiegabilmente in America riscuotono un lusinghiero successo. Tra risse all'italiana e brutte copie di Indiana Jones, si arriva alla fine col fiatone. Presa come farsa, può divertire. ■ AVVENTURA; COL.; 90'; USA, 1989.

SERPENTE E L'ARCOBALENO, IL ★★★
(The Serpent and the Rainbow)
Regia di WES CRAVEN. Con BILL PULLMAN, CATHY TYSON, PAUL WINFIELD. ■ Nel 1985 ad Haiti un americano cerca il segreto del voodoo e degli zombies. Ma s'imbatte nel Gran Sacerdote del culto che è anche il capo della polizia locale, i famigerati Ton-Ton Macoutes del dittatore Duvalier. Notevole horror dello specialista Craven, che però non riesce a cavare dal soggetto il film definitivo che i suoi fan attendevano. ■ HORROR; COL.; 98'; USA, 1988.

SERPENTE PIUMATO, IL *(The Feathered Serpent)* ★★
Regia di WILLIAM BEAUDINE. Con NILS ASTHER, KEYE LUKE, ROLAND WINTERS. ■ Charlie Chan, questa volta aiutato (si fa per dire) da ben due sciocchi esponenti della sua numerosa prole, risolve il mistero della scomparsa di un archeologo in Messico. All'origine c'è un'antica maledizione azteca. ■ GIALLO; B/N; 68'; USA, 1948.

SERPENTE SULLA CROCE, IL ★
Regia di GERARDO DE LEON. Con ANITA LINDA, JOSÉ PADILLA JR. ■ Complicata storia di un bandito incerto tra il bene e il male. Alla fine muore riportando in chiesa un gioiello rubato alla Vergine. ■ AVVENTURA; B/N; 91'; USA, 1952.

SERPICO ★★★
Regia di SIDNEY LUMET. Con JACK KEHOE, BIFF MCGUIRE, AL PACINO, JOHN RANDOLPH. ■ Un giovane poliziotto, ingenuo e onesto, rivela ai suoi superiori di aver scoperto le attività illegali di alcuni colleghi. Respinto e isolato, consapevole che la sua vita è appesa a un filo, rifiuta di legarsi sentimentalmente e si salva a stento da una missione mortale. Poco dopo, rivelate pubblica-

mente le sue scoperte, si dimette e si ritira in Svizzera. ■ POLIZIESCO; COL.; 129′; USA, 1974. ■ DAVID DI DONATELLO 1 PR, 1 NOM; GOLDEN GLOBES 1 PR, 2 NOM; OSCAR 2 NOM.

SERVE, LE *(The Maids)* ★★
Regia di CHRISTOPHER MILES. Con GLENDA JACKSON, VIVIEN MERCHANT, SUSANNAH YORK. ■ Dalla commedia di Jean Genet. Ottima recitazione, ma eccessiva fedeltà al testo (ormai alquanto datato). Due cameriere (la Jackson e la York) odiano la loro padrona (la Merchant). Ma sarà una di loro a ingoiare per sbaglio il veleno destinato alla datrice di lavoro. ■ COMMEDIA; COL.; 95′; GRAN BRETAGNA, 1975.

SERVED THE KING OF ENGLAND, I ★★
(Obsluhoval jsem anglického krále)
Regia di JIRÍ MENZEL. Con JOSEF ABRHÁM, IVAN BARNEV, JAROMÍR DULAVA, MARTIN HUBA, JULIA JENTSCH, OLDRICH KAISER, JIRÍ LÁBUS, MILAN LASICA, PAVEL NOVY. ■ Un Grande Vecchio del cinema europeo ha modo di mostrare la propria vitalità creativa rimanendo se stesso, pur con mezzi tecnologici nuovi a disposizione. Classe 1938, Jiri Menzel ha attraversato tutte le vicende dell'Est europeo. Era bambino quando i nazisti "liberavano" il suo Paese, crescendo poi sotto un regime socialista che avrebbe visto stroncare dai carri armati sovietici il tentativo di rinnovamento messo in atto nel corso della cosiddetta "Primavera di Praga'. Oggi vive in uno stato postcomunista che ha scelto di dividersi in due parti: Repubblica Ceca e Slovacchia. I quali però si uniscono per produrre questo film che racconta di un uomo che esce di prigione dopo 15 anni di detenzione. È Jan Dites, che per tutta la vita ha desiderato diventare milionario, avendo capito che gli uomini dinanzi al denaro perdono qualsiasi remora sociale. ■ DRAMMATICO; COL.; 118′; REPUBBLICA CECA, SLOVACCHIA, 2006.

SERVIZIO DELLA MORTE *(Smashing the Money Ring)* ★
Regia di TERRY MORSE. Con RALPH BELLAMY, RONALD REAGAN, MARGOT STEVENSON, FAY WRAY. ■ Il collega di un agente segreto ucciso da alcune spie riesce, con uno stratagemma, ad entrare in contatto con il loro presunto capo. Le sue indagini, alle quali collabora la fidanzata, portano alla scoperta dell'effettiva colpevolezza dell'uomo. Gli agenti intervengono e portano al fresco tutti i malviventi. ■ POLIZIESCO; B/N; 57′; USA, 1939.

SERVIZIO DI LUSSO *(Service de Luxe)* ★
Regia di ROWLAND V. LEE. Con MISCHA AUER, CONSTANCE BENNETT. ■ La direttrice di un'agenzia aperta a tutte le esigenze dei milionari si innamora di un inventore e, grazie alle sue conoscenze, gli fa vendere un brevetto ad un prezzo eccellente. La donna non vorrebbe rivelargli la sua attività, ma è costretta a farlo quando all'orizzonte si profila un rivale. Matrimonio finale. ■ COMMEDIA; B/N; 85′; USA, 1938.

SERVIZIO IN CAMERA *(Room Service)* ★★
Regia di WILLIAM A. SEITER. Con LUCILLE BALL, CHICO MARX, GROUCHO MARX, HARPO MARX, ANN MILLER. ■ Un impresario teatrale in guai finanziari sta mettendo insieme uno spettacolo. Si trova in un albergo ma non ha da pagare il conto. I guai aumenteranno all'arrivo del drammaturgo che è senza un quattrino. Dopo l'aiuto di un finanziere le cose prenderanno il verso giusto, non senza altri imprevisti. Commedia meno divertente di quanto ci si possa aspettare dal famoso trio. È stata doppiata per la televisione perché inedita in Italia. ■ COMMEDIA; B/N; 70′; USA, 1938.

SERVIZIO SEGRETO *(Rough Shoot)* ★★★
Regia di ROBERT PARRISH. Con EVELYN KEYES, HERBERT LOM, JOEL MCCREA. ■ Un ufficiale in vacanza crede di aver ucciso un uomo. Questi, invece, è stato eliminato da una spia della quale era complice. Indotto a collaborare col servizio segreto britannico il nostro riesce a far smascherare un traditore, che viene eliminato, e a far cessare così la fuga di notizie segrete. ■ SPIONAGGIO; B/N; 88′; USA, 1953.

SERVO, IL *(The Servant)* ★★★
Regia di JOSEPH LOSEY. Con DIRK BOGARDE, WENDY CRAIG, JAMES FOX, SARAH MILES. ■ Il cameriere di un giovane, ricco ma debole di carattere, fa in modo che il padrone si innamori di una prostituta che presenta come sua sorella. Scoperta la verità l'uomo li caccia, ma poco dopo, solo e infelice, riassume l'uomo. Il cameriere prende sempre più potere su di lui, fino a ridurlo ad una semplice presenza. ■ DRAMMATICO; B/N; 110′; GRAN BRETAGNA, 1963.

SERVO DI SCENA, IL *(The Dresser)* ★★★★
Regia di PETER YATES. Con TOM COURTENAY, ALBERT FINNEY, EDWARD FOX. ■ Eccellente adattamento cinematografico del dramma teatrale di Ronald Harwood: un grande attore ormai al tramonto deve la sua sopravvivenza alle cure e alle attenzioni costanti del suo umile servo di scena, che a sua volta vive del riflesso delle grandi interpretazioni del suo anziano e dispotico padrone. Finney (l'attore) e Courtenay (il servo) sono semplicemente strepitosi, mentre Yates cattura con grande abilità sia l'atmosfera dell'Inghilterra in piena seconda guerra mondiale che le tensioni e le meschinità dietro le quinte della piccola compagnia itinerante. Autentico saggio di bravura, il film riunisce in sé gli affascinanti aspetti del cinema e del teatro. ■ DRAMMATICO; COL.; 118′; GRAN BRETAGNA, 1983. ■ BERLINO 1 PR; GOLDEN GLOBES 1 PR, 4 NOM; OSCAR 4 NOM.

SERVO SUO ★
Regia di ROMANO SCAVOLINI. Con ALBERTO BERTOLI, FRANCESCA SEBASTIANI, PAOLA SENATORE. ■ Un insegnante, ricattato da una banda mafiosa, accetta di uccidere per conto di questa un boss rivale. Cadavere dopo cadavere, giunge finalmente alla sua vittima: si tratta di un ragazzo paralitico che gli ricorda un suo allievo. Finale a sorpresa. ■ DRAMMATICO. COL.; 92′; ITALIA, 1973.

SERVO UNGHERESE, IL ★★
Regia di GIORGIO MOLTENI, MASSIMO PIESCO. Con TOMAS ARANA, CHIARA CONTI, ANDREA RENZI, EDOARDO SALA. ■ Campo di concentramento di Teufelwald, 1944. Il comandante delle SS e sua moglie litigano di continuo perché a lei manca la bella vita di Berlino. Quando Miklos, ebreo ungherese detenuto al campo, va a servire la coppia, porta una ventata di freschezza col suo fine intelletto. ■ DRAMMATICO; COL.; 111′; ITALIA, 2004.

SE SARAI ESTREMAMENTE GENTILE CON ME... ★★
(Tu seras terriblement gentille)
Regia di DIRK SANDERS. Con LESLIE BEDOS, KAREN BLANGUERNON, FREDERIC DE PASQUALE. ■ Un fotografo di provincia cerca, invano, il successo nella capitale parigina. Sua moglie, divenuta rapidamente una ricercata fotomodella, resiste a tutte le lusinghe dei corteggiatori per amore del marito e rispetto della figlia. Più tardi i due coniugi, la cui unione era stata compromessa dall'orgoglio, si riuniscono. ■ COMMEDIA; COL.; 94′; FRANCIA, 1968.

SE SCAPPI, TI SPOSO *(Runaway Bride)* ★★★
Regia di GARRY MARSHALL. Con JOAN CUSACK, RICHARD GERE, JULIA ROBERTS. ■ Julia Roberts non sbaglia un film. Qui lo spunto di cronaca di una ragazza che fugge sempre dall'altare al momento del sì serve a riempire le tasche alla produzione in modo estremamente gradevole. Gary Marshall dirige senza farsi vedere, Gere fa il giornalista che sposerà, finalmente, la bella Julia. Che fa la bella Julia. ■ COMMEDIA; COL.; 116′; USA, 1999.

SE SEI COSI' TI DICO SI ★★
Regia di EUGENIO CAPPUCCIO. Con FABRIZIO BUONPASTORE, IAIA FORTE, TOTO' ONNIS, BELEN RODRIGUEZ, EMILIO SOLFRIZZI. ■ Piero Cicala, negli anni '80, è stato un cantante di successo. La sua hit *Io, te e il mare* ha venduto quasi un milione di copie. Poi il mondo si è dimenticato di lui e il mare della canzone è tornato ad essere quello di Savelletri, il paesino della Puglia da cui Piero era partito e dove è tornato, a fare il cameriere nel ristorante che ha comprato per sua moglie quando gli ha concesso il divorzio. Ora, però, una trasmissione televisiva di prima serata, di quelle che vanno a caccia di meteore e vecchie glorie, gli propone di riprendere in mano il microfono per una sera. COMMEDIA; COL.; 100′; ITALIA, 2011.

SE SEI VIVO SPARA ★★★
Regia di GIULIO QUESTI. Con PIERO LULLI, TOMAS MILIAN, MILO QUESADA, MARILÙ TOLO. ■ Alcuni banditi uccidono i complici per godersi l'oro appena rapinato. Due signorotti del luogo li fanno linciare dalla folla per dividere il malloppo. Poco dopo, però, giungono in paese un altro malvivente e uno degli uomini

che i banditi credevano di aver eliminato. È lui a recuperare l'oro dopo le tragiche morti dei nemici. ■ WESTERN; COL.; 115'; ITALIA, 1967.

SE SOLO FOSSE VERO *(Just Like Heaven)* ★
Regia di MARK WATERS. Con RON CANADA, ROSALIND CHAO, SHULIE COWEN, KERRIS DORSEY, IVANA MILICEVIC, CHRIS PFLUEGER, MARK RUFFALO, REESE WITHERSPOON. ■ David, che crea giardini per mestiere, affitta un appartamento nel centro di San Francisco. Una sera, dopo l'ennesima birra, si materializza nel suo salotto una giovane donna, Elizabeth, che reclama la proprietà della casa e di ogni singolo oggetto che l'adorna. Improvvisamente, così come è apparsa la ragazza svanisce, per tornare subito dopo a tormentare David e la sua discutibile condotta casalinga. ■ COMMEDIA; COL.; 95'; USA, 2005.

SE SPARI TI UCCIDO *(Cuatreros)* ★★
Regia di RAMÓN TORRADO. Con FRANK LATIMORE, EDMUND PURDOM, MARIA SILVA. ■ Un poliziotto salva un uomo e sua figlia da alcuni banditi che volevano rapirli e viene assunto nella loro fattoria. Un parente del proprietario, capo di una banda di malviventi, per liberarsi di lui lo fa accusare di assassinio. L'agente fugge di prigione, smaschera i criminali con la collaborazione dello sceriffo e sposa la ragazza che aveva salvato. ■ WESTERN; COL.; 90'; SPAGNA, 1964.

SE SPOSTI UN POSTO A TAVOLA *(Plan de Table)* ★★
Regia di CHRISTELLE RAYNAL. Con FRANCK DUBOSC, ARIÉ ELMALEH, AUDREY LAMY, MATHIAS MLEKUZ, ELSA ZYLBERSTEIN. ■ Marie ed Eric si incontrano per caso su un treno per Avignone. Sei anni dopo è il giorno del matrimonio di Marie, che si concede ad Eric per un veloce rapporto sessuale su uno dei tavoli per il pranzo. È inevitabile che i segnaposti nominativi cadano. Tocca ad Eric risistemarli senza sapere in quale ordine erano stati collocati. Ciò farà sì che si trovino fianco a fianco persone per cui si era pensato a una diversa collocazione. Con tutte le conseguenze... del caso. Christelle Raynal, al suo primo lungometraggio si ispira a due modelli "alti" nell'ambito della commedia: da un lato il tema della casualità, il "cosa sarebbe accaduto se". Dall'altro la riproposizione delle vicende così come accadeva in *Ricomincio da capo*. Manca però quella leggerezza intelligente della commedia "alla francese". ■ COMMEDIA; COL.; 84'; FRANCIA, BELGIO, 2012.

SESSANTA LETTERE D'AMORE *(Dear Ruth)* ★★★
Regia di WLLIAM D. RUSSELL. Con EDWARD ARNOLD, JOAN CAULFIELD, MONA FREEMAN, WILLIAM HOLDEN. ■ Un ufficiale americano, durante la guerra, riceve appassionate lettere da una ragazzina che si fa passare per la sorella maggiore, della quale gli invia anche una fotografia. Il giovane si innamora e, nel corso della prima licenza, quando ne fa personalmente conoscenza, le chiede addirittura di sposarlo. Lei sta al gioco benché fidanzata, ma finisce col ricambiarlo seriamente e diventare sua moglie. ■ COMMEDIA; B/N; 95'; USA, 1947.

SESSANTA MINUTI PER DANNY MASTERS ★★
(The Escape Artist)
Regia di CALEB DESCHANEL. Con JOAN HACKETT, RAUL JULIA, GRIFFIN O'NEAL. ■ Un ragazzino, figlio di un famoso prestigiatore (specialista in "fughe", dalle celle, dalle cassaforti, dal fondo del mare) cerca di seguire le orme paterne. Gli adulti se ne accorgono e tentano di sfruttare le sue qualità ai fini di lucro. Un giorno l'abilità del ragazzo è messa a dura prova, nella pericolosa partita col figlio pazzoide del sindaco. ■ DRAMMATICO; COL.; 96'; USA, 1982.

SESSION 9 ★★
Regia di BRAD ANDERSON. Con CHARLEY BRODERICK, DAVID CARUSO, LONNIE FARMER, LARRY FESSENDEN, STEPHEN GEVEDON, JURIAN HUGHES, JOSH LUCAS, PETER MULLAN. ■ Boston, Danvers Mental Hospital. In questo edificio sinistro sta la fonte di ispirazione del film. Costruito alla fine del diciannovesimo secolo e chiuso nel 1985 era giunto a ospitare oltre 7000 pazienti. Gordon Fleming viene incaricato di rimuovere pannelli di amianto dal soffitto. Il lavoro di rimozione sembra condizionato psicologicamente da un ambiente che conserva ancora tracce della follia che ha abitato l'edificio. Il rinvenimento di alcuni nastri che documentano una terapia complessa, getta una luce sinistra su tutto quanto accade. Un buon film in cui il timore della malattia mentale viene comunicato grazie a una recitazione intensa e a un finale, una volta tanto in un film americano, non risolutore. ■ THRILLER; COL.; 100'; USA, 2001.

SESSIONS, THE *(The Surrogate)* ★★
Regia di BEN LEWIN. Con MOON BLOODGOOD, JOHN HAWKES, HELEN HUNT, WILLIAM H. MACY, ANNIKA MARKS. ■ Berkeley, California, anni '80. Il giornalista Mark O'Brien è costretto a vivere in un polmone d'acciaio, paralizzato dalla poliomielite. Quando il suo corpo inizia a trasmettergli desideri sessuali sempre più espliciti, l'uomo decide di ricorrere a una terapista specializzata, Cheryl Cohen Greene. Nelle sei sessioni con la donna, Mark scoprirà la gioia del sesso e la scoperta del proprio corpo. ■ DRAMMATICO; COL.; 95'; USA, 2012.

SESSO A DOMICILIO *(Ich, ein Croupier)* ★★
Regia di FRED WILLIAMS. Con TERRY MASON, INGRID STEEGER, STEWARD WEST. ■ Una ragazza si innamora di un cantante che la inizia all'uso di stupefacenti. Pur di raggiungerlo nello Stato in cui si è trasferito col suo complesso, non esita a spacciare droga, della quale ormai è schiava. Dopo l'ultima iniezione, completamente fuori di sé, esce di casa e viene travolta da un'auto. ■ DRAMMATICO; COL.; 93'; GERMANIA, 1971.

SESSO AGGIUNTO, IL ★
Regia di FRANCESCO ANTONIO CASTALDO. Con MYRIAM CATANIA, VALENTINA D'AGOSTINO, LINO GUANCIALE, GIGI SAVOIA, GIUSEPPE ZENO. ■ Alan è un tossicodipendente che non vuole smettere di farsi di eroina. Sta con Laura, una giovane borghese crollata nel mondo della droga, frequenta Valentino, malato di AIDS e prossimo alla fine, e passa del tempo con la madre e la sorella, più che altro per spillare qualche soldo per comprare la "roba". Quando incontra un vecchio amore, Nancy, appena uscita dalla comunità, comincia a riflettere sulla sua squallida esistenza, fatta di continue contraddizioni, rimandi e vecchi rancori mai sopiti. Inutile. ■ DRAMMATICO; COL.; 90'; ITALIA, 2011.

SESSO, AMORE E SOLDI SPORCHI ★★
(Sex, Love and Cold Hard Cash)
Regia di HARRY LONGSTREET. Con ANTHON JOHN DENISON, JO BETH WILLIAMS. ■ Lui esce di prigione e va a Los Angeles per recuperare i soldi sotterrati dieci anni prima, ma scopre che proprio sopra il nascondiglio hanno costruito degli edifici. Conosce lei, prostituta d'alto bordo derubata di tutti i suoi risparmi dal suo stesso protettore, e decide di aiutarla. Trovano il pappa e i suoi uomini su una nave da crociera, ma intanto tra i due nasce qualcosa. ■ THRILLER; COL.; 82'; USA, 1993.

SESSO, BUGIE E VIDEOTAPE ★★★🏆
(Sex, Lies and Videotape)
Regia di STEVEN SODERBERGH. Con PETER GALLAGHER, ANDIE MACDOWELL, JAMES SPADER. ■ I fragili equilibri di una giovane coppia (lui la tradisce con la disinibita cognata) vengono compromessi dall'arrivo di un giovane, compagno di scuola del marito, la cui unica passione sembra quella di registrare in video le scabrose confidenze delle donne che incontra. La moglie dell'altro si innamorerà di lui. Palma d'oro al Festival di Cannes 1989. ■ COMMEDIA; COL.; 100'; USA, 1989. ■ CANNES 🏆 2 PR; GOLDEN GLOBES 🏆 3 NOM; OSCAR 🏆 1 NOM.

SESSO CONTRO KUNG-FU *(Love and Blood)* ★
Regia di HO FAN. Con KUMPO COSMATO, WANG FU, YEE NAN SHEE. ■ Un fotografo ha una fidanzata gelosa, che è amante di un industriale. La figlia di questi si innamora, ricambiata, dell'uomo, e le due donne diventano feroci rivali. La prima cerca di far picchiare il compagno, poi si sacrifica per salvarlo. L'altra perde la ragione. ■ DRAMMATICO; COL.; 91'; HONG KONG, 1974.

SESSO DEBOLE *(The Opposite Sex)* ★★★
Regia di DAVID MILLER. Con JUNE ALLYSON, JOAN COLLINS, DOLORES GRAY, ANN MILLER, ANN SHERIDAN. ■ Una donna, gelosa dell'amica cantante, le insinua il dubbio che il marito di lei abbia un'amante. Convinta da alcune coincidenze che sia proprio così, la donna si reca a Reno dove chiede e ottiene il divorzio, benché continui ad amare il coniuge. Costui sposa la "rivale", una bal-

erina senza scrupoli, che ha poi modo di dimostrare la grettezza del suo animo. Gli ex sposi si riconciliano. ■ COMMEDIA; COL.; 117′; USA, 1956.

SESSO DEGLI ANGELI, IL ★★
Regia di UGO LIBERATORE. Con BERNHARD DE VRIES, ROSEMARIE DEXTER, DORIS KUNSTMANN, LAURA TROSCHEL. ■ Tre ragazze e un ragazzo si imbarcano su uno yacht per provare gli effetti della droga. Al termine del "viaggio" lui si accorge di essere stato ferito da un colpo di pistola, ma non sa da chi. Una delle giovani vorrebbe tornare a terra, le altre due lasciano che il compagno muoia dissanguato e lo abbandonano in mezzo al mare. La prima, sconvolta, si suicida. ■ DRAMMATICO; COL.; 104′; ITALIA, 1967.

SESSO E ALCOOL *(Les scélérats)* ★★
Regia di ROBERT HOSSEIN. Con ROBERT HOSSEIN, MICHÈLE MORGAN, PERRETTE PRADIER. ■ Una fanciulla povera si innamora del suo ricco datore di lavoro. Sua moglie se la intende con altri uomini e si ubriaca spesso per dimenticare la tragica morte del figlio. Quando perisce in un incidente, la fanciulla, per non abbandonare l'uomo che ama, gli fa confidenze errate sul conto della moglie. Lui perde la vita in una pazzesca corsa in auto, e anche la giovane si suicida. ■ DRAMMATICO; COL.; 92′; FRANCIA, 1960.

SESSO E FILOSOFIA *(Sex and Philosophy)* ★★★
Regia di MOHSEN MAKHMALBAF. Con MALOHATO ABDULLOEVA, FARZANA BEZNAZAROV, TAHMINEH EBRAHIMOVA, MARIAM GAIBOVA, DALER NAZAROV. ■ Tagikistan. John è un insegnante di danza che, al compimento del suo quarantesimo anno, decide di compiere una rivolta nei confronti di se stesso invitando alla sua scuola di danza le sue quattro amanti, mentre si aggira solitario con la sua macchina per una città post-sovietica col cruscotto pieno di candele. Le quattro donne, che arrivano del tutto ignare, sono costrette a prendere atto della loro "coabitazione forzata". Al suo arrivo, John con la danza ricorderà e metterà in scena le loro storie d'amore, percorse da un tema conduttore: un cronometro col quale il maestro raccoglie i secondi di felicità che ha vissuto con loro. Poco "sex" e molta "philosophy": tutto il film è accompagnato da un lungo monologo del protagonista che ricorda e riflette sui ricordi e sull'amore. ■ COMMEDIA; COL.; 102′; FRANCIA, IRAN, TAGIKISTAN, 2005.

SESSO E FUGA CON L'OSTAGGIO *(The Chase)* ★
Regia di ADAM RIFKIN. Con HENRY ROLLINS, CHARLIE SHEEN, KRISTY SWANSON. ■ La figlia di un miliardario viene rapita e alla fine si innamorerà di quello che sembra essere il suo aguzzino, ma che forse non lo è. Charlie Sheen è ininterrottamente alla guida con una logorrea inarrestabile. ■ DRAMMATICO; COL.; 88′; USA, 1994.

SESSO E IL POLIZIOTTO SPOSATO – LA SIGNORA IN NERO ★★★
Regia di JAMES FRAWLEY. Con LINDSAY CROUSE, PETER FALK. ■ Il compagno di una famosa dottoressa, specializzata nella cura di pazienti con problemi sessuali, viene trovato ucciso. Il caso viene affidato alle abili mani del tenente Colombo, che dovrà svolgere le indagini in un ambiente per lui un tantino... imbarazzante. Ottimo ritmo. ■ POLIZIESCO; COL.; 90′; USA, 1989.

SESSO & POTERE *(Wag the Dog)*
Regia di BARRY LEVINSON. Con ROBERT DE NIRO, ANNE HECHE, DUSTIN HOFFMAN. ■ Il presidente degli Stati Uniti ha dei problemi di immagine per via delle solite scappatelle sessuali. Per sviare l'attenzione dell'opinione pubblica viene assunto uno specialista di PR e un produttore. L'idea è quella di far scoppiare una guerra, per fortuna solo virtuale, con l'Albania. Il trucco funziona. Il tema è fin troppo abusato e la storia non riesce a uscire dall'ovvio, nonostante la presenza di tanti nomi. Il film era nelle sale contemporaneamente a un altro "Levinson", *La sfera*. Il regista attraversava evidentemente un momento non perfettamente felice. ■ COMMEDIA; COL.; 99′; USA, 1998. ■ BERLINO 1 PR; GOLDEN GLOBES 3 NOM; OSCAR 2 NOM.

SESSO E VIOLENZA *(Midnight Terror)* ★
Regia di JOHN HUDSON. Con TOM CURTIS, CLIFF MORGAN, HELEN WITHERS. ■ Un giovane, che lavora alle dipendenze di una coppia di coniugi falsari, cerca di andarsene, ma è costretto a rimanere sotto il ricatto dell'uccisione della fidanzata. La donna tenta inutilmente di sedurlo, quindi spara sul marito accecato dalla gelosia. L'uomo, prima di morire, ammazza la donna e ne ferisce il mancato amante. ■ DRAMMATICO; B/N; 100′; USA, 1962.

SESSO E VOLENTIERI ★★
Regia di DINO RISI. Con LAURA ANTONELLI, JOHNNY DORELLI, GLORIA GUIDA. ■ Dieci piccoli episodi collegati dal filo rosso del "sesso e volentieri". C'è il cameriere che desidera la principessa ma non riesce a concludere; c'è la vedova che finisce nella casa di una squillo e si consola con i clienti; c'è una giovane coppia circuita da uno sceicco, ecc. La regia di Risi impedisce al film di essere catalogato tra i pecorecci. ■ COMMEDIA; COL.; 90′; ITALIA, 1982.

SESSO FORTE *(El sexo fuerte)* ★
Regia di EMILIO MURIEL GOMEZ. Con RAFAEL BALEDON, MARY CORTÉS, CARMEN MONTEJO. ■ In un paese retto dalle donne giungono due naufraghi. La regina ne "confisca" uno del quale si è innamorata mentre il suo ministro e rivale fallisce il colpo di Stato ai suoi danni. I due innamorati si sposano e al secondo naufrago è affidato il compito di riorganizzare lo Stato dove, d'ora in avanti, governeranno soltanto gli uomini. ■ DRAMMATICO; B/N; 90′; MESSICO, 1946.

SESSO GENTILE *(The Gentle Sex)* ★★★
Regia di LESLIE HOWARD, MAURICE ELVEY. Con JOAN GATES, JEAN GILLIE, JOYCE HOWARD, LILLI PALMER. ■ Sette ragazze, diverse per temperamento, fanno amicizia durante l'addestramento militare ausiliario nel corso dell'ultima guerra. Nonostante alcune loro debolezze e piccole rivalità, quando si tratta di partire per una missione formano un gruppo compatto e unito. ■ AVVENTURA; B/N; 92′; GRAN BRETAGNA, 1943.

SESSO IN GABBIA *(The Big Doll House)* ★
Regia di JACK HILL. Con JUDY BROWN, ROBERTA COLLINS, PAM GRIER, BROOKE MILLS. ■ Una prigioniera politica evade dal carcere con due compagne e porta, quali ostaggi, la direttrice crudele e perversa e un medico umano. In uno scontro con i poliziotti, che hanno ben presto raggiunto i fuggitivi, sopravvive solo una delle evase, mentre la direttrice trova una morte orribile. ■ DRAMMATICO; COL.; 93′; USA, 197

SESSOMATTO ★★★
Regia di DINO RISI. Con LAURA ANTONELLI, PAOLA BORBONI, DUILIO DEL PRETE, GIANCARLO GIANNINI. ■ Sono nove episodi che hanno come protagonista il sesso nelle sue manifestazioni "eccezionali". ■ COMMEDIA; COL.; 120′; ITALIA, 1973.

SESSO, PECCATO E CASTITÀ *(Only Two Can Play)* ★★
Regia di SIDNEY GILLIAT. Con RICHARD ATTENBOROUGH, VIRGINIA MASKELL, PETER SELLERS, MAI ZETTERLING. ■ Un impiegato di modeste condizioni diventa l'amante di una donna influente per ottenere una promozione e assicurare una vita più agiata alla sua famiglia. Quando si rende conto che il nuovo impiego non gli dà alcuna felicità, lo rifiuta e riprende l'esistenza di prima, monotona ma serena. ■ COMMEDIA; COL.; 106′; GRAN BRETAGNA, 1961.

SESSO PERDUTO *(Honno)* ★★★
Regia di KANETO SHINDO. Con HIDEO KANZE, NOBUKO OTOWA, EIJIRO TOHNO. ■ Un giovane attore confida alla domestica di aver perduto la virilità in conseguenza delle radiazioni atomiche subite a Hiroshima. La ragazza, allora, con un trucco psicologico, gliela fa ritrovare e si sacrifica per lui, che ama, fino a morirne. ■ DRAMMATICO; B/N; 88′; GIAPPONE, 1966.

SESSO SOTTO LA PELLE *(Bränt barn)* ★
Regia di HANS ABRAMSON. Con BENTE DESSAU, HANS ERNBACK, KEVE HJELM. ■ Un giovane, dapprima nemico della compagna del padre vedovo, si innamora di lei e la convince a cedergli. Quando il padre dichiara che si sposeranno, lui tenta di uccidersi. Lo salvano appena in tempo, ma non sa rassegnarsi. ■ DRAMMATICO; COL.; 91′; SVEZIA, 1968.

SESSUALITÀ *(The Chapman Report)* ★
Regia di GEORGE CUKOR. Con CLAIRE BLOOM, JANE FONDA, SHELLEY WINTERS, EFREM ZIMBALIST JR. ■ Indagine di uno psicologo sulla sessualità delle donne americane. ■ DRAMMATICO; COL.; 125′; USA, 1962.

SESTA COLONNA *(All Through the Night)* ★★★
Regia di VINCENT SHERMAN. Con HUMPHREY BOGART, CONRAD VEIDT, KAAREN VERNE. ■ Un bandito indaga personalmente sull'assassinio di un amico e in seguito ad alcune indagini viene accusato di omicidio. Si trova coinvolto in una organizzazione di spie che tuttavia, grazie alla sua audacia, vengono assicurate alla giustizia. Lui riceverà una medaglia al valore. ■ SPIONAGGIO; B/N; 107'; USA, 1941.

SESTA PARTE DEL MONDO, LA *(Sestaja Cast'Mira)* ★★★
Regia di DZIGA VERTOV. ■ Uno dei documentari del grande regista sovietico. Lo girò per conto dell'Ente statale per il commercio, per mettere in risalto la macchina produttiva russa. Ritmo molto moderno. Le immagini sono alternate a parole, frasi, motti, un metodo utilizzato in un altro ambito da Godard. ■ DOCUMENTARIO; COL.; 66'; URSS, 1926.

SESTO CONTINENTE ★★
Regia di FOLCO QUILICI. ■ Il sesto continente è il mare, nel nostro caso il mar Rosso, dove si avventura il regista per filmare i suoi abitanti. ■ DOCUMENTARIO; COL.; 95'; ITALIA, 1954.

SESTO EROE, IL *(The Outsider)* ★★
Regia di DELBERT MANN. Con TONY CURTIS, JAMES FRANCISCUS, GREGORY WALCOTT. ■ Un giovane pellerossa, superstite con soli due commilitoni della battaglia per la conquista di Iwo Jima, viene reclutato con loro per girare l'America, allo scopo di reperire fondi. Incapace di dimenticare gli orrori vissuti combattendo contro i giapponesi, si dà al bere. In occasione di una ricorrenza importante, però, decide di ridiventare un uomo sobrio. ■ DRAMMATICO; B/N; 108'; USA, 1961.

SESTO GIORNO, IL *(The 6th Day)* ★★
Regia di ROGER SPOTTISWOODE. Con ROBERT DUVALL, TONY GOLDWYN, MICHAEL RAPAPORT, ARNOLD SCHWARZENEGGER, SARAH WYNTER. ■ In un futuro talmente prossimo da sembrare presente, la clonazione degli animali domestici è già diventata business, ma quella umana è ancora proibita dalla legge. Un'organizzazione che intende ottenere il controllo della vita sociale e politica del mondo, comincia segretamente a clonare quelle stesse persone che ha precedentemente ucciso. ■ FANTASCIENZA; COL.; 124'; USA, 2001.

SESTO SENSO, IL *(The Sixth Sense)* ★★
Regia di M. NIGHT SHYAMALAN. Con TONI COLLETTE, HALEY JOEL OSMENT, OLIVIA WILLIAMS, BRUCE WILLIS. ■ Un film che ha forti estimatori, malgrado la trama sia pasticciata, con un primo tempo tutto costruito su attese che sono poco svolte nel secondo. Terrori suscitati dagli spiriti. Willis, se la cava. ■ FANTASTICO; COL.; 107'; USA, 1999. ■ GOLDEN GLOBES 2 NOM; OSCAR 6 NOM.

SETA *(Silk)* ★★
Regia di FRANÇOIS GIRARD. Con SEI ASHINA, KEIRA KNIGHTLEY, JUN KUNIMURA, ALFRED MOLINA, MIKI NAKATANI, MICHAEL PITT, MARK RENDALL, KENNETH WELSH, KÔJI YAKUSHO. ■ Francia, seconda metà dell'Ottocento. Hervè Joncour, figlio del sindaco di Lavilledieu, una cittadina francese, si innamora e sposa la bella Hèléne Fouquet. Abbandonata la carriera militare, per fare rifiorire le fabbriche da seta del paese si deve recare in luoghi lontani, per cercare uova di bachi da seta non affette dalla Pebrina. In questi viaggi continui, conoscerà un paese dai mille segreti, il Giappone. La trasposizione cinematografica dell'omonimo romanzo di Alessandro Baricco, è messa in scena da François Girard (*Il violino rosso*) con grande attenzione alle immagini, alla ricostruzione storica, alla musica, di cui il regista è grande appassionato. ■ DRAMMATICO; COL.; 110'; CANADA, FRANCIA, GIAPPONE, GRAN BRETAGNA, ITALIA, 2007.

SETE *(Törst)* ★★★
Regia di INGMAR BERGMAN. Con EVA HENNING, BIRGER MALMSTEN, MIMI NELSON. ■ Una coppia di sposi lascia la Germania durante la guerra e prende un treno per la Svezia. La crisi del loro rapporto si risolverà durante questo viaggio verso la speranza. ■ DRAMMATICO; B/N; 82'; SVEZIA, 1949.

SETE D'AMORE *(Sed de amor)* ★★
Regia di ALFONSO CORONA BLAKE. Con PEDRO ARMENDARIZ, SILVANA PAMPANINI. ■ Melodramma a fosche tinte, protagonist una vedova in cerca d'amore, la sorella di questa, in odore di san tità, e un avventuriero di pochi scrupoli che si innamora della ve dovella. Quest'ultima crede a torto che l'uomo la tradisca con l santarellina, lo uccide e, ormai completamente impazzita, fugg portandosi dietro il cadavere. ■ DRAMMATICO; B/N; 90'; MESSI CO, 1959.

SETE DEGLI UOMINI, LA *(La soif des hommes)* ★★★
Regia di SERGE DE POLIGNY. Con ANDRÉE CLÉMENT, GEORGE MARCHAL, DANY ROBIN. ■ Un uomo si sposa senza amore pe impadronirsi delle terre della futura moglie. Dopo diverse peripezie, se ne innamora davvero. ■ COMMEDIA; B/N; 105'; FRANCIA 1949.

SETE DELL'ORO, LA *(Lust for Gold)* ★★
Regia di SYLVAN SIMON. Con GLENN FORD, IDA LUPINO. ■ Molte persone vogliono impadronirsi della mappa di una miniera. M l'oro porta sfortuna. Muoiono quasi tutti. ■ AVVENTURA; B/N 91'; USA, 1949.

SETE DEL POTERE, LA *(Executive Suite)* ★★★
Regia di ROBERT WISE. Con JUNE ALLYSON, NINA FOCH, WILLIAM HOLDEN, FREDRIC MARCH, WALTER PIDGEON, BARBARA STANWYCK. ■ Alla morte del presidente di un'importante industria, cinque funzionari si contendono il suo posto; il favorito è uno speculatore che pensa solo al guadagno. La sua elezione sembra cosa fatta quando gli si oppone un collega, favorevole al miglioramento del prodotto. Il suo programma è approvato e diventa presidente. ■ COMMEDIA; B/N; 104'; USA, 1954. ■ OSCAR 4 NOM; VENEZIA 1 PR.

SE TI BACIA LA FORTUNA – LE DISAVVENTURE DEL SIGNOR X *(Strike it Rich)* ★★
Regia di LESLIE HISCOTT. Con BETTY ASTELL, GEORGE GEE, GINA MALO. ■ Un impiegato prossimo al licenziamento acquista in seguito ad un'eredità, quasi tutte le azioni dell'azienda per la quale lavora. Elevato al rango di direttore, combina un sacco d guai, ma è proprio grazie ad uno di essi che risolleva le sorti della ditta. Può così conservare il posto, anche se arriva la notizia che l'eredità era un bidone. ■ COMMEDIA; B/N; 72'; GRAN BRETAGNA, 1933.

SE TI INVESTO MI SPOSI? ★★
(Elvis Has Left the Building)
Regia di JOEL ZWICK. Con SEAN ASTIN, RICHARD BARELA, KIM BASINGER, BILLY RAY CYRUS, TOM HANKS. ■ Harmony Jones è una rappresentante di cosmetici Pink Lady, nata e cresciuta in Tennessee, sotto il segno di Elvis. Raggiunta la soglia dei quaranta, la sua carriera di signora in rosa va a gonfie vele, ma la stabilità economica non è ciò che cerca. La sua vita subirà una scossa dal momento in cui ogni imitatore di Elvis che le passerà vicino finirà in un modo o nell'altro per fare una brutta fine. ■ COMMEDIA; COL.; 80'; USA, 2004.

SE TI MORDO SEI MIO *(Once Bitten)* ★★
Regia di HOWARD STORM. Con JIM CARREY, LAUREN HUTTON, CLEAVON LITTLE. ■ Una bella contessa è in realtà una vampira. Per mantenersi giovane (ha 400 anni anche se non li dimostra) si nutre con il sangue di uomini giovani, belli e illibati. Uno studente, afflitto da una fidanzata molto moralista, fa al caso suo. La bella lo vampirizza. La fidanzatina arriva in soccorso. Con un po' di amore normale lo rimetterà in sesto. ■ HORROR; COL.; 93'; USA, 1985.

SE T'INCONTRO T'AMMAZZO ★★
Regia di GIANNI CREA. Con MARIA PIA GIANCARO, GORDON MITCHELL, DONALD O'BRIEN. ■ Il figlio di un fattore assassinato ne ammazza l'omicida ma non riesce a scoprire l'identità del mandante. Costui è, naturalmente, una persona insospettabile, che farà una brutta fine. ■ WESTERN; COL.; 93'; ITALIA, 1971.

SE TI PIACE... VAI... *(Try This On For Size)* ★★
Regia di GUY HAMILTON. Con MARIO ADORF, MICHAEL BRANDON, DAVID CARRADINE, ARIELLE DOMBASLE. ■ Bradley, ladro professionista, riesce a rubare astutamente una preziosissima statua sovietica del Trecento. Si butta sulle sue tracce Lepski, agente di una compagnia di assicurazioni. Il poliziotto recupera la sta-

tua e scopre che è falsa, non riuscendo però a catturare il malfattore. ■ GIALLO; COL.; 97′; GRAN BRETAGNA/FRANCIA, 1989.

SET IT OFF ★★★
Regia di F. GARY GRAY. Con KIMBERLY ELISE, VIVICA A. FOX, QUEEN LATIFAH, JADA PINKETT-SMITH. ■ Los Angeles. Quattro amiche afroamericane decidono di reagire alla sfortuna che si è abbattuta su di loro mettendosi a rapinare banche. Il film coniuga rap e una buona fluidità visiva che valorizza le interpretazioni delle protagoniste. Da vedere. ■ DRAMMATICO; COL.; 120′; USA, 1996.

SETTA, LA ★★★
Regia di MICHELE SOAVI. Con KELLY CURTIS, HERBERT LOM. ■ Dopo una carrellata, nei titoli di testa, di acque tranquille ecco che appare un santone a un gruppo di ragazzi anni Settanta. L'uomo cita i Rolling Stones e la loro *Simpathy for the devil*, un po' come la setta di Manson negli anni Settanta citava *Helter Skelter* dei Beatles. Siamo in Germania e la figlia di un pericoloso santone avrà un'esperienza non proprio esaltante. Il Maligno e gli insetti fecondatori incombono. Prodotto e co-sceneggiato da Dario Argento, questo è il quarto lungometraggio (se si considera il documentario sul "maestro") di Michele Soavi. Buona l'atmosfera e intrigante la trama. ■ HORROR; COL.; 125′; ITALIA, 1991.

SETTA DEI DANNATI, LA *(The Order)* ★
Regia di BRIAN HELGELAND. Con MARK ADDY, FRANCESCO CARNELUTTI, BENNO FÜRMANN, HEATH LEDGER, MATTIA SBRAGIA, SHANNYN SOSSAMON, PETER WELLER. ■ Indagando su una serie di inspiegabili delitti, un sacerdote in crisi mistica finisce catapultato in un turbine di malvagità che gli farà scoprire che esiste un destino peggiore della morte, oltre a fargli fare la conoscenza del malvagio Divoratore di Peccati e di un misterioso Ordine che da secoli esiste all'interno della Chiesa. ■ HORROR; COL.; 102′; GERMANIA, USA, 2003.

SETTA DEI TRE K, LA *(Storm Warning)* ★★★
Regia di STUART HEISLER. Con STEVE COCHRAN, DORIS DAY, RONALD REAGAN, GINGER ROGERS. ■ Una ragazza assiste a un omicidio perpetrato dagli uomini del Ku-Klux-Klan, e individua nel cognato uno degli esecutori. Tuttavia, per non addolorare la sorella, tace il fatto alla polizia. L'assassino la trascina a una riunione di affiliati che decreta la sua morte. La polizia la salva e abbatte il criminale. ■ DRAMMATICO; B/N; 93′; USA, 1951.

SETTA DELLE TENEBRE, LA *(Rise)* ★
Regia di SEBASTIAN GUTIERREZ. Con MICHAEL CHIKLIS, LUCY LIU. ■ Durante un'inchiesta su un gruppo dark, la giornalista Sadie Blake si rende conto che qualcosa supera il classico folklore. Morsa da due vampiri che vogliono eliminarla, Sadie si ritrova vampira anch'essa. Il problema principale, a quel punto, è la ricerca del sangue di cui nutrirsi. Cosa non facile se non si vuole diventare cattivi e uccidere gli innocenti. Sadie, indecisa tra il suicidio e la vendetta, tenta di fare il minor male possibile, anche se, quando le capita, il gusto del sangue le pare tutt'altro che spiacevole. ■ HORROR; COL.; 94′; USA, NUOVA ZELANDA, 2007.

SETTE AGHI D'ORO, I *(Golden Needles)* ★★
Regia di ROBERT CLOUSE. Con ELIZABETH ASHLEY, JOE DON BAKER, JIM KELLY, BURGESS MEREDITH, ANN SOTHERN. ■ La vicenda verte attorno al possesso di una statuina, nella quale sono contenuti i segreti dell'agopuntura. ■ AVVENTURA; COL.; 92′; USA, 1974.

SETTE ALLEGRI CADAVERI! *(What a Carve up!)* ★★
Regia di PATRICK JACKSON. Con KENNETH CONNOR, SHIRLEY EATON, SIDNEY JAMES, DENNIS PRICE. ■ I nipoti di un ricco defunto si riuniscono per la lettura del testamento. Non sanno che l'uomo ha solo finto di morire per ucciderli uno ad uno. Rimane un unico superstite, che un cameriere salva da una fine atroce. Il vecchio, questa volta, ci lascia le penne. ■ COMICO; B/N; 88′; GRAN BRETAGNA, 1961.

SETTE ANIME *(Seven pounds)* ★★
Regia di GABRIELE MUCCINO. Con ROSARIO DAWSON, WOODY HARRELSON, WILL SMITH. ■ Ben Thomas è un giovane uomo che ha commesso un tragico errore. Ossessionato dalla sua colpa è deciso a redimersi risanando la vita di sette persone meritevoli. Osservate e individuate le sette anime, Ben si prende amorevolmente cura di loro, donandogli una parte di sé e una seconda possibilità. Sarà però la bella Emily Posa, colpita al cuore da Ben e da (gravi) scompensi cardiaci, a innamorarlo e a distrarlo dal suo disegno originale. A Ben non resterà che decidere se tornare a vivere o lasciare vivere. ■ DRAMMATICO; COL.; 125′; USA, 2008.

SETTE ANNI DI FELICITÀ ★★
Regia di ROBERTO SAVARESE. Con VIVI GIOI, ELLI PARVO, WOLF ALBACH RETTY, PAOLO STOPPA. ■ Lo stolto cameriere di una coppia di scrittori si reca in città a depositare il loro ingente capitale. Da questo momento gliene succedono di tutti i colori: perde l'udito, arriva in banca quando i banditi stanno compiendo una rapina, diventa torero per recuperare i soldi. Se li ritroverà addosso. ■ COMMEDIA; B/N; 92′; ITALIA, 1942.

SETTE ANNI DI FELICITÀ ★★
Regia di ERNST MARISCHKA. Con HANS MOSER, WOLF ALBACH RETTY. ■ Uno dei primi film di Hans Moser. Anche qui, come in altre pellicole, è nella parte di un cameriere. Mentre sta andando a depositare una somma di denaro di una scrittrice assiste casualmente a una rapina e da quel momento cominciano i guai. ■ COMMEDIA; B/N; 85′; AUSTRIA, 1942.

SETTE ANNI DI GUAI *(Sieben Jahre Pech)* ★
Regia di ERNST MARISCHKA. Con THEO LINGEN, HANS MOSER, CLARA TABODY, IDA WIEST. ■ Uno scrittore si crede perseguitato dalla sfortuna e viaggia incessantemente con il proprio cameriere. Questi si fa passare per lui e provoca la rottura del fidanzamento con la bella fanciulla conosciuta durante una sosta. Più tardi, dopo diversi equivoci, sarà proprio il cameriere a rimettere le cose a posto. ■ COMMEDIA; B/N; 93′; AUSTRIA, 1940.

SETTE ANNI IN TIBET *(Seven Years in Tibet)* ★★★★
Regia di JEAN-JACQUES ANNAUD. Con BRAD PITT, DAVID THEWLIS, DORJEE TSERING. ■ Il giovane Heinrich Herrer, scalatore austriaco adottato dal nazismo, nel 1939 si aggrega a una spedizione per scalare una montagna del Tibet. L'impresa non riesce. Di ritorno al campo Heinrich viene arrestato dagli inglesi che nel frattempo sono entrati in guerra contro la Germania. Evade e in compagnia dell'amico Peter comincia a vagare per il Tibet. Passano gli anni e i due giungono a Lhasa, la città sacra dove vive il Dalai Lama bambino. Fra il "dio incarnato" ed Heinrich nasce un'amicizia che diventa affetto. Nei sette anni passati nella città sacra accadranno fatti importanti, primo fra tutti l'invasione del Tibet da parte dei cinesi, che costringerà tutti a fuggire, Lama compreso. Tornato in patria Herrer riprenderà la sua attività, dopo aver recuperato l'affetto di un figlio (vero) che non aveva mai visto. L'uomo, autore del libro da cui è tratto il film, tuttora vivente, è ancora amico del Dalai Lama eternamente esule. Magnifica storia e magnifico tutto. Fortuna che di tanto in tanto si producono film come questo, che ci fanno star meglio. ■ AVVENTURA; COL.; 135′; USA, 1997. ■ GOLDEN GLOBES 1 NOM.

SETTE AQUILE, LE *(Lilac Time)* ★★
Regia di GEORGE FITZMAURICE. Con GARY COOPER, KATHRYN MCGUIRE, COLLEEN MOORE. ■ Un aristocratico aviatore inglese combatte in Francia durante la prima guerra mondiale. Una trovatella francese si innamora di lui. Lo corteggia a lungo e alla fine lo conquista. ■ AVVENTURA; B/N; 91′; USA, 1928.

SETTE ASSASSINE DALLE LABBRA DI VELLUTO ★★
(Danger Girls)
Regia di RENÉ CARDONA JR. Con JULIO ALEMAN, ELIZABETH CAMPBELL, BARBARA TOLO. ■ Una pericolosa banda di donne vuole impadronirsi della Terra. A tale scopo, i loro capi decidono di immettere negli acquedotti una sostanza mortale. Un agente americano, inviato a indagare dalla Cia, entra nel covo nemico e rende completamente inoffensive le crudeli "banditesse". ■ AVVENTURA; COL.; 93′; MESSICO, 1975.

SETTE ASSASSINI, I *(Seven Man from Now)* ★★★
Regia di BUDD BOETTICHER. Con LEE MARVIN, GAIL RUSSELL, RANDOLPH SCOTT. ■ Uno sceriffo insegue gli uomini che hanno rapinato un ufficio postale e ucciso sua moglie. Nel corso del lungo inseguimento ne elimina buona parte, mentre gli altri si am-

mazzano tra loro. Affronta il superstite in duello e lo abbatte. Quindi restituisce la refurtiva. ■ WESTERN; COL.; 78′; USA, 1956.

SETTE A TEBE ★★
Regia di ROY FERGUSON. Con ANDRÉ LAWRENCE, LOREDANA NUSCIAK, LENA VON MARTENS. ■ Un giovane tebano, stanco della tirannia esercitata dai soldati spartani, organizza un'insurrezione, ma viene catturato dal nemico. I suoi compagni però conquistano il potere e lo esercitano da dittatori. Il giovane, allora, arma un esercito con il quale sconfigge definitivamente i nemici della libertà. ■ AVVENTURA; COL.; 92′; ITALIA, 1964.

SETTE BASCHI ROSSI ★
Regia di MARIO SICILIANO. Con PRISCILLA DRAKE, KIRK MORRIS, IVAN RASSIMOV, SIEGHARDT RUPP. ■ I baschi rossi sono mercenari operanti nel Congo. Un gruppo di essi, incaricati di ritrovare una prigioniera, recluta una guida e un medico e dopo uno scontro con gli indigeni la libera. Il viaggio di ritorno, costellato di incidenti e scaramucce, finisce tragicamente: si salvano solo l'ex prigioniera e la guida. ■ AVVENTURA; COL.; 90′; ITALIA, 1969.

SETTE BELVE VENUTE DALLA CINA ★
Regia di HSU TIE HO. Con CHANG TSUNG LUNG, HOSU-SU, PENG-HAI, AN PING. ■ Un ragazzo uccide il suo maestro di arti marziali perché si è rifiutato di rivelargli un colpo segreto. La figlia adottiva del defunto recluta maestri di karatè per vendicarlo. Ma sarà un ragazzino all'apparenza inoffensivo a uccidere il crudele assassino. ■ AVVENTURA; COL.; 91′; HONG KONG, 1973.

SETTE CADAVERI PER SCOTLAND YARD ★
(Jack el destripador de Londres)
Regia di JOSÉ LUIS MADRID. Con ORCHIDEA DE SANTIS, PATRICIA LORAN, RENZO MARIGNANO, PAUL NASCHY. ■ Un ragazzo, sospettato ingiustamente di assassinio, si rifugia a casa di un'amica e spedisce una lettera a Scotland Yard, nella quale accusa uno dei suoi ispettori. Costui, invece, è innocente e seguendo una tenue traccia giunge fino al vero colpevole. Questi cerca di ammazzarlo, ma sarà proprio il ragazzo a salvare il poliziotto. ■ POLIZIESCO; COL.; 95′; ITALIA, 1972.

SETTE CALZE DI SETA INSANGUINATE ★
(Psycho Killer)
Regia di ROBERT VINCENT O'NEIL. Con JOANNE MEREDITH, LAWRENCE MONTAIGNE. ■ Uno psichiatra manovra un paziente colpevole di assassinio affinché gli uccida la moglie. Questa, che scopre tutto, provoca la morte della rivale, che il marito intendeva sposare. ■ GIALLO; COL.; 80′; GRAN BRETAGNA, 1969.

SETTE CANZONI PER SETTE SORELLE ★★
Regia di MARINO GIROLAMI. Con FRANCO COOP, LORELLA DE LUCA, LUISA RIVELLI, CLAUDIO VILLA. ■ I sette corteggiatori di altrettante sorelle infatuate di Claudio Villa si propongono di farlo sposare per avere libero accesso al cuore delle amate. ■ COMM. MUSICALE; B/N; 90′; ITALIA, 1957.

SETTE CERVELLI PER UN COLPO PERFETTO ★★
(Trois milliards sans ascenseur)
Regia di ROGER PIGAUT. Con MICHEL BOUQUET, MARCEL BOZZUFFI, DANY CARREL. ■ Giallo-comico abbastanza divertente. Alcuni inesperti ladruncoli cercano di fare un grosso colpo con l'aiuto di un vero ladro, ma non riescono a combinare nulla. ■ COMICO; COL.; 92′; FRANCIA, 1972.

SETTE CHILI IN 7 GIORNI ★★
Regia di LUCA VERDONE. Con TIZIANA PINI, RENATO POZZETTO, CARLO VERDONE. ■ Due amici medici ridottisi a fare uno il massaggiatore callista, l'altro il venditore di articoli sanitari, ristrutturano un casale per farne una casa di cura per obesi. I clienti non tardano, ma dopo una cura di piatti vuoti si ribellano. Contribuiscono, alla rivoluzione dei pazienti, anche le cambiali. I due vengono accusati anche di approfittare delle clienti carine. Così ben presto vien loro un'altra idea, trasformare il casale in un bel ristorante: "Ai due porconi". ■ FARSESCO; COL.; 91′; ITALIA, 1986.

SETTE CINESI D'ORO, LE ★
Regia di VINCENZO CASCINO. Con VINCENZO CASCINO, GLORIA PAUL, ANTONELLA STENI. ■ Molte potenze mondiali cercano di impadronirsi di una sostanza capace di causare un riso irrefrenabile, scoperta da uno scienziato che vuole servirsene per scopi pacifici. Costretto alla fuga, l'uomo viene messo alle strette, ma alcune delle provette si rompono e allora tutti gli agenti scoppiano in una grande risata. ■ COMICO; COL.; 90′; ITALIA, 1967.

SETTE CITTÀ DI ATLANTIDE, LE ★★
(Warlords of Atlantis)
Regia di KEVIN CONNOR. Con PETER GILMORE, DOUG MCCLURE, SHANE RIMMER. ■ Una spedizione giunge ad Atlantide. Una gigantesca piovra uccide alcuni uomini; gli altri vengono condotti nel mitico continente. La coppia dei regnanti vuole coinvolgerli in un pazzesco progetto di conquista della Terra, ma essi rifiutano. Durante un attacco di mostri alle città essi fuggono con altri due prigionieri, e si salvano a stento dopo la morte di alcuni compagni e peripezie a non finire. ■ AVVENTURA; COL.; 96′ GRAN BRETAGNA, 1978.

SETTE CITTÀ D'ORO, LE *(Gold of the Amazon Women)* ★
Regia di MARK L. LESTER. Con ANITA EKBERG, DONALD PLEASENCE, RICHARD ROMANUS, BO SVENSON. ■ Un film per la televisione vicino al ridicolo. Tom e Luis vogliono raggiungere il luogo dove è depositato il tesoro delle sette città di Eldorado. Raggiungono la giungla amazzonica e devono lottare con una tribù di donne guerriere e con un commerciante di sostanze allucinogene ■ AVVENTURA; COL.; 120′; USA, 1979.

SETTE CITTÀ D'ORO, LE *(Seven Cities of Gold)* ★★★
Regia di ROBERT D. WEBB. Con JEFFREY HUNTER, RITA MORENO, ANTHONY QUINN, MICHAEL RENNIE. ■ Soldati spagnoli giunti in California si propongono di trovare le "città d'oro" e i loro immensi tesori. Nel frattempo stringono amicizia con gli indigeni, ma il suicidio di una fanciulla, a causa del soldato del quale è innamorata, rischia di compromettere tutto. Il militare, per scongiurare la guerra, si consegna agli avversari che lo ammazzano. ■ AVVENTURA; COL.; 103′; USA, 1955.

SETTE COLT PER SETTE CAROGNE ★
Regia di RICHARD CHARDON. Con WILLIAM CLIFF, JACK LOGAN BARBARA PARKER. ■ Un uomo, scambiato per il suo gemello ucciso, viene aggredito e si salva per miracolo. Indotto a continuare la lotta del defunto, ottiene vittorie e soddisfazioni, ma perde la ragazza che ama in un drammatico frangente. Si dedica allora, anima e corpo, alla lotta contro i nemici. ■ WESTERN; COL.; 92′; ITALIA 1968.

SETTE CONTRO LA MORTE ★★
Regia di PAOLO BIANCHINI. Con BRIAN AHERNE, NINO CASTELNUOVO, JOHN SAXON, ROSANNA SCHIAFFINO. ■ Italia, ultima guerra: sei uomini e una ragazza restano rinchiusi in una grotta Benché nemici tra loro, si alleano alla ricerca della salvezza. Dopo un intermezzo sentimentale e il sacrificio di vite umane, si salvano solo in tre. ■ DRAMMATICO; B/N; 90′; ITALIA, 1965.

SETTE CONTRO TUTTI ★★
Regia di MICHELE LUPO. Con HAROLD BRADLEY, ROGER BROWNE, LIZ HAVILLAND, AL NORTHON. ■ Un tribuno romano si è impadronito con la forza di un regno che governa col pugno di ferro e facendo leva sulla superstizione popolare. Un centurione e sei gladiatori, fuggiti dalle sue galere, reclutano altri prigionieri, si impadroniscono del palazzo reale e uccidono il tiranno. ■ AVVENTURA; COL.; 90′; ITALIA, 1965.

SETTE CONTRO UNO ★
Regia di HO CHANG. Con LING FUNG, SHANG KUAN, YUSUAKI KURATA. ■ Un agente di polizia indaga sul furto di un diamante eccezionale. Dopo numerose indagini scoprirà il colpevole. ■ AVVENTURA; COL.; 91′; HONG KONG, 1973.

SETTE CRIMINALI E UN BASSOTTO ★★
(Once upon a Crime)
Regia di EUGENE LEVY. Con JAMES BELUSHI, JOHN CANDY, GIANCARLO GIANNINI, RICHARD LEWIS, ORNELLA MUTI, CYBILL SHEPHERD, SEAN YOUNG. ■ Remake americano di *Crimen* di Mario Camerini. Il nuovo cast sostituisce Gassman, Sordi, Manfredi, Mangano e Valeri senza riuscire a restituire le risate dell'opera originale. La storia è la stessa: una signora viene assassinata e sparisce anche il bassotto della defunta. Alcuni sospettati vengono interrogati dal commissario. Doppio fiasco, in Italia e negli Stati Uniti. ■ COMMEDIA; COL.; 94′; USA, 1992.

SETTE DANNATI, I *(Brennender Saud)* ★★
Regia di RAPHAEL NUSSBAUM. Con DALIAH LAVI, LYNN PADGETT, HENRY PARKER. ■ Per la ricerca di alcuni preziosi e antichi documenti, un israeliano, la sua fidanzata e un ammiratore della ragazza intraprendono un difficile viaggio nel deserto arabico. L'ammiratore è una carogna. ■ AVVENTURA; COL.; 94'; GERMANIA, 1960.

SETTE DEL GRUPPO SELVAGGIO, I ★
Regia di GIANNI CREA. Con FEMI BENUSSI, MARIO BREGA, GORDON MITCHELL, DEAN STRATFORD. ■ Uno sceriffo deve affrontare una banda spietata che ha messo in allarme i concittadini. Il fratello onesto di uno dei malviventi gli si affianca e, benché la collaborazione presenti subito qualche difficoltà, la legge trionfa. ■ WESTERN; COL.; 92'; ITALIA, 1977.

SETTE DELL'ORSA MAGGIORE, I ★★
Regia di DUILIO COLETTI. Con PIERRE CRESSOY, ELEONORA ROSSI DRAGO. ■ Seconda guerra mondiale: un ufficiale della Marina porta a termine pericolose e importanti missioni belliche servendosi dei famosi "maiali". Nel corso di un'azione, in cui rischia la vita, viene preso prigioniero ma si salva. A guerra terminata gli verrà conferita la medaglia d'oro. ■ GUERRA; B/N; 100'; ITALIA, 1953.

SETTE DEL TEXAS, I ★★
Regia di JOAQUÍN LUIS ROMERO MARCHENT. Con ROBERT HUNDAR, GLORIA MILLAND, PAUL PIAGET. ■ Un uomo attraversa il deserto con una scorta armata per portare all'ospedale la moglie ammalata. Il viaggio è costellato da vari incidenti che ne rallentano il cammino. Nonostante ciò, l'uomo raggiunge la città; i compagni, ad eccezione della consorte, sono tutti morti. ■ WESTERN; COL.; 91'; ITALIA, 1964.

SETTE DIAVOLI DEL TAI-KIK, I *(Duel with Samurai)* ★
Regia di PAO MING. Con LOU CHAN, PUNG CHIN. ■ Tre samurai giapponesi decimano le fila dei cinesi. Tre dei loro migliori guerrieri li affrontano e riescono a eliminarli. ■ AVVENTURA; COL.; 92'; HONG KONG, 1973.

SETTE DOLLARI SUL ROSSO ★
Regia di ALBERTO CARDONE. Con GIANNI MANERA, LOREDANA NUSCIAK, FERNANDO SANCHO, ANTHONY STEFFEN. ■ Un uomo cerca per anni il bandito che gli ha ammazzato la moglie e rapito il figlio. Un giorno giunge nella cittadina nella quale l'uomo semina il terrore: affiancatosi allo sceriffo riesce a sterminare la banda e ad uccidere il nemico. Suo figlio, allevato dal defunto, lo affronta e muore accidentalmente. ■ WESTERN; COL.; 91'; ITALIA, 1966.

SETTE DONNE *(Sieben Frauen)* ★★★
Regia di RUDOLF THOME. Con ADRIANA ALTARAS, JOHANNES HERSCHMANN, ELISABETH ZUNDEL. ■ Una madre, cinque figlie e una nonna abitano vicino a una casa il cui proprietario è appena morto. Giunge il figlio per l'eredità e si mette a raccogliere delle informazioni, anche sconvenienti, sul conto del genitore. Alla vicenda non sono ovviamente estranee le sette donne. Dallo stesso autore di *Tre donne, il sesso e Platone*. ■ COMMEDIA; COL.; 89'; GERMANIA, 1989.

SETTE DONNE DALL'INFERNO ★★
(Seven Women from Hell)
Regia di ROBERT D. WEBB. Con MARGIA DEAN, PATRICIA OWENS, CESAR ROMERO. ■ Sette donne in fuga da un campo di concentramento giapponese vengono individuate e inseguite. Due muoiono, le altre si rifugiano nella casa di un europeo che scoprono essere al soldo del nemico. Riescono però a ucciderlo e a raggiungere le linee americane. ■ GUERRA; B/N; 90'; USA, 1961.

SETTE DONNE D'ORO CONTRO DUE 07 ★
Regia di VINCENZO CASCINO. Con MICKEY HARGITAY, LUCIANA PAOLI, MARIA VINCENT. ■ Alcuni personaggi comprano dei quadri, falsamente attributi a un pittore famoso, sul retro dei quali sarebbe indicata la mappa di un favoloso tesoro. Naturalmente non è vero, l'uomo che li ha venduti è un pazzo. Tuttavia viene effettuato un importante scavo archeologico. ■ SPIONAGGIO; COL.; 91'; ITALIA, 1967.

SETTE DONNE PER I MAC GREGOR ★★
Regia di FRANCO GIRALDI. Con LEO ANCHORIZ, DAVID BAILEY, AGATHA FLORY. ■ Western-spaghetti abbastanza divertente, con notevole vena comica. Le peripezie di una famiglia scozzese per recuperare i loro pochi risparmi rubati da un bandito. ■ WESTERN; COL.; 103'; ITALIA, 1967.

SETTE DONNE PER UNA STRAGE ★★
Regia di GIANFRANCO PAROLINI. Con ADRIANA AMBESI, ANNE BAXTER, MARIA PERSCHY, GUSTAVO ROJO. ■ Avventure di sette donne sfuggite a un primo assalto di pellirosse e poi ancora inseguite dagli indiani. Un uomo le aiuterà, ma tre delle donne ci rimetteranno le penne. ■ WESTERN; COL.; 94'; ITALIA, 1968.

SETTE EROICHE CAROGNE ★
Regia di JOSÉ LUIS MERINO. Con RAFFAELLA CARRÀ, STAN COOPER, PIERO LULLI, GUY MADISON. ■ Un gruppo di militari americani uccide per errore un gruppo di alleati travestiti da tedeschi ed è costretto a proseguire la loro missione, ossia liberare un professore e sua figlia dalle mani dei nemici. Durante il tragitto riescono a trarre in salvo la ragazza, quindi a penetrare in campo nemico. Ne segue un micidiale conflitto a fuoco. ■ GUERRA; COL.; 92'; ITALIA, 1969.

SETTE FALSARI, I *(Monnaie de singe)* ★★
Regia di YVES ROBERT. Con ROBERT HIRSCH, SYLVA KOSCINA, JEAN-PIERRE MARIELLE. ■ Da *La veuve de Modane* di Paul Chaland: un pittore finito in prigione per aver dato involontariamente inizio ad un grosso spaccio di monete false viene liberato dai responsabili che vogliono servirsi ancora di lui. Lui accetta credendo ingenuamente di sposare la bella ladra della quale è innamorato; dopo fughe e inseguimenti si salvano dalla polizia. ■ COMMEDIA; COL.; 98'; FRANCIA, 1966.

SETTE FATICHE DI ALÌ BABA, LE ★★
Regia di EMIMMO SALVI. Con BELLA CORTEZ, ROD FLASH, FURIO MENICONI. ■ Alì Baba vuole scendere a patti con un tiranno che governa il suo popolo.Viene catturato e fugge con l'aiuto della fidanzata del nemico; dopo numerose avventure lo cattura e sposa la bella. ■ AVVENTURA; COL.; 91'; ITALIA, 1962.

SETTE FOLGORI DI ASSUR, LE ★★
Regia di SILVIO AMADIO. Con HOWARD DUFF, ARNOLDO FOÀ, JACKIE LANE, LUCIANO MARIN, GIANCARLO SBRAGIA. ■ Avventura di guerra e amore per due re innamorati della stessa donna. Uno di essi viene ucciso da un sicario dell'uomo che credeva alleato, l'altro perisce con la fanciulla per la collera degli dèi. ■ AVVENTURA; COL.; 90'; ITALIA, 1962.

SETTE FRATELLI CERVI, I ★★★
Regia di GIANNI PUCCINI. Con DON BACKY, RICCARDO CUCCIOLLA, LISA GASTONI, CARLA GRAVINA, OLEG JAKOV, SERGE REGGIANI, GIAN MARIA VOLONTÉ. ■ È la storia vera dei sette fratelli Cervi, eroi della resistenza, fucilati dai tedeschi nel dicembre del 1943 dopo una fervida attività antifascista. ■ DRAMMATICO; COL.; 105'; ITALIA, 1968.

SETTE GIORNI ALL'ALTRO MONDO ★★
Regia di MARIO MATTOLI. Con ARMANDO FALCONI, LEDA GLORIA. ■ Un industriale annuncia in famiglia che farà un viaggio in Norvegia per passare in realtà qualche giorno con una vecchia amica. Ma la donna si è sposata e l'industriale deve fingersi malato per non destare i sospetti del marito. Inoltre, in casa lo credono morto nel deragliamento del treno che avrebbe dovuto portarlo in Norvegia. Lieto fine. ■ COMMEDIA; B/N; 90'; ITALIA, 1936.

SETTE GIORNI A MAGGIO *(Seven Days in May)* ★★★
Regia di JOHN FRANKENHEIMER. Con MARTIN BALSAM, KIRK DOUGLAS, AVA GARDNER, BURT LANCASTER, FREDRIC MARCH, EDMOND O'BRIEN. ■ In dissenso con il presidente degli Stati Uniti, il capo di Stato Maggiore ordisce un complotto per destituirlo. Un ufficiale fedele aiuta il presidente a impadronirsi delle prove che obbligheranno il generale fellone a dare le dimissioni. ■ DRAMMATICO; B/N; 118'; USA, 1964. ■ DAVID DI DONATELLO 1 PR, 1 NOM; OSCAR 2 NOM.

SETTE GIORNI DI FIFA *(The Gost and Mr. Chicken)* ★★
Regia di ALAN RAFKIN. Con DON KNOTTS, HAL SMITH, HOPE SUMMERS. ■ Un giovane giornalista assetato di gloria, Luther, rievoca una tragedia lontana avvenuta in una villa tenebrosa e, per meglio cogliere i particolari dei suoi insoluti misteri, vi passa una

notte in cui accadono cose impressionanti. Dopo una denuncia per falso del proprietario della villa, la polizia fa un sopralluogo e scopre che Luther ha detto la verità. ■ COMMEDIA; COL.; 90'; USA, 1966.

SETTE GIORNI DI TERRORE *(Sieben Tage Furcht)* ★★
Regia di ALFRED VOHRER. Con KONRAD GEORG, KARIN HUBNER, HORST TAPPERT. ■ In un collegio vengono ferocemente assassinate tre persone. Tutti coloro che vi abitano sono sospettabili. Le indagini conducono ad un vicolo cieco, ma uno dei professori scopre il colpevole. ■ POLIZIESCO; COL.; 91'; GERMANIA, 1969.

SETTE GIORNI NELLA VITA DI UN UOMO ★★★
(Tydzien z zycia mezczyzny)
Regia di JERZY STUHR. Con GOSIA DOBROWOLSKA, ALEX MOZDZYNSKI, EWA SKIBINSKA, JERZY STUHR, DANUTA SZAFLARSKA. ■ Jerzy Stuhr è un valido attore e insegnante di recitazione teatrale, già brillante regista cinematografico con *Storie d'amore*. Questo film racconta la storia di sette casi di un magistrato. Un cinema fatto a mano piacevole e di un certo valore. ■ COMMEDIA; COL.; 89'; POLONIA, 1999.

SETTE GLADIATORI, I ★★
Regia di PEDRO LAZAGA. Con RICHARD HARRISON, LIVIO LORENZON, LOREDANA NUSCIAK. ■ Dario sconfigge l'usurpatore del trono di Sparta. ■ AVVENTURA; COL.; 93'; ITALIA, 1962.

7 HYDEN PARK – LA CASA MALEDETTA ★★
Regia di ALBERTO DE MARTINO. Con CARROLL BLUMENBERG, CHRISTINA NAGY, DAVID WARBECK. ■ Violentata in giovane età da un finto prete che l'ha fatta cadere dalle scale, condannandola alla sedia a rotelle, una giovane handicappata sposa l'allenatore di un centro per paraplegici. Poco dopo le nozze, inizia a scorrere il sangue e la paralitica rivive gli incubi del passato. ■ THRILLER; COL.; 95'; ITALIA, 1985.

SETTE KILLER A CACCIA DEL PROFESSOR "Z" ★
(Sechs Pistolen jagen Professor Z – Spione Haben Hochsaison)
Regia di JULIO COLL CLARAMOUNT. Con CORNY COLLINS, LETICIA ROMAN, PETER VAN EYCK. ■ Mike e tre agenti segreti sono alla caccia della formula di un particolare tipo di acciaio ultraresistente. Lo scopritore della formula è eliminato dagli uomini di Mike, mentre questi è ucciso dagli agenti segreti. La formula cade nelle mani della polizia. ■ AVVENTURA; COL.; 91'; GERMANIA, 1966.

7 KM DA GERUSALEMME ★★★★
Regia di CLAUDIO MALAPONTI. Con LUCA WARD, ALESSANDRO ETRUSCO, ALESSANDRO HABER, ROSALINDA CELENTANO, ELEONORA BRIGLIADORI, ISA BARZIZZA, EMANUELA ROSSI, ALESSANDRA BARZAGHI, GIOVANNA NODARI. ■ Alessandro Forte, pubblicitario 43enne in profonda crisi, sta percorrendo la pista che da Gerusalemme va verso il mare. Nei pressi di Emmaus gli si fa incontro un uomo con una tunica, capelli lunghi, sandali, che gli dice di essere Gesù. Alessandro lo prende per un artista di strada, lo invita a cercarsi un altro. Ma il "Gesù" insiste, lo chiama per nome, gli dice di averlo "convocato" e mostra di sapere molte cose di lui. Alessandro, colpito, e anche impaurito gli dice: «...va bene, tagliamo corto, se sei Dio dimostramelo, fa' un miracolo, fammi vedere mia madre morta...». Cosa che accade. Da questa premessa comincia il rapporto fra i due. A 7 km da Gerusalemme, a ogni incontro, Alessandro ha le sue domande da porre e l'altro le risposte da dare. E sono le domande e risposte che miliardi di persone avrebbero voluto e vorrebbero fare e sentire. Ogni incontro finisce sempre con la stessa domanda da parte dell'umano: "Chi sei?" Il Gesù indica alcuni personaggi che l'altro ha incrociato nella sua vita, gente del tutto normale, ma rappresentativa di sentimenti e di azioni fondamentali: la generosità, la violenza, la tolleranza, le differenze. E poi i media, così devastanti. Attraverso vicende "normali" emergono dunque le grandi verità. Nel frattempo, incontro dopo incontro (ma sono reali o è un delirio dovuto allo stato psicofisico del protagonista?) i due si capiscono sempre meglio, anche i loro linguaggi si assimilano. L'umano spiega cose che l'altro ignorava. Il Gesù è sempre più umano. I due sorridono, c'è ironia, autocritica, in entrambi. L'ultimo incontro è quello delle grandi rivelazioni. Il distacco è doloroso, e commovente. Il Gesù dà tre incarichi misteriosi ad Alessandro. L'ultimo saluto è un abbraccio fisico (non si erano mai toccati). Tornato a casa Alessandro riprende la sua vita. Esegue i tre compiti. Ha nostalgia del suo amico di Gerusalemme, che però non si manifesta più. Alessandro lo cerca, lo evoca. Niente. Che fosse davvero tutto un sogno o, appunto, un delirio? Ma qualcosa accade... Tratto dal best seller di Pino Farinotti, il film è assolutamente anomalo rispetto al cinema italiano, davvero qualcosa di esportabile, per il mondo. Una grande sorpresa Ward, che regge una storia tutta sulle sue spalle. Impressionante Alessandro Etrusco, il Gesù più "Gesù" del cinema. «Sembri scappato da un dipinto del Cinquecento» gli dice Alessandro. Il film, girato in gran parte nel deserto siriano, a Palmira, ha creato un ponte fra Islam e Occidente. Il gran Muftì siriano ha dichiarato: «Noi speriamo che Gesù, da noi onorato e apprezzato come uomo e profeta, torni, dopo tanti secoli, attraverso questa storia, a portare la pace fra i nostri popoli». ■ FANTASTICO; COL.; 95'; ITALIA, 2006.

SETTE LADRI, I *(Seven Thieves)* ★★★
Regia di HENRY HATHAWAY. Con JOAN COLLINS, EDWARD G. ROBINSON, ROD STEIGER, ELI WALLACH. ■ Alcuni abili ladri capeggiati da un "professore" di una certa età tentano il colpo che dovrà sistemarli: una rapina da quattro milioni di dollari al Casinò di Montecarlo. Ci riusciranno, ma il diavolo ci metterà la coda. ■ COMMEDIA; B/N; 112'; USA, 1960. ■ OSCAR 1 NOM.

SETTE MAGNIFICHE PISTOLE ★★
Regia di ROMOLO GUERRIERI. Con POLDO BENDANDI, SEAN FLYNN, EVELYN STEWART. ■ Un giovane laureato si trasferisce in una cittadina del West dove ha ereditato una miniera d'oro. Qui incontra la violenta ostilità di un predatore messicano che ammazza tutti coloro che accettano di lavorare nella miniera. Educato all'uso delle armi da quattro esperti pistoleri, il giovane riuscirà ad avere la meglio sul perfido rivale. ■ WESTERN; COL.; 92'; ITALIA, 1966.

SETTE MAGNIFICI CORNUTI, I ★
Regia di LUIGI RUSSO. Con FEMI BENUSSI, CARLO DELLE PIANE, ORESTE LIONELLO, TIBERIO MURGIA, DIDI PEREGO. ■ Sono sette episodi imperniati sul tradimento: un uomo "vende" la moglie ma riceve un assegno falso; altri cercano piaceri diversi o la potenza sessuale; altri ancora vengono beffati dalla consorte o dall'amante occasionale. ■ COMMEDIA; COL.; 94'; ITALIA, 1974.

SETTE MAGNIFICI JERRY, I *(The Family Jewels)* ★★★
Regia di JERRY LEWIS. Con SEBASTIAN CABOT, NEIL HAMILTON, JERRY LEWIS. ■ Dina è rimasta orfana e deve scegliere un secondo padre fra i sei fratelli del genitore morto. Prima di arrivare alla decisione finale ci saranno molte complicazioni. ■ COMICO; COL.; 100'; USA, 1965.

SETTEMBRE *(September)* ★★★
Regia di WOODY ALLEN. Con DENHOLM ELLIOTT, MIA FARROW, DIANNE WIEST. ■ Un Woody Allen drammatico, alla Bergman (per questa ragione snobbato dal pubblico). Siamo in una città qualunque del Mid-West. Un gruppo di persone, dopo aver trascorso l'estate apparentemente in concordia, all'arrivo dell'autunno sfoga tutti i rancori repressi in anni e anni di armonia in fondo coatta. La madre litiga col marito, la figlia con la madre rimproverandole le sue nevrosi di bambina e di adulta. E litiga anche con la migliore amica, colpevole, secondo lei, di averle soffiato l'innamorato. Partecipa anche un anziano vicino da sempre innamorato della madre. ■ DRAMMATICO; COL.; 82'; USA, 1987.

SETTE MERAVIGLIE DEL MONDO, LE ★
(Seven Wonders of the World)
Regia di TAY GARNETT. ■ Facendo tappa in Africa, India, Palestina, Grecia e Italia, si scoprono le gloriose vestigia e i riti sacri di antiche civiltà. L'ultima tappa, in America, consiste nella perlustrazione di un floridissimo parco naturale. ■ DOCUMENTARIO; COL.; 91'; USA, 1955.

SETTE MINUTI CHE CONTANO, I ★★
(The Seven Minutes)
Regia di RUSS MEYER. Con JOHN CARRADINE, CHARLES DRAKE, WAYNE MAUNDER, MARIANNE MCANDREW. ■ Un volume ritenuto pornografico porta in tribunale il suo editore. Quando la causa sta volgendo a sfavore della pubblicazione, viene chiamata a

deporre l'autrice del libro. L'editore vince la causa. ■ DRAMMATICO; COL.; 116′; USA, 1971.

SETTE MOGLI PER UN MARITO ★★
(The Constant Husband)
Regia di SIDNEY GILLIAT. Con REX HARRISON, KAY KENDALL, MARGARET LEIGHTON. ■ Uno smemorato, curato da uno specialista, viene progressivamente a sapere che ha avuto sette mogli. Accusato di bigamia, se la cava con una lieve condanna. Uscito di prigione cerca di sfuggire alle sette mogli che lo attendono; non riesce però ad evitare la sua avvocatessa che si è innamorata di lui. ■ COMMEDIA; COL.; 88′; GRAN BRETAGNA, 1954.

SETTE MONACI D'ORO ★
Regia di BERNARDO ROSSI. Con ALBERTO BONUCCI, ALDO FABRIZI, MAGDA KONOPKA, RAIMONDO VIANELLO. ■ Raimondo nasconde in un convento un carico di sigarette. Il conte scopre anche un carico di lingotti d'oro nascosti da un bandito. Il conte fonde l'oro e ne fa una campana che regala al convento. ■ COMICO; COL.; 92′; ITALIA, 1966.

SETTE NANI ALLA RISCOSSA, I ★
Regia di PAOLO WILLIAM TAMBURELLA. Con GEORGES MARCHAL, AVE NINCHI, ROSSANA PODESTÀ. ■ Biancaneve, rapita dal principe Nero, starebbe per cedere alle sue lusinghe se non arrivassero il principe Biondello e i sette nani. ■ FANTASTICO; B/N; 91′; ITALIA, 1951.

SETTE NAVIGATORI DELLO SPAZIO, I ★
(Planeta Burg)
Regia di PAVEL KLUSHANTSEV. Con VLADIMIR TEMELIANOV, GENNADI VERNOV. ■ Durante l'esplorazione di Venere, gli equipaggi di due navi spaziali rinvengono le vestigia di una passata civiltà. Il loro ritorno sulla Terra sarà ostacolato da violenti fenomeni naturali. ■ FANTASCIENZA; COL.; 92′; URSS, 1963.

SETTE NOTE IN NERO ★★
Regia di LUCIO FULCI. Con GABRIELE FERZETTI, JENNIFER O'NEIL, MARC POREL, EVELYN STEWART, JENNY TAMBURI. ■ Usando le sue doti di parapsicologa, Virginia vede un delitto del quale sarebbe colpevole suo marito, che più tardi viene infatti arrestato. Virginia fa il possibile per scagionarlo e riesce a farlo uscire di prigione ma si accorge, a sue spese, che la visione non era retrodatata, bensì avveniristica. ■ DRAMMATICO; COL.; 90′; ITALIA, 1977.

7-9-18 DA PARIGI UN CADAVERE PER ROCKY ★★
(Des pissenlits par la racine)
Regia di GEORGES LAUTNER. Con MAURICE BIRAUD, MIREILLE DARC, LOUIS DE FUNÈS, MICHEL SERRAULT, BICE VALORI. ■ Caccia a un biglietto vincente delle corse dei cavalli. Il primo proprietario è stato fatto fuori da un rivale in amore, e chi gli aveva consigliato la puntata vuole approfittarne. Avrà però la meglio un giovane musicista, che troverà anche l'amore. ■ COMMEDIA; B/N; 90′; FRANCIA, 1964.

SETTE OPERE DI MISERICORDIA ★★★
Regia di GIANLUCA DE SERIO, MASSIMILIANO DE SERIO. Con STEFANO CASSETTI, COSMIN CORNICIUC, ROBERTO HERLITZKA, OLIMPIA MELINTE, IGNAZIO OLIVA. ■ Torino. Luminita è una giovane clandestina romena che sopravvive col borseggio, di cui deve poi dare i frutti ai suoi "padroni". La ragazza ha però un piano per sfuggire al loro controllo e ottenere dei documenti falsi. Sceglie una vittima a caso, Antonio, un uomo anziano e malato in una situazione di semidegrado, costretto periodicamente a farsi ricoverare in ospedale. È lì che la ragazza lo incontra e inizia a seguirne le mosse. È un cinema fatto di gesti e di sguardi, con un suo rigore stilistico. ■ DRAMMATICO; COL.; 103′; ITALIA, ROMANIA, 2011.

SETTE ORCHIDEE MACCHIATE DI ROSSO ★★
Regia di UMBERTO LENZI. Con PIER PAOLO CAPPONI, ROSSELLA FALK, CLAUDIO GORA, MARINA MALFATTI, MARISA MELL, ANTONIO SABÀTO. ■ Un assassino uccide giovani donne che hanno tutte in passato soggiornato in una stessa pensione di una città turistica. Naturalmente il finale nasconde una sorpresa. ■ GIALLO; COL.; 93′; ITALIA, 1972.

SETTE ORE DI FUOCO ★★
Regia di JOAQUÍN LUIS ROMERO MARCHENT. Con ADRIAN HOVEN, CLYDE ROGERS. ■ Un gruppo di contrabbandieri rifornisce gli indiani di armi. Buffalo Bill stronca il traffico e manda in galera i colpevoli. ■ WESTERN; COL. 94′; ITALIA, 1964.

SETTE ORE DI GUAI ★★
Regia di VITTORIO METZ, MARCELLO MARCHESI. Con ISA BARZIZZA, CARLO CAMPANINI, TOTÒ. ■ Totò De Pasquale cerca suo figlio neonato che è misteriosamente scomparso e intanto se ne fa prestare uno per non spaventare la madre. Alla fine il bambino viene trovato, ma il povero Totò subisce vessazioni a non finire. ■ COMMEDIA; B/N; 85′; ITALIA, 1951.

SETTE ORE DI VIOLENZA PER UNA SOLUZIONE IMPREVISTA ★★
Regia di MICHELE MASSIMO TARANTINI. Con ERNESTO COLLI, ROSEMARIE DEXTER, GEORGE HILTON, GIANNI MUSY, CLAUDIO NICASTRO. ■ Per recuperare dei negativi compromettenti, Anderson accetta un ricatto. Ugualmente inseguito da tre malviventi al soldo del ricattatore, decide di scoprire la verità. Anderson farà fuori i cattivi. ■ GIALLO; COL.; 95′; ITALIA, 1973.

SETTE PASSI VERSO SATANA ★★
(Seven Footprints to Satan)
Regia di BENJAMIN CHRISTENSEN. Con CREIGHTON HALL, THELMA TODD. ■ Uno dei primi tentativi parlati di fare un film dell'orrore. Il regista era stato un buon mestierante durante il "muto". ■ HORROR; B/N; 91′; USA, 1929.

SETTE PECCATI, I ★★
Regia di LÁSZLÓ KISH. Con CESCO BASEGGIO, ANNA CAPODAGLIO, MAURIZIO D'ANCORA, MARIA DENIS, MASSIMO SERATO. ■ Alcune disperate lettere d'amore sono volutamente abbandonate in un parco da un giovane solitario affinché una donna possa ritrovarle ed offrirgli il suo amore. Vi riuscirà dopo non pochi malintesi. ■ COMMEDIA; B/N; 90′; ITALIA, 1942.

SETTE PECCATI CAPITALI, I ★★★
(Les sept pechés capitaux)
Regia di YVES ALLÉGRET, CLAUDE AUTANT-LARA, EDUARDO DE FILIPPO, JEAN DRÉVILLE, GEORGES LACOMBE, CARLO RIM, ROBERTO ROSSELLINI. Con EDUARDO DE FILIPPO, MICHÈLE MORGAN, NOËL-NOËL, GÉRARD PHILIPE, VIVIANE ROMANCE, HENRI VIDAL. ■ Parata di grandi attori e di ottimi registi per una serie di sette episodi ispirati ai vizi dell'umanità. ■ FILM A EPISODI; B/N; 120′; FRANCIA, ITALIA, 1952.

SETTE PECCATI CAPITALI, I ★★★
(Les sept péchés capitaux)
Regia di CLAUDE CHABROL, PHILIPPE DE BROCA, JACQUES DEMY, SYLVAIN DHOMME, JEAN-LUC GODARD, EDOUARD MOLINARO, ROGER VADIM. Con CLAUDE BRASSEUR, JEAN-CLAUDE BRIALY, JEAN-PIERRE CASSEL, EDDIE CONSTANTINE, MARIE JOSÉ NAT, JEAN-LOUIS TRINTIGNANT, MARINA VLADY, GEORGES WILSON. ■ Sette episodi per sette peccati capitali per sette grandi registi. ■ FILM A EPISODI; B/N; 110′; FRANCIA, 1962.

SETTE PECCATI DI PAPÀ, I *(J'avais sept filles)* ★★
Regia di JEAN BOYER. Con MAURICE CHEVALIER, MARIA FRAU, DELIA SCALA, PAOLO STOPPA. ■ Un maturo e galante dongiovanni accoglie nella sua casa, una dopo l'altra, delle giovani ragazze, che, allo scopo di essere aiutate nella loro carriera di attrici, vogliono ingannarlo affermando di essere sue figlie nate da passeggere relazioni. L'improvvisa comparsa dell'unico vero figlio del gentiluomo è decisiva per la più fascinosa delle aspiranti, che è prontamente condotta all'altare. ■ COMMEDIA; COL.; 98′; FRANCIA, 1954.

SETTE PER L'INFINITO CONTRO I MOSTRI SPAZIALI *(Horror of the Blood Monsters)* ★
Regia di AL ADAMSON. Con JOHN CARRADINE, ROBERT DIX, VIKI VOLANTE. ■ Una squadra di astronauti riceve l'incarico di raggiungere il pianeta Astrogues per accertare le condizioni di vita. Superate le immancabili difficoltà dovute a mostri e ad abitatori primitivi, gli eroi tornano alla base. ■ FANTASCIENZA; COL.; 92′; USA, 1979.

SETTE PISTOLE PER EL GRINGO ★★
Regia di IGNACIO F. IQUINO. Con DAN HARRISON, GÉRARD LANDRY, FERNANDO RUBIO. ■ I misfatti di una banda di rapinatori

sono pagati da alcuni innocenti. Il figlio di uno di questi farà tremenda vendetta. ■ WESTERN; COL.; 93'; ITALIA, 1966.

SETTE PISTOLE PER I MCGREGOR ★★
Regia di FRANCO GIRALDI. Con AGATHA FLORY, FERNANDO SANCHO, ROBERT WOOD. ■ Affiliatosi alla banda di Santillana per meglio combatterne gli odiosi soprusi, Gregor, il maggiore dei sette fratelli McGregor, riesce a mandare a monte alcuni criminosi progetti finché non desta i sospetti del capobanda. Sta per morire sottoposto a crudeli torture quando arrivano a salvarlo gli altri fratelli. ■ WESTERN; COL.; 97'; ITALIA, 1966.

SETTE PISTOLE PER UN MASSACRO ★★
Regia di MARIO CAIANO. Con EDUARDO FAJARDO, CRAIG HILL, PIERO LULLI, GIULIA RUBINI. ■ Willy, scontata una pena di dieci anni per un delitto che non ha commesso, ha l'occasione di riabilitarsi quando un gruppo di delinquenti giunge in città per compiere una rapina. Con l'aiuto della sua ragazza si allea allo sceriffo di un paese vicino e sconfigge così i malviventi. ■ WESTERN; COL.; 95'; ITALIA, 1967.

SETTE PROBABILITÀ, LE *(Seven Chances)* ★★★
Regia di BUSTER KEATON. Con ROY BARNES, RUTH DWYER, SNITZ EDWARDS, BUSTER KEATON. ■ Jimmie è socio di un'agenzia di Borsa e ha fatto un'errata operazione finanziaria. Per non dichiarare il fallimento o finire in carcere è necessario trovare una forte somma. Jimmie scopre da un notaio che suo nonno gli lascia un'eredità. È necessario però che si sposi entro le sette di sera nel giorno del suo ventisettesimo compleanno. La caccia alla moglie ha inizio. Spassoso e abilmente orchestrato, è un altro dei bei film di Keaton che sono poi stati saccheggiati da tutti i comici del sonoro. ■ COMMEDIA; COL.; 60'; USA, 1925.

SETTE PSICOPATICI *(Seven Psychopaths)* ★★
Regia di MARTIN MCDONAGH. Con COLIN FARRELL, WOODY HARRELSON, SAM ROCKWELL, TOM WAITS, CHRISTOPHER WALKEN. ■ Marty è uno sceneggiatore alcolizzato che fatica a lavorare al suo nuovo progetto, un film intitolato "Sette Psicopatici". Il suo migliore amico Billy, attore senza troppa fortuna, dedito al rapimento di cani per scopi di lucro, gli consiglia di farsi ispirare dalla cronaca e in particolare dal killer di serial killer ora su tutti i giornali. Il socio di Billy nella tratta canina, invece, è Hans, marito devoto, credente fervente. Infine c'è Charlie, boss mafioso e proprietario di un cane che finisce nelle mani sbagliate. Entrato in questo giro, Marty non può più lamentare l'assenza di un'ispirazione. ■ COMMEDIA; COL.; 109'; USA, 2012.

SETTE RAGAZZE INNAMORATE ★★
(Seven Sweethearts)
Regia di FRANK BORZAGE. Con KATHRYN GRAYSON, VAN HEFLIN, MARSHA A. HUNT. ■ Bel musical con molte canzoni cantate da Kathryn Grayson. Un festival e sette matrimoni fra i partecipanti sono la storia-pretesto per le esibizioni musicali. ■ COMMEDIA; B/N; 98'; USA, 1942.

SETTE RIBELLI, I *(Seven Angry Men)* ★★
Regia di CHARLES MARQUIS WARREN. Con RAYMOND MASSEY, DEBRA PAGET. ■ John Brown, il famoso iniziatore del movimento antischiavista prima di Lincoln, preferisce essere impiccato che fuggire, pur di aiutare la causa dei neri. ■ DRAMMATICO; B/N; 90'; USA, 1954.

SETTE SAMURAI, I *(Shichi-nin no samurai)* ★★★★★
Regia di AKIRA KUROSAWA. Con KUNINORI KODO, TOSHIRO MIFUNE, SHIMURA TAKASHI. ■ Quando nel 1954 questo film arrivò in Occidente, il terreno era già predisposto. Quattro anni prima Kurosawa, regista massimo, aveva portato a Venezia il suo *Rashômon*, e aveva sconvolto il cinema. Ci accorgemmo che un cinema lontanissimo per cultura e geografia poteva contenere pronunciamenti morali e stilistici molto alti, con tanto di simboli, che sono indispensabili se si cerca la considerazione della critica. *Rashômon* era un grande film, affascinante, complicato e un po' contorto. *I sette samurai* era grande e bello, importante, rapido e divertente. Nel Giappone del Cinquecento una banda deruba e uccide i contadini di un villaggio nella stagione del raccolto. Per una volta i contadini decidono di organizzarsi e difendersi. Assumono un samurai e lo incaricano di trovarne altri. In cambio daranno una ciotola di riso, tutti i giorni. Il capo trova altri cinque samurai e un perdigiorno millantatore (Mifune) che comunque si riscatta alla fine. I samurai preparano la strategia, il più giovane s innamora di una contadina, altri familiarizzano con quella povera gente, scoprendo valori sconosciuti. Alla fine lo scontro è durissimo. Molti muoiono. I banditi sono sconfitti. Sopravvivono tre samurai. Prima di andarsene il capo dice: «Non abbiamo vinto noi, ma i contadini». Kurosawa non voleva limitarsi a una storia medievale, ma rappresentare certe realtà del Giappone del dopoguerra. Oltre tutte le vicende storiche, anche se drammatiche e sconvolgenti, rimanevano alcune certezze come, appunto, i contadini, immutabili nel tempo, nei loro valori di continuità. Kurosawa assumeva uno straordinario significato oltre il cinema, diventava un importante ambasciatore del suo paese e un potente sponsor (a volte involontario) di una serie di autori giapponesi che, nel segno dei suoi capolavori, sono stati spesso sopravvalutati. *I sette samurai* è un film di culto, ricordato e amato (e adottato) come i grandi film americani. Notissimo è il suo *remake*, *I magnifici sette*. ■ DRAMMATICO; B/N; 95'; GIAPPONE, 1954. ■ OSCAR 2 NOM; VENEZIA 1 PR.

SETTE SCHIAFFI *(Sieben Ohrfeigen)* ★
Regia di PAUL MARTIN. Con ALFRED ABEL, WILLY FRITSCH, LILIAN HARVEY. ■ Un uomo vuole punire un ricco magnate per il cinismo con cui costui ha speculato in Borsa a danno di decine di piccoli risparmiatori e si ripromette pubblicamente di schiaffeggiare sette volte il finanziere: prima del settimo ceffone ne sposerà la figlia. ■ COMMEDIA; B/N; 92'; GERMANIA, 1937.

SETTE SCIALLI DI SETA GIALLA ★★
Regia di SERGIO PASTORE. Con RENATO DE CARMINE, ANNABELLA INCONTRERA, SYLVA KOSCINA, GIACOMO ROSSI STUART, ANTHONY STEFFEN. ■ Delitti misteriosi in un atelier. Un pianista cieco, dapprima sorvegliato dalla polizia, riuscirà a scoprire l'insospettabile assassino. ■ HORROR; COL.; 93'; ITALIA, 1972.

SETTE SECONDI PIÙ TARDI *(Timeslip)* ★★
Regia di KEN HUGHES. Con FAITH DOMERGUE, GENE NELSON. ■ Un uomo è ripescato nel Tamigi gravemente ferito e un giornalista, Delaney, ha seri motivi di pensare che si tratti di un noto studioso di fisica atomica. Nonostante la versione degli inquirenti contraddica i suoi sospetti, Delaney continua nella sua ricerca e scopre che dietro al ferimento dello scienziato c'è una potente organizzazione internazionale che mira al monopolio dell'uranio. ■ POLIZIESCO; B/N; 93'; GRAN BRETAGNA, 1955.

SETTE SENZA GLORIA, I *(Play Dirty)* ★★★
Regia di ANDRÉ DE TOTH. Con HARRY ANDREWS, MICHAEL CAINE, NIGEL DAVENPORT, NIGEL GREEN. ■ Un munitissimo deposito di carburante è l'obiettivo di una pericolosa missione in cui sono impegnati sette criminali appositamente assoldati. La pattuglia raggiunge il deposito e lo incendia, nonostante sia giunto all'ultimo un contrordine. Varie complicazioni. Alla fine i sette muoiono tutti, uno per uno. ■ GUERRA; COL.; 117'; GRAN BRETAGNA, 1968.

SETTE SETTIMANE DI GUAI ★★
(Johnny doesn't Live Here Anymore)
Regia di JOE MAY. Con ROBERT MITCHUM, SIMONE SIMON. ■ Molti militari hanno le chiavi dell'appartamento di Johnny che, dimentico della faccenda, ne ha affidato la custodia a un'innocente ragazza. Questa per parte sua non si scoraggia e gestisce con disinvoltura il suo rapporto con i militari. Denunciata da una vicina, viene assolta al processo. ■ COMMEDIA; B/N; 77'; USA, 1944.

SETTE SFIDE, LE ★★
Regia di PRIMO ZEGLIO. Con BELLA CORTEZ, ED FURY, ROLDANO LUPI, ELAINE STEWART. ■ In una Russia medievale di fantasia, Ivan, sconfitto a tradimento al settimo duello dopo avere dominato i primi sei, si ritira in un nascondiglio dove medita la sua vendetta. Il desiderio di rivincita contro il turpe Amok si inasprisce perché questi ha soppresso la sua fida schiava Tamara: nel duello che segue ambedue i rivali muoiono. ■ AVVENTURA; COL.; 91'; ITALIA, 1961.

SETTE SPADE DEL VENDICATORE, LE ★★
Regia di RICCARDO FREDA. Con GIULIO BOSETTI, BRETT HAL-

SEY, MARIO SCACCIA. ■ Una congiura contro il re di Spagna, di cui è protagonista il perfido duca di Saavedra, è sventata da Carlos, conte di Bazan, sfuggito miracolosamente ad una esecuzione capitale. Il conte può così sposare la coraggiosa Isabella. ■ AVVENTURA; COL.; 94′; ITALIA, 1962.

SETTE SPADE DI VIOLENZA *(Redress)* ★
Regia di CHIAO CHUANG. Con SU TAN WANG, SZE CHENG. ■ Chen He, ingiustamente incolpato del sanguinoso assalto ad una carovana durante il quale è stato trafugato il tesoro imperiale, riesce a trovare il vero colpevole. ■ AVVENTURA; COL.; 92′; HONG KONG, 1973.

SETTE SPORCHE CAROGNE *(Wilcze echa)* ★★
Regia di ALEKSANDER SCIBOR-RYLSKI. Con IRENA KAREL, BRUNO O'YA, MICHAEL STOOR. ■ Sfuggito ad un mortale tranello, Slot si ritrova senza saperlo nel covo di una banda che ha rubato un favoloso bottino e dalla quale è fatto prigioniero. Liberatosi a stento e rifugiatosi sulle colline, cattura infine i malviventi grazie anche all'aiuto della giovane Tecla. ■ WESTERN; COL.; POLONIA, 1968.

SETTE SPOSE PER SETTE FRATELLI ★★★★★
(Seven Brides for Seven Brothers)
Regia di STANLEY DONEN. Con HOWARD KEEL, JANE POWELL, JEFF RICHARDS. ■ Oregon 1850. Adamo Pontifiel arriva in città per vendere pelli ma soprattutto per trovare moglie. Vive in una baracca sui monti con sei fratelli. Scocca il colpo di fulmine fra Adamo e Millie. Si sposano. Arrivati alla fattoria la donna ha la sgradita sorpresa: in sostanza dovrà fare la serva a tutti. Dopo una certa fatica iniziale le cose vanno quasi a posto. C'è una complicazione, anche gli altri fratelli vogliono prendere moglie, così organizzano un rapimento, proprio come fecero i Romani con le Sabine. Una valanga impedisce ai parenti di raggiungere le rapite, così passa l'inverno. Quando padri, fratelli e ex fidanzati le raggiungono a primavera, le ragazze ormai sono a loro volta innamorate. Non resta che un matrimonio generale. Una trama tutto sommato divertente per uno dei più irresistibili musical del cinema. Decisamente innovativo rispetto alla tradizione. Finiva il tip tap a favore della nuova danza acrobatica, per la coreografia del giovanissimo Michael Kidd (Oscar). Inoltre, per la prima volta un film musicale non era costruito per un grande ballerino alla Astaire o Kelly. Ci sono otto canzoni (composte da Johnny Mercer) e otto balletti indimenticabili. Soprattutto quello centrale della festa, che comincia con una leggiadra danza western per poi finire in una vera sfida di acrobazia e di muscoli, coi ballerini Russ Tamblyn e Tommy Rall in grande rilievo quando sfidano i rivali su una strettissima asse di legno. Ancora una volta la MGM prendeva molto sul serio il genere musicale, sacro per gli americani, e cercava di voltar pagina, dopo gli straordinari risultati di film come *Cantando sotto la pioggia* e *Un americano a Parigi*, opere ormai perfette. Ma *Sette spose* non reinventò il genere, rimase una strepitosa opera unica, anche se per qualche tempo ebbe dei tentativi di imitazione. Ancora oggi il film continua a essere un irripetibile spettacolo. ■ COMM. MUSICALE; COL.; 103′; USA, 1954. ■ OSCAR 1 PR, 5 NOM.

SETTE STRADE AL TRAMONTO ★★★
(Seven Ways from Sundown)
Regia di HARRY KELLER. Con JOHN MCINTIRE, AUDIE MURPHY, VENETIA STEVENSON, BARRY SULLIVAN. ■ Legatosi di sincera amicizia ad un pericoloso bandito catturato durante una missione, Seven Jones non può però evitare di consegnarlo alle autorità. Il malvivente tenta di evadere, ma Seven di nuovo non esita a compiere il proprio dovere e lo colpisce uccidendolo. ■ WESTERN; COL.; 87′; USA, 1960.

SETTE UOMINI D'ORO ★★★
Regia di MARCO VICARIO. Con GIAMPIERO ALBERTINI, ALBERTO BONUCCI, PHILIPPE LEROY, RENZO PALMER, ROSSANA PODESTÀ. ■ Una meticolosa e geniale rapina viene commessa ai danni di una banca svizzera da un gruppo di abilissimi malviventi. Riusciti a trafugare un forte quantitativo di lingotti e a portarlo a Napoli, i rapinatori vedranno sfumare sotto i propri occhi, per un banale incidente, il faticato frutto dell'impresa. ■ COMMEDIA; COL.; 90′; ITALIA, 1965.

SETTE UOMINI E UN CERVELLO ★★
Regia di EDWARD ROSS. Con ROSSANO BRAZZI, LANDO BUZZANCA, HÉLÈNE CHANEL, ANN MARGRET, BARBARA NICHOLS. ■ Un illustre professore universitario organizza una rapina a Buenos Aires da compiere in occasione di una prima teatrale. Addormentati tutti i presenti ed anche i suoi complici, si impossessa dei gioielli e li fa ingoiare ad uno stormo di uccelli che devono trasportarli in Svizzera. ■ COMMEDIA; COL.; 106′; ITALIA, 1968.

SETTE UOMINI... UNA DONNA ★★
(Sept hommes... une femme)
Regia di YVES MIRANDE. Con ROGER DUCHESNE, FERNAND GRAVEY, VÉRA KORÈNE. ■ Una vedova, venuta a conoscenza dei tradimenti del defunto marito, vuole risposarsi; l'eletto deve essere scelto tra sette pretendenti. Ma dimostratisi tutti poco degni dell'amore della donna, questa opta per un giovane amico d'infanzia. ■ COMMEDIA; B/N; 100′; FRANCIA, 1936.

SETTE VIPERE – IL MARITO LATINO, LE ★★
Regia di RENATO POLSELLI. Con ALBERTO BONUCCI, VALERIA FABRIZI, FRANCO FRANCHI, LISA GASTONI, CICCIO INGRASSIA, GLORIA PAUL, SOLVI STUBING, AROLDO TIERI. ■ Siamo in Argentina. Una perfida donna costringe il marito a lasciare il paese e tornare in Italia, e tiene con sé casa, beni e figli. Rapiti questi ultimi prima della partenza, l'uomo è raggiunto in Italia dalla moglie che gli intenta una causa. Sarà lui ad avere partita vinta. ■ COMMEDIA; B/N; 94′; ITALIA, 1965.

SETTE VOLONTARI DEL TEXAS *(Journey to Shiloh)* ★★★
Regia di WILLIAM HALE. Con JAMES CAAN, MICHAEL SARAZIN, BRENDA SCOTT. ■ Sette giovani aspiranti eroi si aggiungono alle truppe sudiste durante la guerra di Secessione, ma la fortuna non li assiste: uno dopo l'altro soccombono agli assalti dei nordisti scatenati. Solo Buck si sottrae al triste destino. ■ WESTERN; COL.; 101′; USA, 1968.

SETTE VOLTE AL GIORNO *(Seven Times a Day)* ★
Regia di DENIS HÉROUX. Con JEAN COUTU, DALIA FRIEDLAND, ROSANNA SCHIAFFINO. ■ Gli piacciono troppo le donne e si fa psicanalizzare. Allora diventa impotente. Una ragazza lo guarirà sposandolo. ■ COMMEDIA; COL.; 91′; CANADA, 1971.

SETTE VOLTE DONNA *(Woman Times Seven)* ★★
Regia di VITTORIO DE SICA. Con LEX BARKER, ROSSANO BRAZZI, MICHAEL CAINE, ANITA EKBERG, VITTORIO GASSMAN, SHIRLEY MACLAINE, ELSA MARTINELLI, PETER SELLERS. ■ Gli episodi hanno per titolo sette nomi di donna. Ognuna di esse è protagonista di interessanti vicende sentimentali. ■ FILM A EPISODI; COL.; 99′; USA, 1967.

SETTE VOLTE SETTE ★★
Regia di MICHELE LUPO. Con ERIKA BLANC, ADOLFO CELI, TURI FERRO, GASTONE MOSCHIN, LIONEL STANDER, RAIMONDO VIANELLO. ■ Sei detenuti mettono in atto un ardimentoso progetto: evadono allo scopo di rubare alla Zecca un rullo di carta filigranata e stampare banconote per due milioni di sterline. Riusciti nell'impresa, fanno ritorno nel carcere, contando di recuperare il bottino scontata la pena. Ma un cattivo inchiostro rende vana la loro impresa. ■ COMMEDIA; COL.; 92′; ITALIA, 1968.

SETTE WINCHESTER PER UN MASSACRO ★★
Regia di ENZO GIROLAMI CASTELLARI. Con EDD BYRNES, THOMAS MOORE, ATTILIO SEVERINI. ■ Un colonnello sudista, che cerca un bottino sepolto dal suo generale sconfitto, è avvicinato da Stewart che afferma di essere in grado di dare utili informazioni al riguardo. Ma d'un tratto l'uomo si presenta come un feroce cacciatore di taglie. ■ WESTERN; COL.; 95′; ITALIA, 1967.

SETTIMA ALBA, LA *(The Seventh Dawn)* ★★★
Regia di LEWIS GILBERT. Con CAPUCINE, WILLIAM HOLDEN, SUSANNAH YORK. ■ Un gruppo di ex combattenti americani si ritrova dopo molti anni in Malesia, ma ormai sentono di non essere più amici come un tempo. Una serie di equivoci scatenerà una tragedia. ■ DRAMMATICO; COL.; 123′; GRAN BRETAGNA, 1964.

SETTIMA COMPAGNIA HA PERSO LA GUERRA, LA ★★
(Opération "Lady Marlène")
Regia di ROBERT LAMOUREUX. Con EDDI ARENT, EVA ASTOR, ANDRÉ BADIN, JACQUES BALUSTIN, MICHEL SERRAULT. ■ Se-

conda guerra mondiale: due superstiti della settima compagnia francese si arrangiano come possono a sabotare le iniziative dei tedeschi, che hanno occupato Parigi, e a derubare i borsari neri. La loro migliore impresa, però, è il furto di alcuni documenti segreti. ■ COMMEDIA; COL.; 85′; FRANCIA, GERMANIA, 1975.

SETTIMA CROCE, LA *(The Seventh Cross)* ★★★
Regia di FRED ZINNEMANN. Con HUME CRONYN, SIGNE HASSO, AGNES MOOREHEAD, SPENCER TRACY. ■ Un evaso da un campo di concentramento nazista, scampato miracolosamente alla cattura, si sente ormai privo di volontà. Ma, aiutato da un giovane operaio, si rimette in contatto con i capi della resistenza e ritrova la voglia di combattere. ■ DRAMMATICO; B/N; 110′; USA, 1944. ■ OSCAR 1 NOM.

SETTIMA DONNA, LA ★★
Regia di FRANCO PROSPERI. Con FLAVIO ANDREINI, FLORINDA BOLKAN, RAY LOVELOCK. ■ Tre ladri si rifugiano in una villetta dove si trovano sette donne. Ne ammazzano due più un postino, al quale era stato dato un biglietto affinché avvertisse la polizia. Stanca di tante sevizie una suora, che è stata violentata, ammazza due dei malviventi. ■ GIALLO; COL.; 93′; ITALIA, 1978.

SETTIMANA AL MARE, LA ★★
Regia di MARIANO LAURENTI. Con ENZO CANNAVALE, FRANCESCA ROMANA COLUZZI, ANNA MARIA RIZZOLI. ■ Un giovane, a causa di una madre troppo possessiva, rischia di diventare un po' troppo inibito. Almeno così la pensa il padre, che un'estate se lo porta al mare, per creargli occasioni di esperienze sessuali. In realtà il giovanotto, sotto le spoglie dell'imbranato, è un marpione di prima forza e lo dimostrerà conquistando la bella del posto. ■ COMICO; COL.; 87′; ITALIA, 1981.

SETTIMANA BIANCA, LA ★★
Regia di MARIANO LAURENTI. Con ENZO CANNAVALE, GIANFRANCO D'ANGELO, ANNA MARIA RIZZOLI. ■ Gli impiegati di una ditta romana partono tutti per una settimana bianca in montagna, che tutti cercano di impiegare, più che con gli sport invernali, corteggiando le belle villeggianti (ovviamente nei sette giorni bianchi andranno tutti in bianco). ■ COMMEDIA; COL.; 90′; ITALIA, 1981.

SETTIMANA BLU, LA *(Sininen viikko)* ★★★
Regia di MATTI KASSILA. Con PAAVO HUKKINEN, LEO JOKELA, KAUKO LAURIKAINEN, TOIVO MÄKELÄ, MATTI ORAVISTO, GUNVOR SANDKVIST. ■ Durante un weekend su un'isola tradizionalmente frequentata d'estate dagli abitanti della città, il perdigiorno Usko fa la conoscenza di Siiri, ragazza sposata con Bertel, un uomo molto più anziano di lei. Ma quando il marito e tutte le altre persone rientrano, Siiri decide di trascorrere l'intera nuova settimana in quel posto di vacanza. E così fa Usko, a sua insaputa. ■ DRAMMATICO; COL.; 70′; FINLANDIA, 1954.

SETTIMANA DA DIO, UNA *(Bruce Almighty)* ★★★
Regia di TOM SHADYAC. Con JENNIFER ANISTON, PHILIP BAKER HALL, JIM CARREY, MORGAN FREEMAN. ■ Bruce Nolan è un popolare reporter televisivo di Buffalo e vive una bella storia d'amore con la fidanzata. Eppure si sente infelice. Alla fine della peggiore giornata della sua vita, Bruce si sfoga scagliando la propria ira contro Dio. Il quale, però, decide di comparirgli in forma umana e reagire alle sue accuse sfidandolo: se Bruce è scontento di Dio allora proverà per una settimana cosa significa vivere e "lavorare" nei panni dell'Onnipotente. Tom Shadyac aveva già diretto Jim Carrey in *Ace Ventura l'acchiappanimali*, un classico dell'umorismo demenziale alla "fratelli Farrell". Poi Jim Carrey aveva abbandonato la maschera di gomma, per interpretare *The Truman Show*, affrancandosi dalla schiavitù del far ridere. La schizofrenica carriera di Carrey sembra risanarsi proprio in questo film dove l'attore coniuga la mimica esasperata del suo personaggio e le sue doti, innegabili, di attore brillante. Shadyac, regista, attore e produttore con un passato di *ghost writer* per Bob Hope, tiene il ritmo dell'irrefrenabile Jim in un film che non ha la pretesa di essere un capolavoro, ma che come commedia funziona con la precisione di un orologio svizzero. ■ COMMEDIA; COL.; 102′; 2003.

SETTIMANA DELLA SFINGE, LA ★★
Regia di DANIELE LUCHETTI. Con MARGHERITA BUY, PAOLO HENDEL, SILVIO ORLANDO. ■ Secondo lungometraggio per Luchetti dopo l'esordio di *Domani accadrà*. C'è un'atmosfera, in alcuni momenti, tra il cinema di Moretti e quello di Fellini, ma nell'insieme il confronto non può reggere. La migliore in campo è senz'altro la bravissima Margherita Buy, mentre la comicità di Hendel, che regge in televisione, al cinema è di fiato corto. Gloria è una cameriera con la testa fra le nuvole e Eolo fa l'antennista. La ragazza s'innamora di lui. Alla fine, i giochi sentimentali si complicano. Un'ultima cosa: il personaggio di Gloria ricorda vagamente quelli di Giulietta Masina nei film di Fellini. ■ COMMEDIA; COL.; 104′; ITALIA, 1990.

SETTIMANA DI VACANZE, UNA ★★★
(Une semaine de vacances)
Regia di BERTRAND TAVERNIER. Con NATHALIE BAYE, MICHEL GALABRU, GÉRARD LANVIN. ■ Una giovane insegnante, su consiglio del proprio medico, si prende un breve periodo di vacanza. Vuole riordinare le idee perché ha una crisi esistenziale e si sente in colpa per il cattivo rendimento a scuola. Approfitta per andare a trovare i genitori che hanno bisogno del suo aiuto finanziario. Frequenta anche il padre di un suo allievo con il quale conversa per ore. Un film poco conosciuto di Tavernier nel quale si nota ancora una volta la bravura del regista nel toccare gli aspetti del quotidiano. In una breve parte c'è anche Philippe Noiret. ■ COMMEDIA; COL.; 98′; FRANCIA, 1980.

SETTIMA ONDA, LA *(Abandon Ship)* ★★
Regia di RICHARD SALE. Con STEPHEN BOYD, MOIRA LISTER, LLOYD NOLAN, TYRONE POWER, MAI ZETTERLING. ■ Un transatlantico di lusso è affondato e il capitano comanda l'unica scialuppa di salvataggio. Per portare in salvo i pochi superstiti, l'uomo decide di eliminare tutti coloro che, per età o malanni, possano essere di ostacolo nel raggiungere la costa. Quando anche il capitano sta per essere eliminato una nave avvista la scialuppa e salva nove superstiti. ■ DRAMMATICO; B/N; 100′; USA, 1957.

SETTIMA PAGINA – ULTIMISSIME DELLA NOTTE ★★
(Septima pagina)
Regia di LADISLAO VAJDA. Con CARLOTA BILBAO, RAUL CANCIO, ADRIANO DOMINGUEZ, ANGEL GAMON. ■ Trama ambiziosa: ritrovare i nessi che uniscono notizie di cronaca apparentemente slegate fra loro. ■ DRAMMATICO; B/N; 94′; SPAGNA, 1950.

SETTIMA PROFEZIA, LA *(The Seventh Sign)* ★★
Regia di CARL SCHULTZ. Con MICHAEL BIEHN, DEMI MOORE. ■ Una giovane donna sta portando a termine la sua gravidanza quando si rende conto, in seguito a una serie di fatti inspiegabili ma inconfutabili, che dovrà sostenere una parte terribile in un futuro molto vicino, dopo che la Terra sarà stata sconvolta da un olocausto che segnerà la sua distruzione. ■ HORROR; COL.; 95′; USA, 1988.

SETTIMA STANZA, LA ★★★
Regia di MÁRTA MÉSZÁROS. Con ADRIANA ASTI, ELIDE MELLI, MAIA MORGENSTERN, JAN NOWICKI. ■ Storia di Edith Stein, nata ebrea, convertita al cattolicesimo, divenuta suora carmelitana, morta in una camera a gas nazista nel 1942. Santificata nel 1987. Una biografia pulita e ardente, diretta nei toni giusti, senza cadere nelle trappole che una storia così intensa poteva tendere. ■ BIOGRAFICO; COL.; 110′; FRANCIA, ITALIA, POLONIA, UNGHERIA, 1995.

SETTIMA VITTIMA, LA *(The Seventh Victim)* ★★★
Regia di MARK ROBSON. Con JEAN BROOKS, TOM CONWAY, KIM HUNTER. ■ Un raffinato *mystery* prodotto da Val Lewton, l'artefice degli horror più belli degli anni Quaranta (il primo fu *Il bacio della pantera*). Una ragazza di provincia arriva a New York e capita nel mezzo di un sofisticato gruppo di persone che praticano la magia nera. Il gruppo è responsabile della sparizione della sorella della fanciulla. ■ GIALLO; B/N; 71′; USA, 1943.

SETTIMA VITTIMA, LA *(Das Siebente Opter)* ★★
Regia di FRANZ JOSEF GOTTLIEB. Con HANSJÖRG FELMY, ANN SMYRNER, PETER VOGEL. ■ Gli eredi di un ricco signore vengono eliminati ad uno ad uno. Un investigatore privato risolverà il mistero. ■ GIALLO; B/N; 92′; GERMANIA, 1964.

ETTIMO CAVALLERIA *(7th Cavalry)* ★★
egia di Joseph H. Lewis. Con Frank Faylen, Barbara Hale, andolph Scott. ■ Il capitano Benson ritorna al forte dopo una reve licenza ed apprende che il suo 7mo Cavalleria, alla cui guia era il generale Custer, è stato massacrato dagli indiani. Accuato di viltà e posto sotto inchiesta, il capitano si riscatta riuscendo a recuperare il cadavere del generale Custer. ■ Avventura; ol.; 75′; USA, 1956.

ETTIMO CIELO *(Seventh Heaven)* ★★★
egia di Frank Borzage. Con Ben Bard, Charles Farrell, anet Gaynor. ■ Tratto da una commedia teatrale di Austin trong. Chico è un operaio parigino, ateo convinto. In guerra pere la vista ma, al suo rientro, ha ormai acquistato la fede. Vinse tre remi Oscar. ■ Drammatico; col.; 125′; USA, 1927. ■ Oscar pr, 5 nom.

ETTIMO CIELO *(Seventh Heaven)* ★★★
egia di Henry King. Con Jean Hersholt, Simone Simon, James Stewart. ■ Un giovane ospita nella sua casa una ragazza opo averla sottratta a un giro equivoco: tra i due nasce un amoe che preluderebbe al matrimonio se nel frattempo non fosse mauguratamente scoppiata la guerra. A pace conclusa i due innaorati potranno finalmente sposarsi. ■ Drammatico; b/n; 102′; USA, 1937.

ETTIMO FLAGELLO, IL *(Pan wolodyjowski)* ★★★
egia di Jerzy Hoffman. Con Irena Karel, Tadeusz Lomicki. ■ Il previsto attacco delle forze turche contro una fortezza polacca è atteso dai soldati con una certa inquietudine poiché ra essi c'è un gruppo di valorosi combattenti turchi, fedeli alla ausa della Polonia, che è malvisto dagli altri. Ma gli assalitori sanno ugualmente sconfitti. ■ Storico; col.; 92′; Polonia, 974.

ETTIMO GIURATO, IL *(Le septième juré)* ★★★
egia di Georges Lautner. Con Maurice Biraud, Bernard lier, Danièle Delorme. ■ Duval uccide durante una collutazione una prostituta. Dell'assassinio è incolpato il giovane mante di lei, che si salva solo perché Duval, che è stato scelto come giurato al processo, smonta tutti i capi d'accusa. L'uomo conessa, ma non viene creduto. Soppresso anche il giovane nel tentativo di sottrarlo al suicidio, viene dichiarato pazzo. ■ Drammatico; b/n; 96′; Francia, 1962.

ETTIMO LANCIERI CARICA, IL *(Rocky Mountain)* ★★★
Regia di William Keighley. Con Errol Flynn, Patrice Wymore. ■ La sconfitta è alle porte, ma i sudisti non si rassegnano: ur di guadagnare qualche posizione decidono di contattare un ruppo di fuorilegge. La cattura di Johanna, fidanzata di un norista, produce molte complicazioni. Infine il capitano dei sudisti iesce a liberare la donna. ■ Avventura; b/n; 83′; USA, 1950.

ETTIMO PARALLELO ★★
Regia di Elia Marcelli. ■ Documentario sulle condizioni soiali degli abitanti della zona tropicale che si estende fra Veneuela e Colombia. ■ Documentario; col.; 91′; Italia, Veneuela, 1962.

ETTIMO PECCATO, IL *(The Seventh Sin)* ★★
Regia di Ronald Neame. Con Eleanor Parker, George Sanders, Bill Travers. ■ Sconvolto dall'adulterio della moglie, un medico decide di recarsi in Cina, dove infuria un'epidemia di coera. La moglie lo segue controvoglia. Quando l'uomo, grazie al uo spirito di sacrificio e alla sua costante abnegazione nella cua dei malati, riesce a riconquistare l'affetto della moglie, è tropo tardi perché anche lui ha contratto il morbo. ■ Commedia; b/n; 94′; Gran Bretagna, USA, 1957.

ETTIMO POTERE ★★
The Resurrection of Zachary Wheeler)
Regia di Bob Wynn. Con James Daly, Angie Dickinson, Bradford Dillman, Leslie Nielsen. ■ Un giornalista cerca di intracciare un senatore, ferito durante un incidente e quindi miteriosamente scomparso. Lo ritrova, dopo lunghe ricerche e ostaoli di ogni genere, in un insolito ospedale, il cui primario e la sua ssistente fanno parte di un'organizzazione che mantiene i corpi n vita con un procedimento segreto. Il giornalista interviene e mette in forse il futuro dell'organizzazione. ■ Fantastico; col.; 100′; USA, 1971.

♥ SETTIMO SIGILLO, IL *(Det Sjunde Inseglet)* ★★★★★
Regia di Ingmar Bergman. Con Bibi Andersson, Gunnar Björnstrand, Bengt Ekerot, Nils Poppe, Max Von Sidow. ■ Il cavaliere Antonius Blok torna dalla crociata col suo scudiero. È stanco e deluso, demotivato e silenzioso. Viaggiando verso casa incontra una famiglia di saltimbanchi, madre, padre e un bambino, ingenui e puliti. Incontra un maniscalco vessato da una moglie irrequieta, incontra una donna silenziosa e sofferente. Soprattutto incontra la Morte, che vuole prenderlo. Il cavaliere le chiede tempo, dice di non essere pronto, la Morte non glielo concede, allora il cavaliere la sfida al gioco degli scacchi. Rimarrà in vita finché durerà la partita, anche se si conosce già il vincitore: la Morte appunto. Nel frattempo lo scudiero, personalità ribelle e intelligente, assiste ai riti e alle terribili superstizioni di quel momento storico (tredicesimo secolo): le donne messe al rogo perché accusate di stregoneria, le processioni di fedeli terrorizzati dal clero. Alla fine la Morte vorebbe ghermire tutti quanti, ma il cavaliere riesce a salvare la famiglia di saltimbanchi. Nell'ultima scena vediamo tutta la compagnia che cammina dietro la morte, in controluce su una collina. Un vero caposaldo di rappresentazione epica e di irrinunciabile calligrafia cinematografica. Il paesaggio, la morte, la storia, le battaglie perdute, il mito, l'esistenza di Dio, la paura che tutto finirà, la sensazione che "dopo" tutto sarà annullato. Bergman riusciva ad affrontare un tema così serio, dunque molto pericoloso, ricorrendo a qualche richiamo ironico contrapposto allo stile alto della tragedia, che bene aderisce alla storia, con tanto di ricerca linguistica che richiami la poesia solenne di quel tempo... «Il sole percorre il suo alto arco nel cielo e io, Antonius Blok, gioco a scacchi con la Morte...». Nel complesso dell'opera del regista questo film, insieme al *Posto delle fragole*, va considerato qualcosa più del cinema: un'opera d'arte del Novecento. ■ Drammatico; b/n; 95′; Svezia, 1956. ■ Cannes 1 pr.

SETTIMO VELO *(Seventh Veil)* ★★★
Regia di Compton Bennett. Con James Mason, Ann Todd. ■ Un'orfana quattordicenne è obbligata a seguire la carriera pianistica dall'autoritario tutore. La ragazza cerca di sottrarsi al tutore attraverso alcuni amorazzi. Alla fine uno psichiatra le spiega che, in realtà, è innamorata di lui. ■ Drammatico; b/n; 95′; Gran Bretagna, 1945. ■ Oscar 1 pr, 1 nom.

SETTIMO VIAGGIO DI SINBAD, IL ★★★
(The Seventh Voyage of Sinbad)
Regia di Nathan J. Juran. Con Kathryn Grant, Kerwin Mathews. ■ In viaggio per Bagdad dove l'attende la sua promessa sposa Parisa, Sinbad deve salvarsi dall'assalto dei giganteschi Ciclopi. Giunto a destinazione, trova Parisa ridotta a dimensioni microscopiche a causa di un maleficio: potrà ritornare normale ingerendo un elisir. Al termine di bizzarre peripezie, Parisa riprende il suo aspetto. ■ Fantastico; col.; 87′; USA, 1958.

SETTORE TORTURA *(House of Evil)* ★
Regia di Jack Hill, Juan Ibañez. Con Carlos East, Boris Karloff, Isela Vega. ■ Uno scienziato ha inventato terribili strumenti di tortura che vengono adoperati per gli scopi più ignobili dai suoi parenti durante una malattia del professore. ■ Horror; col.; 90′; Messico, 1968.

SE TUTTE LE DONNE DEL MONDO... – OPERAZIONE PARADISO ★★
Regia di Henry Levin. Con Michael Connors, Margaret Lee, Nicoletta Machiavelli, Marilù Tolo, Raf Vallone. ■ Il solito scienziato pazzo vuole sterilizzare tutta l'umanità. Il valoroso Kelly manda a monte il progetto. ■ Spionaggio; col.; 92′; Italia, 1966.

SE TUTTO VA BENE SIAMO ROVINATI ★★
Regia di Sergio Martino. Con Patrizia Pellegrino, Andrea Roncato, Gigi Sammarchi. ■ Due ex ospiti di un manicomio incontrano la sorella di un gangster a cui la ragazza ha soffiato il bottino di una rapina e si trovano in mezzo ad una guerra di bande, tra cadaveri e sparatorie. Finché decidono di tornare in mani-

comio, dove la vita è molto più tranquilla. ■ COMMEDIA; COL.; 90′; ITALIA, 1983.

♥ **SEVEN** *(Se7en)* ★★★
Regia di DAVID FINCHER. Con MORGAN FREEMAN, GWYNETH PALTROW, BRAD PITT, KEVIN SPACEY. ■ Dal romanzo di Andrew Kevin Walker. Ci sono sette delitti ispirati ai sette peccati capitali. Un obeso (la gola) viene ucciso col cibo. Un avvocato famoso per l'avarizia, prima di essere ucciso è stato costretto a mangiare un pezzo di se stesso. E così via per le altre vittime, che vengono uccise secondo la pena del contrappasso rispetto agli altri peccati capitali: accidia, superbia, ira, lussuria, invidia. Incaricati delle indagini sono il giovane Pitt e il vecchio Freeman. Il primo è arrabbiato e insofferente, l'altro fatalista e metodico. Pitt ha anche una moglie che aspetta un bambino, ma lui non lo sa. Indagano in un'atmosfera di violenza inverosimile, quasi inedita. Alla fine l'assassino si costituisce, ma solo per l'ultima, più tremenda beffa, ai danni del poliziotto giovane. Film particolare, regia che lascia un segno di novità grazie alla guida degli attori, alla costruzione e alla gestione di una violenza nuova in un panorama dove le violenze sembravano esserci tutte. La fotografia aderisce alla storia con effetti di vera "angoscia cromatica". Un film sulla via del culto anche da noi dopo il grande impatto americano. Pitt sempre diverso e bravo e poi Kevin Spacey, ormai il più grande cattivo del cinema (*I soliti sospetti*). ■ POLIZIESCO; COL.; 128′; USA, 1995. ■ OSCAR 1 NOM.

7 DAYS IN HAVANA *(7 Días En la Habana)* ★★★
Regia di ANA DE ARMAS, DANIEL BRÜHL, LAURENT CANTET, BENICIO DEL TORO, JOSH HUTCHERSON, EMIR KUSTURICA, ELIA SULEIMAN. ■ All'Avana, battuta dal vento e dal mare dei Caraibi, si muovono i personaggi di sette storie che non si incontreranno mai. Quella di Teddy Atkins, turista americano iscritto alla scuola di cinema che finirà per andare a scuola di vita sul taxi di Angelito. Quella di Emir Kusturica, ebbro di vino e di vita, capitato a l'Avana per ritirare un premio alla carriera. Quella di Cecilia, cantante cubana dalla voce suadente che fa innamorare un impresario madrileno e sogna un contratto all'estero. Quella di Elia Suleiman, regista palestinese, che non parla spagnolo ma guarda la realtà dell'Avana, attendendo un appuntamento all'ambasciata di Palestina. Quella di un'adolescente omosessuale mortificata e "ravveduta" da un esorcismo. Quella ancora di Mirta Gutierrez, psicologa che impasta torte e monta uova per sbarcare il lunario. Quella infine di Martha, che vede la Madonna e assolda un intero condominio per costruirle una fontana e celebrarla dentro una domenica cubana. La capitale di un'isola che dietro al volto decadente mostra bagliori di speranza, diventando il set di un'opera collettiva: sette giorni, sette episodi per altrettanti registi che si confrontano con Cuba, lo stereotipo e il mito. ■ DRAMMATICO; COL.; 100′; FRANCIA, SPAGNA, 2012.

SEVEN SWORDS *(Qi Jian)* ★★★★
Regia di HARK TSUI. Con LEON LAI, KAR-LEUNG LAU, YI LU, HONGLEI SUN, DONNIE YEN, SO YEUN KIM, CHARLIE YOUNG. ■ Le sette spade del titolo appartengono ad altrettanti guerrieri che, agli albori della dinastia Ching (1660 circa), si trovano a difendere gli abitanti di un villaggio vessato dal sanguinario esercito manciuriano che sta ponendo in essere un editto del governo che vieta l'uso delle arti marziali. I metodi degli alti ufficiali sotto il comando del cruento Vento di Fuoco sono brutali, ma a dargli filo da torcere saranno gli altrettanto temibili sette guerrieri, spadaccini di impressionante abilità. Una messinscena sontuosa per una storia che ha diversi richiami ad un classico di tutti i tempi quale è *I sette samurai*, ma è forse legata più al suo remake americano (*I magnifici sette*). ■ AZIONE; COL.; 144′; HONG KONG, 2005.

SEVERANCE – TAGLI AL PERSONALE *(Severance)* ★★
Regia di CHRISTOPHER SMITH. Con CLAUDIE BLAKLEY, BABOU CEESAY, DANNY DYER, DAVID GILLIAM, LAURA HARRIS, TIM MCINNERNY, ANDY NYMAN, TOBY STEPHENS. ■ Due belle ragazze stanno fuggendo in una foresta inseguite da un uomo. Le due finiscono in una buca, ma anche l'inseguitore si trova intrappolato da un laccio che lo fa penzolare in aria. Una figura armata si avvicina pericolosamente. Inizia così *Severance*, proseguendo subito con la più o meno allegra comitiva dei rappresentanti del la Palisade (una multinazionale produttrice di armi sempre più te mibili da utilizzare nella lotta al terrorismo). Il gruppo, che st compiendo un'opera di promozione in Ungheria, sta raggiunger do la villa in cui il capo ha organizzato un weekend a mezza vi tra la vacanza e il lavoro. Arriveranno invece nella casa sbagliat ■ COMMEDIA; COL.; 90′; GERMANIA, GRAN BRETAGNA, 2006.

SE VINCESSI CENTO MILIONI ★
Regia di CARLO MOSCOVINI. Con CARLO CAMPANINI, ANDRE CHECCHI, UGO TOGNAZZI, MILLY VITALE. ■ Le diverse reazio ni di alcuni vincitori della lotteria. ■ COMM. A EPISODI; B/N; 95 ITALIA, 1964.

SE VUOI VIVERE... SPARA ★★
Regia di SERGIO GARRONE. Con ISABELLA SAVONA, SEAN TODI KEN WOOD. ■ Il violento scontro fra tre bande rivali si conclu de con l'eliminazione di tutti i contendenti: Johnny e Sally, en trambi prigionieri di una delle cricche, possono felicemente vive re insieme. ■ WESTERN; COL.; 93′; ITALIA, 1968.

SEX AND THE CITY *(Sex and the city: The Movie)* ★★★
Regia di MICHAEL PATRICK KING. Con KIM CATTRALL, KRISTI DAVIS, CYNTHIA NIXON, CHRIS NOTH, SARAH JESSICA PARKER ■ Incredibile ma vero, Carrie e Mr. Big fanno coppia fissa e si av viano verso il gran rito del matrimonio. Charlotte e il marito Harr hanno felicemente adottato in Cina la piccola Lily, Miranda si bar camena come al solito tra il lavoro di avvocatessa rampante, i buon Steve e il piccolo Brady, e Samantha, che si è trasferita a Ma libu con il giovane Smith per fargli da manager, vince se stess raggiungendo i cinque anni di monogamia assoluta. Questo lo sta tus quo iniziale, destinato ad esser analizzato, vivisezionato e sov vertito nel corso di 145 minuti di risatine, lacrime e margaritas Successo di pubblico. ■ COMMEDIA; COL.; 140′; USA, 2008.

SEX AND THE CITY 2 ★★
Regia di MICHAEL PATRICK KING. Con KIM CATTRALL, KRISTI DAVIS, CYNTHIA NIXON, CHRIS NOTH, SARAH JESSICA PARKER ■ Carrie Bradshaw si è sposata, ha tradito la moda per l'arreda mento, ha escluso l'idea di un figlio in totale accordo con Big, h pubblicato un libro, eppure non è felice: nella sua vita non c'è pi lo "scintillio" di una volta. Charlotte, che di tutto fece per avere u bambino, ora ha due bimbe, bellissime, opportunamente viziate Miranda è un bravo avvocato ma è una donna e il suo capo uom si permette di zittirla, mandandola su tutte le furie. Samantha è i menopausa e per questo schiava di creme costosissime e ormoni i pillole. Il resto è... conosciuto. ■ COMMEDIA; COL.; 146′; USA 2010.

SEX APPEAL ★
Regia di CHUCK VINCENT. Con LOUIE BONANNO, TALLY BRIT TANY, VERONICA HART, MARCIA KARR. ■ Giovanotto imbrana tissimo tenta senza successo la carriera di seduttore. Bocciato su campo, verrà adeguatamente "educato" da un manuale. Risibil commedia del filone giovanile, alla *Porky's* per intendersi. Stupi dissima l'idea (quando mai i manuali ci azzeccano?), ha com unico pregio il titolo che almeno non è volgare. ■ COMMEDIA COL.; 81′; USA, 1986.

SEX CRIMES
Regia di JOHN MCNAUGHTON. Con KEVIN BACON, NEVE CAMP BELL, MATT DILLON, BILL MURRAY, THERESA RUSSELL. ■ Il do cente Sam Lombardo (Dillon) piace alle allieve che letteralment lo assediano. Una ragazza lo denuncia per stupro. Negli USA no si scherza con queste accuse, insomma perde tutto. In seguit emerge la sua innocenza, ma il processo ha smosso peccati grand e piccoli di tutti. Alla fine si trattava di un piano per ottenere un ri sarcimento di qualche milione di dollari. Il piano finisce male, co sì come il docente. ■ THRILLER; COL.; 111′; USA, 1998.

SEX IS COMEDY ★★
Regia di CATHERINE BREILLAT. Con GRÉGOIRE COLIN, ROXANE MESQUIDA, ANNE PARILLAUD, ASHLEY WANNINGER. ■ Una re gista è alle prese con una coppia d'attori, che cerca in ogni mod di stimolare per far sì che la scena di sesso che devono girare sia assolutamente credibile. Dopo averli costretti, dato che il film è ambientato nella stagione estiva anche se è pieno inverno, a ri-

manere nudi su una spiaggia a fingere l'accoppiamento, la regista tormenta soprattutto l'attore maschio, ed è costretta alla fine ad applicare un fallo finto. La finzione provoca finalmente la sofferenza e quell'effetto-verità che la regista cercava nel volto dell'attrice. C'è poca, pochissima trama in questo ultimo film della Breillat. Prendendo spunto dalla lavorazione della sua precedente pellicola, *A mia sorella*, la regista francese si distanzia dalle provocazioni esplicite dei suoi ultimi lavori per delineare le difficoltà del ruolo di regista. Ma il mutamento è solo apparente, e il suo alter ego cinematografico, ovvero una stupefacente Anne Parillaud, non riesce a mascherare del tutto l'autoreferenzialità irritante che da sempre accompagna i suoi film, e che anche in questo caso offusca le potenzialità della pellicola. ■ COMMEDIA; COL.; 92′; FRANCIA, PORTOGALLO, 2002.

SEX LIST *(What's Your Number?)* ★★
Regia di MARK MYLOD. Con ED BEGLEY, BLYTHE DANNER, CHRIS EVANS, ANNA FARIS, ARI GRAYNOR. ■ Con quanti uomini bisogna andare a letto prima di incontrare quello giusto? Secondo una popolare rivista femminile la media per le donne americane è di 10,5. Perciò, se a ventinove anni sei già a quota 19 come Ally Darling e sei pure single, la crisi di identità (e di coscienza) è dietro l'angolo. Così Ally, animata dai migliori propositi, decide di rintracciare tutti i suoi ex, per capire se tra di loro si nasconda l'uomo giusto in modo da non sforare l'imbarazzante primato raggiunto tra le amiche. ■ COMMEDIA; COL.; 106′; USA, 2011.

SEX AND ZEN 3D *(3D rou pu tuan zhi ji le bao jian)* ★
Regia di CRISTOPHER SUN LAP KEY. Con SAORI HARA, HIRO HAYAMA, LENI LAN, VONNIE LUI, YUKIKO SUÔ. ■ Il giovane studioso Wei Yangshang si innamora di Tie Yuxiang e la sposa, ma il sesso tra loro non funziona come dovrebbe. Condotto da un amico alla Torre della Rarità, Wei conquista la fiducia del principe di Ning, che lo accoglie nel padiglione dedicato alla ricerca dell'estremo piacere. Nel lontano 1991 il successo di *Sex and Zen* diede risalto a un non-genere presente nella sola Hong Kong. Riveduto e corretto più nella forma che nella sostanza, il *Sex and Zen* del terzo millennio risulta uno zibaldone di stereotipi. ■ EROTICO; COL.; 129′; HONG KONG, 2011.

SEX LIST. OMICIDIO A TRE *(Deception)* ★
Regia di MARCEL LANGENEGGER. Con LISA GAY HAMILTON, HUGH JACKMAN, EWAN MCGREGOR, MAGGIE Q., MICHELLE WILLIAMS. ■ Jonathan McQuarry è un diligente contabile di umili origini che si è fatto da sé e opera nel florido mondo della finanza. Sebbene sia straordinariamente ingegnoso sul lavoro, è altrettanto inesperto nel privato e quando conosce l'affascinante avvocato aziendale Wyatt Bose scopre un universo a lui sconosciuto, quello notturno, pulsante e sensuale della New York da bere. Grazie a uno scambio accidentale di cellulari Jonathan inizia a ricevere delle telefonate femminili in cui la domanda «Sei libero stasera?» sta per «Vuoi fare l'amore con me senza complicazioni?». Approfittando della *Lista* dell'amico, momentaneamente fuori città per lavoro, il giovane contabile si lancia nell'avventura erotica dell'esclusivo club del sesso – dove è rigorosamente vietato uscire dall'anonimato – finché non incontra S, una misteriosa biondina che lo farà tracollare. ■ THRILLER; COL.; 108′; USA, 2008.

SEX MOVIE IN 4D *(Sex Drive)* ★★
Regia di SEAN ANDERS. Con KATRINA BOWDEN, AMANDA CREW, CLARK DUKE, SETH GREEN, JOSH ZUCKERMAN. ■ Intrappolato in un animo adolescente troppo gentile e sensibile, Ian ha diciotto anni e una sessualità ancora immacolata. In famiglia è vessato sia da Rex, il fratello maggiore omofobo e razzista, che dal fratello minore che gli rinfaccia le sue conquiste, mentre al centro commerciale dove lavora, un goffo costume da ciambella messicana lo rende preda di insulti e scherni. Su internet, dove può fingersi un giocatore di football palestrato, riesce invece a conquistare la bella Miss Tasty e, dopo l'ennesima delusione amorosa, decide di rubare la Pontiac d'epoca di Rex e di partire alla volta del Tennessee per incontrarla. *Sex Drive* è il titolo originale di questo film che gioca sul doppio senso di "drive" per trasformare letteralmente l'impulso sessuale nel motore di un road movie alla ricerca del principio del (primo) piacere. ■ COMMEDIA; COL.; 109′; USA, 2008.

SEX PISTOLS: OSCENITÀ E FURORE ★★★
Regia di JULIEN TEMPLE. Con PAUL COOK, JOHN LYDON. ■ Un documento sul trasgressivo gruppo dei Sex Pistols con il supporto di interviste. Julien Temple è un regista da sempre attento al mondo della musica e affronta di nuovo il contesto punk dopo che il complesso "maledetto" era già stato al centro del film *Sid e Nancy* di Alex Cox del 1986 con un allora molto giovane Gary Oldman. ■ DOC. MUSICALE; COL.; 90′; GRAN BRETAGNA, 1999.

SEX TAPES SCANDAL ★★
(Full Esposure – The Sex Tapes Scandal)
Regia di NOEL NOSSECK. Con LISA HARTMAN, JENNIFER O'NEILL. ■ Un politico muore in circostanze misteriose. Ritenuto integerrimo, in realtà era corrotto e coinvolto in uno scandalo a luci rosse. In una videocassetta c'è la chiave del delitto. Un poliziotto investiga e con l'aiuto di una potenziale testimone incastrerà i colpevoli. ■ POLIZIESCO; COL.; 100′; USA, 1989.

SEXTETTE ★★
Regia di KEN HUGHES. Con TONY CURTIS, TIMOTHY DALTON, GEORGE HAMILTON, RINGO STARR, MAE WEST. ■ Mae West, mitica diva tutto sesso degli anni d'oro del cinema hollywoodiano, viene invischiata in una storia di spionaggio. Insieme con lei sono coinvolti ex mariti, ex amanti e amanti potenziali: dal futuro 007 Dalton al batterista dei Beatles, Ringo Starr, fino a Tony Curtis. Un vero calderone di attori. ■ COMMEDIA; COL.; 90′; USA, 1978.

SEXUALATION *(Nude astrop)* ★
Regia di EDWARD G. COLLINS. Con MICHAEL EASTWOOD, VANESSA REED, BARBARA STONE. ■ Ladri cretini lasciano il bottino in un'auto in sosta vietata. Il carro-attrezzi porta via tutto. ■ POLIZIESCO; COL.; 91′; GRECIA, 1970.

SEXUAL STUDENTS *(Student Body Associates)* ★★
Regia di GUS TRIKONIS. Con JUNE FAIRCHILD, JANIC HEIDEN, JILLIAN KESNER, WARREN STEVENS. ■ Un medico, con la scusa di psicanalizzare tre detenute, si propone di sperimentare su di loro un nuovo farmaco considerato illegale perché eccita la violenza. Le ragazze, infatti, si comportano in maniera conseguente; una di esse, sospettando qualcosa, raccoglie prove contro il medico che finisce in galera. ■ DRAMMATICO; COL.; 95′; USA, 1977.

SEXY A TAHITI ★★
Regia di UMBERTO BONSIGNORI. Con LILIAN FELICIEN, JEAN KAVE, TUMATA TEUIAU. ■ Una ragazza polinesiana, traumatizzata da un episodio di violenza sessuale, si dà a fuggevoli esperienze con uomini di passaggio. ■ DRAMMATICO; COL.; 92′; ITALIA, 1964.

SEXY BABY *(Unruhige Tochter)* ★★
Regia di HANSJÖRG AMON. Con INGE BURCKHARDT, BETHINA LINDTBERG, BRIGITTE SKAY. ■ Una ragazza molto emancipata dispone a suo piacimento di vari corteggiatori. ■ COMMEDIA; COL.; 91′; GERMANIA, 1967.

SEXY BEAST – L'ULTIMO COLPO DELLA BESTIA ★★
(Sexy Beast)
Regia di JONATHAN GLAZER. Con BEN KINGSLEY, IAN MACSHANE, AMANDA REDMAN, RAY WINSTONE. ■ Il film con cui Jonathan Glazer, regista inglese conosciuto dal grande pubblico per i suoi spot pubblicitari, esordisce nel mondo del cinema è, senza dubbio, particolare. Gal è un ex-rapinatore che, arricchitosi, ha scelto di vivere in Spagna con la sua adorata moglie per godersi il meritato riposo. Ma un evento premonitore interrompe l'idillio in cui Gal vive: un enorme masso, rotolando giù dalla collina, finisce in piscina e per poco non gli rompe l'osso del collo. La caduta del masso segna l'inizio della serie di eventi che sconvolgeranno la vita dorata dell'uomo. Sono le inquadrature il piatto forte di questo film. Non convincente, né accattivante è invece la trama: non ci resta che aspettare la prossima prova. ■ COMMEDIA NERA; B/N; 88′; GRAN BRETAGNA, SPAGNA, 2000. ■ GOLDEN GLOBES 1 NOM; OSCAR 1 NOM.

SEXY CLUB – LE ACCOMPAGNATRICI ★★
(Hopïg Pa Sengekauteu)
Regia di JOHN HILBARD. Con VIVI RAU, OLE SOLOFT, SOREN STROMBERG. ■ Due coniugi, lei trascurata dal marito, lui troppo preso dagli affari, si ritrovano per pura coincidenza in un club che

fornisce partner compiacenti a chiunque ne faccia richiesta. ■ COMMEDIA; COL.; 90'; DANIMARCA, 1978.

SEXY, CORPO E BELLEZZA *(Beauty and the Body)* ★
Regia di PAUL MART. Con KIP BEHAR, JUDY MILLER. ■ Durante una vacanza, una cameriera e uno sguattero si incontrano, si presentano come due persone di estrazione sociale alto-borghese, visitano i locali e le attrazioni della cittadina balneare. Ormai l'amicizia è nata. ■ COMMEDIA; COL.; 92'; USA, 1964.

SEXY GIRL *(Voulez-vous danser avec moi?)* ★★
Regia di MICHEL BOISROND. Con DAWN ADDAMS, BRIGITTE BARDOT, DARIO MORENO, PHILIPPE NICAUD, HENRI VIDAL. ■ In questa commediola giallo-rosa, che si avvale della recitazione di altri buoni attori, Brigitte è come sempre il simbolo del sesso moderno e anticonformista. ■ COMMEDIA; COL.; 90'; FRANCIA, 1959.

SEXY JEANS ★★
(Massacre at Central High – Pom Pom Follies)
Regia di RENÉE DAALDER. Con ROBERT CARRADINE, DERREL MAURY, ANDREW STEVENS. ■ In una scuola, quattro ragazzi si divertono a violentare le compagne. Un nuovo arrivato, che le ha difese, viene azzoppato. Per vendetta li ammazza tutti, tranne uno, perché è innamorato della sua ragazza. Dopo di loro elimina chi vuole sostituire i defunti e progetta di far esplodere la scuola. Poi desiste e muore dilaniato dall'ordigno che egli stesso ha preparato. ■ DRAMMATICO; COL.; 85'; USA, 1976.

SEXY REPORT *(Engel der Sünde)* ★
Regia di JEAN-CLAUDE AURIVE. Con YVONNE HOFF, ANGELICA OTT, CHRISTIANE RÜCKER. ■ Una giornalista si finge prostituta per conoscere da vicino la vita delle donne che fanno questo mestiere. Due capi della malavita scoprono la sua identità e la fanno prigioniera insieme a un amico. Liberati i due, la polizia arresta alcuni boss, ma l'organizzazione resiste. ■ DRAMMATICO; B/N; 95'; GERMANIA, 1968.

SEZIONE NARCOTICI *(Puppet on a Chain)* ★★
Regia di GEOFFREY REEVE. Con SVEN BERTIL BERTIL TAUBE, ALEXANDER KNOX, BARBARA PARKINS. ■ Due agenti della squadra narcotici americana, un uomo e una giovane donna, arrivano ad Amsterdam sulle piste di un'organizzazione di spacciatori. ■ DRAMMATICO; COL.; 98'; GRAN BRETAGNA, 1971.

SFASATI, GLI *(The Entertainer)* ★★★
Regia di TONY RICHARDSON. Con ALAN BATES, BRENDA DE BANZIE, ALBERT FINNEY, ROGER LIVESEY, LAURENCE OLIVIER, JOAN PLOWRIGHT. ■ Tragica storia dell'attore di avanspettacolo Archie Rice: dopo vari lutti familiari e il fallimento finanziario gli offrono un impiego, ma lui preferisce espiare andando in prigione per debiti. Solo la figlia gli rimarrà vicina. ■ DRAMMATICO; B/N; 95'; GRAN BRETAGNA, 1960. ■ OSCAR 1 NOM.

SFERA *(Sphere)*
Regia di BARRY LEVINSON. Con PETER COYOTE, DUSTIN HOFFMAN, SAMUEL L. JACKSON, SHARON STONE. ■ Prossimo futuro: un gruppo qualificato deve risolvere il mistero di una sfera trovata in un'astronave. Vengono attaccati da polipi che non sono polipi e da altre forze terribili. Il mistero è svelato: la sfera materializzava i pensieri degli umani, soprattutto quelli cattivi. Insomma non siamo ancora pronti per realizzare i nostri sogni, perché sono cattivi. È la metafora di Michael Crichton, il grande autore (*Jurassic Park*) che diventa anche filosofo e dice la sua su temi troppo grandi anche per lui. Ne esce un film statico che promette e non mantiene, e si giustifica solo per la presenza di grandi attori. La fantascienza, segmento indispensabile e vitale del cinema attuale, esce (persino) dai suoi confini, attribuendosi significati sempre più importanti. Senza poterlo e saperlo fare. ■ FANTASCIENZA; COL.; 133'; USA, 1997.

SFERZATA, LA *(The Lash)* ★★
Regia di FRANK LLOYD. Con MARY ASTOR, RICHARD BARTHELMESS. ■ Lui è un tipo del tutto abulico, dedito a insulse letture e completamente asservito a piccole abitudini. Non ha amici e naturalmente non frequenta ragazze. Però va al cinema. Quella è la sua unica passione, e l'unica possibilità che ha di sognare. Una bionda eroina dello schermo entra nelle sue fantasie. Ed ecco che un giorno la realtà gli fa incontrare una ragazza vera, straordinariamente somigliante a quella dello schermo. Per lui sarà davvero una sferzata. Emergeranno qualità fino ad allora sopite. DRAMMATICO; B/N; 92'; USA, 1930.

SFIDA, LA ★★
Regia di FRANCESCO ROSI. Con ROSANNA SCHIAFFINO, JOSÉ SUAREZ, NINO VINGELLI. ■ Scalata nell'onorata società di un giovane magliaro napoletano ambizioso e rapace. Si introduce nel giro di Salvatore Aiello, che controlla il mercato ortofrutticolo della capitale del Sud, e mira in alto. Lo stesso boss lo farà fuori per punirlo. Napoli è protagonista con i bassi e il pullulare di traffici illeciti. ■ DRAMMATICO; B/N; 93'; ITALIA, 1957. ■ VENEZIA 1 PR.

SFIDA A BALTIMORA *(Stand up and Fight)* ★
Regia di WOODBRIGE STRONG VAN DYKE. Con WALLACE BEERY, FLORENCE RICE, ROBERT TAYLOR. ■ Storia di un ricco possidente che, in seguito a fallimento, viene assunto come operaio alla costruzione di una linea ferroviaria, scopre le trame di un florido commercio di schiavi e sposa una ricca ereditiera. ■ AVVENTURA; B/N; 105'; USA, 1939.

SFIDA A CROKED SKY *(Against a Croked Sky)* ★★
Regia di EARL BELLAMY. Con RICHARD BOONE, STEWART PETERSON, HENRY WILCOXON. ■ Un ragazzo va alla ricerca della sorella rapita dagli indiani. Lo aiuta un vecchio cacciatore di origine russa. Dal famoso racconto *La sanguinosa epopea di John Colter*. ■ WESTERN; COL.; 95'; USA, 1975.

SFIDA AGLI INGLESI *(The One that Got Away)* ★★★
Regia di ROY WARD BAKER. Con TERENCE ALEXANDER, MICHAEL GOODLIFE, COLIN GORDON, JACK GWILLIN, HARDY KRÜGER, ALEC MCCOWEN. ■ Il film narra una storia vera, quella dell'aviatore tedesco Von Werra, che nel 1940 venne abbattuto in Inghilterra. Fatto prigioniero, l'ufficiale ebbe sempre nei confronti degli inglesi un atteggiamento sprezzante arrivando addirittura a scommettere con un capitano che sarebbe evaso entro sei mesi. E infatti evase. ■ GUERRA; B/N; 106'; GRAN BRETAGNA, 1957.

SFIDA A GLORY CITY *(Die Hölle von Manitoba)* ★★
Regia di SHELDON REYNOLDS. Con LEX BARKER, PIERRE BRICE, MARIANNE KOCH. ■ Grande fermento a Glory City per la prossima sfida di due rinomati pistoleri che non si conoscono tra di loro. Due forestieri arrivati in città si legano di amicizia e insieme sconfiggono i rancheros che spadroneggiano nella zona. Quando scoprono di essere i due avversari designati, lasciano prevalere l'amicizia sul desiderio di competizione. ■ WESTERN; COL.; 93'; GERMANIA, 1965.

SFIDA A GREEN VALLEY *(The Silver Star)* ★★
Regia di RICHARD BARTLETT. Con EDGAR BUCHANAN, LON CHANEY JR, MARIE WINDSOR. ■ Neo-sceriffo timido e spaurito diventa un leone quando deve constatare che, a causa della sua inettitudine, il vecchio predecessore ha preso le armi caparbiamente contro tre killer. Si unisce al collega più anziano, sconfigge i banditi e stana il loro mandante. ■ WESTERN; B/N; 94'; USA, 1955.

SFIDA AL DIAVOLO ★★
Regia di GIUSEPPE VEGEZZI. Con GIORGIO ARDISSON, BELLA CORTEZ, CHRISTOPHER LEE. ■ Un frate racconta la storia della sua conversione a una donna che possiede documenti compromettenti per un giovane inseguito dalla polizia. Nella storia si accenna al diavolo e a un folle castellano. L'ascoltatrice si commuove e promette di lasciare in pace il protetto del frate. ■ DRAMMATICO; B/N; 94'; ITALIA, 1965.

SFIDA ALLA CITTÀ *(The Boss)* ★★★
Regia di BYRON HASKIN. Con DOE AVEDON, WILLIAM BISHOP, GLORIA MCGHEE, JOHN PAYNE. ■ A Tim Brady, sindaco intelligente e onesto, succede il fratello Pat, che pensa soprattutto ai suoi interessi. Questi non esita a legarsi a persone ambigue e a veri e propri gangster. Addirittura viene coinvolto in una sparatoria in cui muoiono alcune persone. Pat non è direttamente responsabile, però va in prigione ad espiare. Ad attenderlo rimane la moglie. ■ DRAMMATICO; B/N; 89'; USA, 1956.

SFIDA ALLA LEGGE *(Dakota Lil)* ★★
Regia di LESLEY SELANDER. Con GEORGE MONTGOMERY, MARIE WINDSOR. ■ L'agente Tom convince la bella falsaria Dakota Lil

collaborare con la legge per facilitare l'arresto di Kid, famigerato capobanda. ■ AVVENTURA; COL.; 88'; USA, 1950.

SFIDA ALLA MORTE *(Torreani)* ★★
Regia di GUSTAV FRÖHLICH. Con RENÉ DELTGEN, GUSTAV FRÖHLICH, LISA STAMMER. ■ Trovandosi in Cile in condizione di miseria, e avendo ereditato la proprietà di un prestigioso teatro di Berlino, Richard Torreani invia in Germania un curatore di sua fiducia, Antonio, che ne cura la gestione con probità e competenza. Richard torna in patria e comincia a chiedere soldi ad Antonio. Scontri violenti e assassinio di Richard. Il colpevole non è Antonio. ■ DRAMMATICO; B/N; 92'; GERMANIA, 1951.

SFIDA ALLA MORTE ★★
Regia di NG TIEN TSU. Con IAN CHIN, ALAN IANG. ■ La tigre va combattuta con le sue stesse armi: questa la morale del film espressa dal protagonista, un maestro di arti marziali. ■ AVVENTURA; COL.; 91'; HONG KONG, 1973.

SFIDA ALLA MORTE – FRANCHI TIRATORI ★★
(Snapp hanar)
Regia di AKE OHBERG. Con GEORGE FANT, EDWARD PERSSON, TEKLA SJOBLOM. ■ Film storico ambientato nel 1600 che segue le fasi della guerra tra Danimarca e Svezia. I danesi fanno la guerriglia contro gli invasori ed emerge la figura di un patriota di famiglia contadina che darà la vita per la causa del suo paese. ■ DRAMMATICO; B/N; 94'; SVEZIA, 1942. ■ VENEZIA 1 PR.

SFIDA ALLA VITA *(Not my Kid)* ★★★
Regia di MICHAEL TUCHNER. Con STOCKARD CHANNING, ANDREW ROBINSON, GEORGE SEGAL. ■ Uno dei migliori film sul tema della "droga in famiglia". George Segal è un qualunque padre di famiglia che scopre con orrore che la figlia adolescente (all'apparenza una ragazzina da "happy days") si droga da molto tempo. Da un caso autentico, rievocato in un libro di Beth Polson e del dottor Miller Newton. ■ DRAMMATICO; COL.; 100'; USA, 1985.

SFIDA ALL'O.K. CORRAL ★★★★
(Gunfight at the O.K. Corral)
Regia di JOHN STURGES. Con KIRK DOUGLAS, RHONDA FLEMING, JOHN IRELAND, BURT LANCASTER, LEE VAN CLEEF, JO VAN FLEET. ■ Lo sceriffo Wyatt Earp e il dentista-pistolero Doc Holliday diventano amici dopo qualche scaramuccia. Quando i Clanton (un padre delinquente che ha educato i figli allo stesso modo) uccidono il più giovane degli Earp, le due famiglie si scontrano all'O.K. Corral. Vincono i buoni. Uno dei grandi western degli anni Cinquanta. La famosa sfida era stata portata sullo schermo dieci anni prima da Ford (*Sfida infernale*). Nel film fordiano Holliday, interpretato da Victor Mature, moriva; in questo invece, Douglas sopravvive. Lancaster (Wyatt) rispetto a Fonda (il protagonista di Ford) ha meno ironia e più drammaticità: entrambi sono comunque straordinari. ■ WESTERN; COL.; 122'; USA, 1957. ■ OSCAR 2 NOM.

SFIDA ALL'ULTIMO SANGUE ★★
(Last of the Wild Horses)
Regia di ROBERT L. LIPPERT. Con JAMES ELLISON, JANE FRAZE, MARY BETH HUGHES. ■ Un avido fattore simula un'azione di sabotaggio da parte dei piccoli allevatori contro il grande feudatario della zona per inasprire i già tesi rapporti e dominare la situazione. Viene smascherato da un giovane volenteroso, dopo che ha anche ucciso il grande proprietario. Un western senza particolare mordente. ■ AVVENTURA; B/N; 93'; USA, 1948.

SFIDA AL RE DI CASTIGLIA ★★
Regia di FERDINANDO BALDI. Con MARK DAMON, CARLOS ESTRADA, PAOLO GOZLINO, MARIA TERESA ORSINI, RADA RASSIMOV. ■ Mentre sta per andare in sposa al re di Castiglia, Bianca di Borbone, durante una sosta del suo lungo viaggio, s'innamora del fratellastro del futuro marito. Il re scaccia Bianca e sposa Maria Coronel. La sfida tra il sovrano e il fratellastro continua; prima la regina e poi il re vengono uccisi. Il responsabile sconta duramente la colpa e il tradimento. ■ AVVENTURA; COL.; 91'; ITALIA, 1963.

SFIDA AL TRAMONTO *(The Brass Legend)* ★★
Regia di GERD OSWALD. Con RAYMOND BURR, NANCY GATES, HUGH O'BRIAN, REBA TASSEL. ■ Lo sceriffo Adams arresta un famoso fuorilegge grazie alla segnalazione di un ragazzo che, per proteggere da rappresaglie, è costretto a nascondere. Questa mossa dà adito a maldicenze: si sussurra che egli voglia attribuirsi tutto il merito della brillante operazione. In un duello finale con il famigerato bandito, che nel frattempo è evaso, lo sceriffo dà prova della sua rispettabilità. ■ WESTERN. B/N; 79'; USA, 1956.

SFIDA A RIO BRAVO ★★
Regia di TULIO DEMICHELI. Con CAROLYN DAVYS, GUY MADISON, MASSIMO SERATO. ■ Western che ha due donne protagoniste: la padrona di una miniera ricattata da un bravaccio e Jeannie Lee, proprietaria del saloon. Le due donne resistono al cattivone aiutate dal pistolero Laramy e dal giovane sceriffo. Risultato: un doppio matrimonio. ■ WESTERN; COL.; 92'; ITALIA, 1964.

SFIDA A SILVER CITY – IL SALE DELLA TERRA ★★★
(Salt of the Earth)
Regia di HERBERT J. BIBERMAN. Con JUAN CHACON, WILL GEER, ROSARIA REVUELTAS. ■ Il film narra della lotta di un gruppo di minatori che si battono per migliori condizioni di lavoro. ■ DRAMMATICO; B/N; 90'; USA, 1953.

SFIDA A WHITE BUFFALO *(The White Buffalo)* ★★★
Regia di LEE J. THOMPSON. Con CHARLES BRONSON, KIM NOVAK, WILL SAMPSON, JACK WARDEN. ■ Il pistolero Bill, insieme ad un fedele amico, si mette alla caccia di un enorme bisonte bianco che terrorizza la popolazione del Dakota. Nel viaggio verso le Montagne Nere dove vive la bestia, Bill si allea con un capo indiano al quale il bisonte ha ucciso la figlia. Al vecchio pellerossa resterà la pelle del mostruoso animale finalmente vinto. ■ WESTERN; COL.; 97'; USA, 1977.

SFIDA DEGLI IMPLACABILI, LA ★★
Regia di IGNACIO F. IQUINO. Con AUDREY AMBER, KATIA LORITZ, GEORGE MARTIN. ■ L'avventuriero Joe ha sempre alle calcagna gli "Implacabili", al secolo i fratelli Gringos, che vogliono farlo fuori a tutti i costi. Riesce sempre a seminarli. ■ WESTERN; COL.; 93'; ITALIA, 1965.

SFIDA DEGLI INVINCIBILI CAMPIONI, LA ★★
(Return of the One Armed Swordman)
Regia di R. WALTONS. Con JIM GIBSON, TERRY LIU, CHARLES MING, BOB PARK, FRED SENG. ■ Film per gli amanti del karatè. ■ AVVENTURA; COL.; 92'; HONG KONG, 1979.

SFIDA DEI FUORILEGGE, LA *(Hell Canyon Outlaws)* ★★
Regia di PAUL LANDRES. Con BRIAN KEITH, DALE ROBERTSON, ROSSANA RORY. ■ Sceriffo e vice-sceriffo vanno in pensione perché il paese è tranquillo. Ne approfittano alcuni banditi. Ma i due riprendono le pistole e sistemano tutto. ■ WESTERN; B/N; 72'; USA, 1957.

SFIDA DEI GIGANTI, LA ★★
Regia di MAURIZIO LUCIDI. Con AUDREY AMBER, GIOVANNI CIANFRIGLIA, REG PARK, GIA SANDRI. ■ Gea, dea della Terra che vive nel sottosuolo, si vendica di Ercole, aiutata dal figlio Anteo, gigante alleato della tiranna di Siracusa. Ercole si fa aiutare addirittura da Giove, uccide tutti e ammazza per ultimo Anteo. ■ AVVENTURA; COL.; 94'; ITALIA, 1965.

SFIDA DEI MACKENNA, LA ★★
Regia di LEON KLIMOVSKY. Con ROBERTO CAMARDIEL, ANNABELLA INCONTRERA, JOHN IRELAND, ROBERT WOODS. ■ Il prepotente don Diego e il figlio Chris, della sua stessa levatura, coadiuvati dai loro scagnozzi spadroneggiano nei territori a loro sottoposti. Non si accorgono che in città è arrivato uno dei Mackenna, i legittimi proprietari delle terre. La figlia di don Diego si innamora del giovane, si unisce a lui e uccide il padre. ■ WESTERN; COL.; 92'; ITALIA, 1970.

SFIDA DEI MARINES, LA *(The Raider of Leyte Gulf)* ★★
Regia di EDDIE ROMERO. Con MICHAEL PARSON, LEOPOLD SALCEDO, JENNINGS STURGEON. ■ Nel 1944, un ufficiale dei marines cade nelle mani dei giapponesi che tentano di estorcergli segreti militari. Una pattuglia di soldati americani comandata dal maggiore Grimm cerca di liberarlo. L'azione fallisce: il prigioniero muore mentre Grimm entra nel comando giapponese. ■ GUERRA; B/N; 80'; USA, 1963.

SFIDA DEL SAMURAI, LA *(Yojimbo)* ★★★
Regia di AKIRA KUROSAWA. Con TOSHIRO MIFUNE, TATSUYA NAKADAI, YOKO TSUKASA, ISUZO YAMADA. ■ Un samurai arriva in un villaggio dilaniato dalla discordia di due avverse fazioni. All'inizio si mantiene neutrale nei confronti di entrambe le parti, preferendo prendere posizione a favore dei popolani. Ma quando un inviato dei due contendenti sta per usare una pistola, arma sconosciuta in quel paese, il samurai lo affronta e lo batte con la semplice spada. La pace ritorna. ■ DRAMMATICO; B/N; 110'; GIAPPONE, 1961. ■ OSCAR 1 NOM; VENEZIA 1 PR.

SFIDA DEL TERZO UOMO, LA ★★★
(Third Man on the Mountain)
Regia di KEN ANNAKIN. Con JAMES DONALD, HERBERT LOM, JAMES MACARTHUR, JANET MUNRO, MICHAEL RENNIE. ■ Un film d'avventura per ragazzi. L'orfanello di una guida alpina svizzera morta durante una scalata vuole seguire le orme paterne, ma lo zio si oppone. Il ragazzo parteciperà lo stesso a una difficile impresa a fianco di altri due alpinisti, facendosi molto onore. ■ AVVENTURA; COL.; 100'; USA, 1959.

SFIDA DI CAPITAN ROB, LA ★★
(El juramento de Lagardère)
Regia di LEON KLIMOVSKY. Con CARLOS CORES, ELSA DANIEL, RICHARD MONTES, BETTY NORTON. ■ Siamo nella Francia del diciassettesimo secolo. Il valoroso spadaccino capitan Rob salva la nobile figlia di un duca dalle mire assassine dello zio portandola in America. Dopo alcuni anni, Rob si rifà vivo con la ragazzina ormai diventata donna. Fa giustizia e sposa la duchessina, che era sempre stata innamorata di lui. ■ AVVENTURA; B/N; 94'; ARGENTINA, 1956.

SFIDA DI KING KONG, LA *(White Pongo)* ★★
Regia di SAM NEWFIELD. Con RICHARD FRASER, LIONEL ROYCE, MARIS WRIXON. ■ Nel cuore dell'Africa, una spedizione è sulle tracce del rarissimo gorilla bianco. Della missione fa parte un certo Carswell che organizza una spedizione: cerca l'oro e non il bestione. ■ AVVENTURA; B/N; 73'; USA, 1945.

SFIDA DI ROBIN HOOD, LA *(Harald handfaste)* ★★
Regia di HAMPE FAUSTMAN. Con ELSY ALBIN, GEORGE FANT, GEORG RYDEBERG. ■ In un Medioevo approssimativo, la bella amata dal Robin Hood locale viene sequestrata dal temibile governatore che sfrutta il popolo e che vuole costringerla a sposarlo. Il giustiziere la libera e provoca l'insurrezione armata della popolazione sconfiggendo il cattivo. ■ AVVENTURA; B/N; 92'; SVEZIA, 1946.

SFIDA DI ZORRO, LA *(The Sign of Zorro)* ★★
Regia di LEWIS R. FOSTER, NORMAN FOSTER. Con HENRY CALVIN, BRITT LOMOND, GENE SHELDON, GUY WILLIAMS. ■ La solita storia del giustiziere mascherato nella California del diciannovesimo secolo, questa volta a cura degli studi Disney. Bravo lo Zorro di turno. ■ AVVENTURA; B/N; 91'; USA, 1960.

SFIDA FINALE *(Original Gangstas)* ★★
Regia di LARRY COHEN. Con JIM BROWN, PAM GRIER, RICHARD ROUNDTREE, FRED WILLIAMSON. ■ Uccidono un giovane giocatore di basket, feriscono un altro personaggio carismatico del mondo dello sport. La polizia indaga ma ha molte difficoltà. È bello vedere alcuni eroi neri degli anni Sessanta e Settanta – Roundtree era il famoso detective Shaft – ancora in azione. ■ POLIZIESCO; COL.; 80'; USA, 1996.

SFIDA IMPLACABILE *(Los pistoleros)* ★★
Regia di BENITO ALAZRAKI. Con JAMES BREAY, CESAR HEAMP, ROBERT RIVER. ■ Due amici, uno sceriffo e un medico, lottano contro una banda di ladri di bestiame. Quando questi uccidono il fratello dello sceriffo, la sfida diventa "implacabile" e non può che portare allo sterminio dei malfattori. ■ WESTERN; B/N; 92'; MESSICO, 1964.

SFIDA INFERNALE *(My Darling Clementine)* ★★★★★
Regia di JOHN FORD. Con WARD BOND, WALTER BRENNAN, LINDA DARNELL, CATHY DOWNS, HENRY FONDA, TIM HOLT, VICTOR MATURE. ■ È il racconto classico della sfida combattuta all'OK Corral di Tombstone il 26 ottobre 1881 tra lo sceriffo Wyatt Earp, i suoi fratelli e il giocatore-beone Doc Holliday da una parte, e il clan dei fratelli Clanton dall'altra. Quando John Ford dirigeva i suoi western muti Earp era ancora vivo, capitava sul set e si ubriacava giocosamente con le comparse. Ford gli offriva il caffè e si faceva raccontare la grande sfida. Anni dopo ha riprodotto a memoria quelle schegge di vita di frontiera e la manovra militare che ebbe per teatro il Corral. È un western molto bello, un classico e il più accorato di Ford. I personaggi esprimono una sorta di "gentilezza dei prodi" e vivono nell'atmosfera d'una canzone di gesta carica di nostalgia. Ford è imbevuto dello spirito reale della vita di frontiera, riproduce fedelmente lo stile con cui cowboy e fuorilegge rischiavano l'esistenza in un crogiuolo arroventato come Tombstone. E il film è la più esatta – se non storicamente, come spirito – ricostruzione tra le molte che sono state fatte sull'episodio. Henry Fonda interpreta Wyatt Earp come un classico western onesto e crepuscolare: un personaggio quasi timido, il pistolero convertitosi in tutore della legge. La sua figura suggerisce momenti più distesi del racconto: il riposo con un piede sulla seggiola inclinata e l'altro sulla balaustra della veranda, i colloqui intensi con Clementine, la memorabile scena del ballo. Ma la grande figura del film, un epico signore della frontiera degno di Francis Bret Harte, è "Doc" Holliday: un sorprendentemente bravo Victor Mature, medico con vocazione alla pistola, tubercolotico come nella miglior tradizione romantica, poeta maledetto che sa a memoria Shakespeare e che completa il monologo dell'*Amleto* azzoppato dal patetico vuoto di memoria del vecchio attore. E deliziose, anche se un po' in ombra, sono le figure femminili: l'impetuosa, ardente Chihuahua di Linda Darnell, una sanguemista dalla scollatura densa di profumo, e la magica Clementine, preziosa nella sua sommessa malinconia, tutta giocata su toni grigi poetici. Come quasi sempre in Ford la leggenda del West approda alla poesia e sfavilla in momenti di grande forza, anche se l'azione spesso cede alla descrizione lirico-nostalgica. Tra la storia e la leggenda Ford anche questa volta ha stampato la leggenda. Ma il vigore del sentimento dei personaggi, i personaggi disegnati a tutto tondo, la ricchezza del racconto e la splendida descrizione dei paesaggi magistralmente fotografati nell'amata Monument Valley danno al film il tocco più prezioso dell'autenticità. ■ WESTERN; B/N; 97'; USA, 1946.

SFIDANDO LA VITA *(Laughing at Life)* ★★★
Regia di FORD BEEBE. Con WILLIAM BOYD, VICTOR MCLAGLEN, CONCHITA MONTENEGRO. ■ Un uomo che da anni ha abbandonato la famiglia in cerca di fortuna scopre che un giovane ingegnere che lavora nella fabbrica di cui è diventato operaio è proprio suo figlio. Lotteranno insieme per migliori condizioni di lavoro e insieme verranno arrestati; poi il più anziano sacrificherà la propria tranquillità per il bene del più giovane e se ne andrà verso nuove avventure. ■ AVVENTURA; B/N; 92'; USA, 1932.

SFIDA NEGLI ABISSI *(Submarine X-1)* ★★
Regia di WILLIAM A. GRAHAM. Con NORMAN BOWLER, JAMES CAAN, DAVID SUMMER. ■ Un episodio dell'ultima guerra mondiale. Il comandante Botton addestra un gruppo di uomini in una base segreta sottoponendoli a dura disciplina. Obiettivo: l'attacco alla corazzata tedesca *Luthendorf* con tre sommergibili "tascabili". ■ GUERRA; COL.; 89'; USA, 1969.

SFIDA NELLA CITTÀ DELL'ORO ★★
Regia di ALFREDO MEDORI. Con BRIGITTE COREY, MICHAEL CRAMER, MICHAEL KIRNER. ■ Un poliziotto si reca in Sudafrica per svolgere un'indagine su un grosso furto di diamanti, che in effetti riesce a recuperare: i preziosi sono nascosti in una cassetta fra i resti di una nave affondata al largo della costa. Anche una bella agente delle assicurazioni è sulla pista dei diamanti: i due si innamorano. ■ AVVENTURA; COL.; ITALIA, 1962.

SFIDA NELLA CITTÀ MORTA ★★★
(The Law and Jake Wade)
Regia di JOHN STURGES. Con ROBERT MIDDLETON, PATRICIA OWENS, ROBERT TAYLOR, RICHARD WIDMARK. ■ Jake Wade diventa sceriffo di una cittadina del Nuovo Messico dopo essere stato fuorilegge nella banda di Clint Hollister. La sua quiete è minata dall'arrivo di Clint, che coinvolge Jack in una caccia al tesoro. ■ WESTERN; COL.; 89'; USA, 1958.

SFIDA NELL'ALTA SIERRA *(Ride the High Country)* ★★★
Regia di SAM PECKINPAH. Con EDGAR BUCHANAN, MARIETTE HARTLEY, JOEL MCCREA, RANDOLPH SCOTT. ■ Ai primi del Novecento, quando il selvaggio West sta diventando un ricordo, un vecchio sceriffo male in arnese riceve il compito di andare a ritirare un carico d'oro in un paesino sperduto. Sono con lui un vecchio compagno e un amico di questi che, in realtà, pensano d'impadronirsi del prezioso carico; poi si unisce anche una ragazza che fugge dal padre bigotto. Il vecchio sceriffo sventerà il complotto e anche il vecchio imbroglione si redimerà e si vedrà affidare dall'amico morente la custodia dell'oro e della ragazza. ■ WESTERN; COL.; 94'; USA, 1962.

SFIDA NELLA VALLE DEI COMANCHE ★★
(Gunfight at Comanche Creek)
Regia di FRANK MCDONALD. Con BEN COOPER, COLLEEN MILLER, AUDIE MURPHY. ■ Un agente federale si reca a Comanche Creek, dove una feroce banda ha fatto evadere dal carcere dei fuorilegge, li ha usati come manovalanza per delle rapine e poi li ha uccisi. L'agente si fa arrestare, viene liberato dalla stessa banda, fa la trafila dei suoi predecessori e riesce a sgominare i delinquenti. Non manca la sorpresa finale sull'identità del capo. ■ WESTERN; B/N; 90'; USA, 1963.

SFIDA OLTRE IL FIUME ROSSO ★★★
(The Pistolero of Red River)
Regia di RICHARD THORPE. Con ANGIE DICKINSON, CHAD EVERETT, GLENN FORD, GARY MERRILL. ■ Dan Blaine da fuorilegge è diventato sceriffo, ma non riesce a togliersi di dosso la nomea di infallibile pistolero. Un suo giovane sfidante soccombe durante un duello a fuoco che ha luogo nel saloon. Dan, che non voleva lo scontro, si allontana infelice dal paese. ■ WESTERN; COL.; 105'; USA, 1967.

SFIDA PER LA VITTORIA *(A shot at glory)* ★★
Regia di MICHAEL CORRENTE. Con BRIAN COX, ROBERT DUVALL, COLE HAUSER, MICHAEL KEATON, ALLY MCCOIST. ■ Si ammicca al famoso *Fuga per la vittoria* di Huston con Stallone. Anche là si giocava una "partita impossibile" del cuore contro l'organizzazione. Non siamo in un campo di concentramento tedesco ma in Scozia, dove in un villaggio di pescatori qualcuno ha costruito una squadra davvero sproporzionata rispetto a quella piccola comunità. C'è la possibilità di incontrare lo squadrone dei Rangers di Glasgow, e di diventare dunque leggenda. Alla squadra manca però un attaccante di classe, capace di garantire il salto di qualità. Il giocatore c'è, ma costa molto. Gli abitanti... si tassano. ■ DRAMMATICO; COL.; 115'; USA, 2002.

SFIDA SELVAGGIA *(El Llanero)* ★★
Regia di JESUS FRANCO. Con ROBERTO CAMARDIEL, SILVIA SORENTE, JOSÉ SUAREZ, MANUEL ZARZO. ■ Nel diciannovesimo secolo, in Venezuela, un bambino sfugge alla strage della sua famiglia compiuta dal colonnello Santierra. Da adulto diventa un fuorilegge che aiuta gli oppressi. Dal vecchio tutore morente apprende la sua vera identità e la storia della sua famiglia. Compie vendetta e sposa la bella Lolita. ■ AVVENTURA; B/N; 92'; SPAGNA, 1963.

SFIDA SENZA PAURA *(Sometimes a Great Notion)* ★★★
Regia di PAUL NEWMAN. Con HENRY FONDA, RICHARD JAECKEL, LINDA LAWSON, PAUL NEWMAN, LEE REMICK, MICHAEL SARRAZIN. ■ È la saga degli Stamper, una famiglia di pionieri nell'Oregon. Tenaci e cocciuti, non esitano a difendere i propri interessi di fronte a quelli dei boscaioli della zona che scendono in sciopero per migliori condizioni di vita. Il capoclan morirà travolto dal crollo di un albero. ■ DRAMMATICO; COL.; 114'; USA, 1971. ■ OSCAR 2 NOM.

SFIDA SENZA REGOLE *(Righteous Kill)* ★★
Regia di JON AVNET. Con 50 CENT, ROBERT DE NIRO, CARLA GUGINO, JOHN LEGUIZAMO, AL PACINO. ■ Turk e Rooster sono detective nel Dipartimento di polizia di New York. Veterani pluridecorati sono a un passo dalla pensione e dal serial killer che celebra i suoi cadaveri con sonetti in rima. Collabora alle indagini l'affascinante Karen Corelli, agente della squadra CSI e amante volubile di Turk. Karen ha una dipendenza dal sesso e da pratiche erotiche non convenzionali, che consuma con Turk e con il più giovane agente Perez, convinto che il serial killer sia proprio un poliziotto. Tra l'omicidio di uno spacciatore e quello di un protettore e contro i metodi della coppia junior, Turk e Rooster proveranno a fare luce sul caso e sui confini della legge. ■ AZIONE; COL.; 100'; USA, 2008.

SFIDA SOTTO IL SOLE *(Nightmare in the Sun)* ★★
Regia di MARC LAWRENCE. Con URSULA ANDRESS, SAMMY DAVIS JR, JOHN DEREK, ARTHUR O'CONNELL, ALDO RAY. ■ La vicenda si svolge nella provincia americana. Un uomo ha assassinato la moglie per una storia di gelosia. Lo sceriffo accusa un altro del delitto; il marito assassino uccide anche lo sceriffo liberando dalle accuse il giovane innocente. Cosa nascondeva il comportamento torbido dello sceriffo? ■ DRAMMATICO; COL.; 80'; USA, 1965.

SFIDA SUL FONDO ★★
Regia di MELCHIADE COLETTI. Con DAGMAR LASSANDER, ENZO MAIORCA, FREDERICK STAFFORD. ■ Il figlio di un ingegnere viene rapito per costringere suo padre a cedere alcuni piani. Il cane del piccolo lo ritrova, ma ne provoca il trasferimento in una grotta sottomarina. Suo zio, seguendo alcune tracce, lo libera. I banditi tentano di tutto per riprenderli, ma interviene la polizia e li arresta. ■ AVVENTURA; COL.; 87'; ITALIA, 1976.

SFIDA SULLA PISTA DI FUOCO *(The Challengers)* ★★★
Regia di LESLIE H. MARTINSON. Con ANNE BAXTER, RICHARD CONTE, SEAN GARRISON, FARLEY GRANGER, DARREN MCGAVIN, JULIET MILLS, NICO MINARDOS, SAL MINEO. ■ La vicenda si svolge nell'ambiente dei piloti automobilistici: due rivali nelle gare e in amore, il giovane Cody Scanlon e l'anziano marchese Paco Ortega, finiscono per diventare amici, dopo essersi accusati di competizione sleale. Tutto si risolve per il meglio. ■ COMMEDIA; COL.; 100'; USA, 1969.

SFIDA TRA I GHIACCI *(On Deadly Ground)* ★★
Regia di STEVEN SEAGAL. Con MICHAEL CAINE, JOAN CHEN, JOHN C. MCGINLEY, STEVEN SEAGAL. ■ Forrest Taft è un esperto nel domare incendi. Deve occuparsi di fiamme divampate in un pozzo petrolifero in Alaska. Ha così modo di scoprire che un nuovo impianto verrà costruito con materiale difettoso pur di rispettare i tempi e non restituire il territorio agli eschimesi. Riuscirà a far fallire il progetto in modo spettacolare. Steven Seagal (in una fase un po' in ribasso al box office) cerca di riciclarsi in versione ecologica. Alla fine c'è la morale della favola dopo aver assistito a uccisioni e a danni ambientali provocati (a fin di bene, ovviamente) dal nostro stesso eroe. ■ AVVENTURA; COL.; 100'; USA, 1994.

SFIDA VIENE DA BANGKOK, LA ★★
Regia di GIANFRANCO PAROLINI. Con BRAD HARRIS, MARIANNE HOLD, PAUL HUBSCHMID. ■ Il megalomane padrone di una miniera diamantifera thailandese fa concorrenza sleale al mercato internazionale di Amsterdam, vendendo sotto costo. Un agente segreto risolve la situazione. ■ AVVENTURA; COL.; 90'; ITALIA, 1964.

SFINGE *(Sphinx)* ★★
Regia di FRANKLIN J. SCHAFFNER. Con LESLEY-ANNE DOWN, FRANK LANGELLA, MAURICE RONET. ■ Una bella turista scopre il segreto di un sepolcro egizio. Ma la scoperta provoca la reazione di una banda di saccheggiatori di tombe, di cui fa parte un poliziotto (che però s'innamora della turista). ■ HORROR; COL.; 125'; USA, 1981.

SFINGE, LA *(The Sphinx)* ★★
Regia di PHIL ROSEN. Con LUIS ALBERNI, LIONEL ATWILL, PAUL HURST, SHEILA TERRY. ■ Un tale è accusato di una serie di omicidi. Tutte le prove sembrano contro di lui tranne una, la decisiva: l'assassino è stato udito parlare, mentre l'indiziato è sordomuto. Un giornalista però non si convince. Conduce ulteriori indagini e risolve il mistero. ■ HORROR; B/N; 91'; USA, 1933.

SFINGE DEL MALE, LA *(Ivy)* ★★★
Regia di SAM WOOD. Con JOAN FONTAINE, PATRIC KNOWLES, HERBERT MARSHALL, RICHARD NEY ■ Joan Fontaine si produce in uno dei suoi personaggi proverbiali, quello del demonio con

la faccia d'angelo. Qui impazza a Londra in epoca vittoriana: la bionda ed eterea Ivy uccide il marito e fa ricadere la colpa sull'amante. Mira a sbarazzarsi anche di lui per poter sposare un gentiluomo miliardario. Ma la sua diabolica macchinazione viene scoperta: Ivy sarà punita. ■ GIALLO; B/N; 99′; USA, 1948.

SFINGE D'ORO, LA ★★
Regia di LUIGI SCATTINI. Con ANITA EKBERG, GIACOMO ROSSI STUART, GIANNA SERRA, ROBERT TAYLOR. ■ Un archeologo americano scava per trovare la tomba del faraone Aposis. Il professore lavora per amore della scienza, ma i suoi compagni di spedizione mirano ai tesori nascosti. Quando la tomba viene scoperta, lo scienziato è aggredito (del complotto fa parte anche una sciantosa amante dell'archeologo), ma, con l'aiuto della nipote e di un giovanotto innamorato di lei, l'americano riuscirà a salvarsi. Gli avventurieri saranno puniti. ■ AVVENTURA; COL.; 94′; ITALIA, 1967.

SFINGE SORRIDE PRIMA DI MORIRE – STOP LONDRA, LA ★★
Regia di DUCCIO TESSARI. Con IVAN DESNY, MARIA PERSCHY, TONY RUSSELL. ■ Un agente dei Lloyd di Londra è sulle tracce di una banda di rapinatori che ha compiuto una grossa rapina in una banca egiziana. L'agente sospetta che i ladri appartengano a un gruppo archeologico che sta effettuando degli scavi nella Valle dei Re. Sospetto fondato: quando la spedizione torna al Cairo, l'eroe scopre che le casse non contengono i preziosi reperti, ma l'ancora più prezioso oro involato alla banca. ■ AVVENTURA; COL.; 92′; ITALIA, 1964.

SFIORANDO IL MURO ★★★
Regia di SILVIA GIRALUCCI, LUCA RICCIARDI. Con PIETRO CALOGERO, RAUL FRANCESCHI, STEFANIA PATERNÒ, ANTONIO ROMITO, GUIDO PETTER. ■ Silvia Giralucci aveva solo 3 anni quando suo padre fu barbaramente assassinato dalle Brigate Rosse davanti alla sede del Msi di Padova. Era il 17 giugno del 1974 e la provincia veneta era spaccata in tre zone: una rossa, una nera, una franca. Tre zone che la regista "attraversa" e sperimenta con testimoni e reduci di un sogno di rinnovamento soffocato nel sangue e affondato dal terrorismo. Diversi anni dopo, Silvia Giralucci vuole capire, arrivare a suo padre attraverso la Storia che lo ha contemplato e poi sacrificato. La giornalista padovana debutta per questo alla regia, comunicando una soggettività sensibile e discreta, e prova a fare chiarezza sugli anni del nostro scontento, partendo da un intervento di Toni Negri. ■ DOCUMENTARIO; COL.; 51′; ITALIA, 2012.

SFIORARSI ★★
Regia di ANGELO ORLANDO. Con MARTINE BROCHARD, MIMOSA CAMPIRONI, GIORGIO CAPUTO, VALENTINA CARNELUTTI, ANGELO ORLANDO, ALESSANDRO PROCOLI. ■ Paolo è un fotografo di quarant'anni che vive in un loft e colleziona giovani studentesse. Céline è un'attrice con figlia a carico, un ex marito e un nuovo compagno da dimenticare. Vivono a Roma vite diverse, a loro modo drammatiche, liete, affannose. Non si sono mai guardati, eppure si sono sempre sfiorati, al supermercato, a una festa, per strada, davanti al mare. Una notte d'estate Paolo e Céline si incontreranno finalmente davanti a un portone. Forse è amore. Angelo Orlando porta sullo schermo una storia d'amore che elude i legami convenzionali, dirigendo una volonterosa esplorazione degli equilibri sentimentali. ■ DRAMMATICO; COL.; 90′; ITALIA, 2006.

SFIORATI, GLI ★★
Regia di MATTEO ROVERE. Con ASIA ARGENTO, ANDREA BOSCA, MIRIAM GIOVANELLI, MICHELE RIONDINO, CLAUDIO SANTAMARIA. ■ Mète è ossessionato da Belinda, figlia del padre e di una donna amata da vent'anni. Orfano di madre da pochi mesi, è costretto a partecipare alle nozze del genitore, e a prendersi cura per qualche giorno della sorellastra. Imbarazzato dalla sua ospite bionda, si rifugia nell'amicizia di Damiano, incallito donnaiolo, e di Bruno, abbandonato dalla moglie. Quattro anni dopo *Un gioco da ragazze*, Matteo Rovere riadatta il romanzo omonimo di Sandro Veronesi sugli anni Ottanta. ■ DRAMMATICO; COL.; 111′; ITALIA, 2011.

SFOLGORIO DI STELLE *(Sensation of 1945)* ★★
Regia di ANDREW L. STONE. Con W.C. FIELDS, DENNIS O'KEEFE, EUGENE PALLETTE, ELEANOR POWELL, C. AUBREY SMITH, SOPHIE TUCKER. ■ La Powell interpreta qui una stella del varietà decisa ad ogni mezzo per farsi pubblicità (anche a inscenare finti attentati). I suoi metodi spregiudicati la mettono in urto con il fidanzato, giovanotto tanto perbene. Lui un giorno, stufo, decide di arruolarsi nell'esercito. Lei, commossa, abbandona carriera e metodi spregiudicati per mettersi a fare la brava moglie. ■ COMMEDIA MUSICALE; B/N; 86′; USA, 1944. ■ OSCAR 1 NOM.

SFRATTATO CERCA CASA EQUO CANONE
Regia di PIER FRANCESCO PINGITORE. Con PIPPO FRANCO, ANNA MAZZAMAURO, GIGI REDER. ■ Marino, un cassintegrato con moglie e tre figli, viene sfrattato. Si mette alla ricerca di una casa, ma si fa imbrogliare da un falso agente immobiliare. La famiglia tenta allora di occupare abusivamente un appartamento, chiede asilo in una chiesa, infine si stabilisce su un autobus. ■ COMMEDIA; COL.; 91′; ITALIA, 1983.

SFRUTTATORE, LO *(Once a Thief)* ★★
Regia di WILLIAM LEE WILDER. Con LON CHANEY JR, JUNE HAVOC, MARIE MCDONALD, CESAR ROMERO. ■ Protagonista è un tipo di dongiovanni che sa come circuire le donne e che quando ha finito di sfruttarle le pianta in malo modo. Gli va bene con una bionda che per colpa sua finisce anche in galera. Il dritto ci riprova anche con un'amica della bionda, ma questa è meno ingenua. Non solo, ma la bionda uscita di galera lo affronta armata di pistola. Parte un colpo e il dongiovanni ci rimane. ■ DRAMMATICO; B/N; 88′; USA, 1950.

S.F.W. – SO FUCKING WHAT *(S.F.W.)* ★★★
Regia di JEFERY LEVY. Con JAKE BUSEY, STEPHEN DORFF, REESE WITHERSPOON. ■ La televisione ha trasmesso in diretta le immagini di un rapimento durato più di un mese. I due soli sopravvissuti diventano eroi. Tratto dal romanzo di Andrew Wellman. ■ DRAMMATICO; COL.; 100′; USA, 1994.

SGANGHERONI, GLI *(Brain Donors)* ★★★
Regia di DENNIS DUGAN. Con NANCY MARCHAND, BOB NELSON, MEL SMITH, JOHN TURTURRO. ■ Supervisionato da David e Jerry Zucker (i fratelli registi che assieme o divisi hanno realizzato film come *La pallottola spuntata*, *L'aereo più pazzo del mondo*, *Scuola di polizia* e *Ghost*). Il film diverte senza pretese elaborando lo stile comico proprio della cultura ebraica (vedi fratelli Marx, Brooks e Allen). Il *nonsense* la fa quindi da padrone. Tutto nasce dal desiderio di una vedova molto ricca, realizzare il sogno del marito passato a miglior vita: una scuola di ballo classico. A questo punto entrano in azione i tre protagonisti: un avvocato e due "assistenti". Ovviamente c'è chi vuole approfittare della situazione. Turturro ha voluto scrollarsi di dosso la maschera drammatica (che in alcuni film era ineccepibile, in altri sopra le righe) per dare un'interpretazione scattante e comica. ■ COMICO; COL.; 80′; USA, 1992.

SGARBO, LO ★★
Regia di FRANCO MARTINELLI. Con HÉLÈNE CHANEL, LEONARD MANN, LUIGI RUSSO, KARIN SCHUBERT. ■ Un giovane mafioso s'è messo contro i boss americani di Cosa Nostra. Decidono (bontà loro) di dargli ancora un'opportunità e lo mandano in esilio in Sicilia, sotto la tutela di un anziano e paralitico padrino incaricato di rimetterlo in carreggiata. Ma il giovanotto è proprio incorreggibile: fa lo "sgarbo" anche al nuovo protettore seducendone la giovanissima amante, poi si stabilisce a Londra dove capeggia una sua cosca. Dall'America giunge l'ordine di farlo fuori. Scovato da killer a Parigi, viene eliminato. ■ DRAMMATICO; COL.; 92′; ITALIA, 1975.

SGARRO, LO ★★
Regia di SILVIO SIANO. Con GÉRARD BLAIN, GORDANA MILETIC, SARO URZÌ, CHARLES VANEL. ■ A Nola, un gruppo di camorristi taglieggia i mercanti di bestiame. Un giovanotto però non ha paura: affronta uno dei bravacci della camorra e lo percuote. Il capo camorrista cerca di spegnere la ribellione offrendo al giovane di far parte della sua cosca. Il ragazzo accetta, ma in quella bella compagnia non si trova. Litiga e commette lo sgarro. Stanno per

ucciderlo, ma i contadini insorgono in sua difesa e fanno fuori i camorristi. ■ GIALLO; B/N; 91'; ITALIA, 1962.

SGARRO ALLA CAMORRA ★★
Regia di ETTORE M. FIZZAROTTI. Con FRANCO ACAMPORA, DADA GALLOTTI, MARIO MEROLA. ■ Primo film di Mario Merola. Qui è un pescatore che s'è visto soffiare la donna da un camorrista napoletano. Il camorrista ora vuole ingaggiare Merola perché gli faccia il contrabbando con il suo peschereccio. In realtà lo vuole far togliere di mezzo per sempre dalla polizia. Ma la macchinazione non funzionerà. ■ DRAMMATICO; COL.; 97'; ITALIA, 1973.

SGOMENTO *(The Reckless Moment)* ★★★
Regia di MAX OPHÜLS. Con JOAN BENNETT, GERALDINE BROOKS, JAMES MASON, SHEPPERD STRUDWICK. ■ Una fanciulla ha una relazione con un maturo playboy che la sfrutta e cerca di ricattare la madre. La fanciulla si ribella, litiga e uccide il seduttore. Poi va a raccontare tutto a mammà. Poco tempo dopo le due donne sono molestate da un misterioso individuo che le ricatta. L'uomo però s'innamora della madre: per lei si ribella, viene in conflitto con un complice e lo uccide. Poi s'addossa ogni colpa. Le due donne vivranno tranquille. ■ GIALLO; B/N; 82'; USA, 1949.

SGT. PEPPER'S LONELY HEARTS CLUB BAND ★★★
(Sgt. Pepper's Lonely Hearts Club Band)
Regia di MICHAEL SCHULTZ. Con PETER FRAMPTON, BEE GEES, FRANKIE HOWARD, PAUL NICHOLAS. ■ Un piacevole film musicale con le musiche dei Beatles eseguite dai Bee Gees. ■ MUSICALE; COL.; 111'; USA, 1978.

SGUARDO CHE UCCIDE, LO *(Mak of Dijon)* ★★
Regia di LEW LANDERS. Con JEANNE BATES, ERIC VON STROHEIM. ■ Un film minore con Stroheim. Qui ha la parte di un ipnotizzatore che usa i suoi poteri per vendicarsi della moglie che lo ha abbandonato qualche anno prima. S'impadronisce della volontà di lei e la spinge a uccidere un corteggiatore. La moglie obbedisce, ma la pistola usata era a salve e l'uomo non muore. La polizia va ad arrestare l'ipnotizzatore per tentato omicidio. Lui, preso dal panico, reagisce e i poliziotti lo uccidono. ■ HORROR; B/N; 73'; USA, 1946.

SGUARDO CHE UCCIDE, LO *(The Gorgon)* ★★★
Regia di TERENCE FISHER. Con PETER CUSHING, CHRISTOPHER LEE, RICHARD PASCO, BARBARA SHELLEY. ■ Due scienziati, padre e figlio, vengono tramutati in pietre miliari. Il rispettivo figlio e fratello indaga, con l'aiuto del suo professore. Scoprirà con grave rischio personale che Medusa si nasconde sotto le spoglie di una bellissima donna, del tutto inconscia del proprio stato. È protetta da un gentiluomo di lei innamorato. ■ HORROR; COL.; 83'; GRAN BRETAGNA, 1963.

SGUARDO DAL CIELO, UNO *(The Preacher's Wife)* ★★★
Regia di PENNY MARSHALL. Con GREGORY HINES, WHITNEY HOUSTON, COURTNEY VANCE, DENZEL WASHINGTON. ■ Remake di *La moglie del vescovo*, questo film fa indossare le vesti dell'angelo anche a Denzel Washington, che giunge sulla Terra per aiutare un prete protestante in un momento di crisi. C'è il rischio che la moglie del prelato si innamori dell'angelo ma tutto va poi a posto, compresa la neutralizzazione di un perfido speculatore edilizio. ■ COMMEDIA; COL.; 124'; USA, 1996. ■ OSCAR 1 NOM.

SGUARDO DAL PONTE, UNO ★★★
(A View from the Bridge)
Regia di SIDNEY LUMET. Con CAROL LAWRENCE, RAYMOND PELLEGRIN, JEAN SOREL, MAUREEN STAPLETON, RAF VALLONE. ■ Eddie è uno scaricatore inconsciamente innamorato di sua nipote, una bella ragazza orfana che lui e la moglie hanno preso in casa quando era ancora bambina. Ci rimane male quando vede la ragazza innamorata di un altro scaricatore, Rodolfo. Eddie denuncia il ragazzo come immigrato clandestino: una canagliata che gli fa perdere l'"onore" di fronte a tutto il quartiere. Affrontato dal fratello di Rodolfo, Eddie trova la morte (in teatro veniva ucciso, nel film è lui a togliersi la vita). ■ DRAMMATICO; B/N; 110'; FRANCIA, USA, 1962. ■ DAVID DI DONATELLO 1 PR, 1 NOM.

SGUARDO DI ULISSE, LO ★★★
(To viulemma tou Odyssea)
Regia di THEO ANGHELOPULOS. Con ERLAND JOSEPHSON, HARVEY KEITEL, MAÏA MORGENSTERN. ■ Keitel è un vero Ulisse, cerca se stesso, i ricordi, il futuro. Cerca tutto, in un lungo viaggio attraverso Grecia, Albania, Macedonia, Bulgaria, Romania, Serbia, fino a Sarajevo, grumo violento, irrisolto, del mondo. Tutto è distrutto, anche valori che si credevano coriacei: la statua di Lenin naviga alla deriva sul Danubio. Anghelopulos riflette sul proprio destino di esiliato e su quello del popolo dei Balcani, con grande malinconia e poca speranza. Peccato che ancora una volta la motivazione di tutto sia un film nel film. Anche qui tutto ha origine da una pellicola degli albori del cinema, girata dai fratelli Manakias. Purtroppo sembra proprio che i grandi registi non possano fare a meno di far girare poetica, dolore e plot intorno alla storia di un film. Gli autori santificati dal cinema ritengono il cinema la genesi e il destino di tutto, vita e arti. Davvero un grande e fastidioso limite. Sul set del film morì il grande attore italiano Gian Maria Volontè (dicembre 1994). ■ FANTASTICO; COL.; 130'; FRANCIA, GERMANIA, GRECIA, ITALIA, 1995. ■ CANNES 1 PR.

SGUARDO IMPLACABILE, LO *(The Wonderful Story)* ★★
Regia di REGINALD FOGWELL. Con ERIC BRANSBY WILLIAMS, WIN CLARE. ■ Un grave incidente ha causato un'infermità permanente a un giovane. Lo assistono il fratello e la fidanzata, che col passare del tempo finiscono per innamorarsi, nonostante le occhiatacce dell'infermo. I due si sposano e il malato continua a ossessionarli con il suo sguardo iettatorio. Per fortuna quando diventerà zio si metterà il cuore in pace. ■ DRAMMATICO; B/N; 92'; GRAN BRETAGNA, 1932.

SGUARDO NEL VUOTO *(The Lookout)* ★★
Regia di SCOTT FRANK. Con JEFF DANIELS, ISLA FISHER, MATTHEW GOODE, JOSEPH GORDON-LEVITT, CARLA GUGINO, BRUCE MCGILL, ALBERTA WATSON. ■ Chris Pratt guida a fari spenti nella notte per mostrare agli amici e alla fidanzata le lucciole che volano sopra una vecchia autostrada di campagna. Il gioco finisce contro una trebbiatrice che falcia la vita dei suoi compagni e segna per sempre la sua e quella della sua ragazza. Quattro anni dopo, Chris soffre ancora di vuoti di memoria e di narcolessia, ha problemi a mettere in sequenza gli eventi quotidiani e a rimuovere il senso di colpa. Lewis è un assistente sociale non vedente che lo aiuta a mettere in ordine i frame della sua esistenza. Ex campione di hockey su ghiaccio, Chris è impiegato come factotum presso una banca. Avvicinato dal losco Gary Spargo, una vecchia e dimenticata conoscenza scolastica, si fa convincere a rapinare la banca. Il disorientamento di Chris farà la differenza. ■ DRAMMATICO; COL.; 98'; USA, 2007.

SGUARDO UN SORRISO, UNO *(Looks and Smiles)* ★★★
Regia di KEN LOACH. Con GRAHAM GREEN, CAROLYN NICHOLSON, TONY PITTS. ■ Ritratto duro e pessimistico della gioventù negli ambienti operai di Liverpool alla fine degli anni Settanta. Il lavoro non si trova. L'unico modo per uscire da quella situazione alienante è arruolarsi per essere spediti a combattere l'Ira in Irlanda. Dalla padella nella brace. ■ DRAMMATICO; B/N; 104'; GRAN BRETAGNA, 1980. ■ CANNES 1 PR.

SHADOW ★★
Regia di FEDERICO ZAMPAGLIONE. Con NUOT ARQUINT, OTTAVIANO BLITCH, CHRIS COPPOLA, JAKE MUXWORTHY, KARINA TESTA. ■ Biker d'alta montagna, pedalatore solitario, David stavolta ha scelto il luogo sbagliato per le sue sgroppate della domenica. Girano brutte voci intorno al picco prescelto e le stesse persone del luogo ne sono abbastanza terrorizzate. La situazione si fa davvero pericolosa quando, per difendere una ragazza, David deve vedersela con due energumeni armati. Federico Zampaglione, di professione cantante dei Tiromancino e regista solo occasionalmente, mostra idee discrete su come si confeziona l'orrore. ■ HORROR; COL.; 80'; ITALIA, 2009.

SHADOWBOXER ★★
Regia di LEE DANIELS. Con STEPHEN DORFF, CUBA GOODING JR., MACY GRAY, HELEN MIRREN. ■ Mikey e Rose vivono a Philadelphia, sono amanti appassionati e killer a contratto spietati. Mikey è un pugile nero con un'infanzia dolorosa alle spalle, Rose una sofisticata lady bionda che di quell'infanzia si è presa amorevolmente cura. Età anagrafica e colore della pelle non sono

discriminanti per loro. Assoldati per uccidere la moglie, forse fedifraga, di un boss del crimine, scoprono che la donna è incinta. La gravidanza di Vicky diventa per Rose, consumata da un cancro all'ultimo stadio, una possibilità di redenzione. Nel giorno stabilito per eliminare Vicky, nasce a sorpresa suo figlio. I killer che spezzano vite, questa volta la concedono fuggendo dalla città con la donna e il bambino per scampare alla rappresaglia del boss. ■ AZIONE; COL.; 93'; USA, 2005.

SHADOWCHASER 4 *(Project Shadowchaser 4)* ★
Regia di MARK ROPER. Con TODD JENSEN, JENNIFER MACDONALD, FRANK ZAGARINO. ■ Alcuni extraterrestri vengono sulla Terra per procurarsi le sostanze necessarie a creare un certo elisir per loro vitale. Una comunità di primitivi ne possiede il segreto. ■ FANTASCIENZA; COL.; 99'; USA, 1996.

SHADOW DANCER, THE *(Shadows in the Sun)* ★★
Regia di BRAD MIRMAN. Con CLAIRE FORLANI, GIANCARLO GIANNINI, JOSHUA JACKSON, HARVEY KEITEL, ARMANDO PUCCI. ■ Weldon Parish è uno scrittore americano, autore di un libro di grande successo, amato dal pubblico e dalla critica. All'improvviso lascia l'America e decide di ritirarsi in un tranquillo borgo della campagna toscana, dove vive con le sue tre figlie e frequenta un gruppo di amici, tra cui spicca il prete del paese, padre Ferzetti. La sua quiete è interrotta dall'arrivo di un giovane giornalista, Jeremy Taylor, mandato da una casa editrice di New York con lo scopo di scoprire come mai abbia smesso di scrivere e per cercare di farlo tornare ai suoi romanzi. ■ COMMEDIA; COL.; 90'; FRANCIA, GRAN BRETAGNA, ITALIA, 2005.

SHADOW HOURS ★
Regia di ISAAC H EATON. Con BRAD DOURIF, FREDERIC FORREST, REBECCA GAYHEART, BALTHAZAR GETTY, PETER GREENE, PETER WELLER. ■ Los Angeles: Michael è un alcolizzato/drogato, ma pare sia riuscito a venirne fuori. Lavora di notte a una stazione di servizio ed è tutt'altro che contento della propria esistenza. Fra i tanti clienti gli si presenta un tale Stuart, raffinato e un po' inquietante, che lo invita a frequentare certi locali notturni della città. Si divertiranno. Da quel momento succede tutto, con la scusa del mondo notturno alternativo. Prostitute, gay, droga e tutto il resto. Film nel quadro "fondi di barile estivi". ■ DRAMMATICO; COL.; 87'; USA, 2001.

SHADOWHUNTERS – CITTÀ DI OSSA ★★
(The Mortal Instruments – City of Bones)
Regia di HARALD ZWART. Con JAMIE CAMPBELL BOWER, LILY COLLINS, KEVIN DURAND, ROBERT MAILLET, AIDA TURNER. ■ Clary Fray è una ragazza della Brooklyn contemporanea che vede ovunque simboli misteriosi e presenze inspiegabili. La madre non l'ha avvertita del suo imminente incontro con gli Shadowhunters, i cacciatori di demoni che popolano un mondo parallelo e con i quali Clary ha un legame ancestrale. Starà alla ragazza, accompagnata dall'amico *nerd* Simon, scoprire il proprio coinvolgimento nella battaglia contro il Male. ■ AVVENTURA, COL.; 130'; USA, 2013.

SHADOWMAN – IL TRIANGOLO DEL TERRORE ★
(Shadow Man)
Regia di MICHAEL KEUSCH. Con EVA POPE, VINCENT RIOTTA, STEVEN SEAGAL, IMELDA STAUNTON. ■ Quello che si presenta come un viaggio di piacere si rivela, per Jack Foster, l'inizio di una serie di frenetici inseguimenti e scontri armati. Lui, ex agente della Cia, è stato usato, a sua insaputa, come corriere per il trasporto della formula di un potentissimo virus letale. Ma agli ideatori del piano il gioco sfugge di mano quando qualcuno rapisce la figlia di Jack. Da qui si scatena una caccia all'uomo internazionale, tutti contro tutti. ■ AZIONE; COL.; 92'; GRAN BRETAGNA, ROMANIA, USA, 2006.

SHADOW PROGRAM ★★
Regia di GEORGE PAN COSMATOS. Con BEN GAZZARA, LINDA HAMILTON, CHARLIE SHEEN, DONALD SUTHERLAND. ■ Il presidente degli Stati Uniti d'America è vittima di una cospirazione da parte di alcuni suoi collaboratori. Ma il suo assistente in compagnia di un'avvenente cronista lo toglierà dai guai. Classica storia d'azione senza infamia né lode con un gruppo di attori professionalmente corretti. ■ THRILLER; COL.; 100'; USA, 1997.

SHADOWS OF TIME *(Schatten der Zeit)* ★★
Regia di FLORIAN GALLENBERGER. Con TANISHTA CHATTERJEE, IRFAN KHAN, PRASHANT NARAYANAN, TILOTAMA SHOME. ■ Ravi e Masha sono due bambini di Calcutta che lavorano in una fabbrica di tappeti e che rischiano di diventare schiavi come tutti i loro coetanei. L'unico modo per evitare la schiavitù è quello di avere molti soldi, così lavorano senza sosta per potersi comprare la libertà. Un giorno però Masha viene presa come schiava ed è Ravi a pagarle la libertà con i propri soldi; lei gli promette che ogni notte di luna piena lo aspetterà al tempio di Shiva. ■ DRAMMATICO; COL.; 122'; GERMANIA, 2004.

SHAFT ★★★
Regia di JOHN SINGLETON. Con CHRISTIAN BALE, DAN HADAYA, SAMUEL L. JACKSON, RICHARD ROUNDTREE, VANESSA WILLIAMS. ■ C'era una volta Shaft, il detective di colore che lanciava il look afro e diventava la punta di diamante della *blaxploitation*, il cinema nero che vinceva al botteghino. Perché andarlo a ripescare dopo tanti anni dalla sua prima uscita? Per crisi di idee? Una volta tanto no. Questa volta l'atletico e determinato poliziotto ha l'aspetto di Samuel L. Jackson abilissimo, nell'arco della stessa inquadratura, nel passare dalla durezza al sorriso. Non agisce più ad Harlem ma si muove nell'ambiente "in" di Manhattan ed ha la benedizione dello zio (l'ormai cinquantottenne Richard Roundtree, interprete del primo Shaft che qui ha un piccolo ruolo). Vuole a tutti costi incastrare un giovane riccone che conosce tutti i mezzi (legali) per sfuggire alla legge. Ma buoni e cattivi (secondo un accurato bilanciamento politically correct) stanno tra bianchi come tra i neri e Shaft altri non è che un Robin Hood metropolitano, sempre contro i potenti amorali e sempre a rischio di farsi radiare dalla polizia. ■ POLIZIESCO; COL.; 99'; USA, 2000

SHAFT COLPISCE ANCORA *(Shaft's Big Score!)* ★★
Regia di GORDON PARKS. Con MOSES GUNN, JOSEPH MASCOLO, RICHARD ROUNDTREE. ■ Il fratello della ragazza di Shaft muore nell'ufficio di una compagnia d'assicurazioni: accanto al suo cadavere viene trovata la cassaforte svuotata. Shaft si mette in caccia del colpevole, ma nemmeno gli altri stanno con le mani in mano. Gli altri sono la polizia e i mafiosi bianchi e neri che hanno interesse nella faccenda. Finisce con una sparatoria sulla tomba dell'amico di Shaft. Il detective si salva: l'assassino e il capo mafia bianco no. ■ POLIZIESCO; COL.; 104'; USA, 1972.

SHAFT E I MERCANTI DI SCHIAVI *(Shaft in Africa)* ★★★
Regia di JOHN GUILLERMIN. Con FRANK FINLAY, SPIROS FOCAS, VONETTA MCGEE, RICHARD ROUNDTREE. ■ Terzo "Shaft". Qui deve indagare su una misteriosa organizzazione che commercia in schiavi dall'Africa all'Europa. Si reca in Etiopia dove ripercorre la pista della tratta. Il capolinea è Parigi, dove il detective riesce a individuare l'onnipotente capo dell'organizzazione. ■ POLIZIESCO; COL.; 112'; USA, 1973.

SHAFT IL DETECTIVE *(Shaft)* ★★★
Regia di GORDON PARKS. Con CHARLES CIOFFI, MOSES GUNN, LAWRENCE PRESSMAN, RICHARD ROUNDTREE. ■ Primo capitolo di "Shaft". Il detective color cioccolato deve indagare sul rapimento della figlia di un capomafia nero. La polizia sospetta il movimento delle Pantere Nere, ma i veri colpevoli sono alcuni mafiosi bianchi. Shaft individua il loro covo, lo mette a ferro e fuoco e libera la ragazza. Con un certo ritardo arriva l'ufficiale di polizia bianco amico di Shaft a prendersi il merito dell'operazione. ■ POLIZIESCO; COL.; 100'; USA, 1971. ■ GOLDEN GLOBES 1 PR, 1 NOM; OSCAR 1 PR, 2 NOM.

SHAGGY DOG – PAPÀ CHE ABBAIA... NON MORDE *(Shaggy Dog)* ★★
Regia di BRIAN ROBBINS. Con TIM ALLEN, SPENCER BRESLIN, KRISTIN DAVIS, ROBERT DOWNEY JR., DANNY GLOVER, ZENA GREY. ■ Tim Allen si trasforma da padre di famiglia in cane di casa e viceversa in questa inedita rivisitazione del classico della commedia Disney, *The Shaggy Dog* (*Geremia, cane e spia*). Tutto ha inizio quando lo stakanovista vice procuratore distrettuale Dave Douglas è incaricato di un caso in cui è coinvolto un labo-

ratorio per la sperimentazione animale – una circostanza che ancora una volta lo allontanerà dalla moglie e dai figli, che già subiscono la mancanza delle sue attenzioni. Ma quando Dave viene contagiato con un segretissimo siero per la mutazione genetica, tutto quello che aveva creduto di sé e della sua famiglia cambia. Ora, grazie alle sue orecchie rizzate di fresco e al suo punto d'osservazione privilegiato sul tappeto di casa, Dave conquisterà una prospettiva del tutto nuova sui segreti e i sogni della sua famiglia. ■ COMMEDIA; COL.; 98'; USA, 2006.

SHAG L'ULTIMA FOLLIA *(Shag – The Movie)* ★★
Regia di ZELDA BARRON. Con PHOEBE CATES, BRIDGET FONDA, ANNABETH GISH, PAGE HANNAH, TYRONE POWER JR. ■ Siamo a Myrtle Beach, Sud Carolina, intorno al 1963, dove alcune ragazze stanno per fare il loro debutto in società. Una di loro è sul punto di sposarsi e con le amiche decide di fare gli ultimi bagordi. Sarà un fine settimana movimentato. ■ COMMEDIA; COL.; 96'; USA, 1989.

SHAITAN, IL DIAVOLO DEL DESERTO ★★
(Fortune carrée)
Regia di BERNARD BORDERIE. Con PEDRO ARMENDARIZ, FOLCO LULLI, PAUL MEURISSE, ANNA MARIA SANDRI. ■ Shaitan non è un uomo, ma un cavallo, il leggendario destriero dell'ancora più leggendario guerriero arabo Ingricheff. Ingricheff mette all'inizio il suo braccio al servizio dell'Iman che sta combattendo una guerra contro le tribù nomadi, ma presto viene in conflitto con il suo datore di lavoro e si schiera dall'altra parte. Riporta numerosi successi in battaglia, ma un giorno, durante la sua assenza, le truppe dell'Iman assaltano i nomadi e ne fanno strage. Ingricheff, però, torna e raduna i superstiti. Proseguirà coraggiosamente la lotta contro l'Iman, anche se con scarse probabilità di vittoria. ■ AVVENTURA; COL.; 130'; FRANCIA, 1955.

SHAKESPEARE A COLAZIONE *(Whitnail and I)* ★★★
Regia di BRUCE ROBINSON. Con MICHAEL ELPHICK, RICHARD E. GRANT, PAUL MCGANN. ■ È la storia di due giovani attori senza fortuna. Finché sono due morti di fame, sono anche amici per la pelle. Ma un giorno uno dei due intraprende decisamente la scalata al successo. L'altro rimane al palo. Sarà la fine dell'amicizia. ■ COMMEDIA; COL.; 105'; GRAN BRETAGNA, 1987.

SHAKESPEARE IN LOVE ★★★★🏆
Regia di JOHN MADDEN. Con BEN AFFLECK, JUDI DENCH, RUPERT EVERETT, JOSEPH FIENNES, COLIN FIRTH, GWYNETH PALTROW, GEOFFREY RUSH. ■ Nella Londra del giovane Shakespeare e di Elisabetta I si combattono vere battaglie fra teatri per assicurarsi le opere di scrittori come William, appunto, e Christopher Marlowe, che ha appena scritto il suo *Faustus*. Shakespeare vorrebbe scrivere una storia di pirati, poi "ripiega" su *Giulietta e Romeo*. Si sa che solo gli uomini potevano salire sul palcoscenico, ma la giovane e bellissima Viola (Paltrow), divorata dalla passione per il teatro, si traveste da uomo per interpretare Giulietta. Fra l'equivoco iniziale e la rappresentazione del dramma William e Viola si amano furiosamente. C'è anche la regina, che benedice la pièce, ma non l'amore dei due. Costumi e ricostruzione straordinari, sceneggiatura vivace, debordante e magnificamente bugiarda (Marc Norman, Tom Stoppard). Insomma cinema vero, e anche cinema nuovo. Una storia piena di sicurezze su un personaggio del quale di sicuro si sa pochissimo: una certa corrente nega persino la sua esistenza. Comunque ben vengano, in cinema, queste licenze, fanno parte della sua natura e del suo gioco, e qui il gioco è davvero bello. Si sono riviste scene d'amore finalmente "naturali", con "baci e abbracci" che il cinema sembrava aver disimparato. È senz'altro il trionfo della Paltrow, ormai buona per tutti i ruoli, un po' Grace Kelly e un po' Audrey Hepburn, in procinto di diventare la numero uno di Hollywood. E ha vinto l'Oscar. Il film aveva avuto tredici candidature, sette sono diventate statuette, alcune molto importanti (al film, alla sceneggiatura, e alla straordinaria Judy Dench che fa Elisabetta per otto minuti). *Shakespeare* è stato il film dell'anno, e sarà certamente un precursore. ■ STORICO; COL.; 122'; USA, 1998. ■ BERLINO 🏆 1 PR; GOLDEN GLOBES 🏆 3 PR, 6 NOM; OSCAR 🏆 7 PR, 13 NOM.

SHALAKO ★★★
Regia di EDWARD DMYTRYK. Con BRIGITTE BARDOT, HONOR BLACKMAN, STEPHEN BOYD, SEAN CONNERY. ■ Shalako è un famoso scout che ha negoziato con fatica e pazienza la pace con i pellirosse. Ma a guastargli le uova nel paniere arriva una comitiva di turisti europei, venuta da quelle parti per una battuta di caccia. I turisti sono spocchiosi e prepotenti, e i loro battitori una banda di emeriti delinquenti. Per poco non scoppia un'altra guerra indiana. Comunque ci lasciano la pelle metà dei turisti e tutti i battitori. Shalako, affrontando e sconfiggendo (ma non uccidendo) in singolar tenzone il capo indiano, riuscirà a salvare l'altra metà e a riportare la pace in quelle regioni. ■ WESTERN; COL.; 113'; GRAN BRETAGNA, 1968.

SHALL WE DANCE? ★★
Regia di PETER CHELSOM. Con BOBBY CANNAVALE, RICHARD GERE, ANITA GILLETTE, JENNIFER LOPEZ, SUSAN SARANDON, STANLEY TUCCI, LISA ANN WALTER. ■ Nella vita è sempre necessario vivere in armonia, a ritmo di musica, e un uomo di mezza età, che trascorre le sue giornate fra casa e ufficio, con una moglie e due figli, ne è consapevole, e deve trovare una soluzione. John, un Richard Gere piacevole e divertito, riscoprirà nel ballo e in un'affascinante insegnante l'amore per le cose che ha. Una potenzialmente interessante analisi sulla vita "routinaria" nella società odierna, questa commedia americana, che ha la sua forza nei ruoli comprimari, fra cui spicca un'irresistibile Stanley Tucci, si lascia andare negli ultimi minuti, con una superficiale riflessione sulla crisi matrimoniale e uno zuccheroso lieto fine. Si deve ammettere, d'altra parte, che il Gere danzante e i suoi compagni di ballo strappano più di un sorriso, soprattutto nella parte iniziale quando impacciati affrontano i primi passi. ■ MUSICALE; COL.; 106'; USA, 2004.

SHAME ★★
Regia di STEVE MCQUEEN. Con JAMES BADGE DALE, NICOLE BEHARIE, MICHAEL FASSBENDER, CAREY MULLIGAN, HANNAH WARE. ■ Brandon ha un problema di dipendenza dal sesso che gli impedisce di condurre una relazione sentimentale sana e lo imprigiona in una spirale di varie altre dipendenze. Nulla traspare all'esterno: Brandon ha un appartamento elegante, un buon lavoro ed è un uomo affascinante che non ha difficoltà a piacere alle donne. Al suo interno, però, è un inferno di pulsioni compulsive. Va ancora peggio alla sorella Sissy, bella e sexy, ma più giovane e fragile, la quale passa da una dipendenza affettiva ad un'altra ed è sempre più incapace di badare a se stessa o di controllarsi. Alla prigionia del carcere, dove l'uomo è privato di tutto, si sostituisce qui una trappola mentale altrettanto incatenante e umiliante, favorita paradossalmente dalla libertà di potersi comprare tutto e subito: una escort, una stanza d'albergo o un film. È l'altra faccia della società "on demand" quella che McQueen racconta in questo dramma privatissimo solo all'apparenza, venato di una tristezza senza freni. ■ DRAMMATICO; COL.; 99'; GRAN BRETAGNA, 2011.

SHAMPOO ★★★
Regia di HAL ASHBY. Con WARREN BEATTY, JULIE CHRISTIE, LEE GRANT, GOLDIE HAWN, JACK WARDEN. ■ Amori e disavventure di un giovane parrucchiere per signora, scatenato dongiovanni. All'inizio si giostra un terzetto di belle donne (un'attrice, una signora del bel mondo, la moglie di un miliardario) e gli va bene finché il caso (o meglio una combinazione d'affari, il tentativo da parte del parrucchiere di farsi aprire un negozio dal miliardario) non le fa incontrare. Va male per il parrucchiere, ma benissimo per le donne che trovano tutte una soddisfacente soluzione ai loro problemi. ■ COMMEDIA; COL.; 109'; USA, 1976. ■ GOLDEN GLOBES 4 NOM; OSCAR 1 PR, 4 NOM.

SHANGAI TRIAD – LA TRIADE DI SHANGAI ★★
(Shangai Triad)
Regia di ZHANG YIMOU. Con LI BAOTIAN, SUN CHUN, GONG LI, XUEJIAN LI. ■ Nella Shangai degli anni Trenta il quattordicenne Shuisheng si mette al servizio della donna di un grande boss. Ben presto è completamente coinvolto nelle fortune e sfortune del "capomafia". Buon prodotto, ma da non enfatizzare. Chi ricorda

Billy Bathgate, oppure *Cotton Club*, se non addirittura le gangster-story degli anni Trenta, ha subito la sensazione del già visto, seppur confezionato con sfarzo patinato. La pupa del gangster viziata e arrogante (che naturalmente canta al night) è la stessa vista più volte. Le nuove culture sono bene accette, ma *Shangai* non è *Lanterne rosse*, che illustrava davvero sentimenti e riti sconosciuti. Il regista venuto dall'Estremo Oriente deve ricorrere alle storie di mafia; il mito è bell'e finito. ■ DRAMMATICO; COL.; 198'; USA, 1996. ■ OSCAR 1 NOM.

SHANGHAI ★★★
Regia di JAMES FLOOD. Con CHARLES BOYER, WARNER OLAND, ALISON SKIPWORTH, LORETTA YOUNG. ■ Love story fra il giovane Charles Boyer, nella parte di un mercante eurasiatico, e Loretta Young, ereditiera americana. Tutti credono che Boyer sia russo e si scandalizzano, compresa l'ereditiera, quando lui rivela che sua madre era cinese. La ragazza però si pente e gli corre dietro dichiarandosi disposta a sposarlo: pazienza se i figlioli verranno con gli occhi a mandorla. Ma lui intanto ha saputo che la madre era morta suicida, non reggendo allo scandalo e alla pubblica riprovazione per il suo matrimonio con un russo. ■ DRAMMATICO; B/N; 75'; USA, 1935.

SHANGHAI *(Shanghai 1920)* ★★
Regia di LEONG PO-CHIH. Con BILLY COHEN, LORETTA LEE, JOHN LONE, ADRIAN PASDAR. ■ Dawson, americano, e Fong, cinese, sono due ragazzi che si aiutano a vicenda in situazioni non facili, giungendo sino a uccidere. Si ritrovano da grandi e il loro sodalizio continua in un mondo in cui la Triade domina incontrastata. John Lone, dopo Bertolucci e in attesa di Cronenberg (*M. Butterflay*), dimostra di essere un bravo attore che aspetta di copioni più elaborati di questo. ■ DRAMMATICO; COL.; 112'; HONG KONG, 1991.

SHANGHAI DREAMS ★★
Regia di WANG XIAO-SHUAI. Con BIN LI, XUEYANG WANG, ANLIAN YAN, GAO YUANYUAN. ■ Anni Sessanta. Molti lavoratori delle grandi città vengono inviati in provincia per sviluppare l'industria locale. La protagonista diciannovenne trova il primo amore ma anche la prima profonda delusione che la marcherà per la vita. Il ritorno a Shanghai non sarà portatore di speranza. Un melò di discreta fattura che cerca di mescolare nell'arco di due ore la rivisitazione di un periodo della storia cinese recente con una vicenda d'amore adolescenziale. Un Matarazzo orientale. Niente di più. ■ DRAMMATICO; COL.; 120'; CINA, 2005. ■ CANNES 1 PR.

SHANGHAI EXPRESS ★★★★
Regia di JOSEF VON STERNBERG. Con CLIVE BROOK, MARLENE DIETRICH, WARNER OLAND, EUGENE PALLETTE, ANNA MAY WONG. ■ Su un treno che percorre la Cina sconvolta dalla rivoluzione viaggiano una prostituta, Shanghai Lil, un ufficiale inglese che un tempo fu suo amante, un commerciante eurasiatico che poi si rivelerà un "signore della guerra" cinese. Costui vorrebbe uccidere l'ufficiale, ma interviene Lil che eroicamente gli si offre purché il suo ex amore sia salvo. L'ex amore però non apprezza il sacrificio e la tratta da malafemmina. Ma quando il cattivo viene ucciso, Lil può spiegare tutto all'ufficiale. Arriveranno alla fine a Shanghai come due sposini in viaggio di nozze. ■ AVVENTURA; B/N; 80'; USA, 1932. ■ OSCAR 1 PR, 2 NOM.

SHANGHAI – IL DRAMMA DI SHANGHAI ★★★
(Le Drame de Shanghai)
Regia di GEORG WILHELM PABST. Con DORVILLE, LOUIS JOUVET, ELINA LABOURDETTE, RAYMOND ROULEAU. ■ A Shanghai, negli anni Trenta, una canzonettista viene ricattata da un suo ex amante, una spia russa. Costui la costringe a predisporre una trappola di cui dovrebbe cader vittima un uomo politico cinese che ha giurato di sterminare una setta di assassini. L'agguato però non ha successo e la cantante uccide il russo che voleva fargliela pagare. Poi la donna s'imbarca per l'Europa con la figlia, ma mentre sale a bordo gli uomini della setta la raggiungono e la uccidono. ■ DRAMMATICO; B/N; 92'; FRANCIA, 1938.

SHANGHAI SURPRISE ★★
Regia di JIM GODDARD. Con PAUL FREEMAN, MADONNA, SEAN PENN. ■ Protagonisti Madonna, missionaria laica, e Sean Penn (a quel tempo suo marito), piazzista di orrende cravatte, in un'intricata vicenda. Shanghai nel 1937, Miss Gloria Tatlock vi giunge con un sedicente missionario, Faraday, che vuole recuperare il carico di pietre preziose e di oppio, trafugati dai servi di un temibile ufficiale cinese, Mei Gan. Glendon Wasey, il piazzista, rimasto senza soldi, li aiuta. Avventure a non finire nell'Oriente torbido smaschereranno Faraday e il cinese cattivo e il malloppo ritrovato verrà destinato a scopi umanitari. Madonna e Penn non danno proprio il meglio in questo revival del film d'avventura esotico anni Trenta. ■ AVVENTURA; COL.; 97'; USA, 1986.

SHANGO LA PISTOLA INFALLIBILE ★★
Regia di EDOARDO MULARGIA. Con EDUARDO FAJARDO, MAURICE POLI, ANTHONY STEFFEN. ■ Shango è un ranger del Texas in lotta contro un possidente messicano e un bandito che gli fa da sicario. Catturato e liberato a più riprese, Shango rischia tante volte di rimetterci la pelle, ma alla fine con l'aiuto di un gruppo di peones riesce a prevalere sui due cattivoni. ■ WESTERN; COL.; 93'; ITALIA, 1970.

SHANKS ★★
Regia di WILLIAM CASTLE. Con LARRY BISHOP, PHILIPPE CLAY, MARCEL MARCEAU. ■ Un burattinaio resuscita il suo padrone, uno scienziato che riusciva a dare la vita ai morti attraverso le scariche elettriche. Nella parte del burattinaio e dello scienziato lo stesso attore, il più favoloso dei mimi, Marcel Marceau. Il film vale come curiosità. Nel campo del cinema di spavento, prima e dopo, Castle ha fatto di meglio. ■ HORROR; COL.; 91'; USA, 1974. ■ OSCAR 1 NOM.

SHANNON SENZA PIETÀ *(Embassy)* ★★★
Regia di GORDON HESSLER. Con CHUCK CONNORS, RAY MILLAND, RICHARD ROUNDTREE, MAX VON SIDOW. ■ Un funzionario russo si presenta all'ambasciata americana in un paese del Medio Oriente chiedendo rifugio in cambio di importanti rivelazioni. Mentre l'ambasciatore chiama Washington per istruzioni, un sicario del Kgb tenta di uccidere il rifugiato. Shannon, un agente del consolato, sventa l'attentato, ma il russo è comunque ferito. Shannon egualmente riuscirebbe a portarlo in salvo in America, se da Washington non arrivasse il contrordine: l'uomo deve restare dov'è. Forse, in cambio di una contropartita, verrà persino restituito ai suoi connazionali. ■ SPIONAGGIO; COL.; 90'; USA, 1972.

SHAOLIN SOCCER *(Siu lam juk kau)* ★★★
Regia di STEPHEN CHOW. Con CECILIA CHEUNG, MAN TAT NG, YIN TSE, VICKI ZHAO. ■ Un giocatore di calcio ormai ritiratosi dalla carriera incontra uno studente di shaolin kung fu che aiuta a riconciliarsi con i suoi cinque fratelli. Mescolando l'arte marziale e le regole del calcio il gruppo creerà interessanti e comiche varianti alla pratica sportiva. Campione d'incassi a Hong Kong nel 2001 e ben accolto dalla critica, conferma Stephen Chow come il più interessante attore/regista del cinema hongkonghese, capace anche di coniugare tematiche sociali (vedi i riferimenti alla crisi finanziaria che ha colpito l'Asia pochi anni prima) con il divertimento e l'omaggio al suo idolo di genere Bruce Lee. Non mancano gli effetti speciali che però non "divorano" la storia. Agli appassionati del cinema orientale (e forse non solo a loro) non potrà non piacere. ■ AZIONE; COL.; 87'; HONG KONG, 2001.

SHAOLIN TEMPLE *(Shao Lin Tzu)* ★★
Regia di CHANG HSIN YEN, XINYAN ZHANG. Con CHUEN HUA-CHI, JET LI, CHENG-HUI YU, HAI YU. ■ Segnando l'esordio sul grande schermo per un Jet Li poco più che ventenne, *Shaolin Temple* si impose alla sua uscita come un clamoroso successo "artigianale". Lontano dai ritmi e dalle tecniche produttive dell'industria di Hong Kong, questo distillato di arti marziali ha come protagonisti atleti provenienti dalle più rinomate scuole di wushu di tutta la Cina, con Jet Li, proveniente dal team nazionale, come punta di diamante. ■ AZIONE; COL.; 111'; CINA, 1979.

SHARAZ ★★
Regia di JOSÉ MARIA ELORRIETA. Con JEFF COOPER, LUCIANA PALUZZI, RUBEN ROJO, RAF VALLONE. ■ Sharaz è un folletto che assume le sembianze di una bella ragazza per aiutare un giovane arabo a vendicare la morte del padre. Il padre era il signore di Gra-

nada e il suo vizir, con l'inganno, l'aveva spodestato e ucciso. Il figlio uccide il vizir. ■ AVVENTURA; COL.; 94'; ITALIA, 1968.

SHARK – ROSSO NELL'OCEANO ★★

Regia di LAMBERTO BAVA. Con WILLIAM BERGER, DAGMAR LASSANDER, VALENTINE MONNIER. ■ Una spaventosa, enorme piovra semina morte e distruzione. Si scoprirà che il mostro è stato creato in laboratorio per scopi criminali. Italiano di imitazione hollywoodiana. ■ AVVENTURA; COL.; 90'; ITALIA, 1984.

SHARK TALE ★

Regia di ERIC BERGERON, VICKY JENSON. Voci di JACK BLACK, ROBERT DE NIRO, DOUG. E. DOUG, PETER FALK, MICHAEL IMPERIOLI, ANGELINA JOLIE, JAMES MADIO, ZIGGY MARLEY, VINCENT PASTORE, MARTIN SCORSESE, WILL SMITH, RENÉE ZELLWEGER. ■ *Shark Tale* delude su tutti i fronti. La trama è semplicistica e banale e gli spunti comici si sviluppano solo grazie a numerossimi riferimenti metacinematografici, che alla fine però sanno un po' di stantio. Ovviamente la moraletta di contorno non può mancare, ma *Nemo* è lontano anni luce. Si salverebbero le interpretazioni degli attori-pesci originali (Smith, De Niro, Zelleweger, Jolie, Black e Scorsese) se non fossero annientate dal doppiaggio italiano. ■ ANIMAZIONE; COL.; 90'; USA, 2004.

SHARK 3D *(Bait)* ★★

Regia di KIMBLE RENDALL. Con JULIAN MCMAHON, XAVIER SAMUEL, PHOEBE TONKIN, SHARNI VINSON. ■ Uno tsunami colpisce le coste australiane invadendo buona parte della città, compreso un supermercato in cui stava avvenendo una rapina. I sopravvissuti, impossibilitati ad uscire tra le macerie, scoprono presto uno squalo di grosse dimensioni trasportato assieme all'acqua. *Shark 3D* parte con premesse di grande interesse, ma non riesce ad essere alla loro altezza. Il cinema d'assedio, in uno dei massimi simboli del consumismo (il supermercato), associato al cinema di paura. ■ THRILLER; COL.; 93'; AUSTRALIA, 2012.

SHARM EL SHEIKH. UN'ESTATE INDIMENTICABILE ★

Regia di UGO FABRIZIO GIORDANI. Con ENRICO BRIGNANO, MAURIZIO CASAGRANDE, CECILIA DAZZI, GIORGIO PANARIELLO, MICHELA QUATTROCIOCCHE. ■ Romano e De Pascalis sono colleghi occupati presso un'azienda assicurativa. Amici cordiali, diventano rivali accaniti in seguito alla minaccia di licenziamento per esubero. Decisi a non perdere il posto, la casa, lo status sociale e le rispettive consorti, i due agenti partiranno alla volta di Sharm el Sheikh, dove si gode sole e denaro il loro nuovo boss. ■ COMMEDIA; COL.; 90'; ITALIA, 2010.

SHARON'S BABY *(I Don't Want to Be Born)* ★★

Regia di PETER SASDY. Con EILEEN ATKINS, JOAN COLLINS, DONALD PLEASENCE. ■ Una donna dà alla luce un piccolo mostro che fa del male a chiunque lo avvicini. Una suora, sorella del padre, sospetta che il bimbo sia posseduto dal demonio, e ne ha la prova quando il piccolo uccide i genitori e un medico. La religiosa pronuncia un esorcismo e libera il neonato dalle forze sataniche. ■ DRAMMATICO; COL.; 94'; GRAN BRETAGNA, 1975.

SHAUN OF THE DEAD ★★★

Regia di EDGAR WRIGHT. Con KATE ASHFIELD, NICOLA CUNNINGHAM, LUCY DAVIS, NICK FROST, DYLAN MORAN, SIMON PEGG. ■ Ci troviamo da subito catapultati nella vita di Shaun, trentenne che non riesce a dare una svolta alla propria vita, e a dire la verità, nemmeno ci prova. Lo stralunato protagonista è messo alle strette dalla fidanzata, e in poco convinti tentativi di "cambiare" riuscirà solo a farsi scaricare. Immerso nei propri guai e pensieri, una mattina si renderà improvvisamente conto, in compagnia dello sfaccendato ed inseparabile amico Ed, che le strade sono invase da zombi. Comincerà così una spassosa corsa per raggiungere i propri cari e mettersi al sicuro. Film non per tutti i palati, ma che indubbiamente ha da dire la sua. ■ HORROR; COL.; 99'; GRAN BRETAGNA, 2004.

SHE ★★

Regia di AVI NESHER. Con SANDAHL BERGMAN, DAVID GESS, QUIN KESSLER, HARRISON MULLER. ■ Siamo sulla Terra, dopo l'olocausto nucleare. I sopravvissuti sono tornati allo stato primitivo e vige la legge del più forte. Soltanto She, una bellissima e coraggiosa guerriera, riesce a dominare su una popolazione nella quale gli uomini sono relegati al rango di esseri inferiori. ■ FANTASCIENZA; COL.; 100'; GERMANIA, 1982.

SHEBA BABY ★★

Regia di WILLIAM GIRDLER. Con PAM GRIER, D'URVILLE MARTIN, AUSTIN STOCKER. ■ Una bella ragazza nera vendica la morte del padre ucciso da un gruppo di terroristi bianchi, al soldo di un potente uomo d'affari. La canzone leit-motiv è cantata da Barbara Mason. ■ THRILLER; COL.; 91'; USA, 1975.

SHE-DEVIL – LEI, IL DIAVOLO *(She-Devil)* ★★★

Regia di SUSAN SEIDELMAN. Con ROSEANNE BARR, ED BEGLEY JR, LINDA HUNT, SYLVIA MILES, MERYL STREEP. ■ Una moglie grassa e goffa, Ruth, è tradita dal marito ipercritico per una cinguettante scrittrice di romanzi rosa, che vive nel quotidiano l'atmosfera piccante e dolciastra dei suoi libri. La tanto criticata moglie darà del filo da torcere all'ambizioso marito in carriera rivelando aspetti ingegnosi e diabolici che ogni donna scopre quando è messa di fronte a una rivale. Ognuno imparerà qualcosa e tutti usciranno dall'esperienza arricchiti. Film piacevole con una vena di sarcasmo e tinte grottesche. La Streep dà vita, con risatine nervose e sorrisi maliziosi, a un personaggio lezioso che contrasta con la sciatteria intelligente e acuta di Roseanne Barr. ■ COMMEDIA; COL.; 102'; USA, 1989. ■ GOLDEN GLOBES 1 NOM.

SHE-DEVILS ON WHEELS ★★

Regia di HERCHELL GORDON LEWIS. Con BETTY CONNELL, NANCY LEE NOBLE, PAT POSTON. ■ Lewis, inventore del "gore" e ispiratore di John Waters, in un film sottotono ma di successo. Alcune motocicliste denominate "Mangiauomini" vogliono vendicare una compagna aggredita da una banda di teppisti. ■ DRAMMATICO; COL.; 85'; USA 1968.

SHEENA LA REGINA DELLA GIUNGLA ★★
(Sheena the Queen of the Jungle)

Regia di JOHN GUILLERMIN. Con TANYA ROBERTS, TREVOR THOMAS, TED WASS. ■ Dal regista di *King Kong* una fiaba ambientata in luoghi di sogno: l'ex "Charlie's angel" Tanya Roberts è la bionda Sheena, regina di una pacifica tribù dell'Africa nera che vive in un mondo idilliaco dove anche le belve feroci sono amichevoli. La tranquillità del luogo viene però scossa dagli intrighi di corte del regno vicino, ma penserà Sheena a rimettere le cose a posto. Per ragazzi. ■ AVVENTURA; COL.; 117'; GRAN BRETAGNA, 1984.

SHEER ★★

Regia di RUBEN MAZZOLENI. Con JAARON BARCELO, JUAN CRUZ POCHAT, MICHAEL JEFFERSON, FRANCES E. KOEPENICK. ■ New York ai nostri giorni. Joe e Nick sono amici da lungo tempo: uno vive di espedienti, ha un padre alcolizzato e un fratello che soffre di ritardo mentale, l'altro ha una madre affettuosa e ha intrapreso la carriera legale. Joe chiede a Nick di tenere una borsa, di cui deve ignorare il contenuto, fino all'indomani. È l'inizio dei loro guai. Con un film costato 50.000 dollari, Mazzoleni esordisce al cinema con un'opera di cui co-firma la sceneggiatura con Juan Cruz Pochat che è anche produttore. Il soggetto non brilla per originalità ma sono le scelte stilistiche a rendere questo esordio promettente. A partire da un intenso bianco e nero (fotografia di Daniele Napolitano) che sottolinea, con note cromatiche che ricordano il primo Jarmusch, il vuoto esistenziale dei due protagonisti. ■ THRILLER; B/N; 91'; USA, 2012.

SHE HATE ME – LEI MI ODIA *(She Hate Me)* ★

Regia di SPIKE LEE. Con ELLEN BARKIN, MONICA BELLUCCI, JIM BROWN, BRIAN DENNEHY, WOODY HARRELSON, BAI LING, DANIA RAMIREZ, JOHN TURTURRO. ■ La prima cosa che uno spettatore potrebbe domandarsi alla fine dell'ultima pellicola del più famoso regista afroamericano della storia del cinema americano è: ma l'autore di *She Hate Me* è lo stesso autore de *La 25ma ora*? È impazzito? Ha subito traumi o esaurimenti nervosi che ne hanno inaridito la vena creativa? E sarebbero tutte domande lecite perché questo non è solo (e di gran lunga) il peggior film di Spike Lee, ma anche una delle pellicole più sconclusionate, volgari e banali degli ultimi anni. Già dopo i primi venti minuti non si capisce bene da che parte voglia parare il film. L'incipit fa pensare ad un thriller con spionaggio industriale e annessa polemica politico sociale, poi si cambia totalmente registro e si affrontano tematiche delicate come l'omosessualità femminile e il desiderio/possibilità per le coppie gay di avere figli, alla fine si piomba in un *helzappoppin* che riesce a tirare dentro in un unico calderone la mafia, il watergate, baci saffici e che ha come disgustosa fine un happy-end posticcio, ma che più posticcio non si può. ■ COMM. DRAMMATICA; COL.; 138′; USA, 2004.

SHEILA LEVINE: UNA DONNA UNA CITTÀ ★★
(Sheila Levine is Dead and Living in New York)
Regia di SIDNEY J. FURIE. Con JEANNIE BERLIN, SID MELTON, ROY SCHEIDER. ■ Da un romanzo (in parte autobiografico) di Gail Parent. Sheila è una ragazza di provincia che va a vivere a Manhattan, decisa a conquistare l'amore e il successo. L'amore sembra presto incarnarsi nella persona di un giovane medico, che se la porta a letto. Per lui è solo un'avventura. Ma Sheila s'innamora davvero e la sua depressione diventa nevrosi quando l'uomo si mette a corteggiare la sua compagna di camera. ■ COMMEDIA; COL.; 93′; USA, 1975.

SHELTER. IDENTITA' PARANORMALI ★
Regia di MÅNS MÅRLIND, BJÖRN STEIN. Con NATHAN CORDDRY, FRANCES CONROY, JULIANNE MOORE, BROOKLYNN PROULX, JONATHAN RHYS-MEYERS. ■ Un film sulle personalità multiple che ci ricordano la fragilità della mente umana. Cara Jessup è una psichiatra forense tosta e convinta delle proprie idee, tra le quali c'è quella che le personalità multiple non esistono realmente, sono solo suggestioni. Suo padre, il dottor Harding, le sottopone il caso di David Bernburg, un giovane sulla sedia a rotelle disturbato e arrestato per vagabondaggio. David è un caso interessante. ■ THRILLER; COL.; 112′; USA, 2010.

SHENANDOAH LA VALLE DELL'ONORE ★★★
(Shenandoah)
Regia di ANDREW V. MCLAGLEN. Con ROSEMARY FORSYTH, DOUG MCCLURE, KATHARINE ROSS, JAMES STEWART. ■ La valle del fiume Shenandoah, in Virginia, nel 1864 viene messa a ferro e fuoco dalle armate del generale Sheridan. James Stewart è un *farmer*, il patriarca di una numerosa famiglia che dal conflitto vorrebbe star fuori. Ma la guerra viene a cercarlo ugualmente. Muoiono due figli e la nuora. Il genero è catturato dai nordisti: il figlio, arruolato a forza fra i sudisti, viene dato per disperso. Il papà se lo vedrà, inaspettatamente, tornare a casa a guerra finita. ■ WESTERN; COL.; 90′; USA, 1965. ■ OSCAR 1 NOM.

SHERAZADE *(Song of Sheherezade)* ★
Regia di WALTER REISCH. Con JEAN-PIERRE AUMONT, YVONNE DE CARLO, BRIAN DONLEVY. ■ Fantasiosa biografia del musicista russo dell'Ottocento Rimsky-Korsakov. Cadetto della Marina zarista, conosce in un porto d'Oriente una nobile decaduta costretta a fare la ballerina. S'innamora e per lei scrive il balletto *Sheherazade*. Più tardi, dopo molte peripezie, i due riusciranno a raggiungere la Russia, dove Rimsky otterrà il successo. ■ MUSICALE; COL.; 106′; USA, 1947.

SHERLOCK HOLMES ★★
Regia di WILLIAM K. HOWARD. Con CLIVE BROOK, REGINALD OWEN, ERNEST TORRENCE. ■ Il dottor Moriarty, l'implacabile nemico di Sherlock Holmes, sfugge alla forca e rapisce una signora, di cui è innamorato il poliziotto di Baker Street. Un nuovo scontro fra i due rivali è inevitabile. Dal dramma di David Gillette. ■ GIALLO; B/N; 68′; USA, 1932.

SHERLOCK HOLMES ★★
(Der Mann, der Sherlock Holmes war)
Regia di KARL HARTL. Con HANS ALBERS, MARIE LOUISE CLAUDIUS, HEINZ RÜHMANN. ■ Un investigatore non trova clienti. Ma appena decide di spacciarsi per Sherlock Holmes e di andare in giro abbigliato come il famoso detective le cose cambiano. Finché il gioco non diventa troppo pericoloso per lui. ■ GIALLO; B/N; 112′; GERMANIA, 1937.

SHERLOCK HOLMES ★★★
Sherlock Holmes and the Spider Woman)
Regia di ROY WILLIAM NEILL. Con NIGEL BRUCE, BASIL RATHBONE, GALE SONDERGAARD. ■ Sherlock alle prese con la terribile Donna Ragno. Costei è a capo di una banda che specula sui suicidi, che in realtà sono omicidi: la Donna Ragno assicura le persone sulla vita per poi convincerle a darsi la morte. Sherlock la debellerà. ■ GIALLO; B/N; 73′; USA, 1940.

SHERLOCK HOLMES ★★★
Regia di GUY RITCHIE. Con ROBERT DOWNNEY JR., JUDE LAW, RACHEL MCADAMS, KELLY REILLY, MARK STRONG. ■ Sul finire dell'Ottocento, Londra è una città affascinante e pericolosa. Le novità tecnologiche attirano i cittadini più curiosi, ma il richiamo per l'occulto e il soprannaturale è altrettanto forte. Quando Sherlock Holmes e il fido dottor Watson consegnano l'assassino di giovani donne, Lord Blackwood, alla giustizia e, dopo aver assistito all'esecuzione capitale, assistono non di meno alla sua apparente resurrezione. Holmes è felice di potersi finalmente interessare di qualcosa alla sua portata. Ritchie punta su un indirizzo ambizioso: 221B, Baker Street. Lente d'ingrandimento alla mano, smette di farsi sedurre dall'eccentricità per accumulazione (i tanti personaggi delle pellicole precedenti) e la trova, purissima, per "concentrazione" nella figura di Sherlock Holmes, così come fece capolino inizialmente sulle pagine di Conan Doyle, prima di rifarsi trucco e parrucco in seguito alle ingerenze dei lettori, della storia, della leggenda e del cinema stesso. Un uomo di straordinario acume e ugual passione per l'azione, ordinato mentalmente come nessun altro, che vive da bohémien nel disordine dei ritagli di giornale, della polvere (bianca?) e dell'assenza di regolari abitudini, scazzottando alla bisogna a mani nude. Questo ritorno alle origini del personaggio – benché poi la sceneggiatura segua un plot originale – è una prima evidenza a favore del lavoro di Ritchie. Seconda, ma intimamente connessa, viene la scelta degli interpreti: il nuovo Holmes emerge, coerente e vigoroso, dalla zona di intersezione e sovrapposizione tra le caratteristiche romanzesche del detective di Conan Doyle e quelle reali e "biofilmografiche" di Robert Downey Jr., talento istrionico, uomo intelligente e contraddittorio, non privo di invadenti fantasmi. Al suo fianco, Jude Law è un dottor Watson con personalità, un passo indietro in quanto a genialità e spavalderia ma complice sincero, coinquilino avvenente. Il tutto vale bene una scenata di gelosia, un tocco di isterismo, una manciata di voluta ambiguità. ■ AZIONE; COL.; 128′; USA, GRAN BRETAGNA, AUSTRALIA, 2009.

SHERLOCK HOLMES A WASHINGTON ★★
(Sherlock Holmes in Washington)
Regia di ROY WILLIAM NEILL. Con NIGEL BRUCE, HENRY DANIELL, BASIL RATHBONE. ■ Un agente inglese, mentre trasporta segreti di grande importanza strategica da Londra a Washington, durante la guerra, è assassinato. Il plico con i documenti passa di mano in mano finché non giunge nelle mani del capo di una rete di spie naziste in America. Ma Sherlock Holmes interviene, recupera i documenti e consegna le spie alla polizia americana. ■ GIALLO; B/N; 71′; USA, 1943.

SHERLOCK HOLMES DI FRONTE ALLA MORTE ★★
(Sherlock Holmes Faces Death)
Regia di ROY WILLIAM NEILL. Con HILLARY BROOKE, NIGEL BRUCE, BASIL RATHBONE. ■ In un castello inglese, abitato da soldati in convalescenza (alcuni con evidenti turbe psichiche), viene trovato ucciso il castellano (l'ultimo di una stirpe aristocratica quanto sfortunata). Watson, medico curante degli ospiti, chiama in aiuto Sherlock Holmes, che scopre naturalmente l'assassino (un dottore che voleva mettere le mani sulla proprietà sposando l'erede del defunto). ■ GIALLO; B/N; 68′; USA, 1943.

SHERLOCK HOLMES E IL CANE DEI BASKERVILLE ★★
(The Hound of the Baskervilles)
Regia di SIDNEY LANFIELD. Con NIGEL BRUCE, RICHARD GREENE, BASIL RATHBONE. ■ Una delle più famose storie di Holmes. Il film inaugurò la serie (durata otto anni) con Basil Rathbone e Nigel Bruce (nel ruolo di Watson). I due eroi di Conan Doyle qui vengono in aiuto di un nobiluomo, erede di un casato su cui pesa una maledizione. Macché maledizione. Sir Baskerville sta per essere ucciso, sì, ma non da un anatema, bensì da un feroce masti-

no, aizzato contro di lui da qualcuno che vuole impossessarsi del suo castello. ■ GIALLO; B/N; 80′; USA, 1939.

SHERLOCK HOLMES E LA CASA DEL TERRORE ★★
(House of Fear)
Regia di ROY WILLIAM NEILL. Con NIGEL BRUCE, AUBREY MATHER, BASIL RATHBONE. ■ Sherlock Holmes e Watson indagano sulle morti a ripetizione in un maniero vittoriano, abitato solo dai sette soci di un club. Holmes viene a sapere che i sette sono (o erano) tutti scapoli e senza parenti, e che qualche anno prima hanno stipulato una polizza sulla vita, che prevede, in caso di morte di qualcuno di essi, che beneficiari siano i superstiti. Che uno dei soci voglia una strage per godersi da solo il denaro? ■ GIALLO; B/N; 69′; USA, 1945.

SHERLOCK HOLMES E LA DONNA IN VERDE ★★
(The Woman in Green)
Regia di ROY WILLIAM NEILL. Con HILLARY BROOKE, NIGEL BRUCE, BASIL RATHBONE. ■ Scotland Yard non riesce a venire a capo del caso di una serie di omicidi di giovani donne, tutte mutilate di un dito della mano destra. Holmes, chiamato in soccorso dalla polizia, scopre che il mandante delle uccisioni è il suo nemico di sempre, il redivivo dottor Moriarty, che si serve, come killer, di disgraziati ipnotizzati da una sua complice. ■ GIALLO; B/N; 68′; USA, 1945.

SHERLOCK HOLMES E LA PERLA DELLA MORTE ★★ *(The Pearl of Death)*
Regia di ROY WILLIAM NEILL. Con NIGEL BRUCE, RONDO HATTON, BASIL RATHBONE. ■ Holmes e Watson sulle tracce di due ladri di gioielli. Li trovano ma senza refurtiva. Holmes trova anche quella ma per recuperarla deve affrontare e uccidere uno dei due ladri, un mostruoso individuo conosciuto come il terrore di Oxford. Dal racconto di Conan Doyle *I sei napoleoni*. ■ GIALLO; B/N; 69′; USA, 1944.

SHERLOCK HOLMES E L'ARMA SEGRETA ★★
(Sherlock Holmes and the Secret Weapon)
Regia di ROY WILLIAM NEILL. Con NIGEL BRUCE, BASIL RATHBONE, KAREN VERNE. ■ Dal racconto *Dancing men* di Conan Doyle. Sherlock Holmes combatte il suo vecchio nemico, il professor Moriarty che manco a dirlo s'è messo a fare la spia per i nazisti nella Londra del tempo di guerra. Moriarty cattura e tortura Holmes, che però viene salvato da Watson. ■ GIALLO; B/N; 68′; USA, 1942.

SHERLOCK HOLMES E L'ARTIGLIO SCARLATTO ★★
(The Scarlet Claw)
Regia di ROY WILLIAM NEILL. Con NIGEL BRUCE, PAUL CAVANAGH, BASIL RATHBONE. ■ Holmes e Watson in Canada capitano in un villaggio terrorizzato da una serie inesplicabile di omicidi. Nessuno esce più di notte nella nebbia se non vuole essere trucidato dall'"artiglio scarlatto". Holmes tende una trappola all'assassino che si rivela essere un attore folle. ■ GIALLO; B/N; 74′; USA, 1944.

SHERLOCK HOLMES E LA VOCE DEL TERRORE ★★
(Sherlock Holmes and the Voice of Terror)
Regia di JOHN RAWLINS. Con EVELYN ANKERS, NIGEL BRUCE, BASIL RATHBONE. ■ A Londra, in piena guerra, Sherlock Holmes risolve il mistero di alcuni atti di sabotaggio (annunciati ogni volta, pochi minuti prima del fatto, da una voce alla radio germanica). Liberamente basato sull'*Ultimo saluto di Sherlock Holmes* di Conan Doyle. ■ GIALLO; B/N; 65′; USA, 1942.

SHERLOCK HOLMES – FUGA AD ALGERI ★★
(Pursuit to Algiers)
Regia di ROY WILLIAM NEILL. Con NIGEL BRUCE, ROSALIND IVAN, BASIL RATHBONE. ■ Sherlock Holmes e Watson fanno da guardia del corpo all'erede di un trono europeo in viaggio da Londra ad Algeri. Il padre del giovane è stato ucciso e il figlio rischia di fare la stessa fine sulla nave. Ma Holmes riesce a neutralizzare il killer. ■ GIALLO; B/N; 93′; USA, 1945.

SHERLOCK HOLMES. GIOCO DI OMBRE ★★★
(Sherlock Holmes: A Game of Shadows)
Regia di GUY RITCHIE. Con ROBERT DOWNEY JR., STEPHEN FRY, JARED HARRIS, JUDE LAW, NOOMI RAPACE. ■ Bombe di supposta matrice anarchica esplodono a Strasburgo e a Vienna, uno scandalo investe un magnate indiano del cotone mentre un industriale americano dell'acciaio muore misteriosamente. Eventi casuali, senza connessione? Non secondo Sherlock Holmes, che ha intuito dietro a tutto ciò un piano criminale, ideato dal professor Moriarty, uomo dall'intelligenza sopraffina e privo di qualsiasi morale. Holmes strappa dunque Watson alla sua luna di miele con Mary e lo trascina a Parigi in Germania e infine in Svizzera. La partita a scacchi con Moriarty è tesissima, la posta in gioco niente meno che il corso della Storia. Ora che non deve più preoccuparsi di presentare i personaggi, o meglio di illustrare la loro rilettura, Guy Ritchie ha la possibilità di divertirsi e lo fa senza scrupoli. ■ AZIONE; COL.; 129′; USA, 2011.

SHERLOCK HOLMES – IL MISTERO DEL CROCIFERRO DI SANGUE ★★ *(The Crucifer of Blood)*
Regia di FRASER C. HESTON. Con CHARLTON HESTON, RICHARD JOHNSON. ■ Ennesimo ma non disprezzabile film basato sulle avventure del personaggio creato da Sir Conan Doyle. Alla regia troviamo il figlio di Charlton Heston. Tutto è legato a una misteriosa carta che si riferisce a un patto di sangue. Di tale patto, stilato tre decenni prima in India da due ufficiali e un soldato, viene a conoscenza Holmes grazie alla figlia di uno dei due ufficiali. Costui ha paura, visto il tradimento compiuto nei confronti degli altri due, di essere ucciso. ■ GIALLO; COL.; 100′; USA, 1991.

SHERLOCK HOLMES – LA VALLE DEL TERRORE ★★
(Sherlock Holmes und das Halsband des Todes)
Regia di TERENCE FISHER. Con SENTA BERGER, IVAN DESNY, CHRISTOPHER LEE, THORLEY WALTERS. ■ Holmes si batte ancora una volta contro il terribile Moriarty che s'è messo a capo di una banda di ladri di tesori. Quando Moriarty cerca di rubare la collana di Cleopatra, Holmes sventa i suoi piani. Il suo nemico tenta di ucciderlo, ma ha la peggio. ■ GIALLO; B/N; 90′; FRANCIA, GERMANIA, ITALIA, 1962.

SHERLOCK HOLMES – NOTTI DI TERRORE ★★
(A Study in Terror)
Regia di JAMES HILL. Con DONALD HOUSTON, ROBERT MORLEY, JOHN NEVILLE, ANTHONY QUAYLE. ■ Sherlock Holmes contro Jack lo Squartatore. Jack uccide una dozzina di donne in un sobborgo di Londra e Sherlock decide di assicurarlo alla giustizia. Scopre alla fine la sua identità: è un medico, il figlio di un Lord inglese. Per discrezione verso l'aristocratica famiglia dell'assassino rinuncerà a divulgare la verità. ■ GIALLO; COL.; 94′; GRAN BRETAGNA, 1966.

SHERLOCK HOLMES: SOLUZIONE SETTE PER CENTO ★★★ *(The Seven Percent Solution)*
Regia di HERBERT ROSS. Con ALAN ARKIN, ROBERT DUVALL, SAMANTHA EGGAR, LAURENCE OLIVIER, VANESSA REDGRAVE, NICOL WILLIAMSON. ■ Il famoso detective, schiavo della droga, si sottopone a Vienna alle cure ipnotiche del dottor Freud. Con il fedele collaboratore Watson è impegnato, nel frattempo, a ritrovare una ballerina in procinto di essere venduta a un sultano arabo. L'impresa riesce e Holmes, finalmente guarito, parte per una vacanza. ■ COMMEDIA; COL.; 113′; USA, 1976. ■ OSCAR 2 NOM.

SHERLOCK HOLMES – TERRORE DI NOTTE ★★
(Terror by Night)
Regia di ROY WILLIAM NEILL. Con NIGEL BRUCE, ALAN MOWBRAY, BASIL RATHBONE. ■ Holmes e Watson durante un viaggio in treno conoscono un tale, proprietario del famoso diamante la "stella della Rhodesia" (su cui pesa una maledizione, chiunque la possiede muore prematuramente). Il proprietario muore davanti agli occhi di Holmes, ma non per la maledizione. Solo per un volgare assassino che viaggia nel convoglio e che Holmes si incarica di smascherare. ■ GIALLO; B/N; 60′; USA, 1946.

SHERLOCK HOLMES – VESTITO PER UCCIDERE ★★
(Dressed to Kill)
Regia di ROY WILLIAM NEILL. Con NIGEL BRUCE, PATRICIA MORISON, BASIL RATHBONE. ■ Ultimo film della serie con Basil Rathbone. Qui il celebre poliziotto dà la caccia a un tesoro in concorrenza con una banda di criminali capeggiata da una bella e perfida bruna. Si tratta di lingotti d'oro della Banca d'Inghilterra

nascosti in tre carillon costruiti da un galeotto (che rubò gli stessi). Holmes trova i carillon e nel contempo intrappola i criminali. ■ GIALLO; B/N; 72'; USA, 1946.

SHERLOCKO INVESTIGATORE SCIOCCO ★★★
(It's Only Money)
Regia di FRANK TASHLIN. Con JERRY LEWIS, JOAN O'BRIEN, MAE QUESTEL, ZACHARY SCOTT, JESSE WHITE. ■ Jerry Lewis è qui un ingenuo giovanotto che di professione fa il radiotecnico, ma aspirerebbe tanto a fare il detective privato. L'occasione buona sembra arrivare quando gli affibbiano, per sbaglio, un caso intricato: il ritrovamento del figlio di un miliardario scomparso da molti anni. Jerry non sa di essere il ricercato. Quando lo apprende, ne passa di tutti i colori. ■ COMICO; B/N; 84'; USA, 1963.

SHE'S SO LOVELY *(She's So Lovely)* ★★
Regia di NICK CASSAVETES. Con SEAN PENN, JOHN TRAVOLTA, ROBIN WRIGHT PENN. ■ Maureen è incinta e il marito Eddie è scomparso da tre giorni, come suo solito. Viene violentata da un vicino ed Eddie non risponde più di se stesso. Finisce in un ospedale psichiatrico e dieci anni dopo torna a casa e conosce il nuovo uomo di Maureen che si occupa anche della figlia. Tratto da una sceneggiatura di John Cassavetes, padre del regista. Nick Cassavetes cerca di dare un ritmo stringato a una storia già vista. I risultati sono alterni. ■ DRAMMATICO; COL.; 100'; USA, 1997. ■ CANNES 2 PR.

SHINE ★★★★
Regia di SCOTT HICKS. Con ARMIN MUELLER-STAHL, LYNN REDGRAVE, GEOFFREY RUSH, NOAH TAYLOR. ■ Dopo questo film tutti conoscono David Helfgott, pianista australiano (vivente) e la sua triste storia. Fagocitato dal padre musicista fallito, che ne fa fin da ragazzo un frustrato patologico nonostante (o forse a causa) del grande talento, David vince un concorso dopo l'altro, viene invitato a suonare in una importante orchestra americana; sarebbe il grande successo, ma il padre si oppone in nome della famiglia. Allora il ragazzo spezza il vincolo, ma gli costa carissimo, sprofonda in una vera schizofrenia. Lo salva una sensibile signora non giovanissima, che ha fiducia in lui, e forse ne è anche innamorata. Uno dei migliori film di fine secolo, in equilibrio fra gli effetti e l'adesione alla realtà. Raramente un regista ha descritto con tanta passione, attenzione e lucidità una pazzia artistica. Grande Geoffrey Rush, che infatti ha vinto l'Oscar come migliore attore protagonista. ■ DRAMMATICO; COL.; 100'; AUSTRALIA, 1996. ■ GOLDEN GLOBES 1 PR, 5 NOM; OSCAR 1 PR, 7 NOM.

SHINE A LIGHT ★★★
Regia di MARTIN SCORSESE. ■ «Il più grande gruppo rock del mondo... i principi "cazzuti" e decadenti che non criticheremo né perderemo mai!», scriveva nel 1973 l'irriverente critico musicale Lester Bangs in occasione di un concerto statunitense dei Rolling Stones. Solo un anno prima, a un giovanissimo Mick Jagger veniva chiesto se si immaginava a sessant'anni fare quello che faceva allora. «Certamente!», fu la risposta del musicista. Tant'è... Più di tre decenni dopo – nell'agosto 2005 – i Rolling Stones si imbarcano nel tour "A Bigger Bang" per portare la Parola ai quattro angoli del pianeta. Instancabili e insaziabili, i quattro "ragazzacci" inglesi resistono – tra cadute, laringiti e (poche) cancellazioni – fino all'agosto 2007, stabilendo il record della tournée più proficua di tutti i tempi. Nel bel mezzo Scorsese li immortala durante le due date al Beacon Theater di New York. *Shine A Light* non è il resoconto a caldo dell'evento, né il classico film concerto per soli *aficionados*. È un viaggio che ripercorre la storia degli Stones attraverso canzoni memorabili – *Jumpin' Jack Flash*, *Sympathy for the Devil*, *Brown Sugar*, *(I Can't Get No) Satisfaction* –, riproposte con l'energia di sempre e con la voglia di darsi a un pubblico (e a un regista) adorante. Alternato a estratti di interviste fatte ai Rolling Stones nel corso degli anni, *Shine A Light* ci mostra la vera natura di un gruppo eccelso, oggi ancora fortemente in vita, deciso a calcare quel palco finché l'ultima luce è accesa. ■ DOCUMENTARIO; COL.; 122'; GRAN BRETAGNA, USA, 2007.

SHINER ★★
Regia di JOHN IRVIN. Con FRANCES BARBER, MICHAEL CAINE, MARTIN LANDAU, CLAIRE RUSHBROOK. ■ Billy è un organizzatore di incontri di boxe illegali in Inghilterra e punta tutto quel che ha su suo figlio, che spinge a combattere. La polizia però intralcia i suoi progetti avviando un'inchiesta sulla morte di un pugile nel corso di un match illegale. I sospetti cadono proprio su Billy. Interpretato da Michael Caine, che alterna ruoli come quello sostenuto in *Le regole della casa del sidro* a film minori (almeno sul piano della sceneggiatura) come questo, in cui sono presenti anche un Martin Landau e un Gary Lewis in parte. Ma non bastano a un film diviso in due parti: la prima ricca di osservazioni sul mondo della boxe e la seconda afflitta dagli stereotipi di genere. ■ DRAMMATICO; COL.; 99'; GRAN BRETAGNA, 2000.

♥ **SHINING** *(The Shining)* ★★★★
Regia di STANLEY KUBRICK. Con SCATMAN CROTHERS, SHELLEY DUVALL, JACK NICHOLSON. ■ Il gran maestro Kubrick fa un tuffo (in perfetto stile) in pieno horror. Jack Nicholson, scrittore in crisi, per ritrovare l'ispirazione accetta un posto di guardiano durante la stagione invernale in un hotel sulle Montagne Rocciose. Ci va con la famiglia (moglie e bambino di sette anni). Ma il posto è tutt'altro che allegro. Non c'è anima viva e inoltre l'albergo è stato teatro (dieci anni prima) di una tragedia: un uomo aveva seterminato la propria famiglia e si era suicidato. Lo scrittore sembra subire il fascino malefico del luogo. Al punto da immedesimarsi nel vecchio massacratore e cercare di ripeterne le gesta ai danni dei suoi. Ma non ha fatto i conti con il figlioletto fornito di poteri paranormali. ■ HORROR; COL.; 116'; USA, 1980.

SHIPPING NEWS – OMBRE DAL PROFONDO, THE ★★★
(The Shipping News)
Regia di LASSE HALLSTRÖM. Con CATE BLANCHETT, JUDI DENCH, JULIANNE MOORE, KEVIN SPACEY. ■ Quoyle (Spacey) cresce complessato e triste, vittima di tutti, soprattutto della donna più orrenda che esista (Blanchett), che lo sposa, gli porta gli uomini in casa, fugge e ritorna, per andarsene definitivamente, dopo aver venduto la loro bambina a un'organizzazione di adozioni. Fortuna che la donna muore in un incidente e la bimba torna col papà. Con l'aiuto di una zia (Dench) la famigliola si trasferisce in un paese sul freddo mare di Terranova, dove trova gente dura e triste, dedita al mare e alle tragedie. Inaspettatamente Quoyle, la cui famiglia ha trascorsi pirateschi e misteriosi, trova lavoro in un giornaletto locale e lì esprime un talento che nessuno, a cominciare da lui, sospettava. Incontra anche una vedova (Moore) con la quale si rifarà una vita. Le solite atmosfere alla Hallström, lente e liriche, col mare, gli scogli e i prati nel grigio del nord. Con elementi misteriosi e riti oltre il naturale, come la scena di una quasi-resurrezione che spaventa parenti e amici lì a vegliare. Col solito bravo Spacey, ormai vezzeggiato da tutti, forse persino troppo. ■ DRAMMATICO; B/N; 102'; USA, 2001. ■ GOLDEN GLOBES 2 NOM.

SHOCK ★★★
Regia di MARIO BAVA. Con DAVID COLIN, DARIA NICOLODI, IVAN RASSIMOV, JOHN STEINER. ■ Dopo avvenimenti incomprensibili, la madre di un bambino dallo strano comportamento ricorda, in un lampo di memoria, di averne ucciso il padre, che sembra quasi manifestare la sua oscura presenza attraverso di lui. La donna uccide il suo secondo marito e viene ammazzata dal figlio. ■ HORROR; COL.; 97'; ITALIA, 1977.

SHOCKING LOVE *(On ne meurt que deux fois)* ★★
Regia di JACQUES DERAY. Con XAVIER DELUC, CHARLOTTE RAMPLING, MICHEL SERRAULT. ■ Un uomo viene trovato ucciso alla periferia di Parigi. L'ispettore incaricato delle indagini scopre che è un famoso musicista e l'amante di una bella donna (forse l'assassina). La donna appare e si autoaccusa. Ma l'ispettore, innamorato di lei, non le crede. Ripetendo ogni mossa del defunto, rivestendo i suoi panni, amando la sua donna, arriva a scoprire la verità. ■ GIALLO; COL.; 110'; FRANCIA, 1985.

SHOCK LABYRINTH EXTREME 3D ★
(Senritsu meikyu 3D)
Regia di TAKASHI SHIMIZU. Con RYO KATSUJI, AI MAEDA, ERINA MIZUNO, MISAKO RENBUTSU, YUYA YAGIRA. ■ Il ritorno nella propria città dopo qualche anno di lontananza è per un giovane ventenne l'occasione per un confronto con gli amici d'infanzia. Subito però cominciano ad accadere fatti strani. Una ragazza credu-

ta morta quando erano piccoli torna dal nulla, facendo riaffiorare traumi e ricordi. ■ HORROR; COL.; 88′; GIAPPONE, 2009.

SHOCK TREATMENT ★★

Regia di JIM SHARMAN. Con CLIFF DE YOUNG, JESSICA HARPER, RICHARD O'BRIEN. ■ In un'immaginaria cittadina degli Stati Uniti tutto è dominato dalla tv manipolata da un cinico manager. Questi innamoratosi di una ragazza appena sposata, Janet, confina il marito in manicomio e la trasforma in una rockstar. Ma le sue losche manovre alla fine vengono sventate. ■ MUSICALE; COL.; 94′; USA, 1981.

SHOGUN IL SIGNORE DELLA GUERRA *(Shogun)* ★★

Regia di JERRY LONDON. Con ALAN BADEL, RICHARD CHAMBERLAIN, TOSHIRO MIFUNE. ■ È il condensato di una miniserie televisiva dal romanzo best-seller di James Clavell. Nel quindicesimo secolo un avventuriero inglese si destreggia nella lotta fra i signorotti giapponesi e il clero militare portoghese. Perde la donna che ama, ma non la vita (anche se deve rischiarla cento volte). ■ AVVENTURA; COL.; 125′; USA, 1980.

SHOKUZAI (PENANCE) ★★★

Regia di KIYOSHI KUROSAWA. Con SAKURA ANSO, YU AOI, CHIZURU IKEWAKI, EIKO KOIKE, KYOKO KOIZUMI. ■ Kurosawa Kiyoshi – autore apparentemente lontano per tempi, ritmi e atmosfere dal mezzo televisivo – si cimenta con profitto con il formato della serie tv. Il risultato è *Shokuzai*, ovvero "Castigo", andata in onda in Giappone nel gennaio 2012. Penitenza in un eterno purgatorio che affligge le vite di quattro ragazze la cui esistenza è stata interrotta da un orribile evento: la morte di una compagna di classe delle elementari, per mano di un misterioso assassino di cui le quattro non ricordano (o non vogliono ricordare) le fattezze. Ragione per cui la madre della vittima Asako, interpretata dalla fascinosa dark lady Kyôko Koizumi, condanna le bambine a un castigo specifico per poter espiare. Espiazione svolta attraverso rispettivi episodi della serie, cinque (in ultimo la protagonista è la stessa Asako) per altrettanti aspetti diversi della natura umana e del femminino in particolare. Un'altra scommessa abbondantemente vinta per un regista che aggiorna continuamente il proprio linguaggio e non smette di stupire. ■ DRAMMATICO; COL.; 270′; GIAPPONE, 2012.

SHOOTDOWN – ABBATTUTO *(Shootdown)* ★★

Regia di MICHAEL PRESSMAN. Con GEORGE COE, ANGELA LANSBURY. ■ Un razzo russo viene lanciato contro un aereo civile americano e lo colpisce, abbattendolo. La ricerca dei responsabili sembra vana fino a quando la madre di una delle vittime, che non si rassegna a lasciare il delitto impunito, riesce a portare a galla una scomoda verità. ■ DRAMMATICO; COL.; 95′; USA, 1988.

SHOOT'EM UP – SPARA O MUORI! *(Shoot'Em Up)* ★★

Regia di MICHAEL DAVIS [I]. Con MONICA BELLUCCI, GREG BRYK, PAUL GIAMATTI, STEPHEN MCHATTIE, CLIVE OWEN, DANIEL PILON. ■ Smith, all'apparenza un uomo normale con una curiosa passione per le carote, salva la vita a un neonato durante la sanguinosa esecuzione della madre da parte di misteriosi killer: il gesto benefico avrà per lui conseguenze imprevedibili, visto che il vero bersaglio degli assassini è proprio il piccolo, al centro di un complotto internazionale, ma Smith ha un talento particolare nel maneggiare le armi... ■ AZIONE; COL.; 90′; USA, 2007.

SHOOTER ★★

Regia di ANTOINE FUQUA. Con NED BEATTY, TATE DONOVAN, DANNY GLOVER, ELIAS KOTEAS, JUSTIN LOUIS, KATE MARA, RHONA MITRA, MICHAEL PEÑA, RADE SERBEDZIJA, MARK WAHLBERG, JONATHAN WALKER. ■ Bob Lee Swagger, marine pluridecorato e cecchino infallibile, vive in esilio dopo una missione militare andata male. La sua ricerca di pace e serenità viene bruscamente interrotta quando si trova ad essere ingiustamente accusato di aver complottato contro la Presidenza degli Stati Uniti d'America. Ferito gravemente e braccato, Swagger dovrà cercare di sopravvivere e capire chi ha cercato di incastrarlo... *Shooter* è un action-movie ben realizzato sotto il profilo formale (fotografia, montaggio), ma il cui tasso di originalità è pericolosamente prossimo allo zero. Il tema dell'eroe solitario, onesto e gabbato dai potenti di turno, che cerca e ottiene vendetta, è stato declinato numerose volte in passato: Swagger in questo senso si pone come banale mix tra Rambo, Jack Bauer di *24* e il mai dimenticato MacGyver dell'omonima serie televisiva. ■ AZIONE; COL.; 124′; USA, 2007.

SHOOTER – ATTENTATO A PRAGA *(The Shooter)* ★

Regia di TED KOTCHEFF. Con MARUSCHKA DETMERS, DOLPH LUNDGREN, GAVAN O'HERLIHY, ASSUMPTA SERNA. ■ L'ufficiale americano Mickey Dane viene incaricato di scoprire l'assassino dell'ambasciatore cubano all'ONU. Individuerà e catturerà una donna che però lo convincerà della propria innocenza. ■ SPIONAGGIO; COL.; 102′; GRAN BRETAGNA, REPUBBLICA CECA, SPAGNA, USA, 1995.

SHOOTING SILVIO ★

Regia di BERARDO CARBONI. Con MIA BENEDETTA, MELANIE GERREN, ALESSANDRO HABER, FEDERICO ROSATI, SOFIA VIGLIAR. ■ Si fa chiamare Kurtz, è un giovane e ricchissimo orfano che si ispira al personaggio di Marlon Brando in *Apocalypse Now*, quella maschera enigmatica che già fu nel cuore di tenebra conradiano. Una sera – dopo lunghe meditazioni – decide di radunare nella sua villa tutti gli amici per proporre loro la stesura di un libro collettivo. Cento capitoli, scritti da altrettanti voci, per escogitare un modo che annienti lo strapotere di Silvio Berlusconi, reo di aver portato in Italia la decadenza dei costumi e il consumismo volgare delle pubblicità, simbolo di un paese ormai alla deriva. Dopo aver rimediato solo pacche sulle spalle e risatine, decide di persistere solitario nel suo progetto. Fino a portarlo a una drastica decisione: uccidere Berlusconi. Superfluo. ■ COMMEDIA; COL.; 96′; ITALIA, 2007.

SHOOT – VOGLIA DI UCCIDERE *(Shoot)* ★★

Regia di HARVEY HART. Con ERNEST BORGNINE, CLIFF ROBERTSON, HENRY SILVA. ■ Alcuni reduci amanti delle armi sfogano la loro passione in week-end dedicati alla caccia. Una sera uno di essi resta ferito da uno sconosciuto, che viene ammazzato da un compagno. La settimana dopo il gruppo torna sul luogo dell'assassinio e si scontra con gli avversari. Cadono tutti, tranne il capo che rimane accecato. ■ DRAMMATICO; COL.; 98′; CANADA, 1976.

SHOPAHOLICS, THE ★

Regia di WAI KA-FAI. Con JORDAN CHAN, STEPHANIE CHE, CECILIA CHEUNG, YAT NING CHAN. ■ Nella Hong Kong del consumismo nuove patologie legate al mondo delle spese pazze affliggono le persone: così una donna perde il lavoro a causa della propria dipendenza dallo shopping, ed è costretta a recarsi da un medico per curare la propria irresistibile smania da acquisto. Lo stesso medico è afflitto da un disturbo che gli impedisce di effettuare qualunque scelta, e così, invece di limitarsi a curare la propria paziente, la assume come assistente in virtù delle capacità decisionali della donna. Un circolo vizioso tinto di rosa che non tarderà ad degenerare in caos puro. ■ COMMEDIA; COL.; 92′; CINA, 2006.

SHORTBUS – DOVE TUTTO È PERMESSO ★★
(Shortbus)

Regia di JOHN CAMERON MITCHELL. Con RAPHAEL BARKER, LINDSAY BEAMISH, JUSTIN BOND, JAY BRANNAN, PAUL DAWSON, PJ DEBOY, LEE SOOK-YIN, PETER STICKLES. ■ La Statua della Libertà. New York. All'interno dei molti grattacieli prendono corpo storie di vita quotidiana. Una terapista sessuale non è mai riuscita ad avere un orgasmo. Una giovane coppia di ragazzi omosessuali vuole allargare la propria vita sessuale, intraprendendo un menage a trois. Una ragazza non riesce ad avere rapporti interpersonali e si prostituisce con clienti masochisti che disprezza. Tutta questa umanità s'incontra allo Shortbus, colorato locale notturno underground dove tutto è permesso, dove è possibile trovar rifugio senza sentirsi diversi. È la nuova, sfrontata e polemica pellicola di James Cameron Mitchell, animatore della scena gay newyorchese. ■ DRAMMATICO; COL.; 102′; USA, 2006.

SHOUT ★★

Regia di JEFFREY HORNADAY. Con HEATHER GRAHAM, RICHARD JORDAN, JOHN TRAVOLTA, JAMES WALTERS. ■ Siamo negli anni Cinquanta, quando le spinte ribelli dei ragazzi sfociano nel rock'n'roll. Anche Jesse corre il rischio di rovinarsi, ma è aiutato dal suo maestro di musica (Travolta). L'energia che viene dal rock'n'roll diventa per il giovane un'occasione per crescere e, finalmente, per trovare l'amore. ■ MUSICALE; COL.; 85'; USA, 1991.

SHOW BOAT ★★★★

Regia di GEORGE SIDNEY. Con AVA GARDNER, KATHRYN GRAYSON, HOWARD KEEL. ■ Il musical di Jerome Kern e di Rodgers e Hammerstein portato sullo schermo per la seconda volta (la prima fu *La canzone di Magnolia*, con Irene Dunne). Qui Kathryn Grayson e Howard Keel hanno i ruoli principali, Ava Gardner ha la parte della mulatta Jule (però non canta lei: è doppiata da Ornette Warnen) e il basso nero William Warfield intona il fatidico *Old Man River*. Lo *show boat* è uno di quei barconi che andavano su e giù lungo il Mississippi, offrendo spettacoli di varietà ai viaggiatori. La figlia del capitano, Magnolia, si innamora di un giocatore impenitente, Gaylord. Si sposano, ma Gaylord, con il vizio del gioco, dà molti dispiaceri alla mogliettina. Lacrime, separazione, ma riconciliazione finale. ■ COMM. MUSICALE; COL.; 107'; USA, 1952. ■ OSCAR 2 NOM.

SHOWGIRLS

Regia di PAUL VERHOEVEN. Con ELISABETH BERKLEY, GINA GERSHON, KYLE MACLACHLAN, GLENN PLUMMER. ■ Scritto e diretto dalla coppia Joe Eszterhas-Paul Verhoeven (*Basic Instinct*), il film-scandalo del 1995 racconta la lotta di Nomi Malone, una giovane ballerina sexy di provincia, dal passato torbido, per affermarsi nel mondo dello spettacolo di Las Vegas. Questa sorta di versione hard di *Flashdance* tenta di lanciare Elisabeth Berkley, una biondona con occhi di colore diverso, ma dalla recitazione semidisastrosa, che vorrebbe vanamente seguire le orme di Sharon Stone. ■ COMMEDIA; COL.; 95'; USA, 1995.

SHOWTIME ★★

Regia di TOM DEY. Con ROBERT DE NIRO, EDDIE MURPHY, RENE RUSSO, WILLIAM SHATNER. ■ Il detective Preston è un tipo dalle maniere spicce. Lavora isolato e non vuole colleghi tra i piedi. Viene però preso di mira da una produttrice televisiva e si trova costretto a recitare se stesso in un reality show in cui sarà affiancato da un collega che invece ama più le telecamere che le centrali di polizia. I due non si sopportano più che tanto, ma quando si troveranno sulle tracce di una grossa partita di stupefacenti dovranno decidere se allearsi oppure no. Vedere De Niro che occhieggia dai manifesti del film in compagnia di Eddie Murphy è un po' come se avessimo visto Bogart in coppia con Pinotto. Girato con professionismo ma sempre in equilibrio instabile tra farsa e azione. ■ AZIONE; B/N; 94'; USA, 2002.

♥ SHREK ★★★★

Regia di ANDREW ADAMSON, VICKY JENSON. Con VINCENT CASSEL, CAMERON DIAZ, JOHN LIGHTGOW, EDDIE MURPHY, MIKE MYERS. ■ Un orco che rutta e legge le favole seduto sul cesso. Un asino petulante e splendido cantante. Una principessa che è ghiotta di topi arrostiti e ogni tanto gioca come Lara Croft. Una "draghessa" che diventa buona dopo essersi innamorata dell'asinello. Il principe "ufficiale" che ha il petto peloso come una foresta. Bastano questi pochi elementi per "inquadrare" *Shrek* come il disegno animato più politicamente scorretto della storia del cinema. Perché se i giochini alla *South Park* sono, alla fin fine, molto prevedibili nel loro svolgimento, questo film d'animazione della premiata ditta Katzenberg-Spielberg (la Dreamworks) è "sorprendente" fino alla fine: continuamente teso in direzione di situazioni felici e tradizionali che peraltro non si verificano mai. L'orco di nome Shrek deve condurre la principessa Fiona dal principe Farquaad perché lui si riprenda tutte le creature fantastiche che ha cacciato dal proprio castello e che minacciano la solitudine di Shrek: questa la struttura apparentemente da fiaba classica del film. Molte deviazioni narrative lo trasformano peraltro in un prodotto di fiction tradizionale, che potrebbe essere interpretato da attori veri. Con in più un senso d'innovazione che il cinema recitato ha perso da tempo. E una voglia di "graffiare" inusuale: Shrek "distrugge" tutti i miti dell'infanzia disneyani, da *Pinocchio-La bella addormentata nel bosco-Biancaneve e i sette nani* fino a *La bella e la bestia*. ■ ANIMAZIONE; COL.; 90'; USA, 2001. ■ GOLDEN GLOBES 1 NOM; OSCAR 1 PR, 2 NOM.

SHREK 2 ★★★

Regia di ANDREW ADAMSON, KELLY ASBURY, CONRAD VERNON. ■ Shrek e la principessa Fiona sono tornati dal viaggio di nozze e tutto potrebbe andare bene se non si dovesse andare nel Paese Lontano Lontano a trovare i genitori di lei che certamente non si aspettano una figlia tanto trasformata. A questo va aggiunto un principe azzurro irritato per essere stato superato. Di solito i sequel tradiscono la stanchezza ideativa. Non succede a questo film, che sprizza energia ed ironia da tutti i pori e si avvale nella versione originale delle voci, tra gli altri, di Eddie Murphy, Cameron Diaz, Antonio Banderas e, udite udite, Julie Andrews. *Shrek* ha ribaltato le fiabe classiche offrendo loro una nuova vitalità. Se fosse ancora vivo Gianni Rodari avrebbe di che compiacersi. ■ ANIMAZIONE; COL.; 92'; USA, 2004.

SHREK E VISSERO FELICI E CONTENTI ★★

(Shrek Forever After)

Regia di MIKE MITCHELL. Con ANTONIO BANDERAS, CAMERON DIAZ, WALT DOHRN, MIKE MYERS, EDDIE MURPHY. ■ Shrek è ormai felicemente sposato con Fiona, padre amorevole ed impegnato e le sue giornate si ripetono tutte uguali a se stesse. Insoddisfatto e incastrato in una routine che sente tarpargli le ali, l'orco desidera unicamente poter tornare alla sua vecchia vita, quella in cui era temuto e lasciato in pace. ■ ANIMAZIONE; COL.; 93'; USA, 2010.

SHREK TERZO *(Shrek the Third)* ★★★

Regia di RAMAN HUI, CHRIS MILLER. ■ Dopo i capovolgimenti degli episodi precedenti – dall'abbandono della palude alle blasonate nozze con la principessa Fiona – l'orco verde dalle orecchie a forma di trombetta torna nel più politicamente scorretto dei cartoon per assicurare un degno successore al regno di Molto Molto Lontano. In una Hollywood rovesciata a immagine e somiglianza del mondo delle favole, il povero Re Harold, suocero ranocchio di Shrek e padre di Fiona, viene a mancare improvvisamente alla corte dei suoi cari. L'unico erede al trono, dopo il rifiuto incondizionato di Shrek, sembra essere un ingenuo sbarbatello che risponde al nome di Arthur. Insieme al nobile Gatto con gli stivali ("doppiato" da Antonio Banderas anche in italiano) e al logorroico Ciuchino, i tre eroi partono per una nuova avventura. ■ ANIMAZIONE; COL.; 92'; USA, 2007.

SHRIEK – HAI IMPEGNI PER VENERDÌ 17? ★

(Shriek If You Know What I Did Last Friday the 13th)

Regia di JOHN BLANCHARD. Con TOM ARNOLD, JULIE BENZ, COOLIO, HARLEY CROSS, MAJANDRA DELFINO, AIMEE GRAHAM, DAVID HERMAN, SHIRLEY JONES. ■ Cinque studenti che frequentano la Bulimia Falls High School sono perseguitati da un serial killer che fa riferimento alla serie *I Know What You Did Last Summer*. I ragazzi commettono errori che li portano alla morte. Il tutto legato a riferimenti ad altri film che anticipano quanto accadrà loro. Una banale parodia di una serie, quella di *Scream*, che già faceva parodia su stessa e si sta autoesaurendo. Non fa ridere, non spaventa, non ha neanche quel po' di erotismo che il sottogenere pretenderebbe. Un film per teenager che non è piaciuto ai teenager in America. Noi lo abbiamo ritrovato nei fondi di magazzino di inizio stagione 2001/2002. ■ HORROR; COL.; 90'; USA, 2001.

SHUNKA WAKAN – IL TRIONFO DELL'UOMO CHIAMATO CAVALLO *(Triumph of a Man Called Horse)* ★★

Regia di JOHN HOUGH. Con MICHAEL BECK, ANA DE SADE, RICHARD HARRIS. ■ Terzo episodio della serie *Un uomo chiamato cavallo*, protagonista un inglese che, catturato dai Sioux, ne è diventato il capo con il nome di Shunka Wakan. Questi si oppone ai cercatori d'oro che invadono le Colline Nere violando i trattati, ma viene ucciso. Sarà suo figlio adottivo a vendicarlo. Ma il film non è all'altezza dei precedenti. ■ WESTERN; COL.; 86'; USA, 1982.

SHUTTER ISLAND ★★

Regia di MARTIN SCORSESE. Con PATRICIA CLARKSON, LEONARDO DI CAPRIO, BEN KINGSLEY, MARK RUFFALO, MICHELLE WILLIAMS. ■ Nel 1954, i due agenti federali Teddy Daniels e Chuck Aule vengono inviati con un battello a Shutter Island, a largo della costa est, per investigare sull'improvvisa scomparsa di una pericolosa infanticida residente presso l'istituto mentale Ashecliffe,

Rachel Solando. Il direttore dell'istituto, il dottor Cawley, e i vari infermieri sostengono che la madre assassina si sia come dileguata dalla sua stanza senza lasciare alcuna traccia, ma l'agente Daniels pare nutrire fin dal principio dei forti sospetti sul modo di condurre l'ospedale da parte del dottor Cawley e del suo medico assistente, il dottor Naehring. Durante un uragano, che costringe i due agenti a protrarre il soggiorno sull'isola, le indagini proseguono e particolari sempre più inquietanti emergono, mentre Daniels continua ad avere delle visioni che riguardano la moglie defunta e le sue esperienze di guerra contro gli ufficiali nazisti. Involuto e complicato. Non è il miglior Scorsese. ■ DRAMMATICO; COL., 138'; USA, 2010.

SIAMO DONNE ★★★
Regia di GIANNI FRANCIOLINI, ALFREDO GUARINI, ROBERTO ROSSELLINI, LUCHINO VISCONTI, LUIGI ZAMPA. Con INGRID BERGMAN, EMMA DANIELI, ANNA MAGNANI, ISA MIRANDA, ALIDA VALLI. ■ Cinque episodi interpretati da dive famose guidate dai loro registi favoriti. Dei cinque il più riuscito è quello affidato alla Miranda e a Zampa. ■ COMMEDIA; B/N; 93'; ITALIA, 1953.

SIAMO FATTI COSÌ *(Wife, Husband and Friend)* ★★★
Regia di GREGORY RATOFF. Con BINNIE BARNES, WARNER BAXTER, LORETTA YOUNG. ■ Lui è un architetto afflitto da una moglie con velleità di cantante lirica. Cerca inutilmente di dissuaderla, ma mentre frequenta l'ambiente, conosce una vera cantante, diventa il suo amante e si lascia da lei indurre ad abbandonare le costruzioni per lanciarsi lui stesso nella carriera operistica. Finisce che entrambi i coniugi fanno fiasco, ma le batoste subite li riconcilieranno. ■ COMMEDIA; B/N; 80'; USA, 1939.

SIAMO RICCHI E POVERI ★★
Regia di SIRO MARCELLINI. Con GABY ANDRÉ, HÉLÈNE REMY, GIACOMO RONDINELLA. ■ Ci sono due fidanzatini poveri e felici, ma lui viene irretito da una bellona straniera che gli promette una gran carriera come cantante. Si lasciano. Ma poi si riconciliano al capezzale della madre di lui. Andrà tutto bene: si soposeranno, saranno felici, lui sfonderà come cantante e gli arriverà un'eredità dall'America. ■ COMMEDIA; COL.; 87'; ITALIA, 1954.

SIAMO TUTTI ASSASSINI ★★★★
(Nous sommes tous des assassins)
Regia di ANDRÉ CAYATTE. Con CLAUDE LAYDU, MARCEL MOULOUDJI, AMEDEO NAZZARI, RAYMOND PELLEGRIN. ■ Arringa dell'avvocato-regista André Cayatte contro la pena di morte. Nella stessa cella, in una prigione francese, si trovano cinque condannati a morte: un ex partigiano, guastato dal clima di violenza instaurato durante e dopo la guerra; un giovane corso che ha ucciso per tenere fede a un giuramento familiare; un medico, accusato di aver ucciso la propria moglie; un maniaco omicida; un poveraccio incapace d'intendere e di volere. Su tutti la società si vendica. Ma è giusta la vendetta? ■ DRAMMATICO; B/N; 115'; FRANCIA, 1952. ■ CANNES 1 PR.

SIAMO TUTTI IN BALLO! *(Mad Hot Ballroom)* ★★
Regia di MARILYN AGRELO. Con TARA DEVON GALLAGHER, MADELEINE HACKNEY, RODNEY LOPEZ, VICTORIA MALVAGNO, STACEE MANDEVILLE, ALLISON SHENIAK. ■ È un documentario sulla vita dei bambini con la passione per la danza sportiva, che frequentano alcune scuole pubbliche di New York. Il film è raccontato attraverso lo sguardo appassionato dei bambini di 11 anni, protagonisti della storia, colti in una fase importante della loro vita. ■ DOCUMENTARIO; COL.; 105'; USA, 2005.

SIAMO TUTTI IN LIBERTÀ PROVVISORIA ★★★
Regia di MANLIO SCARPELLI. Con RICCARDO CUCCIOLLA, VITTORIO DE SICA, PHILIPPE NOIRET, LIONEL STANDER. ■ Protagonista è un poveraccio afflitto da una moglie che crede di avere il bernoccolo degli affari. La donna si lancia in una serie di speculazioni ai limiti del codice e chi ne fa le spese è il marito, che si ritrova da un giorno all'altro indiziato di reato. Durante l'istruttoria lo accusano formalmente di peculato. A suo carico ci sono solo indizi, ma intanto per lui è una *via crucis* di cui non s'intravede nemmeno la conclusione. ■ COMMEDIA; COL.; 93'; ITALIA, 1971.

SIAMO TUTTI INQUILINI ★★★
Regia di MARIO MATTOLI. Con MAURIZIO ARENA, PEPPINO DE FILIPPO, ALDO FABRIZI, ANNA MARIA FERRERO. ■ Una servetta ha ereditato un appartamento di proprietà della sua ex datrice di lavoro, ma non è mai in regola con le spese condominiali. L'amministratore la perseguita, ma il portiere la protegge. Alla riunione dei condomini, la servetta paga, ma nel contempo fa fare una figuraccia al losco ragioniere. ■ COMMEDIA; B/N; 96'; ITALIA, 1953.

SIAMO TUTTI MATTI? *(Die Ende klingelt um 1/2 8)* ★★
Regia di ROLF THIELE. Con HERTA FEILER, GRAZIELLA GRANATA, HEINZ RÜHMANN. ■ Malriuscita satira della società moderna e dell'era dei computer, prende lo spunto dalle peripezie di un ingegnere elettronico che per una serie di equivoci finisce in manicomio. ■ COMMEDIA; B/N; 94'; GERMANIA, 1968.

SIAMO TUTTI MILANESI ★★
Regia di MARIO LANDI. Con LILIANA BONFATTI, CARLO CAMPANINI, GIANNI MUSY, UGO TOGNAZZI. ■ Il protagonista è Campanini, nella parte di un "commendatur" meneghino che ha in odio i "terroni". Ma il destino gli rifila due tiri mancini: come socio d'affari gli tocca accettare un meridionale, inoltre la figliola s'è innamorata di un cantante da balera napoletano. Il "commendatur" inghiotte tutto, ma quasi gli viene un colpo quando apprende che anche sant'Ambrogio era meridionale (in realtà sant'Ambrogio nacque a Treviri in Germania). ■ COMMEDIA; B/N; 95'; ITALIA, 1953.

SIAMO TUTTI PECCATORI *(Balarrasa)* ★★
Regia di JOSÉ ANTONIO NIEVES CONDE. Con FERNANDO FERNÁN GÓMEZ, LUIS PRENDES, MARIAN SALGADO. ■ Per colpa sua, un collega è morto durante un'azione bellica. Diventerà missionario per espiare. ■ DRAMMATICO; B/N; 92'; SPAGNA, 1950.

SIAMO TUTTI POMICIONI ★★
Regia di MARINO GIROLAMI. Con ALBERTO BONUCCI, MARIO CAROTENUTO, MARGARET LEE, SANDRA MONDAINI, RAIMONDO VIANELLO. ■ Quattro sketch sul gallismo degli italiani. A livello di avanspettacolo. ■ COMMEDIA; B/N; 94'; ITALIA, 1963.

SIAMO UOMINI O CAPORALI? ★★★
Regia di CAMILLO MASTROCINQUE. Con FRANCA FALDINI, FIORELLA MARI, PAOLO STOPPA, TOTÒ. ■ Totò è un poveraccio maltrattato dalla vita. Al punto che può teorizzare sulle sue disgrazie. Secondo lui la gente si divide in "uomini" (quelli che lavorano e fanno fatica) e "caporali" (che fanno faticare gli altri). E ricorda i molti "caporali" incontrati nella sua vita: il gerarchetto fascista, l'ufficiale americano, il giornalista marpione, l'industrialotto lombardo. Costui gli soffierà anche la fidanzata. ■ COMICO; B/N; 94'; ITALIA, 1955.

SIBERIA ANNI '50 *(Der Teufel spielte Balalaika)* ★★
Regia di LEOPOLD LAHOLA. Con RUDOLF FORSTER, GOTZ GEORGE, CHARLES MILLOT. ■ In Siberia, cinque anni dopo la fine del conflitto, i prigionieri tedeschi attendono ancora il rimpatrio. E, siccome tarda ad arrivare, tre di loro tentano la fuga. Ma gli va male. Un altro prigioniero, più furbo, inganna l'attesa intrecciando un'affettuosa amicizia con la moglie del comandante del campo. ■ DRAMMATICO; B/N; 93'; GERMANIA, 1961.

SIBERIADE *(Sibiriada)* ★★★★
Regia di ANDREJ KONČALOVSKIJ. Con LUDMILLA GORCENKO, NIKITA MIKHALKOV. ■ Il film che ha fatto conoscere al mondo intero Končalovskij, alla fine degli anni Settanta. Presentato con eccezionale successo al Festival di Cannes, è la storia di mezzo secolo in un villaggio della Siberia. Soprattutto la storia di due famiglie, i ricchi Solonin e i poveri Usstjuzanin. I secondi dedicano quasi mezzo secolo al sogno della costruzione di una strada attraverso la foresta siberiana. Dopo la guerra il sogno diviene realtà. E sarà tutto il paese a beneficiarne (in Siberia vengono scoperti i giacimenti di petrolio). ■ DRAMMATICO; COL.; 276'; URSS, 1978. ■ CANNES 1 PR.

SICARI DI HITLER, I *(R.P.Z. appelle Berlin)* ★★★
Regia di RALPH HABIB. Con DAWN ADDAMS, GINO CERVI, FRANCO FABRIZI, PETER VAN EYCK. ■ Un agente segreto tedesco emissario di Canaris, capo dello spionaggio tedesco, cerca di impedire l'entrata in guerra di Germania e Italia. La missione, è ovvio, fallisce. ■ DRAMMATICO B/N; 91'; FRANCIA, GERMANIA, ITALIA, 1959.

SICARIO, IL ★★★

Regia di DAMIANO DAMIANI. Con SERGIO FANTONI, PIETRO GERMI, SYLVA KOSCINA, BELINDA LEE, ALBERTO LUPO. ■ Secondo film di Damiani, ispirato vagamente a un "giallo" famoso nell'Italia del boom: il caso Fenaroli. Protagonista è un industriale sull'orlo del dissesto che, messo con le spalle al muro, decide di eliminare il suo maggior creditore. Scova un sicario (un suo ex dipendente in cattive acque) e lo paga perché uccida. L'assassinio è compiuto, l'industriale è di nuovo sulla cresta dell'onda. Ma il killer, sopraffatto dai rimorsi, va a denunciarsi e a denunciare il mandante. ■ GIALLO; B/N; 100′; ITALIA, 1961.

SICARIO 77 VIVO O MORTO ★★

Regia di MINO GUERRINI. Con JOSÉ BODALO, ROBERT MARK, MONICA RANDALL. ■ Un folle vuol sabotare un viaggio spaziale. Ma un agente segreto sventa il suo piano. ■ SPIONAGGIO; COL.; 94′; ITALIA, 1966.

SICARIUS – FEBBRE DI SESSO ★★

(Midnight Party – The Last Trill – La comptesse noire)

Regia di PETER KERR. Con ALICE ARNO, PAUL MÜLLER, LINA ROMAY, JACK TAYLOR. ■ Una donna col volto irriconoscibile viene trovata morta. La polizia arresta un medico che, rilasciato quasi subito, comincia a indagare per conto proprio. ■ DRAMMATICO; COL.; 92′; BELGIO, FRANCIA, 1977.

SICILIA! ★★★

Regia di DANIÈLE HUILLET, JEAN-MARIE STRAUB. Con GIANNI BUSCARINO, CARMELO MADDIO, ANGELA NUGARA. ■ Tratto liberamente da *Conversazione in Sicilia* di Elio Vittorini. Silvestro decide di tornare in Sicilia per ritrovare il passato perduto. Girato in bianco e nero, è stato presentato alla Mostra di Venezia ed è una delle rare fiction della coppia di registi, specialisti in documentari e film sperimentali. ■ COMMEDIA; B/N; 60′; FRANCIA, ITALIA, 1999.

SICILIANA RIBELLE, LA ★★

Regia di MARCO AMENTA. Con VERONICA D'AGOSTINO, CARMELO GALATI, GÉRARD JUGNOT, MARCELLO MAZZARELLA, LUCIA SARDO. ■ Ha pochi anni e tanti sogni Rita, figlia di Don Vito Mancuso, pregiudicato ucciso dalla mafia il giorno della sua prima comunione. Disperata per la scomparsa del padre, amato e rispettato in famiglia e in paese, ha deciso di vendicarne la morte e l'onore. Scoperto il mandante dell'efferato omicidio e trattenuta a stento dal fratello maggiore, Rita rimanda per sei anni la rappresaglia contro Don Salvo. Sei anni in cui osserverà e annoterà sui suoi diari ogni movimento dell'uomo e dei suoi scagnozzi. Ma la morte improvvisa del fratello, pugnalato barbaramente, la scopre sola e vulnerabile. Minacciata dagli uomini di Don Salvo si reca a Palermo per denunciarli tutti al procuratore antimafia. Braccata dai mafiosi e protetta dallo Stato, Rita smetterà di essere un'adolescente spensierata e scoprirà la differenza tra vendetta e giustizia. Non è la prima volta che Marco Amenta rappresenta la violenza mafiosa che ha segnato la storia della Sicilia. ■ DRAMMATICO; COL.; 110′; ITALIA, 2008.

SICILIANO, IL *(The Sicilian)* ★★

Regia di MICHAEL CIMINO. Con GIULIA BOSCHI, CHRISTOPHER LAMBERT, TERENCE STAMP, JHON TURTURRO. ■ La storia del bandito Salvatore Giuliano, visto come un Robin Hood della Sicilia all'indomani della guerra. Giuliano è un bandito d'onore che, scampato miracolosamente a una sparatoria, persegue il suo sogno di dare la terra ai contadini e di unire la Sicilia agli Usa. Ma un capo mafia lo prende sotto la sua ala e lo coinvolge in un fattaccio che gli mette contro tutto il paese: la strage dei sindacalisti a Portella della Ginestra. Divenuto ormai solo un peso per i mafiosi, Giuliano è ucciso, per loro incarico, dal cugino che credeva fedele. Risibile sul piano storico, il film è anche molto discutibile su quello spettacolare, e segna un ulteriore scacco nella carriera di Michael Cimino. ■ AVVENTURA; COL.; 121′; USA, 1987.

SICKO ★★

Regia di MICHAEL MOORE. ■ Michael Moore colpisce ancora. Questa volta il suo bersaglio è il sistema sanitario statunitense, che costringe migliaia e migliaia di persone a morte certa perché prive di un'assicurazione. Ma questo argomento non è che il prologo di *Sicko* perché in un breve arco di tempo l'attenzione si concentra su quelli che invece una copertura assicurativa ce l'hanno, ma scoprono che le grandi e piccole società del settore escogitano qualsiasi strategia per evitare di pagare il dovuto. Moore conosce alla perfezione i meccanismi della denuncia, ad esempio quando ci mostra persone rispedite a casa (con taxi pagato però) senza alcuna cura perché non in grado di sostenere le spese di ricovero o un uomo che, essendosi tranciato le falangi di due dita lavorando, ha dovuto scegliere quali farsi riattaccare. Quando poi ci mostra i volontari che l'11 settembre 2001 si precipitarono a Ground Zero per aiutare nei soccorsi riportando malattie croniche che nessuno si preoccupa di curare, la riflessione si fa davvero amara. ■ DOCUMENTARIO; COL.; 120′; USA, 2006.

SICUREZZA DEGLI OGGETTI, LA ★★

(The safety of objects)

Regia di ROSE TROCHE. Con PATRICIA CLARKSON, GLENN CLOSE, JOSHUA JACKSON, DERMOT MULRONEY. ■ Un sobborgo americano, le esistenze di quattro famiglie che si incrociano. Esther allontana progressivamente da sé marito e figlia per assistere il figlio in coma. Annette deve fronteggiare un divorzio e le difficoltà economiche derivanti dal mantenere due figli. Jim, avvocato che si è massacrato di lavoro per il successo, solo di fronte all'ennesima delusione di carriera capisce di aver perso l'intimità con sua moglie. Helen, annoiata dalla vita matrimoniale, cerca altro. Le vite di tutti si incroceranno solo per scoprire di essere determinate più dal possesso di determinati oggetti che dalla propria affettività. ■ DRAMMATICO; COL.; 120′; GRAN BRETAGNA, USA, 2001.

SID E NANCY *(Sid and Nancy)* ★★

Regia di ALEX COX. Con DEBBY BISHOP, GARY OLDMAN, CHLOE WEBB. ■ La storia del tempestoso e tragico amore fra Sid Vicious, il bassista del complesso rock Sex Pistols, e Nancy, tossicodipendente. Lei lo introduce nel tunnel della droga da dove non usciranno più. Durante un "viaggio" Sid uccide accidentalmente Nancy. Va in prigione, da dove esce per entrare in un manicomio (e lì finirà il resto dei suoi giorni). ■ DRAMMATICO; COL.; 91′; GRAN BRETAGNA, 1986.

♥ SIDEWAYS ★★★★

Regia di ALEXANDER PAYNE. Con MARYLOUISE BURKE, THOMAS HADEN CHURCH, MISSY DOTY, PAUL GIAMATTI, JESSICA HECHT, VIRGINIA MADSEN, DUKE MOOSEKIAN, SANDRA OH, ALYSIA REINER, SHAKE TUKHMANYAN. ■ Le vie del vino sono infinite, ma anche profumate, gustose, limpide come il cristallo di un *balloon*. Il gusto di queste emozioni ha dato vita a un film, un *road movie*, dove l'amicizia fra due uomini di mezza età, è la dolceamara riflessione sul continuare a essere dei "novelli" giovani o apprezzare i piaceri della maturità, dell'invecchiamento. Jack è un attore di soap opera in procinto di sposarsi. Il suo migliore amico Miles, bruttino, dolorosamente divorziato da due anni, e scrittore non proprio di successo, decide di fargli un regalo speciale: una settimana sulle strade del vino della California, per un piacevole e intenso addio al celibato fra calici di nettare e campi da golf. Incontreranno anche l'amore, e Miles conoscerà Maya che, come lui, vive per la gioia di una buona bottiglia. Ironico e riflessivo, il film di Alexander Payne delinea i personaggi, le loro forze, le loro debolezze, e le mette in parallelo al vino, alle modalità dell'invecchiamento, di conservazione, di degustazione. I sette giorni che Miles e Jack trascorrono insieme sono il percorso di crescita di due uomini, profondamente diversi fra loro, ma legati da un'amicizia ventennale. La cultura di Miles, espressa da un irresistibile Paul Giamatti (le sue battute scandiscono il film), si scontra con l'istinto animale e grezzo di Jack. E le donne per loro vanno di pari passo con il vino. Per lo scrittore devono essere rare e uniche (come la ex-moglie), da apprezzare e da sorseggiare nella loro maturità; per il belloccio divo da soap opera devono avere l'immediata esplosività di un "frizzantino". È la sottile magia di un film, che realmente va lasciato decantare, per apprezzarne le qualità. Come dice Maya, in uno dei momenti più intensi del film: «Il vino è vivo, come ognuno di noi. Nasce, cresce e raggiunge la maturità. In quel momento, ha un gusto fantastico». ■ COMME-

DIA; COL.; 124'; USA, 2004. ■ GOLDEN GLOBES 🏆 2 PR, 7 NOM; OSCAR 🏆 1 PR, 5 NOM.

SIERO DELLA VANITÀ, IL ★★

Regia di ALEX INFASCELLI. Con BARBORA BOBULOVA, NINNI BRUSCHETTA, MARGHERITA BUY, MARCO GIALLINI, ROSARIO J. GNOLO, MADDALENA MAGGI, VALERIO MASTANDREA, FRANCESCA NERI. ■ Figlio del produttore e regista Roberto Infascelli (produsse *Febbre da Cavallo*), musicista rock, assistente alla regia di David Fincher e John Landis, regista di videoclip, giornalista: nell'immaginaria classe delle nuove leve del cinema italiano Alex Infascelli fa la figura di quello ammanicato, un po' raccomandato, volenteroso certo e pieno di iniziative, ma senza alcun particolare talento. Il ragazzo può permettersi, per la sua seconda opera: un soggetto di Ammaniti, un cast con nomi, le musiche di un tal Marco Castoldi in arte Morgan. Insomma ha la fortuna di avere in mano delle carte niente male. Ma fa una brutta giocata. Le intenzioni sarebbero pure lodevoli: già con *Almost Blue* si manifestava la voglia di riscoprire un cinema di genere che in Italia, dopo l'esplosione di qualche decennio fa, è stato spietatamente dimenticato. Ma di quel cinema manca innanzitutto il talento visivo (in questa prova ancor più che nella prima). Nonostante abbia alle spalle l'esperienza del videoclip, che per "l'attenzione" visiva dovrebbe, in teoria almeno, costituire un'importante palestra, il regista non riesce a sviluppare gli spunti offerti dal soggetto di Ammaniti per un'elaborazione in chiave grottesca: Infascelli intuisce, forse, che potrebbe essere questa la chiave di volta del film, ma il tono "atmosferico" a cui perviene è, suo malgrado, quello della parodia più macchiettistica. Contribuiscono caratterizzazioni piuttosto banali ed una direzione degli attori non particolarmente efficace (si fa eccezione per quei nomi di cui si diceva prima, che probabilmente sanno dirigersi da sé e che comunque non danno qui sfogo a tutte le loro potenzialità) che sembra completamente dimentica di quell'importante lezione di cinema che prescriveva particolare attenzione per i caratteristi, per i personaggi secondari, per i dettagli. Per inciso, quello della recitazione era uno dei grossi problemi che affliggevano la riuscita di *Almost Blue*. Del tutto assenti suspence, tensione narrativa, attesa: il gravoso compito di tenere sulle spine lo spettatore è lasciato tutto alla colonna sonora (quella sì, davvero di genere) di Morgan. Gli eventi si svolgono con noiosa linearità, lo spettatore assiste senza alcun coinvolgimento emotivo, attendendo, auspicando, implorando che avvenga qualcosa, un imprevisto, un colpo di scena: invano. I gialli televisivi dell'ultima ora al confronto sembrano Hitchcock. ■ THRILLER; COL.; 92'; ITALIA, 2004.

SIERRA ★★

Regia di ALFRED E. GREEN. Con WANDA HENDRIX, BURL IVES, DEAN JAGGER, AUDIE MURPHY. ■ Padre e figlio vivono sulla Sierra catturando cavalli selvaggi. Ma il padre si ferisce gravemente e il figlio è derubato dei cavalli da una banda di predoni (la mandria gli serviva a pagare il medico per il genitore). Il vecchio comunque guarisce, il giovane se la deve vedere con i banditi, che però riesce a sterminare. ■ WESTERN; COL.; 83'; USA, 1950.

SIERRA BARON ★★

Regia di JAMES B. CLARK. Con RITA GAM, RICK JASON, BRIAN KEITH. ■ Il barone Miguel del Monte è un giovane pacifico che preferisce negoziare con i coloni americani anziché scacciarli con le armi. Un pistolero viene perciò incaricato di farlo fuori, ma alla vista della bellissima sorella del barone se ne innamora e rinuncia alla sua missione. Col tempo, anzi, diventa seguace dello stesso Miguel e sventa un altro complotto ai suoi danni, ma finirà per rimanere vittima dell'odio dello speculatore che inizialmente gli aveva commissionato l'incarico di eliminare Miguel. ■ WESTERN; COL.; 80'; USA, 1958.

SIERRA CHARRIBA *(Major Dundee)* ★★★

Regia di SAM PECKINPAH. Con SENTA BERGER, JAMES COBURN, RICHARD HARRIS, CHARLTON HESTON, JIM HUTTON, WARREN OATES. ■ A capo di un'armata di delinquenti e prigionieri sudisti sta il maggiore Dundee dell'esercito nordista. Egli ha l'incarico di catturare il capo indiano Sierra Charriba che razzia la regione. Dundee però, eseguita la missione (Sierra Charriba muore comunque quasi per caso, ucciso da un giovane trombettiere), cade in una imboscata in territorio messicano. Durante lo scontro perde la vita Tyreen, luogotenente di Dundee e suo amico-nemico per tutto il film. ■ WESTERN; COL ; 124'; USA, 1965.

SIERRA MAESTRA ★★

Regia di ANSANO GIANNARELLI. Con FABIAN CEVALLOS, CARLA GRAVINA, ANTONIO SALINES. ■ Per accuse di sovversione al regime un giornalista italiano di nome Franco viene arrestato in Venezuela. Egli viene incarcerato pur negando qualunque legame con le organizzazioni rivoluzionarie ed in carcere fa amicizia con due altri prigionieri politici. L'uno è un fotografo apparentemente pacifista, l'altro invece è un guerrigliero. Quest'ultimo viene fucilato, mentre il primo è presto rimesso in libertà. Il giornalista rimane in carcere. ■ DRAMMATICO; COL.; 111'; ITALIA, 1970.

SIESTA ★★

Regia di MARY LAMBERT. Con ELLEN BARKIN, ISABELLA ROSSELLINI, MARTIN SHEEN. ■ Una stunt-woman famosa, specializzata nel buttarsi dall'aereo nelle più strane condizioni di tempo e di luogo, si reca a Madrid sperando di ritrovare un ex amante che s'è sposato da poco. Qualche giorno dopo, a Madrid, la donna viene trovata ferita nei pressi dell'aeroporto. Curata, va a trovare l'ex amante e lo tampina. Ma è poco dopo uccisa dalla moglie di lui. Dove? Vicino all'aeroporto. È stato tutto un sogno, fatto dalla donna poco prima di morire. ■ DRAMMATICO; COL.; 97'; USA, 1987.

SIETE TUTTI ADORABILI *(The Girl Most Likely)* ★★

Regia di MITCHELL LEISEN. Con KEITH ANDES, JANE POWELL, CLIFF ROBERTSON. ■ Un'ambiziosa ragazza californiana rifiuta la corte di un commerciante locale nell'attesa di un principe azzurro d'alto bordo. Scorgendo uno yacht alla fonda, la ragazza si lascia cadere in mare nell'intento di farsi notare ed entrare così nell'agognato jet-set. Ma la salva il meccanico di bordo che ella crede essere il miliardario. Anche quest'ultimo comunque si accorge di lei e comincia a corteggiarla, offrendole perfino di divenire sua moglie. Un attimo prima del "sì" la giovane dimentica il suo sogno e decide di sposare il buon meccanico. ■ COMM. MUSICALE; COL.; 98'; USA, 1958.

SI FA PRESTO A DIRE AMORE ★★

Regia di ENRICO BRIGNANO. Con VITTORIA BELVEDERE, ENRICO BRIGNANO, ISABEL PEREZ, SAMUELA SARDO. ■ Un tourbillon di intrecci amorosi risucchia il protagonista trentenne il quale candidatamente dichiara di soffrire del complesso di Peter Pan, che consiste nel restare fanciulli fuggendo le responsabilità della vita matura. Ad un certo punto si impone una scelta. Una brillante commedia romantica alla Pieraccioni che forse non brilla per originalità. ■ COMMEDIA; B/N; 95 ; ITALIA, 2000.

SIGFRIDO ★★

Regia di GIACOMO GENTILOMO. Con SEBASTIAN FISHER, KATHARINA MAYBERG, ILARIA OCCHINI. ■ Sigfrido è il più valente cavaliere dei suoi tempi. Al torneo del re di Burgundia ottiene in premio la mano di Crimilde, sorella del re, ma l'amore dei due giovani è contrastato dal geloso Hagen. Questi con la regina d'Islanda escogita una trappola per il guerriero, che viene ucciso a tradimento. Accanto a lui muore anche la disperata Crimilde, ma gli assassini non restano impuniti. ■ AVVENTURA; COL.; 93'; ITALIA, 1958.

SIGILLO DELL'ASSASSINO, IL ★★

(Badge of the Assassin)

Regia di MEL DAMSKI. Con YAPHET KOTTO, ALEX ROCCO, JAMES WOODS. ■ Una notte vengono uccisi due agenti della polizia da due uomini di colore appartenenti alle Pantere Nere. Qualche anno più tardi un sostituto procuratore viene incaricato delle indagini aiutato da un agente di colore. Si arriva alla cattura e a un processo. Per due volte viene dichiarato il non luogo a procedere, ma il procuratore non si dà per vinto. Nonostante la prevedibilità di gran parte della sceneggiatura il film ha un buon ritmo nonostante il taglio televisivo. ■ POLIZIESCO; COL.; 96'; USA, 1985.

SIGILLO DI PECHINO, IL ★★

(Die Hölle von Macao – The Peking Medallion)

Regia di FRANK WINTERSTEIN. Con MAURIZIO ARENA, ELKE SOMMER, ROBERT STACK. ■ Un fotografo clandestino che lavora in Cina riceve un pacchetto misterioso che gli costa la vita e dà il via ad intricati tentativi di persone diverse per impadronirsi del contenuto. Si tratta di un prezioso sigillo che contiene le informazioni per arrivare alla tomba di un antichissimo imperatore. Sulla traccia del sigillo si avvicendano poliziotti, gangster, fanatici di una setta religiosa, ma nessuno di questi metterà le mani sul tesoro. ■ AVVENTURA; COL.; 92'; GERMANIA, 1968.

SIGILLO ROSSO ★★
Regia di FLAVIO CALZAVARA. Con GINO CERVI, CARLA DEL POGGIO, ADRIANO RIMOLDI. ■ Intrighi intorno a un documento lasciato in eredità da un soldato. Alla fine ci scappa un morto. ■ GIALLO; B/N; 91'; ITALIA, 1950.

SIGILLO SEGRETO *(This is my Affair)* ★★★
Regia di WILLIAM A. SEITER. Con SIDNEY BLACKMER, JOHN CARRADINE, BRIAN DONLEVY, VICTOR MCLAGLEN, BARBARA STANWYCK, ROBERT TAYLOR. ■ Un poliziotto che aveva scoperto un complotto sta per essere condannato a morte. L'unico che può testimoniare a suo favore è il presidente degli Stati Uniti McKinley, ma questi viene ucciso in un attentato. Alla fine, comunque, il bravo poliziotto riuscirà ugualmente a salvarsi. ■ DRAMMATICO; B/N; 101'; USA, 1937.

SI GIRA A MANHATTAN *(Living in Oblivion)* ★★★
Regia di TOM DI CILLO. Con STEVE BUSCEMI, CATHERINE KEENER, DERMOT MULRONEY. ■ New York. Le vicissitudini di un regista indipendente alle prese con un film difficile. Tutto si mette contro di lui, il capitale irrisorio a disposizione, gli attori, il produttore. Divertente. Premiato al Sundance Film Festival. ■ COMMEDIA; COL.; 90'; USA, 1994.

SIGNORA ★★
Regia di FRANCESCO LAUDADIO. Con SONIA AQUINO, URBANO BARBERINI, MAURIZIO DONADONI, ANGELA FINOCCHIARO, PAOLO SEGANTI, YORGO VOYAGIS. ■ Sullo sfondo dell'Italia fascista del 1933, la bella e ricca Sarah vive una travolgente storia d'amore con Guido, giovane ingegnere edile che lavora all'edificazione di Sabaudia. Lei sta per lasciare il marito e andare a vivere con Guido, quando lui improvvisamente scompare. Ma non è per correre dietro ad un'altra donna, come Sarah crede... ■ DRAMMATICO; COL.; 99'; ITALIA, ITALIA, 2004.

SIGNORA ACCONSENTE, LA *(The Lady is Willing)* ★★★
Regia di MITCHELL LEISEN. Con MARLENE DIETRICH, ALINE MACMAHON, FRED MACMURRAY. ■ Una celebre ballerina adotta un bambino di pochi mesi ed è aiutata ad allevarlo da un giovane medico avviato ad una brillante carriera scientifica. I due non tardano a innamorarsi e decidono di sposarsi. Quando il bambino si ammala il patrigno non vorrebbe inizialmente assumersi la responsabilità di un intervento chirurgico, ma vista la gravità della situazione accetta di operarlo. L'intervento si concluderà con pieno successo. ■ DRAMMATICO; B/N; 92'; USA, 1942.

SIGNORA AMAVA LE ROSE, LA ★★★
(The Subject Was Roses)
Regia di ULU GROSBARD. Con JACK ALBERTSON, PATRICIA NEAL, MARTIN SHEEN. ■ Il ritorno dalla guerra del giovane figlio Timmy non giova al *ménage* familiare di John e Nelly, da tempo divisi da incomprensioni. Entrambi tentano di accaparrarsi i favori del figlio e ciò dà luogo a nuove e più accese scenate. Timmy capisce che la sua presenza in casa non aiuta certo il già critico rapporto dei suoi genitori. Riparte e John e Nelly, sia pur con tristezza, si sentono un po' più uniti. ■ COMMEDIA; COL.; 107'; USA, 1969. ■ OSCAR 1 PR, 2 NOM.

SIGNORA AMMAZZATUTTI, LA *(Serial Mom)* ★★
Regia di JOHN WATERS. Con RICKI LAKE, MATTHEW LILLARD, KATHLEEN TURNER, SAM WATERSTON. ■ Sono lontani i tempi in cui John Waters faceva film a basso budget che violentavano lo spettatore e il perbenismo americano. Kathleen Turner è una tranquilla casalinga piena di sani principi. Il problema è che per convertire gli altri passa a sbrigative vie di fatto. Esempio, usa la spada con un cafone e colpisce ripetutamente con l'arrosto una vicina di casa. Eppure la sua sembra una famiglia felice. Ma lei si annnoia. Trasgressivo ma non troppo, non ancora del tutto addomesticato da Hollywood, è un film di John Waters da amare o da odiare. ■ COMMEDIA; COL.; 100'; USA, 1994.

SIGNORA A 40 CARATI, LA *(40 Carats)* ★★★
Regia di MILTON KATSELAS. Con EDWARD ALBERT, GENE KELLY, LIV ULLMANN. ■ Bella quarantenne ricchissima conosce un giovane ventenne. Dopo molti tira e molla i due si sposeranno. ■ COMMEDIA; COL.; 110'; USA, 1974. ■ GOLDEN GLOBES 1 NOM.

SIGNORA DA CHUNG KING, LA ★★
(Dame from Chung King)
Regia di WILLIAM NIGH. Con HAROLD HUBERD, RICK VALLIN, ANNA MAY WONG. ■ La signora del titolo è un'indomita donna che organizza la guerriglia dei cinesi contro i giapponesi invasori. L'America non è ancora entrata in guerra. La signora e i suoi uomini debbono battersi da soli. ■ AVVENTURA; COL.; 92'; USA, 1943.

SIGNORA DAI CAPELLI ROSSI, LA ★★★
(The Lady with Red Hair)
Regia di CURTIS BERNHARDT. Con RICHARD AINLEY, MIRIAM HOPKINS, CLAUDE RAINS. ■ Per guadagnare il denaro necessario a vincere la causa con l'ex marito ed aggiudicarsi la cura del figlio diletto, Leslie Carter decide di diventare attrice drammatica. Riesce presto a guadagnare i favori del pubblico e si innamora di un attore di secondo piano di un'altra compagnia. Tornata dal figlio, si accorge però che questi la considera ormai un'estranea. Troverà nel matrimonio con l'attore e nell'arte conforto al suo dolore. ■ DRAMMATICO; B/N; 81'; USA, 1940.

SIGNORA DAI DIAMANTI, LA ★★
(Adventure in Diamond)
Regia di GEORGE FITZMAURICE. Con GEORGE BRENT, JOHN LODER, ISA MIRANDA. ■ Bellona aiuta una banda a tentare un grande colpo in una miniera di diamanti. Ma conosce un onesto aviatore, si redime e manda in rovina i banditi. ■ AVVENTURA; B/N; 76'; USA, 1940.

SIGNORA DAL CAGNOLINO, LA *(Dama s sobackoj)* ★★★
Regia di JOSIF CHEJFIC. Con ALEKSEJ BATALOV, IJA SAVVINA. ■ La moglie di un alto funzionario sovietico si innamora di un altro, ma dopo un rapido incontro in una stanza d'albergo ritornerà dal marito. ■ DRAMMATICO; B/N; 93'; URSS, 1959.

SIGNORA DALLE CAMELIE, LA ★★★
Regia di GUSTAVO SERENA. Con FRANCESCA BERTINI, ALFREDO DE ANTONI, GUSTAVO SERENA. ■ Il dramma di Dumas e la sua eroina Margherita Gautier. È la consacrazione cinematografica della grande Francesca Bertini. ■ DRAMMATICO; COL.; 69'; ITALIA, 1915.

SIGNORA DALLE CAMELIE, LA ★★
(La dame aux camélias)
Regia di RAYMOND BERNARD. Con ROLAND ALEXANDER, GINO CERVI, MICHELINE PRESLE. ■ Discreta versione della celeberrima commedia di Dumas figlio. ■ DRAMMATICO; COL.; 111'; FRANCIA, ITALIA, 1952.

SIGNORA DALLE DUE PISTOLE, LA ★★
(Two Guns Lady)
Regia di RICHARD BARTLETT. Con PEGGIE CASTLE, EARLE LYON, WILLIAM TALMAN. ■ La giovane Kate Master dà la caccia agli assassini che anni prima le hanno ucciso i genitori. Anche un agente federale è incaricato delle indagini: i due si incontrano. Dapprima Kate crede che l'agente sia uno dei killer, ma dopo complicate vicende Kate e l'agente fanno fuori gli assassini e si sposano. ■ WESTERN; B/N; 75'; USA, 1958.

SIGNORA DEL BLUES, LA *(Lady Sing the Blues)* ★★
Regia di SIDNEY J. FURIE. Con RICHARD PRYOR, DIANA ROSS, BILLY DEE WILLIAMS. ■ Billie Holiday riesce a far carriera come cantante blues dopo una lunga gavetta nei bassifondi di Harlem. Il relativo successo che le arride non la immunizza comunque da sfortunate esperienze amorose, che la portano alla tossicodipendenza. ■ DRAMMATICO; COL.; 144'; USA, 1972. ■ GOLDEN GLOBES 2 NOM; OSCAR 5 NOM.

SIGNORA DEL FIUME, LA *(River Lady)* ★★★
Regia di GEORGE SHERMAN. Con ROD CAMERON, YVONNE DE CARLO, DAN DURYEA. ■ Dan, aitante boscaiolo, ottiene un posto

di rilievo nei cantieri della zona grazie all'intercessione della sua innamorata Bella Sequin, ma la figlia del suo nuovo principale si infatua di lui complicando oltremodo la sua situazione. La relazione continua in segreto fino a quando Bella non annuncia pubblicamente il suo matrimonio col boscaiolo. Stefania, figlia del capomastro dei cantieri, rivela però a Dan la "raccomandazione" che a suo tempo Bella aveva operato e questi infuriatissimo rompe il fidanzamento. A nulla varranno i tentativi anche illeciti di Bella: Dan e Stefania si sposeranno. ■ WESTERN; COL.; 78'; USA, 1949.

SIGNORA DELLA NOTTE, LA ★★
Regia di PIERO SCHIVAZAPPA. Con SERENA GRANDI, TIBERIO MITRI, FABIO SARTOR. ■ Serena Grandi è una moglie insoddisfatta che si concede ad amanti occasionali per sfuggire alla monotonia della vita coniugale. Storiellina esile confezionata su misura per le gustose esibizioni della protagonista. Involontariamente umoristico il finale (i coniugi ritrovano un equilibrio quando fanno l'amore per procreare, e non per esclusivo piacere). ■ COMMEDIA; COL.; 93'; ITALIA, 1986.

SIGNORA DELLA PORTA ACCANTO, LA ★★★
(La femme d'à côté)
Regia di FRANÇOIS TRUFFAUT. Con FANNY ARDANT, GÉRARD DEPARDIEU, HENRI GARCIN. ■ Dopo dieci anni di lontananza, due ex amanti si scoprono vicini di casa. Sono entrambi sposati, ma riallacciano la loro appassionata relazione, che prende da subito una piega morbosamente violenta. Finirà male, naturalmente: lei, dapprima ricoverata in una clinica psichiatrica, lo ammazzerà a colpi di pistola. Classica storia d'amore e morte, condita da spunti sociali (l'ipocrisia piccolo-borghese) e psicologici (la passione come follia), oltre che dal genio di Truffaut. ■ DRAMMATICO; COL.; 106'; FRANCIA, 1981.

SIGNORA DELLA QUINTA STRADA, LA ★★★
(On the Avenue)
Regia di ROY DEL RUTH. Con MADELEINE CARROLL, I FRATELLI RITZ, DICK POWELL. ■ Una giovane miliardaria è messa in ridicolo da un attore di rivista di cui, al momento di protestare, resta perdutamente innamorata. Il flirt è però interrotto dalla gelosissima prima donna dello spettacolo in cui anche il giovane lavora. Tempo dopo, sul punto di sposare un ricchissimo ma anziano pretendente, la miliardaria si accorge di essere ancora innamorata dell'attore e all'ultimo momento lo sostituisce al suo sfortunato partner, già in tight per la cerimonia. ■ COMMEDIA; B/N; 89'; USA, 1937.

SIGNORA DELL'AUTO CON GLI OCCHIALI E UN FUCILE, LA ★★★
(La dame dans l'auto avec des lunettes et un fusil)
Regia di ANATOLE LITVAK. Con SAMANTHA EGGAR, JOHN MCENERY, OLIVER REED. ■ Nel bagagliaio dell'auto che il principale le ha prestato, Danny trova un cadavere. Ad impensierirla si aggiungono le dichiarazioni delle persone che incontra durante le soste in Costa Azzurra, che dichiarano di averla vista il giorno precedente mentre lei pensa di visitare quei luoghi per la prima volta. Tutti i sospetti perciò indicano lei come la possibile autrice del delitto, ma Danny non si dà per vinta e riesce a far luce su tutta l'intricata e singolare vicenda. ■ GIALLO; COL.; 103'; FRANCIA, 1971.

SIGNORA DELLE CAMELIE, LA ★★
Regia di CARMINE GALLONE. Con NELLY CORRADI, GINO MATTERA. ■ Giovane mondana rinuncia al suo amore per far contento il papà di lui. Muore di tisi. Con musica di Verdi. ■ DRAMMATICO; B/N; 92'; ITALIA, USA, 1948.

SIGNORA DELLE UNDICI, LA ★★
(La dame d'onze heures)
Regia di JEAN DEVAIVRE. Con MICHELINE FRANCEY, PAUL MEURISSE, JEAN TISSIER. ■ L'ispettore Stanislao, soprannominato SOS, indaga su misteriose lettere anonime che assillano il dottor Pescara, a cui è stato assassinato il figlio Carlo ed una figlia illegittima avuta in Normandia al tempo della prima guerra mondiale. Anche l'ultima figlia di Pescara è chiamata in Normandia dall'ennesima lettera anonima: SOS scopre l'assassino. ■ DRAMMATICO; B/N; 97'; FRANCIA, 1949.

SIGNORA DELL'OVEST, LA ★★
Regia di CARLO KOCH. Con ISA POLA, MICHEL SIMON. ■ Diego e Arianna viaggiano verso l'Ovest in cerca di fortuna. Durante la traversata incontrano un avventuriero di nome William che, innamoratosi di Arianna, li convince a seguirlo e a farsi assumere da un possidente come tenutari di una fattoria. Anche il possidente si invaghisce della bella forestiera e ne fa uccidere il marito in modo che i sospetti ricadano su William. Sconvolta, Arianna si rifugia dal possidente, ma saputo l'inganno scappa in cerca di William che nel frattempo si è sposato. La giovane vedova non può che scusarsi per aver sospettato di lui, ma una loro unione è ormai impossibile. ■ AVVENTURA; B/N; 91'; ITALIA, 1942.

SIGNORA DEL TERZO PIANO, LA ★★
(War es der im dritten Stock)
Regia di CARL BOESE. Con HENNY PORTEN, WALTER STEINBECK. ■ Ragazza ferita in un condominio. La ragione del ferimento è da ricercarsi nelle liti fra gli inquilini. ■ COMMEDIA; B/N; 92'; GERMANIA, 1939.

SIGNORA DEL VENERDÌ, LA *(His Girl Friday)* ★★★★
Regia di HOWARD HAWKS. Con RALPH BELLAMY, CARY GRANT, ROSALIND RUSSELL. ■ Dalla commedia *Prima pagina*. Qui il giornalista è una donna, la moglie del direttore di un grande quotidiano. Al momento di divorziare dalla sua partner il direttore capisce che perderebbe una delle sue più valide articoliste e il favore dei lettori. Perciò ci ripensa, riesce a mandare a monte le nuove nozze a cui sua moglie stava per accingersi e salva matrimonio e giornale. ■ COMMEDIA; B/N; 92'; USA, 1940.

SIGNORA DI BEVERLY HILLS, LA ★★
(Beverly Hills Madam)
Regia di HARVEY HART. Con MELODY ANDERSON, FAYE DUNAWAY, LOUIS JOURDAN. ■ Faye Dunaway è una ruffiana d'alto bordo che gestisce a Beverly Hills un gruppo di squillo di lusso da un milione a notte. Per le sue ragazze è una "mamma" che rimedia sempre ai loro guai. ■ DRAMMATICO; COL.; 93'; USA, 1986.

SIGNORA DI BROADWAY, LA *(Queen of Broadway)* ★★
Regia di SAM NEWFIELD. Con BUSTER CRABBE, ROCHELLE HUDSON. ■ Donna manager, dal carattere durissimo, si sposa per poter adottare un bambino. Il suo caratteraccio minaccia di far naufragare il matrimonio, ma il piccolo orfanello rimetterà in sesto il *ménage* dei genitori adottivi. ■ COMMEDIA; B/N; 62'; USA, 1947.

SIGNORA DI LISBONA, LA *(The Lady from Lisbon)* ★★
Regia di LESLIE HISCOTT. Con MARTITA HUNT, FRANCIS L. SULLIVAN, CHARLES VICTOR. ■ Un sudamericano accetta di fare la spia per i nazisti a Lisbona. Ma in cambio vuole la *Gioconda* di Leonardo. I tedeschi cercano di rifilargli una copia, allora lui passa dalla parte degli alleati. ■ SPIONAGGIO; B/N; GRAN BRETAGNA, 1942.

SIGNORA DI LUSSO *(Five Finger Exercise)* ★★
Regia di DANIEL MANN. Con JACK HAWKINS, ROSALIND RUSSELL, MAXIMILIAN SCHELL. ■ La famiglia Harrington è un groviglio di intrighi. A un certo punto il signor Harrington si arrabbia e mette tutti a posto. ■ COMMEDIA; B/N; 109'; USA, 1962.

SIGNORA DIMENTICA, LA *(The Lady Forgets)* ★
Regia di BRADFORD MAY. Con GREG EVIGAN, DONNA MILLS, ANDREW ROBINSON. ■ Una signora viene scippata, subisce un forte trauma psichico e, quando torna a casa, scopre di essere stata lontana due anni. Viene accusata di un omicidio che avrebbe commesso nel periodo amnesico. ■ DRAMMATICO; COL.; 91'; USA, 1989.

SIGNORA DI MEZZANOTTE, LA *(Midnight)* ★★★
Regia di MITCHELL LEISEN. Con DON AMECHE, JOHN BARRYMORE, CLAUDETTE COLBERT. ■ La ballerinetta Eva Peabody è incaricata di sedurre un giovane divenuto amante di una ricca signora. Riuscirà nell'intento e poi sposerà un taxista. ■ COMMEDIA; B/N; 94'; USA, 1939.

SIGNORA DI MONTECARLO, LA ★★★
Regia di MARIO SOLDATI. Con FOSCO GIACHETTI, DITA PARLO. ■ Il fratello scioperato di un industriale resta vittima di una ban-

da di cui fa parte una donna, che riesce poi a farsi sposare dall'industriale. Il futuro cognato, convinto che la donna ami davvero suo fratello, non impedisce il matrimonio. ■ COMMEDIA; B/N; 86'; ITALIA, 1938.

SIGNORA DI SHANGHAI, LA ★★★
(The Lady from Shanghai)
Regia di ORSON WELLES. Con RITA HAYWORTH, EVERETT SLOANE, ORSON WELLES. ■ Welles nella parte di un avventuriero senza prospettive che si trova a salvare la Hayworth da alcuni teppisti. Viene assunto dalla donna come guardaspalle tuttofare e si trova a viaggiare per il mondo su un magnifico jacht. A bordo ci sono personaggi molto strani, a cominciare dal marito della donna, grande e ambiguo avvocato. L'avventuriero si trova ben presto al centro di un intrigo del quale dovrà essere la vittima. Alla fine tutti i complotti vengono al pettine. Per tutti. Film minore di Welles, che forse aveva bisogno di soldi. Il sapore è quello del tradizionale noir con tanto di voce narrante in prima persona. Il regista era sposato con la Hayworth, ma il matrimonio aveva i giorni contati. Si dice che Welles, sadico e vendicativo, imbruttisse quanto più poteva la diva. Indimenticabile la sequenza finale dove si arriva alla resa dei conti, col famoso gioco di specchi che impedisce la visione della realtà. ■ DRAMMATICO; B/N; 87'; USA, 1948.

SIGNORA DI TUTTI, LA ★★★
Regia di MAX OPHULS. Con MEMO BENASSI, ISA MIRANDA, TATIANA PAVLOVA. ■ Per lei, donna fatale, muoiono in tanti: uno si suicida, una moglie paralitica precipita dalle scale, un altro s'ammazza. Ma quando lei s'accorge che l'unico uomo che ama davvero le preferisce la sorella, si suicida. ■ DRAMMATICO; B/N; 97'; ITALIA, 1934.

SIGNORA È DI PASSAGGIO, LA ★★
(La passante du sans souci)
Regia di JACQUES ROUFFIO. Con MICHEL PICCOLI, MARIA SCHELL, ROMY SCHNEIDER. ■ Baumstein, un ricco industriale ebreo, uccide a sangue freddo l'ambasciatore del Paraguay da lui riconosciuto come ex ufficiale nazista. Durante il processo si rievocano le fasi della tormentata vita di Baumstein e della famiglia che lo aveva ospitato durante il nazismo. Baumstein viene condannato a soli cinque anni con la condizionale, ma sei mesi dopo viene ucciso con sua moglie da fanatici neonazisti. ■ DRAMMATICO; COL.; 120'; FRANCIA, 1982.

SIGNORA E I SUOI MARITI, LA *(What a Way to Go!)* ★★★
Regia di LEE J. THOMPSON. Con SHIRLEY MACLAINE, DEAN MARTIN, ROBERT MITCHUM, PAUL NEWMAN. ■ Tutti i matrimoni della signora Luisa sono finiti perché i suoi mariti sono sempre diventati celebri subito dopo il matrimonio. Per conoscersi meglio, Luisa si fa visitare da un noto psicologo il quale, dopo averla ascoltata, si dichiara sedotto e le chiede la mano. Ma anch'egli è troppo celebre. Luisa, confusa, rifiuta l'offerta e cade nelle braccia dell'uomo delle pulizie: forse è il marito che ha sempre sognato. ■ COMMEDIA; COL.; 111'; USA, 1964. ■ OSCAR 2 NOM.

SIGNORA È SERVITA, LA ★★
Regia di NINO GIANNINI. Con CARLO DAPPORTO, ANTONIO GANDUSIO, FANNY MARCHIÒ. ■ Ricco signore ubriaco scambia un cameriere per un conte. Il perfido segretario cerca di approfittarne per impadronirsi dell'azienda, ma tutto finisce bene. ■ COMMEDIA; B/N; 91'; USA, 1946.

SIGNORA È STATA VIOLENTATA!, LA ★★
Regia di VITTORIO SINDONI. Con NINETTO DAVOLI, CARLO GIUFFRÉ, ENRICO MONTESANO, PAMELA TIFFIN. ■ Durante un involontario droga-party, la signora è stata violentata. Nevrosi della donna e disperazione del marito. Ma alla fine si scopre che proprio lui è stato il violentatore. ■ COMMEDIA; COL.; 94'; ITALIA, 1973.

SIGNORA GIOCA BENE A SCOPA?, LA ★★
Regia di GIULIANO CARNIMEO. Con EDWIGE FENECH, CARLO GIUFFRÉ, DIDI PEREGO, FRANCA VALERI. ■ Un dongiovanni napoletano, proprietario di un negozio di calzature, oltre al vizio delle donne ha anche quello del gioco. Perde somme favolose e per far quadrare il bilancio è costretto a "vendere" i suoi servizi amatori ad alcune vogliose signore. Ma perde troppo e il surménage rischia di farsi insostenibile. Il dongiovanni chiede l'aiuto del suo commesso, che si rivelerà tanto bravo da soffiargli l'affezionata clientela. ■ COMMEDIA; COL.; 92'; ITALIA, 1974.

SIGNORA HA DORMITO NUDA CON IL SUO ASSASSINO, LA *(Ich schlafe mit meinem Mörder)* ★★
Regia di WOLFGANG BECKER. Con PETER CAPELL, HARALD LEIPNITZ, VÉRONIQUE VENDELL. ■ Lui, lei e l'altra. Lui è stufo di lei che gli fa pesare continuamente la sua dipendenza economica, così con l'aiuto dell'amante organizza un uxoricidio. Ma poco prima che il piano venga portato a compimento la moglie viene rapita. Lui comunque uccide l'altra, pensando di poter disporre ormai liberamente delle sostanze della consorte. Ma la consorte ricompare. Ha capito tutto. Ora i suoi ricatti saranno ancora più feroci. ■ GIALLO; COL.; 93'; GERMANIA, 1971.

SIGNORA IN BIANCO, LA *(Insignificance)* ★★
Regia di NICOLAS ROEG. Con GARY BUSEY, TONY CURTIS, THERESA RUSSELL. ■ Stravagante commedia di carattere basata sulla possibilità che una sera del 1953 in una camera d'albergo s'incontrino una bionda e svampita attrice (che potrebbe essere Marilyn Monroe), un giocatore di baseball marito della bionda (che potrebbe essere Joe di Maggio). E poi un vecchio scienziato (Einstein?) e un politicante di destra in disgrazia (il "cacciatore di streghe" McCarthy?). Gli attori sono deliziosi, ma lo spirito in punta di penna non è il forte di Nicolas Roeg. ■ FANTASTICO; COL.; 105'; GRAN BRETAGNA, USA, 1985.

SIGNORA IN ERMELLINO, LA ★★★
(That Lady in Ermine)
Regia di ERNST LUBITSCH, OTTO PREMINGER. Con DOUGLAS FAIRBANKS JR, BETTY GRABLE, CESAR ROMERO. ■ La signora è la principessa di un immaginario staterello invaso da un esercito nemico. Il generale s'installa nel palazzo reale e inizia a corteggiare la padrona. Costei in sogno viene consigliata da un'antenata che fece l'amore con il condottiero nemico e poi lo uccise. Ma la principessa del film si innamora del generale. ■ COMMEDIA; COL.; 89'; USA, 1948. ■ OSCAR 1 NOM.

SIGNORA IN NERO, LA ★★
Regia di NUNZIO MALASOMMA. Con ANTONIO GANDUSIO, CARLO NINCHI, LAURA REDI, ROBERTO VILLA. ■ Un medico sta per sposarsi, quando compare una misteriosa signora in nero che lo schiaffeggia davanti a tutti. Ovviamente la gente vuole spiegazioni. Lo schiaffeggiato non sa darne e il matrimonio va in fumo. Chi ha architettato tutto è stata la promessa sposa che voleva sbarazzarsi del dottore. Costui ci fa una figuraccia, ma alla fine una moglie la trova. E sarà la "signora in nero". ■ COMMEDIA; B/N; 94'; ITALIA, 1943.

SIGNORA IN ROSSO, LA *(The Woman in Red)* ★★★
Regia di GENE WILDER. Con KELLY LEBROCK, GILDA RADNER, GENE WILDER. ■ Un tranquillo impiegato di famiglia (Wilder) vede la sua vita sconvolta dall'incontro con una misteriosa e bellissima "signora in rosso" (Kelly LeBrock). Ha quindi l'occasione per la sua prima infedeltà coniugale, ma goffo e inesperto com'è riesce solo a ficcarsi in un sacco di guai. Si tratta di un *remake* del film francese *Certi piccolissimi peccati*, riletto in chiave americana. Wilder, nella doppia veste di regista e protagonista, confeziona novanta minuti di deciso divertimento; la presenza della fotomodella mozzafiato Kelly LeBrock e le musiche di Stevie Wonder completano un prodotto di buon intrattenimento. ■ COMICO; COL.; 87'; USA, 1984. ■ GOLDEN GLOBES 1 PR, 1 NOM; OSCAR 1 PR, 1 NOM.

SIGNOR ALIBI, IL *(Copie Conforme)* ★★
Regia di JEAN DRÉVILLE. Con SUZY DELAIR, JEAN-JACQUES DELBO, LOUIS JOUVET. ■ Un bandito scopre un poveraccio che è la sua copia conforme e decide di servirsene per i suoi scopi (per fabbricarsi cioè un comodo alibi quando mette in esecuzione i colpi più importanti). Ma l'idea si presenta meno felice del previsto: non solo il sosia fa innamorare di sé l'amante del gangster, ma si mette in urto con i membri della banda, uno dei quali, credendo di avere a che fare con il "doppio", uccide il vero capo. ■ GIALLO; B/N; 90'; FRANCIA, 1946.

SIGNORA MIA ZIA, LA *(Auntie Mame)* ★★★
Regia di MORTON DA COSTA. Con PEGGY CASS, FRED CLARK, ROSALIND RUSSELL, FORREST TUCKER. ■ Mame prende il nipote sotto la sua protezione perde tutto nel crollo di Wall Street e deve arrangiarsi a fare mille mestieri per vivere. Sposa poi un riccone texano e si mette a posto (e mette a posto il piccolo). Rimasta vedova dopo breve tempo, non rinuncerà alle stravaganze anche in tarda età. ■ COMMEDIA; COL.; 143′; USA, 1958. ■ OSCAR 6 NOM.

SIGNORA MINIVER, LA *(Mrs. Miniver)* ★★★★
Regia di WILLIAM WYLER. Con HELMUT DANTINE, GREER GARSON, DAME MAY WHITTY, WALTER PIDGEON, TERESA WRIGHT. ■ Storia di una famiglia inglese nei primi mesi della seconda guerra mondiale: lui architetto sotto le armi, lei coraggiosa e intrepida sotto i bombardamenti tedeschi, il figlio pilota della RAF la cui fidanzata muore in un mitragliamento. Tratto da un romanzo di Jan Struther, ebbe 10 nomination e prese 6 Oscar: film, sceneggiatura, regia, G. Garson, T. Wright, Joseph Ruttenberg per la fotografia. Uno dei più efficaci film di propaganda patriottica usciti da Hollywood. Piacque a Goebbels, ministro della Propaganda del Terzo Reich, e a Roosevelt, presidente degli Stati Uniti, che fece stampare in centinaia di migliaia di copie il testo del discorso, pronunciato da un pastore (Henry Wilcoxon) in una chiesa bombardata. Classico film M-G-M, insolitamente firmato da 4 sceneggiatori: A. Wimpers, G. Froeschel, J. Hilton, C. West. Esiste anche in versione colorizzata. Ebbe un seguito: *Addio signora Miniver*. ■ DRAMMATICO; B/N; 134′; USA, 1942. ■ OSCAR 6 PR, 11 NOM.

SIGNORA NEL CEMENTO, LA *(Lady in Cement)* ★★★
Regia di GORDON DOUGLAS. Con DAN BLOCKER, RICHARD CONTE, MARTIN GABEL, FRANK SINATRA, RAQUEL WELCH. ■ Frank Sinatra riprende il personaggio dell'investigatore privato Tony Rome. Qui vediamo Rome durante un'escursione subacquea imbattersi nel cadavere di una donna ammazzata e colata a picco con i piedi infilati nel cemento. La donna è una certa Sondra che ricattava una bellona protetta dal capo di una gang. La bellona nega di aver ucciso Sondra, e anzi sarà lei ad aiutare Rome a scoprire il colpevole. ■ GIALLO; COL.; 93′; USA, 1968.

SIGNORA NON È DA SQUARTARE, LA ★★★
(Too Many Crooks)
Regia di MARIO ZAMPI. Con GEORGE COLE, BRENDA DE BANZIE, TERRY THOMAS. ■ Una banda di lestofanti da quattro soldi decide di rapire la figlia di un industriale a scopo di riscatto. Ma si sbagliano e portano via invece la moglie del riccone. Grosso errore: il riccone aveva una cordiale antipatia per la consorte e non gli par vero che qualcuno gliel'abbia tolta dai piedi. Niente riscatto: se gliel'ammazzano, gli fanno un favore. I lestofanti non sanno che pesci pigliare. Ma chi prende l'iniziativa ora è la rapita, che s'impone ai rapitori fino a diventare il "cervello" della banda, rendendola molto più temibile. La vittima preferita della gang sarà proprio il riccone. ■ COMICO; B/N; 87′; GRAN BRETAGNA, 1959.

SIGNORA NON SI DEVE UCCIDERE, LA ★★★
(Fleur d'oiselle)
Regia di GEORGES LAUTNER. Con MIREILLE DARC, ANOUK FERJAC, HENRI GARCIN, ANDRÉ POUSSE. ■ Caccia al grisbì nascosto dopo un colpo da un famoso gangster. L'unica a conoscerne l'ubicazione è la sua amante, che infatti si mette alla ricerca. Ma sulle sue tracce, oltre la polizia, si son messi i colleghi della "mala" del defunto. L'intrepida Catherine ritrova il malloppo in una casa di montagna, ma presto è costretta a difenderlo dai gangster che sono arrivati prima dei poliziotti. Per fortuna non molto prima. Catherine sta per lasciarci la pelle, quando sopraggiunge il commissario parigino. Il malloppo è recuperato, i malviventi catturati e Catherine se ne va libera con un ricco premio per aver recuperato la refurtiva. ■ GIALLO ROSA; COL.; 104′; FRANCIA, 1967.

SIGNORA OMICIDI, LA *(The Ladykillers)* ★★★
Regia di ALEXANDER MACKENDRICK. Con ALEC GUINNESS, KATIE JOHNSON, HERBERT LOM, PETER SELLERS. ■ Gli assassini (potenziali) sono cinque rapinatori che hanno fatto un colpo grosso, ma si sono traditi davanti alla vecchietta padrona di casa. La vegliarda deve morire. Ma nessuno dei cinque riesce a ucciderla. Si faranno prendere dal panico e moriranno tutti. ■ GIALLO ROSA; COL.; 97′; GRAN BRETAGNA, 1955. ■ OSCAR 1 NOM.

SIGNORA OMICIDI COLPISCE ANCORA, LA ★★★
(Le diable est parmi nous)
Regia di JEAN BEAUDIN. Con LOUISE MARLEU, DANIELLE OUIMET, DANIEL PILON. ■ Muore un antiquario e la polizia conclude che s'è suicidato. Ma un giornalista amico del defunto non si convince, anche perché qualche tempo prima la buonanima aveva subito parecchi attentati (in tutte le circostanze era apparsa una misteriosa vecchina). Indagando, il giornalista incappa in una setta di adoratori di Satana, che lo mandano a raggiungere l'antiquario. Questa volta usando il coltello. ■ DRAMMATICO; COL.; 92′; CANADA, 1972.

SIGNORA PARADISO, LA ★★★
Regia di ENRICO GUAZZONI. Con MEMO BENASSI, ELSA DE GIORGI, MINO DORO. ■ Memo Benassi è un anziano usuraio che si prende in casa una fanciulla povera e sola. Ma la ragazza un giorno s'innamora di un giovanotto e annuncia di volersene andare. L'usuraio non la prende bene. Mette in atto tutti i mezzi leciti e meno leciti per mandare a monte la love story. Ma alla fine gli tocca mettersi il cuore in pace. ■ COMMEDIA; B/N; 91′; ITALIA, 1934.

SIGNORA PARKER E IL CIRCOLO VIZIOSO, LA ★★★
(Mrs. Parker and the Vicious Circle)
Regia di ALAN RUDOLPH. Con MATTHEW BRODERICK, JENNIFER JASON LEIGH, CAMPBELL SCOTT. ■ Ritornando ai temi del suo film migliore, *Moderns*, Rudolph indaga su storici salotti intellettuali. A New York, negli anni Venti, ci sono molti critici e giornalisti. Al centro della vicenda la famosa scrittrice e poetessa Dorothy Parker. Molto avanti rispetto ai suoi tempi, moderna, spregiudicata e alcolista, Dorothy ebbe molti amanti ma il suo vero amore fu il critico di "Life", Robert Bechley. Rudolph gira in un clima claustrofobico e molto parlato, che rende la pellicola difficile per il pubblico medio. ■ COMMEDIA; COL.; 126′; USA, 1994.

SIGNORA PARKINGTON, LA *(Mrs. Parkington)* ★★★
Regia di TAY GARNETT. Con EDWARD ARNOLD, DAN DURYEA, GREER GARSON, AGNES MOOREHEAD, WALTER PIDGEON. ■ La signora Parkington, miliardaria e matriarca di una famiglia di miliardari, deve fronteggiare un caso spiacevole: il figlio sta facendo bancarotta e i parenti lo vogliono buttare a mare. Prima di decidere, la vecchietta racconta la sua storia: come conobbe il maggiore Parkington, un avventuriero che si era arricchito con le miniere, come costruirono un'immensa fortuna, come litigarono e come si riunirono, ormai anziani. Alla fine della rievocazione la donna decide di impiegare parte del patrimonio per il salvataggio del figlio. ■ DRAMMATICO; B/N; 124′; USA, 1944. ■ OSCAR 2 NOM.

SIGNORA PER BENE, UNA ★★★
(Le Bon Dieu sans confession)
Regia di CLAUDE AUTANT-LARA. Con DANIELLE DARRIEUX, IVAN DESNY, HENRY VILBERT. ■ Una bella signora che vive modestamente con il marito impiegato e i figlioli conosce un maturo e ricco signore e ne accetta la corte. L'uomo la copre di regali e lei lo lusinga (ma senza mai diventarne l'amante), lasciandogli intendere di potere un giorno divorziare dal marito (in realtà vuol tenersi sia il consorte che il platonico finanziatore). L'uomo alla fine morirà senza essere mai riuscito ad andare a letto con l'amata. ■ DRAMMATICO; B/N; 112′; FRANCIA, 1953. ■ VENEZIA 1 PR.

SIGNORA PERICOLOSA, UNA *(Dangerous Lady)* ★★
Regia di BERNARD B. RAY. Con DOUGLAS FOWLEY, NEIL HAMILTON, JUNE LANG. ■ A un processo per omicidio una donna viene condannata. Ma un gangster che ha avuto qualche confidenza da un compagno di cella è sicuro che l'accusata sia innocente. Quando esce di prigione, va a raccontare tutto a un poliziotto privato, ma muore subito dopo. Il detective e sua moglie ne sanno però abbastanza per mettersi in caccia. Scoprono i veri colpevoli. La condannata viene scagionata alla vigilia dell'esecuzione. ■ GIALLO; B/N; 86′; USA, 1941.

SIGNORA PER UNA NOTTE *(Lady for a Night)* ★★★
Regia di LEIGH JASON. Con JOAN BLONDELL, RAY MIDDLETON, JOHN WAYNE, BLANCHE YURKA. ■ La proprietaria di un casinò

di Memphis aspira a entrare nel gran mondo, dal quale è esclusa per le sue umili origini. L'occasione le viene dal matrimonio con un giovane scioperato, figlio di un'altolocata famiglia. Ma la zia del marito tenta di avvelenare la biscazziera. Muore invece il fresco sposo. Ma è la sposa a essere accusata. L'antico amante della biscazziera fa luce sulla verità. L'arrampicatrice capirà che la vita nel casinò è preferibile a quella dei quartieri alti. ■ DRAMMATICO; B/N; 87'; USA, 1941.

SIGNORA PER UN GIORNO *(Lady for a Day)* ★★★★
Regia di FRANK CAPRA. Con WALTER CONNOLLY, MAY ROBSON, WARREN WILLIAM. ■ Una vecchia venditrice di frutta ha fatto studiare nei migliori collegi la figlia nascondendole la sua umile posizione. Ora la fanciulla sposa un giovane altolocato, e la brava madre vorrebbe sostenere la commedia anche il giorno delle nozze. Chiede a un gangster suo amico di inscenare un fastoso ricevimento. Quello, cuor d'oro, l'accontenta. Lui e la sua banda si trasformeranno in compiti gentiluomini. La famiglia dell'altolocato è accolta in modo principesco. ■ COMMEDIA; B/N; 88'; USA, 1932. ■ OSCAR 4 NOM.

SIGNORA PRENDE IL VOLO, LA ★★★
(The Lady Takes a Flyer)
Regia di JACK ARNOLD. Con JEFF CHANDLER, RICHARD DENNING, ANDRA MARTIN, LANA TURNER. ■ Lui e lei sono piloti e soci in una compagnia aerea privata. Si innamorano e si sposano. Ma lei rimane incinta e deve mettersi a fare la mamma e la casalinga rinunciando al volo. Lui la sostituisce con una giovane e pimpante aviatrice. Scene di gelosia e decisione della moglie di tornare a pilotare. Il marito si arrabbia, ma quando la consorte rischia di perdere la vita durante una trasvolata, accorre per salvarla. Tutto bene. ■ COMMEDIA; COL.; 94'; USA, 1957.

SIGNORA SCOMPARE, LA *(The Lady Vanishes)* ★★★
Regia di ALFRED HITCHCOCK. Con MARGARET LOCKWOOD, PAUL LUKAS, MICHAEL REDGRAVE. ■ Un classico di Hitchcock del periodo inglese. La storia, molto imitata, è quella di un intrigo internazionale che si svolge tutto su un treno. In un convoglio diretto nei Balcani sparisce un'anziana signora. Solo una ragazza sembra accorgersene. Tutti la trattano da scema o da pazza. Ma un giovanotto sembra crederle. Almeno fino al punto di fare indagini e di scoprire che l'anziana donna è stata rapita da una banda di spie che s'è impadronita del treno. Il giovane, la ragazza e qualche occasionale alleato si battono allora per riportare il convoglio in territorio amico. ■ SPIONAGGIO; B/N; 97'; GRAN BRETAGNA, 1938.

SIGNORA SENZA CAMELIE, LA ★★★
Regia di MICHELANGELO ANTONIONI. Con LUCIA BOSÈ, GINO CERVI, ANDREA CHECCHI, ALAIN CUNY, IVAN DESNY. ■ Antonioni prova a descrivere una diva italiana tipo, arrivata al successo attraverso i concorsi di bellezza e i filmetti commerciali. Lucia Bosè è abbastanza nota e popolare, ma poi sposa un giovane ambizioso produttore che le fa venire le aspirazioni artistiche. L'attrice ci prova con un film pieno di pretese, ma riporta un fiasco colossale. Il matrimonio va in crisi. Clara si trova un amante e cerca nuove parti nel cinema, ma le va tutto male. Per rimettersi in carreggiata dovrà riprendere la via del film commerciale. ■ DRAMMATICO; B/N; 83'; ITALIA, 1954.

SIGNORA SKEFFINGTON, LA *(Mrs. Skeffington)* ★★★
Regia di VINCENT SHERMAN. Con WALTER ABEL, BETTE DAVIS, CLAUDE RAINS, RICHARD WARING. ■ Bette Davis impersona una bella donna che per salvare dal disonore il fratello debosciato accetta di sposare l'uomo che potrebbe disonorarlo, il ricco ebreo Skeffington. Costui è un gran brav'uomo, innamoratissimo della moglie che però non si cura di nascondergli di averlo sposato per interesse. Per anni e anni gli rende la vita infelice. Finché lui rimane cieco e lei ha una paurosa decadenza fisica. Lui però la ricorda bella e continua a trattarla come tale. Lei, commossa, finalmente gli dichiara il suo affetto. ■ DRAMMATICO; B/N; 127'; USA, 1944. ■ OSCAR 2 NOM.

SIGNORA SPRINT, LA *(The Fast Lady)* ★★★
Regia di KEN ANNAKIN. Con STANLEY BAXTER, JULIE CHRISTIE, KATHLEEN HARRISON, JAMES ROBERTSON JUSTICE. ■ Protagonista è un giovane impiegato comunale che in vita sua è andato solo in bicicletta. Ma, per far colpo su una ragazza, cerca di trasformarsi in uno spericolato guidatore. Dapprima combina un mucchio di disastri, poi ci fa la mano e contribuisce persino alla cattura di un gruppo di malviventi. E la fanciulla gli dice di sì. ■ COMMEDIA; COL.; 95'; GRAN BRETAGNA, 1967.

SIGNORA VAGABONDA, LA *(Vagabond Lady)* ★★★
Regia di SAMUEL TAYLOR. Con EVELYN VENABLE, ROBERT YOUNG. ■ Una ragazza della società bene sta per sposare un giovanotto ricco e serissimo. Ma intanto ha conosciuto anche il fratello del fidanzato, la pecora nera della famiglia. Simpatico e scanzonato, questi non dura fatica a far girare la testa alla quasi cognata, inducendola a fuggire con lui. Poi, però, la molla senza una parola di spiegazione. Indignata, la ragazza torna dal fratello serio. Alla vigilia delle nozze, però, ritorna alla carica lo scapestrato che persuade il fratello, con logica stringente, che la ragazza è più adatta a lui. E la ragazza è d'accordo. ■ COMMEDIA; B/N; 93'; USA, 1935.

SIGNORA VUOLE IL VISONE, LA ★★
(The Lady Wants Mink)
Regia di WILLIAM A. SEITER. Con EVE ARDEN, WILLIAM DEMAREST, RUTH HUSSEY, DENNIS O'KEEFE. ■ La signora vuole il visone, ma il marito non è un riccone. Per avere il suo visone e contemporaneamente rinsanguare le finanze di casa, la signora si dà all'allevamento di visoni. Con il risultato che vanno in crisi le finanze e il matrimonio. Ovviamente tutto si aggiusta. ■ COMMEDIA; COL.; 94'; USA, 1953.

SIGNOR BRUSCHINO, IL ★★
Regia di VITTORIO SALA. Con FERNANDO LIDONNI, VALERIA MARICONDA, LINO PUGLISI, BRUNO RUFO. ■ Un giovin signore, per ottenere la mano di Sofia, sua amata, si finge il figlio del signor Bruschino, al quale la ragazza è stata promessa in sposa dal tutore. Di qui gli equivoci, le battute e tutti gli ingredienti soliti della "commedia dell'errore". ■ COMMEDIA; COL.; 92'; ITALIA, 1967.

SIGNORE, LE ★★
Regia di TURI VASILE. Con CHELO ALONSO, PAOLO FERRARI, NADIA GRAY, ENRICO MARIA SALERNO, BICE VALORI. ■ Le storie di quattro annoiate signore borghesi si intrecciano nel negozio del parrucchiere, dove le infedeli dame tramano e raccontano le loro avventure extraconiugali, i sotterfugi, le rivalità. ■ COMMEDIA; COL.; 94'; ITALIA, 1960.

SIGNORE A DOPPIO PETTO, IL ★★
Regia di FLAVIO CALZAVARA. Con SERGIO TOFANO, VANNA VANNI. ■ Un uomo dal cuore troppo grande, in senso letterale, per una deformazione cardiaca, aiuta in maniera esagerata veri e falsi bisognosi, molti dei quali si approfittano di lui. Sarà una ragazza a ridimensionare il suo cuore ed a riportarlo nei limiti di una consapevole filantropia. ■ COMMEDIA; B/N; 91'; ITALIA, 1940.

♥ SIGNORE DEGLI ANELLI, IL ★★
(The Lord of the Rings)
Regia di RALPH BAKSHI. ■ Dalla celeberrima trilogia fantastica di J.R.R. Tolkien, un film a cartoni animati molto suggestivo. Due popoli si contendono nel Medioevo i magici anelli del titolo. ■ ANIMAZIONE; COL.; 133'; GRAN BRETAGNA, 1980. ■ GOLDEN GLOBES 1 NOM.

♥ SIGNORE DEGLI ANELLI – IL RITORNO DEL RE, IL *(The Lord of the Rings: the Return of the King)* ★★★★★
Regia di PETER JACKSON. Con SEAN ASTIN, CATE BLANCHETT, ORLANDO BLOOM, BILLY BOYD, IAN HOLM, CHRISTOPHER LEE, IAN MCKELLEN, DOMINIC MONAGHAN, VIGGO MORTENSEN, JOHN RHYS-DAVIES, ANDY SERKIS, LIV TYLER, HUGO WEAVING, ELIJAH WOOD. ■ Il Re è tornato. L'avevamo lasciato "ramingo" vincitore nel fosso di Helm e lo ritroviamo "blasonato" e "armato" dalla spada dei re (Narsil), ri-forgiata dalla sapienza di Elrond, nell'ultima epica battaglia contro l'Oscuro Signore di Mordor. "Ritornato" e ritrovato Aragorn al trono di Gondor, l'ultimo "libro" dell'anello tolkieniano riprende, insieme, trame e destini sospesi all'ombra de *Le due torri*: soccorrendo Frodo, rivelando Sam, consumando Gollum, confermando eroi, ricomponendo La Compagnia dell'anello. A tornare, naturalmente, è l'anello, peccato originale all'inizio del mondo, al principio della Terra di

mezzo governata da una quiete ancestrale scossa da una "sottrazione". Terzo "momento" cinematografico di quella che non senza errore viene definita "trilogia", dal momento che il suo creatore letterario la pensò e formalizzò come opera integrale, licenza concessa al cinema di Peter Jackson, davvero "in stato di grazia" nel concepire il più incredibile degli epiloghi, nel liberare un lungo respiro epico. Cinema epico originale e "assoluto", il suo, da perdonargli l'incomprensibile "perdita" (alla scena) dello scellerato e bianchissimo Saruman, "angelo" perduto al bene e colpito da insana "autonomia metafisica" che tanta parte ancora trovava nelle milleduecentoventisei pagine che, nel libro, separano la Contea dal Monte Fato. Perdonato, anche e perché sullo schermo le creature di Tolkien vengono "tradite" per essere garantite nella loro integrità dentro un tempo più prossimo al nostro. Emancipate dalla sola dimensione fantastica per rivelarne la piena complessità relazionale-affettiva: in quest'ottica, non ce ne vogliano gli ortodossi tolkieniani e "sentimentali", la storia d'amore più bella resta quella tra Frodo e Sam, affrancata in qualche modo dalla relazione "ufficiale-sottoposto" (legittima e tutta dentro la tradizione letteraria e culturale anglosassone), e sigillata da uno sguardo che è un bacio, il "bacio" di Sam al portatore "mutilato" e risvegliato a Gondor. Epicità e lirismo, allora, espugnano e governano Minas Tirith. Perché dentro lo "svolgimento obiettivo" dei fatti, dentro l'oggettivo manifestarsi di forze etiche in conflitto, dentro l'iperbolica estrinsecazione del reale convive il soggettivo lirismo dei personaggi che finiscono per conferire alle loro azioni e alle loro scelte una concentrazione di significati direttamente riconducibili al conflitto tra tali forze. Due anni di preproduzione, 274 giorni di riprese, tre anni di post-produzione hanno guadagnato per sempre allo schermo l'epica lirica dell'anello, la sua geografia fantastica, la lingua bucolica degli hobbit, quella antica degli elfi, quella formale e rigorosa degli uomini. A noi spettatori/portatori, non rimane che "raccoglierlo" e consumarci nella "visione". ■ FANTASTICO; COL.; 201'; NUOVA ZELANDA, USA, 2003. ■ GOLDEN GLOBES 5 PR, 4 NOM; OSCAR 11 PR, 11 NOM.

♥ SIGNORE DEGLI ANELLI – LA COMPAGNIA DELL'ANELLO, IL ★★★★★
(Lord of the Rings: The Fellowship of Ring)
Regia di PETER JACKSON. Con SEAN BEAN, CATE BLANCHETT, IAN HOLM, CHRISTOPHER LEE, IAN MCKELLEN, LIV TYLER, ELJIAH WOOD. ■ La grande saga tolkeniana ha finalmente raggiunto il grande pubblico. C'era stato in passato un film d'animazione che aveva deluso gli appassionati. Ma questa volta il bersaglio sembra centrato. Le vicende dello hobbit Frodo che con un gruppo di amici della sua razza e con altri compagni d'avventura si trova ad affrontare un'impresa che lo sovrasta, hanno trovato in Peter Jackson un interprete fedele ma non cieco. Questo è un film destinato non solo a chi ha letto e riletto la trilogia e ne è un tenace sostenitore, ma a un pubblico che voglia godere di un film ad alto tasso di spettacolarità, capace però di conservare ai protagonisti delle caratteristiche di "umanità" che non li facciano sentire distanti. Basti pensare, a titolo di esempio, alla scena in cui Bilbo (un grande Ian Holm) sente il Male emergere nella sua personalità. Riesce a tradurre visivamente un conflitto tutto interiore, e non è impresa facile. Al di là delle vicende avventurose e dei numerosi effetti speciali, provate ad osservare le scenografie. Che si tratti della Nuova Zelanda fotografata come un luogo magico (e ai nostri occhi lo è) o delle ricostruzioni elettroniche o in studio, la cura dei particolari e il lavoro sulla trasfigurazione di correnti artistiche ed architettoniche è di un'efficacia tale da fare degli ambienti dei protagonisti. Il che significa anche non tradire Tolkien che aveva realizzato, come è noto, mappe dettagliate dei luoghi in cui aveva ambientato le vicende fantastiche. Come era accaduto per *Star Wars*, anche qui non possiamo fare altro che attendere il seguito, quasi certi che sarà all'altezza visto che, per la prima volta nella storia del cinema, i tre episodi sono stati girati insieme anche se vedranno la luce dei proiettori con la frequenza di uno all'anno. ■ FANTASTICO; COL.; 178'; USA, 2000. ■ GOLDEN GLOBES 3 NOM; OSCAR 4 PR, 13 NOM.

SIGNORE DEGLI ANELLI – LE DUE TORRI, IL ★★★★★
(Lord of the Rings – The Two Towers)
Regia di PETER JACKSON. Con SEAN ASTIN, CATE BLANCHETT, IAN MCKELLEN, VIGGO MORTENSEN, LIV TYLER, ELIJAH WOOD. ■ Secondo capitolo della trilogia cinematografica tratta da *Il Signore degli Anelli* di J.R.R Tolkien. *Le Due Torri* vede ancora protagonisti i coraggiosi componenti della "Compagnia dell'Anello" le cui strade si sono divise al termine dell'episodio precedente: per riuscire a sconfiggere il malvagio Sauron e distruggere l'Unico Anello, Frodo e gli altri hobbit dovranno affrontare un pericoloso viaggio nell'oscuro regno di Mordor, per giungere a Barad-dur, la torre da cui Sauron impartisce i suoi ordini. Nel frattempo gli altri componenti della compagnia dovranno sconfiggere gli alleati di Sauron che si trovano nella torre di Orthanc, dove Saruman sta costituendo il suo esercito. Peter Jackson (che ha girato i tre episodi contemporaneamente) propone un altro film ricco di effetti speciali spettacolari, in cui la cura dei particolari e le ricostruzioni fedeli delle situazioni immaginate da Tolkien non deludono gli spettatori, compresi i fan della saga. ■ FANTASTICO; COL.; USA, 2002. ■ GOLDEN GLOBES 2 NOM; OSCAR 1 NOM.

SIGNORE DEL CASTELLO, IL ★★
(Je suis le seigneur du château)
Regia di RÉGIS WARGNIER. Con DAVID BÉHAR, DOMINIQUE BLANC, JEAN ROCHEFORT. ■ Protagonista di questa storia sono Charles e Thomas, due adolescenti che sembrano avere tutto in comune tranne che l'estrazione sociale: Thomas è il giovane figlio del padrone del castello, mentre Charles è il figlio della nuova governante. Morale della favola: non si possono imporre i classici conflitti di classe quando i protagonisti sono due ragazzi troppo giovani per sottostare alle crudeli dinamiche che la società impone sul piano dei rapporti sociali. ■ COMMEDIA; COL.; 95'; FRANCIA, 1989.

SIGNORE DELLA MORTE, IL *(Halloween II)* ★★
Regia di RICK ROSENTHAL. Con CHARLES CYPHERS, JAMIE LEE CURTIS, DONALD PLEASENCE. ■ Il film inizia là dove l'*Halloween* di Carpenter era finito: il giovane Michael, pazzo omicida, sopravvive miracolosamente ai colpi di pistola infertigli dal dottor Loomis e ricomincia a seminare il terrore. Il suo vero obiettivo è la sorella Laurel, unica scampata al massacro della sua famiglia, già ferita e ricoverata in clinica. ■ HORROR; COL.; 93'; USA, 1981.

SIGNORE DELL'ARIZONA, IL ★★
(Gentleman from Arizona)
Regia di EARL HALEY. Con JOHN BARCLAY, JOHN KING, J. FARREL MACDONALD. ■ Il Signore dell'Arizona è un cavallo dal carattere difficile ma dalle splendide prestazioni che toglie dai pasticci il suo padrone, oberato dai debiti, vincendo il derby. ■ WESTERN; COL.; 73'; USA, 1948.

SIGNORE DELLA STRADA, IL *(Le seigneur de la rue)* ★★
Regia di CHARLES GASTYNES. Con HARRY BAUR, CLAUDE CLEVENS. ■ Un barbone dal nome simile a quello di un magnate approfitta di questa circostanza per farsi ricco, mediante accorte manovre finanziarie. Sbaragliati gli avversari, impalma la segretaria che lo ha aiutato e infine, ottenuta la ricchezza e l'amore, torna alla sua vera identità. ■ COMMEDIA; B/N; 97'; FRANCIA, 1942.

SIGNORE DELLA TAVERNA, IL ★★
Regia di AMLETO PALERMI. Con ARMANDO FALCONI, LAURA NUCCI. ■ Un nobile decaduto si affeziona alla figlia illegittima del proprietario, non cattivo, di un locale equivoco in cui lavora dopo aver perso tutte le sue sostanze. Per garantire alla fanciulla un roseo futuro adotta la ragazza, conferendole il titolo nobiliare di famiglia. ■ DRAMMATICO; B/N; 91'; ITALIA, 1940.

SIGNORE DELLE ILLUSIONI, IL ★★
(Clive Barker's Lord of Illusions)
Regia di CLIVE BARKER. Con SCOTT BAKULA, KEVIN J. O'CONNOR, VINCENT SCHIAVELLI. ■ Un detective alle prese con la strana morte di un illusionista e col terrore che suscita l'essenza soprannaturale del malefico Nix. Diretto che Clive Barker, scrittore di successo e regista di *Hellraiser*. ■ HORROR; COL.; 120'; USA, 1995.

SIGNORE DELLE MOSCHE, IL *(Lord of the Flies)* ★★★
Regia di PETER BROOK. Con JAMES AUBREY, TOM CHAPIN, HUGH EDWARDS. ■ Ambientato in un futuro prossimo venturo, il film racconta le avventure di una ventina di ragazzi scampati ad un conflitto nucleare su un'isola deserta. ■ FANTASCIENZA; B/N; 90'; GRAN BRETAGNA, 1963.

SIGNORE DELLE MOSCHE, IL *(Lord of the Flies)* ★★
Regia di HARRY HOOK. Con BALTHAZAR GETTY, CHRIS FURRH, DANIEL PIPOLY. ■ Tratto dal famoso romanzo di William Golding il film è anche il remake aggiornato della pellicola girata nel 1963 dal regista teatrale e cinematografico Peter Brook. Di gran lunga inferiore al primo, è utile per far conoscere alle nuove generazioni questa storia resa attuale dalla sempre più diffusa delinquenza precoce. Alcuni bambini si ritrovano, a causa di un incidente aereo, soli su un'isola disabitata. Piano piano confezionano regole e misfatti propri degli adulti cercando di formare una nuova società oppressiva e dittatoriale. Finché non arriveranno i soccorsi. ■ DRAMMATICO; COL.; 95'; USA, 1990.

SIGNORE DELLO ZOO, IL *(Zookeeper)* ★★
Regia di FRANK CORACI. Con LESLIE BIBB, CHER, ROSARIO DAWSON, KEVIN JAMES, NICK NOLTE. ■ Dopo aver subito un trauma amoroso quando la fidanzata Stephanie si è rifiutata di sposarlo di fronte alla più romantica delle cornici, Griffin è tornato a svolgere con passione il suo lavoro come guardiano del Franklin Park Zoo di Boston. Cinque anni più tardi, ritrova per caso la sua ex alla festa di fidanzamento del fratello e torna in crisi, iniziando a pensare che abbandonare l'amato lavoro come guardiano per cominciare a vendere auto di lusso assieme al fratello rappresenti l'unico modo per conquistare una donna come Stephanie. Una volta diffusa la notizia, gli animali dello zoo si riuniscono per trovare una soluzione e decidono di aiutare Griffin a riconquistare la sua ex. ■ COMMEDIA; COL.; 101'; USA, 2011.

SIGNORE DEL MALE, IL *(Prince of Darkness)* ★★
Regia di JOHN CARPENTER. Con SUSAN BLANCHARD, JAMESON PARKER, DONALD PLEASENCE. ■ Uno scrigno contenente uno strano liquido rimasto chiuso per centinaia di secoli viene aperto. Mentre un gruppo di studiosi si affanna a decifrare le antiche scritte, è assalito da forze demoniache. La sorte di tutti sembra segnata, ma una ragazza del gruppo sacrifica la propria vita (uccidendo con se stessa una collega di cui il Male s'era impadronito) salvando così i superstiti. Ambiziosissimo film che ha il torto di cominciare alla grande per finire come un horror di Lamberto Bava (*Demoni*). ■ HORROR; COL.; 110'; USA, 1987.

SIGNORE DESIDERA?, IL ★★
Regia di GENNARO RINGHELLI. Con VITTORIO DE SICA, MARIA DENIS, ADA DONDINI, DRIA PAOLA. ■ Uno dei primi ruoli di protagonista di Vittorio De Sica. Ha la parte di un malvivente dal cuor d'oro. E rimarrà cuor d'oro e basta quando una commessa dei grandi magazzini dal dolce sorriso lo convertirà alla vita onesta. ■ COMMEDIA; B/N; 95'; ITALIA, 1933.

SIGNORE E LA SIGNORA SHERLOCK HOLMES, IL ★★
(The Plot Thickens)
Regia di BEN HOLMES. Con JAMES GLEASON, ZASU PITTS. ■ Una coppia di investigatori, in cui la donna appare più abile del collega maschio, indaga su un assassinio e sulla scomparsa da un museo di una preziosa coppa del Cellini, smascherando una banda internazionale di cui faceva parte anche l'ucciso. ■ POLIZIESCO; B/N; 69'; USA, 1936.

SIGNORE E LA SIGNORA SMITH, IL ★★★
(Mr. and Mrs. Smith)
Regia di ALFRED HITCHCOCK. Con CAROLE LOMBARD, ROBERT MONTGOMERY, GENE RAYMOND. ■ I coniugi Smith, che pur bisticciando spesso si amano teneramente, scoprono un bel giorno di non essere ufficialmente sposati, perché il loro matrimonio, per un disguido burocratico, non è valido. Prima di regolarizzare la posizione, lui farà sospirare a lungo la sposina per ammorbidirne il carattere. ■ COMMEDIA; B/N; 95'; USA, 1941.

SIGNORE E LA SIRENA, IL ★★★
(Mr. Peabody and the Mermaid)
Regia di IRVING PICHEL. Con ANN BLYTH, WILLIAM POWELL. ■ Mr. Peabody, professionista in vacanza, cattura una sirena durante una partita di pesca e la nasconde nella piscina della sua villa, dando il via ad una serie di guai. La moglie lo lascia, scambiandola per una donna vera, e la sirena, mentre lui la riporta in mare, lo trascina con sé nel fondo da dove Peabody riesce a riemergere a malapena. Uno psichiatra rimetterà le cose a posto. ■ FANTASTICO; B/N; 89'; USA, 1948.

♥ SIGNORE & SIGNORI ★★★★🏆
Regia di PIETRO GERMI. Con GIGI BALLISTA, FRANCO FABRIZI, ALBERTO LIONELLO, VIRNA LISI, BEBA LONCAR, GASTONE MOSCHIN, OLGA VILLI. ■ In una cittadina veneta, ecco sciorinati i molti vizi e le poche virtù di una provincia piccola piccola, dove la vita scorre sorniona tra chiacchiere e tradimenti, farse e tragedie coniugali, scandita dai pettegolezzi nel bar della piazza principale. L'episodio più riuscito dei tre che lo compongono, è quello di un modesto impiegato di banca (interpretazione maiuscola di uno splendido Moschin) oppresso da una moglie pestifera, che sogna una impossibile evasione con una graziosa cassiera di bar (Virna Lisi). ■ COMMEDIA; B/N; 120'; ITALIA, 1965. ■ CANNES 🏆 1 PR; DAVID DI DONATELLO 🏆 2 PR, 2 NOM.

SIGNORE E SIGNORI, BUONANOTTE ★★★
Regia di LUIGI COMENCINI, NANNI LOY, LUIGI MAGNI, MARIO MONICELLI, ETTORE SCOLA. Con SENTA BERGER, ADOLFO CELI, VITTORIO GASSMAN, LUCRETIA LOVE, NINO MANFREDI, MARCELLO MASTROIANNI, UGO TOGNAZZI, PAOLO VILLAGGIO. ■ Divertenti episodi in cui vizi e virtù dell'Italia in rovina sono messi alla berlina. Un lettore di telegiornale (Mastroianni) piuttosto candido e distratto fa da filo conduttore ai vari episodi, presentati come servizi speciali di un allora inesistente TG3. ■ COMMEDIA; COL.; 119'; ITALIA, 1976.

SIGNORE IN MARSINA, IL *(I Dood it)* ★★★
Regia di VINCENTE MINNELLI. Con RICHARD AINLEY, ELEANOR POWELL, RED SKELTON. ■ Lo stiratore di una lavanderia adopera gli abiti da sera dei clienti per pavoneggiarsi nei night. In uno di questi incontra una ballerina, Costanza, che per ingelosire un'altra donna non si mostra insensibile alle sue premure. Ma, per evitare che queste si spingano oltre un certo limite, tenta di drogare il giovane; senonché, per errore, stordisce se stessa, e la notte di passione che lo stiratore meditava si trasforma in ore di assistenza medica. Nel frattempo viene a sapere che un tale sta preparando un attentato fingendosi attore e si sostituisce a lui. ■ COMMEDIA; B/N; 102'; USA, 1943.

SIGNORE PREFERISCONO IL MAMBO, LE ★★
(Les dames préfèrent le mambo)
Regia di BERNARD BORDERIE. Con LISE BOURDIN, EDDIE CONSTANTINE, PASCALE ROBERTS, LINO VENTURA. ■ Un ex ufficiale di marina, caduto in basso per via della droga e rifugiatosi in Sudamerica (un clichè obbligato in questo genere di film d'avventure), viene ingaggiato da un losco riccone per portare a spasso un gruppo di turisti per mare. Ma dietro il pretesto della caccia allo squalo si nasconde un traffico di stupefacenti, che l'abbrutito ma onesto ex ufficiale riesce a sgominare. ■ AVVENTURA; B/N; 116'; FRANCIA, ITALIA, 1957.

SIGNORE RESTA A PRANZO, IL ★★★
(The Man Who Came to Dinner)
Regia di WILLIAM KEIGHLEY. Con BETTE DAVIS, JIMMY DURANTE, ANN SHERIDAN, MONTY WOOLEY. ■ Un notissimo ma bisbetico scrittore è costretto, a causa di una slogatura ad una caviglia, a restare ospite di una famiglia di ammiratori in una città di provincia. Approfittando della sua fama e della loro ammirazione, il nevrotico scrittore si comporta da prepotente despota con i suoi anfitrioni, togliendo loro ogni libertà domestica. Ma, messo d'improvviso davanti alla sua coscienza, cambia atteggiamento e diventa un benefattore. ■ COMMEDIA; B/N; 112'; USA, 1942.

SIGNORE SENZA ALLOGGIO, IL ★★
(Der Herr ohne Wohnung)
Regia di E.W. EMO. Con PAUL HÖRBIGER, HILDE VON STOLZ. ■ Le scenate di gelosia si susseguono in casa di un noto chirurgo, la cui moglie crede che egli curi le pene amorose, oltre che estetiche, delle proprie clienti. Il marito vorrebbe convincerla che non può

accusarlo solo in base a dei semplici indizi, e l'occasione gli viene offerta quando il suo segretario, a causa di uno scambio di soprabiti, finisce ubriaco nella camera da letto di sua moglie. L'equivoco pareggia i conti e la pace torna finalmente in famiglia. ■ COMMEDIA; B/N; 92'; GERMANIA, 1934.

SIGNORE SOLE *(The Keyhole)* ★★
Regia di MICHAEL CURTIZ. Con GEORGE BRENT, GLENDA FARRELL, KAY FRANCIS. ■ La moglie di un milionario apprende che il suo divorzio da un avventuriero non è valido. Costui la ricatta, minacciando di rivelare tutto al marito. Ma a Cuba, dove la donna s'è recata per divorziare, il ricattatore viene ucciso accidentalmente da un detective stipendiato dal marito. Ma costui è innamorato della signora, e lei lo ricambia. Insomma, era destino che il milionario rimanesse solo. ■ DRAMMATICO; B/N; 94'; USA, 1933.

SIGNORI BIGLIETTO *(Endstation)* ★★
Regia di E.W. EMO. Con MARIA ANDERGAST, JOSÉFINE DORA, PAUL HÖRBIGER, HANS MOSER. ■ Difficile coronamento del romanzo sentimentale tra un tranviere e una sartina, a causa dell'opposizione dei genitori di lui, i quali desiderano un matrimonio più ricco con la figlia di un pasticciere. Dopo una disastrosa presentazione ufficiale alla famiglia, la ragazza fugge e finisce in un night dove vuol diventare una ballerina per dimenticare la delusione. Ma il tranviere la rintraccia e tutto finisce in gloria. ■ COMMEDIA; B/N; 93'; GERMANIA, 1935.

SIGNORI DELLA FORESTA, I ★★
(Les seigneurs de la forêt)
Regia di DANIEL BIEBUYCK, HENRY BRANDT, ERNEST SCHAEFER, HEINZ SIELMANN. ■ I "signori della foresta" sono gli animali che popolano le giungle del Congo belga e le tribù di indigeni che vi abitano. ■ DOCUMENTARIO; COL.; 91'; BELGIO, 1958.

SIGNORI DELLA TRUFFA, I *(Sneakers)* ★★★
Regia di PHIL ALDEN ROBINSON. Con DAN AYKROYD, JAMES EARL JONES, BEN KINGSLEY, MARY MCDONNELL, SIDNEY POITIER, ROBERT REDFORD. ■ Martin Bishop è a capo di un team specializzato in sistemi elettronici ed in particolare nel collaudo di sistemi di sicurezza. Il gruppo è contattato da presunti agenti del governo che intendono ingaggiarlo nel tentativo di recuperare un microchip in grado di convertire tutti i sistemi esistenti. Ne scaturisce una serie di complicazioni di carattere internazionale. Gruppi eversivi e grandi potenze si contendono la preziosa scatola nera, che infine il gruppo Bishop riuscirà a consegnare al governo legittimo degli Stati Uniti. Robert Redford è il cervello del gruppo e il mattatore della pellicola, che regala un professionale divertimento, cui nuoce l'accumulo delle situazioni, il linguaggio tecnico troppo specifico e un'atmosfera leggermente claustrofobica. Da segnalare l'utilizzo di attori di cartello quali Sidney Poiter, Dan Aykroyd e River Phoenix in ruoli marginali e non ben amalgamati. Il titolo originale, *Sneakers*, indica chi di nascosto si introduce in un sistema appartenente ad altri. ■ POLIZIESCO; COL.; 125'; USA, 1992.

SIGNORI, IL DELITTO È SERVITO *(Clue)* ★★
Regia di JONATHAN LYNN. Con EILEEN BRENNAN, TIM CURRY, CHRISTOPHER LLOYD. ■ Il film sfrutta il meccanismo di un gioco da tavolo (il *clue*, appunto) popolarissimo in America, nel quale i partecipanti devono dimostrare acute capacità deduttive. Lo spettatore viene coinvolto e abilmente ingannato da tutta una serie di indizi che rendono difficile ed appassionante smascherare l'autore di alcuni delitti. Il film, impossibile da raccontare, è un perfetto meccanismo a orologeria, assai brillante e divertente. ■ GIALLO; COL.; 87'; USA, 1986.

SIGNORI, IN CARROZZA! ★★★
Regia di LUIGI ZAMPA. Con PEPPINO DE FILIPPO, SOPHIE DESMARETS, ALDO FABRIZI, VERA NANDI. ■ Un conduttore di treni che fa la spola tra Roma e Parigi, pur avendo casa e famiglia a Roma sceglie Parigi come sede il giorno in cui deve passare ad un lavoro d'ufficio. Qui si ricostruisce un'altra famiglia, con una piacente vedova. Ma un cognato fannullone, costretto a fuggire da Roma per un furto, si rifugia a Parigi e scopre la doppia vita dell'ex macchinista. Nonostante le bugie e i sotterfugi per cercare di sostenere questa precaria situazione, l'ex conduttore deve alla fine cedere alla realtà e, rassegnato, torna a Roma dalla legittima consorte. ■ COMMEDIA; B/N; 100'; ITALIA, 1951.

SIGNORINA *(Fräulein)* ★★
Regia di ERICH WASCHNECK. Con ERICH FREJ, ILSE WERNER. ■ Un giovane viene conteso da due belle ragazze. La prima, di umili origini, lavora come governante in casa di un ricco industriale, la seconda è la figlia stessa dell'industriale. In un primo tempo la governante deve rinunciare al giovane e viene allontanata dalla casa. Ma, finale scontato, sarà poi il protagonista, innamorato della cameriera, a cercarla per condurla all'altare. ■ COMMEDIA; B/N; 93'; GERMANIA, 1939.

SIGNORINA, LA ★★
Regia di LASZLO KISH. Con LOREDANA, NINO BESOZZI, LEDA GLORIA, LAURA NUCCI, PAOLO STOPPA. ■ La giovane figlia di un libertino viene affidata alle cure di un romanziere, il quale accetta di farle da padre. Questi decide di farla sposare con un giovanotto, che scopre però amante della sua donna. Mentre si susseguono i colpi di scena sboccia l'amore, com'era prevedibile, tra la pupilla e il tutore. ■ COMMEDIA; B/N; 91'; ITALIA, 1942.

SIGNORINA BONAPARTE, LA *(Mam'selle Bonaparte)* ★★
Regia di MAURICE TOURNEUR. Con EDWIGE FEUILLÈRE, RAYMOND ROULEAU. ■ Madamigella Bonaparte, amante di un cugino dell'imperatore, si innamora di un giovane cospiratore che viene condannato a morte. La dama riesce ad ottenere la grazia per lui, ma ormai è troppo tardi: l'amato muore, colpito mentre cerca di evadere. ■ DRAMMATICO; B/N; 100'; FRANCIA, 1941.

SIGNORINA CURIOSA, LA *(Ladies Should Listen)* ★★
Regia di FRANK TUTTLE. Con FRANCES DRAKE, CARY GRANT, EDWARD EVERETT HORTON. ■ Una ragazza corre dal fidanzato che minaccia il suicidio. A consolarlo trova un'altra donna segretamente innamorata di lui. La vicenda si chiarisce nel finale, e ognuno ha la sua fetta d'amore. ■ COMMEDIA; B/N; 62'; USA, 1934.

SIGNORINA 10.000 *(Meseautò)* ★★★
Regia di BÉLA GAÀL. Con ZITA PERCZEL, EUGEN TOERZ. ■ Un direttore di banca, fingendosi commesso di un autosalone, regala una splendida macchina ad una altrettanto splendida fanciulla, giustificando il dono, agli increduli genitori, come regalo alla decimillesima cliente di quel negozio. Per restare vicino alla ragazza, si improvvisa autista; ha così modo di scoprire le doti e i sentimenti della stessa, innamorandosene. Dopo averla messa alla prova, ed avere scoperto che anche lei lo ama senza minimamente sospettare la sua vera professione, si sposano e vivono felici e contenti. ■ COMMEDIA; B/N; 92'; UNGHERIA, 1934.

SIGNORINAEFFE ★
Regia di WILMA LABATE. Con CLARA BINDI, GAETANO BRUNO, GIORGIO COLANGELI, LUCA CUSANI, MARCO FUBINI, FABRIZIO GIFUNI, SABRINA IMPACCIATORE, FAUSTO PARAVIDINO, VALERIA SOLARINO, FILIPPO TIMI. ■ Torino, 1980. Sullo sfondo delle lotte sindacali contro la riorganizzazione aziendale in casa FIAT – che sarebbe dovuta procedere al prezzo del sacrificio di migliaia di posti di lavoro tra gli operai – Emma e Sergio si incontrano e si amano, nel breve lasso dei 35 giorni di proteste. ■ DRAMMATICO; COL.; 95'; ITALIA, 2007.

SIGNORINA E IL COWBOY, LA ★★
(A Lady Takes a Chance)
Regia di WILLIAM A. SEITER. Con JEAN ARTHUR, JOHN WAYNE. ■ Una dattilografa, durante un viaggio di piacere nel Far West, si imbatte in un rozzo cowboy che tuttavia la affascina. In un primo tempo non vuole manifestare il suo sentimento; solo dopo un succedersi di varie situazioni gli dichiarerà il suo amore. ■ COMMEDIA; B/N; 86'; USA, 1943.

SIGNORINA E LA BARBA, LA *(Shukujo to hije)* ★★★
Regia di YASUJIRO OZU. Con SATOKO DATE, CHOKO IIDA, TOSHIKO IIZUKA, HIROKO KAWASAKI, TOKIHIKO OKADA. ■ Un maestro di kendo molto tradizionalista smarrisce le sue certezze quando si innamora di un'impiegata di idee più aperte. Si taglia la barba, cambia abiti e cerca di sedurre all'occidentale. Attrarrà anche altre due donne ma l'ideale rimarrà l'impiegata, capace di indossare il kimono adottando al contempo il linguaggio degli "stra-

nieri". Ozu si diverte a giocare con l'occidentalizzazione del Giappone strizzando l'occhio a Lubitsch. ■ DRAMMATICO; B/N; 90'; GIAPPONE, 1931.

SIGNORINA JOSETTE MIA MOGLIE, LA ★★
(Mademoiselle Josette, ma femme)
Regia di ANDRÉ BERTHOMIEU. Con ANNABELLA, JEAN MURAT. ■ Una ragazza diventerà padrona di una grossa eredità solo a patto che si sposi entro un certo periodo di tempo. Approssimandosi la scadenza del termine con il consenso del padre decide di sposare, per divorziare subito dopo, un vecchio amico. Durante il viaggio di nozze i suoi progetti vengono però sconvolti, perché i due si scoprono autenticamente innamorati. ■ COMMEDIA; B/N; 84'; FRANCIA, 1933.

SIGNORINA JOSETTE MIA MOGLIE, LA ★★★
(Mademoiselle Josette ma femme)
Regia di ANDRÉ BERTHOMIEU. Con ROBERT ARNOUX, FERNAND GRAVEY, LYSIAN REY, ODILE VERSOIS. ■ A distanza di 18 anni Berthomieu ripropone un remake dell'omonimo film del 1933. ■ COMMEDIA; B/N; 92'; FRANCIA, 1951.

SIGNORINA MIA MADRE, LA ★★
(Mademoiselle ma mère)
Regia di HENRI DECOIN. Con PIERRE BRASSEUR, DANIELLE DARRIEUX. ■ Una stravagante signorina americana sposa per capriccio un non più giovane signore francese. Anche dopo questo matrimonio continua ad avere una vita molto libera, rendendosi così invisa al figlio del marito, distinto giovane medico. Di litigio in litigio i due si scoprono innamorati e informano il padre-marito della loro volontà di sposarsi. ■ COMMEDIA; B/N; 95'; FRANCIA, 1937.

SIGNORINA MILIARDO, LA ★★
(Freddy und der Millionär)
Regia di PAUL MAY. Con VITTORIA PRADA, FREDDY QUINN, ENRICO VIARISIO. ■ Fritz Meyer decide di trascorrere le sue ferie lontano dalla fidanzata, a Ischia, dove incontra un miliardario canadese. Frequentandolo scopre che questi è vittima di persone che gli dissipano i beni, tra cui un medico che da sempre lo cura per malattie che non ha. Fritz aiuta l'amico a liberarsi dei profittatori. ■ COMMEDIA; COL.; 93'; GERMANIA, 1962.

SIGNORINA PROFESSORESSA, LA ★★
(Unser Fräulein Doktor)
Regia di ERICH ENGEL. Con JENNY JUGO, ALBERT MATTERSTOCK. ■ Giovane professoressa e giovane professore insegnano in scuole annesse. Tra i due nasce un reciproco sentimento, anche se didatticamente hanno idee diverse. Il professore non ammette la eccessiva permissività della collega e, il giorno che si frattura una gamba, disapprova che a sostituirlo sia proprio la fidanzata. Ma tutto finisce nel migliore dei modi. ■ COMMEDIA; B/N; 91'; GERMANIA, 1940.

SIGNORINA ROMPICOLLO, LA *(Mickey)* ★★
Regia di RALPH MURPHY. Con BILL GOODWIN, IRENE HARVEY. ■ Mickey, figlia pestifera di un medico vedovo, tenta in ogni modo di impedire le nozze del padre con la signora Matthews. La sostengono in queste macchinazioni la governante e un'amica, Ketty, la quale propone un matrimonio con una sua zia, più volte delusa in amore. Nel loro ingenuo agire, procurano molti guai al povero dottore. ■ COMMEDIA; COL.; 87'; USA, 1948.

SIGNORINA TERREMOTO, LA *(Miért?)* ★★
Regia di JOZSEF DAROCZY. Con MIKLOS HAINOSSY, LILI MURATI, ANTAL PAGER. ■ Una giovane donna, per aiutare il fratello nei pasticci, decide di vendere i gioielli di famiglia contro la volontà dello zio tutore, che ingaggia un agente di polizia come finto acquirente. Tra i compratori vi sono anche un pittore e un medico; i gioielli passano di mano in mano fino a ritornare nelle tasche della ragazza, che sposerà il pittore. ■ COMMEDIA; B/N; 92'; UNGHERIA, 1941.

SIGNORINE DELLA VILLA ACCANTO, LE ★★
Regia di GIAN PAOLO ROSMINO. Con LUCIANA DANIELI, PEPPINO DE FILIPPO, ANTONIO GANDUSIO, OTELLO TOSO, MARISA VERNATI. ■ Un professore tiene segregate le sue otto belle figlie finché un giorno una vicina, per mancanza di ospiti ad una sua festa, manda il nipote a invitare l'intera famiglia. Dopo molte reticenze il professore accetta l'invito. Durante il ballo succede di tutto e lo stesso austero professore, invaghitosi di un'artista, dà spettacolo, esibendosi in danze sfrenate. ■ COMMEDIA; B/N; 95'; ITALIA, 1941.

SIGNORINE DELLO 04, LE ★★★
Regia di GIANNI FRANCIOLINI. Con PEPPINO DE FILIPPO, ANTONELLA LUALDI, MARISA MERLINI, GIOVANNA RALLI, FRANCA VALERI. ■ Storia di cinque ragazze impiegate ai telefoni, che, finito il turno di lavoro, si ritrovano ciascuna in una realtà diversa. ■ COMMEDIA; B/N; 91'; ITALIA, 1955.

SIGNORINELLA ★★
Regia di MARIO MATTOLI. Con GINO BECHI, ANTONELLA LUALDI, AROLDO TIERI. ■ Due topi d'auto, dopo aver rubato una lussuosa macchina, danno un passaggio a una ragazza, Maria, e si fermano in paese a rifocillarsi. Si sparge la voce che uno dei due sia un cugino di Maria, emigrato in America e ritornato. La ragazza, impiegata al telegrafo, scopre invece che l'auto è rubata. Solo all'arrivo del vero cugino, proprietario della vettura, si chiarirà ogni cosa. ■ COMM. MUSICALE; B/N; 85'; ITALIA, 1949.

SIGNORINE, NON GUARDATE I MARINAI ★★★
(Star Spangled Rhythm)
Regia di GEORGE MARSHALL. Con EDDIE BRACKEN, BETTY HUTTON. ■ Per non deludere Johnny, marinaio, il padre e la fidanzata, rispettivamente portiere e telefonista negli studi della Paramount, si fanno credere direttore e segretaria della casa di produzione. La fortuna li assiste e riescono così, anche se con qualche piccolo incidente, a realizzare addirittura uno spettacolo per Johnny e i suoi amici marinai, al quale partecipano grandi artisti. Il marinaio può così ripartire con la convinzione che i suoi cari siano due pezzi grossi della Paramount. ■ COMM. MUSICALE; B/N; 82'; USA, 1942. ■ OSCAR 2 NOM.

SIGNORINETTE ★★
Regia di LUIGI ZAMPA. Con CARLA DEL POGGIO, CLAUDIO GORA, NELLA PAOLI, PAOLA VENERONI, ROBERTO VILLA. ■ Tre ragazze molto amiche, anche se di condizioni sociali diverse, si raccontano i loro sogni, le loro aspirazioni e le loro delusioni, le amarezze e le gioie tipiche delle adolescenti. Purtroppo la morte di una delle tre spegne ogni fantasia e l'inquietudine lascia il posto ad una precoce maturità. ■ DRAMMATICO; B/N; 93'; ITALIA, 1942.

SIGNORI SI NASCE ★★★
Regia di MARIO MATTOLI. Con PEPPINO DE FILIPPO, LIANA ORFEI, DELIA SCALA, TOTÒ. ■ Ottone (Totò), maturo e scioperato playboy che ha sperperato tutta la sua fortuna al gioco e con le donne, tenta di ottenere del denaro dal fratello Pio, che al contrario di lui è un austero lavoratore, titolare di una sartoria di abiti talari. Sorpreso in compagnia di un'attricetta, che sta cercando di lanciare nel mondo dello spettacolo, Ottone finge che sia sua figlia, perduta e ritrovata. Pio si commuove e li ospita in casa: scopre ben presto il raggiro, ma sarà costretto ugualmente a finanziare la rivista voluta dalla soubrette. ■ COMMEDIA; B/N; 94'; ITALIA, 1960.

SIGNOR MAX, IL ★★★★
Regia di MARIO CAMERINI. Con VITTORIO DE SICA, ASSIA NORIS. ■ Siamo in piena era dei "telefoni bianchi", il neorealismo è ancora lontano, non apparirà che dopo la guerra. È il tempo delle commedie leziose ed eleganti, ambientate in una dorata borghesia. È questo infatti il mondo in cui desidera entrare Max, il figlio di un edicolante che, imbarcatosi per una crociera grazie a un biglietto gratuito, viene scambiato per un nobile e avvia un romanzetto sentimentale con una bella dama. Ma, finita la parentesi nobiliare, torna alla sua edicola, fin quando non viene scoperto dalla cameriera della nobildonna. Dopo aver sostenuto qualche tempo una estenuante doppia vita, il ragionevole Max rinuncia al bel mondo e sposa l'onesta e innamorata cameriera. Uno dei migliori film di Camerini, il patriarca del cinema italiano, con un fulgente e giovanissimo De Sica. Il soggetto venne ripreso vent'anni dopo, con Sordi protagonista, nel film *Il conte Max* di Giorgio Bianchi. ■ COMMEDIA; B/N; 86'; ITALIA, 1937.

SIGNOR MINISTRO LI PRESE TUTTI E SUBITO, IL ★★
Regia di SERGIO ALESSANDRINI. Con GIORGIO ARDISSON, ORCHIDEA DE SANTIS, DANIELE VARGAS. ■ I notabili corrotti di un paese di campagna scambiano un assicuratore per l'ispettore delle Finanze. L'equivoco finisce tutto a vantaggio di quest'ultimo, che stipula grosse assicurazioni con ciascuno dopo essersi goduto le loro mogli e figlie. Quando se ne va, carico di denaro, arriva il vero ispettore. ■ COMMEDIA; COL.; 91′; ITALIA, 1977.

SIGNOR PROCURATORE, ABBIAMO ABORTITO ★★
(Wir haben abgetrieben, Herr Staatsanvalt!)
Regia di EBERHARD SCHROEDER. Con SYBIL DANNING, RENATE KASCHÉ, PETRA MILCHERT. ■ Sotto la veste del film-inchiesta, il lavoro è solo il pretesto per una serie di sketch con protagoniste alcune fanciulle che per diverse circostanze decidono di interrompere la maternità. ■ DOCUMENTARIO; COL.; 94′; GERMANIA, 1971.

SIGNOR QUINDICIPALLE, IL ★★
Regia di FRANCESCO NUTI. Con SABRINA FERILLI, NOVELLO NOVELLI, FRANCESCO NUTI, ANTONIO PETROCELLI, GIULIA WEBER. ■ Dopo aver regalato un colossale flop alla Cecchi Gori con *OcchioPinocchio* Francesco Nuti è stato a lungo in quarantena. Per ritornare con il terzo omaggio al mondo del biliardo con, in aggiunta, il ricordo del padre barbiere e seduttore esperto. Cecco, campione di biliardo, incontra la prostituta Sissi in un cimitero e se ne innamora. Cosa di meglio che fornire a Sissi le accoglienti curve della Ferilli? Avrebbe potuto costituire l'asso nella manica. Ma da tempo il Nostro si circonda delle attrici più belle per poi regalare le migliori inquadrature a se stesso. ■ COMMEDIA; COL.; 102′; ITALIA, 1998.

SIGNOR ROBINSON – MOSTRUOSA STORIA D'AMORE E D'AVVENTURE, IL ★★★
Regia di SERGIO CORBUCCI. Con ZEUDI ARAYA, PERCY HOGAN, ANNA NOGARA, PAOLO VILLAGGIO. ■ Vittima di un naufragio un milanese molto efficiente finisce su un'isola deserta dove, qualche tempo dopo, lo raggiunge una stupenda indigena che lui chiama Venerdì. Il milanese concupisce la bella, ma arriva il fidanzato di lei che propone alcune gare di abilità per il possesso della "preda". L'efficiente milanese non riesce a combinare nulla e perde, ma Venerdì lo aiuta richiamando sull'isola, per mezzo di un piccione viaggiatore, la moglie del naufrago. ■ COMMEDIA; COL.; 108′; ITALIA, 1976.

SIGNS ★★
Regia di M. NIGHT SHYAMALAN. Con RORY CULKIN, MEL GIBSON, CHERRY JONES, JOAQUIN PHOENIX. ■ Il reverendo Graham Hess vive a Bucks County in Pennsylvania con i suoi due figlioletti e il fratello un po' svanito. Sua moglie è morta in un incidente e da quel momento l'uomo ha perso la fede. Un giorno scopre degli ampi cerchi tracciati nei campi intorno alla sua fattoria. Il fenomeno si manifesta anche in India e, successivamente, in tutto il mondo. È opera di alieni particolarmente pericolosi e abili nel non farsi individuare. Qualcuno di loro si muove anche nei pressi della fattoria. Graham riuscirà a venire a capo del mistero. M. Night Shyamalan si muove con sicurezza nel territorio del paranormale e del contatto con gli alieni. Da qui a proporlo come il nuovo Spielberg però ce ne corre. Però osservate i "segni" che costellano gli ultimi minuti del film e provate a chiedervi se parte del suo successo negli Usa non sia dovuta anche al fatto che questo è il primo, vero manifesto cinematografico americano del dopo 11 settembre. Dire di più rovinerebbe la sorpresa. ■ FANTASCIENZA; COL.; 106′; USA, 2002.

SIGPRESS CONTRO SCOTLAND YARD ★★
Regia di GUIDO ZURLI. Con PAOLO CARLINI, ORCHIDEA DE SANTIS, KLAUS KINSKI, GEORGE MARTIN, GLORIA PAUL, INGRID SCHOELLER. ■ Sigpress, ladro internazionale, cerca di rubare l'"occhio di Allah", un preziosissimo gioiello scortato da un ispettore di Scotland Yard, ma scopre che si tratta di una imitazione. Il vero gioiello fa gola a molti, e tra cadaveri e colpi di scena Sigpress scopre la verità ed uccide due banditi che stavano per ottenerlo. ■ AVVENTURA; COL.; 94′; ITALIA, 1968.

SILENCE... ON TOURNE! *(Skoot Hansawwar)* ★★★
Regia di YOUSSEF CHAHINE. Con LATIFAH, AHMED BEDEIR, MAGDA EL KHATIB, AHMED WAFIC. ■ Come fa intuire il titolo stesso, è un film sul cinema, e sulle interazioni tra cinema e vita, tra realtà e finzione, viste però attraverso gli occhi, e la macchina da presa, di un regista egiziano, e quindi volutamente e marcatamente con i colori, le canzoni e le musiche tipiche dei paesi mediorientali. La protagonista è la cantante tunisina Latifa, una popolare attrice attorno a cui ruota una pletora di personaggi, soprattutto un fascinoso playboy che mira solo ai suoi soldi. Una volta scoperte le carte, però, i suoi brillanti discorsi verranno usati e trasformati nei dialoghi della sceneggiatura del nuovo film, a dimostrazione che il cinema è e si nutre innanzitutto di vita. Si passa dal melodramma alla farsa, dalle trovate fantastiche alla commedia: un divertito omaggio al cinema popolare locale, forse ostico al pubblico occidentale, ma meritevole di attenzione. ■ DOC. MUSICALE; COL.; 108′; EGITTO, FRANCIA, 2002.

SILENT HILL ★★
Regia di CHRISTOPHE GANS. Con SEAN BEAN, KIM COATES, JODELLE FERLAND, LAURIE HOLDEN, ALICE KRIGE, RADHA MITCHELL, TANYA ALLEN, DEBORAH KARA UNGER, COLLEEN WILLIAMS. ■ Rose ha una figlia, Sharon, che sta morendo per una terribile malattia. L'ultimo tentativo per salvarla è portarla da un guaritore, e, contro la volontà del marito, Rose fugge con la bambina. Direzione: Silent Hill. Ispirarsi a un videogioco, per il cinema, non è mai stata una cosa semplice. Le trame dei game sono studiate a livelli, a crocevia, mentre una sceneggiatura cinematografica deve essere scorrevole, dettagliata, seguire una "consecutio temporum". C'è però un elemento che i due mondi hanno in comune, ovvero l'opportunità di creare atmosfere, visive e sonore. ■ HORROR; COL.; 120′; FRANCIA, GIAPPONE, USA, 2006.

SILENT HILL – REVELATION 3D ★
Regia di MICHAEL J. BASSETT. Con SEAN BEAN, ADELAIDE CLEMENS, KIT HARINGTON, RADHA MITCHELL, DEBORAH KARA UNGER. ■ Quasi diciottenne, Heather Mason affronta il primo giorno di scuola nell'ennesima città, ben sapendo che presto dovrà andarsene di nuovo. Da anni in fuga col padre Harry, la ragazza altri non è che Sharon, la bambina sonnambula del primo *Silent Hill*; nonostante la nuova identità, il legame con quel mondo continua a reclamarla a sé attraverso incubi insolitamente realistici. ■ HORROR; COL.; 94′; USA, FRANCIA, 2012.

SILENT NIGHT DEADLY NIGHT ★★
Regia di CHARLES SELLIER JR. Con LILIAN CHAUVIN, GILMAR MCCORMICK, TONI NERO. ■ Durante la notte di Natale un assassino folle vestito da Babbo Natale avvicina i passanti ignari e li massacra a colpi d'ascia. In piena "notte santa" piomba in un convento di suore minacciando una strage. ■ HORROR; COL.; 92′; USA, 1984.

SILENT SOULS *(Ovsyanki)* ★★
Regia di ALEKSEI FEDORCHENKO. Con YULIA AUG, IGOR SERGEYEV, YURIY TSURILO, IVAN TUSHIN. ■ Alla morte dell'amata moglie Tanya, Miron, proprietario di una cartiera, chiede ad Aist, suo fidato dipendente, fotografo e scrittore, di accompagnarlo per compiere il rito di addio, secondo le tradizioni della cultura dei Merja, un'antica etnia di una remota regione del centro-ovest della Russia, scomparsa circa quattrocento anni fa e di cui, come ricorda il regista, le sole tracce rimaste sono i nomi dei fiumi. Nel corso del viaggio, il marito rivelerà, secondo le usanze merja, particolari della vita intima della donna. *Silent Souls* prende spunto da un racconto di Aist Sergeyev, *The Buntings*. ■ DRAMMATICO; COL.; 80′; RUSSIA, 2010.

SILENT TRIGGER ★
Regia di RUSSELL MUCAHY. Con GINA BELLMAN, CONRAD DUNN, DOLPH LUNDGREN. ■ Un killer e la sua vedetta si ritrovano in un grattacielo deserto ma sorvegliato dopo una missione andata male. Progettano un nuovo attentato ma non è più come ai bei tempi della guerra quando il nemico era chiaramente distinguibile. Ora il pericolo può giungere da qualsiasi parte. C'era una volta il regista di *Razorback* e di *Highlander*. Purtroppo sembra

che non ci sia (quasi) più. ■ THRILLER; COL.; 96′; CANADA, GRAN BRETAGNA, 1996.

SILENZIO, IL *(Tystnaden)* ★★★★
Regia di INGMAR BERGMAN. Con GUNNEL LINDBLOM, JÖRGEN LINDSTRÖM, INGRID THULIN. ■ Anna ed Ester sono due sorelle che vivono in continuo contrasto. Durante il ritorno dalla villeggiatura, sono costrette a fermarsi in un paesino perché Ester, alcolizzata, ha una crisi. Le loro incomprensioni diventano sempre più profonde, ognuna vive solo per se stessa. Testimone involontario di questa penosa situazione è Johan, figlio di Anna, al quale la zia morente e abbandonata darà uno scritto con la chiave di questa tragedia umana. ■ DRAMMATICO; B/N; 95′; SVEZIA, 1963.

SILENZIO, IL *(Sokout)* ★
Regia di MOHSEN MAKHMALBAF. Con NADEREH ABDELAHYEVA, TAHMIENEH NORMATOVA. ■ La vita di un bambino cieco in una cittadina del Tagikistan. Lui non vede ma c'è una bambina che gli presta gli occhi, gli balla davanti, e poi c'è la musica, e poi la vita intorno. Poesia e simboli: certo, è meglio immaginare che vedere le brutture del mondo. Ma il piccolo, ritrito, messaggio iraniano, visitato (molto meglio) da decenni dai vari cinema del mondo, non apporta niente alla causa del cinema e soprattutto degli spettatori. Presentato a Venezia. ■ COMMEDIA; COL.; 76′; IRAN, 1997.

♥ SILENZIO DEGLI INNOCENTI, IL ★★★★🏆
(The Silence of the Lambs)
Regia di JONATHAN DEMME. Con JODIE FOSTER, SCOTT GLENN, ANTHONY HOPKINS. ■ Questo film ha vinto l'Orso al Festival di Berlino per la regia e si è aggiudicato ben cinque Oscar. Significa che il sistema hollywoodiano, che tutto regge e determina, riconosce al *Silenzio* qualcosa di decisivo rispetto alla cultura degli anni Novanta, che l'attribuzione europea non fa altro che suffragare. L'Fbi non riesce a catturare uno psicopatico, chiamato Buffalo Bill, che uccide giovani donne e poi le scuoia. Viene incaricata dell'indagine la giovane Clarice, tormentata, coraggiosa e geniale. La ragazza fa riferimento a un altro pazzo assassino, lo psichiatra Hannibal Lecter, detenuto in una situazione di massima sicurezza, letterale divoratore delle sue vittime. Fra i due personaggi si stabilisce una gara di intelligenza, forza nervosa e oscuri segnali da interpretare. Clarice, grazie a uno spunto di Lecter, trova la chiave giusta: una certa farfalla, trovata nella gola delle vittime, rappresenterebbe un desiderio transessuale. Buffalo Bill viene trovato proprio mentre sta per uccidere l'ennesima vittima. Nel frattempo Lecter è evaso facendo una strage. Una mattina Clarice riceve la telefonata di Hannibal lontano. L'assassino si complimenta con lei e le annuncia nuove imprese e vendette da "cannibale". L'architettura del film funziona, così come la tensione. Certe scene sono indimenticabili: come quando la ragazza riesce a uccidere Buffalo Bill; oppure la maschera da tortura medievale di Hannibal; oppure la gara dialettica fra i due. Ha ricevuto gli Oscar più importanti: film, regia, attore e attrice protagonisti, sceneggiatura. Al film manca un eroe, un indispensabile oggetto di identificazione: un Cooper, un Newman o un Costner; e nemmeno la nevrotica e angosciosa, seppur brava, Jodie Foster è adatta alla consegna. È vero che in questo tempo di esaurimento e azzeramento dei motivi sociali e umani in generale, non spetterebbe al cinema cavare le castagne dal fuoco, ma non è neppure del tutto vero che il cinema abbia solo il dovere della qualità tecnica, dello choc e della denuncia senza una, seppur piccola, proposta. ■ THRILLER; COL.; 115′; USA, 1990. ■ BERLINO 🏆 1 PR; GOLDEN GLOBES 🏆 1 PR, 5 NOM; OSCAR 🏆 5 PR, 7 NOM.

SILENZIO DEI PROSCIUTTI, IL ★
Regia di EZIO GREGGIO. Con EZIO GREGGIO, SHELLEY WINTERS, BILLY ZANE. ■ Parodia anemica di horror-thriller famosi lanciata con un battage pubblicitario degno non "di miglior causa" (come si dice solitamemte) ma di "una causa" che qui non c'è. Si scopiazza (Greggio direbbe si "cita") da *Basic Instinct* a *Misery* infierendo anche sul buon Hitchcock. Non bastano le benedizioni di Mel Brooks per rendere accettabili *Robostrozz* e *Jurassic Pork*. Se poi sul set si aggira anche il dottor Animal Cannibal la misura è colma. Si veda un qualsiasi episodio televisivo di *Quelli della pallottola spuntata* (si trovano in homevideo) prima del passaggio sul grande schermo e si capirà la differenza tra la citazione ironica e intelligente e questo teatrino dopolavoristico (con tutto il rispetto per i Cral aziendali) costato miliardi. ■ COMICO; COL.; 90′; ITALIA, 1993.

SILENZIO DELL'ALLODOLA, IL ★
Regia di DAVID BALLERINI. Con MARCO BALIANI, GIANNI BISACCA, FLAVIO BUCCI, ALBERTO CANEVA, ROBERTO CENCI, OLIVIERO CORBETTA, IVAN FRANEK, ANNA MARIA GHERARDI, PIETRO RAGUSA, AUGUSTO ZUCCHI. ■ Bobby Sands, giovane repubblicano legato all'IRA, viene arrestato e costretto a confessare un delitto mai commesso. La sua colpevolezza è comunque politicamente troppo importante. Per indurlo ad arrendersi le autorità lo sottopongono ad ogni tipo di pressione: isolamenti, maltrattamenti e soprusi di ogni genere. Robby decide di iniziare lo sciopero della fame. ■ DRAMMATICO; COL.; 96′; ITALIA, 2005.

SILENZIO DEL MARE, IL *(Le silence de la mer)* ★★
Regia di JEAN-PIERRE MELVILLE. Con JEAN MARIE ROBAIN, NICOLE STÉPHANE, HOWARD VERNON. ■ Uno dei primi film di Melville, la trascrizione fedele di un celebre romanzo di Vercors (scritto all'indomani della guerra). Protagonista è un ufficiale tedesco, persona intelligente e civile che cerca inutilmente di allacciare buoni rapporti con la popolazione di un villaggio bretone occupato dalle sue truppe. Sotto forma simbolica, un apologo sull'impossibilità di rapporti fraterni fra Francia e Germania (le ferite della guerra sanguinavano ancora). ■ DRAMMATICO; B/N; 86′; FRANCIA, 1947.

SILENZIO DEL NORD, IL *(Silence of the North)* ★★
Regia di ALLAN WINTON KING. Con ELLEN BURSTYN, GORDON PINSENT, TOM SKERRITT. ■ Una coppia sposata con due figlie è di frequente in viaggio. Lui è cacciatore, lei suona il violino, ma i problemi economici si fanno sempre più sentire. Dopo una vendita di pelli la famiglia si trasferisce in una fattoria vicino al fiume. Quando il marito morirà travolto dalle rapide la donna avrà una vita dura, complicata dalla nascita di un terzo figlio. Verrà aiutata da un amico di famiglia che l'ama senza essere ricambiato. Alla fine i sentimenti si aggiusteranno. Buona l'interpretazione di Ellen Burstyn ma per il resto rimaniamo nello scontato e nel prevedibile. ■ DRAMMATICO; COL.; 94′; CANADA, 1981.

SILENZIO DOPO LO SPARO, IL ★★★
(Die Stille nach dem Schuß)
Regia di VOLKER SCHLÖNDORFF. Con BIBIANA BEGLAU, RICHARD KROPF, NADJA UHL, MARTIN WUTTKE. ■ Rita, una donna dal carattere forte e ribelle, in passato ha fatto parte della RAF, organizzazione terroristica attiva in Germania negli anni Settanta. Rifugiatasi nell'allora Repubblica Democratica Tedesca, ha cercato di lasciarsi alle spalle il passato, ricostruendosi una vita all'apparenza normale "nell'altro mondo" che sognava: qui trova l'amore e diventa amica di Tatjana, una donna che invece sogna di andare a vivere oltre il Muro, nella Germania Ovest. Ma proprio la riunificazione delle due Germanie segnerà la fine di tutto questo: Rita, braccata ancora una volta, dovrà infine fare i conti con il suo passato. Il film è stato presentato alla Berlinale 2002, dove le due attrici protagoniste sono state premiate con l'Orso d'Argento. ■ DRAMMATICO; B/N; 104′; GERMANIA, 1999. ■ BERLINO 1 PR.

SILENZIO È D'ORO, IL *(Le silence est d'or)* ★★★★
Regia di RENÉ CLAIR. Con MAURICE CHEVALIER, MARCELLE DERRIEN, FRANÇOIS PÉRIER. ■ Un ex attore di varietà datosi al cinema muto s'innamora di una innocente fanciulla provinciale, affidatagli dal padre perché muova i primi passi nella carriera artistica. Per lei il maturo seduttore sta per rinunciare a tutte le sue teorie dongiovannesche, ma la ragazza s'innamora di un giovane collega, il quale, saputo della passione del regista, vorrebbe tirarsi indietro. Sarà invece lo stagionato playboy a lasciare il passo all'età ed al giovane amore. ■ COMMEDIA; B/N; 100′; FRANCIA, 1947.

SILENZIO E GRIDO *(Csend es kialtas)* ★★★★
Regia di MIKLÓS JANCSÓ. Con ZOLTÁN LATINOVITS, JOZSEF MADARAS, MARI TÖRÖCSIK. ■ Nel clima teso ed inquieto del dopoguerra, in Ungheria, un contadino nasconde nella sua fattoria un giovane soldato ribelle, sfuggito alle repressioni dei governativi.

La moglie e la cognata del contadino s'innamorano entrambe del soldato e somministrano del veleno al primo, per sbarazzarsi di lui. Ma il ribelle, idealista e onesto, denuncia le due donne al capo della polizia locale, scoprendo così però anche la sua posizione di nemico del regime. Il poliziotto, che nutre per lui una certa simpatia, tenta di evitargli la fucilazione, offrendogli la sua pistola per il suicidio. Ma il giovane la usa per ucciderlo, per poi costituirsi. ■ DRAMMATICO; B/N; 80'; UNGHERIA, 1968.

SILENZIO INTORNO, IL ★★

Regia di DODO FIORI. Con FRANCESCO DE ANGELIS, GIUDITTA DEL VECCHIO, MARTA IACOPINI, STEFANIA SANTIPPO, CLAUDIO SPADARO. ■ Tommaso ha venticinque anni e, dopo aver trascorso un periodo in una comunità di recupero per tossicodipendenti, torna a casa. Il ritorno però non è come lui se lo aspetta: niente infatti si è mosso, niente è cambiato. Il padre, che di lavoro fa il magistrato, è sempre più impegnato nei casi che deve seguire; la madre è ormai abituata e completamente assuefatta a una vita che non la soddisfa. Spinto dal padre a ricominciare gli studi, Tommaso inizia il praticantato nello studio legale di un amico paterno ma, ben presto, l'insoddisfazione e l'incertezza sul futuro lo faranno ricadere nella tossicodipendenza. Dodo Fiori, che oltre alla regia firma anche la sceneggiatura e il montaggio del film, dirige questa piccola pellicola italiana, poco e mal distribuita, che rappresenta anche il suo esordio alla regia, avvalendosi di un cast praticamente sconosciuto. ■ DRAMMATICO; COL.; 78'; ITALIA, 2005.

SILENZIO PARTICOLARE, UN ★★

Regia di STEFANO RULLI. Con GIORGIO ARLORIO, MONICA BARRANCO, NICOLAS BARRANCO, PAOLO BECCANTINI, MATTEO RULLI, STEFANO RULLI, CLARA SERENI. ■ La storia di Matteo, affetto da problemi psichici, dei suoi genitori Clara e Stefano, e della loro decisione di creare La città del Sole, un agriturismo dove ognuno trova la sua collocazione, dove tutti hanno il diritto di sostare e convivere. Dalle immagini di Matteo piccolo fino all'inaugurazione del progetto dei suoi genitori, il racconto di una difficile esperienza di vita, di bilanci, soddisfazioni e sofferenze. ■ DRAMMATICO; COL.; 75'; ITALIA, 2004. ■ DAVID DI DONATELLO 1 PR, 1 NOM.

SILENZIOSA MINACCIA *(Sortilège)* ★★★

Regia di CHRISTIAN-JAQUE. Con RENÉE FAURE, FERNAND LEDOUX. ■ Storie di montanari in un villaggio dei Pirenei. Si intrecciano torbide passioni, che vedono al centro la figura dello "stregone", il campanaro del villaggio, innamorato di Caterina, invaghita a sua volta del taglialegna. Quando il campanaro cerca di violentarla, il taglialegna lo impicca alle sue stesse campane. ■ DRAMMATICO; B/N; 100'; FRANCIA, 1944.

SILENZIO, SI GIRA! ★★

Regia di CARLO CAMPOGALLIANI. Con ROSSANO BRAZZI, CARLO CAMPANINI, BENIAMINO GIGLI, MARIELLA LOTTI. ■ Schermaglie amorose tra un famoso tenore e una giovane attrice, che egli fa ingaggiare per un film da girarsi insieme. La donna gli preferisce però un giovane attore e il famoso tenore, indignato, tenta di mandare all'aria il film. Interviene, *deus ex machina*, il provvido suo segretario che riesce a far terminare le riprese. Lui sarà perdonato, la ragazza sarà impalmata dall'amato, il tenore sarà consolato. ■ COMMEDIA; B/N; 92'; ITALIA, 1943.

SILENZIO... SI NASCE ★★

Regia di GIOVANNI VERONESI. Con SERGIO CASTELLITTO, FILIPPA LAGERBACK, PAOLO ROSSI. ■ Due nascituri, gemelli, dal grembo materno osservano e ascoltano ciò che li aspetta. Quando nascono sono già del tutto delusi e impauriti. Strana, discreta e coraggiosa iniziativa. Qualcosa di desueto nel panorama delle idee italiane. ■ FANTASTICO; COL.; 85'; ITALIA, 1996.

SILENZIO SI PAGA CON LA VITA, IL ★★★

(The Liberation of Lord Byron Jones)

Regia di WILLIAM WYLER. Con LEE J. COBB, ROSCOE LEE BROWN, ANTHONY ZERBE. ■ Un sergente della polizia di una cittadina americana uccide il marito della sua amante di colore, che ha scoperto la tresca, ed incolpa del delitto la donna stessa. Un avvocato bianco al corrente di tutto riesce a far assolvere l'imputata, ma poi fa archiviare il caso per impedire che si scopra la verità e che si scateni la reazione della popolazione di colore. Ma un giovane nero, Sonny, scoperto il retroscena, uccide un complice del sergente, mentre il nipote dell'avvocato, disgustato dal marciume della società, abbandona la città. ■ DRAMMATICO; COL.; 102'; USA, 1970.

SILENZIO... SI SPARA! *(Ça va barder)* ★★

Regia di JOHN BERRY. Con MAY BRITT, EDDIE CONSTANTINE, IRENE GALTER, LYLA ROCCO. ■ Ritorna quella faccia da schiaffi di Eddie Constantine, butterato dal vaiolo, tutto pugni e movimento. Questa volta è nei panni del tirapiedi di un contrabbandiere d'armi, inviato a dare una lezione al socio che gli ha sottratto un carico. Johnny, questo il suo nome, ritrova anche l'antica fidanzata, ora sposata al socio del contrabbandiere. Dopo le solite fughe, sparatorie e scazzottate, il marito della sua "ex" muore precipitando da un faro: il socio viene arrestato, e il duro ottiene donna e denari. ■ GIALLO ROSA; B/N; 90'; FRANCIA, ITALIA, 1955.

SILENZIO: SI UCCIDE ★★

Regia di GUIDO ZURLI. Con RITA KLEIN, ROBERT MARK, LUISA RIVELLI, SHEILA ROSIN. ■ L'agente segreto Mark Robin, mentre indaga su un traffico di armi, sbarca in Tunisia, ospite di Diana, figlia di uno scienziato. Qui scopre la base dei trafficanti e, con l'aiuto di sommozzatori, riesce a sgominarli, ma si accorge che la stessa Diana è coinvolta. A salvarlo da sicura morte per mano della ragazza intervengono due agenti russi che si erano intrufolati nella casa come camerieri. ■ SPIONAGGIO; COL.; 92'; ITALIA, 1973.

SILENZIO SUL MARE ★★★

(Ano natsu, ichiban shizukana umi)

Regia di TAKESHI KITANO. Con NENZO FUJIWARA, SABU KAWAHARA, KUROUDO MAKI, HIROKO OSHIMA. ■ Shigeru è un netturbino che, trovata nell'immondizia una tavola rotta, decide di diventare un campione di surf. Il ragazzo inizia a frequentare una spiaggia di surfisti, accompagnato dalla sua fidanzata Takako, sordomuta come lui. I due passano lunghe giornate silenziose a contemplare il mare, poi pian piano cominciano a fare amicizia con un gruppo di surfisti del luogo e Shigeru a vincere qualche gara. Per quanto a tratti vago e inconcludente, il film si lascia guardare fino alla fine, nonostante la lentezza e la ripetitività delle situazioni. Kitano lascia subito intravedere la sua grandissima abilità nel ritrarre personaggi che inizialmente sembrano delle macchiette, ma che rivelano, nel corso del film, di avere psicologie ben definite e di essere estranei alla facile tipizzazione. Già solo vedere dei giapponesi accanirsi nel surf ha un certo effetto straniante. Un film soave, onesto e atipico, condito da qualche gag esilarante. ■ COMM. DRAMMATICA; COL.; 101'; GIAPPONE, 1991.

SILENZIO TRA DUE PENSIERI, IL ★★

(Silence Between Two Thoughts)

Regia di BABAK PAYAMI. Con MOAZEN, MARYAM MOQADAM, KAMALAN NAROULI. ■ In un villaggio iraniano «i criminali vanno all'inferno mentre una vergine giustiziata andrà in paradiso». Un capo spirituale del luogo, celebra il matrimonio fra la vergine e il boia incaricato di ucciderla. Questi si ritrova faccia a faccia con una donna che al tempo stesso è la sua sposa, la sua prigioniera e in ultimo sarà la sua vittima. Il boia, dilaniato dai dubbi, cerca disperatamente delle risposte nel passato e nella tradizione, mentre infuria la minaccia di nuove violenze... Come spiega il titolo, il senso di questo film è nei lunghi silenzi del protagonista, che sono un limbo nel quale l'uomo e il paesaggio intorno si fondono, divenendo pressoché indistinguibili tanto in senso visivo quanto di significato. Non un capolavoro, ma un film da vedere, anche solo come segno di rispetto e solidarietà per il regista Babak Payami, che ha patito violente persecuzioni per poter rendere pubblico il suo "j'accuse". ■ DRAMMATICO; COL.; 95'; IRAN, 2003.

SILHOUETTE ★★

Regia di CARL SCHENKEL. Con FAYE DUNAWAY, DAVID RASCHE, JOHN TERRY. ■ Film televisivo con una buona partenza e una conduzione maldestra. È la classica storia del testimone oculare che è perseguitato dall'assassino. La protagonista è un architetto che per un piccolo incidente deve passare la notte in un paese texano. Vede un omicidio e dopo aver avvertito la polizia comincia a tremare. Più che un thriller sembra un melodramma, tanto sono ridicole le scene di suspense. ■ GIALLO; COL.; 84′; USA, 1990.

SILHOUETTE ★

Regia di LLOYD A. SIMANDL. Con BRION JAMES, TRACY SCOGGINS, MARK SINGER. ■ La Scoggins, eroina di *Giocattoli assassini* e altri horror di casa Band, è la ragazza che vuole risolvere il mistero intorno alla morte di un caro amico. Un'indagine notturna in ambienti assai poco rassicuranti e poi l'incontro con un inquietante personaggio. ■ THRILLER; COL.; 90′; USA, 1991.

SILKWOOD ★★★

Regia di MIKE NICHOLS. Con CHER, KURT RUSSELL, MERYL STREEP. ■ È la vera storia di Karen Silkwood, frustrata operaia in una fabbrica dell'Oklahoma. Contaminata dal plutonio, è diventata poi sindacalista per difendere il diritto di protezione contro quella sostanza pericolosa. Morì mentre stava per informare un giornalista delle importanti scoperte che aveva fatto e che avrebbero messo in ginocchio la fabbrica nucleare in questione. Grande ritorno di Mike Nichols, e soprattutto grande interpretazione di Meryl Streep, migliore rispetto a parti che le hanno fatto vincere l'Oscar. ■ DRAMMATICO; COL.; 131′; USA, 1983. ■ GOLDEN GLOBES 1 PR, 5 NOM; OSCAR 5 NOM.

SILURI UMANI ★★

Regia di ANTONIO LEONVIOLA. Con ANDREA CHECCHI, FRANCO FABRIZI, ETTORE MANNI, RAF VALLONE, ELENA VARZI. ■ Storia di attacchi navali sostenuti dalla Marina italiana contro quella inglese nelle acque dell'isola di Stampalia. ■ GUERRA; B/N; 93′; ITALIA, 1954.

SILURO DELLA MORTE, IL *(Crest of the Wawe)* ★★

Regia di JOHN BOULTING, ROY BOULTING. Con JOHN JUSTIN, GENE KELLY, BERNARD LEE. ■ Il tenente americano Bradwill viene chiamato dagli inglesi che stanno sperimentando un nuovo tipo di esplosivo. Bradwill porta con sé due dei suoi soldati, ma l'accoglienza non è delle più calorose perché gli inglesi temono che l'americano voglia attribuirsi il merito della scoperta. L'esperimento fallisce una prima volta (lo scoppio è anticipato rispetto ai calcoli previsti) e muoiono due soldati. La sciagura avvicina i superstiti: ora la buona armonia regna tra i militari ed in questa idilliaca atmosfera il nuovo esperimento ha esito positivo, con grande soddisfazione generale. ■ GUERRA; B/N; 90′; GRAN BRETAGNA, 1954.

SILVERADO ★★★

Regia di LAWRENCE KASDAN. Con ROSANNA ARQUETTE, SCOTT GLENN, KEVIN KLINE. ■ Dopo un ingiusto periodo di detenzione, quattro ex galeotti decidono di raggiungere Silverado, sperduto villaggio del West. Emmet e il fratello Jake vogliono salutare la famiglia della sorella prima di partire per la California, il nero Mal vuole tornare a lavorare la terra con suo padre e sua sorella e il quarto, Peden, li segue per spirito d'avventura. Arrivati a Silverado, i quattro cavalieri scoprono che la famiglia di Mal è stata completamente distrutta, che il cognato di Emmet e Jake è stato ucciso e il loro nipotino rapito. Dietro tutti questi efferati delitti si cela, in realtà, lo sceriffo di Silverado. Il regista del *Grande freddo* assembla i vecchi motivi del western in uno spettacolo di grande efficacia e di rara raffinatezza. ■ WESTERN; COL.; 132′; USA, 1985. ■ OSCAR 2 NOM.

SILVESTER'S STORY – CACIO, AMORE E FANTASIA *(Merry Melodies – Looney Tunes)* ★★

Regia di FRIZ FRELENG. ■ Si tratta di una dozzina di sketch che hanno come protagonisti Silvestro gatto maldestro attorniato dai soliti comprimari: il topino velocista Speedy Gonzales, il coniglio Bunny, il cane Ettore, Titti il canarino. ■ ANIMAZIONE; COL.; 92′; USA, 1968.

SILVESTRE – LA MANO DEL DIAVOLO *(Silvestre)* ★★★

Regia di JOÃO CÉSAR MONTEIRO. Con LUÍS MIGUEL CINTRA, MARIA DE MEDEIROS, TERESA MADRUGA. ■ Fiaba medievale diretta con metodo teatrale ma suggestivo dal regista portoghese che la presentò alla Mostra di Venezia. Silvia, figlia di don Rodrigo, è giunta all'età per maritarsi. Il pretendente è molto ricco, ma anche molto volgare. Mentre il padre è alla corte del re, Silvia e la sorella ricevono la visita di un pellegrino. Per vendicare la sorella che viene da costui violentata, Silvia gli taglierà una mano. ■ DRAMMATICO; COL.; 113′; PORTOGALLO, 1981.

SILVESTRO CONTRO GONZALES ★★★

(Merry Melodies – Looney Tunes)

Produzione WARNER BROS. ■ Quattordici sketch in cui si ritrovano i protagonisti cari al pubblico infantile: il topo Gonzales, il gatto Silvestro, il canarino Titti, il coniglio Bunny. ■ ANIMAZIONE; COL.; 91′; USA, 1961.

SILVESTRO CONTRO TUTTI ★★★

(Merry Melodies – Looney Tunes)

Produzione WARNER BROS. ■ L'ennesima antologia di cartoni, protagonisti Silvestro e i suoi amici Ettore, Titti e Gonzales. ■ ANIMAZIONE; COL.; 90′; USA, 1961.

SILVESTRO E GONZALES: DENTE PER DENTE! ★★★

(Merry Melodies – Looney Tunes)

Produzione WARNER BROS. ■ Tredici episodi degli eroi dei bambini. ■ ANIMAZIONE; COL.; 93′; USA, 1969.

SILVESTRO E GONZALES IN ORBITA ★★★

(Merry Melodies – Looney Tunes)

Produzione WARNER BROS. ■ Storielline dei soliti animali umanizzati. ■ ANIMAZIONE; COL.; 92′; USA, 1967.

SILVESTRO E GONZALES MATTI E MATTATORI ★★★

(Merry Melodies – Looney Tunes)

Produzione WARNER BROS. ■ Una selezione delle Merry Melodies e dei Looney Tunes, la serie a cartoni animati della Warner Brothers. ■ ANIMAZIONE; COL.; 94′; USA, 1966.

SILVESTRO E GONZALES, SFIDA ALL'ULTIMO PELO ★★★

(Merry Melodies – Looney Tunes)

Produzione WARNER BROS. ■ Un'altra riuscita selezione delle avventure dei Merry Melodies e dei Looney Tunes. ■ ANIMAZIONE; COL.; 92′; USA, 1969.

SILVESTRO E GONZALES, VINCITORI E VINTI ★★★

(Merry Melodies – Looney Tunes)

Produzione WARNER BROS. ■ Una nuova selezione di cartoni della Warner, con i consueti personaggi. ■ ANIMAZIONE; COL.; 95′; USA, 1963.

SILVESTRO GATTO MALDESTRO ★★★

(Merry Melodies – Looney Tunes)

■ Silvestro e i suoi amici-nemici in un nuovo programma di cartoni animati. ■ ANIMAZIONE; COL.; 90′; USA, 1961.

SILVESTRO IL GATTOTARDO ★★★

(Merry Melodies – Looney Tunes)

Produzione WARNER BROS. ■ Ennesima selezione di cartoni animati. ■ ANIMAZIONE; COL.; 92′; USA, 1966.

SILVESTRO IL MAGNIFICO ★★★

(Merry Melodies – Looney Tunes)

Produzione WARNER BROS. ■ Ancora una selezione di short animati. ■ ANIMAZIONE; COL.; 94′; USA, 1963.

SILVESTRO PIRATA LESTO ★★★

(Merry Melodies – Looney Tunes)

Produzione WARNER BROS. ■ Una nuova raccolta di cartoni animati. ■ ANIMAZIONE; COL.; 91′; USA, 1962.

SILVIO FOREVER ★★

Regia di ROBERTO FAENZA, FILIPPO MACELLONI. ■ Se non lo voti, alla fine ti viene quasi voglia di votarlo. Se lo voti, alla fine ti chiedi perché lo hai fatto. È un film strano *Silvio Forever*, di Roberto Faenza e Filippo Macelloni, scritto da Gian Antonio Stella e Sergio Rizzo. È una pellicola bellissima quando, per la viva voce del suo unico protagonista – a tratti originale, a tratti doppiata alla perfezione da Neri Marcorè sulla base di dichiarazioni autentiche – ti racconta la parabola del grande venditore, del «più grande piazzista che ci sia al mondo», come lo ha definito Indro Montanelli. Diventa invece un'opera incompiuta quando il film affronta l'altra faccia del magico Silvio, quella più oscura del grande compratore che, nei fatti, il film affronta solo quando narra il singolare rapporto tra il presidente del Consiglio e le donne. Certo, nella pellicola di Faenza è proprio Berlusconi a rivelare: «Il mio segreto è lo charme. I meccanismi per sedurre una donna o per conquistare il consenso in politica sono gli stessi». Lasciando così pensare, allo spettatore più malizioso, che quello è un paragone ad alto rischio. Visto che nel buio della sala sfilano le immagini di Ruby e le altre, mentre il sonoro ti regala gli audio dei nastri della escort barese Patrizia D'Addario intenta a parlare con lui del "lettone di Putin". Alla fine, estraendo l'essenziale e il primo sentimento, pesando il buono e il cattivo, la sensazione è che nell'uomo ci sia della grandezza, alla quale si sono appesi i molti che si sono fatti identità, professione, denaro e immagine contrastandolo e odiandolo. ■ DOCUMENTARIO; COL.; 85′; ITALIA, 2011.

SIMBA ★★★
Regia di BRIAN DESMOND HURST. Con DIRK BOGARDE, VIRGINIA MCKENNA, BASIL SIDNEY, DONALD SINDEN. ■ Un inglese recatosi in Kenya a raggiungere il fratello lo trova ucciso dai Mau Mau che commettono varie atrocità nella regione. Dapprima l'uomo sospetta del figlio laureato in medicina d'un capo tribù, ma questi è innocente e, anzi, sacrificherà la vita per combattere i fanatici. ■ DRAMMATICO; COL.; 99′; GRAN BRETAGNA, 1955.

SIMBOLO DEL SESSO, IL *(The Sex Symbol)* ★★★
Regia di DAVID LOWELL RICH. Con JACK CARTER, DON MURRAY, CONNIE STEVENS, SHELLEY WINTERS. ■ Il film è chiaramente ispirato all'infelice vita di Marilyn Monroe. ■ DRAMMATICO; COL.; 74′; USA, 1974.

SIMITRIO ★★
Regia di EMILIO GOMEZ MURIEL. Con CARLOS LOPEZ MOCTEZUMA, JOSÉ ELIAS MORENO, JAVIER TEJEDA. ■ Un vecchio maestro di scuola rurale, ormai quasi cieco, viene bonariamente ingannato dagli scolari che, imitandone la voce, riescono a nascondergli la partenza di un alunno. Scoperto l'inganno il poveretto rischia il licenziamento, ma i ragazzi riusciranno a farsi perdonare. ■ DRAMMATICO; COL.; 93′; MESSICO, 1964.

SIMON ★★
Regia di MARSHALL BRICKMAN. Con ALAN ARKIN, WILLIAM FINLEY, MADELINE KAHN. ■ Simon Mendelsohn, un timido insegnante, viene sequestrato da un gruppo di scienziati che vuole fargli il lavaggio del cervello e convincerlo di essere un E.T. L'esperimento ha successo. Simon crede di essere un alieno e di avere un messaggio da comunicare alla Terra. I suoi appelli televisivi ne fanno una figura popolarissima e anche scomoda (per i suoi inviti alla "rivoluzione culturale"). I militari decidono di sbarazzarsi di lui spedendolo nello spazio. Ma Simon riesce a gabbarli. ■ COMMEDIA; COL.; 97′; USA, 1980.

SIMONA *(Histoire de l'oeil)* ★★
Regia di PATRICK LONGCHAMPS. Con LAURA ANTONELLI, MAURIZIO DEGLI ESPOSTI, PATRICK MAGEE, MARGOT SAINT'ANGE, RAF VALLONE. ■ Una coppia di giovani s'incarica di iniziare al sesso una ragazza che è vissuta per lungo tempo sequestrata dal padre pazzo. ■ DRAMMATICO; COL.; 91′; ITALIA, 1972.

SIMON BOLIVAR ★★
Regia di ALESSANDRO BLASETTI. Con FRANCISCO RABAL, CORRADO SAN MARTIN, MAXIMILIAN SCHELL, ROSANNA SCHIAFFINO. ■ Blasetti, che aveva dichiarato di voler abbandonare il cinema, tornò al lavoro con questa biografia del rivoluzionario venezuelano che, all'inizio dell'Ottocento, liberò tutto il Sudamerica dal dominio spagnolo. ■ BIOGRAFICO; COL.; 104′; ITALIA, 1970.

SIMONE *(S1m0ne)* ★★★
Regia di ANDREW NICCOL. Con AL PACINO, CATHERINE KEENER, WYNONA RIDER, RACHEL ROBERTS. ■ Victor Karanski è un regista di Hollywood che da anni passa da un fiasco all'altro. Il film che sta per terminare è compromesso dai capricci della protagonista che abbandona il set. Nessuna stella vuol lavorare con Victor che allora, grazie all'invenzione di un mattoide geniale e morente, riesce con un certo programma a riprodurre virtualmente Simone, dalla strepitosa bellezza. L'"attrice" ha un successo abnorme, alla Greta Garbo, il mondo impazzisce per lei, che non si mostra mai in pubblico. Victor riesce a farla apparire in televisione, a farla cantare in uno stadio, ma nessuno la vedrà mai, naturalmente, dal vivo. Il regista viene abbandonato dalla moglie che si scopre gelosa di Simone. Il "privato" è ormai troppo connesso col virtuale, e Victor viene accusato della morte di Simone, introvabile, appunto. Alla fine tutto si accomoda, la famiglia si ricompone e Simone riprende a "vivere". Patinata, intelligente, ennesima metafora intorno al trucco dei media e del cinema. Il tema è fin troppo conosciuto ma l'idea della diva tridimensionale composta dai pixel è suggestiva. E non è detto poi che, in un tempo come il nostro, sia davvero legittimo dire che è "solo" virtuale, che non esiste. Simone "esiste". ■ COMMEDIA; COL.; 102′; USA, 2002.

SIMONE E LAURA *(Simon and Laura)* ★★★
Regia di MURIEL BOX. Con IAN CARMICHAEL, PETER FINCH, HUBERT GREGG, KAY KENDALL, MAURICE PAVLOW. ■ Simone e Laura sono una coppia di coniugi, entrambi attori, in pieno declino professionale e alle soglie del divorzio. La televisione li interpella per una serie di zuccherose commedie su una coppia felice e i due debbono fingere l'armonia pur continuando a civettare con altri. La trasmissione natalizia si trasforma così in una terribile scenata in diretta alla fine della quale, però, i due comprenderanno d'amarsi ancora. ■ COMMEDIA; COL.; 91′; GRAN BRETAGNA, 1955.

SIMONE E MATTEO, UN GIOCO DA RAGAZZI ★★
Regia di GIULIANO CARNIMEO. Con DOMINIC BERTO, MARIO BREGA, GIULIANA CALANDRA, MICHAEL COBY, PAUL SMITH. ■ Simone e Matteo, una coppia di piccoli lestofanti ispirata a quella formata dai più famosi Terence Hill e Bud Spencer, si trovano coinvolti in un traffico d'armi, ma, fondamentalmente onesti, lo manderanno a monte. ■ COMMEDIA; COL.; 100′; ITALIA, 1975.

SIMON MAGUS ★★
Regia di BEN HOPKINS. Con EMBETH DAVIDTZ, RUTGER HAUER, IAN HOLM, SEAN MCGINLEY, NOAH TAYLOR, STUART TOWNSEND. ■ In un villaggio ebraico della Slesia, nel diciannovesimo secolo il "folle" Simon è emarginato dalla comunità. Il diavolo lo convince a farsi cristiano. Al contempo un lattaio ebreo, frequentando un proprietario terriero colto, scopre che esiste un mondo che va al di là delle Sacre Scritture. L'Olocausto non è narrato ma se ne avverte il futuro incombere. ■ COMMEDIA; COL.; 106′; FRANCIA, GERMANIA, GRAN BRETAGNA, ITALIA, 1999.

SIMPATICA CANAGLIA *(The Devil is a Sissy)* ★★★
Regia di WOODBRIGE STRONG VAN DYKE. Con FREDDIE BARTHOLOMEW, JACKIE COOPER, MICKEY ROONEY. ■ Il regista dei film di Tarzan, di quelli dell'Uomo ombra e di *San Francisco* alle prese con la storia un po' zuccherosa di un ragazzino inglese che fatica parecchio a far accettare i suoi modi raffinati a dei coetanei americani. ■ COMMEDIA; B/N; 92′; USA, 1936.

SIMPATICI & ANTIPATICI
Regia di CHRISTIAN DE SICA. Con CHRISTIAN DE SICA, GIANFRANCO FUNARI, EVA GRIMALDI, LEO GULLOTTA, ALESSANDRO HABER, SIMONA IZZO, ANDREA RONCATO, MONICA SCATTINI. ■ Varia e brutta umanità di un circolo romano. I ricchi, i finti ricchi, i poveri (sarebbero i simpatici) la mantenuta che li sistema tutti. De Sica alla fine si redime e va ai Caraibi. Le parti migliori sono alcuni riferimenti alla vecchia grande commedia italiana: il Sordi del *Boom*, diretto da De Sica, quello vero. E poi il pezzo di Haber che balla per un'elemosina, che riprende pari pari il Tognazzi di *Io la conoscevo bene*. Che la sceneggiatura sia dei Vanzina è una garanzia per chi vuole quel tipo di garanzia. De Sica migliora film dopo film, come attore. ■ COMMEDIA; COL.; 127′; ITALIA, 1997.

SIMPATICO MASCALZONE ★★
Regia di MARIO AMENDOLA. Con MAURIZIO ARENA, CARLO CAMPANINI, AMELIA PARELLA, VIRGILIO RIENTO. ■ Un bulletto romano entra in una compagnia di guitti solo per corteggiare un'attrice e, quando finalmente riesce a sedurla, se ne va. Tornerà quando verrà a sapere che la ragazza è rimasta incinta. ■ COMMEDIA; B/N; 92′; ITALIA, 1959.

SIMPLE LIFE, A *(Táo Jie)* ★★
Regia di ANN HUI. Con PAUL CHUN, DEANIE IP, ANDY LAU, CHAPMAN TO, ANTHONY WONG. ■ Tra l'anziana *amah* (domestica) Ah Tao e il suo padrone, l'attore cinematografico Roger, si instaura un rapporto che assomiglia a quello tra una madre e il proprio figlio, destinato a intensificarsi durante la degenza in ospedale di Ah Tao. Una lunga carriera come quella di Ann Hui, dedita sin dagli inizi alla denuncia di storture della società e alla

raffigurazione di spaccati di quotidianità raramente visti su grande schermo, non poteva che trovare coronamento in un film come *A Simple Life*, che già nel titolo pare assurgere a *summa* della poetica della regista. La storia di Ah Tao è quella esemplare della vita di una persona semplice, una donna costretta dagli eventi a trascorrere sin dall'infanzia una vita al servizio degli altri, ma che a questa condizione ha saputo infondere dignità e passione. ■ DRAMMATICO; COL.; 117′; HONG KONG, 2011.

SIMPLICIUS, SPIA INTERNAZIONALE ★★
(Passport to Treason)
Regia di ROBERT S. BAKER. Con ROD CAMERON, CLIFFORD EVANS, LOIS MAXWELL. ■ Un poliziotto privato, indagando su alcuni misteriosi omicidi commessi nella nebbia londinese, smaschera un'organizzazione nazista, agli ordini di un misterioso Simplicius, pronta a far scoppiare la terza guerra mondiale. ■ SPIONAGGIO; B/N; 80′; GRAN BRETAGNA, 1957.

SIMPSON – IL FILM, I *(The Simpsons Movie)* ★★★
Regia di DAVID SILVERMAN. ■ Stavolta Homer l'ha fatta grossa. Non solo ha portato un maiale in casa, ma ne ha persino scaricato i bisogni nel lago di Springfield, appena depurato, che ha così nuovamente superato i limiti sostenibili di inquinamento: il governo americano non può che intervenire e inglobare la cittadina sotto una cupola di vetro indistruttibile per evitare contaminazioni. La famiglia Simpson, messa alla gogna dal resto della popolazione, non può che fuggire (in Alaska): spetterà a Homer, dopo mille vicissitudini, riportare le cose alla normalità. ■ ANIMAZIONE; COL.; 87′; USA, 2007.

SIM SALÀ BIM *(A Haunting We Will Go)* ★★★
Regia di ALFRED L. WERKER. Con OLIVER HARDY, STAN LAUREL, SHEILA RYAN. ■ Stanlio e Ollio, in bolletta, accettano d'accompagnare una bara che deve essere trasferita in treno, ma si tratta in realtà di un trucco di alcuni contrabbandieri. ■ COMICO; B/N; 68′; USA, 1939.

SI MUORE SOLO UNA VOLTA ★★
Regia di GIANCARLO ROMITELLI. Con RAY DANTON, DADA GALLOTTI, PAMELA TUDOR. ■ In un'indagine che lo porterà a Beirut e a Malta, un investigatore americano riuscirà a sgominare una terribile organizzazione criminale nonostante la traditrice che finge d'amarlo. ■ SPIONAGGIO; COL.; 92′; ITALIA, 1967.

SINBAD E IL CALIFFO DI BAGDAD ★★
Regia di PIETRO FRANCISCI. Con LUIGI BONOS, ROBERT MALCOM, LEO VALERIANO, SONIA WILSON. ■ Le avventure di Sinbad il marinaio, personaggio delle *Mille e una notte*, hanno offerto spunti a riduzioni cinematografiche migliori di questa, che vede il nostro eroe liberare la principessa di cui è innamorato per mezzo di una mongolfiera cinese e sostituirsi al bieco califfo di cui è sosia perfetto. ■ AVVENTURA; COL.; 94′; ITALIA, 1974.

SINBAD E L'OCCHIO DELLA TIGRE ★★
(Sinbad and the Eye of the Tiger)
Regia di SAM WANAMAKER. Con TARYN POWER, JANE SEYMOUR, PATRICK WAYNE, MARGARET WHITING. ■ Un principe indiano è stato trasformato in animale da una zia maga, che vuole far salire al trono il proprio figlio. Sinbad lo porta in un luogo incantato, dove potrà riprendere aspetto umano. Dopo molte avventure i nostri avranno la meglio. ■ AVVENTURA; COL.; 113′; USA, 1977.

SINBAD IL MARINAIO *(Sinbad the Sailor)* ★★★
Regia di RICHARD WALLACE. Con DOUGLAS FAIRBANKS JR, MAUREEN O'HARA, ANTHONY QUINN, WALTER SLEZAK. ■ Sinbad si finge principe per ritrovare il tesoro di Alessandro Magno, ma la notizia gli mette contro un emiro. Il tesoro in realtà non esiste, e il marinaio si consolerà conquistando la fidanzata del rivale. ■ AVVENTURA; COL.; 117′; USA, 1947.

SINBAD: LA LEGGENDA DEI SETTE MARI ★★
(Sinbad: Legend of the Seven Seas)
Regia di PATRICK GILMORE, TIM JOHNSON. ■ L'uscita del cartone natalizio made in Dreamworks rappresenta, a suo modo, un fatto storico. Sinbad infatti sarà l'ultimo personaggio animato a calcare le scene disegnate in maniera "tradizionale". In alcuni momenti la somiglianza con *L'isola del tesoro* è quasi sconcertante. Il film s'incanala perfettamente nella tradizione dell'avventura piratesca ispirata dalle pellicole di Errol Flynn, recentemente rilanciate dal blockbuster *Pirates of the Caribbean*. C'è l'eroe, c'è l'eroina (mai così avvenente, stavolta i grafici si sono scatenati!), c'è il cattivo, anzi la cattiva, e l'animaletto buffo; la colonna sonora è avvincente e perfettamente sincronica ai momenti topici del film. Tutto liscio insomma, ma evidentemente questo tipo di cinema ha fatto il suo tempo. Più che un problema di confezione, l'animazione americana sembra essere caduta in una sterilità creativa senza precedenti e la splendida grafica, il ritmo serrato, le animazioni fluide e stupefacenti non riescono a sostenere un plot narrativo scontato e banale. ■ ANIMAZIONE; COL.; 88′; USA, 2003.

SINCERAMENTE TUA *(Practically Yours)* ★★★
Regia di MITCHELL LEISEN. Con ROBERT BENCHLEY, CLAUDETTE COLBERT, CECIL KELLAWAY, GIL LAMB, FRED MACMURRAY. ■ Un pilota americano, nel corso della seconda guerra mondiale, si getta col suo aereo contro una nave giapponese inneggiando a una sconosciuta Peggy e scompare nell'esplosione. I giornalisti scovano una ragazza che potrebbe essere la Peggy in questione e la fanno diventare un'eroina nazionale, ma il pilota, miracolosamente salvatosi, confessa che stava pensando alla sua cagnetta. I due per motivi propagandistici debbono però fingere d'amarsi e, naturalmente, la finzione diventa realtà. ■ COMMEDIA; B/N; 90′; USA, 1944.

SIN CITY ★★★
Regia di FRANK MILLER, ROBERT RODRIGUEZ. Con JESSICA ALBA, MICHAEL CLARKE DUNCAN, ROSARIO DAWSON, BENICIO DEL TORO, CARLA GUGINO, JOSH HARTNETT, RUTGER HAUER, JAIME KING, MICHAEL MADSEN, BRITTANY MURPHY, CLIVE OWEN, MICKEY ROURKE, MARLEY SHELTON, NICK STAHL, ARIE VERVEEN, BRUCE WILLIS, ELIJAH WOOD. ■ Sin City è una città nera, dove la notte non tramonta mai, abitata da una schiera di personaggi più cupi della notte stessa. Tutti cattivi, ognuno a modo suo: Marv, tenero bestione con un talento creativo per la sofferenza altrui; Kevin, ragazzo emotivo che ritrova la serenità divenendo uno spietato divoratore di esseri umani; la sua abietta guida spirituale il cardinale Roark, padrone della città; Dwight, fascinoso criminale che asseconda il suo destino e dispensa morte a piene mani; Gail, sua amata e regina delle prostitute che governano la città vecchia, donne che danno grande piacere, se si paga bene e si sta alle regole, o grande dolore, se si va oltre il seminato; un bastardo giallo, che violenta e mangia bambine impunito, coperto dal mostro suo padre che è anche senatore della città, e contrastato solo da Hartigan, uno sbirro sul viale del tramonto disposto ad una carneficina per fermarlo e salvare Nancy, timida ballerina di lap dance. Esseri che hanno poco di umano, anime nere che anneriscono il già nero skyline della città del peccato. E in mezzo a tutto questo nero, ogni gesto fuori dal piano regolatore che la morte stessa sembra attuare, brilla di un vivido accecante: il grande cuore rosso di Goldie, il sangue scarlatto versato in olocausto e quello giallo per la catarsi di Hartigan, occhi verdi, azzurri e d'oro che sono l'unica traccia di un'anima dietro le armi. Film assolutamente controverso. Adorato dagli estimatori del fumetto e detestato da chi non ne può più di violenza sullo schermo. Anche di quella esteticamente raffinata. ■ AVVENTURA; COL.; 126′; USA, 2005.

SINDACALISTA, IL ★★★
Regia di LUCIANO SALCE. Con ISABELLA BIAGINI, DOMINIQUE BOSCHERO, LANDO BUZZANCA, RENZO MONTAGNANI, GINO SANTERCOLE. ■ Un operaio siciliano, membro della commissione interna in una fabbrica del Bergamasco, crede d'averla avuta vinta sul padrone perché ha ottenuto importanti migliorie, ma l'astuto datore di lavoro cede l'azienda a una multinazionale. ■ COMMEDIA; COL.; 108′; ITALIA, 1972.

SINDACATO ASSASSINI *(Murder, Inc.)* ★★★
Regia di BURT BALABAN, STUART ROSENBERG. Con MAY BRITT, PETER FALK, HENRY MORGAN, STUART WHITMAN. ■ Una donna confessa alla polizia che lei e il marito sono stati coinvolti da un sicario in un omicidio su commissione. L'uomo, però, per paura non svela quanto sa, anche se ha compreso che ormai l'organizzazione criminale vuole chiudergli la bocca. Quando uccide-

ranno sua moglie cambierà idea. ■ POLIZIESCO; B/N; 103′; USA, 1960. ■ OSCAR 1 NOM.

SINDACATO DEL CRIMINE, IL ★★
(L'ennemi dans l'ombre)
Regia di CHARLES GÉRARD. Con ESTELLA BLAIN, BERNARD BLIER, ROGER HANIN. ■ Un abile agente del controspionaggio francese riesce finalmente a sgominare un'organizzazione di nostalgici nazisti, anche se per farlo è costretto a mettere a repentaglio la vita di una ragazza. ■ SPIONAGGIO; B/N; 95′; FRANCIA, 1961.

SINDACATO DEL PORTO *(Rumble on the Docks)* ★★
Regia di FRED F. SEARS. Con LAURIE CARROLL, JAMES DARREN, MICHAEL GRANGER. ■ Un filmetto che cerca di sfruttare il successo di *Fronte del porto* con una trama simile. Un ragazzo sbandato prova una grande ammirazione per il gangster che dirige il sindacato portuale. Il padre scaricatore e una ragazza che gli vuole bene gli apriranno gli occhi. ■ DRAMMATICO; B/N; 82′; USA, 1957.

SINDACATO DEL VIZIO, IL *(Vice Raid)* ★★
Regia di EDWARD L. CAHN. Con RICHARD COOGAN, BRAD DEXTER, MAMMI VAN DOREN. ■ Per eliminare un poliziotto pericoloso, un gangster che controlla il giro della prostituzione gli tende una trappola con l'aiuto di una delle sue ragazze. Radiato dal corpo, l'uomo non abbandona la caccia: riuscirà ad incastrare il fuorilegge proprio con l'aiuto della giovane, definitivamente pentita. ■ POLIZIESCO; B/N; 88′; USA, 1960.

SINDACATO DI CHICAGO, IL *(Chicago Syndacate)* ★★
Regia di FRED F. SEARS. Con XAVIER CUGAT, ABBE LANE, DENNIS O'KEEFE. ■ Un poliziotto s'infiltra in una banda di giocatori d'azzardo e, nonostante i pericoli, riesce a sgominarla grazie all'aiuto di una ragazza. ■ POLIZIESCO; B/N; 83′; USA, 1955.

SINDBAD CONTRO I SETTE SARACENI ★★
Regia di EMIMMO SALVI. Con BELLA CORTEZ, DAN HARRISON, GORDON MITCHELL, MIKE MOORE. ■ L'eroe delle *Mille e una notte* deve recarsi a un torneo per difendere i diritti di un popolo sottomesso a un bieco governatore. Riuscirà ad assicurare la libertà ai suoi protetti e ad impalmare una principessa. ■ AVVENTURA; COL.; 92′; ITALIA, 1965.

SINDROME CINESE *(The China Syndrome)* ★★★
Regia di JAMES BRIDGES. Con SCOTT BRADY, MICHAEL DOUGLAS, JANE FONDA, JACK LEMMON. ■ Nella centrale atomica di Ventana, negli Stati Uniti, si verifica un incidente che potrebbe avere conseguenze disastrose per l'umanità. Mentre nelle "alte sfere" si cerca di nascondere l'accaduto all'opinione pubblica per evitare la chiusura della centrale, una giornalista e un operatore televisivo divulgano la notizia. Il pubblico, dopo aver assistito ad un programma in diretta nel quale uno dei tecnici viene ucciso mentre sta per rivelare la verità, reclama la chiusura definitiva della centrale. ■ DRAMMATICO; COL.; 130′; USA, 1979. ■ CANNES 1 PR; DAVID DI DONATELLO 1 PR, 1 NOM; GOLDEN GLOBES 1 PR, 4 NOM; OSCAR 4 NOM.

SINDROME DI STENDHAL, LA ★★
Regia di DARIO ARGENTO. Con ASIA ARGENTO, PAOLO BONACELLI, THOMAS KRETSCHMANN, MARCO LEONARDI. ■ La poliziotta Anna segue le tracce di un serial killer. Le trova agli Uffizi, dove, di fronte a certe opere d'arte, perde i sensi (la famosa sindrome di Stendhal, che svenne davanti alla *Sibille* del Volterrano nella cappella Nardini di Firenze). È l'assassino a trovare Anna, la tiene prigioniera in una grotta e la tortura. La ragazza si libera e uccide il mostro, o crede di averlo ucciso. Continuano le morti violente. Alla fine Anna, completamente posseduta dalla personalità del killer, in una sorta di identificazione alla Norman Bates di *Psyco*, è diventata a sua volta assassina. Argento ha rimaneggiato un libro di Graziella Magherini per un risultato lontano dai bei tempi. Eccesso di cuore di padre da parte del regista, che ha attribuito alla figlia, discreta presenza, due ore insipide di cinepresa. Troppe. Fotografia di Rotunno e musica di Morricone. ■ GIALLO; COL.; 120′; ITALIA, 1996.

SINDROME VENEZIANA ★
Regia di CARLO V. QUINTERIO. Con OLIVIA ANCKER, DAVID BRANDON, SANDRA COLLODEL, DAVID A. HESS, MARISA SOLINAS. ■ Katherina è una giovane turista tedesca che cerca vedute fiorentine da disegnare. Un giorno viene colta da strani ricordi di un rito iniziatico a cui aveva partecipato a Venezia. Viene così ricoverata e un'analista l'aiuterà a guarire facendole scoprire anche l'amore. È un film girato nel 1991, andato al visto in censura nel 1994 e proiettato nel 1998. Una bella odissea per un'opera non straordinaria. ■ DRAMMATICO; COL.; 81′; ITALIA, 1994.

SINFONIA D'AMORE *(Blossom Time)* ★★
Regia di PAUL L. STEIN. Con JANE BAXTER, PAUL GRATZ, RICHARD TAUBER. ■ Il musicista Schubert, sfortunato in amore, favorisce l'unione fra la ragazza che lo ha respinto e un baldo ufficiale dei Dragoni. ■ MUSICALE; B/N; 91′; GRAN BRETAGNA, 1934.

SINFONIA D'AMORE – SCHUBERT ★★
Regia di GLAUCO PELLEGRINI. Con GINO BECHI, LUCIA BOSÈ, CLAUDE LAYDU, PAOLO STOPPA, MARINA VLADY. ■ Fantasiosa biografia di Franz Schubert, secondo la quale il musicista sarebbe morto disperato per amore di una commediante napoletana. Naturalmente la realtà storica è ben diversa. ■ BIOGRAFICO; COL.; 95′; ITALIA, 1954.

SINFONIA D'AUTUNNO ★★★★🏆
(Höstsonaten – Autumn Sonata)
Regia di INGMAR BERGMAN. Con INGRID BERGMAN, LENA NYMAN, LIV ULLMANN. ■ Il film narra di una madre, famosa concertista completamente assorbita dagli impegni della sua carriera, che, dopo tanti anni, si reca a far visita alle figlie. Una di queste le rimprovera il suo egoismo (soprattutto a causa della sorella, paralizzata, che cura nella propria casa). La donna riprende a viaggiare e la figlia le manda una lettera in cui le domanda di riappacificarsi. ■ DRAMMATICO; COL.; 90′; GERMANIA, GRAN BRETAGNA, SVEZIA, 1978. ■ DAVID DI DONATELLO 🏆 1 PR, 1 NOM; GOLDEN GLOBES 🏆 1 PR, 2 NOM; OSCAR 🏆 2 NOM.

SINFONIA DI CUORI *(Du bist mein Glück)* ★★
Regia di KARL HEINZ MARTIN. Con BENIAMINO GIGLI, ISA MIRANDA. ■ Un grande tenore da giovane è fuggito con la moglie del suo maestro, ma costei ha dovuto abbandonare la propria piccina che il cantante ha ricercato per anni. Infine la trova diventata ballerina all'Opera di Monaco. A questo punto, però, si ricompone la famiglia primitiva. ■ COMM. MUSICALE; B/N; 90′; GERMANIA, 1936.

SINFONIA DI GUERRA *(Counterpoint)* ★★★
Regia di RALPH NELSON. Con KATHRYN HAYS, CHARLTON HESTON, LESLIE NIELSEN, MAXIMILIAN SCHELL. ■ Durante la controffensiva delle Ardenne, nell inverno 1944, i tedeschi catturano un'orchestra sinfonica che dovrebbe tenere uno spettacolo per le truppe alleate. Un bieco colonnello vorrebbe uccidere i prigionieri, ma un generale megalomane si oppone. Il direttore riuscirà a tergiversare, finché tutti i musicisti saranno salvati dai partigiani francesi. ■ GUERRA; COL.; 107′; USA, 1968.

SINFONIA DI MORTE *(Black Zoo)* ★★
Regia di ROBERT GORDON. Con ELISHA COOK, MICHAEL GOUGH, VIRGINIA GREY. ■ Il proprietario di uno zoo privato alleva amorosamente i suoi animali per farne assassini infallibili. Quando sono addestrati li libera e li manda a uccidere i suoi nemici. Poi li fa tornare quatti quatti nel serraglio. Filmetto orrorifico con qualche buona idea e alcuni momenti di tensione, ma complessivamente mediocre (gli scarsi mezzi non aiutano). ■ HORROR; COL.; 90′; USA, 1963.

SINFONIA DI PRIMAVERA *(Frühlingssinfonie)* ★★
Regia di PETER SCHAMONI. Con HERBERT GRÖNEMEYER, ROLF HOPPE, NASTASSJA KINSKI. ■ Biografia romanzata di Robert Schumann: i primi passi nel mondo della musica, il matrimonio contrastato con Clara Wieck, i capolavori immortali nati dal suo genio. Molta musica e poca sostanza. ■ DRAMMATICO; COL.; 93′; GERMANIA, 1986.

SINFONIA FATALE ★★
Regia di VICTOR STOLOFF. Con MARINA BERTI, TULLIO CARMINATI, SARAH CHURCHILL, DOUGLAS MONTGOMERY. ■ Un compositore americano s'innamora di una contadinella italiana che, scoppiata la guerra, lo aiuta a sfuggire ai tedeschi. A pace conclu-

sa, però, lui torna dalla legittima consorte e la povera contadina, rimasta oltretutto incinta, muore. ■ DRAMMATICO; B/N; 91′; GRAN BRETAGNA, ITALIA, 1947.

SINFONIA NUZIALE *(The Wedding March)* ★★★
Regia di ERICH VON STROHEIM. Con GEORGE FAWCETT, MAUDE GEORGE, CESARE GRAVINA, FAY WRAY. ■ Siamo a Vienna nel 1914. Ottokar è un principe sposato e con un figlio, Nicki. Il giovane è sempre senza soldi e così i genitori vorrebbero che sposasse una ragazza molto ricca. La scelta cade su Cecilia, zoppa ma piena di soldi. Malauguratamente Nicki si è invaghito di Mitzi. ■ COMMEDIA; COL.; 106′; USA, 1928.

SINFONIA PASTORALE *(La Symphonie pastorale)* ★★★
Regia di JEAN DELANNOY. Con PIERRE BLANCHAR, MICHÈLE MORGAN. ■ Sulle Alpi svizzere, un pastore protestante accoglie in casa una povera orfana divenuta cieca. La ragazza riacquisterà la vista in seguito a un'operazione, ma rendendosi conto delle passioni che ha involontariamente suscitato tra i suoi benefattori si suiciderà. ■ DRAMMATICO; B/N; 95′; FRANCIA, 1946. ■ CANNES 2 PR.

SINFONIA PER DUE SPIE *(Serenade für zwei Spione)* ★★
Regia di ALBERT CARDIFF. Con TONY KENDALL, HELMUT LANGE, BARBARA LOSS. ■ Due agenti segreti inglesi riescono ad aver partita vinta contro una banda di gangster americani che ha rubato un potente fucile laser. ■ SPIONAGGIO; COL.; 92′; GERMANIA, 1967.

SINFONIA PER UN MASSACRO ★★★
(Symphonie pour un massacre)
Regia di JACQUES DERAY. Con MICHEL AUCLAIR, CLAUDE DAUPHIN, JEAN ROCHEFORT, CHARLES VANEL. ■ Una banda di trafficanti di droga ha a disposizione una grossa somma, ma uno di loro fa fuori i complici per godersela da solo. Non ci riuscirà perché ci sarà una vendicatrice. ■ POLIZIESCO; COL.; 110′; FRANCIA, 1963.

SINFONIA PER UN SADICO ★
(La mano de un hombre muerto)
Regia di JESUS FRANCO. Con PAULA MARTEL, GOGÒ ROBINS, HOWARD VERNON, HUGH WHITE. ■ Il prolifico regista spagnolo Jesus Franco, mimetizzato sotto un trasparente pseudonimo anglosassone, dirige una confusa storia di orridi delitti che hanno luogo in un paese mitteleuropeo. L'assassino finirà nelle sabbie mobili. ■ POLIZIESCO; COL.; 94′; SPAGNA, 1966.

SINFONIA TRAGICA ★★
(Symphonie eines Lebens – Phantastische Symphonie)
Regia di HANS BERTRAM. Con HANS BAUR, HARALD PAULSEN, HENNY PORTEN, GISELA UHLEN. ■ Rifacendosi ai tempi di una sinfonia il film racconta la tragica storia di un compositore: la sua vita serena è sconvolta dall'amore per una donna, che gli fa sperperare grandi somme e uccidere un rivale. L'uomo passa diversi anni in carcere e, infine liberato, viene perdonato dalla moglie che nel frattempo aveva abbandonato. ■ DRAMMATICO; B/N; 90′; GERMANIA, 1942.

SINFONIE ETERNE *(Carnegie Hall)* ★★★
Regia di EDGARD GEORGE ULMER. Con MARSHA A. HUNT, FRANK MCHUGH, WILLIAM PRINCE. ■ La vedova di un musicista, impiegata alla famosa Carnegie Hall di New York, cresce il figlio con la speranza che questo diventi un grande pianista classico, ma lui s'innamora di una cantante jazz e pare preferire la musica leggera. ■ MUSICALE; B/N; 134′; USA, 1950.

SINGAPORE ★★★
Regia di JOHN BRAHM. Con AVA GARDNER, FRED MACMURRAY. ■ Un americano, a causa della guerra, deve abbandonare a Singapore la fidanzata gravemente ferita. Tornata la pace l'uomo ritrova la ragazza che, persa la memoria, ha sposato un altro. Un benefico choc la farà rinsavire, riunendo la coppia. ■ DRAMMATICO; B/N; 79′; USA, 1950.

SINGAPORE: INTRIGO INTERNAZIONALE ★★
(World for Ransom)
Regia di ROBERT ALDRICH. Con DAN DURYEA, PATRICK KNOWLES, GENE LOCKHART. ■ A Singapore, un americano riceve dalla donna di cui è innamorato l'incarico di ritrovarle il marito, un ufficiale inglese misteriosamente scomparso. L'uomo riuscirà nella missione, ma sarà costretto a uccidere l'altro, diventato agente dei comunisti. Quella morte gli impedirà d'ottenere l'amore della donna. ■ SPIONAGGIO; B/N; 82′; USA, 1954.

SINGAPORE: VIOLENZA E SESSO *(Dragon Lady)* ★★
Regia di JOEL M. REED. Con PETER GERNET, BRIAN WALDEN, CHRISTOPHER WARE. ■ Divenuto giornalista e scrittore, un ex agente della Cia si lascia invischiare in un traffico di "cervelli" a Singapore. Quasi ci rimette la pelle, ma, salvato all'ultimo momento dagli ex colleghi, si vendica di tutti quelli che hanno attentato alla sua vita. ■ POLIZIESCO; COL.; 93′; USA, 1976.

SING IL SOGNO DI BROOKLYN *(Sing)* ★★
Regia di RICHARD BASHKIN. Con LORRAINE BRACCO, PAUL DOBSON. ■ Vogliono chiudere una scuola di canto e danza in quel di Broccolino. Ma un giovanotto, dopo qualche indecisione tra la carriera di ballerino e quella di gangster, decide di opporsi. L'avrà vinta lui. ■ MUSICALE; COL.; 97′; USA, 1988.

SINGING DETECTIVE, THE ★★
Regia di KEITH GORDON. Con ADRIEN BRODY, ROBERT DOWNEY JR, MEL GIBSON, CARLA GUGINO, KATIE HOLMES, JEREMY NORTHAM, JON POLITO, ROBIN WRIGHT PENN. ■ Mentre giace in un letto d'ospedale per un grave caso di psoriasi, lo scrittore Dan Dark elabora mentalmente il suo primo romanzo. Febbricitante e paranoico, Dan confonde se stesso col protagonista del romanzo, un detective che indaga sull'omicidio di una prostituta nella Los Angeles degli anni Cinquanta. Curiosa e malriuscita contaminazione di generi diversi (musical, dramma, commedia, giallo), *The Singing Detective* è una grande occasione sprecata. ■ MUSICALE; COL.; 109′; USA, 2003.

SINGLE MAN, A ★★★
Regia di TOM FORD. Con COLIN FIRTH, MATTHEW GOODE, NICHOLAS HOULT, JON KORTAJARENA, JULIANNE MOORE. ■ Los Angeles, 1962. George Falconer è un uomo solo. Professore inglese di letteratura all'università, ha perso in un incidente il compagno amato da sedici anni. Incapace di reagire al lutto e all'afflizione, riordina carte, oggetti e sentimenti e decide di togliersi la vita con un colpo di pistola. Proveranno a "ripararlo" e a trattenerlo sul baratro, Charley, una vecchia amica delusa e disillusa, e Kenny, uno studente disponibile e sensibile. Spiegati i missili nucleari a Cuba e puntata l'arma alla tempia, la "crisi" pubblica e privata è destinata a esplodere o a rientrare. Una cravatta, un paio di gemelli, un paio di scarpe, una lettera, due lettere, un vestito regalato e poi indossato, un libro mai chiuso, un disco ascoltato: oggetti scoperti dalla macchina da presa di Tom Ford, abbandonati nelle inquadrature come indizi, tracce, segni, impronte del destino. Lo stilista statunitense che ha rilanciato le case di moda Gucci e Yves Saint Laurent debutta alla regia, impeccabile come un paio di Oxford lucidate a specchio. Trasposizione del romanzo omonimo di Christopher Isherwood. ■ DRAMMATICO; COL., 95′; USA, 2009. ■ VENEZIA 1 PR.

SINGLES – L'AMORE È UN GIOCO *(Singles)* ★★
Regia di CAMERON CROWE. Con MATT DILLON, BRIDGET FONDA, CAMPBELL SCOTT, KYRA SEDGWICK. ■ Tre ragazzi e tre ragazze sono i protagonisti della storia. Sono tutti celibi e nubili o, meglio, *single*, hanno problemi economici, sociali, lavorativi e sentimentali. A tirarli su di morale rimangono i sogni, la musica e l'amicizia. Le cose non cambieranno ma si spera in un futuro. ■ COMMEDIA; COL.; 100′; USA, 1992.

SINGOALLA ★★★
Regia di CHRISTIAN-JAQUE. Con MICHEL AUCLAIR, VIVECA LINDFORS. ■ Leggenda romantica ambientata in Svezia: un nobile si innamora di una zingara, ma i parenti di lei derubano il giovane che si crede tradito. Alcuni anni dopo il ragazzo nato da quell'amore si presenta al castello del padre e muore. I due amanti si riappacificano, ma è troppo tardi: lei verrà uccisa e lui impazzirà. ■ DRAMMATICO; B/N; 95′; FRANCIA, 1950.

SINGOLARITA' DI UNA RAGAZZA BIONDA ★★★
(Singularidades de uma Rapariga Loira)
Regia di MANOEL DE OLIVEIRA. Con JULIA BUISEL, DIOGO DORIA, LEONOR SILVEIRA, RICARDO TREPA, CATARINA WALLENSTEIN. ■ Un antico detto della Galizia afferma che ciò che non si

rivelerebbe mai né alla propria moglie né al migliore amico può essere detto a un estraneo. È quanto fa il giovane Macário in viaggio in treno verso l'Algarve. Rivolgendosi a una sconosciuta compagna di viaggio le rivela la sua triste storia. Lavorando nell'ufficio dello zio Francisco a Lisbona aveva notato una giovane fanciulla che si affacciava alla finestra del palazzo di fronte muovendo con grazia un elegante ventaglio cinese. Innamoratosene rapidamente, il giovane aveva chiesto allo zio il permesso per sposarla ottenendone un diniego. Abbandonata la vita agiata aveva accettato un incarico commerciale che lo aveva rimesso in sella economicamente. Ora poteva davvero aspirare al matrimonio. L'"ultrasecolare" regista riesce a mettere in scena, con lo sguardo teatrale che spesso lo ha contraddistinto, modi del passato e situazioni del presente quasi li volesse sospendere sul cavo teso di una temporalità astratta in cui il suo Paese abbia l'opportunità di rispecchiarsi. ■ DRAMMATICO; COL.; 64'; PORTOGALLO, SPAGNA, FRANCIA, 2009.

SINGOLO ★
Regia di FRANCESCO MARTINOTTI. Con GIULIA BOSCHI, LAURENTINA GUIDOTTI, CHRISTOPHER RHODE. ■ Un ragazzo è appassionato della canoa. Vive con la sorella psicologicamente provata. Il ragazzo avrà una relazione con una giovane pianista che lo aiuterà a maturare. Tranne qualche momento azzeccato il film fa acqua da tutte le parti a cominciare dalla sceneggiatura; nemmeno la regia e la recitazione riescono ad alzarne il tono. ■ DRAMMATICO; COL.; 89'; ITALIA, 1987.

SING SING ★★
Regia di SERGIO CORBUCCI. Con ADRIANO CELENTANO, ENRICO MONTESANO, VANESSA REDGRAVE. ■ Movie-movie (cioè due episodi di un'ora l'uno non collegati tra di loro). Nel primo un poliziotto molto *sui generis* (Celentano) viene incaricato di sorvegliare sull'incolumità di una ragazza minacciata di morte. Nel secondo un giovanotto romano cerca a tutti i costi di incontrare la regina d'Inghilterra. ■ COMICO; COL.; 120'; ITALIA, 1983.

SING SING CHIAMA WALL STREET *(Buy and Cell)* ★★
Regia di ROBERT BORIS. Con ROBERT CARRADINE, RANDAL TEX COBB, MALCOLM MCDOWELL. ■ In una prigione retta da un direttore tirannico e ladro arriva un giovane, incarcerato ingiustamente per appropriazione indebita. Il ragazzo, che è un piccolo genio della Borsa, organizza una società finanziaria con la partecipazione degli altri detenuti. Con geniale manovra prenderà due piccioni con una fava. Arricchirà i galeotti e farà spedire in galera il direttore (questa volta come detenuto) e anche il suo ex principale che era stato la causa della sua condanna. ■ COMICO; COL.; 95'; USA, 1987.

SINHA MOCA, LA DEA BIANCA *(Sinha Môça)* ★
Regia di TOM PAYNE. Con ANSELMO DUARTE, ELIANE LAGE. ■ Un possidente brasiliano dell'Ottocento è uno spietato schiavista e un giovane avvocato deve nascondere il suo disprezzo per lui perché ne ama la figlia. Quando però un nero è sottoposto ad ingiusto processo, il legale lo difenderà proprio mentre viene abolita la schiavitù. Placati i contrasti i due giovani potranno sposarsi. ■ DRAMMATICO; B/N; 92'; BRASILE, 1952. ■ VENEZIA 1 PR.

SI NIGHTMARE ★★
Regia di JONATHAN FIOR. Con GIANLUCA BONATO, GIUSEPPE BORGHI, FABIO CARONE, STEFANO COLOMBELLI, JONATHAN FIOR, ELISA GALLO. ■ *Si Nightmare* è il primo film italiano di fantascienza girato completamente in digitale. In un futuro cupo e devastato, una forma di vita inorganica infetta il pianeta Terra. Dvine, il misterioso protagonista, è alla ricerca di esseri umani contaminati da questi strani parassiti. Il dottor Miroku Anfeta è uno scienziato ossessionato da una serie di incubi apparentemente legati alla presenza di queste creature sulla Terra. Solo incontrando Dvine riuscirà a far luce su quanto gli è accaduto. ■ FANTASCIENZA; COL.; 80'; ITALIA, 2004.

SINISTER ★★
Regia di SCOTT DERRICKSON. Con FRED DALTON THOMSPON, CLARE FOLEY, ETHAN HAWKE, JAMES RANSONE, JULIET RYLANCE. ■ Ellison Oswalt è uno scrittore in cerca di rilancio. Per questo si è trasferito in una casa isolata nel bosco con la moglie Tracy, il figlio dodicenne Trevor e la figlia più piccola Ashley, contraria al trasferimento che le ha causato la perdita delle amicizie. Ma Ellison vuole quella casa perché proprio lì, anche se la sua famiglia non lo sa, si è verificato un tremendo delitto sul quale vuole basare il suo nuovo libro. ■ HORROR; COL.; 110'; USA, 2012.

SINUHE, L'EGIZIANO *(The Egyptian)* ★★★
Regia di MICHAEL CURTIZ. Con VICTOR MATURE, EDMUND PURDOM, JEAN SIMMONS, GENE TIERNEY, PETER USTINOV. ■ Verso il 1300 a.C. il medico egiziano Sinuhe si trova coinvolto in intrighi politici, mentre il faraone Akenaton tenta di realizzare una riforma religiosa. Il sovrano verrà eliminato dai sacerdoti e al suo posto salirà sul trono il generale Horembeb, amico del dottore. ■ STORICO; COL.; 140'; USA, 1954. ■ OSCAR 1 NOM.

SIPARIO DI FERRO, IL *(The Iron Curtain)* ★
Regia di WILLIAM A. WELLMAN. Con DANA ANDREWS, GENE TIERNEY. ■ Uno dei primi film di propaganda della "guerra fredda". Ispirandosi a fatti realmente accaduti, la pellicola racconta di un diplomatico russo che "sceglie la libertà" e fugge in Canada. ■ SPIONAGGIO; B/N; 87'; USA, 1948.

SIPARIO STRAPPATO, IL *(Torn Curtain)* ★★★
Regia di ALFRED HITCHCOCK. Con JULIE ANDREWS, HANSJÖRG FELMY, LILA KEDROVA, PAUL NEWMAN, DAVID OPATOSHU. ■ Uno scienziato americano finge di voler chiedere asilo politico nella Germania orientale per carpire segreti atomici, ma getta nel panico la fidanzata che lo crede un traditore. ■ SPIONAGGIO; COL.; 128'; USA, 1966.

SI PARLA DI CLARA *(Mann spricht über Jacqueline)* ★★
Regia di WERNER HOCHBAUM. Con VERA ENGELS, ALBRECHT SCHOENHALS. ■ Un diplomatico scopre che sua moglie ha un passato. Lei cerca di gettare ogni colpa sulla sorella, ma il marito non si lascia ingannare; ci vorrà un tentato suicidio per rabbonirlo. ■ DRAMMATICO; B/N; 93'; GERMANIA, 1936.

SI PUÒ ENTRARE? *(For Heaven's Sake)* ★★★
Regia di GEORGE SEATON. Con JOAN BENNETT, ROBERT CUMMINGS, EDMUND GWENN, CLIFTON WEBB. ■ Due angeli vengono inviati sulla Terra. Loro compito è far sì che una coppia di teatranti, sposati da anni, possa finalmente generare una bambina che attende nel mondo dei non nati. Ci riusciranno, anche se uno di loro rischierà di perdere la sua natura di angelo perché innamoratosi di una ragazza. ■ FANTASTICO; B/N; 92'; USA, 1951.

SI PUÒ ESSERE PIÙ BASTARDI DELL'ISPETTORE CLIFF? ★★
Regia di MASSIMO DALLAMANO. Con STEPHANIE BEACHAM, RED CARTER, IVAN RASSIMOV. ■ Un poliziotto americano senza scrupoli si introduce in un'organizzazione di trafficanti di droga e scatena i veri banditi l'uno contro l'altro per intascarsi il malloppo. Finirà male. ■ POLIZIESCO; COL.; 94'; ITALIA, 1973.

SI PUÒ FARE ★★
Regia di GIULIO MANFREDONIA. Con GIUSEPPE BATTISTON, CLAUDIO BISIO, ANITA CAPRIOLI. ■ Milano, primi anni Ottanta. Nello è un sindacalista dalle idee troppo avanzate per il suo tempo. Ritenuto scomodo all'interno del sindacato viene allontanato e "retrocesso" al ruolo di direttore della Cooperativa 180, un'associazione di malati di mente liberati dalla legge Basaglia e impegnati in (inutili) attività assistenziali. Trovandosi a stretto contatto con i suoi nuovi dipendenti e scovate in ognuno di loro delle potenzialità, decide di umanizzarli coinvolgendoli in un lavoro di squadra. Andando contro lo scetticismo del medico psichiatra che li ha in cura, Nello integra nel mercato i soci della Cooperativa con un'attività innovativa e produttiva. ■ COMMEDIA; COL.; 111'; ITALIA, 2008.

SI PUÒ FARE... AMIGO ★★★
Regia di MAURIZIO LUCIDI. Con RENATO CESTIÉ, FRANCO GIACOBINI, JACK PALANCE, FRANCISCO RABAL, DANY SAVAL, BUD SPENCER. ■ Bud Spencer interpreta il solito gigante buono che con un ragazzino difende la sua proprietà ricca di petrolio. ■ WESTERN; COL.; 109'; ITALIA, 1972.

SI PUÒ FARE L'AMORE VESTITI? ★
Regia di DONATO URSITTI. Con PAOLO DE VITA, CORRADO FORTUNA, BIANCA GUACCERO, MARINA ROCCO, MICHELE VENITUCCI. ■ La telefonata di un'amica di famiglia riporta Aurora, ses-

suologa trentenne che vive a Roma, nel paesino pugliese di cui è originaria, per prendersi cura della madre ipocondriaca, ancora persa dietro al marito scappato con un'altra. L'impatto con un luogo dove tutti sanno tutto degli altri non è facile, ma la ritrovata amicizia con Andrea, ragazzo vitale costretto a nascondere il suo amore omosessuale, porta Aurora lentamente ad entrare in sintonia con un mondo da cui era fuggita. ■ COMMEDIA; COL.; 90'; ITALIA, 2012.

SIRENA *(Siréna)* ★★★♉
Regia di KAREL STEKLY. Con LADISLAV BOKAC, MARIE VÁSONÁ. ■ Film del realismo socialista, ma ben realizzato, tanto da guadagnarsi un meritato Leone d'oro a Venezia. Vi si narrano le lotte degli operai slovacchi all'inizio del Novecento contro i padroni cechi. ■ DRAMMATICO; B/N; 93'; CECOSLOVACCHIA, 1947. ■ VENEZIA ♉ 2 PR.

SIRENA DEL CIRCO, LA *(Texas Carnival)* ★★★
Regia di CHARLES WALTERS. Con ANN MILLER, RED SKELTON, ESTHER WILLIAMS. ■ Ester Williams, famosa per i suoi numeri acquatici, è una ragazza che al Luna Park deve stare in equilibrio su una tavola che i concorrenti di un tiro a segno possono rovesciare. Red Skelton, comico abbastanza famoso in quegli anni, è il direttore di un circo. I due debbono fuggire perché inseguiti da alcuni banditi, ma alla fine riusciranno a cavarsela. ■ COMMEDIA; COL.; 77'; USA, 1951.

SIRENA DEL CONGO, LA *(White Cargo)* ★★★
Regia di RICHARD THORPE. Con HEDY LAMARR, FRANK MORGAN, WALTER PIDGEON. ■ Un ingenuo impiegato sposa un'avventuriera che, stufa di lui, l'avvelena. Il direttore la scopre e, spinto soprattutto dalla gelosia, l'obbliga a finire la pozione mortifera. ■ DRAMMATICO; B/N; 90'; USA, 1942.

SIRENA DEL FIUME, LA *(Lazy River)* ★★★
Regia di GEORGE BRACKETT SEITZ. Con TED HEALY, JEAN PARKER, ROBERT YOUNG. ■ Un ex galeotto, scontata la pena, va a trovare la famiglia di un compagno di prigionia ucciso durante un tentativo di evasione a cui anche il protagonista aveva in un primo tempo pensato di partecipare. I parenti del morto sono nei guai: l'uomo li aiuta e trova l'amore. ■ DRAMMATICO; B/N; 83'; USA, 1934.

SIRENA DEL GOLFO – MA CHI TE LO FA FARE, LA ★
Regia di IGNAZIO FERRONETTI. Con ANTONIO GANDUSIO, IRENE GENNA, FANNY MARCHIÒ. ■ Ad Amalfi, un giovanotto ama una ragazza che però gli preferisce l'organizzatore di un concorso di bellezza. L'innamorato respinto troverà un'insperata alleata nella zia della ragazza, un'anziana attrice drammatica che vive nel ricordo di uno spasimante che crede si sia suicidato per lei (invece è sopravvissuto ed è presente nella stessa località turistica). ■ COMMEDIA; B/N; 92'; ITALIA, 1952.

SIRENA DELLA GIUNGLA, LA *(Jungle Siren)* ★★
Regia di SAM NEWFIELD. Con ANN CORIO, BUSTER CRABBE. ■ Una selvaggia bianca innamorata aiuta due ufficiali della Legione straniera a costruire un campo d'atterraggio nella giungla, nonostante le mene di un agente segreto tedesco. ■ AVVENTURA; B/N; 68'; USA, 1942.

SIRENA SULLA SPIAGGIA, UNA *(Beach Blanket Bingo)* ★
Regia di WILLIAM ASHER. Con FRANKIE AVALON, ANNETTE FUNICELLO, PAUL LYNDE, DON RICKLES. ■ Suga, una giovane ma promettente cantante, atterra col paracadute su un'assolata e affollata spiaggia della California. L'avvenimento desta molto scalpore, ma si scopre ben presto che quella della ragazza non è soltanto una mossa pubblicitaria. ■ COMMEDIA; COL.; 100'; USA, 1964.

SIRENE *(Mermaids)* ★★
Regia di RICHARD BENJAMIN. Con CHER, BOB HOSKINS, CHRISTINA RICCI, WINONA RYDER. ■ Richard Benjamin, attore e regista, conferma anche con questo film i pregi e i difetti che da sempre caratterizzano le sue opere dietro la macchina da presa. I primi sono una certa ariosità nel caratterizzare i personaggi e un senso del ritmo, i secondi sono una regia prevedibile e la mancanza di originalità nell'ambientazione. La protagonista di questo film è Flax, bella, di temperamento deciso e di carattere instabile. Ha due figlie che sono ormai abituate a seguire la madre nelle stravaganze e nelle sue "affettuose" amicizie. Così quando un pretendente più insistente degli altri è loro simpatico sperano in un cambiamento radicale. La coppia Cher e Bob Hoskins funziona. ■ COMMEDIA; COL.; 109'; USA, 1991. ■ GOLDEN GLOBES 1 NOM.

SIRENETTA, LA *(The Little Mermaid)* ★★★
Regia di RON CLEMENTS, JOHN MUSKER. ■ Erano molti anni che la Walt Disney Pictures non sfornava un buon film in piena regola. Con *La sirenetta* (meglio se in originale, le canzoni acquistano più spessore) la scommessa è stata vinta. Questo anche per ribadire che le vecchie fiabe, in questo caso di Andersen, sono sempre migliori di qualsiasi sceneggiatura originale. Il personaggio più riuscito è quello della perfida Ursula, una piovra che fa le veci delle streghe classiche. Questa, indispettita per non aver potuto sposare e soggiogare il re Tritone, si vendica sulla sirenetta Ariel che si è innamorata del principe terrestre Eric. Lieto fine immancabile: «E vissero felici e contenti». Enorme successo di pubblico. ■ ANIMAZIONE; COL.; 83'; USA, 1989. ■ GOLDEN GLOBES 2 PR, 3 NOM; OSCAR 2 PR, 2 NOM.

SIRENETTA 2 – RITORNO AGLI ABISSI, LA ★★★
(The Little Mermaid II: Return to the Sea)
Regia di BRIAN SMITH, JIM KAMMERUD. ■ Ariel ha una figlia, Melody, ma la gioia per il suo arrivo è turbata dalla minaccia di Morgana, la vendicativa sorella di Ursula, che la costringe a nascondere alla piccola la sua parentela con le sirene. Il richiamo degli abissi è però troppo forte per Melody: il suo sogno di diventare sirena verrà sfruttato da Morgana nel suo diabolico piano di conquista dei Sette Mari. Per ritrovare la figlia e la felicità della sua famiglia, ad Ariel non resta che lanciare un SOS a Sebastian e Flounder, i suoi amici di infanzia. ■ ANIMAZIONE; COL.; 100'; AUSTRALIA, CANADA, USA, 2000.

SIRENETTA – LA PIÙ BELLA FAVOLA DI ANDERSEN, LA *(The Little Mermaid)* ★★
Regia di TOMOHARU KATSUMATA, TIM REID. Voci di RICHARD CHAMBERLAIN, FUMIE KASHIYAMA, MARIKO MIYAGI. ■ Una sirena del mare si innamora di un principe e per stargli vicino rinuncia alla sua natura acquatica. Sacrificio inutile, perché il giovanotto, che l'ama come una sorella, sposerà un'altra. ■ ANIMAZIONE; COL.; 91'; GIAPPONE, 1975.

SIRENE URLANO, I MITRA SPARANO, LE ★★
(Une grosse tête)
Regia di CLAUDE DE GIVRAY. Con EDDIE CONSTANTINE, GEORGES POUJOULY, ALEXANDRA STEWART. ■ Eddie Constantine interpreta un avventuriero dai modi spicci che protegge il giovane direttore di una pista di go-kart. ■ COMMEDIA; COL.; 90'; FRANCIA, 1964.

SIRENS – SIRENE *(Sirens)* ★★
Regia di JOHN DUIGAN. Con TARA FITZGERALD, HUGH GRANT, ELLE MACPHERSON, SAM NEILL. ■ Il giovane pastore Campion vorrebbe convertire il pittore Lindsay ma verrà attratto dalla sensualità del lavoro dell'artista e delle modelle che costituiscono la base della sua ispirazione. L'australiano Duigan riesce a sfuggire alle regole del manierismo inglese in materia di ricostruzioni d'epoca. ■ COMMEDIA; COL.; 95'; AUSTRALIA, GRAN BRETAGNA, 1994.

SI RINGRAZIA LA REGIONE PUGLIA PER AVERCI FORNITO I MILANESI ★
Regia di MARIANO LAURENTI. Con MASSIMO BOLDI, GIORGIO PORCARO, TEO TEOCOLI. ■ Un cameriere meridionale cerca di inserirsi nella Milano ricca e che "conta", ma nonostante i suoi sforzi, visto anche che la sorella si innamora di un travestito, non ce la fa e rinuncia. ■ COMMEDIA; COL.; 86'; ITALIA, 1982.

SI RIPARLA DELL'UOMO OMBRA ★★★
(Another Thin Man)
Regia di W. S. VAN DYKE II. Con RUTH HUSSEY, MYRNA LOY, WILLIAM POWELL, C. AUBREY SMITH. ■ Terzo episodio della serie dell'Uomo ombra, invitato da un vecchio e collerico colonnello che ha ricevuto minacce di morte da un suo nemico. Nonostante le precauzioni di Nick l'uomo viene ucciso, ma il presunto

assassino ha un alibi di ferro. Il mistero verrà risolto nelle ultime inquadrature. ■ GIALLO; B/N; 105′; USA, 1939.

SIRIUS, CAVALCATA FRA DUE MONDI *(Sziriusz)* ★★
Regia di DEZSÖ ÁKOS HAMZA. Con KATALIN KARADY, LASZLÓ SZILASSY. ■ Un giovane nobile acconsente di sperimentare una macchina del tempo. Si ritrova nel Settecento dove ha varie avventure, finché non si risveglia e comprende che si è trattato solo di un sogno. Al suo fianco c'è però una ragazza uguale a quella che aveva amato nel corso dell'avventura immaginaria. ■ COMMEDIA; B/N; 93′; UNGHERIA, 1941.

SI SALVI CHI PUÒ *(Le petit baigneur)* ★★
Regia di ROBERT DHÉRY. Con LOUIS DE FUNÈS, FRANCO FABRIZI, ANDRÉA PARISY. ■ Un progettista navale, nonostante i buoni risultati ottenuti, viene licenziato perché una barca da lui progettata è affondata quando è stata colpita dalla bottiglia al momento del varo. In seguito, però, il natante ottiene un grande successo e l'industriale padrone della fabbrica farà carte false perché il progettista torni da lui. ■ COMMEDIA; COL.; 96′; FRANCIA, 1968.

SI SALVI CHI PUÒ – (LA VITA) ★★
(Sauve qui peut – (la vie))
Regia di JEAN-LUC GODARD. Con NATHALIE BAYE, JACQUES DUTRONC, ISABELLE HUPPERT. ■ Paul, regista televisivo, divorziato dalla moglie e padre di una bambina, si separa dall'amante, che ha deciso di seguire la sua vocazione letteraria andandosene in campagna. L'uomo decide allora di dare nuovo impulso ai rapporti con la sua ex famiglia, ma muore investito da una macchina nell'indifferenza generale. L'unica che riesce a "salvarsi", a modo suo, è una prostituta, la cui esistenza si è incrociata con quella dei protagonisti: la sua squallida vita, infatti, continuerà esattamente come prima. Raffinata (ma vuota) dimostrazione dell'involuzione di Jean-Luc Godard. ■ DRAMMATICO; COL.; 88′; SVIZZERA, 1979.

SI SALVI CHI VUOLE ★★
Regia di ROBERTO FAENZA. Con CLAUDIA CARDINALE, GIORGIO CELLI, FRANCESCO DE ROSA, GASTONE MOSCHIN, MATTIA PINOLI. ■ I guai di un onorevole comunista bolognese che vive ormai come un alto borghese e si trova a lottare con la moglie permissiva, il figlio (un bambino affetto da meteorismo), la figlia hippy e l'uomo di costei, un invadente "indiano metropolitano". ■ COMMEDIA; COL.; 94′; ITALIA, 1980.

SÌ, SIGNOR GENERALE! *(Top Secret Affair)* ★★★
Regia di HENRY C. POTTER. Con KIRK DOUGLAS, SUSAN HAYWARD, PAUL STEWART. ■ Una giornalista, per motivi politici, vuol rovinare un giovane generale chiamato a un importante incarico. A tal fine prepara un articolo al vetriolo e, per di più, cerca di sedurre l'uomo invitandolo a una serata mondana. In realtà i due finiscono per innamorarsi e quando, a causa di un malinteso, l'articolo verrà pubblicato, sarà proprio la giornalista a difendere l'ufficiale. ■ COMMEDIA; B/N; 100′; USA, 1957.

SÌ, SÌ... PER ORA *(I Will... I Will... For Now)* ★★★
Regia di NORMAN PANAMA. Con ELLIOTT GOULD, DIANE KEATON, PAUL SORVINO. ■ Una coppia quasi sposata arriva ad un accordo: un contratto vincolante e rinnovabile di anno in anno da rispettare alla lettera. Naturalmente il contratto non prevede i tradimenti e un innamorato respinto dalla quasi moglie architetta una trappola per il quasi marito sensibile al fascino femminile. La vittima sta per cadere nella trappola ma l'amore, quello vero, lo salva all'ultimo minuto. ■ COMMEDIA; COL.; 96′; USA, 1975.

SI SPOGLI DOTTORE! *(Doctor in Love)* ★★★
Regia di RALPH THOMAS. Con MICHAEL CRAIG, VIRGINIA MASKELL, JAMES ROBERTSON JUSTICE. ■ Un giovane dottore cerca disperatamente una ragazza. La troverà e anche la sua carriera farà un passo avanti quando sarà prescelto per operare d'appendicite il primario. ■ COMMEDIA; COL.; 97′; GRAN BRETAGNA, 1960.

SI SPOGLI... INFERMIERA *(Stitch in Time)* ★★
Regia di ROBERT ASHER. Con EDWARD CHAPMAN, JEANNETTE STERKE, NORMAN WISDOM. ■ Un giovanotto pasticcione ma di buon cuore porta lo scompiglio in un ospedale e deve scappare travestito da infermiera. Più tardi, intenzionato a mantenere la promessa fatta a una piccola ricoverata di apparire sul video, mette a soqquadro anche gli studi televisivi e torna in ospedale da ricoverato. ■ COMMEDIA; B/N; 94′; GRAN BRETAGNA, 1964.

SISSI A ISCHIA – SCAMPOLO ★
Regia di ALFRED WEIDENMANN. Con VIKTOR DE KOWA, PAUL HUBSCHMID, ROMY SCHNEIDER. ■ Una simpatica ragazzina riesce a convincere un ministro ad affidare a un giovane architetto il progetto per un quartiere modello. ■ COMMEDIA; COL.; 90′; GERMANIA, 1963.

SISSI E IL GRANDUCA *(Alt Heidelberg)* ★★
Regia di ERNST MARISCHKA. Con GERT FRÖBE, SABINA SINJIEN, CHRISTIAN WOLFF. ■ Ai primi dell'Ottocento, l'erede al trono granducale di Sassonia viene inviato a studiare nella famosa università di Heidelberg. Il nobile goliardo si diverte coi suoi compagni e s'innamora di una bella locandiera, ma deve abbandonare tutto quando viene chiamato a governare il suo Stato. ■ COMMEDIA; COL.; 92′; GERMANIA, 1962.

SISSIGNORA ★★★
Regia di FERDINANDO MARIA POGGIOLI. Con LEONARDO CORTESE, MARIA DENIS, EMMA GRAMATICA, IRMA GRAMATICA, ROLDANO LUPI, EVI MALTAGLIATI, RINA MORELLI. ■ Triste storia di una ragazza genovese che prima entra a servizio da due zitelle, che la cacciano quando s'accorgono che è innamorata del loro nipote, e poi muore curando il piccino della nuova padrona. ■ DRAMMATICO; B/N; 94′; ITALIA, 1941.

SISSIGNORE ★★
Regia di UGO TOGNAZZI. Con MARIA GRAZIA BUCCELLA, FERRUCCIO DE CERESA, FRANCO FABRIZI, GASTONE MOSCHIN, UGO TOGNAZZI. ■ L'autista di un industriale carogna accetta di scontare tre anni di carcere per un incidente provocato dal padrone. Uscito, sposa l'amante del capo e continua ad esserne l'uomo di paglia. Tornerà in carcere e si sentirà annunciare che la moglie (con cui non ha mai avuto rapporti) aspetta un figlio. ■ COMMEDIA; COL.; 105′; ITALIA, 1969.

SISSI, LA FAVORITA DELLO ZAR ★★
(La belle et l'empereur – Die schöne Lügnerin)
Regia di AXEL VON AMBESSER. Con HELMUTH LOHNER, JEAN-CLAUDE PASCAL, ROMY SCHNEIDER. ■ Nel 1814, al tempo del Congresso di Vienna, una ragazza di umili condizioni s'innamora del segretario di Metternich e per rivederlo penetra nella villa del cancelliere austriaco, dove incontra lo zar Alessandro II che s'invaghisce di lei. Arrestata perché creduta una spia, la ragazza racconta che Napoleone è fuggito dall'Elba: la storiella da lei inventata è per caso la realtà. La fanciulla avrà in marito il segretario come premio per aver dato l'allarme. ■ COMMEDIA; COL.; 99′; FRANCIA, GERMANIA, 1959.

SISSI, LA GIOVANE IMPERATRICE ★★★
(Sissi, die junge Kaiserin)
Regia di ERNST MARISCHKA. Con KARLHEINZ BÖHM, VILMA DEGISCHER, ROMY SCHNEIDER. ■ Secondo episodio della zuccherosissima e fantasiosa biografia di Elisabetta d'Austria, la moglie di Francesco Giuseppe. ■ BIOGRAFICO; COL.; 107′; GERMANIA, 1957.

SISTEMAZIONE PIÙ COMODA, UNA ★★
Regia di PIERLUIGI VOI. Con ALESSANDRA GALIMBERTI, GIANLUIGI GILARDI, ALFREDO MENEVERI. ■ Narra di una donna, incinta per la terza volta e sposata con un uomo troppo impegnato nel lavoro per ascoltarla veramente e condividerne i problemi, che non sa se tenere il bimbo o no. Il film si chiude con un gesto simbolico, che è comunque un'esortazione alla vita. ■ DRAMMATICO; B/N; 102′; ITALIA, 1977.

SISTER ★★
Regia di URSULA MEIER. Con GILLIAN ANDERSON, MARTIN COMPSTON, KACEY MOTTET KLEIN, LEA SEYDOUX, JEAN-FRANÇOIS STEVENIN. ■ Il dodicenne Simon vive in una vallata industriale ai piedi di un altipiano. Condivide l'appartamento popolare con la sorella maggiore, Louise, che non ha un lavoro. Nessuna traccia, invece, dei genitori. Simon sbarca il lunario vendendo sci, guanti e occhiali di valore, che ruba nel corso delle sue trasferte quotidiane in alta montagna. Ruba anche su commissione l'attrezzatura della marca richiesta. Fino a che un colpo di scena non ri-

scrive improvvisamente la situazione, ponendo la lotta quotidiana del bambino in una nuova prospettiva. ■ DRAMMATICO; COL.; 100′; FRANCIA, SVIZZERA, 2012.

SISTEMO L'AMERICA E TORNO ★★★
Regia di NANNI LOY. Con CHRISTA LINDER, ALDO RIZZO, RITA SAVAGNONE, STERLING ST JACQUES, PAOLO VILLAGGIO. ■ Un ragioniere di Busto Arsizio, negli Stati Uniti per affari, riceve dal suo datore di lavoro l'incarico di reclutare un campione nero per la squadra di basket sponsorizzata dall'azienda. Il poveretto si trova nei guai perché la sua preda è un militante delle "Pantere Nere" e quando, dopo varie avventure, crede d'aver raggiunto lo scopo, il nero, ormai diventato un amico, viene ucciso dai razzisti. ■ COMMEDIA; COL.; 115′; ITALIA, 1974.

SISTER ACT 2 – PIÙ SVITATA CHE MAI ★
(Sister Act 2: Back in the Habit)
Regia di BILL DUKE. Con WHOOPI GOLDBERG, BARNARD HUGHES, KATHY NAJIMY. ■ La "suora che balla" ha riscosso un successo così grande che il *sequel* era immancabile. Deloris Cartier torna in convento per aiutare le ex consorelle a salvare l'istituto dalla chiusura. Sarà anche più svitata ma la sorte è quella della maggior parte dei numeri due: negativa. ■ COMMEDIA; COL.; 106′; USA, 1993.

SISTER ACT – UNA SVITATA IN ABITO DA SUORA ★★
(Sister Act)
Regia di EMILE ARDOLINO. Con WHOOPI GOLDBERG, HARVEY KEITEL, BILL NUNN, MAGGIE SMITH. ■ Il regista di *Tre uomini e una bimba* e *Dirty dancing* ha raggiunto un buon successo di pubblico anche con questo film. Deloris, la pupa di un gangster, deve scappare a San Francisco perché testimone di un omicidio. A commetterlo è stato proprio il suo uomo. La polizia la fa custodire in un convento di carmelitane. L'irrequieta donna, in abito talare, ne combinerà di tutti i colori. Buoni i balletti e le musiche. ■ COMMEDIA; COL.; 100′; USA, 1992. ■ GOLDEN GLOBES 2 NOM.

SISTER IN LAW – LA COGNATA, THE ★★
(The Sister in Law)
Regia di JOSEPH RUBEN. Con MEREDITH BAER, JOHN SAVAGE, ANNE SAXON. ■ Una vicenda appassionante e drammatica che ha per protagonisti un uomo, due donne alle quali si sente ugualmente legato e il traffico degli stupefacenti. Impossibile sottrarsi alle une e all'altro, che lo trascineranno in una spirale sempre più vorticosa sopraffacendolo. ■ DRAMMATICO; COL.; 75′; USA, 1986.

SITCOM ★
Regia di FRANÇOIS OZON. Con EVELYNE DANDRY, ADRIEN DE VAN, MARINA DE VAN, FRANÇOIS MARTHOURET, STÉPHANE RIDEAU. ■ Papà porta a casa un topo che finirà per mangiarselo e trasformarsi in lui. Moglie e figlio, sorella e fratello (cameriera spagnola compresa) scoprono le loro perversioni e alla fine papà verrà eliminato. Un sacco di bersagli tutti regolarmente mancati. ■ GROTTESCO; COL.; 77′; FRANCIA, 1998.

SI TRASPORTA IL COLONNELLO ★★
(On déménage le colonel)
Regia di MAURICE LABRO. Con YVES DENIAUD, DORA DOLL, NOËL ROQUEVERT, JEAN TISSIER. ■ Una coppia di sprovveduti ladri, penetrata nella villa di un ricco colonnello in pensione, scopre che il proprietario è morto e viene assoldata dagli avidi parenti di costui per un incarico singolare: si tratta di convincere tutto il paese che l'ufficiale è ancora in vita per permettere ai congiunti di ritirare senza formalità i suoi depositi bancari. Alla fine si scoprirà che il colonnello fingeva per osservare il comportamento degli eredi. ■ COMMEDIA; B/N; 97′; FRANCIA, 1957.

SITTING DUCKS – SOLDI, SESSO & VITAMINE ★★
(Sitting Ducks)
Regia di HENRY JAGLOM. Con MICHAEL EMIL, ZACK NORMAN, RICHARD ROMANUS. ■ Un timido contabile della mafia e un suo amico (nient'affatto timido, anzi estroverso puttaniere) decidono di andarsene in pensione. Con un mucchio di soldi, trafugati alle casse del "sindacato", cercano di scappare in Costarica. Ma sulla strada commettono l'imprudenza di offrire un passaggio a due appetitose donnine. ■ COMMEDIA; COL.; 90′; USA, 1980.

SITUAZIONE DISPERATA, MA NON SERIA ★★★
(Situation Hopeless but not Serious)
Regia di GOTTFRIED REINHARDT. Con MICHAEL CONNORS, ALEC GUINNESS, ANITA HÖFER, ROBERT REDFORD, FRANK WOLFF. ■ Durante la seconda guerra mondiale due aviatori americani, abbattuti in territorio tedesco, vengono raccolti da un solitario e bizzarro vecchietto che, felice di avere qualcuno con cui parlare, li sequestra considerandoli suoi prigionieri personali. Finito il conflitto, il singolare individuo non rivela nulla ai suoi involontari inquilini che, quando finalmente riescono a fuggire, non dubitano delle sue parole perché nella zona si sta girando un film bellico. ■ COMMEDIA; B/N; 97′; USA, 1965.

SITUAZIONE IMBARAZZANTE *(Bachelor Mother)* ★★★
Regia di GARSON KANIN. Con CHARLES COBURN, DAVID NIVEN, GINGER ROGERS. ■ Una commessa dei grandi magazzini appena licenziata si trova per caso in un orfanotrofio e prende in braccio un bambino. Tutti pensano che sia una ragazza madre che vuole sbarazzarsi del frutto della colpa. Nell'equivoco cade anche il figlio del suo ex principale che si offre d'aiutarla. Suo padre, poi, crede che il piccino sia il frutto degli amori del giovane con la ragazza. I due finiranno per sposarsi. ■ COMMEDIA; B/N; 81′; USA, 1939. ■ OSCAR 1 NOM.

SITUAZIONE PERICOLOSA *(I Wake up Screaming)* ★★★
Regia di BRUCE H. HUMBERSTONE. Con BETTY GRABLE, CAROLE LANDIS, VICTOR MATURE. ■ Un impresario viene ingiustamente accusato dell'omicidio di una ragazza che proteggeva e che l'aveva abbandonato per tentare la fortuna ad Hollywood. Riuscirà a scoprire il vero assassino e chi tramava per farlo arrestare. ■ POLIZIESCO; B/N; 82′; USA, 1941.

SI VELARONO LE STELLE *(Song of my Heart)* ★★
Regia di BENJAMIN GLAZER. Con SIR CEDRIC HARDWICKE, GALE SHERWOOD, FRANK SUDSTROM. ■ Biografia di Ciaikovskij che si immagina raccontata da un ufficiale russo ai colleghi americani. Il musicista ha diversi idilli e alla fine trova il vero amore, ma il colera l'uccide. In realtà il compositore era omosessuale. ■ BIOGRAFICO; B/N; 92′; USA, 1948.

SIVIGLIANA, LA ★★
(Call of the Flesh – The Singer of Seville)
Regia di CHARLES BRABIN. Con DOROTHY JORDAN, RAMON NOVARRO. ■ Drammone passionale col fusto Ramon Novarro, l'interprete di *Ben Hur* e del *Prigioniero di Zenda*. Una bella cantante spagnola gli fa perdere completamente la testa. ■ DRAMMATICO; B/N; 92′; USA, 1930.

SIXTEEN CANDLES – UN COMPLEANNO DA RICORDARE*(Sixteen Candles)* ★★
Regia di JOHN HUGHES. Con ANTHONY MICHAEL HALL, MOLLY RINGWALD. ■ Samantha compie sedici anni e comincia a pensare al proprio futuro. Purtroppo la sorella maggiore si è sposata e il fatto relega in secondo piano il suo compleanno. Un amico vedrà di tirarla un po' su anche perché la ragazza è innamorata di qualcuno già impegnato. Si tratta del primo film diretto dal regista di *Breakfast Club*, realizzato per piacere agli adolescenti. ■ COMMEDIA; COL.; 93′; USA, 1984.

SKARR ★
Regia di ALEX GIAMINARDI RACCUGLIA, ANTONIO LABANCHI. Con LUCA ARDEMAGNI, ROBERTO BANFI, ROBERTA MOLINARI, STEFANIA MONACO. ■ Chris è un videoreporter che sta per realizzare lo scoop della sua vita. La società per cui lavora gli ha affidato un incarico importante ma molto pericoloso: deve filmare lo spaccio di una nuova droga chiamata Skarr. ■ DRAMMATICO; COL.; 97′; ITALIA, 2004.

SKELETON KEY, THE ★★
Regia di IAIN SOFTLEY. Con MAXINE BARNETT, JOY BRYANT, FAHNLOHNEE HARRIS, KATE HUDSON, JOHN HURT, GENA ROWLANDS, PETER SARSGAARD, DENEEN TYLER, MARION ZINSER. ■ Caroline, assistente geriatrica, trova lavoro in una villa coloniale isolata, situata nelle paludi di New Orleans: dovrà badare al vecchio proprietario, immobilizzato e reso muto da un ictus, e convivere con la bisbetica moglie. Le verrà dato un passepartout, capace di aprire tutte le porte della casa tranne una: quella di una

stanza accessibile solo dalla soffitta. ■ HORROR; COL.; 104′; USA, 2005.

SKETCHES ★★
Regia di NEIL ISRAEL. Con JASON BATEMAN, C. THOMAS HOWELL. ■ Una commedia con risvolti drammatici, piuttosto convenzionale. Tre amici fanno una rimpatriata dopo anni di lontananza. Decidono di partire alla volta della California con una giovane incontrata per caso. Il dramma è nascosto: uno dei tre ragazzi infatti è affetto da una malattia mortale. ■ COMMEDIA; COL.; 90′; USA, 1991.

SKIDOO ★★
Regia di OTTO PREMINGER. Con FRANKIE AVALON, CAROL CHANNING, JACKIE GLEASON, PETER LAWFORD, GROUCHO MARX, GEORGE RAFT, CESAR ROMERO, MICKEY ROONEY. ■ Un gangster ha lasciato l'organizzazione criminale del terribile Mr. Geova per dedicarsi alla famiglia, ma gli rapiscono la figlia per costringerlo ad uccidere un traditore rinchiuso in carcere. Il poveretto acconsente a farsi arrestare per eseguire il compito, ma in cella conosce un hippy che l'aiuta a risolvere i suoi problemi. Alla fine anche Geova, grazie all'Lsd, diventerà buono. Stanca satira della società americana d'allora, con numerose vecchie glorie. ■ COMMEDIA; COL.; 98′; USA, 1969.

SKIN DEEP – IL PIACERE È TUTTO MIO ★★★
(Skin Deep)
Regia di BLAKE EDWARDS. Con VINCENT GARDENIA, JOHN RITTER. ■ Uno scrittore è un inguaribile donnaiolo. Invano cerca di combattere il suo dongiovannismo per restare fedele alla moglie che ama molto. Finisce che il suo matrimonio se ne va a rotoli. Pazienza. Donne ce ne sono tante al mondo. E tutte apparentemente disponibili per un simpatico scrittore senza (evidenti) problemi economici. ■ COMMEDIA; COL.; 101′; USA, 1989.

SKINHEADS *(Romper Stomper)* ★★
Regia di GEOFFREY WRIGHT. Con RUSSELL CROWE, JACQUELINE MCKENZIE, DANIEL POLLOCK. ■ Un quadro crudele della gioventù in Australia. Dei teppistelli di Melbourne se la prendono coi vietnamiti e violentano le ragazze. ■ DRAMMATICO; COL.; 95′; AUSTRALIA, 1992.

SKIPPER *(The Skipper)* ★
Regia di PETER KEGLEVIC. Con ELIZABETH HURLEY, PATSY KENSIT, JÜRGEN PROCHNOW. ■ La Kensit e la Hurley sono le due provocanti fanciulle che vanno per mare alla ricerca di una natura incontaminata. Purtroppo hanno scelto uno skipper con un bel po' di problemi. Il richiamo a *Ore 10 calma piatta* è d'obbligo. ■ THRILLER; COL.; 95′; GERMANIA, 1992.

SKULLS – I TESCHI, THE *(The skulls)* ★★
Regia di ROB COHEN. Con LESLIE BIBB, HILL HARPER, JOSHUA JACKSON, PAUL WALKER. ■ Quando a Luke McNamara (Joshua Jackson), studente di legge nel prestigioso college di New Haven, viene proposto di entrare in una società segreta chiamata " i Teschi", il ragazzo, orfano di madre e costretto a lavorare duramente per mantenersi agli studi, non ce la fa proprio a dire di no. Entrare nella setta significherebbe elevarsi socialmente, diventare ricco e potente, e forse essere anche accettati dalla famiglia medioborghese della ragazza di cui è innamorato. I vantaggi sono tanti, ma lo sono anche i rischi: solo quando Will, un suo amico che stava indagando sui reali scopi della setta, viene trovato morto, Luke se ne rende conto. Il film può considerarsi, tutto sommato, ben riuscito. Unica pecca: i personaggi, che si appiattiscono sempre più fino a diventare caricature. ■ THRILLER; COL.; 84′; USA, 2000.

SKY CAPTAIN AND THE WORLD OF TOMORROW ★★★★
Regia di KERRY CONRAN. Con ANGELINA JOLIE, JUDE LAW, LAURENCE OLIVIER, GWYNETH PALTROW, LING BAI, OMID DJALILI, MICHAEL GAMBON. ■ Atmosfere noir in una avventura fantascientifica dai sapori classici. New York, 1939. L'agguerrita giornalista Polly Perkins segue il caso delle sparizioni dei più importanti scienziati del pianeta quando uno squadrone di giganteschi robot attacca la città sotto lo sguardo incredulo delle persone. Polly, decisa a chiarire il mistero che sta dietro alla sconvolgente vicenda, chiederà l'aiuto di Joe "Sky Captain" Sullivan, ufficiale dell'aviazione e sua vecchia fiamma. I due indagheranno fino a scoprire che dietro agli attacchi si cela il famigerato Dottor Totenkopf, scienziato pazzo con distruttive manie di grandezza. La storia narrata si rivela un delizioso cocktail di fantascienza classica collocato in un misterioso contesto noir. Ritroviamo in scenari, oggetti, acconciature e creature meccaniche con il gusto per noi retrò dei fumetti e della cultura dell'epoca. La sceneggiatura ricalca i canoni di un genere che fa della semplicità il suo fascino ed è supportata da una regia che non perde un colpo, rispettando i giusti tempi scenici. In questo contesto, per tornare a un discorso lasciato aperto, la necessaria prevedibilità della trama è un punto di forza: accade tutto ciò che deve accadere esattamente nel momento in cui deve accadere, nel rispetto rigoroso e coerente della linea scelta: un gioiellino. ■ FANTASCIENZA; COL.; 107′; ITALIA, USA, 2004.

SKY CRAWLERS, THE *(Sukai kurora)* ★★
Regia di OSHII MAMORU. ■ Il film racconta la storia di un gruppo di adolescenti condannati a restare tali per sempre e incaricati di combattere una guerra aerea a scopi di intrattenimento: la storia infatti si ambienta in un mondo immaginario dove grosse compagnie di produzione hanno creato delle squadre di piloti combattenti, appositamente per intrattenere il pubblico in televisione. I giovani piloti non si rendono conto della realtà fittizia che stanno vivendo e prendono la guerra per gioco, volando però con la piena coscienza che ogni giorno potrebbe essere l'ultimo. Nel film si intreccia un'importante riflessione sul valore dell'adolescenza e della presenza costante della guerra nelle nostre televisioni: il mondo descritto da Oshii trasporta la guerra in un programma comodamente fruibile dal divano, fornito per permettere agli spettatori di comprendere appieno il valore del momento di pace e serenità che stanno vivendo. Drammaticamente, però, il match sportivo dello schermo mette in gioco la vita stessa dei giovani piloti che vi partecipano, tutti, in un certo senso, condannati a perdere. ■ ANIMAZIONE; COL.; 122′; GIAPPONE, 2008.

SKYFALL ★★★
Regia di SAM MENDES. Con JAVIER BARDEM, DANIEL CRAIG, JUDI DENCH, RALPH FIENNED, NAOMI HARRIS. ■ In missione a Istanbul per conto della regina, della patria e di M, James Bond deve recuperare un file prezioso che contiene i nomi degli agenti infiltrati del MI6. Finito nelle mani di un killer professionista, Bond lo insegue cadendo sotto i colpi del fuoco amico. Precipitato e disperso dentro una cascata, Bond viene dichiarato morto e compianto in un formale necrologio. A redigerlo è M, che lo ha sacrificato senza riuscire a recuperare il maltolto. Pubblicate su internet le identità degli agenti operativi, M è chiamata a rispondere della questione e della sua gestione davanti al governo britannico che vorrebbe le sue dimissioni. Bond, intanto, sopravvissuto alla "caduta" e alla inoperosità, è richiamato a Londra e al dovere da un attentato gravissimo alla sede del MI6. L'obiettivo è M, il criminale è Silva, un ex agente "venduto" e torturato che ha coltivato la vendetta e adesso chiede il conto al suo ex direttore. Figli putativi della stessa M(adre), Bond e Silva si confronteranno a colpi di pistola, fino a esplodere o a implodere il loro passato. Questa volta James Bond emerge dalla staticità iconica del passato, reintegrando, rinnovati, Q e miss Moneypenny. ■ AZIONE; COL.; 143′; USA, GRAN BRETAGNA, 2012.

SKY FIGHTERS ★★
Regia di GÉRARD PIRÈS. Con CLOVIS CORNILLAC, BENOÎT MAGIMEL, GÉRALDINE PAILHAS, PHILIPPE TORRETON. ■ Nel bel mezzo di un Air Show viene rubato un nuovo caccia, il Mirage 2000. Due capitani dell'aviazione francese vengono immediatamente incaricati di individuare e recuperare il velivolo ma, una volta individuatolo, si rendono conto che è pronto ad aprire il fuoco e per legittima difesa lo abbattono. Vengono immediatamente sospesi e poi radiati, perché ritenuti responsabili dell'interruzione di una missione top secret. Ma dietro questa storia si nasconde un complotto internazionale ben più grande. ■ AVVENTURA; COL.; 102′; FRANCIA, 2005.

SKY HIGH – SCUOLA DI SUPERPOTERI ★★
Regia di MIKE MITCHELL. Con MICHAEL ANGARANO, NICHO-

LAS BRAUN, DEE JAY DANIELS, DANIELLE PANABAKER, KELLY PRESTON, KURT RUSSELL, STEVEN STRAIT, MARY ELIZABETH WINSTEAD. ■ Ambientato in un mondo in cui i supereroi sono conosciuti e accettati. Will, figlio del comandante Stronghold e di Jetstream, cerca un equilibrio fra l'essere un adolescente normale ed essere straordinario. Will entrerà a far parte di una scuola esclusiva, che ha lo scopo di preparare i supereroi del futuro, senza possedere un vero e proprio superpotere e invece di essere incluso nella classe degli eroi si ritroverà nella categoria dei Sidekick. ■ AZIONE; COL.; 102'; USA, 2005.

SKYLINE ★

Regia di COLIN STRAUSE, GREG STRAUSE. CON ERIC BALFOUR, BRITTANY DANIEL, DONALD FAISON, SCOTTIE THOMPSON, DAVID ZAYAS. ■ Il fotografo Jarrod e la sua compagna Elaine (che gli rivela di essere incinta) hanno raggiunto Los Angeles per partecipare alla festa di compleanno del migliore amico di Jarrod, Terry. Il risveglio dopo i festeggiamenti non è dei migliori. Nel cielo della città si librano veicoli spaziali alieni che emanano un forte raggio luminoso azzurro che attrae irresistibilmente lo sguardo degli umani provocando in loro mutazioni fisiche. Dì lì a poco compariranno anche enormi astronavi pronte a risucchiare al loro interno chiunque si trovi a portata. ■ FANTASCIENZA; COL.; 94'; USA, 2010.

SLALOM ★★

Regia di LUCIANO SALCE. Con DANIELA BIANCHI, ADOLFO CELI, EMMA DANIELI, VITTORIO GASSMAN, BEBA LONCAR. ■ Il solito borghese italiano, in vacanza al Sestrière, fiuta un'avventura extraconiugale con una bella donna e si trova coinvolto in un'impresa spionistica che lo condurrà in Egitto a salvare l'Occidente. ■ COMMEDIA; COL.; 108'; ITALIA, 1965.

SLAM ★★★

Regia di MARC LEVIN. Con SAUL WILLIAMS, BONZ MALONE, BEAU SIA, SONJA SOHN, LAWRENCE WILSON. ■ Camera d'oro a Cannes 1998. Raymond è un poeta *slam*. Recita cioè poesie su basi ritmiche rap. Viene seguito nelle sue vicende quotidiane che lo portano all'arresto per la detenzione di un piccolo quantitativo di marijuana. Viene punito duramente a mo' di esempio. La sua poesia pacifista riesce in qualche modo a cambiare le cose nel carcere. Film interessante perché privo, nonostante i rischi, di retorica. ■ DRAMMATICO; COL.; 103'; USA, 1998. ■ CANNES 1 PR.

SLAM – COLPO FORTE *(The Slams)* ★★★

Regia di JONATHAN KAPLAN. Con JIM BROWN, ROLAND BOB HARRIS, JUDY PACE. ■ Un detenuto nero rinchiuso in un carcere dominato da un corrotto capitano delle guardie e da un mafioso prigioniero di lusso riesce ad evadere con un accurato piano di fuga e grazie all'aiuto della sua ragazza. ■ AVVENTURA; COL.; 97'; USA, 1973.

SLAMDANCE – DELITTO DI MEZZANOTTE ★★★
(Slamdance)

Regia di WAYNE WANG. Con TOM HULCE, MARY ELIZABETH MASTRANTONIO, MILLIE PERKINS. ■ Un disegnatore di fumetti, separato dalla moglie, viene accusato dalla polizia dell'omicidio della stessa. Naturalmente è innocente, c'è qualcuno che vuole incastrarlo. L'uomo scopre che la moglie era coinvolta in un racket della prostituzione e che è stata uccisa da una ricca signora, il boss assoluto del racket. Incastrato in una serie di altre morti violente, il disegnatore non ha altra soluzione che fingersi morto e andare a vivere sotto falso nome, con la figlia e una donna che lo ama. ■ GIALLO; COL.; 100'; USA, 1987.

SLASH ALL'INFERNO E RITORNO *(Slash)* ★★

Regia di JOHN GALE. Con RON CRISTOFF, MICHAEL MONTY. ■ Durante l'avanzata dei khmer rossi in Cambogia un'americana è fatta prigioniera da un sanguinario generale. L'unico che può salvarla è una specie di Rambo, Slash, amico della donna. Riuscirà nell'intento dopo aver corso innumerevoli pericoli. ■ GUERRA; COL.; 91'; ITALIA, 1986.

SLAUGHTER, L'UOMO MITRA *(Slaughter)* ★★

Regia di JACK STARRETT. Con JIM BROWN, DON GORDON, STELLA STEVENS, RIP TORN. ■ Un nero, capitano dei berretti verdi, è diventato nel Vietnam una terribile macchina per uccidere. L'Fbi lo scatena contro una cosca mafiosa che gli ha assassinato il padre e lui la stermina. ■ POLIZIESCO; COL.; 92'; USA, 1972.

SLEDGE ★★★

Regia di GIORGIO GENTILI, VIC MORROW. Con LAURA ANTONELLI, PAOLA BARBARA, JAMES GARNER, RICCARDO GARRONE, ORSO MARIA GUERRINI, DIDI PEREGO, FAUSTO TOZZI. ■ Un bandito, per impadronirsi di un carico d'oro, si fa arrestare da un suo complice che si finge poliziotto. Potrà così introdursi nella fortezza dove c'è il bottino. Il piano riesce, ma il fuorilegge perde il suo amore. ■ WESTERN; COL.; 95'; ITALIA, 1971.

SLEEPERS ★★

Regia di BARRY LEVINSON. Con KEVIN BACON, ROBERT DE NIRO, VITTORIO GASSMAN, DUSTIN HOFFMAN, JASON PATRIC, BRAD PITT. ■ Dal romanzo dell'italoamericano Carcaterra. Storia di tre amici che finiscono dentro per una bravata, vengono maltrattati dalle guardie, escono e si vendicano sistematicamente, proprio alla conte di Montecristo. Un cast davvero cospicuo mal sostenuto dalla regia: tutto fluido, lento, senza lampi. ■ DRAMMATICO; COL.; 140'; USA, 1996. ■ OSCAR 1 NOM.

SLEEPING AROUND ★

Regia di MARCO CARNITI. CON FRANCESCA FAIELLA, MARCO FOSCHI, ANNA GALIENA, DARIO GRANDINETTI, DANILO NIGRELLI. ■ In una metropoli tanto futuristica quanto anonima, si muovono le vite e le relazioni di diversi personaggi, ognuno con un rapporto anonimo o vitale con il sesso. Un noto professore di psicologia viene invitato a fare da testimonial di una bibita gassata: in attesa, l'uomo gestisce un fugace incontro con una giovane studentessa e una relazione con una donna sposata a un ex pilota con problemi di impotenza. In un altro punto della città, una coppia di giovani innamorati rinuncia al sesso poiché lui si è scoperto malato di Aids. Per caso, nella stessa notte lui incontra una hostess con problemi di solitudine. Esordio al cinema del regista teatrale Marco Carniti. ■ DRAMMATICO; COL.; 90'; ITALIA, 2008.

SLEEPING CAR – SUPPLEMENTO RAPIDO CON CADAVERE *(Le guêpier)* ★★★

Regia di ROGER PIGAUT. Con CLAUDE BRASSEUR, GABRIELE FERZETTI, MARTHE KELLER. ■ Per pagare i debiti di gioco, un uomo deve rubare una valigetta piena di soldi. L'uomo che la trasporta, però, è affiancato da un killer; il protagonista riesce a rubarla ugualmente, ma la sua occasionale complice gliela sottrae. Molti personaggi cercano di impossessarsene e si uccidono a vicenda. Alla fine, il protagonista e la sua complice ne rimarranno però i possessori. ■ GIALLO; COL.; 90'; FRANCIA, ITALIA, 1975.

SLEUTH – GLI INSOSPETTABILI *(Sleuth)* ★★★★

Regia di KENNETH BRANAGH. Con MICHAEL CAINE, JUDE LAW, HAROLD PINTER. ■ La vicenda ha inizio con l'incontro tra il celebre, egocentrico scrittore di gialli Andrew Wyke, e il giovane e affascinante amante di sua moglie, l'attore di origine italiana Milo (Tindolini) Tindle. L'immediata competizione retorica tra i due uomini si trasforma rapidamente in un gioco raffinato e pericoloso, partorito dalla fantasiosa mente dello scrittore: Tindle dovrebbe rubare i preziosi gioielli della donna per poi rivenderli e poter vivere di rendita insieme all'amata. Un piano apparentemente impeccabile. Ma un uomo geloso ed egocentrico come Wyke potrebbe davvero aiutare l'uomo che fa l'amore con sua moglie? Non è facile mantenere alti ritmo e tensione in un film dall'impianto teatrale, interamente girato in un interno. Se gli "uomini arrabbiati" chiusi in una stanza da Sidney Lumet nel 1957 erano dodici (*La prola ai giurati*), in *Sleuth*, con due soli uomini arrabbiati, la tensione si fa ancora più forte e pungente grazie alla capacità di Pinter di calibrare ogni battuta senza mai eccedere, di dosare il suo particolare umorismo nero con un senso di angoscia e d'inquietudine degni di un'altra sua eccellente sceneggiatura, quella de *Il servo* di Losey. Ne deriva un thriller da camera che sfocia nella *dark comedy*, una raffinata e brillante partita all'ultimo sangue tra due uomini in lotta per il possesso di una donna, fantasma che aleggia continuamente nei discorsi dei due e ideale protagonista invisibile della storia. Inquietante e divertente, grazie anche alle brillanti interpretazioni di Michael Caine e Jude Law (che dopo *Alfie* eredita ancora una volta un ruolo che fu di Michael Caine, Tindle nel film originale di Mankiewicz del 1972). ■ THRILLER; COL.; 86′; USA, 2007.

SLEVIN – PATTO CRIMINALE *(Lucky Number Slevin)* ★★
Regia di PAUL MCGUIGAN. Con MORGAN FREEMAN, JOSH HARTNETT, BEN KINGSLEY, LUCY LIU, STANLEY TUCCI, BRUCE WILLIS. ■ Uno sprovveduto e sfortunato ragazzo di nome Slevin (alla lettera "cane rabbioso"), imperturbabile perché affetto da atarassia, dopo aver perso in un colpo solo il lavoro, la fidanzata e il portafoglio, si trasferisce a casa del suo amico Nick. In assenza del ragazzo, Slevin si ritrova coinvolto in un pericoloso scambio d'identità che lo costringerà per l'occasione a trasformarsi in uno spietato killer. Una sceneggiatura poco incisiva e originale per un film che sa di già visto e che trova il suo punto di forza nell'interpretazione degli attori: dall'imperturbabile spietato Willis al serafico britannico Kingsley, passando per un vendicativo Freeman e un'insolitamente sbarazzina Lucy Liu. Su tutti svetta il magnetico protagonista Josh Hartnett, novella icona della giovane Hollywood scapigliata. ■ DRAMMATICO, COL.; 109', USA, 2006.

SLIDING DOORS ★★★
Regia di PETER HOWITT. Con JOHN HANNAH, JOHN LYNCH, GWYNETH PALTROW. ■ Una ragazza prende la metropolitana. Subito dopo la stessa ragazza non riesce per una frazione di secondo a prendere la stessa metropolitana. Partono così due destini della stessa persona. Se avesse preso quel treno cosa le sarebbe successo? Così sono due le storie. Una finisce bene, con un nuovo amore, l'altra finisce male. Un singolare esperimento narrativo, di buon succeso di pubblico e di buon stile narrativo. L'emergente Paltrow è molto brava, a proprio agio nei due destini e personalità. ■ COMMEDIA; COL.; 99′; USA, 1998.

SLIM CALLAGHAN... IL DURO *(Et par ici la sortie)* ★★
Regia di WILLY ROZIER. Con DOMINIQUE WILMS, TONY WRIGHT. ■ Slim finge di stare al gioco di un gangster, a lui somigliantissimo, che l'assolda perché gli faccia da alibi. ■ POLIZIESCO; B/N; 82′; FRANCIA, 1956.

SLIM PRENDE MOGLIE *(China Bound)* ★★
Regia di CHARLES RESNER. Con GEORGE K. ARTHUR, KARL DANE, JOSEPHINE DUNN. ■ L'ultimo film girato da una coppia di comici famosi all'epoca del muto, Karl Dane e George K. Arthur. Qui i due sono coinvolti in buffonesche avventure durante una rivolta in Cina. ■ COMICO; B/N; 92′; USA, 1929.

SLIP *(L'Hôtel de la Plage)* ★★
Regia di MICHEL LANG. Con MYRIAM BOYER, DANIEL CECCALDI, GUY MARCHAND. ■ È una serie di episodi divertenti sui miti balneari. Una famigliola dimentica la vecchia domestica da tutte le parti; gli adulti sono in continua competizione l'uno con l'altro; i giovani imbastiscono flirt destinati a finire presto; i bambini si producono in scherzi di pessimo genere. ■ COMMEDIA; COL.; 105′; FRANCIA, 1977.

SLIPSTREAM – NELLA MENTE OSCURA DI H. ★★
(Slipstream)
Regia di ANTHONY HOPKINS. Con STELLA ARROYAVE, MICHAEL CLARKE DUNCAN, ANTHONY HOPKINS, CHRISTOPHER LAWFORD, KEVIN MCCARTHY, LISA PEPPER, CHRISTIAN SLATER, AARON TUCKER, JOHN TURTURRO. ■ Uno sceneggiatore sta lavorando a un film, ma i personaggi che sta creando cominciano a invadere la sua mente. Hopkins precipita il pubblico in una serie di scatole cinesi che scaturiscono dalla mente di un dio minore: lo sceneggiatore. Il quale decide sì della vita e della morte dei personaggi partoriti dalla sua creatività ma, al contempo, è costretto poi ad abbandonarli nelle mani di altri (produttore, regista, attori, tecnici). Anche da questo può essere suscitato il delirio narrativo, che conserva sempre però una sua logica che può essere "rivisitata" con tempi da record nel finale (da non perdere i titoli di coda). ■ COMMEDIA; COL.; 96′; USA, 2007.

SLITHER ★★
Regia di JAMES GUNN. Con ELIZABETH BANKS, BRENDA JAMES, NATHAN FILLION, JENNA FISCHER, GREGG HENRY, MICHAEL ROOKER, TANIA SAULNIER, DON THOMPSON. ■ Un piccolo asteroide cade nei pressi di una cittadina americana: ospita una creatura mostruosa che per crescere e riprodursi deve essere incubata da un corpo umano, corpo che stavolta ha le non troppo rassicuranti fattezze del redivivo Michael Rooker. Il contagio si diffonde e gli "eroi per caso" della situazione devono cercare di scappare dalla città. Ma non sarà facile... *Slither* è un film vecchio stampo: un horror con venature umoristiche. ■ HORROR; COL.; 95′; CANADA, USA, 2006.

SLIVER ★★
Regia di PHILLIP NOYCE. Con WILLIAM BALDWIN, TOM BERENGER, NINA FOCH, MARTIN LANDAU, SHARON STONE. ■ Da un romanzo di Ira Levin. La bella Carla (Stone) non avrebbe voglia di avventure sentimentali ma viene coinvolta da Jack (Berenger), scrittore in crisi, e Seek (Baldwin), ambiguo e insinuante. Sceglie quest'ultimo. Nel frattempo è andata ad abitare in un palazzo dove è stata uccisa una ragazza e altra gente, e dove nelle stanze di ogni appartamento è installata una telecamera nascosta e c'è chi, da un grande studio pieno di monitor, viene a sapere tutto di tutti. La cosa migliore del film è la canzone, ripetuta, *Can't Help Falling in Love*, degli UB40. ■ GIALLO; COL.; 95′; USA, 1993.

SLOGAN ★★★
Regia di PIERRE GRIMBLAT. Con JANE BIRKIN, SERGE GAINSBOURG, DANIEL GÉLIN, ANDRÉA PARISY. ■ Un regista di caroselli s'innamora a Venezia di una ragazza che lo segue a Parigi. L'uomo però non ha il coraggio di abbandonare per lei la famiglia e l'amore finisce. ■ DRAMMATICO; COL.; 91′; FRANCIA, 1970.

SLOK *(Slock)* ★★
Regia di JOHN LANDIS. Con ERIC ALLISON, SAUL KAHAN. ■ Parodia di *King Kong*, diretta, scritta e interpretata da un John Landis agli inizi. Slok, antichissimo scimmione, mitico anello di congiunzione tra uomo e primati, si risveglia dal suo sonno millenario e semina morte e terrore. Gli unici a non avere paura di lui sono i bambini e una ragazza cieca, che lo accoglie scambiandolo per un cagnolino. ■ COMMEDIA; COL.; 80′; USA, 1971.

SMAGLIATURA, LA *(Der Dritte Grad – La faille)* ★★★
Regia di PETER FLEISCHMANN. Con MARIO ADORF, ADRIANA ASTI, MICHEL PICCOLI, UGO TOGNAZZI. ■ In Grecia, sotto la dittatura dei colonnelli, un uomo è arrestato con motivazioni poco chiare e tradotto alla capitale da due agenti. Uno dei poliziotti appare il più umano, ma alla fine, preso nella logica del potere, si dimostrerà ancora più inflessibile del collega. ■ DRAMMATICO; COL.; 110′; FRANCIA, GERMANIA, ITALIA, 1975.

SMALL FACES ★★
Regia di GILLIES MACKINNON. Con CLARE HIGGINS, JOSEPH MCFADDEN. ■ Dalla Scozia, dopo *Trainspotting*, ancora un film sul disagio giovanile, tra i quartieri poveri nei quali spadroneggiano bande di teppisti. Siamo a Glasgow nel 1968, protagonisti tre fratelli dai 18 ai 13 anni che, tra sbronze familiari e risse all'aperto, cercano con fatica di dare un senso alla loro vita. Nel classico filone degli "arrabbiati" degli anni Sessanta, una cruda fotografia dell'immaginario giovanile-britannico. ■ COMMEDIA; COL.; 108′; GRAN BRETAGNA, 1996.

SMALL SOLDIERS ★★
Regia di JOE DANTE. Con KIRSTEN DUNST, DENIS LEARY. ■ In un negozio di giocattoli arrivano dei soldatini che si rivelano rapidamente delle perfette macchine da guerra e sconvolgono la vita di una cittadina. Ennesima invenzione infantil-fanta-effettistica. Per chi ama quel genere. ■ FANTASCIENZA; COL.; 112′; USA, 1998.

SMANIA ADDOSSO, LA ★★
Regia di MARCELLO ANDREI. Con GÉRARD BLAIN, NINO CASTELNUOVO, GINO CERVI, VITTORIO GASSMAN, ANNETTE STROYBERG. ■ Grottesca storia di due giovanotti che in un paesino della Sicilia violentano una ragazza. Alla fine due abili avvocati riusciranno a farli assolvere al processo, ma uno, che nel frattempo si è innamorato della vittima, la sposerà. ■ COMICO; B/N; 92′; ITALIA, 1963.

SMANIA DI VITA *(A Rage to Live)* ★★
Regia di WALTER E. GRAUMAN. Con LINDEN CHILES, BRADFORD DILMAN, PETER GRAVES, SUZANNE PLESHETTE, RUTH WHITE. ■ Una ragazza che non sa dire di no agli uomini s'innamora di un giovanotto e, dopo avergli promesso di cambiar vita, lo sposa. Purtroppo però la donna non sa resistere alla tentazione di intrec-

ciare un nuovo rapporto che si rivela infelice, tanto che l'amante si uccide. Il marito sarebbe disposto a perdonare l'adultera, ma un'accusa, questa volta calunniosa, l'induce ad abbandonarla definitivamente. ■ DRAMMATICO; B/N; 101'; USA, 1966. ■ OSCAR 1 NOM.

SMARRIMENTO *(Je t'attendrai)* ★★★
Regia di LÉONIDE MOGUY. Con JEAN-PIERRE AUMONT, CORINNE LUCHAIRE. ■ Durante la prima guerra mondiale, la sosta imprevista di una tradotta militare permette a un soldatino di fare una breve visita al suo paese e di assicurarsi l'amore della propria ragazza, che rischiava di perdere a causa delle mene della madre e di un losco individuo. Farà giusto in tempo a tornare prima di essere accusato di diserzione. ■ COMMEDIA; B/N; 111'; FRANCIA, 1938.

SMARRIMENTO *(Nora Prentiss)* ★★
Regia di VINCENT SHERMAN. Con ROBERT ALDA, BRUCE BENNETT, ANN SHERIDAN, KENT SMITH. ■ Un medico, invaghitosi di una cantante, fugge con lei abbandonando la moglie dopo aver assunto l'identità di un suo paziente occasionale morto d'infarto. L'adultero verrà punito perché sarà accusato di essere l'assassino di se stesso. ■ DRAMMATICO; B/N; 111'; USA, 1946.

SMART WOMAN ★★★
Regia di GREGORY LA CAVA. Con ROBERT AMES, MARY ASTOR, JOHN HALLIDAY, EDWARD EVERETT HORTON. ■ Un uomo è deciso a chiedere il divorzio dalla moglie che è appena tornata da un viaggio in Europa. Lei però difende strenuamente il matrimonio e dimostra al marito che la donna con la quale si vuole sposare è interessata solo ai soldi. ■ COMMEDIA; B/N; 70'; USA, 1931.

SMASHING, IL RACKET DEL CRIMINE ★★
(Smashing the Crime Syndicate)
Regia di AL ADAMSON. Con SCOTT BRADY, JOHN CARRADINE, BRODERICK CRAWFORD, KENT TAYLOR. ■ Un agente americano cerca d'impadronirsi di perfetti cliché per stampare dollari fatti dai tedeschi durante la seconda guerra mondiale. Dovrà vedersela con una bella spia israeliana alla caccia di un criminale nazista, che gli intralcia le ricerche. ■ POLIZIESCO; COL.; 92'; USA, 1972.

SMASH PALACE ★★
Regia di ROGER DONALDSON. Con ANNA JEMISON, DESMOND KELLY, BRUNO LAWRENCE. ■ La crisi di una famiglia neozelandese vista dagli occhi di una bambina di sette anni. Il padre della piccola è troppo occupato con la sua fabbrica d'automobili. La moglie trascurata cerca infine altrove le sue distrazioni. Drammatiche conseguenze. ■ DRAMMATICO; COL.; 92'; NUOVA ZELANDA, 1981.

SMEMORATO, LO ★★★
Regia di GENNARO RIGHELLI. Con PAOLA BORBONI, FRANCO COOP, CHECCO DURANTE, LUISA FERIDA, LORIS GIZZI, ANGELO MUSCO, MARIO PISU, PINA RENZI. ■ Divertente riduzione di una commedia tratta dal repertorio del grande comico siciliano Angelo Musco, vagamente ispirata al caso dello smemorato di Collegno: un tizio, fuggito dalla moglie scocciatrice, viene scambiato da una ricca signora per il marito scomparso. ■ COMMEDIA; B/N; 91'; ITALIA, 1936.

SMEMORATO DI COLLEGNO, LO ★★★
Regia di SERGIO CORBUCCI. Con ERMINIO MACARIO, YVONNE SANSON, GISELLA SOFIO, NINO TARANTO, AROLDO TIERI, TOTÒ. ■ L'Italia degli anni Venti fu divisa in due dal caso dello smemorato di Collegno. Il film si ispira a quella vicenda, ma è ambientato in epoca moderna. Totò è un reduce del secondo conflitto mondiale che si barrica in un gabinetto pubblico al fine d'indurre le autorità a dargli un'identità perché non si ricorda più chi sia. I suoi tentativi saranno vani. ■ COMICO; B/N; 87'; ITALIA, 1962.

SMILE ★
Regia di FRANCESCO GASPERONI. Con ARMAND ASSANTE, ROBERT CAPELLI JR., ANTONIO CUPO, GIORGIA MASSETTI, HARRIET MCMASTERS GREEN. ■ Sette amici partono per un viaggio in jeep diretti in Marocco, ricchi di spirito d'avventura e di voglia di divertirsi. Lungo la strada che porta verso i boschi dell'Atlante, a una ragazza del gruppo, Clarissa, viene rubata la macchina fotografica e, raggiunto il più vicino villaggio, decide di comprarne una nuova. Girando per le strade della città si imbatte nel bazar di un ambiguo signore, che le dona una vecchia *instant camera* Polaroid degli anni Sessanta. Una volta arrivati nel bosco, comincia una serie di omicidi che pare avere un legame con gli scatti della macchina fotografica. ■ HORROR; COL.; 90'; ITALIA, 2009.

SMITH IL TACITURNO *(Whispering Smith)* ★★★★
Regia di LESLIE FENTON. Con ALAN LADD, BRENDA MARSHALL, ROBERT PRESTON. ■ Smith è un agente delle ferrovie generoso e umano, ma molto ligio al dovere e incapace di compromessi. Il suo incarico è vigilare sui lavori, impedire furti e cercare di prevenire incidenti. Ha un amico, Morry, che ben presto si mette sulla cattiva strada. Morry ha sposato Mary, della quale Smith era (segretamente) innamorato. Licenziato dal direttore della ferrovia, Morry comincia a far deragliare treni e a compiere rapine. Smith lo avverte, facendo violenza alla sua indole gli offre anche una via d'uscita. Ma Morry va fino in fondo. Alla fine Smith è costretto a ucciderlo. Primo western e primo "colore" di Alan Ladd per un importante investimento della Paramount che aveva deciso di usare il divo in altri generi che non fossero il "nero". Ladd era una vera miniera per la Casa, capace di far funzionare un film praticamente con niente. Il suo personaggio silenzioso e malinconico, onesto a oltranza, si rivelò funzionale anche nel western. Da quel momento Ladd diventerà soprattutto un uomo dell'Ovest, con film importanti come *Il marchio di sangue*, *La montagna dei sette falchi* e soprattutto *Il cavaliere della valle solitaria*, titolo fondamentale del cinema. E proprio Smith, buono, mite e misterioso, ma violentissimo in nome della giustizia, è un personaggio molto vicino al "cavaliere" Shane. ■ WESTERN; COL.; 88'; USA, 1957.

SMOG ★★★
Regia di FRANCO ROSSI. Con ANNIE GIRARDOT, ENRICO MARIA SALERNO, RENATO SALVATORI. ■ Un legale italiano visita Los Angeles e si rende conto dell'alienazione dell'uomo moderno osservando la vita degli abitanti di questa città tentacolare. Il senso di smarrimento è accentuato dal fatto che l'uomo ha dovuto consegnare il proprio passaporto. Tra le persone che incontra c'è una coppia di sbandati, ben interpretati da Salvatori e dalla Girardot. ■ DRAMMATICO; B/N; 92'; ITALIA, 1962.

SMOKE ★★★★★
Regia di PAUL AUSTER, WAYNE WANG. Con WILLIAM HURT, HARVEY KEITEL, FOREST WHITAKER. ■ Premiato al Festival di Berlino con l'Orso d'argento. Hurt è uno scrittore che ha perso la giovane moglie, incinta; Keitel un tabaccaio di Brooklyn. Nella sua tabaccheria passa il mondo, per lo più poveracci. Mentre Hurt dà asilo a un giovane nero in cerca di un padre mai visto, Harvey affronta una drogata che forse è sua figlia. Nel frattempo si racconta: vicende nella vicenda, pure parole. Keitel ha riempito decine di album della stessa fotografia. Da oltre dieci anni, alle otto del mattino, nella stessa posizione, fotografa l'incrocio davanti al suo negozio, col caldo, col freddo, con tanta gente diversa. Casualmente viene inquadrata anche la moglie dello scrittore, che si commuove fino a piangere. Il «New York Times» commissiona a Hurt il racconto di Natale, è una grande occasione per lui, ma non ha l'ispirazione. È Harvey che lo aiuta, raccontandogli una storia straordinaria, di un certo Natale di molti anni prima. Nel frattempo tutti i personaggi, proprio tutti, stanno sempre fumando qualcosa. Il film ha anche questa funzione, è una grande promozione del fumo. Film straordinario, il migliore del 1995 insieme a *Lisbon Story*. Film di parole, dove per una volta vale più lo scrittore del regista. Non è un caso infatti che il film rechi la firma di entrambi. Paul Auster, lo scrittore, all'epoca è uno dei grandi talenti emergenti nel panorama americano. Si dimostra che la qualità vera, l'intelligenza, il talento recitativo, valgono sempre, e moltissimo. Per lunghe sequenze i due protagonisti raccontano a macchina ferma sul primo piano. Gli ultimi cinque minuti, che visualizzano il racconto natalizio di Keitel, possono entrare nella leggenda del cinema. Un omaggio infine a Harvey Keitel, presente in tanti film decisivi del nostro tempo. ■ DRAMMATICO; COL.; 100'; USA, 1995. ■ BERLINO 1 PR.

SMOKIN' ACES ★★
Regia di JOE CARNAHAN. Con BEN AFFLECK, JASON BATEMAN,

PETER BERG, MATTHEW FOX, ANDY GARCIA, MARTIN HENDERSON, TARAJI P. HENSON, ALICIA KEYS, RAY LIOTTA, CHRIS PINE, JEREMY PIVEN, RYAN REYNOLDS. ■ L'underground malavitoso di Las Vegas è scosso da una notizia bomba: Buddy "Aces" Israel, principe del crimine messo alle corde dall'FBI, ha deciso di testimoniare contro la propria tentacolare organizzazione. I più letali *hitman*, assoldati e sguinzagliati sulle tracce di Aces dalle varie fazioni, si troveranno a tu per tu con un esercito di federali assegnati alla protezione del prezioso testimone: un rendez-vous dove nessuno farà economia di pallottole. *Smokin' Aces* si basa su una sola idea: far incontrare tutti i killer più scaltri e gli sbirri più tosti nello stesso posto, e stare a vedere che succede. Lo sforzo richiesto per immaginare cosa mai possa accadere non è certo immane. ■ AZIONE; COL.; 108′; FRANCIA, GRAN BRETAGNA, USA, 2007.

SMOKING, LO *(The Tuxedo)* ★★
Regia di KEVIN DONOVAN. Con JACKIE CHAN, JASON ISAACS, JENNIFER LOVE HEWITT, ROMANY MALCO, DEBI MAZAR, PETER STORMARE. ■ Parodia dei film bondiani, ma l'età miete le sue vittime: l'erede di Bruce Lee a 50 anni suonati non può più permettersi di volare da un palazzo all'altro stile Spiderman, o di farsi lanciare dentro una vetrata o da un cornicione. E i film di questo tipo non possono reggersi solo su gag verbali. *The Tuxedo* quindi è un flop proprio per questo motivo: trama esilissima e scontata (Chan è l'autista di un agente segreto e ne prende il posto dopo un incidente accorso a quest'ultimo), realizzazione banale e sciatta. ■ AZIONE; COL.; 98′; USA, 2002.

SMOKING – NO SMOKING ★★★
Regia di ALAIN RESNAIS. Con PIERRE ARDITI, SABINE AZÉMA. ■ Due film, all'estero distribuiti contemporaneamente e in Italia in momenti diversi. Premiati con l'Orso d'argento a Berlino. Ironizzando tra *mélo* e *situation comedy*, Resnais, già attratto dagli esperimenti, fa interpretare ai due attori tutti i personaggi che scorrono sullo schermo. L'operazione ha dato buoni frutti. Siamo nello Yorkshire e come punto di riferimento c'è una scuola. Assistiamo così alle vicende del direttore, della moglie casalinga, della madre, della vicedirettrice, della cameriera, di un maturo poeta paralizzato e altri ancora. Tratto dalla commedia teatrale di Alan Ayckbourne. ■ COMMEDIA; COL.; 260′; FRANCIA, 1993. ■ BERLINO 1 PR.

SMS – SOTTO MENTITE SPOGLIE ★★
Regia di VINCENZO SALEMME. Con ENRICO BRIGNANO, GABRIELA BELISARIO, LUISA DE FILIPPO, TEODORO GIAMBANCO, LUCREZIA LANTE DELLA ROVERE, ANNA LONGHI, GIORGIO PANARIELLO, RAFFAELE PISU, LUISA RANIERI, VINCENZO SALEMME, PIA VELSI. ■ Tommaso è un uomo realizzato professionalmente e affettivamente. Nonostante i diciotto anni di matrimonio, è ancora innamorato di Chicca, la bella e desiderabile moglie con la quale c'è intesa sessuale e affinità elettiva. Ora che i due figli sono cresciuti e indipendenti (la sera escono lasciandoli soli), Chicca può scatenare tutta una serie di fantasie erotiche. Per stare al gioco, Tommaso le invia un focoso sms che però per errore arriva a Chiara, la moglie di Gino, il suo migliore amico. Tutt'altro che offesa dal messaggio, Chiara si offre anima e corpo a Tommaso, mettendo in pericolo l'equilibrio mentale (e familiare) dell'uomo. ■ COMMEDIA; COL.; 90′; ITALIA, 2007.

SNACK BAR BUDAPEST ★★
Regia di TINTO BRASS. Con GIANCARLO GIANNINI, PHILIPPE LÉOTARD, FRANÇOIS NEGRET. ■ Un avvocato radiato dall'albo, in combutta con la malavita, conosce (in una località balneare dove ha portato la moglie ad abortire) un giovanissimo boss che vuole impadronirsi di tutte le attività redditizie della zona. In una notte d'inferno, l'avvocato trova il coraggio e la dignità sufficienti per uccidere il suo boss. Tinto Brass cambia genere con questo stravagante poliziesco, dove ritorna in parte ai suoi antichi amori (i fumetti). Gira sempre con immensa bravura, ma tutto sommato non riesce a coinvolgere. ■ GROTTESCO; COL.; 109′; ITALIA, 1988.

SNAKE EATER – VENDETTA A TUTTI I COSTI ★
(Snake Eater)
Regia di GEORGE ERSCHBAMER. Con JOSIE BELL, LORENZO LAMAS. ■ Un ex marine, Jack Kelly, è stato assegnato alla squadra antidroga. Abituato all'azione e alla brutalità delle azioni in guerra, combatte la sanguinosa prepotenza di un gruppo ben organizzato di teppisti con metodi poco usuali tra i suoi colleghi. ■ DRAMMATICO; COL.; 95′; USA, 1988.

SNAKE OF JUNE, A *(Rokogatsu No hebi)* ★★★
Regia di SHINYA TSUKAMOTO. Con YUJI KOUTARI, ASUKA KUROSAWA, SHINYA TSUKAMOTO. ■ Rinko è una giovane donna, sposata a un uomo più vecchio, col quale non ha ormai più rapporti da anni. La sua vita monotona è sconvolta dal ricatto di un maniaco, che la fotografa di nascosto in situazioni imbarazzanti e che per non diffondere le foto pretende che la donna compia gesti sempre più spregiudicati, trascinando nel gioco perverso anche il marito. Per i due è l'occasione di salvare il proprio matrimonio. ■ DRAMMATICO; B/N – BLU; 77′; GIAPPONE, 2002. ■ VENEZIA 1 PR.

SNAKES ON A PLANE ★★
Regia di DAVID R. ELLIS. Con FLEX ALEXANDER, RACHEL BLANCHARD, SAMUEL L. JACKSON, JULIANNA MARGULIES, NATHAN PHILLIPS, KENAN THOMPSON. ■ Sean Jones è un testimone oculare braccato dalla mafia, ora sotto la protezione di un agente dell'FBI. Ogni movimento di Sean diventa, quindi, un'occasione di pericolo; quando poi da affrontare c'è un volo aereo, tutto è possibile. Niente più del titolo può sintetizzare il concetto di questo film, la cui storia è solo un pretesto per poter affrontare un viaggio attraverso incubi e paure che affliggono una buona parte dell'umanità. C'è un aeroplano, luogo chiuso e sospeso, e ci sono dei serpenti, rettili fra i più temuti per repellenza e velenosità. Poi ci sono dei passeggeri, alcuni più forti, altri totalmente in balia del destino, vittime predestinate di qualcosa di terribile che potrebbe accadere. ■ AZIONE; COL.; 100′; USA, 2006.

SNAPDRAGON – IL FIORE CHE UCCIDE ★
(Snapdragon)
Regia di WORTH KEETER. Con PAMELA DENISE ANDERSON, STEVEN BAUER, CHELSEA FIELD. ■ La bocca di leone (*snapdragon*, appunto) è il fiore che in Oriente indica le prostitute; ma è anche la firma, fatta col sangue, che un serial killer di Los Angeles lascia sulle sue vittime, uomini cui viene tagliata la gola. Per trovare l'assassino, forse una donna, una poliziotta e uno psichiatra indagano negli ambienti della prostituzione, dove la violenza ha ormai superato il livello di guardia. ■ THRILLER; COL.; 90′; USA, 1993.

SNAPPER, THE ★★★
Regia di STEPHEN FREARS. Con TINA KELLEGHER, RUTH MCCABE, COLM MEANEY. ■ Sharon è una ragazza della provincia irlandese di vent'anni, vive coi genitori e sei fratelli. Un giorno si scopre incinta e deve confessarlo. Il padre, dopo una prima sfuriata, fa comunque prevalere la sua sanguigna e simpatica umanità: un bambino in una famiglia è sempre una bellissima cosa. Certo, ci sono i pettegolezzi, ci sono le amiche della discoteca della figlia e gli amici del pub del padre. Si viene a sapere che il "malfattore" è il vecchio dirimpettaio, certo George Burgess, che vorrebbe vivere con Sharon ma che lei detesta: il fattaccio era successo mentre lei era ubriaca e non se n'era nemmeno accorta. Il padre, onesto, vitale e ironico, affronta benissimo la situazione, con un libro si informa sui problemi della gestante e al momento opportuno accompagna la figlia in ospedale ed esulta come un ragazzino quando nasce la nipotina. Davvero eccellente la performance di Colm Meaney. Frears dimostra come si può confezionare un piccolo gioiello di realismo, senza divi e superbudget, a patto naturalmente che ci sia una vera sceneggiatura (e qui c'è il romanzo di uno scrittore autentico come Roddy Doyle) e dimostra soprattutto una duttilità forse unica nel panorama del grande cinema, che lo porta a centrare film assolutamente diversi come le barocche *Relazioni pericolose*, il sentimental-hollywoodiano *Eroe per caso* e il quasi-free *The Snapper*. ■ COMMEDIA; COL.; 100′; GRAN BRETAGNA, 1993. ■ GOLDEN GLOBES 1 NOM.

SNATCH – LO STRAPPO *(Snatch)* ★★★
Regia di GUY RICHTIE. Con EWEN BREMNER, BENICIO DEL TORO, DENNIS FARINA, ALAN FORD, BRAD PITT, RADE SERBEDIJA. ■ Franky, Quattrodita, viene spedito da Anversa a New York per consegnare un diamante di ingente valore ad Avi, un boss mafioso. Fa una sosta a Londra per smerciare altre pietre di poco valo-

re. Viene avvicinato da Boris, Lametta, e convinto a puntare su un incontro di boxe illegale. Si tratta di una trappola per poterlo rapinare. Intanto il Turco e Tommy stanno organizzando con Testarossa, il pericoloso boss locale, un incontro truccato. Quando Mickey O' Neil manda al tappeto un loro pugile lo convincono a prendere parte all'incontro. Deve andare giù alla quarta ripresa. Mickey accetta ma quando è sul ring non riesce a sottomettersi e vince. Cominciano i guai con Testarossa, che però ha notato l'abilità di Mickey e lo arruola. Ma Avi, a New York, non sta con le mani in mano. Viene a conoscenza del furto e parte, assistito da Pallottola, per vendicarsi. Film fumettistico di Ritchie che dimostra di essere qualcosa di più del "signor Madonna". Gag all'acido muriatico, un ritmo che ogni tanto accelera improvvisamente e, soprattutto, una miriade di personaggi che vanno e vengono ma che sono descritti con cura nel loro lato *dark*. Siamo dalle parti di *Trainspotting* e di *Fight Club*. Qui si tratta di divertimento al vetriolo. Con un piccolo problema: c'è il rischio della ripetitività. ■ COMMEDIA; COL.; 102′; USA, 2000.

SNITCH – L'INFILTRATO *(Snitch)* ★★
Regia di RIC ROMAN WAUGH. Con JON BERNTHAL, DWAYNE JOHNSON, MELINA KANAKAREDES, MICHAEL KENNETH WILLIAMS, BARRY PEPPER. ■ Jason, figlio diciannovenne del manager John Matthews, viene incastrato da un amico che gli invia un pacco di droga nonostante la sua riluttanza. La polizia lo arresta e il ragazzo, assolutamente incensurato, rischia dieci anni di carcere. John decide di aiutarlo infiltrandosi nel giro della droga per favorire la scarcerazione del figlio che così farà da testimone. ■ AZIONE; COL.; 112′; USA, EMIRATI ARABI UNITI, 2013.

SNOOPY, CANE CONTESTATORE ★★★
(Snoopy Come Home)
Regia di BILL MELENDEZ. ■ Secondo film a cartoni animati basato sulla famosa serie a fumetti *Peanuts* di Charles Schulz. In questo caso il protagonista è Snoopy, il famoso bracchetto nevrotico e mitomane, che lascia il suo padroncino Charlie Brown per andare a trovare la prima bambina che l'aveva posseduto, Lila. ■ ANIMAZIONE; COL.; 92′; USA, 1973.

SNOWBOARDER ★★
Regia di OLIAS BARCO. Con GRÉGOIRE COLIN, CAMILLE DE SABLETTE, NICOLAS DUVAUCHELLE, JEAN-PHILIPPE ÉCOFFEY, JULIETTE GOUDOT. ■ Gaspard è un appassionato di snowboard che ha trovato in Josh Attersen il suo idolo. Attersen non è però un modello di rettitudine. Al momento si trova in permesso diurno per partecipare alle gare, ma con l'obbligo di rientrare alla sera in carcere. Josh ha modo di vedere Gaspard in azione e vede in lui un successore. Nel frattempo decide di usarlo per un progetto decisamente antisportivo. ■ AZIONE; COL.; 110′; FRANCIA, SVIZZERA, 2003.

SNOW CAKE ★★★
Regia di MARC EVANS. Con JAMES ALLODI, CARRIE ANN MOSS, ALAN RICKMAN, SIGOURNEY WEAVER. ■ Alex è un inglese che si trova in Ontario per incontrare la donna che è madre di suo figlio che è morto. Dà un passaggio a una diciannovenne ma un incidente provoca la morte della ragazza. Per la seconda volta l'uomo si trova di fronte alla morte di qualcuno che conosce a malapena. Rickman si libera finalmente della palandrana nera di Severus Python (*Harry Potter*) e torna a offrirci una di quelle sue interpretazioni che scavano dentro i personaggi. Chi però supera se stessa è Sigourney Weaver che, nel ruolo dell'autistica, offre un'interpretazione che in altri tempi si sarebbe definita da Actor's Studio. ■ DRAMMATICO; COL.; 112′; CANADA, GRAN BRETAGNA, 2005.

SNOW DAY ★★
Regia di CHRIS KOCH. Con CHEVY CHASE, ETCHIKA CHOUREAU, CHRIS ELLIOT, JEAN SMART, MARK WEBBER. ■ Per i bambini di Syracuse, una cittadina dello Stato di New York, il giorno più bello dell'anno è lo "Snow Day" ovvero "il giorno della neve", durante il quale le scuole chiudono. A minacciare questa festa, però, c'è un mefistofelico personaggio chiamato "uomo spazzaneve" il quale, con il suo camion fumoso e sgangherato, ripulisce tutti i viali che portano alle scuole, ripristinandone così l'agibilità. La piccola Laura, con l'aiuto di due amici, deciderà di far guerra all'uomo spazzaneve nonostante la leggenda narri che quest'ultimo rapisca i bambini per farne sale da spargere sulle strade. Il fratello maggiore di Laura, Hal, sarà invece impegnato nel mettersi in mostra nei modi più stravaganti per conquistare il cuore della bella Claire. *Snow Day* è un film natalizio senza grosse pretese per un pubblico di giovanissimi, girato benino e che strapperà risate ai più piccoli e qualche sorriso ai più grandi. ■ COMMEDIA; COL.; 89′; USA, 2000.

SNOW DOGS ★★
Regia di BRIAN LEVANT. Con JAMES COBURN, CUBA GOODING JR., GRAHAM GREEN, M. EMMETT WALSH. ■ Un dentista di Miami riceve un'eredità e si reca in Alaska per acquisirla. Scopre che si tratta di una muta di cani da slitta. Vivaci e poco disponibili nei suoi confronti. Se poi ci si mette anche un rude tipaccio locale ad ostacolarlo converrebbe lasciar perdere. Ma il medico è cocciuto e non molla la presa. Film per famiglie brillante e innocuo. ■ COMMEDIA; COL.; 99′; USA, 2002.

SOAP *(En Soap)* ★★★
Regia di PERNILLE FISCHER CHRISTENSEN. Con DAVID DENCIK, TRINE DYRHOLM, ELSEBETH STEENTOFT, FRANK THIEL. ■ Charlotte, 34 anni, è proprietaria di una clinica di bellezza. Un giorno decide di abbandonare il proprio compagno Kristian e di andare a vivere in un appartamento che conserverà l'aspetto della provvisorietà. Al piano di sotto abita un giovane transessuale che la donna conoscerà comprendendone i problemi. Film danese "classico" potremmo definire questo *En Soap*, che riproduce volutamente lo stile di una soap opera per scavare nelle vite di due personaggi incerti sul loro futuro, che tali restano sino allo scorrere dei titoli di coda. ■ DRAMMATICO; COL.; 102′; DANIMARCA, 2006. ■ BERLINO 0 PR.

S.O.B. ★★★
Regia di BLAKE EDWARDS. Con JULIE ANDREWS, WILLIAM HOLDEN, RICHARD MULLIGAN. ■ Un produttore cinematografico (Mulligan) tenta di trasformare l'unico fiasco della sua carriera in un successo aggiungendovi sequenze pornografiche, ma ha bisogno della "collaborazione" della moglie (Andrews), affermata star. Il prolifico Edwards firma una satira amara e violentissima sugli intrallazzi dello star-system hollywoodiano, dipingendo senza mezzi termini un grottesco ritratto di corruzione, incompetenza e imbecillità che colpisce, graffia e diverte. Le lettere che compongono il titolo sono le iniziali di "son of a bitch", epiteto con il quale Edwards marchia con humour e rabbia ogni personaggio del film e il film stesso. ■ COMMEDIA; COL.; 121′; USA, 1981. ■ GOLDEN GLOBES 1 NOM.

SOBBORGHI *(Okraina)* ★★★★
Regia di BORIS BARNET. Con SERGEJ KOMAROV, YELENA KUZMINA. ■ La vita di una cittadina russa alla vigilia della grande guerra e della rivoluzione del 1917, descritta con molta semplicità e in modo assolutamente privo di magniloquenza e retorica. Due fratelli partono per il fronte, il primo coscritto e il secondo volontario. Conosceranno le atrocità della guerra, vivranno la disillusione e infine prenderanno coscienza sotto la spinta della rivoluzione d'ottobre. Film corale dove si sente il respiro della storia e il palpito dei grandi paesaggi affrescati con intenso lirismo. Nella coralità della storia che sfiora e cambia i destini individuali si sente il grande insegnamento di Tolstoj. Il regista mostra una grandissima capacità di descrivere la stratificazione sociale della popolazione russa. Alla sua uscita il film fu avversato dalla critica ufficiale, probabilmente per la mancanza di realismo e per l'adesione acritica nei confronti degli avvenimenti descritti. ■ DRAMMATICO; B/N; 98′; URSS, 1933.

SOBIBOR, 14 OCTOBRE 1943, 16 HEURS ★★★
Regia di CLAUDE LANZMANN. Con YEHUDA LERNER. ■ Sobibor è il nome di un campo di concentramento in Polonia nei pressi di Varsavia. Il 14 ottobre 1943 è una data importante nella storia dell'Olocausto: è la data di inizio della ribellione avvenuta a Sobibor ad opera di un gruppo di ebrei che decisero di passare all'azione. Il film è sostanzialmente una drammatica intervista del regista a Yehuda Lerner, la persona che capeggiò la rivolta. Yehuda, in

ebraico, narra le origini, lo sviluppo e l'epilogo di questo poco conosciuto episodio della Shoà. Documento toccante e intenso che fa riflettere sulle ragioni del bene e del male. ■ DRAMMATICO; COL.; 95'; FRANCIA, 2001.

SO CHE COSA HAI FATTO
(I Know What You Did Last Summer)
Regia di JIM GILLESPIE. Con SARAH MICHELLE GELLAR, JENNIFER LOVE HEWITT. ■ Due coppie di studenti in macchina investono un uomo e per paura delle conseguenze ne gettano il corpo in un fiume. Qualche anno dopo qualcuno comincia misteriosamente a ricattarli. Stesso impianto dei vari *Scream*. Infatti lo sceneggiatore è lo stesso, Kevin Williamson. ■ HORROR; COL.; 100'; USA, 1997.

SO CHE MI UCCIDERAI *(Sudden Fear)* ★★★
Regia di DAVID MILLER. Con BRUCE BENNETT, JOAN CRAWFORD, GLORIA GRAHAME, JACK PALANCE. ■ Un'attrice scopre che il marito, d'accordo con l'amante, vuole ucciderla. Per prevenire gli assassini organizza allora un piano che dovrà condurre alla loro eliminazione, ma, al momento buono, non ha il coraggio di portarlo a termine trovandosi così alla mercé del consorte omicida. Finale mozzafiato. ■ DRAMMATICO; B/N; 110'; USA, 1952. ■ OSCAR 4 NOM.

SOCIAL NETWORK, THE ★★★
Regia di DAVID FINCHER. Con JESSE EISENBERG, ANDREW GARFIELD, ARMIE HAMMER, MAX MINGHELLA, JUSTIN TIMBERLAKE. ■ Mark Zuckerberg, il ragazzo che sarebbe diventato il più giovane miliardario della storia creando il social network più usato al mondo, nel 2004 era uno studente di Harvard brillante ma con poche doti sociali. Lasciato dalla ragazza, schifato dai club più elitari e con un complesso d'inferiorità malcelato nei riguardi degli atleti, crea in una notte un software che preleva tutte le foto delle studentesse messe online dalle università e le mette a disposizione di tutti in rete; lo scopo è votare le più belle. L'applicazione fa il giro dei computer di tutta l'area e Zuckerberg viene multato per aver violato i sistemi di sicurezza. A quel punto però il suo nome è sulla bocca di tutti per l'impresa compiuta e due atleti appartenenti al club più importante del college lo contattano per chiedergli di realizzare la loro idea. Non solo Zuckerberg non lo farà, ma prenderà i loro spunti per migliorarli e allargarli dando vita all'odierno Facebook. ■ BIOGRAFICO; COL.; 120'; USA, 2010.

SOCIETY – THE HORROR *(Society)* ★★★
Regia di BRIAN YUZNA. Con DEVIN DEVASQUEZ, EVAN RICHARDS, BILL WARLOCK. ■ I veri appassionati del cinema horror apprezzeranno questo film oltre che per gli effetti speciali, al limite dell'incredibile, anche per l'ironia che circonda tutta la vicenda. Yuzna ha cominciato producendo i film di Stuart Gordon, il regista di *Re-Animator*. Un ragazzo americano viene assalito da allucinazioni e strane visioni che riguardano la propria famiglia. È compresa una strana festa con incredibili mutazioni. Per stomaci forti. Una metafora sulla borghesia e sull'ambiente snob americano ■ HORROR; COL.; 99'; USA, 1989.

SOCIO, IL *(The Firm)* ★★★
Regia di SYDNEY POLLACK. Con TOM CRUISE, GENE HACKMAN, ED HARRIS, HAL HOLBROOK, HOLLY HUNTER, JEANNE TRIPPLEHORN. ■ Dal romanzo di John Grisham. Mitchell si sta laureando in legge ad Harvard col massimo dei voti ed è corteggiato da importanti studi del paese. Un prestigioso gruppo di Memphis gli fa un'offerta che davvero non può rifiutare: un mucchio di soldi, villa, Mercedes. D'accordo con la moglie si trasferisce a Memphis da Boston e comicia a lavorare. Si accorge ben presto che ci sono strani misteri; un paio di soci dello studio muoiono in un incidente, girano strane parcelle. Mitch viene contattato dall'Fbi. Viene a sapere che lo studio che lo ha assunto in sostanza ricicla i capitali di un boss mafioso. La sua vita da quel momento è in pericolo. Tutto gli crolla intorno. La sua casa è controllata, viene ricattato da due parti: l'Fbi vorrebbe che tradisse, che consegnasse le pratiche dei mafiosi. Va in crisi il rapporto con la moglie, appaiono killer, comincia a morire gente. Mitch ha un piano complicato, ma l'unico possibile. Incastrerà lo studio, i mafiosi e l'Fbi tutti insieme, con un trucco legale, grazie a delle banali fatture gonfiate. Ci riesce. ■ THRILLER; COL.; 150'; USA, 1993. ■ OSCAR 2 NOM.

SOCIO INVISIBILE, IL ★★
Regia di ROBERTO LEONE ROBERTI. Con CLARA CALAMAI, MARIELLA LOTTI, NICOLA MALDACEA, EVI MALTAGLIATI, VIRGILIO RIENTO, CARLO ROMANO, ERMINIO SPALLA, SERGIO TOFANO. ■ Un poveraccio inventa l'esistenza di un misterioso socio ricchissimo per ottenere credito, ma a poco a poco l'evanescente personaggio diventa per lui un'ossessione. ■ DRAMMATICO; B/N; 91'; ITALIA, 1939.

SO CLOSE *(Chik yeung tin sai)* ★★
Regia di COREY YUEN. Con SONG SEUNG HEUN, WAI CHI HO, KAREN MOK, QI SHU, VICKI ZHAO. ■ Cosa c'è di meglio di due ragazze orientali invincibili nelle arti marziali ed esperta nell'uso di aggeggi hi-tech? Aggiungete un'altra ragazza orientale che dà loro la caccia ed avrete il concept alla base di un action-movie con velleità femministe, in realtà prodotto per essere gettato in pasto a branchi di maschi sbavanti. Lynn e Sue, sorelle, gestiscono la Angel.com, una società di servizi hi-tech che funge da copertura per la loro prolifica attività di omicidi su commissione. Dopo l'assassinio da parte della Angel.com del titolare di una corporation dell'informatica, la polizia si metterà sulle tracce delle due sorelle-killer. Una scaltra poliziotta intuirà che dietro l'attività delle due criminali potrebbe celarsi qualcosa di nobile. Nonostante la presenza di atmosfere soffuse abbastanza efficaci, inedite a questi livelli nel cinema di Corey Yuen, il titolo viene affossato da una sceneggiatura spaventosamente pressapochista. In quanto all'azione, le coreografie sono come al solito molto fantasiose, talvolta addirittura fuori luogo in un simile contesto pseudorealistico. A sequenze comunque esaltanti si alternano candidi passaggi innaturalmente acrobatici, che sembrano provenire dritti dritti da uno spot di salva-slip. Da uno dei maestri dell'action made in Hong Kong è lecito aspettarsi di più. ■ FANTASCIENZA; COL.; 120'; HONG KONG, 2002.

SOCRATE, IL *(Le Socrate)* ★★★
Regia di ROBERT LAPOUJADE. Con MARTINE BROCHARD, R. J. CHAUFFARD, STÉPHANE FAY, PIERRE LUZAN, JEAN-PIERRE SENTIER. ■ Si tratta di un apologo, non sempre chiaro, su un poliziotto che ha l'incarico di sorvegliare Socrate. I due passeggiano e discutono di filosofia, finché il poliziotto non accusa il filosofo di essere bolscevico. ■ DRAMMATICO; COL.; 92'; FRANCIA, 1968. ■ VENEZIA 1 PR.

SODOMA E GOMORRA ★★★
Regia di ROBERT ALDRICH, SERGIO LEONE. Con STANLEY BAKER, STEWART GRANGER, ANNA MARIA PIERANGELI, ROSSANA PODESTÀ. ■ Lot, parente di Abramo, si reca nelle corrotte città orientali: rischierebbe una brutta fine se Dio non l'aiutasse. La storia biblica è stravolta e, data la censura dell'epoca, gli abitanti di Sodoma non sono molto sodomiti. ■ AVVENTURA; COL.; 154'; ITALIA, 1962.

SODOMA. L'ALTRA FACCIA DI GOMORRA ★★
Regia di VINCENZO PIROZZI. Con CORRADO ARDONE, GERMANO BELLAVIA, NELLO MASCIA, MASSIMO PELUSO, GIACOMO RIZZO. ■ Napoli ai nostri giorni. Tre disoccupati pensano di risolvere i loro problemi rapinando un pizzaiolo che si dice spacci cocaina. Portano via solo farina e finiscono nelle mani di un boss della camorra che cerca di utilizzarli in imprese destinate al fallimento. Intanto c'è chi si accorda con imprese del Nord per smaltire rifiuti tossici in area vesuviana e chi applica le regole camorristiche a calzolai cinesi. ■ COMMEDIA; COL.; 93'; ITALIA, 2013.

SODOMA'S GHOST – I FANTASMI DI SODOMA ★
Regia di LUCIO FULCI. Con CLAUDIO ALIOTTI, ROBERT EGAN, MARIA CONCETTA SALIERI. ■ In una villa disabitata dove i nazisti consumavano le proprie orge, alcuni giovani incontrano dei fantasmi. Il primo ad apparire seduce una ragazza e fa giocare alla roulette russa un ragazzo. Sesso, sangue e comicità involontaria. ■ HORROR; COL.; 85'; ITALIA, 1988.

SO DOVE VADO *(I Know Where I'm Going)* ★★★
Regia di MICHAEL POWELL, EMERIC PRESSBURGER. Con PAMELA BROWN, WENDY HILLER, ROGER LIVESEY. ■ Una ragazza deve

sposarsi con un signorotto attempato. Prima di arrivare nel luogo deputato per il matrimonio conosce un altro uomo, meno ricco ma con maggiori qualità. ■ COMMEDIA; B/N; 93′; GRAN BRETAGNA, 1945.

SOFFICI LETTI... DURE BATTAGLIE ★★★
(Soft Beds, Hard Battles)
Regia di ROY BOULTING. Con CURD JÜRGENS, LILA KEDROVA, PETER SELLERS. ■ Alcune patriottiche inquiline di una lussuosa casa chiusa eliminano durante l'occupazione nazista di Parigi diversi ufficiali tedeschi. Peter Sellers, come in molti altri film, interpreta numerosi personaggi: uno svanito generale francese, un baffuto pilota della Raf, un principe nipponico, uno sciocco agente della Gestapo, Hitler in persona... ■ COMMEDIA; COL.; 86′; GRAN BRETAGNA, 1973.

SOFFIO *(Breath)* ★★★
Regia di KIM KI-DUK. Con CHANG CHEN, HANG IN-HYUNG, PARK JI-A, LEE JOO-SEOK, HA JUNG-WOO, KIM KI-DUK. ■ Una giovane madre in crisi coniugale (il marito la tradisce) si innamora di un detenuto condannato a morte che ha tentato di suicidarsi. Riesce a incontrarlo nel parlatorio, sconvolgendo i suoi sentimenti e suscitando reazioni nei suoi compagni di cella, uno dei ne quali ne è geloso. Il marito scopre quanto sta accadendo e cerca di recuperare il rapporto. Kim Ki-Duk ha ormai acquisito una capacità produttiva e realizzativa invidiabile. Riesce a girare e postprodurre in tempi brevissimi film che non mancano mai di stupire piacevolmente il pubblico del cinema di qualità, anche se la critica internazionale, dopo averlo scoperto e promosso, sta progressivamente prendendone le distanze. Forse perché il suo è un cinema troppo personale (nel senso più pieno del termine) per continuare a piacere a lungo a chi cerca la novità per la novità. Il conflitto tra l'amore e la passione che si fa tutt'uno con il sesso, tra lo spirito e la carne che sembra a volte pretendere la violenza, sono problemi che attraversano tutto il suo modo di fare cinema e che anche in questa occasione si ripropongono. ■ DRAMMATICO; COL.; 84′; COREA DEL SUD, 2007.

SOFFIO, IL *(Le Souffle)* ★★
Regia di DAMIEN ODOUL. Con PIERRE-LOUIS BONNETBLANC, DOMINIQUE CHEVALIER, MAXIME DALBRUT, JEAN-CLAUDE LECANTE, JEAN MILORD. ■ Primo lungometraggio scritto e girato in appena 17 giorni dall'esordiente Damien Odoul. Un adolescente, durante le vacanze estive, bighellona nel paesino di campagna dove vive lo zio, tra gente ruvida ed ispida. Non si sente più un adolescente, ma neppure un uomo. Dopo un lauto pranzo si ubriaca e, a seguito di una futile discussione, uccide un compagno con un colpo di fucile. Perseguitato dalla colpa e dal rimorso fa i conti con la sua difficile età. Il film è in stile Breillat costruito, però, su un soggetto di sesso maschile. La giovinezza non dura che un soffio. Meno male. Film un po' pretenzioso e ancora acerbo. ■ CORTOMETRAGGIO; B/N; 35′; FRANCIA, 2001.

SOFFIO AL CUORE *(Le souffle au coeur)* ★★★★
Regia di LOUIS MALLE. Con BENOÎT FERREUX, DANIEL GÉLIN, MICHAEL LONSDALE, LEA MASSARI, AVE NINCHI. ■ Nella provincia francese degli anni Cinquanta, un quindicenne, nonostante abbia buoni rapporti con i genitori, vive tormentosamente la crisi adolescenziale. I fratelli lo portano a un appuntamento con una prostituta, ma un loro stupido scherzo manda a monte l'amplesso aggravando la situazione. La sera del 14 luglio, festa nazionale francese, il ragazzo si trova quasi per caso nel letto della madre, una simpatica italiana, e consuma un incesto liberatorio. ■ COMMEDIA; COL.; 119′; FRANCIA, 1970. ■ OSCAR 1 NOM.

SOFFIO DEL DIAVOLO, IL ★
Regia di CHARLES PHILIP MOORE. Con FRANCINE LAPENSÉE, ERIC LARSEN. ■ Alla fine degli anni Venti, un giorno di luglio, qualcosa di misterioso e sconvolgente si scaglia contro un'intera famiglia di contadini cancellandola dalla faccia della terra. Trascorrono sessant'anni e Cory Hartman, nipote del capofamiglia, torna sul lago "maledetto" con alcuni amici per tentare di far luce sul mistero. ■ HORROR; COL.; 95′; GRAN BRETAGNA, 1989.

SOFFIO DELL'ANIMA, IL ★★
Regia di VICTOR RAMBALDI. Con FLAVIO MONTRUCCHIO, LUCREZIA PIAGGIO. ■ Alex è un giovane uomo costretto alla dialisi e a una vita mai spesa, fino a quando le arti marziali e la filosofia orientale non lo esorteranno a espandere il suo spirito e a godere pienamente la sua esistenza. Figlio di un padre autoritario che vorrebbe proteggerlo dalla vita e da un destino avverso, Alex è portatore di un disagio che incontra e innamora un'altra "debole", Luna, figlia devota di una madre dializzata. Deciso a confrontarsi con la paura e la malattia, Alex si ritira dal mondo per allenare il suo spirito e preparare il suo corpo a una competizione agonistica. Trasposizione dell'omonimo romanzo di Valentina Lippi Bruni, *Il soffio dell'anima*. ■ DRAMMATICO; COL.; 108′; ITALIA, 2009.

SOFFIO DI PIACERE, UN *(Celeste)* ★★★
Regia di MICHEL GAST. Con ANNE-MARIE COFFINET, DEBORA DUARTE, RAYMOND GÉROME, LEA MASSARI, JEAN ROCHEFORT. ■ Un giornalista televisivo francese rimane affascinato dalla personalità della propria domestica, un'esule politica portoghese, per la quale abbandona l'amante. Scoprirà ben presto che la donna nasconde un'ambiguità di fondo perché ha tradito i compagni. Abbandona la donna che, per espiare la sua colpa, organizza un attentato suicida. ■ DRAMMATICO; COL.; 92′; FRANCIA, 1973.

SOFFOCARE *(Choke)* ★★
Regia di CLARK GREGG. Con JONAH BOBO, BRAD WILLIAM HENKE, ANGELICA HUSTON, KELLY MACDONALD, SAM ROCKWELL. ■ Victor Mancini è uno studente di medicina fallito che si è ridotto a fare il figurante in costume in un parco tematico sulla storia degli Stati Uniti. Victor è sessodipendente e frequenta le riunioni dei sessuomani anonimi solo per cercare nuove partner. Ha una madre ricoverata in ospedale, che sta perdendo la memoria. Per pagare la cospicua retta ospedaliera Victor realizza periodicamente nei ristoranti una sceneggiata: finge di essere soffocato da un boccone scegliendo fra i commensali quelli più facoltosi per cadere loro davanti e farsi praticamente "adottare". La madre di Victor conserva però il segreto della sua nascita e l'uomo, grazie all'aiuto di una dottoressa del reparto, raccoglie indizi che lo fanno ritenere di discendere direttamente da Gesù. Dal libro di Chuck Palahniuk. ■ COMMEDIA; COL.; 89′; USA, 2008.

SOFIA E IL DELITTO *(Sophie et le crime)* ★★★
Regia di PIERRE GASPARD-HUIT. Con PIERRE DUX, JEAN GAVEN, PETER VAN EYCK, MARINA VLADY. ■ Sofia è una giovane provinciale venuta a Parigi con la speranza di sfondare come giornalista, e perciò è sempre alla caccia di un servizio sensazionale. Crede d'averlo trovato quando un suo vicino, ricercato dalla polizia per omicidio, la convince di essere innocente. La ragazza, con l'aiuto di un fotografo, s'industria a trovare il vero colpevole, ma ci sarà una sorpresa finale. ■ POLIZIESCO; B/N; 100′; FRANCIA, 1956.

SOFT AIR ★
Regia di CLAUDIO MASIN. Con MASSIMO FRANCHI, CINZIA ROCCAFORTE, MANUEL SCORCIA. ■ Nella zona dei Castelli romani un gruppo di giovani gioca alla guerra. Ma poi qualcuno non si limita a giocare. Da dimenticare. ■ DRAMMATICO; COL.; 95′; ITALIA, 1998.

SOGGETTI PROIBITI *(Kinjite: Forbidden Subjects)* ★★
Regia di LEE J. THOMPSON. Con CHARLES BRONSON, JUAN FERNANDEZ, PERRY LOPEZ. ■ L'anziano luogotenente Crowe della Buoncostume da tempo cerca di incastrare il viscido Duke, adescatore di minorenni. Grazie all'indagine sul rapimento di una giovane giapponesina riesce nel suo intento. ■ POLIZIESCO; COL.; 96′; USA, 1988.

SOGGIORNO ALL'INFERNO *(Purgatory)* ★
Regia di LAWRENCE DENTON. Con TANYA ROBERTS. ■ Carly e Melanie passano le vacanze estive in uno Stato straniero. Lui è ricercato dalla polizia, che lo ritiene uno spacciatore. ■ DRAMMATICO; COL.; 90′; USA, 1992.

SOGLIA DELL'INFERNO, LA ★★★
(The Bold and the Brave)
Regia di LEWIS R. FOSTER. Con WENDELL COREY, NICOLE MAUREY, MICKEY ROONEY, DON TAYLOR. ■ Durante la seconda guerra mondiale, un sergente delle truppe americane di stanza in Europa, in seguito all'educazione molto rigida che gli è stata impar-

tita, considera le donne strumento del diavolo. Due suoi amici riescono a farlo innamorare di una ragazza, ma quando il sottufficiale scopre che si tratta di una prostituta se la prende coi commilitoni responsabili dello scherzo. In una missione pericolosa, però, il sergente si pentirà della sua durezza e rischierà la vita per salvare uno degli amici. ■ GUERRA; B/N; 87′; USA, 1956. ■ OSCAR 2 NOM.

SOGNANDO BECKHAM *(Bend it like Beckham)* ★★★
Regia di GURINDER CHADHA. Con ANUPAM KHER, KEIRA KNIGHTLEY, PARMINDER NAGRA, JONATHAN RHYS-MEYERS. ■ I genitori vorrebbero che la figlia Jess fosse la classica ragazza indiana: dolce, remissiva e ansiosa di sposarsi con un bravo giovane come la sorella Pinky. Il problema è che Jess, che ha fatto della star del Manchester United Beckham il suo eroe, vorrebbe soprattutto giocare a calcio. Finché la cosa rimane confinata nell'ambito del parco pubblico non ci sono problemi. Ma quando Jules, giocatrice in una squadra regolare, la vede giocare e la convince ad unirsi al proprio team le cose cambiano. Non solo in famiglia, visto che entrambe sono attratte dal loro allenatore Joe. E la finale di campionato, cui dovrebbe partecipare anche un importante osservatore americano, coincide proprio con le nozze di Pinky. Campione di incassi in Gran Bretagna e non solo. Keira Knighhtley e Jonathan Rhys-Meyers hanno cominciato a farsi conoscere da qui. ■ COMMEDIA; COL.; 112′; GERMANIA, GRAN BRETAGNA, USA, 2002. ■ GOLDEN GLOBES 1 NOM.

SOGNANDO BROADWAY *(Waziting for Guffman)* ★★
Regia di CHRISTOPHER GUEST. Con LEWIS ARQUETTE, CHRISTOPHER GUEST, EUGENE LEVY, FRED WILLARD. ■ La cittadina di Blaine compie 150 anni. Si allestisce uno spettacolo che ne racconti la vita mettendo in scena i suoi stessi abitanti. Il produttore viene da Broadway e lo spettacolo, per quanto artigianale, mosterà gli aspetti più tipici di un microcosmo di provincia. ■ COMMEDIA; COL.; 84′; USA, 1996.

SOGNANDO LA CALIFORNIA ★
Regia di CARLO VANZINA. Con MASSIMO BOLDI, BO DEREK, ANTONELLO FASSARI, MAURIZIO FERRINI, NINO FRASSICA. ■ Ecco un film che per la sua pochezza meriterebbe di essere liquidato con una battuta all'altezza di quelle che contiene. Ma proprio i suoi aspetti negativi ne fanno il campione di un cinema il cui imbarazzante successo merita un rapido approfondimento. Carlo Vanzina, il regista, è cinematograficamente onnivoro. Film quali *Vacanze di Natale*, *Vacanze in America* e *Una vacanza bestiale* sono i campioni del suo vasto repertorio. Utilizza interpreti usa e getta, ai quali chiede complicità e osservanza di un denominatore comune: la volgarità, quella vera, incrementata dalla totale incapacità recitativa dei suoi interpreti. I quattro protagonisti non hanno lo spessore del più fragile dei personaggi. Vivono l'attimo della battuta e recitano senza la necessaria capacità corale. Non conoscono i tempi. Ognuno di loro dice la propria battuta. Sono quattro medici, che più che disonorare la categoria l'ignorano, con atteggiamenti da fare arrossire un lettighiere. Una desolante parodia di un *road movie*, senza che vi sia l'ombra di un americano. Sono figure lontane. Fantasmi che la frettolosa sceneggiatura ha evitato di incontrare. A parte un fantasma vero. Quello di Bo Derek, finta star, finta attrice, che ha la stessa funzione di Abbe Lane nel cinema in bianco e nero dell'Italia anni Cinquanta. ■ COMICO; COL.; 100′; ITALIA, 1992.

SOGNANDO L'AFRICA *(I Dreamed of Africa)* ★★
Regia di HUGH HUDSON. Con KIM BASINGER, DANIEL CRAIG, VINCENT PEREZ, EVA MARIE SAINT. ■ La Basinger fugge dalla città in cerca di serenità, avventura ed ecologia in Africa. Cura animali e indigeni. Solo che Kim non è Meryl e Hudson non è Pollack. ■ AVVENTURA; COL.; 104′; USA, 2000.

SOGNANDO MANHATTAN *(Queens logic)* ★★
Regia di STEVE RASH. Con KEVIN BACON, LINDA FIORENTINO, JAMIE LEE CURTIS, JOHN MALKOVICH, JOE MANTEGNA. ■ Amicizia virile con implicazioni sentimentali. Un gruppetto di amici fanno una rimpatriata, durante un fine settimana, e un bilancio esistenziale. C'è il pittore Ray che sta per mandare in fumo un matrimonio con una parrucchiera; Al invece, durante l'anniversario delle nozze, esaspera la moglie che lo lascia; Elliot è un omosessuale in crisi esistenziale; Dennis vuole avere successo come musicista e Winny come attore. Tutto o quasi sembrerà comunque risolversi. Di impianto teatrale e un po' superficiale in alcuni aspetti psicologici, il film non è del tutto riuscito. Le musiche sono del cantante *pop-rock* Joe Jackson (Tucker). ■ COMMEDIA; COL.; 110′; USA, 1990.

SOGNI *(Dreams)* ★★★
Regia di AKIRA KUROSAWA. Con MITSUKO BAISHO, MARTIN SCORSESE, AKIRA TERAO. ■ Sono otto brevi episodi che corrispondono a otto sogni del grande regista giapponese che non conosce riposo, nemmeno a ottant'anni. *Il sole sotto la pioggia*: un bambino di cinque anni non ascolta l'ammonizione materna di non avventurarsi nella foresta e assiste a una strana cerimonia nuziale. *I peschi in fiore*: alcuni bambini stanno giocando con delle statuine che divengono poi viventi in un frutteto completamente fiorito, nel giorno della festa della Primavera. *La tempesta di neve*: una cordata di scalatori attraversa un grande campo di neve. Sopraggiunge la tormenta e tre uomini cadono sfiniti, uno incontrerà un'inquietante donna. *Il tunnel*: alla fine della guerra un ufficiale incontra il fantasma di un soldato e dietro di lui seguono a passo cadenzato i morti del terzo plotone. *I corvi*: Van Gogh non vuole saperne dell'interesse che ha per lui uno studente d'arte. *Il monte Fuji in rosso*: l'esplosione di una centrale nucleare coinvolge il monte Fuji che erutta. Alcuni sopravvissuti osservano il paesaggio desolato, *I demoni gementi*: le bombe e i missili hanno distrutto il mondo e il paesaggio apocalittico mostra dei fiori enormi e una strana razza di mutanti. *Il villaggio dei mulini ad acqua*: in un villaggio incontaminato, in armonia con la natura, un uomo centenario precede una gioiosa processione mortuaria. Alcuni episodi sono più riusciti di altri ma nell'insieme il film è un grande pianeta visionario dove ci si può far coinvolgere dalle immagini nonostante alcune siano sfuocate. Scorsese appare come attore nella parte di Van Gogh. ■ FANTASTICO; COL.; 120′; GIAPPONE, USA, 1990. ■ GOLDEN GLOBES 1 NOM.

SOGNI AD OCCHI APERTI *(Queen for a Day)* ★★
Regia di ARTHUR LUBIN. Con PHILLIS AVERY, DARREN MCGAVIN, ADAM WILLIAMS. ■ Alcuni episodi zuccherosi su poveri bambini e zitelle dal cuore d'oro. Il pretesto che li unisce è un concorso televisivo, "Regina per un giorno". ■ COMMEDIA; B/N; 81′; USA, 1951.

SOGNI DEL SIGNOR ROSSI, I ★★
Regia di BRUNO BOZZETTO. ■ Avventure a cartoni animati del signor Rossi, simbolo dell'uomo comune, che sogna la fantastica evasione dalla realtà ma poi desidera tornare alle cose di tutti i giorni per avere meno problemi. ■ ANIMAZIONE; COL.; 91′; ITALIA, 1978.

SOGNI D'ESTATE – LA STORIA DEI BEACH BOYS ★
(The Story of the Beach Boys)
Regia di MICHAEL SWITZER. Con BRUCE GREENWOOD. ■ Storia del celebre gruppo pop californiano che negli anni Sessanta, unendo rock leggero e facile melodia, ha iniziato una carriera costellata di grandi successi commerciali. Un adattamento televisivo che ripercorre le vicende private dei Beach Boys in modo superficiale, come la loro musica. ■ MUSICALE; COL.; 100′; USA, 1990.

SOGNI DI CUOIO ★★
Regia di CÉSAR AUGUSTO MENEGHETTI, ELISABETTA PANDIMIGLIO. Con ALESSANDRO ALEOTTI, OSCAR COLOMBO, GUILLERME GALLIARDI, ALDO GRAZIANI, MARIO KEMPES, LEONARDO PERES, GASTON ROMANCICAS, LUCA SPATAFORA. ■ Estate 2001. Una ventina di giovani calciatori argentini e uruguayani arrivano in Italia: i migliori entreranno a far parte di una squadra di serie C2, il Fiorenzuola, senza alcun problema di nazionalità o passaporto perché discendono tutti da italiani. Un documentario che avrebbe trovato la sua giusta misura in tv e in una durata almeno dimezzata. ■ SPORTIVO; COL.; 72′; ITALIA, 2004.

SOGNI DI DONNA *(Kvinnodröm)* ★★★
Regia di INGMAR BERGMAN. Con HARRIET ANDERSSON, GUNNAR BJÖRNSTRAND, EVA DAHLBECK. ■ Una fotografa, accompagnata da una modella, parte per una città dove risiede un uomo

sposato di cui si è innamorata. I due amanti s'incontrano, ma, dopo che la donna ha avuto un colloquio con la moglie di lui, troncheranno la loro relazione. La modella, intanto, ha conosciuto un distinto signore di una certa età; però anche lei l'abbandonerà dopo aver parlato con l'avida figlia di costui. ■ DRAMMATICO; B/N; 87'; SVEZIA, 1955.

SOGNI DI GLORIA *(On the Edge)* ★★
Regia di ROB NILSON. Con BRUCE DERN, PAM GRIER, JOHN MARLEY. ■ È la storia di una terribile maratona in California, una gara massacrante che prevede anche la scalata del monte Talmpais. Protagonista, in mezzo a campioni autentici (alcune sequenze sono state girate durante la vera gara), è un personaggio inventato, interpretato da Bruce Dern, un corridore che venne squalificato alle Olimpiadi molti anni prima. Ora ritorna in corsa, nonostante l'età non più verde (quarantacinque anni). ■ DRAMMATICO; COL.; 92'; USA, 1985.

SOGNI DI MORTE *(Death Dreams)* ★
Regia di MARTIN DONOVAN. Con MARG HELGENBERGER, CHRISTOPHER REEVE. ■ Sembrano la famiglia del mulino bianco: belli, ricchi, perfetti, americani. Ma l'unica figlia muore e la tranquillità familiare va a pezzi. Esplodono come una bomba i contrasti sopiti dietro la facciata. E la famiglia va a rotoli. Buone sia la regia sia la prova dell'ex superman Reeve. Ma le forzature sono eccessive. Coprodotto con la ABC Video. ■ DRAMMATICO; COL.; 94'; USA, 1991.

SOGNI DI PINOCCHIO, I ★★
(Pinocchio and the Emperor of the Night)
Regia di HAL SUTHERLAND. ■ Un anno dopo la sua trasformazione da burattino in bambino, Pinocchio festeggia il suo compleanno con Geppetto. Passa le sue giornate sognando e distraendosi. Incaricato dal padre di consegnare uno scrigno al sindaco del paese, preferisce fermarsi a guardare lo spettacolo di una fiera riuscendo a cacciarsi di nuovo nei guai. ■ ANIMAZIONE; COL.; 91'; USA, 1987.

SOGNI DORATI *(The Farmer in the Dell)* ★★
Regia di BEN HOLMES. Con JEAN PARKER, FRED STONE. ■ Un contadino di buonsenso deve sudare sette camicie per impedire alla moglie e alla figlia di montarsi la testa dopo che la ragazza è stata scritturata come attrice a Hollywood. ■ COMMEDIA; B/N; 90'; USA, 1937.

SOGNI D'ORO ★★★
Regia di NANNI MORETTI. Con ALESSANDRO HABER, LAURA MORANTE, NANNI MORETTI. ■ Michele (Moretti) è un giovane regista dal carattere intrattabile, vittima di preoccupanti nevrosi sulle quali aleggiano principalmente la figura della madre, vittima innocente dei suoi sfoghi quasi puerili, e quella di Silvia (la Morante), la ragazza dalla quale Michele fugge continuamente temendo di innamorarsene. Sempre più chiuso, cattivo e nevrotico, Michele raggiunge il successo ma non la soluzione ai suoi numerosi problemi. ■ COMMEDIA; COL.; 97'; ITALIA, 1981. ■ VENEZIA 1 PR.

SOGNI D'ORO PROFESSOR OLIVER ★★
(Gideon Oliver: Sleep Well, Professor Oliver)
Regia di JOHN PATTERSON. Con LOUIS GOSSETT JR. ■ Un uomo viene barbaramente assassinato e subito dopo di lui trova morte violenta anche il poliziotto privato che seguiva la pista dell'assassino. Un famoso antropologo, il professor Oliver, non trova affatto "normali" i due omicidi a causa delle modalità con le quali sono stati commessi e che egli ha già avuto modo di esaminare durante alcuni studi sugli adoratori di Satana. ■ POLIZIESCO; COL.; 95'; USA, 1989.

SOGNI INFRANTI *(Broken Dreams)* ★★
Regia di ROBERT VIGNOLA. Con BUSTER PHELPS, MARTHA SLEEPER. ■ Un giovane medico perde la moglie, morta di parto, e se ne va dalla città natale, abbandonando il figlioletto. Il destino, tuttavia, saprà ancora mostrarglisi clemente: l'uomo potrà dare una seconda madre al suo bambino. ■ DRAMMATICO; B/N; 95'; USA, 1933.

SOGNI INFRANTI *(Ruzove Sny)* ★★
Regia di DUSAN HANÁK. Con SLOVENSKA POZICOVNA. ■ Lei è una zingara integrata nella società comune; lui un postino che decide il colpo della vita. Durante la rapina nell'uffico di lei i destini dei due si incrociano e si legano. Fuggiranno insieme, ma nulla andrà per il verso giusto. Vicenda neorealistica accentuata dal bianco e nero; ricorda molto *Un'anima divisa in due* di Soldini, con Bentivoglio. ■ DRAMMATICO; B/N; 90'; CECOSLOVACCHIA, 1980.

SOGNI INFRANTI – RAGIONAMENTI E DELIRI ★★
Regia di MARCO BELLOCCHIO, DANIELA CESELLI. ■ Un mediometraggio molto interessante basato su immagini di repertorio e interviste. Il lavoro vuole dare un'idea del tutto imparziale del gruppo armato delle Brigate Rosse. ■ DOCUMENTARIO; COL.; 50'; ITALIA, 1995.

SOGNI MOSTRUOSAMENTE PROIBITI ★★
Regia di NERI PARENTI. Con JANET AGREN, ALESSANDRO HABER, PAOLO VILLAGGIO. ■ Impiegato in una casa editrice di fumetti sogna ad occhi aperti avventure amorose con la sua bella Dalia, la donna della sua fantasia. Un giorno però la incontra veramente al supermercato: lei è in pericolo e lui la aiuta. Poi Dalia sparisce e lui si rassegna a sposare la fidanzatina. Ma non lo fa, ritrova Dalia, la libera dai rapitori e finalmente la bacia. Ma davanti a lui vede solo una ranocchia. Favoletta tanto per ridere con Villaggio che rifà Fracchia e Fantozzi. ■ COMMEDIA; COL.; 88'; ITALIA, 1982.

SOGNI MUOIONO ALL'ALBA, I ★★
Regia di MARIO CRAVERI, ENRICO GRAS, INDRO MONTANELLI. Con IVO GARRANI, LEA MASSARI, GIANNI SANTUCCIO, AROLDO TIERI. ■ Discussioni tra giornalisti italiani di varia tendenza in un albergo di Budapest nel novembre 1956, mentre i carri armati sovietici stanno soffocando la rivolta ungherese. Uno di loro, comunista, avrà una crisi di coscienza e seguirà la ragazza che ama per combattere nelle strade. ■ DRAMMATICO; B/N; 92'; ITALIA, 1962. ■ DAVID DI DONATELLO 1 PR, 1 NOM.

SOGNI NEL CASSETTO, I ★★★
Regia di RENATO CASTELLANI. Con LILLA BRIGNONE, COSETTA GRECO, LEA MASSARI, ENRICO PAGANI, SERGIO TOFANO. ■ Due giovani studenti dell'università di Pavia s'innamorano e, nonostante le resistenze del padre di lei che vorrebbe un lungo fidanzamento, si sposano. La loro felicità è di breve durata: lei morirà di parto. ■ DRAMMATICO; B/N; 106'; FRANCIA, ITALIA, 1957.

SOGNI PERDUTI – HEAD *(Head)* ★★★
Regia di BOB RAFELSON. Con TERI GARR, THE MONKEES, JACK NICHOLSON, FRANK ZAPPA. ■ "Monkees" è stato un gruppo musicale americano di enorme popolarità grazie a una serie televisiva prodotta da Rafelson. Dovevano essere la risposta ai Beatles e in effetti questo film ricorda le pellicole dirette da Richard Lester per il gruppo inglese. Al di là di qualche canzone molto datata il risultato è ottimo grazie al ritmo e al *nonsense* dilagante che la coppia Rafelson-Nicholson ha dato alla produzione e alla sceneggiatura. In una piccola comparsata anche Dennis Hopper. Inedito, è stato presentato su Raitre. ■ COMMEDIA; COL.; 88'; USA, 1968.

SOGNI PROIBITI *(The Secret Life of Walter Mitty)* ★★★★
Regia di NORMAN Z. MCLEOD. Con FAY BAINTER, FLORENCE BATES, BORIS KARLOFF, DANNY KAYE, VIRGINIA MAYO, ANN RUTHERFORD. ■ Walter Mitty è un giovane impiegato molto distratto che lavora in una casa editrice di romanzi popolari. La sua vita è infelice sia per colpa del suo capo che sfrutta le sue buone idee, sia per colpa della madre che gli vuole imporre una moglie antipatica. Il nostro eroe si estrania allora dalla realtà immaginandosi protagonista di numerose avventure: ora è cowboy, ora grande chirurgo, ora pilota della Raf, ora giocatore del Mississippi. Alla fine si trova veramente coinvolto in un'avventura di spionaggio e s'innamora di una bellissima ragazza che gli fa abbandonare il mondo dei sogni. ■ COMMEDIA; B/N; 105'; USA, 1947.

SOGNO A DUE RUOTE *(The Dirt Bike Kid)* ★★
Regia di HOITE C. CASTON. Con JENNIFER BILLINGSLEY, ANNE BLOOM, STUART PANKIN. ■ Un adolescente come tanti altri, con i problemi dei coetanei e genitori come ce ne sono dappertutto, pronti a negare o a concedere secondo i casi, nutre una sfrenata passione per le motociclette da cross. La sua speranza di possederne una va oltre ogni sua più folle aspirazione quando si ritro-

va tra le mani un veicolo dai magici poteri. ■ FANTASTICO; COL.; 90′; USA, 1985.

SOGNO AMERICANO *(American Anthem)* ★★
Regia di ALBERT MAGNOLI. Con MITCH GAYLORD, JANET JONES, MICHELLE PHILLIPS. ■ Come arrivare ai campionati mondiali di atletica, pur avendo un padre disoccupato e violento, ed essendo poco preparato alle difficoltà della vita? Aiuta il giovane Steve Tevere nell'impresa, una campionessa di atletica, pure lei psicologicamente fragile. Il sogno americano si avvera. ■ COMMEDIA; COL.; 100′; USA, 1986.

SOGNO A VENEZIA ★★
Regia di ROBERTO NATALE, NINO ZUCCHELLI. Con EDOARDO NEVOLA. ■ Documentario a soggetto su un bambino che a Carnevale si veste da Arlecchino e rivive la storia di Venezia. ■ DOCUMENTARIO; COL.; 93′; ITALIA, 1958.

SOGNO BIONDO ★★
(Ein blonder Traum – Un rêve blonde – Blonde Dream – Happy Ever After)
Regia di PAUL MARTIN. Con WILLY FORST, WILLY FRITSCH, LILIAN HARVEY. ■ Una ragazza parte, per non turbare l'amicizia di due giovanotti entrambi innamorati di lei. Lieto fine. ■ DRAMMATICO; B/N; 92′; GERMANIA, 1932.

SOGNO CECO, IL *(Cesk' sen)* ★★★★
Regia di VÍT KLUSÁK, FILIP REMUNDA. ■ La rinascita del documentario porta con sé la necessità di un complessivo ripensamento del glossario cinematografico. La dicotomia cinema di finzione-cinema documentario non sembra più sufficiente, e se proprio necessaria andrebbe forse riscritta in termini di cinema con attori pagati e non. Ne è un esempio eclatante questo gioiellino ceco: si può parlare di "cinema non di finzione" per un film costruito attorno alla più clamorosa presa in giro dai tempi del cavallo di Troia? L'idea per il progetto finale di questi due studenti della scuola cinematografica della Repubblica Ceca è sensazionale: mettere in piedi una campagna promozionale per un immenso centro commerciale, con tanto di spot in radio e in tv, cartellonistica, volantini, sito web, tutti realizzati dalle più blasonate agenzie dei vari settori. Niente di sensazionale? Beh, il fatto è che il centro commerciale, come dire, non esiste! Tutto viene preparato in grande stile per l'apertura ufficiale in un mattino autunnale, quando la gente andrà (se andrà) a frotte all'inaugurazione del "Sogno Ceco". ■ DOCUMENTARIO; COL.; 87′; REPUBBLICA CECA, 2004.

SOGNO CHE VIVE, UN *(High Society Blues)* ★★
Regia di DAVID BUTLER. Con CHARLES FARRELL, JANET GAYNOR, HEDDA HOPPER. ■ Un ragazzo incontra una ragazza. Vorrebbero sposarsi. Ma lui è figlio di una famiglia di nuovi ricchi e lei di aristocratici con la puzzetta al naso. Lei è destinata a un principe europeo (nientemeno), ma sarà il giovane di ricchezza recente ad averla. ■ SENTIMENTALE; B/N; USA, 1930.

SOGNO D'AMANTI *(The Passionate Friends)* ★★★
Regia di DAVID LEAN. Con TREVOR HOWARD, CLAUDE RAINS, ANN TODD. ■ La moglie di un banchiere s'innamora di un giovanotto, ma il marito la scopre e le fa troncare la relazione. Nove anni dopo i due s'incontrano e fanno insieme un'innocente gita. Sono nuovamente scoperti dal banchiere che ora, equivocando, vuole il divorzio. La moglie medita il suicidio, ma il consorte capisce di aver sbagliato. ■ DRAMMATICO; B/N; 95′; GRAN BRETAGNA, 1948.

SOGNO D'AMORE *(Sincerely Yours)* ★★
Regia di GORDON DOUGLAS. Con JOANNE DRU, DOROTHY MALONE, ALEX NICOL. ■ Un promettente pianista diventa improvvisamente sordo. Superato il primo momento di sconforto, trova uno scopo nella vita facendo del bene al prossimo. L'evolversi della malattia gli fa temporaneamente riconquistare l'udito, così scopre che la sua fidanzata ama in realtà un altro: il buon musicista le ridona la libertà. La segretaria, che l'aveva sempre amato, lo convince a sottoporsi a un'operazione che lo guarisce completamente. ■ DRAMMATICO; COL.; 115′; USA, 1956.

SOGNO D'ARTE *(Liebestraume)* ★★
Regia di HEINZ HILLE. Con FRANZ HERTERICH, OLGA TSCHECHOWA. ■ Una giovane ungherese si reca a Weimar per seguire le lezioni di Liszt e s'innamora di un musicista. Riuscirà a sposarlo. ■ COMMEDIA; B/N; 76′; UNGHERIA, 1935.

SOGNO DEI MIEI VENT'ANNI, IL *(Just for You)* ★★★
Regia di ELLIOTT NUGENT. Con BOB ARTHUR, ETHEL BARRYMORE, BING CROSBY, NATALIE WOOD, JANE WYMAN. ■ Un impresario di riviste si rende conto che il lavoro lo ha allontanato dal figlio e cerca di riconquistarne l'affetto. Non ci riesce, e il ragazzo si arruola in aviazione. Il padre riuscirà a raggiungerlo nella sua base in Alaska e a far pace. ■ COMMEDIA; COL.; 104′; USA, 1952. ■ OSCAR 1 NOM.

SOGNO DELLA CITTÀ FANTASMA, IL ★★★
(Little Treasure)
Regia di ALAN SHARP. Con TED DANSON, MARGOT KIDDER, BURT LANCASTER. ■ Una ragazza parte alla ricerca del padre, un favoloso avventuriero. Lo trova e questi, ormai morente, le rivela il nascondiglio di un malloppo di 18.000 dollari, il bottino di una rapina commessa anni prima. Il posto è in una città del West abbandonata da molti decenni dagli abitanti. ■ AVVENTURA; COL.; 58′; USA, 1985.

SOGNO DELLA FARFALLA, IL ★★★
Regia di MARCO BELLOCCHIO. Con THIERRY BLANC, SIMONA CAVALLARI, ROBERTO HERLITZKA. ■ Presentato al Festival di Cannes. Anche se la poetica delle immagini non sempre si sposa con le parole, questa di Bellocchio è la migliore prova cinematografica dai tempi di *Gli occhi, la bocca*. La chiave letteraria dell'operazione rende però difficile il rapporto con il pubblico. Un attore, Massimo, ha deciso di mantenere un silenzio che preoccupa le persone a lui vicino. Poi incontra una ragazza che conosce un linguaggio fatto di gesti e la sua crisi vede uno spiraglio. ■ DRAMMATICO; COL.; 100′; ITALIA, 1994.

SOGNO D'ESTATE *(The Right to Romance)* ★★
Regia di ALFRED SANTELL. Con NILS ASTHER, ANN HARDING, ROBERT YOUNG. ■ Breve amore balneare fra la direttrice di una importante clinica e un bell'aviatore: finita la parentesi estiva torneranno senza rimpianti alle loro solite occupazioni. ■ DRAMMATICO; B/N; 80′; USA, 1933.

SOGNO DI BOHÈME ★★★
(So this is Love – The Grace Moore Story)
Regia di GORDON DOUGLAS Con WALTER ABEL, KATHRYN GRAYSON, MERV GRIFFIN, JOAN WELDON. ■ La biografia della grande soprano americana Grace Moore: dopo difficili inizi potrà esibirsi anche al Metropolitan. ■ BIOGRAFICO; COL.; 101′; USA, 1954.

SOGNO DI BUTTERFLY, IL ★★★
Regia di CARMINE GALLONE. Con LUIGI ALMIRANTE, MARIA CEBOTARI, RENATO CIALENTE, FOSCO GIACHETTI, GERMANA PAOLIERI. ■ La tragica vicenda di Butterfly si rinnova in quella di una cantante lirica, abbandonata con un figlio da un direttore d'orchestra americano. ■ DRAMMATICO; B/N; 91′; ITALIA, 1939.

SOGNO DI CALVIN, IL *(Like Mike)* ★
Regia di JOHN SCHULTZ. Con MORRIS CHESTNUT, DA BRAT, JERMAINE DUPRI, JONATHAN LIPNICKI, ANNE MEARA, JESSE PLEMONS, LIL' BOW WOW. ■ Il sogno dell'adolescente Calvin Cambridge, come molti dei suoi coetanei, è di diventare un grande professionista della pallacanestro. Ma la statura e l'abilità non sono certo il suo forte e le speranze restano tali, finché non trova delle vecchie scarpe da basket con incise le iniziali "MJ". Calvin diventa miracolosamente un fenomeno del canestro, tanto da farsi rapidamente strada tra le stelle dell'NBA, cui avrà il tempo di dare persino qualche lezione di vita. Tra *Scarpette rosse* e *Cenerentola* con una star rap (Lil' Bow Wow) inserita in un lungo spot pro basket. ■ COMMEDIA; COL.; 100′; USA, 2003.

SOGNO DI CARNEVALE *(Bal paré)* ★★
Regia di KARL RITTER. Con PAUL HARTMANN, ILSE WERNER. ■ Un industriale, recatosi a Monaco per iscrivere il figlio all'università, conosce una simpatica ballerina e decide, disinteressatamente, di proteggerla. Più tardi suo figlio s'innamora della ragazza, ma i pettegolezzi rischiano di fargliela perdere, finché il padre

non risolverà la situazione chiarendo ogni equivoco. ■ COMMEDIA; B/N; 94′; GERMANIA, 1940.

SOGNO DI JEROME, IL *(Like Mike 2: Streetball)* ★★
Regia di DAVID NELSON. Con MICHAEL BEACH, JASCHA WASHINGTON, KEL MITCHELL. ■ Musica rap, un pallone da basket che rimbalza sul pavimento, una soggettiva di Jerome che, appeso a testa in giù, chiacchiera con due suoi amici. Jerome è un ragazzino di colore, americano, sveglio e sportivo. Jerome ha un sogno: superare le selezioni per entrare in un'importante squadra di pallacanestro. «Dici sempre che succederà qualcosa e invece non succede mai niente» gli dicono gli amici e lui risponde: «Bisogna avere fiducia!». Un racconto di formazione che parla del rapporto tra le due generazioni: figli in cerca di punti di riferimento e genitori sempre o troppo confusi o troppo assenti. Infine, tipica commedia americana in cui vincono l'ottimismo e la tenacia, valori che – secondo la solita dottrina calvinista – portano alla realizzazione dei sogni e al perseguimento delle aspettative. ■ COMMEDIA; COL.; 96′; USA, 2006.

SOGNO DI LAURA, IL *(Twice a Woman)* ★★
Regia di GEORGE SLUIZER. Con BIBI ANDERSSON, SANDRINE DUMAS, ANTHONY PERKINS. ■ Quarantenne divorziata senza figli inizia una relazione saffica con una ragazza molto più giovane. Tra le due va tutto bene, ma non possono avere naturalmente un figlio. Allora la ragazza si fa mettere incinta dall'ex marito della quarantenne che però, innamorato alla follia, non accetta di essere messo, in seguito, da parte, e uccide la fanciulla. ■ SENTIMENTALE; COL.; 93′; PAESI BASSI, USA, 1980.

SOGNO DI NEMO E ALICE, IL *(Dream One)* ★★
Regia di ARNAUD SELIGNAC. Con JASON CONNERY, MATHILDA MAY. ■ Nemo, un ragazzino, sta placidamente dormendo nel suo letto quando d'un tratto scopre di avere aperto una porta su un mondo irreale ma bellissimo, nel quale vivono i protagonisti del libro di fiabe che era intento a leggere prima di addormentarsi. ■ FANTASTICO; COL.; 105′; GRAN BRETAGNA, 1983.

SOGNO DI PRIGIONIERO *(Peter Ibbetson)* ★★★
Regia di HENRY HATHAWAY. Con GARY COOPER, DOUGLAS DUMBRILLE, JOHN HALLIDAY, ANN HARDING, IDA LUPINO, DONALD MEEK. ■ Nell'Inghilterra dell'Ottocento, due bambini si giurano eterno amore, ma vengono separati. Lui cresce e diventa architetto, ma sogna sempre lei. L'uomo riceve da un nobile l'incarico di rimodernargli le stalle e scopre che la moglie di questi è la piccina che aveva amato. I due decidono di fuggire insieme ma, scoperti dal marito, l'architetto è costretto ad ucciderlo. Verrà imprigionato a vita, ma ciò non gli peserà perché ogni notte s'incontrerà in sogno con l'oggetto della sua passione. ■ FANTASTICO; B/N; 88′; USA, 1935. ■ OSCAR 1 NOM.

SOGNO DI TUTTI, IL ★★★
Regia di ORESTE BIANCOLI, LASZLO KISH. Con CESCO BASEGGIO, LUISELLA BEGHI, ELVIRA BETRONE, PAOLA BORBONI, GINO CERVI, EDUARDO DE FILIPPO, PEPPINO DE FILIPPO, DINA GALLI. ■ Un regista italiano e uno ungherese hanno riunito un cast di buoni attori per la semplice storia di una coppia di portinai milanesi che ricerca la madre che ha abbandonato un neonato davanti alla guardiola. Scopriranno alla fine che si tratta proprio della loro figlia. ■ COMMEDIA; B/N; 91′; ITALIA, 1941.

SOGNO DI UNA NOTTE D'ESTATE ★★★
(Sen noci svatojanske)
Regia di JIRI TRNKA. ■ Una sontuosa e barocca riduzione della commedia *Sogno di una notte di mezza estate* di Shakespeare realizzata dai pupazzi animati di Jiri Trnka. ■ ANIMAZIONE; COL.; 94′; CECOSLOVACCHIA, 1959.

SOGNO DI UNA NOTTE D'ESTATE ★★
Regia di GABRIELE SALVATORES. Con LUCA BARBARESCHI, ERIKA BLANC, FLAVIO BUCCI, ALBERTO LIONELLO, GIANNA NANNINI, SABINA VANNUCCHI. ■ Rivisitazione, tra musical e rock, della celebre opera shakespeariana. Risultato soltanto a tratti efficace, anche se ben interpretato e pervaso da una certa magia. Pertinente l'ambigua grinta della Nannini (la Regina della Notte) e ottima la recitazione di Flavio Bucci. ■ MUSICALE; COL.; 104′; ITALIA, 1983.

SOGNO DI UNA NOTTE DI MEZZA ESTATE ★
(A Midsummer Night's Dream)
Regia di MICHAEL HOFFMAN. Con RUPERT EVERETT, KEVIN KLINE, MICHELLE PFEIFFER. ■ La voga di Shakespeare al cinema funziona, ma non sempre. Questo è stato il soggetto del primo film di Salvatores. La formazione *all stars* fa rimpiangere la versione del nostro premio Oscar. Aleggia la noia. In questo Shakespeare non è consentita. ■ COMMEDIA; COL.; 123′; USA, 1999.

SOGNO DI UNA NOTTE DI MEZZA SBORNIA ★★★
Regia di EDUARDO DE FILIPPO. Con EDUARDO DE FILIPPO, PIETRO DE VICO, PUPELLA MAGGIO. ■ Durante una sbronza, un poveraccio sogna Dante Alighieri che gli dà i numeri del lotto ma che, contemporaneamente, gli predice la data esatta della morte. Lui gioca e vince. Diventato ricchissimo, è però dominato dal terrore perché si avvicina il momento fatale. ■ COMMEDIA; B/N; 90′; ITALIA, 1959.

SOGNO DI ZORRO, IL ★★
Regia di MARIO SOLDATI. Con WALTER CHIARI, VITTORIO GASSMAN, CARLO NINCHI, DELIA SCALA. ■ Parodia del film di Zorro: un nipote dello spadaccino è timido e impacciato, ma un provvidenziale colpo di testa gli farà conquistare l'ardire dell'avo. ■ COMMEDIA; B/N; 86′; ITALIA, 1952.

SOGNO DI ZORRO, IL ★★
Regia di MARIANO LAURENTI. Con FRANCO FRANCHI, GIANNI MUSY, VITO PECORY, PEDRO MARIA SANCHEZ, PAOLA TEDESCO. ■ Nuova parodia di Zorro interpretata da Franco Franchi, originata dal film in cui lo spadaccino era stato interpretato da Alain Delon. In questo caso, uno sprovveduto diventa Zorro durante alcune crisi di sonnambulismo. ■ COMICO; COL.; 92′; ITALIA, 1975.

SOGNO D'UNA NOTTE DI MEZZA ESTATE ★★★★
(A Midsummer Night's Dream)
Regia di WILLIAM DIETERLE, MAX REINHARDT. Con JOE E. BROWN, JAMES CAGNEY, OLIVIA DE HAVILLAND, VICTOR JORY, JEAN MUIR, DICK POWELL, MICKEY ROONEY. ■ Il folletto Puck, ben interpretato da Rooney, su ordine di Oberon, re delle fate, fa sì che Tatiana, sua regina, s'innamori di un rozzo artigiano a cui per magia è spuntata la testa d'asino. ■ COMMEDIA; B/N; 117′; USA, 1935. ■ OSCAR 2 PR, 3 NOM.

SOGNO IL MONDO IL VENERDÌ ★
Regia di PASQUALE MARRAZZO. Con DOMENICO BALSAMO, GIOVANNI BRIGNOLA, ELENA CALLIGARI, LAURA FERRARI, ANIS GHARBI. ■ Una rapina messa a segno da due arabi. Un giocatore, un cameriere e una donna alcolista si ritrovano in corsa contro il tempo, a combattere con la quotidianità e tutto quello che la riguarda. Il fiato manca e le vicende diventano sempre più fitte, l'intreccio fra le storie di ognuno di loro li porta ad avvicinarli e a riconoscersi. Tutto sembra tracollare da un momento all'altro, ma quando le vicende si fanno insostenibili, i personaggi si lasciano andare, posando lo sguardo sullo spettatore e confessando con una canzone il loro stato d'animo. Si aspetta il venerdì per poter scappare o quantomeno sfuggire alla soffocante atmosfera che una città come Milano ti costringe a vivere. ■ DRAMMATICO; COL.; 90′; ITALIA, 2009.

SOGNO IN FONDO AL MARE, UN *(Dream with Fishes)*
Regia di FINN TAYLOR. Con DAVID ARQUETTE, BRAD HUNT, CATHY MORIARTY. ■ Un uomo sta per suicidarsi gettandosi dal famoso Golden Gate, il ponte di San Francisco. Lo soccorre uno sconosciuto con uno strano argomento: lo condurrà a casa e gli darà dei potenti sonniferi, soffrirà meno. In realtà è il soccorritore che sta davvero per morire di malattia. Le pene dell'altro erano rimediabili. Film di impianto letterario, infatti Finn Taylor è uno scrittore che si è improvvisato regista. Avere una discreta base di scrittura è comunque sempre una buona partenza. ■ COMMEDIA; COL.; 103′; USA, 1998.

SOGNO INTERROTTO *(The Little Damozel)* ★★
Regia di HERBERT WILCOX. Con ANNA NEAGLE, JAMES REMISE. ■ Un giovanotto sposa una ballerina per denaro (un riccone gli ha dato 15 mila dollari perché innamorato della ragazza a cui il giovane faceva la corte). Tutto fila liscio fin quando la ballerina

scopre tutto. Disgustata lascia il marito, ma i due ormai si amano e torneranno insieme. ■ COMMEDIA; B/N; 73′; USA, 1933.

SOGNO LUNGO UN GIORNO, UN ★★
(One from the Heart)
Regia di FRANCIS FORD COPPOLA. Con FREDERIC FORREST, TERI GARR, RAUL JULIA. ■ Il "sogno" di una coppia di Las Vegas che, durante la notte del 4 luglio (il giorno dell'indipendenza americana), si concretizza in due scappatelle sentimentali reciproche. Il film, costato 26 milioni di dollari, si è rivelato una catastrofe al botteghino. Coppola ha realizzato il film con l'elettronica del mezzo televisivo e Storaro si è sbizzarrito nella fotografia. Ma la favola-musical pretesto per un gioco di tecnica non ha convinto la critica. ■ COMMEDIA; COL.; 100′; USA, 1982. ■ OSCAR 1 NOM.

SOGNO NEL CASELLO, IL ★
Regia di BRUNO DE PAOLA. Con LUCIO ALLOCCA, PIETRO PIGNATELLI, MARIO PORFITO, CLOTILDE SABATINO, CARMEN SCIVITTARO. ■ Marco, giovane casellante delle Autostrade Meridionali, trascorre l'estate rinchiuso in un casello della provincia di Napoli. La sua vita scorre monotona fra il loculo autostradale e le commissioni che puntualmente la madre gli chiede di sbrigare. Luca, suo vecchio amico, prova in ogni modo a risvegliare in lui la voglia di vivere e divertirsi ma con scarsi risultati. L'incontro con Silvia, sua nuova dirimpettaia, sembra l'inizio di una nuova vita. ■ COMMEDIA; COL.; 93′; ITALIA, 2009.

SOGNO PER DOMANI, UN *(Pay it Forward)* ★★★
Regia di MIMI LEDER. Con JON BON JOVI, JAMES CAVIEZEL, ANGIE DICKINSON, HELEN HUNT, HALEY JOEL OSMENT, KEVIN SPACEY. ■ C'è Haley Joel Osment, il ragazzino de *Il sesto senso* nella parte di Trevor: è ultrasensibile, trascurato dalla madre (Hunt), dunque insicuro e pieno di problemi. Ha un insegnante (Spacey) anche lui triste e totalmente disilluso dalla vita, che gli assegna il seguente tema: «Guardati attorno e sistema ciò che non ti piace». Il ragazzo ha la sua opinione: occorre aiutare la gente, farlo tre volte e a sua volta colui che aiuti lo farà tre volte. Un'iniziativa così particolare e generosa che persino l'insegnante ne viene coinvolto. Ed ecco le buone azioni. Ne beneficiano un barbone, un'alcolizzata e lo stesso benefattore. Naturalmente sono tutti bravi a cominciare dai titolatissimi Spacey e Hunt (tre Oscar in due). Lei è ormai in quasi tutti i film. E il ragazzino fa la sua parte. Tanti sentimenti, buona fantasia registica. Insomma il prodotto c'è. ■ COMMEDIA; COL.; 123′; USA, 2001.

SOGNO SENZA CONFINI, UN ★★
(The Run of the Country)
Regia di PETER YATES. Con ALBERT FINNEY, MATT KEESLAR, VICTORIA SMURFIT. ■ Nel villaggio di County Cavan, nell'Irlanda del Nord, Danny si ribella al padre poliziotto che lo ama nonostante i suoi modi bruschi. Il ragazzo preferisce la compagnia di un amico e della sua ragazza. La voglia di rinviare l'ingresso nell'età adulta è troppo forte. ■ DRAMMATICO; COL.; 108′; IRLANDA, 1995.

SOGNO, UNA VITTORIA, UN *(The Rookie)* ★★
Regia di JOHN LEE HANCOCK. Con BRIAN COX, RACHEL GRIFFITHS, JAY HERNANDEZ, DENNIS QUAID. ■ Ennesimo film americano sul potere taumaturgico dello sport e del gioco di squadra. Dennis Quaid è felicemente sposato, ha dei figli, insegna chimica al liceo e allena la squadra locale di baseball: dodici anni prima un brutto infortunio alla spalla lo aveva costretto a rinunciare ad una brillante carriera sportiva, e ora cerca di infondere ai suoi ragazzi lo stesso spirito agonistico che lo aveva animato allora. Tra incentivi, amarezze, vittorie e sconfitte la squadra riesce ad arrivare per la prima volta all'agognato campionato nazionale. ■ DRAMMATICO; COL.; 127′; USA, 2002.

SOHO *(Mojo)* ★★★
Regia di JEZ BUTTERWORTH. Con EWEN BREMNER, AIDAN GILLEN, IAN HART, HAROLD PINTER. ■ Siamo a Soho, quartiere di Londra dove i fermenti del rock dilagano, sul finire degli anni Cinquanta. Il cantante Silver Johnny fa impazzire i ragazzini in un locale denominato Atlantic. Il proprietario si invaghisce di lui proprio quando il ragazzo sta per ottenere un grosso contratto da un impresario. Tra gli attori anche il celebre drammaturgo Harold Pinter. ■ DRAMMATICO; COL.; 90′; GRAN BRETAGNA, 1997.

SOJUX 111 TERRORE SU VENERE ★★
(Der schiweigende Stern)
Regia di KURT MAETZIG. Con OLDRICH LUKES, IGNACY MACHOWSKI, MICHAEL POSTNIKOW, GÜNTHER SIMON. ■ Nel futuro prossimo venturo i terrestri scoperto che i venusiani si preparano ad attaccarli, organizzano una spedizione multinazionale verso il pianeta ostile. Gli astronauti, però, scoprono che Venere è rimasta spopolata in seguito a una guerra nucleare che, indirettamente, farà perire anche loro. ■ FANTASCIENZA; COL.; 94′; POLONIA, 1973.

SOLA COL MIO PECCATO *(Martina)* ★★
Regia di ARTHUR MARIA RABENALT. Con CORNELL BORCHERS, ALBERT HEHN, SIEGMAR SCHEIDER, JEANETTE SCHULTZE. ■ Due sorelle sono state separate dalla guerra: una è diventata una ragazza sbandata mentre l'altra ha potuto laurearsi in medicina. Si ritrovano e la più fortunata tenta di aiutare l'altra, ma questa continua ad essere dominata da un bieco lenone. Alla fine si scoprirà che la poverina è ricattata e tutto finirà bene. ■ DRAMMATICO; B/N; 91′; GERMANIA, 1951.

SOLA COL SUO RIMORSO *(Harriet Craig)* ★★★
Regia di VINCENT SHERMAN. Con WENDELL COREY, JOAN CRAWFORD, LUCILLE WATSON. ■ La moglie di un dirigente industriale, in seguito alle prove durissime sopportate in gioventù, ha un carattere egoista. Quando apprende che il marito deve andare in Estremo Oriente per lavoro lo mette in cattiva luce col principale per fargli revocare il viaggio. Ci riesce, ma l'uomo, venuto a conoscenza dello strano comportamento della moglie, l'abbandona a una vita solitaria. ■ DRAMMATICO; B/N; 84′; USA, 1951.

SOLA CON L'ASSASSINO *(Love Crimes)* ★
Regia di LIZZIE BORDEN. Con PATRICK BERGIN, ARNETIA WALKER, SEAN YOUNG. ■ Una viceprocuratore distrettuale dall'indubbia bellezza si trova alle prese con un fotografo che seduce le donne, le riprende senza veli e poi infierisce su di loro. Lo scontro è aperto su più versanti. ■ THRILLER; COL.; 85′; USA, 1992.

SOLA... IN QUELLA CASA *(I, Madman)* ★★
Regia di TIBOR TAKACS. Con RANDALL WILLIAM COOK, CLAYTON ROHNER, JENNY WRIGHT. ■ Virginia, giovane bibliotecaria, amante dei romanzi dell'orrore, viene perseguitata dal dottor Kessler, psicopatico autore dei suoi libri preferiti. L'uomo intende ricostruire il proprio corpo orrendamente mutilato con organi altrui. Verrà sbranato dal figlio mezzo uomo e mezzo cane. Citazioni da Dario Argento (*Inferno*) e da altri autori del genere fantasy. Vincitore del Festival di Avoriaz. ■ HORROR; COL.; 92′; USA, 1988.

SOLAMENTE NERO ★★
Regia di ANTONIO BIDO. Con LINO CAPOLICCHIO, STEFANIA CASINI, CRAIG HILL, MASSIMO SERATO. ■ Un giovane professore si reca dal fratello sacerdote per un breve periodo di riposo. Il religioso sta ricevendo una serie di lettere minatorie alle quali fanno seguito misteriosi e inspiegabili delitti. Il ragazzo scopre un indizio che gli permette di arrivare all'assassino. ■ GIALLO; COL.; 97′; ITALIA, 1978.

♥ SOLARIS *(Soljaris)* ★★★★
Regia di ANDREI TARKOVSKIJ. Con DONATS BANIONIS, NATALIA BONDARČUK, JURIJ JARVET. ■ Tratto da un romanzo di Stanislaw Lem, scrittore polacco. Uno scienziato è inviato ad indagare su una base spaziale che orbita attorno a un misterioso pianeta perché sta avvenendo qualcosa di misterioso all'equipaggio. Scoprirà che uno strano influsso è capace di materializzare i ricordi degli astronauti e si troverà di fronte la moglie morta. ■ FANTASCIENZA; COL.; 165′; URSS, 1973. ■ CANNES 1 PR.

SOLARIS ★★★
Regia di STEVEN SODERBERGH. Con GEORGE CLOONEY, JEREMY DAVIES, NATACHA MCEHONE, ULRICH TUKUR. ■ Un astronauta riceve un messaggio dalla piattaforma che ruota intorno al pianeta Solaris. Stanno accadendo cose inspiegabili. Si decide di inviarlo in missione. Trova così che a bordo ci sono state morti violente ma, soprattutto, che il pianeta ha la forza di materializzare l'inconscio degli umani facendo comparire le persone che

vivono nella loro mente. Ricompare così la moglie e per lui sarà sempre più difficile liberarsi dalla sua presenza che sa essere non umana. Ispirato allo stesso libro da cui Andrej Tarkovskÿ trasse materia per il suo grande film, questo remake è la prova definitiva che Steven Soderbergh non riesce più a sperimentare negli stretti ambiti della standardizzazione americana ma ha bisogno di altri respiri tematici e visivi. Ecco allora che confeziona un film troppo cerebrale per il pubblico americano anche se "spinto" da una star del calibro di Clooney. Ma fa di più: si libera dalla presenza del regista russo (omaggiandolo con la pioggia che nell'originale era simbolica e qui a volte sembra di occasione) costruendo un finale nettamente divergente dal suo (con qualche accenno anche a *Blade Runner*) e puntando la sua attenzione sul rapporto di coppia più che sulle ossessioni del collettivo di astronauti. Questo dà nuova linfa alla vicenda e può costituire un'interessante riflessione sulle strategie dei remake. ■ FANTASCIENZA; COL.; 98′; USA, 2002.

SOLAS ★
Regia di BENITO ZAMBRANO. Con CARLOS ALVAREZ-NOVOA, ANA FERNÁNDEZ, MARÍA GALIANA. ■ Una madre vittima di un marito violento. Una figlia alcolizzata incinta di un uomo che non la ama. Un anziano vicino di casa la cui unica compagnia è un cane. Tre vicende di solitudine sullo sfondo squallido di un'anonima periferia. ■ DRAMMATICO; COL.; SPAGNA, 1999.

SOLDATESSA ALLA VISITA MILITARE, LA ★★
Regia di NANDO CICERO. Con EDWIGE FENECH, FIORENZO FIORENTINI, RENZO MONTAGNANI, ALVARO VITALI. ■ Un filmetto costruito su misura per le nudità della Fenech, che ha il ruolo di ufficiale medico. ■ EROTICO; COL.; 90′; ITALIA, 1977.

SOLDATESSA ALLE GRANDI MANOVRE, LA ★★
Regia di NANDO CICERO. Con GIANFRANCO D'ANGELO, EDWIGE FENECH, RENZO MONTAGNANI, NINO TERZO, ALVARO VITALI. ■ Una dottoressa è incaricata di studiare il comportamento sessuale dei militari. Viene coinvolta così in avventure estranee alla sua missione tra le quali le grandi manovre, manipolate da un colonnello che vuole la sconfitta dei suoi per non avanzare di grado. ■ EROTICO; COL.; 96′; ITALIA, 1978.

SOLDATESSE, LE ★★★
Regia di VALERIO ZURLINI. Con MARIO ADORF, ALEKSANDAR GAVRIC, ANNA KARINA, MARIE LAFORÊT, LEA MASSARI, TOMAS MILIAN, VALERIA MORICONI. ■ Durante la guerra di Grecia, un tenentino del regio esercito deve accompagnare un gruppo di ragazze locali che, spinte dalla fame, hanno acconsentito ad entrare nei bordelli militari italiani. A poco a poco l'ufficiale impara ad apprezzare le ragazze: lascerà che una di loro fugga per unirsi ai partigiani. ■ DRAMMATICO; B/N; 120′; ITALIA, 1966.

SOLDATI A CAVALLO *(The Horse Soldiers)* ★★★★
Regia di JOHN FORD. Con ALTHEA GIBSON, WILLIAM HOLDEN, ANNA LEE. ■ Durante la guerra di Secessione il generale Grant incarica un colonnello nordista di condurre due reggimenti di cavalleria a distruggere le linee ferrate che portano rifornimenti ai sudisti. L'ufficiale ce la farà, ma dovrà vedersela con una patriottica sudista (di cui finirà per innamorarsi) e con un ufficiale medico che prima disprezzerà (la prima moglie del colonnello è morta per un errore dei dottori) e che poi imparerà a rispettare. Il film è senza dubbio inferiore alla trilogia che Ford dedicò alla cavalleria americana negli anni Quaranta-Cinquanta, ma contiene scene memorabili, quali l'assalto della fanteria sudista per le vie della città e, soprattutto, l'attacco dei giovanissimi allievi di una scuola militare di fronte al quale il colonnello preferisce fuggire. ■ WESTERN; COL.; 119′; USA, 1959.

SOLDATI E CAPELLONI ★★
Regia di ETTORE M. FIZZAROTTI. Con GIANNI AGUS, PEPPINO DE FILIPPO, PATRIZIA VALTURRI, LIA ZOPPELLI. ■ Il pretesto per collegare numeri musicali è dato dalla storia di uno sfortunato agente che rischia la rovina: il complesso musicale di cui segue le sorti dovrebbe tagliarsi i capelli perché chiamato a compiere il servizio militare. ■ COMM. MUSICALE; B/N; 92′; ITALIA, 1968.

SOLDATI E CAPORALI ★★
Regia di MARIO AMENDOLA. Con GABRIELE ANTONINI, VITTORIO CONGIA, FRANCO FRANCHI, CICCIO INGRASSIA, DIDI PEREGO, TONY RENIS. ■ Malriuscita imitazione delle commedie americane sull'esercito. C'è perfino la gara con la marina che viene vinta grazie a Tony Renis soldato canterino. ■ COMMEDIA; B/N; 95′; ITALIA, 1965.

SOLDATI – 365 ALL'ALBA ★★★
Regia di MARCO RISI. Con CLAUDIO AMENDOLA, AGOSTINA BELLI, MASSIMO DAPPORTO. ■ Durante il servizio militare una recluta è presa di mira dal suo tenente (che ritiene il ragazzo, a torto, causa della sua mancata promozione). Ma il soldatino non si fa piegare. E l'ufficiale verrà punito con una sospensione (e con l'abbandono della moglie). Buon film sulla naja, molto oltre la media delle opere del genere e un sensibile passo avanti nella carriera di Marco Risi. ■ DRAMMATICO; COL.; 116′; ITALIA, 1987.

SOLDATO AMERICANO, IL ★★★
(Der amerikanische Soldat)
Regia di RAINER WERNER FASSBINDER. Con KARL SCHEYDT, MARGARETHE VON TROTTA. ■ Un sicario americano viene contattato e assunto da poliziotti tedeschi. Il compito che deve assolvere consiste nell'eliminare personaggi scomodi, alcuni "puliti", altri meno. Proposto in versione originale con i sottotitoli, perde un po' della sua crudezza e della denuncia sociale. Fassbinder resta sempre un maestro. ■ DRAMMATICO; COL.; 80′; GERMANIA, 1970.

♥ **SOLDATO BLU** *(Soldier Blue)* ★★★★
Regia di RALPH NELSON. Con CANDICE BERGEN, DONALD PLEASENCE, PETER STRAUSS. ■ Uno dei primi western dalla parte degli indiani. I Cheyenne assaltano un convoglio militare massacrando tutti e lasciando in vita solo un soldatino di cavalleria e una donna bianca, che, rapita, ha vissuto con un capo pellerossa. I due hanno insieme varie avventure contro un ambiguo trafficante d'armi e la ragazza continua a difendere la causa degli indiani. Più tardi il soldato si riunisce ai suoi commilitoni e, per ordine di un burbanzoso colonnello, li vede compiere una terribile strage su donne e bambini Cheyenne, anche se questi ultimi sono protetti da una bandiera americana. Tenta di opporsi, ma viene arrestato. ■ WESTERN; COL.; 112′; USA, 1970.

SOLDATO DI CIOCCOLATA, IL ★★★
(The Chocolate Soldier)
Regia di ROY DEL RUTH. Con NELSON EDDY, RISE STEVENS. ■ In Ungheria un marito, dubitando della fedeltà della moglie, si traveste da cantante cosacco e la corteggia per confermare i suoi sospetti. Lei mangia la foglia e lo tiene sulla corda fino al lieto fine. ■ COMM. MUSICALE; B/N; 102′; USA, 1941. ■ OSCAR 3 NOM.

SOLDATO DI VENTURA *(The Fighting O'Flynn)* ★★
Regia di ARTHUR PIERSON. Con HELENA CARTER, DOUGLAS FAIRBANKS JR, RICHARD GREENE. ■ Un mercenario irlandese, tornato in patria, svela gli intrighi di inviati di Napoleone che si preparano a far sbarcare un esercito francese nell'isola. Film di cappa e spada con Douglas Fairbanks jr, che cerca di rinverdire le imprese del padre. Probabilmente si parla dei francesi per alludere ai tedeschi e per incitare gli irlandesi a non appoggiare Hitler volendo far dispetto agli inglesi. ■ AVVENTURA; B/N; 94′; USA, 1949.

SOLDATO DI VENTURA, IL ★★★
Regia di PASQUALE FESTA CAMPANILE. Con FRANCO AGOSTINI, ENZO CANNAVALE, JACQUES HERLIN, PHILIPPE LEROY, BUD SPENCER. ■ Sul personaggio di Ettore Fieramosca e sulla disfida di Barletta si sono sbizzarriti per secoli i cantori del nazionalismo patrio. Come è noto, nel 1503 tredici cavalieri italiani affrontarono tredici cavalieri francesi che avevano insultato le nostre capacità guerresche. Qui si prende in giro il personaggio: per tutto il film Fieramosca, interpretato da Bud Spencer, cerca i suoi campioni e, alla fine, riesce a vincere. ■ COMMEDIA; COL.; 115′; FRANCIA, ITALIA, 1976.

SOLDATO D'ORANGE *(Soldier of Orange)* ★★★
Regia di PAUL VERHOEVEN. Con PETER FABER, RUTGER HAUER, JEROEN KRABBE. ■ Una delle prime interpretazioni di Rutger Hauer, nella parte di un giovane ufficiale olandese che durante la seconda guerra mondiale entra a far parte della Resistenza. Le sue vicende si snodano parallelamente a quelle di altri cinque giova-

ni, suoi antichi compagni di scuola. ■ GUERRA; COL.; 114′; PAESI BASSI, 1979.

SOLDATO GIULIA AGLI ORDINI *(Private Benjamin)* ★★
Regia di HOWARD ZIEFF. Con ARMAND ASSANTE, EILEEN BRENNAN, GOLDIE HAWN. ■ Prostrata per la perdita del marito (morto la notte delle nozze) la bella ricca e un po' ochetta Giulia decide, per dare una direzione alla sua vita, di arruolarsi nell'esercito. I suoi esordi come recluta sono disastrosi (come era prevedibile tanto è sciocchina e viziata). Poi comincia a prendere gusto e grinta. Decide di rimanere nell'esercito anche quando nuove prospettive matrimoniali le si profilano all'orizzonte. ■ COMMEDIA; COL.; 100′; USA, 1980. ■ GOLDEN GLOBES 1 NOM; OSCAR 3 NOM.

SOLDATO JANE *(G.I. Jane)*
Regia di RIDLEY SCOTT. Con ANNE BANCROFT, JASON BEGHE, DEMI MOORE, VIGGO MORTENSEN, SCOTT WILSON. ■ Il soldato Jane, nonostante gli ostacoli frapposti da generali, politici, istruttori e colleghi, riesce ad entrare in una sezione speciale dei marines per combattere ad armi pari con gli uomini. Scott ha a disposizione uno script che gli consentirebbe di muoversi nell'ambiguità del tema. Si lascia invece sfuggire l'occasione (con la sola eccezione della simulazione di combattimento) e continua a riproporre il proprio modo di fare cinema che sembra ormai incapace di lasciare il segno. Demi Moore, rapata a zero, riesce ad essere ancora americanamente sexy. ■ DRAMMATICO; COL.; 124′; USA, 1997.

SOLDATO MOLTO SEMPLICE IVAN CHONKIN, IL ★
(The Life and Extraordinary Adventures of Private Ivan Chonkin)
Regia di JIRÍ MENZEL. Con ZOJA BURJAK, VALDIMIR ILYN, GENNADIJ NAZAROV. ■ Il soldato Chonkin si ritrova in un kohlkoz durante la seconda guerra mondiale. Deve pensare alla guerra, a una robusta fanciulla e ai funzionari comunisti tanto pieni di boria quanto inetti. Menzel, con questo film presentato a Venezia 1994, conferma un'impressione: molti registi dell'Est (in particolare quelli dal taglio ironico) una volta cadute le barriere della censura hanno perso l'acutezza e la misura che li contraddistinguevano. Il rischio di debordare nella farsa di serie B è lì che attende. Menzel non sembra essersene accorto. ■ COMICO; COL.; 106′; FRANCIA, GRAN BRETAGNA, 1994. ■ VENEZIA 1 PR.

SOLDATO SCONOSCIUTO, IL *(Tuntematon sotilas)* ★★
Regia di EDVIN LAINE. Con KOSTI KLEMELA, HEIKKI SAVOLAINEN, VEIKKO SINSLAO. ■ Retorica esaltazione dei soldati finlandesi durante la loro invasione dell'Unione Sovietica a fianco dei tedeschi nel 1941. ■ GUERRA; B/N; FINLANDIA, 1955.

SOLDATO SOTTO LA PIOGGIA *(Soldier in the Rain)* ★★★
Regia di RALPH NELSON. Con JACKIE GLEASON, STEVE MCQUEEN, TUESDAY WELD. ■ Un sergente della sussistenza è un simpatico filibustiere che si mette sempre nei guai, da cui lo fa uscire un suo amico sergente maggiore nello stesso reparto. Quest'ultimo muore d'infarto e lo scavezzacollo, che non vedeva l'ora di essere congedato, rinnova la ferma per prendere il posto del collega che credeva sinceramente nella propria professione. ■ DRAMMATICO; B/N; 87′; USA, 1965.

SOLDI, I ★★
Regia di GIANNI PUCCINI. Con ANDREA CHECCHI, CARLO GIUFFRÉ, TOMAS MILIAN, MARIO PISU, ENRICO MARIA SALERNO, AGNÈS SPAAK, BARBARA STEELE. ■ Alcuni episodi, a volte molto brevi, sul tema del denaro e della sua importanza. ■ COMMEDIA; B/N; 92′; ITALIA, 1966.

SOLDI AD OGNI COSTO ★★★♉
(The Apprenticeship of Duddy Kravitz)
Regia di TED KOTCHEFF. Con RICHARD DREYFUSS, MICHELINE LANCTOT, RANDY QUAID, JACK WARDEN. ■ Un ragazzo ebreo di Montreal ha l'ossessione atavica di diventare ricco per potersi comprare un pezzo di terra. Riuscirà nell'intento facendo la felicità del padre, un tassista malridotto dall'alcool, ma dovrà diventare una carogna e perderà la ragazza che l'amava. ■ COMMEDIA; COL.; 131′; CANADA, 1974. ■ BERLINO ♉ 2 PR; OSCAR ♉ 1 NOM.

SOLDI DEGLI ALTRI, I *(L'argent des autres)* ★★★
Regia di CHRISTIAN DE CHALONGE. Con CLAUDE BRASSEUR, CATHERINE DENEUVE, UMBERTO ORSINI, MICHEL SERRAULT, JEAN-LOUIS TRINTIGNANT. ■ Un banchiere, scelto come vittima e paravento di un grosso insuccesso finanziario, tenta inutilmente di farsi riassumere. L'ufficio di collocamento lo respinge, anche i giornali lo attaccano. L'uomo trova le prove della sua innocenza, ma viene ugualmente condannato. Un collega, nuovo capro espiatorio, cambia lavoro e gli offre un posto. ■ DRAMMATICO; COL.; 105′; FRANCIA, 1978.

SOLDI DEGLI ALTRI, I *(Other People's Money)* ★★★
Regia di NORMAN JEWISON. Con DANNY DEVITO, GREGORY PECK. ■ La cosa più impressionante è vedere il pur bravissimo Danny De Vito protagonista di un film, nel quale il suo deuteragonista è il mitico Gregory Peck. Sono i segni dei tempi. Si tratta, infatti, di una commedia pervasa da un'energia che ha più contenuti di adrenalina che di umanità. Il film narra l'inarrestabile scalata dello scatenato De Vito, per impadronirsi di una azienda condotta con sistemi "liberali" dall'onesto Gregory Peck. In uno scontro finale, durante l'assemblea generale, i due metodi saranno a confronto. Un commovente Gregory Peck farà un discorso che è l'essenza dei personaggi da lui interpretati nell'arco di più di quarant'anni. Invano. Dopo Nixon e Reagan l'America ha cambiato volto. Vincerà De Vito. L'immoralità del film è talmente palese che ad alcuni spettatori potrà sembrare ripugnante. ■ COMMEDIA; COL.; 98′; USA, 1991.

SOLDIER'S TALE *(A Soldier's Tale)* ★★
Regia di LARRY PARR. Con MARIANNE BASLER, GABRIEL BYRNE, JUDGE REINHOLD. ■ In Francia, durante la seconda guerra mondiale, un giovane soldato britannico incontra casualmente una ragazza del luogo, Belle, e se ne innamora. Anche la ragazza lo ricambia e gli rivela di essere una collaborazionista. Il dilemma morale del soldato esplode in tutta la sua drammaticità quando si trova a dover scegliere tra salvare Belle o abbandonarla nelle mani degli uomini della Resistenza venuti per ucciderla. ■ GUERRA; COL.; 100′; USA, 1988.

SOLDI FACILI *(Easy Money)* ★★
Regia di JAMES SIGNORELLI. Con RODNEY DANGERFIELD, GERALDINE FITZGERALD, JOE PESCI. ■ Un padre di famiglia può entrare in possesso di un'eredità a patto che, per un certo periodo di tempo, conduca vita morigerata (un freno a Bacco, tabacco, a Venere e al turpiloquio). Non è facile per lui tener fede all'impegno. Domanda: la ricchezza vale più della libertà di parolaccia? ■ COMMEDIA; COL.; 95′; USA, 1983.

SOLDI PROIBITI *(Les anges gardiens)* ★★★
Regia di JEAN-MARIE POIRÉ. Con CHRISTIAN CLAVIER, GÉRARD DEPARDIEU, EVA GRIMALDI, YVES RÉNIER. ■ Un bambino da salvare, del denaro di cui impossessarsi, un delinquente di buon cuore, un prete non troppo castigato e tante belle donne costituiscono la materia prima su cui si sviluppa una commedia ricca di ritmo e di trovate, anche se apparentemente priva di spessore. ■ COMMEDIA; COL.; 110′; FRANCIA, 1995.

SOLDI SPORCHI *(A Simple Plan)* ★★★
Regia di SAM RAIMI. Con BRENT BRISCOE, BRIDGET FONDA, BILL PAXTON, BILLY BOB THORNTON, JACK WALSH. ■ Tre amici trovano una valigia piena di dollari su un aereo precipitato. Decidono di dividerseli ma i contrasti emergono rapidamente. Per di più i soldi sono il riscatto pagato per un rapimento e c'è chi pretende di averne più diritto. Crudeltà "quotidiana" quella messa in scena da Raimi che si dedica a un orrore più temibile perché decisamente più vicino (o dentro) a molti di noi. ■ DRAMMATICO; COL.; 119′; USA, 1998. ■ GOLDEN GLOBES 1 NOM; OSCAR 2 NOM.

SOLE ★★★
Regia di ALESSANDRO BLASETTI. Con DRIA PAOLA, MARCELLO SPADA, VITTORIO VASER. ■ Il primo film di Blasetti, girato muto e in seguito sonorizzato. Tratta dell'epopea della bonifica delle paludi pontine con un realismo sobrio che a volte cade nella propaganda fascista. ■ DRAMMATICO; B/N; 90′; ITALIA, 1929.

SOLE, IL *(Solnze)* ★★★
Regia di ALEKSANDR SOKUROV. Con ROBERT DAWSON, KAORI MOMOI, ISSEY OGATA, SHIRO SANO. ■ Dopo *Moloch* (Hitler) e *Taurus* (Lenin) è ora il turno di Hiro Hito in *Il sole*. L'imperatore

giapponese viene colto nella fase storica che precede la resa definitiva. Un piccolo gentleman interessato alle scienze che alterna il cilindro da cerimonia al berretto militare. Il "Figlio della Dea del Sole" rinuncia alla sua divinità dopo Hiroshima, ma già prima ha perso il senso di un mondo che sta fuori dalle porte del suo Palazzo, porte che lui non deve mai preoccuparsi di aprire (c'è chi lo deve fare per lui). Quando, dopo il colloquio con il generale MacArthur, dovrà cercare la maniglia della porta sarà un mondo a crollargli intorno. Sokurov è però quasi timoroso dinanzi a questo terzo personaggio. Mentre di Hitler e Lenin sembrava in qualche misura ammirare la crudele grandezza, di Hiro Hito scruta in modo felpato l'incerto procedere. Immerge tutta la narrazione in una luce attenuata da crepuscolo senza mai consentire al sole o alle fonti artificiali di prendere possesso della scena. ■ DRAMMATICO; COL.; 110′; FRANCIA, ITALIA, RUSSIA, 2004.

SOLE A MEZZANOTTE, IL *(White Nights)* ★
Regia di TAYLOR HACKFORD. Con MIKHAIL BARYSHNIKOV, GREGORY HINES, HELEN MIRREN, ISABELLA ROSSELLINI. ■ A dieci anni di distanza dalla sua fuga in Occidente, un incidente aereo riporta in Russia un famoso ballerino. Il Kgb ne approfitta per inscenare a livello internazionale la parabola del "figliol prodigo" e fa di tutto per convincere il danzatore a restare in patria: gli fa reincontrare Galina, l'antico amore, e gli affianca Raymond, un asso americano del tip-tap che aveva cercato in Russia la dignità negatagli in America. Si forma così un insolito quartetto: il russo americanizzato, il negro "russizzato" e le loro due donne. Tra un balletto e l'altro, alla fine, sceglieranno tutti la libertà, cioè la grande America. ■ DRAMMATICO; COL.; 135′; USA, 1985. ■ GOLDEN GLOBES 1 PR, 2 NOM; OSCAR 1 PR, 1 NOM.

SOLE ANCHE DI NOTTE, IL ★★★
Regia di PAOLO TAVIANI, VITTORIO TAVIANI. Con CHARLOTTE GAINSBOURG, NASTASSJA KINSKI, JULIAN SANDS. ■ Tutto parte da un racconto di Tolstoj, in cui si narra la storia di un nobile stimato dal re delle due Sicilie, Carlo III, che abbandona la carriera militare dopo aver saputo che la donna che deve sposare è stata a letto con il sovrano in persona. Diventa eremita ma dopo aver guadagnato la fama di santo non resisterà alla tentazione di una ragazzina. Un personaggio che è una sorta di san Francesco senza altruismo o un Cristo senza forza. Un film che non convince, forse per la freddezza con cui è trattato il tema, ma comunque vede i due Taviani riprendere quota dopo la caduta di *Hollywood Babilonia*. ■ DRAMMATICO; COL.; 112′; ITALIA, 1990.

SOLE BUIO, IL ★★
Regia di DAMIANO DAMIANI. Con JO CHAMPA, ERLAND JOSEPHSON, MICHAEL PARÉ. ■ Ruggero è vissuto fin da piccolo negli Stati Uniti. Quando la madre muore, nel testamento lascia una grossa somma a un riformatorio di Palermo. Lì Ruggero conosce una ragazza, Lucia, spacciatrice di droga e prostituta. Lui fa di tutto per aiutarla ma quando la ragazza esce dal riformatorio torna sulla cattiva strada. Un lavoro non abbastanza incisivo ma con la bella interpretazione di Jo Champa. ■ DRAMMATICO; COL.; 110′; ITALIA, 1989.

SOLEDAD ★★
Regia di MARIO CRAVERI, ENRICO GRAS. Con PILAR CANSINO, FERNANDO FERNÁN GÓMEZ. ■ Due documentaristi piuttosto noti imbastiscono una fragile storiella. Un giovane è alla ricerca di prove per dimostrare che il marito della donna che ama è morto, in modo da poterla sposare. ■ DRAMMATICO; COL.; 91′; ITALIA, 1959.

SOLEDAD – CHI PUÒ CONDANNARLA? *(Esa mujer)* ★★
Regia di MARIO CAMUS. Con HUGO BLANCO, CANDIDA LOSADA, SARA MONTIEL, IVAN RASSIMOV. ■ Una suora violentata dà alla luce una bambina da cui viene immediatamente divisa. La donna lascia il convento e, dopo molte avventure, s'innamora di un uomo sposato, ma ha la tragica sorpresa di scoprire che la moglie di costui è la propria figlia. L'uomo s'uccide incidentalmente e madre e figlia, assolte al processo, vivranno insieme. ■ DRAMMATICO; COL.; 92′; SPAGNA, 1972.

SOLE DENTRO, IL ★★
Regia di PAOLO BIANCHINI. Con DIEGO BIANCHI, GIOBBE COVATTA, ANGELA FINOCCHIARO, GAETANO FRESA, FRANCESCO SALVI. ■ 1999. Yaguine e Fodé, due adolescenti della Guinea, decidono di scrivere una lettera "Alle loro Eccellenze i membri e responsabili dell'Europa" sulle condizioni dei bambini nel loro paese. Vogliono consegnarla personalmente e, per far ciò, si nascondono nel vano carrello di un aereo per Bruxelles. 2009, Thabo, ragazzino prelevato dal suo villaggio guineiano come possibile promessa del calcio, viene abbandonato in mezzo a una strada perché ritenuto non sufficientemente dotato. Il compagno di allenamenti Rocco lo rintraccia e inizia con lui un avventuroso viaggio verso N'Dola, dove Thoba ha la sua famiglia. ■ DRAMMATICO; COL.; 100′; ITALIA, 2021.

SOLE DI MONTECASSINO – SAN BENEDETTO DOMINATORE DEI BARBARI, IL ★★
Regia di GIUSEPPE MARIA SCOTESE. Con ADRIANA BENETTI, FOSCO GIACHETTI, NINO PAVESE. ■ Al tempo delle invasioni barbariche il giovane patrizio romano Benedetto si ritira dal mondo e fonda l'abbazia di Montecassino, destinata a divenire un rifugio dalle devastazioni. ■ BIOGRAFICO; B/N; 93′; ITALIA, 1945.

SOLE È DI TUTTI, IL ★★
Regia di DOMENICO PAOLELLA. Con DINO, ROSSELLA COMO, CARLO DELLE PIANE, LUCIANA GILLI, MARIO MARANZANA, AVE NINCHI, ELIO PANDOLFI. ■ Il pretesto per le esibizioni musicali del cantante Dino, allora abbastanza popolare, è dato dalla strampalata storiella di sette ragazze che vengono inviate a Roma col miraggio di una favolosa eredità. ■ COMMEDIA; COL.; 92′; ITALIA, 1968.

SOLEIL ★★★
Regia di ROGER HANIN. Con ROGER HANIN, SOPHIA LOREN, PHILIPPE NOIRET, NICOLAS OLCZYK, MARIANNE SÄGEBRECHT. ■ Ancora un ritratto femminile a tutto tondo (anche se nella convenzione) per la Loren. Qui impegnata a interpretare la "memoria" della madre di un anziano cardiologo che, in punto di morte, ritorna alla sua infanzia nel 1940 ad Algeri. Con mamma Titine che se la doveva cavare da sola con cinque figli a cui badare. ■ DRAMMATICO; COL.; 102′; FRANCIA, GERMANIA, ITALIA, 1997.

SOLE INGANNATORE ★★★
(Outomlionnye solntsem – Soleil trompeur)
Regia di NIKITA MIKHALKOV. Con INGEBORGA DAPKUNAITE, OLEG MENCHIKOV, NADIA MIKHALKOV, NIKITA MIKHALKOV. ■ Nell'estate del 1936 i processi staliniani contro gli intellettuali subirono una recrudescenza. In una villa di campagna giunge un ragazzo, spia della polizia politica, per incastrare un colonnello eroe della Rivoluzione. ■ DRAMMATICO; COL.; 134′; FRANCIA, RUSSIA, 1994. ■ CANNES 1 PR; OSCAR 1 PR, 1 NOM.

SOLE NEGLI OCCHI ★★
Regia di ANDREA PORPORATI. Con DELIA BOCCARDO, GIANNI CAVINA, FABRIZIO GIFUNI, VALERIO MASTANDREA. ■ Triste storia di un parricidio. Marco uccide il padre senza una ragione apparente: si tratta di uno dei tanti delitti che la cronaca attribuisce a un raptus di follia. Marco ha avuto una vita normale, ma c'è una frattura nella sua personalità che si esprime nell'odio verso il genitore, un sentimento cresciuto anno dopo anno, che infine sfocia nella violenza. Interessante opera prima dello scrittore/sceneggiatore Andrea Porporati, proveniente da esperienze televisive. ■ DRAMMATICO; COL.; 90′; ITALIA, 2001.

SOLE NEGLI OCCHI, IL ★★★
Regia di ANTONIO PIETRANGELI. Con GABRIELE FERZETTI, IRENE GALTER, PAOLO STOPPA. ■ Una povera domestica viene messa incinta da un operaio che l'abbandona. La poverina perde il posto, ma si consola dedicandosi alla vita che sta per sbocciare. ■ DRAMMATICO; B/N; 98′; ITALIA, 1953.

SOLE NEL CUORE, IL *(April Love)* ★★
Regia di HENRY LEVIN. Con PAT BOONE, SHIRLEY JONES, DOLORES MICHAELS. ■ Un ragazzo sbandato si mette nei guai con la legge perché, maniaco della velocità, ruba un'auto. Viene affidato a degli zii che allevano cavalli e conquista la simpatia di tutti diventando fantino. ■ COMMEDIA; COL.; 97′; USA, 1957. ■ OSCAR 1 NOM.

SOLE NELLA PELLE, IL ★★
Regia di Giorgio Stegani Casorati. Con Fortunato Arena, Chris Avram, Stella Carnacina, Ornella Muti, Alessio Orano, Luigi Pistilli. ■ La giovanissima figlia di un riccone s'innamora di un hippy e insieme fanno una gita sulla barca di papà. I due naufragano e a casa, dove non sanno nulla, si pensa a un rapimento. Così quando la polizia li ritrova il giovane è accusato: troverà la morte tentando di fuggire. ■ Drammatico; col.; 93'; Italia, 1971.

SOLE NELLA POLVERE, IL ★★
(Dans la poussière du soleil)
Regia di Richard Balducci. Con Daniel Beretta, Bob Cunningham, Maria Schell. ■ Tentativo ambizioso e maldestro di trasportare l'*Amleto* di Shakespeare nel West con inserti erotici. Il figlio d'un tizio assassinato dal fratello si finge pazzo, finché non scatena la sua vendetta prendendo pretesto da una recita di una compagnia di guitti italiani. ■ Western; col.; 83'; Francia, 1971.

SOLE NELLA STANZA, IL *(Tammy and the Doctor)* ★★★
Regia di Harry Keller. Con Beulah Bondi, MacDonald Carey, Sandra Dee, Peter Fonda. ■ Una ragazza, accompagnando una vecchia signora in ospedale, s'innamora di un medico e con il suo ottimismo e la sua bontà riesce a conquistarlo. ■ Commedia; b/n; 88'; USA, 1963.

SOLE NERO, IL ★★★
Regia di Krzysztof Zanussi. Con Lorenzo Balducci, Toni Bertorelli, Kaspar Capparoni, Remo Girone, Valeria Golino, Mariella Lo Sardo, Victoria Zinny. ■ Agata e Manfredi si amano di un amore assoluto. Dopo una notte di passione in cui i giovani sposi progettano un figlio e il futuro, Manfredi viene ucciso per noia e invidia da un vicino di casa balordo, celato dietro una persiana. Agata, impazzita per la perdita prematura del marito, è decisa a vendicarsi. Diffidente nei confronti dello Stato e della sua giustizia, Agata riconosce, pedina e inchioda al suo destino l'assassino del compagno. Dopo l'elaborazione del lutto sentimentale dell'ambasciatore "non grato" e polacco del film precedente (*Persona non grata*), Zanussi gira un melodramma metafisico ispirato a un fatto di cronaca accaduto nella provincia catanese. Nella città siciliana cova il dolore e la vendetta di una sposa che il capriccio di un "angelo caduto" ha reso dissennata e vedova. Formalmente elegante e rigoroso, il cinema del regista polacco risulta composto e distante nel trattare l'*amour fou*. La freddezza del film risiede nella volontà di non intervenire se non coi fatti, un metodo oggettivo tenacemente attaccato allo stato delle cose piuttosto che ai sentimenti. Neppure la morbidezza della Golino riesce a creare il caos necessario a scompigliare le perfette geometrie esistenziali del film, la passione eccessiva e totale di Agata per Manfredi è tragica ma priva di vertigine. ■ Drammatico; col.; 104'; Francia, Italia, 2006.

SOLE NUDO ★
Regia di Tonino Cervi. Con Tania Alves, Paolo Bonacelli, David Brandon. ■ Luca, avventuriero della finanza, ha un guaio di diversi miliardi. Va a Rio in cerca dell'aiuto di un amico, ma invece di trovarlo conosce una bella ragazza con la quale instaura un tormentato e discontinuo rapporto che però ha un lieto fine. ■ Sentimentale; col.; 107'; Italia, 1984.

SOLE ROSSO *(Soleil rouge)* ★★★
Regia di Terence Young. Con Ursula Andress, Charles Bronson, Capucine, Alain Delon, Toshiro Mifune. ■ I banditi assaltano il treno dove viaggia l'ambasciatore giapponese che sta andando a Washington, l'uccidono e gli rubano una preziosa spada. Un samurai della scorta per lavare l'onta deve recuperare il prezioso oggetto e, per farlo, si allea a uno dei fuorilegge che è stato tradito dai compagni. La lunga caccia dei due termina nel corso di un assalto dei pellirosse da cui si salvano in pochi. ■ Western; col.; 112'; Francia, Italia, Spagna, 1972.

SOLE ROSSO SANGUE *(Red Sun Rising)* ★★
Regia di Francis Megahy. Con Terry Farrell, Terry Farrell, Michael Ironside, Mako, Don Wilson. ■ Un detective giapponese dai modi violenti è incaricato di mettere fine alla carriera del killer più spietato della Yakuza, in "missione" a Los Angeles. Per riuscirci dovrà farsi aiutare da una bella detective locale. ■ Western; col.; USA, 1993.

SOLE ROSSO SUL BOSFORO *(Innocent Bystanders)* ★★★
Regia di Peter Collinson. Con Dana Andrews, Stanley Baker, Geraldine Chaplin, Donald Pleasence. ■ Un agente segreto inglese, ritenuto da tutti un uomo finito, riesce a battere i concorrenti e a ritrovare in Turchia uno scienziato ebreo russo che vuole consegnare le proprie scoperte all'Occidente. ■ Spionaggio; col.; 110'; Gran Bretagna, 1972.

SOLE SCOTTA A CIPRO, IL *(The High Bright Sun)* ★★
Regia di Ralph Thomas. Con Dirk Bogarde, Colin Campbell, George Chakiris, Susan Strasberg. ■ Nel 1957, una turista americana a Cipro è testimone di un attentato dei partigiani locali contro gli inglesi. La ragazza non denuncia i colpevoli, ma gli irredentisti decidono di eliminarla. Sarà salvata da un coraggioso ufficiale britannico. ■ Drammatico; b/n; 114'; Gran Bretagna, 1965.

SOLE SORGE ANCORA, IL ★★★
Regia di Aldo Vergano. Con Vittorio Duse, Carlo Lizzani, Lea Padovani, Elli Parvo, Massimo Serato. ■ Film neorealista sulla Resistenza, incentrato sulle vicende di un soldatino che alla fine, dopo alcune avventure sentimentali, s'arruolerà tra i partigiani. Si ricorda soprattutto la scena in cui un sacerdote, condotto alla fucilazione dai tedeschi, riesce a far ribellare i contadini recitando le litanie. Il prete è interpretato da Carlo Lizzani. ■ Drammatico; b/n; 90'; Italia, 1947.

SOLE SORGERÀ ANCORA, IL *(The Sun also Rises)* ★★★
Regia di Henry King. Con Mel Ferrer, Errol Flynn, Ava Gardner, Juliette Gréco, Tyrone Power, Gregory Ratoff. ■ Negli anni Venti, alcuni americani che vivono a Parigi si recano alla festa di san Firmino a Pamplona. Tutti ruotano attorno a una bella scozzese alcolizzata che si concede ai toreri perché l'unico che potrebbe amare veramente è un altro del gruppo, uno scrittore rimasto evirato in seguito a una ferita di guerra. ■ Drammatico; col.; 129'; USA, 1957.

SOLE SPLENDE ALTO, IL *(The Sun Shines Bright)* ★★★★
Regia di John Ford. Con John Russell, Arleen Whelan, Charles Winninger. ■ Siamo nel 1905, a quarant'anni dalla fine della guerra di Secessione, in una cittadina del Kentucky. Il giudice Priest, molto amato dalla popolazione, in prossimità delle elezioni ha un fiero concorrente in Maydew. Nonostante il timore di non essere rieletto accetta di assumere in due occasioni un atteggiamento che può riuscire sgradito ai cittadini ancora legati allo spirito del vecchio Sud: salva dal linciaggio un nero innocente e accompagna alla tomba una prostituta. Il suo coraggio sarà premiato. Un film di Ford in qualche punto zuccheroso ma con scene indimenticabili, prima fra tutte quella del funerale: il giudice segue il feretro da solo, ma viene a poco a poco raggiunto da tutti i compaesani. Il regista riprende temi e personaggi di una sua vecchia pellicola, *Il giudice*, girata nel 1931 con il comico Will Rogers. ■ Commedia; b/n; 92'; USA, 1953.

SOLE SPUNTA DOMANI, IL ★★★
(Our Vines Have Tender Grapes)
Regia di Roy Rowland. Con James Craig, Jack Butch Jenkins, Agnes Moorehead, Margaret O'Brien, Edward G. Robinson. ■ Trasferitasi suo malgrado in un piccolo paese del Wisconsin abitato da una comunità di origine norvegese, una maestra ha presto notevoli problemi d'adattamento, che neppure la sincera amicizia di un professionista del luogo riesce in qualche modo a lenire. La donna poi però si trova ad assistere quasi ad una gara, ingaggiata dagli abitanti del borgo, per aiutare un allevatore cui un incendio ha distrutto il bestiame. Si concilia allora con le abitudini della cittadina e comincia a ricambiare il sentimento del professionista. ■ Commedia; b/n; 105'; USA, 1945.

SOLE SULLA PELLE, IL *(Le soleil dans l'oeil)* ★★
Regia di Jacques Bourdon. Con Georges Descrières, Anna Karina, Jacques Perrin. ■ Emma cede durante una vacanza all'amore di un giovanissimo. Raggiunta in seguito da Denis, il suo amante, vuole soffocare i propri sensi di colpa coprendolo di

attenzioni; la cosa però non manca di insospettire l'uomo che alla fine scopre tutto. Ricambiato il tradimento con un amorazzo per una ragazzina, Denis è disponibile a riunirsi con Emma. ■ DRAMMATICO; B/N; 94'; FRANCIA, 1961.

SOLE TORNERÀ, IL ★★
Regia di FERNANDO MERIGHI. Con MEMMO CAROTENUTO, ROBERTO MAURI, NILLA PIZZI. ■ La Pizzi è una cantante che sta per diventare cieca: l'amore di un pilota la salverà. ■ DRAMMATICO; B/N; 90'; ITALIA, 1957.

SOLI CONTRO IL CRIMINE *(Good Cop, Bad Cop)* ★★
Regia di DAVID A. PRIOR. Con ROBERT HAYS, STACY KEACH, DAVID KEITH. ■ C'è un caso di omicidio da risolvere. Il detective non trova altri aiuti tranne il fidanzato della vittima e una prostituta che ha visto qualcosa. La polizia, invece, fa di tutto per bloccare l'inchiesta. Alla fine la scomoda verità verrà a galla. Produzione senza infamia e senza lode. ■ GIALLO; COL.; 100'; USA, 1990.

SOLI CONTRO TUTTI ★
Regia di TIE SHAN SI. Con YEE NAN SHEE, YU WANG. ■ Un giovane campione di arti marziali uccide in un duello un fortissimo rivale, componente di una feroce banda di contrabbandieri. Ricercato dall'organizzazione, che spera di indurlo alla resa con i rapimenti della sua donna e della sorella, è spinto a una efferata vendetta: eliminerà tutti i membri della banda. ■ AVVENTURA; COL.; HONG KONG, 1975.

SOLIMANO IL CONQUISTATORE ★★
Regia di VATROSLAV MIMICA, MARIO TOTA. Con LORIS GIZZI, EVI MALTAGLIATI, GIORGIA MOLL, EDMUND PURDOM. ■ Orlovich e Ivan arrestano a Samograd l'avanzata dei turchi, liberando tutti i bambini che questi avevano catturato durante il precedente saccheggio della città. Morto Solimano, condottiero degli invasori, il suo successore sferra un tremendo attacco a Samograd durante il quale Orlovich perde la vita. Ivan porterà in salvo donne e bambini. ■ AVVENTURA; COL.; 91'; ITALIA, 1961.

SOLI NEL BUIO *(Alone in the Dark)* ★★
Regia di JACK SHOLDER. Con MARTIN LANDAU, JACK PALANCE, DONALD PLEASENCE. ■ Quattro psicopatici, chiusi in un manicomio criminale, durante un black out riescono a fuggire dall'istituto. Impazzano nella vicina città, per installarsi poi nella casa di un dottore. Horror girato con mano pesante, ma non sprovvisto di momenti di autentica suspense. Il film si giova non poco della probità professionale di un terzetto di vecchie volpi dello schermo. ■ HORROR; COL.; 92'; USA, 1982.

SOLI NELL'INFINITO *(Toward the Unknown)* ★★★
Regia di MERVYN LE ROY. Con JAMES GARNER, WILLIAM HOLDEN, VIRGINIA LEITH, LLOYD NOLAN. ■ L'esperto pilota Bond, uscito dal carcere, chiede di poter riprendere il suo lavoro all'aeroporto. Accettata con molte riserve la sua domanda, Bond si distingue per la perizia con cui sottopone a collaudo i velivoli a lui assegnati, e ne individua uno pericolosamente difettoso. Una brutta avventura vissuta dal suo generale durante un volo sull'apparecchio incriminato consente al pilota di riguadagnare la fiducia di tutti. ■ DRAMMATICO; COL.; 92'; USA, 1956.

SOLI PER LE STRADE ★★
Regia di SILVIO SIANO. Con BRUNELLA BOVO, CARLO TAMBERLANI, MARCO VICARIO. ■ Una pietosa vicenda di emarginazione con protagonista un bambino di sei anni, che fugge ripetutamente da casa e partecipa con altri ragazzini, manipolati da loschi figuri, a imprese criminali. Ricercato dal comprensivo commissario Bertoni, si riscatta consentendo il salvataggio di un uomo gravemente ferito in seguito a un incidente sul lavoro. Sarà poi adottato dall'affettuoso poliziotto. ■ DRAMMATICO; B/N; 115'; ITALIA, 1953.

SOLISTA, IL *(The Soloist)* ★★★
Regia di JOE WRIGHT. Con ROBERT DOWNEY JR., JAMIE FOXX, CATHERINE KEENER, STEPHEN ROOT, ROBYN JEAN SPINGER. 2005. ■ Steve Lopez, giornalista del «Los Angeles Times», ha due problemi: una rovinosa caduta dalla bicicletta gli ha temporaneamente deturpato mezzo viso e, soprattutto, è a corto di idee per i suoi articoli che sono in presa diretta sulla realtà. Un giorno incontra del tutto casualmente Nathaniel Ayers, un homeless affetto da disturbi psichici che però sa suonare benissimo un violino con due sole corde. Lopez ha così trovato l'ispirazione per i suoi pezzi che riscuotono successo e, al contempo, decide di darsi da fare per Ayers e per quelli che vivono nelle sue condizioni. Inizia con il procuragli un violoncello (strumento che Nathaniel ha studiato) e a cercare di riconciliarlo con il mondo superando i propri fantasmi. Non sarà un'impresa facile. ■ DRAMMATICO; COL.; 117'; GRAN BRETAGNA, USA, FRANCIA, 2009.

SOLITARIO DELLA MONTAGNA, IL ★★
Regia di WLADIMIRO DE LIGUORO. Con GIORGIO BIANCHI, CARLO NINCHI. ■ Un uomo non riesce ad andare d'accordo con sua moglie (che tra l'altro lo tradisce), così si ritira su una montagna, in un luogo difficile da raggiungere. Qui conosce una ragazza della quale si innamora, questa volta ricambiato. ■ COMMEDIA; B/N; 93'; ITALIA, 1931.

SOLITARIO DEL TEXAS, IL *(Albuquerque)* ★★
Regia di RAY ENRIGHT. Con BARBARA BRITTON, GEORGE GABBY HAYES, RANDOLPH SCOTT. ■ La concorrenza fra due imprese di trasporti diventa sleale: si risolverà tutto nel modo tradizionale, a pistolettate. ■ WESTERN; COL.; 89'; USA, 1947.

SOLITARIO DEL WEST, IL *(The Bull of the West)* ★★★
Regia di PAUL STANLEY. Con CHARLES BRONSON, LEE J. COBB, JAMES DRURY, BRIAN KEITH, GEORGE KENNEDY. ■ Un allevatore scontroso e complessato, Justin, non condivide l'accordo stipulato dai suoi colleghi di lasciare liberi i pascoli e si rinserra nel suo appezzamento. L'uomo però non manca di dimostrare la sua concreta solidarietà quando una commerciante di bestiame decide di invadere con i suoi uomini i possedimenti degli allevatori. Scacciata la donna e la sua banda, scoperto che il bestiame di Justin ha contratto un'infezione, il gruppo di allevatori offre il suo aiuto allo sfortunato collega. ■ WESTERN; COL.; 100'; USA, 1972.

SOLITARIO DI RIO GRANDE, IL *(Shootout)* ★★★
Regia di HENRY HATHAWAY. Con JEFF COREY, GREGORY PECK, PAT QUINN, SUSAN TYRRELL. ■ Uscito di prigione, Clay vuole vendicarsi del suo ex complice, Sam Foley, che l'ha tradito. Questi a sua volta assolda tre killer col compito di ucciderlo. Rifugiatosi nella fattoria di una vedova, che ha una bambina, presumibilmente sua figlia, Clay è raggiunto dai mercenari, due dei quali rapiscono la piccola. Scovato il covo di Sam, Clay riesce a liberarla e torna alla fattoria per ricominciare una nuova vita con la vedova. ■ WESTERN; COL.; 95'; USA, 1971.

SOLITI AMICI, I *(The Crew)* ★
Regia di MICHAEL DINNER. Con SEYMOUR CASSEL, RICHARD DREYFUSS, DAN HEDAYA, LAINIE KAZAN, CARRIE ANN MOSS, BURT REYNOLDS, JENNIFER TILLY. ■ A Billy di passare un weekend sulla barca del cognato non va proprio, anche se la destinazione sono le Bahamas. In nome del matrimonio si fa però questo ed altro: e in fondo due giorni all'insegna del riposo potrebbero anche andargli bene. Una volta sulla barca Billy scopre che ci sono molti altri ospiti: quel sabato e quella domenica saranno per Billy l'esperienza più scioccante e incredibile della sua vita. Il film è stato prodotto nel 1994. ■ COMMEDIA; COL.; 87'; USA, 2000.

SOLITI IDIOTI, I ★★
Regia di ENRICO LANDO. Con FABRIZIO BIGGIO, VALERIA BILELLO, MADALINA GHENEA, FRANCESCO MANDELLI, GIANMARCO TOGNAZZI. ■ L'incubo del volgare imprenditore romano Ruggero De Ceglie sta per realizzarsi quando il figlio Gianluca è in procinto di sposarsi. Per lui, sessantenne donnaiolo arricchitosi sui panini coi wurstel, avere un figlio colto e sensibile, determinato a sposarsi per amore con una ragazza poco attraente, è un'onta insopportabile, a cui decide di rimediare scommettendo con un altro laido imprenditore romano che Gianluca finirà a letto con la Sorcicova, una famosa top model di biancheria intima. ■ COMMEDIA; COL.; 80'; ITALIA, 2011.

SOLITI IGNOTI, I ★★★★★
Regia di MARIO MONICELLI. Con CLAUDIA CARDINALE, MEMMO CAROTENUTO, VITTORIO GASSMAN, CARLA GRAVINA, MARCELLO MASTROIANNI, TIBERIO MURGIA, RENATO SALVATORI, TOTÒ. ■ Gassman è Peppe, un pugile balbuziente in disarmo, Mastroianni è Tiberio, che bada al pupo mentre la moglie è in pri-

gione, Salvatori è Mario, perditempo bonaccione che si fa mantenere dalle vecchie zie, Murgia è Ferribotte, siciliano geloso della sorella Carmela (Claudia Cardinale), Pisacane è Capannelle, dalla storica fame arretrata. Poi c'è Totò, il "maestro". Si presenta l'occasione per un colpo facile: scassinare una cassaforte in tutta tranquillità, sfondando un sottile muro che divide un'abitazione privata dal Monte dei pegni. La "banda" prepara tutto come ha visto fare nei film, usa tutti i mezzi necessari (Gassman all'occorrenza seduce Carla Gravina, anche se poi non servirà), riprende persino (con cinepresa rubata) il luogo del colpo. Alla fine agiscono, aprono porte e sfondano il muro, solo che per un insignificante cambio di mobili si trovano nella cucina dello stesso appartamento. Nel frigorifero c'è pasta e ceci. Siedono al tavolo e... cenano. Val la pena di fare altri nomi: Age, Scarpelli e Suso Cecchi D'Amico alla scrittura. E naturalmente Monicelli alla regia. Capolavoro per molte ragioni. Il "comico" che diventa "cosa seria", non solo espressione di gag estemporanee o di gestacci scontati; Gassman, fino allora noto per i classici in teatro o per ruoli di cattivo (alla *Riso amaro*), che diventa un attore comico, e continuerà su quella strada (*La grande guerra, Brancaleone, Il sorpasso*); la forza irresistibile di certi caratteri, Murgia e Pisacane, che divennero precedenti imprescindibili; la capacità del film di rappresentare, col sorriso-un-po'-triste, quel momento storico difficile ma che forse sarebbe stato abbastanza felice, e che poi in effetti lo fu. Non si contano i remake, anche a Hollywood. Sarebbe seguita la stagione della cosiddetta commedia italiana, capace (quasi) di riproporre la straordinaria qualità e importanza del movimento neorealista di vent'anni prima. La memoria del cinema rimanda alcune sequenze magnificamente storiche: la lezione di cassaforte di Totò, Gassman balbuziente che conta il tempo e dieci secondi diventano un minuto, il muro interno sfondato per niente. *I soliti ignoti* rappresenta quel "sorriso intelligente" che è un'opzione primaria e benemerita del cinema: da Chaplin a Tati, da Wilder a Allen. Con questo Monicelli siamo da quelle parti e a quei livelli. Ma c'è dell'altro. Il film, rivisto ai nostri giorni, non ha perso vedibilità. Anzi, adesso si ritrova cinque stelle, da quattro che ne aveva nella prima edizione del "Farinotti". ■ COMMEDIA; B/N; 111'; ITALIA, 1958. ■ OSCAR 1 NOM.

SOLITI IGNOTI COLPISCONO ANCORA – E UNA BANCA RAPINAMMO PER FATAL COMBINAZION, I ★★
(Ab Morgen sind wir Reich und Glücklich)
Regia di FRANÇOIS LEGRAND. Con CARROLL BAKER, CURD JÜRGENS, CHRISTINE KAUFMANN, ARTHUR KENNEDY. ■ Una coppia di amici che aspira ad entrare nel mondo del cinema viene coinvolta in una rapina, commissionata da un capo mafioso che vuole impadronirsi delle prove neccessarie a ricattare un politicante americano. I nostri risolveranno brillantemente la situazione. ■ COMMEDIA; COL.; 95'; AUSTRIA, ITALIA, 1976.

SOLITI IGNOTI MADE IN USA, I *(Crackers)* ★★
Regia di LOUIS MALLE. Con SEAN PENN, DONALD SUTHERLAND, JACK WARDEN. ■ Come chiarisce il titolo italiano, il precedente illustre di *Crackers* è il film di Monicelli del 1958. A San Francisco una banda di furfanti male assortiti prende di mira il forziere di un Banco dei pegni. La realizzazione del piano è complicata per gli errori e l'incapacità di cui i rapinatori danno prova. Louis Malle ha però fatto di meglio. ■ AVVENTURA; COL.; 91'; USA, 1983.

SOLITI IGNOTI VENT'ANNI DOPO, I ★★
Regia di AMANZIO TODINI. Con VITTORIO GASSMAN, MARCELLO MASTROIANNI, TIBERIO MURGIA, CLELIA RONDINELLA. ■ Invecchiati e malandati, i soliti ignoti decidono di mettere a segno un colpo più proficuo: esportare valuta dall'Italia alla Jugoslavia. Ignorano, però, che i mandanti dell'operazione intendono farli tornare in patria con un carico di droga e che, alla fine, uno di loro finirà assurdamente ammazzato. Triste conclusione di un mito cinematografico. ■ COMMEDIA; COL.; 99'; ITALIA, 1985.

SOLITI RAPINATORI A MILANO, I ★★
Regia di GIULIO PETRONI. Con PETER BALDWIN, FRANCO FABRIZI, JACQUELINE SASSARD. ■ Un gruppetto di ladruncoli ha in mente di rubare tutti i gioielli di una riccona, in occasione di una prima alla Scala. Allo scopo, vogliono servirsi di un elegante dongiovanni che seduca la signora. Ma la donna ha un'inaspettata reazione e senza pentimenti minaccia di recarsi al commissariato per la denuncia dell'avvenuta rapina. Terrorizzato, il bellimbusto restituisce i gioielli. ■ COMMEDIA; B/N; 94'; ITALIA, 1961.

SOLITI SOSPETTI, I *(The Usual Suspects)* ★★★
Regia di BRYAN SINGER. Con STEPHEN BALDWIN, GABRIEL BYRNE, CHAZZ PALMINTERI, KEVIN SPACEY. ■ Un gruppo di professionisti viene ingaggiato da un fantomatico committente, per un colpo che frutterà un'intera nave di cocaina. Sopra la banda aleggia il misterioso Kaiser Soze, più cattivo del demonio, forse il demonio in persona. In un intreccio di violenza e di misteri, mentre un detective cerca di sbrogliare la matassa ascoltando un "pentito", tutti i componenti muoiono e il mistero Soze viene (in parte) svelato. Film arrivato dall'America nel segno del culto, ha avuto ottimo successo anche da noi. «Arrestate... i soliti sospetti» è una citazione di *Casablanca*: sono le parole che il poliziotto Renault (Rains) dice ai suoi uomini per salvare il suo amico Rick (Bogart). Ricordiamo Kevin Spacey, diventato ormai il più grande cattivo del noir contemporaneo (*Seven*). ■ GIALLO; COL.; 105'; USA, 1995. ■ GOLDEN GLOBES 1 NOM; OSCAR 2 PR, 2 NOM.

SOLITUDINE ★★
Regia di LIVIO CESARE PAVANELLI. Con ANDREA CHECCHI, CAROLA HAHN. ■ Un ingegnere siderurgico sta per fare una straordinaria scoperta e per questo trascura la moglie, che minaccia di abbandonarlo. Una brava e affezionata cugina risolverà la situazione. ■ DRAMMATICO; B/N; 93'; ITALIA, 1941.

SOLITUDINE *(Night into Morning)* ★★
Regia di FLETCHER MARKLE. Con NANCY DAVIS, JOHN HODIAK, RAY MILLAND. ■ Morti moglie e figlio in un incendio, il professor Ainley è vittima di continue crisi di sconforto che scarica sui suoi allievi e che cerca di annegare nell'alcool. Ne fa le spese Check, che viene ingiustamente bocciato all'esame d'inglese. Aiutato da due giovani amici, l'insegnante troverà la forza di riprendersi. ■ DRAMMATICO; B/N; 86'; USA, 1951.

SOLITUDINE ★★
Regia di RENATO POLSELLI. Con ROSARIO BORELLI, FRANCA DOMINICI, TECLA SCARANO. ■ Incolpato ingiustamente per un omicidio di cui è invece responsabile il fratellastro Paolo, Alberto è scagionato in seguito alla confessione di Dalila, complice di Paolo, che ha consentito l'arresto del vero colpevole. Riconquisterà anche l'affetto della madre adottiva. ■ DRAMMATICO; B/N; 78'; ITALIA, 1961.

SOLITUDINE DEI NUMERI PRIMI, LA ★★
Regia di SAVERIO COSTANZO. Con MARTINA ALBANO, LUCA MARINELLI, ARIANNA NASTRO, TOMMASO NERI, ALBA ROHRWACHER. ■ Alice e Mattia. Coetanei a Torino. Bambini le cui coscienze sono attraversate da un trauma profondo che non li abbandonerà mai. Alice e Mattia. Si conoscono. Potrebbero amarsi. Si separano (lui accetta un incarico in Germania e lei si sposa). Potrebbero ritrovarsi se consentissero a se stessi ciò che si sono sempre in qualche modo vietati. Saverio Costanzo alla sua terza prova si assume il non facile compito di rileggere un best seller quale è il romanzo omonimo di Paolo Giordano (con il quale scrive la sceneggiatura). Lo fa con grande coraggio a partire dal nuovo mutamento di stile. Nessuno dei tre film del regista è simile all'altro nello sguardo e nelle modalità di ripresa perché Costanzo adatta il proprio fare cinema (che resta coerente in quanto a scelta di tematiche di base) alla storia che racconta. Questo può spiazzare chi preferisce che un regista rimanga sempre fedele ad elementi linguistici che lo rendano facilmente identificabile e collocabile. Costanzo destruttura la linearità narrativa del romanzo avvertendoci sin dall'inizio (grazie anche alla musica di Mike Patton e a una grafica di forte impatto) che ci troviamo dinanzi ad un horror. Perché l'orrore della sofferenza attraversa corpi ed anime dei due protagonisti. Alice, la cui lesione fisica verrà spiegata solo molto più avanti ma che da subito determina il suo rapporto con il mondo e Mattia, che ha un vulnus che lo tormenta nel profondo spingendolo all'autolesionismo. Due corpi che potrebbero fondersi ma che restano murati in una solitudine che si presenta come ineluttabile perché il senso di colpa e il sentirsi fuori posto (in

una società sempre più spietata sin dalle età più giovani) finiscono con lo spingere a costruire muri in cui si possono aprire solo piccole brecce che sembrano sempre pronte a richiudersi. ■ DRAMMATICO; COL.; 118′; ITALIA, FRANCIA, GERMANIA, 2010.

SOLLAZZEVOLI STORIE DI MOGLI GAUDENTI E DI MARITI PENITENTI ★
Regia di ROMANO GASTALDI (pseud. di JOE D'AMATO). Con MONICA AUDRAS, MARZIA DAMON, ATTILIO DOTTESIO. ■ Sottoprodotto del filone erotico di stampo decameroniano. ■ COMMEDIA; COL.; 92′; ITALIA, 1972.

SOL LEVANTE *(Rising Sun)* ★★★
Regia di PHILIP KAUFMAN. Con TAGAWA CARY-HIROYUKI, SEAN CONNERY, HARVEY KEITEL, WESLEY SNIPES. ■ A Los Angeles una macro-holding giapponese tratta l'acquisto di un gruppo americano. Durante la festa relativa viene uccisa una prostituta d'altissimo bordo. La scena è stata registrata, con tanto di immagine dell'assassino, il potentissimo Sakamura. Il capitano Connor (Connery) e il tenente Smith (Snipes) sono incaricati dell'indagine. Connor è un grande conoscitore della civiltà nipponica e sa muoversi fra i loro riti complicati. Si convince che Sakamura non è l'uomo giusto. I giapponesi, maestri in quel gioco, sono riusciti a truccare il disco audiovisivo. Viene in evidenza il solito senatore corrotto e odioso e l'altrettanto solito giovane manager impeccabilmente vestito. Fra karatè, filosofia orientale, golf e ammiccamenti amorosi, alla fine tutto va a posto. ■ GIALLO; COL.; 110′; USA, 1993.

SOLO ★★
Regia di NORBERTO BARBA. Con ADRIEN BRODY, BARRY CORBIN, BILL SADLER, MARIO VAN PEEBLES. ■ Nel futuro l'industria bellica sarà in grado di costruire guerrieri cyborg in grado di combattere le guerre più infami. Il creatore del protagonista gli ha inserito però nella mente il dubbio. A partire da questo il guerriero deciderà di prendere posizione a favore dei più deboli. L'impegno della famiglia Van Peebles (padre e figlio produttori) non viene meno neppure nel futuro. ■ FANTASTICO; COL.; 94′; USA, 1996.

SOLO ANDATA *(Un aller simple)* ★★★
Regia di JOSÈ GIOVANNI. Con JEAN-CLAUDE BOUILLON, JEAN GAVEN, ALAIN MOTTET, PAOLA PITAGORA. ■ Catturato in flagrante dopo una sanguinosa rapina, Marty, ferito e ricoverato in un ospedale, apprende che la sua donna è coinvolta senza colpa nell'assassinio di un gioielliere. Evade allora dall'ospedale per trovare le prove in grado di scagionarla. Rifugiatosi dopo un inseguimento della polizia in casa dell'amica Rose, viene a sapere che è lei la donna implicata nell'omicidio. Consegnatala alle autorità, Marty affronta con molta dignità la pena capitale. ■ DRAMMATICO; COL.; 99′; FRANCIA, 1970.

SOLO CHI CADE PUÒ RISORGERE ★★★
(Dead Reckoning)
Regia di JOHN CROMWELL. Con HUMPHREY BOGART, MORRIS CARNOVSKY, LIZABETH SCOTT. ■ Un reduce della seconda guerra mondiale indaga sulla morte di un suo vecchio commilitone. Ben presto scopre che nella vita dell'ucciso c'è stato un amore non corrisposto: trova la donna e finisce per ferirla gravemente per legittima difesa. Ma anche lei è estranea al delitto. ■ POLIZIESCO; B/N; 100′; USA, 1947.

SOLO CONTRO I GANGSTERS *(Gang War)* ★★
Regia di GENE FOWLER JR. Con CHARLES BRONSON, JENNIFER HOLDEN, KENT TAYLOR. ■ Un uomo, a cui il gangster Maxie ha ucciso la moglie per impedire di testimoniargli contro, fa di tutto per vendicarsi ma, sorpreso Maxie inerme perché assalito da una banda rivale, rinuncia alla vendetta. ■ DRAMMATICO; B/N; 75′; USA, 1958.

SOLO CONTRO IL MONDO ★★
(The Doolins of Oklahoma – The Great Manhunt)
Regia di GORDON DOUGLAS. Con JOHN IRELAND, GEORGE MCREADY, RANDOLPH SCOTT. ■ Un prestigioso capobanda, Bill Doolin, scampa miracolosamente a una carneficina seguita a una tentata rapina. Sposata la figlia di un diacono, crede di rifarsi un'esistenza come allevatore, finché non viene avvicinato di nuovo dai suoi compagni che, con una scusa, lo inducono a seguirli. Braccato dalla polizia insieme ai suoi complici, muore dopo un conflitto con lo sceriffo. ■ WESTERN; B/N; 90′; USA, 1949.

SOLO CONTRO ROMA ★★
Regia di HERBERT WISE. Con JEFFRIES LANG, PHILIPPE LEROY, ROSSANA PODESTÀ, GABRIELE TINTI. ■ Fumetto storico. Il cattivo Silla vessa gli abitanti di Alessia appena conquistata da Svetonio. Questi, informato delle malefatte del suo tribuno, lo fa combattere con il capo gallo Brenno. Il gallo buono ucciderà il romano cattivo. ■ STORICO; COL.; 90′; ITALIA, 1962.

SOLO CONTRO TUTTI *(El hijo de Jesse James)* ★★
Regia di ANTONIO DEL AMO ALGARA. Con MERCEDES ALONSO, ADRIAN HOVEN, ROBERT HUNDAR. ■ Il figlio di Jesse James scopre l'assassino di suo padre e lo fa fuori in duello. ■ WESTERN; COL.; 93′; SPAGNA, 1964.

SOLO CONTRO TUTTI *(Excessive Force)* ★
Regia di JOHN HESS. Con THOMAS IAN GRIFFITH, LANCE HENRIKSEN, JAMES EARL JONES, CHARLOTTE LEWIS, BURT YOUNG. ■ Nel corso di un'azione antidroga della polizia scompaiono tre milioni di dollari. La mafia vuole tornarne in possesso mentre un agente particolarmente abile cerca di impedirlo. Il protagonista si è scritto la storia e, evidentemente, è andato a cercarsi un regista. L'azione è continua con il rischio della ripetitività. ■ AVVENTURA; COL.; 96′; USA, 1993.

SOLO DIO MI FERMERÀ ★★
Regia di RENATO POLSELLI. Con MEMMO CAROTENUTO, GÉRARD LANDRY, LEA PADOVANI. ■ Giovane sacerdote fonda il "Villaggio dei ragazzi" per il recupero dei giovani emarginati. ■ DRAMMATICO; B/N; 91′; ITALIA, 1956.

SOLO DIO PERDONA – ONLY GOD FORGIVES ★★★
(Only God Forgives)
Regia di NICOLAS WINDING REFN. Con TOM BURKE, RYAN GOSLING, VITHAYA PANSRINGARM, KRISTIN SCOTT THOMAS, YAYA YING. ■ Julian allena pugili di thai boxe a Bangkok. Ha ucciso il padre e non gli è rimasto altro se non fuggire dall'America dove la madre è a capo di un'organizzazione mafiosa. Suo fratello l'ha seguito senza adattarsi alla vita locale e l'ennesima prostituta massacrata è il suo biglietto per l'obitorio. La cosa non è tollerabile e il capofamiglia si trasferisce a Bangkok intenzionata a fare giustizia a modo suo. In un mondo in cui tutti sono mobilitati per vendetta il più inadeguato però appare essere proprio Julian. È andato fino in Thailandia Nicolas Winding Refn per girare un film asiatico, un'opera che parte da una trama presa dal cinema di genere e, come i migliori film di serie B, asciuga la narrazione, eliminando ogni orpello e ogni ridondanza per lasciare che solo un gesto, un dettaglio o un movimento accennato raccontino svolte ed eventi. La presenza di Ryan Gosling, volto hollywoodiano e quindi eroico per definizione, è un elemento spiazzante ma in fondo in linea con le scelte anticommerciali e sofisticate del film. ■ THRILLER; COL.; 90′; FRANCIA, DANIMARCA, 2013.

SOLO DIO PUÒ GIUDICARE *(Meurtres)* ★★
Regia di RICHARD POTTIER. Con FERNANDEL, JEANNE MOREAU, PHILIPPE NICAUD. ■ Uccide la moglie per eutanasia e vuole costituirsi. I parenti, pezzi grossi, non vogliono essere coinvolti nello scandalo e fanno ricoverare l'uomo in manicomio. Ma una nipotina lo farà liberare. ■ DRAMMATICO; B/N; 120′; FRANCIA, 1950.

SOLO 2 ORE *(16 blocks)* ★★★
Regia di RICHARD DONNER. Con BRIAN ANDERSSON, CYLK COZART, HEATHER DAWN, MOS DEF, TIG FONG, DAVID MORSE, JENNA STERN, BRUCE WILLIS. ■ Una mattina come tante, l'ispettore Jack Mosley viene incaricato di portare un piccolo criminale, Eddie Bunker, dal distretto di Polizia al Tribunale a sedici isolati di distanza, dove deve presentarsi per testimoniare in un caso di reato minore. Jack pensa che sia un incarico di routine, ma ben presto si troverà prima a dover salvare il testimone da un killer e poi scoprirà che la persona contro cui Eddie deve testimoniare è proprio un poliziotto. *Solo due ore* è ricco di cliché e luoghi comuni, compreso un finale troppo dolciastro, ma la confezione è impeccabile, ci sono dei bei momenti di cinema (le sequenze all'interno dell'autobus; i duetti verbali tra il protagonista e il ciar-

liero Mos Def, vera rivelazione del film) e Donner aggiunge il suo innegabile talento e mestiere. ■ AZIONE; COL.; 105′; USA, 2006.

SOLO GRANDE AMORE, UN *(Jeanne Eagels)* ★★★
Regia di GEORGE SIDNEY. Con JEFF CHANDLER, CHARLES DRAKE, AGNES MOOREHEAD, KIM NOVAK. ■ Divenuta celebre e acclamata, dopo i faticosi inizi, una fascinosa attrice drammatica attraversa una fase di crisi. Sposatasi con uno sportivo, da cui si separa però quasi subito, e dedita all'alcool, viene sospesa dall'Associazione degli Artisti. Non basta il suo vecchio amante a farla riavere dal suo stato di prostrazione: finirà suicida. ■ DRAMMATICO; B/N; 109′; USA, 1957.

SOLO GRANDE AMORE, UN *(La casa de las palomas)* ★★
Regia di CLAUDIO GUERIN HILL. Con LUCIA BOSÈ, GLEN LEE, ORNELLA MUTI. ■ Fabrizio è conteso da una madre e da sua figlia, senza che nessuna delle due sia a conoscenza della passione dell'altra. Superato un momento di confusione seguito alla scoperta l'uomo, provatele entrambe, sceglie la più giovane. ■ DRAMMATICO; COL.; 109′; SPAGNA, 1972.

SOLO IL CIELO LO SA *(Heaven only Knows)* ★★
Regia di ALBERT S. ROGELL. Con ROBERT CUMMINGS, BRIAN DONLEVY. ■ L'arcangelo Michele, per ricongiungere il reietto Duke alla sua anima perduta, scende sulla Terra e passa diverse disavventure. Divenuti presto affezionati amici, Duke uccide un rivale, ma, scampato grazie all'aiuto della sua fidanzata alla cattura, è Michele ad essere ritenuto colpevole del misfatto. La confessione di Duke è la prova della sua redenzione. ■ FANTASTICO; B/N; 95′; USA, 1947.

SOLO IN AMERICA *(Lonely in America)* ★★
Regia di BARRY ALEXANDER BROWN. Con RANJIT CHOWDHRY, TIRLOK MALIK, ADELAIDE MILLER. ■ Una commediola discretamente divertente sull'ambientamento di un giovane che, venuto dall'India, arriva a New York. L'unica persona che conosce nella Grande Mela è suo zio Max che gli fa fare il giornalaio. Ma volendo realizzarsi oltre gli schemi della tradizione del suo paese cerca altre mete. Il regista ha lavorato per Andy Warhol, Spike Lee e Mira Nair. ■ COMMEDIA; COL.; 90′; USA, 1990.

SOLO LA FORZA *(Only the Strong)* ★
Regia di SHELDON LETTICH. Con MARK DACASCOS, GEOFFREY LEWIS, STACEY TRAVIS. ■ Un agente delle forze speciali è maestro di "capoeira", una specie di kickboxing brasiliano. Viene pertanto incaricato di istruire dodici giovanotti nerboruti. Peccato che due di loro appartengano a famiglie di grandi trafficanti di droga. Alla ricerca di un sostituto di Van Damme. ■ AZIONE; COL.; 96′; USA, 1993.

SOLOMETRO ★
Regia di MARCO CUCURNIA. Con AUGUSTO FORNARI, ELEONORA GIORGI, SIMONE LUPINO, MICHELE PLACIDO, PIETRO SERMONTI, ANNA VALLE. ■ A Roma leggono tutti lo stesso giornale: «Solo Metro», un free-press di informazione leggera sulla vita metropolitana. La pagina della cronaca interpreta liberamente storie di vita vissuta. Carla è una prostituta senza redenzione che incontra Andrea, aspirante sceneggiatore. Enrico è un borghese fedifrago sposato a Elvira, mamma di Anna, che ama l'extracomunitario Said. Massimo assomiglia a un noto motociclista e ha lasciato Gualdo Tadino per la capitale e un concorso da geometra; qui incontra Giacomo, perdigiorno sulla soglia dei quaranta. Tra drammi e commedie finiranno tutti in prima pagina. ■ DRAMMATICO; COL.; 85′; ITALIA, 2006.

SOLO MIA *(Sólo mía)* ★★
Regia di JAVIER BALAGUER. Con ALBERTO JIMÉNEZ, SERGI LÓPEZ, ELVIRA MÍNGUEZ, PAZ VEGA. ■ Joaquim e Angela, marito e moglie, con la loro bambina, conducono un'esistenza serena e felice. I loro screzi però diventano sempre più frequenti e più duri, portando Joaquim a diventare violento. ■ DRAMMATICO; COL.; 100′; SPAGNA, 2001.

SOLOMON KANE ★★
Regia di MICHAEL J. BASSETT. Con PATRICK HURD-WOOD, RACHEL HURD-WOOD, PETE POSTLETHWAITE, JAMES PUREFOY, MAX VON SYDOW. ■ Solomon Kane è stato un mercenario al servizio di Elisabetta I di Inghilterra. Ha ucciso senza alcuno scrupolo fino a quando non ha incontrato le forze degli Inferi e ha capito di dover diventare un uomo di pace se non voleva perdere la propria anima. Ora, allontanato dal convento in cui aveva trovato rifugio, si trova a dover difendere una fanciulla figlia di chi gli ha dato fiducia. Dovrà tornare ad uccidere. Alla base dello script c'è un personaggio creato dallo stesso autore che ha inventato *Conan il Barbaro*: Robert E. Howard. ■ AZIONE; COL.; 104′; FRANCIA, REPUBBLICA CECA, GRAN BRETAGNA, 2009.

SOLO PER IL SUCCESSO ★★
(Viktor Vogel – Commercial Man)
Regia di LARS KRAUME. Con GOTZ GEORGE, VADIM GLOWNA, CHULPAN KHAMATOVA, ALEXANDER SCHEER, MARIA SCHRADER. ■ Un'agenzia pubblicitaria di Francoforte assume un giovane per portare nuove idee e rilanciare la creatività. All'inizio l'ambiente è piuttosto scettico, ma poi tutti devono ricredersi perché il nuovo arrivato è... quasi geniale: per esempio concepisce uno spot dalla doppia valenza, quella pubblicitaria e quella di arte tout court. Naturalmente tanta creatività produrrà anche qualcosa di sentimentale. ■ COMMEDIA COL.; 108′; GERMANIA, 2001.

SOLO PER IL TUO AMORE *(Reifezeugnis)* ★★
Regia di WOLFGANG PETERSEN. Con MARCUS BOYSEN, NASTASSJA KINSKI, CHRISTIAN QUADFLIEG. ■ Uno dei primi film di Nastassja Kinski diretta dal regista di *La storia infinita*. La Kinski è una bella liceale in una città di provincia che fa innamorare il suo maturo professore. Ma la cosa è risaputa. Un misterioso individuo ricatta la coppia minacciando uno scandalo. ■ DRAMMATICO; COL.; 107′; GERMANIA, 1977.

SOLO PER INNAMORATI *(For Lovers Only)* ★★
Regia di CLAUDIO GUZMAN. Con ANDY GRIFFITH, SALLY KELLERMAN, DEBORAH RAFFIN. ■ Un pugno di storie d'amore in un hotel riservato alle coppie in luna di miele. ■ SENTIMENTALE; COL.; 94′; USA, 1982.

SOLO PER TE ★★
Regia di CARMINE GALLONE. Con PETER BOSSE, MARIA CEBOTARI, BENIAMINO GIGLI. ■ Una moglie, gelosa delle attenzioni che suo marito dedica all'ex amante, lo uccide. I sospetti cadono sulla donna che finisce dietro le sbarre. Solo quando la vera assassina confessa il suo delitto può tornare in famiglia. ■ DRAMMATICO; B/N; 92′; ITALIA, 1938

SOLO PER TE HO VISSUTO *(So Big)* ★★★
Regia di ROBERT WISE. Con STEVE FORREST, STERLING HAYDEN, NANCY OLSON, JANE WYMAN. ■ Storia lacrimosa ma ben realizzata di una donna rimasta vedova che alleva il figlio da sola. Il ragazzo vuole darsi agli affari, ma scottato da una delusione sentimentale farà contenta la mamma dedicandosi a più nobili attività. ■ DRAMMATICO; B/N; 101′; USA, 1953.

SOLO PER TE, LUCIA ★★
Regia di FRANCO ROSSI. Con NERIO BERNARDI, MARIELLA LOTTI, ANTONELLA LUALDI, LUIGI TOSI. ■ Una ragazza madre, che ha tenuto nascosto a tutti il suo segreto, ama un collega che rifiuta di sposare per non rivelargli il suo passato. Un giorno il bambino si perde, e un vigile lo porta sul posto di lavoro della madre. Il suo spasimante scopre così la verità, ma ancora una volta chiede alla donna di diventare sua moglie: lei finalmente accetta. ■ COMMEDIA; B/N; 93′; ITALIA, 1952.

SOLO PER VENDETTA *(Seeking Justice)* ★★
Regia di ROGER DONALDSON. Con NICOLAS CAGE, JASON DAVIS, JANUARY JONES, GUY PEARCE, HAROLD PERRINEAU. ■ Un tranquillo professore di lettere inglesi vede il suo mondo crollare quando la moglie è picchiata e violentata. La rabbia e il senso di impotenza sono tali che quando nella sala d'attesa dell'ospedale è avvicinato da un uomo che si propone di fare "giustizia" al posto suo e della polizia in cambio di futuri favori, il professore accetta. La giustizia dell'occhio per occhio sarà effettivamente fatta, ma il prezzo da pagare sarà l'ingresso forzato in un'associazione dedita al vigilantismo che non ammette fuoriuscite o dinieghi. L'indagine della discesa nella violenza di un professore di lettere è lasciata da parte, al suo posto emerge il tema del controllo totale e del panico da realizzazione della classica distopia cinematografica, quella per la quale il governo ma anche un'associazione

con braccia ovunque come in questo caso, possono controllare la nostra vita. ■ THRILLER; COL.; 104′; USA, 2011.

...SOLO QUANDO RIDO *(Only when I Laugh)* ★★
Regia di BASIL DEARDEN. Con RICHARD ATTENBOROUGH, DAVID HEMMINGS, ALEXANDRA STEWART. ■ Tre ladri mancano un "colpo", e il loro capo perde prestigio. Uno dei subalterni, allora, porta a termine una colossale truffa. L'ex capo, d'accordo con la ragazza della vittima, gli ruba tutto il denaro. L'altro lo riprende e lo consegna ad una complice che crede alleata: quella, invece, scappa col bottino. ■ COMMEDIA; COL.; 91′; GRAN BRETAGNA, 1968.

SOLO QUANDO RIDO *(Only when I Laugh)* ★★
Regia di GLENN JORDAN. Con MARSHA MASON, KRISTY MCNICHOL, JOHN VARGAS, JOAN HACKETT. ■ Avviata sul viale del tramonto, una famosa attrice si dà all'alcool. Disintossicata, ritrova il lavoro e l'amore della figlia adolescente, ma si riattacca nuovamente alla bottiglia. Ma la ragazzina e un amico riusciranno a salvarla definitivamente. Una vicenda drammatica che però Neil Simon (che l'ha scritta per l'ex moglie Marsha Mason) ha sviluppato con toni leggeri da commedia. ■ DRAMMATICO; COL.; 120′; USA, 1981. ■ GOLDEN GLOBES 1 PR, 2 NOM; OSCAR 3 NOM.

SOLO SE IL DESTINO *(Til There Was You)*
Regia di SCOTT VINANT. Con DYLAN MCDERMOTT, JEANNE TRIPPLEHORN. ■ Lei fa "il negro" per scrittori famosi, lui l'architetto. Si conoscono, litigano, si odiano (un po') e finiscono per innamorarsi. Nel frattempo abbiamo conosciuto le loro abitudini e nevrosi. Una storia che vorrebbe scimmiottare i contenuti graffianti alla Altman. Ma non ci riesce. ■ COMMEDIA; COL.; 113′; USA, 1997.

SOLO SOTTO LE STELLE *(Lonely Are the Brave)* ★★★
Regia di DAVID MILLER. Con KIRK DOUGLAS, MICHAEL KANE, WALTER MATTHAU, GENA ROWLANDS. ■ Per aiutare un amico in prigione, un uomo fa in modo di finire dentro anche lui. L'altro però rifiuta di scappare; allora egli evade da solo. Fuggendo con la sua cavalla finisce su un'autostrada bagnata. L'animale si imbizzarrisce e l'uomo viene stritolato da un autotreno. ■ WESTERN; B/N; 107′; USA, 1962.

SOLO UNA NOTTE *(Only Yesterday)* ★★
Regia di JOHN M. STAHL. Con BETTY BLYTHE, JOHN BOLES, MARGARET SULLIVAN. ■ Siamo negli anni della prima guerra mondiale. Una ragazza ha una relazione con un soldato. Lui parte per il fronte e lei diventa mamma. Lo ritrova ma lui non ricorda nemmeno di averla conosciuta. Lei per il dolore si ammala; in punto di morte gli racconta tutto. ■ DRAMMATICO; B/N; 105′; USA, 1933.

SOLO UNA NOTTE *(En enda natt)* ★★★
Regia di GUSTAF MOLANDER. Con EDVIN ADOLPHSON, INGRID BERGMAN, AINO TAUBE. ■ Un giovane zingaro, riconosciuto da un ufficiale come suo figlio illegittimo, si trasferisce nella sua famiglia. I contrasti di razza e di abitudini lo inducono, dopo qualche tempo, a tornare alla vita errabonda con una zingara che lo ama. ■ COMMEDIA; B/N; 102′; SVEZIA, 1939.

SOLO UNA NOTTE *(Sylvie et le fantôme)* ★★★
Regia di CLAUDE AUTANT-LARA. Con ODETTE JOYEUX, FRANÇOIS PÉRIER, LOUIS SALOU, JACQUES TATI. ■ È la storia di una ragazza, Sylvie, che finisce in una casa abitata da un fantasma. Fra i due nasce una grande intesa, ma purtroppo sul più bello il fantasma scompare. ■ COMMEDIA; B/N; 102′; FRANCIA, 1945.

SOLO UN BACIO PER FAVORE ★★
(Un baiser, s'il vous plaît!)
Regia di EMMANUEL MOURET. Con STEFANO ACCORSI, FRÉDÉRIQUE BEL, MICHAËL COHEN, JULIE GAYET, VIRGINIE LEDOYEN, MÉLANIE MAUDRAN, EMMANUEL MOURET. ■ Emilie e Gabriel si incontrano per caso e si piacciono. Subito. Molto. Cenano insieme e proseguono, morigerati, la serata in camera di Emilie, in viaggio per lavoro. Gabriel vorrebbe congedarsi con un bacio che Emilie gli nega. Perché? Perché un bacio può scatenare reazioni a catena e conseguenze imprevedibili. È stato così per Nicolas e Judith, i protagonisti amanti della storia di Emilie. La testimonianza della *liasion dangereus* chiarisce a Gabriel il rifiuto della donna, ma non spegne il desiderio di baciarla. L'"operetta morale" e sentimentale di Mouret gioca su quel bacio sospeso e rimandato per novantasette minuti, che trasmette agli amanti in potenza una serie di importanti informazioni, sulle quali il film si interrompe. ■ SENTIMENTALE; COL.; 97′; FRANCIA, 2007.

SOLO UN PADRE ★★
Regia di LUCA LUCINI. Con LUCA ARGENTERO, DIANE FLERI, FABIO TROIANO. ■ Carlo è un dermatologo affermato e il padre perfetto (e apprensivo) di Sofia. Dopo la morte per parto della moglie, Carlo (soprav)vive circondato dall'affetto dei genitori e degli amici, che condividono il suo quotidiano e contengono il suo dolore silenzioso. Una mattina, dopo una corsa lungo il Po, Carlo incontra Camille, una ricercatrice francese trasferitasi a Torino. Il carattere estroverso e appassionato della ragazza finirà per rivelare l'uomo dietro al padre. ■ COMMEDIA; COL.; 93′; ITALIA, 2008.

SOLSTIZIO D'ESTATE *(A la verticale de l'été)* ★★
Regia di ANH-HUNG TRAN. Con LE KHANH, NGO QUANG HAI, TRAN NU YEN KHE. ■ Sulle note di Lou Reed, *Solstizio d'estate* ci introduce in un universo dalle tinte pastello e dai sapori orientali. Amori, sospetti, tradimenti, sono i temi che animano la sottile trama del film. I preparativi per l'anniversario della madre scomparsa sono lo spunto per il regista de *Il profumo della papaya verde* per tracciare un delicato ritratto familiare. In un'atmosfera di apparente serenità, in cui le tradizioni sembrano scandire il ciclo vitale dei personaggi, poco alla volta la macchina da presa si avvicina alle tre coppie per svelare, invece, le ambiguità e le angosce che le animano. Linguisticamente corretto, il film rischia tuttavia di cadere in una scrittura che nel comporre un quadretto esistenziale ripone un'attenzione eccessiva al dettaglio. Il risultato è comunque lodevole. ■ DRAMMATICO; COL.; 112′; FRANCIA, GERMANIA, VIETNAM, 2000.

SOLTANTO SE TU VUOI *(The Guru)* ★★★
Regia di JAMES IVORY. Con RITA TUSHINGHAM, MICHAEL YORK. ■ Una rock star dell'era dei Beatles si reca in India per imparare l'uso del sitar da un favoloso guru. Un vecchio film di James Ivory, un vero gioiello. ■ DRAMMATICO; COL.; 92′; GRAN BRETAGNA, ITALIA, 1969.

SOLTANTO TRA AMICI *(Just between Friends)* ★★
Regia di ALLAN BURNS. Con TED DANSON, CHRISTINE LAHTI, MARY TYLER MOORE. ■ Due belle donne sui trentacinque frequentano la stessa palestra. All'insaputa di entrambe, il marito di una di esse è anche l'amante dell'altra. Quando l'altra lo viene a sapere vuole troncare la relazione. Subito dopo scopre però che sta aspettando un bambino. ■ COMMEDIA; COL.; 110′; USA, 1986.

SOLTANTO TU *(Immer nur Du)* ★★
Regia di KARL ANTON. Con JOHANNES HEESTERS, DORA KOMAR. ■ Una coppia di artisti si ama, ma piccole gelosie e rivalità incrinano il rapporto. Lui si unisce ad una ballerina; l'ex fidanzata cerca di boicottare il suo lavoro, ma quando si accorge che la rivale ha poca importanza per l'uomo si rappacifica con lui. ■ MUSICALE; B/N; 93′; GERMANIA, 1941.

SOLTANTO UN BACIO ★★
Regia di GIORGIO SIMONELLI. Con CARLO CAMPANINI, VALENTINA CORTESE, OTELLO TOSO. ■ Una ricchissima ereditiera rifiuta di sposare l'uomo che i dirigenti delle sue società vogliono imporle per motivi di interesse: è innamorata di un povero musicista, che riuscirà a sposare nonostante gli intrallazzi dei dirigenti. ■ COMMEDIA; B/N; 78′; ITALIA, 1942.

SOLUZIONE ESTREMA *(John Woo's Violent Tradition)* ★★
Regia di JOHN WOO. Con SANDRINE HOLT, IVAN SERGEI, MICHAEL WONG. ■ Un film per la televisione del maestro del cinema d'azione anni Novanta. Due fratelli decidono di lasciare Hong Kong. Il loro padre è un gangster che li ha adottati mentre il fratellastro si occupa di traffico illecito di armi. ■ POLIZIESCO; COL.; 97′; CANADA, HONG KONG, 1995.

SOLUZIONE ESTREMA *(Desperate Measures)*
Regia di BARBET SCHROEDER. Con BRIAN COX, ANDY GARCIA, MICHAEL KEATON. ■ Il serial killer protagonista del film ha in pugno il suo persecutore perché è l'unico che può donare il midollo osseo a suo figlio. Così il sadico fuggito dal carcere va tenuto in vita per poterlo arrestare e portare in sala operatoria. Barbet Schroe-

der non ha molte affinità con i meccanismi della suspense e qui si vede chiaramente. ■ DRAMMATICO; COL.; 100′; USA, 1998.

SOLUZIONE FINALE *(Miracle Mile)* ★★
Regia di STEVE DE JARNATT. Con JOHN AGAR, ANTHONY EDWARDS, MARE WINNIGHAM. ■ La vita scorre tranquilla e pacifica, a Los Angeles. Ogni famiglia, ogni persona è intenta alle sue abituali occupazioni. Manca solo un'ora alla catastrofe nucleare, ma non lo sanno. Per fortuna. Ma lo spettatore sì. Agghiacciante nell'idea, sicuramente soffre una realizzazione mediocre. ■ FANTASTICO; COL.; 84′; USA, 1988.

SOLUZIONE RAZIONALE, UNA *(Det enda rationella)* ★★
Regia di JORGEN BERGMARK. Con PERNILLA AUGUST, STINA EKBLAD, ROLF LASSGARD, CLAES LJUNGMARK, MAGNUS ROOSMANN. ■ È possibile pianificare a tavolino la migliore strategia da adottare quando una coppia felice, apparentemente solida, "scoppia"? Forse sì, è la soluzione "razionale" che propone Erland, marito di mezza età, che si innamora perdutamente di Karin, la moglie del suo migliore amico. Nel momento in cui tra i due esplode la passione, è lo stesso Erland a convocare i coniugi traditi e, insieme a Karin, a suggerire di vivere tutti e quattro sotto il medesimo tetto, seguendo, più o meno liberamente, le proprie pulsioni e dando, così, libero sfogo al tradimento. ■ DRAMMATICO; COL.; 104′; SVEZIA, FINLANDIA, GERMANIA, ITALIA, 2009.

SOMBRERO ★★
Regia di NORMAN FOSTER. Con VITTORIO GASSMAN, RICARDO MONTALBAN, ANNA MARIA PIERANGELI. ■ Il film è composto di tre storie ambientate in Messico; nella prima due giovani si sposano dopo tragicomiche disavventure; nella seconda un giovane gravemente malato sposa, per volere dell'amata nullatenente, una giovane sua pari che gli darà una discendenza; nell'ultimo una ragazza "stregata" provoca involontariamente la morte del fratello torero, si sposa e si libera del maleficio. ■ DRAMMATICO; COL.; 103′; USA, 1953.

SOMEBODY TO LOVE – QUALCUNO DA AMARE ★★
Regia di ALEXANDRE ROCKWELL. Con MICHAEL DE LORENZO, HARVEY KEITEL, ROSIE PEREZ, ANTHONY QUINN. ■ Vagamente ispirato a *Le notti di Cabiria* di Fellini, il film segue le alterne vicende di una ragazza che per vivere balla coi clienti di un night. Vorrebbe fare l'attrice ma i provini non danno risultati. Sentimentalmente legata a un attore in disarmo, passa da una delusione all'altra. Un breve momento di ottimismo le viene dall'incontro con un giovane che si innamora di lei. Ma tutto sta per precipitare. Deludente, rispetto all'esordio di *In the Soup*, il film sottolinea solo la buona volontà degli interpreti. In ruoli cameo appaiono il regista Quentin Tarantino che fa il barman e Steve Buscemi (*Le iene*) nel ruolo di un travestito. In concorso alla Mostra di Venezia. ■ DRAMMATICO; COL.; 100′; USA, 1994.

SOMETIMES IN APRIL ★★★
Regia di RAOUL PECK. Con IDRIS ELBA, CAROLE KAREMERA, PAMELA NOMVETE, DEBRA WINGER. ■ Ruanda 2004. Aprile. A dieci anni di distanza dal genocidio perpetrato dagli Hutu contro i Tutsi e contro gli Hutu moderati, Augustin, ora insegnante, deve decidere se rivedere il fratello (a cui aveva affidato la famiglia, sterminata) ora sotto processo per essere stato un membro del partito Hutu. Decide di raggiungerlo ma, prima di giungere al colloquio, ripercorre nella memoria gli accadimenti della primavera del 1994. Come ricorda il testo di Martin Luther King messo ad epigrafe del film «Alla fine non ricorderemo tanto le parole dei nemici quanto il silenzio degli amici»: sta qui lo snodo di una narrazione anche più robusta di quella proposta da *Hotel Rwanda*. Debra Winger ha il ruolo della funzionaria del governo americano che comprende la gravità della tragedia che coinvolge centinaia di migliaia di uomini, donne e bambini massacrati senza pietà alcuna. Non riesce però a convincere i suoi superiori politici a intervenire. È agghiacciante sentire la portavoce del Governo americano affermare (si tratta di un documento reale, non di fiction) che ciò che sta accadendo non può essere tecnicamente definito un genocidio. Non si tratta qui di un ennesimo "je accuse" liberal contro i repubblicani. Il Presidente all'epoca era Clinton. ■ DRAMMATICO; COL.; 139′; GRAN BRETAGNA, USA, 2004.

SOMETHING IN THE AIR *(Apres Mai)* ★★★
Regia di OLIVIER ASSAYAS. Con FELIX ARMAND, NATHANJOHN CARTER, DOLORES CHAPLIN LOLA CRETON, CLEMENT METAYER. ■ Parigi, primi anni Settanta. Gilles è un liceale che, come molti suoi coetanei, sperimenta la contraddizione tra l'impegno politico nei collettivi e la volontà di trovare un percorso individuale nella vita e nell'arte. Quando la ragazza che ama, Laure, lo lascia per una strada più estrema e confusa, Gilles va in Italia con alcuni amici e un nuovo amore, Christine, per sfuggire alle indagini sul ferimento grave di un vigilante. Si iscrive all'accademia di Belle Arti per fare cinema. La sua potrebbe non essere la via del cinema politico in senso stretto, sui movimenti di liberazione del Laos, né quella del cinema filoamericano che estremizza invece la fiction, ma una terza via: quella intrapresa dallo stesso Assayas. Capace di ricostruire un quotidiano passato come fosse attuale, il cinema di Assayas parla chiaramente allo spettatore di oggi. ■ DRAMAMTICO; COL.; 90′; FRANCIA, 2012.

SOMEWHERE ★★★
Regia di SOFIA COPPOLA. Con STEPHEN DORFF, ELLE FANNING, CHRIS PONTIUS, KARISSA SHANNON, KRISTINA SHANNON. ■ Leone d'oro alla mostra di Venezia 2010. Johnny Bravo vive in un appartamento dell'hotel Chateau Marmont. Tra spettacoli erotici di dubbia eleganza e avventure amorose brevi e disimpegnate, trascorre le giornate in un'apatia distruttiva. L'inaspettata permanenza della figlia Cleo impone un cambiamento nel ritmo quotidiano dell'attore. Videogiochi, nuotare, esposizioni al sole e un'incursione alla serata dei Telegatti italiani riempiono le giornate dei due famigliari. L'equilibrio apparente dura fino alla partenza di Cleo per il campeggio. E il ritorno alla vita di Johnny. Siamo a Los Angeles, in un posto riconoscibile e leggendario, ma i luoghi del film (stanze, piscine, studi televisivi) sono fondamentalmente "non luoghi", ambienti senza radici, che, allo stesso tempo, assumono il ruolo di deposito di emozioni forti ma taciute. Lo sguardo sottile della regista (anche sceneggiatrice del film) ci introduce al personaggio con delicata tenerezza. Lo stile di ripresa, fatto di lunghi silenzi, inquadrature ferme e piani-sequenza densi di suggestioni, mettono in luce le contraddizioni esistenziali di Johnny. ■ DRAMMATICO; COL.; 98′; USA, 2010. ■ VENEZIA 8 1 PR.

SOMMERGIBILE PIÙ PAZZO DEL MONDO, IL ★★
Regia di MARIANO LAURENTI. Con BOMBOLO, ENZO CANNAVALE, ANNA MARIA RIZZOLI. ■ La Marina americana cerca di vendere a quella italiana un vecchio e malconcio sommergibile. Per mettere alla prova il relitto, viene lanciata una sfida: riuscirà una nave italiana a ritrovarlo sul fondo del mare? Ma il computer a cui è stata affidata la scelta dell'equipaggio italiano va in tilt e sceglie i marinai più pazzi e imprevedibili. ■ COMMEDIA; COL.; 91′; ITALIA, 1982.

SOMMERGIBILE TUTTO MATTO, UN ★★
(Going Under)
Regia di MARK W. TRAVIS. Con NED BEATTY, BILL PULLMAN. ■ Il loro compito è progettare e realizzare il più attrezzato e potente sommergibile di tutta la Marina Usa, un mezzo superiore a *Ottobre Rosso*. Ma i fondi a disposizione sono così consistenti che nessuno resiste alla tentazione di mangiarci sopra. Alla fine viene costruito un sottomarino che sta insieme a malapena. Il giorno del varo ci sarà da ridere. Scanzonata farsa americana, con Bill Pullman (*Spaceball*, *Malice*). ■ COMICO; COL.; 80′; USA, 1991.

SOMMERSBY ★★★
Regia di JON AMIEL. Con JODIE FOSTER, RICHARD GERE, JAMES EARL JONES, BILL PULLMAN. ■ Nel 1866, dopo sei anni di guerra, Jack Sommersby torna a casa. Lo accolgono i suoi (ex) schiavi, gli amici, la moglie e un figlio che non ha mai visto. Non sono accoglienze trionfali. Anzi, la moglie è addirittura imbarazzata. Di sicuro Jack è molto cambiato. Il calzolaio nota che il piede gli si è accorciato di due misure. Anche la moglie rileva cose strane, in meglio, soprattutto nell'intimità. Jack organizza un'operazione per riscattare la zona dalla miseria. Vende i pochi averi della gente per comprare semi di tabacco. Tutti si trasformano in coltivatori e l'impresa riesce. Ma nel frattempo si sparge la voce che Jack non sia Jack. Un giorno arriva uno sceriffo con un mandato di cattura.

Sembra che Sommersby abbia ucciso un uomo. Il processo non gli dà scampo. L'unica possibilità di salvezza sarebbe quella di ammettere di non essere Sommersby, ma un certo maestro di scuola, cialtrone e ladro. Ma il falso Jack non lo ammette, neppure di fronte alla moglie che fa di tutto per salvarlo. Preferisce farsi impiccare pur di mantenere l'identità di un uomo che ha fatto qualcosa di veramente buono. ■ DRAMMATICO; COL.; 118′; USA, 1993.

SONAGLIERA DELLA MORTE, LA *(Le juif polonais)* ★★
Regia di JEAN KEMM. Con HARRY BAUR, MADY BERRY, GEORGE LA CRESSONIÈRE. ■ Un uomo ha ucciso e si è arricchito col suo delitto. Anni dopo viene preso da tormentosi rimorsi che lo portano alla tomba proprio quando sua figlia sposa l'uomo che è giunto fin lì per chiarire i retroscena della vicenda. ■ DRAMMATICO; B/N; 95′; FRANCIA, 1931.

SONATA A KREUTZER, LA *(Die Kreutzer Sonate)* ★★
Regia di VEIT HARLAN. Con LIL DAGOVER, PETER PETERSEN, ALBRECHT SCHOENHALS. ■ Un uomo circuisce una donna sposata che prova una certa simpatia nei suoi confronti. Nonostante tutto lei vuol rimanere fedele al marito che, geloso, sorprende un colloquio della donna col rivale e la uccide. I giurati lo assolvono. ■ DRAMMATICO; B/N; 92′; GERMANIA, 1936.

♥ SONATINE ★★★
Regia di TAKESHI KITANO. Con MASANOBU KATSUMURA, AYA KOKUMAI, BEAT TAKESHI, TETSU WATANABE. ■ Murakawa è uno yakuza che sta per ritirarsi e viene inviato in missione a Okinawa. Lì giunto gioca sulla spiaggia con i suoi aiutanti e incontra una ragazza che è stata stuprata. Quando capisce di essere stato tradito va incontro al proprio destino. Film fondamentale nella filmografia di Kitano. Uscito nel 1993 e premiato al festival di Taormina, è uscito nelle sale solo dopo *Hana-Bi* e *L'estate di Kikujiro*. Comicità, durezza, poesia. Un cinema finalmente diverso dalla cinematografia nipponica. ■ DRAMMATICO; COL.; 94′; GIAPPONE, 1993.

SON CONTENTO ★★
Regia di MAURIZIO PONZI. Con BARBARA DE ROSSI, CARLO GIUFFRÉ, FRANCESCO NUTI. ■ Un attore di cabaret (Nuti) viene abbandonato dalla sua ragazza dopo quattro anni di convivenza. L'abbandono lo getta in uno stato di prostrazione, che ha ripercussioni anche sul suo lavoro. Alla fine si riprende, riagguanta il successo. Anche la ragazza torna. Ma per poco. ■ COMMEDIA; COL.; 98′; ITALIA, 1983. ■ DAVID DI DONATELLO 1 PR, 1 NOM.

SON DE MAR ★★
Regia di BIGAS LUNA. Con SERGIO CABALLERO, EDUARD FERNÁNDEZ, JORDI MOLLÁ, LEONARD WATLING. ■ Scritto da Rafael Azcona, ex-compagno di lavoro di Marco Ferreri, il film è nella vena più classica un lavoro tipico del regista catalano. Ulyses, un maestro di scuola, e Martina si innamorano e si sposano. Lui muore in circostanze misteriose e lei si risposa con il suo datore di lavoro, Alberto. Quando Ulyses torna vivo e vegeto dopo sei anni i due si incontrano clandestinamente finché Alberto scopre il tradimento. A questo punto entra in gioco un alligatore e la barca *Son de Mar* (da qui il titolo), e la vendetta sta per compiersi. ■ EROTICO; COL.; 102′; SPAGNA, 2001.

SONETÀULA ★★
Regia di SALVATORE MEREU. Con ANTONIO CRISPONI, GIUSEPPE CUCCU, FRANCESCO FALCHETTO, MANUELA MARTELLI, LAZAR RISTOVSKI, SERAFINO SPIGGIA, GISELDA VOLODI. ■ Un ragazzino tanto magro che il suo corpo emette il rumore del legno: "sonetàula". Siamo nella Sardegna del 1938 e quello diventerà il soprannome del protagonista, che cresce nei pascoli con il nonno e il gregge di pecore. Suo padre è stato mandato al confino per un delitto mai commesso. *Sonetàula* è anche il titolo del bel film di Salvatore Mereu (suo l'interessante e diseguale *Ballo a tre passi*) che fa scelte estreme per raccontare una vicenda segnata fin dall'inizio. Il ragazzo, cresciuto, (il padre muore lontano e la madre si consuma di dolore) reagirà a un'ingiustizia e quasi senza accorgersene si ritroverà brigante nascosto sulla montagna, costretto a rinunciare a tutto, compreso l'amore per Maddalena. Poi la vendetta, la tragedia inevitabile, come se il destino di chi nasce in certi luoghi fosse già segnato in partenza. Una storia forte, un romanzo di formazione, che il regista tratta con empatia ma senza patetismi. ■ DRAMMATICO; COL.; 157′; ITALIA, 2007.

SONGWRITER – SUCCESSO ALLE STELLE ★★
(Songwriter)
Regia di ALAN RUDOLPH. Con KRIS KRISTOFFERSON, WILLIE NELSON, LESLEY-ANN WARREN. ■ Uno dei film meno conosciuti di Rudolph giunto da noi solo in homevideo, prodotto dal regista Sidney Pollack. Due musicisti e un'aspirante stella in una girandola di canzoni e di problemi di stampo mafioso. Nelson e Kristofferson, entrambi cantanti anche nella vita, sembrano divertirsi ma il film, pur molto ritmato, può essere apprezzato solo dagli amanti del loro stile musicale: il soft-country-folk. ■ MUSICALE; COL.; 94′; USA, 1984. ■ GOLDEN GLOBES 1 NOM; OSCAR 1 NOM.

SONNAMBULA, LA ★★
Regia di PIERO BALLERINI. Con LUISELLA BEGHI, GERMANA PAOLIERI, OSVALDO VALENTI, ROBERTO VILLA. ■ La passione del famoso musicista Vincenzo Bellini per una delicata fanciulla, cagionevole di salute, è ostacolata dal cugino di lui, col quale si misura a duello rimanendo ferito. La giovane, affetta inoltre da sonnambulismo, cade una notte in un lago da cui viene ripescata morente. Da questa vicenda Bellini trae lo spunto per *La sonnambula*. ■ AVVENTURA; B/N; 90′; ITALIA, 1942.

SONNAMBULA, LA ★★
Regia di CESARE BARLACCHI. Con PAOLA BERTINI, ALFREDO COLELLA, GINO SINIMBERGHI, FRANCA TAMANTINI. ■ L'opera di Bellini in film. L'imminente matrimonio tra Amira ed Alvino suscita la gelosia di Lisa. Questa, per gettare discredito sulla rivale, approfitta del fatto che lei soffre di sonnambulismo e che durante una crisi sia entrata nella stanza di un conte, alloggiato nel suo albergo, per indurre Alvino a rompere il fidanzamento. La rivelazione della verità da parte del conte consente ad Amira di allontanare da sé ogni sospetto. ■ MUSICALE; B/N; 97′; ITALIA, 1952.

SONNAMBULI, I *(Sleep Walkers)* ★★
Regia di MICK GARRIS. Con MÄDCHEN AMICK, BRIAN KRAUSE, ALICE KRIGE. ■ Charles e sua madre possono sopravvivere solo uccidendo fanciulle vergini e succhiandone la linfa vitale. Charles cerca di possedere una liceale che dovrà lottare per difendersi. Madre e figlio moriranno assediati dai gatti che aspettano la loro fine. ■ HORROR; COL.; 86′; USA, 1992.

SONNAMBULO, IL *(Boniface somnambule)* ★★
Regia di MAURICE LABRO. Con MATHILDE CASADESUS, YVES DENIAUD, FERNANDEL. ■ Un poliziotto privato, al servizio di una società di grandi magazzini, non riesce a scovare l'autore di alcuni furti notturni, finché, grazie a una donna, non si accorge di essere lui stesso il colpevole che agisce in stato di sonnambulismo. In questo modo giunge a scoprire anche dei veri ladri che avevano approfittato della situazione. ■ COMMEDIA; B/N; 92′; FRANCIA, 1951.

SONNO NERO DEL DOTTOR SATANA, IL ★★
(The Black Sleep)
Regia di REGINALD LE BORG. Con BELA LUGOSI, BASIL RATHBONE, AKIM TAMIROFF. ■ Solito castello, solito medico pazzo. Compie esperimenti per curare il cancro, ma provoca orrende menomazioni ai suoi pazienti, che spazientiti finiscono per ucciderlo. ■ HORROR; B/N; 91′; USA, 1956.

SONNY ★★
Regia di NICOLAS CAGE. Con BRENDA BLETHYN, SCOTT CAAN, JAMES FRANCO, JOSIE DAVIS, HARRY DEAN STANTON, MENA SUVARI. ■ Sonny, ventiseienne slanciato e dallo sguardo vagamente assorto, rincasa dopo il servizio di leva alla corte di Jewel, intraprendente tenutaria di un bordello con prostitute e gigolo. Lui, essendone il fiore all'occhiello nonché suo figlio, dovrebbe ritornare in pista al più presto, ma questo significa perdere l'occasione di rifarsi una vita. In più, Carol, giovane prostituta innamoratasi di Sonny, e Henry, compagno di Jewel, gli sconsigliano di tuffarsi nuovamente in quel giro di soldi facili che non durerà ancora per molto, come la sua apparente felicità. Nicolas Cage ci immerge

sfrontato, come il cammeo che interpreta, in una storia di ordinario degrado morale. ■ DRAMMATICO; COL.; 110′; USA, 2002.

SONO AFFARI DI FAMIGLIA *(Family Business)* ★★
Regia di SIDNEY LUMET. Con MATTHEW BRODERICK, SEAN CONNERY, DUSTIN HOFFMAN. ■ Padre, figlio e nipote si mettono insieme per un grosso furto. Il nipote però si fa arrestare e allora il figlio se la prende col padre responsabile di tutto. Alla fine fanno pace. Questo il succo di un film che, girato e rigirato, presenta una buona interpretazione da parte degli attori, una storia debole e una regia deludente. Per chi resiste alla noia. Buon successo di pubblico. ■ COMMEDIA; COL.; 115′; USA, 1989.

SONO COLPEVOLE *(I Stole a Million)* ★★★
Regia di FRANK TUTTLE. Con DICK FORAN, GEORGE RAFT, CLAIRE TREVOR. ■ Un uomo dal carattere scontroso e arrogante si mette nei guai con la giustizia in seguito a una banale lite. Sfuggito alla cattura, trova l'amore di un'onesta ragazza con la quale si sposa e ha un bambino. Raggiunto infine dalla polizia, che lo incrimina per le sue colpe passate, tenta in un primo momento di fuggire poi, convinto dalla moglie, si costituisce. ■ DRAMMATICO; B/N; 89′; USA, 1939.

SONO DIVERSA... MI CHIAMO BIG ZAPPER ★★
(Big Zapper)
Regia di LINDSAY SHONTEFF. Con SEAN HEWITT, GARY HOPE, LINDA MARLOWE. ■ Una detective privata esperta di karatè deve trovare i malviventi che hanno rapito e assassinato i figli di un anziano miliardario. Riuscirà nell'impresa, ma rischierà parecchie volte la vita. ■ AVVENTURA; COL.; 94′; GRAN BRETAGNA, 1973.

SONO FOTOGENICO ★★
Regia di DINO RISI. Con MASSIMO BOLDI, BARBARA BOUCHET, EDWIGE FENECH, MICHEL GALABRU, VITTORIO GASSMAN, MARIO MONICELLI, RENATO POZZETTO, UGO TOGNAZZI. ■ Antonio vuole fare l'attore cinematografico ed è disposto a dilapidare gli averi della famiglia pur di riuscirci. Invece si fa solo abbindolare da persone senza scrupoli che vivono da parassiti nell'ambiente di Cinecittà gabbando gli sprovveduti. ■ COMMEDIA; COL.; 98′; ITALIA, 1980.

SONO FUGGITO DALL'ISOLA DEL DIAVOLO ★★
(I Escaped from Devil's Island)
Regia di WILLIAM N. WITNEY. Con JIM BROWN, RICK ELY, CHRIS GEORGE, JAMES LUISI. ■ Un'imitazione priva di slancio di *Papillon*: alcuni forzati dell'isola del Diavolo decidono di tentare la fuga dopo che uno di loro, il pacifista Davert, è stato sottoposto a tremende torture. Ma solo due del gruppo riusciranno a farcela. ■ DRAMMATICO; COL.; 89′; USA, 1973.

SONO IL NUMERO QUATTRO ★
(I Am Number Four)
Regia di D.J. CARUSO. Con JAKE ABEL, DIANNA AGRON, CALLAN MCAULIFFE, TIMOTHY OLYPHANT, ALEX PETTYFER. ■ Gli alieni esistono e combattono una guerra sotterranea e invisibile (tranne quando devasta strutture scolastiche) per eliminarsi a vicenda. Le razze sono due, ci sono i loreniani, in tutto e per tutto uguali a noi, scappati dal loro pianeta Natale, e i mogadoriani, simili a noi ma più mostruosi. I due gruppi si affrontano fra una banalità (registica) e l'altra. ■ FANTASCIENZA; COL.; 110′; USA, 2011.

SONO IL N. 1 DEL SERVIZIO SEGRETO ★★
(N. 1 of the Secret Service)
Regia di LINDSAY SHONTEFF. Con NICK HENSON, AIMI MACDONALD, RICHARD TODD. ■ Il film è una parodia dei polizieschi alla 007, protagonista un agente segreto inglese più portato a correre dietro alle ragazze che non a dar la caccia ai criminali. Uno di questi, che egli raggiunge dopo aver disseminato la sua strada di numerosi cadaveri, lo sfida alla roulette russa. Il nostro con la sua fortuna sfacciata se la cava. ■ POLIZIESCO; COL.; 85′; GRAN BRETAGNA, 1977.

SONO INNOCENTE *(You only Live Once)* ★★★★
Regia di FRITZ LANG. Con JEAN DIXON, HENRY FONDA, BARTON MACLANE, SYLVIA SIDNEY. ■ Un ex malvivente viene accusato di rapina e omicidio e condannato alla pena capitale. L'uomo, innocente, fugge di prigione uccidendo accidentalmente un cappellano e portandosi dietro la moglie incinta. Nel frattempo sono state trovate le prove della sua estraneità al fatto ma lui, che crede ad un trucco, continua a scappare. Alla fine di un lungo inseguimento, dopo aver affidato il bimbo in mani sicure, la coppia viene abbattuta dai poliziotti. ■ DRAMMATICO; B/N; 86′; USA, 1937.

SONO IO L'ASSASSINO ★★
Regia di ROBERTO BIANCHI MONTERO. Con GRETA GONDA, CARLO NINCHI, AMEDEO NOVELLI. ■ Per colpa di una forte rassomiglianza, Marco è incolpato di una rapina al posto del vero esecutore, Paolo. Insospettita dalle foto pubblicate da un quotidiano, l'ignara donna di Paolo informa la polizia dei suoi dubbi. Dopo alcune ricerche gli agenti giungono alla verità: Paolo verrà ferito mortalmente durante un tentativo di fuga. ■ POLIZIESCO; B/N; 92′; ITALIA, 1947.

SONO NATO MA... *(Umarete wa mita keredo)* ★★★
Regia di YASUJIRO OZU. Con TATSUO SAITO, HIDEO SUGAWARA, TAKESHI SAKAMOTO. ■ Due ragazzi diventano compagni di giochi del figlio del datore di lavoro del padre. Tra i ragazzi c'è un rapporto paritario, che però non esiste tra gli adulti. Il padre dei fanciulli deve sottostare non di rado al dispostismo del suo principale. I ragazzi assistono alle sue piccole umiliazioni e ne sono scioccati. Arrivano a disprezzare il padre. Ma perché sono piccoli. Quando diventano adulti, capiscono. ■ DRAMMATICO; B/N; 90′; GIAPPONE, 1932.

SONO PAZZO DI IRIS BLOND ★★★
Regia di CARLO VERDONE. Con ANDRÉA FERRÉOL, CLAUDIA GERINI, CARLO VERDONE. ■ Romeo fa il cantante di piano bar in coppia con una fastidiosa compagna di mezza età (Ferréol). Siamo a Bruxelles. Conosce la bella Claudia e si mette con lei, dopo averle dato il nome di Iris Blond. Il rapporto diventa presto anche sentimentale, ma Iris sa benissimo quello che vuole e al momento giusto molla il mentore su due piedi e va verso il successo vero. Lui continua a cantare, anche se ha cambiato stile. Il solito ottimo film medio italiano di Verdone che vive senza bisogno di forti cadenze dialettali. Si sorride e si ride. Un cineasta sicuro, un buon amico che torna verso Natale. ■ COMMEDIA; COL.; 110′; ITALIA, 1996.

SONO POSITIVO ★★
Regia di CRISTIANO BORTONE. Con GIOVANNI ESPOSITO, MANRICO GAMMAROTA, CRISTINA LIBERATI, PAOLO SASSANELLI. ■ Stravagante commedia sull'Aids, girata con pochi mezzi e a basso budget. Narra le vicende di un quartetto (moglie, marito, fratello gay della moglie e amante della donna) che vive blandamente in un quartiere popolare di Napoli fin quando si scopre che la donna è sieropositiva. La scoperta porta lo scompiglio nel quartetto e dà l'avvio a una serie di illazioni/confessioni sui quali si sviluppa il film. Per l'ambientazione, volutamente kitsch, piena di colori pastello, per le ricorrenti canzoni da "basso" napoletano, gli abiti, le acconciature vistose e le battute tra il volgare e il sarcastico, ricorda molto, pur non riuscendoci del tutto, i primi film di Pedro Almodóvar. ■ COMMEDIA; B/N; 90′; ITALIA, 2000.

SONO SARTANA, IL VOSTRO BECCHINO ★★
Regia di GIULIANO CARNIMEO. Con SAL BORGESE, GIANNI GARKO, KLAUS KINSKI, ETTORE MANNI, FRANK WOLFF. ■ Il direttore di una banca, unico superstite di una sanguinosa rapina, individua in Sartana il capo dei banditi. Costui è invece innocente e decide di fare luce sulla faccenda. Raggiunta la cittadina e scampato a numerosi attentati, scopre gli insospettabili colpevoli. ■ WESTERN; COL.; 91′; ITALIA, 1969.

SONO SEDUTO SUL RAMO E MI SENTO BENE ★★
(Sedim na konari a je mi dobre)
Regia di JURAJ JAKUBISKO. Con MARKETA HRUBESOVA, ANDREJ PAVELKA, BOLESLAV POLIVKA. ■ Presentato a Venezia, ma senza particolare clamore. È finita la seconda guerra mondiale e due uomini, un soldato e un attore da strada, fanno amicizia. Dopo alcune vicissitudini conoscono una ragazza muta, Ester, e i tre cominciano a vivere un'esperienza in comune. Girato nella solita maniera un po' strampalata e sognante di Jakubisko, il film risulta troppo legato al cinema cecoslovacco degli anni Sessanta, quindi un po' datato già in partenza. ■ COMMEDIA; COL.; 108′; CECOSLOVACCHIA, 1989.

SONO SOLO UNA DONNA ★★★
(Ich bin auch nur eine Frau)
Regia di ALFRED WEIDENMANN. Con PAUL HUBSCHMID, HANS NIELSEN, MARIA SCHELL, AGNES WINDECK. ■ Un'affascinante psicoanalista è oggetto dell'insistente corteggiamento di un suo falso paziente, dongiovanni impenitente. La donna fa di tutto per resistere alle lusinghe del suo spasimante e interpreta come frutto della relazione analitica il legame che sente nascere in lei. Ma alla fine dovrà convincersi che il suo è proprio amore. ■ COMMEDIA; B/N; 93'; GERMANIA, 1962.

SONO STATO IO ★★
Regia di RAFFAELLO MATARAZZO. Con EDUARDO DE FILIPPO, PEPPINO DE FILIPPO, TITINA DE FILIPPO. ■ Un giovane timido e riservato, caduto in gravi difficoltà economiche, è ospitato da ricchi parenti. Il figlio della coppia importuna la domestica e l'ospite, per bontà, se ne assume la colpa. Ma il pentimento del balordo ragazzo giova a salvare la sua reputazione e gli consente di sposare la ragazza. ■ COMMEDIA; B/N; 73'; ITALIA, 1938.

SONO STATO IO ★★
Regia di ALBERTO LATTUADA. Con GIANCARLO GIANNINI, HIRAM KELLER, SILVIA MONTI, ORAZIO ORLANDO. ■ Un giovane desideroso di notorietà si accusa dell'assassinio di una primadonna della Scala per vedere il proprio nome pubblicato sui giornali. Al processo conta di sfoderare un alibi di ferro che lo possa definitivamente scagionare. Ma il maresciallo che avrebbe dovuto testimoniare in suo favore muore prima della deposizione. Il giovane si ritroverà in prigione. ■ GROTTESCO; COL.; 104'; ITALIA, 1973.

SONO STATO UN AGENTE CIA ★★
Regia di ROMOLO GUERRIERI. Con CORINNE CLÉRY, DAVID JANSSEN, PHILIPPE LEROY, MAURIZIO MERLI, IVAN RASSIMOV. ■ Un ex agente Cia vuole recuperare le memorie di un collega assassinato. Anche un agente del servizio segreto americano le vuole, ma per farle scomparire. A Rodi si svolge un cruento duello tra gli alleati dell'uno e quelli dell'altro: ha la meglio il nostro, al quale però uccidono l'ex amante. ■ POLIZIESCO; COL.; 93'; ITALIA, 1978.

SONO STRANA GENTE *(They're Weird Mob)* ★★★
Regia di MICHAEL POWELL. Con WALTER CHIARI, CLARE DUNNE, CHIPS RAFFERTY. ■ Nino Culotta è un piccolo giornalista sportivo che giunge a Sidney su invito del cugino, proprietario di «La seconda madre», testata per immigrati italiani. Quando arriva però deve affrontare problemi di inserimento. Simpatica commediola girata con molta ironia, quasi un ingenuo documentario didattico ma satireggiante. Meglio in versione originale che nel doppiaggio realizzato dalla Rai, anche perché Walter Chiari non è riuscito, per mancanza di tempo, a doppiare la propria voce. ■ COMMEDIA; COL.; 95'; AUSTRALIA, GRAN BRETAGNA, 1966.

SONO TIMIDO MA LEI MI CURA ★★
(Je suis timide... mais je me soigne)
Regia di PIERRE RICHARD. Con JACQUES FRANÇOIS, ALDO MACCIONE, PIERRE RICHARD. ■ Pierre si innamora di una bella e apparentemente ricca sconosciuta e per avvicinarla si fa credere miliardario. In realtà la ragazza vive per un mese una bella avventura come primo premio di un concorso televisivo e rifiuta la corte del giovanotto pensandolo di condizioni troppo diverse dalla sua. Quando la verità viene a galla, l'amore, finalmente, sboccia. ■ COMMEDIA; COL.; 92'; FRANCIA, 1978.

SONO TORNATO AL NORD ★
Regia di FRANCO DIAFERIA. Con FRANCO DIAFERIA, FRANCO NERI, MARGHERITA FUMERO, VANESSA GIULIANI. ■ Franco lascia la Calabria per Torino, deciso a seguire le orme di zio Spampinato. Una volta arrivato nella grande città, scopre però che lo zio non è proprietario di una grande villa, ma soltanto il titolare di un'impresa di pulizie. Sfruttare il richiamo della conduzione a "Striscia la notizia" è umano. Realizzare un filmetto senza idee è diabolico. ■ COMMEDIA; COL.; ITALIA, 2005.

SONO TUA *(You're my Everything)* ★★
Regia di WALTER LANG. Con ANNE BAXTER, DAN DAILEY, ANNE REVERE. ■ Due giovani sposi riescono a sfondare nel mondo del cinema; la donna si ritira solo quando diviene madre di una bambina. Il padre desidera farne un'attrice, ma di parere contrario è la madre, che arriva ad abbandonare il marito proprio per questo motivo. Solo il grande successo ottenuto alla prima del film della piccola, bravissima attrice, riconcilierà i due coniugi. ■ COMMEDIA; COL.; 94'; USA, 1949.

SONO UNA FEMMINA! – ANGELI DEL PECCATO ★★
(Angeloi tis amartias)
Regia di ANDREAS KATSIMITSOULIAS. Con THANOS LIVADITIS, GEORGES MOUTSIOS, MEMA STATHOPOULOU. ■ Lafteris si innamora di Maria e acconsente per lei a partecipare a un'azione criminosa. Ma Lafteris e il capobanda fuggono braccati dalla polizia. Durante la fuga il ragazzo scopre che Maria non lo ama e che è stata spinta a fingere per indurlo a far parte dell'operazione. Segue uno scontro in cui muoiono sia il capobanda che Maria ed in cui lo stesso Lafteris rimane gravemente ferito. ■ DRAMMATICO; B/N; 92'; GRECIA, 1971.

SONO UN AGENTE FBI *(The Fbi Story)* ★★★
Regia di MERVYN LE ROY. Con NICK ADAMS, MURRAY HAMILTON, VERA MILES, LARRY PENNELL, JAMES STEWART. ■ Un agente dell'Fbi alla fine della carriera ripercorre le tappe più importanti della sua vita professionale e privata. ■ AVVENTURA; COL.; 149'; USA, 1959.

SONO UN CRIMINALE ★★
(I Became a Criminal – They Made me a Fugitive)
Regia di ALBERTO CAVALCANTI. Con SALLY GRAY, TREVOR HOWARD, GRIFFITH JONES. ■ Finita la guerra, un ex pilota senza lavoro finisce in una banda di malviventi. Si innamora della ragazza del capo il quale, geloso, fa in modo che il rivale finisca nelle mani della polizia. Lui scappa di galera, ci torna e accetta di fare da esca per attirare l'ex capo. La collaborazione gli frutta la remissione della condanna. ■ POLIZIESCO; B/N; 103'; GRAN BRETAGNA, 1947.

SONO UN DISERTORE *(This above All)* ★★★
Regia di ANATOLE LITVAK. Con JOAN FONTAINE, THOMAS MITCHELL, TYRONE POWER. ■ Una bella ausiliaria si innamora, in tempo di guerra, di un militare che, stanco di tanti orrori, non vuole più tornare a combattere. Per questo viene imprigionato e rimane ferito nel corso di un bombardamento. Benché in pericolo di vita sposa l'amata. Se la cava. ■ DRAMMATICO; B/N; 110'; USA, 1942. ■ OSCAR 1 PR, 4 NOM.

SONO UN FENOMENO PARANORMALE ★★
Regia di SERGIO CORBUCCI. Con PIPPO BAUDO, ELEONORA BRIGLIADORI, ELSA MARTINELLI, ALBERTO SORDI. ■ Scettico di professione, Roberto Razzi è il popolare conduttore di una trasmissione televisiva durante la quale smaschera finti santoni e medium imbroglioni. Durante un viaggio in India, dove tra i tanti fachiri fasulli ha conosciuto un vero guru, cade da un elefante e batte la testa. Si risveglia a Roma e scopre di essere entrato in possesso di facoltà paranormali: piega le posate con lo sguardo, scatena cicloni e fa levitare mobili. ■ COMMEDIA; COL.; 112'; ITALIA, 1985.

SONO UN MARITO INFEDELE ★★
(Etes-vous fiancée à un marin grec ou à un pilote de ligne?)
Regia di JEAN AUREL. Con FRANÇOISE FABIAN, ARMANDO FRANCIOLI, JEAN YANNE. ■ Un uomo, sposato con prole, cambia diverse amanti fino a quando la moglie, stanca, chiede il divorzio. Ognuno di essi trova un partner ma i bambini, sconvolti dalla nuova situazione, scappano e spingono i genitori alla riconciliazione. Tutto sembra sistemato, ma lui mette gli occhi su un'altra. ■ COMMEDIA; COL.; 100'; FRANCIA, 1970.

SONO UN PIRATA, SONO UN SIGNORE ★
Regia di EDUARDO TARTAGLIA. Con MAURIZIO MATTIOLI, VERONICA MAZZA, FRANCESCO PANNOFINO, GIORGIA SURINA EDUARDO TARTAGLIA. ■ A Mirella, giovane biologa marina, viene offerto un progetto di ricerca in Africa. Nipote di un celebre senatore, la ragazza è invisa a Giulio, collega più anziano a cui il preside di facoltà offre la stessa opportunità. Nel racconto compare una barca a vela, con tanto di pirati sequestratori. ■ COMMEDIA; COL.; 90'; ITALIA, CUBA, 2013.

SONO UN SENTIMENTALE *(Je suis un sentimental)* ★★
Regia di JOHN BERRY. Con WALTER CHIARI, EDDIE CONSTANTINE, BELLA DARVI. ■ Il figlio di un giornalista uccide l'amante con la quale aveva imbastito una serie di ricatti. Del delitto viene accusato il marito della defunta, che finisce in carcere. La sua avvocatessa non si lascia smontare e con l'aiuto di un cronista, che passerà molti guai, potrà consegnare alla giustizia il vero assassino. ■ GIALLO; B/N; 91'; FRANCIA, 1956.

SONO VIVA ★★
Regia di DINO GENTILI, FILIPPO GENTILI. Con GUIDO CAPRINO, GIORGIO COLANGELI, MASSIMO DE SANTIS, MARCELLO MAZZARELLA, GIOVANNA MEZZOGIORNO. ■ Rocco ha trent'anni e una vita precaria. Lontano da una famiglia importuna e unito a una compagna pretenziosa, si trascina tra lavori occasionali e il divano, cercando il modo e il denaro per pagare debiti, mutuo e bollette. Un amico, Gianni, gli offre un lavoro ben retribuito e lo conduce in una villa fuori città, dove accetta di vigilare il corpo senza vita di Silvia Resti, una giovane donna morta prematuramente. Colpito dalla grazia di quelle spoglie e dal mistero che le circonda, Rocco è deciso a indagare sulla morte della ragazza e a interrogare amici e familiari che affollano la villa. La notte e la lunga veglia riveleranno a Rocco verità nascoste. ■ DRAMMATICO; COL.; 87'; ITALIA, 2008.

SONS ★★
Regia di ALEXANDRE ROCKWELL. Con STÉPHANE AUDRAN, JENNIFER BEALS, WILLIAM FORSYTHE, BERNARD FRESSON, SAMUEL FULLER. ■ È il film d'esordio del regista di *In the soup*. Tratta del tentativo da parte di due fratelli di ridare serenità al padre traumatizzato dalla guerra. ■ DRAMMATICO; COL.; 85'; USA, 1989.

SON TORNATA PER TE – HEIDI ★★
Regia di LUIGI COMENCINI. Con HEINRICH GRETLER, THOMAS KLAMETH, ELISABETH SIGMUND. ■ Una bambina che vive in montagna viene portata dalla zia a Francoforte. Qui fa amicizia con una coetanea paralitica alla quale sa dare tanta fiducia da farle riacquistare l'uso delle gambe. I genitori della piccola vorrebbero che si fermasse, ma lei torna alla sua baita. ■ COMMEDIA; B/N; 84'; ITALIA, 1953.

SON TORNATE A FIORIRE LE ROSE ★★
Regia di VITTORIO SINDONI. Con WALTER CHIARI, VALENTINA CORTESE, MACHA MÉRIL, LUCIANO SALCE. ■ Due mariti non più giovanissimi si rendono conto, alla nascita di una nipotina, dell'età avanzata, e cercano di consolarsi gettandosi in avventure extraconiugali. Si calmeranno quando le mogli annunceranno loro che stanno per diventare nuovamente padri. ■ COMMEDIA; COL.; 92'; ITALIA, 1975.

SOPRA DI NOI IL MARE *(Above us the Waves)* ★★
Regia di RALPH THOMAS. Con JOHN GREGSON, JOHN MILLS, DONALD SINDEN. ■ Seconda guerra mondiale: un ufficiale inglese vuole affrontare a tutti i costi una pericolosa nave nemica. Il primo tentativo fallisce; al secondo partecipa di persona, ma viene catturato con i suoi uomini dopo aver minato la corazzata. L'esplosione avviene, e suscita l'ammirazione del comandante nemico. ■ GUERRA; B/N; 99'; GRAN BRETAGNA, 1954.

SOPRA E SOTTO IL LETTO *(Das Liebeskarussell)* ★★★
Regia di ALFRED WEIDENMANN. Con CATHERINE DENEUVE, ANITA EKBERG, HEINZ RÜHMANN, NADIA TILLER. ■ Il film racconta quattro episodi che hanno per tema le disavventure di altrettante coppie. ■ COMMEDIA; COL.; 92'; AUSTRIA, 1965.

SOPRA E SOTTO IL PONTE ★
Regia di ALBERTO BASSETTI. Con CLIO BASSETTI, LORENZO DE ANGELIS, GRAZIANO PIAZZA, DAVIDE ROSSI, ISABEL RUSSINOVA. ■ Sopra un cavalcavia nella periferia di Roma si incontrano ogni giorno Alessandro, figlio adolescente di un commerciante di articoli sacri, e Deborah e Valerio, fratelli e orfani di padre "adottati" da una madre che arrotonda lo stipendio prostituendosi. Alessandro e Deborah vivono il loro acerbo amore sotto gli occhi disincantati di Andrea che, come la sorella, sogna il successo rapido e indolore, i soldi e un'auto sportiva. ■ DRAMMATICO; COL.; 81'; ITALIA, 2006.

SOPRANNATURALE *(The Unholy)* ★★
Regia di CAMILLO VILA. Con BEN CROSS, HAL HOLBROOK, TREVOR HOWARD. ■ Il diavolo (pare) si annida in una chiesa cattolica di New Orleans. Il vescovo designa un giovane prete, che prende possesso della parrocchia, sfida il Maligno e lo combatte. Sarà dura. ■ HORROR; COL.; 100'; USA, 1988.

SOPRA OGNI SOSPETTO *(Dead in the Water)* ★★
Regia di BILL CONDON. Con BRYAN BROWN, TERI HATCHER. ■ Film girato per la televisione americana e commercializzato in homevideo. Classica trama gialla dove un marito non più innamorato uccide la moglie con la complicità della segretaria sua amante. I problemi non tardano ad arrivare quando anche la segretaria viene assassinata. ■ GIALLO; COL.; 87'; USA, 1991.

SOPRAVVISSUTI DELLA CITTÀ MORTA, I ★★
Regia di ANTHONY DAWSON. Con JOHN STEINER, SUSIE SUDLOW, DAVID WARBECK. ■ Dean, un Lord inglese appassionato di archeologia, vuole recuperare un prezioso e leggendario scettro d'oro sepolto nei deserti della Cappadocia. La leggenda dice che chi lo possiede può dominare il mondo: per questo anche il violento emiro Abdullah lo vuole e fa seguire la spedizione di Dean. Alla fine, dopo sparatorie varie e il crollo della grotta che seppellisce tutto il tesoro, lo scettro va al Lord. ■ AVVENTURA; COL.; 97'; ITALIA, 1984.

SOPRAVVISSUTI DELLE ANDE, I *(Survive)* ★★
Regia di RENÉ CARDONA JR. Con LORENZO DE RODAS, FERNANDO LARRANAGA, NORMA LAZARENO, HUGO STIGLITZ. ■ È la riproposta cinematografica del drammatico episodio accaduto nel 1972. Un aereo si schianta su un picco andino. Le ricerche non approdano a nulla e i sopravvissuti, tagliati fuori dal mondo, si arrangiano come possono, giungendo a cibarsi delle carni dei defunti. Oltre due mesi dopo vengono salvati. ■ DRAMMATICO; COL.; 86'; MESSICO, 1976.

SOPRAVVISSUTI 2 *(The Cockleshell Heroes)* ★★★
Regia di JOSÉ FERRER. Con DORA BRYAN, JOSÉ FERRER, TREVOR HOWARD, VICTOR MADDERN. ■ Secondo conflitto mondiale: un ufficiale inglese riesce a reclutare un gruppo di uomini per una missione pericolosissima. Si tratta, infatti, di far saltare alcune navi tedesche; il piano riesce alla perfezione, ma alcuni uomini rimangono uccisi; altri, tra i quali l'ufficiale, sono giustiziati. Solo due rimangono illesi. ■ GUERRA; COL.; 97'; GRAN BRETAGNA, 1956.

SOPRAVVISSUTO, IL *(The Survivalist)* ★★
Regia di SIG SHORE. Con SUSAN BLAKELY, STEVE RAILSBACK, DAVID WAYNE. ■ Si sta preparando la terza guerra mondiale fra Usa e Urss. In una città del Texas una banda di teppisti approfitta della confusione e del panico per abbandonarsi a razzie di ogni sorta. Un uomo si batte da solo per salvare il figlio da quell'inferno. ■ AVVENTURA; COL.; 97'; USA, 1987.

SOPRAVVIVERE AL GIOCO *(Surviving the Game)* ★
Regia di ERNEST DICKERSON. Con F. MURRAY ABRAHAM, GARY BUSEY, RUTGER HAUER, ICE-T ■ Un giovane senza fissa dimora e con problemi economici si fa convincere a partecipare a una partita di caccia. Non lo sa, ma è lui stesso la preda da catturare. Ennesima variazione del mitico film *Pericolosa partita* di Schoedsack e Pichel. ■ THRILLER; COL.; 95'; USA, 1994.

SOPRAVVIVERE COI LUPI *(Survivre avec les Loups)* ★★
Regia di VERA BELMONT. Con YAËL ABECASSIS, GUY BEDOS, MICHÈLE BERNIER, FRANCK DE LA PERSONNE, BENNO FÜRMANN, MATHILDE GOFFART, ANNE-MARIE PHILIPE. ■ Misha è una bambina ebrea costretta a nascondersi coi genitori nel Belgio occupato dai nazisti. Rimasta sola, in seguito ad un rastrellamento della Gestapo, viene accolta come sguattera e in cambio di denaro da una famiglia della provincia di Bruxelles. La paura di essere denunciata alla polizia e il desiderio di ritrovare i suoi genitori, deportati nell'est d'Europa, la spingeranno ad affrontare un interminabile viaggio in compagnia di una bambola e di un branco di lupi. Non è facile portare sullo schermo il dramma di una bambina vittima della guerra e della persecuzione razziale. Forse è per questo che la regista francese Vera Belmont ha preferito concentrarsi maggiormente sulla descrizione del carattere della piccola

protagonista piuttosto che sulla tragedia storica in se stessa. Trasposizione del romanzo di Misha Defonseca. ■ DRAMMATICO; COL.; 90′; FRANCIA, 2007.

SORCERER AND THE WHITE SNAKES, THE ★★
(Baish echuanshuo)
Regia di TONY CHING SIU-TUNG. Con CHERLENE CHOI, VIVIAN HSU, SHENGYI HUANG, WU JIANG, JET LI. ■ Tra il giovane erborista Xu Xian e il Serpente Bianco, demone millenario, nasce una storia d'amore improvvisa quanto intensa. La sincerità del legame è però messa in dubbio dal monaco-stregone Fa Hai, intenzionato a imprigionare tutti i demoni che interferiscono nelle faccende degli umani. ■ FANTASTICO; COL.; 99′; CINA, HONG KONG, 2011.

SORCI E SOCI AL 6° ROUND ★★
(Merrie Melody – Looney Tunes)
Produzione WARNER BROS. ■ Un divertente lungometraggio a cartoni animati per la gioia dei piccoli. ■ ANIMAZIONE; COL.; 92′; USA, 1960.

SORDOMUTO, IL *(Dummy)* ★★
Regia di FRANK PERRY. Con LEVAR BURTON, BRIAN DENNEHY, PAUL SORVINO. ■ Un ragazzo di colore sordomuto, benvoluto sul lavoro e altrove, esce una sera con una prostituta. Il giorno dopo viene trovato il cadavere della donna e quindi il ragazzo viene incolpato di omicidio. Lo difenderà un avvocato a sua volta sordomuto. Buona l'interpretazione di Paul Sorvino mentre il regista di *David e Lisa* e *Mammina cara* sembra quasi disinteressato alla vicenda. ■ DRAMMATICO; COL.; 100′; USA, 1979.

SORELLA DI BRUCE LEE, LA *(Cho chow kung fu)* ★
Regia di TANG HUANG. Con CHEN YING FEUNG, TOM KEENE, KUO SAIUO CHEUNG, YUEN TSUN. ■ Siamo in Cina durante l'occupazione giapponese. Il capo dei partigiani è una ragazza bella e feroce che aspetta solo l'occasione di potersi vendicare della morte del marito. E quando l'occasione si presenta fa strage dei nemici a colpi di karatè. ■ AVVENTURA; COL.; 94′; HONG KONG, 1974.

SORELLE ★★★
Regia di MARCO BELLOCCHIO. Con ELENA BELLOCCHIO, PIERGIORGIO BELLOCCHIO, DONATELLA FINOCCHIARO, GIANNI SCHICCHI GABRIELI. ■ A Bobbio Elena cresce circondata dalle anziane zie, dal giovane zio Giorgio che fa la spola tra Roma e Bobbio e da una madre part-time, Sara, che sogna di fare l'attrice a Milano. Sullo sfondo dei suoi pochi anni ci sono la provincia provinciale, la chiesa, le campane delle domenica, il fiume e un ponte per attraversarlo. Elena interroga continuamente Sara e Giorgio sulla vita mentre li osserva andare e tornare senza pace da Bobbio, senza mai decidere cosa e dove essere. Marco Bellocchio torna a Bobbio e al Trebbia delle sue celebri "vacanze", realizzando un «film di fantasia» in tre episodi, affollato di attori, amici e familiari. Torna alla casa de *I pugni in tasca* a cui *Sorelle* rimanda continuamente, interpolando le immagini digitali con la pellicola in bianco e nero del suo debutto. Accade allora che nella sequenza d'apertura Giorgio commenti il borgo natio attraverso le pagine di Checov e in quella successiva l'Ale de *I pugni in tasca* lo osservi dal campanile. Le stanze, i corridoi, le tavole apparecchiate, i letti sfatti sono gli stessi in cui vagava e si tormentava l'Ale di Lou Castel, gli stessi luoghi da cui andava e veniva incessantemente come oggi fanno Giorgio e Sara. Al dinamismo dei due giovani fratelli si contrappone la stanzialità delle due sorelle, portatrici del passato e del ricordo di una madre "santa" gettata in fondo a un burrone. ■ DRAMMATICO; COL.; 70′; ITALIA, 2006.

SORELLE, LE ★★
Regia di ROBERTO MALENOTTI. Con LARS BLOCK, NATHALIE DELON, GIANCARLO GIANNINI, MASSIMO GIROTTI, SUSAN STRASBERG. ■ Un bel cast sprecato in un film troppo ambizioso. Morboso amore di una sorella per l'altra. Finirà male. ■ DRAMMATICO; COL.; 91′; ITALIA, 1969.

SORELLE DI ZORRO, LE *(Aventures de las hermanas)* ★★
Regia di FREDERICH CURIEL. Con RAFAEL BERTRAND, KITY DE HOYOS, DACIA GONZALES. ■ Due orfane, una attrice e l'altra monaca, un giorno si ritrovano nella cittadina in cui i genitori furono assassinati. Riescono a trovare il mandante dell'omicidio e ne fanno giustizia. ■ AVVENTURA; B/N; 94′; MESSICO, 1964.

SORELLE IN ARMI *(So Proudly We Hail)* ★★★
Regia di MARK SANDRICH. Con CLAUDETTE COLBERT, PAULETTE GODDARD, VERONICA LAKE. ■ Seconda guerra mondiale: le crocerossine sono un aiuto preziosissimo e vengono mandate da un luogo all'altro, ovunque ci sia bisogno della loro opera. Durante una missione si intrecciano storie sentimentali. ■ GUERRA; B/N; 126′; USA, 1943. ■ OSCAR 4 NOM.

SORELLE – L'EQUILIBRIO DELLA FELICITÀ ★★★
(Schwestern oder die Balance des Glücks)
Regia di MARGARETHE VON TROTTA. Con JESSICA FRÜH, GUDRUN GABRIEL, JUTTA LAMPE. ■ Maria e Anna, sorelle legatissime, hanno caratteri molto differenti: la prima, donna in carriera, è precisa e metodica, mentre la seconda, timida e introversa, non vuole lavorare e vive all'ombra della sorella. Ingelosita dai successi personali e sentimentali di Maria, Anna si suicida. Dopo un periodo di comprensibile sconforto, la sorella superstite accoglie in casa una giovane dattilografa e riversa su di lei tutto il suo oppressivo affetto. ■ DRAMMATICO; COL.; 85′; GERMANIA, 1979.

SORELLE MAI ★★
Regia di MARCO BELLOCCHIO. Con ELENA BELLOCCHIO, LETIZIA BELLOCCHIO, PIER GIORGIO BELLOCCHIO, DONATELLA FINOCCHIARO. ■ Giorgio legge Čechov, si rifugia dalle zie a Bobbio e si prende amorevolmente cura di sua nipote Elena. Sara recita Shakespeare, rifugge la provincia emiliana e lascia che siano le sue vecchie zie a crescere la sua bambina. Giorgio e Sara si rinfacciano i loro destini sfumati e lontani da Bobbio, ma è davanti al Trebbia che finiscono sempre per tornare, tuffarsi e volersi ancora bene, cavandosi a turno dagli impacci. Attrice senza successo lei, attore con un futuro incerto lui, Sara e Giorgio aspettano l'occasione della vita, eternamente attesi dalle zie e "amministrati" da Gianni Schicchi, doppio pucciniano e amico di famiglia che li ama e li consiglia. Sulle sponde del Trebbia scorre intanto la loro giovinezza e fiorisce quella di Elena, ormai adolescente e desiderosa di sperimentarsi. Ogni film di Marco Bellocchio è una tappa, qualcosa di nuovo rispetto a quello precedente. Così il suo film successivo non lo trovi mai dove te lo aspetteresti. Dopo la parabola di un regista che si interroga sull'identità di chi fa cinema e quella di una donna sacrificata dal potere che riflette sui "cattivi" padri della nazione, l'autore piacentino torna a bagnarsi coi suoi protagonisti "familiari" nelle acque fresche del Trebbia. Bellocchio non può fare brutti film, ma questo non è fra i più felici. ■ DRAMMATICO; COL.; 110′; ITALIA, 2010.

SORELLE MATERASSI ★★★
Regia di FERDINANDO MARIA POGGIOLI. Con CLARA CALAMAI, EMMA GRAMATICA, IRMA GRAMATICA, MASSIMO SERATO, OLGA SOLBELLI. ■ Due anziane zitelle, che col lavoro hanno accumulato una piccola fortuna, allevano un orfanello, e si affezionano a lui a tal punto da divenire schiave dei suoi non sempre leciti desideri. Quando il ragazzo sposa una ricca americana, e la segue oltreoceano, le sorelle rimangono sole, bersaglio di lazzi e pettegolezzi. Dal romanzo di Aldo Palazzeschi. ■ DRAMMATICO; B/N; 79′; ITALIA, 1943.

SORELLINE, LE *(Bonnie's Kid)* ★★
Regia di ARTHUR MARKS. Con TIFFANY BOLLING, SCOTT BRADY, LEO GORDON, ROBIN MATTSON, STEVE SANDOR. ■ È la storia prolissa e sconclusionata di due sorelle, una più disonesta dell'altra. La maggiore spara al patrigno che ha abusato varie volte di lei e fugge con una valigia di droga, per la quale verrà ammazzata; l'altra se ne va di casa facendo prevedere allo spettatore un futuro errabondo. ■ GIALLO; COL.; 90′; USA, 1972.

SORGENTE DEL FIUME, LA ★★★
(Trilogia: To Livadi Pou Dakrizi)
Regia di THEO ANGHELOPULOS. Con ALEXANDRA AIDINI, GIORGIOS ARMENIS, VASSILIS KOLOVOS, EVA KOTAMANIDOU, NIKOS POURSANIDIS, MICHAEL YANNATOS. ■ Con Anghelopulos non ci sono vie di mezzo: o lo si ama o lo si detesta. Il suo uso tanto raffinato quanto esasperato del piano sequenza; la sua attenzione maniacale alla composizione dell'inquadratura; i suoi tempi dilatati

vanno sicuramente controcorrente rispetto al cinema di consumo. Ma conserva indubbiamente un suo fascino visivo, al di là delle scelte ideologiche che hanno sempre innervato il suo fare cinema. Questo primo film di una trilogia che vede l'Italia come coproduttore intende raccontare la storia della Grecia dall'emigrazione dalla Russia bolscevica sino alla fine della seconda guerra mondiale. Lo fa, come si diceva, con grande rigore formale tanto che talvolta la storia dei due protagonisti di cui si raccontano le vicende sembra non contare. ■ DRAMMATICO; COL.; 170'; GRECIA, 2004.

SORGENTE DELL'AMORE, LA ★★★
(La source des femmes)
Regia di RADU MIHAILEANU. Con SALEH BAKRI, AEÏLA BEKHTI, BIYOUNA, HAFSIA HERZI, SABRINA OUZANI. ■ Ogni giorno, ai piedi di un piccolo villaggio situato tra Nord Africa e Medio Oriente, le donne devono compiere un accidentato percorso in salita per andare a prendere l'acqua da una sorgente. Molte di loro hanno perso dei figli che portavano in ventre per il duro sforzo. Gli uomini stanno da sempre a guardare. Nessuno ha mai pensato di utilizzare i soldi dei turisti per la realizzazione di un piccolo acquedotto. Un giorno Leila, giovane sposa venuta dal Sud, decide di intervenire. Insieme a una delle anziane del villaggio, prova a spingere le donne a uno sciopero del sesso, fino a quando gli uomini non porranno rimedio alla situazione. Radu Mihailehanu dopo *Train de vie*, e *Il concerto*, affronta il tema dei rapporti uomo/donna nel mondo islamico nell'ottica del racconto di fantasia e partendo da uno spunto da commedia classica dell'antica Grecia: lo sciopero del sesso. ■ DRAMMATICO; COL.; 125'; BELGIO, ITALIA, FRANCIA, 2011.

SORGENTI D'ORO *(High, Wide and Handsome)* ★★★
Regia di ROUBEN MAMOULIAN. Con IRENE DUNNE, RANDOLPH SCOTT. ■ Un novello sposo trascura la moglie perché è troppo occupato ad estrarre il petrolio dalle sue terre nonché a difenderlo dalle brame degli altri. Ne segue una crisi profonda che spinge la donna a lasciarlo. Ma tutto finirà bene. ■ COMMEDIA; B/N; 112'; USA, 1937.

SORGO ROSSO *(Hong Gaoliang)* ★★★8
Regia di ZHANG YIMOU. Con GONG LI, JIANG WEN. ■ Love story in Cina alla fine degli anni Trenta. I giapponesi stanno per invadere il paese, le campagne sono infestate dai "signori della guerra" e dai banditi e assassini ai loro ordini. Ma gli amanti sembrano non accorgersene. Il primo (o quasi) film della Repubblica Popolare Cinese ad avere una buona distribuzione in Occidente. Se la merita. ■ DRAMMATICO; COL.; 105'; CINA, 1987. ■ BERLINO 8 1 PR.

♥ SORPASSO, IL ★★★★★
Regia di DINO RISI. Con VITTORIO GASSMAN, CLAUDIO GORA, CATHERINE SPAAK, JEAN-LOUIS TRINTIGNANT. ■ Il giorno di Ferragosto due occasionali amici, uno studente universitario un po' timido e un quarantenne immaturo, passano assieme la giornata spostandosi con l'auto. Le ore passano veloci in un susseguirsi di episodi tragicomici, fino all'epilogo inatteso e drammatico: la morte dello studente causata da un incidente causato dall'incoscienza dell'altro. Si tratta di un autentico *cult movie*, tra i pochi che può vantare il cinema italiano del dopoguerra. Un'intuizione geniale è all'origine del film, che può essere definito un *road movie*; il confronto di due generazioni nel territorio neutro di una giornata di vacanza. La complementarietà dei caratteri dei due protagonisti è un supporto dalle solide basi. La sceneggiatura di Scola, Risi e Maccari è in perfetto equilibrio tra la commedia all'italiana e il dramma sociale, questo appena accennato con alcune allarmanti sequenze disseminate nel film e concluso nell'impietoso finale. Il cialtronesco Gassman, finalmente libero, come lui stesso ammette, dai vincoli delle caratterizzazioni, dai ghigni classicheggianti, esprime in alcune sequenze la sua dirompente fisicità. Distrugge con l'intuizione del superficiale i luoghi comuni che lo studente Trintignant si era costruito in un'intera vita, sui suoi parenti. Libera lo *charme* opaco di una zia del suo amico. In ogni spostamento, dalla Roma deserta del mattino di Ferragosto e lungo le strade della Versilia fino alla Costa Azzurra, si gioca la sua dignità e persino la figura di padre. La partita a ping-pong con Gora è al riguardo esemplare. L'attonito Trintignant in quesa scuola dei dritti è infatti l'unico a soccombere, emblematicamente. Non pochi hanno lamentato il cambio di atmosfera dell'epilogo: un brusco risveglio dalla partitura scoppiettante di una pellicola che sembrava dover dispensare un eclettico piacere a fior di pelle. Come in *La grande guerra* e *Una vita difficile* il cinema italiano aveva trovato, se non un vero e proprio stile, un equilibrio basato su una precisa rappresentazione della società italiana, senza dover ricorrere ai macchiettoni che il depravato cinema d'oggi mostra con lugubre allegria. Il rimpianto di quel cinema è presente in ogni spettatore che abbia solo visto quei film pur non facendo parte di quella generazione. Ed ecco allora la Lancia Aurelia Sport diventare un oggetto mitico. Così come alcune battute di questi film vengono tramandate con puntuale approssimazione, ma con sincera partecipazione. *Il sorpasso*, al suo apparire quasi snobbato dalla critica, si è ritagliato col tempo uno spazio che appartiene di diritto alle grandi memorie del cinema. ■ DRAMMATICO; B/N; 108'; ITALIA, 1962. ■ DAVID DI DONATELLO 1 PR, 1 NOM.

SORPRESE DEL DIVORZIO, LE ★★
(The First Mrs. Fraser)
Regia di SINCLAIR HILL. Con HENRY AINLEY, JOAN BARRY, DOROTHY DIX. ■ Dopo il divorzio si risposa, ma la sua vita non va a posto. Divorzia di nuovo e risposa la prima moglie. ■ COMMEDIA; B/N; 84'; GRAN BRETAGNA, 1932.

SORPRESE DEL DIVORZIO, LE ★★
Regia di GUIDO BRIGNONE. Con ARMANDO FALCONI, BICE PARISI, SERGIO TOFANO. ■ Un uomo divorzia perché non sopporta la suocera, e per cautelarsi si risposa con la figlia di un vedovo. Costui, dopo qualche tempo, prende in moglie la donna dalla quale il genero si è separato. Fortuna che anche lui non sopporta sua madre: la coppia si sfascia, e torna la pace in famiglia. ■ COMMEDIA; B/N; 92'; ITALIA, 1939.

SORPRESE DEL DIVORZIO, LE ★★
(Imar dve mame i dva tate)
Regia di KRESIMIR GOLIK. Con RELIA BASIC, MIA OREMOVIC, FABIJAN SOVAGOCIE. ■ Due coniugi, separati, si risposano. Il figlio maggiore è andato col padre, quello minore con la madre. Il piccolo preferirebbe la soluzione opposta, e poiché suo fratello comincia a innamorarsi della matrigna, lo scambio viene effettuato senza problemi. ■ COMMEDIA; COL.; 91'; JUGOSLAVIA, 1970.

SORPRESE DELL'AMORE, LE *(Bride by Mistake)* ★★
Regia di RICHARD WALLACE. Con LARAINE DAY, MARSHA A. HUNT, ALAN MARSHALL. ■ Un ufficiale si innamora di una ricca ereditiera che si fa passare per un'altra, ma corteggia anche la sostituta, pensando ad un eventuale matrimonio di convenienza. Quando la verità viene a galla scoppia il finimondo: i due innamorati, però, si riconciliano. ■ COMMEDIA; B/N; 91'; USA, 1944.

SORPRESE DELL'AMORE, LE ★★
Regia di LUIGI COMENCINI. Con WALTER CHIARI, FRANCO FABRIZI, ANNA MARIA FERRERO, SYLVA KOSCINA. ■ Due coppie male assortite pensano sia meglio scambiarsi i partner: ma anche così le cose non sembrano andar meglio. La soluzione, comunque, non tarderà a presentarsi. ■ COMMEDIA; B/N; 94'; ITALIA, 1959.

SORPRESE DEL VAGONE LETTO, LE ★★
(Les surprises du sleeping)
Regia di KARL ANTON. Con JEAN-CLAUDE DAUPHIN, ODETTE FLORELLE. ■ Su un treno in corsa si snodano alcune piccole storie: un giovane e una giovane si innamorano; una coppia si riconcilia. Commediola scontata. ■ COMMEDIA; B/N; 93'; FRANCIA, 1933.

SORPRESE DEL VAGONE LETTO, LE ★★
Regia di GIAN PAOLO ROSMINO. Con CLARA CALAMAI, ENRICO VIARISIO. ■ Durante un viaggio in treno, un avvocato si innamora della compagna di vagone, che crede essere cugina di un amico. Quando si reca a casa di questi per rivederla scopre che la ragazza è, in realtà, una cantante. Nonostante alcune disavventure che fanno temere all'avvocato di dover sposare l'autentica cugina, finirà per convolare a giuste nozze con l'amata. ■ COMMEDIA; B/N; 92'; ITALIA, 1939.

SORRIDETE CON ME *(Avec le sourire)* ★★★
Regia di MAURICE TOURNEUR. Con MAURICE CHEVALIER, MARIE GLORY. ■ Un giovane provinciale dal sorriso aperto e cordiale conquista a tale punto la simpatia dei colleghi di lavoro che ne diventa il direttore. Dopo il matrimonio con una ballerina, ottiene un avanzamento di grado e occupa un posto che tutti gli credevano precluso. ■ COMMEDIA; B/N; 98′; FRANCIA, 1937.

SORRISI DI UNA NOTTE D'ESTATE ★★★★
(Sommarnattens leende)
Regia di INGMAR BERGMAN. Con GUNNAR BJÖRNSTRAND, EVA DAHLBECK, ULLA JACOBSSON. ■ Una commedia di Bergman, ricca però dei temi presenti nei suoi film più drammatici (l'insoddisfazione umana, l'incomprensione fra uomo e donna, la ricerca impossibile della felicità), seppure trattati con tono più leggero e apparentemente più svagato. In una villa sono invitati per un weekend alcuni personaggi in complesso rapporto tra di loro: un avvocato di mezza età sposato a una donna molto più giovane, una sua vecchia fiamma, attrice, l'amante in carica di quest'ultima e il figlio dell'avvocato, innamorato di una cameriera. Il gioco delle coppie si scatena nella calda notte d'estate, con risultati spesso imprevedibili. Grande successo al Festival di Cannes di quell'anno. ■ COMMEDIA; B/N; 110′; SVEZIA, 1955. ■ CANNES 1 PR.

SORRISI E CANZONI ★★
Regia di LUIGI CAPUANO. Con MARIA FIORE, LUCIANO RONDINELLA, GIULIA RUBINI, GABRIELE TINTI. ■ Un militare torna a casa lasciando senza spiegazioni la sua fidanzata. Questa non si perde d'animo e parte per la città dove lui abita decisa a rintracciarlo. Ci riuscirà per puro caso e, dopo aver ascoltato i motivi dell'abbandono, rimarrà felice accanto a lui. ■ COMMEDIA; B/N; 98′; ITALIA, 1958.

SORRISO, IL *(Le sourire)* ★★
Regia di CLAUDE MILLER. Con RICHARD BOHRINGER, JEAN-PIERRE MARIELLE, EMMANUELLE SEIGNER. ■ Amore sul filo dell'infarto tra lo psicologo Leclainche e una misteriosa ragazza, morbosamente attirata dagli squallidi spettacoli di spogliarello che si svolgono in un luna-park. Una vicenda in chiave più intellettuale che erotica, con un'interprete femminile più volte in bilico tra entrambi i generi. ■ DRAMMATICO; COL.; 90′; FRANCIA, 1994.

SORRISO DEL GRANDE TENTATORE, IL ★★★
Regia di DAMIANO DAMIANI. Con CLAUDIO CASSINELLI, ADOLFO CELI, LISA HARROW, GLENDA JACKSON. ■ Uno scrittore entra quale ospite in un convento romano sul quale dovrà scrivere un libro che aiuti un religioso a difendersi dall'accusa di collaborazionismo. Il nuovo arrivo sembra sconvolgere l'organizzazione del luogo e provoca crisi spirituali, fughe e dimissioni. Ci vorrà la fermezza della superiora per rimettere le cose a posto. ■ DRAMMATICO; COL.; 120′; ITALIA, 1974.

SORRISO DELLA GIOCONDA, IL ★★★
(A Woman's Vengeance)
Regia di ZOLTAN KORDA. Con ANN BLYTH, CHARLES BOYER, SIR CEDRIC HARDWICKE, JESSICA TANDY. ■ Una donna inferma muore improvvisamente. Una sua amica spera di sposare il vedovo, che invece le preferisce una giovane fanciulla. Tempo dopo l'uomo viene accusato di aver avvelenato la moglie ed è condannato alla pena capitale. Il medico di famiglia, però, riesce a far confessare all'amica respinta di essere lei l'autrice del delitto. ■ DRAMMATICO; B/N; 96′; USA, 1948.

SORRISO DELLA JENA, IL ★★
Regia di SILVIO AMADIO. Con LUCIANO DELLA ROBBIA, HIRAM KELLER, ROSALBA NERI, SILVANO TRANQUILLI. ■ Una donna uccide la moglie dell'amante e vorrebbe che lui ne uccidesse la figlia di primo letto, unica erede. Dopo l'assassinio di una governante, testimone del loro segreto, la ragazza si rivela per quella che è: una ricattatrice. Ottenuti molti soldi sparisce, ma muore in un incidente. Sarà la legittima erede a incastrare gli assassini. ■ GIALLO; COL.; 94′; ITALIA, 1972.

SORRISO DELLA VERGINE, IL ★★
(La sonrisa de la Virgen)
Regia di ROBERTO RODRIGUEZ. Con JORGE MARTINEZ DE HOYOS, PRUDENCE GRIFFEL, MIGUEL MANZANO. ■ Una bimba amante della libertà non vuol saperne di andare a scuola. Dopo aver pregato la Madonna di dispensarla dal "sacrificio" si illude di essere stata ascoltata, ma quando ha la prova del contrario scappa di casa. Avvicinatasi all'immagine della Vergine l'ascolterà parlare e si sottometterà al suo dovere. ■ COMMEDIA; COL.; 91′; MESSICO, 1958. ■ VENEZIA 1 PR.

SORRISO DELLA VITA, IL *(Sunny Side up)* ★★
Regia di DAVID BUTLER. Con EL BRENDEL, CHARLES FARRELL, JANET GAYNOR. ■ Un tentativo (coronato da successo) di imporre nel sonoro la coppia romantica per eccellenza del muto: Janet Gaynor e Charles Farrell. Per l'occasione, oltre al sonoro, i produttori fecero la follia di girare alcune scene a colori. È una storia alla Cenerentola. Lui è un ricco giovane, lei una commessa di negozio innamorata senza (pare) speranza di lui. Ma non è così. ■ SENTIMENTALE; B/N; USA, 1929.

SORRISO DELL'ULTIMA NOTTE, IL ★★
Regia di RUGGERO CAPPUCCIO. Con NADIA BALDI, CIRO DAMIANO, CLAUDIO DI PALMA, GIOVANNI ESPOSITO, GEA MARTIRE, CHIARA MUTI. ■ Siamo nel 1943 a Serramezzana, un piccolo villaggio situato a qualche centinaio di chilometri da Napoli. Il paese è stato distrutto dai bombardamenti, e l'unica famiglia che si ostina a volerci vivere è quella dei Valguarnera, legata al luogo da una antica tradizione feudale. ■ DRAMMATICO; COL.; ITALIA, 2004.

SORRISO DEL RAGNO, IL ★★
Regia di MASSIMO CASTELLANI. Con MARILLA BRANCO, THOMAS HUNTER, HELENA NATHANAEL, GABRIELE TINTI. ■ Un detective viene assunto da una compagnia di assicurazioni perché trovi gli autori di grossi furti a suo danno. Il nostro segue una traccia che è costretto ad abbandonare per non essere accusato di omicidio; in un'isola greca scopre il rifugio dei malviventi, che lo imprigionano. Riesce a liberarsi e li elimina tutti. Il capo finisce in galera. ■ GIALLO; COL.; 92′; ITALIA, 1971.

SORRISO, UNO SCHIAFFO, UN BACIO IN BOCCA, UN ★★★
Regia di ENRICO LUCHERINI, MARIO MORRA. ■ Il film è una specie di *C'era una volta Hollywood* ambientato a casa nostra. È una serie di spezzoni cinematografici Titanus dal 1946 al 1964 presentati e commentati da Renato Pozzetto. ■ DOCUMENTARIO; COL.; 97′; ITALIA, 1975.

SORRISO VERTICALE, IL *(Le sourire vertical)* ★★
Regia di ROBERT LAPOUJADE. Con FRANÇOISE BRION, OLIVIER HUSSENOT, FRANÇOIS PERROT, HENRI SERRE. ■ Da un romanzo dello stesso regista: è la storia di un professore tradito dalla moglie, che descrive in un libro tutto ciò che gli sta succedendo. ■ GROTTESCO; COL.; 105′; FRANCIA, 1973.

SORTILEGIO DELLE AMAZZONI – L'ARTIGLIO DELLA PANTERA, IL *(Angel of the Amazon)* ★★
Regia di JOHN H. AUER. Con BRIAN AHERNE, CONSTANCE BENNETT, GEORGE BRENT, VERA RALSTON. ■ In seguito ad un trauma subito nella giungla anni prima, una donna è rimasta giovane come allora. Un pilota che l'ha salvata si innamora di lei, che prima lo sfugge e poi gli racconta l'incredibile storia, aggiungendo che la figlia si è uccisa perché il suo fidanzato l'aveva lasciata per lei. Il pilota la riunisce al coniuge e lei riprende a invecchiare. ■ DRAMMATICO; B/N; 86′; USA, 1948.

SORVEGLIANZA MORTALE *(A Time to Live)* ★★
Regia di PAUL ZILLER. Con CHRISTOPHER BONDY, DAVID CARRADINE, MICHAEL IRONSIDE. ■ In casa di Rachel, fidanzata con Nichels della polizia, viene trovata dell'eroina. A perquisire è stato il detective Fender, un tempo legato a Rachel, assieme al collega Palatzo. Il proprietario dell'appartamento di Rachel è Carlos, tra l'altro un tipo poco raccomandabile, così le cose si complicano. Un film dal taglio televisivo con un buon ritmo. ■ POLIZIESCO; COL.; 100′; ITALIA, 1990.

SORVEGLIANZA... SPECIALE *(Stakeout)* ★★★
Regia di JOHN BADHAM. Con RICHARD DREYFUSS, EMILIO ESTEVEZ, MADELEINE STOWE. ■ Due poliziotti devono sorvegliare la ragazza di un gangster evaso. Ma uno dei due si innamora, ricambiato, della bella sorvegliata. Doppi guai quando l'evaso si fa vivo. Buon poliziesco, non privo di situazioni e personaggi fran-

camente divertenti, con un Dreyfuss in stato di grazia. ■ GIALLO; COL.; 117′; USA, 1987.

SORVEGLIATE IL VEDOVO *(Pile au face)* ★★★
Regia di ROBERT ENRICO. Con PIERRE ARDITI, PHILIPPE NOIRET, MICHEL SERRAULT. ■ Una signora cade dal sesto piano e muore. Il poliziotto incaricato delle indagini propende per la disgrazia. Ma un suo collega più anziano propende per l'uxoricidio. Il vedovo della donna è severamente indiziato (ha un'amante giovane). Lo sbirro della sua colpevolezza è convinto a metà, ma insiste perché la soluzione di un caso clamoroso può procurargli una promozione, che però arriva prima della confessione del vedovo e che il poliziotto, ormai soddisfatto, straccia. ■ GIALLO; COL.; 105′; FRANCIA, 1980.

SORVEGLIATO SPECIALE *(Johnny Eager)* ★★★
Regia di MERVYN LE ROY. Con VAN HEFLIN, ROBERT TAYLOR, LANA TURNER. ■ Ex detenuto finge di rigare dritto, ma continua nelle sue attività illecite. Alla fine si riscatta per amore della figlia del procuratore e si lascia uccidere da banditi concorrenti. ■ DRAMMATICO; B/N; 107′; USA, 1941. ■ OSCAR 1 PR, 1 NOM.

SORVEGLIATO SPECIALE *(Lock up)* ★★
Regia di JOHN P. FLYNN. Con DARLANNE FLUEGEL, SYLVESTER STALLONE, DONALD SUTHERLAND. ■ Prossimo alla scarcerazione, un detenuto modello viene improvvisamente portato in un penitenziario ove incombe la terribile presenza di un direttore cinico che gli ha, oltretutto, giurato vendetta per un'evasione del passato. Il carcerato subisce violenze fisiche e psicologiche, ma ha la forza e il buon senso di non raccogliere le provocazioni e solo così riuscirà a sconfiggere definitivamente lo spietato avversario. Ci sono tutte le tessere di un puzzle del genere carcerario, comprese le risse e le angherie tra gli stessi prigionieri. ■ DRAMMATICO; COL.; 102′; USA, 1989.

S.O.S. APPARECCHIO 107 *(Flying Hostess)* ★★
Regia di MURRAY ROTH. Con JUDITH BARRETT, WILLIAM GARGAN. ■ Una ragazza, dopo severe prove nelle quali dimostra un grande coraggio, viene ingaggiata come hostess su una linea di aviazione civile. Un giorno due terroristi, nel tentativo di dirottare l'aereo, feriscono i due piloti: è lei che seguendo le istruzioni da terra riesce ad atterrare senza danni. ■ DRAMMATICO; B/N; 66′; USA, 1936.

S.O.S. FANTASMI *(Scrooged)* ★★
Regia di RICHARD DONNER. Con KAREN ALLEN, ROBERT MITCHUM, BILL MURRAY. ■ A volte gustosa, non di rado appesantita da alcune invenzioni, rielaborazione del classico *Racconto di Natale* di Dickens. Al posto del fatidico avaraccio vittoriano (che ispirò anche lo zio Paperone di Disney) c'è il dirigente di un network televisivo che ha sacrificato tutto alla carriera (ha allontanato anche il fratello e la dolce fidanzata). Un prodigio natalizio (anzi una serie di incontri con petulanti fantasmi) lo indurrà a cambiar vita. ■ FANTASTICO; COL.; 101′; USA, 1988. ■ OSCAR 1 NOM.

SOSIA, IL *(Scalpel)* ★★
Regia di JOHN GRISSMER. Con BRUCE ATKINS, JUDITH CHAPMAN, ROBERT LANSING. ■ Un asso della chirurgia estetica cambia la faccia di una ragazza trasformandola nell'immagine sputata della figlia da tempo scomparsa. Non lo fa per ritrovare un affetto, ma semplicemente per poter mettere le mani su una grossa eredità. ■ DRAMMATICO; COL.; 94′; USA, 1978.

SOSIA, IL *(Grosse fatigue)* ★★
Regia di MICHEL BLANC. Con MICHEL BLANC, CAROLE BOUQUET, PHILIPPE NOIRET. ■ Michel Blanc è perseguitato da un sosia perfetto che sfrutta la sua popolarità per combinarne di tutti i colori. L'attore, resosi conto della situazione, si mette a caccia del rivale. Riesce a scoprirlo, ma non a sfuggire alle conseguenze delle sue azioni. Commedia degli equivoci con qualche bagliore di originalità in un copione piuttosto tradizionale. ■ COMMEDIA; COL.; 105′; FRANCIA, 1994. ■ CANNES 2 PR.

SOSIA INNAMORATO, IL *(Honolulu)* ★★
Regia di EDWARD BUZZELL. Con ELEANOR POWELL, ROBERT YOUNG. ■ Un attore e il suo sosia si scambiano temporaneamente l'identità. Tutto andrebbe liscio se il primo non incontrasse la fidanzata dell'altro, rischiando così di compromettere il rapporto con la propria ragazza. Alla fine, però, tutto si aggiusta. ■ COMMEDIA; B/N; 83′; USA, 1939.

S.O.S. I MOSTRI UCCIDONO ANCORA ★★
(Island of Terror)
Regia di TERENCE FISHER. Con PETER CUSHING, CAROLE GRAY, EDWARD JUDD. ■ Su un'isola irlandese un medico genera involontariamente dei terribili mostri, che fanno strage degli abitanti. Due scienziati e una ragazza riusciranno a sconfiggerli, ma lei ci rimetterà la vita. ■ HORROR; COL.; 90′; GRAN BRETAGNA, 1966.

S.O.S. JUNGLA *(Miraculous Journey)* ★★
Regia di PETER STEWART. Con RORY CALHOUN, VIRGINIA GREY. ■ Un aereo dirottato è costretto ad atterrare nella giungla. Tra i superstiti ci sono un gangster, che morirà nel tentativo di impossessarsi di alcuni diamanti, e un pilota che partirà in cerca d'aiuto e sposerà una bella ragazza cieca, prossima ad essere operata, conosciuta durante l'avventura. ■ AVVENTURA; COL.; 83′; USA, 1948.

SOS LARIBIANCOS – I DIMENTICATI ★★
Regia di PIERO LIVI. Con VANNI FOIS, SANDRO GHIANI, ALEX PARTESANO, ANNA MARIA PETROVA, LUCIO SALIS. ■ Tratto dal romanzo di Francesco Masala *Quelli dalle labbra bianche* il film si divide in tre parti per narrare la storia di un gruppo di soldati sardi mandati a combattere nella steppa durante la seconda guerra mondiale. Nella prima parte siamo al presente: una giornalista va a intervistare un sopravvissuto a quei giorni. Nella seconda parte il passato prossimo: la guerra. Nella terza il passato remoto: i ricordi del paese mentre ci si trova così lontani. I tre livelli si intersecano per descrivere lo sconvolgimento di vite catapultate in una dimensione e in un mondo assolutamente distanti e non solo geograficamente. È un'odissea di umili e dimenticati da tutti. Anche dai nemici. Film a basso costo con molte ingenuità ma con la voglia di non dimenticare. ■ GUERRA; COL.; 100′; ITALIA, 2001.

S.O.S. LUTEZIA *(Si tous les gars du monde...)* ★★★
Regia di CHRISTIAN-JAQUE. Con HÉLÈNE PERDRIÈRE, CLAUDE SYLVAIN, JEAN-LOUIS TRINTIGNANT. ■ Da un motopeschereccio parte l'S.O.S.: l'equipaggio, infatti, è rimasto avvelenato dopo l'ingestione di alcuni cibi. Un radioamatore capta il messaggio e lo trasmette a un medico. Questi fornisce il nome dell'antidoto, che dopo diverse avventure viene paracadutato in tempo. ■ DRAMMATICO; B/N; 110′; FRANCIA, 1955.

S.O.S. MIAMI AIRPORT *(The Crash of Flight 401)* ★★
Regia di BARRY SHEAR. Con ADRIENNE BARBEAU, CHRISTOPHER CONNELLY, RON GLASS, WILLIAM SHATNER. ■ Un campionario di varia umanità si imbarca sul volo E 401 diretto in Florida. Invece di atterrare a Miami l'aereo ha un guasto e finisce nelle paludi inesplorate delle Everglades. Quando arrivano i soccorsi più di un centinaio di passeggeri sono morti. ■ AVVENTURA; COL.; 97′; USA, 1978.

S.O.S. NAUFRAGIO NELLO SPAZIO ★★★
(Robinson Crusoe on Mars)
Regia di BYRON HASKIN. Con VICTOR LUNDIN, PAUL MANTEE, ADAM WEST. ■ Un astronauta sbarca fortunosamente su Marte. Qui si adatta alla sopravvivenza assieme ad una scimmietta, fino a quando non incontra un altro essere, proveniente da un lontano pianeta, incaricato di alcune ricerche. Dopo qualche giorno l'astronauta riuscirà a inviare un messaggio ad un'astronave terrestre che lo salverà insieme ai compagni. ■ FANTASCIENZA; COL.; 103′; USA, 1964.

S.O.S. PACIFIC ★★
Regia di GUY GREEN. Con RICHARD ATTENBOROUGH, EDDIE CONSTANTINE, ANNA MARIA PIERANGELI. ■ Eddie Constantine questa volta fa il contrabbandiere coraggioso e di buon cuore che riesce addirittura a impedire lo scoppio di una bomba atomica su un'isoletta dell'oceano Pacifico. ■ AVVENTURA; B/N; 91′; GRAN BRETAGNA, 1959.

SOSPESI NEL TEMPO *(The Frighteners)* ★★★
Regia di PETER JACKSON. Con TRINI ALVARADO, JOHN ASTIN, PETER DOBSON, MICHAEL J. FOX. ■ Un medium imbroglione sembra essere particolarmente abile nella disinfestazione di case abitate da fantasmi. Jackson rivisita numerosi generi cinemato-

grafici mescolandoli con sapienza visiva e narrativa. Dal musical alla suspense, dalla commedia all'horror è tutto un rincorrersi di trovate per tenere lo spettatore ben agganciato al film. Zemeckis sta dalle parti della produzione e controlla il traffico con attenzione. ■ HORROR; COL.; 108′; NUOVA ZELANDA, USA, 1996.

SOSPETTATO, IL *(Caught in the Act)* ★★
Regia di DEBORAH REINISCH. Con PATRICIA CLARKSON, GREGORY HARRISON, LESLIE HOPE, KIMBERLY SCOTT. ■ Un attore, che ha perso ormai la speranza di arrivare al successo, si ritrova inspiegabilmente con un conto corrente miliardario e, per di più, con la donna dei sogni innamorata di lui. Ma non si tratta di un colpo di fortuna, bensì di una subdola trappola per far ricadere sull'uomo la responsabilità di un omicidio. ■ THRILLER; COL.; 89′; USA, 1993.

SOSPETTI IN FAMIGLIA ★★
Regia di TED KOTCHEFF. Con CHARLES BRONSON, LESLEY-ANNE DOWN, ANGELA FEATHERSTONE, SEBASTIAN SPENCE, KATE TROTTER. ■ Il film si apre con dieci minuti di montaggio alternato con cui seguiamo più storie, ambientate in una città americana: la scoperta del cadavere di un sacerdote nel confessionale di una chiesa; una ragazza preoccupata perché la sorella non rientra a casa dopo una notte di svago; un ragazzino rinchiuso in galera. Iniziano le indagini sull'omicidio del parroco – capeggiate da un esperto ispettore (Charles Bronson, appesantito e in là con l'età) – e da due giovani detective, un uomo e una donna. Come per la maggior parte delle spy-stories, le sequenze si alternano fino a confluire per permettere allo spettatore di seguire gli indizi e di risolvere il caso, tenendo presente che l'ombra dell'eterno nemico degli Stati Uniti – la Russia o ex Unione sovietica – aleggia su tutte le vicende raccontate. ■ AZIONE; COL.; 87′; CANADA, USA, 1995.

SOSPETTO, IL *(Suspicion)* ★★★★
Regia di ALFRED HITCHCOCK. Con NIGEL BRUCE, JOAN FONTAINE, CARY GRANT, SIR CEDRIC HARDWICKE. ■ Una ragazza fugge di casa per sposare l'amato. Quasi subito si accorge che lui, per procurarsi i soldi necessari alla loro sopravvivenza, non va troppo per il sottile. Sospetta addirittura che abbia ucciso un loro facoltoso amico e stia per eliminare anche lei. Sconvolta, decide di partire. Finale, naturalmente, a sorpresa. ■ DRAMMATICO; B/N; 99′; USA, 1941. ■ OSCAR 1 PR, 4 NOM.

SOSPETTO, IL ★★★
Regia di FRANCESCO MASELLI. Con FELICE ANDREASI, RENATO SALVATORI, GIAN MARIA VOLONTÉ. ■ Parigi, 1934: un operaio viene mandato in Italia apparentemente per riferire sullo stato del partito comunista, ma in realtà per fare da uomo-civetta a sospetti traditori. Quando se ne accorge è troppo tardi: l'Ovra ha arrestato tutti gli uomini con i quali ha preso contatto. Accetta tuttavia con coraggio di farsi venticinque anni di galera. ■ DRAMMATICO; COL.; 111′; ITALIA, 1975.

SOSPETTO, IL *(Jagten)* ★★★
Regia di THOMAS VINTERBERG. Con LASSE FOGELSTRØM, THOMAS BO LARSEN, MADS MIKKELSEN, ANNIKA WEDDERKOPP, SUSSE WOLD. ■ Lucas ha un divorzio alle spalle e una nuova vita davanti che vorrebbe condividere con il figlio Marcus, il cane Funny e una nuova compagna. Mite e riservato, Lucas lavora in un asilo, stimato dai colleghi e adorato dai bambini, soprattutto da Klara, bimba dalla fervida immaginazione e figlia del suo migliore amico. Le circostanze portano Lucas ad essere accusato di molestie verso una bambina. L'uomo non c'entra ma si scatena una vera "caccia" al mostro. ■ DRAMMATICO; COL.; 115′; DANIMARCA, 2012.

SOSPIRI *(La noche de los asesinos)* ★★
Regia di JESS FRANCO (pseud. di JESUS FRANCO). Con WILLIAM BERGER, ALBERTO DALBÉS, EVELYNE SCOTT. ■ Un anziano nobile inglese viene ucciso. Dopo che i parenti si sono riuniti per la lettura del testamento, accadono misteriosi delitti che i più attribuiscono ad una maledizione. Il guazzabuglio si risolve quando si scopre che il vero Lord non è morto, ma anzi si è vendicato dei parenti a favore dei figli. ■ DRAMMATICO; COL.; 93′; SPAGNA, 1976.

SOSPIRI DI SPAGNA *(Suspiros de España)* ★★
Regia di BENITO PEROJO. Con ESTRELLITA CASTRO, ROBERTO REY. ■ Una ragazza viene scelta per cantare alla radio. In seguito ad un equivoco, però, decide di abbandonare il progetto. Una ditta concorrente le offre lo stesso ingaggio. Quando accetta, il ragazzo che l'ha contattata per primo viene licenziato. Il padre della ragazza sistema le cose: i due si sposeranno. ■ COMMEDIA; B/N; 91′; SPAGNA, 1938.

S.O.S. POLIZIA COLONIALE *(African Manhunt)* ★★
Regia di SEYMOUR M. FRIEDMAN. Con KARIN BOOTH, MYRON HEALEY, JOHN KELLOG. ■ Un ufficiale americano ruba i fondi del comando e fugge nella foresta. Dopo aver seminato un paio di cadaveri viene raggiunto da due poliziotti e catturato. Ne ammazza uno e scappa, viene nuovamente ripreso e infine eliminato. ■ AVVENTURA; B/N; 70′; USA, 1955.

S.O.S. SAHARA ★★
Regia di JACQUES DE BARONCELLI. Con JEAN-PIERRE AUMONT, PAUL AZAIS, MARTHA LABARR, CHARLES VANEL. ■ Un giovane assetato d'avventura finisce in un luogo sperduto del deserto e qui si innamora di una donna che vi fa solo una tappa di un lungo viaggio. Il marito di questa, suo compagno e amico, gli svela il passato scandaloso di lei e lo salva appena in tempo dal suicidio. La donna verrà uccisa da un beduino. ■ DRAMMATICO; B/N; 78′; FRANCIA, 1938.

S.O.S. SCOTLAND YARD *(High Treason)* ★★
Regia di ROY BOULTING. Con ANDRÉ MORELL, LIAN REDMOND. ■ Un estremista fa saltare una nave inglese. Le indagini della polizia si orientano verso un ragazzo che li conduce involontariamente all'assassino. Questi lo fa rapire, ma lui si libera e invia un messaggio radio a Scotland Yard. I suoi agenti impediscono un nuovo disastro e il ragazzo sacrifica la vita per redimersi. ■ POLIZIESCO; B/N; 93′; GRAN BRETAGNA, 1951.

S.O.S. SUMMER OF SAM ★★
Regia di SPIKE LEE. Con ADRIEN BRODY, JENNIFER ESPOSITO, JOHN LEGUIZAMO, MIRA SORVINO. ■ Film attesissimo, incentrato su una torrida estate funestata da Sam, un serial killer che terrorizza New York. L'ambiente è quello del sottobosco giovanile: discoteche, piccolo spaccio, prostituzione, gruppetti che si trascinano per Brooklyn per riempire la giornata. Leguizamo e Sorvino, sposati, partecipano a una sorta di orgia con tanto di scambi. Si divertono ... Matrimonio in crisi, liti furibonde e tutto il resto. Un ragazzo che si prostituisce viene accusato di aver rubato della droga. Ma è un equivoco. Sono i risultati della paura di questo killer fantasma. L'affresco tragico-sociale di Lee è monocorde e deludente. Ed è anche un po' troppo lungo e insistito. La comunità italo-americana ha polemizzato violentemente con l'autore. ■ DRAMMATICO; COL.; 141′; USA, 1999.

S.O.S. TERRA *(The Man Who Fell to Earth)* ★★
Regia di BOBBY ROTH. Con BEVERLY D'ANGELO, BRUCE MCGILL, ROBERT PICARDO. ■ Una navicella extraterrestre si schianta sulla Terra. Unico superstite è John, un "alien" che però ha assunto spoglie umane. John ha una missione da compiere: persuadere i potenti della Terra a soccorrere il suo pianeta, Anterus, che sta per essere distrutto. ■ FANTASCIENZA; COL.; 40′; USA, 1987.

SOSTIENE PEREIRA ★★★
Regia di ROBERTO FAENZA. Con DANIEL AUTEUIL, NICOLETTA BRASCHI, STEFANO DIONISI, MARCELLO MASTROIANNI. ■ Il romanzo di Antonio Tabucchi (che ha collaborato alla stesura dei dialoghi) ha costituito la base del lavoro di Faenza. Le difficoltà da superare erano molte. Bisognava innanzitutto tenere conto della particolare struttura del testo letterario (con il ritorno della frase "sostiene Pereira" che segna la narrazione rinviandola a un'ipotetica dichiarazione che non esclude il verbale di polizia) e bisognava trovare il protagonista "giusto". Per "sostenere" il ruolo del redattore della pagina culturale del «Lisboa» nel Portogallo che si avviava quasi insensibilmente al lungo periodo buio della dittatura salazarista, era necessario un attore dall'acuta sensibilità. Non preoccupandosi delle pressioni produttive (qualcuno suggeriva il nome di Abatantuono) Faenza ha trovato l'adesione di Mastroianni imponendolo in una situazione come quella italiana in cui viene ritenu-

to un nome che non porta soldi al botteghino. Ne è venuta fuori la narrazione di una presa di coscienza, della necessità di rendersi conto che non esistono possibilità di chiamarsi fuori quando la libertà è in pericolo, che la letteratura e l'arte finiscono con diventare comodi alibi che si sbriciolano tra le mani di chi ha cercato di usarli, anche inconsapevolmente, come paravento. La versione italiana soffre (a differenza dell'originale francese) dell'impaccio della Braschi e di Dionisi in sala doppiaggio. Per il resto le polemiche relative a una troppo ossequiente adesione al testo letterario da parte del regista lasciano il tempo che trovano. Dopo *Jona che visse nella balena* Faenza continua il suo viaggio improntato all'analisi dell'idea di morte che ogni regime dittatoriale porta con sé. Che si tratti dell'eliminazione fisica o dell'ottundimento delle coscienze, c'è sempre bisogno di un Pereira che rialzi la schiena riproponendo la vita e l'impegno come unica risposta "civile" possibile. ■ DRAMMATICO; COL.; 105′; FRANCIA, ITALIA, 1995.

S.O.S. TITANIC ★★★
Regia di BILLY HALE. Con DAVID JANSSEN, CLORIS LEACHMAN, SUSAN SAINT JAMES, DAVID WARNER. ■ Ennesima ricostruzione, girata con una certa cura, del disastro del *Titanic*. ■ DRAMMATICO; COL.; 92′; GRAN BRETAGNA, 1979.

SOSTITUTO, IL *(Coup de tête)* ★★
Regia di JEAN-JACQUES ANNAUD. Con JEAN BOUISE, PATRICK DEWAERE, FRANCE DOUGNAC. ■ L'opera seconda del regista di *Il nome della rosa*. Patrick Dewaere è un giocatore di football dal temperamento rissoso e violento che viene accusato di violenza carnale. Una ragazza che non ha mai visto dice che l'ha aggredita. Viene messo in prigione, ma scappa per vendicarsi della sua accusatrice. ■ DRAMMATICO; COL.; 92′; FRANCIA, 1979.

S.O.S. YORK *(Das Totenschiff)* ★★
Regia di GEORG TRESSLER. Con HORST BUCHHOLZ, ELKE SOMMER. ■ Un marinaio derubato dei documenti di navigazione si mette in cammino per Marsiglia. Durante il viaggio fa conoscenza con una ragazza della quale si invaghisce. Imbarcatosi su una nave che fa naufragio, si salva con un compagno su una zattera. Dopo qualche giorno l'amico si annega, l'altro si lascia trascinare dalle onde con l'immagine dell'amata nel cuore. ■ DRAMMATICO; B/N; 92′; GERMANIA, 1959.

SOTTANA DI FERRO, LA *(The Iron Petticoat)* ★★★
Regia di RALPH THOMAS. Con KATHARINE HEPBURN, BOB HOPE, JAMES ROBERTSON JUSTICE. ■ Un'eroina sovietica atterra a Berlino Ovest e viene condotta a Londra da un pilota, del quale si innamora. Dopo qualche giorno viene sequestrata da una banda di connazionali e fatta salire su un aereo in rotta per Mosca nel quale prende posto anche il pilota. I due sono condannati a morte, ma un cambiamento ai vertici dello Stato li muta in eroi. Il loro matrimonio chiude la vicenda. ■ COMMEDIA; COL.; 87′; GRAN BRETAGNA, 1956.

SOTTILE FASCINO DEL PECCATO ★
Regia di FRANCO SALVIA. Con NINO CASTELNUOVO, NANDO GAZZOLO, LORENZA GUERRIERI, MILENA MICONI, DANNY QUINN. ■ La giovane ed audace scrittrice Giada Gardini torna nel suo paese natio in occasione dei funerali di sua madre, Sara, morta suicida. Tra le turbolenze dei suoi scontri col padre, con cui ha chiuso ogni rapporto da anni, e le ambiguità di Rachele, avvenente direttrice dell'albergo di proprietà della famiglia Gardini, Giada cerca di capire cosa abbia spinto sua madre al suicidio. Una serie di colpi di scena portano a scoperte sconcertanti e contraddittorie: sua madre, nell'ultimo periodo di vita, era diventata adepta di una setta e sembrava soffrire di manie di persecuzione. ■ THRILLER; COL.; 82′; ITALIA, 2010.

SOTTILE LINEA BLU, LA *(The Thin Blue Line)* ★★★
Regia di ERROL MORRIS. Con ADAM GOLDFINE, DEREK HORION, RON THORNHILL. ■ Un agente della stradale viene ucciso da un delinquentello, nella periferia di Dallas, per una ridicola sosta vietata. Viene invece accusato un innocente di sedici anni al quale l'assassino aveva dato un passaggio. In attesa della pena capitale il ragazzo sconta tredici anni di carcere. È la storia vera di Randall Dale Adams e il film ha contribuito a sensibilizzare l'opinione pubblica sul caso. ■ DRAMMATICO; COL.; 106′; USA, 1989.

SOTTILE LINEA ROSSA, LA *(The Thin Red Line)* ★★★
Regia di ANDREW MARTON. Con RAY DALEY, KEIR DULLEA, JAMES PHILBROOK, JACK WARDEN. ■ Durante la seconda guerra mondiale, un reparto americano sbarca a Guadalcanal. Una recluta, vittima della paura, affronta rischi incredibili per timore di perire in un'imboscata. Un suo superiore, che ha continuamente schernito il suo atteggiamento, muore per salvargli la vita. ■ GUERRA; B/N; 99′; USA, 1964.

SOTTILE LINEA ROSSA, LA *(The Thin Red Line)* ★★
Regia di TERRENCE MALICK. Con JIM CAVIEZEL, BEN CHAPLIN, GEORGE CLOONEY, JOHN CUSACK, WOODY HARRELSON, ELIAS KOTEAS, NICK NOLTE, SEAN PENN, JOHN SAVAGE. ■ Dal romanzo di James Jones. Un plotone di marines attacca una collina di Guadalcanal. Fu la battaglia più difficile e cruenta della guerra nel Pacifico, per la natura del terreno, per l'importanza strategica attribuita a quella piccola isola. I soldati avanzano palmo a palmo, affrontano situazioni disperate, muoiono. Un grande, tragico affresco annunciato, con una aspettativa particolare data l'assenza, un po' misteriosa, del regista dai set da vent'anni. Per non cadere nella stesura di un normale film di guerra (alla *Soldato Ryan*, per intenderci, e cosa ci sarebbe stato di male?) Malick traduce il pensiero dei soldati, dunque ecco discorsi astratti sul bene e sul male, sull'amore, sul destino, tutto questo in mezzo alle battaglie. Sfuma il sonoro ed ecco apparire una bionda angelica sull'altalena in un giardino fiorito, chiara reminiscenza della pace sognata. Tutto questo vale in letteratura, dove l'introspezione è l'elemento più importante, in questo film diventa un intoppo pretestuoso e fastidioso che rompe il filo del racconto e finisce per sfuocare tutti i registri. Lo scrittore Jones era stato servito molto meglio in *Da qui all'eternità*. Narrare una bella storia di guerra è sembrato troppo poco al sopravvalutato Malick, che ha voluto "mettere e mettere" in una situazione e in un momento generale di comunicazione in cui è opportuno togliere. In mezzo a tutto questo alcune scene di battaglia sono efficaci e alcuni interventi degli attori straordinari, come quelli di Nolte e Penn. Il film ha messo insieme sette "nomination" nessuna delle quali è diventata Oscar. Giusto così. ■ GUERRA; COL.; 170′; USA, 1998. ■ BERLINO 1 PR; OSCAR 7 NOM.

SOTTO ACCUSA *(The Accused)* ★★★
Regia di JONATHAN KAPLAN. Con CARMEN ARGENZIANO, JODIE FOSTER, KELLY MCGILLIS. ■ Ispirato a un fatto autentico avvenuto in un bar di New Bedgord, Massachusetts, nel 1983. Una ragazza è violentata da tre uomini in un bar. L'ufficio del procuratore decide di incriminare i tre per il semplice reato di aggressione. Ma una battagliera avvocatessa non ci sta e decide di perseguire anche gli avventori del bar che non avevano preso parte attiva allo stupro. Girato rozzamente, ma abilmente, da Kaplan, il film vanta due notevoli interpreti femminili ed è stato fra i maggiori successi di pubblico del 1988 in Usa. ■ DRAMMATICO; COL.; 110′; USA, 1988. ■ DAVID DI DONATELLO 1 PR, 1 NOM; GOLDEN GLOBES 1 PR, 1 NOM; OSCAR 1 PR, 1 NOM.

SOTTO A CHI TOCCA ★★
■ Il film è composto da alcune comiche di attori famosi: Ridolini, Stanlio e Ollio, Harold Lloyd, Buster Keaton, Monty Banks, Charlot. ■ COMICO; B/N; 92′; ITALIA, 1956.

SOTTO A CHI TOCCA! ★★
Regia di FRANK KRAMER (pseud. di GIANFRANCO PAROLINI). Con SAL BORGESE, NICK JORDAN, DEAN REED, PEDRO MARIA SANCHEZ. ■ Tre acrobati e un frate contro un tiranno che spadroneggia su uno staterello e tiene prigioniera una ragazza. Botte da orbi e successo finale. ■ AVVENTURA; COL.; 93′; ITALIA, 1973.

SOTTO COPERTA CON IL CAPITANO ★★
(The Captain's Table)
Regia di JACK LEE. Con PEGGY CUMMINGS, NADIA GRAY, JOHN GREGSON, DONALD SIDNEY. ■ Ad un ufficiale di Marina viene affidato il comando di una nave passeggeri. È un compito al quale non è preparato e che gli causa numerosi guai e imprevisti. Se supera la prova, otterrà definitivamente l'incarico. Ma si innamora di una vedova e la sposa. La vedova è ricca e non dovrà più lavorare. ■ COMMEDIA; COL.; 88′; GRAN BRETAGNA, 1958.

SOTTO CORTE MARZIALE *(Hart's War)* ★★
Regia di GREGORY HOBLIT. Con COLIN FARRELL, COLE HAUSER, TERRENCE HOWARD, LINUS ROACHE, BRUCE WILLIS. ■ Fine 1944. Hurt (Hauser), tenente americano, viene catturato dai tedeschi e internato nel campo Stalag 6, comandato da un colonnello nazista che ama la musica nera e ha studiato a Yale. I prigionieri rispondono a un colonnello americano, McNamara (Willis) duro e rigoroso, assolutamente di carriera. L'arrivo di due ufficiali piloti di colore provoca grandi tensioni. Un sergente gretto e razzista li prende di mira e fa in modo che uno di loro venga ucciso. Il sergente viene a sua volta trovato ucciso. Viene accusato l'altro nero. Si organizza il processo. Si scopre che questo era solo un falso scopo per coprire un'evasione. Alla fine tutti i conti tornano. L'eroe è McNamara. Il film vorrebbe sollevare tante questioni di diritto umano e giudiziario, fare grandi pronunciamenti. Ma ci si arriva attraverso una serie davvero improbabile di scatole cinesi. Troppa carne al fuoco, tante sorprese che... non ci si crede più. ■ DRAMMATICO; COL.; 100'; USA, 2002.

SOTTO DIECI BANDIERE ★★★
Regia di DUILIO COLETTI. Con MYLÈNE DEMONGEOT, VAN HEFLIN, CHARLES LAUGHTON, FOLCO LULLI. ■ Dai diari di Rogge, il capitano tedesco che a bordo della nave corsara *Atlantic* nel 1940 affondò molte navi alleate. L'*Atlantic* fu a sua volta colata a picco dagli inglesi dopo una lunga caccia. Heflin è il capitano Rogge, Laughton il comandante della flotta inglese. ■ GUERRA; B/N; 92'; ITALIA, 1960.

SOTTODOTATI, I *(Les sous-doutés)* ★
Regia di CLAUDE ZIDI. Con MICHEL GALABRU, TONIE MARSHALL, PHILIPPE TACCINI. ■ Un gruppo di studenti, molti dei quali ripetenti, frequenta l'ultimo anno di liceo senza troppo successo: la direttrice della scuola fa di tutto per aumentare il loro profitto ma, tra scherzi e cattivo gusto, non ottiene granché, perlomeno finché non li spedisce tutti in galera. ■ COMMEDIA; COL.; 92'; FRANCIA, 1979.

SOTTO DUE BANDIERE *(Under Two Flags)* ★★★
Regia di FRANK LLOYD. Con CLAUDETTE COLBERT, RONALD COLMAN, VICTOR MCLAGLEN, ROSALIND RUSSELL. ■ Un giovane accusato ingiustamente si arruola nella Legione straniera. Un suo superiore, geloso dell'amore che una fanciulla nutre nei suoi confronti, gli affida pericolosissime missioni. In una di queste la ragazza, per salvarlo, viene colpita mortalmente. Nel frattempo lui è stato scagionato e torna a casa. ■ AVVENTURA; B/N; 105'; USA, 1936.

SOTTO FALSO NOME ★★
Regia di ROBERTO ANDÒ. Con DANIEL AUTEUIL, ANNA MOUGLALIS, MICHAEL LONSDALE, GIORGIO LUPANO, GRETA SCACCHI. ■ Daniel Boltanski è un celebre scrittore, ma a causa della sua ossessione per la riservatezza si firma con lo pseudonimo di Serge Novak, aiutato dal suo agente. Un giorno Daniel ha un'avventura con una giovane donna. Scoprirà il mattino dopo che è la sposa del figlio di cui si è sempre occupato poco. La relazione prosegue e lo scrittore si trova al centro di un ricatto: potrebbe avere copiato il romanzo che gli ha dato il primo successo e potrebbe avere una figlia mai riconosciuta in Polonia. Andò dirige questo thriller decisamente patinato, con alcune considerazioni valide sul tema della scrittura ma con un eccesso di colpi di scena prevedibili e con la musica, in questo caso spesso ridondante, di Einaudi. Auteuil si sta chiudendo sempre più in ruoli tra il cinico e l'attonito che non rendono giustizia alla sua bravura di attore. ■ THRILLER; COL.; 102'; ITALIA, SVIZZERA, 2003.

SOTTO GLI OCCHI DI TUTTI ★★
Regia di NELLO CORREALE. Con LOREDANA CANNATA, LAURA DEL SOL. ■ Una madre annuncia alla figlia maggiore Rosa che il padre è morto. La famiglia si mette alla ricerca di un loculo nel giro di 48 ore. A Bari il compito non è così facile da portare a termine. I fratelli di Rosa sono disposti anche a rivolgersi alla malavita organizzata ma la donna si oppone con forza. Correale racconta un ambiente che conosce e lo fa con una certa acuta cattiveria. ■ COMM. DRAMMATICA; COL.; 77'; ITALIA, 2003.

SOTTO GLI ULIVI *(Zir-e derakhtan-e zytun)* ★★
Regia di ABBAS KIAROSTAMI. Con TAHEREH LADANIAN, HOSSEIN REZAÏ. ■ Prodotto nel 1994, distribuito in Italia due anni dopo. Sul set di un film si intrecciano vicende vere e di finzione. Un poveraccio – è anche analfabeta – si innamora di una delle attrici e cerca di dimostrarglielo sul set. La solita storia che accomuna molti autori che narrano sempre un film nel film. Stucchevole. La piccola poesia presente non giustifica il giudizio troppo lusinghiero che certa critica ha dedicato al lavoro del regista iraniano. ■ FANTASTICO; COL.; 103'; IRAN, 1996.

SOTTO I CIELI DELL'ARIZONA – I GANGSTER DEL TEXAS *(Neath the Arizona Skies)* ★★
Regia di HARRY FRASER. Con JOHN WAYNE. ■ Un western di poche pretese: fuorilegge tracotanti con l'eroe pistolero e senza paura che li annienta. ■ WESTERN; B/N; 57'; USA, 1934.

SOTTO I COLPI DELL'AQUILA *(Talons of the Eagle)* ★
Regia di JALAL MERHI. Con PRISCILLA BARNES, BILLY BLANKS, JAMES HONG, JALAL MERHI. ■ Due uomini della Dea, l'organizzazione americana che combatte il traffico della droga, indagano sull'uccisione di due colleghi. Entrano in una banda di narcotrafficanti e vanno fino a Hong Kong per sconfiggere a colpi di arti marziali il capo dell'organizzazione. ■ POLIZIESCO; COL.; 93'; USA, 1992.

SOTTO I COLPI DELL'AQUILA *(Back in Action)* ★
Regia di STEVE DI MARCO. Con BILLY BLANKS, RODDY PIPER. ■ Nel corso di un conflitto a fuoco, un agente dell'antidroga rimane ucciso. Il suo collega e amico decide così di vendicarlo, facendosi aiutare da un esperto di arti marziali appartenente alle forze speciali. ■ AVVENTURA; COL.; 90'; USA, 1993.

SOTTO IL CIELO DELLE ANTILLE *(Liebe geht seltsame Wege)* ★★
Regia di HANS HEINZ ZERLETT. Con KARL LUDWIG DIEHL, OLGA TSCHECHOWA. ■ Un ufficiale viene incaricato di scoprire un temibile ribelle. Di avventura in avventura finisce in casa dell'amante che, per salvarlo, lo veste da maggiordomo. Una ragazza nobile si innamora di lui e lo sposa dopo che il nostro ha catturato il pericoloso nemico. ■ AVVENTURA; B/N; 78'; GERMANIA, 1937.

SOTTO IL CIELO DELLE HAWAII *(Hawaii Calls)* ★★
Regia di EDWARD F. CLINE. Con BOBBY BREEN, GLORIA HOLDEN. ■ Due giovani scoprono un complotto di spie. Lo denunciano alle autorità competenti e con la loro collaborazione riescono a sventarlo. In premio ottengono, com'è loro desiderio, di diventare piloti. ■ AVVENTURA; B/N; 73'; USA, 1938.

SOTTO IL CIELO DI PARIGI *(Sous le ciel de Paris)* ★★★
Regia di JULIEN DUVIVIER. Con BRIGITTE AUBER, JEAN BROCHARD, SYLVIE. ■ Nel film si intrecciano le vicende di numerose persone: c'è una bella provinciale che rimane vittima di uno scultore sadico; anch'egli, però, è abbattuto da un poliziotto, che colpisce involontariamente un innocente. Costui viene operato da un medico che acquista fiducia in se stesso. Una bimba torna poi a casa con una pessima pagella e un'anziana signorina trova di che nutrire i suoi gatti. ■ DRAMMATICO; B/N; 98'; FRANCIA, 1950.

SOTTO IL CIELO DI PARIGI *(Le ciel de Paris)* ★★★
Regia di MICHEL BÉNA. Con PAUL BLAIN, SANDRINE BONNAIRE, MARC FOURASTIER. ■ Si tratta dell'unico film di questo regista, già assistente di Téchiné. Nel 1991 è infatti morto a soli quarant'anni. Argomento è l'amore impossibile. Ci sono due ragazzi e una ragazza ed il loro è uno strano triangolo. Suzanne e Marc vivono insieme ma non hanno rapporti, visto che lui è gay e desidera essere indipendente. I rapporti si intrecciano, veri o ammiccati, anche con tentativi omosessuali. ■ DRAMMATICO; COL.; 85'; FRANCIA, 1991.

SOTTO IL MARE DEI CARAIBI ★★
Regia di HANS HASS. ■ Documentario sull'attività di una nave scientifica nel mare delle Antille. ■ DOCUMENTARIO; COL.; 93'; GRAN BRETAGNA, 1955.

SOTTO IL RISTORANTE CINESE ★★
Regia di BRUNO BOZZETTO. Con BERNARD BLIER, CLAUDIO BOTOSSO, AMANDA SANDRELLI. ■ Storia surreale che coinvolge Ivan, prossimo al matrimonio con Ursula, in avventure incredibi-

li; lui, simpatico e bonario, lei efficiente ingegnere. Ivan è testimone, per caso, di una rapina; i banditi lo inseguono e lui nella fuga scende una scala che lo porta in un ristorante cinese. Ma quando apre la porta, Ivan trova dall'altra parte una splendida spiaggia e un mare blu. Qui fa la conoscenza con una deliziosa ragazza, Eva, che vive con un padre un po' matto. La giovane pur di conquistarlo salterà nel mondo di Ivan, cercando di mandare a monte il suo matrimonio. E ci riesce. ■ FANTASTICO; COL.; 99'; ITALIA, 1986.

SOTTO IL SEGNO DELLO SCORPIONE ★★★

Regia di PAOLO TAVIANI, VITTORIO TAVIANI. Con LUCIA BOSÈ, GIULIO BROGI, SAMY PAVEL, GIAN MARIA VOLONTÉ. ■ In un imprecisato anno della preistoria i superstiti di un'isola distrutta dalle eruzioni vulcaniche tentano di convincere una tribù, sottoposta come loro a questo pericolo, a trasferirsi sul continente. Gli altri si schermiscono e li gettano in una fossa. I nostri si salvano, rapiscono le donne e raggiungono il loro obiettivo. ■ DRAMMATICO; COL.; 100'; ITALIA, 1969.

SOTTO IL SEGNO DEL PERICOLO ★★★
(Clear and Present Danger)

Regia di PHILLIP NOYCE. Con ANNE ARCHER, WILLEM DAFOE, HARRISON FORD, JAMES EARL JONES. ■ Jack Ryan, uomo della Cia, è coinvolto suo malgrado in un'azione fatta eseguire segretamente dallo stesso presidente degli Stati Uniti contro alcuni membri del cartello colombiano della droga. Non un'azione di pulizia, ma solo il tentativo di evitare al presidente stesso di essere coinvolto in uno scandalo, visto che uno dei narcotrafficanti era un suo amico. Ryan condurrà in porto la missione, restituendole una logica morale e affrontando senza paura il pavido presidente. La terza puntata delle gesta di Jack Ryan, paladino senza macchia dei valori che legittimano la supremazia degli States sul mondo intero. Il meccanismo funziona, sullo schermo, pur con qualche estenuante concessione ai patiti del software. Un meccanismo collaudato dal quale è bandita ogni sorpresa di sceneggiatura. Tutto quanto accade è esattamente quanto lo spettatore si aspetta che accada. ■ SPIONAGGIO; COL.; 140'; USA, 1994. ■ OSCAR 2 NOM.

SOTTO IL SEGNO DI EL TORO *(Eagle's Brood)* ★★

Regia di HOWARD BRETHERTON. Con WILLIAM BOYD, JAMES ELLISON, WILLIAM FARNUM. ■ Hopalong Cassidy vendica la morte di una giovane donna, salvando contemporaneamente il figlio di lei dalla banda degli assassini. ■ WESTERN; B/N; 95'; USA, 1935.

SOTTO IL SEGNO DI ORIONE *(Ngati)* ★★★

Regia di BARRY BARCLAY. Con BARNEY HARRISON, NUKI KAA, KIT MCCOKINDALE. ■ In un'isola al largo della Nuova Zelanda, alla fine della guerra, un giovane medico australiano impara a conoscere i costumi degli aborigeni, a simpatizzare con loro, a decidere di dedicare la sua vita a quel glorioso popolo in via di estinzione. ■ DRAMMATICO; COL.; 92'; NUOVA ZELANDA, 1987.

SOTTO IL SELCIATO C'È LA SPIAGGIA ★★★
(Unter dem Pflaster ist der Strand)

Regia di HELMA SANDERS-BRAHMS. Con HEINRICH GISKET, GRISCHA HUBER, TRAUTE KLIER SIEBERT. ■ Un'attrice e un collega decidono di convivere. L'unione è felice fino a quando lei abbandona il lavoro per consacrarsi ai problemi delle lavoratrici tedesche, sfruttate e senza appoggi. Il compagno, egoista e insicuro, l'abbandona proprio quando la donna rimane incinta. ■ DRAMMATICO; B/N; 102'; GERMANIA, 1975.

SOTTO IL SOLE DELLA TOSCANA ★
(Under the Tuscan Sun)

Regia di AUDREY WELLS. Con RAOUL BOVA, LINDSAY DUNCAN, DIANE LANE, MARIO MONICELLI, SANDRA OH, VINCENT RIOTTA. ■ La prima domanda che sorge dopo avere visto un film come *Sotto il sole della Toscana* è: solo per il fatto che Sting, mezza Inghilterra e un quarto di Stati Uniti hanno acquistato un casale in Toscana, era proprio necessario raccontare un film ambientato nel luogo in cui è nata la lingua italiana, con il taglio "Pizza, mandolino e marmellate fatte in casa"? Frances Mayes, abbandonata dal marito, prende la decisione della vita: va a vivere in Toscana, terra che richiama emozioni lontane, dimenticate, fonte di ispirazione e rigenerazione. In questa atmosfera bucolica poteva mancare il sentimento per eccellenza? Ed ecco l'amore apparire, con il volto di Raoul Bova, un po' buttero e un po' latin lover, che conquista la bella scrittrice (la protagonista poteva fare un lavoro diverso?) e la conduce attraverso un mondo inesplorato. Trascurando ogni lettura oltre l'immagine, difficile comprendere l'operazione, che al di là delle patinate immagini degne di uno spot di un tour operator, descrive in modo stereotipato la nostra Bella Italia. ■ SENTIMENTALE; COL.; 113'; ITALIA, USA, 2003.

SOTTO IL SOLE DI PARIGI – ANGELO DELLA FELICITÀ *(Ménilmontant)* ★★

Regia di RENÉ GUISSART. Con JOSETTE DAY, GABRIEL SIGNORET. ■ Una ricchissima vedova, per ricompensare quattro ambulanti che le hanno riportato un prezioso anello, accetta di far costruire un parco per bambini. Il Comune, geloso dell'iniziativa, se ne accaparra il merito, ne assume i lavori e la gestione. Gli ambulanti sono comunque contenti per aver raggiunto il loro scopo. ■ COMMEDIA; B/N; 89'; FRANCIA, 1936.

SOTTO IL SOLE DI ROMA ★★★★

Regia di RENATO CASTELLANI. Con OSCAR BLANDO, FRANCESCO GOLISANO, LILIANA MANCINI, LUISA ROSSI. ■ Seconda guerra mondiale: un giovane scansafatiche viene imprigionato dai tedeschi, ma si libera e torna a casa. Sua madre è morta d'infarto, i suoi amici lo reintegrano nuovamente nel gruppo. Arrivano gli americani; durante una festa il ragazzo diventa amante di una donna sposata e tenta vanamente di ricattarla. Suo padre, guardia notturna, viene ucciso dai coetanei; il giovane capisce finalmente quale sia il suo dovere di uomo. ■ DRAMMATICO; B/N; 94'; ITALIA, 1948. ■ VENEZIA 1 PR.

SOTTO IL SOLE DI SATANA ★★★
(Sous le soleil de Satan)

Regia di MAURICE PIALAT. Con SANDRINE BONNAIRE, GÉRARD DEPARDIEU. ■ Dal romanzo di Georges Bernanos, il film ha avuto la Palma d'oro al Festival di Cannes del 1987. Protagonista è un giovane prete, maldestro ma pieno di buona volontà. Per mortificarsi della sua inettitudine, si infligge delle punizioni corporali, che lo spossano. Durante una terribile notte, Satana gli fa visita sotto le spoglie di un simpatico mercante di cavalli. Poi incontra Mouchette (un personaggio che ricorre spesso nelle opere di Bernanos), prostituta e infanticida. Il prete con tutte le sue forze cerca di salvarla dalla dannazione. ■ DRAMMATICO; COL.; 113'; FRANCIA, 1987. ■ CANNES 1 PR.

SOTTO IL SOLE NERO ★★

Regia di ENRICO VERRA. Con JALAL BRAJLI, FABIO CAMILLI, BEDLU CERCHIAI, SIMONE GANDOLFO, BELINDA IDIALU, BEDY MORATTI, CLARA UZIEWE. ■ Il quartiere di San Salvario a Torino è stato spesso al centro delle cronache come esempio di degrado urbano, di connubio tra criminalità e nuova immigrazione. Con le speculazioni e spettacolarizzazioni del caso. Enrico Verra, uno dei più noti documentaristi italiani, esordisce invece nel lungo a soggetto raccontando il quartiere da torinese dopo avergli dedicato tra l'altro un documentario. Lo spunto iniziale vede un torinese sbandato finire quasi per caso nel mondo degli immigrati, e mettere su una piccola impresa di filmati (tratti da una immaginaria emittente nigeriana in Italia) che gli africani mandano a casa. Ma presto scoppiano i conflitti, perché il mondo degli immigrati è fatto anche di sfruttamento (a volte reciproco), violenza e paura. ■ DRAMMATICO; COL.; 90'; ITALIA, 2005.

SOTTO IL TALLONE ★★★
(La métamorphose des cloportes)

Regia di PIERRE GRANIER-DEFERRE. Con CHARLES AZNAVOUR, MAURICE BIRAUD, IRINA DEMICK, LINO VENTURA. ■ Un abile ladro accetta di collaborare ad un colpo con quattro compari che glielo fanno fallire. È il solo a finire dietro le sbarre, mentre i complici se la godono a sue spese. Uscito di galera, ne ammazza tre, e sta per uccidere il quarto quando viene preceduto dalla sua segretaria. Questa fa in modo che la colpa ricada su di lui, che finisce nuovamente in carcere. ■ DRAMMATICO; B/N; 98'; FRANCIA, 1965.

SOTTO IL VESTITO NIENTE ★★

Regia di CARLO VANZINA. Con DONALD PLEASENCE, TOM SHAN-

LEY, RENÉE SIMONSEN. ■ Ranger nel famoso parco di Yellowstone, Bob è molto fiero di Jessica, la sua bellissima sorella gemella, che ha fatto fortuna come modella a Milano. Una notte, Bob fa un sogno terribile: qualcuno ha massacrato sua sorella con un paio di forbici. Incubo o contatto telepatico? Nel dubbio, il ragazzo parte alla volta di Milano e scopre che Jessica è scomparsa. ■ GIALLO; COL.; 188′; ITALIA, 1985.

SOTTO IL VESTITO NIENTE 2 ★★
Regia di DARIO PIANA. Con FRANÇOIS ERIC GENDRON, FLORENCE GUERIN, GIOIA MARIA SCOLA. ■ Una modella stuprata da un riccone, con la complicità di alcune colleghe, muore in circostanze misteriose. Poco dopo muore il riccone. E in seguito, una alla volta, vengono uccise anche le altre modelle. Non c'entra quasi niente con il capitolo uno (diretto da Vanzina) e niente del tutto col romanzo omonimo. Però l'esordiente Dario Piana si dimostra meno cattivo narratore del previsto. ■ POLIZIESCO; COL.; 96′; ITALIA, 1988.

SOTTO IL VESTITO NIENTE. L'ULTIMA SFILATA ★★
Regia di CARLO VANZINA. Con RICHARD E. GRANT, VANESSA HESSLER, VIRGINIE MARSAN, FRANCESCO MONTANARI, GISELDA VOLODI. ■ Alexandra, una celebre e biondissima top model, viene travolta a Milano da un misterioso pirata della strada. Sul luogo dell'incidente arriva l'ispettore siciliano Vincenzo Malerba, convinto all'istante che si tratti di un omicidio. Indagando su Alexandra scopre che cinque anni prima un'altra indossatrice aveva perso la vita precipitando dal terrazzo del suo residence. Entrambe le modelle lavoravano e sfilavano per Federico Marinoni, stilista affermato col vizio delle bionde in passerella e dei bruni nel talamo. ■ THRILLER; COL.; 96′; ITALIA, 2011.

SOTTO IL VULCANO *(Under the Volcano)* ★★★
Regia di JOHN HUSTON. Con ANTHONY ANDREWS, JACQUELINE BISSET, ALBERT FINNEY. ■ Dal romanzo omonimo di Malcom Lowry. L'ex console britannico in Messico (Finney) è preda di manie autodistruttive da quando la moglie (Bisset) lo ha abbandonato. Pesantemente dedito all'alcool, continua a cercare ostinatamente la fine anche quando la moglie ritorna da lui. Film amaro e visionario, costruito sulla recitazione di uno strepitoso Finney. Nonostante qualche inaspettata caduta di tono, resta comunque l'opera di un grande maestro. ■ DRAMMATICO; COL.; 109′; USA, 1984. ■ GOLDEN GLOBES 2 NOM; OSCAR 2 NOM.

SOTTO I PONTI DI NEW YORK *(Winterset)* ★★
Regia di ALFRED SANTELL. Con EDUARDO CIANNELLI, BURGESS MEREDITH. ■ Un orfano, il cui padre è stato giustiziato benché innocente, pensa solo a riabilitarlo. Seguendo alcuni indizi giunge alla casa di uno dei complici. Quando questi sta per confessargli la verità, appare il capo della banda che ha fatto condannare l'innocente. Il ragazzo si salva per miracolo. ■ DRAMMATICO; B/N; 92′; USA, 1936. ■ OSCAR 2 NOM; VENEZIA 1 PR.

SOTTO I TETTI DI PARIGI *(Sous les toits de Paris)* ★★★★
Regia di RENÉ CLAIR. Con EDMOND T. GRÉVILLE, POLA ILLERY, GASTON MODOT, ALBERT PRÉJEAN. ■ Nella stupenda atmosfera parigina che solo Clair sa ricreare, si svolge la storia di un cantante ambulante che litiga col suo migliore amico perché gli ha portato via la ragazza. Quando però si accorge che la coppia si ama per davvero, si ritira in buon ordine. È il primo film parlato di Clair. ■ COMMEDIA; B/N; 95′; FRANCIA, 1930.

SOTTO LA CENERE *(Empire City)* ★★★
Regia di MARK ROSNER. Con PETER FRECHETTE, MARY MARA, MICHAEL PARÉ, BEAU STARR. ■ Giallo *underground*, ambientato in una metropoli che sembra la Los Angeles di *Blade Runner*. Un agente di polizia e una biondona tutta curve fatalmente uniti tra i bassifondi e le case di potenti corrotti per scoprire gli autori di un omicidio e accorgersi che c'è del marcio dappertutto, basta cercarlo. Giallo di buona fattura, con un montaggio eccellente. ■ GIALLO; COL.; 85′; USA, 1991.

SOTTO LA CROCE DEL SUD ★★
Regia di GUIDO BRIGNONE. Con ANTONIO CENTA, DORIS DURANTI. ■ Una coppia di truffatori ottiene la gestione di uno spaccio nell'Africa italiana. Un ingegnere giunto dall'Italia sta per innamorarsi della donna, ma dopo molte avventure i due truffatori saranno allontanati e l'ingegnere resterà solo. ■ AVVENTURA; B/N; 90′; ITALIA, 1938. ■ VENEZIA 1 PR.

SOTTO LA CROCE DEL SUD ★★
Regia di ADRIANO ZANCARELLA. Con LEN GREENWOOD, MARIA MAFFI, LISA SILIAN. ■ Una donna arriva a Mogadiscio insieme a un ingegnere che cerca un nipote scomparso anni prima. I due incorrono in una pericolosa avventura coi selvaggi e vengono salvati proprio dal nipote scomparso. ■ AVVENTURA; COL.; 92′; ITALIA, 1967.

SOTTO L'ALBERO YUM YUM ★★★
(Under the Yum Yum Tree)
Regia di DAVID SWIFT. Con EDIE ADAMS, DEAN JONES, JACK LEMMON, CAROL LYNLEY. ■ Due fidanzati decidono di vivere assieme, platonicamente, per qualche tempo. Il proprietario della casa in cui soggiornano tenta di sedurre la giovane, e ci riuscirebbe senza l'intervento tempestivo di una parente della ragazza. ■ COMMEDIA; COL.; 110′; USA, 1963.

SOTTO LA MASCHERA *(Big Town Girl)* ★★
Regia di ALFRED L. WERKER. Con CLAIRE TREVOR, DONALD WOODS. ■ Per sfuggire al marito gangster, del quale non sospettava le attività, una cantante esercita la sua professione con una maschera sul volto. Un giornalista, per scoprire la sua identità, una sera la segue e s'imbatte nel marito. Questi vorrebbe ucciderlo, ma giunge in tempo la polizia. I due si sposeranno. ■ DRAMMATICO; B/N; 66′; USA, 1937.

SOTTO LA MASCHERA *(Verdacht auf Ursula)* ★★
Regia di KARL HEINZ MARTIN. Con LULI HONENBERG, VIKTOR STAAL, ANNELISE UHLIG. ■ Un uomo viene trovato ucciso. La polizia sospetta molte persone che, per un motivo o per l'altro, avrebbero avuto qualche interesse alla sua morte. Dopo estenuanti interrogatori, il colpevole viene smascherato. ■ DRAMMATICO; B/N; 91′; GERMANIA, 1939.

SOTTO LA MINACCIA *(Man Afraid)* ★★
Regia di HARRY KELLER. Con EDUARD FRANZ, GEORGE NADER, PHYLLIS THAXTER. ■ Un pastore protestante uccide accidentalmente un ladro penetrato nella sua casa. Il padre del defunto si propone allora di uccidere per vendetta il figlio del pastore. La polizia, però, non è propensa a credere alle paure del religioso. Il potenziale omicida fa di tutto per raggiungere il suo scopo ma, quando sta per riuscirci, cade in mare. Il sacerdote lo salva e lui rinuncia alla vendetta. ■ DRAMMATICO; B/N; 84′; USA, 1957.

SOTTO LA PIOGGIA *(Out of the Rain)* ★
Regia di GARY WINICK. Con BRIDGET FONDA, JOHN E. O'KEEFE, MICHAEL O'KEEFE. ■ Dopo la morte del fratello, un uomo scopre di non conoscerlo affatto. Infatti aveva a che fare con la droga. Si aggiunga che c'è un tutore della legge pervertito. Una della prime apparizioni di Bridget Fonda. ■ DRAMMATICO; COL.; 91′; USA, 1990.

SOTTO L'ARCOBALENO *(Under the Rainbow)* ★★
Regia di STEVE RASH. Con EVE ARDEN, CHEVY CHASE, CARRIE FISHER. ■ Un giallo-rosa che è anche una formidabile operazione nostalgica per chi rimpiange la vecchia Hollywood. L'azione si svolge infatti durante la lavorazione de *Il mago di Oz* con Judy Garland nel 1939. Un granduca austriaco, notoriamente antinazista, fa visita al set. Ma nel gruppo di nani che fanno da comparsa al film c'è anche un killer pagato dalle SS per uccidere l'illustre visitatore. Un poliziotto incaricato della sorveglianza, sveglio anche se un po' pasticcione, viene a sapere del complotto e ferma il killer. ■ GIALLO; COL.; 98′; USA, 1981.

SOTTO LA SABBIA *(Sous le Sable)* ★★
Regia di FRANÇOIS OZON. Con BRUNO CREMER, JACQUES NOLOT, CHARLOTTE RAMPLING, ALEXANDRA STEWART. ■ Una donna sposata che conduce una vita agiata e ha un lavoro di lettrice all'università si trova di fronte a una realtà che la sconcerta. Il marito da lei tanto amato scompare in mare e il suo corpo non viene ritrovato. Da quel momento la donna nasconde, come suggerisce il titolo, la testa sotto la sabbia. Non accetta la perdita e si comporta come se il coniuge fosse lì con lei. Ciò che più l'ha turbata è l'incertezza sulla effettiva morte (che lo spettatore può ritenere

anche inscenata per scomparire). Film tipicamente "alla francese" con tutti i pregi e difetti della definizione. Cioè una grande attrice come Charlotte Rampling finalmente non più gelida e contorta ma fragile di fronte alla propria incapacità di vivere. Ma anche una sceneggiatura troppo "precisa" per coinvolgere anche cerebralmente e con tante, troppe parole. Cosa che solo Rohmer e pochi altri si possono permettere. Una curiosità: Ozon ha scritto e girato i primi 20 minuti, poi si è fermato e ha realizzato il resto sei mesi dopo. ■ PSICOLOGICO; COL.; 95′; FRANCIA, 2000.

SOTTO LA STESSA LUNA ★★
Regia di CARLO LUGLIO. Con OLIVER ANDELKOVIC, SAMANTA ANDELKOVIC, FRANCO MELONE. ■ Si dice, a volte, che siamo tutti "sotto la stessa luna", ma bisogna vedere come ci si sta. La vita di due giovani rom, Pavel e Oliver, a Scampia, un quartiere periferico e a rischio di Napoli, non è facile: i due ragazzi, infatti, devono confrontarsi ogni giorno con una società che non accetta ancora il "diverso", con il degrado morale e urbanistico e con il gruppo del giovane boss camorrista che imperversa su quel territorio. Poi c'è Franco, che ha scontato in carcere la sua pena, ora è uscito e vuole ricominciare tutto senza più commettere errori; e Nino, il saggio barista del campo nomadi, che ricorda ai più giovani che – a differenza del modello di vita dei ragazzi affiliati alla mafia (a qualunque mafia) – una via d'uscita c'è. ■ DRAMMATICO; COL.; 93′; ITALIA, 2005.

SOTTO LE BOMBE *(Sous les bombes)* ★★★
Regia di PHILIPPE ARACTINGI. Con BSHARA ATALLAH, RAWYA EL CHAB, NADA ABOU FARHAT, GEORGES KHABBAZ. ■ Libano, 2006. All'indomani dell'annuncio del cessate il fuoco tra l'esercito israeliano e i militanti Hezbollah, Zeina parte da Dubai alla ricerca disperata della sorella e del figlio. Giunta in Libano, attraverso la Turchia, incontra un tassista disposto a condurla per trecento dollari nel sud del paese. Tony e Zeina intraprenderanno un viaggio nel cuore di una terra martoriata dalle bombe, imparando a conoscersi e affrontando insieme un futuro incerto. La leggerezza e l'economicità delle nuove tecnologie hanno offerto all'autore condizioni ideali per condurre il cinema in un territorio pericoloso dove non sarebbe mai arrivato. *Sotto le bombe* e sopra le rovine, dentro i centri di accoglienza e in prossimità di ponti crollati aleggia un'insostenibile precarietà del vivere, sostituita nella dissolvenza in nero dell'epilogo con una pulsione alla vita: la carezza di un orfano a una madre privata di un figlio. ■ DRAMMATICO; COL.; 98′; FRANCIA, GRAN BRETAGNA, LIBANO, 2007.

SOTTO LE STELLE *(La belle étoile)* ★★★
Regia di JACQUES DE BARONCELLI. Con JEAN-PIERRE AUMONT, SATURNIN FABRE, MEG LEMONNIER, MICHEL SIMON. ■ Una ragazza tenta di suicidarsi ma viene salvata da un giovane, anch'egli prossimo ad uccidersi. I due vanno a vivere con un vagabondo, dal quale vengono a sapere che il padre della ragazza ha promesso un compenso per chi la rintraccerà. Alcuni banditi la rapiscono ed essi la salvano. Il giovane la sposa, il vagabondo entra al servizio di suo padre. ■ DRAMMATICO; B/N; 87′; FRANCIA, 1938.

SOTTO LE STELLE DELLA CALIFORNIA ★★
(Under California Skies)
Regia di WILLIAM N. WITNEY. Con ANDY DEVINE, JANE FRAZE, ROY ROGERS. ■ Trigger, lo splendido cavallone baio di Roy Rogers, è rapito da un ladro. Roy Rogers fa appello ai suoi amici rancheros per dare la caccia al mascalzone. Naturalmente recupera il cavallo e assicura il malvivente alla giustizia. ■ WESTERN; COL.; 85′; USA, 1948.

SOTTOMARINO, IL *(Men without Women)* ★★★
Regia di JOHN FORD. Con FRANK ALBERTSON, KENNETH MACKENNA, PAUL PAGE, PAT SOMERSET. ■ Uno dei primi e più drammatici film sui sottomarini. Naturalmente rimane bloccato sul fondo: l'equipaggio è di quattordici uomini. Possono salvarsi in tredici, bisogna che uno si sacrifichi. ■ DRAMMATICO; B/N; 77′; USA, 1930.

SOTTOMARINO D 1 *(Submarine D 1)* ★★
Regia di LLOYD BACON. Con GEORGE BRENT, WAYNE MORRIS, PAT O'BRIEN. ■ Un ufficiale e il timoniere di un sottomarino sono rivali in amore. Un giorno il primo ha modo di salvare la vita al secondo. Tra i due torna la pace. ■ COMMEDIA; B/N; 99′; USA, 1937.

SOTTOMARINO E 57 NON SI ARRENDE, IL ★★
(Submarine E 57)
Regia di SHUEI MATSUBAYASHI. Con ANDREW HUGHES, RYO IKEBE, MARY LAWLENT, TATSUYA MINASHI. ■ Seconda guerra mondiale: il comandante di un sottomarino giapponese si sottomette malvolentieri alla volontà dei superiori, che gli ordinano di imbarcare un diplomatico europeo da condurre alle Canarie per tentare di giungere a un armistizio. All'arrivo la pace è già stata conclusa (ma essi non lo sanno perché la radio è rotta); il comandante sbarca i due passeggeri e affronta il combattimento. ■ GUERRA; B/N; 91′; GIAPPONE, 1957.

SOTTOMARINO FANTASMA, IL *(Mystery Submarine)* ★★
Regia di DOUGLAS SIRK. Con MACDONALD CAREY, ROBERT DOUGLAS, MARTA TOREN. ■ Nonostante la guerra sia terminata, un sottomarino tedesco al servizio di una potenza straniera continua ad affondare le navi nemiche. Un giorno il comandante rapisce, per consegnarlo ai superiori, uno scienziato. Un ufficiale del controspionaggio americano, però, riesce a sventare il piano. ■ SPIONAGGIO; B/N; 78′; USA, 1950.

SOTTO MASSIMA SICUREZZA *(Chain Dance)* ★
Regia di ALLAN A. GOLDSTEIN. Con RAE DAWN CHONG, BRAD DOURIF, MICHAEL IRONSIDE. ■ Una strana amicizia tra un handicappato e un delinquente molto pericoloso. ■ THRILLER; COL.; 90′; USA, 1991.

SOTTO MASSIMA SORVEGLIANZA ★★
(Wedlock – Headlock)
Regia di LEWIS TEAGUE. Con JOAN CHEN, RUTGER HAUER, MIMI ROGERS. ■ In futuro anche le carceri di massima sicurezza non saranno sufficienti. Si ricorrerà a un metodo disumano, grazie a un collare esplosivo: se qualcuno tenterà di fuggire salterà in aria assieme a un "collega" ignoto col quale è collegato, senza saperlo. Dunque è interesse di tutti che nessuno fugga. Frank, rapinatore, viene torturato perché sveli il nascondiglio della refurtiva. Thriller che parte da un'idea abbastanza originale ma che si perde poi nella seconda parte. ■ THRILLER; COL.; 110′; USA, 1991.

SOTTO SCACCO ★★
(Innocent Moves – Searching for Bobby Fischer)
Regia di STEVEN ZAILLIAN. Con JOAN ALLEN, BEN KINGSLEY, JOE MANTEGNA, MAX POMERANC. ■ Presentato alla mostra di Venezia e candidato all'Oscar per la migliore fotografia. Il classico problema del piccolo genio. Un bambino che, come recita uno dei due titoli originali, diventa emulo del grande scacchista Fischer, a soli sette anni diventa un caso. Col piccolo protagonista due attori di sicuro mestiere, Kingsley e Mantegna. ■ COMMEDIA; COL.; 105′; USA, 1993. ■ OSCAR 1 NOM.

SOTTO SHOCK *(Shocker)* ★★
Regia di WES CRAVEN. Con PETER BERG, MICHAEL MURPHY, MITCH PILEGGI. ■ È ormai dai tempi di *Nightmare* che Wes Craven non riesce a darci niente di originale. I suoi film poi sono sempre più somiglianti alle classiche confezioni hollywoodiane del genere o comunque costretti a trascinare gli adolescenti americani al botteghino. Un maniaco omicida imperversa in una cittadina statunitense e quando lo scoprono lo mettono sulla sedia elettrica. Ma lo spirito carico di elettricità continua a terrorizzare la zona fino a che un ragazzino non lo sconfiggerà. ■ HORROR; COL.; 100′; USA, 1989.

SOTTO... SOTTO... STRAPAZZATO DA ANOMALA PASSIONE ★★
Regia di LINA WERTMÜLLER. Con LUISA DE SANTIS, VERONICA LARIO, ENRICO MONTESANO. ■ Un giovane falegname romano, Oscar, sospetta che la moglie Ester lo tradisca con un parrucchiere di Cinecittà. In realtà la moglie è stata presa da strani turbamenti per un'altra donna, il che sconvolge ancor più, quando lo scopre, il povero falegname. Alla fine Ester torna alla "normalità", ma carica di inconfessate nostalgie. ■ COMMEDIA; COL.; 90′; ITALIA, 1983.

SOTTO TIRO *(Under Fire)* ★★★
Regia di ROGER SPOTTISWOODE. Con JOANNA CASSIDY, GENE

HACKMAN, NICK NOLTE. ■ Un celebre e cinico fotografo americano, in Nicaragua per la guerra civile, si lega sentimentalmente a una collega, e insieme affrontano l'inferno della guerriglia. Ma a un certo punto il fotografo è costretto a fare una scelta di campo e lascia la macchina fotografica per imbracciare il fucile, pur considerando colpevoli tutte le parti impegnate nella guerra. ■ DRAMMATICO; COL.; 128′; USA, 1983. ■ GOLDEN GLOBES 2 NOM; OSCAR 1 NOM.

SOTTO UN TETTO DI STELLE *(Starlight Hotel)* ★★★
Regia di SAM PILLSBURY. Con MARSHALL NAPIER, PETER PHELPS, GREER ROBSON. ■ Una ragazzina della Nuova Zelanda decide di scappare dalla casa degli zii per raggiungere il padre nella grande città. Sulla strada incontra un vagabondo ricercato dalla polizia (ma per un delitto che non ha commesso) che la salva da molti pericoli. Quando arrivano in città, si dovranno però separare. ■ AVVENTURA; COL.; 93′; NUOVA ZELANDA, 1987.

SOTTOVENTO ★★
Regia di STEFANO VICARIO. Con CLAUDIO AMENDOLA, GABRIELE BOCCIARELLI, MARIANO RIGILLO, ANNA VALLE, FRANCESCO VENDITTI. ■ Paolo è stato uno skipper molto abile ma un incidente in mare ha bloccato la sua attività. La sua barca, ormai in disarmo, è stata venduta. Proprio chi l'ha comprata lo chiama per un nuovo ingaggio: dovrà temprare 7 ragazzi affidati a una comunità di recupero facendo sperimentare loro la vita del mare per sei mesi. Paolo accetta ma si scontra rapidamente con i problemi di carattere dei suoi passeggeri/marinai. Film ricco di buone intenzioni quello di Vicario, con i colpi di scena al posto giusto e con le belle facce dei protagonisti (tra cui il figlio di Venditti). Ma tutto resta nell'ambito di un gradevole film per la televisione. Con in più, per chi ama la vela, una serie di situazioni in coperta e sottocoperta. Non è molto. ■ DRAMMATICO; COL.; 91′; ITALIA, 2001.

SOTTOVOCE ★★
Regia di CLAUDIO PAZIENZA. Con GABRIELE DI DONATO, DOMENICO TURCHI. ■ Un giovane regista italiano che vive in Belgio ha realizzato questo film, costruito in varie fasi. Partendo dalle riprese del matrimonio in Abruzzo del cugino e del battesimo del suo primo figlio aggiunge personaggi di finzione e interviste. ■ DRAMMATICO; COL.; 105′; BELGIO, FRANCIA, ITALIA, 1993.

SOTTOZERO ★★
Regia di GIAN LUIGI POLIDORO. Con JERRY CALÀ, ANGELO INFANTI, ANTONELLA INTERLENGHI. ■ Un operaio di Treviso va a lavorare su una piattaforma petrolifera nel mare del Nord (dove la paga è molto buona e gli permetterà di comprare un bar come sogna da anni). In quel luogo in capo al mondo, l'operaio conosce la solitudine, l'angoscia, la paura. Ma anche l'amicizia di un altro italiano, un millantatore estroverso che gli farà da fratello maggiore (solo all'ultimo il protagonista scopre che il "fratello" in passato l'ha derubato e ha avuto un'avventura con sua moglie). ■ COMMEDIA; COL.; 93′; ITALIA, 1987.

SOTTO ZERO *(Below zero)* ★★★
Regia di JAMES PARROTT. Con KAY DESLYS, CHARLIE HALL, OLIVER HARDY, FRANK HOLLIDAY, STAN LAUREL, BLANCHE PAYSON, TINY SANDFORD. ■ È pieno inverno, e Stanlio e Ollio sono due suonatori ambulanti che non riescono a guadagnare neanche un centesimo. Per caso trovano per la strada un portafoglio pieno di denaro e invitano a pranzo un poliziotto che li ha difesi da un ladro. Al momento di pagare, però, si accorgono che il portafoglio appartiene proprio a quel poliziotto il quale, credendoli ladri, li affida al manesco trattamento che il proprietario del locale riserva a chi non è in grado di pagare... ■ COMICO; B/N; 20′; USA, 1930.

SOULIER DE SATIN, LE ★★
Regia di MANOEL DE OLIVEIRA. Con PATRICIA BARZYCJ, LUÍS MIGUEL CINTRA, ANNE CONSIGNY. ■ Uno dei film più teatrali di Oliveira, che necessitano una grande concentrazione da parte dello spettatore. Tratto dall'opera di Paul Claudel narra dell'amore disperato di Rodrigo. Trasmesso integralmente da Raitre, di notte. ■ STORICO; COL.; 400′; FRANCIA, PORTOGALLO, 1985.

SOUL KITCHEN ★★
Regia di FATIH AKIN. Con ANNA BEDERKE, MORITZ BLEIBTREU, ADAM BOUSDOUKOS, BIROL UNEL. ■ Ad Amburgo un cuoco di origine greca, Zinos, gestisce un infimo ristorante denominato Soul Kitchen. La clientela abituale sono i rozzi abitanti della periferia. Dentro e fuori dal Soul Kitchen ruota il microuniverso di Zinos: l'ambiziosa e viziata fidanzata Nadine è una giornalista rampante in partenza per la Cina, il fratello Illias un ladruncolo in libertà vigilata con il vizio del gioco, la cameriera Lucia è aspirante artista che vive in un appartamento occupato abusivamente e un vecchio compagno di scuola, Neumann, è disposto a tutto pur di comprare il locale e rilevarne il terreno. Zinos assume un cuoco esperto di *haute cuisine* che, dopo uno scetticismo iniziale, trasforma il ristorante in un locale molto in voga capace di offrire buon cibo e musica soul. ■ COMMEDIA; COL.; 99′; GERMANIA, 2009. ■ VENEZIA 1 PR.

SOUL MAN ★★
Regia di STEVE MINER. Con RAE DAWN CHONG, ARYE GROSS, C. THOMAS HOWELL. ■ Uno studente bianco che sogna di diventare avvocato ad Harvard si finge nero per poter usufruire di una borsa di studio e riesce così a entrare nella famosa università. Ma qui s'innamora di una ragazza di colore e scopre d'aver sottratto proprio a lei la borsa di studio alla quale la ragazza avrebbe avuto diritto. Confessa allora l'inganno e restituisce il denaro, ma anche lui potrà continuare gli studi. ■ COMMEDIA; COL.; 99′; USA, 1986.

SOUL MEN ★★
Regia di MALCOLM D. LEE. Con SEAN HAYES, ADAM HERSCHMAN, SAMUEL L. JACKSON, SHARON LEAL, BERNIE MAC. ■ *The Real Deal* era un fantasioso trio di musica soul degli anni Settanta che, dopo un grandissimo trionfo, si divise. I tre presero strade diverse, lasciando solo Marc Hooks (John Legend) sulla scena fino al giorno della sua morte, vent'anni dopo. Per celebrarne il funerale viene organizzata una cerimonia all'Apollo di New York con la partecipazione degli altri due cantanti: Floyd (Bernie Mac), quattro matrimoni alle spalle, ma un po' di soldi ancora in tasca, e Louis (Samuel L. Jackson), riabilitato dalla giustizia e spiantatissimo che decidono, dopo lunghe insistenze del primo, di omaggiare il defunto con un'ultima esibizione. Ricominciare non è facile, ma il loro viaggio li porterà, dopo vari incontri e avventure, a ritrovare Cleo, figlia della vecchia fiamma di entrambi, e motivo della loro discordia. Film musicale che vuole essere un omaggio al soul, ma soprattutto a Bernie Mac e Isaac Lee Hayes. ■ COMMEDIA MUSICALE; COL.; 100′; USA, 2008.

SOUL PLANE ★
Regia di JESSY TERRERO. Con TOM ARNOLD, SNOOP DOGG, GODFREY, KEVIN HART, BRIAN HOOKS, K.D. AUBERT, METHOD MAN. ■ Dopo uno spiacevole soggiorno a bordo di una nota compagnia aerea americana, Nashawn, che sin da bambino ha sempre avuto la passione per il volo, decide di fare causa alla società. Ottenuti 100.000 dollari per risarcimento dei danni fisici e morali, decide di fondare una sua compagnia privata. Carrozzeria carenata e sgargiante, interni lussuosissimi in moquette, piscina, discoteca e hostess sexy e conturbanti: una folle compagnia aerea per soli afroamericani, in cui tutto può accadere. Tra natiche e seni delle vertiginose protagoniste, scene incentrate su sesso, flatulenze e rutti, si rimane talmente a bocca aperta da non riuscire nemmeno a sorridere. ■ COMMEDIA; COL.; 86′; USA, 2004.

SOUL SURVIVOR ★★★
Regia di STEPHEN WILLIAMS. Con GEORGE HARRIS, DAVID SMITH, PETER WILLIAMS. ■ Canada, comunità giamaicana di Toronto. Un giovane giamaico-canadese vorrebbe arricchirsi rapidamente ma senza sporcarsi le mani con attività illecite. Il regista riesce a raccontare con partecipazione e ha ottenuto per questo un meritato successo al Sundance Film Festival del 1995. ■ DRAMMATICO; COL.; 83′; CANADA, 1995.

SOUL SURVIVORS – ALTRE VITE *(Soul survivors)* ★★
Regia di STEPHEN CARPENTER. Con CASEY AFFLECK, WES BENTLEY, ELIZA DUSHKU, MELISSA SAGEMILLER. ■ Cassie sopravvive, assieme a due amici, a uno spaventoso incidente stradale, nel quale però perde la vita il suo fidanzato. La giovane non riesce a riprendersi completamente dallo shock ed è continuamente ossessionata da visioni e voci che sembrano provenire dall'aldilà: in

questo limbo in cui Cassie sembra ormai vivere suo malgrado, realtà e illusione, vita e morte sono separate da un confine sempre più labile, trasformando la sua vita in un incubo popolato di allucinazioni in cui niente è quello che sembra. Atmosfere cupe e alta tensione dagli stessi produttori di *So quello che hai fatto*. ■ THRILLER; COL.; 84′; USA, 2001.

SOUND ★★

Regia di BIAGIO PROIETTI. Con PETER FONDA, ELENA SOFIA RICCI, MATTIA SBRAGIA. ■ Un tecnico televisivo capta uno strano segnale sonoro e lo registra. Tenta poi di decodificarlo con l'aiuto di un musicista, che ben presto morirà. Si scoprirà che il messaggio è di extraterrestri che faranno visita al pianeta. Passano gli anni e il luogo deciso per l'atterraggio è una zona dove nel frattempo sono stati costruiti molti palazzi. L'uomo dovrà avvisare gli extraterrestri del contrattempo. ■ FANTASCIENZA; COL.; 100′; ITALIA, 1989.

SOUND TRACK ★★

Regia di FRANCESCA MARRA. Con VINCENZO AMATO, VALENTINA LODOVINI, GIORGIO LUPANO, ANDREA KLARA OSVART. ■ Mark e Linda stanno insieme da cinque anni. Lei è una giovane attrice emergente, lui un tecnico del suono americano sulla cinquantina, che ha dovuto rinunciare ai suoi figli e a sbocchi professionali più soddisfacenti per stare accanto a Linda. Finito di girare un film insieme, i due si trasferiscono in un piccolo paesino dove Linda ha le prove di uno spettacolo teatrale incentrato sul triangolo amoroso e il dramma della gelosia. ■ DRAMMATICO; COL.; ITALIA, 2005.

SOURCE CODE ★★

Regia di DUNCAN JONES. Con VERA FARMIGA, JAKE GYLLENHAAL, MICHELLE MONAGHAN, BRENT SKAGFORD, JEFFRET WRIGHT. ■ Il capitano Colter Stevens, pilota di elicotteri e veterano della guerra in Afghanistan, si risveglia su un treno di pendolari senza avere la minima idea di dove si trovi. Di fronte a lui Christina, una bella ragazza che lo conosce ma che lui non riconosce affatto. Poi l'esplosione, che squarcia il convoglio. Ma Colter non è morto, da un monitor un ufficiale donna lo informa che dovrà tornare sul treno per identificare l'attentatore e prevenire un successivo, più micidiale attacco. Ogni volta che farà ritorno sul treno avrà solo 8 minuti a disposizione. Di più non gli è dato sapere, la missione è top-secret, il suo nome: "Source Code". ■ FANTASCIENZA; COL.; 93′; USA, FRANCIA, 2011.

SOUS LES TOITS DE PARIS ★★★

Regia di HINER SALEEM. Con MAURICE BÉNICHOU, MYLÈNE DEMONGEOT, MARIE KREMER, MICHEL PICCOLI, RUBI ROSENBERG, BIROL ÜNEL. ■ La sessantenne ma ancora piacente Thérèse acquista un ventilatore. Lo vuole donare a Marcel, un ottantenne che vive in un abbaino sotto uno dei tanti tetti di Parigi che nascondono una reale miseria. Marcel ha un amico, Amar, con il quale, una volta a settimana, va a lavarsi nella piscina comunale di quartiere, non avendo i due la possibilità di farlo nelle loro misere abitazioni. Thérèse è da sempre innamorata di quell'uomo che si sta avviando verso la morte, conservando però ancora una forte carica di seduzione. La quale colpisce anche una giovane donna che ha frequentato un altro ospite del sottotetto. Sarà lei a offrirgli ancora il gusto dell'emozione. Hiner Saleem abbandona il surreale grottesca che aveva costituito la nervatura centrale sia di *Vodka Lemon* (premiato a Venezia) che dell'inferiore *Kilometro Zero*, primo film curdo-iracheno del dopo-Saddam. Decide questa volta di osservare l'Europa scegliendo la Francia che ben conosce. È un'elegia dolente sulla dissoluzione della solidarietà nel nostro opulento Occidente, quella che Saleem propone. ■ DRAMMATICO; COL.; 98′; FRANCIA, 2007.

SOUTH AFRICA *(The Stick)* ★★

Regia di DARRELL ROODT. Con GICI MHLOPHE, JAMES WHYLE. ■ La vicenda è ambientata nel sud dell'Africa, in una modesta comune rurale. Qui lavorano alcuni abitanti del luogo in condizioni appena tollerabili. Gracie, stanca della situazione, non esita a proclamare apertamente la sua aspirazione alla libertà e a una vita migliore. ■ DRAMMATICO; COL.; 90′; SUDAFRICA, 1988.

SOUTH CENTRAL – ZONA A RISCHIO ★★★

(South Central)

Regia di STEVE ANDERSON. Con LEXIE D. BIGHAM, BYRON KEITH MINNS, GLENN PLUMMER. ■ Il film è tratto da *Crips*, il libro di Donald Bakeer sulle esperienze di vita dello scrittore nel ghetto di Los Angeles. Racconta una storia di bande di quartiere in cui emerge prepotentemente l'esigenza di modelli di figura paterna a cui fare riferimento. Il padre è assente dalla vita del protagonista, Bobby, e i due riusciranno a trovare un'effettiva unione solo alla fine di vicende cruente. ■ DRAMMATICO; COL.; 100′; USA, 1993.

SOUTH KENSINGTON ★★

Regia di CARLO VANZINA. Con JEAN-CLAUDE BRIALY, ENRICO BRIGNANO, RUPERT EVERETT, JUDITH GODRÈCHE, ELLE MACPHERSON, GIAMPAOLO MORELLI, MAX PISU, NAIKE RIVELLI. ■ Lord Nick Brett è un nobile in difficoltà finanziarie. Affitta camere nella sua lussuosa abitazione di South Kensington a studenti e impiegati italiani per guadagnare qualcosa. Francesco, un bancario sul punto di perdere il posto, conduce il nuovo arrivato Antonio (inviato dal padre a studiare l'inglese) nei luoghi dove si trovano gli altri italiani di ceto medioalto. Sono tutti a caccia di belle fanciulle e proprio Antonio si vedrà cadere tra le braccia la più ricca ed eccentrica di tutte: Lady Camilla Fox. Francesco, vistosi tradito dalla fidanzata romana a cui era fedelissimo, si innamora di una discografica, Susanna. Nel frattempo Nick sembra stare a guardare. In realtà nasconde un segreto; anzi, due. Il film natalizio dei Vanzina cerca di respirare aria nuova e la va a cercare nella colonia italiana a Londra. Utilizza un Rupert Everett snob quanto basta e una Macpherson bella anche più del dovuto. Il film, però, non decolla. ■ COMMEDIA; COL.; 110′; FRANCIA, GRAN BRETAGNA, ITALIA, 2001.

SOUTH OF THE BORDER ★★

Regia di OLIVER STONE. Con HUGO CHAVEZ. ■ Partendo dalla vicenda politica di Hugo Chávez Oliver Stone traccia il complesso quadro dei mutamenti politici che hanno contrassegnato la vita di molti Paesi dell'America Latina. Dall'Ecuador, al Brasile all'Argentina. Proprio durante l'aggressiva amministrazione Bush i governi di quegli Stati sono passati da amministrazioni di destra ad amministrazioni di sinistra. Stone non sceglie come interlocutore i popoli ma direttamente i capi. Sono quindi Chávez, Lula, Lady Kirchner a raccontare gli obiettivi che vengono perseguiti dai reciproci governi. Stone punta in particolare a far emergere il ruolo degli Stati Uniti nel corso degli otto anni dell'Amministrazione Bush. Riesce così a mostrare come proprio una politica di demonizzazione dei governi non allineati abbia portato a una "bolivarizzazione" di gran parte del Continente (il riferimento è al *libertador* Simon Bolivar). È oggi più che mai evidente un'unità di intenti pur nella diversità delle singole politiche, tutte comunque mirate al riscatto della fascia più povera delle popolazioni. Stone si conferma come un anarchico di destra, bisognoso di trovare figure "forti" di riferimento («anch'io sono stato soldato e la posso capire» dice a un certo punto a Chávez) che però, al contempo, gli consentano la prosecuzione di una rituale "uccisione del padre": gli Stati Uniti. Per raggiungere questo risultato utilizza un metodo infallibile: mai fare domande che mettano in imbarazzo l'interlocutore. Finisce così con il realizzare documentari forti, appassionati e ricchi di informazioni ma in cui, in definitiva, non si disturba mai il manovratore. L'autore perfeziona un soggetto cinematografico che media fra docu e fiction. Crea un precedente che può fare storia: la finzione rubricata a documento. Non usa un attore che fa Chávez, ma usa Chávez che fa l'attore di se stesso e Stone gli attribuisce ciò che l'attore-presidente venezuelano sogna di farsi attribuire: tutto il bene possibile. Chávez non è il presidente in odore (forte) di dittatura ma è quello legittimato dal cinestorico Stone, è l'eroe sociale del mondo, il rivoluzionario nobile e nuovo, l'antagonista irriducibile del capitalismo. La verità, la storia e la morale? Che c'entra, Stone e il cinema sono molto più importanti. E se lui racconta ciò che non è vero, ebbene diventa vero. ■ DOCUMENTARIO; COL., 102′; USA, 2009.

SOUTH PACIFIC ★★★
Regia di JOSHUA LOGAN. Con ROSSANO BRAZZI, MITZI GAYNOR, JOHN KERR. ■ La vicenda si svolge nel corso della seconda guerra mondiale, su un'isoletta del Pacifico. Qui soggiornano, tra gli altri, un profugo francese, che si innamora di un'infermiera americana, e un ufficiale invaghitosi di un'indigena. I pregiudizi razziali dividono le due coppie, ma dopo una missione difficilissima, nella quale il militare perde la vita, l'infermiera si riunisce al profugo e ai suoi due figli avuti dalla defunta moglie malese. ■ DRAMMATICO; COL.; 171'; USA, 1958. ■ OSCAR 1 PR, 3 NOM.

SOUTH PARK: IL FILM ★★
(South Park: Bigger, Longer & Uncut)
Regia di TREY PARKER. ■ I cartoni di Parker-Stone-Bredy arrivano al cinema dopo la televisione. I ragazzini terribili fanno addirittura scoppiare una guerra fra Canada e America. ■ ANIMAZIONE; COL.; 80'; USA, 2000. ■ OSCAR 1 NOM.

SOUVENIR ★★
Regia di GEOFFREY REEVE. Con CATHERINE HICKS, MICHAEL LONSDALE, CHRISTOPHER PLUMMER. ■ Ex kapò nazista torna in Francia dopo quarant'anni di esilio volontario in America, dove si era rifatto una vita e una reputazione. Riabbraccerà la figlia e dovrà fare i conti con la propria coscienza. Ne uscirà vincitore. Pregio principale della pellicola, la mancanza di pregiudizi nei confronti del protagonista. Morale: tutti possiamo sbagliare, anche tanto, e poi redimerci. ■ DRAMMATICO; COL.; 97'; GRAN BRETAGNA, 1987.

SOUVENIR D'ITALIE ★★
Regia di ANTONIO PIETRANGELI. Con ISABELLE COREY, VITTORIO DE SICA, JUNE LAVERICK, INGEBOR SCHOENER, ALBERTO SORDI. ■ Tre autostoppiste straniere arrivano a Venezia e vengono ospitate da un anziano signore. Tempo dopo giungono a Roma, quindi proseguono il viaggio attraverso l'Italia. Due di loro incontrano l'amore. ■ COMMEDIA; COL.; 100'; ITALIA, 1956.

SOUVENIRS, SOUVENIRS ★★
Regia di ARIEL ZEITOUN. Con CLAUDE BRASSEUR, ANNIE GIRARDOT, PHILIPPE NOIRET. ■ Nel 1963, la storia (anzi le vite parallele) di due fratelli di indole differente. Uno cerca di sfondare come musicista. L'altro, ancora studente di liceo, vive una grande passione per la professoressa di musica. ■ COMMEDIA; COL.; 120'; FRANCIA, 1985.

SOVVERSIVI, I ★★★
Regia di PAOLO TAVIANI, VITTORIO TAVIANI. Con GIORGIO ARLORIO, GIULIO BROGI, PIER PAOLO CAPPONI, LUCIO DALLA, FERRUCCIO DE CERESA. ■ Alcune storie che hanno come punto di partenza la morte di Togliatti. Protagonisti un comunista che lavora alla sede del partito e trova la moglie a letto con un'amica; un giovane che ribadisce la sua fedeltà al Pci mentre un amico si dimostra anticonformista; un profugo venezuelano che è richiamato in patria a sostituire un compagno caduto; un regista prossimo alla morte che sospende i lavori di un film e si mette a girare il mondo. ■ DRAMMATICO; B/N; 110'; ITALIA, 1957.

SOY CUBA ★★★
Regia di MIKHAIL KALATOZOV. Con BETTY LUZ MARÍA COLLAZO, SERGIO CORRIERI, JOSÉ GALLARO, RAÚL GARCÍA, MARIO GONZALES BROCHE. ■ Realizzata da Mijail Kalatozov, Palma d'oro a Cannes con Letyat Zhuravli (*Quando volano le cicogne*, 1958), questa superproduzione sovietico-cubana illustra l'evoluzione di Cuba dal regime di Batista alla rivoluzione di Fidel Castro. Girato nel 1964, all'inizio della guerra fredda, quest'opera di propaganda ferocemente anti-americana denuncia il capitalismo e le sue conseguenze disastrose sull'isola caraibica. Messo al bando dalle autorità cubane e sovietiche, fu riscoperto da Scorsese e da Coppola negli anni Novanta, e acclamato per le sue grandi qualità cinematografiche che testimoniano il lavoro dell'avanguardia sovietica e quello della censura dittatoriale. ■ DOCUMENTARIO; B/N; 141'; CUBA, RUSSIA, 1964.

SOY CUBA – IL MAMMUT SIBERIANO ★★
(Soy Cuba, o Mamute Siberiano)
Regia di VICENTE FERRAZ. ■ Ripercorrendo la storia di *Soy Cuba*, questo documentario tenta di cogliere le ragioni che hanno spinto le autorità cubane e sovietiche a ritirare il film dalle sale. È una riflessione sul modo in cui le opere d'arte evolvono nel tempo, a seconda delle diverse interpretazioni cui sono sottoposte. Rintracciando alcuni collaboratori sovietici e cubani dell'epoca, il regista scopre, attraverso le loro parole, l'emozione che nel 1964 permeò la realizzazione del lungometraggio. ■ DOCUMENTARIO; COL.; 90'; BRASILE, 2004.

SPACCACUORI, LO *(The Heartbreak Kid)* ★★
Regia di BOBBY FARRELLY, PETER FARRELLY. Con MALIN AKERMAN, ROB CORDDRY, DANNY MCBRIDE, CARLOS MENCIA, MICHELLE MONAGHAN, BEN STILLER, JERRY STILLER. ■ Affiatati come pochi, i Farrelly Bros. e Ben Stiller si riuniscono per un'altra commedia irriverente e bizzarra. Protagonista, questa volta, è Eddie Cantrow, un fascinoso quarantenne, convinto, dopo soli tre giorni di luna di miele, di aver trovato la donna della sua vita. In realtà, le cose non vanno come dovrebbero e la neosposa svela lati caratteriali inizialmente sopiti. La trama trae spunto da una novella di Bruce Jay Friedman, già portata sul grande schermo nel 1972 con protagonisti Charles Grodin e Cybill Shepherd. Ricalcando fedelmente i toni surreali e oltraggiosi di *Tutti pazzi per Mary*, la nuova pellicola dei fratelli Farrelly difetta nel concentrare la vis comica nella prima parte del soggetto, che si stempera, nei toni e nel ritmo, nella parte conclusiva. ■ COMMEDIA; COL.; 105'; USA, 2007.

SPACCATUTTO, LO *(Return of the Tiger)* ★
Regia di JIMMY SHAW. Con CHANG I, BRUCE LEE, PAUL SMITH, YING MAO. ■ A Bangkok, due grosse organizzazioni di trafficanti in stupefacenti si fanno guerra. Entrambe cercano di accaparrarsi i servizi di un'abilissima coppia di sedicenti killer, che in realtà altro non sono che poliziotti. Essi faranno in modo di provocare uno scontro tra i componenti delle bande rivali, che si ammazzeranno a vicenda. ■ AVVENTURA; COL.; 92'; FORMOSA, HONG KONG, 1973.

SPACCIATORE, LO *(Light Sleeper)* ★★★
Regia di PAUL SCHRADER. Con DAVID CLENNON, WILLEM DAFOE, DANA DELANY, SUSAN SARANDON. ■ Ritorno in gran forma di Paul Schrader con un film passato inosservato in Italia. Oltre alla grande interpretazione di Defoe, all'attivo del film va la sceneggiatura di grande originalità. Tratta infatti il tema dello spaccio della droga con un taglio né violento né moralistico. John LeTour è uno spacciatore che vive a New York. Il suo capo è Ann, una bella donna sulla quarantina. Viaggia su un'auto dotata di tutti i comfort e porta la merce ai clienti, dovunque vogliano. Una sera incontra una vecchia fiamma. La donna viene assassinata e con lei se ne vanno i sogni di ricostruirsi una vita normale. Pedinato da un poliziotto e schiacciato da un sistema corrotto troppo potente, dovrà arrendersi alla realtà. ■ DRAMMATICO; COL.; 103'; USA, 1991.

SPACCONE, LO *(The Hustler)* ★★★★★
Regia di ROBERT ROSSEN. Con JACKIE GLEASON, PIPER LAURIE, PAUL NEWMAN, GEORGE C. SCOTT. ■ Newman è un giocatore di biliardo di grande talento ma si butta via perché non ha carattere, beve, ed è troppo spaccone. Incontra una ragazza con problemi simili ai suoi. Viene avvicinato da un manager, cinico e senza scrupoli, che lo fa giocare sui biliardi che contano. Ma nella partita cruciale l'uomo perde. Dovrà soffrire moltissimo, e veder morire suicida la sua ragazza, prima di potersi riscattare e vincere finalmente la "grande partita". Un ruolo fatto apposta per Newman che avrebbe, nel corso degli anni, perfezionato la ricerca dei caratteri, interpretando eroi negativi individualisti, scontrosi e spesso antipatici. Erano i ribelli che tanto piacevano al pubblico di allora. Nel 1985 Newman, per la regia di Scorsese, ha riportato sullo schermo il personaggio di Eddie Falson, lo spaccone, in *Il colore dei soldi*. Un'operazione non riuscita che comunque è valsa all'attore un Oscar riparatore. ■ DRAMMATICO; B/N; 135'; USA, 1961. ■ OSCAR 2 PR, 8 NOM.

SPACCONE CHIAMATO HARK, UNO ★★
(One More Train to Rob)
Regia di ANDREW V. MCLAGLEN. Con DIANA MULDAUR, FRAN-

CE NUYEN, GEORGE PEPPARD, JOHN VERNON. ■ Un bandito viene preso dopo una rapina effettuata con due complici. Questi, mentre è in prigione, col denaro rubato comprano un ranch; lui, scontata la pena, li raggiunge per avere la sua parte. L'ex complice gli si oppone con le armi ma egli riesce a ucciderlo. ■ WESTERN; COL.; 108′; USA, 1971.

SPACCONE VAGABONDO, LO *(The Fireball)* ★★
Regia di TAY GARNETT. Con PAT O'BRIEN, MICKEY ROONEY, BEVERLY TAYLOR. ■ Un trovatello scappa dall'orfanotrofio. Il religioso che lo ha in custodia preferisce non riprenderlo, e si limita a sorvegliarlo. Il ragazzo scopre la passione per i pattini a rotelle, dei quali diventa ben presto un campione. L'egoismo gli impedisce di collaborare con i compagni di squadra, ma dopo un grave incidente avrà modo di riflettere e mutare il suo atteggiamento, sportivo e umano. ■ COMMEDIA; B/N; 84′; USA, 1950.

SPACE CAMP ★★
Regia di HARRY WINER. Con KATE CAPSHAW, KELLY PRESTON, LEA THOMPSON. ■ Space Camp è una scuola di addestramento per astronauti dove insegnano i coniugi Andie e Zack. Eterogenei gli allievi, c'è perfino chi vuol aprire un fast-food nello spazio. E c'è anche Jink, un robot costosissimo che fraternizza particolarmente con uno di essi, Max, e che tra mille difficoltà contribuirà a salvare l'equipaggio in una difficile missione spaziale. ■ AVVENTURA; COL.; 97′; USA, 1985.

SPACE CHIMPS ★★
Regia di KIRK DE MICCO. ■ Ham III, nipote del primo scimpanzé che volò nello spazio, fa la scimmia-cannone in un circo di terz'ordine, sfidandosi ogni volta in nuove acrobazie. Un bel giorno, però, l'Agenzia Spaziale lo scova e lo recluta: insieme all'affascinante tenente Luna e al baldanzoso comandante Titan, dovrà viaggiare ai confini dell'universo, alla ricerca della sonda Infinity inghiottita da un buco nero. ■ ANIMAZIONE; COL.; 76′; USA, 2008.

SPACE COWBOYS ★★★
Regia di CLINT EASTWOOD. Con CLINT EASTWOOD, JAMES GARNER, TOMMY LEE JONES, DONALD SUTHERLAND. ■ Il principale satellite russo per la comunicazione è in avaria. Rischia di precipitare sulla Terra nel giro di poco tempo. I suoi impianti ricalcano quelli dello Skylab americano, una tecnologia ormai obsoleta che nessuno sa più come riparare. Nessuno tranne i 4 vecchi componenti del gruppo Dedalus che era stato sciolto alla fine degli anni Cinquanta. Gli anzianauti si riuniscono e mostrano in fase di allenamento quello che sanno fare. La strategia del responsabile NASA, loro antico nemico, è quella di far esercitare insieme a loro dei giovani astronauti in modo da farli restare a terra all'ultimo momento. Non va così e i nostri partono. Ma una sorpresa non piacevole li attende... Clint Eastwood continua il suo percorso di rivisitazione dei miti del cinema americano. La sua però non è l'opera di un iconoclasta. Clint ama ciò che fa e ama il western. Quando ci mostra i quattro vecchietti che si preparano ad andare nello spazio lo fa con grande ironia ma anche con grande affetto. La frontiera, il nemico da sconfiggere, stanno lassù? Ecco allora i nostri pronti a partire, con quel mix di individualismo e di spirito di squadra che costituisce la formula vincente. Il finale celebra un sacrificio ma non cerca l'applauso. ■ AZIONE; COL.; 129′; USA, 2000. ■ OSCAR 1 NOM.

SPACED INVADERS ★
Regia di PATRICK READ JOHNSON. Con DOUGLAS BARR, ROYAL DANO, ARIANNA RICHARDS. ■ Innocua storia di extraterrestri firmata dalla Disney. Ci sono cinque invasori dello spazio che devono conquistare la Terra e invece ne combinano di tutti i colori; una bambina decide che è meglio rimandarli a casa. ■ FANTASTICO; COL.; 97′; USA, 1990.

SPACE DOGS 3D *(Belka i Strelka. Zvezdnye sobaki)* ★★
Regia di SVYATOSLAV USHAKOV, INNA EVLANNIKOVA. ■ Un misterioso agente trasporta in segreto da Mosca a Washington una preziosa gabbia contenente una cagnetta come dono per la figlia del presidente Kennedy. Una volta entrata nella Casa Bianca, questo dono peloso dell'Unione Sovietica agli Stati Uniti racconta agli altri inquilini a quattro zampe l'impresa delle due cagnette che nel 1960 furono i primi esseri viventi a volare in orbita a bordo del satellite Sputnik e a far ritorno sulla Terra. ■ ANIMAZIONE; COL.; 80′; RUSSIA, 2010.

SPACE JAM ★★
Regia di JOE PYTKA. Con MICHAEL JORDAN, WAYNE KNIGHT, THERESA RANDLE. ■ Un extraterrestre decisamente cattivo ha bisogno di nuovi personaggi per il suo Luna Park. Rapisce così i principali personaggi dei cartoon Warner per portarli sul suo pianeta. Sarà un incontro di basket che si deciderà all'ultimo secondo a risistemare le cose. A guidare la riscossa dei personaggi animati un Michael Jordan in carne ed ossa attento a non farsi rubare la scena dai "disegni". ■ COMMEDIA; COL.; 87′; USA, 1996.

SPACEMAN CONTRO I VAMPIRI DELLO SPAZIO ★
(Super Giant II)
Regia di TERUO ISHII. Con JUNKE ICHENKI, MINORU TAKADA, KEN UTSUI. ■ Spaceman si trova ad affrontare un terribile mostro, ideato da un'organizzazione che vuole conquistare la Terra. L'eroe lo uccide, quindi libera uno scienziato e i figli, prigionieri dei nemici, abbatte i dischi volanti che bombardano le centrali giapponesi e distrugge la base e i suoi occupanti. ■ FANTASCIENZA; B/N; 90′; GIAPPONE, 1957.

SPACE MEN ★★
Regia di ANTONIO MARGHERITI. Con GABRIELLA FARINON, DAVID MONTRESOR, RIK NUTTER, ARCHIE SAVAGE. ■ Siamo in un anno del futuro. Un giornalista si reca su un satellite per scrivere alcuni articoli proprio quando un'astronave priva di guida (il pilota è morto) sta per cadere sulla Terra. Il giornalista riuscirà a salvare la navicella. ■ FANTASCIENZA; COL.; 90′; ITALIA, 1960.

SPACE RAGE ★★
Regia di CONRAD PALMISANO. Con RICHARD FARNSWORTH, MICHAEL PARÉ, LEE PURCELL. ■ Nel futuro, sulla Terra desolata, i pochi abitanti sono vittime di banditi che vanno e vengono dallo spazio. Ma un ex poliziotto, Bench, solo e avanti negli anni, decide di metterli a posto. E ci riesce a colpi di pistola laser. ■ FANTASCIENZA; COL.; 92′; USA, 1986.

SPACE TRUCKERS ★★★
Regia di STUART GORDON. Con CHARLES DANCE, STEPHEN DORFF, DENNIS HOPPER, DEBI MAZAR. ■ John Canyon vaga tra i pianeti con un carico pericoloso di androidi assassini. Insieme a lui si dirigono verso la Terra il collega Mike Pucci e la loro amante Cindy. Il gruppo deve affrontare avventure di tutti i generi in una sorta di film fantascientifico-country ricco di trovate. ■ FANTASTICO; COL.; 96′; IRLANDA, USA, 1996.

SPACE VAMPIRES *(Lifeforce)* ★★
Regia di TOBE HOOPER. Con FRANK FINLAY, PETER FIRTH, STEVE RAILSBACK. ■ Sono trovati in un'astronave vagante nello spazio tre umanoidi in bare di cristallo e trasportati a Londra per degli studi. Ben presto ci si accorge che sono dei vampiri che succhiano non sangue, ma energia vitale alle loro vittime. Panico e cadaveri ambulanti (le vittime diventano zombie) fino allo sterminio dell'ultima vampira. ■ HORROR; COL.; 100′; GRAN BRETAGNA, 1985.

SPADA A TRE LAME, LA *(The Sword and the Sorcerer)* ★★
Regia di ALBERT PYUN. Con KATHLEEN BELLER, LEE HORSLEY, SIMON MACCORKINDALE. ■ In un Medioevo favolistico e improbabile, il perfido Cromwell conquista il regno di re Riccardo con l'aiuto di Xusia, mago malvagio. Ma Talon, figlio del re ucciso, qualche anno più tardi si vendicherà. ■ FANTASTICO; COL.; 100′; USA, 1982.

SPADACCINI DI SIENA, GLI ★
Regia di BACCIO BANDINI. Con STEWART GRANGER, CHRISTINE KAUFMANN, SYLVA KOSCINA, ALBERTO LUPO. ■ Una fanciulla di buona famiglia nella Siena del Seicento è, in realtà, una cospiratrice anti-spagnola. Viene aiutata nell'aizzare la rivolta popolare dalla propria guardia del corpo che, alla fine, la sposerà. ■ AVVENTURA; COL.; 94′; ITALIA, 1961.

SPADACCINO MISTERIOSO, LO ★★
Regia di SERGIO GRIECO. Con FRANK LATIMORE, TAMARA LEES, FIORELLA MARI. ■ Un tiranno italiano parteggia per gli spagnoli e non esita a uccidere gli avversari pur di raggiungere i suoi sco-

pi. A lui si oppone un giovane nobile che, riuscito a penetrare nel castello nemico, libera la sua fidanzata, prigioniera del prepotente e, al termine di un drammatico duello, lo elimina. ■ AVVENTURA; B/N; 92'; ITALIA, 1956.

SPADA DEGLI ORLÉANS, LA *(Le bossu)* ★★
Regia di ANDRÉ HUNEBELLE. Con BOURVIL, JEAN LA POULAIN, JEAN MARAIS, SABINA SELMAN. ■ Il perfido principe Gonzaga vuole impadronirsi dei beni di una principessa francese e uccidere la sua figlioletta Aurora. Il prode Legardière sventa i piani del fellone e alla fine lo infilza con la sua spada e sposa Aurora, la bambina diventata nel frattempo affascinante fanciulla. ■ AVVENTURA; COL.; 104'; FRANCIA, 1959.

SPADA DEI MONTREAL, LA *(Los hermanos corsos)* ★★
Regia di LEO FLEIDER. Con AMALIA GADÉ, BETTY NORTON, ANTONIO VILAR. ■ Due fratelli corsi sono braccati dai nemici di Napoleone. Uno viene ucciso, l'altro compie tremenda vendetta. ■ AVVENTURA; B/N; 93'; ARGENTINA, 1954.

SPADA DEL CID, LA *(Lashjias del Cid)* ★★
Regia di MIGUEL IGLESIAS, FERDINANDO BALDI. Con ROLAND CAREY, CHANTAL DEBERG, RAY MYLES, JEFF RUSSEL. ■ Tre nobili felloni vengono esortati dal loro re a restituire la spada del Cid. Essi rifiutano e si allontanano con un mercenario. Costui, sconfitto, verrà cacciato dal paese; i tre nobili non avranno miglior sorte. ■ AVVENTURA; COL.; 91'; ITALIA, SPAGNA, 1963.

SPADA DEL DESERTO, LA *(Prisoners of the Casbah)* ★★
Regia di RICHARD L. BARE. Con TURHAN BEY, GLORIA GRAHAME, CESAR ROMERO. ■ La bella figlia di un emiro non vuole sposare l'uomo che il padre le ha destinato. Si innamorerà di lui quando la salverà dalle brame del Gran Vizir e dalle orde dei suoi soldati che le uccidono il padre. ■ AVVENTURA; COL.; 78'; USA, 1953.

SPADA DEL GIUSTIZIERE – IL CAVALIERE INVINCIBILE, LA *(Cudotvorni mac)* ★★
Regia di VOIJSLAV NANOVIC. Con VERA ILLICH-DJUKICH, RADE MARKOVIC, MILLIVOJE ZIVANOVIC. ■ Da ragazzo un giovane ha salvato un uomo d'acciaio che, per riconoscenza, lo libera poi dalla prigione dove l'ha rinchiuso un rivale in amore. Il giovane, attraverso mille peripezie, si impossessa di una spada magica, con la quale riesce a liberarsi dei nemici e a vivere serenamente accanto alla sua sposa. ■ AVVENTURA; B/N; 90'; JUGOSLAVIA, 1949.

SPADA DELLA VENDETTA, LA ★★
Regia di LUIGI DE MARCHI. Con FRANK LATIMORE, PATRICIA LUZ, GIAN LUIGI MARIANINI, FRANCO TROMPEO. ■ Un giovane soldato di ventura ama riamato una nobile e ricca fanciulla sulla quale ha messo gli occhi il crudele vicegovernatore di Milano. Una sera l'uomo, nel tentativo di rapirla, provoca la sua morte. Il giovane la vendica e sposa poi un'altra ragazza. ■ AVVENTURA; COL.; 91'; ITALIA, 1961.

SPADA DELL'ISLAM, LA ★★
Regia di ENRICO BOMBA. Con LUBNA BED EL AZIZ, FRANCO CORELLI, FOLCO LULLI, SILVANA PAMPANINI. ■ Dopo l'assassinio del padre la giovane figlia di un sultano viene messa in salvo, assieme a un principe, da un fedele servitore. Anni dopo, in seguito a lotte intestine che hanno reso vacante il trono islamico, sarà il principe che, conducendo l'esercito alla vittoria contro i tartari, accederà al trono con l'amata orfanella. ■ AVVENTURA; COL.; 94'; ITALIA, 1962.

SPADA DI ALÌ BABÀ, LA *(The Sword of Alì Baba)* ★★
Regia di VERGIL W. VOGEL. Con JOCELYN LANE, GAVIN MACLEOD, PETER MANN, FRANK MCGRATH. ■ Il figlio di un re spodestato diventa il capo di una banda di ladroni e infligge molte sconfitte al tiranno che ha usurpato il trono del padre. Rinchiuso in prigione, è liberato dalla fidanzata del rivale, sconfigge definitivamente l'usurpatore e sposa infine la bella fanciulla. ■ AVVENTURA; COL.; 82'; USA, 1964.

SPADA DI DAMASCO, LA *(The Golden Blade)* ★★
Regia di NATHAN J. JURAN. Con ROCK HUDSON, PIPER LAURIE. ■ Un giovane fugge con la bella figlia di un califfo, della quale si è innamorato. Inseguito dal rivale, che lo aveva battuto a tradimento in duello, riesce a impadronirsi di una spada magica, con la quale si vendica del nemico, quindi sale sul trono con l'amata. ■ FANTASTICO; COL.; 81'; USA, 1953.

SPADA DI D'ARTAGNAN, LA *(The Moonraker)* ★★
Regia di DAVID MACDONALD. Con GEORGE BAKER, SYLVIA SYMS. ■ Un nobile inglese, valendosi della spada di d'Artagnan, tenta di far fallire il piano di Cromwell che vuole assassinare l'erede al trono. Riesce a salvare la vittima predestinata imbarcandola per la Francia e a mettersi al sicuro dopo aver eliminato numerosi avversari. Tornerà in patria per sposare la donna che ama. ■ AVVENTURA; COL.; 82'; GRAN BRETAGNA, 1958.

SPADA DI GRANADA, LA *(El corazón y la espalda)* ★★
Regia di EDWARD DEIN. Con REBECA ITURBIDE, TITO JUNCO, KATY JURADO, CESAR ROMERO. ■ Un signorotto spagnolo vuole riprendere il suo palazzo caduto nelle mani dei Mori. Penetrato di soppiatto nell'edificio, scopre in una cella tre personaggi, che ricercano diversi oggetti più o meno leggendari. Nessuno riuscirà a trovarli; il protagonista, in compenso, riconquisterà la sua proprietà e troverà l'amore. ■ AVVENTURA; B/N; 93'; MESSICO, 1954.

SPADA DI HOK, LA *(Hawk the Slayer)* ★★
Regia di TERENCE MARCEL. Con BERNARD BRESSLAW, JACK PALANCE, JOHN TERRY. ■ Hok, quando il perfido fratello Voltan eccede nelle sue nefandezze, decide di prendere la sua spada magica e ucciderlo. Anche se questi sarà riportato in vita dal mago delle tenebre, Hok, contento, partirà per altre avventure. ■ FANTASTICO; COL.; 91'; GRAN BRETAGNA, 1982.

SPADA DI MONTECRISTO, LA ★★
(Sword of Monte Cristo)
Regia di MAURICE GERAGHTY. Con WILLIAM CONRAD, PAULA CORDAY, GEORGE MONTGOMERY. ■ Un bieco ministro di Napoleone III vuole impadronirsi della spada dei Montecristo sul cui fodero è incisa la mappa del favoloso tesoro, ma l'eroina saprà difendere la preziosa arma. ■ AVVENTURA; COL.; 80'; USA, 1951.

SPADA DI ROBIN HOOD, LA ★★
(Men of Sherwood Forest)
Regia di VAL GUEST. Con REGINALD BECKWITH, EILEEN MOORE, DON TAYLOR. ■ Robin Hood e i suoi allegri compagni riescono a facilitare il ritorno di Riccardo Cuor di Leone in Inghilterra sventando le trame dei sostenitori del principe Giovanni. ■ AVVENTURA; COL.; 77'; GRAN BRETAGNA, 1956.

SPADA E LA CROCE, LA ★★
Regia di CARLO LUDOVICO BRAGAGLIA. Con YVONNE DE CARLO, JORGE MISTRAL, ROSSANA PODESTÀ, MASSIMO SERATO. ■ Pasticciaccio su Maria Maddalena, la cortigiana ebrea che, come ricordano i Vangeli, divenne seguace di Gesù Cristo. ■ STORICO; COL.; ITALIA, 1959.

SPADA E LA MAGIA, LA *(Sorceress)* ★★
Regia di BRIAN STUART. Con LEIGH HARRIS, LYNETTE HARRIS, BOB NELSON. ■ C'erano una volta, in un paese lontano, due sorelle gemelle, Mira e Mara che, scampate alla furia omicida del padre, sacerdote di una dea assetata di sangue, imparavano le arti della magia e della guerra. Gran pasticcio di effetti speciali, più kitsch che fantasy. ■ FANTASTICO; COL.; 81'; USA, 1982.

SPADA E LA ROSA, LA *(The Sword and the Rose)* ★★
Regia di KEN ANNAKIN. Con GLYNIS JOHNS, JAMES ROBERTSON JUSTICE, RICHARD TODD. ■ La storia di Maria Tudor, sorella di Enrico VIII d'Inghilterra, che nel Cinquecento è costretta per motivi politici a sposare Luigi XII di Francia. Rimasta vedova, potrà finalmente unirsi al suo vero amore. ■ STORICO; COL.; 91'; USA, 1954.

SPADA IMBATTIBILE, LA ★★
Regia di HUGO FREGONESE. Con SEBASTIAN CABOT, PAUL CAMPBELL, JEFFREY STONE. ■ Nuove avventure di d'Artagnan, lo spadaccino secentesco inventato da Alessandro Dumas per i suoi *Tre moschettieri*. Qui sgomina una terribile e misteriosa setta d'incappucciati, che trama contro il re di Francia. ■ AVVENTURA; B/N; 83'; ITALIA, 1957.

SPADA INVINCIBILE, LA *(Nazo no yureseina)* ★★★
Regia di MATSUADA SADAGI. Con KATSU-URA CIMANI, TAKACI-

RO IZURO, ICICAWA UTAEMON. ■ Film sui samurai senza molte pretese artistiche, ma abbastanza divertente. Un abile spadaccino viene inviato dal governo centrale a indagare su un feudo il cui principe viene considerato pazzo. Scoprirà che si tratta di una macchinazione di alcuni malvagi. ■ AVVENTURA; COL.; 93′; GIAPPONE, 1956.

SPADA MAGICA ALLA RICERCA DI CAMELOT, LA ★★
(Quest for Camelot)
Regia di FREDERIK DU CHAU. ■ Kayley è cresciuta nel mito del padre, cavaliere della Tavola Rotonda. Quando costui muore sarà disposta a lottare per difendere ciò in cui crede. Troverà l'aiuto di un non vedente, di un drago a due teste e di un falco. Interessante per la candidatura all'Oscar della canzone cantata da Andrea Bocelli e da Celine Dion. Per il resto routine, anche se di qualità più che accettabile. ■ ANIMAZIONE; COL.; 85′; USA, 1998. ■ GOLDEN GLOBES 1 PR, 1 NOM; OSCAR 1 NOM.

SPADA MAGICA, LA *(The Magic Sword)* ★★★
Regia di BERT I. GORDON. Con GARY LOCKWOOD, BASIL RATHBONE, ESTELLE WINDWOOD. ■ La principessa di un regno medievale viene rapita da un drago, ma il cavaliere Sir Giorgio saprà liberarla aiutato da sei compagni, nonostante le trappole ordite dal mago malvagio. ■ FANTASTICO; COL.; 80′; GRAN BRETAGNA, 1962.

SPADA NEL DESERTO *(Sword in the Desert)* ★★★
Regia di GEORGE SHERMAN. Con DANA ANDREWS, JEFF CHANDLER, MARTA TOREN. ■ Nell'immediato dopoguerra, un capitano americano affitta la sua nave a un gruppo di ebrei che vogliono stabilirsi in Palestina nonostante l'opposizione delle autorità britanniche. Dapprima il marinaio non comprende le ragioni della lotta dei profughi e li ostacola. In seguito, però, darà un suo aiuto risolutivo. ■ DRAMMATICO; B/N; 100′; USA, 1949.

SPADA NELLA ROCCIA, LA *(The Sword in the Stone)* ★★★
Regia di WOLFGANG REITHERMAN. ■ Secondo le leggende del ciclo bretone, re Artù scoprì di essere l'erede legittimo al trono d'Inghilterra quando estrasse senza difficoltà una spada magica piantata nella roccia dal mago Merlino. Questo divertente film della Walt Disney riprende la favola raccontando con accenti umoristici la giovinezza di Artù. ■ ANIMAZIONE; COL.; 75′; USA, 1964. ■ OSCAR 1 NOM.

SPADA NELL'OMBRA, UNA ★★
Regia di LUIGI CAPUANO. Con TAMARA LEES, LIVIO LORENZON, MARIO VALDEMARIN. ■ Nel Medioevo, due giovani s'innamorano nonostante la famiglia di lei abbia, a causa di una antica faida, sterminato quella di lui. L'amore trionferà anche sulle mene di un malvagio che vuole impossessarsi dei loro feudi. ■ AVVENTURA; COL.; 90′; ITALIA, 1961.

SPADA NORMANNA, LA ★
Regia di ROBERTO MAURI. Con MARK DAMON, LUIS DAVILA, KRISTA NELL. ■ Pasticciaccio pseudostorico. In un Medioevo di maniera, il trono d'Inghilterra e Scozia (che in realtà fu formato solo nel Seicento) è sotto un bieco usurpatore, ma il baldo Ivanhoe s'impossessa della spada normanna, simbolo di regalità, e guida la ribellione contro gli usurpatori. ■ AVVENTURA; COL.; 92′; ITALIA, 1971.

SPADA PER BRANDO, UNA ★★
Regia di ALFIO CALTABIANO. Con TANO CIMAROSA, DANTE MAGGIO, FURIO MENICONI, KARIN SCHUBERT, IVANO STACCIOLI, PAUL WINSTON. ■ Nel Medioevo una setta demoniaca rapisce le fanciulle, ma Brando, un eroico giovane, scoprirà che il capo è il conte e stenterà il pericolo. ■ AVVENTURA; COL.; 90′; ITALIA, 1970.

SPADA PER DUE CUORI, UNA ★
(Dos novias para un torero)
Regia di ANTHONY ROMAN. Con BILL DAVID, JAMES HARLOWE, PAQUITA RICO. ■ Un torero messicano, sposatosi per procura con una ragazza spagnola, scopre che per un errore del parroco è stato unito a un'altra. Quando i due si conoscono, decidono però di lasciare le cose come stanno perché si sono innamorati. ■ COMMEDIA; B/N; 94′; SPAGNA, 1959.

SPADA PER L'IMPERO, UNA ★★
Regia di SERGIO GRIECO. Con JOSÉ GRECI, LANG JEFFRIES, ENZO TARASCIO. ■ Nel secondo secolo dopo Cristo, un ufficiale romano riesce a salvare la schiava di cui si è innamorato dalla persecuzione bandita dall'imperatore Commodo contro i cristiani. ■ AVVENTURA; COL.; 92′; ITALIA, 1965.

SPADE AL VENTO *(Le capitan)* ★★
Regia di ROBERT VERNAY. Con AIMÉ CLARIOND, CLAUDE GÉNIA, PIERRE RENOIR. ■ All'inizio del Seicento, Concino Concini, favorito della reggente Maria de' Medici, spadroneggia sulla Francia e vorrebbe eliminare il re bambino Luigi XIII, ma per fortuna l'eroe, abile spadaccino, vigila. ■ AVVENTURA; B/N; 98′; FRANCIA, 1946.

SPADE INSANGUINATE *(The Swordsman)* ★★
Regia di JOSEPH H. LEWIS. Con ELLEN DREW, LARRY PARKS. ■ La Scozia feudale è devastata dalle faide tra clan rivali. Un giovane s'innamora di una ragazza del partito avversario e riesce a sposarla nonostante le perfide trame di un bieco cugino di lei. ■ AVVENTURA; COL.; 81′; USA, 1947.

SPADE SENZA BANDIERA ★★
Regia di CARLOS VELO. Con CLAUDIO GORA, FOLCO LULLI, ELEONORA RUFFO. ■ Nel Trecento, uno scudiero uccide un anziano nobile che doveva sposare la ragazza di cui è innamorato. Il giovane diventa quindi una specie di Robin Hood, finché non sarà ucciso a tradimento insieme al suo amore. ■ AVVENTURA; COL.; 91′; ITALIA, 1961.

SPAGHETTI A MEZZANOTTE ★
Regia di SERGIO MARTINO. Con LINO BANFI, BARBARA BOUCHET, TEO TEOCOLI. ■ La signora Lagrasta non soltanto sottopone il marito avvocato a perfide cure dimagranti, ma lo tradisce con un giovane architetto. L'avvocato, da parte sua, se la spassa con la moglie di un giudice. ■ COMMEDIA; COL.; 98′; ITALIA, 1981.

SPAGHETTI HOUSE ★★★
Regia di GIULIO PARADISI. Con LEO GULLOTTA, NINO MANFREDI, GINO PERNICE. ■ Domenico, cameriere italiano a Londra, sogna di mettersi in proprio e di aprire un ristorante con alcuni connazionali. Ma i suoi progetti vengono interrotti da un gruppo di neri che, nell'intento di rapinare il locale, sequestrano Domenico e i suoi compagni. Tutto finirà bene e Domenico, che ha in qualche modo fatto amicizia con i banditi, li andrà a trovare in carcere. ■ COMMEDIA; COL.; 109′; ITALIA, 1982.

SPALLE AL MURO, LE *(Le dos au mur)* ★★★
Regia di EDOUARD MOLINARO. Con CLAIRE MAURIER, JEANNE MOREAU, PHILIPPE NOIRET, GERARD OURY. ■ Un industriale riesce a mettere in cattiva luce l'amante della moglie accusandolo di essere l'autore di alcune lettere ricattatorie che lui stesso ha scritto. La donna, sconvolta, tenta d'uccidersi, ma è il suo amico, che voleva impedirglielo, a morire. Il marito occulta il cadavere. Più tardi, scoperta la verità, la donna si uccide accusando il diabolico coniuge di omicidio. ■ POLIZIESCO; B/N; 93′; FRANCIA, 1958.

SPALLE LARGHE *(Youngblood)* ★★
Regia di PETER MARKLE. Con CYNTHIA GIBB, ED LAUTER, ROB LOWE. ■ Un ragazzo americano con il pallino dell'hockey sul ghiaccio va in città, si fa ingaggiare da una squadra e apprezzare, malgrado l'ostilità dei compagni. Ferito in una partita, torna a casa, dove viene allenato in campagna dal padre e dal fratello, a suo tempo campione di quello sport. Trionferà nella partita finale. Film quasi biografico del regista. ■ DRAMMATICO; COL.; 109′; USA, 1986.

SPALLE NUDE *(Strapless)* ★★
Regia di DAVID HARE. Con BLAIR BROWN, BRIDGET FONDA, BRUNO GANZ. ■ Dopo l'esordio notevole di *Il mistero di Wetherby* e il buon risultato di *Paris by Night* era lecito aspettarsi qualcosa di più dal regista commediografo Hare. La protagonista è una dottoressa intorno ai quarant'anni che ha una passione per un uomo inaffidabile che non fa che deluderla. Lui vive in un suo mondo e non accetta responsabilità. Quando l'uomo scapperà lasciandola disperata lei riuscirà in qualche modo ad andare avanti grazie al suo lavoro e al contatto con i suoi pazienti. Brava l'attri-

ce mentre risulta incredibilmente scialba l'interpretazione di Bruno Ganz. ■ DRAMMATICO; COL.; 100'; GRAN BRETAGNA, 1988.

SPANGLISH *(Spanglish)* ★★
Regia di JAMES L. BROOKS. Con CLORIS LEACHMAN, TÉA LEONI, ADAM SANDLER, PAZ VEGA. ■ *Spanglish* gioca sul mix fra la famiglia tipica americana e la cultura ispanica, cadendo irrimediabilmente, nella versione italiana, sul doppiaggio, che non riesce a rendere completamente malintesi e incomprensioni ispirati dai differenti idiomi. John Clasky, cuoco di rinomata fama, e Deborah Clasky, da poco disoccupata, sono una coppia in crisi con due figli. L'arrivo della governante Flor, ragazza messicana di notevole presenza, nella borghese, benestante e problematica famiglia, crea ulteriore scompiglio fra i coniugi, che si devono districare, in aggiunta, con lo spagnolo stretto della nuova arrivata che ha in sua figlia l'interprete delle sue intenzioni. La lunghezza del film e il poco fluido intreccio basato sulle differenze culturali non danneggia completamente le ottime interpretazioni di Sandler, Téa Leoni e Cloris Leachman, cinica e ironica madre di Deborah immersa in alcool e passati musicali, che reggono sulle loro spalle un film divertente nella prima parte, ma che perde lentamente smalto quando finisce in riflessioni dolci-amare sulla vita. ■ COMMEDIA; COL.; 130'; USA, 2005.

SPARA ALLA LUNA *(Shoot the Moon)* ★★
Regia di ALAN PARKER. Con KAREN ALLEN, ALBERT FINNEY, DIANE KEATON. ■ Lui, lei e quattro ragazzine scatenate: la famiglia Dunlap è in crisi. Lui ha un'amante, lei fila con un giovanotto, le figlie tentano di salvare il salvabile, ma non funziona. Il matrimonio, ormai dato da tutti per finito, si ricompone una sera, dopo un'esplosione di furia impotente da parte del marito. Alan Parker conferma la sua abilità di narratore, ma il dramma-commedia familiare non è il suo genere. E si vede. ■ DRAMMATICO; COL.; 123'; USA, 1981. ■ GOLDEN GLOBES 2 NOM.

SPARA CHE TI PASSA *(¡Dispara!)* ★★
Regia di CARLOS SAURA. Con ANTONIO BANDERAS, FRANCESCA NERI, LALI RAMON, WALTER VIDART. ■ Tratto dal racconto di Giorgio Scerbanenco. Non è riuscita questa collaborazione Spagna-Italia. Anna, cavallerizza in un circo, viene violentata da tre ragazzi. Il giorno dopo si arma di fucile e li uccide. La ragazza ha una relazione con un giornalista che vuole sfruttare la situazione e dopo averlo scoperto cercherà la fuga ma senza successo. Le carte giuste c'erano: un grande regista, due buoni attori emergenti, una storia intensa. Ma forse sarebbe stato più adatto Pedro Almodóvar, al quale si occhieggia. La migliore è Francesca Neri che è riuscita, nonostante la sceneggiatura, a dare dei momenti di credibilità al personaggio. ■ DRAMMATICO; COL.; 106'; SPAGNA, 1993.

SPARA FORTE, PIÙ FORTE... NON CAPISCO! ★★
Regia di EDUARDO DE FILIPPO. Con GUIDO ALBERTI, REGINA BIANCHI, EDUARDO DE FILIPPO, MARCELLO MASTROIANNI, LEOPOLDO TRIESTE, RAQUEL WELCH. ■ Uno svanito scultore pop vive a Napoli con lo zio, un bizzarro vecchietto che comunica con lui servendosi dei botti di fuochi artificiali. L'artista sogna che alcuni suoi vicini di casa hanno eliminato un uomo e, confondendo sogno e realtà, li denuncia alla polizia guadagnandosi l'odio degli accusati. Più tardi la supposta vittima ricompare, ma perisce immediatamente nello scoppio del deposito pirotecnico. Lo scultore lascerà Napoli accompagnato da una bella prostituta di cui si è innamorato. ■ COMMEDIA; COL.; 100'; ITALIA, 1966.

SPARA, GRINGO, SPARA – RAINBOW ★★★
Regia di FRANK B. CORLISH. Con BRIAN KELLY, FABRIZIO MORONI, KEENAN WYNN. ■ Un disertore viene assoldato da un ranchero affinché gli riporti il figlio fuggito. L'uomo adempie alla missione, ma scopre che il suo datore di lavoro vuole in realtà eliminare il ragazzo di cui, in effetti, non è il padre. I due, nel frattempo diventati amici, si alleano e fanno fuori il ranchero e la sua banda. ■ WESTERN; COL.; 95'; ITALIA, 1968.

SPARA JOE... E COSÌ SIA ★★
Regia di HAL BRADY. Con INDIO GONZALES, RICHARD HARRISON, FRANCA POLESELLO, JOSÉ TORRES. ■ Un bandito tradisce i complici e nasconde il bottino di una rapina, ma, ferito a morte, consegna la preziosa mappa a un onesto cacciatore. Gli altri fuorilegge, scoperto quanto è accaduto, prima torturano l'uomo (e finiscono per accecarlo), poi gli mettono alle costole una infida ragazza perché riveli il segreto. Lui però riuscirà a cavarsela, anche se il tesoro andrà perduto. ■ WESTERN; COL.; 93'; ITALIA, 1972.

SPARA RAGAZZO SPARA ★★
(Zerschossene Träume – L'appat)
Regia di PETER PATZAK. Con CARROLL BAKER, YVES BENEYTON, MATHIEU CARRIÈRE, RAYMOND PELLEGRIN. ■ Un ragazzo con pochi scrupoli odia a tal punto il suo patrigno da farlo morire d'infarto. Quando incontra una ragazza di cui si innamora, mette la testa a posto ed entra nella polizia; tempo dopo fa da esca a tre banditi che lo feriscono in maniera grave, ma non mortale. ■ DRAMMATICO; COL.; 105'; FRANCIA, GERMANIA, 1975.

SPARATE AL DRAGO VERDE *(Gaugn domei)* ★
Regia di KINJI FUKASAKU. Con YOSHIKO MITA, KEI SATO, RYOHEI UCHIDA. ■ Un gangster giapponese, volendo vendicarsi di una banda rivale che l'ha spedito in galera, ne rapisce il capo e la figlia. Scoppia un conflitto che finisce in una strage. Rimarranno vivi solo il protagonista e la ragazza. ■ POLIZIESCO; B/N; 93'; GIAPPONE, 1965.

SPARATE A VISTA *(Pretty Boy Floyd)* ★★
Regia di HERBERT J. LENDER. Con JOHN ERICSON, ROY FONT, BARRY NEWMAN. ■ La biografia di Pretty Boy Floyd, uno dei gangster più celebri degli anni Trenta: operaio nei pozzi petroliferi, prende la via del male e viene falciato dall'Fbi. ■ POLIZIESCO; B/N; 96'; USA, 1960.

SPARATE A VISTA ALL'INAFFERRABILE 009 ★★★
(L'oeil du monocle)
Regia di GEORGES LAUTNER. Con MAURICE BIRAUD, GAIA GERMANI, PAUL MEURISSE. ■ Gli agenti segreti francesi, battendo i concorrenti inglesi, americani e russi, riescono a impadronirsi di un tesoro fatto affondare dai tedeschi durante la seconda guerra mondiale al largo della Corsica. ■ SPIONAGGIO; B/N; 80'; FRANCIA, 1963.

SPARATE A VISTA SU KILLER KID ★
(Duell vor Sonnenuntergang)
Regia di LEOPOLD LAHOLA. Con MARIO GIROTTI, CAROLE GRAY, GIACOMO ROSSI STUART, PETER VAN EYCK. ■ Un cowboy che guida una mandria insieme al fratellastro torna al campo e trova il bestiame rubato e il parente scomparso. Fa varie indagini, ma viene solo a sapere che il capo della banda di ladri è un certo Killer Kid. Gli lancia una sfida e scopre che questi non è altro che il fratello. Naturalmente il cattivo avrà la peggio. ■ WESTERN; COL.; 91'; GERMANIA, 1967.

SPARATE SENZA PIETÀ *(Undercover Girl)* ★★
Regia di JOSEPH PEVNEY. Con SCOTT BRADY, ALEXIS SMITH. ■ Modesto poliziesco su una donna investigatrice che affronta ogni pericolo pur di assicurare alla giustizia degli spacciatori di droga che le hanno ucciso il padre. ■ POLIZIESCO; B/N; 83'; USA, 1954.

SPARATE SU STANISLAO *(Pleins feux sur Stanislas)* ★★★
Regia di JEAN-CHARLES DUDRUMET. Con RUDOLF FORSTER, BERNADETTE LAFONT, ANDRÉ LUGUET, JEAN MARAIS, NADIA TILLER. ■ Jean Marais riprende il personagio di Stanislao, spia per caso, che aveva già interpretato in *Spionaggio internazionale*. Anche questa volta il nostro eroe si trova invischiato in operazioni misteriose, ma riesce a cavarsela. ■ COMMEDIA; B/N; 96'; FRANCIA, 1966.

SPARATORIA, LA *(The Shooting)* ★★★
Regia di MONTE HELLMAN. Con WILL HUTCHINS, JACK NICHOLSON, WARREN OATES, MILLIE PERKINS. ■ Un ex cacciatore di taglie accetta di fare da guida, con un compagno, a una donna che vuole attraversare il deserto con un killer per ammazzare un uomo. La vittima designata è il fratello del nostro, che tenta inutilmente di evitare l'assassinio. All'avventura non sopravvive nessuno. Un film eccezionale e singolare, opera di un regista semisconosciuto nel nostro paese, ma dotato di una forte personalità e di una tecnica impeccabile. ■ WESTERN; COL.; 82'; USA, 1966.

SPARATORIE AD ABILENE *(Gunfight in Abilene)* ★★
Regia di WILLIAM HALE. Con EMILY BANKS, BOBBY DARIN, DON GALLOWAY, LESLIE NIELSEN. ■ La città di Abilene è sotto

il tallone di alcuni prepotenti allevatori e di un corrotto sceriffo. Un giovane reduce della guerra di Secessione, stanco di lottare, sopporta, ma alla fine dopo un inutile omicidio si scatena ed elimina i malviventi liberando la città dal giogo. ■ WESTERN; COL.; 86′; USA, 1967.

SPARO IN FABBRICA, UNO *(Laukaus tehtaalla)* ★★★
Regia di ERKKO KIVIKOVSKI. Con AARNE HAKULINEN, URPO POIKOLAINEN, PENTTI VALJAKAINEN. ■ Una piccola fabbrica viene inglobata in una ditta più grande che decide la chiusura di un reparto e il licenziamento di numerosi operai. I sindacalisti tentano un'azione per sventare la minaccia ma, vista l'arretratezza sociale della Finlandia, gli imprenditori riescono facilmente a spezzare la protesta. Disperato, un operaio uccide un dirigente. ■ DRAMMATICO; B/N; 90′; FINLANDIA, 1973.

SPARO NEL BUIO, UNO *(A Shot in the Dark)* ★★★
Regia di BLAKE EDWARDS. Con HERBERT LOM, TRACY REED, GEORGE SANDERS, PETER SELLERS, ELKE SOMMER. ■ Anche se il film riprende la trama di una commedia di Achard, si tratta del secondo episodio della fortunata serie della Pantera Rosa. Il protagonista è infatti lo stupido ispettore Clouseau, interpretato da Peter Sellers, che, nonostante la sua idiozia, riesce per caso a provare l'innocenza della cameriera di cui si è innamorato, accusata d'omicidio. ■ COMMEDIA; COL.; 101′; GRAN BRETAGNA, 1964.

SPARO PER UCCIDERE *(Shoot to Kill)* ★★
Regia di WILLIAM BERKE. Con DOUGLAS BACKLEY, EDMUND MACDONALD, RUSSELL WADE. ■ La moglie di un uomo condannato a una lunga pena detentiva è convinta dell'innocenza del marito e sospetta che il procuratore distrettuale abbia fabbricato prove contro di lui. Si fa così assumere come sua segretaria e scopre che il magistrato è, in realtà, un gangster, ma avrà un'altra sorpresa meno gradita. ■ POLIZIESCO; B/N; 92′; USA, 1946.

SPARTACO – IL GLADIATORE DELLA TRACIA ★★★
Regia di RICCARDO FREDA. Con GIANNA MARIA CANALE, MASSIMO GIROTTI, CARLO NINCHI, VITTORIO SANIPOLI, LUDMILLA TCHERINA. ■ Spartaco, soldato romano, difende una schiava dalle offese di Crasso e viene ridotto al rango di gladiatore. Guida la rivolta dei suoi compagni e riesce a ottenere strepitose vittorie. I ribelli riuscirebbero a conquistare la libertà se i seguaci di Spartaco non attaccassero a sua insaputa i romani riportando una definitiva sconfitta. Il gladiatore, vista persa ogni speranza, sceglie di morire combattendo. ■ STORICO; B/N; 110′; ITALIA, 1953.

♥ SPARTACUS ★★★★
Regia di STANLEY KUBRICK. Con TONY CURTIS, KIRK DOUGLAS, JOHN GAVIN, CHARLES LAUGHTON, LAURENCE OLIVIER, JEAN SIMMONS, PETER USTINOV. ■ Nel primo secolo a. C., stanco dei soprusi che subisce ogni giorno, il gladiatore Spartaco fa ribellare i suoi compagni. L'esercito romano, guidato da Crasso, non riesce a schiacciare i fuggiaschi e a loro si uniscono molti schiavi. Spartaco vorrebbe lasciare l'Italia, ma i pirati cilici, a cui si rivolge per ottenere le navi, lo tradiscono perché corrotti e, nell'ultima battaglia, l'armata dei gladiatori è sconfitta. Il suo capo, preso prigioniero, deve uccidere il suo miglior amico nell'arena, poi viene crocifisso. Morente, vedrà la sua donna fuggire con il figlio appena nato verso un avvenire migliore. Il film, tratto da un romanzo di Howard Fast e sceneggiato da Dalton Trumbo, che era stato in prigione durante il maccartismo, è nettamente superiore ai soliti kolossal. Ottimo il cast. ■ STORICO; COL.; 169′; USA, 1961. ■ OSCAR 4 PR, 6 NOM.

SPARTAN ★★★
Regia di DAVID MAMET. Con KRISTEN BELL, VAL KILMER, DEREK LUKE, WILLIAM H. MACY, TIA TEXADA. ■ C'è del marcio nel Governo Usa. Sono in molti a pensarlo, e tra questi David Mamet, seppure solo a beneficio del thrilling. Lo scrittore e regista torna al cinema dopo il teso *Il colpo*, con la storia di un torbido sequestro. Quando la figlia di un membro dell'esecutivo viene rapita, il caso viene affidato all'esperto Scott e alla pivellina Curtis. Ben presto i due scoprono che un uomo con forti ambizioni politiche potrebbe essere coinvolto nel crimine. Film affascinante ma di difficile lettura, *Spartan* è decisamente un thriller/noir anticonvenzionale. Stiano alla larga tutti coloro che si aspettano sparatorie spettacolari, effetti speciali e colpi di scena a ripetizione. In *Spartan* contano soprattutto i personaggi e quello che dicono. ■ DRAMMATICO; COL.; 106′; USA 2004.

SPARVIERI DELLO STRETTO, GLI *(Sea Devils)* ★★★
Regia di RAOUL WALSH. Con YVONNE DE CARLO, ROCK HUDSON, MAXWELL REED. ■ Nel 1805, Napoleone si prepara a invadere l'Inghilterra. Il servizio segreto britannico invia una bellissima donna che si sostituisce a una spia francese per ottenere informazioni sul corpo di spedizione che si sta raccogliendo a Boulogne. Riuscirà a cavarsela egregiamente nonostante i pericoli. ■ AVVENTURA; COL.; 91′; USA, 1954.

SPARVIERI DEL RE, GLI ★★
Regia di JOSEPH LERNER. Con PAUL CAMPBELL, DOMENICO MODUGNO, JEFFREY STONE. ■ Il film non è che l'unione di tre telefilm di una serie italo-inglese sui quattro moschettieri inventati da Dumas. I famosi spadaccini s'impadroniscono di una borsa di documenti, sventano un complotto contro il re, smascherano dei falsari. ■ AVVENTURA; B/N; 91′; ITALIA, 1959.

SPARVIERI DEL TEXAS, GLI *(Songs and Bullets)* ★★
Regia di SAM NEWFIELD. Con CLIFF NAZZARO, FRED SCOTT, AL FUZZY ST JOHN. ■ Tipico western di serie B: l'eroe arriva in una valle, accompagnato da un fido amico ("Fuzzy" St. John, ex comico del muto), e aiuta l'eroina a sconfiggere una banda di malfattori. ■ WESTERN; B/N; 95′; USA, 1938.

SPARVIERI DI FUOCO *(Thunder Birds)* ★★
Regia di WILLIAM A. WELLMAN. Con PRESTON FOSTER, JOHN SUTTON, GENE TIERNEY. ■ Un pilota, veterano del primo conflitto mondiale, prepara gli aviatori per il secondo. Tra gli allievi c'è il figlio di un suo vecchio compagno: l'istruttore per lui rinuncia a una ragazza e lo aiuta a superare i suoi complessi. ■ AVVENTURA; COL.; 78′; USA, 1942

SPARVIERO, LO *(L'alpagueur)* ★★★
Regia di PHILIPPE LABRO. Con JEAN-PAUL BELMONDO, BRUNO CREMER, PATRICK FIERRY. ■ Complicatissimo caso di un poliziotto alla caccia di un criminale che ha la brutta abitudine di uccidere, oltre alle sue vittime, anche i suoi complici. Il poliziotto, che vanta un curriculum degno di un delinquente, non esita davanti a nulla pur di mettere le mani sull'innafferabile, ma ci riesce soltanto dopo la morte di alcune persone. ■ POLIZIESCO; COL.; 95′; FRANCIA, 1976.

SPARVIERO DEI CARAIBI, LO ★
Regia di PIERO REGNOLI. Con JOHNNY DESMOND, ARMANDO FRANCIOLI, YVONNE MONLAUR ■ Nel Seicento, uno schiavo spagnolo diventa corsaro, ma ritorna a combattere per il suo re, sacrificando la vita, contro l'invasione inglese. ■ AVVENTURA; COL.; 92′; ITALIA, 1962.

SPARVIERO DEL MARE, LO *(The Sea Hawk)* ★★★
Regia di MICHAEL CURTIZ. Con ERROL FLYNN, BRENDA MARSHALL, CLAUDE RAINS. ■ Errol Flynn nella solita parte dello spadaccino avventuroso. In questo caso si tratta di un corsaro inglese del Cinquecento, ispirato ai personaggi storici di Drake e Raleigh, che depreda i galeoni spagnoli e viene fatto baronetto dalla regina Elisabetta I. Troverà anche l'amore. ■ AVVENTURA; B/N; 127′; USA, 1940. ■ OSCAR 4 NOM.

SPARVIERO DEL NILO, LO ★★
Regia di GIACOMO GENTILOMO. Con ENZO FIERMONTE, VITTORIO GASSMAN, FOLCO LULLI, SILVANA PAMPANINI. ■ Il cattivo, approfittando della fiducia che ha carpito alla cugina, ereditiera egiziana, taglieggia gli onesti beduini, ma contro di lui si leva il solito cavaliere misterioso (in realtà un giovane sceicco creduto morto), che sconfigge il malvagio e impalma la bella. ■ AVVENTURA; B/N; 91′; ITALIA, 1950.

SPARVIERO DI FORT NIAGARA, LO ★★
(Battles of Chief Pontiac)
Regia di FELIX E. FEIST. Con LEX BARKER, LON CHANEY JR, HELEN WESTCOTT. ■ Nel 1763 il capo indiano Pontiac capeggiò una rivolta contro le truppe inglesi e riuscì quasi a scacciarle dagli attuali Stati americani dell'Ohio e della Pennsylvania. Questo film racconta la sua storia romanzandola: gli indiani sono pacifici, ma un bieco mercenario tedesco al soldo dei britannici diffon-

de tra loro il vaiolo e i pellerossa si ribellano. Per fortuna, tutto finisce bene. ■ WESTERN; B/N; 80′; USA, 1954.

SPARVIERO DI LONDRA, LO *(Lured)* ★★★
Regia di DOUGLAS SIRK. Con LUCILLE BALL, CHARLES COBURN, BORIS KARLOFF, GEORGE SANDERS. ■ Una ragazza, per vendicare un'amica, accetta di collaborare con la polizia per scoprire un sadico assassino di donne. Nel corso delle indagini s'innamora di un proprietario di night club, ma si spaventa quando crede di aver scoperto delle prove contro di lui. Tutto finirà bene. ■ POLIZIESCO; B/N; 102′; USA, 1944.

SPASIMO *(Hets)* ★★★
Regia di ALF SJÖBERG. Con STIG JÄRREL, ALF KJELLIN, MAI ZETTERLING. ■ Ritratto di un professore sadico che induce al suicidio una studentessa. Nonostante gli sforzi di un giovane innamorato della vittima, non sarà possibile incriminarlo. ■ DRAMMATICO; B/N; 102′; SVEZIA, 1944. ■ CANNES 1 PR; VENEZIA 1 PR.

SPASMO ★★
Regia di UMBERTO LENZI. Con ROBERT HOFFMAN, SUZY KENDALL, IVAN RASSIMOV. ■ Un uomo, vittima di continue aggressioni, riesce a sfuggire alla morte uccidendo i suoi assalitori, che crede inviati dal fratello. Quando scopre di essere segnato da una tara familiare che lo spinge all'omicidio, compirà una strage e verrà a sua volta ucciso. ■ DRAMMATICO; COL.; 94′; ITALIA, 1974.

SPASMS ★★
Regia di WILLIAM FRUET. Con PETER FONDA, OLIVER REED, AL WAXMAN. ■ Un gigantesco e cattivissimo serpente, oggetto di culto in Nuova Guinea, viene trasportato a San Diego per venire esaminato. Naturalmente scappa, seminando parecchi cadaveri orrendamente mutilati. Horror di serie B, nonostante il cast. ■ HORROR; COL.; 87′; CANADA, 1982.

SPAVALDERIA *(The Bowery)* ★★★
Regia di RAOUL WALSH. Con WALLACE BEERY, JACKIE COOPER, GEORGE RAFT, FAY WRAY. ■ Film che vive sull'interpretazione di Beery e Raft. Sono due mezzi mascalzoni in vena di far del bene, che vivono nel sottobosco di Brooklyn. Tutti e due amano la stessa donna: uno la conquisterà dopo una formidabile scazzottata. ■ COMMEDIA; B/N; 80′; USA, 1933.

SPAVALDI E INNAMORATI ★★
Regia di GIUSEPPE VARI. Con MARIO CAROTENUTO, ENNIO GIROLAMI, MASSIMO GIROTTI. ■ Due famiglie di cugini, pur abitando nello stesso caseggiato romano, sono divise da una fiera rivalità che cesserà solo quando i rispettivi rampolli si fidanzeranno. ■ COMMEDIA; B/N; 94′; ITALIA, 1959.

SPAVALDO, LO *(Little Fauss and Big Halsey)* ★★★
Regia di SIDNEY J. FURIE. Con LAUREN HUTTON, MICHAEL J. POLLARD, ROBERT REDFORD. ■ Un meccanico, brutto anatroccolo, sente il fascino di un filibustiere, corridore motociclistico, e l'accompagna in una serie di gare. A un certo punto scopre la vera natura dell'amico, l'abbandona e lo umilia vincendo una gara contro di lui. ■ DRAMMATICO; COL.; 97′; USA, 1971.

SPAVENTAPASSERE, LO *(The Sitter)* ★
Regia di DAVID GORDON GREEN. Con LANDRY BENDER, KYLIE BUNBURY, ARI GRAYNOR, JONAH HILL, SAM ROCKWELL. ■ Noah Griffith non sa dire di no alla madre che gli chiede di fare il baby sitter per una sera a casa di un'amica. Lì trova tre ragazzini: Blithe, che si veste da ballerina e si trucca, Slater, che soffre di ansia e si imbottisce di farmaci, e Rodrigo, salvadoregno adottato che come hobby mette esplosivi nei water. La serata non si presenta quindi facile da gestire ma peggiora quando la ragazza, che Noah spera diventi qualcosa di più di un'amica, gli chiede di andare a prenderle una dose di cocaina dallo spacciatore Karl. Lasciare i ragazzini da soli non è possibile. L'unica soluzione è portarli con sé. Ancora una volta siamo di fronte a un titolo italiano totalmente deviante: il sesso non ha alcuno spazio nel film, se non nella scena iniziale. ■ COMMEDIA; COL.; 90′; USA, 2011.

SPAVENTAPASSERI, LO *(Scarecrow)* ★★★
Regia di JERRY SCHATZBERG. Con GENE HACKMAN, AL PACINO, DOROTHY TRISTAN, ANN WEDGEWORTH. ■ Un giovane appena uscito di prigione conosce un bizzarro tipo di barbone. I due vagano insieme attraverso gli Usa. Il barbone impazzisce e l'altro spende tutti i suoi soldi per assisterlo. ■ DRAMMATICO; COL.; 115′; USA, 1973. ■ CANNES 1 PR.

SPAWN
Regia di MARK A.Z DIPPÉ. Con JOHN LEGUIZAMO, MARTIN SHEEN, MICHAEL JAI WHITE. ■ Come il *Corvo* è tratto da una striscia (di Todd McFarlane) e gli assomiglia. Spawn torna dall'inferno per amore della moglie, e sostanzialmente vende l'anima al diavolo. Poi si ravvede. Tutto già visto, digerito, assordante, iperdigitalizzato, e anche previsto: l'immancabile *Spawn 2*. Che barba! ■ FANTASCIENZA; COL.; 105′; USA, 1997.

SPAZIO BIANCO, LO ★★
Regia di FRANCESCA COMENCINI. Con GAETANO BRUNO, MARGHERITA BUY, GUIDO CAPRINO, GIOVANNI LUDENO, ANTONIA TRUPPO. ■ Maria, insegnante di italiano in una scuola serale di Napoli, vive da sola, senza genitori né amanti. Tra una confidenza all'amico Fabrizio e un ballo in discoteca, trascorre i pomeriggi al cinema, dove incontra Pietro, ragazzo padre in preda a una crisi isterica del figlioletto. I due si frequentano, hanno una relazione e Maria rimane incinta. Alla notizia, il compagno non ne vuole sapere, rifiuta di partecipare alla gravidanza, non vuole prendersi responsabilità e, quando la bambina nasce prematura, Maria dovrà affrontare il calvario dell'attesa completamente da sola. ■ DRAMMATICO; COL.; 98′; ITALIA, 2009.

SPAZIO: 1999 *(Space: 1999)* ★★★
Regia di LEE H. KATZIN. Con BARBARA BAIN, ROY DOTRICE, MARTIN LANDAU, BARRY MORSE. ■ Alla base lunare Alfa, dove svolgono vari compiti rappresentanti di tutte le nazioni terrestri, accadono strani fenomeni. A un certo punto il nostro satellite si stacca addirittura dalla sua orbita. I protagonisti avranno ragione dei loro nemici extraterrestri, ma non potranno più tornare sulla Terra. ■ FANTASCIENZA; COL.; 115′; GRAN BRETAGNA, 1974.

SPECCHI DEL DESIDERIO *(The Right Hand Man)* ★★★
Regia di DI DREW. Con RUPERT EVERETT, CATHERINE MCCLEMENTS, HUGO WEAVING. ■ In Australia nel 1860 un giovane cade dal calesse e si produce una ferita che a causa del diabete (allora incurabile) si aggrava sempre più, fino all'amputazione di un braccio. Sposa poi una giovane donna e per farle avere figli sani la spinge ad avere rapporti con un altro. Di nuovo malato alla fine s'uccide, mentre il vero padre del bambino se ne va e la ragazza rimane sola. ■ DRAMMATICO; COL.; 96′; USA, 1986.

SPECCHIO, LO *(Zerkalo)* ★★★★
Regia di ANDREJ TARKOVSKIJ. Con ALLA DEMIDOVA, NIKOLAJ GRINKO, ANATOLIJ SOLONITSYN, MARGARITA TERECHOVA. ■ Dice il regista: «Il protagonista è un uomo sui quarant'anni che si sforza di fare un bilancio della vita precedente... Sullo schermo vanno avanti di pari passo tre storie: la prima è costituita dai ricordi dell'infanzia; la seconda è composta delle cronache di avvenimenti storici vissuti e compresi sotto un'angolazione prettamente individuale; la terza è formata da ragionamenti psicologici che sono un po' la sintesi di tutto il discorso». Un film affascinante, anche se di non facile lettura. ■ COMMEDIA; COL.; 105′; URSS, 1975.

SPECCHIO, LO *(Ayneh)* ★★
Regia di JAFAR PANAHI. Con MINA MOHAMMAD KHANI, KAZEM MOJDEHI, NASER OMUNI. ■ Jafar Panahi, ex aiuto di Kiarostami, ha appreso rapidamente quali sono gli ingredienti che possono piacere agli intellettuali occidentali: bambini utilizzati per dire quello che agli adulti non sarebbe consentito dalla censura, cinema sul cinema, povertà di mezzi. In questo film racconta di una bambina la cui madre non è arrivata in orario a prenderla a scuola. La piccola decide di attraversare una parte di Teheran per andare a casa da sola. Ma a un certo punto sbotta: non vuole più fare il film. Fine della prima finzione per accedere alla seconda. La bambina se ne va con il microfono ancora attaccato agli abiti e il regista prova a (finge di) pedinarla non visto. ■ COMMEDIA; COL.; 93′; IRAN, 1997.

SPECCHIO A DUE FACCE, LO ★★★
(Le miroir à deux faces)
Regia di ANDRÉ CAYATTE. Con ANDRÉ BOURVIL, IVAN DESNY,

SANDRA MILO, MICHÈLE MORGAN, SYLVIE. ■ Un grigio professore sposa una donna deturpata da un orribile naso, ma buona e sensibile. Il matrimonio è felice finché un chirurgo plastico non dona una nuova bellezza alla moglie. Il marito non riesce più ad accettarla e, in una crisi di follia, finisce per ammazzare il medico responsabile della trasformazione. ■ DRAMMATICO; B/N; 93′; FRANCIA, ITALIA, 1958.

SPECCHIO DEL DESIDERIO, LO ★★
(La lune dans le caniveau)
Regia di JEAN-JACQUES BEINEIX. Con VICTORIA ABRIL, GÉRARD DEPARDIEU, NASTASSJA KINSKI. ■ Gerard, portuale marsigliese, è ossessionato dal desiderio di vendicare la morte della sorella diciottenne, suicidatasi dopo uno stupro, e si aggira nei dintorni del porto cercando di scoprire il colpevole, trascurando l'amante Bella e facendosi conquistare da una misteriosa e ricca sconosciuta. ■ DRAMMATICO; COL.; 137′; FRANCIA, 1982.

SPECCHIO DELLA FOLLIA, LO *(The Mad Room)* ★★
Regia di BERNARD GIRARD. Con CAROL COLE, STELLA STEVENS, SKIP WARD, SHELLEY WINTERS. ■ La segretaria di un'anziana signora convince la sua datrice di lavoro a ospitare i suoi fratelli, appena dimessi dal manicomio criminale dove erano stati internati sotto l'accusa d'aver ucciso i genitori. La signora viene brutalmente assassinata e, naturalmente, si sospetta dei due giovani, ma la verità è un'altra. ■ DRAMMATICO; COL.; 92′; USA, 1970.

SPECCHIO DELLA MEMORIA *(Unforgettable)* ★★
Regia di JOHN DAHL. Con PETER COYOTE, LINDA FIORENTINO, RAY LIOTTA. ■ Il medico legale David Krane (R. Liotta), è in grado di ricostruire un omicidio dall'esame del cadavere. La moglie è rimasta vittima di un assassinio, del quale lui è stato accusato, poi scagionato. Una collega, Martha Briggs (L. Fiorentino), scopre come poter trapiantare zone di memoria del donatore nel ricevente. Se la formula funzionasse, Krane avrebbe un'occasione per identificare l'assassino della moglie. Sottrae il midollo congelato della defunta e se lo inietta per scoprire la verità. Un film curioso che inizia bene con un'ipotesi affascinante, ma la perde per strada. In bilico tra noir e fantascienza, ha una struttura troppo cerebrale e confusa, una regia iperrealista con poche invenzioni. ■ POLIZIESCO; COL.; 111′; USA, 1996.

SPECCHIO DELLA VITA, LO *(Imitation of Life)* ★★★
Regia di JOHN M. STAHL. Con CLAUDETTE COLBERT, WARREN WILLIAM. ■ Una vedova con figlia accoglie in casa sua una governante nera che ha una figlia dalla pelle così chiara da poter essere presa per bianca. Il film racconta le vicende intricate delle quattro donne. La madre di colore morrà di crepacuore scoprendo che la figlia si vergogna di lei perché denuncia la sua vera origine razziale. La vedova sta per risposarsi, ma si accorge che sua figlia è innamorata del futuro patrigno e trova la forza di abbandonarlo. ■ DRAMMATICO; B/N; 106′; USA, 1934. ■ OSCAR 3 NOM.

SPECCHIO DELLA VITA, LO *(Imitation of Life)* ★★★
Regia di DOUGLAS SIRK. Con SANDRA DEE, JOHN GAVIN, SUSAN KOHNER, JUANITA MOORE, LANA TURNER. ■ Remake dell'omonimo film di John M. Stahl del 1934, racconta una vicenda di conflitti di classe e odio razziale. Lora, attrice rimasta vedova, trascura la figlia Susy per dedicarsi alla carriera teatrale. Di Susy si occupa la governante di colore anch'essa con una figlia, che soffre per il fatto di essere nera e decide di scappare di casa. Memorabile la scena finale del funerale accompagnata dalle note di *Trouble of the World* cantata da Mahalia Jackson. ■ DRAMMATICO; COL.; 124′; USA, 1959. ■ OSCAR 1 NOM.

SPECCHIO DELLE SPIE, LO *(The Looking Glass War)* ★★
Regia di FRANK PIERSON. Con PIA DEGERMARK, ANTHONY HOPKINS, CHRISTOPHER JONES, RALPH RICHARDSON. ■ Un polacco viene assoldato dal servizio segreto inglese per una missione nella Germania orientale. L'uomo riuscirà a ottenere le informazioni richieste a prezzo della vita, ma il suo sacrificio risulterà inutile. ■ SPIONAGGIO; COL.; 107′; GRAN BRETAGNA, 1969.

SPECCHIO MAGICO *(Espelho Magico)* ★★
Regia di MANOEL DE OLIVEIRA. Con LUÍS MIGUEL CINTRA, LIMA DUARTE, MARISA PAREDES, MICHEL PICCOLI, LEONOR SILVEIRA, RICARDO TREPA. ■ Manoel de Oliveria con *Specchio magico* torna a collaborare con la scrittrice Augustina Bessa-Luís, di cui adatta per lo schermo il romanzo *L'anima dei ricchi* (2002): ovvero la "passione" soltanto immaginata di donna Alfreda, ricca e benpensante signora, ossessionata dal desiderio di assistere all'apparizione della Vergine Maria. Intorno a lei e alla villa, ossessivamente mostrata allo spettatore fin dai titoli di testa, dentro le sue stanze e lungo i suoi giardini si muove una varia umanità: il marito Bahia interessato alla musica e preoccupato dal suo pianoforte scordato, Luciano, un giovane uomo che ha scontato la prigione per un crimine mai commesso, il professor Heschel (il sempre infinito Michel Piccoli), biblicista esperto e fervente sostenitore delle "ricchezze" di Maria. ■ DRAMMATICO; COL.; 137′; PORTOGALLO, 2005.

SPECCHIO PER LE ALLODOLE *(Breakthrough)* ★★★
Regia di ANDREW V. MCLAGLEN. Con RICHARD BURTON, CURD JÜRGENS, ROBERT MITCHUM, ROD STEIGER. ■ Nel 1944, un sergente tedesco riceve dal suo generale il delicato incarico di preparare un incontro con gli americani in vista delle trattative per la pace separata che dovrebbe essere stipulata dopo la morte di Hitler, eliminato dal complotto degli ufficiali antinazisti. La missione riesce, ma, fallito l'attentato del 20 luglio contro il Führer, il sergente è costretto a continuare a combattere. ■ GUERRA; COL.; 115′; GERMANIA, GRAN BRETAGNA, 1979.

SPECCHIO SCURO, LO *(The Dark Mirror)* ★★★
Regia di ROBERT SIODMAK. Con LEW AYERS, OLIVIA DE HAVILLAND, THOMAS MITCHELL. ■ La polizia, indagando su un omicidio, scopre che la vittima aveva ricevuto nel suo appartamento una ragazza. Ne viene rintracciata una che è riconosciuta dai testimoni, ma ha una gemella perfettamente simile. Ci vorrà uno psichiatra per scoprire quale delle due donne è innocente e qual è la folle assassina. ■ POLIZIESCO; B/N; 85′; USA, 1946. ■ OSCAR 1 NOM.

SPECIAL FORCES. LIBERATE L'OSTAGGIO ★★
(Special Forces)
Regia di STEPHANE RYBOJAD. Con DJIMON HOUNSOU, DIANE KRUGER, BENOIT MAGIMEL, DENIS MENOCHET, RAPHAEL PERONNAZ. ■ Elsa Casanova è una giornalista francese inviata in Afghanistan. La sua intervista a una donna decisa a raccontare a volto scoperto le atrocità commesse dai talebani, la mette nel mirino del gruppo guidato da Ahmed Zaief. Sequestrata insieme a un suo collaboratore afghano viene condotta in una località al confine tra Afghanistan e Pakistan. Il governo francese decide di inviare in suo soccorso le forze speciali. Costoro la raggiungono e la liberano. Perdono però i contatti con la base. Ha così inizio un lungo viaggio per raggiungere un luogo sicuro. ■ DRAMMATICO; COL.; 107′; FRANCIA, 2011.

SPECIALISTA, LO *(The Specialist)* ★★
Regia di LUIS LLOSA. Con ERIC ROBERTS, SYLVESTER STALLONE, ROD STEIGER, SHARON STONE, JAMES WOODS. ■ Poche parole per questo film con una sceneggiatura e una regia pessime. Tra gli interpreti si salvano solo Rod Steiger e James Woods. Ray faceva parte della Cia ma ora vuole cambiare vita. Un suo collega preferisce lavorare con un mafioso. May invece grida vendetta per l'assassinio dei suoi genitori. Successo di pubblico. ■ THRILLER; COL.; 120′; USA, 1994.

SPECIALISTA. RITRATTO DI UN CRIMINALE MODERNO, UNO *(Un spécialiste)* ★★★
Regia di EYAL SIVAN. ■ Montaggio di 2 delle 350 ore del processo ad Adolf Eichmann facendo riferimento al libro di Hannah Arendt *La banalità del male*. Uno dei più determinati criminali di guerra appare come un essere mediocre, che ha "eseguito il proprio lavoro" con metodica e burocratica applicazione. ■ DOCUMENTARIO; COL.; 128′; AUSTRIA, BELGIO, FRANCIA, GERMANIA, ISRAELE, 1999.

SPECIALISTI, GLI ★★
Regia di SERGIO CORBUCCI. Con MARIO ADORF, FRANÇOISE FABIAN, JOHN HALLIDAY, ANGELA LUCE, GASTONE MOSCHIN. ■ Un pistolero vuole scoprire chi ha in realtà rubato un grosso bottino a una banca perché, accusato di questo furto, è stato linciato suo

fratello. Alla fine riuscirà nell'intento. ■ WESTERN; COL.; 104'; FRANCIA, ITALIA, 1969.

SPECIE MORTALE *(Species)* ★★
Regia di ROGER DONALDSON. Con BEN KINGSLEY, ALFRED MOLINA, FOREST WHITAKER. ■ In seguito a un esperimento basato sullo scambio di DNA con un lontano pianeta, viene creato un essere mezzo donna e mezzo extraterrestre. Destinato ad essere soppresso, riesce a fuggire dal laboratorio in cui è rinchiuso, alla ricerca di un compagno. Lo scienziato responsabile dell'esperimento, con una squadra di esperti, si mette alla sua ricerca. Si tratta di un film di fantascienza dal ritmo incalzante, con l'intenzione di far paura, grazie ad accurati effetti speciali. Lo spaventoso essere è stato creato dall'eminente artista svizzero H.R. Giger, già premiato con l'Oscar per *Alien*. ■ FANTASCIENZA; COL.; 110'; USA, 1995.

SPECIES 2 *(Species II)*
Regia di PETER MEDAK. Con GEORGE DZUNDZA, NATASHA ENSTRIDGE, MICHAEL MADSEN. ■ C'è Eve, clone di Sil, già presente nel primo *Species*. C'è l'equipaggio di un'astronave che ha conquistato Marte. Occorre impedire che il clone maschio si riproduca e combini disastri irreparabili per l'umanità. Strettamente per appassionati. ■ FANTASCIENZA; COL.; 95'; USA, 1998.

SPEED ★★★
Regia di JAN DE BONT. Con SANDRA BULLOCK, JEFF DANIELS, DENNIS HOPPER, KEANU REEVES. ■ Dopo il tentativo di far esplodere un ascensore con i passeggeri a bordo, sventato dalla squadra artificieri di Los Angeles, un folle dinamitardo mette una carica di dinamite su un autobus cittadino. Questa esploderà quando, una volta superate le 50 miglia orarie, il veicolo si fermerà. L'agente Jack Traven sale acrobaticamente sull'autobus e avverte il conducente di non scendere mai sotto le 50 miglia. Ma il traffico cittadino impedisce questo progetto. Guidato dai colleghi in elicottero e con il conducente ferito, sostituito da una passeggera, l'autobus attraversa il traffico fino a un'autostrada non frequentata. Ma altre difficoltà si presentano ai passeggeri. Ma il coraggio di Traven e della improvvisata conducente porteranno a un liberatorio lieto fine. L'esordiente regista Jan De Bont, ex direttore della fotografia, compie una performance registica di grande rilievo professionale. ■ AVVENTURA; COL.; 115'; USA, 1994. ■ OSCAR 2 PR, 3 NOM.

SPEED CROSS ★★
Regia di STELVIO MASSI. Con JOSÉ LOUIS DE VILLALONGA, JACQUES HERLIN, VITTORIO MEZZOGIORNO, DANIELA POGGI, LIA TANZI, FABIO TESTI. ■ Due amici, campioni di motocross, sono rivali in amore e alleati nella lotta contro un bieco individuo che trucca le gare. Il bel Fabio Testi fa lo sportivo forzuto per la gioia delle sue ammiratrici. ■ AVVENTURA; COL.; 102'; ITALIA, 1980.

SPEED-DRIVER ★★
Regia di STELVIO MASSI. Con SENTA BERGER, ORAZIO ORLANDO, FABIO TESTI. ■ Un corridore motociclista viene ingaggiato da un sedicente titolare di una scuderia di auto per passare in Formula 1 e spedito a Norimberga per una gara. Ma il neo pilota si accorge di essere stato in realtà usato come corriere della droga. Con l'aiuto di una giornalista americana riesce alla fine a smascherare il boss. ■ AVVENTURA; COL.; 113'; SPAGNA, 1980.

SPEED 2 ★★
Regia di JAN DE BONT. Con SANDRA BULLOCK, WILLEM DAFOE, JASON PATRIC. ■ Dopo il fortunatissimo *Speed* il regista De Bont ci riprova ma senza gli stessi interessanti risultati. Fotocopia sbiadita. Tre ottimi attori sprecati. ■ THRILLER; COL.; 110'; USA, 1997.

SPEED INTERCEPTOR III *(Speed Trap)* ★★
Regia di EARL BELLAMY. Con TYNE DALY, JOE DON BAKER, ROBERT LOGGIA. ■ Un abile ladro di auto che ruba con un congegno elettronico capace di aprire gli sportelli delle vetture e mettere in moto, tiene in scacco la polizia, che ingaggia un detective privato. Questi scopre che il ladro è una sua amica poliziotta, ma scopre altresì un traffico di droga in cui è implicato anche il capo della polizia. ■ AVVENTURA; COL.; 98'; USA, 1977.

SPEED RACER ★★
Regia di ANDY WACHOWSKI, LARRY WACHOWSKI. Con ROGER ALLAM, MATTHEW FOX, BENNO FÜRMANN, JOHN GOODMAN, EMILE HIRSCH, JI HOON JUNG, CHRISTINA RICCI, RICHARD ROUNDTREE, HIROYUKI SANADA, SUSAN SARANDON. ■ Speed Racer è un talento naturale dell'automobilismo; è figlio di un costruttore di vetture da corsa, di una madre che al centro del salotto sfoggia il prototipo dell'auto della casa, fratello minore di Rex, morto in corsa, e maggiore di Spritle che, nonché con l'inseparabile scimpanzè Chim-Chim, forma il tifo più entusiasta e imprevedibile che un atleta possa desiderare. Eppure il sogno di Speed è costretto ad infrangersi contro la realtà di un mondo corrotto, dove le grandi competizioni sono decise in partenza dagli sponsor multimiliardari e dove chi non si lascia comprare da un imprenditore senza scrupoli rischia di non superare mai la linea di partenza. Fedele all'azienda di famiglia e soprattutto al suo spirito appassionato e indipendente, Speed si allea con il misterioso Racer X per mettere fine agli illeciti dello sport e dimostrare quel che sa fare: vincere. ■ AZIONE; COL.; 135'; USA, 2008.

SPEEDY E SILVESTRO, INDAGINE SU UN GATTO AL DI SOPRA DI OGNI SOSPETTO ★★★
(Merry Melodies – Looney Tunes)
Produzione WARNER BROS. ■ Una delle innumerevoli selezioni dei cartoni animati della Warner Bros. ■ ANIMAZIONE; COL.; 92'; USA, 1971.

SPEEDY GONZALES, IL SUPERSONICO ★★★
(Merry Melodies – Looney Tunes)
Produzione WARNER BROS. ■ Un altro programma di cartoni animati con il velocissimo topo. ■ ANIMAZIONE; COL.; 94'; USA, 1966.

SPENSIERATA GUERRA DEI BAMBINI, LA ★★
(La guerra de los niños)
Regia di JAVIER AGUIRRE. Con ANTIPAS GALAN, CHRIS HUERTA. ■ Matias è un uomo simpatico e un bravo professore: completamente dedito al lavoro, lascia grande libertà ai ragazzi e non si preoccupa di incassare le rette del collegio. A lungo andare, però, la scuola entra in crisi economica e un gruppo di speculatori ne approfitta per requisirla, col progetto di costruire un grande albergo. Saranno proprio i ragazzi a salvare l'istituto e il loro simpatico professore. ■ COMMEDIA; COL.; 97'; SPAGNA, 1980.

SPENSIERATO (PASSEGGIATE ALLEGRAMENTE!) *(Hogoraka ni ayume)* ★★★
Regia di YASUJIRO OZU. Con HIROKO KAWASAKI, MINORU TAKADA. ■ Kenji, un ladruncolo rissoso e ubriacone, si innamora di Yazue, una ragazza dolce e semplice. Quando lei scopre chi egli sia in realtà, lo lascia dicendogli che lo rivedrà solo se diventerà onesto. Ma per Kenji non è facile sbarazzarsi del passato. ■ DRAMMATICO; B/N; GIAPPONE, 1930.

SPERDUTI A MANHATTAN *(The Out of Towners)* ★★★
Regia di SAM WEISMAN. Con JOHN CLEESE, GOLDIE HAWN, STEVE MARTIN. ■ Gradevole remake con gradevole cast: ai due protagonisti si affianca uno degli interpreti di *Un pesce di nome Wanda*, di cui questo film non raggiunge il successo. I provinciali a New York divertono con la loro imbranataggine programmatica anche in Europa. ■ COMMEDIA; COL.; 90'; USA, 1999.

SPERDUTI NEL BUIO ★★★
Regia di CAMILLO MASTROCINQUE. Con FIORELLA BETTI, VITTORIO DE SICA. ■ Nella Napoli del primo Novecento, un guappo tiene completamente sottomessa una ragazza e, scoperto che costei è figlia di un nobile, tenta di ricattare il titolato genitore. Il malvivente viene arrestato e la poveretta viene aiutata da un cieco che silenziosamente s'innamora di lei. Fa bene a non illudersi: la donna sposerà un robusto marinaio. ■ DRAMMATICO; B/N; 105'; ITALIA, 1974.

SPERDUTI NELL'HAREM *(Lost in a Harem)* ★★★
Regia di CHARLES F. REISNER. Con BUD ABBOTT, LOU COSTELLO, JIMMY DORSEY, DOUGLAS DUMBRILLE, MARILYN MAXWELL. ■ Gianni e Pinotto, artisti di varietà americani in un paese orientale, offrono il loro aiuto a un principe spodestato e lottano contro un malvagio stregone. ■ COMMEDIA; B/N; 89'; USA, 1946.

SPERIAMO CHE SIA FEMMINA ★★★
Regia di MARIO MONICELLI. Con BERNARD BLIER, GIULIANA

DE SIO, CATHERINE DENEUVE, GIULIANO GEMMA, LUCREZIA LANTE DELLA ROVERE, PHILIPPE NOIRET, STEFANIA SANDRELLI, LIV ULLMANN, ATHINA CENCI. ■ Nel bel casale di campagna del conte Leonardo vivono la moglie separata, la figlia minore, il vecchio zio e la nipote, figlia di un'attrice romana. La gestione della proprietà è affidata a un amministratore, teneramente legato all'ex moglie del conte. Un bel giorno Leonardo torna a casa per chiedere un prestito alla sua già dissanguata famiglia, ma muore in un incidente dopo aver assistito anche al ritorno della figlia maggiore. Dopo varie peripezie, nella fattoria rimarranno soltanto le donne; una delle quali è incinta. ■ COMMEDIA; COL.; 120'; ITALIA, 1985. ■ DAVID DI DONATELLO 8 7 PR, 7 NOM.

SPERICOLATI, GLI *(Downhill Racer)* ★★★
Regia di MICHAEL RITCHIE. Con GENE HACKMAN, JIM MCMULLAN, ROBERT REDFORD, CAMILLA SPARV, KARL MICHAEL VOGLER. ■ L'opera prima di un buon regista di film d'azione su una squadra di sci americana in giro per l'Europa. Un giovane s'impegna finché riesce a diventare campione battendo un asso austriaco e la sfortuna. ■ DRAMMATICO; COL.; 102'; USA, 1969.

SPERONE INSANGUINATO, LO *(Saddle the Wind)* ★★★
Regia di ROBERT PARRISH. Con JOHN CASSAVETES, DONALD CRISP, JULIE LONDON, ROBERT TAYLOR. ■ Un onesto allevatore vuole molto bene al fratello, ma si rende conto che questi è un pericoloso violento. Non potrà far altro che assistere allo scivolare del parente verso una follia omicida da cui uscirà solo uccidendosi. ■ WESTERN; COL.; 84'; USA, 1958.

SPERONE NERO, LO *(Black Spurs)* ★★
Regia di ROBERT G. SPRINGSTEEN. Con SCOTT BRADY, RORY CALHOUN, LON CHANEY JR, LINDA DARNELL. ■ Un pistolero, amareggiato perché la sua ragazza ha sposato lo sceriffo, accetta l'incarico di creare una situazione di tensione in città servendosi di una banda di bravacci per far allontanare la progettata ferrovia. Quando però i suoi accoliti andranno troppo oltre, sarà lui stesso a riportare la pace in paese. ■ WESTERN; COL.; 81'; USA, 1965.

SPERONE NUDO, LO *(The Naked Spur)* ★★★
Regia di ANTHONY MANN. Con JANET LEIGH, RALPH MEEKER, ROBERT RYAN, JAMES STEWART. ■ Uno spietato cacciatore di taglie cattura un simpatico bandito e lo vuole portare in città per incassare il premio. A loro s'accompagnano la ragazza del fuorilegge, che vuole liberare il suo uomo, e due sbandati che desidererebbero impossessarsi del prezioso prigioniero. Nel corso del viaggio lei, a poco a poco, scoprirà che il cacciatore è un contadino rovinato costretto a fare un mestiere che odia e che il bandito è una vera carogna. Nella sparatoria finale morranno tutti tranne il "bounty killer" e la donna, che insieme si rifaranno una vita. ■ WESTERN; COL.; 91'; USA, 1953. ■ OSCAR 1 NOM.

SPERONI E CALZE DI SETA *(Two Guys from Texas)* ★★
Regia di DAVID BUTLER. Con JACK CARSON, DOROTHY MALONE, DENNIS MORGAN. ■ Due artisti di varietà in giro per il Texas vengono ingiustamente accusati di aver rapinato la cassa di un rodeo. Non solo riusciranno a provare la propria innocenza, ma troveranno anche l'amore. ■ COMMEDIA; COL.; 86'; USA, 1948.

SPETTACOLISSIMO ★★★
Regia di ROBERT CANNON. Con P. BURNESS, T. MCDONALD. ■ Una raccolta di cartoni animati creati sotto la supervisione di Stephen Bosustow. Il suo personaggio più popolare è Mr. Magoo, un vecchietto irascibile e rompiscatole, miope come una talpa, che spesso si caccia nei guai senza rendersi conto di quello che gli sta succedendo a causa della sua vista difettosa. ■ ANIMAZIONE; COL.; 92'; USA, 1961.

SPETTACOLO DI VARIETÀ *(The Band Wagon)* ★★★★
Regia di VINCENTE MINNELLI. Con FRED ASTAIRE, JACK BUCHANAN, CYD CHARISSE, NANETTE FABRAY, ROBERT GIST, OSCAR LEVANT, JAMES MITCHELL. ■ Un ballerino di una certa età si trova in un momento di crisi dopo una brillantissima carriera ad Hollywood. Vengono in suo aiuto due autori di rivista, marito e moglie, che gli propongono uno spettacolo teatrale. Il guaio è che il regista, un simpatico genialoide, vuole a tutti i costi allestire uno spettacolo impegnato ispirato al *Faust*. La commedia musicale cade, ma il ballerino e i suoi amici sapranno mettere insieme un altro spettacolo, più tradizionale, che otterrà uno strepitoso successo. Il protagonista avrà anche l'amore della sua partner che prima sembrava trovarlo antipatico. Uno dei migliori film musicali del dopoguerra, con brillanti canzoni di Schwartz e Dietz tra cui spicca la famosa *That's Entertainment*. Il personaggio interpretato da Astaire è quasi autobiografico (non a caso lo spettacolo che rivelò Fred si chiamava appunto *The Band Wagon*). Secondo molti critici Cyd Charisse è la sua migliore partner, superiore alla stessa Ginger Rogers. Nella coppia di autori sono adombrati i veri sceneggiatori, Betty Comden e Adolph Green. ■ COMM. MUSICALE; COL.; 112'; USA, 1953. ■ OSCAR 3 NOM.

SPETTACOLO PIÙ AFFASCINANTE DEL MONDO, LO *(Rings around the World)* ★★★
Regia di GILBERT CARTES. Con DON AMECHE. ■ Il film raccoglie alcuni dei più famosi numeri da circo equestre presentati da uno scrittore appassionato della materia. ■ DOCUMENTARIO; COL.; 93'; USA, 1967.

SPETTATRICE, LA ★★★
Regia di PAOLO FRANCHI. Con BARBORA BOBULOVA, BRIGITTE CATILLON, ANDREA RENZI. ■ L'unica "relazione amorosa" che la timida Valeria si concede è spiare il suo dirimpettaio. Quando questi si trasferisce a Roma, Valeria, sentendosi persa, decide di seguirlo e continuare a spiarlo. C'è un'altra donna, però. Un regista e un'attrice in buona sintonia in un film dagli echi kieslowskiani. ■ DRAMMATICO; COL.; 100'; ITALIA, 2004.

SPETTERS ★★★
Regia di PAUL VERHOEVEN. Con RUTGER HAUER, RENEE SOUTENDIJK, HANS VAN TONGEREN. ■ Tre ragazzi sognano di diventare campioni di motocross e s'innamorano della stessa ragazza. Ma uno finisce paralizzato e si uccide, il secondo deve fronteggiare la propria omosessualità, sarà il terzo a mettere su un bar con la ragazza. ■ DRAMMATICO; COL.; 110'; PAESI BASSI, 1979.

SPETTRI ★★
Regia di MARCELLO AVALLONE. Con KATRINE MICHELSEN, JOHN PEPPER, DONALD PLEASENCE. ■ Quattro archeologi, Lasky, Barbara, Marcus e Andrea, scoprono delle misteriose catacombe nel sottosuolo di Roma. Qui dovrebbe trovarsi la "tomba Domiziana". Dopo varie avventure e lo scatenarsi di oscuri fenomeni, i quattro muoiono uno dopo l'altro, come pure una sventurata coppia che ha violato i segreti del sepolcro. ■ HORROR; COL.; 90'; ITALIA, 1987.

SPETTRI DEL CAPITANO CLEGG, GLI *(Night Creatures)* ★★
Regia di PETER GRAHAM SCOTT. Con PETER CUSHING, OLIVER REED, YVONNE ROMAIN. ■ Nel Settecento un ex pirata, diventato pastore protestante, benefica i suoi parrocchiani organizzando una rete di contrabbando tra Francia e Inghilterra e, per tenere lontani i doganieri, maschera alcuni complici da spettri. ■ AVVENTURA; COL.; 82'; GRAN BRETAGNA, 1963.

SPETTRO, LO ★★
Regia di ROBERT HAMPTON. Con PETER BALDWIN, LEONARD G. ELLIOT, BARBARA STEELE, HARRIET WHITE. ■ In Inghilterra, nell'Ottocento, un'uxoricida ricerca il denaro del marito aiutata dall'amante, ma la coppia viene terrorizzata dallo spettro del morto. Sorpresa finale. ■ HORROR; COL.; 97'; ITALIA, 1963.

SPETTRO DEL PASSATO, LO *(Un revenant)* ★★★
Regia di CHRISTIAN-JAQUE. Con LOUIS JOUVET, MARGUERITE MORENO, GABY MORLAY. ■ Dopo vent'anni, diventato ricco, un uomo torna a Lione desideroso di vendicarsi d'un amico che gli aveva sparato alle spalle per portargli via la ragazza. Quasi conduce al suicidio il figlio del colpevole, ma poi lo porta con sé a Parigi insegnandogli che l'unico modo per sopravvivere è essere scettici. ■ DRAMMATICO; B/N; 90'; FRANCIA, 1946.

SPETTRO DI CANTERVILLE, LO *(The Canterville Ghost)* ★★★
Regia di JULES DASSIN. Con WILLIAM GARGAN, CHARLES LAUGHTON, MARGARET O'BRIEN. ■ Il film racconta di un soldatino del corpo di spedizione americano in Inghilterra che scopre di appartenere alla stirpe dello spettro di Canterville, condannato a vagare finché un suo discendente non compirà un'azione eroica.

Si comporterà coraggiosamente e tutto finirà bene anche per il fantasma. ■ COMMEDIA; B/N; 96′; USA, 1944.

SPETTRO DI EDGAR ALLAN POE, LO ★★
(The Spectre of Edgar Allan Poe)
Regia di MOHY QUANDOUR. Con TOM DRAKE, CESAR ROMERO, ROBERT WALKER. ■ Edgar Allan Poe ama una ragazza soggetta a catalessia che la fa sembrare morta; la porta in una clinica, ma scopre che questa è retta da un dottore pazzo che vuole operare la sventurata al cervello. Strage finale; poi lo scrittore descrive nei suoi racconti la terribile esperienza. ■ HORROR; COL.; 94′; USA, 1972.

SPETTRO IN VIAGGIO DI NOZZE, LO ★★
(The Ghost and the Guest)
Regia di WILLIAM NIGH. Con JAMES DUNN, FLORENCE RICE. ■ Comica parodia dei film dell'orrore. Una coppia di sposi in viaggio di nozze è costretta a pernottare nella casa d'un boia. Nascono buffi equivoci. ■ COMMEDIA; B/N; 89′; USA, 1943.

SPETTRO VERDE, LO *(The Unholy Night)* ★★★
Regia di LIONEL BARRYMORE. Con CLAUDE FLEMING, BORIS KARLOFF, DOROTHY SEBASTIAN, ROLAND YOUNG. ■ Uno dei pochi film diretti da Lionel Barrymore, una pellicola in bilico fra il giallo, il *suspense* e il sentimentale. ■ GIALLO; B/N; 94′; USA, 1929.

SPEZZAOSSA, LO *(The Naked Man)* ★★
Regia di J. TODD ANDERSON. Con ARIJA BAREIKIS, MARTIN FERRERO, JOE GRIFASI, MICHAEL JETER, RACHAEL LEIGH COOK, JOHN CARROLL LYNCH, MICHAEL RAPAPORT. ■ Sceneggiato da Ethan Coen, il suo titolo iniziale *The Naked Man* (*L'uomo nudo*) si è trasformato in *Lo spezzaossa*, in ossequio all'andazzo "stupidaiolo" dell'estate. Edward Bliss è un chiropratico che decide di abbandonare il wrestling, la sua "vera" passione, quando la moglie Kim gli dice di aspettare un bambino. Ma Sticks Verona (un disabile trafficante di droga) gli uccide tutto d'un colpo padre, madre e la stessa Kim. La vendetta è d'uopo, basta riprendere in mano le "tecniche" e l'attività di un tempo. ■ COMMEDIA; COL.; 92′; USA, 2001.

SPIA B 28, LA *(Madame Spy)* ★★★
Regia di KARL FREUND. Con NILS ASTHER, FAY WRAY. ■ Una crocerossina, al tempo della prima guerra mondiale, sposa un ufficiale austriaco, ma dopo poco tempo fugge portandosi via importanti segreti militari perché è una spia russa. Il marito la ritrova a Varsavia: sarebbe deciso a vendicarsi se lei non dimostrasse d'amarlo e d'aver erroneamente creduto che proprio lui fosse il responsabile della morte di suo fratello. ■ SPIONAGGIO; B/N; 76′; USA, 1934.

SPIA CHE NON FECE RITORNO, LA ★★★
(One of Our Spies is Missing!)
Regia di E. DARRELL HALLENBECK. Con LEO G. CARROLL, DAVID MCCALLUM, VERA MILES, ROBERT VAUGHN. ■ Il film deriva dalla serie televisiva *L'uomo dell'Uncle*, che narrava in origine le avventure di un agente americano, Napoleon Solo, alle prese con una potentissima organizzazione criminale. In seguito, in omaggio alla distensione, fu aggiunto un collega sovietico, Ilya Kuriakyn. Qui i due lottano contro una perfida maliarda che ha scoperto il filtro della giovinezza. ■ SPIONAGGIO; COL.; 87′; USA, 1966.

SPIA CHE VENNE DAL FREDDO, LA ★★★★
(Spy Who Came In from the Cold)
Regia di MARTIN RITT. Con CLAIRE BLOOM, RICHARD BURTON, PETER VAN EYCK, OSKAR WERNER. ■ Una spia inglese riceve l'incarico di eliminare il capo dello spionaggio tedesco orientale. A tal fine si finge alcolizzato e allaccia una relazione con una tenera ragazza iscrita al Partito comunista britannico. Spera così che i nemici lo pensino disposto a tradire. Viene infatti portato a Berlino e qui comincia a fornire informazioni, tese a dimostrare che il suo avversario è in realtà un agente degli occidentali. Alla fine però, dopo la morte della ragazza, comprenderà di essere stato ingannato anche lui dai suoi superiori e sceglierà di farsi ammazzare sul muro di Berlino. Tratto dal romanzo di John Le Carré, il film, molto amaro, è ben diretto e ottimamente interpretato, in particolare da Richard Burton. Smiley, il personaggio presente in tutti i romanzi dello scrittore inglese, ha qui un ruolo di contorno. ■ SPIONAGGIO; B/N; 112′; GRAN BRETAGNA, 1965. ■ DAVID DI DONATELLO 1 PR, 1 NOM; OSCAR 2 NOM.

SPIA CHE VENNE DALL'OVEST, LA ★★
(Voir Venise... et crever)
Regia di ANDRÉ VERSINI. Con SEAN FLYNN, ETTORE MANNI, HANNES MESSEMER, MADELEINE ROBINSON. ■ Un ricco giovanotto francese in vacanza a Venezia riceve da un'amica l'incarico d'indagare sulla misteriosa scomparsa di suo marito, avvenuta nella città lagunare. Il nostro si troverà coinvolto in una trama spionistica da cui uscirà vincitore. ■ SPIONAGGIO; B/N; 93′; FRANCIA, 1966.

SPIA CHE VIDE IL SUO CADAVERE, LA ★★★
(The Groundstar Conspiracy)
Regia di LAMONT JOHNSON. Con CHRISTINE BELFORD, GEORGE PEPPARD, CLIFF POTTS, MICHAEL SARRAZIN. ■ In una base segreta americana, dopo un'esplosione, viene trovato un giovane. Dovrebbe trattarsi di una spia, ma l'incidente ha provocato in lui uno shock che gli ha fatto perdere la memoria. L'uomo evade e cerca di ricostruire il proprio passato. Ci riuscirà e avrà una sorpresa. ■ SPIONAGGIO; COL.; 96′; USA, 1972.

SPIA CHE VIENE DAL MARE, LA ★★
Regia di LAMBERTO BENVENUTI. Con JOHN ELLIOT, SIMONE MITCHELL, JEANINE REYNAUD, HECTOR RIBOTT. ■ Indagando tra San Marino e Venezia, il solito agente segreto riesce a scoprire le trame di una organizzazione che progetta un attentato contro uno scienziato atomico americano. ■ SPIONAGGIO; COL.; 80′; ITALIA, 1967.

SPIA DAI DUE VOLTI, LA *(The Spy with my Face)* ★★★
Regia di JOHN NEWLAND. Con SENTA BERGER, LEO G. CARROLL, MICHAEL EVANS, DAVID MCCALLUM, ROBERT VAUGHN. ■ Ancora un film sugli agenti dell'Uncle. L'organizzazione rivale rapisce Napoleon Solo e lo sostituisce con un sosia, ma lui riesce a fuggire. ■ SPIONAGGIO; COL.; 88′; USA, 1965.

SPIA DAL CAPPELLO VERDE, LA ★★★
(The Spy in the Green Hat)
Regia di JOSEPH SARGENT. Con JOAN BLONDELL, EDUARDO CIANNELLI, JANET LEIGH, DAVID MCCALLUM, JACK PALANCE, ROBERT VAUGHN. ■ Nuova avventura di Napoleon Solo e Ilya Kuriakyn, gli agenti segreti resi famosi dalla serie televisiva *L'uomo dell'Uncle*. Qui i due vanno in Sicilia per una indagine sulla mafia. ■ SPIONAGGIO; COL.; 93′; USA, 1966.

SPIA DAL DENTE D'ORO, LA *(Le dent d'or)* ★
Regia di ANTON MARINOVICH. Con IVAN ADAN, GEORGE KALAINE, GEORGE POPE. ■ Un capitano è indotto a collaborare con un'organizzazione spionistica che gli fa credere che la moglie sia stata uccisa dal governo. Quando scopre di essere stato ingannato, stermina le spie e paga morendo in un incidente. ■ DRAMMATICO; B/N; 93′; BULGARIA, 1967.

SPIA DAL NASO FREDDO, LA ★★★
(The Spy with a Cold Nose)
Regia di DANIEL PETRIE JR. Con LAURENCE HARVEY, LIONEL JEFFREIS, DALIAH LAVI. ■ Gli inglesi regalano a un ministro russo un cane nella cui pancia si cela una trasmittente per carpire informazioni riservate. I sovietici rendono la pariglia inserendo una radio nello stomaco dell'agente britannico che ha avuto la brillante idea. ■ COMMEDIA; COL.; 93′; GRAN BRETAGNA, 1966.

SPIA DEI LANCIERI, LA *(Lancer Spy)* ★★★
Regia di GREGORY RATOFF. Con DOLORES DEL RIO, PETER LORRE, GEORGE SANDERS. ■ Durante la prima guerra mondiale, un ufficiale britannico si sostituisce al suo sosia, tenente della guardia di Guglielmo II e, aiutato da una bellissima cantante, trafuga i piani dell'offensiva generale tedesca. ■ SPIONAGGIO; B/N; 84′; USA, 1937.

SPIA DEI RIBELLI, LA *(The Raid)* ★★★
Regia di HUGO FREGONESE. Con ANNE BANCROFT, RICHARD BOONE, VAN HEFLIN, LEE MARVIN. ■ Durante la guerra di Secessione, un gruppo di prigionieri sudisti evasi, in fuga verso il Canada, decide d'organizzare un sabotaggio contro una città nor-

dista. Il piano riesce nonostante i molti intoppi. ■ AVVENTURA; COL.; 83′; USA, 1955.

SPIA DEL LAGO, LA *(Captain Carey U.S.A.)* ★★
Regia di MITCHELL LEISEN. Con WANDA HENDRIX, ALAN LADD. ■ Durante la guerra, un capitano americano opera coi partigiani italiani nella zona di Orte, ma i tedeschi distruggono il loro gruppo. Alcuni anni dopo la fine del conflitto l'ufficiale, che è riuscito a cavarsela, torna sul luogo e scopre che tutti lo considerano un traditore. Ma il vero colpevole è l'ambiguo nobile che ha sposato con l'inganno l'ex ragazza del protagonista. ■ DRAMMATICO; B/N; 83′; USA, 1952. ■ OSCAR 1 PR, 1 NOM.

SPIA DELLE GIUBBE ROSSE, LA *(The Pathfinder)* ★★★
Regia di SIDNEY SALKOW. Con HELENA CARTER, GEORGE MONTGOMERY. ■ Verso il 1750, una guida degli inglesi che lottano contro i francesi e gli indiani per il possesso del Canada, si finge traditore per impadronirsi di importanti segreti militari. Riuscirà nella missione aiutato da una ragazza. ■ AVVENTURA; COL.; 78′; USA, 1954.

SPIA DEL SECOLO, LA ★★★
(Qui êtes-vous Monsieur Sorge?)
Regia di YVES CIAMPI. Con THOMAS HOLTZMANN, KEIKO KISHI, HANS OTTO MEISSNER. ■ Il film racconta, romanzandola in qualche punto, la carriera della famosa spia Richard Sorge che, figlio di un tedesco e di una russa, si spacciava per fervente nazista mentre in realtà passava i segreti militari giapponesi a Stalin. ■ SPIONAGGIO; B/N; 80′; FRANCIA, ITALIA, 1961.

SPIA DI DAMASCO, LA *(Action in Arabia)* ★★
Regia di LÉONIDE MOGUY. Con VIRGINIA BRUCE, GEORGE SANDERS. ■ Il regista russo-francese, durante il suo breve soggiorno negli Usa, diresse questo filmetto di propaganda in cui un giornalista americano sventa le trame delle spie naziste in Medio Oriente. ■ SPIONAGGIO; B/N; 72′; USA, 1944.

SPIA DI SCOTLAND YARD, LA *(The Shake Down)* ★★
Regia di JOHN VIVIAN LEMONT. Con ROBERT BEATTY, HAZEL COURT, TERENCE MORGAN. ■ Un pregiudicato organizza un'agenzia fotografica per modelle che ha in realtà lo scopo di spingere nelle braccia di alcuni babbei avvenenti fanciulle per poi ricattarli. Un'ausiliaria di polizia manderà a monte il traffico. ■ POLIZIESCO; B/N; 92′; GRAN BRETAGNA, 1959.

SPIA DI TROPPO, UNA *(One Spy too Many)* ★★★
Regia di JOSEPH SARGENT. Con LEO G. CARROLL, DAVID MCCALLUM, DOROTHY PROVINE, RIP TORN, ROBERT VAUGHN. ■ Ennesima avventura delle spie televisive dell'organizzazione Uncle, che questa volta si recano in Grecia per indagare su un potente gas tossico. ■ SPIONAGGIO; COL.; 102′; USA, 1966.

SPIA E LASCIA SPIARE *(Spy Hard)* ★★
Regia di RICK FRIEDBERG. Con CHARLES DURNING, RICK FRIEDBERG, LESLIE NIELSEN. ■ L'agente Sex De Fer è semplicemente un Bond grottesco. Ci sono tutte le situazioni di quelle spy stories in chiave comica. Con alcune classiche citazioni, come il twist di Travolta-Thurman in *Pulp Fiction* e gli esercizi in bicicletta di Paul Newman in *Butch Cassidy*. Prodotto trasparente, idiota e gradevole secondo le intenzioni. ■ COMICO; COL.; 80′; USA, 1996.

SPIA FANTASMA, LA *(Danger has Two Faces)* ★★
Regia di JOHN NEWLAND. Con ALEX DAVION, MURRAY HAMILTON, ROBERT LANSING, DANA WYNTER. ■ Un agente americano inseguito dai suoi rivali comunisti trova, in un bar di Berlino, un perfetto sosia che viene ucciso al suo posto. In seguito la spia assume l'identità dell'altro e risolve casi complicati. ■ SPIONAGGIO; COL.; 94′; USA, 1967.

SPIAGGE *(Beaches)* ★★★
Regia di GARRY MARSHALL. Con JOHN HEARD, BARBARA HERSHEY, BETTE MIDLER. ■ Due amiche d'infanzia si ritrovano dopo molti anni. Entrambe hanno fatto carriera (anche se una è una diva canora, l'altra un'avvocatessa, ovviamente meno famosa). Dopo aver rievocato il passato concludono che il presente, almeno dal punto di vista del privato, non lo vale. E tornano a dividere la stessa camera come quando erano in collegio. ■ COMMEDIA; COL.; 123′; USA, 1988. ■ OSCAR 1 NOM.

SPIAGGE, PUPE E RANGERS *(State Park)* ★
Regia di RAFAL ZIELINSKI. Con ISABELLE MEJIAS, KIM MYERS, JAMES WILDER. ■ Classico filmetto con belle ragazze in bikini, ragazzi guardoni e in questo caso anche i rangers dello State Park sono della partita. ■ COMMEDIA; COL.; 87′; USA, 1987.

SPIAGGIA, LA ★★★
Regia di ALBERTO LATTUADA. Con MARTINE CAROL, MARIO CAROTENUTO, CLELIA MATANIA, VALERIA MORICONI, RAF VALLONE. ■ In un albergo di lusso situato in una località marina, suscita grande scandalo la scoperta che una distinta signora in vacanza con la figlia è in realtà una prostituta. Tutti allontanano la donna, finché un riccone non le offre il braccio per condurla sulla passeggiata. Ogni pregiudizio moralistico viene allora bandito. ■ COMMEDIA; COL.; 100′; ITALIA, 1953.

SPIAGGIA DEL DESIDERIO, LA ★★★
(Where the Boys Are)
Regia di HENRY LEVIN. Con GEORGE HAMILTON, DOLORES HART, JIM HUTTON, YVETTE MIMIEUX. ■ Le avventure di due ragazze in vacanza su una spiaggia della Florida. Una viene sedotta da un mascalzone, un'altra si fidanza con un milionario. I toni leggeri si alternano a quelli drammatici nel tentativo di dare un ritratto dei giovani del periodo. ■ COMMEDIA; COL.; 99′; USA, 1961.

SPIAGGIA DEL DESIDERIO, LA ★★
Regia di ENZO D'AMBROSIO. Con LAURA GEMSER, PAOLO GIUSTI, ARTHUR KENNEDY. ■ Un giovane drogato finisce su un'isola dove abitano un evaso e i suoi due figli mulatti: un ragazzo e una ragazza. La ragazza si concede al padre, al fratello e anche al nuovo arrivato il quale, per evitare ulteriori contrasti (già sfociati nella morte dell'anziano "rivale'), riprende la via della civiltà. ■ DRAMMATICO; COL.; 94′; ITALIA, 1976.

SPIAGGIA DELLE CONCHIGLIE, LA ★★
(Shack out on 101)
Regia di EDWARD DEIN. Con FRANK LOVEJOY, LEE MARVIN, TERRY MOORE. ■ In un fast-food in riva al mare si nasconde una spia comunista. Ma chi è? Il professore straniero? O il proprietario? O il cuoco dalla faccia scimmiesca? ■ SPIONAGGIO; COL.; USA, 1955.

SPIAGGIA DESERTA, LA ★
Regia di CHRIS THOMPSON. Con BRYAN BROWN, ANNA MARIA MONTICELLI. ■ Cliff Hardy è un poliziotto privato ammantato di un alone di romanticismo e avventura, che spesso lo mettono nei pasticci. Un giorno accetta di svolgere alcune ricerche per conto della vedova di John Stinger; la donna infatti è insospettita da alcuni curiosi avvenimenti, che la spingono a dubitare che il marito sia morto veramente. ■ POLIZIESCO; COL.; 90′; USA, 1985.

SPIAGGIA DI SANGUE *(Blood Beach)* ★★
Regia di JEFFREY BLOOM. Con MARIANNA HILL, DAVID HUFFMAN, JOHN SAXON. ■ In una piccola località della California uno strano fenomeno (le sabbie della spiaggia sembrano aprirsi e gli ignari passanti vengono ingoiati dalla voragine) getta il panico tra la popolazione. Che un mostro si celi nel sottosuolo? ■ HORROR; COL.; 89′; USA, 1980.

SPIAGGIA LIBERA ★★
Regia di MARINO GIROLAMI. Con DOMINIQUE BOSCHERO, RICCARDO GARRONE, ALDO GIUFFRÉ, ALBERTO LUPO, AROLDO TIERI. ■ Vari episodi uniti dallo scenario comune, una spiaggia laziale. Ci sono dei ladri inseguiti da un carabiniere, una ninfetta, dei boy-scout e tutto il poco vario campionario della commedia italiana di quegli anni. ■ COMMEDIA; B/N; 93′; ITALIA, 1966.

SPIAGGIA ROSSA *(Beach Red)* ★★
Regia di CORNEL WILDE. Con BURR DE BENNING, DALE ISHIMOTO, RIP TORN, JEAN WALLACE, CORNEL WILDE. ■ Durante la campagna del Pacifico nel 1943, una pattuglia di marines cerca di conquistare un isolotto presidiato dai giapponesi. Avranno partita vinta, ma a prezzo altissimo: moriranno inutilmente troppi uomini. ■ GUERRA; COL.; 105′; USA, 1968. ■ OSCAR 1 NOM.

SPIAGGIA VUOTA, LA *(The Empty Beach)* ★★
Regia di CHRIS THOMPSON. Con BRYAN BROWN, ANNA MARIA MONTICELLI, NICK TATE. ■ Bryan Brown nei panni del poliziotto australiano Cliff Hardy, molto popolare fra i lettori di gialli de-

gli antipodi. Qui viene ingaggiato per ritrovare un riccone scomparso misteriosamente. È la moglie che vuole ritrovarlo, e in teoria anche i soci del *missing*. Ma Hardy scopre ben presto che buona parte degli associati aveva buoni motivi per desiderare la morte del ricco. ■ GIALLO; COL.; 92′; AUSTRALIA, 1983.

SPIA, LA *(Renegades)* ★★
Regia di VICTOR FLEMING. Con NOAH BAERY, WARNER BAXTER, MYRNA LOY. ■ Un gruppo di legionari combatte i beduini nel deserto del Sahara. Le cose si complicano quando una spia, una bella e furba ragazza, s'introduce nel campo della legione e vi porta lo scompiglio. ■ AVVENTURA; B/N; 92′; USA, 1930.

SPIA, LA *(The Thief)* ★★
Regia di RUSSELL ROUSE. Con HARRY BRONSON, MARTIN GABEL, RITA GAM, RAY MILLAND. ■ Uno scienziato, irretito dalla propaganda comunista, diventa un traditore. Scoperto, potrebbe fuggire all'estero, ma il rimorso lo fa costituire. Un bizzarro tentativo di rinverdire il cinema muto: il film è completamente privo di dialogo. ■ SPIONAGGIO; B/N; 85′; USA, 1952. ■ OSCAR 1 NOM.

SPIA IN NERO, LA *(The Spy in Black)* ★★
Regia di MICHAEL POWELL. Con VALERIE HOBSON, SEBASTIAN SHAW, CONRAD VEIDT. ■ Durante la prima guerra mondiale, un ufficiale della Marina imperiale germanica si fa sbarcare nelle Orcadi per condurre una missione di spionaggio. Scoperto, riesce a fuggire su una nave che però viene silurata proprio dai suoi connazionali. ■ SPIONAGGIO; B/N; 82′; GRAN BRETAGNA, 1939.

SPIA IN NERO, LA *(The Cat Burglar)* ★★
Regia di WILLIAM N. WITNEY. Con JOHN BAER, JACK HOGAN, JUNE KENNEY. ■ Qualcuno penetra nell'appartamento di una ragazza e sottrae una borsa contenente importanti documenti segreti. La borsa apparteneva al fidanzato della giovane. Lei pensa che il furto sia stato commesso da spie nemiche, ma poi scoprirà che il traditore è proprio il suo uomo, mentre il ladro sacrificherà la vita per aiutare l'Fbi. ■ SPIONAGGIO; B/N; 94′; USA, 1961.

SPIA PER CASO, UNA *(Company Man)* ★★
Regia di DOUGLAS MCGRATH. Con WOODY ALLEN, ANTHONY LA PAGLIA, DOUGLAS MCGRATH, RYAN PHILLIPPE, JOHN TURTURRO, SIGOURNEY WEAVER. ■ Un pallido remake de *Il dittatore dello stato libero di Bananas* con la presenza di Allen in un cameo (non riportata nei credits). Si tratta di un atto di riconoscenza per il copione che McGrath gli aveva fornito per *Pallottole su Broadway*. ■ COMMEDIA; COL.; 86′; USA, 2000.

SPIA SENZA DOMANI, LA *(The Sellout)* ★★
Regia di PETER COLLINSON. Con ASSAF DAYAN, GAYLE HUNNICUTT, OLIVER REED, RICHARD WIDMARK. ■ Un agente della Cia ha lasciato l'attività e vive con l'amante a Gerusalemme. Lo raggiunge un vecchio amico, che ha cercato di fare il doppio gioco e che ora è perseguitato sia dai servizi americani che da quelli russi, e gli chiede aiuto. Il protagonista glielo accorda e si trova invischiato in una partita mortale. ■ SPIONAGGIO; COL.; 102′; USA, 1975.

SPIA SPIONE ★★
Regia di BRUNO CORBUCCI. Con LANDO BUZZANCA, CRISTINA GAJONI, TERESA GIMPERA, MARIO PISU. ■ Un cameriere pasticcione rincasa proprio mentre alcuni banditi stanno usando il suo appartamento per penetrare nella banca sottostante dove è custodito un anello di una lega segreta e preziosissima. Il malcapitato è costretto ad accompagnare in Spagna i rapinatori e ad improvvisarsi agente segreto. ■ COMMEDIA; COL.; 94′; ITALIA, 1967.

SPIA S.05 MISSIONE INFERNALE ★
(Sursis pour un espion)
Regia di JEAN MALEY. Con DANY ROBIN, JEAN SERVAIS, AGNÈS SPAAK, MAURICE TEYNAC. ■ Confuso film su un'indagine di due commissari francesi per sgominare una rete spionistica che opera a Marsiglia. Dopo numerose morti, i due principali colpevoli si faranno fuori a vicenda. ■ SPIONAGGIO; B/N; 92′; FRANCIA, 1966.

SPIATA, LA *(La dénunciation)* ★★★
Regia di JACQUES DONIOL-VALCROZE. Con NICOLE BERGÈRE, FRANÇOISE BRION, SACHA PITOËFF, MAURICE RONET. ■ Un uomo ossessionato da un atto di vigliaccheria compiuto vent'anni prima, durante la Resistenza, ritrova il cadavere di un giornalista di destra e intravede gli assassini. Non parla con la polizia, temendo che torni a galla il suo passato, ma fa da solo le indagini. Scoperta la verità, decide di non rivelare nulla, però finisce ucciso dall'amante geloso di una donna che ha conosciuto nella sua ricerca. ■ POLIZIESCO; B/N; 95′; FRANCIA, 1965.

SPIATA, LA *(La balance)* ★★★
Regia di BOB SWAIM. Con NATHALIE BAYE, PHILIPPE LÉOTARD, MAURICE RONET. ■ La 13ª brigata della polizia di Parigi non riuscirebbe a fronteggiare la delinquenza in uno dei quartieri più malfamati della capitale, se non potesse contare sulle soffiate di alcuni confidenti. Quando uno di questi viene ucciso, la polizia costringe il riluttante Dedè, protettore di una prostituta, a prendere il suo posto, per incastrare un pericoloso bandito. ■ POLIZIESCO; COL.; 101′; FRANCIA, 1982.

SPICE GIRLS – IL FILM *(Spice World)*
Regia di BOB SPIERS. Con ALAN CUMMING, RICHARD E. GRANT, ROGER MOORE, THE SPICE GIRLS. ■ Le (ancora per poco) cinque Spice debbono lottare contro un cattivaccio dell'editoria musicale, ribellarsi al loro manager schiavista e difendersi dall'invadenza dei mezzi di comunicazione. L'apparizione di ognuna di loro sembra (e probabilmente è) cronometrata per contratto. ■ MUSICALE; COL.; 92′; GRAN BRETAGNA, 1997.

SPICY LOVE SOUP *(Aiqing Mala Tang)* ★★★
Regia di ZHANG YANG. Con LU LIPING, GUO TAO, PU CUN XIN, GAO YUANYUAN. ■ Esordio alla regia del promettente Zhang Yang e prima produzione indipendente cinese di sempre. *Spicy Love Soup*, saporita zuppa d'amore di nome e di fatto, riscuotendo ampio successo in patria si rivela primo tentativo riuscito di rappresentare uno spaccato della Cina odierna. Cardine dell'intreccio è l'evolversi in differenti contesti di cinque storie d'amore che sfiorandosi si sviluppano in parallelo, pur seguendo fili conduttori indipendenti. Da sottolineare come il titolo abbia aperto nuove prospettive al cinema cinese, imprigionato troppo spesso nei temi tradizionali del passato, imponendosi come spartiacque tra atavici fasti ed epoca moderna. ■ COMMEDIA; COL.; 109′; CINA, 1997.

SPIDER ★★★
Regia di DAVID CRONENBERG. Con GABRIEL BYRNE, RALPH FIENNES, JOHN NEVILLE, LYNN REDGRAVE, MIRANDA RICHARDSON. ■ Presentato a Cannes 2002. Tratto dal romanzo di Patrick McGrath. Si racconta di un uomo molto malato – il termine esatto è schizofrenia paranoica – che, ospitato in un'orrenda pensione insieme ad altri relitti, ricorda la sua vita. Il nodo di tutto il disastro sembra risalire al padre, che abbandonata la madre si era messo con una puttana, ignorando completamente il figlio. La chiave psichica iniziale, cioè infantile, provoca deliri perenni al poveretto. Davvero una sorta di horror interno, perfettamente nelle corde del regista. Magnificamente servito dal protagonista Fiennes e da Miranda Richardson, che dà corpo e volto a entrambe le donne della tragedia. ■ THRILLER; COL.; 98′; CANADA, USA, 2002.

SPIDER MAN ★★
Regia di SAM RAIMI. Con WILLEM DAFOE, KIRSTEN DUNST, TOBEY MAGUIRE, CLIFF ROBERSTON. ■ L'eroe inventato nei primi anni Sessanta da Stan Lee portato sullo schermo da un regista con caratteristiche autoriali (non il solito esperto di effetti speciali). Chissà se quel tipo di qualità fa bene a queste storie. Gli incassi direbbero di sì. Lo studente Peter Parker viene punto da un insetto radioattivo, così acquisisce i poteri per saltare da un grattacielo a un altro. Dopo Superman e Batman poteva mancare l'Uomo ragno? E potranno mancare il 2 e il 3? ■ AVVENTURA; COL.; 121′; 2002.

SPIDER MAN 2 *(Spider-Man 2)* ★★★
Regia di SAM RAIMI. Con DYLAN BAKER, WILLEM DAFOE, KIRSTEN DUNST, VANESSA FERLITO, JAMES FRANCO, DANIEL GILLIES, ROSEMARY HARRIS, TOBEY MAGUIRE, AASIF MANDVI, ALFRED MOLINA, DONNA MURPHY, BILL NUNN, CLIFF ROBERSTON, J. K. SIMMONS. ■ *Bigger, faster, better*. Coinvolgente caleidoscopio di emozioni, la seconda puntata del supereroe più amato ai botteghini migliora, laddove era possibile, il già ottimo primo episodio, e si propone come raro esempio di blockbuster d'auto-

re, in uno scenario segnato dalla sistematica crisi di idee e contenuti in cui versa l'attuale cinema d'intrattenimento made in Hollywood. Raimi lavora di fino sui personaggi e cesella con maggiore perizia rispetto al primo episodio le caratteristiche psicologiche degli stessi, amplificando i problemi che affliggono Maguire/Parker, imbranato e combattuto tra l'amore per la non eccessivamente bella Kirsten Dunst ed il dovere di supereroe, e il tenebroso Jess Franco, dilaniato dalla sete di vendetta per il padre ed il sentimento di amicizia per il nostro eroe. Meno felice, in questo ameno scenario, la scelta di Molina come villain. Doc Ock è indubbiamente un cattivo efficace (e Raimi, forse memore delle sue precedenti pellicole, rende la sua trasformazione piuttosto cruenta e spaventosa, rispetto al tono generale del film, certamente non terrorizzante), ma l'idea che l'attore sia costantemente fuori posto perdura per tutta la durata della pellicola. ■ AVVENTURA; COL.; 127′; USA, 2004.

SPIDER-MAN 3 ★★
Regia di SAM RAIMI. Con ELIZABETH BANKS, THOMAS HADEN CHURCH, JAMES CROMWELL, BRYCE DALLAS HOWARD, KIRSTEN DUNST, JAMES FRANCO, TOPHER GRACE, ROSEMARY HARRIS, TOBEY MAGUIRE, BILL NUNN. ■ La vita è meravigliosa per Peter Parker/Spiderman: ama, ricambiato, Mary Jane Watson, è idolatrato dalla popolazione e dalla stampa, nessun cattivo sembra resistergli. Le cose cambiano quando da un meteorite caduto nei pressi di New York, emerge un parassita che si insinua nel suo costume: lo sgradito ospite ha la capacità di scavare nell'animo dell'eroe e di fargli mostrare il suo lato peggiore. Intanto, nuovi e vecchi nemici si dimostrano più pericolosi del previsto ed anche Mary Jane, delusa dal comportamento del "nuovo" Peter lo abbandona.... Riuscirà Spiderman a sconfiggere gli avversari e riconquistare il cuore della sua amata? Bello, ma con molte riserve: *Spider-man 3* è un grande spettacolo, capace di colpire cuore e occhi, ma il perfetto mix di azione, ragione e sentimento ottenuto da Raimi con il secondo episodio, non si è ripetuto. ■ AZIONE; COL.; 140′; USA, 2007.

SPIDERWICK – LE CRONACHE ★★
(The Spiderwick Chronicles)
Regia di MARK WATERS. Con SARAH BOLGER, FREDDIE HIGHMORE, NICK NOLTE, MARY-LOUISE PARKER, JOAN PLOWRIGHT, SETH ROGEN, MARTIN SHORT, DAVID STRATHAIRN. ■ I gemelli Jared e Simon e la sorella maggiore Mallory sono tutt'altro che lieti di seguire la mamma e lasciare la loro vita a Manhattan per trasferirsi nella magione polverosa di zia Lucinda, nascosta nei boschi del New England. Ma le cose in famiglia sono cambiate, il padre è sempre più distante ed è tempo di costruirsi un'esistenza diversa, anche se Jared non accenna a farsene una ragione. Lo soccorre un libro, ancora una volta oggetto magico prediletto dal genere fantasy, che già aveva schiuso gli occhi al ragazzino de *La storia infinita*. Questa volta si tratta della "Guida pratica di Arthur Spiderwick al Mondo Fantastico che vi circonda", un manuale illustrato che insegna a relazionarsi con le creature del bosco. Con i piedi ben piantanti nel realismo delle interpretazioni (doppia per Freddie Highmore) e dell'ambientazione contemporanea, *Spiderwick* si fa apprezzare per il ritmo insolito, sostenuto ma mai convulso, quasi fatato, e l'impianto visivo nostalgico. ■ FANTASTICO; COL.; 96′; USA, 2008.

SPIE, LE *(Background to Danger)* ★★★
Regia di RAOUL WALSH. Con SIDNEY GREENSTREET, PETER LORRE, BRENDA MARSHALL, GEORGE RAFT. ■ Un agente segreto americano riesce a impedire che i tedeschi trascinino la Turchia a fianco dell'Asse, evitando la pubblicazione di un falso piano d'attacco russo al paese asiatico. ■ SPIONAGGIO; B/N; 80′; USA, 1943.

SPIE, LE *(Les espions)* ★★
Regia di HENRI-GEORGES CLOUZOT. Con VERA CLOUZOT, CURD JÜRGENS, PETER USTINOV. ■ Il direttore di un manicomio parigino riceve l'incarico, da un uomo che si presenta come dirigente dei servizi segreti americani, di nascondere un individuo nella sua clinica. Si saprà poi che costui è lo scopritore di una terribile arma che la spia cerca di sottrarre ad amici e rivali per evitare che il mondo sia sconvolto da una nuova calamità. ■ SPIONAGGIO; B/N; 124′; FRANCIA, ITALIA, 1958.

SPIE, LE *(I Spy)* ★
Regia di BETTY THOMAS. Con FAMKE JANSSEN, MALCOLM MCDOWELL, EDDIE MURPHY, OWEN WILSON. ■ Che succede se un prototipo di bombardiere invisibile cade in mano a uno dei più loschi trafficanti d'armi del pianeta, l'ungherese Gundars, dispostissimo a venderlo al miglior offerente? Si cerca ovviamente l'aiuto di Alex, miglior spia statunitense in servizio. Ma per coprire l'operazione si pensa di organizzare un incontro di boxe tra il campione del mondo dei medi Kelly e un avversario europeo. Se già la trama vi sembra piuttosto stupida, rassicuratevi: il film è anche peggio. ■ COMMEDIA; COL.; 96′; USA, 2003.

SPIE! *(Achtung! Feind hört mit!)* ★
Regia di ARTHUR MARIA RABENALT. Con RENÉ DELTGEN, LOTTE KOCH. ■ Due spioni inglesi, un uomo e una donna, cercano di sedurre una segretaria e un ingegnere a conoscenza d'importanti segreti militari. Le vittime designate se ne accorgeranno in tempo. ■ SPIONAGGIO; B/N; 93′; GERMANIA, 1941.

SPIE ALL'EQUATORE *(In geheimer Mission)* ★★
Regia di JÜRGEN VON ALTEN. Con GUSTAV FRÖHLICH, CAMILLA HORN. ■ Un coraggioso marinaio aiuta un'ereditiera che rischia di venir truffata dal disonesto socio del padre e ottiene che possa sfruttare delle ricche miniere sudamericane. ■ DRAMMATICO; B/N; 91′; GERMANIA, 1941.

SPIE AMANO I FIORI, LE ★★
Regia di UMBERTO LENZI. Con ROGER BROWN, EMMA DANIELI, GIOVANNA LENZI, YOKO TANI, DANIELE VARGAS. ■ Una spia britannica riceve l'incarico di eliminare tre individui in varie città europee, ma scopre che le sue potenziali vittime l'aspettano. Intuisce così che nella sua organizzazione c'è un traditore e, con l'aiuto di una ragazza, lo smaschera. ■ SPIONAGGIO; COL.; 93′; ITALIA, 1966.

SPIE COME NOI *(Spies Like us)* ★★
Regia di JOHN LANDIS. Con DAN AYKROYD, CHEVY CHASE, DONNA DIXON, STEVE FORREST. ■ Incastrati in ruoli burocratici e ripetitivi, due aspiranti agenti segreti si annoiano a morte. Finalmente, per caso, arriva l'occasione di diventare vere spie: dopo un bislacco addestramento, i nostri eroi partono per la prima (e ultima) missione. Tra risate e pasticci a non finire, befferanno l'esercito russo, il Kgb e perfino la Cia, fuggendo poi con una bella ragazza. ■ COMMEDIA; COL.; 109′; USA, 1985.

SPIE CONTRO *(Company Business)* ★★
Regia di NICHOLAS MEYER. Con MIKHAIL BARYSHNIKOV, GENE HACKMAN, KURTWOOD SMITH. ■ Niente di nuovo sotto il sole. Un film di routine con le scenografie di Ken Adam e le musiche di Michael Kamen. Diviso tra Berlino e Parigi vede in azione Natasha, che fa parte di un Consorzio giapponese e che il boss del Kgb rapisce, e un agente della Cia, che sta compiendo un'operazione che si tramuta in un tranello. Infine si incontreranno e su un'isola potranno godersi il denaro che si saranno guadagnati dopo pericoli di ogni genere. ■ POLIZIESCO; COL.; 104′; USA, 1991.

SPIE CONTRO IL MONDO ★★
(Le Carneval des Barbouzes)
Regia di ALBERT CARDIFF, ROBERT LYNN, SHELDON REYNOLDS. Con LEX BAKER, PIERRE BRICE, STEWART GRANGER, MARGARET LEE, PASCALE PETIT. ■ Un criminale obbliga un tranquillo borghese ad ospitarlo e, sempre tenendolo sotto la minaccia di un'arma, gli racconta, per passare il tempo, tre casi di spionaggio che si sono svolti a Vienna, Roma e Los Angeles. Alla fine ci sarà una sorpresa (abbastanza scontata). ■ SPIONAGGIO; B/N; 94′; AUSTRIA, FRANCIA, ITALIA, 1966.

SPIE DELL'ARIA, LE *(Spies of the Air)* ★★
Regia di DAVID MACDONALD. Con BARRY BARNES, ROGER LINDSAY, JOAN MARION. ■ Un pilota collaudatore, in realtà una spia, cerca di sedurre la moglie di un inventore per carpirle i piani di un apparecchio ideato da suo marito, ma il gioco fallirà. ■ SPIONAGGIO; B/N; 77′; GRAN BRETAGNA, 1939.

SPIE DI NAPOLEONE *(The Reluctant Widow)* ★★
Regia di BERNARD KNOWLES. Con PAUL DUPUIS, JEAN KENT,

GUY ROLFE. ■ In Inghilterra, all'inizio dell'Ottocento una governante, per una serie di equivoci, viene scambiata per la fidanzata di un nobile ferito mortalmente in duello e lo sposa in *articulo mortis*. Lo Stato Maggiore britannico la prende per una spia e grazie a lei riesce a scoprire i veri agenti francesi. La ragazza troverà, infine, l'amore di un Lord. ■ AVVENTURA; B/N; 91'; GRAN BRETAGNA, 1951.

SPIE DI NAPOLEONE, LE *(Der höhere Befehl)* ★★
Regia di GERHARD LAMPRECHT. Con LIL DAGOVER, KARL LUDWIG DIEHL. ■ Agli inizi dell'Ottocento, nella Prussia sotto il giogo napoleonico, alcune spie francesi rapiscono un corriere russo, ma un coraggioso capitano dei dragoni saprà liberarlo. ■ DRAMMATICO; B/N; 95'; GERMANIA, 1934.

SPIE – L'INAFFERRABILE *(Spione)* ★★★
Regia di FRITZ LANG. Con WILLY FRITSCH, PAUL HÖRBIGER, GERDA MAURUS, RUDOLF KLEIN ROGGE. ■ Una vicenda spionistica girata nel periodo "muto", un piccolo capolavoro del genere giallo cui fanno da accompagnamento le musiche originali eseguite al pianoforte. Una chicca da non perdere per gli appassionati dei "classici" cinematografici. ■ DRAMMATICO; COL.; 60'; GERMANIA, 1928.

SPIE OLTRE IL FRONTE *(In Enemy Country)* ★★
Regia di HARRY KELLER. Con TOM BELL, ANJANETTE COMER, ANTHONY FRANCIOSA, PAUL HUBSCHMID, GUY STOCKWELL. ■ Una francese sposa un colonnello tedesco e, durante la seconda guerra mondiale, aiuta i partigiani a compiere una missione di sabotaggio. Rifiuta però d'abbandonare il marito che ama. ■ GUERRA; COL.; 107'; USA, 1968.

SPIE, PASTICCI E BUGIE *(Spies, Lies and Alibies)* ★
Regia di ANTHONY THOMAS. Con ALICE KRIGE, DIANE LADD, ROBERT LOGGIA, DAVID WARNER. ■ Commediola ambientata in un'isola dei Tropici. Spie da tutto il mondo si divertono, ignare che sta per giungere a controllarli un agente della Cia. ■ COMMEDIA; COL.; 91'; USA, 1989.

SPIETATA COLT DEL GRINGO, LA ★
Regia di JOSÉ LUIS MADRID. Con MARTHA DOVAN, PAT GREENHILL, JIM REED. ■ Il solito cowboy ingiustamente accusato d'omicidio sconta i lavori forzati e, diventato poi sceriffo, individua i veri colpevoli e li stermina. ■ WESTERN; COL.; 79'; ITALIA, 1966.

SPIETATA LEGGE DEL RIBELLE, LA ★★★
(Michael Kohlhass)
Regia di VOLKER SCHLÖNDORFF. Con ANTON DIFFRING, THOMAS HOLTZMANN, ANNA KARINA, DAVID WARNER. ■ Nel Cinquecento un mercante di cavalli, Michael Kohlnass, viene costretto a cedere a un nobile due meravigliosi destrieri e, per riparare all'ingiustizia, diventa bandito finendo sul patibolo. Prima però l'imperatore dispone che gli siano restituiti gli animali. ■ DRAMMATICO; COL.; 100'; GERMANIA, 1967.

SPIETATI, GLI *(Unforgiven)* ★★♉
Regia di CLINT EASTWOOD. Con CLINT EASTWOOD, MORGAN FREEMAN, GENE HACKMAN, RICHARD HARRIS. ■ Due cowboy sfregiano una prostituta. Le sue colleghe mettono insieme mille dollari di taglia per vendicarla. Così si mettono in azione i pistoleri per guadagnarsi la somma. I personaggi sono Clint Eastwood, ex killer che adesso fa il contadino, vedovo con due bambini; Richard Harris, un ammazzasette inglese tutto fumo e niente arrosto; Morgan Freeman, amico di Eastwood dai tempi d'oro delle rapine. E c'è lo sceriffo Gene Hackman, che ha una sua personalissima idea della giustizia: tratta bene i cattivi e male i "buoni". Tutta gente sui sessant'anni. C'è anche un giovane killer scattante, ma non ci vede a più di cinquanta metri. I due cowboy vengono scovati e uccisi. Alla fine Clint fa strage di sceriffo e suoi vice, per vendicare il suo amico massacrato a botte. Il film ha avuto grandi riconoscimenti, anche da una certa critica che aveva sempre poco apprezzato il western. Qualcuno ha scritto che qui «si racconta il West (era ora) come fu». «È la rinascita del western», si è detto. In realtà è la sua ennesima fine. Noi partiamo da un postulato: il West non è il western. Che l'America sia stata fatta da tutti i rifiuti del mondo può anche essere una tesi e un film può riprodurre questa realtà. Ma Eastwood qui non si mantiene in quelle righe, ci va sotto. Lo vediamo dibattersi nello sterco di maiale all'inizio, mancare un barattolo con la pistola pur sparando una decina di colpi. Vediamo che si è talmente imbolsito da non riuscire a montare a cavallo. E quando spara col fucile a uno dei due ricercati, gli ci vogliono tre colpi anche se il bersaglio è immobile. E durante il film veniamo a sapere che ha ucciso donne e bambini, «... ma ero ubriaco». E mentre scorre la storia si attende inutilmente che sotto la cenere rimestata alla fine brilli un debole, ultimo fuoco di eroismo. Ma no. Se questo è il ritorno in grande stile del "genere", ebbene in questa sede non viene avallato. Naturalmente non c'è indignazione, c'è malinconia. E poi quella di Eastwood non è proprio una novità. Iniziative contro il mito (e contro il western) il cinema le promuove da decenni. Ricordiamo *I compari di Altman* e *La sparatoria di Hellman*, pellicole di iperrealismo maligno. Ma ricordiamo anche le storie di John Ford che erano magnifico cinema western e pessimo West. Quel cinema ci preme, molto. A noi spiace che il West debba trionfare a scapito del western. Messe di Oscar immeritati. ■ WESTERN; COL.; 122'; USA, 1992. ■ GOLDEN GLOBES ♉ 2 PR, 4 NOM; OSCAR ♉ 4 PR, 9 NOM.

SPIETATO, LO *(The Hard Man)* ★★
Regia di GEORGE SHERMAN. Con VALERIE FRENCH, LORNE GREENE, GUY MADISON. ■ Un ranger del Texas è costretto a uccidere un suo amico diventato bandito e a dare le dimissioni dal corpo. Nominato vicesceriffo, continua le indagini per scoprire cosa aveva spinto il suo amico a diventare fuorilegge e trova una sconvolgente sorpresa. ■ WESTERN; COL.; 80'; USA, 1959.

SPIE TRA LE ELICHE ★★
Regia di IGNAZIO FERRONETTI. Con ARTURO BRAGAGLIA, ENZO FIERMONTE, GUIDO NOTARI, EUGENIA ZARESCA. ■ Un coraggioso giovane italiano manda in fumo i piani di alcuni spioni inglesi che volevano impadronirsi dei progetti di un nuovo aereo. ■ SPIONAGGIO; B/N; 94'; ITALIA, 1943.

SPIE UCCIDONO A BEIRUT, LE ★★
Regia di LUCIANO MARTINO, MINO LOY. Con DOMINIQUE BOSCHERO, JIM CLAY, WANDISA GUIDA, RICHARD HARRISON. ■ Lotta tra spie americane e russe per il possesso di preziosi microfilm. Riuscirà vincitore un agente yankee che conquisterà, per di più, una graziosa ragazza. ■ SPIONAGGIO; COL.; 92'; ITALIA, 1965.

SPIE UCCIDONO IN SILENZIO, LE ★★
Regia di MARIO CAIANO. Con ERIKA BLANC, ANDREA BOSIC, EMMA DANIELI, LANG JEFFRIES. ■ Un agente inglese a Beirut indaga su una misteriosa organizzazione che vuole impadronirsi di una cura contro il cancro, scoperta da uno scienziato. Riuscirà a sconfiggere i suoi nemici. ■ SPIONAGGIO; COL.; 92'; ITALIA, 1966.

SPIE VENGONO DAL CIELO, LE ★★★
(The Helicopter Spies)
Regia di BORIS SAGAL. Con JOHN CARRADINE, LEO G. CARROLL, JULIE LONDON, CAROL LYNLEY, DAVID MCCALLUM, ROBERT VAUGHN. ■ Un nuovo film con le spie dell'Uncle. Questa volta assoldano uno scassinatore per impadronirsi di un'arma micidiale custodita in una cassaforte di Teheran. ■ SPIONAGGIO; COL.; 95'; USA, 1969.

SPIE VENGONO DAL SEMIFREDDO, LE ★★★
Regia di MARIO BAVA. Con LAURA ANTONELLI, FRANÇOISE FABIAN, FRANCO FRANCHI, CICCIO INGRASSIA, FRANCESCO MULÉ, VINCENT PRICE. ■ Franco e Ciccio vengono arruolati dall'Fbi per lottare contro il solito pazzo megalomane e, nonostante i pasticci combinati, riescono ad avere partita vinta pur finendo in un campo di concentramento sovietico. ■ COMICO; COL.; 85'; ITALIA, 1966.

SPINA DEL DIAVOLO, LA *(El espinazo del diablo)* ★★
Regia di GUILLERMO DEL TORO. Con ÍÑIGO GARCÉS, FEDERICO LUPPI, EDUARDO NORIEGA, MARISA PAREDES, FERNANDO TIELVE, IRENE VISEDO. ■ Spagna 1939: la seconda guerra mondiale scuote l'Europa, ma nel paese c'è ancora la guerra civile. Carlos, giovane orfano, entra in un riformatorio sinistro e atipico, diretto dalla dolce Carmen, dal dottor Casares (di lei segretamente innamorato) e da Jacinto, enigmatico e aitante custode. Carlos entra

subito nel mirino di Jaime, compagno violento e cattivo, che non perde occasione per rendergli la vita un inferno. A complicare ulteriormente le cose arrivano le apparizioni di Santi, alunno scomparso misteriosamente anni prima. L'atipico scenario che fa da sfondo al film permette allo stesso di non spendersi come mera *ghost-story* ma di elevarsi sopra i potenziali concorrenti, avvicinandosi più alla forma di un tetro romanzo di formazione. ■ HORROR; COL.; 106′; MESSICO, SPAGNA, 2001.

SPINA DORSALE DEL DIAVOLO, LA *(The Deserter)* ★★
Regia di NISKA FULGOZI, BURT KENNEDY. Con CHUCK CONNORS, RICHARD CRENNA, BEKIM FEHMIU, RICARDO MONTALBAN, SLIM PICKENS, WOODY STRODE, FAUSTO TOZZI. ■ Un capitano di cavalleria, dopo che gli Apaches gli hanno massacrato la moglie, diserta per combattere gli indiani con maggior efficacia. Il generale Miles gli promette la riabilitazione se eliminerà un pericoloso capo ribelle. Lui prende trenta uomini, feccia dell'esercito, e riesce nella missione. ■ WESTERN; COL.; 105′; JUGOSLAVIA, USA, 1971.

SPINA NEL CUORE, UNA ★★
Regia di ALBERTO LATTUADA. Con ANTHONY DELON, SOPHIE DUEZ, ANTONELLA LUALDI, GASTONE MOSCHIN. ■ Un piccolo paesino sulle rive del lago d'Orta fa da sfondo alla storia d'amore tra Guido, ragazzo pigro e annoiato, e Caterina, una giovane donna dal passato misterioso e dall'umore mutevole. Guido cerca di scoprire i segreti di Caterina, che però fugge, sposa un garzone di macelleria e finisce morta nel lago, lasciando all'ex amante i dubbi e i ricordi. Tratto dall'omonimo romanzo di Piero Chiara, il film di Lattuada riesce soltanto in parte a ricostruirne i misteriosi chiaroscuri. ■ DRAMMATICO; COL.; 86′; ITALIA, 1986.

SPIONAGGIO *(Café colette)* ★★
Regia di PAUL L. STEIN. Con PAUL CAVANAGH, GRETA NISSEN. ■ In un caffè parigino, una danzatrice irretisce alcuni ufficiali britannici per farsi consegnare segreti militari, ma, innamoratasi di una delle sue vittime, si pente e consegna i complici alla polizia. ■ SPIONAGGIO; B/N; 92′; GRAN BRETAGNA, 1938.

SPIONAGGIO A CASABLANCA ★★
(Casablanca nid d'espion)
Regia di HENRI DECOIN. Con CARLO CROCCOLO, FRANCO FABRIZI, SARA MONTIEL, MAURICE RONET. ■ A Casablanca, durante la seconda guerra mondiale, una cantante diventa spia dei tedeschi per vendicare lo zio ucciso dai partigiani. L'amore le fa poi cambiare barricata. ■ SPIONAGGIO; COL.; 94′; FRANCIA, ITALIA, SPAGNA, 1965.

SPIONAGGIO A GIBILTERRA *(Gibraltar)* ★★
Regia di PIERRE GASPARD-HUIT. Con GÉRARD BARRAY, CLAUDIO GORA, ELISA MONTES, FAUSTO TOZZI. ■ Un ufficiale inglese di stanza a Gibilterra deve fingersi traditore e farsi radiare per smascherare un gruppo di spie tedesche che operano a Tangeri. ■ SPIONAGGIO; B/N; 91′; FRANCIA, 1964.

SPIONAGGIO AL VERTICE *(Man on a String)* ★★
Regia di ANDRÉ DE TOTH. Con ERNEST BORGNINE, KERWIN MATTHEWS. ■ Un produttore cinematografico di origine russa accetta di fare la spia per i sovietici purché questi lascino che il suo vecchio genitore raggiunga gli Usa. Scoperto, l'uomo accetta di fare il doppio gioco per la Cia. ■ SPIONAGGIO; B/N; 92′; USA, 1959.

SPIONAGGIO A TOKYO *(Stop over Tokyo)* ★★★
Regia di RICHARD L. BREN. Con JOAN COLLINS, EDMOND O'BRIEN, ROBERT WAGNER. ■ Un agente americano in Giappone riesce, dopo molte avventure, a sventare un attentato da parte di un'organizzazione di nostalgici nipponici contro l'Alto Commissariato degli Stati Uniti. ■ SPIONAGGIO; COL.; 100′; USA, 1957.

SPIONAGGIO ATOMICO *(A Bullet for Joey)* ★★
Regia di LEWIS ALLEN. Con GEORGE RAFT, EDWARD G. ROBINSON, AUDREY TOTTER, PETER VAN EYCK. ■ Una banda di gangster viene assoldata dai russi per rapire uno scienziato atomico, ma un coriaceo poliziotto riuscirà a far ribellare contro il capo i suoi stessi uomini. ■ POLIZIESCO; B/N; 85′; USA, 1955.

SPIONAGGIO A WASHINGTON *(To Trap a Spy)* ★★★
Regia di DON MEDFORD. Con PAT CROWLEY, LUCIANA PALUZZI, ROBERT VAUGHN. ■ Napoleon Solo, agente segreto dell'organizzazione Uncle, aiutato da una collega scopre cosa si nasconde dietro gli attentati al presidente di uno Stato africano. ■ SPIONAGGIO; COL.; 90′; USA, 1965.

SPIONAGGIO INTERNAZIONALE – AGENTE 007 ★★
(Foreign Intrigue)
Regia di SHELDON REYNOLDS. Con ROBERT MITCHUM, GENEVIÈVE PAGE, INGRID THULIN. ■ Un giornalista indaga sul passato del proprio capo, morto misteriosamente sulla Costa Azzurra. Attraversa tutta l'Europa e scopre che il defunto era un ex nazista che ricattava i complici. ■ SPIONAGGIO; COL.; 100′; USA, 1956.

SPIONAGGIO SENZA FRONTIERE ★★★
(Stanislas Agent Secret)
Regia di JEAN-CHARLES DUDRUMET. Con GAIA GERMANI, JEAN MARAIS, GENEVIÈVE PAGE, NOËL ROQUEVERT. ■ Per colpa di alcuni equivoci e per amore di una ragazza, un pubblicitario diventa spia internazionale cavandosela con onore. ■ COMMEDIA; B/N; 92′; FRANCIA, 1961.

SPIONAGGIO SOTTO QUATTRO BANDIERE ★★
(La valse du gorille)
Regia di BERNARD BORDERIE. Con YVES BASCQ, ROGER HANIN, CHARLES VANEL. ■ Géo Paquet, detto il Gorilla, agente segreto francese, tenta di impadronirsi di un'importante formula vincendo i rivali russi, americani e inglesi. ■ SPIONAGGIO; B/N; 94′; FRANCIA, 1960.

SPIONE, LO *(Le doulos)* ★★★★
Regia di JEAN-PIERRE MELVILLE. Con JEAN-PAUL BELMONDO, FABIENNE DALÍ, JEAN DESAILLY, MICHEL PICCOLI, SERGE REGGIANI. ■ Un gangster, serio "professionista", è amico di un balordo che ha fama di essere confidente della polizia. Quando il bandito viene arrestato, crede d'essere stato tradito dall'altro e incarica un sicario di punirlo con la morte. Troppo tardi scoprirà che l'amico non solo è innocente, ma ha anche individuato con un astuto piano il vero colpevole. Tenterà di fermare l'esecuzione e morirà assieme al balordo. ■ POLIZIESCO; B/N; 108′; FRANCIA, 1962.

SPIRALE, LA *(Spirala)* ★★
Regia di KRZYSZTOF ZANUSSI. Con MAJA KOMOROWSKA, ZOFIA KUCOWNA, JAN NOWICKI. ■ Un uomo viene colpito da leucemia, e amorevolmente curato da un'amica. Ma durante la degenza in ospedale si suicida. ■ DRAMMATICO; COL.; 85′; POLONIA, 1978.

SPIRALE DELLA VENDETTA, LA *(City of Industry)* ★
Regia di JOHN IRVIN. Con WADE DOMINGUEZ, STEPHEN DORFF, TIMOTHY HUTTON, FAMKE JANSSEN, HARVEY KEITEL. ■ Tarantino colpisce ancora. Due fratelli tentano una rapina aiutati da uno psicopatico. Finirà in tragedia. Non si può allungare un mediometraggio con ghigni e sadismi vari per pretendere che diventi un film. Le iene "non" sono tornate. ■ DRAMMATICO; COL.; 97′; USA, 1997.

SPIRALE DEL TERRORE, LA *(Nattmara)* ★★
Regia di ARNE MATTSSON. Con GUNNAR HELLSTRÖM, ULLA JACOBSSON, SVEN LINDBERG. ■ Una signora è perseguitata da un misterioso assassino che la conduce sull'orlo della pazzia. Soluzione imprevista. ■ POLIZIESCO; B/N; 92′; SVEZIA, 1970.

SPIRALE DI FUOCO – S.O.S. LONDRA IN FIAMME, LA *(The Firechasers)* ★★
Regia di SIDNEY HAYERS. Con KEITH BARRON, ANJANETTE COMER, JOANNE DAINTON, CHAD EVERETT. ■ L'investigatore di una società di assicurazioni svolge indagini per scoprire le cause di alcuni incendi dolosi. Lo aiutano una giovane e bella assistente e un fotografo. ■ GIALLO; COL.; 101′; GRAN BRETAGNA, 1970.

SPIRALE DI NEBBIA, UNA ★★★
Regia di ERIPRANDO VISCONTI. Con MARTINE BROCHARD, DUILIO DEL PRETE, CLAUDE JADE, MARC POREL, STEFANO SATTA FLORES. ■ Un uomo, infelicemente sposato, spara alla consorte durante una battuta di caccia e la uccide. Il giudice incaricato delle indagini interroga le persone più vicine all'accusato e scopre molte falle nei loro matrimoni, relazioni extraconiugali, odi malcelati. Poiché anche i suoi genitori hanno avuto molti problemi, il giudice si dichiara però incapace di pronunciare un qualsiasi verdetto. ■ DRAMMATICO; COL.; 90′; FRANCIA, ITALIA, 1977.

SPIRALE D'ODIO *(Child's Play)* ★★★
Regia di SIDNEY LUMET. Con BEAU BRIDGES, JAMES MASON, ROBERT PRESTON. ■ Dal dramma *Giochi da ragazzi* di Robert Marasco. Un giovane torna come insegnante nel collegio che lo vide studente. Ma scopre che uno dei docenti è trattato come appestato. È pazzo o lo vogliono far sembrare tale? Le persecuzioni ad opera dei ragazzi diventano così violente che il poveraccio è spinto al suicidio. Il giovane scopre che dietro alla faccenda c'è un altro insegnante, che verrà punito dagli stessi giovani da lui allevati nella violenza e nell'odio. ■ DRAMMATICO; COL.; 100'; USA, 1972.

SPIRIT, THE ★★
Regia di FRANK MILLER II. Con SAMUEL L. JACKSON, SCARLETT JOHANSSON, GABRIEL MACHT, EVA MENDES, PAZ VEGA. ■ A Central City si muove *The Spirit*, un eroe diverso dal solito: non ha particolari superpoteri, ma nulla sembra poterlo uccidere, ha un fascino magnetico che attira le donne, non sembra animato da nessuna etica, se non un ottuso senso di rispetto per l'ordine, e da nessuna passione, se non quella per la sua città che considera al pari di una donna. Tutte le altre sono solo avventure semiserie. Per senso del dovere, l'eroe freddo ma implacabile si troverà a dover impedire ad Octopus di bere il sangue di Eracle e a impedire alla donna che gli infranse il cuore di compiere il furto di gioielli del secolo. Frank Miller, dopo l'esperimento di coregia di Sin City, questa volta si è avventurato in un progetto solitario portando sul grande schermo un classico del mondo del fumetto di Will Eisner. ■ AZIONE; COL.; 108'; USA, 2008.

SPIRITIKA *(Witchboard)* ★★
Regia di KEVIN TENNEY. Con TODD ALLEN, STEPHEN NICHOLS, KATHLEEN WILOHOITE. ■ Una tavoletta stregata, dimenticata in casa di una ragazza, mette la fanciulla in contatto con uno spirito maligno che finisce per possederla. Il fidanzato non ha altro mezzo per fermarla che ucciderla, assieme al demonio che l'ha invasata. ■ HORROR; COL.; 98'; USA, 1986.

SPIRITI NELLE TENEBRE ★★
(The Ghost and the Darkness)
Regia di STEPHEN HOPKINS. Con MICHAEL DOUGLAS, VAL KILMER, BRIAN MCCARDIE. ■ Africa 1884. Durante la costruzione della ferrovia due leoni hanno ucciso decine di lavoratori indigeni. Ogni tentativo di abbatterli è stato vano per molto tempo; alla fine un colonnello inglese, aiutato da un cacciatore bianco, riesce nell'impresa. Kilmer è il colonnello, Douglas il cacciatore. Il film parte molto bene, poi frena e ansima. Grottesco il cacciatore, che si presenta come un semidio e poi è il primo che si fa fregare dai leoni. ■ AVVENTURA; COL.; 115'; USA, 1996. ■ OSCAR 1 PR, 2 NOM.

SPIRITO ALLEGRO *(Blithe Spirit)* ★★★★
Regia di DAVID LEAN. Con CONSTANCE CUMMINGS, KAY HAMMOND, REX HARRISON, MARGARET RUTHERFORD. ■ Un romanziere partecipa a una seduta spiritica per documentarsi, in vista di un libro che intende scrivere, e si trova tra i piedi lo spettro della prima moglie che, sempre innamorata, fa i dispetti alla donna che ha preso il suo posto e progetta, inoltre, di farsi raggiungere nell'aldilà dal disgraziato consorte. ■ COMMEDIA; COL.; 96'; GRAN BRETAGNA, 1945. ■ OSCAR 1 PR, 1 NOM.

SPIRITO DELL'ALVEARE, LO ★★★
(El espiritu de la colmena)
Regia di VICTOR ERICE. Con ISABEL TELLERIA, ANA TORENT, JOSÉ VILLASANTE. ■ Dopo aver visto il film *il Dottor Frankenstein*, la piccola Anna è interessata morbosamente ai mostri, che identifica in alcune persone. Incontrando un fuggiasco lo crede un mostro, e lo aiuta in tutti i modi. Quando la Guardia Civil lo ucciderà, lei ritornerà alla realtà. ■ DRAMMATICO; COL.; 105'; SPAGNA, 1982.

SPIRITO, LA CARNE, IL CUORE, LO ★★
(The Astonished Heart)
Regia di ANTONY DARNBOROUGH, TERENCE FISHER. Con NOEL COWARD, CELIA JOHNSON, MARGARET LEIGHTON. ■ Un medico viene corteggiato da una bellissima amica di sua moglie. Dapprima cerca di resisterle, poi è travolto dalla passione. La moglie, poverina, tace e cerca di capire, mentre il marito, in preda alla gelosia per colpa dell'atteggiamento disinvolto dell'amante, cade in una depressione che lo porta al suicidio. ■ DRAMMATICO; B/N; 89'; GRAN BRETAGNA, 1956.

SPIRITO SANTO E LE 5 MAGNIFICHE CANAGLIE ★
Regia di ROBERTO MAURI. Con VASSILI KARIS, DARIA NORMAN, RAY O'CONNOR, LINCOLN TATE. ■ Orripilante western comico, con tanto di ex preti e di garibaldini siciliani trapiantati negli Usa. ■ WESTERN; COL.; ITALIA, 1973.

SPIRIT: STALLION OF THE CIMARRON ★★★
Regia di KELLY ASBURY, LORNA COOK. ■ Nuovo lungometraggio animato della Dreamworks e dei creatori di *Shrek*, meritato successo planetario. Bastano poche sequenze per capire che *Spirit* non ha molto a che vedere con *Shrek*. Prima di tutto è realizzato con le tecniche tradizionali del cartone animato e lo si nota subito nella morbidezza dei tratti e nel movimento fluido dei personaggi. Poi non è così sopra le righe come il fortunato *Shrek*, ma è stato pensato come un prodotto per famiglie: è più conformista, politicamente corretto nel suo apologo ecologico. Per di più il protagonista, lo stallone Spirit, è un personaggio completamente antropomorfizzato nel modo di sentire e di agire. Lo schema è manicheo: il bene da una parte, il male dall'altro; la civiltà e la natura, l'odio e l'amore. È una sfida a Disney con un contenuto disneyano al cento per cento. La storia è semplicissima. L'animale, nato libero e selvaggio nelle praterie erbose del West, viene condotto in cattività in un fortino di bianchi che compiono le peggiori nefandezze nei confronti dei pellerossa e della natura che li circonda. Il giovane Lakota Little Creek lo libera e lo conduce in un villaggio indiano dove l'animale incontra l'amore e ritrova il suo stato primordiale. ■ ANIMAZIONE; COL. 83'; USA, 2002. ■ GOLDEN GLOBES 1 NOM; OSCAR 1 NOM.

SPLASH 2 *(Splash Too)* ★★
Regia di GREG ANTONACCI. Con DONOVAN SCOTT, TODD WARING, AMY YASBECK. ■ Seguito televisivo e di produzione Walt Disney del fortunato *Splash – Una sirena a Manhattan* diretto da Ron Howard e interpretato da Tom Hanks e John Candy. Un giovane vive su un'isoletta nell'oceano Atlantico con una piccola sirena e un giorno decide di tornare a New York. La ragazza-pesce conoscerà un delfino che è in pericolo di vita per colpa di uno scienziato pazzo. Commediola per ragazzi. ■ COMMEDIA; COL.; 96'; USA, 1988.

SPLASH – UNA SIRENA A MANHATTAN *(Splash)* ★★★
Regia di RON HOWARD. Con JOHN CANDY, TOM HANKS, DARYL HANNAH. ■ Dall'intramontabile scuderia Disney una nuova favola dei buoni sentimenti: una splendida sirena (Hannah) lascia l'oceano per amore di un giovane (Hanks), scatenando l'isterica curiosità di scienziati e mass media. Il "ragazzo prodigio" Ron Howard firma, pur tra qualche incongruenza, uno spettacolo leggero e godibile. ■ FANTASTICO; COL.; 111'; USA, 1984. ■ GOLDEN GLOBES 1 NOM; OSCAR 1 NOM.

SPLATTERS – GLI SCHIZZACERVELLI *(Braindead)* ★★
Regia di PETER JACKSON. Con FORREST J. ACKERMAN, TIMOTHY BALME, ELIZABETH MOODY, DIANA PENALVER. ■ Come confusamente sottolinea il titolo "italiano", il film appartiene al genere *splatter*, ovvero l'orrore estremizzato, con effetti speciali che visualizzano le metamorfosi più ripugnanti e le violenze più sfrenate. Con opportuna ironia, in mano a un regista non solo di "B-movies" come Jackson, l'orrore diventa una metafora liberatoria, in questo caso del rapporto madre-figlio. Solo per spettatori non impressionabili. ■ HORROR; COL.; 98'; NUOVA ZELANDA, 1993.

SPLENDIDA CANAGLIA, UNA *(A Fine Madness)* ★★★
Regia di IRVIN KERSHNER. Con SEAN CONNERY, PATRICK O'NEAL, JEAN SEBERG, JOANNE WOODWARD. ■ Un estroso poeta, incline alle risse e alle avventure galanti, porta alla disperazione la moglie che lo induce a sottoporsi a una cura psichiatrica. Ma l'uomo porterà lo scompiglio anche nella clinica. ■ COMMEDIA; B/N; 104'; USA, 1967.

SPLENDIDA E MORTALE *(Praying Mantis)* ★★
Regia di JAMES KEACH. Con CHAD ALLEN, BARRY BOSTWICK,

FRANCES FISHER, JANE SEYMOUR. ■ Quel poco che c'è è già tutto nel titolo. Linda (la Seymour) è una "mantide religiosa" che si nasconde sotto i panni dell'innocua scrittrice: cattura le sue vittime tra i cuori solitari e mette a segno, ogni volta, un delitto perfetto. Un ignaro vedovo che l'ha chiesta in moglie ha modo di porre fine a questa strage di cuori. ■ THRILLER; COL.; 85'; USA, 1992.

SPLENDIDA INCERTEZZA *(Homestretch)* ★★★
Regia di BRUCE H. HUMBERSTONE. Con GLENN LANGAN, MAUREEN O'HARA, CORNEL WILDE. ■ La tenera sposina di un allibratore cerca in tutti i modi di convincere il marito ad abbandonare la sua attività per dedicarsi all'allevamento. La coppia pare spezzarsi ma, alla fine, lui cede. ■ COMMEDIA; COL.; 96'; USA, 1947.

SPLENDIDI AMORI *(Splendor)* ★★
Regia di GREGG ARAKI. Con MATT KEESLAR, ERIC MABIUS, KELLY MACDONALD, KATHLEEN ROBERTSON, JONATHAN SCHAECH. ■ Veronica, una timida ragazza *middle-class*, si ritrova piacevolmente coinvolta in un tenero e trasgressivo *menage-à-trois* in compagnia di due ragazzoni svitati e a tratti simpatici, poco propensi a prendersi cura degli aspetti pratici della vita. Tutto si svolge in una Los Angeles dagli interni plasticati di una discutibile modernità. Uno dei due ragazzi è un batterista palestrato, l'altro è uno scrittore tabagista, un po' meno estroverso, ma ugualmente spiantato. Un terzo soggetto si metterà in mezzo e cercherà di strappare la bella Veronica ai due svitati. Lui è un regista mingherlino, timidissimo, senza talento, cliente degli psicoanalisti e probabilmente assai poco interessante sotto le lenzuola. Una nota giornalista de «La Stampa» parlava di un *Jules et Jim* in chiave moderna. Niente di più lontano: stereotipi, sciatterie, banalità, luoghi comuni, demenzialità. Una scommessa perduta del cinema indipendente USA. ■ COMMEDIA; B/N; 93'; USA, 2000.

SPLENDOR ★★★
Regia di ETTORE SCOLA. Con MARCELLO MASTROIANNI, MASSIMO TROISI, MARINA VLADY. ■ La storia di un cinema di provincia. Nasce negli anni Trenta e muore (forse) all'inizio degli anni Ottanta. Le sue vicende corrono insieme a quelle del maturo gestore, della cassiera procace, del proiezionista maniaco dei film. Il film diretto da uno Scola in buona (se non eccezionale) forma si conclude con un commosso (e diciamo pure commovente) appello di lunga vita al cinema. ■ COMMEDIA; COL.; 115'; ITALIA, 1989.

SPLENDORE *(Splendor)* ★★★
Regia di ELLIOTT NUGENT. Con PAUL CAVANAGH, MIRIAM HOPKINS, JOEL MCCREA. ■ Una suocera terribile, scontenta, per ragioni economiche, del matrimonio del figlio, tenta di convincere la nuora a concedersi a un riccone, convinta che la relazione possa favorire l'ascesa sociale del figlio. Tutto, naturalmente, andrà per il meglio: i due colombi manderanno la vecchiaccia a quel paese. ■ DRAMMATICO; B/N; 77'; USA, 1935.

SPLENDORE NELL'ERBA *(Splendor in the Grass)* ★★★
Regia di ELIA KAZAN. Con WARREN BEATTY, AUDREY CHRISTIE, SEAN GARRISON, PAT HINGLE, FRED STUART, NATALIE WOOD. ■ Nel 1928 due giovani si amano, ma i genitori del ragazzo gli impongono di laurearsi prima di pensare al matrimonio. Lei, abbandonata, ha un tracollo nervoso e viene ricoverata in clinica. Quando ne esce, la crisi del 1929 ha rovinato la famiglia dell'ex fidanzato che nel frattempo ha già sposato un'altra. Lei si consolerà col suo psichiatra. ■ DRAMMATICO; COL.; 124'; USA, 1961. ■ OSCAR 1 PR, 2 NOM.

SPLENDORI E MISERIE DI MADAME ROYALE ★★★
Regia di VITTORIO CAPRIOLI. Con ANTONIO BARLOCCO, VITTORIO CAPRIOLI, FELICE MUSAZZI, MAURICE RONET, JENNY TAMBURI, UGO TOGNAZZI. ■ Un ex ballerino omosessuale ha solo due consolazioni: la figlia adottiva e i momenti in cui egli si traveste con sontuosi abiti femminili e si fa chiamare Madame Royale, durante festicciole con gli amici. Un giorno la figlia finisce nei guai e un losco commissario promette al ballerino di prosciogliere se egli accetterà di diventare spia della polizia. Il poveretto acconsente e viene eliminato dalla malavita. ■ DRAMMATICO; COL.; 103'; ITALIA, 1970.

SPLICE ★★★
Regia di VINCENZO NATALI. Con ADRIEN BRODY, DELPHINE CHANEAC, ABIGAIL CHU, BRANDON MCGIBBON, SARAH POLLEY. ■ Clive ed Elsa sono due scienziati che lavorano in un laboratorio di genetica. I due sono anche sentimentalmente uniti e stanno tentando di creare un gene animale ibrido da cui estrarre proteine. La coppia vorrebbe spingersi oltre nella ricerca ma il committente intende invece entrare subito sul mercato. Elsa però non si arrende e procede con l'innesto di DNA umano. Ne "nasce" un essere (battezzato Dren) che ha in parte le caratteristiche di un corpo umano e in parte quelle di un volatile. Il titolo si riferisce all'esperimento che i due scienziati mettono in atto, ma il film di Natali compie a sua volta un innesto nel tronco del filone "creatore/creatura". Perché riesce, nonostante una non ampia disponibilità di mezzi, a lasciarsi alle spalle tutti i "luoghi" canonici per addentrarsi nell'osservazione di dinamiche diverse. ■ THRILLER; COL.; 104'; CANADA, FRANCIA, USA, 2009.

SPLIT ★★
Regia di CHRIS SHAW. Con JOHN FLYNN, CHRIS SHAW, TIMOTHY WIGHT. ■ Starker, una specie di profeta del duemila, è perseguitato perché creduto in possesso del segreto della vita eterna. ■ DRAMMATICO; COL.; 92'; USA, 1988.

SPOGLIAMOCI COSÌ SENZA PUDOR... ★★
Regia di SERGIO MARTINO. Con URSULA ANDRESS, BARBARA BOUCHET, NINETTO DAVOLI, JOHNNY DORELLI, ALBERTO LIONELLO, ENRICO MONTESANO. ■ Quattro episodi: nel primo un detective troppo furbo finisce gabbato dal cliente che voleva imbrogliare; nel secondo un calciatore si traveste da donna per far vincere la squadra femminile del suo paese; nel terzo un produttore chiude l'amante nell'armadio per nasconderla alla moglie, offrendola così a un ladro che aveva trovato rifugio nello stesso posto; nel quarto una coppia clandestina si ritrova sul letto dove pochi minuti prima è spirato un uomo. ■ COMMEDIA; COL.; 115'; ITALIA, 1976.

SPOGLIANDO VALERIA ★
Regia di BRUNO A. GABURRO. Con DALILA DI LAZZARO, GERARD MANZETTI. ■ Valeria è una donna bellissima e sensuale. Kriss fa la sua conoscenza mentre svolge le indagini sulla sospetta morte di un pittore. Scoprirà che è proprio Valeria, della quale nel frattempo è diventato l'amante, la responsabile di una lunga serie di omicidi, passioni sfrenate e crudeli misfatti. ■ GIALLO; COL.; 95'; ITALIA, 1989.

SPOGLIARELLO PER UNA VEDOVA ★★★
(Promise her Anything)
Regia di ARTHUR HILLER. Con WARREN BEATTY, LESLIE CARON, ROBERT CUMMINGS, LIONEL STANDER, KEENAN WYNN. ■ Un regista di filmetti pornografici conquista la simpatia d'un ragazzino, figlio della sua vicina di casa. La donna, una vedova, vorrebbe sposare un pediatra, ma tra quest'ultimo e il bambino non c'è affiatamento. Lei si rivolge allora al cineasta per chiedergli consigli e finisce per innamorarsene. ■ COMMEDIA; COL.; 98'; USA, 1966.

SPOGLIATI, GLI *(L'amour humain)* ★★
Regia di DENIS HÉROUX. Con CHARLOTTE BOISJOLY, LOUISE MAURLEU, JACQUES RIBEROLLES. ■ Un prete e una suora hanno una crisi di vocazione lavorando in un grande ospedale. Si spogliano della veste, si sposano, si dividono, infine decidono di tornare insieme. ■ DRAMMATICO; COL.; 92'; FRANCIA, 1971.

SPOGLIATI, PROTESTA, UCCIDI – QUANDO LA PREDA È L'UOMO ★★
Regia di VITTORIO DE SISTI. Con GABRIELLA BOCCARDO, BILL JONES, HENRY MOORE, SERGIO SERAFINI, GIULIANO VASILICÒ. ■ La figlia di un industriale americano s'innamora di un rivoluzionario nero. Il padre fa pedinare l'indesiderato futuro genero da due sicari e lui è costretto ad ucciderli, ed è poi arrestato. La ragazza, per vendicarsi, fa fuori lo snaturato genitore. ■ DRAMMATICO; COL.; 92'; ITALIA, 1974.

SPONGEBOB – IL FILM ★★
(Spongebob Squarepants The Movie)
Regia di STEPHEN HILLENBURG. ■ Sono passati ben cinque an-

ni dall'esordio televisivo di Spongebob, spugna fantozzianamente agghindata con cravatta e camicia da impiegato, e anche per il simbolo di Nickelodeon giunge l'innocuo passaggio sul grande schermo. Film elementare in tutti i suoi aspetti (trama, caratterizzazione personaggi, dialoghi, morale e persino aspetto tecnico, visto che fondali a parte sembra di assistere a un episodio lungo della serie tv). I bambini e i fan della spugna si divertiranno, visto che la ricerca della corona sottratta al Re Nettuno è tutto sommato appassionante e ricca di colpi di scena. ■ ANIMAZIONE; COL.; 90'; USA, 2004.

SPOOKIES ★★
Regia di THOMAS DOHAN, BRENDAN FAULKNER, EUGENE JOSEPH. Con MARIA PECHUKAS, DAN SCOTT, FELIX WARD. ■ Uno stregone vuol riportare in vita la moglie scomparsa settanta anni prima. Per far questo ha bisogno di sacrifici umani, e il mago, senza troppi scrupoli, si procura cavie fresche facendo strage fra gli ospiti di un party. ■ HORROR; COL.; 94'; USA, 1986.

SPORCA COPPIA, LA ★
Regia di KIM LUNG. Con KAM KONG, YASAATI KYRATA. ■ Intreccio di spaghetti-western, kung-fu e filosofia orientale. ■ AVVENTURA; COL.; 93'; HONG KONG, 1977.

SPORCA EREDITÀ, UNA *(Legacy of Lies)* ★★
Regia di BRADFORD MAY. Con MARTIN LANDAU, JOE MORTON, MICHAEL ONTKEAN, ELI WALLACH. ■ *Affari di famiglia* al contrario. Il nonno era un boss della mafia, il padre quasi e lui è un poliziotto. Per di più integerrimo. Ma vallo a spiegare ai superiori. Cosa può accadere quando un cognome pesa sulla testa come un macigno? Nel cast Eli Wallach, l'indimenticabile Tuco di *Il buono, il brutto e il cattivo*. ■ POLIZIESCO; COL.; 90'; USA, 1992.

SPORCA FACCENDA, UNA ★★
Regia di ROBERTO MAURI. Con NINO CASTELNUOVO, GINA ROVERE, TONY TABOR. ■ Un gruppo di giovani riesce a portare a segno un buon "colpo", impossessandosi di una grossa vincita al totocalcio. La rapina non porterà loro fortuna perché moriranno quasi tutti. ■ DRAMMATICO; B/N; 92'; ITALIA, 1966.

SPORCA GUERRA, LA *(White Ghost)* ★
Regia di B.J. DAVIS. Con ROSALIND CHAO, MARTIN HEWITT, WILLIAM KATT. ■ Un tenente dispersosi nella giungla durante la guerra in Vietnam viene incaricato, diciotto anni più tardi, di una missione. Purtroppo la deve dividere con qualcuno che non gradisce. ■ DRAMMATICO; COL.; 90'; USA, 1988.

SPORCA GUERRA – L'ABBUFFATORE, UNA ★
Regia di DINO TAVELLA. Con ENZO DORIA, LUCIA GUIZZARDI, ANTONIO MENNA, STEFANIA NELLI. ■ Nel 1943, un calciatore arruolato negli alpini perde la gamba combattendo in Jugoslavia. L'amarezza lo fa diventare un sadico brigatista nero che perseguita anche i suoi amici. Morrà tragicamente. ■ GUERRA; B/N; 94'; ITALIA, 1965.

SPORCO AFFARE, UNO *(The Hard Truth)* ★★★
Regia di KRISTINE PETERSON. Con LYSETTE ANTHONY, RAYMOND BAKER, ERIC ROBERTS, MICHAEL ROOKER, DON YESSO. ■ Un esperto in computer, una ragazza e il suo fidanzato poliziotto mettono in atto un piano per rubare tre milioni di dollari che costituiscono la tangente che la mafia ha versato a un uomo politico di cui la giovane è l'assistente. Il piano fatica a realizzarsi perché il terzetto è lacerato da profonde rivalità. Ancora una donna, come è accaduto con la Bigelow, che tiene saldamente in mano le fila di un film che fonde azione e analisi psicologica. ■ THRILLER; COL.; 91'; USA, 1994.

SPORCO CONTRATTO, UNO *(Hard Contract)* ★★
Regia di S. LEE POGOSTIN. Con KAREN BLACK, JAMES COBURN, STERLING HAYDEN, PATRICK MAGEE, BURGESS MEREDITH, LILLI PALMER, LEE REMICK. ■ Un sicario riceve l'incarico di eliminare tre uomini, due in Spagna e uno in Belgio. Durante la sua missione conosce una milionaria che dapprima scambia per una prostituta. Tra i due nasce l'amore: per il killer ci sarà una crisi di coscienza che gli farà abbandonare il suo mestiere. ■ COMMEDIA; COL.; 107'; USA, 1969.

SPORCO EROE, UNO *(Tigers Don't Cry)* ★★
Regia di PETER COLLINSON. Con JOHN PHILIP LAW, ANTHONY QUINN, SIMON SABELA, MERIUS WEYERS. ■ Un anziano infermiere, condannato a prematura morte, decide di rapire il presidente di uno Stato africano, curato nell'ospedale in cui lavora, per diventare famoso e dare un avvenire alla figlia. Dopo il sequestro, l'uomo salva il prigioniero per ben due volte: l'ultima da un killer, al quale si offre come bersaglio. Il presidente, grato alla sua memoria, decide di assicurare il futuro dell'orfana. ■ AVVENTURA; COL.; 92'; SUDAFRICA, 1976.

SPORCO IMBROGLIO, UNO *(The Strange Affair)* ★★★
Regia di DAVID GREENE. Con NIGEL DAVENPORT, SUSAN GEORGE, JEREMY KEMP, JACK WATSON, MICHAEL YORK. ■ Un sergente di Scotland Yard scopre che il suo ispettore è corrotto, ma non riesce a trovare le prove per incastrarlo. Decide così di fabbricarle riuscendo, con il ricatto, a ottenere la collaborazione di un sottoposto. ■ POLIZIESCO; COL.; 106'; GRAN BRETAGNA, 1969.

SPORT PREFERITO DALL'UOMO, LO ★★★
(Man's Favorite Sport)
Regia di HOWARD HAWKS. Con CHARLENE HOLT, ROCK HUDSON, JOHN MCGIVER, MARIA PERSCHY, PAULA PRENTISS. ■ Il direttore di un negozio d'articoli sportivi incarica un proprio impiegato, che passa per espertissimo pescatore, di partecipare a una gara per motivi pubblicitari. Il poveretto in realtà non sa nulla di pesca e solo una fortuna sfacciata gli consente di giungere ad ottimi risultati. Alla fine, però, rivela onestamente la propria imperizia, tanto ha ormai trovato l'amore dell'organizzatrice della gara. ■ COMMEDIA; COL.; 120'; USA, 1964.

SPORT SUPERSTAR ★★★
Regia di VITTORIO SALA. ■ Un film sui maggiori avvenimenti sportivi, e sui campioni, dalla fine dell'Ottocento al 1970. ■ SPORTIVO; COL.; 95'; ITALIA, 1978.

SPOSA, LA ★★
Regia di NATALE MONTILLO. Con CARLO GIUFFRÉ, IRÈNE TUNC. ■ Una donna uccide un'altra in un incidente d'auto e scopre che il marito della vittima è il suo primo amore che aveva perso di vista. Si riallaccia l'amicizia che termina in un matrimonio, ma ci vorranno un tentativo di suicidio e un atto eroico perché la figlia di primo letto accetti la matrigna. ■ DRAMMATICO; B/N; 91'; ITALIA, 1958.

SPOSA AMERICANA, LA ★★
Regia di GIOVANNI SOLDATI. Con THOMMY BERGGREN, HARVEY KEITEL, STEFANIA SANDRELLI, TRUDIE STYLER. ■ La vita sentimentale del quarantenne Edoardo si divide fra l'amante Anna e la moglie Edith, finché non si scopre che quest'ultima è malata terminale: a Edoardo non rimane che la solitudine. Giovanni Soldati si ispira liberamente al romanzo del padre Mario, con risultati decisamente inferiori alle aspettative. La colonna sonora è di Gino Paoli. ■ DRAMMATICO; COL.; 82'; ITALIA, 1986.

SPOSA BELLA, LA *(The Angel Wore Red)* ★★
Regia di NUNNALLY JOHNSON. Con DIRK BOGARDE, JOSEPH COTTEN, VITTORIO DE SICA, ALDO FABRIZI, AVA GARDNER. ■ Tratto dal romanzo omonimo dello scrittore cattolico inglese Bruce Marshall. Durante la guerra civile spagnola un prete lascia la veste talare, ma vedendo un collega perdere la vita per salvare un'importante reliquia dalle grinfie dei rossi, saprà riscattarsi. ■ DRAMMATICO; B/N; 99'; ITALIA, 1960.

SPOSA CADAVERE, LA *(Corpse Bride)* ★★★
Regia di TIM BURTON, MIKE JOHNSON. Con HELENA BONHAM CARTER, JOHNNY DEPP, CHRISTOPHER LEE, TRACEY ULLMAN, EMILY WATSON. ■ Victor sposerà Victoria alla cieca, lui figlio di borghesi arricchiti, lei di nobili decaduti. Alle prove per il matrimonio Victor palesa tutta la sua goffaggine ma Victoria si innamora lo stesso di lui, ricambiata. Il giovane si rifugia nel bosco per esercitarsi con la formula di matrimonio e preso dall'enfasi infila l'anello in un ramo che spunta dal terreno. Il ramo è in realtà il dito di Emily, la sposa cadavere, che reclama ora Victor come suo legittimo marito. A Victoria, intanto, i genitori hanno già trovato un nuovo sposo, il misterioso Lord Barkis. Il paragone con *Nightmare before Christmas* è inevitabile, e perso su molti fronti. *La sposa cadavere* è spassoso, meno legato alle canzoni nell'economia complessiva, ma ricco di colori più morbidi che rendono il

bar frequentato dai defunti un posto da cercare immediatamente dopo esser trapassati. I personaggi sono divertenti, e anche se probabilmente Victor non potrà mai ambire alla fama di Jack Skellington, di sicuro saprà farsi amare nella sua adorabile sbadataggine. ■ ANIMAZIONE; COL.; 75′; GRAN BRETAGNA, 2005. ■ OSCAR 1 NOM.

SPOSA CONTRO ASSEGNO *(The Bride Came c.o.d.)* ★★

Regia di WILLIAM KEIGHLEY. Con JAMES CAGNEY, JACK CARSON, BETTE DAVIS, STUART ERWIN, GEORGE TOBIAS. ■ Un'ereditiera progetta di fuggire in California per sposarsi con un cantante, ma l'astuto padre di lei paga l'irascibile pilota irlandese che deve portarla laggiù affinché le metta i bastoni fra le ruote. Naturalmente pilota ed ereditiera finiranno per sposarsi. ■ COMMEDIA; B/N; 92′; USA, 1941.

SPOSA DEI RE, LA ★★

Regia di DUILIO COLETTI. Con ELSA DE GIORGI, AUGUSTO MARCACCI, MARIO PISU, LAURA SOLARI. ■ Il giovane sottotenente Napoleone Bonaparte s'innamora di Desirée (qui italianamente chiamata Desiderata), ma gli avvenimenti della vita li separano. Anni dopo, quando Napoleone è imperatore e Desirée moglie del generale Bernardotte, lei contribuisce a salvare la reputazione di Paolina Bonaparte, sorella del sovrano, e lui la premia con la corona di Svezia. ■ STORICO; B/N; 92′; ITALIA, 1939.

SPOSA DEL MARE, LA *(Seawife)* ★★

Regia di BOB MCNAUGHT. Con RICHARD BURTON, JOAN COLLINS, BASIL SIDNEY. ■ Il dramma di quattro naufraghi, tre uomini e una donna, unici superstiti di un mercantile silurato dai giapponesi. Uno impazzisce e odia un compagno perché è nero. Un giornalista invece s'innamora della donna che, dopo il salvataggio, cercherà disperatamente di rintracciare. Non saprà mai che si trattava di una suora. ■ DRAMMATICO; COL.; 82′; USA, 1957.

SPOSA DI BOSTON – IL CAVALIERE DELLO SPAZIO, LA *(The Story of Alexander Graham Bell)* ★★★

Regia di IRVING CUMMINGS. Con DON AMECHE, CHARLES COBURN, HENRY FONDA, LORETTA YOUNG. ■ Questo film su Alexander Graham Bell, l'inventore del telefono, giunse in Italia solo nel 1954: il regime fascista non voleva infatti che potessero sorgere dubbi sulla paternità di questa importantissima invenzione, attribuita ad Antonio Meucci. Bell inizia la sua carriera dando lezioni di fonetica ai sordomuti di Boston. Tra gli allievi c'è la figlia di un industriale di cui lo scienziato s'innamora e che l'aiuterà finanziariamente. ■ BIOGRAFICO; B/N; 97′; USA, 1939.

SPOSA DI CHUCKY, LA *(Bride of Chucky)* ★★

Regia di RONNY YU. Con KATHERINE HEIGL, NICK STABILE, JENNIFER TILLY. ■ Chucky, il pupazzo assassino, è finalmente morto e i suoi resti sono conservati in un magazzino della polizia, insieme ad altre storiche reliquie di numerosi serial killer. Nessuno piange la sua scomparsa, tranne la sua ex compagna Tiffany che riesce recuperare le spoglie del piccolo assassino. Essendo anche lei come Chucky un'esperta conoscitrice delle arti esoteriche e di magia nera, fa tornare in vita il feroce killer. Questo quarto capitolo della saga di Chucky è il più dissacratorio e divertente fra tutti. Le citazioni, a partire dal titolo stesso, sono un omaggio al cinema horror di stampo classico e moderno, e rappresentano uno dei motivi principali per vedere questo film che non fa paura. Qui si ride, e, come succedeva per il grande Freddy Krueger, si fa il tifo per il cattivo. ■ HORROR; B/N; 90′; USA, 2000.

SPOSA DI GIORNO, LADRA DI NOTTE *(Always a Bride)* ★★

Regia di RALPH SMART. Con PEGGY CUMMINGS, TERENCE MORGAN, RONALD SQUIRE. ■ La bella carriera di un truffatore d'alto bordo viene stroncata dalla figlia degenere che sposa un integerrimo impiegato dell'erario. ■ COMMEDIA; B/N; 83′; GRAN BRETAGNA, 1953.

SPOSA DI GUERRA GIAPPONESE, LA *(Japanese War Bride)* ★★

Regia di KING VIDOR. Con CAMERON MITCHELL, DON TAYLOR, SHIRLEY YAMAGUCHI. ■ Forse è il più brutto film di King Vidor. Il personaggio principale è un soldato americano della guerra in Corea. Mentre è in licenza in Giappone, ha conosciuto una bella nipponica, se n'è innamorato, l'ha sposata, ora la vuole portare a vivere con lui negli Stati Uniti. Ma nella cittadina natale i sentimenti contro i giapponesi sono ancora esacerbati dal ricordo della guerra mondiale combattuta sette anni prima. Molti tentano di dividere la giovane coppia. Ma non ci riescono. ■ DRAMMATICO; B/N; 94′; USA, 1952.

SPOSA ERA BELLISSIMA, LA ★★★

Regia di PÁL GÁBOR. Con MASSIMO GHINI, MARCO LEONARDI, ANGELA MOLINA. ■ Carmela e Maria sono "vedove bianche" di due lavoratori siciliani emigrati in Germania, che non tornano mai. Del marito di Maria, dicono si sia fatto una famiglia. Sergio, giovane medico milanese, s'innamora di lei, che ricambia, pur ostacolata dal figlio Giuseppe. Ma Maria si ammala gravemente e muore. Il figlio parte per Monaco di Baviera, vuole uccidere il padre. Ma trova un poveraccio con moglie acida e tre figli, che gli fa solo pena. Ritorna a lavorare al suo paese, dove l'aspetta la fidanzata. ■ DRAMMATICO; COL.; 95′; ITALIA, 1986.

SPOSA FANTASMA, LA *(Over Her Dead Body)* ★★

Regia di Jeff Lowell. Con Lake Bell, Eva Longoria, Sam Pancake, Kali Rocha, Stephen Root, Paul Rudd, Morgan Sheppard, Lindsay Sloane. Kate sta controllando ossessivamente ogni particolare del ricevimento per il suo imminente matrimonio con Henry, quando viene travolta e uccisa dalla statua di ghiaccio di un angelo, trasportata su un furgone da un autista ubriaco. Un anno dopo, la sorellina di Henry, decisa a fare qualcosa per scuoterlo dal torpore del lutto, gli presenta Ashley, una giovane donna che si divide tra un'impresa di catering e un lavoro da veggente. Scettico riguardo alle sue doti da Cassandra, Henry desidera comunque continuare a frequentarla, perché tra i due è sbocciato in fretta l'amore. Peccato che il fantasma di Kate non abbia nessuna intenzione di lasciarlo migrare nelle braccia di un altra donna e preferisca dichiarare guerra aperta alla povera Ashley, l'unica, d'altronde, che è in grado di vederla e di comunicare con lei. ■ COMMEDIA; COL.; 96′; USA, 2008.

SPOSA ILLEGITTIMA, LA *(The Groom Wore Spurs)* ★★★

Regia di RICHARD WHORF. Con JACK CARSON, JOAN DAVIS, STANLEY RIDGES, GINGER ROGERS. ■ Un divo di Hollywood, specializzato in parti di cowboy, ha dei guai con un gangster e assolda un'avvocatessa. Costei sbroglia la matassa e l'attore la sposa. Più tardi lei ha il dubbio che il marito sia un pusillanime e lo pianta. Lui saprà riguadagnarsi la stima della moglie cavandosela da solo quando sarà accusato di aver ucciso il fuorilegge. ■ COMMEDIA; B/N; 80′; USA, 1951.

SPOSA IN AFFITTO, UNA *(The Decoy Bride)* ★★

Regia di SHEREE FOLKSON. Con FEDERICO CASTELLUCCIO, ALICE EVE, KELLY MACDONALD, DAVID TENNANT, MICHAEL URIE. ■ Nel mondo del gossip gli editori sono in trepidante attesa del matrimonio del secolo fra la famosa attrice Lara Tyler e lo scrittore James Arbor. Tormentati da un abile paparazzo, per i due è impossibile celebrare le loro nozze in tranquillità. Steve, il loro wedding planner, sposta il matrimonio sull'isola di Hegg, a largo della Scozia, per ricreare l'atmosfera romantica del primo romanzo di James, e tenere lontani gli occhi della stampa. A Hegg abitano solo anziani o coppie sposate, ad eccezione di Katie, unica donna single di tutta l'isola. Ma quando Lara si accorge che l'intrepido paparazzo li ha raggiunti anche sull'isola sperduta, entra in crisi e scappa. Steve sfrutta la crisi per celebrare un finto matrimonio da dare in pasto alla stampa e la scelta della falsa sposa ricade proprio su Katie. ■ COMMEDIA; COL.; 90′; GRAN BRETAGNA, 2011.

SPOSA IN NERO, LA *(La mariée était en noir)* ★★★★

Regia di FRANÇOIS TRUFFAUT. Con MICHEL BOUQUET, JEAN-CLAUDE BRIALY, MICHAEL LONSDALE, JEANNE MOREAU, ALEXANDRA STEWART. ■ Per una stupida bravata, cinque ricchi scapestrati provocano involontariamente la morte di un poveraccio che stava uscendo dalla chiesa dove si era celebrato il suo matrimonio. La sposa decide di vendicare il marito e uccide, uno dopo l'altro, quattro dei responsabili. L'ultimo è in prigione e lei, per raggiungerlo, si costituisce. ■ DRAMMATICO; COL.; 107′; FRANCIA, 1968.

SPOSA INSODDISFATTA, LA *(Mother Didn't Tell Me)* ★★
Regia di CLAUDE BINYON. Con JESSIE ROYCE LANDIS, WILLIAM LUNDIGAN, JOYCE MACKENZIE, DOROTHY MCGUIRE. ■ Una donna non ha mai approvato il matrimonio del figlio medico, nonostante sia stato allietato da due gemelli, perché avrebbe preferito un'altra sposa. Così fa in modo che diventi assistente del figlio la sua beniamina. La moglie, gelosa, se ne va. Un incidente che mette in pericolo la vita dei piccini fa poi riappacificare gli sposi, allontanare la rivale e ricredere la suocera terribile. ■ COMMEDIA; B/N; 88′; USA, 1950.

SPOSAMI, KATE *(crush)* ★★
Regia di JOHN MCKAY. Con ANNA CHANCELLOR, KENNY DOUGHTY, ANDIE MACDOWELL, IMELDA STAUNTON. ■ In America li chiamano "chick-flik", letteralmente "film per pollastrelle", ovverosia quelle pellicole tenute insieme da lacrime, nevrosi e sentimentalismi perfette per un sabato pomeriggio al cinema con le amiche. Siamo in una piccola cittadina inglese: Kate, Molly e Janine sono tre amiche single di mezz'età che conducono un noioso tran-tran. La vita delle tre donne si movimenta quando Kate, preside di una locale scuola, rivede Jed, suo ex allievo ora venticinquenne, e inizia una relazione con lui. Ma quando la passione sembra trasformarsi in amore, le due amiche, scandalizzate e soprattutto gelose, non esiteranno a intervenire per spezzare il legame. È qui che il tono leggero da commedia lascia il posto a una tragedia annunciata, e forse qui sta anche la debolezza del film, che scorre meglio quando è retto da un divertente e petulante *sense of humour* che non quando diventa cupo e drammatico. ■ COMM. DRAMMATICA; COL.; 115′; USA, 2001.

SPOSA NELLA TEMPESTA, LA *(A House Divided)* ★★
Regia di WILLIAM WYLER. Con HELEN CHANDLER, WALTER HUSTON, DOUGLAS MONTGOMERY. ■ Uno dei primi film di William Wyler, nemmeno tanto vagamente ispirato a *Desiderio sotto gli olmi* di O'Neill. Un vecchio pescatore, vedovo, decide di risposarsi con una ragazza molto più giovane. Ma il figlio di lui si innamora, ricambiato, della matrigna. Scoppia il dramma in famiglia. I due giovani fuggono insieme, ma perirebbero in una tempesta se il vecchio, dimenticando i rancori, non li salvasse. Il gesto però gli costa la vita. ■ DRAMMATICO; B/N; 93′; USA, 1931.

SPOSA NELL'OMBRA, LA *(The Secret Bride)* ★★★
Regia di WILLIAM DIETERLE. Con GLENDA FARRELL, BARBARA STANWYCK, WARREN WILLIAM. ■ Bel dramma con risvolti gialli. Il pubblico ministero di un tribunale americano deve sposare clandestinamente la figlia del governatore dello Stato, perché questi è accusato di malversazione e proprio il giovane dovrà condurre l'accusa. Ma alla fine verrà scoperto il vero colpevole e i due potranno svelare le loro avvenute nozze. ■ DRAMMATICO; B/N; 76′; USA, 1933.

SPOSA NON VESTIVA DI BIANCO, LA ★★
Regia di MARIO BAFFICO. Con ANTONIO CIFARIELLO, DOMENICO GENTILE, FLORA MARIEL, BIANCA STURLESE. ■ Due pescatori sono rivali sia per motivi d'interesse sia perché entrambi vorrebbero sposare la stessa ragazza. Lei ama il più povero, ma questi è costretto a diventare contrabbandiere e, per crearsi un alibi, racconta di aver passato una notte con una prostituta. Folle di gelosia, la ragazza accetta di sposare il rivale, ma, giunta in chiesa, si pente e fugge solo per essere travolta da un'ondata. ■ DRAMMATICO; B/N; 92′; ITALIA, 1951.

SPOSA PER DUE, UNA *(If a Man Answers)* ★★★
Regia di HENRY LEVIN. Con BOBBY DARIN, SANDRA DEE, MICHELINE PRESLE, CESAR ROMERO. ■ La giovane e brillante Chantal è spinta dalla madre a far credere al marito di avere un amante per farlo ingelosire. Il marito capisce la finta e organizza a sua volta i suoi trucchi. ■ COMMEDIA; COL.; 102′; USA, 1962.

SPOSA PER MAO, UNA ★★
Regia di ALAN PRINCE. Con CORRADO CROCE, SANDRA DALL, EMIL DURVILLE, ANDREINA PAUL. ■ Tentativo di un industriale lombardo di commerciare una pillola che rende bianca la pelle dei neri. Nel guazzabuglio l'unica a guadagnarci è la figlia contestatrice dell'industriale, che si arrende ai soldi del socio americano di papà. ■ COMMEDIA; COL.; 94′; ITALIA, 1971.

SPOSA PROMESSA *(The Bride)* ★★
Regia di FRANC RODDAM. Con JENNIFER BEALS, GERALDINE PAGE, STING. ■ Il barone von Frankenstein ha creato Eva, una splendida donna da offrire come compagna al suo "mostro" Victor. Lei però non è d'accordo e Victor s'infuria e scappa. Mentre Eva rimane al castello con il barone "pigmalione", Victor finisce clown da circo insieme ad un suo amico nano. Ma quando il nano muore in un incidente, Victor si vendica e poi torna al castello sperando di ritrovare la sua sposa promessa che, infatti, ha cambiato idea. ■ FANTASTICO; COL.; 118′; GRAN BRETAGNA, 1985.

SPOSA PROMESSA, LA *(Lemale Et Ha'Chalal)* ★★★
Regia di RAMA BURSHTEIN. Con RAZIA ISRAELI, YIFTACH KLEIN, CHAYIM SHARIR, IRIT SHELEG, HADAS YARON. ■ Shira ha diciotto anni, è figlia di un rabbino della comunità ortodossa di Tel Aviv e sorella minore di Esther, che attende un figlio dal marito Yochai. L'interesse di Shira si rivolge per la prima volta verso un coetaneo, che la famiglia le ha proposto come possibile fidanzato, ma la morte di Esther per parto allontana ogni decisione. Solo con il neonato, di cui si occupano con amore Shira e la sua famiglia, Yochay viene invitato a risposarsi presto. La prospettiva che possa andarsene con il nipotino in Belgio, spinge la moglie del rabbino a proporgli di prendere in moglie proprio Shira. Sta alla ragazza accettare o meno questa difficile proposta. Opera prima di Rama Burshtein, è un esordio a cui tributare un benvenuto meritato per la coerenza delle scelte forti di regia e l'emozione che scorre. Pur raccontando dall'interno la comunità chassidica, la regista sfrutta narrativamente le convenzioni religiose per creare un film d'amore. ■ DRAMMATICO; COL.; 90′; ISRAELE, 2012.

SPOSA RIBELLE, LA *(The Bride Goes Wild)* ★★★
Regia di NORMAN TAUROG. Con JUNE ALLYSON, HUME CRONYN, RUTH JENKINS, VAN JOHNSON. ■ Una maestrina di provincia approda a New York, dove incontra uno scapestrato scrittore di storie per bambini, di cui deve illustrare un libro. Attraverso la complicità di un ragazzino che si finge figlio dello scrittore, i due si sposano. ■ COMMEDIA; B/N; 98′; USA, 1948.

SPOSARSI È FACILE, MA... *(Easy to Wed)* ★★
Regia di EDWARD BUZZELL. Con LUCILLE BALL, VAN JOHNSON, CECIL KELLAWAY, CARLOS RAMIREZ, ESTHER WILLIAMS, KEENAN WYNN. ■ Per sottrarsi a una denuncia per diffamazione, mossagli dal padre di una ricca ereditiera che egli ha coinvolto ingiustamente in uno scandalo, un giornalista decide di inguaiare la ragazza per davvero. Equivoci, qui pro quo e finale scontato. ■ COMMEDIA; COL.; 110′; USA, 1946.

SPOSA RUBATA, LA *(John Loves Mary)* ★★
Regia di DAVID BUTLER. Con JACK CARSON, VIRGINIA FIELD, PATRICIA NEAL, RONALD REAGAN. ■ Un ufficiale americano, tornato a casa dalla guerra, si trova nei pasticci perché in Inghilterra ha sposato una donna per farle avere la cittadinanza americana e non sa che dire alla fidanzata che lo ha atteso in patria. Si scopre però che l'inglese è già sposata. ■ COMMEDIA; B/N; 96′; USA, 1951.

SPOSA SCOMPARSA, LA *(Intermezzo)* ★★
Regia di JOSEF VON BACKY. Con TRESI RUNDOLPH, ALBRECHT SCHOENHALS, FRANZ WEBER. ■ Una cantante lascia il fidanzato alla vigilia delle nozze e fugge in Spagna per poter continuare a fare vita d'artista. Incontra un musicista che le insegna a superare la sua natura fatua e viziata: finiranno per sposarsi. ■ COMMEDIA; B/N; 92′; GERMANIA, 1936.

SPOSA SIRIANA, LA ★★★
(Hacala Hasurit – The Syrian Bride)
Regia di ERAN RIKLIS. Con HIAM ABBASS, ASHRAF BARHOUM, CLARA KHOURY, MAKRAM J. KHOURY, EYAD SHEETY. ■ Mona, giovane donna originaria del Golan, sta per convolare a nozze combinate con un cugino siriano conosciuto solo per via epistolare. La felicità per l'evento, già di per sé relativa, è soffocata dal fatto che una volta lasciato il Golan, occupato da Israele, non potrà più tornarvi né di conseguenza rivedere la propria famiglia. La ragazza verrà accompagnata al confine, per l'ultimo sofferto saluto, dal padre, attivista filo-siriano diffidato dalle forze di polizia locali, e dai fratelli, in fuga dalla cultura oppressiva e totalizzan-

te dei propri luoghi natali. ■ DRAMMATICO; COL.; 93'; FRANCIA, GEORGIA, ISRAELE, 2004.

SPOSA SOGNATA, LA *(Dream Wife)* ★★★
Regia di SIDNEY SHELDON. Con CARY GRANT, DEBORAH KERR, WALTER PIDGEON, BETTA ST JOHN. ■ Clem lavora per il governo americano e ha una fidanzata che fa anch'essa politica, ma vorrebbe la moglie tutta casa e marito e si trova allora una ragazza orientale sottomessa all'uomo. La vuole però americanizzare e provoca una rottura. Torna in scena la fidanzata americana e tutto finisce in gloria. ■ COMMEDIA; B/N; 101'; USA, 1950. ■ OSCAR 1 NOM.

SPOSATA IERI *(Jeunes mariés)* ★★
Regia di GILLES GRANGIER. Con HENRI GÉNÈS, FOLCO LULLI, FRANÇOIS PÉRIER, CARLO ROMANO, ANNE VERNON. ■ L'inizio del viaggio di nozze di Jacques e Giselle è burrascoso perché, arrivati in albergo a Montigny, si mettono in urto con una guarnigione di soldati americani alloggiati nella zona, alimentando i contrasti tra i filoamericani e i comunisti. Tutto alla fine si risolve. ■ COMMEDIA; B/N; 93'; FRANCIA, 1953.

SPOSATEVI RAGAZZI *(Wedding Rehearsal)* ★★★
Regia di ALEXANDER KORDA. Con MERLE OBERON, ROLAND YOUNG. ■ Il nipote non vuole sposarsi perché la nonna aristocratica e autoritaria gli presenta solo ragazze di sangue blu. Invitato a una festa, dove incontra tutte le candidate al matrimonio, riesce a destreggiarsi, ma cade nella trappola della furba e ambiziosa segretaria. ■ COMMEDIA; B/N; 84'; GRAN BRETAGNA, 1932.

SPOSA TROPPO BELLA, LA ★★★
(La mariée est trop belle)
Regia di PIERRE GASPARD-HUIT. Con BRIGITTE BARDOT, LOUIS JOURDAN, MICHELINE PRESLE. ■ Una ragazza perbene iperprotetta dalle zie diventa fotomodella e conosce un dongiovanni che la sposa dopo una serie di equivoci. ■ COMMEDIA; COL.; 90'; FRANCIA, 1956.

SPOSA TURCA, LA *(Gegen die wand)* ★★★
Regia di FATIH AKIN. Con CEM AKIN, SIBEL KEKRILLI, HERMANN LAUSE, CATRIN STRIEBECK, BIROL UNEL. ■ Dopo un tentativo di suicidio Cahit incontra Sibel. Sono entrambi di origine turca ma vivono da molti anni in Germania. Sibel vuole uscire dalla sua famiglia in cui gli uomini comandano e propone a Cahit di sposarla. Lei avrà così una copertura per vivere una vita libera anche sul piano sessuale. Ma il ruvido Cahit pian piano se ne innamora. Un bel film tedesco che descrive gli immigrati senza retorica, cercando di trovare la verità nella confusione dei sentimenti che sembra essere diffusa tra tutti gli strati della popolazione, ma che trova ulteriori ostacoli quando le tradizioni impongono le loro regole assurde e prevaricatrici. ■ DRAMMATICO; COL.; 123'; GERMANIA, 2003. ■ BERLINO 1 PR.

SPOSA VENDUTA, LA *(Die verkaufte Braut)* ★★★
Regia di MAX OPHÜLS. Con WILLY DOMGRAF, JARMILA NOVOTNA. ■ L'opera di Smetana sontuosamente messa in pellicola da Ophüls. La trama è basata sugli imbrogli di un sensale di matrimoni boemo. Tutto, naturalmente, finirà bene. ■ COMM. MUSICALE; B/N; 94'; GERMANIA, 1932.

SPOSA VESTIVA DI ROSA, LA *(The Bride Wore Red)* ★★★
Regia di DOROTHY ARZNER. Con BILLIE BURKE, JOAN CRAWFORD, REGINALD OWEN, FRANCHOT TONE, ROBERT YOUNG. ■ È la storia di una ballerina che complotta per sposare un ricco giovane, ma finisce per impalmare un sempliciotto che l'amava già da prima. ■ COMMEDIA; B/N; 103'; USA, 1937.

SPOSE DI DRACULA, LE *(The Brides of Dracula)* ★★★
Regia di TERENCE FISHER. Con PETER CUSHING, MARTITA HUNT, FREDA JACKSON, YVONNE MONLAUR. ■ Un'istitutrice inglese in un castello della Transilvania scopre che il suo datore di lavoro è un vampiro. Per fortuna arriverà il solito eroe a salvarla. ■ HORROR; COL.; 85'; GRAN BRETAGNA, 1960.

SPOSERÒ SIMON LE BON – CONFESSIONI DI UNA SEDICENNE INNAMORATA PERSA DEI DURAN DURAN ★★
Regia di CARLO COTTI. Con BARBARA BLANC, FEDERICA IZZO, GIANMARCO TOGNAZZI. ■ Dall'*instant book* di Clizia Gurrado. La sedicenne Clizia è perdutamente innamorata dell'idolo del momento, il cantante rock Simon Le Bon, e non lascia nulla di intentato pur di incontrarlo. La delusione la riporterà dolcemente alla realtà. ■ COMMEDIA; COL.; 97'; ITALIA, 1986.

SPOSI ★★
Regia di PUPI AVATI, CESARE BASTELLI, LUCIANO MANUZZI, ANTONIO AVATI, FELICE FARINA. Con JERRY CALÀ, CARLO DELLE PIANE, LUCIANO MANUZZI, ELENA SOFIA RICCI. ■ Storia di cinque coppie. Alcune destinate a sposarsi, altre no. Si sposa un presentatore tv per rialzare la propria audience (la moglie è stata protagonista di un fatto di cronaca nera). Si sposano la cassiera di un cinema e il giovanissimo usciere. Forse non si sposeranno altre due coppie (un uomo di cinquanta e la fidanzata di venti, un romagnolo troppo attaccato all'adolescenza). L'ultima coppia è formata da due separati che ricordano il passato. ■ COMMEDIA; COL.; 95'; ITALIA, 1987.

SPOSIAMOCI ANCORA *(Ehe in Dosen)* ★★
Regia di JOHANNES MEYER. Con LENI MARENBACH, JOHANNES RIEMANN, RALPH ARTHUR ROBERTS. ■ Due giovani sposi litigano di continuo e chiedono il divorzio. L'avvocato, che è anche lo zio di lei, sa che si amano, così racconta che il divorzio è stato concesso e li coinvolge in una serie di intrighi per far loro capire che devono stare insieme. ■ COMMEDIA; B/N; 95'; GERMANIA, 1939.

SPOSIAMOCI IN OTTO *(Barnabé)* ★★★
Regia di ALEXANDER ESWAY. Con ANDREX, PAULETTE DUBOST, FERNANDEL, NOËL ROQUEVERT, JEAN TEMERSON, ROLAND TOUTAIN. ■ Scatenata commedia degli equivoci basata, come al solito, su uno scambio di persone: in questo caso, un flautista spiantato e un nobile. ■ COMMEDIA; B/N; 92'; FRANCIA, 1938.

SPOSIAMOCI IN QUATTRO *(Double Wedding)* ★★★
Regia di RICHARD THORPE. Con MYRNA LOY, WILLIAM POWELL. ■ L'autore di un soggetto cinematografico vuole farlo interpretare da un suo amico e dalla ragazza di questi. Interviene la sorella di lei, che intravede dei pericoli per la virtù della sorellina. Tutto si risolve in un doppio matrimonio. ■ COMMEDIA; B/N; 97'; USA, 1937.

SPOSIAMOCI STANOTTE *(The Marines Are Coming)* ★★
Regia di DAVID HOWARD. Con CONRAD NAGEL, WILLIAM NAGEL, ESTHER RALSTON. ■ Un marine insidia la ragazza di un ufficiale, ma le dure esperienze del servizio militare lo maturano. ■ COMMEDIA; B/N; 86'; USA, 1935.

SPOSI DELL'ANNO SECONDO, GLI ★★★
(Les mariés de l'an deux)
Regia di JEAN-PAUL RAPPENEAU. Con LAURA ANTONELLI, MICHEL AUCLAIR, JEAN-PAUL BELMONDO, PIERRE BRASSEUR, MARLÈNE JOBERT. ■ Nel 1787 un giovanotto è dovuto scappare in America, abbandonando la moglie, perché ha litigato con un nobile. Oltre oceano si è legato a un'ereditiera e ora, scoppiata la rivoluzione, torna in Francia per ottenere il divorzio. Si trova subito coinvolto in numerose avventure fra sanculotti e vandeani e, quando ritrova la consorte, capisce d'amarla ancora. Per riottenerla, farà vincere alle armate repubblicane una battaglia contro gli austriaci. ■ COMMEDIA; COL.; 114'; FRANCIA, 1971.

SPOSI IN RODAGGIO ★★
(For Better for Worse – Cocktails in the Kitchen)
Regia di LEE J. THOMPSON. Con DIRK BOGARDE, CECILIA PARKER, SUSAN STEPHEN. ■ Una coppia di giovani sposi è alle prese con i problemi per quadrare il bilancio. Ci sono i soldi di papà ma i due preferiscono tirare avanti da soli. ■ COMMEDIA; COL.; 84'; GRAN BRETAGNA, 1954.

SPOSO È UN ALTRO COSO, LO *(Havana Rose)* ★★
Regia di WILLIAM BEAUDINE. Con HUGH HERBERT, ESTELITA RODRIGUEZ, BILL WILLIAMS. ■ Carmencita manda all'aria le trattative di affari del padre, ambasciatore di una Repubblica sudamericana, e non fa che combinare guai. Finché quasi non finisce avvelenata da due loschi agenti segreti. La salva un ammiratore che la sposa e la toglie di torno. ■ COMMEDIA; B/N; 76'; USA, 1951.

SPOSO IL MIO AMORE *(London Melody)* ★★
Regia di HERBERT WILCOX. Con TULLIO CARMINATI, ANNA NEA-

GLE. ■ Una ragazza sbandata attira le affettuose attenzioni di due uomini, entrambi occupati presso una ambasciata a Londra. Uno dei due è frivolo, l'altro è serio e la ama veramente. Alla fine lei capisce e sposa quest'ultimo. ■ COMMEDIA; B/N; 75'; GRAN BRETAGNA, 1937.

SPOSTAMENTI PROGRESSIVI DEL PIACERE ★★★
(Glissements progressifs du plaisir)
Regia di ALAIN ROBBE-GRILLET. Con ANICÉE ALVINA, MARIANNE EGGERICKX, OLGA GEORGES-PICOT, ISABELLE HUPPERT, MICHAEL LONSDALE, JEAN MARTIN. ■ Nora è assassinata e si sospetta di Alice, la sua convivente. Quest'ultima in carcere e in tribunale sventa ogni accusa. Qual è la verità? Alice è vittima o assassina? La verità appare sempre più lontana. ■ DRAMMATICO; B/N; 105'; FRANCIA, 1971.

SPOSTATI, GLI *(The Misfits)* ★★★
Regia di JOHN HUSTON. Con MONTGOMERY CLIFT, CLARK GABLE, MARILYN MONROE, THELMA RITTER, ELI WALLACH. ■ È l'ultimo film di Marilyn Monroe e di Clark Gable. Un cowboy di mezza età è costretto a catturare con metodi crudeli cavalli selvaggi per una fabbrica di mangimi. Quando ottiene finalmente una preda molto ambita, la sua ragazza, una donna fragile e nevrotica, lo convince a lasciare andare l'animale catturato, simbolo di libertà. ■ DRAMMATICO; B/N; 124'; USA, 1961.

SPOSTATI DI NORTH AVENUE, GLI ★★
(The North Avenue Irregulars)
Regia di BRUCE BILSON. Con SUSAN CLARK, BARBARA HARRIS, EDWARD HERRMAN. ■ Un prete cattolico è destinato alla parrocchia di North Avenue. Non è un posto molto comodo per un pastore di anime. I fedeli sono pochi, i teppisti sono molti. E le strade del quartiere non sono affatto sicure. Che fa allora il parroco? Arruola una milizia privata *sui generis*, dando compiti di "vigilantes" a tre casalinghe sue parrocchiane. ■ COMMEDIA; COL.; 93'; USA, 1979.

SPOT *(See Spot Run)* ★★
Regia di JOHN WHITESELL. Con ANTHONY ANDERSON, DAVID ARQUETTE, LESLIE BIBB, MICHAEL CLARKE DUNCAN, PAUL SORVINO, ANGUS T. JONES, JOE VITERELLI. ■ L'agente Undici è un cane dell'Fbi specializzato nella lotta contro il crimine. Esasperato dalla sua abilità, il trafficante di droga Sonny Talia ordina a due killer di ucciderlo. Il cane viene allora trasferito in Alaska. Durante il tragitto, inseguito dai sicari, riesce a fuggire e si nasconde nel furgone di Gordon che viaggia insieme al piccolo James. James s'innamora subito del cane e convince Gordon a prenderlo in casa. I killer, però, riescono a ritrovare l'agente Undici (ora ribattezzato Spot) e Gordon ed il suo piccolo amico dovranno vedersela sia con la mafia che lo vuole morto, sia con l'Fbi che lo rivuole indietro. Dopo lo straordinario successo di *Poliziotto a quattro zampe* e soprattutto di *Turner, il casinaro*, il regista Whitesell ripropone la formula della commedia dove le gag si alternano agli inseguimenti propri dei polizieschi. Per bambini. ■ COMMEDIA; COL.; 96'; USA, 2001.

S.P.Q.R. – 2000 E 1/2 ANNI FA ★★
Regia di ENRICO VANZINA. Con MASSIMO BOLDI, CHRISTIAN DE SICA, LESLIE NIELSEN. ■ Nella Roma di duemila anni fa giunge da Mediolanum un magistrato che scopre attraverso la testimonianza di un tribuno la corruzione che impera nella capitale. Messosi d'accordo con il tribuno, a sua volta corrotto e pattista, il magistrato tenta di smascherare di fronte al Senato il vero artefice di tutte le trame collusive. Ma costui, in nome di una filosofia di stampo craxiano, ha la meglio sui due illusi, che finiscono come Spartaco, su una croce lungo la via Appia. I Vanzina hanno dichiarato («Corriere della Sera» del 30 dicembre 1994) che si tratta di un buon prodotto industriale, tecnologicamente perfetto; capace di fare ottimi incassi che daranno la possibilità al produttore di realizzare film più impegnati. Inoltre i due fratelli si dichiarano convinti rappresentanti della cultura liberale e repubblicana. Ci sentiamo tutti più tranquilli. ■ COMICO; COL.; 95'; ITALIA, 1994.

SPRECONE, LO *(Just this Once)* ★★
Regia di DON WEIS. Con PETER LAWFORD, JANET LEIGH, LEWIS STONE. ■ Un playboy spende e spande. Gli mettono alle costole una giovane avvocatessa che gli amministri i beni. Prima lui la provoca in ogni modo, mandandole a monte anche il fidanzamento, poi se ne innamora. ■ COMMEDIA; B/N; 90'; USA, 1952.

SPREGIUDICATI *(Idiot's Delight)* ★★★
Regia di CLARENCE BROWN. Con CLARK GABLE, BURGESS MEREDITH, NORMA SHEARER. ■ Dopo molti anni, un ballerino-impresario che viene dalla gavetta e che ha conosciuto tempi duri, ritrova, poco prima dello scoppio della guerra, un'acrobata che aveva conosciuto e amato in gioventù. Per una faccenda di passaporti, lei resta bloccata al confine e l'attuale amante la abbandona. Conclusione prevedibile. ■ DRAMMATICO; B/N; 105'; USA, 1939.

SPRETATO, LO *(Le défroqué)* ★★★
Regia di LÉO JOANNON. Con PIERRE FRESNAY, LÉO JOANNON, PIERRE TRABAUD. ■ Dramma di uno spretato. Un amico più giovane, a sua volta fattosi prete, cerca di farlo tornare sui suoi passi. Il protagonista all'inizio non vuole. La morte dell'amico, in seguito a un tragico scontro tra i due, lo riconduce poi in seno alla Chiesa. ■ DRAMMATICO; B/N; 91'; FRANCIA, 1953.

SPRINGBREAKERS ★★★
Regia di HARMONY KORINE. Con JAMES FRANCO, SELENA GOMEZ, VANESSA HUDGENS, RACHEL KORINE. ■ È tempo di vacanze primaverili per quattro adolescenti annoiate dalla scuola e dalla vita. Provviste di pistole ad acqua, rapinano un ristorante per pagarsi la Florida, le spiagge assolate, i festini alcolici, il sesso bulimico. Sorprese da una retata della polizia finiscono in carcere dentro i loro bikini. Bikini a cui è sensibile Alien, rapper e gangster dal fiato corto e i denti di metallo. Faith, la più introversa tra loro, turbata dalle parole melliflue del ragazzo, decide di salire sul primo bus e di infilare la strada di casa. Qualche giorno e una pallottola dopo, la seguirà anche Cotty. In Florida resteranno soltanto Britt e Candy che, impugnate armi vere, seguiranno Alien su una strada sbagliata. Sceneggiatore di Larry Clark e dei suoi *kids* immaturi e crudeli, Korine si concentra sul narcisismo, l'immobilità psicologica, la rottura degli schemi e i comportamenti a rischio di una generazione. THRILLER; COL.; 90'; USA, 2012.

SPRINGTIME IN A SMALL TOWN – XIAO CHENG ZHI CHUN *(Xiao Cheng Zhi Chun)* ★★★
Regia di TIAN ZHUANGZHUANG. Con XIN BAIQING, HU JINGFAN, WU JUN. ■ Cina, 1946: Liyan e sua moglie Yuwen vivono una vita monotona. Il matrimonio è in crisi, e i due sono distanti: la situazione è aggravata dalla tubercolosi che affligge il marito e che diventa un alibi per evitare qualsiasi contatto. La situazione, ormai insopportabile, arriva a una svolta drammatica quando un vecchio amico della coppia, Zhichen, diventa l'amante di Yuwen. ■ DRAMMATICO; COL.; 116'; CINA, FRANCIA, 2002.

SPRUZZA, SPARISCI E SPARA ★★★
(Now You See him, now You Don't)
Regia di ROBERT BUTLER. Con JIM BACKUS, JOE FLYNN, CESAR ROMERO, KURT RUSSELL. ■ Un gruppo di studenti di un college finanziariamente in cattive acque scopre un liquido che rende invisibili. Un gangster, che è diventato il finanziatore della scuola, si impadronisce della scoperta e la usa a scopi illeciti. Gli studenti riescono a farlo arrestare e a vincere un premio in denaro. ■ COMMEDIA; COL.; 88'; USA, 1972.

SPUN ★
Regia di JONAS ÅKERLUND. Con PATRICK FUGIT, JOHN LEGUIZAMO, BRITTANY MURPHY, MICKEY ROURKE, JASON SCHWARTZMAN, MENA SUVARI. ■ Si tratta del racconto di un ragazzo apparentemente normale che, tra droghe, spacciatori e sesso si ritrova coinvolto in una serie di eventi dai contorni a volte grotteschi, a volte tragici, all'insegna dello sballo perenne e dello stare sveglio ad ogni costo. Più allucinato di *Trainspotting* per lo stile di Jonas Åkerlund, affermato regista di videoclip, che dirige come se si trovasse sul set dell'ultimo video dei Prodigy, tra ralenty e accellerazioni improvvise, alimentando questa sua particolarità con una colonna. ■ DRAMMATICO; COL.; 106'; USA, 2007.

SPY *(The Long Kiss Goodnight)* ★★
Regia di RENNY HARLIN. Con BRIAN COX, GEENA DAVIS, SAMUEL L. JACKSON. ■ Un'ex agente della Cia, durissima, passa da una vita normale a una missione vecchia maniera. Il passato ri-

torna. La donna, fra un'impresa alla Nikita e una alla Bond risolve tutto e torna in famiglia. Esagerato con un certo stile. ■ THRILLER; COL.; 195'; USA, 1997.

SPYDER – DETECTIVE D'ASSALTO ★
Regia di JOE MARI AVELLANA. Con BLAKE BANNER, RONALD WILLIAM LAWRENCE. ■ Spyder, un bravo e coscienzioso poliziotto, si trova a indagare contemporaneamente sull'assassinio di un collega e sull'inspiegabile scomparsa di suo fratello. Passo dopo passo, giungerà alle Hawaii, teatro di una cruenta vicenda di omicidi e di droga. ■ POLIZIESCO; COL.; 80'; USA, 1989.

SPY GAME ★★★
Regia di TONY SCOTT. Con DAVID HEMMINGS, CATHERINE MCCORMACK, BRAD PITT, ROBERT REDFORD. ■ Nathan Muir (Redford) è un agente Cia all'ultimo giorno prima della pensione. Tom Bishop (Pitt) è una sorta di suo delfino. Vediamo nell'antefatto Bishop che cerca di evadere da una prigione cinese, senza riuscirci. A Langley, sede della Cia, Muir viene coinvolto nella misteriosa unità di crisi che riguarda il suo più giovane collega. I capi non vogliono però dirgli come stanno le cose. Ma Muir, vecchia volpe, le intuisce: Bishop verrà abbandonato al proprio destino per non creare un caso internazionale che possa compromettere un importante accordo fra USA e Cina. Nel frattempo attraverso flash back come scatole cinesi abbiamo visto i due in azione in Vietnam e in Libano. Il nodo principale, alla fine, riguarda una donna, della quale Bishop è innamorato. Muir rinuncerà ai "risparmi di una vita" per liberare il suo amico con un'azione "privata". Coppia bene assortita Redford e Pitt. Il primo sembra il personaggio dei *Tre giorni del Condor* 25 anni dopo. Pitt è sempre lui: maledetto, ostico e masochista. Ormai non c'è film dove non venga sfigurato dalle gran botte. Scott, lo sappiamo, è bravino, anche se non ha perso il vizio di giocare troppo con la camera. Poteva andar meglio. ■ SPIONAGGIO; COL.; 126'; USA, 2001.

SPY KIDS ★★★
Regia di ROBERT RODRIGUEZ. Con ANTONIO BANDERAS, GEORGE CLOONEY, CARLA GUGINO, DARYL SABARA, ALEXA VEGA. ■ La famiglia Cortez è composta da mamma, papà, figlio e figlia. I due ragazzi non hanno una grande stima nei confronti dei loro genitori fino al giorno in cui scoprono che sono ex-agenti speciali. Forzati a tornare al vecchio lavoro per via della scomparsa di alcuni colleghi, i due coniugi devono accettare l'idea di essere aiutati da due mini-agenti pronti a tutto. Rodriguez, regista di *El Mariachi*, *Desperado* e *Dal tramonto all'alba* si misura con una storia avventurosa non solo per ragazzi. Superata la cifra di 100 milioni di dollari incassati solo negli USA il film raggiunge quindi il successo al botteghino e riesce a non essere banale. Cameo di George Clooney. ■ COMMEDIA; COL.; 88'; USA, 2001.

SPY KIDS 2: L'ISOLA DEI SOGNI PERDUTI ★★★
(Spy Kids 2: the Island of Lost Dreams)
Regia di ROBERT RODRIGUEZ. Con ANTONIO BANDERAS, STEVE BUSCEMI, CARLA GUGINO, RICARDO MONTALBAN, DARYL SABARA, ALEXA VEGA. ■ Carmen e Juni Cortez, da semplici figli di due ex-superspie sono ora a loro volta spie "junior" e affrontano le prime imprese. Inizialmente, salvano nientemeno che la figlia del Presidente. Poi, si trovano alle prese con uno scienziato pazzo che, in un'isola al di fuori di ogni mappa geografica e popolata da mostri di ogni tipo, tenta di conquistare il mondo. La situazione è complicata dal fatto che nell'isola le diavolerie tecnologiche di cui i due ragazzi dispongono non funzionano: saranno allora gli interventi dei due esperti genitori (e persino dei nonni) a salvarli e a fermare lo scienziato malvagio. Com'era prevedibile, ecco il sequel dell'insperato successo di un paio di stagioni fa. Ribaltando il punto di vista del primo episodio (in cui erano i piccoli a salvare i genitori, e non viceversa), Rodriguez confeziona un godibile film d'evasione, stracolmo di oggetti futuristici e di effetti speciali, ma con il sottile messaggio che la tecnologia, alla lunga, non serve a nulla se non è supportata dalla fantasia. Un film senza gratuite volgarità, adatto ai ragazzi, certo, ma anche ad adulti che non vogliano prendersi troppo sul serio. ■ AZIONE; COL.; 160'; USA, 2002.

SPY KIDS MISSIONE 3-D: GAME OVER ★★
(Spy Kids 3-D: Game over)
Regia di ROBERT RODRIGUEZ. Con ANTONIO BANDERAS, STEVE BUSCEMI, ALAN CUMMING, CARLA GUGINO, SALMA HAYEK, COURTNEY JINES, RICARDO MONTALBAN, MATTHEW O'LEARY, EMILY OSMENT, BILL PAXTON, DARYL SABARA, SYLVESTER STALLONE, HOLLAND TAYLOR, DANNY TREJO, ALEXA VEGA. ■ Il Giocattolaio ha messo a punto il videogame che gli darà definitivamente il controllo di tutti i ragazzi del pianeta e Carmen Cortez ci è rimasta intrappolata dentro. È tempo che Juni, suo fratello e come lei agente delle OSS, torni sulle scene per liberarla e battere il malvagio Giocattolaio. Non sarà semplice superare i dodici livelli di gioco che li separano dalla libertà, ma ad aiutarli ci sarà una variegata serie di super-agenti. Rodriguez si deve divertire proprio come un bambino nel realizzare questa serie che gli permette con i suoi incassi di fare poi "altri" film. Questa volta aggiunge la magia del 3-D che non guasta per i bambini che sono tali e per gli adulti che vorrebbero regredire all'infanzia. ■ AVVENTURA; COL.; 84'; USA, 2003.

SPYS *(Wet Stuff – S.P.Y.S.)* ★★★
Regia di IRVIN KERSHNER. Con XAVIER GÉLIN, ELLIOTT GOULD, DONALD SUTHERLAND, ZOU ZOU. ■ Due agenti americani pasticcioni in servizio a Parigi prima aiutano un ginnasta russo a fuggire in Occidente, poi si mettono in guai seri. ■ COMMEDIA; COL.; 81'; USA, 1974.

SQUADRA ANTIDROGA *(Toma)* ★★★
Regia di RICHARD T. HEFFRON. Con NICHOLAS COLASANTO, TONY MUSANTE, SIMON OAKLAND, SUSAN STRASBERG. ■ Un poliziotto riesce ad ottenere dal superiore libertà d'azione per cercare di incastrare alcuni boss della droga. Seguendo uno degli "esattori" trova una buona pista, che perde però dopo la soffiata di un collega al boss. Facendo pressioni sull'uomo, l'agente ritrova le tracce dell'organizzazione e la sgomina. ■ POLIZIESCO; COL.; 74'; USA, 1977.

SQUADRA ANTIFURTO ★★
Regia di BRUNO CORBUCCI. Con GIULIANA CALANDRA, LILLI CARATI, TOMAS MILIAN, GIUSEPPE PAMBIERI, ROBERT WEBBER. ■ Giraldi è un poliziotto recuperato tra le file della delinquenza. Per seguire i suoi personali ma efficaci metodi, va in giro conciato come un hippy, ma alla fine vince sempre lui. ■ POLIZIESCO; COL.; 100'; ITALIA, 1976.

SQUADRA ANTIGANGSTERS ★★
Regia di BRUNO CORBUCCI. Con ENZO CANNAVALE, MARGHERITA FUMERO, TOMAS MILIAN, GIANNI MUSY, ASHA PUTHLI. ■ Un ex poliziotto, ora agente dell'Interpol, e un suo ex subalterno si trovano coinvolti in una guerra di bande mafiose. Con un po' di fortuna, l'aiuto di due ragazze e l'opportuno intervento degli agenti i due salvano la pelle e concludono in bellezza la pericolosa avventura. ■ POLIZIESCO; COL.; 99'; ITALIA, 1979.

SQUADRA ANTIMAFIA ★★
Regia di BRUNO CORBUCCI. Con ENZO CANNAVALE, LILLI CARATI, ALBERTO FARNESE, ROBERTO MESSINA, TOMAS MILIAN. ■ Volendo scoprire l'assassino di un prezioso testimone, un poliziotto si fa mettere in galera e ne evade, quindi salva la vita a un boss per riuscire ad entrare al suo servizio. Incontra così l'assassino del testimone e viene accusato della sua morte. Finisce di nuovo dentro e il boss, che ha scoperto la sua vera identità, lo fa liberare per liquidarlo. Il poliziotto invece si salva. ■ POLIZIESCO; COL.; 99'; ITALIA, 1978.

SQUADRA ANTISCIPPO ★★
Regia di BRUNO CORBUCCI. Con JACK LA CAYENNE, GUIDO MANNARI, TOMAS MILIAN, MARIA ROSARIA OMAGGIO, JACK PALANCE. ■ Il maresciallo Giraldi è nemico accanito degli scippatori; il suo avversario imprendibile è il "Baronetto", che ha scippato a un americano una preziosa valigetta. L'americano farebbe la pelle al malvivente, se costui non incappasse in Giraldi, che finalmente ha il suo uomo tra le mani. ■ POLIZIESCO; COL.; 92'; ITALIA, 1976.

SQUADRA ANTITRUFFA ★★
Regia di BRUNO CORBUCCI. Con ANNA CARDINI, ALBERTO FAR-

NESE, LEO GULLOTTA, DAVID HEMMINGS, TOMAS MILIAN. ■ Un poliziotto romano e un detective inglese si alleano alla ricerca di una banda che ha portato a termine un'enorme truffa ai danni dei Lloyd di Londra. I malviventi eliminano tutti i possibili testimoni ma, nonostante tutto, la coppia riesce ugualmente a risalire al capo e a mandarlo in galera. ■ POLIZIESCO; COL.; 100'; ITALIA, 1977.

SQUADRA A TUTTO GHIACCIO ★
(D3: The Mighty Ducks)
Regia di ROBERT LIEBERMAN. Con EMILIO ESTEVEZ, JOSHUA JACKSON, JEFFREY NORDLING. ■ La terza avventura dei Mighty Ducks, squadra giovanile di hockey. L'allenatore decide di lasciare la squadra e riprendere la vecchia professione di avvocato. Il team deve gareggiare contro i Warriors per vincere il campionato. ■ COMMEDIA; COL.; 105'; USA, 1996.

SQUADRA CRIMINALE, CASO 24 *(No Man's Woman)* ★★
Regia di FRANKLIN ADREON. Con JOHN ARCHER, NANCY GATES, PATRIC KNOWLES, MARIE WINDSOR. ■ La proprietaria di uno studio d'arte viene trovata assassinata. Si passano in rassegna tutte le persone che possono avere covato odio verso la donna, cinica e senza scrupoli. Il vero assassino cerca di fare ricadere i sospetti sull'ex marito della vittima, ma alla fine si tradisce e viene scoperto. ■ DRAMMATICO; B/N; 70'; USA, 1955.

SQUADRA D'ASSALTO ANTIRAPINA ★★
(Vigilance Force)
Regia di GEORGE ARMITAGE. Con KRIS KRISTOFFERSON, BERNADETTE PETERS, VICTORIA PRINCIPAL, JEAN-MICHAEL VINCENT. ■ Le autorità di una cittadina americana, diventata ricca con il petrolio, sono preoccupate per la criminalità in aumento. Ingaggiano un ex combattente del Vietnam per imporre ordine, che però si rivela un duro pronto a sfruttare la situazione. Verrà fatto fuori dai concittadini. ■ DRAMMATICO; COL.; 89'; USA, 1976.

SQUADRA DELLA MORTE, LA *(Mankillers)* ★★
Regia di DAVID A. PRIOR. Con EDD BYRNES, KAY FISHER, EDY WILLIAMS. ■ Un ex agente della Cia s'è unito ai contrabbandieri di droga in Colombia e ne sta combinando di cotte e di crude. Per metterlo in condizione di non nuocere, viene spedita da quelle parti una formidabile agente in gonnella, che opera sempre al comando di una squadra esclusivamente composta di belle ragazze. ■ AVVENTURA; COL.; 88'; USA, 1987.

SQUADRA DELL'IMPOSSIBILE: DUE VOLTI PER MORIRE *(Mission Impossible Versus the Mob)* ★★
Regia di PAUL STANLEY. Con BARBARA BAIN, VINCENT GARDENIA, PETER GRAVES, MARTIN LANDAU. ■ Sostituzioni di persona e scontati colpi di scena costituiscono gli "ingredienti" principali della pellicola. ■ POLIZIESCO; COL.; 86'; USA, 1969.

SQUADRA D'EMERGENZA *(The New Interns)* ★★
Regia di JOHN RICH. Con MICHAEL CALLAN, BARBARA EDEN, DEAN JONES, TELLY SAVALAS. ■ Il film è ambientato in una clinica universitaria. Ognuno dei giovani medici praticanti ha il suo dramma, e il primario è un uomo rigido e inflessibile. La solidarietà professionale facilita la soluzione dei problemi. ■ DRAMMATICO; COL.; 123'; USA, 1964.

SQUADRA INFERNALE, LA *(Posse from Hell)* ★★
Regia di HERBERT COLEMAN. Con AUDIE MURPHY, JOHN SAXON. ■ Quattro ceffi evasi dal penitenziario piombano in una cittadina mettendola in subbuglio: fanno fuori lo sceriffo, rapinano la banca, prendono una ragazza in ostaggio. La ragazza viene salvata a fatica, i quattro bruti ci rimettono la pelle, giustizia trionfa. ■ WESTERN; COL.; 89'; USA, 1961.

SQUADRA INVESTIGATIVA ★★
(Down Three Dark Streets)
Regia di ARNOLD LAVEN. Con BRODERICK CRAWFORD, MARTHA HYER, MARISA PAVAN, RUTH ROMAN. ■ Per scoprire l'assassino di un agente, un suo collega si rifà ai tre casi dei quali l'ucciso si stava occupando e arriva al colpevole. Tre racconti polizieschi legati in un'unica storia. ■ POLIZIESCO; B/N; 85'; USA, 1954.

SQUADRA INVESTIGATIVA SPECIALE S.I.S. – GIUSTIZIA SOMMARIA *(S.I.S.)* ★★
Regia di MARCK L. LESTER. Con LOU DIAMOND PHILLIPS, CHELSEA FIELD, SCOTT GLENN, YAPHET KOTTO. ■ Il sergente Jeff Powers viene sospeso dalla polizia di Los Angeles perché troppo poco obbediente. Viene però arruolato nella Squadra Speciale Investigativa. Il capo di questo servizio tende a esasperare i conflitti tra i suoi uomini e i criminali più pericolosi in modo da risolvere sempre gli scontri in modo cruento. Powers comprende che l'uccisione dei delinquenti non è l'unico modo per risolvere i problemi della città. ■ POLIZIESCO; COL.; 92'; USA, 1992.

SQUADRA MOBILE 61 *(Bodyguard)* ★★
Regia di RICHARD FLEISCHER. Con PRISCILLA LANE, LAWRENCE TIERNEY. ■ Un poliziotto, che è stato costretto a dare le dimissioni dopo un diverbio con il suo superiore, viene assunto da un giovane industriale come guardia del corpo della ricca zia. È in questa veste che scopre delle illegalità, a cui il principale non è estraneo. ■ POLIZIESCO; B/N; 62'; USA, 1948.

SQUADRA MOLTO SPECIALE, UNA *(The Longshots)* ★★
Regia di FRED DURST. Con ICE CUBE, JILL MARIE JONES, DASH MIHOK, KEKE PALMER, TASHA SMITH. ■ Curtis Plummer ha trascorso la sua giovinezza a giocare a football ma un infortunio lo ha costretto a un lavoro in fabbrica e grandi rimorsi per tutta la vita. Curtis ritrova una luce da seguire nel momento in cui la giovane e problematica nipote Jasmine accetta di imparare a giocare come quarterback. Non senza difficoltà la nipote undicenne riuscirà a conquistare un posto nella squadra della piccola città di Maiden, in Illinois, ma soprattutto nel cuore di tutti. Trascinata da Jasmine, la squadra riuscirà a raggiungere finale del campionato giovanile. Ispirato alla vera storia di Jasmine Plummer, la prima donna a competere in un torneo di football americano. ■ COMMEDIA; COL.; 94'; USA, 2008.

SQUADRA NARCOTICI *(Hell Bound)* ★★
Regia di WILLIAM J. HOLE JR. Con JUNE BLAIR, JOHN RUSSELL. ■ Una giovane che lavora per dei trafficanti di droga si innamora di un medico e vuole lasciare il suo losco mestiere. Non è facile: uno dei suoi datori di lavoro tenta infatti di impedirglielo facendo ricorso a mezzi violenti. A rischio della vita, la donna alla fine lo denuncia e si riscatta. ■ POLIZIESCO; B/N; 78'; USA, 1957.

SQUADRA OMICIDI *(Vice Squad)* ★★★
Regia di ARNOLD LAVEN. Con PAULETTE GODDARD, PORTER HALL, EDWARD G. ROBINSON, KAY T. STEVENS. ■ Un poliziotto, incaricato di svolgere indagini su una banda che ha compiuto un furto, ha la piena collaborazione della tenutaria di un bordello e delle sue ragazze. Uno dei banditi ha preso in ostaggio una giovane che lavorava nella banca della rapina. Le donne della casa d'appuntamenti scoprono il nascondiglio del gangster. La ragazza è liberata. ■ POLIZIESCO; B/N; 87'; USA, 1953.

SQUADRA OMICIDI, SPARATE A VISTA! ★★★
(Madigan)
Regia di DON SIEGEL. Con SUSAN CLARK, MICHAEL DUNN, HENRY FONDA, HARRY GUARDINO, INGER STEVENS, JAMES WHITMORE, RICHARD WIDMARK. ■ Due poliziotti sfortunati, alle prese con problemi professionali e privati, devono a tutti i costi catturare un gangster. Alla fine ci riescono, ma nello scontro il malvivente uccide uno dei due agenti. ■ POLIZIESCO; COL.; 101'; USA, 1968.

SQUADRA 49 *(Ladder 49)* ★★
Regia di JAY RUSSELL. Con JOAQUIN PHOENIX, JOHN TRAVOLTA, JACINDA BARRETT, BILLY BURKE, KEVIN CHAPMAN, MORRIS CHESTNUT. ■ I vigili del fuoco, si sa, da quell'11 settembre del 2001, hanno assunto per gli Stati Uniti un valore infinito, al limite dell'angelico. Fatta questa premessa, può essere più semplice vedere e comprendere un film in cui il confine fra umanità e retorica rischia pericolosamente di scomparire. Jack Morrison, pompiere della *Squadra 49*, si trova in difficoltà durante un incendio: un pavimento è crollato e ora si trova da solo, ferito, in qualche luogo di un edificio invaso dalle fiamme. In questo momento Jack, convinto di essere vicino alla morte, ripercorre la sua vita, fin dal momento in cui era entrato a far parte degli "eroi del fuoco": gli incendi, le amicizie, gli amori. Strutturato seguendo la tecnica del flashback, il film di Jay Russell ha il pregio di non sfruttare solamente gli effetti speciali per puntare l'obiettivo sugli uomini. Nella prima parte, gli aspetti di cameratismo, nel senso buo-

no del termine, di amicizia e di emozione per le prime esperienze, sebbene trattati senza troppi approfondimenti, sono l'elemento portante del film. Nella seconda, purtroppo la retorica emerge fino a spegnere metaforicamente le fiamme. ■ DRAMMATICO; COL.; 105′; USA, 2004.

SQUADRA SPECIALE *(The Seven-ups)* ★★
Regia di PHILIP D'ANTONI. Con TONY LO BIANCO, LARRY NAINES, ROY SCHEIDER. ■ L'informatore Vito "Pompefunebri" si destreggia tra la malavita e la polizia. Un agente, suo amico d'infanzia, riuscirà grazie a lui a risolvere un caso. ■ POLIZIESCO; COL.; 103′; USA, 1973.

SQUADRA SPECIALE ANTIRAPINA ★★
(Metralleta Stein)
Regia di JUAN ANTONIO DE LA LOMA. Con ANTONIO CASAS, BLANCA ESTRADA, FRANCISCO RABAL, JOHN SAXON. ■ Tra Beltrame, bandito, e Mendoza, commissario di polizia, c'è una guerra dichiarata da anni. Quando il criminale ritiene di aver sconfitto definitivamente l'avversario, parte per la Francia con l'amante. Mendoza, uccidendo il fratello di Beltrame, lo costringe a ritornare e questa volta porta a termine la sua personale vendetta. ■ POLIZIESCO; COL.; 92′; SPAGNA, 1975.

SQUADRA SPECIALE CON LICENZA DI STERMINIO *(The Doll Squad)* ★★
Regia di TED V. MIKELS. Con MICHAEL ANSARA, JOHN CARTER, ANTHONY EISLEY, FRANCINE YORK. ■ Uno scienziato spaziale viene sospeso dalle sue funzioni in seguito al guasto inspiegabile di un missile. Una squadra speciale formata da cinque donne risolve il mistero: in un covo superdifeso c'è il solito scienziato pazzo che vuole distruggere l'umanità. ■ SPIONAGGIO; COL.; 101′; USA, 1974.

SQUADRA SPECIALE DELL'ISPETTORE SWEENEY, LA *(Sweeney)* ★★
Regia di DAVID WICKES. Con IAN BANNEN, DIANE KEEN, JOHN THAW, DENNIS WATERMAN, COLIN WELLAND. ■ Un individuo che gode di importanti protezioni manovra alcuni petrolieri servendosi di bellissime prostitute. Dopo la morte di una di esse, un ispettore riuscirà a smascherare le manovre del farabutto. ■ POLIZIESCO; COL.; 110′; GRAN BRETAGNA, 1977.

SQUADRA SPECIALE DI BULLDOG DRUMMOND, LA *(Bulldog Drummond's Secret Police)* ★★
Regia di JAMES HOGAN. Con HEATHER ANGEL, JOHN HOWARD, HENRY BYRON WARNER. ■ Un sadico scienziato si dedica alla tortura nel suo antico castello. Il detective Bulldog Drummond deve ovviamente smascherarlo. ■ POLIZIESCO; B/N; 58′; USA, 1939.

SQUADRA SPECIALE 44 MAGNUM – LA MORTE FA L'APPELLO *(Money Movers)* ★★
Regia di BRUCE BERESFORD. Con TONY BONNER, ALAN CASSEL, ED DEVEREAUX, TERENCE DONOVAN. ■ Eric ha l'incarico di sorvegliare gli autisti di una società di trasporto valori ma è proprio lui che compie una rapina, costretto dal ricatto di un gangster. Due degli autisti, ex poliziotti, si scontrano con Eric e gli emissari del gangster e, dopo una sparatoria nella quale i criminali ci rimettono la pelle, rivelano la loro vera identità di agenti speciali di polizia. ■ POLIZIESCO; COL.; 90′; AUSTRALIA, 1978.

SQUADRA VOLANTE ★★
Regia di STELVIO MASSI. Con MARIO CAROTENUTO, STEFANIA CASINI, TOMAS MILIAN, GASTONE MOSCHIN. ■ A Pavia il solito poliziotto violento, visto che con i metodi legali non riesce ad acciuffare una banda di rapinatori, esce dalla polizia e si fa giustizia da solo. ■ POLIZIESCO; COL.; 92′; ITALIA, 1974.

SQUADRA VOLANTE, LA *(Homicide bureau)* ★★
Regia di CHARLES C. COLEMAN JR. Con BRUCE CABOT, MARC LAWRENCE. ■ Un pregiudicato è arrestato per presunto omicidio, ma viene presto rilasciato in seguito a una campagna di stampa sfavorevole ai duri metodi della polizia. Un agente sa però che egli è colpevole: continua le indagini in proprio e arriva a provare la verità. ■ POLIZIESCO; B/N; 83′; USA, 1939.

SQUADRIGLIA BIANCA ★★
Regia di JON SAVA. Con TINO BIANCHI, CLAUDIO GORA, MARIELLA LOTTI, MIRETTA MAURI. ■ La "Squadriglia bianca", durante la guerra, si avvale anche della collaborazione di donne addestrate duramente al loro dovere. Una giovane viziata matura attraverso il rigido allenamento, ma anche grazie all'amore di un ufficiale, e per correre in suo soccorso ci lascia la pelle. ■ GUERRA; B/N; 93′; ITALIA, ROMANIA, 1942.

SQUADRIGLIA DEGLI EROI, LA *(Pour le Mérite)* ★
Regia di KARL RITTER. Con JUTTA FREYBE, PAUL HARTMANN, FRITZ KAMPERS. ■ Storia di reduci della prima guerra mondiale che, dopo la sconfitta della Germania, e il predominio della sinistra nel paese, si trovano un po' malmessi: dovranno aspettare l'avvento del Terzo Reich per ritornare in auge. ■ DRAMMATICO; B/N; 92′; GERMANIA, 1938.

SQUADRIGLIA DEI FALCHI ROSSI, LA ★★
(Mosquito Squadron)
Regia di BORIS SAGAL. Con DAVID BICK, DAVID DUNDAS, CHARLES GRAY, DAVID MCCALLUM, SUZANNE NEVE. ■ Un coraggioso tenente della Raf viene ritenuto disperso, ma è stato catturato dai nazisti che lo tengono in un castello con altri prigionieri. Le avversità gli hanno fatto perdere la memoria. ■ GUERRA; COL.; 90′; GRAN BRETAGNA, 1970.

SQUADRIGLIA DELL'AURORA, LA ★★★★
(The Dawn Patrol – The Flight Commander)
Regia di HOWARD HAWKS. Con RICHARD BARTHELMESS, CLYDE COOK, DOUGLAS FAIRBANKS JR, NEIL HAMILTON, WILLIAM JANNEY. ■ Nel 1917, il comandante di una squadriglia dell'aviazione inglese soffre vedendosi costretto a mandare i suoi piloti al macello e viene sostituito da un altro ufficiale che, non sopportando il peso del comando, si mette a bere. Si riscatterà offrendosi per una missione suicida. ■ GUERRA; B/N 82′; USA, 1930. ■ OSCAR 1 PR, 1 NOM.

SQUADRIGLIA LAFAYETTE, LA ★★★
(Lafayette Escadrille)
Regia di WILLIAM A. WELLMAN. Con ETCHIKA CHOUREAU, TAB HUNTER, JODY MCCREA, WILLIAM A. WELLMAN JR. ■ Un giovane americano, per combattere dalla parte dei francesi nella Grande Guerra, non esita ad arruolarsi nella Legione straniera. Protagonista di numerose disavventure, finisce poi per rivelarsi un eroe e sposa la donna di cui è innamorato. ■ GUERRA; B/N; 93′; USA, 1958.

SQUADRIGLIA LUTZOW, LA ★
(Kampfgeschwader Lützow)
Regia di HANS BERTRAM. Con CHRISTIAN KAYSSLER, CARSTA LÖCK. ■ Due giovani aviatori tedeschi gareggiano in eroismo per conquistare una ragazza profuga dalla Polonia appena invasa dai nazisti. ■ GUERRA; B/N; 81′; GERMANIA, 1941.

SQUADRIGLIA 633 *(633 Squadron)* ★★
Regia di WALTER E. GRAUMAN. Con HARRY ANDREWS, GEORGE CHAKIRIS, MARIA PERSCHY, CLIFF ROBERTSON. ■ La squadriglia 633 ha l'incarico di bombardare una fabbrica tedesca di missili. Un pilota ha legami con la Resistenza: in caso di cattura rischia di essere torturato. Ma i coraggiosi ci provano lo stesso, lasciandoci la vita. ■ GUERRA; COL.; 98′; USA, 1964.

SQUADRONE BIANCO, LO ★★★
Regia di AUGUSTO GENINA. Con ANTONIO CENTA, FOSCO GIACHETTI, FULVIA LANZI. ■ Un ufficiale di cavalleria, respinto da una donna, si arruola a Tripoli nelle truppe cammellate. La vita nel deserto è dura, ma il giovane ufficiale riesce a superare ogni prova, dando esempio di fulgido coraggio. ■ GUERRA; B/N; 100′; ITALIA, 1936. ■ VENEZIA 1 PR.

SQUALI! *(Sharks)* ★★
Regia di ALAN J. LEVI. Con RICHARD ANDERSON, PAMELA HENSLEY, LEE MAJORS. ■ Un astronauta diventato un superman dopo un viaggio spaziale e uno scienziato pazzoide che vuol dimostrare come gli squali siano addomesticabili si trovano a far fronte comune in una battaglia subacquea contro Parker, un altro pazzoide che ha dichiarato guerra al mondo. Vincono i buoni, naturalmente, e Parker finisce in prigione a meditare sulle sue malefatte. ■ AVVENTURA; COL.; 95′; USA, 1979.

SQUALI D'ACCIAIO *(Submarine Command)* ★★
Regia di JOHN FARROW. Con WILLIAM BENDIX, WILLIAM HOLDEN, NANCY OLSON. ■ Dopo la seconda guerra mondiale, un ufficiale dei sommergibilisti è tormentato dal rimorso, per avere causato involontariamente la morte del suo secondo. Scoppia la guerra di Corea e il protagonista è richiamato. Ne torna guarito da ogni complesso. ■ GUERRA; B/N; 87'; USA, 1951.

SQUALI DELLA MORTE, GLI ★★
(Les requins de Gibraltar)
Regia di EMILE EDWIN REINERT. Con ANNIE DUCAUX, MARCELLE GÉNIAT, LOUIS SALOU, YVES VINCENT. ■ Un'invenzione militare *top secret* è proprietà degli inglesi: i tedeschi introducono in casa del capo del servizio segreto britannico una bella e intelligente spia. Quando lei però viene a sapere che i piani tedeschi prevedono l'affondamento di un sommergibile e una strage, avverte l'Ammiragliato britannico. ■ SPIONAGGIO; B/N; 91'; FRANCIA, 1947.

SQUALI DEL TERZO REICH – PRIEN, L'EROE DI SCAPA FLOW, GLI *(U-47, Kapitänleutnant Prien)* ★★
Regia di HARALD REINL. Con DIETER EPPLER, JOACHIM FUCHSBERGER, SABINA SESSELMANN, OLGA TSCHECHOWA. ■ Un eroe tedesco della seconda guerra mondiale entra in crisi scoprendo la tragedia dei campi di sterminio. ■ GUERRA; B/N; 93'; GERMANIA, 1958.

♥ SQUALO, LO *(Jaws)* ★★★
Regia di STEVEN SPIELBERG. Con RICHARD DREYFUSS, LORRAINE GARY, ROY SCHEIDER, ROBERT SHAW. ■ Da un romanzo di P. Benchley. Uno squalo semina il panico sulle spiagge di una cittadina americana dove ha divorato due bagnanti. Uno scienziato, un pescatore, lo sceriffo locale si impegnano a fondo per eliminare il mostro. Il pescatore ci lascia la vita. ■ FANTASTICO; COL.; 125'; USA, 1975. ■ GOLDEN GLOBES 1 PR, 4 NOM; OSCAR 3 PR, 4 NOM.

SQUALO 2, LO *(Jaws 2)* ★★★
Regia di JEANNOT SZWARC. Con LORRAINE GARY, MURRAY HAMILTON, JOSEPH MASCOLO, ROY SCHEIDER. ■ Ritorna lo squalo, dopo il successo del film di tre anni prima diretto da Steven Spielberg. Nello stesso luogo in cui il feroce animale aveva mietuto molte vittime, riappare un altro bestione, ma solo il capo della polizia sembra essere deciso a intervenire, gli altri preferiscono ignorarne la presenza. Le autorità licenziano il poliziotto per non provocare la fuga dei turisti; dopo un drammatico incidente il protagonista affronta comunque il mostro e lo uccide. ■ DRAMMATICO; COL.; 117'; USA, 1978.

SQUALO 3, LO *(Jaws 3-D)* ★★
Regia di JOE ALVES. Con BESS ARMSTRONG, LOUIS GOSSETT JR, DENNIS QUAID. ■ In Florida sta per essere inaugurato un parco di divertimenti subacqueo ma nello spazio della laguna entra un grande squalo bianco che semina morte e distruzione. Si salvano in due e alla fine ci vorrà l'esplosivo per eliminarlo. Terzo esemplare, ormai stucchevole, della fortunata serie. Presentato originariamente in 3d. ■ HORROR; COL.; 117'; USA, 1983.

SQUALO 4 – LA VENDETTA, LO *(Jaws the Revenge)* ★★
Regia di JOSEPH SARGENT. Con MICHAEL CAINE, LORRAINE GARY, KAREN YOUNG. ■ Quarto capitolo della serie iniziata nel 1975 da Steven Spielberg. Martin Brody, lo sceriffo cacciatore di squali, è morto d'infarto. Ma i "morte bianca" sembrano avercela con la sua famiglia. Uno dei figli è ucciso. E la figlia più giovane sembra dover fare la stessa fine nel mare delle Bahamas dove i superstiti si sono trasferiti. Ma la madre e il fratello la salvano uccidendo il mostro del mare. ■ AVVENTURA; COL.; 89'; USA, 1987.

SQUALO TONANTE, LO *(Operation Pacific)* ★★
Regia di GEORGE WAGGNER. Con WARD BOND, PATRICIA NEAL, JOHN WAYNE. ■ *Squalo Tonante* è un sommergibile in azione nel Pacifico contro i giapponesi; il comandante perde la vita per un'avaria dei motori. Gli succede al comando il secondo, che viene sospettato di aver lasciato morire il suo predecessore. Alla fine chiarisce la sua posizione e si rappacifica anche con la moglie. ■ GUERRA; B/N; 111'; USA, 1951.

SQUARE DANCE – RITORNO A CASA ★★
(Square Dance)
Regia di DANIEL PETRIE JR. Con JANE ALEXANDER, ROB LOWE, JASON ROBARDS. ■ Per tredici anni, Gemma ha vissuto in campagna con il nonno. Ora è una adolescente piena di vita e la madre, messo un po' d'ordine nella vita privata, è venuta a riprendersela. La vita in città sembra da principio bellissima alla ragazzina: conosce gente brillante, passa da una festa all'altra, ha il suo primo amichetto. Però ogni tanto sente nostalgia della vita semplice di campagna. ■ COMMEDIA; COL.; 112'; USA, 1986. ■ GOLDEN GLOBES 1 NOM.

SQUARTATORE DI LOS ANGELES, LO ★★
(The Toolbox Murders)
Regia di DENNIS DONNELLY. Con WESLEY EURE, PAMELYN FERDIN, CAMERON MITCHELL. ■ Los Angeles sta vivendo un momento terribile: in città, infatti, si aggira un folle assassino che aggredisce e uccide le donne servendosi di un trapano. Anche la giovane Laurie viene sequestrata dal pazzo, ma quest'ultimo ha le ore contate. ■ HORROR; COL.; 90'; USA, 1978.

SQUARTATORE DI NEW YORK, LO ★
Regia di LUCIO FULCI. Con JACK HEDLEY, ALMANTA KELLER, HOWARD ROSS. ■ Serie di efferati omicidi a New York: le vittime sono tutte donne, il maniaco rivendica i delitti telefonando con la voce di Paperino, la polizia brancola nel buio e il pubblico si annoia. ■ THRILLER; COL.; 92'; ITALIA, 1982.

SQUATTRINATO, LO *(Half of Sixpence)* ★★★
Regia di GEORGE SIDNEY. Con JULIA FOSTER, CYRIL RITCHARD, TOMMY STEELE. ■ Versione musicale del noto romanzo satirico *Kipps* di H.G. Wells. Protagonista è un commesso di negozio che eredita una fortuna. La perderà presto però a causa di una serie di balorde speculazioni. Per fortuna ha sposato nel frattempo una ragazza tenera e innamorata, che lo amerà anche da squattrinato. Massimo impegno da parte di tutti (anche del vecchio Sidney, l'ex regista di Esther Williams) di fare un musical degno di quelli dei tempi d'oro. Ma è il pubblico che ormai è lontano da quei tempi. ■ MUSICAL; COL.; 94'; GRAN BRETAGNA, 1968.

SQUILLI AL TRAMONTO *(Bugles in the Afternoon)* ★★★
Regia di ROY ROWLAND. Con HELENA CARTER, HUGH MARLOWE, RAY MILLAND. ■ Durante la guerra di Secessione, un capitano nordista riesce a far cacciare dall'esercito un collega che odia, accusandolo ingiustamente di vigliaccheria. Dieci anni dopo i due si trovano nel Settimo cavalleria del generale Custer che lotta contro i Sioux e la carogna, dato che l'altro è solo sergente, gli affida missioni pericolosissime. Per fortuna, ci penseranno gli indiani a fare involontariamente giustizia. ■ WESTERN; COL.; 85'; USA, 1951.

SQUILLI DI MORTE *(Murder by Phone)* ★★★
Regia di MICHAEL ANDERSON. Con SARA BOTSFORD, RICHARD CHAMBERLAIN, JOHN HOUSEMAN. ■ Un professore di ecologia si improvvisa detective per scoprire il pazzo omicida che uccide le sue vittime attraverso la cornetta telefonica. Metafora anti-tecnologica tinta di un giallo alquanto sbiadito. ■ HORROR; COL.; 79'; USA, 1982.

SQUILLI DI PRIMAVERA *(Stars and Stripes Forever)* ★★★
Regia di HENRY KOSTER. Con RUTH HUSSEY, DEBRA PAGET, ROBERT WAGNER, CLIFTON WEBB. ■ La vita e la carriera di John Philip Sousa, il musicista americano autore di *Stars and Stripes Forever*: da semplice componente della banda dei marines a trionfatore in tutto il mondo. ■ BIOGRAFICO; COL.; 89'; USA, 1952.

SQUILLI DI SANGUE *(Stone Cold Dead)* ★
Regia di GEORGE MENDELUK. Con RICHARD CRENNA, LINDA SERENSON, CHARLES SHAMATA, PAUL WILLIAMS. ■ Jack lo Squartatore è tornato. È solo un assassino più "moderno", perché semina vittime sempre tra le prostitute ma servendosi di un fucile e fotografandole mentre esalano l'ultimo respiro. I poliziotti brancolano nel buio e i cittadini sono terrorizzati, poi lo "squartatore" commette un errore. ■ POLIZIESCO; COL.; 90'; CANADA, 1980.

SQUILLO ★
Regia di CARLO VANZINA. Con RAZ DEGAN, JENNIFER DRIVER, PAUL FREEMAN. ■ Si indaga sulla scomparsa di una modella.

Mediocrità di plot e di tutto: c'è chi nascosto in un appartamento si fa scoprire perché schiaccia la coda a un gatto; c'è chi cercando un indizio trova un orecchino sotto il tappetino della macchina. Scarsa evoluzione registica, anche in una storia né vacanziera, né natalizia. ■ POLIZIESCO; COL.; 98'; ITALIA, 1996.

SQUILLO DI TROMBA *(The Trumpet Blows)* ★★
Regia di STEPHEN ROBERTS. Con FRANCES DRAKE, ADOLPHE MENJOU, GEORGE RAFT. ■ Storia piuttosto confusa di due fratelli messicani, uno torero e l'altro avventuriero ricercato dalla polizia. I due amano la stessa ragazza, una giovane ballerina. Qualche complicazione, odio violento tra i fratelli, poi i due fanno pace e la ballerina sposa il torero. ■ AVVENTURA; B/N; 77'; USA, 1934.

SQUILLO PER L'ISPETTORE KLUTE, UNA *(Klute)* ★★★★
Regia di ALAN J. PAKULA. Con CHARLES CIOFFI, JANE FONDA, ROY SCHEIDER, DONALD SUTHERLAND. ■ Un investigatore privato indaga su un omicidio eseguito su ordine di un industriale, di cui l'ucciso era stretto collaboratore. L'indizio più significativo è una lettera del defunto, indirizzata ad una ragazza squillo. Contattata la donna, il detective instaura con lei un rapporto tenero e ambiguo. L'investigatore comincia a temere per l'incolumità della ragazza (sono già morte due sue colleghe) quando scopre finalmente il colpevole. ■ POLIZIESCO; COL.; 114'; USA, 1971. ■ GOLDEN GLOBES 1 PR, 1 NOM; OSCAR 1 PR, 2 NOM.

SQUILLO PER QUATTRO SVITATI – PEZZO PER PEZZO SPUDORATAMENTE, UNA *(Steelyard Blues)* ★★★
Regia di ALAN MYERSON. Con PETER BOYLE, JANE FONDA, JOHN SAVAGE, DONALD SUTHERLAND. ■ Divertente commedia incentrata sull'antitesi dei due personaggi principali, Jess e Frank, due fratelli dal carattere diversissimo: anticonformista e scapestrato il primo, politicante di successo e uomo senza scrupoli il secondo. Nonostante le continue persecuzioni di Frank, Jess riesce sempre a cavarsela nelle sue spericolate imprese. ■ COMMEDIA; COL.; 93'; USA, 1973.

SQUILLO SCOMODA PER L'ISPETTORE NEWMAN, UNA *(The Pyx)* ★★
Regia di HARVEY HART. Con KAREN BLACK, DONALD PILON, CHRISTOPHER PLUMMER, JEAN-LOUIS ROUX. ■ L'ex moglie di un ispettore di polizia si dà alla droga ed alla prostituzione, finché il capo di una strana setta, che ha come missione la morte di tutte le donne come lei, non la irretisce e non cerca di costringerla a commettere un sacrilegio. La donna rifiuta e viene uccisa. Poi l'ispettore farà vendetta in proprio. ■ POLIZIESCO; COL.; 111'; USA, 1973.

SS OPERAZIONE FORTUNAT *(Fortunat)* ★★★
Regia di ALEX JOFFÉ. Con TEDDY BILIS, ANDRÉ BOURVIL, MICHÈLE MORGAN, GABY MORLAY. ■ Fortunat, un povero e generoso ciabattino, provvede alla sistemazione in Francia dei profughi perseguitati dai tedeschi. Gli tocca di aiutare una donna, il cui marito è stato catturato dalle SS, ed i suoi figli: finisce per innamorarsene, corrisposto. Il figlio maggiore rimane sconvolto dall'accaduto. Quando però il prigioniero, al termine della guerra, ritorna presso la sua famiglia, tutto finisce per il meglio. ■ COMMEDIA; B/N; 94'; FRANCIA, 1960.

S.S. SEZIONE SEQUESTRI *(Ramson Baby)* ★
Regia di PAUL FILIPPOU. Con ANDREW BARKLAY, LARRY DANIELS, NICK TACART. ■ Una pattuglia di rivoluzionari, compiuta una rapina in un casinò, è smascherata da un intraprendente commissario. Tra la banda e il poliziotto si ingaggia una lotta furiosa in cui tutti alla fine rimangono uccisi. Si salva solo il bimbo dell'agente, che era stato in precedenza rapito dai guerriglieri. ■ DRAMMATICO; COL.; 93'; GRECIA, 1974.

S.S.S. SICARIO SERVIZIO SPECIALE *(The Liquidator)* ★★
Regia di JACK CARDIFF. Con TREVOR HOWARD, GABRIELLA LICUDI, JILL ST JOHN, ROD TAYLOR. ■ Un tranquillo agente segreto è destinato a una missione in cui deve uccidere un uomo, ma decide di non tradire la sua natura, incaricando un sicario di compiere il delitto. L'uomo assolve sempre in questo modo ai suoi impegni spionistici, finché non si trova al centro di un imbarazzante intrigo. Ma se la caverà anche questa volta. ■ AVVENTURA; COL.; 104'; GRAN BRETAGNA, 1965.

STA' FERMO, MUORI E RESUSCITA *(Zamri, oumri, Voskreni)* ★★★
Regia di VITALI KANEVSKIJ. Con DINARA DRUKAROVA, PAVEL NAZAROV, ELENA POPOVA. ■ Un lavoro intenso e autobiografico quello del cinquantenne Kanevskij che ha esordito con questo film uscito a molti anni dalla realizzazione. Bello il ritratto dell'infanzia, vissuta in Siberia durante il terribile periodo stalinista. Piccoli quadri poetici e commoventi dove regnano sovrane la fame e la paura. Il film è stato premiato a Cannes. ■ DRAMMATICO; COL.; 105'; URSS, 1990.

STAFFETTA DELLA MORTE, LA *(The Pinto Bandit)* ★★
Regia di ELMER CLIFTON. Con MADY LAWRENCE, JAMES NEWILL, DAVE TEX O'BRIEN. ■ I banditi rendono la vita difficile a una ragazza che gestisce una linea di diligenze, ma in suo aiuto intervengono tre baldi e coraggiosi cowboy. ■ AVVENTURA; B/N; 80'; USA, 1944.

STAGE BEAUTY ★★
Regia di RICHARD EYRE. Con HUGH BONNEVILLE, BEN CHAPLIN, BILLY CRUDUP, CLAIRE DANES, ALICE EVE, RUPERT EVERETT, DEREK HUTCHINSON, MARK LETHEREN, TOM WILKINSON. ■ Nella Londra del 1600 l'attrice di teatro più bella e famosa era un uomo: Edward "Ned" Kynaston. All'epoca, infatti, alle donne era vietato recitare in palcoscenico e tutte le parti femminili erano affidate agli attori maschi. Ma con l'ascesa al trono di Carlo I le cose cambiano e per Ned Kynaston, vero acclamatissimo divo, è la fine. "Condannato" a recuperare la propria virilità, va in crisi e comincia a chiedersi chi sia veramente. Buona ricostruzione storica. ■ DRAMMATICO; COL.; 110'; GERMANIA, GRAN BRETAGNA, USA, 2004.

STAGIONE ALL'INFERNO, UNA ★★★
Regia di NELO RISI. Con NIKE ARRIGHI, FLORINDA BOLKAN, JEAN-CLAUDE BRIALY, PIER PAOLO CAPPONI, TERENCE STAMP. ■ La biografia tormentata del grande poeta francese Arthur Rimbaud. Da giovane partecipa alla difesa della Comune di Parigi, poi ha una relazione omosessuale con Verlaine, altro celebre poeta maledetto. Quando i due si lasciano, Rimbaud parte per l'Africa orientale, dove diventerà commerciante di armi e di schiavi e dove troverà tragica morte. ■ DRAMMATICO; COL.; 130'; ITALIA, 1971.

STAGIONE DEI MOSTRI, LA *(Szornyek evadya)* ★★
Regia di MIKLÓS JANCSÓ. Con LAJOS BALÁSZOVITIS, GYÖRGY CSERHALMI, JOZSEF MADARAS. ■ L'ultimo film di Jancsó, una fumosa ma suggestiva allegoria sull'Ungheria di oggi, simboleggiata da due scienziati, uno che si comporta secondo principi di eguaglianza, l'altro che rivendica per la scienza una funzione di guida sulle masse. Un party a cui partecipano i due luminari diviene un agghiacciante *happening*, che ha il suo momento più stupefacente quando nel lago vicino resuscitano, come zombi, i soldati di un equipaggio affondato là durante la seconda guerra mondiale. ■ DRAMMATICO; COL.; 100'; UNGHERIA, 1986.

STAGIONE DEI SENSI, LA ★★
Regia di MASSIMO FRANCIOSA. Con LAURA BELLI, EDDA DI BENEDETTO, UDO KIER, EVA THULIN ■ Quattro ragazze, affascinate dal misterioso proprietario di un maniero su un'isola sperduta, rivaleggiano per conquistarlo. Finiranno tutte e quattro vittime dei suoi sadismi. ■ COMMEDIA; COL.; 94'; ITALIA, 1969.

STAGIONE DELL'ASPIDISTRA, LA *(Keep the Aspidistra Flyning)* ★
Regia di ROBERT BIERMAN. Con HELENA BONHAM CARTER, RICHARD E. GRANT. ■ Tratto dal romanzo *Fiorirà l'aspidistra* scritto da George Orwell nel 1936. Storia squisitamente autobiografica. Godron lavora in pubblicità ma vuol fare il poeta. Quando decide di seguire la sua vocazione e dedicarsi completamente alla poesia, si accorge che non è possibile. La vita è costosa eccetera. E poi c'è la compagna Rosmary, che non ama la bohème e vuole il benessere. Occorre tornare sui propri passi. Critica alla società, che oggi appare un po' scontata e trasparente. I condizionamenti

sono pesanti e dolorosi. Lo sapevamo. ■ COMMEDIA; COL.; 101′; GRAN BRETAGNA, 1997.

STAGIONE DELLA STREGA, LA *(Jack's Wife)* ★★★
Regia di GEORGE A. ROMERO. Con RAY LAINE, JAN WHITE. ■ Jean è una donna affascinante, che ha successo nel lavoro e nella vita privata. Una conoscente, che l'ama alla pari del marito e della figlia, è uno strano personaggio di nome Marion. Nessuno sa cosa faccia di preciso e qualcuno sussurra addirittura che sia una strega. Il film meno conosciuto in assoluto di George A. Romero, regista di *La notte dei morti viventi*. ■ HORROR; COL.; 90′; USA, 1971.

STAGIONE DEL SOLE, LA *(Kurutta kojitsu)* ★★
Regia di KÔ NAKAHIRA. Con YÛJIRÔ ISHIHARA, MASAHIKO TSUGAWA. ■ Due fratelli, l'uno timido e riservato, l'altro intraprendente e sicuro di sé, corteggiano una donna sposata. Il primo finirà per uccidere il secondo. ■ DRAMMATICO; B/N; 92′; GIAPPONE, 1958.

STAGIONI DEL CUORE, LE *(Places in the Heart)* ★★★
Regia di ROBERT BENTON. Con SALLY FIELD, DANNY GLOVER, JOHN MALKOVICH. ■ Il regista e sceneggiatore Benton lancia uno sguardo affettuoso al suo Texas nativo durante la Grande Depressione degli anni Trenta. La fresca vedova Spalding (Field), aiutata dal fedele nero Moses (Glover), è decisa a mandare avanti la sua piantagione di cotone nonostante problemi razziali e catastrofi meteorologiche. Film forse un po' prevedibile e costruito, ma nobilitato da una Sally Field assolutamente strepitosa (insignita infatti in questa occasione del premio Oscar quale migliore attrice protagonista) e dalla bellissima fotografia di Nestor Almendros. Premio Oscar anche a Robert Benton per il miglior soggetto originale. ■ DRAMMATICO; COL.; 102′; USA, 1984. ■ BERLINO 1 PR; GOLDEN GLOBES 1 PR, 3 NOM; OSCAR 2 PR, 7 NOM.

STAGIONI DELL'AQUILA, LE ★
Regia di GIULIANO MONTALDO. ■ Scorribanda attraverso la storia del glorioso istituto Luce, nato nel 1924, e testimone di tutti i fatti italiani fino alla fine della guerra (dove si ferma il film) e oltre. Presentato alla mostra di Venezia nella sezione *Immagini fra cronaca e storia*. Il regista e lo sceneggiatore Ernesto G. Laura non portano niente di nuovo. La loro tesi è che le immagini portano comunque una verità affrancata da regimi e condizionamenti. Ma non è una tesi nuova. ■ DOCUMENTARIO; B/N; 89′; ITALIA, 1997.

STAGIONI DEL NOSTRO AMORE, LE ★★★
Regia di FLORESTANO VANCINI. Con ANOUK AIMÉE, GASTONE MOSCHIN, ENRICO MARIA SALERNO, JACQUELINE SASSARD, VALERIA VALERI. ■ Un maturo giornalista di sinistra, dopo il fallimento di un matrimonio e di una relazione con una giovanissima, ripercorre criticamente tutte le fasi della sua esistenza. Ritrova vecchi amici e perdute speranze, ma neppure l'incontro occasionale con un gruppo di giovani riesce a scuoterlo dal suo torpore. ■ DRAMMATICO; B/N; 93′; ITALIA, 1966.

STAGISTI, GLI *(The Internship)* ★★
Regia di SHAWN LEVY. Con JOSH BRENER, MAX MINGHELLA, TIYA SIRCAR, VINCE VAUGHN, OWEN WILSON. ■ La compagnia per la quale lavorano i venditori Nick e Billy è fallita, da un giorno all'altro, lasciandoli in mezzo a una strada. Nessuna società sembra volerli, fino a che su Internet trovano un'offerta di stage da Google, che accettano per essere assunti dopo un periodo di prova. All'inizio è prevista una gara tra stagisti. Pur non sapendo nulla, cominciano a lavorare con un team di esclusi, applicando metodi poco convenzionali. La sua natura di grande spot per Google, *Gli stagisti*, non la nasconde, è anzi molto onesto nel mostrare come tutto il film ruoti intorno all'azienda americana: è girato dentro Google, racconta di come due persone lontane da quell'universo entrino nella logica di Google, ne espone i valori, ne mostra il lavoro e ne mette in scena l'eterogeneità. Tutto avviene attraverso la cornice della commedia che invece di distruggere in questo caso costruisce. ■ COMMEDIA; COL.; 119′; USA, 2013.

STAI CON ME ★★
Regia di LIVIA GIAMPALMO. Con GIOVANNA MEZZOGIORNO, PAOLO BRIGUGLIA, ADRIANO GIANNINI, CLAUDIO GIOÉ, YARI GUGLIUCCI, MARTA MONDELLI. ■ Chiara e Nanni, sposati giovanissimi, sono diventati genitori di due gemelli. Il loro grande amore affronta con coraggio e leggerezza i sacrifici di ogni giorno: i bambini, la casa, il bisogno di uno stipendio che non coincide con le aspirazioni musicali di Nanni. L'armonia si spezza quando Chiara scopre Nanni in affettuosa compagnia di un'altra donna. Malgrado non sia ancora successo nulla, Chiara si sente profondamente tradita e non crede all'innocenza di Nanni, che viene allontanato da casa. Dolore e nostalgia entrano nella loro vita, anche se i malintesi continuano a tenerli distanti. Dopo molti mesi lo sforzo di entrambi permette loro di superare l'orgoglio, la felicità ritorna con un regalo: Chiara sta attendendo un bambino. ■ COMMEDIA; COL.; 90′; ITALIA, 2004.

STALAG 17 ★★★★
Regia di BILLY WILDER. Con WILLIAM HOLDEN, OTTO PREMINGER, ROBERT STRAUSS, DON TAYLOR. ■ La vita di alcuni sottufficiali americani in un campo di prigionia tedesco. Scoprono che fra loro c'è una spia: all'inizio si sospettano l'uno con l'altro poi, trovato il colpevole, riusciranno a punirlo e contemporaneamente a favorire una fuga dal lager. ■ DRAMMATICO; B/N; 120′; USA, 1953. ■ OSCAR 1 PR, 3 NOM.

STALINGRAD ★★
Regia di JOSEPH VILSMAIER. Con DOMINIQUE HORWITZ, THOMAS KRETSCHMANN, JOCHEN NICKEL, SEBASTIAN RUDOLPH. ■ Il film racconta la storia della Sesta armata tedesca accerchiata dai russi e distrutta quasi completamente, rivisitandola dal punto di vista di soldati che prendono progressivamente coscienza di una realtà molto lontana dai proclami ideologici. Il regista è a tratti volutamente didascalico, ma non rinuncia a esplorare le contraddizioni dell'animo umano posto dinanzi ai grandi dilemmi morali. ■ STORICO; COL.; 121′; GERMANIA, 1993.

STALINGRADO *(Hulde wollt ihr ewig Leben)* ★★★
Regia di FRANK WYSBAR. Con WILHELM BORCHERT, JOACHIM HANSEN. ■ Durante l'assedio di Stalingrado, la Sesta armata tedesca subisce una dura controffensiva da parte dei russi e si trova impreparata a causa di una serie di errori di valutazione dei capi dell'esercito. Hitler non si rende conto della drammatica situazione e ordina ai soldati di resistere ad oltranza: verranno decimati. ■ GUERRA; B/N; 93′; GERMANIA, 1959.

STALINGRADO – LA BATTAGLIA PIÙ LUNGA ★★
(Stalingrad)
Regia di LEONID VARLAMOV. ■ La storia di questa città durante la seconda guerra mondiale. Il film descrive le drammatiche vicende dell'assedio nazista. ■ DOCUMENTARIO; B/N; 94′; USA, 1945.

♥ STALKER ★★★★
Regia di ANDREI TARKOVSKIJ. Con NIKOLAJ GRINKO, ALEKSANDER KAJDANOVSKIJ, ANATOLIJ SOLONITSYN. ■ Ambiziosa, raffinata, stimolante allegoria di Tarkovskij sulla sete di conoscenza e la paura della stessa. Lo stalker è una specie di guida che, dietro compenso, porta le persone dentro i confini di una zona proibita, presidiata dai soldati. La ragione ufficiale è che il luogo è stato contaminato dalla caduta di un meteorite. Ma una leggenda popolare vuole che all'interno della zona ci sia una "stanza" dove ogni conoscenza e ogni desiderio vengono soddisfatti. Lo stalker porta uno scrittore e uno scienziato alle soglie della "stanza", dove però i due non osano entrare. ■ FANTASCIENZA; COL.; 161′; URSS, 1980.

STALLIERE E LA GRANDUCHESSA, LO *(Florian)* ★★★
Regia di EDWIN L. MARIN. Con HELEN GILBERT, ROBERT YOUNG. ■ Una granduchessa e il suo stalliere si innamorano, galeotto il cavallo Florian. Alla fine della grande guerra, i due lasceranno l'Ungheria per rifugiarsi in America, dove ritroveranno l'amato purosangue. ■ COMMEDIA; B/N; 91′; USA, 1940.

STALLONE SELVAGGIO, LO ★★
(King of the Wild Stallions)
Regia di ROBERT G. SPRINGSTEEN. Con DIANE BREWSTER, EDGAR BUCHANAN, GEORGE MONTGOMERY. ■ Una donna, proprietaria di un piccolo allevamento, è assillata dall'oneroso affitto che deve pagare a un latifondista per poter pascolare la sua mandria.

Un avido possidente ammira un bellissimo stallone selvaggio ed è disposto, per averlo, a versare una grossa cifra a chi glielo catturerà. Sarà il figlio della donna a riuscire nell'impresa, risolvendo i problemi della madre. ■ WESTERN; COL.; 75'; USA, 1959.

STAMMHEIM ★★★
Regia di REINHARD HAUFF. Con THERES AFFOLTER, ULRICH PLETIGEN, ULRICH TUKUR, SABINE WEGNER. ■ La cronaca politica degli anni Settanta è segnata in parte dalle vicende della banda Baader-Meinhof: il film racconta le varie fasi del processo, con ambientazione e dialoghi basati su autentiche documentazioni. Il processo a Meinhof si concluse prima della sentenza: il terrorista si uccise infatti in cella; i compari, Baader, Raspe ed Ensslin subirono la condanna all'ergastolo. ■ DRAMMATICO; COL.; 110'; GERMANIA, 1986.

STAMPING GROUND ★★
Regia di JASON POHLAND, GEORGE SLUIZER. Con CANNED HEAT, PINK FLOYD, JEFFERSON AIRPLANE, SANTANA, THE BIRDS. ■ Documentario musicale sulla falsariga di *Woodstock*. ■ MUSICALE; COL.; 91'; GERMANIA, 1971.

STANDARD ★★
Regia di STEFANO PETRUZZELLIS. Con PIER PAOLO CAPPONI, MARINO MASÉ, RENATO SCARPA. ■ Tre uomini e una ragazza si trovano in un appartamento. Parlano, parlano, ma non si mettono a fare niente. Decidono di uscire per mangiare al ristorante e rinunciano. Uno cerca di preparare una cena, ma non combina nulla. Metafora molto velleitaria sull'inerzia cui è condannato (pare) l'uomo moderno. ■ COMMEDIA; COL.; 91'; ITALIA, 1977.

♥ STAND BY ME – RICORDO DI UN'ESTATE ★★★
(Stand by Me)
Regia di ROB REINER. Con COREY FELDMAN, RIVER PHOENIX, WIL WHEATON. ■ Un semplice, ma ricco film tratto da un romanzo di Stephen King. Quattro ragazzi, il tenero Gordie Lachance, il saggio Chris Chambers, Teddy Duchamp occhialuto estroverso e Vern Tessio, il ciccione pauroso (tutti con problemi con il padre) decidono un giorno di partire da Castle Rock, nell'Oregon dove abitano, per una escursione verso il bosco, incamminandosi lungo i binari della ferrovia. L'occasione è anche eccitante, Vern ha sentito il fratello parlare con un amico del ritrovamento del corpo di un ragazzo. Battendo sul tempo una banda di ragazzotti, i giovani esploratori incappano nel cadavere. ■ AVVENTURA; COL.; 96'; USA, 1986. ■ GOLDEN GLOBES 2 NOM; OSCAR 1 NOM.

STANGATA, LA *(The Sting)* ★★★★🏆
Regia di GEORGE ROY HILL. Con CHARLES DURNING, HAROLD GOULD, PAUL NEWMAN, ROBERT REDFORD, ROBERT SHAW. ■ Negli anni Trenta due abili imbroglioni riescono, con una partita a poker truccata e con una girandola di trovate esilaranti, a truffare una grossa somma di danaro a un terribile gangster di Chicago. La truffa colossale è anche e soprattutto l'occasione per vendicare la morte di un comune amico. Idealismo, abilità e guasconate costituiscono l'esplosiva miscela di questo soggetto condotto magistralmente da Hill, che vi schiera la stessa squadra del fortunato *Butch Cassidy* e soprattutto si affida al ragtime di Scott Joplin riarrangiato da Marvin Hamlish. La colonna sonora crea un'atmosfera unica e irripetibile. Il film fece incetta di premi Oscar e sbancò al botteghino. ■ COMMEDIA; COL.; 129'; USA, 1973. ■ DAVID DI DONATELLO 🏆 1 PR, 1 NOM; GOLDEN GLOBES 🏆 1 NOM; OSCAR 🏆 7 PR, 10 NOM.

STANGATA IN FAMIGLIA ★★
Regia di FRANCO NUCCI. Con LINO BANFI, FEMI BENUSSI, ISABELLA BIAGINI, PIERO MAZZARELLA, ROMY SHELL. ■ Incaricato di accertare le rendite delle prostitute che si spacciano per estetiste e massaggiatrici, il protagonista della vicenda scopre che tutti i membri della sua numerosa famiglia hanno a che fare con la redditizia organizzazione. Si riprenderà a fatica da un infarto. ■ COMMEDIA; COL.; 93'; ITALIA, 1976.

STANGATA NAPOLETANA – LA TRASTOLA, LA ★★
Regia di VITTORIO CAPRIOLI. Con VITTORIO CAPRIOLI, MARGARET LEE, TREAT WILLIAMS. ■ Girato per la televisione, si tratta dell'ultimo film diretto dallo scomparso Vittorio Caprioli. Si occupa di mafia e non esce dai canoni standard a cui siamo abituati, anche se l'approccio vuole essere diverso. Dopo la morte di don Vito Fonseca in quel di Brooklyn e la sua sepoltura a Napoli, conosciamo i due personaggi cardine della storia: Giuggiù e la matrigna Fanny. Lei si sta occupando di qualcosa di losco e lui vorrebbe riuscire a truffarla, ma la donna ne sa una più del diavolo. ■ DRAMMATICO; COL.; 190'; ITALIA, 1982.

STANLEY ★★
Regia di ESBEN STORM. Con MICHAEL CRAIG, MAX CULLEN, GRAHAM KENNEDY. ■ Stanley è il figlio caposcarico di un magnate australiano, il re del cibo per cani. Non riuscendo ad aderire alle aspirazioni del suo vecchio, che lo vorrebbe *yuppie* perfettamente inserito nel sistema, Stanley se ne va in giro e simpatizza con una famiglia australiana "vecchio stampo" che sembra vivere a misura d'uomo a contatto con la natura. Altro che misura d'uomo. Il capofamiglia è un omosessuale latente ricattato dal suo amichetto. Il figlio maschio è uno spacciatore di droga. ■ COMMEDIA; COL.; 94'; AUSTRALIA, 1974.

STANLIO E OLLIO ALLA RISCOSSA ★★★
(Brats – Thicker than Water – Night Owls – Towed in a Hole)
Regia di CHARLES ROGERS. Con OLIVER HARDY, STAN LAUREL. ■ La realizzazione comprende quattro comiche. ■ COMICO; B/N; 93'; USA, 1962.

STANLIO E OLLIO EREDITIERI ★★★
(Tit for Tat – The Midnight Patrol – Laughing Gravy – The Laurel and Hardy Murder Case)
Regia di LLOYD FRENCH, CHARLES ROGERS. Con OLIVER HARDY, STAN LAUREL. ■ È un montaggio di quattro comiche. ■ COMICO; B/N; 92'; USA, 1966.

STANLIO E OLLIO EROI DEL CIRCO ★★★
(The Chimp – Another Fine Messe)
Regia di AL WALLIS. Con OLIVER HARDY, STAN LAUREL. ■ Due comiche divertenti. ■ COMICO; B/N; 90'; USA, 1966.

STANLIO E OLLIO IN VACANZA ★★★
(The Perfect Day – Hog Wild – the Fixer Uppers – The Live Ghost – One Good Turn)
Regia di JAMES PARROTT, CHARLES ROGERS. Con MAE BUSH, CHARLES HALL, OLIVER HARDY, EDGAR KENNEDY, STAN LAUREL. ■ Comiche diverse compongono il film. ■ COMICO; B/N; 95'; USA, 1967.

STANLIO E OLLIO L'IRRESISTIBILE COPPIA ★★★
(The Best of Laurel and Hardy)
Regia di ALAN JAMES. Con MAE BUSH, JAMES FINLAYSON, BILLY GILBERT, OLIVER HARDY, STAN LAUREL. ■ La pellicola è formata da undici comiche che costituiscono le migliori performance dei due noti attori. ■ COMICO; B/N; 92'; USA, 1965.

STANNO TUTTI BENE ★★
Regia di GIUSEPPE TORNATORE. Con SALVATORE CASCIO, MARCELLO MASTROIANNI, MICHÈLE MORGAN. ■ Un film destinato al mercato estero e soprattutto americano. Infatti gli italiani sono proprio come ci vedono gli stranieri. Cliché, vedute turistiche. I figli di Matteo Scuro, interpretato da Mastroianni, vivono tutti in grandi città. Non ce n'è uno in provincia o in un paesino. Matteo ha dato i nomi ai figli pensando alle sue opere liriche preferite: Canio, Tosca, Guglielmo, Norma e Alvaro. Vorrebbe unirsi a loro ma sono troppo impegnati, così li cerca a Napoli, Roma, Firenze, Milano e Torino. Non sarà tutto rose e fiori. Qualche rara sequenza divertente c'è, come il bambino che guarda la lavatrice e non la televisione, ma si sente una ricerca presuntuosa delle scene madri e alla fine si rimane orfani ugualmente. ■ DRAMMATICO; COL.; 125'; ITALIA, 1990. ■ DAVID DI DONATELLO 1 PR, 1 NOM.

STANNO TUTTI BENE *(Everybody's Fine)* ★★
Regia di KIRK JONES. Con DREW BARRYMORE, KATE BECKINSALE, ROBERT DE NIRO, LUCIAN MAISEL, SAM ROCKWELL. ■ Frank Goode è un ex operaio in pensione e ora vedovo. I suoi quattro figli, che avrebbero dovuto raggiungerlo e per i quali sta preparando una festosa accoglienza, accampando le più diverse motivazioni si defilano. Frank, nonostante il parere contrario del medico, decide che, se loro non possono venire, andrà lui a trovarli. Si troverà così a scoprire che le vite di coloro ai quali pensava di avere dato il meglio non sono felici come gli avevano fatto credere. Il

Frank di De Niro è personaggio adeguato e corretto, anche se il tempo ha parecchio lavorato sul grande attore. Il meglio è stato dato. ■ SENTIMENTALE; COL.; 99′; USA, ITALIA, 2009.

STANOTTE E OGNI NOTTE ★★★
(Tonight and Everynight)
Regia di VICTOR SAVILLE. Con JANET BLAIR, LEE BOWMAN, RITA HAYWORTH. ■ Durante i bombardamenti tedeschi su Londra, in un teatro di varietà nasce tra una ballerina e un capitano d'aviazione un amore destinato a sfociare nel matrimonio. Un'altra coppia sarà meno fortunata e perirà in seguito ad un attacco aereo nemico. ■ MUSICALE; B/N; 92′; USA, 1945. ■ OSCAR 2 NOM.

STANOTTE SARAI MIA *(Du gehörst mir)* ★★
Regia di WILM TEN HAAF. Con KAY FISHER, ERIKA REMBERG, PETER VAN EYCK. ■ La proprietaria di una scuderia è turbata dall'improvviso arrivo di un losco individuo, implicato nel giro delle scommesse, che l'attrae col suo fascino perverso. Quando il biscazziere è trovato cadavere, del delitto è accusato il marito della donna, che viene poi assolto. Il film si conclude con la scoperta del colpevole e la riconciliazione tra i coniugi. ■ DRAMMATICO; B/N; 81′; GERMANIA, 1959.

STANOTTE SORGERÀ IL SOLE ★★★★
(We Were Strangers)
Regia di JOHN HUSTON. Con PEDRO ARMENDARIZ, JOHN GARFIELD, JENNIFER JONES. ■ Negli anni Trenta, un gruppo di patrioti cubani complotta contro il feroce dittatore dell'isola e mette a punto un ambizioso progetto che mira a eliminare tutta la cricca del tiranno. Il piano fallisce, però scoppia ugualmente la rivoluzione che provoca il tripudio della popolazione, ma l'americano che aveva ideato il piano muore nel momento del trionfo. ■ DRAMMATICO; B/N; 106′; USA, 1949.

STANOTTE T'HO SOGNATO *(The Night with You)* ★★
Regia di WILLIAM A. SEITER. Con DAVID BRUCE, SUSANNA FOSTER, FRANCHOT THONE. ■ Una giovanissima aspirante cantante ottiene, grazie alla protezione di un noto impresario, importanti successi. Ma, poco incline a sopportare un ambiente frivolo e superficiale, ritorna dal suo fidanzato e si accontenta di diventare casalinga. ■ COMMEDIA; B/N; 84′; USA, 1945.

STANZA ACCANTO, LA ★★
Regia di FABRIZIO LAURENTI. Con MARK BENNINGHOFEN, THOMAS PATRICK, MARY SELLERS. ■ Prodotto da Pupi e Antonio Avati, il film racconta di un legale che soffre di allucinazioni che torna in un albergo in cui, nella stanza accanto, è stata in passato massacrata la sua ragazza. ■ GIALLO; COL.; 94′; ITALIA, USA, 1994.

STANZA A FORMA DI L, LA *(The L Shaped Room)* ★★★
Regia di BRYAN FORBES. Con TOM BELL, LESLIE CARON, BERNARD LEE. ■ Jeanne si accorge di essere incinta dopo il fallimento della sua esperienza amorosa. Fuggita di casa e rifugiatasi in un lugubre appartamentino di Londra, la ragazza conosce due giovani, l'uno romanziere, l'altro jazzista. I tre, dopo un'iniziale amicizia, si dividono non appena si viene a conoscenza della situazione di Jeanne. La nascita di una bambina vede il ritorno dello scrittore che dedica all'avvenimento il suo primo romanzo. ■ DRAMMATICO; B/N; 142′; GRAN BRETAGNA, 1962. ■ OSCAR 1 NOM.

STANZA BLINDATA 713 *(Banktresor 713)* ★★
Regia di WERNER KLINGLER. Con MARTIN HELD, HARDY KRÜGER, CHARLES REGNIER, NADIA TILLER. ■ Un giovane, senza soldi e senza lavoro, progetta di assaltare la stanza blindata di una banca. Quando sta per portare a termine l'impresa, resta però prigioniero nel locale. Sarà poi liberato dalla polizia, avvertita dalla sua fidanzata. ■ DRAMMATICO; B/N; 93′; GERMANIA, 1957.

STANZA DEI GIURATI, LA *(We the Jury)* ★★
Regia di STURLA GUNNARSSON. Con LAUREN HUTTON, KELLY MCGILLIS, CHRISTOPHER PLUMMER. ■ Una donna scopre il tradimento del marito. Si introduce in casa dell'amante e uccide l'uomo, poi va alla polizia di sua spontanea volontà. Al processo la giuria si trova di fronte a un delitto con premeditazione ma con una forte attenuante. ■ DRAMMATICO; COL.; 90′; USA, 1997.

STANZA DEL FIGLIO, LA ★★★🏆
Regia di NANNI MORETTI. Con STEFANO ACCORSI, PAOLO DE VITA, LAURA MORANTE, NANNI MORETTI, SILVIO ORLANDO, GIUSEPPE SANFELICE DI MONTEFORTE, JASMINE TRINCA. ■ Ancona. Giovanni è uno psicoanalista con numerosi pazienti con i quali ha un rapporto di paziente comprensione ma anche, come la professione richiede, di lucido distacco. Giovanni ha una moglie, Paola, e due figli adolescenti: Irene e Andrea. La vita scorre tranquilla, turbata solo da una ragazzata commessa da Andrea: il furto di un'ammonite nel piccolo museo scolastico. Il ragazzo decide di andare a fare un'immersione con gli amici e, per cause imprecisate, muore per un'embolia. La perdita del figlio stronca i familiari. Giovanni non riesce quasi più a lavorare, Paola si chiude nel dolore e Irene diventa irascibile. Un giorno arriva una lettera per Andrea. È firmata da Arianna, una coetanea che lo aveva conosciuto solo per un giorno e che si era innamorata di lui. Sarà proprio partendo da questo inatteso contatto che la vita della famiglia potrà rimettersi in moto. Nanni Moretti sembra essere a una svolta della sua carriera di regista e attore; torna a costruire un "personaggio": che non è più Apicella e neppure il prete di *La messa è finita*. Lo fa con tutto il rigore che neppure i più accesi detrattori gli hanno mai negato. Divenuto padre di Pietro, Moretti deve avere colto il senso di quello che è il titolo dell'ultimo film di Zanussi (non uscito da noi): *La vita come malattia mortale trasmissibile per via sessuale*. Cioè dando la vita a un figlio gli assicuriamo inevitabilmente anche la morte. E se questa accade prematuramente e mentre i genitori sono ancora presenti il dramma è devastante. Il film (come già *La vita è bella* di Benigni) è come diviso in due parti. La prima, in cui Moretti "fa" Moretti con le sue idiosincrasie, le sue scarpe, le sue corse, le sue incertezze, i suoi incupimenti seguiti da improvvisi sorrisi luminosi. La seconda, in seguito alla morte di Andrea, in cui si muta bruscamente registro. I lutti laceranti cambiano nel profondo, ma forse si poteva lavorare un po' di più sul Giovanni personaggio e un po' meno sul Nanni che gli si sovrappone. Resta comunque un film da vedere. ■ DRAMMATICO; COL.; 100′; ITALIA, 2000. ■ CANNES 🏆 2 PR; DAVID DI DONATELLO 🏆 3 PR, 3 NOM.

STANZA DELLE PAROLE, LA ★★
Regia di FRANCO MOLÈ. Con DAVID BRANDON, MARTINE BROCHARD, LAURA GEMSER, GABRIELE TINTI. ■ Ancora il *ménage à trois* come in *Henry e June*, tra Anaïs Nin e Miller. Ma a differenza di *Henry e June* qui siamo in una trasposizione cinematografica da una commedia del regista Molè. Il titolo è azzeccato perché di parole ce ne sono a iosa. ■ DRAMMATICO; COL.; 100′; ITALIA, 1991.

STANZA DELLO SCIROCCO, LA ★★
Regia di MAURIZIO SCIARRA. Con PAOLO DE VITA, GIANCARLO GIANNINI, TIZIANA LODATO. ■ Dal romanzo di Dino Campana. Sicilia 1936. In piena epoca fascista un nobile perseguitato dai debitori prende l'identità di un suo servitore morto. L'unica complice è una ragazzina che gli si affeziona davvero. Dopo una buona premessa il racconto scade, nonostante la base di una storia robusta. Anche Giannini si difende bene. Ma non è sufficiente. ■ DRAMMATICO; COL.; 89′; ITALIA, 1998.

STANZA DEL VESCOVO, LA ★★★
Regia di DINO RISI. Con PATRICK DEWAERE, ORNELLA MUTI, LIA TANZI, UGO TOGNAZZI. ■ Il film racconta l'avventura di un giovane playboy coinvolto in un dramma familiare con tanto di assassinio. Conosce il signor Temistocle che ha una moglie bisbetica e una bella cognata. Con lui ha molte avventure. Alla fine si scopre che Temistocle ha ucciso la moglie per sposare la cognata. Smascherato dalla polizia Temistocle si impicca. Il giovanotto abbandona i luoghi dove ha conosciuto l'enigmatico personaggio. ■ DRAMMATICO; COL.; 110′; ITALIA, 1977. ■ DAVID DI DONATELLO 1 PR, 1 NOM.

STANZA 17-17, PALAZZO DELLE TASSE, UFFICIO IMPOSTE ★★
Regia di MICHELE LUPO. Con FRANCO FABRIZI, PHILIPPE LEROY, GASTONE MOSCHIN, LIONEL STANDER, UGO TOGNAZZI. ■ Per saldare un cospicuo debito col fisco, quattro falsi benestanti scassinano la cassaforte dell'Ufficio delle Imposte, aiutati da un noto malvivente francese. In seguito vengono a conoscenza che l'am-

montare denunciato del furto è molto più elevato della somma da loro sottratta. Un funzionario, apparentemente incorruttibile, aveva approfittato della situazione. Tutti i protagonisti della vicenda si uniranno in viaggio alla volta della Polinesia con l'ingente bottino. ■ COMMEDIA; COL.; 115′; ITALIA, 1971.

STANZA DI CLOE, LA *(The Quiet Room)* ★★★
Regia di ROLF DE HEER. Con PAUL BLACKWELL, CHLOE FERGUSON, PHOEBE FERGUSON, CELINE O'LEARY. ■ Cloe è una bambina di sette anni che si è chiusa nel silenzio volontariamente. Potrebbe parlare ma non lo fa perché pensa che le parole procurino più danni che vantaggi. Il rapporto dei genitori procede lentamente ma implacabilmente verso la separazione mentre la bambina lancia disperati segnali a degli adulti che non sembrano in grado di coglierli. De Heer ha forse un approccio troppo adultocentrico, per un film che sta tutto nella testa della piccola protagonista, ma riesce a metterci davanti alla difficoltà di essere genitori "guardati" in silenzio dai propri figli. ■ DRAMMATICO; COL.; 91′; AUSTRALIA, ITALIA, 1996.

STANZA DI MARVIN, LA *(Marvin's Room)* ★★
Regia di JERRY ZAKS. Con HUME CRONYN, ROBERT DE NIRO, LEONARDO DICAPRIO, DIANE KEATON, MERYL STREEP. ■ Bessie, che vive con padre e zia anziani e malati, scopre di avere la leucemia. Cerca allora di reincontrare la sorella che non vede da vent'anni. Costei arriva con due figli, di cui uno psichicamente disturbato. Sarà lui a consentire una vera riappacificazione tra le due donne. Il cumulo di disgrazie che affligge i protagonisti sembra decisamente un po' eccessivo. ■ DRAMMATICO; COL.; 98′; USA, 1996. ■ GOLDEN GLOBES 1 NOM; OSCAR 1 NOM.

STANZA NUMERO 13, LA *(Mister Reeder in Room 13)* ★★
Regia di NORMAN LEE. Con SALLY GRAY, SARA SEEGAR. ■ Sulle tracce di una banda di falsari, un agente segreto si fa arrestare per carpire informazioni ad alcuni membri dell'organizzazione finiti in carcere in precedenza. Tornato in libertà, sconfigge poi tutta la gang e riconquista l'amore della sua donna che nel frattempo lo aveva abbandonato. ■ POLIZIESCO; B/N; 78′; GRAN BRETAGNA, 1938.

STA PER PIOVERE ★★
Regia di HAIDER RASHID. Con MICHAEL ALEXANIAN, AMIR ATI, LORENZO BAGLIONI, MOHAMED HANIFI, GIULIA RUPI. ■ Dove'è casa mia? In Italia, dove vivo da quando sono nato, o in quel paese lontano che non conosco da dove vengono mamma e papà?". Queste le parole di Said, nome esotico per un caparbio ragazzo di ventisei anni che parla toscano ed è nato a Firenze da genitori algerini. Quando suo padre perde improvvisamente il lavoro, Said è costretto col padre e il fratello a tornare in Algeria. La sua natura combattente lo spingerà ad appellarsi agli avvocati e alla stampa. Il giovane Haider Rashid, nato a Firenze da padre iracheno e madre italiana, sceglie di raccontare l'evidente disconnessione tra la realtà italiana e l'obsoleto scenario legislativo. E lo fa evitando la trappola del film a tesi, mettendo in primo piano il suo convincente protagonista (Lorenzo Baglioni), rappresentato in chiave neorealista. ■ DRAMMATICO; COL.; 91′; ITALIA, IRAQ, 2013.

STARBLACK ★
Regia di GIANNI GRIMALDI. Con ELGA ANDERSEN, FRANCO LANTIERI, ANDREA SCOTTI, ROBERT WOODS. ■ Pistolero mascherato e cuor d'oro giunge in una cittadina dominata dai soliti cattivi, li ammazza tutti e rivela poi la sua identità. ■ WESTERN; COL.; 92′; ITALIA, 1967.

STARBUCK – 533 FIGLI E NON SAPERLO *(Starbuck)* ★★
Regia di KEN SCOTT. Con MARC BÉLANGER, ANTOINE BERTRAND, PATRICK HUARD, JULIE LE BRETON, DOMINIC PHILIE. ■ David Wozniak è un 42enne franco-canadese di origine polacca con una vita da eterno adolescente: fa il fattorino part time per la macelleria di famiglia, abita in un appartamento costellato di omaggi al calcio, coltiva marijuana e dimentica di farsi vivo con la fidanzata Valérie, una poliziotta rigorosa e molto più adulta di lui. La vita precaria di David, già funestata da un consistente debito da restituire, viene sconvolta da due scoperte: Valérie è incinta e le donazioni di sperma che David aveva effettuato vent'anni prima hanno generato 533 figli, 142 dei quali vogliono conoscere l'identità del padre biologico. Da questa premessa apparentemente improbabile, e invece confermata dalla realtà quando già il copione era già in fase di sviluppo, nasce una commedia che potrebbe essere puerile come il suo protagonista, e invece si rivela originale. ■ COMMEDIA, COL.; 109′, CANADA, 2011.

STARDUST ★★
Regia di MATTHEW VAUGHN. Con CHARLIE COX, CLAIRE DANES, ROBERT DE NIRO, RUPERT EVERETT, JASON FLEMYNG, RICKY GERVAIS, SIENNA MILLER, PETER O'TOOLE, MICHELLE PFEIFFER. ■ Da qualche parte nell'Inghilterra vittoriana c'è un muro di mattoni che separa il villaggio reale di Wall da Stormhold, una città fantastica governata da un re malvagio e abitata da streghe e creature magiche. Al di qua del muro vive Tristan, un giovane garzone che sogna l'avventura e il grande amore. Figlio di una principessa del regno di Stormhold e di un inglese, il ragazzo decide di attraversare il muro per donare una stella alla ritrosa Victoria. La stella, Yvaine, è una fanciulla luminosa precipitata dal cielo alla morte del sovrano. Il suo cuore immacolato è bramato da Lamia, una strega crudele che vorrebbe strapparlo e divorarlo per riconquistare la giovinezza. Sul petto di Yvaine batte il rubino che permetterebbe ai sette principi, rivali e litigiosi, di regnare su Stormhold. Braccata dai desideri dei malvagi, spetterà a Tristan proteggere lo splendore di Yvaine. Tratto dal romanzo illustrato di Neil Gaiman e Charles Vess. ■ AVVENTURA; COL.; 130′; GRAN BRETAGNA, USA, 2007.

STARDUST MEMORIES ★★
Regia di WOODY ALLEN. Con WOODY ALLEN, JESSICA HARPER, CHARLOTTE RAMPLING. ■ Woody Allen cerca di fare il suo *Otto e mezzo* proponendo se stesso a mo' di Fellini, un regista in crisi che firma la sua crisi. Risultando poi molto meno divertente (e profondo) del suo solito. Lo vediamo alle prese con produttori preoccupati del risultato commerciale del suo ultimo film, lo vediamo ricordare i suoi rapporti con tre donne (tutte più o meno nevrotiche) e, naturalmente, difendersi anche dagli ammiratori (ciascuno dei quali commenta assurdamente le sue opere). ■ COMMEDIA; B/N; 91′; USA, 1980.

STARDUST – POLVERE DI STELLE *(Stardust)* ★★
Regia di MICHAEL APTED. Con DAVID ESSEX, ADAM FAITH, LARRY HAGMAN, KEITH MOON, MARTY WILDE. ■ Abilissimo manager, dopo aver portato al successo un mediocre complessino, viene messo da parte e cerca consolazione nella droga. Una overdose gli sarà fatale. ■ DRAMMATICO; COL.; 100′; GRAN BRETAGNA, 1974.

STARE FUORI ★★
Regia di FABIOMASSIMO LOZZI. Con GUJA JELO, IVO MICIONI, FEDERICO PACIFICI. ■ Giulio lascia la Sicilia per Roma, dove spera di rivedere la sua Aurora, primo amore amato e poi sfuggito. Giunto nella capitale viene accolto da Eugenio e Rosalia, una coppia di mezza età che ha perduto tragicamente un figlio. Rosalia, madre protettiva e donna appassionata, rivive attraverso Giulio la sua maternità interrotta. Insofferente alle sue attenzioni e soffocato dal suo affetto, Giulio trascorre le giornate fuori casa e lungo i marciapiedi di Roma alla ricerca affannosa dell'amata. Pubblicato il suo diario d'amore e ritrovata la sua Aurora in un locale di malaffare, il ragazzo prova a vivere finalmente una vita normale ma l'ossessione di Rosalia e i fantasmi del passato finiranno per inghiottirlo, svelandogli un incubo (questa volta) reale. ■ SENTIMENTALE; COL.; 91′; ITALIA, 2008.

STARFLIGHT ONE *(Starflight)* ★★
Regia di JERRY JAMESON. Con LAUREN HUTTON, LEE MAJORS, RAY MILLAND. ■ Un aereo supersonico, colpito dai frammenti di un missile fatto esplodere nello spazio, viene lanciato oltre l'orbita terrestre. I passeggeri e l'equipaggio sembrano condannati alla distruzione, ma una navicella spaziale lanciata dalla Nasa fa in tempo a salvarli. ■ AVVENTURA; COL.; 114′; USA, 1982.

STARGATE – L'AVVENTURA *(Stargate)* ★★★
Regia di ROLAND EMMERICH. Con MILI AVITAL, JAYE DAVIDSON, VIVECA LINDFORS, KURT RUSSELL, JAMES SPADER. ■ Un archeologo, nel 1928, ritrova delle tavolette egizie e un enorme anello di metallo. Ai giorni nostri Daniel si interessa all'antico Egitto ma le

sue convinzioni sulle origini dell'antico impero egizio non vengono prese in considerazione. Solo la figlia dell'archeologo gli dà fiducia. Con l'aiuto di un colonnello riesce a costruire, con l'anello metallico, una sorta di macchina del tempo che porta in un'altra dimensione. Scoprono una civiltà egizia futuristica ma con la schiavitù e la presenza di una principessa cattiva. Ma non è detto che gli Stati Uniti non possano aiutare e colonizzare anche le civiltà galattiche. Daniel troverà anche l'amore. Oltre a Russell, Spader e alla Lindfors troviamo, nel ruolo della principessa Ra, Jaye Davidson (il "trans" di *La moglie del soldato*). Successo di pubblico. ■ FANTASCIENZA; COL.; 119′; USA, 1994.

STARK SYSTEM ★★
Regia di ARMENIA BALDUCCI. Con FRANCESCO CARNELUTTI, DALILA DI LAZZARO, LEO GULLOTTA, PINO LOCCHI, GLAUCO ONORATO, PAOLO POIRET, GIAN MARIA VOLONTÉ. ■ Satira, poco riuscita, del poliziesco all'italiana. Un ex carabiniere è diventato attore e interpreta il personaggio di commissario di ferro, ma è in realtà un uomo debole e insicuro. ■ COMMEDIA; COL.; 105′; ITALIA, 1980.

STARMAN ★★
Regia di JOHN CARPENTER. Con KAREN ALLEN, JEFF BRIDGES, CHARLES MARTIN SMITH. ■ Nel salotto di Jenny, giovane e bella vedova, compare un raggio di luce che contiene un neonato. Sotto gli occhi della donna, il poppante in pochi secondi si trasforma in bambino, in ragazzo e poi in uomo fatto: l'alieno venuto dalle stelle è la copia esatta del suo defunto marito. L'extraterrestre coinvolge Jenny in una corsa contro il tempo: deve ricongiungersi alla sua gente in una località segreta dell'Arizona entro 72 ore, altrimenti morirà. La donna, innamorata di quel ricordo vivente, accetta. ■ FANTASTICO; COL.; 115′; USA, 1984. ■ GOLDEN GLOBES 2 NOM; OSCAR 1 NOM.

STAR 80 ★★★
Regia di BOB FOSSE. Con MARIEL HEMINGWAY, ERIC ROBERTS, CLIFF ROBERTSON. ■ Tratto da un fatto di cronaca (l'uccisione della "coniglietta" Dorothy Stratten). Un fotografo specializzato in foto osé lancia nel mondo delle riviste "only for men" un'ingenua cameriera di provincia, trasformandola in una star, poi se ne innamora e la sposa. Lei diventa attrice e amante di un produttore. Il marito, folle di gelosia, la sfigura e la uccide. ■ DRAMMATICO; COL.; 102′; USA, 1983. ■ GOLDEN GLOBES 1 NOM.

STARS & BARS – UN GENTLEMAN A NEW YORK ★★
(Stars and Bars)
Regia di PAT O'CONNOR. Con DANIEL DAY-LEWIS, HARRY DEAN STANTON. ■ Henderson Dores, un esperto d'arte, è inglese dalla testa ai piedi, tanto nel modo di fare quanto in quello di pensare. Nonostante ciò, da quando si è trasferito a New York si è lodevolmente sforzato di adeguarsi agli usi e ai costumi della città. Day Lewis avrebbe vinto l'Oscar con *Il mio piede sinistro*. ■ COMMEDIA; COL.; 95′; USA, 1988.

STARSHIP TROOPERS – FANTERIA DELLO SPAZIO *(Starship Troopers)* ★★
Regia di PAUL VERHOEVEN. Con MICHAEL IRONSIDE, DINA MEYER, DENISE RICHARDS, CASPER VAN DIEN. ■ Tratto dal romanzo di Robert Heinlein. In un futuro dove regnano ordine e disciplina grazie a truppe superaddestrate, arrivano i soliti alieni terrificanti dalla forma di immensi e immondi insetti. Ecco che i "fanti dello spazio" possono mettere in campo tutta la loro preparazione. Solita indigestione di effetti speciali col solito "pizzico di ironia" che dovrebbe essere un valore aggiunto ed è invece un valore tolto. Nessun "nome", tutti giovani e muscolosi. ■ FANTASCIENZA; COL.; 125′; USA, 1998. ■ OSCAR 1 NOM.

STARSKY & HUTCH ★★★
Regia di TODD PHILLIPS. Con BEN STILLER, OWEN WILSON, JASON BATEMAN, CARMEN ELECTRA, JULIETTE LEWIS, CHRIS PENN, MOLLY SIMS, AMY SMART, SNOOP DOGGY DOGG, VINCE VAUGHN, FRED WILLIAMSON. ■ Anni '70: nella città di Bay City i due detective della polizia Ken Hutchinson detto Hutch e Dave Starsky, devono risolvere il loro primo caso importante che coinvolge un noto trafficante di droga. Arriva sugli schermi cinematografici il telefilm cult dei tardi anni Settanta. Frizzante, divertente, pazzesca: una pellicola dinamica e vivace, grazie soprattutto alla geniale comicità della coppia più *cool* degli ultimi anni: Ben Stiller e Owen Wilson, perfetti nel ruolo dei due celebri poliziotti. Lo *Starsky & Hutch* del 2004, sembra infatti ritagliato su misura per il duo Stiller-Wilson che dopo il clamoroso successo de *I Tennenbaum* e *Zoolander* è diventato un marchio di garanzia. Menzione speciale va anche a Fred Williamson che ha avuto l'onore di interpretare il perennemente arrabbiato capitano Dobey. Infine non dobbiamo dimenticarci del rapper Snoop Dogg; insuperabile nel ruolo di pseudo-boss informatore che ruba spesso e volentieri la scena ai due protagonisti, grazie alla sua irresistibile verve. ■ POLIZIESCO; COL.; 101′; USA, 2004.

STAR'S LOVERS *(Exposed)* ★★
Regia di JAMES TOBACK. Con HARVEY KEITEL, NASTASSJA KINSKI, IAN MCSHANE, RUDOLF NUREYEV. ■ Elisabeth, bella ragazza di provincia, lascia la sua famiglia e il suo amante, un romantico professore di letteratura, per andare a cercare fortuna in città. Qui incontra un fotografo che la fa in poco tempo diventare una delle modelle più richieste. Una sera, però, la ragazza incontra un maturo e affascinante violinista, e ne diventa l'amante. L'uomo la coinvolge nel suo morboso progetto di vendetta: uccidere il terrorista che gli ha ammazzato la madre. ■ DRAMMATICO; COL.; 100′; USA, 1983.

STAR STRUCK *(Starstruck)* ★
Regia di GILLIAN ARMSTRONG. Con MAX CULLEN, JO KENNEDY, MARGO LEE, ROSS O'DONOVAN. ■ Un giovane cantante aspira a diventare una star internazionale della musica rock. Sperimenterà sulla sua pelle che la strada per il successo è cosparsa di ostacoli spesso da superare con la rinuncia a qualcosa che è caro o accettando il compromesso. ■ MUSICALE; COL.; 90′; AUSTRALIA, 1985.

STAR SYSTEM – SE NON CI SEI NON ESISTI ★★
(How To Lose Friends & Alienate People)
Regia di ROBERT B. WEIDE. Con GILLIAN ANDERSON, JEFF BRIDGES, KIRSTEN DUNST, SIMON PEGG. ■ Sydney Young è nella redazione di un giornale satirico londinese e non perde occasione per farsi notare anche nelle manifestazioni più importanti come il Bafta. La sua attitudine attira l'attenzione di Clayton Harding, editore di una prestigiosa rivista americana, che lo chiama a New York. Ora Sydney dovrebbe riuscire a farsi strada nel mitico (per lui) mondo dello Star System hollywoodiano ma non è che in redazione ci siano molti disposti ad aiutarlo. A partire, inizialmente, da Allison che dichiara di odiarlo ma che finisce con l'aiutarlo quando si ficca nei guai. Il film si ispira esplicitamente alle memorie della carriera newyorchese (fallita) del giornalista Toby Young assunto e poi licenziato da *Vanity Fair*. ■ COMMEDIA; COL.; 110′; GRAN BRETAGNA, 2008.

STAR TREK *(Star Trek – The Motion Picture)* ★★★
Regia di ROBERT WISE. Con STEPHEN COLLINS, JAMES DOOHAN, DEFOREST KELLEY, PERSIS KHAMBATTA, MICHELLE NICHOLS, LEONARD NIMOY, WILLIAM SHATNER, GEORGE TAKEI. ■ Pellicola di vasto impegno produttivo sulla lotta contro un satellite artificiale diventato una specie di dio. Il soggetto è una rimasticatura di *2001: Odissea nello spazio*. ■ FANTASCIENZA; COL.; 132′; USA, 1979. ■ OSCAR 3 NOM.

STAR TREK II – L'IRA DI KHAN ★★
(Star Trek: The Wrath of Khan)
Regia di NICHOLAS MEYER. Con DEFOREST KELLEY, LEONARD NIMOY, WILLIAM SHATNER. ■ Dalla fortunata serie di telefilm, ecco il secondo dell'altrettanto fortunata serie di film. Il capitano Kirk, aiutato dal vulcaniano Spock e dall'ottima équipe della nave spaziale *Enterprise* deve distruggere la base cosmica del diabolico Khan che minaccia l'umanità (ha ricostruito in laboratorio la vita terrestre). La missione riesce, ma Spock muore. In compenso il capitano si ricongiunge alla moglie e al figlio. ■ FANTASCIENZA; COL.; 113′; USA, 1982.

STAR TREK III – ALLA RICERCA DI SPOCK ★★
(Star Trek: the Search for Spock)
Regia di LEONARD NIMOY. Con DEFOREST KELLEY, LEONARD NIMOY, WILLIAM SHATNER. ■ Terzo atto cinematografico della

saga dell'astronave *Enterprise* e del suo equipaggio, tra mostri alieni e battaglie stellari, alla ricerca dell'amico vulcaniano Spock, scomparso alla fine della puntata precedente. Episodio pervaso di misticismo, leggermente meno spettacolare degli altri. ■ FANTASCIENZA; COL.; 105'; USA, 1984.

STAR TREK – IL FUTURO HA INIZIO ★★★
Regia di J.J. ABRAMS. Con ERIC BANA, SIMON PEGG, CHRIS PINE, ZACHARY QUINTO, WINONA RYDER. ■ James Tiberius Kirk è nato tra le stelle ed è cresciuto nell'Iowa, ribelle e ostinato vuole conoscere il nome della bella Uhura, onorare la memoria del padre, servire una causa, esplorare nuovi mondi e arrivare là dove nessun uomo è giunto prima. Spock è nato sul pianeta Vulcano da madre umana e padre vulcaniano, razionale e controllato pratica la disciplina del Kolinahr per purificarsi dalle emozioni, ama con virtuoso trasporto Uhura, domina la sua metà umana e si arruola nella Flotta stellare. È sull'Enterprise, prestigiosa nave spaziale governata dal Capitano Christopher Pike, che i due giovani si incontrano e si scontrano per affrontare un temibile nemico venuto dal futuro. Nero, diabolico Capitano Romulano, ha infatti deciso di distruggere tutti i pianeti della Federazione per mettere a tacere il dolore di una perdita incommensurabile. Tra passato, presente e futuro, Kirk e Spock si arrenderanno a una grande amicizia e curveranno lo spaziotempo, salpando verso l'ultima frontiera. ■ FANTASCIENZA; COL.; 127'; USA, 2009.

STAR TREK – LA NEMESI *(Star Trek: Nemesis)* ★
Regia di STUART BAIRD. Con LEVAR BURTON, MICHAEL DORN, JONATHAN FRAKES, BRENT SPINER, PATRICK STEWART. ■ Sull'*Enterprise* l'equipaggio sta celebrando le nozze tra Deanna Troi e William Riker. Improvvisa giunge la chiamata della Flotta Stellare che incarica l'*Enterprise* di recarsi in missione di pace presso i Romulani, nemici storici, dove un colpo di stato ha portato al potere un nuovo imperatore. Le cose in realtà sembrerebbero mettersi al meglio, visto che lo stesso non fa che lanciare proclami di pace. Ma il comandante Picard troverà ben presto le prove dell'esistenza di un'arma capace di distruggere l'intera Terra. E quel che è peggio scoprirà la non rassicurante origine dell'usurpatore. Che Star Trek abbia fatto la storia della televisione (e, seppur in parte molto minore, quella del cinema) è fuori di dubbio. Ma l'ultimo episodio della serie – accolto da un fiasco tanto sonoro da far sospendere anche gli episodi televisivi – è veramente sconfortante. Poca (e mal girata) azione, dialoghi che si vorrebbero filosofici ma nella migliore delle ipotesi appaiono incomprensibili, scopiazzature dai precedenti titoli. ■ FANTASCIENZA; COL.; 116'; USA, 2002.

STAR TREK – L'INSURREZIONE ★★
(Star Trek: Insurrection)
Regia di JONATHAN FRAKES. Con F. MURRAY ABRAHAM, LEVAR BURTON, JONATHAN FRAKES, BRENT SPINER, PATRICK STEWART, ANTHONY ZERBE. ■ Ancora un episodio della saga di *Star Trek*. Un pianeta perfetto che viene parzialmente "ceduto" dalla Federazione a predoni e traditori. Sempre uguale e sempre diverso come un romanzo Harmony. ■ FANTASCIENZA; COL.; 103'; USA, 1998.

STAR TREK V – L'ULTIMA FRONTIERA ★★
(Star Trek V: The Final Frontier)
Regia di WILLIAM SHATNER. Con LEONARD NIMOY, WILLIAM SHATNER, DAVID WARNER. ■ Assieme al secondo episodio della saga di *Star Trek* è il migliore dell'intera serie. La squadra dell'*Enterprise*, per via dell'insistenza di un vulcaniano, deve fare un viaggio simile a quello di *2001: Odissea nello spazio*. Diretto dall'attore protagonista William Shatner, che segue l'esempio del co-protagonista Nimoy, il film si ricorda per un'ottima fotografia oltre che per lo spettacolo. ■ FANTASCIENZA; COL.; 108'; USA, 1989.

STASERA A CASA DI ALICE ★★★
Regia di CARLO VERDONE. Con SERGIO CASTELLITTO, ORNELLA MUTI, CARLO VERDONE. ■ Commediola con spunti divertenti e alcune scene azzeccate ma con qualche caduta di ritmo e in parte convenzionale. Alice ha una relazione con Filippo. Saverio, suo amico, vuole farlo recedere dalla decisione di abbandonare la moglie e la figlia. Soprattutto perché i due uomini sono direttori di un'agenzia viaggi di proprietà delle due sorelle che hanno sposato. Finirà però anche lui innamorato di Alice e gli equivoci saranno tanti. La colonna sonora è curata da Vasco Rossi e buona è l'interpretazione degli attori. Grande successo di pubblico. ■ COMMEDIA; COL.; 125'; ITALIA, 1990.

STASERA ALLE 11 ★★
Regia di ORESTE BIANCOLI. Con MEMO BENASSI, FRANCESCA BRAGGIOTTI, JOHN LODGE, SERGIO TOFANO. ■ Negli Usa, la moglie di un ambasciatore, maniaca dei romanzi gialli, dopo aver lasciato il marito si lega a un sedicente bandito. Rimasta vittima di un furto, scoprirà che il finto gangster è in realtà un poliziotto e lo sposerà. ■ COMMEDIA; B/N; 93'; ITALIA, 1937.

STASERA HO VINTO ANCH'IO *(The Set up)* ★★★★
Regia di ROBERT WISE. Con ROBERT RYAN, GEORGE TOBIAS, AUDREY TOTTER. ■ Raggirato dal suo stesso manager che speculava con le scommesse sulle sue sconfitte, un pugile ormai al termine della carriera decide di far di testa sua e riesce a vincere per KO il suo ultimo match. Il disonesto manager perde una grossa somma e, al termine del combattimento, lo fa punire in modo tale da non consentirgli più di boxare. ■ DRAMMATICO; B/N; 72'; USA, 1949.

STASERA MI BUTTO ★
Regia di ETTORE M. FIZZAROTTI. Con LOLA FALANA, FRANCO FRANCHI, GIANCARLO GIANNINI, CICCIO INGRASSIA, ROCKY ROBERTS, MARISA SANNIA, NINO TARANTO. ■ Fizzarotti dirige uno dei suoi soliti film dalla trama inconsistente per legare insieme numeri musicali. ■ COMM. MUSICALE; COL.; 85'; ITALIA, 1967.

STASERA NIENTE DI NUOVO ★★★
Regia di MARIO MATTOLI. Con DINA GALLI, ANTONIO GANDUSIO, CARLO NINCHI, ALIDA VALLI. ■ Salvato dalla morte dal provvidenziale intervento di una ragazza che vive ai margini della società, un giornalista fa di tutto per redimerla. I suoi sforzi sono però senza successo. La ragazza fugge per tornare alla sua vita disperata e torna poi, ormai morente, per raccontargli la sua storia e per parlargli dei suoi genitori che la credono una moglie felice. Il giornalista allora, per un atto di bontà e di amore, la sposa, riavvicinandola ai genitori che accorrono al suo capezzale. ■ DRAMMATICO; B/N; 90'; ITALIA, 1942.

STASERA SCIOPERO ★★
Regia di MARIO BONNARD. Con CARLO CROCCOLO, CLELIA MATANIA, MARISA MERLINI. ■ Un ricco avaro e un prodigo pazzo si azzuffano fino a che il secondo non rimane ucciso. Un medico decide di trapiantare il cervello dell'uomo generoso in quello del tirchio. Il risultato è incerto, fino a che una casuale sprangata sulla testa non rende l'avaro definitivamente prodigo. ■ COMMEDIA; B/N; 90'; ITALIA, 1951.

STATE BUONI SE POTETE ★★
Regia di LUIGI MAGNI. Con MARIO ADORF, JOHNNY DORELLI, PHILIPPE LEROY, FEDERICA MASTROIANNI. ■ La vita di san Filippo Neri, dedito ad assistere bambini abbandonati nella Roma del Cinquecento, piena di nobili corrotti e popolani turbolenti, e sempre in lotta con le varie incarnazioni del demonio. Ma san Filippo non perde mai la sua serenità e la sua bonomia, neanche quando ha a che fare con congiure e briganti. Uno sguardo su Roma di un regista innamorato della sua città. ■ COMMEDIA; COL.; 115'; ITALIA, 1983. ■ DAVID DI DONATELLO 2 PR, 2 NOM.

STATE OF PLAY ★★★
Regia di KEVIN MACDONALD. Con BEN AFFLECK, RUSSELL CROWE, WENDY MAKKENA, RACHEL MCADAMS, HELEN MIRREN. ■ Cal McAffrey è un veterano della carta stampata, il suo è un giornalismo che va di persona alla fonte, che investiga, si pone domande, nel nome della verità e di una buona storia. Stephen Collins è stato suo compagno di studi e di stanza e ora è un giovane ed ambizioso deputato a capo di un comitato che controlla le spese per la difesa nazionale, in odore di abnormi illeciti. Quando la bella assistente nonché amante di Collins muore in un dubbio incidente, le strade dei due amici tornano ad incrociarsi tra loro e con quelle della giovane Della Frye, reginetta della blogosfera, e di Anne Collins, moglie di Stephen, alla quale Cal è tutt'altro che estraneo. Riduzione e reinvenzione dell'omonima miniserie inglese di sei ore,

State of Play sposta l'azione nel cuore simbolico del potere, Washington D.C., e racconta un'appassionante partita a guardie e ladri tra politica e giornalismo. ■ AZIONE; COL.; 125'; USA, 2009.

STATE UNITI IN AMERICA *(Some Kind of Hero)* ★★
Regia di MICHAEL PRESSMAN. Con MARGOT KIDDER, RICHARD PRYOR, RAY SHARKEY. ■ Un veterano del Vietnam torna a casa dopo qualche anno trascorso in prigionia. Trova un paese molto diverso da quello che ha lasciato. E deve concludere amaramente che la sua vita non sarà più quella di un tempo. ■ COMMEDIA; COL.; 97'; USA, 1982.

STATI DI ALLUCINAZIONE *(Altered States)* ★★
Regia di KEN RUSSELL. Con DREW BARRYMORE, BLAIR BROWN, WILLIAM HURT. ■ Lo scienziato Jessup (Hurt), nel compiere le sue ricerche sulle origini della vita allo stato primordiale, si sottopone a un esperimento ai limiti della resistenza umana: il risultato è terrificante e affascinante ad un tempo. Il solito Russell firma con eccessiva superficialità un lavoro peraltro di sicuro impatto visivo. ■ FANTASTICO; COL.; 102'; USA, 1981. ■ OSCAR 2 NOM.

STATI DI ALTERAZIONE PROGRESSIVA ★★★
(Trouble in Mind)
Regia di ALAN RUDOLPH. Con KEITH CARRADINE, KRIS KRISTOFFERSON, LORI SINGER. ■ In una tavola calda di Rain City s'incontrano un ex poliziotto, un giovane aspirante gangster e la sua ragazza. Il poliziotto salva il giovane dai guai. La ragazza con il suo bambino rimarrà con l'ex sbirro. ■ DRAMMATICO; COL.; 111'; USA, 1985.

STATION AGENT *(The Station Agent)* ★★★
Regia di THOMAS MCCARTHY. Con PAUL BENJAMIN, BOBBY CANNAVALE, PATRICIA CLARKSON, PETER DINKLAGE, RAVEN GOODWIN, MICHELLE WILLIAMS. ■ Alla sua opera prima da sceneggiatore e regista Thomas McCarthy decide di trattare un tema delicato, quello della diversità, e lo fa in modo attento e onesto. Fin è un nano introverso e solitario che, essendo appassionato di treni, lavora in un negozio di modellismo ferroviario. Alla morte del proprietario del negozio, il suo unico amico, Fin si vedrà lasciare in eredità una piccolissima stazione del New Jersey, in disuso da parecchi decenni. L'uomo, determinato ad onorare le volontà dell'amico, si vedrà costretto a inserirsi in una realtà provinciale e ad affrontare un travagliato percorso di adattamento, tra discriminazione e inattese amicizie. ■ DRAMMATICO; COL.; 88'; USA, 2003.

STATO D'ALLARME *(The Bedford Incident)* ★★
Regia di JAMES B. HARRIS. Con MARTIN BALSAM, JAMES MACARTHUR, SIDNEY POITIER, RICHARD WIDMARK. ■ Il comandante di un sottomarino americano, integerrimo difensore della disciplina militare, trascurando gli ordini dei superiori decide di attaccare un sommergibile sovietico. ■ DRAMMATICO; B/N; 102'; USA, 1965.

STATO DELLE COSE, LO *(Der Stand der Dinge)* ★★★★♉
Regia di WIM WENDERS. Con VIVA AUDER, PATRICK BAUCHAU, PAUL GETTY III. ■ Un regista e una troupe di attori occupano un albergo solitario e diroccato sulle rive dell'Atlantico, in Portogallo, che fa da sfondo a un film di fantascienza: la traversata di alcuni sopravvissuti in un mondo contaminato. Ma i soldi e la pellicola finiscono e la lavorazione del film deve essere sospesa. Il regista rintraccia il produttore a Los Angeles, dove si è nascosto perché braccato da gangster, ma entrambi cadono uccisi. Film diviso in due parti: nella prima, statica, c'è la noia della vita, sottolineata dalla fotografia in bianco e nero, nella seconda, dinamica, c'è lo scontro con la morte. Leone d'oro a Venezia nel 1982. ■ DRAMMATICO; COL.; 120'; GERMANIA, 1982. ■ VENEZIA ♉ 1 PR.

STATO DELL'UNIONE, LO *(State of the Union)* ★★★
Regia di FRANK CAPRA. Con KATHARINE HEPBURN, VAN JOHNSON, SPENCER TRACY. ■ Appoggiato da un potente gruppo editoriale, un industriale è candidato alla presidenza degli Stati Uniti ma ha una difficile situazione familiare, che viene utilizzata dai suoi nemici per evidenziare la sua scarsa affidabilità. Per porre rimedio alla situazione, gli organizzatori della campagna elettorale tentano di mascherare i contrasti fra i due coniugi. Durante un discorso radiofonico, anzi, la moglie del candidato esalta la famiglia e i sentimenti. A questo punto, l'aspirante presidente non sa però resistere alla tentazione di prendere il microfono e confessare la verità, ritirandosi quindi dalla vita politica. ■ COMMEDIA; B/N; 124'; USA, 1948.

STATO D'EMERGENZA ★★
Regia di CARLO LIZZANI. Con F. MURRAY ABRAHAM, LLOYD BOCHNER, ENNIO FANTASTICHINI, ELIANA MIGLIO. ■ Il 17 dicembre 1981 viene sequestrato dalle Brigate Rosse il generale americano James Lee Dozier, del comando Nato di Verona: l'ostaggio verrà liberato quaranta giorni dopo con l'intervento delle "teste di cuoio". Lizzani propone una tesa ricostruzione del caso, con le indagini e gli interrogatori messi in atto dalle forze dell'ordine, attraverso la figura di un immaginario vicequestore, interpretato dal bravo Fantastichini. ■ DRAMMATICO; COL.; 100'; ITALIA, 1993.

STATO DI GRAZIA *(State of Grace)* ★★★
Regia di PHIL JOANOU. Con ED HARRIS, GARY OLDMAN, SEAN PENN, JOHN TURTURRO. ■ Un poliziotto di origine irlandese, Terry Noonan (Sean Penn), a causa di una missione è costretto a tornare alle sue radici. L'uomo si troverà al centro di una terribile faida tra bande di irlandesi e di italiani, in lotta per la supremazia nel territorio metropolitano, i cui ristretti confini rappresentano per le due fazioni i confini del mondo. È una lotta serrata, spietata, nella quale nulla ha più valore. L'epilogo è la somma di tutte queste tensioni e deflagra in una inevitabile carneficina. Phil Joanou, ex direttore della fotografia e autore del documentario sul gruppo musicale U2, dal titolo *U2 Rattle and Hum*, realizza un sorprendente, spietato film, che va oltre dalla generica definizione di storia di gangster. ■ DRAMMATICO; COL.; 134'; USA, 1990.

STATO INTERESSANTE ★★
Regia di SERGIO NASCA. Con JANET AGREN, ADRIANA ASTI, DUILIO DEL PRETE, TURI FERRO, MAGALI NOËL. ■ Sono tre episodi sullo scottante tema dell'aborto, che tuttavia viene trattato in maniera alquanto semplicistica. ■ DRAMMATICO; COL.; 93'; ITALIA, 1977.

STATUA, LA *(The Statue)* ★★★
Regia di ROD AMATEAU. Con ANN BELLE, VIRNA LISI, DAVID NIVEN, ROBERT VAUGHN. ■ L'inventore di un linguaggio universale si accorge che la statua in cui la moglie scultrice lo ha raffigurato nudo ha attributi virili non corrispondenti ai suoi. Tutto il film si snoda sull'affannosa ricerca che il linguista conduce per scoprire chi ha fatto da modello. Dopo molte paradossali avventure, l'uomo scopre che la consorte ha copiato il David di Michelangelo. ■ COMMEDIA; COL.; 84'; GRAN BRETAGNA, 1971.

STATUA CHE URLA, LA *(Screaming Mimi)* ★★
Regia di GERD OSWALD. Con PHILIP CAREY, ANITA EKBERG, GIPSY ROSE LEE. ■ La protagonista del film è una donna affetta da manie di persecuzione e convinta, tra l'altro, di aver ucciso un uomo. Un giornalista che l'ama tenta di scoprire l'origine delle sue fissazioni e di guarirla. Niente da fare: la donna finirà in manicomio. ■ DRAMMATICO; B/N; 79'; USA, 1958.

STATUA VIVENTE, LA ★★
Regia di CAMILLO MASTROCINQUE. Con FOSCO GIACHETTI, LAURA SOLARI. ■ Subito dopo le nozze, la moglie di un marinaio muore in un incidente stradale. Conosciuta una donna che le assomiglia in modo impressionante, il marinaio la ricerca e la sfugge in una disperata altalena di sentimenti contrastanti, infine la uccide. ■ DRAMMATICO; B/N; 92'; ITALIA, 1942.

STAVISKY IL GRANDE TRUFFATORE *(Stavisky)* ★★★
Regia di ALAIN RESNAIS. Con GIGI BALLISTA, JEAN-PAUL BELMONDO, CHARLES BOYER, ANNY DUPEREY, FRANÇOIS PÉRIER, CLAUDE RICH. ■ Negli anni Trenta, la mancanza di qualsiasi scrupolo e un'audacia truffaldina fuori dal comune consentono al finanziere Stavisky (un personaggio storico) una vita tra le più brillanti e agiate. Quando, dopo l'ultima impresa, il funzionario di una banca lo mette al corrente di un pesante ammanco, Stavisky crede a un nuovo inganno. Morirà nella sua baita, probabilmente suicida. ■ DRAMMATICO; COL.; 112'; FRANCIA, 1974.

STAY ★★
Regia di MARC FORSTER. Con JANEANE GAROFALO, RYAN GOSLING, BOB HOSKINS, EWAN MCGREGOR, ELIZABETH REASER,

NAOMI WATTS. ■ Il cinema di Marc Forster materializza i sogni, li rende palpabili al punto da confondere realtà e mondo onirico, come se, così facendo, avesse trovato una via di fuga per sfuggire o almeno per rimandare il passaggio "al di là dello specchio". In *Finding Neverland* i personaggi riuscivano a trovarla, rifugiandosi in un mondo fiabesco; in *Stay*, invece, si cimentano in un percorso a ritroso, in una "mise en abime" che trascina lo spettatore in un vortice narrativo e visivo che si conclude e risolve soltanto nel finale. Henry, uno studente di storia dell'arte, è un nuovo paziente per lo psichiatra Sam Foster. Divorato dai sensi di colpa, dichiara di volersi suicidare al compimento dei 21 anni. ■ THRILLER; COL.; 99'; USA, 2005.

STAY ALIVE ★

Regia di WILLIAM BRENT BELL. Con SAMAIRE ARMSTRONG, SOPHIA BUSH, JON FOSTER, ADAM GOLDBERG, FRANKIE MUNIZ, JIMMI SIMPSON, MILO VENTIMIGLIA. ■ Dopo la morte cruenta e inspiegabile di un loro amico, un gruppo di teenager entra in possesso di un videogioco horror, ibrido tra *Resident Evil* e *Silent Hill*, ispirato alla vera storia di una nobildonna vissuta nel XVII secolo, sul quale sembra gravare una terribile maledizione. Chi vi gioca e vi muore infatti, rischia di fare la stessa fine anche nella realtà. Quando la maledizione palesa la sua esistenza, il gruppo di amici cerca di venire a capo del mistero. ■ HORROR; COL.; 85'; USA, 2006.

STAYING ALIVE ★★★

Regia di SYLVESTER STALLONE. Con FINOLA HUGHES, CYNTHIA RHODES, JOHN TRAVOLTA. ■ Seguito de *La febbre del sabato sera*. Tony Manero (Travolta) dopo esser stato il divetto delle balere di Brooklyn, vuole essere un divo sul serio nei musical a Broadway. Comincia come ballerino di fila, ma quando il protagonista dello show viene contestato, si fa avanti, ottiene la parte e, contro le previsioni di tutti, ha un grande successo alla "prima". ■ MUSICAL; COL.; 96'; USA, 1983. ■ GOLDEN GLOBES 1 NOM.

STAZIONE, LA ★★★

Regia di SERGIO RUBINI. Con MARGHERITA BUY, ENNIO FANTASTICHINI, SERGIO RUBINI. ■ Un giovane capostazione di una piccola stazione sta facendo il turno di notte. Ed ecco che riceve la visita di una giovane donna che sta fuggendo dal fidanzato. In attesa di un treno la donna instaura con il giovane un certo rapporto. Ma il fidanzato incombe. Tratto dalla commedia omonima di Umberto Marino, il film può reggere sia nei momenti comici che in quelli drammatici. Positivo l'esordio alla regia di Sergio Rubini. ■ COMMEDIA; COL.; 93'; ITALIA, 1990. ■ DAVID DI DONATELLO 2 PR, 2 NOM.

STAZIONE DI SERVIZIO *(Truck Stop Women)* ★

Regia di MARCK L. LESTER. Con LIEUX DRESSLER, DENNIS FIMPLE, CLAUDIA JENNINGS. ■ La proprietaria di una stazione di servizio è implicata in affari poco puliti. Una coppia di banditi tenta di mettere fine a questo stato di cose e si allea con sua figlia. Durante uno scontro a colpi di pistola la ragazza muore, colpita da un amico e alleato della madre. ■ DRAMMATICO; COL.; 90'; USA, 1974.

STAZIONE LUNA *(Way... Way Out)* ★★★

Regia di GORDON DOUGLAS. Con ANITA EKBERG, BRIAN KEITH, JERRY LEWIS, ROBERT MORLEY, CONNIE STEVENS. ■ Due astronauti americani vengono fatti frettolosamente sposare dai superiori, che per ragioni diplomatiche e per competizione con l'Urss devono procurarsi immediatamente una coppia spaziale. ■ COMICO; COL.; 106'; USA, 1966.

STAZIONE SPAZIALE K9 *(Nebo zovyot)* ★★

Regia di FRANCIS FORD COPPOLA, MIKHAIL KARZHUKOV, ALEKSANDR KOZYR. Con K. BARTASCHEVICH, J. PIERVERSEV, A. SCHVERIN. ■ Filmetto di fantascienza sovietico ambientato nel Duemila e ispirato ai principi della distensione: russi e americani collaborano e conquistano insieme Marte. ■ FANTASCIENZA; COL.; 92'; URSS, 1961.

STAZIONE TERMINI ★★★

(Indiscretion of an American Wife)

Regia di VITTORIO DE SICA. Con RICHARD BEYMER, GINO CERVI, MONTGOMERY CLIFT, JENNIFER JONES, PAOLO STOPPA. ■ Un'americana sposata trascorre qualche settimana di vacanza a Roma. Qui si innamora di un professore e ne diventa l'amante. Un giorno, dopo una telefonata da casa, la donna decide di partire. A nulla valgono i tentativi dell'uomo per trattenerla: la paura dello scandalo è più forte di lei, benché giuri allo spasimante che lo amerà per sempre. ■ DRAMMATICO; B/N; 93'; ITALIA, USA, 1953. ■ OSCAR 1 NOM.

STAZIONE 3: TOP SECRET *(The Satan Bug)* ★★★

Regia di JOHN STURGES. Con DANA ANDREWS, RICHARD BASEHART, ANNE FRANCIS, GEORGE MAHARIS. ■ Da una stazione scientifica vengono rubate alcune fialette contenenti un pericolosissimo virus. L'uomo incaricato di recuperarle scopre il luogo in cui sono nascoste e arresta i malviventi che ne sono in possesso. Il loro capo, però, sfugge varie volte alla cattura, finché l'avversario lo affronta e lo batte nel cielo di Los Angeles. ■ FANTASCIENZA; COL.; 114'; USA, 1964.

STA' ZITTO... NON ROMPERE *(Tais-toi!)* ★★

Regia di FRANCIS VEBER. Con GÉRARD DEPARDIEU, ANDRÉ DUSSOLLIER, JEAN RENO. ■ Ruby è un pericoloso criminale, innamorato della donna di un boss della malavita; viene messo in galera dopo un colpo andato male, e in carcere viene a sapere che la sua amata è stata uccisa. Accecato dall'odio, non vede l'ora di evadere per vendicarsi. Trova aiuto nel suo compagno di cella, Quentin, un gigante dalla forza sovrumana ma del tutto imbelle, che invece vuole scappare per poter aprire un bistrot con Ruby. I due riescono a uscire di prigione, ma si trovano alle costole la polizia e la mafia. Tra avventure incredibili e gag esilaranti, Ruby e Quentin riusciranno a farla franca e a coronare i loro sogni. Francis Veber, nel solco della tradizione di commedia surreale dei suoi più celebri lavori (*La cena dei cretini* e *L'apparenza inganna),* schiaccia maggiormente l'acceleratore sul tono demenziale per narrare la particolarità di un'amicizia virile tra un criminale e un idiota. Depardieu e Reno, in ogni caso, sono due mostri di comicità: ed è solo grazie alla loro verve che il film riesce, in qualche modo, a rimanere in piedi, e ad essere tutto sommato godibile. ■ COMMEDIA; COL.; 85'; FRANCIA, 2003.

STEALTH – ARMA SUPREMA *(Stealth)* ★★

Regia di ROB COHEN. Con JESSICA BIEL, JAMIE FOXX, JOSH LUCAS, JOE MORTON, RICHARD ROXBURGH, SAM SHEPARD. ■ Un jet da combattimento pilotato da un computer diventa un problema quando l'intelligenza artificiale assumerà controllo autonomo. Tre tenenti della marina dovranno impedire che l'aereo si schianti contro un centro urbano... *Stealth* fa parte di quella lunga fila di pellicole gradevoli solo se viste senza pretese, col cervello staccato, una gigantesca confezione di pop-corn in mano e una buona dose di autoironia. ■ AZIONE; COL.; 121'; USA, 2005.

STEAMBOY ★★★

Regia di KATSUHIRO OTOMO. ■ 16 anni dopo l'acclamato *Akira*, Katsuhiro Otomo torna a dirigere un film dai toni epici e di raro perfezionismo tecnico. Otomo si butta dietro le spalle il futuro cyberpunk del suo film più noto e volge lo sguardo al passato, per la precisione alla Gran Bretagna vittoriana del diciannovesimo secolo. I fatti si svolgono alla vigilia e nel corso della Grande Esposizione, impressionante fiera delle meraviglie del progresso che si tenne a Londra nel 1851. Lo Steamboy del titolo è Ray, un ragazzino che, seguendo le orme del padre e del nonno, è un geniale inventore. Il nonno Lloyd torna improvvisamente dagli Usa, dove lavora col figlio per una multinazionale senza scrupoli, ed affida al nipote un globo di ferro capace di trattenere una pressione elevatissima e di generare immensa energia. Gli scagnozzi della compagnia stanno però braccando Lloyd per rimpossessarsi del globo, indispensabile perché la Torre Steam, avveniristica fortezza ambulante, possa infine prendere vita per mano di Eddie, padre di Ray, che ha rinnegato i valori paterni e intende usare la Torre per abbattere il palazzo di vetro che ospita la Grande Esposizione. Un vero spettacolo per gli occhi e le orecchie, cui purtroppo fa da contraltare uno sviluppo della trama piuttosto carente. Il difetto di *Steamboy* è fatalmente lo stesso di *Akira*: ad una prima ora avvincente e incalzante, in cui si è rapiti dai personaggi, dalle ambientazioni e soprattutto dai bizzarri macchinari che sono i veri protagonisti del film, fa seguito una seconda ora in cui non succede altro che una sequenza di esplosioni sempre più roboanti e sempre più devastanti, che finiscono per annoiare e fanno perdere al film la credibilità fanta-storica che si era guadagnato nella prima parte. ■ ANIMAZIONE; COL.; 126′; GIAPPONE, 2004.

STEAMING – AL BAGNO TURCO *(Steaming)* ★★
Regia di JOSEPH LOSEY. Con DIANA DORS, PATTI LOVE, VANESSA REDGRAVE. ■ In un bagno turco di Londra si ritrovano donne di diverse estrazioni sociali e di diverso temperamento. Amiche, si scambiano confidenze, ma un giorno arriva la notizia che al posto del bagno turco la giunta vuole costruire un parcheggio. Per le donne sarebbe la fine delle loro ore di felicità, ma una di loro è un brillante avvocato e riesce a vincere la causa. Dalla commedia di Nell Dunn, un film elegante che si basa soprattutto sulla bravura del cast di tutte donne. ■ COMMEDIA; COL.; 95′; GRAN BRETAGNA, 1985.

STEFANO QUANTESTORIE ★★★
Regia di MAURIZIO NICHETTI. Con MAURIZIO NICHETTI, ELENA SOFIA RICCI, AMANDA SANDRELLI, RENATO SCARPA, CATERINA SYLOS LABINI, MILENA VUKOTIC. ■ Le scatole cinesi e i giochi a incastro si addicono a questa favola surreale creata dai pensieri e dall'immaginazione di Stefano, un quarantenne. Incontra su un traghetto una giovane dalla quale è attratto. Gli sembra poi di riconoscerla, camuffata, in una rapinatrice. Vediamo Stefano nei panni di un carabiniere che indaga sulla rapina. Allo stesso tempo è un pilota d'aerei rubacuori. Suona il sassofono in un gruppo. Anche se il gioco si scopre ben presto, tutto è ben congegnato, compresi i vari finali e quello definitivo dove le varie "personalità" si incrociano. Bravi tutti gli interpreti. Peccato che il pubblico non abbia riservato a questo film il successo del precedente *Volere volare*. ■ COMICO; COL.; 91′; USA, 1992.

STELLA ★★
Regia di JOHN ERMAN. Con JOHN GOODMAN, MARSHA MASON, BETTE MIDLER. ■ Remake di *Stella Dallas* con Bette Midler al posto di Barbara Stanwych. Una ragazza madre, barista, alleva la figlia come meglio può. Alla fine si sacrifica perché la ragazza abbia una vita più agiata e tranquilla della sua. La storia nel film del 1937 risultava più credibile perché ambientata durante la Grande Depressione. ■ DRAMMATICO; COL.; 106′; USA, 1990.

STELLA ★★
Regia di SYLVIE VERHEYDE. Con LEORA BARBARA, KAROLE ROCHER, BENJAMIN BIOLAY. ■ Francia, 1977. Stella, una ragazzina dei quartieri operai, viene ammessa a frequentare il primo anno di una prestigiosa scuola media, dove si trova come un pesce fuor d'acqua finché non conosce Gladys, la prima della classe, amica per errore e per fortuna. Prima che Gladys le offra le parole che le mancano, Stella è cresciuta con i testi del juke-box, per casa un rumoroso bar di periferia e per famiglia una schiera di disadattati e alcolisti; presenze fisse ma non propriamente mature, tra le quali spicca l'angelo buono (a nulla) di Guillaume Depardieu. *Stella*, è dunque il racconto di ciò che avviene quando una ragazzina spensierata e trascurata comincia a prendere coscienza che il suo mondo non è l'unico possibile, non è il migliore, forse non è nemmeno più quello che la fa felice. ■ DRAMMATICO; COL.; 102′; FRANCIA, 2008.

STELLA CHE NON C'È, LA ★★
Regia di GIANNI AMELIO. Con SERGIO CASTELLITTO, TAI LING. ■ Una compagnia cinese rileva l'altoforno di un'acciaieria in disarmo. Vincenzo Buonavolontà, ex manutentore specializzato, scopre un difetto nell'impianto. Per prevenire incidenti sul lavoro e garantire gli operai che dovranno manovrarlo, Vincenzo parte alla volta della Cina. Vuole consegnare personalmente la centralina modificata ai nuovi acquirenti. Giunto a Shanghai, incontra di nuovo la loro giovane traduttrice, Liu Hua, che lo accompagnerà in un viaggio attraverso la Cina e dentro se stesso. Il film è la storia di un viaggio non soltanto geografico. La Cina, lontana dall'essere la "favola" immaginata o riferita dai media, rivela al protagonista una realtà che ha dismesso affetti e diritti (umani) e vive al ritmo dei tempi di produzione. ■ DRAMMATICO; COL.; 104′; ITALIA, 2006.

STELLA, CORTIGIANA DEL PIREO *(Stella)* ★★
Regia di MICHAEL CACOYANNIS. Con GEORGES FOUNDAS, MELINA MERCOURI. ■ Una giovane cantante si innamora di un ragazzo di buona famiglia ma preferisce la libertà al matrimonio. Tempo dopo, si fidanza con uno sportivo e acconsente a sposarlo. La mattina del matrimonio, però, la paura di legarsi le impedisce di recarsi in chiesa. Il mancato sposo, furibondo, la ammazza. ■ DRAMMATICO; B/N; 94′; GRECIA, 1955.

STELLA DEL CINEMA, LA ★
Regia di MARIO ALMIRANTE. Con GRAZIA DEL RIO, SANDRA RAVEL, ELIO STEINER, FULVIO TESTI. ■ Uno dei rari musical italiani. ■ MUSICAL; B/N; 91′; ITALIA, 1931.

STELLA DELLA TAVERNA NERA, LA *(Her Man)* ★★
Regia di TAY GARNETT. Con RICARDO CORTEZ, MARJORIE RAMBEAU, HELEN TEWELVETREES. ■ Una prostituta francese deruba i suoi clienti, ma un giorno si innamora di un giovane marinaio. Costui mette a posto il protettore della ragazza e se la porta via, per iniziare una nuova vita. ■ DRAMMATICO; B/N; 94′; USA, 1930.

STELLA DELL'INDIA, LA *(Star of India)* ★★
Regia di EDOARDO ANTON. Con HERBERT LOM, YVONNE SANSON, JEAN WALLACE, CORNEL WILDE. ■ Un ufficiale del re, al quale hanno confiscato il castello, e una nobildonna, che ha avuto dal sovrano l'incarico di recuperare un gioiello, si alleano per raggiungere i due obiettivi. Il giovane scopre che il prezioso è nascosto nel pomo della spada del nemico comune, lo sfida a duello, lo batte e se ne impossessa. Dopo altre vicende rocambolesche i due, ormai salvi, si dichiarano il reciproco amore. ■ AVVENTURA; COL.; 84′; ITALIA, 1954.

STELLA DEL MARE ★★
Regia di CORRADO D'ERRICO. Con MARIO BRIZZOLARI, LUISA FERIDA, GIULIANO MASINI, GERMANA PAOLIERI. ■ Un pescatore dalla bella voce viene ascoltato casualmente dai proprietari di una casa discografica e scritturato. Si invaghisce della dirigente ma, quando comprende che l'interesse della donna è puramente professionale, abbandona tutto e torna dalla ragazza che lo ama e lo ha aspettato. ■ COMMEDIA; B/N; 92′; ITALIA, 1939.

STELLA DEL NORD *(Happy Landing)* ★★★
Regia di ROY DEL RUTH. Con CESAR ROMERO, JEAN HERSHOLT, DON AMECHE, SONJA HENIE, BILLY GILBERT. ■ Un musicista dongiovanni si imbarca su un aereo sbagliato e atterra in Norvegia, dove finge di innamorarsi di un'ingenua fanciulla. Lei, abbandonata senza una spiegazione, lo raggiunge poi in America. Il manager del musicista, compassionevole, le allestisce uno spettacolo di pattinaggio, nel quale lei eccelle, e tempo dopo la sposa. ■ COMM. MUSICALE; B/N; 102′; USA, 1938.

STELLA DEL SUD, LA ★★★
(The Southern Star – L'étoile du sud)
Regia di SIDNEY HAYERS. Con URSULA ANDRESS, GUY DELORME, IAN HENDRY, GEORGE SEGAL, ORSON WELLES. ■ Da un giacimento minerario africano viene sottratto un diamante di eccezionali proporzioni. Alla sua ricerca si pongono un disonesto ufficiale di polizia, la figlia del derubato e il fidanzato, che inseguono un nero accusato ingiustamente del furto. Prima che il ladro sia scoperto, il poliziotto ci rimetterà la vita. ■ AVVENTURA; COL.; 105′; GRAN BRETAGNA, 1968.

STELLA DI BROADWAY, LA ★★
(Und du mein Schatz fährst mit)
Regia di GEORG JACOBY. Con MARIKA RÖKK, HANS SÖHNKER. ■ Il ricco finanziatore di un teatro americano scrittura una cantante europea, se ne innamora e le chiede di sposarlo. I suoi parenti, timorosi di perdere l'eredità, riescono a far imprigionare la ragazza per un furto che non ha commesso. Quando la situazione viene chiarita, la fanciulla torna in Europa con un giovane che l'ama da tempo. ■ COMMEDIA; B/N; 91′; GERMANIA, 1936.

STELLA DI DAVID, LA *(Sterne)* ★★
Regia di KONRAD WOLFF. Con JURGEN FROHRIEP, ERIK S. KLEIN, SASHA KRUSHARSKA. ■ Bulgaria, seconda guerra mondiale: un ufficiale tedesco che scorta alcuni ebrei destinati ai campi di sterminio si innamora di una prigioniera e tenta invano di farla fug-

gire. Allontanato da un superiore con una scusa, non può impedire che la ragazza si avvii alla morte come i compagni. Decide allora di schierarsi al fianco dei partigiani. ■ DRAMMATICO; B/N; 90'; GERMANIA, 1959. ■ CANNES 1 PR.

STELLA DI FUOCO *(Flaming Star)* ★★★
Regia di DON SIEGEL. Con DOLORES DEL RIO, BARBARA EDEN, STEVE FORREST, ELVIS PRESLEY. ■ Un uomo bianco, rimasto vedovo, sposa un'indiana e rifiuta poi di combattere contro il popolo della sua seconda moglie. Durante una sua assenza, la donna si reca all'accampamento pellerossa per convincere i capi alla pace, ma al ritorno viene uccisa. Anche il marito muore; il figlio maggiore, nato dal primo matrimonio, viene invece salvato *in extremis* dal fratellastro, colpito a sua volta mortalmente. ■ WESTERN; COL.; 101'; USA, 1960.

STELLA DI LATTA *(Cahill, US Marshall)* ★★★
Regia di ANDREW V. MCLAGLEN. Con NEVILLE BRAND, GARY GRIMES, GEORGE KENNEDY, CLAY O'BRIEN, JOHN WAYNE, MARIE WINDSOR. ■ I due figli di uno sceriffo, trascurati dal padre, si fanno coinvolgere, per ripicca, in una rapina. Lo sceriffo smaschera i veri colpevoli e li insegue, mentre i ragazzi si recano all'appuntamento fissato coi fuorilegge per consegnare la refurtiva. Giunti sul posto, stanno per essere ammazzati dai banditi, ma sono salvati dal padre. ■ WESTERN; COL.; 103'; USA, 1973.

STELLA DI LAURA, LA *(Lauras Stern)* ★★★
Regia di PIET DE RYCKER, THILO GRAF ROTHKIRCH. ■ Laura è una bambina di 7 anni che, dopo essersi trasferita in una nuova città con la sua famiglia, non riesce a trovare amici. Una notte, guardando il cielo, vede una stella cadere e farsi male. Laura decide così di prendersi cura di lei ed è l'inizio di una fantastica amicizia. Film europeo che non ha nulla da invidiare alla produzione made in Usa. Anzi, ha forse un po' di anima in più. ■ ANIMAZIONE; COL.; 80'; BULGARIA, GERMANIA, 2005.

STELLA DI RIO *(Stern von Rio)* ★★
Regia di KARL ANTON. Con GUSTAV DIESSL, LA JANA, WERNER SCHARF. ■ Un cercatore d'oro abusivo, che ha scoperto una miniera di diamanti in un terreno altrui, viene messo in prigione. La sua fidanzata, mentre mette al sicuro la pietra preziosa che il giovane le ha destinato, salva contemporaneamente gli affari dell'uomo che l'ha denunciato. Questi, da tempo innamorato, la chiede in moglie e la ragazza finisce per sposare l'affarista. ■ COMMEDIA; B/N; 92'; GERMANIA, 1939.

STELLA DI RIO *(Stern von Rio)* ★★
Regia di KURT NEUMANN. Con FRANCO ANDREI, MARIA FRAU, JOHANNES HEESTERS, FOLCO LULLI. ■ È, con qualche complicazione avventurosa in più, la medesima storia del film omonimo diretto da Karl Anton. Termina però con l'unione dei due giovani. ■ AVVENTURA; B/N; 94'; GERMANIA, 1955.

STELLA NEL CIELO, UNA *(Syncopation)* ★★★
Regia di WILLIAM DIETERLE. Con GEORGE BANCROFT, JACKIE COOPER, BONITA GRANVILLE, ADOLPHE MENJOU. ■ Un ragazzo e una ragazza, figli di amici, crescono insieme e si vogliono bene. Divenuti adulti, scoprono interessi diversi e si separano. Lei, però, continua ad amarlo e solo quando lui resterà ucciso in guerra accetterà la corte di uno spasimante e lo sposerà. Il film è anche una sorta di storia della musica sincopata, dalle origini al suo dilagare negli Usa. ■ COMMEDIA; B/N; 88'; USA, 1942.

STELLA S'INNAMORA, UNA *(Young and Beautiful)* ★★★
Regia di JOSEPH SANTLEY. Con JUDITH ALLEN, WILLIAM HAINES. ■ Un pubblicitario si fidanza con un'aspirante attrice e cerca in tutte le maniere di appianarle la strada. Lei preferirebbe essere considerata una donna piuttosto che un prodotto di mercato e, per indurlo a riflettere, finge di voler sposare un ricco signore. Lui, a sua volta, finge il suicidio. Lieto fine. ■ COMMEDIA; B/N; 79'; USA, 1934.

STELLA SOLITARIA *(Lone Star)* ★★★
Regia di VINCENT SHERMAN. Con LIONEL BARRYMORE, BRODERICK CRAWFORD, CLARK GABLE, AVA GARDNER, MORONI OLSEN. ■ Nel 1845, un avventuriero riceve l'incarico dall'ex presidente degli Stati Uniti Jackson di favorire l'annessione del Texas, allora Repubblica indipendente. Il nostro eroe si troverà a lottare contro un gruppo d'indipendentisti a oltranza, ma riuscirà ad ottenere l'appoggio di Sam Huston, il generale che ha sconfitto i messicani assicurando la libertà texana, e avrà così partita vinta. ■ WESTERN; B/N; 94'; USA, 1951.

STELLA SOLITARIA *(Lone Star)* ★★★
Regia di JOHN SAYLES. Con CHRIS COOPER, KRIS KRISTOFFERSON, ELIZABETH PEÑA. ■ John Sayles continua con rigore il proprio percorso di regista indipendente. Questa volta ci racconta una storia di diseredati a cavallo della frontiera Messico-Texas. La clandestinità diventa una condizione esistenziale da combattere senza illusioni. I due amanti che scoprono di essere figli dello stesso padre sono costretti a confrontarsi con un passato che li domina. Ma lo sguardo di Sayles giudica solo i soprusi dell'umanità. ■ DRAMMATICO; COL.; 126'; USA, 1996. ■ GOLDEN GLOBES 1 NOM; OSCAR 1 NOM.

STELLA SPEZZATA, LA *(The Broken Star)* ★★
Regia di LESLEY SELANDER. Con HOWARD DUFF, BILL WILLIAMS. ■ Uno sceriffo ha due vice: uno buono, uno cattivo. Quello cattivo uccide un uomo per rapina. I sospetti cadono sulla fidanzata del vice buono che alla fine fa giustizia. ■ WESTERN; B/N; 80'; USA, 1956.

STELLE DI GIORNO *(Dnevneye zvezdy)* ★★★
Regia di IGOR TALANKIN. Con ALLA DEMIDOVA, ALEKSEJ POPOV. ■ Avversato dal regime per il suo formalismo lontano dagli stereotipi in voga nella cinematografia ufficiale sovietica, il film narra la storia di una poetessa che, nel corso del secondo conflitto mondiale, lavora alla radio di Leningrado con lo scopo di tenere alto il morale dei soldati impegnati al fronte. Lungi dall'esaltare le vicende eroiche della guerra, i versi della donna rispecchiano una riflessione esistenziale e di un personalissimo lirismo. ■ DRAMMATICO; COL.; 90'; URSS, 1969.

STELLE HANNO PAURA, LE *(Lady of Burlesque)* ★★★
Regia di WILLIAM A. WELLMAN. Con MICHAEL O'SHEA, BARBARA STANWYCK. ■ In un teatro vengono misteriosamente assassinate due attrici. La polizia vorrebbe far sospendere la rappresentazione, ma una delle artiste si espone personalmente, facendo da esca, e riesce a far catturare l'assassino. ■ POLIZIESCO; B/N; 91'; USA, 1943. ■ OSCAR 1 NOM.

STELLE INQUIETE, LE ★★
Regia di EMANUELA PIOVANO. Con LARA GUIRAO, RENATO LIPRANDI, MARC PERRONE, FABRIZIO RIZZOLO, ISABELLA TABARINI. ■ Nella notte della Storia, quando cala il buio del Nazismo e del Comunismo aggressivi, arrivano le lucciole e le stelle inquiete a squarciare l'oscurità. Quelle che vede Simone Weil nella campagna piemontese dove è arrivata per lavorare come bracciante dal suo amico, il "filosofo contadino" Gustave Thibon, col quale la pensatrice e attivista francese intratterrà un'amicizia intellettuale e totale che lambisce l'amore per una delle più grandi donne e filosofe del Novecento. Siamo davanti al primo film sulla Weil dichiarato, perché, in realtà, quel capolavoro di *Europa '51* di Roberto Rossellini era ispirato alla figura della Weil incarnata dalla solennità di Ingrid Bergman. Occasione ghiotta quindi per la Piovano che dopo 5 anni di gestazione dirige una pellicola con una troupe giovane e con talenti certificati come il montatore Roberto Perpignani (*Ultimo tango a Parigi*) e Lara Guirao, francese che recita in italiano non doppiato nel film. ■ DRAMMATICO; COL.; 87'; ITALIA, 2011.

STELLE SI VEDONO DI GIORNO, LE ★★
(The Pink Jungle)
Regia di DELBERT MANN. Con JAMES GARNER, GEORGE KENNEDY, EVA RENZI. ■ Sudamerica: un fotografo e una fotomodella partono con un avventuriero alla ricerca di una grossa miniera diamantifera. Un uomo si aggrega al gruppo, con lo scopo di far fallire l'impresa. La miniera è ugualmente raggiunta, ma l'avventuriero tradisce i compagni e fugge coi diamanti. ■ AVVENTURA; COL.; 104'; USA, 1968.

ST. ELMO'S FIRE *(St. Elmo's Fire)* ★★★
Regia di JOEL SCHUMACHER. Con EMILIO ESTEVEZ, ROB LOWE, ANDREW MCCARTHY. ■ Le vicende intrecciate di sette giovani, quattro ragazzi e tre ragazze, in una cittadina americana, intorno

al St. Elmo's bar nel quale si ritrovano. Vicende d'amore e storie familiari, speranze e fallimenti, esperienze di lavoro, unioni e separazioni si intersecano nel corso di diversi anni. Una serie di fallimenti, da cui pochi si salvano, troppo deboli per affrontare il mondo e la realtà. ■ COMMEDIA; COL.; 107′; USA, 1985.

STEPFATHER – IL PATRIGNO, THE *(The Stepfather)* ★★
Regia di JOSEPH RUBEN. Con SHELLEY HACK, TERRY O'QUINN, JILL SCHOELEN. ■ Sembra una gran brava persona, tutto casa e famiglia, ma non lo è. Jerry è un maniaco assassino, specialista nello sposare vedove con prole, salvo poi massacrare la nuova famigliola, quando questa non lo soddisfa più (e un'altra sistemazione si profila all'orizzonte). Ha già tre stragi al suo attivo (la polizia non lo ha mai preso perché ha sempre cambiato nome e località) ma le ultime vittime designate si dimostrano più coriacee delle precedenti. L'ultima figliastra si difende strenuamente e riesce anche a uccidere lo psicopatico. ■ THRILLER; COL.; 98′; CANADA, USA, 1986.

STÉPHANE, UNA MOGLIE INFEDELE ★★★
(Stéphane – Une femme infidèle)
Regia di CLAUDE CHABROL. Con STÉPHANE AUDRAN, MICHEL BOUQUET, MICHEL DUCHAUSSOY, MAURICE RONET. ■ Un uomo ammazza l'amante della moglie. Questa, interrogata dalla polizia, afferma di non aver mai conosciuto il defunto. I sospetti cadono ugualmente su suo marito, e lei ha le prove della sua colpevolezza quando scopre in una sua giacca la foto dell'ucciso. Soddisfatta dalla piega che hanno preso gli avvenimenti, assiste indifferente all'arresto del coniuge. ■ DRAMMATICO; COL.; 98′; FRANCIA, 1968.

STEPHEN KING'S DESPERATION *(Desperation)* ★★
Regia di MICK GARRIS. Con ANNABETH GISH, KELLY OVERTON, RON PERLMAN, TOM SKERRITT, HENRY THOMAS, STEVEN WEBER. ■ Film tv tratto da un romanzo di Stephen King, *Desperation* nasce da un'idea che attraversò la mente del re dell'horror già nel 1991, mentre passava per caso da una cittadina del Nevada apparentemente deserta. Ed è proprio lì, da uno scorcio di road-movie, che prende avvio il film, presentando immediatamente la figura in divisa di Collie Entragian, il poliziotto che ferma le auto di chi passa da quell'angolo di Nevada e decide il tragico destino dei loro passeggeri, arrestandoli e trasportandoli nella stazione di polizia di Desperation. Nomen omen, nella città non è rimasta anima viva e la stessa sorte sta per essere riservata ai novelli malcapitati. Lo sceriffo, infatti, è posseduto da un demone e ha bisogno di nuovi corpi per liberarsene. L'unica speranza di salvezza è rappresentata da un ragazzino, in grado di comunicare direttamente con Dio. Nonostante i cultori della pagina scritta di King non smettano mai di lamentare l'inadeguatezza dei tentativi di trasposizione cinematografica – eccezion fatta per *Shining* di Kubrick e *Misery* di Rob Reiner – non è raro che da un romanzo non eccelso possa nascere un film (quasi) dignitoso. ■ HORROR; COL.; 131′; USA, 2006.

STEPPA, LA ★★★
Regia di ALBERTO LATTUADA. Con DANIELE SPALLONE, CHARLES VANEL, MARINA VLADY. ■ Il film descrive la scoperta del mondo da parte di un fanciullo e la sua crescita spirituale. Il ragazzo intraprende con lo zio un lungo viaggio, durante il quale fa la conoscenza di una bellissima donna, partecipa a una festa di paese, a una rissa, prende la febbre. L'arrivo alla meta finale coincide col doloroso distacco dallo zio. ■ DRAMMATICO; COL.; 110′; ITALIA, 1962.

STEPPA, LA *(Step')* ★★
Regia di SERGEI FYODOROVICH BONDARČUK. Con OLEG KUTSNETZOV, VLADIMIR SEDOV, NIKOLAJ TROFIMOV. ■ Dal romanzo di Cechov, una sontuosa, ma un po' accademica versione ad opera dell'oleografico Bondarčuk. La storia è quella di un ragazzino russo che intraprende un lungo viaggio assieme allo zio. Un viaggio che lo fa uomo: vede allegria e povertà, s'incanta davanti a un'aristocratica bella signora, vede spargere il sangue, capisce cosa è bontà e cosa non lo è. ■ DRAMMATICO; COL.; 132′; URSS, 1979.

STEPPING OUT ★★★
Regia di LEWIS GILBERT. Con ELLEN GREENE, LIZA MINNELLI, JULIE WALTERS, SHELLEY WINTERS. ■ Con lo stesso titolo dello spettacolo portato in giro per il mondo, Liza Minnelli ritorna al cinema musicale in questo film dove interpreta una ballerina che insegna il tip-tap. Sta cercando di preparare uno show di beneficenza con l'aiuto dei suoi alunni. Nonostante i problemi e l'inesperienza tutto andrà a posto e lo spettacolo decollerà. ■ COMM. MUSICALE; COL.; 104′; USA, 1991.

STEPPING – DALLA STRADA AL PALCOSCENICO ★★
(Stomp the Yard)
Regia di SYLVAIN WHITE. Con LAZ ALONSO, CHRIS BROWN, MEAGAN GOOD, DARRIN HENSON, HARRY J. LENNIX, NE-YO, VALERIE PETTIFORD, COLUMBUS SHORT, BRIAN WHITE, JERMAINE WILLIAMS. ■ Quando DJ (Columbus Short), un ragazzo inquieto di Los Angeles, si trasferisce ad Atlanta per frequentare la Truth University, scopre lo "stepping", il ballo che per tradizione viene eseguito nei circoli studenteschi afroamericani, e vede le diverse squadre impegnarsi in complesse coreografie accompagnate da suoni ritmati, eseguiti soltanto con i movimenti dei piedi e delle mani. Grazie al suo indubbio talento e ai passi originali ispirati dall'hip-hop, DJ si ritrova presto coinvolto nella fiera rivalità che oppone due confraternite, che si sfideranno nel corso dell'annuale campionato di stepping davanti alla folla attenta e partecipe. Per poter dare un contributo importante alla propria squadra, però, DJ dovrà prima affrontare i demoni del proprio passato e scoprire il vero significato della fratellanza. Il regista Sylvain White, più noto ai media per la produzione di video musicali, si cimenta in una pellicola dai temi fortemente adolescenziali, riuscendo a trarne, nonostante la banalità di fondo, un discreto risultato. ■ DRAMMATICO; COL.; 115′; USA, 2007.

STEP UP ★★
Regia di ANNE FLETCHER. Con JENNA DEWAN, RACHEL GRIFFITHS, JOSH HENDERSON, MARIO, DAMAINE RADCLIFF, DREW SIDORA, CHANNING TATUM, DE'SHAWN WASHINGTON. ■ Tyler Gage è un piccolo malfattore che, in seguito a un'irruzione notturna nella Maryland School of the Arts, viene condannato a un consistente numero di ore di rieducazione da trascorrere nell'Istituto. Qui incontra Nora, ballerina di danza classica che ha puntato tutto sul saggio finale, che potrà segnare in modo determinante il suo futuro. I due, pur provenendo da mondi diversi (o forse proprio per questo) provano un feeling immediato sia sul piano del sentimento sia su quello del ballo. Tyler, con la street dance in cui è abilissimo, conquista subito il cuore e le gambe della ragazza. Periodicamente il cinema torna sul tema della danza, un argomento che consente di sfiorare il musical senza dover investire i capitali che il genere richiede. ■ COMMEDIA; COL.; 98′; USA, 2006.

STEP UP 2 – LA STRADA PER IL SUCCESSO ★★
(Step Up 2 the Streets)
Regia di JON CHU. Con BRIANA EVIGAN, ROBERT HOFFMANN, WILL KEMP, ADAM SEVANI, CASSIE VENTURA. ■ Andy, la nuova arrivata alla Maryland School of the Arts, ha pochi mezzi ma un obiettivo fermo: partecipare a "the Streets", la più importante competizione di ballo hip-hop di Baltimora. Anche Chase, il ragazzo più ricco e concupito dell'istituto, sogna quella gara, per distinguersi dagli altri e sfidare le convenzioni della scuola. Insieme, vanno a caccia di talenti misconosciuti e formano una "crew", all'insaputa di Blake, fratello di Chase e rigido direttore della MSA. Il soggetto di *Step Up 2* sembra costruito sul riflesso del primo capitolo, come se anche la sceneggiatura fosse ricorsa allo specchio usato dai ballerini durante le prove. ■ COMMEDIA; COL.; 98′; USA, 2008.

STEP UP 3D ★★
Regia di JON CHU. Con STEPHEN BOSS, RICK MALAMBRI, ADAM G. SEVANI, ALYSON STONER, SHARNI VINSON. ■ Moose e Camilla, ex ballerini della Maryland School of Arts, arrivano a New York per frequentare l'università. Anziché presentarsi a lezione di ingegneria, però, il ragazzo si lascia immediatamente conquistare da un gruppo di ballerini di strada e finisce nel covo dei Pirati, la crew capitanata da Luke, che vive e si allena in un grande edificio industriale recuperato. Tutto ansioso di proporsi come il primo film danzereccio girato in digital 3D, il terzo *Step Up* trascura col-

pevolmente la scrittura, candidandosi per i peggiori dialoghi della stagione. ■ MUSICALE; COL.; 107'; USA, 2010.

STEP UP 4 REVOLUTION 3D *(Step Up 4)* ★★
Regia di SCOTT SPEER. Con STEPHEN BOSS, JESSICA GUADIX, RYAN GUZMAN, KATHRYN MCCORMICK, CHADD SMITH. ■ Miami, quartiere popolare della città. Sean è il capo della misteriosa banda The Mob, che organizza flash mob nelle zone più esclusive per attirare l'attenzione della gente e tentare di diventare famoso. Il ragazzo incrocia la strada della bella Emily, arrivata in città per coronare il suo sogno di ballerina. Però Emily è anche la figlia dello speculatore edilizio che ha deciso di radere al suolo luoghi storici di Miami per costruire edifici e hotel esclusivi. L'amore della danza dei due giovani si legherà al movimento di protesta di chi non vuole perdere le proprie radici. Quarto film della popolare saga cominciata da Channing Tatum, *Step Up 4 Revolution* possiede le stesse coordinate dei precedenti, aggiornate ovviamente al setting esclusivo di Miami e alle musiche sempre più techno della colonna sonora. ■ MUSICALE; COL.; 99'; USA, 2012.

STEREO ★★
Regia di DAVID CRONENBERG. Con JACK MESSINGER, RONALD MLODZIK, PAUL MULHOLLAND. ■ È il primo film diretto dal regista di *Inseparabili* e *La mosca*. In bianco e nero, piuttosto criptico, narra di un esperimento condotto in base a una teoria di cibernetica sociale. Otto soggetti vengono sottoposti a un intervento al cervello. Telepatia e percezioni extrasensioriali fanno da contorno. Ironico e stravagante. Per fans di Cronenberg. ■ GROTTESCO; B/N; 65'; CANADA, 1969.

STERMINATE "GRUPPO ZERO" *(Nada)* ★★
Regia di CLAUDE CHABROL. Con LOU CASTEL, MICHEL DUCHAUSSOY, MAURICE GARREL, FABIO TESTI. ■ Un rivoluzionario spagnolo rapisce un ambasciatore americano per ricavarne un forte riscatto. Nella casa in cui è avvenuto il sequestro, però, erano in funzione delle telecamere che permettono l'identificazione del commando; anche il nascondiglio è scoperto grazie al taccuino di un complice che si era ritirato all'ultimo momento. Dopo drammatiche vicende, muoiono tutti. ■ DRAMMATICO; COL.; 130'; FRANCIA, 1973.

STERMINATE LA GANG! *(Armored Car Robbery)* ★★
Regia di RICHARD O. FLAISCHER. Con ADELE JERGENS, CHARLES MCGRAW, ROBERT STERLING, WILLIAM TALMAN. ■ Quattro banditi portano a termine una rapina ma vengono scoperti dalla polizia: uno è gravemente ferito. Rifugiatisi in un capannone in riva al mare, i malviventi sono costretti nuovamente alla fuga: un altro bandito muore, quello ferito viene eliminato da un compagno. Tragica anche la fine del terzo rapinatore. Il quarto è arrestato. ■ POLIZIESCO; B/N; 68'; USA, 1950.

STERMINATELI SENZA PIETÀ ★★★
(Show Them no Mercy)
Regia di GEORGE MARSHALL. Con BRUCE CABOT, ROCHELLE HUDSON, CESAR ROMERO. ■ Una coppia capita per caso nel covo di una banda di rapitori (vi si sono rifugiati durante un temporale). Il capo vuole farli fuori senza tanti complimenti, ma l'intervento di un altro gangster li salva. I G Men, poi, li libereranno. ■ POLIZIESCO; B/N; 76'; USA, 1935.

STERMINATORE, LO *(Dillinger)* ★★
Regia di MAX NOSSECK. Con ANNE JEFFREYS, EDMUND LOWE, LAWRENCE TIERNEY. ■ È la storia di Dillinger, dal momento in cui lascia la sua casa fino alla morte per mano degli agenti. Arrestato per un piccolo furto, finisce in carcere, dove conosce i pezzi grossi del crimine. Uscito di prigione, li libera, partecipa a diverse rapine e diventa il loro capo. Dopo un ultimo grosso colpo andato male, fugge e si nasconde; è infine la sua stessa amante che lo denuncia, facendolo ammazzare. ■ POLIZIESCO; B/N; 89'; USA, 1945. ■ OSCAR 1 NOM.

STERMINATORE DEI BARBARI, LO ★★
Regia di PIERO REGNOLI. Con KEN CLARK, GÉRARD LANDRY, PIERO LULLI, MOIRA ORFEI. ■ Il principe Manfredi caccia il rappresentante tedesco in Italia e trattiene sua figlia. Questa, per vendetta, ordisce un tranello nel quale il nobile cade assieme ai suoi seguaci. Uno di essi, che si salva, fa però giustizia dei traditori. ■ AVVENTURA; COL.; 92'; ITALIA, 1964.

STERMINATORE DEL WEST, LO *(Natchez Trace)* ★★
Regia di ALAN CROSLAND JR. Con WILLIAM CAMPBELL, MARCIA HENDERSON, ZACHARY SCOTT ■ Un uomo stimato e rispettato dai cittadini è in realtà un folle criminale che mira al dominio del West. Un ragazzo sospetta di lui: riesce a conquistarsi la sua fiducia e, avute così le prove dei loschi progetti, gli guida contro la popolazione. ■ WESTERN; B/N; 82'; USA, 1960.

STERMINATORI DEI COMANCHES, GLI ★★
(Rawhide Trail)
Regia di ROBERT GORDON. Con NANCY GATES, REX REASON. ■ Gli indiani sono in guerra con i bianchi. Due giovani, ingiustamente accusati di parteggiare per i primi armano un drappello di uomini per raggiungere le truppe regolari in gravi difficoltà. Più tardi, trovano il responsabile della rivolta pellerossa. ■ WESTERN; B/N; 93'; USA, 1958.

STERMINATORI DELLA PRATERIA, GLI ★★
(The Black Dakotas)
Regia di RAY NAZARRO. Con JOHN BROMFIELD, WANDA HENDRIX, GARY MERRILL. ■ Un fanatico sudista uccide un funzionario del governo che doveva incontrarsi con gli indiani. Quindi prende il suo posto e ruba un ingente quantitativo d'oro per finanziare la sua lotta. Un avversario, però, recupera la refurtiva e la consegna ai pellirosse; il sudista è ucciso. ■ WESTERN; COL.; 65'; USA, 1954.

STERMINIO SUL GRANDE SENTIERO ★★★
(The Iroquois Trail)
Regia di PHIL KARLSON. Con BRENDA MARSHALL, GEORGE MONTGOMERY. ■ America settentrionale, diciottesimo secolo. Uno scout indiano che parteggia segretamente per i francesi uccide un corriere inglese e lo accusa di tradimento. Il fratello del defunto, deciso a scoprire la verità, trova molti indizi sulla colpevolezza del vero traditore ma non viene creduto. Il pellerossa fa una strage di inglesi, e finalmente le responsabilità si chiariscono. ■ AVVENTURA; B/N; 85'; USA, 1950.

STESSO GIORNO IL PROSSIMO ANNO, LO ★★★
(Same Time, Next Year)
Regia di ROBERT MULLIGAN. Con ALAN ALDA, IVAN BONAR, ELLEN BURSTYN, BERNIE RUBY, COSMO SARDO. ■ Un uomo e una donna, conosciutisi casualmente, diventano amanti. Benché entrambi abbiano una famiglia e dei figli continuano, nello stesso giorno di ogni anno, a incontrarsi per ben ventisei anni. Durante un incontro lui le comunica di essere rimasto vedovo e le chiede di sposarlo. Lei però non accetta, perché ama ancora il coniuge. ■ COMMEDIA; COL.; 117'; USA, 1979. ■ GOLDEN GLOBES 1 PR, 3 NOM; OSCAR 4 NOM.

STESSO MARE, STESSA SPIAGGIA ★
Regia di ANGELO ALESSANDRO PANN. Con FRANCESCA ROMANA COLUZZI, RENZO MONTAGNANI. ■ Giovani playboy da strapazzo trascorrono le vacanze sulla costiera romagnola dando la caccia alle straniere. S'intrecciano disavventure, macchiette, delusioni sentimentali sulla base musicale delle canzoni anni Sessanta. Insipido. ■ COMICO; COL.; 93'; ITALIA, 1983.

STESSO SANGUE ★★
Regia di SANDRO CECCA, EGIDIO ERONICO. Con RICK HUTTON, ALESSANDRA MONTI, DANIELE NUCCETELLI. ■ Due ragazzi del Molise, fratello e sorella, vivono una grama esistenza di emarginati. Fino al giorno in cui sfogano la propria rabbia nei confronti del mondo in gesti gangsteristici. Sono più velleitari che pericolosi, ma pagheranno egualmente. E duramente. ■ DRAMMATICO; COL.; 100'; ITALIA, 1988.

STICK IT ★★
Regia di JESSICA BENDINGER. Con JEFF BRIDGES, MADDY CURLEY, VANESSA LENGIES, KELLAN LUTZ, MISSY PEREGRYM, NIKKI SOOHOO. ■ Haley Graham ha 17 anni ed è decisamente vivace e irrequieta. Proprio a causa del suo carattere ribelle ha alle sue spalle alcuni pesanti guai con la giustizia anche se, in passato, è stata una ginnasta professionista. Dopo la sua ennesima malefatta, il giudice condanna Haley a ritornare nel duro mondo dell'agonismo e a iscriversi di nuovo alla VGA, un'accademia di atleti

di Hudson, in Texas, diretta dal leggendario – ormai ex campione olimpico – Burt Vickerman. Haley dovrà superare l'iniziale ostilità delle compagne di scuola e una rigida disciplina per poter partecipare ai campionati nazionali di ginnastica artistica... e non solo. ■ COMMEDIA; COL.; 105'; USA, 2006.

STIGMATE *(Stigmata)* ★
Regia di RUPERT WAINWRIGHT. Con PATRICIA ARQUETTE, GABRIEL BYRNE, NIA LONG, JONATHAN PRICE. ■ Una ragazza (men che) normalissima, assolutamente lontana da ogni interesse mistico-spirituale, riceve la stigmate. Da quel momento la sua storia si intreccia fra iniziative horror e giallo-vaticanense. Inutile. ■ FANTASTICO; COL.; 102'; USA, 1999.

STILL CRAZY ★★★
Regia di BRIAN GIBSON. Con BILLY CONNOLLY, JIMMY NAIL, BILL NIGHY, STEPHEN REA, TIMOTHY SPALL. ■ Una band si è sciolta nel 1977 per droghe e litigi. Vent'anni dopo il tastierista e l'assistente cercano di rimettere insieme il gruppo. Ognuno è coinvolto nella propria deriva esistenziale e spera di tornare agli antichi splendori. Un buon cast tra commedia, nostalgia e autoironia. ■ COMMEDIA; COL.; 95'; USA, 1998. ■ GOLDEN GLOBES 2 NOM.

STILL LIFE *(Sanxia haoren)* ★★
Regia di JIA ZHANG-KE. Con HAN SANMING, ZHAO TAO. ■ Due tristi storie d'amore e lontananza. Nel villaggio di Fengjie, luogo desolato e in procinto di essere sommerso dall'acqua a causa della costruzione della diga delle Tre Gole, Han Sanming è un uomo che giunge con l'obiettivo di ritrovare la figlia che non ha mai visto, ma si ritrova a lavorare come demolitore per potersi permettere il soggiorno. Shen Hong invece è un'infermiera alla ricerca del marito (ingegnere a Fengjie) che non vede da due anni e sul quale scoprirà verità poco piacevoli che la porteranno a un'importante scelta di vita. Due tristi storie d'amore narrate con uno stile essenziale e minimalista fanno da contrappunto a uno spaccato sulla realtà sociale della Cina odierna, ritratta dal regista cinese di *Dong* (documentario presentato a Venezia nella sezione Orizzonti) attraverso i toni spenti e opachi di un paesaggio grigio e umido, specchio delle due anime inquiete protagoniste del film. ■ DRAMMATICO; COL.; 108'; CINA, 2004.

STIMULANTIA ★★★
Regia di HANS ABRAMSON. Con HARRIET ANDERSSON, INGRID BERGMAN, LARS EKBORG. ■ Il film è un collage di sette episodi tesi a stimolare la fantasia degli autori svedesi. ■ COMMEDIA; B/N; 91'; SVEZIA, 1967.

STINGAREE, IL BANDITO SENTIMENTALE ★★★
(Stingaree)
Regia di WILLIAM A. WELLMAN. Con RICHARD DIX, IRENE DUNNE. ■ In Australia nell'Ottocento, Stingaree, bandito sentimentale, pur di far studiare canto a una bella ragazza di cui è innamorato rischia la galera. La ragazza diventerà una diva e otterrà dalla regina Vittoria l'amnistia per il buon Stingaree. ■ AVVENTURA; B/N; 102'; USA, 1934.

STIRPE DANNATA *(Blanche Fury)* ★★
Regia di MARC ALLÉGRET. Con WALTER FITZGERALD, STEWART GRANGER, VALERIE HOBSON. ■ È una fosca storia di passioni e di delitti che vede protagonisti un ricco Lord, sua moglie e un giovane allevatore di cavalli, che afferma di essere figlio illegittimo del nobile e non esita a uccidere per impadronirsi del suo denaro. ■ DRAMMATICO; COL.; 95'; GRAN BRETAGNA, 1948.

STIRPE DEGLI DEI, LA *(A Dream of Kings)* ★★
Regia di DANIEL MANN. Con SAM LEVENE, IRENE PAPAS, ANTHONY QUINN, INGER STEVENS. ■ Un uomo si ribella alla prossima morte del figlioletto e decide di portarlo in Grecia, terra natia, convinto che il sole riuscirà dove la medicina ha fallito. Per procurarsi i soldi necessari al viaggio, bara, ma viene scoperto. Alla fine sua moglie, mossa a compassione, deruba la madre della somma indispensabile alla realizzazione del progetto. ■ DRAMMATICO; COL.; 107'; USA, 1969.

STIRPE DEI DANNATI, LA ★★★
(Children of the Damned)
Regia di ANTON M. LEADER. Con ALAN BADEL, ALFRED BURKE, BARBARA FERRIS, IAN HENDRY. ■ Sei ragazzi sono in possesso di un'intelligenza straordinaria. Gli scienziati vogliono esaminarli ma essi fuggono e obbligano due agenti a spararsi a vicenda. Grazie alla capacità di leggere nel pensiero, i sei riescono a prevedere tutte le mosse degli inseguitori fino a quando questi, di unanime accordo, fanno esplodere la chiesa nella quale si sono rifugiati. ■ FANTASCIENZA; B/N; 90'; GRAN BRETAGNA, 1963.

STIRPE DEI VAMPIRI, LA *(El vampiro)* ★
Regia di FERNANDO MÉNDEZ. Con LIDIA MELLON, ABEL SALAZAR, ARIADNA WELTER. ■ Un vampiro si innamora di una ragazza, la rapisce e lotta contro un medico intervenuto in difesa della fanciulla. Alla fine il vampiro è ucciso, la ragazza e il suo salvatore si sposano. ■ HORROR; B/N; 96'; MESSICO, 1957.

STIRPE DEL DRAGO, LA *(Dragon Seed)* ★★★
Regia di JACK CONWAY. Con TURHAN BEY, KATHARINE HEPBURN, WALTER HUSTON, ALINE MACMAHON, AKIM TAMIROFF. ■ Dal romanzo di Pearl S. Buck: la pace di una famiglia cinese viene sconvolta dall'invasione nipponica. I vecchi genitori sono costretti a lavorare per il nemico; i figli fuggono sui monti, ma dopo qualche tempo tornano con la nuora che organizza nelle cantine della casa un centro di resistenza. Introdottasi nella sede del comando nipponico, la ragazza avvelena molti ufficiali seminando il terrore nello Stato Maggiore. ■ DRAMMATICO; B/N; 145'; USA, 1944. ■ OSCAR 2 NOM.

STIRPE DELLA SELVA, LA *(C-Men)* ★★
Regia di JOSEPH LERNER. Con JOHN CARRADINE, LOTTIE ELWEN, DEAN JAGGER, HARRY LANDERS. ■ Al centro della vicenda c'è una preziosa collana rubata, che un ispettore di polizia tenta di recuperare, dando la caccia ai ladri. Una ragazza viene coinvolta, suo malgrado, nella lotta tra banditi e agenti. Alla fine tutto si chiarirà. ■ POLIZIESCO; B/N; 104'; USA, 1949.

STIRPE DEL SANGUE, LA *(Of Pure Blood)* ★★
Regia di JOSEPH SARGENT. Con GOTTFRIED JOHN, PATRICK MCGOOHAN, LEE REMICK. ■ Una signora americana di origine tedesca viene a sapere che suo figlio è morto in Germania ucciso da un poliziotto. Decisa a sapere di più, corre in Europa e scopre un terribile segreto del passato. Lei non è figlia di una tedesca e di un ebreo, ma di un accoppiamento programmato da Hitler fra un ufficiale delle SS e sua madre. ■ DRAMMATICO; COL.; 100'; USA, 1985.

STIRPE MALEDETTA *(The Restless Breed)* ★★
Regia di ALLAN DWAN. Con ANNE BANCROFT, SCOTT BRADY. ■ Il figlio di un poliziotto assassinato dai banditi giura di vendicarlo. Diventato sceriffo, affronta i malviventi, uccide il loro capo e cattura tutti i suoi complici. ■ WESTERN; COL.; 81'; USA, 1957.

STJENKA RASIN – I COSACCHI DEL VOLGA ★★
Regia di ALEXANDER WOLKOFF. Con VERA ENGELS, HEINRICH GEORGE, HANN ADALBERT SCHLETTOW. ■ Il film si ispira a un personaggio storico del Seicento, il cosacco Stjenka Razin, che, ottenuto l'affrancamento del suo popolo dallo zar di Russia, si suicida coi suoi uomini piuttosto che arrendersi ai nemici. ■ DRAMMATICO; B/N; 90'; GERMANIA, 1936.

STOFFA DA CAMPIONI *(The Mighty Ducks)* ★★
Regia di STEPHEN HEREK. Con JOSS ACKLAND, EMILIO ESTEVEZ, HEIDI KLING, LANE SMITH. ■ Gordon Bombay è un giovane avvocato privo di scrupoli. Fermato per guida in stato di ubriachezza si trova davanti due magistrati con i quali non è stato tenero e viene condannato a un servizio di volontariato. Dovrà allenare una squadra giovanile di hockey di un quartiere periferico. Riuscirà a trasformarla in un team vincente e a cambiare il proprio modo di intendere la vita. La Disney cerca di evitare il pericolo "melassa", gioca sul ritmo e aggiunge qualche parolaccia. L'impasto funziona. ■ COMMEDIA; COL.; 103'; USA, 1993.

STOFFA DEL CAMPIONE, LA *(Unconquered)* ★★
Regia di DICK LOWRY. Con PETER COYOTE, DERMOT MULRONEY. ■ Il figlio di un senatore dell'Alabama, per un soffio al cuore, è stato consigliato dal medico di non fare sport. Ma la passione è più forte e dimostrerà di avere "la stoffa del campione". Un film televisivo qualitativamente buono che, oltre alla storia base, cerca di analizzare l'atmosfera degli anni Sessanta e del razzi-

smo dilagante nel Sud degli Stati Uniti. ■ DRAMMATICO; COL.; 100'; USA, 1988.

STOKER ★★
Regia di CHAN-WOOK PARK. Con MATTHEW GOODE, ALDEN EHRENREICH, NICOLE KIDMAN, JACKI WEAVER. ■ India Stoker, ragazza introversa, vive con la famiglia in una bella villa isolata nella campagna americana. Il giorno del suo diciottesimo compleanno l'amato padre muore in un incidente e, a casa Stoker, si presenta lo zio Charlie, fratello più giovane del padre, della cui esistenza India è sempre stata tenuta misteriosamente all'oscuro. Il sudcoreano Park Chan-wook debutta in lingua inglese con un copione che sembra di sua diretta emanazione, tanto risponde alle caratteristiche di eleganza, claustrofobia sociale e inquietudine tipiche del suo cinema. Si porta appresso la reminiscenza del romanzo epistolare che rese (Bram) Stoker immortale. ■ DRAMMATICO; COL.; 100'; USA, GRAN BRETAGNA, 2013.

STOMPANATO ★★★
Regia di ADRIAN LYNE. Con KEANU REEVES, CATHERINE ZETA-JONES. ■ La vita della diva Lana Turner diventa un film. Tutto si concentra sulla relazione sentimentale tra la popolare attrice hollywoodiana degli anni Cinquanta, e il gangster Johnny Stompanato Lyne. In particolare si pone l'attenzione sulla sera del 4 aprile 1958, quando l'uomo, dopo una lite furiosa con la Turner, aveva minacciato di sfigurare l'attrice e sua figlia Cheryl, allora quindicenne. Secondo la versione della Turner, sua figlia Cheryl avrebbe preso un coltello da cucina con il quale avrebbe accidentalmente colpito Stompanato sul petto, uccidendolo. All'epoca altre fonti sostennero che Stompanato fosse diventato l'amante di Cheryl, e che Lana lo avesse ucciso facendo ricadere la colpa su sua figlia. ■ DRAMMATICO; COL.; USA, 2007.

STONEWALL ★★
Regia di NIGEL FINCH. Con BRENDAM CORBALIS, GUILLERMO DIAZ, FREDERICK WELLER. ■ Il 6 giugno del 1969 lo Stonewall, locale alternativo di New York, divenne il simbolo del movimento gay, allora non ancora riconosciuto. In questo contesto vivono le storie di alcuni personaggi canonici: il travestito aggressivo, l'omosessuale indeciso, la coppia felice. Prodotto dalla BBC e diretto da Finch poco prima di morire di Aids. ■ COMMEDIA; COL.; 98'; GRAN BRETAGNA, 1996.

STOP A GREENWICH VILLAGE ★★★
(Next Stop: Greenwich Village)
Regia di PAUL MAZURSKY. Con LENNY BAKER, ELLEN GREENE, LOIS SMITH, SHELLEY WINTERS. ■ Il film è un'autobiografia del regista, che inizia dal momento in cui si stabilisce al Greenwich Village, l'allora quartiere degli artisti. Trovato un lavoro, il protagonista si lega a una ragazza e a persone molto diverse tra loro: un nero omosessuale, una giovane che si suiciderà, un commediografo. La sua ragazza, dopo aver abortito, lo lascia, ed egli si trasferisce ad Hollywood dove otterrà il successo. ■ COMMEDIA; COL.; 109'; USA, 1976. ■ GOLDEN GLOBES 1 NOM.

STOP MAKING SENSE ★★★
Regia di JONATHAN DEMME. Con DAVID BYRNE, CHRIS FRANTZ, JERRY HARRISON, TINA WEIMOUTH. ■ Il regista de *Il silenzio degli innocenti* incontra il gruppo americano più innovativo, a cavallo degli anni Settanta e Ottanta, del rock: i Talking Heads. Una performance registrata nel dicembre 1983 all'Hollywood's Pantages Theatre. Vediamo arrivare prima il leader David Byrne con la chitarra e poi via via gli altri musicisti. Si comincia con la musica acustica e si sale con il ritmo in un crescendo travolgente. Esperimento interessante anche per chi non è appassionato di rock. ■ COMM. MUSICALE; COL.; 88'; USA, 1984.

STORIA, LA ★★★
Regia di LUIGI COMENCINI. Con CLAUDIA CARDINALE, FIORENZO FIORENTINI, LAMBERT WILSON. ■ Realizzato per la Rai, prende le mosse dal libro di Elsa Morante. Protagonista è una donna, sola con i suoi figli, durante la seconda guerra mondiale e nel difficile periodo successivo. Oltre al problema quotidiano della sopravvivenza la donna deve affrontare anche quello della sua origine israelita. Grande interpretazione della Cardinale. ■ DRAMMATICO; COL.; 240'; ITALIA, 1986.

STORIA AFRICANA, UNA *(A Tale of Africa)* ★★
Regia di SUSUMU HANI. Con PHILIP SAYER, JAMES STEWART, ELEONORA VALLONE. ■ Un pilota è costretto a prendere terra in Africa. Cade in una foresta del Kenya dove viene recuperato da una sorta di amico degli animali (James Stewart) e dalla sua graziosa nipote. Curioso film d'avventura d'intonazione disneyana, iniziato dal cileno Jodorowsky, proseguito dal giapponese Hani con capitali australiani e un cast comprendente americani, italiani, inglesi e sudafricani. Un pasticcetto. ■ AVVENTURA; COL.; 92'; GIAPPONE, 1979.

STORIA A LOS ANGELES, UNA *(Heartbreakers)* ★★
Regia di BOBBY ROTH. Con PETER COYOTE, CAROLE LAURE, NICK MANCUSO. ■ Nell'ambiente degli artisti *underground* di Los Angeles si consuma tra crisi e amorazzi l'amicizia virile tra Blue (Coyote), pittore in cerca di successo, ed Eli (Mancuso). Ed è proprio l'amicizia il valore che conta più delle donne contese, dei tradimenti, del denaro, della fama. Commedia psicologica prettamente maschile che avrebbe meritato maggior spessore. Conturbante, comunque, l'eterea Carole Laure. ■ COMMEDIA; COL.; 98'; USA, 1984.

STORIA AMBIGUA, UNA ★
Regia di MARIO BIANCHI. Con GABRIELE CORI, PIERO GERLINI, MINNIE MINOPRIO. ■ Nella villa di un gerarca fascista (siamo nel 1935) arriva un giorno un giovane nipote da poco laureato che spera nell'aiuto dello zio per fare carriera. Subito il giovanotto è oggetto delle attenzioni amorose della zia, e anche della cugina. Attenzioni eccessive. Spaventato da questo *tour de force* il ragazzo se ne torna al paesello. ■ COMMEDIA; COL.; 90'; ITALIA, 1986.

STORIA AMERICANA, UNA *(Made in U.S.A.)* ★★★
Regia di JEAN-LUC GODARD. Con MARIANNE FAITHFULL, ANNA KARINA, JEAN-PIERRE LÉAUD. ■ Una giornalista francese indaga negli Stati Uniti sulla morte di un amico comunista. I suoi avversari la sorvegliano e cercano di impedirle di scoprire la verità. Coinvolta, innocente, in un'accusa di omicidio, la donna riesce a cavarsela e, ormai individuati gli assassini del suo amico, li elimina, tornando poi in Francia. ■ POLIZIESCO; COL.; 90'; FRANCIA, 1966.

STORIA AMERICANA, UNA ★★★★
(Capturing the Friedmans)
Regia di ANDREW JARECKI. ■ Il documentario USA continua il suo percorso evolutivo, regalando l'ennesima prova di poderosa e riuscita coniugazione tra spessore dei contenuti e freschezza di linguaggio. Il film documenta una vicenda che scosse l'America negli anni Ottanta: la vita dei Friedman, apparentemente un'anonima famiglia medio-borghese, è sconvolta quando Arnold, il capofamiglia, e Jesse, il figlio minore, vengono arrestati e accusati di aver sessualmente abusato di numerosi bambini. Se il taglio da reportage televisivo ci rende più familiare la visione, a destabilizzare il tutto ci pensa la dose massiccia di filmini amatoriali girati dagli stessi Friedman nel corso degli anni, che il regista inserisce nel film come carne viva. La vita quotidiana della "famiglia tranquilla" diventa l'imbarazzante contrappeso alla spietata campagna diffamatoria di cui i media li fecero oggetto. Non una condanna, ma un invito a riflettere sul ruolo che ognuno di noi, spettatore, ha in ciò che quotidianamente infesta i media. Un ruolo che non ci esenta dalle responsabilità connesse. ■ DOCUMENTARIO; COL.; 107'; USA, 2003.

STORIA CINESE *(Satan never Sleeps)* ★★
Regia di LEO MCCAREY. Con WILLIAM HOLDEN, FRANCE NUYEN, CLIFTON WEBB. ■ Nella Cina meridionale occupata dalle truppe di Mao, due sacerdoti vengono arrestati senza motivo e torturati dai comunisti. La popolazione intera si solleva e viene sanguinosamente ricondotta all'ordine. I sacerdoti fuggono con una ragazza, vittima di un feroce colonnello: il più anziano si sacrifica per i compagni che riescono a salvarsi. ■ DRAMMATICO; COL.; 126'; USA, 1961.

STORIA D'AMORE ★★
Regia di FRANCESCO MASELLI. Con VALERIA GOLINO, LIVIO PANIERI, BLAS ROCA-REY. ■ Nel mondo dei derelitti e degli sfruttati di borgata si svolge la storia di Bruna (Golino), che trova se-

renità dapprima in Sergio, poi in Mario, quindi in un *ménage à trois* con entrambi. Ma la tragedia è inaspettatamente in agguato. Grande prova di Valeria Golino per un film che parte bene ma che si appanna lungo la strada. ■ DRAMMATICO; COL.; 107'; ITALIA, 1986. ■ VENEZIA 3 PR.

STORIA D'AMORE, UNA ★★★
Regia di MARIO CAMERINI. Con CARLO CAMPANINI, PIERO LULLI, ASSIA NORIS. ■ Un bravo giovane redime una fanciulla dal passato burrascoso. La loro vita scorre felice fino a quando un uomo, che conosce i trascorsi di lei, non incomincia a ricattarla, spingendola ad ucciderlo. Condannata a parecchi anni di prigione, la ragazza entra in carcere incinta e muore di parto. ■ DRAMMATICO; B/N; 94'; ITALIA, 1940.

STORIA D'AMORE, UNA ★★
Regia di MICHELE LUPO. Con GIGI BALLISTA, ALICIA BRANDET, JEAN CLAUDIO, GIANNI MACCHIA, ANNA MOFFO. ■ Una donna sposata si innamora di un playboy dedito al ricatto, che per evitare di svelarle il suo poco edificante passato la abbandona. Lei, disperata, pensa di uccidersi, ma presto rinsavisce e torna accanto al marito. ■ DRAMMATICO; COL.; 91'; ITALIA, 1969.

STORIA D'AMORE CON DELITTO *(Blondy)* ★★
Regia di SERGIO GOBBI. Con BIBI ANDERSSON, MATHIEU CARRIÈRE, CATHERINE JOURDAN, ROD TAYLOR. ■ La moglie di un professore in giro per alcuni congressi Unesco diventa amante, suo malgrado, di un terrorista. Quando se ne pente richiama il marito, che però muore avvelenato. La polizia sospetta sia di lei che dell'amante, che viene eliminato. I dubbi sulle sue responsabilità però continuano a tormentare la donna. ■ GIALLO; COL.; 90'; FRANCIA, GERMANIA, 1975.

STORIA D'AMORE CON I CRAMPI ★★
Regia di PINO QUARTULLO. Con DEBORA CAPRIOGLIO, CHIARA CASELLI, PINO QUARTULLO, SERGIO RUBINI. ■ Due coppie di giovani girano l'Africa turistica. Fra un disguido e l'altro si sviluppano i sentimenti. Una coppia è probabilmente in crisi, l'altra è nella fase dell'innamoramento. Buona volontà di tutti, tentativo di proporre i toni dei film con Billy Crystal. Ogni tanto arriva un film di Quartullo, in silenzio, e in silenzio se ne va. ■ COMMEDIA; COL.; 95'; ITALIA, 1996.

STORIA D'AMORE DI UNA SUORA *(Les mal partis)* ★★★
Regia di JEAN-BAPTISTE ROSSI. Con FRANCE DOUGNAC, OLIVER JALLAGEAS. ■ Un ragazzo, che frequenta un collegio di Gesuiti, si innamora ricambiato di una giovane e bella suora di scarsa vocazione. I due diventano ben presto amanti, quindi fuggono a casa della madre di lei. Lo scandalo dilaga: la religiosa rinuncia ai voti, il ragazzo viene confinato in un collegio dopo aver giurato eterno amore alla compagna. ■ DRAMMATICO; COL.; 94'; FRANCIA, 1975.

STORIA D'EDITH CAVELL, LA *(Nurse Edith Cavell)* ★★
Regia di HERBERT WILCOX. Con ANNA NEAGLE, EDNA MAY OLIVER, GEORGE SANDERS. ■ Prima guerra mondiale: un'infermiera inglese di stanza a Bruxelles organizza, durante l'invasione tedesca, un vero e proprio rifugio per i prigionieri di guerra in fuga. L'organizzazione prosegue indisturbata per due anni, fino a quando il nemico la scopre e la condanna a morte. Il fatto raccontato dal film è storico. ■ BIOGRAFICO; B/N; 98'; GRAN BRETAGNA, 1939.

STORIA DE FRATELLI E DE CORTELLI ★★
Regia di MARIO AMENDOLA. Con MAURIZIO ARENA, TINA AUMONT, FRANCO CITTI, NINETTO DAVOLI, GUIDO MANNARI. ■ Siamo a Roma nel primissimo Novecento. Un giovane popolano si innamora di una donna ricca, e per darle tutto quanto desidera non esita a rubare dalla sua casa un prezioso medaglione. La madre lo sorprende e lui l'accoltella, ma viene a sua volta accoltellato dal fratello. ■ DRAMMATICO; COL.; 92'; ITALIA, 1973.

STORIA DEL CAMMELLO CHE PIANGE, LA ★★★
(Die Geschichte vom weinenden Kamel)
Regia di BYAMBASUREN DAVAA, LUIGI FALORNI. Con JANCHIV AYURZANA, AMGAABAZAR GONSON, ZEVELJAMZ NYAM, CHIMED OHIN. ■ Prova d'esame in una Scuola di Cinema tedesca di due giovani registi e candidato al Premio Oscar per il miglior documentario 2005. La nascita dei cammelli è un momento molto importante per una piccola comunità della Mongolia del Sud. Uno degli ultimi nati viene rifiutato dalla madre che non lo allatta. Qualsiasi tentativo di convincerla risulterà inutile fino a quando due bambini non andranno a chiamare un musicista nella lontana città capoluogo. Il suono della musica riavvicinerà madre e figlio. Ricco di intensa poesia il documentario (che ha trovato una distribuzione in più di 70 Paesi) è di quelli che purificano il nostro sguardo occidentale corrotto da ritmi accelerati ed effetti speciali. Senza nulla togliere al piacere di seguire una storia. ■ DOCUMENTARIO; COL.; 87'; GERMANIA, 2004.

STORIA DEL DOTTOR WASSEL, LA ★★★
(The Story of Doctor Wassell)
Regia di CECIL B. DE MILLE. Con GARY COOPER, LARAINE DAY, SIGNE HASSO, DENNIS O'KEEFE. ■ Un medico si innamora di una crocerossina e, per seguirla, si arruola e finisce in Cina. Poco dopo, nella marina militare, salva numerose vittime di un bombardamento giapponese. All'evacuazione di un ospedale da campo, riesce a imbarcare moltissimi feriti: per la sua eroica impresa riceve una medaglia al valore. ■ GUERRA; COL.; 140'; USA, 1944. ■ OSCAR 1 NOM.

STORIA DEL FORNARETTO DI VENEZIA, LA ★★
Regia di GIACINTO SOLITO. Con PAOLO CARLINI, DORIS DURANTI, MARIELLA LOTTI. ■ A Venezia nel Quattrocento un giovane, trovato vicino al corpo di un uomo assassinato, viene accusato dell'omicidio. Il mandante del delitto, il solo a conoscere la verità col suo sicario, cerca in tutti i modi di salvarlo. La sua confessione, sul letto di morte, renderà *in extremis* la libertà all'innocente. ■ DRAMMATICO; B/N; 93'; ITALIA, 1952.

STORIA DEL GENERALE CUSTER, LA ★★★★★
(They Died with Their Boots on)
Regia di RAOUL WALSH. Con OLIVIA DE HAVILLAND, ERROL FLYNN, ARTHUR KENNEDY. ■ Il giovane George Armstrong Custer arriva all'accademia di West Point e si distingue immediatamente per coraggio, abilità nelle armi e pessimo profitto. Conosce la ragazza che diventerà sua moglie e scalpita quando scoppia la guerra. Finalmente parte e, per un disguido burocratico, si vede assegnare il grado di generale. Alla fine della guerra è un eroe. Diventa comandante del leggendario Settimo cavalleggeri, viene mandato nel Dakota a tener d'occhio gli indiani. Coinvolto in beghe politiche, per la sua irruenza si fa nemico lo Stato Maggiore. Perde il comando e grazie a una petizione al presidente Grant lo riottiene. Nel giugno del 1876 muore da eroe al Little Big Horn lasciando inconsolabile l'adorata moglie. Uno dei migliori western di sempre: regia dal ritmo irresistibile, tempi perfetti del racconto, ricostruzione straordinaria delle sequenze corali e militari, supporto musicale travolgente (Steiner). Ma soprattutto vale l'interpretazione di Errol Flynn, grande personaggio e stranamente misconosciuto nelle sue qualità di attore. Quando lavorò con Walsh, suo regista preferito, lasciò un profondo segno nella fantasia del pubblico. Fra le scene salienti del film ricordiamo le cariche di Flynn alla testa del Settimo, la famosa canzone di sapore scozzese *Garry Owen*, l'addio alla moglie e la sequenza della battaglia finale. ■ WESTERN; B/N; 138'; USA, 1942.

STORIA DEL GENERALE HOUSTON, LA ★★★
(The First Texan)
Regia di BYRON HASKIN. Con FELICIA FARR, JOEL MCCREA. ■ Nel 1836 Sam Houston, governatore del Tennessee, ha la carriera politica spezzata perché si è scoperto che sua moglie è una donna leggera. Emigra quindi nel Texas, allora messicano, ed esercita la professione d'avvocato. Poiché ha difeso due coloni anglosassoni accusati di ribellione, gli viene proposto di guidare l'insurrezione contro i latino-americani. Lui tentenna, anche a causa della ragazza di cui si è innamorato, ma alla fine accetta e, dopo la sconfitta di Alamo, ottiene con la splendida vittoria di San Jacinto l'indipendenza del paese. ■ BIOGRAFICO; COL.; 82'; USA, 1956.

STORIA DELL'OMINO PIÙ DIVERTENTE DEL MONDO, LA *(The Funniest Man in the World)* ★★★
Regia di VERNON P. BECKER. Con ROSCOE FATTY ARBUCKLE, CHARLIE CHAPLIN, ALICE DAVENPORT, DOUGLAS FAIRBANKS,

EDNA PURVIANCE. ■ Il film narra la vita di Charlie Chaplin fino alla creazione de *Il monello*. ■ COMICO; B/N; 92′; USA, 1967.

STORIA DEL VIETNAM, UNA *(Unnatural Causes)* ★★
Regia di LAMONT JOHNSON. Con PATTI LABELLE, JOHN RITTER, ALFRED WOODWARD. ■ Anche dopo la fine della guerra, il Vietnam continua a contare vittime tra i suoi abitanti e tra gli americani che l'hanno invaso. Le armi chimiche adoperate per sterminare i vietcong, infatti, hanno colpito anche alcuni soldati delle truppe Usa, e il governo ha dovuto stanziare, come risarcimento, diverse centinaia di migliaia di dollari. Ma questa è soltanto una delle storie che compongono il mosaico di quella inutile guerra. Tra gli interpreti il regista John Sayles. ■ GUERRA; COL.; 100′; USA, 1986.

STORIA DEL WEST, UNA *(Last of the Fast Guns)* ★★
Regia di GEORGE SHERMAN. Con LINDA CRISTAL, JOCK MAHONEY, GILBERT ROLAND. ■ Brad deve ritrovare un uomo che ha ereditato una fortuna ma qualcuno tenta di impedirglielo. Se l'erede non si trovasse, il patrimonio passerebbe a un avventuriero di pochi scrupoli. Ma Brad riesce nell'intento. ■ WESTERN; COL.; 82′; USA, 1956.

STORIA DI AGNES BROWNE, LA *(Agnes Browne)* ★★★
Regia di ANJELICA HUSTON. Con ANJELICA HUSTON, TOM JONES, MARION O'DWYER, NIALL O'SHEA, RAY WINSTONE. ■ Figlia d'arte, attrice brillantissima, regista alle prime armi (ma sono armi affilate), qui disegna il ritratto di una Madre Coraggio irlandese. Deve affrontare i problemi dei figli, irrequieti, anche violenti, e le necessità quotidiane. Come detto Anjelica si mostra all'altezza della situazione, soprattutto non vuole dimostrare di essere "autor" ad ogni inquadratura. Con ottimo risultato. ■ COMMEDIA; COL.; 91′; IRLANDA, USA, 1999.

STORIA DI ALICE... FANCIULLA INFELICE, LA ★★
Regia di GILL GELSON. ■ Favola che racconta le avventure di due ragazzi, Gianni e Alice, che tentano, con successo, di ribellarsi alle prepotenze di una strega. ■ ANIMAZIONE; COL.; 94′; USA, 1975.

STORIA DI ASJA KLIAČINA CHE AMÒ SENZA SPOSARSI *(Istorjia Asi Kliadcinoj)* ★★★
Regia di ANDREJ KONCHALOVSKIJ. Con IVAN PETROV, IVA SAVVINA, LYUBOV SOKOLOVA. ■ Uno dei primi film di Koncialovskij, proibito dalla censura sovietica per quasi vent'anni. È la storia di una ragazza madre, una giovane contadina di kolchoz, amata da due uomini, un poco di buono e un bravo lavoratore. Asja rimane incinta del primo, ma rifiuta l'offerta di matrimonio del secondo. Decide di tenersi il figlio, sfidando l'ambiente gretto e moralista del kolchoz. ■ DRAMMATICO; B/N; 92′; URSS, 1967.

STORIA DI BABBO NATALE, LA *(Santa Claus)* ★★
Regia di JEANNOT SZWARC. Con DAVID HUDDLESTON, JOHN LITHGOW, DUDLEY MOORE. ■ Tanti tanti anni fa, in un paesino lontano, vivevano Claus e Anya, un'anziana coppia senza figli. Claus, abile artigiano, costruiva giocattoli di legno da regalare ai bimbi del villaggio. Quando lui e la moglie rimasero vittime di una tempesta di neve e si ritrovarono in un mondo incantato, gli elfi lo nominarono Babbo Natale. Tutto filò liscio, finché un perfido fabbricante di giocattoli non cercò di intralciare Santa Claus mettendogli contro un folletto complessato. ■ FANTASTICO; COL.; 112′; USA, 1985.

STORIA DI BUSTER KEATON, LA *(The Buster Keaton Story)* ★★★
Regia di SIDNEY SHELDON. Con ANN BLYTH, RHONDA FLEMING, DONALD O'CONNOR. ■ La storia di uno dei più celebri comici americani dal periodo del muto al sonoro, attraverso amori felici e infelici. ■ BIOGRAFICO; B/N; 91′; USA, 1957.

STORIA DI DAVID, LA *(A Story of David)* ★★★
Regia di BOB MCNAUGHT. Con PETER ARNE, JEFF CHANDLER, DAVID KNIGHT, BASIL SIDNEY. ■ È la storia, piuttosto romanzata, del pastorello ebreo destinato da Dio a diventare re d'Israele. Malgrado le gelosie di Saul, David non mancherà al suo appuntamento con il destino. Di ottimo livello l'interpretazione. ■ STORICO; COL.; 100′; USA, 1960.

STORIA DI DONNE *(Les ailes de la colombe)* ★★
Regia di BENOÎT JACQUOT. Con ISABELLE HUPPERT, MICHELE PLACIDO, DOMINIQUE SANDA. ■ Trasposizione moderna di *Le ali della colomba* di Henry James. Una prostituta fa innamorare un giovane musicista e lo coinvolge in un suo piano machiavellico. Lo farà sposare a un'ereditiera malaticcia, così da poter mettere le mani sull'eredità. Il piano riesce. Il matrimonio avviene e anche la morte a breve distanza della poverina. Ma la malafemmina non si godrà l'eredità. ■ DRAMMATICO; COL.; 95′; FRANCIA, 1981.

STORIA DI EDITH PIAF, ANGELO DELLA STRADA, LA *(Piaf)* ★★
Regia di GUY CASARIL. Con BRIGITTE ARIEL, PASCALE CHRISTOPHE, JACQUES DUBY, PIERRE VERNIER. ■ Dal marciapiede al palcoscenico, la vita difficile della cantante più amata dai francesi. ■ BIOGRAFICO; COL.; 94′; FRANCIA, 1973.

STORIA DI ESTHER COSTELLO, LA *(The Story of Esther Costello)* ★★★
Regia di DAVID MILLER. Con ROSSANO BRAZZI, JOAN CRAWFORD, HEATHER SEARS. ■ La piccola Esther, cieca, sorda e muta, è affidata alle amorevoli cure della madre adottiva, che mette le sue cospicue sostanze a disposizione dei minorati fisici. Il marito della generosa donna approfitta della situazione per speculare e tenta anche di sedurre la giovane Esther. Il trauma è tale che la ragazza riacquista tutte le facoltà visive e uditive, e può così continuare l'opera della madre, morta in un incidente. ■ DRAMMATICO; B/N; 103′; GRAN BRETAGNA, 1957.

STORIA DI FANTASMI CINESI *(Qian nu Yohoun)* ★★★
Regia di SIU TUNG CHING. Con LESLIE CHEUNG, WU MA. ■ Un giovane esattore delle tasse capita in una foresta sconosciuta dove è affascinato da una bella ragazza che in realtà è lo strumento di un demone. Il demone sta per impadronirsi del giovane che però viene salvato *in extremis* da un samurai. ■ HORROR; COL.; 101′; HONG KONG, 1987.

STORIA DI FIFA E DI COLTELLO – ER SEGUITO DER PIÙ ★★
Regia di MARIO AMENDOLA. Con MAURIZIO ARENA, MARIO CAROTENUTO, NINETTO DAVOLI, FRANCO FRANCHI, CICCIO INGRASSIA. ■ Franco deve sostituire il "capo" del quartiere Borgo, ma è decisamente un fifone. Il magico copricapo del suo predecessore gli consente di sconfiggere qualche nemico ma la commedia non regge e Franco è costretto a fuggire, lasciando campo libero agli avversari. ■ COMICO; COL.; 100′; ITALIA, 1972.

STORIA DI GUERRA, UNA *(Malta Story)* ★★★
Regia di BRIAN DESMOND HURST. Con ALEC GUINNESS, JACK HAWKINS, FLORA ROBSON, ANTHONY STEEL. ■ Gli italiani preparano l'invasione dell'isola di Malta; un giovane ufficiale inglese scopre i piani di invasione e riesce a sventarli. L'impresa gli costa però la vita. ■ GUERRA; B/N; 103′; GRAN BRETAGNA, 1953.

STORIA DI JAMES DEAN, LA *(The James Dean Story)* ★★
Regia di ROBERT ALTMAN. Con MARCUS WINSLOW, MARKIE WINSLOW, ORTENSE WINSLOW. ■ Autentico documentario nel quale il regista intervista i parenti del divo prematuramente scomparso e tutti i compagni di lavoro che lo conobbero. ■ BIOGRAFICO; B/N; 82′; USA, 1957.

STORIA DI KARATE, PUGNI E FAGIOLI ★★
Regia di TONINO RICCI. Con SAL BORGESE, PINO FERRARA, DEAN REED, IWAO YOSHIOKA. ■ Per liberare la figlia di un banchiere rapita da un brigante, si mette in moto una compagnia di squinternati che riescono nell'impresa più per fortuna che per capacità. ■ WESTERN; COL.; 92′; ITALIA, 1973.

STORIA DI LADY HAMILTON, LA *(Bequest to the Nation)* ★★★
Regia di JAMES CELLAN JONES. Con PETER FINCH, GLENDA JACKSON, MICHAEL JAYSTON. ■ Dal dramma di Terence Rattigan. La love story di Orazio Nelson e Emma Hamilton vista dagli occhi di un giovanissimo parente del famoso ammiraglio. Nelson è visto come un brav'uomo, indomito sul campo di battaglia, ma remissivo davanti alle impennate della sua tempestosa amante. Nelson muore a Trafalgar ed Emma, privata del suo patrimonio, è costretta a vivere in povertà gli anni che le rimangono. ■ STORICO; COL.; 93′; GRAN BRETAGNA, 1973.

STORIA DI MARIE E JULIEN ★★★
(Histoire de Marie et Julien)
Regia di JACQUES RIVETTE. Con EMMANUELLE BÉART, ANNE BROCHET, OLIVIER CRUVEILLER, NICOLE GARCIA, MATHIAS JUNG, BETTINA KEE, JERZY RADZIWILOWICZ. ■ I grandi vecchi del cinema sembrano sempre essere quelli con maggiori vitalità e idee. E se Manoel De Oliveira (classe 1908) ogni anno ci regala un piccolo gioiello, anche Jacques Rivette, regista della Nouvelle Vague, (classe 1928) torna dietro la cinepresa per il film *Storia di Marie e Julien*. Un racconto d'amore, inutile dirlo. Un amore impossibile e intimamente oscuro, di quelli che si vorrebbero vivere almeno una volta nella vita. Julien è un orologiaio solitario, che vive nella sua casa come se fosse l'unico mondo a interessargli. La sua anima non è pura, al punto di ricattare una donna, Madame X, per consegnarle dei documenti erroneamente capitatigli fra le mani. Nel frattempo, incontra Marie, una bella donna di cui non si era dimenticato dopo un fugace incontro l'anno prima. Fra i due rinasce l'attrazione e Julien non esita a chiederle di andare a vivere da lui. Marie sembra concedersi, ma non totalmente: nasconde un segreto e reconditi desideri di autodistruzione. Lunghissimo (quasi due ore e mezza), ambientato nella cupa casa del protagonista, e scandito dai tic-tac degli immensi orologi che arredano la sua abitazione, il film di Rivette è un thriller atipico che nasce dal ricatto di un uomo senza più interessi e muore nell'amore malato e folle, immerso nei perché, senza risposte, della vita. Affascinante e inquietante. ■ DRAMMATICO; COL.; 150′; FRANCIA, ITALIA, 2003.

STORIA DI NOI DUE *(The Story of Us)* ★★
Regia di ROB REINER. Con JULIE HAGERTY, MICHELLE PFEIFFER, PAUL REISER, BRUCE WILLIS, RITA WILSON. ■ Lui e lei. Sposati e ormai ai ferri corti. Davanti ai figli c'è una serenità di facciata che si tramuta in fiele non appena possibile. Non resta che la separazione, ma sopraggiungono i ricordi della serenità del passato. Come andrà a finire? È una domanda che non si sono posti in molti, considerato l'insuccesso al box office. ■ DRAMMATICO; COL.; 95′; USA, 1999.

STORIA DI NOTTE, UNA ★★
Regia di LUIGI PETRINI. Con ENZO CERUSICO, SCILLA GABEL, SYLVA KOSCINA, PHILIPPE LEROY, ANTONELLA MURGIA, SARO URZÌ. ■ Mentre Jimmy, "uomo da marciapiede" romano, procura ragazze ai turisti americani, la moglie lo tradisce con il suo migliore amico. Tornando a casa, Jimmy scopre la verità ma è ormai caduto troppo in basso per reagire. ■ DRAMMATICO; B/N; 94′; ITALIA, 1964.

STORIA DI ORDINARIA VIOLENZA ★★
(In a Child's Name)
Regia di TOM MCLOUGHLIN. Con LOUISE FLETCHER, MICHAEL ONTKEAN, MEG RYAN. ■ Film dossier tratto da storie vere. Questa volta, come recita il titolo originale, nel nome di un bambino. Si tratta infatti della violenza che gli adulti esercitano nei confronti dei bambini in ambito familiare e non. Il Telefono Azzurro americano offre il materiale di documentazione. ■ DRAMMATICO; COL.; 150′; USA, 1991.

STORIA DI PEARL WHITE, LA ★★★
(The Perils of Pauline)
Regia di GEORGE MARSHALL. Con BILLY DE WOLFE, BETTY HUTTON, JOHN LUND. ■ La storia romanzata di una notissima diva del muto. Da sartina di provincia a grande attrice: Pearl White brucia una folgorante carriera in pochi anni e, in seguito a una brutta caduta sul palcoscenico, finisce su una sedia a rotelle. Mike, il suo primo regista e primo amore, la raggiunge. Lei, per non sacrificarlo, finge indifferenza; ma lui le resta vicino e infine la sposa. ■ BIOGRAFICO; COL.; 97′; USA, 1947. ■ OSCAR 1 NOM.

STORIA DI PIERA ★★★
Regia di MARCO FERRERI. Con ISABELLE HUPPERT, MARCELLO MASTROIANNI, HANNA SCHYGULLA. ■ È la storia di una ragazza che nasce in una famiglia sconquassata, dove la madre è una specie di ninfomane e il padre un uomo abbandonato a se stesso. Piera cresce e diventa una famosa attrice; i suoi genitori finiscono entrambi in manicomio: il padre vi muore, la madre no, e continuerà nelle sue stravaganze. ■ DRAMMATICO; COL.; 105′; ITALIA, 1983. ■ CANNES 1 PR.

STORIA DI QIU JU, LA *(Qiu Ju da guansi)* ★★★8
Regia di ZHANG YIMOU. Con LEI LAOSHENG, GONG LI, GE ZHIJUN. ■ Un altro piccolo capolavoro dal regista di *Lanterne Rosse* e *Ju Dou*. Il film ha ottenuto il Leone d'oro a Venezia e Gong Li il premio per la migliore interpretazione femminile. L'attrice in questa occasione ha rinunciato al consueto stile per adattarsi al personaggio della contadina ingrassata e incinta. Il marito di Qiu Ju è stato aggredito da Wang Shantang, il capo del villaggio. Qiu chiede che Wang si scusi e spieghi le ragioni del suo comportamento. Al rifiuto di quest'ultimo la donna comincia a rivolgersi alle autorità passando da un semplice poliziotto fino alla corte superiore, facendo frequenti viaggi a Pechino. Alla fine tutto si comporrà. Girato in 16 mm e con il metodo della candid camera, per le riprese in città ha avuto un budget nettamente minore rispetto alle opere precedenti e risulta meno elegante. Ma è sempre un film importante. ■ COMMEDIA; COL.; 100′; CINA, 1992. ■ VENEZIA 8 3 PR.

STORIA DI RAGAZZI E DI RAGAZZE ★★★
Regia di PUPI AVATI. Con MASSIMO BONETTI, ALESSANDRO HABER, LUCREZIA LANTE DELLA ROVERE. ■ Nel 1936 una ragazza figlia di una famiglia di contadini di Porretta Terme si fidanza con un giovane di Bologna, proveniente da una famiglia di antiquari. La festa di fidanzamento mette in evidenza le molte differenze tra i due nuclei familiari. ■ COMMEDIA; COL.; 99′; ITALIA, 1989. ■ DAVID DI DONATELLO 1 PR, 1 NOM.

STORIA DI RUTH, LA *(The Story of Ruth)* ★★★
Regia di HENRY KOSTER. Con VIVECA LINDFORS, TOM TRYON, STUART WHITMAN, PEGGY WOOD. ■ Ruth è una sacerdotessa pagana ma l'incontro con Naomi e i suoi figli, ebrei, la converte alla nuova religione. Perseguitata e costretta a fuggire a Betlemme, incontra Boaz, suo futuro sposo. ■ STORICO; COL.; 132′; USA, 1960.

STORIA DI SHIRLEY YORKE, LA ★★
(The Story of Shirley Yorke)
Regia di MACLEAN P. ROGERS. Con DEREK FARR, MARGARET SCOTT, DINAH SHERIDAN. ■ Alla morte del padre, Shirley precipita da una vita agiata alla povertà, ed è costretta a fare l'infermiera. Il suo ex fidanzato, che ha sposato una donna ricchissima, torna a tormentarla con assidue *avance*. Quando la moglie del giovane muore in seguito a una iniezione praticatale proprio da Shirley, la ragazza viene accusata di omicidio. Riesce a dimostrare la propria innocenza grazie all'aiuto di un medico che l'ama. ■ DRAMMATICO; B/N; 92′; GRAN BRETAGNA, 1949.

STORIA DI TOM DESTRY, LA *(Destry)* ★★
Regia di GEORGE MARSHALL. Con MARIE BLANCHARD, THOMAS MITCHELL, AUDIE MURPHY. ■ È la storia di un giovane sceriffo che detesta le armi e che cerca di riportare l'ordine nel paese senza ricorrere alla violenza. ■ WESTERN; COL.; 95′; USA, 1955.

STORIA DI TOMMY STEELE, LA ★★
(The Tommy Steele Story)
Regia di GERARD BRYANT. Con TOMMY STEELE, NANCY WHISKEY. ■ Il cantante inglese Tommy Steele rievoca la sua vita davanti ad un gruppo di giornalisti. ■ MUSICALE; B/N; 82′; GRAN BRETAGNA, 1958.

STORIA DI TRE AMORI *(The Story of Three Loves)* ★★★
Regia di VINCENTE MINNELLI, GOTTFRIED REINHARDT. Con ETHEL BARRYMORE, LESLIE CARON, KIRK DOUGLAS, JAMES MASON, ANNA MARIA PIERANGELI, MOIRA SHEARER. ■ Il film comprende tre episodi. Nel primo, una ballerina danza fino alla morte poiché il suo cuore malato non regge; nel secondo, un ragazzino diventa, grazie ad un incantesimo, un baldo giovanotto che fa innamorare la sua ex istitutrice; nel terzo, un ex acrobata che si autoaccusava per la morte dell'amata ritrova la serenità con un nuovo amore. ■ COMM. A EPISODI; COL.; 122′; USA, 1953. ■ OSCAR 1 NOM.

STORIA DI TRE DONNE ★★★
(Enormous Changes at the Last Minute)
Regia di MIRRA BANK, ELLEN HOVDE. Con KEVIN BACON, ELLEN BARKIN, MARIA TUCCI. ■ Tre storie di donne che vivono a New York. Sono raccontati i loro rapporti con mariti, ex mariti, amanti, genitori, figli. Dai racconti di Grace Paley. ■ DRAMMATICO; COL.; 115′; USA, 1983.

STORIA DI UIRÀ, LA *(Uirà, un indio em busca de deus)* ★★
Regia di GUSTAVO DAHL. Con GUSTAVO DAHL, ANA MARIA MALHAGAES, ENRICO VIDAL. ■ Depresso per la morte del figlio, un capotribù del Mato Grosso decide di partire con la famiglia alla ricerca di Dio. Durante il pellegrinaggio, lui e i suoi conoscono fatiche e umiliazioni. Alla fine arrivano al mare, dove Uirà (che non ha mai visto l'oceano) rischia di affogare (avendolo scambiato per Dio). ■ DRAMMATICO; COL.; 97′; BRASILE, 1973.

STORIA DI UNA CAPINERA ★★
Regia di FRANCO ZEFFIRELLI. Con ANGELA MARIE BETTIS, JOHN CASTLE, VALENTINA CORTESE, SINEAD CUSACK, FRANK FINLAY, VANESSA REDGRAVE, JONATHAN SCHAECH. ■ «Un film che sarebbe piaciuto a Luchino Visconti», così ha detto Zeffirelli orgoglioso della sua creatura. Il racconto di Verga era irto di trabocchetti e il regista non ne ha evitato uno. Siamo nel 1845 a Catania. C'è il colera e la madre superiora di un convento decide di liberare alcune novizie, per la loro incolumità. Tra queste c'è Maria, "spinta" alla vocazione da una madre egoista e crudele. Tornata in famiglia si innamora, ricambiata, di Nino. Tutto è ormai inutile, il suo destino di suora la attende dietro al cancello del convento. ■ DRAMMATICO; COL.; 114′; ITALIA, 1993. ■ DAVID DI DONATELLO 1 PR, 1 NOM.

STORIA DI UNA CAPINERA, LA ★★
Regia di GENNARO RIGHELLI. Con MARINA BERTI, CLAUDIO GORA, TINA LATTANZI. ■ Una giovane che sta per prendere i voti è costretta a tornare a casa per pochi giorni. Si innamora, ricambiata, del fidanzato della sorella. Tuttavia rientrerà in convento e diventerà suora per morire pochi mesi dopo. ■ DRAMMATICO; B/N; ITALIA, 1943.

STORIA DI UNA DONNA *(Story of a Woman)* ★★
Regia di LEONARDO BERCOVICI. Con BIBI ANDERSSON, JAMES FARENTINO, ANNIE GIRARDOT, DIDI PEREGO, ROBERT STACK. ■ Una ragazza svedese, in Italia per studiare, si innamora di uno studente mantenuto dalla moglie. Quest'ultima rispedisce in Svezia la rivale, che in patria si sposa e torna a Roma dopo qualche anno con il marito. L'ex studente ora è vedovo e la passione riesplode, ma la donna comprende che si tratta ormai di acqua passata e torna dal coniuge. ■ DRAMMATICO; COL.; 90′; USA, 1969.

STORIA DI UNA DONNA PERDUTA ★★
(Historia de una mala mujer)
Regia di LUIS SASLAVSKY. Con DOLORES DEL RIO, MARIA DUVAL. ■ Drammone lacrimevole che ha per protagonista una donna scacciata da casa dal marito perché sospettata d'adulterio. ■ DRAMMATICO; B/N; 92′; ARGENTINA, 1948.

STORIA DI UNA MINORENNE ★
Regia di PIERO COSTA. Con ALBERTO FARNESE, IRENE GENNA. ■ La figlia adottiva di una ricca coppia scopre la verità sulla propria origine e rintraccia la vera madre, povera e sola. I generosi genitori della ragazza prendono in casa anche la donna. ■ DRAMMATICO; B/N; 91′; ITALIA, 1956.

STORIA DI UNA MONACA, LA *(The Nun's Story)* ★★★
Regia di FRED ZINNEMANN. Con PEGGY ASHCROFT, EDITH EVANS, PETER FINCH, AUDREY HEPBURN, DEAN JAGGER. ■ Gabriella diventa suora ma non tollera le rigide regole del suo ordine. Comprende che la sua autentica missione è quella di aiutare gli ammalati e i bisognosi e, per dedicarsi completamente a questo compito, abbandona la veste religiosa. ■ DRAMMATICO; COL.; 90′; USA, 1959. ■ DAVID DI DONATELLO 1 PR, 1 NOM; OSCAR 8 NOM.

STORIA DI UNA MONACA DI CLAUSURA ★★★
Regia di DOMENICO PAOLELLA. Con MARTINE BROCHARD, TINO CARRARO, ELEONORA GIORGI, SUZY KENDALL, UMBERTO ORSINI, CATHERINE SPAAK. ■ Carmela è costretta a farsi suora dal padre nobile e dispotico, ma continua i suoi convegni amorosi con Giuliano. Il bambino, frutto della relazione, costa la vita al padre e grossi guai alla madre che all'ultimo momento si converte davvero e inizia la sua opera di carità. ■ DRAMMATICO; COL.; 76′; ITALIA, 1974.

STORIA DI UN ATTENTATO ★★
(The Most Dangerous Man in the World)
Regia di GAVIN MILLAR. Con IAN SEARS, MARTIN SHAW. ■ Il titolo originale potrebbe sembrare un quiz, che il film risolve rapidamente. Si tratta infatti della storia di Alì Agca, l'uomo che il 13 maggio 1981 attentò alla vita di Giovanni Paolo II in piazza San Pietro. ■ DRAMMATICO; COL.; 98′; GRAN BRETAGNA, 1988.

STORIA DI UN DETECTIVE *(The Fat Man)* ★★★
Regia di WILLIAM CASTLE. Con ROCK HUDSON, JULIE LONDON, SCOTT SMART. ■ Il bottino di una rapina, recuperato a diversi anni dal "colpo", diventa il pomo della discordia tra gli ex compagni di una banda. Uno di loro, Clark, viene eliminato. La sua identità viene accertata dall'esame dei denti ma, dopo pochi giorni, anche il dentista viene trovato assassinato. È un maledetto imbroglio, ma Brad, l'agente che deve sciogliere la matassa, finisce per spuntarla. ■ DRAMMATICO; B/N; 77′; USA, 1951.

STORIA DI UN DISERTORE *(Kirmes)* ★★
Regia di WOLFGANG STAUDTE. Con GÖTZ GEORGE, HANS MAHNKE, JULIETTE MAYNIEL. ■ Crisi di coscienza di un soldato tedesco che diserta e torna al paese natio. Qualcuno minaccia però di denunciarlo alla Gestapo e il giovane, per evitare ritorsioni contro la sua famiglia, si uccide. ■ DRAMMATICO; B/N; 92′; GERMANIA, 1961. ■ BERLINO 1 PR.

STORIA DI UN PECCATO *(Dzieje grzechu)* ★★★
Regia di WALERIAN BOROWCZYK. Con GRAZYNA DLUGOLECKA, OLGIERD LUKASZEWICZ, JERZY ZELNIK. ■ Dramma popolare che ha per protagonista una fanciulla innamorata di uno scrittore. Quando quest'ultimo la abbandona per sposare un'altra, lei, che è incinta, abortisce. Diventa quindi l'amante di un nobile che è poi obbligata da un bandito a uccidere. Lo stesso bandito tenta infine di costringerla a far subire la stessa sorte allo scrittore ma, a questo punto, lei si ribellerà e preferirà sacrificare la propria vita. ■ DRAMMATICO; COL.; 125′; POLONIA, 1975.

STORIA DI UN SOLDATO *(A Soldier's Story)* ★★★
Regia di NORMAN JEWISON. Con ADOLPH CAESAR, PATTI LABELLE, HOWARD E. ROLLINS JR. ■ Tratto dal dramma teatrale di Charles Fuller, a sua volta ispirato a *Billy Budd* di Herman Melville. In un campo militare americano del 1944, popolato principalmente da uomini di colore, l'indagine del capitano (nero) Davenport sull'assassinio del crudele sergente (nero) Waters porta allo scoperto tensioni sociali e razziali all'interno della stessa comunità militare nera. Film di impianto teatrale, ben condotto e coinvolgente. ■ DRAMMATICO; COL.; 101′; USA, 1984. ■ GOLDEN GLOBES 3 NOM; OSCAR 3 NOM.

STORIA DI VITA E DI MALAVITA – RACKET DELLA PROSTITUZIONE MINORILE ★★★
Regia di CARLO LIZZANI. Con ANNA RITA GRAPPUTO, CINZIA MAMBRETTI, CRISTINA MORANZONI. ■ Il film nasce da un'inchiesta sulla prostituzione minorile, condotta da Marisa Rusconi. ■ DRAMMATICO; COL.; 93′; ITALIA, 1975.

STORIA DI WANDA, LA *(Hustling)* ★★
Regia di JOSEPH SARGENT. Con JILL CLAYBURGH, MONTE MARKHAM, LEE REMICK, BURT YOUNG. ■ Jill Clayburgh è Wanda, una prostituta di New York che viene intervistata da una giornalista, Lee Remick. La reporter cerca di scavare nel mondo della prostituzione. Tratto da una vera inchiesta condotta da Gail Sheehy. ■ DRAMMATICO; COL.; 100′. USA, 1975.

STORIA FANTASTICA, LA *(The Princess Bride)* ★★★
Regia di ROB REINER. Con CARY ELWES, MANDY PATINKIN, ROBIN WRIGHT PENN. ■ Una principessa ama il suo servitore, che però deve partire per terre lontane. Durante la sua assenza, un malvagio nobiluomo s'invaghisce della principessa e la fa rapire da tre figuri. Ma a salvarla torna, provvidenzialmente, l'innamorato, che dopo alterne vicende punisce il malvagio e sposa la bella. Favola arcinota, ma raccontata con garbo, impeto e ironia da Reiner, che s'è servito di ottimi caratteristi e di una bella pattuglia

di stuntmen che gli hanno offerto mirabolanti scene d'azione. ■ AVVENTURA; COL.; 98'; USA, 1987. ■ OSCAR 1 NOM.

STORIA IMMORTALE *(Une Historie Immortelle)* ★★★
Regia di ORSON WELLES. Con ROGER COGGIO, JEANNE MOREAU, ORSON WELLES. ■ L'ultimo film di Welles (poco più di un mediometraggio: 60 minuti). Tratta da una novella di Isak Dinesen (pseudonimo di Karen Blixen), è la storia di un vecchio miliardario di Macao che paga un marinaio e una prostituta perché gli generino un erede. La prostituta si rivela la figlia dell'ex socio del miliardario. Nessun erede nascerà. Il marinaio parte. Il vecchio si suicida. ■ DRAMMATICO; B/N; 58'; FRANCIA, 1968.

STORIA INFINITA, LA *(Die unendliche Geschichte)* ★★★
Regia di WOLFGANG PETERSEN. Con NOAH HATHAWAY, BARRET OLIVER, TAMI STRONACH. ■ Tratto dal best-seller di Michael Ende, la storia del piccolo Bastian che, dopo la morte della mamma, non va a scuola e preferisce leggere libri fantastici. La "storia infinita" comincia quando, rifugiatosi in soffitta per un giorno e una notte, rivive la favola del libro identificandosi nel protagonista, un piccolo arciere, in lotta affinché il "Nulla" non distrugga il "Tutto". Il film, costato circa 27 milioni di dollari, ha avuto un grande successo di pubblico, grazie anche alla canzone leit-motiv (*Neverending story*). ■ FANTASTICO; COL.; 92'; GERMANIA, 1984.

STORIA INFINITA 2, LA ★★
(The Neverending Story 2: The Next Chapter)
Regia di GEORGE T. MILLER. Con JONATHAN BRANDIS, CLARISSA BURT, KENNY MORRISON. ■ Parte numero due della storia di Bastian, personaggio creato dallo scrittore tedesco Michael Ende. Anche questa volta il bambino è aiutato nelle sue avventure dal drago volante Falkor e dal piccolo cavaliere Atreyu, al servizio del Bene. L'amuleto dei desideri lo porterà di nuovo al cospetto del gigante Mordiroccia che nel frattempo è diventato padre. Arriverà anche al castello di Horok e avrà la meglio sulla maga Kayide. Diretto dal regista australiano George Miller, il film è ricco di effetti speciali ma povero di idee. ■ FANTASTICO; COL.; 100'; USA, 1990.

STORIA INFINITA 3, LA *(The Neverending Story III)* ★
Regia di PETER MACDONALD. Con JACK BLACK, MELODY KAY, JASON JAMES RICHTER. ■ La storia sembra davvero "infinita" e il povero Bastian si ritrova per la terza e, speriamo, ultima volta a combattere in nome di Fantàsia contro chi la vuole distruggere. Ma ormai la sorpresa è finita, l'ispirazione di Ende non c'è più e il film si trascina senza la minima sorpresa. ■ FANTASTICO; COL.; 95'; GERMANIA, 1994.

STORIA MILANESE, UNA ★★★
Regia di ERIPRANDO VISCONTI. Con REGINA BIANCHI, DANIÈLE GAUBERT, LUCILLA MORLACCHI, ERMANNO OLMI, ENRICO THIBAULT, ROMOLO VALLI. ■ Giampiero e Valeria si amano ma, proprio quando il sentimento si esaurisce, lei si accorge di aspettare un bambino. ■ DRAMMATICO; B/N; 92'; ITALIA, 1962.

STORIA MODERNA: L'APE REGINA, UNA ★★★
Regia di MARCO FERRERI. Con RICCARDO FELLINI, UGO TOGNAZZI, MARINA VLADY. ■ Un agiato quarantenne decide di sposarsi e sceglie Regina, una giovane seria e discreta. Ma, dopo il matrimonio, la neomoglie si trasforma in vampira del sesso. Il pover'uomo si consuma giorno per giorno, fino alla fine che vede la nascita di un figlio. ■ COMMEDIA; B/N; 90'; ITALIA, 1963. ■ CANNES 1 PR.

STORIA SEMPLICE, UNA ★★★
Regia di EMIDIO GRECO. Con MASSIMO DAPPORTO, ENNIO FANTASTICHINI, MASSIMO GHINI, RICKY TOGNAZZI, GIAN MARIA VOLONTÉ. ■ Tratto da un racconto di Leonardo Sciascia, il film segue il classico ritmo televisivo ma è supportato da una buona sceneggiatura e da un'interpretazione adeguata. Siamo in Sicilia, dove l'omertà regna sovrana. Dopo un assassinio, alcuni personaggi vogliono far luce sul caso e altri invece tendono a mantenere il buio: un professore, un commissario, un brigadiere, un questore e un testimone. Quando però quest'ultimo avrà la certezza di avere in mano una delle chiavi per risolvere il caso deciderà di non parlare, di non immischiarsi. ■ DRAMMATICO; COL.; 105'; ITALIA, 1991.

STORIA UFFICIALE, LA *(La historia oficial)* ★★🏆
Regia di LUIS PUENZO. Con NORMA ALEANDRO, HECTOR ALTERIO, ANALIA CASTRO. ■ Alicia, un'insegnante di storia nell'Argentina di oggi, adotta una bambina di cinque anni, Gaby, che la compensa della sua sterilità. Ma un'amica deportata dal regime militare le dice che Gaby potrebbe essere figlia di una coppia di *desaparecidos*, cosa di cui Alicia ha conferma indagando in ospedali e archivi. L'indagine la porta a scoprire anche la vera natura, cinica e arrogante, del marito, un uomo d'affari legato al regime, dal quale viene picchiata durante una lite. Amareggiata, Alicia se ne va. ■ DRAMMATICO; COL.; 117'; ARGENTINA, 1985. ■ CANNES 🏆 1 PR; DAVID DI DONATELLO 🏆 1 PR, 1 NOM; GOLDEN GLOBES 🏆 1 PR, 1 NOM; OSCAR 🏆 1 PR, 2 NOM.

♥ **STORIA VERA, UNA** *(The Straight Story)* ★★★★
Regia di DAVID LYNCH. Con RICHARD FARNSWORTH, JANE GALLOWAY, EVERETT MCGILL, SISSY SPACEK, HARRY DEAN STANTON. ■ È la vera storia di un 73enne deciso a far visita al fratello. I due non hanno mai avuto un grande rapporto. Alvin decide di affrontare il viaggio, intenzione che crea le giuste angosce alla figlia Rose. Ma il vecchio è irremovibile. Il viaggio non è facile, il mezzo che ha scelto è un trattore piuttosto malconcio e la strada è lunga da Laurens nell'Iowa a Mt.Zion nel Wisconsin. Molti gli incontri, compresa una coppia stralunata di fratelli meccanici (in perfetto stile Lynch). Il regista ha inteso dimostrare di saper costruire e dirigere una storia più realistica e lontana dai film visionari che lo hanno da sempre caratterizzato. La scommessa è riuscita in pieno, grazie anche alla bravura di Richard Farnsworth (attore caratterista della vecchia guardia, ha recitato in *Il fiume rosso, Il selvaggio, Spartacus* e *I cowboys*). Commovente, ironico e avvolgente, è un film che resta. ■ COMMEDIA; COL.; 111'; FRANCIA, USA, 1999. ■ GOLDEN GLOBES 2 NOM; OSCAR 1 NOM.

STORIA VERA DELLA SIGNORA DELLE CAMELIE, LA ★★★
Regia di MAURO BOLOGNINI. Con BRUNO GANZ, ISABELLE HUPPERT, FERNANDO REY, GIAN MARIA VOLONTÉ. ■ Alphonsine du Plessis, poco più che adolescente e già avviata dal padre alla prostituzione, arriva a Parigi in cerca di fortuna. In Alphonsine si manifestano presto i primi sintomi del mal sottile, ma lei non se ne cura e convola a nozze con un nobile stravolto dall'oppio, che presto l'abbandona per andare in Algeria. Rimasta sola, la contessa dà vita a un salotto mondano tra i cui frequentatori c'è un giovane scrittore di belle speranze: Alessandro Dumas figlio. Sarà proprio lui, dopo l'inevitabile morte di Alphonsine, a narrarne la triste storia in *La signora delle camelie*. ■ DRAMMATICO; COL.; 115'; FRANCIA, ITALIA, 1981. ■ DAVID DI DONATELLO 2 PR, 2 NOM.

STORIE *(Code inconnu)* ★
Regia di MICHAEL HANEKE. Con JULIETTE BINOCHE, LUMINITA GHEORGIU, THIERRY NEUVIC, ONA LU YENKE. ■ Parigi. Una strada piena di gente. Qualcuno butta un foglietto accartocciato nelle mani di una mendicante. È il punto di contatto di storie diverse. Anna, una giovane attrice che sta per sfondare nel cinema, ha un compagno, Georges, che è fotografo di guerra. Amadou insegna musica in un istituto per sordomuti. Sua sorella è sorda e questo è il motivo della sua scelta professionale. Marie mendica per le strade e manda i soldi a casa. Il film è tutto, pericolosamente, qui. Pericolosamente perché Haneke, regista "di ricerca", denuncia involontariamente la propria impotenza creativa. Anche un'attrice come la Binoche non riesce a porre rimedio all'insipienza e, cosa ancor più grave, alla presunzione di Haneke ■ DRAMMATICO; COL.; 117'; FRANCIA, 2000.

STORIE D'AMORE *(Histoire milosne)* ★★★
Regia di JERZY STUHR. Con KATARZYNA FIGURA, DOMINIKA OSTALOWSKA, JERZY STUHR. ■ Attore, sceneggiatore e regista, Stuhr era un grande amico di Kieslowski, che gli ha dato dei consigli per questo film. Quattro personaggi, tutti interpretati dal regista, vivono altrettante storie d'amore: un docente decide di non aiutare un'allieva innamorata di lui; un colonnello ritrova una vecchia fiamma mentre il suo matrimonio è in crisi; un carcerato si fida ciecamente della moglie nonostante lei continui a ingannarlo. L'unico personaggio che ha il coraggio di prendere le pro-

prie responsabilità è un prete che ritrova la figlia avuta prima del sacerdozio e decide di abbandonare l'abito talare per lei. Presentato in concorso a Venezia ha ricevuto tre premi minori ma significativi. ■ COMMEDIA; COL.; 87'; POLONIA, 1997.

STORIE D'AMORE PROIBITE – IL CAVALIERE E LA ZARINA *(Le secret du chevalier d'Eon)* ★★
Regia di JACQUELINE AUDRY. Con BERNARD BLIER, ANDRÉE DEBAR, GABRIELE FERZETTI, ISA MIRANDA, DANY ROBIN. ■ La nobile Geneviève, per poter disporre dell'eredità di famiglia, vive come un uomo e in panni maschili si arruola nelle guardie del re. Il suo travestimento dà luogo a molteplici equivoci che spesso la mettono in seri guai, ma a proteggerla c'è sempre Bernard, capitano dei dragoni che l'ama da tempo. ■ AVVENTURA; COL.; 94'; FRANCIA, 1959.

STORIE DI AMORI E INFEDELTÀ *(Scenes From a Mall)* ★★
Regia di PAUL MAZURSKY. Con WOODY ALLEN, PAUL MAZURSKY, BETTE MIDLER. ■ Con *Nemici, una storia d'amore* sembravano tornati i bei tempi di *Stop a Greenwich Village*, quando Mazursky esprimeva il suo talento. Ecco invece un altro film senza grandi qualità. Questa volta ha chiamato addirittura Woody Allen. Ha aggiunto Bette Midler e ne è risultata una coppia in crisi, proprio durante il giorno del loro anniversario di matrimonio. Le incomprensioni esplodono in un drugstore. Qualche volta si ride, ma non abbastanza da giustificare un seppur piccolo entusiasmo. ■ COMMEDIA; COL.; 90'; USA, 1990.

STORIE DI FANTASMI *(Ghost Story)* ★★★
Regia di JOHN IRVIN. Con FRED ASTAIRE, MELVYN DOUGLAS, DOUGLAS FAIRBANKS JR, PATRICIA NEAL. ■ Quattro studenti ubriachi provocano accidentalmente la morte di una ragazza. Cinquant'anni dopo, il fantasma di lei si vendica uccidendo tre dei suoi antichi assassini e il figlio di uno di loro. Ma il quarto, scampato al massacro, fa recuperare il cadavere e spezza il maleficio. ■ HORROR; COL.; 110'; USA, 1981.

STORIE DI FANTASMI CINESI *(Chinese Ghost Story)* ★★★
Regia di SIU TUNG CHING. Con LIN CHOL SIN, LIT SIU SEEN, YIN CHEK HSIA. ■ Uno dei primi film orientali ad essere distribuiti da noi, con il solo intento di divertire. Spigliato e piuttosto originale, mischia l'horror con la fiaba e le arti marziali. Un esattore delle tasse sorpreso dalla notte ripara in un tempio solitario e isolato. A fargli compagnia vengono grandi frotte di fantasmi. Questo dopo che una bellissima ragazza, Lit, lo ha svegliato e fatto innamorare. Lei vorrebbe perdere la sua essenza di spirito e ridiventare corporea. Per aiutarla dovrà uccidere il terribile Lau Lau e in questo sarà aiutato da un volenteroso guerriero. ■ FANTASTICO; COL.; 90'; GIAPPONE, 1988.

STORIE DI ORDINARIA FOLLIA ★★★
Regia di MARCO FERRERI. Con BEN GAZZARA, ORNELLA MUTI, SUSAN TYRRELL. ■ Da alcuni racconti di Charles Bukowski, il più breve dei quali (*La donna più bella della città*) dà il via all'episodio più lungo. Racconta l'incontro dello scrittore, donnaiolo e ubriacone, con una giovane e bellissima prostituta. Nasce l'amore, ma ormai è troppo tardi. La ragazza si darà la morte durante una delle frequenti assenze dello scrittore. Buon film, però tra i meno personali di Ferreri. Un'ottima occasione recitativa per Ben Gazzara, molto a suo agio naturalmente a esprimere il genio e, soprattutto, la sregolatezza. ■ DRAMMATICO; COL.; 107'; ITALIA, 1981. ■ DAVID DI DONATELLO 4 PR, 4 NOM.

STORIE DI SPIE *(Les patriotes)* ★★
Regia di ERIC ROCHANT. Con YVAN ATTAL, SANDRINE KIBERLAIN, RICHARD MASUR. ■ Ariel, un giovane nato in Francia, fugge di casa e diviene una spia del Mossad, organizzazione israeliana. Tutte le fasi, dal reclutamento alle missioni, sono narrate con molti particolari. Ma Ariel rifletterà sulla validità di tale scelta. Presentato al Festival di Cannes. ■ SPIONAGGIO; COL.; 142'; FRANCIA, 1994.

STORIE INCREDIBILI *(Amazing Stories)* ★★★
Regia di WILLIAM DEAR, STEVEN SPIELBERG, ROBERT ZEMECKIS. Con KEVIN COSTNER, CHRISTOPHER LLOYD, KIEFER SUTHERLAND. ■ Film a episodi. Nel primo un mitragliere imprigionato nella torretta di un aereo disegna il carrello bloccato, che si materializza. Nel secondo, un attore in attesa d'un figlio corre in ospedale con il costume da mummia, incorrendo in mille disavventure, tra cui l'incontro con una vera mummia. Nel terzo, due studenti fanno bere un filtro magico a un insopportabile professore, che muore ma risorge con la testa staccata dal tronco. ■ FANTASTICO; COL.; 107'; USA, 1987.

STORIE INCREDIBILI 2 *(Amazing Stories 2)* ★★★
Regia di DANNY DEVITO, PETER HYAMS, STEVEN SPIELBERG. Con RAY WALSTON. ■ I tre racconti surreali hanno per titolo *L'incredibile Falsworth* (ossia tutto quello che può combinare un uomo dotato della "seconda vista"), *Il treno fantasma* (che non potrebbe correre se non su un binario "morto"), *L'anello nuziale* (cioè meglio non rubare anelli a meno di essere certi che non possiedano, come questo, poteri magici). ■ FANTASTICO; COL.; 75'; USA, 1985.

STORIE INCREDIBILI 3 *(Amazing Stories 3)* ★★★
Regia di JOE DANTE, TOM HOLLAND, ROBERT STEPHEN. Con RAY WALSTON. ■ In *Gribble*, una creatura adorabile, si parla di uno strano e famelico essere, in *Il giorno di trasloco* di un nucleo familiare della California che si trasferisce nientemeno che nello spazio, e in *Un errore di calcolo* di un ragazzo che si applica negli studi scientifici, sicuro che esista una combinazione chimica capace di assicurargli il successo con le donne. ■ FANTASTICO; COL.; 70'; USA, 1986.

STORIE INCREDIBILI 4 *(Amazing Stories 4)* ★★★
Regia di BRAD BIRD, THOMAS CARTER, MATTHEW ROBBINS. Con JOHN SCOTT CLOUGH, LISA JANE PERSKY, JOE SENECA, LANE SMITH. ■ La nuova trilogia fantastica si apre con una storia insolita: in *Vita da cani*, infatti, si narra l'esistenza di questo animale, ma a cartoni animati; in *Dorothy e Ben* il protagonista esce da un coma durato quarant'anni; in *Un'incontrollabile attrazione*, infine, un affascinante giovanotto ha a che fare con le radiazioni atomiche. ■ FANTASTICO; COL.; 75'; USA, 1986.

STORIE INCREDIBILI 5 *(Amazing Stories 5)* ★★★
Regia di MICK GARRIS, TODD HOLLAND, PHIL JOANOU. Con DAVID CARRADINE, JOHN LIGHTGOW, PATRICK SWAYZE. ■ Tre titoli della serie prodotta da Steven Spielberg: *La bambola*, *Il pozzo dell'orrore*, *Vita nel braccio della morte*. Il primo parla di un rapporto sentimentale ultraterreno, il secondo di un cantante che fa "brutti" sogni, il terzo di un detenuto condannato a morte, che si scopre in possesso del potere di salvare la vita ai suoi simili. ■ FANTASTICO; COL.; 70'; USA, 1986.

STORIE INCREDIBILI 6 *(Amazing Stories 6)* ★★★
Regia di PAUL MICHAEL GLASER, DONALD PETRIE, MARTIN SCORSESE. Con SID CAESAR, MAX GAIL, SAM WATERSTON. ■ Un regista dei film dell'orrore vede le sue creature rivoltarglisi contro in *Lo specchio*; un poliziotto ormai anziano è vittima di un'ossessione in *Un aiuto prezioso*; un mazzo di carte dai poteri magici dona fama e successo all'anziano protagonista nell'ultimo episodio, dal titolo *Mr. Magic*. ■ FANTASTICO; COL.; 75'; USA, 1986.

STORIE INCREDIBILI 7 *(Amazing Stories 7)* ★★★
Regia di NICK CASTLE, PHIL JOANOU, ROBERT MARKOWITZ, KEVIN REYNOLDS. Con CHARLES DURNING, DOUGLAS SEALE, ROBERT TOWNSEND, M. EMMER WALSH. ■ Questa volta gli episodi, invece dei soliti tre, sono quattro, e come di consueto prodotti dal genio della fantascienza Steven Spielberg. Si intitolano, nell'ordine: *Un sole a 21 pollici*, *Magico sabato*, *Dovete credermi*, *Una notte incredibile*. ■ FANTASTICO; COL.; 90'; USA, 1987.

STORIE INCREDIBILI 8 *(Amazing Stories 8)* ★★
Regia di LESLI LINKA GLATTER, NORMA REYNOLDS. Con BILLY GREEN BUSH, JIM GATHERUM, POLLY HOLLIDAY, MATTHEW LABORTEAUX. ■ Tre racconti in bilico tra il fantastico e il grottesco: in *La zucca più bella* la protagonista si serve di uno strano filtro per vincere una gara, ma le cose non vanno come previsto; in *Senza Diana* una bambina finisce nelle sabbie mobili ma dopo molti anni fa ritorno a casa; in *In perfetta sintonia* alcuni amici costruiscono una potentissima antenna televisiva che riceve addirittura le

trasmissioni di un pianeta extraterrestre. ■ FANTASTICO; COL.; 100'; USA, 1985.

STORIE SCELLERATE ★★★

Regia di SERGIO CITTI. Con FRANCO CITTI, NINETTO DAVOLI, NICOLETTA MACHIAVELLI, GIANNI RIZZO. ■ Due condannati a morte, nella Roma ottocentesca, si raccontano storie che culminano tutte con la salita al patibolo dei protagonisti. La narrazione termina quando i due autori salgono a loro volta i fatidici gradini. ■ FILM A EPISODI; COL.; 93'; ITALIA, 1973.

STORIE SULLA SABBIA ★★★

Regia di RICCARDO FELLINI. Con ANNA ORSO. ■ I bambini sono il tema centrale di questi tre episodi: dalla piccola Francesca che vive una giornata completamente immersa nella natura a un gruppo di ragazzini che festeggia un matrimonio, per finire con la storia di Lucia, una donna ricca e viziata che rifiuta la maternità ma finisce per cambiare idea dopo aver trascorso una giornata in campagna fra i contadini. ■ DRAMMATICO; COL.; 92'; ITALIA, 1963.

STORMBREAKER ★★

Regia di GEOFFREY SAX. Con EWAN MCGREGOR, ROBBIE COLTRANE, DAMIAN LEWIS, BILL NIGHY, SOPHIE OKONEDO, ALEX PETTYFER, MISSY PILE, MICKEY ROURKE, ANDY SERKIS, ALICIA SILVERSTONE. ■ Alex Rider è, apparentemente, un quattordicenne come tanti altri. Quando lo zio, agente segreto, muore misteriosamente, l'MI6, agenzia supersegreta al servizio di sua Maestà, affida proprio al giovane nipote il compito di scoprire chi e cosa si nasconde dietro al delitto. *Stormbreaker* si pone esattamente a metà la serie di *Spy Kids* e la saga immortale di James Bond (fatte, in quest'ultimo caso, le debite proporzioni). Della prima ha infatti il pregio di non prendersi troppo sul serio, dalla seconda, com'era prevedibile, attinge mille cliché e colpi di scena che cinquant'anni di cinema di spionaggio hanno un po' annacquato. ■ AZIONE; COL.; 93'; GERMANIA, GRAN BRETAGNA, USA, 2006.

STORMQUEST: LA LEGGENDA DI KIMBIA ★★
(Stormquest)

Regia di ALEX SESSA. Con MONICA GONZAGA, BRENT HUFF. ■ In una terra dominata dalle amazzoni, quattro donne sono condannate a morte per aver violato le leggi della loro tribù. La sorella di una di esse cerca di salvarle. Troverà un insperato aiuto in tre uomini, che hanno deciso di farla finita con quella vita da schiavi, sottoposti ai capricci di quelle virago. ■ AVVENTURA; COL.; 91'; ARGENTINA, 1985.

STORMY MONDAY ★★★

Regia di MIKE FIGGIS. Con MELANIE GRIFFITH, TOMMY LEE JONES, STING. ■ A Newcastle durante l'American Week (manifestazione per promuovere l'amicizia e i commerci fra Inghilterra e Usa) un industriale americano, che ha rapporti non ignoti con la malavita, cerca di mettere le mani, con metodi intimidatori, su un night club della città. Ma il proprietario del night (Sting, per la prima volta in un ruolo di eroe) glielo impedisce. Dramma giallo divertente e ben raccontato, cui aggiunge sapore una robusta carica di veleno contro i cugini americani. ■ DRAMMATICO; COL.; 93'; GRAN BRETAGNA, 1988.

STORMY WEATHER ★★★

Regia di ANDREW L. STONE. Con ADA BROWN, CAB CALLOWAY, LENA HORNE, BILL ROBINSON, THE NICHOLAS BROTHERS, FATS WALLER. ■ Un ballerino nero racconta ai bambini del vicinato la sua storia: questo il pretesto attraverso il quale il film presenta vari numeri di danza e brani cantati dalla bravissima Lena Horne. ■ MUSICALE; B/N; 77'; USA, 1943.

STORY OF FILM, THE ★★★
(The Story of Film: An Odyssey)

Regia di MARK COUSINS. Con MARK COUSINS, NORMAN LOYD, PAUL SCHRADER, ALEKSANDR SOKUROV, LARS VON TRIER. ■ Premessa: la presente recensione si basa sulla visione di due delle quindici parti in cui è suddivisa l'opera e, più precisamente, sulla Parte 5 *1939-1952 – La devastazione della guerra e un nuovo linguaggio filmico*, e la Parte 9 *1967-1979 – Il nuovo cinema americano*. Nel 2004 usciva il libro *The Story of Film* del critico e produttore Mark Cousins nel quale si mostrava come i registi venissero influenzati al contempo dagli eventi storici del loro tempo e dalle opere dei colleghi. Cousins dimostrava, ad esempio, che i melodrammi di Douglas Sirk degli anni '50 avevano influenzato l'opera di Rainer Werner Fassbinder oppure che la saga di *Star Wars* aveva origini *La fortezza nascosta* di Akira Kurosawa. Oggi, queste suggestioni, espresse allora solo con parole, diventano anche immagini e quindi la testimonianza e le tesi si rafforzano e offrono allo spettatore una possibilità di verifica. Una lunga maratona che, apparentemente, potrebbe sembrare dedicata alle scuole superiori e/o alle università. C'è invece una notevole originalità alla base delle scelte del regista. Cousins non si è limitato a riproporre sequenze o spezzoni di film (sono comunque più di mille) commentandoli. È andato nei luoghi dove sono stati girati i più importanti e significativi per ricercarne le tracce. ■ DRAMMATICO; COL.; 900'; GRAN BRETAGNA, 2011.

STORYTELLING ★★★

Regia di TODD SOLONDZ. Con SELMA BLAIR, PAUL GIAMATTI, JOHN GOODMAN. ■ Una commedia al vetriolo sulla finzione e la realtà americana medio-provinciale. Due storie. La prima, intitolata *Finzione*, vede una ragazza di fronte alla scrittura letteraria di un corso universitario. Dopo l'insuccesso del suo primo racconto scriverà del violento rapporto sessuale avuto con l'insegnante di colore. La seconda, *Non-Finzione*, narra di una famiglia sconvolta da un dilettante e ambizioso videomaker che pretende di fare un documentario sui giovani alle prese con l'università. Uno dei figli del capofamiglia, quest'ultimo interpretato da John Goodman, diventa il protagonista del documentario ma rimarrà solo dopo la vendetta della cameriera ingiustamente licenziata. ■ COMMEDIA; COL.; 83'; USA, 2001.

STRABILIANTI AVVENTURE DI SUPERASSO, LE ★★
(Viva Knievel!)

Regia di GORDON DOUGLAS. Con RED BUTTONS, LAUREN HUTTON, GENE KELLY, EVEL KNIEVEL. ■ Due stuntmen rischiano di essere coinvolti in un colossale traffico di droga da una organizzazione criminale. Il sacrificio di un collega li salva in extremis. ■ DRAMMATICO; COL.; 106'; USA, 1977.

STRABILIANTI IMPRESE DI PLUTO, PIPPO E PAPERINO, LE ★★★

PRODUZIONE DISNEY. ■ Si tratta di un'antologia uscita in Italia nel 1955 ma formata di materiale molto antecedente. ■ ANIMAZIONE; COL.; 90'; USA, 1955.

STRACCIO DI GLORIA, UNO ★★★
(Gonin no tostugeki tai)

Regia di UMEJI INOUE. Con KEIZO KAWASAKI, SO YAMAMURA. ■ Siamo in Birmania, nell'ultima fase del conflitto mondiale. I giapponesi si stanno ormai ritirando. Una pattuglia di cinque uomini è mandata a coprire la ritirata dei superstiti di un reggimento con una serie di azioni di disturbo. Durante le pause del combattimento, i cinque si abbandonano ai ricordi. Il che non impedisce loro di comportarsi valorosamente, così da permettere il salvataggio dei commilitoni. ■ GUERRA; B/N; 92'; GIAPPONE, 1961.

STRACCIONE, LO *(The Jerk)* ★★

Regia di CARL REINER. Con CATLIN ADAMS, MABEL KING, STEVE MARTIN, BERNADETTE PETERS, RICHARD WARD, DICK ANTHONY WILLIAMS. ■ Un giovane bianco, figlio adottivo di due neri, va in giro per il mondo in cerca di fortuna e si mette in un sacco di guai. Alla fine scoprirà che una sua invenzione ha fatto un sacco di soldi e che è diventato ricco. ■ COMMEDIA; COL.; 94'; USA, 1979.

STRADA, LA *(Die Strasse)* ★★★

Regia di KARL GRUNE. Con LUCIE HOFLICH, EUGENE KLOPFER, AUD EGEDE NISSEN. ■ Un ottimo film espressionista di un regista sconosciuto ai più. Un uomo vuole fuggire dalla quotidianità. Il film, carico di riferimenti irreali, riesce a trasmettere le visioni allucinatorie e devastanti del protagonista. ■ DRAMMATICO; B/N; 57'; GERMANIA, 1923.

STRADA, LA ★★★★★

Regia di FEDERICO FELLINI. Con RICHARD BASEHART, GIULIETTA MASINA, ANTHONY QUINN, ALDO SILVANI. ■ Zampanò è un giocoliere girovago che batte i paesi degli Appennini con le sue esibizioni di forza. Con lui è Gelsomina, una povera ragazza sprovveduta e innocente, quasi innamorata del girovago. Costui un giorno uccide davanti a lei il Matto, un acrobata che lo sfotteva. Gelsomina ha uno shock. Zampanò l'abbandona. Saprà qualche anno più tardi che la ragazza è morta. Leone d'argento alla Mostra di Venezia del 1954, *La strada* impose definitivamente Fellini come autore internazionale, nonché Anthony Quinn e Giulietta Masina (soprattutto quest'ultima, sconosciuta fino a quel momento anche dal pubblico italiano). Il fascino delle immagini rimane intatto ancora oggi, la colonna sonora di Nino Rota non è mai stata così struggente e il personaggio del Matto (Basehart), che trent'anni fa era apparso il meno felice, ha acquistato una dimensione del tutto inaspettata. ■ DRAMMATICO; B/N; 107'; ITALIA, 1954. ■ OSCAR 1 PR, 2 NOM; VENEZIA 1 PR.

STRADA A DOPPIA CORSIA *(Two Lane Blacktop)* ★★★
Regia di MONTE HELLMAN. Con LAURIE BIRD, WARREN OATES, JAMES TAYLOR. ■ Uno dei più celebrati film *on the road*. Due giovanotti vagabondano sulle autostrade del sud-ovest degli USA, partecipando a gare per macchine scassate (la loro è un modello 1955). Incontrano una ragazza che fa l'amore con entrambi. Incontrano un vagabondo come loro, ma più vecchio e più ricco, che li sfida a una gara senza regole. Poi, ognuno va per la sua strada. Forse la cosa più bella che abbia fatto il regista *off* Monte Hellman. ■ DRAMMATICO; COL.; 101'; USA, 1971.

STRADA A SPIRALE, LA *(The Spiral Road)* ★★★
Regia di ROBERT MULLIGAN. Con ROCK HUDSON, BURL IVES, GEOFFREY KEEN, GENA ROWLANDS. ■ Un giovane medico belga che lavora in Malesia, spesso in condizioni pericolose, si professa ateo. Tuttavia la conversione è nell'aria. E infatti arriva dopo una paurosa avventura nella foresta vergine. Il medico ha raccolto la sfida di un malefico stregone, con il risultato di farsi trascinare in un sentiero impraticabile nella giungla. Si salverà solo per miracolo. ■ AVVENTURA; COL.; 145'; USA, 1962.

STRADA BUIA, LA ★★
Regia di MARINO GIROLAMI, SIDNEY SALKOW. Con ANTONIO CENTA, JANIS PAIGE, MASSIMO SERATO. ■ Un ricco industriale muore in un incidente stradale. Un agente dell'assicurazione sospetta che l'incidente sia stato in realtà provocato ad arte dalla vedova. Infatti è così. La donna ammazza poi anche un giovane innamorato di lei. Ma la pagherà per tutti. ■ DRAMMATICO; B/N; 93'; ITALIA, 1949.

STRADA CHIAMATA DOMANI, LA *(Bloodbrothers)* ★★
Regia di ROBERT MULLIGAN. Con RICHARD GERE, TONY LO BIANCO, PAUL SORVINO. ■ È la storia di due fratelli e delle loro famiglie. Il primo ha due figli, Stony e Tommy; il secondo ha perso l'unico figlio e adora Stony. Il padre e lo zio di Stony vorrebbero che egli lavorasse nell'edilizia come loro ma il ragazzo non ne vuole sapere e, dopo una lite in famiglia, finirà per fuggire di casa. ■ DRAMMATICO; COL.; 116'; USA, 1978. ■ OSCAR 1 NOM.

STRADA DEI GIGANTI, LA ★
Regia di GUIDO MALATESTA. Con CHELO ALONSO, HILDEGARDE KNEFF, DON MEGOWAN. ■ Nella prima metà dell'Ottocento, nel granducato di Parma, la granduchessa ha in progetto di costruire una ferrovia che attraversi gli Appennini. Chiama un ingegnere americano che si mette subito al lavoro. Una spia austriaca è inviata al cantiere con l'incarico di ostacolare i lavori. La spia è una fascinosa contessina che però si innamora dell'ingegnere e cambia campo. ■ AVVENTURA; COL.; 91'; ITALIA, 1960.

STRADA DEI PECCATORI, LA *(Street of Sinners)* ★★★
Regia di WILLIAM BERKE. Con GERALDINE BROOKS, GEORGE MONTGOMERY, NEHEMIAH PERSOFF. ■ Un giovane poliziotto cerca di ripulire un quartiere della città infestato dalla delinquenza giovanile. Due donne s'innamorano di lui: una minorenne che lo aiuta e un'alcolizzata che, non potendo aiutarlo, si suicida. Ma lo fa alla presenza dell'onesto agente che viene così messo sotto inchiesta e sospeso dall'incarico. Il che non gli impedisce di avere un regolamento di conti con il proprietario di un locale equivoco, che manovra i delinquenti del quartiere. Il mascalzone rimane ucciso nello scontro, il poliziotto viene reintegrato nell'incarico. ■ GIALLO; B/N; 82'; USA, 1958.

STRADA DEI QUARTIERI ALTI, LA ★★★
(Room at the Top)
Regia di JACK CLAYTON. Con HERMIONE BADDELEY, LAURENCE HARVEY, HEATHER SEARS, SIMONE SIGNORET. ■ Protagonista è un giovane impiegato di provincia inglese, che vuole a tutti i costi farsi strada nella società dei ricchi e corteggia la figlia del magnate del luogo. Nel frattempo, però, ha anche una relazione molto appassionata con una donna francese, sposata e infelice. Un giorno il giovanotto ha la prospettiva del bel matrimonio che lo farebbe salire definitivamente ai quartieri alti. Ma deve lasciare l'amante. La donna si uccide. Lui si sposa, ma col rimorso. ■ DRAMMATICO; B/N; 118'; GRAN BRETAGNA, 1959. ■ CANNES 1 PR; OSCAR 2 PR, 6 NOM.

STRADA DEL CARCERE, LA *(Road to the Big House)* ★★
Regia di WALTER COLMES. Con ANN DORAN, JOHN SHELTON, GUINN WILLIAMS. ■ Un cassiere di banca si sente umiliato perché non ha saputo assicurare alla moglie una vita brillante. Perciò ruba in banca. Lo mettono in galera, ma lui non dice dove ha nascosto il denaro sottratto. Lo confida poi a sua moglie che lo persuade a restituirlo. E soprattutto lo convince che lei, la vita brillante, non l'ha mai desiderata. ■ GIALLO; B/N; 93'; USA, 1947.

STRADA DEL CRIMINE, LA *(Signpost to Murder)* ★★★
Regia di GEORGE ENGLUND. Con EDWARD MULHARE, STUART WHITMAN, JOANNE WOODWARD. ■ Un giovane psicopatico, furioso perché il consiglio dei medici non ha accettato la proposta di dimissioni da parte del suo medico curante, scappa dalla clinica. Capita in una villa abitata solo da una signora che sta aspettando il marito. Il giovane costringe la donna a ospitarlo. Ma intanto è stato trovato cadavere il marito della signora e questa accusa l'evaso di averlo ucciso. Invece l'assassino è un altro. ■ GIALLO; B/N; 74'; USA, 1964.

STRADA DELLA FELICITÀ, LA *(On our Merry Way)* ★★★
Regia di LESLIE FENTON, KING VIDOR. Con HENRY FONDA, PAULETTE GODDARD, DOROTHY LAMOUR, FRED MACMURRAY, BURGESS MEREDITH, JAMES STEWART. ■ È un grazioso film. Protagonista è un sedicente giornalista che riesce un giorno a farsi affidare un'inchiesta seria. Il tema è "il bambino". Il pennaiolo di complemento interroga due musicisti (Fonda e Stewart), una diva del cinema (Dorothy Lamour), due personaggi non proprio raccomandabili. Ne viene fuori un ottimo reportage. Il neocronista viene assunto. ■ COMMEDIA; B/N; 107'; USA, 1947.

STRADA DELLA LIBERTÀ, LA ★★
Regia di JAN KADAR. Con MUHAMMAD ALÌ, KRIS KRISTOFFERSON. ■ La vicenda è ambientata verso la fine della guerra di Secessione americana. Il presidente Lincoln ha proclamato l'indipendenza e l'uguaglianza delle razze. Gideon, un uomo di colore, comincia a studiare e a interessarsi dei gravi problemi della sua gente, ancora costretta a subire le angherie e le prepotenze degli americani contrari alla politica del presidente. Diventato una personalità tra i suoi, Gideon deve vedersela col Ku Klux Klan, con i potenti latifondisti e con l'ignoranza di certi bianchi ma alla fine, grazie anche alla fattiva collaborazione dell'amico Lait, riesce a spuntarla. ■ DRAMMATICO; COL.; 180'; USA, 1979.

STRADA DELLA RAPINA, LA *(Plunder Road)* ★★★
Regia di HUBERT CORNFIELD. Con JEANNE COOPER, WAYNE MORRIS, GENE RAYMOND. ■ Sei rapinatori trafugano un mucchio di lingotti d'oro da un treno militare. Poi si dividono. Quattro vengono catturati, ma due arrivano a Los Angeles dove il capo ha l'idea di fondere i lingotti e di rivestire con l'oro la carrozzeria di una macchina. Il piano sembra perfetto, ma un incidente sull'autostrada fa scoprire l'espediente. I rapinatori superstiti vengono uccisi mentre tentano di fuggire. ■ GIALLO; B/N; 71'; USA, 1957.

STRADA DELLA VERGOGNA, LA *(Akasen chitai)* ★★★★
Regia di KENJI MIZOGUCHI. Con MACHIKO KYÔ, AYAKO WAKAI. ■ L'ultimo film di Mizoguchi, girato nel 1956 quando al Parlamento giapponese era in discussione una legge sull'abolizione delle case di tolleranza: mentre al Parlamento si discute, il paese continua a "tollerare". Il film è la storia (molto delicata, pur nella crudezza dell'argomento) di tre prostitute di Yoshiwara, il quar-

tiere "a luci rosse". ■ DRAMMATICO; B/N; 86′; GIAPPONE, 1956. ■ VENEZIA 1 PR.

STRADA DELLA VIOLENZA, LA *(Jeux dangereux)* ★★
Regia di PIERRE CHENAL. Con JOEL FLATEAU, FRANÇOIS SIMON. ■ Protagonista è la bella sorella del capo di una gang di minorenni, in carcere per rapina e omicidio. Per pagare l'avvocato la ragazza non esita a rapire, con l'aiuto degli altri della banda, il figlio di un industriale. Ma s'innamora del prigioniero e, quando i compagni meditano di ucciderlo, lo salva e lo riporta al padre: sarà premiata. ■ GIALLO; B/N; 95′; FRANCIA, 1958.

STRADA DELL'ETERNITÀ, LA *(Glory Alley)* ★★★
Regia di RAOUL WALSH. Con LESLIE CARON, JOHN MCINTIRE, RALPH MEEKER, GILBERT ROLAND. ■ Protagonista è un giovane pugile che interrompe il combattimento durante un match importante. Perché? Per vigliaccheria, pensa la gente, incluso il padre della fidanzata. Né il vecchio si ricrede quando il giovanotto torna dalla guerra in Corea carico di medaglie. In seguito si verrà a sapere che l'atto di viltà (momentanea) era stato causato da un trauma infantile. Curato e guarito, il boxeur potrà riprendere l'attività. ■ DRAMMATICO; B/N; 79′; USA, 1954.

STRADA DELL'ORO, LA *(Way to the Gold)* ★★★
Regia di ROBERT D. WEBB. Con NEVILLE BRAND, WALTER BRENNAN, JEFFREY HUNTER, SHEREE NORTH, BARRY SULLIVAN. ■ In punto di morte un detenuto rivela a un giovane compagno di pena di aver nascosto trent'anni prima in fondo a un lago un quarto di milione di dollari, frutto di una rapina. Appena libero, il giovane corre sul posto, ma la voce intanto s'è sparsa. Una famiglia di malviventi cattura l'ex forzato e la sua ragazza e li costringe a rivelare il nascondiglio. Fortunatamente arriva lo sceriffo. ■ AVVENTURA; B/N; 94′; USA, 1957.

STRADA DEL MASSACRO, LA *(Kung Fu Head)* ★
Regia di SHANG CAHU TSENG CHAI. Con YANG CHUNG, CHUET FU SHANG, INGRID HU. ■ Ennesimo prodotto orientale di kung-fu. ■ DRAMMATICO; COL.; 92′; SINGAPORE, 1974.

STRADA DEL MISTERO, LA *(Mystery Street)* ★★★
Regia di JOHN STURGES. Con BRUCE BENNETT, SALLY FORREST, RICARDO MONTALBAN. ■ Un armatore seduce e abbandona una ragazza. Ritrovato da costei, se ne libera definitivamente uccidendola. Sospettato dell'omicidio è un giovanotto, occasionale accompagnatore della disgraziata la sera del delitto. Più svelta della polizia, una donnetta curiosa intuisce la verità. Va dall'armatore e lo ricatta. Questi uccide anche lei, ma la donnetta ha fatto in tempo a trafugare l'arma del primo delitto. Quando l'assassino tenta di recuperarla, viene pescato dai poliziotti. ■ GIALLO; B/N; 93′; USA, 1951. ■ OSCAR 1 NOM.

STRADA DEL RITORNO, LA *(Visszaaz ùton)* ★★
Regia di AKOS RATHONYI. Con VERA MEZI, KLARI TOLNAY. ■ Un integerrimo impiegato di banca si lascia indurre da un vecchio amico a passare una serata in una casa di piacere. Dopo la bisboccia, s'addormenta e sogna di vuotare la cassaforte del suo ufficio, di abbandonarsi a mille bassezze e di tentare poi il suicidio. Alla fine si sveglia e si ritrova promosso direttore. ■ DRAMMATICO; B/N; 90′; UNGHERIA, 1940.

STRADA DEL SUD, LA *(Way Down South)* ★★
Regia di BERNARD VORHAUS. Con BOBBY BREEN, ALAN MOWBRAY. ■ Bobby Breen, piccolo divo canterino degli anni Trenta, fa l'orfanello abbiente, erede di una vasta piantagione della Georgia. Il padre è morto da poco e la proprietà è amministrata dal tutore del ragazzo, un feroce aguzzino che frusta gli schiavi e li vende come bestie. Ma l'orfanello non sa solo cantare, va dal magistrato e denuncia il tutore cattivo che viene messo in galera. Il piccolo e gli schiavi neri, felici, intonano lo spiritual *The Band of Angels*. ■ MUSICALE; B/N; 98′; USA, 1939.

STRADA DI FELIX, LA *(Drœle de Félix)* ★★
Regia di OLIVIER DUCASTEL, JACQUES MARTINEAU. Con ARIANE ASCARIDE, SAMI BOUAJILA, PATACHOU, PIERRE-LOUP RAJOT. ■ La coppia Ducastel-Martineau che già aveva firmato *Jeanne e le garçon formidable*, mai distribuito in Italia, si impegnano in un "road" che cerca, fin troppo, di essere originale staccandosi dallo stereotipo americano, padrone del genere. È la storia di Felix, africano, che abita a Dieppe, sulla costa atlantica, e decide di raggiungere Marsiglia, attraversando praticamente la Francia intera. Tutto questo in autostop e bicicletta. Alla ricerca di se stesso, delle proprie radici, del padre. Nel frattempo si costruisce, con la fantasia, tutto ciò che di virtuale può immaginare, cioè una famiglia, con fratelli, cugini eccetera. Poi la realtà sarà diversa. Opera singolare e "non inutile". Ha vinto il festival del cinema gay/lesbico a Milano 2001. ■ COMMEDIA; COL.; 95′; FRANCIA, 2001.

STRADA DI OGNUNO, LA *(The White Unicorn)* ★★
Regia di BERNARD KNOWLES. Con IAN HINTER, MARGARET LOCKWOOD, DENNIS PRICE. ■ Storia di due donne. Una, disperata, tenta di uccidersi col figlioletto, è salvata e rinchiusa in un riformatorio. Un'altra – la direttrice del riformatorio – vive sola dopo aver perso il suo primo fidanzato in un incidente e aver lasciato il marito che non l'amava. Lo ritroverà però diventato giudice e tornerà con lui. ■ DRAMMATICO; B/N; 93′; GRAN BRETAGNA, 1946.

STRADA È BLOCCATA, LA *(The Long Haul)* ★★
Regia di KEN HUGHES. Con PATRICK ALLEN, JEAN ANDERSON, DIANA DORS, VICTOR MATURE. ■ Storia di un camionista onesto, bravo padre di famiglia. L'incontro con la bella amante di un gangster lo distrae dalla retta via. La ditta lo licenzia, la moglie lo lascia. Il camionista, eliminato il gangster, decide di fuggire. Ma la notizia che il figlio è gravemente malato lo spinge a tornare in famiglia. ■ GIALLO; B/N; 100′; GRAN BRETAGNA, 1957.

STRADA INFUOCATA *(Ognennye versty)* ★★★
Regia di SAMSON SAMSONOV. Con ANTONI KHIODURSKY, IGOR SAVKIN, MICHAIL TROJANOVSKIJ, MARGARITA VOLODINA. ■ Una specie di Michele Strogoff, ma ambientato nella Russia della rivoluzione e con un eroe bolscevico. Costui deve portare un messaggio in una città saldamente tenuta dall'Armata Rossa. Nel messaggio sono rivelati i nomi e i piani dei capi della controrivoluzione. Il messaggero attraversa la steppa in troika accompagnato da una maestrina, da un medico e da un ex attore, nonché da uno sconosciuto che si finge veterinario e invece è uno dei capi della controrivoluzione. Nonostante le mille trappole poste in atto da costui, il corriere giunge a destinazione. Il messaggio viene recapitato. Poi c'è il tempo per saldare i conti con l'irriducibile avversario e per sposarsi con la maestrina. ■ GUERRA; B/N; 90′; URSS, 1957.

STRADA LUNGA UN ANNO, LA ★★★
(Cesta duga godinu dana)
Regia di GIUSEPPE DE SANTIS. Con MASSIMO GIROTTI, SILVANA PAMPANINI, ELEONORA ROSSI DRAGO. ■ È la storia di un paese (in una regione non bene identificata) che sta morendo lentamente di fame. Non c'è lavoro, ma un capofamiglia se ne inventa uno: lancia l'idea di una strada che colleghi il paese alla costa. La gente s'entusiasma e con l'entusiasmo supera anche l'opposizione dei notabili del paese, del governo, dei contadini le cui terre la strada dovrebbe attraversare. Sotto la spinta e l'incitamento del sindaco, un vecchio maestro elementare, il lavoro verrà compiuto. Quando gli operai arrivano al mare, il sindaco muore. ■ DRAMMATICO; B/N; 92′; JUGOSLAVIA, 1959. ■ OSCAR 1 NOM.

STRADA MAESTRA *(They Drive by Night)* ★★★
Regia di RAOUL WALSH. Con HUMPHREY BOGART, IDA LUPINO, GEORGE RAFT, ANN SHERIDAN. ■ Raft e Bogart sono due fratelli che lavorano in proprio. Ma Bogart ha un incidente e perde il braccio e il camion. Entrambi sono costretti ad andare sotto padrone. Raft fa carriera, ma la calorosa moglie del suo datore è innamorata di lui e per lui uccide l'anziano marito. Raft per poco non è coinvolto nell'omicidio. Tutto però si aggiusta. ■ DRAMMATICO; B/N; 96′; USA, 1940.

STRADA PER ELDORADO, LA ★★
Regia di ERIC BERGERON, DON PAUL. ■ Tullio e Miguel sono due imbroglioni di mezza tacca, tanto impacciati quanto maldestri. I due si ritrovano, del tutto casualmente, su un galeone di Cortez che fa vela verso il Nuovo Mondo. I due scopriranno (ancora una volta per caso) la mitica città dell'oro. Dopo il successo de *Il principe d'Egitto* la Dream Works ritenta il colpo con i conquistadores. Ma il gioco non ha la stessa presa. Cortez non è Mosè e il dispen-

dio di energie profuso sul piano tecnologico non è riuscito a vivacizzare una sceneggiatura che punta troppo su una coppia comica che non "sfonda". ■ ANIMAZIONE; COL.; 90′; USA, 2000.

STRADA PER FORT ALAMO, LA ★★
Regia di MARIO BAVA. Con JANY CLAIR, KEN CLARK, MICHEL LEMOINE, ANDREINA PAUL. ■ La storia è quella di due fuorilegge reduci da un colpo (dove hanno indossato, a bella posta, divise da ufficiali nordisti). Durante la fuga s'imbattono in una carovana, i cui componenti li scambiano per autentici militari e affidano loro il comando. Uno dei fuorilegge s'immedesima nel ruolo e porta in salvo un convoglio a Forte Alamo. L'altro invece non si ravvede: il suo compare buono dovrà ammazzarlo. ■ WESTERN; COL.; 93′; ITALIA, 1965.

STRADA PER HOLLYWOOD, LA ★★★
(The Road to Hollywood)
Regia di BUD POLLARD. Con LUIS ALBERNI, ANN CHRISTY, BING CROSBY. ■ Si tratta di una serie di *short* quasi tutti prodotti dalla Paramount agli albori del sonoro. Vi compaiono un giovanissimo Crosby e altri divi allora molto noti. ■ COMM. MUSICALE; B/N; 70′; USA, 1931.

STRADA PROIBITA *(Forbidden Street)* ★★★
Regia di JEAN NEGULESCO. Con DANA ANDREWS, MAUREEN O'HARA, SYBIL THORNDYKE. ■ Una signorina bene di Londra si innamora di un pittore senza un soldo e lo sposa, nonostante l'opposizione dei genitori. Ma il marito è un ubriacone, maltratta la moglie e le fa vivere un'esistenza stentata. Quando muore, nessun rimpianto. Tanto più che presto all'orizzonte della vedova si profila un altro pretendente che è il sosia della buonanima. Questi però è un tipo a posto. I due si sposano e lei è riammessa nell'alta società (tutti credono che il secondo marito sia il primo). ■ DRAMMATICO; B/N; 91′; GRAN BRETAGNA, 1950.

STRADA SBAGLIATA, LA *(The Idol)* ★★
Regia di DANIEL PETRIE JR. Con JENNIFER HILARY, JENNIFER JONES, JOHN LEYTON, MICHAEL PARKS. ■ Due amici sui vent'anni. Uno timido, l'altro fin troppo ardito. Il secondo diviene l'amante dell'ancor giovane madre del primo. Il timido rimane scioccato quando scopre la tresca. Litiga con l'amico e lo fa cadere nel fiume. L'amico muore. Davanti alla polizia, il giovane non vuole tirare in ballo la madre. Il suo atto risulta così immotivato. Con ogni probabilità dovrà subire una pesante condanna. ■ DRAMMATICO; B/N; 107′; USA, 1966.

STRADA SBARRATA *(Dead End)* ★★★
Regia di WILLIAM WYLER. Con HUMPHREY BOGART, ALLEN JENKINS, JOEL MCCREA, SYLVIA SIDNEY, CLAIRE TREVOR. ■ "Baby Face" Martin, un pericoloso gangster, torna al quartiere che lo vide ragazzo. La madre lo caccia in malo modo, ma i ragazzini lo guardano come un eroe. Martin comincia a servirsi dei teppistelli per le sue imprese. Ma gli si oppone un architetto disoccupato, Dave. I due vengono alle mani e Dave uccide Martin. Con il denaro della taglia, potrà uscire dal ghetto e costruire un avvenire sicuro per sé e la ragazza di cui è innamorato. ■ DRAMMATICO; B/N; 93′; USA, 1937. ■ OSCAR 4 NOM.

STRADA SCARLATTA, LA *(Scarlet Street)* ★★★
Regia di FRITZ LANG. Con JOAN BENNETT, DAN DURYEA, MARGARET LINDSAY, EDWARD G. ROBINSON. ■ Robinson ha la parte di un anziano impiegato (afflitto da una moglie arpia) che si fa affascinare da una maliarda, una donna di facili costumi che una sera ha salvato dall'aggressione di un magnaccia. Non solo la donna si fa mantenere da lui, ma d'accordo con il suo amante vende i quadri dipinti da Robinson (pittore della domenica di talento misconosciuto) attribuendoli a se stessa. Robinson quando scopre l'imbroglio uccide la donna e fa in modo che la colpa venga attribuita al magnaccia. ■ DRAMMATICO; B/N; 103′; USA, 1946.

STRADA SENZA NOME *(Street With No Name)* ★★★
Regia di WILLIAM KEIGHLEY. Con LLOYD NOLAN, MARK STEVENS, RICHARD WIDMARK. ■ Un agente segreto vuole catturare una banda che agisce in margine agli ambienti sportivi. Si fa prendere in simpatia dal capo e lo convince a farlo partecipare a qualche colpo importante. Al momento giusto fa intrappolare la gang dai poliziotti. ■ GIALLO; B/N; 91′; USA, 1948.

STRADA SENZA RITORNO *(The Small Voice)* ★★
Regia di FERGUS MCDONNELL. Con JAMES DONALD, VALERIE HOBSON, HOWARD KEEL. ■ Marito e moglie stanno per separarsi, ma sorge un fatto nuovo che li spinge a soprassedere: l'irruzione nella loro villa di un gruppo di evasi. I malviventi prendono la coppia in ostaggio, ma i coniugi non si perdono d'animo. Riescono ad avvertire la polizia che fa irruzione nella villa. Intanto di fronte al pericolo lui e lei hanno scoperto di amarsi ancora. ■ DRAMMATICO; B/N; 85′; GRAN BRETAGNA, 1949.

STRADA SENZA RITORNO *(Street of no Return)* ★★
Regia di SAMUEL FULLER. Con KEITH CARRADINE, BILL DUKE, ANDRÉA FERRÉOL. ■ Un cantautore corteggia, con successo, l'amante di un boss della mala. Costui si vendica facendo tagliare al rivale le corde vocali. Anni dopo, ridotto a un barbone, il cantante ha la sua rivincita guidando la polizia nel covo del boss. La battaglia si conclude in un massacro. Ma alla fine i due amanti saranno riuniti. ■ DRAMMATICO; COL.; 92′; FRANCIA, 1989.

STRADA SENZA USCITA – DEAD END ★★
Regia di GAETANO PALMIERI. Con ANDREA GIORDANA, CLAUDIO GORA, EVELYN STEWART. ■ Un giovane sessantottino deluso si ritira in isolamento nella casa sul lago. Qui lo trova una trepida adolescente, figlia di un miliardario, che diventa la sua amante. La ragazza è pazza di lui, ma il giovane non può corrisponderne l'affetto. Quando lei se ne accorge, se ne va, forse si suicida. Il sessantottino è accusato di averla ammazzata. ■ DRAMMATICO; B/N; 92′; ITALIA, 1969.

♥ **STRADA VERSO CASA, LA** ★★★★
(Wo De Fu Qin Mu Qin)
Regia di ZHANG YIMOU. Con ZHENG HAO, SUN HONGLEI, ZHAO YUELIN, ZHANG ZIYI. ■ Luo Yusheng ritorna al villaggio natale nel nord della Cina, per l'improvvisa morte del padre avvenuta durante la sua permanenza in città. Lo zio e il capo del villaggio lo informano delle ultime volontà del padre e dei funerali che dovranno essere celebrati, secondo la madre, osservando le antiche tradizioni rituali: la donna affranta da quella perdita desidera che il marito venga ricondotto a "braccio" sulla strada verso casa e che un drappo tessuto di sua mano ne avvolga le spoglie. A Luo tutto questo sembra, in principio, irragionevole, ma la memoria dell'amore straordinario che unì indissolubilmente la madre e il padre lo convincerà a raccontarla e a onorarla come si onora un "testamento". E così se il presente si scolora in un bianco e nero raffreddato dalla neve, il passato si dipinge dei colori dell'amore. E nella lunga "strada verso casa" la storia individuale di due maestri diventa la Storia di un popolo che può pensare il futuro solo celebrando il passato. Allora il regista reintegra ciò che la Rivoluzione culturale aveva "ricordato" di dimenticare: la Tradizione e l'Individualità. ■ DRAMMATICO; COL.; 100′; CINA, 1999. ■ BERLINO 1 PR.

STRADE DELLA PAURA, LE *(Cohen and Tate)* ★★★
Regia di ERIC RED. Con ADAM BALDWIN, HARLEY CROSS, ROY SCHEIDER. ■ Due killer a pagamento uccidono i genitori di un ragazzino di dieci anni e rapiscono il fanciullo (che è testimone chiave di un delitto mafioso). Ma la strada per Houston (dove deve essere portato il piccolo) è dura e piena di imprevisti. I due killer litigano e il più anziano uccide l'altro. ■ THRILLER; COL.; 85′; USA, 1988.

STRADE DEL SUD, LE *(Les routes du Sud)* ★★★
Regia di JOSEPH LOSEY. Con CLAIRE BRETÉCHER, JOSÉ LUIS GOMEZ, FRANCE LAMBIOTTE, LAURENT MALET, MIOU-MIOU, YVES MONTAND. ■ Il film è una sorta di seguito ideale di *La guerra è finita* di Resnais. Infatti quel film, come questo sceneggiato dall'esule spagnolo Jorge Semprum e interpretato da Yves Montand, racconta la crisi di un militante antifranchista. In questa pellicola un personaggio gemello del precedente si scontra con il figlio che non capisce la sua lotta ed è addolorato per la morte della moglie avvenuta durante una missione clandestina in Spagna. La notizia della morte di Franco e l'amore di una ragazza non serviranno comunque a migliorare la situazione del protagonista. ■ DRAMMATICO; COL.; 97′; FRANCIA, SPAGNA, 1978.

STRADE DI FUOCO *(Streets of Fire)* ★★★
Regia di WALTER HILL. Con WILLEM DAFOE, DIANE LANE, MI-

CHAEL PARÉ. ■ Walter Hill, maestro dei film d'azione, ricrea i temi e le atmosfere tipiche della "frontiera" trasponendole in un'ambientazione suburbana di imprecisa collocazione temporale. Il suo film è un western post-moderno, dove un eroe solitario armato di Winchester e muscoli (Paré) corre al salvataggio della sua bella (Lane), superdiva rock rapita dalla banda di teppisti motorizzati capeggiata dal cattivissimo Raven (Dafoe, che rivedremo in *Platoon* e *L'ultima tentazione di Cristo*). Non mancano sparatorie, brutti ceffi, inseguimenti e, naturalmente, il duello finale. Il tutto sottolineato da un'eccellente colonna sonora (Ry Cooder tra gli autori). ■ AVVENTURA; COL.; 93'; USA, 1984.

STRADE INCROCIATE ★★
Regia di KENT OSBORNE. Con MARTY ALLEN, RAY DANTON, ERIK ESTRADA. ■ Billy e Justine si incontrano, si sentono attratti l'uno dall'altra e si innamorano. Vorrebbero coronare la loro storia, ma entrambi si trovano in galera e con la prospettiva di rimanerci per diversi anni. I due, di comune accordo nello scegliere la via della fuga, studiano un piano. ■ AVVENTURA; COL.; 90'; USA, 1987.

STRADE PERDUTE *(Lost Highway)*
Regia di DAVID LYNCH. Con PATRICIA ARQUETTE, BALTHAZAR GETTY, BILL PULLMAN. ■ Il nodo sono alcune riprese video che mostrano Fred e sua moglie Renée prima in atteggiamenti molto intimi, poi Fred che uccide la moglie. Sarà tutto vero, tutto falso? Intorno al quesito ruota la vicenda. Tutto si complica quando Fred, accusato di omicidio, incontra una bionda del tutto identica a sua moglie. Che il nuovo film di Lynch abbia avuto tanto ritardo nelle nostre sale è dovuto semplicemente al fatto che è mediocre. Il regista è sempre più involuto e fastidioso. Niente deve essere chiaro e comprensibile. Molti affermano essere questo il pregio maggiore di Lynch. Per noi è un limite, non piccolo. Bisogna attendere i due film successivi (*Una storia vera*, *Mulholland Drive*) per rivedere il nostro giudizio. ■ THRILLER; COL.; 134'; USA, 1997.

STRADE VIOLENTE *(Violent Streets)* ★★★
Regia di MICHAEL MANN. Con JAMES CAAN, WILLIE NELSON, TUESDAY WELD. ■ Un uomo, dopo aver messo da parte una fortuna con il furto con scasso, vorrebbe ritirarsi, metter su famiglia, fare la persona perbene. Ma non può, perché un boss della mala lo costringe con il ricatto a compiere un colpo per lui. Lo scassinatore comprende che non sarà mai libero se prima non elimina il boss e i suoi accoliti. ■ GIALLO; COL.; 122'; USA, 1981.

STRADIVARI ★★
Regia di GIACOMO BATTIATO. Con VALERIE KAPRISKY, ANTHONY QUINN, STEFANIA SANDRELLI. ■ La vita (novant'anni) di Antonio Stradivari, il più celebre costruttore di violini della storia: i suoi matrimoni (due), i suoi figli, i suoi rapporti con i trionfatori (politici) del momento (gli spagnoli, gli austriaci). ■ BIOGRAFICO; COL.; 120'; ITALIA, 1989.

STRADIVARIUS ★★
Regia di GÉZA VON BOLVÀRY. Con GUSTAV FRÖHLICH, SYBILLE SCHMITZ. ■ Una leggenda leggermente jettatoria perseguita i possessori di un prezioso violino. Dallo strumento si possono trarre magiche melodie, ma in amore si è condannati all'infelicità. Un ufficiale austriaco che lo suona nei suoi concerti non sembra fare eccezione alla regola. Ama una donna e la guerra li separa. Si ritrovano in un ospedale da campo dove però la donna è concupita da un medico italiano. Ma alla fine sarà l'austriaco ad avere partita vinta. ■ DRAMMATICO; B/N; 94'; GERMANIA, 1935.

STRAFBATAILLON 999 ★★
Regia di HARALD PHILIPP. Con WERNER PETERS, HEINZ WEISS, SONJA ZIEMANN. ■ È la storia di un battaglione di disciplina, composto da uomini condannati dai tribunali nazisti (la maggior parte perché contrari al regime). Muoiono quasi tutti. Porta a casa la pelle solo un indomito sergente. ■ GUERRA; B/N; 92'; GERMANIA, 1960.

STRAFUMATI *(Pineapple Express)* ★★
Regia di DAVID GORDON GREEN. Con JAMES FRANCO, DANNY R. MCBRIDE, SETH ROGEN. ■ Dale Denton è un impiegato del tribunale che frequenta spesso uno spacciatore di nome Saul Silver per procurarsi marijuana. Saul ha a disposizione il meglio in materia e un giorno gli offre l'erba più esclusiva sul mercato: la Pineapple Express. Dale assiste a un omicidio commesso da una poliziotta corrotta e dal signore dello spaccio di droga locale a cui stava per consegnare un mandato di comparizione. Dale, in preda al panico lascia il joint che stava fumando sul posto e diviene così oggetto delle attenzioni di chi non desidera avere testimoni. Anche Saul, involontario testimone, viene coinvolto. I due sono così costretti a fuggire per evitare il peggio. ■ COMMEDIA, COL., 111'; USA, 2008.

STRAGE DEI VAMPIRI, LA ★
Regia di ROBERTO MAURI. Con WALTER BRANDI, DIETER EPPLER, GRAZIELLA GRANATA. ■ Squallido esempio di horror all'italiana. Vampiro vampirizza signora, ma il marito riumanizza la moglie e lo fa fuori. ■ HORROR; B/N; 91'; ITALIA, 1962.

STRAGE DEL SETTIMO CAVALLEGGERI, LA ★★★
(Sitting Bull)
Regia di SIDNEY SALKOW. Con MARY MURPHY, J. CARROL NAISH, DALE ROBERTSON. ■ Ancora la battaglia del Little Big Horn questa volta vista, però, dalla parte degli indiani. Nonostante gli sforzi pacifisti di Toro Seduto, il generale Custer, ansioso di conquistarsi fama e vittorie sui pellirosse, guida il Settimo cavalleggeri nelle Colline Nere del Dakota. Ma lo attende una clamorosa sconfitta. Custer muore. I Sioux, ben consigliati da un ufficiale bianco che ha compreso le loro ragioni, invece di proseguire la guerra preferiscono rifugiarsi in Canada. ■ WESTERN; COL.; 105'; USA, 1955.

STRAGE DI FRANKENSTEIN, LA ★★★
(I Was a Teenage Frankenstein)
Regia di HERBERT L. STROCK. Con WHIT BISSELL, ROBERT BURTON, PHYLLIS COATES, GARY CONWAY. ■ Un discendente del barone Frankenstein continua nonostante il cattivo esempio dell'antenato gli esperimenti pericolosi. Questa volta costruisce un mostro diciottenne che, con varie operazioni, potrà anche avere un bell'aspetto. Prima dell'intervento definitivo, la "creatura" però impazzisce e strozza lo scienziato. ■ HORROR; B/N; 72'; USA, 1957.

STRAGE DI GOTENHAFEN, LA ★★
(Nacht fiel über Gotenhafen)
Regia di FRANK WYSBAR. Con BRIGITTE HORNEY, SONJA ZIEMANN. ■ Durante l'ultima guerra, la moglie di un soldato tedesco diviene l'amante di un ufficiale di marina. Poi gli eventi della guerra li separano. Arriva il 1944 e i russi invadono il paese. La donna cerca di mettersi in salvo su un piroscafo dove ritrova sia il marito che l'amante. La nave viene silurata da un sommergibile russo. Tra i pochi che si salvano c'è la protagonista: marito e amante sono annegati. ■ GUERRA; B/N; 92'; GERMANIA, 1960.

STRAIGHT SHOOTING ★★★
Regia di JOHN FORD. Con HARRY CAREY, DUKE LEE, MOLLY MALONE. ■ Il film d'esordio del grande regista americano. Narra del conflitto tra allevatori di bestiame e agricoltori. Ci sono già tutte le premesse del futuro genio del cinema. ■ WESTERN; B/N; 57'; USA, 1917.

STRANA COPPIA, LA *(Odd Couple)* ★★★★
Regia di GENE SAKS. Con VAL AVERY, JACK LEMMON, WALTER MATTHAU. ■ Felix e Oscar sono due maturi americani da poco divorziati. Mentre Oscar è pienamente felice della sua nuova libertà, Felix non sa come consolarsi. Occupano (temporaneamente) l'appartamento insieme. Ma la convivenza è difficile per la diversità dei caratteri. ■ COMMEDIA; COL.; 105'; USA, 1968. ■ OSCAR 2 NOM.

STRANA COPPIA DI SBIRRI, UNA ★★★
(Freebie and the Bean)
Regia di RICHARD RUSH. Con ALAN ARKIN, JAMES CAAN, LORETTA SWIT. ■ Protagonisti sono due poliziotti incaricati di incastrare un celebre boss della mala. I due sorvegliano la casa del pregiudicato giorno e notte, frugando fra i rifiuti nella speranza di trovare qualche messaggio compromettente. Il destino gioca loro una beffa crudele: il boss muore proprio mentre stanno per pescarlo. Tutto da rifare. ■ GIALLO; COL.; 113'; USA, 1975.

STRANA COPPIA DI SUOCERI, UNA *(The In-Laws)* ★★★
Regia di ARTHUR HILLER. Con ALAN ARKIN, NANCY DUSSAULT, PETER FALK, RICHARD LIBERTINI. ■ Una commedia rocambolesca e frizzante scritta su misura per i due protagonisti, che sono coinvolti in un'azione di spionaggio. Atterrati in un paese del Sudamerica, stanno per essere fucilati da un dittatore quando i compagni li salvano. Tornano a New York al termine di incredibili avventure, arricchitisi con i soldi rubati sia al dittatore che alla Cia. ■ COMMEDIA; COL.; 103′; USA, 1979.

STRANA COPPIA 2, LA ★
(Neil Simon's The Odd Couple II)
Regia di HOWARD DEUTCH. Con JACK LEMMON, WALTER MATTHAU, JONATHAN SILVERMAN. ■ Ancora Oscar e Felix, questa volta alle prese con il matrimonio dei reciproci figli che stanno per farli diventare consuoceri. Il viaggio è costellato di incidenti che "dovrebbero" far ridere. Ma qualcosa (se non tutto) si è perso. ■ COMMEDIA; COL.; 96′; USA, 1998.

STRANA DOMENICA, UNA *(Un drôle de dimanche)* ★★★
Regia di MARC ALLÉGRET. Con ARLETTY, JEAN-PAUL BELMONDO, ANDRÉ BOURVIL, DANIELLE DARRIEUX. ■ Un brav'uomo è stato abbandonato dalla moglie. La ritrova dopo cinque anni e le chiede un appuntamento. L'idea è di ucciderla, ma la padrona di casa di lui lo viene a sapere e avverte la vittima designata. Costei non si scompone, va ugualmente all'appuntamento e non succede niente (nonostante i terribili propositi, lui è proprio un bonaccione). La consorte finisce per commuoversi. Lascerà perdere l'amante e si rimetterà con il marito. ■ COMMEDIA; B/N; 94′; FRANCIA, 1958.

STRANA GENTE *(Strannye ljudi)* ★★★
Regia di VASILIJ SIUKSIN. Con EVGENIJ EVSTINGENEV, VSEVOLOD SANAEV, ELENA SANAEVA. ■ In tre episodi molto diversi tra loro il regista dipinge tre quadri affettuosi e realistici della provincia sovietica, splendidamente interpretati da attori presi dalla strada. ■ DRAMMATICO; B/N; 100′; URSS, 1964.

STRANA GUERRA DEL SOTTUFFICIALE ASCH, LA *(08/15 – II Teil)* ★★
Regia di PAUL MAY. Con HANS CHRISTIAN BLECH, JOACHIM FUCHSBERGER, OTTO EDUARD HASSE. ■ È il secondo episodio della serie guerresca *08/15*. L'eroe è sempre il sergente Asch. Questa volta viene inviato sul fronte russo. Il più giovane dei suoi commilitoni muore schiacciato da un carro armato. Asch invece salva la pelle, così come il capitano carogna del reparto (per colpa del quale il giovane ha trovato la morte). ■ GUERRA; B/N; 90′; GERMANIA, 1956.

STRANA LA VITA ★★
Regia di GIUSEPPE BERTOLUCCI. Con DIEGO ABATANTUONO, DOMIZIANA GIORDANO, MONICA GUERRITORE. ■ Uno psicologo della Usl, parecchio tediato dal suo grigio tran-tran, incontra un amico dalla vita (al contrario) molto complessa (è sposato e ha un'amante). L'amico muore: lo psicologo eredita la sua situazione sentimentale. Tampinato da ben quattro donne (oltre a quelle dell'amico, ha anche le sue da tenere a bada, la fidanzata e una paziente psicolabile), l'uomo decide di scappare lontano da tutte. ■ COMMEDIA; COL.; 96′; ITALIA, 1987.

STRANA LEGGE DEL DOTTOR MENGA, LA ★
Regia di FERNANDO MERINO. Con IRA FÜRSTENBERG, ALDO GIUFFRÉ, SYLVA KOSCINA. ■ Già il titolo dice tutto su questo filmetto che racconta la storia di due mariti quasi cornuti. ■ COMMEDIA; COL.; 93′; ITALIA, 1972.

STRANA MALEDIZIONE DI MONTEZUMA, LA ★★
(A Talent for Loving)
Regia di RICHARD QUINE. Con GENEVIÈVE PAGE, CHAIM TOPOL, RICHARD WIDMARK. ■ Un giocatore d'azzardo sposa la figlia di un possidente messicano ed eredita la fortuna del suocero. Avrà un mucchio di gatte da pelare: gli assalti dei banditi, degli indiani e anche la ninfomania delle donne di casa (causata da una vecchia maledizione indiana sulla famiglia del possidente). Richard Quine, regista ex bravo, non riesce a cucinare bene gli ingredienti di questa commedia western e manda allo sbaraglio un cast di notevole valore. ■ WESTERN; COL.; 95′; USA, 1978.

STRANA REALTÀ DI PETER STANDISH, LA ★★★
(Berkeley Square)
Regia di FRANK LLOYD. Con HEATHER ANGEL, LESLIE HOWARD, COLIN KEITH JOHNSTON. ■ A Londra, in Berkeley Square, un giovane che abita in una vecchia casa comincia a rivivere la vicenda di un suo antenato vissuto nel Settecento, all'epoca di Giorgio III e del dottor Johnson. Egli si innamora di una bella cugina, l'unica a comprendere che è un visitatore proveniente dal futuro. Gli altri non capiscono, lo prendono per pazzo e lo mandano in manicomio. Urge un immediato ritorno nel secolo ventesimo. ■ COMMEDIA; B/N; 84′; USA, 1933. ■ OSCAR 1 NOM.

STRANA SIGNORA DELLA GRANDE CASA, LA ★★
(Persecution)
Regia di DON CHAFFEY. Con RALPH BATES, OLGA GEORGES-PICOT, TREVOR HOWARD, LANA TURNER. ■ Un'anziana signora vive in una villa posta accanto a un cimitero di gatti, dove lei ha seppellito tutti i felini che ha allevato. Suo figlio, geloso delle attenzioni che dedica ad una feroce gatta, la uccide. Quindi si sposa, ma il piccolo che nasce poco dopo viene assassinato e sua moglie perde la ragione. Gli orrori sono appena cominciati. ■ HORROR; COL.; 96′; GRAN BRETAGNA, 1977

STRANA STORIA DI OLGA O, LA ★
Regia di ANTONIO BONIFACIO. Con FLORINDA BOLKAN, DAVID BRANDON, STÉPHANE FERRARA, SERENA GRANDI. ■ Olga torna nella propria città d'origine e viene perseguitata da un maniaco. Ritroverà un vecchio amico, ora ispettore, e la passione tra i due esploderà. La donna avrà modo di scoprire che il pericolo per lei è più vicino di quanto non si aspettasse. ■ GIALLO; COL.; 88′; ITALIA, 1995.

STRANA VOGLIA, LA *(Strange Brew)* ★★
Regia di RICK MORANIS, DAVE THOMAS. Con RICK MORANIS, DAVE THOMAS, MAX VON SIDOW ■ È la storia di due fratelli, Bob e Doug, buontemponi e grandi bevitori. La loro prevalente passione è la birra. Il loro sogno? Ma naturalmente lavorare in una birreria. E un giorno hanno l'occasione. Ma nella birreria Elsinore (il nome è quello del castello di Amleto) c'è qualcosa di strano, a cominciare dal proprietario, che parla di dominazione del mondo. ■ COMMEDIA; COL.; 97′; USA, 1983.

STRANA VOGLIA DI JEAN, LA ★★★
(The Prime of Miss Jean Brodie)
Regia di RONALD NEAME. Con PAMELA FRANKLIN, MAGGIE SMITH, ROBERT STEPHENS. ■ Premio Oscar per Maggie Smith, nella parte di una professoressa che insegna in un collegio femminile di Edimburgo negli anni Trenta. Miss Jean è appassionata al suo lavoro e affezionata alle allieve, ma è malvista nel college per l'anticonformismo della sua vita privata e le sue idee politiche (è una scatenata fascista). Finirà per essere espulsa dalla scuola. Il suo prossimo passo sarà probabilmente la follia. ■ COMMEDIA; B/N; 116′; GRAN BRETAGNA, 1969. ■ OSCAR 1 PR, 2 NOM.

STRANA VOGLIA DI UNA VEDOVA ★★★
(Du grabuge chez les veuves)
Regia di JACQUES POITRENAUD. Con DANY CARREL, DANIELLE DARRIEUX, JEAN ROCHEFORT. ■ Lotta di astuzie attorno a un sostanzioso grisbì: una fascinosa vedovella, un funzionario di polizia, un simpatico lestofante, una prostituta d'alto bordo, un aristocratico coi vizietti, la cognata svanitella della vedova. La meglio toccherà al poliziotto. ■ GIALLO; B/N; 94′; FRANCIA, 1954.

STRANE LICENZE DEL CAPORALE DUPONT, LE *(Le caporal épinglé)* ★★★
Regia di JEAN RENOIR. Con CLAUDE BRASSEUR, JEAN-PIERRE CASSEL, CLAUDE RICH. ■ È una storia di fughe dal campo di concentramento. Duport e Dédé tentano di scappare a più riprese dalle prigioni nazi. Non ce la fanno mai: qualche volta per sfortuna, molto spesso per loro dabbenaggine, una volta a causa di un commilitone vigliacchetto. All'ennesimo tentativo però ce la fanno: una ragazza innamorata di Dupont procura loro vestiti borghesi. Un bombardamento favorisce la loro fuga. Riusciranno a tornare a Parigi. ■ COMMEDIA; B/N; 108′; FRANCIA, 1962.

STRANE STORIE ★★
Regia di SANDRO BALDONI. Con SILVIA COHEN, IVANO MARE-

SCOTTI, MARIELLA VALENTINI. ■ Presentato alla mostra di Venezia. Film d'esordio per un regista pubblicitario, scrittore di racconti. Un padre e sua figlia sul treno. Lei vuole che gli racconti qualcuna delle sue strane storie e dovendo inventare al momento il padreutilizza i viaggiatori della carrozza. Nella prima storia un uomo rimane senza aria perché non ha pagato la bolletta, ma riesce *in extremis* a pagarla. Nella seconda una donna va al supermercato e si compra un uomo ma lo trova difettoso. Nella più lunga, due famiglie che abitano una di fronte all'altra si fanno una guerra, prima psicologica e poi armata. Alla fine i passeggeri si trovano a Bologna di fronte a una carrozza del treno *Italicus*, quello sventrato dalla famosa bomba negli anni Settanta. A volte divertente, a volte ingenuo. ■ COMMEDIA; COL.; 82'; ITALIA, 1994.

STRANE VOCI *(Strange Voices)* ★

Regia di ARTHUR ALLAN SEIDELMAN. Con VALERIE HARPER, STEPHEN MACHT, NANCY MCKEAN. ■ Anonimo prodotto televisivo sul tema della malattia. Una famiglia americana si preoccupa di capire la causa di quelle strane voci che tormentano la figlia. Dopo una serie di controlli medici si scopre che la ragazza è diventata schizofrenica e i familiari scivolano nella disperazione. ■ DRAMMATICO; COL.; 100'; USA, 1987.

STRANEZZE DI JANE PALMER, LE *(Lady in a Jam)* ★★★

Regia di GREGORY LA CAVA. Con RALPH BELLAMY, IRENE DUNNE, PATRIC KNOWLES, EUGENE PALLETTE. ■ Jane Palmer è una milionaria con le mani bucate. Dilapida tutto il patrimonio finché, rimasta al verde, non trova di meglio che andarsene in Arizona dove si trova la fattoria della nonna. Giunta sul luogo fa innamorare un cowboy che non tarda a chiederla in moglie. Ma Jane è innamorata del suo medico curante che l'ha seguita all'Ovest per non farle commettere ulteriori sciocchezze. A fianco del dottore, tornerà a New York con la testa ormai a partito. ■ COMMEDIA; B/N; 78'; USA, 1940.

♥ STRANGE DAYS ★★★

Regia di KATHRYN BIGELOW. Con ANGELA BASSETT, RALPH FIENNES, JULIETTE LEWIS. ■ Los Angeles, ultime ore del ventesimo secolo. L'ultima moda è un dischetto, un "clip" che applicato col dovuto apparecchio permette di vivere qualsiasi esperienza dal vivo. In uno di questi clip il protagonista Lenny Nero assiste all'uccisione di una prostituta. È l'inizio di un intrigo che fa risalire alla morte di un leader nero ucciso dalla polizia. Alla fine, fra tanti simbolici pronunciamenti, alcuni poliziotti bianchi sparano sui due poliziotti bianchi assassini, per salvare la "nera" che li aveva smascherati. Con la fine del secolo arriverebbe dunque la realizzazione della grande utopia. Nel frattempo abbiamo conosciuto una città che sembra un girone dell'inferno: tutto esasperato, anzi, apocalittico. Le strade sono pattugliate dai carri armati, la musica è una tortura, la droga è un giochetto scontato, i marciapiedi sono una guerra. Regia forte e onirica, superespressionista, applicata a un contenuto che vuole rappresentare troppo. Ingenuità e limite degli americani quando cadono nella tentazione di affrontare, e risolvere, i grandi temi del mondo col cinema. ■ FANTASTICO; COL.; 145'; USA, 1996.

STRANGE INVADERS ★★

Regia di MICHAEL LAUGHLIN. Con NANCY ALLEN, LOUISE FLETCHER, PAUL LE MAT. ■ Ritornata per una visita al paese d'origine, la moglie di uno scienziato scompare misteriosamente. Cercandola, il marito si imbatte in una strana serie di fenomeni, che lo convincono dell'esistenza degli Ufo. Con l'aiuto di una giornalista e di un fotografo, riesce a salvare la figlia, nel frattempo rapita dagli alieni, ma non la moglie, che si scopre essere una extraterrestre. ■ FANTASCIENZA; COL.; 94'; USA, 1983.

STRANGELAND ★★

Regia di JOHN PIEPLOW. Con LINDA CARDELLINI, ROBERT ENGLUND, KEVIN GAGE, BRETT HARRELSON, ELIZABETH PEÑA, AMAL RHOE, AMY SMART, DEE SNIDER. ■ Nella cittadina di Helverton, in Colorado, due adolescenti di sedici anni, Genevieve e Tiana, scompaiono. Dopo poco viene ritrovato il corpo torturato di Tiana accanto a un anello per il piercing e il detective Mike comincia a indagare nel circuito dei cosiddetti "moderni primitivi". Entrato in contatto, tramite chat, con il misterioso Captain Howdy, Mike riuscirà ad arrestarlo e a liberare Genevieve, tenuta prigioniera assieme ad altri innocenti. Il pericoloso maniaco, però, verrà rilasciato e Mike si troverà costretto ad affrontarlo nuovamente, per salvare la vita di sua figlia. Ennesima variazione sul tema del serial killer, *Strangeland*, ambientato in una cittadina americana, opera un'astuta commistione di elementi facilmente rintracciabili nel capolavoro di Jonathan Demme *Il silenzio degli innocenti*. ■ HORROR; COL.; 85'; USA, 1998.

STRANGERS ★

Regia di CRAIG LAHIFF. Con MELISSA DOCKER, JAMES HEALEY, ANNE LOOBY. ■ Il giovane protagonista, che lavora in Borsa, è divorziato da una donna che guarda solo al suo portafogli ed è in rotta con la sua compagna. Incontra però una ragazza che lo affascina e lo coinvolge sentimentalmente: senonché un omicidio fa cadere l'uomo in una pericolosa macchinazione. ■ THRILLER; COL.; 84'; USA, 1992.

STRANGERS, THE ★★

Regia di BRYAN BERTINO. Con SCOTT SPEEDMAN, LIV TYLER, GEMMA WARD. ■ James e Kristen si fermano per la notte nella casa disabitata dei genitori di lui dopo essere stati a un matrimonio. Tra i due la tensione è palpabile: lui le ha proposto di sposarla e lei ha rinviato la decisione rifiutando l'anello che lui le offriva. Sono circa le 4 del mattino quando una ragazza bussa alla porta chiedendo di una certa Tamara. È l'inizio di un incubo. Progressivamente la coppia si troverà assediata da tre sconosciuti mascherati che hanno un solo obiettivo: terrorizzarli e poi ucciderli. ■ THRILLER; COL.; 85'; USA, 2008.

STRANGER THAN PARADISE – PIÙ STRANO DEL PARADISO ★★★

Regia di JIM JARMUSH. Con ESZTER BALINT, RICHARD EDSON, JOHN LURIE. ■ Brevi episodi, intervallati da pause buie, per questo film senza montaggio, lento e affascinante, che racconta le avventure di Willie, ex profugo ungherese perfettamente integrato in un'America che non ha nulla di magico. A scombussolare la sua vita, tranquillamente scandita da una cronica mancanza di denaro, alla quale cerca di porre rimedio con il gioco d'azzardo, ci penserà una sconosciuta cugina, che gli piomba in casa all'improvviso. ■ COMMEDIA; B/N; 90'; USA, 1984.

STRANGOLATORE, LO *(Crimes at the Dark House)* ★★

Regia di GEORGE KING. Con SYLVIA MARRIOTT, HAY PETRIE, TOD SLAUGHTER. ■ Prende il posto di chi ha assassinato, dà fuoco ai registri parrocchiali, che potrebbero rivelare la sua mistificazione, ma muore nell'incendio. ■ DRAMMATICO; B/N; 69'; GRAN BRETAGNA, 1940.

STRANGOLATORE DALLE NOVE DITA, LO ★★
(Der Würger von Schloss Blackmoor)

Regia di HARALD REINL. Con KARIN DOR, DIETER EPPLER, HANS NIELSEN. ■ Il proprietario di un castello inglese è minacciato da un misterioso uomo mascherato che uccide i suoi nemici strangolandoli. Il castellano chiama Scotland Yard, che arriva velocemente ma non abbastanza. Il castellano muore prima che gli si possa portare aiuto. Ma poi muore anche lo strangolatore. ■ GIALLO; B/N; 93'; GERMANIA, 1962.

STRANGOLATORE DI BALTIMORA, LO ★★
(Chamber of Horrors)

Regia di HY AVERBACK. Con CESARE DANOVA, WILFRID HYDE-WHITE, PATRICK O'NEAL. ■ Oscuri delitti nella Baltimora del diciannovesimo secolo: l'assassino verrà bloccato dai proprietari del locale museo delle cere. ■ HORROR; COL.; 99'; USA, 1966.

STRANGOLATORE DI BOSTON, LO ★★
(The Lady Confesses)

Regia di SAM NEWFIELD. Con HUGH BEAUMONT, MARY BETH HUGHES. ■ Ammazzano un poveraccio nel camerino di una cantante. Sospettato è un playboy ubriacone. Poi ammazzano la cantante. Stavolta oltre al playboy (sempre indiziato numero uno) si indaga anche sul direttore del locale. Ma la fotografa del night, innamorata del playboy, investigando per conto suo, riesce a scoprire la vera identità dello strangolatore. ■ GIALLO; B/N; 78'; USA, 1946.

STRANGOLATORE DI BOSTON, LO ★★★
(The Boston Strangler)
Regia di RICHARD FLEISCHER. Con TONY CURTIS, HENRY FONDA, GEORGE KENNEDY. ■ In forma quasi documentaristica è rievocata la vicenda di Albert Di Salvo, che dal 1962 al 1964 uccise crudelmente dodici donne a Boston. ■ POLIZIESCO; COL.; 120′; USA, 1968.

STRANGOLATORE DI BRIGHTON, LO ★★
(The Brighton Strangler)
Regia di MAX NOSSECK. Con JUNE DUPREZ, JOHN LODER. ■ Un attore ha grande successo in un dramma dove recita la parte di un killer che strangola le sue vittime. Il teatro viene bombardato e l'uomo riporta uno choc che gli fa rivivere la parte anche nella vita privata. Si mette a strozzare a destra e a manca. ■ GIALLO; B/N; 67′; GRAN BRETAGNA, 1945.

STRANGOLATORE DI LONDRA, LO ★
(Die weisse Spinne)
Regia di HARALD REINL. Con KARIN DOR, JOACHIM FUCHSBERGER. ■ Solito film giallo tedesco ambientato in Inghilterra. Si strangola a tutto spiano, ma il cattivone la pagherà. ■ GIALLO; B/N; 93′; GERMANIA, 1963.

STRANGOLATORE FOLLE, LO ★★
(Grip of the Strangler)
Regia di ROBERT DAY. Con ANTHONY DAWSON, BORIS KARLOFF. ■ Uno scrittore vuole indagare su una serie di delitti avvenuti vent'anni prima. Impazzirà. ■ GIALLO; B/N; 79′; USA, 1960.

STRANGOLATORI DELLA COLLINA, GLI ★★
(Two of a Kind: The Case of the Hillside Strangler)
Regia di STEVEN GETHER. Con RICHARD CRENNA, DENNIS FARINA. ■ Tra il 1977 e il 1978, nella città di Los Angeles dieci donne sono state crudelmente seviziate, violentate e poi uccise da un pazzo criminale. Il film intende ricostruire la drammatica vicenda delle vittime. ■ HORROR; COL.; 95′; USA, 1989.

STRANGOLATORI DI BOMBAY, GLI ★★
(The Stranglers of Bombay)
Regia di TERENCE FISHER. Con ANDREW CRUIKSHANK, ALLAN CUTHBERTSON, GUY ROLFE. ■ Scompaiono in India interi gruppi di persone. Un ufficiale scopre che i rapiti sono sacrificati alla dea Kalì. ■ AVVENTURA; B/N; 80′; GRAN BRETAGNA, 1960.

STRANI AMORI *(Love Has Many Faces)* ★★
Regia di ALEXANDER SINGER. Con HUGH O'BRIAN, CLIFF ROBERTSON, LANA TURNER. ■ Un delitto riavvicina coniugi in crisi. Belli i paesaggi di Acapulco. ■ DRAMMATICO; COL.; 105′; USA, 1965.

STRANI AMORI DI QUELLE SIGNORE, GLI ★★
(Wat zien ik!)
Regia di PAUL VERHOEVEN. Con RONNIE BIERMAN, SYLVIA DE LEUR, JULES HAMEL, PIET ROMER. ■ Storia di due prostitute che riescono a liberarsi dai magnaccia. ■ COMMEDIA; COL.; 94′; PAESI BASSI, 1971.

STRANI ATTACCHI DI PASSIONE ★★
(Strange Fits of Passion)
Regia di ELISE MCCREDIE. Con STEVE ADAMS, MITCHELL BUTEL, SAMUEL JOHNSON, MICHELA NOONAN. ■ Una ventenne romantica si mette alla ricerca di un certo Francis che ha visto un giorno nella libreria in cui lavora. La ragazza crede nell'uomo ideale, ma contemporaneamente vorrebbe perdere la propria verginità. Ci riesce con Josh, poi conosce Pablo, poi rivolge le sue attenzioni su Judy, ma in realtà l'uomo che la capisce meglio è il suo compagno d'appartamento che è gay. Piccolo cameo relativo al tentativo di approccio sessuale della protagonista con l'amico gay che è appena stato abbandonato dall'amante e che viene respinto con un «non voglio essere una scopata di beneficenza». ■ COMMEDIA; B/N; 90′; AUSTRALIA, 2000.

STRANI COMPAGNI DI LETTO *(Strange Bedfellows)* ★★★
Regia di MELVIN FRANK. Con ROCK HUDSON, GINA LOLLOBRIGIDA, GIG YOUNG. ■ Per far carriera torna con la moglie da cui si era separato. Un nuovo scandalo gli rovina definitivamente la carriera, ma ormai si è innamorato di nuovo della moglie. ■ COMMEDIA; COL.; 98′; USA, 1965.

STRANIERA, LA *(Stranger's Return)* ★★★
Regia di KING VIDOR. Con LIONEL BARRYMORE, MIRIAM HOPKINS, FRANCHOT TONE. ■ Separata dal marito, Louise parte da New York e va nel Sud degli Stati Uniti dove la ospita il nonno. S'innamorerà di un altro uomo, ma senza fortuna. ■ DRAMMATICO; B/N; 90′; USA, 1933.

STRANIERA, LA *(L'esclave blanche)* ★★
Regia di MARC SORKIN. Con JOHN LODGE, VIVIANE ROMANCE. ■ Signora francese sposa un orientale ma non sopporta che lui pratichi la poligamia. Torneranno in Francia. ■ DRAMMATICO; B/N; 92′; FRANCIA, 1940.

STRANIERA, LA *(Strange Lady in Town)* ★★★
Regia di MERVYN LE ROY. Con DANA ANDREWS, GREER GARSON, CAMERON MITCHELL. ■ Vita dura per una coraggiosa dottoressa decisa a imporsi come donna e come professionista in una città del West nel diciannovesimo secolo. ■ WESTERN; COL.; 118′; USA, 1954.

STRANIERA, LA *(Cold Sassy Tree)* ★★
Regia di JOAN TEWKESBURY. Con FAYE DUNAWAY, FRANCES FISHER, NEIL PATRICK HARRIS, RICHARD WIDMARK. ■ Tratto da un romanzo di Olive Ann Burn. Siamo all'inizio del ventesimo secolo in una città del Sud degli Stati Uniti. Love è una donna indipendente, emancipata e ancora giovane, che la comunità non vede di buon occhio. Quando sposa il ricco Ruker, che ha trent'anni più di lei, i pettegolezzi si sprecano. Naturalmente la donna lo ha sposato per denaro, ma col passare del tempo il rapporto si trasforma in qualcosa di profondo, molto vicino all'amore. Ma nel Sud di quegli anni bisogna in qualche modo render conto delle proprie azioni alla comunità. E non è semplice. Buon film televisivo con due mostri sacri ormai espulsi dalle sale, ma capaci ancora di ottime interpretazioni. Sostenuti dal testo efficace della "sudista" Burn. ■ SENTIMENTALE; COL.; 100′; USA, 1989.

STRANIERO, LO *(The Stranger)* ★★★
Regia di ORSON WELLES. Con EDWARD G. ROBINSON, ORSON WELLES, LORETTA YOUNG. ■ In una pacifica cittadina americana vive un nazista scampato al processo di Norimberga. Si è rifatto un'esistenza e sotto mentite spoglie sposa perfino la figlia di un noto magistrato. Giunge un detective incaricato di indagare sulla vera identità del professore, la cui moglie respinge sdegnata gli insistenti sospetti che l'investigatore le confida. Dovrà ricredersi quando il marito, in un ultimo tentativo di farla franca, tenta di ucciderla e dopo un movimentato inseguimento precipita dal campanile della chiesa, ucciso dalla spada di una delle figure del carillon. ■ DRAMMATICO; B/N; 95′; USA, 1948. ■ OSCAR 1 NOM.

STRANIERO, LO ★★★
Regia di LUCHINO VISCONTI. Con BERNARD BLIER, ANNA KARINA, MARCELLO MASTROIANNI. ■ Dal romanzo di Albert Camus. Un francese a Algeri uccide senza un vero motivo un algerino. Lo processano e lo condannano a morte. Opera minore di Visconti. ■ DRAMMATICO; COL.; 105′; ITALIA, 1968.

STRANIERO A CAMBRIDGE, UNO ★★★
(Bachelor of Hearts)
Regia di WOLF RILLA. Con HARDY KRÜGER, RONALD LEWIS, SYLVIA SYMS. ■ Storia di uno studente tedesco a Cambridge. Prima i compagni lo prendono in giro, poi diventa una delle colonne della combriccola del Club dell'Uovo. ■ COMMEDIA; COL.; 94′; GRAN BRETAGNA, 1959.

STRANIERO A PASO BRAVO, UNO ★★
Regia di SALVATORE ROSSO. Con EDUARDO FAJARDO, GIULIA RUBINI, ANTHONY STEFFEN. ■ Ingiustamente condannato, scontata la pena fa fuori il vero colpevole. Mediocre spaghetti-western. ■ WESTERN; COL.; 92′; ITALIA, 1968.

STRANIERO A SACRAMENTO, UNO ★
Regia di SERGIO BERGONZELLI. Con MICKEY HARGITAY. ■ Lo sceriffo cretino lo manda in galera per delitti non commessi. Tornato libero scopre il vero colpevole e lo consegna allo sceriffo che questa volta ha aperto gli occhi. ■ WESTERN; COL.; 95′; ITALIA, 1965.

STRANIERO CHE VENNE DAL MARE, LO ★★
(Swept from the Sea)
Regia di BEEBAN KIDRON. Con JOSS ACKLAND, KATHY BATES, TOM BELL, IAN MCKELLEN, VINCENT PEREZ, RACHEL WEISZ. ■ In Cornovaglia, una ragazza solitaria passa ore intere a raccogliere sulla spiaggia ciò che l'oceano porta a riva. Un giorno arriva un uomo di nome Yanko, sopravvissuto a un naufragio. Nascerà l'amore. Molto liberamente tratto da un racconto di Conrad. ■ SENTIMENTALE; COL.; 115'; GRAN BRETAGNA, 1997.

STRANIERO DI STONE CITY, LO ★★
(Last of the Desperados)
Regia di SAM NEWFIELD. Con JAMES CRAIG, JIM DAVIS, BARTON MACLANE. ■ Lo sceriffo che ha ucciso Billy Kid è inseguito dalla banda del leggendario killer. Si rifugia proprio in casa della sorella del bandito che ha ucciso. Amore fra i due e tutta la banda vien fatta fuori. ■ WESTERN; B/N; 74'; USA, 1958.

STRANIERO... FATTI IL SEGNO DELLA CROCE! ★★
Regia di DEMOFILO FIDANI. Con JEFF CAMERON, CRISTINA PENZ, CHARLES SOUTHWOOD. ■ La piccola città di White City è in mano a due spregiudicati fratelli che alla testa di una decina di pistoleri riscuotono tangenti e terrorizzano gli abitanti. Ma "i nostri", secondo la tradizione, non tardano ad arrivare. ■ WESTERN; COL.; 91'; ITALIA, 1968.

STRANIERO HA SEMPRE UNA PISTOLA, LO ★★★
(The Stranger Wore a Gun)
Regia di ANDRÉ DE TOTH. Con ERNEST BORGNINE, LEE MARVIN, RANDOLPH SCOTT, CLAIRE TREVOR, JOAN WELDON. ■ Un ex soldato dell'esercito sudista è ricattato da un gruppo di briganti per un favoreggiamento che involontariamente egli aveva loro procurato durante la guerra di Secessione. Con abilità egli riesce a mettere i malviventi gli uni contro gli altri e a sgominarli. ■ WESTERN; COL.; 83'; USA, 1954.

STRANIERO IN CASA *(Le voyageur sans bagage)* ★★★
Regia di JEAN ANOUILH. Con BLANCHETTE BRUNOY, PIERRE FRESNAY, PIERRE RENOIR. ■ Tornato dalla guerra, un pover'uomo ha perduto la memoria. Ricoverato in un ospizio, crede di essere solo al mondo. Ma la sua pensione di invalidità fa gola a ben cinque famiglie di cui una, particolarmente ricca, presenta prove inconfutabili per dichiaralo consanguineo. Il passato che gli viene raccontato lo disgusta però a tal punto che preferisce tornare in ospizio che far parte di una società che lo ricorda con disprezzo. ■ DRAMMATICO; B/N; 78'; FRANCIA, 1949.

STRANIERO IN PATRIA *(Jack McCall Desperado)* ★★★
Regia di SIDNEY SALKOW. Con DOUGLAS KENNEDY, GEORGE MONTGOMERY, ANGELA STEVENS. ■ Buon western che cerca di riabilitare la discussa figura di Jack McCall che fa parte della leggenda del Far West. Nel film McCall, che era stato sorpreso da un commando di sudisti, riesce a ritrovare i traditori, a ucciderli e a farsi assolvere dal tribunale. ■ WESTERN; COL.; 76'; USA, 1954.

STRANIERO SENZA NOME, LO ★★★
(The High Plains Drifter)
Regia di CLINT EASTWOOD. Con VERNA BLOOM, CLINT EASTWOOD, MARIANNA HILL. ■ Lo sceriffo di Lago è stato massacrato da tre uomini che, scontata la pena detentiva, stanno per uscire di prigione. Impauriti da un possibile ritorno di costoro, gli abitanti affidano ad uno straniero conosciuto come ottimo tiratore l'incarico di mantenere la pace a Lago. È l'opposto di quanto avviene: dopo furibonde sparatorie, culminate con l'uccisione dei tre banditi, lo straniero abbandona il paese, ormai ridotto a un cumulo di macerie. Prima di partire egli rivela la sua identità: è il fratello dello sceriffo assassinato. ■ WESTERN; COL.; 105'; USA, 1974.

STRANIERO TRA GLI ANGELI, UNO *(Kismet)* ★★
Regia di VINCENTE MINNELLI. Con ANN BLYTH, DOLORES GRAY, HOWARD KEEL. ■ Mediocre musical in costume, con una canzone famosissima, *Stranger in Paradise*. È la storia di un vagabondo che per un colpo di fortuna diventa un uomo potente a Bagdad. ■ MUSICAL; COL.; 113'; USA, 1957.

STRANO AMORE DI MARTA IVERS, LO ★★★
(The Strange Love of Martha Ivers)
Regia di LEWIS MILESTONE. Con KIRK DOUGLAS, VAN HEFLIN, LIZABETH SCOTT, BARBARA STANWYCK. ■ Marta Ivers ha fatto fuori la vecchia zia bisbetica e ha sposato l'unico testimone del fatto comprandone il silenzio. Sulla sedia elettrica finisce così un innocente. Tempo dopo appare un certo Sam, che la notte dell'assassinio si trovava nella casa, e i due sposini, dopo aver inutilmente tentato di corromperlo, trovano nel suicidio l'unica via di salvezza. ■ DRAMMATICO; B/N; 117'; USA, 1948. ■ OSCAR 1 NOM.

STRANO APPUNTAMENTO ★★
Regia di DEZSÖ ÁKOS HAMZA. Con LEDA GLORIA, ROSSANA PODESTÀ, UMBERTO SPADARO. ■ Novello Noè, il ragionier Rossi ode la voce di Dio che gli annuncia un imminente diluvio da cui solo lui si salverà restando nella sua casa. Egli però cade in angoscia per la sorte dei suoi congiunti e abbandona il suo tetto per correre a cercarli. L'Onnipotente, costretto dal rischio di sterminare completamente la razza umana, arresta il diluvio. ■ FANTASTICO; B/N; 92'; ITALIA, 1951.

STRANO CAMPIONE DI FOOTBALL, UNO *(Gus)* ★★
Regia di VINCENT MCEVEETY. Con EDWARD ASNER, GARY GRIMES, DON KNOTTS. ■ Un prodotto della Walt Disney. Si narra una storia piuttosto inverosimile, oltre che curiosa. Una squadra di football americano è in seri guai e decide di dare una possibilità a un ragazzo poco dotato ma dal calcio vincente. Dopo un periodo di assestamento tutto procede secondo le speranze. ■ COMMEDIA; COL.; 105'; USA, 1976.

STRANO CASO, UNO *(Chances are)* ★★
Regia di EMILE ARDOLINO. Con ROBERT DOWNEY JR, RYAN O'NEAL, CYBILL SHEPHERD. ■ Tutto sembra trascorrere bene per Corinne: ha un marito che adora, un fedelissimo amico e ora aspetta anche un bambino. Ma in un incidente perde il marito, il quale si ritrova, reincarnato, a vivere una seconda vita. Passano vent'anni. Il destino è proprio strano, poiché lo riporta, sotto le spoglie di un giovane laureato, proprio a innamorarsi di sua figlia e a frequentare di nuovo la sua precedente casa, dove trova ancora la sua inconsolabile moglie. I ricordi cominciano ad affiorare e l'equivoco si scatena: gag classiche da commedia americana e lieto fine come da copione. ■ COMMEDIA; COL.; 105'; USA, 1989. ■ GOLDEN GLOBES 1 NOM; OSCAR 1 NOM.

STRANO CASO DEL DOTT. FRANKENSTEIN, LO ★★
(Frankstein's General Hospital)
Regia di DEBORAH ROBERTS. Con MARK BLANKFIELD, LESLIE JORDAN, KATHY SHOWER. ■ Un nipote del dottor Frankenstein cerca di replicare gli esperimenti del famigerato antenato creando un uomo artificiale. Il risultato delle sue ricerche, effettuate nell'ospedale in cui lavora, è più comico che orripilante (con il mostro che appena in piedi si mette a rincorrere le infermiere...). ■ COMMEDIA; COL.; 95'; USA, 1988.

STRANO CASO DEL DOTTOR KILDARE, LO ★★
(Doctor Kildare's Strange Case)
Regia di HAROLD BUCQUET. Con LEW AYRES, LIONEL BARRYMORE, LARAINE DAY. ■ Il dottor Kildare rischia grosso: un suo paziente è malato di mente, ma lui non vuole affidarlo né a uno psichiatra e nemmeno a un chirurgo del cervello. Somministra al disgraziato una overdose di insulina, che non lo ammazza, anzi lo guarisce completamente. Meno male, altrimenti per il dottorino era già pronta la radiazione dall'albo. ■ DRAMMATICO; B/N; 70'; USA, 1940.

STRANO CASO DI DAVID GORDON, LO ★★★
(Flood Tide)
Regia di ABNER BIBERMAN. Con CORNELL BORCHERS, GEORGE NADER. ■ Vicino alla casa di Steve Martin vive una donna con il figlio David, paralizzato alle gambe. Questi, dopo il ritrovamento di un cadavere in prossimità della casa, accusa un certo Holleran di aver commesso l'omicidio. Insospettito dalla strana condotta di David, Steve Martin scopre che il ragazzo è ossessionato dalla paura di perdere la madre e, guadagnata la sua fiducia, lo induce a scagionare Holleran, effettivamente innocente, ma calunniato da David perché aveva corteggiato sua madre. Tutto finisce

per il meglio e Steve sposa la mamma di David. ■ DRAMMATICO; B/N; 82'; USA, 1959.

STRANO CASO DI OMICIDIO – UNA SUORA, UNA DONNA, UNO *(The Runners Stumbles)* ★★★
Regia di STANLEY KRAMER. Con RAY BOLGER, BEAU BRIDGES, TAMMY GRIMES, KATHLEEN QUINLAN, MAUREEN STAPLETON, DICK VAN DYKE. ■ Negli anni Venti, il prete cattolico di una piccola comunità mineraria si vede costretto a ospitare una suora nella propria abitazione. Tra i due nasce un casto amore, ma la religiosa viene misteriosamente uccisa e il sacerdote accusato d'omicidio. Al processo si scoprirà che la verità è un'altra. ■ DRAMMATICO; COL.; 99'; USA, 1979.

STRANO DESIDERIO DEL SIGNOR BARD, LO ★★★
(L'étrange désir de M. Bard)
Regia di MARCEL CAMUS, GEZA RADVANYI. Con LOUIS DE FUNÈS, GENEVIÈVE PAGE, MICHEL SIMON. ■ Il grande sogno del signor Bard, autista del Casino di Montecarlo, è quello di avere un figlio, ma le sue pessime condizioni di salute e l'aspetto sgradevole gli hanno sempre impedito di avere una famiglia. Una giovane donna accetta, a pagamento, di dargli un erede, e l'amore nasce davvero. ■ DRAMMATICO; B/N; 93'; FRANCIA, 1965.

STRANO DRAMMA DEL DOTTOR MOLINEAUX, LO *(Drôle de drame)* ★★★
Regia di MARCEL CARNÉ. Con JEAN-PIERRE AUMONT, JEAN-LOUIS BARRAULT, LOUIS JOUVET, FRANÇOISE ROSAY, MICHEL SIMON. ■ Una curiosa opera d'intenti satirici nella quale compaiono, in una complessa catena di eventi, un botanico che finge di non essere lo scrittore di una storia di detective, un vescovo che vuol farsi credere detective e un assassino. ■ COMICO; B/N; 105'; FRANCIA, 1936.

STRANO FASCINO *(Strange Fascination)* ★★
Regia di HUGO HAAS. Con HUGO HAAS, CLEO MOORE. ■ Paul Marvan, pianista squattrinato di mezza età, abbandona la ricca vedova che lo finanziava per cedere alle lusinghe di una giovane ballerina. Dopo averla sposata rimpiange gli agi passati e per far soldi si mutila una mano con l'intento di incassare il premio di un'assicurazione. Il piano gli va storto e la moglie lo abbandona, ma Marvan sopravvive suonando in una bettola per i vagabondi dell'Esercito della Salvezza. ■ DRAMMATICO; B/N; 80'; USA, 1953.

STRANO INCONTRO *(Love with the Proper Stranger)* ★★★
Regia di ROBERT MULLIGAN. Con EDIE ADAMS, STEVE MCQUEEN, NATALIE WOOD. ■ Una giovane, concessasi ad un musicista durante un festino, rimane incinta e d'accordo con l'uomo decide di abortire. Ma al momento di effettuare l'aborto, impressionati dalla precarietà dei mezzi e dalla inaffidabilità delle persone con cui hanno avuto a che fare, abbandonano il progetto. Si sposeranno. ■ COMMEDIA; B/N; 100', USA, 1964. ■ OSCAR 5 NOM.

STRANO INTERLUDIO *(Strange Interlude)* ★★★
Regia di ROBERT Z. LEONARD. Con CLARK GABLE, ALEXANDER KIRKLAND, RALPH MORGAN, MAUREEN O'SULLIVAN, MAY ROBSON, NORMA SHEARER, ROBERT YOUNG. ■ Una moglie insoddisfatta tradisce il marito con un altro uomo. La relazione creerà agli amanti problemi e difficoltà. ■ DRAMMATICO; B/N; 110'; USA, 1932.

STRANO MONDO DEL SIGNOR MISSISSIPPI, LO ★★
(Die ehe des Herrn Mississippi)
Regia di KURT HOFFMANN. Con OTTO EDUARD HASSE, MARTIN HELD, JOHANNA KOCZIAN. ■ Un marito uccide la moglie adultera e, in preda a una crisi di coscienza, sposa un'uxoricida per "punirsi". Il loro ménage non è dei più felici ed entrambi vivono nel ricordo dei loro crimini. Il marito uxoricida finirà in manicomio e la moglie si risposerà con il nuovo boss del villaggio. ■ COMMEDIA; B/N; 90'; SVIZZERA, 1963.

STRANO MONDO DI DAISY CLOVER ★★★
(Inside Daisy Clover)
Regia di ROBERT MULLIGAN. Con RUTH GORDON, CHRISTOPHER PLUMMER, ROBERT REDFORD, NATALIE WOOD. ■ Daisy, una giovane e sensibile cantante, ottiene una scrittura, ma il produttore, che la vuole libera da ogni legame, fa internare la madre, una psicolabile con la quale la ragazza viveva, in manicomio. Sola e disperata Daisy sposa un giovane attore che poi la pianta. La madre esce dal manicomio per andare a vivere con lei, ma muore poco dopo. Daisy sopravvive a tanta sfortuna: canterà ancora. ■ DRAMMATICO; COL.; 128'; USA, 1966. ■ OSCAR 3 NOM.

STRANO MR. JONES, LO *(The Fuller Brush Man)* ★★★
Regia di SYLVAN SYMON. Con JANET BLAIR, RED SKELTON. ■ Mr. Jones è un giovanotto eclettico ma scansafatiche. Conduce una vita sregolata e ama una bella ragazza che però non vuole sposarlo. In seguito allo scherzo di un amico resta coinvolto in un omicidio di cui, dopo rocambolesche avventure, riesce ad individuare gli esecutori. La polizia dapprima non gli crede ma, grazie alla sua fidanzata, i gangster sono arrestati e riesce finalmente a sposarsi. ■ COMICO; B/N; 93'; USA, 1949.

STRANO RICATTO DI UNA RAGAZZA PERBENE, LO ★★
Regia di PAOLO SOLVAY. Con BENJAMIN LEW, ROSALBA NERI, BRIGITTE SKAY. ■ La figlia viziata di un ricchissimo industriale organizza con gli amici il proprio rapimento. La cifra richiesta per la sua liberazione suscita la bramosia dell'amante di suo padre e provoca numerosi cadaveri. Fortunatamente la ragazza si sveglia: ha fatto solo un sogno in seguito ad uso di droga. ■ DRAMMATICO; COL.; 92'; ITALIA, 1974.

STRANO SCHERZO DEL DESTINO, UNO ★★
(A Simple Twist of Fate)
Regia di GILLIES MACKINNON. Con ALANA AUSTIN, GABRIEL BYRNE, STEVE MARTIN. ■ Tratto da una novella di George Eliot. Michael, un uomo divorziato, diventa padre adottivo di una bimba in fasce da lui trovata davanti alla porta di casa, che in realtà è figlia di un politico senza scrupoli. Il primo ruolo veramente drammatico per il comico Steve Martin. ■ DRAMMATICO; COL.; 106'; USA, 1994.

STRANO SIGNOR BALDASSARRE, LO *(Balthazar)* ★★★
Regia di PIERRE COLOMBIER. Con ALERME ANDRÉ, JULES BERRY, DANIÈLE PAROLE. ■ Arriva sulla Costa Azzurra un misterioso signore, fascinoso e, almeno all'apparenza, ricchissimo. I curiosi lo identificano subito con Baldassarre, un miliardario del calibro di Onassis. Un medico rivela però che l'uomo è un pazzerello che crede d'essere il magnate. All'ultimo momento si avrà l'ennesima sorpresa: il matto non è il sedicente Baldassarre ma il medico. Baldassarre è proprio il famoso miliardario. ■ COMMEDIA; B/N; 95'; FRANCIA, 1938.

STRANO SIGNOR VITTORIO, LO ★★★
(L'étrange monsieur Victor)
Regia di JEAN GRÉMILLON. Con PIERRE BLANCHAR, RAIMU, MADELEINE RENAUD, VIVIANE ROMANCE. ■ Vittorio è conosciuto come onesto commerciante, in realtà fa il ricettatore. Durante un alterco con uno dei suoi "clienti" lo uccide. Del delitto è incolpato un calzolaio. Vittorio, torturato dai rimorsi, si prende cura della famiglia del disgraziato. Quando costui esce di prigione, lo accoglie nella propria casa. Ma la spiata di un ladro mette la polizia sulle sue tracce. Arrestato, finisce per confessare anche il vecchio delitto. ■ DRAMMATICO; B/N; 94'; FRANCIA, 1938.

STRANO TIPO, UNO ★★
Regia di LUCIO FULCI. Con ADRIANO CELENTANO, CLAUDIA MORI, NINO TARANTO. ■ Celentano fa la parte di se stesso, un divo afflitto da un sosia che capita spesso negli stessi luoghi da lui frequentati per lavoro, magari rovinandogli la piazza. Qui l'azione si svolge a Capri. E i pasticci del suo "doppio" rischiano di far litigare seriamente il cantante con la sua ragazza. Alla fine tutto s'appiana. Ma poi tutto ricomincia. ■ COMMEDIA; B/N; 90'; ITALIA, 1963.

STRANO TRIANGOLO, LO *(Country Dance)* ★★★
Regia di LEE J. THOMPSON. Con MICHAEL CRAIG, PETER O'TOOLE, SUSANNAH YORK. ■ Protagonista è uno stravagante tipo di baronetto inglese legato da un morboso affetto alla sorella. La cosa ha disturbato non poco il marito di lei che ha finito per separarsi. La donna però è innamorata e cerca di riconquistarlo. Ci riuscirà alla fine, persuadendolo che può ancora essere una buona

moglie. Il baronetto dovrebbe rassegnarsi a uscire dalla vita della sorella, ma non lo fa. Finirà in manicomio. ■ DRAMMATICO; COL.; 112′; GRAN BRETAGNA, 1971.

STRANO VIZIO DELLA SIGNORA WARDH, LO ★★
Regia di SERGIO MARTINO. Con EDWIGE FENECH, GEORGE HILTON, IVAN RASSIMOV. ■ Edwige Fenech fa la bella signora smaniosa. Tanto smaniosa quanto sfortunata nella scelta dei partner. Il marito la trascura, l'amante Jean è un fior di pervertito. Ci sarebbe un giovanotto, George, che sembra un compagno più adatto. Ma durante una sua assenza, Jean va a trovare la donna, la strapazza e inscena un falso suicidio. Edwige si salva, ma la polizia, che vuol vederci chiaro, preferisce spargere in giro la voce che è morta, in modo da scoprire l'assassino. ■ GIALLO; COL.; 90′; ITALIA, 1971.

STRAORDINARIA FUGA DAL CAMPO 7A, LA ★★★
(Hannibal Brooks)
Regia di MICHAEL WINNER. Con MICHAEL J. POLLARD, WOLFGANG PREISS, OLIVER REED. ■ Brooks è un inglese prigioniero di guerra. A Monaco viene adibito ai bassi lavori nello zoo. S'affeziona a un elefante, Lucy, al punto che quando ha l'occasione per tentare la fuga (durante un bombardamento) decide di portare Lucy con sé. La sua meta è la Svizzera, ma come è possibile raggiungerla? Un elefante non passa certo inosservato, e poi ci sono le montagne. Ma Brooks non si smonta per così poco. E difatti lui e Lucy arriveranno in Svizzera. ■ GUERRA; COL.; 102′; GRAN BRETAGNA, 1968.

STRAORDINARIE GESTA DI PICCHIARELLO E SOCI, LE *(Woody Woodpecker)* ★★★
Regia di WALTER LANTZ. ■ Sono tredici brevi divertenti cartoni animati con protagonista Picchiarello. ■ ANIMAZIONE; COL.; 91′; USA, 1957.

STRATEGIA DEGLI AFFETTI, LA ★★
Regia di DODO FIORI. Con DINO ABBRESCIA, MARTA IACOPINI, DAVID NEBBIA, NINA TORRESI, PAOLO SASSANELLI. ■ Paolo, un architetto di successo, non capisce il figlio Matteo, grasso, mammone, apatico. Dal canto suo, Matteo vorrebbe comunicare con il padre ma il genitore gli sfugge. Un giorno, Paolo ritrova per caso un vecchio amico in difficoltà, Diego, e gli offre il suo aiuto. È così che in casa di Matteo entra la giovane Nina, figlia di Diego, nel frattempo finito in ospedale a seguito di un brutto incidente. La ragazza aprirà gli occhi dell'adolescente sulla nefasta influenza dei suoi genitori, ma subirà poi le conseguenze di un risveglio tanto improvviso e drammatico. ■ DRAMMATICO; COL.; 80′; ITALIA, 2009.

STRATEGIA DELLA LUMACA – OVVERO COME BEFFARE IL PADRONE DI CASA E VIVERE FELICI, LA ★★★
(La estrategia del caracol)
Regia di SERGIO CABRERA. Con FAUSTO CABRERA, FLORINA LEMAÎTRE, FRANK RAMIREZ. ■ Il regista, di origine colombiana, sembra ricordarsi della lezione del neorealismo italiano. Il film è originale e divertente, anche se ha alcuni passaggi lenti. Un proprietario di immobili dà lo sfratto ad alcune famiglie. Riescono a prorogare i tempi e ne approfittano per "fuggire" con le case, proprio come le lumache. La meta è un colle su un terreno "improvvisato". Presentato alla Mostra di Venezia. ■ COMMEDIA; COL.; 90′; COLOMBIA, ITALIA, 1993.

STRATEGIA DELLA MASCHERA, LA ★★
Regia di ROCCO MORTELLITI. Con ANDREA CAMILLERI, PINO CARUSO, BEATRICE MACOLA, PINO MICOL, ROCCO MORTELLITI, MARIANO RIGILLO. ■ Tratto da un soggetto di Camilleri (che qui fa l'archeologo), il film narra del suddetto che vuole a tutti i costi ritrovare dieci maschere che gli sono state rubate. Tocca al nipote soddisfare il desiderio da lui espresso in punto di morte. ■ THRILLER; COL.; 105′; ITALIA, 1999.

STRATEGIA DEL RAGNO, LA ★★★★
Regia di BERNARDO BERTOLUCCI. Con GIULIO BROGI, PIPPO CAMPANINI, FRANCO GIOVANELLI, TINO SCOTTI, ALIDA VALLI. ■ Viaggio di un giovane, Athos, alla ricerca della verità sulla morte del padre, ucciso dai fascisti nel 1936 e considerato un eroe. In un paesino della Bassa parmense rintraccia i protagonisti e i testimoni dell'episodio, l'ormai anziana amante e i tre amici del padre che parteciparono con lui a un attentato fallito contro Mussolini. Ma, come nel mitico *Rashomon*, la verità ha mille facce, le versioni sulla figura del padre sono diverse e contrastanti, e Athos non riuscirà a sapere se il padre era stato un vile o un coraggioso. ■ DRAMMATICO; COL.; 110′; ITALIA, 1972.

STRATEGIA DI UNA RAPINA ★★★
(Odds Against Tomorrow)
Regia di ROBERT WISE. Con HARRY BELAFONTE, GLORIA GRAHAME, ROBERT RYAN, SHELLEY WINTERS. ■ Un vecchio ex ufficiale della polizia medita la grossa rapina. Il piano è perfetto, ma i complici da lui selezionati molto meno. Sono due dilettanti, entrambi disoccupati, in lite col mondo. Uno è nero e l'altro è un bianco razzista. Le prime baruffe tra i due sono superate per i buoni uffici del "cervello" della banda, ma riesplodono quando qualcosa nell'esecuzione del colpo comincia ad andare storto. Il vecchio muore. I due complici si mettono a lottare furiosamente. Muoiono entrambi. ■ GIALLO; B/N; 96′; USA, 1959.

STRATEGIC COMMAND CHIAMA JO WALKER ★★
Regia di GIANFRANCO PAROLINI. Con BRAD HARRIS, TONY KENDALL, CHRISTA LINDER. ■ A Istanbul, una grossa partita di droga viene trafugata. Jo Walker, incaricato di recuperarla, viene a sapere che gli autori del furto sono i "Cani verdi", una pericolosa setta di fanatici. I "Cani verdi" però hanno complici anche nel consolato americano. Quando Walker s'avventura nel covo della setta è facilmente catturato. Sta per essere eliminato quando arrivano i nostri, cioè la milizia regolare turca avvertita tempestivamente. ■ AVVENTURA; COL.; 93′; ITALIA, 1967.

STRATEGIE DEL CUORE, LE *(Après l'amour)* ★★
Regia di DIANE KURYS. Con HIPPOLYTE GIRARDOT, BERNARD GIRAUDEAU, ISABELLE HUPPERT. ■ Lola festeggia il suo compleanno con il suo amante David ma ha anche un altro uomo, Tom. Lo stesso accade ai due uomini che hanno a loro volta una moglie. È quindi un susseguirsi di abbandoni, di passioni, di tensioni che si conclude con un nuovo compleanno. Siamo nell'ambito di un cinema francese doc che riflette sui sentimenti senza pretendere di lanciare messaggi. ■ COMMEDIA; COL.; 106′; FRANCIA, 1992.

STRAUSS RE SENZA CORONA *(Strauss)* ★★
Regia di FRANZ ANTEL. Con MARY CROSBY, OLIVER TOBIAS. ■ Ancora la vita di Johannes Strauss figlio, il "re del valzer" nella Vienna di Francesco Giuseppe. Dopo la morte dell'amata consorte, il compositore passa presto a nuovi amori, ma nessuno troppo fortunato. Alle scarse soddisfazioni della vita privata, si aggiungono i dispiaceri pubblici. Alcuni oppositori al regime vogliono strumentalizzare, per le loro mire politiche, la sua immensa popolarità. ■ BIOGRAFICO; COL.; 92′; FRANCIA, GERMANIA, 1987.

STRAVAGANTE DOTTOR MISCHA, LO ★★★
(Little Tough Guys in Society)
Regia di ERLE C. KENTON. Con MISCHA AUER, MARY BOLAND, EDWARD EVERETT HORTON. ■ Mischa è uno strano tipo di emigrato russo che ci vuol poco a classificare come ciarlatano. Invece è persona di buonsenso: invitato da una miliardaria a guarire il figliolo, adolescente ipocondriaco, Mischa individua subito la cura giusta: raduna una mezza dozzina di ragazzotti dei bassifondi e li presenta al "golden boy" perché impari come si vive nelle classi meno privilegiate. Il piccolo miliardario impara e imparano anche i teppistelli che, divenuti suoi amici, sconfiggeranno una banda di malviventi. ■ COMMEDIA; B/N; 63′; USA, 1938.

STRAVAGANTE MISTER MORRIS, LO ★★
(Will Any Gentleman...)
Regia di MICHAEL ANDERSON. Con GEORGE COLE, VERONICA HURST. ■ Morris è un timido impiegato di banca. Gli capita una sera di assistere allo spettacolo di un ipnotizzatore. Chiamato a partecipare, egli si presta al gioco e sotto l'influsso del prestigiatore cambia senza accorgersene nel modo di fare e di pensare. Da tremebondo mollusco, Morris diventa sfacciato, baldanzoso, dongiovanni. Tradisce la moglie e vuota persino la cassaforte della sua banca. Il direttore lo vuol denunciare e mettere in galera. Ma il fratello di Morris lo salva facendo intervenire l'ipnotizzatore

che restituisce a Morris la sua vera personalità. ■ COMMEDIA; COL.; 84′; GRAN BRETAGNA, 1953.

STRAVAGANTE MONDO DI GREENBERG, LO ★★
(Greenberg)
Regia di NOAH BAUMBACH. Con GRETA GERWIG, RHYS IFANS, BRIE LARSON, JENNIFER JASON LEIGH, BEN STILLER. ■ Quando la famiglia Greenberg parte per una vacanza in Vietnam di sei settimane, la cura della loro villa di Los Angeles e del cane Mahler viene affidata alla giovane Florence Marr, la loro assistente personale. Durante quel periodo, Florence fa la conoscenza di un eccentrico ospite, lo zio Roger, quarantenne irresponsabile che da tempo si è trasferito a New York e ha alle spalle una degenza per cure psichiatriche. Roger viene subito attratto dalle premure e dalla cortesia di Florence e le chiede un appuntamento provando a sedurla. Nel frattempo, tenta di riallacciare rapporti con i vecchi compagni, dalla ex-fidanzata Beth al migliore amico Ivan, con il quale comincia a rievocare il sogno giovanile di diventare famosi come gruppo musicale. Nel passaggio dalla East alla West Coast, Noah Baumbach pare essere cresciuto. ■ COMMEDIA; COL.; 107′; USA, 2010.

STRAZIAMI, MA DI BACI SAZIAMI ★★★
Regia di DINO RISI. Con NINO MANFREDI, MOIRA ORFEI, PAMELA TIFFIN, UGO TOGNAZZI. ■ Due romantici provinciali si lasciano in seguito a una serie di equivoci e di pettegolezzi: la ragazza dal paesino delle Marche fugge disperata a Roma, lui la segue ma riesce a rintracciarla soltanto dopo che lei si è sposata con un sarto sordomuto. L'amore si riaccende: i due decidono allora, pur in preda a forti rimorsi, di far fuori il mite sarto che però, nell'esplosione della cucina a gas architettata dagli amanti, invece di morire riacquista udito e parola. Per sciogliere un voto si farà frate e sarà proprio lui a benedire il nuovo matrimonio della ex moglie. ■ COMMEDIA; COL.; 100′; ITALIA, 1968.

STRAZIAMI, MA DI CACIO SAZIAMI ★★★
(Festival Cartoons)
Regia di TERRY TOONS. ■ Si tratta di un'antologia di cartoni animati comprendente una mezza dozzina di brevi storie. ■ ANIMAZIONE; COL.; 95′; USA, 1968.

STREAMERS ★★★
Regia di ROBERT ALTMAN. Con GEORGE DZUNDZA, MITCHELL LICHTENSTEIN, MATTHEW MODINE, MICHAEL WRIGHT, DAVID ALAN GRIER, GUY BOYD. ■ Allucinante parabola sulla guerra, senza raccontare la guerra. Basta la tensione dell'attesa a sconvolgere qualsiasi equilibrio, trasformando un gruppo di giovani soldati che aspettano di essere mandati in Vietnam in simboli drammatici della violenza e dell'aggressività latente. Un film durissimo, diretto da un Altman in splendida forma e con un cast in stato di grazia. Il titolo allude ai paracadutisti quando stanno per schiantarsi al suolo. ■ DRAMMATICO; COL.; 118′; USA, 1983. ■ VENEZIA 1 PR.

STREET DANCE 3D ★★
Regia di MAX GIWA, DANIA PASQUINI. Con ELEANOR BRON, NICHOLA BURLEY, CHARLOTTE RAMPLING, GEORGE SAMSPON, RICHARD WINSOR. ■ Carly coltiva da sempre il sogno di esibirsi in una grande competizione di street dance con la sua *crew* di amici ballerini. Quando il gruppo riesce finalmente ad accedere alle finali inglesi, Jay, fidanzato di Carly nonché vera anima della *crew*, decide di abbandonare temporaneamente l'hip-hop e di lasciare il destino della gara in mano a Carly e alle sue coreografie. Senza Jay, la giovane breakdancer incontra grandi difficoltà a tenere unito il gruppo e a trovare gli spazi adatti per provare, finché un giorno consegna un sandwich a Helena Fitzgerald, insegnante in una prestigiosa scuola di danza londinese, che le propone di utilizzare le aule dell'edificio a patto di introdurre nella coreografia alcuni dei suoi ballerini di danza classica. ■ DRAMMATICO; COL.; 98′; GRAN BRETAGNA, 2010.

STREET DANCE 2 3D ★★
Regia di MAX GIWA, DANIA PASQUINI. Con SOFIA BOUTELLA, TOM CONTI, FALK HENTSCHEL, AKAI OSEI-MANSFIELD, GEORGE SAMPSON. ■ Gli Invincibili sono un gruppo di ballo di strada che, come si evince dal nome, non ha rivali. Per batterli ci vuole qualcosa di clamoroso: i migliori ballerini di strada raccolti in giro per l'Europa e un mix tra lo stile classico della street dance con quello della latin dance estrema. Ma ogni contaminazione comporta anche un coinvolgimento sentimentale. Come nei musical si racconta spesso degli sforzi di una compagnia per mettere in piedi uno spettacolo, così nel cinema della danza di strada che ha preso piede recentemente si racconta di una crew che prepara una coreografia per una gara importante. ■ MUSICAL; COL.; 90′; GRAN BRETAGNA, 2012.

STREET DOGS – I TEPPISTI DELLA STRADA ★★
(Los ultimos golpes de El Torete)
Regia di JUAN ANTONIO DE LA LOMA. Con ANGEL F. FRANCO, BASILIO F. FRANCO. ■ Un adolescente senza famiglia viene allevato da una donna di strada che lo spinge a rubare per mantenere la famiglia. Occasione perduta per fare un buon film sui problemi della delinquenza minorile. ■ DRAMMATICO; COL.; 92′; SPAGNA, 1981.

STREET FIGHTER – SFIDA FINALE *(Street Fighter)* ★
Regia di STEVEN E. DE SOUZA. Con RAUL JULIA, JEAN CLAUDE VAN DAMME, WEN MING-NA. ■ È un film tratto da un videogame. Un gruppo d'azione americano, guidato da Van Damme, deve intervenire contro un tiranno del Sudest asiatico. Ultima interpretazione di Raul Julia in un film in cui il *budget* è limitato ma gli effetti speciali si sprecano. ■ AVVENTURA; COL.; 97′; USA, 1994.

STREET HUNTER ★★
Regia di JOHN A. GALLAGHER. Con REB BROWN, STEVE JAMES, JOHN LEGUIZAMO, VALERIE PETTIFORD. ■ A New York si traffica in droga e le bande spesso si combattono tra loro per conquistare fette di mercato. I servizi segreti non sono estranei a tutto questo. Un moderno giustiziere saprà far trionfare la legge. ■ AVVENTURA; COL.; 94′; USA, 1990.

STREET SMART ★★
Regia di JERRY SCHATZBERG. Con KATHY BAKER, MORGAN FREEMAN, CHRISTOPHER REEVE, MIMI ROGERS. ■ Un giornalista a caccia di colpi sensazionali promette al suo direttore un servizio bomba su un magnaccia di New York. Ma poiché nella mala nessuno parla il giovane fa un servizio tutto inventato. Il guaio è che lavorando di fantasia fa un ritratto del tutto somigliante a uno sfruttatore autentico, un assassino che la polizia vuole incastrare. Preso in mezzo fra la polizia e l'assassino (nessuno vuol credere che il giornalista non sappia nulla), il giovane rischia più volte la pelle, ma riesce con uno stratagemma a incastrare il malvivente. ■ DRAMMATICO; COL.; 93′; USA, 1987. ■ GOLDEN GLOBES 1 NOM; OSCAR 1 NOM.

STREETS OF LEGEND ★★
Regia di JOEY CURTIS. Con FABIOLA BARRIOS, ROBERT BEAUMONT, ALBERT HERNANDEZ, BRIHANNA HERNANDEZ, VICTOR LARIOS, GREG LEONE. ■ Una romantica storia tra Quattro e Noza, due ragazzi coinvolti in una gara illegale di auto del Southern California. ■ AZIONE; COL.; 96′; USA, 2003.

STREGA, LA *(La sorcière)* ★★★
Regia di ANDRÉ MICHEL. Con NICOLE COURCEL, MAURICE RONET, SYLVIE, MARINA VLADY. ■ Un ingegnere francese, che sta conducendo dei lavori in una zona semiselvaggia della Svezia, conosce una ragazza, Ina, che vive nei boschi con la nonna e che la superstizione popolare indica come strega. In realtà sono tutte storie, ma i pregiudizi dei paesani sono terribili e se ne accorge la povera fanciulla il giorno in cui s'azzarda a farsi vedere al villaggio (l'ingegnere le ha persino proposto il matrimonio). I paesani l'aggrediscono, la percuotono selvaggiamente, la prendono a sassate. Ina muore poco dopo sola e disperata nella foresta. ■ DRAMMATICO; B/N; 97′; FRANCIA, 1954.

STREGA CHIAMATA ELVIRA, UNA ★★
(Elvira Mistress of the Dark)
Regia di JAMES SIGNORELLI. Con DANIEL GREENE, SUSAN KELLERMANN, CASSANDRA PETERSON. ■ Aspirante diva di varietà va nel Massachusetts per raccogliere un'eredità. Affascina tutti gli uomini del posto, ma rischia di essere arrostita come le streghe di trecento anni fa. ■ HORROR; COL.; 96′; USA, 1988.

STREGA DEL RODANO, LA *(Le jugement de Dieu)* ★★★
Regia di RAYMOND BERNARD. Con ANDRÉE DEBAR, JEAN-CLAU-

DE PASCAL, PIERRE RENOIR. ■ È la storia di Agnese Bernaeur, eroina di una delle vicende d'amore più disperate del Medioevo. Agnese è una bellissima damigella che fa innamorare il giovane principe Alberto di Sassonia. Il padre di lui però è contrario per ragioni politiche. Lo scontro fra le due generazioni degenera ben presto in guerra aperta. Il conflitto termina tragicamente: Agnese e Alberto moriranno annegati nel Rodano. ■ COMMEDIA; B/N; 92'; FRANCIA, 1950.

STREGA IN AMORE, LA ★★
Regia di DAMIANO DAMIANI. Con SARAH FERRATI, RICHARD JOHNSON, ROSANNA SCHIAFFINO, GIAN MARIA VOLONTÉ. ■ Uno scrittore squattrinato accetta il lavoro propostogli da una vecchia e strana signora: riordinare le carte del marito, uno scrittore famoso quanto controverso. Nella vecchia casa conosce Aura, una bella ragazza che si dice nipote della signora. Ma l'abitazione sembra stregata. Lo scrittore scoprirà che Aura non è altri che la stessa padrona di casa che si sdoppia in spoglie giovanili. L'uomo cade in potere della strega e rischia la pazzia. Ma riesce a ribellarsi e a distruggere la casa e la vecchia. ■ HORROR; B/N; 110'; ITALIA, 1966.

STREGA IN PARADISO, UNA ★★★
(Bell, Book and Candle)
Regia di RICHARD QUINE. Con HERMIONE GINGOLD, ERNIE KOVACS, JACK LEMMON, KIM NOVAK, JAMES STEWART. ■ Kim Novak interpreta una bellissima streghetta che s'innamora di un simpatico editore. Ma l'uomo è fidanzato. La streghetta, volendo concludere entro breve tempo, si avvale dei suoi poteri per ammaliarlo e indurlo a dimenticare velocemente la sua promessa. I suoi trucchi, però, hanno successo solo in un primo tempo. Per conquistare l'amore, la ragazza dovrà rinunciare allo stato stregonesco. ■ COMMEDIA; COL.; 103'; USA, 1958. ■ OSCAR 2 NOM.

STREGA PER UN GIORNO *(Wicked Stepmother)* ★★
Regia di LARRY COHEN. Con COLLEEN CAMP, BETTE DAVIS, LIONEL STANDER. ■ Alcune persone scompaiono misteriosamente e le indagini del caso vengono affidate al detective MacIntosh. Questi si trova a dover affrontare il caso più singolare della sua carriera, complicato dalla presenza di una vecchietta dall'aria mite e inoffensiva che però attrae irresistibilmente tutti i vedovi che fanno la sua conoscenza. ■ FANTASTICO; COL.; 90'; USA, 1988.

STREGA REGINA, LA *(A raina diabha)* ★★
Regia di ANTONIO CARLOS FONTOURA. Con MILTON GONCALVES, ODETE LARA, STEPAN NERCESSIAN. ■ Un omosessuale nero domina il quartiere più malfamato della metropoli imponendo le sue leggi nel giro della droga e della prostituzione. Ma un giorno un giovane, ferito negli affetti, decide di por fine alle malefatte del despota. ■ DRAMMATICO; COL.; 90'; BRASILE, 1974.

STREGA ROSSA, LA *(Wake of Red Witch)* ★★★
Regia di EDWARD LUDWIG. Con ADELE MARA, GAIL RUSSELL, JOHN WAYNE, GIG YOUNG. ■ Un odio mortale divide un capitano marittimo americano, Ralls, da un armatore olandese. Entrambi erano innamorati della stessa donna. L'armatore con l'inganno era riuscito a sposarla strappandola al capitano. La donna poi era morta e Ralls non glielo aveva perdonato. Per vendicarsi aveva affondato una delle sue navi con un prezioso carico a bordo. I due vecchi nemici alla fine si incontrano. Decidono di accordarsi per recuperare il carico sommerso. Ma Ralls muore durante un'immersione. ■ AVVENTURA; B/N; 106'; USA, 1948.

STREGA SENZA SCOPA, UNA *(Una bauja su escoba)* ★★
Regia di JOSÉ MARIA ELORRIETA. Con PERLA CRISTAL, JEFFREY HUNTER, MARIA PERSCHY, GUSTAVO ROJO. ■ Professore universitario vede, durante una lezione, una bella ragazza che agli altri è invisibile, e viene da lei trasportato per magia nel sedicesimo secolo, in casa di un mago di cui è figlia. La bella strega, innamorata di lui, lo trascina attraverso il tempo da un'epoca all'altra, finanche nel futuro, procurandogli guai a non finire, data la sua scarsa dimestichezza con le arti magiche. Quando, dopo l'ennesima disavventura, il professore si sveglia in ospedale, ha la sorpresa di ritrovare la giovane fattucchiera nei panni dell'infermiera che lo assiste. ■ COMMEDIA; COL.; 93'; SPAGNA, 1968.

STREGATA DALLA LUNA *(Moonstruck)* ★★★
Regia di NORMAN JEWISON. Con DANNY AIELLO, NICOLAS CAGE, CHER, OLYMPIA DUKAKIS. ■ Una vedova di origine italiana accetta di sposare un goffo corteggiatore, ma a pochi giorni dal matrimonio s'innamora perdutamente del fratello minore di lui. Premio Oscar a Cher per il 1988. ■ COMMEDIA; COL.; 102'; USA, 1987. ■ BERLINO 1 PR; DAVID DI DONATELLO 1 PR, 1 NOM; GOLDEN GLOBES 2 PR, 5 NOM; OSCAR 3 PR, 6 NOM.

STREGATI ★★
Regia di FRANCESCO NUTI. Con ORNELLA MUTI, NOVELLO NOVELLI, FRANCESCO NUTI. ■ Lorenzo è un conduttore di un'emittente, Radio Strega, che tiene compagnia a quelli che di notte lavorano o sono insonni. Quando ne esce, ogni notte con un gruppo di amici svitati, va in giro per avventure matte. Ma una notte piovosa incontra una bellissima ragazza, venuta a Firenze per comperarsi l'abito da sposa. Inizia una serie di schermaglie tra i due, attratti e respinti allo stesso tempo, fino a quando lei riparte, non troppo felice. Ma... sorpresa, presto lei torna e ricomincia a giocare disordinatamente con Lorenzo. ■ COMMEDIA; COL.; 94'; ITALIA, 1986.

STREGATI DALLA LUNA ★★
Regia di PINO AMMENDOLA. Con PINO AMMENDOLA, MAURIZIO CASAGRANDE, MARIA GRAZIA CUCINOTTA, MEGAN GALE, NICOLA PISTOIA. ■ Napoli, autunno. Dario e Carlo sono i proprietari di un piccolo ristorante. È il giorno di chiusura ma l'attività ferve perché si sta organizzando la cena di fidanzamento ufficiale tra il carabiniere Giuliano e la poliziotta Miria. Purtroppo però tutto va a monte perché Miria confessa al fidanzato di avere avuto una scappatella con un agente della Digos. Giuliano si reca al ristorante dove sta per arrivare la bellissima Viviana che ha lasciato precipitosamente una festa su uno yacht. I Nostri cominciano a sognare evasioni più o meno innocenti... Nel passaggio dal teatro al cinema il testo di Pistoia e Ammendola si ammorbidisce e perde per la strada un po' di cattiveria e di erotismo. Ci guadagna una Megan Gale in forma che interpreta finalmente un ruolo non unidimensionale. La Cucinotta attraversa il film senza lasciare tracce tranne il solito decolleté tivedo-nontivedo. ■ COMMEDIA; COL.; 91'; ITALIA, 2001.

STREGHE ★★
Regia di ALESSANDRO CAPONE. Con IAN BANNEN, DEANNA LUND, DANIELLE VANNUCCHI. ■ Negli anni Trenta una donna è bruciata come strega dagli abitanti della sua città. Cinquant'anni dopo il villaggio è ancora sotto la maledizione della terribile donna. Un gruppo di ragazzi alla fine, con l'aiuto di un prete che fu l'amante della strega, riesce a liberare il paese dalla diavolessa. O almeno così sembra. ■ HORROR; COL.; 94'; ITALIA, 1989.

STREGHE, LE ★★★
Regia di MAURO BOLOGNINI, VITTORIO DE SICA, PIER PAOLO PASOLINI, FRANCO ROSSI, LUCHINO VISCONTI. Con CLINT EASTWOOD, ANNIE GIRARDOT, SILVANA MANGANO, ALBERTO SORDI, TOTÒ. ■ Cinque grandi registi italiani alle prese col tema della donna, protagonista assoluta una Mangano in ottima forma. ■ COMM. A EPISODI; COL.; 105'; ITALIA, 1967. ■ DAVID DI DONATELLO 1 PR, 1 NOM.

STREGHE DI EASTWICK, LE ★★★
(The Witches of Eastwick)
Regia di GEORGE T. MILLER. Con CHER, JACK NICHOLSON, MICHELLE PFEIFFER, SUSAN SARANDON. ■ Tre donne sole che vivono in un paesino del New England desiderano avere accanto un uomo che dia un senso alla loro vita. Ed ecco arrivare in paese un ricco sconosciuto con uno strano servitore: è un demone giunto sulla Terra per corrompere le tre donne e avere un figlio da loro. Ma le tre donne si rendono conto ben presto della natura demoniaca dell'uomo, e dopo una strenua lotta, servendosi delle arti magiche che hanno a loro volta appreso, lo costringono a sparire per sempre. ■ GROTTESCO; COL.; 114'; USA, 1987. ■ OSCAR 2 NOM.

STREGHE DI SALEM, LE *(The Lords of Salem)* ★★
Regia di ROB ZOMBIE. Con BRUCE DAVISON, JEFFREY DANIEL PHILLIPS, KEN FOREE, SHERI MOON ZOMBIE, DEE WALLACE. ■ Salem, Massachussets. Un nome che da generazioni produce inquietudine, riportando alla memoria antichi episodi di stregoneria. Fino al terzo millennio, quando è un'ignara dj, Heidi, a entrare in

contatto con una forza sconosciuta, che sembra provenire da una delle streghe arse sul rogo trecento anni prima. È l'inizio di una inarrestabile discesa negli inferi, del corpo e della mente. ■ HORROR; COL.; 101′; USA, 2012.

STREGHE VERSO NORD ★
Regia di GIOVANNI VERONESI. Con DANIELE LIOTTI, TEO MAMMUCCARI, EMMANUELLE SEIGNER, PAUL SORVINO. ■ Fra noi ci sono delle streghe cattive che devono fare più male possibile. Non sono facilmente identificabili e hanno grandi poteri. Fortuna che ci sono i "disinnescatori", che hanno la missione, e la capacità, di renderle inoffensive: basta piazzare una bella capocciata e poi trascinarle per sette passi verso nord. Questa trovatina geniale dovrebbe giustificare un'ora e mezzo di film e dai volenterosi potrebbe anche essere (a fatica) tollerata. Ma che l'eroe sia Mammuccari beh, è davvero il colpo di grazia. Già irrita vedere il manifesto del film con la magnifica Seigner che divide lo spazio col "divo" della tivù. Per fare l'attore occorre essere attori, non basta un esercizio di risatine televisive di contesto limitato e di basso profilo. I due mondi (e le due audience) fanno proprio a pugni. Facciamo che la televisione non venga al cinema. ■ COMMEDIA; COL.; 93′; ITALIA, 2001.

STREGONE DI CITTÀ ★★★
Regia di GIANFRANCO BETTETINI. Con GIULIO BROGI, LUCILLA MORLACCHI, RADA RASSIMOV. ■ È la storia vera di don Parisi, pittoresco guaritore abbastanza famoso nella Milano degli anni Trenta, rievocata da due donne che hanno beneficiato dei suoi misteriosi poteri. ■ DRAMMATICO; COL.; 90′; ITALIA, 1973.

STREGONERIA ATTRAVERSO I SECOLI, LA ★★★
(Häxan)
Regia di BENJAMIN CHRISTENSEN. Con BENJAMIN CHRISTENSEN, MAREN PEDERSEN, KAREN WINTHER. ■ Uno dei più famosi film muti provenienti dalla Svezia. Nonostante gli anni passati dalla sua realizzazione, rimane una delle pellicole più sconvolgenti della storia del cinema. Un viaggio nella magia nera e nella stregoneria, partendo dal Medioevo fino ai primi del ventesimo secolo. Alla sua uscita ebbe molte noie con la censura. Negli Stati Uniti esiste una versione narrata dallo scrittore William Burroughs. ■ DOCUMENTARIO; COL.; 86′; SVEZIA, 1922.

STREGONI IN TIGHT ★★
Regia di GIUSEPPE MARZANO. ■ Scontato documentario sulla realtà africana, a metà fra superstizione e bisogno di modernizzazione e di cambiamento. ■ DOCUMENTARIO; COL.; 91′; ITALIA, 1965.

STRELLE NEL FOSSO, LE ★★★
Regia di PUPI AVATI. Con ADOLFO BELLETTI, LINO CAPOLICCHIO, GIANNI CAVINA, FERNANDO PANULLO. ■ In una cascina padana del Settecento dove vivono un padre e quattro figli arriva una pianista ambulante. Dapprima gli uomini rifiutano quella presenza femminile, ma poi decidono di sposare tutti la ragazza. Subito dopo la lunga festa per il matrimonio multiplo la pianista scompare. ■ FANTASTICO; COL., 92′; ITALIA, 1979.

S 3 S MASSACRO E DIAMANTI *(Diamond Walkers)* ★
Regia di PAUL MARTIN. Con JOACHIM HANSEN, MARISA MELL, KEN O'BRIEN. ■ L'agente Wade, spedito dal governo inglese a scovare chi traffica in diamanti in Sudafrica, scopre un complicato intreccio illegale tra un ricco proprietario di miniere, un cacciatore di professione e un capo indigeno. Ognuno di loro tenta di sfruttare in proprio i ricchi giacimenti diamantiferi del paese. Inutile dire che Wade arresta tutti. ■ AVVENTURA; COL.; 90′; GRAN BRETAGNA, 1966.

STRESS ★★
Regia di CORRADO PRISCO. Con DELIA BOCCARDO, LOU CASTEL, SALVO RANDONE, LEOPOLDO TRIESTE. ■ Sessantottino ricco non sa che pesci pigliare. Rivoluzione o comodità? Alla fine ghigliottina il padre ricco. ■ DRAMMATICO; B/N; 95′; ITALIA, 1972.

STRESSATI ★
Regia di MAURO CAPPELLONI. Con DANIELE LIOTTI, ELIANA MIGLIO, GIANMARCO TOGNAZZI. ■ Dado e Marco non reggono più allo stress prodotto da moglie, separazione, telefonini, lotta per la sopravvivenza. Trentenni sull'orlo di una crisi di nervi, i due hanno difficoltà con tutto l'ambiente che li circonda. Saranno Adele e Maria a fargli comprendere come la fuga non sia l'unica soluzione. Cappelloni si ispira alle strisce di Wolinsky. ■ COMMEDIA; COL.; 90′; ITALIA, 1997.

STRESS DA VAMPIRO *(Vampire's Kiss)* ★★
Regia di ROBERT BIERMAN. Con MARIA CONCHITA ALONSO, JENNIFER BEALS, NICOLAS CAGE. ■ Uno yuppie di Manhattan una sera viene morso da una vampira. Almeno così lui crede. In realtà soffre di una grave schizofrenia che lo porta a comportarsi come un Dracula. Aggredisce e stupra la sua segretaria. Uccide a morsi una donna in un night. Finirà impalato. ■ DRAMMATICO; COL.; 92′; USA, 1988.

STRETTAMENTE CONFIDENZIALE ★★★
(Broadway Bill)
Regia di FRANK CAPRA. Con WARNER BAXTER, WALTER CONNOLLY, MYRNA LOY. ■ Stanco della monotona vita d'ufficio nell'azienda del suocero, il protagonista del film abbandona casa e moglie per dedicarsi esclusivamente alla sua passione per i cavalli. Con l'aiuto della cognata, che lo ha seguito, partecipa a un derby col proprio animale che però muore dopo aver tagliato per primo il traguardo. Non si lascia scoraggiare e tenta ancora la sorte sui campi da corse finché la moglie, stanca di attenderlo, divorzia. Lui sposerà la cognata. ■ COMMEDIA; B/N; 104′; USA, 1934.

STRIDULUM ★★
Regia di GIULIO PARADISI. Con MEL FERRER, GLENN FORD, SHELLEY WINTERS. ■ Siamo in un'epoca futura. Sulla Terra una setta criminale vuole imporre il male. Il suo capo ha una figlia, dotata di eccezionali poteri. La bimba si trova a dover lottare contro un messo del bene, che alla fine ha la meglio e la porta nel paradiso galattico dei fanciulli. ■ FANTASCIENZA; COL.; 94′; ITALIA, USA, 1978.

STRIKE COMMANDO ★★
Regia di BRUNO MATTEI. Con REB BROWN, ALAN COLLINS, CHRISTOPHER CONNELLY. ■ Lo Strike Commando è un corpo speciale americano formato da soldati pronti a ogni frangente. Durante un'azione in Vietnam gli uomini dello Strike vengono tutti uccisi. Tranne uno, che giura di vendicarsi del responsabile (un colonnello Usa venduto al nemico). ■ GUERRA; COL.; 92′; ITALIA, 1986.

STRILLO D'ARABIA, LO *(The Shriek of Araby)* ★★★
Regia di RICHARD JONES. Con GEORGE COOPER, KATHRYN MCGUIRE, BEN TURPIN. ■ Il bizzarro dipendente di un cinema, si addormenta mentre sullo schermo stanno proiettando il film *Lo sceicco*, con Rodolfo Valentino, e sogna di imitare le gesta del celebre amatore latino. Gustosa parodia del film con Valentino, con un Ben Turpin al suo meglio. Questo cortometraggio è una vera rarità: ne esistono poche copie, e una di queste è conservata presso il Museum of Modern Art. ■ COMICO; B/N; 18′; USA, 1923.

STRILLONI, GLI *(Newsies)* ★★★
Regia di KENNY ORTEGA. Con CHRISTIAN BALE, ROBERT DUVALL, ANN MARGRET, BILL PULLMAN. ■ La Disney produce un musical impegnato. Come in *Mary Poppins* c'erano le suffragette e i campioni del capitalismo, così qui ci sono gli strilloni e il loro diritto a vendere i giornali agli angoli delle strade senza farsi strozzare dai magnati della carta stampata. Si canta, si balla, si rivendica. Duvall, sornione come sempre, fa Pulitzer (quello del premio). Alan Menken (*Sirenetta*, *La bella e la bestia*, *Aladdin*) scrive la colonna sonora. ■ MUSICAL; COL.; 117′; USA, 1992.

STRINGI I DENTI E VAI! *(Bite the Bullet)* ★★★
Regia di RICHARD BROOKS. Con CANDICE BERGEN, JAMES COBURN, GENE HACKMAN, BEN JOHNSON. ■ All'inizio del Novecento, un giornale americano invita i lettori ad una gara di resistenza: si tratta di percorrere a cavallo ben 800 miglia su terreni accidentati e assai diversi. Alla competizione partecipano sei uomini e una donna: avranno partita vinta due reduci cubani, nonostante le difficoltà causate dalla donna. ■ WESTERN; COL.; 131′; USA, 1975. ■ OSCAR 2 NOM.

STRINGIMI FORTE FRA LE TUE BRACCIA ★★★
(Force of Arms)
Regia di MICHAEL CURTIZ. Con WILLIAM HOLDEN, FRANK LOVEJOY, NANCY OLSON. ■ Un soldato americano si innamora e diventa troppo prudente, causando coi suoi indugi il ferimento di un superiore e di un amico. Rimasto colpito egli stesso, è rimandato a casa, dove sposa l'amata. Tormentato dai rimorsi, torna poi a combattere e viene dato per disperso. La moglie, che nel frattempo ha avuto un bambino, continua a cercarlo fino a quando lo ritrova il giorno dell'ingresso degli Alleati a Roma. ■ GUERRA; B/N; 100'; USA, 1951.

STRINGIMI FORTE, PAPÀ ★★
Regia di MICHELE MASSIMO TARANTINI. Con MARTINE BROCHARD, CRAIG HILL, MASSIMILIANO MONTI, GLAUCO ONORATO. ■ Il figlioletto di un acrobata morto durante una pericolosa esibizione in un circo sogna di emulare il padre. La madre si affeziona a un bravo trapezista. Il ragazzino, geloso, si dimostra ostile al nuovo arrivato che a poco a poco conquista però il suo affetto, giungendo, alla fine, a sacrificarsi per lui. ■ DRAMMATICO; COL.; 93'; ITALIA, 1978.

STRINGIMI FORTE, VOGLIO LA TUA DOLCE VIOLENZA *(Feminin)* ★★
Regia di HENRI CALEF. Con PIERRE BRICE, OLGA GEORGES-PICOT, MARIE-FRANCE PISIER. ■ Una giovane sposata si invaghisce di un'affascinante ospite e lascia per lei il marito. Dopo qualche tempo è però a sua volta abbandonata dalla nuova compagna, coinvolta in loschi affari. La giovane torna dal marito ma, poiché questi nel frattempo ha trovato un'amante, si suicida. ■ DRAMMATICO; COL.; 92'; FRANCIA, 1971.

STRINGS ★★★★
Regia di ANDERS RØNNOW-KLARLUND. ■ *Strings* è il primo film interamente recitato da marionette. A muovere i fili del principe Hal, in cerca di vendetta per la morte del padre tiranno ma in realtà vittima di un complotto del perfido zio, sono stati alcuni tra i migliori marionettisti del mondo guidati dal Maestro Bernd Ogodnik. La trama è una fiaba in piena regola, che racconta una immaginaria storia dell'Iraq dopo un'immaginaria morte di Saddam, solo coi nomi cambiati. A raccontarcela sono dei pezzi di legno dipinto tenuti su da pochi fili (*strings*). Poca roba si direbbe, e invece siamo di fronte a un capolavoro di animazione, di delicatezza e persino di recitazione. Toni epici e più di qualche momento di profonda e illuminante riflessione (le marionette sono consapevoli di esserlo) accompagnano una storia semplice ma mai banale, che commuove e riesce nell'ardua impresa di trasmettere buoni sentimenti senza apparire spicciola né retorica. Un gioiello di rara bellezza che tutti, grandi e piccini, dovrebbero concedersi la gioia di vedere e che invece, chissà perché, non uscirà mai nelle nostre sale. Peccato. ■ ANIMAZIONE; COL.; 85'; DANIMARCA, GRAN BRETAGNA, NORVEGIA, OLANDA, SVEZIA, 2004.

STRIPES – UN PLOTONE DI SVITATI *(Stripes)* ★★
Regia di IVAN REITMAN. Con BILL MURRAY, WARREN OATES, HAROLD RAMIS. ■ La verve comica di Murray e Ramis, diretti da Reitman (un terzetto che ritroveremo, insieme a Dan Aykroyd, qualche anno più tardi in *Ghostbusters*), imprime ritmo e movimento a questa satira farsesca della vita militare. Popolato da personaggi eccentrici e pasticcioni agli ordini di un cattivissimo e ottuso sergente (Oates), il film procede alternando buoni momenti di comicità demenziale a fasi di rallentamento. ■ COMICO; B/N; 105'; USA, 1981.

STRIPTEASE ★★
Regia di ANDREW BERGMAN. Con ARMAND ASSANTE, DEMI MOORE, BURT REYNOLDS, VING RHAMES. ■ Affidano suo figlio al padre criminale e lei fa lo spogliarello per guadagnare di più e riprenderselo. Un deputato idiota legato alla mafia si innamora di lei ed ecco l'intreccio noir. Davvero un guscio vuoto. Un film che nella prima parte ricorda *Show girl* e nella seconda *Mamma ho perso l'aereo*. Naturalmente perfetto per guardoni. Successo di pubblico. ■ DRAMMATICO; COL.; 155'; USA, 1996.

STRIP-TEASE *(Strip tease)* ★★
Regia di GERMÀN LORENTE. Con CORINNE CLÉRY, TERENCE STAMP, PILAR VELASQUEZ. ■ Confusa storia d'amore fra spogliarellista e regista con movimentate scene drammatiche. ■ DRAMMATICO; B/N; 94'; SPAGNA, 1977.

STRIPTEASE KILLER – UN SEGRETO DA PROTEGGERE *(Somebody's Daughter)* ★★
Regia di JOE SARGEANT. Con ELLIOTT GOULD, NICOLETTE SHERIDAN. ■ C'è di mezzo la politica nell'omicidio di una spogliarellista. Lo scopre un ex agente della polizia, al quale hanno chiesto di seguire il caso. Giusto per non perdere tempo finisce a letto con una testimone. ■ POLIZIESCO; COL.; 92'; USA, 1993.

STRISCE INVISIBILI *(Invisible Stripes)* ★★★
Regia di LLOYD BACON. Con HUMPHREY BOGART, WILLIAM HOLDEN, GEORGE RAFT, FLORA ROBSON. ■ Non riuscendo a trovare un lavoro stabile, Cliff, un ex detenuto, benché gli ripugni si allea con un gangster e porta a termine alcuni furti che gli consentono di aiutare il fratello Tim ad acquistare un garage e a sposarsi. Quando Cliff si separa dai malviventi, essi tentano però di mettere nei guai Tim. L'ex detenuto, per salvarlo, lo fa testimoniare contro gli ex complici e viene quindi ucciso. ■ DRAMMATICO; B/N; 82'; USA, 1939.

STRISCIA, UNA ZEBRA ALLA RISCOSSA ★★
(Racing Stripes)
Regia di FREDERIK DU CHAU. Con GARY BULLOCK, BRUCE GREENWOOD, WENDIE MALICK, HAYDEN PANETTIERE, CASPAR POYCK, M. EMMETT WALSH. ■ Nel bel mezzo di una tempesta un circo itinerante perde accidentalmente un carico molto prezioso: una zebra neonata. Il cucciolo, ancora barcollante, viene tratto in salvo da un fattore di nome Nolan Walsh che se lo porta a casa per regalarlo alla figlioletta Channing. La piccola zebra viene battezzata "Striscia" e diventa la mascotte di tutti. La attende un futuro da ippodromo. ■ COMMEDIA; COL.; 94'; SUDAFRICA, USA, 2005.

STRIZZACERVELLI, LO *(The Couch Trip)* ★★
Regia di MICHAEL RITCHIE. Con DAN AYKROYD, DONNA DIXON, WALTER MATTHAU. ■ Uno psicanalista ha un attacco di nervi e si prende un periodo di riposo. Deve essere sostituito dal direttore di una casa per malati criminali di Chicago, ma c'è un imprevisto. Infatti un paziente del suddetto medico riesce a far credere di essere il vero direttore. Da qui una serie di avvenimenti divertenti in questa parodia della psicanalisi. ■ COMMEDIA; COL.; 98'; USA, 1988.

STROGOFF ★★★
Regia di ERIPRANDO VISCONTI. Con DELIA BOCCARDO, MIMSY FARMER, HIRAM KELLER, JOHN PHILLIP LAW. ■ Strogoff parte in missione per lo zar, travestito da commerciante per non allarmare i tartari prossimi alla ribellione. Riconosciuto da un traditore, viene torturato e accecato. Questo, almeno, è quanto credono i nemici. In realtà, Strogoff riacquista presto la vista, si unisce alle truppe imperiali e batte i rivoltosi. ■ AVVENTURA; COL.; 92'; ITALIA, 1970.

STROMBOLI – TERRA DI DIO ★★★★
Regia di ROBERTO ROSSELLINI. Con INGRID BERGMAN, RENZO CESANA, MARIO VITALE. ■ Una giovane russa rinchiusa in un campo di concentramento italiano conosce un pescatore dell'isola di Stromboli e lo sposa per sottrarsi alla prigionia. Il matrimonio non è dei più felici: la donna si sente spaesata, gli abitanti dell'isola la sfuggono, la casa è una bicocca. All'avvicinarsi della maternità, la giovane decide di fuggire. Contemporaneamente lo Stromboli si sveglia. L'infelice cammina per molto tempo e quindi, sentendosi al limite delle forze, invoca piangendo l'aiuto di Dio. ■ DRAMMATICO; B/N; 107'; ITALIA, 1949.

STRUTTURA DEL CRISTALLO, LA ★★★
(Struktura krysztalu)
Regia di KRZYSZTOF ZANUSSI. Con JAN MYSLOWICZ, BARBARA WRZESINSKA. ■ Due giovani universitari hanno scelto strade diverse: uno è diventato un brillante scienziato, l'altro si è sposato e conduce vita ritirata e apparentemente banale. L'amico scienziato cerca di spingerlo alla professione per la quale ha studiato ma quello, amante della pace che gli viene dalla contemplazione della natura, rifiuta. Quando si separano, nessuno è convinto fino

in fondo di aver operato la scelta giusta. ■ DRAMMATICO; B/N; 76′; POLONIA, 1969.

STRYKER ★

Regia di NOAM GONICK. Con RYAN BLACK, TRI CAO, DEENA FONTAINE, KYLE HENRY, JOSEPH MESIANO, DYLAN MOWATT, DOMINIQUE RÉMY ROOT. ■ In Canada uno "stryker" è colui che aspira ad entrare in una gang, una specie di novizio che deve passare un periodo di iniziazione per essere accettato da una delle tante bande di criminali che controllano le strade di North End. Lo stryker protagonista del film di Gonick è un nativo 14enne specializzato in incendi, che presta favori ora a Mama Ceece e la sua Indian Posse, ora a Omar che è invece a capo di una gang di filippini. Mama Ceece è appena uscita di galera e fermamente intenzionata a riprendersi il territorio che ora è interamente controllato da Omar. Ne scaturisce una guerra tra gang che dovrebbe essere cruenta e spietata, ma che invece è solo idiota, poco credibile e fasulla. ■ DRAMMATICO; COL.; 92′; CANADA, 2004.

ST. TRINIAN'S ★★

Regia di OLIVER PARKER, BARNABY THOMPSON. Con RUSSELL BRAND, RUPERT EVERETT, COLIN FIRTH, LENA HEADEY, JODIE WHITTAKER. ■ Carnaby Fritton, un ambiguo collezionista di opere d'arte, iscrive a forza la riluttante figlia Annabelle al *St. Trinian's*. La ragazza, che prima studiava nell'esclusivo Cheltenham Ladies College si ritrova ora in Istituto in cui la trasgressione è norma e si passa dalle allieve più dark a quelle più in stile pin up. Papà l'ha condotta lì perché preside è la sorella Camilla dalla quale vuole ottenere una retta a prezzo basso. Ma c'è un politico che vuole far chiudere l'istituto. Le ragazze si coalizzeranno per far sì che ciò non accada. La strategia sarà tanto creativa quanto complessa. ■ COMMEDIA; COL.; 97′; GRAN BRETAGNA, 2007.

STUART LITTLE 2 ★★

Regia di ROB MINKOFF. Con GEENA DAVIS, HUGH LAURIE, JONATHAN LIPNICKI. ■ Torna sullo schermo il topolino Stuart Little, protagonista di una favola per i più piccoli che è anche (come il film precedente) un miracolo di animazione digitale. Stuart ormai si è integrato nella sua nuova vita, ma si sente solo e vorrebbe la compagnia dei suoi simili. Quindi è felice quando incontra una simpatica uccellina Margalo, bisognosa di aiuto e accolta affettuosamente dai Little. Ma Stuart scoprirà che non tutto è come sembra. ■ FANTASTICO; COL.; 78′; USA, 2002.

STUART LITTLE – UN TOPOLINO IN GAMBA ★★
(Stuart Little)

Regia di ROB MINKOFF. Con GEENA DAVIS, JEFFREY JONES, HUGH LAURIE, JONATHAN LIPNICKI. ■ Protagonista è Stuart Little, un topolino particolare, persino snob, che cerca una famiglia alla sua altezza. Trova Geena Davis, un po' a disagio, e un bambino col quale si intende benissimo. Per i più piccoli, naturalmente. ■ FANTASTICO; COL.; 83′; USA, 1999. ■ OSCAR 1 NOM.

STUART SALVA LA FAMIGLIA ★
(Stuart Saves His Family)

Regia di HAROLD RAMIS. Con VINCENT D'ONOFRIO, AL FRANKEN, LAURA SAN GIACOMO. ■ Parodia in chiave di filosofia New Age. Il conduttore che propugna "quel" tipo di scelta viene licenziato. Scopre che l'educazione impostagli dalla famiglia era solo ipocrisia. ■ COMMEDIA; COL.; 95′; USA, 1995.

STUDENTE, LO ★

Regia di NINI GRASSIA. Con NINO D'ANGELO, MARIA FIORE, JENNY TAMBURI, LILIANA TARI. ■ Uno studentello in odor di mafia viene assunto come segretario da un ricco barone, che è in realtà suo padre. La verità salterà fuori, dopo varie peripezie, e il barone, morendo, mormorerà: «Chiamami papà...». ■ COMMEDIA; COL.; 93′; ITALIA, 1982.

STUDENTE DI PRAGA, LO *(Der Student von Prag)* ★★★

Regia di STELLAN RYE. Con JOHN GOTTOWT, LOTHAR KÖRNER, LYDA SALMONOVA, PAUL WEGENER. ■ Uno dei precursori dell'espressionismo, diretto da Rye nei primi anni Dieci. Una metafora sull'inconscio e sulla lotta tra il bene e il male interiore. Un giovane studente, Balduin, senza soldi, è innamorato di Margit. Lei è una contessa e l'amore non è sufficiente a risolvere la sua vita. ■ DRAMMATICO; COL.; 42′; GERMANIA, 1913.

STUDENTE DI PRAGA, LO *(Der Student von Prag)* ★★

Regia di ARTHUR ROBINSON. Con THEODOR LOOS, DOROTHEA WIECK, ADOLF WOHLBRÜCK. ■ Per conquistarsi le grazie di una cantante, uno studente lascia la scuola e si getta nel gioco d'azzardo. Perseguitato dai rimorsi, finisce poi col suicidarsi. ■ DRAMMATICO; B/N; 94′; AUSTRIA, 1935.

STUDENTESSA, LA ★

Regia di FABIO PICCIONI. Con CRISTIANA BORGHI, VINCENZO GRAGNANI, LISA SEAGRAM. ■ Una studentessa preferisce l'amore allo studio. Delusa da una serie di drammatiche esperienze, la ragazza finirà per suicidarsi. ■ DRAMMATICO; COL.; 91′; ITALIA, 1976.

STUDENTI *(Pred maturitou)* ★★★

Regia di SVATOPLUK INNEMAN, VLADISLAV VANCURA. Con JINDRICH PLACHTA, FRANTISEK SMOLIK. ■ Acuta indagine dei turbamenti di un adolescente al primo amore. Il ragazzo, respinto da una compagna di scuola, tenta il suicidio. Lo salva il severo professore di matematica, rimanendo ferito. Il giovane capirà che ci sono altri amori nella vita, il professore perderà tutta la sua severità. ■ DRAMMATICO; B/N; 90′; CECOSLOVACCHIA, 1932.

STUDENT SERVICE *(Mes chères études)* ★★

Regia di EMMANUELLE BERCOT. Con JOSEPH BRACONNIER, ALAIN CAUCHI, MATHIEU DEMY, DEBORAH FRANÇOIS, BENJAMIN SIKSOU. ■ Laura ha 19 anni, studia all'università e ha un lavoretto in un call center che non basta però a pagare l'affitto, le spese, i libri di testo, del cibo decente. Non volendo mettere in difficoltà i genitori, un muratore e un'infermiera, a corto di soluzioni e senza un soldo che non sia di debito, si avventura una sera in rete su un sito di annunci e trova quello di Joe, cinquantenne di bella presenza, che cerca una studentessa per scambiare qualche tenerezza. Paga cento euro all'ora. Laura si dice che sarà per una volta soltanto, ma il guadagno facile, i problemi improvvisamente svaniti, la possibilità di pagare per una volta da bere agli amici o di comprarsi una giacca di pelle, mutano tutte le prospettive. Anche volendo, per Laura uscire da questa spirale sarà tutt'altro che facile. ■ DRAMMATICO; COL.; 103′; FRANCIA, 2010.

STUDIO 54 ★★

Regia di MERK CHRISTOPHER. Con NEVE CAMPBELL, SALMA HAYEK, MIKE MYERS, RHYAN PHILIPPE. ■ Il locale tanto mitizzato negli anni Settanta, la discoteca più famosa del pianeta, in un film biografico e un po' romanzato. Mike Myers è il proprietario del locale che gestisce non senza problemi. New York, le sue mille luci sfavillanti, le crisi, gli amori e i dolori di una generazione che cercava nel ballo una risposta alla propria alienazione. ■ DRAMMATICO; COL.; 92′; USA, 1998.

STUDIO ILLEGALE ★★

Regia di UMBERTO CARTENI. Con JEAN-MICHEL DUPUIS, ENNIO FANTASTICHINI, ZOÉ FÉLIX, NICOLA NOCELLA, FABIO VOLO. ■ Andrea Campi è un avvocato di successo col vizio dell'Inter e del sushi. Single e cinico, impossibile stabilire quale condizione abbia originato l'altra, Andrea lavora in un prestigioso studio legale. Il suicidio di un collega e l'acquisizione di un'azienda farmaceutica da parte di una multinazionale araba lo forzano a vincere l'impasse in cui è precipitato, abbandonando scrivania e apatia. ■ COMMEDIA; COL.; 120′; ITALIA, 2012.

STUDIO LEGALE PER UNA RAPINA ★

Regia di TANIO BOCCIA. Con KAY FISHER, GISELLA PARDI, BRIGITTE SKAY, GEORGE WANG. ■ Un avvocato, finito prima in miseria e poi in galera, viene a conoscenza del progetto di una rapina da un detenuto in fin di vita. Appena liberato, trova i complici del recluso morto e partecipa all'impresa, ma il "colpo" fallisce. ■ DRAMMATICO; COL.; 93′; ITALIA, 1973.

STUFF – IL GELATO CHE UCCIDE *(The Stuff)* ★★

Regia di LARRY COHEN. Con ANDREA MARCOVICCI, MICHAEL MORIARTY, PAUL SORVINO. ■ Il gelato è composto di una sostanza mostruosa che divora dall'interno chi se lo mangia. Dopo le prime morti, un padre di famiglia, per non vedere la sua prole (e quella altrui) sterminata, decide di distruggere l'infernale poltiglia. ■ HORROR; COL.; 90′; USA, 1984.

STUNTMAN ★★
Regia di MARCELLO BALDI. Con MARIE DUBOIS, GINA LOLLOBRIGIDA, ROBERT VIHARO. ■ Uno stuntman partecipa ad un furto che riesce alla perfezione. Elimina poi i complici, che volevano sbarazzarsi di lui, e restituisce la refurtiva per incassare il premio e sistemarsi. Gli va buca. ■ COMMEDIA; COL.; 95′; ITALIA, 1968.

STUNTS ★★
Regia di MARCK L. LESTER. Con DARRELL FETTY, ROBERT FORSTER, BRUCE GLOVER, FIONA LEWIS. ■ Il fascino e il pericolo di una professione come quella dello stuntman, per la quale questi uomini, anche se preparatissimi, rischiano la vita sul set ad ogni scena pericolosa e non raramente rimangono vittime di incidenti più o meno seri. ■ AVVENTURA; COL.; 90′; USA, 1977.

STUPENDA CONQUISTA *(The Magic Box)* ★★★
Regia di JOHN BOULTING. Con ROBERT DONAT, MARGARET JOHNSTON, MARIA SCHELL. ■ Dopo numerosi sacrifici, un fotografo riesce a impiantare uno studio per conto proprio. Gli affari vanno bene fino a quando le sue ricerche sul colore nel cinema lo riducono quasi in rovina. Dopo la morte della moglie, si risposa e ha diversi figli. Di nuovo la situazione finanziaria diventa però critica; allo scoppio del primo conflitto mondiale, i tre figli maggiori per non essere di peso alla famiglia si arruolano nell'esercito. Nel 1921 il fotografo realizza finalmente il primo lungometraggio a colori, ma inaspettatamente muore. ■ BIOGRAFICO; COL.; 118′; GRAN BRETAGNA, 1950.

STUPIDS, THE ★
Regia di JOHN LANDIS. Con TOM ARNOLD, BUG HALL, ALEX MCKENNA. ■ Lui si lamenta perché tutte le mattine qualcuno porta via la spazzatura dai bidoni. Dice che scoprirà i ladri. Lei, la mogliettina, lo supplica di non esporsi. È la prima gag di tutta una serie che fa ridere i venticinque italiani che hanno quel tipo di umorismo. ■ COMICO; COL.; 90′; USA, 1995.

STURMTRUPPEN ★★
Regia di SALVATORE SAMPERI. Con COCHI PONZONI, RENATO POZZETTO, TEO TEOCOLI, LINO TOFFOLO. ■ Il film, tratto dalle *comic strips* di Bonvi, è una satira del militarismo (soprattutto tedesco), della borghesia, della guerra e persino della Chiesa. ■ COMMEDIA; COL.; 110′; ITALIA, 1976.

STURMTRUPPEN 2 – TUTTI AL FRONTE ★
Regia di SALVATORE SAMPERI. Con MASSIMO BOLDI, SERENA GRANDI, TEO TEOCOLI. ■ Un gruppo di squinternati si arruola in uno sgangherato esercito italo-germanico in guerra contro un nemico non ben identificato. Ne succedono di tutti i colori. Capitolo secondo delle avventure tratte dai fumetti di Bonvi. Parecchio inferiore al primo. ■ COMMEDIA; COL.; 95′; ITALIA, 1982.

SUA ALTEZZA E IL CAMERIERE ★★★
(Her Highness and the Bellboy)
Regia di RICHARD THORPE. Con JUNE ALLYSON, HEDY LAMARR, ROBERT WALKER. ■ L'esempio di un giovane povero, che respinge un impiego a corte per sposare una ragazza inferma, spinge una principessa a rinunciare al trono e a tornare con un antico innamorato. ■ COMMEDIA; B/N; 112′; USA, 1945.

SUA ALTEZZA È INNAMORATA *(Princess o'Rourke)* ★★★
Regia di NORMAN KRASNA. Con CHARLES COBURN, ROBERT CUMMINGS, OLIVIA DE HAVILLAND, RONALD REAGAN. ■ Una giovane principessa in vacanza negli Stati Uniti viene sottoposta a una continua sorveglianza e si annoia. Lungo il viaggio per San Francisco, ingoia una dose esagerata di sonniferi e dev'essere ricoverata in clinica. Durante la degenza, incontra un pilota che sposerà. ■ COMMEDIA; B/N; 94′; USA, 1943. ■ OSCAR 1 PR, 1 NOM.

SUA ALTEZZA HA DETTO NO ★★
Regia di MARIO BASAGLIA. Con IRENE GENNA, ELENA GIUSTI, ROBERTO RISSO, JACQUES SERNAS, UGO TOGNAZZI. ■ Per ottenere dal padre il consenso per allestire un'operetta, un ragazzo finge di aver perso la memoria e di credersi un regista ingaggiato a tale scopo. Lo spettacolo, dopo una serie di imprevisti, ottiene un successo strepitoso. ■ COMMEDIA; COL.; 91′; ITALIA, 1953.

SUA ALTEZZA SI SPOSA *(Royal Wedding)* ★★★
Regia di STANLEY DONEN. Con FRED ASTAIRE, PETER LAWFORD, JANE POWELL. ■ Un giovane e la sorella, uniti dalla stessa passione per la danza, durante il viaggio verso Londra, dov'è stata allestita una rivista apposta per loro, s'innamorano di due persone. Doppio matrimonio. ■ COMM. MUSICALE; COL.; 93′; USA, 1951. ■ OSCAR 1 NOM.

SUA CALDA ESTATE, LA *(Out of it)* ★★
Regia di PAUL WILLIAMS. Con GRETCHEN CORBETT, LADA EDMUND JR, BARRY GORDON, JON VOIGHT. ■ Una bella ragazza accetta la corte di un timido studente suscitando la reazione del proprio fidanzato. Costui affronta il rivale e lo dileggia senza pietà. Qualche tempo dopo, lo studente si prende la rivincita. ■ DRAMMATICO; B/N; 95′; USA, 1969.

SUA CANZONE, LA *(Le grand réfrain)* ★★
Regia di YVES MIRANDE. Con JEANNE AUBERT, JACQUELINE FRANCELL, FERNAND GRAVEY. ■ Un musicista povero in canna è perseguitato da un impresario che lo crede innamorato della sua donna. Il poverino, di avventura in avventura, conosce una fanciulla che riesce a fornire la sua musica proprio all'impresario nemico. Successo e matrimonio. ■ COMMEDIA; B/N; 94′; FRANCIA, 1936.

SUA DONNA, LA *(Under my Skin)* ★★★
Regia di JEAN NEGULESCO. Con LUTHER ADLER, JOHN GARFIELD, MICHELINE PRESLE. ■ Un fantino disonesto imbroglia involontariamente anche i complici e fugge. Conosciuta una brava ragazza, decide di cambiar vita. I suoi ex compari, però, lo raggiungono e lo costringono a riprendere con le corse truccate. Il fantino tenta di ribellarsi e viene ucciso. ■ DRAMMATICO; B/N; 86′; USA, 1950.

SUA ECCELLENZA SI FERMÒ A MANGIARE ★★★
Regia di MARIO MATTOLI. Con VIRNA LISI, LAURETTA MASIERO, UGO TOGNAZZI, TOTÒ, LIA ZOPPELLI. ■ Un ladro riesce a farsi invitare al banchetto di un ministro con l'intenzione di rubare un prezioso servizio di posate. A furto avvenuto, per una serie di equivoci si sospetta del ministro. Intanto il ladro fugge. ■ COMMEDIA; B/N; 101′; ITALIA, 1961.

SUA GIORNATA DI GLORIA, LA ★★
Regia di EDOARDO BRUNO. Con MARIA MANUELA CARRILHO, CARLO CHECCHI, RAUL MARTINEZ, SERGIO SERAFINI. ■ Avvertita da un delatore, la polizia reprime una rivolta a sfondo ideologico provocando la morte di uno dei partecipanti. L'autore della "soffiata", per riscattarsi agli occhi dei compagni, li spinge ad un'azione terroristica. Ma, ancora una volta, all'ultimo momento rifiuta di partecipare per paura. ■ DRAMMATICO; B/N; 82′; ITALIA, 1969.

SUA MAESTÀ IL FABBRO FERRAIO *(Monseigneur)* ★★★
Regia di ROGER RICHEBÉ. Con BERNARD BLIER, NADIA GRAY, FERNAND LEDOUX. ■ Un professore è convinto che un fabbro discenda da Luigi XVI, ma non ha le prove. Per poter sfruttare la situazione, falsifica dei documenti e poi presenta l'artigiano a corte. Svelato il proprio gioco, tenta poi di ricattare il povero fabbro che, fondamentalmente onesto, non cede e torna alla sua povertà. ■ COMMEDIA; B/N; 91′; FRANCIA, 1949.

SUA MAESTÀ NON CONCILIA *(That Riviera Touch)* ★★
Regia di CLIFF OWEN. Con SUE LLOYD, ERIC MORECAMBE, PAUL STASSINO, ERNIE WISE. ■ Due ex poliziotti ingenui e svagati vengono coinvolti negli affari poco puliti di una banda di malviventi che si servono della complicità di una ragazza. Quest'ultima, pentitasi, aiuta i due ex agenti a mandare in galera la banda dei malviventi. ■ COMMEDIA; COL.; 98′; GRAN BRETAGNA, 1966.

SUA MAESTÀ VIENE DA LAS VEGAS *(King Ralph)* ★★
Regia di DAVID S. WARD. Con JOHN GOODMAN, JOHN HURT, PETER O'TOOLE. ■ *Pigmalione* di George Bernard Shaw rivisitato. Al posto della tenera e ignorante fioraia troviamo un simpatico grassone. Costui viene prelevato di forza da Las Vegas e portato alla corte d'Inghilterra perché urge un nuovo re. Inutile dire che il cerimoniere tuttofare, interpretato da O'Toole, avrà un bel daffare per tener tranquillo lo yankee che mal si adatta alla vita di palazzo. ■ COMMEDIA; COL.; 97′; USA, 1991.

SUA MANIERA D'AMARE, LA *(She Married an Artist)* ★★
Regia di MARION GERING. Con JOHN BOLES, LULI DESTE, FRAN-

CES DRAKE. ■ Un disegnatore e una modista si sposano. Lei è gelosa delle modelle che circondano il marito. I due sono sul punto di separarsi ma l'amore trionfa. ■ COMMEDIA; B/N; 119'; USA, 1938.

SUA NOTTE, LA *(Turbina)* ★★
Regia di OTAKAR VÀVRA. Con LIDA BAAROVA, FRANTISEK SMOLIK. ■ Protagonista principale è la giovane figlia di un ingegnere che, dopo aver ceduto alle lusinghe di un ricco industriale, è salvata dal suicidio da un giovane innamorato. ■ DRAMMATICO; B/N; 91'; CECOSLOVACCHIA, 1941.

SUA STRADA, LA ★★
Regia di MARIO COSTA. Con LIDA BAAROVA, CARLA CANDIANI, OTELLO TOSO. ■ Il giovane nipote di un allevatore di cavalli si fa irretire da una donna divorziata che gli prospetta una vita più brillante. Interviene il vecchio e la maliarda fa le valigie. ■ DRAMMATICO; B/N; 93'; ITALIA, 1943.

SUBLIME DECISIONE *(Tronutki odiocitve)* ★★
Regia di FRANTISEK CAP. Con JOAN GALLUP, JIM POTOK, STANLEY SEVARD, JULIE STONE. ■ Un medico al servizio dei partigiani, dopo aver ucciso un collaborazionista, è costretto a rivolgersi al padre della sua vittima, un barcaiolo, per raggiungere un rifugio sicuro. Il barcaiolo vorrebbe vendicarsi, ma poi aiuta il medico che ha salvato la vita a sua nuora. ■ GUERRA; B/N; 94'; JUGOSLAVIA, 1965.

SUBLIME MENZOGNA *(Monsieur de Lourdines)* ★★
Regia di PIERRE DE HÉRAIN. Con GERMAINE DERMOZ, MILA PARÉLY, RAYMOND ROULEAU. ■ Per condurre una vita più brillante a Parigi, un giovane ricco e scioperato abbandona famiglia e fidanzata e si fa irretire da una donna, indebitandosi fino al collo e costringendo il padre a vendere tutti i suoi terreni e le sue proprietà. Solo quando i dispiacieri causano la morte della madre, fa ritorno a casa. ■ DRAMMATICO; B/N; 90'; FRANCIA, 1942.

SUBLIMI SEGRETI DELLE YA-YA SISTERS, I ★★★
(The Divine Secrets of the Ya-Ya Sisterhood)
Regia di CALLIE KHOURI. Con SANDRA BULLOCK, ELLEN BURSTYN, FIONNULA FLANAGAN, ASHLEY JUDD, MAGGIE SMITH. ■ Sidda Lee Walker, affermata scrittrice e commediografa, ha un pessimo rapporto con la madre. Quando ormai la rottura tra le due sembra inevitabile, Sidda Lee conoscerà delle vecchie amiche di sua madre, pronte a tutto pur di rimettere le cose a posto... anche a raccontare a Sidda Lee il passato che la madre non le ha mai raccontato. ■ COMMEDIA; COL.; 116'; USA, 2002.

SUBTERFUGE ★★
Regia di PETER GRAHAM SCOTT. Con TOM ADAMS, GENE BARRY, JOAN COLLINS, RICHARD TODD. ■ Un agente segreto britannico è ucciso in circostanze oscure. Un suo collega americano scopre il responsabile del delitto e lo fa fuori. ■ GIALLO; COL.; 92'; GRAN BRETAGNA, 1972.

SUBURBIA ★★
Regia di RICHARD LINKLATER. Con JAYCE BARTOK, AMIE CAREY, NICKY KATT. ■ Alla periferia di Austin, in un parcheggio gestito da una coppia di pakistani, tre giovani si danno appuntamento e altri arrivano per caso. Tratto da un testo teatrale di Eric Bogosian, il film costruisce uno spazio quasi atemporale in cui l'azione viene sostituita dalla parola. ■ DRAMMATICO; COL.; 118'; USA, 1996.

SUBWAY ★★★
Regia di LUC BESSON. Con ISABELLE ADJANI, RICHARD BOHRINGER, CHRISTOPHER LAMBERT. ■ Nei mille cunicoli della metropolitana parigina vive una frenetica moltitudine di personaggi curiosi e un po' folli. È qui che si rifugia un biondo e riccioluto Lambert, inseguito dagli sbirri della donna alla quale ha sottratto documenti compromettenti. Stravagante caccia all'uomo, storia d'amore e d'emarginazione, bellissime musiche. Besson graffia, commuove, diverte e crea un prodotto di sicura classe. ■ DRAMMATICO; COL.; 104'; FRANCIA, 1986.

SUCCEDE UN QUARANTOTTO ★★★
Regia di NICOLA CARACCIOLO, EMANUELE VALERIO MARINO. ■ Realizzato per intero con materiali dell'Istituto Luce e dell'Archivio Storico del Movimento Operaio, il film-documento racconta la nascita della Prima Repubblica nel periodo in cui sembra sorgere la Seconda. L'attenzione non è posta solo sui grandi fatti ma anche sulle evoluzioni della vita quotidiana che, in quel periodo, acquisisce nuovi ritmi. ■ DOCUMENTARIO; B/N; ITALIA, 1994.

SUCCESSO, IL ★★★
Regia di MAURO MORASSI. Con ANOUK AIMÉE, VITTORIO GASSMAN, JEAN-LOUIS TRINTIGNANT. ■ Pervaso da una cieca passione per il denaro, un impiegato trascura famiglia, amici e principi morali pur di concludere un grosso affare acquistando un terreno in Sardegna. Si salva da un pauroso indebitamento, ma perde tutti gli affetti. ■ COMMEDIA; B/N; 120'; ITALIA, 1963.

SUCCHIAMI *(Breaking Wind)* ★
Regia di CRAIG MOSS. Con HEATER ANN DAVIS, ALISSA KRAMER, FRANK PACHECO, ERIC TIEDE, DANNY TREJO. ■ Fidanzata con Edward Cullen, il succhiasangue vegetariano più in vista della scuola, Bella continua a frequentare anche il licantropo sovrappeso Jacob. Quando una nuova stirpe di letali vampiri si mette sulle sue tracce per eliminarla, non-morti e lupi mannari uniranno le forze al fine di salvarle la vita. Bella sarà salvata dall'assideramento grazie ad un amplesso con l'amico ciccione... Presa in giro della fortunata saga di *Twilight*. ■ COMMEDIA; COL.; 90'; USA, 2012.

SUCKER PUNCH ★★
Regia di ZACK SNYDER. Con EMILY BROWNING, JAMIE CHUNG, ABBIE CORNISH, VANESSA HUDGENS, JENA MALONE. ■ Unica erede del patrimonio di famiglia alla morte della madre, incolpata dell'uccisione della sorella, in realtà avvenuta per mano del malvagio patrigno, e da questi rinchiusa in un terribile manicomio, Baby Doll medita la fuga. Tra visioni, sogni, aspirazioni e metafore immagina la sua permanenza come la vita in un bordello in cui le prostitute danzano per attirare l'attenzione dei clienti e farsi scegliere. Quando danza per distrarre i clienti, invece, Baby Doll immagina la propria strada verso la libertà come un'iperbolica battaglia tecnologica tra katane, armi automatiche e nemici mostruosi. Al suo quinto lungometraggio Zack Snyder sperimenta la via del soggetto originale. ■ AZIONE; COL. USA, CANADA, 2011.

SU CON LA VITA! *(Fanfare d'amour)* ★★
Regia di RICHARD POTTIER. Con FERNAND GRAVEY, BETTY STOCKFELD. ■ Due musicisti, pur di suonare, sono pronti a camuffarsi da tzigani, neri o messicani. Si travestono persino da donne per far parte di un complessino femminile. Il trucco si scopre quando i due si innamorano di una collega. ■ COMMEDIA; B/N; 93'; FRANCIA, 1935.

SUD ★★
Regia di GABRIELE SALVATORES. Con GIORGIO ALBERTI, GIANNI BISIO, RENATO CARPENTIERI, ANTONIO CATANIA, FRANCESCA NERI, SILVIO ORLANDO. ■ Il disoccupato Ciro (e senza casa), con tre compagni fra cui un africano, occupa un seggio elettorale e casualmente prende in ostaggio la figlia del boss politico di quella città del Sud. Fra le altre cose si scopre un broglio elettorale e mentre all'inizio i quattro volevano solo compiere una piccola azione dimostrativa (con armi finte), finiscono per fare sul serio, con armi vere, assedio di gruppi speciali dei carabinieri, intervento della televisione e dialettica interna fra sequestratori e sequestrati, mentre il popolo, fuori, è tutto dalla loro parte. Alla fine perdono, anche se non ci sono morti. La ricca sequestrata dice a Ciro-Orlando: «Mi dispiace» e lui le risponde: «Signorina, non basta». Salvatores ha avuto la ventura (che finisce per essere sventura) di aver vinto un Oscar (discusso) e questo lo pone in una posizione difficile; finisce per essere sotto i riflettori e sotto tiro. Ha assunto responsabilità maggiori e ci costringe a essere severi. Se il regista avesse continuato a fare i suoi bei film personali e divertenti saremmo dalla sua parte senza condizioni, ma adesso nasce il sospetto di un certo disegno premeditato: farsi un nome per poter finalmente lanciare un grande messaggio ai popoli. Purtroppo anche Salvatores non ha resistito alla tentazione di affrontare e risolvere la grande equazione del nostro tempo. Dovrebbe sapere che il cinema non ha questa possibilità, può solo rimasticare contenuti predigeriti. Sentiamo nostalgia di *Turné* e *Medi-*

terraneo e speriamo che il regista ci ritorni. Ciò che sembra "contro" non lo è più. Il contro oggi sono il buon gusto, la discrezione e l'equidistanza, la non appartenenza e la libertà. I grandi discorsi sono a disagio nel cinema e sono competenza di pochi autori, fra i quali Salvatores non c'è. ■ DRAMMATICO; COL.; 95'; ITALIA, 1993. ■ DAVID DI DONATELLO 1 PR, 1 NOM.

SUDARIO DELLA MUMMIA, IL ★★
(The Mummy's Shroud)
Regia di JOHN GILLING. Con TIM BARRETT, DAVID BUCK, ANDRÉ MORELL, JOHN PHILIPS. ■ Scoperta la tomba di un faraone morto giovanissimo, una spedizione archeologica ne trasporta i resti in un museo. Il guardiano del sepolcro si impossessa invece del sudario e provoca il risveglio della mummia del fedele schiavo del faraone, ordinandole di uccidere i profanatori della tomba. Solo due membri della spedizione riescono a salvarsi. ■ HORROR; COL.; 84'; GRAN BRETAGNA, 1967.

SUDISTA DEL NORD, IL *(A Southern Yankee)* ★★★
Regia di EDWARD SEDGWICK. Con ARLENE DAHL, BRIAN DONLEVY, RED SKELTON. ■ Durante la guerra di Secessione, un fattorino si sostituisce a una spia sudista penetrata a St. Louis e, appresi numerosi segreti militari, è inviato dai nordisti al quartier generale nemico per carpire ulteriori informazioni. Smascherato, rischia la pena capitale, ma è salvato dalla notizia della resa sudista. ■ COMMEDIA; B/N; 90'; USA, 1948.

SU DI UN'ISOLA CON TE *(On an Island with You)* ★★★
Regia di RICHARD THORPE. Con RICARDO MONTALBAN, ESTHER WILLIAMS. ■ Un attore e un'attrice sono in procinto di sposarsi. Mentre girano un film, giunge però un ufficiale che partecipa alle riprese come consulente militare e che da tempo è innamorato dell'attrice. Contemporaneamente l'attore si invaghisce di una ballerina. Il matrimonio in programma va a monte: si formano due nuove coppie. ■ COMMEDIA; COL.; 107'; USA, 1948.

SUD SIDE STORI ★★
Regia di ROBERTA TORRE. Con FORSTINE EHOBOR, AMAKA EJ INDU, MARIO MEROLA, ROBERTO RONDELLI, LITTLE TONY, KEMI TOYIN. ■ A Palermo il cantante da strapazzo Toni Giulietto incontra la prostituta nigeriana Romea Wacoubo. È amore a prima vista, contrastato dalla parentela e dalle amiche di Toni. Dopo l'originalissimo esordio con *Tano da morire* del 1997, Roberta Torre era attesa con simpatia alla sua seconda prova. La simpatia si è rapidamente tramutata in delusione. I motivi sono molteplici. Da un lato l'intervento di Ciprì e Maresco si fa sentire sempre più, innestandosi però su modalità espressive che non sono le loro. Dall'altro la Torre stessa sembra in bilico tra la decisione di riproporre l'estetica di *Tano* (colori accesi, canzoni, scenografie surreal-grottesche) e il desiderio di guardare altrove. Ne esce un'operina dalle nobili intenzioni, ma assolutamente debole nella costruzione. ■ MUSICALE; COL.; 87'; ITALIA, 2000.

SU DUE, UNO ★★★
Regia di EUGENIO CAPPUCCIO. Con GIUSEPPE BATTISTON, AGOSTINA BELLI, ANITA CAPRIOLI, NINETTO DAVOLI, PAOLA ROTA, MANUELA SPARTÀ, TRESY TADDEI, FABIO VOLO. ■ Lorenzo è un avvocato rampante, che ha lottato e ha ottenuto il suo status con determinazione. Ha una bella casa, una fidanzata, Silvia, forse precaria forse no, e tutta l'invidia dei suoi amici che "lo stimano moltissimo". Ora è il momento di fare il salto di qualità, e un grosso business in Russia insieme al socio e fratello Paolo (Giuseppe Battiston). Improvvisamente un malore, gli appanna la vista. È solo l'inizio di un lungo viaggio nel dubbio, nella malattia, alla riscoperta della vita. ■ DRAMMATICO; COL.; 100'; ITALIA, 2006.

SU E GIÙ ★★
Regia di MINO GUERRINI. Con MARIA GRAZIA BUCCELLA, LANDO BUZZANCA, ALIDA CHELLI, PAOLO FERRARI, ANTONELLA LUALDI, ELEONORA ROSSI DRAGO. ■ Film a episodi: tre narrano vicende d'amore e d'adulteri; l'ultimo ha per protagonista un nobile decaduto che vince al gioco e diviene assistente di un ricco industriale. ■ COMMEDIA; B/N; 93'; ITALIA, 1965.

SU E GIÙ PER BEVERLY HILLS ★★★
(Down and Out in Beverly Hills)
Regia di PAUL MAZURSKY. Con RICHARD DREYFUSS, BETTE MIDLER, NICK NOLTE. ■ Dave e Barbara, marito e moglie, e Max e Jenny, i figli, sono i componenti di una ricca famiglia che vive a Beverly Hills. Un giorno il cagnolino di Jerry Baskin, un poveraccio che vive ai margini di questo ricchissimo quartiere scompare e Jerry disperato entra in una villa e si getta nella piscina per suicidarsi. Lo salva Dave Whiteman (industriale delle stampelle) e gli dà ricovero per un certo tempo. In breve il vagabondo diventa il confidente e l'amico di tutti, risolve perfino i loro problemi esistenziali e Barbara e Jenny se ne innamorano. Jerry si abitua al lusso e rifiuta ogni tipo di lavoro, apprezzando la bella vita. Ma Dave, stanco e sentendosi soppiantato, lo caccia. ■ COMMEDIA; COL.; 97'; USA, 1986. ■ GOLDEN GLOBES 2 NOM.

SU E GIÙ PER I CARAIBI *(Hot Pursuit)* ★★
Regia di STEVEN LISBERGER. Con JOHN CUSACK, ROBERT LOGGIA, MONTE MARKHAM. ■ Un giovanotto non può andare in vacanza ai Caraibi con la sua morosa perché ha gli esami da sostenere. Cerca poi di raggiungerla, ma gliene capitano di tutti i colori, con pirati, marinai, pazzi e giamaicani ubriachi da mattino a sera. ■ COMMEDIA; COL.; 93'; USA, 1987.

SU E GIÙ PER LE SCALE *(Upstairs and Downstairs)* ★★★
Regia di RALPH THOMAS. Con MICHAEL CRAIG, MYLÈNE DEMONGEOT, ANNE HEYWOOD. ■ Due giovani e ricchi coniugi sono alle prese col problema della servitù: prima assumono una ragazza spagnola che approfitta della loro assenza per invitare a casa tutti i suoi amici e far baldoria; poi passano a un'altra donna che si rivela un'ubriacona e, in più, ha un grosso cane ("Minuscolo") che mette tutto a soqquadro. Dopo molte altre esperienze negative, finalmente i due coniugi troveranno una soluzione. ■ COMMEDIA; COL.; 101'; GRAN BRETAGNA, 1959.

SUE ULTIME MUTANDINE, LE *(Long Pants)* ★★★
Regia di FRANK CAPRA. Con GLADYS BROCKWELL, HARRY LANGDON, AL ROSCOE. ■ Uno dei film dell'accoppiata Langdon-Capra. Si tratta di una commedia con toni drammatici. Un ragazzo complessato riesce a convincere la madre che è arrivato per lui il tempo di indossare i pantaloni lunghi. Conosce una donna e se ne invaghisce immediatamente. Quando viene a sapere che è finita in prigione per uxoricidio, deluso, torna a casa e si fidanza con la figlia dei vicini. ■ COMMEDIA; COL.; 60'; USA, 1927.

SUEZ ★★★
Regia di ALLAN DWAN. Con ANNABELLA, TYRONE POWER, LORETTA YOUNG. ■ Il film narra le vicende private e gli avvenimenti politici che fecero da scenario alla costruzione del canale di Suez. Quando, morta l'affezionata compagna, l'ideatore del progetto, Ferdinando de Lesseps, si invaghisce della futura imperatrice di Francia, nascono confusi intrighi. Ma, superato ogni ostacolo, i lavori hanno finalmente inizio. ■ DRAMMATICO; B/N; 104'; USA, 1938. ■ OSCAR 3 NOM.

SUGAR BABY *(Zucker Baby)* ★★
Regia di PERCY ADLON. Con ELSI GULP, MARIANNE SÄGEBRECHT. ■ Una commedia beffarda di Percy Adlon, regista tedesco sconosciuto in Italia fino al successo inaspettato del suo *Bagdad café*. Una cicciona, che nessuno onora di un qualsiasi affettuoso sentimento, invecchia mestamente come impiegata di un'agenzia di pompe funebri, fino al giorno in cui riesce a farsi amare da un tranviere. Certo non lo attira con il sesso, ma con la gola (l'amato è un ghiottone). È tutto bello finché dura. Ma non dura. ■ COMMEDIA; COL.; 84'; GERMANIA, 1985.

SUGAR COLT ★★
Regia di FRANCO GIRALDI. Con SOLEDAD MIRANDA, HUNT POWERS, JULIAN RAFFERTY. ■ Un intero plotone di nordisti è scomparso. Un investigatore privato scopre che i soldati sono tenuti in ostaggio da un truce colonnello che vuole ottenere un congruo riscatto. Messosi in contatto con i prigionieri, l'investigatore li fa evadere e sgomina la banda del colonnello. ■ WESTERN; COL.; 92'; ITALIA, 1967.

SUGARLAND EXPRESS *(The Sugarland Express)* ★★★★
Regia di STEVEN SPIELBERG. Con GOLDIE HAWN, BEN JOHNSON, MICHAEL SACKS. ■ Una giovane donna convince il marito a evadere di prigione, nonostante gli rimangano solo quattro mesi da scontare, per raggiungere il figlioletto affidato ad un'anziana cop-

pia di coniugi. I due si impadroniscono poi di un'auto della polizia, prendendo in ostaggio l'autista. All'inseguimento della coppia si lanciano subito diverse pattuglie delle forze dell'ordine alle quali, via via, se ne aggiungono altre. Il gigantesco carosello viene seguito con emozione, per radio e per televisione, da migliaia di persone. La donna si sente un'eroina e convince il marito a non arrendersi. ■ DRAMMATICO; COL.; 109'; USA, 1974. ■ CANNES 1 PR.

SUGAR MAN *(Searching for Sugar Man)* ★★★
Regia di MALIK BENDJELLOUL. Con DENNIS COFFEY, DAN DIMAGGIO, STEVE ROWLAND, STEPHEN SEGERMAN, MIKE THEODORE. ■ I primi anni '70 del rock americano sono memorabili. Una stagione talmente aurea da costare il semi-anonimato per talenti tutt'altro che trascurabili: gente come Bruce Palmer, Shuggie Otis o Sixto Rodriguez. La parabola di quest'ultimo, però, è così carica di curiosità e sfortunate vicissitudini da meritare un documentario che diviene dapprima un caso e in seguito un Oscar (per una volta) indiscutibile. Consolatorio, con tanto di *happy end*, una vicenda quasi in negativo del sogno americano, *Sugar Man* ha convinto tutti lungo il suo cammino. ■ DOCUMENTARIO; COL.; 86'; SVEZIA, GRAN BRETAGNA, 2012.

SUGGESTIONATA ★★
Regia di ALFREDO RIZZO. Con GIAMPIERO ALBERTINI, GABRIELE FERZETTI, ELEONORA GIORGI. ■ Un ex fascista rientra in Italia per riprendere i suoi beni e si trova alle prese con un'oscura serie di delitti. ■ DRAMMATICO; COL.; 91'; ITALIA, 1978.

SUGGESTIONE *(The Saxon Charm)* ★★
Regia di CLAUDE BINYON. Con SUSAN HAYWARD, ROBERT MONTGOMERY, JOHN PAYNE, AUDREY TOTTER. ■ Benché si sia affidato a un abile produttore teatrale, un giovane commediografo non riesce a mettere in scena la sua opera. Dopo una serie di movimentate vicende, sarà la moglie a consentirglielo, scritturando un celebre attore. ■ COMMEDIA; B/N; 88'; USA, 1948.

SU IL SIPARIO *(On with the Show)* ★★
Regia di ALAN CROSLAND. Con JOE E. BROWN, BETTY COMPSON, ETHEL WATERS. ■ Come si fa a debuttare se l'amministratore è scappato con i fondi della compagnia, la primadonna minaccia di piantare lo show se non sarà pagata e il producer non si fa trovare al telefono? ■ COMM. MUSICALE; COL.; 93'; USA, 1929.

SUI MARCIAPIEDI *(Where the Sidewalks Ends)* ★★★
Regia di OTTO PREMINGER. Con DANA ANDREWS, GARY MERRILL, GENE TIERNEY. ■ Un sergente della polizia, fatta irruzione in una bisca per arrestare un malvivente, lo uccide durante una violenta colluttazione. Occultato il cadavere, continua le indagini fino a sgominare l'intera banda che gravita attorno alla bisca. ■ POLIZIESCO; B/N; 95'; USA, 1950.

SUI MARI DELLA CINA *(China Seas)* ★★★★
Regia di TAY GARNETT. Con WALLACE BEERY, CLARK GABLE, JEAN HARLOW, ROSALIND RUSSELL, C. AUBREY SMITH, LEWIS STONE. ■ Il giovane capitano di un piroscafo che fa servizio tra Hong Kong e Singapore, nonostante la presenza a bordo della sua gelosissima amante, si fidanza con una distinta vedova. Per vendicarsi, la ragazza consegna a un bandito, che viaggia anche lui sulla nave, la chiave dell'armeria. La nave viene quindi abbordata da complici del bandito, che depredano tutti i passeggeri ma non riescono, grazie all'eroismo del capitano, a rintracciare il carico d'oro che è a bordo, e vengono poi trucidati dall'equipaggio. Il capitano scopre infine la responsabilità della ragazza ma la perdona e promette di sposarla. ■ AVVENTURA; B/N; 90'; USA, 1935.

SU IN CAMERA DI MABEL *(Up in Mabel's Room)* ★★★★
Regia di E. MASON HOPPER. Con SYLVIA BREAMER, HARRISON FORD (II), PHYLLIS HAVER, HARRY MYERS, MARIE PREVOST. ■ Mabel scopre suo marito a comprare della lingerie per donna, e quando gli chiede spiegazioni, lui si rifiuta di dargliele. La donna divorzia, e solo dopo scoprirà che quella biancheria era un regalo per lei. Allora l'ostinata Mabel farà di tutto per far tornare indietro suo marito. Si tratta di una vivace e graziosa commedia, che gioca sull'eterna lotta tra i sessi, e vede una delle migliori interpretazioni di Marie Prevost, qui più bella e scoppiettante che mai. ■ COMMEDIA; B/N; 67'; USA, 1926.

SUKIYAKI WESTERN DJANGO ★★
Regia di TAKASHI MIIKE. Con HIDEAKI ITO, KAORI MOMOI, QUENTIN TARANTINO, YOSHINO KIMURA. In un villaggio giapponese, in una terra molto simile al vecchio West, due gang, i Genji vestiti di bianco e gli Heike vestiti di rosso, combattono all'ultimo sangue per un forziere d'oro. Il divertissement di Takashi Miike, che afferma di avere incontrato gli Spaghetti Western (che in Giappone si chiamano Maccheroni Western) all'età di sei anni quando i genitori che guardavano i film di Sergio Leone gli regalavano pistole e speroni, è cinefilia pura. Questo è il pregio e il difetto di un film che nei primi tre minuti dà il meglio di sè. E poi un Quentin Tarantino nell'ironica parte di Piringo, narratore con una meravigliosa parlata inglese dalla cadenza nipponica. Lo sfondo dipinto, con quel sole perfetto e giallo fa il resto. ■ AZIONE; COL.; 121'; GIAPPONE, 2007.

SUL BEL DANUBIO BLU ★★
Regia di HANS SCHWEIKART. Con NICOLE BESNARD, HARDY KRÜGER, RENÉE SAINT-CYR. ■ Una sorta di fiaba moderna che proviene dalla cinematografia austriaca. Il re di un paese lontano arriva a Vienna per conoscere una principessa che dovrebbe sposare per ragioni di Stato. I due però si incontrano e si innamorano. Subentreranno i guai quando verranno a conoscere le vere identità. ■ COMMEDIA; COL.; 90'; AUSTRIA, 1954.

SUL CAMMINO DEI GIGANTI ★★
Regia di ANGIO ZANE. Con TONI BARPI, DARIO CIPANI, ALESSANDRO ZANE. ■ Due ragazzini difendono strenuamente la vita di un pino solitario dall'insediamento di una centrale elettrica, e combinano un sacco di guai. Alla fine, la centrale verrà installata e il pino trapiantato in una zona vicina. ■ AVVENTURA; B/N; 90'; ITALIA, 1962.

SU LE MANI CADAVERE! SEI IN ARRESTO ★
Regia di LEON KLIMOVSKY. Con PETER LEE LAWRENCE, ESPARTACO SANTONI. ■ Un ex capitano dei nordisti terrorizza tutti i piccoli possidenti della zona per costringerli a vendergli le terre a prezzo irrisorio. Un ranger farà giustizia. ■ WESTERN; COL.; 94'; ITALIA, 1972.

SUL FILO DELL'INGANNO *(The Deceivers)* ★★★
Regia di NICHOLAS MEYER. Con PIERCE BROSNAN, SHASHI KAPOOR, KEITH MITCHELL. ■ In India alla metà del diciannovesimo secolo un ufficiale inglese scopre l'esistenza della setta dei Tughs, gli strangolatori adoratori della dea Kalì. Per scoprire il covo e i capi degli assassini, non esita a travestirsi da Tugh. Riuscirà nell'impresa ma pagando un terribile prezzo personale. ■ AVVENTURA; COL.; 105'; GRAN BRETAGNA, 1988.

SUL FIUME D'ARGENTO *(Silver River)* ★★★
Regia di RAOUL WALSH. Con ERROL FLYNN, ANN SHERIDAN. ■ Radiato dall'esercito, un capitano nordista vuole rifarsi, divenendo uno spregiudicato uomo d'affari. Giunto alla soglia di un'invidiabile potenza economica, viene però ridimensionato dalla spietata concorrenza di una grossa organizzazione finanziaria. L'ostilità che gli dimostra la moglie, per la sua totale mancanza di scrupoli, è poi tale da farlo rinsavire e da spingerlo a prendere le difese degli umili e degli oppressi in una competizione elettorale. ■ WESTERN; B/N; 110'; USA, 1948.

SULLA COLLINA NERA *(On the Black Hill)* ★★
Regia di ANDREW GRIEVE. Con MIKE GWILYM, ROBERT GWILYM, BOB PECK. ■ Grande affresco di famiglia che comincia alla fine del diciannovesimo secolo e termina ai nostri tempi. Al centro della storia, con i vari cambi di generazione e l'ambientazione nella campagna gallese, due fratelli gemelli uniti da un profondo vincolo di sangue. ■ DRAMMATICO; COL.; 116'; GRAN BRETAGNA, 1987.

SUL LAGO DORATO *(On Golden Pond)* ★★★8
Regia di MARK RYDELL. Con HENRY FONDA, JANE FONDA, KATHARINE HEPBURN. ■ Due vecchi sposi si ritirano nella tranquillità della loro casa sul lago. Lui sta per compiere ottant'anni e, per festeggiarlo, arriva anche la figlia divorziata, accompagnata dal "fidanzato" e dal figlio di lui, un ragazzino apparentemente intrattabile che viene poi lasciato in compagnia dei "nonni". I rapporti tra l'adolescente e gli anziani ospiti sono inizialmente diffi-

cili, ma l'ostilità si trasforma in una bellissima amicizia. Film delicatissimo, forse a tratti troppo zuccheroso, che ha fruttato a Henry Fonda l'Oscar poco prima della morte. ■ SENTIMENTALE; COL.; 109'; USA, 1981. ■ GOLDEN GLOBES 4 PR, 6 NOM; OSCAR 3 PR, 10 NOM.

SUL LAGO TAHOE *(Lake Tahoe)* ★★
Regia di FERNANDO EIMBCKE. Con DIEGO CATAÑO, HECTOR HÉRRERA, JUAN CARLOS LARA II, YEMIL SEFANI, DANIELA VALENTINE. ■ Juan ha sedici anni ed è appena andato a sbattere contro un palo con l'auto di famiglia. A casa la mamma si è chiusa in bagno e il fratellino non sa che fare. Mentre il ragazzo peregrina da un'autofficina all'altra cercando chi possa aiutarlo a far ripartire l'auto conosciamo esponenti di un'umanità talvolta rassegnata talaltra con sogni impossibili. Veniamo contemporaneamente messia a conoscenza del motivo della sofferenza del ragazzo: è morto suo padre. Il messicano Fernando Eimbcke, con questo piccolo ma intenso film, offre il ritratto di un adolescente che deve vedersela col guasto di una macchina che è semplicemente la metafora dei guasti della sua vita. I personaggi che incontra (il meccanico con cane da difesa, la ragazzina madre che sogna di diventare la front woman di un gruppo punk, il ragazzo appassionato di arti marziali) sono *dramatis personae* di una via crucis interiore al termine della quale cercare una ricomposizione con l'esistenza e col quotidiano. ■ DRAMMATICO; COL.; 85'; MESSICO, GIAPPONE, USA, 2008.

SULLA MIA PELLE ★
Regia di VALERIO JALONGO. Con STEFANO CASSETTI, DONATELLA FINOCCHIARO, IVAN FRANEK, VINCENZO PELUSO. ■ Tony, un detenuto, ex-rapinatore di banche, dopo numerosi colloqui riesce a ottenere la semilibertà e viene assunto in un caseificio di Battipaglia. Ben presto si rende conto della difficile situazione in cui versa l'azienda: Alfonso, figlio del proprietario, ha contratto un grosso debito con degli usurai, ma della cosa non ha informato né il padre né la cugina Bianca. ■ DRAMMATICO; COL.; 101'; ITALIA, 2005.

SULLA SABBIA È PASSATA LA MORTE ★
(Los innocentes)
Regia di JUAN ANTONIO BARDEM. Con ALFREDO ALCON, ENRIQUE FAVA, PALOMA VALDES. ■ Un miliardario e la sua amante periscono in un incidente. Il marito della donna, indagando sul legame che univa la coppia, conosce la figlia del morto, se ne innamora e vuole sposarla. Anche lei però finisce per abbandonarlo. ■ DRAMMATICO; B/N; 93'; SPAGNA, 1963.

SULL'ASFALTO LA PELLE SCOTTA ★★
(In Frankfurt sind die Nachte heiss)
Regia di ROLF OLSEN. Con ERIK SCHUMANN, VERA TSCHECHOWA, BARBARA VALENTIN. ■ Una ragazza coinvolta in loschi affari è trovata uccisa in un appartamento di Francoforte. Il fidanzato indaga per scoprire l'assassino. ■ DRAMMATICO; B/N; 87'; AUSTRIA, 1966.

SULLA SPIAGGIA E DI LÀ DAL MOLO ★★
Regia di GIOVANNI FAGO. Con OMERO ANTONUTTI, STÉPHANE FREISS, LORENZA INDOVINA, ANDREA RENZI, LAURENT TERZIEFF. ■ Mario Tobino e il cinema. Un rapporto che sembrava esaurito e che si riattiva con questo film di Fago presentato a Berlino nella sezione *Panorama 2000*. Tre amici vengono seguiti nell'arco di tempo che va dal 1920 al 1980. Stanno a sinistra ma all'avvento del fascismo Guido si iscrive mentre Andrea non cambia orientamento. Li lega l'amore per Nives. Quando Andrea rischierà la fucilazione il neuropsichiatra Guido interverrà per salvarlo. Nel 1980 i tre si ritrovano. La regia è corretta ma non va al di là della qualità patinata di un buon tv movie. ■ DRAMMATICO; COL.; 130'; ITALIA, 2000.

SULLA STRADA DEL MITO *(Falling form Grace)* ★★★
Regia di JOHN MELLENCAMP. Con MARIEL HEMINGWAY, KAY LENZ, JOHN MELLENCAMP. ■ John Mellencamp è un interessante musicista rock che porta sullo schermo la storia di una star della *country music* che torna al proprio paese in occasione degli ottant'anni del padre. Farà fatica a ritrovare se stesso e i propri equilibri interiori. Se tutte le opere prime fossero così curate il cinema ci guadagnerebbe moltissimo. ■ DRAMMATICO; COL.; 100'; USA, 1992.

SULLA STRADA DI CASA ★★
Regia di EMILIANO CORAPI. Con DONATELLA FINOCCHIARO, DANIELE LIOTTI, VINICIO MARCHIONI, CLAUDIA PANDOLFI, FABRIZIO RONGIONE. ■ Alberto ha una moglie, due bambini e una piccola impresa in cattive acque. Stimato oltremodo dalla consorte, che giudica troppo sincera e ingenua, Alberto le nasconde di "arrotondare" la vita facendo il corriere per gente poco raccomandabile. Alla vigilia del secondo viaggio qualcosa però va storto e moglie e figli sono presi in ostaggio da tre malviventi. Alberto deve dunque adoprarsi per risolvere la situazione e salvare la sua famiglia. ■ THRILLER; COL.; 83'; ITALIA, 2012.

SULLA TERRA COME IN CIELO ★★
(Sur la terre comme au ciel)
Regia di MARION HÄNSEL. Con DIDIER BEZACE, JEAN-PIERRE CASSEL, CARMEN MAURA. ■ Maria è un'affascinante giornalista televisiva in stato di gravidanza avanzata. La donna non sa che nel "Nulla" suo figlio e tutti gli altri feti hanno deciso di non nascere per portare la razza umana all'estinzione. Maria non riuscirà a convincere l'opinione pubblica dell'esistenza del problema. In compenso instaurerà un dialogo con il nascituro che, infine, deciderà di venire al mondo. Buona l'idea, ma risolta in modo troppo retorico. ■ DRAMMATICO; COL.; 80'; BELGIO, FRANCIA, SPAGNA, 1991.

SULLA VIA DEL DELITTO ★★
(Verbrechen nach Schulchluss)
Regia di ALFRED VOHRER. Con CORNY COLLINS, PETER VAN EYCK, CHRISTIAN WOLFF. ■ Uno studente di buona famiglia, accusato ingiustamente di un furto ed espulso da scuola, diventa il capo di una banda di giovani scapestrati. Per soccorrere una ragazza, litiga poi con un turpe individuo che la sfrutta e che più tardi è trovato morto. Arrestato per l'omicidio, l'ex studente si protesta invano innocente. In carcere sa però acquistarsi la fiducia di un medico che riuscirà a far riaprire il processo e a scagionarlo. ■ DRAMMATICO; B/N; 92'; GERMANIA, 1959.

SULLE ALI DELLA CANZONE *(Love me Forever)* ★★
Regia di VICTOR SCHERTZINGER. Con LEO CORELLI, VICTOR MOORE. ■ Il proprietario di un locale notturno dilapida tutte le sue sostanze per assicurare il successo a una ragazza dalla voce bellissima, riuscendo a farla scritturare al Metropolitan. Poi, alla comparsa di un vecchio corteggiatore della fanciulla, si mette da parte, cercando di dimenticare tutto nel vino e nel gioco. Ma la ragazza gli offrirà la salvezza. ■ DRAMMATICO; B/N; 90'; USA, 1935. ■ OSCAR 1 NOM.

SULLE ALI DELL'ARCOBALENO ★★★
(Finian's Rainbow)
Regia di FRANCIS FORD COPPOLA. Con FRED ASTAIRE, PETULA CLARK, TOMMY STEELE. ■ Intorno a un magico vaso, capace di soddisfare tre desideri, si intessono divertenti avventure. Dapprima un odioso razzista si trasforma in nero e diviene tollerante. Poi una ragazza muta ottiene la parola. Infine viene ridata la pelle bianca al razzista rinsavito. Il simpatico folletto proprietario del vaso farà quindi ritorno in Irlanda, da dove era venuto, alla ricerca di nuove avventure. ■ FANTASTICO/MUSICALE; COL.; 145'; USA, 1968. ■ OSCAR 2 NOM.

SULLE ALI DEL SOGNO *(Melba)* ★★★
Regia di LEWIS MILESTONE. Con ROBERT MORLEY, PATRICIA MUNSEL. ■ Biografia del grande soprano Nelly Melba. ■ DOC. MUSICALE; COL.; 113'; USA, 1953.

SULLE MIE LABBRA *(Sur mes lèvres)* ★★
Regia di JACQUES AUDIARD. Con VINCENT CASSEL, EMMANUELLE DEVOS, OLIVIER GOURMET, OLIVIER PERRIER. ■ Carla Behm lavora presso un'agenzia immobiliare. Ha 35 anni e si occupa di tutti gli aspetti del suo lavoro per uno stipendio da fame e una riconoscenza ancora più misera. Carla soffre di un handicap: ha un deficit uditivo e porta delle protesi. Non ne può più della derisione dei colleghi e quando le viene offerto di scegliere un collaboratore sa cosa fare: fa assumere il venticinquenne Paul che non sa nulla di immobili ma che è appena uscito di prigione. Tre anni dopo un film

utto francese come *Un héros tres discret* con Kassowitz, Jacques Audiard torna sullo schermo con un film dall'impatto sensuale che però non trascura una riflessione sui generi (dal cinema sociale alla storia d'amore passando per il noir). Chi non ama le atmosfere francesi lo eviti. Per gli altri invece c'è materia per approfondimenti. ■ DRAMMATICO; COL.; 115'; FRANCIA, 2002.

SULLE ORME DELLA PANTERA ROSA ★★
(Trail of the Pink Panther)
Regia di BLAKE EDWARDS. Con CAPUCINE, DAVID NIVEN, PETER SELLERS. ■ Ritratto biografico, dopo quattro film sulla Pantera Rosa, dell'ispettore Clouseau, il maldestro poliziotto perennemente alla caccia dei ladri del famoso diamante. Il film doveva essere in realtà un quinto episodio, ma è diventato una sorta di antologia con vecchi spezzoni, a causa della morte prematura di Peter Sellers durante le riprese. ■ COMMEDIA; COL.; 97'; USA, 1982.

SULLE ORME DEL VENTO *(A Far off Place)* ★★
Regia di MIKAEL SALOMON. Con ETHAN RANDALL, MAXIMILIAN SCHELL, JACK THOMPSON, REESE WITHERSPOON. ■ Film d'esordio del direttore della fotografia di *Fuoco assassino* e di *The Abyss*. Prodotto dalla Walt Disney e dalla Amblin di Spielberg, è anticipato dal cartone animato *Curve pericolose* con lo spassosissimo Roger Rabbit. Inutile dire che il cortometraggio è molto meglio dell'avventuroso lungometraggio. Due ragazzi vengono guidati nel deserto del Kalahari da Xhambo, un boscimane. Ci sono dei cattivissimi bracconieri che tramano nell'ombra. Un film per ragazzi con fasi alterne di ritmo. Il colonialismo benevolo e ipocrita che già si sentiva in *La città della gioia* qui non riesce neanche a fare spettacolo. ■ AVVENTURA; COL.; 107'; USA, 1992.

SULLE ORME DI BRUCE LEE ★
(That Man from Singapore)
Regia di LAW KI. Con HUNG KAMPO-PO, KO KEUNG, CHIU KUNG. ■ Un campione di karatè lotta contro un bieco trafficante di droga e lo vince. Bruce Lee col film non c'entra niente. ■ POLIZIESCO; COL.; 93'; HONG KONG, 1974.

SULLE ORME DI SCARAMOUCHE ★★
(Hauptmann Florian von der Muhla)
Regia di WERNER W. WALLROTH. Con REGINA BEYER, ROLF HERRIET, MANFRED KRUG. ■ Un ex ufficiale napoleonico diretto a Vienna per chiedere i risarcimenti di guerra incontra durante il viaggio due nobildonne. Una diventa sua nemica e gli procura un sacco di guai, l'altra sua alleata. Con quest'ultima, l'ex ufficiale riuscirà a derubare Metternich. ■ COMMEDIA; COL.; 93'; GERMANIA, 1974.

SULLE TRACCE DELL'ASSASSINO *(Shoot to Kill)* ★★★
Regia di ROGER SPOTTISWOODE. Con KIRSTIE ALLEY, TOM BERENGER, SIDNEY POITIER. ■ Un agente dell'Fbi dà la caccia a un rapinatore assassino. L'inseguimento si protrae sulle montagne al confine del Canada dove il ricercato prende in ostaggio una ragazza. Ma in Canada sarà raggiunto dal poliziotto, che gli salderà il conto con l'aiuto di una guida che ama la ragazza. Un bel giallo avventuroso, dove il regista trae ottimo partito dagli splendidi paesaggi delle "Rockies". ■ POLIZIESCO; COL.; 110'; USA, 1988.

SULLE TRACCE DEL TESTIMONE *(Road Ends)*
Regia di RICK KING. Con PETER COYOTE, MARIEL HEMINGWAY, DENNIS HOPPER, CHRIS SARANDON. ■ Per condannare un narcotrafficante occorre la testimonianza di un suo ex aiutante che però cerca di far perdere le proprie tracce. A cercarlo non è solo un agente federale ma anche un killer inviato dal malvivente. Lo sceriffo locale (insolitamente interpretato da Hopper) assisterà alla sconfitta di entrambi. ■ POLIZIESCO; COL.; 90'; USA, 1997.

SULLE TRACCE DI UNO STRANIERO ★★
(In the Wake of a Stranger)
Regia di DAVID EADY. Con SHIRLEY EATON, DANNY GREEN, TONY WRIGHT. ■ Un marinaio è accusato di un omicidio che non ha commesso. Fugge, ma per dimostrare la propria innocenza deve mettere le mani sul vero responsabile. Sarà una caccia lunga, dura e difficile. ■ GIALLO; B/N; 91'; GRAN BRETAGNA, 1960.

SULL'ORLO DELL'ABISSO *(Edge of Eternity)* ★★★
Regia di DON SIEGEL. Con MICKEY SHAUGHNESSY, VICTORIA SHAW, CORNEL WILDE. ■ Un poliziotto viene inviato in un paesino dell'Arizona, che ha come unica ricchezza un giacimento di guano, per indagare su alcuni misteriosi omicidi. Scoprirà che la causa della serie di delitti è una miniera d'oro, che tutti credevano ormai esaurita, e troverà l'amore di una ragazza. ■ POLIZIESCO; COL.; 80'; USA, 1960.

SULL'ORLO DELLA PAURA *(Dandy in Aspic)* ★★★
Regia di ANTHONY MANN. Con PETER COOK, TOM COURTENAY, MIA FARROW, LAURENCE HARVEY LIONEL STANDER. ■ Un agente segreto inglese fa il doppio gioco a favore dei russi. Alcuni indizi gli rivelano che ormai i britannici l'hanno scoperto. Tenta allora di trovare scampo presso i sovietici, ma anche questi lo respingono perché ormai lo considerano inutile. ■ SPIONAGGIO; COL.; 107'; USA, 1968.

SUL MARE ★★
Regia di ALESSANDRO D'ALATRI. Con DARIO CASTIGLIO, MARTINA CODECASA, VINCENZO MEROLLA, NUNZIA SCHIANO, RAFFAELE VASSALLO. ■ Salvatore ha vent'anni e due stagioni. Barcaiolo d'estate e muratore d'inverno, vive a Ventotene con i genitori, pochi amici e una barca da curare e da cui farsi cullare. Con l'arrivo di Martina, turista di un Nord lontano e introverso, il ragazzo conoscerà la primavera e l'amore, quello che toglie il fiato e lascia sfiniti sul molo a guardare un traghetto salpare. Martina, studentessa per dovere col vizio dei silenzi, s'innamora di Salvatore senza riuscire a comprenderne il mondo e l'"isolitudine". Dopo una notte d'amore, si rende irreperibile, lasciando Salvatore nel panico e nel più totale sconforto. Ma una nuova stagione è alle porte e forse il ragazzo in bilico sul mare avrà un'altra occasione di felicità. ■ COMMEDIA; COL.; 100'; ITALIA, 2010.

SUL MARE LUCCICA *(Fisherman's Wharf)* ★★
Regia di BERNARD VORHAUS. Con HENRY ARMETTA, BOBBY BREEN, LEO CARILLO. ■ A San Francisco, un pescatore d'origine italiana prende una sbandata per la spocchiosa cognata e litiga coi fedeli soci, ma l'abbandono del figlio adottivo lo fa rinsavire. ■ COMMEDIA; B/N; 118'; USA, 1939.

SUL SENTIERO DEI MOSTRI *(One Million B.C.)* ★★★
Regia di HAL ROACH. Con LON CHANEY JR, CAROLE LANDIS, VICTOR MATURE. ■ Nei tempi preistorici, due tribù sono rivali, ma un giovane dell'una viene accolto dall'altra e vi trova l'amore. ■ AVVENTURA; B/N; 80'; USA, 1943. ■ OSCAR 2 NOM.

SUL SENTIERO DEL SOLE *(The Shiralee)* ★★
Regia di LESLIE NEWMAN. Con PETER FINCH, ELIZABETH SELLARS, DANA WILSON. ■ Un uomo vive accettando vari lavori che lo fanno vagabondare attraverso tutta l'Australia. Tornato a casa, scopre la moglie in compagnia dell'amante e riparte immediatamente, portandosi dietro la propria piccina. I due avranno numerose avventure finché il padre non troverà un nuova casa presso una ragazza che un tempo aveva sedotto. ■ COMMEDIA; B/N; 99'; GRAN BRETAGNA, 1957.

SUL SENTIERO DI GUERRA *(Brave Warrior)* ★★
Regia di SPENCER GORDON BENNET. Con JON HALL, CHRISTINE LARSON, JAY SILVERHEELS. ■ Il capo degli Shawnee Tecunseh fu probabilmente il più grande condottiero pellerossa. Nel 1811 riuscì ad unire, grazie anche alla predicazione di suo fratello, tutte le tribù dell'Ohio. Il fratello venne però circondato dalle truppe del generale Harrison (futuro presidente degli Usa) e sconfitto a Tippecanoe. Il film racconta questo episodio storico. ■ WESTERN; COL.; 73'; USA, 1951.

SULTANA SAFIYÉ ★★
Regia di FIKRÍ RUTKEY, MARIO TROMBETTI. Con MARIOLINA BOVO, ENZO FIERMONTE, MARIA FEAU, MAKIR OZERDEM. ■ Il film romanza la storia di Cecilia Vernier che, rapita dai turchi alla fine del Cinquecento, diviene sultana di Murad III e madre di Maometto IV, esercitando un grande potere sulla corte ottomana. ■ STORICO; B/N; 92'; ITALIA, TURCHIA, 1955.

SULTANO ROSSO, IL *(Abdul the Damned)* ★★
Regia di KARL GRUNE. Con ADRIENNE AMES, NILS ASTHER, FRITZ KORTNER. ■ La storia romanzata di Abdul Amid II, l'ultimo sultano turco, spodestato da una rivoluzione agli inizi del ventesimo secolo. Un giovane ufficiale è arrestato solo perché il mo-

narca desidera la sua donna: sarà proprio lui a guidare la rivolta. ■ BIOGRAFICO; B/N; 93′; USA, 1934.

SUL TUO CORPO ADORABILE SORELLA ★★★
(Goodbye Gemini)
Regia di ALAN GIBSON. Con JUDY GEESON, MARTIN POTTER, MICHAEL REDGRAVE. ■ Fratello e sorella gemelli sono legati da un rapporto incestuoso e odiano il resto del mondo, eccezion fatta per un orsacchiotto di pezza. Cadono nelle spire di un ricattatore, ma lo eliminano. ■ DRAMMATICO; COL.; 92′; GRAN BRETAGNA, 1970.

SUMMER CITY ★★
Regia di CHRISTOPHER FRASER. Con PHILLIP AVALON, STEVE BISLEY, MEL GIBSON, JOHN JARRATT. ■ Nel pieno degli anni Sessanta, segnati dai trionfi musicali dei Beatles e dei Rolling Stones e dall'emancipazione sociale e sessuale della gioventù, quattro amici partono per il mare. Hanno concordato di trascorrere un fine settimana senza freni, all'insegna dell'appagamento delle voglie più sfrenate. Ma la conclusione di questa bravata si rivelerà purtroppo estremamente drammatica. Un Mel Gibson molto giovane. ■ DRAMMATICO; COL.; 83′; USA, 1976.

SUMMER 82 – WHEN ZAPPA CAME TO SICILY ★★
Regia di SALVO CUCCIA. Con MATHILDA DOUCETTE, GAIL ZAPPA, DIVA ZAPPA, DWEEZIL ZAPPA, MOON ZAPPA. ■ Il 14 luglio del 1982 Frank Zappa terminò il suo tour europeo a Palermo e si recò a Partinico, città di origine della sua famiglia. Il concerto fu interrotto dai lacrimogeni e le cariche della polizia. A distanza di 30 anni Salvo Cuccia rimette insieme i frammenti di quel giorno e va a Partinico insieme ai familiari di Frank Zappa per l'inaugurazione della strada dedicata al grande musicista. Per gli Zappa un viaggio alla scoperta delle loro origini. Una riflessione sulle migrazioni dei popoli. ■ DOCUMENTARIO; COL.; 80′; ITALIA, USA, 2013.

SUMMER FANTASY ★★
Regia di NOEL NOSSECK. Con MICHAEL GROSS, JULIANNE PHILIPS, TED SHACKLEFORD. ■ Una bella studentessa in medicina decide di passare l'estate in maniera certamente eterodossa. Facendo cioè la bagnina in una spiaggia della California piena di fusti, naturalmente desiderosi di farsi sorvegliare dalla bella. ■ COMMEDIA; COL.; 92′; USA, 1984.

SUMMER HOLIDAY – VACANZE D'ESTATE ★★
(Summer Holiday)
Regia di PETER YATES. Con TEDDY GREEN, LAURI PETERS, CLIFF RICHARDS. ■ Quattro giovanotti che girano l'Europa su un vecchio autobus, fatta amicizia con tre ballerine che debbono recarsi ad Atene per uno spettacolo, decidono di accompagnarle in Grecia. Nell'avventuroso viaggio nasce l'amore. ■ COMM. MUSICALE; COL.; 107′; GRAN BRETAGNA, 1964.

SUMMER LOVE ★★
Regia di PIOTR UKLANSKI. Con KATARZYNA FIGURA, VAL KILMER, BOGUSLAW LINDA, KAREL RODEN. ■ Piotr Uklanski è un artista polacco che vive tra New York e Parigi e nel 1998 ha fatto scandalo perché ha usato – senza il loro permesso – l'immagine di attori famosi in ruoli di nazisti per l'opera intitolata, appunto, *The Nazist*. Qui, per la prima volta, si dedica alla regia cinematografica con un film che viene definito dal suo stesso autore un «western allegorico». Schermo nero, silenzio in sala: all'improvviso uno sparo. Subito dopo vediamo un uomo vestito di scuro, sanguinante, mentre partono le note di una nostalgica ballata d'amore. L'uomo è lo straniero; questi porta con sé, sul proprio cavallo, il cadavere del ricercato (un Val Kilmer redivivo come attore) perché vuole riscuoterne la taglia, ma si ritroverà invischiato in un sadico gioco d'azzardo che vede coinvolto anche lo sceriffo, la donna, il grassone e alcuni altri strani individui. ■ WESTERN; COL.; 93′; USA, 2006.

SUMMER LOVERS ★★
Regia di RANDAL KLEISER. Con PETER GALLAGHER, DARYL HANNAH, VALERIE QUENNESSEN. ■ Due fidanzatini americani si concedono una vacanza sull'isola greca di Santorino, ma lui si innamora di una bella archeologa francese. Indeciso tra le due ragazze, finirà con il tenersele tutte e due. ■ DRAMMATICO; COL.; 98′; USA, 1982.

SUMMER RAIN ★★★
Regia di ANTONIO BANDERAS. Con VICTORIA ABRIL, ALBERTO AMARILLA, PEPA ANIORTE, RAÚL ARÉVALO, MARIO CASAS, JUAN DE LA CRUZ MONTILLA, BERTA DE LA DEHESA, JUAN DIEGO. ■ Miguelito viene dimesso dall'ospedale dov'è ricoverato a causa di alcune metastasi e torna alla sua vita d'adolescente. Insieme ai sogni e ai primi amori, porta con sé una copia de *La divina commedia*, con la convinzione che un giorno anche lui conoscerà la sua Beatrice e diventerà un grande poeta. Nell'afa di un'estate grigia e piovosa, trascorre la lunga convalescenza in compagnia di Babirusa, un appassionato di arti marziali, Paco, un ricco coetaneo e Moratalla, il più giovane dei tre. Un giorno incontra Luli, un'aspirante e graziosa ballerina destinata a diventare la sua compagna. Antonio Banderas torna alla regia con un film straniante e cupo, difficilissimo da interpretare senza ricorrere ad artifici retorici e a scontate soluzioni narrative. ■ DRAMMATICO; COL.; 118′; GRAN BRETAGNA, SPAGNA, 2006.

SUMMER SCHOOL – UNA VACANZA DA RIPETENTI *(Summer School)* ★★
Regia di CARL REINER. Con KRISTIE ALLEY, MARK HARMON, ROBIN THOMAS. ■ Un film di routine per Carl Reiner che peraltro ha molte qualità, ma non sempre ne fa uso, come regista. La briosità e la simpatia dell'attore Mark Harmon aiutano a rendere questa commediola scorrevole ma nulla di più. Un insegnante di ginnastica deve controvoglia insegnare l'inglese ad alcuni ripetenti. Il fatto che i giovani studenti poi siano piuttosto irrequieti non fa che complicare le cose. ■ COMMEDIA; COL.; 98′; USA, 1987.

SUMMER STORY, A *(Summer Story)* ★★★
Regia di PIERS HAGGARD. Con KENNETH COLLEY, IMOGEN STUBBS, SOPHIE WARD, JAMES WILBY. ■ Nel 1902, in una zona agricola del Sud-ovest dell'Inghilterra, un giovane avvocato di Londra vive una torrida love story con una ragazza di campagna. Una passione che però minaccia di sconvolgere entrambe le esistenze. Da un romanzo di John Galsworthy. ■ SENTIMENTALE; COL.; 95′; GRAN BRETAGNA, 1988.

SUMMIT ★★★
Regia di GIORGIO BONTEMPI. Con GIAMPIERO ALBERTINI, ERIKA BLANC, MIREILLE DARC, OLGA GEORGES-PICOT, GIAN MARIA VOLONTÉ. ■ Un giornalista italiano, inviato a Parigi per un servizio, rivede una sua antica fiamma e scopre d'amarla ancora. Il pensiero di lei non l'abbandona mentre gira il mondo per la sua professione ma, nonostante un ultimo incontro amoroso, la donna rifiuta di tornare con lui. ■ DRAMMATICO; B/N; 103′; ITALIA, 1968.

SUMMIT, THE ★★
Regia di FRANCO FRACASSI, MASSIMO LAURIA. ■ 21 luglio 2001. Gli occhi del mondo sono puntati su Genova dove si sta tenendo il G8. I movimenti no global si sono organizzati per mettere in atto una serie di dimostrazioni pacifiche. I black bloc intervengono in formazioni da guerriglia per assaltare banche e distruggere auto senza che le forze dell'ordine intervengano. I manifestanti pacifici vengono invece caricati. In piazza Alimonda un Defender della polizia viene accerchiato dai manifestanti. Qualcuno dall'interno spara e sull'asfalto rimane il corpo di un ragazzo, Carlo Giuliani. Nella notte del 21 polizia e carabinieri fanno irruzione nella scuola Diaz dove si trova un centro del Social Forum e presso cui dormono numerosi partecipanti alle manifestazioni. Viene attuato un pestaggio senza precedenti e un centinaio di feriti vengono portati negli ospedali. Gli arrestati verranno tradotti alla caserma/carcere di Bolzaneto dove subiranno altre violenze ed umiliazioni. Le testimonianze sono numerose e provengono da fonti diverse. Non vengono quindi ascoltate solo le tesi dei manifestanti ma si mettono in campo anche valutazioni di esperti di tattiche militari oltre a telefonate registrate in quei giorni. ■ DOCUMENTARIO; COL.; 97′; ITALIA, 2012.

SUMURÙ REGINA DI FEMINA ★★
(Die sieben Männer der Sumuru)
Regia di JESS FRANCO (pseud. di JESUS FRANCO). Con SHIRLEY EATON, GEORGE SANDERS, RICHARD WYLER. ■ Una supercriminale fonda nella giungla amazzonica una città di sole donne te-

e alla distruzione del maschio. ■ AVVENTURA; COL.; 92′; GERMANIA, 1970.

SUNBURN – BRUCIATA DAL SOLE *(Sunburn)* ★★★
Regia di RICHARD C. SARAFIAN. Con ART CARNEY, JOAN COLLINS, FARRAH FAWCETT, CHARLES GRODIN. ■ Un investigatore delle assicurazioni e una fotomodella, spacciandosi per una ricca coppia di sposi, si recano ad Acapulco per scoprire la verità sulla morte misteriosa di un industriale. Riusciranno nell'impresa grazie all'aiuto di un vecchio amico del detective. ■ POLIZIESCO; COL.; 94′; USA, 1979.

SUNSHINE ★★★
Regia di DANNY BOYLE. Con ROSE BYRNE, CLIFF CURTIS, CHRIS EVANS, TROY GARITY, CILLIAN MURPHY, NICHOLAS PINNOCK, HIROYUKI SANADA, MARK STRONG, BENEDICT WONG, MICHELLE YEOH. ■ 2057, il Sole sta morendo. Il genere umano, prossimo alla completa estinzione, ripone le sue ultime speranze nell'*Icarus II*, una nave spaziale armata con un ordigno nucleare necessario per riattivare la stella. Durante il viaggio, l'equipaggio riceve però un misterioso segnale proveniente dall'*Icarus I*, scomparsa in una missione analoga sette anni prima a causa di un incidente... Dopo aver rinnovato in maniera più che convincente l'altrimenti asfittico genere dello "zombie movie", con il convincente *28 giorni dopo*, c'era molta curiosità nel vedere come il talentuoso ma discontinuo Danny Boyle avrebbe affrontato una storia di fantascienza tout court. *Sunshine* è decisamente derivativo: che si guardi alla forma o al contenuto vi si possono trovare tracce, spunti e omaggi ossequiosi a titoli che hanno fatto la storia di questo genere, da *Solaris* a *2001 – Odissea nello spazio*, passando per *Mission to Mars*, e, forzando un po' la mano, *Alien*. La regia di Boyle è asciutta e capace di regalare almeno un paio di sequenze visivamente impressionanti (l'uscita dei due astronauti nello spazio, l'arrivo nella seconda base spaziale), ma a non convincere del tutto è lo script: buono finché resta nei binari della fantascienza classica. ■ THRILLER; COL.; 108′; GRAN BRETAGNA, 2007.

SUNSET GRILL ★★
Regia di KEVIN CONNOR. Con STACY KEACH, ALEXANDRA PAUL, LORI SINGER, PETER WELLER. ■ L'investigatore Ryder Hart (Weller) indaga su alcune misteriose scomparse. Scopre che le persone coinvolte hanno a che fare con un importante istituto specialistico il cui direttore è però un uomo assai stimato a Beverly Hills. Per incastrarlo con prove inconfutabili, Hart deve spingersi nella stessa clinica in cui avvengono i loschi traffici. ■ THRILLER; COL.; 103′; USA, 1992.

SUNSHINE REGGAE A IBIZA, ISOLA ARRAPOSA ★
(Sunshine reggae auf Ibiza)
Regia di FRANZ MARISCHKA. Con KARL DALL, ISA HALLER, OLIVIA PASCAL. ■ Un ingenuo e maturo contadino tedesco cala a Ibiza alla ricerca della cantante di cui va pazzo. Film di una stupidità scoraggiante, riempito di nudi femminili. ■ COMMEDIA; COL.; 92′; GERMANIA, 1983.

SUO AMORE PIÙ GRANDE, IL ★
Regia di ANTONIO LEONVIOLA. Con NURI NEVA SANGRO, ROLF TASNA. ■ Il film narra la tormentata esistenza, in un Medioevo sconvolto dalle lotte, di santa Rita da Cascia. ■ BIOGRAFICO; B/N; 93′; ITALIA, 1956.

SUO ANGELO CUSTODE, IL *(Forever Darling)* ★★★
Regia di ALEXANDER HALL. Con DESI ARNAZ, LUCILLE BALL, JAMES MASON. ■ Il matrimonio tra due coniugi sta avendo un momento di stanca quando a lei appare il suo angelo custode che le dà preziosi consigli per conservare il marito. ■ COMMEDIA; COL.; 96′; USA, 1957.

SUO DESTINO, IL ★★
Regia di ENRICO GUAZZONI. Con ENNIO CERLESI, LUISA FERIDA, MARIO PISU. ■ In un Brasile di maniera si svolge la storia di una povera ragazza italiana che viene ceduta dall'amante a un signorotto locale in cambio del silenzio su alcune truffe da lui commesse. ■ DRAMMATICO; B/N; 91′; ITALIA, 1939.

SUOI NON LO RICONOBBERO, I ★
(The Sorrowfull Mysteries)
Regia di JOSEPH BREEN JR. Con MARUCHI FRESNO, JACINTO SAN EMETRIO, ANTONIO VILAR. ■ La storia della passione di Gesù Cristo raccontata da attori latino-americani con molta povertà di mezzi. ■ DRAMMATICO; COL.; 90′; USA, 1969.

SUONNO D'AMORE – SOGNO D'AMORE ★★
Regia di SERGIO CORBUCCI. Con BIANCA MARIA FUSARI, PAUL MÜLLER, ACHILLE TOGLIANI. ■ Un pescatore canterino ama una ragazza, ma un livido usuraio, geloso di lui, tesse infinite trame ai danni della coppia. Lieto fine. ■ COMM. MUSICALE; B/N; 91′; ITALIA, 1955.

SUO NOME È DONNA ROSA, IL ★
Regia di ETTORE M. FIZZAROTTI. Con AL BANO, PIPPO BAUDO, DOLORES PALUMBO, ROMINA POWER. ■ Un borghese di una certa età vorrebbe sposare l'anziana donna Rosa, ma costei è nobile. Per facilitare l'unione, il maturo spasimante spinge la propria figlia nelle braccia del dissipato pargolo della gentildonna. Lei però preferisce un povero pescatore napoletano. ■ COMM. MUSICALE; COL.; 94′; ITALIA, 1969.

SUO NOME È QUALCUNO, IL *(The Last Rebel)* ★★
Regia di DENYS MCCOY. Con JACK ELAM, TY HARDIN, JOE NAMATH, WOODY STRODE. ■ Al termine della guerra di Secessione, due ex soldati sudisti in cerca di rifugio liberano un nero e riportano alla famiglia una fanciulla sequestrata. Dopo una grossa vincita al gioco, uno dei soldati assolda degli uomini per derubare l'amico: invece finirà ucciso. ■ WESTERN; COL.; 89′; USA, 1970.

SUO NOME ERA POT... MA LO CHIAMAVANO ALLEGRIA, IL ★
Regia di DENNIS FORD. Con DANIELA GIORDANO, PETER MARTELL, XIROS PAPAS, LINCOLN TATE. ■ Uno scanzonato bandito compie una rapina, ma un complice gli uccide il fratello e si impadronisce del bottino. Il nostro eroe rimette le cose a posto e parte per nuove avventure completamente nudo perché gli hanno rubato i vestiti. ■ WESTERN; COL.; 95′; ITALIA, 1972.

SUO NOME È TSOTSI, IL *(Tsotsi)* ★★★
Regia di GAVIN HOOD. Con PRESLEY CHWENEYAGAE, MOTHUSI MAGANO, ISRAEL MAKOE, PERCY MATSEMELA, JERRY MOFOKENG. ■ "Tsotsi" significa "bandito" nel linguaggio di strada nella periferia di Johannesburg. Tsotsi è il soprannome di un ragazzo di 19 anni che ha rimosso ogni ricordo del suo passato, compreso il suo vero nome. Tsotsi conduce una vita all'insegna della violenza; riempie di botte un compagno della sua gang perché gli fa troppe domande, ruba un'automobile, ferendo la donna che la guidava, ma scopre sul sedile posteriore la presenza di un neonato. A modo suo Tsotsi incomincerà a prendersi cura di lui. Gli attori parlano il linguaggio-slang delle strade di Soweto; il mondo di Tsotsi è un mondo di contrasti: baracche/grattacieli, ricchezza/povertà, rabbia/dolore. I personaggi – o meglio, i ragazzi – hanno un'anima duplice: dietro alla corazza di rabbia e violenza si cela la loro umanità, il loro grido di aiuto, di attenzione e di rispetto. Quello vero. ■ DRAMMATICO; COL.; 91′; INGHILTERRA, SUDAFRICA, 2005. ■ DAVID DI DONATELLO 1 NOM; OSCAR 1 PR, 1 NOM.

SUO NOME FACEVA TREMARE... INTERPOL IN ALLARME, IL ★★
Regia di MICHELE LUPO. Con EDWIGE FENECH, TONY LO BIANCO, JEAN ROCHEFORT, LEE VAN CLEEF. ■ Un delinquentello napoletano ammira un gangster e l'aiuta a sgominare i suoi nemici. Rieditato col titolo *Dio, sei proprio un padreterno!* ■ POLIZIESCO; COL.; 94′; ITALIA, 1973.

SUO NOME GRIDAVA VENDETTA, IL ★★
Regia di WILLIAM HAWKINS. Con WILLIAM BERGER, ANTHONY STEFFEN, EVELYN STEWART. ■ Un reduce della guerra di Secessione che non ricorda nulla del suo passato scopre di essere ricercato come disertore dell'esercito nordista. Fa delle indagini e riesce a provare la propria innocenza e a riconquistare la moglie, nel frattempo risposatasi con un bandito. ■ WESTERN; COL.; 95′; ITALIA, 1968.

SUO ONORE GRIDAVA VENDETTA – DUELLO ALL'ULTIMO SANGUE, IL *(Gun Fury)* ★★★
Regia di RAOUL WALSH. Con NEVILLE BRAND, PHILIP CAREY, ROCK HUDSON, LEE MARVIN, DONNA REED. ■ Un reduce della guerra di Secessione, aiutato da un indiano e da un fuorilegge re-

dento, insegue il bandito che gli ha rapito la ragazza. Riuscirà vincitore grazie all'intervento del pellerossa. ■ WESTERN; COL.; 83'; USA, 1954.

SUORA BIANCA, LA *(The White Sister)* ★★★
Regia di HENRY KING. Con RONALD COLMAN, LILLIAN GISH, GAIL KANE. ■ Tratto dal romanzo di Marion Crawford. Un drammone interpretato e diretto con stile ed efficacia. La Gish ricopre il ruolo di una ragazza della nobiltà italiana. Quando viene a sapere che il suo uomo è morto si fa suora. Ma il giovane in realtà è ancora vivo. Ora pretende che lei lasci il convento e torni da lui. ■ DRAMMATICO; B/N; 91'; USA, 1923.

SUORA BIANCA, LA *(The White Sister)* ★★★
Regia di VICTOR FLEMING. Con LOUISE CLOSSER HALE, CLARK GABLE, HELEN HAYES, MAY ROBSON, LEWIS STONE. ■ Ai primi del Novecento, una viziata aristocratica italiana, promessa al figlio di un banchiere, s'innamora e fugge con un bell'ufficiale di cavalleria. Scoppia la prima guerra mondiale e lui, diventato pilota, viene abbattuto. Lei, credendolo morto, si fa suora e decide di rimanere tale anche quando lui torna, dopo essere evaso da un campo di prigionia austriaco. L'ufficiale morrà, colpito da un caccia nemico, tra le braccia del suo impossibile amore. ■ DRAMMATICO; B/N; 110'; USA, 1933.

SUORA BIANCA, LA ★
Regia di TITO DAVISON. Con PRUDENCE GRIFFEL, JORGE MISTRAL, JOLANDA VARELA. ■ Modesto film ispirato all'omonimo titolo diretto da Victor Fleming. ■ DRAMMATICO; B/N; 92'; MESSICO, 1964.

SUORA GIOVANE, LA ★★
Regia di BRUNO PAOLINELLI. Con LAURA EFRIKIAN, JONATHAN ELLIOT, MARIA SARDOCH. ■ Un quarantenne si sente attratto dalla semplicità di una giovane suora. Tra i due nasce un casto amore. Lei si dice disposta a rinunciare ai voti per sposarlo, ma poi scompare. Recatosi al paese natale della religiosa, l'uomo comincia ad avere il dubbio che la suorina e i familiari vogliano incastrarlo. ■ DRAMMATICO; B/N; 92'; ITALIA, 1965.

SUOR ANNA ROSA ★
Regia di GIUSEPPE ROLANDO. Con ANNA BONASSO, ELIGIO IRATO, ANGELA PARODI, LUCETTA PRONO. ■ La biografia di Rosa Gattorno, la vedova genovese che fondò le Figlie di S. Anna, istituzione religiosa che svolge compiti assistenziali. ■ BIOGRAFICO; B/N; 93'; ITALIA, 1966.

SUORE IN FUGA *(Nuns on the Run)* ★★
Regia di JONATHAN LYNN. Con ROBBIE COLTRANE, ERIC IDLE, JANET SUZMAN. ■ Due malviventi, dopo una rapina a una banca, decidono di tenersi il malloppo, inseguiti dal capobanda. Per evitare di essere fatti fuori, non trovano posto migliore per nascondersi che un convento di suore. È troppo facile immaginare cosa possono combinare due imbranati rapinatori travestiti da suore, tra preghiere, raccoglimento spirituale e vita ascetica. I due, continuamente braccati dal pericoloso boss, verranno raggiunti infine da una complice e proseguiranno altrove la loro fuga. ■ COMMEDIA; COL.; 94'; GRAN BRETAGNA, 1990.

SUOR LETIZIA – IL PIÙ GRANDE AMORE ★★★
Regia di MARIO CAMERINI. Con ANTONIO CIFARIELLO, ANNA MAGNANI, ELEONORA ROSSI DRAGO. ■ Una suora, inviata a Napoli per chiudere un convento, incontra un bambino, figlio di una ragazza madre. A poco a poco la religiosa prova un affetto materno per il piccino, ma poi capisce di non poterlo tenere con sé e fa in modo che i genitori del bimbo si sposino. ■ DRAMMATICO; B/N; 98'; ITALIA, 1956.

SUOR MARIA ★★
Regia di LUIGI CAPUANO. Con NUNZIO GALLO, MARC LAWRENCE, FRANCA MARZI, EVA VANICEK. ■ Una novizia racconta di essere stata spinta a prendere il velo per le sventure capitatele per colpa di una mascalzone, desideroso di piegarla alle sue voglie. Il padre spirituale capisce che la giovane non è fatta per il chiostro e la restituisce al mondo. ■ DRAMMATICO; B/N; 90'; ITALIA, 1956.

SUOR OMICIDI ★★
Regia di GIULIO BERRUTI. Con ANITA EKBERG, PAOLA MORRA, MASSIMO SERATO, ALIDA VALLI. ■ Una religiosa assuefatta alla droga non rifiuta avventure amorose. All'ospedale in cui lavor avvengono strani delitti che le sono attribuiti: le autorità decido no però di far passare la vicenda sotto silenzio. La religiosa vien eliminata col veleno. Più tardi si scoprirà che l'assassina è un'altra suora. ■ DRAMMATICO; COL.; 92'; ITALIA, 1979.

SUO TIPO DI DONNA, IL *(His Kind of Woman)* ★★★
Regia di JOHN FARROW. Con RAYMOND BURR, TIM HOLT, ROBER MITCHUM, VINCENT PRICE, MARJORIE REYNOLDS, JANE RUSSELL ■ Un giocatore d'azzardo sfortunato viene assoldato da un potente gangster per recarsi in Messico. Non sa che il fuorilegge vuole eliminarlo e impadronirsi della sua identità per tornare negli Usa. Pe fortuna uno spocchioso attore hollywoodiano riuscirà ad avvertire in tempo la polizia. ■ POLIZIESCO; B/N; 120'; USA, 1951.

SUPER ★★
Regia di JAMES GUNN. Con KEVIN BACON, GREGG HENRY, ELLEN PAGE, LIV TYLER, RAINN WILSON. ■ Ordinario e vile, Frank si arrabbia quando scopre per chi la moglie lo ha lasciato. Lo stile di vita della sua ex sposa è intollerabile per Frank il quale, seguendo le orme de The Holy Avenger (un supereroe cristiano che agisce per mano di Dio la cui serie tv Frank è solito guardare), si cuce un costume e comincia ad attaccare tutti. Supereroi se ne son visti tanti. Ci sta anche questo. ■ AZIONE; COL.; 96'; USA, 2010

SUPER AGENTE SPECIALE *(Simon Sez)* ★★
Regia di KEVIN ELDERS. Con DANE COOK, RICKY HARRIS, DENNIS RODMAN. ■ Simon (Dennis Rodman) è un agente dell'Interpol che usa le tecnologie nelle sue investigazioni. I suoi due compari Mini e Macro, che operano in un convento di frati, lo informano continuamente su tutto quello che succede nel mondo esterno. Un suo vecchio amico lo coinvolge in una indagine su un rapimento. Il caso si sviluppa nello scenario della Costa Azzurra che viene messa a soqquadro dal biondissimo ipertecnologico agente campione di basket con i Chicago Bulls e i Los Angeles Lakers. S fa il verso a *Mission Impossible* o ai vari 007 senza però mai convicere. ■ AZIONE; B/N; 85'; BELGIO, GERMANIA, USA, 2000.

SUPERANDY – IL FRATELLO BRUTTO DI SUPERMAN ★★
Regia di PAOLO BIANCHINI. Con EURILLA DEL BONO, CHRISTIAN ESPOSITO, ANDY LUOTTO. ■ Il film è una semplice parodia del notissimo *Superman*: un alieno viene allevato da una famiglia italiana. ■ COMMEDIA; COL.; 95'; ITALIA, 1979.

SUPERBA CREOLA, LA *(The Foxes of Harrow)* ★★★
Regia di JOHN M. STHAL. Con REX HARRISON, RICHARD HAYDN VICTOR MCLAGLEN, MAUREEN O'HARA. ■ Nella prima metà dell'Ottocento, in Louisiana, un ambizioso giocatore di professione, rampollo illegittimo di una nobile famiglia irlandese, riesce a diventare padrone di una ricca piantagione sposando un'orgogliosa ragazza d'origine francese. Fra i due nascono però delle incomprensioni che giungono al culmine quando muore il loro piccino. Lui se ne va ma, alla notizia che la piantagione potrebbe essere venduta, torna per lottare insieme con la moglie. ■ DRAMMATICO; B/N; 117'; USA, 1947. ■ OSCAR 1 NOM.

SUPER BALL ★★
Regia di CHARLES EDWARD. Con MICHAEL PLAMOND, ROXANDRA, JOHN STREEK. ■ Un regista senza lavoro accetta di girare una pellicola pornografica. Sua moglie si fa coinvolgere dall'atmosfera del set e lui, sconvolto, abbandona la troupe e si dedica a un film di sua ideazione: la storia di una donna sposata che viene assassinata col suo amante. ■ COMMEDIA; COL.; 93'; USA, 1973

SUPER BUNNY IN ORBITA *(The Bugs Bunny)* ★★★
Regia di CHUCK JONES. ■ I personaggi dei cartoni animati Warner, il coniglio, il papero, lo struzzo velocissimo e il coyote, in una girandola di avventure che li porta fin nel favoloso Oriente. ■ ANIMAZIONE; COL.; 91'; USA, 1978.

SUPERCHICCHE, LE *(The Powerpuff Girls Movie)* ★★
Regia di CRAIG MCCRACKEN. ■ Cartoon Network offre una nuova animazione. Ormai i cartoni hanno esplorato tutti i contenuti, dunque non è facile inserirsi sul mercato. La differenza è determinata dalla qualità del disegno. Insomma, più computer o meno computer, maggiore o minor cura. In questo caso l'idea è buona: le superchicche combattono i cattivi conoscendo tutti i trucchi

delle arti marziali e grazie alla solita ultraforza sovrannaturale. Però i disegni sono convenzionali e "tirati via". ■ ANIMAZIONE; COL.; 87′; USA, 2002.

SUPERCOLPO DA 7 MILIARDI ★★
Regia di BITTO ALBERTINI. Con FRANCO ANDREI, DANA ANDREWS, ELINA DE WITT, BRAD HARRIS. ■ Un avventuriero cerca d'impossessarsi di un favoloso diamante che in realtà lo stesso proprietario vuol far rubare per truffare l'assicurazione. ■ POLIZIESCO; COL.; 92′; ITALIA, 1967.

SUPERCOLPO DEI CINQUE DOBERMAN D'ORO ★★
(The Amazing Dobermans)
Regia di DAVID E BYRON CHUDNOW. Con FRED ASTAIRE, BARBARA EDEN, JAMES FRANCISCUS. ■ Nel tentativo di incastrare un boss mafioso, un poliziotto si fa assumere come inserviente in un circo chiedendo aiuto, contemporaneamente, a un amico che è proprietario di cinque magnifici doberman. Quest'ultimo, un malvivente solo all'apparenza convertitosi alla legalità, finge di collaborare. Alla fine, grazie ai suoi cani, si prenderà gioco sia del poliziotto sia del boss, prendendo il largo con l'incasso del circo. ■ COMMEDIA; COL.; 94′; USA, 1976.

SUPERCOP
(Jingcha gushi III: Chaoji jingcha/Police Story 3: Supercop)
Regia di STANLEY TONG. Con JACKIE CHAN, MAGGIE CHEUNG, MICHELLE KHAN. ■ Un gangster viene fatto fuggire da un carcere cinese allo scopo di aiutare un detective. Costui, con una collega, vuole smascherare un capo mafioso che si occupa di droga. Per gli ammiratori di Jackie Chan. ■ POLIZIESCO; COL.; 90′; HONG KONG, 1992.

SUPERDRAGO CONTRO DIABOLIKUS ★
Regia di NICK NOSTRO. Con LOREDANA NUSCIAK, GÉRARD TICHY, KEN WOOD. ■ Raffazzonato filmetto su un campione di catch, che viene arruolato dal controspionaggio per lottare contro uno scienziato pazzo. ■ AVVENTURA; COL.; 93′; ITALIA, 1967.

SUPEREROI DI SUPERGULP, I ★★★
Regia di GUIDO DE MARIA. ■ Le storielle animate, come i protagonisti della serie televisiva, sono americane ma l'antologia è stata "cucita" in Italia. Dai *Fantastici quattro* all'*Uomo ragno*, agli eroi di *Supergulp*: ci sono tutti. ■ ANIMAZIONE; COL.; 90′; USA, 1979.

SUPERFANTAGENIO ★★
Regia di BRUNO CORBUCCI. Con JANET AGREN, BUD SPENCER, LUCA VENANTINI. ■ Al, un ragazzino di Miami, lavora da un robivecchi. Un giorno, lucidando una vecchia lampada, gli appare un gigantesco Genio pronto ad esaudire i suoi desideri. Presto i due diventano amici e il Genio lo difende dagli scagnozzi di Monty Syracusa, un pericoloso boss mafioso. Finisce persino in prigione, ma naturalmente evapora dalle sbarre. Da un'avventura all'altra, i due si ritrovano alle calcagna anche il capo della polizia che vuole impadronirsi della lampada per dominare il mondo, ma a bordo di un tappeto volante neutralizzano gli aerei inseguitori trasformandoli in palloni colorati. ■ FANTASTICO; COL.; 96′; ITALIA, 1986.

SUPERFANTOZZI ★★
Regia di NERI PARENTI. Con LIÙ BOSISIO, GIGI REDER, PAOLO VILLAGGIO. ■ Fantozzi nella storia, dal Paradiso terrestre, in cui è la brutta copia di Adamo, alle crociate, dalla breccia di Porta Pia alla prima guerra mondiale, sempre perseguitato dalla sfortuna più nera. L'eterno perdente, ma mai arreso: una figura che Villaggio ha trasformato in un tormentone dello schermo. ■ COMICO; COL.; 92′; ITALIA, 1986.

SUPERFESTIVAL DELLA PANTERA ROSA ★★★
(Pink Panther Cartoons)
Regia di GERRY CHINIQUY. ■ Tredici cartoni animati che hanno per protagonista la Pantera Rosa. ■ ANIMAZIONE; COL.; 92′; USA, 1964.

SUPERFLY ★★★
Regia di GORDON PARKS. Con SHEILA FRAZIER, JULIUS HARRIS, CARL LEE, RON O'NEAL. ■ Il cinema tutto realizzato da attori neri, dopo aver raccontato le avventure di poliziotti di colore, si è rivolto anche a un altro personaggio tipico dei ghetti: lo spacciatore di droga vestito di abiti sgargianti. Superfly e il suo socio Eddie progettano un colpo in grado di metterli a posto per tutta la vita. Nonostante molti intoppi, Superfly salverà la pellaccia. ■ DRAMMATICO; COL.; 91′; USA, 1972.

SUPERFLY T.N.T. ★★
Regia di RON O'NEAL. Con ROSCOE LEE BROWNE, RON O'NEAL, JACQUES SERNAS. ■ Seguito di *Superfly* (un film che destò molte polemiche perché il protagonista era uno spacciatore di droga). Ora Superfly non spaccia più. Con i soldi (malamente) guadagnati s'è stabilito a Roma dove fa il playboy. Ma l'idealista che era sepolto (molto sepolto) in lui viene fuori quando incontra il leader di un movimento democratico africano. Superfly metterà i suoi soldi e le sue (notevoli) energie al servizio di una causa libertaria. ■ AVVENTURA; COL.; 96′; USA, 1973.

SUPERGIALLO *(Man on the Beach – The Right Person)* ★★
Regia di PETER COTES, JOSEPH LOSEY, DAVID PALTENGHI. Con PHILIP FRIEND, MARGO LORENZ, DAVID PALTENGHI, DONALD WOLFIT. ■ Il film è formato da tre episodi. Il migliore è il secondo, una scanzonata rievocazione delle imprese di Dick Turpin, famoso bandito inglese del Settecento. Gli altri riguardano i dubbi di una moglie sul passato del marito, ex partigiano, e la lotta tra un cieco e un bandito suo involontario ospite. ■ POLIZIESCO; COL.; 91′; GRAN BRETAGNA, 1956.

SUPERGIALLO A SCOTLAND YARD ★★
(Clue of the Silver Key)
Regia di GERARD GLAISTER. Con LYNDON BROOK, FINLAY CURRIE, BERNARD LEE. ■ Due episodi gialli tratti dai racconti di Edgar Wallace: un ispettore smaschera l'assassino di un usuraio; un investigatore privato s'infiltra in una banda per sgominarla. ■ POLIZIESCO; B/N; 92′; GRAN BRETAGNA, 1963.

SUPERGIRL – LA RAGAZZA D'ACCIAIO ★★
Regia di JEANNOT SZWARC. Con FAYE DUNAWAY, MIA FARROW, PETER O'TOOLE, HELEN SLATER. ■ La cuginetta di Superman sbarca sulla Terra, travestita da collegiale, per recuperare una sfera magica: alle prese con streghe inferocite e umani innamorati, riuscirà comunque a compiere la sua missione. ■ FANTASTICO; COL.; 114′; USA, 1984.

SUPERHERO – IL PIÙ DOTATO FRA I SUPEREROI ★
(Superhero Movie)
Regia di CRAIG MAZIN. Con PAMELA ANDERSON, DRAKE BELL, REGINA HALL, RYAN HANSEN, KEVIN HART, CHRISTOPHER MCDONALD, TRACY MORGAN, LESLIE NIELSEN, SARA PAXTON, SIMON REX, MARION ROSS, BRENT SPINER. ■ Rick Riker, parodia del più noto Peter Parker, durante una visita scolastica viene punto da una libellula geneticamente modificata e si ritrova in dotazione una serie di superpoteri che non gli impediscono, però, di combinare dei superdisastri. Dopo essersi creato un costume ad hoc, si presenta alla città come l'Uomo Libellula, in lotta contro l'Uomo Clessidra, zio del suo rivale in amore, determinato a perpetrare una strage di massa per assicurarsi l'immortalità. ■ COMMEDIA; COL.; 85′; USA, 2008.

SUPER JET 709 *(Jet Storm)* ★★★
Regia di CYRIL ENDFIELD. Con RICHARD ATTENBOROUGH, STANLEY BAKER, DIANE CILENTO, GEORGE ROSE, MAI ZETTERLING. ■ Solito dramma aviatorio. Su un jet di linea fra Londra e New York un pazzo, credendo di riconoscere tra i passeggeri l'uccisore di sua figlia, minaccia di far scoppiare una bomba. Tutto finirà bene. ■ DRAMMATICO; B/N; 99′; GRAN BRETAGNA, 1959.

SUPER KONG *(Ape Super Kong)* ★
Regia di PAUL LEDER. Con ALEX BARRYMORE, PETER FORD, GILDA MACDONALD, FRANK TAYLOR. ■ Uno scimmione semina terrore e morte, placandosi solo dopo aver rapito una bella ragazza. Alla fine è eliminato. ■ FANTASTICO; COL.; USA, 1976.

SU PER LA DISCESA *(Up the Down Staircase)* ★★★
Regia di ROBERT MULLIGAN. Con PATRICK BEDFORD, SANDY DENNIS, EILEEN HECKART. ■ I problemi di un'insegnante di lettere in una scuola difficile. A un certo punto, pensa di aver fallito tutto e medita di cambiare mestiere, ma un alunno la farà ricredere. ■ DRAMMATICO; COL.; 124′; USA, 1968.

SUPERMAN ★★★
Regia di RICHARD DONNER. Con NED BEATTY, MARLON BRAN-

DO, GLENN FORD, GENE HACKMAN, CHRISTOPHER REEVE. ■ Superman, mandato sulla Terra ancora in fasce dal pianeta Krypton, viene allevato da una coppia di contadini. Divenuto adulto, si fa assumere a New York come giornalista, sempre attento a non rivelare le doti eccezionali di cui è dotato. Nelle vesti di Superman, vola ovunque ci sia bisogno di ristabilire la giustizia. I suoi più terribili nemici tentano di distruggere la Terra con ordigni nucleari, ma il nostro lo impedisce. ■ AVVENTURA; COL.; 143′; USA, 1978. ■ GOLDEN GLOBES 1 NOM; OSCAR 1 PR, 4 NOM.

SUPERMAN II ★★★
Regia di RICHARD LESTER. Con MARGOT KIDDER, CHRISTOPHER REEVE, TERENCE STAMP. ■ Superman, per amore, ha deciso di rinunciare ai suoi poteri (e di mettere su famiglia). Ma non è il momento buono. Tre famosi delinquenti provenienti da Krypton (lo stesso pianeta di Superman) sono arrivati sulla Terra e fanno sfracelli (hanno gli stessi superpoteri dell'eroe in calzamaglia). L'eroe recupera velocemente le sue facoltà e batte in due round il terzetto. Secondo episodio della serie, anche migliore del primo. ■ AVVENTURA; COL.; 127′; USA, 1980.

SUPERMAN III ★★★
Regia di RICHARD LESTER. Con MARGOT KIDDER, RICHARD PRYOR, CHRISTOPHER REEVE. ■ Terza puntata delle avventure di Superman. Qui deve vedersela con un magnate con smanie di dominazione del mondo, che all'uopo ha sequestrato anche un genio dei computer. Superman vuole opporsi, ma il magnate gli gioca un brutto scherzo: un cristallo di kryptonite (materiale del pianeta da dove proviene l'eroe) che ha il potere di liberare la parte cattiva di lui. Non più inibito dai buoni sentimenti il Super diventa una specie di pericolo pubblico. Per fortuna riacquisterà coscienza, eliminerà il suo "doppio" cattivo e metterà fuori combattimento il magnate. ■ AVVENTURA; COL.; 123′; USA, 1983.

SUPERMAN IV *(Superman IV: The Quest For Peace)* ★★
Regia di SIDNEY J. FURIE. Con GENE HACKMAN, MARIEL HEMINGWAY, CHRISTOPHER REEVE. ■ Brutta fine per l'eroe dei disegnatori Siegel e Shuster. *Superman II* diretto da Richard Lester rimane il migliore, mentre questo è, se possibile, peggiore del terzo. Viene creato un replicante di Superman e l'opera è del vecchio nemico Lex Luthor (Gene Hackman). L'uomo nucleare che si spaccia per Superman ha ordini terrificanti e il nostro eroe non avrà vita semplice nonostante i superpoteri. Girato con pochi mezzi perché la Cannon era vicina al fallimento. ■ AVVENTURA; COL.; 89′; USA, 1987.

SUPERMAN RETURNS ★★
Regia di BRYAN SINGER. Con KATE BOSWORTH, MARLON BRANDO, SAM HUNTINGTON, FRANK LANGELLA, JAMES MARSDEN, KAL PENN, PARKER POSEY, BRANDON ROUTH, EVA MARIE SAINT, KEVIN SPACEY. ■ Quando Superman ritorna in grande stile dopo 5 anni di assenza, giustificata (ma non agli occhi del mondo) da un viaggio verso gli ultimi resti del suo pianeta natale Krypton, non tutti sono pronti ad accettarlo. Specialmente la sua amata Lois Lane, che intanto ha vinto un premio Pulitzer con l'editoriale *Perché il mondo non ha bisogno di Superman* e vive con un compagno e un figlio. Ci sono molte cose da mettere a posto, disastri da sventare, criminali da inseguire, donne amate da riconquistare e soprattutto Lex Luthor da fermare. La nemesi storica dell'uomo d'acciaio infatti ha pronto un piano per erigere un nuovo continente e diventare il padrone del mondo vendendo tecnologia aliena. A 19 anni dall'ultimo episodio cinematografico di *Superman*, l'uomo d'acciaio torna sugli schermi per la quinta volta, ma Bryan Singer si è rifiutato di considerare la trama dei capitoli III e IV della saga e riprende il filo narrativo da *Superman II*. La struttura del film è praticamente la medesima del primo episodio di Richard Donner datato 1978, ma lo stesso non si può dire della resa. ■ AVVENTURA; COL.; 154′; AUSTRALIA, USA, 2006.

SUPERMAN VUOLE UCCIDERE JESSIE ★★★
(Kdo chee zabit Jessi)
Regia di VACLAV VORLICEK. Con KAROL BARDEL, ELGA BEROVA, ARTUR NUMAN. ■ Uno scienziato s'appassiona ai fumetti, ma la moglie tirannica, gelosa dei sogni del marito, inventa una droga che materializza i personaggi da lui preferiti: Superman, un cowboy e una ragazza, Jessie. I tre combinano un sacco di guai finché interviene la polizia e ordina alla donna di eliminare le creature, ma lei non ubbidisce e fugge con Superman, mentre il marito troverà finalmente l'amore nella graziosa Jessie. ■ FANTASTICO; B/N; 91′; CECOSLOVACCHIA, 1967.

SUPER MARIO BROS *(Super Mario Brothers)* ★★
Regia di ANNABEL JANKEL, ROCKY MORTON. Con DENNIS HOPPER, BOB HOSKINS, JOHN LEGUIZAMO, SAMANTHA MATHIS. ■ I due idraulici dei videogame trovano ora un loro spazio al cinema in una New York che è affiancata da un mondo parallelo in cui domina un cattivaccio. Saranno i due fratelli a risolvere i problemi. Film ipercitazionista che parla ai ragazzini con un linguaggio che ben conoscono. ■ AVVENTURA; COL.; 104′; USA, 1993.

SUPERMARKET DELL'ORRORE *(Chopping Mall)* ★
Regia di JIM WYNORSKI. Con BARBARA CRAMPTON, KELLY MARONEY, TONY O'DELL, JOHN TERLESKY, RUSSELL TODD. ■ Un centro commerciale ultramoderno, il Park Plaza Mall, non è solo fornito di tutta la merce più richiesta dai consumatori, ma possiede anche un sistema di sicurezza a prova di ladro: al posto dei guardiani notturni, infatti, ha piazzato alcuni robot programmati per reagire al minimo allarme. Un guasto, però, trasforma queste perfette macchine in altrettanti perfetti congegni di morte. ■ HORROR; COL.; 75′; USA, 1986.

SUPER NACHO *(Nacho Libre)* ★★
Regia di JARED HESS. Con JACK BLACK, ANA DE LA REGUERA, HÉCTOR JIMÉNEZ, RICHARD MONTOYA, PETER STORMARE. ■ Nacho è un giovane monaco che, per salvare il decadente orfanotrofio in cui è cresciuto e fare colpo su una giovane e bella novizia, si dà alla lotta libera. Le cose però, prenderanno una piega diversa da quella che lui credeva inizialmente... Il cinema americano sta cercando da anni un possibile erede di John Belushi. Osservando le ultime performances di Jack Black, pare che l'abbia davvero trovato. Talento eclettico, capace di cantare e ballare, nonostante un fisico non certo longilineo o attraente, l'attore ha dimostrato una notevole versatilità e una innata capacità di fondersi letteralmente con i personaggi che interpreta. ■ COMMEDIA; COL.; 100′; USA, 2006.

SUPERNOVA ★★★
Regia di THOMAS LEE (pseud. di WALTER HILL). Con ANGELA BASSETT, LOU DIAMOND PHILLIPS, ROBERT FORSTER, JAMES SPADER. ■ A metà tra fantascienza e thriller, il film racconta le vicende dei sei membri dell'equipaggio del Nightingale 229, una navicella di soccorso spaziale. Chiamati in aiuto da un pianeta di un'altra galassia, ai sei capita di imbattersi, durante il percorso, in uno strano oggetto e in uno strano personaggio. L'oggetto e il disperso vengono fatti salire a bordo dove creano situazioni di altissima tensione. Nonostante il film sia incompleto poiché concluso frettolosamente (pecche si riscontrano nel montaggio e negli effetti visivi), solida e convincente risulta la regia di Walter Hill, mago nella contaminazione dei generi. ■ FANTASCIENZA; COL.; 90′; USA, 2000.

SUPER 8 ★★
Regia di J.J. ABRAMS. Con GABRIEL BASSO, KYLE CHANDLER, JOEL COURTNEY, NOAH EMMERICH, ELLE FANNING. ■ In un festival di provincia, un gruppo di ragazzi è involontariamente testimone di un terribile disastro ferroviario dal quale "qualcosa" fugge. La questione è talmente importante che la loro cittadina si riempie di militari intenti ad indagare mentre misteriosamente dalle case spariscono oggetti tecnologici, persone e cani. Alla fine starà ai ragazzi riuscire a mettere insieme i pezzi di una storia che procederà comunque, con o senza il loro intervento, e dalla quale dovranno uscire vivi. Al suo terzo film J.J. Abrams gira la sua opera più complessa, l'unica in grado di fondere le molte diverse ossessioni della sua carriera anche televisiva. ■ FANTASCIENZA; COL.; 112′; USA, 2011.

SUPER8 STORIES ★★
Regia di EMIR KUSTURICA. Con NENAD GAJIN, NENAD JANKOVIC, EMIR KUSTURICA, STRIBOR KUSTURICA, GORAN MARKOVSKI, NENAD PETROVIC, DEJAN SPARAVOLO. ■ Sin dal primo lungometraggio *Ti ricordi di Dolly Bell?*, la musica è un elemento es-

senziale nel cinema di Emir Kusturica. Una partitura che accompagna le immagini, soprattutto a partire da *Il tempo dei gitani*, dando loro energia vitale. Kusturica, maestro della regia cinematografica, e Bregovic, eccellente compositore che più di tutti ha saputo adattare il patrimonio musicale tradizionale, e dar corpo alle fantasie funamboliche del regista di Sarajevo. *Gatto nero gatto bianco* segna un cambiamento di rotta. *Super8 stories* racconta la voglia di sperimentare un nuovo percorso da parte di Kusturica, la sua collaborazione con la band *No Smoking*, un gruppo con cui, in anni ormai lontani, egli stesso aveva avuto occasione di suonare, prima di fare cinema. Un *road documentary* che alterna brandelli di memoria di "un paese che non c'è più", ad immagini che riprendono il tour musicale dei *No Smoking* in giro per l'Europa. Ritratti e interviste ai singoli componenti, insieme a immagini che ritraggono Emir e la sua famiglia, arricchiscono ulteriormente il film, restituendo il senso di un'esperienza davvero unica per i suoi protagonisti. Ma quasi solo per loro. ■ DOC. MUSICALE; COL.; 90′; GERMANIA, ITALIA, 2001.

SUPER PLATOON ★★

Regia di CHRIST HANNAH. Con DAVID ARCH, JOE FIELD, WILLIAM QUAID, ALBERT WILTON. ■ Nel corso della guerra in Vietnam, due spie americane vengono smascherate e portate in un campo di prigionia vietcong. Viene subito allestita in loro soccorso una squadra speciale addestrata per quel tipo di missione e guidata da Ronnie West, un veterano degli attacchi a sorpresa. ■ GUERRA; COL.; 90′; USA, 1988.

SUPERPOLIZIOTTO DEL SUPERMERCATO, IL ★★
(Paul Blart: Mall Cop)

Regia di STEVE CARR. Con BOBBY CANNAVALE, KEVIN JAMES, JAYMA MAYS, KEIR O'DONNELL. ■ Paul Blart vive con la madre e la figlia Maya una quotidianità priva di scosse. Nonostante la sua stazza e i suoi problemi con la glicemia Paul è una guardia di sorveglianza presso un grande centro commerciale dove esercita con scrupolo la sua professione. Un giorno "si accorge" della presenza di una graziosa negoziante, Amy, che non aveva mai notato prima. Paul fa di tutto per piacerle ma, per quanto la ragazza sia dolce e gentile, non ottiene grandi risultati. Finché una banda di pericolosi delinquenti assale il centro commerciale e prende in ostaggio, tra gli altri, proprio Amy. Paul potrebbe fuggire me decide di rimanere per liberarla. ■ COMMEDIA; COL.; 91′; USA, 2009.

SUPER RAPINA A MILANO ★★

Regia di ADRIANO CELENTANO. Con ADRIANO CELENTANO, CLAUDIA MORI, VITTORIO SALVETTI. ■ La trama racconta di un supercolpo ladresco. Finisce con un massacro. Prima (e per molti anni unica) prova registica di Celentano. ■ POLIZIESCO; B/N; 85′; ITALIA, 1965.

SUPERSEVEN CHIAMA CAIRO ★★

Regia di UMBERTO LENZI. Con ROGER BROWNE, FABIENNE DALÍ, MINO DORO, MASSIMO SERATO. ■ Un agente segreto inglese viene inviato in Egitto col compito di rintracciare una cinepresa, venduta per errore a un turista, in cui si nasconde un nuovo metallo radioattivo. Riuscirà nell'impresa. ■ SPIONAGGIO; COL.; 91′; ITALIA, 1965.

SUPERSIZE ME ★★★

Regia di MORGAN SPURLOCK. Con MORGAN SPURLOCK. ■ Il documentario di Morgan Spurlock traccia una linea di confine tra la cattiva alimentazione e il cittadino che la "subisce". Il dito viene puntato contro i fast food e l'oggetto d'indagine è l'obesità, non dal punto di vista soggettivo, ma come piaga sociale, come problema mediatico, economico, politico e culturale, come un muro che forse soltanto la medicina può oltrepassare, ma non abbattere. La trama è semplice: Morgan Spurlock si sottopone a una ferrea dieta a base di grassi. Per tre volte al giorno dovrà consumare i pasti da MacDonald's, avvalendosi della vasta scelta di percorsi calorici da loro consigliati, sempre in formato "supersize". Il tutto per un mese. Tre esperti, un cardiologo, un nutrizionista e un gastroenterologo seguono il cammino dietetico del regista, prima, durante e dopo. Le conseguenze mediche, subite dal corpo di Spurlock, sono ciò che il film si propone di dimostrare. Una ricerca stilistica e visiva eccellente per il genere e un ritmo piacevole, divertente, a tratti degno di una commedia, rendono questo documentario di livello mondiale, adatto a tutti, educativo, oltre che manifesto reale di un quadro lucido e cinico della società americana. ■ DOCUMENTARIO; COL.; 98′; USA, 2004.

SUPERSONIC MAN ★

Regia di JUAN PIQUER SIMON. Con MICHAEL COBY, CAMERON MITCHELL, DIANA POLLAKOV. ■ Uno scienziato pazzo vuole asservire tutta la Terra, e poiché nessuno è in grado di opporglisi arriva dallo spazio Supersonic Man, spedito in aiuto dagli extraterrestri. Vinta la sua battaglia Supersonic, al quale il nostro pianeta è piaciuto molto, decide di restare. ■ FANTASCIENZA; COL.; 93′; SPAGNA, 1979.

SUPERSPIA K *(Assignement K)* ★★★

Regia di VAL GUEST. Con STEPHEN BOYD, LEO MCKERN, MICHAEL REDGRAVE. ■ Il regista inglese specializzato in film d'azione dirige la storia di un proprietario di una fabbrica di giocattoli, che è in realtà una spia. Si trova nei guai perché i rivali gli rapiscono la ragazza per ricattarlo. Riuscirà a liberarla, ma avrà una sconvolgente sorpresa. ■ SPIONAGGIO; COL.; 97′; GRAN BRETAGNA, 1968.

SUPERSTAR ★★

REGIA DI XAVIER GIANNOLI. Con CECILE DE FRANCE, LOUIS-DO DE LENCQUESAING, CHRISTOPHE KOUROTCHKINE, KAD MERAD. ■ Martin Kazinski, destandosi un mattino di un giorno uguale al precedente, si trova trasformato, durante il solito tragitto in metropolitana, in una superstar. Tutti vogliono fotografarlo, avere un suo autografo, riconoscerlo. Impaurito e infastidito, accetta l'aiuto di una giovane produttrice televisiva che, in cambio della sua apparizione in trasmissione, gli promette di far luce sulle ragioni di ciò che gli è accaduto. Uno scherzo? Ma è un cane che si morde la coda e, da questo momento in poi, "l'uomo che è diventato famoso perché non voleva esserlo" non può dire o fare nulla senza che ogni sua parola venga adottata come uno slogan, ogni sua azione riempita di un senso e del suo contrario. ■ COMMEDIA; COL.; 112′; FRANCIA, BELGIO, 2012.

SUPERTESTIMONE, LA ★★★

Regia di FRANCO GIRALDI. Con ORAZIO ORLANDO, UGO TOGNAZZI, VÉRONIQUE VENDELL, MONICA VITTI. ■ Una donna complessata, perché sfortunata in amore, diventa spietata accusatrice di un protettore sospettato di aver ucciso una prostituta, affermando d'averlo visto vicino al luogo del delitto. Dopo che l'imputato è stato condannato, si convince però d'aver sbagliato, ottiene la revisione del processo e, innamoratasi, finisce per sposare il magnaccia. Costui, che era veramente colpevole, la spinge a prostituirsi. ■ COMMEDIA; COL.; 111′; ITALIA, 1971.

SUPERTOTÒ ★★★

Regia di BRANDO GIORDANI, EMILIO RAVEL. Con ISA BARZIZZA, MARIO CASTELLANI, PEPPINO DE FILIPPO, TITINA DE FILIPPO, ALDO FABRIZI, SILVANA PAMPANINI, UGO TOGNAZZI, TOTÒ. ■ Omaggio al grande comico Totò che veniva riscoperto in quegli anni. ■ COMICO; B/N; 101′; ITALIA, 1980.

SUPER TROOPERS ★

Regia di JAY CHANDRASEKHAR. Con JAY CHANDRASEKHAR, BRIAN COX, KEVIN HEFFERNAN, STEVE LEMME. ■ Un reparto di cavalleria dello Stato del Vermont è addetto alla sorveglianza al confine del Canada. In realtà sul confine non si svolge da anni attività criminosa e alcuni tagli di bilancio nel budget del governo federale minacciano di mandare a casa i militari del reparto. Un grosso traffico di droga, scoperto per caso durante un controllo di routine alla frontiera, li salverà dalla disoccupazione. Destinato a fare il traino di una serie televisiva questo film denuncia il suo budget a basso costo. Con tre milioni di dollari il regista ha fatto quello che poteva. Consigliato a chi ha amato la serie *Scuola di polizia*. ■ COMMEDIA; COL.; 103′, USA, 2003.

SUPERUOMINI, SUPERDONNE, SUPERBOTTE ★
(Las amazonas contra los "superman")

Regia di AL BRADLEY. Con MARK HANNIBAL, YUEH HUA, NICK JORDAN, MARISA LONGO. ■ Il film è un'accozzaglia di vari generi cinematografici, dal western al karatè. Narra di superdonne che mantengono il predominio sugli uomini finché non sono sopraffatte da un gruppo di forzuti. ■ AVVENTURA; COL.; 94'; ITALIA, SPAGNA, 1974.

SUPERVIXENS ★★★
Regia di RUSS MEYER. Con USCHI DIGARD, SHARI EUBANK, CHARLES NAPIER, CHARLES PITTS. ■ Una donna viene apparentemente uccisa da un poliziotto impotente che scarica il presunto delitto sulle spalle del marito. Questi fugge, ma non disdegna avventure con procaci ragazze. Ritrovata la rediviva moglie e il poliziotto ingaggia con questi un feroce duello. ■ COMMEDIA; COL.; 105'; USA, 1975.

SUPPLIZIO – IL TRADITORE DEL CAMPO 5 ★★★
(The Rack)
Regia di ARNOLD LEVEN. Con WENDELL COREY, LEE MARVIN, PAUL NEWMAN, EDMOND O'BRIEN, WALTER PIDGEON. ■ La corte marziale si riunisce per stabilire se un ufficiale, preso prigioniero dai nordcoreani, abbia veramente collaborato col nemico. Alla fine del dibattito, l'accusato risulta colpevole. La causa principale del suo cedimento è però da attribuirsi a un'educazione troppo severa, impartitagli dal padre ufficiale di carriera. ■ DRAMMATICO; B/N; 100'; USA, 1956.

SUPPONIAMO CHE DICHIARINO LA GUERRA E NESSUNO CI VADA ★★★
(Suppose They Gave a War and Nobody Came?)
Regia di HY AVERBACK. Con DON AMECHE, ERNEST BORGNINE, TONY CURTIS, TOM EWELL, BRIAN KEITH, SUZANNE PLESHETTE. ■ In tempo di pace i terribili sottufficiali, spina dorsale dell'esercito, si sentono inutili, e i civili non li possono soffrire. Il colonnello li obbliga ad entrare in una commissione che deve assicurare i buoni rapporti con la cittadinanza, ma un sergente finisce dentro per rissa e un maresciallo va a liberarlo con un carro armato. ■ COMMEDIA; COL.; 113'; USA, 1971.

SUPPORT GROUP, THE ★★★
Regia di DANIEL MILDER, JOHN VIENER, JOSH WEINSTEIN. Con DANIEL MILDER, EDDIE PEPITONE, JOHN VIENER, JOSH WEINSTEIN. ■ Una seduta di un gruppo di sostegno svela l'agghiacciante origine dei problemi dei maschi di oggi. Sembra davvero di stare seduti su una di quelle seggioline di una scuola elementare riarrangiata a sede per un gruppo d'ascolto stile "alcolisti anonimi", mentre si guarda questa sublime satira della follia dell'uomo moderno. La scena si apre sulla situazione più noiosa che si possa immaginare, con i personaggi che raccontano i loro piccoli drammi, inquadrati da una telecamera con una grana da format tv di terza categoria, e si teme di star per assistere a un "reality" in pellicola, come non bastassero quelli televisivi. E invece il tutto prende una china assolutamente insospettabile per straripare nell'assurdo. Un capolavoro minore, l'ennesima riprova che per creare qualcosa di eccelso bastano una cinepresa e una grande idea. Alle donne non piacerà; ad alcuni uomini distruggerà il morale. ■ CORTOMETRAGGIO; COL.; 11'; USA, 2002.

SUPREMA CONFESSIONE ★★
Regia di SERGIO CORBUCCI. Con ANDREA CHECCHI, ANNA MARIA FERRERO, MASSIMO SERATO. ■ La moglie di un direttore d'orchestra dal passato burrascoso accetta di incontrare un ricattatore in un alberghetto. La donna si rifiuta al malvagio che muore cercando di sfuggire alla polizia, sopraggiunta nel frattempo. Il marito però non ha più fiducia in lei. Una malattia del figlioletto riavvicinerà i due sposi. ■ DRAMMATICO; B/N; 90'; ITALIA, 1956.

SUPREMA DECISIONE *(Command Decision)* ★★★
Regia di SAM WOOD. Con BRIAN DONLEVY, CLARK GABLE, VAN JOHNSON, WALTER PIDGEON. ■ Durante la seconda guerra mondiale, un generale dell'aviazione americana deve, con la morte nel cuore, ordinare ai suoi piloti missioni suicide perché è necessario che venga distrutta una fabbrica tedesca che produce nuovi, pericolosissimi prototipi d'aereo. Alla fine, l'ufficiale viene sostituito perché giudicato un macellaio, ma anche il suo successore dovrà proseguire per la stessa strada. Buoni attori, ma il film denuncia troppo la sua origine teatrale. ■ GUERRA; B/N; 112'; USA, 1948.

SUPREMO SACRIFICIO *(First Comes Courage)* ★★
Regia di DOROTHY ARZNER. Con BRIAN AHERNE, CARL ESMOND, MERLE OBERON. ■ In Norvegia, sotto l'occupazione nazist una ragazza passa informazioni ai partigiani e agli inglesi. U bieco ufficiale tedesco la scopre: la costringerebbe a un odios matrimonio, se non intervenisse un coraggioso ufficiale britann co innamorato di lei. ■ GUERRA; B/N; 88'; USA, 1943.

SUR ★★
Regia di FERNANDO EZEQUIEL SOLANAS. Con PHILIPPE LÉO TARD, SUSU PECORARO, MIGUEL ANGEL SOLA. ■ Un giovane ir carcerato durante la dittatura in Argentina, nel 1983 esce di pr gione e scopre che durante i suoi cinque anni di reclusione la mo glie l'ha tradito con il suo migliore amico. Meditazione in chiav fantastica, con molti squarci musicali, sul paese all'indomani del la caduta dei militari. Fu realtà o incubo? Comunque, niente è pi come prima. Occorre una notte di vagabondaggi e di ubriacatur per le strade perché il protagonista se ne renda conto. ■ DRAM MATICO; COL.; 127'; ARGENTINA, 1988. ■ CANNES 1 PR.

SURCOUF, L'EROE DEI SETTE MARI ★★
Regia di SERGIO BERGONZELLI. Con GÉRARD BERRAY, GENE VIÈVE CASILE, ANTONELLA LUALDI, TERENCE MORGAN. ■ A tempi di Napoleone, la flotta francese non riuscì mai a compete re veramente con la marina britannica. Gli unici successi furon ottenuti da alcuni audaci corsari che depredavano i mercantili ne mici. Il più noto fu Robert Sarcouf. ■ AVVENTURA; COL.; 92 FRANCIA, ITALIA, SPAGNA, 1967.

SU RE ★★
Regia di GIOVANNI COLUMBU. Con ANTONIO FORMA, FIORENZ MATTU, PIETRINA MENNEAS, TONINO MURGIA, PAOLO PILLON CA. ■ Le ultime dodici ore di Gesù tradito da Giuda, rinnegato d Pietro, processato (e flagellato) dai gaglioffi del Tempio, condan nato dal popolo e pianto da Maria, che lo ricompone nel sepolcro Ultima cena prima della comparizione davanti a Caifa e a Pilato della Passione che lo "passerà da questo mondo al Padre". Con dotto sulle pietre di Supramonte, Gesù verrà impietosament "conficcato" alla croce tra il clamore dei suoi avversari e il silen zio compianto delle donne. La sete spenta con aceto cede all'ulti mo respiro e al sospiro scosso della terra, che trema prima di ri trovare Cristo e la luce. Ha un'evidenza ordinaria e sconosciuta i Cristo di Fiorenzo Mattu, che parla la lingua sarda e combatte un lotta terribile nel Getsemani aspro di Giovanni Columbu. Il regi sta di *Arcipelaghi* mette in scena un altro processo dentro il buio pietroso della sua terra e dentro un paesaggio fuori dal tempo. Su banco degli imputati questa volta c'è Gesù, gonfio e livido per le percosse. Columbu celebra il film come una messa, rinnovand una vicenda che attualizza un evento mitico, e, alla maniera di Pa solini e di Bresson, lo sguardo dell'autore si fissa su volti comu ni e disarmonici, prestati da non attori. ■ RELIGIOSO; COL.; 80' ITALIA, 2012.

SURE FIRE ★★
Regia di JON JOST. Con TOM BLAIR, KATE DEZINA, ROBERT ERNEST, KRISTI HAGER. ■ Il regista di *Tutti i Vermeer a New York* in un film politico sulla corruzione. Wes è uno speculatore edile che agisce nello Stato dello Utah. Versione inglese con sottotitoli. ■ DRAMMATICO; COL.; 83'; USA, 1990.

SUREHAND – MANO VELOCE *(Old Surehand)* ★★
Regia di ALFRED VOHRER. Con PIERRE BRICE, STEWART GRANGER, LARRY PARNELL. ■ Il capo apache Winnetou è il protagonista di una serie di romanzi d'avventura scritti da Karl May. In questa pellicola lotta contro un bandito soprannominato "il Generale". ■ WESTERN; COL.; 92'; GERMANIA, 1966.

SURF 2 ★
Regia di RANDALL BADAT. Con EDDIE DEEZEN, LINDA KERRIDGE CLEAVON LITTLE. ■ Agli inizi degli anni Ottanta, saper cavalcare la tavola del surf e vincere le innumerevoli gare organizzate un po' dappertutto significava assicurarsi l'ammirazione delle ragazze e l'invidia degli avversari. Quando uno studente magrolino e occhialuto inventa una bibita capace di trasformare chiunque in un asso del surf, i giovani impazziscono per l'entusiasmo e la voglia di vincere. ■ COMMEDIA; COL.; 90'; USA, 1987.

SURF, SURF, SURF *(The North Shore)* ★★
Regia di WILLIAM PHELPS. Con MATT ADLER, NIA PEEPLES, JOHN

PHILBIN. ■ Rick Kane, a suo agio sulla tavola del surf come altri lo sono su una bicicletta, parte dal suo paese, l'Arizona, con un sogno nel cassetto: raggiungere le Hawaii e diventare un campione di quello sport sulle onde. Non sarà facile, ma un intermezzo sentimentale renderà meno dura la fatica. ■ DRAMMATICO; COL.; 95'; USA, 1987.

SURGELATI SPECIALI – POTREBBE ESSERE UNA MAGIA... *(Late for Dinner)* ★

Regia di W.D. RICHTER. Con PETER BERG, COLLEEN FLYNN, MARCIA GAY HARDEN, BRIAN WIMMER. ■ Due amici si trovano in guai seri. Si fanno allora ibernare da un criologo. Tornano in vita trent'anni dopo in una società decisamente cambiata. Si tratta di un film del 1991 uscito in Italia nel 1994 q,uando ormai la moda dei viaggi nel futuro era agli sgoccioli. Ma anche visto nell'anno giusto questo film si sarebbe rivelato come un semplice assemblaggio di luoghi comuni del genere venati di un po' di patetismo. ■ COMMEDIA; COL.; 84'; USA, 1991.

SURVIVING PICASSO ★★

Regia di JAMES IVORY. Con PETER EYRE, ANTHONY HOPKINS, NATASCHA MCELHONE, JULIANNE MOORE. ■ Un arco di vita di circa dieci anni di Pablo Picasso a partire dal 1943, quando era sessantaduenne. Vive in Provenza e a Parigi, pensa molto alle donne, è "gallo" e prepotente. Ogni tanto dà soddisfazione a qualche mercante. Licenzia un collaboratore perché gli danneggia la macchina. Non emerge niente del genio dell'uomo che reinventò il senso dell'immagine e spezzò l'arte in genere. Solo il "domestico" e i pettegolezzi. Si aspetta, si aspetta, ma non arriva niente. Film decisamente sbagliato. Ivory ci aveva già ricordato con *Jefferson in Paris* che le biografie non sono il suo forte. ■ BIOGRAFICO; COL.; 125'; USA, 1966.

SURVIVOR ★

Regia di MICHAEL SHACKLETON. Con SUE KIEL, CHIP MAYER, RICHARD MOLL. ■ Mentre si trova in orbita sullo *Shuttle*, un astronauta assiste impotente allo scoppio dell'ordigno nucleare che devasta la Terra. Quando riesce a tornarci, infatti, scopre solo desolazione e macerie. Sarà la donna della quale si innamora e la volontà di continuare a vivere che lo spingeranno a riunire i pochi scampati per riformare una nuova società fondata sull'amicizia e la pace. ■ FANTASCIENZA; COL.; 105'; USA, 1988.

SURVIVOR L'AEREO MALEDETTO *(The Survivor)* ★★

Regia di DAVID HEMMINGS. Con JENNY AGUTTER, JOSEPH COTTEN, ROBERT POWELL. ■ Cade un aereo passeggeri. L'unico superstite sembra il pilota (un miracolo?). Ma in realtà è morto anche lui. Quello che qualcuno vede è uno spettro, che non sparirà prima che luce sia fatta sulle cause del disastro (qualcuno aveva messo una bomba sull'aereo). ■ FANTASTICO; COL.; 97'; AUSTRALIA, 1980.

SUSANNA! *(Bringing Up Baby)* ★★★★

Regia di HOWARD HAWKS. Con WARD BOND, FRITZ FELD, BARRY FITZGERALD, CARY GRANT, KATHARINE HEPBURN, MAY ROBSON, CHARLES RUGGLES. ■ Uno svagato paleontologo sta per sposarsi, ma quello che gli preme di più è ottenere un osso che gli permetterebbe di completare il gigantesco scheletro di un dinosauro. Durante una partita di golf lo scienziato conosce una testarda ma adorabile ereditiera che s'innamora di lui e, per conquistarlo, lo trascina in una girandola di equivoci in cui avranno una grande responsabilità un fox terrier che ruba il prezioso osso finalmente arrivato e una coppia di leopardi perfettamente identici, uno mansueto e l'altro ferocissimo. Alla fine, naturalmente, la ragazza conquista lo scienziato, però baciandolo fa andare in pezzi lo scheletro. ■ COMMEDIA; B/N; 102'; USA, 1938.

SUSANNA AGENZIA SQUILLO *(Bells Are Ringing)* ★★★

Regia di VINCENTE MINNELLI. Con JUDY HOLLIDAY, DEAN MARTIN, JEAN STAPLETON. ■ Una ragazza che dirige un servizio di segreteria telefonica s'impiccia delle faccende private dei suoi clienti. Le va bene quando si presenta sotto falso nome a un cantante e finisce per conquistarne il cuore, ma rischia di andarle male quando la polizia la sospetta complice di un allibratore clandestino. ■ COMMEDIA; COL.; 127'; USA, 1961. ■ OSCAR 1 NOM.

SUSANNA E I SUOI DOLCI VIZI ALLA CORTE DEL RE *(Frau Weirtin hat auch einen Gräfen)* ★★

Regia di FRANÇOIS LEGRAND. Con FEMI BENUSSI, EDWIGE FENECH, JACQUES HANIN, JEFFREY HUNTER, PASCALE PETIT, TERRY TORDAY. ■ Susanna, una commediante dei tempi napoleonici, lotta ancora contro un corrotto governatore francese. Per destituirlo riuscirà a farsi ricevere dall'imperatore facendo spogliare un folto gruppo di ragazze. ■ COMMEDIA; COL.; 92'; AUSTRIA, GERMANIA, ITALIA, 1969.

SUSANNA E LE GIUBBE ROSSE *(Susannah of the Mounties)* ★★

Regia di WALTER LANG, WILLIAM A. SEITER. Con MARGARET LOCKWOOD, RANDOLPH SCOTT, SHIRLEY TEMPLE. ■ Shirley Temple ancora una volta fa l'orfanella. Questa volta il padre adottivo è un sergente delle Giubbe Rosse che l'ha trovata, miracolosamente salva, dopo il massacro della sua famiglia da parte degli indiani Piedi Neri. Gli indiani attaccano ancora e il sergente sta per rimetterci la pelle. Ma la bimba riesce a salvarlo. ■ WESTERN; B/N; 78'; USA, 1939.

SUSANNA HA DORMITO QUI *(Susan Slept Here)* ★★★

Regia di FRANK TASHLIN. Con ANNE FRANCIS, DICK POWELL, DEBBIE REYNOLDS. ■ Un soggettista cinematografico chiede a un amico, poliziotto della buoncostume, di fargli conoscere una ragazza traviata per potersi documentare. A poco a poco tra i due nasce l'amore. ■ COMMEDIA; COL.; 98'; USA, 1955. ■ OSCAR 2 NOM.

SUSANNA SIMONIN, LA RELIGIOSA *(Susanne Simonin, la religieuse de Diderot)* ★★★

Regia di JACQUES RIVETTE. Con ANNA KARINA, MICHELINE PRESLE, LISELOTTE PULVER, FRANCISCO RABAL. ■ Nel Settecento una ragazza è costretta dai familiari a diventare monaca e vive terribili esperienze in due diversi conventi. Fugge, ma ancora una volta cercano di attentare alla sua virtù e la poverina è costretta ad uccidersi. ■ DRAMMATICO; COL.; 135'; FRANCIA, 1968.

SUSANNA TUTTA PANNA ★★★

Regia di STENO. Con MARISA ALLASIO, ALBERTO BONUCCI, MARIO CAROTENUTO, MEMMO CAROTENUTO, ETTORE MANNI, ALBERTO RABAGLIATI. ■ Susanna possiede una pasticceria milanese il cui massimo vanto è una torta chiamata appunto "Susanna tutta panna". Lei sola conosce la ricetta ma, date le insistenze del fidanzato, decide di svelargliela e gli invia un dolce con un biglietto su cui è scritto il prezioso segreto. Per un errore il pacco viene confuso con quello dei prodotti destinati alla vendita e la ragazza dovrà lungamente penare per ricuperare la torta prima che finisca nelle mani di un concorrente. ■ COMMEDIA; B/N; 85'; ITALIA, 1957.

SUSPECT – PRESUNTO COLPEVOLE *(Suspect)* ★★★

Regia di PETER YATES. Con CHER, JOE MANTEGNA, DENNIS QUAID. ■ Un'avvocatessa dello Stato difende un barbone sordomuto accusato di aver sgozzato una segretaria. L'aiuta a trovare prove a discarico un membro della giuria, un simpatico filibustiere innamorato della ragazza Giallo teso e divertente diretto e interpretato con molto mestiere. ■ GIALLO; COL.; 121'; USA, 1987.

SUSPECT – SOSPETTATA *(Vanusberg)* ★★

Regia di ROLF THIELE. Con NICOLE BADAL, MONICA FLODQUIST, CLAUDIA MARUS, MARISA MELL. ■ La vedova di un professore, morto in un incidente, convoca nella sua abitazione sei donne che erano state amanti del marito perché pensa che in realtà questi non sia defunto, ma scappato con una di loro. Ha ragione, ma la riunione si concluderà tragicamente. ■ POLIZIESCO; COL.; 93'; GERMANIA, 1971.

SUSPECT ZERO ★★

Regia di E. ELIAS MERHIGE. Con KEITH CAMPBELL, KEVIN CHAMBERLIN, AARON ECKHART, BEN KINGSLEY, HARRY J. LENNIX, CARRIE ANN MOSS, JULIAN REYES, CHLOE RUSSELL. ■ Gioco di specchi tra serial killer e poliziotto dell'Fbi, per un film che ne richiama alla mente molti altri, sia per il genere che per le atmosfere e gli attori. L'agente dell'Fbi Thomas Mackelway è chiamato a indagare su una serie di omicidi all'apparenza non collegati tra loro. Aiutato nelle indagini dalla collega Fran Kulok, scopre una serie di macabri indizi che sembrerebbero condurre allo spietato serial killer Benjamin O'Ryan ■ DRAMMATICO; COL.; 95'; USA, 2004.

♥ **SUSPENSE** *(The Innocents)* ★★★
Regia di JACK CLAYTON. Con PAMELA FRANKLIN, MEGS JENKINS, DEBORAH KERR, MICHAEL REDGRAVE, PETER WYNGARDE. ■ Alla fine dell'Ottocento, un'istitutrice si accorge a poco a poco che i due bambini che le sono stati affidati sono posseduti dagli spettri di due corrotti. Cerca di liberare i piccini, ma solo la ragazzina viene salvata, mentre il maschio muore. ■ FANTASTICO; B/N; 105'; GRAN BRETAGNA, 1961.

SUSPENSE A VENEZIA *(The Venetian Affair)* ★★
Regia di JERRY THORPE. Con KARLHEINZ BÖHM, ELKE SOMMER, ROBERT VAUGHN. ■ Un giornalista americano, ex agente della Cia, scopre un'organizzazione internazionale in cui è stata costretta a entrare anche la sua ex moglie. ■ SPIONAGGIO; COL.; 92'; USA, 1967.

SUSPENSE PER UN ASSASSINO *(Who Killed Who)* ★
Regia di TSUNEO KOBAYASHI. Con YURIKO ANJO, KIKUKO HOJO, AKIRA NISHIMURA. ■ In una villa si riuniscono gli eredi di un ricco, ma in realtà questi non è morto. Si finge tale solo per scoprire chi, per ben due volte, ha tentato di ucciderlo. ■ POLIZIESCO; B/N; 94'; GIAPPONE, 1973.

SUSPICION ★★
Regia di ANDREW GRIVE. Con ANTHONY ANDREWS, JANE CURTIN. ■ Remake di *Sospetto* di Hitchcock, pulitamente realizzato, ma lontano mille miglia dal modello. Anthony Andrews non si sogna nemmeno lo charme di Cary Grant, ma non è male nella parte del playboy sospettato dalla moglie di volerla uccidere per mettere le mani sulle sue sostanze. ■ GIALLO; COL.; 90'; USA, 1987.

SUSPICIOUS RIVER ★
Regia di LYNNE STOPKEWICH. Con JOEL BISSONNETTE, DEANNA MILLIGAN, MOLLY PARKER, CALLUM KEITH RENNIE. ■ Sul fiume del titolo Leila lavora alla reception di un'orrenda locanda infestata da una vera e propria feccia. La donna ha gravi problemi, nulla le funziona: la paga non le permette quasi di sopravvivere, il marito sta per lasciarla. Leila si aiuta prostituendosi di tanto in tanto. Poi arriva Gary, bellone prepotente, nel quale vede un affrancamento dalla sua situazione disperata. Ma, come al solito, le speranze sono mal riposte. Inutile e sgradevole. ■ DRAMMATICO; COL.; 95'; CANADA, 2002.

SUSPIRIA ★★★
Regia di DARIO ARGENTO. Con MIGUEL BOSÈ, FLAVIO BUCCI, STEFANIA CASINI, JESSICA HARPER, ALIDA VALLI. ■ Una ragazza americana si trasferisce in una scuola di danza tedesca. Qui avvengono strani fenomeni e morti tanto inspiegabili quanto orrende. La fanciulla, dopo l'uccisione di un'amica con la quale tentava di chiarire il mistero, scopre che la causa di tutto è una strega, fondatrice della scuola. Riuscirà a porre fine alla sua influenza malefica. ■ HORROR; COL.; 97'; ITALIA, 1977.

SÜSS L'EBREO *(Jude Süss)* ★★
Regia di VEIT HARLAN. Con HEINRICH GEORGE, WERNER KRAUSS, FERDINAND MARIAN. ■ Nel Settecento un ebreo, diventato ministro nel ducato di Würtemberg, favorisce i suoi correligionari, insidia fanciulle ariane, compie ogni sorta di nefandezze finché non viene bruciato sul rogo. Famigerato film di propaganda nazista. ■ STORICO; B/N; 91'; GERMANIA, 1940.

SUSSURRI DI MORTE *(A Whisper Kill)* ★
Regia di CHRISTIAN I. NYBY II. Con LONI ANDERSON, JOE PENNY. ■ Dirige un quotidiano californiano. È una donna ed è molto bella. Le giungono molti segnali. Tutti parlano di morte. Dovrà cercare di cavarsela. ■ THRILLER; COL.; 100'; USA, 1988.

SUSSURRI E GRIDA *(Viskingar och rop)* ★★★★
Regia di INGMAR BERGMAN. Con HARRIET ANDERSSON, ERLAND JOSEPHSON, KARI SYWAN, INGRID THULIN, LIV ULLMANN. ■ Agli inizi del Novecento, due sorelle tornano presso la terza, malata di cancro, per assisterla. Le due hanno ciascuna i propri problemi: Karin è incapace di qualsiasi rapporto con il prossimo, Maria pensa solo al proprio aspetto fisico. La malata muore, ma la sua anima si ribella e, la notte dopo, dal suo cadavere si levano lamenti strazianti. Nessuna delle sorelle ha il coraggio di avvicinarsi. Solo la governante, una donna buona e semplice, trova la forza di cullare il corpo e di convincere lo spirito tormentato ad affrontare l'aldilà. ■ DRAMMATICO; COL.; 91'; SVEZIA, 1972. ■ DAVID DI DONATELLO 2 PR, 2 NOM; GOLDEN GLOBES 1 NOM OSCAR 1 PR, 5 NOM.

SUSSURRI – IL RESPIRO DEL TERRORE *(Whispers)* ★
Regia di DOUGLAS JACKSON. Con JEAN LECLERC, CHRIS SARANDON, VICTORIA TENNANT. ■ Un maniaco omicida aggredisce una scrittrice. Lei per legittima difesa lo uccide. Costui però ritorna in vita. Lei va alla polizia ma non le credono. Un agente però decide di aiutarla. Tratto dal romanzo di Dean H. Koontz, il film stenta a decollare. ■ THRILLER; COL.; 89'; USA, 1990.

SUSSURRI PER UN ASSASSINO *(Whispers)* ★
Regia di ROBERT BERGMAN. Con NADIA CAPONE, YAPHET KOTTO, SILVIO OLIVIERO. ■ Un deejay lavora in un locale dove si esibiscono spogliarelliste. È un tipo strano: mischia citazioni bibliche con le *Metamorfosi* di Ovidio. La sua vita dura poco. ■ THRILLER; COL.; 90'; USA, 1988.

SUSSURRO NEL BUIO, UN ★★
Regia di MARCELLO ALIPRANDI. Con OLGA BISERA, JOSEPH COTTEN, LUCRETIA LOVE, JOHN PHILLIP LAW, ALESSANDRO POGGI. ■ In una villa veneta un bambino dichiara di frequentare un coetaneo che in realtà non esiste. I familiari dapprima credono a un'innocua fantasia infantile, ma alcuni preoccupanti fenomeni, apparentemente inspiegabili li faranno rivolgere a uno psicanalista che morirà misteriosamente infittendo il mistero. ■ FANTASTICO; COL.; 92'; ITALIA, 1976.

SU SU PER LA SECONDA VOLTA VERGINE
(Yuke Yuke Nidome No Shojo)
Regia di KOJI WAKAMATSU. Con MICHIO AKIYAMA, MIMI KOZAHURA. ■ Quattro teppisti stuprano una ragazza sulla terrazza di un palazzo, sotto lo sguardo indifferente di un giovane. Al risveglio lei non vuole andar via e anzi cerca in tutti i modi di convincere lui ad ucciderla. Settimo episodio della serie *Violent movies* di Wakamatsu, talmente saturo di violenza ingiustificata, mista a decadentismo poetico, da apparire irreale. Assieme a *Via da Las Vegas*, *La paura mangia l'anima* e *Gli amanti del Pont-Neuf* chiude un'ideale rassegna delle storie d'amore più allucinanti mai raccontate dal cinema. Inclassificabile. ■ DRAMMATICO; B/N; 67'; GIAPPONE, 1969.

SÜT ★★
Regia di SEMIH KAPLANOGLU. Con BASAK KOKLUKAYA, MELIH SELCUK. ■ In un piccolo villaggio della Turchia, in provincia di Smirne, il giovane Yusef aspira a diventare poeta. La madre, rimasta vedova troppo giovane, lo rimprovera di avere la testa fra le nuvole e di spendere i soldi che servono a mandare avanti la casa – guadagnati con la sua attività di lattaia – in libri, matite e quaderni. Diplomato da poco e in attesa della chiamata alle armi, Yusef vive come sospeso nella sua età informe e pratica la poesia nella speranza di riuscire a trovare la propria identità di giovane uomo. *Süt* costituisce il secondo capitolo di una trilogia che racconta, a ritroso, la storia di Yusef. Se in *Yumurta* il protagonista è rappresentato nell'età adulta, in *Süt* lo ritroviamo nella sua giovinezza e ne vediamo la persona a metà fra due strade, tra il ragazzo e l'uomo. Tuttavia il film sembrerebbe mancare di forza narrativa laddove gli episodi rimangono sospesi lasciando, a chi guarda, un'idea di incompletezza che danneggia un film da guardare come un quadro e leggere come una poesia. ■ DRAMMATICO; COL.; 102'; TURCHIA, FRANCIA, GERMANIA, 2008.

SUXBAD – 3 MENTI SOPRA IL PELO *(Superbad)* ★★
Regia di GREG MOTTOLA. Con MICHAEL CERA, BILL HADER, JONAH HILL, MARTHA MACISAAC, CHRISTOPHER MINTZ-PLASSE, SETH ROGEN, EMMA STONE. ■ Mancano poche settimane al termine del liceo e Seth ed Evan vivono la loro condizione di sfigati e vergini come un fardello in vista dell'Università, dove non vogliono apparire come pivelli. Quando gli si presenta l'occasione

lla "prima volta" – una festa casalinga organizzata dalla bella les – decidono di giocarsi qualunque carta per fare colpo sulle gazze che amano segretamente, fosse anche ubriacarle per dinire l'errore di una serata ebbra. Ad acquistare gli alcolici, con documento fresco fresco di falsificazione, si offre l'amico Fo-ell (denominato da Seth "repellente per gnocche" per via della a tipica natura da nerd) al quale i due affidano il denaro e la lo- ultima speranza di perdere la verginità. Purtroppo le cose non anno come previsto e il negozio di liquori segnerà l'inizio di una cambolesca e divertente avventura ai danni dei nostri. ■ COMMEDIA; COL.; 114'; USA, 2007.

UZANNE ★★
egia di ROBIN SPRY. Con JENNIFER DALE, MICHAEL IRONSIDE, EN POGUE. ■ La storia di Suzanne, figlia di una francese e di no scozzese. Negli anni Cinquanta, a Montreal, Suzanne ama e ene amata da due uomini, un amico d'infanzia e un playboy ampione di football. ■ DRAMMATICO; COL.; 90'; CANADA, 979.

VALVOLATI ON THE ROAD *(Wild Hogs)* ★★
egia di WALT BECKER. Con TIM ALLEN, JILL HENNESSY, MAR-N LAWRENCE, RAY LIOTTA, WILLIAM H. MACY, JOHN C. MC-INLEY, STEPHEN TOBOLOWSKY, MARISA TOMEI, JOHN TRAVOL-A. ■ Doug è un dentista con scarso successo sia sul lavoro che casa. Bobby è un idraulico con aspirazioni più alte. Dudley è sperto di computer ma totalmente fallimentare con le donne mene Woody sembra essere un uomo di successo, a patto di non anare a guardare oltre le apparenze. È questo il quartetto che comone i non più giovanissimi "Wild Hogs" di Cincinnati, pronti a artire per un viaggio su moto rombanti in direzione Pacifico. ■ OMMEDIA; COL.; 99'; USA, 2007.

VEDESI, LE ★★
egia di GIAN LUIGI POLIDORO. Con FRANCO FABRIZI, CRISTINA RANBERG, EVA HIORT, FRANCO INTERLENGHI, LEOPOLDO TRIE-TE. ■ Tre italiani partono per la Svezia sperando di arricchirsi on un piccolo commercio e avere strepitose avventure galanti, a nel Nord Europa la mentalità è troppo diversa dalla nostra e i overacci faranno delle magre figure. ■ COMMEDIA; B/N; 94'; TALIA, 1960.

VEDESI SI CONFESSANO E..., LE ★★
Som havets makna vind – Wie der Nachte wun)
egia di GUNNAR HÖGLUND. Con HANS GUSTAFSSON, ANNE IORD, GIO PETRÉ, INGRID SWEDIN. ■ Un violinista svedese emirato in Svizzera torna in patria per una breve vacanza. Avrà nuerose avventure galanti, ma alla fine sceglierà la ragazza giusta. ■ COMMEDIA; COL.; 92'; SVEZIA, 1969.

VEGLIAMI QUANDO È FINITO ★★★
Wake Me When it's Over)
Regia di MERVYN LE ROY. Con ERNIE KOVACS, MARGO MOORE, ACK WARDEN. ■ Un tale richiamato dall'esercito viene assegna- a una sperduta isoletta dell'oceano Pacifico. Roso dalla noia ensa di costruire in quel solitario paradiso un albergo di lusso, ma inirebbe davanti alla corte marziale se non si scoprisse che il suo ichiamo è stato un errore. ■ COMMEDIA; COL.; 126'; USA, 1960.

VEGLIATI E UCCIDI – LUTRING ★★★
Regia di CARLO LIZZANI. Con LISA GASTONI, ROBERT HOFF-IAN, GIAN MARIA VOLONTÉ. ■ Il film racconta le gesta di un andito famoso in quegli anni che in seguito, redentosi in carcere ove è diventato pittore, è stato graziato. ■ POLIZIESCO; COL.; 26'; ITALIA, 1966.

SVEGLIATI NED! *(Waking Ned)* ★★★
Regia di KIRK JONES. Con IAN BANNEN, FIONNULA FLANAGAN, DAVID KELLY, SUSAN LYNCH, JAMES NESBITT. ■ In un paesino rlandese la fortuna giunge sotto forma di un biglietto della lotteia. Il vincitore sembra celare con cura il segreto e ogni tentativo di smascherarlo da parte dell'anziano Jackie e del suo amico Mihael sembra destinato a fallire. Finché non scoprono che il vincitore è il vecchio Ned, che è morto dopo aver appreso della vinita. Non è il caso di lasciar perdere l'ammontare della vincita. Tutti gli abitanti, ad eccezione di un'anziana rancorosa, accettano di spartirsi la vincita mentendo al funzionario del ministero. Kirk Jones, che proviene dalla pubblicità ed è qui alla sua opera prima, realizza un interessante ritrattino della vitalità della terza età associato alla descrizione degli effetti di una vincita improvvisa su una piccola comunità. ■ COMMEDIA; COL.; 95'; GRAN BRETAGNA, 1998.

SVJEDOCI – I TESTIMONI *(Svjedoci)* ★★★
Regia di VINKO BRESAN. Con MIRJANA KARANOVIC, DRAZEN KUHN, LEON LUCEV, KRESIMIR MIKIC, MARINKO PRGA, ALMA PRICA, PREDRAG VUSOVIC. ■ Un villaggio croato nel 1992. Una donna in lutto attende il funerale del marito militare. Il figlio e due suoi amici uccidono in un attentato un uomo e ne sequestrano la figlioletta che ha assistito all'omicidio. Un commissario indaga e un fratello che torna mutilato dal fronte ma è stanco di vendette e falsità. In seconda fila, a tessere le trame dell'odio, lo zio chirurgo di fama che ha molto potere politico. Con una struttura narrativa che mostra le situazioni da diversi punti di vista ma priva del folklore bellico che ha accompagnato molti dei film sull'argomento, *Svjedoci* colpisce insieme al cuore e al cervello. ■ DRAMMATICO; COL.; 88'; CROAZIA, 2003. ■ BERLINO 1 PR.

SVENGALI ★★
Regia di ARCHIE MAYO. Con JOHN BARRYMORE, DONALD CRISP, MARIAN MARSH. ■ Il grande John Barrymore in un ruolo da supergigione tentato in seguito da altri grandi istrioni dello schermo (fra cui Peter O'Toole). È Svengali, un musicista quasi mostruoso che con l'ipnotismo fa di una biondina stonata un'ugola d'oro della lirica. Sempre sotto ipnosi la ragazza è anche innamorata del suo pigmalione. Ma da sveglia le fa orrore. Sceglierà alla fine l'autocoscienza (e le stonature). ■ DRAMMATICO; B/N; 76'; USA, 1931. ■ OSCAR 1 NOM.

SVENGALI ★★
Regia di NOEL LANGLEY. Con HILDEGARDE KNEFF, TERENCE MORGAN, DONALD WOLFIT. ■ A Parigi, una ragazza diventa schiava di un misterioso individuo dotato di strani poteri che annulla la sua volontà e la fa diventare grande cantante, ma la sera del debutto, a Londra, l'uomo muore e la donna, come svegliata da un incubo, può tornare dal suo innamorato. ■ FANTASTICO; B/N; 82'; GRAN BRETAGNA, 1955.

SVENTOLE, MANETTE... E FEMMINE ★★
(Cause toujours, mon lap meeres)
Regia di GUY LENRAC. Con FRANÇOISE CHAUMETTE, EDDIE CONSTANTINE, CLEMENT HARRARI. ■ Eddie Constantine interpreta ancora una volta l'agente americano Lemmy Jackson, variante del più famoso Lemmy Caution che, ingiustamente accusato, riesce a trovare i veri colpevoli grazie all'aiuto di una bambina. ■ POLIZIESCO; B/N; 92'; FRANCIA, 1964.

SVEZIA INFERNO E PARADISO ★★
Regia di LUIGI SCATTINI. ■ Scontato e trito documentario che, per la gioia dei provinciali italiani, illustra le delizie, soprattutto sessuali, della libertaria Svezia. ■ DOCUMENTARIO; COL.; 92'; ITALIA, 1968.

SVIGNATA, LA *(La carapate)* ★★★
Regia di GÉRARD OURY. Con YVONNE GAUDEAU, VICTOR LANOUX, PIERRE RICHARD. ■ Un avvocato viene coinvolto in una rivolta carceraria e tacciato di estremismo e tendenze omicide. Fuggito col suo cliente, vive una serie di tragicomiche avventure. Mentre tentano di scappare in Svizzera, la loro auto finisce poi bruciata da un gruppo di dimostranti. ■ COMMEDIA; COL.; 105'; FRANCIA, 1978.

SVITATI *(Lunatics – A Love Story)* ★★
Regia di JOSH BECKER. Con BRUCE CAMPBELL, DEBORAH FOREMAN, THEODORE RAIMI. ■ Hank è un individuo la cui vita è un'ossessione continua. Vive in una casa tappezzata con l'alluminio, vede medici minacciosi e ragni pericolosi. Un giorno però incontra il grande amore. Per lui cambia tutto. Produce Sam Raimi. ■ COMMEDIA; COL.; 84'; USA, 1990.

SVITATI ★
Regia di EZIO GREGGIO. Con GIANFRANCO BARRA, MEL BROOKS, JULIE CONDRA, EZIO GREGGIO, RANDY INGERMAN. ■ Un padre

in fin di vita chiede al figlio di ritrovare il soldato americano che, durante la seconda guerra mondiale, gli salvò la vita. L'uomo viene ritrovato ma è pazzo. Verrà comunque ricondotto in Italia. Che fanno Brooks e Greggio insieme? Dei film da passare in televisione e da vedere senza attenzione. ■ COMMEDIA; COL.; 91'; ITALIA, 1999.

SVITATO, LO ★★★
Regia di CARLO LIZZANI. Con DARIO FO, GEORGIA MOLL, FRANCA RAME. ■ Un ingenuo fattorino riesce, con alcuni colpi fortunati, a diventare giornalista. Un suo losco amico gli propone di rubare alcuni cani di razza per poi acquistare fama con servizi sullo strano furto. In realtà il mascalzone fugge con i preziosi animali e la ragazza del protagonista. ■ COMMEDIA; B/N; 110'; ITALIA, 1956.

SVOLTA PERICOLOSA *(Traveller)* ★
Regia di JACK N. GREEN. Con LUKE ASKEW, JAMES GAMMON, JULIANNA MARGULIES, BILL PAXTON, MARK WAHLBERG. ■ Un piccolo truffatore addestra un ragazzo al mestiere. Il regista è il direttore della fotografia di Eastwood (a cui dedica un omaggio facendo passare su un televisore uno spezzone di *Filo da torcere*). Ma questo è il solo motivo di interesse. ■ DRAMMATICO; COL.; 101'; USA, 1997.

SWANN ★★
Regia di ANNA BENSON GYLES. Con DAVID CUBITT, BRENDA FRICKER, MICHAEL ONTKEAN, MIRANDA RICHARDSON. ■ La scrittrice Sarah Maloney raggiunge un paesino dell'Ontario per cercare di far luce sulla morte della poetessa Mary Swann, trovata uccisa nella fattoria del marito. Riuscirà a scoprire la verità. ■ DRAMMATICO; COL.; 96'; CANADA, GRAN BRETAGNA, 1996.

SWARM *(The Swarm)* ★★★
Regia di IRWIN ALLEN. Con MICHAEL CAINE, RICHARD CHAMBERLAIN, OLIVIA DE HAVILLAND, JOSÉ FERRER, HENRY FONDA, BEN JOHNSON, FRED MACMURRAY, KATHARINE ROSS, RICHARD WIDMARK. ■ Uno sciame d'api proveniente dall'Africa terrorizza gli Stati Uniti: la città di Houston viene addiritura rasa al suolo. La soluzione del mistero, come accade in questi film, è banale, ma nessuno degli scienziati sembra arrivarci. Il più sagace, alla fine, scoprirà l'uovo di Colombo. ■ FANTASTICO; COL.; 116'; USA, 1978. ■ OSCAR 1 NOM.

S.W.A.T. – SQUADRA SPECIALE ANTICRIMINE ★★
(S.W.A.T.)
Regia di CLARK JOHNSON. Con LL COOL J, COLIN FARRELL, SAMUEL L. JACKSON, OLIVIER MARTINEZ, MICHELLE RODRIGUEZ. ■ Liberamente ispirato alla serie televisiva degli anni 70, *S.W.A.T.* dimostra inequivocabilmente che gli sceneggiatori hollywoodiani non riescono da qualche anno a produrre altro che film d'azione fatti con lo stampino, indistinguibili tra loro, fatta eccezione per la coppia di protagonisti scelti. La prima ora del film è epifanica e paradossale: *S.W.A.T.* è il primo film d'azione senza azione. Troppo lunga la fase di introduzione ai personaggi, inutilmente ridondante il minutaggio speso per l'addestramento, poco incisiva l'azione iniziale della squadra speciale anticrimine. Il film prende fortunatamente quota nella seconda parte, grazie ad una semplice ma efficace trovata degli sceneggiatori che permette di ribaltare le parti in campo e che affida ai protagonisti il ruolo di difensori piuttosto che attaccanti. Indubbiamente *S.W.A.T.* dimostra, a livello tecnico, una certa cura nei dettagli, risultando meno fracassone (e, di conseguenza, meno ridanciano e divertente) di altri film dello stesso genere, *Bad Boys* o *Fast and Furious*, per esempio. Il cinema è una forma d'arte o uno straordinario mezzo di evasione? Se fate parte della prima categoria, state alla larga, se siete più accondiscendenti, potreste anche dedicare 120 minuti della vostra esistenza a *S.W.A.T.*. ■ AZIONE; COL.; 117'; USA, 2003.

SWEDENHEILMS, GLI *(Swedenheilms)* ★★
Regia di GUSTAV MOLANDER. Con BJORN BERGLUND, INGRID BERGMAN, GOSTA EKMAN. ■ Dalla *pièce* teatrale di Hjalmar Bergman *Premio Nobel*. Protagonista è la famiglia di uno scienziato, recentemente insignito dal premio Nobel. Tutte brave persone, ma prive di senso pratico. Il secondogenito ha contratto alcuni debiti pesanti, e le sue cambiali sono nelle mani di un usuraio che cerca di ricattare il padre. ■ COMMEDIA; B/N; 92'; SVEZIA, 1935.

SWEENEY TODD: IL DIABOLICO BARBIERE DI FLEET STREET ★★
(Sweeney Todd: The Demon Barber of Fleet Street)
Regia di TIM BURTON. Con SACHA BARON COHEN, HELENA BONHAM CARTER, JOHNNY DEPP, LAURA MICHELLE KELLY, ALAN RICKMAN, TIMOTHY SPALL, ANTHONY STEWART HEAD. ■ Benjamin Barker è un uomo realizzato e smisuratamente felice: un barbiere eccellente, un padre affettuoso e un marito devoto. Accusato e condannato ingiustamente dal giudice Turpin, Barker viene deportato lontano da Londra. Diversi anni dopo, mutato il nome in Sweeney Todd, il barbiere torna a chiedere soddisfazione all'uomo che gli ha "usurpato" la vita, insidiando il suo talamo e crescendo la sua prole. Affittata una bottega in Fleet Street, Sweeney Todd affila i rasoi e torna ad esercitare la professione di barbiere. Turpin e gli ignari avventori scopriranno che la vendetta per Mr. Todd è un piatto da servire caldo, cotto e sfornato. All'origine di un film di Tim Burton c'è quasi sempre un disegno. Questo disegno è spesso la raffigurazione di un personaggio che è insieme creativo e distruttivo e che ha bisogno per agire di protesi meccaniche o di oggetti che alterano la sua capacità fisica. Sweeney Todd si muove alla volta di Londra introdotto, anticipato e avvolto dalla musica, da un'aria che disegna il paesaggio acustico della sua anima, desiderosa di esorcizzare la realtà tragica attraverso il canto. È un musical ma non si esaurisce nel musical. La sua dimensione musicale non è sovrimposta forzatamente alla storia ma come nell'opera è costitutivamente innestata nel protagonista, dal quale si dipana una linea melodica struggente, un requiem che spaventa perché carico di sventure e presagi. ■ MUSICAL; COL.; 116'; GRAN BRETAGNA, USA, 2007.

SWEET CHARITY – UNA RAGAZZA CHE VOLEVA ESSERE AMATA *(Sweet Charity)* ★★
Regia di BOB FOSSE. Con SAMMY DAVIS JR, SHIRLEY MACLAINE, JOHN MCMARTIN, RICARDO MONTALBAN, CHITA RIVERA. ■ Una tenera ragazza cerca disperatamente l'amore, ma non lo trova. Non per questo rinuncia alla speranza. Si tratta della riduzione cinematografica di una commedia musicale di Neil Simon ispirata a *Le notti di Cabiria* di Fellini. Musiche di Cy Coleman. ■ COMM. MUSICALE; COL.; 133'; USA, 1969. ■ OSCAR 3 NOM.

SWEET DREAMS ★★
Regia di KAREL REISZ. Con ED HARRIS, JESSICA LANGE, ANN WADGEWORTH. ■ Da ragazza di provincia proveniente da uno squallido ambiente provinciale a cantante di successo: questo film è la ricostruzione quasi fedele della vita e della morte di Patsy Cline, regina del country americano. Divorziata dal primo marito, Patsy sposa un operaio rozzo e nevrotico, che la ama, ma la picchia con assillante frequenza. Proprio quando, dopo aver messo al mondo due figli, Patsy decide di divorziare una seconda volta, un incidente aereo le stronca la vita e la carriera. ■ DRAMMATICO; COL.; 115'; USA, 1985. ■ OSCAR 1 NOM.

SWEETIE ★★
Regia di JANE CAMPION. Con KAREN COLSTON, GENEVIÈVE LEMON. ■ Finalmente un film che tratta del problema, anche se non è la sola chiave di lettura, dell'autismo fuori dai canoni consueti. Sweetie è una ragazza che deve ancora crescere intellettivamente, è bruttina e grassa. Ha una sorella convinta di aver trovato l'uomo della sua vita e due genitori anziani che vogliono separarsi. La ragazza è anche di indole cattiva e la tragedia è dietro l'angolo. Volutamente sgradevole, il film ha diviso la critica internazionale di Cannes ed è stato ingiustamente ignorato dalla critica italiana. Opera d'esordio, dopo alcuni cortometraggi molto originali, della Campion, che poi è stata giustamente scoperta da tutti al Festival di Venezia del 1990 con *Un angelo alla mia tavola*. ■ COMMEDIA; COL.; 100'; AUSTRALIA, 1989.

SWEET LOVE – DOLCE AMORE *(La donneuse)* ★★
Regia di JEAN-MARIE PALLARDY. Con BEBA LONCAR, JEAN-MA-

E PALLARDY, VAN AMMELROOY WILLEKE. ■ Un arrampicato- sociale ha sposato la figlia del padrone, ma il matrimonio non felice, perché la moglie è spocchiosa e sterile. L'uomo decide 'avere un figlio lo stesso e una provvida organizzazione gli tro-a una donatrice per la fecondazione artificiale. Poi, spinto da orbosa curiosità, vuole conoscere la ragazza e se ne innamora amato. Costei, non sapendo l'antefatto, non desidera che lui la ppia incinta e, sottopostasi a un aborto, muore lasciando l'a-ante col cuore spezzato. ■ DRAMMATICO; COL.; 93'; BELGIO, RANCIA, 1972.

WEET MOVIE – DOLCE FILM *(Sweet Movie)* ★★★

egia di DUSAN MAKAVEJEV. Con PIERRE CLEMENTI, MARPESSA AWN, BARBARA FREY, CAROLE LAURE, ANNA PRUCNAL. ■ pologo sul fallimento del capitalismo e del comunismo sovieti-). Si tratta di due storie incrociate. In una la vincitrice di un con-orso di bellezza sposa un grottesco milionario americano, ma il arito è impotente e lei fugge. Ha diverse altre avventure tra Pa-gi e Vienna e alla fine, delusa, accetta a scopo pubblicitario di nmergersi nuda in un bagno di cioccolata, finendo soffocata. 'ell'altro episodio, un marinaio dell'incrociatore *Potemkin* sale ı una nave con la prora a forma di Karl Marx dove vive una don-a in mezzo a una grande quantità di zucchero. Costei ucciderà sia i che alcuni bambini e finirà in manicomio. ■ FANTASTICO; /N; 95'; CANADA, FRANCIA, GERMANIA, 1974.

WEET NOVEMBER ★★

egia di PAT O'CONNOR. Con KARINA ANDREWS, GREG GER-IANN, JASON ISAACS, KEANU REEVES, CHARLIZE THERON, URT VOELKER. ■ A San Francisco, un pubblicitario in carriera, lelson Moss, tutto lavoro, cellulare e computer conosce e si in-amora di una donna che è il suo esatto contrario: un'originale, nisteriosa e anticonformista hippy, Sara. Come in tutte le storie 'amore che si rispettino il loro primo incontro, del tutto casuale, più uno scontro e non fa presagire niente di buono... E invece... onostante tutti i dubbi del nostro Nelson l'amore vincerà anco-a una volta e grazie a Sara riuscirà finalmente a capire quali so-o le semplici cose e i valori che rendono la vita degna di essere issuta. Fin qui niente di male, peccato però che ci si trovi di fron-e a un film già visto mille volte e senza quel quid in più che lo ren-a allo stesso tempo diverso. Lei infatti è malata di cancro e sta er morire e lui, il cinico duro in carriera, è disposto a rinunciare tutto pur di stare con lei. ■ DRAMMATICO; COL.; 119'; USA, 000.

WEET SIXTEEN ★★★

egia di KEN LOACH. Con MICHELLE ABERCROMBIE, MARTIN COMPSTON, ANNMARIE FULTON, WILLIAM RUANE. ■ Presenta-o a Cannes 2002. Glasgow si addice a Loach. Siamo già al terzo ilm che vede la città scozzese teatro della vicenda. Il giovane iam vive di piccola criminalità, del resto non ha molte scelte. ua madre Michelle è in prigione per spaccio, mancano settanta iorni poi uscirà. Liam conta le ore. E Loach fa se stesso e mostra iò che più gli preme, il degrado della città, dove la crisi dei can-ieri ha portato povertà e disoccupazione. Dunque a Liam non re-ta che inserirsi nel giro più grande, lo spaccio dell'eroina. Un mi-imo di serenità gli arriva dalla sorella e da un suo amico, ma la nadre, una volta uscita, preferisce dedicarsi al suo amante, un ve-o delinquente. Tutto è predisposto per il finale, tragico. Loach on farà mai film insignificanti, ma un po' ripetitivi, come questo, . ■ DRAMMATICO; COL.; GRAN BRETAGNA, 2002. ■ CANNES PR.

SWEET SWEET MARJA ★★

egia di ANGELO FREZZA. Con CORRADO CALDA, MARIA GRA-IA CUCINOTTA, ELISABETTA DE PALO, ADOLFO MARGIOTTA, MARCO MESSERI, JOANNA MOSKWA, ANGELO ORLANDO, PIE-RO SERMONTI. ■ Mettete una sera a cena un immobiliarista col izietto, una giovane moglie insoddisfatta, un promotore finan-iario che stordisce le sue vittime con una parlantina agghiac-iante, aggiungete un presunto cavaliere arricchitosi con l'eredità asciatagli in dote dalla perfida nonna, ed eccovi servita una com-nedia gradevole e originale girata dall'esordiente Angelo Frezza. *Sweet Sweet Maria*, film anomalo nel panorama cinematografico nazionale, è girato a basso costo e con un cast di bravi attori. ■ COMMEDIA; COL.; 96'; ITALIA, 2007.

SWIMFAN ★

Regia di JOHN POLSON. Con SHIRI APPLEBY, JESSE BRADFORD, ERIKA CHRISTENSEN, DAN HEDAYA. ■ Ben Cronin è un ragazzo modello: campione di nuoto, volontario all'ospedale, ottimo studente, fidanzato fedele. Nella sua vita piomba all'improvviso Madison, una navigata ragazza newyorkese che è decisa a sedurlo. Ben, pensando a un'avventuretta, lascia fare volentieri. Ma Madison ha tutt'altri progetti, e ben presto il giovane scoprirà che non solo affetti e carriera scolastica ma la sua stessa vita sono in pericolo. ■ THRILLER; COL.; 87'; USA, 2003.

SWIMMING POOL ★★★

Regia di FRANÇOIS OZON. Con CHARLOTTE RAMPLING, LUDIVINE SAGNIER, CHARLES DANCE, MICHEL FAU, MARC FAYOLLE, JEAN MARIE LAMOUR, MIREILLE MOSSÉ. ■ Una scrittrice di romanzi polizieschi di successo si sente offrire dal suo editore la propria casa di campagna in cui trascorrere un periodo di relax per cominciare a pensare al nuovo libro. La donna accetta ma dopo poco tempo la sua quiete viene turbata dall'arrivo di Julie, la giovane figlia dell'editore. La ragazza, con la sua spudoratezza, turba la donna che inizia a spiarla e, in qualche modo, a invidiarla traendo spunto dalla sua vitalità per il romanzo che sta iniziando ad elaborare. La piscina dell'abitazione è il punto focale attorno a cui nascono tensioni cariche di un erotismo esibito per la ragazza e compresso da parte della donna. Ozon torna di nuovo sul tema dell'universo femminile in una storia sorretta dalle opposte interpretazioni della Rampling e della Sagnier. Il gioco regge per tre quarti, cioè fino a quando l'erotismo fa da *fil rouge* alla vicenda. Quando invece si apre il fronte della realtà romanzesca che sembra irrompere nella costruzione della finzione letteraria il film si disperde ed ha bisogno del colpo di scena finale (da non rivelare) per recuperare credibilità e accontentare anche il pubblico più esigente. Quello cioè a cui non bastano la vibrante nudità della Sagnier e quella più agé ma non meno interessante della veterana Rampling e che soffrono a vedere la loro recitazione di qualità sacrificata in favore di un finale forzatamente a sorpresa. ■ THRILLER; COL.; 102'; FRANCIA, 2003.

SWING ★★★

Regia di TONY GATLIF. Con OSCAR COPP, LOU RECH, TCHAVOLO SCHMITT. ■ Max è figlio unico, ha dodici anni ed è appassionato di jazz; quando un'estate viene spedito dalla nonna a Strasburgo rimane affascinato dalla musica che sente suonare nel vicino campo nomadi, e decide di prendere delle lezioni di chitarra. Così incontra Swing, una ragazzina gitana sua coetanea che gli farà scoprire qualcosa di ancor più forte dell'amore per la musica. Il film scorre gradevolmente su due piani narrativi diversi ma intrecciati: da una parte il racconto dell'educazione sentimentale dei due adolescenti, dall'altra un doveroso e sentito omaggio alla cultura musicale del ceppo zingaro più antico dell'Europa orientale, i Manouche, che inventarono un nuovo modo di fare musica, chiamata poi "gipsy jazz", contaminando la tradizione afroamericana con un'impronta fortemente occidentale. Il regista, Tony Gatlif, è nato ad Algeri ma è gitano. ■ COMM. MUSICALE; COL.; 90'; FRANCIA, GIAPPONE, 2002.

SWINGERS ★★★

Regia di DOUG LIMAN. Con JON FAVREAU, RON LIVINGSTON, PATRICK VAN HORN, VINCE VAUGHN. ■ Gli swingers sono quei ragazzi che gironzolano da un locale all'altro in cerca di un modo per ingannare il tempo in attesa di non si sa bene cosa. Mike è uno di loro. Attore di non provata fama, ha cercato di sfondare a Hollywood ma ha ottenuto solo di essere lasciato dalla sua ragazza. Ora vagabonda insieme a Trent, Sue e Rob sperando di trovare una nuova ragazza e di dare un senso alla propria vita. Girato con soli 250.000 dollari (budget irrisorio per qualsiasi film americano), *Swingers* ha dalla sua lo sguardo al contempo disincantato e partecipe che il regista rivolge ai suoi personaggi. Vaughn e Favreau poi sono amici anche al di là della finzione e questo aiuta a dare al film una dimensione di complicità maschile tutta particolare. ■ COMMEDIA; COL.; 96'; USA, 1996.

SWING KIDS – GIOVANI RIBELLI *(Swing Kids)* ★★
Regia di THOMAS CARTER. Con CHRISTIAN BALE, TUSHKA BERGEN, KENNETH BRANAGH, BARBARA HERSHEY, ROBERT SEAN LEONARD. ■ Liberamente ispirato a un fatto realmente accaduto. Nel 1942 il nazismo mise fuorilegge la musica jazz, in favore di musiche prettamente nazionali come i valzer o Wagner. Così alcuni giovani di Amburgo poco più che adolescenti, appartenenti alla Hitlerjugend, si divertono ascoltando musica jazz americana, rischiando dure punizioni. L'amore per lo swing diventa una forma di ribellione. ■ DRAMMATICO; COL.; 114'; USA, 1993.

SWING PARADE 1946 ★★
Regia di PHIL KARLSON. Con CONEE BOSWELL, PHIL REGAN, GALE STORM. ■ Una ragazza viene assoldata da un ricco perché presenti a suo figlio l'intimazione di sgombero dal teatro dove il giovanotto sta organizzando uno spettacolo. Tutto finirà bene e i due si sposeranno. ■ COMM. MUSICALE; B/N; 90'; USA, 1946.

SWING SHIFT – TEMPO DI SWING *(Swing Shift)* ★
Regia di JONATHAN DEMME. Con GOLDIE HAWN, KURT RUSSELL. ■ Film minore di Demme, regista di *Qualcosa di travolgente* e *Il silenzio degli innocenti*. Kay Walsh, rimasta sola per la partenza del marito, soldato, intreccia una relazione col suo collega di lavoro, un capo-ufficio prestante. Dovrà però fare i conti col ritorno del consorte. ■ COMMEDIA; COL.; 96'; USA, 1984. ■ GOLDEN GLOBES 1 NOM; OSCAR 1 NOM.

SWITCH ★★
Regia di GIUSEPPE COLIZZI. Con GERRY SUNDQUIST, GIANCARLO TONDINELLI. ■ I giovani e dinamici organizzatori di una televisione privata si mettono involontariamente in gravi pasticci, ma poi si riscattano e sventano un sequestro di persona. ■ COMMEDIA; COL.; 87'; ITALIA, 1978.

SWOP *(Sam's song – The Swap)* ★★
Regia di JOHN SHADE. Con SYBIL DANNING, ROBERT DE NIRO, JERRY MICKY, JENNIFER WARREN. ■ Nel 1971, agli inizi della carriera, Robert De Niro girò un cortometraggio giallo sulle avventure di un regista di film porno coinvolto in un delitto. Diventato famoso attore, il produttore Golan gonfiò la pellicola fino a farla diventare un film di lunghezza normale. ■ POLIZIESCO; COL.; USA, 1971.

SWORD IN THE MOON – LA SPADA NELLA LUNA ★★
(Cheongpung myeongwol)
Regia di KIM EUI-SUK. Con KIM BO-KYUNG, CHO JAE-HYUN, LEE JONG-SOO, CHOI MIN-SOO. ■ Gyu-yeop e Ji-hwan sono grandi amici e i migliori guerrieri di una scuola militare d'eccezione. Un colpo di Stato li metterà uno contro l'altro, e i due dovranno affrontarsi numerose volte, fra amicizia e onore. Alla fine a vincere deve essere uno solo. Se a metà degli anni Settanta il kung-fu si identificava con Bruce Lee, oggi nel cinema orientale le pratiche guerresche sono più importanti di chi le interpreta. Esprimono simbolismi e tradizioni di secoli addietro, rappresentative di una profonda filosofia, da cui noi europei veniamo irrimediabilmente affascinati senza tuttavia coglierne le sfumature. ■ AZIONE; COL.; 100'; COREA DEL SUD, 2003.

SYBIL ★★★
Regia di DANIEL PETRIE JR. Con MARTINE BARTLETT, BRAD DAVIS, SALLY FIELD, JANE HOFFMAN, CHARLES LANE, JOANNE WOODWARD. ■ Il film è la riduzione di un originale televisivo e racconta la storia vera di una psichiatra che riuscì negli anni Cinquanta a guarire una ragazza che, a causa di un'educazione repressiva, soffriva di sdoppiamento plurimo della personalità. ■ DRAMMATICO; COL.; 132'; USA, 1977.

SYDNEY ★★
Regia di PAUL THOMAS ANDERSON. Con PHILIP BAKER HALL, SAMUEL L. JACKSON, GWYNETH PALTROW, JOHN C. REILLY. ■ Sydney è un giocatore d'azzardo. Un giorno dà un passaggio a un ragazzo che diventa rapidamente suo allievo. Nel loro sodalizio si inseriscono un imbroglione e una ragazza di facili costumi di cui il ragazzo si innamora. La tragedia è dietro l'angolo. ■ DRAMMATICO; COL.; 96'; USA, 1996.

SYMBIOSIS – UNITI PER LA MORTE *(Like Minds)* ★
Regia di Gregory J. Read. Con Toni Collette, Patrick Malahid[e], Jon Overton, Eddie Redmayne, Richard Roxburgh, Amit Sha[h], Tom Sturridge. ■ La psicologa forense Sally Rowe riceve dal detective Martin Mackenzie l'incarico di indagare sul profilo psicologico del diciassettenne Alex Forbes, figlio del rettore del college locale. Il ragazzo è stato trovato ai bordi della ferrovia con [in] braccio il corpo inanimato del compagno di studi Nigel Colb[y]. Nel corso dei colloqui Alex professa la propria innocenza, raccontando come Nigel si fosse impossessato della sua mente tentando di coinvolgerlo nella folle idea di essere entrambi discendenti dai Templari e di avere una missione da compiere. Sally decide di non accettare a priori la tesi di Mackenzie secondo la quale Alex è colpevole dell'omicidio e si mette ad indagare a sua volta. Le sorprese non mancheranno. ■ THRILLER; COL.; 110'; AUSTRALIA, GRAN BRETAGNA, 2006.

SYMPTOMS, L'INCUBO DEI SENSI *(Symptoms)* ★
Regia di JOSEPH ROGER LARRAZ. Con MICHAEL GRADY, MARIE-PAULE MAILLEUX, NANCY NEVISON, RON O'NEAL. ■ Una ragazza che ha litigato con l'amante accetta l'ospitalità di un'amica. Si trova in un'atmosfera da incubo e scopre che la sua ospite è pazza e ha già ucciso una donna di cui era innamorata. Anche lei finirà male. ■ DRAMMATICO; B/N; 93'; GRAN BRETAGNA, 1974.

S.Y.N.A.P.S.E – PERICOLO IN RETE *(S.i.n.a.p.s.e)* ★★
Regia di PETER HOWITT. Con CLAIRE FORLANI, RACHAEL LEIGH COOK, RYAN PHILLIPPE, TIM ROBBINS. ■ Synapse è un nuovo programma per computer destinato a rivoluzionare il modo di comunicare. Si tratta di un progetto ambizioso dai risvolti estremamente oscuri e inquietanti che si nascondono dietro il luccichio della ipertecnologia. Il suo ideatore Gary Winston (Tim Robbins), un alias di Bill Gates, è alla testa di Nurv, la più potente società informatica del mondo. Il programma, però, non è ancora pronto. Per risolvere gli ultimi problemi vengono contattati due geni del computer, Milo e Teddy. Milo, sensibile al successo e al denaro, decide di unirsi al team di Winston; Teddy, idealista e filantropo, rifiuta e resta nel garage a continuare il suo lavoro. Milo si mette subito a lavorare sodo per far procedere il progetto e mantenere le scadenze. Viene sedotto dal nuovo stile di vita, ma quando Teddy rimane ucciso in modo misterioso e contestualmente il progetto inizia a procedere celermente verso la meta, comincia a sospettare. Scopre che persino la sua ragazza è pagata da "quelli" per tenerlo d'occhio. Intanto Winston coltiva il suo progetto di diventare padrone del mondo. Allora Milo decide di rivolgere contro questo malvagio personaggio le sue conoscenze. Ecco che su tutti gli schermi d'America e del mondo appaiono le immagini che denunciano i piani poco puliti della Nurv. Poco verosimile in vari momenti e scontato in altri, il film è adatto a un pubblico giovane, abituato a certi termini specifici e appassionato di *spy story* a sfondo tecnologico. Grande prestazione di Tim Robbins nel ruolo del cinico e carismatico magnate della Nurv. ■ THRILLER; COL.; 110'; USA, 2001.

SYNECDOCHE, NEW YORK ★★
Regia di CHARLIE KAUFMAN. Con JENNIFER JASON LEIGH, PHILIP SEYMOUR HOFFMAN, MICHELLE WILLIAMS. ■ Caden Cotard, regista teatrale, sta per montare un nuovo spettacolo ma si sente frustrato. La moglie Adele lo lascia per proseguire la carriera di pittrice a Berlino portando con sé la figlioletta Olive. Madeleine, la sua analista, è più attenta alle sorti del suo nuovo libro che a quelle del suo paziente. La sua relazione con la bella Hazel è durata poco. Per di più è afflitto da una misteriosa malattia. Ossessionato dal timore di una morte imminente decide di riunire un gruppo di attori che dovranno mettere in scena la sua vita in un enorme spazio al coperto che riproduce i luoghi da lui frequentati. ■ COMMEDIA; COL.; 124'; USA, 2008.

SYRIANA ★★★
Regia di STEPHEN GAGHAN. Con GEORGE CLOONEY, CHRIS COO[PER]

ER, MATT DAMON, WILLIAM HURT, MAZHAR MUNIR, TIM BLAKE NELSON, AMANDA PEET, CHRISTOPHER PLUMMER, ALEXANDER SIDDIG, JEFFREY WRIGHT. ■ Al suo secondo lungometraggio, Stephen Gaghan (regista di *Abandon* e autore di *Traffic*, diretto da Steven Soderbergh) firma *Syriana*, un thriller politico incentrato sul rapporto tra terrorismo internazionale, politica estera americana e industrie petrolifere, e basato sulle memorie di Robert Baer, ex agente della Cia impegnato nella lotta al terrorismo. Il film si apre con un attentato a Teheran, alternando, successivamente, la scena statunitense a quella mediorientale. Ben girato e ben diretto, *Syriana* ha il pregio – anche se inizialmente la presentazione dei personaggi e delle situazioni rischia di confondere lo spettatore – di trattare un tema quanto mai attuale, senza voler a tutti i costi sostenere una tesi o dare la propria versione dei fatti. Non esistono buoni o cattivi, non esistono vincitori o vinti, ma soltanto una condizione di perenne conflitto determinata da interessi economico-politici. Oscar a George Clooney quale miglior attore non protagonista. ■ THRILLER; COL.; 126′; USA, 2006. ■ GOLDEN GLOBES 1 PR, 2 NOM; OSCAR 1 PR, 2 NOM.

S 007 SPIONAGGIO A TANGERI ★★

Regia di GREGG G. TALLAS. Con MARIA AVILA, JOE CAMEL, ANA CASTOR, LUIS DAVILA, JOSÉ GRECI. ■ Un agente americano deve recuperare una lastra metallica capace di distruggere il mondo. Ci riesce e la consegna all'inventore, ma questi, impazzito, la vuole usare per conquistare il potere assoluto. Per fortuna scopritore e scoperta s'inabisseranno nel mare. ■ SPIONAGGIO; COL.; 93′; ITALIA, SPAGNA, 1965.

T

TABACCHIERA DELLA GENERALESSA, LA ★★
(Die Töchter ihrer Exzellenz)
Regia di REINHOLD SCHÜNZEL. Con WILLY FRITSCH, KATHE VON NAGY. ■ Le disavventure delle due orfane di un generale, la cui madre è costretta dal bisogno economico a gestire una tabaccheria. Dopo varie vicissitudini tutto si risolve bene: una di loro sposa un conte e i tempi duri finiscono. ■ COMMEDIA; B/N; 90′; GERMANIA, 1934.

TABARIN ★★
Regia di RICHARD POTTIER. Con SYLVIA LOPEZ, MICHEL PICCOLI, SONJA ZIEMANN. ■ Il proprietario di un tabarin assume una sciantosa, ma costei, una sua ex amante, ha accettato solo per vendicarsi dell'abbandono. Infatti riesce a far perdere la testa al socio del protagonista e crea tanti pasticci da far andare il locale a rotoli; il poverino verrà anche colto da infarto. Scacciata l'infame, le cose torneranno a posto. Molta musica. ■ MUSICALE; COL.; 92′; FRANCIA, ITALIA, 1958.

TABOO *(Tabu)* ★★
Regia di VILGOT SJÖMAN. Con KEILL BERGQWIST, VIVECA LINDFORS, KICKÈ SJOMAN. ■ Il tema del film è l'emarginazione degli omosessuali. ■ DRAMMATICO; COL.; 94′; SVEZIA, 1977.

TABÙ *(Tabu)* ★★★★
Regia di ROBERT J. FLAHERTY, FRIEDRICH WILHELM MURNAU. Con MATAHI, ANNA CHEVALIER, HITU. ■ In un'isola dei mari del Sud, un indigeno sceglie di morire perché la ragazza che ama, promessa agli dei, non può essere sua. Il film, muto, è uno dei capolavori del cinema. ■ DRAMMATICO; B/N; 80′; USA, 1931. ■ OSCAR 1 PR, 1 NOM.

TABÙ – GOHATTO *(Gohatto)* ★★★
Regia di NAGISA OSHIMA. Con TADANOBU ASANO, TAKESHI KITANO, RYUHEI MATSUDA, SHINJI TAKEDA. ■ Primavera 1865. Presso il tempio Nishi-Honganji, i samurai del clan Shinsengumi stanno selezionando nuovi soldati. Tra tutti gli aspiranti solo due vengono scelti: Hyozo Tashiro, un samurai di bassa origine del clan Kurume e l'attraente Sozaburo Kano. Costui diventa subito oggetto delle attenzioni di Tashiro. Sono le regole rigide a tenere unito il gruppo, ma la bellezza di Kano sconvolge l'ordine provocando rivalità e gelosie. Non solo di ordine militare. «Ho passato la mia vita a infrangere tabù» afferma Nagisa Oshima. Ed è vero. Basti pensare a *L'impero dei sensi* o al più fruibile ma altrettanto fuori dagli stereotipi *Furyo*. Quale tabù è più radicato per i giapponesi della virilità dei samurai? Oshima la mette in dubbio con la raffinatezza di sguardo che gli è abituale, ma anche con decisione. Regalandosi anche il volto del tutto moderno di un Takeshi Kitano "in costume". Cosa per noi spettatori occidentali inusuale. ■ STORICO; COL.; 100′; GIAPPONE, 2000.

TABÙ N. 2 ★★
Regia di ROMOLO MARCELLINI. ■ A distanza di un anno il regista Marcellini dà un seguito ideale al film precedente. ■ DOCUMENTARIO; COL.; 93′; ITALIA, 1965.

TACCHI A SPILLO *(Tacones Lejanos)* ★★★
Regia di PEDRO ALMODÓVAR. Con VICTORIA ABRIL, MIGUEL BOSÉ, MARISA PAREDES. ■ Ironico come suo solito, ma usando maggiormente le corde del melodramma, Almodóvar rende omaggio ai suoi registi preferiti, come Sirk e Matarazzo. Il film parte con una citazione da *Lo specchio della vita* e termina con un'altra da *Madame X* e inserisce anche un dialogo tratto da *Sinfonia d'autunno* di Bergman. Tutto questo per raccontare la storia di Rebecca che è sempre vissuta all'ombra della madre, famosa cantante. Da piccola si era macchiata di un crimine contro un compagno di mamma. Ora c'è di mezzo un altro omicidio a cui indaga un giudice che, per motivi di lavoro, ha anche indossato gli abiti femminili in un locale notturno ed ha amato intensamente Rebecca in camerino. La madre si sacrificherà per farsi perdonare dalla figlia l'indifferenza con cui l'ha allevata. Efficace Victoria Abril e anche Miguel Bosé nel ruolo duplice del giudice. ■ COMMEDIA; COL.; 119′; SPAGNA, 1991. ■ GOLDEN GLOBES 1 NOM.

TADPOLE – UN GIOVANE SEDUTTORE A NEW YORK *(Tadpole)* ★★
Regia di GARY WINICK. Con BEBE NEUWIRTH, JOHN RITTER, AARON STANFORD, SIGOURNEY WEAVER. ■ Oscar Grubman non è decisamente un ragazzo comune. Quindicenne, è appassionato dei classici e in particolar modo di Voltaire, ama il francese molto più dell'inglese e – soprattutto – ha una gran passione per donne decisamente più mature di lui. Tra le quali Eve, effettivamente bella e di gran classe, che però ha la ventura di essere la sua matrigna. Tornato a casa per il Thanksgiving, si darà comunque da fare per sedurla. Ma i suoi sforzi lo condurranno a letto con Diane, migliore amica dell'amata. Tra equivoci e inutili tentativi di nascondere l'accaduto, Oscar tornerà all'accademia, forse avendo imparato qualcosa di più su se stesso. *Tadpole – Un giovane seduttore a New York* ha conquistato il premio per la migliore regia al Sundance. Premio peraltro abbastanza inspiegabile. Siamo di fronte all'ennesima variazione sul canovaccio ormai frusto del cinema indipendente newyorkese: molto dialogato, con "padrini" importanti (Truffaut e Allen su tutti) ma poche o punte idee cinematografiche interessanti. E Sigourney Weaver continua a sprecare una splendida maturità in ruoli insignificanti. Girato in digitale. ■ COMMEDIA; COL.; 78′; USA, 2002.

TAFANOS ★★★★
Regia di DIPTEROS. Con JOE CAPALBO, ENZO CORIGLIANO, UMBERTO DURON, CECCO FEDELE, ZOE GIUDICE, FABRIZIO LIVIGNI, FABIO NANI, ELENA PANDOLFI, FABIO SEGATORI, CAROLA SILVESTRELLI, HODAN TAHIR, DAVID WHITE. ■ Un gruppo di amici si riunisce per una vacanzina estiva, senza troppe pretese. Caratteri diversi, stili di vita eterogenei e piccoli egoismi: la permanenza sotto uno stesso tetto non sembra garantire niente di buono. Per fortuna (?) arrivano dei micidiali insetti, i tafani, a scatenare la paura e rinvigorire lo spirito del gruppo. *Tafanos* è la vicenda, tragicomica, di una divertente tribù post-moderna, impregnata di remote misticità orientaleggianti e di un certo cinismo occidentale nuovo. Girato in meno di tre settimane, con telecamere digitali, una manciata di soldi e cast emergente, il riferimento a *The Blair Witch Project* è scontato, ma d'obbligo. ■ HORROR; COL.; 110′; ITALIA, 2001.

TAFFIN ★★
Regia di FRANCIS MEGAHY. Con PIERCE BROSNAN, ALISON DOODY, RAY MCANALLY. ■ Un film d'azione diretto e sceneggiato con alti e bassi. Qualcuno ha intenzione di costruire in una piccola città una fabbrica chimica non legale e, soprattutto, con il

ericolo di recar danno ai cittadini. Taffin, un esattore, si prende onere di risolvere la faccenda, ma i personaggi con i quali si contra non rinunciano ai loro progetti. ■ AVVENTURA; COL.; 95'; GRAN BRETAGNA, 1988.

AGGART, 5000 DOLLARI DI TAGLIA *(Taggart)* ★★
egia di ROBERT G. SPRINGSTEEN. Con DAN DURYEA, DICK ROAN, TONY YOUNG. ■ Un pistolero, braccato da un cacciatore di taglie e dagli apaches, si rifugia presso un minatore. Giunge anche il uo nemico che si porta via l'oro e la moglie dell'involontario ospite, ma la pagherà molto cara. ■ WESTERN; COL.; 85'; USA, 1965.

AGLIA, LA *(The Reward)* ★★★
egia di SERGE BOURGUIGNON. Con NINO CASTELNUOVO, VETTE MIMIEUX, GILBERT ROLAND, MAX VON SYDOW, EFREM IMBALIST JR. ■ Cinque avventurieri s'accordano per catturare n ricercato sul cui capo pende una forte taglia e che tenta di fuggire, accompagnato da una ragazza, per il deserto messicano. Riusciranno nell'intento, ma l'avidità farà scoppiare un contrasto nel ruppo. ■ AVVENTURA; COL.; 92'; USA, 1966.

AGLIAERBE, IL *(The Lawnmower Man)* ★★
egia di BRETT LEONARD. Con PIERCE BROSNAN, JEFF FAHEY. ■ Un film a basso costo che ha riscosso grandi risultati in tutto il ondo. Tratto da un racconto di Stephen King, è recitato in alcuni momenti troppo sopra le righe e risulta quasi ridicolo. Resta il ubbio che il regista volesse ottenere proprio quel risultato. C'è no scienziato che ha sperimentato sugli animali una nuova tecnica per raccogliere in un cervello intelligenza e cultura. Ora vuoe provare con un povero ritardato che fa il tagliaerbe. ■ FANTASTICO; COL.; 107'; USA, 1992.

AGLIAERBE 2 – THE CYBERSPACE, IL ★
Lawnmower Man 2)
Regia di FARHAD MANN. Con PATRICK BERGIN, MATT FREWER, AUSTIN O'BRIEN. ■ Nel primo *Tagliaerbe* il protagonista Giobe era esploso. Qui scopriamo che è ancora vivo, anche se sfigurato e mutilato. Il suo recupero lo trasporta in una complessa storia di realtà virtuale che coinvolge l'informatica dei massimi sistemi del mondo. Col mondo stesso in pericolo. Ci pensano quattro giovani intelligenti a salvarci tutti dalla fine virtuale. Il primo *agliaerbe* era un "legislatore", questo è il solito brodino riscaldato, e davvero troppo complicato. ■ FANTASCIENZA; COL.; 95'; JSA, 1995.

TAGLIA È TUA... L'UOMO L'AMMAZZO IO, LA ★★
Regia di EDOARDO MULARGIA. Con MAURIZIO BONUGLIA, MARIO BREGA, ROBERT WOODS. ■ Un pistolero alcolizzato, braccato da quattro spietati cacciatori di taglie, trova rifugio presso na ballerina di saloon. Quando i suoi nemici uccidono la ragazza, il fuorilegge finalmente ne elimina lealmente tre. L'ultimo si uadagnerà la taglia sparandogli alle spalle. ■ WESTERN; COL.; 5'; ITALIA, 1970.

TAGLIAGOLE, IL *(Le boucher)* ★★★
Regia di CLAUDE CHABROL. Con STÉPHANE AUDRAN, ANTONIO PASSALIA, JEAN YONNE. ■ Una cittadina è terrorizzata da un sadico uccisore di donne. La direttrice didattica comincia a sospettare che si tratti del macellaio di cui è innamorata. ■ POLIZIESCO; COL.; 93'; FRANCIA, 1969.

TAGLIO DI DIAMANTI *(Rough Cut)* ★★★
Regia di DON SIEGEL. Con LESLEY-ANNE DOWN, DAVID NIVEN, BURT REYNOLDS, TIMOTHY WEST. ■ Il film narra la storia di un ommissario di polizia inglese che, nell'imminenza della pensione, frutta l'abilità di un ladro internazionale per fargli eseguire un colo col quale si sistemerà. ■ POLIZIESCO; COL.; 112'; USA, 1980.

TAHRIR 2011 ★★
Regia di AHMAD ABDALLA, AYTEN AMIN, TAMER EZZAT, AMR SALAMA. ■ Tre segmenti diretti da altrettanti registi che dedicano il loro sguardo alle rivolte di piazza Tahrir del 25 gennaio 2011, inizio della rivoluzione per l'abbattimento del regime del presidente egiziano Hosny Mubarak. *Il buono*, *Il cattivo* e *Il politico* – questi i titoli degli episodi firmati da Tamer Ezzat, Ayten Amin e Amr Samara – analizzano, rispettivamente, lo scoppio della rivolta e la disposizione d'animo di un intero popolo unito contro l'oppressore, i meccanismi corrotti delle forze dell'ordine fino ad arrivare all'ultima parte, un ritratto dell'ex presidente con contributi video di sostenitori e oppositori. ■ DOCUMENTARIO; COL.; 90'; EGITTO, 2011.

TAI CHI BOXER *(Tai ji quan)* ★★
Regia di YUEN WOO-PING, CHEUNG YAM-YIN. Con BILLY CHOW, CRISTY CHUNG, SIBELLE HU, CHUEN HUA-CHI, SHUN LAU, DARREN SHAHLAVI, JACKIE WOO. ■ Dopo il riuscitissimo *Tai Chi Master* eccone servito il sequel, o qualcosa di simile. Orfano di Jet Li e Michelle Yeoh, protagonisti del precedente capitolo, *Tai Chi Boxer* tenta di riproporre il classico canovaccio della commedia d'azione orientale. In un paesino della Cina di fine Ottocento, un gruppo di trafficanti d'oppio stranieri fa il bello e il cattivo tempo. Jackie, figlio di un dispotico maestro di Kung Fu, è un vivace adolescente costantemente in fuga dai libri di scuola. Innamoratosi di Rosa, attivista rivoluzionaria contraria ai traffici stranieri, lo scapestrato giovane si troverà a dover fronteggiare la banda di trafficanti. ■ AZIONE; COL.; 91'; HONG KONG, 1996.

TAI-CHI MASTER, THE *(Tai ji zhang san feng)* ★★★★
Regia di YUEN WOO-PING. Con SIU-HOU CHIN, SHUN LAU, JET LI, MICHELLE YEOH, HAI YU, CHEUNG-YAN YUEN, FENNIE YUEN. ■ Jumbo e Tempo, due orfani, trascorrono la loro infanzia presso un tempio Shaolin, dove imparano la disciplina dello spirito e le più micidiali tecniche di arti marziali. In seguito ad un incidente, i due amici inseparabili, ormai adulti, vengono scacciati dal tempio e si mettono in cerca del loro destino. Si uniscono ad un gruppo clandestino, con base in un ristorante, che difende il popolo dagli abusi delle truppe governative. Qui conoscono l'amore e l'amicizia, ma Tempo svela anche la sua vera natura rapace e si arruola nelle truppe del governo, dove in breve raggiunge un posto di comando grazie alle sue impareggiabili qualità di combattimento. Jumbo, nonostante voglia ancora bene all'amico, non può permettere che i soprusi e le morti continuino. Un vero caposaldo del cinema d'azione hongkongese moderno, misto di *wuxiapian* e *gongfupian* (sia spade che botte), con un Jet Li che comincia a far intravedere le sue potenzialità di attore e di combattente. Il resto del cast non è da meno, compresa la bellissima Michelle Yeoh, e contribuisce a portare alcuni dei combattimenti di *The Tai-Chi Master* su livelli mai visti prima e che lasciano a bocca aperta per grazia, spettacolarità e originalità. La trama non è certo memorabile, ma scorrevole, e infarcita di un'ironia leggera e briosa che aiuta a dare più spessore ai personaggi. Bruce Lee è solo un ricordo lontano. ■ AZIONE; COL.; 96'; HONG KONG, 1993.

TAI CHI 0 ★
Regia di STEPHEN FUNG. Con ANGELA BABY, KA FAI, TONY LEUNG, EDDIE PENG, SHU QI, YUAN XIAOCHAO. ■ Durante la dinastia Qing, nel XIX secolo, diverse sette si oppongono all'esercito imperiale. In una delle più potenti, milita il giovane Yang Luchan, soprannominato "il freak" per una malformazione congenita al cranio, che è dono e maledizione insieme: così come regala poteri nelle arti marziali accorcia anche la sua vita. Dopo un'imboscata dell'esercito imperiale la setta viene sterminata: a sopravvivere è solo il ragazzo, che sa di dover trovare il villaggio Chen per imparare il Taijiquan, unica possibilità di affinare le proprie arti e di guarire la propria energia vitale. *Tai Chi 0* ha una mancanza di credibilità, manifestata da una regia che non accenna minimamente a prendersi sul serio. ■ DRAMMATICO; COL.; 100'; CINA, 2012.

TAIGA, INFERNO BIANCO *(Taiga)* ★
Regia di WOLFGANG LIEBENEINER. Con RUTH LUEWERIK, HANNES MESSEMER. ■ Tra i prigionieri tedeschi di un campo di concentramento russo arriva una dottoressa che s'innamora riamata di un bell'ufficiale. I due, però, dovranno ben presto lasciarsi, dandosi appuntamento a guerra finita. Se riusciranno a sopravvivere. ■ GUERRA; B/N; 93'; GERMANIA, 1960.

TAI-PAN ★★
Regia di DARYL DUKE. Con BRYAN BROWN, JOAN CHEN, JOHN STANTON. ■ Tratto dal celebre romanzo di James Clavell, si narra di Tai-Pan, ovvero un avventuriero affarista, scozzese, che gestisce i suoi affari poco puliti a Canton a metà dell'Ottocento. Insieme ad altri europei viene cacciato e lui si rifugia in una isola

selvaggia che diventerà poi Hong Kong. Qui costruisce un impero commerciale e vive con una splendida cinese. Ma un tremendo uragano spazzerà via tutto quello che ha creato e non risparmierà neppure lui. Sarà il figlio ribelle a prendere il suo posto. ■ DRAMMATICO; COL.; 131′; USA, 1986.

TAKE, THE ★★★
Regia di AVI LEWIS. Con AVI LEWIS, NAOMI KLEIN. ■ Avi Lewis e Naomi Klein sono una coppia ben nota al mondo dei no global e della contro-informazione mondiale, nonché a molti dei potenti della Terra, loro malgrado. Perché una visita dei due canadesi significa per costoro, sempre, l'inizio di una giornataccia. L'autrice del best-seller *No logo* e suo marito realizzano insieme il loro primo film, *The Take*, che documenta la "presa" delle fabbriche argentine da parte degli operai nel periodo successivo al disastroso collasso economico del 2001. Seguendo l'iter giudiziario e il dramma umano attraversati dagli ex-operai di una *planta* produttrice di componenti per auto, nel tentativo di vedersi riconosciuto dal giudice il diritto a gestire da soli la fabbrica, il film attraversa il periodo nero della repubblica sudamericana, dalla fuga del corrotto Menem all'elezione di Kirchner. ■ DOCUMENTARIO; COL.; 87′; CANADA, 2003.

TAKE ME HOME TONIGHT ★
Regia di MICHAEL DOWSE. CON ANNA FARIS, DAN FOGLER, TOPHER GRACE, TERESA PALMER, CHRIS PRATT. ■ 1988. Matt si è laureato al Mit per poi comprendere che quella non era la sua strada e ora lavora come commesso in un videostore. Un giorno entra l'inarrivabile ragazza dei suoi sogni del liceo, Tori Frederking. Matt finge di essere nel negozio come acquirente, spacciandosi con lei, che lavora in una finanziaria, come un impiegato ad alto livello di Goldman Sachs. Con l'aiuto dell'amico Barry ruba una Mercedes per far colpo sulla ragazza, seguendola nei due party notturni. Intanto la sorella gemella di Matt, Wendy, sta per accasarsi con Kyle che al fratello non piace. Michael Dowse sceglie, per rappresentare un'epoca, come storia di base quella del perdente con la bella dei suoi sogni della quale si può facilmente immaginare, nonostante qualche colpo di scena artificioso, quale sia il finale. ■ COMMEDIA; COL.; 97′; USA, GERMANIA, 2011.

TAKEN 2 – LA VENDETTA *(Taken 2)* ★
Regia di OLIVIER MEGATON. Con MAGGIE GRACE, FAMKE JANSSEN, LIAM NEESON, LELAND ORSER, RADE SERBEDZIJA. ■ Ex uomo della Cia, Bryan Mills è obiettivo della vendetta di un gruppo di criminali albanesi, imparentati con i rapitori uccisi per mano sua nella liberazione della figlia Kim qualche tempo addietro. ■ AZIONE; COL.; 90′; FRANCIA, 2012.

TAKE OFF – E ORA SPOGLIATI *(Take Off)* ★
Regia di ARMAND WESTON. Con WADE NICHOLS, GEORGINA SPELVIN, GEORGE SPENCER. ■ Parodia del *Ritratto di Dorian Gray*. Protagonista è un nipote del celebre personaggio di Dorian Gray. Neanche lui invecchia all'apparenza. Chi invecchia è la sua immagine in un filmetto porno da lui girato a ventiquattro anni. ■ COMMEDIA; COL.; 91′; USA, 1979.

TAKE SHELTER ★★
Regia di JEFF NICHOLS. Con KATHY BAKER, JESSICA CHASTAIN, KATY MIXON, MICHAEL SHANNON, SHEA WHIGHAM. ■ Curtis LaForche farebbe tutto per sua moglie Samantha e la loro piccola bambina. Da giorni l'uomo ha incubi notturni: una forte tempesta si abbatte sulla sua casa, mettendo in pericolo i suoi cari. Sempre più ossessionato da oscure minacce incombenti, Curtis decide di costruire sotto terra un rifugio anti uragano in grado di tenere al sicuro la famiglia. ■ DRAMMATICO; COL.; 120′; USA, 2011.

TAKESHIS' ★★★
Regia di TAKESHI KITANO. Con KAYOKO KISHIMOTO, TAKESHI KITANO, KOTOMI KYONO, AKIHIRO MIWA, REN OSUGI, SUSUMU TERAJIMA, TETSU WATANABE. ■ *Takeshis'* è un film di Takeshi Kitano, che al solito non smette di stupirci. Beat Takeshi interpreta Beat Takeshi, l'idolo delle folle giapponesi e di ogni dove, un po' primadonna, un po' burbero, un po' genio. Sul set si imbatte in un clown da due soldi che è identico a lui e gli concede un autografo. Come in un gioco di scatole cinesi, la storia si piega su se stessa, mettendo a fuoco la vita del clown, poi si ripiega, sul commesso di un emporio, si piega ancora, e ancora, e ancora. Il nonsense r gna sovrano in un *divertissement* ironico e cinico, in cui Kita mostra se stesso come un semidio ma irresistibilmente buffo; po ta consapevole e spocchioso ma idiota matricolato; genio autoria ma velina. Certo, è legittimo pensare che questo sia l'*8 ½* del ni ponico, ma se quello di Fellini era un autoritratto surreale, ques di Kitano è piuttosto una caricatura: gli somiglia, ma non è lui, probabilmente non fa ridere chi non lo conosce. ■ BIOGRAFIC COL.; 108′; GIAPPONE, 2005.

TAKING OFF ★★
Regia di MILOS FORMAN. Con LYNN CARLIN, GEORGIA ENGE TONY HARVEY, BUCK HENRY. ■ Una ragazza s'allontana da c sa per partecipare a un assurdo concorso canoro. I genitori, iste ci, pensano che sia fuggita e, quando torna, la sottopongono a u interrogatorio così pressante da farla scappare davvero. I due br vi borghesi s'iscrivono allora a una "Società Genitori Figli Sca pati" e, per comprendere meglio i giovani, si danno alla mariju na e allo strip poker. La ragazza li scopre mentre stanno partec pando a un'orgetta e ne rimane sconvolta, ma poi tutto s'acc moda. ■ COMMEDIA; COL.; 93′; USA, 1971. ■ CANNES 1 PR.

TALENTO DI MR. RIPLEY, IL ★★★
(The Talented Mr. Ripley)
Regia di ANTHONY MINGHELLA. Con MATT DAMON, JUDE LA GWYNETH PALTROW. ■ Il grande Minghella de *Il paziente ingl se* si misura con un soggetto memorabile tratto da un romanzo Patricia Highsmith, la miglior giallista, se la definizione ha u senso, del Novecento – dopo Christie naturalmente. A lei si dev nell'ambito della stessa saga, il grande *L'amico americano* Wenders. Matt Damon è Ripley, un eroe negativo, un ladro d' dentità. Si innamora di un elegante transfuga americano in Itali Respinto, lo uccide. È solo l'inizio di una spirale sempre più i quietante e violenta. Tensioni alte e immagini magnifiche. Da vero si sente "sotto" il grande scrittore. Il film è ambientato neg anni Cinquanta. ■ DRAMMATICO; COL.; 139′; USA, 1999. ■ GOLDEN GLOBES 5 NOM; OSCAR 5 NOM.

TALE PADRE TALE FIGLIO *(Like Father Like Son)* ★
Regia di ROD DANIEL. Con KIRK CAMERON, DUDLEY MOOR PATRICK O'NEAL. ■ Una pozione preparata da un vecchio i diano dà la possibilità di trasferire le persone da un corpo all'a tro. La ingurgita un liceale che scambia il proprio corpo co quello del padre, chirurgo all'ospedale. Entrambi combinano p sticci sotto le diverse spoglie, finché un antidoto non rimanda personalità di ognuno nell'involucro originale. ■ COMMEDI COL.; 98′; USA, 1987.

TALISMANO DELLA CINA, IL *(Hong Kong)* ★★
Regia di LEWIS R. FOSTER. Con RHONDA FLEMING, RONAL REAGAN. ■ Un pilota reduce della seconda guerra mondiale ch si trova in Cina mentre Mao sta prendendo il potere aiuta una be la missionaria a portare ad Hong Kong un gruppo di profughi t cui c'è un ragazzo. Accortosi che costui nasconde un prezioso id letto, l'uomo dapprima pensa di sottrarglielo, ma poi salva il bir bo e il prezioso oggetto guadagnandosi l'amore della donna. AVVENTURA; COL.; 92′; USA, 1951.

TALISMANO DELLA NONNA, IL *(Grandma's Boy)* ★★★
Regia di FRED C. NEWMEYER. Con MILDRED DAVIS, HAROL LLOYD, ANNA TOWNSEND. ■ Un giovane piuttosto vigliacco scor figge un furfante grazie a un manico d'ombrello che dovrebbe ave re poteri magici. La pre-anteprima, come si usa a Hollywood prim di fare dei ritocchi ai film, fu un disastro. Così la pellicola venne a ricchita di altre parti comiche, con enorme successo. Primo lungo metraggio del comico Harold Lloyd. ■ COMMEDIA; B/N; 93 USA, 1922.

TALK RADIO ★★★
Regia di OLIVER STONE. Con ALEC BALDWIN, ERIC BOGOSIA ELLEN GREENE. ■ Tratto dalla commedia teatrale scritta dall'a tore protagonista, basata sulla reale uccisione di Alan Berg d parte di neonazisti nel 1984. Meno noto di altri lavori del regist rappresenta un attacco duro e diretto alla società americana. U conduttore radiofonico di Dallas, Barry, aggressivo e molt schietto, conduce un programma di successo. Arrivano molte te

fonate e lui spara a zero su ogni tipo di argomento e sui radioascoltatori che parlano in diretta. Così non fa che accumulare l'odio di persone anche pericolose, finché una sera, uscito dalla stazione radio, viene trucidato. ■ DRAMMATICO; COL.; 110'; USA, 1989. ■ BERLINO 1 PR.

TALK TO ME ★★

Regia di KASI LEMMONS. Con DON CHEADLE, CHIWETEL EJIOFOR, CEDRIC THE ENTERTAINER. ■ «Parla con lei», dice Almodóvar in Spagna. «Parla con me», ordinava alla radio al di là dell'Atlantico l'afroamericano Ralph Waldo "Petey" Greene, ex detenuto, che negli anni Sessanta fu uno degli speaker più seguiti degli Usa, e non soltanto dagli ascoltatori del suo colore. Di lui si disse che a Memphis, nella notte del 1968 in cui fu assassinato Martin Luther King, forse fermò un massacro, inducendo alla calma e al buon senso il suo pubblico. K. Lemmons, ex attrice, espone l'itinerario politico e privato «di chi diceva sempre la verità, persino a sé stesso, a partire dalla sua amicizia con Dewey Hughes, "negro integrato" che gli fa da talent scout, baby-sitter, amico, agente, fratello». Bio-pic diligente, scrupoloso, ingenuo. Cala nella 2ª ora. Un altro modo di rievocare il Sessantotto e gli anni precedenti, vividi e tempestosi. ■ BIOGRAFICO; COL.; 118'; USA, 2007.

TALLONE DI ACHILLE, IL ★★

Regia di MARIO AMENDOLA, RUGGERO MACCARI. Con TAMARA LEES, TINO SCOTTI, PAOLO STOPPA. ■ Per una serie d'equivoci un poveraccio, aspirante suicida, crede di essere diventato invulnerabile come Achille. ■ COMICO; B/N; 92'; ITALIA, 1951.

TALOS – L'OMBRA DEL FARAONE ★

(*Tale of the Mummy*)

Regia di RUSSELL MULCAHY. Con LYSETTE ANTHONY, HONOR BLACKMAN, GERARD BUTLER, JACK DAVENPORT, SHELLEY DUVALL, CHRISTOPHER LEE, JASON SCOTT LEE, MICHAEL LERNER, LOUISE LOMBARD, SEAN PERTWEE. ■ All'inizio del Novecento un archeologo scopre in Egitto la tomba di un faraone, Talos. Come da copione tutti i partecipanti alla spedizione muoiono senza spiegazione. La scena si trasferisce a Londra nel 1999, pochi giorni prima dell'allineamento dei pianeti del sistema solare, e improvvisamente le bende della mummia di Talos spariscono dal British Museum dove sono conservate. Alcune morti, avvenute nei giorni seguenti, fanno pensare a un serial killer, ma il detective Riley sospetta qualcosa di molto più grande. *The Mummy lives!* Scrivere in sintesi di questo film non riesce a trasmettere l'incoerenza della trama, e i molteplici riferimenti a numerosi film horror e di genere. I colpi di scena a raffica (ingiustificati), le bende maledette, via di mezzo fra una tarantola di carta e uno spiritello, le esigenze da copione risolte ingenuamente anche da un regista di mestiere come Mulcahy, frullate insieme a un tocco di *trash*, hanno dell'assurdo e rischiano di annoiare lo spettatore. ■ HORROR; COL.; 119'; GRAN BRETAGNA, LUSSEMBURGO, USA, 1998.

TALPA, LA (*Tinker, Tailor, Soldier, Spy*) ★★★

Regia di TOMAS ALFREDSON. Con BENEDICT CUMBERBATCH, TOM HARDY, COLIN FIRTH, JARED HARRIS, GARY OLDMAN. ■ Londra, 1973. Control, il capo del servizio segreto inglese, è costretto alle dimissioni in seguito all'insuccesso di una missione in Ungheria, durante la quale ha perso la copertura e la vita l'agente speciale Prideaux. Con Control se ne va a casa anche il fido George Smiley, salvo poi venir convocato dal sottogretario governativo e riassunto in segreto. Il suo compito sarà scoprire l'identità di una talpa filosovietica, che agisce da anni all'interno del ristretto numero degli agenti del Circus: quattro uomini che Control ha soprannominato lo Stagnaio, il Sarto, il Soldato e il Povero. John Le Carré, prima di diventare uno dei massimi esponenti della letteratura di spionaggio, è stato dipendente del MI6 e ha effettivamente visto la propria carriera interrompersi a causa di un agente doppiogiochista al soldo del KGB. Di questa trasposizione per il grande schermo Le Carré stesso ha dichiarato: «Sono orgoglioso di aver consegnato ad Alfredson il mio materiale, ma ciò che ne ha realizzato è meravigliosamente suo», e non potrebbe esserci verità più lampante e gradita. ■ SPIONAGGIO; COL.; 127'; GRAN BRETAGNA, 2011.

TALPA AL BIOPARCO, UNA ★

Regia di FULVIO OTTAVIANO. Con LUCA ANGELETTI, EMANUELA BARILOZZI, EMANUELA GALLIUSSI, ADRIANO GIANNINI, EMANUELA MACCHNIZ, LUIGI MOLLO, SABRINA SIRCHIA, GIORGIA SURINA. ■ Brutti i film pensati a tavolino. Prendiamo una storia d'amore, la ambientiamo in un posto anomalo, diamo al film un titolo originale (Ottaviano è quello di *Cresceranno i carciofi a Mimongo*, che però gli era riuscito molto molto meglio), prendiamo un attore vagamente bello e dannato (Giannini...) ed un'attrice o presunta tale molto molto nota tra i giovani (la Surina, famosissima dj di MTV) che faranno la fila per vederla. Il film rischia di essere tutto qui. È poco, troppo poco. ■ COMMEDIA; COL.; 92'; ITALIA, 2004.

TAMANGO ★★

Regia di JOHN BERRY. Con ALEX CRESSAN, DOROTHY DANDRIDGE, CURD JÜRGENS, JEAN SERVAIS. ■ Nella prima metà dell'Ottocento, un capitano negriero, che fa il suo sporco mestiere con una certa umanità, s'innamora di una schiava che deve trasportare in America. La donna, però, è concupita anche da un compagno di prigionia che spinge i neri a un sanguinario ammutinamento. Contro voglia il capitano è costretto a sterminare tutto il suo prezioso carico con un cannone. ■ AVVENTURA; B/N; 93'; FRANCIA, 1957.

TAMARA (*Tamara la compleisante*) ★★

Regia di FÉLIX GANDÉRA. Con VICTOR FRANCEN, VICTOR KORENE. ■ Nell'Asia centrale, un mercante violenta una donna e ne rimane perdutamente innamorato tanto che, nonostante sia fidanzato con un'altra, uccide un uomo che la corteggiava. Più tardi evade e si reca dal suo nuovo amore, ma non trovandola e ignorando che lei sta adoperandosi per ottenere la sua scarcerazione, si toglie la vita. ■ DRAMMATICO; B/N; 92'; FRANCIA, 1937.

TAMARA DREWE. TRADIMENTI ALL'INGLESE ★★★

(*Tamara Drewe*)

Regia di STEPHEN FREARS. Con ROGER ALLAM, GEMMA ARTENTON, BILL CAMP, DOMINIC COPPER, LUKE EVANS. ■ Tamara Drewe torna alla casa di campagna dove ha trascorso l'infanzia, in seguito alla morte della madre. Ha un nuovo naso, una rubrica su un quotidiano di Londra e un paio di gambe che non passano inosservate. Alle loro pendici cadono presto l'ex fidanzatino Andy, ora tuttofare presso un ameno ritiro per scrittori in cerca di calma e ispirazione, il famoso romanziere Nicholas Hardiment, che gestisce il suddetto posto con l'aiuto della moglie Beth, e la rockstar Ben Sergeant, che per Tam si trattiene in quel luogo ben oltre il tempo previsto per il concerto. A muovere le file tragicomiche del teatrino che da queste premesse si dipana sono due ragazzine del luogo, Casey e Jody, rese folli dalla noia e dal fanatismo nei confronti del batterista. A conti fatti, sono almeno una decina d'anni che Stephen Frears non sbaglia un film, pur spaziando tra ispirazioni molto diverse – le playlist dei vinilomani piuttosto che i business erotici di una vecchia dama o i cervi del parco della regina – e senza necessariamente sfiorare il capolavoro, che non pare affar suo. Due i punti fissi: lo schermo è innanzitutto il palcoscenico degli attori e la letteratura è un ottimo soggetto da rileggere attraverso l'obiettivo della macchina da presa. ■ COMMEDIA; COL.; 111'; GRAN BRETAGNA, 2010.

TAMARA, FIGLIA DELLA STEPPA (*Days of Glory*) ★★

Regia di JACQUES TOURNEUR. Con GREGORY PECK, ALAN REED, TAMARA TOUMANOVA. ■ Storie d'amore tra un partigiano sovietico e una ballerina del Bolscioj nel corso della seconda guerra mondiale. ■ GUERRA; B/N; 86'; USA, 1944. ■ OSCAR 1 NOM.

TAMARA TOCCATA DAL FUOCO (*Tamara*) ★

Regia di JEREMY HAFT. Con BRYAN CLARK, CLAUDETTE MINK, MARC DEVIGNE, JENNA DEWAN, MELISSA ELIAS, CHAD FAUST, GIL HACOHEN, MATTHEW MARSDEN, CHRIS SIGURDSON, KATIE STUART. ■ Tamara è la classica studentessa sfigata del liceo: piuttosto bruttina e per niente sensuale, vive con il padre alcolizzato ed è vittima quotidiana di scherzi e derisioni da parte dei suoi ben più aitanti compagni di classe. Tamara ha un debole, anzi due: è appassionata di stregoneria ed è, tanto segretamente quanto follemente, innamorata del suo insegnante di letteratura inglese. Un giorno, in seguito a uno degli scherzi, che con il passare del tempo sono diventati sempre più pesanti, Tamara muore, più o meno accidentalmente. Grazie a un incantesimo Tamara tornerà dall'oltretomba completamente cambiata e muterà il corso della sua vita. ■ HORROR; COL.; 98′; USA, 2005.

TAMBURI AD OVEST *(Apache Rifles)* ★★
Regia di WILLIAM N. WITNEY. Con JOHN ARCHER, MICHAEL DANTE, L. Q. JONES, AUDIE MURPHY. ■ Un capitano di cavalleria odia gli Apaches di Victorio, ma una bella missionaria gli farà cambiare idea e lui difenderà gli indiani dalle prepotenze di alcuni affaristi e dai soprusi del governo. ■ WESTERN; COL.; 92′; USA, 1965.

TAMBURI A TAHITI *(Drums of Tahiti)* ★★
Regia di WILLIAM CASTLE. Con PATRICIA MEDINA, DENNIS O'KEEFE, FRANCIS L. SULLIVAN. ■ La regina di Tahiti vuole scacciare i francesi e incarica un avventuriero di andare in America a comprare armi. Questi, trovandosi alle costole un agente nemico, per ingannarlo sullo scopo del viaggio finisce per sposare una ragazza. La rivolta non si farà a causa di una eruzione vulcanica, ma il protagonista avrà guadagnato una moglie. ■ AVVENTURA; COL.; 73′; USA, 1953.

TAMBURI D'AFRICA *(Drums of Africa)* ★★
Regia di JAMES B. CLARK. Con FRANKIE AVALON, LLOYD BOCHNER, MARIETTE HARTLEY. ■ Verso la fine dell'Ottocento, un ingegnere e un suo compagno che si trovano in Africa per progettare una ferrovia debellano un traffico di schiavi. ■ AVVENTURA; COL.; 95′; USA, 1963.

TAMBURI DI GUERRA *(War Drums)* ★★
Regia di REGINALD LE BORG. Con LEX BARKER, BEN JOHNSON, JOAN TAYLOR. ■ Un capo apache, durante un'incursione in Messico, rapisce una ragazza di cui s'innamora. Un commerciante americano cerca di portarla via al capo, ma la loro amicizia non ne risulta incrinata: sarà proprio lo yankee a condurre le trattative di pace con l'indiano. ■ WESTERN; COL.; 75′; USA, 1958.

TAMBURI LONTANI *(Distant Drums)* ★★★
Regia di RAOUL WALSH. Con MARI ALDON, GARY COOPER, RICHARD WEBB. ■ Verso il 1840, nelle paludi della Florida si celano i terribili indiani seminole, riforniti di armi dai contrabbandieri spagnoli. A distruggere la base di questi ultimi viene inviato un ufficiale di marina e un contingente di volontari comandati da un capitano che continua a rimpiangere la moglie indiana uccisa dai soldati ubriachi. La missione ha successo e il capitano trova una nuova moglie. ■ WESTERN; COL.; 101′; USA, 1951.

TAMBURINA, LA *(The Little Drummer Girl)* ★★
Regia di GEORGE ROY HILL. Con DIANE KEATON, KLAUS KINSKI, YORGO VOYAGIS. ■ Un'attrice ammalata di protagonismo viene sequestrata dal servizio di controspionaggio israeliano. La vogliono addestrare per farla entrare nelle file dei palestinesi. Lei accetta ed entra così in un nuovo mondo fatto di morte e tradimento. L'esperienza sarà tremenda, anche se non ci rimette la pelle. L'ex musa di Woody Allen se la cava benino in questo drammatico e ambiguo ruolo, ma il film è un po' lungo e a volte annoia. ■ SPIONAGGIO; COL.; 130′; USA, 1984.

TAMBURI SUL GRANDE FIUME ★★
(Death Drums along the River)
Regia di LAWRENCE HUNTINGTON. Con VIVI BACH, MARIANNE KOCH, RICHARD TODD. ■ Edgar Wallace in patria è anche famoso per i suoi racconti africani, protagonista il commissario coloniale Sanders. Qui il nostro eroe si occupa di alcuni malvagi che insidiano l'opera di un medico filantropo ispirato ad Albert Schweitzer. ■ AVVENTURA; COL.; 83′; GRAN BRETAGNA, 1965.

TAMBURO DI LATTA, IL *(Die Blechtrommel)* ★★★
Regia di VOLKER SCHLÖNDORFF. Con MARIO ADORF, DAVID BENNENT, ANGELA WINKLER. ■ Un bimbo prodigio, che possiede inspiegabili poteri, decide di non crescere per reagire all'insulso mondo degli adulti. Ridicolizza una parata nazista antecedente allo scoppio della guerra; poi vive i momenti tragici del conflitto in cui perde un cugino, la madre e il padre (lui stesso ne ha provocato la morte all'invasione sovietica). ■ DRAMMATICO; COL.; 142′; FRANCIA, GERMANIA, 1979. ■ CANNES 1 PR; OSCAR 1 PR, NOM.

T'AMERÒ FOLLEMENTE *(Hired Wife)* ★★★
Regia di WILLIAM A. SEITER. Con BRIAN AHERNE, VIRGINI[A] BRUCE, ROSALIND RUSSELL. ■ Un industriale ha perso la test[a] per un'avventuriera e gli affari gli sono andati a rotoli. In vista de[l] fallimento, il poveraccio avrebbe bisogno di una moglie a cui in[-] testare l'azienda. Si fa avanti la segretaria tacitamente innamora[-] ta di lui, e gli propone un matrimonio temporaneo. Lieto fine. ■ COMMEDIA; B/N; 93′; USA, 1940.

T'AMERÒ SEMPRE ★★★
Regia di MARIO CAMERINI. Con NINO BESOZZI, ELSA DE GIORGI, LORIS GIZZI, PINA RENZI. ■ Un ragioniere, innamorato di u[na] commessa, la sposa nonostante lei sia una ragazza madre, ma solo dopo aver preso a pugni il conte che l'ha sedotta. ■ COMMEDIA; B/N; 73′; ITALIA, 1933.

T'AMERÒ SEMPRE ★★★
Regia di MARIO CAMERINI. Con JULES BERRY, GINO CERVI, RENATO CIALENTE, LORIS GIZZI, TINA LATTANZI, GIUSEPPE PORELLI, ALIDA VALLI. ■ Rifacimento del film precedente. ■ COMMEDIA; B/N; 95′; ITALIA, 1943.

T'AMMAZZO!... RACCOMANDATI A DIO ★★
Regia di OSVALDO CIVIRANI. Con GEORGE HAMILTON, JOHN IRELAND, SANDRA MILO. ■ Un gruppo di lestofanti, tra cui spicca u[n] falso prete, tentano d'impossessarsi del favoloso bottino di una rapina. Mediocre western all'italiana con alcune venature comich[e] e un discreto cast. ■ WESTERN; COL.; 106′; ITALIA, 1968.

TAMMY FIORE SELVAGGIO ★★★
(Tammy and the Bachelor)
Regia di JOSEPH PEVNEY. Con LESLIE NIELSEN, DEBBIE REYNOLDS. ■ Tammy, una semplice ragazza di campagna, cura u[n] ricco piantatore precipitato con l'aereo. Quando il nonno di lei [è] arrestato perché distillava clandestinamente whisky, la giovane s[i] trasferisce nella magione del nuovo amico e ne conquista il cuore. ■ COMMEDIA; COL.; 89′; USA, 1957. ■ OSCAR 1 NOM.

TAMPOPO ★★★
Regia di JUZO ITAMI. Con NOBUKO MIYAMOTO, KOJI YAKUSHO, TSUTOMU YAMAZAKI. ■ Ecco un film giapponese anomalo rispetto al nostro mercato. Invece del film drammatico, psicologico, d'arte, eccone uno del tutto ironico, grottesco. Nei lavori di Kurosaw[a] come *Dodeskaden* l'ironia c'era ma era un accessorio. Juzo Itami h[a] dunque diretto questa storiellina gradevole con la protagonista Tampopo, proprietaria di un piccolo ristorante, che viene aiutata a risolvere i suoi problemi da una coppia di camionisti. Il locale vien[e] completamente trasformato e i clienti che prima disertavano finalmente entrano a frotte. ■ GROTTESCO; COL.; 98′; GIAPPONE, 1989

TAM TAM MAYUMBE ★★
Regia di GIAN GASPARE NAPOLITANO. Con KERIMA, PEDRO ARMENDARIZ, MARCELLO MASTROIANNI, CHARLES VANEL. ■ Du[e] medici militari in Congo belga lottano contro un bieco avventuriero che traffica in alcolici rendendo vani gli sforzi dei due sanitari per impedire il diffondersi della malattia del sonno. Alla fine avranno partita vinta. ■ AVVENTURA; COL.; 92′; FRANCIA ITALIA, 1955.

TAM TAM NELL'OLTRE GIUBA ★
Regia di CARLO SANDRI. Con SALVATORE CUFFARO, SANDRA SILVANI, BRUNO TOMEI. ■ Una carovana di cui fanno parte u[n] missionario e una dottoressa trova in un villaggio ai confini del Kenya un giornalista malato. Guarito dalle cure della donna, lui la salverà da un tentativo di violenza del capo carovana che si rivelerà un perfido contrabbandiere d'armi al soldo dei Mau-Mau ■ AVVENTURA; B/N; 94′; ITALIA, 1954.

TANA DELLA VOLPE ROSSA, LA *(The Belstone Fox)* ★★★
Regia di JAMES HILL. Con JEREMY KEMP, ERIC PORTER, BILL TRAVERS. ■ Un guardiacaccia del Somersetshire raccoglie u[n] cucciolo di volpe che alleva insieme coi suoi cani e che poi lascia andare quando è diventato adulto. L'animale, che conosce i suoi inseguitori, si dimostra astutissimo e riesce a provocare una strage di segugi fuggendo oltre i binari della ferrovia. Anche se il suo padrone vorrebbe lasciarla andare, il guardacaccia insiste nel se-

guire la preda e muore. ■ DRAMMATICO; COL.; 103'; GRAN BRETAGNA, 1974.

TANA DEL LUPO, LA *(Vici jama)* ★★★
Regia di JIRI WEISS. Con JANA BREJCHOVA, MIROSLAV DOLEZAL, JIRINA SEJBALOVÁ. ■ Un veterinario, sindaco di un paesino, adotta una ragazza rimasta orfana. Ben presto tra i due nasce l'amore, ma il medico, temendo la reazione dell'anziana moglie, temporeggia. Quando però la moglie muore, capisce che la sua meschinità gli ha fatto perdere la ragazza. ■ DRAMMATICO; B/N; 90'; CECOSLOVACCHIA, 1958. ■ VENEZIA 1 PR.

TANA DEL SERPENTE BIANCO, LA ★★
(Lair of the White Worm)
Regia di KEN RUSSELL. Con SAMMI DAVIS, AMANDA DONOHOE, HUGH GRANT, CATHERINE OXENBERG. ■ Un enorme verme simile a un disgustoso serpente si nutre di vergini da circa mille anni. Lady Sylvia non gli fa mancare nulla. Un giovane pauroso dovrebbe trovare il coraggio di un suo avo che era un cacciatore di draghi. Un Russell minore. ■ HORROR; COL.; 95'; GRAN BRETAGNA, 1989.

TANDEM ★★
Regia di LUCIO PELLEGRINI. Con LUCA BIZZARRI, PAOLO KESSISOGLU, MADDALENA MAGGI, FABRIZIA SACCHI. ■ 1992. Luca è un chitarrista impegnato nel "movimento". A un concerto conosce Patrizia che vuole qualificarsi come esperta costituzionalista. Anni dopo li ritroviamo insieme. Lui compone jingle per la pubblicità mentre lei ha rallentato gli studi per vivere con lui. Le cose non vanno più tanto bene ed entrambi decidono di rivolgersi ciascuno a uno psicologo diverso. Inizia un intricato gioco delle parti tra i quattro soggetti. Lucio Pellegrini conferma, purtroppo, la regola del "secondo film trappola per chi ha avuto un buon esito con il primo". Tutto quello che scorreva fluidamente in *E allora Mambo!* (rapporto tra reale e surreale, descrizione di ambienti borghesi e di ambienti alternativi) diventa meccanico e ripetitivo in *Tandem*. ■ COMMEDIA; COL.; 106'; ITALIA, 2000.

TANDEM ★★★
Regia di PATRICE LECONTE. Con SYLVIE GRANOTIER, JULIE JÉZÉQUEL, GÉRARD JUGNOT, JEAN ROCHEFORT. ■ Giunto sugli schermi italiani con sedici anni di ritardo nel 2003 (il film è del 1987), la pellicola di Leconte narra le peregrinazioni attraverso la Francia minore di un conduttore radiofonico e del suo fidato assistente. Quest'ultimo cerca di nascondere al suo compagno di lavoro e di viaggio che la trasmissione, sua unica ragione di vita, sta per essere chiusa. I due attori formano una coppia formidabile imprimendo ai loro personaggi una umanità e una verità assoluta. Leconte distilla le sue riflessioni sulla sconfitta, la Francia provinciale, la vacuità di un lavoro nel quale gli uomini cambiano ogni giorno hotel. È un universo vicino a quello di *Monsieur Hire* che sarà girato qualche anno dopo. ■ COMMEDIA; COL.; 116'; FRANCIA, 2003.

TANGANIKA *(Tanganyka)* ★★
Regia di ANDRÉ DE TOTH. Con HOWARD DUFF, VAN HEFLIN, RUTH ROMAN. ■ In Tanganika, un coraggioso pioniere riesce a sconfiggere un bandito che si è rifugiato presso una tribù di feroci indigeni e a salvare una bella vedova. ■ AVVENTURA; COL.; 81'; USA, 1955.

TANGERI – TANGERI, CITTÀ D'AVVENTURIERI ★★
(Tangier)
Regia di GEORGE WAGGNER. Con PRESTON FOSTER, MARIA MONTEZ, SABÙ. ■ In un albergo di Tangeri viene assassinato un uomo a cui viene rubato un gioiello. Un giornalista indaga e scopre che si tratta di una vendetta contro un'insospettabile spia dei nazisti. ■ POLIZIESCO; B/N; 76'; USA, 1946.

TANGO ★★
Regia di PATRICE LECONTE. Con RICHARD BOHRINGER, CAROLE BOUQUET, THIERRY LHERMITTE, MIOU-MIOU, PHILIPPE NOIRET. ■ Dopo *L'insolito caso di M. Hire* e *Il marito della parrucchiera*, il francese Leconte torna con una commedia dal tema misogino. Un uomo viene lasciato dalla moglie. In realtà lui l'aveva tradita ripetutamente e quindi non è senza colpa. Come non è innocente un aviatore che ha ucciso la moglie e non è mai stato condannato. Si innesca una trama "gialla". Completamente disincantato e a briglia sciolta, pur senza la poesia dei precedenti film, Leconte propone allegria. ■ COMMEDIA; COL.; 88'; FRANCIA, 1993.

TANGO ★★★
Regia di CARLOS SAURA. Con MIGUEL ANGEL, MIA MAESTRO, CECILIA NEROVA. ■ Saura, gran "maestro di ballo" e interprete della cultura spagnola in quella chiave (*Carmen Story*, *Flamenco*) questa volta, occupandosi di tango, non può che sbarcare in Argentina. A Buenos Aires, nel quadro delle prove di uno spettacolo sul tango, Mario, triste per l'abbandono della moglie, incontra Elena. I due, ballando, ridanno molti sensi alla propria vita. Naturalmente il mestiere c'è e l'argomento era conosciuto. Sempre gradito Saura. ■ MUSICALE; COL.; 115'; SPAGNA, 1998. ■ CANNES 1 PR; GOLDEN GLOBES 1 NOM; OSCAR 1 NOM.

TANGO BAR ★★
Regia di MARCOS ZURINAGA. Con RUBEN JUAREZ, RAUL JULIA, VALERIA LYNCH. ■ Un uomo giunto in Argentina dopo dieci anni di volontario esilio incontra la vecchia fiamma e un caro amico. Con questa esile trama il film ha modo di proporre la storia e l'evoluzione del tango grazie anche a spezzoni di repertorio e celebri brani musicali. La Lynch e Juarez sono tra i cantanti più noti in America Latina. ■ MUSICALE; COL.; 90'; SPAGNA, 1989.

TANGO BLU ★★
Regia di ALBERTO BEVILACQUA. Con FRANCO FRANCHI, MAURIZIO MERLI, ANDREA RONCATO. ■ Al Tango Blu, un night club di Milano, si danno convegno molti strani personaggi. Tra questi un omarino che tutti considerano personaggio un po' patetico (è l'eterno innamorato platonico di una bella ragazza muta). Poi si viene a sapere che è il maniaco che uccide le donne all'Idroscalo. L'ultimo a saperlo sarà un commissario, altro cliente del bar, che, senza alcun merito, si prenderà la gloria dell'arresto. ■ COMMEDIA; COL.; 104'; ITALIA, 1987.

TANGO DALLA RUSSIA, UN ★
Regia di BERWANG ROSS. Con DON CRISTIAN, LIV FERRER, BRITT SEMAND, SEYNA SEYN. ■ Alcuni agenti segreti cercano di fermare uno scienziato pazzo che può trasferire la propria mente nel corpo degli altri. ■ HORROR; B/N; 92'; ITALIA, 1965.

TANGO DELLA GELOSIA, IL ★★
Regia di STENO. Con DIEGO ABATANTUONO, PHILIPPE LEROY, MONICA VITTI. ■ Da una vecchia *pièce* di Aldo De Benedetti, riadattata sulla misura di Monica Vitti e soprattutto su quella di Abatantuono. Dopo dieci anni di matrimonio, una moglie sentendosi trascurata dal marito simula di tradirlo con un massiccio pugliese che lavora nella ricca casa come "gorilla". Per una serie di equivoci si trovano nella garçonnière del gorilla, oltre al marito, anche la fidanzata del pugliese, che viene scambiata dalla moglie per un'amante del consorte. ■ COMMEDIA; COL.; 103'; ITALIA, 1981.

TANGO & CASH ★★
Regia di ANDREJ KONCHALOVSKY. Con TERI HATCHER, JACK PALANCE, MICHAEL J. POLLARD, KURT RUSSELL, SYLVESTER STALLONE. ■ Ray Tango e Gabe Cash, poliziotti a Los Angeles, si uniscono nonostante la diversità di carattere e di idee, per bloccare un criminale della droga collegato ad agenti di polizia corrotti. Il boss li toglie di mezzo con false prove e li fa sbattere in galera. Carcere duro, fuga e nuovi agguati attendono i due soci che alla fine riusciranno a farsi scagionare dalle accuse montate e a far fuori la banda. C'è anche una storia d'amore. ■ POLIZIESCO; COL.; 105'; USA, 1989.

TANGO NUDO *(Naked Tango)* ★★★
Regia di LEONARD SCHRADER. Con VINCENT D'ONOFRIO, MATHILDA MAY, ESAI MORALES. ■ 1924. Stephanie, giovane sposa, stanca dell'anziano coniuge, ha l'opportunità di rifarsi una nuova vita quando, sbarcata a Buenos Aires, si fa passare per morta. Ribattezzatasi Alba, sposa un giovane di nome Zico, gestore, con la madre, di un bordello. Non contenta del nuovo stile di vita, trova anche un amante che la trascina nel tango appassionato; fugge con lui, ma il potente marito la rintraccia; viene di nuovo rapita e di nuovo liberata, fino al tragico finale. Colori forti, caldi, toni marcati in sintonia con un'atmosfera un po' kitsch, un po' squallida, ma densa di passione: è questa la cornice del

film, suggestivo e girato con molta maestria da Schrader. Tutto è lontano da noi, è oltreoceano, e lo si avverte, ma il film riesce ugualmente a catturarci e a trascinarci in un tango appassionato. ■ DRAMMATICO; COL.; 93′; ARGENTINA, 1990.

TANGO PER TE, UN *(Ein Tango für dich)* ★★
Regia di GÉZA VON BOLVÀRY. Con WILLY FORST, ERNST VERBES. ■ Una collegiale s'innamora di un cantante di varietà e lo presenta al padre, ma costui, all'insaputa della ragazza, è un noto produttore e scrittura il futuro genero. ■ COMMEDIA; B/N; 93′; GERMANIA, 1934.

TANGO PER UN KILLER *(Two to Tango)* ★★
Regia di HECTOR OLIVERA. Con ADRIENNE SACHS, DON STROUD. ■ Un killer professionista comincia ad averne abbastanza della vita piena di insidie e pericoli che conduce. Pensa di abbandonare tutto e cambiare mestiere, ma prima deve assolvere un ultimo, importante contratto. ■ DRAMMATICO; COL.; 90′; USA, 1988.

TANGOS – L'ESILIO DI GARDEL ★★★★
(Tangos – El exilio de Gardel)
Regia di FERNANDO EZEQUIEL SOLANAS. Con MARIE LAFORÊT, PHILIPPE LÉOTARD, MIGUEL ANGEL SOLA. ■ Un gruppo di esiliati argentini a Parigi decide di organizzare uno spettacolo per combattere la nostalgia di casa e l'apatia. La rappresentazione, sulle note struggenti del tango, non andrà mai in scena, ma permetterà ai profughi di ritrovare un certo equilibrio, esorcizzando i fantasmi della dittatura e dei *desaparecidos*. ■ DRAMMATICO; COL.; 120′; ARGENTINA, FRANCIA, 1985. ■ VENEZIA 2 PR.

TANGUY ★★★
Regia di ÉTIENNE CHATILIEZ. Con SABINE AZÉMA, ERIC BERGER, ANDRÉ DUSSOLLIER. ■ Tanguy è il nome del figlio ventottenne di una coppia. Intellettualmente dotato (Normale Superiore, master in filosofia e in giapponese e con una tesi in cinese in corso di stesura) ma anche affascinante (i genitori hanno perso il conto delle sue conquiste femminili). Con un solo problema: non intende andarsene da casa. Il suo interesse per la lingua cinese sembra però aprirgli nuovi orizzonti: partirà per stabilirsi a Pechino. Quando arriva il contrordine (con un rinvio della partenza di almeno un anno) sua madre, Edith, esplode. Non sopporta più la presenza del figlio in casa e, anche se avverte del rimorso per i sentimenti che prova, decide di forzare i tempi. In accordo con il coniuge mette in atto tutte le strategie possibili per far sì che il ragazzo si senta a disagio nella vita familiare. L'obiettivo verrà raggiunto? Commedia forse non perfetta e con qualche compiacimento di troppo. Sicuramente però ha trovato un bersaglio più che mai adatto alla satira che viene condotta grazie a un terzetto di attori in sintonia. Il tutto raccontato con il giusto tasso di acidità. ■ COMMEDIA; COL.; 110′; FRANCIA, 2001.

TANK GIRL ★
Regia di RACHEL TALALAY. Con ICE-T, MALCOLM MCDOWELL, LORI PETTY. ■ Basato sul fumetto di Martin & Hewlett. L'acqua e l'energia elettrica sono beni preziosi e l'avido Keslee vuole impossessarsene. Ed ecco allora che Rebecca, super-eroina, con l'aiuto di una ragazza jet e di alcuni mutanti-canguri passa all'attacco. ■ FANTASCIENZA; COL.; 105′; USA, 1995.

TANO DA MORIRE ★★★
Regia di ROBERTA TORRE. Con MARIA ALIOTTA, MIMMA DE ROSALIA, CICCIO GUARINO. ■ Primo lungometraggio della regista dopo alcuni cortometraggi molto apprezzati in diversi festival. La leggenda di Tano Guarrasi, mafioso di Palermo, ucciso dai corleonesi nel 1988. In chiave grottesca si suppone che Tano abbia deciso di impedire, dall'aldilà, il matrimonio della sorella Franca. Da qui una serie di gag che rimandano a Tati e a Waters, ma senza esserne una copia. Nel film sono inserite canzoni di Nino D'Angelo in stile musical. Divertente satira che riesce a mescolare un argomento mafioso, abusato da televisione e cinema, in una chiave originale. La fotografia è di Ciprì. Apprezzato dal pubblico. ■ COMICO; COL.; 80′; ITALIA, 1997. ■ VENEZIA 1 PR.

TANOSHIMI – È BELLO AMARE *(Cry for Happy)* ★★★
Regia di GEORGE MARSHALL. Con GLENN FORD, DONALD O'CONNOR, JAMES SHIGETA, MIKO TAKA. ■ Quattro marinai in Giappone durante la guerra di Corea frequentano le geishe di una sala da tè, ma, per ottenere le licenze, raccontano ai superiori d'aver fondato un orfanotrofio. La cosa finisce sui giornali e i nostri eroi sono costretti a trasformare il locale in pio istituto. ■ COMMEDIA; COL.; 110′; USA, 1960.

TANTA VOGLIA DI VIVERE ★★
(Anatomy of an Illness)
Regia di RICHARD T. HEFFRON. Con EDWARD ASNER, MILLIE PERKINS, ELI WALLACH. ■ Norman lavora al «Saturday Review» ed è rimasto colpito da una gravissima malattia che potrebbe renderlo paralitico per il resto della vita. Vuole fare a meno della medicina e si cura a modo suo. ■ DRAMMATICO; COL.; 100′; USA, 1984.

TANTO CARO AL MIO CUORE *(So Dear to my Heart)* ★★
Regia di HAROLD SCHUSTER. Con BEULAH BONDI, BOBBY DRISCOLL, BURL IVES. ■ Produzione Disney (in parte a cartoni animati) dal romanzo per ragazzi di Sterling North. Protagonista è un bambino che abita nella valle di San Joaquin in California. Un giorno trova un agnellino nero e si affeziona, nonostante i brontolii della nonna. L'animaletto vincerà addirittura un premio alla fiera annuale del paese. ■ AVVENTURA; COL.; 92′; USA, 1948. ■ OSCAR 1 NOM.

TANTO VA LA GATTA AL LARDO... ★★
Regia di MARCO ALEANDRI. Con WALTER CHIARI, LUCIANO SALCE, FRANCA VALERI. ■ Il film si compone di quattro episodi: tre sorelle si concedono ad uno sconosciuto; una donna fa evadere di prigione il marito e finisce dietro le sbarre; due coniugi sono così intenti a litigare da non accorgersi che è scoppiata la rivoluzione; un giovane che viaggia su un treno usa un linguaggio volgare e viene processato dai compagni di scompartimento, che finiscono per parlare peggio di lui. ■ COMMEDIA; COL.; 93′; ITALIA, 1978.

TANYA *(Mandalay)* ★★★
Regia di MICHAEL CURTIZ. Con RICARDO CORTEZ, KAY FRANCIS. ■ Una ragazza, che un mascalzone ha indotto alla prostituzione, conosce sulla nave che la porta in Birmania un medico distrutto dall'alcool. Fra i due nasce un amore che potrebbe condurli alla redenzione, ma la donna deve uccidere il filibustiere nel frattempo ricomparso. ■ DRAMMATICO; B/N; 65′; USA, 1934.

TAPPETO VOLANTE, IL *(Hodja fra Pjort)* ★★
Regia di BRITA WIELOPOLSKA. Con VINCENT D'ONOFRIO, MATHILDA MAY, FERNANDO REY. ■ Film di produzione danese, adatto ad un pubblico giovane, ricorda le fiabe orientali delle *Mille e una notte*. Artisticamente siamo a livelli più bassi. ■ FIABESCO; COL.; 82′; DANIMARCA, 1985.

TAPS – SQUILLI DI RIVOLTA *(Taps)* ★★★
Regia di HAROLD BECKER. Con TIMOTHY HUTTON, SEAN PENN, GEORGE C. SCOTT. ■ Un robusto, interessante film sulla rivolta giovanile. Una rivolta però "da destra". I giovani allievi di una scuola militare reagiscono violentemente quando le autorità della città decidono di chiudere l'accademia per far posto a una zona residenziale. I ragazzi si barricano nell'istituto, minacciando di far fuoco su chiunque entri. Ma la situazione non è sostenibile. Quando qualcuno comincia a andarci di mezzo, il capo riconosciuto dei ribelli decide di arrendersi. Ma il più "duro" dei ragazzi (Tom Cruise, in uno dei suoi primi ruoli) fa fuoco contro di lui. ■ DRAMMATICO; COL.; 118′; USA, 1981. ■ GOLDEN GLOBES 1 NOM.

TAP – SULLE STRADE DI BROADWAY *(Tap)* ★★
Regia di NICK CASTLE. Con SAMMY DAVIS JR, GREGORY HINES, DICK ANTHONY WILLIAMS. ■ Un giovane nero passa cinque anni in galera per furto. Quando esce è incerto se proseguire sulla strada del crimine o tentare la carriera come ballerino. Broadway gli dice no, e il giovane sta per intraprendere una brutta via, quando si decide ad ascoltare il consiglio di un vecchio amico: mettersi a insegnare danza nella scuola del suo quartiere. ■ COMM. MUSICALE; COL.; 110′; USA, 1989.

TARAHUMARA – LA VERGINE PERDUTA ★★★
(Tarahumara)
Regia di LUIS ALCORIZA. Con AURORA CLAVEL, JAIME FERNANDEZ, IGNACIO LOPEZ TARSO. ■ Un etnologo si reca a studiare la tribù india dei Tarahumara e rimane conquistato dai suoi semplici

costumi, tanto che ne sposa la causa contro alcuni biechi commercianti. Finisce ucciso. ■ DRAMMATICO; B/N; 90′; MESSICO, 1966.

TARANTELLA NAPOLETANA ★★
Regia di CAMILLO MASTROCINQUE. Con CLARA BINDI, CLARA CRISPO, DINO CURCIO. ■ Riduzione di una rivista musicale di successo dedicata a Napoli e al suo folklore. ■ MUSICALE; COL.; 92′; ITALIA, 1953.

TARANTOLA *(Tarantula)* ★★★
Regia di JACK ARNOLD. Con JOHN AGAR, LEO G. CARROLL, MARA CORDAY. ■ Uno scienziato sottopone una tarantola a radiazioni atomiche: l'animale assume proporzioni gigantesche costituendo un serio pericolo, finché non viene distrutto dall'aviazione. ■ FANTASCIENZA; B/N; 80′; USA, 1955.

TARANTOLA DAL VENTRE NERO, LA ★★
Regia di PAOLO CAVARA. Con CLAUDINE AUGER, BARBARA BACH, BARBARA BOUCHET, ROSSELLA FALK, GIANCARLO GIANNINI, SILVANO TRANQUILLI. ■ Un sadico assassino immobilizza le sue vittime con una droga e poi le seziona ancora coscienti, imitando la tarantola. Un commissario e un poliziotto privato individueranno il colpevole. ■ POLIZIESCO; COL.; 92′; ITALIA, 1971.

TARANTULA ★
Regia di GABRIELLA ROSALEVA. Con LOU CASTEL, ALEXANDER DUBIN, FRANCESCA PRANDI. ■ Il film era stato presentato al Festival di Locarno con il titolo *La sposa di San Paolo*. Rititolato in modo *parahorror*, racconta di un pellegrinaggio nel Nord della Puglia nel sedicesimo secolo. Un gruppo di musici accompagna una giovane e gli spettatori possono assistere ad antiche ballate e a fenomeni paranormali in chiave etnologica. ■ DRAMMATICO; COL.; 88′; ITALIA, 1989.

TARA POKÌ ★★
Regia di AMASI DAMIANI. Con ALIZA ADAR, FULVIA FRANCO, MINO REITANO, PEDRO MARIA SANCHEZ. ■ Un giovane meridionale uccide il suo "protettore" che gli ha negato la mano della figlia. Quindi scappa in America, dove la ragazza lo raggiunge: il giorno del matrimonio lo ammazza in chiesa. ■ DRAMMATICO; COL.; 92′; ITALIA, 1979.

TARAS BULBA *(Tarass Boulba)* ★★★
Regia di ALEXIS GRANOWSKY. Con JEAN-PIERRE AUMONT, HARRY BAUR, JEANNINE CRISPIN, DANIELLE DARRIEUX. ■ Nel Cinquecento, in Ucrania, i cosacchi combattono contro i polacchi. Il fiero capo cosacco Taras Bulba ha due figli, ma uno, innamorato di una nemica, passa dall'altra parte. Taras uccide personalmente il traditore, poi sia lui che l'altro figlio muoiono eroicamente in battaglia. ■ AVVENTURA; B/N; 90′; FRANCIA, 1935.

TARAS BULBA, IL COSACCO ★★
Regia di FERDINANDO BALDI. Con LORELLA DE LUCA, FOSCO GIACHETTI, WLADIMIR MEDAR. ■ Altra riduzione del romanzo di Gogol che i produttori italiani realizzarono in tutta fretta sapendo che stava per uscire *Taras, il magnifico*. ■ AVVENTURA; B/N; 92′; ITALIA, 1963.

TARAS, IL MAGNIFICO *(Taras Bulba)* ★★
Regia di JACK LEE THOMPSON. Con YUL BRYNNER, TONY CURTIS, CHRISTINE KAUFMANN, SAM WANAMAKER. ■ Versione molto spettacolare del romanzo di Gogol. Qui Taras, giustiziato il figlio traditore, sconfigge i polacchi. ■ AVVENTURA; COL.; 122′; USA, 1962. ■ OSCAR 1 NOM.

TARDA PRIMAVERA *(Banshun)* ★★★
Regia di YASUJIRO OZU. Con SETSUKO HARA, CHISHU RYU, YUMEJI TSUKIOKA. ■ Un vedovo si accorge dell'eccessivo attaccamento della figlia. Decide allora di corteggiare una signora e i rapporti rientrano nella normalità. ■ COMMEDIA; B/N; 108′; GIAPPONE, 1949.

TARDO AUTUNNO *(Akibyori)* ★★★
Regia di YASUJIRO OZU. Con SETSUKO HARA, YOKO TSUKASA. ■ Siamo in Giappone. Una giovane donna rimane improvvisamente vedova e non ha alcun mezzo per mantenere la figlia. Deve scegliere fra tre uomini desiderosi di possederla. ■ DRAMMATICO; COL.; 128′; GIAPPONE, 1960.

TARDONA, LA *(La vieille fille)* ★★★
Regia di JEAN-PIERRE BLANC. Con ANNIE GIRARDOT, MARTHE KELLER, PHILIPPE NOIRET, MARIA SCHNEIDER, EDITH SCOB. ■ Un uomo e una donna non più giovanissimi finiscono a causa di una serie d'equivoci per passare le vacanze in uno squallido alberghetto. Lui comincia a corteggiare lei, ma i suoi sforzi sembrano non avere successo finché la donna, già sul treno che la riporta in città, non gli lascia l'indirizzo e gli spedisce un bacio. ■ COMMEDIA; COL.; 92′; FRANCIA, 1973. ■ BERLINO 1 PR.

TARDONE, LE ★★
Regia di MARINO GIROLAMI. Con WALTER CHIARI, FRANCO FRANCHI, CICCIO INGRASSIA, AVE NINCHI, DIDI PEREGO, RAIMONDO VIANELLO, LINA VOLONGHI. ■ Episodi con protagoniste donne non più giovani: una vedova riesce a rendere la pariglia ad alcuni giovanotti che la prendevano in giro; due sprovveduti sicari eliminano il loro committente anziché la sua terribile consorte; una attrice, grazie al trucco che la ringiovanisce, conquista un pescatore; una donna riesce ad averla vinta su una rivale più giovane; un impiegato viene convinto dal principale a fingersi latin lover. ■ COMMEDIA; B/N; 116′; ITALIA, 1965.

TARGET EAGLE ★★
Regia di JOSÉ ANTONIO DE LA LOMA. Con MAUD ADAMS, GEORGE PEPPARD, JORGE RIVERO. ■ Il capo della polizia messicana vuole stroncare definitivamente un traffico di droga (chi lo dirige è un raffinato milionario). Non riuscendo a venire a capo della faccenda con la prassi usuale fa ricorso a un mercenario pronto a tutto, che difatti darà un colpo mortale al contrabbando. ■ AVVENTURA; COL.; 92′; SPAGNA, 1984.

TARGET – SCUOLA OMICIDI *(Target)* ★★★
Regia di ARTHUR PENN. Con MATT DILLON, GENE HACKMAN, GAYLE HUNNICUTT, JOSEF SOMMER. ■ La moglie di un tranquillo commerciante americano viene misteriosamente rapita a Parigi. Immediatamente, marito e figlio si precipitano in Francia per cercare di ritrovarla. Tra un omicidio e un inseguimento, il ragazzo scopre che, dietro una facciata banale e inetta, il padre cela un avventuroso passato da agente della Cia e che la madre è stata rapita dai servizi segreti orientali. ■ AVVENTURA; COL.; 117′; USA, 1985.

TARON E LA PENTOLA MAGICA ★★
(The Black Cauldron)
Regia di TED BERMAN, RICHARD RICH. ■ La pentola magica che rende padrone del mondo chi la possiede è caduta nelle mani sbagliate: sta al giovane Taron e al suo stravagante gruppo di compari strapparla al perfido re Cornelius. La scuderia Disney offre un nuovo esempio di animazione senza eguali, questa volta purtroppo non supportata da una storia all'altezza. ■ ANIMAZIONE; COL.; 80′; USA, 1985.

TART ★★
Regia di CHRISTINA WAYNE. Con MISCHA BARTON, MELANIE GRIFFITH, BIJOU PHILLIPS, BRAD RENFRO, DOMINIQUE SWAIN, ALBERTA WATSON. ■ Cat è un'adolescente di origine ebraica e di condizione sociale media che frequenta una delle scuole più prestigiose di New York e cerca di farsi accettare dai rampolli di ceto più elevato. Trascorre una notte di sesso, droga e alcool con William, il bello e il ricco della scuola. William è il ragazzo sbagliato e qualcosa va storto tra loro al punto che Cat viene messa da parte e isolata dai compagni e dall'istituzione. La ragazza scopre anche che William è l'autore di alcuni furti avvenuti nel college. La regia mescola registri e toni in modo confuso senza un chiaro canovaccio narrativo. Cameo di Melanie Griffith nella parte di una madre alcolizzata. ■ DRAMMATICO; COL.; 91′; USA, 2001.

TARTARI, I ★★
Regia di FERDINANDO BALDI, RICHARD THORPE. Con ARNOLDO FOÀ, FOLCO LULLI, VICTOR MATURE, LIANA ORFEI, ORSON WELLES. ■ In Russia, nel Medioevo, i tartari litigano con i vichinghi. Entrambe le fazioni hanno in ostaggio una principessa dell'altra, ma un bieco capo mongolo violenta la donna che ha in suo potere che, disonorata, si suicida. I normanni vorrebbero restituire la pariglia, ma non possono perché un loro capo è innamorato della ragazza. La battaglia finale si risolve in un massacro da cui si salvano solo i due innamorati. ■ AVVENTURA; COL.; 90′; ITALIA, JUGOSLAVIA, 1961.

TARTARUGA TI AMERÒ *(Turtle Diary)* ★★★
Regia di JOHN IRVIN. Con GLENDA JACKSON, RICHARD JOHNSON, BEN KINGSLEY. ■ Garbata parabola sulla solitudine e la libertà: William e Neaera (Kingsley e la Jackson) trovano un senso alla propria monotona esistenza nel restituire al mare aperto le placide malinconiche testuggini prigioniere dell'acquario cittadino. Ma è anche un film sull'amicizia e soprattutto una grande prova di recitazione. ■ COMMEDIA; COL.; 97'; GRAN BRETAGNA, 1985.

TARTARUGHE DAL BECCO D'ASCIA ★
Regia di ANTONIO SYXTY. Con RAFFAELLA BOSCOLO, MARCO FOSCHI, MASSIMO FOSCHI, ANTONIO LATELLA, ALESSANDRO SALETTA. ■ L'esperienza teatrale precedente del regista grava pesantemente su un film che non riesce mai a decidere se narrare una storia o tentare di esibire un'estetica. Tra lotte per la conquista di una donna e conflitti padre-figlio in una comunità quasi fuori dal tempo. ■ DRAMMATICO; COL.; 88'; ITALIA, 2000.

TARTARUGHE NINJA ALLA RISCOSSA ★★
(Teenage Mutant Ninja Turtles)
Regia di STEVE BARRON. Con JUDITH HOAG, ELIAS KOTEAS, SAM ROCKWELL, RAYMOND SERRA. ■ New York vive un'ondata di criminalità che parte dal Club del Piede capeggiato da un giapponese maestro di arti marziali. A contrastare il club intervengono le quattro tartarughe ninja mutanti, divenute gigantesche e umanoidi a causa del contatto con sostanze radioattive. ■ AVVENTURA; B/N; 99'; USA, 1990.

TARTARUGHE NINJA 2 – IL SEGRETO DI OOZE ★★
(Teenage Mutant Ninja Turtles II)
Regia di MICHAEL PRESSMAN. Con KEVIN JR CLASH, ERNIE REYES, DAVID WARNER. ■ Il perfido Shredder, nemico giurato delle Ninja, rapisce il prof. Perry e si impossessa di una sostanza capace di mutare gli esseri viventi in mostri. Spera così di sconfiggere definitivamente le odiate tartarughe. Ma non ha fatto i conti con i loro amici. ■ AVVENTURA; COL.; 86'; USA, 1991.

TARTARUGHE NINJA 3 ★
(Teenage Mutant Ninja Turtles III)
Regia di STUART GILLARD. Con ELIAS KOTEAS, JAMES MURRAY, PAIGE TURCO. ■ Nel Giappone del diciassettesimo secolo un giovane samurai si ribella al padre e finisce, a causa di un trasferimento temporale, nella New York contemporanea. Al contrario, April (la giornalista amica delle tartarughe) si ritrova nel Giappone antico. Donatello, Michelangelo, Raffaello e Leonardo si danno da fare per risolvere il problema. Inserire le tartarughe in un contesto che non sia quello urbano è un'operazione perdente. Il regista e sceneggiatore non se ne è reso conto, ma il pubblico giovanile sì. E lo ha punito. ■ COMICO; COL.; 96'; USA, 1992.

TARTARUGHE SUL DORSO ★★★
Regia di STEFANO PASETTO. Con BARBORA BOBULOVA, LUIGI DIBERTI, ANTONIO MANZINI, GORDANA MILETIC, FABRIZIO RONGIONE. ■ Un lui e una lei senza nome, le cui vite si toccano appena, sin dall'infanzia, per brevissimi incontri. Lo sfondo è Trieste, dove lei, studentessa di medicina, vive presso una zia e dove lui, in fuga da un passato di violenza e carcere, lavora come pasticciere. Si ritrovano alcuni anni dopo: lei è diventata medico ed è legata al primario; lui, portuale, precipita con la gru e finisce sotto i ferri della dottoressa. La passione, a lungo repressa, esplode. ■ DRAMMATICO; COL.; 92'; ITALIA, 2005. ■ DAVID DI DONATELLO 1 NOM.

TARTASSATI, I ★★★
Regia di STENO. Con MIRANDA CAMPA, ANNA CAMPORI, LOUIS DE FUNÈS, ALDO FABRIZI, TOTÒ. ■ Un disinvolto commerciante tenta in tutti i modi di corrompere un onesto maresciallo della Finanza che sta compiendo un accertamento fiscale nel suo negozio. L'unico risultato che ottiene è quello di far innamorare suo figlio e la figlia dell'inquisitore. Alla fine il commerciante riesce ad impadronirsi dei documenti che l'accusano, ma poi li consegna perché non ha il coraggio di rovinare la carriera al futuro consuocero. ■ COMMEDIA; B/N; 105'; ITALIA, 1959.

TARTUFO *(Tartüff)* ★★★
Regia di FRIEDRICH WILHELM MURNAU. Con EMIL JANNINGS, LUCIE HÖFLICH, WERNER KRAUSS, HERMANN PICHA, ROSA VALETTI. ■ Ispirato a *Tartufo* di Molière, è centrato sull'ipocrisia che fa girare il mondo. La domestica di un anziano consigliere lo ha convinto che il nipote non è degno della sua eredità. Così il vecchio scrive una lettera al notaio dove lascia tutto a lei. Il nipote, per metterlo in guardia dalla governante, gli mostra un film su Tartufo. Uno dei primi esempi di "cinema nel cinema" che inserisce la commedia di Molière in una cornice brechtiana. Sceneggiato da Carl Mayer. ■ COMMEDIA; COL.; 72'; GERMANIA, 1925.

TARZAK CONTRO GLI UOMINI LEOPARDO ★
Regia di CHARLIE FOSTER. Con NANDO ANGELINI, NUCCIA CARDINALI, RALPH HUDSON. ■ Imitazione italiana di Tarzan salva la solita spedizione scientifica da una sanguinaria tribù di uomini leopardo. ■ AVVENTURA; COL.; 85'; ITALIA, 1965.

TARZAN ★★★
Regia di CHRIS BUCK, KEVIN LIMA. ■ Animazione americana per il celebre personaggio di Burroughs in salsa disneyana. Largo uso di tecnologia informatica. Prodotto all'altezza della tradizione. ■ ANIMAZIONE; COL.; 90'; USA, 1999. ■ GOLDEN GLOBES 1 PR, 1 NOM; OSCAR 1 PR, 1 NOM.

TARZAN A MANHATTAN *(Tarzan in Manhattan)* ★★
Regia di MICHAEL SCHULTZ. Con KIM CROSBY, TONY CURTIS, JOE LARA. ■ Ennesima variante di Tarzan che questa volta va a New York. Vuole vendicare la morte di un'amatissima scimmia e salvare dalle mani di cattivi cacciatori Cheetah. Per raggiungere il suo scopo sarà aiutato dalla giovane tassista Jane e dal padre di lei che rischierà anche la vita. Tra Jane e Tarzan naturalmente nasce del tenero. Noia e manierismo. ■ AVVENTURA; COL.; 110'; USA, 1989.

TARZAN A NEW YORK ★★★
(Tarzan's New York Adventure)
Regia di RICHARD THORPE. Con CHARLES BICKFORD, VIRGINIA GREY, MAUREEN O'SULLIVAN, JOHNNY SHEFFIELD, JOHNNY WEISSMULLER. ■ Il personaggio di Tarzan venne inventato nel 1911 dallo scrittore americano Edgar Rice Burroughs. Immaginò che fosse il figlio di due nobili inglesi abbandonati in Africa da un equipaggio ammutinato. Morti i genitori, il bimbo viene allevato da un branco di grandi scimmie che gli danno il nome (Tarzan significherebbe "Pelle bianca") e diventa il re della giungla. Anni dopo conosce Jane, figlia di un esploratore, e ne fa la sua compagna. Numerosi attori vestirono il perizoma di Tarzan a partire dalla prima riduzione cinematografica nel 1918: Elmo Lincoln, Frank Merrill, Buster Crabbe, Herman Brix, Glenn Morris, Lex Barker, Gordon Scott, Jock Mahoney, Ron Ely, Mike Henry. Il più famoso uomo scimmia dello schermo fu però l'ex olimpionico di nuoto Johnny Weissmuller che aveva al suo fianco, nel ruolo di Jane, Maureen O'Sullivan. Questo film è abbastanza atipico: Tarzan appare in giacca e cravatta perché si reca a New York per rintracciare Piccolo, il suo figlio adottivo, rapito da alcuni avventurieri. ■ AVVENTURA; B/N; 71'; USA, 1942.

TARZAN CONTRO GLI UOMINI BLU ★★
(Four O'Clock Army)
Regia di ALEX NICOL. Con RON ELY, MAURICE EVANS, JULIE HARRIS, MANUEL PADILLA JR. ■ Tarzan e un generale inglese lottano vittoriosi contro alcuni negrieri arabi. Film ricavato da spezzoni di telefilm. ■ AVVENTURA; COL.; 83'; USA, 1967.

TARZAN CONTRO I MOSTRI ★★★
(Tarzan's Desert Mystery)
Regia di WILHELM THIELE. Con OTTO KRUGER, JOHNNY SHEFFIELD, JOHNNY WEISSMULLER. ■ Jane ha lasciato la giungla per lavorare come infermiera negli ospedali della seconda guerra mondiale e scrive a Tarzan di procurargli dei frutti curativi che si trovano in una misteriosa valle dove vivono ancora i dinosauri. Il nostro eroe parte per la missione con Piccolo e la scimmia Cita e la compie sconfiggendo inoltre alcuni agenti tedeschi e un usurpatore arabo. ■ AVVENTURA; B/N; 70'; USA, 1943.

TARZAN CONTRO TARZAN *(The Drifter)* ★★
Regia di SAM NEWFIELD. Con BUSTER CRABBE, AL ST. JOHN. ■ L'uomo scimmia non c'entra per nulla se non per il fatto che Buster Crabbe lo incarnò in alcuni film. Si tratta invece di un medio-

cre western in cui l'eroe ha a che fare con un cattivo che gli somiglia come una goccia d'acqua. ■ WESTERN; B/N; 60'; USA, 1944.

TARZAN DI GOMMA *(Bubber Tarzan)* ★★
Regia di SOEREN JACOBSON. Con OTTO BRANDEBURG, PETER SCHROEDER, ALEX SVANBJERG. ■ Ivan, un ragazzo intelligente ma gracile, viene schernito dai compagni di scuola. Il padre, nel tentativo di renderlo più combattivo gli regala un Tarzan di gomma; ma Ivan rifiuta quel simbolo di forza e si rifugia a sognare in una baracca sul porto. ■ COMMEDIA; COL.; 92'; DANIMARCA, 1981.

TARZAN E I CACCIATORI BIANCHI ★★
(Tarzan and the Huntress)
Regia di KURT NEUMANN. Con BRENDA JOYCE, JOHNNY SHEFFIELD, JOHNNY WEISSMULLER. ■ Alcuni biechi cacciatori, per poter far impunemente razzia di animali, uccidono un capo indigeno che si oppone loro, ma interviene l'uomo scimmia e mette a posto le cose. ■ AVVENTURA; B/N; 72'; USA, 1948.

TARZAN E I CACCIATORI D'AVORIO ★★★
(Tarzan and the She-Devil)
Regia di KURT NEUMANN. Con LEX BARKER, JOYCE MCKENZIE. ■ Tarzan si scontra con una cattivissima donna alla guida di un gruppo di malvagi cacciatori che sterminano gli elefanti. L'uomo scimmia e la sua compagna sono presi prigionieri, ma saranno i pachidermi stessi a fare giustizia. ■ AVVENTURA; B/N; 76'; USA, 1953.

TARZAN E IL FIGLIO DELLA GIUNGLA ★★
(Tarzan and the Jungle Boy)
Regia di ROBERT GORDON. Con STEVE BOND, ALIZA GUR, MIKE HENRY, RAFER JOHNSON. ■ Tarzan aiuta una giornalista a rintracciare il giovane figlio di un geologo che da sei anni vive nella giungla. Secondo film in cui l'uomo scimmia viene interpretato dal culturista Mike Henry. ■ AVVENTURA; COL.; 99'; USA, 1968.

TARZAN E IL GRANDE FIUME ★★
(Tarzan and the Great River)
Regia di ROBERT DAY. Con MIKE HENRY, DIANA MILLADY, JAN MURRAY, MANUEL PADILLA JR. ■ Come nel precedente, anche in questo film Tarzan è interpretato da Mike Henry. ■ AVVENTURA; COL.; 99'; USA, 1967.

TARZAN E IL SAFARI PERDUTO ★★
(Tarzan and the Lost Safari)
Regia di BRUCE H. HUMBERSTONE. Con ROBERT BEATTY, YOLANDE DONLAN, GORDON SCOTT. ■ Un avventuriero si offre come guida a cinque superstiti di un disastro aereo, ma anziché portarli sulla costa come promesso vorrebbe cederli come vittime sacrificali a una tribù indigena. Per fortuna interviene Tarzan. ■ AVVENTURA; COL.; 84'; USA, 1957.

TARZAN E I SEGRETI DELLA JUNGLA ★
(Tarzan y el misterio de la selva)
Regia di MIGUEL IGLESIAS. Con CÉSAR BURNER, DIDI SHERMAN, RICHARD YESTARN. ■ Pasticcio iberico che mischia molti elementi: Tarzan, la giungla africana, un agente segreto alla James Bond, le collaboratrici di lui travestite da suore ma esperte in karate, una banda di trafficanti d'armi, un ex ufficiale nazista che conosce il segreto del tesoro di Rommel, una russa che vuole fondare un kolchoz nella foresta vergine. I buoni vincono. ■ AVVENTURA; COL.; 92'; SPAGNA, 1973.

TARZAN E I TRAFFICANTI D'ARMI ★★
(Tarzan and the Four o'Clock Army)
Regia di ALEX NICOL. Con EDWARD BINNS, RON ELY, JULIE HARRIS, MANUEL PADILLA JR. ■ Tratto dalla serie televisiva dedicata all'uomo scimmia negli anni Settanta. In essa Tarzan aveva per compagno Jair, un ragazzino interpretato da Manuel Padilla Jr., e qui un commissario glielo toglie e l'affida a una missionaria perché lo educhi. L'eroe della foresta se lo riprenderà. ■ AVVENTURA; COL.; 95'; USA, 1969.

TARZAN E LA COMPAGNA *(Tarzan and his Mate)* ★★★★
Regia di CEDRIC GIBBONS. Con MAUREEN O'SULLIVAN, JOHNNY WEISSMULLER. ■ La felicità del nostro eroe e di Jane è insidiata da un cacciatore d'avorio che mira al cimitero degli elefanti e rapisce la ragazza di cui è invaghito, ferendo l'uomo scimmia. Tutto finirà bene. ■ AVVENTURA; B/N; 103'; USA, 1934.

TARZAN E LA DEA VERDE ★★★
(Tarzan and the Green Goddess)
Regia di EDWARD KULL. Con FRANK BAKER, HERMAN BRIX. ■ Tarzan accompagna in Guatemala una spedizione che vuole recuperare un idoletto, in cui si nasconde la formula di un potente esplosivo. ■ AVVENTURA; B/N; 72'; USA, 1938.

TARZAN E LA DONNA LEOPARDO ★★
(Tarzan and the Leopard Woman)
Regia di KURT NEUMANN. Con BRENDA JOYCE, JOHNNY SHEFFIELD, JOHNNY WEISSMULLER. ■ Tarzan, Jane e Piccolo vengono catturati da una tribù di fanatici uomini leopardo guidati da una sacerdotessa, ma grazie all'aiuto della scimmietta Cita riusciranno a salvarsi, mentre un terremoto eliminerà i malvagi. ■ AVVENTURA; B/N; 72'; USA, 1946.

TARZAN E LA FONTANA MAGICA ★★★
(Tarzan Magic Fountain)
Regia di LEE SHOLEM. Con LEX BARKER, BRENDA JOYCE. ■ Un'aviatrice inglese cerca di ritrovare la fonte che aveva già reperito per caso, ma è seguita da loschi avventurieri. Per fortuna Tarzan vigila. ■ AVVENTURA; B/N; 73'; USA, 1948.

TARZAN E LA PANTERA NERA ★
Regia di MANUEL CAÑO. Con STEVE HAWKES, PETER LEE LAWRENCE, KITTY SWAN. ■ L'uomo scimmia lotta contro un bieco avventuriero che vuole impadronirsi di una preziosa statuetta di smeraldi. ■ AVVENTURA; COL.; 93'; ITALIA, SPAGNA, 1973.

TARZAN E LE AMAZZONI *(Tarzan and the Amazons)* ★★
Regia di KURT NEUMANN. Con BRENDA JOYCE, JOHNNY WEISSMULLER. ■ Tarzan accompagna un'esploratrice inglese, ma la donna è catturata da una tribù di ammazzoni bianche che vorrebbero ucciderla per impedire di rivelare al mondo la loro esistenza. L'uomo scimmia riesce a salvarla. ■ AVVENTURA; B/N; 76'; USA, 1945.

TARZAN E LE SCHIAVE *(Tarzan and the Slave Girl)* ★★★
Regia di LEE SHOLEM. Con LEX BARKER, VANESSA BROWN. ■ Le donne della giungla, fra cui Jane, sono rapite dagli abitanti di una misteriosa città. Interviene Tarzan che salva i rapitori da un'epidemia. Quelli, riconoscenti, liberano le prigioniere. ■ AVVENTURA; B/N; 74'; USA, 1950.

TARZAN E LE SIRENE *(Tarzan and the Mermaids)* ★★★
Regia di ROBERT FLOREY. Con LINDA CHRISTIAN, BRENDA JOYCE, JOHNNY WEISSMULLER. ■ Un dio, apparso in un'isoletta di pescatori di perle, pretende che gli venga consegnata buona parte della preziosa preda e che gli venga data come sposa una bellezza locale. Lei per fuggire si butta in mare, dove viene raccolta da Tarzan che smaschera il falso dio. L'ultimo film di Tarzan girato da Weissmuller. ■ AVVENTURA; B/N; 68'; USA, 1947.

TARZAN E LO STREGONE *(Tarzan's Fight for Life)* ★★
Regia di BRUCE H. HUMBERSTONE. Con EVELYN BRENT, GORDON SCOTT, RICKIE SORENSEN. ■ Il nostro eroe lotta contro uno stregone che osteggia un buon medico bianco. Il malvagio, per vendicarsi, rapisce Jane e ruba dall'ambulatorio un potente veleno. Tarzan l'avverte ma lo stregone, pensando che si tratti di una potente medicina e che lo vogliono ingannare, beve il preparato e muore. ■ AVVENTURA; COL.; 86'; USA, 1959.

TARZAN IL MAGNIFICO *(Tarzan the Magnificent)* ★★★
Regia di ROBERT DAY. Con JOCK MAHONEY, GORDON SCOTT, BETTA ST. JOHN. ■ Tarzan cattura due assassini, ma deve affrontare una pericolosa marcia nella giungla per consegnarli alla polizia. ■ AVVENTURA; COL.; 88'; GRAN BRETAGNA, 1960.

TARZAN IL MISTERO DELLA CITTÀ PERDUTA ★
(Tarzan and the Lost City)
Regia di CARL SCHENKEL. Con JANE MARCH, WINSTON NTSHONA, RAPULANA SEIPHEMO, CASPER VAN DIEN, STEVEN WADDINGTON. ■ Lord John Clayton torna in Africa per difendere una civiltà antica dalle mire del solito avido cacciatore. Se Van Dien valeva poco in *Starship Troopers*, in questa ennesima rimasticatura del personaggio di Burroughs, vale ancora meno. ■ AVVENTURA; COL.; 84'; USA, 1998.

TARZAN, IL RE DELLA GIUNGLA ★★
(Tarzan, the Ape Man)
Regia di JOSEPH M. NEWMAN. Con JOANNA BARNES, CESARE DANOVA, DENNIS MILLER. ■ Mediocre rifacimento di *Tarzan, l'uomo scimmia*. ■ AVVENTURA; COL.; 82′; USA, 1960.

TARZAN IN INDIA *(Tarzan Goes to India)* ★★
Regia di JOHN GUILLERMIN. Con MARK DANA, FEROZ KHAN, JOCK MAHONEY. ■ Tarzan va in India ad aiutare una principessa che vorrebbe salvare numerosi elefanti destinati a morire a causa della costruzione di una diga. Il nostro eroe ce la farà, aiutato da un ragazzino. ■ AVVENTURA; COL.; 88′; GRAN BRETAGNA, 1962.

TARZAN L'INDOMABILE *(Tarzan the Fearless)* ★
Regia di ROBERT HILL. Con JULIE BISHOP, BUSTER CRABBE, EDWARD WOODS. ■ Tarzan salva uno scienziato catturato dagli indigeni durante una spedizione. Giacché c'è, salva anche la bella figlia del professore. Il film è un assemblaggio di alcuni episodi di un serial che il produttore Lesser volle mettere in cantiere in concorrenza con il Tarzan più famoso, quello interpretato da Johnny Weissmuller negli stessi anni. Buster Crabbe, anche lui campione di nuoto, non riuscì però ad oscurare il collega. ■ AVVENTURA; B/N; 85′; USA, 1933.

TARZAN L'UOMO SCIMMIA *(Tarzan the Ape Man)* ★★
Regia di JOHN DEREK. Con BO DEREK, RICHARD HARRIS, MILES O'KEEFFE. ■ In un'Africa da copertina la splendida Jane (Derek) viene rapita dall'atletico Tarzan (O'Keefe), del quale si innamora. John Derek confeziona su misura un film insulso, che nulla aggiunge e nulla toglie al mito dell'uomo scimmia, per offrirci una panoramica sulle innegabili bellezze della moglie Bo. Bella la fotografia. ■ AVVENTURA; COL.; 112′; USA, 1981.

TARZAN, L'UOMO SCIMMIA – TARZAN E IL CIMITERO DEGLI ELEFANTI *(Tarzan, the Ape Man)* ★★★★
Regia di WOODBRIGE STRONG VAN DYKE. Con MAUREEN O'SULLIVAN, JOHNNY WEISSMULLER. ■ Una spedizione parte per l'Africa alla ricerca del mitico cimitero degli elefanti. Di essa fa parte Jane che viene rapita dal misterioso selvaggio bianco. Tra rapitore e rapita nasce l'amore con la famosa frase: «Io Tarzan... Tu Jane» e più tardi l'uomo scimmia salva la spedizione dall'assalto dei pigmei. I due innamorati decidono di rimanere insieme nella giungla. ■ AVVENTURA; B/N; 70′; USA, 1932.

TARZAN NELLA GIUNGLA PROIBITA ★★
(Tarzan's Hidden Jungle)
Regia di HAROLD SCHUSTER. Con VERA MILES, GORDON SCOTT, PETER VAN EYCK. ■ L'uomo scimmia qui lotta contro tre biechi cacciatori che, travestiti da cineasti, si sono aggregati a una spedizione dell'Onu. ■ AVVENTURA; COL.; 73′; USA, 1955.

TARZAN NELLA GIUNGLA RIBELLE ★★
(Tarzan's Jungle Rebellion)
Regia di WILLIAM N. WITNEY. Con RON ELY, SAM JAFFE, MANUEL PADILLA JR. ■ L'uomo scimmia lotta contro un avventuriero che si è proclamato dio di una tribù d'indigeni. ■ AVVENTURA; COL.; 92′; USA, 1971.

TARZAN NELLA VALLE DELL'ORO ★★
(Tarzan and the Valley of Gold)
Regia di ROBERT DAY. Con MIKE HENRY, NANCY KOVACK, MANUEL PADILLA JR. ■ Tarzan va in Guatemala per aiutare una spedizione scientifica a ritrovare una tribù che discende dagli Incas. Alcuni malvagi cercano di mettergli i bastoni tra le ruote, ma lui li sconfigge aiutato da una scimmia e da un leone. ■ AVVENTURA; COL.; 90′; USA, 1970.

TARZAN NELLE MONTAGNE DELLA LUNA ★★
(The Mountains of the Moon)
Regia di HARMON JONES. Con RON ELY, PERRY LOPEZ, WILLIAM MARSHALL, MANUEL PADILLA JR. ■ Una setta religiosa, truffata da un avventuriero, vuole occupare un territorio africano non sapendo che è abitato da una tribù sanguinaria. Per fortuna interviene Tarzan. ■ AVVENTURA; COL.; 90′; USA, 1968.

TARZAN SUL SENTIERO DI GUERRA ★★★
(Tarzan's Peril)
Regia di BYRON HASKIN. Con LEX BARKER, VIRGINIA HUSTON. ■ Tarzan deve lottare contro un suo vecchio nemico, trafficante d'armi slavo, che ha ucciso un commissario governativo. Lo farà precipitare da un albero mentre cerca d'insidiare Jane. ■ AVVENTURA; B/N; 79′; USA, 1950.

TARZOON, LA VERGOGNA DELLA GIUNGLA ★★★
(Tarzoon, la honte de la jungle)
Regia di JEAN-PAULE PICHA, BORIS SZULZINGER. ■ Parodia di Tarzan. Jane viene rapita da una perfida regina calva che vuole un trapianto di capelli, ma l'uomo scimmia, qui ribattezzato Tarzoon, riuscirà a salvarla nonostante sia un pasticcione. ■ ANIMAZIONE; COL.; 80′; BELGIO, 1975.

TASSÌ DI MEZZANOTTE *(The Midnight Taxi)* ★★
Regia di JOHN ADOLFI. Con HELENE COSTELLO, MYRNA LOY, ANTONIO MORENO. ■ Il tassì del titolo è in realtà l'auto che nelle ore notturne trasporta il whisky di contrabbando. Il protagonista, tradito dai complici, va in galera. Ma la sua ragazza continua ad amarlo e cerca di tirarlo fuori di lì. ■ DRAMMATICO; B/N; 93′; USA, 1929.

TASSINARO, IL ★★
Regia di ALBERTO SORDI. Con ALBERTO SORDI, MARILÙ TOLO. ■ Più che una storia, è un omaggio a Roma, caotica ma sempre bella, vista dai finestrini di Pietro, da trent'anni bonario conducente di taxi nella città eterna. Sul suo taxi Zara 87, tra avventure e disavventure d'ogni genere, ospita personaggi celebri come Andreotti e Fellini che interpretano se stessi. Come sempre, Sordi riesce meglio quando è solo attore e non anche regista. ■ COMMEDIA; COL.; 137′; ITALIA, 1983.

TASSINARO A NEW YORK, UN ★★
Regia di ALBERTO SORDI. Con DOM DELUISE, GEORGE GAYNES, ALBERTO SORDI, ANNA LONGHI. ■ Alberto Sordi, ancora una volta tassinaro, assiste a Roma a un delitto mafioso. È un testimone chiave, e come tale sorvegliato a vista dalla polizia, anche in America dove il buon uomo s'è recato per assistere alla laurea del figlio. In Usa rischia spesso la vita, ma fa ottenere lo scopo che s'era prefisso un poliziotto locale (che l'aveva usato come esca): riuscirà a catturare l'intera cricca mafiosa coinvolta nell'assassinio a Roma. ■ COMMEDIA; COL.; 115′; ITALIA, 1987.

TASSISTI DI NOTTE – LOS ANGELES/NEW YORK/ PARIGI/ROMA/HELSINKI *(Night on Earth)* ★★★
Regia di JIM JARMUSCH. Con ROBERTO BENIGNI, PAOLO BONACELLI, BÉATRICE DALLE, GENA ROWLANDS, WINONA RYDER. ■ Il regista Jarmusch, pur non apparendo del tutto in forma, si dimostra comunque sempre pungente. Cinque storie in taxi in cinque città molto diverse tra loro. A New York c'è l'attore Mueller-Stahl, che finito a Brooklyn per accompagnare un cliente, non trova più la strada del ritorno. A Roma c'è Benigni, qui troppo vicino a *Il piccolo diavolo*, che tra parolacce e fantasie sessuali fa quasi venire un infarto a un monsignore. A Los Angeles c'è Gena Rowlands, che lavora nel cinema e vuole far fare un provino a una tassista mascolina. A Parigi c'è Beatrice Dalle, cieca ma non troppo e infine a Helsinki un autista ha a bordo tre ubriachi. ■ COMMEDIA; COL.; 129′; GIAPPONE, USA, 1992.

TATA MATILDA E IL GRANDE BOTTO ★★★
(Nanny Mcphee and the Big Bang)
Regia di SUSANNA WHITE. Con ASA BUTTERFIELD, MAGGIE GYLLENHAAL, RHYS IFANS, MAGGIE SMITH, EMMA THOMPSON. ■ La bambinaia delle emergenze, che resta quando non la vuoi e se ne va quando vorresti che restasse, bussa con la sua oscura silhouette alla porta di Isabel Green, giovane madre di tre figli che lotta per mandare avanti la fattoria avendo il marito in guerra, il cognato pronto a tutto per farle vendere la proprietà, un lavoro frustrante presso una negoziante con frequenti crisi di senilità, il guardiano del villaggio che minaccia la possibilità di un bombardamento e i due cuginetti di città, viziati e incipriati, venuti per scatenare una guerra tra piccoli, come se quella dei grandi non bastasse. Tata Matilda – altrimenti nota come Nanny McPhee – torna a colpire il suolo col suo bastone magico. ■ COMMEDIA; COL.; 109′; GRAN BRETAGNA, FRANCIA, USA, 2010.

TATANKA ★★
Regia di GIUSEPPE GAGLIARDI. Con GIORGIO COLANGELI, CARMINE RECANO, CLEMENTE RUSSO, RADE SERBEDZIJA, SUSANNE

WOLFF. ■ Michele ha pochi anni e un grande sogno: partecipare alle Olimpiadi di boxe. Tra lui e il traguardo c'è Marcianise, un comune di Caserta dove i ragazzi vengono reclutati dalla camorra e "tarpati" dalla Polizia, dove perdura la legge del più forte e un uomo deve sempre dimostrare di "avere le palle". Per non dispiacere un amico e per difendere il suo onore, Michele partecipa al saccheggio di un deposito alimentare e finisce otto anni in prigione, dove continua ostinato ad allenarsi. Una volta fuori vuole ricominciare da dove ha lasciato ma l'ombra lunga della malavita lo lambisce e annebbia di nuovo le sue aspirazioni. "Assoldato" dal camorrista rampante di turno combatterà nei ring dei centri commerciali e in incontri truccati, rimpinguando le casse del balordo. Umiliato e sfruttato, Michele decide di abbattere il sistema a suon di pugni, ritrovando l'orgoglio e il desiderio di riscatto. In fondo al tunnel e dentro una canzone d'amore neomelodica la luce avanza e accende un istante di gloria. ■ BIOGRAFICO; COL.; 100'; ITALIA, 2011.

TATJANA *(Pidä huivista kiini, Tatjana)* ★★★
Regia di AKI KAURISMÄKI. Con KATI OUTINEN, MATTI PELLONPÄÄ, MATO VALTONEN. ■ Finlandia anni Sessanta. Si beve vodka e caffè, si ascolta il rockabilly e ci si innamora di una turista estone decidendo di lasciare il paese. Kaurismäki è sempre più minimalista e asciutto, libero da condizionamenti di carattere goliardico caratteristici in altre sue opere. ■ DRAMMATICO; COL.; 61'; FINLANDIA, GERMANIA, 1993.

TATTOO ★
Regia di ROBERT SCHWENTKE. Con NADESHDA BRENNICKE, AUGUST DIEHL, CHRISTIAN REDL. ■ Marc, neo diplomato all'Accademia di Polizia, non è poi così irreprensibile come ci si aspetterebbe: è pigro e indolente, fa uso di ecstasy, va spesso ai rave party. E proprio ad un rave viene trovato in possesso di droga durante una retata della squadra omicidi. Minks, il capo della sezione, in cambio dell'impunità, lo costringe a collaborare con lui nella ricerca di un serial killer che sceglie le proprie vittime fra il "popolo della notte", uccidendole e staccando loro i lembi di pelle ricoperti di tatuaggi ■ THRILLER; COL.; 108'; GERMANIA, 2003.

TATTOOED – VENERI TATUATE *(Irezumi mozan)* ★
Regia di HIDEO SEKIGAWA. Con CHIEKO ARAI, YUSUKE KAWAZU, KIKKO MATSUOKA. ■ Una ragazza che lavora in un locale notturno accetta di farsi fare un grande tatuaggio per compiacere il proprio amante. Più tardi si lega morbosamente a un uomo e a una donna entrambi tatuati. Insieme avranno diverse avventure che si concluderanno però molto tragicamente. ■ DRAMMATICO; COL.; 95'; GIAPPONE, 1968.

TATTOO: IL SEGNO DELLA PASSIONE *(Tattoo)* ★
Regia di BOB BROOKS. Con MAUD ADAMS, RIKKE BORGE, BRUCE DERN, LEONARD FREY. ■ Un artista del tatuaggio per trovare ispirazione usa come cavie alcune ragazze. Una di loro sfortunatamente s'invaghisce di lui. ■ DRAMMATICO; COL.; 103'; USA, 1981.

TATUAGGI ★★
Regia di LAURA ANGIULLI. Con MARCELLO COLASURDO, ANTONIO PENNARELLA, LELLO SERAO. ■ Tre detenuti convivono nella stessa cella. Le tensioni all'interno del gruppo diventano così forti da toccare il culmine nell'assassinio del più giovane dei tre. Film di impianto teatrale e di forte impatto emotivo. ■ DRAMMATICO; COL.; 90'; ITALIA, 1997.

TATUAGGIO, IL *(Tätowierung)* ★★
Regia di JOHANNES SCHAAF. Con HELGA ANDERS, CHRISTOF WACKERNAGEL. ■ Un giovane chiuso in un riformatorio viene adottato da un piccolo industriale. Insoddisfatto dal breve e illusorio rapporto sentimentale con una coetanea, uccide poi il tutore, del quale ha nel frattempo compreso l'ipocrisia e si costituisce. ■ DRAMMATICO; COL.; 92'; GERMANIA, 1967.

TATUAGGIO MISTERIOSO, IL ★★
(The Tattooed Stranger)
Regia di EDWARD J. MONTAGNE. Con WALTER KINSELLA, JOHN MILES, PATRICIA WHITE. ■ Riuscita a scoprire l'identità di una giovane donna assassinata, la polizia concentra i sospetti sui quattro mariti della defunta: il colpevole tenta di scappare, ma viene ucciso. ■ POLIZIESCO; B/N; 87'; USA, 1950.

TATUATO, IL *(Raphael-le-tatoué)* ★★★
Regia di CHRISTIAN-JAQUE. Con FERNANDEL, MADELEINE SOLOGNE. ■ Per salvarsi da una situazione incresciosa, un guardiano notturno inventa l'esistenza di un fratello gemello. Il suo datore di lavoro decide di sfruttare l'occasione: vuole vincere una corsa automobilistica nella quale è vietato il cambio dei piloti. Il nostro, nonostante i comprensibili guai, riporta una splendida vittoria. ■ COMMEDIA; B/N; 92'; FRANCIA, 1938.

TAUR IL RE DELLA FORZA BRUTA ★★
Regia di ANTONIO LEONVIOLA. Con HARRY BAIRD, BELLA CORTEZ, JAY ROBINSON. ■ Un giovane forzuto guida il suo popolo schiavo alla ribellione. Un suo compagno scoprirà di essere figlio di re e, alla sconfitta del tiranno, riuscirà trionfalmente a salire sul trono. ■ AVVENTURA; COL.; 94'; ITALIA, 1963.

TAURUS ★★★
Regia di ALEXANDER SOKUROV. Con MARIA KOUZNETSOVA, LEONID MOZGOVOI, NATALIA NIKOULENKO, SERGUEI RAZHOUK. ■ Unione Sovietica, 1922. Dopo gli anni di spinta della Rivoluzione di ottobre le difficoltà del regime si mostrano con evidenza. Lenin, cinquantuno anni, viene colpito da un attacco cardiaco e la sua salute declina rapidamente. Le sorti dell'immenso Paese vengono prese in mano da un triumvirato formato da Zionoviev, Kemenev e Stalin. Quest'ultimo viene nominato Segretario del Partito. In questa situazione Sokurov colloca il secondo capitolo della sua analisi del potere attraverso gli uomini che lo rappresentano. In *Moloch* si trattava di Hitler, mentre qui il regista tratteggia due figure che hanno segnato direttamente il destino del loro popolo. Ma le coglie nel momento della dissoluzione fisica (Lenin) e del configurarsi di quella morale (Stalin). Sono due morti prima ancora di morire. Lenin è il Taurus della situazione (cioè il simbolo della forza destinato a essere sacrificato e quindi profondamente solo) in lotta costante con la progressiva perdita di lucidità che lo tormenta. Mentre Stalin è già l'accorto regista di un terrore che incute a tutti dietro un apparente sorriso. Lenin si avvia alla morte in una casa dello Stato che non gli appartiene così come non gli appartiene più la Rivoluzione. La nebbia invade le stanze e ammorba le inquadrature, mentre i servi (che non sono stati elevati ad altro rango) cercano di rubare da dietro le porte brandelli di una Storia che vuole restare segreta. ■ STORICO; COL.; 90'; RUSSIA, 2001.

TAVERNA DEI QUATTRO VENTI, LA ★★
(Two Smart People)
Regia di JULES DASSIN. Con LUCILLE BALL, JOHN HODIAK, LLOYD NOLAN. ■ Un giovane truffatore, smascherato da un'avventuriera che finge di amarlo per poterlo derubare, si costituisce; prima, però, passa qualche giorno felice accanto alla ragazza che promette di aspettarlo. ■ AVVENTURA; B/N; 93'; USA, 1946.

TAVERNA DEI SETTE PECCATI, LA *(Seven Sinners)* ★★★
Regia di TAY GARNETT. Con MISCHA AUER, MARLENE DIETRICH, JOHN WAYNE. ■ Un ufficiale di marina si innamora di una cantante, legata ad un avventuriero che la sfrutta per imprese poco pulite. Raccogliendo la sfida del rivale, l'ufficiale è coinvolto in una gigantesca rissa. Alla fine, l'avventuriero va in galera, la cantante parte e il suo salvatore si rassegna a perderla. ■ AVVENTURA; B/N; 87'; USA, 1940.

TAVERNA DELLA GIAMAICA, LA *(Jamaica Inn)* ★★★
Regia di ALFRED HITCHCOCK. Con CHARLES LAUGHTON, ROBERT NEWTON, MAUREEN O'HARA. ■ Un poliziotto scopre che una banda di malviventi provoca il naufragio delle navi per impossessarsi del loro carico. Identificato il capo dell'organizzazione criminale, un influente personaggio, finisce però nelle sue grinfie ed è salvato dalla morte solo grazie all'intervento di una ragazza. Il bandito tenta poi di scappare ma fa una brutta fine. ■ AVVENTURA; B/N; 98'; GRAN BRETAGNA, 1939.

TAVERNA DELLA LIBERTÀ, LA ★★
Regia di MAURICE CAM. Con JACQUELINE PLESSIS, JONE SALINAS, UMBERTO SPADARO. ■ La vicenda si svolge in Italia durante la dominazione austriaca. Un patriota si fa passare per una spia e

facilita così il furto di un ingente quantitativo d'armi, destinato ai rivoluzionari. ■ AVVENTURA; B/N; 92′; ITALIA, 1950.

TAVERNA DELL'ALLEGRIA, LA *(Holiday Inn)* ★★★
Regia di MARK SANDRICH. Con FRED ASTAIRE, BING CROSBY, VIRGINIA DALE, MARJORIE REYNOLDS. ■ Un attore di rivista in pensione trasforma la sua residenza di campagna in un ritrovo per spettacoli di varietà. La sua fidanzata lo abbandona perché aspira ad una carriera più brillante. Lui però non si dà per vinto e riesce a riconquistarla. ■ MUSICALE; B/N; 101′; USA, 1942. ■ OSCAR 1 PR, 3 NOM.

TAVERNA DELLA MALA GENTE, LA ★
(La venus de fuego)
Regia di JAIME SALVADOR. Con MECHE BARBA, FERNANDO FERNANDEZ, VICTOR MANUEL MENDOZA. ■ Un giovane ruba per offrire una vita lussuosa all'amata ed è coinvolto in un omicidio. Ossessionato dai rimorsi, è poi persuaso dalla fidanzata a costituirsi. ■ DRAMMATICO; B/N; 91′; MESSICO, 1948.

TAVERNA DELLE STELLE, LA ★★★
(Stage Door Canteen)
Regia di FRANK BORZAGE. Con KATHARINE HEPBURN, PAUL MUNI, MERLE OBERON. ■ Il film è una carrellata di spettacoli ai quali partecipano i più famosi personaggi di Hollywood. ■ MUSICALE; B/N; 132′; USA, 1943. ■ OSCAR 2 NOM.

TAVERNA DELL'OBLIO, LA *(Café du port)* ★★
Regia di JEAN CHOUX. Con RENÉ DARY, CHRISTIAN GERARD, LINE VIALA. ■ Una ragazza, salvata dal suicidio, lavora in una taverna come cantante. Dopo molte avventure sposerà il suo salvatore. ■ AVVENTURA; B/N; 94′; FRANCIA, 1938.

TAVERNA DELLO SQUALO, LA ★★
(Das Gasthaus an der Themse)
Regia di ALFRED VOHRER. Con JOACHIM FUCHSBERGER, BRIGITTE GROTHUM, RICHARD MUNCH. ■ Lo "Squalo" è un assassino che mobilita i migliori agenti di Scotland Yard. Tenta di impadronirsi di un'eredità, ma la polizia giunge in tempo per ucciderlo. ■ GIALLO; B/N; 95′; GERMANIA, 1962.

TAVERNA DEL PORTO, LA ★★
(La taverne du poisson couronné)
Regia di RENÉ CHANAS. Con BLANCHETTE BRUNOY, MICHEL SIMON. ■ Il capitano di un piroscafo, in contrasto con il genero che trascura la moglie per un'amante, durante una rissa lo uccide. Del delitto viene accusato ingiustamente un avventuriero. Poi, amareggiato per il comportamento della figlia, il capitano confessa e si suicida. ■ DRAMMATICO; B/N; 92′; FRANCIA, 1949.

TAVERNA PARADISO *(Paradise Alley)* ★★★
Regia di SYLVESTER STALLONE. Con ARMAND ASSANTE, LEE CANALITO, SYLVESTER STALLONE. ■ Tre fratelli americani, nel primo dopoguerra, stentano a guadagnarsi da vivere. Il più forte di essi accetta di disputare degli incontri di lotta libera. Passo dopo passo, decide di sfidare il campione in carica e, benché i fratelli tentino di impedirglielo, temendo un massacro, lo affronta e lo batte. ■ COMMEDIA; COL.; 109′; USA, 1978.

TAVERNA ROSSA ★★
Regia di MAX NEUFELD. Con ANDREA MATTONI, ALIDA VALLI. ■ Una ragazza incontra un giovane in un locale notturno e, per liberarsene, si finge moglie di un nobile, senza sapere che il nobile in questione è proprio il giovanotto. Finiranno per innamorarsi. ■ COMMEDIA; B/N; 93′; ITALIA, 1940.

TAVERNA TROPICALE, LA *(Hard Guy)* ★★
Regia di ELMER CLIFTON. Con IRIS ADRIAN, MARY HALY, JACK LARUE, KANE RICHMOND. ■ Il direttore di un locale, un tipo losco che vive di ricatti, uccide una ragazza che gli si era ribellata. La sorella della vittima indaga e farebbe la stessa fine se un giovane, innamorato di lei, non intervenisse in tempo. ■ AVVENTURA; B/N; 79′; USA, 1941.

TAVOLA DEI POVERI, LA ★★★
Regia di ALESSANDRO BLASETTI. Con SALVATORE COSTA, LEDA GLORIA, RAFFAELE VIVIANI. ■ Un marchese decaduto e presidente di una società di beneficenza viene involontariamente coinvolto in uno scandalo. Tutto si accomoda, ma il nobile si avvia lo stesso a una triste vecchiaia. ■ DRAMMATICO; B/N; 92′; ITALIA, 1932.

TAVOLE SEPARATE *(Separate Tables)* ★★★
Regia di DELBERT MANN. Con RITA HAYWORTH, WENDY HILLER, DEBORAH KERR, BURT LANCASTER, DAVID NIVEN. ■ La proprietaria di una pensione inglese, dove sono riunite le persone più disparate, cerca di risolvere discretamente i loro problemi. Non esita a mettersi da parte quando l'amato si ricongiunge con l'ex moglie; inoltre, favorisce l'unione tra un finto maggiore molto timido e una ragazza afflitta da una madre opprimente che ostacola i suoi sentimenti. ■ COMMEDIA; B/N; 98′; USA, 1958. ■ DAVID DI DONATELLO 1 PR, 1 NOM; OSCAR 2 PR, 7 NOM.

TAVOLO PER CINQUE *(Table for Five)* ★★
Regia di ROBERT LIEBERMAN. Con MARIE-CHRISTINE BARRAULT, KEVIN COSTNER, RICHARD CRENNA, JON VOIGHT. ■ Dopo il divorzio nasce il problema di occuparsi dei figli. Se poi sono tre le difficoltà aumentano. Pensa di ovviare ai problemi trasferendosi in Europa, ma la soluzione non è a portata di mano. Costner è solo di passaggio. ■ DRAMMATICO; COL.; 122′; USA, 1983.

TAXI ★★★
Regia di CARLOS SAURA. Con ÁNGEL DE ANDRÉS LÓPEZ, CARLOS FUENTES, EUSEBIO LÁZARO, ÁGATA LYS, INGRID RUBIO. ■ Taxisti reazionari, organizzati per bande, compiono missioni punitive per uccidere drogati, travestiti, gente di colore. Nasce l'amore tra due figli di taxisti. Lei ignora l'attività di suo padre. Lui invece si fa coinvolgere nelle spedizioni salvo poi pentirsi. Saura riflette sul fascismo del passato che non sembra essere ancora morto. Parla, come è giusto che sia, della generazione dei padri che meglio conosce. ■ DRAMMATICO; COL.; 112′; SPAGNA, 1996.

TAXI BLUES ★★★
Regia di PAVEL LUNGIN. Con NATALIA KOLIAKANOVA, PIOTR MAMONOV, PIOTR ZAITCHENKO. ■ Per questo film il regista Pavel Lungin ha vinto un premio al Festival di Cannes. Opera d'esordio sicuramente interessante esprime nei due personaggi principali una sorta di collegamento con le diverse ideologie nella Russia post-Gorbaciov. Un tassista di Mosca ospita sulla sua vettura un sassofonista ubriaco con altre due persone. Per tutta la notte il musicista ebreo si fa scorrazzare ma poi non ha soldi per pagare. Il giorno seguente Schlikov, il tassista, lo rintraccia e letteralmente lo sequestra. Non ammette infatti che l'arte possa essere un lavoro e intende che Liocha, il sassofonista, lavori duramente. Nonostante tutto Liocha diverrà famoso. ■ COMMEDIA; COL.; 110′; FRANCIA, 1989. ■ CANNES 1 PR; GOLDEN GLOBES 1 NOM.

TAXI COLOR MALVA, UN *(Un taxi mauve)* ★★★
Regia di YVES BOISSET. Con FRED ASTAIRE, AGOSTINA BELLI, PHILIPPE NOIRET, CHARLOTTE RAMPLING, PETER USTINOV. ■ Due uomini in crisi si rifugiano in Irlanda, per ritrovare una ragione di vivere. Assieme salvano una ragazza che si concederà ad uno di essi; l'altro avrà un'avventura con una principessa. Queste esperienze sono sufficienti per far ritrovare ad entrambi la volontà di vivere. ■ DRAMMATICO; COL.; 120′; FRANCIA, ITALIA, 1977.

TAXI DA BATTAGLIA *(Battle Taxi)* ★★
Regia di HERBERT L. STROCK. Con ARTHUR FRANZ, STERLING HAYDEN, MARSHALL THOMPSON. ■ Il "taxi da battaglia" è l'elicottero usato dagli americani per portare in salvo i soldati feriti in Corea. Durante una pericolosa missione, i nemici tentano di catturarlo con i suoi occupanti, ma i rinforzi giungono in tempo. ■ GUERRA; B/N; 82′; USA, 1956.

TAXIDERMIA ★★
Regia di GYÖRGY PÁLFI. Con CSABA CZENE, PIROSKA MOLNÁR, ADÉL STANCZEL, GERGELY TRÓCSÁNYI. ■ Tre generazioni di una famiglia ungherese. La storia del nonno, capitano dell'esercito durante la seconda guerra mondiale, del padre, campione dell'ingurgitazione di dosi spropositate di cibo in tempi velocissimi e del figlio, imbalsamatore che lo accudisce dopo che il suo corpo ha assunto dimensioni spropositate. Un piccolo affresco sulle degenerazioni del potere comunista raccontato con il surrealismo grottesco tipico di una parte della cinematografia dell'Est Europa. ■ DRAMMATICO; COL.; 90′; AUSTRIA, FRANCIA, UNGHERIA, 2006.

TAXI DI NOTTE ★★
Regia di CARMINE GALLONE. Con BENIAMINO GIGLI, DANIELLE GODET, LEA PADOVANI. ■ Un tassista cerca di rintracciare la madre di un bimbo abbandonato nella sua vettura. Non ci riesce, ma in compenso trova due genitori disposti ad adottarlo. ■ SENTIMENTALE; B/N; 93′; ITALIA, 1950.

♥ TAXI DRIVER ★★★★♉
Regia di MARTIN SCORSESE. Con ROBERT DE NIRO, JODIE FOSTER, CYBILL SHEPHERD. ■ Psicodramma intimistico, spaccato del lato oscuro degli anni Settanta, vivido ritratto della decadenza americana post-Vietnam: Scorsese filtra Schrader, soggettista e sceneggiatore, e il risultato è un pilastro della storia del cinema moderno. New York: Travis Bickle, veterano del Vietnam in congedo, soffre d'insonnia e decide di impegnare le proprie notti facendo il tassista. Completamente disadattato ma idealista alla ricerca di uno scopo, l'uomo si invaghirà di una ragazza e le chiederà di uscire. Quando le cose tra i due andranno storte, Travis, definitivamente disilluso riguardo la società, si chiuderà in se stesso. Comincerà così per il tassista una claustrofobica discesa nel baratro della solitudine, in bilico sui margini della sanità mentale. Scorsese accompagna lucide ricostruzioni contestuali a ritmi ipnotici, dando vita ad alchimie capaci di avvolgere lo spettatore. Il senso di vuoto, di distanza, che permea la vita del protagonista è trasmesso con efficacia da ambienti e situazioni presentate; ogni inquadratura è coerente, a creare un tutt'uno coeso, uniforme nel dare spessore vivo alle atmosfere. La solitudine è ovunque nella jungla urbana, ma per Travis diventerà una vera e propria vocazione, elemento scatenante di un disturbo mentale latente; lo straniamento del protagonista arriverà ad essere totale e lo stato di primordiale libertà, così acquisito, libererà le pulsioni represse in una esplosione di violenza. Il genio è nel paradosso: dopo tortuose deviazioni, i binari della psiche porteranno ad esiti anomali ma riconducibili ad un estremo ideale di giustizia, impossibile da raggiungere per qualsiasi individuo "normale". Le confuse luci di New York filtrate da un parabrezza bagnato, fumose atmosfere dai sapori jazz: su inquietanti interrogativi, apertura e chiusura si ricongiungono, a serrare il cerchio tracciato da Scorsese. L'opera, presente come poche nella memoria collettiva grazie anche ad un grandissimo De Niro, è un inossidabile monumento al cinema. ■ DRAMMATICO; COL.; 113′; USA, 1976. ■ CANNES ♉ 1 PR; DAVID DI DONATELLO ♉ 2 PR, 2 NOM; GOLDEN GLOBES ♉ 2 NOM; OSCAR ♉ 4 NOM.

TAXI GIRL ★
Regia di MICHELE MASSIMO TARANTINI. Con ENZO CANNAVALE, EDWIGE FENECH, GEORGE HILTON, ALDO MACCIONE. ■ Una tassista formosa, contesa da parecchi uomini, sfugge alle brame di un mafioso e aiuta la polizia a catturarlo. ■ EROTICO; COL.; 92′; ITALIA, 1977.

TAXI LOVERS ★
Regia di LUIGI STEFANO MARIA DI FIORE. Con MASSIMILIANO CAROLETTI, ELISABETTA CAVALLOTTI, VALENTINA CHICO, ALBERTO DI STASIO. ■ Massimo trenta anni, taxista, durante una corsa notturna carica la bellissima Giovanna. Tra i due s'instaura subito un rapporto, sin troppo stretto, perché Massimo si trova al centro di un intrigo pericoloso: tutto gira intorno a un micro-chip che vale milioni di euro. ■ THRILLER; COL.; 90′; ITALIA, 2005.

TAXI PER TOBRUK, UN *(Un taxi pour Tobruk)* ★★★
Regia di DENYS DE LA PATELLIÈRE. Con CHARLES AZNAVOUR, MAURICE BIRAUD, GERMAN COBOS, LINO VENTURA. ■ Dopo un atto di sabotaggio contro i tedeschi, alcuni soldati francesi attraversano il deserto per sfuggire ai nemici. Riusciti a procurarsi una jeep, si dirigono verso le proprie linee portando un prigioniero, col quale fanno amicizia. Dopo un bombardamento alleato, rimarrà un solo superstite. ■ GUERRA; B/N; 95′; FRANCIA, 1961.

TAXXI *(Taxi)* ★★
Regia di GÉRARD PIRÈS. Con MARION COTILLARD, FRÉDÉRIC DIEFENTHAL, MANUELA GOURARY, SAMY NACERI, EMMA SJÖBERG. ■ Il giovane Daniel riesce a diventare ciò che voleva essere: un tassista dalla guida spericolata. È grazie ad essa che riesce a sgominare una banda tedesca di ladri alla guida di Mercedes. Inseguimenti, inseguimenti e ancora inseguimenti. Campione di incassi in Francia. ■ COMMEDIA; COL.; 88′; FRANCIA, 2000.

TAXXI 2 ★★
Regia di GÉRARD KRAWCZYK. Con MARION COTILLARD, FRÉDÉRIC DIEFENTHAL, BERNARD FARCY, SAMY NACERI, EMMA SJÖBERG. ■ Luc Besson (il più americanofilo dei registi francesi) ha deciso di fare il bis. Avendo fatto il terzo maggiore incasso in patria con il caotico *Taxxi*, ci riprova. Cambia il regista ma continua a tenersi ben stretta la sceneggiatura. Racconta così la storia del tassista Daniel, capace di far compiere alla sua auto le imprese più straordinarie, che si trova alle prese con il rapimento di un ministro giapponese da parte della *yakuza*. Ovviamente in trasferta da Marsiglia a Parigi. Il problema di *Taxxi 2* è che si tratta di un film strabico. Con un occhio guarda a tutte le possibilità offerte dagli effetti speciali mentre con l'altro si volta indietro copiando, senza neppure particolare inventiva, un passato ormai stanco. ■ COMMEDIA; COL.; 110′; FRANCIA, 2000.

TAYANG IL FURORE DELLA CINA ★
(Wang Yu of King Boxer)
Regia di LUNG CHIEN. Con KHING KAI, KHANG KHING, YU WANG. ■ Un esperto di arti marziali si vendica del massacratore della sua famiglia. ■ AVVENTURA; COL.; 94′; HONG KONG, 1972.

T COME TIGRO... E TUTTI GLI AMICI DI WINNIE THE POOH *(The Tigger Movie)* ★★★
Regia di JUN FALKENSTEIN. ■ Tigro si trova bene con i suoi amici del Bosco dei Cento Acri però vorrebbe incontrare i felini suoi simili. Pooh, Pimpi, Tappo, Rooh e Hi-Ho cercano di aiutarlo a risolvere il problema. Scoprirà così che sono loro la sua vera famiglia. Film per piccoli mai banale. E non è poco. ■ ANIMAZIONE; COL.; 77′; USA, 2000.

TEACHERS ★★
Regia di ARTHUR HILLER. Con RALPH MACCHIO, NICK NOLTE, JO BETH WILLIAMS. ■ Lisa è una giovane avvocatessa che si occupa del caso di un ragazzo diplomatosi in una scuola superiore ma rimasto un perfetto ignorante. Dalla sua inchiesta risulta che la scuola è in realtà priva di serietà, ma il caso viene archiviato con un compromesso finanziario. Lisa però riesce a responsabilizzare un giovane insegnante del quale si è innamorata. Il regista di *Love Story* non riesce a far decollare il film. Nolte è fuori parte. ■ DRAMMATICO; COL.; 106′; USA, 1984.

TEATRO DELLA MORTE – GLI ORRORI DEL TEATRO DELLA MORTE, IL *(The Theatre of the Death)* ★★
Regia di SAMUEL GALLU. Con JULIAN GLOVER, LELIA GOLDONI, CHRISTOPHER LEE. ■ Un misterioso vampiro commette una serie di delitti, succhiando il sangue alle sue vittime. Viene accusato ingiustamente il regista di un teatro. Poi si scopre il vero assassino. ■ HORROR; COL.; 91′; GRAN BRETAGNA, 1966.

TEATRO DI GUERRA ★★★
Regia di MARIO MARTONE. Con ANNA BONAIUTO, IAIA FORTE, ANDREA RENZI. ■ "Sudespressionismo". Martone, Corsicato e altri percorrono questa strada. Napoli si presta. Martone è il più bravo. Davvero un talento capace non solo di espressione e inventiva, ma di misure e contenuti. Ferma restando la napoletanità dalla quale nessun regista autoctono riesce ad emanciparsi (e si capisce), Martone è capace di slanci universali e di metafore concrete. In tanta mediocrità del cinema italiano, dilaniato dal "permissivismo" dei finanziamenti ministeriali, ecco un'opera vera e magnificamente raccontata. Un gruppo di attori, a Napoli, mette in scena *I sette contro Tebe* di Eschilo. Una storia fratricida che ben si applica alla guerra in Jugoslavia. I fatti della vita si intrecciano in quello che è davvero un "teatro di guerra". E anche Napoli è teatro di guerra, con la sua gente, la violenza, le difese tremende messe in campo. Una pattuglia della polizia non capisce che in strada si sta provando una scena violenta e vorrebbe arrestare tutti gli attori. La compagnia prova, ma quando è quasi pronta per rappresentare la tragedia a Sarajevo manca lo spunto definitivo, forse il coraggio. Rimangono le prove come opera incompiuta, anche se frequentandosi tutti hanno imparato qualcosa. ■ DRAMMATICO; COL.; 113′; ITALIA, 1998.

TEATRO – FILM, O ★★
Regia di Renato Tomasino. Con Olimpia Carlisi, Giorgio Dolfin, Stefania Giari, Antonio Iglesias, Sergio Serafini, Rosita Toros. ■ Tipico manifesto della contestazione sessantottina. La relazione amorosa tra l'autore e l'attrice è scandita in otto capitoli che costituiscono altrettante tappe di un'analisi del sistema capitalistico in un'ottica rivoluzionaria, antiamericana e terzomondista. Film "detto" piuttosto che narrato, si conclude inaspettatamente con una malinconica autocritica sull'utilità degli sforzi rivoluzionari per rendere più giusta l'umanità. ■ Drammatico; col.; 88′; Italia, 1968.

TECNICA DI UN AMORE ★★★
Regia di Brunello Rondi. Con Janet Agren, Erna Schurer, Silvano Tranquilli. ■ Una bella ragazza svedese e un suo amico greco sono ospiti di una coppia in crisi, in una villa al mare. I nuovi arrivati sconvolgono l'esistenza dei due coniugi: il marito si innamora della ragazza, mentre la moglie finisce fra le braccia del giovane greco. Ma dura poco. ■ Drammatico; col.; 89′; Italia, 1973.

TECNICA DI UNA SPIA ★★
Regia di Alberto Leonardi. Con Erika Blanc, Tony Russell, Conrado Sanmartin. ■ Un agente inglese, catturato da un'organizzazione avversaria, corre il rischio di essere sottoposto ad un terribile esperimento. Ma la polizia lo libera. ■ Spionaggio; col.; 93′; Italia, 1967.

TECNICA DI UN CRIMINE *(Tomorrow at Ten)* ★★
Regia di Lance Comfort. Con Alec Clunes, John Gregson, Robert Shaw, Alan Wheatley. ■ Un bambino sequestrato corre il rischio di saltare in aria: il rapinatore gli ha dato un giocattolo contenente un ordigno esplosivo. Quando il bandito muore, si teme il peggio. Il pericolo è però scongiurato in tempo dallo stesso piccino che, giocando, neutralizzerà per caso il detonatore. ■ Poliziesco; b/n; 80′; Gran Bretagna, 1962.

TECNICA DI UN OMICIDIO ★★
Regia di Franco Prosperi. Con José Louis De Villalonga, Franco Nero, Robert Webber. ■ Un sicario riesce a scovare e ad uccidere un uomo che per sfuggire ai suoi nemici si era sottoposto a plastica facciale. A sua volta sta per essere eliminato da un collega, ma riesce a salvarsi. ■ Poliziesco; col.; 100′; Italia, 1967.

TECNICA E IL RITO, LA ★★★★
Regia di Miklós Jancsó. Con Luigi Diberti, Marco Guglielmi, Jozsef Madaras, Adalberto Maria Merli. ■ Il film narra le avventure di Attila, assurto a pretesto per condannare la tirannide e descriverne le conseguenze. È un prodotto di non facile comprensione, che vanta però una grande originalità narrativa e una fotografia suggestiva. Con *L'armata a cavallo* resta il più grande film di Miklós Jancsó. ■ Fantastico; col.; 89′; Italia, 1971.

TECNICA PER UN MASSACRO ★★
Regia di Roberto Bianchi Montero. Con German Cobos, Maria Mahor, Franco Ressel. ■ Un agente Usa, incaricato di scoprire i sabotatori di alcuni aerei, è messo sulle tracce dei banditi da un chimico. Catturato e drogato, riesce ad eliminare i nemici e ad identificarne il capo. ■ Spionaggio; col.; 92′; Italia, 1967.

TÈ CON MUSSOLINI, UN ★★★
Regia di Franco Zeffirelli. Con Cher, Judi Dench, Massimo Ghini, Joan Plowright, Maggie Smith, Lily Tomlin, Baird Wallace. ■ Anni Trenta. Il bambino Luca (Zeffirelli nella sua infanzia) è figlio illegittimo di un ricco mercante di tessuti e di una sarta. Resta orfano di madre e viene allevato da un gruppo di raffinate signore della comunità inglese che ammirano Mussolini fino a quando verranno confinate a San Gimignano. Grandi interpreti femminili per un difficile affresco storico. ■ Biografico; col.; 118′; Gran Bretagna, Italia, 1999.

TED ★★
Regia di Seth Macfarlane. Con Mila Kunis, Seth Macfarlane, Joel Mchale, Giovanni Ribisi, Mark Wahlberg. ■ A otto anni John Bennett è un bambino solo e impopolare, il cui unico amico è un orsetto di peluche. Tale è la forza con la quale John desidera che Ted possa parlare, che la sua speranza si avvera e l'orso prende vita. Trent'anni dopo, i due sono sempre amici, fan scatenati di Flash Gordon e coinquilini dediti ad alcol e fumo da mattina a sera. Uno stile di vita, questo, che rischia però di mettere seriamente a repentaglio la relazione sentimentale che John ha intrapreso da qualche anno con Lori. La ragazza, esasperata, arriva dunque a porgli il terribile ultimatum: crescere, abbandonando l'orsetto al suo destino, o rinunciare per sempre a lei. ■ Commedia; col.; 106′; USA, 2012.

TEDDY BOYS DELLA CANZONE, I ★★
Regia di Domenico Paolella. Con Paolo Panelli, Teddy Reno, Delia Scala. ■ Un cantante e un inventore hanno impiantato un'antenna pirata producendo una trasmissione che piace molto al pubblico. Bloccati dalla polizia, saranno assunti dalla televisione di Stato. ■ Musicale; b/n; 92′; Italia, 1960.

TEDEUM ★★
Regia di Enzo Girolami Castellari. Con Timothy Brent, Jack Palance, Lionel Stander. ■ Al centro di quest'ennesimo spaghetti-western c'è un documento di proprietà di una ricca miniera. L'ambito documento sarà distrutto e i protagonisti della vicenda finiranno in un penitenziario, proprio sopra la miniera. ■ Western; col.; 96′; Italia, 1972.

TEENAGER ALLA CASA BIANCA, UNA ★★
(First Daughter)
Regia di Forest Whitaker. Con Marc Blucas, Margaret Colin, Katie Holmes, Michael Keaton, Michael Milhoan, Lela Rochon. ■ Samantha MacKenzie non è una ragazza come tutte le altre. Conduce una vita ricca di privilegi e agevolazioni, ma cerca di emancipare se stessa proprio da quello status. È infatti la figlia del presidente in carica degli Stati Uniti d'America MacKenzie, prossimo al verdetto del popolo per il secondo mandato. Forest Withaker ci ha offerto spesso grandi prestazioni come attore ma come regista non si fa... notare. ■ Commedia; col.; 106′; USA, 2004.

TÈ E SIMPATIA *(Tea and Sympathy)* ★★★
Regia di Vincente Minnelli. Con Leif Erickson, Deborah Kerr, John Kerr. ■ Uno studente, a differenza dei coetanei, preferisce la lettura e la musica allo sport e ad altri passatempi considerati più "virili". Osteggiato da tutti, persino dai familiari, trova appoggio solo nella moglie del direttore della scuola. Anni dopo, scrittore di successo, il giovane capirà quanta importanza abbia avuto la donna nel superamento del suo dramma giovanile. ■ Commedia; col.; 122′; USA, 1956.

TEHERAN ★★
Regia di William Freshman. Con Derek Farr, Enzo Fiermonte, Martha Labarr. ■ Seconda guerra mondiale: un giornalista scopre che una ballerina inglese della quale è stato innamorato è complice di una rete nemica di contrabbando. Dopo numerose vicende, durante le quali la donna ha perso la vita per redimersi, il giornalista riesce brillantemente a sventare un complotto ai danni del presidente Roosevelt. ■ Spionaggio; b/n; 90′; Italia, 1946.

TEKKEN ★
Regia di Dwight H. Little. Con Ian Anthony Dale, Darrin Dewitt Henson, Jon Foo, Kelly Overton, Cary-Hiroyuki Tagawa. ■ In un futuro apocalittico, le multinazionali hanno preso il controllo del pianeta e se lo sono spartito. L'America è in mano alla Tekken, il cui regime repressivo concede al popolo oppresso una sola chance di riscatto: il torneo di Iron Fist. Fin qui nessuno tra gli "eletti del popolo" è riuscito a entrare in Iron Fist, ma Jin, assetato di vendetta, sembra dotato della giusta stoffa. ■ Azione; col.; 92′; USA, Giappone, 2010.

TEKWAR ★★
Regia di William Shatner. Con Eugene Clark, Greg Evigan, William Shatner. ■ È il primo episodio di un telefilm americano che nelle intenzioni vorrebbe essere il successore di *Star Trek*. Shatner, regista e attore, è infatti legato a quella serie. Qui non ci sono navicelle spaziali, ma siamo nel futuro, fra una cinquantina d'anni. Jake è stato in carcere per quasi un lustro. Prima della detenzione era agente di polizia. Ora, lasciato dalla mo-

glie che ha portato con sé il figlio, combatte la droga nelle vesti di un detective privato. ■ FANTASCIENZA; COL.; 90′; USA, 1993.

TELA DELL'ASSASSINO, LA *(Twisted)* ★
Regia di PHILIP KAUFMAN. Con ANDY GARCIA, SAMUEL L. JACKSON, ASHLEY JUDD, DAVID STRATHAIRN. ■ Jessica Shepard, neo promossa ispettore della polizia di San Francisco, con alle spalle un oscuro dramma familiare (il padre, anche lui poliziotto, e la madre, uccisi misteriosamente anni prima), è incaricata dal suo paterno commissario ed affiancata da un protettivo collega, di investigare su alcuni omicidi, le cui vittime, guarda caso, hanno avuto rapporti intimi con lei. ■ THRILLER; COL.; 111′; USA, 2004.

TELA DEL RAGNO, LA *(The Cobweb)* ★★★
Regia di VINCENTE MINNELLI. Con LAUREN BACALL, CHARLES BOYER, LILLIAN GISH, GLORIA GRAHAME, OSCAR LEVANT, SUSAN STRASBERG, RICHARD WIDMARK. ■ La tela del ragno del titolo simboleggia la situazione ingarbugliata e piena di tensione instauratasi in una clinica per malattie nervose, dove anche una questione apparentemente banale (il cambio della tappezzeria) costituisce un vero e proprio trauma e coinvolge i ricoverati, il direttore, sua moglie, l'amministratrice. Dopo parecchi guai, il buon senso prevale e la vicenda si conclude in maniera positiva. ■ COMMEDIA; COL.; 124′; USA, 1955.

TELA DEL RAGNO, LA *(The Spider's Web)* ★★
Regia di GODFREY GRAYSON. Con JACK HULBERT, GLYNIS JOHNS, JOHN JUSTIN. ■ Una donna, con l'aiuto di tre amici, nasconde il cadavere di uno sconosciuto trovato nella sua casa credendo che sia stata la figlia ad ucciderlo. Accusata di assassinio, riesce a scoprire il vero colpevole e a consegnarlo alla polizia. ■ GIALLO; COL.; 124′; GRAN BRETAGNA, 1960.

TELA DI CARLOTTA, LA *(Charlotte's Web)* ★★
Regia di GARY WINICK. Con KEVIN ANDERSON, ROBYN ARTHUR, LOUIS CORBETT, ESSIE DAVIS, DAKOTA FANNING, JULIAN O'DONNELL. ■ È un triste Natale quello che si profila per Wilbur, simpatico suino della fattoria Zuckerman: è infatti candidato a ricoprire lo scomodo ruolo di "piatto forte" nell'imminente cenone organizzato dalla famiglia per festeggiare la Natività. Nonostante le amorevoli cure di una bambina, sarà Carlotta, un ragno dotato di abilità prodigiose, assieme ad altri animali, a salvare il tenero suino da un destino crudele... *La tela di Carlotta* è un classico della letteratura per l'infanzia. Scritto nel 1952 da E.B. White, il racconto ha attraversato le generazioni, offrendo ai pargoli di tutto il mondo la giusta dose di emozioni, commozione e buoni sentimenti. ■ COMMEDIA; COL.; 113′; USA, 2006.

TE LA SENTI STASERA? *(Mary, Mary)* ★★★
Regia di MERVYN LE ROY. Con DIANE MCBAIN, BARRY NELSON, DEBBIE REYNOLDS. ■ Un editore separato dalla moglie si è legato ad una ragazza. La moglie, da parte sua, accetta la corte di un attore, conosciuto nello studio del coniuge, e sta per andarsene con lui. Tuttavia è ancora innamorata del marito e si riconcilia con lui che ormai è persuaso di aver commesso uno sbaglio lasciandola. ■ COMMEDIA; COL.; 126′; USA, 1963.

TELEFON ★★★
Regia di DON SIEGEL. Con ALAN BADEL, CHARLES BRONSON, TYNE DALY, LEE REMICK. ■ Negli Stati Uniti, dai tempi della guerra fredda, vivono alcuni russi perfettamente americanizzati e ipnotizzati in modo da non conoscere la loro vera identità. In caso di guerra atomica, sono pronti, a una frase prestabilita, ad entrare in azione e a distruggere basi militari. I guai cominciano quando un ufficiale pazzo del Kgb, in possesso della lista degli involontari agenti, va in America e si mette a scatenarli, uno per uno. ■ DRAMMATICO; COL.; 102′; USA, 1977.

TELEFONATA A TRE MOGLI ★★★
(Phone Call from a Stranger)
Regia di JEAN NEGULESCO. Con BETTE DAVIS, GARY MERRILL, MICHAEL RENNIE, SHELLEY WINTERS. ■ Un avvocato parte in aereo per allontanarsi dalla moglie che lo ha tradito. Durante il viaggio fa amicizia con tre passeggeri che raccontano le loro storie sentimentali, la cui morale è che l'amore vale più di qualsiasi altra cosa. L'aereo precipita: l'avvocato, unico superstite, contatta le famiglie dei defunti alle quali riferisce le loro parole d'amore. ■ DRAMMATICO; B/N; 96′; USA, 1952. ■ VENEZIA 1 PR.

TELEFONI BIANCHI ★★★
Regia di DINO RISI. Con MAURIZIO ARENA, AGOSTINA BELLI, WILLIAM BERGER, VITTORIO GASSMAN, COCHI PONZONI, LINO TOFFOLO. ■ Il film si svolge tra il 1935 e il 1943 ed è una satira del cinema italiano dell'epoca. La protagonista è una cameriera che passando da una avventura all'altra e in numerosi letti riesce a diventare attrice. La caduta del duce la costringe a rinunciare ai sogni di gloria; sposa un industriale e compie un viaggio in Russia, dove crede che il suo ex innamorato sia morto. L'uomo, invece, è vivo e felicemente sposato, ma lei non lo saprà mai. ■ COMMEDIA; COL.; 120′; ITALIA, 1976. ■ DAVID DI DONATELLO 1 PR, 1 NOM.

TELEFONISTA, LA ★★
Regia di NUNZIO MALASOMMA. Con MIMÌ AYLMER, LUIGI CIMARA, ISA POLA, SERGIO TOFANO. ■ Disavventure sentimentali e professionali di una piccante impiegata dei telefoni. ■ COMMEDIA; B/N; 92′; ITALIA, 1932.

TELEFONISTA DELLA CASA BIANCA, LA ★★★
(For the Love of Mary)
Regia di FREDERICK DE CORDOVA. Con DEANNA DURBIN, EDMOND O'BRIEN, DON TAYLOR. ■ Un giovane vuole parlare col presidente degli Stati Uniti perché il governo ha agito illegalmente nei suoi confronti. Ottenuta soddifazione sposa la bella telefonista che, credendolo un po svitato, aveva respinto tutti i suoi tentativi di contattare l'alta personalità politica. ■ COMMEDIA; B/N; 90′; USA, 1948.

TELEFONO ROSSO, IL *(Le rouble à duex faces)* ★★
Regia di ETIENNE PERIER. Con CHARLES BOYER, GEORGE CHAKIRIS, MARIE DUBOIS, ROBERT TAYLOR. ■ Tre anziane signore costringono una giornalista televisiva accreditata a mandare un finto messaggio alla Casa Bianca. L'*affaire* è di pertinenza dei capi dei servizi segreti americani e russi. Ne nasce un intrigo internazionale che un agente della Cia cerca di dipanare. Siamo dalle parti di *Arsenico e vecchi merletti*, e anche di un grottesco 007. È uno degli ultimi film interpretato da Robert Taylor. ■ COMMEDIA; COL.; 95′; USA, 1968.

TE LO LEGGO NEGLI OCCHI ★★
Regia di CAMILLO MASTROCINQUE. Con DINO, MARIO PISU, AGNÈS SPAAK, NINO TARANTO. ■ Una giovane provinciale si trasferisce in città, dove conosce un cantautore. I due si innamorano, ma l'ambizione e i sogni di ciascuno contrastano quelli dell'altro, separandoli. ■ COMMEDIA; B/N; 91′; ITALIA, 1966.

TE LO LEGGO NEGLI OCCHI ★★
Regia di VALIA SANTELLA. Con LUIGI MARIA BURRUANO, CAMILLA DI NICOLA, ERNESTO MAHIEUX, MARIANO RIGILLO, STEFANIA SANDRELLI, TERESA SAPONANGELO. ■ Margherita è una cantante costretta ad affrontare una crisi personale e professionale, causata da un serio problema alle corde vocali. Chiara, sua figlia, ha abbandonato le proprie radici, vive a Roma e fa la logopedista. Il rapporto con sua madre si è costruito soprattutto sulle opposizioni e gli allontanamenti. Un ponte fra loro due è costituito da Lucia, la figlia di Chiara. La bambina vive il rapporto con la nonna come una ventata di libertà. E Margherita, attraverso la nipote, riesce a essere la madre che non è riuscita a essere per Chiara. ■ DRAMMATICO; COL.; 82′; ITALIA, 2004.

TEMERARI, I *(The Gypsy Moths)* ★★★
Regia di JOHN FRANKENHEIMER. Con GENE HACKMAN, DEBORAH KERR, BURT LANCASTER, SCOTT WILSON. ■ Tre paracadutisti acrobati girano l'America esibendosi in lanci pericolosi. Giunti nella cittadina natale di uno di essi vengono ospitati da sua zia, sposata, che finisce tra le braccia del più anziano. L'uomo deluso dal rifiuto della donna di andarsene con lui, durante un lancio si suicida. Gli altri due sciolgono la società. ■ DRAMMATICO; COL.; 110′; USA, 1969.

TEMERARI DEL WEST, I *(The Raiders)* ★★
Regia di HERSCHEL DAUGHERTY. Con ROBERT CULP, BRIAN KEITH, JUDITH MEREDITH. ■ Il film narra la cruenta lotta tra gli allevatori texani e il governo, che non vuole concedere un pro-

lungamento della ferrovia. Calamity Jane, Buffalo Bill e Wild Bill Hickok dopo alcuni scontri fanno da pacieri. ■ WESTERN; COL.; 95′; USA, 1964.

TEMERARIO, IL *(The Lusty Man)* ★★★
Regia di NICHOLAS RAY. Con SUSAN HAYWARD, ARTHUR KENNEDY, ROBERT MITCHUM. ■ Un giovane cowboy diventa, sotto la guida di un esperto, un campione di rodeo, e guadagna molti soldi coi quali intende comprarsi una fattoria. Accusa il maestro di vivere alle sue spalle e l'uomo, piccato, lo abbandona per riprendere le esibizioni nei rodei. Poco tempo dopo muore tragicamente in un incidente di lavoro. ■ AVVENTURA; B/N; 113′; USA, 1952.

TEMERARIO, IL *(The Great Waldo Pepper)* ★★★
Regia di GEORGE ROY HILL. Con BO BRUNDIN, ROBERT REDFORD, SUSAN SARANDON, BO SVENSON. ■ America, anni Venti: un pilota che si guadagna da vivere in un circo rimane affascinato dal racconto di uno spettacolare duello aereo di un connazionale con un tedesco. Tempo dopo, dovendo girare una scena cinematografica, si troverà di fronte proprio il tedesco. Finalmente, potrà vivere in prima persona quella storia. ■ AVVENTURA; COL.; 107′; USA, 1975.

TEMPESTA *(Remorques)* ★★★
Regia di JEAN GRÉMILLON. Con JEAN GABIN, MICHÈLE MORGAN, MADELEINE RENAUD. ■ Un marinaio riesce a salvare una nave in pericolo. Un'avventuriera che era a bordo lo convince, secondo i desideri del capitano, a non rimorchiare l'imbarcazione in porto, e quindi a seguirla lasciando la propria famiglia. Il marinaio rinsavirà solo alla morte della moglie. ■ DRAMMATICO; B/N; 92′; FRANCIA, 1940.

TEMPESTA *(Tempest)* ★★★
Regia di PAUL MAZURSKY. Con JOHN CASSAVETES, VITTORIO GASSMAN, GENA ROWLANDS. ■ Stanco della sua vita, del suo lavoro e della sua famiglia, l'architetto Philip Dimitrios pianta tutto e parte per la Grecia con la figlia Miranda. Qui incontra l'affascinante Aretha e con lei si concede una vacanza su un'isola selvaggia. Alla fine, su quella stessa isola, faranno naufragio proprio la sua ex moglie e il suo ex principale: riappacificazione generale. ■ COMMEDIA; COL.; 140′; USA, 1982. ■ GOLDEN GLOBES 1 NOM; VENEZIA 1 PR.

TEMPESTA, LA ★★★
Regia di ALBERTO LATTUADA. Con VAN HEFLIN, VIVECA LINDFORS, SILVANA MANGANO, AGNES MOOREHEAD. ■ Protagonista è un cadetto che salva la vita a Pugacioff, bandito ribelle, che gli renderà il medesimo favore. Sospettato di tradimento, il soldato verrà graziato dalla zarina, persuasa della sua innocenza. ■ AVVENTURA; COL.; 120′; ITALIA, 1958. ■ DAVID DI DONATELLO 2 PR, 2 NOM.

TEMPESTA, LA *(Tempesta)* ★★
Regia di TIM DISNEY. Con GAETANO CAROTENUTO, VALENTINA CERVI, RUTGER HAUER, TCHÉKY KARYO, MALCOLM MCDOWELL, ANTONELLA PONZIANI, SCOT WILLIAMS. ■ Patrick Donovan è un famoso esperto d'arte americano che si reca a Venezia per ammirare il quadro di Giorgione *La Tempesta* nella Galleria dell'Accademia. Il quadro viene rubato prima che Donovan possa vederlo e così decide di mettersi sulle tracce dei criminali per tentare di recuperare la preziosa opera. A Venezia Donovan conoscerà anche Chiara, la figlia del proprietario del museo. ■ THRILLER; COL.; 96′; GRAN BRETAGNA, ITALIA, LUSSEMBURGO, OLANDA, SPAGNA, USA, 2004.

TEMPESTA A LIVERPOOL *(Waterfront)* ★★★
Regia di MICHAEL ANDERSON. Con RICHARD BURTON, KATHLEEN HARRISON, ROBERT NEWTON, SUSAN SHAW. ■ Un uomo lascia improvvisamente la moglie e i tre figli, dai quali ritorna quattordici anni dopo. La figlia lo caccia ed egli uccide in una rissa un ufficiale. Finirà i suoi giorni in prigione, comprendendo che il suo gesto ha risolto involontariamente molte situazioni critiche nelle quali si dibattevano i suoi familiari. ■ DRAMMATICO; B/N; 80′; GRAN BRETAGNA, 1950.

TEMPESTA ALLA FRONTIERA ★★
(Winnetou und sein Freund Old Firehand)
Regia di ALFRED VOHRER. Con PIERRE BRICE, ROD CAMERON, NADIA GRAY. ■ Un bandito decide di vendicare il fratello ucciso distruggendo il paese in cui è stato tenuto prigioniero. A difesa del posto si pongono il cacciatore Old Firehand e il capo indiano Winnetou, che organizzano un'efficace resistenza. ■ WESTERN; COL.; 93′; GERMANIA, 1966.

TEMPESTA D'ANIME ★★
Regia di GIACOMO GENTILOMO. Con VERA CARMI, ROLDANO LUPI, CARLO NINCHI. ■ Un astronomo diventa l'amante della moglie di un superiore. Un giorno questi sembra aver fatto una scoperta sensazionale e il rivale, geloso, lo uccide. Poco dopo l'astronomo si rende conto dell'infondatezza di quegli studi: pentito del suo delitto si suicida. ■ DRAMMATICO; B/N; 92′; ITALIA, 1946.

TEMPESTA DI FUOCO *(Firestorm)* ★
Regia di DEAN SEMLER. Con WILLIAM FORSYTHE, SCOTT GLENN, HOWIE LONG. ■ Un super vigile del fuoco si trova alle prese con un gruppo di evasi determinati e piromani. Le scene di esaltazione del ruolo dei pompieri non mancano, così come gli scontri cruenti a base di asce, coltelli ecc... ■ AVVENTURA; COL.; 89′; USA, 1998.

TEMPESTA DI GHIACCIO *(The Ice Storm)* ★★★
Regia di ANG LEE. Con JOAN ALLEN, KEVIN KLINE, CHRISTINA RICCI, SIGOURNEY WEAVER. ■ Dal romanzo di Rick Moody. Connecticut anni Settanta. La vicenda di alcune famiglie benestanti. Si incrociano le storie di letto, i figli adolescenti hanno i normali problemi della crescita. Il centro della storia è un "chiavi party": le coppie devono porre le chiavi della macchina in un vaso. Alla fine le donne pescano le chiavi a caso e se ne vanno col proprietario della macchina corrispondente. Ben e sua moglie Elena stanno al gioco, maldestramente. Mentre tutti tornano a casa, uno dei ragazzi ha un incidente e muore. Ecco che la disgrazia richiama tutti alla realtà. Specchio della nuova-vecchia generazione del cambiamento. Le cosiddette conquiste, l'emancipazione innaturale, i nuovi valori: erano solo una facciata sterile. Il regista di *Ragione e sentimento* esegue bene il compito, anche se il convenzionale incombe sempre. ■ DRAMMATICO; COL.; 112′; USA, 1997. ■ CANNES 1 PR; GOLDEN GLOBES 1 NOM.

TEMPESTA IN NORMANDIA *(Arrêtez les tambours)* ★★
Regia di GEORGES LAUTNER. Con GUY DAKAR, PAULETTE DEBOST, HENRY VIRLOJEUX. ■ Verso la fine della seconda guerra mondiale, due medici, uno tedesco e uno francese, si salvano vicendevolmente la vita. All'arrivo degli alleati il tedesco fugge con la figlia del collega, che viene ammazzato dai suoi commilitoni, convinti che lo abbia ucciso. ■ GUERRA; B/N; 94′; FRANCIA, 1960.

TEMPESTA PERFETTA, LA *(The Perfect Storm)* ★★
Regia di WOLFGANG PETERSEN. Con KAREN ALLEN, GEORGE CLOONEY, DIANE LANE, MARY ELIZABETH MASTRANTONIO, MARK WAHLBERG. ■ Nell'ottobre del 1991 sei uomini morirono a bordo del peschereccio *Andrea Gail*, travolti da quella che fu definita la peggior tempesta di tutti i tempi. Petersen e Clooney raccontano quella storia. I sei vanno a pescare come si trattasse di un sortilegio per la vita e per la morte: simboli e metafore. In realtà è solo una battuta di pesca vivacizzata dagli effetti speciali come il sessanta per cento del film. Onde di cento metri, barche, ed elicotteri nell'inferno. Il contorno delle compagne eroiche dei pescatori è ridicolo: fanno sempre la stessa cosa, amano, lo dichiarano, poi si disperano, in ritornello. Solo spettacolare. ■ DRAMMATICO; COL.; 129′; USA, 2000. ■ OSCAR 2 NOM.

TEMPESTA SU CEYLON ★★
Regia di GERD OSWALD. Con LEX BARKER, FRANCO FABRIZI, MAURICE RONET, ELEONORA ROSSI DRAGO. ■ Una donna vuole recuperare, per distruggerlo, il testamento del marito scomparso durante un terremoto. Incarica di ciò un archeologo, facendogli credere di aver smarrito una pietra preziosa. Le andrà male. ■ AVVENTURA; COL.; 91′; ITALIA, 1963.

TEMPESTA SUL BENGALA *(Storm over Bengal)* ★★
Regia di SIDNEY SALKOW. Con RICHARD CROMWELL, ROCHELLE HUDSON, PATRIC KNOWLES. ■ Il film narra le vicende di un pilota, impegnato nel Bengala a sopprimere la ribellione dei nativi al governo inglese. Dopo numerose avventure riesce a conclude-

re la pace col governatore del luogo, ma i ribelli tendono un'imboscata ai soldati britannici. Il fratello del pilota si sacrifica per salvarli. ■ AVVENTURA; B/N; 84'; USA, 1938. ■ OSCAR 1 NOM.

TEMPESTA SUL GOLFO ★★
Regia di GENNARO RIGHELLI. Con ADRIANA BENETTI, ANDREA CHECCHI, ARMANDO FALCONI, ANNELISE UHLIG. ■ Un ufficiale borbonico ama una ragazza del popolo, che si scoprirà essere figlia di un nobile fuggito all'estero. Un'inglese, infatuata dell'ufficiale, tenta di sedurlo, e non riuscendoci gli tende un'imboscata. Il re Ferdinando lo salva e lo riunisce all'amata. ■ DRAMMATICO; B/N; 92'; ITALIA, 1943.

TEMPESTA SULLA CINA *(The Mountain Road)* ★★★
Regia di DELBERT MANN. Con GLENN CORBETT, LISA LU, JAMES STEWART. ■ Nel 1944, un manipolo di guastatori americani, con a capo il maggiore Baldwin, ha il compito di arrestare l'avanzata giapponese in Cina. Durante un'azione, due suoi soldati vengono uccisi da un gruppo di disertori. Per vendicarsi, il maggiore scova la pattuglia nemica in un villaggio e la massacra, nonostante l'opposizione di una donna che è al suo seguito. Pur decorato, Baldwin non saprà sfuggire al rimorso. ■ GUERRA; B/N; 102'; USA, 1960.

TEMPESTA SULLA SIERRA *(Camino de Sacramento)* ★★
Regia di CHANO URUETA. Con CARLOS GRANADOS, JORGE NEGRETE. ■ Due gemelli, uno buono e l'altro cattivo, sono rivali in amore. Il cattivo finirà per cedere, non prima di aver vendicato la morte del padre. ■ DRAMMATICO; B/N; 90'; MESSICO, 1946.

TEMPESTA SULLE ANDE *(Storm over the Andes)* ★★
Regia di WILLIAM CHRISTY CABANNE. Con MONA BARRIE, JACK HOLT. ■ Un aviatore si innamora di una donna e, quando scopre che si tratta della moglie del suo capitano (e amico), interrompe ogni rapporto. L'ufficiale crederà però alla buona fede dell'aviatore solo quando quest'ultimo lo salverà dalla morte. ■ DRAMMATICO; B/N; 82'; USA, 1935.

TEMPESTA SULL'OCEANO INDIANO ★★
(Cargo to Capetown)
Regia di EARL MCEVOY. Con BRODERICK CRAWFORD, ELLEN DREW. ■ Un capitano incontra grandi difficoltà a reclutare un equipaggio disposto a condurre una petroliera a Città del Capo, a causa delle cattive condizioni in cui versa la nave. Alla fine riesce a salpare e a raggiungere la meta. Coronerà col matrimonio il lieto fine dell'avventura. ■ AVVENTURA; B/N; 80'; USA, 1950.

TEMPESTA SUL NILO *(Storm over the Nile)* ★★★
Regia di ZOLTAN KORDA, TERENCE YOUNG. Con LAURENCE HARVEY, RONALD LEWIS, ANTHONY STEEL. ■ Quattro giovani ufficiali inglesi ricevono l'ordine di muovere le truppe alla conquista del Sudan. All'ultimo momento, uno di essi si ritira e viene accusato di viltà dai compagni e dalla fidanzata. Deciso a riconquistare la stima di tutti, si incunea tra le file nemiche, libera i colleghi che erano stati catturati, difende l'arsenale nemico fino all'arrivo dell'esercito inglese. Naturalmente riconquisterà anche la fidanzata. Dal romanzo di A. E. W. Mason *Le quattro piume*. ■ AVVENTURA; COL.; 107'; GRAN BRETAGNA, 1955.

TEMPESTA SUL TIBET *(Storm over Tibet)* ★★
Regia di ANDREW MARTON. Con DIANA DOUGLAS, REX REASON. ■ Intorno alla maschera di un dio tibetano si intessono le avventure di due aviatori. ■ FANTASTICO; B/N; 87'; USA, 1951.

TEMPESTA SU WASHINGTON *(Advise and Consent)* ★★★
Regia di OTTO PREMINGER. Con HENRY FONDA, CHARLES LAUGHTON, PETER LAWFORD, DON MURRAY, WALTER PIDGEON, GENE TIERNEY, FRANCHOT TONE. ■ Un senatore americano, sospettato di filocomunismo, è nominato segretario di Stato dal presidente degli Stati Uniti, gravemente malato. La decisione fa sì che venga costituita una commissione d'inchiesta. La votazione in Senato ha un esito di parità: solo la morte del presidente ed il conseguente incarico al vicepresidente consentiranno la nomina a segretario di Stato di un altro candidato. ■ DRAMMATICO; B/N; 139'; USA, 1962.

TEMPESTE *(Tempête sur Paris)* ★★★
Regia di BERNARD DESCHAMPS. Con ANNIE DUCAUX, ANDRÉ LUGUET, ERIC VON STROHEIM. ■ Un ispettore di polizia scopre che sua moglie è figlia di un malvivente, prossimo alla cattura. Durante l'operazione, l'avventuriero uccide un complice per non compromettere la figlia e rimane a sua volta ucciso in uno scontro a fuoco. ■ DRAMMATICO; B/N; 93'; FRANCIA, 1938.

TEMPESTE DI FUOCO *(Mission over Korea)* ★★
Regia di FRED F. SEARS. Con JOHN DEREK, JOHN HODIAK. ■ Un giovane ufficiale, sconvolto dalla morte del fratello durante una missione, compie numerosi atti di indisciplina. Poi però riprende ad eseguire scrupolosamente gli ordini, distinguendosi per alcune spericolate imprese. ■ AVVENTURA; B/N; 85'; USA, 1953.

TEMPESTE DI PASSIONE *(Stürme der Leidenschaft)* ★★
Regia di ROBERT SIODMAK. Con TRUDE HESTERBERG, EMIL JANNINGS, ANNA STEN. ■ Un uomo esce di galera, trova l'amante che s'è messa con il suo migliore amico e uccide il rivale durante una rissa. Poi scappa, trovando rifugio presso un altro amico. Ma presto anche costui s'accende per la fatalissima donna. L'ex galeotto tornerà in galera, denunciato dalla donna e dal suo nuovo amante. ■ DRAMMATICO; B/N; 94'; GERMANIA, 1931.

TEMPESTE SOTTO I MARI ★★
(Beneath the Twelve Mile Reef)
Regia di ROBERT D. WEBB. Con TERRY MOORE, GILBERT ROLAND, ROBERT WAGNER. ■ Acerrima lotta (con lieto fine) tra due gruppi di pescatori di spugne sulle coste della Florida. ■ AVVENTURA; COL.; 102'; USA, 1951. ■ OSCAR 1 NOM.

TEMPESTE SUL CONGO *(White Witch Doctor)* ★★★
Regia di HENRY HATHAWAY. Con SUSAN HAYWARD, ROBERT MITCHUM, WALTER SLEZAK. ■ La moglie di un medico, rimasta vedova, si reca a fare l'infermiera in un villaggio del Congo, aiutata da un cacciatore che si è innamorato di lei. La donna svolge con passione la sua missione, conquistando la fiducia di tutti. Un socio del cacciatore, che è alla ricerca di un giacimento d'oro, uccide però un indigeno. Esposti alla vendetta della tribù, infermiera e cacciatore vengono salvati dall'intervento del capo del villaggio, al quale la donna aveva salvato il figlioletto. Il socio malvagio è invece destinato a fare una brutta fine. ■ AVVENTURA; COL.; 96'; USA, 1953.

TEMPESTE SULL'ASIA *(Potomok Cinghis Khana)* ★★★★
Regia di VSEVOLOD I. PUDOVKIN. Con BORIS BARNET, ALEKSANDR CISTJAKOV, VALERIJ INKINOFF, VIKTOR TSOPPI. ■ Un cacciatore mongolo, trovato dagli oppressori del suo paese in possesso di un talismano che lo fa ritenere discendente di Gengis Khan, è oggetto di interessate premure e quasi indotto a firmare un trattato che, se gli darà ozi e ricchezze, lo allontanerà però sempre più dalla causa degli oppressi. Il suo rinsavimento coincide con l'evasione di un partigiano che chiede la sua protezione. ■ AVVENTURA; B/N; 113'; URSS, 1928.

TEMPI BRUTTI PER I SERGENTI ★★★
(No Time for Sergeants)
Regia di MERVYN LE ROY. Con NICK ADAMS, ANDY GRIFFITH. ■ Due soldati poco perspicaci che si mettono frequentemente nei pasticci, sono assegnati ad un reparto di mitraglieri. Durante un'operazione, il loro aereo viene colpito ed essi vengono creduti morti. Tornati al campo, scoprono che è in corso una cerimonia per assegnare alla loro memoria una medaglia al valore. Il generale, per non compromettersi, li spedisce in un reggimento di fanteria. ■ COMMEDIA; B/N; 111'; USA, 1957.

TEMPI BRUTTI PER SCOTLAND YARD ★★★
(Trial by Combat)
Regia di KEVIN CONNOR. Con BARBARA HERSHEY, JOHN MILLS, DONALD PLEASENCE. ■ In Inghilterra opera una banda di giustizieri privati che uccide i delinquenti. Lo stesso dirigente di Scotland Yard è segretamente alleato ad essi; la setta si scioglierà con la morte del suo capo. ■ GIALLO; COL.; 90'; GRAN BRETAGNA, 1976.

TEMPI CHE CAMBIANO, I *(Les Temps qui Changent)* ★★★
Regia di ANDRÉ TÉCHINÉ. Con LUBNA AZABAL, NABILA BARAKA, CATHERINE DENEUVE, GÉRARD DEPARDIEU, IDIR ELOMRI, JABIR ELOMRI. ■ Esiste l'amore eterno? Forse sì, almeno in questo film di André Téchiné. Protagonisti sono un uomo e una don-

na che si ritrovano a Tangeri trent'anni dopo essere stati, l'uno per l'altra, il primo amore. In realtà Antoine, Gérard Depardieu, ha speso tutto questo tempo nel ricordo e nella ricerca di Cécile, Catherine Deneuve, che nel frattempo si è sposata con un medico marocchino e ha un figlio omosessuale. Lui la corteggia con la passione di un adolescente e le propone di trascorrere insieme la vecchiaia, lei è cinica e disillusa dalla vita. ■ SENTIMENTALE; COL.; 90'; FRANCIA, 2004.

TEMPI DIFFICILI *(Tempos dificeis, esto tempo)* ★★★
Regia di JOÃO BOTELHO. Con JULIA BRITTON, ISABEL DE CASTRO, HENRIQUE VIANA. ■ Dal romanzo *Hard Times* di Charles Dickens trasportato in un'epoca imprecisata. In una qualunque città di provincia una piccola minoranza di ricchi impone i suoi privilegi a una maggioranza di poveri e poverissimi. Tra i personaggi spicca l'insegnante della scuola, un piccolo borghese ambizioso che sogna una carriera politica, e la otterrà al prezzo del deserto affettivo. ■ DRAMMATICO; COL.; 90'; PORTOGALLO, 1988.

TEMPI DURI PER I VAMPIRI ★★
Regia di STENO. Con SYLVA KOSCINA, CHRISTOPHER LEE, RENATO RASCEL. ■ Morso da un vampiro in un castello diventato albergo, un conte è trasformato in vampiro. Quando sta per essere scoperto, è guarito dalla fidanzata con un bacio. ■ COMICO; COL.; 90'; ITALIA, 1959.

TEMPI MAGNIFICI *(Herrliche Zeiten)* ★★
Regia di ERIK ODE. Con WILLY FRITSCH, BRUNO FRITZ. ■ Nell'ascoltare, all'inizio del 1900, un discorso dell'imperatore Guglielmo II, un buon berlinese si convince che il nuovo secolo sarà roseo. Gli avvenimenti successivi (guerre, dittature ecc.) non gli toglieranno l'ottimismo. ■ DOCUMENTARIO; B/N; 92'; GERMANIA, 1950.

TEMPI MIGLIORI *(The Best of Times)* ★★
Regia di ROGER SPOTTISWOODE. Con PAMELA REED, KURT RUSSELL, ROBIN WILLIAMS. ■ A parte *Sotto tiro*, il regista Spottiswoode non è mai riuscito a costruire un film del tutto soddisfacente e in questo caso meno che mai. Oltre ad aver sprecato il talento di attori come Robin Williams e Kurt Russell è riuscito a mettere insieme tutti i luoghi comuni e le sequenze più prevedibili che ci si potessero aspettare. Tutto parte dal rimorso di Jack che anni addietro aveva messo nei guai la propria squadra di football. Così si fa aiutare da un suo amico meccanico e mettono su una squadra scalcinata che ovviamente, contro tutte le previsioni, sbaraglierà il campo. ■ COMMEDIA; COL.; 114'; USA, 1986.

♥ **TEMPI MODERNI** *(Modern Times)* ★★★★★
Regia di CHARLIE CHAPLIN. Con HENRY BERGMAN, CHARLIE CHAPLIN, PAULETTE GODDARD. ■ Charlot lavora in fabbrica. Imbullona dadi a un ritmo vertiginoso. Perde un istante e non riesce più a recuperare, finisce negli ingranaggi. Il padrone lo usa per sperimentare una macchina per mangiare che fa tutto da sola, basta aprire la bocca. Impazzisce e fuori dalla fabbrica sbottona il vestito di una signora come se imbullonasse. Licenziato finisce su un camion pieno di esplosivi, cade dal camion e si trova in mano la bandiera rossa del "pericolo esplosivi". Cammina e viene seguito da una folla, è diventato un capopopolo. Incontra una ragazza povera, la salva dai poliziotti. Trova lavoro come cameriere, ma è tutto molto difficile. Deve persino sostituire il cantante. Così improvvisa la famosa *Titina* e ottiene un grande successo. Arriva la polizia e lui fugge con la ragazza. Geniale, nostalgica e tardiva protesta di Chaplin. Contiene tutti i suoi temi, le trovate, le proteste, la poesia. La rappresentazione dei malanni sociali è davvero incisiva, e ancora divertente. Come e più degli altri film di Chaplin, *Tempi moderni* venne accolto con sospetto, era davvero troppo contro il sistema. Fu proprio per queste idee che una certa America non amava l'artista, e lo esiliò durante gli anni (della caccia alle streghe) di McCarthy. Ma Chaplin fu sempre talmente sicuro e forte che andò dritto per la sua strada. Riuscì persino a essere credibile continuando a fare film muti quando ormai erano tutti "parlati". Anche *Tempi moderni* è "quasi" muto, la voce di Chaplin la si sente soltanto nell'esecuzione della *Titina*. Ma tutto questo genera evidentemente un miracolo. I colpi di genio resistono nel tempo, il cinema, col suo linguaggio superficiale ma immediato ed efficace, detta l'esempio, il sorriso stempera la demagogia e Chaplin, coi suoi saltini, la sua mimica e le sue disgrazie propone un comportamento preciso che si manifesta senza tensione e senza violenza. ■ COMICO; B/N; 80'; USA, 1936.

TEMPI NOSTRI – ZIBALDONE N. 2 ★★★
Regia di ALESSANDRO BLASETTI. Con EDUARDO DE FILIPPO, VITTORIO DE SICA, SOPHIA LOREN, MARCELLO MASTROIANNI, MICHEL SIMON, TOTÒ. ■ Il film si compone di sei diversi episodi (alcuni di origine letteraria, da Marino Moretti, Pratolini, Marotta...) che hanno per protagonisti una ex prostituta, due genitori poverissimi, due ex comparse, un prete e una vecchietta disperata, un dongiovanni e una ragazza, infine un fotografo. ■ COMMEDIA; B/N; 110'; ITALIA, 1954.

TEMPIO DEL DOTTOR LAMAR, IL ★★★
(Kiss and Make up)
Regia di HARLAN THOMPSON. Con CARY GRANT, EDWARD EVERETT HORTON, HELEN MACK, GENEVIÈVE TOBIN. ■ Un esperto estetista trasforma a tal punto una sua cliente da innamorarsene. La donna, per mantenere la sua rinnovata bellezza, costringe l'estetista, che nel frattempo ha sposato, ad una cura che finisce per assillarlo. Abbandonerà laboratorio e moglie. ■ COMMEDIA; B/N; 80'; USA, 1934.

TEMPIO DI FUOCO, IL *(Firewalker)* ★★
Regia di JACK LEE THOMPSON. Con MELODY ANDERSON, LOUIS GOSSETT JR, CHUCK NORRIS. ■ Max Donigan e Leo Porter, due avventurieri, sono a caccia di un tesoro nascosto nei sotterranei di un tempio azteco. Con loro c'è una certa Patricia Goodwyn che possiede un pugnale dai magici poteri. Dopo essersi battuti con un misterioso esercito sudamericano e con una tribù indigena, scovano il tesoro e, mentre il tempio va a fuoco, fuggono ricchi e felici. ■ AVVENTURA; COL.; 109'; USA, 1986.

TEMPO CHE CI RIMANE, IL *(The Time That Remains)* ★★
Regia di ELIA SULEIMAN. Con SHAFIKA BAJJALI, SALEH BAKRI, TAREK QUBTI, ELIA SULEIMAN, SAMAR QUDHA TANU. ■ Una riflessione in quattro parti sulla storia degli arabi palestinesi a partire dal 1948, anno della proclamazione dello Stato di Israele, sino ai giorni nostri. Viene raccontata attraverso episodi comici o tragici della vita di tutti i giorni ed è ispirata ai racconti del padre del regista, che partecipò alla prima resistenza, alle lettere della madre e ai ricordi del regista stesso che è in parte anche protagonista del film. ■ DRAMMATICO; COL.; 105'; GRAN BRETAGNA, ITALIA, BELGIO, FRANCIA, 2009.

TEMPO CHE RESTA, IL *(Le temps qui reste)* ★★★
Regia di FRANÇOIS OZON. Con VALERIA BRUNI TEDESCHI, DANIEL DUVAL, JEANNE MOREAU, MELVIL POUPAUD, MARIE RIVIÈRE. ■ Romain è un giovane fotografo di moda a cui viene diagnosticato un cancro all'ultimo stadio. Alla (chemio-)terapia preferisce il decorso ineluttabile della malattia. Lascia la professione, il proprio compagno e gli affetti familiari per ritirarsi in solitudine nel suo appartamento parigino. Il ripiegamento affettivo è interrotto soltanto dalla visita all'anziana nonna e dall'incontro casuale con una coppia sterile a cui fa dono di un figlio. Davanti al mare si congeda dal mondo. Con un meccanismo a ritroso già applicato da Ozon in *Cinqueperdue*, per riferire la fine di una storia d'amore, ne *Il tempo che resta* è la vita di un uomo a procedere all'indietro fino all'infanzia, fino al punto zero in cui vita e morte coincidono e si annullano. Questa volta è la fine di una vita a venire esibita con un sapiente equilibrio dal regista francese. Il suo cinema, coerente alla sua poetica mortifera, non cede a soluzioni ricattatorie da consunzione melò, né tantomeno degenera in una indifferente insensibilità. La morte prossima di Romain è un fatto privato che si traduce in gesti carichi di emotività, perché sono gli ultimi e perché guariscono l'anaffettività del personaggio: la carezza al padre, l'abbandono sul petto della nonna, le foto scattate di nascosto alla sorella. ■ DRAMMATICO; COL.; 85'; FRANCIA, 2005.

TEMPO D'AMARE *(Time for Loving)* ★★★
Regia di CHRISTOPHER MILES. Con BRITT EKLAND, MEL FERRER, PHILIPPE NOIRET, JOANNA SHIMKUS. ■ Parigi, seconda guerra mondiale. Diverse situazioni sentimentali, montate in tre episodi,

si intrecciano sullo sfondo della guerra e della lotta partigiana. Particolarmente difficile la condizione di Marcel, vittima di una madre morbosa, di una moglie acida e di un'amante poco comprensiva, ed in più impegnato nelle file dei partigiani. ■ COMMEDIA; COL.; 104'; GRAN BRETAGNA, 1971.

TEMPO D'AMARSI ★★
Regia di ELIO RUFFO. Con LORETTA CAPITOL, SANDRO MORETTI, CICCIO PELLA. ■ Il film si sofferma sulle precarie condizioni di vita delle popolazioni di Calabria e ne appoggia la causa. ■ DRAMMATICO; B/N; 92'; ITALIA, 1954.

TEMPO D'AMORE *(Ça n'arrive qu'aux autres)* ★★★
Regia di NADINE MARQUAND TRINTIGNANT. Con CATHERINE ALLÉGRET, DOMINIQUE LABOURIER, DANIEL LEBRUN, MARCELLO MASTROIANNI. ■ La vita di due giovani sposi, innamorati e sereni, è sconvolta dalla morte della loro figlioletta. Disperati, essi si chiudono in casa, spezzando ogni legame col mondo esterno e giungendo a meditare il suicidio. Lasciata, qualche tempo dopo, la volontaria prigione, errando per la campagna si imbattono in un albergo dove si sta festeggiando un matrimonio e riscoprono la gioia di vivere. Il film è la rievocazione di un dramma realmente vissuto dalla regista (allora moglie dell'attore Jean-Louis Trintignant). ■ DRAMMATICO; COL.; 89'; FRANCIA, 1972.

TEMPO DEGLI ASSASSINI, IL ★★
Regia di MARCELLO ANDREI. Con MARTIN BALSAM, ROSSANO BRAZZI, JOE DALLESANDRO, MAGALI NOËL. ■ Un violento capobanda di periferia, che aspira a far "carriera", dopo una serie di imprese criminali incappa, durante una rapina, nella polizia. Riesce a fuggire e si rifugia dalla moglie, ma è raggiunto e ucciso dagli agenti. ■ DRAMMATICO; COL.; 90'; ITALIA, 1975.

TEMPO DEGLI AVVOLTOI, IL ★★
Regia di NANDO CICERO. Con GEORGE HILTON, PAMELA TUDOR, FRANK WOLFF. ■ Due pistoleri rapiscono la moglie di un ricco possidente. Sul luogo dove deve essere pagato il riscatto, uno di essi tenta poi di liberarsi del compagno per impossessarsi di tutto il denaro, ma viene ucciso. L'altro bandito restituisce i soldi, intenzionato a tornare sulla retta via. ■ WESTERN; COL.; 93'; ITALIA, 1967.

TEMPO DEI CANI PAZZI, IL *(Mad Dog Time)* ★★
Regia di LARRY BISHOP. Con ELLEN BARKIN, GABRIEL BYRNE, RICHARD DREYFUSS, JEFF GOLDBLUM, GREGORY HINES, DIANE LANE, MICHAEL J. POLLARD, BURT REYNOLDS. ■ Un altro epigono di Tarantino che racconta in modo totalmente freddo le vicende del ricovero di un boss e della lotta che si scatena per prendere il suo posto. Il regista è all'esordio e si adagia troppo su un cast di attori a cui lascia troppo spazio nel riproporre i reciproci stereotipi interpretativi. ■ DRAMMATICO; COL.; 93'; USA, 1996.

TEMPO DEI CAVALLI UBRIACHI, IL ★★★
(Zamani baraye masti asbha)
Regia di BAHMAN GHOBADI. Con AYOUB AHMADI, AMANEH EKHTIAR-DINI, MADI EKHTIAR-DINI, NEZHAD EKTHIAR-DINI. ■ Kurdistan iraniano, nei pressi del confine iracheno. Cinque fratelli e una sorella vivono ai limiti della sopravvivenza. Uno dei fratelli è gravemente ammalato e il medico dice che deve essere operato in tempi brevi se vuole sperare di poter sopravvivere. Nonostante gli sforzi del fratello maggiore che si impegna nei lavori più duri per racimolare il denaro, la somma è inarrivabile. La sorella accetta allora di sposare un iracheno che ha promesso di aiutarla finanziariamente per curare il fratello ma, al momento di passare il confine, la famiglia dello sposo respinge il malato dandogli come indennizzo un cavallo. Il tempo ormai stringe e il fratello maggiore decide di darsi al contrabbando. È un film dolente quello del primo regista curdo iraniano che giunge a realizzare un lungometraggio. C'è l'attenzione all'inquadratura (mutuata da Kiarostami di cui è stato assistente), ma anche la passione per il dolore dei più deboli. Anche quando si tratta di animali. Perché il titolo si riferisce al fatto che i contrabbandieri, per far resistere i cavalli al freddo e alla fatica, aggiungono alcool alla biada. E se le dosi sono sbagliate i cavalli si ubriacano soffrendo molto. Da vedere. Se si ama il cinema iraniano. ■ DRAMMATICO; COL.; 80'; IRAN, 2000. ■ CANNES 1 PR.

TEMPO DEI GITANI, IL *(Dom Za Vesanje)* ★★★
Regia di EMIR KUSTURICA. Con LJUBICA ADZOVIC, DAVOR DUJMOVIC, BORA TODOROVIC. ■ Presentato a Cannes dove Kusturica ha vinto il premio per la migliore regia. Tra immagini surreali e realistiche si snoda la vicenda di Perhan, un giovane zingaro nato e cresciuto nella Jugoslavia del Sud. La sua infanzia, l'adolescenza e poi il furto, l'omicidio, fino a diventare un boss egli stesso. Si vendicherà uccidendo lo zio che lo ha portato su quella strada. La versione originale, destinata alla televisione, è molto più lunga. Anche se un po' melodrammatico dove non sarebbe necessario, si ricorda per molte sequenze suggestive: l'arrivo a Milano, l'addestramento del tacchino, il tetto che viene portato via durante un temporale. ■ DRAMMATICO; COL.; 135'; JUGOSLAVIA, 1988. ■ CANNES 1 PR.

TEMPO DEI LUPI, IL *(Le temps du loup)* ★★
Regia di MICHAEL HANEKE. Con MAURICE BÉNICHOU, LUCAS BISCOMBE, PATRICE CHEREAU, BÉATRICE DALLE, OLIVIER GOURMET, RONA HARTNER, ISABELLE HUPPERT, BRIGITTE ROUAN. ■ In un tempo abbastanza vicino a quello presente una famiglia che ha lasciato la città a causa delle forti tensioni sociali prende possesso della casa di campagna. O, meglio, vorrebbe poterlo fare perché la trova già occupata e chi la occupa uccide il proprietario. La moglie, rimasta sola con i due giovani figli, prende a vagare per la campagna. Ha così inizio un'odissea ambientata in una *no man's land* in cui non filtra quasi mai la luce del sole. Haneke ha realizzato questa volta un film molto rigoroso che chiede allo spettatore un'attenzione che non molti sono disposti a concedere. ■ DRAMMATICO; COL.; 110'; AUSTRIA, FRANCIA, 2003.

TEMPO DELL'AMORE, IL ★★★
Regia di GIACOMO CAMPIOTTI. Con JULIET AUBREY, CIARAN HINDS, NATACHA REGNIER. ■ Il regista di *Corsa di Primavera* e *Come due coccodrilli* torna con un trittico d'amore. Tre epoche e tre luoghi diversi. Una produzione internazionale che parte dal Sud Africa di fine Ottocento e si sposta a Parigi durante la seconda guerra mondiale per concludersi in Italia oggi. Prodotto internazionale con attori stranieri. ■ COMMEDIA; COL.; 108'; ITALIA, 1999.

TEMPO DELLA NOSTRA VITA, IL ★★★
(The time of your life)
Regia di H. C. POTTER. Con JAMES BARTON, WILLIAM BENDIX, WARD BOND, JAMES CAGNEY, JEANNE CAGNEY, BRODERICK CRAWFORD, WAYNE MORRIS, PAUL DRAPER. ■ Tratto da un racconto del premio Pulitzer americano di origine armena William Saroyan, il film di Potter porta la netta impronta dei fratelli Cagney (William produttore, James e Jeanne interpreti). Il Saloon di Nick è un luogo di intrattenimento situato in uno dei quartieri più malfamati di San Francisco e le persone che lo affollano fanno parte della più disparata umanità. ■ COMMEDIA; COL.; 109'; USA, 1948.

TEMPO DELLE MELE, IL *(La boum)* ★★★
Regia di CLAUDE PINOTEAU. Con CLAUDE BRASSEUR, BRIGITTE FOSSEY, SOPHIE MARCEAU. ■ Il passaggio della tredicenne Vic (Marceau) dall'infanzia all'adolescenza viene visto attraverso i rapporti con i coetanei, la famiglia, l'amore. Il tutto pervaso di poesia e delicatezza. ■ COMMEDIA; COL.; 100'; FRANCIA, 1981.

TEMPO DELLE MELE 2, IL *(La boum 2)* ★★
Regia di CLAUDE PINOTEAU. Con CLAUDE BRASSEUR, PIERRE COSSO, BRIGITTE FOSSEY, SOPHIE MARCEAU. ■ Ripetendo le vicissitudini del precedente film, ritroviamo Vic, innamorata di Philippe, che fa tutto per farlo ingelosire; il papà che litiga con la mamma e se ne va di casa per raggiungere il successo nel suo lavoro; Samanta, ormai grande, che ha le sue avventure; la bisnonna Poupette che all'ultimo momento decide di non sposarsi più col suo bel vedovo. ■ COMMEDIA; COL.; 102'; FRANCIA, 1982.

TEMPO DELLE MELE 3, IL *(L'étudiante)* ★★
Regia di CLAUDE PINOTEAU. Con ROBERTO ATTIAS, VINCENT LINDON, SOPHIE MARCEAU. ■ Ritorna l'adolescente peperino del tempo delle mele. Ma come spesso succede la maggiore età ha tolto pepe al peperino del tempo delle mele. Ora Sophie Marceau è una studentessa modello, che sta preparando l'esame per la do-

cenza. Sembra aver messo da parte divertimenti e flirt. Ma un giorno conosce un giovanotto scombinato, che sconvolgendola rischia di mandarle a catafascio gli esami. Ma la ragazza riuscirà brillantemente a combinare la prova d'esame con una pubblica dichiarazione d'amore al suo bello. ■ SENTIMENTALE; COL.; 104'; FRANCIA, 1988.

TEMPO DELL'INIZIO, IL ★★
Regia di LUIGI DI GIANNI. Con RENATO PINCIROLI, RADA RASSIMOV, CLAUDIO VOLONTÉ, MILENA VUKOTIC. ■ Un giovane, internato in manicomio per manifesta asocialità, vive in sogno un allegorico apologo sulle repressive strutture del potere. L'arrivo di un emblematico profeta non rischiara l'orizzonte. L'internato si risveglia in tempo per assistere ad una esercitazione militare. ■ FANTASTICO; COL.; 130'; ITALIA, 1974.

TEMPO DEL RITORNO, IL ★★
Regia di LUCIO LUNERTI. Con STEFANO ABBATI, FIAMMETTA CARENA, BARBARA NAY. ■ Due amici, un dj e un regista televisivo, si ritrovano dopo alcuni anni. Il regista sta preparando un documentario e il dj ripensa al passato con nostalgia. ■ DRAMMATICO; COL.; 90'; ITALIA, 1993.

TEMPO D'ESTATE *(Summertime)* ★★★
Regia di DAVID LEAN. Con ROSSANO BRAZZI, KATHARINE HEPBURN, ISA MIRANDA. ■ Una donna matura e sola ed un uomo separato dalla moglie si incontrano malinconicamente in piazza S. Marco. Vissuti alcuni momenti d'amore, la donna decide di troncare la relazione perché convinta che non possa durare. Ripartirà dalla laguna senza fare in tempo a ricevere i fiori d'addio dell'amante. ■ COMMEDIA; COL.; 99'; USA, 1955. ■ OSCAR 2 NOM.

TEMPO DI CHARLESTON – CHICAGO 1929 ★★
Regia di GIULIO DIAMANTE. Con WILLIAM BOGART, PETER LEE LAWRENCE, INGRID SCHOELLER. ■ Ennesima storia di gangster, ambientata nella Chicago insanguinata dalle lotte fra bande rivali per lo smercio clandestino degli alcolici. ■ DRAMMATICO; COL.; 91'; ITALIA, 1969.

TEMPO DI CREDERE ★★
Regia di ANTONIO RACIOPPI. Con DORO CARRÈ, MAURO NICOLA PARENTI, LAURA VIVALDI. ■ Un giovane rinuncia agli affetti ed alle amicizie, attratto dal miraggio di effimere ricchezze. La morte di una persona cara gli imporrà un esame di coscienza. ■ DRAMMATICO; B/N; 93'; ITALIA, 1962.

TEMPO DI DECIDERE, IL *(Return to Paradise)* ★★
Regia di JOSEPH RUBEN. Con DAVID CONRAD, VERA FARMIGA, ANNE HECHE, JOAQUIN PHOENIX, VINCE VAUGHN. ■ Alle origini c'è un interessante film di Jolivet. Questo è un remake abbastanza piatto che ha l'unico pregio di riproporre un soggetto interessante. Tre amici lasciano la Malaysia. Uno dei tre, senza che gli altri lo sappiano, si fa tre anni per detenzione di hashish e viene poi condannato a morte. Per evitare l'esecuzione è indispensabile che gli altri due si dichiarino complici e subiscano a loro volta un periodo di detenzione. Che fare? ■ DRAMMATICO; COL.; 110'; USA, 1998.

TEMPO DI FURORE *(Pat Kelly's Blues)* ★★★
Regia di JACK WEBB. Con PEGGY LEE, JANET LEIGH, EDMOND O'BRIEN. ■ Un direttore d'orchestra rifiuta di pagare una tangente a un bandito per avere la possibilità di suonare in vari locali. Per costringerlo a cedere, il fuorilegge ammazza uno degli orchestrali e lui, scoraggiato, accetta le imposizioni. Un episodio di violenza contro una cantante lo spinge però a ribellarsi di nuovo. Durante una sparatoria, riesce ad avere la meglio sul bandito. ■ DRAMMATICO; COL.; 95'; USA, 1955. ■ OSCAR 1 NOM.

TEMPO DI GUERRA, TEMPO D'AMORE ★★★
(The Americanization of Emily)
Regia di ARTHUR HILL. Con JULIE ANDREWS, JAMES COBURN, LIZ FRASER, JAMES GARNER. ■ Un tenente americano, addetto alle pubbliche relazioni (si preoccupa solo di accumulare vettovaglie e ingaggiare ragazze per i festini degli alti ufficiali) e innamorato di un'affascinante vedova di guerra, riceve il pericoloso incarico di girare un documentario in occasione dell'imminente sbarco in Normandia. Nonostante tutti i suoi tentativi per abbandonare la partita, è proprio il primo a sbarcare e mentre tenta, terrorizzato, di fuggire è colpito da un collega, incappa in una mina e resta ferito. Passerà per eroe. ■ COMMEDIA; B/N; 117'; USA, 1964. ■ OSCAR 2 NOM.

TEMPO DI UCCIDERE ★★★
(Killer on a Horse – Welcome to Hard Time)
Regia di BURT KENNEDY. Con HENRY FONDA, JANICE RULE, KEENAN WYNN. ■ Un terribile bandito imperversa in una cittadina, ammazzando e distruggendo. Dopo la sua ultima impresa, la vita faticosamente riprende nel paese grazie anche all'arrivo di un impresario e di un volenteroso commerciante. L'anno successivo il castigamatti ritorna e ridistrugge tutto. Questa volta, però il sindaco del paese reagisce e lo ammazza. ■ WESTERN; COL.; 105'; USA, 1967.

TEMPO DI UCCIDERE ★★
Regia di GIULIANO MONTALDO. Con NICOLAS CAGE, GIANCARLO GIANNINI, RICKY TOGNAZZI. ■ Tratta dall'omonimo romanzo di Ennio Flaiano, che è stato anche grande collaboratore di Fellini, ecco la storia di Silvestri, tenente italiano in Etiopia a metà degli anni Trenta. Ossessionato dal pensiero di aver ucciso una giovane indigena l'uomo è sul punto di perdere la ragione. Purtroppo la materia fortemente letteraria dei dialoghi è rimasta molto simile al testo originale e ne soffre il realismo. Gli attori pur volenterosi sono fuori ruolo e Cage a disagio più di tutti. ■ DRAMMATICO; COL.; 110'; ITALIA, 1989.

TEMPO DI VILLEGGIATURA ★★★
Regia di ANTONIO RACIOPPI. Con VITTORIO DE SICA, GIOVANNA RALLI. ■ In un nuovo e lussuoso albergo in un paese della provincia di Roma, vengono a trascorrere le vacanze persone diverse. Una serie di vicende sentimentali stereotipate ed innocenti caratterizza la vita dei villeggianti. ■ COMMEDIA; B/N; 92'; ITALIA, 1956.

TEMPO DI VITTORIE *(Our Winning Season)* ★★
Regia di JOSEPH RUBEN. Con SCOTT JACOBY, JOE PENNY, DENNIS QUAID. ■ Storie di un gruppo di diplomati. Fine della scuola, fine della spensieratezza. È tempo di mettersi a maturare, di trovare la propria strada. Uno dei diplomati crede di trovarla nello sport (è stato sempre il campioncino della scuola). ■ DRAMMATICO; COL.; 92'; USA, 1978.

TEMPO DI VIVERE *(A Time to Love and a Time to Die)* ★★★
Regia di DOUGLAS SIRK. Con JOHN GAVIN, LISELOTTE PULVER, KEENAN WYNN. ■ La vicenda è imperniata su un soldato tedesco che combatte sul fronte russo e che, durante una licenza, conosce una ragazza e la sposa. Tornato al fronte, il giovane lascia fuggire tre prigionieri russi. Questi però credono che egli li abbia fatti allontanare solo per sparare loro alle spalle. Raccolto un fucile, uno dei tre ammazza il soldato che ha ancora in mano la lettera della moglie che gli annuncia di attendere un bambino. ■ DRAMMATICO; COL.; 133'; USA, 1958. ■ OSCAR 1 NOM.

TEMPO DI VIVERE, IL *(Le temps de vivre)* ★★
Regia di BERNARD PAUL. Con CRISTEA ABRAM, FREDERIC DE PASQUALE, MARINA VLADY. ■ Un operaio, per consentire alla famiglia una vita agiata, lavora fino a tarda sera. Ben presto i rapporti con la moglie si deteriorano. La donna incomincia a incontrarsi con un insegnante, e lui ha una breve avventura con una dattilografa. Alla fine fra i due coniugi tornerà l'armonia. ■ DRAMMATICO; COL.; 94'; FRANCIA, 1969.

TEMPO FELICE *(The Happy Time)* ★★★
Regia di RICHARD FLEISCHER. Con CHARLES BOYER, LINDA CHRISTIAN, LOUIS JOURDAN. ■ Un direttore d'orchestra ospita nella sua casa una ragazza che si è licenziata dal teatro per le indesiderate premure di un compagno di lavoro. Un fratello del direttore si innamora di lei. L'affettuoso legame che presto si instaura fra la coppia è ostacolato da una serie di equivoci che hanno al centro l'intraprendente figlio quattordicenne dello stesso direttore. Alla fine, tutto si chiarisce e i due si sposano. ■ COMMEDIA; B/N; 94'; USA, 1952.

TEMPO MASSIMO ★★★
Regia di MARIO MATTOLI. Con MILLY, VITTORIO DE SICA, ANNA MAGNANI, CAMILLO PILOTTO. ■ Una giovane paracadutista, piombata nel lago di Como, trova ospitalità nella villa di un gio-

vane galante, che decide allora di dedicarsi allo sport di cui la ragazza è abile maestra. Date le circostanze, non può mancare il fidanzamento di rito. ■ COMMEDIA; B/N; 92′; ITALIA, 1934.

TEMPORALE ALL'ALBA *(Storm at Daybreak)* ★★★
Regia di RICHARD BOLESLAWSKI. Con KAY FRANCIS, WALTER HUSTON. ■ Drammone passionale ambientato durante la prima guerra mondiale: un marito si sacrifica per salvare la vita alla moglie e all'amante di lei. ■ AVVENTURA; B/N; 80′; USA, 1933.

TEMPORALE D'ESTATE *(Summer Storm)* ★★★
Regia di DOUGLAS SIRK. Con LINDA DARNELL, ANNA LEE, GEORGE SANDERS. ■ Un giudice rinuncia a un buon matrimonio per correre dietro a una giovane seducente e maliziosa. Questa però sposa un contadino e il giudice, accecato dalla gelosia, la uccide facendo incolpare del delitto il marito. Quando l'ex fidanzata del protagonista viene a conoscenza della vicenda, lui promette di costituirsi. Un suo nuovo tentativo di sottrarsi alla giustizia troverà la polizia pronta a intervenire. ■ DRAMMATICO; B/N; 106′; USA, 1944. ■ OSCAR 1 NOM.

TEMPORALE – NEVRIJEME, IL ★★★
Regia di GIAN VITTORIO BALDI. Con GIAN GUIDO BALDI, ROBERTA CARLI, ASJA MAKAREVIC, MIODRAG TRIFUNOV. ■ Sarajevo nel 1992 è semplicemente il peggior posto della terra. Siamo in piena guerra, la gente è affamata e disperata. Nelle strade si muore. L'esercito serbo circonda la città. In questo quadro vive la vicenda di Sveto, un usuraio che ha, a quel punto, un potere enorme. Semplicemente gestisce la vita di molta gente. Può davvero decidere della vita e della morte di molte persone. È paralizzato alla gambe, dunque crudele e vendicativo. Sono legati a lui personaggi diversissimi: una zingara, un bambino musulmano, un operaio, una ragazza che nonostante tutto continua a credere che potrà ancora essere felice. Confrontandosi con questa gente Sveto, a poco a poco, vedrà le cose diversamente. La memoria non può non andare a un classico di quel tipo di dolore: *L'uomo del banco dei pegni*, con un Rod Steiger molto vicino a Sveto. ■ DRAMMATICO; COL.; 96′; ITALIA, 2002.

TEMPORALE ROSY ★★★
Regia di MARIO MONICELLI. Con ROLAND BOCK, GÉRARD DEPARDIEU, FAITH MINTON. ■ Una campionessa di catch si innamora di un ex pugile. Lo lascia poi per una serie di malintesi e si unisce al proprio allenatore. Il destino vuole però che, dopo essersi persi di vista, lei e il pugile si ritrovino e si sposino. ■ COMMEDIA; COL.; 118′; FRANCIA, GERMANIA, ITALIA, 1979.

TEMPO RITROVATO, IL *(Le temps retrouvé)* ★★
Regia di RAOUL RUIZ. Con EMMANUELLE BÉART, CATHERINE DENEUVE, JOHN MALKOVICH, VINCENT PEREZ. ■ Da Proust: la seconda parte della sua ricerca che è appunto quella del tempo ritrovato. Il grande scrittore francese ha una difficilissima collocazione nel cinema essendo la sua scrittura ricca di reminiscenze e introspezioni. I grandi personaggi in gioco hanno fatto del loro meglio ma il risultato è molto "faticoso". Apprezzato Malkovich nella parte del barone Charlus. ■ DRAMMATICO; COL.; 162′; FRANCIA, ITALIA, 1999.

TEMPO SI È FERMATO, IL *(The Big Clock)* ★★★
Regia di JOHN FARROW. Con CHARLES LAUGHTON, RAY MILLAND, MAUREEN O'SULLIVAN. ■ Il direttore di una rivista, convinto che la sua donna lo abbia tradito, la uccide; poi incarica un suo redattore di far luce sul delitto. Il giornalista concentra i suoi sospetti su un complice del direttore, che ha collaborato a sviare le indagini. L'assassino sopprime anche il complice e, fuggendo, precipita nella tromba di un ascensore. Rifatto nel 1987 con Kevin Costner: *Senza via di scampo*. ■ DRAMMATICO; B/N; 95′; USA, 1948.

TEMPO SI È FERMATO, IL ★★★
Regia di ERMANNO OLMI. Con PAOLO QUADRUBBI, NATALE ROSSI, ROBERTO SEVESO. ■ Uno dei due guardiani di una grande diga, vicino all'Adamello, è costretto a scendere a valle in seguito alla nascita di un figlio. Il suo posto viene preso da un giovane studente. I rapporti fra quest'ultimo e il rude montanaro, del quale è diventato collega, dapprima sono freddi e imbarazzanti, poi fra i due nasce una amicizia sincera, nella serenità delle candide distese nevose, delle montagne maestose, del silenzio. ■ DRAMMATICO; B/N; 93′; ITALIA, 1959.

TEMPO SOSPESO, IL *(Megáll az idö)* ★★★
Regia di PÉTER GOTHÁR. Con HENRIK PAUER, SÁNDOR SÖTH, ISTVÈN ZNAMENÁK. ■ Nel 1956 i carri armati sovietici entrano a Budapest. Sette anni dopo seguiamo la vita di due ragazzi il cui padre ha dovuto abbandonare il paese perché perseguitato sul piano politico. I due crescono, conoscono l'amore e uno di loro, Denes, erige a sua regola di comportamento la massima reticenza come miglior modo per evitare guai. Premio giovani a Cannes 1982 e vincitore di altri riconoscimenti, questo film è giunto con undici anni di ritardo sui nostri schermi. La censura del mercato ha colpito ancora. ■ DRAMMATICO; COL.; 99′; UNGHERIA, 1982.

TEMPS DES LOUPS, TEMPO DI VIOLENZA – UCCIDI, UCCIDI, UCCIDI ANCORA *(Les temps des loups)* ★★★
Regia di SERGIO GOBBI. Con CHARLES AZNAVOUR, ROBERT HOSSEIN, VIRNA LISI, ALBERT MINSKY. ■ Un ispettore è sulle tracce di un sanguinario bandito, suo compagno d'infanzia, cresciuto col mito di Dillinger. Il malvivente, quando viene a saperlo, decide un ultimo grande colpo prima di espatriare. Gli va male e, durante una sparatoria, rimane mortalmente ferito. ■ POLIZIESCO; COL.; 93′; FRANCIA, 1970.

TEMPTATION ★★
Regia di LAMBERTO BENVENUTI. Con MARINA BERTI, STEFANIA CAREDDU, MARK DAMON, CLAUDIO GORA, NICOLETTA MACHIAVELLI, MARIO PISU. ■ Un brillante architetto si innamora di una giovane affascinante e trascura l'amante e la professione. Poi fa marcia indietro e la ragazza, rimasta sola, cede alle lusinghe di un altro. ■ COMMEDIA; COL.; 91′; ITALIA, 1968.

TEN ★★★
Regia di ABBAS KIAROSTAMI. Con KAMRAN ADL, MASTANEH MOHAJER, MANDANA SHARBAF, MORTEZA TABATABAII. ■ Ten è il dodicesimo lungometraggio del regista iraniano, diventato famoso con *Il sapore della ciliegia*. In quest'ultima opera, in concorso al Festival di Cannes, 2002, Kiarostami mette in scena la storia di sei donne, che riguardano momenti e problematiche diverse dell'universo femminile: le vicende sono narrate in dieci sequenze tutte girate con una videocamera digitale. ■ DRAMMATICO; COL.; 91′; FRANCIA, IRAN, 2002.

TENACIOUS D E IL DESTINO DEL ROCK ★★
(Tenacious D in: The Pick of Destiny)
Regia di LIAM LYNCH. Con AMY ADAMS, FRED ARMISEN, NED BELLAMY, JACK BLACK, RONNIE JAMES DIO, KYLE GASS, TROY GENTILE, JASON REED, TIM ROBBINS, BEN STILLER. ■ Due musicisti scombinati (Jack Black e Kyle Gass) si danno una missione: formare la più grande rockband di tutti i tempi. Ma per farlo devono entrare in possesso del plettro magico forgiato con un dente del diavolo, custodito nel Museo del rock. Il film vanta un incipit fulminante: il piccolo Jack Black (complimenti al casting: il ragazzino è il suo sosia) brandisce la chitarra e sconcerta la famiglia bigotta con uno sboccatissimo pezzo rock. Punito dal padre, che ritiene quella musica opera di Satana, il piccolo riceve la benedizione di Dio che lo esorta a scappare di casa alla volta di Hollywood. ■ COMMEDIA; COL.; 93′; USA, 2006.

TENAGLIA CINESE, LA ★
Regia di WONG TIEN LIN. Con CHANG CHING, CHIANG LING. ■ Valorosa combattente e amico vogliono sconfiggere il solito prepotente. Vi riescono dopo drammatici combattimenti. ■ AVVENTURA; COL.; 90′; HONG KONG 1975.

TENDA NERA, LA *(The Black Tent)* ★★
Regia di BRIAN DESMOND HURST. Con ANNA MARIA SANDRI, ANTHONY STEEL. ■ Un uomo parte per l'Africa per chiarire il mistero di suo fratello, dato per disperso in guerra. Scopre che il fratello, rimasto ferito, era stato curato da una donna che poi aveva sposato, restando infine ucciso durante il tentativo di raggiungere i commilitoni. ■ AVVENTURA; COL.; 93′; GRAN BRETAGNA, 1956.

TENDA ROSSA, LA *(Krasnaja palatka)* ★★★
Regia di MIKHEIL KALATOZOV. Con MARIO ADORF, CLAUDIA CARDINALE, SEAN CONNERY, MASSIMO GIROTTI, JURI SOLOMIN, LUIGI VANNUCCHI. ■ È la traduzione cinematografica della tra-

gica vicenda del dirigibile *Italia*, schiantatosi il 24 maggio 1928 sui ghiacci del Polo Nord. La gara tra diversi paesi per il salvataggio dei superstiti sotto la famosa tenda rossa si sviluppa attraverso drammatiche avventure in cui perdono la vita diversi soccorritori, tra cui l'esploratore Amundsen. Alla fine, il rompighiaccio sovietico *Krassin* metterà in salvo i sopravvissuti. ■ DRAMMATICO; COL.; 143'; ITALIA, 1970.

TENDA SCARLATTA, LA *(Le rideau cramoisi)* ★★
Regia di ALEXANDRE ASTRUC. Con ANOUK AIMÉE, JEAN-CLAUDE PASCAL. ■ Tratto da una novella di Barbey d'Aurevilly, questo film molto letterario e calligrafico ha vinto il Prix Louis-Delluc. Un giovane ufficiale è alloggiato presso una famiglia di borghesi. Albertine, figlia della coppia, ha un atteggiamento altezzoso e indifferente e il giovane se ne invaghisce. Diventeranno amanti dopo una visita notturna della ragazzina. Il film non ha nessun dialogo, la storia è costruita interamente con una voce fuori campo. ■ DRAMMATICO; B/N; 64'; FRANCIA, 1952.

TENDERLY ★★★
Regia di FRANCO BRUSATI. Con VIRNA LISI, PAOLA PITAGORA, NORA RICCI, GEORGE SEGAL. ■ Un brillante medico, legato alla professione e alla carriera, e una giovane donna, svagata e piena di sogni e fantasie, si amano ma non riescono ad andare d'accordo per la diversità di carattere. La donna rifiuta di legarsi stabilmente all'amato anche quando ormai i due sono davanti all'altare. Il medico, allora, la lascia definitivamente. I due si incontreranno solo molti anni dopo, quando il loro amore è ormai un ricordo. ■ COMMEDIA; COL.; 97'; ITALIA, 1968.

TENDER MERCIES – UN TENERO RINGRAZIAMENTO ★★★
Regia di BRUCE BERESFORD. Con ELLEN BARKIN, ROBERT DUVALL, TESS HARPER, ALLAN HUBBARD. ■ Cantautore country di una certa fama, Mac è un uomo deluso: la moglie, celebre cantante, lo ha piantato e si è portata via la figlia amatissima, lasciandolo solo con le sue sbronze. È ubriaco, infatti, quando si risveglia in un piccolo motel texano, gestito da una giovane vedova con figlioletto a carico. Forse è vero amore, forse è soltanto voglia di dimenticare il passato. Mac si ferma in quella piccola oasi, sposa la vedova e cambia vita. ■ COMMEDIA; COL.; 89'; USA, 1982. ■ GOLDEN GLOBES 1 PR, 5 NOM; OSCAR 2 PR, 5 NOM.

TENEBRE *(Ladies in Retirement)* ★★★
Regia di CHARLES VIDOR. Con LOUIS HAYWARD, IDA LUPINO. ■ Con due sorelle pazze da mantenere, Elena non trova di meglio che sopprimere l'anziana donna cui le aveva provvisoriamente affidate e che si era presto stancata di loro. Ricattata da un parente, la donna alla fine si costituisce. ■ DRAMMATICO; B/N; 99'; USA, 1941. ■ OSCAR 2 NOM.

TENEBRE ★★★
Regia di DARIO ARGENTO. Con ANTHONY FRANCIOSA, GIULIANO GEMMA, DARIA NICOLODI. ■ Un romanziere americano, giunto a Roma per presentare il suo ultimo libro, si ritrova coinvolto in una serie di delitti ispirati proprio al suo romanzo. Lo scrittore inizia a indagare e viene a sua volta colpito dal folle omicida. Ma, nonostante l'assassino sia stato smascherato, i delitti continuano. ■ THRILLER; COL.; 99'; ITALIA, 1982.

TENEBROSA AVVENTURA *(Fingerman)* ★★
Regia di HAROLD SCHUSTER. Con PEGGIE CASTLE, FRANK LOVEJOY. ■ Un bandito accetta di diventare confidente della polizia e riesce ad incastrare il capo di una banda di contrabbandieri. ■ POLIZIESCO; B/N; 82'; USA, 1955.

TÈ NEL DESERTO, IL *(The Sheltering Sky)* ★★
Regia di BERNARDO BERTOLUCCI. Con JOHN MALKOVICH, CAMPBELL SCOTT, DEBRA WINGER. ■ Due giovani coniugi americani e un loro amico si recano nel Nord Africa. Partendo da Tangeri percorrono un lungo itinerario che li porta nei luoghi dove l'Africa è più ostile. Il viaggio rappresenta una vera e propria traversata della loro esistenza. Mette a nudo l'inconsistenza di una vita senza scopi. Il marito, colpito da febbre tifoidea, muore dopo una straziante agonia. La moglie si perde nel deserto, dove viene soccorsa dal capo di una tribù di Tuareg. L'uomo, divenuto il suo amante, la tiene segregata sino alla liberazione per mano di una delle sue concubine, gelosa dell'occidentale. Prostrata, la donna viene infine soccorsa da una funzionaria dell'ambasciata americana. Ma la sua esistenza è spezzata dalle esperienze vissute. Il film è tratto da un romanzo di Paul Bowles, che compare nel ruolo di testimone della vicenda. Ed è proprio a lui che nel finale si rivolge la donna. Il vecchio conclude con queste parole: «Quante altre volte guarderete levarsi la luna?... Forse venti. Eppure, tutto sembra senza limite». Sembra soprattutto che i protagonisti, partendo da presupposti basati sulla decadenza della cultura occidentale, si trovino schiacciati dalla incomprensibilità di una regione che al contrario vive la propria cultura nella fisicità che la radiosa asprezza del clima impone. Un abisso. Un'utopia che l'arroganza culturale non riesce a raggiungere. La sconfitta giunge prima nel corpo per poi diffondersi nel mistero della morte. Bernardo Bertolucci ancora una volta si finge autore impegnato. Sceglie un testo di difficile decifrazione. Ricorre alla strepitosa capacità di rappresentare ciò che non è rappresentabile. Personaggi odiosi, da guardare con sospetto dopo le prime battute. Una ricerca maniacale di uno stile letterario più che cinematografico. Parole vane. Personaggi dimenticabili. Ogni sequenza sembra il *trailer* della successiva. Resta la fotografia di Storaro, anch'essa prevedibile con alcune incursioni nell'immaginario pubblicitario più vicino ai Baci Perugina che non alle morenti pagine di Bowles. Bertolucci non ama i suoi personaggi e li priva così della segreta poesia che è presente in ogni confessione. Una fama, quella di Bertolucci, giustificata dalla sua capacità di manipolare grandi budget, al servizio di padroni un po' snob, come sanno essere gli americani quando affrontano la cultura. All'uscita di questo film è ancora e solo il regista de *Il conformista*. ■ DRAMMATICO; COL.; 138'; GRAN BRETAGNA, ITALIA, 1990. ■ GOLDEN GLOBES 1 PR, 2 NOM.

TENENBAUM, I *(The Royal Tenenbaum)* ★★★
Regia di WES ANDERSON. Con GENE HACKMAN, ANJELICA HUSTON, GWYNETH PALTROW, BEN STILLER, LUKE WILSON, OWEN WILSON. ■ I Tenenbaum sono una famiglia davvero particolare: tutti geni. Uno dei fratelli (Wilson) è un campione di tennis, la sorella (Paltrow) a tredici anni ha vinto un premio letterario di cinquantamila dollari, il terzo fratello (Stiller) è solo un fissato di impianti di sicurezza. Ma il capolavoro è il padre (Hackman), che anni prima ha lasciato la famiglia dopo aver più volte tradito la moglie (Huston). Per recuperare gli affetti di tutti il padre annuncia che sta per morire. Viene accolto in casa e tutti i sentimenti vengono stravolti e ricomposti. È impossibile raccontare tutti i dettagli e le impennate del plot, fin troppo articolato. Vale invece la qualità "letteraria" della sceneggiatura, leggera e spiritosa, con battute di qualità (anche alla Woody), dagli accenti europei. Una menzione per gli scrittori: il regista stesso e Owen Wilson, il biondino che si veste come Custer. Fantasia, qualità registica, attori in forma. Insomma siamo decisamente sopra la media. ■ COMMEDIA; COL.; 109'; USA, 2001. ■ GOLDEN GLOBES 1 PR, 1 NOM; OSCAR 1 NOM.

TENENTE COLOMBO RISCATTO PER UN UOMO MORTO *(Ransom for a Dead Man)* ★★★
Regia di RICHARD IRVING. Con PETER FALK, JOHN FINK, HAROLD GOULD, PATRICIA MATTICK. ■ Il tenente Colombo si occupa qui dell'omicidio di un magistrato e, attraverso indizi apparentemente banali, riesce a scoprire che la colpevole è la vedova. Facendo leva sulla rivalità tra questa e la figliastra, che l'accusa apertamente, la costringe quindi a scoprirsi e l'arresta. ■ POLIZIESCO; COL.; 100'; USA, 1978.

TENENTE DEI CARABINIERI, IL ★★
Regia di MAURIZIO PONZI. Con RAFFAELLA BARACCHI, MASSIMO BOLDI, MARISA LAURITO, NINO MANFREDI, ENRICO MONTESANO, MATTIA SBRAGIA. ■ Una banconota da centomila lire falsa, rifilata a un tenente dei carabinieri da una bella ragazza; un famoso falsario che ricompare dal nulla e altrettanto misteriosamente viene trovato morto ammazzato; un attentato che fa saltare in aria la villetta del tenente, precipitando nella più cupa disperazione la prosperosa signora di lui. Questi gli elementi di una commediola all'italiana con un buon cast ma senza idee. ■ COMMEDIA; COL.; 110'; ITALIA, 1986.

TENENTE DELLO ZAR, IL *(Der letzte Walzer)* ★★★
Regia di ARTHUR MARIA RABENALT. Con EVA BARTÒK, CURD JÜRGENS. ■ Una baronessa russa, profuga a Parigi, è ingaggiata come cantante da un impresario americano che le chiede di rendere note le sue vicende sentimentali. La baronessa racconta del suo infelice amore per un giovane ufficiale dal quale fu poi divisa dalle tragiche vicende della guerra. Terminato il racconto, si reca al suo albergo e incontra l'amato, diventato un tassista parigino. ■ COMMEDIA; B/N; 92′; GERMANIA, 1953.

TENENTE DINAMITE, IL *(Column South)* ★★
Regia di FREDERICK DE CORDOVA. Con IOAN EVANS, AUDIE MURPHY, ROBERT STERLING. ■ Nel Nuovo Messico, nel 1861, si trovano di fronte nordisti, sudisti ed indiani. Dopo accaniti combattimenti, in cui i sudisti sembrano avere la meglio, il capo dei nordisti riesce a mettere pace tra i contendenti. ■ WESTERN; COL.; 85′; USA, 1953.

TENENTE DI NAPOLEONE, IL *(Devil my Care)* ★★
Regia di SIDNEY FRANKLIN. Con MARION HARRIS, JOHN MILJAN, RAMON NOVARRO. ■ Il primo film sonoro di Novarro, già grande divo del muto: un'operetta che ha per sfondo la Francia napoleonica. ■ MUSICALE; B/N; 91′; USA, 1929.

TENENTE GIORGIO, IL ★★
Regia di RAFFAELLO MATARAZZO. Con MASSIMO GIROTTI, PAUL MÜLLER, MILLY VITALE. ■ Un tenente dei bersaglieri trascorre una notte d'amore con una donna misteriosa. Dopo alcuni anni scopre che la donna era sposata con un invalido e che l'incontro era stato organizzato per assicurare un erede alla famiglia. Lieto fine. ■ DRAMMATICO; B/N; 85′; ITALIA, 1952.

TENENTE JACK DOPPIO BERSAGLIO ★
(The Killers Edge)
Regia di JOSEPH MERHI. Con KAREN BLACK, WINGS HAUSER, ROBERT Z'DAR. ■ Un tenente dai metodi violenti ma efficaci scopre l'autore di una serie di delitti ai danni di una banda: sorpresa, è un ex commilitone del Vietnam che ha ancora voglia di utilizzare il coltello in dotazione in guerra. Il suo capo però disapprova la linea investigativa e lo sospende. Lo stesso provvedimento che avrebbe dovuto assumere la produzione nei confronti dell'autore della sceneggiatura. ■ POLIZIESCO; COL.; 95′; USA, 1991.

TENENTE KOJAK, IL CASO NELSON È SUO ★★★
(The Marcus-Nelson Murders)
Regia di JOSEPH SARGENT. Con JOSÉ FERRER, LORRAINE GARY, MARJOE GORTNER, TELLY SAVALAS. ■ Un nero colpevole di stupro viene accusato anche di duplice assassinio. La sua posizione è grave: la polizia, usando le maniere forti, gli ha estorto una falsa confessione. Ma il bravo Kojak non è convinto: ricomincia le indagini e scopre la verità. ■ POLIZIESCO; COL.; 148′; USA, 1973.

TENERA CANAGLIA, LA *(Curly Sue)* ★★
Regia di JOHN HUGHES. Con JAMES BELUSHI, KELLY LYNCH, ALISAN PORTER. ■ Siamo a New York e il protagonista, tipo poco affidabile, riesce a gabbare un bellissimo avvocato (ovviamente di sesso femminile). Si tira a campare alla maniera di *Paper Moon* di antica memoria ma con meno verve e originalità. ■ COMMEDIA; COL.; 101′; USA, 1991.

TENERA È LA NOTTE *(Tender is the Night)* ★★★
Regia di HENRY KING. Con TOM EWELL, JOAN FONTAINE, JENNIFER JONES. ■ Negli anni Venti, un giovane ed abile psichiatra sposa una donna che lo spinge a trascurare la professione per una serie di viaggi all'estero. Dopo un certo periodo, l'uomo decide di ritornare al suo lavoro, ma scopre che nella clinica dove lavorava, il nuovo direttore è una persona senza scrupoli e se ne viene via disgustato. Una serie di cocenti delusioni, ultima delle quali l'adulterio della moglie con un amico, lo convince al divorzio e a rifarsi una nuova vita in un altro paese. Da Francis Scott Fitzgerald. ■ DRAMMATICO; COL.; 146′; USA, 1962. ■ OSCAR 1 NOM.

TENERAMENTE IN TRE *(The Tender)* ★★
Regia di ROBERT HARMON. Con ELLIE RAAB, JOHN TRAVOLTA. ■ Prodotto da Michael Douglas e diretto dal regista di *The Hitcher*, il film è un pasticcio di sentimenti. Un uomo si lega alla malavita per sopravvivere con la figlia, dopo che la moglie drogata ha perso la vita. Quando si pente fugge verso l'assolata California ma non è facile farla franca. Un cane aiuterà padre e figlia a salvarsi. ■ COMMEDIA; COL.; 95′; USA, 1991.

TENERO TRAMONTO, UN ★
Regia di RAIMONDO DEL BALZO. Con CRISTIANA BORGHI, MEL FERRER, PATRICK LA PLACE. ■ Suicidatasi la madre, la giovane Nicoletta diventa erede di un ingente patrimonio. Il suo losco patrigno recluta però un trafficante di valuta per farla rinchiudere in una casa di cura svizzera e impadronirsi del denaro. La comicità è del tutto involontaria. ■ COMMEDIA; COL.; 92′; ITALIA, 1984.

TEN MINUTES OLDER – THE TRUMPET ★★★
Regia di VICTOR ERICE, WERNER HERZOG, JIM JARMUSCH, CHEN KAIGE, AKI KAURISMÄKI, SPIKE LEE, WIM WENDERS. Con KATI OUTINEN, MARKKU PELTOLA, CHLOE SEVIGNY. ■ Dieci registi raccontano in dieci minuti una storia legata al tempo. Il racconto portante, e con un certo destino, è quello di Herzog che narra della tribù degli Uru Eu Au. Vissero nella foresta amazzonica per diecimila anni, in uno stato men che primitivo. Non conoscevano neppure i metalli. Così questa tribù si presentò nel 1981 a una spedizione di inglesi e brasiliani. La tesi di Herzog è che bastarono dieci minuti di contatto coi "civili" per distruggere quei diecimila anni di civiltà. Gli indigeni non avevano nessuno degli anticorpi indispensabili alla (nostra) vita. Molti morirono di varicella. Tornato dieci anni dopo nella foresta Herzog ha trovato quattro superstiti ormai ridotti a relitti umani. Il capo stava per morire di tubercolosi. ■ FILM A EPISODI; COL.; 92′; USA 2002.

TENSIONE *(Tension)* ★★★
Regia di JOHN BERRY. Con RICHARD BASEHART, CYD CHARISSE, AUDREY TOTTER. ■ Un uomo, abbandonato dalla perfida moglie che convive con un brutale amante, progetta un delitto perfetto che dovrebbe permettergli di vendicarsi del rivale. Poi, prima che possa portare a compimento il piano, s'innamora di una ragazza e accantona tutto. Il malvagio viene però assassinato e il tapino dovrà duramente lottare per convincere della sua innocenza la polizia. ■ POLIZIESCO; B/N; 95′; USA, 1951.

TENTACOLI ★★
Regia di OVIDIO G. ASSONITIS. Con HENRY FONDA, BO HOPKINS, JOHN HUSTON, SHELLEY WINTERS. ■ Una gigantesca piovra semina il terrore nelle acque californiane. Dopo numerose vittime e una serie di inutili tentativi per eliminarla, verrà uccisa da due orche domestiche. ■ AVVENTURA; COL.; 90′; ITALIA, 1977.

TENTACOLINO ★★
Regia di ORLANDO CORRADI. ■ Un gruppo di esploratori marini parte con il suo batiscafo alla ricerca del *Titanic*, ma il perfido squalo Dente di Ghiaccio li fa precipitare negli abissi. Anziché il *Titanic*, trovano la città perduta di Atlantide. ■ ANIMAZIONE; COL.; 83′; ITALIA, 2004.

TENTATIVO SENTIMENTALE, UN ★★★
Regia di PASQUALE FESTA CAMPANILE, MASSIMO FRANCIOSA. Con JEAN-MARC BORY, GIULIO BOSETTI, GABRIELE FERZETTI, FRANÇOISE PRÉVOST, LETICIA ROMAN. ■ Un uomo e una donna, in piena crisi coniugale, diventano amanti dopo un incontro occasionale. Lei ama veramente l'uomo, ma lui non ha il coraggio di rompere con la moglie, e per la sua vigliaccheria la loro storia finisce miseramente. ■ DRAMMATICO; B/N; 100′; ITALIA, 1963.

TENTATRICE *(L'intrigante)* ★★
Regia di EMILE COUZINET. Con GERMAINE AUSSEY, PAUL COMBO, GASTON ROULLIER. ■ Un ricco commerciante s'incontra con una ragazza leggera per intimarle di lasciar in pace suo figlio, ma s'innamora di lei finendo sull'orlo della rovina. ■ DRAMMATICO; B/N; 93′; FRANCIA, 1942

TENTATRICE DELLA CASBAH, LA ★★★
(Au coeur de la Casbah)
Regia di PIERRE CARDINAL. Con CLAUDE LAYDU, SYLVIE PELAY, VIVIANE ROMANCE, PETER VAN EYCK. ■ Quando il capo della malavita di Algeri esce dal carcere, la bella moglie gli rivela che un giovane orfano, accolto in casa loro, ha tentato di violentarla. Il gangster uccide il malcapitato, poi scopre che questi era innocente ed anzi era stato pesantemente insidiato dall'accusatrice. La donna finirà strangolata. ■ DRAMMATICO; B/N; 91′; FRANCIA, 1952.

TENTAZIONE ★★
Regia di ALDO FROSI. Con ELSA DE GIORGI, HANS HINRICH, FERENC KISS, CARLO RIZZO, ZITA SZELECZKY, FAUSTO TOMMEI, OTELLO TOSO. ■ Un giudice istruttore, indagando su un caso d'omicidio, ha un momento di sbandamento per la fidanzata dell'accusato, ma si scuote e scopre il colpevole. ■ POLIZIESCO; B/N; 82'; ITALIA, UNGHERIA, 1942.

TENTAZIONE *(Temptation)* ★★★
Regia di IRVING PICHEL. Con GEORGE BRENT, CHARLES KORVIN, PAUL LUKAS, MERLE OBERON. ■ Una maliarda sposa un ricco archeologo ma viene poi presa da travolgente passione per un avventuriero che vorrebbe spingerla all'uxoricidio. Lei sulle prime acconsente, ma nell'attimo decisivo, presa dal rimorso, propina il veleno all'amante. La misericordiosa provvidenza farà morire la donna prima che venga arrestata. ■ DRAMMATICO; B/N; 92'; USA, 1946.

TENTAZIONE *(Temptress)* ★★★
Regia di EISUKE TAKISAWA. Con RYOJI HAYAMA, YUMEJI TSUKIOKA. ■ Una maga s'innamora di un monaco buddista, ma costui le resiste anche perché sa che precedentemente lei, Circe nipponica, ha trasformato numerosi uomini in maiali. La donna, disperata, si suicida; così facendo annulla l'incantesimo e ridona l'aspetto normale alle sue vittime. ■ FANTASTICO; COL.; 93'; GIAPPONE, 1957.

TENTAZIONE BIONDA *(Reckless)* ★★★
Regia di VICTOR FLEMING. Con JEAN HARLOW, WILLIAM POWELL. ■ Un giovane aristocratico sposa una ballerina, ma gli spocchiosi parenti glielo rinfacciano e lui si uccide lasciando la poverina con un bambino. Lei non ha più scritture dopo lo scandalo, ma tornerà al successo grazie a un amico devoto. Il film allude a una vicenda piuttosto oscura nella vita della Harlow, il suicidio di suo marito, il produttore Paul Bern. ■ DRAMMATICO; B/N; 96'; USA, 1934.

TENTAZIONE DI VENERE *(Meeting Venus)* ★★★
Regia di ISTVÁN SZABÓ. Con NIELS ARESTRUP, GLENN CLOSE, MACHA MÉRIL. ■ Seconda esperienza europea per Glenn Close dopo *Le relazioni pericolose*, con buoni esiti. Il regista István Szabó, famoso per il suo *Mephisto*, propone un film ambientato nel mondo dell'opera. Zoltan, un regista teatrale, sta mettendo in scena il *Tannhäuser* di Wagner per il teatro dell'Opera di Parigi. I problemi sono tanti: per i musicisti e per la prima cantante che viene dalla Svezia e si comporta troppo altezzosamente. Lo spettacolo verrà comunque portato a termine e il regista troverà anche l'amore. Costruito molto bene e con riuscita atmosfera musicale. ■ COMMEDIA; COL.; 119'; GRAN BRETAGNA, 1990. ■ VENEZIA I PR.

TENTAZIONE E IL PECCATO, LA *(Out of Season)* ★★★
Regia di ALAN BRIDGES. Con SUSAN GEORGE, VANESSA REDGRAVE, CLIFF ROBERTSON. ■ Madre e figlia vivono nel loro alberghetto in una località balneare inglese. Non ci sono ospiti perché la stagione è finita. Arriva un ex amante della donna più anziana che acutizza la crisi esistente tra le due. Alla fine una di loro parte, ma gli spettatori non sanno chi sia. ■ DRAMMATICO; B/N; 90'; GRAN BRETAGNA, 1975.

TENTAZIONE MORTALE *(Tempted)* ★
Regia di BILL BENNETT. Con SAFFRON BURROWS, GEORGE DICENZO, PETER FACINELLI, BURT REYNOLDS. ■ Charlie Le Blanc è sposato con un'ex modella più giovane di lui di una trentina d'anni. Il matrimonio funziona finché Charlie non scopre di essere ammalato e di non avere più molto tempo. Desidera mettere ordine nel suo patrimonio, ma prima di lasciare tutto a sua moglie, vuole assicurarsi che lei lo ami davvero. Così decide di assumere qualcuno per mettere alla prova la sua fedeltà. ■ THRILLER; COL.; 90'; USA, 2001.

TENTAZIONI *(Cabin in the Cotton)* ★★★
Regia di MICHAEL CURTIZ. Con RICHARD BARTHELMESS, BETTE DAVIS, DOROTHY JORDAN. ■ Uno dei primi grandi ruoli della Davis, qui nei panni di una bella e sdegnosa ragazza del Sud che si dimostra crudele nei confronti del fidanzato, un ragazzo di condizione sociale inferiore alla sua. ■ DRAMMATICO; B/N; 77'; USA, 1932.

TENTAZIONI D'AMORE ★★★
Regia di CARLO DE PALMA. Con ISA DANIELI, CARLO DELLE PIANE, MICHELE PLACIDO, STEFANO SATTA FLORES, MONICA VITTI. ■ Il film racconta la vita di una povera disgraziata, dagli anni Trenta ai giorni nostri. Prima è costretta a fare la sguattera, poi rimane incinta, infine, negli ultimi anni di guerra, diventa ladra e truffatrice passando parecchi mesi in galera o in manicomio. ■ DRAMMATICO; COL.; 125'; ITALIA, 1974.

TENTAZIONI D'AMORE *(Keeping the Faith)* ★★★
Regia di EDWARD NORTON. Con ANNE BANCROFT, JENNA ELFMAN, EDWARD NORTON, BEN STILLER. ■ Jake e Brian sono amici da sempre. E da sempre erano molto, molto amici di Anna. Ora sono adulti e ad entrambi la carriera dà soddisfazioni. Ma Anna ricompare e sconvolge la loro vita. Perché? Perché scoprono entrambi di amarla. Ma questo sarebbe il meno. Il problema è che uno è diventato un rabbino e l'altro un sacerdote cattolico. Che fare? Edward Norton si lancia in una "commedia all'americana". Cioè battute a raffica, gag, situazioni imbarazzanti da risolvere con una risata. Ma sceglie un terreno scivoloso come quello della presa in giro delle "regole" delle due religioni. Lo fa però con stile (e con la consulenza di esperti in materia). La commedia regge e lo spettatore si diverte. Dopo le suore ballerine (Whoopi Goldberg) e quelle in crisi di crescita (Margherita Buy) adesso toccava agli uomini. ■ COMMEDIA; COL.; 127'; USA, 2000.

TENTAZIONI DELLA LUNA, LE *(Temptress Moon)* ★
Regia di CHEN KAIGE. Con LESLIE CHEUNG, GONG LI, KEVIN LIN. ■ Vita di una donna cinese, fra sesso, incomprensioni e oppio. Una mediazione stiracchiata del cinema cinese che fa di tutto per avere un mercato in Occidente. Come sempre accade diventa né carne né pesce. Con una Gong Li che pensa solo a rappresentare se stessa, anche se qui è notevolmente peggiorata e ingrassata. ■ DRAMMATICO; COL.; 130'; CINA, 1998.

TENTAZIONI DEL SIGNOR SMITH, LE ★★★
(This Happy Feeling)
Regia di BLAKE EDWARDS. Con CURD JÜRGENS, DEBBIE REYNOLDS, JOHN SAXON. ■ Una ragazza s'innamora di un fascinoso ex attore di Broadway, ma questi capisce che si tratta di un'infatuazione passeggera e le consiglia di sposare un semplice giovane di campagna. ■ COMMEDIA; COL.; 92'; USA, 1958.

TENTAZIONI METROPOLITANE ★★★
Regia di GIANNA MARIA GARBELLI. Con MAURIZIO DONADONI, GIANNA MARIA GARBELLI, ANNIE GIRARDOT. ■ Alessandra esce dal carcere, dove ha scontato sette anni di pena per narcotraffico, per usufruire di tre anni di semilibertà. È piena di voglia di vivere ma sia l'ambiente esterno che quello del carcere, a cui ogni sera deve fare ritorno, non aiutano il suo reinserimento. Giunta quasi sull'orlo della scelta della clandestinità riuscirà a reagire. Interessante esordio dietro la macchina da presa di una regista vitale come il personaggio interpretato. ■ DRAMMATICO; COL.; 110'; ITALIA, 1997.

TENTAZIONI QUOTIDIANE, LE ★★★
(Le diable et les dix commandements)
Regia di JULIEN DUVIVIER. Con CHARLES AZNAVOUR, JEAN-CLAUDE BRIALY, DANIELLE DARRIEUX, ALAIN DELON, FERNANDEL, MEL FERRER, DANY SAVAL, MICHEL SIMON, HENRY TISSOT, LINO VENTURA. ■ Il diavolo introduce sette brevi episodi dedicati ai peccati capitali e interpretati da alcuni fra i più famosi attori francesi: c'è un vescovo che si diletta a sentire le avventure delle suore, un seminarista che si fa uccidere dall'assassino della sorella per farlo andare sulla ghigliottina, un pazzo che si crede Dio. ■ COMMEDIA; B/N; 130'; FRANCIA, 1963.

TENTH OF A SECOND ★
Regia di DARRELL ROODT. Con JANET BUCKLAND, JOHN CARSON, NICKY REBELO, JAMES WHYLE. ■ Un maestro elementare dall'apparenza inoffensiva è membro di un'organizzazione politica sovversiva. Un giorno riceve dai suoi capi l'ordine di piazzare un ordigno esplosivo ad alto potenziale in un complesso di grandi magazzini sempre molto affollati. L'uomo, che deve combattere una dura lotta tra la sua coscienza e l'avversione nei con-

fronti dello Stato ingiusto e tiranno, avrà un'esitazione che si rivelerà tragica. ■ DRAMMATICO; COL.; 90′; USA, 1987.

TEODORA, IMPERATRICE DI BISANZIO ★★★
Regia di RICCARDO FREDA. Con GIANNA MARIA CANALE, HENRI GUISOL, GEORGES MARCHAL. ■ Nel VI secolo dopo Cristo, il popolo di Bisanzio è in subbuglio e l'imperatore Giustiniano gira per le vie della città, travestito, per individuare le cause del malcontento. Conosce Teodora che fa l'auriga nel circo, se ne innamora e la sposa. Un bieco patrizio diffama la nuova imperatrice che viene scacciata dal marito crudele, ma una sollevazione popolare, appoggiata dal generale Belisario, la farà tornare sul trono. ■ BIOGRAFICO; COL.; 92′; FRANCIA, ITALIA, 1954.

TEOREMA ★★★
Regia di PIER PAOLO PASOLINI. Con LAURA BETTI, NINETTO DAVOLI, MASSIMO GIROTTI, SILVANA MANGANO, TERENCE STAMP, ANNE WIAZEMSKY. ■ In una famiglia dell'alta borghesia milanese giunge, annunciato da un telegramma, un misterioso giovane. Questi ha rapporti sessuali con tutti i componenti della famiglia – padre, madre, figlia, figlio e domestica – che prendono a comportarsi in maniera insolita e bizzarra. ■ DRAMMATICO; B/N; 98′; ITALIA, 1968. ■ VENEZIA 1 PR.

TEOREMA DEL DELIRIO, IL *(Pi)* ★★★
Regia di DARREN ARONOFSKY. Con SEAN GULLETTE, PAMELA HART, MARK MARGOLIS, BEN SHENKMAN. ■ Maximilian Cohen, geniale e bizzarro matematico, dedica la sua vita alla ricerca dei sistemi matematici che regolano ogni cosa. Sullo sfondo di una Manhattan alienante, Maximilian vive solo con il suo computer ed il vecchio maestro di matematica, nella spasmodica ricerca di connessioni numeriche nella vita di tutti i giorni. Un fortuito incidente lo porterà a scoprire una formula che sembra predire l'andamento della borsa di New York, ma che cela qualcosa di ancora più grande. Trionfatore al Sundance Film Festival, *Il teorema del delirio* è una pellicola indipendente a basso costo, un autentico gioiello di tensione e mistero. Ingegnoso e paranoico, questo thriller-fantascientifico ci porta alle soglie della conoscenza spingendoci fino alla metafisica. La fotografia, in un potente bianco e nero molto sgranato, e il montaggio ipercinetico sono perfetti per le atmosfere ciberpunk metropolitane. La colonna sonora non è da meno e annovera gruppi quali Orbital, Gus Gus, Clint Mansell, Aphex Twin e Spacetime Continuum. Un film certamente difficile ma che non mancherà di affascinare. ■ THRILLER; B/N; 84′; USA, 1998.

TEORIA DEL VOLO, LA *(The Theory of Flight)* ★★
Regia di PAUL GREENGRASS. Con HOLLY AIRD, HELENA BONHAM CARTER, KENNETH BRANAGH, GEMMA JONES, RAY STEVENSON. ■ Lei è paralizzata, anticonformista e con pochi mesi di vita davanti. Lui è il suo assistente sociale. Lei non vuole morire vergine. Lui le cerca prima una prestazione a pagamento e poi si impegnerà in prima persona. Coproduzione BBC. Trasgressione ma con misura. Il titolo c'entra perché la giovane donna potrà provare anche l'ebbrezza del volo in biplano. ■ DRAMMATICO; COL.; 99′; GRAN BRETAGNA, 1998.

TEPEPA ★★★
Regia di GIULIO PETRONI. Con ANNA MARIA LANCIAPRIMA, TOMAS MILIAN, JOHN STEINER, JOSÉ TORRES, ORSON WELLES. ■ Nel Messico dei primi del Novecento, un medico inglese ricerca il bandito Tepepa che ha violentato la sua fidanzata, figlia di un ricco ranchero, che in seguito si è suicidata. Quando lo raggiunge scopre che costui è in realtà un contadino rivoluzionario, spinto a compiere degli eccessi dalle prepotenze dei ricchi e dei militari ma, ciononostante, lo uccide. Sarà eliminato a sua volta da un bambino il cui padre, un traditore, era stato assassinato proprio da Tepepa. ■ WESTERN; COL.; 136′; ITALIA, 1969.

TÈ PER DUE *(Tea for Two)* ★★★
Regia di DAVID BUTLER. Con EVE ARDEN, DORIS DAY, GORDON MCRAE, GENE NELSON. ■ Nel 1929, una ragazza di buona famiglia promette all'ex fidanzato di finanziargli una rivista, ma ha la sgradita sorpresa di scoprirsi rovinata dalle incaute speculazioni dello zio. Per fortuna, i soldi saranno trovati da una segretaria che sposa un riccone; il successo dello spettacolo ridarà a tutti la prosperità. ■ MUSICALE; COL. 98′; USA, 1950.

TEPPISTA, IL ★★
Regia di VERONICA PERUGINI. Con MICHELA CESCON, CLAUDIO MEZZELANI, GIACOMO ZITO. ■ Presentato al Salon des refusés di Venezia 1993, si tratta di un'opera prima che presenta caratteri di sincerità nell'analisi della vita di Loris, un ragazzo che si dedica ai lavori precari e ha davanti a sé un futuro privo di speranza. ■ DRAMMATICO; COL.; 97′; ITALIA, 1994.

TEQUILA ★
Regia di TULIO DEMICHELI. Con MARIA ELENA ARPON, EDUARDO FAJARDO, ÁGATA LYS, ANTHONY STEFFEN. ■ Tequila, uno scanzonato pistolero ispirato al più famoso Trinità, finge di mettersi al servizio di un ricco prepotente per derubarlo e distribuire i suoi soldi agli abitanti di una cittadina del West. ■ WESTERN; COL.; 92′; ITALIA, SPAGNA, 1974.

TEQUILA CONNECTION *(Tequila Sunrise)* ★★★
Regia di ROBERT TOWNE. Con MEL GIBSON, MICHELLE PFEIFFER, KURT RUSSELL. ■ Un giovane *broker* del traffico della droga è deciso a rigare dritto (anche per amore di una bella ragazza). Ma un vecchio amico vuole da lui una mano per il traffico di una grossa partita di cocaina dal Centroamerica agli Usa. Un altro vecchio amico, un poliziotto, cerca di incastrare il trafficante, lasciando stare, se possibile, il *broker*. Film "nero" quasi privo di violenza esteriore, caratterizzato da una voluta ambiguità dei personaggi (il *broker* è più simpatico del poliziotto, e il trafficante di tutt'e due). ■ POLIZIESCO; COL.; 116′; USA, 1988. ■ OSCAR 1 NOM.

TERAPIA DI GRUPPO *(Made for Each Other)* ★★
Regia di ROBERT BEAN. Con JOSEPH BOLOGNA, PAUL SORVINO, RENÉE TAYLOR. ■ Durante un incontro tra persone con problemi psicologici e sessuali un italo-americano e una show-girl aspirante al successo si conoscono e vivono una relazione. Un film televisivo ironico e datato. Lei ha una madre maniaca dell'astrologia, lui un padre parrucchiere, interpretato da Paul Sorvino. ■ COMMEDIA; COL.; 99′; USA, 1971.

TERAPIA DI GRUPPO *(Letting Go)* ★★
Regia di JACK BENDER. Con SHARON GLESS, JOHN RITTER. ■ Kate si è appena separata dall'uomo cui era legata da diversi anni; Alex, invece, è un fresco vedovo. Entrambi, anche se spinti da motivazioni diverse, si iscrivono a una terapia psicologica di gruppo. È durante una di queste sedute che si incontrano, cominciano a frequentarsi e si innamorano. Il passato di ciascuno dei due sembra avere la meglio su questo sentimento, ma un fatto apparentemente insignificante li riunirà dando loro fiducia nella possibilità di un futuro da vivere insieme. ■ DRAMMATICO; COL.; 95′; USA, 1985.

TERAPIA DI GRUPPO *(Beyond Therapy)* ★★
Regia di ROBERT ALTMAN. Con TOM CONTI, JEFF GOLDBLUM, GLENDA JACKSON. ■ Da una commedia di Christopher Durang, che Altman ha voluto conservare nella sua struttura teatrale. Inizia con una love story che avrà un lieto fine, nonostante gli interventi sempre a sproposito di molti squinternati tra cui: 1) i rispettivi psichiatri degli innamorati; 2) l'innamorato gay di lui; 3) la possessiva madre del gay; 4) un altro omosessuale figlio di uno degli psichiatri. ■ COMMEDIA; COL.; 93′; USA, 1986.

TERAPIA D'URTO *(Anger Management)* ★★
Regia di PETER SEGAL. Con JACK NICHOLSON, JOHN C. REILLY, ADAM SANDLER, MARISA TOMEI, JOHN TURTURRO. ■ Dave Buznik è un bravo ragazzo, abitualmente mite e pacato. La sua unica colpa è quella di aver perso la pazienza durante un volo aereo. Condannato dal giudice per tentata aggressione, Dave è costretto a sottoporsi ad una terapia comportamentale per un migliore autocontrollo. Purtroppo a sorvegliare i suoi progressi viene chiamato Buddy Rydell (Jack Nicholson), un terapeuta dai metodi alquanto bizzarri e decisamente inadatto al compito. Da quando Woody Allen ha dato l'esempio, Hollywood si è resa conto delle potenzialità comiche del rapporto psicanalista-paziente. L'ennesima variazione sul tema non è purtroppo tra le più riuscite. Non basta mettere insieme due mostri sacri (almeno per il

mercato Usa) per ottenere un buon risultato. Specialmente se ai due viene data briglia sciolta per nascondere le carenze di uno script anonimo. Tra continui (e a volte insopportabili) gigioneggiamenti e situazioni per lo più risapute, *Terapia d'urto* è il classico esempio – ahimè sempre più frequente – di commedia brillante che perde lo smalto appena dopo l'inizio: e centosei minuti diventano lunghi. Cameo per John McEnroe, John Turturro, Woody Harrelson e per l'ex sindaco di NY Rudolph Giuliani. ■ COMMEDIA; COL.; 106′; USA, 2003.

TERAPIA E PALLOTTOLE *(Analyze This)* ★★★
Regia di HAROLD RAMIS. Con BILLY CRYSTAL, ROBERT DE NIRO, LISA KUDROW, CHAZZ PALMINTERI, JOE VITERELLI. ■ Un boss mafioso viene preso da una crisi di panico e si rivolge ad un analista conosciuto casualmente. Da quel momento il medico si vedrà perseguitare sia telefonicamente sia di persona da un paziente tanto ansioso quanto "ingombrante" per la reputazione. Riuscirà comunque a guarirlo. De Niro ogni tanto si diverte con la commedia. Anche se questa, nella seconda parte, diventa troppo caricaturale. ■ COMMEDIA; COL.; 103′; USA, 1999. ■ GOLDEN GLOBES 2 NOM.

TERAPIA ROOSEVELT. LA GIUSTA TERAPIA PER LA TUA TIMIDEZZA ★
Regia di VITTORIO MUSCIA. Con GIANFRANCO BARRA, MIRKO BRUNO, ADRIANO GIRALDI, GIAMPIERO INGRASSIA, MARIO MARANZANA, RUTA MARINA, RAFFAELE PISU, ADRIANA RUSSO, ANTONIO SALINES, BARBARA TABITA. ■ Non c'è forse male peggiore per un giornalista: la timidezza. E invece Sandro, che da molti anni fa il giornalista televisivo, ne è afflitto in maniera quasi endemica, tanto che non si presenta mai davanti alle telecamere ma sta sempre dietro le quinte. Fino al giorno in cui il direttore lo incarica di sostituire un collega e lo manda a intervistare un importante uomo politico. ■ COMMEDIA; COL.; 100′; ITALIA, 2007.

TERESA ★★★
Regia di FRED ZINNEMANN. Con PATRICIA COLLINGE, JOHN ERICSON, AVE NINCHI, ANNA MARIA PIERANGELI. ■ Un soldato americano durante la campagna d'Italia s'innamora di una ragazza locale e la sposa. Costei avrà molte difficoltà ad inserirsi nell'ambiente del marito, ma tutto si risolverà con la nascita di un bambino. ■ DRAMMATICO; B/N; 102′; USA, 1951. ■ OSCAR 1 NOM.

TERESA ★★
Regia di DINO RISI. Con LUCA BARBARESCHI, SERENA GRANDI, EROS PAGNI. ■ Una bella romagnola, rimasta vedova, riprende il lavoro del marito, un autotrasportatore. Come aiuto si prende un giovanotto, che si innamora sveltamente di lei. Il rapporto fra i due è parecchio burrascoso, tanto che Teresa decide a un dato punto di sposare un maturo spasimante. Ma poi ci ripensa. ■ COMMEDIA; COL.; 98′; ITALIA, 1987.

TERESA CONFALONIERI ★★★
Regia di GUIDO BRIGNONE. Con MARTA ABBA, NERIO BERNARDI, LUIGI CIMARA, ELSA DE GIORGI, TINA LATTANZI. ■ Nel 1821, il conte milanese Federico Confalonieri, carbonaro, è arrestato dagli austriaci che lo condannano a morte. Sua moglie Teresa riesce a fargli ottenere la grazia, implorando i potenti di Vienna. ■ BIOGRAFICO; B/N; 92′; ITALIA, 1934. ■ VENEZIA 1 PR.

TERESA ETIENNE *(Thérèse Etienne)* ★★★
Regia di DENYS DE LA PATELLIÈRE. Con FRANÇOISE ARNOUL, JAMES ROBERTSON. ■ Il proprietario di una fattoria sposa una sua lavorante, una ragazza evitata da tutti perché ha il padre in galera per omicidio. La giovane si innamora del figliastro del marito ed ha un figlio da lui. Poi uccide il coniuge tradito, per impedirne le rappresaglie. Del delitto è accusato il figliastro: la donna, per evitarne la condanna, confessa. ■ DRAMMATICO; B/N; 93′; FRANCIA, ITALIA, 1958.

TERESA KRONER ★★
(Der grösste Erfolg – Therese Frones)
Regia di JOHANNES MEYER. Con MARTHA EGGERTH, ALBERT MAY. ■ Una cantante, per far ingelosire l'innamorato, accetta la corte di un nobile ma, quando si scoprirà che costui è un truffatore, sarà proprio l'innamorato a salvarla dallo scandalo. ■ MUSICALE; B/N; 92′; GERMANIA, 1933.

TERESA MARTIN *(Thérèse Martin)* ★
Regia di MAURICE DE CANONGE. Con CAMILLE BERT, IRÈNE CORDAY. ■ La biografia di Santa Teresa di Lisieux, che con le sue preghiere riesce a riconciliare una sua ex compagna di collegio col marito. ■ BIOGRAFICO; B/N; 94′; FRANCIA, 1938.

TERESA RAQUIN *(Thérèse Raquin)* ★★★
Regia di MARCEL CARNÉ. Con SYLVIE DUBY, SIMONE SIGNORET, RAF VALLONE. ■ Teresa, innamorata di un camionista italiano, confessa tutto al marito che le chiede di andare con lui a Parigi prima d'abbandonarlo, ma scoppia una lite e l'amante uccide l'uomo. Un ricattatore ha visto tutto e, nonostante costui muoia in un incidente, il destino provvederà alla punizione della coppia. ■ DRAMMATICO; B/N; 105′; FRANCIA, ITALIA, 1953. ■ VENEZIA 1 PR.

TERESA'S TATTOO ★
Regia di JULIE CYPHER. Con LOU DIAMOND PHILLIPS, C. THOMAS HOWELL, NANCY MCKEON, ADRIENNE SHELLY. ■ Storia per nulla interessante che tira in ballo per l'ennesima volta l'Fbi. Anche qui è in pericolo il futuro degli Stati Uniti d'America. La storia ruota attorno al rapimento di una donna sorella, di uno dei banditi sospettati di un pericoloso furto. Ma la donna muore a causa di un incidente mortale e dovrà essere sostituita da una sosia. ■ SPIONAGGIO; COL.; 90′; USA, 1994.

TERESA VENERDÌ ★★★
Regia di VITTORIO DE SICA. Con ADRIANA BENETTI, VITTORIO DE SICA, IRASEMA DILIAN, ANNA MAGNANI, NICO PEPE, VIRGILIO RIENTO, GIUDITTA RISSONE. ■ Una furba orfanella, innamorata del medico dell'istituto che la ospita, riesce a conquistare il suo cuore e a scacciare la sciantosa che l'insidiava. ■ COMMEDIA; B/N; 87′; ITALIA, 1941.

TERKEL IN TROUBLE *(Terkel i knibe)* ★★
Regia di KRESTEN VESTBJERG ANDERSEN, THORBJØRN CHRISTOFFERSEN, STEFAN FJELDMARK. ■ Il giovanissimo Terkel non ha una bella vita. Stan e Saki lo prendono in giro di continuo; la sola che lo difende è Doris, decisamente sovrappeso, l'unica persona che i due teppistelli amano torturare più di Terkel; c'è Jason, il suo unico amico vero, sboccato e cinico, sempre armato di spranga; la mamma, intossicata dalle sigarette; il papà, il cui unico vocabolo è "no"; il supplente Gunnar, macchietta new age animalista; e infine Arnie, professore fricchettone che veglia su tutti. Quando lo zio Stewart, alcolizzato pazzoide, gonfia di botte Stan e Saki, Terkel è costretto a subire una rappresaglia di soprusi e insulti, che presto sfociano in minacce pesanti. Ma sono davvero i due a minacciare Terkel? Tratto da un serial radiofonico danese di Anders Matthesen. ■ ANIMAZIONE; COL.; 77′; DANIMARCA, 2004.

TERMINAL ★★★
Regia di PAOLO BRECCIA. Con WILLIAM BERGER, MIRELLA D'ANGELO, ROSSELLA OR, NICCOLÒ PICCOLOMINI. ■ In un immediato futuro, un padrone dei mezzi di informazione scopre che un professore zoppo vuole eliminarlo. Dopo alcune indagini, accerta che l'anima nera del complotto è proprio suo figlio che desidera sostituirlo. A questo punto, il potere gli appare ormai inutile. ■ DRAMMATICO; COL.; 93′; ITALIA, 1975.

TERMINAL, THE ★★★
Regia di STEVEN SPIELBERG. Con JUDE CICCOLELLA, TOM HANKS, EDDIE JONES, DIEGO LUNA, CHI MCBRIDE, MICHAEL NOURI, KUMAR PALLANA, ZOE SALDANA, BARRY SHABAKA HENLEY, STANLEY TUCCI, CATHERINE ZETA-JONES. ■ Viktor Navorski giunge all'aeroporto J. F. Kennedy di New York dalla Krakozhia, un piccolo stato sorto dalla frantumazione dell'Urss. Nel momento in cui giunge al desk dei visti viene però bloccato. In patria c'è stato un colpo di stato. Il nuovo regime non viene riconosciuto dagli Stati Uniti e quindi lui non può entrare in America. Benché il responsabile dell'aeroporto, in attesa di un'ispezione per passaggio di grado, a un certo punto lo spinga ad infrangere la legge, Viktor non esce dal terminal che diventa la sua casa in attesa di poter realizzare il sogno per cui è giunto negli States. Steven Spielberg ha realizzato, ispirandosi solo per lo spunto iniziale ad un fatto realmente accaduto, un film molto se-

vero sul proprio Paese anche se presentato in confezione regalo. Perché non bisogna farsi trarre in inganno dalla storia d'amore tra Viktor e la hostess Amelia o dal clima idilliaco che si costituisce tra lui e gli inservienti del terminal. Il senso del film sta altrove. Sta nel ritornare, dal punto di vista della filmografia spielberghiana, in uno spazio concentrazionario. Lo erano il Jurassic Park, lo era per definizione il lager di *Schindler's List*, lo era l'aula di tribunale di *Amistad*. Questa volta il regista affronta uno dei non luoghi per eccellenza: l'aeroporto. Ci "rinchiude" il suo protagonista (bella l'immagine dello spazio ampio e luminoso che diventa prigione in cui costruirsi con le proprie mani nicchie di creatività) e lo mette di fronte al non sogno americano. Stanley Tucci è perfetto nel delineare il ritratto di un'America sempre più chiusa in se stessa, dimentica delle sue origini e dei suoi ideali, in cui lo straniero viene tollerato solo se piega il capo e quasi "sparisce". È un'America in cui si scivola spesso (chi vede o ha visto il film comprenderà il riferimento) su una pulizia di facciata mentre si cerca di "applicare regole" che negano la speranza agli uomini ma la lasciano alle bestie (la scena dei medicinali è una delle più intense del cinema spielberghiano). Spielberg ama il suo Paese e ce lo ha dimostrato in più di un'occasione. Proprio per questo non vuol assistere al dissolversi dell'*American dream*. Che, a volte, può stare anche in una scatola di *peanuts*. ■ COMMEDIA; COL.; 128′; USA, 2004.

TERMINAL ENTRY ★★
Regia di JOHN KINCADE. Con EDWARD ALBERT, YAPHET KOTTO, PAUL SMITH. ■ Un gruppo di giovani americani scopre un nuovo gioco: compiere una serie di attentati (simulati) sul territorio americano. Ma un giorno qualcuno non simula più. ■ DRAMMATICO; COL.; 98′; USA, 1986.

TERMINAL ISLAND – L'ISOLA DEI DANNATI ★★
(Terminal Island)
Regia di STEPHANIE ROTHMAN. Con ENA HARTMAN, MARTA KRISTEN, DON MARSHALL. ■ In un'isola californiana vengono confinati gli assassini. Si formano immediatamente due gruppi, uno di violenti e l'altro di "pacifisti", che finiranno per scontrarsi sanguinosamente. ■ DRAMMATICO; COL.; 88′; USA, 1974.

TERMINAL VELOCITY ★★
Regia di DERAN SERAFIAN. Con JAMES GANDOLFINI, NASTASSJA KINSKI, CHRISTOPHER MACDONALD, CHARLIE SHEEN. ■ Sceneggiato da David Twohy (*Il fuggitivo*), il film ha partecipato alla rassegna Noir in Festival di Courmayeur. Ditch Brodie è un addestratore di paracadutisti. Un misterioso incidente mortale, accorso alla bella Chris Morrow, mette in discussione il suo operato. Viene chiusa la scuola. Ditch non si dà per vinto e indaga. Scopre che la ragazza ha architettato un piano per farsi credere morta. ■ POLIZIESCO; COL.; 102′; USA, 1994.

TERMINATOR *(The Terminator)* ★★★
Regia di JAMES CAMERON. Con MICHAEL BIEHN, LINDA HAMILTON, ARNOLD SCHWARZENEGGER. ■ Schwarzenegger è una delle massime esternazioni del nostro tempo, non solo del cinema; programmato con la stessa attenzione dei personaggi che rappresenta nei film. E raramente un'operazione è riuscita meglio. Partito come un ex culturista buono solo per quei ruoli, l'attore è diventato un portatore di grandi significati. Per lui è intervenuta anche l'intelligenza senza le virgolette definendolo addirittura una delle grandi meraviglie dell'era contemporanea. Naturalmente in lui c'erano delle qualità. Se non fosse stato per la sua duttilità e intelligenza, Schwarzy non sarebbe riuscito a superare i ruoli di personaggi alla Van Damme, Lundgren, Seagal, gente da cazzotti e arti marziali. Invece è il simbolo di certi valori del nostro tempo, irreali, futuristici, ma presentissimi. Ma poi eccolo portatore di una comunicazione positiva, per certi versi persino didattica, come nel *Poliziotto alle elementari*. Arnold è stato addirittura attore comico in *Gemelli*, campione fumettistico in *Predator*, ha ironizzato su se stesso in *Danko*. Ma alla fine la prima identificazione di Schwarzenegger è il robot Terminator. Questi fa parte di un futuro in cui gli uomini sono in guerra con le macchine. Dunque "ritorna" sulla terra nel 1984 per uccidere la madre dell'uomo destinato, in futuro, a sconfiggere i robot. La donna è aiutata da un umano che deve appunto vedersela col bionico Terminator, che è una macchina perfetta, con armi letali e computer incorporati. Una volta ferito si sostituisce tranquillamente gli arti. Non solo, ma ha la capacità di risorgere dalle sue ceneri. Viene mutilato, bruciato, scarnificato, ogni volta riprende la sua caccia. Alla fine è diventato un puro scheletro di metallo, ma sempre teso alla sua missione di uccidere. *Terminator* è dunque una parola acquisita dal cinema moderno, una sorta di riferimento indispensabile se vogliamo, riconfermato da *Terminator 2* del 1991, una delle produzioni più costose e di maggior successo di pubblico della storia del cinema. ■ FANTASCIENZA; COL.; 108′; USA, 1984.

♥ **TERMINATOR 2 – IL GIORNO DEL GIUDIZIO** ★★★
(Terminator 2 – Judgement Day)
Regia di JAMES CAMERON. Con EDWARD FURLONG, LINDA HAMILTON, ARNOLD SCHWARZENEGGER. ■ Il racconto inizia là dove termina il film precedente: *Terminator*. La protagonista è imprigionata in un ospedale psichiatrico. Il figlio avuto dall'uomo che l'aveva protetta nel primo episodio è stato adottato. È un ragazzo turbolento, ma dalle grandi potenzialità. È destinato a comandare gli uomini nella futura guerra contro i robot. Due cyborg vengono inviati sulla Terra. Uno deve uccidere il ragazzo, l'altro proteggerlo. Quest'ultimo ha curiosamente le fattezze del cyborg cattivo del precedente episodio. La sceneggiatura è al servizio di Schwarzy! La madre nel frattempo fugge dall'istituto e aiutata dal cyborg buono distrugge quello cattivo in un finale ad alto potenziale emotivo. Sequel che non tradisce le aspettative. Con un budget più sostanzioso Cameron racconta la più improbabile delle avventure con tale abilità da coinvolgere anche lo spettatore più riottoso. Grandi effetti speciali curati dalla società della quale è proprietario George Lucas e un finale che volge al patetico con il cyborg che compie una sorta di suicidio, tra la commozione elaborata dagli esperti della comunicazione di massa. Comunque il film ha vinto ben quattro Oscar (trucco, sonoro, effetti sonori, effetti speciali) proponendosi come uno dei risultati più eclatanti nel cinema di grande intrattenimento. Schwarzenegger, come sempre, si defila abilmente sul piano recitativo con espedienti che denotano più intelligenza che talento. ■ FANTASCIENZA; COL.; 135′; USA, 1991. ■ OSCAR 4 PR, 6 NOM.

TERMINATOR 2 *(The Time Guardian)* ★★
Regia di BRIAN HANNANT. Con TOM BURLINSON, CARRIE FISHER, DEAN STOCKWELL. ■ Nel 2300 la Terra non è che un arido ammasso di rocce e detriti. Annie, una geologa, si accorge di qualcosa di strano in una serie di fotografie e cerca di saperne qualcosa di più. Dopo innumerevoli avventure scopre l'esistenza di pericolosi esseri che minacciano l'incolumità della sua città, lanciata lontano dalla Terra attraverso il tempo. ■ FANTASCIENZA; COL.; 120′; AUSTRALIA, 1988.

TERMINATOR 3 – LE MACCHINE RIBELLI ★★
(Terminator 3 – Rise of the machines)
Regia di JONATHAN MOSTOW. Con DAVID ANDREWS, EARL BOEN, CLAIRE DANES, MARK FAMIGLIETTI, KRISTANNA LOKEN, ARNOLD SCHWARZENEGGER, NICK STAHL. ■ Era necessario? *T3*, meglio chiarirlo subito, è un ottimo film d'azione. Il suo problema maggiore è proprio il numero di serie che lo accompagna. L'umorismo è presente in ogni battuta, in ogni sequenza, a cominciare da quella iniziale con l'arrivo dell'eroe in tenuta adamitica ad un consesso di sole donne. Nonostante il film termini in maniera inaspettatamente apocalittica, i toni drammatici e cupi dei primi due capitoli cameroniani sono dimenticati a favore di una messa in scena solare e divertita che disintegra l'iconografia classica dei film d'azione e utilizza un linguaggio che pur metacinematografico (ci sono moltissimi riferimenti ad altri film) resta semplice, elementare e diretto ad un pubblico senza troppe pretese. ■ AZIONE; COL.; 109′; USA, 2003.

TERMINATOR SALVATION ★★
Regia di MCG. Con CHRISTIAN BALE, MOON BLOODGOOD, COMMON, BRYCE DALLAS HOWARD, SAM WORTHINGTON. ■ Anno 2003. Marcus Wright è detenuto nel Braccio della Morte in attesa di ricevere l'iniezione letale. Ha ucciso suo fratello e due poliziotti e vuole soltanto farla finita ma la dottoressa Sere-

na Kogan ha deciso per lui un altro destino. Firmato un documento legale che consegna il suo corpo alla scienza e gli promette una seconda opportunità, Marcus viene "terminato". Anno 2018. John Connor, leader ideale e carismatico del genere umano, partecipa alla Resistenza contro Skynet, il network di intelligenze artificiali, e il suo esercito di Terminator indistruttibili. Efficace e intraprendente, è deciso a sferrare un attacco mortale al nemico, a trovare suo padre Kyle Reese e a garantire un futuro all'umanità dopo l'apocalisse nucleare scatenata dalle macchine. Lo aiuterà Marcus, galeotto venuto dal passato e portatore di un segreto. ■ AZIONE; COL.; 115'; USA, GERMANIA, GRAN BRETAGNA, 2009.

TERMINUS *(End of the Line)* ★★
Regia di PIERRE WILLIAM GLENN. Con KAREN ALLEN, JOHNNY HALLYDAY, JÜRGEN PROCHNOW. ■ Nel 2000 un ragazzino geniale escogita un gioco pericoloso con un premio per il vincitore. Vince uno sbandato che salva anche il ragazzino (in realtà un cyborg) dai suoi malefici inventori. ■ FANTASCIENZA; COL.; 92'; GERMANIA, USA, 1987.

TERMINUS PARADIS ★★★
Regia di LUCIAN PINTILIE. Con COSTEL CASCAVAL, DORINA CHIRIAC, VICTOR REBENGIUC, RAZVAN VASILESCU, GHEORGHE VISU. ■ 1998. Bucarest. Norica è una cameriera che convive con il grossolano gestore del locale in cui lavora. Mitou, che sognava di andare in America, fa il guardiano di maiali. Ammazza l'uomo di lei e poi i due cercano la via della fuga. Non sarà cosa facile. Presentato a Venezia è una testimonianza dura sullo sbando totale dell'Est (e in particolare dei Paesi più deboli) nell'epoca del postcomunismo. ■ DRAMMATICO; COL.; 100'; ROMANIA, 1998. ■ VENEZIA 1 PR.

TERNOSECCO ★★
Regia di GIANCARLO GIANNINI. Con VICTORIA ABRIL, GIANCARLO GIANNINI, LINO TROISI. ■ L'intricata storia inizia con l'uccisione di Raffaele, suocero di Domenico Aniello Capatosta, detto "Mimì", marito di Brigida e celebre per saper leggere i sogni e tradurli in numeri. Accusato dell'omicidio, viene rinchiuso in galera, dove conosce il boss della camorra don Salvatore che presto lo promuove ad assaggiatore di cibi. Brigida diviene intanto l'amante dell'avvocato Parente. Ma don Salvatore muore proprio avvelenato e Mimì, una volta fuori, s'impadronisce di certe carte del boss. I soci cominciano a preoccuparsi seriamente, ma uno ad uno muoiono tutti. Lo scontro finale è con Parente, che si scopre essere l'assassino di Raffaele. Ma Brigida lo vendica. ■ GROTTESCO; COL.; 125'; ITALIA, 1986.

TERRA, LA *(Zemlja)* ★★★★
Regia di ALEKSANDR DOVZENKO. Con STEPAN SKURAT, JULIA SOLNCEVA, SËMION SVASENKO. ■ Siamo in Ucraina nel 1930. Pericoloso tentativo di formare un kolchoz per alcuni giovani contadini, al fine di poter utilizzare dei macchinari più moderni. Infatti i *kulak* cercano di impedirlo e il figlio di Belokhov uccide Vasil che è tra i più attivi. Tuttavia alla fine giustizia sarà fatta in una lotta sanguinosa. Uno dei film della rivoluzione cinematografica russa. ■ DRAMMATICO; B/N; 84'; URSS, 1930.

TERRA, LA ★★
Regia di SERGIO RUBINI. Con FABRIZIO BENTIVOGLIO, PAOLO BRIGUGLIA, GIOVANNA DI RAUSO, MARISA EUGENI, CLAUDIA GERINI, SERGIO RUBINI, EMILIO SOLFRIZZI, MASSIMO VENTURIELLO. ■ Se con il precedente film, Sergio Rubini sembrava aver completato il viaggio nella memoria e nella cultura della propria terra d'origine, con *La terra* vi fa ritorno, quasi sentisse la necessità di pareggiare e chiudere i conti con un certo vissuto. Almeno questo è quanto si trova a dover fare il protagonista del film Luigi, un professore di filosofia che vive ormai da molto tempo a Milano, e che ritorna in Puglia per vendere la tenuta di famiglia. Scopre, ben presto, che dei tre fratelli, soltanto Michele (affarista sfortunato e un po' avventato) e Mario (studente impegnato nel volontariato) sono d'accordo: Aldo, il fratellastro, per nessuna ragione è intenzionato a dare il consenso alla vendita della proprietà, su cui peraltro risiede. La vicenda si complica con un omicidio e Luigi si ritroverà, suo malgrado, a dover ricomporre la precaria unione familiare. Rubini riesce a non cadere nel cliché dei film sul "ritorno a casa", grazie anche, e soprattutto, alla bravura di Fabrizio Bentivoglio. ■ THRILLER; COL.; 112'; ITALIA, 2006.

TERRA AMATA *(Cry, the Beloved Country)* ★★★
Regia di DARRELL ROODT. Con RICHARD HARRIS, JAMES EARL JONES. ■ Dal romanzo di Alan Paton, grande scrittore sudafricano. Siamo appunto in Sudafrica nel 1946. Si incrociano le vicende del religioso nero Kumalo e del bianco possidente Jarvis. Il figlio del primo uccide il figlio del bianco. Siamo nel quadro dell'odio razziale di quella terra e di quel tempo. Il giovane ucciso inoltre era un amico dei neri. Il ragazzo viene condannato a morte. Nel giorno dell'esecuzione il padre va sulla montagna a pregare. I due genitori si sono nel frattempo conosciuti e parlati. Li accomuna la grande sofferenza. Un auspicio per la futura, pacifica convivenza dei due popoli. Nel frattempo abbiamo conosciuto quella magnifica terra e quei dolori infiniti. Film lirico con due attori al meglio delle loro possiblità. Anche Harris ha imparato ad essere misurato. ■ DRAMMATICO; COL.; 105'; USA, 1996.

TERRA BRUCIATA *(Ambush at Tomahawk Gap)* ★★
Regia di FRED F. SEARS. Con DAVIS BRIAN, JOHN DEREK, JOHN HODIAK, MARIA ELENA MARQUÉS. ■ Quattro fuorilegge si recano in una città fantasma per recuperare il bottino di una rapina, ma l'avidità e un assalto degli indiani stermineranno il gruppo. Si salverà solo il più giovane che si rifarà la vita con una pellerossa. ■ WESTERN; COL.; 73'; USA, 1954.

TERRA BRUCIATA ★★
Regia di FABIO SEGATORI. Con RAOUL BOVA, GIANCARLO GIANNINI, BIANCA GUACCERO, FRANCESCO PAOLANTONI, MICHELE PLACIDO. ■ Un attore lucano che ha fatto fortuna ad Hollywood torna al paese in seguito alla morte dei genitori. Si trova davanti boss, killer, preti che sanno e possono aiutare o tacere. Un film che cerca di imitare il cinema di Hong Kong senza riuscirci. ■ DRAMMATICO; COL.; 97'; ITALIA, 1999.

TERRA CONTRO I DISCHI VOLANTI, LA ★★
(Earth Versus the Flying Dancers)
Regia di FRED F. SEARS. Con DONALD CURTIS, HUGH MARLOWE, JOAN TAYLOR. ■ Gli extraterrestri rapiscono un giovane scienziato che progetta satelliti artificiali, ma lui fugge e sventa un loro tentativo d'invadere Washington. ■ FANTASCIENZA; B/N; 83'; USA, 1956.

TERRA DEGLI APACHES, LA *(Walk the Proud Land)* ★★
Regia di JESSE HIBBS. Con ANNE BANCROFT, AUDIE MURPHY. ■ Un giovane quacchero viene nominato agente indiano presso una tribù. Una pellerossa si innamora di lui e la moglie lo vuole abbandonare; poi, quando il protagonista torna a casa dopo aver sconfitto Geronimo, tutto si rimette a posto. ■ WESTERN; COL.; 88'; USA, 1956.

TERRA DEGLI UOMINI ROSSI, LA *(Birdwatchers)* ★★★
Regia di MARCO BECHIS. Con PEDRO ABRISIO DA SILVA, ALICELIA BATISTA CABREIRA, CHIARA CASELLI, ADEMILSON CONCIANZA VERGA, MATHEUS NACHTERGAELE, FABIANE PEREIRA DA SILVA, CLAUDIO SANTAMARIA, AMBROSIO VILHAVA. ■ Mato Grosso do Sul (Brasile), 2008. Le attività economiche della zona sono legate allo sfruttamento in coltivazioni transgeniche dei terreni che in passato appartenevano agli indios e nelle visite guidate a turisti interessati al birdwatching. Lo status quo viene bruscamente interrotto quando Nádio, leader rispettato di una comunità india, si rende conto di non poter sopportare il susseguirsi di suicidi di giovani senza più speranza. Inizia così una ribellione pacifica finalizzata a ottenere una restituzione delle terre indebitamente confiscate. Accanto a lui ci sono suo figlio e il giovane apprendista sciamano Osvaldo. I *fazenderos* inizialmente reagiscono cercando di frenare le spinte più estremiste del loro campo ma comunque ben decisi a non cedere neppure un ettaro di terra agli indios. I Guarani Kaiowá sono un popolo indio che fin dal Seicento ha subito persecuzioni per non aver accettato l'opera di evangelizzazione dei gesuiti. Ancora oggi, nel Brasile di Lula, la loro sorte è quella di sopravvivere nel degrado delle riserve senza alcuna speranza nel futuro. Così come nelle riserve vivono gli

splendidi neoattori di questo film che Bechis ha realizzato con la consueta passione civile unita a una grande lucidità intellettuale. *La terra degli uomini rossi* diventa così un film di forte denuncia morale e politica senza assumere mai la dimensione del pamphlet. Proprio in questo procedere, che permette alla ragione di prevalere sulla passione, sta la forza di un film che Bechis ha saputo costruire "ascoltando" nel senso più pieno del termine coloro che ogni giorno vivono l'umiliazione di non possedere più una terra che per loro non significa solo cibo ma anche (e soprattutto) radici e cultura. ■ DRAMMATICO; COL.; 108'; ITALIA, BRASILE, 2008.

TERRA DEI MORTI VIVENTI, LA *(Land of the Dead)* ★★
Regia di GEORGE A. ROMERO. Con PEDRO MIGUEL ARCE, ASIA ARGENTO, SIMON BAKER, EUGENE CLARK, DENNIS HOPPER, ROBERT JOY, JOHN LEGUIZAMO, SIMON PEGG. ■ Romero, colui che attraverso una figura irreale, lo zombi, aveva negli anni Settanta demolito certezze e instillato dubbi più che concreti, torna a criticare aspramente la civiltà moderna con un film romanticamente crepuscolare e ben riuscito, per quanto non privo di insospettabili difetti. Tensione, suspense e colpi di scena sono quasi completamente assenti e poco riescono le ottime caratterizzazioni dei personaggi a supplire alle mancanze di una sceneggiatura che, se presa come pamphlet sociale risulta essere perfetta (e condivisibile, almeno da un punto di vista proletario), mostra invece le corde sia come elemento portante di uno *zombie-movie* classico, che come base per un film capace di regalare emozioni forti. Romero è ancora capace di grandi suggestioni e immaginifiche trovate (i fuochi d'artificio la cui visione stordisce e ammalia per un attimo le menti ottenebrate degli zombi), ma oggettivamente qui è poco a suo agio con l'azione vera e propria. ■ HORROR; COL.; 93'; CANADA, FRANCIA, USA, 2005.

TERRA DEI SENZA LEGGE, LA *(Badmen's Territory)* ★★★
Regia di TIM WHELAN. Con ANN RICHARDS, RANDOLPH SCOTT. ■ Per un errore della commissione incaricata di tracciare le linee di confine, fra Stati Uniti e Messico resta una striscia di terra non soggetta a nessuno dei due paesi. Poiché la zona è diventata il paradiso dei fuorilegge che non possono essere perseguiti dalla polizia, una coraggiosa giornalista si batte perché il territorio venga annesso agli Stati Uniti. Riuscirà nell'intento grazie all'aiuto di un ex sceriffo ingiustamente accusato di favoreggiamento. Ottenuta la vittoria e provata l'innocenza dello sceriffo, i due si sposeranno. ■ WESTERN; B/N; 97'; USA, 1947.

TERRA DEL DESIDERIO, LA *(Hamnstad)* ★★
Regia di INGMAR BERGMAN. Con BENGT ENKLUND, ERIK HELL, NINI-CHRISTINE JÖNSSON, MIMI NELSON. ■ Uno dei primi film di Bergman (il quinto per l'esattezza). I personaggi principali sono i giovani di una città portuale. La solitudine, le difficoltà di inserirsi nella società svedese del dopoguerra li spingono a impossibili sogni d'evasione. ■ DRAMMATICO; B/N; 99'; SVEZIA, 1948.

TERRA DEL FUOCO *(Tierra del fuego)* ★
Regia di MIGUEL LITTIN. Con ORNELLA MUTI, JEORGE PERGORRIA, CLAUDIO SANTAMARIA. ■ Sudamerica. Al centro della vicenda Ornella Muti nella parte di una prostituta, intorno alla quale girano personaggi di ogni genere, sempre lontani dalla realtà. Un sacco di astrazioni e astrusità. Sepulveda e Tonino Guerra fra gli sceneggiatori. ■ DRAMMATICO; COL.; 103'; ITALIA, SPAGNA, 2000.

TERRA DELL'ABBONDANZA, LA *(Land of Plenty)* ★★★
Regia di WIM WENDERS. Con JOHN DIEHL, RICHARD EDSON, YURI ELVIN, BERNARD WHITE, MICHELLE WILLIAMS, BURT YOUNG. ■ Los Angeles, 2003. Paul è un reduce del Vietnam e fa parte di un corpo speciale per la sicurezza e la difesa contro gli attentati; Lana, figlia di un missionario, ha vissuto in Africa e torna dopo lungo tempo nel suo paese, a lavorare per una comunità di senzatetto. Entrambi hanno però qualcosa in comune. Paul è lo zio della ragazza, con la quale ha perso i contatti da molti anni. Incontratisi nuovamente, sono testimoni della morte di un uomo mediorientale, che consentirà loro di avvicinarsi l'un l'altra e di esprimere opposte visioni del mondo. Wim Wenders, da *Così lontano, così vicino,* ha percorso e sviluppato stile, tecniche e temi specifici, diventando un regista riconoscibile in ogni suo film. Se questo aspetto, in alcuni casi, può essere considerato un "marchio di fabbrica", per il cineasta tedesco sembra poter essere un vincolo. Ma in questo caso è un punto di forza. ■ DRAMMATICO; COL.; 114'; USA, 2004.

TERRA DELLA GRANDE PROMESSA, LA ★★★
(Ziemia Obiecana)
Regia di ANDRZEJ WAJDA. Con DANIEL OLBRYCHSKI, WOICEK PSZONIAK, JERZY ZELNIK. ■ Dal romanzo di Wladyslaw Reymont. A Lodz, alla fine dell'Ottocento, tre amici decidono di fondare una società e diventare industriali. Mettono gli occhi su una filanda (che potrà dare loro la ricchezza). Ma come radunare il denaro necessario all'impresa? Con prestiti, intrighi, speculazioni, il trio riuscirà nell'intento. Un grande affresco ottocentesco che ha trovato in Wajda un mirabile illustratore cinematografico. ■ DRAMMATICO; COL.; 182'; POLONIA, 1975. ■ OSCAR 1 NOM.

TERRA DI CONQUISTA *(American Empire)* ★★★
Regia di WILLIAM H. MCGANN. Con LEO CARRILLO, RICHARD DIX, PRESTON FOSTER. ■ Un marinaio si trasferisce nel Texas e diventa uno dei famosi "baroni del bestiame". Governa come un signore feudale i suoi enormi possedimenti, ma giungono i coloni e pretendono la divisione del latifondo. L'uomo diventa sempre più duro, anche perché nella lotta perde un figlio. La moglie riuscirà a convincerlo alla tolleranza. ■ WESTERN; B/N; 110'; USA, 1942.

TERRA DI CONQUISTA *(Unsettled Land)* ★★★
Regia di URI BARBASH. Con KELLY MCGILLIS, JOHN SHEA. ■ A guerra terminata, alcuni giovani ebrei scampati miracolosamente all'olocausto decidono di ricominciare da capo, nella "terra promessa" d'Israele. Ma trovano solo un deserto, percorso da arabi nomadi. I giovani s'installano egualmente e cominciano a lavorare sodo. Però quando dimostrano di voler rimanere per sempre e considerare quella terra come loro, si scatena il conflitto con i beduini. Destinato, come si sa, a protrarsi per lunghi decenni. ■ AVVENTURA; COL.; 82'; ISRAELE, USA, 1989.

TERRA DI FUOCO *(Terre de feu)* ★★
Regia di GIORGIO FERRONI, MARCEL L'HERBIER. Con MIREILLE BALIN, MARIE GLORY, TITO SCHIPA, JEAN SERVAIS. ■ Un cantante che ha scontato una lunga pena detentiva per aver ucciso un uomo in un impulso di gelosia ritrova la serenità accanto alla moglie e alla figlia. ■ MUSICALE; B/N; 92'; FRANCIA, ITALIA, 1939.

TERRA DI GIGANTI *(Sons of Matthews)* ★★
Regia di CHARLES CHAUVEL. Con WENDY GIBB, JOHN O'MALLEY, MICHAEL PATE, THELMA SCOTT. ■ In Australia quattro fratelli d'origine irlandese partono per dissodare le terre incolte accompagnati da un'amica d'infanzia. Due s'innamorano di lei e scoppia una lite furibonda, ma poi tutto s'accomoda. ■ AVVENTURA; B/N; 93'; AUSTRALIA, 1951.

TERRA DIMENTICATA DAL TEMPO, LA ★★★
(The Land That Time Forgot)
Regia di KEVIN CONNOR. Con DOUG MCCLURE, JOHN MCENERY, SUSAN PENHALIGON. ■ Durante la prima guerra mondiale, un sommergibile tedesco con a bordo alcuni prigionieri inglesi tra cui una donna capita in un'isola dell'Antartide dove la vita si è fermata alla preistoria. Alla fine il sottomarino sarà distrutto da un terremoto e la donna e un altro prigioniero saranno costretti a rimanere in quella terra misteriosa. ■ AVVENTURA; COL.; 91'; GRAN BRETAGNA, 1975.

TERRA DI MEZZO ★★★
Regia di MATTEO GARRONE. Con PAOLA BARBARA, EUGLEN, GERTIAN, AHMED MAHGOUB, SYLVIA PASCAL, TINA. ■ Film a episodi, il primo dei quali vincitore della prima edizione del Sacher Festival. Nel primo si racconta di prostitute immigrate mentre negli altri due i protagonisti sono profughi albanesi che lavorano a giornata e Ahmed, un benzinaio notturno abusivo. ■ DRAMMATICO; COL.; 77'; ITALIA, 1997.

TERRA DI NESSUNO ★★★
Regia di MARIO BAFFICO. Con NELLY CORRADI, MAURIZIO D'ANCORA, MARIO FERRARI, TINA PICA, LAMBERTO PICASSO, UMBERTO SACRIPANTE, LAURA SOLARI. ■ Alla fine dell'Ottocento, in Sicilia, un ex emigrante riesce a colonizzare una parte

del latifondo e a far sposare sua figlia col figlio del padrone, ma questi non demorde e la ragazza finirà uccisa durante gli scontri fra contadini e campieri. ■ DRAMMATICO; B/N; 91'; ITALIA, 1939.

TERRA DI NESSUNO *(No Man's Land)* ★★★
Regia di ALAIN TANNER. Con JEAN-PHILIPPE ECOFFEY, MYRIAM MÉZIÈRES, HUGUES QUESTER. ■ Tra il confine della Francia con la Svizzera, c'è una zona franca, priva di giurisdizione, che proprio per questo è il raduno di molti sbandati. Il film ne isola quattro (uno di essi un contrabbandiere, gli altri tutte persone in crisi esistenziale) e ne accompagna le traversie fino alla drammatica conclusione. ■ DRAMMATICO; COL.; 110'; SVIZZERA, 1985.

TERRA DI RIBELLIONE *(Windom's Way)* ★★
Regia di RONALD NEAME. Con PETER FINCH, ROBERT FLEMYNG, NATASHA PERRY, MARY URE. ■ Un medico inglese in Estremo Oriente cerca di sanare i dissidi che dividono i proprietari delle piantagioni e i loro lavoranti. Ma tutto ciò è inutile: l'ottuso comportamento delle autorità fa scoppiare una rivolta repressa nel sangue. Il medico è disperato, ma per fortuna troverà conforto nella moglie che tornerà da lui dopo una lunga separazione. ■ DRAMMATICO; B/N; 108'; GRAN BRETAGNA, 1958.

TERRA DI SANGUE *(Tierra de fuego)* ★
Regia di MARIO SOFFICI. Con PEDRO LOPEZ LAGAR, SABINO OLMOS, MARIO SOFFICI. ■ Nella Terra del Fuoco un missionario, ex appartenente alla Legione straniera, sacrifica la propria vita per salvare una ragazza da un prepotente. ■ DRAMMATICO; B/N; 93'; ARGENTINA, 1950.

TERRA DI SPAGNA *(Spanish Earth)* ★★★
Regia di JORIS IVENS. ■ Un film antifascista con il testo di Ernest Hemingway e tra i produttori la scrittrice Dorothy Parker. Ivens ha intercalato momenti di guerriglia al lavoro dei contadini e ai discorsi del comandante Carlos. Un grande documentario da un grande regista. ■ DOCUMENTARIO; B/N; 53'; USA, 1937.

♥ **TERRA E LIBERTÀ** *(Land and Freedom)* ★★★★
Regia di KEN LOACH. Con ICIAR BOLLAIN, ANGELA CLARKE, TOM GILROY, IAN HART, ROSANA PASTOR. ■ Muore un anziano. La nipote, casualmente, trova delle lettere. Il nonno era tutt'altro che un personaggio insignificante. Eccoci nel 1936: il giovane inglese David va in Spagna per combattere contro Franco. In quel paese stanno confluendo giovani da tutto il mondo, richiamati dal magnifico ideale libertario. Non hanno armi, non hanno organizzazione, hanno solo entusiasmo. Ottengono qualche vittoria iniziale e sembra che si possa realizzare l'ideale comunista rivoluzionario. Nel frattempo David vive tutte le esperienze, compreso l'amore per una *pasionaria*. Alla fine le troppe tendenze rivoluzionarie si scontrano fra loro, comunisti tradiscono comunisti e Franco, fascista organizzato, finisce per beffare tutti e vincere. Film di grande forza e di autentica nostalgia populista, con magnifico spirito giovanilistico. Una delle sequenze di maggiore intensità è quella in cui contadini e intellettuali discutono della collettivizzazione della terra. C'è un entusiasmo attonito, per un momento pare di toccare il famoso mondo e il famoso destino migliore. Film diverso, realista e intenso, capace di manifestare qualcosa di non visto in un contesto raccontato tante tante volte. ■ DRAMMATICO; COL.; 105'; GRAN BRETAGNA, SPAGNA, 1995.

TERRA ESPLODE, LA *(Satellite in the Sky)* ★★
Regia di PAUL DICKSON. Con LOIS MAXWELL, KIERON MOORE, DONALD WOLFIT. ■ Una giornalista s'imbarca clandestina su una astronave americana che per un esperimento scientifico deve far esplodere una bomba nucleare nello spazio. Per un guasto pare che l'ordigno sia destinato a far esplodere la Terra, ma due eroici astronauti si sacrificano dirigendo la bomba manualmente e salvano il pianeta. ■ FANTASCIENZA; COL.; 84'; USA, 1956.

TERRAFERMA ★★★
Regia di EMANUELE CRIALESE. Con MIMMO CUTICCHIO, DONATELLA FINOCCHIARO, BEPPE FIORELLO, FILIPPO PUCILLO, TIMNIT T. ■ In un'isola del Mare Nostrum, Filippo, un ventenne orfano di padre, vive con la madre Giulietta e il Nonno Ernesto, un vecchio e irriducibile pescatore che pratica la legge del mare. Durante una battuta di pesca, Filippo ed Ernesto salvano dall'annegamento una donna incinta e il suo bambino di pochi anni. In barba alla burocrazia e alla finanza, decidono di prendersi cura di loro, almeno fino a quando non avranno la forza di provvedere da soli al loro destino. Diviso tra la gestione di viziati vacanzieri e l'indigenza di una donna in fuga dalla guerra, Filippo cerca il suo centro e una terra finalmente ferma. ■ DRAMMATICO; COL.; 88'; ITALIA, FRANCIA, 2011.

TERRA INFUOCATA *(Tall Man Riding)* ★★★
Regia di LESLEY SELANDER. Con PEGGIE CASTLE, DOROTHY MALONE, RANDOLPH SCOTT. ■ Un cowboy ritorna al suo paese per vendicarsi del padre della sua ragazza, un prepotente *ranchero* che l'ha costretta a sposare un altro, e si trova coinvolto nella lotta tra questi e i piccoli agricoltori. Il nostro eroe riesce a diventare proprietario di una fattoria dopo che il latifondo del suo avversario è stato smembrato e sposa la donna, rimasta opportunamente vedova. ■ WESTERN; COL.; 83'; USA, 1956.

TERRA IN TRANCE *(Terra em transe)* ★★★
Regia di GLAUBER ROCHA. Con PAULO AUTRAN, JARDEL FILHO, JOSÉ LEWGOY. ■ Un intellettuale comunista brasiliano accetta di collaborare con il padrone di un'emittente televisiva per contrastare l'invadenza degli americani, ma scopre di aver favorito inconsapevolmente il colpo di Stato militare del 1964 e si suicida. ■ DRAMMATICO; B/N; 115'; BRASILE, 1967.

TERRA LONTANA *(The Far Country)* ★★★
Regia di ANTHONY MANN. Con WALTER BRENNAN, JOHN MCINTIRE, RUTH ROMAN, JAMES STEWART. ■ Nel 1898 ai tempi della corsa all'oro, nello Yukon, un cowboy accompagnato da un amico conduce una mandria per gli affamati minatori, ma un prepotente vorrebbe fargli pagare un esoso pedaggio. Dopo alterne vicende il nostro eroe riuscirà vincitore e sposerà una ragazza del luogo. ■ WESTERN; COL.; 97'; USA, 1953.

TERRA MADRE ★★★
Regia di ALESSANDRO BLASETTI. Con GIORGIO BIANCHI, FRANCO COOP, LEDA GLORIA, CARLO NINCHI, ISA POLA, SANDRO SALVINI. ■ La leggerezza della moglie ha condotto un nobile proprietario terriero sulle soglie della rovina ed egli medita di vendere i propri appezzamenti, ma quando si accorge che i contadini sarebbero scacciati, ci ripensa e torna a condurre personalmente la sua proprietà, lasciando la moglie alla vita cittadina. ■ DRAMMATICO; B/N; 92'; ITALIA, 1931.

TERRA NERA *(In Old Oklahoma)* ★★★
Regia di ALBERT S. ROGELL. Con ALBERT DEKKER, GEORGE GABBY HAYES, MARTHA SCOTT, JOHN WAYNE. ■ Agli inizi del Novecento, un cowboy e un malvagio petroliere corteggiano entrambi una maestrina, esiliata in quei posti sperduti per aver scritto un libro audace. Il petroliere, inoltre, vorrebbe impadronirsi dei terreni petroliferi degli indiani, ma il cowboy, che è stato sergente di Teodoro Roosevelt durante la guerra ispano-americana, ottiene dal presidente che lo sfruttamento dei pozzi sia assegnato a chi porterà il prezioso liquido a Tulsa entro una certa data. Il cowboy riuscirà vincitore in una spettacolare corsa dei carri cisterna e otterrà la ragazza. ■ WESTERN; B/N; 102'; USA, 1943. ■ OSCAR 2 NOM.

TERRA NUDA *(The Naked Earth)* ★★★
Regia di VINCENT SHERMAN. Con FINLAY CURRIE, JULIETTE GRÉCO, RICHARD TODD. ■ Un irlandese, desideroso di far fortuna, raggiunge in Africa un amico che gli ha scritto di possedere un'avviata piantagione. Trova però che il suo potenziale socio è stato ucciso dai coccodrilli. Sposatosi per convenienza con una francese ex amante del defunto, prova allora a rimettere in piedi l'azienda, ma, bisognoso di capitali, decide di darsi anch'egli alla caccia dei coccodrilli. Grazie all'aiuto di un nero che perde la vita aiutandolo riesce a fare un bel gruzzolo, e nonostante tutto, decide di rimanere in Africa con la ragazza che ha cominciato ad amarlo veramente. ■ AVVENTURA; B/N; 96'; USA, 1957.

TERRA PROMESSA *(Promised Land)* ★★
Regia di MICHAEL HOFFMAN. Con MEG RYAN, KIEFER SUTHERLAND. ■ Due ragazzi all'epoca del liceo amano la stessa fanciulla. Uno dei due diventa poliziotto. Forse un giorno sposerà la ragazza che per la verità da lui si attendeva destini più brillanti. Intanto l'altro ragazzo, divenuto un vagabondo, tenta una rapina al

supermercato. Gli va male. Viene ucciso. E proprio dall'antico compagno. ■ DRAMMATICO; COL.; 101′; USA, 1987.

TERRA PROMESSA *(Promised Land)* ★★★
Regia di AMOS GITAI. Con YUSSUF ABU WARDA, ALLA AN, CRAIG BACHINS, SHALVA BEN MOSHE, DIANA BESPECHNI, KATYA DRABKIN, RANI KAUCHINSKY, MENAHEM LANG, AMOS LAVIE, YELENA MAUNCHENKO, ANNE PARILLAUD, MEITAL PERETZ, ROSAMUND PIKE, PEETER POLLUVEER, HANNA SCHYGULLA. ■ Gitai alle prese con un soggetto di vergognosa attualità, trova un difficile equilibrio tra la sua produzione strettamente documentaristica e quella di finzione. *Promised Land* apre uno squarcio sul traffico di prostitute bianche che imperversa in Medioriente, raccontando la storia (finta) di otto donne dell'Est che vengono fatte passare attraverso il deserto del Sinai e vendute all'asta come bestie, passando per abusi di ogni genere. Gitai sembra consapevole di avere per le mani una storia terribile e decide di lasciare impresso il marchio del degrado piuttosto che perdersi in divagazioni della trama. ■ DRAMMATICO; COL.; 90′; FRANCIA, ISRAELE, 2004.

TERRA PROMESSA, LA *(New Frontier)* ★★
Regia di CARL PIERSON. Con MURIEL EVANS, WARNER RICHMOND, JOHN WAYNE. ■ Un John Wayne quasi imberbe fa il cavaliere senza macchia e senza paura, che prende le difese di un gruppo di *rancheros* che sta per essere espropriato a causa della costruzione di una diga. La valle sarà allagata, ma Wayne condurrà gli espropriati in un nuovo territorio dove potranno ricominciare. ■ WESTERN; B/N; 95′; USA, 1935.

TERRAROSSA ★★
Regia di GIORGIO MOLTENI. Con MONICA COMEGNA, GIANNI FEDERICO, CARMINE RECANO. ■ Il film tratto da *Teda* di Saverio Strada, narra, in piena guerra (1943), le vicende di quattro muratori che arrivano a Terrarossa, un paesino roccioso dell'Aspromonte abitato da gente povera e affamata costretta a vivere ancora nelle grotte. Mentre i tre muratori più anziani iniziano a costruire le prime case e cercano di sensibilizzare politicamente la gente, Filippo il più giovane corre dietro alle ragazze del paese che gradiscono la sua compagnia. Ma dopo il sole e la spensieratezza dei primi giorni, un'incessante pioggia provoca un fiume di fango che travolge le case e cancella il piccolo paese. Ai poveri muratori non resta che abbandonare la comunità ormai senza speranze e ricominciare da un'altra parte. Film generoso ma riuscito a metà: il piano della denuncia sociale e quello delle avventure del giovane Filippo mal si conciliano. ■ DRAMMATICO; COL.; 100′; ITALIA, 2001.

TERRA SELVAGGIA *(Billy the Kid)* ★★★
Regia di DAVID MILLER. Con BRIAN DONLEVY, IAN HUNTER, GENE LOCKHART, ROBERT TAYLOR. ■ La storia molto romanzata del famoso pistolero Billy the Kid: si vendica degli assassini di un suo amico sceriffo, ma viene ucciso a tradimento. ■ WESTERN; COL.; 95′; USA, 1941. ■ OSCAR 1 NOM.

TERRA SELVAGGIA *(The Naked Country)* ★★★
Regia di TIM BURSTALL. Con REBECCA GILLING, IVAR KANTS, JOHN STANTON. ■ Dal romanzo di Morris West. Un allevatore di bestiame australiano s'è installato in una zona selvaggia. Ma la cosa non sta bene agli aborigeni del posto che lo vedono come un prepotente invasore. Una notte lo assalgono, lo feriscono, lo braccano senza pietà. Per l'uomo è l'inizio di una terribile lotta per la sopravvivenza. ■ DRAMMATICO; COL.; 92′; AUSTRALIA, 1985.

TERRA SELVAGGIA *(Border Shootout)* ★★
Regia di CHRIS MCINTYRE. Con GLENN FORD, MICHAEL FORREST, CODY GLENN. ■ John, un vecchio sceriffo, deve scortare un pericoloso criminale nelle carceri federali. Ma durante il suo percorso le difficoltà non mancheranno. ■ WESTERN; COL.; 110′; USA, 1990.

TERRA SENZA DONNE *(Naughty Marietta)* ★★★
Regia di W. S. VAN DYKE II. Con NELSON EDDY, JEANETTE MACDONALD. ■ Nel Settecento, una principessa francese, per evitare un odioso matrimonio con un nobile spagnolo, fugge in Louisiana mischiandosi a un gruppo di ragazze che debbono essere sposate dai coloni. Troverà un bravo pioniere: s'innamoreranno. ■ SENTIMENTALE; B/N; 80′; USA, 1934. ■ OSCAR 1 PR, 2 NOM.

TERRA SENZA TEMPO ★★
Regia di SILVESTRO PRESTIFILIPPO. Con LEONARDO CORTESE, ACHILLE MILLO, ALDO SILVANI. ■ In Calabria, un giovane architetto cerca di convincere un'egoista baronessa a trattare i braccianti in modo più umano. I contadini stanno per ribellarsi quando il giovane professionista muore cercando di salvare alcuni bambini rimasti prigionieri in un crollo: il suo sacrificio riporta la pace. ■ DRAMMATICO; B/N; 94′; ITALIA, 1951.

TERRA SILENZIOSA, LA *(The Quiet Earth)* ★
Regia di GEOFF MURPHY. Con BRUNO LAWRENCE, ALISON ROUTLEDGE. ■ Uno scienziato si occupa di studi importantissimi per il futuro energetico dell'umanità. Un giorno, mentre sta lavorando, causa involontariamente l'estinzione della vita umana. Al terribile disastro sopravvivono solo lo scienziato stesso, un uomo e una donna. ■ FANTASCIENZA; COL.; 95′; NUOVA ZELANDA, 1985.

TERRA SI TINSE DI ROSSO, LA ★★★
(The Lolly Madonna War)
Regia di RICHARD C. SARAFIAN. Con JEFF BRIDGES, ROBERT RYAN, ROD STEIGER. ■ Un buon resoconto di una tipica faida scoppiata tra contadini poveri delle montagne del Sud. All'inizio si tratta di semplici burle, ma alla fine ci scappano molti morti e il patriarca di una delle due famiglie in lotta impazzisce. ■ DRAMMATICO; B/N; 103′; USA, 1973.

TERRA STRANIERA ★★
Regia di SERGIO CORBUCCI. Con LIA AMANDA, TAMARA LEES, NARCISO PARIGI, JACQUES SERNAS, MARIO VITALE. ■ Un italiano, emigrato clandestinamente in Francia, ha una bella voce e ciò gli permette di lasciare il pesante lavoro in miniera per diventare cantante. Ma quando c'è un'esplosione di grisù corre ad aiutare gli antichi compagni. ■ DRAMMATICO; B/N; 92′; ITALIA, 1954.

TERRA TREMA, LA ★★★★
Regia di LUCHINO VISCONTI. Con ANTONIO ARCIDIACONO, GIUSEPPE ARCIDIACONO, NELLUCCIA GIAMMOVA, ANTONINO MICALE, MARIA MICALE, SEBASTIANO VALASTRO, SALVATORE VICARI. ■ Liberamente tratto da *I Malavoglia* di Verga. La storia di una famiglia di pescatori siciliani che nel tentativo di acquistare la barca perde la casa e si dispera. Gli attori, non professionisti, che parlano in siciliano stretto, rendono il film piuttosto difficile, anche se la bellezza delle immagini e la drammaticità della storia ne fanno uno dei capolavori della nostra cinematografia. ■ DRAMMATICO; B/N; 157′; ITALIA, 1948. ■ VENEZIA 1 PR.

TERRAZZA, LA ★★★
Regia di ETTORE SCOLA. Con OMBRETTA COLLI, VITTORIO GASSMAN, CARLA GRAVINA, MARCELLO MASTROIANNI, SERGE REGGIANI, STEFANO SATTA FLORES, UGO TOGNAZZI, JEAN-LOUIS TRINTIGNANT. ■ Il lungo film (dura due ore e mezzo) presenta le storie intime di alcuni personaggi che, nelle sere d'estate, si riuniscono su una terrazza romana riservata a intellettuali borghesi. Un film accorato e a tratti molto lucido, che pubblico e critica si sono divertiti a interpretare "a chiave", riconoscendo nei vari personaggi protagonisti autentici della cultura italiana. ■ DRAMMATICO; COL.; 155′; FRANCIA, ITALIA, 1980. ■ CANNES 2 PR.

TERRAZZA SUL LAGO, LA *(Lakeview terrace)* ★★
Regia di NEIL LABUTE. Con JAISHON FISHER, SAMUEL L. JACKSON, REGINE NEHY, KERRY WASHINGTON, PATRICK WILSON. ■ Chris e Lisa Mattson raggiungono la loro villetta californiana appena acquistata. C'è qualcuno che li osserva con attenzione. Si tratta del vicino di casa Abel Turner, appartenente alla polizia di Los Angeles e autoincaricatosi di sorvegliare la zona. Abel ha un motivo preciso per non apprezzare l'arrivo dei Mattson: lui è afroamericano e la coppia che si è appena installata al confine con la sua proprietà è una coppia mista. Chris è bianco e Lisa è nera. Abel, che è vedovo e si occupa dei due giovani figli, un maschio e una femmina, non può tollerare la commistione di razze e da quel momento farà di tutto per disturbare i vicini ed indurli ad andarsene in un crescendo di finta disponibilità alternato ad attacchi di ira. ■ AZIONE; COL.; 110′; USA, 2008.

TERRE DESOLATE *(Into the Badlands)* ★★
Regia di SAM PILLSBURY. Con BRUCE DERN, MARIEL HE-

MINGWAY, HELEN HUNT. ■ Un western che ricorda il "clima" presente negli *Spietati*. Persone che si inseguono e si combattono. Non ci sono speranze e non ci sono vincitori. ■ AVVENTURA; COL.; 85′; USA, 1991.

TERREMOTO *(Earthquake)* ★★★
Regia di MARK ROBSON. Con GENEVIÈVE BUJOLD, AVA GARDNER, LORNE GREENE, CHARLTON HESTON, GEORGE KENNEDY, RICHARD ROUNDTREE, BARRY SULLIVAN. ■ Nella città di Los Angeles sconvolta dal terremoto due uomini lottano per salvare quanti più superstiti possono. ■ DRAMMATICO; COL.; 129′; USA, 1974. ■ GOLDEN GLOBES 2 NOM; OSCAR 2 PR, 5 NOM.

TERREMOTO 10° GRADO ★★
(Kyoryu: Kaicho no densetsu)
Regia di JUNJI KURATA. Con DAVID FREEDMAN, SHOTARO HAYASHI, TSUNEHIKO WATASE. ■ Un potente terremoto scatena dalla profondità della terra un grande numero di mostri. Per gli appassionati del genere catastrofico. ■ DRAMMATICO; COL.; 90′; GIAPPONE, 1977.

TERREMOTO NEL BRONX ★★
(Rumble in the Bronx/Hongfan Qu)
Regia di STANLEY TONG. Con JACKIE CHAN, ANITA MUI, BILL TUNG, FRANÇOISE YIP. ■ Jackie Chan lascia Hong Kong per recarsi a New York al matrimonio di uno zio. Qui avrà a che fare, in un tripudio di coreografie di kung-fu, con una banda di teppisti e con una di trafficanti di diamanti. Il tutto girato senza uso di *stuntmen*. ■ AVVENTURA; COL.; 89′; HONG KONG, 1996.

TERRIBILE ARMATA, LA *(Emile und die Detektive)* ★★★
Regia di GERHARD LAMPRECHT. Con KÄTHE HAACK, FRITZ RASP, HANS RICHTER, HANS SCHLAUFUS, ROLF VENKAUS. ■ Il film è un divertente racconto ambientato nella Berlino degli anni Trenta. ■ COMMEDIA; COL.; 92′; GERMANIA, 1931.

TERRIBILE ISPETTORE, IL ★★
Regia di MARIO AMENDOLA. Con AGOSTINA BELLI, NINO BESOZZI, CARLO CAMPANINI, UMBERTO D'ORSI, FRANCESCO MULÉ, DIDI PEREGO, PAOLO VILLAGGIO. ■ Un inserviente d'ospedale dotato di faccia tosta riesce a far carriera sposando una donna brutta e ricca. ■ COMMEDIA; COL.; 95′; ITALIA, 1969.

TERRIBILE TEODORO, IL ★★
Regia di ROBERTO BIANCHI MONTERO. Con ROSSANA PETRUZZI, MARIO RIVA, GIULIA RUBINI, NINO TARANTO. ■ Finto bacchettone dirige un atelier di moda. Avventure quasi insensate con intervento di spie e agenti segreti. ■ COMMEDIA; B/N; 93′; ITALIA, 1959.

TERRIBILI ANTENATI DI JAMES BOND, I ★★★
(The Golden Age of Comedy)
Regia di ROBERT YOUNGSON. Con CHARLIE CHASE, OLIVER HARDY, JEAN HARLOW, HARRY LANGDON, STAN LAUREL, CAROLE LOMBARD, WILL ROGERS, BEN TURPIN. ■ Antologia di vecchie comiche. ■ COMICO; B/N; 91′; USA, 1958.

TERRIBILI SETTE – I CAGASOTTO, I ★★
Regia di RAFFAELLO MATARAZZO. Con PATRIZIA CANEVARI, STEFANO CONTI, UMBERTO D'ORSI, RICCARDO GARRONE, ANTONIO PIRETTI. ■ Una banda di ragazzini vorrebbe far soldi vendendo agli zingari un neonato abbandonato. Ma poi lo restituiscono alla mamma. ■ COMMEDIA; B/N; 92′; ITALIA, 1963.

TERRIFICANTE NOTTE DEI ROBOT ASSASSINI, LA ★
Regia di MIKE REYNOLDS. Con SUZAN BOGARDE, ROBERT LEEKE, JACK RANDALL. ■ Il solito scienziato folle rapisce alcuni colleghi e li obbliga a collaborare ad una impresa che porterà al dominio sul genere umano. Due poliziotti e le loro amichette lo sconfiggono. ■ AVVENTURA; B/N; 91′; MESSICO, 1973.

TERRIFICANTE NOTTE DEL DEMONIO, LA ★
Regia di JEAN BRISMÉE. Con ERIKA BLANC, JACQUES MONSEU, IVANA NOVAK, JEAN SERVAIS. ■ Nel castello dell'orrore Satana ne fa di tutti i colori. ■ HORROR; COL.; 92′; ITALIA, 1973.

TERRIFICANTI DELITTI DEGLI ASSASSINI DELLA VIA MORGUE, I *(Murders in the Rue Morgue)* ★★★
Regia di GORDON HESSLER. Con ADOLFO CELI, MICHAEL DUNN, CHRISTINE KAUFMANN, HERBERT LOM, LILLI PALMER, MARIA PERSCHY, JASON ROBARDS. ■ Tratto molto liberamente dal famoso racconto omonimo di Edgar A. Poe. Ottimi gli attori. Paura per novanta minuti. ■ HORROR; COL.; 87′; USA, 1971.

TERRITORI D'OMBRA ★★★
Regia di PAOLO MODUGNO. Con TONI BARPI, ROSA FERRAIOLA, LEO GULLOTTA, PINO QUARTULLO, LAURENT TERZIEFF. ■ A Tolmezzo, un paese sui monti della Carnia, tre personaggi accomunati da un passato doloroso, Luca, Margherita e Franz, s'imbattono in un'organizzazione criminale dedita al traffico di bambini e allo sfruttamento della prostituzione. Luca, seviziato nell'infanzia dal padre, decide di collaborare con Margherita, sostituto procuratore della repubblica, per scoprire cosa si cela dietro a un sito Internet per pedofili. *Territori d'ombra* non è solo un film ma un atto di accusa, un pamphlet contro l'indifferenza. La struttura narrativa del poliziesco è debole, poco avvincente, piena di contraddizioni. I movimenti di macchina sono spesso eccessivi, fuori luogo e incapaci di conferire ritmo alle immagini. Le ingenuità di questo regista, però, non tolgono nulla al suo merito: quello di aver tentato di esplorare le zone d'ombra dell'animo umano, le sue passioni, le sue perversioni e i suoi egoismi, attraverso una galleria di personaggi inquietanti che sono i mostri del nostro tempo. ■ DRAMMATICO; COL.; 100′; ITALIA, 2000.

TERRITORIO DEGLI ALTRI, IL ★★★
(Le territoire des autres)
Regia di FRANÇOIS BEL, MICHEL FANO, JACQUELINE LECOMPTE, JEAN-PAUL THOBIE, GÉRARD VIENNE. ■ Documentario sulla fauna selvaggia europea in via di estinzione. ■ DOCUMENTARIO; COL.; 93′; FRANCIA, 1970.

TERRITORIO DEI FUORILEGGE, IL ★★★
(Outlaw Territory)
Regia di JOHN IRELAND. Con MACDONALD CAREY, JOANNE DRU, JOHN IRELAND, JOHN SEELAND. ■ Allevatori di bestiame senza scrupoli ingaggiano un killer per soggiogare con il terrore i piccoli proprietari che rifiutano di sloggiare dai terreni su cui essi hanno messo gli occhi. Un bambino, una ragazza e un poliziotto, in modi diversi, aiutano il cammino della legge. ■ WESTERN; COL.; 79′; USA, 1953.

TERROR AT LONDON BRIDGE *(Bridge across Time)* ★
Regia di E. W. SWACKHAMER. Con DAVID HASSELHOFF, STEPHANIE KRAMER, RANDOLPH MANTOOTH, PAUL ROSSILLI. ■ In una cittadina dell'Arizona è stata costruita la copia del London Bridge. Una notte, uno sconosciuto uccide freddamente una donna che vi stava passando, poi la getta dal parapetto. Qualcuno mormora che sia tornato Jack lo Squartatore: altre due vittime, infatti, si aggiungono alla prima seminando terrore e diffidenza tra i cittadini. ■ HORROR; COL.; 100′; USA, 1985.

TERROR BEACH
Regia di ARMANDO DE OSSORIO. Con JULIE JAMES, MARIA KOSTI, SANDRA MOZAR, VICTOR PETIT. ■ In una cittadina costiera alcuni sconosciuti che si fanno chiamare "Cavalieri del mare" vengono periodicamente a richiedere sacrifici umani proprio secondo le antiche usanze pagane. Un medico e sua moglie decidono di far cessare quel rito una volta per tutte. ■ HORROR; COL.; 75′; SPAGNA, 1986.

TERRORE AD ALCATRAZ *(Terror on Alcatraz)* ★
Regia di PHILIP MARCUS. Con SANDY BROOKE, VERONICA PORCHE ALI, LISA RAMIREZ, ALDO RAY, SCOTT RYDER. ■ Un evaso dal famoso penitenziario ritorna sul posto per recuperare una mappa che dovrebbe portarlo a trovare un ingente bottino. Dei turisti, insospettiti dall'atteggiamento dell'uomo, prendono a perseguitarlo organizzando una caccia all'uomo. ■ DRAMMATICO; COL.; 95′; GIAMAICA, 1986.

TERRORE A 12 MILA METRI ★★
(Mayday at 40.000 Feet!)
Regia di ROBERT BUTLER. Con LYNDA DAY GEORGE, CHRISTOPHER GEORGE, DAVID JANSSEN, DON MEREDITH, RAY MILLAND. ■ Aereo in volo per New York viene dirottato da un detenuto imbarcatosi durante un breve scalo. Dopo momenti di terribile angoscia tutto si risolve per il meglio. ■ AVVENTURA; COL.; 100′; USA, 1976.

TERRORE ALLA TREDICESIMA ORA *(Dementia 13)* ★★
Regia di FRANCIS FORD COPPOLA. Con LUANA ANDERS, WILLIAM CAMPBELL, MARY MITCHELL, BART PATTON. ■ Oscure trame in un castello: una madre a cui è morta la figlioletta cerca di far impazzire la suocera. ■ GIALLO; B/N; 81′; USA, 1964.

TERRORE AL LONDON COLLEGE *(Assault)* ★★
Regia di SIDNEY HAYERS. Con LESLEY-ANNE DOWN, FRANK FINLAY, SUZY KENDALL. ■ Due ragazze vengono violentate e uccise. Qualcuno ha visto l'assassino, ma non è in grado di darne una descrizione precisa. La polizia, valendosi di un'insegnante, tenta un bluff che però non funziona. Alla fine sarà un medico a scoprire l'insospettabile colpevole. ■ POLIZIESCO; COL.; 91′; GRAN BRETAGNA, 1970.

TERRORE AL LUNA PARK ★★
(The New Kids – Striking Back)
Regia di SEAN S. CUNNIGHAM. Con SHANNON PRESBY. ■ Uno dei più famosi registi americani del genere horror (*Venerdì 13*) alle prese con un film drammatico. Fratello e sorella rimasti orfani di entrambi i genitori vanno ad abitare da uno zio. Alcuni ragazzi della loro età li vessano tanto da portarli alla violenza. Ambientato nel Sud degli Stati Uniti, notoriamente inquieto e violento, il lungometraggio si salva solo per il tecnicismo del regista ed è scontato in molte situazioni. ■ DRAMMATICO; COL.; 90′; USA, 1984.

TERRORE A MEZZANOTTE *(Midnight Fear)* ★★
Regia di WILLIAM CRAIN. Con DAVID CARRADINE, CRAIG WESSON, AUGUST WEST. ■ Una ragazza viene presa come ostaggio da due fratelli, uno dei quali ha fatto fuggire l'altro da una casa per malati mentali. ■ THRILLER; COL.; 90′; USA, 1990.

TERRORE A SHANGHAI *(The Shanghai Story)* ★★★
Regia di FRANK LLOYD. Con RICHARD JAECKEL, EDMOND O'BRIEN, RUTH ROMAN. ■ Dopo l'instaurazione della Repubblica Popolare Cinese, alcuni occidentali vengono fermati a Shanghai, perché ritenuti agenti del controspionaggio. Una bella avventuriera li aiuta a fuggire. ■ DRAMMATICO; B/N; 90′; USA, 1954.

TERRORE CIECO *(Blind Terror)* ★★★
Regia di RICHARD FLEISCHER. Con DOROTHY ALISON, ROBIN BAILEY, MIA FARROW, DIANE GRAYSON. ■ Sarah è una ragazza cieca: un giorno si allontana a cavallo da casa e quando torna trova morti i suoi parenti. Trova anche un ciondolo perduto dall'assassino. Riesce a salvarsi dalla caccia dell'assassino stesso (che cerca il ciondolo) e finisce in un accampamento di zingari. Il fidanzato di Sarah arriva appena in tempo a salvare la ragazza. ■ GIALLO; COL.; 89′; GRAN BRETAGNA, 1971.

TERRORE CON GLI OCCHI STORTI, IL ★
Regia di STENO. Con LINO BANFI, ISABELLA BIAGINI, FRANCIS BLANCHE, ENRICO MONTESANO, ALIGHIERO NOSCHESE. ■ Tre giovani un po' mitomani per farsi notare vogliono inscenare un delitto. Ma il delitto avviene sul serio e per salvarsi i tre sono costretti a fare i poliziotti. ■ COMICO; COL.; 97′; ITALIA, 1972.

TERRORE CORRE SUL FILO, IL ★★★★
(Sorry, Wrong Number!)
Regia di ANATOLE LITVAK. Con BURT LANCASTER, BARBARA STANWYCK. ■ Leona Cotterell, figlia di un industriale farmaceutico, soffre di una malattia psicosomatica che la costringe a letto. Sola nella sua grande casa, cerca di telefonare al marito Henry Stevenson, l'uomo che per capriccio ha strappato a un'amica, trasformandolo da umile commesso in vicepresidente dell'industria Cotterell. Ma, per un errore del centralino, ascolta invece una conversazione tra due individui che progettano un delitto per quella sera alle undici e un quarto. Ignorata dalla polizia, senza nessuno a cui rivolgersi in città, Leona tenta di ricostruire i movimenti del marito attraverso una serie di chiamate. Scopre che l'ex fidanzata di Henry, ora sposata a un poliziotto, ha cercato di avvertirlo che sono in corso indagini su di lui, su un certo Evans e su una misteriosa vecchia casa sulla spiaggia. Mentre Leona capisce di essere la vittima designata del delitto, una telefonata del signor Evans chiarisce ogni dubbio: tentando di fare soldi per liberarsi del giogo economico della moglie, Henry si è messo nei guai con un'organizzazione criminale. Per uscirne, ha stipulato un patto che prevede la morte di Leona. Ma nel frattempo sono arrivate le undici e un quarto... Incastro di flashback uniti dall'ossessiva presenza del telefono, il film copre quasi puntualmente l'arco di novanta minuti in cui si svolge la trama. Nella sceneggiatura, l'autrice Lucille Fletcher sfrutta appieno la possibilità di abbinare immagini al proprio testo radiofonico: prendono vita non solo le sequenze retrospettive, ma anche gli ambienti che fanno da sfondo al disperato scambio di chiamate. La storia, venata di amara ironia, racconta di come una serie di messaggi vengano trascurati o fraintesi. L'impossibilità di comunicare resta il motore di un meccanismo che produce angoscia. Anche se fin dalle prime inquadrature la protagonista appare insopportabile (Barbara Stanwyck è perfetta in parti di questo genere), alla fine lo spettatore non può fare a meno di identificarsi con lei, trascinato da un crescendo di suspense abilmente orchestrato. ■ GIALLO; B/N; 89′; USA, 1948. ■ OSCAR 1 NOM.

TERRORE CORRE SUL FIUME, IL ★★★
(Tarzan's Greatest Adventure)
Regia di JOHN GUILLERMIN. Con SEAN CONNERY, SCILLA GABEL, ANTHONY QUAYLE, GORDON SCOTT, SARA SHANE. ■ Da un romanzo di E. R. Burroughs, lo scrittore statunitense che ideò Tarzan cui diedero il volto più di quindici attori, di cui cinque all'epoca del cinema muto. ■ AVVENTURA; COL.; 84′; GRAN BRETAGNA, 1959.

TERRORE CORRE SULL'AUTOSTRADA, IL ★★★
(Drive a Crooked Road)
Regia di RICHARD QUINE. Con DIANNE FOSTER, KEVIN MCCARTHY, MICKEY ROONEY. ■ Due malviventi, un uomo e una donna, in procinto di rapinare una banca, ingaggiano un ingenuo giovanotto, pilota di auto da corsa (Mickey Rooney) per garantirsi la ritirata. Il non attraente giovane si innamora della banditessa, diventando così uno strumento nelle sue mani. Ma si redime, collaborando con la polizia. ■ POLIZIESCO; B/N; 82′; USA, 1954.

TERRORE DALLA SESTA LUNA, IL ★★
(The Puppet Masters)
Regia di STUART ORME. Con DONALD SUTHERLAND, ERIC THAL, JULIE WARNER. ■ Un essere alieno si appiccica alla schiena degli umani e controlla la loro mente. Da un romanzo di Robert A. Heinlein pubblicato nel 1951. L'alieno non è più il "comunista" della guerra fredda ma uno di noi che non ha un riferimento ideologico. Infatti il titolo del film allude al pianeta di provenienza degli alieni: Titano, la sesta luna di Saturno. ■ HORROR; COL.; 108′; USA, 1994.

TERRORE DALLO SPAZIO PROFONDO ★★★
(Invasion of the Body Snatchers)
Regia di PHILIP KAUFMAN. Con BROOKE ADAMS, LEONARD NIMOY, DONALD SUTHERLAND. ■ Rifacimento di un capolavoro della fantascienza (*L'invasione degli ultracorpi*), non brutto. ■ FANTASCIENZA; COL.; 115′; USA, 1978.

TERRORE DEI BARBARI, IL ★★
Regia di CARLO CAMPOGALLIANI. Con CHELO ALONSO, ANDREA CHECCHI, LUCIANO MARIN, STEVE REEVES, GIULIA RUBINI. ■ Alboino invade l'Italia. Gli si oppone Emiliano, una specie di Maciste che però si innamora della figlia di Alboino. ■ AVVENTURA; COL.; 92′; ITALIA, 1959.

TERRORE DEI GANGSTER, IL *(Cry Vengeance)* ★★
Regia di MARK STEVENS. Con SKIP HOMEIER, MARTHA HYER, MARK STEVENS. ■ Condannato ingiustamente, vorrebbe fare vendetta ma il cattivone crepa per conto suo. Così l'ex galeotto non si sporca le mani e sposa la solita bellona. ■ POLIZIESCO; B/N; 83′; USA, 1954.

TERRORE DEI MANTELLI ROSSI, IL ★★
Regia di MARIO COSTA. Con CARLA CALÒ, SCILLA GABEL, TONY RUSSELL, YVES VINCENT. ■ In un principato non meglio individuato negli anni intorno al 1600, i cavalieri rossi sono portatori di terrore e di morte. Ma arriva il nobile Paolo e i "mantelli rossi" sono sistemati. ■ AVVENTURA; COL.; 94′; ITALIA, 1963.

TERRORE DEI MARI, IL ★★
Regia di DOMENICO PAOLELLA. Con EMMA DANIELI, LIVIO LORENZON, DON MEGOWAN, SILVANA PAMPANINI. ■ Guzman è il

capo dei pirati. Jacques è il suo diretto antagonista. Elisa è la donna che entrambi desiderano. Jacques riesce a uccidere Guzman e a sposare Elisa. ■ AVVENTURA; COL.; 92′; ITALIA, 1961.

TERRORE DEI NAVAJOS, IL *(Fort Defiance)* ★★
Regia di JOHN RAWLINS. Con DANE CLARK, PETER GRAVES, BEN JOHNSON, TRACEY ROBERTS. ■ Un soldato insegue un traditore e intanto diventa amico del fratello cieco e buono del cattivo. ■ WESTERN; COL.; 81′; USA, 1951.

TERRORE DEI TONGS, IL *(Terror of the Tongs)* ★★★
Regia di ANTHONY BUSHELL. Con CHRISTOPHER LEE, YVONNE MONLAUR, GEOFFREY TOONE. ■ Siamo a Hong Kong nel 1910. Un europeo si dà alla caccia dei capi della setta dei Tongs, che è dedita alla tratta delle donne, alla corruzione, al terrore. Il coraggioso quasi ci rimette la vita, ma riesce nel suo intento. ■ AVVENTURA; COL.; 79′; GRAN BRETAGNA, 1961.

TERRORE DEL CIRCO, IL ★★★
(Charlie Chan at the Circus)
Regia di HARRY LACHMAN. Con SHIRLEY DEANE, KEYE LUKE, WARNER OLAND. ■ Il direttore del circo viene trovato ammazzato. L'esecutore materiale del delitto risulta essere stato uno scimmione. Ma qualcuno ha tramato e ha lasciato la gabbia aperta. Il famoso poliziotto orientale Chan e suo figlio svolgono indagini e scoprono l'assassino. ■ GIALLO; B/N; 72′; USA, 1936.

TERRORE DEL GOLDEN WEST, IL ★★
(Son of Belle Starr)
Regia di FRANK MCDONALD. Con PEGGIE CASTLE, DONNA DRAKE, KEITH LARSEN. ■ Un fuorilegge, per una volta tanto innocente, cerca il vero colpevole, ma finisce col rimetterci la pelle. ■ WESTERN; COL.; 70′; USA, 1954.

TERRORE DEL KUNG-FU ANDAVA, AMMAZZAVA E TORNAVA, IL ★
Regia di CHIANG PING HAN. Con LEE MEI YOUNG, HWA LEN, MEN KONG LOONG, CHANG NAN. ■ Solita lite fra scuole di arti marziali. Un sacco di ossa rotte. ■ AVVENTURA; B/N; 92′; HONG KONG, 1973.

TERRORE DELLA MASCHERA ROSSA, IL ★★
Regia di LUIGI CAPUANO. Con CHELO ALONSO, LEX BARKER, LIANA ORFEI. ■ Avventure di cappa e spada in un passato indeterminato. ■ AVVENTURA; COL.; 92′; ITALIA, 1959.

TERRORE DELL'ANDALUSIA, IL *(Carne de horca)* ★★
Regia di LADISLAO VAJDA. Con ROSSANO BRAZZI, FOSCO GIACHETTI, EMMA PANELLA. ■ Il giovane aristocratico Juan Pablo de Osuña si infiltra nella banda degli uccisori di suo padre e riesce a consegnarli alle guardie. ■ DRAMMATICO; B/N; 91′; SPAGNA, 1953.

TERRORE DELL'AUTOSTRADA, IL *(Highway 13)* ★★
Regia di WILLIAM BERKE. Con PAMELA BLAKE, ROBERT LOWERY. ■ Incidenti sospetti sull'autostrada. Prima di scoprire la verità muoiono in molti. ■ POLIZIESCO; B/N; 81′; USA, 1949.

TERRORE DELLE MONTAGNE ROCCIOSE, IL ★★★
(The Siege at Red River)
Regia di RUDOLPH MATÉ. Con RICHARD BOONE, JOANNE DRU, VAN JOHNSON. ■ Un ufficiale sudista cerca di rubare una nuova mitragliatrice costruita dai nordisti. Intervengono traditori e indiani a mandare a monte l'impresa. ■ AVVENTURA; B/N; 81′; USA, 1954.

TERRORE DELL'OKLAHOMA, IL ★★
Regia di MARIO AMENDOLA. Con MAURIZIO ARENA, ALBERTO BONUCCI, MARIO CAROTENUTO, VALERIA MORICONI, DELIA SCALA. ■ Western italiano e umoristico. ■ WESTERN; B/N; 95′; ITALIA, 1959.

TERRORE DELL'OVEST, IL *(The Oklahoma Kid)* ★★★
Regia di LLOYD BACON. Con HUMPHREY BOGART, JAMES CAGNEY, DONALD CRISP, ROSEMARY LANE. ■ La corsa alle terre dell'Oklahoma da parte dei pionieri: soprusi e violenze non si contano. Una specie di Robin Hood, fuorilegge al servizio dei deboli, riporta la giustizia e vendica la morte del proprio padre. Sul più bello, pianta tutto e si ritira a vita privata. ■ WESTERN; B/N; 80′; USA, 1939.

TERRORE DEL TEXAS, IL *(Terror in a Texas Town)* ★★
Regia di JOSEPH H. LEWIS. Con SEBASTIAN CABOT, STERLING HAYDEN. ■ McNeal mira al petrolio che si trova nelle terre di alcuni coloni ed è deciso a scacciare i proprietari con la violenza. Ma arriva il castigamatti. ■ WESTERN; B/N; 95′; USA, 1958.

TERRORE DEL WEST, IL *(God's Country and the Man)* ★★
Regia di ROBERT NORTH BRADBURY. Con BETTY COMPSON, TOM KEENE. ■ Un uomo e una ragazza inseguono insieme un bandito con cui entrambi hanno un conto in sospeso. L'uomo esce vincitore, ma la donna, intanto, ci ha rimesso la vita. ■ WESTERN; B/N; 93′; USA, 1937.

TERRORE DEL WEST, IL ★★
(The Shakiest Gun in the West)
Regia di ALAN RAFKIN. Con JACKIE COOGAN, DON KNOTTS, BARBARA RHOADES. ■ È il remake di *Viso pallido*, hit comico con Bob Hope e Jane Russell. Il macilento Knotts non vale Hope anche se copia pari pari le sue trovate. La storia è identica: un pauroso dentista viene più o meno costretto a sposare la leggendaria Calamity Jane, che si serve di lui come copertura, per poter inseguire senza sospetti una banda di trafficanti d'armi. ■ WESTERN; COL.; 92′; USA, 1968.

TERRORE DI CHICAGO, IL *(The Big Shot)* ★★★
Regia di LEWIS SEILER. Con IRENE MANNING, MINOR WATSON. ■ Ex galeotto si rimette sulla cattiva strada. Muoiono lui e la sua bella. ■ DRAMMATICO; B/N; 82′; USA, 1941.

TERRORE DI FRANKENSTEIN, IL ★★★
(The Ghost of Frankenstein)
Regia di ERLE C. KENTON. Con EVELYN ANKERS, LIONEL ATWILL, LON CHANEY JR. ■ Il tentativo di far ritornare buono il mostro di Frankenstein fallisce. ■ HORROR; B/N; 68′; USA, 1942.

TERRORE DI LONDRA, IL *(The Hour of Thirteen)* ★★★
Regia di HAROLD FRENCH. Con DAWN ADDAMS, PETER LAWFORD. ■ Nella Londra degli anni Dieci, un misterioso assassino si accanisce contro i poliziotti. Un ladro di gioielli lo scova. ■ GIALLO; B/N; 91′; GRAN BRETAGNA, 1952.

TERRORE DI LONDRA, IL *(Trog)* ★★
Regia di FREDDIE FRANCIS. Con JOAN CRAWFORD, MICHAEL GOUGH, THORLEY WALTERS. ■ L'ultimo film di Joan Crawford, un modesto horror girato a Londra. "Trog" sta per troglodita, e il "terrore" è una specie di uomo scimmia, che si suppone sia il fatidico anello mancante fra uomo e animale. Trog adora la musica classica, ma il rock lo rende furioso. In un momento di furia scappa e semina lo spavento nelle strade di Londra. ■ HORROR; COL.; 79′; GRAN BRETAGNA, 1970.

TERRORE DI NOTTE, IL *(Der Teppich des Gravens)* ★
Regia di HARALD REINL. Con KARIN DOR, JOACHIM FUCHSBERGER, ELEONORA ROSSI DRAGO. ■ Una gang di trafficanti di diamanti fa fuori gli avversari col veleno. Ma poi verrà l'ora della vendetta. ■ POLIZIESCO; B/N; 91′; GERMANIA, 1962.

TERRORE E TERRORE *(Scream and Scream Again)* ★★★
Regia di GORDON HESSLER. Con PETER CUSHING, CHRISTOPHER LEE, VINCENT PRICE. ■ L'assassino di due donne si rivela essere un uomo finto costruito da un gruppo di scienziati che creano esseri sintetici composti da diverse membra umane. La terribile invenzione viene manipolata per fini politici. Neppure la morte dei loro ideatori potrà ormai impedire l'avanzata dei superuomini. ■ FANTASCIENZA; COL.; 94′; USA, 1969.

TERRORE HA LA PELLE DI DONNA, IL ★
(Curse of the Vampires)
Regia di GERARDO DE LEON. Con AMALIA FUENTES, EDDIE GARCIA, ROMEO VASQUEZ. ■ Una nobildonna morta esce di notte dalla tomba e compie atti di vampirismo. Il marito ordina di bruciare il castello. Ma il figlio della nobildonna, morso dalla madre, è diventato a sua volta un vampiro e morde la propria compagna. ■ HORROR; COL.; 92′; SPAGNA, 1973.

TERRORE IN CIMA ALLE SCALE *(The Attic)* ★★
Regia di GEORGE EDWARDS. Con RAY MILLAND, ROSEMARY MURPHY, CARRIE SNODGRESS. ■ Protagonista è una zitella che è invecchiata mestamente, dedicando tutto il suo tempo al padre invalido, un insopportabile tiranno che le ha impedito di aver rapporti con altre persone (figuriamoci con uomini). L'odio, accu-

mulato in tanti anni di dipendenza, esploderà infine con terribili risultati. ■ THRILLER; COL.; 97′; CANADA, USA, 1980.

TERRORE IN CITTÀ *(Silent Rage)* ★★
Regia di MICHAEL MILLER. Con STEVEN KEATS, CHUCK NORRIS, RON SILVER. ■ Uno psicopatico assassino viene ricoverato in ospedale, dove due medici lo usano come cavia per sperimentare un farmaco in grado di rimarginare istantaneamente le ferite. Guarito e reso invincibile dalla rivoluzionaria medicina, il pazzo fugge e ricomincia a uccidere. ■ DRAMMATICO; COL.; 105′; USA, 1982.

TERRORE IN SALA *(Terror in the Aisles)* ★★★
Regia di ANDREW J. KUEHN. Con NANCY ALLEN, DONALD PLEASENCE. ■ Carpenter, De Palma, Cronenberg, Spielberg, Argento e altri registi ancora sono presenti in questa antologia che abbraccia il decennio 1975-1985 del cinema d'oltreoceano del "brivido". Per gli appassionati, scene al cardiopalma firmate dai migliori specialisti contemporanei di questo genere. ■ HORROR; COL.; 100′; USA, 1986.

TERRORE NEGLI OCCHI DEL GATTO, IL ★★★
(Eye of the Cat)
Regia di DAVID LOWELL RICH. Con GAYLE HUNNICUTT, ELEANOR PARKER, MICHAEL SARRAZIN. ■ Un giovane viene indotto da una sconosciuta a sopprimere la vecchia zia malata, dopo essersi fatto nominare suo erede. Al momento di compiere il delitto, però, ci ripensa. Non così la ragazza, che escogita un altro piano per eliminare zia e nipote. ■ GIALLO; COL.; 102′; USA, 1969.

TERRORE NEL BUIO *(Mansion of the Doomed)* ★★
Regia di MICHAEL PATAKI. Con RICHARD BASEHART, GLORIA GRAHAME, LANCE HENRIKSEN. ■ Protagonista è un chirurgo oftalmico che cerca le pupille giuste per gli occhi della figlia cieca. Perciò sequestra varie persone e strappa loro gli occhi. Ma nessuno dei trapianti riesce. Il dottore si ritrova con una figlia cieca e una torma di accecati che vaga in casa sua. Sarà ucciso dai disgraziati. ■ HORROR; COL.; 94′; USA, 1974.

TERRORE – NELLA MORSA DEL KU-KLUX-KLAN ★★★
(The Burning Cross)
Regia di WALTER COLMES. Con HANK DANIELS, VIRGINIA PATTON, DICK RICH. ■ Un giovane torna dalla guerra e trova l'ambiente che ha lasciato diverso ed estraneo. La sua donna sposerà un altro, il suo posto di lavoro è minacciato. Emarginato, si affilia alla setta reazionaria e razzista chiamata Ku-Klux-Klan. ■ DRAMMATICO; B/N; 92′; USA, 1947.

TERRORE NELLO SPAZIO ★★★
Regia di MARIO BAVA. Con ANGEL ARANDA, NORMA BENGELL, EVI MARANDI, MASSIMO RIGHI, BARRY SULLIVAN. ■ Un misterioso pianeta attrae le astronavi e cattura gli equipaggi, facendo impazzire o morire gli uomini. Qual è il mistero? Degli uomini morti che vivono su un pianeta spento si devono incarnare in uomini vivi per sopravvivere. ■ FANTASCIENZA; COL.; 86′; ITALIA, 1965.

TERRORE NON HA CONFINI, IL *(Escapement)* ★★
Regia di MONTGOMERY TULLY. Con ROD CAMERON, MARY MURPHY. ■ In una clinica succedono cose orrende. Un giornalista sventerà i piani del direttore pazzo. ■ AVVENTURA; B/N; 77′; GRAN BRETAGNA, 1957.

TERRORE SENZA VOLTO – L'INTRUSO *(Intruder)* ★
Regia di SCOTT SPIEGEL. Con DAVID BRANDON, ELIZABETH COX, RENÉE ESTEVEZ, DANNY HICKS, SAM RAIMI. ■ Tra gli attori c'è il regista di *La casa*. C'è un supermercato, come in *Zombi* di Romero, che sta per essere chiuso. Ma il *boyfriend* della cassiera ribalta la situazione. ■ HORROR; COL.; 90′; USA, 1988.

TERRORE SULLA CITTÀ ★★
Regia di ANTON GIULIO MAJANO. Con ANDREA CHECCHI, MARIA FIORE. ■ Un rapinatore viene morsicato da una bestia che si trova nel bagagliaio dell'auto di uno scienziato. Il bandito diventa doppiamente pericoloso, perché ora si porta addosso una malattia contagiosa e mortale. ■ DRAMMATICO; B/N; 92′; ITALIA, 1956.

TERRORE SULL'ISOLA DELL'AMORE, IL ★
(Mad Doctor of Terror Island)
Regia di GERARDO DE LEON. Con EVA DARREN, BEVERLY HILL, OSCAR KEESE, MARIO MONTENEGRO. ■ Film ignobile sui pericoli delle radiazioni atomiche, che hanno trasformato un uomo in un mostro. ■ HORROR; B/N; 93′; SPAGNA, 1972.

TERRORE SUL MAR NERO *(Journey into Fear)* ★★★
Regia di NORMAN FOSTER. Con JOSEPH COTTEN, DOLORES DEL RIO, ORSON WELLES. ■ Un agente alleato durante la seconda guerra mondiale è incaricato di una missione in Turchia. Un killer inviato dai nazisti cerca ripetutamente di farlo fuori. Ma un poliziotto turco lo aiuta. ■ DRAMMATICO; B/N; 69′; USA, 1943.

TERRORE SUL MONDO, IL ★
(The Creature Walks Among us)
Regia di JOHN SHERWOOD. Con DON MEGOWAN, JEFF MORROW, LEIGH SNOWDEN. ■ Assurda storia di un mostro marino che uccide lo scienziato da cui è stato catturato. ■ FANTASCIENZA; B/N; 78′; USA, 1956.

TERRORE SU QUATTRO RUOTE *(Wheels of Terror)* ★
Regia di CHRISTOPHER CAIN. Con JOANNA CASSIDY, CARLOS CERVANTES, MARCIE LEEDS. ■ Dopo il West di *Young Guns*, Cain offre un thriller dal fiato un po' corto. Madre e figlia vanno ad abitare in una cittadina dell'Arizona. La donna, che conduce il pullman della scuola, è pedinata ovunque dalla stessa auto: a guidarla è un maniaco che sequestra la figlia e dà il via all'inseguimento. ■ THRILLER; COL.; 82′; USA, 1990.

TERRORE VIENE DALLA PIOGGIA, IL ★★★
(The Creeping Flesh)
Regia di FREDDIE FRANCIS. Con PETER CUSHING, LORNA HEILBRON, CHRISTOPHER LEE. ■ Due fratellastri, scienziati pazzi vittoriani, compiono terribili esperimenti su uno scheletro dagli strani poteri. Sotto un acquazzone lo scheletro torna magicamente alla vita facendo una strage. Buon horror britannico con protagonisti specializzati nel genere. ■ HORROR; COL.; 91′; GRAN BRETAGNA, 1973.

TERRORE VIENE DAL PASSATO, IL ★★
(The Intruder within)
Regia di PETER CARTER. Con JOSEPH BOTTOMS, CHAD EVERETT, PAUL LARSON, JENNIFER WARREN. ■ Sui fondali dell'oceano un ricercatore scopre il feto di una forma ancora sconosciuta. Decide di portarlo con sé e "allevarlo" per documentare la sua crescita. Troppo tardi si accorge di avere protetto un mostro dagli insopprimibili istinti omicidi. ■ FANTASCIENZA; COL.; 95′; USA, 1981.

TERROR ISLAND *(Private Property)* ★★
Regia di ELISABETH DIMMON. Con TOMAS ARANA, MIRIANA JOKOVIC, RICHARD PARENT, DAVID THORTON. ■ La quiete, che Tess aveva trovato sull'isola, viene sconvolta dall'arrivo di due uomini misteriosi. Nonostante non sembrino armati delle migliori intenzioni, Tess è costretta ad aiutarli. Ma la donna nasconde un segreto e i due predatori si ritrovano irrimediabilmente trasformati in prede. ■ THRILLER; COL.; 120′; USA, 2002.

TERRORIST, THE ★★★
Regia di SANTOSH SIVAN. Con VISHWAS ANURADHA, AYESHA DHARKER, SONU SISUPAL. ■ Nello Sri Lanka dilaniato dalle lotte indipendentiste dell'etnia Tamil, sono molti i giovani votati al martirio, pronti a compiere attacchi terroristici suicidi in nome della libertà del proprio popolo. Il film racconta le ultime ore di Malli, ragazza diciannovenne destinata a farsi esplodere in un attentato: la consapevolezza di essere incinta la costringe a riflettere sulle sue convinzioni. ■ DRAMMATICO; COL.; 95′; USA, 1999.

♥ **TERRORISTA, IL** ★★★
Regia di GIANFRANCO DE BOSIO. Con GIULIO BOSETTI, TINO CARRARO, PHILIPPE LEROY, JOSÉ QUAGLIO, GIAN MARIA VOLONTÉ. ■ Nell'inverno del 1943, a Venezia, un gruppo di partigiani organizza una serie di azioni terroristiche, ma il nucleo si sfalda. Il capo, un individuo alquanto intransigente, uccide un torturatore fascista e, subito dopo, viene a sua volta falciato da una raffica di mitra. ■ DRAMMATICO; B/N; 100′; ITALIA, 1963.

TERRORISTI A MADRID *(La ciudad perdida)* ★
Regia di RAFAEL TORRECILLA. Con FELIX DAFAUCE, COSETTA GRECO, FAUSTO TOZZI. ■ Un antifranchista, braccato dalla polizia, riesce a raggiungere Madrid dove progetta un attentato, ma scopre che nessuno vuole aiutarlo e, solo, finisce falciato da una raffica di mitra. ■ DRAMMATICO; B/N; 94′; ITALIA, SPAGNA, 1955.

TERRORISTI DELLA METROPOLI, I *(Les suspects)* ★★
Regia di JEAN DRÉVILLE. Con JACQUES MOREL, CHARLES VANEL, ANNE VERNON. ■ Film di propaganda girato al tempo della guerra d'Algeria. ■ GUERRA; B/N; 92'; FRANCIA, 1958.

TERROR SQUAD ★★
Regia di PETER MARIS. Con CHUCK CONNORS, BRODIE GREER. ■ In una tranquilla cittadina americana, due terroristi giunti dalla Libia e con la polizia sulle loro tracce fanno irruzione in una scuola, dove tengono gli studenti come ostaggi. Due ragazzi riescono a fuggire e i loro compagni devono subire la collera e la violenza dei loro sequestratori. ■ DRAMMATICO; COL.; 60'; USA, 1987.

TERROR TRAIN ★★
Regia di ROGER SPOTTISWOODE. Con DAVID COPPERFIELD, BEN JOHNSON, JAMIE LEE CURTIS. ■ Uno studente, costretto dai compagni più anziani a subire un terribile scherzo, impazzisce e organizza una mostruosa vendetta. A qualche anno di distanza, durante un viaggio in treno organizzato dagli stessi buontemponi, compirà una strage. ■ THRILLER; COL.; 97'; CANADA, 1980.

TERROR VISION – VISIONI DEL TERRORE ★
(Terrorvision)
Regia di TED NICOLAOU. Con DIANE FRANKLIN, GERRIT GRAHAM. ■ I componenti della famiglia Putterman, appassionati di elettronica, possiedono una potentissima antenna televisiva. È grazie a questa che scoprono l'esistenza di alcuni alieni sanguinari alla ricerca di nuove prede. ■ HORROR; COL.; 85'; USA, 1986.

TERZA BASE *(Talent for the Game)* ★
Regia di ROBERT MALCOLM YOUNG. Con LORRAINE BRACCO, EDWARD JAMES OLMOS. ■ Il baseball è tutta la sua vita. Si sente perduto quando il presidente della squadra decide di licenziare tutti. Ma arriva un giovane talento e succede qualcosa. ■ AVVENTURA; COL.; 87'; USA, 1989.

TERZA DA DESTRA, LA *(Die Dritte von rechts)* ★★
Regia di GÉZA VON CZIFFRA. Con VERA MOLNAR, GRETA WEISER. ■ La prima ballerina di una compagnia di rivista viene rapita. Gli impresari disperati la sostituiscono con una collega e questa ha un grande successo. In seguito, però, la ragazza si troverà coinvolta in un misterioso omicidio. Finale a sorpresa. ■ MUSICALE; B/N; 94'; GERMANIA, 1951.

TERZA FOSSA, LA ★★★
(What ever Happened to Aunt Alice?)
Regia di LEE H. KATZIN. Con ROSEMARY FORSYTH, RUTH GORDON, GERALDINE PAGE. ■ Una vedova, rovinata dalla morte del marito, scopre che può mantenere una certa agiatezza assumendo continuamente governanti ed impossessandosi dei loro risparmi dopo averle uccise. Alla fine sarà arrestata e solo allora scoprirà che il marito le aveva lasciato un prezioso album di francobolli. ■ POLIZIESCO; COL.; 101'; USA, 1971.

TERZA GENERAZIONE *(Looking for Alibrandi)* ★★
Regia di KATE WOODS. Con ANTHONY LAPAGLIA, PIA MIRANDA, GRETA SCACCHI. ■ Australia. Una ragazza di diciassette anni non priva di fantasia e curiosità, che frequenta con profitto una scuola di buoni principi; sua madre (Greta Scacchi) abbandonata dal marito e dunque pronta a riversare fin troppo affetto sulla figlia; il nonno, anche lui pieno di fantasia, con una precisa attitudine ai ricordi. Le tre generazioni in gioco riescono a dare un quadro diverso e colorito dell'Australia, com'è e com'era un tempo. ■ DRAMMATICO; COL.; 103'; AUSTRALIA, 2002.

TERZA GENERAZIONE, LA *(Die dritte Generation)* ★★★
Regia di RAINER WERNER FASSBINDER. Con EDDIE CONSTANTINE, HANNA SCHYGULLA, VOLKER SPENGLER. ■ In Germania, alla fine degli anni Settanta, un industriale corrompe un funzionario di polizia per incrementare le vendite di un nuovo tipo di computer, in grado di individuare e catalogare i giovani eversori politici. Storie personali si alternano a problematiche sociali, come il terrorismo, la droga e l'emarginazione, in un film confezionato quasi esclusivamente da Fassbinder, per l'occasione impegnato in molteplici ruoli come regista, soggettista, sceneggiatore e direttore della fotografia. ■ DRAMMATICO; COL.; 110'; GERMANIA, 1979.

TERZA IPOTESI SU UN CASO DI PERFETTA STRATEGIA CRIMINALE ★★
Regia di GIUSEPPE VARI. Con LOU CASTEL, ADOLFO CELI, BEBA LONCAR, MASSIMO SERATO. ■ Un fotografo di cineromanzi porno prende per caso delle istantanee di un assassinio. Lo spietato colpevole cerca di ucciderlo, ma finirà arrestato. ■ POLIZIESCO; COL.; 92'; ITALIA, 1972.

TERZA LICEO ★★★
Regia di LUCIANO EMMER. Con ISABELLA REDI, GIULIA RUBINI, ANNA MARIA SANDRI. ■ Il film narra la storia di una terza liceo classico seguendo le storie dei vari ragazzi e raccontando dei loro amori e dei loro rapporti con i genitori e i professori. Buona la regia. ■ COMMEDIA; B/N; 104'; ITALIA, 1954.

TERZA LUNA, LA ★★
Regia di MATTEO BELLINELLI. Con ALESSANDRA ACCIAI, OMERO ANTONUTTI, ROBERTO CITRAN, ALEXANDRE MEDVEDEV. ■ A Venezia giunge Luca, un giovane architetto. Nel palazzo che deve restaurare vive uno scrittore dal passato denso di mistero. Una donna, Giulia, lo lega al mondo reale. Ma Giulia ha anche una relazione con un critico d'arte russo. ■ DRAMMATICO; COL.; 85'; ITALIA, SVIZZERA, 1997.

TERZA MADRE, LA ★
Regia di DARIO ARGENTO. Con ASIA ARGENTO, MORAN ATIAS, CAROLINA CATALDI TASSONI, VALERIA CAVALLI, CLIVE RICHE, ADAM JAMES, UDO KIER, PHILIPPE LEROY, ROBERTO MADISON, BARBARA MAUTINO, DARIA NICOLODI, MASSIMO SARCHIELLI, CRISTIAN SOLIMENO, PAOLO STELLA. ■ La terribile Mater Lacrimarum, unica superstite delle tre streghe che per secoli hanno sparso morte e terrore, è tornata. Nei pressi di Viterbo, vicino Roma, viene ritrovata un'urna sospetta con incisi dei simboli poco rassicuranti, presagio di un'implacabile ira che si sta per abbattere nuovamente sul cielo della capitale. Morti atroci e ingiustificate colpiranno i predestinati di un disegno macabro che la più bella e la più terribile delle streghe sta per portare a compimento. Dopo *Inferno* e *Suspiria*, Dario Argento chiude la trilogia delle tre madri a quasi trent'anni dai capitoli precedenti. Chiusura deludente. ■ HORROR; COL.; 98'; ITALIA, 2006.

TERZA MANO, LA *(Schizo)* ★★
Regia di PETER WALKER. Con LYNNE FREDERICK, JOHN LEYTON. ■ Una ragazza si sposa proprio quando il presunto assassino di sua madre, della quale era l'amante, viene liberato. Dopo numerosi delitti, tra i quali quello dell'ex detenuto, si scopre l'insospettabile verità. ■ DRAMMATICO; COL.; 120'; GRAN BRETAGNA, 1976.

TERZA PARTE DELLA NOTTE, LA ★★★
(Trzecia czesc nocy)
Regia di ANDRZEJ ZULAWSKI. Con MALGORZATA BRAUNEK, JERZY GOLINSKI, JAN NOWICKI. ■ Un polacco vede la sua famiglia massacrata dai tedeschi durante la guerra. Fugge e al suo posto i tedeschi catturano un uomo che gli somiglia. Il fuggiasco conosce la famiglia del suo sosia. La donna è la copia esatta di sua moglie. Inizia una nuova vita per il fuggitivo. ■ DRAMMATICO; COL.; 106'; POLONIA, 1971.

TERZA STELLA, LA ★
Regia di ALBERTO FERRARI. Con ALESSANDRO BESENTINI, MARICA COCO, PETRA FAKSOVA, FRANCESCA GIOVANNETTI, SERGIO ROMANO, STEFANO VENTURI, FRANCESCO VILLA. ■ Un alberghetto di provincia, una festa di paese in allestimento con una scacchiera tipo Marostica e pedine viventi. Ale è il proprietario dell'albergo, con la moglie incinta ed un cognato scemo, Franz. L'hotel è contiguo alla prigione, come nel Far West, e dei tipi loschi lo occupano, obbligando i due a cercare un varco nelle fondamenta onde liberare un boss della malavita. ■ COMICO; COL.; 98'; ITALIA, 2005.

TERZA VOCE, LA *(The Third Voice)* ★★★
Regia di HUBERT CORNFIELD. Con LARAINE DAY, JULIE LONDON, EDMOND O'BRIEN. ■ La segretaria di un industriale vuol vendicarsi del principale che ha troncato una relazione con lei per sposarsi. L'uccide e lo sostituisce con un attore che ha imparato ad imitare perfettamente il morto. Il piano tanto accurata-

mente preparato fallirà per un imprevisto. ■ POLIZIESCO; B/N; 79′; USA, 1959.

TERZO CANALE – AVVENTURA A MONTECARLO ★
Regia di GIULIO PARADISI. Con FRANCO GIACOBINI, GABRIELLA GIORGELLI, I NEW TROLLS, I RICCHI E POVERI, MAL, THE FOUR KENTS. ■ In quel periodo in Italia furoreggiavano i complessi musicali che imitavano i Beatles e Radio Montecarlo, antesignana delle emittenti private. Il film celebra gli uni e l'altra con la storia-pretesto di quattro giovanotti che vorrebbero sfondare nel mondo della musica leggera. ■ MUSICALE; COL.; 90′; ITALIA, 1971.

TERZO DELITTO, IL *(The Mad Miss Manton)* ★★★
Regia di LEIGH JASON. Con HENRY FONDA, SAM LEVENE, STANLEY RIDGES, BARBARA STANWYCK. ■ Un'ereditiera scopre per caso un cadavere, ma, dato che il corpo è sparito, nessuno le crede. La ragazza non demorde e, con l'aiuto di un giornalista, dapprima scettico poi innamorato, individua il colpevole. ■ POLIZIESCO; B/N; 65′; USA, 1938.

TERZO DRAGO, IL *(Tret'i sarkan)* ★★
Regia di PETER HLEDIK. Con JAN KRIZIK, PATRIK SIMA, BORIS TRSTAN. ■ Un film educativo. Un'astronave extraterrestre è stata mandata sulla terra per controllare se gli esseri umani si comportano bene con la natura e se sono sensibili al problema dell'ecologia. La avvistano tre piccoli amici. ■ COMMEDIA; COL.; 82′; CECOSLOVACCHIA, 1986.

TERZO GIORNO, IL *(The Third Day)* ★★
Regia di JACK SMIGHT. Con ELIZABETH ASHLEY, HERBERT MARSHALL, RODDY MCDOWALL, ARTHUR O'CONNELL, GEORGE PEPPARD. ■ Un dirigente industriale, dopo un grave incidente automobilistico, cambia totalmente personalità e salva la propria azienda dal fallimento sconfiggendo le trame del marito della donna morta durante l'incidente. ■ DRAMMATICO; COL.; 119′; USA, 1965.

TERZO GRADO *(Q & A)* ★★★
Regia di SIDNEY LUMET. Con TIMOTHY HUTTON, NICK NOLTE, PATRICK O'NEAL. ■ Dopo *Affari sporchi* di Mike Figgis ecco un altro poliziesco con protagonista un poliziotto corrotto e assassino. Alla regia c'è Lumet (classe 1924) che per l'occasione ha estratto gli artigli, dandoci un prodotto tagliente e sostenuto da un grande ritmo. Il cattivo di turno è Nick Nolte, un tenente di polizia collerico che uccide un portoricano. Poi maschera l'accaduto mettendo l'arma nelle mani della vittima. Viene incaricato di indagare un ex poliziotto ora procuratore, Timothy Hutton, ma la verità fatica a venire a galla anche perché il capo della polizia insiste sulla legittima difesa. Alla fine in qualche modo tutto si sistemerà. Ottimi gli interpreti. ■ POLIZIESCO; COL.; 96′; USA, 1990. ■ GOLDEN GLOBES 1 NOM.

TERZO INCOMODO, IL *(The Third Walker)* ★★
Regia di TERI MCLUHAN. Con COLLEEN DEWHURST, FRANK MOORE, WILLIAM SHATNER. ■ Il dramma di due gemelli, separati alla nascita e affidati a due madri adottive diverse. Un giorno, uno di essi si rifà vivo col fratello. I vecchi legami si rinsaldano, con un grosso dispiacere del fratello adottivo di uno di essi, che si vede improvvisamente messo da parte. ■ DRAMMATICO; COL.; 92′; CANADA, 1979.

TERZO MIRACOLO, IL *(The third miracle)* ★★★
Regia di AGNIESZKA HOLLAND. Con ANGELA FUSCO, ED HARRIS, ANNE HECHE, ARMIN MUELLER-STAHL, CATERINA SCORSONE, JADE SMITH, BARBARA SUKOWA, ARON TAGER. ■ Chicago 1979. Frank Shore, un prete che da otto mesi vive una profonda crisi spirituale, è chiamato ad indagare sul mistero di una statua di marmo che, in coincidenza con l'anniversario della morte di Helen O'Regan, versa lacrime di sangue. Frank comincia così a indagare e conosce Roxanne, figlia di Helen, della quale teme d'innamorarsi. Inizialmente scettico, il prete scopre che nel lontano 1944, in un paese della Slovacchia, Helen è stata protagonista di un episodio straordinario e si convince della sua santità. Ma dovrà combattere contro l'ostinazione della Chiesa cattolica americana per dimostrare la validità dei suoi miracoli. Dopo *Stigmate* di Rupert Waiwright, film gnostico contro la Chiesa, la Holland accantona ogni effetto speciale, rinuncia ad esorcismi e a scene di possessione, per penetrare nel profondo dell'animo di un prete e restituirci il suo umano dramma interiore. Il film della Holland non manca di sollevare interrogativi inquietanti, inducendoci a riflettere sul concetto di santità e sul dogma della castità. ■ THRILLER; COL.; 119′; USA, 1999.

TERZO OCCHIO, IL ★★
Regia di MINO GUERRINI. Con MARINA MORGAN, FRANCO NERO, GIOIA PASCAL. ■ Una madre possessiva e una governante morbosamente innamorata non arretrano neppure di fronte al delitto per tener legato un giovane ricco, che diventa a sua volta un maniaco omicida. ■ HORROR; B/N; 94′; ITALIA, 1966.

TERZO SEGRETO, IL *(The Third Secret)* ★★★
Regia di CHARLES CRICHTON. Con RICHARD ATTENBOROUGH, STEPHEN BOYD, DIANE CILENTO, JACK HAWKINS, PATRICIA NEAL. ■ Uno psicanalista muore e la polizia crede che si sia suicidato, ma uno dei suoi pazienti, riconoscente perché il medico l'aveva salvato dalla follia, non ne è convinto: con l'aiuto della figlia dello scomparso, indaga tra gli altri clienti del medico e individua l'assassino. ■ POLIZIESCO; B/N; 103′; GRAN BRETAGNA, 1964.

TERZO TEMPO, IL ★★
Regia di ENRICO MARIA ARTALE. Con STEFANO CASSETTI, MARGHERITA LATERZA, EDOARDO PESCE, FRANCO RAVERA, STEFANIA ROCCA. ■ Samuel è un adolescente problematico, con una madre tossicodipendente e un padre che non ha mai conosciuto. Ha trascorso gli ultimi anni della sua vita commettendo furti, rapine e aggressioni, entrando e uscendo dal riformatorio minorile. Dopo aver scontato l'ennesima pena, viene inserito in un programma di riabilitazione: ottiene la semilibertà e inizia a lavorare nell'azienda agricola di un paesino della provincia romana. Il suo supervisore è Vincenzo, un assistente sociale che, dopo la morte della moglie, fatica a ritrovare il proprio equilibrio. Samuel si adatta con difficoltà alle regole e ai nuovi ritmi di vita. Il suo rapporto con Vincenzo si rivela da subito problematico, ma è proprio l'assistente sociale a introdurlo nel mondo del rugby. *Il terzo tempo* usa il rugby, e quindi lo sport, come metafora della vita. Una vita fatta di alti e bassi, sconfitte e vittorie, errori e possibilità di riscatto a costo di sacrifici e disciplina. ■ DRAMMATICO; COL.; 94′; ITALIA, 2013

TERZO UOMO, IL *(The Third Man)* ★★★★★
Regia di CAROL REED. Con JOSEPH COTTEN, TREVOR HOWARD, BERNARD LEE, ALIDA VALLI, ORSON WELLES. ■ Ecco: «Un tempo in Italia c'erano i Borgia, coi loro delitti, ma c'era anche il Rinascimento, con le sue meravigliose opere. Mentre in settecento anni di pace e democrazia gli svizzeri sono riusciti a inventare l'orologio a cucù». Questa battuta, è noto, viene pronunciata da Orson Welles nel film *Il terzo uomo* e fa parte delle citazioni indispensabili. È un segnale significativo che questo titolo è a buon diritto contenuto nel libro grande del cinema. Va anche detto che quella battuta viene fuori dalla collaborazione di gente come Graham Greene, scrittore, Orson Welles, attore, e Carol Reed, regista. Non sarebbe bastata una citazione sui Borgia a far grande un film, c'è voluto un grande film a far ricordare la citazione. Ma non è tutto. Quando si dice *Terzo uomo* anche chi va al cinema distrattamente ne ricorda subito la musica. La composizione per arpa di Anton Karas. Pochissimi temi musicali hanno caratterizzato un film come il misterioso e ossessionante fraseggio di Karas. Dunque, culto a pieno diritto. Uno scrittore americano viene chiamato a Vienna dal suo amico Lime, che non si vede mai. Si viene solo a sapere che è morto. Gli altri personaggi sono una donna, Alida Valli, legata a Lime, e un ufficiale inglese (Howard) che dipinge all'americano un quadro terribile dell'amico. In sostanza Lime sarebbe stato solo uno speculatore sulle vite umane, un volgare contrabbandiere di penicillina. Lo scrittore, dapprima incredulo, a poco a poco deve ricredersi. Fra le molte sequenze che si ricordano c'è l'incontro notturno fra i due antichi amici. Welles non rinunciò a dire la sua nella regia, così si costruì un'entrata annunciata ma lenta, e clamorosa, simile a quella di Marlon Brando in *Apocalypse Now*. Memorabile la scena della fuga nelle fogne e la morte del "cattivo" per mano dell'amico. Infine il piano sequenza finale: il lungo viale alberato in cui Joseph Cotten assiste, con la speranza

che si fermi, al passaggio di Alida Valli. Ma lei non si ferma. Il film aveva una sua precisa ragione, anche politica, eravamo in piena guerra fredda e i toni erano naturalmente drammatici. Siamo in una Vienna sempre scura, tutti i personaggi, e i luoghi, anche apparentemente insignificanti, portano una carica di tensione e di angoscia che ha subito pochi mutamenti a ben oltre mezzo secolo di distanza. ■ SPIONAGGIO; B/N; 104′; GRAN BRETAGNA, 1949. ■ CANNES 1 PR; OSCAR 1 PR, 3 NOM.

TESCHIO DI LONDRA, IL *(Im Banne des Unheimlichen)* ★
Regia di ALFRED VOHRER. Con JOACHIM FUCHSBERGER, WOLFGANG KIELING, SIW MATTSON. ■ Ai funerali di un magnate si sente un'orribile risata e la gente comincia a morire uccisa da un assassino con la maschera somigliante a un teschio. Un ispettore di Scotland Yard sbroglierà la matassa. ■ POLIZIESCO; COL.; 92′; GERMANIA, 1969.

TESCHIO MALEDETTO, IL *(The Skull)* ★★★
Regia di FREDDIE FRANCIS. Con PETER CUSHING, NIGEL GREEN, PATRICK WYMARK. ■ Due studiosi di scienze occulte entrano in possesso del teschio del marchese de Sade e di un libro di magia rilegato in pelle umana. I due macabri oggetti produrranno un malefico influsso su di loro, conducendoli a tragica morte. ■ HORROR; COL.; 83′; GRAN BRETAGNA, 1966.

TESEO CONTRO IL MINOTAURO ★★
Regia di SILVIO AMADIO. Con ALBERTO LUPO, BOB MATHIAS, ROSANNA SCHIAFFINO. ■ Mitologia in film. È facile sghignazzare. ■ AVVENTURA; COL.; 94′; ITALIA, 1961.

TESIS *(Tésis)* ★★
Regia di ALEJANDRO AMENÁBAR. Con FELE MARTINEZ, EDUARDO NORIEGA, ANA TORRENT. ■ Gli *snuff movies* sono film in cui le scene di violenza sono violenza vera e la morte è morte vera. Gli "attori" vengono uccisi in diretta. Angela, che deve preparare una tesi sul cinema riesce a trovare un autentico *snuff*. Ma la sua ricerca non riuscirà ad essere una semplice situazione di studio, ma qualcosa che la coinvolgerà in prima persona. Vedrà morire molta gente. A cominciare dal suo professore. Non basta una "dichiarazione di violenza" per rendere interessante questa storia. Solo qualche spunto isolato di violenza, appunto. ■ THRILLER; COL.; 125′; SPAGNA, 1996.

TESORO DEGLI AZTECHI, IL *(The Naked Gun)* ★★
Regia di EDWARD DEW. Con MARA CORDAY, BARTON MACLANE, WILLARD PARKER. ■ Un americano deve restituire ai discendenti degli aztechi un favoloso tesoro per far cessare la maledizione che perseguita i bisnipoti di un conquistador. Riuscirà nell'intento, nonostante alcuni banditi che aspirano al tesoro. ■ WESTERN; B/N; 95′; USA, 1959.

TESORO DEI BARBARI, IL ★★
(Le tésor des hommes bleus)
Regia di EDMOND ACABRA, MARCO FERRERI. Con LEX BARKER, MARPESSA DAWN, ODILE VERSOIS. ■ I barbari del titolo sono in realtà berberi marocchini. Un avventuriero americano che fa parte di una carovana è indeciso tra una ragazza francese e un'indigena. La prima viene uccisa dai banditi che vogliono impadronirsi del tesoro della tribù e l'americano, sconfitti i malvagi, sposa l'altra. ■ AVVENTURA; COL.; 93′; FRANCIA, 1960.

TESORO DEI CONDOR, IL ★★
(The Treasure of the Golden Condor)
Regia di DELMER DAVES. Con FINLAY CURRIE, CONSTANCE SMITH, CORNEL WILDE. ■ Nel Settecento, il figlio illegittimo di un nobile francese è perseguitato dallo zio. Fugge in Sud America dove trova un favoloso tesoro e torna al paese, ma, denunciato dalla cugina che credeva fosse innamorata di lui, finirebbe ucciso dal perfido parente se un colpo di scena finale non lo salvasse. ■ AVVENTURA; COL.; 94′; USA, 1953.

TESORO DEI CORSARI, IL *(Manfish)* ★★
Regia di WILLIAM LEE WILDER. Con JOHN BROMFIELD, LON CHANEY JR, VICTOR JORY. ■ Un uomo fuggito dall'Inghilterra perché ricercato dalla polizia arriva in Giamaica e si accorda con un marinaio per ritrovare il tesoro del pirata Lafitte. La ricerca ha parzialmente successo, ma fra i due scoppia un dissidio. Uno ucciderà l'altro e finirà in prigione. ■ AVVENTURA; COL.; 76′; USA, 1957.

TESORO DEI FARAONI, IL *(Kid Millions)* ★★★
Regia di ROY DEL RUTH. Con EDDIE CANTOR, ETHEL MERMAN, ANN SOTHERN. ■ Un giovane newyorkese eredita un favoloso tesoro egizio scoperto da un parente archeologo. Riuscirà ad impadronirsene nonostante i numerosi imbroglioni che cercano di soffiarglielo. ■ COMMEDIA; B/N; 90′; USA, 1935.

TESORO DEI SEQUOIA, IL *(The Big Trees)* ★★★
Regia di FELIX E. FEIST. Con KIRK DOUGLAS, EVE MILLER, PATRICE WYMORE. ■ Nella California del 1900, un coraggioso giovanotto vuole impadronirsi di alcuni territori occupati da una setta protestante. ■ WESTERN; COL.; 89′; USA, 1952.

TESORO DEI TROPICI, IL *(Kautschuk)* ★★
Regia di EDUARD VON BORSODY. Con RENÉ DELTGEN, VERA VON LANGEN. ■ Nell'Ottocento, in Brasile, un inglese riesce ad impossessarsi dei semi del caucciù. I piantatori infuriati quasi riescono a farlo condannare a morte con una falsa accusa, ma lui se la cava grazie all'aiuto dell'innamorata. ■ AVVENTURA; B/N; 93′; GERMANIA, 1938.

TESORO DEL BENGALA, IL ★
Regia di GIANNI VERNUCCIO. Con LUISELLA BONI, SABÙ, LUIGI TOSI. ■ Nel Cinquecento, in India, una coppia di indigeni riesce a sconfiggere un bieco capo che voleva consegnare ai portoghesi un prezioso gioiello. ■ AVVENTURA; COL.; 92′; ITALIA, 1953.

TESORO DEL DIRIGIBILE, IL *(Fly Away Baby)* ★★
Regia di FRANK MCDONALD. Con GLENDA FARRELL, BARTON MACLANE. ■ Un poliziotto segue con la fidanzata giornalista un sospettato di omicidio da Francoforte a New York, su un dirigibile. I due scopriranno che il colpevole è un altro. ■ POLIZIESCO; B/N; 94′; USA, 1936.

TESORO DEL FIUME, IL *(Old Hutch)* ★★★
Regia di J. WALTER RUBEN. Con WALLACE BEERY, ERIC LEINDEN, CECILIA PARKER. ■ Un vagabondo trova una grossa somma di denaro, ma finisce in mezzo ai guai perché si tratta del bottino di una rapina, e i gangster lo vogliono indietro. ■ COMMEDIA; B/N; 80′; USA, 1936.

TESORO DEL FIUME SACRO, IL *(Crosswinds)* ★★
Regia di LEWIS R. FOSTER. Con RHONDA FLEMING, JOHN PAYNE, FORREST TUCKER. ■ Un marinaio accetta di far parte di una spedizione che vuol recuperare l'oro contenuto in un aereo precipitato in Nuova Guinea perché tra i passeggeri c'è la sua ragazza. Riesce a salvarla, mentre i cattivi che volevano solo il prezioso carico sono sterminati dai cacciatori di teste. ■ AVVENTURA; B/N; 93′; USA, 1953.

TESORO DELLA FORESTA PIETRIFICATA, IL ★★
Regia di EMIMMO SALVI. Con ELEONORA BIANCHI, GORDON MITCHELL, IVO PAYER, PAMELA TUDOR. ■ I vichinghi debbono attraversare la foresta pietrificata dove si cela il tesoro dei nibelunghi, ma Sigmund, a cui il dio Wotan ha affidato la custodia dell'oro, riuscirà a cacciarli aiutato dalla valchiria Brunilde. ■ AVVENTURA; COL.; 92′; ITALIA, 1965.

TESORO DELL'AFRICA, IL *(Beat the Devil)* ★★★
Regia di JOHN HUSTON. Con HUMPHREY BOGART, JENNIFER JONES, GINA LOLLOBRIGIDA, PETER LORRE, ROBERT MORLEY. ■ A Ravello, un gruppo di avventurieri progetta d'impadronirsi di terreni africani ricchi d'uranio, ma tra loro scoppiano contrasti. ■ AVVENTURA; B/N; 100′; USA, 1954.

TESORO DEL LAGO D'ARGENTO, IL ★★
(Der Schatz in Silbersee)
Regia di HARALD REINL. Con LEX BARKER, PIERRE BRICE, KARIN DOR, HERBERT LOM. ■ Winnetou, il nobile capo apache, e Mano di Ferro, il suo coraggioso compagno bianco, aiutano un giovane a rientrare in possesso di un tesoro che era stato rubato a suo padre. ■ WESTERN; COL.; 95′; GERMANIA, 1963.

TESORO DELL'AMAZZONIA, IL *(The Rundown)* ★★
Regia di PETER BERG. Con ROSARIO DAWSON, SEANN WILLIAM SCOTT, THE ROCK, CHRISTOPHER WALKEN. ■ Beck, un cacciatore di taglie molto quotato, viene ingaggiato per recuperare Travis, un ragazzo scomparso da mesi in Brasile. Il recupero, apparentemente semplice, catapulta Beck in un'avventura incredibile nella foresta amazzonica, dove incrocerà tra gli altri la bella bari-

sta Mariana e lo spietato Hatcher. Classico film d'azione che ha al centro il giocatore di football americano e lottatore The Rock che lascia i costumi del Re Scorpione per un film che ruota intorno a lui tra scazzottate e ironia. ■ AVVENTURA; COL.; 104′; USA, 2003.

TESORO DELLA MORTE, IL *(Boots of Destiny)* ★★
Regia di PHIL ROSEN. Con FRANKLIN FARNUM, LOUISE LORRAINE, KEN MAYNARD. ■ Ken Maynard come al solito interpreta un cowboy senza macchia, che sventa le macchinazioni di un cattivo. Quest'ultimo vuole ingannare la graziosa padrona del ranch e impossessarsi di un prezioso cofanetto nascosto nella fattoria. ■ WESTERN; B/N; 56′; USA, 1937.

TESORO DELLA SIERRA MADRE, IL ★★★★
(The Treasure of the Sierra Madre)
Regia di JOHN HUSTON. Con ALFONSO BEDOYA, BRUCE BENNETT, HUMPHREY BOGART, TIM HOLT, JOHN HUSTON, WALTER HUSTON. ■ Due vagabondi americani in Messico s'associano a un vecchio e saggio cercatore per andare alla ricerca di un giacimento sulla Sierra Madre. Hanno fortuna, ma uno di loro, impazzito per la febbre dell'oro, aggredisce il compagno e, lasciatolo per morto, fugge con una carovana di muli carichi di sacchetti contenenti la preziosa polvere. L'uomo viene ucciso dai banditi che, prima di potersi accorgere di quanto sia favoloso il bottino fatto, vengono arrestati e fucilati. Sopraggiungono i due altri cercatori, ma un uragano ha lacerato i sacchetti e disperso al vento il tesoro. Ai due non resta che scoppiare in una travolgente risata. ■ AVVENTURA; B/N; 126′; USA, 1948. ■ OSCAR 3 PR, 4 NOM; VENEZIA 1 PR.

TESORO DELLE 4 CORONE, IL ★★
(Treasure of Four Crowns)
Regia di FERDINANDO BALDI. Con TONY ANTHONY, ANA OBREGON, GENE QUINTANO. ■ Un professore di storia è convinto dell'esistenza di corone regali fabbricate da re visigoti nell'VIII secolo e dotate di poteri magici. Se ne incarica del recupero un certo Striker che, dopo difficoltà di ogni genere, riesce a strapparle ad una setta capeggiata da un falso santone. ■ AVVENTURA; COL.; 92′; ITALIA, USA, 1982.

TESORO DELLE SS, IL ★
(Der Schatz vom Toplitzsee – Schüsse im Morgengrauen)
Regia di FRANZ ANTEL. Con GERT FRÖBE, JOACHIM HAUSEN, SABINA SESSELMANN. ■ Nel 1959, vennero ricuperate nel lago di Topliz numerose casse contenenti sterline perfettamente imitate, stampate dai tedeschi nel corso della seconda guerra mondiale. Il film romanza l'episodio, inventando una ex SS che vuole impadronirsi del tesoro. ■ POLIZIESCO; B/N; 91′; GERMANIA, 1959.

TESORO DELL'ISOLA – IL TESORO DEL PIRATA NERO, IL *(Duke of the Navy)* ★★
Regia di WILLIAM BEAUDINE. Con VICTORIA ANN BERG, RALPH BYRD. ■ Un marinaio in licenza viene creduto per le sue spacconate un milionario da alcuni truffatori che gli raccontano d'avere una preziosa mappa. Il fantomatico tesoro esiste davvero e tutto finisce bene. ■ COMMEDIA; B/N; 91′; USA, 1942.

TESORO DELL'ISOLA PROIBITA, IL ★★
(Forbidden Island)
Regia di CHARLES B. GRIFFITH. Con NAN ADAMS, JOHN FARROW, JON HALL. ■ Alcuni sommozzatori, assoldati per recuperare un gioiello su uno yacht affondato, trovano il cadavere di una donna assassinata. Uno di loro, capito che il colpevole è il loro datore di lavoro, cerca di ricattarlo, ma l'altro lo uccide. Tutto inutile: la giustizia trionferà. ■ AVVENTURA; COL.; 66′; USA, 1963.

TESORO DELLO YANKEE ZEPHYR, IL ★★
(Treasure of the Yankee Zephyr)
Regia di DAVID HEMMINGS. Con GEORGE PEPPARD, KEN WAHL, LESLEY-ANN WARREN. ■ Un vecchio avventuriero in Nuova Zelanda scopre il relitto di un aereo caduto con un carico di lingotti d'oro. Vuole recuperarlo, ma il tesoro fa gola anche a una banda di lestofanti. Film d'avventura poco interessante, nonostante l'impegno produttivo e favolosi scenari naturali. ■ AVVENTURA; COL.; 93′; GRAN BRETAGNA, NUOVA ZELANDA, 1984.

TESORO DEL RIO DELLE AMAZZONI, IL ★★
(Last Treasure of the Amazons)
Regia di EDWARD LUDWIG. Con RHONDA FLEMING, FERNANDO LAMAS. ■ Un'americana si reca in Amazzonia per raggiungere il fidanzato e scopre che costui è quasi impazzito, divorato dal sogno di trovare un favoloso tesoro indio. Durante uno dei suoi tentativi, l'uomo scompare e la ragazza organizza una spedizione di soccorso. Il poveretto è morto, ma la donna finirà per trovare l'amore di un bel capitano fluviale. ■ AVVENTURA; COL.; 90′; USA, 1954.

TESORO DEL SANTO, IL *(The Confession)* ★★
Regia di WILLIAM DIETERLE. Con ELLIOTT GOULD, RAY MILLAND, GINGER ROGERS. ■ Un famoso ladro internazionale scopre la mappa di un leggendario tesoro ai Caraibi. Va sul posto e con l'aiuto della tenutaria di una casa di piacere riesce a penetrare nel luogo dove è nascosto il grisbi (è sotto la statua di un santo). I due escogitano un geniale piano per fuggire con il malloppo, ma il caso lo manda in fumo. ■ DRAMMATICO; COL.; 92′; USA, 1965.

TESORO DI GENGIS KHAN, IL ★★★
(Thank You Mr. Moto)
Regia di NORMAN FOSTER. Con THOMAS BECK, SIDNEY BLACKMER, PETER LORRE. ■ Uno dei migliori film della serie Mr. Moto basata sul personaggio di John Marquand. Moto qui è alla ricerca di alcune mappe cinesi che messe insieme rivelano l'ubicazione del mitico tesoro di Gengis Khan. Naturalmente il favoloso grisbi fa gola a parecchi, inclusa una banda di assassini decisi a tutto. Moto uccide il capo della banda e brucia le mappe così il tesoro di Gengis non lo troverà nessuno. ■ GIALLO; B/N; 67′; USA, 1937.

TESORO DI MAKUBA, IL *(Treasure of Makuba)* ★★
Regia di JOE LACY. Con MARA CRUZ, TODD MARTIN, CAMERON MITCHELL, AL MULOE. ■ In un'isola dei mari del Sud, quattro avventurieri s'accordano per recuperare uno scrigno di perle, ma poi tre tradiscono il compagno e fuggono col bottino. L'uomo ingannato riuscirà in seguito a tornare in possesso del tesoro ma dovrà consegnarlo alle autorità. Si consolerà con un'indigena. ■ AVVENTURA; B/N; 93′; SPAGNA, 1968.

TESORO DI MATECUMBE, IL ★★
(Treasure of Matecumbe)
Regia di VINCENT MCEVEETY. Con ROBERT FOXWORTH, JOAN HACKETT, PETER USTINOV. ■ Un ragazzo, dopo mirabolanti avventure, recupera il tesoro del padre col quale salva la tenuta in cui vive, coperta da numerosi debiti. ■ AVVENTURA; COL.; 117′; USA, 1976.

TESORO DI MONTECRISTO, IL ★★
Regia di ROBERT VERNAY. Con LIA AMANDA, JEAN MARAIS, NOËL ROQUEVERT. ■ Nel 1814, Edmondo Dantès viene denunciato come bonapartista da alcuni suoi nemici e rinchiuso nella fortezza di If. Evaso, diventa ricchissimo e mette in atto la vendetta. ■ AVVENTURA; B/N; 97′; FRANCIA, ITALIA, 1954.

TESORO DI PANCHO VILLA, IL ★★★
(The Treasure of Pancho Villa)
Regia di GEORGE SHERMAN. Con RORY CALHOUN, GILBERT ROLAND, SHELLEY WINTERS. ■ Nel 1915, Pancho Villa incarica un suo ufficiale e un mercenario americano di impadronirsi d'un carico d'oro. L'impresa ha successo, ma l'americano è tentato di tenersi il tesoro. Ci ripenserà e tornerà a combattere contro i governativi. ■ AVVENTURA; COL.; 96′; USA, 1955.

TESORO DI ROMMEL, IL ★★
Regia di ROMOLO MARCELLINI. Con DAWN ADDAMS, ANDREA CHECCHI, PAUL CHRISTIN, ISA MIRANDA. ■ Un gruppo d'avventurieri cerca d'impossessarsi del tesoro che Rommel ha affondato in mare per impedire che cadesse in mani inglesi e che alcuni sommozzatori stanno cercando di recuperare su incarico del governo tedesco. ■ AVVENTURA; COL.; 91′; ITALIA, 1956.

TESORO DI TARZAN, IL *(Tarzan's Secret Treasure)* ★★★
Regia di RICHARD THORPE. Con BARRY FITZGERALD, MAUREEN O'SULLIVAN, REGINALD OWEN, JOHNNY SHEFFIELD, JOHNNY WEISSMULLER. ■ Tarzan, Jane, Piccolo e Cita ancora alle prese con i nemici della natura incontaminata. ■ AVVENTURA; B/N; 81′; USA, 1941.

TESORO DI VERA CRUZ, IL *(The Big Steal)* ★★★
Regia di Don Siegel. Con William Bendix, Jane Greer, Patric Knowles, Robert Mitchum, Ramon Novarro. ■ Un tenente della polizia americana, ingiustamente accusato di furto, si reca in Messico a compiere delle indagini e scopre il vero colpevole. ■ Poliziesco; b/n; 71'; USA, 1949.

TESOROMIO ★★
Regia di Giulio Paradisi. Con Zeudi Araya, Johnny Dorelli, Sandra Milo, Enrico Maria Salerno. ■ Una domestica nera si innamora di uno sfortunato autore di teatro e paga tutti i suoi debiti con i diamanti che suo padre trova senza difficoltà in un'isoletta dell'oceano Indiano. L'uomo, finalmente liberato dagli assilli economici, sente nascere la vena creativa e scrive una commedia di grande successo, poi sposa la bella mulatta. ■ Commedia; col.; 108'; Italia, 1979.

TESORO MI SI È ALLARGATO IL RAGAZZINO ★★
(Honey I Blew up the Kid)
Regia di Randal Kleiser. Con Lloyd Bridges, Rick Moranis, Marcia Strassman. ■ Se già non convinceva *Tesoro, mi si sono ristretti i ragazzi*, questo sequel, peraltro coronato da successo negli Stati Uniti, è ancora peggiore. Solo gli effetti speciali sono da salvare. Il professore-scienziato Szalinski è ancora una volta nei guai. Infatti il figlioletto Adam, due anni, grazie a un esperimento del padre è diventato altissimo. Se ne va a zonzo per Las Vegas. Lui si diverte, ma preoccupa i genitori e involontariamente terrorizza la città. Ovviamente il padre risolverà tutto. ■ Commedia; col.; 90'; USA, 1992.

TESORO MI SI SONO RISTRETTI I RAGAZZI ★★★
(Honey, I Shrunk the Kids)
Regia di Joe Johnston. Con Matt Frewer, Rick Moranis, Marcia Strassman. ■ Il congegno per rimpicciolire gli oggetti sfugge al controllo di un inventore genialoide quanto pasticcione e i primi a essere ridotti a proporzioni minime sono i figli dello svagato papà e i loro amici. Inutile cercarli: essi vagano in groppa a una formica e un'ape li spaventa come fosse un mostruoso jet. Ritorneranno alla normalità dopo un sequela ininterrotta di avventure in cui la realtà è stravolta dall'ottica lillipuziana e da accurati effetti speciali. ■ Fantastico; col.; 93'; USA, 1990.

TESORO NERO *(L'odyssée du capitaine Steve)* ★★
Regia di Marcello Pagliero. Con Pierre Cressoy, Françoise Cristophe, Reginald Lye. ■ Una spedizione, partita per la Nuova Guinea alla ricerca del petrolio, salva dalle ire degli indigeni un cacciatore che aveva ucciso un uccello sacro. La trama avventurosa è un pretesto per scene documentaristiche. ■ Avventura; col.; 93'; Francia, 1955.

TESORO SEGRETO DI CLEOPATRA, IL ★★
(Flight of the Lost Balloon)
Regia di Nathan J. Juran. Con Douglas Kennedy, Mala Powers, Marshall Thompson. ■ Alla fine dell'Ottocento, uno scienziato e una ragazza partono per l'Africa per liberare il fidanzato della fanciulla, un esploratore inglese, prigioniero di un malvagio che vuole fargli rivelare il segreto del tesoro di Cleopatra. Dopo molte drammatiche avventure, l'esploratore morrà; lo scienziato e la ragazza invece si sposeranno. ■ Avventura; col.; 91'; USA, 1962.

TESORO SOMMERSO, IL *(Underwater!)* ★★
Regia di John Sturges. Con Gilbert Roland, Jane Russell. ■ Due pescatori subacquei localizzano, nel mar dei Caraibi, il relitto di un galeone spagnolo affondato nel diciassettesimo secolo mentre portava lontano da Panama, attaccata dal pirata Morgan, il tesoro della cattedrale. I due, con le loro donne, rischiano mille volte la vita per recuperare le favolose ricchezze. Ottima fotografia subacqea, ma trama molto evanescente. Il maggior richiamo del film era, palesemente, la bruna diva Jane Russell sempre in bikini. ■ Avventura; col.; 99'; USA, 1955.

TESS ★★★
Regia di Roman Polanski. Con John Collin, Peter Firth, Nastassja Kinski. ■ Una giovane, sedotta e abbandonata da un ricco presunto parente, sposa il figlio di un pastore che, dopo la rivelazione del suo passato, l'abbandona. La ragazza, respinta persino dalla propria famiglia, diventa amante del seduttore, poi lo uccide e fugge col marito pentito. La polizia la cattura e la condanna a morte. ■ Drammatico; col.; 170'; Francia, Gran Bretagna, 1979. ■ Golden Globes 1 pr, 3 nom; Oscar 3 pr, 6 nom.

TESTA DEL SERPENTE, LA *(Orden de matar)* ★
Regia di José G. Maesso. Con Helmut Berger, José Ferrer, Sydne Rome. ■ Un ispettore di polizia prossimo alla pensione vuole eliminare un potente capo della malavita. Addestra un gruppo di sbandati per dare l'assalto alla villa del boss. Nella sparatoria finale morranno tutti. Raffazzonato film d'azione con scene sexy. ■ Poliziesco; col.; 91'; Italia, Spagna, 1974.

TESTA DI BRONZO, DITA D'ACCIAIO ★
(Bronze Head & Steel Arm)
Regia di Sung Chia Wen. Con Chan Howe, Chin Hsiang-Lin, Ingrid Hu, Lu Chiu. ■ Un campione di karate al servizio di un malvagio solo per poter curare la madre malata. Quando la donna scopre la verità, impone al figlio di cambiare occupazione, ma il cattivo se la lega al dito, stermina la famiglia del dipendente infedele e accusa dell'omicidio un innocente. Finale: vendetta dell'eroe. ■ Avventura; col.; 93'; Hong Kong, 1974.

TESTA DI LUPO MOZZATA, UNA *(Baffled!)* ★★
Regia di Philip Leacock. Con Susan Hampshire, Vera Miles, Leonard Nimoy, Rachel Roberts. ■ Una studiosa di parapsicologia, esaminando un corridore automobilista americano che ha strane visioni, finisce per scoprire il responsabile di un omicidio. ■ Poliziesco; col.; 90'; USA, 1972.

TESTA DI RAPA ★★
Regia di Giancarlo Zagni. Con Gigliola Cinquetti, Luciano Federico, Folco Lulli. ■ Subito dopo l'unità italiana, Testa di rapa, un rozzo contadino toscano, fa una scenata alla maestrina piemontese che vuol insegnare a suo figlio sottraendolo al lavoro agricolo. L'uomo è condannato a sei mesi. Quando esce, scopre che il figlio ha imparato a leggere e cambia opinione. ■ Commedia; col.; 94'; Italia, 1966. ■ Venezia 1 pr.

TESTA DI SBARCO PER OTTO IMPLACABILI ★★
Regia di Al Bradley. Con Erika Blanc, Peter Lee Lawrence, Guy Madison, Philippe Marsent. ■ Durante la seconda guerra mondiale, i tedeschi approntano un sistema difensivo che permette d'incendiare il mare al largo della Normandia, ma gli Alleati inviano otto *commandos* che, con l'aiuto di una ragazza francese, lo distruggono. ■ Guerra; col.; 93'; Italia, 1968.

TESTA FRA LE NUVOLE *(Se necesita chico)* ★
Regia di Antonio Mercero. Con Javier Cebrian, Dina Perbellini, Pedro Solis, Marcella Valeri. ■ Un filmetto sui pasticci combinati da un dodicenne, fattorino di un fiorista. ■ Commedia; b/n; 92'; Spagna, 1965.

TESTA IN GIÙ... GAMBE IN ARIA ★★
Regia di Ugo Novelli. Con Marina Malfatti, Corrado Pani, Andreina Paul, Piero Vida. ■ Un giovane scontento di tutto, anche di se stesso, non disdegna le comodità del "sistema". Si applica alla disciplina yoga ma, invece di trovare la pace, ammazzerà un maniaco che uccide solo gli intellettuali. ■ Drammatico; col.; 91'; Italia, 1973.

TESTAMENT ★★★
Regia di Lynne Littman. Con Jane Alexander, William Devane, Ross Harris. ■ Un'esplosione nucleare devasta la California, isolando dal resto del mondo una tranquilla cittadina, Hamlin. La morte arriva lentamente, man mano che le scorie radioattive ricadono a terra, ma la vita, straziante nella sua forza, continua. Un *day after* delicato e, se possibile, pervaso di quieto pessimismo pur nei suoi scontati sviluppi. ■ Drammatico; col.; 89'; USA, 1983. ■ Golden Globes 1 nom; Oscar 1 nom.

TESTAMENTO, IL *(The Legacy)* ★★★
Regia di Richard Marquand. Con Sam Elliott, Katharine Ross, John Standing. ■ Invitati in un castello, un uomo e una donna assistono impotenti all'assassinio di quattro ospiti. Individuato nel quinto l'assassino, l'uomo lo uccide; la donna, che si scopre discendente di una strega, accetta di buon grado i suoi poteri e le ricchezze della famiglia. ■ Drammatico; col.; 100'; USA, 1979.

TESTAMENTO DEL DOTTOR MABUSE, IL ★★★
(Das Testament des Dr. Mabuse)
Regia di WERNER KLINGLER. Con SENTA BERGER, GERT FRÖBE, WALTER RILLA. ■ Il dottor Mabuse, folle genio del male, è rinchiuso in manicomio, ma con la sua astuzia riesce ancora a guidare una rete criminale. ■ POLIZIESCO; B/N; 92′; FRANCIA, GERMANIA, 1968.

TESTAMENTO DEL DR. MABUSE, IL ★★★★
(Das Testament des Dr. Mabuse)
Regia di FRITZ LANG. Con OSKAR BEREGI, THEODOR LOOS, RUDOLF KLEIN ROGGE, CAMILLA SPIRA. ■ Fondamentale opera del regista tedesco, il "testamento" fu all'epoca condannato perché presentava troppi riferimenti all'ascesa di Hitler. Narra del dottor Mabuse che, internato in un manicomio criminale, attraverso l'ipnosi condiziona a distanza il dottor Baum guidandolo in piani criminosi. Suo scopo è arrivare al potere assoluto. ■ FANTASTICO; B/N; 122′; GERMANIA, 1933.

TESTAMENTO DEL MOSTRO, IL ★★★★
(Le testament du Docteur Cordelier)
Regia di JEAN RENOIR. Con JEAN-LOUIS BARRAULT, TEDDY BILIS, JEAN TOPART, MICHEL VITOLD. ■ Il dottor Cordelier, noto psichiatra parigino, materializza il proprio inconscio nel sadico e bestiale Monsieur Opale, libero di agire secondo gli istinti primordiali. Realizzata per la televisione ma distribuita al cinema, questa rielaborazione del tema di Jekyll e Hyde di Stevenson ha interessato Jean Renoir per due motivi. Da un lato per l'opportunità di rivisitare, trent'anni dopo, il personaggio del vagabondo nichilista di *Boudu sauvé des eaux* (1932) e di esplorare la gioiosa anarchia suscitata dall'allentamento dei freni della morale convenzionale e borghese. Dall'altro lato per la possibilità di affidare a Jean-Louis Barrault un ruolo in cui potesse esibire tutto il suo talento mimico e recitativo. La mimica ballettistica di Opale, con la quale celebra il ritorno al dionisiaco, sconfina nell'ironia e a tratti nel grottesco. Comunque, la simpatia del regista va tutta alla creatura subumana di Opale, piuttosto che al controllato e ipocrita dottor Cordelier o al suo rivale professionale M. Vitold. ■ HORROR; B/N; 95′; FRANCIA, 1959.

TESTAMENTO DI SANGUE ★★★
(Money, Women and Guns)
Regia di RICHARD BARTLETT. Con TIM HOVEY, KIM HUNTER, JOCK MAHONEY. ■ Un detective rintraccia i quattro misteriosi eredi di un minatore ucciso nel corso di una rapina e assicura alla giustizia i suoi uccisori. Un buon western dalla trama insolita e dai personaggi fortemente caratterizzati. ■ WESTERN; COL.; 80′; USA, 1959.

TESTAMENTO D'ORFEO *(Le testament d'Orphée)* ★★
Regia di JEAN COCTEAU. Con YUL BRYNNER, MARIA CASARÉS, JEAN COCTEAU, JEAN-PIERRE LÉAUD, JEAN MARAIS, PABLO PICASSO. ■ «Il mio film non è altro che una seduta descrittiva consistente nel rimuovere a poco a poco il mio corpo e nel rivelare la mia anima a nudo», ecco ciò che dice Cocteau all'inizio della pellicola. Col nome di Orfeo il regista fa riferimento all'omonimo film da lui diretto anni prima. Un bambino in un banco, una madre con il bimbo in carrozzina che piange, un vecchio su una sedia a rotelle e una infermiera. Questi sono alcuni degli incontri che fa lo stesso regista vestito in abiti settecenteschi. Un film criptico come una poesia ermetica, probabilmente Cocteau nasconde nelle situazioni se stesso e le sue ossessioni. Interessante ma forse un po' presuntuoso. ■ FANTASTICO; B/N; 80′; FRANCIA, 1959.

TESTA O CROCE *(The George Raft Story)* ★★
Regia di JOSEPH M. NEWMAN. Con NEVILLE BRAND, RAY DANTON, JULIE LONDON, JAYNE MANSFIELD. ■ Biografia romanzata di George Raft, l'attore che divenne famoso facendo ruotare la monetina nel film *Scarface* di Hawks. Per tutta la durata della sua carriera si disse che non solo era bravissimo ad interpretare le parti di gangster, ma che era legato effettivamente alla malavita e che da giovane era stato nella banda di Al Capone. Naturalmente il film ridà fiato a questa leggenda. ■ BIOGRAFICO; B/N; 106′; USA, 1961.

TESTA O CROCE ★
Regia di PIERO PIEROTTI. Con JOHN ERICSON, EDWIGE FENECH, UGO PAGLIAI, SHEILA ROSIN. ■ Una piccante saloon-girl ingiustamente accusata di un omicidio ne passa di tutti i colori. Un bandito di buon cuore la difenderà e si sacrificherà per lei. ■ WESTERN; COL.; 90′; ITALIA, 1969.

TESTA O CROCE ★★
Regia di NANNI LOY. Con NINO MANFREDI, RENATO POZZETTO, MARA VENIER. ■ Nel primo episodio, *La pecorella smarrita*, il parroco di un paesino perde la memoria e incontrando una ragazza l'ama ed è riamato. Quando riacquista i ricordi si accorge di amarla ancora. Nel secondo episodio, un operaio sospetta che il figlio sia omosessuale. Ma il suo dramma finirà quando lo vedrà proprio accanto alla sua donna. ■ COMMEDIA; COL.; 109′; ITALIA, 1982.

TESTA ROSSA *(The Reformer and the Redhead)* ★★★
Regia di MELVIN FRANK, NORMAN PANAMA. Con JUNE ALLYSON, CECIL KELLAWAY, DICK POWELL. ■ Un politicante fa licenziare il direttore dello zoo, ma la figlia di questi, desiderosa di vendicare il padre, s'allea con un candidato alla carica di sindaco e sgomina il cattivo. ■ COMMEDIA; B/N; 80′; USA, 1950.

TESTA T'AMMAZZO, CROCE... SEI MORTO! MI CHIAMANO ALLELUJA ★
Regia di GIULIANO CARNIMEO. Con AGATA FLORI, GEORGE HILTON, CHARLES SOUTHWOOD. ■ Nel Messico, sotto l'imperatore Massimiliano, il pistolero Alleluja cerca d'impadronirsi di una borsa di gioielli lottando contro una suora e un cosacco. ■ WESTERN; COL.; 95′; ITALIA, 1971.

TESTE CALDE, LE *(Le désir mène les hommes)* ★★
Regia di MICK ROUSSEL. Con GÉRARD BLAIN, PHILIPPE LEMAIRE, CHRISTIAN MARQUAND, MAGALI NOËL. ■ Tre scioperati studenti parigini, due uomini e una ragazza, piombano in provincia. Uno cerca soldi presso il ricco padre: siccome questi non glieli dà, il suo amico ha con lui un alterco che finirà con la morte dell'industriale. I tre provano allora a dirigere la fabbrica, ma litigano e l'assassino, trasportato dall'ira, confessa il delitto davanti alle maestranze. Sarà arrestato. ■ DRAMMATICO; B/N; 93′; FRANCIA, 1959.

TESTE CALDE, LE *(Les têtes brulées)* ★★
Regia di WILLY ROZIER. Con ESTELLA BALIN, PHILIPPE CLAY, LANG JEFFRIES. ■ Ai tempi della guerra d'Algeria, alcuni disgraziati, che hanno accettato un forte compenso per condurre un'autocolonna a una base petrolifera, scoprono che nel carico si cela dell'esplosivo che i ribelli intendono usare in un attentato ai pozzi. Decidono di opporsi e muoiono quasi tutti nella lotta. ■ AVVENTURA; COL.; 91′; FRANCIA, 1968.

TESTE CALDE E TANTA FIFA ★★★
(Hot Lead and Cold Feet)
Regia di ROBERT BUTLER. Con WILD BILLY, JIM DALE, JACK ELAM, KAREN VALENTINE. ■ L'anziano proprietario di un villaggio designa come suo erede quello dei suoi due figli che supererà una serie di prove. I giovani, diversi per carattere e ideali, sentono che le avventure capitate li hanno avvicinati, e decidono di usare l'imponente lascito per costruire una cittadina. ■ COMMEDIA; COL.; 90′; USA, 1978.

TESTE DI COCCO ★★
Regia di UGO FABRIZIO GIORDANI. Con MANUELA ARCURI, ALESSANDRO GASSMAN, MIRANDA MARTINO, MARISA MERLINI, GIANMARCO TOGNAZZI. ■ Pietro (Gassman) e Tommaso (Tognazzi) sono due fratelli. Si detestano e non si parlano da anni. Si tratta di riesumare le ossa del padre morto molti anni prima. Ma la cassa è vuota. Si tratta di capire il mistero. Che il padre sia ancora vivo? Le rivelazioni della madre portano a una pista malese. E i due partono per quella terra. Arrivano a Kuala Lumpur dove cominciano con l'incontrare la bella Nina. Il richiamo è un po' quello della fuga e della ricerca. Un po' alla Salvatores prima maniera. I due "figli di" ci riprovano e qualche bella suggestione, grazie alla location eccetera, ci scappa pure. ■ COMMEDIA; COL.; 100′; ITALIA, 2000.

TESTE DI CONO *(Coneheads)* ★★
Regia di STEVE BARRON. Con DAN AYKROYD, MICHELLE BURKE, JANE CURTIN. ■ Il regista Barron, famoso per essere stato uno dei primi geni del videoclip musicale e poi fortunato regista di film di

largo successo come *Tartarughe Ninja alla riscossa*, ha avuto il compito di portare sullo schermo uno sketch del famoso *Saturday Night Live*. I risultati sono gradevoli per un pubblico di giovanissimi. È la storia di Prymaat e Beldar Coneheads, provenienti dal pianeta Remulak, giunti negli Stati Uniti per un incidente di percorso. Cercano di vivere come una normale famiglia americana, cibandosi di lampadine e dormendo col letto in piedi. ■ COMICO; COL.; 95'; USA, 1992.

TESTE DI CUOIO ★★
Regia di GIORGIO CAPITANI. Con CHRISTIAN DE SICA, PHILIPPE LEROY, DANIELA POGGI. ■ Quattro sgangherati terroristi arrivano a Roma per assaltare la sede diplomatica di un fantomatico paese, irrompono armi in pugno nell'ambasciata, ma scoprono che questa ha da tempo cambiato indirizzo. Nel frattempo è scattato l'allarme e la palazzina è circondata. L'interprete chiamato a parlamentare con il commando non capisce una parola della loro lingua. Si ride senza troppe pretese. ■ COMMEDIA; COL.; 93'; ITALIA, 1981.

TESTE RASATE ★★
Regia di CLAUDIO FRAGASSO. Con FRANCA BETTOJA, FLAVIO BUCCI, FABIENNE GUEYE, GIANMARCO TOGNAZZI. ■ Marco ha ventidue anni, ha cambiato sette scuole e vive con la madre che si ammazza di lavoro per mantenerlo. Si farà affascinare da un gruppo di naziskin, anche se è innamorato di Zaira, una colf somala. Il bisogno di integrarsi con il nuovo gruppo lo porterà ad abbandonare progressivamente le persone a cui si sentiva legato. Film di testimonianza con qualche presunzione di troppo. ■ DRAMMATICO; COL.; 94'; ITALIA, 1993.

TESTE ROSSE *(Those Redheads from Seattle)* ★★
Regia di LEWIS R. FOSTER. Con GENE BARRY, RHONDA FLEMING, GUY MITCHELL, AGNES MOOREHEAD. ■ Ai tempi della corsa all'oro, una vedova e le sue tre figlie (tutte belle rosse) rilevano un giornale in una città di cercatori e se ne servono per combattere i malfattori locali. Tra gli interpreti Guy Mitchell, allora uno dei cantanti d'America più gettonati ai juke box. ■ AVVENTURA; COL.; 91'; USA, 1953.

TESTIMONE, IL ★★★
Regia di PIETRO GERMI. Con ERNESTO ALMIRANTE, MARINA BERTI, ROLDANO LUPI. ■ Un uomo inchioda con la propria testimonianza un assassino, poi si rende conto di essersi sbagliato e fa di tutto per farlo prosciogliere. L'uomo infatti viene liberato, ma le sorprese non sono finite. ■ DRAMMATICO; B/N; 98'; ITALIA, 1946.

TESTIMONE, IL *(Le témoin)* ★★★
Regia di JEAN-PIERRE MOCKY. Con ROLAND DUBILLARD, PHILIPPE NOIRET, ALBERTO SORDI. ■ Un pittore viene accusato di aver ucciso una modella. L'assassino è un suo amico che, a sua volta, resta ucciso per errore dal padre della defunta. Il pittore finisce dietro le sbarre per anni, conscio che la verità non verrà mai a galla: la famiglia del colpevole, appartenente all'alta società, è ben decisa a conservare il silenzio sulla faccenda. ■ DRAMMATICO; COL.; 110'; FRANCIA, ITALIA, 1978.

TESTIMONE A RISCHIO ★★
Regia di PASQUALE POZZESSERE. Con CLAUDIO AMENDOLA, FABRIZIO BENTIVOGLIO, MARGHERITA BUY. ■ Storia di Piero Nava che nel 1990 fu involontario testimone dell'assassinio del giudice Livatino ad opera della mafia. Nava dovrà testimoniare al processo, dunque fa parte del programma di protezione e la sua vita finisce di esistere, tutte le sue abitudini vengono stravolte, i rapporti con la moglie si fanno terribilmente complicati. Pozzessere ha scelto la via dell'introspezione piuttosto che quella del thriller. A questo punto, grazie alla Buy e a Bentivoglio, due attori italiani con molta identità e appeal, il film era bell'e confezionato. Il regista non ha avuto bisogno di fare quasi nulla, e in effetti ha fatto pochissimo. La pellicola entra alla perfezione nel quadro del cinema italiano che fa gran fatica a emanciparsi dai soliti contenuti (cronaca, società e naturalmente mafia), diventando una sorta di ripasso di argomenti televisivi dei primi anni Novanta. ■ DRAMMATICO; COL.; 95'; ITALIA, 1996.

TESTIMONE CHIAVE *(Eyewitness to Murder)* ★★
Regia di JAG MUNDHRA. Con ANDREW STEVENS, SHERILIN WOLTER, ADRIAN ZMED. ■ Viene ucciso un gallerista e ne è testimone una pittrice. L'assassino è uno spacciatore e dopo averla colpita, convinto di averla uccisa, fugge. Quando interviene la polizia sembrerebbe tutto semplice, ma a complicare le cose è il caso. Infatti la ragazza si salva anche se gravemente menomata. ■ GIALLO; COL.; 93'; USA, 1991.

♥ TESTIMONE D'ACCUSA ★★★★
(Witness for the Prosecution)
Regia di BILLY WILDER. Con MARLENE DIETRICH, ELSA LANCHESTER, CHARLES LAUGHTON, TYRONE POWER. ■ Nel corso di un processo per omicidio, sembra che la nemica più pericolosa dell'accusato sia proprio sua moglie, ma l'avvocato difensore smonta abilmente la sua testimonianza e l'imputato è assolto. Sorpresa finale. ■ POLIZIESCO; B/N; 118'; USA, 1957. ■ DAVID DI DONATELLO 1 PR, 1 NOM; OSCAR 6 NOM.

TESTIMONE D'ACCUSA *(Perfect Witness)* ★★
Regia di ROBERT MANDEL. Con STOCKARD CHANNING, BRIAN DENNEHY, AIDAN QUINN. ■ È il testimone ideale di un omicidio: ha visto tutto. Ma è terrorizzato e si rifiuta di parlare. L'investigatore deve convincerlo. ■ POLIZIESCO; COL.; 103'; USA, 1989.

TESTIMONE DELLO SPOSO, IL ★★★
Regia di PUPI AVATI. Con DIEGO ABATANTUONO, DARIO CANTARELLI, VALERIA D'OBICI, TONI SANTAGATA, INES SASTRE. ■ Fine anno 1899, paese della Romagna, buona borghesia. Francesca sposa Edgardo solo per salvare i genitori dal disastro. Ma durante la cerimonia basta uno sguardo e si innamora di Angelo (Abatantuono), il testimone dello sposo. Da quel momento lei si considera sposata all'altro. Angelo è tornato in Italia dopo aver fatto fortuna in America. Si assiste al rituale della festa matrimoniale e dell'attesa del nuovo secolo e tutti fanno auspici, non ci saranno più guerre, non più malattie, tutti i sogni si realizzeranno. Nel frattempo la verità matrimoniale è venuta a galla e lo scandalo è scoppiato. La sposa lascia la casa. Alla fine ritrova il testimone-sposo. E la voce fuori campo ribadisce «i sogni si realizzeranno». Pulito, calligrafico, discreto, anche ricco, davvero ben fatto. Manca l'ultimo salto di qualità per il capolavoro. Tratti di rigore e realismo per pagare il debito della favoletta finale, secondo il primo Avati. Ottimo Abatantuono, monoespressiva e acerba la Sastre (ma è agli esordi, e fa del suo meglio), ancora una volta il regista si conferma uno dei nostri pochissimi autori capaci di attraversare i generi, un ottimo professionista. ■ DRAMMATICO; COL.; 100'; ITALIA, 1998. ■ GOLDEN GLOBES 1 NOM.

TESTIMONE DEVE TACERE, IL ★★
Regia di GIUSEPPE ROSATI. Con BEKIM FEHMIU, ALDO GIUFFRÉ, LUIGI PISTILLI, ROSANNA SCHIAFFINO, ROMOLO VALLI. ■ Un tizio presta i primi soccorsi a un uomo, vittima di un incidente automobilistico, ma questi fugge prima dell'arrivo della polizia. Il buon samaritano viene poi a scoprire per caso che si trattava di un potente costruttore che aveva appena fatto uccidere un poliziotto incorruttibile. Il nostro vorrebbe denunciarlo, ma contro di lui parte una vasta operazione intimidatoria che gli farà tralasciare il suo dovere civico. ■ DRAMMATICO; COL.; 90'; ITALIA, 1974.

TESTIMONE DI MEZZANOTTE *(Le témoin de minuit)* ★★
Regia di DIMITRI KIRSANOFF. Con HENRI GUISOL, CLAUDE MAY, RAYMOND PELLEGRIN. ■ Uno scrittore di romanzi gialli organizza un piano per eliminare la moglie tirannica e potersi sposare con l'amante, ma la paura gli farà credere che qualcuno è stato testimone del suo delitto e gli farà commettere un tragico errore. ■ POLIZIESCO; B/N; 93'; FRANCIA, 1952.

TESTIMONE INVOLONTARIO *(Most Wanted)* ★★
Regia di DAVID HOGAN. Con JILLIAN HENNESSY, KEENEN IVORY WAYANS, JON VOIGHT. ■ James Dunn, eroe della guerra del Golfo, viene condannato alla sedia elettrica per l'omicidio di un suo superiore. L'unica modo per evitare la morte consiste nel dare la caccia ed eliminare un industriale coinvolto in un commercio internazionale di armi biologiche. Questa è la soluzione che gli viene offerta dal colonnello Casey. Il giorno in cui inizia la missione di Dunn, la First Lady viene misteriosamente assassinata e Dunn diventa il maggior indiziato dell'omicidio. La sua innocenza è provata da un video amatoriale in possesso di una dottoressa,

testimone involontaria. Dunn rapisce la donna e inizia la sua lotta contro i suoi nemici che sono apparati deviati dello Stato. Tutto già visto. L'unico elemento di rilievo è la fisicità di Keenen Ivory Wayans. ■ THRILLER; B/N; 101′; USA, 2000.

TESTIMONE OCULARE *(Girl on the Run)* ★★★
Regia di RICHARD L. BARE. Con ERIN O'BRIEN, SHEPPERD STRUDWICK, EFREM ZIMBALIST JR. ■ Un detective insegue per tutti gli Stati Uniti una cantante che potrebbe essere importantissima testimone in un processo per omicidio. Lei fugge impaurita, ma alla fine l'insospettabile assassino fa un passo falso. Il poliziotto l'arresterà e i due si sposeranno. ■ POLIZIESCO; B/N; 76′; USA, 1959.

TESTIMONE OCULARE *(Child in the Night)* ★
Regia di MIKE ROBE. Con SEASON HUBLEY, TOM SKERRITT, JO BETH WILLIAMS. ■ In seguito allo choc subito per essere stato spettatore dell'uccisione del padre, il piccolo Luke non ricorda più nulla della scena. Per sbloccargli la memoria il detective che segue le indagini si affida a una brava psicologa, ma la madre del bambino continua a porre difficoltà. ■ THRILLER; COL.; 91′; USA, 1990.

TESTIMONE PER CASO *(Fatal Exposure)* ★
Regia di ALAN METZGER. Con NICK MANCUSO, MARE WINNINGHAM. ■ Lei è divorziata, ritira un rullino fotografico ma le danno le foto sbagliate. Si ritrova così coinvolta suo malgrado in una fitta rete di atti di violenza. ■ DRAMMATICO; COL.; 85′; USA, 1991.

TESTIMONE PIÙ PAZZO DEL MONDO, IL ★★★
(My Blue Heaven)
Regia di HERBERT ROSS. Con JOAN CUSACK, STEVE MARTIN, RICK MORANIS. ■ Il regista di *Provaci ancora, Sam* ormai si è adattato alle commedie di grande successo ma senza stile, come il precedente *Il segreto del mio successo*. Qui troviamo la verve accattivante di Steve Martin nei panni di un certo Vinnie Antonelli, un mafioso pentito che ha tranquillamente denunciato i suoi compari. Urge quindi un nascondiglio per proteggersi dalla vendetta mafiosa. L'Fbi sceglie una piccola città nell'assolata California. La sceneggiatrice di *Harry ti presento Sally*, Nora Ephron, ha eseguito con diligenza il suo compito. ■ COMMEDIA; COL.; 95′; USA, 1991.

TESTIMONE SCOMODO *(White Light)* ★
Regia di ALBERT S. WAXMAN. Con MARTHA HENRY, MARTIN KOVE, HEIDI VON PALLESKE. ■ Riesce a catturare uno dei capi del traffico di droga. Viene però ferito in modo grave al punto di entrare in coma. Mentre si trova in questo stato sogna una bella donna. Una volta dimesso la vede nella realtà: è la donna dell'uomo arrestato. Qui cominciano i guai. ■ DRAMMATICO; COL.; 92′; USA, 1990.

TESTIMONE SOSPETTO, UN *(She Knows too Much)* ★★
Regia di PAUL LYNCH. Con KAY LENZ, JIM METZLER, ROBERT URICH. ■ In città sono stati commessi orrendi delitti. Il solo uomo capace di individuare gli indizi che portano all'assassino è stato colpito da amnesia. È indispensabile aiutarlo a ritrovare la memoria per fermare la catena dei delitti. ■ GIALLO; COL.; 90′; USA, 1989.

TESTIMONI, I *(Les Temoines)* ★★
Regia di ANDRÉ TÉCHINÉ. Con LORENZO BALDUCCI, EMMANUELLE BÉART, XAVIER BEAUVOIS, MICHEL BLANC, SAMI BOUAJILA, ALAIN CAUCHI, JULIE DEPARDIEU, CONSTANCE DOLLÉ, RAPHAËLINE GOUPILLEAU, JOHAN LIBÉREAU, JACQUES NOLOT. ■ Parigi, anni Ottanta. Manu è un ventenne affascinante e in cerca di avventure, appena sbarcato nella capitale francese e ospite di sua sorella in una grigia camera d'albergo. Omosessuale e libertino, conduce una vita dissoluta frequentando – nelle notti all'ombra della Tour Eiffel – bordelli e giardini pubblici. In una delle tante spedizioni notturne incontra Adrien, un medico che gli prospetta un nuovo stile di vita, presentandolo ai suoi più cari amici: Sarah e Mehdi, novella scrittrice lei e poliziotto lui. I giorni felici di Parigi, così come il film li prospetta, vengono però bruscamente interrotti dall'arrivo di un virus micidiale e sconosciuto: l'Aids. Nel complesso un film riuscito nella prima parte, meno nella seconda, per il troppo lento decorrere della malattia. ■ DRAMMATICO; COL.; 115′; FRANCIA, 2007.

TESTIMONIO MUTO, IL *(Silent Witness)* ★★
Regia di R.L. HOUGH, MARCEL VARNEL. Con LIONEL ATWILL, HELEN MACK, GRETA NISSEN. ■ Un padre si prende la colpa per un omicidio commesso dal figlio. In realtà nemmeno il figlio è colpevole. Tutto sarà chiarito al processo. ■ DRAMMATICO; COL.; 92′; USA, 1932.

TESTIMONY ★★★
Regia di TONY PALMER. Con VERNON DOBTCHEFF, BEN KINGSLEY, TERENCE RIGBY. ■ L'odissea di Dimitrij Shostakovich, forse il più noto compositore dell'epoca di Stalin, ma anche uno dei più perseguitati. A prezzo di autocritiche e umilianti abiure, si salva e sopravvive di oltre vent'anni al despota russo. Inventiva, spesso entusiasmante, cinebiografia diretta da uno dei più apprezzati registi di sceneggiature alla tv inglese. ■ BIOGRAFICO; COL. E B/N; 145′; GRAN BRETAGNA, 1988.

TE STO ASPETTANDO ★
Regia di ARMANDO FIZZAROTTI. Con BENIAMINO MAGGIO, MARIA PARIS. ■ Drammone canoro. Un onesto meccanico viene abbandonato dalla sua ragazza che gli preferisce un ricco, ma costui ha già sedotto un'altra e, credendosi in punto di morte, la sposa. Rimasta sola, la ragazza tornerà dal meccanico. ■ COMM. MUSICALE; B/N; 92′; ITALIA, 1956.

TETA Y LA LUNA, LA *(La teta y la luna)* ★★★
Regia di BIGAS LUNA. Con GERARD DARMON, MATHILDA MAY, MIGUEL POVEDA. ■ Estrellita è un'artista girovaga che con il nome di "Regina di Stoccarda" divide col marito Maurice, "il petomane", uno spettacolo. Si innamorano di lei un ragazzo, Miquel, e un bambino, Tete. Il primo le fa delle serenate appassionate e il secondo desidera bere latte dal suo seno. Lei ama il marito, ma alle insistenze dei due innamorati cederà, anche se in parte. Un film più felliniano e meno Bigas Luna del solito. Premio per la migliore sceneggiatura a Venezia. ■ COMMEDIA; COL.; 88′; SPAGNA, 1994. ■ VENEZIA 1 PR.

TETSUO THE BULLET MAN ★
Regia di SHINYA TSUKAMOTO. Con ERIC BOSSICK, DWAYNE LAWLER, SHINYA TSUKAMOTO. ■ Anthony è un impiegato di Tokyo, sposato con Yuriko e padre del piccolo Tom. Un giorno Tom, sulla strada di casa, viene investito da un'automobile e muore sotto gli occhi del padre. Man mano che la rabbia e la sete di vendetta crescono in lui, Anthony si ritrova a trasformarsi in un essere di metallo, una vera e propria arma umana di distruzione che lo pone di fronte al terrore di uccidere contro la propria volontà. Questo terzo *Tetsuo. The Bullet Man* si apre come un calco aggiornato dell'originale, ma sceglie la strada della narrazione chiarificatrice ed esplicita, insistendo sul subplot dello scienziato pazzo che ha cercato di sconfiggere la morte per amore, riducendo così un'invenzione che restava almeno inizialmente aperta all'interpretazione ad una trama archetipica e troppo nota. ■ AZIONE; COL.; 80′; GIAPPONE, 2009.

TETSUO – UOMO D'ACCIAIO *(Tetsuo – Iron Man)* ★★★
Regia di SHINYA TSUKAMOTO. Con KEI FUJIWARA, NOBU KANAOKO, NAOMASA MUSATA, TOMORO TAGUCHI. ■ Tomoo viene infettato e diviene un mutante: il suo corpo si trasforma in un ammasso di ferro e metallo e compie orrendi delitti e mutilazioni con il progredire della malattia. Un giorno Tomoo si imbatte nel mutante che l'ha infettato ed ingaggia una lotta atroce. I due corpi si fondono fino a diventare una massa compatta di ferro e acciaio simile a un carro armato. Il nuovo cyber androide può partire alla conquista del mondo. Un film interessante, proprio come gli altri lavori di questo regista che ha creato un nuovo modo di fare cinema, con inquadrature velocissime ed effetti speciali originali e deliranti. ■ HORROR; B/N; 71′; GIAPPONE, 1989.

TETTO, IL ★★★
Regia di VITTORIO DE SICA. Con GIORGIO LISTUZZI, GABRIELLA PALLOTTA, GAETANO RONZELLI. ■ Una giovane e povera coppia di sposi, che ha un disperato bisogno di una casa, mobilita amici e parenti per costruire una baracca in un terreno comunale. Hanno scoperto che, per legge, se riusciranno in una notte ad arrivare

al tetto non potranno più essere scacciati. Alla mattina i lavori non sono ancora ultimati, ma le guardie, di buon cuore, fingono di non accorgersene. ■ COMMEDIA; B/N; 101′; ITALIA, 1956.

TEXANA E I FRATELLI PENITENZA, LA ★★★
(Hannie Caulder)
Regia di BURT KENNEDY. Con ERNEST BORGNINE, ROBERT CULP, DIANA DORS, JACK ELAM, STROTHER MARTIN, RAQUEL WELCH. ■ Tre canaglieschi fratelli violentano una donna e ne uccidono il marito. Lei convince un pistolero ad insegnarle a sparare per vendicarsi. Strage finale. ■ WESTERN; COL.; 85′; GRAN BRETAGNA, 1972.

TEXANO DAGLI OCCHI DI GHIACCIO, IL ★★★
(The Outlaw – Josey Wales)
Regia di CLINT EASTWOOD. Con CLINT EASTWOOD, CHIEF DAN GEORGE, SONDRA LOCKE. ■ Un contadino sudista diventa bersaglio di una spietata caccia all'uomo. Alla fine, dopo scontri, duelli e avventure, ucciderà il suo persecutore. ■ WESTERN; COL.; 135′; USA, 1976. ■ OSCAR 1 NOM.

TEXAS *(Sérénade au Texas)* ★★
Regia di RICHARD POTTIER. Con ANDRÉ BOURVIL, LUIS MARIANO, SONJA ZIEMANN. ■ Un notaio parigino accompagna nel Texas il giovane erede di un capo indiano, che dovrebbe entrare in possesso di numerosi pozzi petroliferi, ma, scoperto che nella zona spadroneggiano alcuni prepotenti, i due si travestono da attori girovaghi e, con l'astuzia e la fortuna, hanno partita vinta. ■ COMMEDIA; B/N; 93′; FRANCIA, 1959.

TEXAS ★
Regia di FAUSTO PARAVIDINO. Con ALESSIA BELLOTTO, VALERIO BINASCO, IRIS FUSETTI, VALERIA GOLINO, CARLO ORLANDO, FAUSTO PARAVIDINO, RICCARDO SCAMARCIO. ■ La vita di un gruppo di amici di un piccolo paese del Piemonte raccontata attraverso le vicende di tre notti, una di novembre, una di dicembre vicina al Natale, l'ultima a febbraio. Il film è uno sguardo sulle loro vite e sui loro piccoli problemi quotidiani, più o meno importanti che porteranno tutti i protagonisti sul punto di compiere qualcosa di terribile e qualcuno arriverà anche a un gesto estremo. Una stella solo perché Paravidino è ancora abbastanza giovane da addrizzare il tiro. Il cinema non è il teatro. ■ DRAMMATICO; COL.; 105′; ITALIA, 2005. ■ DAVID DI DONATELLO 1 NOM.

TEXAS ADDIO ★★
Regia di FERDINANDO BALDI. Con COLE KITOSCH, ELISA MONTES, FRANCO NERO, LUIGI PISTILLI. ■ Ex sceriffo vuole vendicarsi dell'uccisore del padre. Ci riuscirà, anche se perderà il fratello. ■ WESTERN; COL.; 93′; ITALIA, 1967.

TEXAS FUNERAL *(A Texas Funeral)* ★★★
Regia di WILLIAM BLAKE HERRON. Con JANE ADAMS, OLIVIA D'ABO, MARTIN SHEEN. ■ Un bambino rivive tutta la saga di una famiglia del Texas il giorno della morte del vecchio patriarca. Il petrolio, le stravaganze, le ingiustizie e gli amori proibiti si succedono nei suoi ricordi. Storia autobiografica del regista americano, un esordiente che ha vissuto in Russia e firmato molte sceneggiature. Martin Sheen è bravissimo nella parte del vecchio patriarca. Presentato alla Mostra di Venezia. ■ DRAMMATICO; COL.; 98′; USA, 1999.

TEXAS – I DUE DEL TEXAS *(Texas)* ★★★
Regia di GEORGE MARSHALL. Con GLENN FORD, WILLIAM HOLDEN, CLAIRE TREVOR. ■ Due reduci della guerra di Secessione decidono di cercar fortuna nel Texas e durante il viaggio vivono varie avventure. Arrivati alla meta si separano: uno rimane onesto mentre l'altro diventa un bandito. Entrambi s'innamorano della stessa ragazza, ma sarà l'onesto ad averla mentre il fuorilegge morrà in una sparatoria. ■ WESTERN; B/N; 93′; USA, 1941.

TEXAS JOHN *(Texas John Slaughter)* ★★★
Regia di HARRY KELLER. Con NORMA MOORE, TOM TRYON. ■ Texas John Slaughter è un cowboy che deve vedersela coi banditi. Decide di arruolarsi nei famosi Ranger e, pacificata la regione, torna dalla sua ragazza. ■ WESTERN; B/N; 96′; USA, 1960.

TEXAS JOHN CONTRO GERONIMO ★★
(Geronimo's Revenge)
Regia di HARRY KELLER, JAMES NEILSON. Con DARRYL HICKMAN, BETTY LYNN, TOM TRYON. ■ In questo nuovo episodio Texas John vive tranquillo con la famigliola in una fattoria, ma la sua felicità viene insidiata dal perfido Geronimo e dai suoi indiani ribelli. Il nostro eroe saprà sconfiggerli. ■ WESTERN; COL.; 80′; USA, 1965.

TEXAS JOHN IL GIUSTIZIERE ★★
(A Holster Full of Law)
Regia di JAMES NEILSON. Con BETTY LYNN, JOE MAROSS, RALPH MEEKER, TOM TRYON. ■ Texas John è diventato sceriffo di Tombstone, ma i cittadini lo giudicano troppo duro e questa cattiva fama fa soffrire i suoi figli. Si ricrederanno quando il padre dovrà affrontare due terribili sicari. ■ WESTERN; COL.; 90′; USA, 1966.

TEXAS KID *(Three Texas Steers)* ★★★
Regia di GEORGE SHERMAN. Con RAY CORRIGAN, MAX TERTHUNE, JOHN WAYNE. ■ Tre scanzonati giustizieri del Texas aiutano la giovane proprietaria di un circo, vincendo il premio di una corsa e permettendole così di pagare un'ipoteca. ■ WESTERN; B/N; 59′; USA, 1939.

TEXAS KILLING FIELDS ★★★
Regia di AMI CANAAN MANN. Con JESSICA CHASTAIN, STEPHEN GRAHAM, CHLOE MORETZ, JEFFREY DEAN MORGAN, SAM WORTHINGTON. ■ Texas City. Mike e Brian sono due agenti della omicidi, alle prese con un serial killer che abbandona i corpi straziati delle sue vittime, alcune delle quali giovanissime, in un'area paludosa e maledetta: i cosidetti "killing fields". Nonostante la scena del crimine sia fuori dalla loro giurisdizione, e Mike inizialmente cerchi di convincere il collega a lasciar perdere, l'agente Brian si sente in dovere di indagare. Quando sparisce Anne, la ragazzina del posto che Brian ha preso sotto la sua protezione quasi fosse una figlia, inizia una lotta contro il tempo e un viaggio anche metaforico nelle oscure e fangose paludi della società americana. Dopo il successo di critica di *Morning*, la figlia di Michael Mann riprende l'idea del viaggio esistenziale ma la inscrive senza sbavature nel quadro di un genere tra i più esigenti e regolati quale è il poliziesco. La regia è solida e robusta, per quanto lontana dal riscrivere in qualsiasi modo i contorni del genere di appartenenza. ■ DRAMMATICO; COL.; 109′; USA, 2011.

TEXAS OLTRE IL FIUME *(Texas Across the River)* ★★★
Regia di MICHAEL GORDON. Con JOEY BISHOP, ALAIN DELON, ROSEMARY FORSYTH, DEAN MARTIN. ■ Verso il 1840, un nobile spagnolo si reca a New Orleans per sposare una ricca ereditiera, ma un bollente ufficiale dei dragoni, che ama la ragazza, lo sfida a duello. Il poveraccio uccide un uomo e deve quindi fuggire verso il Texas, allora Repubblica indipendente. Qui avrà varie avventure insieme a un rude uomo della frontiera e finirà per sposare un'indiana. ■ WESTERN; COL.; 101′; USA, 1966.

TEXAS '46 ★★
Regia di GIORGIO SERAFINI. Con SUE CREMIN, VINCE RICOTTA, ROY SCHEIDER, LUCA ZINGARETTI. ■ L'8 settembre del 1943 l'esercito italiano, nel quadro dell'armistizio, si smembrò. Gran parte dei militari tornarono disordinatamente a casa, alcuni andarono a combattere sulle montagne, altri, fatti prigionieri, giurarono fedeltà agli alleati e furono integrati in quell'esercito. Ma ci fu qualcuno che non prese nessuna di queste strade. Rimase "coerente" a oltranza. Cinquantamila soldati furono dunque deportati in un campo di prigionia a Hereford, nel Texas. Si narra di questa vicenda. La guerra è ormai finita, Luigi Manin tenta la fuga, viene ripreso, riportato al campo che nel frattempo è stato evacuato. L'unico rimasto è un ufficiale. Fra i due uomini nasce un rapporto molto complicato. ■ DRAMMATICO; COL.; 96′; ITALIA, 2002.

TEXAS RANGERS ★★
Regia di STEVE MINER. Con ASHTON KUTCHER, RACHAEL LEIGH COOK, DYLAN MCDERMOTT, TOM SKERRITT, RANDY TRAVIS, JAMES VAN DER BEEK. ■ Dopo la fine della guerra civile americana, nella zona di frontiera fra il Texas e il Messico nacque il corpo dei Rangers. Il fondatore è Leander McNelly, ex predicatore e grande pistolero. È la sua storia e quella di un gruppo di avventurieri, molti dei quali reduci, che finirono per diventare eroi. La prima grande azione è quella di distruggere una banda di crudelissimi predoni messicani. È sempre benemerito il tentativo di ritro-

vare il western, anche se questo film è la riprova che il genere non ha proprio più ragione di essere. I produttori sono costretti a rispettare le regole delle sceneggiature ortodosse: polverone iniziale, un po' di sentimento qua e là, grande violenza e soprattutto attori giovani (che è poi la fascia che paga il biglietto). C'è anche la dovuta *contaminatio* televisiva con James Van Der Beek, idolo dei giovanissimi, protagonista della serie *Dawson's Creek*. Com'erano diversi gli "eroi adulti" Wayne, Cooper e Stewart! Questi hanno i gesti e lo sguardo dell'"action metropolitana". C'è persino, com'è politicamente corretto, il nero strafottente e aggressivo che in quella realtà sarebbe rimasto vivo non più di un quarto d'ora. Di contrasto, per fortuna, ecco i cavalli, le pianure e il Rio Grande. Tutta roba, almeno questa, che c'era anche nei film di John Ford. Meglio di niente. ■ WESTERN; COL.; 90'; USA, 2002.

TEXAS RANGER – WALKER, TEXAS RANGER ★
(Texas Ranger)
Regia di VERGIL W. VOGEL. Con CLARENCE GILYARD, CHUCK NORRIS, GAILARD SARTAIN, FLOYD RED CROW WESTERMAN, SHEREE J. WILSON. ■ Fiacca pellicola televisiva, tra il poliziesco e l'avventuroso, realizzata come un telefilm. Una banda di criminali prepara un colpo grosso alle banche di Fort Worth, vicino a Dallas, ma l'intervento del ranger Walker (Chuck Norris) manda all'aria il piano. ■ AVVENTURA; COL.; 96'; USA, 1993.

TEXAS SELVAGGIO *(Fabulous Texan)* ★★
Regia di EDWARD LUDWIG. Con JOHN CARROLL, BILL ELLIOTT, CATHERINE MCLEOD. ■ Dopo la guerra di Secessione, il Texas è sotto il tallone dei politicanti nordisti. Un cowboy si ribella e diventa bandito. Un suo amico si rivolge a Washington per protestare e diventa sceriffo federale. Riuscirà a pacificare la regione grazie all'altro, che per salvarlo morirà. ■ WESTERN; B/N; 95'; USA, 1939.

TEXASVILLE ★★★
Regia di PETER BOGDANOVICH. Con TIMOTHY BOTTOMS, JEFF BRIDGES, ANNIE POTTS, RANDY QUAID, CYBILL SHEPHERD. ■ Peter Bogdanovich, con questo film, torna sugli schermi dopo cinque anni di assenza. Lo fa col sequel dell'ormai mitico *L'ultimo spettacolo*. Al contrario del film del 1971 che era in bianco e nero, questa volta c'è giustamente il colore. Anarene, il paesino dove è ambientata la storia, non ha nessun tipo di attrattiva. Ritroviamo quasi tutti tranne Sam, interpretato da Ben Johnson, che era il proprietario del cinema. Qualcosa è cambiato, la facciata esteriore del luogo perlomeno, ma quasi tutto è rimasto uguale. I due amanti Duane e Jacy non riescono, nonostante la forte attrattiva, a stabilire un contatto. Lui è sposato con figli, lei è stata in Europa e si è "malamente" sposata. C'è anche il vecchio amico Sonny che ormai è cerebroleso. Una festa di paese è occasione per il buon umore generale che però nasconde l'ombra della rassegnazione. Senza voler fare paragoni col capolavoro precedente questo è un film che può vivere di luce propria. ■ COMMEDIA; COL.; 125'; USA, 1990.

TEX E IL SIGNORE DEGLI ABISSI ★★
Regia di DUCCIO TESSARI. Con WILLIAM BERGER, FLAVIO BUCCI, GIULIANO GEMMA. ■ Finalmente sullo schermo il più popolare personaggio del fumetto italiano. Ma la realizzazione è modesta sotto ogni aspetto. E Giuliano Gemma si rivela del tutto inadeguato. La storia scelta da Tessari è quella della lotta di Tex Willer (e di Kit Carson) contro una banda di indiani yaqui che sta organizzando una rivolta di tutti i pellerossa del Messico contro i bianchi. ■ WESTERN; COL.; 104'; ITALIA, 1985.

TEZA ★★
Regia di HAILÈ GERIMA. Con ARON AREFE, NEBIYU BAYE, TAKELECH BEYENE, ABIYE TEDLA, TEJE TESFAHUN. ■ Etiopia, 1990. Anberber è tornato al suo villaggio senza una gamba e con la testa affollata dai fantasmi. Lasciata l'Etiopia imperiale di Hailè Selassie e rientrato in quella socialista di Hailè Mariam Menghistu, Anberber ha studiato medicina nella Germania degli anni Settanta, interessata da una massiccia immigrazione africana e percorsa da tensioni e discriminazioni razziali. Il suo sogno più grande è quello di ritrovare l'abbraccio materno e di prendersi cura del suo popolo, afflitto dalle carestie e vessato da secoli di regimi dispotici. Rimpatriato e presa coscienza del disordine politico e sociale in cui versa il suo paese, scampa a un linciaggio e cerca conforto nel villaggio natio. Dentro il capanno e davanti al fuoco scoprirà la propria impotenza di fronte alla dissoluzione dei valori umani. Nel focolare domestico brucerà il suo passato e divamperà il desiderio di costruire il presente. Dopo aver raccontato la resistenza etiopica degli anni Trenta all'esercito dell'Italia mussoliniana (*Adwa*), il regista etiope Hailè Gerima ricostruisce e rilegge la storia del suo Paese all'indomani del golpe militare che destituì l'imperatore Hailè Selassie e promosse il regime marxista di Hailè Mariam Menghistu. ■ DRAMMATICO; COL.; 140'; ETIOPIA, GERMANIA, FRANCIA, 2008.

THANK YOU FOR SMOKING ★★
Regia di JASON REITMAN. Con MARIA BELLO, CAMERON BRIGHT, ADAM BRODY, ROBERT DUVALL, AARON ECKHART, SAM ELLIOTT, KATIE HOLMES, DAVID KOECHNER, ROB LOWE, WILLIAM H. MACY, J. K. SIMMONS. ■ Nick Naylor è il portavoce della Big Tobacco. La sua funzione principale è quella di combattere contro i detrattori delle sigarette, convincendoli che fumare non è poi così negativo. I suoi amici sono i lobbisti dell'alcol e delle armi, è buon padre di famiglia, separato dalla moglie, ma adorato dal figlio, e poi ama il suo lavoro. Tutti gli danno addosso, e lui si difende con maestria, favella e arguzia. La sua vita fra minacce, capi poco efficienti che «provengono dai distributori automatici», e problemi quotidiani è tutt'altro che semplice. Nel film di Jason Reitman (figlio del regista Ivan Reitman), classe 1977, non si accende una sigaretta, ma se ne parla a ogni secondo con caustica ironia. La sceneggiatura e l'interpretazione di Aaron Eckhart sono le parti migliori del film. ■ COMMEDIA; COL.; 92'; USA, 2005.

THARUS, FIGLIO DI ATTILA ★★
Regia di JOSÉ LUIS MONTER. Con JEROME COURTLAND, LISA GASTONI, MIMMO PALMARA. ■ Il figlio di Attila s'innamora di una principessa germanica e riesce a sposarla fondendo i due popoli, nonostante le trame del cattivo di turno. ■ AVVENTURA; COL.; 92'; ITALIA, 1962.

THAT'S AMORE – DUE IMPROBABILI SEDUTTORI ★★
(Grumpier Old Man)
Regia di HOWARD DEUTCH. Con JACK LEMMON, SOPHIA LOREN, ANN MARGRET, WALTER MATTHAU, BURGESS MEREDITH. ■ I due "irresistibili brontoloni" John (Lemmon) e Max (Matthau), sempre presi a farsi dispetti e a litigare, hanno la vita stravolta dall'arrivo di Sophia, nei panni di una pluridivorziata che vuole aprire un ristorante. Esercizio di mostri sacri che in America ha avuto più fortuna che da noi. ■ COMMEDIA; COL.; 100'; USA, 1996.

THELMA & LOUISE ★★★★★
Regia di RIDLEY SCOTT. Con GEENA DAVIS, HARVEY KEITEL, BRAD PITT, SUSAN SARANDON. ■ Thelma e Louise fanno le cameriere, sono molto amiche. Hanno due situazioni familiari fastidiose e senza sbocchi, insomma sono due scontente. Thelma ha un marito idiota e maschilista che la tratta semplicemente come una serva. Louise ha un uomo che le vuole sinceramente bene, ma a lei non basta. Decidono di "fuggire" in un week-end, alla faccia dei loro uomini. Quasi distrattamente Louise, prima di partire, mette nella borsetta una pistola. Partono in macchina e si fermano in un locale country. Thelma balla con un bellimbusto che le fa delle *avance*: la conduce fuori e cerca di violentarla. Arriva Louise, che, pistola in pugno, libera la sua amica e, non resistendo all'ultima provocazione del maschio, lo fa secco con un colpo. Le due cominciano a fuggire. La polizia le identifica abbastanza presto. Attraversando l'America incontrano un ragazzino che sembra per bene e invece le deruba, un camionista volgare che viene duramente punito, e un poliziotto yuppie che viene ridicolizzato. Thelma trova anche il tempo per rapinare un supermercato. Intanto ormai sono braccate. Il poliziotto comprensivo che ha parlato con loro al telefono non riesce a farle "rinsavire". Le due donne si trovano con la macchina sul Gran Canyon. La polizia le ha raggiunte, possono solo arrendersi. Allora si guardano, si danno la mano felici e sorridenti e si gettano nel vuoto. È la conferma di un regista che molti ritengono fra i massimi del nostro tempo. Un

film che è combinazione di storia, interpretazione e regia di altissima qualità, con una colonna sonora che presenta nomi come Glenn Frey, Charlie Sexton e Tony Childs. In più ci sono le varie chiavi di lettura rispetto al ruolo delle donne e ai molti simboli legati a certe sequenze del film. È da togliere il fiato la scena notturna e silenziosa in cui Thelma e Louise attraversano la zona di rocce dell'Arizona, il teatro cinematografico dei film western, film "di uomini". E straordinario è il tono generale delle due interpreti, che minuto dopo minuto scoprono una nuova libertà, senza condizionamenti e addirittura assaporano il potere. Impongono quello stesso potere che era stato imposto loro dai maschi. Il fatto che si gettino nel Canyon, luogo di azione squisitamente maschile, rappresenta l'ultima presa di possesso, l'ultima libertà. ■ DRAMMATICO; COL.; 128′; USA, 1990. ■ DAVID DI DONATELLO 1 PR, 1 NOM; GOLDEN GLOBES 1 PR, 3 NOM; OSCAR 1 PR, 5 NOM.

THELONIOUS MONK: STRAIGHT, NO CHASER ★★★

Regia di CHARLOTTE ZWERIN. ■ Clint Eastwood ama il jazz e lo ha dimostrato con *Bird*. Anche questo documentario, da lui prodotto mentre stava realizzando il film su Charlie Parker, costituisce una prova della sua passione. ■ DOCUMENTARIO; COL.; 90′; USA, 1988.

THEM *(Ils)* ★★

Regia di DAVID MOREAU, XAVIER PALUD. Con OLIVIA BONAMY, MICHAËL COHEN. ■ Alla periferia di Bucarest c'è una casa nella quale vive una giovane coppia. Lucas e Clementine si amano e vivono felici... finché una notte cominciano a sentire strani rumori, vedere luci intermittenti nel giardino e si rendono conto di non essere soli. Chi si cela nell'oscurità? La coppia è davvero in pericolo o si tratta di uno stupido scherzo? Col passare dei minuti il mistero si dipana, ma riusciranno i due giovani a vedere l'alba? Tutto è minimale nella messa in scena: la location, il numero di attori, la durata. Ma allora ci vorrebbero le idee... ■ HORROR; COL.; 78′; FRANCIA, 2006.

THEMA ★★★8

Regia di GLEB PANFILOV. Con NINA CIURIKHOVA, MIKHAIL ULYANOV. ■ Un drammaturgo sovietico è in crisi artistica e privata. Si sente un fallito, nonostante il potere politico continui a coprirlo di onori. Ma l'incontro con una ragazza gli riaccende l'entusiasmo giovanile. Vuol tornare ad essere un vero scrittore popolare, ma intanto scopre che la ragazza non ama lui, ma un altro, un intellettuale del dissenso. Un ottimo film che la censura tenne bloccato per nove anni, non inspiegabilmente. ■ DRAMMATICO; COL.; 98′; URSS, 1979. ■ BERLINO 8 1 PR.

THEONIS, LA DONNA DEI FARAONI ★★★

(Das Weib des Pharao)

Regia di ERNST LUBITSCH. Con EMIL JANNINGS, HARRY LIEDTKE, LYDA SALMONOVA, PAUL WEGENER. ■ Kolossal di grosso impegno produttivo. Uno dei film tedeschi di Lubitsch prima di approdare a Hollywood. Per interpretare questa storia ambientata nell'antico Egitto c'è Jannings (il professore dell'*Angelo azzurro*) che impersona un faraone tiranno. ■ STORICO; B/N; 92′; GERMANIA, 1922.

THÉRÈSE *(Thérèse)* ★★★★

Regia di ALAIN CAVALIER. Con HELENE ALEXANDRIDIS, CATHERINE MOUCHET, AURORE PRIETO. ■ Storia di Thérèse Martin, la "santa delle rose", canonizzata nel 1925. Già quindicenne, francese, dal carattere allegro e vivace, molto affezionata al padre (orfana di madre), desidera entrare nel Carmelo, come le altre due sorelle. Ma la tenera età richiede l'autorizzazione del vescovo e addirittura di papa Leone XIII. Finalmente corona il suo sogno ed inizia in convento una vita protesa a Dio, piena d'amore e di preghiera, fino alla morte precoce, a soli ventiquattro anni. ■ BIOGRAFICO; COL.; 87′; FRANCIA, 1986. ■ CANNES 1 PR.

THÉRÈSE AND ISABELLE ★★★

Regia di RADLEY METZGER. Con ANNA GAËL, BARBARA LAAGE, ESSY PERSSON, ANNE VERNON. ■ Una ragazza in procinto di sposarsi rievoca un'esperienza omosessuale che aveva vissuto con una compagna di collegio. Tutto era finito quando l'amica l'aveva condotta in uno squallido alberghetto equivoco. Lo scabroso argomento è trattato con mano leggera. ■ DRAMMATICO; B/N; 93′; OLANDA, 1969.

THEY – INCUBI DAL MONDO DELLE OMBRE ★★

(They)

Regia di ROBERT HARMON. Con DAGMARA DOMINCZYK, ETHAN EMBRY, LAURA REGAN. ■ Difficile la vita per chi da bambino sognava di avere mostri nella propria stanzetta. Julia, Billy, Sam e Terry, quattro giovani americani, hanno avuto problemi simili, e le ombre che li perseguitavano da piccoli sono tornate per portarseli nel loro mondo. Billy non regge alle visioni, e si uccide. Sam e Terry vengono catturati. Julia, brillante studentessa di psicologia prossima alla laurea, combatte con tutte le sue forze, ma alla fine deve soccombere. ■ HORROR; COL.; 90′; USA, 2002.

THIRTEEN ASSASSINS *(Juusan-nin no shikaku)* ★★

Regia di TAKASHI MIIKE. Con TSUYOSHI IHARA, YUSUKE ISEYA, KÔJI YAKUSHO, TAKAYUKI YAMADA, SOSUKE TAKAOKA. ■ Erano anni che Takashi Miike lavorava al suo *jidai geki* – equivalente nipponico del genere "cappa e spada", sovente ambientato nel periodo Tokugawa – con una cura maniacale per il dettaglio che ben conosce chi ama l'autore di *Gozu*. Quando Miike decide di indossare i panni "seri", per di più cimentandosi con il remake di un maestro – ieri *Graveyard of Honor* di Fukasaku Kinji, oggi *Thirteen Assassins* di Eiichi Kudo (1963) – l'iconoclasta della macchina da presa diviene modernizzatore, con immenso rispetto, della tradizione. Ogni inquadratura di *Thirteen Assassins* sembra il frutto di un lungo e meticoloso lavoro di ricerca del frame perfetto: dolly quando è il caso di utilizzarli, primi piani e controcampi fluidi e mai gratuiti, scene corali coreografate all'esatto punto di incontro tra la tradizione *jidai geki* e il western di Peckinpah. ■ AZIONE; COL.; 100′; GIAPPONE, GRAN BRETAGNA, 2010.

THIRTEEN DAYS ★★

Regia di ROGER DONALDSON. Con KEVIN COSTNER, STEVEN CULP, MICHAEL FAIRMAN, BRUCE GREENWOOD. ■ Ottobre 1962. Un aereo spia americano scopre sull'isola di Cuba una base missilistica in costruzione. Immediatamente si allerta lo Stato Maggiore. Kennedy si consulta rapidamente con il suo consigliere per la sicurezza Kenneth O'Donnell e con suo fratello Bob. La decisione viene presa: gli Stati Uniti non permetteranno all'Urss di installare missili con teste nucleari dinanzi alle loro coste. È la crisi. La più grave dopo la fine della seconda guerra mondiale. E questa volta il rischio è quello di un conflitto nucleare. Chi viveva in quei giorni ricorda la tensione che attraversava il mondo. Quei tredici giorni di braccio di ferro diplomatico vengono ricostruiti da Roger Donaldson, con Costner come produttore, nel più banale dei modi. Si tentano le somiglianze (particolarmente non riuscite quelle dei due Kennedy), si utilizza la figura del consulente (Costner) quale filo conduttore dimenticandosi che vederlo vicino a John fa continuamente andare il pensiero al procuratore Garrison di *JFK*. Ma, soprattutto, si pompa la colona sonora con timpani e vibrati a ogni passo. Il Presidente si siede? Vai con i tamburi! Il Presidente ha mal di schiena? C'è ancora qualche rullata a disposizione. È vero che dal regista di *Dante's Peak* non ci si poteva aspettare di più. Forse era meglio sceglierne un altro. ■ DRAMMATICO; COL.; 147′; USA, 2000.

THIS IS BEAT. SFIDA DI BALLO ★★

(You Got Served: Beat the World)

Regia di ROBERT ADETUYI. Con CHASE ARMITAGE, TYRONE BROWN, NIKKI GRANT, MISHAEL MORGAN, SHO-TYME. ■ In attesa delle finali della Beat The World Competition che si terranno a Detroit, tre gruppi di dancers si stanno preparando in luoghi diversi. A Windsor, nell'Ontario, i Fusion stanno preparando dei numeri che mescolano hip hop e parkour e il loro capo Yuson deve anche risolvere i problemi che ha con quella che è la sua compagna da tempo, Maya. A Berlino Eric con i suoi Flying Steps deve cercare di conservare il titolo vinto l'anno prima. In Brasile Olivia, che fa parte del gruppo dei Revolution, alimenta sogni di una gloria che dovrebbe consentirle di cambiare vita. Il confronto internazionale si avvicina e ogni gruppo vuole fortemente la vittoria. ■ MUSICALE; COL.; 91′; CANADA, 2011.

THIS IS ELVIS ★★
Regia di MALCOLM LEO, ANDREW SOLT. Con JOHNNY HARRA, ELVIS PRESLEY, DAVID SCOTT. ■ Stravagante rivisitazione del mito di Elvis, effettuata con spezzoni di concerti, interviste e ricostruzione scenica (con attori che lo interpretano in vari periodi della sua vita). La carriera di Elvis viene ripercorsa dagli esordi alla morte, spesso evidenziandone gli aspetti più personali e meno noti. ■ BIOGRAFICO; COL.; 101′; USA, 1981.

THIS IS ENGLAND ★★★
Regia di SHANE MEADOWS. Con STEPHEN GRAHAM, JO HARTLEY, VICKY MCCLURE, ANDREW SHIM, THOMAS TURGOOSE. ■ Inghilterra 1983. Shaun è un dodicenne spesso irriso dai compagni di classe. Al momento delle vacanze estive il ragazzino entra a far parte di un gruppo di skinhead, che lo prendono sotto la loro ala protettiva. In un paesino della provincia inglese Shaun crescerà con i nuovi amici, tra Dr. Martens e contraddizioni, in un periodo difficile per la nazione coinvolta nella guerra delle Falkland. Lo sguardo autobiografico del regista Shane Meadows sull'Inghilterra di inizio anni '80 è dolce e amaro. Traspare l'amore per la propria terra, manifestato con le musiche coinvolgenti dell'epoca e i tipici luoghi comuni della gioventù britannica, e si percepisce una forte critica a un paese che lo delude, perché si cresce e si diventa adulti senza grosse prospettive. ■ DRAMMATICO; COL.; 101′;GRAN BRETAGNA, 2006.

THIS IS KOREA! ★★★
Regia di JOHN FORD. ■ Documentario sulla guerra di Corea nel quale Ford non mostra mai il nemico, ma solo i marine e il prezzo in vite umane da loro pagato. Particolare l'uso dell'inquadratura: i soldati sono sempre ripresi dall'alto, al contrario di quello che Ford usava fare nei propri western. ■ DOCUMENTARIO; B/N; 50′; USA, 1951.

THIS IS MY LIFE ★★
Regia di NORA EPHRON. Con DAN AYKROYD, CARRIE FISHER, GABY HOFFMAN, JULIE KAVNER, SAMANTHA MATHIS. ■ Un gruppo di donne, con i loro problemi e le loro ansie, tenta di realizzarsi nella vita privata così come nel lavoro. Non tutto filerà liscio. ■ COMMEDIA; COL.; 95′; USA, 1992.

THIS MUST BE THE PLACE ★★
Regia di PAOLO SORRENTINO. Con EVE HEWSON, FRANCES MCDORMAND, SEAN PENN, HARRY DEAN STANTON, JOYCE VAN PATTEN. ■ Cheyenne è stato una rockstar nel passato. All'età di cinquant'anni si veste e si trucca come quando saliva sul palcoscenico e vive agiatamente, grazie alle royalties, con la moglie Jane a Dublino. La morte del padre, con il quale non aveva più alcun rapporto, lo spinge a tornare a New York. Scopre così che l'uomo aveva un'ossessione: vendicarsi per un'umiliazione subita in campo di concentramento. Cheyenne decide di proseguire la ricerca dal punto in cui il genitore è stato costretto ad abbandonarla e inizia un viaggio attraverso gli Stati Uniti. Il testo della canzone dei Talking Heads che dà il titolo al film. Creativo, ma di poca sostanza. ■ DRAMMATICO; COL.; 118′; ITALIA, FRANCIA, IRLANDA, 2011.

THOMAS IN LOVE *(Thomas est amoureux)* ★★★
Regia di PIERRE-PAUL RENDERS. Con MICHELINE HARDY, MAGALI PINGLAUT, BENOÎT VERHAERT, ALEXANDRE VON SIVERS, AYLIN YAY. ■ Thomas (Verhaert), nevrotico-informatico, è isolato dal mondo, soffre di agorafobia, neppure telefona, vive comunicando col e dal computer. Tutto il suo mondo è quello. La sua vita sessuale dipende da una hostess virtuale ed è fatta dunque di fantasie con tutte le relative patologie. Quando uno psichiatra lo costringe a iscriversi a un club con donne in carne e ossa, Thomas sprofonda in disagi e depressione peggiori. Finché incontra Eva. Ed ecco che alla fine, persino il più compromesso degli informatici, si arrende alla vita vera. Ed è questa la semplice metafora del film che procede agilmente. Un avvertimento, un sintomo di qualcosa che ormai si è fatto davvero invadente e pericoloso. Ma, naturalmente, c'è sempre la speranza di un riflusso. Il film è girato in soggettiva. Significa che l'obbiettivo sono gli occhi del protagonista, che dunque non si vede mai. Non è una novità. ■ COMMEDIA; COL.; 92′; BELGIO, FRANCIA, 2000.

THOMPSON 1880 ★
Regia di GUIDO ZURLI. Con GEORGE MARTIN, AICHÉ NANA, OSTRIDE PEVERELLO, GIÀ SANDRI. ■ Un inventore accetta di portare a destinazione un carico d'oro. Affrontato dai banditi, riesce a sopraffarli grazie a una mitragliatrice da lui stesso progettata. ■ WESTERN; COL.; 93′; ITALIA, 1966.

THOR ★★
Regia di KENNETH BRANAGH. COLM FEORE, Con CHRIS HEMSWORTH, TOM HIDDLESTON, NATALIE PORTMAN, STELLAN SKARSGÅRD. ■ Figlio primogenito del potente Odino, Thor è destinato a salire al trono di Asgard ma la sua foga e il desiderio di affermarsi in battaglia lo spingono ad un'azione avventata che, non fosse per l'intervento salvifico del padre, rischia di mettere a repentaglio la pace e la sicurezza del suo regno. Affranto per la delusione procuratagli dall'inadeguatezza del figlio, Odino decide di scagliarlo sulla Terra, privato dei suoi poteri e impossibilitato ad usare Mjolnir, il suo micidiale maglio. Almeno fino a che non sarà in grado di usarlo con giudizio. ■ AZIONE; COL.; 130′; USA, 2011.

THOR IL CONQUISTATORE ★
Regia di TONINO RICCI. Con MALISA LONGO, CONRAD NICHOLS, MARIA ROMANO. ■ Thor deve vendicarsi di Gnut che gli ha ucciso i genitori, ma viene catturato ed accecato. Recuperata la vista grazie agli dei, riesce nel suo intento liberando anche un villaggio minacciato da Gnut. Agli uomini del villaggio regalerà il seme di grano, simbolo della vita. ■ AVVENTURA; COL.; 95′; ITALIA, 1983.

THREE *(Drei)* ★★
Regia di TOM TYKWER. Con MARTIN HENTSCHEL, SOPHIE ROIS, SEBASTIAN SCHIPPER, DEVID STRIESOW, ALEXANDER YASSIN. ■ Hanna e Simon sono due quarantenni soddisfatti sul lavoro e affiatati tra loro, che di figli non ne vogliono sapere. Dopo vent'anni di fidanzamento decidono di sposarsi: ad unirli ulteriormente sono stati un lutto recente e la malattia che ha colpito Simon. Non li divide, invece, l'ingresso nelle loro vite di Adam, un ricercatore che si occupa di staminali. Hanna fa la sua conoscenza ad una conferenza, Simon, qualche tempo dopo, in piscina, ma entrambi ne fanno senza scrupolo il proprio amante, senza rivelarselo e senza che questo metta in discussione la loro unione. Almeno fino a che il triangolo non risulta improvvisamente evidente ad ognuno dei suoi vertici. ■ COMMEDIA; COL.; 120′; GERMANIA, 2010.

THREE... EXTREMES ★★★
Regia di FRUIT CHAN, PARK CHAN-WOOK, TAKASHI MIIKE. Con LEE BYUNG-HUN, KYOKO HASEGAWA, BAI LING, ATSURO WATABE, MIRIAM YEUNG. ■ Dall oriente un terzetto di mediometraggi va a comporre un film solo per duri di stomaco. Cina: per combattere le rughe, la facoltosa signora Qing pranza spesso da zia Mei, specie di fattucchiera i cui ravioli sono un elisir di lunga vita. Corea: un regista e sua moglie vengono rapiti da una comparsa psicopatica che li tortura. Il motivo è che l'uomo non riesce ad accettare che il regista oltre che bravo, bello e ricco, sia anche buono. Giappone: una giovane scrittrice è tormentata dal ricordo di un delitto commesso da bambina. ■ DRAMMATICO; COL.; 125′; CINA, COREA, COREA DEL SUD, GIAPPONE, 2004.

THREE KINGS *(Three Kings)* ★★
Regia di DAVID O. RUSSELL. Con GEORGE CLOONEY, ICE CUBE, NORA DUNN, SPIKE JONZE, MARK WAHLBERG. ■ Marzo 1991. La guerra del Golfo è finita. L'armistizio è stato firmato. I marine festeggiano. Un gruppetto di loro intercetta un iracheno che ha nascosto in una parte molto "intima" la mappa dei bunker in cui Saddam ha nascosto l'oro rubato in Kuwait. Approfittando della confusione generale i quattro recuperano il "tesoro". In questa ricerca si rendono conto della condizione estrema in cui una guerra, a difesa degli interessi Usa, ha messo la popolazione irachena. Che non ama Saddam ma non può amare neppure gli americani che scaricano bombe, ma poi abbandonano uomini, donne e bambini a un destino di morte. Questo cambia il loro modo di vedere le cose. David O. Russell ha messo insieme un cast prestigioso per un film interessante proprio perché anomalo. Cinema adrenalini-

co quello di Russell ma che non perde mai di vista la "moralità". Esplosioni, scazzottate, battute anche pesanti non sono mai solo al servizio del puro *entertainment*, ma sollevano il dubbio (pesante) che non ci siano più (ammesso che ci siano mai state) guerre "giuste". ■ GUERRA; COL.; 104′; USA, 1999.

THREE TIMES ★★★
Regia di HOU HSIAO-HSIEN. Con CHANG CHEN, MEI FANG, DI MEI, SHU QI, LIAO SU-JEN. ■ 1966 Kaohsiung: Un tempo per l'amore. Chen incontra May che lavora nella sala del biliardo. I due fanno una partita insieme prima che lui parta per il servizio militare. Ottenuto un permesso torna per cercarla ma sembra essere scomparsa. 1911 Dadaocheng: Un tempo per la libertà. Il proprietario di una piantagione di tè vuole rilevare il contratto di una cortigiana. Ma il figlio la mette incinta e i rapporti con il padre si complicano. Ne conseguirà una partenza per il Giappone dove si trova un rivoluzionario cinese in esilio. 2005 Taipai: Un tempo per la giovinezza. Jing è una giovane cantante epilettica e con un difetto alla vista. Vive con la madre e la nonna e una giovane amante. Zhen lavora presso un fotografo e ha una compagna, Blue. Quando questa scopre che Zhen la tradisce con Jing la situazione precipita. Hou Hsiao Hsien è un grande maestro del cinema orientale che sa di realizzare film destinati a un pubblico ristretto. È però dotato di un assoluto controllo dell'inquadratura, tale da far sì che ogni suo film si avvicini sempre più a un'opera d'arte più visiva che narrativa. ■ DRAMMATICO; COL.; 120′; CINA, 2005.

THRILLER ★★
Regia di ALEX FRIDOLINSKI. Con SOLVEIG ANDERSSON, PER-AXEL AROSENIUS, HEINZ HOPF, CHRISTINA LINDBERG. ■ La tragica vita di una quindicenne: violentata, drogata, avviata alla prostituzione. Ma si dà al karate e fa fuori i suoi persecutori. ■ DRAMMATICO; B/N; 91′; USA, 1972.

THRILLER PER TWIGGY, UN *(W)* ★★★
Regia di RICHARD QUINE. Con EUGENE ROCHE, TWIGGY, JOHN VERNON, MICHAEL WITNEY. ■ Un uomo viene accusato della morte della moglie e condannato per uxoricidio. In realtà, la donna era fuggita per andare a vivere col suo amante. Quando la coppia incomincia ad essere perseguitata da un misterioso personaggio ("W"), lei pensa che si tratti del marito fuggito nel frattempo dal carcere. Il persecutore è, in realtà, un altro. ■ POLIZIESCO; COL.; 95′; USA, 1973.

THRILLING ★★★
Regia di CARLO LIZZANI, GIAN LUIGI POLIDORO, ETTORE SCOLA. Con TINO BUAZZELLI, WALTER CHIARI, DORIAN GRAY, SYLVA KOSCINA, NINO MANFREDI, NICOLETTA RANGONI MACHIAVELLI, ALBERTO SORDI, ALEXANDRA STEWART. ■ Film diviso in tre episodi. Nel primo Manfredi va dallo psicanalista perché è convinto che la moglie voglia ucciderlo. Il luminare gli consiglia d'abbandonare l'amante ed è lei ad eliminarlo. Nel secondo, Chiari è costretto dalla moglie a fingersi un eroe dei fumetti neri. Nel terzo, Sordi deve passare una notte in una cupa locanda. ■ COMMEDIA; B/N; 112′; ITALIA, 1965.

THUMBSUCKER – IL SUCCHIAPOLLICE ★★★
(Thumbsucker)
Regia di MIKE MILLS. Con BENJAMIN BRATT, VINCENT D'ONOFRIO, KELLI GARNER, KEANU REEVES, TILDA SWINTON, LOU TAYLOR PUCCI, VINCE VAUGHN. ■ Thumbsucker, ovvero "succhiapollice", è Justin, un ragazzo americano sulla soglia dell'età adulta che non rinuncia al vizio di ripetere, nei momenti di tensione, il gesto preferito dai bambini. Ipnotizzato da un dentista paranoide (Keanu Reeves) riesce a rinunciare a questo legame con l'infanzia. Ma a scuola è distratto, così gli insegnanti e la psicologa lo portano ad una nuova, e ben più pericolosa, dipendenza: quella dagli antidepressivi. Uscito di sua volontà dal meccanismo, l'amata compagna di giochi erotici lo spinge verso un'altro "sfogo": la marjiuana. Saranno, infine, la forza di volontà e la comprensione dell'assenza di risposte "giuste" alle domande della vita a rivoluzionare la vita del giovane. ■ DRAMMATICO; COL.; 96′; USA, 2005.

THUNDER ★★★
Regia di LARRY LUDMAN. Con VALERIA ROSS, MARK GREGORY, RAIMUND HARMSTORF, PAOLO MALCO, ANTONIO SABÀTO, BO SVENSON. ■ Un giovane pellerossa si ribella al potere arrogante dei bianchi che, per speculazione edilizia, occupano un terreno sacro alla sua tribù. Ambientato in Arizona ai giorni nostri e girato da una troupe italiana sulla falsariga di *Rambo*. Buon film d'azione. ■ AVVENTURA; COL.; 86′; ITALIA, 1983.

THUNDER ALLEY ★★
Regia di J. S. CARDONE. Con LEIF GARRETT, SCOTT MCGINNIS, ROGER WILSON. ■ Un ragazzotto di paese sogna di poter diventare un giorno una superstar della musica leggera rock. Il sogno s'avvera (o quasi). Ma la strada del successo non è seminata solo di rose e fiori. Più di una volta il ragazzotto rimpiangerà la sua cittadina d'origine. ■ MUSICALE; COL.; 93′; USA, 1985.

THUNDERBIRDS ★★
Regia di JONATHAN FRAKES. Con RON COOK, BRADY CORBET, ANTHONY EDWARDS, SOREN FULTON, VANESSA ANNE HUDGENS, BEN KINGSLEY, SOPHIA MYLES, BILL PAXTON. ■ Hollywood arriva a cannibalizzare anche le serie pseudo animate degli anni Sessanta e neppure quelle prodotte entro i propri confini! *Thunderbirds* è infatti una serie animata in trentadue episodi ideata nel 1963-64 da Gerry Anderson, originariamente trasmessa dalla tv inglese tra il 1965 e il 1966 e apparsa anche in Italia, ovviamente mutilata dalla censura per mere ragioni di minutaggio. Il plot, purtroppo ma forse inevitabilmente, è di una banalità che sconcerta, ma la convenzionalità della storia è compensata da un ritmo decente e da effetti speciali adeguatamente "giocattoleschi", che non dovrebbero dispiacere agli amanti della serie originale (posto che ne esistano) ed in generale ad un pubblico di adolescenti senza troppe pretese. ■ FANTASTICO; COL.; 95′ GRAN BRETAGNA, USA, 2004.

THUNDERBIRDS: I CAVALIERI DELLO SPAZIO ★★
(Thunderbirds Are Go)
Regia di DAVID LANE. ■ Un film per ragazzi con marionette animate. Cinque fratelli, abilissimi piloti supersonici, salvano un'astronave in avaria di ritorno da Marte. ■ ANIMAZIONE; COL.; 92′; USA, 1968.

THUNDER 2 ★★
Regia di LARRY LUDMAN. Con MARK GREGORY, RAIMUND HARMSTORF, BO SVENSON. ■ Un giovane indiano, Thunder, si arruola nella polizia dell'Arizona. Ma lì incontra un vicesceriffo che cova un vecchio odio contro di lui. Il vice è implicato nel traffico della droga, ma fa in modo che la colpa venga data a Thunder. Questi fugge di prigione e torna al paese deciso a vendicarsi del suo nemico. ■ AVVENTURA; COL.; 92′; ITALIA, 1987.

THUNDER 3 ★★
Regia di LARRY LUDMAN. Con MARK GREGORY, JOHN PHILIP LAW, INGRID LAWRENCE. ■ La terza avventura del Rambo nostrano, il pellerossa Thunder perennemente in conflitto con i cattivi poliziotti bianchi. Stavolta i cattivi sono rappresentati anche da una banda di speculatori animati dalle migliori intenzioni di derubare Thunder e la sua gente. Se ne pentiranno. ■ AVVENTURA; COL.; 99′; ITALIA, 1988.

THY WOMB *(Sa 'Yong Sinapupunan)* ★★★
Regia di BRILLANTE MENDOZA. Con NORA AUNOR, MERCEDES CABRAL, LOVI POE, BEMBOL ROCO. ■ In un villaggio della parte più meridionale delle Filippine vivono un uomo e una donna, dediti all'attività principale del luogo: produzione di artefatti con le alghe marine. Lei è anche levatrice, forse per alleviare il dolore di non essere riuscita, per tre volte, ad avere figli. Nonostante l'età avanzata la donna sente che il marito vorrebbe davvero un erede che non sia adottato e decide di esaudire questo desiderio (che nella cultura musulmana è anche segno di benedizione) andando a cercare una moglie per lui. Una volta trovatala però non sarà così facile condividere l'uomo. Uno degli intenti principali di Brillante Mendoza è essere fedele alla verità che nella sua visione è sinonimo di realtà. Per questo nel film presentato a Venezia è andato a documentare una realtà e un mondo poco conosciuti anche agli stessi filippini, riuscendo a trasmettere in extremis un insperato momento umano. ■ DRAMMATICO; COL.; 100′; FILIPPINE, 2012.

TI AFFIDO MIA MOGLIE ★★
(Ich vertraue dir meine Frau)
Regia di KURT HOFFMANN. Con LIL ADINA, WERNER FUETTERER, HEINZ RÜHMANN. ■ Un marito si reca a un congresso con l'avvenente segretaria, ma, temendo che la moglie possa tradirlo, l'affida a un amico. Solo il suo tempestivo ritorno impedirà all'intraprendente signora di commettere adulterio. ■ COMMEDIA; B/N; 94'; GERMANIA, 1941.

TI AMAVO SENZA SAPERLO *(Easter Parade)* ★★★
Regia di CHARLES WALTERS. Con FRED ASTAIRE, JUDY GARLAND, PETER LAWFORD, ANN MILLER. ■ Un ballerino viene piantato dalla partner. Scopre una ragazzina, le insegna i trucchi del mestiere e i due diventano stelle di Broadway. ■ MUSICALE; COL.; 103'; USA, 1948. ■ OSCAR 1 PR, 1 NOM.

TI AMERÒ... FINO AD AMMAZZARTI ★★★
(I Love You to Death)
Regia di LAWRENCE KASDAN. Con WILLIAM HURT, VICTORIA JACKSON, KEVIN KLINE, RIVER PHOENIX, JOAN PLOWRIGHT, TRACEY ULLMAN. ■ Un italo-americano gestisce una pizzeria con l'aiuto della moglie. Egli ha grandi appetiti sessuali e la tradisce volentieri. La suocera persuade la figlia a far fuori il marito fedifrago e diversi trucchi vengono messi in atto per ammazzarlo. Ma nessuno va in porto e il simpatico mascalzone se la cava sempre. Alla fine, giurerà eterna fedeltà alla moglie, sotto le sberle della propria madre americano-sicula in una farsa in costume abbastanza accattivante. ■ COMICO; COL.; 96'; USA, 1990.

TI AMERÒ SEMPRE *(Il y a longtemps que je t'aime)* ★★★
Regia di PHILIPPE CLAUDEL. Con KRISTIN SCOTT THOMAS, ELSA ZYLBERSTEIN. ■ Sono 15 anni che Juliette non ha alcun contatto con la sua famiglia che l'ha ripudiata dopo la condanna per omicidio. Uscita finalmente di prigione viene ospitata dalla sorella minore Léa che vive a Nancy con il marito, le due bambine adottive e il suocero malato, e con la quale Juliette ha sempre avuto un rapporto molto bello. Il ritorno alla vita però non è facile, tutti le fanno domande sul suo passato e tentano di capire il perché di quel gesto orribile, ma Juliette ha costruito un muro troppo alto intorno a sé e niente sembra più scalfirla. L'affetto di sua sorella e delle sue nipotine la riporterà lentamente a contatto con la realtà e con un mondo che per troppo tempo è andato avanti benissimo anche senza di lei. Il dilemma rimane, come può una donna così dolce e premurosa aver commesso un reato così orribile? Philippe Claudel, uno dei più celebri e apprezzati scrittori francesi contemporanei, grande appassionato di pittura e di cinema, fa il suo esordio dietro la macchina da presa presentando il suo primo film in concorso alla 58ma Berlinale. ■ DRAMMATICO; COL.; 115'; FRANCIA, 2008.

TI AMO ANCORA *(I Love You Again)* ★★★
Regia di W. S. VAN DYKE II. Con EDMUND LOWE, MYRNA LOY, FRANK MCHUGH, WILLIAM POWELL. ■ Lui, dopo otto anni di amnesia, ritorna finalmente in sé e si ritrova sposato a lei. Molti equivoci e molte risate. ■ COMMEDIA; B/N; 99'; USA, 1940.

TI AMO IN TUTTE LE LINGUE DEL MONDO ★★★
Regia di LEONARDO PIERACCIONI. Con MARJO BERASATEGUI, MASSIMO CECCHERINI, BARBARA ENRICHI, GIULIA ELETTRA GORIETTI, FRANCESCO GUCCINI, GIORGIO PANARIELLO, ROCCO PAPALEO, LEONARDO PIERACCIONI, ELISABETTA ROCCHETTI. ■ Gilberto è professore di ginnastica in un liceo di Pistoia. Separato dalla moglie che lo tradiva vive con il fratello che fa il bidello nella sua stessa scuola e soffre di balbuzie. Una sua allieva, Paolina, è follemente innamorata di lui e gli lascia messaggi d'amore in tutte le lingue del mondo. Lui cerca di tenerla a bada ma ci riesce a fatica destando sospetti nel preside. Finché un giorno, trascinato da un collega in una villa affittata a scambisti incontra Margherita che è stata portata lì con l'inganno. Tra i due nasce l'amore ma Paolina non molla. Leonardo Pieraccioni è a una svolta. Il regista e l'attore sono cresciuti e offrono una storia ricca di colpi di scena in cui si può ridere, sorridere e, volendo, anche un po' commuoversi. Perché la precarietà dei sentimenti, l'incapacità di confrontarsi con un'adolescenza troppo precocemente adulta, anche perché priva di modelli definiti e in cerca di figure sostitutive, diventano occasione di riflessione e non solo di risata facile. ■ COMMEDIA; COL.; 99'; ITALIA 2005.

TI AMO MARIA ★★
Regia di CARLO DELLE PIANE. Con CARLO DELLE PIANE, GIAMPIERO INGRASSIA, LAURA LATTUADA, LOREDANA SOLFIZI. ■ Maria è una donna sulla trentina che, dopo una recente separazione, sta provando a ricostruirsi una vita autonoma. Scopre però di essere spiata e un giorno il suo pedinatore si fa vivo: è un uomo con cui nel passato ha vissuto una breve ma drammatica storia d'amore. Delle Piane, grande caratterista del cinema italiano, tenta la via della regia e lo fa con un testo da lui già portato sulle scene. Il dramma assume i mezzi toni della malinconia esistenziale che ben si adatta ai personaggi da lui interpretati. ■ DRAMMATICO; COL.; 81'; ITALIA, 1997.

TIARA TAHITI ★★★
Regia di TED KOTCHEFF. Con HERBERT LOM, JAMES MASON, JOHN MILLS. ■ A Tahiti, un ricco industriale inglese, che vuole snaturare il paesaggio costruendo un albergo di lusso, viene sconfitto da un compatriota desideroso che tutto rimanga come prima. Fra i due c'è una vecchia ruggine perché durante la guerra l'industriale era colonnello e aveva fatto cacciare dall'esercito l'altro che odiava, perché appartenente a una famiglia più aristocratica della sua. ■ COMMEDIA; COL.; 100'; GRAN BRETAGNA, 1961.

TI ASPETTERÒ ALL'INFERNO ★★
Regia di PIERO REGNOLI. Con JOHN BARRYMORE JR, EVA BARTÒK, MASSIMO SERATO. ■ Tre banditi fuggono dopo un colpo fortunato, ma scoppia una lite e uno di loro viene accidentalmente spinto in una palude, dove muore. I due superstiti sono tormentati dal rimorso che si fa più grave quando sembra che il defunto sia tornato dall'aldilà. I fuorilegge finiranno nelle mani della polizia. ■ POLIZIESCO; B/N; 92'; ITALIA, 1960.

TI AVRÒ PER SEMPRE *(This Time for Keeps)* ★★★
Regia di RICHARD THORPE. Con XAVIER CUGAT, JIMMY DURANTE, LAURITZ MELCHIOR, ESTHER WILLIAMS. ■ Un giovane reduce dalla bella voce, innamorato della stella di una rivista acquatica, va a lavorare con lei, ma il padre gli mette i bastoni tra le ruote perché sperava sposasse un'altra. Tutto, ovviamente, finirà bene. ■ MUSICALE; COL.; 105'; USA, 1947.

TIBURZI ★★
Regia di PAOLO BENVENUTI. Con STEFANO BAMBINI, MARCELLO BARTOLOMEI, VIOLA BUZZI, ATOS DAVINI, GIUSEPPE FRANCIONE, PIO GIANNELLI, SILVANA PAMPANINI, FELICE TAZZINI. ■ Il film rievoca gli ultimi giorni di vita del brigante Tiburzi ed è basato su fatti rigorosamente autentici. Tiburzi non rinuncia ad una antichissima identità culturale: ultimo etrusco alle soglie del ventesimo secolo, il brigante si avvia inesorabilmente (ma serenamente) alla morte. Di lui, ci rimane un'unica, impressionante fotografia, scattata subito dopo la sua uccisione: legato ad un'antica colonna romana, lo vediamo nei tipici abiti briganteschi dell'epoca, mentre gli viene fatta imbracciare, a mò di schermo, la sua famosa doppietta. ■ STORICO; COL.; 85; ITALIA, 1996.

TIC CODE *(The Tic Code)* ★★
Regia di GARY WINICK. Con POLLY DRAPER, GREGORY HINES, CHRISTOPHER MARQUETTE. ■ Storia del dodicenne Miles genietto del pianoforte afflitto dalla sindrome di Tourette (l'impossibilità in certi momenti di controllare il proprio corpo). Tutti lo abbandonano, genitori, insegnanti, amici. Lo sostiene solo Pyke, un sassofonista che ha la stessa malattia. Per fortuna la madre ha un ripensamento, si fidanza col sassofonista e torna dal figlio. Buoni sentimenti in stile televisivo. ■ DRAMMATICO; COL.; 98'; USA, 1998.

TICKER ★★
Regia di ALBERT PYUN. Con PETER GREENE, MICHAEL HALSEY, DENNIS HOPPER, JAIME PRESSLY, STEVEN SEAGAL, TOM SIZEMORE, JOE SPANO. ■ L'abbiamo già visto innumerevoli volte. A Sizemore, poliziotto, hanno ucciso moglie e figlio in un attentato terroristico. Ora c'è un altro terrorista in giro e il protagonista vuole usare un ostaggio della banda per stanare il capo. Al suo fianco ha il massiccio Seagal esperto in esplosivi. Riusciranno i nostri eroi...? Il problema di film come questi è che Seagal fa Seagal, Sizemore fa Sizemore e, soprattutto, Hopper fa Hopper quando fa lo

psicopatico. Tutto uguale, tutto scontato. Non bastano alcune scene d'azione ben girate a salvare dalla noia. ■ AZIONE; COL.; 110'; USA, 2001.

TICKETS ★★
Regia di ABBAS KIAROSTAMI, KEN LOACH, ERMANNO OLMI. Con VALERIA BRUNI TEDESCHI, MARTIN COMPSTON, SILVANA DE SANTIS, CARLO DELLE PIANE, GARY MAITLAND, KLAJDI QORRAJ, WILLIAM RUANE, FILIPPO TROJANO. ■ Quando un Maestro (e i tre registi coinvolti in questa operazione indubbiamente lo sono) delude il dispiacere si unisce all'imbarazzo. Perché è come se un amico ti avesse fatto perdere un po' della fiducia che avevi in lui. È ciò che accade con i due episodi firmati da Olmi e da Kiarostami. Nel primo un Carlo Delle Piane che recita lo stesso ruolo che gli ha offerto Avati in numerosi film (a partire da *Una gita scolastica*), si innamora platonicamente di un'assistente che gli ha mostrato cortesia unita a gentilezza. Dal treno (elemento di collegamento tra gli episodi) su cui si trova vorrebbe inviarle una mail ma finisce col non farlo. Nel secondo una donna anziana ed arrogante maltratta il giovane soldato assegnatole per il servizio civile e costui cerca rifugio nel dialogo con un'adolescente che lo conosce ma che lui non ricorda. In entrambe le storie si legge un'incertezza di fondo. Olmi tratta un tema importante come l'amore provato da una persona anziana ma lo fa con errori di continuità e con una fragilità narrativa che gli è insolita. Abbas Kiarostami è in ferie dal suo Iran e si vede. Delinea un carattere (quello della donna) ma senza motivare l'attenzione che gli rivolge mentre riesce meglio nella definizione del bisogno di comunicazione del giovane accompagnatore. Anche qui però l'esigenza di "fare metraggio" (cioè di raggiungere la durata necessaria) diluisce la presa della narrazione che, proprio mentre abbandona le lentezze proprie dell'autore, perde in pregnanza. Chi invece resta se stesso e non delude chi lo apprezza è Ken Loach. Ci presenta tre giovani tifosi del Celtic in viaggio verso Roma per una partita di Coppa. Chiacchierano con una famiglia albanese e, poco dopo, uno di loro scoprirà di non avere più il biglietto. Il sospetto cade subito sugli extracomunitari scatenando reazioni diverse che porteranno ad un esito in linea con l'attenzione verso i più deboli socialmente che è la cifra contenutistica che Loach non ha mai abbandonato. Ma il regista britannico propone di più (rispetto ai suoi colleghi) anche sul piano linguistico. La sua macchina da presa fa del vagone ferroviario uno spazio da percorrere per cercare una verità che andrà al di là della prima apparenza e consentirà ai protagonisti di scoprire un aspetto inatteso della loro personalità. ■ EPISODI; COL.; 115'; GRAN BRETAGNA, ITALIA, 2004.

TICKET TO JERUSALEM ★★★
Regia di RASHID MASHARAWI. Con GHASSAN ABBAS, GEORGE IBRAHIM, REEM ILO, AREEN OMARY. ■ Jaber è un proiezionista palestinese che porta, con i suoi film, un po' di serenità ai bambini dei campi di rifugiati nella zona di Ramallah. Mano a mano che l'occupazione militare israeliana si fa più dura il suo lavoro diventa sempre più pericoloso. Sua moglie, un'infermiera, comincia ad avere dubbi sul suo stato di salute mentale quando Jaber manifesta l'intenzione di organizzare una proiezione a Gerusalemme Est dove ai palestinesi è vietato l'ingresso. A mezza via tra il documentario e la fiction questo film si segnala per uno sguardo diverso e intenso sulla situazione mediorientale in cui il cinema diventa uno strumento di serenità. ■ DRAMMATICO; COL.; 90'; OLANDA, PALESTINA, 2003.

TICK... TICK... TICK... ESPLODE LA VIOLENZA ★★★
(Tick... Tick... Tick...)
Regia di RALPH NELSON. Con JIM BROWN, GEORGE KENNEDY, FREDRIC MARCH. ■ Uno sceriffo nero promette di essere imparziale e di non servirsi della sua carica per vendicarsi dei torti subiti dalla sua minoranza razziale. Quando arresta il figlio di un notabile locale, che guidando ubriaco ha ucciso una bambina, i bianchi gli si ribellano. Però quando arresta un nero, colpevole di violenza carnale, sono quelli di colore ad odiarlo. Nonostante tutto, il poliziotto riuscirà a fare il suo dovere. ■ DRAMMATICO; COL.; 100'; USA, 1970.

TI COMBINO QUALCOSA DI GROSSO ★★★★
(Something Big)
Regia di ANDREW V. MCLAGLEN. Con HONOR BLACKMAN, HARRY CAREY JR, BEN JOHNSON, BRIAN KEITH, DEAN MARTIN. ■ Un simpatico mascalzone si prepara al colpo conclusivo della sua carriera: poi si sposerà e farà il bravo ragazzo. I guai cominciano quando deve procurare una donna per un bandito che gli ha promesso in cambio una mitragliatrice: per sbaglio rapisce la moglie di un colonnello. Molte avventure e riabilitazione del protagonista. ■ WESTERN; COL.; 108'; USA, 1971.

TI CONOSCO MASCHERINA! ★★★
Regia di EDUARDO DE FILIPPO. Con LIDA BAAROVA, EDUARDO DE FILIPPO, PEPPINO DE FILIPPO, TITINA DE FILIPPO, GIUSEPPE PORELLI, PAOLO STOPPA, ENRICO VIARISIO. ■ Un furbastro riesce ad aiutare una canzonettista, bella ma incapace, trovandole un ricco protettore. ■ COMMEDIA; B/N; 91'; ITALIA, 1944.

TICTABAN L'ISOLA DELL'AMORE PROIBITO ★★
Regia di EDUARDO CASTRO. ■ Un giorno di festa in un'isola del Pacifico è il pretesto per rievocare la storia leggendaria di una giovane contesa tra due capi. ■ DOCUMENTARIO; COL.; 92'; USA, 1961.

TI DARÒ UN POSTO ALL'INFERNO ★
Regia di PAOLO BIANCHINI. Con FEMI BENUSSI, GORDON MITCHELL, GEORGE NADER. ■ A Ceylon, un minatore guida i suoi compagni nella rivolta contro il duro proprietario che precedentemente l'aveva derubato. Avrà partita vinta grazie all'aiuto di una bella cingalese. ■ AVVENTURA; COL.; 92'; ITALIA, 1973.

TIDELAND – IL MONDO CAPOVOLTO *(Tideland)* ★★
Regia di TERRY GILLIAM. Con WENDY ANDERSON, JEFF BRIDGES, SALLY CROOKS, JODELLE FERLAND, BRENDAN FLETCHER, JANET MCTEER, DYLAN TAYLOR, JENNIFER TILLY. ■ Jeliza-Rose vive assieme ai genitori, entrambi dediti all'uso di eroina: dopo la morte della madre per overdose, la bambina si trasferisce assieme al padre da Vancouver a una vecchia casa in mezzo alla campagna. Qui, deceduto anche il padre, la piccola inizia una nuova vita, circondata da bizzarri personaggi e a metà tra sogno e fantasia... Terry Gilliam, nel bene e nel male, riesce sempre a stupire e questa è senz'altro una cosa positiva: la capacità del regista di introdurre elementi di discontinuità e follia creativa nell'omologato panorama cinematografico attuale è rimasta fortunatamente intatta negli anni. Purtroppo, però, non tutte le ciambelle riescono col buco e *Tideland – Il mondo capovolto* è di gran lunga la meno riuscita tra le sue opere. ■ DRAMMATICO; COL.; 122'; CANADA, GRAN BRETAGNA, 2005.

TI DO I MIEI OCCHI *(Te doy mis ojos)* ★★
Regia di ICÍAR BOLLAÍN. Con LAIA MARULL, CANDELA PEÑA, ROSA MARÍA SARDÁ, LUIS TOSAR. ■ Una notte d'inverno, Pilar fugge di casa, portando via con sé solo poche cose e suo figlio Juan. Antonio si mette subito a cercarla. Dice che Pilar è la sua luce ed oltre a questo, "le ha dato" i suoi occhi... ■ DRAMMATICO; COL.; 116'; SPAGNA, 2003.

TIERRA PROMETIDA, LA ★★★
Regia di MIGUEL LITTIN. Con PEDRO ALVAREZ, MARCELLO GAETE, SHENDA ROMAN, NELSON VILAGRA. ■ Negli anni Trenta, un contadino cileno organizza l'occupazione delle terre, ma le cose non sono facili nonostante a Santiago ci sia un presidente socialista. Più tardi tornano al governo i reazionari e i ribelli sono sterminati dall'esercito. ■ DRAMMATICO; B/N; 110'; CILE, 1973.

TIETA DO BRASIL *(Tieta do Agreste)* ★★
Regia di CARLOS DIEGUES. Con SONIA BRAGA, ESTEVES CHICO ANYSIO, MARILIA PERA. ■ Tieta torna, in compagnia della giovane Leonora, al paese da cui era stata cacciata da ragazza. Ora è ricca e può decidere di perdonare o punire i colpevoli. In realtà la donna nasconde un passato di prostituta di alto livello. Il regista trae il soggetto dal libro di Jorge Amado che mette addirittura il sigillo su questa telenovela leggendo le prime righe del romanzo. ■ COMMEDIA; COL.; 115'; BRASILE, GRAN BRETAGNA, 1996.

TIFFANY MEMORANDUM ★★
Regia di TERENCE HATHAWAY. Con GIAMPIERO ALBERTINI, KEN CLARK, IRINA DEMICK, CARLO HINTERMANN, LUIGI VANNUC-

CHI. ■ Un giornalista americano a Parigi è testimone casuale di un omicidio. Comincia ad indagare e scopre la verità, ma una collega sarà più svelta di lui a portare l'articolo al giornale. ■ SPIONAGGIO; COL.; 94'; ITALIA, 1968.

TIFONE SULLA MALESIA *(Typhoon)* ★★★
Regia di LOUIS KING. Con DOROTHY LAMOUR, LYNNE OVERMAN, ROBERT PRESTON. ■ Un avventuriero e un marinaio ubriacone sbarcano su un'isoletta della Guiana olandese e vi trovano una bellissima ragazza, scampata a un naufragio avvenuto dieci anni prima. Insieme sopravviveranno a uno spaventoso tifone: la ragazza e il marinaio, redento, scopriranno di amarsi. ■ AVVENTURA; COL.; 70'; USA, 1940. ■ OSCAR 1 NOM.

TIFONE SU NAGASAKI *(Typhon sur Nagasaki)* ★★
Regia di YVES CIAMPI. Con DANIELLE DARRIEUX, HISHI KEIKO, JEAN MARAIS. ■ A Nagasaki l'amore di un ingegnere francese per una giapponese è messo in pericolo dall'arrivo di una sua ex amante. Un tifone che colpisce la città nipponica spingerà l'uomo a fare la sua scelta. ■ DRAMMATICO; COL.; 92'; FRANCIA, GIAPPONE, 1956.

TIFOSI ★★
Regia di NERI PARENTI. Con DIEGO ABATANTUONO, MASSIMO BOLDI, NINO D'ANGELO, CHRISTIAN DE SICA, ENZO IACCHETTI, DIEGO ARMANDO MARADONA. ■ Il gioco del calcio come pretesto per attirare i tifosi di un genere di sicuro successo, senza sussulti, senza sorprese (se non quella del ritorno al film comico per Abatantuono e il cameo di Maradona). Tutto ciò che ci si aspetta, insomma. Un tassista milanese, un tifoso juventino, un piccolo furfante napoletano (il migliore "in campo" Nino D'Angelo) due suoceri tifosi di squadre avversarie. ■ COMICO; COL.; 121'; ITALIA, 1999.

TIFOSO, L'ARBITRO E IL CALCIATORE, IL ★
Regia di PIER FRANCESCO PINGITORE. Con PIPPO FRANCO, CARMEN RUSSO, ALVARO VITALI. ■ Un arbitro crede che la moglie lo tradisca con un calciatore. Cercherà allora di rovinarle la carriera, ma poi si accorge che era una beffa: il bel calciatore è un omosessuale. Questo il primo episodio. Nel secondo, uno sfegatato romanista si finge laziale per accontentare il suocero: al derby viene scoperto e malmenato sia dai romanisti che dai laziali. Ma poi, con la nascita di due gemelli, la pace in famiglia torna. ■ COMMEDIA; COL.; 93'; ITALIA, 1982.

TIGERLAND ★★★
Regia di JOEL SCHUMACHER. Con CLIFTON COLLINS JR., MATTHEW DAVIS, KEITH EWELL, COLIN FARRELL, TOM GUIRY, JAMES MACDONALD, RUSSELL RICHARDSON, NICK SEARCY, SHEA WHIGHAM. ■ 1971. Un gruppo di militari si addestra al campo di Tigerland in attesa di andare in Vietnam. La base è una perfetta simulazione di ciò che i ragazzi troveranno poi sul teatro di guerra. Dunque vita durissima, sergenti senza pietà e un campionario completo di caratteri: dallo psicopatico assassino al debole che ci lascerebbe certamente la pelle. E c'è Buzz, un vero ribelle strafottente e durissimo. Odiato dai superiori e amato dai commilitoni. In realtà è un vero eroe, capace di salvare la vita a molti compagni, facendoli esonerare o consigliando il giusto comportamento. Quando arriva il momento parte per la guerra. Macchina a mano, stile documentaristico, effetti poveri, sovresposizione e tanto realismo. Sembra un film-reperto degli anni Settanta. Però funziona. Schumacher, abituato a grandi budget e divi, si muove bene anche in questa dimensione. Colta anche qualche (piccola) metafora sulla vita e sulla guerra. Prodotto superiore alla media. ■ DRAMMATICO; COL.; 100'; USA, 2001.

TIGER MAN BERSAGLIO UMANO ★★★
(The 3000 Mile Chase)
Regia di RUSSELL MAYBERRY. Con BLAIR BROWN, CLIFF DE YOUNG, GLENN FORD, PRISCILLA POINTER. ■ Un ex corriere mafioso decide di testimoniare contro il vecchio capo che ha approfittato della sua buona fede. Temendo di essere ucciso, durante il viaggio che lo porterà davanti ai giudici si fa proteggere da due guardie del corpo. Dopo molteplici avventure, dalle quali esce illeso, riesce ad entrare in tribunale con un abile trucco. ■ AVVENTURA; COL.; 100'; USA, 1978.

TIGER WARSAW – IL RITORNO DI TIGER ★
(Tiger Warsaw)
Regia di AMIN Q. CHAUDHRI. Con PIPER LAURIE, LEE RICHARDSON, PATRICK SWAYZE, BARBARA WILLIAMS. ■ Il giovane Chuck, detto "Tiger", fa ritorno a casa dopo quindici anni di assenza. Quando è partito andava alla ricerca di una sua identità e di una collocazione nella società, ma apparentemente nulla è cambiato nel suo carattere e nelle sue attitudini. ■ DRAMMATICO; COL.; 90'; GRAN BRETAGNA, 1988.

TIGRE, EL *(My Outlaw Brother)* ★★
Regia di ELLIOTT NUGENT. Con WANDA HENDRIX, ROBERT PRESTON, MICKEY ROONEY. ■ Joe va a cercare il fratello nei territori infestati dai banditi tra il Messico e gli Stati Uniti. In viaggio conosce un agente federale alla ricerca di "El Tigre", tristemente famoso come capo dei fuorilegge, e di una ragazza. Quando il bandito viene ucciso dall'agente, Joe ha una brutta sorpresa: riconosce nel cadavere il proprio fratello tanto cercato. ■ WESTERN; B/N; 79'; USA, 1951.

TIGRE, EL *(Ride Beyond Vengeauce)* ★★
Regia di BERNARD MCEVEETY. Con JOAN BLONDELL, CHUCK CONNORS, GLORIA GRAHAME, KATHRYN HAYS, MICHAEL RENNIE. ■ Jonas è diventato molto ricco cacciando i bufali e, dopo undici anni, decide di tornare a casa dalla moglie. Prima di entrare in paese viene derubato e marchiato a fuoco come ladro di bestiame. Per Jonas la cosa più importante diventa la vendetta. ■ WESTERN; COL.; 100'; USA, 1966.

TIGRE, IL ★★★
Regia di DINO RISI. Con VITTORIO GASSMAN, ANN MARGRET, ELEANOR PARKER. ■ Un quarantenne di successo prende una terribile sbandata per una ragazzina, compagna di scuola di sua figlia. Per lei fa delle figure ridicole e trascura gli affari. Un bel giorno è abbandonato dalla ragazza e mette la testa a partito. ■ COMMEDIA; COL.; 110'; ITALIA, 1967. ■ DAVID DI DONATELLO 2 PR, 2 NOM.

TIGRE, LA *(Harry Black)* ★★
Regia di HUGO FREGONESE. Con STEWART GRANGER, BARBARA RUSH, ANTHONY STEEL. ■ Un cacciatore che durante la guerra ha perso una gamba sente rinascere l'amore che provava per la moglie di un collega. Durante una rischiosa partita di caccia, la donna gli confessa di essere disposta al divorzio. La separazione costituisce però un dramma per suo figlio. Così i due, alla fine, decidono di lasciarsi. ■ AVVENTURA; COL.; 116'; GRAN BRETAGNA, 1958.

TIGRE AMA LA CARNE FRESCA, LA ★★★
(La tigre aime la chair fraîche)
Regia di CLAUDE CHABROL. Con DANIELA BIANCHI, ROGER HANIN, MARIA MAUBAN. ■ Avventure di un agente francese soprannominato "il Tigre". Il nostro eroe sventa il rapimento di un ministro turco. ■ SPIONAGGIO; COL.; 85'; FRANCIA, 1965.

TIGRE BIANCA, LA *(Booloo)* ★★
Regia di CLYDE E. ELIOTT. Con JAYNE REGAN, COLIN TAPLEY. ■ Un generale inglese viene sbeffeggiato perché ha raccontato in un libro che in Malesia esiste una tigre bianca a cui i nativi sacrificano ogni anno una vergine. Il figlio del militare prova la veridicità della storia. ■ AVVENTURA; B/N; 81'; USA, 1938.

TIGRE CENTRA IL BERSAGLIO, IL ★★
(Le solitarie passe à l'attaque)
Regia di RALPH HABIB. Con TERESA GIMPERA, ROGER HANIN, JEAN LEFEBVRE. ■ L'agente segreto soprannominato "il Tigre" ha due giorni di tempo per recuperare una valigetta contenente una bomba pronta a scoppiare. Ci riuscirà. ■ SPIONAGGIO; COL.; 93'; FRANCIA, 1968.

TIGRE DEI SETTE MARI, LA ★★
Regia di LUIGI CAPUANO. Con GIANNA MARIA CANALE, MARIA SPINA, ANTHONY STEEL. ■ Nel Seicento, nel mar dei Caraibi, un buon pirata è ucciso da una perfida spia spagnola che getta la colpa su un luogotenente del defunto. L'accusato riuscirà a provare la sua innocenza e a punire il traditore, conquistando la figlia del suo capo morto. ■ AVVENTURA; COL.; 91'; ITALIA, 1962.

TIGRE DEL BENGALA, LA *(Bengal Tiger)* ★★
Regia di LOUIS KING. Con BARTON MACLANE, JUNE TRAVIS. ■

Un domatore, credendosi tradito, getta il presunto rivale nella gabbia della tigre, poi, resosi conto del tremendo errore, si sacrifica per salvarlo. ■ DRAMMATICO; B/N; 92'; USA, 1936.

TIGRE DEL KUMAON, LA *(Man-Eater of Kumaon)* ★★★
Regia di BYRON HASKIN. Con WENDELL COREY, JOANNE PAGE, SABÙ. ■ Un medico americano caccia la tigre in India per dimenticare i suoi dispiaceri coniugali. Un giorno, colpito dalla malaria, ferisce una belva che diventa mangiatrice d'uomini. Nella sua caccia all'animale il dottore incontra un bimbo reso orfano dalla tigre e una donna che, in seguito a un attacco della belva, non può aver figli e rischia di essere scacciata. Il medico morrà eroicamente per uccidere l'animale, e la donna, in sua memoria, adotterà il bambino. ■ AVVENTURA; B/N; 79'; USA, 1947.

TIGRE DELLA MANCIURIA, LA ★
Regia di YANG YANG. Con TONG LUN, HUA TOI. ■ Un'organizzazione mafiosa cerca inutilmente di eliminare un campione di kung-fu, suo nemico, che si è trasferito in Europa. Vincono i buoni. ■ AVVENTURA; B/N; 91'; HONG KONG, 1972.

TIGRE DEL MARE, LA *(We Dive at Dawn)* ★★
Regia di ANTHONY ASQUITH. Con JOHN MILLS, ERIC PORTMAN. ■ Suspense a bordo di un sottomarino inglese bloccato nel mar Baltico. Riusciranno a cavarsela per un pelo. ■ GUERRA; B/N; 98'; GRAN BRETAGNA, 1943.

TIGRE DEL MARE, LA *(Thunder Afloat)* ★★★
Regia di GEORGE BRACKETT SEITZ. Con WALLACE BEERY, VIRGINIA GREY, CHESTER MORRIS. ■ Il capitano di un rimorchiatore diventa guardiamarina nella flotta da guerra per vendicarsi dei tedeschi che gli hanno silurato la nave. La sua smania di combattimento è tale che disubbidisce agli ordini e viene retrocesso a marinaio. Saprà riscattarsi. ■ GUERRA; B/N; 94'; GRAN BRETAGNA, 1943.

TIGRE DI ESCHNAPUR, LA ★★★
(Der Tiger von Eschnapur)
Regia di FRITZ LANG. Con CLAUS HOLM, DEBRA PAGET, WALTER REVER. ■ Un ingegnere che si trova in India su invito di un *maharajah* (deve costruire nuovi palazzi) salva nella giungla dall'assalto di una tigre una danzatrice e se ne innamora. Anche il principe, però, è innamorato della danzatrice. L'ingegnere, sentendosi minacciato, fugge con la donna e i due si perdono nel deserto, durante una tempesta di sabbia. ■ AVVENTURA; COL.; 97'; GERMANIA, 1959.

TIGRE DI HONG KONG, LA *(The Chinese Dragon)* ★
Regia di CHANG I. Con CHANG I, YANG YUCK. ■ Un giovane, accusato ingiustamente di assassinio, prova la sua innocenza ed elimina i nemici, responsabili del delitto. ■ AVVENTURA; COL.; 93'; HONG KONG, 1974.

TIGRE È ANCORA VIVA: SANDOKAN ALLA RISCOSSA!, LA ★★★
Regia di SERGIO SOLLIMA. Con KABIR BEDI, MASSIMO FOSCHI, PHILIPPE LEROY, THERESE ANN SAVOY. ■ Terzo episodio delle avventure di Sandokan: l'isola di Mompracem è dominata da un tiranno avido e feroce. Il nostro eroe, che era in volontario esilio, è spinto da una ragazza a sbarcare in patria, sconfiggendo il nemico e ridando la libertà al suo popolo. ■ AVVENTURA; COL.; 130'; ITALIA, 1977.

TIGRE E IL DRAGONE, LA ★★★🏆
(Crouching Tiger, Hidden Dragon)
Regia di ANG LEE. Con CHANG CHEN, CHOW YUN FAT, CHENG PEI PEI, LUNG SIHUNG, MICHELLE YEOH, ZHANG ZIYI. ■ Li Mu Bai è una donna esperta di arti marziali la cui spada viene ritenuta dotata di poteri magici. Li Mu Bai ama la bella e coraggiosa Yu Shu Lien, ma non può rendere espliciti i suoi sentimenti perché la ragazza è stata fidanzata al suo fratello di sangue. Un giorno decide di consegnare la spada a Shu Lien perché la porti al signor Tè che dovrà custodirla. Ma il dignitario se la fa rubare. Shu Lien avrà però la fortuna di incontrare la figlia del governatore Yu, ormai promessa a un futuro sposo e desiderosa invece di percorre i sentieri dell'avventura. Ang Lee torna a casa e al proprio immaginario infantile e ritrova l'originalità che ne aveva contraddistinto gli esordi. A questo regista la trasferta americana non ha fatto bene: si è messo in testa (dopo i piacevolissimi *Banchetto di nozze* e *Mangiare Bere Uomo Donna*) di spiegare l'America agli americani e ha realizzato tre film come *Ragione e sentimento*, *Tempesta di ghiaccio* e *Cavalcando col diavolo* che finivano col risultare più manuali di storia e/o sociologia per immagini che film. Molto meglio va quando, come in questo caso, racconta Taiwan agli occidentali con quell'attenzione all'universo femminile che lo contraddistingue e che, anche in questa storia "marziale", conquista lo schermo unendo agilità ed eleganza. ■ AVVENTURA; COL.; 119'; TAIWAN, USA, 2000. ■ GOLDEN GLOBES 🏆 2 PR, 3 NOM; OSCAR 🏆 4 PR, 10 NOM.

TIGRE E LA NEVE, LA ★★★
Regia di ROBERTO BENIGNI. Con ROBERTO BENIGNI, NICOLETTA BRASCHI, EMILIA FOX, JEAN RENO, ANDREA RENZI, GIANFRANCO VARETTO, TOM WAITS. ■ «Spero che questa storia vi sorprenda, vi distragga, vi inquieti, vi diverta e vi commuova. Forse sono troppe. Vabbè, ma anche una sola di queste già sarebbe una cosa straordinaria per un film». Tutte queste reazioni si verificano dinanzi a *La tigre e la neve* anche se in alternanza tra loro e con qualche spazio intermedio di eccessiva attesa. Attilio è un poeta che ogni notte sogna di sposare la donna della sua vita, Vittoria, che nella realtà lo sfugge di continuo. Quando lei, partita per un'intervista al più importante poeta iracheno rientrato in patria in prossimità della guerra, verrà gravemente ferita Attilio la raggiungerà e farà di tutto per salvarla. Non ci saranno ostacoli che potranno fermarlo nel tentativo di farla sopravvivere: dalla mancanza di medicinali al posto di blocco in cui verrà ritenuto un terrorista. È una storia di amore quella che Benigni ci propone. Quell'amore che, partendo dai singoli, può portare la vita al suo massimo splendore. Il regista e attore toscano non ci offre un film "comico" (anche se le sue usuali gag non mancano) ma una riflessione poetica (di grande qualità la "lezione" sul fare poesia) sul bisogno di speranza che il mondo moderno nutre, anche quando sembra che il cinismo domini. Una speranza che non pretende di abbracciare teoricamente l'umanità ma che parte dal darsi da fare per la concreta salvezza di un essere umano. Magari pregando Allah con un Padre Nostro e nel frattempo cercando di far spostare una mosca dal capezzale di chi sta soffrendo. C'è chi ha braccia così grandi da credere di poter abbracciare il mondo ma troppo corte per accogliere un amico. L'Attilio di Benigni e Cerami è esattamente l'opposto. ■ COMMEDIA; COL.; 118'; ITALIA, 2005. ■ DAVID DI DONATELLO 2 NOM.

TIGRE IN AGGUATO *(A Tiger Walks)* ★★
Regia di NORMAN TOKAR. Con PAMELA FRANKLIN, BRIAN KEITH, VERA MILES. ■ Fuggita dallo zoo, una tigre terrorizza gli abitanti della città. Una bambina convince lo sceriffo a catturarla senza ucciderla. Con una sottoscrizione sarà poi acquistata l'intera famiglia della belva e sistemata tutta nello zoo. ■ AVVENTURA; COL.; 91'; USA, 1963.

TIGRE IN CIELO, UNA *(The McConnell Story)* ★★★
Regia di GORDON DOUGLAS. Con JUNE ALLYSON, ALAN LADD. ■ È la storia di Joseph McConnelly che, tra mille intoppi ed ostacoli di vario genere, riesce a coronare il sogno di diventare pilota dell'aviazione militare. Distintosi per le sue straordinarie imprese, perisce in un incidente aereo durante il collaudo di un reattore. ■ BIOGRAFICO; B/N; 107'; USA, 1955.

TIGRE IN CORPO, LA *(Chubasco)* ★★
Regia di ALLEN H. MINER. Con CHRISTOPHER JONES, SUSAN STRASBERG. ■ Un avventuroso marinaio, rimasto senza lavoro, s'imbarca sulla nave del suocero. I due uomini non vanno d'accordo. Hanno presto una colluttazione durante la quale il suocero cade in mare. Il genero lo salva e i due si rappacificano. ■ COMMEDIA; COL.; 100'; USA, 1967.

TIGRE NELLA NEBBIA *(Tiger in the Smoke)* ★★
Regia di ROY WARD BAKER. Con MURIEL PAVLOW, DONALD SINDEN, TONY WRIGHT. ■ Una coppia di fidanzati e una banda di malviventi sono alla ricerca di un favoloso tesoro. Quando lo trovano, scoprono però che si tratta di una statuetta della Madonna che ha solamente un valore artistico. Il capo dei banditi vorrebbe disfarsene, ma arriva in tempo la polizia. ■ POLIZIESCO; B/N; 94'; GRAN BRETAGNA, 1956.

TIGRE NELL'OMBRA, LA *(The Sleeping Tiger)* ★★★
Regia di Joseph Losey. Con Dirk Bogarde, Alexander Knox, Alexis Smith. ■ Un giovane delinquente, ricercato dalla polizia, viene accolto in casa da un famoso scienziato e ricambia l'ospitalità continuando a commettere furti e insidiando la moglie del suo benefattore. Quest'ultimo, rendendosi conto che il giovane è vittima di un trauma infantile, continua ad aiutarlo e a trarlo dai guai. Il malvivente finalmente si redime e decide di troncare la sua relazione con la donna che però si oppone e muore infine in un incidente. ■ Drammatico; b/n; 89'; Gran Bretagna, 1954.

TIGRE PROFUMATA ALLA DINAMITE, LA ★★★
(Le tigre se parfume à la dynamite)
Regia di Claude Chabrol. Con Michel Bouquet, Roger Hanin, Margaret Lee. ■ Inviato in Martinica per sorvegliare il recupero di un tesoro sommerso, un coraggioso agente non riesce a impedire che alcuni uomini rana, sopraffatto l'equipaggio, si impadroniscano del bottino. Scopre poi che dietro la vicenda sta una potente organizzazione che vuole conquistare il mondo. Riuscirà a recuperare il tesoro e a sgominare la gang. ■ Avventura; col.; 86'; Francia, 1965.

TIGRE REALE ★★
Regia di Giovanni Pastrone. Con Valentina Frascaroli, Febo Mari, Pina Menichelli, Alberto Nipoti. ■ Tratto da una novella di Verga. La contessa Natka racconta a Giorgio, un ambasciatore, di essersi sposata, infelicemente, con un conte francese in Russia. Amori fuorilista e un suicidio finale. ■ Drammatico; b/n; 70'; Italia, 1916.

TIGRE REALE *(Königstiger)* ★★
Regia di Rolf Randolf. Con Susa Charlot, Ivan Petrovich. ■ Una domatrice, figlia del proprietario di un circo, si innamora di un milionario al quale tiene nascosta la sua vera attività. Trovandosi nel circo con l'innamorato, è però costretta a intervenire per riportare in gabbia una tigre fuggita. L'inganno è perdonato e le nozze assicurate. ■ Commedia; b/n; 93'; Germania, 1935.

TIGRE REALE *(A Tiger's Tale)* ★★
Regia di Peter Douglas. Con Charles Durning, C. Thomas Howell, Ann Margret, James Noble, Kelly Preston, Ann Wedgeworth. ■ In una cittadina del Texas esplode la passione tra un ragazzo e una donna divorziata, madre di una ragazza, Shirley, che non approva la tresca. Shirley ritorna dal padre, un rozzo allevatore di bestiame, e rivedrà la madre solo più tardi, quando questa partorirà il bambino del suo giovane amante. Nella riconciliazione generale, succede una tragedia: la tigre che il ragazzo aveva allevato si scatena e provoca disastri. Venduto a malincuore il bellissimo animale a uno zoo safari, il giovane si pagherà gli studi e rimarrà accanto alla donna che gli ha dato un figlio. ■ Commedia; col.; 96'; USA, 1987.

TIGRE SACRA, LA *(Voodoo Tiger)* ★★
Regia di Spencer Gordon Bennett. Con Jean Byron, Johnny Weissmuller. ■ Avventurosa vicenda che si svolge nelle foreste africane e vede come protagonista Johnny Weissmuller che, smessi temporaneamente i panni di Tarzan, ha indossato quelli di Jim della giungla. ■ Avventura; b/n; 67'; USA, 1952.

TIGRE VERDE *(Think Fast, Mr. Moto)* ★★
Regia di Norman Foster. Con Virginia Field, Peter Lorre. ■ Il figlio di un armatore, inviato dal padre in Estremo Oriente per indagare sul contrabbando che avviene sui suoi battelli, è rapito dai banditi. Un agente segreto cinese lo libera e fa piazza pulita dei fuorilegge. ■ Drammatico; b/n; 66'; USA, 1937.

TIGRI DELLA BIRMANIA, LE *(God is my Co-Pilot)* ★★
Regia di Robert Florey. Con Dane Clark, Raymond Massey, Dennis Morgan. ■ Vecchio pilota si batte come un leone e dopo una azione straordinaria viene confermato per le future operazioni contro i giapponesi, nonostante l'età. ■ Drammatico; b/n; 90'; USA, 1945.

TIGRI DEL PACIFICO, LE *(Tiger Shark)* ★★
Regia di Howard Hawks. Con Richard Arlen, Zita Johann, Edward G. Robinson. ■ Due cacciatori di squali si innamorano di una bella ragazza. Il più vecchio sembra prevalere. In realtà lei ama il giovane. Quando il più anziano lo capisce, si immola durante una caccia. ■ Avventura; b/n; 80'; USA, 1932.

TIGRI DI MOMPRACEM, LE ★★
Regia di Mario Sequi. Con Andrea Bosic, Claudia Gravy, Ivan Rassimov, José Torres. ■ Gli inglesi fanno fuori la famiglia di Sandokan. Sandokan farà fuori gli inglesi anche se è innamorato della dolce Marianna, inglese pure lei. ■ Avventura; col.; 92'; Italia, 1970.

TIGROTTI DI NEW YORK, I *(Docks of New York)* ★★
Regia di Wallace W. Fox. Con Leo Gorcey, Huntz Hall, Gloria Pope. ■ Un prezioso diamante è rubato alla principessa Sandra, profuga a New York. Dopo varie peripezie i colpevoli sono consegnati alla polizia grazie al decisivo intervento dei Tigrotti di New York, bravi ragazzi di quartiere. ■ Poliziesco; b/n; 84'; USA, 1945.

TIGROTTO *(Toy Tiger)* ★★★
Regia di Jerry Hopper. Con Jeff Chandler, Laraine Day, Tim Hovey, Cecil Kellaway. ■ Un fantasioso orfanello, figlio di una donna che lavora nella pubblicità, presenta a tutti un collega della madre come suo padre, sostenendo inoltre che l'uomo è un famoso campione di caccia grossa. Lieto fine. ■ Commedia; col.; 88'; USA, 1957.

TI HO AVUTO PER UNA NOTTE ★★
(Le trezième caprice)
Regia di Roger Boussinot. Con Romain Bouteille, Pierre Brice, Marie Laforet, Harald Leipnitz. ■ François (Pierre Brice), un giovane professore, cede alle lusinghe di Fanny e decide di trascorrere la notte a casa della donna. Un altro uomo, Golo, palesemente ubriaco, tenta di entrare nell'appartamento, ma la donna non gli apre. Fanny spiega a François che l'uomo alla porta è il suo amante e gli racconta che è disposto a soddisfare ogni suo capriccio pur di vederla felice. Il tredicesimo capriccio avrebbe dovuto essere un'automobile nuova, ma Fanny ha preferito lui, un ingenuo insegnante, sposato e con figli. Ancora un film della collana *Un certain regard* con il fascino ambiguo di Marie Laforet, la "ragazza dagli occhi d'oro" del cinema francese, diretta da Roger Boussinot, uomo di lettere, intellettuale eclettico e versatile, autore di una monumentale *Enciclopedia del cinema*. ■ Drammatico; col.; 100'; Francia, 1967.

TI HO CERCATA IN TUTTI I NECROLOGI ★★
Regia di Giancarlo Giannini Con Silvia De Santis, Giancarlo Giannini, Jonathan Malen, F. Murray Abraham, Jeffrey R. Smith. ■ Nikita è stato molte cose nella vita, anche un detective. Ora però, misteriosamente emigrato in Canada, per vivere guida un carro funebre con in testa un sogno: comprare una luccicante Mercedes nera. Per raggiungere il suo scopo la sera gioca a poker. Un giorno, durante un funerale, incontra un uomo misterioso e facoltoso. Tra lui e Nikita scatta una simpatia e l'uomo, scoperto il sogno della Mercedes, lo invita a un tavolo da gioco di quelli che contano. Nikita si butta, sembra vincere e poi perde tutto. Per ripagare il debito, i facoltosi, dopo aver tirato giù la "maschera", gli offrono di essere la preda di una caccia all'uomo. Lui fugge nel bosco, loro lo inseguono con i fucili. Se riesce a sopravvivere per venti minuti, il debito sarà saldato. Giancarlo Giannini torna alla regia dopo il suo esordio in *Terno secco* e lo fa con un film tanto ambizioso quanto stralunato, difficilmente collocabile all'interno di una specifica esperienza cinematografica che non sia quella di un attore poliedrico ed eccentrico, amante del cinema e delle sue proprietà mimetiche. ■ Thriller; col.; 90'; Italia, 2012.

TI HO INCONTRATA DOMANI ★★
Regia di Pio Bordoni. Con Cochi Ponzoni, Silli Togni. ■ Ricordi di un uomo: le avventure e le sventure con il sesso femminile. La sua separazione, la donna ideale mai incontrata e l'amante che lo ha tradito. ■ Commedia; col.; 100'; Italia, 1989.

TI HO SEMPRE AMATO ★★
Regia di Mario Costa. Con Miriam Bru, Tamara Lees, Amedeo Nazzari. ■ Un ricco possidente è conteso dalla perfida Clara e dalla tenera Maria. Dopo molti equivoci, finirà per sposare Maria. ■ Drammatico; b/n; 93'; Italia, 1953.

TI HO SPOSATO PER ALLEGRIA ★★★
Regia di LUCIANO SALCE. Con GIORGIO ALBERTAZZI, MARIA GRAZIA BUCCELLA, ROSSELLA COMO, MONICA VITTI. ■ Un avvocato sposa una ragazza maldestra e totalmente negata per le faccende domestiche, ma allegra e spensierata. Più disastri la moglie combina, più il marito sembra soddisfatto e rincuorato. ■ COMMEDIA; COL.; 99'; ITALIA, 1967.

TI HO VISTO UCCIDERE *(Witness to Murder)* ★★★
Regia di ROY ROWLAND. Con GARY MERRILL, GEORGE SANDERS, BARBARA STANWYCK. ■ Cheryl, una signora amica di un poliziotto, assiste a un omicidio, ma siccome non si trova il cadavere il poliziotto la crede pazza. Poi cambierà idea. ■ POLIZIESCO; B/N; 83'; USA, 1954.

TI-KOYO E IL SUO PESCECANE ★★★
Regia di FOLCO QUILICI. Con AL KAURA, DENIS PUHIRA. ■ Un bambino trascorre le sue ore in compagnia di un piccolo pescecane. Dopo alcuni anni, diventati ambedue grandi, si ritrovano e si dedicano al recupero di ostriche nella laguna. Dovranno smettere per colpa di alcuni avidi pescatori. ■ DOCUMENTARIO; COL.; 95'; ITALIA, 1962.

TILAI ★★★
Regia di IDRISSA OUEDRAOGO. Con ROUKIETO BARRY, INA CISSE, ASSANE OUEDRAOGO, RASMANE OUEDRAOGO. ■ Il regista di *Yaaba* ritorna con questo film, se possibile più duro ed estremo. Siamo in una piccola comunità africana e assistiamo al ritorno dopo lungo tempo di Saga; l'uomo ha lasciato la fidanzata andandosene e ora viene a scoprire che suo padre ne ha fatto la sua seconda moglie. Deluso si isola, ma il fuoco rinasce e i due si incontrano di nascosto. A questo punto la tragedia si compie, il padre di Saga, sentendosi disonorato, si uccide: è la legge del villaggio. Recitato bene e diretto con sobrietà il film è un buon esempio di come il cinema africano ancora conosciuto in occidente si sia arricchito tecnicamente e artisticamente. Ha vinto il Gran Premio della Giuria al Festival di Cannes. ■ DRAMMATICO; COL.; 81'; BURKINA FASO, 1990.

TI LASCIO PERCHÉ TI AMO TROPPO ★★★
Regia di RANIERI FRANCESCO MARTINOTTI. Con FRANCESCO ALBANESE, CLARA BINDI, MARIANA BRAGA, CATERINA DE SANTIS, MARIA MAZZA, LELLO MUSELLA, NUNZIA SCHIANO, ALESSANDRO SIANI. ■ Quando una storia finisce e i due non sanno come dirsi addio arriva la classica scusa "ti lascio perché ti amo troppo". Con questa frase Daniela dice addio a Mariano che da quel giorno non l'ha più vista. Gli amici cercano di aiutarlo presentandogli le loro amiche, ma Mariano continua a pensare a Daniela. Un giorno incontra casualmente Ana Paula, una bellissima ragazza brasiliana che invita a stare a casa sua. Mariano finisce per innamorarsi di Ana, ma per conquistare il suo cuore dovrà affrontare numerose prove. ■ COMMEDIA; COL.; 90'; ITALIA, 2005.

TIM ★★
Regia di MICHAEL PATE. Con PAT EVISON, MEL GIBSON, PIPER LAURIE. ■ Il primo ruolo importante per Mel Gibson, e la prima opera di Colleen McCullough (*Uccelli di rovo*) a essere portata sullo schermo. Gibson è Tim, bel giovanotto, ma ritardato mentale. Va a lavorare presso una signora oltre i quaranta e la fa innamorare. I genitori di lui vedono male la cosa, ma si ricrederanno (l'attrazione fisica non impedisce alla signora di essere anche una brava insegnante: con lei Tim impara finalmente a leggere). ■ SENTIMENTALE; COL.; 108'; AUSTRALIA, 1978.

TIMBERJACK ★★
Regia di JOSEPH KANE. Con DAVIS BRIAN, STERLING HAYDEN, VERA RALSTON. ■ Tornato a casa scopre che in paese c'è un prepotente. Farà giustizia. ■ WESTERN; COL.; 94'; USA, 1955.

TIMBUCTÙ *(Legend of the Lost)* ★★
Regia di HENRY HATHAWAY. Con ROSSANO BRAZZI, SOPHIA LOREN, JOHN WAYNE. ■ Giunto in compagnia di un altro avventuriero e di una ragazza in una città sepolta nel Sahara, che il padre aveva scoperto molti anni prima, Paul scopre che gli scopi del defunto genitore erano tutt'altro che nobili. ■ AVVENTURA; COL.; 109'; USA, 1957.

TIME ★★
Regia di MARCELLO GROTTESI. Con ERNESTO D'ORSI, ROSALBA GROTTESI, MARINO MASÉ. ■ L'autore registra con la macchina da presa scene tipiche degli anni Settanta: la contestazione studentesca, le condizioni di vita in certi ambienti inquinati, la gente che va allo stadio eccetera. ■ DOCUMENTARIO; COL.; 92'; ITALIA, 1971.

TIME ★★★
Regia di KIM KI-DUK. Con SUNG HYUN-AH, HA JUNG-WOO. ■ Una donna e un uomo, See-hee e Ji-woo, sono amanti. Il loro amore è forte e la gelosia imperversa. See-Hee, credendo che il fidanzato si sia stancato di lei e che vada in cerca di altre conquiste, fugge da questa situazione e si affida alla chirurgia estetica per dare nuova vita al rapporto. Questa scelta cambierà per sempre la loro relazione. Kim ki-duk è un regista-artista che racconta attraverso la semplicità. Simboli, temi, quadri, segni forti che si stagliano su uno sfondo bianco e che rimangono nella memoria. In questa sua opera tale atteggiamento non cambia, è solo la presenza di rumori di fondo che sfuoca il messaggio e lo rende apparentemente meno incisivo. È necessario, quindi, riuscire a individuare un punto di riferimento nella storia che affronta Tempo, Amore, Bellezza, ponendoli in parallelo, assegnando a uno o all'altro valori e pesi diversi in base alle situazioni. Il titolo del film è la soluzione. ■ DRAMMATICO; COL.; 97'; COREA DEL SUD, GIAPPONE, 2006.

TIME AND TIDE ★★★
Regia di HARK TSUI. Con WU BAI, CATHY CHUI, CANDY LO, JOVENTINO COUTO REMOTIGUE, NICHOLAS TSE, ANTHONY WONG. ■ Ancora la caotica e frenetica Hong Kong con le sue luci, i palazzoni, le sue vie strette e cieche, i personaggi notturni che la attraversano, pistole e occhiali neri sono gli ingredienti primari di questa fatica del regista cantonese Tsui Hark, considerato uno dei padri della *New wave* di Hong Kong, che ha rivoluzionato la cinematografia locale. Due uomini, dai destini quasi paralleli, iniziano a lavorare insieme per impedire un omicidio. Per una serie di casualità si ritroveranno ad essere nemici mortali l'uno dell'altro, prigionieri entrambi in un incredibile gioco al massacro. Entrambi amano due donne in dolce attesa, unica speranza possibile in un mondo sopraffatto dalla violenza e dal male. Grande rimpastatore di generi e sperimentatore di linguaggi nuovi, Tsui Hark, dopo i grandi successi tra cui *Once Upon a Time in China* e *The Lovers*, torna a girare un noir, con un budget in parte americano e un cast interamente hongkonghese, proveniente dall'universo musicale dell'Estremo Oriente: il cantante di successo Nicholas Tse, Wu Bai, leggendario cantante rock di Taiwan, il batterista Couto Remotigue e Candy Lo, cantante dei Black and Blue. ■ GIALLO; COL.; 113'; CINA, HONG KONG, 1999.

TIMECOP – INDAGINE DAL FUTURO *(Timecop)* ★★
Regia di PETER HYAMS. Con MIA SARA, RON SILVER, JEAN CLAUDE VAN DAMME. ■ Una versione di *Ritorno al futuro* in stile action. A un poliziotto fanno fuori la moglie e lui, per poterla vendicare, deve sconfiggere un senatore malvagio. ■ FANTASCIENZA; B/N; 100'; USA, 1994.

TIME FOR DANCING, A ★★
Regia di PETER GILBERT. Con SHIRI APPLEBY, PETER COYOTE, AMY MADIGAN, LARISA OLEYNIK. ■ Due ragazze, Sam e Jules, condividono sin da piccole una grande amicizia. Entrambe sognano di diventare un giorno grandi ballerine e insieme si preparano per l'esame di ammissione alla prestigiosa Juilliard School. Prima dell'esame Jules scopre però di avere una grave malattia: questo tragico evento coinvolgerà anche l'amica, ed entrambe le ragazze intraprenderanno un percorso che permetterà loro di conoscersi veramente e di capire l'importanza della danza nelle loro vite. Un film musicale, tratto da una storia vera, che cade nel filone di film più famosi (*Flashdance* e *Save the Last Dance*). ■ MUSICALE; COL.; 90'; USA, 2002.

TIME IS ON OUR SIDE – THE ROLLING STONES ★★
(Let's Spend the Night Together)
Regia di HAL ASHBY. Con MICK JAGGER, KEITH RICHARDS, CHARLIE WATTS, RON WOOD, BILL WYMAN. ■ Un concerto spet-

tacolo dei Rolling Stones con i soliti ingredienti: fuochi d'artificio, palloncini colorati, esibizioni acrobatiche per esaltare il pubblico. ■ Musicale; col.; 94'; USA, 1982.

TIMELINE ★★★
Regia di Richard Donner. Con Gerard Butler, Billy Connolly, Matt Craven, Ethan Embry, Anna Friel, Neal McDonough, Frances O'Connor, Michael Sheen, David Thewlis, Paul Walker, Lambert Wilson. ■ Con un gap temporale tale da far impallidire anche i protagonisti del film, sballottati tra Medioevo e presente, è arrivato anche in Italia l'ultimo film tratto da un'opera di Michael Crichton, carico di interminabili vicissitudini produttive, critiche feroci e incassi miserrimi. L'adattamento delle fatiche del prolifico scrittore è difficile e rischiosa: tutta la fase di *build-up* che porta all'inizio dell'azione vera e propria, la tensione che si accumula pagina dopo pagina, la minuziosa e particolareggiata descrizione pseudoscientifica del romanzo, viene spesso miseramente appiattita ed accorciata su pellicola. ■ Fantastico; col.; 116'; USA, 2003.

TIME MACHINE ★★
Regia di Simon Wells. Con Yancey Arias, Jeremy Irons, Orlando Jones, Samantha Mumba, Guy Pearce. ■ Tratto dal classico della letteratura di fantascienza di H. G. Wells, *The Time Machine*. Alexander Hartdegen, scienziato e inventore, vuole dimostrare che è possibile viaggiare nel tempo. La sua volontà diventa ostinazione dopo una tragedia personale che lo spinge a voler cambiare il passato. Sperimentando le sue teorie con una macchina del tempo di sua invenzione, Hartdegen viene scagliato nel futuro a 800.000 anni di distanza, e lì scopre che il genere umano è diviso in cacciatori... e prede. ■ Fantascienza; col.; 120'; USA, 2002.

TIMERIDER *(Timerider: The Adventure of Lyle Swann)* ★★
Regia di William Dear. Con Belinda Bauer, Peter Coyote, L. Q. Jones, Ed Lauter, Richard Masur, Fred Ward. ■ Un motociclista, campione di fuori-strada, sta attraversando un deserto messicano quando viene per caso a trovarsi nel raggio d'azione di uno strano ordigno, che lo fa viaggiare indietro nel tempo fino a un remoto passato. Una specie di western fantascientifico. ■ Fantastico; col.; 93'; USA, 1982.

TIMESCAPE *(Grand Tour Disaster in Time)* ★
Regia di David N. Twohy. Con Emilia Crow, Jeff Daniels, Jim Haynie, Adriana Richards. ■ Nel futuro non potremo più provare emozioni e sarà vietato averne. Ecco ciò che ipotizza questo filmetto di fantascienza con un padre alla ricerca della figlia. ■ Fantascienza; col.; 98'; USA, 1991.

TIMES SQUARE ★★
Regia di Allan Moyle. Con Trini Alvarado, Tim Curry, Robin Johnson. ■ Due sedicenni indiavolate scappano di casa e per un colpo di fortuna fanno carriera come cantanti. Ma non dura. La polizia, che le cerca per certe precedenti malefatte, le arresta durante un concerto in Times Square. Una rimarrà in prigione, l'altra sarà ripresa dalla famiglia. ■ Drammatico; col.; 111'; USA, 1980.

TIME TRAX ★★
Regia di Lewis Teague. Con Elizabeth Alexander, Dale Midkiff. ■ Alcuni delinquenti in carcere riescono a fuggire con una macchina del tempo. Ognuno riesce a raggiungere cariche molto importanti, ma un detective è sulle loro tracce. ■ Fantascienza; col.; 93'; USA, 1993.

TIME WALKER ★★
Regia di Tom Kennedy. Con Shari Belafonte, Ben Murphy, Jack Olson. ■ Un extraterrestre arriva sulla Terra nel 1349 a.C. e s'infila nella piramide di Tutankamen mentre la stanno chiudendo. L'*alien* è ritrovato da una spedizione archeologica ai nostri giorni, e non è di ottimo umore. Gli archeologi faranno (in gran parte) un'orribile fine. ■ Horror; col.; 92'; USA, 1982.

TIMIDA, LA *(La discrète)* ★★★
Regia di Christian Vincent. Con Maurice Garrel, Judith Henry, Fabrice Luchini. ■ All'inizio si ha l'impressione di essere di fronte a una nuova opera di Eric Rohmer, forse per la quotidianità delle situazioni. Ben presto però si fa strada una certa originalità. Antoine è uno scrittore alla ricerca di una sua dimensione, ma è troppo pigro. È stato da poco lasciato dalla sua compagna e vuole una rivincita. Un suo amico editore lo sostiene. Antoine prende di mira una ragazza apparentemente insignificante che invece sconvolgerà i suoi piani. Il regista dimostra una certa bravura nel manipolare i personaggi e le situazioni. È stato presentato al Festival di Venezia. ■ Commedia; col.; 95'; Francia, 1990.

TINA *(What's Love got to do with it)* ★★★
Regia di Brian Gibson. Con Angela Bassett, Vanessa Bell Calloway, Laurence Fishburne, Tina Turner. ■ È la vera tormentata storia della cantante rock Tina Turner. Tratto dalla sua autobiografia, il film prende le mosse da quando Tina comincia a cantare nel coro della chiesa. Il suo spirito originale e ribelle la rende ben presto una cantante di successo al fianco di Ike, che diventa suo marito. La vita coniugale però non è delle migliori. La colonna sonora contiene il meglio della discografia del duo Ike & Tina e anche molte canzoni della carriera solista della Turner. La regia è diligente, ottimi i due interpreti principali: Angela Bassett e Laurence Fishburne, candidati entrambi all'Oscar. ■ Drammatico; col.; 122'; USA, 1993. ■ Golden Globes 1 pr, 1 nom; Oscar 2 nom.

TIN CUP ★★
Regia di Ron Shelton. Con Kevin Costner, Don Johnson, Rene Russo. ■ Costner nella parte di un campione di golf talentoso ma pigro e originale. Insegna in un campetto scalcinato. Ha l'occasione di gareggiare in un grande torneo. Potrebbe anche vincere, ma preferisce fare una giocata impossibile per entrare nella storia del golf. Nel frattempo ha trovato... Rene Russo. Film gradevole, una festa per gli appassionati del golf. Dilatato. ■ Commedia; col.; 134'; USA, 1996. ■ Golden Globes 1 nom.

TIN MEN – DUE IMBROGLIONI CON SIGNORA ★★★
(Tin Men)
Regia di Barry Levinson. Con Danny DeVito, Richard Dreyfuss, Barbara Hershey. ■ Due commercianti in pannelli di alluminio, Bill e Tilley, entrambi maniaci delle Cadillac, iniziano, dopo un incidente, una guerra per le vie di Baltimora a base di dispetti ai danni delle rispettive auto. Per di più la moglie di Tilley lo tradisce con Bill; alla fine entrambi perdono il lavoro per disonestà, e scoprono una nuova solidarietà. Faranno una società insieme. ■ Commedia; col.; 113'; USA, 1986.

TINTORERA ★★
Regia di René Cardona Jr. Con Susan George, Fiona Lewis, Hugo Stiglitz. ■ Un playboy perde un amico e numerose amanti, divorati dalla feroce femmina dello squalo tigre. L'uomo non si darà pace fino a che non avrà ucciso il mostro. ■ Drammatico; col.; 92'; Messico, 1977.

TI ODIO, TI LASCIO, TI... *(The Break Up)* ★★
Regia di Peyton Reed. Con Jennifer Aniston, Ann-Margret, Jason Bateman, Judy Davis, Vincent D'Onofrio, Jon Favreau, Cole Hauser, John Michael Higgins, Joey Lauren Adams, Justin Long, Vince Vaughn. ■ A Chicago Gary e Brooke condividono un appartamento e una vita d'amore, almeno fino a quando lui decide di non lavare i piatti dopo una cena di famiglia. L'incidente casalingo che ha offeso Brooke, divisa e in affanno tra casa e lavoro, nasconde una crisi più profonda destinata ad aprire le ostilità. La guerra si gioca ad armi pari e tira colpi bassi, bassissimi. Gli amici di sempre si schierano a malincuore, occupando le trincee dell'uno o dell'altra. In mezzo resta il divano su cui Gary alimenta egoismo e ottusità e il letto che Brooke copre di pianto e di ostinazione. Si svende l'amore e si vende la casa ma certi amori, come certe notti, non finiscono mai. ■ Commedia; col.; 105'; USA, 2006.

TI PAGHERÒ COL PIOMBO ★★
Regia di Joe Lacy. Con Mara Cruz, Reginald Guilliams, Gustavo Rojo, Maria Torray. ■ Il film ha per protagonisti Pancho Villa e i suoi guerriglieri, impegnati nel recupero di un tesoro. Riescono a trovarlo ma, dopo numerose disavventure, sono uccisi dagli avversari. ■ Avventura; col.; 93'; Italia, 1979.

TIPI DA SPIAGGIA ★★
Regia di Mario Mattoli. Con Johnny Dorelli, Lauretta

MASIERO, LIANA ORFEI, UGO TOGNAZZI. ■ Quattro amici vogliono sposare una ricca americana, proprietaria di vari istituti di bellezza. Ostacolati nella loro impresa dalle ragazze che lavorano negli istituti, finiranno per fidanzarsi con loro. ■ COMMEDIA; COL.; 97′; ITALIA, 1960.

TIPI SBAGLIATI *(The Wrong Guys)* ★
Regia di DANNY BILSON. Con LOUIE ANDERSON, JOHN GOODMAN. ■ Se a compiere una scampagnata nella natura incontaminata, invece del gruppo di *Un tranquillo weekend di paura*, trovassimo una banda di allegroni con la vena delle giovani marmotte, cosa succederebbe? Il film prova a spiegarlo. Il problema è trovare chi abbia voglia di seguire la spiegazione. ■ COMMEDIA; COL.; 90′; USA, 1988.

TIPO CHE MI PIACE, UN *(Un homme qui me plaît)* ★★★
Regia di CLAUDE LELOUCH. Con JEAN-PAUL BELMONDO, KAZ GARAS, ANNIE GIRARDOT. ■ Una storia d'amore tra un compositore ed una attrice, entrambi sposati, finisce all'aeroporto di Nizza dove, per la romantica fuga, si presenterà solo la donna; lui, nel frattempo, sarà tornato alla propria famiglia. ■ COMMEDIA; COL.; 115′; FRANCIA, 1969.

TIPO CON UNA FACCIA STRANA TI CERCA PER UCCIDERTI, UN ★★
Regia di TULIO DEMICHELI. Con BARBARA BOUCHET, CHRISTOPHER MITCHUM. ■ Rico vuole vendicare il padre, boss della malavita, ucciso da un rivale che poi si è impossessato della sua gang. Dopo tradimenti, furti, ricatti, vi riesce, ma rimane pure lui ucciso. ■ DRAMMATICO; COL.; 92′; ITALIA, 1974.

TIPO LUNATICO, UN *(Moon Pilot)* ★★
Regia di JAMES NEILSON. Con BRIAN KEITH, TOM TRYON. ■ Un pilota è designato a effettuare il primo volo verso altri pianeti. Una extraterrestre lo aiuta a portare a termine l'impresa. I due sperimentano poi la vita in coppia, uguale su tutti i pianeti. ■ COMMEDIA; COL.; 98′; USA, 1961.

TIPO SBAGLIATO, UN *(The Wrong Guy)* ★★
Regia di DAVE STEINBERG. Con DAVE FOLEY, DAVID HIGGINS, JENNIFER TILLY. ■ Un uomo fugge convinto che la polizia lo insegua credendolo un assassino. È il pretesto per mostrare una certa America, quella metropolitana e quella della campagna, in chiave grottesca. C'è un sacco di gente strana. ■ COMMEDIA; COL.; 95′; USA, 1997.

TIPO STRAORDINARIO, UN *(The One and Only)* ★★★
Regia di CARL RAINER. Con WILLIAM DANIELS, KIM DARBY, GENE SAKS, HENRY WINKLER. ■ Un giovane con la passione per il teatro non riesce a trovare una parte e, sposatosi, si rassegna a lavorare nell'azienda del suocero. Dopo la nascita di un figlio, incontra un impresario che lo ingaggia per uno spettacolo di lotta libera. Al giovane tanto basta per essere felice, avendo in più la gioia di vedere tornare la moglie che prima l'aveva lasciato. ■ COMMEDIA; COL.; 98′; USA, 1977.

TI PRESENTO I MIEI *(Meet the Parents)* ★★★
Regia di JAY ROACH. Con ROBERT DE NIRO, TERI POLO, BEN STILLER. ■ Un film che divertirà senz'altro quelli che hanno amato *Tutti pazzi per Mary* e viceversa. Sulla falsariga di quel personaggio Ben Stiller ha questa volta un partner d'eccezione, un cattivissimo Robert De Niro, pronto a tutto pur di non fargli sposare la figlia. La storia infatti ha inizio quando Greg, infermiere e di origine ebrea, chiede alla sua ragazza, Pam, di sposarlo. Deve però passare il test di Jack, il padre di Pam, un De Niro che interpreta professionalmente un personaggio di un'antipatia sovrumana. Il weekend avrà sviluppi inverosimili e demenziali grazie anche al gatto di Jack, l'himalayano Jinxie. Altre sorprese verrano da un altro matrimonio concomitante e dal fatto che il paparino afferma di essere un ex agente della Cia anche se in cantina ha ancora una fornita strumentazione di spionaggio. Un film che ha riscosso un enorme successo in America. ■ COMICO; COL.; 108′; USA, 2000. ■ GOLDEN GLOBES 1 NOM; OSCAR 1 NOM.

TI PRESENTO UN'AMICA ★★
Regia di FRANCESCO MASSARO. Con KATE CAPSHAW, GIULIANA DE SIO, MICHELE PLACIDO. ■ Girandola d'amori intorno a tre donne. Un'ambiziosa aspirante giornalista che ha vari flirt con un collega tv, un attore e un dirigente televisivo. Una yuppie che un uomo sposato rende infelice (ma si rimetterà stabilmente con lui una volta che lui è tornato libero) e un'indossatrice che avrà anche lei un'esperienza a lieto fine con uno sposato. ■ COMMEDIA; COL.; 102′; ITALIA, 1987.

TI PRESENTO UN AMICO ★★
Regia di CARLO VANZINA. Con BARBORA BOBULOVA, RAOUL BOVA, STEFANO DIONISI, KELLY REILLY, MARTINA STELLA. ■ Una camera da presa si fa strada tra il cielo grigio, i bus double decker e Piccadilly Circus. Cartoline da Londra dove vive e lavora Marco, giovane manager italiano dei cosmetici. La crisi gli porta via la fidanzata ma non il lavoro: a Milano sarà promosso grande capo ma col compito ingrato di tagliare il personale per far quadrare il bilancio. A complicare la vita meneghina quattro donne fatali che gli sconvolgeranno l'anima e il corpo. ■ COMMEDIA; COL.; 98′; ITALIA, 2010.

TIRA A CAMPARE! *(Never Say Die)* ★★★
Regia di ELLIOTT NUGENT. Con ANDY DEVINE, BOB HOPE, MARTHA RAYE. ■ Un malato immaginario ed una ricca ereditiera si sposano unicamente per sfuggire ai rispettivi assillanti corteggiatori. Quando poi si scopre che i malanni dell'uomo sono inesistenti, i due coniugi cominciano ad amarsi veramente. ■ COMMEDIA; B/N; 80′; USA, 1939.

TIRANNA DELIZIOSA *(Woman Chases Man)* ★★★
Regia di JOHN BLYSTONE. Con MIRIAM HOPKINS, ELLA LOGAN, JOEL MCCREA. ■ Una giovane architetto, desiderosa di sfondare, conosce un costruttore che è disposto ad assumerla, ma è sull'orlo di un fallimento e può solo sperare in un congruo prestito da parte del figlio. La donna riuscirà a farglielo ottenere. ■ COMMEDIA; B/N; 71′; USA, 1937.

TIRANNO BANDERAS, IL *(Tirano Banderas)* ★★
Regia di JOSÉ LUIS GARCÍA SÁNCHEZ. Con ANA BELEN, JUAN DIEGO, GIAN MARIA VOLONTÉ. ■ Tratto dal romanzo di Ramon Del Valle-Inclan, questo film ha il suo centro d'attrazione nella prestazione di Gian Maria Volonté. L'attore, che di lì a poco sarebbe scomparso, scruta nelle piaghe della dittatura prestando il suo corpo emaciato a un personaggio esteriormente consunto, ma capace di ordire una tela di inganni e di complicità. ■ DRAMMATICO; COL.; 89′; CUBA, MESSICO, SPAGNA, 1994.

TIRANNO DEL GARDA, IL ★
Regia di IGNAZIO FERRONETTI. Con IRENE GENNA, ELIO STEINER. ■ Berengario si impadronisce del trono d'Italia uccidendo il legittimo aspirante, poi vessa le popolazioni del Garda finché un giovane guerriero, a capo di un gruppo di pescatori, riesce a scacciarlo. ■ DRAMMATICO; B/N; 93′; ITALIA, 1954.

TIRANNO DEL TIBET, IL *(Tempête sur l'Asie)* ★★
Regia di RICHARD OSWALD. Con MADELEINE ROBINSON, CONRAD VEIDT. ■ Un pazzo vuole conquistare il Tibet. Giuntovi con una spedizione di balordi, in un primo tempo è ben visto dalla popolazione, che poi però insorge. Abbandonato anche dai suoi, finisce ucciso. ■ AVVENTURA; B/N; 92′; FRANCIA, 1938.

TIRANNO DI GLEN, IL *(Trouble in the Glen)* ★★★
Regia di HERBERT WILCOX. Con MARGARET LOCKWOOD, VICTOR MCLAGLEN, FORREST TUCKER, ORSON WELLES. ■ Una nobile scozzese dopo una lunga assenza torna in patria e prende possesso del castello di famiglia, chiudendo subito una strada nel proprio bosco, della quale gli abitanti del luogo si erano sempre serviti liberamente. In questo modo si attira il risentimento dell'intera popolazione. Il provvidenziale intervento di un giovane vedovo, giunto sul posto per curare la figlia poliomielitica, metterà pace nella regione. Il vedovo sposerà la figlia del castellano. ■ AVVENTURA; COL.; 91′; GRAN BRETAGNA, 1954.

TIRANNO DI PADOVA, IL ★★
Regia di MAX NEUFELD. Con CLARA CALAMAI, ELSA DE GIORGI, CARLO LOMBARDI. ■ Drammone in costume con tanto di amori disperati, ricatti, malvagità e consueto lieto fine. ■ STORICO; B/N; 93′; ITALIA, 1946.

TIRANNO DI SIRACUSA – DAMON E PITIAS, IL ★★
Regia di ALBERTO CARDONE. Con DON BURNETT, ILARIA OCCHINI, LIANA ORFEI, GUY WILLIAM. ■ Vicenda avventurosa, dalle

modeste pretese, che si svolge a Siracusa durante la tirannia di Dionisio. ■ AVVENTURA; COL.; 91′; ITALIA, 1962.

TIRATE SUL PIANISTA *(Tirez sur le pianiste)* ★★★

Regia di FRANÇOIS TRUFFAUT. Con CHARLES AZNAVOUR, MARIE DUBOIS, ALBERT RÉMY. ■ Un pianista, dopo il suicidio della moglie, si lega alla lavorante del dancing e uccide, per legittima difesa, il proprietario del locale, innamorato della ragazza. Costretto a fuggire si rifugia con la sua compagna presso un fratello datosi al banditismo. I rivali di quest'ultimo però uccidono la ragazza e al giovane pianista non resta che tornare nel misero dancing di periferia. ■ GIALLO; B/N; 85′; FRANCIA, 1960.

TI RICORDI DI DOLLY BELL? ★★★★
(Sjecas li se Dolly Bell?)

Regia di EMIR KUSTURICA. Con SLOBODAN ALIGRUDIC, LJILIANA BLAGOJEVIC, SLAVKO STIMAC. ■ Siamo a Sarajevo all'inizio degli anni Sessanta: le aperture politiche di Tito e la vicinanza dell'Italia cambiano la vita e i costumi sociali, arrivano le Vespe, il consumismo, la musica. Dino, povero "vitellone" di provincia, oppresso da un padre ligio alle dottrine marxiste, si innamora di Dolly Bell, una ragazza traviata, e decide di redimerla. Ottima opera prima del ventisettenne Kusturica, premiata con il Leone d'Oro veneziano nel 1981. ■ COMMEDIA; COL.; 107′; JUGOSLAVIA, 1980. ■ VENEZIA 1 PR.

TI RICORDI DI SILVER CITY? *(Silver City)* ★★

Regia di SOPHIE TURKIEWIZ. Con ABRA JEMISON, IVAR KANTS, DEBRA LAWRENCE. ■ Nell'Australia degli anni Quaranta, un immigrato polacco si innamora di una connazionale, ma c'è un ma. Lui è sposato con la migliore amica della donna. ■ DRAMMATICO; COL.; 92′; AUSTRALIA, 1984.

TIR-NA-NOG. È VIETATO PORTARE CAVALLI IN CITTÀ *(Into the west)* ★★

Regia di MIKE NEWELL. Con ELLEN BARKIN, GABRIEL BYRNE, RUAIDHRI CONROY, CIARAN FITZGERALD. ■ Ossie e Tito sono figli di papà Riley, il re dei nomadi, che ha abbandonato la vita errabonda, dopo la morte della moglie, per vivere in un quartiere degradato. Un giorno li raggiunge il nonno materno che porta loro in dono un cavallo che lo ha seguito e che ha battezzato Tir-na-nog (terra dell'eterna giovinezza). Un allevatore senza scrupoli se ne appropria e i ragazzi fuggono con l'animale. Avranno occasione di compiere un percorso di crescita e il più piccolo vedrà il volto della madre che non aveva mai conosciuto. ■ DRAMMATICO; COL.; 104′; USA, 1993.

TIRO AL PICCIONE ★★★

Regia di GIULIANO MONTALDO. Con JACQUES CHARRIER, FRANCISCO RABAL, ELEONORA ROSSI DRAGO. ■ Un giovane dall'incerta collocazione politica aderisce nel 1943 alla Repubblica di Salò. Progressivamente nauseato dalla barbarie, dalla ferocia, dall'assenza di qualsiasi principio umanitario nei suoi camerati, si assopisce piangendo tra i commilitoni morti in seguito ad un'azione dei partigiani. ■ GUERRA; B/N; 114′; ITALIA, 1961.

TIRO A SEGNO PER UCCIDERE ★★

Regia di MANFRED R. KÖHLER. Con ADOLFO CELI, SCILLA GABEL, STEWART GRANGER, KLAUS KINSKI. ■ Una ragazza è perseguitata da un malvagio zio che vuole ucciderla per impadronirsi della sua eredità. Sarà salvata dal tempestivo intervento di un coraggioso corteggiatore. Matrimonio finale. ■ AVVENTURA; COL.; 91′; ITALIA, 1968.

TIRO INCROCIATO *(Love and Bullets)* ★★★

Regia di STUART ROSENBERG. Con CHARLES BRONSON, JILL IRELAND, HENRY SILVA, ROD STEIGER. ■ Un agente dell'Fbi e un killer ricercano la stessa donna: il primo per salvarla e produrla come testimone contro un'organizzazione criminale, il secondo per impedirle di parlare. L'agente la trae in salvo dopo numerose peripezie e si innamora di lei, quando crede di averla messa al sicuro, però, la donna viene uccisa. Lui si vendica. ■ POLIZIESCO; COL.; 103′; USA, 1978.

TI SPACCO IL MUSO, BIMBA ★★

Regia di MARIO CARBONE. Con SERGIO LEONARDI, CARMEN RUSSO, PAOLA SENATORE, SERGIO VASTANO. ■ Un detective pasticcione, che lavora in società con il suo cane, indaga su una serie di omicidi, pur concedendosi varie distrazioni femminili. Verrà arrestato come presunto colpevole dei delitti, ma se la caverà. ■ COMMEDIA; COL.; 94′; ITALIA, 1983.

TI SPACCO LA FACCIA... TI STACCO LA TESTA!!! ★
(The Mandarin Dragon)

Regia di WU CHIA CHUN. Con TIN MENG, WEI CHI YUN. ■ Il solito campione di arti marziali cerca lo sterminatore della sua famiglia, lo trova e lo uccide. ■ AVVENTURA; B/N; 90′; HONG KONG, 1976.

TI SPIACE SE BACIO MAMMA? ★★

Regia di ALESSANDRO BENVENUTI. Con STEFANIA BARCA, ALESSANDRO BENVENUTI, ANNALISA FAVETTI, ARNOLDO FOÀ, MARINA MASSIRONI, NATASHA STEFANENKO. ■ Lena arriva dalla Russia come un terremoto a sconvolgere gli equilibri della casa di Sandro, avvocato e scapolone. La nuova avvenente colf risveglia gli istinti sopiti di Renato, padre settantacinquenne di Sandro, spingendo le tre sorelle – Lorenza, Loriana e Loretta – a sospettare della sua buona fede. Le tre faranno di tutto per far passare Lena per un avvoltoio, ma Sandro non si lascia abbindolare. Benvenuti ci ha abituato ad un cinema con sorprese seppur piccole. Questa volta invece siamo nell'ordinaria amministrazione. A meno che si voglia considerare una "sorpresa" la partecipazione dell'intramontabile Arnoldo Foà, bravo come sempre. ■ COMMEDIA; COL.; 87′; ITALIA, 2003.

TI STIMO FRATELLO ★

Regia di PAOLO UZZI, GIOVANNI VERNIA. Con STELLA EGITTO, SUSY LAUDE, MAURIZIO MICHELI, BEBO STORTI, GIOVANNI VERNIA. ■ Giovanni è un ingegnere elettronico fresco di laurea in cerca di un lavoro e di un amore. Lasciata Genova per la più produttiva Milano, viene raggiunto, con risultati rovinosi, da Jonny, gemello diverso col vizio della house music. ■ COMMEDIA; COL.; 93′; ITALIA, 2012.

TI STRAMO. HO VOGLIA DI UN'ULTIMA NOTTE DA MANUALE PRIMA DI TRE BACI SOPRA IL CIELO ★

Regia di PINO INSEGNO, GIANLUCA SODARO. Con EMANUELA AURIZI, UGHETTA D'ONORASCENZO, STEFANO PINTO, MARCO RULLI, CARLOTTA TESCONI. ■ Bambi è una liceale alle prese con l'imminente esame di maturità. A una festa a cui partecipa fanno irruzione Stram e la sua banda. È l'inizio di una possibile storia d'amore che non manca di ostacoli. Da un lato Bambi deve vedersela con la professoressa Marta Cartuccia che è ossessionata dalla sua presenza e dall'altro Stram è così innamorato della moto quanto è incapace di gestire un rapporto che metta insieme sensualità e tenerezza. Riusciranno i due a divenire una coppia? Tentativo di ripristino del genere "parodia". ■ COMMEDIA; COL.; ITALIA, 2008.

TITAN A. E. ★★

Regia di DON BLUTH, GARY GOLDMAN. ■ 3038. La Terra è stata distrutta dai Drej, una razza aliena crudele. I pochi terrestri sopravvissuti percorrono lo spazio a bordo di stazioni orbitanti ormai molto vecchie. Cale scopre che il padre gli ha lasciato un anello codificato geneticamente in cui è nascosta la mappa per trovare *Titan*, un'astronave in cui si trova il segreto per salvare la razza umana. Il film è stato un flop negli Usa, tanto da far chiudere gli studi di animazione della Fox. A. E. sta per "After Earth" (il conteggio degli anni dopo la fine della Terra). Le voci, in originale, di Matt Damon, Drew Barrymore e Bill Pullman non sono riuscite ad evitare il disastro. ■ ANIMAZIONE; COL.; 95′; USA, 2000.

TITANIC ★★★

Regia di JEAN NEGULESCO. Con BRIAN AHERNE, RICHARD BASEHART, AUDREY DALTON, THELMA RITTER, BARBARA STANWYCK, ROBERT WAGNER, CLIFTON WEBB. ■ Nel 1912, sullo sfondo della tragedia del *Titanic*, si compie un dramma familiare: una coppia si contende i figli finché la donna non rivela che uno di loro è nato da una relazione adulterina. Quest'ultimo sceglierà di morire sulla nave con l'uomo che gli ha fatto da padre. ■ DRAMMATICO; B/N; 98′; USA, 1953. ■ OSCAR 1 PR, 2 NOM.

TITANIC ★★★8

Regia di JAMES CAMERON. Con KATHY BATES, LEONARDO DI-

CAPRIO, FRANCES FISHER, BERNARD HILL, BILL PAXTON, GLORIA STUART, KATE WINSLET, BILLY ZANE. ■ È l'ennesimo film "più costoso della storia del cinema": pare 285 milioni di dollari, oltre 500 miliardi di lire. Mercoledì 10 aprile 1912, il *Titanic*, la nave più grande, ricca e sicura mai costruita, intraprende il suo viaggio inaugurale che da Southampton lo porterà a New York. Alle 23,40 di domenica 14 aprile la nave si scontra con un iceberg che le apre uno squarcio di novanta metri nella fiancata. In tre ore e mezza il *Titanic* affonda. Dei 2228 imbarcati se ne salvano 705. La vicenda centrale del film è l'amore tra Rose e Jack, lei di famiglia aristocratica, e lui pittore che viaggia in terza classe. Dice Cameron che il *Titanic* rappresenta il grande sogno umano non realizzato: la tecnologia fallita, le gerarchie sociali che determinarono le precedenze di salvataggio. Nella storia c'è anche il mistero di un prezioso gioiello scomparso e il dramma della gelosia del nobile fidanzato di Rose. Grande spettacolo non inquinato, per fortuna, dai troppi effetti e dal montaggio isterico applicato solitamente ai catastrofici. ■ DRAMMATICO; COL.; 194'; USA, 1998. ■ GOLDEN GLOBES 🏆 4 PR, 8 NOM; OSCAR 🏆 11 PR, 14 NOM.

TITANIC LA LEGGENDA CONTINUA ★★
Regia di CAMILLO TETI. ■ Tre anni di lavoro per questo film di animazione italiano diretto da Camillo Teti. Il *Titanic* fa da sfondo alla storia d'amore tra un principe e una ragazza povera tiranneggiata dalla matrigna e dalle sorellastre. Neppure il naufragio più famoso della storia riesce ad interrompere la storia d'amore tra i due giovani. Non sarà difficile riconoscere nelle fonti della storia la favola di Cenerentola. Tecnicamente accettabile non riesce a entusiasmare. ■ ANIMAZIONE; B/N; 90'; ITALIA, 2000.

TITANIC, LATITUDINE 41 NORD ★★
(A Night to Remember)
Regia di ROY WARD BAKER. Con RONALD ALLEN, DAVID MCCALLUM, KENNETH MORE. ■ È un drammatico racconto dei momenti che precedettero l'inabissamento del *Titanic*. ■ DRAMMATICO; B/N; 123'; GRAN BRETAGNA, 1958.

TITEUF – IL FILM *(Titeuf – Le film)* ★★
Regia di PHILIPPE CHAPPUIS. ■ Titeuf non è stato invitato al compleanno della sua amata Nadia! È vero che tutte le volte che tenta di parlarle, nel cortile della scuola, infila solo figuracce, ma com'è possibile che la ragazzina abbia invitato tutti e si sia dimenticata soltanto di lui? Come se non bastasse, in casa le cose vanno anche peggio. Per fortuna che non gli mancano le idee geniali... Tra i casi editoriali più eclatanti della fumettistica francese degli ultimi vent'anni, reso popolare anche all'estero, *Titeuf* è ora un film, scritto e diretto dal creatore dell'enfant terrible del titolo, lo svizzero Zep, alias Philippe Chappuis. Meno irriverente del fumetto, ma più articolato del disegno animato. ■ ANIMAZIONE; COL.; 87'; FRANCIA, 2011.

TITOLO DI STUDIO: NONNO *(The Undergrads)* ★★
Regia di STEVEN HILLIARD STERN. Con LEN BIRMAN, ART CARNEY, CHRIS MAKEPEACE. ■ Tipica commediola disneyana prodotta per la tv nella quale Art Carney è Mel, un simpatico vecchietto che mal sopporta il ritmo di vita un po' noioso della casa di riposo. A cambiare le cose ci pensa l'affezionato nipote che, dovendosi recare al college, decide di portare con sé anche il nonno. ■ COMMEDIA; COL.; 105'; USA, 1985.

TI TROVERÒ – TENENTE CRAIG MIO MARITO ★★
Regia di GIACOMO GENTILOMO. Con DELIA SCALA, ENRICO VIARISIO. ■ Una ragazza italiana sposa durante la guerra un ufficiale inglese che scompare la prima notte di nozze per tornare coi suoi commilitoni. La giovane, disperata, si mette alla sua ricerca e, dopo molte avventure, riesce a trovarlo. ■ DRAMMATICO; B/N; 92'; ITALIA, 1948.

TITUS ★★
Regia di JULIE TAYMOR. Con ALAN CUMMING, ANTHONY HOPKINS, JESSICA LANGE, HARRY J. LENNIX. ■ Dal dramma di Shakespeare. Il generale romano Tito Andronico dopo aver sconfitto i Goti si trova a far da arbitro tra Saturnino e Bassiano, fratelli, che si contendono l'Impero dopo la morte dell'imperatore. Le traduzioni cinematografiche del bardo sono ormai all'ordine del giorno, sempre più complicate e astruse. Vedere l'Eur teatro della storia può far colpo al primo istante, poi... stanca. ■ DRAMMATICO; COL.; 155'; USA, 1999. ■ OSCAR 1 NOM.

TI VA DI BALLARE? *(Take the Lead)* ★★
Regia di LIZ FRIEDLANDER. Con ANTONIO BANDERAS, DANTE BASCO, LAURA BENANTI, ROB BROWN, YAYA DACOSTA, JOHN ORTIZ, MARCUS T. PAULK, KATYA VIRSHILAS, ALFRE WOODARD. ■ Il cinema ha ballato mille volte. Forse diecimila. E quando la musica, ormai parte fondamentale di ogni film, si fonde con la trama il potere di seduzione nei confronti del pubblico si amplifica enormemente. Hollywood lo sa da sempre, da *Cappello a cilindro* fino a *Shall we dance*. Il titolo originale *Take the lead*, letteralmente "prendi la guida", "guidami", aveva sicuramente un impatto più immediato dell'italiano "ti va di ballare", perché la storia vera di Mr. Dulaine, insegnante di standard (i balli classici come il Waltzer, il Fox Trot, il Tango) impegnato a coinvolgere un gruppo di giovani avviatisi su una cattiva strada, è un vero esempio di *leadership*, al punto da poter essere utilizzato nelle scuole di *management*. ■ MUSICALE; COL.; 108'; USA, 2006.

TI VA DI PAGARE? – PRICELESS *(Hors de prix)* ★★
Regia di PIERRE SALVADORI. Con MARIE-CHRISTINE ADAM, VERNON DOBTCHEFF, GAD ELMALEH, ANNELISE HESME, JACQUES SPIESSER, AUDREY TAUTOU. ■ Cameriere tuttofare in un albergo di lusso, Jean si innamora a prima vista di Irene, bella e sofisticata accompagnatrice di facoltosi uomini d'affari. Per un caso Irene dapprima scambia Jean per una potenziale preda, poi, accortasi dell'equivoco, lo lascia, ma la scintilla è oramai scoccata. Ridottosi sul lastrico per fingersi quello che non è, Jean si fa insegnare il mestiere di gigolò da Irene e, nonostante tutto, ha grande successo. Classica commedia romantica in salsa francese. ■ COMMEDIA; COL.; 104'; FRANCIA, 2006.

TI VOGLIO BENE EUGENIO ★★★
Regia di FRANCISCO JOSÉ FERNANDEZ. Con CHIARA DE BONIS, GIULIANA DE SIO, ARNOLDO FOÀ, GIANCARLO GIANNINI, JACQUES PERRIN. ■ Laura (De Bonis) è coinvolta in un brutto incidente automobilistico. Entra in coma e ne esce con tutti i problemi relativi: grande trauma generale, nessuna voglia di impegnarsi nella rieducazione. In ospedale c'è un volontario molto particolare, Eugenio (Giannini). Particolare significa down. Entra in scena anche la madre della giovane Laura, Elena, alla quale dà corpo e volto Giuliana De Sio. Attraverso la storia di Eugenio, che viviamo nei dettagli con una serie di flash-back, le due donne, che non avevano rapporti da tempo e quasi si detestano, torneranno a confrontarsi e forse ad essere madre e figlia. Momento d'oro di Giannini, sempre uno straordinario attore. ■ DRAMMATICO; COL.; 100'; ITALIA, 2001. ■ DAVID DI DONATELLO 1 PR, 1 NOM.

TIZIO, CAIO E SEMPRONIO ★
Regia di VITTORIO METZ. Con NINO TARANTO, AROLDO TIERI. ■ La statua di un antico romano abbandona la sua sede per raccontare le fantastiche avventure di Tizio, Caio e Sempronio durante la dittatura di Cesare. ■ COMMEDIA; B/N; 93'; ITALIA, 1951.

TIZOC ★
Regia di ISMAEL RODRIGUEZ. Con MARIA FELIX, PEDRO INFANTE, ANDRÉS SOLER. ■ Un cacciatore, invaghitosi di una donna promessa a un altro, la rapisce. La ragazza gli si affeziona, ma è poi uccisa. Il cacciatore si suicida. ■ DRAMMATICO; B/N; 93'; MESSICO, 1956. ■ BERLINO 1 PR.

T-MEN CONTRO I FUORILEGGE *(T-Men)* ★★★
Regia di ANTHONY MANN. Con MARY MEADE, DENNIS O'KEEFE. ■ Due abili poliziotti si introducono nel mondo della malavita per sgominare una grossa organizzazione di falsari. Uno, scoperto, viene ucciso, l'altro, superate molte avventure, riesce a distruggere l'intera banda. ■ POLIZIESCO; B/N; 96'; USA, 1947. ■ OSCAR 1 NOM.

TMNT ★★★
Regia di KEVIN MUNROE. ■ L'acerrimo nemico delle tartarughe ninja, Shredder, è morto. Leonardo è stato mandato dal Sensei Sprinter in America centrale per affinare le sue qualità di leader mentre Donatello, Michelangelo e Raffaello sono rimasti a New York. Senza il fratello maggiore si sentono perduti. Donnie ha aperto una società di consulenza telefonica per chi ha problemi

con il computer, Mickey è nel settore dello "spettacolo", anima feste di compleanno per ragazzini indossando un costume da tartaruga, Rafi dorme tutto il giorno e di notte, all'insaputa dei fratelli, si tramuta nel temibile Guerriero della notte. Nel frattempo April e Casey hanno ottenuto un lavoro presso il signor Winters, un ricco magnate che colleziona oggetti antichi e che ha al suo servizio anche il Clan del piede. Presto a New York succederanno strane cose e le quattro tartarughe ninja dovranno intervenire per salvare la città. ■ ANIMAZIONE; COL.; 90′; CINA, USA, 2007.

TOBIA AL CAFFÈ ★★
Regia di GIANFRANCO MINGOZZI. Con ROBERTO CITRAN, FEDERICO GALANTE, CANDICE HUGO, NICOLA RUSSO. ■ Da un racconto di Marco Lodoli Mingozzi, che già si era ispirato nel passato ad Apollinaire e a Tonino Guerra, racconta di uno storico locale, il Caffè delle Palme di cui sono gelosi custodi il giovane proprietario Tobia e il cameriere Giuseppe. Tobia non esce dal caffè. Ha paura e quindi la sua vita si snoda tra tazzine in porcellana e biscotti su piattini. Ci vorrà una donna, Annetta, per convincerlo a cambiare vita. Il film oscilla continuamente tra il reale e l'irreale con un Citran, abilissimo nel conferire impalpabilità (e anche flebilità?) ai personaggi che interpreta. ■ COMMEDIA; COL.; 112′; ITALIA, 2000.

TOBIA IL CANE PIÙ GRANDE CHE CI SIA ★★
(Digby, the Biggest Dog in the World)
Regia di JOSEPH MCGRATH. Con JIM DALE, ANGELA DOUGLAS, SPIKE MILLIGAN. ■ Il cane di uno scienziato ingerisce una polvere che lo fa crescere a dismisura fino a farlo diventare un mostro. Il povero animale corre il rischio di essere eliminato dall'esercito, ma è salvato dalla scoperta di un antidoto che lo porta alle sue dimensioni normali. ■ COMMEDIA; COL.; 94′; GRAN BRETAGNA, 1974.

TOBOR ★★
Regia di LEE SHOLEM. Con KARIN BOOTH, BILLY CHAPIN, CHARLES DRAKE. ■ Una organizzazione straniera vuole impadronirsi dei segreti di un robot, creato dagli americani per le imprese spaziali, e rapisce lo scienziato che lo ha ideato. Sarà proprio lo stesso robot a sistemare rapidamente le cose. ■ FANTASCIENZA; B/N; 77′; USA, 1953.

TOBRUK ★★★
Regia di ARTHUR HILLER. Con NIGEL GREEN, ROCK HUDSON, GEORGE PEPPARD. ■ Un ufficiale inglese ha il compito di distruggere le riserve di carburante di Tobruk, da cui attinge Rommel per i suoi carri armati. Riuscirà nell'impresa, nonostante la forte resistenza dei tedeschi e i molti ostacoli imprevisti, con l'aiuto di un gruppo di ebrei tedeschi. ■ GUERRA; COL.; 110′; USA, 1967. ■ OSCAR 1 NOM.

TOBY TYLER ★★★
Regia di CHARLES BARTON. Con HENRY CALVIN, KEVIN CORCORAN, GENE SHELDON. ■ Fuggito dalla casa degli zii, un bambino di dodici anni vive l'avventura del circo. Affezionatosi ad uomini ed animali, è chiamato a sostituire un domatore e riesce a superare la prova con successo. Gli stessi zii verranno a congratularsi. ■ AVVENTURA; COL.; 96′; USA, 1960.

TOCCABILI, LE *(The Touchables)* ★★
Regia di ROBERT FREEMAN. Con ESTHER ANDERSON, DAVID ANTHONY, JUDY HUXTABLE. ■ Quattro ragazzi rapiscono per scherzo un giovane cantante e trascorrono con lui una settimana sul lago. Un losco figuro, che vuole ricattare il manager del cantante, invia i suoi uomini alla loro ricerca. I giovani, presi prigionieri, saranno liberati dall'eroe di turno. ■ COMMEDIA; COL.; 92′; GRAN BRETAGNA, 1967.

TOCCANDO IL PARADISO ★★★
(Something Short of Paradise)
Regia di DAVID HELPERN JR. Con JEAN-PIERRE AUMONT, SUSAN SARANDON, DAVID STEINBERG. ■ Un attore esordiente si innamora di una giornalista. Lei ha paura di legarsi e così lo lascia, poi lo riprende e lo lascia ancora. Il ragazzo che vede in un divo un rivale, gli sottrae l'amata, che ha accettato il suo invito, e la sposa. ■ COMMEDIA; COL.; 91′; USA, 1979.

TOCCARLO... PORTA FORTUNA *(That Lucky Touch)* ★★★
Regia di CHRISTOPHER MILES. Con JEAN-PIERRE CASSEL, LEE J. COBB, ROGER MOORE, SYDNE ROME, RAF VALLONE, SHELLEY WINTERS, SUSANNAH YORK. ■ Un venditore d'armi e una giornalista pacifista si conoscono a Bruxelles, durante un'assemblea della Nato. Lui vuole piazzare alle truppe Nato un micidiale mitragliatore, lei glielo vuole impedire, ed alla fine vi riesce. Nonostante tutto, i due finiranno per innamorarsi. ■ COMMEDIA; COL.; 93′; GRAN BRETAGNA, 1975.

TOCCATO! *(Gotcha!)* ★★
Regia di JEFF KANEW. Con ANTHONY EDWARDS, LINDA FIORENTINO, ALEX ROCCO. ■ Un ragazzotto californiano a caccia di avventure viene coinvolto da una bella brunetta in un'inverosimile missione speciale oltre-cortina: per conto della Cia, dovrà recuperare un prezioso rullino fotografico a Berlino Est. Avventura simpatica e simpaticamente interpretata, anche se innegabilmente superficialotta. ■ COMMEDIA; COL.; 101′; USA, 1985.

TOCCO DELLA MEDUSA, IL *(The Medusa Touch)* ★★★
Regia di JACK GOLD. Con MARIE-CHRISTINE BARRAULT, RICHARD BURTON, LEE REMICK, LINO VENTURA. ■ Un uomo, capace con la sola forza di volontà di provocare catastrofi, viene ferito da una dottoressa al corrente dei suoi terribili poteri, che poi si suicida. Un poliziotto ricostruisce gli avvenimenti attraverso il diario dell'uomo. Quest'ultimo è ricoverato all'ospedale, ritenuto clinicamente morto. Il suo cervello però è ancora perfettamente in grado di funzionare e di provocare nuove distruzioni. ■ DRAMMATICO; COL.; 109′; GRAN BRETAGNA, 1977.

TOCCO DELL'ASSASSINO, IL ★★★
(B. L. Stryker: The Dancer's Touch)
Regia di WILLIAM A. FRAKER. Con OSSIE DAVIS, BURT REYNOLDS, HELEN SHAVER. ■ Uno psicopatico uccide giovani donne della borghesia bene della Louisiana. Un detective privato, un tempo ufficiale di polizia a New Orleans, si mette sulle sue tracce. ■ GIALLO; COL.; 93′; USA, 1989.

TOCCO DEL MALE, IL *(Fallen)* ★
Regia di GREGORY HOBLIT. Con JOHN GOODMAN, DONALD SUTHERLAND, DENZEL WASHINGTON. ■ Muore nella camera a gas un assassino arrestato a suo tempo dal poliziotto Hobbes (Washington). L'uomo è quasi tranquillo, in realtà sa che non morirà perché darà vita a un mostro del male capace di trasferirsi di corpo in corpo. Il mostro, il male, va a occupare un sacco di persone, e arriva naturalmente agli intimi del poliziotto e poi al poliziotto stesso. Partito come ottimo thriller il film non resiste alla tentazione della contaminazione: ormai si sa, se non c'è una qualunque implicazione fantasy i miliardi non si incassano. Un vero peccato: per una volta si poteva anche resistere a quella tentazione, fin troppo abusata nel cinema contemporaneo. ■ FANTASTICO; COL.; 124′; USA, 1997.

TOCCO DI CLASSE, UN *(A Touch of Class)* ★★★
Regia di MELVIN FRANK. Con GLENDA JACKSON, GEORGE SEGAL, PAUL SORVINO. ■ A Londra, storia d'amore complicata e divertente fra un uomo d'affari americano e una disegnatrice di moda inglese. Lui è sposato, lei divorziata; entrambi hanno figli. Dopo molti ripensamenti decidono di lasciarsi. ■ COMMEDIA; COL.; 105′; GRAN BRETAGNA, 1973. ■ GOLDEN GLOBES 2 PR, 5 NOM; OSCAR 1 PR, 5 NOM.

TOCCO DI SESSO, UN *(A Different Story)* ★★
Regia di PAUL AARON. Con VALERIE CURTIN, PETER DONAT, MEG FOSTER, PERRY KING. ■ Una giovane incontra un omosessuale, lo ospita nella sua casa, lo "redime" e lo sposa. Il matrimonio, allietato dalla nascita di un figlio, procederà serenamente anche dopo una scappatella dell'uomo. ■ COMMEDIA; COL.; 108′; USA, 1978.

TOCCO DI VELLUTO, UN *(Touch and Go)* ★★
Regia di ROBERT MANDEL. Con MARIA CONCHITA ALONSO, MICHAEL KEATON. ■ Un giovane ladruncolo tenta di rubare il portafoglio a un giocatore di hockey. Dopo un breve inseguimento lo acciuffa e lo accompagna a casa. Qui conoscerà la giovane madre del fanciullo. ■ COMMEDIA; COL.; 98′; USA, 1987.

TOCCO DI ZENZERO, UN *(Politiki kouzina)* ★★★
Regia di TASSOS BOULMETIS. Con TASSOS BANDIS, GEORGES CORRAFACE, TAMER KARADAGLI, BASAK KÖKLÜKAYA, RENIA

LOUIZIDOU, STELIOS MAINAS, IEROKLIS MICHAELIDIS, MARKOS OSSE. ■ Fanis, professore di astronomia ad Atene, deve rimandare le sue vacanze per l'arrivo improvviso di suo nonno che non vede da anni. Organizza un pranzo per lui e per i suoi amici, ma nonno Vassilis non arriva. È l'occasione per Fanis di fare un viaggio indietro nella memoria, al tempo in cui, bambino, passava la gran parte del tempo a giocare con l'amata Saime nel negozio di spezie del nonno a Costantinopoli, e poi al giorno della deportazione in Grecia e a come la sua vita ne sia stata segnata per sempre. Conosciamo così una famiglia in cui la cucina ha un ruolo fondamentale e le cui vicende sono sì centrali, ma sono anche il mezzo per raccontare una storia più ampia, quella del sanguinoso rapporto tra Turchia e Grecia nel secondo dopoguerra. Inizia in maniera suggestiva questo film, turco-ellenico come la famiglia che ne è protagonista, per poi incanalarsi in binari più consueti. ■ DRAMMATICO; COL.; 108'; GRECIA, TURCHIA, 2003.

TOCCO FINALE, IL *(The Finishing Touch)* ★★★★
Regia di CLYDE BRUCKMAN. Con DOROTHY COBURN, OLIVER HARDY, EDGAR KENNEDY, STAN LAUREL, SAM LUFKIN. ■ Stanlio e Ollio sono due costruttori a cui viene affidata la realizzazione di una casa. Se riusciranno a costruirla in un sol giorno riceveranno un notevole premio pecuniario. Nonostante intervengano moltissimi imprevisti (come le interferenze di un poliziotto mandato da un'infermiera di un vicino ospedale, che impone di non turbare la quiete della zona, o le continue cadute di Ollio a causa dello stolto compagno) i due riescono a completare in serata il loro lavoro, e mentre lo stanno mostrando al proprietario, un uccellino che si posa sul comignolo farà crollare pezzo per pezzo l'intera abitazione. Si tratta di uno tra i migliori cortometraggi muti della mitica coppia di comici. ■ COMICO; B/N; 19'; USA, 1928.

TOCCO – LA SFIDA, IL ★★
Regia di ENRICO COLETTI. Con IMANOL ARIAS, RUTH GABRIEL, THOMAS KRETSCHMANN, FRANCO NERO. ■ Jesus Barro è un campione di biliardo. Si trova nella condizione di vincere un torneo con un'alta posta in palio per poter aiutare un amico nei guai con gli usurai. Il giro delle scommesse clandestine ha invece programmato la sua sconfitta. Ma Jesus non si piega ai ricatti. ■ DRAMMATICO; COL.; 111'; ITALIA, 1997.

TODO MODO ★★★
Regia di ELIO PETRI. Con FRANCO CITTI, CICCIO INGRASSIA, MARCELLO MASTROIANNI, MARIANGELA MELATO, MICHEL PICCOLI, RENATO SALVATORI, TINO SCOTTI, GIAN MARIA VOLONTÉ. ■ Mentre nel paese infuria un'epidemia, gli esponenti del partito di governo si riuniscono in un misterioso convento per concordare una nuova spartizione del potere. Una serie di delitti sparge ben presto il terrore fra i presenti, che si sospettano l'un l'altro. L'autore della catena di omicidi viene poi indicato in un gesuita dalla doppia vita, morto suicida. Ma per i convenuti superstiti il sollievo dura poco: finiranno tutti uccisi all'uscita del convento. ■ DRAMMATICO; COL.; 130'; ITALIA, 1975.

TOGETHER *(Tillsammans)* ★★★
Regia di LUKAS MOODYSSON. Con GUSTAV HAMMARSTEN, LISA LINDGREN, MICHAEL NYKVIST, EMMA SAMUELSSON. ■ Dopo l'interessante opera prima *Fucking Åmål*, Moodysson trova nuovamente la via degli schermi con una rivisitazione degli anni Settanta in equilibrio tra nostalgia e ironia. Protagonista è lo sguardo di un bambino che viene condotto dalla madre, in fuga dal marito che ha manifestato una certa tendenza alla violenza, a casa dello zio. Il quale vive in una comune. È un mondo nuovo quello che si spalanca dinanzi agli occhi del ragazzino: con camere in cui scompaiono coppie non sempre etero e non sempre uguali e in cui la politica e gli spinelli si incrociano. Con, in più, l'innocente attrazione per una coetanea vicina di casa a cui è stato severamente proibito di avere a che fare con lui. Moodysson, che in quegli anni è nato (1969) sa guardare al passato con quel disincanto che non guasta. Quegli anni, se non formidabili, erano perlomeno diversi. Ma non tutto era perfetto. Moodysson lo sa e usa un'ironia benevola verso quei sognatori che magari oggi siedono in qualche consiglio di amministrazione ma che, almeno per una volta in vita loro, hanno provato a percorrere strade nuove. ■ COMMEDIA; COL.; 107'; DANIMARCA, ITALIA, SVEZIA, 2000.

TOGETHER – INSIEME *(Tomorrow)* ★★
Regia di VAL GUEST. Con KARL CHAMBERS, VICTOR COOPER, OLIVIA NEWTON-JOHN, BENNY THOMAS. ■ Il capo di un pianeta galattico è convinto che i quattro componenti di un complesso musicale terrestre possano guarire con le loro canzoni la sua popolazione dalla sterilità. Li fa perciò trasportare nel suo pianeta, durante il concerto, con tutto il pubblico presente. ■ COMM. MUSICALE; COL.; 92'; GRAN BRETAGNA, 1970.

TOGETHER WITH YOU *(He ni zai yi qi)* ★★★
Regia di CHEN KAIGE. Con HONG CHEN, CHEN KAIGE, PEIQI LIU, YUN TANG, WANG ZHIWEN. ■ Xiaochun è un talentuoso violinista tredicenne che vive con suo padre in una piccola cittadina della provincia cinese. Timido e sensibile, la musica è l'unico modo che ha per esprimere i suoi sentimenti. Suo padre lo ama molto e farebbe ogni sacrificio per lui, così i due si trasferiscono a Pechino dove Xiaochun potrà avere audizione per entrare in una prestigiosa scuola di musica. Il ragazzo scopre un mondo tutto nuovo: conosce l'amicizia vera e il primo scottante amore, incontra maestri duri ed esigenti, capisce quanto sacrificio costi la musica, impara a conoscere se stesso. Chen Kaige si è ispirato a una storia vera che lo ha colpito soprattutto per il legame sussistente tra padre e figlio. ■ DRAMMATICO; COL.; 116'; CINA, COREA DEL SUD, 2002.

TOGLI LE GAMBE DAL PARABREZZA ★★
Regia di MASSIMO FRANCIOSA. Con CAROLE ANDRÉ, ALBERTO LIONELLO, LEOPOLDO TRIESTE. ■ Raccolta una giovane ed avvenente autostoppista, un attempato signore la conduce fino a Roma, speranzoso di conquistarla. Rifiuti ed ammiccamenti lo mantengono sulle spine fino all'ultimo: non ne caverà nulla. ■ COMMEDIA; B/N; 87'; ITALIA, 1969.

TOH È MORTA LA NONNA! ★★
Regia di MARIO MONICELLI. Con SIRENA ADGEMOVA, CAROLE ANDRÉ, VALENTINA CORTESE. ■ Per impadronirsi dell'eredità di una vecchia parente – una fabbrica di insetticidi – i membri di una famiglia si eliminano l'un l'altro. La fabbrica tocca quindi a un nipote della defunta, un contestatore, che subito sostituisce alla produzione di insetticidi quella di esplosivo. ■ COMMEDIA; COL.; 89'; ITALIA, 1960.

TOKYO DECADENCE ★★
Regia di RYU MURAKAMI. Con TENMEI KANOU, SAYAKO AMANO, MIHO NIKAIDOH. ■ Premiato al Festival di Taormina con il Cariddi d'Argento e musicato con taglio ironico da Ryuchi Sakamoto (premio Oscar per *L'ultimo imperatore*), questo ritratto di prostituta giapponese lascia il tempo che trova. Tra rimandi a Godard, Almodóvar e Genet il film si perde in ossessioni ripetitive che solo a tratti, per l'espressività della protagonista, diventano tentativi di poesia, oltretutto fredda. Si narra in stile quasi documentaristico degli incontri sessuali di una giovane prostituta abituata a ogni livello di perversione. Si innamora e rischia di impazzire. Fa in tempo comunque a socializzare con un'altra prostituta, più esperta. ■ EROTICO; COL.; 90'; GIAPPONE, 1992.

TOKYO DI NOTTE *(Arashi o yobu otoko)* ★★
Regia di UMEJI INOUE. Con YÛJIRÔ ISHIHARA, MIYE KITAHARA. ■ Un giovane batterista e un noto critico musicale si innamorano della stessa donna. Il critico, per togliere di mezzo il rivale, si allea ad alcuni gangster che attirano il poverino in un agguato e gli fratturano le dita della mano. Al batterista, come consolazione, resta l'amore della donna. ■ COMMEDIA; COL.; 92'; GIAPPONE, 1957.

TOKYO DIVISIONE CRIMINALE *(Tokyo Untouchable)* ★
Regia di SHINJI MURAYAMA. Con KEN KAKAKURA, RENTARO MIKUNI, TETSURO TAMBA. ■ Un bandito dà del filo da torcere alla polizia di Tokyo: nemmeno le mura della prigione lo tengono a bada. Ma arriva il momento della verità anche per lui. ■ POLIZIESCO; COL.; 91'; GIAPPONE, 1963.

TOKYO DOSSIER 212 *(Tokyo File 212)* ★★
Regia di DARRELL MCGOWAN, STUART MCGOWAN. Con FLORENCE MARLY, ROBERT PAYTON. ■ Un agente americano incon-

tra a Tokyo un compagno di studi, divenuto agente comunista. L'americano tenta di "recuperare" l'ex amico, ma, solo dopo un atto di violenza compiuto dai comunisti sui suoi parenti, il giovane cambierà bandiera. ■ SPIONAGGIO; B/N; 93'; USA, 1951.

TOKYO EYES ★★★
Regia di JEAN-PIERRE LIMOSIN. Con MINAKO HASHIMOTO, TAKESHI KITANO, KAORI MIZUSHIMA, TETTA SUGIMOTO, SHINJI TAKEDA, HINANO YOSHIKAWA. ■ Himono è sorella di un poliziotto ed è in qualche modo innamorata del coetaneo K. che è invece ricercato dalla polizia a causa di un "gioco" che ama ripetere. Finge cioè di colpire con la pistola le persone che gli appaiono degne di essere eliminate. Limosin sembra più giapponese degli stessi nipponici per l'abilità che ha nel ritrarre due esemplari dell'universo giovanile al contempo reali e virtuali. ■ DRAMMATICO; COL.; 97'; FRANCIA, GIAPPONE, 1998.

TOKYO FIST ★★
Regia di SHINYA TSUKAMOTO. Con KOJII TSUKAMOTO. ■ Tokyo. Un pugile incontra dopo anni un amico del liceo che ora fa l'assicuratore. Questi diventa ben presto geloso per l'intesa che nasce fra la sua fidanzata e l'amico. ■ DRAMMATICO; COL.; 89'; GIAPPONE, 1995.

TOKYO-GA ★★★★
Regia di WIM WENDERS. ■ Il regista arriva a Tokyo in una sorta di pellegrinaggio in onore di Yasuiro Ozu, il grande maestro del cinema giapponese morto e dimenticato nel 1963, e al tempo stesso per filmare la realtà metropolitana della capitale. Le sue riprese documentano le incredibili trasformazioni intercorse in appena venticinque anni dalla sua scomparsa. ■ DOCUMENTARIO; COL.; 85'; GERMANIA, 1985.

TOKYO GANG *(Itsuka Giragira Suru Hi/Double Cross)* ★
Regia di KINJI FUKASAKU. Con KENICHI HAGIWARA, KAZUYA KIMURA, KEIKO OGINOME. ■ Tre gangster di Tokyo portati al tradimento reciproco si ritrovano a compiere una rapina che li vedrà conquistare un bottino molto al di sotto delle aspettative. Con quel poco che ricavano aprono una discoteca che acuirà i dissidi. ■ DRAMMATICO; COL.; 108'; GIAPPONE, 1992.

TOKYO GODFATHERS ★★★
Regia di SATOSHI KON. ■ Le *anime* che affrontano il genere commedia non sono frequenti. Satoshi Kon, autore di *Perfect Blue* e *Millenium actress*, realizza un film d'animazione denso di ironia e amore, che inizia il giorno di Natale. Il 25 dicembre, Gin, un vecchio ubriacone, Hana, un travestito, Miyuki, una giovane scappata di casa, trovano una neonata nella spazzatura. Dopo aver tentato di rintracciare la madre, Hana, con il suo spirito materno, vuole assolutamente tenere la bimba. Gli emarginati diventano così la famiglia di Kiyoko (questo è il nome dato alla piccola). Miyuki e Gin però, nonostante l'amore per la trovatella, sono convinti che sia necessario rintracciare a Tokyo, dove vivono, i genitori. Con un taglio leggero e allo stesso tempo coinvolgente, il regista dipinge questa storia di grigio, di verde e di colori scuri. L'evento che vede implicato Kiyoko, riferimento indiscutibile alla religiosità della "venuta" di un bambino nel periodo natalizio, riesce a comunicare allo spettatore l'umanità delle vite dei tre "padrini", dense di momenti sorprendenti e intensi. ■ ANIMAZIONE; COL.; 91'; GIAPPONE, 2004.

TOKYO JOE ★★★
Regia di STUART HEISLER. Con HUMPHREY BOGART, ALEXANDER KNOX, FLORENCE MARLY. ■ Per far quattrini e riconquistare la ex moglie, un americano in Giappone si caccia in loschi affari, al servizio di una organizzazione spionistica. All'ultimo momento però si redime salvando, a prezzo della propria, la vita della bimba della donna tanto amata. ■ DRAMMATICO; B/N; 88'; USA, 1949.

TOLÉRANCE ★★
Regia di PIER HENRY SALFATI. Con RUPERT EVERETT, UGO TOGNAZZI. ■ Mermant, anziano signore che ama la bella vita, trova l'eremita Rupert Everett che per buona parte del film è irriconoscibile. Tolerance è la moglie di Mermant e dopo che quest'ultimo avrà fatto da Pigmalione all'eremita, che è un malvivente fuggito e pentito, complicherà tutto. Film in costume e ultima interpretazione di Ugo Tognazzi che prepara cibi succulenti, passione dell'attore. Un bel commiato per una grande carriera. Non si può dire altrettanto bene di regia e sceneggiatura troppo supponenti e senza grande risultato. ■ DRAMMATICO; COL.; 100'; FRANCIA, ITALIA, 1990.

TOLGO IL DISTURBO ★★
Regia di DINO RISI. Con VITTORIO GASSMAN, DOMINIQUE SANDA, MONICA SCATTINI. ■ Ritorno alla regia, dopo un periodo di riposo, per Dino Risi. Un film scritto su misura per stimolare il talento di Vittorio Gassman. Il protagonista, Augusto, ex direttore di una banca, è stato per molti anni in una casa di cura. Al momento di ricominciare a farsi una vita tranquilla non riesce a stabilire un buon rapporto con la nuora e il suo nuovo marito. Ha però una paterna e affettuosa amicizia con la loro figlia e nello scambio di comprensione trova un certo equilibrio. Girato con mano leggera. Uno degli ultimi lavori del maestro Risi prima della scomparsa (2008). ■ DRAMMATICO; COL.; 100'; ITALIA, 1990.

TOMAHAWK, SCURE DI GUERRA *(Tomahawk)* ★★★
Regia di GEORGE SHERMAN. Con YVONNE DE CARLO, VAN HEFLIN, ALEX NICOL. ■ Il film racconta, romanzandola, la vita di Jim Bridger, famoso cacciatore di pellicce e guida dell'esercito. Jim cerca gli assassini della moglie indiana per vendicarsi, ma accantona poi la vendetta per portare pace tra i soldati e i Sioux di Nuvola Rossa. ■ WESTERN; COL.; 82'; USA, 1951.

TOM A' LA FERME ★★
Regia di XAVIER DOLAN. Con MELODIE DIMARD, XAVIER DOLAN, CALEB LANDRY JONES. ■ Tom ha amato Guillaume di un amore grande che adesso vorrebbe condividere con i suoi cari. Lasciata Montréal alla volta della campagna canadese, Tom raggiunge la fattoria della famiglia di Guillaume per partecipare l'indomani al suo funerale. Molto presto si rende conto che Agathe, madre di Guillaume, ignora l'omosessualità del figlio. Informato dei fatti è invece Francis, fratello maggiore e omofobico del defunto, che costringe Tom a mentire sulla sua natura e sulla natura della sua relazione con Guillaume. Imprevedibile e violento, Francis esercita su Tom sgomento e attrazione. Indeciso se andare o restare, Tom chiede aiuto a Sara, una collega spacciata per la fidanzata di Guillaume. Privo degli eccessi barocchi, del gusto kitsch e dello sfarfallio dell'estetica queer di *Laurence Anyways*, *Tom à la ferme* denuncia con forza narrativa e scarti sonori la rimozione in nome della pacificazione. Il film diventa a poco a poco, e in un modo perturbante, la perlustrazione di un microcosmo della provincia, che rivela un malessere latente e una profonda crisi di ruoli, rapporti e relazioni. ■ DRAMMATICO; COL.; 105'; CANADA, FRANCIA, 2013.

TOMBA, LA *(The Tomb)* ★
Regia di FRED OLEN RAY. Con JOHN CARRADINE, SYBIL DANNING, CAMERON MITCHELL. ■ Un'antichissima tomba egizia, contenente un favoloso e sacro tesoro, viene profanata. La maledizione di un terribile e malvagio demone non tarderà ad abbattersi sulle persone che si sono rese colpevoli del sacrilegio. ■ DRAMMATICO; COL.; 85'; USA, 1985.

TOMBA APERTA... UNA BARA VUOTA – IL CADAVERE DI HELEN NON MI DAVA PACE, UNA ★
Regia di AL BRAGAN. Con JOSÉ ANTONIO AMOR, DANIELA GIORDANO, NURIA TORRAY. ■ Oliver, che crede di aver ucciso la moglie, torna nella sua antica casa. La gente che ci abita ora è alquanto ambigua. Comincia una serie di uccisioni; alla fine anche Oliver ci lascerà le penne. ■ HORROR; COL.; 93'; ITALIA, 1972.

TOMBA DI LIGEIA, LA *(Tomb of Ligeia)* ★★★
Regia di ROGER CORMAN. Con VINCENT PRICE, ELIZABETH SHEPHERD, JOHN WESTBROOK. ■ Ligeia è morta assicurando al marito che si sarebbe fatta sentire anche dall'aldilà. Infatti, quando il vedovo convola a nuove nozze, la sua nuova compagna resta vittima di una serie di terribili eventi che appaiono proprio opera della defunta. Per fortuna, un amico della donna vigila, salvandola alla fine dalla morte. ■ HORROR; COL.; 81'; GRAN BRETAGNA, 1965.

TOMBA INSANGUINATA, LA ★
(Die Gruft mit dem Rätselschloss)
Regia di FRANZ JOSEF GOTTLIEB. Con EDDI ARENT, KLAUS KIN-

SKI, HARALD LEIPNITZ. ■ Una ragazza incorre in una serie di incidenti, rischiando anche la vita, per tornare in possesso di una grossa somma. Un ispettore di polizia interviene e sbroglia la matassa. ■ GIALLO; B/N; 90′; GERMANIA, 1964.

TOMBA PER UNO STRANIERO ★
(Tumba para un forajido)
Regia di JOSÉ LUIS MADRID. Con LUIS DAVILA, MIGUEL DE LA RIVA, PATRICIA LIRAN. ■ Un giovane diventa bandito per vendicare l'assassinio della donna amata, ma suo fratello, sceriffo del paese, non può tener conto di nessuna attenuante: in uno scontro gli spara e lo uccide. ■ WESTERN; B/N; 95′; SPAGNA, 1968.

TOMBE DEI RESUSCITATI CIECHI, LE ★★
(Tombe of the Blind Dead)
Regia di JOSEPH HARVEST. Con JOHN BURNER, BRIGITTE FLEMING, HELEN HARP. ■ Alcuni templari sepolti in un cimitero a mezzanotte saltano fuori dalle loro tombe e uccidono chi si trova nelle vicinanze. Questa sorte tocca prima a una ragazza, poi ai suoi soccorritori. Una donna riesce a fuggire, ma viene inseguita fra i passeggeri di un treno, che vengono uccisi dai resuscitati ciechi. ■ HORROR; COL.; 94′; GRAN BRETAGNA, 1972.

TOMBOLO PARADISO NERO ★★
Regia di GIORGIO FERRONI. Con ADRIANA BENETTI, ALDO FABRIZI, NADA FIORELLI. ■ Un uomo ritrova la figlia che credeva morta in guerra e scopre che è legata ad un'organizzazione criminale. Messa al sicuro la ragazza, conduce la polizia fino al covo dei delinquenti, ma paga con la vita il suo gesto eroico. ■ DRAMMATICO; B/N; 95′; ITALIA, 1947.

TOMBOY ★★
Regia di HERB FREED. Con JERRY DINOME, RICHARD ERDMAN, BETSY RUSSELL. ■ Tomboy è il soprannome di una bella ragazza che fa il mascolino lavoro di meccanico d'automobili. Ha molti corteggiatori, ma lei non ha occhi (e pensieri) che per un corridore di Formula Uno. ■ COMMEDIA; COL.; 91′; USA, 1985.

TOMBOY ★★
Regia di CELINE SCIAMMA. Con SOPHIE CATTANI, MATHIEU DEMY, JEANNE DISSON, ZOE' HERAN, MALONN LEVANA. ■ Laure, dieci anni, insieme ai genitori e alla sorella Jeanne si trasferisce durante le vacanze estive. La mamma è incinta del terzo figlio e il padre è impegnato nel lavoro. La bambina approfitta della distrazione degli adulti per prendere una decisione: nel nuovo ambiente si farà credere un maschio. È come Michael che farà le prime amicizie e, in particolare, attirerà l'attenzione di Lisa che finirà con l'innamorarsi del nuovo arrivato con il quale scambierà qualche bacio e momenti mano nella mano. Fino a quando potrà durare questa situazione? Céline Sciamma torna ad affrontare, dopo *Water Lilies*, le tematiche della scoperta della sessualità spostando però l'attenzione dalla fase adolescenziale a quella preadolescenziale. ■ DRAMMATICO; COL.; 84′; ITALIA, 2011.

TOMBOY – SESSO: INFERNO E PARADISO ★★
Regia di CLAUDIO ROCCA. ■ Interviste a molti specialisti di sessuologia sui principali problemi del campo, alle quali si accompagnano scene dell'argomento trattato. ■ DOCUMENTARIO; COL.; 93′; ITALIA, 1977.

TOMB RAIDER ★★
Regia di SIMON WEST. Con MARK COLLIE, DANIEL CRAIG, ANGELINA JOLIE, LESLIE PHILLIPS. ■ Il celeberrimo personaggio dei videogiochi diventa film. Era inevitabile perché le possibilità offerte da Lara Croft erano davvero irresistibili per il cinema. Infatti il film è stato preceduto da una campagna capillare, come si fa, appunto, coi colossi fantasy alla Spielberg e Lucas. Così come appare particolarmente adatta Angelina Jolie, bella, sana e forte, che tuttavia ha ammesso una visibile inferiorità fisica rispetto all'originale: il seno imbottito per dover supplire a... tre taglie in meno. Effetti speciali, acrobazie di macchina, trionfo di computer, suggestioni visive: tutto al massimo, anche se... ci siamo abituati. Ci sarebbero due pietre dotate di poteri enormi. Potrebbero determinare una grande salto di qualità per gli umani, oppure distruggerli completamente. Si tratta di farle finire nelle mani giuste e sottrarle al solito cattivissimo. Combattendo/collaborando col maschietto di turno Lara, così come Bond e Jones, salverà il mondo. Al di là degli effettoni di cui si è detto: tanto rumore per... poco. ■ FANTASCIENZA; COL.; 100′; USA, 2001.

TOMB RAIDER – LA CULLA DELLA VITA ★
(Lara Croft Tomb Raider: the cradle of life)
Regia di JAN DE BONT. Con ROBERT ATIKO, CHRIS BARRIE, GERARD BUTLER, ROBERT CAVANAH, CIARAN HINDS, ANGELINA JOLIE, NOAH TAYLOR. ■ Nei profondi abissi Lara Croft rinviene un codice per rintracciare il mitico vaso di Pandora, che secondo le leggende conterrebbe l'essenza del Male stesso e che ha il potere di catapultare il mondo nel Caos. La notizia non sfugge a Jonathan Reiss, un malvagio scienziato ricchissimo, che assolda una banda cinese, capitanata dal perfido Chen Lo, perché si impossessi del vaso. Inizia una corsa piena di mirabolanti avventure, tra i quattro angoli della Terra, per raggiungere il Kilimanjaro, dove secondo il codice pare trovarsi il conteso oggetto. *Tomb raider* non sfugge alla regola aurea (si fa per dire) del cinema americano odierno: se il prototipo ha fatto successo si mette subito in cantiere un seguito, anche senza uno straccio di idea che sia una, puntando su più effetti speciali, più location e più soldi da mostrare. Ma stavolta anche il botteghino è stato freddo. ■ AVVENTURA; COL.; 115′; GERMANIA, GIAPPONE, GRAN BRETAGNA, USA, 2003.

TOMBSTONE ★★
Regia di GEORGE PAN COSMATOS. Con MICHAEL BIHEN, POWERS BOOTHE, SAM ELLIOTT, VAL KILMER, JOANNA PAKULA, KURT RUSSELL. ■ Nel 1879, Tombstone è una città di frontiera dominata dalla violenza. Wyatt Earp, con i fratelli Virgil e Morgan, vi giunge preceduto dalla fama di sceriffo di Dodge City. Ike Clanton la fa da padrone, spalleggiato dalla banda di Curly Bill e da Johnny Ringo. Virgil assume la carica di sceriffo, ma il giovane Morgan viene ucciso. A questo punto Earp scende in campo assieme al suo grande amico Doc Holliday. Ringo tende un tranello a Earp, ma Holliday, in preda a un attacco di tubercolosi, corre in suo aiuto e assieme mettono fine alle imprese dei banditi. Dopo la morte di Holliday, Earp sposa la donna che ama. L'ennesima versione delle imprese dello sceriffo Wyatt Earp. Avventuriero e uomo di legge allo stesso tempo, Earp è un curioso personaggio, morto ottantenne nel suo letto. Se John Ford, con la complicità di Henry Fonda, ne ricavò un capolavoro, *Sfida infernale*, e se John Sturges realizzò un grande film domenicale con *Sfida all'OK Corral*, altrettanto non si può dire di questo *Tombstone*, stilisticamente un epigono dei film di Sergio Leone. Il solo Kurt Russell ha l'aria di avere capito la lezione, in virtù della sua asciuttezza. Quanto al greco Cosmatos, regista per tutte le stagioni, sembra confondere il West con le strade battute dall'ispettore Callaghan. Il western degli anni Novanta cerca ancora il suo cantore, dopo che Eastwood col tenebroso *Gli spietati* ne aveva recitato l'epitaffio. ■ WESTERN; COL.; 127′; USA, 1993.

TOM, DICK E HARRY *(Tom, Dick and Harry)* ★★★
Regia di GARSON KANIN. Con BURGESS MEREDITH, GEORGE MURPHY, GINGER ROGERS. ■ Tre uomini aspirano alla mano di una ragazza: un milionario, un semplice operaio ed un saggio filosofo. Inizialmente lei sembra attratta dal denaro, ma poi il saggio la dirotta sul giovane e onesto operaio. ■ COMMEDIA; B/N; 86′; USA, 1941. ■ OSCAR 1 NOM.

TOM DOLLAR ★★
Regia di MARCELLO CIORCIOLINI. Con ERIKA BLANC, GEORGIA MOLL, MAURICE POLI, FRANCO RESSEL. ■ Un agente della Cia è incaricato di sorvegliare la vita di una principessa persiana con la quale il governo Usa ha concluso un affare. Qualcuno attenta alla vita della nobile fanciulla, ed è tra i componenti della stessa famiglia della principessa che Tom scova il colpevole. ■ POLIZIESCO; COL.; 92′; ITALIA, 1967.

TOM EDISON GIOVANE *(Young Tom Edison)* ★★★
Regia di NORMAN TAUROG. Con EUGENE PALLETTE, MICKEY ROONEY, VIRGINIA WEIDLER. ■ Prima parte della vita del celebre inventore Thomas Edison, dalle prime esperienze caratterizzate dall'indifferenza e dall'incomprensione familiare alla partenza dal paese nativo verso l'avvenire. ■ BIOGRAFICO; B/N; 82′; USA, 1940.

TOM E JERRY ★★★
Produzione MGM. ■ Sotto questo titolo sono raccolti numerosi cortometraggi di disegni animati. ■ ANIMAZIONE; COL.; 95'; USA, 1968.

TOM E JERRY: IL FILM *(Tom and Jerry: The Movie)* ★
Regia di PHIL ROMAN. ■ Tom e Jerry sono stati sfrattati e si ritrovano solidali nel difendere la piccola Robyn dalle mire della tutrice in combutta con un avvocato per impadronirsi delle sue proprietà. La bambina ritroverà il padre, che credeva morto, e tutto si risolverà in modo positivo. ■ ANIMAZIONE; COL.; 84'; USA, 1992.

TOM E VIV – NEL BENE E NEL MALE, PER SEMPRE *(Tom & Viv)* ★★
Regia di BRIAN GILBERT. Con WILLEM DAFOE, NICKOLAS GRACE, ROSEMARY HARRIS, MIRANDA RICHARDSON. ■ È la storia romanzata del poeta Thomas S. Eliot. Vengono messi a fuoco gli anni nei quali l'artista era sposato con Vivienne. La donna vive un periodo tremendo che la porta alla pazzia e alla morte. Molto calligrafico e tipicamente inglese, nonostante gli attori, risulta credibile solo nella rappresentazione di quel periodo storico. ■ BIOGRAFICO; COL.; 110'; GRAN BRETAGNA, 1994. ■ GOLDEN GLOBES 1 NOM; OSCAR 2 NOM.

TOM HORN ★★★
Regia di WILLIAM WIARD. Con LINDA EVANS, RICHARD FARNSWORTH, STEVE MCQUEEN. ■ Da *Life of Tom Horn, Government Scout and Interpreter* di Tom Horn: all'inizio del Novecento un killer, divenuto famoso per aver catturato Geronimo, accetta di difendere gli allevatori di bestiame dalle razzie dei banditi. Sgomberato il campo dai malviventi, il killer, accusato ingiustamente di omicidio, viene abbandonato sia dalla popolazione, che non vuole guai con la giustizia, sia dall'amica. Incapace di comprendere il voltafaccia, Tom Horn lascia che lo condannino alla pena capitale. ■ WESTERN; COL.; 98'; USA, 1980.

TOM JONES ★★★★♉
Regia di TONY RICHARDSON. Con DIANE CILENTO, EDITH EVANS, ALBERT FINNEY, HUGH GRIFFITH, JOYCE REDMAN, SUSANNAH YORK. ■ Nel Settecento, Tom Jones, un trovatello allegro e scanzonato, viene allevato come figlio da un ricco signorotto di campagna, ma il nipote di questi lo calunnia e Tom rischia di finire sulla forca. Sarà salvato all'ultimo momento e potrà sposare il suo amore. ■ AVVENTURA; COL.; 129'; GRAN BRETAGNA, 1963. ■ OSCAR ♉ 4 PR, 8 NOM; VENEZIA ♉ 1 PR.

TOMMASO È ANDATO VIA ★★
Regia di ALBERTO NEGRO. Con MARCO COLUMBRO, GIORGIA DI MOLFETTA, MATTIA NEGRO, UMBERTO PROCOPIO, LUCIA VASINI. ■ Ispirato al racconto omonimo di Ferdinando Albertazzi, il film parla di un bambino chiamato Tommaso e di una bambina chiamata Occhiblu. Quest'ultima in realtà è la morte, ma si innamora di Tommaso e lo salva. Decide così, con l'aiuto di tre personaggi, di guidarlo alla scoperta dei veri valori della vita, dell'amore, della speranza, attraverso il mondo reale e fantastico. ■ DRAMMATICO; COL.; 55'; ITALIA, 2004.

TOM MIX ALLA RISCOSSA *(My Pal, the King)* ★★
Regia di KURT NEWMAN. Con TOM MIX. ■ Uno degli ultimi stanchi film di Tom Mix, il cowboy che, dopo una vita molto avventurosa, divenne il più amato attore di film western dell'epoca del muto. Mix era destinato a morire nel 1940, in un incidente automobilistico. ■ WESTERN; B/N; 63'; USA, 1932.

♥ TOMMY ★★★
Regia di KEN RUSSELL. Con ERIC CLAPTON, ROGER DALTREY, ELTON JOHN, ANN MARGRET, OLIVER REED, TINA TURNER. ■ Tommy, il figlio di un pilota della Raf morto in guerra, è cieco, sordo e muto in seguito a uno choc. Quando si riprende, diventa campione mondiale del gioco del flipper. È sfruttato dai biechi genitori adottivi e diventa una sorta di idolo mistico, ma saprà alla fine rifiutare questo ruolo fasullo. ■ MUSICALE; COL.; 108'; GRAN BRETAGNA, 1975. ■ GOLDEN GLOBES 1 PR, 2 NOM; OSCAR 2 NOM.

TOMMY BOY ★★★
Regia di PETER SEGAL. Con DAN AYKROYD, BRIAN DENNEHY, BO DEREK, CHRIS FARLEY, DAVID SPADE. ■ Tommy difende l'eredità paterna dalla rapacità della matrigna e del suo falso rampollo. Il problema è garantire il posto di lavoro agli operai nonostante tutto. Chris Farley è un protagonista degno del Landis di annata. ■ COMMEDIA; COL.; 96'; USA, 1995.

TOMMY GIBBS CRIMINALE PER GIUSTIZIA *(Hell up in Harlem)* ★★
Regia di LARRY COHEN. Con JULIUS HARRIS, GLORIA HENDRY, FRED WILLIAMSON. ■ Un nero, capo di una rete mafiosa, viene ferito dai nemici, ma si salva dalla morte ricattandoli con documenti compromettenti. Persi molti dei seguaci e i familiari più cari, scomparirà senza più dare notizie di sé. ■ DRAMMATICO; COL.; 96'; USA, 1973.

TOMMYKNOCKERS – LE CREATURE DEL BUIO *(The Tommyknockers)* ★
Regia di LAWRANCE D. COHEN. Con JOHN ASTHON, JOANNA CASSIDY, MARG HELGENBERGER, JIMMY SMITS. ■ Di questo adattamento del best-seller di Stephen King circola anche una versione di tre ore. Una scrittrice trova qualcosa di misterioso seppellito nel bosco. Tornata in città, convince gli abitanti a recuperarlo. Nell'oggetto sconosciuto, che è lì da milioni di anni, si cela ancora la vita. Mentre di giorno procedono gli scavi, ogni notte strane creature bussano alle porte degli abitanti e li piegano ai loro voleri. ■ HORROR; COL.; 125'; USA, 1993.

TOMMY TRICKER E IL FRANCOBOLLO MAGICO *(Tommy Tricker and the Stamp Traveller)* ★★
Regia di MICHAEL RUBBO. Con LUCAS EVANS, ANTHONY ROGERS, JILL STANLEY. ■ La passione per la filatelia porta Tommy, protagonista di questa storia per ragazzi, al centro di una sorprendente avventura. Tramite una formula segreta può addirittura entrare nei francobolli. All'interno del film ci sono anche sequenze di animazione. ■ AVVENTURA; COL.; 105'; CANADA, 1988.

TOMORROW ★★
Regia di MARCELLO FONDATO. Con CHRISTIAN BORROMEO, NATASHA HOVEY, LEONARD MANN. ■ Una giovane pianista americana di talento vince un concorso a Roma. Ma subito dopo ha un incidente dove si sfracella le dita di una mano. Ritenendosi finita per la musica, si mette a lavorare in una fabbrica. Un giorno incontra un uomo di cui s'innamora. Ma l'uomo è gravemente malato. Morirà, ma dal breve incontro la ragazza avrà imparato a non perdere fiducia nel domani. Riprenderà con la musica. ■ SENTIMENTALE; COL.; 91'; ITALIA, 1987.

TOMORROW MAY NEVER COME *(Kal Ho Naa Ho)* ★★★
Regia di NIKHIL ADVANI. Con SAIF ALI KHAN, JAYA BHADURI, DANIELA DE ALMEIDA, LILLETE DUBEY, SHAH RUKH KHAN, PREITY ZINTA. ■ Campione assoluto di incassi questo film di Bollywood che racconta, con dovizia di mezzi, una vicenda che vede come protagoniste le più importanti star del cinema indiano in trasferta a New York. La protagonista è una ragazza acqua e sapone che è amica da anni di un compagno di studi che è segretamente innamorato di lei. Quando arriva un indiano affascinante in visita alla madre lei se ne innamora ma lui la spinge tra le braccia dell'altro perché consapevole di avere pochi mesi di vita. Tre ore abbondanti di cinema a tutto campo: dalla sit com al musical, dalla commedia alle gag da cinema muto. Il tutto sostenuto da un montaggio accuratissimo che sa accompagnare tutte le varianti della sceneggiatura. ■ DRAMMATICO; COL.; 186'; INDIA, 2003.

TOMORROW SERIES. IL DOMANI CHE VERRÀ, THE *(Tomorrow, When the War Began)* ★★
Regia di STUART BEATTIE. Con DENIZ AKDENIZ, RACHEL HURDWOOD, LINCOLN LEWIS, CAITLIN STASEY, PHOEBE TONKIN. ■ Allie Linton ha diciassette anni e una voglia matta di avventura. Terminato l'anno scolastico e convinti i genitori a prestarle la loro Land Rover, Ellie e sei compagni partono alla volta di un paradiso chiamato Inferno, sulle Alpi australiane. Rientrati in città qualcosa non va: le case sono vuote e i loro cari scomparsi. Primo episodio della saga di John Marsden: si lega alla versione cinematografica di Stuart Beattie, sceneggiatore australiano e debuttante alla regia. ■ AZIONE; COL.; 100'; USA, AUSTRALIA, 2011.

TOM SAWYER ★★
Regia di DON TAYLOR. Con JODIE FOSTER, CELESTE HOLM, JOHN-

NY WHITAKER. ■ Nuova versione del celebre romanzo di Mark Twain, arricchita da parecchi numeri musicali. Un gruppo di buoni attori (spiccano Warren Oates, nella parte dell'ubriacone Muff, e Kunu Hank, il terribile Injun Jol, l'assassino che cerca di uccidere Tom) non riesce a sormontare la noia di una storia già vista troppe volte. ■ AVVENTURA; COL.; 104'; USA, 1973. ■ GOLDEN GLOBES 2 NOM; OSCAR 3 NOM.

TOM WHITE ★★
Regia di ALKINOS TSILIMIDOS. Con RACHAEL BLAKE, LOENE CARMEN, DAVID FIELD, COLIN FRIELS, BILL HUNTER, JARRYD JINKS, ANDY MCPHEE, DAN SPIELMAN. ■ Cinque variazioni sul tema della solitudine: un uomo, Tom White, si sveglia un mattino come tanti e scopre di aver perso il lavoro all'interno di una società di architettura alla quale ha dedicato vent'anni della sua vita. Come se avesse perso anche la sua identità, subisce un tracollo, abbandona la famiglia e inizia un vagabondaggio che lo porterà a conoscere Matt (Dan Spielman), giovane gay che lo ospita per qualche tempo, Christine (Loene Carmen), ex tossicodipendente con la quale intreccia una breve storia d'amore, Malcolm (Bill Hunter), un vecchio clochard che gli diventa amico, e Jet, un ragazzino figlio di un ladro. Ognuno di loro cambierà profondamente dopo l'incontro con Tom. ■ DRAMMATICO; COL.; 106'; AUSTRALIA, 2004.

TONGS – BATTAGLIA A CHINATOWN *(Tongs)* ★
Regia di ALAN METZGER. Con LOUIS GOSSETT JR. ■ Il professor Oliver annovera Tommy Li tra gli studenti più capaci e promettenti. Il giovane deve sottomettersi alle antichissime tradizioni della sua ancor più tradizionale famiglia e il professore, per tentare di impedire che ne venga "rovinato", entra nel mondo chiuso e ostile di Chinatown rimanendo involontariamente invischiato in una sanguinosa lotta tra bande rivali per il controllo del territorio. ■ DRAMMATICO; COL.; 95'; USA, 1989.

TONI ★★★★
Regia di JEAN RENOIR. Con CHARLES BLAVETTE, EDOUARD DELMONT, JENNY HÉLIA. ■ Tratto da una storia vera e girato a Marsiglia e negli studi di Marcel Pagnol. Toni, operaio italiano, è l'amante di Marie, una pensionante. Si innamora di una bella donna spagnola, Josepha, che però non accetta la sua proposta di matrimonio. Si arriverà al dramma finale. ■ DRAMMATICO; B/N; 95'; FRANCIA, 1934.

TONKA ★★
Regia di JEAN-HUGUES ANGLADE. Con JEAN-HUGUES ANGLADE, MARISA BERENSON, ALESSANDRO HABER, PAMELA SOO. ■ Un pilota professionista abbandona le competizioni per amore di una bellissima ragazza di origine indiana che vive ai margini dell'aeroporto di Parigi e che tira avanti in forza di espedienti e piccoli furti. La donna, eccentrica, selvaggia ed estremamente dotata diverrà un'atleta di eccezionale potenzialità. ■ COMMEDIA; COL.; 109'; FRANCIA, ITALIA, 1997.

TONY ARZENTA *(Big Guns)* ★★★
Regia di DUCCIO TESSARI. Con GUIDO ALBERTI, RICHARD CONTE, ALAIN DELON, CARLA GRAVINA, ROGER HANIN, NICOLETTA MACHIAVELLI, MARC POREL. ■ Tony è un killer che lavora per una potentissima organizzazione. Decide di uscirne, ma gli altri gli fanno saltare la macchina. A morire non è Tony, ma sua moglie e il figlioletto. La vendetta dell'uomo è terribile: a uno a uno cadono gli assassini, sempre più importanti nella gerarchia dell'organizzazione. Il capo supremo finge di voler la pace, ma tradisce Tony e lo fa uccidere da un suo amico. ■ DRAMMATICO; COL.; 113'; FRANCIA, ITALIA, 1973.

TONY MANERO ★
Regia di PABLO LARRAIN. Con ALFREDO CASTRO, PAOLA LATTUS. ■ Siamo nel 1979, a Santiago del Cile, in pieno regime di Pinochet: Raùl Peralta, ossessionato dal protagonista del famoso film con John Travolta, passa il tempo a imitarne passi e movenze in uno spettacolo di danza che si tiene ogni sabato in un nightclub di periferia. Lo stato di alienazione nel quale si trova a vivere il protagonista, deciso a tutto pur di poter vivere come il suo mito, lo porta a compiere crimini sempre più efferati e senza senso. La lenta e progressiva follia di Raùl finirà per coinvolgere anche le persone che gli stanno vicine. ■ DRAMMATICO; COL.; 98'; CILE, BRASILE, 2008.

TOOTSIE ★★★🏆
Regia di SYDNEY POLLACK. Con CHARLES DURNING, TERI GARR, DUSTIN HOFFMAN, JESSICA LANGE. ■ Per trovare lavoro un attore disoccupato, Michel, è costretto a travestirsi da donna. Ma ha un tale successo televisivo che rimane prigioniero del ruolo, e le cose si complicano quando s'innamora di una bella collega che lo crede donna, mentre al tempo stesso è corteggiato da un maturo attore e dal padre della ragazza. Oscar a Jessica Lange. ■ COMMEDIA; COL.; 116'; USA, 1982. ■ GOLDEN GLOBES 🏆 3 PR, 5 NOM; OSCAR 🏆 1 PR, 9 NOM.

TOPAZ ★★★
Regia di ALFRED HITCHCOCK. Con CLAUDE JADE, ROSCOE LEE BROWNE, PHILIPPE NOIRET, MICHEL PICCOLI, FREDERICK STAFFORD. ■ Un agente segreto francese, dopo una pericolosa missione a Cuba, viene a sapere che alcuni alti funzionari francesi tradiscono il loro paese, passando ai sovietici informazioni militari. L'organizzazione alla quale fannno capo i traditori si chiama Topaz. Il coraggioso agente segreto, con l'aiuto del genero giornalista, riesce ad individuare il capo del gruppo e quest'ultimo, vistosi scoperto, si uccide. ■ SPIONAGGIO; COL.; 108'; USA, 1969.

TOPAZE ★★★
Regia di MARCEL PAGNOL. Con FERNANDEL, PIERRE LARQUEY, JACQUES MOREL, HÉLÈNE PEDRIÈRE. ■ Un poveraccio, profondamente onesto, viene sfruttato da un maneggione per i suoi intrighi. Ad un certo punto però si sveglia e, per dare una lezione allo sfruttatore, diventa più abile di lui negli affari (sporchi e puliti). ■ COMMEDIA; B/N; 135'; FRANCIA, 1951.

TOP CRACK ★★
Regia di MARIO RUSSO. Con ORESTE LIONELLO, GASTONE MOSCHIN, TERRY THOMAS. ■ Due ingenui e bonaccioni aspiranti criminali rapiscono un grosso industriale che, per portare a buon fine la richiesta del riscatto, è costretto a dirigere personalmente l'operazione. Ma una volta avuta la somma, i due se la fanno rubare da una banda di ragazzini. ■ COMMEDIA; COL.; 92'; ITALIA, 1967.

TOP GUN ★★★
Regia di TONY SCOTT. Con TOM CRUISE, VAL KILMER, KELLY MCGILLIS. ■ Film campione d'incassi, sponsorizzato dalla marina militare americana per propagandare l'eccezionale bravura dei suoi piloti di caccia, i cosiddetti "top gun". Tra spericolate evoluzioni aeree, tramonti sul mare, ferrea disciplina e russi cattivissimi (il tutto girato a tempo di musica coi ritmi del videoclip) c'è anche spazio per una storia d'amore tra il futuro superdivo Tom Cruise e la bellissima Kelly McGillis, improbabile esperta di Mig. ■ AVVENTURA; COL.; 110'; USA, 1985. ■ OSCAR 1 PR, 4 NOM.

TOPI, I *(Die Ratten)* ★★★🏆
Regia di ROBERT SIODMAK. Con CURD JÜRGENS, MARIA SCHELL. ■ Una ragazza, sedotta e abbandonata, cede per disperazione il suo bambino ad una donna sterile che desidera spasmodicamente un figlio. Poi si pente e vorrebbe riprendere la sua creatura, ma il fratello della donna cui l'ha ceduta tenta di ucciderla. Per difendersi, la ragazza lo ferisce mortalmente e, a questo punto, tutta la storia viene a galla. Le due donne dimenticano rancori e vendetta e diventano amiche. ■ DRAMMATICO; B/N; 97'; GERMANIA, 1955. ■ BERLINO 🏆 1 PR.

TOPI DEL DESERTO, I *(The Desert Rats)* ★★★
Regia di ROBERT WISE. Con RICHARD BURTON, JAMES MASON, ROBERT NEWTON. ■ Le truppe alleate sono impegnate a difendere la fortezza di Tobruk, unico serio ostacolo dell'avanzata dell'esercito tedesco nell'Africa settentrionale. Un ufficiale si distingue per una serie di coraggiose imprese, riuscendo a tenere a bada i nemici fino all'arrivo dei rinforzi. ■ GUERRA; B/N; 88'; USA, 1953. ■ OSCAR 1 NOM.

TOPKAPI ★★★
Regia di JULES DASSIN. Con MELINA MERCOURI, ROBERT MORLEY, MAXIMILIAN SCHELL, AKIM TAMIROFF, PETER USTINOV. ■ Una banda di ladri internazionali si allena scrupolosamente per riuscire a portar via dal Topkapi (il museo nazionale turco) un preziosissimo pugnale. Sfortunatamente per loro, gli autori dell'im-

presa vengono scambiati dal controspionaggio per terroristi e tenuti d'occhio da abili agenti che inconsapevolmente sventano il loro piano. ■ AVVENTURA; COL.; 120'; USA, 1963. ■ DAVID DI DONATELLO 1 PR, 1 NOM; OSCAR 1 PR, 1 NOM.

TOPKID EROE SELVAGGIO *(Wild Stallion)* ★★
Regia di LEWIS D. COLLINS. Con EDGAR BUCHANAN, BEN JOHNSON. ■ Topkid è il cavallo di Dan, un ragazzo al quale gli indiani hanno ucciso la famiglia e che è stato raccolto da un ufficiale. Insieme al cavallo il ragazzo compie un'eroica impresa che gli consente di entrare come allievo ufficiale all'accademia militare di West Point. ■ WESTERN; COL.; 72'; USA, 1952.

TOP MANAGERS *(Association de malfaiteurs)* ★★
Regia di CLAUDE ZIDI. Con GÈRARD CLUZET, VERONIQUE GENEST, CHRISTOPHE MALAVOY. ■ Due yuppie si cacciano nei guai quando un collega li accusa di aver trafugato una grossa cifra. I due fuggono da Parigi e cercano, invano, di dimostrar la loro innocenza. Allora ricattano l'accusatore. Costui li scagiona. A cose finite, poi salta fuori il nome del vero ladro, un altro yuppie, l'unico mai sfiorato da sospetti. ■ COMMEDIA; COL.; 91'; FRANCIA, 1987.

TOP MODEL ★★
Regia di JOE D'AMATO. Con LAURA GEMSER, JESSICA MOORE. ■ Per raccogliere materiale per un libro d'inchiesta sulla prostituzione che si cela dietro le agenzie di top model, una scrittrice e la sua editrice non trovano di meglio che metter su per conto loro una vera e propria agenzia squillo. ■ COMMEDIA; COL.; 94'; ITALIA, 1987.

TOP MODEL NEL MIO LETTO, UNA *(La Doublure)* ★★
Regia di FRANCIS VEBER. Con DANIEL AUTEUIL, RICHARD BERRY, DANY BOON, GAD ELMALEH, VIRGINIE LEDOYEN, KRISTIN SCOTT THOMAS, ALICE TAGLIONI. ■ Sorpreso da un paparazzo con l'amante Elena, celebre top model, Pierre Lavassieur è disposto a tutto pur di convincere la moglie che in realtà la diva stesse flirtando con tale François Pignon, immortalato per caso nella stessa foto. Il ricco imprenditore non esiterà a pagare il modesto passante per fingere di essere fidanzato con la modella, in una messa in scena che prevede che i due dividano lo stesso tetto/letto: sarà spreco di equivoci. Quando Francis Veber sforna una nuova commedia, pensiero e aspettative non possono che correre indietro a *La cena dei cretini*. Pur non raggiungendo le vette di originalità e comicità "da camera" del suddetto gioiellino o del più recente *L'apparenza inganna*, *La Doublure* (è lecito ripudiare l'orrido titolo nostrano) porta evidente il ricamo del proprio direttore artistico, intessuto su un copione da commedia degli equivoci prestampato. ■ Commedia; COL.; 85'; Francia, 2006.

TOP MODEL PER CASO *(Head Over Heels)* ★★
Regia di MARK S. WATERS. Con SHALOM HARLOW, IVANA MILICEVIC, SARAH O'HARE, MONICA POTTER, FREDDIE PRINZE JR. ■ Una clonazione di tutto: le commedie divertenti del cinema americano di un tempo, gli stereotipi (quelli di una volta sì divertenti) di quei film. Solo che i "modelli" non hanno quell'appeal e le storie sono state praticamente già tutte scritte. Ed ecco che vediamo tre ragazze in un appartamento di Manhattan. Hanno ambizioni e temperamenti del tutto diversi. Una sarebbe "quella seria" e fa la restauratrice. Le altre due sono modelle. Andirivieni di corteggiatori, piccoli e grossi guai conseguenti, gag tutte già viste. Estivo. ■ COMMEDIA; COL.; 86'; USA, 2001.

TOPO, EL ★★★
Regia di ALEJANDRO JODOROWSKY. Con ALEJANDRO JODOROWSKY, MARA LORENZIO, JACQUELINE LUIS. ■ Una didascalia spiega che "topo" in spagnolo significa talpa, un animale che scava le sue gallerie nel buio e «quando arriva alla luce diventa cieco». In questo caso l'uomo destinato a diventare cieco è una specie di eroe western che deve liberare un villaggio da quattro "maestri della pistola". ■ DRAMMATICO; COL.; 125'; MESSICO, 1971.

TOPO DI FIUME, IL *(River Rat)* ★★
Regia di TOM RICKMANN. Con BRIAN DENNEHY, TOMMY LEE JONES, MARTHA PLIMPTON. ■ Due ragazzini visitano nottetempo la villa di una vecchia che pare nasconda il denaro del defunto marito. Trovano i soldi ma lei ha una pistola e spara. Uno dei due, che morirà per mano della polizia, le prende l'arma e la uccide. L'altro viene condannato all'ergastolo, ma fa in tempo a nascondere la refurtiva che molti anni più tardi cercherà di recuperare. Perso l'amore della moglie gli rimarrà quello della figlia. Brian Dennehy è il cattivo di turno che cerca di impadronirsi del bottino. Regia di mestiere. ■ DRAMMATICO; COL.; 93'; USA, 1984.

TOPO GALILEO ★★
Regia di FRANCESCO LAUDADIO. Con ATHINA CENCI, BEPPE GRILLO, EROS PAGNI. ■ Un derattizzatore è incaricato di catturare un topo di laboratorio fuggito e perciò pericolosamente radioattivo. Ma nella caccia diventa radioattivo anche lui, e condannato a fare la cavia nel laboratorio come un topo. Ma una bella scienziata lo libererà. Apologo di un noto umorista che non serve troppo bene né la causa dell'antinucleare né la carriera cinematografica di Beppe Grillo. ■ COMMEDIA; COL.; 98'; ITALIA, 1987.

TOPOLINO MARTY E LA FABBRICA DI PERLE, IL ★★
(El ratón pérez)
Regia di JUAN PABLO BUSCARINI. ■ Lucia è una bambina che ha appena perso un dentino: presto Marty, un simpatico e vivace topolino, verrà a prenderlo nella sua cameretta per trasportarlo alla nave dove assieme ad altri roditori lo trasformerà in perla e lascerà in cambio una moneta. Quando Marty viene catturato con lo scopo di rubare la sua nave e il suo tesoro, sarà proprio Lucia, assieme al geniale cugino Oliver, a darsi da fare per liberarlo, nonostante i dubbi dei suoi genitori... ■ ANIMAZIONE; COL.; 90'; ARGENTINA, SPAGNA, 2006.

TOPOLINO SOTTO SFRATTO, UN *(Mouse Hunt)* ★★★
Regia di GORE VERBINSKI. Con MAURY CHAYAKIN, LEE EVANS, NATHAN LANE, VICKI LEWIS. ■ Il regista, che proviene dalla pubblicità, mette in scena un film che mescola visionarietà e stile da *cartoon*. Un fabbricante di gomitoli di spago lascia in eredità ai propri figli la fabbrica che sta per fallire e una casa malridotta. I due scoprono che quest'ultima è opera di un famoso architetto e può essere venduta per miliardi. Ci si mette un topolino che la abita a impedire loro di realizzare il progetto. ■ COMMEDIA; COL.; 97'; USA, 1997.

TOPOLINO STORY ★★★
Produzione DISNEY. ■ Antologia di famosi cortometraggi disneyani. ■ ANIMAZIONE; COL.; 93'; USA, 1971.

TOP SECRET! *(Top Secret)* ★★
Regia di JIM ABRAHAMS, DAVID ZUCKER, JERRY ZUCKER. Con LUCY GUTTERIDGE, VAL KILMER, OMAR SHARIF. ■ Il terribile trio di autori noto come "Zaz", dopo i due film della serie *L'aereo più pazzo del mondo*, colpisce ancora con questa scatenata parodia della spy story. In una improbabile Germania Est il cantante rock americano Nick Rivers (Kilmer) si trova alle prese con colonnelli nazisti, scienziati rapiti, partigiani francesi e traditori omosessuali in un frenetico susseguirsi di gag di buona, discreta e anche cattiva lega. ■ COMICO; COL.; 90'; USA, 1984.

TOP SENSATION ★★
Regia di OTTAVIO ALESSI. Con EDWIGE FENECH, ROSALBA NERI, EVA THULIN. ■ Una donna ricchissima ha un figlio ritardato mentale che assassina una ragazza di umili condizioni sociali. Per coprire il delitto, ne viene compiuto un altro. Ma il ragazzo folle uccide la madre e tutte le persone che l'avevano aiutato a nascondere le sue azioni criminose. ■ EROTICO; COL.; 90'; ITALIA, 1969.

TOPSY-TURVY ★★★
Regia di MIKE LEIGH. Con JIM BROADBENT, ALLAN CORDURER. ■ Il titolo è idiomatico e significa, più o meno, "sottosopra". Broadbent si è meritato un premio a Venezia per la sua interpretazione di questa rievocazione del mondo di Gilbert&Sullivan, maestri di operette. La regia del realista Leigh risulta un po' spiazzata tra piumini di cipria e lustrini, alla ricerca di una spensieratezza che finisce per essere un po' forzata. Gilbert&Sullivan preparano, nel film, il successo della loro opera più celebre, *Mikado*. Chi ama l'ambiente teatrale e la rievocazione dell'età vittoriana gradirà questo film. ■ COMMEDIA; COL.; 159'; GRAN BRETAGNA, 1999. ■ OSCAR 2 PR, 4 NOM; VENEZIA 1 PR.

TORA! TORA! TORA! ★★★
Regia di RICHARD FLEISCHER, TOSHIO MASUDA, KINIJ FUKASAKU. Con MARTIN BALSAM, JOSEPH COTTEN, JASON ROBARDS. ■ Il film, molto spettacolare, spiega come i giapponesi decisero di attaccare la base americana di Pearl Harbor. ■ GUERRA; COL.; 143′; USA, 1970. ■ OSCAR 1 PR, 5 NOM.

TORBIDA PASSIONE *(The Brothers)* ★★★
Regia di DAVID MACDONALD. Con WILL FYFFE, PATRICIA ROC. ■ Respinto da una ragazza, il primogenito di una famiglia patriarcale ordina al fratello minore di ucciderla. Il giovane esegue ma il suo rimorso lo conduce poi al suicidio, mentre il capo del clan, denunciato, subisce la giustizia degli uomini. ■ DRAMMATICO; B/N; 91′; GRAN BRETAGNA, 1947.

TORBIDE ACQUE *(The Night has Eyes)* ★★
Regia di LESLIE ARLISS. Con MARY CLARE, JOYCE HOWARD, JAMES MASON. ■ Un giovane crede di essere soggetto a crisi di follia, ma in realtà la sua mente è sanissima: le sue "crisi" sono abilmente provocate dall'infermiera che dovrebbe assisterlo, con la complicità di un cameriere. Il complotto viene a galla grazie a una ragazza che si innamora del giovane e lo aiuta con affetto e abnegazione a liberarsi dei suoi nemici. ■ DRAMMATICO; B/N; 79′; GRAN BRETAGNA, 1942.

TORBIDE OSSESSIONI *(The Underneath)* ★★
Regia di STEVEN SODERBERGH. Con JOE DON BAKER, PAUL DOOLEY, ALLISON ELLIOTT, PETER GALLAGHER, ELISABETH SHUE. ■ Uno scommettitore texano è rimasto al verde. Deve tornare a Austin per assistere al matrimonio della madre, ma prima vuole fare un colpo per sistemarsi definitivamente. Contatta la sua ex-amante che sta con un altro uomo e con loro architetta il piano. È tratto da un romanzo già trasposto sullo schermo da Siodmak nel suo *Doppio gioco*. ■ POLIZIESCO; COL.; 100′; USA, 1996.

TORBIDI AMORI *(Dark Delusion)* ★★★
Regia di WILLIS GOLDBECK. Con LIONEL BARRYMORE, LUCILLE BREMER, JAMES CRAIG. ■ Una ragazza è creduta pazza: il padre e il vecchio medico di famiglia intendono rinchiuderla in un ospedale psichiatrico. Ma la sua follia è solo la conseguenza di una brutta caduta da cavallo. Per fortuna della ragazza, un giovane medico si prende cura di lei, la opera e la salva. ■ COMMEDIA; B/N; 90′; USA, 1947.

TORCE ROSSE *(Indian Uprising)* ★★
Regia di RAY NAZARRO. Con AUDREY LONG, GEORGE MONTGOMERY. ■ Un gruppo di bianchi compie delle azioni criminali che vengono attribuite agli Apaches. Un capitano dell'esercito tenta di ristabilire la verità e l'ordine, ma è ostacolato dal suo superiore che scatena una guerra sanguinosa. Solo dopo che il conflitto avrà provocato molte vittime il capitano porrà fine alle ostilità. ■ WESTERN; COL.; 75′; USA, 1952.

TORCINASO – QUANDO IL SANGUE DIVENTA BOLLENTE, IL ★★
Regia di JOHN HENCKER. Con GIORGIO ARDISSON, ALICE ARNO, DAGMAR LASSANDER. ■ Un'intraprendente americana e un commissario di polizia studiano un colpo ai danni di un museo greco. La rapina fallisce, ma i due non si arrendono: cambiano solo obiettivo. ■ POLIZIESCO; COL.; 90′; ITALIA, 1975.

TORINO NERA ★★
Regia di CARLO LIZZANI. Con ANDREA BALESTRI, MARCEL BOZZUFFI, FRANÇOISE FABIAN, DOMENICO SANTORO, BUD SPENCER. ■ Al centro della vicenda c'è una fotografia: dimostrerebbe che il commendator Fridda è un assassino. Quest'ultimo fa fuori tutti quelli che lo minacciano, non ha pietà nemmeno di donne e bambini. Alla fine è il sicario Rao, già assunto dallo stesso Fridda, a fare giustizia. Un film molto deludente di un regista che in passato aveva dato risultati egregi. ■ DRAMMATICO; COL.; 105′; ITALIA, 1972.

TORINO VIOLENTA ★★
Regia di CARLO AUSINO. Con GIUSEPPE ALOTTA, EMANUEL CANNARSA, GEORGE HILTON, FRANCO NEBBIA. ■ Un commissario si trasforma in spietato giustiziere per far pulizia, a modo suo, di malviventi che ricattano le ragazze e le prostituiscono. Un collega scopre la sua doppia identità e lo uccide. ■ POLIZIESCO; COL.; 92′; ITALIA, 1977.

TORMENTED 3D ★★
Regia di TAKASHI SHIMIZU. Con TERUYUKI KAGAWA, HIKARI MITSUSHIMA, TAMAKI OGAWA, NAO OHMORI, TAKERU SHIBUYA. ■ Una famiglia apparentemente normale nasconde traumi e problemi mentali che l'arrivo di un misterioso coniglio di pezza smuoverà. Dal bambino, alla sorella muta, fino al padre apparentemente indifferente, tutti cominciano ad essere perseguitati da conigli di pezza grandi e piccoli, nei sogni come poi nella realtà, fino al confronto finale con se stessi. ■ DRAMMATICO; COL.; 83′; GIAPPONE, 2011.

TORMENTI *(Hearthaches)* ★★
Regia di DONALD SHEBIB. Con ROBERT CARRADINE, MARGOT KIDDER, ANNIE POTTS. ■ Una signora, sposata a un alcolizzato che butta il suo tempo negli autodromi, lo tradisce e rimane incinta. Piuttosto che dirgli che aspetta un figlio di un altro, se ne va di casa. Trova lavoro in una fattoria, dove un giorno la raggiunge il marito. Forse si rimetteranno insieme. ■ COMMEDIA; COL.; 95′; USA, 1981.

TORMENTI, FILM DISEGNATO ★★★
Regia di FILIBERTO SCARPELLI. Con OMERO ANTONUTTI, VALERIO MASTANDREA, ELIO PANDOLFI, ALBA ROHRWACHER, LUCA ZINGARETTI. ■ Nella Roma fascista degli anni Trenta in preda a fanfare nazionaliste e imperiali lavori di restauro, la giovane stiratrice Eleonora Ciancarelli detta Lolli incontra a una festa l'avvocato Rinaldo Maria Bonci Paonazzi, affabile trombone di mezza età vicino agli organi di regime. Fra i due inizia un'impetuosa relazione, nella quale Lolli diviene vittima delle passioni e del comportamento impetuoso e violento di Rinaldo. Almeno finché non conosce Mario Marchetti, giovane studente dedito al pugilato e alla causa antifascista che si innamora subito di lei. I due giovani sviluppano una corrispondenza segreta fatta di endecasillabi amorosi e desideri di fuga che porta Rinaldo fino a perdere il senno per la bella popolana. Straordinario disegnatore di tutti quei personaggi deboli e meschini che hanno reso grande la commedia all'italiana, Furio Scarpelli è stato in vita un talento prolifico tanto della scrittura che dell'illustrazione del carattere umano. ■ ANIMAZIONE; COL.; 80′; ITALIA, 2011.

TORMENTO *(Sadie McKnee)* ★★
Regia di CLARENCE BROWN. Con JOAN CRAWFORD, GENE RAYMOND, FRANCHOT TONE. ■ Joan Crawford prototipo, negli anni Trenta, della "ragazza che lavora", nei ritagli di tempo ha tre grandi passioni: un furbetto dongiovanni, un milionario di mezza età e una brava persona che non approfitta di lei pur facendole da datore di lavoro. Dopo molte traversie sarà lui ad averla. Gran successo all'epoca, presso tutte le fantesche e le dattilografe innamorate del "padrone". ■ DRAMMATICO; B/N; 100′; USA, 1934.

TORMENTO *(Die Nacht der Entscheidung)* ★★★
Regia di NUNZIO MALASOMMA. Con POLA NEGRI, IVAN PETROVICH. ■ Una donna sta per lasciare il marito e la figlioccia per amore di un uomo. La ragazza convince l'amante della matrigna a partire. La pace torna in famiglia. ■ DRAMMATICO; B/N; 92′; GERMANIA, 1938.

TORMENTO ★★★
Regia di RAFFAELLO MATARAZZO. Con AMEDEO NAZZARI, YVONNE SANSON. ■ Perseguitata dalle angherie della perfida matrigna, una ragazza fugge da casa e raggiunge il fidanzato a Milano. Le sue disgrazie non sono però che al principio: ben presto il fidanzato finisce in prigione (innocente, naturalmente) e lei, che è in attesa di un figlio, è costretta a chiedere aiuto alla matrigna che può così continuare con le sue cattiverie. Alla fine l'innocente esce di prigione e sistema tutto. ■ DRAMMATICO; B/N; 91′; ITALIA, 1950.

TORMENTO CHE UCCIDE *(Bel amour)* ★★
Regia di FRANÇOIS CAMPAUX. Con GISÈLE PASCAL, ODILE VERSOIS, ANTONIO VILAR. ■ Un medico, per rispetto della moglie molto ammalata, evita di chiederle il divorzio. Mesi dopo incontra la donna che avrebbe voluto sposare, ma ormai lei ha contratto matrimonio, e pur amandolo lo respinge. ■ DRAMMATICO; B/N; 95′; FRANCIA, 1950.

TORMENTO D'AMORE ★★
Regia di CLAUDIO GORA. Con JOSÉ NIETO, MASSIMO SERATO, MARTA TOREN, OTELLO TOSO. ■ Una storia d'amore si conclude tragicamente: lui crede che la sua donna non abbia completamente dimenticato il rivale e sposa un'altra. Anni dopo i due si ritrovano: lei, nel frattempo, ha imboccato una strada sbagliata e per la vergogna si toglie la vita. ■ DRAMMATICO; B/N; 92'; ITALIA, SPAGNA, 1958.

TORMENTO DEL PASSATO ★★
Regia di MARIO BONNARD. Con CARLA DEL POGGIO, MARC LAWRENCE, HÉLÈNE REMY. ■ Un fuorilegge, fuggito prima di sapere che la sua donna attende un figlio, torna da lei anni dopo e le propone di fuggire. La donna rifiuta e lo uccide senza volerlo. Prima di morire lui fa in tempo a scagionarla. ■ DRAMMATICO; B/N; 90'; ITALIA, 1952.

TORMENTO DI ANIME ★★
Regia di CESARE BARLACCHI. Con MINO DORO, MARIA FRAU, ROBERTO RISSO, LEOPOLDO VALENTINI. ■ In guerra molte donne di un paesino sono state violentate dal nemico, e quando torna la pace nessuno vuole più sposarle. Il parroco e il sindaco riusciranno a far dimenticare il passato. ■ DRAMMATICO; B/N; 92'; ITALIA, 1953.

TORMENTO DI UN'ANIMA *(Man on Fire)* ★★
Regia di RANALD MACDOUGALL. Con BING CROSBY, MARY FICKETT, INGER STEVENS. ■ Due coniugi divorziati si contendono la custodia del loro bambino. La spunterà la madre, che non può più avere figli, mentre il padre sposerà la giovane che ha compreso di amare. ■ DRAMMATICO; B/N; 88'; USA, 1957.

TORMENTO E L'ESTASI, IL ★★★
(The Agony and the Ecstasy)
Regia di CAROL REED. Con DIANE CILENTO, REX HARRISON, CHARLTON HESTON, TOMAS MILIAN. ■ La vita di Michelangelo dalla commissione alla conclusione della Cappella Sistina per volere di papa Giulio II. Il grande artista passa angosciosi momenti di sconforto e di insicurezza, ma la sua opera gli fa scoprire capacità che non credeva di possedere. ■ BIOGRAFICO; COL.; 140'; GRAN BRETAGNA, 1965. ■ DAVID DI DONATELLO 1 PR, 1 NOM; OSCAR 5 NOM.

TORNA! ★★
Regia di RAFFAELLO MATARAZZO. Con FRANCO FABRIZI, AMEDEO NAZZARI, YVONNE SANSON. ■ Un uomo si vendica della donna che l'ha rifiutato distruggendo la sua serenità familiare. Prima di morire, però, confessa la sua colpa, e i coniugi ritrovano l'armonia di sempre. Rifatto nel 1983 con Mario Merola e Agostina Belli. ■ COMMEDIA; COL.; 100'; ITALIA, 1953.

TORNA A CASA, LASSIE! *(Lassie Come Home)* ★★★
Regia di FRED MCLEOD WILCOX. Con NIGEL BRUCE, DONALD CRISP, RODDY MCDOWALL, ELIZABETH TAYLOR, DAME MAY WHITTY. ■ Una cagna, venduta per necessità, torna per ben due volte al suo padrone. Il nuovo proprietario, allora, la fa trasferire a chilometri di distanza: il fedele cane non esita, e alla prima occasione, superando difficoltà di ogni genere, ritrova la sua casa, dove finalmente potrà rimanere. ■ COMMEDIA; COL.; 88'; USA, 1943. ■ OSCAR 1 NOM.

TORNA A CASA MAMMA *(Veda)* ★
Regia di LEE MARTIN BROOK. Con YEAN ANYL, GUS CEYLON, IRENE DAMON. ■ Una cantante famosa trascura il proprio figlioletto, che, dopo una fuga da casa per tentare di raggiungerla, morirà tra le sue braccia. ■ DRAMMATICO; B/N; 92'; TURCHIA, 1975.

TORNA A CASA SALTY ★★
Regia di MICHAEL DUGAN. Con FOSTER BROOKS, SARAH BROWN, STERLING HOLLOWAY. ■ Una bimba trova e alleva un cucciolo di foca. L'animale, fuggito di casa, dopo numerose avventure finirà in un parco marino e alla bimba verrà permesso di addestrarlo. In questo modo i due si ricongiungono. ■ COMMEDIA; COL.; 85'; USA, 1977.

TORNA A NAPOLI – SIMME 'E NAPULE, PAISÀ ★★
Regia di DOMENICO GAMBINO. Con PAOLA BARBARA, MARINA BONFIGLI, VITTORIO DUSE, NINO MANFREDI. ■ Due giovani si amano ma non possono sposarsi per il divieto del padre di lui. Dopo qualche tempo, una spiegazione dell'uomo porta alla riconciliazione. ■ COMMEDIA; B/N; 90'; ITALIA, 1961.

TORNA A SETTEMBRE *(Come September)* ★★★
Regia di ROBERT MULLIGAN. Con SANDRA DEE, ROCK HUDSON, GINA LOLLOBRIGIDA. ■ Al suo anticipato arrivo in Italia, un americano scopre che l'amante sta per sposarsi e che la sua villa è stata trasformata in un albergo. Egli si interessa del gruppo di ragazze che lo abitano e poi si unisce con l'amante che ha rinunciato al progettato matrimonio. ■ COMMEDIA; COL.; 112'; USA, 1961.

TORNA A SORRENTO ★★
Regia di CARLO LUDOVICO BRAGAGLIA. Con GINO BECHI, ADRIANA BENETTI, AROLDO TIERI. ■ Una ragazza fugge di casa per raggiungere l'innamorato. Un suo omonimo l'aiuta a cercarlo, e nel frattempo si innamora di lei e la sposa. ■ COMMEDIA; B/N; 93'; ITALIA, 1945.

TORNA, CARO IDEAL... ★★
Regia di GUIDO BRIGNONE. Con LAURA ADANI, CARLO LOMBARDI. ■ Lacrimevole storia di un amore impossibile fra un musicista e una straniera. La donna si ammala gravemente e muore. Il musicista scriverà una romanza, quella appunto che dà il titolo al film. ■ COMMEDIA; B/N; 91'; ITALIA, 1939.

TORNA CON ME *(Let's Dance)* ★★★
Regia di NORMAN Z. MCLEOD. Con FRED ASTAIRE, BETTY HUTTON. ■ Una vedova raggiunge, col figlioletto, l'ex compagno di danza. Costui le chiede di sposarlo e lei accetta. Ma il suo carattere troppo impetuoso e la presenza di una terza incomoda minacciano di far fallire il matrimonio. ■ MUSICALE; B/N; 112'; USA, 1950.

TORNADO ★★
Regia di ANTHONY DAWSON. Con TIMOTHY BRENT, ALAN COLLINS, ANTONIO MARSINA. ■ In Vietnam, un sergente americano è costretto ripetutamente ad opporsi a un capitano che manda al macello i suoi uomini pur di far carriera. Arrestato, si rifugia nella giungla, dove viene catturato dai vietcong, ma riesce a fuggire, affrontando il capitano in un duello finale. Western militare, scopiazzatura di *Rambo*. ■ GUERRA; COL.; 90'; ITALIA, 1983.

TORNA "EL GRINTA" *(Rooster Cogburn)* ★★★
Regia di STUART MILLAR. Con KATHARINE HEPBURN, JOHN WAYNE, ANTHONY ZERBE. ■ Continuazione di *Il Grinta*: un anziano poliziotto è sulle tracce di una pericolosa banda. Nel lungo viaggio verso il covo viene affiancato da una coraggiosa donna e da un giovane, incontrati casualmente e rivelatisi di grande aiuto. Il poliziotto stermina i malviventi e il giudice, in genere contrario ai metodi sbrigativi del subalterno, lo conferma alla carica. ■ WESTERN; COL.; 107'; USA, 1975.

TORNA L'AMORE SUL DANUBIO *(Hofrat Geiger)* ★★
Regia di HANS WOLFF. Con MARIA ARDERGAST, PAUL HÖRBIGER. ■ Un funzionario austriaco si reca dalla donna che anni prima ha avuto un figlio da lui: vuole "riparare". Lei dapprima rifiuta, poi per non cedere al ricatto di uno spasimante accetta con grande gioia dell'ex seduttore. ■ COMMEDIA; B/N; 92'; GERMANIA, 1948.

TORNANDO A CASA *(Coming Home)* ★★★
Regia di HAL ASHBY. Con BRUCE DERN, JANE FONDA, JON VOIGHT. ■ Allo scoppio del conflitto nel Vietnam, un ufficiale americano parte per la guerra. Sua moglie, infermiera volontaria, conosce un reduce paralizzato del quale si innamora. L'uomo, fervente assertore del non-intervento, è sorvegliato dall'Fbi che mette al corrente l'ufficiale della relazione dell'infermo con sua moglie. L'uomo sta per uccidere il rivale, ma riesce a vincere l'insano proposito ■ DRAMMATICO; COL.; 127'; USA, 1978. ■ CANNES 1 PR; GOLDEN GLOBES 2 PR, 6 NOM; OSCAR 3 PR, 8 NOM.

TORNANDO A CASA ★★★
Regia di VINCENZO MARRA. Con AZOUZ ABDELAZIZ, GIOVANNI IACCARINO, SALVATORE IACCARINO, ROBERTA PAPA, ANIELLO SCOTTO D'ANTUONO. ■ Un gruppo di pescatori napoletani opera in Sicilia e non ha vita facile. Salvatore, il capitano, tentando di ottenere più pescato sconfina nelle acque nordafricane mettendo a repentaglio la vita degli uomini. I quali decidono di tornare a Napoli. Franco, che è il più giovane, però vorrebbe lasciar perdere tutto e andarsene in America, mentre Salvatore si trova contro la

camorra e i pescatori del posto. Quando poi Rosa, la fidanzata di Franco, viene uccisa accidentalmente da un ragazzino tutto sembra precipitare. Anche se, forse, gli resta un'ultima occasione. Opera che guarda con occhio lucido e partecipe alla vita di "ultimi" quali sono i pescatori, avvalendosi di attori non professionisti che offrono al film una ruvida schiettezza. Ma non dimenticando mai le esigenze di narrazione e di rapporto con il pubblico. Un esordio sicuramente interessante che non dimentica la lezione di Visconti e Antonioni ■ DRAMMATICO; COL.; 88'; ITALIA, 2001.

TORNANDO A CASA PER NATALE ★★★
(Hjem til Jul)
Regia di BENT HAMER. Con ARIANIT BERISHA, SANY LESMEISTER, IGOR NECEMER, NADJA SOUKUP, NINA ZANJANI. ■ Un cecchino mira a un bambino nel cielo grigio dell'ex Jugoslavia, il dito è sul grilletto ma un taglio di montaggio netto ci scaraventa a Skogli, in Norvegia. Nelle ore prima di Natale si sfiorano le storie di Jordan, ex campione di calcio e ora barbone; di Paul, ragazzino che mente sulla sua religione per rimanere con la sua compagna di classe musulmana; di un papà che può rivedere i figli solo con la maschera di Babbo Natale, e di due coppie: una farà nascere il proprio neonato in un cottage senza acqua grazie a un medico sensibile e un'altra clandestina dove lei soffre perché l'amante non si decide a lasciare la moglie. Ognuno di loro cerca di tornare a casa per Natale. Il regista norvegese Bent Hamer (*Factotum*) fa sfiorare sei storie di atmosfera natalizia tratte dalla raccolta *Only Soft Present Under the Tree* del connazionale Levy Henriksen completandole con un prologo-epilogo balcanico di sua invenzione. ■ COMMEDIA; COL.; 85'; NORVEGIA, SVEZIA, GERMANIA, 2010.

TORNA, PICCINA MIA! ★★
Regia di CARLO CAMPOGALLIANI. Con MARA LANE, TAMARA LEES, MILLY VITALE. ■ Una bambina si perde e viene allevata da due girovaghi. Anni dopo incontra, e si innamora, il ragazzo adottato dal suo vero padre. Uno spasimante geloso cerca di dividerli, ma inutilmente: la fanciulla scopre così la sua vera identità. ■ DRAMMATICO; B/N; 91'; ITALIA, 1955.

TORNA, PICCOLA SHEBA! *(Come Back, Little Sheba)* ★★★
Regia di DELBERT MANN. Con SHIRLEY BOOTH, BURT LANCASTER, TERRY MOORE. ■ Due coniugi senza figli affidano una camera ad una studentessa. Lui si innamora a modo suo di lei e la circonda di una protezione ossessiva. Poiché la crede amante di un coetaneo si dà al bere. Dopo una crisi e il ricovero ospedaliero, torna a casa rinsavito e deciso a non ricadere più nel vizio. ■ DRAMMATICO; B/N; 99'; USA, 1953. ■ CANNES 2 PR; OSCAR 1 PR, 3 NOM.

TORNARE INDIETRO ★
Regia di RENZO BADOLISANI. Con GIANFRANCO JANNUZZO, UGO PIVA, MASSIMO WERTMÜLLER. ■ Un pittore deve attraversare l'Italia per recarsi in Calabria, dove è stata allestita una sua personale: sarà l'occasione per tuffarsi nei ricordi della gioventù. Si tratta di un piccolo film che non lascia tracce se non per alcuni aspetti di carattere documentaristico. ■ DRAMMATICO; COL.; 102'; ITALIA, 2002.

TORNARE PER RIVIVERE *(Partir, revenir)* ★★★
Regia di CLAUDE LELOUCH. Con FRANÇOISE FABIAN, ANNIE GIRARDOT, MICHEL PICCOLI, JEAN-LOUIS TRINTIGNANT. ■ Durante una trasmissione televisiva, una scrittrice ebrea rievoca il suo passato: l'amore tra il padre psichiatra e la madre farmacista, il fratello musicista perennemente impegnato in esercizi al pianoforte, la portinaia che li denuncia alla Gestapo, la fuga verso il castello abitato da una famiglia di amici, la nuova, misteriosa denuncia ai tedeschi e la morte di tutta la sua famiglia nei campi di sterminio. Il ricordo forse più doloroso, però, è quello, più recente, della misteriosa verità: a denunciarli fu proprio l'amica di famiglia che, ossessionata dal rimorso, si uccise. Alla scrittrice superstite rimasero soltanto la sua arte e l'amore d'infanzia. ■ DRAMMATICO; COL.; 117'; FRANCIA, 1985.

TORNATO PER UCCIDERE *(The Stranger Within)* ★
Regia di TOM HOLLAND. Con KATE JACKSON, RICKY SCHROEDER. ■ È rimasta vedova e ora sparisce anche suo figlio. Dopo quindici anni il ragazzo ritorna. Ma forse non è lui. ■ DRAMMATICO; COL.; 90'; USA, 1991.

TORNERAI *(Meet me on Broadway)* ★★
Regia di LEIGH JASON. Con FRED BRADY, MARJORIE REYNOLDS. ■ Alcuni artisti si licenziano dalla compagnia in cui lavorano per mettersi in proprio. Ci riescono quando una commedia andata in scena con la loro supervisione ottiene uno strepitoso successo. ■ MUSICALE; B/N; 92'; USA, 1946.

TORNO A VIVERE DA SOLO ★
Regia di JERRY CALÀ. Con JERRY CALÀ, TOSCA D'ACQUINO, ENZO IACCHETTI, DON JOHNSON, PAOLO VILLAGGIO. ■ Giacomo torna a vivere da solo, dopo l'avventura in solitaria di 26 anni fa, raccontata in *Vado a vivere da solo*, lo stesso personaggio decide nuovamente di abitare il suo appartamento (che oggi però si chiama loft) con il medesimo arredamento kitsch (ma aggiornato) e le medesime grane. A cambiare è il contesto intorno a lui. Superfluo. ■ COMMEDIA, COL., 106'; ITALIA, 2008.

TORO, IL ★★★
Regia di CARLO MAZZACURATI. Con DIEGO ABATANTUONO, ROBERTO CITRAN, MARCO MESSERI. ■ Mazzacurati conferma i buoni risultati di *Un'altra vita*, primo film della maturità artistica, con questa commedia dolce-amara dove si narra del viaggio di due amici verso l'Est europeo. Vincitore del Leone d'Argento a Venezia e premio come miglior attore non protagonista a Roberto Citran. Franco viene licenziato da un'azienda che alleva bovini e per risposta ruba Corinto, il miglior toro. È però un toro particolare, da fecondazione artificiale. Convince l'amico Loris, molto perplesso a dire il vero, ad andare in Ungheria per venderlo. La cosa non è facile e dopo alcuni incontri di varia umanità i due dovranno ridimensionare il loro progetto. Buone le musiche di Ivano Fossati. ■ COMMEDIA; COL.; 105'; ITALIA, 1994. ■ VENEZIA 2 PR.

TO ROME WITH LOVE ★★★
Regia di WOODY ALLEN. Con WOODY ALLEN, ALEC BALDWIN, ROBERTO BENIGNI, PENELOPE CRUZ, JUDY DAVIS, JESSE EISENBERG, ALESSANDRA MASTRONARDI, MONICA NAPPO, ELLEN PAGE, FLAVIO PARENTI, ALISON PILL, ALESSANDRO TIBERI. ■ Jack e Sally sono una coppia di studenti americani a Roma, in attesa dell'amica di lei, Monica, un'attrice in erba con la fama della seduttrice seriale. John è un famoso architetto, di ritorno nella città eterna dopo trent'anni, che rivede in Jack se stesso da ragazzo e tenta inutilmente di metterlo in guardia rispetto a Monica. Anche Hayley è giovane e americana: innamoratasi di Michelangelo, figlio di un impresario di pompe funebri, convoca i propri genitori in Italia per far conoscere le famiglie. Insieme al padre regista d'opera in pensione e alla madre strizzacervelli, arriva a Roma anche una coppietta di Pordenone che finirà separata per un giorno da un turbine di equivoci. Ultimo è Leopoldo Pisanello, che diverrà per qualche tempo personaggio di fama grazie al potere della televisione. Un decamerone di storielle morali, esasperatamente italiane. Forse Allen voleva togliersi lo sfizio di una città che ama. Anche se la ama meno di Parigi. ■ COMMEDIA; COL.; 111'; USA, ITALIA, SPAGNA, 2012.

♥ **TORO SCATENATO** *(Raging Bull)* ★★★
Regia di MARTIN SCORSESE. Con ROBERT DE NIRO, CATHY MORIARTY, JOE PESCI. ■ Storia di Jake La Motta, un duro italoamericano del Bronx che divenne campione mondiale dei pesi medi all'indomani della seconda guerra mondiale. Detronizzato da Sugar Ray Robinson, si ritira a vita privata. Abbandonato dalla moglie, rovinato da una serie di iniziative economiche sballate, La Motta sembra finito. Riuscirà però a trovare un nuovo, seppur modesto successo, come intrattenitore nei night club. L'italo americano Martin Scorsese racconta di un altro italo-americano famoso con memorabili immagini in bianco e nero. De Niro ci dà una delle sue migliori (e più estenuanti) interpretazioni. ■ BIOGRAFICO; B/N; 128'; USA, 1980. ■ GOLDEN GLOBES 1 PR, 6 NOM; OSCAR 2 PR, 8 NOM.

TORQUE – CIRCUITI DI FUOCO *(Torque)* ★
Regia di JOSEPH KAHN. Con ICE CUBE, MAX BEESLEY, JOHN DOE, LANCE GILBERT, MARTIN HENDERSON, JAY HERNANDEZ, WILL YUN LEE, MONET MAZUR, JAIME PRESSLY, MATT SCHULZE, ADAM SCOTT. ■ Serio candidato alla palma di peggior film degli ultimi anni. *Torque* offre lo spunto per una seria riflessione sul

ruolo degli stuntman e sul futuro del cinema d'azione. Considerando che, nell'ignobile guazzabuglio di effetti speciali, persino gli attori, nella scena finale, sono digitalizzati (male), resta da chiedersi che senso abbia produrre film di questo genere con attori in carne ed ossa. Dov'è il mestiere? Dov'è la tecnica? Un bambino di cinque anni con un computer ben attrezzato farebbe meglio. Zero artistico assoluto. ■ AZIONE; COL.; 81'; USA, 2004.

TORRE BIANCA, LA *(The White Tower)* ★★★
Regia di TED TETZLAFF. Con GLENN FORD, CLAUDE RAINS, ALIDA VALLI. ■ Una giovane vuole scalare la montagna che ha ucciso suo padre. Parte con cinque compagni che vengono fermati dalle difficoltà dell'impresa; uno muore e lei prosegue, ma rinuncia a raggiungere la vetta per portare soccorso ad un compagno anziano, incapace di superare la dura prova. ■ DRAMMATICO; COL.; 98'; USA, 1950.

TORRE CRUDELE, LA *(The Crudel Tower)* ★★
Regia di LEW LANDERS. Con MARIE BLANCHARD, JOHN ERICSON, CHARLES MCGRAW. ■ Un giovane si innamora della compagna di un uomo violento. Costui uccide l'amante della propria moglie, dalla quale vive separato, quindi tenta di eliminare anche il rivale. Questi però ha la meglio ed è lui a rimetterci la vita. ■ DRAMMATICO; B/N; 80'; USA, 1957.

TORRE DEI MIRACOLI, LA ★★
(Buridan heros de la tour de Nesle)
Regia di EMILE COUZINET. Con CLARISSA DEUDON, GEORGES ROLLIN, JACQUES TORRENS. ■ Amori e vendette alla corte di Luigi X: un giovane ribelle uccide il nobile che ha fatto giustiziare il padre dell'amata; il re giustizia la regina che si era incapricciata del ribelle. ■ DRAMMATICO; B/N; 94'; FRANCIA, 1952.

TORRE DEL PIACERE, LA *(La tour de Nesle)* ★★★
Regia di ABEL GANCE. Con PIERRE BRASSEUR, PAUL GUERS, SILVANA PAMPANINI. ■ È la storia di una crudele regina che fa uccidere tutti i suoi amanti e condanna a morte due giovani prima di sapere che sono figli suoi. ■ DRAMMATICO; COL.; 92'; FRANCIA, 1955.

TORRE DI BABELE, LA *(The Babylon Tower)* ★
Regia di JACK B. HIVELY. Con RICHARD BASEHART, VINCE EDWARDS, DANA ELCAR, CLIFF EMMICH, ERIN MORAN, RON PALILLO. ■ La storia della torre di Babele, riproposta in chiave cinematografica. Si racconta di come i discendenti di Noè, tanto numerosi da avere costruito diverse città, avessero deciso di edificare una torre altissima per raggiungere il cielo e poter dialogare con Dio. ■ STORICO; COL.; 100'; USA, 1982.

TORRE DI LONDRA, LA *(Colonel Blood)* ★★
Regia di W. P. LIPSCOMB. Con FRANK CELLIER, ANNE GREY. ■ Un giovane, entrato nelle simpatie del re, per pagare un grosso debito ruba la corona custodita nella Torre di Londra. Ma viene arrestato e condannato a morte. Chiede come ultimo desiderio di parlare col sovrano, lo inganna abilmente e salva la pelle. ■ COMMEDIA; B/N; 98'; GRAN BRETAGNA, 1934.

TORREMOLINOS 73 ★★
Regia di PABLO BERGER. Con MALENA ALTERIO, RAMÓN BAREA, JAVIER CAMARA, JUAN DIEGO, THOMAS BO LARSEN, MADS MIKKELSEN, CANDELA PEÑA, FERNANDO TEJERO. ■ Alfredo Lopez è un venditore di enciclopedie a domicilio, con scarso successo, per la casa editrice Montoya. Per salvare l'azienda dal fallimento il proprietario decide di diversificare gli investimenti coinvolgendo i suoi venditori (quattro in tutto) in una sorta di pseudo esperimento scientifico: realizzare dei film per la fantomatica "enciclopedia mondiale sulla riproduzione" (in realtà film erotici amatoriali), da vendere nei paesi del Nord Europa. ■ COMMEDIA; COL.; 91'; DANIMARCA, SPAGNA, 2003.

TORRENTE, IL ★★
Regia di MARCO ELTER. Con MIRANDA BONANSEA, NELLY CORRADI, CAMILLO PILOTTO. ■ Un uomo accoglie nella sua casa un'orfana e la sposa in punto di morte. La vedova, a sua volta, offre ospitalità ad un giovane che diventerà suo marito. ■ DRAMMATICO; B/N; 90'; ITALIA, 1937.

TORTA DI MELE ★★
Regia di ANNA CARLUCCI. Con ALESSANDRA CASELLA, GIANNINA FACIO, FRANCO INTERLENGHI, ANTONELLA LUALDI, GIANMARCO TOGNAZZI. ■ Un uomo si risposa con due figli già grandi. Incomprensioni, anche per l'insensibilità del padre nei confronti della figlia incinta. ■ COMMEDIA; COL.; 95'; ITALIA, 1993.

TORTA IN CIELO, LA ★★★
Regia di LINO DEL FRA. Con UMBERTO D'ORSI, DANIELA MINNITI, DIDI PEREGO, PAOLO VILLAGGIO. ■ Un'enorme torta scende dal cielo su una borgata romana. Tutti credono che sia l'inizio di un'invasione extraplanetaria. In realtà è una bomba che un uomo ha trasformato in dolce, col quale viaggia nello spazio. La guerra scoppierà lo stesso, ma alla fine avranno partita vinta i bambini, che si ribelleranno contro chi li voleva strumentalizzare. ■ FANTASTICO; COL.; 101'; ITALIA, 1974.

TORTILLA SOUP ★★
Regia di MARÍA RIPOLL. Con HECTOR ELIZONDO, JACQUELINE OBRADORS, ELIZABETH PEÑA, RAQUEL WELCH. ■ La storia di *Mangiare, bere, uomo, donna* di Ang Lee viene adattata dal regista: protagoniste questa volta tre giovani di origine messicana, che vivono sole col padre; questi è un uomo severo, per il quale il rito della cena, da consumarsi insieme, deve essere rispettato a tutti i costi. Commedia a tratti godibile che però non riesce a conferire al cibo quel valore simbolico che assumeva nell'originale. ■ COMMEDIA; COL.; 97'; USA, 2003.

TORTURA *(Inside the Walls of Folsom Prison)* ★★★
Regia di CRANE WILBUR. Con DAVIS BRIAN, STEVE COCHRAN, SCOTT FORBES. ■ Un poliziotto umanitario riporta ordine e buon senso in un penitenziario-lager dove i detenuti si sono ribellati sanguinosamente ai metodi crudeli dei secondini. ■ DRAMMATICO; B/N; 87'; USA, 1951.

TORTURA *(Gloria Mundi)* ★★★
Regia di NICO PAPATAKIS. Con PHILIPPE ADRIEN, ROLAND BERTIN, OLGA KARLATOS. ■ Un'attrice partecipa ad un film ambientato in Africa che documenta le torture inflitte, in quel paese, dai francesi. Per entrare meglio nella parte ella stessa si adatta ad atrocità di diverso genere; il regista, costretto alla clandestinità, viene ucciso davanti ai suoi occhi. ■ DRAMMATICO; COL.; 90'; FRANCIA, 1975.

TORTURA DELLA FRECCIA, LA *(Run of the Arrow)* ★★★
Regia di SAMUEL FULLER. Con CHARLES BRONSON, TIM MCCOY, RALPH MEEKER, SARA MONTIEL, ROD STEIGER. ■ Un sudista deluso dalla sconfitta va a vivere con i pellerossa. La crudele morte di un ex nemico per mano del nuovo popolo gli fa comprendere che non può dimenticare la sua nazionalità: parte con la famigliola per tornare dalla sua gente. ■ WESTERN; COL.; 86'; USA, 1956.

TORTURA DEL SILENZIO, LA *(The Angry Silence)* ★★★
Regia di GUY GREEN. Con RICHARD ATTENBOROUGH, MICHAEL CRAIG, ANNA MARIA PIERANGELI. ■ Un operaio si oppone ad uno sciopero, peraltro ingiustificato, e viene allontanato da tutti i compagni. Dopo un secondo sciopero, durante il quale rimane ferito, un collega si erge in sua difesa. ■ DRAMMATICO; B/N; 94'; GRAN BRETAGNA, 1960. ■ OSCAR 1 NOM.

TORTURER, THE ★★
Regia di LAMBERTO BAVA. Con CARLA CASSOLA, EMILIO DE MARCHI, SIMONE CORRENTE. ■ Ginette è una giovane attrice che decide di fare un provino con il regista Alex Scerba, un artista famoso per i suoi lavori estremi. Alla fine del provino tra i due nasce qualcosa e iniziano a frequentarsi. Parallelamente, nello stesso teatro, un misterioso uomo – con la scusa di tenere dei provini per un film – costringe alcune giovani ragazze ad accettare di provare scene molto estreme, per torturarle e filmare la loro morte. ■ THRILLER; COL.; 100'; ITALIA, 2005.

TORTURE ZONE, THE ★
Regia di JUAN IBAÑEZ. Con JULISSA CARLOS EAST, BORIS KARLOFF, ISELA VEGA. ■ Uno scienziato sta svolgendo alcuni esperimenti su una creatura vecchia di milioni di anni, che ha trovato sepolta sotto un vulcano. Riesce a farla tornare in vita, ma il prezzo è altissimo, e va pagato col sangue delle fanciulle che le vengono offerte come nutrimento. ■ HORROR; COL.; 90'; MESSICO, 1987.

TOSCA ★★
Regia di Carlo Koch. Con Rossano Brazzi, Argentina Imperio, Michel Simon. ■ Realizzazione cinematografica del famoso dramma di Sardou, celebre per essere stato musicato da Puccini. Efficace l'interpretazione di Michel Simon. ■ Drammatico; b/n; 105′; Italia, 1941.

TOSCA ★★
Regia di Carmine Gallone. Con Franco Corelli, Franca Duval, Afro Poli. ■ La cantante Floria Tosca cerca di salvare il pittore Cavaradossi che complotta contro lo Stato Pontificio. Ma il perfido Scarpia, capo della polizia, fa ugualmente fucilare Cavaradossi. Tosca allora lo uccide e si getta giù dagli spalti di Castel Sant'Angelo. ■ Drammatico; col.; 112′; Italia, 1956.

TOSCA ★★★
Regia di Benoît Jacquot. Con Roberto Alagna, Angela Gheorghiu, Ruggero Raimondi. ■ La storia di Tosca è nota e non staremo qui a riassumerla. È forse più interessante sapere che il film è nato su sollecitazione di Daniel Toscan du Plantier che, oltre ad essere produttore e presidente dell'UniFrance è anche un melomane appassionato (gli si deve il *Don Giovanni* di Losey). Jacquot (*Sade* con Daniel Auteuil) afferma: «Tosca è per me una sorta di attrice che porta in se stessa uno stato passionale, una donna molto dinamica che giostra abilmente tra due uomini che incarnano due figure contrapposte (l'angelo e il demonio) un po' come Lulù». Il regista colloca l'azione, come ormai si usa, "nei luoghi veri", ma la alterna alle sedute di registrazione in studio riprese con un bianco e nero fortemente illuminato. Il risultato non è esaltante ma neppure fastidioso. Sappiamo quanto sia difficile rendere viva un'opera al giorno d'oggi. Jacquot non ti fa accorgere dello scorrere del tempo. Questo è già un risultato degno di interesse. ■ Musicale; col.; 120′; Francia, Germania, Italia, 2001.

TOSCA ★★
Regia di Beppe De Tomasi. Con Maria Guleghina, Sung Kyu Park, Giorgio Surian. ■ Orchestra e Coro del Festival Puccini diretti dal regista Beppe De Tomasi per uno spettacolo esclusivo ed affascinante, magistralmente interpretato dal soprano Maria Guleghina, una delle principali interpreti pucciniane. Al suo fianco il tenore coreano Sung Kyu Park interpreta il ruolo di Mario Cavaradossi, mentre torna nel ruolo di Scarpia Giorgio Surian, già in passato acclamato interprete dell'opera pucciniana. Il film è la ripresa dello spettacolo allestito al Gran Teatro Giacomo Puccini di Torre del Lago, trasposto al cinema con la purezza dell'audio 5.1 e l'alta definizione digitale. Il progetto contribuisce a diffondere l'opera lirica in tutta Italia, creando l'occasione per rivivere le emozioni del teatro sul grande schermo. ■ Opera Drammatica; col.; 180′; Italia, 2010.

TOSCA, LA ★★★
Regia di Luigi Magni. Con Vittorio Gassman, Umberto Orsini, Luigi Proietti, Monica Vitti. ■ Adattamento del dramma di Sardou in veste musicale, ironica e romanesca. Un'opera abbastanza originale. ■ Musicale; col.; 104′; Italia, 1973.

TOSCA E ALTRE DUE ★★★
Regia di Giorgio Ferrara. Con Adriana Asti, Carlo Cecchi, Franca Valeri. ■ Emilia è la custode di Palazzo Farnese. È sposata con un carceriere di Castel Sant'Angelo ma è anche una casalinga di ferro che non si scompone per i traffici poco ortodossi che avvengono nel palazzo. Fanaticamente devota al padrone, trascorre le giornate conversando con l'amica Iride, ex prostituta ora moglie del tirapiedi del barone. Che si chiama Scarpia, ha una passione per una certa Tosca e un rivale in un pittore, tal Cavaradossi. Se non mai è facile portare sullo schermo un'opera teatrale, è ancora più difficile farlo quando il testo di partenza consiste nella visione dal buco della serratura di una portineria di un capolavoro operistico come la pucciniana *Tosca*. Le trappole, dallo scadere nel melodramma al rischio del mero teatro filmato, sono evidenti. Il regista Ferrara – bravo – riesce però a evitarle quasi completamente. ■ Commedia; col.; 88′; Italia, 2002.

TOTAL RECALL – ATTO DI FORZA *(Total Recall)* ★★
Regia di Len Wiseman. Con Kate Beckinsale, Jessica Biel, Bryan Cranston, John Cho, Colin Farrell. ■ Doug Quaid è un operaio della colonia che ogni giorno viaggia attraverso il nucleo della Terra verso l'Unione Federale Britannica, dove collabora alla costruzione degli automi che riempiono le fila della polizia federale. Di notte, invece, gli incubi non gli danno tregua. Per questo, nonostante la vicinanza della bella moglie e l'amicizia di qualche collega, una sera Doug si convince di aver bisogno di qualcosa di più e di meglio e si presenta nella sede della Rekall, azienda che impianta ricordi fittizi. Vorrebbe farsi "un viaggio" da spia, ma qualcosa va storto perché risulta possedere già dei ricordi da spia, che combaciano con i suoi incubi. ■ Azione; col.; 120′; USA, 2012.

TO THE WONDER ★★
Regia di Terrence Malick. Con Ben Affleck, Javier Bardem, Olga Kurylenko, Rachel Mcadams, Rachel Weisz. ■ Neil e Marina si innamorano a Parigi. La forza di attrazione li conduce verso "la meraviglia" e i campi sconfinati dell'Oklahoma. Madre di una bambina di dieci anni, Marina cerca in Neil, ispettore ambientale operativo sul territorio, riparo e sicurezza. Molti abbracci dopo, col permesso di soggiorno scade l'intensità del loro sentimento: Marina torna in Europa, Neil ritorna a una relazione passata. Alla maniera della marea, il loro amore è in perpetuo movimento e una mattina risale e avanza verso una nuova meraviglia, verso gli States e verso una casa finalmente da arredare e da abitare. Li accoglie e li ascolta padre Quintana, alla ricerca del cuore dietro le parole sempre deludenti dei dogmi. Davanti alla natura e al suo spettacolo, scenderanno nelle loro solitudini per scoprire, nella gioia e nel dolore, i termini del loro richiamo. Il cinema di Terrence Malick fa da sempre quel che fa la natura, ma a volte le misure non sono quelle giuste, come in questo caso, dove prevalgono astrazioni che appartengono, troppo in prima persona, al regista. ■ Drammatico; col.; 100′; USA, 2012.

♥ TOTÒ A COLORI ★★★
Regia di Steno. Con Luigi Pavese, Virgilio Riento, Totò. ■ Un musicista cerca invano, per anni, di far accettare una sua opera ad una casa editrice. Il pezzo avrà successo alla sua morte, e i concittadini gli erigeranno un monumento. ■ Comico; col.; 104′; Italia, 1952.

TOTÒ AL GIRO D'ITALIA ★★★
Regia di Mario Mattoli. Con Isa Barzizza, Giuditta Rissone, Totò. ■ Per conquistare la donna che ama, Totò deve vincere il Giro d'Italia, vende perciò l'anima al diavolo. Questi ha decretato la sua morte ma la madre di Totò, con uno stratagemma, riesce a salvarlo. ■ Comico; b/n; 88′; Italia, 1949.

TOTÒ ALL'INFERNO ★★★
Regia di Camillo Mastrocinque. Con Franca Faldini, Totò. ■ Il protagonista sogna di finire all'inferno, dove vive strabilianti avventure nei panni di Marcantonio, con Cleopatra e i diavoli. ■ Comico; b/n; 90′; Italia, 1954.

TOTÒ A PARIGI ★★★
Regia di Camillo Mastrocinque. Con Sylva Koscina, Lauretta Masiero, Totò. ■ Un vagabondo accetta di fingersi un nobile. Questi ha il segreto intento di uccidere il vagabondo per incassare l'assicurazione sulla propria vita. Il piano, invece, fallisce, e il vagabondo torna alle sue peregrinazioni. ■ Comico; b/n; 110′; Italia, 1958.

TOTÒ CERCA CASA ★★★
Regia di Mario Monicelli, Steno. Con Folco Lulli, Marisa Merlini, Totò. ■ Disavventure di una famigliola che viene continuamente sfrattata da qualunque posto occupi. Il capofamiglia compra un appartamento coi soldi di una vincita, ma anche stavolta è costretto a sloggiare. ■ Comico; b/n; 90′; Italia, 1949.

TOTÒ CERCA MOGLIE ★★★
Regia di Carlo Ludovico Bragaglia. Con Marisa Merlini, Ave Ninchi, Totò. ■ Un pittore vuole sposarsi per non prendere in moglie la ragazza destinatagli da una parente. Alla fine però l'accetta volentieri, perché non aveva visto la sua fotografia, ma quella di una sconosciuta. ■ Comico; b/n; 76′; Italia, 1950.

TOTÒ CERCA PACE ★★★
Regia di Mario Mattoli. Con Isa Barzizza, Ave Ninchi, Totò.

■ Due vedovi si sposano. I loro rispettivi nipoti cercano, per motivi di interesse, di dividerli con infondate malignità. Dopo giorni di sofferenze, i coniugi hanno una franca spiegazione e riprendono serenamente la vita in comune. ■ COMICO; B/N; 90′; ITALIA, 1954.

TOTÒ CHE VISSE DUE VOLTE
Regia di DANIELE CIPRÌ, FRANCO MARESCO. Con SALVATORE GATTUSO, CARLO GIORDANO, MARCELLO MIRANDA, PIERROTS. ■ La solita Palermo dove il degrado ha consumato tutto. La tesi dei due registi è che tutto è distrutto e le uniche pulsioni sono il sesso (schifoso, imbrattato), e lo schifo generale. La rappresentazione vuole essere estrema, il filo è quello del precedente *Zio di Brooklyn*. Continuiamo a pensare che non sia difficile la pratica dello shock con le immagini, basta deciderlo. Nello *Zio* c'era qualche momento di forza espressiva, qui c'è solo presunzione e l'arroganza di un'attitudine che non c'è. I due hanno lanciato strali contro Venezia, che non aveva apprezzato il loro capolavoro. Inutile dire che il pubblico... la pensa come Venezia. ■ DRAMMATICO; B/N; 92′; ITALIA, 1998.

TOTÒ CONTRO IL PIRATA NERO ★★★
Regia di FERNANDO CERCHIO. Con MARIO PETRI, MARIA SPINA, TOTÒ. ■ Un ladro finisce del tutto casualmente su una nave pirata. Grazie alla sua fortuna si salva dal capestro, sconfigge i nemici e viene nominato ufficiale. Più tardi gli spagnoli lo cattureranno assieme ai suoi uomini. ■ COMICO; COL.; 102′; ITALIA, 1964.

TOTÒ CONTRO I QUATTRO ★★★
Regia di STENO. Con PEPPINO DE FILIPPO, ALDO FABRIZI, ERMINIO MACARIO, NINO TARANTO, TOTÒ. ■ La giornata di un commissario di P.S. irritato perché gli è stata rubata l'auto. Riesce a risolvere tutti i casi che gli vengono affidati e ritrova anche la sua macchina. ■ COMICO; B/N; 98′; ITALIA, 1963.

TOTÒ CONTRO MACISTE ★★★
Regia di FERNANDO CERCHIO. Con SAMSON BURK, NINO TARANTO, TOTÒ. ■ Un commediante si spaccia per semidio ed è costretto dal faraone a guidare le armate contro i nemici. Per fortuna, Maciste, finito l'effetto di un filtro magico, prende il comando; dopo la vittoria sposa la figlia del re. ■ COMICO; COL.; 90′; ITALIA, 1961.

TOTÒ D'ARABIA *(Totò de Arabia)* ★★★
Regia di ALFONSO BALCAZAR GRANDA. Con NIEVES NAVARRO, GEORGES RIGAUD, FERNANDO SANCHO, TOTÒ. ■ Totò, pseudospia dell'Intelligence Service, riesce a superare i rivali e le avversità e arriva in un paese petrolifero. Dopo molte avventure con lo sceicco locale, va ad abitare a Napoli e diventa industriale. ■ COMICO; COL.; 90′; SPAGNA, 1964.

TOTÒ DIABOLICUS ★★★
Regia di STENO. Con NADINE SANDERS, TOTÒ, RAIMONDO VIANELLO. ■ Per ereditare un grosso patrimonio, un uomo uccide i suoi tre fratelli prendendo l'identità di uno di essi – un religioso – grazie alla straordinaria somiglianza che li lega. L'inganno, però, verrà scoperto. ■ COMICO; B/N; 98′; ITALIA, 1962.

TOTÒ DI NOTTE N. 1 ★★
Regia di MARIO AMENDOLA. Con ERMINIO MACARIO, TOTÒ. ■ Due musicisti cercano vanamente una scritturazione in vari locali del mondo. Torneranno a Roma. ■ COMICO; COL.; 100′; ITALIA, 1962.

TOTÒ E CAROLINA ★★★
Regia di MARIO MONICELLI. Con ANNA MARIA FERRERO, TOTÒ. ■ Un poliziotto deve condurre una giovane, arrestata per errore, al suo paese natio. I due vi giungono dopo molte avventure, ma poiché nessuno vuol saperne di lei – incinta – il buon poliziotto decide di tenerla nella sua casa. ■ COMICO; B/N; 85′; ITALIA, 1954.

TOTÒ E CLEOPATRA ★★★
Regia di FERNANDO CERCHIO. Con MAGALI NOËL, MOIRA ORFEI, FRANCO SPORTELLI, TOTÒ. ■ Versione comica dell'amore tra Cleopatra e Antonio, la cui moglie lo sostituisce con un sosia. Seguono diverse avventure che confondono le idee alla bellissima egiziana. Quando decide di uccidersi con l'aspide, muore l'aspide. ■ COMICO; COL.; 100′; ITALIA, 1963.

TOTÒ E I RE DI ROMA ★★★
Regia di MARIO MONICELLI, STENO. Con ANNA CARENA, ALBERTO SORDI, TOTÒ. ■ Un impiegato statale in cattive acque spera sempre di essere promosso per guadagnare di più. Invece viene licenziato e sogna una grossa vincita al lotto che arricchisce lui e la sua famiglia. ■ COMICO; B/N; 95′; ITALIA, 1951.

TOTÒ E LE DONNE ★★★
Regia di STENO. Con PEPPINO DE FILIPPO, LEA PADOVANI, TOTÒ. ■ Totò, convinto che le donne siano la rovina dell'uomo, all'ennesimo litigio con la moglie decide di lasciarla. La lontananza gli fa comprendere che la consorte aveva molti pregi, oltre ai difetti, e torna da lei. ■ COMICO; B/N; 95′; ITALIA, 1952.

TOTÒ E MARCELLINO ★★★
Regia di ANTONIO MUSU. Con PABLITO CALVO, MEMMO CAROTENUTO, TOTÒ. ■ Un furfante dal cuore d'oro si fa passare per lo zio di un orfano e lo tiene con sé. Il vero zio glielo prende per motivi di interesse. Dopo diverse avventure i due amici tornano insieme. ■ COMICO; B/N; 100′; ITALIA, 1958.

TOTÒ E PEPPINO DIVISI A BERLINO ★★★
Regia di GIORGIO BIANCHI. Con PEPPINO DE FILIPPO, NADINE SANDERS, TOTÒ. ■ Totò, un magliaro somigliantissimo a un criminale di guerra sotto processo a Berlino, è avvicinato da una coppia di nazisti che gli offrono di prenderne il posto, dietro compenso. Totò accetta, ma quando scopre cosa lo attende, fugge a Berlino Est, in compagnia dell'amico Peppino. Qui i due sono costretti a lavorare per i russi, poi fuggono ancora e finiscono nelle mani dei cinesi. ■ COMMEDIA; B/N; 97′; ITALIA, 1962.

TOTÒ, EVA E IL PENNELLO PROIBITO ★★★
Regia di STENO. Con MARIO CAROTENUTO, ABBE LANE, TOTÒ. ■ Due imbroglioni convincono un pittore (Totò) a fare una copia della *Maja desnuda* del Goya. La loro intenzione è di trasformare poi il quadro con alcuni ritocchi, cambiandogli anche il titolo (*Maja in camicia*), fare in modo che un celebre critico "casualmente" lo scopra e venderlo infine per una grossa cifra. Dopo alterne vicende, l'operazione va in porto. Ma quando Totò tenta di falsificare altri quadri, questa volta in proprio, finisce in galera. ■ COMICO; B/N; 98′; ITALIA, 1958.

TOTÒ, FABRIZI E I GIOVANI D'OGGI ★★★
Regia di MARIO MATTOLI. Con ALDO FABRIZI, GERONIMO MEYNIER, TOTÒ. ■ Due padri (Totò e Aldo Fabrizi), acerrimi nemici, negano il consenso alle nozze dei loro figli che, con uno stratagemma, riescono ugualmente a sposarsi. Ciò non toglie che i suoceri ricomincino subito a litigare. ■ COMMEDIA; B/N; 87′; ITALIA, 1960.

TOTÒ, LASCIA O RADDOPPIA? ★★★
Regia di CAMILLO MASTROCINQUE. Con MIKE BONGIORNO, CARLO CROCCOLO, VALERIA MORICONI, TOTÒ. ■ Totò partecipa a *Lascia o raddoppia?* e due gangster scommettono su di lui: uno minaccia di ucciderlo se raddoppia, l'altro di fargli la medesima fine se lascia. Totò non sa che pesci prendere; alla fine vince una grossa somma ma, per sua fortuna, i malviventi vengono catturati e messi in prigione prima che possano nuocergli. ■ COMICO; B/N; 94′; ITALIA, 1956.

TOTO LE HÉROS – UN EROE DI FINE MILLENNIO *(Toto – Le héros)* ★★★
Regia di JACO VAN DORMAEL. Con MICHEL BOUQUET, THOMAS GODET, MIREILLE PERRIER. ■ Buon esordio del regista belga Van Dormael. Premiato con la Camera d'or a Cannes, il film è un affresco visionario molto efficace. Inizia nel segno di *Viale del tramonto* con il protagonista che ricorda il suo passato mentre è già morto. Thomas, che si fa chiamare Toto fin da piccolo, è stato sempre convinto che alla sua nascita ci fosse stato uno scambio. E per tale scambio lui e Alfred hanno avuto ognuno la famiglia dell'altro. Così Toto è povero e Alfred è ricco. Cova per molti anni l'odio verso il piccolo nemico. Le morti del padre e della sorella sono avvenute infatti indirettamente per colpa di Alfred e di suo padre. Tra incendi e un breve amore con una donna, che ricorda la sorella e che si scoprirà essere la moglie di Alfred, si giunge al momento della vendetta che però non verrà attuata. Ottima interpretazione di Bouquet e del piccolo Godet. Colonna sonora importante. Una bella e nostalgica vecchia canzone di Char-

les Trenet. ■ COMMEDIA; COL.; 89′; BELGIO, FRANCIA, GERMANIA, 1990. ■ CANNES 1 PR.

TOTÒ LE MOKÒ ★★★

Regia di CARLO LUDOVICO BRAGAGLIA. Con GIANNA MARIA CANALE, CARLO NINCHI, TOTÒ. ■ Totò, che qui veste i panni di un musicista napoletano, finisce per un equivoco a capo di una banda di malviventi algerini. Grazie a una lozione miracolosa, diventa forte e audace e, quando ricompare l'ex capo della gang, che tutti credevano morto, lo fa fuori e incassa la taglia. Tornato nella sua città, ha la possibilità di dirigere un'altra banda, ma di musicisti. ■ COMICO; B/N; 77′; ITALIA, 1949.

TOTÒ NELLA LUNA ★★★

Regia di STENO. Con SYLVA KOSCINA, LUCIANO SALCE, UGO TOGNAZZI, TOTÒ. ■ Totò, editore di una piccola rivista, licenzia il suo fattorino che pensa solo alla fantascienza. Quando si scopre che il ragazzo ha un tipo di sangue che lo rende particolarmente adatto alle esplorazioni spaziali, gli americani gli propongono un viaggio sulla Luna. Per una serie di circostanze, alle quali non sono estranei dei misteriosi esseri extraterrestri, sul pianeta finiranno però il povero Totò e una copia del fattorino. Per fortuna però il falso fattorino si trasforma poi in una bella ragazza. ■ COMICO; B/N; 101′; ITALIA, 1958.

TOTÒ, PEPPINO E I FUORILEGGE ★★★

Regia di CAMILLO MASTROCINQUE. Con PEPPINO DE FILIPPO, TITINA DE FILIPPO, FRANCO INTERLENGHI, TOTÒ. ■ Totò ha sposato una donna ricca che lo tiranneggia e non gli scuce un soldo. D'accordo con Peppino, il barbiere del paese, decide di fingersi rapito per estorcerle cinque milioni. Il colpo riesce ma la moglie viene poi a conoscenza dell'inganno. Così, quando Totò viene rapito sul serio, rifiuta di pagare il riscatto. La vicenda si conclude bene, ma Totò, tornato a casa, è scacciato dalla consorte e si riduce a lavorare alle dipendenze dell'amico Peppino. ■ COMICO; B/N; 104′; ITALIA, 1956.

TOTÒ, PEPPINO E... LA DOLCE VITA ★★★

Regia di SERGIO CORBUCCI. Con MARA BERNI, PEPPINO DE FILIPPO, FRANCESCO MULÉ, TOTÒ. ■ Totò e Peppino dal loro paesino del meridione vengono inviati dai compaesani a Roma per interessarsi di una progettata, grande autostrada che dovrebbe attraversare il Sud. Invece di perorare la causa, i due si danno alla dolce vita. Un loro parente li raggiunge, li rispedisce a casa e, a sua volta, si stabilisce nella capitale. ■ COMICO; B/N; 89′; ITALIA, 1961.

TOTÒ, PEPPINO E LA MALAFEMMINA ★★★

Regia di CAMILLO MASTROCINQUE. Con PEPPINO DE FILIPPO, DORIAN GRAY, TEDDY RENO, TOTÒ. ■ Totò e Peppino sono i due buffi zii di uno studente universitario (Teddy Reno) "traviato" da una ballerinetta. La ragazza ha una brutta fama, ma in realtà sogna solo una casa e tanti bambini: tutto si accomoda. ■ COMICO; B/N; 118′; ITALIA, 1956.

TOTÒ, PEPPINO E LE FANATICHE ★★★

Regia di MARIO MATTOLI. Con PEPPINO DE FILIPPO, JOHNNY DORELLI, ALESSANDRA PANARO, TOTÒ. ■ Due giovani finiscono in manicomio per una serie di equivoci. Il direttore, dopo il racconto dei loro guai, li dimette e ricovera i genitori, gli unici veri "matti". ■ COMICO; B/N; 90′; ITALIA, 1958.

TOTÒ SAPORE E LA MAGICA STORIA DELLA PIZZA ★★★

Regia di MAURIZIO FORESTIERI. Con LELLO ARENA, MARIO MEROLA, PIETRA MONTECORVINO, FRANCESCO PAOLANTONI. ■ Napoli nel Settecento: Totò Sapore sogna di essere un grande chef, ma non ha di che riempire lo stomaco. L'allegria però non gli manca, e così se ne va in giro a intonare canzoni che narrano di pranzi principeschi e piatti faraonici, con l'amico Pulcinella al seguito. Accade una magia: Totò trova quattro vecchie pentole annerite – Marmittone, Sora Pasta, Tegamino e Pentolino – che trasformano qualsiasi schifezza in una prelibatezza. La fama di Totò arriva fino al Palazzo Reale, ma suscita anche la pericolosa invidia della strega Vesuvia e del perfido cuoco di corte Mestolon. Grandi investimenti per un film che vede anche l'intervento del dialoghista del trio Aldo, Giovanni e Giacomo e la supervisione al doppiaggio di Lello Arena. Italian cartoon al 100% il film è piacevole e avrà probabilmente più successo all'estero dove l'*italian pizza* (non solo quella dei fast food) è molto apprezzata. ■ ANIMAZIONE; COL.; 78′; ITALIA, 2003.

TOTÒ SCEICCO ★★★

Regia di MARIO MATTOLI. Con TAMARA LEES, AROLDO TIERI, TOTÒ. ■ Totò, un maggiordomo finito in Africa, viene scambiato per un principe arabo e salva la vita al suo padrone, arruolato nella Legione straniera. Dopo nuove avventure, i due raggiungono una città sotterranea, Atlantide, dove corrono il rischio di lasciare la pelle. Ancora una volta riescono a salvarsi, fuggendo con la regina di Atlantide e un'altra donna. ■ COMICO; B/N; 90′; ITALIA, 1951.

TOTÒ SEXY ★★★

Regia di MARIO AMENDOLA. Con ERMINIO MACARIO, FRANCA POLESELLO, TOTÒ, TONI UCCI. ■ Totò e Macario sognano in carcere di frequentare i locali notturni alla moda di tutte le città del mondo. ■ COMICO; COL.; 90′; ITALIA, 1963.

TOTÒ STORY ★★★

Regia di CAMILLO MASTROCINQUE, MARIO MATTOLI. Con TOTÒ. ■ Il film si compone di otto episodi tratti da altrettante pellicole di Totò. ■ COMICO; B/N; 90′; ITALIA, 1968.

TOTÒ TARZAN ★★★

Regia di MARIO MATTOLI. Con MARIO CASTELLANI, BIANCA MARIA FUSARI, TOTÒ. ■ Totò è in questo film un bianco vissuto nella giungla come Tarzan. Eredita un favoloso patrimonio e due bande decidono di ucciderlo per dividerselo. Ma Totò ovviamente si salva, grazie all'aiuto di una ragazza innamorata di lui. ■ COMICO; B/N; 85′; ITALIA, 1951.

TOTÒ TERZO UOMO ★★★

Regia di MARIO MATTOLI. Con FRANCA MARZI, ELLI PARVO, TOTÒ. ■ In un piccolo paesino, due gemelli (uno è il sindaco, l'altro un perdigiorno) sono in lite per una questione che interessa tutta la comunità: la costruzione di un nuovo penitenziario. A complicare le cose arriva un loro terzo gemello, Totò, di cui nessuno sospettava l'esistenza, che cerca di approfittare della situazione, truffando tutti. Ovviamente, la vicenda si conclude poi con un lieto fine. ■ COMICO; B/N; 95′; ITALIA, 1951.

TOTÒTRUFFA 62 ★★★

Regia di CAMILLO MASTROCINQUE. Con ESTELLA BLAIN, GERONIMO MEYNIER, NINO TARANTO, TOTÒ. ■ La figlia di un ladro si innamora del figlio di un poliziotto. È questo sentimento che spinge il giovane ad accomodare l'ultima malefatta del futuro suocero, che nel frattempo entra in possesso di una cospicua eredità. ■ COMICO; B/N; 107′; ITALIA, 1961.

TOTÒ, VITTORIO E LA DOTTORESSA ★★★

Regia di CAMILLO MASTROCINQUE. Con VITTORIO DE SICA, ABBE LANE, TOTÒ. ■ Totò si convince, dalle dichiarazioni di due sconosciuti che crede detective, che sua moglie lo tradisca. Alla fine ha le prove del contrario e l'armonia riprende a regnare. ■ COMMEDIA; B/N; 100′; ITALIA, 1957.

TOUCH DOWN ★

Regia di SANDY JOHNSON. Con JOE DON BAKER, PHYLLIS LOGAN. ■ Una squadra inglese di football americano, i Trawlers, è conciata proprio male. I giocatori, demoralizzati e stanchi, avrebbero bisogno di un nuovo allenatore in gamba e di un finanziatore generoso. ■ COMMEDIA; COL.; 95′; GRAN BRETAGNA, 1989.

TOUCHING THE VOID ★★★

Regia di KEVIN MACDONALD. Con NICHOLAS AARON, RICHARD HAWKING, BRENDAN MACKEY, OLLIE RYALL, JOE SIMPSON, SIMON YATES. ■ Confrontarsi con se stessi e con l'ignoto è un'esperienza che ognuno di noi ha affrontato in qualche occasione, nella vita di tutti i giorni o in un momento particolare. In alcuni casi, abbiamo bisogno di provare a noi stessi fino a dove possiamo arrivare, e la natura, che volenti o nolenti ci domina con la sua onnipotenza, può diventare il nostro compagno e avversario, nel vivere emozione e paura, felicità e disperazione. *Touching the void*, documentario di Kevin Macdonald, racconta di un'impresa drammatica, compiuta da Simon Yates e Joe Simpson (autore de *La morte sospesa*, il bestseller da cui è tratto il film), due alpinisti, che hanno conquistato, nel 1985, la vetta del Siula Grande sulle Ande peruviane. ■ DOCU-FICTION; COL.; 106′; GRAN BRETAGNA, 2004.

TOUCH OF ZEN – LA FANCIULLA CAVALIERE ERRANTE *(Hsia Nu)* ★★
Regia di KING HU. Con SHIH CHUN, HSU FENG, YONG PAI. ■ Un film d'azione nello stile personale e convincente del regista di Hong Kong. Una giovane donna combatte i nemici della sua famiglia con l'aiuto di un artista, di un monaco, di un ufficiale e con le arti marziali. ■ AVVENTURA; COL.; 175'; TAIWAN, 1969.

TOUGH ENOUGH *(Knallhart)* ★★
Regia di DETLEV BUCK. Con JENNY ELVERS, ERHAN EMRE, DAVID KROSS, OKTAY ÖZDEMIR, KIDA RAMADAN. ■ Berlino, anno 2006. L'adolescente Michael Polischka si trasferisce da una zona alto-borghese della città a un quartiere proletario. Scaricati dal ricco amante della madre Miriam, quest'ultima e Michael cercano di adattarsi alla nuova condizione: la giovane donna passando per amanti occasionali e quasi sempre squattrinati, il ragazzo cercando di sfuggire alle vessazioni e alle percosse di Errol, un compagno di scuola ripetente con figli a carico che abusa dei più deboli a cui estorce denaro, cellulari, scarpe e vestiti. Le esplosioni di violenza di Errol vengono presto ridimensionate dall'intervento di un cattivo più cattivo di lui, Hamal, un arabo spacciatore di sesso e droga. Finito sotto la sua protezione, Michael comincia a lavorare per Hamal migliorando il suo tenore di vita. Una scelta che, prima o poi, si paga. Come l'Edmund Koeler di Rossellini, Michael è biondo, è tedesco e vive d'espedienti in una sorta di Germania anno zero postmoderna, tra palazzi fatiscenti che ospitano un'umanità multietnica. ■ DRAMMATICO; COL.; 98'; GERMANIA, 2006.

TOURIST, THE ★★
Regia di FLORIAN HENCKEL VON DONNERSMARCK. Con STEVEN BERKOFF, PAUL BETTANY, TIMOTHY DALTON, JOHNNY DEPP, ANGELINA JOLIE. ■ Frank Tupelo è un professore di matematica del Wisconsin, diretto in Italia per dimenticare una delusione d'amore. Elise è una donna del mistero, bellissima e controllata dalla polizia internazionale. Elise farà di Frank il suo ospite, nella meravigliosa suite di un hotel veneziano, avvolgendolo volontariamente in una rete di pericoli, inseguimenti e appuntamenti al buio. Il debutto sul grande schermo della coppia Johnny Depp-Angelina Jolie è casto e giocherellone, non concede nulla allo scandalo, forse proprio per lasciarlo fuori, nel possibile, nell'indicibile. Una curiosa strategia, di cui fa le spese il film, specie al confronto con il surriscaldato *Mr. & Mrs. Smith*, cui non è affatto estraneo. ■ THRILLER; COL.; 105'; USA, FRANCIA, 2010.

TOURNEE ★★★
Regia di MATHIEU AMALRIC. Con MIRANDA COLCLASURE, ANGELA DE LORENZO, LINDA MARRACCINI, JULIE ANN MUZ, SUZANNE RAMSEY. ■ Francesi e americani, un impresario da quattro soldi che porta una compagnia di spogliarelliste in giro per un Paese che non gli appartiene. Mathieu Amalric sceglie una tipica storia da attore che non vuole allontanarsi troppo dal suo mondo. Il regista stesso interpreta Joachim, un uomo che una volta era uno dei protagonisti della produzione televisiva francese ma il cui carattere negli anni lo ha portato ad essere inviso a quel mondo, relegandolo agli spettacoli fuori Parigi. Joachim sta portando in giro per la Francia una compagnia di new bourlesque californiana, tra il successo delle serate e le difficoltà di muoversi in un mondo di gente che lo conosce e lo vuole evitare, sempre sognando di tornare nella capitale da vincitore. La truppa però è difficile da gestire, formata com'è da donne vitali e incontenibili, e come se non bastasse l'idea è di dirottare la compagnia per passare nella città dove i suoi figli vivono con la moglie da cui ha divorziato. Circondato da un cast di vere performer di new burlesque, Mathieu Amalric adatta per lo schermo il libro *The other side of Music Hall*, mantenendo l'idea di dipingere uno stile di vita bulimico e frenetico che si nutra di movimento. ■ COMMEDIA; COL.; 111'; FRANCIA, 2010.

TOUT UN HIVER SANS FEU ★★
Regia di GREG ZGLINSKI. Con BLERIM GJOCI, MARIE MATHERON, GABRIELA MUSKALA, AURÉLIEN RECOING. ■ Polacco d'origine, Greg Zglinski, documentarista e sceneggiatore, con *Tout un hiver sans feu* esordisce nel lungometraggio di fiction. Ambientato nel Giura svizzero, dove l'inverno è lungo e rigido, il film racconta la vita di una coppia, Jean e Laure. Nel corso di un incendio, che pochi mesi prima ha distrutto il fienile, è morta anche la piccola e amata Marie, la figlioletta di soli cinque anni. Elaborare un lutto così intenso necessita di un tempo molto lungo. ■ DRAMMATICO; COL.; 91'; BELGIO, POLONIA, SVIZZERA, 2004.

TOUT VA BIEN (ON S'EN VA) ★★★
Regia di CLAUDE MOURIÉRAS. Con SANDRINE KIBERLAIN, MIOU-MIOU, MICHEL PICCOLI, NATACHA RÉGNIER. ■ Lione. Tre sorelle, Laure, Béatrice e Claire vivono insieme grande intimità e amicizia. Laure si occupa della scuola di tango ereditata dal padre Louis che un giorno, quindici anni prima, se n'è andato abbandonando la famiglia. Béatrice è una giovane donna in carriera che si sente determinante per il bilancio familiare mentre Claire, l'ultima, è una brava pianista che si sente incompresa. Un giorno Louis ritorna e si presenta a turno alle tre figlie, imponendo loro in qualche modo la propria presenza. Il problema è se perdonarlo o respingerlo. Ognuna reagirà a modo proprio. Il film, che ha aperto la Quinzaine des Realisateurs di Cannes 2000, ha tutti i pregi del cinema francese di grande tradizione. Tre attrici di generazioni diverse e una divinità dell'Olimpo messi a confronto grazie a una sceneggiatura ben strutturata. Piccoli disegna da par suo la figura di un padre assolutamente incapace di rendersi conto del male che ha fatto e fa a chi ha intorno. Un bambino con i capelli bianchi convinto di poter riprendere a giocare con la vita propria e altrui esattamente dal punto in cui aveva deciso di lasciare. Ma non è così e se ne dovrà rendere conto, costretto com'è a un intreccio di blandizie e seduzioni che, ancora una volta, rischieranno di mandare tutto a rotoli ■ DRAMMATICO; COL.; 95'; FRANCIA, 2000.

TOVARICH ★★★
Regia di ANATOLE LITVAK. Con CHARLES BOYER, CLAUDETTE COLBERT, ANITA LOUISE, BASIL RATHBONE. ■ Due aristocratici russi sono costretti dalla rivoluzione a rifugiarsi a Parigi e a impiegarsi presso una ricca famiglia come maggiordomo e cameriera. Le cose si complicano quando vengono riconosciuti dalle influenti amicizie del loro datore di lavoro. ■ COMMEDIA; B/N; 98'; USA, 1937.

TOWER HEIST. COLPO AD ALTO LIVELLO *(Tower Heist)* ★★
Regia di BRETT RATNER. Con CASEY AFFLECK, ALAN ALDA, MATTHEW BRODERICK, EDDIE MURPHY, BEN STILLER. ■ Josh Kovacs è il direttore del personale del Tower, un lussuoso grattacielo residenziale di New York di proprietà del magnate Arthur Shaw. Josh ha una forte ammirazione per il capo, per il quale gestisce con rigore e professionalità tutti gli impegni, oltre a uno stuolo di dipendenti e di clienti. Finché un giorno, l'Fbi irrompe e Josh scopre incredulo che l'amato capo è accusato di bancarotta fraudolenta e che ha truffato anche tutti i suoi dipendenti. La sua furiosa reazione lo porta a una punizione esemplare dell'idolo infranto. Stiller & Co. diventano una banda di soliti ignoti. ■ COMMEDIA; COL.; 104'; USA, 2011.

TOWN, THE ★★
Regia di BEN AFFLECK. Con BEN AFFLECK, REBECCA HALL, JON HAMM, BLAKE LIVELY, JEREMY RENNER. ■ Boston, quartiere di Charlestown. La carriera sportiva di Doug si interrompe presto. Amicizie sbagliate e l'eredità di un padre criminale impongono al giovane la strada della malavita. A capo di una banda di ladri, deruba i caveau delle banche più prestigiose della città. Tutto va liscio fino a quando, durante una rapina, il suo vecchio amico Jem decide di prendere in ostaggio per poco tempo, Claire, la direttrice dell'istituto. Dopo la liberazione della ragazza, Doug la insegue per capire le sue abitudini. Appuntamenti fintamente casuali e incontri fugaci creeranno le fondamenta di una prevedibile storia d'amore. Almeno fino a quando le bugie non verranno svelate. L'attore Ben Affleck, qui alla seconda prova come regista, sfrutta la tradizione e aderisce ai codici del genere senza andare alla ricerca di un'ostentata originalità.THRILLER; COL.; 125'; USA, 2010.

TOXIC AVENGER, THE ★★
Regia di MICHAEL HERZ, SAMUEL WEIL. Con JENNIFER BAPTIST, MITCHELL COHEN, ANDREE MARANDA. ■ Uno dei due registi è in realtà Lloyd Kaufman, che con Herz è il fondatore della Troma,

una casa cinematografica improntata su film *trash*. Questo film è il più celebre tra i fans del genere e tra gli addetti ai lavori. Tromaville è la città più inquinata degli Stati Uniti. Melvin, piuttosto maldestro, finisce in un bidone che contiene scorie radioattive e diventa un super-mostro. Ripulisce la città dai malvagi e prende una cotta per una ragazza cieca. ■ HORROR; COL.; 100′; USA, 1985.

TOYS – GIOCATTOLI *(Toys)* ★★
Regia di BARRY LEVINSON. Con L. L. COOL J., JOAN CUSACK, MICHAEL GAMBON, ROBIN WILLIAMS, ROBIN WRIGHT PENN. ■ Presentato al Festival di Berlino. Questo stralunato film non ha avuto il successo di pubblico che il cast faceva prevedere. Barry Levinson (*Rain Man*) tenta la chiave surreale per parlare del difficile rapporto tra vecchio e nuovo e racconta in chiave favolistica anche l'eterno conflitto tra bene e male. Un giocattolaio muore e lascia in eredità al fratello Leland Zevo, ufficiale nostalgico della guerra in Vietnam, la Zevo Toys. Si tratta di una fabbrica di giocattoli tradizionali, molto diversi dai moderni videogame. Si formeranno quindi due fazioni che, nelle intenzioni di Leland, si scontreranno come in una vera guerra. ■ COMMEDIA; COL.; 118′; USA, 1992. ■ OSCAR 2 NOM.

TOY SOLDIERS – SCUOLA DI EROI *(Toy Soldiers)* ★★
Regia di DANIEL PETRIE JR. Con SEAN ASTIN, DENHOLM ELLIOTT, LOUIS GOSSETT JR. ■ Lou Gossett Jr., dopo aver vinto un Oscar come istruttore in *Ufficiale e gentiluomo*, ritorna in un ruolo simile ma questa volta deve "raddrizzare" cinque ragazzi cacciati dai migliori college. I giovani, tutti ricchi, se la dovranno vedere oltre che con una ferrea disciplina anche con alcuni terroristi sudamericani. Lotte e sparatorie. ■ DRAMMATICO; COL.; 100′; USA, 1991.

TOY STORY – IL MONDO DEI GIOCATTOLI ★★★
(Toy Story)
Regia di JOHN LASSETER. ■ Alla Pixar, società di avanguardia nell'ambito della comunicazione computerizzata, hanno prodotto l'ennesimo salto di qualità: il computer come mezzo creativo del massimo profilo, applicato ai cartoni animati che rappresentano giocattoli. Gioco nel gioco nel gioco. Ogni singolo fotogramma di questo film è stato elaborato nell'arco di circa quattro anni con un risultato straordinario. Woody il cow boy è, fra tanti, il giocattolo preferito di Andy. Quando il bambino lascia la sua stanza tutti i giocattoli prendono vita. Il giorno del suo compleanno i vecchi giochi temono di venir soppiantati dai nuovi. Uno dei regali è Buzz Lightyear, il ranger dello spazio, armato di luce laser, ali retrattili e astronave. Come si può competere? Dopo innumerevoli avventure bambino e giocattoli si ritrovano. Saranno tutti felici nella nuova casa. Da ricordare che le voci di Andy e di Buzz sono di due doppiatori singolari, Fabrizio Frizzi e Massimo Dapporto. ■ ANIMAZIONE; COL.; 81′; USA, 1995. ■ GOLDEN GLOBES 2 NOM; OSCAR 3 NOM.

TOY STORY 2 – WOODY E BUZZ ALLA RISCOSSA ★★★🏆
Regia di JOHN LASSETER, ASH BRANNON. ■ Secondo episodio di *Toy Story* e quasi unanimemente ritenuto, per una volta, migliore del primo. Divertente, per ragazzi ma anche per adulti, ha ormai fatto scuola a livello di sceneggiatura per cartoni animati. Il segreto è rendere i personaggi più umani possibili come faceva il miglior Walt Disney. Questa volta all'astronauta Buzz e al cowboy Woody si aggiungono un simpatico pinguino con l'asma e una schiera di Barbie ballerine. Il punto di partenza è il furto di Woody da parte di un collezionista di giocattoli. Tutti i suoi amici vanno alla sua ricerca. ■ ANIMAZIONE; COL.; 94′; USA, 1999. ■ GOLDEN GLOBES 🏆 1 PR, 2 NOM.

TOY STORY 3. LA GRANDE FUGA *(Toy Story 3)* ★★★
Regia di LEE UNKRICH. Con TIM ALLEN, JOAN CUSACK, TOM HANKS, MICHAEL KEATON, JOHN RATZENBERGER. ■ Andy è in partenza per il college, sta svuotando la sua stanza e la madre lo obbliga a disfarsi dei vecchi giocattoli. Loro, i giocattoli, già conoscono il proprio destino, da anni Andy non gioca più come lo vediamo fare nella fenomenale sequenza d'apertura (un gioiello di racconto caotico infantile), volubili come sono, rimangono offesi dal trattamento riservatogli e quando un malinteso li fa finire nello scatolone destinato all'asilo di Sunnyside accettano di buon grado la situazione. ■ ANIMAZIONE; COL.; 103′; USA, 2010.

TRA AMBURGO E HAITI ★★
(Zwischen Hamburg und Haiti)
Regia di ERICH WASCHNECK. Con GUSTAV KNUTH, GISELA UHLEN. ■ Una giovane dal passato movimentato rifiuta di sposare l'uomo che ama perché teme di rovinargli la reputazione. Lui non cede e continua a corteggiarla fino a indurla a capitolare. ■ COMMEDIA; B/N; 93′; GERMANIA, 1940.

TRACCE DI ROSSO *(Traces of Red)* ★★
Regia di ANDY WOLK. Con JAMES BELUSHI, LORRAINE BRACCO, TONY GOLDWYN. ■ Un agente testimonia in tribunale contro l'assassino di una prostituta e comincia a ricevere messaggi in rima firmati con l'impronta di un paio di labbra. In coincidenza c'è sempre un omicidio di una donna che ha avuto a che fare con lui. L'unica cosa interessante è la focalizzazione narrativa che fa apparire la vicenda come se fosse raccontata dal punto di vista di un morto. ■ THRILLER; COL.; 104′; USA, 1992.

TRACCE DI VELENO IN UNA COPPA DI CHAMPAGNE ★★
Regia di GORDON HESSLER. Con GEORGE HAMILTON, CAMERON MITCHELL, LUCIANA PALUZZI. ■ Due fratelli diventano assassini per entrare in possesso di una grossa eredità. Quando raggiungono lo scopo, vengono smascherati e preferiscono il suicidio alla galera. ■ GIALLO; COL.; 92′; ITALIA, 1975.

TRACCE DI VITA AMOROSA ★★
Regia di PETER DEL MONTE. Con WALTER CHIARI, MASSIMO DAPPORTO, VALERIA GOLINO, LAURA MORANTE, STEFANIA SANDRELLI. ■ Quattordici piccoli episodi che catturano brevi momenti della vita di alcuni personaggi di cui ignoriamo passato e futuro. Il film parte da un'idea originale (pur con riferimenti a Rohmer e a Kieslowski), ma l'alternanza di qualità delle varie storie non lo rende del tutto riuscito. Tra gli episodi migliori quello della ragazza che segue un uomo che ha il cuore trapiantato del fidanzato e quello dell'uomo anziano in clinica accudito dalla moglie. Il più ridicolo è quello del capoufficio e della segretaria che si confidano dopo dieci anni di lavoro in comune. Il più bravo di tutti è Walter Chiari. ■ DRAMMATICO; COL.; 105′; ITALIA, 1990.

TRACCIA, LA *(Deadly Strangers)* ★★★
Regia di SIDNEY HAYERS. Con STERLING HAYDEN, HAYLEY MILLS, SIMON WARD. ■ Proprio il giorno in cui avviene un'evasione dal manicomio, un ragazzo e una ragazza si incontrano casualmente, compiono assieme un viaggio in macchina e sono protagonisti di una serie di drammatiche avventure. Solo dopo che la ragazza avrà ucciso il compagno, si scoprirà che la pazza fuggita dal manicomio era proprio lei. ■ GIALLO; COL.; 93′; GRAN BRETAGNA, 1975.

TRACCIA DEL SERPENTE, LA *(Manhandled)* ★★★
Regia di LEWIS R. FOSTER. Con DAN DURYEA, STERLING HAYDEN, DOROTHY LAMOUR. ■ Uno scrittore, turbato da un incubo ricorrente – sogna di uccidere la ricca moglie – si rivolge a uno psicanalista che gli consiglia di passare qualche tempo lontano dalla consorte. Quando la donna viene trovata uccisa, la polizia sospetta subito del marito. L'assassino è invece un altro. ■ POLIZIESCO; B/N; 97′; USA, 1947.

TRA CIELO E TERRA *(Heaven and Earth)* ★★
Regia di OLIVER STONE. Con JOAN CHEN, HIEP THI LE, TOMMY LEE JONES, HAING S. NGOR, DEBBIE REYNOLDS. ■ La vera storia di Le Ly che ha scritto due autobiografie. Davvero difficile la vita nel Vietnam, perennemente occupato negli anni Cinquanta prima dai francesi e poi dagli americani. Da quando diventa ragazzina a Le Ly accade tutto il possibile, attira le disgrazie in modo irresistibile (qualcuna se la cerca decisamente). Torturata e stuprata dai vietcong, torturata dagli abitanti del suo stesso villaggio, prostituita dagli americani, finisce in casa di un ricco sudvietnamita che la seduce (con dolcezza questa volta) e la caccia quando lei rimane incinta. Incontra un marine, lo sposa e va in America. Le piacciono i soldi, diventa dura, ricca e ambiziosa. Nel frattempo il marine, per la solita sindrome del reduce, impazzisce e si uccide. Le Ly torna in Vietnam trionfalmente. Ha la-

sciato l'America, incomprensibile e fasulla, per tornare alla famiglia, al karma e ai valori veri. Sforzo, investimento, applicazione: tutto inutile. ■ DRAMMATICO; COL.; 142'; USA, 1993. ■ GOLDEN GLOBES 1 PR, 1 NOM.

TRA CINQUE MINUTI IN SCENA ★★
Regia di LAURA CHIOSSONE. Con ANNA CANZI, ANNA COLETTI, GIANNA COLETTI, GIANFELICE IMPARATO, ELENA RUSSO ARMAN. ■ Gianna si occupa della madre molto anziana e non più autonoma. Gianna è un'attrice e sta provando uno spettacolo che, sotto forma di commedia, mette in scena il rapporto con una donna in là con gli anni. Non è facile per lei conciliare le due cose così come non è facile per la compagnia riuscire ad arrivare alla prima a causa dei finanziamenti. Laura Chiossone, dopo interessanti corti, esordisce nel lungometraggio mostrando padronanza del mezzo e una certa sensibilità. Grazie ad un ottimo cast e alla straordinaria prova della novantatreenne Anna Coletti riesce a mostrare, senza retorica, un'assistenza quotidiana che richiede amore, fatica e sopportazione. ■ DRAMMATICO; COL.; 84'; ITALIA, 2012.

TRACKER, THE ★★★
Regia di ROLF DE HEER. Con DAMON GAMEAU, DAVID GULPILIL, GRANT PAGE, GARY SWEET. ■ Tre poliziotti a cavallo inseguono un fuggitivo nell'*outback* australiano. Siamo nel 1922 e a guidarli è una guida aborigena. Nel gruppo pian piano serpeggiano i dissidi anche in seguito ad episodi violenti e nascono domande mai poste prima: cosa divide bianchi e neri e chi ha diritto di comandare? Rolf de Heer abbandona le "diversità" singole (l'handicap in particolare) che erano state al centro dei suoi tre film precedenti e affronta un tema più vasto come quello della persecuzione degli aborigeni nei primi decenni del Novecento. Può farlo solo agli inizi del nuovo millennio perché prima questo era un tema da evitare in Australia. ■ DRAMMATICO; COL.; 95'; AUSTRALIA, 2002.

TRACKS ★★★
Regia di JOHN CURRAN. Con RAINER BOCK, EMMA BOOTH, ADAM DRIVER, MIA WASIKOWSKA. ■ Robyn Davidson ha venticinque anni e un progetto folle: attraversare a piedi il deserto centrale australiano, da sola. Da Alice Springs all'Oceano Indiano, camminerà per 2700 kilometri, in compagnia di tre cammelli e del suo cane Diggity. Dopo un paio d'anni di preparazione, passati a prendere confidenza con gli animali e a indurirsi i piedi in vista della fatica, e dopo i saluti alla famiglia e ai pochi amici, nel 1977 Robyn dice no all'inazione e alla mancanza di concretezza che guida le vite di tanti suoi coetanei e muove i primi solitari passi, con la sponsorizzazione del National Geographic e l'accordo di incontrare periodicamente lungo la strada il fotografo Rick Smolan, per permettergli di documentare l'epica impresa. Il regista John Curran, americano trasferitosi in Australia all'età del viaggio della protagonista, ispirandosi al reportage della Davidson sulla rivista «National Geographic» e al bestseller che ne è seguito, spinge Mia Wasikowska "into the wild", convinto, a ragione, che quell'esperienza di solitudine estrema possa avere ancora – e di più – un impatto significativo oggi, nel tempo della connessione perpetua e della socialità virtuale. Nonostante l'interesse di Curran si concentri evidentemente sulle belle riprese del paesaggio australiano e dell'attrice, il regista centra l'obiettivo nel restituire la natura obbligatoriamente individuale dell'impresa: il film è tutto sulle spalle scottate ma resistenti della Wasikowska, che dà una prova di determinazione e talento – questa sì – coerentemente eccezionale. ■ DRAMMATICO; COL.; 107'; GRAN BRETAGNA, AUSTRALIA, 2013.

TRACKS – LUNGHI BINARI DELLA FOLLIA ★★★
(Tracks)
Regia di HENRY JAGLOM. Con DENNIS HOPPER, TARYN POWER, ALFRED RYDER, DEAN STOCKWELL. ■ Jack parte dal Vietnam per accompagnare la salma di un amico nella città natale qualche giorno prima che la guerra finisca. Per lui, come per molti altri, è comunque troppo tardi: la sua mente è sconvolta dagli orrori vissuti e gli è impossibile reinserirsi in una vita normale. La vita scorre sotto i suoi occhi allucinati con i suoi personaggi emblematici di una certa società americana che oltretutto tenta di dimenticare l'episodio Vietnam emarginando chi c'è stato. Jack finisce per impazzire del tutto. ■ DRAMMATICO; COL.; 90'; USA, 1975.

TRACY E IL SIGNORE DEL PIANO DI SOPRA ★★
(Oh God Book II)
Regia di GILBERT CATES. Con DAVID BIRNEY, GEORGE BURNS, SUZANNE PLESHETTE. ■ George Burns ancora nella parte di Dio, cioè del Creatore che quando viene in terra si mette nei panni di un amabile vecchietto. La gente naturalmente è incredula. Tutti lo ritengono solo un vecchio strambo. Tranne un ragazzino che riuscirà a dimostrare la sua identità. ■ COMMEDIA; COL.; 94'; USA, 1980.

TRADER HORN ★★★
Regia di W. S. VAN DYKE II. Con EDWINE BOOTH, HARRY CAREY, DUNCAN RENALDO. ■ Un mercante e un giovane compagno si inoltrano nella giungla alla ricerca di una bianca vissuta sin da piccola con una feroce tribù. Raggiunta la meta, vengono catturati e rischiano di rimetterci la pelle. È poi proprio la ragazza a liberarli, fuggendo con loro. ■ AVVENTURA; B/N; 120'; USA, 1931.

TRADER HORN, IL CACCIATORE BIANCO ★★
(Trader Horn)
Regia di REZA BADIYI. Con ANNE HEYWOOD, JEAN SOREL, ROD TAYLOR. ■ Rifacimento del film di Van Dyke II, col colore in più, ma inferiore all'originale. ■ AVVENTURA; COL.; 105'; USA, 1973.

TRADIMENTI *(Too Far to go)* ★★★
Regia di FIELDER COOK. Con GLENN CLOSE, BLYTHE DANNER, MICHAEL MORIARTY. ■ Dai racconti di John Updike. Il film segna il debutto di Glenn Close. Protagonista è però Blythe Danner nella parte di una donna che dopo vent'anni di matrimonio decide di divorziare dal marito (Michael Moriarty). Questo dopo aver scorso in flash-back i quattro lustri passati insieme e aver scoperto che proprio non ne valeva la pena. ■ DRAMMATICO; COL.; 100'; USA, 1979.

TRADIMENTI *(Betrayal)* ★★★
Regia di DAVID JONES. Con PATRICIA HODGE, JEREMY IRONS, BEN KINGSLEY. ■ Sette anni dopo la fine della loro relazione, Emma chiede un appuntamento al suo ex amante, Jerry, e gli confida di aver lasciato il marito, Robert, dopo che questi le aveva confessato i suoi tradimenti. Emma sostiene anche di aver raccontato la sua relazione con Jerry al marito. Come in un diario letto a ritroso, inizia così una serie di flash-back che dipana i misteri di un sofferto triangolo amoroso. Una delle migliori trasposizione da una *pièce* di Harold Pinter. ■ COMMEDIA; COL.; 95'; GRAN BRETAGNA, 1983. ■ OSCAR 1 NOM.

TRADIMENTO *(Her Husband's Secretary)* ★★
Regia di FRANK MCDONALD. Con WARREN HULL, JEAN MAUR, BEVERLY ROBERTS. ■ Una segretaria tenta di sedurre il suo principale per ambizione. La moglie se ne accorge e glielo impedisce. ■ DRAMMATICO; B/N; 90'; USA, 1937.

TRADIMENTO *(Up Tight)* ★★
Regia di JULES DASSIN. Con RUBY DEE, FRANK SILVERA, RAIMOND ST. JACQUES. ■ Dopo l'assassinio di Martin Luther King, alcuni membri di Potere nero decidono la ribellione armata. Uno di essi, dopo essersi rifiutato di rubare delle armi, denuncia i compagni e ne subisce la spietata vendetta. ■ DRAMMATICO; COL.; 104'; USA, 1968.

TRADIMENTO ★
Regia di ALFONSO BRESCIA. Con REGINA BIANCHI, NINO D'ANGELO, IDA DI BENEDETTO, MARIO MEROLA. ■ Storia di una famigliola napoletana: il padre vende abusivamente brodo di polipo, la madre gestisce un chiosco di bibite, la bimba va a scuola. Tra camorra e presunti tradimenti si sfiora la tragedia, ma, alla fine, l'amore trionfa. Tre banditi fuggono dopo un colpo fortunato, ma scoppia una lite e uno di loro viene accidentalmente spinto in una palude, dove muore. I due superstiti sono tormentati dal rimorso che si fa più grave quando sembra che il defunto sia tornato dall'aldilà. I fuorilegge finiranno nelle mani della polizia. ■ COMMEDIA; COL.; 106'; ITALIA, 1982.

TRADIMENTO – PASSATO CHE UCCIDE, IL ★★
Regia di RICCARDO FREDA. Con GIANNA MARIA CANALE, VITTORIO GASSMAN, AMEDEO NAZZARI. ■ Un uomo sconta quindici anni di carcere per un omicidio non commesso. Quando esce di prigione, uccide per legittima difesa l'uomo che si era fatto pas-

sare per morto provocando la sua condanna. Processato e assolto, comincia una nuova vita con la figlia. ■ DRAMMATICO; B/N; 85'; ITALIA, 1951.

TRADITA – LA NOTTE DELLE NOZZE ★★
Regia di MARIO BONNARD. Con GIORGIO ALBERTAZZI, LUCIA BOSÉ, PIERRE CRESSOY. ■ Nel 1915 in una nobile famiglia del Trentino due fratelli sono separati dall'ideologia politica: uno è un noto austriacante, l'altro un fervente patriota. Il primo denuncia l'altro, per gelosia, e lo fa condannare a morte; poi, pentito, lo salva prendendo il suo posto. ■ DRAMMATICO; B/N; 93'; ITALIA, 1954.

TRADITORE, IL *(The Informer)* ★★★★
Regia di JOHN FORD. Con WALLACE FORD, PRESTON FOSTER, MARGOT GRAHAME, VICTOR MCLAGLEN, UNA O'CONNOR. ■ Nell'Irlanda in rivolta contro gli inglesi, un ribelle consegna ai nemici un compagno per un pugno di sterline. Ben presto il suo tradimento viene scoperto ed egli cerca invano di sfuggire alla vendetta dei compatrioti. Colpito a morte durante un tentativo di fuga, riesce a trascinarsi in una chiesa, dove ottiene il perdono della madre del compagno tradito. Il film fece ottenere l'Oscar a John Ford e Victor McLaglen. Un film certo legato al gusto dell'epoca e che forse oggi appare un po' superato, ma di suggestione e di forza difficilmente eguagliabili. Indimenticabile la sequenza finale. ■ DRAMMATICO; B/N; 91'; USA, 1935. ■ OSCAR 4 PR, 6 NOM.

TRADITORE DEI MARI, IL *(Tampico)* ★★★
Regia di LOTHAR MENDES. Con LYNN BARI, VICTOR MCLAGLEN, EDWARD G. ROBINSON. ■ Seconda guerra mondiale: un ufficiale americano ripudia la moglie credendola una spia al servizio del nemico. Ritornerà da lei quando scoprirà il vero traditore. ■ SPIONAGGIO; B/N; 75'; USA, 1944.

TRADITORE DI FORTE ALAMO, IL ★★★
(The Man from the Alamo)
Regia di BUDD BOETTICHER. Con JULIE ADAMS, GLENN FORD, CHILL WILLS. ■ Un texano, finito in prigione perché accusato ingiustamente di diserzione, fugge, trova la banda che ha sterminato la sua famiglia e ne elimina tutti i componenti. ■ WESTERN; COL.; 79'; USA, 1953.

TRADIZIONI DI MEZZANOTTE ★★★
(Le tradition de minuit)
Regia di ROGER RICHEBÉ. Con MARCEL DALIO, GEORGES FLAMANT, VIVIANE ROMANCE. ■ Cinque uomini sono sospettati di omicidio. Uno di essi sposa un'indiziata che ha le prove della sua colpevolezza. La coppia fugge, ma la polizia la raggiunge e uccide la donna nella sparatoria che ne segue. ■ GIALLO; B/N; 93'; FRANCIA, 1939.

TRADOTTA, LA *(Der Transport)* ★★
Regia di JÜRGEN ROLAND. Con ARMIN DAHLEN, PETER HERZOG, HANNES MESSEMER. ■ Un tedesco al comando di una colonna di prigionieri, invece di condurli alle proprie linee, cerca di portarli in salvo. Ci riesce, ma ci lascia la vita. ■ GUERRA; B/N; 92'; GERMANIA, 1961.

TRA DUE AMORI *(Her Twelve Men)* ★★★
Regia di ROBERT Z. LEONARD. Con GREER GARSON, ROBERT RYAN, BARRY SULLIVAN. ■ Una maestrina ama un collega ed è a sua volta amata dal ricchissimo padre, vedovo, di un suo alunno. Nonostante la prospettiva allettante di una vita comoda, la giovane sceglierà il collega. ■ COMMEDIA; COL.; 112'; USA, 1954.

TRA DUE BANDIERE *(Lola la piconera)* ★★
Regia di LUIS LUCIA. Con MANUEL LUNA, JUANITA REINA, VIRGILIO TEIXEIRA. ■ A Cadice, durante la guerra tra francesi e spagnoli, la bella proprietaria di una locanda sacrifica la propria vita in una missione, e muore tra le braccia dell'uomo che ama. ■ AVVENTURA; B/N; 93'; SPAGNA, 1952.

TRA DUE DONNE *(Recours en grâce)* ★★★
Regia di LÁSZLÓ BENEDEK. Con ANNIE GIRARDOT, EMMANUELLE RIVA, RAF VALLONE. ■ Un disertore cambia nome e si sposa. La moglie scopre il suo segreto e lui si costituisce. Il giorno del processo fugge ancora e i poliziotti, quando lo ritrovano, gli sparano credendolo armato e deciso a vendere cara la pelle. ■ DRAMMATICO; B/N; 91'; FRANCIA, 1960.

TRA DUE DONNE ★★★★
Regia di ALBERTO FERRARI. Con ALESSANDRA CASELLA, FRANCESCA GIOVANNETTI, GIANMARCO PIACENTINI. ■ Un film anomalo, atemporale, difficilmente classificabile. Né classico, né moderno. Tratto dal romanzo di Vittorio Imbriani *Dio ne scampi dagli Orsenigo*. Il montaggio è serrato, le musiche non invadenti, l'atmosfera per certi versi "aliena", cioè avulsa da qualsiasi genere di contesto real-verosimile, e persino inventato. Un film che sta sospeso nel vuoto, proprio come le esistenze dei tre protagonisti: un (inetto) capitano di cavalleria che s'innamora (inettamente) di una donna giovane (frivola e immatura) che è sposata con un uomo anziano, con l'amica di lei che riesce a riportarla razionalmente all'interno dei propri "binari scritti". Per poi pentirsene: finché – quando il nostro antieroe tornerà ferito dal fronte della prima guerra mondiale – lei s'innamorerà dell'idea dell'amore, di quel capitano che aveva amato oltre le convenzioni l'amica. La quale non aveva saputo coraggiosamente capire, sfidare la vita. Ma il capitano si rivelerà ben diverso, con lei: ed infatti tutto il film è il racconto in prima persona di un ipotetico (vero?) omicidio familiare per opera del capitano... Interessanti le recitazioni: apparentemente approssimative, a cavallo fra il teatro (sono costantemente sopra le righe) e l'opera (i dialoghi sono molto musicali) e il cinema (i pensieri del capitano, ironicamente filmici). Il sapore finale è un grottesco che sfiora il mélo ma pure il surreale, con diversi inserti di commedia. Un buon ritmo narrativo e "visivo" per un film diretto da un esordiente che proviene dal teatro. ■ DRAMMATICO; COL.; 98'; ITALIA, 2001.

TRA DUE FUOCHI *(The Man in the Middle)* ★★★
Regia di GUY HAMILTON. Con TREVOR HOWARD, ROBERT MITCHUM, FRANCE NUYEN, BARRY SULLIVAN, KEENAN WYNN. ■ In India, al termine del secondo conflitto mondiale, un ufficiale americano riesce a far assolvere un compatriota, affetto da paranoia, dall'accusa di tentato omicidio. ■ DRAMMATICO; B/N; 94'; GRAN BRETAGNA, 1964.

TRA DUE FUOCHI *(Fire with Fire)* ★
Regia di DUNCAN GIBBINS. Con VIRGINIA MADSEN, JOE POLITO, KATE REID, CRAIG SHEFFER. ■ Un ragazzo detenuto in un carcere minorile ama una ragazza rinchiusa in un rigido collegio di suore. Perché il loro amore trionfi dovranno superare mille difficoltà. ■ DRAMMATICO; COL.; 103'; USA, 1986.

TRA DUE MONDI *(Between Two Worlds)* ★★★
Regia di EDWARD A. BLATT. Con JOHN GARFIELD, PAUL HENREID, ELEANOR PARKER. ■ Durante la guerra due coniugi decidono di suicidarsi. Sognano di essere nell'aldilà e, al risveglio, quando si rendono conto di essere ancora vivi, provano una tale gioia da mettere da parte per sempre ogni proposito suicida. ■ COMMEDIA; B/N; 112'; USA, 1944.

TRA DUE RISVEGLI ★
Regia di AMEDEO FAGO. Con FRANCO CASTELLANO, SILVIA COHEN, FRANCESCA FAGO, IVANO MARESCOTTI. ■ Mavi ha un incidente. Accorrono al suo capezzale Luca, il giornalista televisivo con cui la donna vive, e Carlo, un chirurgo con cui ha una relazione. I due hanno modo di conoscersi e di confrontarsi in un film dalle eccessive pretese simboliche. ■ DRAMMATICO; COL.; 85'; ITALIA, 1992.

TRAFALGAR *(The Divine Lady)* ★★★
Regia di FRANK LLOYD. Con MARIE DRESSLER, CORINNE GRIFFITH, MONTAGU LOVE, VICTOR VARCONI. ■ Biografia romanzata di Lady Hamilton, l'amante del famoso ammiraglio Nelson, vincitore di Trafalgar. ■ BIOGRAFICO; B/N; 92'; USA, 1929. ■ OSCAR 1 PR, 2 NOM.

TRAFFIC ★★★
Regia di STEVEN SODERBERGH. Con DON CHEADLE, BENICIO DEL TORO, MICHAEL DOUGLAS, AMY IRVING, TOMAS MILIAN, DENNIS QUAID, CATHERINE ZETA-JONES. ■ Javier Rodriguez e Manolo Sanchez sno due poliziotti impegnati a contrastare il traffico di droga sul confine tra Stati Uniti e Messico. Il loro capo è il generale Salazar, il principale nemico dei cartelli della droga. Ogni giorno i due sono tentati di appropriarsi di parte dei carichi sequestrati e di arricchirsi. Javier è il più resistente alle pressioni.

Intanto negli Stati Uniti il giudice della Corte Suprema dell'Ohio, Robert Wakefield, viene incaricato dal Presidente di coordinare un'efficace attività antidroga con i partner messicani. A casa però Robert e la consorte debbono assistere impotenti al precipitare nell'abisso della dipendenza della figlia sedicenne. Carlos Ayala, un trafficante ricco di coperture, rischia di venire incastrato in fase processuale da un testimone eccellente. Steven Soderbergh non abbandona il cinema di denuncia, ma questa volta sceglie la strada del film di genere a vicende incrociate. Si avvale della forte presenza scenica di un Benicio Del Toro capace di esprimere dolore e sicurezza insieme con un semplice movimento delle labbra. La coppia Douglas/Zeta-Jones non conferisce particolare glamour a un film corale e ricco di colpi di scena che è meglio non svelare. Il rischio della "morale" emerge in particolare nella parte finale, ma Soderbergh riesce comunque a far passare con chiarezza (quella chiarezza che mancava a *Out of Sight*) il messaggio. ■ DRAMMATICO; COL.; 143′; GERMANIA, USA, 2001. ■ BERLINO 1 PR; GOLDEN GLOBES 2 PR, 5 NOM; OSCAR 4 PR, 5 NOM.

TRAFFICANTE DI MANILA, IL *(Impasse)* ★★★
Regia di RICHARD BENEDICT. Con LYLE BETTGER, ANNE FRANCIS, BURT REYNOLDS. ■ Alcuni ex militari recuperano una grossa quantità d'oro che avevano nascosto nelle Filippine durante la seconda guerra mondiale. Per una soffiata finiscono poi in galera, tranne uno, che muore nello scontro a fuoco con la polizia. ■ AVVENTURA; COL.; 100′; USA, 1969.

TRAFFICANTI, I *(The Hucksters)* ★★★
Regia di JACK CONWAY. Con CLARK GABLE, AVA GARDNER, SIDNEY GREENSTREET, DEBORAH KERR, ADOLPHE MENJOU. ■ Un pubblicitario alle prese con un industriale insopportabile perde la pazienza e lo pianta, rinunciando a un forte guadagno. In compenso, trova l'amore e si sposa. ■ COMMEDIA; B/N; 115′; USA, 1947.

TRAFFICANTI DELLA NOTTE, I *(Night and the City)* ★★★
Regia di JULES DASSIN. Con GENE TIERNEY, RICHARD WIDMARK. ■ Due rivali si contendono il monopolio degli incontri di lotta greco-romana e delle relative scommesse. Uno di essi provoca la morte del padre del suo avversario, un vecchio campione di lotta, e l'altro si vendica facendolo uccidere dai suoi sicari. ■ DRAMMATICO; B/N; 95′; GRAN BRETAGNA, 1950.

TRAFFICANTI DEL PIACERE *(Hammerhead)* ★★
Regia di DAVID MILLER. Con VINCE EDWARDS, JUDY GEESON, PETER VAUGHAN. ■ Il capo di una organizzazione spionistica, maniaco della pornografia, è intrappolato da un agente segreto inglese che fa leva sulle sue debolezze. Tenta di sottrarsi alla cattura fuggendo, ma è ucciso dall'amante che vuole impadronirsi del suo patrimonio. ■ SPIONAGGIO; B/N; 99′; GRAN BRETAGNA, 1968.

TRAFFICANTI DI HONG KONG, I ★★
(Flight from Hong Kong)
Regia di JOSEPH M. NEWMAN. Con RORY CALHOUN, DOLORES DONLON, BARBARA RUSH. ■ Un bandito si redime per amore, ma la sua donna lo lascia. Si consegna allora agli ex complici, decisi ad eliminarlo, ed è salvato appena in tempo dalla polizia. ■ AVVENTURA; B/N; 89′; USA, 1956.

TRAFFICANTI DI MORTE *(Sunset Grill)* ★★
Regia di KEVIN CONNOR. Con STACY KEACH, LORY SINGER, PETER WELLER. ■ Un investigatore privato soggetto a crisi depressive si vede ammazzare in breve tempo il fratello e l'ex moglie. Lo shock lo spinge a indagare testardamente fino alla scoperta della verità. Protagonisti di buona fama (Peter Weller, *Robocop*, e Lory Singer, *Footloose*) contribuiscono a migliorare un giallo di non eccelsa fattura. ■ GIALLO; COL.; 103′; USA, 1992.

TRAFFICANTI DI SINGAPORE, I ★★
(Peter Voss, der Held des Tages)
Regia di GEORG MARISCHKA. Con OTTO WILHELM FISCHER, WALTER GILLER, HELGA SOMMERFELD. ■ Un investigatore recupera una serie di preziosissime statuette rubate e manda in galera il fidanzato della derubata, ideatore del colpo. ■ POLIZIESCO; COL.; 93′; GERMANIA, 1959.

TRAFFICANTI D'ORO – L'ORA DEL DELITTO ★★
(The Beautiful Stranger – Twist of Fate)
Regia di DAVID MILLER. Con JACQUES BERGERAC, HERBERT LOM, GINGER ROGERS. ■ L'amante di un bandito si innamora di uno scultore che contribuisce all'arresto dei malviventi e lo redime. ■ DRAMMATICO; B/N; 89′; GRAN BRETAGNA, 1954.

TRAFFICANTI D'UOMINI *(Illegal Entry)* ★★
Regia di FREDERICK DE CORDOVA. Con GEORGE BRENT, HOWARD DUFF, MARTA TOREN. ■ Un ex militare scopre la banda che favorisce l'immigrazione clandestina negli Stati Uniti e riesce ad eliminarla. ■ POLIZIESCO; B/N; 84′; USA, 1949.

TRAFFICO BIANCO *(Cargaison blanche)* ★★
Regia di GEORGES LACOMBE. Con FRANÇOISE ARNOUL, RENÉE FAURE, JEAN-CLAUDE MICHEL. ■ Un giornalista è ucciso; la sua fidanzata, anche lei giornalista, indaga e viene a capo di una pericolosa banda che esercita la tratta delle bianche. ■ DRAMMATICO; B/N; 91′; FRANCIA, 1958.

TRAFFICO DI DIAMANTI *(Money Talks)* ★★
Regia di BRETT RATNER. Con VERONICA CARTWRIGHT, PAUL GLEASON, HEATHER LOCKLEAR, CHARLIE SHEEN, PAUL SORVINO, CHRIS TUCKER. ■ Commedia degli equivoci che ha per protagonisti un giornalista in crisi e un truffatore. In Italia non è mai arrivato al cinema. ■ AZIONE; COL.; 95′; USA, 1997.

TRAFITTI DA UN RAGGIO DI SOLE ★
Regia di CLAUDIO DEL PUNTA. Con CECILIA DAZZI, FRANCESCO DOMINEDÒ, CARLO MUCARI, LOLA PAGNANI. ■ Il verso della poesia di Quasimodo viene scelto dall'aspirante scrittore Leo per intitolare un suo racconto ispirato alla breve amicizia con il pugile Totò su una spiaggia dell'isola d'Elba. Film povero, molto povero. ■ COMMEDIA; COL.; 90′; ITALIA, 1995.

TRAGEDIA AI TROPICI *(Law of the Tropics)* ★★
Regia di RAY ENRIGHT. Con CONSTANCE BENNETT, JEFFREY LYN, REGIS TEOMEY. ■ Un agricoltore sudamericano sposa una cantante ricercata dalla polizia. I due vivono felici fino a quando un agente arresta la donna. Lui la segue, deciso a dimostrare la sua innocenza. ■ DRAMMATICO; B/N; 76′; USA, 1941.

TRAGEDIA AMERICANA, UNA *(An American Tragedy)* ★★
Regia di JOSEF VON STERNBERG. Con FRANCES DEE, PHILLIPS HOLMES, SYLVIA SIDNEY. ■ Dal classico di Theodore Dreiser che ispirò anche il celebre *Un posto al sole* con Montgomery Clift. Un ambizioso giovanotto cerca di sbarazzarsi della sua fidanzata (che è anche incinta), quando gli si profila l'eventualità di una folgorante carriera e di un ricco matrimonio. Arriva ad uccidere (sia pure accidentalmente) la poverina. La giustizia lo acciuffa e lo condanna a morte come omicida volontario. ■ DRAMMATICO; B/N; 96′; USA, 1931.

TRAGEDIA A SANTA MONICA *(Pitfall)* ★★★
Regia di ANDRÉ DE TOTH. Con RAYMOND BURR, DICK POWELL, LIZABETH SCOTT, JANE WYATT. ■ Un agente di assicurazioni sposato, indagando su un furto di gioielli, s'innamora dell'amante del bandito che aveva fatto il colpo. Quando quest'ultimo esce di prigione, deciso a vendicarsi, lo uccide per legittima difesa. La moglie finirà per perdonargli tutto. ■ DRAMMATICO; B/N; 84′; USA, 1948.

TRAGEDIA DEL BOUNTY – GLI AMMUTINATI DEL BOUNTY, LA *(Mutiny on the Bounty)* ★★★★🏆
Regia di FRANK LLOYD. Con CLARK GABLE, CHARLES LAUGHTON, MOVITA, FRANCHOT TONE. ■ Secolo diciottesimo. Stanchi di sopportare le crudeltà del loro feroce capitano, i marinai del *Bounty*, una nave inglese, si ribellano e lo abbandonano, con i suoi fedeli, su una scialuppa in mare aperto. Il capitano, riuscito a salvarsi, parte alla ricerca degli ammutinati, riesce a trovarne alcuni e li fa condannare a morte. Essi però ottengono *in extremis* la grazia sovrana. Gli altri ribelli sfuggiti alla cattura si sono nel frattempo stabiliti in un'isoletta del Pacifico, che diventerà la loro nuova patria. Uno dei più grandi successi cinematografici degli anni Trenta. Superbo Charles Laughton nella parte del tremendo capitano: divenne da allora il più famoso cattivo dello schermo. Della celebre storia venne girata un'altra versione nel 1962, diretta da Lewis Milestone e interpretata da Marlon Brando e Trevor Howard. ■ DRAMMATICO; B/N; 132′; USA, 1935. ■ OSCAR 🏆 1 PR, 6 NOM.

TRAGEDIA DEL CAPITANO SCOTT, LA ★★★
(Scott on the Antartic)
Regia di Charles Frend. Con Diana Churchill, Anne Firth, John Mills. ■ È la rievocazione della tragica vicenda dell'esploratore Scott e dei suoi uomini, che giunsero al Polo Nord e furono sopraffatti dai disagi naturali e dalla mancanza di viveri. ■ Drammatico; col.; 111'; Gran Bretagna, 1948.

TRAGEDIA DEL K 2, LA *(Non-Stop New York)* ★★★
Regia di Robert Stevenson. Con Anna Lee, John Loder. ■ Una ragazza, dopo aver assistito all'assassinio di un amico, riesce a smascherare il colpevole. ■ Drammatico; b/n; 72'; Gran Bretagna, 1937.

TRAGEDIA DELLA MINIERA – FRATELLANZA, LA *(Kamaradschaft)* ★★★★
Regia di Georg Wilhelm Pabst. Con Ernst Busch, Alexander Granach, Fritz Kampers. ■ La vicenda, basata su un episodio reale, la tragedia mineraria di Courriéres del 1906, è trasferita, dallo sceneggiatore Vajda, per aumentarne la carica polemica, in epoca successiva alla prima guerra mondiale. Siamo infatti in Lorena, nel 1919, la regione appena strappata dai francesi ai tedeschi. Un gruppo di minatori tedeschi varca il confine per trovare lavoro in quella che fu la loro terra. Invece del lavoro, questi uomini trovano sospetto e ostilità, frutto amarissimo dei recenti eventi bellici. All'annuncio di una sciagura nella parte francese della miniera (che si estende sotto la linea di confine), saranno proprio i minatori tedeschi che, messe da parte le discordie, contribuiscono in modo decisivo a salvare i loro colleghi francesi. Fraternizzando con loro, proclamano che non vi è che una miniera e due nemici comuni: la guerra e il gas. Questo semplicistico atteggiamento, che riduceva entrambe le cose al rango di inevitabili calamità, senza analizzarne le cause, e suggeriva una soluzione genericamente utopistica (soltanto in parte contraddetta dall'amara scena finale che vedeva ripristinare le divisioni nazionalistiche e rimessa al suo posto la cancellata di separazione divelta dai soccorritori), portò a Pabst critiche severe. Per quanto giustificate, esse non sminuiscono tuttavia il valore del film, che per l'incalzante ritmo narrativo, contrappuntato da un felicissimo uso del sonoro (rumori e differenze di lingua in particolare) può ben venire considerato, nel complesso come una delle opere più riuscite del cinema degli anni Trenta. ■ Drammatico; b/n; 93'; Germania, 1931.

TRAGEDIA DELL'ATLANTIC, LA *(Atlantic)* ★★
Regia di Ewald André Dupont. Con Donald Calthrop, Madeleine Carroll. ■ Vagamente ispirato alla tragedia del *Titanic*, il film racconta il viaggio inaugurale di un transatlantico di lusso che affonda nel mare del Nord. ■ Drammatico; b/n; 93'; Germania, Gran Bretagna, 1930.

TRAGEDIA DEL PHOENIX, LA *(Cone of Silence)* ★★★
Regia di Charles Frend. Con Michael Craig, Peter Cushing, Bernard Lee. ■ Un pilota muore in un fallito decollo, imputato ad un suo errore. L'inchiesta accerta poi che vero responsabile della tragedia è il costruttore del velivolo, che ammette sinceramente la sua colpa e fa in modo che la memoria del defunto sia completamente riabilitata. ■ Avventura; b/n; 92'; Gran Bretagna, 1960.

TRAGEDIA DEL RIO GRANDE, LA ★★★
(Pay the Devil – Man in the Shadow)
Regia di Jack Arnold. Con Jeff Chandler, Colleen Miller, Orson Welles. ■ Uno sceriffo si attira la riprovazione dei cittadini quando tenta di smascherare un assassino, apparentemente insospettabile. Sono poi proprio i cittadini a dargli man forte quando si accorgono che i suoi sospetti sono fondati. ■ Avventura; b/n; 80'; USA, 1956.

TRAGEDIA DEL "SILVER QUEEN", LA ★★★
(Five Came Back)
Regia di John Farrow. Con Lucille Ball, John Carradine, Chester Morris. ■ Costretto ad atterrare in una zona della giungla infestata dai cannibali, un aereo offre la possibilità di ripartire solo a poche persone. A sceglierle, pistola alla mano, è uno dei passeggeri che non esita a uccidere un milionario e un'anziana coppia, consegnandosi quindi nelle mani dei selvaggi. ■ Drammatico; b/n; 75'; USA, 1939.

TRAGEDIA DEL TITANIC, LA *(Titanic)* ★★
Regia di Werner Keingler, Herbert Selpin. Con Monika Burg, Ernest F. Furbringer, Sybille Schmitz. ■ Ennesima ricostruzione, romanzata, della tragedia del *Titanic*. ■ Drammatico; b/n; 91'; Germania, 1942.

TRAGEDIA DI HARLEM, LA *(Lost Boundaries)* ★★
Regia di Alfred L. Werker. Con Mel Ferrer, Beatrice Pearson. ■ La famiglia di un medico condotto sembra composta da bianchi, ma in realtà sono tutti neri dalla pelle chiarissima. Nessuno dei concittadini sospetta nulla, finché il figlio del medico non si arruola nell'esercito e la verità viene a galla. Dapprima sembra che i disgraziati vengano condannati all'isolamento, poi un pastore protestante convince la comunità a restituire loro la propria stima. ■ Drammatico; b/n; 99'; USA, 1949. ■ Cannes 1 pr.

TRAGEDIA DI PROSTITUTE *(Dirnentragödie)* ★★
Regia di Bruno Rahn. Con Oskar Homolka, Hilde Jennings, Asta Nielsen. ■ Tratto da una commedia di Wilhelm Braun. Il dramma di Auguste, una prostituta, che si innamora di Felix, molto più giovane di lei. ■ Drammatico; b/n; 105'; Germania, 1927.

TRAGEDIA DI UN UOMO RIDICOLO, LA ★★★
Regia di Bernardo Bertolucci. Con Anouk Aimée, Vittorio Caprioli, Ugo Tognazzi. ■ Un industriale caseario della Bassa Padana si vede rapito il figlio ventenne il giorno del suo compleanno. Cerca di mettersi in contatto con i rapitori, ma a poco a poco si convince che il figlio è stato ucciso. Allora l'uomo decide di tentare una truffa. Il miliardo che ha racimolato tra gli usurai gli servirà per salvare la sua azienda (che era in dissesto). ■ Drammatico; col.; 120'; Italia, 1981. ■ Cannes 1 pr.

TRAGEDIA SUL PACIFICO *(Pacific Liner)* ★★★
Regia di Lew Landers. Con Victor McLaglen, Chester Morris. ■ Su un piroscafo in navigazione sul Pacifico scoppia un'epidemia di colera. Il capo macchinista, irascibile e severo coi sottoposti ma in fondo di buon cuore, si prodiga per la salvezza dell'equipaggio anche a costo della propria incolumità. ■ Drammatico; b/n; 75'; USA, 1939. ■ Oscar 1 nom.

TRAGEDIE DE CARMEN, LA ★★
Regia di Peter Brook. Con Hélène Delavault, Howard Hansel, Agnès Host. ■ Trasmesso da Raitre questo film fa parte di una trilogia che Brook ha realizzato con tre diversi cast che interpretano lo stesso dramma. La storia di Carmen è quella classica, il respiro è teatrale anche se girato in esterni. ■ Musicale; col.; 84'; Francia, 1983.

TRAGICA ATTESA *(Secret of a Nurse)* ★★
Regia di Arthur Lubin. Con Edmund Lowe, Helen Mack. ■ Un pugile ha dei guai con alcuni gangster e viene accusato d'omicidio, ma la sua fidanzata, un'infermiera, con l'aiuto di un abile avvocato riuscirà a provare la sua innocenza. ■ Poliziesco; b/n; 75'; USA, 1940.

TRAGICA CONFESSIONE ★★
(Der Kaplan von S. Lorenzo)
Regia di Gustav Ucicky. Con Willy Birgel, Dieter Borsche, Gertrud Kückelmann, Ilse Steppat. ■ In Italia, un buon prete sistema una ragazza come domestica in una casa borghese, ma lei suscita l'interesse del padrone. Quando la padrona viene uccisa, la giovane è accusata d'omicidio. Il prete sa, grazie alla confessione, che il colpevole è l'uomo; non potendo rivelare la verità, si autoaccusa del delitto suscitando la revisione del processo e infine la punizione del reo. ■ Drammatico; b/n; 92'; Germania, 1953.

TRAGICA CONSEGUENZA *(Coma)* ★★
Regia di Denys Granier-Deferre. Con Richard Anconina, Isabelle Candelier, Anna Kanakis. ■ Un uomo, che scrive sceneggiature per il cinema, va in Portogallo per lavoro. Durante il tragitto però subisce un incidente. Si ritroverà ospite di Sophie, un'enigmatica ragazza già incontrata prima. ■ Drammatico; col.; 95'; Francia, 1993.

TRAGICA GLORIA *(Le lit à colonnes)* ★★
Regia di ROLAND TUAL. Con MICHELE ALFA, PIERRE LARQUEY, JEAN MARAIS, VALENTINE TISSIER. ■ Il direttore del penitenziario, per farsi bello con la figlia in procinto di sposarsi, si spaccia per autore di una musica composta da un carcerato. Costui, sentendo la ragazza suonarla, pensa che lei si sia innamorata di lui. Fugge di prigione e, scoperta la verità, prima d'essere abbattuto uccide il direttore. ■ DRAMMATICO; B/N; 91'; FRANCIA, 1942.

TRAGICA INCERTEZZA *(So Long at the Fair)* ★★
Regia di ANTONY DARNBOROUGH, TERENCE FISHER. Con DIRK BOGARDE, JEAN SIMMONS, DAVID TOMBINSON. ■ Due inglesi, fratello e sorella, arrivano a Parigi per visitare l'esposizione del 1887. Il mattino dopo, il ragazzo scompare e tutti negano che sia mai esistito. Dopo molte vicende la sorella scoprirà che il giovane si era ammalato e, nel timore che avesse contratto la peste, le autorità avevano deciso di nascondere la sua stessa esistenza per non diffondere il panico. ■ DRAMMATICO; B/N; 86'; GRAN BRETAGNA, 1950.

TRAGICA LUNA DI MIELE *(Busman's Honeymoon)* ★★★
Regia di ARTHUR B. WOODS. Con CONSTANCE CUMMINGS, ROBERT MONTGOMERY. ■ Lord Peter Wimsey, il detective aristocratico inventato da Dorothy L. Sayers, si sposa con una autrice di romanzi gialli. I due giovani si troveranno coinvolti in un delitto che risolveranno. ■ POLIZIESCO; B/N; 83'; GRAN BRETAGNA, 1940.

TRAGICA NOTTE ★★
Regia di MARIO SOLDATI. Con ANDREA CHECCHI, AMELIA CHELLINI, JUAN DE LANDA, DORIS DURANTI, CARLO NINCHI, ADRIANO RIMOLDI. ■ Un guardacaccia carogna insinua che la moglie del bracconiere che odia si sia data a un nobile. Il marito finge di crederci e di preparare la morte del rivale, ma sarà l'infido guardacaccia ad essere ucciso. ■ DRAMMATICO; B/N; 85'; ITALIA, 1942.

TRAGICA NOTTE DI ASSISI – L'ANGELO DI ASSISI, LA ★
Regia di RAFFAELLO PACINI. Con CARLO GIUSTINI, EVI MALTAGLIATI, LEDA NEGRONI, ANTONIO PIERFEDERICI. ■ La vita di santa Chiara che ai primi del Duecento abbandona una vita d'agi per seguire san Francesco. Salverà Assisi dai saraceni. ■ BIOGRAFICO; B/N; 92'; ITALIA, 1960.

TRAGICA PASSIONE *(Passion)* ★★★
Regia di GEORGES LAMPIN. Con JEAN BROCHARD, PAUL FRANKEUR, CLAIRE OLIVIER, VIVIANE ROMANCE. ■ Durante la guerra, una donna sposata s'innamora di un altro uomo da cui ha un figlio. Il marito, scoperto tutto, uccide il piccino per vendicarsi, ma viene a sua volta eliminato dalla moglie che poi si costituisce. L'avvocato riuscirà a farle avere una condanna mite. ■ DRAMMATICO; B/N; 94'; FRANCIA, 1951.

TRAGIC BUS *(The Bus)* ★★★
Regia di BAY OKAN. Con BJORN GEDDA, TUNCEL KIRTIZ, BAY OKAN. ■ Per far soldi senza rischi, un turco di pochi scrupoli fa credere ad un gruppo di connazionali che riuscirà a farli espatriare. Li imbarca su un pullman, quindi li abbandona dopo averli privati di denaro e passaporti. Due delle sue vittime muoiono, le altre finiscono in prigione. ■ DRAMMATICO; COL.; 100'; SVIZZERA, 1976.

TRAGICO DESTINO *(Her Kind of Man)* ★★
Regia di FREDERICK DE CORDOVA. Con DANE CLARK, JANIS PAIGE, ZACHARY SCOTT. ■ Una cantante è innamorata di un poco di buono; quando l'uomo ammette un omicidio si allontana da lui ed accetta la corte di un giornalista. La ragazza tornerà però a fianco dell'assassino per aiutarlo quando questi sarà circondato dalla polizia. ■ POLIZIESCO; B/N; 78'; USA, 1950.

TRAGICO INCONTRO *(La maison sous la mer)* ★★
Regia di HENRI CALEF. Con CLÉMENT DUHOUR, VIVIANE ROMANCE. ■ In un villaggio minerario sulle coste della Manica, un giovane appena arrivato s'innamora di una donna, ma, scoperto che lei è sposata, l'abbandona. L'adultera, cercando di raggiungerlo, precipita in mare e muore. ■ DRAMMATICO; B/N; 93'; FRANCIA, 1953.

TRAGICO INGANNO *(Un drama nuevo)* ★
Regia di JUAN DE ORDUÑA. Con IRASEMA DILIAN, MANUEL LUNA, ROBERT ONT. ■ A Londra, nel 1605, un vecchio attore della compagnia di Shakespeare scopre, mentre sta recitando la parte del marito tradito, che la finzione corrisponde alla realtà e uccide il rivale in scena. ■ DRAMMATICO; B/N; 95'; SPAGNA, 1947.

TRAGICO ORIENTE *(Behind the Rising Sun)* ★★
Regia di EDWARD DMYTRYK. Con TOM NEAL, ROBERT RYAN. ■ Tra padre e figlio giapponesi ci sono contrasti perché il giovane, che ha studiato in America, considera il genitore troppo tradizionalista. Quando però scoppia la seconda guerra mondiale, il ragazzo diventa un fanatico imperialista e trova la morte in combattimento. Il padre, convinto fautore della democrazia, fa harakiri. ■ DRAMMATICO; B/N; 89'; USA, 1943.

TRAGICO RITORNO ★★
Regia di PIER LUIGI FARALDO. Con DORIS DURANTI, DANTE MAGGIO, FRANCA MARZI, MARCELLO MASTROIANNI. ■ Dopo otto anni di prigionia, un reduce torna in Italia e trova che la moglie si è risposata. Il poveraccio s'allontana e, unitosi ad altri sbandati, progetta una serie di rapine, ma tutto finirà tragicamente. ■ DRAMMATICO; B/N; 91'; ITALIA, 1952.

TRAGICO SEGRETO *(Undercurrent)* ★★★
Regia di VINCENTE MINNELLI. Con EDMUND GWENN, KATHARINE HEPBURN, ROBERT MITCHUM, ROBERT TAYLOR. ■ Una provinciale sposa un ricco inventore, ma a poco a poco sente che il marito le nasconde qualcosa e alla fine, aiutata dal cognato, scopre un terribile segreto. ■ DRAMMATICO; B/N; 116'; USA, 1946.

TRA GLI INCANTI DEL PACIFICO ★★
Regia di BERNARDO WOBKEN. ■ Documentario sulle isole Fiji. ■ DOCUMENTARIO; B/N; 94'; ITALIA, 1938.

TRAGUARDI DI GLORIA ★★
Regia di TANIO BOCCIA. ■ Un documentario sulle vittorie degli atleti italiani alle Olimpiadi. ■ DOCUMENTARIO; B/N; 90'; ITALIA, 1957.

TRAGUARDO *(Buzzy and Phantom Pinto)* ★★
Regia di WILLIAM BEAUDINE. Con DORIS DAY, BUZZY HENRY, DOROTHY SHORT. ■ Un allevatore di cavalli riesce a vincere con un purosangue un gran premio e, ottenuta la stima di tutti, può sposare la ragazza che ama e tenere il figlio adottivo che volevano togliergli. ■ COMMEDIA; B/N; 92'; USA, 1941.

TRAIDORES, LOS ★★
Regia di RAYMUNDO GLEYZER Con VÍCTOR PRONCET, RAÚL FRAIRE ■ Un sindacalista argentino non esita a ricorrere all'arma dell'assassinio pur di ottenere un successo alle elezioni. ■ POLITICO; B/N; 93'; ARGENTINA, 1973.

TRAIN DE VIE – UN TRENO PER VIVERE ★★★
(Train de vie)
Regia di RADU MIHAILEANU. Con LIONEL ABELANSKI, BRUNO ABRAHAM-KREMER, AGATHE DE LA FONTAINE, CLÉMENT HARARI, MICHEL MULLER, MARIE JOSÉ NAT, RUFUS. ■ Uno shetl, un piccolo villaggio ebreo nell'Europa dell'Est progressivamente invasa dai nazisti. I quali stanno ormai per sopraggiungere. Che fare? Il matto ha un'idea: raccogliere il denaro sufficiente per mettere insieme un treno, travestirsi da nazisti e da deportati e tentare così di passare le linee. L'impresa ha inizio tra consensi e dissensi (nasce persino un'agguerrita cellula comunista). Si beffano i nazisti, si disorientano i partigiani, ci si incontra (sul piano umano) e ci si scontra (su quello musicale) con gli zingari. Finché si giunge in una terra di nessuno. Ma sarà proprio così? Romeno ebreo, Mihaileanu gira un film che non ha dietro le spalle la spinta della Miramax, ma che ben più di *La vita è bella* avrebbe meritato l'Oscar. Perché è girato con mano sicura, perché mescola ironia e profonda conoscenza della cultura ebraica, perché ha una musica travolgente, perché ha una prima e una seconda parte che non formano due film ma un tutt'uno. E perché per la parte del matto fu inviato il copione a Benigni. Non vogliamo parlare di plagio, ma di ispirazione forse sì. ■ COMMEDIA; COL.; 103'; BELGIO, FRANCIA, GERMANIA, ROMANIA, 1998.

TRAINING DAY ★★★
Regia di ANTOINE FUQUA. Con TOM BERENGER, CLIFF CURTIS,

DR. DRE, SCOTT GLENN, ETHAN HAWKE, DENZEL WASHINGTON, HARRIS YULIN. ■ Jake Hoyt è appena entrato nell'Unità Narcotici del Dipartimento di Polizia di Los Angeles. Jake crede in quel che fa e non ha dubbi sul fatto che il suo sia un compito di rilevanza sociale. Ci penserà il collega veterano Alonzo Harris a cercare di aprirgli gli occhi rivelando tutta la propria corruzione. Classico film americano dove i buoni alla fine, ma proprio alla fine, vincono. Alla sceneggiatura sta David Ayer (*U-517*) mentre Fuqua, dopo *The Replacement Killer* (1999) e *Bait* (2000) viene promosso a dirigere due attori di rango. Lo fa con abile professionismo. False e tendenziose le voci sullo "scandaloso" Eminem nel ruolo di un delinquente. ■ THRILLER; COL.; 123'; USA, 2001. ■ GOLDEN GLOBES 1 PR, 1 NOM; OSCAR 1 PR, 2 NOM.

TRAINSPOTTING ★★★
Regia di DANNY BOYLE. Con EWEN BREMNER, ROBERT CARLYLE, KELLY MACDONALD, EWAN MCGREGOR. ■ Dal romanzo di Irvine Welsh. Quattro amici drogati in Scozia. Il protagonista all'inizio elenca una serie di ottime ragioni che inducono a drogarsi. In sostanza se prendi l'eroina hai un solo problema: l'eroina. Se non la prendi hai tutti gli altri problemi della vita, infinitamente peggiori. Gli amici parlano, si bucano, fumano, c'è anche un po' di sesso. Muore una bambina figlia di drogata. Tentativi di disintossicarsi. Genitori quasi complici. Infine i quattro incappano in un fortunato colpo: guadagnano sedicimila sterline vendendo una partita di droga. McGregor, il protagonista, ruba il denaro. Si redimerà. Le ultime parole del film sono: «...Scegliete un lavoro, la famiglia, lavatrici, automobili, apriscatole elettrici e un televisore col maxischermo. E poi una domenica chiedetevi chi siete e perché avete scelto di marcire...». Il regista ricorre a volte all'ironia e al surreale e in quel senso il film riesce a funzionare. Certo, è drammatico il significato generale. Questo film non è nemmeno ammiccante, è una chiara apologia della droga. Ci offre un mondo come se fosse normale, e non lo è. Frank Sinatra era drogato nell'*Uomo dal braccio d'oro*, poi incontrava Kim Novak che lo salvava. Qui ci si dice che la salvezza sta nell'eroina. ■ DRAMMATICO; COL.; 115'; GRAN BRETAGNA, 1996. ■ OSCAR 1 NOM.

TRA LE NEVI SARÒ TUA *(Iceland)* ★★★
Regia di BRUCE H. HUMBERSTONE. Con SONJA HENIE, JACK OAKIE, JOHN PAYNE. ■ Un soldato americano si innamora di una bella ragazza islandese; dopo molti pasticci, i due riusciranno a coronare il loro sogno. ■ SENTIMENTALE; B/N; 79'; USA, 1942.

♥ TRA LE NUVOLE *(Up in The Air)* ★★★★
Regia di JASON REITMAN. Con JASON BATEMAN, GEORGE CLOONEY, VERA FARMIGA, ANNA KENDRICK, DANNY MCBRIDE. ■ Ryan Bingham è un uomo affascinante, un abilissimo tagliatore di teste ed è libero come l'aria. Nel cielo, appunto, trascorre la maggior parte del proprio tempo, in trasferte di lavoro, agognando il prestigioso club dei dieci milioni di miglia. Ma qualcosa accade, tra un aereo e l'altro. Nathalie, una ragazzina neolaureata ha convinto il suo capo che viaggiare è dispendioso e si può benissimo licenziare in videoconferenza, minacciando di riportare Ryan a terra proprio quando il nostro ha da poco incontrato Alex, una trentenne che pare la sua fotocopia al femminile, così orgogliosamente sola da fargli venir voglia di non esserlo più. George Clooney persuade se stesso. Si convince che sia possibile vivere senza legami, che i rapporti siano una zavorra, che leggeri si vola più alto. Basta muoversi velocemente, procurarsi un trolley con ruote scorrevoli e saper apprezzare le offerte e i comfort del villaggio aeroportuale. Il film gli dà ragione: è quando si creano delle relazioni che il meccanismo s'inceppa e ci si rende conto che sfrecciare sopra le nuvole è come stare fermi; che il vero viaggio, nella vita, è un altro. Jason Reitman sa creare dei personaggi che non si dimenticano in fretta, fuori dalla norma e sul bordo sdrucciolevole della morale, eppure pieni di naturalezza, grazie alla solidità delle sceneggiature e degli attori che chiama ad incarnarli. ■ COMMEDIA; COL.; 109'; USA, 2009.

TRA LE UNDICI E MEZZANOTTE ★★★
(Entre onze heures et minuit)
Regia di HENRI DECOIN. Con LOUIS JOUVET, LÉO LAPARA, MADELEINE ROBINSON. ■ Uccidono un uomo somigliantissimo a un ispettore capo di polizia: quest'ultimo si sostituisce al morto e sgomina una banda di delinquenti. Trova anche l'amore. ■ POLIZIESCO; B/N; 93'; FRANCIA, 1949.

TRAMA DEL DELITTO, LA *(The Crooked Web)* ★★
Regia di NATHAN J. JURAN. Con MARIE BLANCHARD, RICHARD DENNING, FRANK LOVEJOY. ■ Due coraggiosi americani, un uomo e una donna, riescono con un piano ingegnoso a far confessare un criminale di guerra che era riuscito a ricostruirsi un'esistenza irreprensibile. Dopo averlo assicurato alla giustizia, i due si sposeranno. ■ POLIZIESCO; B/N; 77'; USA, 1955.

♥ TRAM CHE SI CHIAMA DESIDERIO, UN ★★★★
(A Streetcar Named Desire)
Regia di ELIA KAZAN. Con MARLON BRANDO, KIM HUNTER, VIVIEN LEIGH, KARL MALDEN. ■ Dopo il traumatico suicidio del marito, Blanche Dubois si trasferisce a New Orleans, in casa della sorella minore Stella, con la quale ha condiviso una fanciulezza felice. Ma quella è la casa di Stanley, il marito della sorella. Nel corpo di quell'uomo, giovane ed affamato di vita, di cibo, di sesso, è raffigurato tutto ciò che Blanche detesta, che la inquieta, che le fa orrore. Eppure un'irresistibile attrazione la spinge verso di lui ed inconsapevolmente la forza a sfidarlo, fino a provocarne la violenza più cieca, fino allo stupro. Con la sua animalesca presenza scenica, l'incredibile mimica anche nei momenti in cui tace, la volgarità ostentata dei jeans e della t-shirt attillati, Brando disegnò un'icona che avrebbe ispirato tutto il ribellismo a venire. Dall'aria di magico disfacimento che promana dal testo di Tennessee Williams, Kazan seppe trarre un autentico capolavoro. ■ DRAMMATICO; B/N; 122'; USA, 1951. ■ OSCAR 4 PR, 12 NOM; VENEZIA 2 PR.

TRA MEZZANOTTE E L'ALBA ★★
(Between Midnight and Dawn)
Regia di GORDON DOUGLAS. Con EDMOND O'BRIEN, MARK STEVENS, GALE STORM. ■ Un coraggioso poliziotto riesce ad arrestare un pericoloso bandito che teneva in ostaggio una bambina e riesce così anche a vendicare la morte di un collega. ■ POLIZIESCO; B/N; 89'; USA, 1950.

TRAMITE, IL ★★
Regia di STEFANO REALI. Con ISMAIL MOHAMED BAYED, VALERIO FOGLIA MANZILLO, MAURIZIO MATTIOLI, ANA PAPADOPULU. ■ Un infermiere cialtrone e traffichino accetta un "lavoro extra" dal primario del suo reparto: accompagnare un bambino clandestino dalla Puglia alla Svizzera e fare da tramite per la sua adozione. Lungo il viaggio accadono cose che lo portano a dubitare che l'adozione sia il vero scopo del viaggio. Reali ha lavorato per sei anni a questo film trasformandolo dall'iniziale progetto documentaristico in un'opera di fiction. Onore al merito. ■ DRAMMATICO; COL.; 120'; ITALIA, 2004.

TRA MOGLIE E MARITO *(No Minor Vices)* ★★★
Regia di LEWIS MILESTONE. Con DANA ANDREWS, LOUIS JOURDAN, LILLI PALMER. ■ Dana Andrews fa il marito geloso di Lilli Palmer; Louis Jourdan l'artista rubacuori che mette a repentaglio il loro matrimonio. ■ COMMEDIA; B/N; 96'; USA, 1948.

TRA MOGLIE E MARITO *(Wives and Lovers)* ★★
Regia di JOHN RICH. Con MARTHA HYER, VAN JOHNSON, JANET LEIGH, SHELLEY WINTERS. ■ Commediola sofisticata solo parzialmente riuscita. Uno scrittore di successo si trasferisce con la famiglia in campagna. Se ne pentirà assai presto: la mogliettina cercherà nuova compagnia, ma poi tutto, naturalmente, finirà bene. ■ COMMEDIA; B/N; 103'; USA, 1963. ■ OSCAR 1 NOM.

TRAMONTANA, IL ★★
Regia di ADRIANO BARBARO. Con ALADINO, FLAVIO D'AUTILIO, GIUSEPPE MANTOVANO, BRIZIO MONTINARO. ■ Un ragazzo, figlio di emigranti, viene accolto in un istituto di religiosi. Dopo qualche iniziale indecisione, sente nascere la vocazione: diventerà frate. ■ DRAMMATICO; B/N; 91'; ITALIA, 1966.

TRAMONTO *(Sisters under the Skin)* ★★★
Regia di DAVID BURTON. Con ELISSA LANDI, FRANK MORGAN, JOSEPH SCHILDKRAUT. ■ Un magnate di mezza età, convinto di aver sprecato la propria vita a causa del lavoro e della famiglia, si trasferisce a Parigi con l'intenzione di trascorrere allegramente gli

anni che gli restano. Trova infatti una ragazza che gli piace: ma è solo un'illusione. ■ DRAMMATICO; B/N; 93'; USA, 1934.

TRAMONTO *(Dark Victory)* ★★★
Regia di EDMUND GOULDING. Con GEORGE BRENT, BETTE DAVIS, GERALDINE FITZGERALD. ■ Grande numero della Davis, nella parte di una ereditiera condannata alla cecità dal glaucoma. Morirà tra le braccia del marito dottore. ■ DRAMMATICO; B/N; 106'; USA, 1939. ■ OSCAR 3 NOM.

TRAMONTO D'AMORE ★★★
(That Dangerous Age – If this Be Sin)
Regia di GREGORY RATOFF. Con PEGGY CUMMINGS, RICHARD GREENE, MYRNA LOY. ■ Un avvocato inglese che trascorre un periodo di convalescenza a Capri con la seconda moglie e la figlia di primo letto riceve una lettera anonima che accusa la consorte di tradimento. Dopo molti equivoci, riconciliazione completa e matrimonio della figlia con il presunto amante della matrigna. ■ DRAMMATICO; B/N; 72'; GRAN BRETAGNA, 1950.

TRAMONTO DEGLI EROI, IL ★★★
(Pierwsy dzien wolnosci)
Regia di ALEXANDER FORD. Con TADEUSZ COMNICKI, TADEUSZ FIJEWSKI, BEATA TYSKIEWICZ. ■ Nel 1945, mentre i tedeschi sono ormai alle strette, cinque ufficiali polacchi possono fuggire dal campo di concentramento e rifugiarsi in una cittadina quasi deserta. Uno di loro fa amicizia con un medico tedesco e si offre di proteggere lui e le sue tre figlie dai disertori e dagli sbandati. L'uomo, in realtà, è innamorato di una delle ragazze, ma costei, sconvolta dalla guerra, ha paura e uccide i cinque. ■ DRAMMATICO; B/N; 94'; POLONIA, 1966.

TRAMONTO DI FUOCO *(Red Sundown)* ★★
Regia di JACK ARNOLD. Con RORY CALHOUN, MARTHA HYER, DEAN JAGGER. ■ Un giovane fuorilegge promette a un amico morente di redimersi e, diventato aiuto sceriffo, sconfigge una banda di prepotenti. ■ WESTERN; COL.; 81'; USA, 1957.

TRAMONTO DI SANGUE ★★
Regia di FELIPE DE FUENTES. Con LUCITA GOMEZ, FERNANDO SOLER. ■ Durante la rivoluzione messicana del 1911, due ufficiali dei ribelli entrano in contrasto perché amano entrambi la stessa donna. Quando costei e il fortunato prescelto vengono catturati dal nemico, l'altro sacrificherà però la vita per salvarli. ■ DRAMMATICO; B/N; 92'; MESSICO, 1941.

TRAMONTO DI UN EROE *(Beyond the Stars)* ★★
Regia di DAVID SAPERSTEIN. Con MARTIN SHEEN, CHRISTIAN SLATER, SHARON STONE. ■ Il padre fa una strana professione: l'astronauta. Il figlio è disposto a tutto pur di seguire le sue orme, anche incontrare segretamente un colonnello della Nasa. ■ COMMEDIA; COL.; 88'; USA, 1989.

TRAMONTO DI UN IDOLO *(The Oscar)* ★★★
Regia di RUSSELL ROUSE. Con TONY BENNETT, MILTON BERLE, ERNEST BORGNINE, STEPHEN BOYD, JOSEPH COTTEN, ELEANOR PARKER, ELKE SOMMER, JILL ST. JOHN. ■ La notte dell'assegnazione degli Oscar, l'amico di un probabile vincitore ripensa a tutte le carognate che questi ha fatto per sfondare. L'attore mascalzone verrà giustamente punito: il prestigioso premio andrà a Frank Sinatra. ■ DRAMMATICO; COL.; 119'; USA, 1967. ■ OSCAR 2 NOM.

TRAMP, TRAMP, TRAMP ★★★
Regia di HARRY EDWARDS. Con JOAN CRAWFORD, EDWARDS DAVIS, HARRY LANGDON, TOM MURRAY. ■ Harry si innamora della dolce Betty la quale stimola il giovane a migliorarsi in modo da poterla sposare. Dopo molte avventure i due riescono a sposarsi. ■ COMMEDIA; COL.; 62'; USA, 1926.

TRANCERS *(Ninja III – The Domination)* ★★
Regia di SAM FIRSTENBERG. Con JORDAN BENNETT, LUCINDA DICKEY, SHO KOSUGI. ■ Un Ninja, un campione di arti marziali dotato di poteri eccezionali (solo un altro Ninja può distruggerlo), uccide molti uomini, poi muore. La sua incredibile forza viene trasferita in Christie, che da giovane e brava ragazza si traforma in un veicolo di morte. Il suo fidanzato tenta inutilmente di liberarla da questa misteriosa forza che la possiede, ma solo l'arrivo di un altro Ninja (stavolta buono) la salverà. ■ AVVENTURA; COL.; 89'; USA, 1984.

TRANQUILLE DONNE DI CAMPAGNA ★★
Regia di CLAUDIO DE MOLINIS. Con SILVIA DIONISIO, PHILIPPE LEROY, CARMEN SCARPITTA. ■ Guido Maldini vive con la sua famiglia in una tenuta della campagna padana ai tempi del fascismo. Il suo temperamento dispotico e violento lo fa odiare da tutti e dal figlio innanzitutto che, colto dall'esasperazione, cerca invano di ucciderlo. Ma in seguito, tutta la famiglia unita ci riesce, simulando un suicidio. ■ PSICOLOGICO; COL.; 91'; ITALIA, 1980.

TRANQUILLO POSTO DI CAMPAGNA, UN ★★★
Regia di ELIO PETRI. Con GEORGES GÉRET, GABRIELLA GRIMALDI, FRANCO NERO, VANESSA REDGRAVE. ■ Un pittore ha una grave depressione e si sente ossessionato dal sesso. Cerca di uscire da questa sua crisi recandosi in una tranquilla villa veneta, ma le sue condizioni peggiorano e finisce in manicomio. ■ DRAMMATICO; COL.; 105'; ITALIA, 1968.

TRANQUILLO WEEKEND DI FORTUNA, UN ★★
(Fun on a Weekend)
Regia di ANDREW L. STONE. Con EDDIE BRACKEN, TOM CONWAY, PRISCILLA LANE. ■ Un giovanotto e una ragazza fanno sogni di grandezza. Cominciano a concretizzarli quando vanno in una spiaggia alla moda, dove nessuno si accorge che sono dei nullatenenti. Il giovane ha già la nomina in tasca di dirigente di un grande magazzino (il proprietario l'ha preso in grande simpatia), ma quasi rovina tutto quando fa una scenata a un playboy che circuisce la sua ragazza. ■ COMMEDIA; B/N; 92'; USA, 1947.

TRANQUILLO WEEKEND DI PAURA, UN ★★★
(Deliverance)
Regia di JOHN BOORMAN. Con NED BEATTY, HERBERT COWBOY COWARD, RONNY COX, BILL MCKINNEY, BURT REYNOLDS, JON VOIGHT. ■ Quattro cittadini, patiti dell'ecologia, decidono di passare una vacanza pionieristica scendendo in canoa un fiume selvaggio nel Sud degli Stati Uniti. La scampagnata si dimostrerà un inferno e la natura incontaminata mostrerà il suo volto più spietato: un gitante perderà un braccio e un altro finirà violentato da due bestiali distillatori clandestini di whisky. ■ DRAMMATICO; COL.; 109'; USA, 1972. ■ GOLDEN GLOBES 5 NOM; OSCAR 3 NOM.

TRANSAMERICA ★★★
Regia di DUNCAN TUCKER. Con FIONNULA FLANAGAN, GRAHAM GREENE, FELICITY HUFFMAN, ELIZABETH PEÑA, BURT YOUNG, KEVIN ZEGERS. ■ Bree è un transessuale che vive a Los Angeles. Sta risparmiando i soldi per pagarsi l'ultimo intervento, quello che lo renderà definitivamente donna. Un giorno riceve la chiamata di un ragazzo di New York in cerca del padre che non ha mai conosciuto. Bree capisce di essere il padre del ragazzo, nato da un rapporto eterosessuale avuto occasionalmente tanti anni prima, quando era ancora un uomo. Felicity Huffman sorprende tutti interpretando un personaggio che commuove lo spettatore dal primo all'ultimo minuto di una commedia delicata e coinvolgente. ■ COMMEDIA; COL.; 103'; USA, 2005. ■ GOLDEN GLOBES 1 PR, 2 NOM; OSCAR 2 NOM.

TRANSATLANTICO *(Transatlantic)* ★★
Regia di WILLIAM K. HOWARD. Con EDMUND LOWE, MYRNA LOY, GRETA NISSEN. ■ Le vite di alcune persone (un banchiere, un giocatore, una ballerina), s'incrociano durante un viaggio per mare. ■ DRAMMATICO; B/N; 93'; USA, 1931. ■ OSCAR 1 PR, 1 NOM.

TRANSATLANTICO *(Paris-New York)* ★★★
Regia di YVES MIRANDE. Con GABY MORLAY, MICHEL SIMON. ■ Su un piroscafo in rotta per l'America, un giornalista chiede a un miliardario la mano di sua figlia, ma questi rifiuta. Quando, in seguito a un crollo finanziario, il magnate si suicida, il giovanotto è sospettato d'omicidio. Alla fine, però, la verità e l'amore trionfano. ■ COMMEDIA; B/N; 91'; FRANCIA, 1939.

TRANS-EUROP EXPRESS – A PELLE NUDA ★★★
(Trans-Europ Express)
Regia di ALAIN ROBBE-GRILLET. Con MARIE-FRANCE PISIER, ALAIN ROBBE-GRILLET, JEAN-LOUIS TRINTIGNANT, NADINE VERDIER. ■ Un regista descrive ai collaboratori la trama di un film giallo mentre sta viaggiando su un treno e quello che dice viene vi-

sualizzato. Le musiche sono di Verdi. ■ DRAMMATICO; COL.; 90′; FRANCIA, 1967.

TRANSFERT PERICOLOSO *(Passage à l'acte)* ★★
Regia di FRANCIS GIROD. Con DANIEL AUTEUIL, ANNE PARILLAUD, PATRICK TIMSIT. ■ Antoine Rivière, psicanalista di successo, affascinante con le donne ed ambiguo con i colleghi ed amici, prende in cura Edouard Berg, un tipo arrogante e presuntuoso che gli confessa di aver ucciso la moglie. Disorientato Rivière tenterà di capire se il suo paziente sia un mitomane o un vero assassino, non comprendendo che una trappola è già pronta per lui. ■ DRAMMATICO; COL.; 116′; FRANCIA, 1996.

TRANSFORMERS ★★★
Regia di MICHAEL BAY. Con ANTHONY ANDERSON, SOPHIE BOBAL, CHARLIE BODIN, JOSH DUHAMEL, MEGAN FOX, TYRESE GIBSON, SHIA LABEOUF, MICHAEL O'NEILL, RACHAEL TAYLOR, JOHN TURTURRO, JON VOIGHT. ■ La lotta tra il bene (gli Autobots) e il male (i Decepticons), dal pianeta Cybertron si è spostata sulla Terra dove milioni di anni fa è caduto il Cubo di Energon, il potere supremo capace di infondere la vita ai Transformers. Sam Witwicky – nipote dell'esploratore che per primo, durante una missione nel Circolo Polare Artico sul finire del 1800, ebbe a che fare con Megatron, il capo dei Decepticons – è l'unico che può aiutare Optimus Prime e i suoi Autobots a ritrovare il cubo e distruggerlo prima che finisca nelle mani dei nemici. I celebri robot trasformabili amati dai ragazzini di tutto il mondo di qualche decennio fa approdano finalmente al cinema nel primo lungometraggio live che li vede in azione. Prodotto da Steven Spielberg e diretto da Michael Bay, *Transformers* mantiene le promesse (non mostrate nei trailer) offrendo più di due ore di puro intrattenimento con sequenze spettacolari eseguite ad alta velocità. ■ AZIONE; COL.; 144′; USA, 2007.

TRANSFORMERS: LA VENDETTA DEL CADUTO ★★
(Transformers: Revenge of the Fallen)
Regia di MICHAEL BAY. Con MEGAN FOX, SHIA LABEOUF, JOHN TURTURRO, HUGO WEAVING. ■ I Decepticon non sono stati totalmente sconfitti, gli Autobot collaborano con il governo ma non hanno la più completa fiducia, Sam deve andare al college per avere una vita normale ma gli eventi non glielo consentiranno. Tutto convergerà intorno al ritrovamento di un frammento cruciale alla distruzione o al salvataggio della Terra da parte degli ultimi esponenti (ancora in vita) del pianeta di provenienza dei robottoni giganti. ■ AZIONE; COL.; 147′; USA, 2009.

TRANSFORMERS 3 ★★
(Transformers: Dark of the Moon)
Regia di MICHAEL BAY. Con PETER CULLEN, ROSIE HUNTINGTON-WHITELEY, KEN JEONG, FRANCES MCDORMAND, JOHN TURTURRO. ■ Michael Bay, di tutto di più. O meglio, di tutto e sempre troppo. Sgombriamo subito il campo da paure e confronti: il terzo capitolo della saga che mette di fronte i buoni Autobot e i cattivissimi Decepticon è sicuramente meglio del disastroso numero due, ma peggio del primo. Di quest'ultimo recupera l'anima più leggera e ironica, la voglia di scene spettacolari unita a una trama solida e (abbastanza) semplice, il gusto per sequenze "ormonali". Il problema è che poi il film si dimentica di passare attraverso un montaggio e il risultato sono 156 minuti che investono e stremano lo spettatore. ■ FANTASCIENZA; COL.; 156′; USA, 2011.

TRANSILVANIA 6-5000 ★★
Regia di RUDY DE LUCA. Con JOSEPH BOLOGNA, JEFF GOLDBLUM, CAROL KANE. ■ Un giornalista viene incaricato di un'inchiesta di "colore" sul paese di Dracula. Il posto sembra ormai una tranquilla stazione turistica. Ma è solo un'impressione: non mancano infatti degni eredi del leggendario mostro. ■ COMICO; COL.; 94′; USA, 1985.

TRANSPORTER, THE ★★
Regia di CORY YUEN. Con JASON STATHAM, SHU QI, MATT SCHULZE. ■ Frank, ex agente speciale a riposo, vive sulla costa del Mediterraneo francese e soltanto occasionalmente accetta lavori – più o meno illeciti – da corriere. La sua regola è quella di non chiedersi mai cosa trasporti e perché: ma quando da un pacco spunta all'improvviso una bella orientale le cose cambiano. Tanto da indurlo a mettersi contro il suo potentissimo e losco committente. Strano caso di coproduzione franco-americana, *The transporter* vede come garante del prodotto Luc Besson in veste di produttore: il che non è necessariamente una garanzia, anzi. Ma stavolta va un po' meglio del solito. Merito soprattutto del protagonista Statham, la cui maschera alla Bruce Willis è capace anche di qualche autoironia, conferendo al film una brillantezza insolita per prodotti del genere almeno per tutto il primo tempo. Nella seconda parte purtroppo si torna su binari più fracassoni e consueti: ma la media finale è più che sufficiente. Comunque chi non ama i film di pura (e mera) azione può astenersi. ■ AZIONE; COL.; 93′; FRANCIA, 2002.

TRANSPORTER: EXTREME *(The Transporter 2)* ★
Regia di LOUIS LETERRIER. Con KEITH DAVID, JASON FLEMYNG, ALESSANDRO GASSMAN, CLARY HUNTER, MATTHEW MODINE, KATE NAUTA, JASON STATHAM, AMBER VALLETTA. ■ Frank Martin è un trasportatore con l'incarico di condurre a scuola il figlio di un pezzo grosso della squadra antidroga di Miami. Sembra un lavoro tranquillo finché il bambino non viene rapito da una banda di terroristi allo scopo di iniettargli un virus mortale in grado di contagiare il padre alla vigilia di un importante vertice antidroga cui partecipano esponenti politici di molte nazioni sudamericane. Frank dovrà lottare per salvare il bambino e per sventare il piano dei terroristi. ■ AZIONE; COL.; 87′; FRANCIA, USA, 2005.

TRANSSIBERIAN ★★
Regia di BRAD ANDERSON. Con WOODY HARRELSON, BEN KINGSLEY, THOMAS KRETSCHMANN, KATE MARA, EMILY MORTIMER, EDUARDO NORIEGA. ■ Una coppia di americani, Jessie e Roy, aderenti a una Chiesa protestante che si occupa di aiuto ai bambini in Cina, decide di utilizzare per il ritorno la linea ferroviaria transiberiana. I due hanno come compagni di viaggio in cabina lo spagnolo Carlos e la sua compagna Abby, i quali dichiarano di pagarsi i viaggi lavorando come insegnanti di lingue e poi di arrotondare con la vendita di oggetti di artigianato esportati illegalmente: in questo viaggio hanno con loro numerose matrioske russe. A una fermata Roy scompare e Jessie finisce con il trovarsi da sola con Carlos, per il quale prova attrazione. Sarà lei a baciarlo per prima, per poi sfuggire al suo tentativo di rapporto sessuale colpendolo con una trave di legno... L'incubo è solo cominciato. ■ THRILLER; COL.; 111′; GERMANIA, GRAN BRETAGNA, SPAGNA, 2007.

TRANSYLVANIA ★★
Regia di TONY GATLIF. Con ASIA ARGENTO, ALEXANDRA BEAUJARD, AMIRA CASAR, MARCO CASTOLDI, BEATA PALYA, BIROL ÜNEL. ■ Zingarina non è una vera gitana quanto piuttosto una ribelle. Arriva in Transilvania alla ricerca di un musicista che l'ha amata e messa incinta. Lo trova per scoprire di essere stata definitivamente abbandonata, ma si innamora dei luoghi e di Tchangalo, un tenebroso mercante. Gatlif torna in Romania (ricordate *Gadjo Dilo*?), una terra che lo attrae per la vena di mistero e di follia che la percorre. Ancora una volta è la musica a fare da motore al suo cinema. Una musica concitata e dolorosa, pronta a fuggire per farsi inseguire come un po' tutti i personaggi del suo cinema errante, alla ricerca di una stabilità da perdere il più presto possibile una volta trovata. ■ DRAMMATICO; COL.; 120′; FRANCIA, 2006.

TRAPEZIO *(Trapeze)* ★★★
Regia di CAROL REED. Con TONY CURTIS, KATY JURADO, BURT LANCASTER, GINA LOLLOBRIGIDA. ■ Melodramma circense. Due acrobati sono rivali in amore per colpa di una bella collega. Alla fine, lei sceglie il più anziano che si ritira dall'attività. Il più giovane si consolerà raggiungendo uno strepitoso successo. ■ DRAMMATICO; COL.; 105′; GRAN BRETAGNA, 1956. ■ BERLINO 1 PR.

TRAPEZIO DELLA MORTE, IL ★★
Regia di ARTHUR MARIA RABENALT. Con RENÉ DELTGEN, LENA NORMAN, JOSEF SIEBER, ERNEST VON KLIPSTEIN. ■ La storia dei tre Codonas, famosi acrobati, fino alla tragica pazzia di uno di loro, causata dalla morte di una trapezista di cui era innamorato. ■ DRAMMATICO; B/N; 92′; GERMANIA, 1941.

TRAPEZIO DELLA VITA, IL *(Turnished Angels)* ★★★★
Regia di DOUGLAS SIRK. Con ROCK HUDSON, DOROTHY MALONE, ROBERT STACK. ■ Negli anni Venti, un pilota, reduce della prima guerra mondiale, per continuare a volare partecipa a pericolosissime gare acrobatiche e non esita a prostituire la moglie pur d'avere un nuovo aereo. L'uomo finirà per morire in un incidente e alla donna provvederà un giornalista che silenziosamente si era innamorato di lei. ■ DRAMMATICO; B/N; 91'; USA, 1958.

TRAPIANTO, IL ★
Regia di STENO. Con ROBERTO CAMARDIEL, GABRIELLA GIORGELLI, CARLO GIUFFRÉ, GRAZIELLA GRANATA, RENATO RASCEL, LIANA TROUCHÉ. ■ Greve farsa ispirata ai successi del dott. Barnard: qui l'organo da trapiantare non è il cuore. ■ COMMEDIA; COL.; 104'; ITALIA, 1970.

TRAPPOLA, LA *(La cage)* ★★★
Regia di PIERRE GRANIER-DEFERRE. Con WILLIAM SABATIER, SOPHIE SAN, INGRID THULIN, LINO VENTURA. ■ Un marito va dalla moglie da cui si era separato cinque anni prima e si trova da lei rinchiuso in una specie di trappola. La donna vuole scoprire, parlando con lui, perché il matrimonio è fallito e forse lo vuole anche uccidere. Dopo molti discorsi però i due scoprono di amarsi ancora. ■ DRAMMATICO; COL.; 90'; FRANCIA, 1975.

TRAPPOLA CRIMINALE *(Reindeer games)* ★★
Regia di JOHN FRANKENHEIMER. Con BEN AFFLECK, DENNIS FARINA, JAMES FRAIN, DONAL LOGUE, GARY SINISE, CHARLIZE THERON. ■ Rudy (Affleck) esce di prigione fingendosi il suo compagno di cella morto, che si era innamorato, per corrispondenza, della bella Ashley (Theron). Per un po' l'equivoco funziona, fino a quando compare il fratello della ragazza (Sinise), un criminale che costringe Rudy a fare una rapina. A quel punto esplode tutto. Ognuno ha fatto il suo gioco, e niente è come sembrava. Nemmeo il primo morto. Dopo *Ronin*, riuscito, il vecchio regista incappa in una sceneggiatura banale. E non è felice nemmeno nel linguaggio. Il film non si stacca dai soliti *action* dei neoregisti di matrice pubblicitaria. ■ THRILLER; COL.; 105'; USA, 2000.

TRAPPOLA DA INCUBO *(Trapped)* ★
Regia di FRED WALTON. Con BRUCE ABBOTT, KATY BOYER, KATHLEEN QUINLAN. ■ La sorveglianza di un grande magazzino può diventare pericolosa quando l'impianto di controllo computerizzato si blocca. Qualcuno forse ha sabotato i computer. ■ DRAMMATICO; COL.; 88'; USA, 1989.

TRAPPOLA D'AMORE *(Intersection)* ★★
Regia di MARK RYDELL. Con LOLITA DAVIDOVICH, RICHARD GERE, MARTIN LANDAU, SHARON STONE. ■ Un architetto si divide tra il rapporto con la moglie e quello con l'amante. Sembra che sia sul punto di prendere una decisione definitiva quando le cose procedono altrimenti. Rydell, a tratti, sembra voler imitare Bergman senza averne l'abilità. ■ DRAMMATICO; COL.; 98'; USA, 1994.

TRAPPOLA D'AMORE ★★
Regia di RAFFAELLO MATARAZZO. Con CARLA CANDIANI, CLAUDIO GORA, GIUSEPPE PORELLI, PAOLO STOPPA. ■ In Inghilterra, una ragazza invia una lettera al ricco fidanzato in cui, per scherzo, si finge un ladro intenzionato a compiere un furto nella sua villa. Il furto avviene veramente e un detective sbroglia la matassa. ■ POLIZIESCO; B/N; 82'; ITALIA, 1940.

TRAPPOLA DEGLI INDIANI, LA *(Little Big Horn)* ★★
Regia di CHARLES MARQUIS WARREN. Con LLOYD BRIDGES, JOHN IRELAND, MARY WINTSOR. ■ Due ufficiali di cavalleria scoprono che il generale Custer sta per finire intrappolato dai pellirosse e cercano d'avvertirlo. La loro pattuglia finirà però massacrata. ■ WESTERN; B/N; 95'; USA, 1960.

TRAPPOLA DEL CONIGLIO, LA *(The Rabbit Trap)* ★★★
Regia di PHILIP LEACOCK. Con ERNEST BORGNINE, DAVIS BRIAN, BETHEL LESLIE. ■ Un impiegatuccio ottiene finalmente una vacanza e va in campagna col figlio a tendere trappole ai conigli. Il principale richiama improvvisamente il poveretto e il bambino si dispera perché pensa alle bestiole prigioniere che finiranno per morire di fame. Il padre, commosso dal dolore del figlio, manda al diavolo il principale e ritorna in campagna a liberare gli animali. La sua ribellione è stata però inutile: nessun coniglio è caduto nelle trappole. ■ COMMEDIA; B/N; 72'; USA, 1960.

TRAPPOLA DELLA MORTE, LA *(Gesperrte Wege)* ★★
Regia di IGNACIO F. IQUINO. Con ARMANDO MORENO, RAYA RAKL, VIKTOR STAAL. ■ In Spagna, tre gangster in fuga con una ragazza finiscono nel bacino che deve esser invaso dalle acque di una diga appena terminata. Solo la donna e un uomo riusciranno a cavarsela. ■ POLIZIESCO; B/N; 93'; GERMANIA, SPAGNA, 1959.

TRAPPOLA DI CRISTALLO – A UN PASSO DALL'INFERNO *(Die Hard)* ★★★
Regia di JOHN MCTIERNAN. Con BONNIE BEDELIA, ALAN RICHMAN, BRUCE WILLIS. ■ La vigilia di Natale, un pugno di terroristi irrompe in un grattacielo, sede di una multinazionale, e prende in ostaggio trenta impiegati. Ma il marito di una dirigente, un poliziotto, sfugge alla cattura e inizia una sua guerriglia personale all'interno del grattacielo. Ottima suspense, efficacemente ambientato, con avvincenti scene d'azione. Funziona persino lo scialbo Bruce Willis. ■ THRILLER; COL.; 131'; USA, 1988. ■ OSCAR 4 NOM.

TRAPPOLA DI FUOCO ★★
Regia di GAETANO PETROSEMOLO. Con HÉLÈNE REMY, VITTORIO SANIPOLI. ■ Nel 1944, a Roma, un pompiere e una ragazza si amano, ma lei cede alle lusinghe di un bieco borsaro nero. Poi, mentre i tedeschi fuggono, scoppia un incendio: il cattivo perisce tra le fiamme e il pompiere salva la bella sposa. ■ DRAMMATICO; B/N; 91'; ITALIA, 1953.

TRAPPOLA DI GHIACCIO, LA ★★
(Mikki, Wild Dog of the North)
Regia di JACK COUFFER, DON HALDANE. Con JEAN COUTU, EMILE GENEST, URIEL LUFT. ■ Un cacciatore canadese perde il proprio cane che, dopo varie avventure nella foresta, viene ritrovato da un farabutto che vuole usarlo per farlo lottare contro altre bestie. Per fortuna, ricompare il primo padrone che salva l'animale da questo triste destino. ■ AVVENTURA; COL.; 74'; USA, 1962.

TRAPPOLA DI VENERE *(Venus Falle)* ★★★
Regia di ROBERT VAN ACKEREN. Con HORST GUNTHER MARX, MYRIAM ROUSSEL, ROLF ZACHER. ■ Un giovane dottore è abbastanza stufo dopo anni di convivenza *more uxorio* con una bella donna calorosa e possessiva. Il giovane cerca il vero amore e lo troverà alla fine di una ricerca notturna piena d'incontri femminili (uno dei quali si rivelerà quello ideale). ■ COMMEDIA; COL.; 107'; GERMANIA, 1988.

TRAPPOLA D'ORO *(Thunder in the City)* ★★
Regia di MARION GERING. Con NIGEL BRUCE, CONSTANCE COLLIER, LULI DASTE, RALPH RICHARDSON, EDWARD G. ROBINSON. ■ Un pubblicitario americano scandalizza i lontani parenti inglesi coi suoi modi spicci, ma poi dimostra la sua abilità nel salvare il loro patrimonio e impalma la nobile cugina. ■ COMMEDIA; B/N; 88'; USA, 1937.

TRAPPOLA IN ALTO MARE *(Under Siege)* ★★
Regia di ANDREW DAVIS. Con GARY BUSEY, TOMMY LEE JONES, PATRICK O'NEAL, STEVEN SEAGAL. ■ Un gruppo eversivo tenta di impossessarsi della corazzata *Missouri*, vanto della marina americana, neutralizzando i 2400 uomini dell'equipaggio. La nave è munita di missili a testata nucleare Tomahawk e Cruise. La situazione è esplosiva, ma un uomo, Casey Rybak, che tutti credono semplicemente il cuoco di bordo, si scatena contro i terroristi, impedendo loro di portare a termine il piano criminoso. In realtà Rybek era un ufficiale che si era volontariamente esiliato nelle cucine a causa di contrasti con l'alto comando della marina. Si tratta di un efficientissimo intrattenimento, privo di logica sul piano psicologico, in contrasto con i voleri della critica ufficiale, ma godibile in ogni suo momento. In realtà il pubblico, per quanto disorientato dalla critica, mostra di gradire le pellicole d'evasione, specie se realizzate con la professionalità che mostra *Trappola in alto mare*. Un equivoco che impedisce a molti di godere liberamente l'emozione dell'avventura, azione pura che partendo dal nostro corpo giunge al nostro cuore. ■ AVVENTURA; COL.; 103'; USA, 1992. ■ OSCAR 2 NOM.

TRAPPOLA IN FONDO AL MARE *(Into the Blue)* ★
Regia di JOHN STOCKWELL. Con DWAYNE ADWAY, JESSICA ALBA, TYSON BECKFORD, JOSH BROLIN, SCOTT CAAN, JAMES FRAIN, ASHLEY SCOTT, PAUL WALKER. ■ Un insieme di dialoghi poco credibili, di interpretazioni imbarazzanti, di scelte di regia non proprio vincenti, per raccontare la vicenda di un gruppo di subacquei alle Bahamas che tentano di recuperare un relitto in fondo al mare, infestato da feroci squali. Punto.
■ AVVENTURA; COL.; 110′; USA, 2005.

TRAPPOLA MORTALE *(Death Trap)* ★★★
Regia di SIDNEY LUMET. Con MICHAEL CAINE, DYAN CANNON, CHRISTOPHER REEVE. ■ Un buon thriller di taglio teatrale diretto da Lumet con bravura. Uno scrittore e drammaturgo, un tempo molto brillante, chiama uno dei suoi migliori allievi a collaborare. In realtà vuole tirar fuori al giovane l'ispirazione per la commedia, fargliela scrivere e ucciderlo per poterne ottenere i vantaggi economici. Qualcosa nel suo piano farà cilecca. Misurate le interpretazioni di Caine e di Reeve. ■ GIALLO; COL.; 116′; USA, 1982.

TRAPPOLA MORTALE *(Dadah is Death)* ★★★
Regia di JERRY LONDON. Con VICTOR BANERJEE, JULIE CHRISTIE, SARAH JESSICA PARKER, HUGO WEAVING. ■ È la storia della cattura e della condanna a morte in Malesia di Kevin e Jeffrey, trovati con 170 grammi di eroina. A nulla sono valsi gli appelli del papa e di Amnesty International. Tutto vero. ■ DRAMMATICO; COL.; 200′; AUSTRALIA, GRAN BRETAGNA, 1988.

TRAPPOLA MORTALE, LA *(The Money Trap)* ★★★
Regia di BURT KENNEDY. Con JOSEPH COTTEN, GLENN FORD, RITA HAYWORTH, RICARDO MONTALBAN, ELKE SOMMER. ■ Un poliziotto, vessato dalla moglie che vuole sempre denaro, diventa scassinatore e assassino, ma alla fine, pentitosi, si costituisce.
■ POLIZIESCO; COL.; 92′; USA, 1966.

TRAPPOLA NELLA NOTTE *(Till the End of the Night)* ★★
Regia di LARRY BRAND. Con K. K. LANG, SCOTT VALENTINE. ■ Un uomo esce di prigione e comincia a perseguitare la ex moglie che si è rifatta una famiglia. Alla fine arriva a rapirla, ma non la farà franca. ■ DRAMMATICO; COL.; 89′; USA, 1994.

TRAPPOLA PER DUE *(Scam)* ★★
Regia di JOHN P. FLYNN. Con LORRAINE BRACCO, MARTIN DONOVAN, MIGUEL FERRER, CHRISTOPHER WALKEN. ■ La partenza è simile a *Nikita* e a *Laura* (con Uma Thurman). Una piccola delinquente, che narcotizza le sue vittime e poi le deruba, viene avvicinata da un uomo dell'Fbi che le propone un lavoro molto rischioso in Giamaica. ■ POLIZIESCO; COL.; 95′; USA, 1992.

TRAPPOLA PER JEFFREY, UNA *(Parent Trap III)* ★
Regia di MOLLIE MILLER. Con BARRY BOSTWICK, JOY CREEL, MONICA CREEL, HAYLEY MILLS, PIERROTS, PATRICIA RICHARDSON. ■ Hayley Mills si sdoppia nel ruolo di due signore che a distanza di tempo si scoprono gemelle e poi cominciano a contendersi lo stesso vedovo: caso vuole che anche l'uomo sia padre di tre gemelle. La Mills aveva già fatto praticamente la stessa cosa nel 1961, in *Il cowboy col velo da sposa*. ■ COMMEDIA; COL.; 100′; USA, 1989.

TRAPPOLA PER L'ASSASSINO *(Roger la Honte)* ★★★
Regia di RICCARDO FREDA. Con MARIE-FRANCE BOYER, GEORGES GÉRET, IRENE PAPAS, GABRIELE TINTI, JEAN TOPART. ■ Un industriale viene accusato ingiustamente dell'omicidio di un suo creditore e, poiché non può rivelare che a dargli i denari necessari a pagare il debito era stata l'amante, viene condannato all'ergastolo. Evade, si rifà una fortuna e, anni dopo, scopre il vero colpevole. ■ POLIZIESCO; COL.; 105′; FRANCIA, 1967.

TRAPPOLA PER QUATTRO ★★
(Lotosblüten für Miss Quon)
Regia di JÜRGEN ROLAND. Con SAL BORGESE, LANG JEFFRIES, WERNER PETERS, GIANNI RIZZO, FRANCISCA TU. ■ Un americano in Estremo Oriente ritrova per caso delle gemme e deve difenderle da alcuni avventurieri che vogliono impossessarsene. ■ AVVENTURA; COL.; 93′; FRANCIA, GERMANIA, ITALIA, 1967.

TRAPPOLA PER SETTE SPIE ★★
Regia di IRVING JACOBS. Con YVONNE BASTIEN, MIRKO ELLIS, EDUARDO FAJARDO, MILA STANIC. ■ Un folle ex ufficiale nazista per vendicare la sconfitta della Germania raduna in un castello sette agenti segreti appartenenti alle nazioni avversarie e dichiara che li ucciderà a meno che non sappiano trovare l'unica via di salvezza. Dei sette riusciranno a cavarsela solo in due: un uomo e una ragazza. ■ POLIZIESCO; COL.; 92′; ITALIA, 1967.

TRAPPOLA PER UN KILLER *(Gunrunner)* ★
Regia di NANDO CASTILLO. Con SARA BATSFORD, KEVIN COSTNER. ■ Il protagonista di questo film mal diretto, mal costruito e, purtroppo, mal interpretato è Ted, un trafficante d'armi. Siamo a Montreal, nei primi anni Venti, e Ted sta cercando ogni tipo di armi per aiutare i resistenti cinesi che si battono contro i nazionalisti. Ritrova la famiglia in una situazione non proprio felice. Finisce poi con l'incorrere in una brutta avventura. Costner probabilmente voleva raccogliere soldi per produrre il ben più importante *Balla coi lupi*. La trappola non è per il killer bensì per gli spettatori. ■ DRAMMATICO; COL.; 87′; USA, 1989.

TRAPPOLA PER UN LUPO *(Docteur Popaul)* ★★★
Regia di CLAUDE CHABROL. Con LAURA ANTONELLI, JEAN-PAUL BELMONDO, MIA FARROW, DANIEL LECOURTOIS. ■ Uno scatenato medico di provincia ha sposato una donna bruttina e sottomessa, ma amoreggia con la splendida cognata. A causa di questa relazione, si trova coinvolto in una serie di pasticci e pensa d'aver perduto la propria virilità. Decide di suicidarsi, ma ci sarà la sorpresa finale che assicura il lieto fine. ■ COMMEDIA; COL.; 98′; FRANCIA, 1972.

TRAPPOLA PER UOMINI *(Man-Trap)* ★★
Regia di EDMOND O'BRIEN. Con JEFFREY HUNTER, DAVID JANSSEN, STELLA STEVENS. ■ Dal romanzo di John D. MacDonald. Un ex eroe di guerra, sposato con una donna ricca e capricciosa, per non continuare a fare la figura del mantenuto, accetta la proposta di un ex campione d'armi e si fa coinvolgere in una rapina. Va tutto male, anche il matrimonio dell'ex eroe (la moglie lo tradisce con il commilitone). Moglie e commilitone riceveranno la giusta punizione. Al protagonista andrà un po' meglio. ■ GIALLO; B/N; 93′; USA, 1961.

TRAPPOLA SCATTA A BEIRUT, LA ★★
Regia di MANFRED R. KÖHLER. Con KIM ARDEN, WILLY BIRGEL, GENEVIÈVE CLUNY, FREDERICK STAFFORD. ■ Il solito agente segreto spaccamontagne riesce a salvare il mondo eliminando uno scienziato pazzo, che aveva approntato un terribile missile al mercurio. ■ SPIONAGGIO; COL.; 91′; ITALIA, 1966.

TRAPPOLA SULLE MONTAGNE ROCCIOSE ★★
(Under Siege 2)
Regia di GEOFF MURPHY. Con ERIC BOGOSIAN, KATHERINE HEIGL, EVERETT MCGILL, STEVEN SEAGAL. ■ Seagal è lo stesso personaggio di *Trappola in alto mare*, un cuoco-agente indistruttibile. Il Gran Continental è il treno che collega Denver a Los Angeles. Ospita un genio dei computer che, per vendetta verso il governo, vuole distruggere Washington dirottando un satellite. Tenendo d'occhio la nipotina, Seagal salva la capitale. Prodotto standard fra arti marziali, tastiere e canyon. ■ AVVENTURA; COL.; 100′; USA, 1995.

TRA SCILLA E CARIDDI ★
Regia di DEMETRIO CASILE. Con MONICA ANTONACCI, ELEONORA MAZZONE, VINCENZO PELUSO, RICCARDO SALERNO. ■ Una ragazza ributta in mare un riccio che un pescatore aveva catturato insieme a un enorme polipo. Il pescatore l'aveva avvisata che non si possono sfidare i presagi che giungono dalle profondità marine. Dovrà intervenire per poi aiutarla a superare le difficoltà che la attendono. ■ FIABESCO; COL.; 85′; ITALIA, 1998.

TRASFERTA PERICOLOSA, UNA ★★
Regia di REZA BADIYI. Con SIDNEY CLUTE, TYNE DALY, SHARON GLESS, MARTIN KAVE. ■ Cagney e Lacey, le poliziotte già protagoniste della serie di telefilm *New York, New York*, stanno indagando sulle attività finanziarie sospette di una banca. Si trovano così a dover lottare su due fronti, avendo come avversari alcuni terroristi e una banda che opera a livello internazionale. ■ POLIZIESCO; COL.; 100′; USA, 1988.

TRASFORMISTA, IL ★★
Regia di LUCA BARBARESCHI. Con LUCA BARBARESCHI, LUIS

MOLTENI, ROCCO PAPALEO, RAFFAELE PISU. ■ Augusto Viganò, quarantenne titolare di una birreria ed impegnato ambientalista, durante una manifestazione viene ripreso in diretta tv, e notato da un politico che ne vuole sfruttare la notorietà per i suoi fini. Dopo una convincente campagna elettorale, Viganò viene eletto in Parlamento, ma quando si accinge a proporre leggi che salvaguardino l'ambiente, si scontra con l'ostilità dei politici di professione e il conformismo dei salotti romani. Per rimanere a galla, è costretto a mentire a se stesso e ai suoi elettori, diventando in tutto e per tutto simile ai personaggi che prima combatteva. ■ COMMEDIA; COL.; 100′; ITALIA, 2002.

TRA(SGRE)DIRE ★★
Regia di TINTO BRASS. Con JARNO BERARDI, MAURO LORENZ, YULIYA MAYARCHUK, FRANCESCA NUNZI, MAX PARODI. ■ Il film racconta di una giovane donna gioiosamente affrancata dalla morale maschile. Una ragazza che percorre la sua strada e racconta un sacco di bugie, e le bugie diventano un elemento importante nel rapporto di coppia perché quale coppia resisterebbe, dopo anni, quando ormai tutte le curiosità sono state esaudite, se la menzogna non alzasse un velo di mistero e di suspense? E difatti il film finisce, paradossalmente ma non tanto, con il fidanzato che dice a lei: «Giurami che mi mentirai sempre». ■ EROTICO; COL.; 92′; ITALIA, 2001.

TRASGRESSIONE, LA ★
Regia di FABRIZIO RAMPELLI. Con PIERFRANCESCO CAMPANELLA, MILLY D'ABBRACCIO. ■ Uno studente universitario complessato si vede respingere la tesi di laurea. Contrariato si inietta una dose abbondante di droga e cade in preda ad allucinazioni. ■ DRAMMATICO; COL.; 94′; ITALIA, 1987.

TRASGRESSORI, I *(Trespass – Looters)* ★★
Regia di WALTER HILL. Con ICE CUBE, ART EVANS, BILL PAXTON, WILLIAM SADLER. ■ Un film minore, condotto bene, del regista de *I guerrieri della notte*. Tra gli sceneggiatori c'è Robert Zemeckis (*Ritorno al futuro*, *Roger Rabbit*, *Forrest Gump*) e tra gli attori due cantanti rap. Una gang di spacciatori di droga ha come quartier generale una fabbrica abbandonata. Quando due pompieri bianchi capitano da quelle parti, la banda di colore li assedia. ■ POLIZIESCO; COL.; 101′; USA, 1992.

TRASHED ★★★
di CANDIDA BRADY. Con JEREMY IRONS. ■ "L'uomo intelligente risolve i problemi. L'uomo saggio li evita". Con questa citazione da Einstein si conclude il documentario prodotto e interpretato da Jeremy Irons e diretto da Candida Brady: *Trashed*. Un messaggio di speranza per un film allarmante sullo stato di salute del pianeta Terra, un atto d'accusa nei confronti della grande economia mondiale, ma anche un incitamento alla lotta per un mondo migliore. Jeremy Irons ci conduce in questo viaggio di incredulità e speranza attraverso i cinque continenti, dal Libano all'Inghilterra, dall'Asia all'America. Il tutto accompagnato dalle note di Vangelis e dalla macchina da presa attenta e audace di Candida Brady. ■ DOCUMENTARIO; COL.; 97′; GRAN BRETAGNA, 2012.

TRASH – I RIFIUTI DI NEW YORK *(Trash)* ★★★
Regia di PAUL MORRISSEY. Con JOE DALLESANDRO, JANE FORTH, MICHAEL SKLAR, HOLLY WOODLAWN. ■ Sconvolgente ritratto di una coppia di derelitti che vive ai margini della società newyorkese. Lui trova i soldi necessari per la droga prostituendosi, mentre lei si finge incinta per avere il sussidio dalla previdenza sociale. ■ DRAMMATICO; COL.; 108′; USA, 1970.

TRA SQUALI TIGRE E DESPERADOS ★★
(Shark's Treasure)
Regia di CORNEL WILDE. Con YAPHET KOTTO, JOHN NEILSON, CLIFF OSMOND, CORNEL WILDE. ■ Un gruppo di sommozzatori cerca di recuperare il tesoro affondato con un galeone spagnolo, ma deve vedersela con un gruppo di feroci banditi guidati da uno psicopatico. ■ AVVENTURA; COL.; 95′; USA, 1974.

TRASTEVERE ★★★
Regia di FAUSTO TOZZI. Con VITTORIO CAPRIOLI, VITTORIO DE SICA, NINO MANFREDI, UMBERTO ORSINI, OTTAVIA PICCOLO, ROSANNA SCHIAFFINO, LEOPOLDO TRIESTE, MILENA VUKOTIC. ■ Una serie di episodi che si svolgono nel popolare quartiere di Trastevere, collegati dalle peregrinazioni di un vecchio cane. ■ COMMEDIA; COL.; 104′; ITALIA, 1971.

TRATTA DEGLI INNOCENTI, LA *(Abandoned)* ★★
Regia di JOSEPH M. NEWMAN. Con DENNIS O'KEEFE, GALE STORM. ■ Un giornalista e una ragazza, indagando sulla misteriosa morte della sorella di lei, scoprono un'organizzazione che s'impossessa dei neonati illegittimi per rivenderli alle ricche coppie senza figli. ■ POLIZIESCO; B/N; 79′; USA, 1949.

TRATTA DELLE BIANCHE, LA ★★
Regia di LUIGI COMENCINI. Con MARC LAWRENCE, ETTORE MANNI, SILVANA PAMPANINI, ELEONORA ROSSI DRAGO. ■ Un giovane sottrae una ragazza a un mascalzone che organizza la tratta delle bianche. Costui per vendicarsi fa arrestare il rivale. La poverina, incinta, muore dopo aver partecipato, per ottenere qualche soldo, a una massacrante maratona di danza preparata dal cattivo. Il giovane fugge dal carcere: ucciderebbe il cattivo se non intervenisse la polizia. ■ DRAMMATICO; B/N; 110′; ITALIA, 1952.

TRATTATO SCOMPARSO, IL ★★
Regia di MARIO BONNARD. Con MEMO BENASSI, NINÍ DANIELI, LEDA GLORIA, GIUDITTA RISSONE. ■ In Inghilterra, un bravissimo investigatore scopre la spia che ha sottratto un importante trattato navale. ■ POLIZIESCO; B/N; 91′; ITALIA, 1933.

TRAUMA *(Effraction)* ★★
Regia di DANIEL DUVAL. Con BRUNO CREMER, MARLÈNE JOBERT, JACQUES VILLERET. ■ Un malvivente rapina una banca facendo una strage (muoiono tutti gli impiegati e anche i complici). Poi fugge verso la frontiera. Raggiunto dalla polizia in un albergo, fugge di nuovo prendendo in ostaggio una coppia di clienti dell'hotel. ■ DRAMMATICO; COL.; 90′; FRANCIA, 1983.

TRAUMA ★★★
Regia di DARIO ARGENTO. Con ASIA ARGENTO, BRAD DOURIF, FREDERIC FORREST, PIPER LAURIE, CHRISTOPHER RYDELL. ■ Dopo l'esperimento, in tandem con Romero, di *Due occhi diabolici*, Argento torna a una storia gialla più tradizionale. Sullo stile dei suoi primi lungometraggi evita riferimenti all'horror. La sceneggiatura, scritta con l'aiuto dello scrittore americano T. E. D. Klein, contiene sia spunti psicologici che di realismo molto efficaci. Non mancano auto-citazioni e movimenti magistrali della macchina da presa. Oltre alla soggettiva di una farfalla, è bella l'idea iniziale della messinscena di cartone ispirata alla Rivoluzione francese. Aura è una ragazza anoressica di origine rumena ed è fuggita da una clinica. Incontra per caso David che le salva la vita. Viene però riportata a casa. La madre, medium, organizza una seduta spiritica. Dopo una rivelazione in stato di trance viene assassinata col marito. La polizia affida Aura alle cure di uno psichiatra del quale ha paura. Sarà David che l'aiuterà a uscire dall'incubo e che le offrirà il suo amore. Bravi gli interpreti. Asia Argento per la versione originale ha imparato l'inglese con accento rumeno. La musica orchestrale di Pino Donaggio dà un'atmosfera hitchcockiana al film. ■ THRILLER; COL.; 110′; ITALIA, USA, 1992.

TRAVERSATA, LA ★★★
Regia di BEN MAHMOUD. Con EVA DARLAN, FADHEL JAZIRI, JULIAN NEGULESCO. ■ È l'ultimo dell'anno, ma per i due protagonisti c'è ben poco da stare allegri. Infatti, sono due galeotti imbarcati su un battello che compie regolarmente la traversata oceanica tra il Belgio e l'Inghilterra. Purtroppo, non possono sbarcare legalmente su nessuno dei due territori. ■ DRAMMATICO; COL.; 95′; TURCHIA, 1982.

TRAVERSATA DEL TERRORE, LA ★★
(Epilog – Das Geheimnis der "Orplid")
Regia di HELMUT KAUTNER. Con PAUL HÖRBIGER, BETTINA MOISSI. ■ Un giornalista indaga sulla misteriosa sparizione di uno yacht. Scova l'unica superstite che però è diventata muta, ma grazie ad alcuni disegni della giovane, riesce a scoprire che la responsabilità del naufragio è dovuta a un terrorista. L'uomo non vivrà abbastanza per rivelare la verità. ■ DRAMMATICO; B/N; 93′; GERMANIA, 1950.

TRAVERSATA DI PARIGI, LA ★★★★
(La traversée de Paris)
Regia di CLAUDE AUTANT-LARA. Con ROBERT ARNOUX, JEAN-

NETTE BATTI, ANDRÉ BOURVIL, LOUIS DE FUNÈS, JEAN GABIN. ■ A Parigi nel 1943, sotto l'occupazione nazista, un povero diavolo tira a campare facendo la borsa nera. Una notte deve trasportare quattro valigie in cui è nascosta della carne di maiale e, bisognoso di un compare, assolda un tizio conosciuto da poco. Costui è un pittore affermato che ha accettato solo per provare il brivido dell'avventura e molte volte durante il trasporto si ficca volutamente nei guai, con grande preoccupazione del poveraccio, cavandosela sempre grazie alla sua faccia tosta. Alla fine i due sono fermati dai tedeschi e, mentre il pittore verrà salvato da un ufficiale che ammira i suoi quadri, il borsaro nero finirà deportato. Alcuni anni dopo i due si rincontreranno. ■ COMMEDIA; B/N; 85'; FRANCIA, 1956. ■ VENEZIA 1 PR.

TRAVERSATA NERA ★★
Regia di DOMENICO GAMBINO. Con RENATO CIALENTE, MARIO FERRARI, DRIA PAOLA, GERMANA PAOLIERI, CAMILLO PILOTTO. ■ Intrighi su un piroscafo di linea che proviene dall'Oriente. Tratto da una commedia di Corra e Achille. ■ POLIZIESCO; B/N; 93'; ITALIA, 1939.

TRAVERSATA PERICOLOSA *(Dangerous Crossing)* ★★
Regia di JOSEPH M. NEWMAN. Con CASEY ADAMS, CARL BETZ, JEANNE CRAIN, MICHAEL RENNIE. ■ L'angosciosa avventura di una ricca sposina che in viaggio di nozze su un transatlantico scopre che il marito è scomparso e inizia un'affannosa ricerca. Grazie all'aiuto del medico di bordo scoprirà la sconvolgente verità. ■ POLIZIESCO; B/N; 75'; USA, 1953.

♥ TRAVIATA, LA ★★★
Regia di MARIO LANFRANCHI. Con GINO BECHI, FRANCO BONISOLLI, ANNA MOFFO. ■ Il marito della soprano Anna Moffo dirige la moglie in una riduzione filmata dell'opera di Verdi. ■ MUSICALE; COL.; 90'; ITALIA, 1967.

TRAVIATA, LA ★★★
Regia di FRANCO ZEFFIRELLI. Con PLACIDO DOMINGO, CORNELL MACNEIL, TERESA STRATAS. ■ Messinscena del melodramma di Verdi che ripropone la storia raccontata da Dumas nel romanzo *La signora delle camelie* cambiando solo i nomi dei due protagonisti. È la storia d'amore impossibile tra Alfredo Germont, un nobile, e Violetta Valéry, una cortigiana. Lei lo lascia, sacrificandosi, credendo di fargli del bene (lui vive nello scandalo ed è un signore). Lo rivedrà solo in punto di morte. ■ MUSICALE; COL.; 110'; ITALIA, 1982. ■ OSCAR 2 NOM.

TRAVIATA '53 ★★
Regia di VITTORIO COTTAFAVI. Con EDUARDO DE FILIPPO, ARMANDO FRANCIOLI, MARCELLO GIORDA, BARBARA LANGE. ■ La vicenda della *Traviata* verdiana ambientata nella Milano del preboom. Un giovane s'innamora di una mantenuta, ma il padre di lui la prega di lasciarlo. Lei lo fa. Il giovane si crede tradito. Quando scoprirà la verità la donna sarà già morta. ■ DRAMMATICO; B/N; 105'; FRANCIA, ITALIA, 1953.

TRAVIATE, LE *(Deshonra)* ★
Regia di DANIEL TINAYRE. Con TINA MERELLO, FANNY NAVARRO, MECHA ORTIZ, GEORGES RIGAUD. ■ Una povera infermiera assiste una signora ed è l'amante del marito di questa che la mette incinta. La malata muore e lei è ingiustamente accusata d'omicidio. Scopre che si tratta di una macchinazione dell'amante e vuole vendicarsi, ma finisce per essere uccisa dal perfido. ■ DRAMMATICO; B/N; 91'; ARGENTINA, 1952.

TRAVOLTI DAL DESTINO *(Swept Away)* ★★★
Regia di GUY RITCHIE. Con ADRIANO GIANNINI, MADONNA, JEANNE TRIPPLEHORN. ■ Amber (Madonna) si reca in vacanza nel Mediterraneo col marito Anthony e alcuni amici intimi. Arrivati in Grecia decidono di noleggiare una barca e di assoldare alcuni marinai del luogo per traghettare fino in Italia. Per la ricca e viziata Amber però, i comfort offerti non sono all'altezza delle aspettative e così finisce per sfogare la sua frustrazione su Giuseppe (Adriano Giannini), un pescatore italiano. Una sera, però, Amber e Giuseppe restano in balia delle correnti e lì, in mezzo al mare, i rapporti di forza si ribaltano. Remake di un film di Lina Wertmüller, datato 1974. O, meglio, più che un remake, un tentativo di clonazione cinematografica. ■ COMMEDIA; COL.; 93'; GRAN BRETAGNA, 2002.

TRAVOLTI DALLA CICOGNA ★★
(Un heureux évenement)
Regia di REMI BEZANÇON. Con JOSIANE BALASKO, LOUISE BOURGOIN, THIERRY FREMONT, GABRIELLE LAZURE, PIO MARMAÏ. ■ Barbara è una studentessa di filosofia, Nicolas vorrebbe fare del cinema ma per ora si accontenta di noleggiare film. È nel negozio di lui, parlandosi attraverso i titoli delle pellicole, che Barbara e Nico si conoscono e s'innamorano, fino a concepire l'idea di un figlio. Ma la gravidanza e i primi mesi di vita di Léa non sono il "lieto evento" che Barbara si aspettava: la coppia scoppia, le frustrazioni sopite esplodono e lei si trasforma fino a perdersi. ■ COMMEDIA; COL.; 107'; FRANCIA, 2011.

TRAVOLTI DA UN INSOLITO DESTINO NELL'AZZURRO MARE D'AGOSTO ★★★
Regia di LINA WERTMÜLLER. Con ISA DANIELI, GIANCARLO GIANNINI, MARIANGELA MELATO, RICCARDO SALVINO. ■ Un marinaio siciliano comunista deve sottostare ai capricci della padrona, la viziata moglie di un industriale milanese, ma quando lo yacht naufraga in un'isola deserta lui si prende la sua rivincita. Dopo il salvataggio tutto tornerà come prima. ■ COMMEDIA; COL.; 125'; ITALIA, 1974. ■ DAVID DI DONATELLO 1 PR, 1 NOM.

TRAVOLTO DAGLI AFFETTI FAMILIARI ★★
Regia di MAURO SEVERINO. Con LANDO BUZZANCA, ANDRÉA FERRÉOL, GLORIA GUIDA. ■ Le peripezie di un uomo che vuole conciliare un matrimonio d'interesse con l'affetto per la nonna e per un vecchio cane. ■ COMMEDIA; COL.; 99'; ITALIA, 1978.

TRE ★★★
Regia di CHRISTIAN DE SICA. Con PAOLO CONTICINI, CHRISTIAN DE SICA, ANNA GALIENA, LEO GULLOTTA. ■ Toscana fine Settecento. Il barone e la baronessa del Serchio adottano un aitante servo per un ménage a tre. Il primo a cedere è il servo (ripulito) che vorrebbe portarsi via la bella signora, che però non accetta. Il servo se ne va. La baronessa è incinta, del servo. Nasce il figlio e dopo alcuni anni torna il fuggiasco, ora tenente. I tre si riabbracciano felici, il ménage ricomincerà. Il barone alla fine dichiara: «nel 1798 la rivoluzione era già stata fatta, ma noi tre l'avevamo sicuramente vinta». Strano film italiano di cospicuo investimento, di ottima ricostruzione, per una volta lontano dai nostri tristi *instant-movie*, che riesce a non essere molto lontano da certe produzioni alla Frears o alla francese. Davvero una bella sorpresa. Soprattutto per il testo fuori campo e i dialoghi, misurati e di alto livello, scritti da Giovanni Veronesi. ■ COMMEDIA; COL.; 95'; ITALIA, 1996.

TRE AFFARI DEL SIGNOR DUVAL, I *(Pouic Pouic)* ★★★
Regia di JEAN GIRAULT. Con MIREILLE DARC, LOUIS DE FUNÈS, ROGER DUMAS, JACQUELINE MAILLAN, CHRISTIAN MARIN. ■ Il signor Duval, la cui moglie ha speso un'enorme somma per comprare da un truffatore delle azioni senza valore, tenta disperatamente di rivenderle a un ricco imbecille che spasima per sua figlia. Ci riuscirà, ma le azioni si riveleranno proprio allora un ottimo affare. ■ COMMEDIA; COL.; 91'; FRANCIA, 1968.

TRE ALLEGRI COMPARI *(Los tres alegres compadres)* ★★
Regia di JULIAN SOLER. Con PEDRO ARMENDARIZ, REBECA ITURBIDE, JORGE NEGRETE. ■ Un padre e i suoi due figli, imbroglioni e bari, s'innamorano l'uno all'insaputa dell'altro della stessa donna. Ma lei è ancora più truffaldina di loro: finirà in prigione e i tre si redimeranno. ■ AVVENTURA; B/N; 94'; MESSICO, 1956.

TRE ALL'IMPROVVISO *(Life As We Know It)* ★★
Regia di GREG BERLANTI. Con JOSH DUHAMEL, KATHERINE HEIGL, CHRISTINA HENDRICKS, JOSH LUCAS, MELISSA MCCARTY. ■ Holly ed Eric non si possono frequentare. Ci hanno provato con un appuntamento combinato da una coppia di amici comuni, ma la serata non è nemmeno iniziata che già in macchina litigavano. L'unico motivo che hanno per vedersi è per l'appunto l'amicizia comune con una coppia rodata di neogenitori e l'affetto per la di loro figlia. Proprio tale attaccamento fa sì che quando i suddetti genitori muoiono in un incidente d'auto, loro scoprano di essere stati designati come affidatari della bambina nel testamen-

to. Accettare l'incarico vuol dire vivere insieme fino al suo diciottesimo compleanno, sfida non facile per due che non si piacciono nemmeno un po' ma che, una volta accettata, riserverà le consuete sorprese. ■ COMMEDIA; COL.; 112'; USA, 2010.

TRE AMERICANI A PARIGI *(So this is Paris)* ★★★
Regia di RICHARD QUINE. Con CORINNE CALVET, TONY CURTIS, GLORIA DE HAVEN, GENE NELSON. ■ Un film nato sulla scia di *Un giorno a New York*: anche qui ci sono tre marinai in licenza, ma a Parigi e non a New York. ■ MUSICALE; COL.; 96'; USA, 1955.

TRE AMICI, LE MOGLI E (AFFETTUOSAMENTE) LE ALTRE *(Vincent, François, Paul et les autres)* ★★★
Regia di CLAUDE SAUTET. Con GÉRARD DEPARDIEU, YVES MONTAND, MICHEL PICCOLI, SERGE REGGIANI. ■ Il ritratto di tre amici di mezza età, apparentemente felici, ma in realtà in piena crisi professionale e sentimentale. Delicato film di Sautet con ottime interpretazioni di alcuni mattatori del cinema francese. ■ COMMEDIA; COL.; 120'; FRANCIA, 1974.

TRE AMICI, UN MATRIMONIO E UN FUNERALE *(The Pallbearer)* ★★
Regia di MATT REEVES. Con BARBARA HERSHEY, GWYNETH PALTROW, DAVID SCHWIMMER. ■ Un giovane di Brooklyn è chiamato a ricordare in chiesa un vecchio amico morto. Solo che il giovane non ricorda assolutamente nulla. È lo spunto per un plot un po' noir e un po' grottesco. Che comunque nell'uno o nell'altro genere non decolla mai. ■ COMMEDIA; COL.; 98'; USA, 1996.

TRE AMIGOS, I *(Three Amigos!)* ★★
Regia di JOHN LANDIS. Con CHEVY CHASE, STEVE MARTIN, MARTIN SHORT. ■ Tre amici attori del cinema muto, Dusty, Lucky Day e Ned, dopo aver fatto fiasco nel loro ultimo film, vengono cacciati dal produttore. Ma Carmen, una ragazza che abita a Santo Poco, un villaggio messicano, li chiama in suo aiuto, identificandoli con gli eroi dei loro film. Loro accorrono pensando di poter recitare una delle loro famose scene, invece devono fronteggiare un pericoloso bandito. La fortuna aiuta gli audaci e i tre sbaragliano il nemico più o meno con la forza della convinzione. ■ FARSESCO; COL.; 110'; USA, 1986.

TRE ANNI D'INFERNO *(Surrender-Hell!)* ★★
Regia di JOHN BARNWELL. Con KEITH ANDES, SUSAN CABOT, NESTOR DE VILLA. ■ Durante la seconda guerra mondiale i giapponesi conquistano le Filippine, ma un valoroso ufficiale americano organizza i partigiani e dà filo da torcere agli invasori fino al ritorno del generale MacArthur con le truppe di liberazione. ■ GUERRA; B/N; 85'; USA, 1959.

TRE AQUILOTTI, I ★★★
Regia di MARIO MATTOLI. Con MICHELA BELMONTE, LEONARDO CORTESE, CARLO MINELLO, ALBERTO SORDI. ■ Tre cadetti dell'aviazione sono amiconi, ma due litigano perché uno si è innamorato della sorella dell'altro. Si rappacificheranno compiendo insieme un'impresa guerresca. ■ GUERRA; B/N; 75'; ITALIA, 1942.

TRE ATTI PER UN OMICIDIO *(Rehearsal for Murder)* ★
Regia di DAVID GREEN. Con JEFF GOLDBLUM, ROBERT PRESTON, LYNN REDGRAVE. ■ Un commediografo di Broadway offre il ruolo della protagonista nel suo nuovo lavoro a un'attrice di cinema, stanca di comparire in pellicole commerciali. Però la commedia è un tale insuccesso che alla morte della donna si pensa al suicidio. Un anno dopo il regista dello spettacolo richiama la compagnia per smascherare l'assassino. ■ GIALLO; COL.; 96'; USA, 1982.

TRE AVVENTURIERI, I *(Les aventuriers)* ★★★
Regia di ROBERT ENRICO. Con ALAIN DELON, SERGE REGGIANI, JOANNA SHIMKUS, LINO VENTURA. ■ Due uomini e una ragazza s'accordano per recuperare il carico d'oro di un aereo precipitato in mare. Con l'aiuto del pilota ce la faranno, ma alla fine solo uno sopravviverà. ■ AVVENTURA; COL.; 93'; FRANCIA, 1967.

TRE BANDITI, I *(The Tall T)* ★★★
Regia di BUDD BOETTICHER. Con RICHARD BOONE, MAUREEN O'SULLIVAN, RANDOLPH SCOTT. ■ La trama è imperniata sulla figura di un cowboy che cerca di vendicarsi degli assassini della sua donna. ■ WESTERN; COL.; 78'; USA, 1957.

TRE BORSE PIENE *(Three Bags Full)* ★★
Regia di JOHN BAXTER. Con MARK DALY, GRAHAM MOFFET, PERLITA NEILSON. ■ Film per ragazzi. Una bimba, figlia di un albergatore inglese, sventa i piani di alcuni loschi spioni. La vicenda si concluderà nel secondo episodio della serie, *La rivincita*. ■ POLIZIESCO; B/N; 92'; GRAN BRETAGNA, 1953.

TRE CABALLEROS, I *(The Three Caballeros)* ★★★
Regia di NORMAN FERGUSON. Con DORA LUZ, AURORA MIRANDA, CARMEN MOLINA. ■ Il giorno del suo compleanno, Paperino riceve un proiettore che gli fa vedere un film sugli uccelli sudamericani, un altro sulle avventure di un pinguino freddoloso e un terzo su un piccolo *gaucho* argentino che cattura un asinello volante. Appaiono poi José Carioca, pappagallo brasiliano, e Panchito, galletto messicano, che lo portano nei loro paesi tra un turbine di avvenenti *señoritas*. ■ ANIMAZIONE; COL.; 71'; USA, 1945. ■ OSCAR 2 NOM.

TRE CADETTI, I *(The Duke of West Point)* ★★
Regia di ALFRED E. GREEN. Con JOAN FONTAINE, LOUIS HAYWARD. ■ I cadetti di West Point malvedono un loro altezzoso compagno che ha vissuto in Inghilterra e lo isolano, ma poi si scopre che il giovane ha un cuore d'oro. ■ COMMEDIA; B/N; 96'; USA, 1939.

TRE CAMERATI *(The Three Comrades)* ★★★★
Regia di FRANK BORZAGE. Con LIONEL ATWILL, GUY KIBBEE, MARGARET SULLAVAN, ROBERT TAYLOR, FRANCHOT TONE, ROBERT YOUNG. ■ Basato su una novella di Enrico Maria Remarque, rappresenta uno dei pochi successi di Francis Scott Fitzgerald come sceneggiatore. Ambientato nella Germania degli anni Venti-Trenta, Erich (Robert Taylor), Otto (Franchot Tone) e Gottfried (Robert Young) sono tre amici reduci dello sconfitto esercito tedesco. Aprono una officina ed entrano in contatto con un benestante motociclista e la sua compagna di viaggio Pat (Margaret Sullavan). Erich ha una storia con Pat e questa si lega subito al gruppo di amici dove porta una ventata di spensieratezza e voglia di divertirsi. Però Pat è ammalata di tubercolosi e i suoi giorni sono contati. Gottfried viene ucciso durante una sommossa politica (i riferimenti al nazismo non sono mai diretti in piena sintonia con la linea MGM di quegli anni). Di quattro amici ne restano solo due con nient'altro che ricordi e un futuro fosco davanti. ■ DRAMMATICO; COL.; 100'; USA, 1938. ■ OSCAR 1 NOM.

TRE CAMERATI, I *(Der Etappenhase)* ★
Regia di JOE STÖKEL. Con HERMAN ERHARDT, GUNTHER LÜDERS, LENI MARNEBACH, ELSA WAGNER. ■ Tre allegroni, soldati della Wehrmacht, se la spassano nelle retrovie con allegre ragazze del Belgio, ma poi sono anche capaci di tornare a combattere. ■ COMMEDIA; B/N; 93'; GERMANIA, 1937.

TRE CAMERE A MANHATTAN *(Trois chambres à Manhattan)* ★★★
Regia di MARCEL CARNÉ. Con ANNIE GIRARDOT, OTTO EDUARD HASSE, MAURICE RONET. ■ Un attore francese, abbandonato dalla moglie, conosce a New York una divorziata e i due hanno un incontro in un alberghetto. Tra i due nasce l'amore ma, durante un'assenza della donna, lui pensa di lasciarla. La crisi si risolverà. Da Simenon. ■ DRAMMATICO; B/N; 81'; FRANCIA, 1968. ■ VENEZIA 1 PR.

TRE CANAGLIE E UN PIEDIPIATTI *(Laisse aller... c'est une valse)* ★★★
Regia di GEORGES LAUTNER. Con BERNARD BLIER, MICHEL CONSTANTIN, MIREILLE DARC, NANNI LOY, JEAN YANNE. ■ Un bandito, scontata la pena, vuol recuperare un grosso bottino e punire la moglie che gli è stata infedele, ma la donna riesce nuovamente a menarlo per il naso. Per fortuna c'è un poliziotto che è meno stupido di quel che sembra. Divertente commedia con un ottimo cast. ■ COMMEDIA; COL.; 92'; FRANCIA, 1975.

TRE CANAGLIE PER L'INFERNO *(Walter def Serayevo)* ★★
Regia di SERGE PISANY. Con PETER BELPMET, ANTHONY GHIDRA, LIUBA SAMAR. ■ Il solito film jugoslavo su episodi della lotta partigiana durante la seconda guerra mondiale. ■ GUERRA; COL.; 94'; JUGOSLAVIA, 1975.

TRE CANTI SU LENIN *(Tri pesni o Lenine)* ★★★★
Regia di Dziga Vertov. ■ Il grande documentarista sovietico, prendendo spunto da tre canti popolari nati sulla figura di Lenin, esamina i mutamenti prodotti sulla società russa dalla rivoluzione bolscevica. ■ Documentario; b/n; 68′; URSS, 1934.

TRE CARTE E UN TRUFFATORE *(Three Card Monte)* ★
Regia di Les Rose. Con Richard Gabourie, Chris Langevin. ■ Un imbroglioncello vive con i soldi guadagnati col gioco delle tre carte. Un giorno incontra un ragazzino che rende suo complice in alcuni colpi fruttuosi; quando poi alla coppia si aggiunge una ragazza tutto sembra filare per il verso giusto. Ma il momento di tirare le somme di questa esistenza così precaria si avvicina. ■ Avventura; col.; 90′; USA, 1987.

TRE CASI DI OMICIDIO *(Three Cases of Murder)* ★★
Regia di George More O'Ferrall. Con Alan Badel, Elizabeth Sellars, Orson Welles. ■ Tre storie: un ministro sogna di uccidere un suo avversario politico; una donna è assassinata da uno dei suoi innamorati; un custode di museo affascinato da un dipinto si ritrova tra i personaggi del quadro. ■ Giallo; b/n; 92′; Gran Bretagna, 1954.

TRECCIA CHE UCCIDE, LA ★
Regia di Sui Ghang, Yeo Ban Yee. Con Kao Kang, Sun Kol, Tommy Loo Chung. ■ All'inizio dell'Ottocento gli inglesi, che vogliono imporre il loro protettorato ad Hong Kong, si servono di un bieco mandarino abile lottatore di karate che usa come arma la propria lunga e pesante treccia. L'eroe saprà sconfiggerlo. ■ Avventura; col.; 92′; Italia, 1973.

300 ★★★
Regia di Zack Snyder. Con Gerard Butler, Lena Headey, Vincent Regan, David Wenham, Dominic West. ■ Correva l'anno 1995 e sulla prima pagina dell'albo «Sin City: The Big Fat Kill» di Frank Miller compariva Leonida, il re spartano stretto nella gola delle Termopili a "fare muro" contro un'orda di Persiani in rapporto "cento a uno". Se con il fumetto il lettore ha un ruolo "attivo", in sala tutto ciò non accade. Ci si trova così di fronte a un film in cui gli eroi supermacho (sei settimane intensive di palestra per tutti) fanno in pezzi il ricordo di qualsiasi Conan. Difendono la civiltà e quindi, da uomini tutti di un pezzo contrapposti a mostri, gay sovradimensionati (Serse) e maschere crudeli non possono che odiare e combattere decidendo che "no retreat no surrender" diventi la loro linea di condotta. Nella struttura complessiva *300* si presenta come un film decisamente "avanti": è un "gioco" realizzato ad alto livello qualitativo. ■ Storico; col.; 117′; USA, 2006.

TRECENTO DELLA SETTIMA, I ★★
Regia di Mario Baffico. ■ Film di propaganda bellica sulle imprese degli alpini sul fronte albanese, girato con autentici soldati appena tornati dalla zona di operazioni. ■ Guerra; b/n; 91′; Italia, 1943.

317 BATTAGLIONE D'ASSALTO *(317eme Section)* ★★★
Regia di Pierre Schoendoerffer. Con Bruno Cremer, Pierre Fabre, Jacques Perrin. ■ Durante la guerra d'Indocina, una pattuglia francese in ritirata cerca di raggiungere le proprie basi sotto gli ordini di un giovane ufficiale. Solo tre ce la faranno. ■ Guerra; b/n; 90′; Francia, 1965. ■ Cannes 1 pr.

300 DI FORT CANBY, I *(A Thunder of Drums)* ★★
Regia di Joseph M. Newman. Con Richard Boone, George Hamilton, Luana Patten. ■ In un fortino in territorio apache due tenenti di cavalleria litigano per i begli occhi di una ragazza, poi uno esce di pattuglia e viene massacrato coi suoi soldati. L'altro, sconvolto, decide di lasciar perdere le ragazze e di diventare un buon soldato. ■ Western; col.; 97′; USA, 1962.

300 MIGLIA AL PARADISO *(300 Mil do nieba)* ★★
Regia di Maciej Dejczer. Con Wojciech Klata, Rafah Zimowski. ■ Due fratelli polacchi lasciano la famiglia che non sono più in grado di sostenere e il paese natale per entrare clandestinamente in Danimarca e, di qui, passare in Svezia come rifugiati politici. La triste condizione di vita in patria è sottolineata, per contrasto, dal benessere dell'accogliente e ricca Scandinavia. ■ Drammatico; col.; 89′; Danimarca, Francia, Polonia, 1989.

TRE CENTURIONI, I ★★
Regia di Roberto Mauri. Con Roger Brown, Lisa Gastoni, Mimmo Pagliara. ■ Il folle imperatore Eliogabalo ordina a un suo generale di congedare le legioni asiatiche e tre centurioni, rimasti così disoccupati, aiutano una città contro il perfido re Artaserse. ■ Avventura; col.; 93′; Italia, 1965.

TRE CHE SCONVOLSERO IL WEST – VADO, VEDO E SPARO, I ★★
Regia di Enzo Girolami Castellari. Con Antonio Sabàto, John Saxon, Frank Wolff. ■ Tre filibustieri lottano per il possesso di un carico d'oro trasportato da una diligenza. Alla fine il malloppo finisce nel fiume e un pescatore se ne impadronisce, ma lo consegna ai rivali a patto che facciano pace. ■ Western; col.; 95′; Italia, 1968.

3CIENTO CHI L'HA DURO... LA VINCE ★★
(Meet the Spartans)
Regia di Jason Friedberg, Aaron Seltzer. Con Diedrich Bader, Carmen Electra, Sean Maguire, Method Man, Kevin Sorbo. ■ Grecia, 480 a.C. Il re spartano Leonida rifiuta di annettere Sparta al già immenso impero persiano. Consultato l'oracolo e contro il parere degli efori, partirà con trecento opliti dal muscolo epico alla volta dello stretto passo delle Termopili. In una lotta impari affronterà lo smisurato esercito di Serse. L'evento bellico è noto, così lo tramandano e lo riferiscono il classico Erodoto, il grafico Frank Miller e il regista pop(paro) Zac Snyder. Il soggetto resta invariato anche nella versione demenziale dei registi Jason Friedberg e Aaron Seltzer, che questa volta non si limitano al compito esclusivo di (ri)produrre l'antologia delle scene più rappresentative della passata stagione. Parodia agghiacciante del (già) cult movie *300*, di cui è sberleffo patetico e mai crudele. ■ Commedia; col.; 84′; USA, 2008.

TRE COLONNE IN CRONACA ★★
Regia di Carlo Vanzina. Con Joss Ackland, Senta Berger, Sergio Castellitto, Massimo Dapporto, Gian Maria Volonté. ■ Tratto da un romanzo di Corrado Augias e Daniela Pasti, il film narra una storia molto simile a fatti che accadono realmente nel mondo dell'editoria. Un gruppo vuole mettere in atto la scalata a un'importante testata giornalistica e sembra davvero pronto a tutto pur di riuscirci: il ricatto, il raggiro e perfino l'omicidio diventano così le tappe fondamentali per raggiungere la maggioranza delle azioni. Il protagonista, Volonté, subisce, fino a tre quarti del film, le losche manovre degli spietati avversari, poi si scuote anche grazie a un commissario di polizia in disgrazia e a un cronista investigatore. La storia è buona, gli attori sono efficaci, ma il film non riesce lo stesso a mantenere quelle che erano le promesse del romanzo: il sottile gioco tra politica, corruzione e sete di potere intrecciato da Augias e Pasti si trasforma, sullo schermo, in un pasticcio di fantapolitica poco convincente. ■ Poliziesco; col.; 100′; Italia, 1990. ■ David di Donatello 1 pr, 1 nom.

TRE COLORI – FILM BIANCO ★★★
(Trois couleurs: blanc)
Regia di Krzysztof Kieslowski. Con Julie Delpy, Janusz Gajos, Jerzy Stuhr, Zbigniew Zamachowski. ■ Il secondo dei tre film dedicati ai colori. Si tratta del meno sofisticato e più vicino allo spirito del *Decalogo*. Karol è ancora innamorato della moglie francese che lo ha lasciato perché non adempiva ai doveri coniugali. L'uomo torna allora in Polonia grazie all'amico Nikolaj. Diventano soci in affari, con successo. Ma riavere la moglie Dominique rimane il sogno di Karol. Premiato al Festival di Berlino. ■ Commedia; col.; 91′; Francia, Polonia, Svizzera, 1994. ■ Berlino 1 pr.

♥ TRE COLORI – FILM BLU *(Trois couleurs: bleu)* ★★★8
Regia di Krzysztof Kieslowski. Con Juliette Binoche, Lorenzo Majnoni, Benoît Régent, Emmanuelle Riva. ■ In un incidente d'auto Julie perde il marito e la bambina ed è distrutta dal dolore. Il marito era uno dei massimi compositori contemporanei e stava per condurre a termine una sinfonia per l'Europa. Julie dà ordine di vendere il castello in cui abitavano e si libera di tutto il resto, compresi i giocattoli della sua adorata bambina. Si ri-

sarcisce psicologicamente portandosi a letto l'assistente del marito, che l'ha sempre amata, poi va a vivere a Parigi, sola in un appartamento. La sua vita è fatta di niente, letteralmente. Arriva a distruggere la composizione non finita del marito, ma per fortuna c'è chi ne ha fatto una copia. Trova nel ripostiglio di casa una nidiata di topi appena nati, e prima non fa niente, poi prende un gatto per eliminarli. Alla madre malata dice: «Non voglio avere proprietà né ricordi, sono trappole». Cammina, guarda, ogni tanto nuota. E a volte, durante la giornata, viene aggredita da una visione blu e da una forte musica di archi. Blu era la stanzetta di sua figlia. Viene a sapere che il marito aveva una giovane amante. La conosce. La ragazza è incinta. Julie annulla la vendita del castello per accogliere quei nuovi "legami". Quando l'ex assistente mette mano all'"incompiuta", Julie non riesce a rimanerne distaccata e porta a termine lei stessa la sinfonia. Una frase del coro recita: «...senza amore non sono niente...». La donna ritorna dunque nella vita. Non si può fare *niente*. Premiato a Venezia nel 1993 col Leone d'Oro a pari merito con *America oggi* di Robert Altman. ■ DRAMMATICO; COL.; 95'; FRANCIA, POLONIA, 1993. ■ GOLDEN GLOBES 🏆 3 NOM; VENEZIA 🏆 5 PR.

TRE COLORI – FILM ROSSO *(Trois coleur: rouge)* ★★★★
Regia di KRZYSZTOF KIESLOWSKI. Con FRÉDERIQUE FEDER, IRÈNE JACOB, JEAN-LOUIS TRINTIGNANT. ■ Con *Film blu* è il più riuscito della triologia di Kieslowki. Se in quello prevalevano la fotografia e le tinte forti, qui fanno da padroni la semplicità e il quotidiano. Anche se nel finale il regista cade nei simbolismi e nelle metafore. Una modella salva la vita a un cane, investito da un'auto. Il padrone dell'animale è un giudice in pensione, cinico, che ascolta le telefonate dei vicini. Se prima usava lo spionaggio telefonico (già esplorato da Coppola in *La conversazione*) per lavoro, ora lo fa per vizio. La ragazza è disgustata dal comportamento dell'uomo, ma allo stesso tempo non può fare a meno di frequentarlo. Il giudice, comunque, si costituisce e instaura un rapporto di confidenza con la ragazza. Quando i due si lasceranno amichevolmente la ragazza conoscerà uno studente in legge, che prende idealmente il posto del giudice. Irene Jacob, come già in *La doppia vita di Veronica*, ha una bella presenza ma sul piano recitativo appariva ancora acerba, nonostante gli affrettati consensi della critica. Trintignant invece dà un'altra grande prova della sua scioltezza e avrebbe meritato un premio al Festival di Cannes. Ultimo film del regista polacco prematuramente scomparso il 13 marzo 1996. ■ DRAMMATICO; COL.; 100'; FRANCIA, 1994. ■ GOLDEN GLOBES 1 NOM; OSCAR 3 NOM.

TRE COLPI CHE FRANTUMANO – IL COLPO DELLA TIGRE – IL COLPO DELLA SCIMMIA – IL COLPO DELL'AQUILA ★
Regia di CHOY TABE. Con GHIANG FAN, SZE YANG, YEH SALLY. ■ Un titolo chilometrico per il solito violentissimo filmetto di karate. ■ AVVENTURA; B/N; 94'; HONG KONG, 1973.

TRE COLPI DI WINCHESTER PER RINGO ★★
Regia di EMIMMO SALVI. Con MICKEY HARGITAY, GORDON MITCHELL, MILLA SANNONER. ■ Il pistolero Ringo sposa una ragazza e viene fatto sceriffo, ma, combattendo contro la banda di un suo ex compagno, diventa cieco. Riuscirà a sconfiggere i malvagi, che avevano preso come ostaggi sua moglie e suo figlio, dopo aver riacquistato casualmente la vista. ■ WESTERN; COL.; 95'; ITALIA, 1966.

TRE CONTRO TUTTI *(Badlands)* ★★★
Regia di JOHN STURGES. Con JOEY BISHOP, SAMMY DAVIS JR, PETER LAWFORD, DEAN MARTIN, FRANK SINATRA. ■ Tre sergenti della cavalleria americana sono allegri compagni di baldoria. Sembra che uno voglia lasciare il servizio per sposarsi, ma un altro finisce in mezzo a una tribù indiana ribelle e i due amici partono per salvarlo. Alla fine tutti e tre verranno soccorsi da un nero che voleva a tutti i costi entrare nell'esercito. Rifacimento in chiave western-commedia di *Gunga Din*. ■ WESTERN; COL.; 112'; USA, 1962.

TRE CORONE DEL MARINAIO, LE ★★
(Les trois couronnes du matelot)
Regia di RAOUL RUIZ. Con JEAN BERNARD GUILLARD. ■ Girato dal regista cileno Ruiz, il lungometraggio racconta una serie di viaggi, avventure, fantasie secondo un marinaio che ha come interlocutore un giovane studente polacco. Ricco di citazioni cinematografiche e letterarie, il film è un esempio di buon talento fantasioso che però difficilmente può arrivare al grande pubblico. In versione originale francese con sottotitoli, si consiglia la visione ai grandi amanti del cinema. ■ AVVENTURA; COL.; 110'; FRANCIA, 1982.

TRE CORSARI, I ★★★
Regia di MARIO SOLDATI. Con BARBARA FLORIAN, MARC LAWRENCE, ETTORE MANNI. ■ Nel Seicento il bieco Van Gould, fiammingo al servizio degli spagnoli, uccide il conte di Ventimiglia e ne deporta i tre figli nelle Americhe. Fuggiranno e, diventati corsari, riusciranno a vendicarsi. ■ AVVENTURA; B/N; 98'; ITALIA, 1952.

TRE CROCI PER NON MORIRE ★★
Regia di WILLY S. REGAN. Con CRAIG HILL, EVELYN STEWART, PETER WHITE, KEN WOOD. ■ Tre pistoleri vengono fatti evadere per trovare il vero colpevole di un assassinio. Riusciranno nell'intento e si guadagneranno un forte premio. ■ WESTERN; B/N; 94'; ITALIA, 1970.

TRE DA ASHIYA, I *(Flight from Ashiya)* ★★
Regia di MICHAEL ANDERSON. Con YUL BRYNNER, GEORGE CHAKIRIS, RICHARD WIDMARK. ■ Un colonnello dell'aviazione americana di stanza in Giappone è restio a concedere i propri aerei per un'operazione di soccorso perché diffidente verso i nipponici dopo la seconda guerra mondiale. Poi ci ripensa: tutto finisce bene. ■ DRAMMATICO; COL.; 100'; USA, 1964.

TRE DEL COLORADO, I ★
Regia di ARMANDO DE OSSORIO. Con LOUIS MARIN, GEORGE MARTIN, PAMELA TUDOR. ■ I meticci canadesi si ribellano contro gli inglesi e prendono prigioniera la figlia di uno dei nemici. La ragazza capisce che il padre è un mascalzone e s'allea con un rivoluzionario di cui si è innamorata. ■ WESTERN; COL.; 95'; ITALIA, SPAGNA, 1966.

TRE DELITTI PER PADRE BROWN ★★
(Das schwarze Schaf)
Regia di HELMUT ASHLEY. Con HEINZ RÜHMANN, KARL SCHÖNBÖCK, MARIA SEBALDT. ■ Il pretino dello scrittore inglese cattolico Chesterton risolve tre misteri nonostante la proibizione del suo vescovo. ■ POLIZIESCO; B/N; 91'; GERMANIA, 1961.

TRE DELLA CROCE DEL SUD, I ★★★
(The Donovan's Reef)
Regia di JOHN FORD. Con ELIZABETH ALLAN, DOROTHY LAMOUR, LEE MARVIN, CESAR ROMERO, JACK WARDEN, JOHN WAYNE. ■ In un'isola della Polinesia vivono tre amiconi: un dottore, il proprietario di una taverna, un marinaio. La figlia del medico, che non conosce suo padre, arriva da Boston per stabilire se il genitore sia degno di ricevere un'eredità e il taverniere s'assume la paternità dei bambini che il dottore ha avuto da un'indigena. Quando la ragazza scoprirà la verità avrà già deciso di rimanere nei mari del Sud perché innamorata del taverniere. ■ COMMEDIA; COL.; 109'; USA, 1963.

TRE DELLA SQUADRA SPECIALE, I *(Nemesis)* ★★
Regia di CYRIL FRANKEL. Con ALEXANDRA BASTEDO, STUART DAMON, WILLIAM GAUNT. ■ Tre agenti segreti con poteri extrasensoriali riescono a sgominare il solito supercriminale cinese che da una base munitissima in un'isola dell'Atlantico vuol far scoppiare la guerra tra Usa e Urss. ■ AVVENTURA; COL.; 94'; GRAN BRETAGNA, 1974.

TRE DELL'OPERAZIONE DRAGO, I ★★
(Enter the Dragon)
Regia di ROBERT CLOUSE. Con AHNA CAPRI, SHIN KIEN, BRUCE LEE, JOHN SAXON. ■ Film americano con Bruce Lee, il notissimo divo del karate, che impersona un agente segreto sgominatore di un bieco supercriminale cinese. ■ AVVENTURA; COL.; 97'; USA, 1974.

TRE DEL MAZZO SELVAGGIO, I *(Pancho Villa)* ★★
Regia di GENE MARTIN. Con ANNE FRANCIS, TELLY SAVALAS, CLINT WALKER. ■ Nel 1916, Pancho Villa assalta la cittadina

americana di Columbus per recuperare un carico d'armi che gli era stato sottratto e ripara in Messico con le truppe del generale Pershing. ■ WESTERN; COL.; 94'; SPAGNA, 1971.

TRE DEL RIO GRANDE, I *(Texas Bad Man)* ★★
Regia di LEWIS D. COLLINS. Con FRANK FERGUSON, WAYNE MORRIS, ELAINE RILEY, SHEB WOOLEY. ■ Un bandito aiutato da due complici s'appresta a rubare un carico d'oro quando scopre che lo sceriffo è suo figlio. Si redimerà uccidendo i compagni a rischio della vita. ■ WESTERN; B/N; 93'; USA, 1953.

TRE DEL TEXAS, I *(Stampede at Bitter Creek)* ★★★
Regia di HARRY KELLER. Con SIDNEY BLACKMER, STEPHEN MCNALLY, TOM TRYON. ■ Lasciato il corpo dei Rangers, John si è messo a far l'allevatore. A Bitter Creek è costretto a uccidere un figuro che gli voleva rubare la mandria. Porta il bestiame a destinazione, ma lì si ritrova tra capo e collo un'accusa di omicidio. Saprà cavarsela. ■ WESTERN; COL.; 80'; USA, 1959.

TRE DEL WEST, I *(Buffalo Gun)* ★★
Regia di ALBERT C. GANNAWAY. Con WEBB PIERCE, MARTY ROBBINS, CARL SMITH. ■ Western con intermezzi musicali, dove compare anche, poco prima della morte, il compianto Wayne Morris. L'eroe però non è lui bensì tre cantanti-attori, che intercalano le gesta avventurose con ballate popolari. I tre sono agenti federali che devono battersi contro una gang che contrabbanda armi. ■ WESTERN; B/N; 80'; USA, 1961.

TRE DESIDERI, I ★★
Regia di GIORGIO FERRONI, KURT GERRON. Con ANTONIO CENTA, LUISA FERIDA, LEDA GLORIA, CAMILLO PILOTTO. ■ Una curiosa coproduzione fra Olanda e Italia per un film girato in doppia versione. Non sappiamo quella olandese. Questa, italiana, è indubbiamente brutta. Ripropone, modernizzata, la favola del villano cui era stato permesso di esprimere tre desideri. Qui i villani sono due, una ragazza che vuol fare l'attrice e un giovanotto che vorrebbe essere un nuovo Marconi. ■ COMMEDIA; B/N; 92'; ITALIA, PAESI BASSI, 1937.

TREDICESIMA SEDIA, LA *(The Thirteenth Chair)* ★★★
Regia di GEORGE BRACKETT SEITZ. Con HENRY DANIELL, MADGE EVANS, ELISSA LANDI, LEWIS STONE. ■ Un uomo viene assassinato. Un commissario di polizia, per prendere in trappola l'assassino, si serve di una medium. Durante una seduta spiritica costei evoca il defunto, facendo saltare i nervi all'assassino che, così, si scopre. ■ DRAMMATICO; B/N; 93'; USA, 1937.

TREDICESIMA VERGINE, LA ★★
(Die Schlangengrube und des Pendel)
Regia di HARALD REINL. Con LEX BARKER, KARIN DOR, CARL LANGE, CHRISTOPHER LEE. ■ Una bella ragazza in compagnia di un avvocato si reca in un castello per raccogliere un'eredità e si trova alle prese con un vampiro. ■ HORROR; COL.; 91'; GERMANIA, 1967.

TREDICESIMO È SEMPRE GIUDA, IL ★★
Regia di JOSEPH WARREN. Con DONALD O'BRIEN, MAURICE POLI, DEAN STRAFFORD. ■ A Sonora, Ned e Mary si stanno sposando. A tavola sono in tredici, un numero che non porta buono. Infatti, quando arriva la diligenza, è piena di cadaveri. Finale con sorpresa. ■ WESTERN; COL.; 95'; ITALIA, 1972.

TREDICESIMO GUERRIERO, IL *(The 13th Warrior)* ★★★
Regia di JOHN MCTIERNAN. Con ANTONIO BANDERAS, OMAR SHARIF, DIANE VENORA. ■ Nord e Sud uniti nella lotta, per un'operazione neomitologica che si giova dell'interpretazione convincente di Banderas. Un arabo si allea ai Vichinghi per combattere contro gli sgradevoli Wendol in un'epopea dai larghi orizzonti. McTiernan dirige con piglio alla DeMille per questo affresco offerto al pubblico del Duemila. La credibilità non è richiesta e, infatti, latita. Ma non è un difetto che disturbi più di tanto gli spettatori. ■ FANTASCIENZA; COL.; 102'; USA, 1999.

TREDICESIMO INVITATO, IL *(The Thirteenth Guest)* ★★★
Regia di ALBERT RAY. Con GINGER ROGERS, LYLE TALBOT. ■ Tredici a tavola. Non è un buon segno. E difatti durante la cena il padrone di casa muore. Si scopre che aveva lasciato nel testamento tutta la sua sostanza a un tredicesimo invitato. Il fortunato è una ragazza che qualche anno dopo, come da volontà della buonanima, torna nella casa del defunto per prenderne possesso. Ma il suo arrivo è il segnale per una catena di delitti. ■ GIALLO; B/N; 70'; USA, 1932.

TREDICESIMO PIANO, IL *(The Thirteeth Floor)* ★★
Regia di JOSEF RUSNAK. Con CRAIG BIERKO, VINCENT D'ONOFRIO, GRETCHEN MOL, ARMIN MUELLER-STAHL. ■ Al tredicesimo piano di un *building* di Los Angeles: s'incontra il passato, finendo nella Città degli Angeli del 1937. Critica alla tecnologia dal risultato piuttosto deludente. Alcune scene sono state girate sul *Queen Mary* e sono le più interessanti. ■ FANTASTICO; COL.; 100'; GERMANIA, USA, 1999.

TREDICESIMO UOMO, IL *(Un homme de trop)* ★★★
Regia di CONSTANTIN COSTA GAVRAS. Con JEAN-CLAUDE BRIALY, BRUNO CREMER, MICHEL PICCOLI, CHARLES VANEL. ■ In Francia, durante la guerra, i partigiani assaltano una prigione tedesca e liberano i prigionieri politici. Ma uno sconosciuto si unisce al gruppo. Non si sa chi sia, e molti sospettano che si tratti di una spia. Ma l'uomo dimostrerà di essere dalla parte giusta della barricata. ■ GUERRA; COL.; 115'; FRANCIA, 1967.

13 ANNI *(Thirteen)* ★★
Regia di CATHERINE HARDWICKE. Con HOLLY HUNTER, NIKKI REED, JEREMY SISTO, EVAN RACHEL WOOD. ■ Tracy ha tredici anni. È una studentessa modello, figlia di Melanie che per portare avanti la famiglia fa la parrucchiera in casa. Al liceo Tracy scopre un mondo inaspettato, dove gli orsetti e le Barbie lasciano il posto agli ormoni in esplosione. Regina di questo mondo è Evie, la più sexy e popolare della scuola, con cui Tracy stringe un'amicizia quasi morbosa. Inizia un'escalation pericolosa. Il film nasce da un fatto reale: la protagonista Nikki Reed fa se stessa. ■ DRAMMATICO; COL.; 100'; GRAN BRETAGNA, USA, 2003. ■ GOLDEN GLOBES 2 NOM; OSCAR 1 NOM.

TREDICI ASSASSINI *(Juusan-nin no shikaku)* ★★★
Regia di TAKASHI MIIKE. Con TSUYOSHI IHARA, YUSUKE ISEYA, SOSUKE TAKAOKA, KÔJI YAKUSHO, TAKAYUKI YAMADA. ■ Erano anni che Takashi Miike lavorava al suo *jidai geki* – equivalente nipponico del genere "cappa e spada", sovente ambientato nel periodo Tokugawa – con una cura maniacale per il dettaglio che ben conosce chi ama l'autore di *Gozu*. Ogni inquadratura di *13 Assassins* sembra il frutto di un lungo e meticoloso lavoro di ricerca del frame perfetto: dolly quando è il caso di utilizzarli, primi piani e controcampi fluidi e mai gratuiti, scene corali coreografate all'esatto punto di incontro tra la tradizione *jidai geki* e il western di Peckinpah. Con aggiunta di un dinamismo tutto contemporaneo, che emerge prepotentemente nelle gesta dell'assassino "scemo" o nella sequenza in cui il virtuoso dei ronin utilizza una dozzina di *katana* per sconfiggere gli uomini dell'empio Naritsugu; proprio il *villain* incarna la summa del Male secondo il Takashi Miike-pensiero, perversa macchina sadomasochista di distruzione (come in una riedizione del Kakihara di *Ichi the Killer*) che in fondo anela ad affrontare e poi abbracciare l'estremo dolore della morte. ■ AZIONE; COL.; 141'; GIAPPONE, GRAN BRETAGNA, 2010.

13 A TAVOLA *(Tredici a tavola)* ★
Regia di ENRICO OLDOINI. Con LUCA ANGELETTI, ALESSANDRO BENVENUTI, PAOLO BONACELLI, MANUELA BORLOTTI, SILVIA DE SANTIS, GIADA DI MICELI, NICCOLÒ ENRIQUEZ, ANGELA FINOCCHIARO, GIANNA GIACHETTI, GIANCARLO GIANNINI, ANDREA GIULIANO, MARIA AMELIA MONTI, KASIA SMUTNIAK, NICOLAS VAPORIDIS. ■ Era l'estate del 1964 quando Giulio, diciassettenne, scopriva per la prima volta l'amore. Nella casa di famiglia in cui vivevano Giulio e la sua numerosa famiglia, dalla Germania era venuta a trascorrere l'estate Anna, bersaglio delle competizioni virili di ragazzi e non. Tra lambrette che scorrazzavano nelle campagne e gite al mare, Giulio ha scoperto, fra le altre cose, il sesso. I favolosi anni Sessanta... ■ COMMEDIA; COL.; 95'; ITALIA, 2004.

TREDICI DONNE A RIVA PARADISO ★★
(Frauen für Golden Hill)
Regia di ERICH WASCHNECK. Con KIRSTEN HEIBERG, VIKTOR STAAL. ■ La storia è ambientata in Australia negli anni Venti. Gli

uomini di un villaggio di minatori sentono acutamente la mancanza di donne e sposano un gruppo di fanciulle per procura. Ma quando le sposine arrivano, i minatori s'accorgono che ce n'è una, e nubile, in più. La ragazza provocherà un sacco di guai. ■ DRAMMATICO; B/N; 92′; GERMANIA, 1938.

TREDICI FATICHE DI ERCOLINO, LE *(Sai yu-ki)* ★★
Regia di OSAMU TAZUKA, TAJI YABUSHITA. ■ Ercolino è uno scimmiotto che viene proclamato re degli animali. Furbo e maliziosetto, tenta di carpire i segreti della magia di Mago Merlino. Scoperto, è punito: dovrà compiere grandi e disinteressate imprese per essere reintegrato nel titolo. Ma ce la farà con l'aiuto dell'innamorata Didi. In Italia il film è giunto con la sceneggiatura dell'edizione americana. In originale la trama si ispira a un famoso racconto cinese. ■ ANIMAZIONE; B/N; 94′; GIAPPONE, 1960.

TREDICI FIGLI DEL DRAGO VERDE, I *(Heroic Ones)* ★
Regia di CHANG CHEN. Con DAVID CHIANG, WANG CHUNG, LILY LI. ■ Il Drago Verde è un tiranno con tredici figli particolarmente violenti. Quando viene tradito da un potente cinese, i figli lo vendicano. ■ AVVENTURA; COL.; 92′; HONG KONG, 1973.

TREDICI NON RISPONDE, IL *(13 rue Madeleine)* ★★★
Regia di HENRY HATHAWAY. Con ANNABELLA, JAMES CAGNEY, RICHARD CONTE, FRANK LATIMORE. ■ Cagney è l'intrepido capo degli uomini del servizio segreto che addestra un gruppo di giovani per una missione pericolosa in Francia. Ma uno dei giovani è un agente tedesco; uccide un compagno che l'ha scoperto, e fa catturare Cagney appena mette piede sul continente. Torturato, Cagney non parla. Parlano per lui gli aerei americani che bombardano il quartier generale nazista, distruggendolo. ■ SPIONAGGIO; B/N; 95′; USA, 1947.

13 ROSE, LE *(Las 13 rosas)* ★★
Regia di EMILIO MARTÍNEZ LÁZARO. Con MARTA ETURA, TERESA HURTADO DE ORY, PILAR LÓPEZ DE AYALA, GABRIELLA PESSION, VERÓNICA SÁNCHEZ. ■ *Las Trece Rosas Rojas* è il nome con cui si ricordano tredici giovanissime donne che, durante la "*saca de agosto*" del 1939, vennero fucilate assieme ad altri 43 dissidenti dai falangisti della neo-dittatura di Francisco Franco. L'attenzione si focalizza in particolar modo su quattro ragazze attive nel circolo ricreativo "Aida Lafuente" e militanti nel Jsu (l'Unione della Gioventù Socialista), le pasionarie Virtudes e Carmen e le prodighe volontarie Julia e Adelina, e su Blanca, intellettuale borghese sostenitrice della destra cattolica ma vicina, per amor della musica, ad un gruppo di rivoltosi. Ognuna di loro, a causa di un regime affamato di epurazioni esemplari, finirà in carcere e, ad eccezione della più giovane Carmen, pagherà la propria dissidenza con la vita. Anziché mirare alla coscienza per colpire la memoria, il film delega l'importanza della commemorazione alla facile presa dei sentimentalismi. ■ DRAMMATICO; COL.; 130′; SPAGNA, 2007.

TREDICI SPETTRI, I *(13 Ghosts)* ★★
Regia di STEVE BECK. Con F. MURRAY ABRAHAM, EMBETH DAVIDTZ, SHANNON ELIZABETH, MATTHEW LILLARD, TONY SHALHOUB. ■ Si tratta di un remake di un B-movie dei Sessanta che aveva al centro una casa maledetta. È proprio questa, con il suo arredo e la sua struttura a divenire la protagonista del film. Nelle sue fondamenta sono infatti imprigionati dodici anime dannate. La casa appartiene a Cyrus Kriticos che di spettri se ne intende. Quando suo nipote Arthur ne entra in possesso non sa cosa lo aspetta. Il film gioca le sue carte più sulla scenografia che sulla sceneggiatura e si barcamena tra ripetitività e scene originali. È sempre più difficile proporre vere novità in questo genere. Quindi Beck merita più della sufficienza almeno per il livello di tensione complessivo che si raggiunge. ■ HORROR; COL.; 120′; USA, 2001.

TREDICI UOMINI E UN CANNONE ★★
Regia di GIOVACCHINO FORZANO. Con FOSCO GIACHETTI, CARLO ROMANO, FILIPPO SCELZO. ■ Protagonisti sono gli uomini di una batteria posta sul fronte russo. Una notte, per una spiata, la batteria viene assaltata e il cannone distrutto. Chi è stato a fornire la posizione al nemico? Un traditore? Macché, un agente russo. ■ COMMEDIA; B/N; 92′; ITALIA, 1936.

TREDICI VARIAZIONI SUL TEMA ★★★
(13 Conversations About One Thing)
Regia di JILL SPRECHER. Con ALAN ARKIN, CLEA DUVALL, AMY IRVING, MATTHEW MCCONAUGHEY, BARBARA SUKOVA, JOHN TURTURRO. ■ La felicità esiste? E come si raggiunge? Questo il tema attorno a cui ruotano, si intrecciano e si sovrappongono cinque storie di apparente normalità in una New York distante e caotica. Infedeltà, rancori, ambizioni ma anche ingenuità, ottimismo e speranze sono raccontate attraverso cinque personaggi, ben diretti dall'emergente regista Jill Sprecher, che, nonostante le difficoltà nel reperire i finanziatori per questo film, è riuscita a mettere insieme un cast di tutto rispetto, con nomi quali Amy Irving e John Turturro. ■ DRAMMATICO; COL.; 95′; USA, 2001.

TRE DI CUORI *(Three of Hearts)* ★
Regia di YUREK BOGAYEVICZ. Con WILLIAM BALDWIN, SHERILYN FENN, KELLY LYNCH. ■ A New York un'infermiera cerca di riallacciare un precedente rapporto grazie all'intervento di un gigolò dal cinismo soltanto apparente. ■ DRAMMATICO; COL.; 105′; USA, 1993.

TRE DOLLARI DI PIOMBO ★★
Regia di PINO MERCANTI. Con ALBERT ALVAREZ, FRED BEIR, EVI MARANDI. ■ Un giovanotto decide di vendicare il padre assassinato. Uno sceriffo dapprima gli mette i bastoni fra le ruote, poi gli dà una mano. L'omicida, un barone del bestiame, pagherà il fio dei suoi misfatti. ■ WESTERN; COL.; 95′; ITALIA, 1964.

TRE DONNE *(Three Women)* ★★★
Regia di ROBERT ALTMAN. Con SHELLEY DUVALL, JANICE RULE, SISSY SPACEK. ■ Il film racconta la storia di tre donne che rifiutano gli uomini per vivere e costruire insieme una sorta di famiglia in un rapporto figlia-madre-nonna. ■ DRAMMATICO; COL.; 125′; USA, 1977. ■ CANNES 1 PR.

TRE DONNE DI CASANOVA, LE *(Casanova Brown)* ★★★
Regia di SAM WOOD. Con GARY COOPER, ANITA LOUISE, TERESA WRIGHT. ■ Un timido spilungone (timido nonostante il nome, Casanova) si fidanza con una bionda. Ma alla vigilia del matrimonio si viene a sapere che lui è già sposato. Non solo: salta fuori che la sua ragazza di prima aspetta un figlio. La bionda dovrà avere pazienza. Il timido ritorna lemme lemme dall'altra donna. ■ COMMEDIA; B/N; 94′; USA, 1944. ■ OSCAR 3 NOM.

TRE DONNE, IL SESSO E PLATONE ★★★
(Der Philosoph)
Regia di RUDOLF THOME. Con ADRIANA ALTARAS, JOHANNES HERSCHMANN, CLAUDIA MATSCHULLA, FRIEDERIKE TIEFENBACHER. ■ Un esordiente scrittore pubblica un saggio su Eraclito: *L'amore per la saggezza*. Vuole comprare un completo per la conferenza stampa e va in un negozio d'abbigliamento: i prezzi sono alti e lui lo chiede in prestito. Le tre ragazze del negozio glielo noleggiano gratis e vanno a vederlo presentare il libro. Da quel momento si prenderanno cura di lui, lo ospiteranno e lo ameranno. Un film gradevole anche se nella seconda parte perde un po' di ritmo e sfiora il pericolo della ripetitività. ■ COMMEDIA; COL.; 93′; GERMANIA, 1989.

TRE DONNE IMMORALI? *(Les héroïnes du mal)* ★★★
Regia di WALERIAN BOROWCZYK. Con PASCALE CHRISTOPHE, ARSAN FALL, FRANÇOIS GUÉTARY, GAËLLE LEGRAND, MARINA PIERRO. ■ Il famoso autore de *I racconti immorali*, *La bestia*, *Interno di un convento* propone in questo film una nuova antologia misogina ed erotica insieme. Le tre donne infatti, una Belle Époque, una rinascimentale e una moderna, sono le eroine delle loro ciniche vendette. ■ DRAMMATICO; COL.; 115′; FRANCIA, 1979.

TRE DONNE MORALI ★★
Regia di MARCELLO GAROFALO. Con MARINA CONFALONE, PIERA DEGLI ESPOSTI, LUCIA RAGNI. ■ Linda Mennella è un'insegnante di scuola elementare in pensione che ha imposto alle sue alunne una disciplina ferrea dando «lezioni intellettuali, mai corporali» e pensa che l'ignoranza sia come l'aria, «è talmente ovunque che non la vedi». Ersilia Vallifuoco è un'ex suora scomunicata dall'ordine nel 1975 che ama Cristo quanto la celluloide e attualmente è l'esercente di una sala a luci rosse. Guarda tutti gli spettatori negli occhi, in faccia perché «il cinema è un luogo teorico,

mentale» e solitamente abbina ai porno film impegnati. Amalia Concistoro è una pittrice che ritrae donne nude coperte da soli veli, per creare quel gioco di trasparenza vedo non vedo e, finito di dipingere, infila i pennelli dalle setole di pelo di martora, morbidissimi, nel deretano delle modelle. Tre donne diverse fra loro – ma che in comune hanno la cultura e il rigore – che si interrogano sulla morale in lucidi monologhi mentre siedono compite sul palco di un teatro citando con disinvoltura Dante, Marx, Goethe, Pasolini, Bloch, Hölderlin e la principessa di *Guerre stellari*. ■ DRAMMATICO; COL.; 87′; ITALIA, 2006.

TRE DONNE PER UNO SCAPOLO *(Dear Heart)* ★★★
Regia di DELBERT MANN. Con GLENN FORD, ANGELA LANSBURY, BARBARA NICHOLS, GERALDINE PAGE. ■ Scapolone e zitellina si conoscono a un congresso, ma lui è impegnato con altre donne: una ricca vedova che sta per sposare e una bella bionda pronta per l'avventura. Ma la vedova e la bionda deluderanno lo scapolo, che, alla fine, sceglierà la zitellina. ■ COMMEDIA; B/N; 114′; USA, 1964. ■ OSCAR 1 NOM.

TRE DONNE SONO TROPPE *(Die englische Heirat)* ★★
Regia di REINHOLD SCHÜNZEL. Con RENATE MÜLLER, ADOLF WHOLBRUCK. ■ Un Lord inglese ha la moglie a Berlino e altre due donne a Londra (la "fidanzata" nelle classi alte e l'amante in quelle basse). Un giorno la moglie, la fidanzata e l'amante s'incontrano. ■ COMMEDIA; B/N; 92′; GERMANIA, 1934.

TRE DRITTI A SAINT-TROPEZ *(Smic, Smac, Smoc)* ★★★
Regia di CLAUDE LELOUCH. Con CATHERINE ALLÉGRET, AMIDOU, JEAN COLLOMB, FRANCIS LAI. ■ Smic, Smoc e Smac sono i soprannomi che vengono dati a tre grandi amici che vivono insieme per risparmiare. La serenità del terzetto dura fin quando uno di loro decide di sposarsi. Al matrimonio i tre ne combinano di tutti i colori. ■ COMMEDIA; COL.; 93′; FRANCIA, 1972.

TRE ECCETERA DEL COLONNELLO, LE ★★
(Les trois etc. du colonel)
Regia di CLAUDE BOISSOL. Con VITTORIO DE SICA, ANITA EKBERG, DANIEL GÉLIN. ■ In Spagna, durante la dominazione napoleonica, il governatore francese dell'Andalusia fa sosta in un paese ed è assediato dalle donzelle del posto, che non vogliono amore ma opere di bene (per loro, per il paese, per le famiglie). Il bravo colonnello le accontenterà. ■ COMMEDIA; COL.; 93′; FRANCIA, ITALIA, 1960.

TREE OF LIFE, THE ★★★♉
Regia di TERRENCE MALICK. Con JESSICA CHASTAIN, JOANNA GOING, SEAN PENN, BRAD PITT, FIONA SHAW. ■ Texas, anni Cinquanta. Jack cresce tra un padre autoritario ed esigente e una madre dolce e protettiva. Stretto tra due modi dell'amore forti e diversi, diviso tra questi per tutta la vita, e costretto a condividerli con i due fratelli che vengono dopo di lui. Poi la tragedia, che moltiplica le domande di ciascuno. La vita, la morte, l'origine, la destinazione, la grazia di contro alla natura. L'albero della vita che è tutto questo, che è di tutte le religioni e anche darwiniano, l'albero che si può piantare e che sovrasta, che è simbolo e creatura, schema dell'universo e genealogia di una piccola famiglia degli Stati Uniti d'America, immagine e realtà. L'attesa della nuova opera di uno degli sguardi più dotati e personali dell'arte cinematografica è ricompensata da un film tanto esteso, per la natura dei temi indagati, quanto essenziale. Popolato persino da frasi quasi fatte, che il regista riesce a spogliare di ogni banalità e a resuscitare al senso. Malick parla la sua lingua inimitabile, le cui frasi sono composte di immagini (tante, in quantità e qualità) e di parole (molte meno) in una combinazione unica, senza mai pontificare. Si ha più che mai l'impressione che con questo film, che parla a tutti, universalmente, non gli interessi comunicare per forza con nessuno, ma farlo innanzitutto per sé. Palma d'oro a Cannes. ■ DRAMMATICO; COL.; 138′; INDIA, GRAN BRETAGNA, 2011.

TRE EROI IN FUGA ★★★
(On a retrouvé la 7me compagnie)
Regia di ROBERT LAMOUREUX. Con ROBERT LAMOUREUX, JEAN LEFEBVRE, PIERRE MONDY. ■ Tre francesi liberano dei connazionali prigionieri dei tedeschi e fuggono; poco dopo liberano altri francesi e sono costretti a scappare di nuovo per affrontare un'ennesima movimentata impresa. ■ COMMEDIA; COL.; 91′; FRANCIA, 1975.

TRE FEMMINE CHE SCOTTANO ★★★
(Le saint mène la danse)
Regia di JACQUES NAHUM. Con JEAN DESAILLY, FELIX MARTEN, MICHÈLLE MERCIER. ■ Protagonista è "il Santo". Deve qui proteggere un miliardario che è minacciato da una banda di gangster. Assassinano l'autista e tentano di assassinare anche il riccone. Ma il Santo vigila. ■ GIALLO; B/N; 93′; FRANCIA, 1969.

TRE FIGLI IN GAMBA *(Christmas Eve)* ★★★
Regia di EDWIN L. MARIN. Con GEORGE BRENT, ANN HARDING, GEORGE RAFT, RANDOLPH SCOTT. ■ Una vecchina festeggia il Natale. Per la festa sono stati invitati anche i tre figli adottivi: uno è un playboy pieno di debiti, un altro un gangster con una taglia sulla testa, il terzo un cowboy che s'è cacciato nei guai per amore di una bella bionda. Ma a festeggiare la mammina saranno tutti puntuali. ■ COMMEDIA; B/N; 90′; USA, 1947.

TRE FILIBUSTIERI A PARIGI ★★
(Tres argentinos en Paris)
Regia di MANUEL ROMERO. Con IRMA CORDOBA, HUGO DEL CARRIL. ■ Tre giovanotti argentini che vivono a Parigi, dopo esser stati costretti a lasciare la patria in circostanze fortunose, progettano di derubare un milionario per tornare a casa ricchi e rispettati. Ma prima che essi passino all'azione, la vittima designata è derubata da un altro poveraccio che dei quattrini aveva proprio bisogno. I tre si addosseranno la colpa. ■ COMMEDIA; B/N; 93′; ARGENTINA, 1938.

TRE FRANCHI DI PIETÀ ★★
Regia di PAOLO SOLVAY. Con JOHN BRAUN, MAURICE HENDI, DAN STEFAND. ■ Protagonista è un girovago che ha ucciso accidentalmente un uomo che lo aveva aggredito. Scappa, inseguito dalla polizia, e si rifugia presso un pastorello che lo piglia in simpatia. Ma un giorno, durante l'assenza del suo piccolo protettore, il girovago è sorpreso dai poliziotti e si fa uccidere. ■ DRAMMATICO; B/N; 91′; ITALIA, 1970.

TRE FRATELLI ★★★★
Regia di FRANCESCO ROSI. Con VITTORIO MEZZOGIORNO, PHILIPPE NOIRET, MICHELE PLACIDO, CHARLES VANEL. ■ Tre fratelli (un magistrato, un maestro di scuola, un operaio) dopo molti anni si trovano in occasione del funerale della madre. L'incontro-scontro degli italiani di quattro generazioni (di settanta, di cinquanta, di quaranta e di trent'anni) serve a Rosi per un'analisi asciutta, non convenzionale sul malessere dell'Italia negli anni di piombo. ■ DRAMMATICO; COL.; 113′; ITALIA, 1981. ■ DAVID DI DONATELLO 5 PR, 5 NOM; OSCAR 1 NOM.

TRE FRATELLI IN GAMBA ★★
Regia di ALBERTO SALVI. Con GINO BIANCHI, GINA CADORE, RENATO CHIANTONI, UGO SASSO. ■ Un giovanotto lascia il paese per mettersi a fare l'attore di teatro. Durante una tournée incontra la fidanzata che aveva a sua volta lasciato il paese per mettersi a fare la ballerina. I due capiscono che non sono fatti per quella vita. Si sposano e tornano a casa. ■ COMMEDIA; B/N; 92′; ITALIA, 1939.

TRE FUORILEGGE, I *(The Three Outlaws)* ★★
Regia di SAM NEWFIELD. Con BRUCE BENNETT, NEVILLE BRAND, ALAN HALE JR. ■ Butch Cassidy e Sundance Kid, i superstiti del *Branco selvaggio*, scappano in Argentina quando la polizia li serra troppo da presso. Ma un detective dell'agenzia Pinkerton li bracca anche lì. Vengono uccisi dai poliziotti locali. ■ WESTERN; B/N; 77′; USA, 1956.

TRE FURFANTI, I *(Three Bad Men)* ★★★
Regia di JOHN FORD. Con OLIVE BORDEN, J. FARREL MCDONALD, GEORGE O'BRIEN. ■ 1876. Trovato l'oro in territorio Sioux, il governo americano assegna ai pellerossa altre riserve. Subito si scatena la corsa all'oro verso il Dakota. Si intrecciano le storie dei pionieri. Uno degli ultimi film di Ford del periodo muto. La carica epica del suo stile è ormai vicina a esplodere. ■ WESTERN; B/N; 93′; USA, 1926.

TRE FURFANTI, I *(Larceny Inc.)* ★★★
Regia di LLOYD BACON. Con BRODERICK CRAWFORD, ANTHONY

QUINN, EDWARD G. ROBINSON, JANE WYMAN. ■ Tre ex detenuti vogliono condurre una vita onesta e, per esaudire il loro desiderio, hanno bisogno di quattrini. Meditano quindi il colpo grosso ai danni di una banca. Ma l'attività commerciale che hanno intrapreso come copertura al colpo ha un imprevisto successo. I tre pensano quindi di rinunciare alla rapina. E un quarto ne approfitta. ■ GIALLO ROSA; B/N; 95′; USA, 1950.

TRE FUSTI, DUE BAMBOLE E UN TESORO ★★★
(Easy Come Easy Go)
Regia di JOHN RICH. Con ELSA LANCHESTER, ELVIS PRESLEY, JAMES WARD. ■ Un giovane ufficiale di marina, durante l'ultima missione prima del congedo, scopre il relitto di una goletta in fondo al mare. Appena tornato borghese, procede al recupero sperando di trovarvi un favoloso tesoro. Il tesoro c'è, ma è di piccola entità: un mucchio di monete di rame. Pazienza. Il tenente diverrà ricco come cantante nei night. ■ COMMEDIA; COL.; 95′; USA, 1967.

TRE GENDARMI A NEW YORK ★★★
(Le gendarme à New York)
Regia di JEAN GIRAULT. Con LOUIS DE FUNÈS, MICHEL GALABRU, JEAN LEFEBVRE. ■ Un maresciallo di polizia di Saint-Tropez si reca con alcuni colleghi a New York per un raduno dei pizzardoni di tutto il mondo. Nonostante la sua proibizione, la figliola adolescente lo segue nella metropoli americana, facendogli passare una serie di indescrivibili guai. ■ COMMEDIA; B/N; 90′; FRANCIA, 1965.

TRE GIORNI D'ANARCHIA ★★
Regia di VITO ZAGARRIO. Con GAETANO ARONICA, RENATO CARPENTIERI, DAVID COCO, MARICA COCO, GIACINTO FERRO, ROBERT HUNDAR, SALVATORE LAZZARO, ENRICO LO VERSO, TIZIANA LODATO, ROSA PIANETA, DINO SANTORO. ■ Sicilia, 1943. Giuseppe, soldato in licenza-premio per la laurea, torna al suo paese. Qui ritrova la famiglia duramente colpita dal fascismo e dalla guerra, e i suoi amici di sempre. L'imminente arrivo degli americani genera un gran fermento nella popolazione. Molti vorrebbero che Giuseppe prendesse in mano la situazione, ma lui non ha proprio voglia di combattere ancora, e poi c'è una magnifica distrazione: due donne che si interessano a lui. Durante i tre giorni d'anarchia, Giuseppe rivedrà, parzialmente, le sue idee. ■ DRAMMATICO; COL.; 100′; ITALIA, 2004.

TRE GIORNI DEL CONDOR, I ★★★
(Three Days of the Condor)
Regia di SYDNEY POLLACK. Con FAYE DUNAWAY, ROBERT REDFORD, CLIFF ROBERTSON, MAX VON SYDOW. ■ Tutti coloro che lavorano in un reparto della Cia vengono misteriosamente uccisi. L'unico scampato per caso al massacro (il suo nome in codice è "Condor") è naturalmente in gravissimo pericolo. Riesce però a salvarsi (almeno per il momento) e a scoprire che alla testa del complotto ci sono proprio uomini della Cia, allarmati per una pericolosa fuga di notizie riguardanti l'attività dei servizi segreti statunitensi in Sudamerica, scatenata inconsapevolmente dal "Condor" stesso. ■ DRAMMATICO; COL.; 117′; USA, 1975. ■ DAVID DI DONATELLO 1 PR, 1 NOM; GOLDEN GLOBES 1 NOM; OSCAR 1 NOM.

TRE GIORNI DI FUOCO *(The Long Red Shadow)* ★★
Regia di PERCIVAL RUBENS. Con DESMOND JONES, RUTH LEVANTHAL. ■ In Sudafrica una fattoria è continuamente presa d'assalto da un gruppo di predatori neri. Nonostante tutto però una ragazza, l'unica superstite, è ben decisa a tenere duro, benché tutti la esortino a vendere e tornarsene in Inghilterra. La fanciulla scopre poi che chi architetta tutto nell'ombra è un altro possidente che vuol estendere il suo dominio su tutto il territorio. ■ AVVENTURA; COL.; 94′; SUDAFRICA, 1977.

TRE GIORNI DI GLORIA *(Uncertain Glory)* ★★★
Regia di RAOUL WALSH. Con FAYE EMERSON, ERROL FLYNN, PAUL LUKAS, JEAN SULLIVAN. ■ Nella Francia occupata dai nazisti, un famoso ladro evade. Un poliziotto gli dà la caccia e lo riprende. I due capitano però in mezzo a una feroce rappresaglia ordinata dai tedeschi in risposta all'uccisione in un attentato di dieci soldati germanici. Il ladro si consegnerà ai nazi rivendicando l'attentato (e salvando la vita a cento ostaggi già al muro). ■ GUERRA; B/N; 102′; USA, 1943.

TRE GIORNI PER LA VERITÀ *(The Crossing Guard)* ★★★
Regia di SEAN PENN. Con ANJELICA HUSTON, PIPER LAURIE, DAVID MORSE, JACK NICHOLSON. ■ Nicholson è il padre, la Huston la madre. La loro bambina di sette anni è stata travolta da un giovane che guidava ubriaco. La famiglia si è sfasciata, la donna si è risposata e si è portata via gli altri due figli. Il padre è un uomo distrutto, che vive solo in attesa che "l'assassino" della figlia esca di prigione per ucciderlo. Ci prova ma la pistola si inceppa, allora concede all'altro ancora tre giorni di vita. Quando si ripresenta, il giovane, a sua volta distrutto dal rimorso, fugge. Corrono a lungo attraverso la città finché si ritrovano al cimitero, sopra la lapide della bambina che il padre non aveva mai visto. Commosso Nicholson rinuncia a uccidere. I due si danno la mano piangenti. A parte l'eccesso di sentimento nella scena madre finale, comunque commovente, Penn dirige rigorosamente e Nicholson (molto dimagrito) accentua il suo storico personaggio di "maledetto". ■ DRAMMATICO; COL.; 110′; USA, 1996. ■ GOLDEN GLOBES 1 NOM.

TRE GOCCE DI SANGUE PER UNA ROSA ★
(La rose écorchée)
Regia di CLAUDE MULOT. Con ANNIE DUFEREY, PHILIPPE LEMAIRE, ELISABETH TEISSIER. ■ Ammazzamenti a catena: alla fine l'unico superstite è il regista. Peccato! ■ HORROR; COL.; 91′; FRANCIA, 1972.

TREGUA, LA ★★★★
Regia di FRANCESCO ROSI. Con CLAUDIO BISIO, MASSIMO GHINI, RADE SERBEDZIJA, JOHN TURTURRO. ■ Quattro soldati a cavallo dell'Armata Rossa giungono ad Auschwitz ricoperta di neve ed abbandonata dai nazisti in fuga e ai loro occhi appare uno spettacolo sconvolgente: centinaia di poveri esseri umani ridotti a larve, che si aggirano smarriti tra i reticolati. Inizia così *La tregua*, il bel film di Francesco Rosi tratto dal celebre romanzo di Primo Levi con John Turturro, nei panni del romanziere, che racconta il lungo viaggio di ritorno da Auschwitz all'Italia di un gruppo di italiani scampati ai forni crematori, superstiti, affamati e spinti dal desiderio irresistibile di rientrare nelle loro case. Il viaggio, cominciato il 27 gennaio 1945, si concluderà il 19 ottobre a Torino, dopo l'attraversamento di Polonia, Romania, Ungheria, Austria e Germania. Questa coproduzione, costata venti miliardi, è diretta con mano sicura da Rosi che riesce a coniugare la poesia del libro di Levi con le esigenze dello spettacolo cinematografico, grazie anche alla partecipazione di uno stuolo di attori di valore. Su tutti spicca John Turturro, un Primo Levi silenzioso e attonito di fronte ad una delle più grandi tragedie dell'umanità. ■ DRAMMATICO; COL.; 126′; FRANCIA, GERMANIA, ITALIA, SVIZZERA, 1997.

TRE GUERRIERI, I *(Three Warriors)* ★★
Regia di KIETH MERRILL. Con RANDY QUAID, MCKEE REDWING, CHARLES WHITE EAGLE. ■ Un ragazzo indiano di tredici anni, ormai abituato alla vita della città, viene più o meno costretto dai genitori a passare l'estate con il vecchio nonno sulle montagne dell'Oregon. Dapprima perplesso e scontento, il ragazzino finisce per appassionarsi alla vita dei boschi. Assieme al nonno correrà una bella avventura, combattendo un gruppo di bracconieri. ■ WESTERN; COL.; 93′; USA, 1977.

TRE IMPLACABILI, I *(Tres hombres buenos)* ★★
Regia di JOAQUÍN LUIS ROMERO MARCHENT. Con GEOFFREY HORNE, ROBERT HUNDAR, FERNANDO SANCHO. ■ Massacrano la famiglia di un *ranchero*. Costui giura vendetta e, accompagnato da due pistoleri, si mette alla caccia degli assassini. Alla fine li trova e salda il conto. ■ WESTERN; COL.; 95′; ITALIA, SPAGNA, 1964.

TRE INDIVIDUI TANTO ODIO *(No Exit)* ★★
Regia di TAD DANIELEWSKI. Con RITA GAM, VIVECA LINDFORS, BEN PIAZZA, MORGAN STERNE. ■ Dal lavoro teatrale *A porte chiuse* di Jean-Paul Sartre. In uno strano albergo tre strani ospiti (un losco giornalista, una lesbica, un'infanticida) parlano, parlano e si dilaniano a vicenda. In realtà l'albergo è l'inferno e i tre dannati persone giustiziate per i loro delitti. ■ DRAMMATICO; B/N; 87′; USA, 1962. ■ BERLINO 1 PR.

TRE INSEPARABILI, I *(One Down, Two to Go)* ★★
Regia di FRED WILLIAMSON. Con JIM BROWN, RICHARD ROUNDTREE, FRED WILLIAMSON. ■ Williamson, Brown e Jim Kelly, che già avevano avuto un discreto successo qualche anno prima in *Dinamite, agguato e pistola* (ma allora c'era il boom dei film con attori neri), cercano di catturare la rinomanza perduta con questo filmetto d'avventure ispirato alle loro gesta di un tempo. Naturalmente, la voga è passata senza rimedio. I tre superfusti cioccolato qui vanno in soccorso di un loro vecchio amico, un organizzatore di tornei di kung-fu, messo fuori gioco da una banda di gangster che ha assunto il controllo delle competizioni. ■ AVVENTURA; COL.; 92'; USA, 1982.

TREKKING ★★
Regia di PHILIPPE HAREL. Con PHILIPPE HAREL, GERALDINE PAILHAS, BENOIT POELVOORDE, KARIN VIARD. ■ Sono in cinque, tre uomini e due donne. Girano per la Corsica fra boschi, monti e fiumi. Il piacere ecologico è faticoso e difficile. Satira contro il mito del "lascio la città". Il trekking è peggio. Tanti dialoghi per un film leggero ma non banale. ■ COMMEDIA; COL.; 95'; FRANCIA, 1997.

TRE LADRI, I ★★
Regia di LIONELLO DE FELICE. Con GINO BRAMIERI, JEAN-CLAUDE PASCAL, GIOVANNA RALLI, SIMONE SIMON, TOTÒ. ■ Un ladro in guanti gialli e un borsaiolo s'incontrano in casa di un ricco uomo d'affari dove entrambi si sono recati per scopi poco puliti. Ma nemmeno il riccone è tanto a posto. I tre finiranno per mettersi in società. ■ GIALLO ROSA; B/N; 91'; FRANCIA, ITALIA, 1954.

TRE MAGNIFICHE CANAGLIE *(Savage Sisters)* ★
Regia di EDDIE ROMERO. Con JOHN ASHLEY, CHERI CAFFARO, GLORIA HENDRY. ■ Tre ragazze, una bionda, una nera e una gialla, sono coinvolte nella sanguinosa lotta che nelle Filippine s'è ingaggiata tra ribelli e forze governative. Ma non c'è solo in ballo la lotta per il potere. Un milione di dollari è stato rubato e qualcuno accusa le belle ragazze. ■ AVVENTURA; COL.; 93'; FILIPPINE, 1974.

TRE MAGNIFICI DEL KARATE, I *(The Escaper)* ★
Regia di LITSO NAN. Con HUNG CHAO HSIUNG, KAU TAK YIN. ■ Tre fratelli terribili lottano con una banda di cattivi. C'è di mezzo un favoloso tesoro. Naturalmente i fratelli hanno la meglio: tutti i malvagi vengono uccisi. ■ AVVENTURA; COL.; 91'; HONG KONG, 1973.

TRE MANIERE D'AMARE *(Three Wise Girls)* ★★★
Regia di WILLIAM BEAUDINE. Con MAE CLARKE, ANDY DEVINE, JEAN HARLOW, MARIE PRÉVOST. ■ Tre ragazze di provincia vengono a cercare fortuna a New York. Non tutte la trovano, ma tutte acquistano saggezza e maturità. ■ COMMEDIA; B/N; 80'; USA, 1932.

TRE MARMITTONI *(The Three Stooges)* ★★
Regia di BOBBY FARRELLY, PETER FARRELLY. Con CHRIS DIAMANTOPOULOS, SEAN HAYES, JANE LYNCH, WILL SASSO, SOFIA VERGARA. ■ Abbandonati in un orfanotrofio condotto da suore, Moe, Larry e Curly crescono insieme creando qualche problema alle religiose a cui non dispiacerebbe disfarsene. Divenuti adulti, i tre vivono ancora nell'istituto il giorno in cui le suore ricevono dalla Curia la comunicazione che l'orfanotrofio deve chiudere per mancanza di fondi. I tre si dichiarano pronti ad affrontare il mondo esterno per raccogliere il denaro sufficiente alla sopravvivenza dell'istituto. ■ COMMEDIA; COL.; 92'; USA, 2012.

3MSC – TRE METRI SOPRA IL CIELO ★★
Regia di LUCA LUCINI. Con MARIA CHIARA AUGENTI, IVAN BACCHI, GIULIA GORIETTI, MAURO MECONI, KATY LOUISE SAUNDERS, RICCARDO SCAMARCIO. ■ Tratto dal romanzo di Federico Moccia. Come innamorarsi a diciotto anni e perdere ogni coordinata spazio-temporale fino a ritrovarsi a... tre metri sopra il cielo, appunto. Lo racconta il regista nel suo film diventato un culto per i teenager. Così come lo era stato il libro. Babi, diciottenne, borghese e maturanda, incontra Step, diciannovenne, teppista e fascinoso ed è amore, al di là dei contrasti sociali e dei tormenti familiari. Nulla da beatificare. ■ SENTIMENTALE; COL.; 101'; ITALIA, 2003.

TRE MINUTI DI TEMPO *(The Man Upstairs)* ★★
Regia di DON CHAFFEY. Con DOROTHY ALISON, RICHARD ATTENBOROUGH, DONALD HOUSTON. ■ Un condominio è in agitazione quando un tale che abita all'ultimo piano esplode e butta un poliziotto giù dalle scale. La polizia esita a intervenire perché l'uomo minaccia di suicidarsi (si viene a sapere che si colpevolizza per la morte di un collega). Alla fine una signora del palazzo, usando molta dolcezza e comprensione, persuade il disgraziato ad arrendersi. ■ DRAMMATICO; B/N; 84'; GRAN BRETAGNA, 1958.

TRE MOGLI ★★★
Regia di MARCO RISI. Con FRANCESCA D'ALOJA, IAIA FORTE, MARIA ROSARIA FORTE, CLAUDIO GREGORI, SILKE KLEIN, LOLES LEÓN, JUAN PALOMINO. ■ Beatrice è moglie del direttore di una filiale di banca, Bianca del capo cassiere e Billie della guardia giurata. La notte di capodanno si trovano abbandonate dai rispettivi mariti che hanno fatto il colpo della loro vita. Hanno sottratto nove miliardi e sono scomparsi. Un anno dopo le tre donne hanno trovato un loro assestamento, quando compare un'esile traccia: i tre sarebbero stati visti in Argentina. Le donne partono separatamente (ma si incontreranno già sull'aereo) seguite, ovviamente a loro insaputa, da un poliziotto che vuole arrivare ai coniugi. In Argentina avranno modo di fare ognuna una scoperta che cambierà profondamente il loro modo di vedere la vita coniugale. Non per questo rinunceranno alla ricerca anche se... Risi torna a più limitati propositi rispetto a *L'ultimo capodanno*, abbandona i toni sopra le righe e il grottesco e lavora con tre attrici a cui chiede di offrire parte di se stesse ai reciproci personaggi. La Forte è solare e ingenua quanto basta, la D'Aloja altezzosa e distaccata e Silke, grezza al punto giusto. Ne esce un film piacevole ma privo di particolari. Le tre stelle vanno più alle attrici che al regista. ■ COMMEDIA; COL.; 90'; ITALIA, 2001.

TRE MOGLI DI NORMAN, LE ★★
(The Man with Three Wives)
Regia di PETER LEVIN. Con BEAU BRIDGES, ANN JILLIAN. ■ Un chirurgo vive contemporaneamente con tre mogli ignare. Fino a che una delle tre scopre tutto. Girato per la televisione. ■ DRAMMATICO; COL.; 90'; USA, 1995.

TRE MOGLI DI PAPÀ, LE *(La chaleur du sein)* ★★★
Regia di JEAN BOYER. Con ARLETTY, GABRIELLE DORZIAT, JEANNE LION, JEAN PAQUI, FRANÇOIS PÉRIER, MICHEL SIMON. ■ Un ragazzo, persa la madre al momento della nascita, è stato allevato dalle donne che successivamente hanno sposato il padre. Le tre "mamme" gli verranno in soccorso in un momento di sconforto e convinceranno il padre ad occuparsi del ragazzo con un po' più di affetto. ■ COMMEDIA; B/N; 91'; FRANCIA, 1938.

TREMORS ★★
Regia di RON UNDERWOOD. Con KEVIN BACON, FINN CARTER, FRED WARD. ■ Un film che concilia l'orrore con il catastrofico. Siamo in un tranquillo, per modo di dire, paesino del Nevada e strani tentacoli a forma di serpenti spuntano dal terreno devastando e uccidendo. Al loro confronto i grossi vermi di *Dune* sono innocui. La prima parte del film ha una certa efficacia, ma col passare del tempo la ripetitività nuoce allo sviluppo della trama. Ottimi gli effetti speciali anche perché sono realizzati alla luce del sole e risultano più realistici. ■ HORROR; COL.; 98'; USA, 1989.

TRE MORSI NELLA MELA *(Three Bites of the Apple)* ★★
Regia di ALVIN GANZER. Con ALDO FABRIZI, SYLVA KOSCINA, DAVID MCCALLUM, DOMENICO MODUGNO. ■ Un ingenuo giovanotto inglese, di professione guida turistica, si fa abbindolare da una fatalona, che lo coinvolge anche in un traffico di gioielli falsi. Il giovane perde il lavoro e i soldi, ma almeno i quattrini gli ritorneranno per mano della fatalona pentita. ■ COMMEDIA; COL.; 105'; USA, 1967.

TRE MORTI DEL SERGENTE CAINE, LE ★★★
(Strangers at Sunrise)
Regia di PERCIVAL RUBENS. Con DEAN MARTIN, GEORGE MONTGOMERY, BRIAN O'SHAUGHNESSY, TROMP TERREBLANCHE. ■ Siamo in Sudafrica al tempo della guerra dei Boeri: un ingegnere americano viene accusato di sabotaggio e condannato a morte. Fugge e ripara nella fattoria di un suo amico che è morto. Qui vi-

vono i familiari del defunto. Ben presto arrivano tre disertori inglesi (fra cui il sergente Caine) che, presa in ostaggio la famiglia, ne uccidono anche due membri. L'americano per un po' subisce, alla fine affronta i tre disertori e li fa fuori. ■ AVVENTURA; COL.; 99'; GRAN BRETAGNA, 1972.

TRE MORTI PER GIULIO *(Carambolages)* ★★★
Regia di MARCEL BLUWAL. Con JEAN-CLAUDE BRIALY, SOPHIE DAUMIER, LOUIS DE FUNÈS, MICHEL SERRAULT. ■ Il giovane impiegato di un'agenzia turistica pur di essere nominato direttore è disposto a far carte false e magari a camminare sopra a qualche cadavere. Difatti con le sue subdole manovre fa schiattare ad uno ad uno i suoi superiori. Diventando finalmente il capo, ignora che un giovanottello, fatto del suo stesso stampo, sta tramando contro di lui gli stessi giochetti. ■ COMMEDIA; B/N; 90'; FRANCIA, 1963.

TRE MOSCHETTIERE, LE ★★
(Las tres alegres comares)
Regia di TITO DAVISON. Con AMALIA AGUILAR, LILIA DEL VALLE, LILIA PRADO. ■ Tre baldanzose ragazze vogliono far carriera come ballerine. Per seguire il successo, abbandonano anche i fidanzati. Il successo, anche se raggiunto, sfuma. Meglio far le casalinghe. ■ COMMEDIA; B/N; 92'; MESSICO, 1952.

TRE MOSCHETTIERI, I *(The Three Musketeers)* ★★
Regia di ROWLAND V. LEE. Con WALTER ABEL, MARGOT GRAHAME, PAUL LUKAS, MORONI OLSEN. ■ La più vecchia delle versioni sonore del romanzo di Dumas. ■ AVVENTURA; B/N; 90'; USA, 1935.

TRE MOSCHETTIERI, I *(The Three Musketeers)* ★★★★★
Regia di GEORGE SIDNEY. Con JUNE ALLYSON, VAN HEFLIN, GENE KELLY, ANGELA LANSBURY, VINCENT PRICE, LANA TURNER, KEENAN WYNN, GIG YOUNG. ■ È forse la più famosa storia d'avventura del mondo insieme a *Robin Hood*, e naturalmente il cinema ne ha preso più volte possesso. Fra tutte le edizioni questa è la più preziosa e importante, tradizionale: nessun D'Artagnan è stato all'altezza di Gene Kelly, nessuna Milady lo è stata di Lana Turner e così via. D'Artagnan lascia il suo villaggio col sogno di diventare moschettiere del re. Ambizioso, esuberante e litigioso (del resto è il più classico dei guasconi), incontra senza saperlo proprio i moschettieri più famosi e li sfida a duello in virtù di una sua particolare idea sull'onore. Quando al loro fianco si batte contro le guardie del perfido cardinale Richelieu, viene adottato dai tre eroi. Il cardinale intriga contro i sovrani con l'aiuto della terribile Milady. I moschettieri, con eroismi fra Parigi, Calais e l'Inghilterra riescono a sventare i suoi ignobili progetti. E Milady, che tanto aveva fatto soffrire Athos, viene giustiziata. Si trattava di un classico prodotto della Metro Goldwyn Mayer, accurato, competente e soprattutto divertente. Affidato alla regia di George Sidney, specialista di musical, il film si vale di una struttura armoniosa nei tempi e nell'equilibrio dei caratteri: a Kelly, esuberante e irresistibile, si contrappone Heflin, un po' drammatico; per una Lana Turner, cupa e maledetta, c'è Morgan, che fa un re maldestro e simpatico che quasi sembra uscire da un film musicale. Successivamente, come detto, il grande romanzo di Dumas ha ispirato altri film. Ricordiamo la versione dell'inglese Richard Lester, regista legato alla pratica della smitizzazione. Convinto com'è che gli eroi siano improbabili e noiosi e che i vigliacchi e i cialtroni debbano essere i veri protagonisti, Lester ha capovolto tutto, tramandandoci una versione inutile e inopportuna. Fortuna che Lester passa e... Kelly rimane. Una menzione per il più recente *Tre moschettieri*, realizzato dalla Disney, edizione dimenticabile, con attori inadeguati. I veri moschettieri sono quelli della MGM, del 1948. ■ AVVENTURA; COL.; 125'; USA, 1948. ■ OSCAR 1 NOM.

TRE MOSCHETTIERI, I *(Les trois mousquetaires)* ★★★
Regia di BERNARD BORDERIE. Con GÉRARD BARRAY, MYLÈNE DEMONGEOT, GEORGES DESCRIÈRES, JACQUES TOYA. ■ Trasposizione molto fastosa (regista è Borderie della serie *Angelica*) del romanzo di Alessandro Dumas. ■ AVVENTURA; COL.; 140'; FRANCIA, 1960.

TRE MOSCHETTIERI, I *(The Three Musketeers)* ★★★
Regia di RICHARD LESTER. Con RICHARD CHAMBERLAIN, GERALDINE CHAPLIN, FAYE DUNAWAY, FRANK FINLAY, CHRISTOPHER LEE, OLIVER REED, RAQUEL WELCH. ■ Le avventure dei tre moschettieri, più D'Artagnan, alle prese col terribile cardinale Richelieu. ■ AVVENTURA; COL.; 107'; PANAMA, 1973. ■ GOLDEN GLOBES 1 PR, 2 NOM.

TRE MOSCHETTIERI, I *(The Three Musketeers)* ★★
Regia di STEPHEN HEREK. Con TIM CURRY, REBECCA DE MORNAY, JULIE DELPY, CHRIS O'DONNELL, CHARLIE SHEEN, KIEFER SUTHERLAND. ■ La Walt Disney ha deciso di riproporre la celebre storia di Dumas con dei giovani attori. In evidenza la coppia di star Sheen-Sutherland, ma i risultati sono deludenti. La storia originale, inoltre, è rimaneggiata. ■ AVVENTURA; COL.; 105'; USA, 1993.

TRE MOSCHETTIERI, I *(The Three Musketeers)* ★★
Regia di PAUL W.S. ANDRESON. Con LUKE EVANS, MILLA JOVOVICH, LOGAN LERMAN, MATTHEW MACFAYDEN. ■ Nella Francia del Seicento tre moschettieri e un ragazzo di Guascogna compiono una missione per recuperare una collana in terra inglese. L'oggetto trafugato dalle stanze della regina dalla spia doppiogiochista Milady potrebbe essere usato infatti come ingannevole prova di una relazione tra la sposa del re di Francia e la casa inglese, scatenando una guerra tra le due nazioni, proprio come vorrebbe il perfido cardinale Richelieu. Sulla scia del successo dello *Sherlock Holmes* di Guy Ritchie, anche il romanzo di Alexandre Dumas viene sottoposto a uno stravolgimento totale della trama, a partire dall'uso dei personaggi. L'esito però è di certo meno godibile dell'investigatore di Ritchie. ■ AVVENTURA; COL.; 102'; GERMANIA, 2011.

TRE MOSCHETTIERI DEL MISSOURI, I ★★
(Bad Men of Missouri)
Regia di RAY ENRIGHT. Con ARTHUR KENNEDY, DENNIS MORGAN, JANE WYMAN. ■ È la storia dei fratelli Younger, i celebri fuorilegge, compari di Jessie e Frank James. Naturalmente il film scusa quasi tutte le loro imprese criminose, addossando la colpa ai cattivi nordisti e agli avvoltoi della ferrovia. ■ WESTERN; B/N; 74'; USA, 1940.

TRE NEL MILLE ★★★
Regia di FRANCO INDOVINA. Con CARMELO BENE, GIANCARLO DETTORI, GABRIELLA GIORGELLI, FOLCO LULLI, FRANCO PARENTI. ■ Sta per arrivare l'1 gennaio dell'anno Mille che i profeti di sventura danno come giorno della fine del mondo. Un cavaliere e due vagabondi attraversano l'Italia fra avventure mirabolanti. Rischiano anche di finire sul rogo (e meno male che un acquazzone li salva). Arriva il Mille e non muore nessuno. Ma per il cavaliere, che s'è scoperto anche tradito dalla moglie, la vita errabonda sembra non aver mai termine. ■ AVVENTURA; COL.; 99'; ITALIA, 1971.

TRE NEMICI, I ★★
Regia di GIORGIO SIMONELLI. Con MARA BERNI, GINO BRAMIERI, RAIMONDO VIANELLO. ■ Dopo aver trafugato la formula di un nuovo esplosivo, il ladro la fa riprodurre, sotto forma di un tatuaggio, sulla natica di un corpacciuto impiegato (Bramieri, naturalmente) che così diventa subito l'obiettivo dei servizi segreti di tutto il mondo. ■ COMICO; B/N; 90'; ITALIA, 1962.

TRENINO NEL PIANETA FAVOLA, IL ★★
Regia di LUCIANO GREGORETTI, SERGIO MINUTI. ■ Un giovane disegnatore di cartoni animati, pressato dal suo direttore affinché realizzi qualcosa di originale, ricostruisce alcune celebri favole attraverso il viaggio interplanetario di un trenino, una favola per pianeta. ■ ANIMAZIONE; COL.; 92'; ITALIA, 1980.

TRENI STRETTAMENTE SORVEGLIATI ★★★
(Ostre sledované vlaky)
Regia di JIRÍ MENZEL. Con VÁCLAV NECKAR, JOSEF SOMR. ■ In Cecoslovacchia durante la guerra, un adolescente viene assunto come vice aiuto-capostazione. Nonostante i terribili avvenimenti, il ragazzo pensa più che altro all'amore. L'iniziazione sessuale avviene con una bella partigiana che sta preparando un sabotaggio. Trascinato dall'entusiasmo, il giovane partecipa all'azione. E muore nell'impresa. ■ DRAMMATICO; B/N; 88'; CECOSLOVACCHIA, 1966. ■ OSCAR 1 PR, 1 NOM.

TRENO, IL *(The Train)* ★★★
Regia di JOHN FRANKENHEIMER. Con BURT LANCASTER, JEANNE

MOREAU, PAUL SCOFIELD, MICHEL SIMON. ■ Nella Francia occupata dai nazisti, viaggia un treno che trasporta un tesoro in opere d'arte trafugato ai musei di Parigi. Il comandante tedesco è un raffinato esteta. Ma il macchinista è uno dei capi della Resistenza. Prima ostacola in ogni modo il viaggio, poi dirotta il treno. Finisce in un massacro: il comandante germanico fa una strage dei civili, ma il macchinista uccide lui a colpi di mitra. ■ GUERRA; B/N; 140'; USA, 1964. ■ OSCAR 1 NOM.

TRENO CROCIATO, IL ★★
Regia di CARLO CAMPOGALLIANI. Con ROSSANO BRAZZI, CESARE FANTONI, MARIA MERCADER. ■ Tra gli occupanti di un treno ospedale c'è un tenente ferito sul fronte russo. Ha con sé l'amante e un bambino nato dalla loro relazione. L'ufficiale affiderà entrambi alla madre durante una sosta del treno al suo paese natio. ■ DRAMMATICO; B/N; 93'; ITALIA, 1943.

TRENO DEI PAZZI, IL *(One Way to Love)* ★★
Regia di RAY ENRIGHT. Con MARGUERITE CHAPMAN, CHESTER MORRIS, WILLARD PARKER. ■ Due scrittori radiofonici a corto di idee decidono di traversare in treno l'America. Ottima idea. Durante il viaggio non solo troveranno personaggi e situazioni che offriranno spunti per i dieci anni a venire, ma avranno anche l'occasione per due simpatiche avventure sentimentali. ■ COMMEDIA; B/N; 92'; USA, 1945.

TRENO DELLA NOTTE, IL *(Pociag)* ★★
Regia di JERZY KAWALEROWICZ. Con ZBIGNIEW CYBULSKI, LUCYNA WINNICKA. ■ Casi tristi e meno tristi su un treno che corre nella notte da Varsavia a una località della costa. Ci sono gli sposini felici e i coniugi maturi e molto meno felici. C'è un assassino ricercato dalla polizia e un medico che si comporta stranamente, in seguito a uno shock. Il medico è scambiato per l'assassino ed è salvato grazie ad una donna con la quale ha stretto amicizia sul treno e che poi, essendo sposato, dovrà lasciare. ■ DRAMMATICO; B/N; 99'; POLONIA, 1959.

TRENO DELLE 21.15, IL ★★
Regia di AMLETO PALERMI. Con LAURA ADANI, ROMANO CALÒ, SANDRO RUFFINI. ■ Un treno dovrebbe fermarsi alla stazione di Crawford e invece prosegue a gran velocità. Il macchinista è stato assassinato; il poliziotto Kennel scoprirà il colpevole. ■ GIALLO; B/N; 92'; ITALIA, 1933.

TRENO DEL RITORNO, IL ★★
(The View from Pompey's Head)
Regia di PHILIP DUNNE. Con SIDNEY BLACKMER, CAMERON MITHCELL, MARJORIE RAMBEAU, DANA WINTER. ■ Un avvocato approfitta di un viaggio d'affari per rivedere i luoghi della giovinezza. Ritrova anche il primo amore, un'aristocratica fanciulla ora sposata a un miliardario cafone. La passione riprende, ma i rispettivi legami (l'avvocato ha moglie e figli, la donna non si sente di abbandonare la posizione sociale raggiunta) lo allontaneranno di nuovo. ■ DRAMMATICO; COL.; 97'; USA, 1955.

TRENO DEL SABATO, IL ★★
Regia di VITTORIO SALA. Con GIANNA MARIA CANALE, UMBERTO D'ORSI, GEORGIA MOLL. ■ Ne capitano di tutti i colori ai mariti che il sabato vanno a raggiungere le mogli in villeggiatura: meglio restare in città. ■ COMMEDIA; B/N; 91'; ITALIA, 1964.

TRENO DI LUSSO *(Solonwagen E 417)* ★★
Regia di PAUL VERHOEVEN. Con PAUL HÖRBIGER, MARIA NICKLISCH, KATHE VON NAGY. ■ È la storia di un principesco vagone ferroviario che ha viaggiato in tutta Europa ed è stato teatro di importanti avvenimenti e testimone di idilli prima di venir accolto in un museo. ■ AVVENTURA; B/N; 92'; GERMANIA, 1942.

TRENO DI NOTTE PER LISBONA ★★
(Night Train To Lisbon)
Regia di BILLE AUGUST. Con TOM COURTENAY, MARTINA GEDECK, JACK HUSTON, JEREMY IRONS, MÉLANIE LAURENT. ■ Come sempre il professor Raimund Gregorius si reca nella scuola di Berna dove insegna. Ma una mattina una ragazza è in procinto di buttarsi da un ponte ed è proprio Raimund a fermarla. La ragazza scappa, lasciando dietro di sé un libro e un biglietto ferroviario per Lisbona. Raimund, spinto dal bisogno di cambiamento, sale sul treno e, una volta in Portogallo, si mette sulle tracce dell'autore del libro, Amadeu de Prado, medico e membro della resistenza che si oppose al regime di Salazar. Con *Night train to Lisbon*, tratto dal romanzo di Pascal Mercier Bille, August realizza un film nel quale pesano le metafore spiegate ad alta voce (di fronte al treno in partenza o nello studio oculistico) e il ruolo passivo del protagonista. ■ DRAMMATICO; COL.; 111'; SVIZZERA, PORTOGALLO, GERMANIA, 2013.

TRENO DI PANNA ★★
Regia di ANDREA DE CARLO. Con CAROL ALT, CRISTINA MARSILLACH, SERGIO RUBINI. ■ Andra De Carlo trasferisce in immagini (senza particolare bravura) il suo libro omonimo. Protagonista è un giovanotto aspirante rock star che cerca di sfondare nientemeno che a New York. Va incontro all'inizio a una serie di fiere delusioni. Ma un giorno ha un colpo di fortuna: viene notato da un'attrice bella e famosa. ■ COMMEDIA; COL.; 112'; ITALIA, 1988.

TRENO È FERMO A BERLINO, UN ★★
(Verspätung in Marienborg – Le train de Berlin est arrêté)
Regia di ROLF HAEDRICH. Con NICOLE COURCEL, JOSÉ FERRER, SEAN FLYNN. ■ Nel tentativo di fuggire dalla Germania Est, un giovane prende posto su un treno militare americano diretto verso la Germania Ovest. Ma le autorità sovietiche, avvertite della presenza del clandestino, fermano il convoglio e pretendono di perquisirlo. Ha così inizio un braccio di ferro che coinvolge i diplomatici americani e russi. Alla fine, l'ufficiale che comanda il treno, messo alle strette dai suoi superiori, dovrà cedere e consegnare il fuggiasco. ■ DRAMMATICO; B/N; 93'; FRANCIA, GERMANIA, 1964.

TRENO FANTASMA, IL *(The Silver Streak)* ★★
Regia di TOMMY ATKINS. Con SALLY BLANE, CHARLES STARRETT. ■ Il presidente di una società ferroviaria è scettico di fronte al progetto di un giovane ingegnere per un treno ultraveloce. Questi trova però finanziamenti presso un industriale e, grazie al suo nuovissimo treno, riesce a salvare la vita al figlio del presidente, gravemente malato. ■ COMMEDIA; B/N; 90'; USA, 1938.

TRENO FANTASMA, IL *(The Ghost Train)* ★★
Regia di WALTER FORDE. Con ARTHUR ASKEY, KATHLEEN HARRISON, PETER MURRAY. ■ I viaggiatori di un treno perdono una coincidenza e sono costretti a pernottare in una lugubre stazioncina. Qui conoscono la storia di un terribile treno fantasma la cui vista uccide sul colpo ogni forestiero. Non ci credono, ma il treno c'è davvero (anche se si tratta di una messinscena). ■ AVVENTURA; B/N; 85'; GRAN BRETAGNA, 1944.

TRENO FERMA A BERLINO, IL *(Berlin Express)* ★★★
Regia di JACQUES TOURNEUR. Con CHARLES KORVIN, PAUL LUKAS, MERLE OBERON, ROBERT RYAN. ■ È un film parecchio imbarazzante politicamente: fu fatto subito dopo la guerra, inneggia nel finale all'amicizia fra Usa e Urss. L'azione si svolge in massima parte su un treno che attraversa la Germania. A bordo, fra gli altri, c'è un professore tedesco pacifista che viene rapito da una banda di neonazisti. Ma un giovane americano, innamorato della segretaria del professore, riesce a liberarlo. ■ DRAMMATICO; B/N; 86'; USA, 1948.

TRENO PER DURANGO, UN ★★
Regia di MARIO CAIANO. Con DOMINIQUE BOSCHERO, MARK DAMON, ANTHONY STEFFEN. ■ Sulle tracce di una banda di gangster che ha assaltato un treno e trafugato una cassaforte, due *pistoleros*, un americano ed un messicano, incontrano a più riprese uno strano individuo, che compare nelle situazioni più critiche della "caccia" e li leva molte volte dai guai. Raggiunta finalmente la bramata cassaforte, i due se la vedono confiscata dal misterioso angelo custode, un falso capitano dell'esercito. ■ WESTERN; COL.; 93'; ITALIA, 1968.

TRENO PER IL DARJEELING, IL ★★★
(The Darjeeling Limited)
Regia di WES ANDERSON. Con ADRIEN BRODY, ANJELICA HUSTON, AMARA KARAN, IRRFAN KHAN, BILL MURRAY, NATALIE PORTMAN, CAMILLA RUTHERFORD, JASON SCHWARTZMAN, OWEN WILSON. ■ India. Un malinconico uomo di mezza età scende frettolosamente da un taxi e insegue un treno in partenza. Durante

la corsa si accosta a lui un individuo allampanato, più giovane, che gli lancia un'occhiata fugace e lo supera riuscendo a salire al volo sul treno. Da questa pittoresca corsa al *ralenti* inizia il viaggio del "Darjeeling Limited", lo sgangherato convoglio che ospita i tre fratelli Whitman durante il loro tragicomico viaggio indiano. Dopo uno sguardo di rammarico verso l'uomo rimasto a terra, Peter, fuggito di casa un mese prima della nascita di suo figlio, raggiunge i due fratelli in un colorato scompartimento, dopo un anno di silenzio seguito alla morte del padre. Francis, il maggiore, è la mente che ha ideato il viaggio dopo un brutto ma illuminante incidente stradale di cui porta ancora i segni sul corpo mentre Jack, il minore, è un buffo aspirante scrittore col cuore a pezzi. Un viaggio in un'India colorata e pittoresca, autentica (drammatica perfino) e surreale al tempo stesso, si trasforma nell'ennesimo confronto familiare all'interno del cinema di Wes Anderson. ■ COMMEDIA DRAMMATICA; COL.; 91'; USA, 2007.

TRENO PER L'INFERNO, UN *(Train d'enfer)* ★

Regia di ROGER HAMIN. Con ROGER HAMIN, GERARD KLEIN, XAVIER MALY, CHRISTINE PASCAL. ■ Tre giovani di razza bianca malmenano un arabo di sera, su un treno, e lo uccidono gettandolo dal finestrino. Le indagini portano alla scoperta di un'organizzazione neonazista che mira ad un golpe in Francia. ■ DRAMMATICO; COL.; 88'; FRANCIA, 1984.

TRENO PIÙ PAZZO DEL MONDO, IL ★★

(Finder Keepers)

Regia di RICHARD LESTER. Con BEVERLY D'ANGELO, MICHAEL O'KEEFE, DAVID WAYNE. ■ Su un treno che va da Oakland a New York viaggiano tra gli altri anche un'attricetta nevrotica, un imbroglione e un giovanotto bonaccione. Ma viaggia anche una cassa da morto che racchiude un malloppo di cinque milioni di dollari. A turno i tre si accorgono dell'esistenza del favoloso grisbi. Chi ne approfitterà? ■ COMMEDIA; COL.; 96'; USA, 1984.

TRENO POPOLARE ★★★

Regia di RAFFAELLO MATARAZZO. Con MARIA DENIS, LINA GENNARI, MARCELLO SPADA. ■ Il primo film di Matarazzo, re del melodramma all'italiana. Il treno Roma-Orvieto è pieno di personaggi. Si assiste alle loro piccole storie. La musica è di Nino Rota. ■ DRAMMATICO; B/N; 65'; ITALIA, 1933.

TRENO SCOMPARSO, IL *(Kate Plusten)* ★★

Regia di REGINALD DENHAM. Con FELIX AYLMER, JACK HULBERT, GENEVIÈVE TOBIN. ■ La bella boss di una banda di ladri è la spina nel cuore di un ispettore di polizia che vorrebbe convincerla a cambiare vita. Quando, dopo una rapina ad un treno carico d'oro, la gang si ribella alla fanciulla, questa decide di passare dalla parte della legge; si sposerà anche il commissario. ■ POLIZIESCO; B/N; 91'; GRAN BRETAGNA, 1939.

TRE NOTTI D'AMORE ★★★

Regia di RENATO CASTELLANI, LUIGI COMENCINI, FRANCO ROSSI. Con ENRICO MARIA SALERNO, CATHERINE SPAAK. ■ Film a episodi, al servizio di Catherine Spaak. ■ COMMEDIA; COL.; 110'; ITALIA, 1964.

TRE NOTTI DI EVA, LE *(The Birds and the Bees)* ★★

Regia di NORMAN TAUROG. Con MITZI GAYNOR, GEORGE GOBEL, DAVID NIVEN. ■ Un'avventuriera cerca di sedurre un sempliciotto, figlio di un milionario. Ci riesce, ma dopo il matrimonio lo pianta. Ritorna poi alla carica e lo riconquista. ■ COMMEDIA; COL.; 94'; USA, 1956.

TRE NOTTI VIOLENTE ★★

Regia di NICK NOSTRO. Con PEPE CALVO, BRETT HALSEY, MARGARET LEE. ■ Una ragazza viene rapita e uccisa. L'ex fidanzato fa vendetta. ■ DRAMMATICO; COL.; 90'; ITALIA, 1967.

30 ANNI IN UN SECONDO *(13 Going On 30)* ★★

Regia di GARY WINICK. Con CHRISTA B. ALLEN, KATHY BAKER, JENNIFER GARNER, JUDY GREER, PHIL REEVES, MARK RUFFALO, ANDY SERKIS. ■ Il film si richiama a *Big* con Jennifer Garner al posto di Tom Hanks. Rispetto a quel titolo, la protagonista non si crea una carriera apposta, ma si limita a modificare quella che ha già. I meccanismi comici non puntano tanto sugli equivoci dovuti a un animo di teenager nel corpo (e che corpo!) di una giovane donna adulta, quanto sul drastico cambiamento che la protagonista deve esercitare su stessa e sul mondo che la circonda per sopravvivere. ■ COMMEDIA; COL.; 98'; USA, 2004.

32 DICEMBRE ★★

Regia di LUCIANO DE CRESCENZO. Con CATERINA BORATTO, ENZO CANNAVALE, MASSIMO SERATO. ■ Tre episodi: una sessantenne non doma si concede una vacanza romantica a spese della famiglia; un tale che la moglie crede pazzo racconta a uno psichiatra che la pazza è la moglie. Infine un povero diavolo è messo in prigione per aver sparato abusivamente fuochi artificiali la notte di Capodanno. ■ COMMEDIA; COL.; 101'; ITALIA, 1987.

32 PICCOLI FILM SU GLENN GOULD ★★★

(Thirty-two Short Films about Glenn Gould)

Regia di FRANÇOIS GIRARD. Con COLM FEORE. ■ Molto originale e particolare questa strana biografia sul pianista americano, molto famoso fra gli appassionati di musica classica. Sono trentadue cortometraggi che come flash fotografici ci restituiscono tanti piccoli pezzi di un puzzle. Ci sono le fasi della vita e della carriera di Gould ricostruite dal regista con aggiunta di interviste a persone che lo hanno conosciuto. Non si tratta però di documentario, ha piuttosto una vaga parentela con lo stile di Jarman in *Wittgenstein*. ■ BIOGRAFICO; COL.; 90'; CANADA, 1993.

32° GIRO D'ITALIA ★★

Regia di GIORGIO SIMONELLI. ■ La pellicola è una cronaca degli avvenimenti salienti della trentaduesima edizione della massima competizione ciclistica nazionale. Fino all'arrivo vittorioso di Coppi all'autodromo di Monza. ■ DOCUMENTARIO; B/N; 92'; ITALIA, 1949.

39 SCALINI, I *(The Thirty-Nine Steps)* ★★

Regia di RALPH THOMAS. Con FAITH BROOK, TAINA HELG, BARRY JONES, KENNETH MORE. ■ Rifacimento del *Club dei trentanove*. ■ SPIONAGGIO; COL.; 93'; GRAN BRETAGNA, 1958.

39 SCALINI, I *(The Thirty-Nine Steps)* ★★

Regia di DON SHARP. Con KAREN DOTRICE, ERIC PORTER, ROBERT POWELL, DAVID WARNER. ■ Terza trasposizione cinematografica del romanzo omonimo di John Buchan. ■ GIALLO; COL.; 102'; GRAN BRETAGNA, 1978.

39 SCALINI – IL CLUB DEI TRENTANOVE, I ★★★★

(The Thirty-Nine Steps)

Regia di ALFRED HITCHCOCK. Con MADELEINE CARROLL, ROBERT DONAT, LUCIE MANNHEIM, GODFREY TEARLE. ■ Uno dei film più belli e giustamente famosi del periodo inglese di Hitchcock. Una spia viene uccisa e nel suo delitto viene per caso coinvolto un giovanotto che in realtà non c'entra per niente; la sua fuga si protrarrà fino alla cattura dei veri colpevoli. ■ SPIONAGGIO; B/N; 81'; GRAN BRETAGNA, 1935.

TRENTA SECONDI D'AMORE ★★★

Regia di MARIO BONNARD. Con NINO BESOZZI, ELSA MERLINI, ENRICO VIARISIO. ■ Una bella signora investe con l'auto un passante. Costui non vuole nessun indennizzo. S'accontenta di un bacio della signora, ma lungo (mezzo minuto almeno) e appassionato. La donna trasecola. Poi acconsente. Ma lui, al dunque, rifiuta. Lei intanto s'è (forse) un po' innamorata. ■ COMMEDIA; B/N; 94'; ITALIA, 1938.

36 ORE ALL'INFERNO ★★

Regia di ROBERTO MONTERO BIANCHI. Con ALAIN GERARD, RICHARD HARRISON, PAMELA TUDOR. ■ Partiti in trentacinque, dei marine sono duramente impegnati in un'isola da un reparto di giapponesi, sopravvissuti ad un fittissimo bombardamento. Dopo trentasei ore di combattimento, i nipponici si arrendono. Ma gli americani sono rimasti in quattro. ■ GUERRA; COL.; 90'; ITALIA, 1969.

36 ORE DI MISTERO *(Thirty-Six Hours)* ★★

Regia di MONTGOMERY TULLY. Con ELSY ALBIN, DAN DURYEA, ANN GUDRUN. ■ Un pilota inglese chiede trentasei ore di licenza per incontrare la moglie che non vede da molto tempo. Quando giunge a casa, la donna è uccisa e lui viene accusato del delitto. Inseguito dalla polizia, con l'aiuto di una ragazza riesce a scoprire l'assassino prima della scadenza del permesso. ■ POLIZIESCO; B/N; 80'; USA, 1955.

36 QUAI DES ORFEVRES ★★★
Regia di OLIVIER MARCHAL. Con DANIEL AUTEUIL, GÉRARD DEPARDIEU, ANDRÉ DUSSOLLIER, DANIEL DUVAL, VALERIA GOLINO, FRANCIS RENAUD, ROSCHDY ZEM. ■ Premiato dal pubblico al Noir in Festival di Courmayeur. Il film presenta, assieme per la prima volta, tre nomi notissimi del cinema d'oltralpe: Depardieu, Auteuil e Dussollier, invischiati in una sordida storia di tradimenti e vendette all'ombra della centrale di polizia, con sede nella via citata nel titolo. I primi trenta minuti presentano sequenze "poliziottesche" davvero efficaci. Una volta esauritasi la forza dell'*incipit*, *36* cambia lentamente ed inesorabilmente faccia, diventando qualcosa di simile ad una tragedia shakespeariana, con la lotta a distanza tra i due protagonisti che si fronteggiano a forza di colpi bassi, entrando in una spirale di violenza e morte che lascerà ben pochi personaggi vivi sul campo. ■ POLIZIESCO; COL.; 110′; FRANCIA, 2004.

TRENTA WINCHESTER PER EL DIABLO ★★
Regia di GIANFRANCO BALDANELLO. Con CARL MÖHNER, ALESSANDRA PANARO, IVANO STACCIOLI. ■ Un agente federale sta dando la caccia a "El Diablo", un predone messicano. Il compito non è facile, perché il bandito ha per complice il figlio di uno sceriffo. Ma l'agente, facendogli balenare la possibilità di un colpo a un treno, riesce ad attirarlo in trappola e a ucciderlo. ■ WESTERN; COL.; 95′; ITALIA, 1965.

38° PARALLELO MISSIONE COMPIUTA ★★★
(Pork Shop Hill)
Regia di LEWIS MILESTONE. Con HARRY GUARDINO, GREGORY PECK, GEORGE PEPPARD, WOODY STRODE, RIP TORN. ■ Un tenente americano durante la guerra in Corea riceve l'incarico di occupare ad ogni costo la collina di Pork Shop. La missione non ha grande importanza strategica, serve solo per spostare il fronte mentre fervono le trattative diplomatiche fra i rappresentanti delle parti in lotta. Mentre i politicanti parlano, i soldati muoiono. Pork Shop è conquistata, ma a durissimo prezzo. ■ GUERRA; B/N; 97′; USA, 1958.

TRE ORE PER UCCIDERE *(Three Hours to Kill)* ★★
Regia di ALFRED L. WERKER. Con DANA ANDREWS, DIANNE FOSTER, DONNA REED, RICHARD WEBB. ■ In una città del West, un uomo è accusato di aver ucciso il fratello della propria fidanzata e rischia il linciaggio. Lui scappa fortunosamente e torna solo dopo molti anni a vendicarsi dei suoi persecutori e a scoprire il vero assassino. Ma non può riunirsi alla sua bella che nel frattempo ha sposato un altro. ■ WESTERN; COL.; 77′; USA, 1954.

TRE ORIUNDI CONTRO ERCOLE ★★
(The Three Stooges Meet Hercules)
Regia di EDWARD L. BERNDS. Con I TRE STOOGES, QUINN REDEKER, VICKI TRICKETT. ■ Portati da una macchina del tempo nell'antica Grecia, in mezzo alla guerra fra Ulisse ed Ercole, i tre decideranno le sorti del conflitto. ■ COMICO; COL.; 89′; USA, 1962.

TRE PASSI A NORD ★★
Regia di WILLIAM LEE WILDER. Con LLOYD BRIDGES, ALDO FABRIZI, LEA PADOVANI. ■ Un militare americano durante la guerra in Italia fa la borsa nera. Sul punto di essere scoperto, seppellisce un sostanzioso grisbi nella campagna presso Amalfi. Dopo la guerra torna sul posto per riprendersi il malloppo, ma non lo trova. Trova invece chi gli vuol fare la pelle. Se la cava, ma deve dire addio al bottino che è stato nel frattempo devoluto ad opere di bene. ■ GIALLO; B/N; 90′; ITALIA, 1949.

TRE PASSI DALLA SEDIA ELETTRICA ★★★
(Reprieve – Convicts 4)
Regia di MILLARD KAUFMAN. Con SAMMY DAVIS JR, BEN GAZZARA, VINCENT PRICE, STUART WHITMAN. ■ Resko, condannato a una grave pena, tenta più volte di fuggire di prigione. Visti inutili i tentativi, si mette il cuore in pace e, scopertasi la vocazione per la pittura, prende a dipingere. Attira così l'attenzione dei critici e diventa un caso nazionale. Con la celebrità riuscirà anche a guadagnare la libertà. ■ DRAMMATICO; B/N; 105′; USA, 1962.

TRE PASSI NEL DELIRIO ★★★
Regia di FEDERICO FELLINI, LOUIS MALLE, ROGER VADIM. Con BRIGITTE BARDOT, ALAIN DELON, JANE FONDA, PETER FONDA, TERENCE STAMP. ■ Tre trasposizioni da Edgar Allan Poe ad opera di altrettanti prestigiosi registi. Nell'episodio *Metzengerstein*, una lussuriosa castellana s'accende per un uomo che la rifiuta. Conseguenze tragiche. In *William Wilson*, un ufficialetto austriaco, cinico e sadico, è affrontato da un nemico che gli somiglia e ucciso. In *Toby Dammit*, un attore di cinema, a Roma per un western, ha continuamente un incubo. Il sogno s'avvera quando la sua testa, dopo una corsa folle in un'auto scoperta, viene tranciata di netto da un fil di ferro. ■ HORROR; COL.; 121′; FRANCIA, ITALIA, 1968.

TRE PASSI SULLA TERRA *(Trazy kroki po ziemi)* ★★
Regia di JERZY HOFFMAN, EDWARD SKORZEWSKI. Con LOUWG PAK, EWA WENNESKA. ■ Tre episodi. Nel primo due coniugi divorziano per colpa del marito. Nel secondo una dottoressa deve fronteggiare la malattia di un bimbo. Nel terzo un vecchio, festeggiato per il suo compleanno, ricorda il passato. ■ DRAMMATICO; B/N; 92′; POLONIA, 1963.

TRE PAZZI A ZONZO *(At the Circus)* ★★★
Regia di EDWARD BUZZELL. Con CHICO MARX, GROUCHO MARX, HARPO MARX, FLORENCE RICE. ■ I fratelli Marx combinano molti pasticci in un circo equestre il cui proprietario ha avuto la cattiva idea di assumere Groucho e Harpo. Ma, oltre ai guai, fanno anche qualcosa di buono, quando il proprietario viene derubato da un affarista disonesto. Si mettono infatti a caccia del ladro e, con l'aiuto di un orango, riescono a recuperare il maltolto. ■ COMMEDIA; B/N; 87′; USA, 1938.

TRE PER UCCIDERE ★★
Regia di IGNACIO F. IQUINO. Con DANIEL MARTIN, MARIA MARTIN, KRISTA NELL, DEAN REED, FERNANDO SANCHO. ■ Dopo aver compiuto una rapina in una banca di Chicago, per sfuggire all'arrivo della polizia tentano di raggiungere la frontiera messicana. Ma qui sono vittime di un gruppo di banditi messicani. ■ POLIZIESCO; COL.; 92′; ITALIA, 1971.

TRE PER UNA GRANDE RAPINA *(Le mataf)* ★★★
Regia di SERGE R. LEROY. Con ADOLFO CELI, MICHEL CONSTANTIN, GEORGES GÉRET. ■ Tre gangster, ricattati da una potente organizzazione, sono costretti a un colpo molto rischioso: il furto di un microfilm. Uno ci lascerà la pelle, l'altro rimarrà ferito. Ma il terzo giocherà il capo della banda avversaria e gli porterà via anche la ragazza. ■ DRAMMATICO; COL.; 91′; FRANCIA, 1973.

TRE PER UNA RAPINA ★★
Regia di GIANNI BONGIOANNI. Con CHRISTIAN DOERMER, DINO MELE, BARBARA STEELE. ■ Tre giovanotti di pochi scrupoli si fanno persuadere da un giovane ingegnere di Düsseldorf ad effettuare un grosso colpo. La rapina riesce e gli autori se la cavano, insospettati. Saranno ugualmente puniti (dalla coscienza, dagli amici o dal destino). ■ GIALLO; B/N; 93′; ITALIA, 1964.

TRE PICCOLE PAROLE *(Three Little Words)* ★★★
Regia di RICHARD THORPE. Con FRED ASTAIRE, ARLENE DAHL, DEBBIE REYNOLDS, RED SKELTON, VERA-ELLEN. ■ È la biografia di due noti compositori di canzonette. Unendo le loro forze, conquistano Broadway e poi Hollywood. Poi, per un malinteso, litigano e troncano la collaborazione. Ma le loro consorti provvederanno dopo qualche tempo a riconciliarli. ■ MUSICALE; COL.; 102′; USA, 1950. ■ OSCAR 1 NOM.

TRE PICCOLI OMICIDI *(Tri istorii)* ★★
Regia di KIRA MURATOVA. Con NATALJA BUZKO, LEONID KUSHNIR, RENATA LITVINOVA, SERGEI MAKOVECKIJ, LILJA MURLYKINA, OLEG TABAKOV. ■ Gli omicidi che si verificano nell'arco dei tre episodi del film sono quattro (difatti il titolo originale non li conteggia). Un cadavere con la gola tagliata da far sparire. Una pazza che si annega utilizzando la madre che ha ritrovato. Un tè avvelenato offerto da una bambina a un vecchio troppo desideroso di darle lezioni. Il pessimismo della Muratova è cosmico e raggelato. Grande regista fuori dalle regole quando c'era ancora l'Urss. Ora, a sua volta, a rischio di annegare nell'oceano del mercato. Non le si può comunque negare la coerenza. ■ COMMEDIA; COL.; 105′; RUSSIA, 1997.

TRE PISTOLE CONTRO CESARE ★★
Regia di ENZO PERI. Con THOMAS HUNTER, ENRICO MARIA SA-

LERNO, JAMES SHIGETA. ■ Il cattivo di turno è un signorotto che si crede una specie di imperatore, ma che per arrivare alla sua posizione non ha esitato a rubare e uccidere. Tre giovanotti sono ben decisi a fargli pagare il fio dei suoi misfatti. Ci riusciranno. ■ WESTERN; COL.; 95'; ITALIA, 1967.

TRE PUNTO SEI ★★
Regia di NICOLA RONDOLINO. Con VALERIO BINASCO, COSIMO CINIERI, STEFANIA ORSOLA GARELLO, MARCO GIALLINI. ■ Salvo e Dante sono amici dall'infanzia. Uniti come fratelli, il destino li dispone apparentemente su fronti contrapposti: Salvo è un poliziotto corrotto e Dante un malavitoso. Uscito in sala a due anni dal suo completamento è un film di genere che riesce a tener lontana la tentazione della citazione così come quella dei tempi morti. ■ COMMEDIA; COL.; 87'; ITALIA, 2003.

TRE RAGAZZE CERCANO MARITO ★★★
Regia di DUILIO COLETTI. Con NINO BESOZZI, CARLA DEL POGGIO, DINA GALLI, ANTONIO GANDUSIO. ■ Papà e mamma, proprietari di una pensione, si affannano per trovare un marito alle loro figliole nubili. Ma le ragazze ci hanno già pensato per conto loro. Manco a dirlo, gli uomini scelti dalle tre sono simpatici spiantati (e non i ricconi che sognavano i genitori). ■ COMMEDIA; B/N; 92'; ITALIA, 1944.

TRE RAGAZZE DI BROADWAY ★★★
(Give a Girl a Break)
Regia di STANLEY DONEN. Con GOWER CHAMPION, MARGE CHAMPION, BOB FOSSE, DEBBIE REYNOLDS. ■ Alla vigilia del debutto, la stella di una rivista litiga con il coreografo e lascia lo spettacolo. Urge sostituirla velocemente. Tre fanciulle di belle speranze sono candidate alla parte. Ma due hanno vari problemi d'indole sentimentale; vincerà la più giovane che non ha legami con cui fare i conti. ■ MUSICALE; COL.; 82'; USA, 1954.

TRE RAGAZZE E UN CAPORALE ★★★
(Seven Days Leave)
Regia di TIM WHELAN. Con LUCILLE BALL, VICTOR MATURE, WALTER REED. ■ Un giovane caporale, nipote di un famoso generale nordista, si trova erede di una cospicua fortuna. A patto però che sposi una ragazza bionda, discendente di un celebre condottiero sudista. Il caporale si mette a corteggiare la bionda che però è già fidanzata e lo caccia. Ma lui non cede: torna alla carica e, alla fine, riesce a impalmare la ragazza, diventando ricco. ■ COMMEDIA; B/N; 87'; USA, 1942.

TRE RAGAZZE IN BLU *(Three Little Girls in Blue)* ★★★
Regia di BRUCE H. HUMBERSTONE. Con JUNE HAVER, CELESTE HOLM, GEORGE MONTGOMERY, VERA-ELLEN. ■ Tre ragazze decidono di sposare un milionario. Ma le comuni risorse sono scarse e allora decidono di presentarsi come una riccona e le altre come sue accompagnatrici. Ma la falsa riccona troverà solo uno spiantato, la seconda ragazza rimedierà il *lift* di un albergo; solo la terza cascherà sul milionario. ■ COMMEDIA; B/N; 90'; USA, 1946.

TRE RAGAZZE IN GAMBA *(Three Smart Girls)* ★★★
Regia di HENRY KOSTER. Con MISCHA AUER, BINNIE BARNES, DEANNA DURBIN, NAN GREY, RAY MILLAND, BARBARA READ, CHARLES WINNINGER. ■ Le tre ragazze sono le figlie di un'americana divorziata, che cercano in tutti i modi di evitare che il padre intraprenda nuove nozze. Ci riescono dopo un avventuroso viaggio dall'Europa all'America. I genitori si riconcilieranno. ■ COMMEDIA; B/N; 84'; USA, 1936. ■ OSCAR 3 NOM.

TRE RAGAZZE IN GAMBA CRESCONO, LE ★★★
(Three Smart Girls Grow up)
Regia di HENRY KOSTER. Con DEANNA DURBIN, NAN GREY, CHARLES WINNINGER. ■ Stavolta le ragazze pensano a se stesse. Le prime due vogliono sposarsi. Ma gli sposi scelti non sono adatti. Almeno secondo la sorella più giovane che farà in modo che le nozze avvengano, ma con qualche leggero cambiamento nei ruoli. ■ COMMEDIA; B/N; 90'; USA, 1939.

TRE RAGAZZE VIENNESI ★★
Regia di GIUSEPPE FATIGATI, HUBERT MARISCHKA. Con LUCIE ENGLISCH, CAROLA HÖHN, GRETA WEISER. ■ Tre ballerine di Vienna si trovano ospiti nella villa di un barone. Ci rimarranno tutta la vita. Una di loro sposerà il figlio del padrone di casa, le altre un paio di parenti. Quanto al barone, riprenderà la love story (interrotta molti anni prima) con una matura accompagnatrice delle fanciulle. ■ COMMEDIA; B/N; 90'; GERMANIA, ITALIA, 1942.

TRE RAGAZZI DEL TEXAS *(Three Young Texans)* ★★
Regia di HENRY LEVIN. Con KEEFE BRASSELLE, MITZI GAYNOR, JEFFREY HUNTER. ■ Due cowboy sono innamorati della stessa ragazza. Per poterle offrire una buona posizione, il meno scrupoloso ruba una grossa cifra. Ma cade subito nelle mani di un pericoloso bandito. L'altro cowboy cerca di salvarlo. Ma invano. ■ WESTERN; COL.; 78'; USA, 1954.

TRE RAGAZZI IN GAMBA ALL'ATTACCO DI UFO ★★
Regia di FLAVIO MIGLIACCIO. Con WALTER FORSTER, ODETE LARA, FLAVIO MIGLIACCIO. ■ Un film per ragazzi su tre coraggiosi fratellini alle prese con un drappello di alieni atterrati nella giungla brasiliana. ■ AVVENTURA; COL.; 91'; BRASILE, 1973.

TRE RAGAZZI NINJA *(3 Ninjas)* ★★
Regia di JON TURTELTAUB. Con MAX ELLIOTT SLADE, MICHAEL TREANOR, VICTOR WONG. ■ Tre ragazzi americani vengono addestrati dal nonno per diventare ninja. Quando il nonno verrà minacciato da un trafficante d'armi, i nipoti verranno coinvolti e riusciranno a cavarsela. Gli effetti di *Karate Kid* si sentono ancora. ■ AVVENTURA; COL.; 101'; USA, 1992.

TRE RAGAZZI PER UN BOTTINO *(Catch that Kid)* ★★
Regia di BART FREUNDLICH. Con JENNIFER BEALS, CORBIN BLEU, JOHN CARROLL LYNCH, SAM ROBARDS, KRISTEN STEWART, MAX THIERIOT. ■ Maddy, Gus e Austin, tre ragazzi specialisti nel loro campo: una scalatrice, un genio del computer e un esperto di meccanica. La loro missione: rapinare una delle più impenetrabili banche del mondo. Motivo: racimolare il denaro necessario a salvare il padre di Maddy in fin di vita. Il piano è praticamente perfetto. O quasi. ■ AZIONE; COL.; 91'; USA, 2004.

TRE RAGIONI PER NON UCCIDERE ★★
(Captive Hearts)
Regia di PAUL ALMOND. Con CHRIS MAKEPEACE, NORIYUKI PAT MORITA, MICHAEL SARRAZIN. ■ Durante la seconda guerra mondiale, due aviatori americani sono costretti a prendere terra in un villaggio giapponese dove vengono catturati. Uno di essi si innamora di una ragazza del posto. ■ DRAMMATICO; COL.; 97'; USA, 1987.

TRE RAMAZZE IN FUORI GIOCO ★★
(Le führer en folie)
Regia di PHILIPPE CLAIR. Con LOUIS REGO, ALICE SAPRITCH, HENRI TISOT. ■ Tre strampalati soldati francesi hanno l'ordine di rapire Hitler. Una volta in Germania, vengono subito catturati e presi per grandi giocatori di calcio. Hitler li costringe a giocare una partita nella squadra tedesca proprio contro i francesi. I tre faranno in modo che a vincere siano i loro connazionali. ■ COMICO; COL.; 90'; FRANCIA, 1973

TRE SCAPOLI E UNA BIMBA ★★
(Three Men and a Little Lady)
Regia di EMILE ARDOLINO. Con STEVE GUTTENBERG, TED DANSON, TOM SELLECK, NANCY TRAVIS. ■ Dopo *Tre uomini e una culla* e dopo la versione americana *Tre scapoli e un bebè* del 1987, ecco l'ennesimo inutile proseguimento, utile peraltro ai produttori per il successo commerciale. I tre protagonisti hanno accudito il bebè che ora è una graziosa bambina. La madre, attrice, sta per sposarsi con Edward, regista teatrale. I due si trasferiscono nel castello londinese del futuro sposo, ma la bambina è destinata a un collegio. Quando i tre "padri" lo vengono a sapere corrono sul posto e con uno stratagemma smascherano il perfido Edward e salvano la piccola Mary. Inutile dire che uno dei tre sposerà l'attrice. ■ COMMEDIA; COL.; 105'; USA, 1990.

TRE SCAPOLI E UN BEBÈ *(Three Men and a Baby)* ★★★
Regia di LEONARD NIMOY. Con TED DANSON, STEVE GUTTENBERG, TOM SELLECK. ■ Remake di *Tre uomini e una culla* girato solo un anno e mezzo prima da Coline Serreau. La trama è la stessa: tre scapoli si trovano ad allevare una bambina figlia di uno di essi (con gravi problemi psicologici degli scapoloni quando debbono rispedire la piccina al mittente, cioè alla madre). Una

buona occasione cinematografica per Tom Selleck. ■ COMMEDIA; COL.; 103′; USA, 1987.

TRE SCERIFFI, I *(Badman's Country)* ★★
Regia di FRED F. SEARS. Con NEVILLE BRAND, BUSTER CRABBE, GEORGE MONTGOMERY, GREGORY WALCOTT. ■ Butch Cassidy e la sua banda imperversano nel Wyoming, ma una formidabile consorteria di uomini della legge (mai radunata nella realtà) gli si oppone. Con l'intervento di Pat Garrett, Wyatt Earp, Bat Masterson e Buffalo Bill, per Cassidy hanno inizio tempi duri. ■ WESTERN; B/N; 68′; USA, 1957.

TRE SCIMMIE *(Uc Maymum)* ★★
Regia di NURI BILGE CEYLAN. Con HATICE ASLAN, YAVUZ BINGÖL, ERCAN KESAL, CAFER KÖSE, AHMET RIFAT SUNGAR. ■ Una strada di notte. Un uomo viene investito da un'auto e abbandonato. Qualcuno però ha visto la targa dell'automezzo che è di proprietà di un uomo politico il quale, per evitare lo scandalo che troncherebbe la sua carriera, chiede al suo autista di autoaccusarsi dell'incidente. Resterà in carcere per poco tempo, sua moglie continuerà a ricevere il suo stipendio e, al momento del rilascio, ci sarà per lui un'ingente ricompensa. L'uomo accetta. Da quel momento sarà la moglie ad andare a riscuotere divenendo l'amante del politico e suscitando i sospetti del figlio adolescente. Quando il marito tornerà la tragedia incomberà sul nucleo familiare. ■ DRAMMATICO; COL.; 109′; TURCHIA, 2008.

TRE SEGRETI *(Three Secrets)* ★★★
Regia di ROBERT WISE. Con LEIF ERICKSON, FRANK LOVEJOY, PATRICIA NEAL, ELEANOR PARKER, RUTH ROMAN. ■ Cade un aeroplano in una zona di montagna. L'unico superstite è un bambino. Mentre si stanno organizzando i soccorsi, al campo-base arrivano tre donne in ansia: una casalinga, una ballerina e una giornalista. Ognuna crede di essere la madre del piccolo (tutt'e tre avevano affidato i rispettivi figli all'orfanotrofio da cui risulta proveniente il disperso). Ma di chi è veramente figlio il ragazzino? ■ DRAMMATICO; B/N; 98′; USA, 1951.

TRE SEPOLTURE, LE ★★★
(The Three Burials of Melquiades Estrada)
Regia di TOMMY LEE JONES. Con VANESSA BAUCHE, JANUARY JONES, TOMMY LEE JONES, MELISSA LEO, BARRY PEPPER, DWIGHT YOAKAM. ■ Un emigrato messicano viene ucciso da una guardia di frontiera tanto stupida quanto arrogante. Pete, suo unico vero amico, decide di scoprire chi è il colpevole della sua morte e (visto che le forze dell'ordine preferiscono insabbiare il caso) lo punisce personalmente sequestrandolo e costringendolo a viaggiare con lui e con il cadavere del messicano. La meta è il paesino da cui l'uomo proveniva e in cui aveva chiesto di essere sotterrato. Grande e positiva sorpresa Tommy Lee Jones regista. Rivisita il western "alla Pechinpah" ma lo fa senza citazionismi inutili. Inserisce invece il forte tema dell'amicizia che va al di là dell'appartenenza a un popolo e che rispetta un codice d'onore ineludibile. Tommy Lee Jones riesce poi ad evitare il rischio di concentrare tutta l'attenzione su di sé offrendo ampio spazio alle prove degli altri attori. Tra tutti, indimenticabile, la caratterizzazione di Levon Helm nel ruolo del vecchio cieco che vive isolato. ■ DRAMMATICO; COL.; 120′; USA, 2005. ■ CANNES 2 PR.

TRE SERGENTI DEL BENGALA, I ★★
Regia di UMBERTO LENZI. Con HUGO ARDEN, RICHARD HARRISON, NAZZARENO ZAMPERLA. ■ Tre sergenti inglesi sono incaricati di una missione pericolosa presso le tribù ribelli del Bengala. All'inizio le cose van male perché la loro guida si rivela essere il capo dei rivoltosi e li fa catturare. I tre però riusciranno poi a liberarsi e, impadronitisi delle mitragliatrici, faranno strage dei nemici. ■ AVVENTURA; COL.; 92′; ITALIA, 1965.

TRE SETTIMANE D'AMORE *(Weekend in Havana)* ★★★
Regia di WALTER LANG. Con ALICE FAYE, CARMEN MIRANDA, JOHN PAYNE, CESAR ROMERO. ■ Un giovanotto dipendente di una società di navigazione cerca di avvicinare i passeggeri di un piroscafo affondato per convincerli a rinunciare al risarcimento dei danni. Tutti accettano le sue proposte tranne una bella bionda. Il giovanotto, per persuaderla, le fa la corte. Finisce però che se ne innamora sul serio. ■ SENTIMENTALE; COL.; 80′; USA, 1941.

TRE SFIDE DI TARZAN, LE ★★
(Tarzan's Three Challengers)
Regia di ROBERT DAY. Con EARL CAMERON, JOCK MAHONEY, WOODY STRODE. ■ Un principino di uno staterello ai confini del Tibet viene esautorato dal suo cattivissimo zio. Ma dall'Africa arriva il paladino per il piccolo erede al trono nella persona di Tarzan che sfida il cattivo in una gara mortale, lo sconfigge e insedia al suo posto il protetto. ■ AVVENTURA; COL.; 92′; GRAN BRETAGNA, 1963.

TRE SIMPATICHE CAROGNE *(René la Canne)* ★★★
Regia di FRANCIS GIROD. Con GÉRARD DEPARDIEU, SYLVIA KRISTEL, MICHEL PICCOLI. ■ Durante la guerra un abile ladro, la sua donna e un poliziotto si alleano per sfuggire ai tedeschi, che li hanno inviati in Germania. Scappati in Francia, tornano alle primitive occupazioni. Il ladro compie un colossale furto ma il poliziotto, incaricato di arrestarlo, invece di compiere il suo dovere lo aiuta a mettersi al sicuro in Svizzera, dove poi lo raggiunge. ■ COMMEDIA; COL.; 105′; FRANCIA, ITALIA, 1977.

TRE SOLDATI, I *(Soldiers Three)* ★★★
Regia di TAY GARNETT. Con STEWART GRANGER, ROBERT NEWTON, DAVID NIVEN, WALTER PIDGEON. ■ Dal racconto di Rudyard Kipling. Protagonisti sono tre soldati di un reggimento di stanza in India nell'Ottocento. Sono famosi per le risse e per le bisbocce, ma sapranno comportarsi in modo eroico in occasione di una rivolta indigena. ■ AVVENTURA; B/N; 87′; USA, 1951.

TRE SOLDI NELLA FONTANA ★★★
(Three Coins in the Fountain)
Regia di JEAN NEGULESCO. Con LOUIS JOURDAN, DOROTHY MCGUIRE, MAGGIE MCNAMARA, JEAN PETERS, CLIFTON WEBB. ■ Tre giovani americane a Roma. Ognuna ha la sua storia d'amore difficile. La più anziana è innamorata di uno scrittore gravemente malato; la più bella vede il proprio fidanzato perdere, per causa sua, l'impiego; la più giovane ha fatto un po' troppo la furba con un giovane aristocratico. Ma davanti alla fontana di Trevi le tre coppie si riuniranno per non separarsi più. ■ COMMEDIA; COL.; 102′; USA, 1954. ■ OSCAR 2 PR, 3 NOM.

TRE SORELLE *(Three Sisters)* ★★★
Regia di LAURENCE OLIVIER. Con ALAN BATES, LAURENCE OLIVIER, JOAN PLOWRIGHT. ■ Laurence Olivier ha filmato la sua versione delle *Tre sorelle* di Cechov messa in scena a teatro qualche anno prima. Questa sua regia non è particolarmente inventiva, ma è una trasposizione più che adeguata. Le sorelle del titolo sono le figlie di un defunto ufficiale russo, che passano i loro giorni malinconicamente in un villaggio alla fine dell'Ottocento. Olivier si ritaglia un cameo impersonando il medico amico di famiglia. ■ DRAMMATICO; COL.; 165′; GRAN BRETAGNA, 1974.

TRE SORELLE, LE *(The Gay Sisters)* ★★★
Regia di IRVING RAPPER. Con GEORGE BRENT, GERALDINE FITZGERALD, BARBARA STANWYCK. ■ Protagoniste sono tre ragazze eredi di un'immensa fortuna. Ma l'eredità viene loro contestata da un giovane che in passato ha avuto una love story con la maggiore delle tre. Dalla relazione è nato un figlio. I due ora si odiano cordialmente. Ma si innamoreranno di nuovo alla fine della vertenza giudiziaria. ■ COMMEDIA; B/N; 108′; USA, 1942.

TRE SOTTO IL LENZUOLO ★★
Regia di PAOLO DOMINICI, MICHELE MASSIMO TARANTINI. Con WALTER CHIARI, CARLO GIUFFRÉ, ALDO MACCIONE, DANIELA POGGI, SONIA VIVIANI. ■ Commedia all'italiana, caratterizzata dal solito gioco delle infedeltà coniugali. ■ FILM A EPISODI; COL.; 91′; ITALIA, 1979.

TRE SPADE DI ZORRO, LE ★★
Regia di RICARDO BLASCO. Con FRANCO FANTASIA, GLORIA MILLAND, GUY STOCKWELL. ■ In California, il cavaliere mascherato Zorro si batte contro i soprusi del governatore. Costui lo cattura e gli uccide la moglie. Ma rimane il figlio piccolo che, dopo quindici anni, prenderà anche lui la maschera e il costume di Zorro e, affiancato dal padre (nel frattempo riuscito a liberarsi), farà tremenda vendetta. ■ AVVENTURA; COL.; 90′; ITALIA, SPAGNA, 1963.

TRE SPIE, LE *(Dark Journey)* ★★★
Regia di VICTOR SAVILLE. Con VIVIEN LEIGH, CONRAD VEIDT. ■

Durante la prima guerra mondiale, una bella ragazza francese fa il triplo gioco: semplice indossatrice per i suoi connazionali, figura nel foglio paga dello spionaggio tedesco, ma è in realtà una spia degli alleati. Incontra e s'innamora di un uomo che poi si rivelerà un agente germanico. Pazienza: l'amore è rimandato alla fine della guerra. ■ Avventura; b/n; 77'; Gran Bretagna, 1938.

TRE SPIETATI, I *(Sabor de la venganza)* ★★
Regia di Joaquín Luis Romero Marchent. Con Richard Harrison, Robert Hundar, Gloria Milland. ■ Un *ranchero* è ucciso dai banditi davanti agli occhi della moglie e dei tre figlioletti. La vedova fa giurare vendetta ai piccoli. Dopo molti anni, il più duro e violento dei tre mette le mani sul killer e riesce ad eliminarlo, rimettendoci però a sua volta la pelle. ■ Western; col.; 95'; Italia, Spagna, 1964.

TRE STAGIONI *(Three Seasons)* ★★★
Regia di Tony Bui. Con Don Duong, Harvey Keitel, Manh Cuong Tran, Ngoc Hiep Nguyen. ■ Il Vietnam è una ferita sempre aperta nella coscienza nordamericana. Questo film coraggioso e bilingue racconta la storia di personaggi alle prese con il Vietnam postbellico. Premiato al Sundance, ha avuto una distribuzione difficoltosa. Keitel, si sa, legittima tutto. ■ Drammatico; col.; 117'; USA, 1999.

TRE STORIE ★★★
Regia di Piergiorgio Gay. Con Antonio Baldissarro, Sandra Ceccarelli, Marcello Di Gregorio, Fabio Nova, Roberto San Pietro. ■ Martina, Giovanni e Paolo sono in fase di recupero dalla tossicodipendenza. Troveranno la loro collocazione senza la necessità di happy end posticci. Si tratta di un film che mescola finzione e documento (le dichiarazioni di due dei tre personaggi sono ispirate da testimonianze di veri ex tossicodipendenti). Film sincero e partecipe di quanto racconta. ■ Drammatico; col.; 85'; Italia, 1997.

TRE STORIE PROIBITE ★★★
Regia di Augusto Genina. Con Lia Amanda, Gino Cervi, Gabriele Ferzetti, Antonella Lualdi, Eleonora Rossi Drago. ■ Il film prende spunto da un fatto di cronaca realmente avvenuto, il crollo di una scala di un palazzo romano in cui rimasero ferite molte ragazze che si trovavano nell'edificio in cerca di un impiego. Il film isola tre storie (inventate però). ■ Drammatico; b/n; 100'; Italia, 1953.

TRE STRANI AMICI *(Tough Guy)* ★★★
Regia di Chester Franklin. Con Freddie Bartholomew, Joseph Calleia, Jackie Cooper. ■ Il figlio di un ricco signore scappa di casa con il suo cane. Assiste a un delitto e starebbe per esser fatto fuori dai malfattori (che vogliono evitare testimonianze) se il capo di essi non lo difendesse a rischio della vita, che difatti perde. Ma cane e moccioso si salvano. ■ Avventura; b/n; 92'; USA, 1936.

TRE STRANIERE A ROMA ★★★
Regia di Claudio Gora. Con Claudia Cardinale, Roy Ciccolini, Yvonne Monlaur. ■ Tre ragazze di Milano vogliono passare qualche giorno a Roma, possibilmente senza attingere troppo alle loro magre finanze. Perciò adottano uno stratagemma: si fingono turiste straniere. Il trucco funziona con un trio di bulletti che, pregustando l'avventura, le portano a proprie spese nei posti più chic della città. L'inganno viene poi scoperto, ma intanto l'amore (anzi tre amori) è nato. ■ Commedia; b/n; 103'; Italia, 1958.

TRE STRISCE AL SOLE *(Three Stripes in the Sun)* ★★★
Regia di Richard Murphy. Con Philip Carey, Aldo Ray, Dick York. ■ Un sergente americano odia i giapponesi. Ma quando, dopo la resa nipponica, gli fanno visitare un orfanotrofio, si commuove e si converte alla filantropia. Non solo si dedicherà ad opere di bene, ma sposerà anche un'interprete con gli occhi a mandorla e se la porterà in America, scandalizzando i suoi connazionali razzisti. ■ Commedia; b/n; 93'; USA, 1955.

TRE SUL DIVANO *(Three on a Couch)* ★★★
Regia di Jerry Lewis. Con James Best, Gila Golan, Janet Leigh, Jerry Lewis. ■ Un giovanotto vorrebbe sposare la sua eterna fidanzata, una psichiatra. Ma questa, prima di decidersi al gran passo, vorrebbe aver risolto i problemi di tre delle sue giovani pazienti, belle ragazze che hanno paura degli uomini. Così il giovanotto, per affrettare i tempi, non trova di meglio che fare la corte a ognuna delle belle nevrotiche guarendole tutte dai loro complessi. I guai arrivano quando ciascuna delle belle vuole presentare il provvidenziale "innamorato" alla dottoressa. ■ Commedia; col.; 109'; USA, 1966.

TRE SUPERMEN A TOKYO ★
Regia di Bitto Albertini. Con Michele Malaspina, George Martin, Gloria Paul. ■ Un agente inglese e due ladri sono incaricati di impossessarsi di un film compromettente su alcune alte personalità del governo britannico. Ci riescono con l'aiuto di una macchina riduttrice. ■ Avventura; col.; 93'; Italia, 1968.

TRE TIGRI CONTRO TRE TIGRI ★★
Regia di Sergio Corbucci, Steno. Con Dalila Di Lazzaro, Enrico Montesano, Cochi Ponzoni, Renato Pozzetto. ■ Il film si compone di tre episodi: nel primo, un parroco ha la consolazione di vedere la chiesa piena di fedeli quando i compaesani comunisti credono che abbia fatto l'amore con un'americana; nel secondo, un evaso gira un filmato per la televisione, prima di essere ricatturato; nell'ultimo, un avvocato preferisce morire piuttosto che far l'amore con una contessa racchia. ■ Commedia; col.; 115'; Italia, 1977.

TRE UOMINI DA ABBATTERE ★★
(Trois hommes à abattre)
Regia di Jacques Deray. Con Michel Auclair, Alain Delon, Dalila Di Lazzaro. ■ Un giocatore professionista aiuta un ferito per strada. Il disgraziato ha alle calcagna due killer che, dopo averlo messo a tacere, cercano di uccidere anche il giocatore. Dopo essere scampato a una serie di attentati, il giocatore passa al contrattacco e risale al mandante, il dirigente di una fabbrica missilistica che vuol mettere tutto a tacere su una sua mascalzonata (ha prodotto dei missili avariati). Il giocatore lo fa fuori, ma commette l'errore di fidarsi del suo socio. ■ Poliziesco; b/n; 90'; Francia, 1980.

TRE UOMINI E IL MIO CUORE *(Men on her Mind)* ★★
Regia di Wallace W. Fox. Con Mary Beth Hughes, Edward Norris. ■ Una bionda deve scegliere fra i tre uomini che in tempi diversi hanno contato nella sua vita: un riccone, un simpatico avventuriero, un timido musicista. Alla fine opterà per quest'ultimo. ■ Commedia; b/n; 92'; USA, 1944.

TRE UOMINI E UNA CULLA ★★★
(Trois hommes et un couffin)
Regia di Coline Serreau. Con Michel Boujenah, André Dussollier, Roland Giraud. ■ Tre inveterati scapoli parigini, che condividono lo stesso appartamento, vedono improvvisamente la loro vita gaudente sconvolta dall'arrivo di una splendida bambina ancora in fasce, Marie, figlia di uno dei tre. L'impatto con pannolini e biberon non è facile, ma la piccola saprà conquistare a forza di smaglianti sorrisi e sguardi strappacuore l'amore sviscerato dei suoi tre papà. Il film gioca molto sulla straordinaria presenza scenica della bellissima Marie, ed è stato sia in Francia che all'estero un successo tale da dare origine, soltanto un anno più tardi, ad un remake americano anche più popolare, *Tre scapoli e un bebè*. ■ Commedia; col.; 100'; Francia, 1986. ■ Golden Globes 1 nom; Oscar 1 nom.

TRE UOMINI E UNA GAMBA ★★★
Regia di Aldo Baglio, Giacomo Poretti, Giovanni Storti. Con Aldo Baglio, Marina Massironi, Giacomo Poretti, Giovanni Storti. ■ Giacomo deve sposare la figlia del padrone, i suoi due amici lo accompagnano al Sud. Devono recapitare una gamba, opera d'arte moderna, al futuro suocero. Incontrano Marina della quale si innamora il futuro sposo. Ne combinano di tutti i colori. Non arriveranno a destinazione. Davvero una bella sorpresa. Il film ha fatto riempire le sale (hanno battuto il contemporaneo *La vita è bella*). Quasi tutto funziona, le battute, le situazioni, gli attori: il sorriso, il riso, il sentimento, il paradosso e, perché no, il grottesco e i simboli. I tre comici confezionano anche tre "corti" a scimmiottare Tarantino, il gotico e il neorealismo. Non c'è che dire: nella povertà generale, il cinema italiano comico funziona. ■ Comico; col.; 90'; Italia, 1997.

TRE UOMINI E UNA PECORA *(A Few Best Men)* ★★
Regia di STEPHAN ELLIOTT. Con KEVIN BISHOP, TIM DRAXL, KRIS MARSHALL, OLIVIA NEWTON- JOHN. XAVIER SAMUEL. ■ L'inglese David e l'australiana Mia s'incontrano su una spiaggia paradisiaca, s'innamorano e decidono di sposarsi. Il matrimonio è previsto nel cuore delle Blue Mountains, dove lo sposo si recherà soltanto alla vigilia del gran giorno, insieme con i suoi più tre cari amici. Sono loro la famiglia di David, orfano di entrambi i genitori: tre allegri dementi, con un fiuto speciale per i guai. Anche la famiglia di Mia, in ogni caso, è una sorpresa per il futuro sposo: proprietaria della più antica tenuta della zona, è capitanata da un ricco senatore convinto di dovere il suo successo ad un ariete di razza merino di nome Ramsy. Più che una cerimonia, uno scontro di civiltà. ■ COMMEDIA; COL.; 97'; AUSTRALIA, GRAN BRETAGNA, 2012.

TRE UOMINI IN BARCA *(Three Men in a Boat)* ★★★
Regia di KEN ANNAKIN. Con JAMES EDWARDS, LISA GASTONI, LAURENCE HARVEY, JILL IRELAND, DAVID TOMLINSON. ■ Tre giovani gentleman decidono di evadere dalla monotona quotidianità londinese iniziando una vacanza velica sul Tamigi, resa problematica dalla scarsa dimestichezza con le pratiche nautiche. Per fortuna, lungo il fiume incrociano anche una lancia con tre belle e avvenenti ragazze a bordo. ■ COMMEDIA; COL.; 94'; GRAN BRETAGNA, 1956.

TRE UOMINI IN FUGA *(La grande vadrouille)* ★★★★
Regia di GÉRARD OURY. Con PIERRE BERTIN, ANDRÉ BOURVIL, CLAUDIO BROOK, LOUIS DE FUNÈS, ANDRÉA PARISY, TERRY THOMAS. ■ Un aereo inglese viene abbattuto dalla contraerea mentre sorvola Parigi occupata dai tedeschi; lanciatisi col paracadute, i tre uomini dell'equipaggio finiscono uno sul tetto dell'Opéra mentre è in corso un concerto, il secondo vicino al comando delle SS, il terzo nel giardino zoologico. Aiutati rispettivamente dal direttore d'orchestra, da un imbianchino e da una giovane burattinaia, i tre aviatori sono quindi protagonisti di una rocambolesca fuga verso la costa, attraverso la Francia occupata. ■ COMICO; COL.; 118'; FRANCIA, 1966.

TRE VALZER *(Trois valses)* ★★★
Regia di LUDWIG BERGER. Con PIERRE FRESNAY, YVONNE PRINTEMPS. ■ Dalle avventure sentimentali di una coppia di amanti, ai tempi di Napoleone, alle vicende amorose dei loro discendenti, fino ai nostri giorni. Come cambiano i costumi, specie se amorosi! ■ COMMEDIA; B/N; 93'; FRANCIA, 1939.

TRE VEDOVE E UN DELITTO *(Widow's Peak)* ★★★
Regia di JOHN IRVIN. Con MIA FARROW, JOAN PLOWRIGHT, NATASHA RICHARDSON. ■ In un villaggio irlandese, dopo la prima guerra mondiale, si raduna un gruppo di vedove il cui unico passatempo è il pettegolezzo. Tra gli argomenti più interessanti, Godfrey, figlio della più volte vedova signora Doyle Counihan. Ma non passano inosservate nemmeno la giovane Edwina e la misteriosa signorina O'Hare. Ritorno alla commedia di Mia Farrow dopo il periodo Allen, sotto la direzione del versatile John Irvin. ■ COMMEDIA; COL.; 100'; GRAN BRETAGNA, 1994.

TRE VENGONO PER UCCIDERE *(Three Came to Kill)* ★★
Regia di EDWARD L. CAHN. Con STEVE BRODIE, JOHN LUPTON, CAMERON MITCHELL. ■ Alcuni terroristi prendono in ostaggio la moglie e i figli di un addetto alla torre di controllo dell'aeroporto di Los Angeles per costringerlo ad aiutarli nella loro impresa: vogliono compiere un attentato contro un diplomatico straniero. Il tecnico, dibattuto fra la necessità di impedire l'attentato e quella di salvare i familiari, riesce alla fine a fare intervenire la polizia che fa fuori i criminali. ■ DRAMMATICO; COL.; 70'; USA, 1959.

TREVICO-TORINO, VIAGGIO NEL FIAT-NAM ★★★
Regia di ETTORE SCOLA. Con VICTORIA FRANZINETTI, PAOLO TURCO. ■ Itinerario nei problemi dell'immigrazione di Fortunato Santospirito, giovane meridionale che da Trevico, in provincia di Avellino, sbarca a Torino per andare a lavorare alla Fiat. Nella città piemontese l'immigrato si scontra con tutti i problemi e le difficoltà della sua condizione e si convince infine che la "questione meridionale" non potrà trovare una soluzione che all'interno del Mezzogiorno stesso. ■ SOCIOLOGICO; COL.; 101'; ITALIA, 1973.

TRE VITE ALLO SPECCHIO ★★★
(If These Walls Could Talk)
Regia di CHER, NANCY SAVOCA. Con CHER, ANNE HECHE, DEMI MOORE, SISSY SPACEK. ■ Tre episodi e tre epoche nella stessa casa. Il primo episodio è *1952* e protagonista è Claire costretta all'aborto illegale. Muore sotto i ferri. Nel secondo *1974* Barbara ha ripreso a frequentare l'università pur avendo dei figli grandi. È incinta e, nonostante il parere contrario del marito, decide di avere un altro figlio. L'ultimo episodio è *1996* dove una diciottenne incinta sta per abortire legalmente, assistita da una dottoressa. Quest'ultima viene uccisa da un pazzo anti-abortista. Un film per l'emittente HBO piuttosto riuscito. ■ FILM A EPISODI; COL.; 90'; USA, 1996.

TRE VITE E UNA SOLA MORTE ★★
(Trois vies et une seule mort)
Regia di RAOUL RUIZ. Con ANNA GALIENA, CHIARA MASTROIANNI, MARCELLO MASTROIANNI. ■ Mastroianni in tre diverse parti, soprattutto in tre vite diverse. Ama le donne e finisce sempre con dignità e ironia. Lavoro di un regista fuori dai giri ufficiali che è sempre andato dritto per la sua strada senza preoccuparsi della distribuzione e del pubblico. Per una volta che se ne preoccupa finisce per eseguire un compitino composto, che sfiora appena la sufficienza. ■ FANTASTICO; COL.; 123'; FRANCIA, 1996.

TRE VOLTI, I ★★
Regia di MICHELANGELO ANTONIONI, MAURO BOLOGNINI, FRANCO INDOVINA. Con ALFREDO DE LAURENTIIS, DINO DE LAURENTIIS, JOSÉ LOUIS DE VILLALONGA, RICHARD HARRIS, SORAYA, ALBERTO SORDI. ■ Il film, in tre episodi, segnò lo strombazzato esordio cinematografico di Soraya. La "Principessa triste", però, si dimostrò completamente negata come attrice. ■ COMMEDIA; COL.; 115'; ITALIA, 1964.

TRE VOLTI DELLA PAURA, I ★★★
Regia di MARIO BAVA. Con BORIS KARLOFF, MICHÈLE MERCIER, JACQUELINE PIERREUX. ■ Tre racconti di illustri autori – Maupassant (*Il telefono*), Tolstoj (*I Wurdulak*) e Cechov (*La goccia d'acqua*) – ridotti per lo schermo, e trasformati in tre vicende dell'orrore. ■ HORROR; COL.; 100'; ITALIA, 1964.

TRE VOLTI DEL TERRORE, I ★
Regia di SERGIO STIVALETTI. Con LAMBERTO BAVA, AMBRE EVEN, JOHN PHILLIP LAW, ELISABETTA ROCCHETTI, RICCARDO SERVENTI LONGHI, CLAUDIO SIMONETTI. ■ Nello scompartimento di un treno due uomini ed una donna dormono. All'improvviso un quarto uomo, il misterioso Prof. Price, li sveglia bruscamente. L'uomo rivela di essere in grado di scrutare le più profonde e segrete memorie dei suoi interlocutori grazie ad una sfera di cristallo di sua invenzione. Stivaletti cita Francis e Bava forte della sopravvalutazione (solo in parte meritata) di cui gode da parte di un ristretto ma agguerrito gruppo di fans. ■ HORROR; COL.; 95'; ITALIA, 2004.

T-REX IL MIO AMICO DINO *(Theodore Rex)* ★
Regia di JONATHAN R. BETUEL. Con BUD CORT, JOE DALLESANDRO, WHOOPI GOLDBERG, JULIET LANDAU, ARMIN MUELLER-STAHL, GEORGE NEWBERN, RICHARD ROUNDTREE. ■ Uno scienziato pazzo vuole distruggere tutte le specie viventi per ripopolare il pianeta con esemplari da lui conservati. Il cast coinvolto in questa impresa (che vede un T-Rex detective affiancato da un robot-Whoopi Goldberg) è totalmente sprecato. Peccato. ■ COMMEDIA; COL.; 92'; USA, 1996.

TRIADE CHIAMA CANALE 6 *(An Eye for an Eye)* ★★
Regia di STEVE CARVER. Con CHRISTOPHER LEE, CHUCK NORRIS, RICHARD ROUNDTREE. ■ Due poliziotti della squadra narcotici di San Francisco stanno per scoprire un grosso traffico di droga, ma uno di loro viene ucciso in un'imboscata. La colpa ricade sul superstite, che lascia la polizia. Anche una giornalista, che conduceva le indagini per i fatti suoi, viene uccisa. Alla fine, i giusti trionferanno. ■ POLIZIESCO; COL.; 106'; USA, 1982.

TRIAGE ★★
Regia di DANIS TANOVIC. Con COLIN FARREL, CHRISTOPHER LEE, KELLY REILLY, JAMIE SIVES, PAZ VEGA. ■ Mark e David

sono due fotoreporter di guerra impegnati nei luoghi degli scontri fra iracheni e curdi sul finire degli anni Ottanta. David ricerca la bellezza delle forme anche nelle zone più martoriate, mentre Mark cattura ogni atrocità senza altro filtro che quello dell'obiettivo della sua fotocamera. Quando il conflitto comincia a intensificarsi e il popolo curdo si prepara all'offensiva, David decide di tornare a Dublino, dove lo aspetta la moglie prossima a partorire, mentre Mark vorrebbe documentare il proseguire dello scontro da vicino. Mark viene ferito e trasportato nel campo di soccorso dove l'unico medico presente, il dottor Talzani, decide chi vive e chi muore applicando un rigido *triage*, sistema di smistamento dei pazienti che prevede un colpo di pistola per i feriti più gravi. Una volta rientrato a Dublino, Mark porta con sé un progressivo decadimento fisico e psicologico causato da un ricordo che non intende far riemergere. ■ DRAMMATICO; COL.; 99'; IRLANDA, BELGIO, 2009.

TRIANGOLO CIRCOLARE, IL *(Un grain de sable)* ★★★
Regia di PIERRE KAST. Con PIERRE BRASSEUR, SYLVA KOSCINA, LILLI PALMER, LAURENT TERZIEFF. ■ Intrigo per impadronirsi dell'eredità di un ricchissimo finanziere, ucciso con un sabotaggio aereo. I due maggiori pretendenti all'impero economico vengono entrambi uccisi, e del duplice delitto viene accusata l'ex segretaria e amante del defunto. Un diplomatico riesce a dimostrare la sua innocenza, ma resta deluso dall'avidità della donna. ■ GIALLO; COL.; 92'; FRANCIA, 1965.

TRIANGOLO D'ACCIAIO, IL *(The Iron Triangle)* ★★
Regia di ERIC WESTON. Con BEAU BRIDGES, JOHNNY HALLYDAY, JAMES ISHIDA. ■ Un capitano dell'esercito americano durante una missione in Vietnam è catturato dai guerriglieri vietcong. Se la passerebbe veramente brutta se nel gruppo dei viet non ci fosse un giovane di nobili sentimenti che in qualche modo lo prende in simpatia e lo difende più volte dai compagni più turbolenti che lo ammazzerebbero volentieri. ■ AVVENTURA; COL.; 91'; USA, 1989.

TRIANGOLO DEL DELITTO, IL *(Le gros coup)* ★★
Regia di JEAN VALÈRE. Con HARDY KRÜGER, FRANCISCO RABAL, EMMANUELLE RIVA. ■ Macchinoso intreccio erotico-finanziario tra la vedova di un ricco commerciante, che ha provocato la morte del marito sabotandogli i freni dell'auto, e un calciatore che, scoperta la cosa, la ricatta. Finale tragico. ■ GIALLO; COL.; 93'; FRANCIA, 1964.

TRIANGOLO DELLA MORTE, IL *(Confession)* ★★
Regia di KEN HUGHES. Con JOHN BENTLEY, SIDNEY CHAPLIN, AUDREY DALTON. ■ Un prete conosce il nome del colpevole di un omicidio ma non può rivelarlo, avendolo appreso in confessione. Un ispettore di Scotland Yard fa spargere la voce che il sacerdote ha avuto il permesso dal vescovo di rivelare il nome dell'assassino, e che lo farà l'indomani. Come previsto, il colpevole s'introduce nottetempo in chiesa per chiudere per sempre la bocca al prete e viene sorpreso dalla polizia. Sparatoria con finale tragico. ■ DRAMMATICO; B/N; 90'; GRAN BRETAGNA, 1955.

TRIANGOLO DELLA PAURA, IL ★★
Regia di ANTHONY DAWSON. Con LEWIS COLLINS, DONALD PLEASENCE, LEE VAN CLEEF. ■ Un uomo della squadra narcotici americana s'è venduto ai trafficanti di droga. Per scoprire la verità, la squadra infiltra un proprio uomo nella banda di un grande boss che sta combattendo una guerra in Oriente contro un nuovo trafficante. ■ AVVENTURA; COL.; 94'; GERMANIA, ITALIA, 1988.

TRIANGOLO DELLE BERMUDE, IL ★★
(The Secrets of the Bermuda Triangle)
Regia di RENÉ CARDONA JR. Con CLAUDINE AUGER, GLORIA GUIDA, JOHN HUSTON, MARINA VLADY. ■ Il film si ispira alle sparizioni di navi avvenute nel famigerato triangolo delle Bermude. ■ DRAMMATICO; COL.; 115'; ITALIA, MESSICO, 1978.

TRIANGOLO DI FUOCO *(Wilder Napalm)* ★★
Regia di GLENN GORDON CARON. Con ARLISS HOWARD, DENNIS QUAID, JINM VARNEY, M. EMMETT WALSH, DEBRA WINGER. ■ Due fratelli, Wilder e Wallace, sono capaci di scatenare le fiamme con la sola forza del pensiero. Uno è un clown che vuole arrivare al successo e l'altro è pompiere volontario. I due si scontrano per ottenere il favore di Vida. L'idea è originale ma si perde nelle pieghe di una sceneggiatura poco efficace. ■ DRAMMATICO; COL.; 109'; USA, 1993.

TRIANGOLO D'ORO, IL *(The Golden Triangle)* ★★
Regia di ROME BUNNAG, MA WU. Con LO LIEH, SOMBAT METANEE, TIEN NEE. ■ Feroce lotta tra bande rivali per il controllo di una zona dove si produce quasi tutto l'oppio del mondo. ■ DRAMMATICO; COL.; 92'; THAILANDIA, 1975.

TRIANGOLO GIALLO ★
Regia di LUNG CHIEN. Con LOU CHAN, CHING CHING CHANG. ■ Trite avventure di kung-fu, questa volta ambientate in epoca medievale. ■ AVVENTURA; COL.; 92'; HONG KONG, 1972.

TRIBÙ DISPERSA, LA *(The Lost Tribe)* ★★
Regia di WILLIAM BERKE. Con ELENA VERDUGO, JOHNNY WEISSMULLER. ■ Due avidi avventurieri tentano di mettere le mani sui tesori di una città segreta. Ci riescono nonostante l'intervento di Jim della giungla, ma saranno fermati e uccisi da un branco di gorilla. ■ AVVENTURA; B/N; 72'; USA, 1949.

TRIBUNALE SENZA MAGISTRATI ★★
(The World Was his Jury)
Regia di FRED F. SEARS. Con MONA FREEMAN, EDMOND O'-BRIEN. ■ Si tratta della battaglia giudiziaria di un avvocato che difende un capitano di marina, accusato di aver provocato la morte di 160 persone nel naufragio della sua nave. È una lotta dura, ma infine il vero colpevole confessa e il capitano viene scagionato. ■ DRAMMATICO; B/N; 82'; USA, 1957.

TRIBUTO PIÙ BELLO, IL *(The Perfect Tribute)* ★★
Regia di JACK BENDER. Con LUKAS HAAS, JASON ROBARDS, CAMPBELL SCOTT, JEANNE TRIPPLEHORN. ■ In America è famoso il libro di Mary R. Shipman Andrews da cui è tratta la vicenda. All'epoca della guerra di Secessione, il destino di un ragazzino del Sud (Lukas Haas, il testimone di *Witness*), che attraversa il paese alla ricerca del fratello in fin di vita, si intreccia con quello di Abramo Lincoln (Jason Robards) che sta ancora pensando al suo discorso al campo di Gettysburg. C'è pure il protagonista di *Che mi dici di Willy?*, Campbell Scott. ■ DRAMMATICO; COL.; 100'; USA, 1991.

TRICK ★★
Regia di JIM FALL. Con LORRI BAGLEY, BRAD BEYER, CHRISTIAN CAMPBELL, JOHN PAUL PITOC, TORI SPELLING. ■ Gabriel è un musicista e ha un'amica del cuore. Un giorno incontra un ragazzo in un locale gay. Cercano un luogo in cui appartarsi e prendono a girovagare. Film "di culto" con scarso spessore presentato al Festival di Torino. ■ DRAMMATICO; COL.; 89'; USA, 1999.

TRIESTE CANTICO D'AMORE ★
Regia di MAX CALANDRI. Con ANTONIO BASURTO, VERA CARMI, NORA VISCONTI. ■ Inenarrabile polpettone storico sentimentale con vecchie contesse, politicanti mitteleuropei, fanciulle innamorate. ■ DRAMMATICO; B/N; 92'; ITALIA, 1954.

TRIESTE MIA! – O TRIESTE DEL MIO CUORE ★
Regia di MARIO COSTA. Con ERMANNO RANDI, ALDO SILVANI, LUCIANO TAJOLI, MILLY VITALE. ■ Nei drammatici giorni dell'armistizio, due amici militari si innamorano della stessa ragazza, Anna, che viene ricattata da un perfido slavo. Questi li denuncia ai tedeschi, e minaccia la fanciulla di far deportare il padre se non sarà sua. Il padre di Anna si uccide e i due amici riescono a fuggire, ma verranno poi uccisi dai partigiani slavi. ■ DRAMMATICO; B/N; 91'; ITALIA, 1952.

TRIGGER, IL CAVALLO PRODIGIO ★★★
(My Pal Trigger)
Regia di FRANK MCDONALD. Con DALE EVANS, JACK HOLT, ROY ROGERS. ■ In una fattoria del West, alcuni proprietari di ranch si contendono il possesso di un magnifico stallone che infine viene ucciso. Il figlio dello stallone, il puledro Trigger, potrebbe vincere facilmente la sua prima corsa, ma il suo fantino fa in modo che a vincere sia la figlia del proprietario del cavallo ucciso. ■ AVVENTURA; B/N; 90'; USA, 1946.

TRILLI *(Tinker Bell)* ★★
Regia di BRADLEY RAYMOND. ■ Nel mondo della Radura Incantata, un mondo fantastico mai visto prima, animato da bellis-

sime e luminose fatine, ogni fata nasce con un talento speciale, come ad esempio fare crescere i fiori, rendere luminose le lucciole, oppure tracciare incantevoli disegni sulla brina del mattino nelle giornate d'inverno; la giovane Trilli pensa che la sua capacità magica, il suo talento, non sia così importante o speciale, ma, incoraggiata dalle amiche Fairies Rosetta, Argentea, Daina e Iridessa, scoprirà che il segreto per risolvere i suoi problemi è quello di trovare in se stessa le sue doti particolari, doti che si rivelano quando lei è autentica. Solo allora accadono cose davvero magiche. ■ ANIMAZIONE; COL.; 78′; USA, 2008.

TRILLI E IL TESORO PERDUTO ★★
(Tinker Bell and the Lost Treasure)
Regia di KLAY HALL. Con KRISTIN CHENOWETH, ANGELICA HUSTON, LUCY LIU, RAVEN-SYMONE, MAE WHITMAN. ■ Secondo episodio della storia di Trilli, La Pietra di Luna è la principale fonte di magia della Radura Incantata dove vivono le Fate capaci di garantire il succedersi delle stagioni nel Mondo Fermo (quello cioè in cui abitano gli Umani). Ora però quel potere è in pericolo. Occorre quindi che qualcuno si avventuri alla ricerca di un tesoro in grado di riportare tutto alla normalità. Bisogna lasciare la Radura Incantata ed affrontare insidie sconosciute. Chi se non l'intraprendente Trilli potrà assumersi l'incarico? ■ ANIMAZIONE; COL.; 81′; USA, 2009.

TRILOGIA – DIARIO PER I MIEI AMORI ★★★
(Nàplo Szerelmeimnek)
Regia di MÁRTA MÉSZÁROS. Con ZSUZSA CZINKÓCZI, JAN NOWICKI, ANNA POLONY, PÈL ZOLNAY. ■ Magda cerca di far collaborare Janos che rifiuta. Intanto Juli si avvicina al mondo del cinema. È costretta, contro la sua volontà, a tornare a Mosca per seguire i corsi di cinematografia. Lo stalinismo impera e la ragazza viene accusata di non rispettare la disciplina legata al suo stato di studentessa e comincia a provare sentimenti di rivolta. Arriviamo al 1956. A Budapest scoppia la rivolta e Juli vorrebbe tornare in patria, ma la partenza le viene impedita. ■ DRAMMATICO; COL.; 141′; UNGHERIA, 1987.

TRILOGIA – DIARIO PER I MIEI FIGLI ★★★
(Nàplo Gyermekeinmnek)
Regia di MÁRTA MÉSZÁROS. Con ZSUZSA CZINKÓCZI, ANNA POLONY, TAMÈA TÒTH, PÈL ZOLNAY. ■ 1947. Juli Kavaks, sedicenne, torna a Budapest dopo aver trascorso l'infanzia a Mosca. È stata adottata da Magda che è una fervente comunista e le impone un'educazione rigida. Juli, che è ossessionata dal ricordo del padre, conosce Janos, un amico di Magda, che si oppone alla sua cieca sottomissione al potere crescente del partito. Janos è vittima delle prime purghe stalianiane. ■ DRAMMATICO; COL.; 106′; UNGHERIA, 1982.

TRILOGIA – DIARIO PER MIO PADRE E MIA MADRE *(Nàplo Apamnak, Anyàmnak)* ★★★
Regia di MÁRTA MÉSZÁROS. Con ILDIKÒ BÈNSÈGI, ZSUZSA CZINKÓCZI, JAN NOWICKI, MARI TOROCSIK. ■ A Juli viene consentito di tornare a casa e trova una Budapest distrutta. Janos non ha mutato il suo spirito ribelle e ha partecipato attivamente alla rivolta che però viene repressa nel sangue. Il primo maggio 1957 si celebra la vittoria sulla "controrivoluzione". Janos verrà condannato a morte. Juli, insieme alla moglie, andrà a cercarne il cadavere ma sarà loro impedito di vederlo. ■ DRAMMATICO; COL.; 113′; UNGHERIA, 1990.

TRINIDAD *(Affair in Trinidad)* ★★★
Regia di VINCENT SHERMAN. Con GLENN FORD, RITA HAYWORTH, ALEXANDER SCOURBY. ■ Un pilota americano si reca a Trinidad per indagare sulla morte del fratello e scopre un vasto traffico d'armi e di spionaggio. Aiutato dalla vedova del fratello, che canta e balla in un locale notturno, sgomina quindi la banda di spie, portandosi infine negli Usa la bella cognata, dopo aver sconfitto un temibile rivale. ■ SPIONAGGIO; B/N; 98′; USA, 1952. ■ OSCAR 1 NOM.

TRINITÀ & BAMBINO... E ADESSO TOCCA A NOI! ★
Regia di E. B. CLUCHER. Con FANNY CADEO, KEATH KIZZIER, KEITH NEUBERT, RENATO SCARPA. ■ Ancora Enzo Barboni (vero nome di E. B. Clucher) che ritorna a moduli ormai usurati di cazzotti e acrobazie con battute ormai d'epoca e una semplicità che ormai è divenuta semplicismo. Ultima speranza la televisione ma con un pubblico molto distratto. ■ WESTERN; COL.; 100′; GERMANIA, ITALIA, SPAGNA, 1995.

TRINITÀ E SARTANA FIGLI DI... ★
Regia di MARIO SICILIANO. Con HARRY BAIRD, ROBERT WIDMARK. ■ Trinità e Sartana assaltano una banca in una città dominata da un cattivone. Naturalmente hanno la meglio. ■ WESTERN; COL.; 91′; ITALIA, 1971.

TRIO ★★
Regia di GIANFRANCO MINGOZZI. Con MARISA GALVAN, WALTER VEZZA, MARIELLA ZANETTI. ■ Le vite parallele – in pratica un film a episodi – di Marisa, commessa e aspirante cantante; Anna, che fugge da casa per sottrarsi alla madre soffocante; Enzo, giovane frustrato che cerca l'evasione e l'avventura del crimine. ■ DRAMMATICO; COL.; 105′; ITALIA, 1967.

TRIO INFERNALE *(Le trio infernal)* ★★★
Regia di FRANCIS GIROD. Con ANDRÉA FERRÉOL, MONICA FIORENTINI, MASCHA GOMSKA, MICHEL PICCOLI. ■ Nella Francia del primo dopoguerra, un avvocato e due sorelle tedesche profughe s'ingegnano, per sbarcare il lunario, a truffare compagnie d'assicurazione, mediante scambi di persona, fino ad arrivare a numerosi omicidi, facendo sparire i corpi delle vittime nell'acido solforico. Humour nero. ■ COMMEDIA; COL.; 110′; FRANCIA, 1975.

TRIONFO D'AMORE *(Sporting Blood)* ★★
Regia di SYLVAN SYMON. Con MAUREEN O'SULLIVAN, LEWIS STONE, ROBERT YOUNG. ■ Un allevatore, per poter riparare la vecchia casa in cui è tornato dopo molto tempo, cerca un prestito in banca, che gli viene rifiutato per colpa di un altro allevatore. Per di più subisce una serie di attentati che gli fanno svanire il sogno di vincere il derby. Ma la figlia del rivale, innamorata di lui, lo sposerà portandogli in dote il migliore cavallo del padre, che naturalmente vincerà la gara. ■ COMMEDIA; B/N; 92′; USA, 1940.

TRIONFO DEI DIECI GLADIATORI, IL ★★
Regia di NICK NOSTRO. Con HELGA LINÉ, GIANNI RIZZO, DAN VADIS. ■ Dieci gladiatori, incaricati di rapire la regina di un popolo nemico, si trovano invischiati in un intrigo di palazzo. Tutto si risolve con la solita battaglia finale. ■ AVVENTURA; COL.; 94′; ITALIA, 1964.

TRIONFO DEL CUORE, IL *(Triumph of the Heart)* ★
Regia di RICHARD MICHAELS. Con POLLY HOLLIDAY, SUSAN RUTTAN, MARIO VAN PEEBLES. ■ L'amicizia un po' sdolcinata tra il capitano dei Bucks, una squadra di football, e un giovanissimo portatore di handicap. Van Peebles prima del debutto come regista. ■ BIOGRAFICO; COL.; 100′; USA, 1991.

TRIONFO DELLA CASTA SUSANNA, IL ★★
(Frau Wirtin hat auch eine Nichte)
Regia di FRANÇOIS LEGRAND. Con LANDO BUZZANCA, EDWIGE FENECH, MARGARET LEE, TERRY TORDAY. ■ La disinvolta Susanna, attrice itinerante con la sua compagnia di girovaghi, spaccia per il figlio di Napoleone un neonato abbandonato. Lo stratagemma consente a Napoleone di fidanzarsi con Maria Luisa d'Austria, il cui padre, l'imperatore asburgico, dubitava delle capacità virili del collega francese. ■ COMMEDIA; COL.; 92′; GERMANIA, 1969.

TRIONFO DELL'AMORE, IL *(The Triumph of Love)* ★★★
Regia di CLARE PEPLOE. Con BEN KINGSLEY, LUIS MOLTENI, IGNAZIO OLIVA, JAY RODAN, FIONA SHAW, MIRA SORVINO, RACHAEL STIRLING. ■ La dea che in questo film fa innamorare uomini e donne, ha mani come giunchi e due gambe infinite. La ragazza che manovra l'amore, e i fili delle vite altrui, come un burattinaio, come un giocatore di scacchi che manovra le sue pedine, si affretta a dire: «Io non sono così. Io vivo col cuore, e quando decido con il cervello, sbaglio. Io mi innamoro, e quando mi innamoro non faccio calcoli». Però, nel *Trionfo dell'amore* – tratto da una commedia brillante e perfida, scritta da Marivaux in pieno Settecento – lei nei panni della principessa Phocion è una specie di Richelieu dell'amore: seduce, inganna, si traveste. ■ COMMEDIA; COL.; 120′; GRAN BRETAGNA, ITALIA, 2001.

TRIONFO DELLA PRIMULA ROSSA, IL ★★★
(The Return of the Scarlet Pimpernel)
Regia di HANS SCHWARZ. Con BARRY K. BARNES, SOPHIE STEWART. ■ Siamo in Francia, ai tempi del Terrore, subito dopo la Rivoluzione francese. Un baronetto inglese s'incarica di liberare il maggior numero di nobili possibile dalle mani del boia. Ma non può far nulla proprio quando arrestano sua moglie, e sarebbe costretto a vederla morire, se nel frattempo non fosse deposto Robespierre e decretata la fine del Terrore. ■ AVVENTURA; B/N; 94'; GRAN BRETAGNA, 1937.

TRIONFO DELLA VITA, IL *(Stand up and Cheer)* ★★★
Regia di HAMILTON MACFADDEN. Con WARNER BAXTER, MADGE EVANS, SHIRLEY TEMPLE. ■ La grande crisi del 1929 ha gettato l'America nella tristezza, facendole perdere il tradizionale ottimismo. Il presidente, per risollevare il morale della nazione, istituisce il ministero dei divertimenti, mettendovi a capo un impresario teatrale, e il sorriso torna nella terra dello zio Sam. ■ COMMEDIA; B/N; 80'; USA, 1934.

♥ **TRIONFO DELLA VOLONTÀ, IL** ★★★
(Der Triumph des Willens)
Regia di LENI RIEFENSTAHL. ■ A lungo vietato in Italia nella versione integrale (era stato presentato un piccolo estratto su Raitre), il film della più grande regista del mondo è uscito in video. È la documentazione del famoso congresso di Norimberga con Hitler e tutti i gerarchi nazisti. La regista impiegò due anni per il montaggio e aveva a disposizione chilometri di pellicola ripresi da una trentina di macchine da presa. Cinematograficamente un capolavoro e ideologicamente pessimo. ■ DOCUMENTARIO; B/N; 120'; GERMANIA, 1935.

TRIONFO DELL'INNOCENZA, IL *(La pocharde)* ★★
Regia di JEAN KEMM. Con JACQUELINE DAIX, JEAN DEBUCOURT, BERNARD LANCRET, GERMAINE ROUER. ■ Una donna è accusata d'infanticidio per la morte del più piccolo dei suoi figli, attribuita da un medico ad avvelenamento. In un locale notturno la donna incontra il figlio del dottore che ha stilato il referto, il quale si convince che il padre ha sbagliato. ■ DRAMMATICO; B/N; 92'; FRANCIA, 1936.

TRIONFO DI ERCOLE, IL ★★
Regia di ALBERTO DE MARTINO. Con PIERRE CRESSOY, MOIRA ORFEI, MARILÙ TOLO. ■ A Micene regna un usurpatore che ha ucciso il re legittimo. Arriva Ercole, lo fa fuori e sposa la figlia del sovrano. ■ AVVENTURA; COL.; 91'; ITALIA, 1964.

TRIONFO DI KING KONG, IL *(King Kong vs. Godzilla)* ★
Regia di EIJI TSUBURAYA. Con HARRY HOLCOMBE, MICHAEL KEITH, JAMES YAGI. ■ In Giappone si risveglia Godzilla, gigantesco dinosauro ibernato da 150 milioni di anni e, per impedire la distruzione di Tokyo, gli scienziati gli contrappongono il suo vecchio nemico King Kong. ■ FANTASCIENZA; COL.; 92'; GIAPPONE, 1976.

TRIONFO DI MACISTE, IL ★★
Regia di AMERIGO ANTON. Con LIUBA BODINE, CATHIA CARO, KIRK MORRIS. ■ Il forzuto Maciste interviene per ristabilire i diritti degli abitanti di una città, oppressi da una crudele tiranna. Ovviamente riuscirà nell'impresa. ■ AVVENTURA; COL.; 90'; ITALIA, 1961.

TRIONFO DI MICHELE STROGOFF, IL ★★
(Le triomphe de Michele Strogoff)
Regia di VICTOR TOURJANSKY. Con CAPUCINE, CURD JÜRGENS, PIERRE MASSIMI, CLAUDE TITRE. ■ Il colonnello Strogoff deve accompagnare in una spedizione punitiva contro una tribù ribelle il principe Sergio, nipote della zarina. Ma la spedizione fallisce, i due vengono fatti prigionieri dai ribelli e condotti nella città di Khiva, da dove verranno liberati dalle truppe dello zar. ■ AVVENTURA; COL.; 95'; FRANCIA, ITALIA, 1961.

TRIONFO DI PANCHO VILLA, IL ★★
(Cuando "¡Viva Villa!" es la muerte)
Regia di ISMAEL RODRIGUEZ. Con PEDRO ARMENDARIZ, CARLOS LOPEZ MOCTEZUMA, MARIA ELENA MARQUÉS. ■ L'eroe della resistenza messicana, dopo quindici anni di lotta e battaglie, può finalmente ritirarsi a vita privata contento del successo ottenuto e della libertà ridata al popolo messicano. Ma purtroppo cade in un'imboscata mortale tesagli dai suoi avversari. I suoi ideali e la sua fede guideranno i messicani verso una nuova realtà. ■ STORICO; COL.; 92'; MESSICO, 1958.

TRIONFO DI ROBIN HOOD, IL ★★
Regia di UMBERTO LENZI. Con DON BURNETT, GERMANO LONGO, VINCENZO MUSOLINO, GIA SCALA. ■ Robin Hood si batte come un leone contro i suoi nemici; poi re Riccardo torna dalla Terra Santa e riaccomoda tutto. ■ AVVENTURA; COL.; 94'; ITALIA, 1962.

TRIONFO DI SCOTLAND YARD, IL ★★
(Scotland Yard Triumphs)
Regia di QUENTIN LAWRENCE. Con BARRY FOSTER, VICTOR PLATT, MARGIT SAAD. ■ Film che comprende due mediometraggi tratti da racconti di Edgar Wallace. Nel primo, un agente di polizia perdutamente innamorato di una donna l'aiuta a sbarazzarsi del marito. Poi si rende conto che lei non l'ha mai amato e la uccide. Nel secondo episodio, un anziana commessa di una gioielleria viene trovata morta dalla polizia. Un ispettore, scoperto il colpevole, rischia di essere ucciso, ma la polizia lo salva. ■ POLIZIESCO; B/N; 90'; GRAN BRETAGNA, 1962.

TRIONFO DI TARZAN, IL *(Tarzan Triumphs)* ★★★
Regia di WILHELM THIELE. Con JOHNNY SHEFFIELD, JOHNNY WEISSMULLER. ■ Questa volta Tarzan deve vedersela con dei paracadutisti tedeschi che sfruttano in modo disumano gli indigeni di una foresta. Tarzan stermina i cattivi e riporta la pace nella giungla. ■ AVVENTURA; B/N; 78'; USA, 1942.

TRIONFO DI TOM E JERRY, IL ★★★
(Festival Cartoons n. 9)
Produzione MGM. ■ Serie di episodi a cartoni animati. ■ ANIMAZIONE; COL.; 94'; USA, 1966.

TRIONFO DI ZORRO, IL *(Ridin' the Trail)* ★★
Regia di RAYMOND K. JOHNSON. Con HARRY HARVEY, FRED SCOTT. ■ Un ricco fattore è ucciso; la figlia viene affidata alle cure di un amico del padre. Nella nuova casa, la giovane incontra Zorro, nei panni di un guardiano, il quale scopre che a commettere il delitto è stato l'uomo che ospita la fanciulla e lo fa arrestare. ■ AVVENTURA; B/N; 56'; USA, 1940.

TRIPLA IDENTITÀ *(Miranda)* ★
Regia di MARC MUNDEN, MARC MUNDEN. Con JOHN HURT, KYLE MACLACHLAN, CHRISTINA RICCI, JOHN SIMM. ■ Un bibliotecario intreccia una relazione con la misteriosa Miranda, una giovane donna che nasconde tre diverse identità; ballerina, dominatrice e truffatrice. ■ DRAMMATICO; COL.; 95'; GERMANIA, GRAN BRETAGNA, 2002.

TRIPLE AGENT ★★★
Regia di ERIC ROHMER. Con KATERINA DIDASKALU, AMANDA LANGLET, SERGE RENKO, EMMANUEL SALINGER. ■ Parigi, 1936. Fiodor è un generale russo che è fuggito dal comunismo e appartiene alla cerchia di rifugiati che sostengono un ritorno della monarchia. Ha sposato Arsinoé, una greca che si diletta di pittura, che invece non ha alcuna remora a frequentare i vicini di casa di chiara ispirazione comunista. La guerra in Spagna è alla porte e il Fronte Popolare avanza in Francia. Sicuramente Mosca non vuole sbilanciamenti in avanti verso la rivoluzione. In questa situazione apprendiamo dallo stesso Fiodor che il suo mestiere è quello di spia. Ma per chi? Per i russi anticomunisti, per i sovietici o per i nazisti? Fino a che punto è disposto a sacrificare la moglie in questo gioco pericoloso? Rohmer prosegue sulla sua nuova strada di ricerca. Ha abbandonato i confronti amorosi e si rivolge alla Storia per metterla a confronto con le storie di persone che vi assumono ruoli secondari ma non anonimi. Come l'Inglese e il Duca del film precedente ora Fiodor e Arsinoé tracciano geometrie verbali per cercare di ingabbiare una Storia che invece li sovrasta. Rohmer ormai sta facendo sempre più della "forma" il suo assoluto. Con il rischio di allontanare dal suo cinema anche il pubblico più fedele. Tre stelle per il rispetto dovuto a un maestro. ■ SPIONAGGIO; COL.; 115'; FRANCIA, 2004.

TRIPLICE INGANNO *(Les Brigades du Tigre)* ★★
Regia di JÉRÔME CORNUAU. Con STEFANO ACCORSI, EDOUARD BAER, CLOVIS CORNILLAC, THIERRY FRÉMONT, JACQUES GAM-

BLIN, OLIVIER GOURMET, DIANE KRUGER. ■ Da una serie cult fancese degli anni Settanta, *Les Brigades du tigre*. Siamo in Francia agli inizi del ventesimo secolo. Prima che la Triplice Intesa prenda vita, la "Brigata Tigre", forza speciale voluta dal ministro dell'Interno, non solo dà la caccia ai criminali ma cerca di portare alla luce gli intrighi politici che coinvolgono molti paesi dell'Europa. Il poliziesco *Triplice inganno* non riesce a trovare un proprio equilibrio, anche per via di uno sbilanciamento di ruoli. Come nei classici che appartengono al genere in questione, il film dovrebbe svilupparsi secondo due modelli narrativi dati dai due diversi punti di vista del trasgressore e del detective-poliziotto. In realtà, il punto di vista è decisamente spostato dalla parte dei "cacciatori", rendendo sfumate e prive del vigore necessario le figure degli antagonisti. Su tutte, spicca l'interpretazione di Diane Kruger nei panni di una donna enigmatica e passionale. ■ DRAMMATICO; COL.; 125'; FRANCIA, 2006.

TRIPLO ECO *(The Triple Echo)* ★★★
Regia di MICHAEL APTED. Con BRIAN DEACON, GLENDA JACKSON, OLIVER REED. ■ Una donna vive sola (il marito è prigioniero in Giappone) nel suo cascinale. Un disertore, fuggito da un vicino distaccamento militare, dopo aver scoperto la fattoria, passa il suo tempo ad aiutare la donna e, a poco a poco, i due si innamorano. Per non destare sospetti, il giovane si lascia crescere i capelli e si traveste da donna. La trasformazione è tanto reale che di lei-lui s'innamora un sergente. Il disertore, che vuole burlarsi dell'ex superiore, accetta un invito al ballo in caserma e qui si fa smascherare. Fugge verso la cascina dove l'amante, per non vederlo finire nelle mani del vendicativo sergente, lo uccide. ■ DRAMMATICO; COL.; 94'; GRAN BRETAGNA, 1972.

TRIPLO GIOCO *(The Jigsaw Man)* ★
Regia di TERENCE YOUNG. Con MICHAEL CAINE, SUSAN GEORGE, CHARLES GRAY, DAVID KELLY, MICHAEL MEDWIN, LAURENCE OLIVIER, ROBERT POWELL, VLADEK SHEYBAL, SABINE SUN. ■ *Spy movie* focalizzato sulle avventure di un ex agente segreto britannico passato ai russi che torna nel suo paese per un'ultima pericolosa missione. Un intervento di plastica facciale gli ha opportunamente cambiato i connotati. Film verboso e disordinato a cui neppure il mestiere di Terence Young riesce a porre rimedio. ■ THRILLER; COL.; 94'; INGHILTERRA, 1983.

♥ **TRIPLO GIOCO** *(Romeo is Bleeding)* ★★★
Regia di PETER MEDAK. Con JULIETTE LEWIS, GARY OLDMAN, LENA OLIN, ANNABELLA SCIORRA. ■ Dal regista di *Men's Club* e *I corvi*, un altro film di un certo interesse, pur nei limiti del genere nero. Un agente di polizia corrotto scende a patti con la mafia. Giunto poi in un giro troppo pericoloso decide di fare il doppio gioco e riesce a far sparire le proprie tracce. Finisce in Arizona a fare il barista, ma non tutto è bene quel che sembra finire bene. In mezzo a tutto ciò, tre donne tra le quali la moglie e l'amante. Una delle tre, la più astuta e cattiva, gli darà maggior filo da torcere. La storia viene raccontata dal protagonista, che ripercorre tutte le vicende con ironia. Bravi gli attori, taglio violento ma giostrato con abilità dal regista. ■ POLIZIESCO; COL.; 108'; USA, 1993.

TRIPLO GIOCO *(The Good Thief)* ★★
Regia di NEIL JORDAN. Con GERARD DARMON, TCHÉKY KARYO, EMIR KUSTURICA, NICK NOLTE. ■ Bob Montagnet è un americano, giocatore d'azzardo e ladro, finito nel Sud della Francia, abbandonato dalla fortuna e senza soldi. È anche eroinomane e il suo fornitore è Said, un giovane algerino. Bob sta giocando in una bisca clandestina gestita da Remi quando sotto l'effetto della droga, conosce Anne, una ragazza dell'Est europeo che Remi controlla. Bob è conquistato dalla sua bellezza, e in particolare dai suoi occhi portafortuna. ■ COMMEDIA; COL.; 108'; CANADA, FRANCIA, GRAN BRETAGNA, IRLANDA, 2002.

TRIPLO INGANNO *(Wrong Number)* ★★
Regia di RICHARD MIDDLETON. Con STEVE ADAMS, CAS ANVAR, BRIGITTE BAKO, BARRY BLAKE, DAVID LIPPER, JO MARR. ■ Un ambiguo triangolo immerso in un micidiale cocktail di amore e business. Due coniugi, Josh e Dana, insieme all'amante di lei, Michael, sono soci in affari, ma il loro fruttuoso colosso bancario è sull'orlo del crac. Josh, il principale azionista, sparisce nel nulla: omicidio, o fuga strategica? I soci rimanenti si accusano a vicenda e spetta ai detective Bijou e Stevenson risolvere il caso. Intrigo di inganni con colpo di scena finale. ■ THRILLER; COL.; 97'; CANADA, USA, 2001.

TRIPOLI, BEL SUOL D'AMORE – I QUATTRO BERSAGLIERI ★★
Regia di FERRUCCIO CERIO. Con RICCARDO BILLI, MARIO RIVA, ALBERTO SORDI. ■ Un giovane bersagliere, Alberto, deve sopportare tutti gli scherzi di tre commilitoni che lo considerano un pericoloso concorrente nella conquista di Maria. Ma, visto che Maria è veramente innamorata di Alberto, i quattro decidono di fare pace. Quando il reggimento deve spostarsi in Libia Maria, per non restare lontana dall'innamorato, si arruola come crocerossina e segue la colonna. Gli indigeni si scatenano, infuriano battaglie che decimano la colonna italiana. Quando tutto sembra perduto, ecco arrivare i rinforzi. Alberto e Maria possono così sperare in un avvenire roseo. ■ COMMEDIA; COL.; 67'; ITALIA, 1953.

TRIPWIRE – SUL FILO DEL RASOIO *(Tripwire)* ★★
Regia di JAMES LEMMO. Con ISABELLA HOFFMANN, TERENCE KNOX, DAVID WARNER. ■ Un gruppo di terroristi vuol sabotare un treno e quando il figlio del capo viene ucciso da Jack, un detective dell'Fbi, si vendica uccidendogli la moglie. Ma non basta, mette anche in atto il rapimento del figlio. Con un buon ritmo ma con una recitazione piuttosto manierata oltre a una sceneggiatura piena di buchi. ■ THRILLER; COL.; 100'; USA, 1989.

TRIS DI DONNE & ABITI NUZIALI ★★
Regia di VINCENZO TERRACCIANO. Con PAOLO BRIGUGLIA, SALVATORE CANTALUPO, SERGIO CASTELLITTO, MARTINA GEDECK, RAFFAELLA REA. ■ Franco Campanella è un ex impiegato delle poste che non arriva ai mille euro al mese di pensione, devoto alla propria famiglia e dedito al vizio del gioco. Alla vigilia delle nozze della figlia maggiore Luisa, giovane insegnante appassionata di poesia, Franco promette alla moglie Josephine di impegnarsi a fare economia per sostenere personalmente le spese del matrimonio. Ma dopo che gli viene rifiutato un fido bancario, ricomincia a scommettere e a frequentare ogni bisca del napoletano, perdendo fino a indebitarsi con strozzini e camorristi per una cifra da decine di migliaia di euro. Dietro ad un titolo da commedia dei "telefoni bianchi" si cela un tentativo di recupero di quelle agrodolci modalità di raccontare una parte anonima e sotterranea della società che hanno fatto grande il passato della commedia italiana. Il passato, appunto. ■ COMMEDIA; COL.; 98'; ITALIA, 2009.

TRISTANA ★★★★
Regia di LUIS BUÑUEL. Con CATHERINE DENEUVE, FRANCO NERO, FERNANDO REY. ■ Tristana, giovane e bella orfana, è affidata a un uomo libertino e spietato, che passa ben presto dal ruolo del padre putativo a quello di amante di Tristana. La ragazza sopporta la situazione fino a che non si innamora di un pittore, con il quale se ne va. Dopo due anni ritorna gravemente malata dall'ex amante che la sposa. Incattivita dalla malattia, diventa però crudele col marito fino al punto di lasciarlo morire, quando verrà colpito da un attacco di cuore. ■ DRAMMATICO; COL.; 105'; SPAGNA, 1970. ■ OSCAR 1 NOM.

TRISTANA E LA MASCHERA *(Sadie Thompson)* ★★★
Regia di RAOUL WALSH. Con LIONEL BARRYMORE, BLANCHE FREDERICI, CHARLES LANE, FLORENCE MIDGLEY, GLORIA SWANSON. ■ Sadie Thompson, una splendente Gloria Swanson, lascia San Francisco per l'isola tropicale Pago-Pago. Nei mari del Sud desidera inziare una nuova vita e si lega sentimentalmente al sergente O'Hara (il regista Raoul Walsh). Però contro il suo passato immorale e il suo stile di vita si scaglia il missionario estremista Alfred Davidson che la vuole ricacciare a San Francisco. In un crescendo di tensione si va verso un finale tragico. Magnifica interpretazione di Gloria Swanson. Il finale del film è andato perduto. ■ DRAMMATICO; B/N; 97'; USA, 1928. ■ OSCAR 2 NOM.

TRISTANO E ISOTTA *(Tristan & Isolde)* ★★
Regia di KEVIN REYNOLDS. Con JB BLANC, HENRY CAVILL, JAMES FRANCO, SOPHIA MYLES, DAVID O'HARA, RUFUS SEWELL. ■ I principali clan inglesi pianificano una coalizione per far fronte alle forti pressioni belliche dell'Irlanda, ma le truppe nemiche

attaccano di sorpresa compiendo una carneficina. Rimasto orfano, il giovanissimo Tristano verrà cresciuto da Lord Marke, potente signore a capo della lega di tribù britanniche. Anni dopo, il giovane rampante Tristano, ferito in battaglia, arriva sulle coste dell'Irlanda in fin di vita, dove verrà curato in segreto da Isotta, figlia del re d'Irlanda. I due giovani s'innamoreranno, e il loro amore travolgente finirà per influenzare il corso degli eventi, bellici e non, tra le due potenze in guerra. ■ DRAMMATICO; COL.; 125'; INGHILTERRA, USA, 2005.

TRISTEZZA E LA BELLEZZA, LA ★★
(Tristesse et beauté)
Regia di JOY FLEURY. Con CHARLOTTE RAMPLING, MYRIEM ROUSSEL, ANDRZEJ ZULAWSKI. ■ Calligrafica trasposizione parigina del romanzo omonimo del Premio Nobel giapponese Yasunari Kawabata, morto suicida nel 1972: il classico triangolo amoroso si risolve in folle tragedia. Il tutto filtrato attraverso lente immagini di rarefatta e gelida bellezza formale e dialoghi enfatici e solenni. ■ DRAMMATICO; COL.; 92'; FRANCIA, 1986.

TRISTI AMORI ★★★
Regia di CARMINE GALLONE. Con GINO CERVI, LUISA FERIDA. ■ La moglie di un avvocato si innamora di un collaboratore del marito. Rinuncerà però a partire con lui e ad abbandonare il coniuge per non lasciare la figlioletta. ■ DRAMMATICO; B/N; 93'; ITALIA, 1943.

TRITTICO ALLEGRO *(Brave Little Taylor)* ★★★
Produzione DISNEY. ■ *Sinfonia musicale*, *Paperino* e *Pluto*: ecco i titoli delle tre gustose scenette che compongono il trittico. ■ ANIMAZIONE; COL.; 93'; USA, 1952.

TRITTICO D'AMORE *(Invitation to the Dance)* ★★★
Regia di GENE KELLY. Con BELITA, GENE KELLY, TAMARA TOUMANOVA, IGOR YOUKEVITCH. ■ Un film tutto danzato, completamente privo di dialogo: Kelly ci stava pensando da parecchi anni. ■ MUSICALE; COL.; 93'; USA, 1956. ■ BERLINO 1 PR.

TRITTICO DI ANTONELLO, IL ★★★
Regia di FRANCESCO CRESCIMONE. Con LYDIA ALFONSI, LUIGI AMODEO, LORENA BENATTI, LORENZA INDOVINA. ■ Il titolo, oltre che ai tre episodi che costituiscono il film, rinvia a un'opera d'arte che si trova nel casale di Rafforosso in Sicilia. Crescimone costruisce un percorso di riflessione sulle condizioni storico-sociali della Sicilia che non è privo di interessanti spunti di riflessione. ■ DRAMMATICO; COL.; 106'; ITALIA, 1992.

TRIXIE ★★
Regia di ALAN RUDOLPH. Con NATHAN LANE, DERMOT MULRONEY, NICK NOLTE, EMILY WATSON. ■ In una stazione turistica del tutto tranquilla Trixie ha la mansione di detective del Casinò. Deve dunque occuparsi di piccoli imbrogli, di situazioni insignificanti. Ed è sempre in attesa del delitto con la "d" maiuscola. Ecco che Down, la cantante della stazione balneare, viene trovata morta. La grande occasione è dunque arrivata. Trixie deve vedersela con un bellone fin troppo sospettabile e con Nick Nolte. Alan Rudolph era partito come allievo prediletto di Altman, e come tale rigoroso e poco incline ai compromessi di cassetta. Ha dovuto rivedere le sue posizioni. Tuttavia la storia non presenta grandi slanci. Rivisto il "bel" Mulroney, un po' appesantito dai tempi in cui era conteso nientemeno che da Julia Roberts e Cameron Diaz nel *Matrimonio del mio migliore amico*. ■ GIALLO; COL.; 117'; USA, 2001.

TROIANE, LE *(The Trojan Women)* ★★★★
Regia di MICHAEL CACOYANNIS. Con GENEVIÈVE BUJOLD, KATHARINE HEPBURN, IRENE PAPAS, VANESSA REDGRAVE. ■ Dalla tragedia di Euripide. Tutti gli eroi di Troia sono morti, le loro donne vengono condotte schiave dai greci vincitori. Cassandra è concubina di Agamennone, Andromaca sarà schiava del figlio di Achille, e schiava diventa anche la vecchia Ecuba. Chi se la cava meglio è Elena, della quale Menelao è sempre innamorato. ■ DRAMMATICO; COL.; 105'; GRAN BRETAGNA, 1971.

TROIKA *(Trôika sur la piste blanche)* ★★
Regia di JEAN DRÉVILLE. Con JANY HOLT, JEAN MURAT, CHARLES VANEL. ■ La figlia di un ufficiale che lotta contro il contrabbando scopre che il marito è proprio a capo della disonesta organizzazione. Il cattivone la ricatterà portandole via il figlioletto, ma poi tutto finirà per il meglio. ■ DRAMMATICO; B/N; 94'; FRANCIA, 1937.

TROLL ★★
Regia di JOHN CARL BUECHLER. Con SONNY BONO, SHELLEY HACK, MICHAEL MORIARTY. ■ Troll è un malefico gnomo che s'annida in un palazzo e vuole trasformare il mondo in un paese fatato (dove tutti naturalmente gli obbediscono). Il suo nemico più fiero si rivelerà inopinatamente un ragazzino, nuovo inquilino del palazzo occupato da Troll. ■ HORROR; COL.; 86'; USA, 1986.

TROMBONI DI FRA' DIAVOLO, I ★★★
Regia di GIORGIO SIMONELLI. Con MOIRA ORFEI, FRANCISCO RABAL, UGO TOGNAZZI, RAIMONDO VIANELLO. ■ Siamo nel regno di Napoli occupato dalle truppe francesi. Un colonnello, per liberarsi di Fra' Diavolo, un brigante patriota che non dà respiro al suo esercito, organizza una spedizione per dargli la caccia. Il ribelle cade in mano ai francesi mentre sta per sposarsi in un vecchio convento: ma sono i frati stessi, unitisi ai briganti, a liberarlo ed a scacciare gli invasori. ■ COMMEDIA; COL.; 90'; ITALIA, 1962.

TRON ★★
Regia di STEVEN LISBERGER. Con BRUCE BOXLEITNER, JEFF BRIDGES, DAVID WARNER. ■ Flynn, esperto in elettronica, gestisce una sala giochi perché il suo ex padrone, Dillinger, si è valso delle sue invenzioni per diventare capo dell'ENCOM, potente industria di strumenti elettronici. Flynn vuole le prove di questa disonestà e viene aiutato da due ricercatori nell'impresa, ma la vera lotta si svolgerà in un'altra dimensione, quella dei "programmi elettronici", fedele riproduzione di quella umana. Flynn infatti diventa Clou, Alan è Tron, Lora è Yory, il disonesto Dillinger è Sark ora capo dei guerrieri di MPC (il gigantesco elaboratore elettronico, vero cervello della ENCOM). Dopo una lotta senza tregua, la disonestà di Dillinger verrà provata. ■ FANTASCIENZA; COL.; 96'; USA, 1982. ■ OSCAR 2 NOM.

TRON. LEGACY ★★
Regia di JOSEPH KOSINSKI. Con BRUCE BOXLEITNER, JEFF BRIDGES, GARRETT HEDLUND, MICHAEL SHEEN, OLIVIA WILDE. ■ All'interno dei computer non è cambiato molto. Stesse voci orwelliane che parlano come da altoparlanti impartendo ordini ai programmi, stesso odio per i creativi, quasi stesse moto, stessi intercettatori e medesima passione per i videogiochi in stile Colosseo. Ad essere mutata è la leadership, non c'è più l'MCP ma CLU, il programma eletto e ribelle, l'angelo più vicino al Dio creativo Flynn che, incaricato di creare un mondo perfetto ha tradito e intrappolato il suo stesso creatore. Ora tocca al figlio di Kevin Flynn tentare di trovare e liberare il padre. Il *Tron* del 1982 era un film Disney in tutti i sensi, prodotto divertente per famiglie tutto azione e fantasia. ■ FANTASCIENZA; COL.; 127'; USA, 2010.

TRONO DI FUOCO – IL GIUDICE SANGUINARIO, IL *(Der Hexentöter von Blackmoor)* ★★
Regia di JESS FRANCO (pseud. di JESUS FRANCO). Con HANS HASSE, CHRISTOPHER LEE, MARGARET LEE, MARIA SCHELL. ■ Siamo in Inghilterra alla fine del diciassettesimo secolo. Una giovane che cospira contro Giacomo II viene bruciata come strega, poi il giudice che ne ha sancito la condanna si accanisce anche contro la sorella. La ragazza sta per fare anche lei una brutta fine, ma un Lord che la ama riesce a salvarla. Giacomo II viene deposto, il perfido giudice punito. ■ AVVENTURA; COL.; 95'; GERMANIA, ITALIA, SPAGNA, 1970.

TRONO DI SANGUE, IL *(Kumonosu-Jo)* ★★★★
Regia di AKIRA KUROSAWA. Con TOSHIRO MIFUNE, ISUZO YAMADA. ■ Riedizione in ambiente giapponese del *Macbeth* di Shakespeare. Due nobili nipponici incontrano in una foresta uno spirito che predice loro la conquista del potere. Cosa che effettivamente si avvera, tramite delitti ed usurpazioni. Il paese però si ribella ai due tiranni e uno di essi torna dallo spirito per aver consiglio: questi gli assicura che resterà invincibile finché la foresta non si muoverà contro di lui. Ed è proprio quello che accade, quando gli assalitori per avvicinarsi al castello si mimetizzano da alberi. ■ DRAMMATICO; B/N; 110'; GIAPPONE, 1959.

TRONO NERO *(His Majesty O'Keefe)* ★★★
Regia di BYRON HASKIN. Con BURT LANCASTER, ANDRÉ MORELL, JOAN RICE. ■ Un capitano, abbandonato su di un'isola dei mari del Sud dall'equipaggio ammutinatosi, diventa amico degli indigeni e riesce a liberarli quando essi vengono catturati come schiavi dai pirati. Diventa così il loro re e li difende poi dagli speculatori che vogliono impadronirsi delle ricchezze e dell'isola. ■ AVVENTURA; COL.; 92′; USA, 1953.

TRONO PER CRISTINA, UN *(Un trono para Cristy)* ★★
Regia di LUIS CÉSAR AMADORI. Con ANGEL ARANDA, CHRISTINE KAUFMANN, ZULLY MORENO. ■ Christine, figlia illegittima di un regnante, è destinata ad occupare il trono rimasto vacante. Ma lei non vuole perché innamorata di un giovane povero. Alla fine otterrà entrambe le cose. ■ COMMEDIA; B/N; 94′; SPAGNA, 1961.

TROPA DE ELITE – GLI SQUADRONI DELLA MORTE *(Tropa de Elite)* ★★
Regia di JOSÉ PADILHA. Con MILHEM CORTAZ, CAIO JUNQUEIRA, FERNANDA MACHADO, WAGNER MOURA, ANDRÉ RAMIRO, MARIA RIBEIRO. ■ Rio De Janeiro, 1997. Qualche mese prima della visita del Papa in Brasile. Il capitano Nascimento è un membro del Bope, la squadra speciale di 100 uomini nata a Rio per combattere i narcotrafficanti nelle favelas e impedire che la polizia comune, corrotta fino al midollo, lasci la città in balìa di se stessa. Nascimento è stanco di questa vita sempre al limite, ed ora che sta per diventare padre ha deciso di lasciare. Non prima, però, di aver trovato un sostituto all'altezza. I candidati più quotati sembrano essere le reclute Matias e Neto, proprio i due che Nascimento ha appena salvato dai guai durante una pericolosa incursione nelle favelas. Ora si tratta solo di scegliere. Scritto sulla base di testimonianze reali di ex poliziotti e psicologi, il film concentra la sua essenza nella frenetica mezz'ora finale, in cui viene drammaticamente fuori tutta l'amarezza di chi vive dalla nascita in quei luoghi dimenticati da Dio, e la storia giunge al suo tragico epilogo. ■ AZIONE; COL.; 115′; ARGENTINA, BRASILE, 2007.

TROPICAL MALADY *(Sud Pralad)* ★★★
Regia di APICHATPONG WEERASETHAKUL. Con SAKDA KAEWBUADEE, BANLOP LOMNOI. ■ Due amici, di cui uno militare. Un'amicizia che si trasforma in amore gay e che vede poi uno dei due andare a cercare se stesso negli occhi di una tigre nel buio della foresta. Raccontato così *Sud Pralad* sembra un film criptico ma non se ne deve dire di più per consentire allo spettatore di godere dell'atmosfera che lo penetra come l'aria umida della Thailandia. Film dai tempi dilatati ma al contempo densi perché costituiti dalla crescita di un tempo interiore che è quello della scoperta del sentimento e del mistero dell'essere più profondo. ■ DRAMMATICO; COL.; 118′; FRANCIA, THAILANDIA, 2004. ■ CANNES 1 PR.

TROPICANA CABANA HOTEL *(Hot Chili)* ★★
Regia di WILLIAM SACHS. Con VICTORIA BARRETT, JOE RUBBO, CHARLES SCHILLACI. ■ Cercasi camerieri, fattorini, ragazzi dell'ascensore per il Tropicana Cabana Hotel durante la stagione estiva. Quattro studenti in vacanza rispondono all'appello sognando avventure con le belle e vogliose villeggianti. Ma il regolamento dell'albergo lo vieta espressamente. Un divieto che sarà prontamente disatteso. ■ COMMEDIA; COL.; 91′; ISRAELE, 1985.

TROPICO DEL CANCRO *(Tropic of Cancer)* ★★
Regia di JOSEPH STRICK. Con ELLEN BURSTYN, MAGALI NOËL, RIP TORN. ■ Versione qua e là divertente del romanzo di Henry Miller. Ciò che fece scandalo negli anni Trenta (la totale esplicità nella descrizione delle cose di sesso) è ormai materiale abbastanza innocuo nel cinema degli anni Settanta. Rip Torn impersona con notevole bravura lo stesso Miller quando, professore a Parigi, corse un bel po' di avventure erotiche. Ottima Ellen Burstyn nel breve ruolo della moglie. ■ COMMEDIA; COL.; 87′; USA, 1970.

TROPICO DI NOTTE ★★
Regia di RENZO RUSSO. ■ Spettacoli pubblici e privati, ossia panorami e night-club del Venezuela. ■ DOCUMENTARIO; COL.; 90′; ITALIA, 1965.

TROPIC THUNDER ★★
Regia di BEN STILLER. Con JACK BLACK, ROBERT DOWNEY JR., BILL HADER, NICK NOLTE, BEN STILLER. ■ Tre stelle vanagloriose e capricciose dello star system hollywoodiano sono costrette a convivere dentro lo stesso film: un *war movie* ad alto budget ambientato nel sud-est asiatico. Tugg Speedman è una tronfia superstar di action movie che sogna gloria e Oscar, Kirk Lazarus è un attore drammatico e pluripremiato col vizio del metodo e dell'immedesimazione estrema, Jeff Portnoy è il divo grasso e cocainomane della saga comica "The Fatties". Decisi a correggere i loro vizi e a non tollerare oltre bizze e stravaganze, il regista del kolossal bellico e il sedicente scrittore del best seller che lo ha ispirato li precipita dentro una guerra reale e una jungla autenticamente selvaggia. Occupati a bisticciare e a rinfacciarsi le rispettive carriere, procederanno ignari del pericolo imminente. Venire alle armi con un vero e sbraitante gruppo di guerriglieri asiatici li sveglierà finalmente dal sogno della finzione. ■ COMMEDIA; COL.; 107′; USA, GERMANIA, 2008.

TROPIS – UOMO O SCIMMIA? *(Skullduggery)* ★★
Regia di GORDON DOUGLAS. Con SUSAN CLARK, EDWARD FOX, BURT REYNOLDS. ■ Una spedizione antropologica scopre nella giungla amazzonica strani esseri, metà uomo e metà scimmia. Il finanziatore della spedizione, un industriale senza scrupoli, mette questi esseri a lavorare come schiavi nelle sue miniere. L'antropologo a capo della spedizione, per mettere fine a questo stato di cose, si accusa di averne ucciso uno facendo intervenire la magistratura. Ma i giudici, chiamati a dare una definizione della natura umana, non sanno pronunciarsi. ■ AVVENTURA; COL.; 105′; USA, 1970.

TROPPI MARITI *(Too Many Husbands)* ★★★
Regia di WESLEY H. RUGGLES. Con JEAN ARTHUR, MELVIN DOUGLAS, FRED MACMURRAY. ■ Una donna perde il marito in un naufragio, si risposa col migliore amico dello scomparso e improvvisamente vede tornare a casa quest'ultimo. La spinosa situazione si risolverà in tribunale. ■ COMMEDIA; B/N; 84′; USA, 1940. ■ OSCAR 1 NOM.

TROPPO AMATA *(The Gorgeous Hussy)* ★★★
Regia di CLARENCE BROWN. Con LIONEL BARRYMORE, JOAN CRAWFORD, MELVIN DOUGLAS, JAMES STEWART, ROBERT TAYLOR, FRANCHOT TONE. ■ Agli inizi dell'Ottocento, negli Stati Uniti, la figlia di un albergatore viene introdotta alla Casa Bianca, con il compito di assistere il vecchio presidente Jackson. Da un matrimonio all'altro, si dipana la sua storia personale intrecciata a quella degli Usa. ■ COMMEDIA; B/N; 102′; USA, 1936. ■ OSCAR 2 NOM.

TROPPO AMICI *(Tellement proches)* ★★
Regia di OLIVIER NAKACHE, ERIC TOLEDANO. Con ISABELLE CARRÉ, AUDREY DANA, FRANÇOIS-XAVIER DEMAISON, VINCENT ELBAZ, OMAR SY. ■ Ex animatore, Alain è sposato con Nathalie, direttrice di un supermarket, da cui ha avuto due figli, l'esagitato Lucien e il neonato Prosper. All'instabilità della coppia si somma l'invadenza dei parenti della donna: le storie del fratello Jean-Pierre, avvocato d'ufficio in crisi economica, e dell'ignara cognata Catherine, mamma borghese e antipatica, della fragile sorella Roxane e del quasi fidanzato Bruno. Dietro al ritratto di persone accomunate da legami di sangue, *Troppo amici* tratta della difficoltà della crescita e del peso delle aspirazioni (mancate). ■ COMMEDIA; COL.; 102′; FRANCIA, 2009.

TROPPO BELLA PER TE! *(Trop belle pour toi)* ★★★
Regia di BERTRAND BLIER. Con JOSIANE BALASKO, CAROLE BOUQUET, GÉRARD DEPARDIEU. ■ Bernard, proprietario di un garage, si innamora della poco attraente e in sovrappeso nuova segretaria Colette, trascurando la bellissima moglie Florence. Sembrerebbe un controsenso ma Bernard, che insegue il vero amore, non è di questo avviso. Schiavo di questa sfrenata passione è attratto soprattutto dalla sensualità e dalla dolcezza di Colette. Alla fine però perderà entrambe. Idolatrato in Francia e sottovalutato in Italia, il film si pone in una via di mezzo. Sia per la sua costruzione, che pare rivendicare i vecchi film di Godard usando un montaggio non cronologico, che per l'interpretazione dei tre attori principali. Bella infine la trovata del tormentone musicale di Schubert, musicista odiato dal protagonista. ■ COMMEDIA; COL.; 90′; FRANCIA, 1989.

TROPPO BELLI ★
Regia di Ugo Fabrizio Giordani. Con Fanny Cadeo, Daniele Interrante, Massimo Molea, Alessandra Pierelli, Jennifer Poli, Fausto Sciarappa, Chiara Tomaselli, Costantino Vitagliano. ■ Costantino e Daniele sbarcano al cinema: la storia vede il duo, lanciato da Maurizio Costanzo e Maria De Filippi, impegnato a sfondare nel magico mondo dello spettacolo. Tra divi attuali, ex divette (Fanny Cadeo) della televisione del passato e forse nuove divette della tv del futuro (Jennifer Poli), attori di grande spessore reclutati ad arte (Mahieux, che consigliamo a tutti di ammirare ne *L'imbalsamatore*) e comparse varie, la storia si dipana lentissima alternando una ridicola critica sociale, un disarmante messaggio subliminale (anche gli incapaci ce la fanno) e una farsesca messa in scena che non è nemmeno divertente o spiritosa. ■ Sperimentale; col.; 97′; Italia, 2005.

TROPPO CALDO PER GIUGNO ★★★
(Hot Enough for June)
Regia di Ralph Thomas. Con Dirk Bogarde, Sylva Koscina, Leo McKern, Robert Morley. ■ Un rappresentante di commercio inglese giunto in Cecoslovacchia viene coinvolto in trame di spionaggio. Una ragazza, che gli agenti del servizio segreto gli hanno messo alle costole, s'innamora però di lui aiutandolo a sfuggire a tutte le trappole. ■ Spionaggio; col.; 98′; Gran Bretagna, 1964.

TROPPO FORTE ★★
Regia di Carlo Verdone. Con Stella Hall, Alberto Sordi, John Steiner, Carlo Verdone. ■ Emulo borgataro di Sylvester Stallone, Oscar Pettinari ha un grande sogno: diventare attore o, per lo meno, cascatore. Dopo essersi sottoposto a innumerevoli, inutili provini, si fa convincere da un sedicente avvocato a simulare un incidente, facendosi travolgere con la moto dalla Rolls Royce di un produttore americano. Al posto di guida è però seduta una giovane e promettente attrice che, ferita al viso, perde la parte e si installa a casa di Oscar. Ci sarà lo spazio per un breve idillio fra due maltrattati dalla vita. ■ Commedia; col.; 109′; Italia, 1987.

TROPPO NUDE PER VIVERE *(The Centerfold Girls)* ★★
Regia di John Peyser. Con Tiffany Bolling, Ray Danton, Andrew Prine, Aldo Ray. ■ Un moralista folle decide di uccidere tutte le ragazze che hanno posato nude per un calendario. È però fatto fuori dall'ultima predestinata che vendica così le altre. ■ Drammatico; col.; 93′; USA, 1975.

TROPPO PER VIVERE, POCO PER MORIRE ★★
Regia di Michele Lupo. Con Daniela Bianchi, Claudio Brook, Stefania Careddu, Sidney Chaplin, Jess Hahn. ■ I gioielli usati per una sfilata di moda scompaiono e diverse persone fanno a gara per ritrovarli: non soltanto poliziotti (privati e no), ma anche ladri esclusi dal "colpo". A ritrovarli è invece un giornalista, che li restituisce ai proprietari, accontentandosi del premio. ■ Avventura; col.; 92′; Italia, 1967.

TROPPO RISCHIO PER UN UOMO SOLO ★★
Regia di Luciano Ercoli. Con Michael Forest, Giuliano Gemma, Susan Scott, Venantino Venantini. ■ Un pilota argentino è sospettato di aver ucciso la sua amante. A complicare tutto c'è una valigia di eroina lasciata sulla sua macchina dalla donna prima di morire. Il pilota deve vedersela con una banda di gangster e con la polizia. Alla fine tutto s'aggiusta. ■ Giallo; col.; 92′; Italia, 1973.

TROPPO SOLE ★★★
Regia di Giuseppe Bertolucci. Con Sabina Guzzanti. ■ Un film decisamente anomalo nel panorama italiano. Una giornalista deve intervistare la misteriosa e inavvicinabile Matilde, una cantante. Prima di poterla avvicinare deve però incontrare molte persone a lei vicine. E una cantante nemica, Stella di Papà, complotta nel buio. Sotto lo strato di commedia e di fregolismo cabarettistico il lavoro di Bertolucci presenta l'inquietudine dei nostri tempi. Non solo, l'esasperazione dei rapporti interpersonali e le ombre dello spettacolo e dei mass media. Registicamente eclettico, il film è un esperimento intelligente e stimolante. Sabina Guzzanti recita in una quindicina di ruoli da mattatrice. Tra le ispiratrici dei personaggi troviamo Valentina Cortese, Moana Pozzi e la Montalcini. Bertolucci è sempre stato sensibile ai personaggi comici da valorizzare e in passato ha lavorato con Benigni e Rossi. ■ Commedia; col.; 90′; Italia, 1994.

TROPPO SOLE SULLA SPIAGGIA *(Bikini Island)* ★
Regia di Anthony Markes. Con Alicia Anne, Holly Floria, Sherry Johnson, Jackson Robinson. ■ Una rivista di costumi da bagno organizza un importante servizio fotografico sull'isola di St. Christopher con cinque bellissime modelle. Tra uno scatto e una partita a volley la macchina da presa indugia sui corpi delle ragazze: il fatto che qualcuno stia facendo sparire una alla volta le fanciulle è solo un pretesto. ■ Thriller; col.; 85′; USA, 1991.

TROPPO TARDI PER VIVERE *(Atene 1940)* ★★
Regia di James Baker. Con Peter Larsen, Fernando Sancho, Kim Stewart. ■ Nella Grecia occupata dai tedeschi i partigiani tentano di far saltare una fabbrica di armi. Ci riescono con l'aiuto di un vecchio sottovalutato dai tedeschi e invece attivissimo cospiratore. ■ Guerra; col.; 91′; Grecia, 1973.

TROPPO TARDI T'HO CONOSCIUTA ★★
Regia di Emanuele Caracciolo. Con Franco Lo Giudice, Barbara Nardi. ■ Un giovane di umili origini sta per intraprendere una brillante carriera come cantante lirico. Su di lui pone gli occhi una bella avventuriera. Il padre del giovanotto, per provare che la donna agisce per interesse, propone al figlio di fingere d'aver perso la voce. Infatti, la donna si dilegua e il ragazzo abbandona i teatri per continuare il lavoro paterno. ■ Commedia; b/n; 93′; Italia, 1939.

TROVARSI ANCORA *('Til We Meet Again)* ★★★
Regia di Edmund Goulding. Con George Brent, Merle Oberon, Pat O'Brien. ■ Lui sta sfuggendo alla polizia perché condannato a morte per omicidio; lei, minata da un male incurabile, ha pochi mesi di vita. Si incontrano a Hong Kong e vivono un brevissimo, intenso amore; poi ognuno va verso il proprio destino. ■ Drammatico; b/n; 99′; USA, 1940.

TROVATELLA DI MILANO, LA ★★
Regia di Giorgio Capitani. Con Franco Festucci, Franca Marzi, Massimo Serato, Otello Toso. ■ Intricata vicenda sentimentale sullo sfondo delle cinque giornate di Milano. ■ Drammatico; b/n; 90′; Italia, 1956.

TROVATELLA DI POMPEI, LA ★★
Regia di Giacomo Gentilomo. Con Franca Bettoja, Massimo Girotti, Alessandra Panaro. ■ Abbandonata dalla famiglia, una ragazza viene accusata ingiustamente di omicidio, e il suo più accanito accusatore è proprio il padre che naturalmente ignora la verità. Appena la scopre, l'uomo fa il possibile per salvare la figlia; in suo aiuto arriva, a proposito, la confessione del vero assassino. ■ Drammatico; b/n; 92′; Italia, 1956.

TROVATORE, IL ★★★
Regia di Carmine Gallone. Con Gianna Pederzini, Gino Sirimberghi. ■ È la storia del conte di Luna che fa uccidere il proprio fratello Manrico ignorando il legame di sangue che lo unisce alla vittima. Dopo l'esecuzione, viene a sapere la verità e la bella Eleonora, causa dell'odio tra i due fratelli ignari, si uccide. ■ Musicale; b/n; 111′; Italia, 1949.

TROY ★★★
Regia di Wolfgang Petersen. Con Eric Bana, Sean Bean, Orlando Bloom, Saffron Burrows, Brian Cox, Brendan Gleeson, Diane Kruger, Peter O'Toole, Brad Pitt. ■ La guerra di Troia la conosciamo (o crediamo di conoscerla) tutti. Perché a scuola abbiamo amato (o subito) Omero. Perché alcuni suoi protagonisti hanno nomi che valicano anche la barriera dell'incultura dei talk show televisivi o dei "Grandi Fratelli". I meno giovani poi hanno anche avuto la fortuna di nutrirsi di *peplum* e affini negli anni Sessanta e questo ha ampliato il loro immaginario in materia. Trovarsi quindi di fronte a tutta la vicenda (a partire dal rapimento di Elena sino alla morte di Achille) non presenta novità ma carica comunque di aspettative. A questo punto vanno pronunciati due giudizi: uno contro e uno a favore. Quello "contro" non è certo legato alla spettacolarizzazione (necessaria per un

film così) quanto piuttosto al fatto che *Troy* paga il fatto di venire dopo *Il Signore degli Anelli*. Quindi tutte le battaglie finiscono, pur con il grande dispiego di mezzi che le caratterizza, a sembrare *déjà vu* e comunque visivamente meno ricche di quelle che le hanno precedute sullo schermo. Il pregio sta invece nella grande scena del combattimento tra Ettore ed Achille. Sarà che la pagina omerica è a quel punto così "grande" da non poter che ispirare immagini forti ma la commozione prende e prosegue con la prestazione di un grande Peter O'Toole (Priamo) che va a chiedere a un Brad Pitt (Achille) quantomai misurato di restituirgli il corpo del figlio. Quell'Achille che in altra parte del film aveva affermato che proprio la consapevolezza di essere mortali rende affascinanti gli eventi della vita. Un'ultima annotazione: si tratta di un film che possono vedere i ragazzi. A ripassare (o magari a conoscere per la prima volta) una vicenda che potrebbe, forse, farli innamorare della pagina scritta. Avendo però cura di non far sentir loro l'orrenda e assolutamente "stonata" canzone che accompagna i titoli di coda. ■ MITOLOGICO; COL.; 163'; USA, 2004.

TRUCIDO E LO SBIRRO, IL ★★
Regia di UMBERTO LENZI. Con CLAUDIO CASSINELLI, NICOLETTA MACHIAVELLI, TOMAS MILIAN. ■ Un poliziotto si allea con un detenuto – che fa evadere – per ritrovare una bimba rapita e molto malata. L'operazione riesce; tutte le persone coinvolte nell'avventura muoiono, ad eccezione della coppia poliziotto-bandito che si scioglie immediatamente. ■ POLIZIESCO; COL.; 95'; ITALIA, 1976.

TRUCK DRIVERS *(High-Ballin')* ★★★
Regia di PETER CARTER. Con DAVID FERRY, PETER FONDA, JERRY REED, HELEN SHAVER, CHRIS WIGGINS. ■ Film avventuroso ricco di sfide, inseguimenti, scazzottate tra un gruppo di camionisti e una terribile banda di malviventi, che alla fine viene sconfitta. ■ AVVENTURA; COL.; 100'; CANADA, USA, 1977.

TRUE BLOOD ★★
Regia di FRANK KERR. Con BILLY DRAGO, JEFF FAHEY, CHAD LOWE. ■ Il giovane Ray viene ingiustamente accusato di omicidio. Per non finire in prigione, fugge abbandonando a se stesso il fratello più piccolo. I due si reincontreranno dieci anni dopo, profondamente mutati dalle vicissitudini trascorse: il minore, infatti, è divenuto uno spietato assassino di professione. ■ DRAMMATICO; COL.; 100'; USA, 1989.

TRUE BLUE – SFIDA SUL TAMIGI *(True Blue)* ★★
Regia di FERDINAND FAIRFAX. Con DYLAN BAKER, JOHAN LEYSEN, GERALDINE SOMERVILLE, DOMINIC WEST. ■ Ispirandosi alla gara di canottaggio tra gli equipaggi di Oxford e Cambridge del 1987, il regista porta sullo schermo diligentemente tutti i "luoghi" tipici del cinema che vede contrapporsi due squadre determinate a vincere. Sfrutta una sceneggiatura equilibrata di un ex allievo di Oxford e riesce a farsi seguire senza emozionare più che tanto. ■ DRAMMATICO; COL.; 117'; GRAN BRETAGNA, 1996.

TRUE LIES ★★★
Regia di JAMES CAMERON. Con TOM ARNOLD, TIA CARRERE, JAMIE LEE CURTIS, ARNOLD SCHWARZENEGGER. ■ Ispirato a *La totale* di Claude Zidi. Spettacolone costosissimo che avrebbe permesso di girare una decina di film medi hollywoodiani. Simpatico, spigliato, il film di Cameron mostra finalmente uno Schwarzenegger credibile nella commedia. Ci riesce grazie all'autoironia e a una notevole spalla come Jamie Lee Curtis. Harry è un agente segreto che ha una doppia identità. Finge di lavorare nella vendita dei computer e nella vita normale è poltrone e tranquillo. Tutto cambia quando a rischiare la pelle è la bella moglie in mano a dei terroristi islamici. ■ AVVENTURA; COL.; 140'; USA, 1994. ■ GOLDEN GLOBES 1 PR, 1 NOM; OSCAR 1 NOM.

TRUE LOVE ★★
Regia di NANCY SAVOCA. Con RON ELDARD, ROGER RIGNACK, ANNABELLA SCIORRA, AIDA TURTURRO. ■ Una famiglia italoamericana sta facendo tutti i preparativi per organizzare il matrimonio tra due giovani. I due sono quanto mai diversi, lei con la testa tra le nuvole e lui col pensiero agli amici e al bar. Minimalismo cattivo. ■ COMMEDIA; COL.; 105'; USA, 1989.

TRUE STORIES ★★★
Regia di DAVID BYRNE. Con DAVID BYRNE, JOHN GOODMAN, ANNIE MCENROE. ■ Narratore del film è lo stesso David Byrne, che, al volante della sua automobile, racconta, in occasione del 150° anniversario dell'Unione degli States, in una sorta di viaggio in una città immaginaria del Texas, una serie di scenette iper-realistiche. C'è di tutto tra i vari personaggi; troviamo un omaccione esperto di computer che cerca moglie e la trova in una grassona bionda che non si alza mai dal letto, una signora che da trent'anni convive con un marito al quale parla solo attraverso i figli, un predicatore fanatico, una donna che vuol far credere d'essere nata con la coda. E così via in un'intelligente satira quasi felliniana. ■ GROTTESCO; COL.; 111'; USA, 1986.

TRUFFA, LA *(Fake-out)* ★★
Regia di MATT CIMBER. Con DESI ARNAZ JR, TELLY SAVALAS, PIA ZADORA. ■ Pia Zadora, la bionda piccoletta, protetta (per ragioni abbastanza inspiegabili) da Frank Sinatra, è qui una cantante di Las Vegas che ha la disgrazia di avere per innamorato un gangster. Per colpa del suo bello ne passerà di tutti i colori (tra cui vari tentativi di omicidio e una violenza carnale non solo tentata ma pure consumata). ■ GIALLO; COL.; 94'; USA, 1982.

TRUFFA CHE PIACEVA A SCOTLAND YARD, LA ★★★
(Kaleidoscope)
Regia di JACK SMIGHT. Con WARREN BEATTY, ERIC PORTER, CLIVE REVILL, SUSANNAH YORK. ■ Un giocatore, che ricorre a trucchi ingegnosi per vincere, viene scoperto dalla polizia che gli propone di cancellare le sue "pendenze" con la giustizia in cambio della sua collaborazione per mettere nel sacco un grosso gangster. Il giocatore accetta, anche perché si è innamorato della figlia dell'ispettore. ■ COMICO; COL.; 103'; GRAN BRETAGNA, 1967.

TRUFFACUORI, IL *(L'arnacoeur)* ★★
Regia di PASCAL CHAUMEIL. Con FRANÇOIS DAMIENS, ROMAIN DURIS, JULIE FERRIER, HELENA NOGUERRA, VANESSA PARADIS. ■ Alex Lippi è colui che di professione manda all'aria relazioni di donne innamorate dell'uomo sbagliato. Insieme alla sorella Melanie e al marito Marc viene pagato da clienti che vogliono porre fine a queste passioni problematiche. Ogni ingaggio riesce con successo fino a quando la troupe di Alex viene incaricata per una missione che si fa sempre più complicata: affiancare e conquistare Juliette in soli dieci giorni e mandare all'aria il suo imminente matrimonio. Ma la ragazza stavolta non lascia trasparire nessuna debolezza... ■ COMMEDIA; COL.; 105'; FRANCIA, PRINCIPATO DI MONACO, 2010.

TRUFFATORI, I *(L'étrange monsieur Steve)* ★★★
Regia di RAYMOND BAILLY. Con PHILIPPE LEMAIRE, ARMAND MESTRAL, JEANNE MOREAU, LINO VENTURA. ■ Un onesto impiegato di banca viene coinvolto in loschi traffici per amore di una avventuriera. Lei fa il doppio gioco; quando lui se ne accorge, uccide il rivale e lascia la donna, disperata, in attesa della polizia. ■ POLIZIESCO; B/N; 92'; FRANCIA, 1957.

TRUFFA TU CHE TRUFFO ANCH'IO MA IL FREGATO SONO IO *(Ooh You Are Awful)* ★★
Regia di CLIFF OWEN. Con PAT COOMBS, DICK EMERY, RONALD FRASER, DERREN NESBITT. ■ Due abili truffatori riescono a vendere ad un italiano Buckingham Palace, ma la vittima del raggiro si rivolge alla mafia per riavere il denaro sborsato. I due passano un sacco di guai, ma non cedono: riusciranno a vendere anche la Cappella Sistina. Una ragazza incorre in una serie di incidenti, rischiando anche la vita, per tornare in possesso di una grossa somma. Un ispettore di polizia interviene e sbroglia la matassa. ■ COMICO; COL.; 97'; GRAN BRETAGNA, 1975.

TRUITE, LA ★★
Regia di JOSEPH LOSEY. Con JEAN PIERRE CASSEL, ISABELLE HUPPERT, JEANNA MOREAU, DANIEL OLBRYCHSKI. ■ Dal romanzo di Roger Vailland. Fédérique è corteggiata dal ricco imprenditore Genis e dall'altrettanto ricco finanziere Lambert; è invece sposata con Galuchat, senza un soldo e per di più gay. La donna, davvero seduttiva, riesce a ottener tutto dai ricchi, senza neppure farsi... sedurre. Col marito aprirà in Giappone un allevamento di trote. Losey si muove benissimo fra tutti quei sentimenti di trasgressione e ambiguità. ■ DRAMMATICO; COL.; 103'; FRANCIA, 1982.

TRUMAN CAPOTE: A SANGUE FREDDO *(Capote)* ★★★
Regia di BENNETT MILLER. Con BOB BALABAN, MARSHALL BELL, CLIFTON COLLINS JR., CHRIS COOPER, BRUCE GREENWOOD, ROBERT HUCULAK, CATHERINE KEENER, ARABY LOCKHART, ROB MCLAUGHLIN, ALLIE MICKELSON, HARRY NELKEN, MARK PELLEGRINO, R. D. REID, AMY RYAN, PHILIP SEYMOUR HOFFMAN. ■ Kansas, 1959. In una livida mattina di novembre una famiglia di agricoltori, i Clutter, vengono trovati assassinati nella loro fattoria. A New York, intanto, l'omicidio collettivo di Holcomb colpisce e ispira lo scrittore Truman Capote che parte per la cittadina del Kansas accompagnato dall'amica Harper Lee. A interessare lo scrittore sono le reazioni della provincia all'efferato delitto. Ma l'arresto improvviso di Dick Hickock e di Perry Smith, rei del crimine, trasforma la natura del progetto di Truman. Quello che doveva essere un servizio di cronaca da pubblicare su «The New Yorker» diventa il romanzo più ambizioso dello scrittore di New Orleans: *A Sangue freddo*. La domanda oggi è quanto la grandezza di Capote giustifichi gli atteggiamenti crudeli e i narcisismi non celati. Ragioni dell'arte contro ragioni dell'etica. Ma probabilmente l'unica risposta possibile si rintraccia nelle opere incompiute di Capote, nelle preghiere (non) esaudite che seguirono *A Sangue freddo*, un romanzo la cui bellezza ci rende per forza conniventi perché si fa consumare come un peccato. Appunto. ■ BIOGRAFICO; COL.; 98′; USA, 2005. ■ GOLDEN GLOBES 1 PR, 1 NOM; OSCAR 1 PR, 5 NOM.

TRUMAN CAPOTE: LA CORRUZIONE, IL VIZIO, LA VIOLENZA *(The Glass House)* ★★★
Regia di TOM GRIES. Con ALAN ALDA, CLU GULAGER, VIC MORROW, BILLY DEE WILLIAMS. ■ Un tranquillo professore, finito in carcere per aver causato involontariamente la morte di un uomo, si trova alle prese con un ergastolano che traffica in eroina e fa il bello e il brutto tempo nella prigione. Il professore, preso di mira dal criminale, finisce per ucciderlo. Un bravo agente, dopo aver tentato di responsabilizzare l'inetto direttore, si dimette ripromettendosi di denunciare i fatti accaduti. ■ DRAMMATICO; COL.; 73′; USA, 1973.

♥ TRUMAN SHOW, THE ★★★
Regia di PETER WEIR. Con JIM CARREY, ED HARRIS, LAURA LINNEY. ■ Truman Burbank nasce ripreso da una telecamera. Poi, per trent'anni continuerà ad esser ripreso a sua insaputa da telecamere che lo seguiranno in ogni luogo della sua vita, per strada, al lavoro, a letto. Lui non lo sa, ma fa parte di uno show televisivo. Tutto ciò che c'è intorno a lui è un set, le persone sono attori e comparse, le case, la polizia, i vigili del fuoco, tutto è set, persino l'acqua del mare è fasulla. Sua moglie e il suo migliore amico sono attori. Sopra tutti c'è Christof, dio-demiurgo-produttore, che gestisce la vita del poveretto. Naturalmente tutta l'America impazzisce per il programma verità, in virtù della regola del voyeurismo, molla televisiva irresistibile. Prima Truman ha qualche sospetto, poi diventa sicuro del trucco. Cerca di scappare più volte, alla fine ci riesce. Viva la libertà, anche se non sarà dorata, ma dolorosa. Ancora una volta il pubblico è con lui. Subito una citazione per lo sceneggiatore Andrew Niccol, davvero geniale in certe soluzioni. Idea centrale straordinaria, con tanti bei manifesti e simboli: i media sono ormai tanto invadenti da non essere più passatempo, ma tempo, ma forse, ci possiamo ancora salvare. Proprio per tutti questi contenuti il film si rivela uno splendido esercizio, una rivisitazione avanzata della parabola del "grande fratello". E proprio per questa ragione è inevitabilmente costretto ad essere freddo, e più adatto a un dibattito per addetti che al popolo del cinema. ■ FANTASTICO; COL.; 103′; USA, 1998. ■ GOLDEN GLOBES 3 PR, 6 NOM; OSCAR 3 NOM.

TRUST – FIDATI *(Trust)* ★★★
Regia di HAL HARTLEY. Con MARTIN DONOVAN, MERRIT NELSON, ADRIENNE SHELLY. ■ Oltre a Hollywood negli Stati Uniti c'è anche il cinema indipendente. Questa fresca e irriverente commedia, imparentata al *free cinema* inglese, si snoda fra le esperienze parallele di un ragazzo e di una ragazza destinati a unirsi. Lei ha fatto morire d'infarto il padre dopo avergli detto di essere incinta e per questo è odiata dalla madre. Lui non riesce a mantenere un lavoro stabile e abita con un padre simile a Faye Dunaway in *Mammina cara* (soprattutto per quanto riguarda la pulizia del bagno) che lo accusa della morte della moglie. Le situazioni sono a volte stralunate e con sprazzi di *nonsense*, ma non mancano di realismo. ■ COMMEDIA; COL.; 86′; USA, 1991.

TRUXA ★★
Regia di HANS HEINZ ZERLETT. Con LA JANA, HANNES STELZER. ■ In un circo un acrobata si innamora di una ballerina, ma un illusionista, suo rivale in amore medita un assassinio. Il delitto viene evitato ma è stato tutto inutile: fra i due litiganti... il terzo se la gode. ■ DRAMMATICO; B/N; 93′; GERMANIA, 1936.

TRYS DIENOS ★★★
Regia di SHARUNAS BARTAS. Con KATERINA GOLUBEVA, RIMA LATUPOWA, ARUNAS SAKALAUKAS. ■ Presentato alla nona edizione del Cinema Giovani di Torino, rappresenta uno dei primi prodotti della neonata cinematografia lituana. Storia di un'amicizia di soli "tre giorni" tra i due protagonisti che hanno lasciato il loro villaggio e le due giovani russe incontrate *on the road*: edifici fatiscenti e desolazione esistenziale da leggere soprattutto in chiave storica e sociale. ■ DRAMMATICO; COL.; 76′; LITUANIA, 1991.

TSUNAMI TOUR ★★
Regia di FRANCESCO G. RAGANATO. ■ Se fosse un genere *Tsunami Tour* sarebbe un western. Non solo per i dichiarati titoli di testa e la country music che li accompagna, quanto per quel paesaggio silenzioso, restituito con una panoramica che apre il documentario e dispiega un paese al "crepuscolo". Scritto da Gianluca Santoro e Chiara Burtulo, diretto da Francesco G. Raganato, *Tsunami Tour* è una produzione indipendente e auto distribuita, che pedina letteralmente e documenta attraverso le immagini la campagna elettorale di Beppe Grillo. Quaranta giorni, settantasette piazze e altrettanti comizi per raccontare, senza la presunzione di esaurirne valore e portata, quel movimento spontaneo che, al pari dei Piraten tedeschi e degli indignados spagnoli, si è abbattuto sul nostro paese deciso a cambiare le regole e a sostituirsi ai partiti. *Tsunami Tour* si ferma un attimo prima dei risultati di un comico che trasfigura il tragico. ■ DOCUMENTARIO; COL.; 70′; ITALIA, 2013.

TUA BOCCA BRUCIA, LA ★★★
(Don't Bother to the Knock)
Regia di ROY WARD BAKER. Con ANNE BANCROFT, JEANNE CAGNEY, ELISHA COOK, MARILYN MONROE, RICHARD WIDMARK. ■ Un pilota, lasciato dalla fidanzata che lo accusa di cinismo, pensa di sostituirla con una avvenente babysitter. La ragazza, però, è una squilibrata che lo confonde col fidanzato morto. ■ DRAMMATICO; B/N; 76′; USA, 1952.

TU ACCENDI LA MIA VITA *(You Light up my Life)* ★★
Regia di JOSEPH BROOKS. Con DIDI CONN, JOE SILVER, MICHAEL ZASLOW. ■ Vissuta negli ambienti dell'arte sin da piccola, una giovane tenta la carriera musicale, per la quale si sente portata. Dopo un matrimonio fallito e un provino cinematografico finito male, la ragazza si trasferisce a New York dove finalmente raggiunge il successo. ■ MUSICALE; COL.; 90′; USA, 1977. ■ GOLDEN GLOBES 1 PR, 1 NOM; OSCAR 1 PR, 1 NOM.

TUA DONNA, LA ★★
Regia di GIOVANNI PAOLUCCI. Con MASSIMO GIROTTI, PATRICIA NEAL, LEA PADOVANI. ■ Un giovane uomo politico perde la testa per una contessa e abbandona la famiglia. La moglie lo raggiunge e, durante una violenta lite, rimane uccisa. Il colpo è partito per fatalità, ma l'uomo viene egualmente processato. Assolto per insufficienza di prove, abbandona la contessa per dedicarsi esclusivamente al proprio figlio. ■ DRAMMATICO; B/N; 93′; ITALIA, 1955.

TUA FIGLIA MORIRÀ *(Stalked)* ★★
Regia di SIGI ROTHEMUND. Con MIGUEL HERZ-KESTRANEK, LESLIE MALTON, JUDY WINTER. ■ Madre e figlia conducono una vita tranquilla. Un giorno però arriva una lettera anonima con minacce di morte. Ne seguono altre e la paura sale. ■ THRILLER; COL.; 92′; USA, 1993.

TUA PELLE BRUCIA, LA *(Hot Spell)* ★★★
Regia di DANIEL MANN. Con SHIRLEY BOOTH, SHIRLEY MACLAINE, ANTHONY QUINN. ■ Un'intera famiglia è in crisi e gli

sforzi della madre non servono a tener vivi gli affetti familiari: ogni componente se ne va per la sua strada. L'incidente mortale che capita al padre fa però comprendere ai figli quanto fossero legati all'uomo, malgrado i suoi torti e le sue debolezze. ■ DRAMMATICO; B/N; 86'; USA, 1958.

TUA PELLE O LA MIA, LA *(None but the Brave)* ★★★
Regia di FRANK SINATRA. Con BRAD DEXTER, TOMMY SANDS, FRANK SINATRA, CLINT WALKER. ■ Due gruppi nemici, americani e giapponesi, si trovano dispersi su una piccola isola. L'isolamento permette loro di conoscersi e stimarsi, ma la guerra li costringe a fronteggiarsi nuovamente in battaglia. ■ GUERRA; COL.; 105'; USA, 1965.

TUA PER LA VITA ★★
Regia di SERGIO GRECO. Con GABY ANDRÉ, GÉRARD LANDRY, ETTORE MANNI. ■ Diana, ragazza di pochissimi scrupoli, soffia il ragazzo alla sorella maggiore, Marisa, che oltretutto si attribuisce la maternità della bambina di Diana per permetterle di vivere felice. Quest'ultima andrà invece incontro alla morte, mentre Marisa potrà iniziare un'esistenza migliore. ■ DRAMMATICO; B/N; 92'; ITALIA, 1954.

TUA PER SEMPRE *(Hers to Hold)* ★★★
Regia di FRANK RYAN. Con JOSEPH COTTEN, DEANNA DURBIN. ■ Lei è la figlia di un miliardario, lui un brillante aviatore. L'amore sboccia, ma è tormentato dai capricci di entrambi. Finché il richiamo in servizio di lui in previsione della guerra ravvede i due innamorati che decidono immediatamente di sposarsi. ■ COMMEDIA; B/N; 94'; USA, 1943. ■ OSCAR 1 NOM.

TUA PRESENZA NUDA, LA ★★
Regia di ANDREW B. WHITE. Con BRITT EKLAND, HARDY KRÜGER, MARK LESTER, LILLI PALMER. ■ Denise sposa Paul, un vedovo che ha un figlio terribile (è forse l'assassino di sua madre). I rapporti figlio-matrigna sono difficilissimi e Denise si sente anche isolata rispetto al marito. Decide allora di eliminare il ragazzo; e lo fa con grande freddezza e tranquillità. ■ DRAMMATICO; COL.; 94'; ITALIA, 1972.

TUA PRIMA VOLTA, LA ★
Regia di ARDUINO SACCO. Con MASSIMO DELLI GROTTI, DEBORA FIORI. ■ Sedicenne stupidella e irritante, Brait ha un solo desiderio: sbarazzarsi della verginità, come già hanno fatto tutte le sue amiche. Sembrerebbe un desiderio facile da realizzare, eppure Brait non trova di meglio che uno spacciatore obeso. ■ COMMEDIA; COL.; 90'; ITALIA, 1985.

TUAREG – IL GUERRIERO DEL DESERTO ★★
Regia di ENZO GIROLAMI CASTELLARI. Con MARK HARMON, PAOLO MALCO, LUIS PRENDES. ■ Gacel, capo di una tribù di nomadi del deserto, accoglie due forestieri stremati dal deserto e li dichiara sacri come tutti gli ospiti. Quando uno dei due uomini viene ucciso e l'altro catturato da un gruppo di soldati, il tuareg decide di vendicarsi. ■ AVVENTURA; COL.; 97'; ITALIA, 1983.

TUA VITA PER MIO FIGLIO, LA ★
Regia di ALFONSO BRESCIA. Con RIK BATTAGLIA, MARIA FIORE, MARIO MEROLA, ANTONIO SABÀTO. ■ Una sceneggiata napoletana del tutto incredibile, ambientata in Lombardia: due cosche mafiose si contendono il primato della regione. A uno dei boss viene rapito il figlioletto e imposto un riscatto. Un intermediario riuscirà però a riportargli il bimbo a prezzo della vita. ■ DRAMMATICO; COL.; 93'; ITALIA, 1980.

TU CHE NE DICI? ★★
Regia di SILVIO AMADIO. Con FRED BUSCAGLIONE, HÉLÈNE CHANEL, UGO TOGNAZZI, RAIMONDO VIANELLO. ■ Due finti sacerdoti inducono un malvivente in fin di vita a versare loro una grossa somma per fini benefici, affrettandosi poi a dilapidarla. Ma il gangster, contro ogni previsione, si salverà e per i due imbroglioni saranno guai. ■ COMICO; COL.; 92'; ITALIA, 1960.

TU CHIAMAMI PETER ★★★
(The Life and Death of Peter Sellers)
Regia di STEPHEN HOPKINS. Con SONIA AQUINO, STEPHEN FRY, JOHN LITHGOW, MIRIAM MARGOLYES, GEOFFREY RUSH, CHARLIZE THERON, STANLEY TUCCI, PETER VAUGHAN, EMILY WATSON. ■ Della personalità di Peter Sellers si è sempre avuto una percezione complessa che, in qualche misura, non sembrava corrispondere all'immagine pubblica. Questo film, come tutti i *biopic*, tende a scavare proprio negli aspetti nascosti del personaggio offrendoci così il ritratto di un uomo frustrato dalla presenza incombente di una madre incapace di accettare che il figlio si separi da lei. Il film segue le tappe della carriera dell'attore prendendo le mosse dal suo passaggio dai successi radiofonici ai primi rifiuti da parte del mondo del cinema. Lo fa inanellando una colonna sonora di pregio e una serie di episodi che vanno dall'aneddoto al gossip. Geoffrey Rush offre al suo personaggio una notevole abilità mimetica nobilitando così un genere che, per definizione, ha l'indiscutibile tara di guardare spesso il mondo dal buco della serratura. ■ BIOGRAFICO; COL.; 129'; GRAN BRETAGNA, USA, 2004.

TUCKER – UN UOMO E IL SUO SOGNO ★★★
(Tucker the Man and his Dream)
Regia di FRANCIS FORD COPPOLA. Con JEFF BRIDGES, FREDERIC FORREST, MARTIN LANDAU. ■ La storia di Preston Tucker, un geniale *self made man* dell'industria americana, che nel dopoguerra inventò un nuovo tipo di automobile, ma venne messo fuori gioco dalle manovre delle *major* automobilistiche di Detroit. Tra le cose migliori di Coppola, che tra le righe si fa l'autobiografia (anche lui come per Tucker, conta il "sogno", nel suo caso gli avveniristici *studios* della Zoetrope che l'avrebbero spedito sull'orlo della bancarotta). ■ BIOGRAFICO; COL.; 111'; USA, 1988. ■ GOLDEN GLOBES 1 PR, 1 NOM; OSCAR 3 NOM.

TUCK EVERLASTING – VIVERE PER SEMPRE ★★
(Tuck Everlasting)
Regia di JAY RUSSELL. Con SCOTT BAIRSTOW, ALEXIS BLEDEL, VICTOR GARBER, WILLIAM HURT, AMY IRVING, JONATHAN JACKSON, BEN KINGSLEY, SISSY SPACEK. ■ Winnie è un'adolescente che non sopporta la madre e la famiglia. Un giorno si perde nel bosco ai margini della loro casa e incontra Jesse Tuck, un giovane molto dolce e affascinante che la tratta con una gentilezza e dei modi d'altri tempi. Tra i due nasce una delicata ed innocente storia d'amore, ma Tuck e la sua affettuosa famiglia nascondono un segreto: bere da un ruscello incantato li ha resi immortali. Da un celebre romanzo fantastico di Natalie Babbitt. Tre attori di grosso calibro – Spacek, Hurt, Kingsley – alzano il livello di questa produzione Disney altrimenti piuttosto incolore. ■ FIABESCO; COL.; 88'; USA, 2002.

♥ TU DEVI ESSERE IL LUPO ★★★
Regia di VITTORIO MORONI. Con VALENTINA CARNELUTTI, SARA D'AMARIO, GIANLUCA GOBBI, VERA GONDOLA, VALENTINA MERIZZI, IGNAZIO OLIVA. ■ Vale non ha più una madre. Quattordici anni, desideri, dubbi, domande; la sua vita ruota intorno a Carlo, il padre, giovane tassista con la passione per la fotografia. Hanno un rapporto forte, gioioso ma così esclusivo da non permetterne altri. Ora il loro equilibrio vacilla, Carlo è costretto a fare delle scelte e per Vale l'istinto di ribellarsi si scontra giorno dopo giorno con la paura di rimanere sola. A Lisbona una donna sembra inaspettatamente pronta ad aprirsi ad una convivenza, all'ipotesi di un figlio, ma quando questa possibilità si fa concreta lei scompare. Un giorno Carlo riceve una busta dal Portogallo... Un film anomalo nel panorama italiano. Non certo anomalo perché nessuno lo voleva distribuire (ma poi ha vissuto il suo weekend di gloria nella top five dei film più visti) perché questo accade a molti. Anomalo perché ha trovato una sua strada autonoma e perché tratta temi spesso ignorati dal nostro cinema con onestà e attenzione alla psicologia dei personaggi. ■ DRAMMATICO; COL.; 95'; ITALIA, 2004. ■ DAVID DI DONATELLO 1 NOM.

TU ED IO *(Du und Ich)* ★★
Regia di WOLFGANG LIEBENEINER. Con JOACHIM GOTTSCHALK, BRIGITTE HORNEY. ■ La storia, rievocata dal protagonista e dalla moglie, di un uomo coraggioso che, da semplice operaio, mette in piedi un'industria. Parallelamente anche la vita familiare trascorre fra momenti buoni e cattivi. ■ DRAMMATICO; B/N; 93'; GERMANIA, 1938.

TUE MANI SUL MIO CORPO, LE ★★
Regia di BRUNELLO RONDI. Con LINO CAPOLICCHIO, COLETTE DESCOMBES, ERNA SCHURER. ■ Un giovane nevrotico dedica la

sua esistenza a tormentare il prossimo, soprattutto il padre e la matrigna. Nemmeno l'incontro con una ragazza riesce a distorglielo dal suo mondo di macabre fantasie. ■ DRAMMATICO; COL.; 92'; ITALIA, 1971.

TUFFO, IL ★★
Regia di MASSIMO MARTELLA. Con GIANNI CAJAFA, CARLOTTA NATOLI, VINCENZO SALEMME. ■ Discreta prova d'esordio di Massimo Martella. Ha vinto un premio al Festival d'Annecy. Matteo, un giovane sulla trentina, dà ripetizioni a Elsa e a Giulio che frequentano il liceo. È in un momento di crisi esistenziale e la sua vita è pronta per un cambiamento. Un party in pieno agosto lo aiuta a riflettere sui suoi dilemmi. ■ DRAMMATICO; COL.; 90'; ITALIA, 1993.

TUFFO NEL BUIO *(Wild Hearts Can't Be Broken)* ★★
Regia di STEVE MINER. Con GABRIELLE ANWAR, CLIFF ROBERTSON, MICHAEL SCHOEFFLING. ■ Presentato dalla Walt Disney, il film si ispira alla storia della *stunt-woman* Sonora Webster. Rimasta orfana in tenera età, Sonora viene accolta da un gruppo di cascatori e cresce sognando di diventare famosa nell'ambiente. Un grave incidente sembra fermare la sua ascesa, ma la ragazza trova la forza e il coraggio di non arrendersi, grazie anche all'aiuto di un caro amico. ■ DRAMMATICO; COL.; 85'; USA, 1992.

TUFFO NEL PASSATO, UN ★★
(Hot Tub Time Machine)
Regia di STEVE PINK. Con ROB CORDDRY, JOHN CUSACK, CLARK DUKE, CRISPIN GLOVER, CRAIG ROBINSON. ■ Dopo aver vissuto una ruggente giovinezza negli anni Ottanta, tre amici si ritrovano ad essere nel 2010 dei patetici e depressi quarantenni. Nick ha abbandonato da tempo le aspirazioni musicali per lavorare in un salone di bellezza per cani, sottomesso a una moglie che lo tradisce. Adam è un assicuratore che è stato appena lasciato da una fidanzata arrivista che si è portata via metà del suo appartamento. Lou è invece diventato col tempo un alcolizzato furioso e senza controllo, tanto da rischiare di morire intossicato dopo essersi addormentato ubriaco in garage con il motore dell'auto acceso. In seguito all'incidente, Nick e Adam decidono di organizzare per l'amico una vacanza a Kodiak Valley, nello stesso albergo di montagna dove erano soliti trascorrere le loro folli notti giovanili. ■ COMMEDIA; COL.; 101'; CANADA, USA, 2010.

TUHOG – LARGER THAN LIFE *(Tuhog)* ★
Regia di JEFFREY JETURIAN. Con IRMA ADLAWAN, JACLYN JOSE, KLAUDIA KORONEL, NANTE MONTREAL, INA RAYMUNDO, DANTE RIVERO. ■ La storia vera di un allevatore di maiali che ha violentato figlia e nipote diviene il soggetto di un film. Le donne vittime degli abusi acconsentono a vendere i diritti della storia. La prima del film rivela però un'amara sorpresa: la storia è stata trasformata in un fotoromanzo ad uso e consumo di un pubblico morboso. ■ DRAMMATICO; COL.; 105'; FILIPPINE, 2001.

TU, IO E DUPREE *(You, me and Dupree)* ★★★
Regia di ANTHONY RUSSO, JOE RUSSO. Con MATT DILLON, MICHAEL DOUGLAS, BILL HADER, KATE HUDSON, SETH ROGEN, OWEN WILSON. ■ La festa è breve per i novelli sposi Molly e Carl; a pochi giorni dalle nozze lo stravagante Dupree, storico amico di Carl rimasto senza casa e lavoro, bussa infatti alla loro porta in cerca di ospitalità: la riceve, a titolo provvisorio, a patto che si impegni immediatamente a cercare lavoro. Affetto a livello cronico da sindrome di Peter Pan, Dupree, in una permanenza tutt'altro che breve, sconvolgerà la vita (familiare e non) dell'amico, disertando i colloqui di lavoro ma diventando in compenso l'idolo dei ragazzini del quartiere. Dopo un inizio da tipica commedia di situazione, *Tu, io e Dupree* sorprende nel rivelarsi vario e ricco di sfumature, piazzandosi un gradino al di sopra di celebrate opere monorotaia (*E alla fine arriva Polly* su tutti) riconducibili allo stesso genere. ■ COMMEDIA; COL.; 108'; USA, 2006.

TU LA CONOSCI CLAUDIA? ★★★
Regia di ALDO BAGLIO, GIACOMO PORETTI, GIOVANNI STORTI, MASSIMO VENIER. Con ALDO BAGLIO, SANDRA CECCARELLI, PAOLA CORTELLESI, DANIELA CRISTOFORI, ROSSY DE PALMA, RUFIN DOH, SILVANA FALLISI, MARCO MESSERI, OTTAVIA PICCOLO, MAX PISU, GIACOMO PORETTI, GIOVANNI STORTI. ■ Giovanni, un uomo abitudinario la cui massima aspirazione è vedere *Passaparola* sul divano, magari con accanto la moglie Claudia. Aldo, un tassista innamorato, innamoratissimo di Claudia. Giacomo, un uomo solo, separato dalla moglie, rimasto un po' troppo adolescente. Un giorno conosce Claudia e la sua vita cambia. È la stessa Claudia a raccontarci di loro a partire da un prologo che non va perso per nessun motivo. Il luogo? Milano. E poi un viaggio, di quelli a cui il trio ci ha abituato e che, senza intellettualismi, diventa un'occasione di trasformazione e, forse, di crescita. Finalmente solo a firmare Massimo Venier ci regala un film in cui si ride e sorride ma sempre con un retrogusto un po' amarognolo. Paola Cortellesi è la donna giusta, con le sue incertezze ma anche con le sue esigenze affettive. I tre uomini che le stanno di fronte hanno conservato il bambino dentro di sé ma lo hanno fatto crescere troppo. Fino a trovarselo presente/assente in carne ed ossa (frase criptica che solo chi vede il film può comprendere). Il cinema del trio milanese e, finalmente possiamo affermarlo a pieno titolo, di Venier, non è generazionale. I sentimenti che ci propongono sono quelli che ognuno di noi ha provato o prova, non importa a quale età. La commedia è tale quando sa offrirci con il sorriso almeno un pizzico di vita vera. Questa lo è. ■ COMMEDIA; COL.; 95'; ITALIA, 2004.

TULIPANI DI HAARLEM, I ★★★
Regia di FRANCO BRUSATI. Con CAROLE ANDRÉ, PIERRE CRESSOY, GIANNI GARKO, FRANK GRIMES. ■ Pierre è un giovane sereno e pieno di entusiasmo, Sara esce invece da una delusione amorosa e da un tentativo di suicidio. Tra i due nasce l'amore ma la ragazza, timorosa di perdere ancora una volta la felicità, per avere Pierre tutto per sé non trova di meglio che accecarlo. ■ DRAMMATICO; COL.; 101'; ITALIA, 1971.

TULIPANO D'ORO, IL *(Fanfan la tulipe)* ★★
Regia di GÉRARD KRAWCZYK. Con DIDIER BOURDON, PENELOPE CRUZ, HÉLÈNE DE FOUGEROLLES, MICHEL MULLER, VINCENT PEREZ. ■ Francia diciottesimo secolo. La guerra costituisce l'impegno principale per gli uomini. Per sfuggire a un matrimonio forzato il giovane Fanfan si arruola nell'esercito di Luigi XV. Per invogliarlo ad andare in guerra la giovane Adelina, figlia di sergente reclutatore, gli prospetta la gloria e la mano della figlia del Re. C'era una volta un film non particolarmente bello ma apprezzato dall'ingenuo pubblico di allora. Aveva come protagonisti Gerard Philippe e Gina Lollobrigida. La storia viene oggi ripresa sotto gli auspici di Luc Besson, rammodernata e svuotata quanto basta per renderlo un *divertissement* che vorrebbe essere ironico e giovanilista ma che, temiamo, non attirerà proprio i giovani che hanno ben altri modelli in mente. ■ AVVENTURA; COL.; 102'; FRANCIA, 2003.

TULIPANO NERO, IL *(La tulipe noire)* ★★★
Regia di CHRISTIAN-JAQUE. Con DAWN ADDAMS, ALAIN DELON, VIRNA LISI, AKIM TAMIROFF. ■ Nella Francia prerivoluzionaria, un nobile vive una doppia identità di gentiluomo e brigante. La polizia gli dà la caccia, ma senza poterlo mai catturare: un fratello gemello permette infatti al "Tulipano Nero" di avere sempre ottimi alibi. ■ AVVENTURA; COL.; 110'; FRANCIA, 1963.

TU LO CONDANNERESTI? *(Proceso a Jesùs)* ★★
Regia di JOSÉ LUIS SAENZ DE HEREDIA. Con ALBA JULIA CABA, ANDRÉS MEJUTO, LILI MURATI, JOSÉ MARIA RODERO. ■ Per ricostruire la verità storica, un anziano insegnante ebreo rievoca il processo intentato a Gesù duemila anni fa. Alle vicende storiche si intrecciano quelle private dei vari personaggi, fino alla drammatica conclusione. ■ DRAMMATICO; COL.; 92'; SPAGNA, 1973.

TULPA ★★
Regia di FEDERICO ZAMPAGLIONE. Con MICHELA CESCON, IVAN FRANEK, CLAUDIA GERINI, MICHELE PLACIDO, ENNIO TOZZI. ■ Donna in carriera di giorno e scambista di notte, Lisa vive con disinvoltura la sua doppia vita tra riunioni e orge, tailleur e guepière nella Roma algida dell'Eur. Ma l'esistenza di questa donna sola e agguerrita viene sconvolta da una serie di omicidi che colpiscono proprio i clienti del locale di scambisti, Tulpa, di cui lei è un'affezionata. Lisa farà così esperienza del terrore e dell'orrore, tra amore e morte. ■ HORROR; COL.; 82'; ITALIA, 2012.

TULPAN – LA RAGAZZA CHE NON C'ERA ★★
(Tulpan)
Regia di SERGEI DVORTSEVOY. Con ONDAS BESIKBASOV, SAMAL ESLJAMOVA. ■ Dopo aver terminato di prestare servizio come marinaio il giovane Asa torna a casa nella steppa del Kazakistan dove la sorella e il cognato, pastori, conducono una vita nomade. Prima di rientrare nella vita lavorativa e diventare a sua volta pastore, Asa deve sposarsi. La sua unica speranza risiede in Tulpan, figlia anche lei di un pastore. La fanciulla è determinata nel rifiutare la proposta: Asa ha le orecchie troppo grandi e poi lei vuole andare a vivere in città, ad Alma Ata. Il ragazzo, parzialmente consolato dal fatto che anche il principe Carlo d'Inghilterra è ben fornito di padiglioni auricolari, non si arrende. ■ DRAMMATICO; COL.; 100′; GERMANIA, 2006.

TULSA ★★★
Regia di STUART HEISLER. Con PEDRO ARMENDARIZ, SUSAN HAYWARD, ROBERT PRESTON. ■ Cheroker, figlia di un ricco allevatore, alla morte del padre eredita immensi terreni. La ragazza scopre giacimenti petroliferi e la sete di ricchezza le fa compiere azioni imprudenti. Uno dei suoi fedeli innamorati, Brad, le viene in aiuto quando le cose si mettono male per lei. Cheroker, riconoscente, lo sposa. ■ DRAMMATICO; COL.; 90′; USA, 1949. ■ OSCAR 1 NOM.

TU M'APPARTIENI *(You Belong to Me)* ★★★
Regia di WESLEY H. RUGGLES. Con RUTH DONNELLY, HENRY FONDA, BARBARA STANWYCK. ■ Lui è miliardario, lei è medico e accetta di sposarlo solo a patto di poter continuare ad occuparsi dei suoi ammalati. Lui, che è gelosissimo, le concede il suo permesso, ma, per poter tenere d'occhio la moglie, finisce per comprarle una clinica. ■ COMMEDIA; B/N; 94′; USA, 1941.

TU MI AMI *(Nowhere to Go But Up)* ★★
Regia di AMOS KOLLEK. Con CATHERINE CURTAIN, JENNA LAMIA, LAILA ROBINS, AUDREY TAUTOU, JUSTIN THEROUX, JENNIFER TILLY. ■ Ventitré anni e piena di sogni, Val è una giovane attrice francese che decide di tentare la fortuna a New York. Senza fissa dimora, vive dove capita e fa degli incontri casuali: uno sceneggiatore cinico in crisi di ispirazione; una lesbica psicopatica... ■ COMMEDIA; COL.; 88′; FRANCIA, USA, 2003.

TU MI APPARTIENI *(Dein Leben gehört mir)* ★★
Regia di JOHANNES MEYER. Con KARIN HARDT, KARL MARTELL, DOROTHEA WIECK. ■ Durante una crociera a bordo di una imbarcazione privata, un uomo muore avvelenato. La polizia ritiene colpevole una ragazza che era stata ricattata dalla vittima, ma un colpo di scena finale cambia le carte in tavola. ■ GIALLO; B/N; 91′; GERMANIA, 1939.

TU MI HAI SALVATO LA VITA *(Tu m'as sauvé la vie)* ★★
Regia di SACHA GUITRY. Con FERNANDEL, SACHA GUITRY, LANA MARCONI. ■ Un vecchio barone è salvato da un *clochard*. Pieno di gratitudine, vuol farne il suo erede universale. Ma gli eredi mancati (i suoi domestici) si sollevano e rendono la vita dura al *clochard*, che risolve la situazione sposando una anziana contessa amica del barone. Costui rimane solo con quegli avvoltoi dei domestici. ■ COMMEDIA; B/N; 85′; FRANCIA, 1950.

TU MI TURBI ★★
Regia di ROBERTO BENIGNI. Con ROBERTO BENIGNI, OLIMPIA CARLISI, GIACOMO PIPERNO. ■ Film a quattro episodi: *Durante Cristo* (Benigni è un pastore che ha smarrito il gregge, ma fa da baby-sitter a Gesù che fa il miracolo); *Angelo* (Benigni sogna che il suo bell'angelo custode lo voglia lasciare per un altro); *In banca* (Benigni cerca invano un prestito in banca); *I militi* (Benigni di guardia al Milite ignoto si fa beffe del suo compagno). ■ COMMEDIA; COL.; 96′; ITALIA, 1982.

TUNDRA SELVAGGIA *(Tundra)* ★★
Regia di NORMAN DAWN. Con DEL CAMBRE, WALLY HOWE. ■ Un coraggioso medico rischia la vita per giungere, con un piccolo aereo, in un villaggio dov'è scoppiata la peste. Arriva troppo tardi e si salva solo grazie all'intervento di un fedele amico. ■ AVVENTURA; B/N; 92′; USA, 1938.

TUNER – L'ACCORDATORE, THE *(Nastroyschik)* ★★★
Regia di KIRA MURATOVA. Con GEORGE DELIYEV, ALLA DEMIDOVA, RENATA LITVINOVA, NINA RUSLANOVA. ■ L'accordatore di pianoforte Andrej, ormai ridotto in miseria, è innamorato di Lina, che considera la sua musa. Lei appartiene a una famiglia ricca e potente e per permetterle di vivere nel lusso a cui è abituata, Andrej fa qualsiasi lavoro, anche i più umili e sottopagati. Ma il denaro non basta mai. L'amore lo spinge a superare il sottile confine tra il mondo della rettitudine morale e quello della malavita. Scopre fin dove può spingersi e che le uniche scelte possibili sono rubare, tradire e persino uccidere. ■ DRAMMATICO; COL.; 154′; RUSSIA, 2004.

TUNICA, LA *(The Robe)* ★★★★★
Regia di HENRY KOSTER. Con RICHARD BURTON, VICTOR MATURE, MICHAEL RENNIE, JEAN SIMMONS. ■ Roma: età di Tiberio imperatore. Il giovane e nobile Marcello ritrova a un'asta di schiavi la bella Diana, innamorata di lui da quando erano bambini. Marcello acquista lo schiavo Demetrio soffiandolo a Caligola, futuro imperatore. La vendetta non si fa attendere, Marcello è inviato come tribuno in Palestina, cioè nella terra più irrequieta di tutto l'impero. È proprio il momento dei fatti di Pilato e Gesù. Questi è condannato a morire sulla croce e l'incarico della crocefissione viene affidato proprio a Marcello che, bagnatosi col sangue del Cristo, non regge al rimorso e quasi impazzisce. Torna a Roma ricevuto da Tiberio, che dopo aver ascoltato il racconto del tribuno lo rimanda sul luogo a cercare la tunica di questo strano predicatore. Intanto Diana è stata promessa a Caligola, ma ama più che mai Marcello. In Palestina il romano ritrova Demetrio che custodiva la tunica. Marcello si è ormai convertito quando torna a Roma. Nel frattempo Caligola è diventato imperatore e non ha dimenticato. Marcello viene catturato e condannato a morte. Diana sceglie di morire con lui. La Fox aveva scelto questa storia di Lloyd Douglas dagli evidenti accenti mélo per un'importantissima operazione di cinema: *La tunica* doveva rappresentare la prima, vera, concreta risposta del cinema a quello che stava diventando lo strapotere della televisione. Così il film venne fotografato in cinemascope e il vecchio schermo quadrato venne praticamente moltiplicato per tre. È stata una delle più importanti invenzioni del cinema, la prima di una serie che arriva ai nostri giorni e che continuerà. La Fox era specializzata nella versione di grandi romanzi più o meno popolari (di autori come Hemingway e Fitzgerald, per esempio), realizzando una contaminazione efficace e tutto sommato positiva, anche se venivano privilegiati il sentimento e l'effetto. Anche *La tunica*, seppur scritto da un autore meno nobile di quelli citati, rientra perfettamente in questi concetti. Il risultato, sul piano squisitamente cinematografico, fu ottimo, il film fece grandi incassi ed ebbe la nomination per l'Oscar. Dunque si può affermare che il 1953 sia l'ultimo anno dell'era non televisiva, l'ultimo anno del cinema puro, senza condizionamenti. Il critico Mario Guidorizzi, forse con un pizzico di paradosso, nel saggio introduttivo del suo *Hollywood* afferma proprio che il cinema finisce nel 1953. Vale la pena ricordare i cinque titoli finalisti per gli Oscar di quell'anno: *Da qui all'eternità* (vincitore), *Giulio Cesare*, *Il cavaliere della valle solitaria*, *Vacanze romane* e, appunto, *La tunica*. Se era la fine di un'epoca, era uno splendido canto del cigno. ■ STORICO; COL.; 135′; USA, 1953. ■ OSCAR 2 PR, 5 NOM.

TUNISI TOP SECRET ★★
Regia di BRUNO PAOLINELLI. Con CHELO ALONSO, ELSA MARTINELLI, GEORGIA MOLL, MASSIMO SERATO. ■ Un principe arabo suscita l'interesse di tre ragazze che intendono scattare una serie di fotografie "piccanti" su di lui. Il principe è anche oggetto di interesse da parte di tre agenti segreti inglesi e di un paio di killer che dovrebbero eliminarlo. La situazione si presta a numerosi equivoci che impediranno a tutti di poter portare a termine le loro imprese. ■ DRAMMATICO; COL.; 100′: ITALIA, 1959.

TUNNEL *(Le tunnel)* ★★
Regia di CURTIS BERNHARDT. Con RAYMOND ALLAIN, JEAN GABIN, MADELEINE RENAUD. ■ Un ingegnere si dedica anima e corpo alla costruzione di un tunnel sotto l'Atlantico che unisca i due continenti. Le catastrofi si susseguono, muore la moglie dell'ingegnere, ma l'immane impresa è compiuta. ■ DRAMMATICO; B/N; 86′; FRANCIA, 1933.

TUNNEL ★★
Regia di MASSIMO PIRRI. Con HELMUT BERGER, FRANCO CITTI, CORINNE CLÉRY. ■ Marco è un drogato irrecuperabile. Insieme a Pina, che condivide con lui la vita e la droga, vive nel mondo squallido di ladri e prostitute, pur di procurarsi la "roba". Dopo tante avvilenti esperienze non resterà per loro che la morte. ■ DRAMMATICO; COL.; 95′; ITALIA, 1983.

TUNNEL DELL'AMORE, IL *(The Tunnel of Love)* ★★★
Regia di GENE KELLY. Con DORIS DAY, GIA SCALA, RICHARD WIDMARK, GIG YOUNG. ■ Una coppia chiede un bambino in adozione e ad Estelle è affidato il compito di accertare la moralità della futura madre e del futuro padre. Ma tra quest'ultimo ed Estelle nasce una simpatia che rischia di compromettere la serenità familiare. Tutto, però, si concluderà per il meglio. ■ COMMEDIA; COL.; 98′; USA, 1958.

TUNNEL DELL'ORRORE, IL *(Funhouse)* ★★
Regia di TOBE HOOPER. Con KEVIN CONWAY, WILLIAM FINLEY, SYLVIA MILES. ■ Un gruppo di ragazzi (due maschi e due femmine) si trova ad assistere per caso all'assassinio di una chiromante. I quattro cercano di fuggire ma vengono bloccati dentro il Luna Park dall'assassino (un giovane mostruoso e minorato) e da suo padre. Tre dei ragazzi moriranno. ■ HORROR; COL.; 96′; USA, 1980.

TUNNEL DEL TERRORE, IL *(The Yellow Ballon)* ★★
Regia di LEE J. THOMPSON. Con KENNETH MORE, ANDREW RAY, KATHLEEN RYAN. ■ Un bambino provoca del tutto incidentalmente la morte di un compagno di giochi e un delinquente ne approfitta per sfruttare la sua paura e farne un complice nei suoi colpi ladreschi. Una prostituta alla quale il ragazzo ha raccontato la sua vicenda avverte la polizia che mette fine all'incubo. ■ AVVENTURA; B/N; 80′; GRAN BRETAGNA, 1932.

TUO AMICO NEL MIO LETTO, IL *(Sleep with me)* ★★
Regia di RORY KELLY. Con TODD FIELD, CRAIG SHEFFER, ERIC STOLTZ, MEG TILLY. ■ Joseph e Sarah si devono sposare a Los Angeles. La sera del matrimonio il loro amico Frank bacia appassionatamente la futura sposa davanti agli invitati. Nascita di un *ménage à trois*. Tarantino fa un cameo come invitato che critica in chiave gay *Top Gun*. ■ COMMEDIA; COL.; 86′; USA, 1994.

TUO CORPO BRUCIA, IL *(Susanne)* ★★
Regia di ELSA COLFACH, KIT COLFACH. Con ARNOLD STRACKELBERG, SUSANNA ULFSÄTER. ■ Un incidente provoca nella giovane Susanna un cambio improvviso di personalità e, da ragazza seria, qual era, diventa dissoluta e viziosa. La situazione non cambia neppure dopo il matrimonio e la nascita di un figlio: soltanto un rischio mortale corso dal bambino le restituirà l'equilibrio perduto. ■ DRAMMATICO; B/N; 92′; SVEZIA, 1960.

TUO DOLCE CORPO DA UCCIDERE, IL ★★
Regia di ALFONSO BRESCIA. Con GIORGIO ARDISSON, ORCHIDEA DE SANTIS, FRANÇOISE PRÉVOST. ■ Clive vuole a tutti i costi sbarazzarsi della dispotica moglie e spinge al delitto, con il ricatto, l'amante della donna. Ma la moglie non viene affatto uccisa e la terribile macchinazione si ritorcerà contro lo stesso Clive fino a condurlo alla pazzia. ■ GIALLO; COL.; 91′; ITALIA, 1971.

TUOI, I MIEI & I NOSTRI, I *(Yours, Mine and Ours)* ★★
Regia di RAJA GOSNELL. Con DEAN COLLINS, TYLER PATRICK JONES, KATIJA PEVEC, DENNIS QUAID, HALEY RAMM, RENE RUSSO, SEAN FARIS. ■ Frank (Dennis Quaid) è un ammiraglio della Guardia costiera, Helen (Rene Russo), è una stilista. Entrambi sono vedovi. La loro amicizia si trasforma in un legame fortissimo che decidono di rinsaldare sposandosi. L'unico problema sono i loro 18 figli (10 di Helen, 8 di Frank) decisi a sabotare il matrimonio. Chi trionferà, i figli con i loro piani di sabotaggio o l'amore vero sincero? ■ COMMEDIA; COL.; 90′; USA, 2005.

TUOI OCCHI BRUCIANO – LA FINESTRA DI FRONTE, I *(La lumière d'en face)* ★★★
Regia di GEORGES LACOMBE. Con BRIGITTE BARDOT, RAYMOND PELLEGRIN, ROGER PIGAUT. ■ In seguito a un incidente, Georges rischia di perdere la vita in qualsiasi momento per il possibile verificarsi di un'emorragia cerebrale. Olivia lo sposa ugualmente, ma si stanca presto della vita che il marito le impone. Si innamora di un altro provocando una crisi terribile a Georges, che, impazzito, finisce travolto da un'automobile. ■ DRAMMATICO; B/N; 89′; FRANCIA, 1955.

TUONI SU TIMBERLAND *(Guns of the Timberland)* ★★★
Regia di ROBERT D. WEBB. Con JEANNE CRAIN, ALAN LADD, GILBERT ROLAND. ■ Un gruppo di agricoltori e proprietari terrieri ostacola fermamente il taglio della legna dei propri boschi con espedienti di ogni genere. Ben presto fra costoro e gli appaltatori, che hanno invece nell'impresa tutti i loro averi, nasce un insanabile diverbio. Un incidente mortale e un grave incendio indurranno alla fine gli appaltatori ad abbandonare il campo. ■ AVVENTURA; COL.; 91′; USA, 1959.

TUONO BLU *(Blue Thunder)* ★★★
Regia di JOHN BADHAM. Con CANDY CLARK, WARREN OATES, ROY SCHEIDER. ■ Un abile pilota della polizia è scelto per pilotare un super elicottero dotato di sofisticatissimi congegni, che può volare a 200 miglia all'ora e sparare 4000 colpi al minuto, vedere oltre i muri e registrare anche un sospiro. Ma scopre che un colonello intende avvalersi dei superelicotteri per impadronirsi del controllo del paese. Per smascherarlo deve affrontare jet e missili mandati contro di lui; dopo un memorabile duello aereo con un elicottero gemello, riesce a sventare il complotto. ■ AVVENTURA; COL.; 108′; USA, 1982. ■ OSCAR 1 NOM.

TUONO NELLA VALLE *(Thunder in the Valley)* ★★
Regia di LOUIS KING. Con FEGGY ANN GARNER, EDMUND GWENN. ■ Difficile vita di un pastore, cui la solitudine e il dolore per la morte della moglie hanno inasprito il carattere. Il figlio lo abbandona, ma in occasione del matrimonio del giovane padre e figlio si riconcilieranno. ■ DRAMMATICO; COL.; 103′; USA, 1947.

TUONO ROSSO *(The Great Skycopter Rescue)* ★★
Regia di LAWRENCE FOLDES. Con RUSSELL JOHNSON, WILLIAM MARSHALL, ALDO RAY. ■ Un gruppo di giovani entusiasti del volo inventa un tipo molto particolare di elicottero monoposto chiamato *skycopter*. Presto dispongono di una piccola squadriglia, che decidono di mettere al servizio della legge. Faranno vedere i sorci verdi, con i loro velivoli, a una banda di delinquenti motorizzati che terrorizza una piccola città della California. ■ AVVENTURA; COL.; 92′; USA, 1982.

TUO PIACERE È IL MIO, IL ★★
Regia di CLAUDIO RACCA. Con EWA AULIN, FEMI BENUSSI, BARBARA BOUCHET, ALDO GIUFFRÉ, SYLVA KOSCINA, ANNA MAESTRI, ERNA SCHURER. ■ Nella casa di un nobile toscano gli invitati si narrano alcune vicende piccanti sugli amori segreti di umili frati e di alti prelati. ■ COMICO; COL.; 93′; ITALIA, 1972.

TUO VIZIO È UNA STANZA CHIUSA E SOLO IO NE HO LA CHIAVE, IL ★
Regia di SERGIO MARTINO. Con EDWIGE FENECH, LUIGI PISTILLI, ANITA STRINDBERG. ■ C'è uno scrittore che odia sua moglie. Arriva una nipote che diventa amante dello scrittore e della moglie (oltre che di un coetaneo). Strage finale. ■ DRAMMATICO; COL.; 95′; ITALIA, 1972.

TU PARTIRAI CON ME *(Holiday Affair)* ★★★
Regia di DON HARTMAN. Con JANET LEIGH, ROBERT MITCHUM. ■ Una giovane vedova è indecisa se risposarsi. E non sa, soprattutto, chi scegliere tra Steve, giovane e dinamico, e Carl, più posato e serio. Timmy, il suo bambino di sette anni, l'aiuterà nella scelta. ■ COMMEDIA; B/N; 87′; USA, 1949.

TURBAMENTI DEL GIOVANE TÖRLESS *(Der Junge Törless)* ★★★
Regia di VOLKER SCHLÖNDORFF. Con MATHIEU CARRIÈRE, MARIAN SEIDOWSKY, BERND TISCHER. ■ Protagonista è un giovane collegiale che è costretto ad assistere alle torture che i compagni infliggono ad un ragazzo, traendo dall'avvenimento una dolorosa esperienza. ■ DRAMMATICO; B/N; 87′; GERMANIA, 1966.

TURBAMENTI DI UNA PRINCIPIANTE, I *(L'initiation)* ★★
Regia di DENIS HÉROUX. Con DANIELLE OUIMET, CHANTAL RENAUD, JACQUES RIBEROLLES. ■ Una ragazza ingenua litiga col fidanzato perché lui cerca di portarla a letto. Il fidanzato si stanca e cerca altre donne. Lei, nel frattempo, si innamora di uno

scrittore. Le diverse esperienze servono a riavvicinare i due giovani. ■ COMMEDIA; COL.; 92′; FRANCIA, 1970.

TURBAMENTI SESSUALI DI MADDALENA, I ★
(Magdalena – Von Teufel besessen)
Regia di MICHAEL WALTER. Con WERNER BRUHNS, DAGMAR HEDRICH, RUDOLF SCHUNDLER. ■ Una giovane indemoniata potrà liberarsi di Satana solo pregando; poiché qualsiasi tentativo spontaneo fallisce, la fanciulla viene ipnotizzata e indotta a farlo. Il maleficio svanisce. ■ DRAMMATICO; COL.; 91′; GERMANIA, 1974.

TURBAMENTO ★★
Regia di GUIDO BRIGNONE. Con MARIELLA LOTTI, RENZO RICCI. ■ Un cinquantenne sta per sposare la giovane figlia di un suo amico d'infanzia e i suoi tre figli, coetanei della sposa, tornano a casa in previsione del matrimonio. Il confronto tra l'età di una figlia e quella della donna che sta per sposare convincerà l'uomo a rinunciare al matrimonio. ■ DRAMMATICO; B/N; 93′; ITALIA, 1941.

TURBINE ★★
Regia di CAMILLO MASTROCINQUE. Con PAOLA BARBARA, CARLO NINCHI. ■ Durante una vacanza, una giovane moglie incontra un vecchio fidanzato che le chiede un appuntamento. Impietosita dall'aspetto miserabile dell'uomo, accetta ma viene coinvolta in un delitto. Il marito rifiuta poi di rivederla e lei, disperata, si rivolge ad un sacerdote che riesce a mettere le cose a posto. ■ DRAMMATICO; B/N; 95′; ITALIA, 1941.

TURBINE *(Tourbillon)* ★★
Regia di ALFRED RODE. Con CLAUDINE DUPUIS, MARCELLO PAGLIERO, JEAN SERVAIS. ■ Un vecchio attore, per difendere un suo protetto accusato di furto, viene messo nei guai da una ragazza di cui è innamorato, sobillata dal malvagio amante. Quando l'attore finisce ucciso, anche lei rischia però di fare la stessa fine. Sarà salvata *in extremis* dalla polizia. ■ POLIZIESCO; B/N; 92′; FRANCIA, 1952.

TURBINE BIANCO *(One in a Million)* ★★★
Regia di SIDNEY LANFIELD. Con DON AMECHE, SONJA HENIE, I FRATELLI RITZ. ■ La figlia di un albergatore svizzero, campionessa di pattinaggio, suscita l'interesse di un impresario di varietà americano, che vorrebbe farne una stella. Il padre della ragazza non è d'accordo e, mentre i due uomini discutono e litigano, la fanciulla si innamora e si sposa con un giornalista. ■ COMMEDIA; B/N; 95′; USA, 1936. ■ OSCAR 1 NOM.

TURBINE D'AMORE *(Martin Roumagnac)* ★★★
Regia di GEORGES LACOMBE. Con MARLENE DIETRICH, JEAN GABIN. ■ Un uomo ha la disgrazia di innamorarsi di una donna che lo fa impazzire e lo rovina economicamente. Lui allora la uccide, ma riesce a cancellare ogni prova a suo carico e viene assolto dall'accusa di uxoricidio. Un giovane innamorato della donna farà giustizia. ■ DRAMMATICO; B/N; 95′; FRANCIA, 1946.

TURBINE DI GIOIA, UN *(Bundle of Joy)* ★★★
Regia di NORMAN TAUROG. Con EDDIE FISHER, ADOLPHE MENJOU, DEBBIE REYNOLDS. ■ La sfortuna che l'ha sempre perseguitata scompare, per la giovane Polly, dal momento in cui incontra un povero trovatello e se ne interessa. Non solo viene riassunta dalla ditta che l'aveva licenziata, ma trova anche un marito: bello, giovane e ricco. ■ MUSICALE; COL.; 98′; USA, 1956.

TURBINE DI PASSIONE *(Ich verweigere die Aussage)* ★★
Regia di OTTO LINNEKOGEL. Con ALBRECHT SCHOENHALS, OLGA TSCHECHOWA. ■ L'amante respinto di una donna spara e ferisce il marito rivale. Poi, in preda ai rimorsi, si uccide. La donna viene processata con l'accusa di istigazione al delitto, ma è scagionata dalla testimonianza del marito. ■ DRAMMATICO; B/N; 92′; GERMANIA, 1939.

TURBINE DI SANGUE *(Red Wind)* ★
Regia di ALAN METZGER. Con LISA HARTMAN. ■ Ancora un analista alle prese con una paziente decisamente bella e decisamente intenzionata ad autoaccusarsi dell'omicidio del consorte. Il problema è che è difficile scoprire se quanto afferma è vero. ■ THRILLER; COL.; 89′; USA, 1991.

TURBO ★★
Regia di DAVID SOREN. Con PAUL GIAMATTI, SAMUEL L. JACKSON, RYAN REYNOLDS, MICHELLE RODRIGUEZ, MAYA RUDOLPH. ■ Turbo non è come le altre lumache. Non ha paura del bambino nel cui giardino vive con la comunità di suoi pari, non è soddisfatto del lavoro alla piantagione di pomodori e non ama la filosofia di fuga che propugnano le altre lumache: lui sogna le corse automobilistiche, la velocità e il brivido della conquista dei sogni più sfrenati, come gli insegna il suo idolo: il pilota Guy Gagné. Un giorno un incidente lo avvicinerà ai suoi sogni. La Dreamworks, lo studio d'animazione guidato da Jeffrey Katzenberg, è stato capace di grandi colpi e ottime idee come *Kung fu panda*, *I Croods* e *Dragon Trainer*, ma spesso anche di film come *Turbo*, che sembrano guardare alle trovate della rivale Pixar. ■ ANIMAZIONE; COL.; 96′; USA, 2013.

TURBO TIME ★★
Regia di JAMES DAVIS. ■ Documentario sul mondo delle corse automobilistiche e motociclistiche, corredato da interviste a diversi campioni di questi sport. Molte scene di incidenti alla ricerca dell'"effettaccio" spettacolare e crudele, ma anche il pregio di una buona dose di realismo. ■ SPORTIVO; COL.; 92′; ITALIA, 1983.

TURBULENCE – LA PAURA È NELL'ARIA ★
(Turbulence)
Regia di ROBERT BUTLER. Con BEN CROSS, HECTOR ELIZONDO, BRENDAN GLEESON, LAUREN HOLLY, RAY LIOTTA. ■ Una linea aerea privata si ritrova con a bordo di uno dei voli un pericoloso omicida che prima nega ogni addebito e poi rivela il suo vero volto di psicopatico. Giunto ai limiti estremi dovrà confrontarsi con l'ultima passeggera sopravvissuta, una hostess che cercherà di fermarlo. Prima di *Con Air* e con molti meno mezzi a disposizione. ■ AVVENTURA; COL.; 100′; USA, 1996.

TURCO NAPOLETANO, UN ★★★
Regia di MARIO MATTOLI. Con ISA BARZIZZA, CARLO CAMPANINI, MARIO CASTELLANI, ALDO GIUFFRÉ, VINICIO SOFIA, TOTÒ. ■ Un deputato, geloso della moglie e delle figlie, pensa di assoldare un eunuco turco, ma al suo posto arriva il truffaldino Felice Sciosciammocca che naturalmente approfitta della situazione. ■ COMMEDIA; COL.; 92′; ITALIA, 1953.

TU RIDI ★★
Regia di PAOLO TAVIANI, VITTORIO TAVIANI. Con ANTONIO ALBANESE, SABRINA FERILLI, TURI FERRO. ■ I Taviani riaffrontano Pirandello quattordici anni dopo *Chaos*, girato nel 1984. Roma, anni Trenta: un baritono triste aspetta la notte per liberarsi con grandi risate. La pratica è terapeutica fino a un certo punto, finirà suicida. Calligrafia e maniera. I veri Taviani sono lontani. ■ DRAMMATICO; COL.; 99′; ITALIA, 1998.

TURI E I PALADINI ★★
Regia di ANGELO D'ALESSANDRO. Con ROCCO ALOISI, CLAUDIO BATURI, RICCARDO CUCCIOLLA, RON. ■ Un ragazzino, usato a sua insaputa per imprese banditesche, rifiuta di fornire qualsiasi spiegazione alla polizia e finisce in riformatorio. Quando ne esce, un boss mafioso, che ha evitato la prigione grazie al suo silenzio, gli offre protezione. Un puparo, per il quale l'ex detenuto aveva lavorato, si oppone e viene ucciso. Il giovane prenderà il suo posto. ■ DRAMMATICO; COL.; 92′; ITALIA, 1978.

TURISTA PER CASO *(Accidental Tourist)* ★★★
Regia di LAWRENCE KASDAN. Con GEENA DAVIS, WILLIAM HURT, KATHLEEN TURNER. ■ Uno scrittore di guide turistiche deve reggere a due brutti colpi: la morte del figlio decenne e l'abbandono della moglie. Rischia di andare in pezzi. Lo rimette al mondo la relazione con una ragazza-madre. Intanto la moglie ci ha ripensato. L'uomo è perplesso: riprendere con la consorte e lasciare l'altra donna, ora che non ha più bisogno? Dopo molte titubanze, lui opta per la seconda. Ottimo film intimista, interpretato con grande sensibilità da Hurt e da Geena Davis (premio Oscar). ■ COMMEDIA; COL.; 121′; USA, 1988. ■ GOLDEN GLOBES 2 NOM; OSCAR 1 PR, 4 NOM.

TURISTAS ★★
Regia di JOHN STOCKWELL. Con DESMOND ASKEW, MAX BROWN, JOSH DUHAMEL, BEAU GARRETT, MELISSA GEORGE, MIGUEL LUNARDI, AGLES STEIB, OLIVIA WILDE. ■ Un gruppo di turisti provenienti dal mondo ricco (Australia, Stati Uniti e Inghilterra), a causa di un incidente con il bus che li porta attraverso il Brasile, finiscono su una spiaggia dove bevono e ballano fino al mattino,

quando, risvegliati da un sonno innaturale, si accorgono di essere stati drogati e derubati. Da qui inizia il loro inferno personale nella giungla brasiliana dove capiranno ben presto che non c'è via d'uscita; infatti rischiano di essere preda di un trafficante di organi, che li espianta a turisti ricchi per donarli a bambini poveri. Con poco gusto per il gore e lo splatter (presente solo a tratti) e una decisamente più spiccata propensione alla costruzione della tensione, John Stockwell confeziona novanta minuti tirati nei quali l'umido scenario dei paradisi brasiliani diventa da subito un inferno, facendo leva su molte delle paure inconsce dei turisti. ■ HORROR; COL.; 89′; USA, 2006.

TURK 182 ★★
Regia di BOB CLARK. Con KIM CATTRALL, TIMOTHY HUTTON, ROBERT URICH. ■ La guerra privata di Jimmy Linch al sindaco della città di New York, che ha rifiutato la pensione di invalidità al fratello vigile del fuoco perché, al momento dell'incidente, sebbene abbia salvato una bambina, era fuori servizio. Jimmy, sotto il nome di "Turk 182", rovina, a suon di beffe clamorose, l'ingiustamente buona reputazione del sindaco. Il protagonista è Timothy Hutton figlio dell'attore Jim (*Ellery Queen*) e già premio Oscar per *Gente comune* di Robert Redford. ■ COMMEDIA; COL.; 98′; USA, 1985.

TURNÉ ★★★
Regia di GABRIELE SALVATORES. Con DIEGO ABATANTUONO, FABRIZIO BENTIVOGLIO, LAURA MORANTE. ■ Due attori di una compagnia teatrale si accingono ad affrontare una tournée. Dario, il più estroverso, è l'attuale amante di Vittoria. Federico, dal carattere problematico, è stato abbandonato dalla donna e ignora che l'amico ne sia l'amante. La tournée sarà l'occasione per verificare le proprie aspettative, professionali e sentimentali. Fino e compreso *Puerto Escondido*, il miglior film di Salvatores. Pur trattandosi di una commedia, la materia trattata è intrisa di malinconia. Una volta tanto i personaggi di una commedia italiana hanno contorni amari e l'umorismo che ne scaturisce è di grana sottile ma comprensibile. La presenza dell'insopportabile Laura Morante, dalla dizione appiccicosa, ha l'involontario merito di rendere i due personaggi maschili pateticamente irresistibili. Abatantuono è la perfetta incarnazione del superficiale di buon cuore e Bentivoglio, straziato da un amore impossibile, gli dà la replica con esattezza di tempi rara negli attori italiani. ■ COMMEDIA; COL.; 91′; ITALIA, 1990. ■ DAVID DI DONATELLO 1 PR, 1 NOM.

TURNER E IL CASINARO *(Turner & Hooch)* ★★
Regia di ROGER SPOTTISWOODE. Con TOM HANKS, CRAIG T. NELSON, MARE WINNINGHAM. ■ Un vecchio è assassinato da una banda di trafficanti. Unico testimone il cane del vecchio, che un giovane poliziotto locale è praticamente costretto ad adottare quando si rende conto che è l'unico che può condurlo dagli assassini. Difatti è così e nasce un'amicizia tra i due. ■ GIALLO; COL.; 97′; USA, 1989.

TURNO, IL ★★
Regia di TONINO CERVI. Con LAURA ANTONELLI, VITTORIO GASSMAN, PAOLO VILLAGGIO. ■ Dal romanzo omonimo del 1902 di Luigi Pirandello. Stellina (Antonelli) va sposa al vecchio don Diego (Turi Ferro) nella speranza di poterne presto ereditare le sostanze e sposare l'amato ma squattrinato Pepé (Villaggio). Ma prima che giunga il suo turno, il povero Pepé dovrà attendere che il secondo marito di Stellina, don Ciro (Gassman), anch'egli sposato per interesse, muoia inaspettatamente. Il caustico e ironico Pirandello non trova giustizia in questo film. ■ COMMEDIA; COL.; 108′; ITALIA, 1981.

TURNO DI NOTTE *(Service de nuit)* ★★
Regia di JEAN FAUREZ, BELISARIO L. RANDONE. Con JACQUES DUMESNIL, VIVI GIOI, GABY MORLAY. ■ La centralinista di un paesino di montagna riesce a risolvere vari guai stando al suo posto di lavoro. ■ DRAMMATICO; B/N; 92′; FRANCIA, 1943.

TURNO DI NOTTE *(Nightshift)* ★★
Regia di RON HOWARD. Con RON HOWARD, MICHAEL KEATON, HENRY WINKLER. ■ Henry Winkler, cioè Fonzie di *Happy Days*, è un esperto in marketing stufo del suo lavoro. Vuol starsene per conto suo, e quale posto più tranquillo che fare il guardiano di cimitero? Un giorno gli capita di salvare una prostituta dalle ire del suo protettore. Così alla sua mente (evidentemente deformata dal marketing) si affaccia un'idea: perché non mettersi a "proteggere" in grande stile? ■ COMMEDIA; COL.; 105′; USA, 1982.

TURRI IL BANDITO – STRANO PAESE ★★
Regia di ENZO TRAPANI. Con NINO CRISMAN, ERMANNO RANDI, DEDY RISTORI, VITTORIO SANIPOLI. ■ In Sicilia, un capocomico riconosce in un suo commilitone Turri, il bandito che è il terrore della regione, e organizza un trucco per provare l'innocenza del fuorilegge che era stato calunniato dal sindaco. ■ DRAMMATICO; B/N; 92′; ITALIA, 1950.

TU SEI IL MIO DESTINO *(Young at Heart)* ★★★
Regia di GORDON DOUGLAS. Con ETHEL BARRYMORE, DORIS DAY, DOROTHY MALONE, FRANK SINATRA, GIG YOUNG. ■ Un ottimo cast per la storia di tre sorelle che s'innamorano di un giovane musicista. Lui fa la sua scelta, ma lei capisce d'essere in realtà innamorata di un altro e lo sposa. Il nuovo venuto proverà una grande gelosia, ma poi tutto si accomoderà. ■ MUSICALE; COL.; 117′; USA, 1954.

TU SEI LA MUSICA *(Du bist Musik)* ★
Regia di PAUL MARTIN. Con PAUL HUBSCHMID, RUDOLF PLATTE, CATERINA VALENTE. ■ Un giovane compositore viene scambiato per il re di un paese d'operetta e riesce così a conquistare una cantante. Un nero, capo di una rete mafiosa, viene ferito dai nemici, ma si salva dalla morte ricattandoli con documenti compromettenti. Persi molti dei seguaci e i familiari più cari, scomparirà senza più dare notizie di sé. ■ MUSICALE; COL.; 92′; GERMANIA, 1959.

TUTA BLU *(Blue Collar)* ★★★
Regia di PAUL SCHRADER. Con HARVEY KEITEL, YAPHET KOTTO, RICHARD PRYOR. ■ Debutto nella regia di Paul Schrader che riesce a cavare ottime prestazioni dai tre attori principali. Protagonisti sono gli operai di una fabbrica d'auto in conflitto sindacale (permanente) con i datori di lavoro. Quando capiscono (o credono) che il sindacato fa il gioco dei padroni, decidono di rapinare la cassa dell'associazione. ■ DRAMMATICO; COL.; 114′; USA, 1978.

TUTTA COLPA DEL FATTORINO ★★
(Blame it on the Bellboy)
Regia di MARK HERMAN. Con BRYAN BROWN, PATSY KENSIT, DUDLEY MOORE. ■ Un filmetto, da vedere se non si ha di meglio da fare. Siamo a Venezia, all'Hotel Danieli, dove un nuovo fattorino disattento fa succedere il finimondo. Le lettere indirizzate a tre clienti (un sindaco, una agente immobiliare e un sicario della mafia) vengono recapitate in maniera errata. Così i *qui pro quo* si sprecano. Lubitsch anche da una trama così esile avrebbe tratto un capolavoro. Invece Herman si balocca in banalità e concorre al trionfo dei luoghi comuni sugli italiani visti dagli stranieri. ■ COMMEDIA; COL.; 80′; USA, 1991.

TUTTA COLPA DELL'AMORE *(Blindsided)* ★
Regia di TOM DONNELLY. Con JEFF FAHEY, BEN GAZZARA, JACK KEHLER, MIA SARA. ■ Frank è un ex agente di polizia. Quando può lavora per la malavita, senza grossi problemi. Un giorno rimane ferito e conosce una donna. Finiscono insieme ma c'è un ostacolo: lei è anche la pupa di un potente malavitoso. ■ POLIZIESCO; COL.; 89′; USA, 1992.

TUTTA COLPA DELL'AMORE *(Sweet Home Alabama)* ★★
Regia di ANDY TENNANT. Con CANDICE BERGEN, PATRICK DEMPSEY, ETHAN EMBRY, COURTNEY GAINS, MARY KAY PLACE, JEAN SMART, FRED WARD, REESE WITHERSPOON. ■ Melanie Carmichael, originaria dell'Alabama e stilista di successo nella Grande Mela, è sul punto di sposare Andrew Hennings, lo scapolo più appetito della città. L'unico problema è che è si era già sposata in precedenza con Jake, rude campagnolo più portato all'ubriachezza che al romanticismo, il quale non le ha mai concesso il divorzio. Urge ritornare al paesello per tentare di convincerlo. Ma una volta sul posto Melanie si renderà conto che non è facile rinunciare alle proprie origini. Specie se ci si scopre ancora innamorate del consorte... ■ COMMEDIA; COL.; 107′; USA, 2002.

TUTTA COLPA DELLA MUSICA ★
Regia di RICKY TOGNAZZI. Con MARCO MESSERI, ROSALBA PIPPA, ELENA SOFIA RICCI, STEFANIA SANDRELLI, RICKY TOGNAZZI. ■ Giuseppe è a un passo dalla pensione e da una vita da rein-

ventare. Stretto tra una madre cattolica -e una moglie testimone di Geova, la sua unica consolazione è la figlia Chiara, timida, insicura e ostinata a vivere una vita senza uomini. Avvilito e senza progetti, è soccorso da Nappo, compagno di infanzia col vizio del coro e delle donne. Convinto dall'amico ad accompagnarlo alle prove del coro, gestito dalla sua ex moglie, Giuseppe incontra Elisa e se ne innamora. Ricambiato, Giuseppe è deciso a seguire il suo cuore. ■ COMMEDIA; COL.; 98′; ITALIA, 2011.

TUTTA COLPA DELLA SIP ★★

Regia di GIANFRANCO BULLO. Con GIANFRANCO BULLO, VITTORIO CAPRIOLI, ANA OBREGON. ■ Un giovane disoccupato, a causa di un guasto su una linea telefonica, risponde a una chiamata indirizzata a un'agenzia investigativa. Si improvvisa d'impulso detective e rimane coinvolto in una serie di ricatti e omicidi che fanno capo a un industriale e alla sua bella moglie. ■ COMMEDIA; COL.; 92′; ITALIA, 1988.

TUTTA COLPA DEL PARADISO ★★

Regia di FRANCESCO NUTI. Con ROBERTO ALPI, ORNELLA MUTI, FRANCESCO NUTI. ■ Un ex galeotto vuole conoscere i genitori adottivi di suo figlio. Dopo varie ricerche li trova in una pittoresca baita valdostana e riesce a farsi accettare sia dalla coppia sia dal bambino, che non sospetta la sua vera identità. Dopo una stagione trascorsa in seno a quella famigliola felice, l'uomo decide di andarsene per la sua strada, anche perché si sente un po' troppo attratto dalla nuova mamma di suo figlio. Brava Ornella Muti. ■ COMMEDIA; COL.; 102′; ITALIA, 1985.

TUTTA COLPA DI GIUDA – UNA COMMEDIA CON MUSICA ★★

Regia di DAVIDE FERRARIO. Con LUCIANA LITTIZZETTO, KASIA SMUTNIAK, FABIO TROIANO. ■ Irena Mirkovic è una giovane regista teatrale da sempre attenta alla sperimentazione e in fase di distacco sentimentale dal suo compagno attore Cristiano. Decide di accettare la proposta dal cappellano di un carcere, don Iridio: mettere in scena con i detenuti un musical sulla passione di Cristo. Il direttore del penitenziario è favorevole, molto meno lo è la rigida, ma in fondo molto pragmatica, suor Bonaria. I carcerati accettano di partecipare al progetto ma quando giunge il momento di assegnare le parti nessuno intende interpretare Giuda. Per il semplice motivo che l'apostolo è il traditore, cioè l'"infame" per eccellenza. Come risolvere il problema? Irena sente nascere dentro di sé una domanda: si può pensare a Cristo senza Giuda? Forse sì. ■ DRAMMATICO; COL.; 102′; ITALIA, 2008.

TUTTA COLPA DI SARA *(Serving Sara)* ★★★

Regia di REGINALD HUDLIN. Con AMY ADAMS, BRUCE CAMPBELL, ELIZABETH HURLEY, VINCENT PASTORE, MATTHEW PERRY. ■ Joe Tyler fa il lavoro peggiore del mondo, ma è disposto a tutto per farlo come si deve: è infatti un ufficiale giudiziario che si inventa gli espedienti più ingegnosi per inviare avvisi di garanzia a chiunque entri nel suo mirino, da mafiosi a miliardari. Sara Moore è la prossima vittima di Joe. Il socio di Sara, Gordon, un ricco allevatore di bestiame con il quale la donna ha accumulato una fortuna, ha assunto Joe affinché mandi a Sara le carte che minacciano di eliminarla. All'inizio Sara sembra non capire cosa si è abbattuto su di lei, ma appena la consapevolezza viene a galla decide di prendersi ciò che le spetta: i soldi guadagnati, la propria autostima e – perché no – un po' d'amore. Commedia brillante con una Elizabeth Hurley con cappello da cowboy indossato su un fisico notevole e un portamento da top model e un Matthew Perry che sa stare al gioco. Alla prima esperienza in coppia i due funzionano. ■ COMMEDIA; COL.; 100′; USA, 2003.

TUTTA COLPA DI VOLTAIRE *(La Foute à Voltaire)* ★★

Regia di ABDEL KECHICHE. Con SAMI BOUAJILA, ELODIE BOUCHEZ, BRUNO LOCHET. ■ Oltre due ore per un film documento che riguarda una situazione che è anche italiana: l'immigrazione. Questa volta il teatro è Parigi, dove arriva Jallel, piena di ottimismo e speranze. Ma la realtà con la quale si scontra è durissima. Difficoltà grandi nei rapporti, enormi nel lavoro. Nessuna possibilità di inserimento. Cose conosciute. ■ DRAMMATICO; COL.; 130′; FRANCIA, 2001.

TUTTA DA SCOPRIRE – L'AMANTE TUTTA DA SCOPRIRE ★

Regia di GIULIANO CARNIMEO. Con NADIA CASSINI, RENZO MONTAGNANI, YORGO VOYAGIS. ■ Una coppia di truffatori ricatta una miliardaria e il suo nullafacente marito. La Cassini è "tutta da scoprire", il resto è noia e scempiaggine. ■ COMMEDIA; COL.; 91′; ITALIA, SPAGNA, 1981.

TUTTA LA CITTÀ CANTA ★★

Regia di RICCARDO FREDA. Con VIVI GIOI, I FRATELLI BONOS, NANDA PRIMAVERA, NINO TARANTO. ■ Un timido professore eredita una rivista e diventa teatrante. Il film, a causa degli eventi bellici, fu interrotto e ripreso dopo la liberazione di Roma. ■ MUSICALE; B/N; 92′; ITALIA, 1943.

TUTTA LA CITTÀ NE PARLA ★★★

(The Whole Town's Talking)

Regia di JOHN FORD. Con JEAN ARTHUR, WALLACE FORD, DONALD MEEK, EDWARD G. ROBINSON. ■ Un gangster scopre che un mite impiegatuccio gli somiglia come una goccia d'acqua. Pensa di sfruttare la situazione e lo rapisce, ma sarà proprio il timido agnello ad avere partita vinta sul lupo. ■ COMMEDIA; B/N; 95′; USA, 1934.

TUTTA LA CITTÀ NE SPARLA ★★★

(Rendez-vous with Annie)

Regia di ALLAN DWAN. Con EDDIE ALBERT, FAYE MARLOWE, GAIL PATRICK. ■ Smobilitato dopo la seconda guerra mondiale, un caporale scopre che la moglie è incinta e che al nascituro toccherà una forte eredità. Il padre è lui, ma nessuno ci crede perché il nostro aveva incontrato la moglie di nascosto, durante una licenza in cui avrebbe dovuto rimanere in Inghilterra, mentre, grazie all'aiuto di un pilota amico, era invece riuscito a ritornare brevemente negli Stati Uniti. I concittadini pensano quindi che la signora sia adultera e il marito le tenga bordone per l'eredità. Alla fine tutto s'accomoda. ■ COMMEDIA; B/N; 89′; USA, 1952.

TUTTA LA CONOSCENZA DEL MONDO ★

Regia di EROS PUGLIELLI. Con GIORGIO ALBERTAZZI, MARCO BONINI, CLAUDIO GUAIN, GIOVANNA MEZZOGIORNO. ■ Il regista spiega così il film: «Con questo film voglio rappresentare, senza illusioni, la ricerca umana per le risposte a domande essenziali e fondamentali come chi siamo? E perché siamo al mondo?». Di fronte a tale dichiarazione, i casi sono due: o il regista si chiama Kieslowski, oppure la parola d'ordine è "diffidare". ■ COMMEDIA; COL.; 99′; ITALIA, 2001.

TUTTA LA VERITÀ *(The Whole Truth)* ★★★

Regia di JOHN GUILLERMIN. Con GIANNA MARIA CANALE, STEWART GRANGER, DONNA REED, GEORGE SANDERS. ■ Un produttore cinematografico americano in Francia s'innamora di un'attrice italiana. La donna viene uccisa dal marito tradito, che organizza poi un complotto in modo che dell'omicidio sia accusato il produttore. Questi, aiutato dalla moglie comprensiva, riuscirà però a provare la propria innocenza. ■ POLIZIESCO; B/N; 84′; USA, 1958.

TUTTA LA VITA DAVANTI ★★★

Regia di PAOLO VIRZÌ. Con VALENTINA CARNELUTTI, SABRINA FERILLI, ELIO GERMANO, MASSIMO GHINI, VALERIO MASTANDREA, ISABELLA RAGONESE, MICAELA RAMAZZOTTI. ■ Nel bel mezzo di una corale apertura onirica a suon di Beach Boys, la voce narrante di Laura Morante ci introduce cautamente nella favola *nera* di Marta, ventiquattrenne siciliana trapiantata a Roma neolaureata con lode, abbraccio accademico e pubblicazione della tesi in filosofia teoretica. Umile, curiosa e un poco ingenua, Marta si vede chiudere in faccia le porte del mondo accademico ed editoriale, per ritrovarsi a essere "scelta" come baby-sitter dalla figlia della sbandata e fragile ragazza madre Sonia (interpretata con struggente intensità da Micaela Ramazzotti). È proprio questa "Marilyn di borgata" a introdurla nel call center della Multiple, azienda specializzata nella vendita di un apparecchio di depurazione dell'acqua apparentemente miracoloso. Da qui inizia il viaggio di Marta in un mondo alieno, quello dei tanti giovani, carini e "precariamente occupati" italiani: in una periferia romana spaventosamente deserta e avveniristica, isolata dal resto del mondo come un reality. Non c'è scampo per nessuno all'interno di queste logiche di sfruttamento, e a poco servirà il tentativo dell'onesto ma evanescente sindacalista Giorgio Conforti (Valerio Mastandrea) di cambiare idealisticamente un mondo che difficilmente può essere cambiato. ■ DRAMMATICO; COL.; 117′; ITALIA, 2008.

TUTTA LA VITA IN UNA NOTTE ★★
Regia di CORRADO D'ERRICO. Con MINO DORO, LUISA FERIDA, GERMANA PAOLIERI, CAMILLO PILOTTO, GUGLIELMO SACRIPANTE. ■ In un paesino, la moglie del capostazione intreccia un idillio con uno sconosciuto servendosi del telegrafo, ma quando scopre che l'uomo è sfigurato in viso torna dal marito. ■ COMMEDIA; B/N; 92′; ITALIA, 1939.

TUTTA LA VITA IN 24 ORE ★★★
Regia di CARLO LUDOVICO BRAGAGLIA. Con ANNETTE BACH, CARLO CAMPANINI, ANDREA CHECCHI, CARLO NINCHI. ■ Un poliziotto convince un uomo, che si è appena costituito per omicidio, a sposare l'amante. Celebrato il matrimonio, si scoprirà che il giovane aveva sbagliato il colpo e che è quindi libero. ■ COMMEDIA; B/N; 93′; ITALIA, 1944.

TUTTA PEPE *(Hot Pepper)* ★★
Regia di JOHN BLYSTONE. Con EDMUND LOWE, VICTOR MCLAGLEN, LUPE VELEZ. ■ Due reduci della prima guerra mondiale diventano contrabbandieri d'alcool negli anni ruggenti. Una bollente *señorita* li coinvolge in una serie di avventure pericolose. ■ AVVENTURA; B/N; 95′; USA, 1933.

TUTTAPPOSTO ★★
Regia di FRANCO BERTINI. Con MARIA TERESA DI GENNARO, MANRICO GAMMAROTA, FLAVIO INSINNA, SABRINA KNAFLITZ, GEORGIA LEPORE, RAFFAELE VANNOLI. ■ Tutto nasce dal furto di un'auto in una calda notte d'agosto. Andrea esce da un ristorante con la fidanzata Sonia e scopre che gli è stata rubata la sua Mercedes fiammante. Chiede così aiuto a Valerio, un ex compagno di scuola che ha amicizie poco raccomandabili. I due amici vengono catapultati in una serie di disavventure punteggiate da strani personaggi, dove il furto dell'auto diventa presto il male minore... ■ DRAMMATICO; COL.; 70′; FRANCIA, ITALIA, 2001.

TUTTA UNA NOTTE *(Toute une nuite)* ★★
Regia di CHANTAL AKERMAN. Con AURORE CLÉMENT, TCHÉKY KARYO, JEAN-PHILIPPE LAROCHE, MATHIEU SCHIFFMAN. ■ Nello stile consueto della regista canadese un ritratto notturno di alcune coppie. Originale ma per cinefili. ■ COMMEDIA; COL.; 95′; CANADA, FRANCIA, 1982.

TUTTA UNA VITA *(Cheers for Miss Bishop)* ★★
Regia di TAY GARNETT. Con WILLIAM GORDON, MARSHA A. HUNT, MARTHA SCOTT. ■ La vita di una professoressa dal diploma a quando va in pensione ottenendo un riconoscimento dal preside e l'applauso delle ex allieve. ■ DRAMMATICO; B/N; 95′; USA, 1941. ■ OSCAR 1 NOM.

TUTTA UNA VITA *(Toute une vie)* ★★★
Regia di CLAUDE LELOUCH. Con GILBERT BÉCAUD, CHARLES DENNER, ANDRÉ DUSSOLLIER, CARLA GRAVINA, MARTHE KELLER. ■ Si tratta della rievocazione di cinquanta anni di vita francese, attraverso le avventure della figlia di un industriale calzaturiero, che prima s'innamora di un cantante e poi di un ladro. ■ COMMEDIA; COL.; 130′; FRANCIA, 1974. ■ GOLDEN GLOBES 1 NOM; OSCAR 1 NOM.

TUTTE E NESSUNA *(Girl Shy)* ★★
Regia di FRED C. NEWMEYER, SAM TAYLOR. Con HAROLD LLOYD, JOBYNA RALSTON. ■ Il comico americano nei panni di un giovane sarto timido con le ragazze. Scrive un libro sul come conquistarle e poi si innamora di una che sta per sposarsi. ■ COMICO; B/N; 82′; USA, 1924.

TUTTE LE DONNE DELLA MIA VITA ★★
Regia di SIMONA IZZO. Con JANE ALEXANDER (II), ELENA BOURYKA, ROSALINDA CELENTANO, MICHELA CESCON, EROS GALBIATI, LISA GASTONI, VANESSA INCONTRADA, RICKY TOGNAZZI, LUCA ZINGARETTI. ■ Davide è un cuoco di successo che esercita la professione in cucina e in camera da letto, dove seduce le donne mescolando fascino e spezie. A causa di un embolo finisce in camera iperbarica. Il malore lo costringe a ripercorrere la sua vita e le donne, numerose, che l'hanno condivisa: Isabella, una conturbante gourmet che assaggia cucine e chef; Stefania, una biologa ipocondriaca che riproduce sapori e profumi; Monica, una giornalista di un canale tematico (di cucina) che gli darà un figlio e il vero amore; e Laura, proprietaria fedifraga di un ristorante con due stelle Michelin. A governarle tutte una madre che nasconde un segreto. Accorse al suo capezzale, le donne gli restituiranno il "gusto" della vita. ■ COMMEDIA; COL.; 105′; ITALIA, 2006.

TUTTE LE DONNE DEL RE ★★★
(Henry VIII and his Six Wifes)
Regia di WARIS HUSSEIN. Con KEITH MITCHELL, DONALD PLEASENCE, CHARLOTTE RAMPLING. ■ Il film si apre su Enrico VIII morente che ricorda le sue sei mogli e il destino crudele che riservò a qualcuna di esse. Sfarzo di costumi e bellissima fotografia. ■ DRAMMATICO; COL.; 125′; GRAN BRETAGNA, 1972.

TUTTE LE EX DEL MIO RAGAZZO ★★
(Little Black Book)
Regia di NICK HURRAN. Con KATHY BATES, HOLLY HUNTER, RON LIVINGSTON, BRITTANY MURPHY, JULIANNE NICHOLSON, KEVIN SUSSMAN, STEPHEN TOBOLOWSKY. ■ Attanagliata da gelosia e curiosità, una giovane produttrice televisiva finirà per usare i mezzi del network per indagare sulle ex del proprio ragazzo. Sfortunatamente per la giovane, che intanto si sarà fatta prendere la mano, alla rete televisiva l'idea sembrerà perfetta per un nuovo show. Dopo *Oggi Sposi, Niente Sesso* e *Le Ragazze dei Quartieri Alti*, Brittany Murphy, reduce da esordi quantomeno alternativi, continua ad insistere sulla commedia, a chiudere sulla breve distanza un ideale trittico all'insegna della leggerezza. ■ COMMEDIA ROSA; COL.; 97′; USA, 2004.

TUTTE LE MANIE DI BOB *(What about Bob?)* ★★★
Regia di FRANK OZ. Con RICHARD DREYFUSS, JULIE HAGERTY, BILL MURRAY. ■ Oz è il regista di *La piccola bottega degli orrori* e riesce a stabilire subito un contatto col pubblico visto che strappa risate. Forse non ha la freschezza degli esordi, ormai è nella macchina hollywoodiana fino al collo, ma riesce ancora a fare dei prodotti onesti. È il caso della storia di Bob che è pieno di fobie e corre dallo psicologo che gli indica la terapia dei *baby steps*, cioè passi piccoli da bambino. In più gli rifila un librone scritto da lui medesimo. A Bob però non basta, così segue lo psicanalista anche in vacanza con la famiglia e lo scompiglio che porta provocherà fobie al medico. Mentre Dreyfuss è fermo come atteggiamenti a *Su e giù per Beverly Hills*, Bill Murray acquista punti ed è un peccato che in Italia non abbia ancora sfondato del tutto nonostante *Ghostbusters* e altre interpretazioni. ■ COMMEDIA; COL.; 97′; USA, 1991.

TUTTE LE MATTINE DEL MONDO ★★★
(Tous les matins du monde)
Regia di ALAIN CORNEAU. Con ANNE BROCHET, GÉRARD DEPARDIEU, JEAN-PIERRE MARIELLE. ■ Film in costume tendente al melodramma e al manierismo di stampo francese supportato tuttavia da ottime interpretazioni. Siamo nel Seicento e il maestro di viola conduce una vita molto appartata e segreta. Ha due figlie e insegna l'arte della musica a un allievo volenteroso. Depardieu nel ruolo principale del signore di Sainte Colombe ci offre un altro saggio della sua bravura d'attore completo. ■ DRAMMATICO; COL.; 103′; FRANCIA, 1991. ■ GOLDEN GLOBES 1 NOM.

TUTTE LE ORE FERISCONO, L'ULTIMA UCCIDE ★★★
(Le deuxième souffle)
Regia di JEAN-PIERRE MELVILLE. Con MARCEL BOZZUFFI, CHRISTINE FABERGA, PAUL MEURISSE, RAYMOND PELLEGRIN, LINO VENTURA. ■ Un bandito evaso ha bisogno di soldi per espatriare e accetta di collaborare con un gangster con cui aveva avuto dei contrasti. Arrestato dalla polizia, senza volerlo rivela il nome dei complici. Evade nuovamente, ma i compagni, credendolo un traditore, lo assalgono. Nella sparatoria muoiono tutti e un commissario onesto farà pubblicare sulla stampa che non c'era stato tradimento, per riabilitare la memoria del morto. ■ POLIZIESCO; B/N; 145′; FRANCIA, 1967.

TUTTE LE RAGAZZE LO SANNO *(Ask Any Girl)* ★★★
Regia di Charles Walters. Con Shirley MacLaine, David Niven, Rod Taylor, Gig Young. ■ Una provinciale a New York desidera sposare il fratello del principale e chiede a quest'ultimo dei consigli sul modo di conquistarlo. Riesce così nell'intento, ma al momento buono scopre d'amare il suo capo. ■ Commedia; col.; 101′; USA, 1959. ■ Berlino 1 pr.

TUTTE LE SERE ALLE NOVE *(Our Mother's House)* ★★★
Regia di Jack Clayton. Con Dirk Bogarde, Margaret Brooks, John Gogolka, Mark Lester, Louis Sheldon William. ■ Gli inglesi hanno una certa predilezione per le storie di bambini terribili. Sette ragazzi, rimasti orfani, occultano il cadavere della madre seppellendolo in giardino per nasconderne la morte ed evitare d'essere ricoverati in un istituto. Ma arriva un rozzo beone che si dichiara loro padre ed esige i risparmi della donna, compiendo un sacco di prepotenze. I frugoletti lo uccideranno e continueranno la loro vita tranquilla. ■ Drammatico; col.; 105′; Gran Bretagna, 1967.

TUTTE LE SPOSE SONO BELLE ★★
(From this Day Forward)
Regia di John Berry. Con Joan Fontaine, Mark Stevens. ■ Un reduce che fatica a trovare un lavoro si ricorda che anche prima della guerra le cose non andavano molto meglio e riscopre l'ottimismo. Film che voleva evidentemente sollevare lo spirito degli smobilitati dopo la seconda guerra mondiale. ■ Commedia; b/n; 95′; USA, 1946.

TUTTE LE STRADE PORTANO A ROMA ★★★
(Tous les chemins mènent à Rome)
Regia di Jean Boyer. Con Marcelle Arnold, Gérard Philipe, Micheline Presle. ■ Girandola d'equivoci, causati da un furto di documenti segreti e dal fatto che un timido geometra crede che un'attrice, protagonista di un film giallo, sia la ladra. Alla fine i due si sposeranno. Ottimi i protagonisti. ■ Commedia; b/n; 91′; Francia, 1953.

TUTTI A CASA ★★★★
Regia di Luigi Comencini. Con Martin Balsam, Nino Castelnuovo, Eduardo De Filippo, Claudio Gora, Carla Gravina, Serge Reggiani, Alberto Sordi. ■ Nel settembre del 1943, un tenentino burbanzoso viene sorpreso dall'armistizio. La sua compagnia si squaglia e il poveraccio, con pochi soldati, cerca disperatamente di tornare a casa, nell'Agro pontino. Il gruppo ha diverse peripezie e, quando finalmente la meta è raggiunta, l'ufficiale e l'unico soldato rimastogli sono arruolati a forza nella Todt. I nazisti uccidono anche l'ultimo militare e il tenente capisce che bisogna riprendere le armi. Parteciperà alle quattro giornate di Napoli. ■ Guerra; b/n; 120′; Italia, 1960. ■ David di Donatello 2 pr, 2 nom.

TUTTI ALL'ATTACCO ★
Regia di Lorenzo Vignolo. Con Claudio Batta, Giovanni Cacioppo, Massimo Ceccherini, Isabella Cecchi, Dado, Eva Henger, Luis Molteni, Alessandro Paci, Rosalia Porcaro, Sabrina Venezia, Augusto Zucchi. ■ Max Bernabei è un allenatore professionista che non ha mai avuto grande fortuna. Ma senza il pallone non riesce a vivere, dunque gli va bene allenare persino la squadra di calcio del Centro Psicoterapeutico. Un giorno riesce a fare il salto di qualità: si profila una squadra di serie C. Con tanto di "stranieri", cinesi. ■ Comico; col.; 100′; Italia, 2005.

TUTTI AL MARE ★★
Regia di Matteo Cerami. Con Anna Bonaiuto, Vincenzo Cerami, Libero Di Rienzo, Marco Giallini, Ilaria Occhini. ■ Maurizio gestisce uno chalet balneare e una varia umanità in panciolle sotto il sole. Scaltro e qualunquista, è un proprietario generoso coi VIP e compiacente coi tanti marescialli che chiudono un occhio e spalancano la bocca, consumando pasta e pastarelle. Testimone passivo e più spesso attivo di una fauna eterogenea, Maurizio sopporta un cognato cleptomane e smemorato, rigetta il malocchio di un cupo iettatore, soccorre un potenziale suicida invitandolo a morire due chioschi più avanti, è sedotto da una lesbica accanita, impressionato da un avventore con pappagallo e unghie laccate, vessato da una madre incontenibile, incalzato da un colonnello fascista, sorpreso da un cavallo senza fantino e da un fantino senza cavallo. Fuori intanto il mare avanza inesorabile divorando la spiaggia e restituendo al tramonto bastimenti di immigrati in cerca di un'alba. ■ Commedia; col.; 95′; Italia, 2011.

TUTTI A SQUOLA ★
Regia di Pier Francesco Pingitore. Con Isabella Biagini, Pippo Franco, Laura Troschel. ■ Un professore all'antica finisce in galera per spaccio di droga e si guadagna, incredibilmente, popolarità e apprezzamento da parte degli studenti. ■ Commedia; col.; 93′; Italia, 1979.

TUTTI BACIARONO LA SPOSA ★★★
(They All Kissed the Bride)
Regia di Alexander Hall. Con Joan Crawford, Melvin Douglas, Robert Young. ■ Una donna manager regge la sua azienda con pugno di ferro, ma un bel giovane riuscirà ad ammansirla e a farsi sposare. Divertente commedia con un buon cast. ■ Commedia; b/n; 85′; USA, 1942.

TUTTI CADRANNO IN TRAPPOLA ★★
(The Counterfeit Killer)
Regia di Joseph Leytes. Con Shirley Knight, Jack Lord, Jack Weston. ■ Un agente federale si spaccia per un sicario allo scopo di poter incastrare un'organizzazione di falsari assassini, assicurando alla giustizia i malvagi. ■ Poliziesco; col.; 94′; USA, 1968.

TUTTI COLPEVOLI *(A Gathering of Old Men)* ★★★
Regia di Volker Schlöndorff. Con Louis Gossett jr, Holly Hunter, Richard Widmark. ■ In una piantagione della Louisiana, un razzista bianco, mentre insegue un giovanotto nero per ucciderlo, viene soppresso con una fucilata. Chi è stato? Lo sceriffo locale sospetta un anziano nero, Mathu, che però viene difeso ad oltranza da un gruppo di coetanei, che per la prima volta trovano la forza di ribellarsi ai soprusi dei bianchi. ■ Drammatico; col.; 88′; USA, 1987.

TUTTI CONOSCONO SUSANNA *(If You Knew Susie)* ★★★
Regia di Gordon Douglas. Con Eddie Cantor, Joan Davis, Allyn Joslyn. ■ Due ex ballerini sono scherniti dagli aristocratici vicini, ma scoprono in soffitta un documento in cui si afferma che un loro antenato ha favorito la vittoria di Washington e che a loro spetta un premio ammontante, con gli interessi, a otto miliardi di dollari. I due finiranno per rinunciarvi. ■ Commedia; b/n; 90′; USA, 1948.

TUTTI CONTRO HARRY *(A Plot Against Harry)* ★★★
Regia di Michael Roemer. Con Martin Priest, Jacques Taylor, Maxine Woods. ■ Commedia ironica sulla vita a New York di Harry, appena uscito dal carcere, che pensa di ritrovare l'antico legame con gli altri malviventi ebrei. Invece scopre che il vecchio ordine è cambiato e vede riaprirsi le vecchie cicatrici. Diretto con intelligenza e interpretato molto bene da Martin Priest, è stato presentato al Festival di Cannes nel 1990, un anno dopo la ritardata distribuzione. Infatti il film, prodotto da una casa indipendente, ha dovuto aspettare ventun anni dalle riprese, girate nel 1969, per essere preso in considerazione. ■ Commedia; b/n; 80′; USA, 1989.

TUTTI CONTRO TUTTI ★★
Regia di Rolando Ravello. Con Stefano Altieri, Marco Giallini, Raffaele Iorio, Rolando Ravello, Kasia Smutniak. ■ Agostino è il padre orgoglioso di Andrea, che celebra la sua prima comunione circondato dall'affetto della sua famiglia. Di ritorno dalla chiesa, scopre che il suo appartamento è stato occupato e la serratura sostituita. Con la moglie Anna, il nonno Rocco e il cognato Sergio prova ad affrontare, civilmente, la situazione. Esaurite quasi subito le buone maniere, Agostino e famiglia occupano a loro volta il pianerottolo decisi a riprendersi appartamento e serenità. La loro ostinazione avvia un'animata schermaglia che coinvolgerà l'intero e multietnico condominio. ■ Commedia; col.; 80′; Italia, 2013.

TUTTI DEFUNTI... TRANNE I MORTI ★★★
Regia di Pupi Avati. Con Gianni Cavina, Carlo Delle Piane, Francesca Marciano. ■ Perché si avveri una profezia e si

scopra un favoloso tesoro, è necessario che nove membri di una nobile famiglia muoiano. Le uccisioni si avverano puntualmente; a godersi i soldi, però, sarà l'amante di un defunto, divenuto tale per mano sua. ■ GIALLO; COL.; 105'; ITALIA, 1977.

TUTTI DENTRO ★★

Regia di ALBERTO SORDI. Con DALILA DI LAZZARO, JOE PESCI, ALBERTO SORDI. ■ Il giudice Salvemini (Sordi) è incorruttibile, ligio, scrupoloso, retto ma al tempo stesso ingenuo. Incaricato di una delicata inchiesta su certe tangenti, incastra alcuni ambigui personaggi col suo fare falsamente bonario e disponibile, salvo poi cadere in una trappola tesagli dagli inquisiti stessi. L'istrione Sordi dipinge con mestiere il personaggio del giudice antipatico e zelante, ma lo smalto dei tempi migliori appare decisamente appannato. ■ COMMEDIA; COL.; 107'; ITALIA, 1984.

TUTTI DICONO I LOVE YOU ★★★★

(Everyone Says I Love You)

Regia di WOODY ALLEN. Con ALAN ALDA, WOODY ALLEN, DREW BARRYMORE, GOLDIE HAWN, EDWARD NORTON, JULIA ROBERTS, TIM ROTH. ■ Woody appare su un ponte sulla Senna: tutto è pulito, non c'è una persona, non c'è una macchina. L'uomo cammina con una *baguette* sotto il braccio. Vive a Parigi, la città che predilige insieme a New York e Venezia. Ha una figlia con Goldie Hawn, che si è risposata e ha altri figli. I fatti della famiglia si intrecciano: amori, piccoli guai, nuovi amori, rimpianti, e la vita che passa ed è strana ma fantastica, qualsiasi cosa succeda, basta avere lo spirito, e l'umorismo giusto. E poi le canzoni e i balletti. Fra Park Avenue, la Senna e le calli: si manifesta la nostalgia con l'amarezza e la gioia di vivere, il sapore è quello dei numeri di Astaire e Kelly, che coi loro film rappresentarono, guarda caso, la gioia di vivere come non era e non sarebbe mai più stata rappresentata. Numeri antichi riproposti come speranza e augurio, un artificio naturale, non un revival triste e fine a se stesso. Grazie al grande amore di Allen per quel cinema e per la vita. Allen è un regista singolare, come quasi tutti i maestri ha sempre rifatto lo stesso film, ma spesso ha rilanciato tutto, ha girato pagina con vigore maggiore. Chiude un ciclo e ne apre un altro, più maturo e profondo, e divertente. Segue la sua vita, che non si ferma e non ristagna. Nel film si innamora e viene abbandonato, la delusione è giusto che ci sia, ma da qualche parte c'è un nuovo amore: l'incontro ci sarà. Nel frattempo il Central Park è una magnifica fiamma d'autunno, senza un rifiuto, Parigi sembra un set tanto è perfetta, e il Canal Grande non è nemmeno torbido. È il cinema che rifà la vita, basta crederci. Con Goldie, la ex moglie, balla sulla Senna come ballarono Kelly e Caron, quando il cinema era bello davvero. ■ COMMEDIA; COL.; 110'; USA, 1996. ■ GOLDEN GLOBES 1 NOM.

TUTTI FIGLI DI MAMMA SANTISSIMA ★

Regia di ALFIO CALTABIANO. Con TANO CIMAROSA, PINO COLIZZI, CHRISTA LINDER, ORNELLA MUTI, ALF THUNDER. ■ Negli anni Venti, a Chicago infuria la guerra tra gangster siciliani e irlandesi, ma un furbo nuovo arrivato s'intromette e riesce a diventare il capo della malavita. ■ COMMEDIA; COL.; 95'; ITALIA, 1974.

TUTTI FRATELLI NEL WEST... PER PARTE DI PADRE ★★

Regia di SERGIO GRIECO. Con ESMERALDA BARROS, GIACOMO FURIA, MARISA MELL, NINO MUSCO, ANTONIO SABÀTO. ■ Un avventuriero ha la quinta parte di una pepita d'oro su cui è incisa la mappa della miniera e deve impadronirsi degli altri quattro pezzi. Ci riuscirà, ma si impadronirà di poco oro. Mediocre western comico. ■ WESTERN; COL.; 94'; ITALIA, 1973.

TUTTI GIÙ PER TERRA ★★★

Regia di DAVIDE FERRARIO. Con CATERINA CASELLI, GIANLUCA GOBBI, VALERIO MASTANDREA, BENEDETTA MAZZINI, CARLO MONNI. ■ Davide Ferrario dedica il film a Lindsay Anderson di cui conserva la rabbia anche se la maschera sotto uno stile da videoclip. Le vicende di Walter, che traggono origine dal libro di Giuseppe Culicchia, si sviluppano in una Torino a cui il protagonista è estraneo così come alla vita dei nostri giorni. Studente fuori corso di filosofia, disoccupato prima e obiettore di coscienza poi, vergine e privo di ideali il Nostro si sposta da una precarietà all'altra senza poter neppure sperare in un approdo sicuro. ■ COMMEDIA; COL.; 94'; ITALIA, 1997.

TUTTI GLI ANNI UNA VOLTA ALL'ANNO ★★★

Regia di GIANFRANCESCO LAZOTTI. Con GIORGIO ALBERTAZZI, PAOLO BONACELLI, LANDO BUZZANCA, PAOLO FERRARI, VITTORIO GASSMAN, PAOLA PITAGORA, GIOVANNA RALLI, JEAN ROCHEFORT. ■ Dieci vecchi amici, uomini e donne, si ritrovano tutti gli anni per una festa di compleanno. Gli amici che festeggiano sono due ma uno non è ancora arrivato e l'altro è deceduto. Appare una strana lettera-eredità lasciata dal compianto amico. Un cast di ottimi attori, in gran parte provenienti dal teatro. Una *pièce* sullo stile di *Il grande freddo* e *Regalo di Natale*. ■ COMMEDIA; COL.; 87'; ITALIA, 1994.

TUTTI GLI UOMINI DEL DEFICIENTE ★

Regia di PAOLO COSTELLA. Con ARNOLDO FOÀ, CLAUDIA GERINI. ■ Il cinismo televisivo della Gialappa's produce un mostro, ma la montagna partorisce un topolino e la sgangherata storia di un telequiz è un flop al botteghino. Ci sono anche Aldo, Giovanni e Giacomo, non accreditati, in una parodia nipponica, che è l'unica cosa apprezzabile del film. ■ COMMEDIA; COL.; 110'; ITALIA, 1999.

TUTTI GLI UOMINI DEL PARLAMENTO ★★

Regia di CLAUDIO RACCA. Con ALFREDO BIONDI, EMMA BONINO, CLEMENTE MASTELLA, ANTONELLO TROMBADORI. ■ Tratto da un'idea del regista, il film è una specie di inchiesta sulla vita e il lavoro dei parlamentari italiani, alle prese con la politica, ma anche con le famiglie e i problemi di tutti i giorni. ■ DOCUMENTARIO; COL.; 93'; ITALIA, 1980.

TUTTI GLI UOMINI DEL PRESIDENTE ★★★

(All the President's Men)

Regia di ALAN J. PAKULA. Con MARTIN BALSAM, DUSTIN HOFFMAN, ROBERT REDFORD, JASON ROBARDS JR, JACK WARDEN. ■ Due giornalisti scoprono quasi per caso il marcio che si nasconde dietro l'apparente rivalità di due partiti. Lentamente si arriva al caso Watergate e alle dimissioni di Nixon. ■ DRAMMATICO; COL.; 138'; USA, 1976. ■ GOLDEN GLOBES 4 NOM; OSCAR 4 PR, 8 NOM.

TUTTI GLI UOMINI DEL RE *(All the King's Men)* ★★★🏆

Regia di ROBERT ROSSEN. Con BRODERICK CRAWFORD, JOHN DEREK, JOANNE DRU, JOHN IRELAND, MERCEDES MCCAMBRIDGE. ■ In uno stato americano del Sud, un onesto uomo politico viene raggirato da alcuni filibustieri. Imparata la lezione, diventa un corrotto demagogo e raggiunge la carica di governatore, ma finirà ammazzato da un giovane a cui aveva sedotto la sorella. ■ DRAMMATICO; B/N; 109'; USA, 1949. ■ OSCAR 🏆 3 PR, 7 NOM.

TUTTI GLI UOMINI DEL RE *(All the King's Men)* ★★★

Regia di STEVEN ZAILLIAN. Con KATHY BAKER, PATRICIA CLARKSON, JAMES GANDOLFINI, ANTHONY HOPKINS, JUDE LAW, SEAN PENN, MARK RUFFALO, KATE WINSLET. ■ Willie Stark è un venditore a domicilio e un attivista politico appassionato nella Louisiana degli anni Trenta. Il suo carisma e le sue indubbie capacità politiche non restano inosservate. Reclutato dal partito democratico, si accorge presto ci esserne il burattino e decide di fare per sé e per i suoi "villani". Nominato governatore dello stato della Louisiana, Stark presenta un programma rivoluzionario, contro il monopolio dei "banchieri", a favore dei diritti civili e della redistribuzione delle ricchezze. Testimone della sua ascesa è il giornalista Jack Burden, destinato a diventarne collaboratore e confidente. Ma la scalata al potere corromperà le sue buone intenzioni: sospettato di corruzione e malcostume si trasformerà in un uomo arrogante, finendo per minacciare indebitamente i suoi avversari politici. Il suo destino si compirà nel Campidoglio di Baton Rouge. Steven Zaillian, già sceneggiatore premiato per *Schindler's List*, dirige il "re" e i suoi uomini con un respiro epico, dentro una struttura circolare, dove il principio e la fine convergono. ■ DRAMMATICO; COL.; 140'; GERMANIA, USA, 2006.

TUTTI GLI UOMINI DI SARA ★★

Regia di GIANPAOLO TESCARI. Con CLAUDIO BIGAGLI, NANCY BRILLI, GIULIO SCARPATI. ■ Sara sta per sposarsi. Manca infatti solo un mese al matrimonio. C'è però qualcosa che accade e che la donna non avrebbe potuto prevedere. Qualcuno infatti la minaccia, ma il maniaco potrebbe essere un uomo da lei abbandonato, che si rivela informatissimo sulla sua vita privata. Allora comincia a ricordare. ■ COMMEDIA; COL.; 90′; ITALIA, 1992.

TUTTI I BAMBINI DI LENA *(Lena: My 100 Children)* ★★
Regia di EDWIN SHERIN. Con TORQUIL CAMPBELL, LEONORE HARRIS, LINDA LAVIN, CYNTHIA WILDE. ■ Lena, di origine ebrea, insegna in una scuola frequentata da scolari scampati allo sterminio nazista. La donna li ha aiutati a fuggire dai campi di concentramento polacchi e cerca di farli tornare in patria. Tratto da una storia vera scritta da Lena Kuchler-Silberman. Prodotto televisivo. ■ DRAMMATICO; COL.; 100′; USA, 1987.

TUTTI I BATTITI DEL MIO CUORE ★★★
(De battre mon coeur s'est arrêté)
Regia di JACQUES AUDIARD. Con NIELS ARESTRUP, AURE ATIKA, EMMANUELLE DEVOS, ROMAIN DURIS. ■ Musica, battito di cuore, parole straniere. Con quale mezzo l'uomo comunica con i suoi simili? Thomas è un ragazzo che sbriga affari loschi per il padre ma sogna di realizzarsi nella musica seguendo le orme della madre morta, una famosa concertista. Per superare il provino che gli permetterebbe di iniziare la nuova carriera, si mette nelle mani di una musicista cinese che è appena arrivata in Francia e non parla la lingua. Sembra non realizzare la propria ambizione, ma ecco che compare sullo schermo la didascalia «due anni dopo» con applicato un lieto fine a sorpresa. ■ DRAMMATICO; COL.; 107′; FRANCIA, 2004. ■ BERLINO 1 PR.

TUTTI I COLORI DEL BUIO ★★
Regia di SERGIO MARTINO. Con EDWIGE FENECH, GEORGE HILTON, MARINA MALFATTI, IVAN RASSIMOV. ■ In Inghilterra, una ragazza è ossessionata da un terribile choc infantile che le procura degli incubi paurosi ed è perseguitata da una setta satanica. Con l'aiuto di uno psicanalista innamorato, sgominerà la setta che cercava di farla impazzire. ■ POLIZIESCO; COL.; 93′; ITALIA, 1972.

TUTTI I FIGLI DI DIO *(All God's Children)* ★★
Regia di JERRY THORPE. Con NED BEATTY, OSSIE DAVIS, RICHARD WIDMARK. ■ Un autobus scolastico viene rubato da due ragazzi e poi finisce in una scarpata: uno dei due muore. Questo episodio è collegato a un problema giudiziario che è nelle mani di un giudice. Interpretato da Richard Widmark. Girato per la televisione contiene molti luoghi comuni e qualche ingenuità. ■ DRAMMATICO; COL.; 97′; USA, 1990.

TUTTI I GIORNI È DOMENICA *(Seven Sundays)* ★
Regia di JEAN-CHARLES TACCHELLA. Con THIERRY LHERMITTE, MAURIZIO NICHETTI, ROD STEIGER. ■ Jesus, violinista, e Dodo si conoscono in Florida. Jesus deve sposarsi (poi si scoprirà) con l'ultima donna di Dodo, ed è in cerca del suo manager che gli deve dei soldi. Un'operazione per nulla riuscita. Fa male vedere Nichetti e Steiger, tra l'altro impietosamente ritratto stanco e malaticcio, riuniti in un simile pasticcio. Anche Tacchella (classe 1925) firma con questo il suo peggior film, il penultimo prima del ritiro dal set. Girato in molti luoghi, e probabilmente costato parecchio, sembra attaccato con il nastro adesivo. ■ COMMEDIA; COL.; 112′; FRANCIA, 1994.

TUTTI I MERCOLEDÌ *(Any Wednesday)* ★★★
Regia di ROBERT ELLIS MILLER. Con JANE FONDA, DEAN JONES, ROSEMARY MURPHY, JASON ROBARDS. ■ Un industriale si reca tutti i mercoledì a New York in un appartamento intestato alla sua ditta, dove ha incontri con l'amante. Un giorno, però, arriva per errore un altro dirigente. Il magnate lo scaccia, ma subito dopo lo richiama perché, essendo arrivata sua moglie, vuol farlo passare per il marito della ragazza. La finzione diventerà realtà. ■ COMMEDIA; COL.; 109′; USA, 1967.

TUTTI IN COPERTA *(Hit the Deck)* ★★★
Regia di ROY ROWLAND. Con TONY MARTIN, WALTER PIDGEON, JANE POWELL, DEBBIE REYNOLDS. ■ Avventure di tre marinai in licenza a San Francisco. Uno prende a pugni un attore bellimbusto che corteggiava sua sorella, e si mette nei guai. Ma alla fine tutto andrà per il meglio e il coro inneggerà alla marina. ■ MUSICALE; COL.; 112′; USA, 1956.

TUTTI INNAMORATI ★★
Regia di GIUSEPPE ORLANDINI. Con GABRIELE FERZETTI, MARCELLO MASTROIANNI, JACQUELINE SASSARD. ■ Avventure incrociate di due coppie innamorate ma, per diversi motivi, ancora lontane dal matrimonio. Alla fine tutto si concluderà felicemente. ■ COMMEDIA; B/N; 91′; ITALIA, 1958.

TUTTI I NOSTRI DESIDERI *(Toutes nos Envies)* ★★
Regia di PHILIPPE LIORET. Con PASCALE ARBILLOT, AMANDINE DEWASMES, MARIE GILLAIN, VINCENT LINDON, YANNICK RENIER. ■ Claire è una giovane magistrato del tribunale di Lione. Ha due figli piccoli e una vita familiare serena fino a quando scopre di avere un tumore cerebrale. Decide di non far partecipe nessuno del suo dramma. Ma il tempo stringe e la decisione non può essere rimandata all'infinito. ■ DRAMMATICO; COL.; 120′; FRANCIA, 2011.

♥ **TUTTI INSIEME APPASSIONATAMENTE** ★★★★🏆
(The Sound of Music)
Regia di ROBERT WISE. Con JULIE ANDREWS, RICHARD HAYDN, ELEANOR PARKER, CHRISTOPHER PLUMMER, PEGGY WOOD. ■ Negli anni Trenta, un colonnello austriaco assume per i suoi numerosi figli orfani di madre una simpatica istitutrice che conquista l'affetto dei ragazzi e sarà di valido aiuto quando la famiglia dovrà fuggire dal paese conquistato dai nazisti. ■ MUSICALE; COL.; 174′; USA, 1965. ■ DAVID DI DONATELLO 🏆 1 PR, 1 NOM; OSCAR 🏆 5 PR, 10 NOM.

TUTTI INSIEME INEVITABILMENTE ★
(Four Christmases)
Regia di SETH GORDON. Con ROBERT DUVALL, SISSY SPACEK, VINCE VAUGHN, JON VOIGHT, REESE WITHERSPOON. ■ Brad e Kate sono una coppia californiana non sposata che riesce a conservare salda l'unione anche grazie al fatto che ognuno dei due non conosce i genitori dell'altro. Nemmeno a Natale hanno dovuto espletare quel rito perché sono sempre riusciti a partire per un viaggio. Questa volta però le cose si mettono male perché il loro volo per le Isole Fiji viene annullato. Così non ci sono scappatoie e la visita è inevitabile. È un'impresa non facile quella di realizzare un film che prevede la presenza di così tanti Premi Oscar e riuscire a fallire con tanta marcata evidenza. ■ COMMEDIA; COL.; 88′; USA, 2008.

TUTTI INTORNO A LINDA ★
Regia di BARBARA SGAMBELLONE, MONICA SGAMBELLONE. Con DANILO BRUGIA, MARCO COCCI, JUAN PABLO DI PACE, MARIA VICTORIA DI PACE, FRANCESCA FAIELLA. ■ Linda ha trent'anni e vuole fare l'attrice. Vive con Sara ed Edoardo, un giovane omosessuale. Linda racconta la sua infanzia fatta di giochi e di paure. Ha un'amica del cuore, Cloe, un collega, Giacomo, e un amante, Lorenzo e un ex fidanzato, Stefano. La ragazza scopre di avere l'endometriosi e l'unica soluzione è avere una gravidanza o sottoporsi ad un intervento chirurgico, ma la prospettiva della sala operatoria la terrorizza. Dunque occorre un uomo... L'unica soluzione possibile è scegliere il padre ideale tra gli uomini che già frequenta: Giacomo, Lorenzo e Stefano sono i candidati. Nove mesi dopo Linda è in sala parto, avrà trovato il papà giusto? ■ COMMEDIA; COL.; 100′; ITALIA, 2009.

TUTTI I NUMERI DEL SESSO *(Sex and Death 101)* ★★
Regia di DANIEL WATERS. Con SIMON BAKER, LESLIE BIBB, JULIE BOWEN, NEIL FLYNN, DASH MIHOK, MINDY COHN, PATTON OSWALT, WINONA RYDER, TANC SADE, ROBERT WISDOM. ■ Roderick Blank è bello, sexy, elegante e sicuro di sé, un uomo soddisfatto della sua vita, sotto ogni punto di vista. Come ogni scapolo d'oro che si rispetti, sta per sposarsi con una donna altrettanto perfetta, ma senza esserne del tutto convinto. Tutto fila liscio fino a che un giorno non riceve una strana e-mail contenente la lista dei nomi, in ordine cronologico, di tutte le donne con cui ha fatto sesso. 101 nomi che vanno ben oltre i 29 effettivi di cui Rod si ricorda, ma la spiegazione è semplice: nella lista non compaiono solo le conquiste del passato ma, inspiegabilmente, anche quelle del futuro. ■ COMMEDIA; COL.; 151′; USA, 2007.

TUTTI I PAZZI IN COPERTA *(All Hands on Deck)* ★★
Regia di NORMAN TAUROG. Con PAT BOONE, BARBARA EDEN,

BUDDY HACKETT, DENNIS O'KEEFE. ■ Un ufficiale di marina si trova nei guai perché ha tra i suoi uomini un simpatico ma turbolento pellerossa. Riuscirà a riparare ai suoi pasticci e a trovare una bella ragazza. ■ COMMEDIA; COL.; 98'; USA, 1961.

TUTTI I PECCATI DI QUESTO MONDO ★
(Alle Sünden dieser Erde)
Regia di FRITZ UMGELTER. Con PAUL DAHLKE, IVAN DESNY, BARBARA RÜTTING. ■ A una dottoressa capita una terribile sequela di disgrazie: le muore l'amante in un incidente, viene ricattata, accusata ingiustamente d'essere morfinomane, scacciata da casa e dall'ospedale, condannata alla prigione. Medita il suicidio, ma la salverà un avvocato che l'ama. ■ DRAMMATICO; B/N; 93'; GERMANIA, 1966.

TUTTI I SANTI GIORNI ★★★
Regia di PAOLO VIRZÌ. Con MICOL AZZURRO, STEFANIA FELICIOLI, LUCA MARINELLI, CLAUDIO PALLITTO, THONY. ■ Guido è una persona gentile. Dotto e appassionato di lingue antiche e agiografia protocristiana, è portiere d'albergo e compagno innamorato di Antonia, che sveglia ogni santo giorno col caffè. Impiegata in un autonoleggio col talento per la musica, Antonia ricambia Guido col medesimo trasporto. Precari nella vita ma saldi nei sentimenti, Antonia e Guido vorrebbero un bambino, desiderato e cercato con ostinazione e pianificazione. Assistiti, nella fecondazione artificiale e nel quotidiano tangibile, dal loro amore, Antonia e Guido si perderanno per ripartire un'altra volta, richiamando l'attacco della loro canzone. Con toni morbidi ed eleganti che rivelano un chiaro intento introspettivo, *Tutti i santi giorni* è abitato da due ritratti complessi che si muovono tra espressioni d'amore e giornate niente affatto particolari. Scritta a sei mani con Francesco Bruni e Simone Lenzi, autore del romanzo a cui il film è liberamente ispirato, *Tutti i santi giorni* è una commedia umana per chi non ha fretta e paura intellettuale del pathos. ■ COMMEDIA; COL.; 102'; ITALIA, 2012.

TUTTI I VERMEER A NEW YORK ★★★
(All the Vermeers in New York)
Regia di JON JOST. Con KATHERINE BEAN, EMMANUELLE CHAULET, STEPHEN LACK, GRACE PHILLIPS. ■ Un film a basso costo, molto interessante per un regista esordiente. È una storia moderna con chiari riferimenti a Proust. New York, siamo al Metropolitan Museum. Un agente di cambio, Mark, s'invaghisce di Anna. Lei è un'attrice di origine francese e vive in un appartamento con Felicity, di buona famiglia, e con una soprano in erba. Mark le propone di vivere con lui. Lei lo asseconda e si fa dare con l'inganno una grossa somma. Poi si prepara a partire con Felicity per la Francia. Mark si sente male in una cabina del museo e prima di morire riesce a telefonare ad Anna. ■ DRAMMATICO; COL.; 87'; USA, 1991.

TUTTI LO VOGLIONO *(Der bewegte Mann)* ★★★
Regia di SÖNKE WORTMANN. Con RUFUS BECK, JOACHIM KRÓL, ARMIN RHODE, KATJA RIEMANN, TIL SCHWEIGER. ■ Il protagonista, un cameriere, viene scoperto dalla fidanzata nel bel mezzo di un rapporto sessuale nel bagno del locale in cui lavora. Viene di conseguenza lasciato e finisce con l'incrociare la propria strada con il mondo degli omosessuali. Ne nasce una commedia che affronta le incertezze del desiderio con uno stile leggero e mai volgare. ■ COMMEDIA; COL.; 93'; GERMANIA, 1994.

TUTTI PAZZI MENO IO *(Le roi de coeur)* ★★★
Regia di PHILIPPE DE BROCA. Con ALAN BATES, PIERRE BRASSEUR, JEAN-CLAUDE BRIALY, GENEVIÈVE BUJOLD, ADOLFO CELI, MICHELINE PRESLE. ■ Durante la prima guerra mondiale, un soldato scozzese giunge in un villaggio francese per disinnescare delle cariche esplosive poste dai tedeschi in ritirata, ma finisce in un manicomio e capisce che sono più savi i pazzi di quelli che combattono. ■ COMMEDIA; COL.; 92'; FRANCIA, 1967.

TUTTI PAZZI PER L'ORO *(Fool's Gold)* ★★
Regia di ANDY TENNANT. Con EWEN BREMNER, ALEXIS DZIENA, KEVIN HART, KATE HUDSON, MATTHEW MCCONAUGHEY, DONALD SUTHERLAND, RAY WINSTONE. ■ Finn e il suo aiutante Alfonz sono a caccia di tesori e proprio per questo i guai non mancano. Finn è convinto che sia possibile individuare la localizzazione di un antico galeone spagnolo carico di preziosi. Per fare questo però deve convincere qualcuno ad aiutarlo. Ci prova con l'ex moglie Tess con scarsi risultati fino a quando, per una rocambolesca vicenda, la incontra nuovamente sullo yacht di un riccone, Nigel Honeycut, il quale si interessa al possibile ritrovamento anche per movimentare un po' le giornate della figlia Gemma, che è andata a trovarlo non certo di buon grado. La caccia può avere inizio. Ma ci sono altri interessati ai forzieri. Matthew McConaughey e Kate Hudson avevano già fatto brillantemente coppia in *Come farsi lasciare in 10 giorni*. Ma non sempre l'idea di riproporre un'accoppiata di successo funziona. ■ COMMEDIA; COL.; 113'; USA, 2008.

TUTTI PAZZI PER MARY ★★
(There's Something About Mary)
Regia di BOBBY FARRELLY, PETER FARRELLY. Con CAMERON DIAZ, MATT DILLON, BEN STILLER. ■ Un tale cerca di ritrovare, molti anni dopo, un amore, non consumato, del liceo. Lui è brutto e maldestro, lei è Cameron Diaz. Nel frattempo assistiamo a un pene che rimane incastrato in una lampo, a uno schizzo di sperma spalmato come un gel sui capelli. Si è cercato di far passare un film quasi inesistente per il nuovo manifesto giovanile, trasgressivo e liberatorio. Invece è solo banale e senza invenzioni. ■ COMMEDIA; COL.; 119'; USA, 1998. ■ GOLDEN GLOBES 2 NOM.

TUTTI PAZZI PER ROSE *(Populaire)* ★★★
Regia di RÉGIS ROINSARD. Con NICOLAS BEDO, BERENICE BEJO, MELANIE BERNIER, ROMAIN DURIS, DEBORAH FRANÇOIS. ■ Francia, fine anni '50. Rose Pamphyle vive in una piccola città di provincia della Normandia. La vita sembra riservarle poche sorprese: un matrimonio già organizzato con il figlio del meccanico, un bravo ragazzo, e una vita da casalinga. Ma il sogno di Rose è di diventare segretaria: il suo spirito da donna moderna e un talento fuori dal comune nel battere a velocità impressionante i tasti della macchina da scrivere, la porteranno lontano. Supera i colloqui e diventa la segretaria di Louis Echard, di cui ovviamente si innamorerà. Deliziosa commedia romantica dai colori pastello, che ha tutto il sapore di una madeleine francese gustata sotto la Tour Eiffel. Il perimetro di riferimento è questo: fra la pubblicità di Miss Dior firmata Sofia Coppola fatta lungometraggio, *Cenerentola a Parigi* con Audrey Hepburn e *Les demoiselles de Rochefort* di Jacques Demy. ■ COMMEDIA; COL.; 111'; FRANCIA, 2012.

TUTTI PER UNO *(A Hard Day's Night)* ★★★
Regia di RICHARD LESTER. Con GEORGE HARRISON, JOHN LENNON, PAUL MCCARTNEY, RINGO STARR. ■ Si tratta di una girandola di pazze trovate su un tenue canovaccio: un bieco santone indù vuole impossessarsi di un anello sacro finito casualmente al dito del batterista Ringo Starr. ■ MUSICALE; B/N; 85'; GRAN BRETAGNA, 1963. ■ OSCAR 2 NOM.

TUTTI PER UNO *(Les mains en l'air)* ★★★
Regia di ROMAIN GOUPIL. Con VALERIA BRUNI TEDESCHI, LINDA DOUDAEVA, LOUNA KLANIT, LOUKA MASSET, JULES RITMANIC. ■ Nel 2067, Milana ricorda il periodo della sua prima infanzia, quando passava i pomeriggi coi compagni della scuola elementare a creare un piccolo commercio di DVD pirata e a rubare liquirizie dai negozi. In quegli anni, le nuove politiche d'immigrazione francesi causano l'espulsione di molti clandestini e lei, nata in Cecenia e arrivata a Parigi a tre anni senza documenti, rischia di dover abbandonare presto i suoi amichetti. Ma quando i bambini si rendono conto della situazione, si organizzano per tutelare la loro amica. In modo particolare Blaise, il giovanissimo leader della piccola banda, si impegna dapprima facendo in modo che la famiglia accolga Milana in casa sua, e poi organizzando una vera sparizione di grande richiamo per i media. ■ DRAMMATICO; COL.; 90'; FRANCIA, 2010.

TUTTI PER UNO... BOTTE PER TUTTI ★
Regia di BRUNO CORBUCCI. Con TIMOTHY BRENT, LI CHEN, VITTORIO CONGIA, GEORGE EASTMAN, KARIN SCHUBERT. ■ Tre Ranger del Texas insieme a una giovane recluta tentano d'impadronirsi di un carico d'oro. Confuso tentativo di unire la parodia dei tre moschettieri a quella del western. Tra i personaggi c'è anche un cinese esperto in karate. ■ WESTERN; COL.; 90'; ITALIA, 1974.

TUTTI POSSONO ARRICCHIRE TRANNE I POVERI ★★
Regia di MAURO SEVERINO. Con BARBARA BOUCHET, ANNA MAZZAMAURO, ENRICO MONTESANO. ■ Due coniugi vincono una grossa somma al Totocalcio, ma la sperperano perché non sanno amministrarla. Dall'omonimo libro di Terzoli e Vaime. ■ COMMEDIA; COL.; 110'; ITALIA, 1976.

TUTTI POSSONO UCCIDERMI *(Tous peuvent me tuer)* ★★
Regia di HENRI DECOIN. Con FRANCO FABRIZI, FRANÇOIS PÉRIER, ELEONORA ROSSI DRAGO. ■ Un poveraccio si lascia irretire da quattro farabutti e partecipa a una rapina. Il colpo ha successo e, per procurarsi un alibi perfetto, i cinque banditi si fanno trovare ubriachi in una distilleria e condannare a sei mesi. In carcere però, uno dopo l'altro, i quattro farabutti vengono uccisi. Resta in vita solo il poveraccio che, terrorizzato, attende il suo turno. Ma ci sarà il colpo di scena finale. ■ POLIZIESCO; B/N; 94'; FRANCIA, ITALIA, 1957.

TUTTO ACCADDE UN VENERDÌ *(Freaky Friday)* ★★★
Regia di GARY NELSON. Con JOHN ASTIN, JODIE FOSTER, BARBARA HARRIS. ■ Una madre e una figlia si comprendono poco; una mattina avviene ciò che esse sperano: essere l'una nei panni dell'altra. Da quel momento gli equivoci e le avventure tragicomiche si susseguono, fino a che le due donne riprendono la propria personalità. Ma non è finita... ■ COMMEDIA; COL.; 95'; USA, 1976. ■ GOLDEN GLOBES 2 NOM.

TUTTO A POSTO E NIENTE IN ORDINE ★★
Regia di LINA WERTMÜLLER. Con NINO BERGAMINI, GIULIANA CALANDRA, LUIGI DIBERTI, EROS PAGNI, LINA POLITO, SARA RAPISARDA, CLAUDIO VOLONTÉ. ■ Le avventure di un gruppo di emigrati che a Milano dividono una vecchia casa. ■ COMMEDIA; COL.; 93'; ITALIA, 1974.

TUTTO BENIGNI DAL VIVO ★★
Regia di GIUSEPPE BERTOLUCCI. Con ROBERTO BENIGNI. ■ Collage di brani tratti dagli spettacoli *live* di Benigni, che si conferma comico di prima grandezza in un crescendo di battute, monologhi e improvvisazioni, cucite abilmente da una regia piuttosto abile. Non è un film, ma uno scanzonato inno al divertimento. ■ COMICO; COL.; 87'; ITALIA, 1983.

TUTTO È MUSICA ★★
Regia di DOMENICO MODUGNO. Con PAOLO BERGAMASCHI, STEFANO CONTI, PAOLA DEL BOSCO, DOMENICO MODUGNO. ■ Biografia romanzata di Domenico Modugno. ■ MUSICALE; COL.; 90'; ITALIA, 1963.

TUTTO ESAURITO *(Standing Room Only)* ★★★
Regia di SIDNEY LANFIELD. Con EDWARD ARNOLD, PAULETTE GODDARD, FRED MACMURRAY. ■ Allo scoppio della seconda guerra, un industriale, recatosi a Washington con la segretaria per ottenere il permesso di trasformare la sua fabbrica in azienda bellica, non trova alloggio. I due per avere un tetto non trovano di meglio che impiegarsi come camerieri in ricche dimore. Alla fine otterranno l'autorizzazione e si sposeranno. ■ COMMEDIA; B/N; 83'; USA, 1944.

TUTTO E SUBITO *(Jetzt und Alles)* ★★
Regia di DIETER MEIER. Con JEAN-PIERRE KALFON, RICKY MULLER, JOY RYDER. ■ Un pregiudicato convince un ingenuo cantante a fargli da spalla nel colpo grosso che dovrebbe sistemarlo per tutta la vita: il rapimento del figlio di un miliardario. Ma, fatto il colpo, il cantante si pente, libera l'ostaggio e uccide il bandito trasformandolo in una torcia umana grazie alla sua abilità di "sputafuoco". ■ DRAMMATICO; COL.; 93'; GERMANIA, 1980.

TUTTO FINÌ ALLE SEI *(I Died a Thousand Times)* ★★★
Regia di STUART HEISLER. Con LEE MARVIN, LORI NELSON, JACK PALANCE, SHELLEY WINTERS. ■ Un gangster di buon cuore s'innamora d'una ragazza zoppa e le dà i soldi necessari all'operazione. Ma quando verrà ucciso dalla polizia a piangerlo ci sarà solo una ballerina di piccola virtù. Remake di *Una pallottola per Roy*. ■ POLIZIESCO; COL.; 109'; USA, 1956.

TUTTO FINISCE ALL'ALBA *(Sans lendemain)* ★★★
Regia di MAX OPHÜLS. Con EDWIGE FEUILLÈRE, GEORGES RIGAUD. ■ Una donna incontra dopo dieci anni un uomo che aveva amato e, per non fargli capire quanto sia caduta in basso, s'indebita con un malvivente per fargli credere che conduce una normale vita borghese. L'uomo le propone di andare con lui in Canada. La donna finge d'accettare ma, dopo avergli affidato il bambino che ha avuto da un precedente matrimonio, si suicida. Nonostante il regista e gli interpreti, si tratta di un melodramma riuscito solo parzialmente. ■ DRAMMATICO; B/N; 79'; FRANCIA, 1939.

TUTTO IL BENE DEL MONDO ★★
(Un mundo menos peor)
Regia di ALEJANDRO AGRESTI. Con JULIETA CARDINALI, ULISES DUMONT, MÓNICA GALÁN, CARLOS ROFFÉ, MEX URTIZBEREA. ■ Isabel raggiunge con le due figlie, avute da due diversi compagni, un paesino di mare che d'inverno conta meno di mille anime. Ci sta andando perché ha saputo che Cholo, padre di Leticia e suo unico vero amore, è il fornaio del paese e non è morto come lei pensava durante l'oppressione del regime argentino. Tutto ciò che le due donne vogliono è poter essere una famiglia. Ma Cholo non riesce ad accettare che il passato riemerga ad affondare la parvenza di felicità che si è costruito. Agresti torna a dirigere dopo *Valentin*, del 2002, e lo fa con un film che sa di politica, ma che si concentra più sui residui che lascia nelle persone che non su messaggi di qualsivoglia tipo. Il film è scorrevole e ben orchestrato, condito da una buona dose di ironia e una manciata di gag davvero spassose. Solo le relazioni tra i personaggi lasciano un po' perplessi, soprattutto perché a volte appaiono forzate da esigenze di sceneggiatura e tagliate con l'accetta. ■ DRAMMATICO; COL.; 90'; ARGENTINA, 2004.

TUTTO IL MONDO RIDE ★★
Regia di IGNAZIO FERRONETTI. Con CHARLIE CHAPLIN, ALDO FABRIZI, BUSTER KEATON, MAX LINDER, HAROLD LLOYD, ETTORE PETROLINI. ■ Rassegna molto slegata di spezzoni interpretati da alcuni grandi comici. ■ COMICO; B/N; 94'; ITALIA, 1952.

TUTTO IL MONDO RIDE – ALLEGRI RAGAZZI ★★★
(Veselye rebjata)
Regia di GRIGORIJ ALEKSANDROV. Con LJUBA ORLOVA, MARIA STRELKOVA, LEONID UTESOV. ■ Il regista, collaboratore di Eisenstein, dà qui un divertente film, che si rifà alla commedia americana, sulle avventure di un pastore che diventa per errore capo di un'orchestrina. ■ COMMEDIA; B/N; 91'; URSS, 1934.

TUTTO IN QUELLA NOTTE ★★
Regia di FRANCO BERTINI. Con FLAVIO INSINNA, ROLANDO RAVELLO, ELEONORA RUSSO, LUCIANO SCARPA. ■ Marco e la moglie Lucia partono per una vacanza a New York. Giorgio, cognato e grande amico di Marco gli chiede di lasciargli le chiavi dell'appartamento per poterci passare notti di fuoco con Gloria, la sua nuova fiamma. Le cose non vanno esattamente come progettato da Giorgio. Girato in digitale. Niente altro da segnalare. ■ COMMEDIA; COL.; 96'; ITALIA, 2004.

TUTTO IN UNA NOTTE *(Into the Night)* ★★★
Regia di JOHN LANDIS. Con JEFF GOLDBLUM, IRENE PAPAS, MICHELLE PFEIFFER. ■ Protagonista è il simpatico Jeff Goldblum (*Il grande freddo*, *La mosca*) nei panni di un eroe un po' sfortunato che incontra una bella sconosciuta in fuga. I due, per tutta la notte, se la dovranno vedere con una serie di malintenzionati. In questo film di Landis (*The Blues Brothers*) hanno partecipato attori e registi famosi: Dan Aykroyd, Roger Vadim, David Bowie, Don Siegel, David Cronenberg e Lawrence Kasdan. ■ COMMEDIA; COL.; 115'; USA, 1985.

TUTTO IN VENDITA *(Wszystko na sprzedaz)* ★★★
Regia di ANDRZEJ WAJDA. Con ANDRZEJ LAPICKI, DANIEL OLBRYCHSKI, BEATA TYSKIEWICZ. ■ Il film è ispirato alla morte di uno degli attori preferiti di Wajda, Zbignew Cybulski (l'interprete di *Cenere e diamanti*). Come Cybulski, il personaggio centrale finisce sotto un treno. Il regista crede di poter fare lo stesso il film senza il divo. Ingaggia un giovane attore sconosciuto, che idolatrava il defunto. Ma il giovane non è che una pallida copia. Il regista si rende conto che la realtà non si può riprodurre. ■ DRAMMATICO; COL.; 92'; POLONIA, 1978.

TUTTO L'AMORE CHE C'È ★★★
Regia di SERGIO RUBINI. Con MARGHERITA BUY, FRANCESCO

CANNITO, GÉRARD DEPARDIEU, MARCELLO INTRONA, SERGIO RUBINI, DAMIANO RUSSO. ■ Puglia anni Settanta. L'arrivo di tre ragazze del Nord, belle e disinibite, porta lo scompiglio fra i giovani del paese. Si incrociano le storie, qualcuna si risolve persino. Il tutto guardato da Carlo, il più piccolo di tutti (Rubini stesso a quell'età, si suppone). Il regista si è ritagliato un ruolo di carattere: il padre del ragazzo, appunto, con la passione del teatro. Notata una Buy un po' sprecata, lei, la migliore attrice italiana di quel periodo (e non solo). Funziona. ■ COMMEDIA; COL.; 93'; ITALIA, 2000.

TUTTO L'AMORE DEL MONDO ★

Regia di RICCARDO GRANDI. Con MYRIAM CATANIA, EROS GALBIATI, ANA CATERINA MORARIU, ALESSANDRO ROJA, NICOLAS VAPORIDIS. ■ Matteo Marini è un trentenne impiegato presso la Magic Planet Book, per cui redige pagine sugli antichi pecorini del Molise e altre delizie nazionali. Deciso a cancellare il debito della madre e un padre che ha dimenticato di crescerlo per girare il mondo, Matteo accetta di scrivere una guida sui luoghi romantici del Vecchio Continente. Scostante in amore e poco avvezzo ai sentimenti, si accompagna in giro per l'Europa con un fotografo cialtrone che ha allargato la compagnia a Valentina, ragazza intraprendente conosciuta in rete, e ad Anna, laureata da un giorno e prossima al matrimonio. Viaggiatore per lavoro e innamorato per caso, Matteo capitolerà sotto i dardi romantici di Anna, correggendone il destino e costruendo un'inedita geografia del cuore. Trasposizione di *InterRail*, pièce teatrale di Massimiliano Bruno. ■ COMMEDIA; COL.; 100'; ITALIA, 2010.

TUTTO L'ORO DEL MONDO *(Tout l'or du monde)* ★★★

Regia di RENÉ CLAIR. Con ALFRED ADAM, ANDRÉ BOURVIL, COLETTE CASTEL, ANNIE FRATELLINI, PHILIPPE NOIRET. ■ Un finanziere parigino vuole impiantare una stazione climatica in una zona particolarmente salubre, ma un testardo contadino non gli vuol cedere il suo terreno. Dopo aver provato ogni sorta di lusinghe e di minacce, il ricco ottiene quanto desiderava, però la felicità è tale da farlo morire d'infarto. La vita della tranquilla località non sarà sconvolta. ■ COMMEDIA; B/N; 91'; FRANCIA, ITALIA, 1962.

TUTTO M'ACCUSA *(The Windflow Boy)* ★★★

Regia di ANTHONY ASQUITH. Con ROBERT DONAT, FRANK LAWTON, CEDRIC HARDWICKE SIR, MARGARET LEIGHTON. ■ Un cadetto dell'Accademia navale viene espulso essendo stato accusato di furto, ma il padre è convinto della sua buona fede e, dopo una dura lotta legale, riesce a far trionfare la sua innocenza. ■ DRAMMATICO; B/N; 117'; GRAN BRETAGNA, 1948.

TUTTO MI PORTA DA TE *(Great Expectations)* ★★★

Regia di JOSEPH HARDY. Con MARGARET LEIGHTON, JAMES MASON, SARAH MILES, ROBERT MORLEY, ANTHONY QUAYLE, RACHEL ROBERTS, MICHAEL YORK. ■ Alcuni dei migliori attori inglesi nella versione filmata di *Grandi speranze* di Dickens: le avventure di Pip, un orfano nella Londra ottocentesca, che conosce diversi, bizzarri personaggi e, ereditata una fortuna da un evaso che aveva beneficiato, diventa ricchissimo. ■ COMMEDIA; COL.; 103'; GRAN BRETAGNA, 1975.

TUTTO O NIENTE *(All Or Nothing)* ★★★

Regia di MIKE LEIGH. Con MARION BAILEY, JAMES CORDEN, ALISON GARLAND, LESLEY MANVILLE, RUTH SHEEN, TIMOTHY SPALL. ■ Perché Carol (Marion Bailey) perde le sue giornate nell'alcool? Perché il marito Ron (Paul Jesson) ne condivide l'apatia suicida, incurante di trascinare nella loro propria distruzione la figlia? E perché questa travisa la sua rabbia e riduce la sua ribellione a gesti anch'essi autodistruttivi, per quanto le sembrino strategie d'amore? Infine, perché fra loro e in genere fra tutti gli uomini e le donne del film non ci sono discorsi e non ci sono parole, ma quasi solo suoni verbali vuoti di senso, se non invettive e turpiloquio? Questo alla nostra simpatia appare come il luogo segreto della loro sconfitta: questa incapacità e impossibilità di elaborare le sofferenze facendone un discorso, e perciò di dare parole alle solitudini. Capita così che il cuore e l'anima tentino d'arrivare a farsi coscienza e linguaggio, ma che proprio lì, nel luogo in cui le parole prendono forma, sperimentino la loro prima sconfitta (infatti c'è chi, nel film, arriva a "scrivere" sul proprio corpo l'amore che gli è impossibile dire). Da un tale circolo vizioso i personaggi di Leigh rischiano di non uscire più. ■ DRAMMATICO; COL.; 128'; GRAN BRETAGNA, 2002.

TUTTO PARLA DI TE ★★

Regia di ALINA MARAZZI. Con VALERIO BINASCO, MARIA GRAZIA MANDRUZZATO, ELENA RADONICICH. ■ Grandi occhi di giovani mamme, parole di sottofondo che raccontano storie e sensazioni, altre rotte dal pianto, sorrisi, vecchie fotografie o logore pellicole di filmini amatoriali che riprendono belle madri d'altri tempi, o eleganti bambine ben agghindate. Questo è lo sguardo di Alina Marazzi che in *Tutto parla di te* sviluppa un tema con il suo imprescindibile stile. La maternità è un evento meraviglioso, ma non è semplice, e questa pellicola lo racconta attraverso la sentita e reale testimonianza di volti diversi, tutti vivi, interessanti, a tratti sofferenti. Non è facile essere madre, ma non è certo un handicap, come sostiene Pauline, una delle due protagoniste del film, interpretata da Charlotte Rampling, che torna nella sua città natale, Torino, per terminare degli studi comportamentali e di pensiero sulle giovani madri e sullo shock della responsabilità dell'avere un figlio. Pauline si prende a cuore una donna in particolare, Emma (Elena Radonicich), un'ex ballerina che non si perdona per aver dato alla luce Matteo, suo figlio di pochi mesi, che la fa stare così male, e che non la fa sentire più lei. Emma non riesce più a essere donna in prima persona, e ha paura di non farcela. La Marazzi debutta ufficialmente nelle sale cinematografiche dopo le opere che l'hanno resa nota a quel pubblico sofisticato e un po' poetico che l'ha portata fin qui. Dopo *Un'ora sola ti vorrei* (2002) e *Vogliamo anche le rose* (2007), la regista racconta ancora un mondo visto da una donna. ■ DRAMMATICO; COL.; 83'; ITALIA, 2012.

TUTTO PER LA DONNA ★★

Regia di MARIO SOLDATI. Con JUNIE ASTOR, CARLO CAMPANINI, ANTONIO CENTA, MIRETTA MAURI. ■ Un giovane aiuta una ragazza, proprietaria di un albergo in montagna, a fare buoni affari. La donna, però, lo licenzia perché ha paura di incominciare ad innamorarsene. Lo richiamerà. ■ COMMEDIA; B/N; 92'; ITALIA, 1940.

TUTTO PER TUTTO *(Inside Straight)* ★★★

Regia di DAVID MAYER. Con DAVIS BRIAN, ARLENE DAHL, BARRY SULLIVAN. ■ Nella San Francisco di fine Ottocento, un poveraccio senza scrupoli diventa un grande finanziere, ma non trova la felicità. Si ravvede compiendo l'atto generoso di salvare una banca sull'orlo del fallimento. ■ DRAMMATICO; B/N; 89'; USA, 1956.

TUTTO PER TUTTO! ★★

Regia di UMBERTO LENZI. Con RAF BALDASSARRE, ARMANDO CALVO, MARK DAMON, JOHN IRELAND, MONICA RANDALL. ■ Un indiano ruba a un bandito messicano un favoloso bottino. Sulle sue tracce si mettono il *desperado* e una coppia di furfanti. Alla fine sono loro a vincere, ma uno dei due consegnerà tutto allo sceriffo per ottenere la grazia per il fratello. ■ WESTERN; COL.; 90'; ITALIA, 1968.

TUTTO PER UN BACIO *(Königswalzer)* ★★

Regia di HERBERT MAISCH. Con HELI FINKENZELLER, WILLY FORST. ■ Verso la metà dell'Ottocento, un ufficiale austriaco si reca in Baviera per organizzare il matrimonio tra la principessa Elisabetta e l'imperatore Francesco Giuseppe. Un innocente bacio che dà a una ragazza viene ingigantito dalle chiacchiere e diventa uno scandalo, ma poi tutto s'accomoda. ■ COMMEDIA; B/N; 93'; GERMANIA, 1935.

TUTTO PUÒ ACCADERE *(Anything Can Happen)* ★★★

Regia di GEORGE SEATON. Con JOSÉ FERRER, KIM HUNTER, KURT KASZNAR. ■ Alla fine dell'Ottocento, un giovane russo emigra a New York dove s'innamora di una ragazza californiana. Quando costei riparte, lui la segue e con i suoi compatrioti riatta una vecchia fattoria in modo da avere un nido d'amore. ■ COMMEDIA; B/N; 107'; USA, 1953.

TUTTO PUÒ ACCADERE *(Career Opportunities)* ★★

Regia di BRYAN GORDON. Con JENNIFER CONNELLY, DERMOT MULRONEY, FRANK WHALEY. ■ John Hughes, creatore di *Mamma ho perso l'aereo*, qui produce e scrive una delle commedie più sciatte e inutili dei primi anni Novanta. Come sia riuscito ad avere un buon incasso in Italia è un mistero. L'unica cosa davvero buona è l'avvenenza di Jennifer Connelly (*Phenomena* e *Hot Spot*) che si aggira, vuoi a piedi o coi pattini, come una sirena fuor d'acqua. La trama è presto detta: la figlia di un riccone, con l'intenzione di compiere un furto, si addormenta in un grande magazzino. Durante la notte, si infatua di un ragazzo di famiglia modesta che fa il guardiano notturno. I due sventano un furto e scappano in California con un grosso malloppo. ■ Commedia; col.; 100′; USA, 1991.

TUTTO PUÒ SUCCEDERE *(Something's Gotta Give)* ★★★
Regia di Nancy Meyers. Con Jon Favreau, Diane Keaton, Frances McDormand, Jack Nicholson, Amanda Peet, Keanu Reeves. ■ Harry Sanborn, playboy impenitente, continua a fare la corte a donne più giovani. Harry ha un malore durante un weekend passato con la sua nuova fiamma, Marin, a casa della madre di lei, e tocca proprio alla riluttante Erica, scrittrice di successo, accudirlo nella convalescenza. Harry si innamora di Erica, ma deve fare i conti col suo giovane ed attraente dottore, anch'egli invaghito della bella signora. Meno male che abbiamo ancora attori che invecchiano bene. Non tanto sul piano fisico quanto piuttosto su quello della "tenuta" sulla scena. Due di loro sono Jack Nicholson e Diane Keaton. Che si possono permettere di recitare in una commedia *old fashion* sul tempo che passa e gli innamoramenti che restano senza perdere un colpo e, anzi, rimediando alle eventuali debolezze della sceneggiatura. Alcuni sguardi di Jack sono impagabili e se qualcuno si lamenta per le mossette di Diane non c'è problema. Le fa da quando ha cominciato a recitare. ■ Commedia; col.; 127′; USA, 2003. ■ Golden Globes 1 nom; Oscar 1 nom.

TUTTO QUELLA NOTTE *(Adventures in Babysitting)* ★★★
Regia di Chris Columbus. Con Keith Coogan, Penelope Ann Miller, Elisabeth Shue. ■ Una baby sitter riceve una chiamata di soccorso da un'amica bloccata dall'altra parte della città. Non potendo abbandonare i bambini lasciatile in custodia li trascina con sé in una notte che più pazza non potrebbe essere. ■ Commedia; col.; 99′; USA, 1987.

TUTTO QUELLO CHE AVRESTE VOLUTO SAPERE SUL SESSO MA NON AVETE MAI OSATO CHIEDERE ★★★
(Everything You Always Wanted to Know about Sex, but Were Afraid to Ask)
Regia di Woody Allen. Con Woody Allen, John Carradine, Lou Jacobi, Gene Wilder. ■ Woody Allen prende in giro la rivoluzione sessuale ispirandosi a un manuale sull'argomento che fu un best-seller di quegli anni. Il film è diviso in sei episodi. ■ Commedia; col.; 87′; USA, 1972.

TUTTO SI ACCOMODA *(Garzonlakàs kiado)* ★
Regia di Béla Balogh. Con Eugenio Pataki, Erszi Simor, Ida Turay. ■ Un giovane medico divide lo studio con un avvocato altrettanto giovane. Dato che entrambi sono privi di clienti, quando giunge una chiamata per il dottore che dovrebbe curare un'ereditiera va l'altro e fra i due nasce l'amore. ■ Commedia; b/n; 93′; Ungheria, 1941.

TUTTO SUL ROSSO ★
Regia di Aldo Florio. Con José Greci, Brett Halsey, Piero Lulli, Barbara Zimmermann. ■ Un furbastro cerca di farsi strada organizzando una bisca clandestina, ma urta gli interessi del racket del gioco d'azzardo e tutto finisce in una strage. ■ Poliziesco; col.; 94′; Italia, 1968.

TUTTO SU MIA MADRE *(Todo sobre mi madre)* ★★★★
Regia di Pedro Almodóvar. Con Penelope Cruz, Fernando Fernán Gómez, Candela Peña, Marisa Paredes, Cecilia Roth, Antonia San Juan, Rosa Maria Sardà. ■ Madrid: Manuela ha un figlio di diciassette anni che muore travolto dalla macchina su cui viaggia una famosa attrice impegnata nella *pièce Un tram che si chiama desiderio*. Manuela decide di trovare il padre del ragazzo che vive a Barcellona ed è diventato Lola, un travestito. La donna incontra Agrado, altro travestito, che fa la vita, conosce anche l'attrice indiretta responsabile della morte del figlio. Alla fine Manuela, che aveva esperienza di palcoscenico, reciterà nel *Tram*. Nel frattempo ecco una suora incinta (anche lei di Lola), e un paio di uomini assolutamente idioti e sessualmente confusi. Variabile straordinaria, di Almodóvar. Una volta accettato il mondo di Almodóvar, che è assolutamente incapace di concepire la normalità, soprattutto quella sessuale, il film è uno straordinario manifesto di fantasia, dolcezza, soprattutto umanità. E di pittura. Il regista va dritto per la propria strada, estremizza tutto per esperimere la sua tesi. Grande successo di pubblico e di critica. Vincitore dell'Oscar come miglior film straniero. ■ Drammatico; col.; 105′; Spagna, 1999. ■ Cannes 1 pr; Golden Globes 1 pr, 1 nom; Oscar 1 pr, 1 nom.

TUTTO SUO PADRE ★★
Regia di Maurizio Lucidi. Con Cristiano Censi, Enrico Montesano, Marilù Prati. ■ Un romano, che scopre di essere figlio di Hitler, viene assoldato da una banda di neonazisti che vedono in lui un futuro Führer. Il nostro manda a monte i loro progetti. ■ Commedia; col.; 99′; Italia, 1978.

TUTTO TORNA ★★
Regia di Enrico Pitzianti. Con Yonaiki Broch Montano, Antonio Careddu, Piero Marcialis. ■ Massimo ha vent'anni e deve scegliere cosa vuol fare della sua vita. Mentre aspetta di essere preso in considerazione come scrittore, si trasferisce dal nord della Sardegna a Cagliari, per lavorare nel locale di suo zio Giuseppe. Con lui, Massimo condivide anche l'appartamento alla Marina, il quartiere multietnico della città, dove fa la conoscenza di Lorena, un ballerina cubana, e dei suoi amici artisti, che creano le loro opere con materiale di riciclo. Tutto è nuovo e sembra foriero di promettenti incontri e grandi possibilità, ma poi ogni cosa torna violentemente indietro e ferisce Massimo come un boomerang: né l'amore, né la città, né le persone sono ciò che aveva creduto che fossero. Il sogno si sbriciola come un castello di sabbia. Primo lungometraggio di fiction del documentarista Enrico Pitzianti. ■ Drammatico; col.; 86′; Italia, 2008.

TUTTOTORNA ★★
Regia di Emiliano Cribari. Con Cristina Fassio, Erika Renai, Fabizio Rizzolo. ■ Vito è un giovane regista siciliano trasferitosi a Firenze con l'ambizione di fare un film autobiografico da cui emergano i colori e i sapori della sua Sicilia, ma anche le passioni, i sentimenti, gli amori di una piccola comunità, un paese alle porte della città. Tutto sembra andare per il meglio, ma a un certo punto la troupe si ribella al regista criticando la sua opera per mancanza di organicità, eccessiva frammentazione del linguaggio cinematografico, un'accozzaglia di battute da parrocchia. Vito decide allora di interrompere le riprese, e dopo aver girato l'ultima scena si ripiega su se stesso, affonda nel proprio passato, fino al tragico epilogo. ■ Drammatico; col.; 94′; Italia, 2005.

TUTTO TUTTO NIENTE NIENTE ★★
Regia di Giulio Manfredonia. Con Antonio Albanese, Davide Giordano, Lorenza Indovina, Nicola Rignanese, Lunetta Savino. ■ Cetto La Qualunque dopo la "salita in politica" infila la discesa insieme alla sua giunta, sciolta e incarcerata nelle carceri calabresi. Più a nord-est, Rodolfo Favaretto coltiva il sogno della secessione, vagheggiando l'Austria e trafficando clandestini. Denunciato da uno dei suoi braccianti neri, creduto morto e buttato in mare, Rodolfo viene arrestato. Lontano dall'Italia invece Frengo Stoppato fugge alla giustizia e a una madre ingombrante e devota, che lo sogna casalingo e beato. Convinto da una telefonata materna ad abbandonare il suo rifugio new age, Stoppato viene condannato e rinchiuso per detenzione e spaccio di sostanze stupefacenti. Sarà un sottosegretario, autorevole e maneggione, a rimetterli in libertà e al servizio di un presidente del Consiglio di poche parole e smodato appetito. ■ Commedia; col.; 90′; Italia, 2012.

TU VIVRAI *(Mix me a Person)* ★★★
Regia di Leslie Norman. Con Anne Baxter, Adam Faith, David Kernan, Donald Sinden. ■ La moglie di un avvocato, convinta che un cliente del marito sia innocente, affronta una pericolosa indagine per salvare l'uomo dal patibolo. ■ Poliziesco; b/n; 116′; Gran Bretagna, 1963.

TWENDE BERLIN ★★
Regia di Upendo Hero, Dr. Farasi. Con Pius Akwabi, Chzn

BRAIN, TEICHMANN BROTHERS, DANIEL MATZ, UKOOFANI. ■ *Twende Berlin* ("Andiamo a Berlino"), è un documentario del 2011, diretto da Dr. Farasi, artista e attivista keniano che si batte per capovolgere l'immagine collettiva che il mondo ha dell'Africa, e per difendere l'idea di spazio pubblico oggi sempre più in stato di pericolo per le logiche consumistiche delle grandi città. Il suo personaggio, Upendo Hero, una specie di super eroe dalla grande testa a forma di cuore, è un moderno Cupido che vuole diffondere Amore per il mondo attraverso l'espressione artistica e l'incontro fra diverse culture. ■ DOCUMENTARIO; COL.; 80'; KENYA, GERMANIA, 2012.

24 HOURS PARTY PEOPLE ★★★
Regia di MICHAEL WINTERBOTTOM. Con PADDY CONSIDINE, STEEVE COOGAN, SHIRLEY HENDERSON, JOHN SIMM. ■ Il film narra la vicenda di Tony Wilson, che per vivere fa l'animatore in televisione, poi, di notte, si dedica alla sua grande passione, la musica, producendo dischi attraverso una sua etichetta, la Factory, diventata poi leggendaria, così come l'Hazienda, il locale di tendenza che faceva una musica che poi avrebbe invaso il mondo. Tutto questo a Manchester, un vero e proprio marchio per il mondo, con gruppi che avrebbero avuto grande successo: i *Joy Division*, i *New Order*, i *Chemical Brothers*. Winterbottom non solo è una delle più importanti firme del cinema inglese del cosiddetto "dopo Thatcher", ma è anche un grande appassionato di musica. ■ DRAMMATICO; COL.; 115'; GRAN BRETAGNA, 2002.

TWILIGHT ★★★
Regia di ROBERT BENTON. Con STOCKARD CHANNING, JAMES GARNER, GENE HACKMAN, PAUL NEWMAN, SUSAN SARANDON. ■ Harry Ross, un vecchio detective privato, decide di occuparsi di un suo amico attore, malato di cancro, sottoposto a ricatto con la moglie irrequieta. Questa indagine porta alla luce diversi indizi di una vita, e anche l'esistenza di un omicidio. 4 Premi Oscar (regista compreso) per un film che si è dovuto accontentare del Dvd. ■ POLIZIESCO; COL.; 94'; USA, 1998.

TWILIGHT ★★
Regia di CATHERINE HARDWICKE. Con BILLY BURKE, PETER FACINELLI, TAYLOR LAUTNER, ROBERT PATTINSON, KRISTEN STEWART. ■ Quando sua madre si accompagna con un altro uomo, Bella decide di andare a vivere con il padre, nella piovosa cittadina di Forks. Non prevede che la sua vita possa subire dei grandi cambiamenti, prevede al massimo di adattarsi. Ma nel nuovo liceo incontra Edward Cullen, un ragazzo schivo, diverso da ogni altro. Edward ha 17 anni come lei, solo che ce li ha dal 1918. È un vampiro, che però ha scelto, insieme con la sua famiglia, di non bere sangue umano ma solo animale. Bella e Edward si innamorano perdutamente, ma l'odore di lei scatena la sete di James, un vampiro nemico e niente affatto vegetariano. La regista di *Thirteen* Catherine Hardwicke e la sua squadra portano sullo schermo il primo dei best-sellers di Stephenie Meyer dedicati ad un mito imperituro per definizione. ■ FANTASTICO; COL.; 120'; USA, 2008.

TWILIGHT SAGA: BREAKING DAWN, THE ★★
Regia di BILL CONDON. Con PETER FACINELLI, ASHLEY GREENE, TAYLOR LAUTNER, ROBERT PATTINSON, KRISTEN STEWART. ■ Bella Swan e Edward Cullen si sposano, mormorano i loro sì in sordina durante una cerimonia tradizionalmente elegante, che per una volta riunisce tutti, umani e non. Il viaggio di nozze in Brasile si conclude con una gravidanza inaspettata, per un verso miracolosa (il padre è un non morto), per l'altro pericolosa, per il ritmo di crescita del feto e il rischio a cui è sottoposta la madre. Se Bella non sente ragioni e vuole tenere il bambino, Edward e molti della sua famiglia vorrebbero invece dissuaderla. Bisogna dare al cinema il merito di aver senza dubbio migliorato la carta. ■ FANTASTICO; COL.; 117'; USA, 2011.

TWILIGHT SAGA – BREAKING DAWN PARTE 2, THE ★★
(The Twilight Saga: Breaking Dawn – Part 2)
Regia di BILL CONDON. Con BILLY BURKE, PETER FACINELLI, TAYLOR LAUTNER, ROBERT PATTINSON, KRISTEN STEWART. ■ Bella ora è madre e vampiro e non si è mai sentita più viva. Deve però fare i conti con l'imprinting di Jacob su sua figlia Renesmee e rimandare quelli con Charlie. Ma il vero pericolo arriva quando la piccola viene scambiata per una bambina immortale, ovvero un'umana trasformata, troppo pericolosa per essere lasciata in vita. ■ FANTASTICO; COL.; 116'; USA, 2012.

TWILIGHT SAGA: ECLIPSE, THE ★★
Regia di DAVID SLADE. Con ASHLEY GREENE, BRYCE DALLAS HOWARD, TAYLOR LAUTNER, ROBERT PATTINSON, KRISTEN STEWART. ■ Una serie di omicidi, sparizioni e misteriose disgrazie scuote Seattle e minaccia Forks. I Cullen comprendono in fretta che si tratta di un esercito di NeoNati della loro specie: vampiri da poco trasformati, assetati di sangue, violenti e indomabili. La minaccia esterna impone un'alleanza tra vampiri e licantropi. È il turno di David Slade. Il britannico entra sulla scena della saga-fenomeno di *Twilight* con passo sicuro e un teaser d'effetto. Promette azione, brivido, batticuore, al passo con un terzo capitolo denso, che sul fronte cartaceo ha fatto incetta di consensi e che del crepuscolo illumina il lato umano, non quello delle creature che si risvegliano col buio. ■ HORROR; COL.; 124'; USA, 2010.

TWILIGHT SAGA: NEW MOON, THE ★★
Regia di CHRIS WEITZ. DAKOTA FANNING, ASHLEY GREENE, TAYLOR LAUTNER, ROBERT PATTINSON, Con KRISTEN STEWART. ■ Ultimo anno di liceo. Forks. Il giorno del suo diciottesimo compleanno Bella entra in crisi, mentre lei dovrà invecchiare, Edward, l'innamorato vampiro, rimarrà per sempre un diciassettenne. Incapace di proteggerla dal dolore, il ragazzo lascia la cittadina insieme alla famiglia, chiedendole di non fare gesti sconsiderati e promettendole di non tornare. Bella, però, scopre che sfidando la sorte può rivederlo, anche solo per pochi secondi e, come se non bastasse, trova conforto nell'amico Jakob, che è un licantropo e dunque un nemico naturale e giurato dei vampiri. Il secondo capitolo della saga di *Twilight* scosta le tende del sipario e la rivela per quel che realmente è, ovvero una rappresentazione dell'amore romantico, l'allestimento di una fiaba, dove Bella è l'eroina contesa e in pericolo costante, Edward il principe vittima di un crudele incantesimo. Con richiamo esplicito a *Romeo e Giulietta*. ■ FANTASTICO; COL.; 130'; USA, 2009.

TWINKY ★★★
Regia di RICHARD DONNER. Con HONOR BLACKMAN, CHARLES BRONSON, MICHAEL CRAIG, PAUL FORD, SUSAN GEORGE, JACK HAWKINS, TREVOR HOWARD. ■ Una sedicenne inglese sposa un quarantenne americano, autore di libri porno, e si stabilisce a New York. Ma il matrimonio fallisce per la differenza d'età e lei, col fido gatto, torna in Europa. ■ COMMEDIA; COL.; 98'; GRAN BRETAGNA, 1970.

TWIN PEAKS – FUOCO CAMMINA CON ME ★★★
(Twin Peaks – Fire Walk With Me)
Regia di DAVID LYNCH. Con DAVID BOWIE, CHRIS ISAAK, MOIRA KELLY, SHERYL LEE, KYLE MACLACHLAN, HARRY DEAN STANTON, RAY WISE. ■ Si tratta praticamente del ponte tra il diario di Laura Palmer uscito in libreria e la serie televisiva. Ciò non toglie che forse lo apprezzeranno maggiormente, anche perché avranno più sorprese, coloro che non hanno letto e visto i sopracitati. Una ragazza è stata brutalmente uccisa e il film descrive gli ultimi giorni della sua vita. Il tutto ambientato in un paesino isolato chiamato Twin Peaks, dove le passioni più torbide e gli avvenimenti più strani si susseguono senza un'apparente logica. E i sogni e gli incubi partono dalla morte di Teresa Banks, assassinata un anno prima di Laura. Lynch ha evitato di ripetersi con uno stile simile ai precedenti film, in particolare a *Cuore selvaggio* che aveva un ritmo teso e violento. Qui tutto è più dilatato e ciò che più colpisce è la descrizione psicologica di Laura, davvero originale. ■ GIALLO; COL.; 135'; USA, 1992.

TWIN TOWN ★★
Regia di KEVIN ALLEN. Con LLYR EVANS, RHYS INFANS, DOUGRAY SCOTT, DORIEN THOMAS, BUDDUG WILLIAMS. ■ I fratelli Lewis e Bryn Cartwright, in un Galles alla *Trainspotting*, entrano in rotta di collisione e la situazione progressivamente si fa sempre più tesa. Kevin Allen è un ex punk che si diverte a caricare i toni. ■ DRAMMATICO; COL.; 106'; GRAN BRETAGNA, 1997.

TWISTED – ASCOLTA LA CANZONE DEL VENTO ★
Regia di MATTEO PETRUCCI. Con JESUS EMILIANO COLTORTI, MONICA COMEGNA, ANGELO MAGGI, VALENTINA MARI, ALESSANDRO TIBERI. ■ Matteo e Valentina, fratello e sorella, hanno perso la madre e sono uniti da un rapporto al limite della morbosità. Ad una festa conoscono Stefano, un ragazzo il cui forte fascino nasconde in realtà una personalità malata, che sembra subito avere un certo ascendente su Valentina. Matteo è geloso, ma Valentina in realtà non ha nessuna particolare mira su Stefano che, invece, ha perso la testa per lei. Al rifiuto di lei le cose sembrano raffreddarsi, ma Stefano ha un folle piano in mente... ■ THRILLER; COL.; 118′; ITALIA, 2001.

TWISTED PATH OF LOVE – IL SENTIERO CONTORTO DELL'AMORE *(Koibito tachi wa nureta)* ★★
Regia di KUMASHIRO TATSUMI. Con MOEKO EZAWA, RIE NAGAKAWA, TETSU OE. ■ È un film costruito bene, ma con una sceneggiatura piuttosto gratuita. Un *yakuza* si toglie dal giro e per non farsi trovare fa l'uomo delle pulizie in un cinema porno di un paesino. Finirà comunque male. ■ DRAMMATICO; COL.; 77′; GIAPPONE, 1973.

TWISTER ★★
Regia di JAN DE BONT. Con JAMI GERTZ, HELEN HUNT, BILL PAXTON. ■ Le vicende di un gruppo di tecnici specialisti in uragani. Li cercano, li studiano, li combattono. C'è anche un gruppo antagonista che ha la peggio. Effetti speciali, insomma quasi tutto ciò che fa cinema catastrofe. Ma già visto. ■ DRAMMATICO; COL.; 100′; USA, 1996. ■ OSCAR 2 NOM.

TWIST, LOLITE E VITELLONI ★★
Regia di MARINO GIROLAMI. Con RICCARDO BILLI, GINO BRAMIERI, ALDO FABRIZI, ENNIO GIROLAMI, TINO SCOTTI. ■ Il figlio di un barone monarchico ama la figlia di un comunista. Nonostante la rivalità dei padri, i due riusciranno a sposarsi. Pretesto per scenette comiche. ■ COMICO; B/N; 92′; ITALIA, 1962.

2 FAST & 2 FURIOUS ★★
Regia di JOHN SINGLETON. Con TYRESE GIBSON, COLE HAUSER, EVA MENDES, PAUL WALKER. ■ Brian (Paul Walker) ha la velocità nel sangue. Passione talmente esagerata da avergli fruttato l'esonero dall'Fbi e averlo costretto a riciclarsi come criminale al servizio del boss di Miami Carter Verone. Decadenza degli eroi? Solo apparentemente: in realtà Brian, coadiuvato dall'altra infiltrata Monica, agisce sotto copertura per sventare un traffico di denaro sporco. E se per ottenere risultati c'è da impegnarsi in duelli automobilistici mozzafiato, e ad altissimo tasso di scorrettezza, poco male... Sequel del film che ha lanciato Vin Diesel. Si riprende il prototipo esagerandone pregi e difetti. ■ AVVENTURA; COL.; 105′; USA, 2003.

TWO LOVERS ★★
Regia di JAMES GRAY. Con ELIAS KOTEAS, GWYNETH PALTROW, JOAQUIN PHOENIX, ISABELLA ROSSELLINI, VINESSA SHAW. ■ Brighton Beach, Brooklyn. Leonard, un uomo attraente ma dal carattere complesso, torna a casa dopo aver tentato il suicidio. I genitori cercano naturalmente di aiutarlo, anche se non riescono a capirlo del tutto. Leonard conosce Michelle, vicina di casa tanto bella quanto misteriosa. Ma papà e mamma cercano di spingere Leonard verso Sandra, la figlia dell'acquirente della tintoria di famiglia. Inizialmente sulla difensiva, Leonard scopre in lei una profondità inattesa. Ma la possibile relazione con Sandra finisce per essere ostacolata da Michelle, che non intende farsi da parte. ■ DRAMMATICO; COL.; 100′; USA, 2009.

TWO MUCH ★★★
Regia di FERNANDO TRUEBA. Con DANNY AIELLO, ANTONIO BANDERAS, MELANIE GRIFFITH, DARYL HANNAH, ELI WALLACH. ■ Art Dodge, pittore mancato e gallerista in crisi, vive di espedienti fino all'incontro con la ricca e imprevedibile Betty Kerner, cui basta un weekend d'amore per decidere di sposarlo. Senonché Betty ha un ex marito mafioso che Art ha tentato di imbrogliare e una sorella intellettuale molto più equilibrata e affascinante. Per sfuggire al primo e conquistare la seconda, Art si inventa un fittizio fratello gemello, Bart, e si vede costretto a interpretare entrambi i ruoli. Tra coincidenze ed equivoci, Art esce dai guai con l'aiuto del vecchio padre (arzillo reduce della guerra di Spagna), trovando l'amore e il perduto talento di artista. Da un romanzo di Donald E. Westlake, una divertente commedia del già premio Oscar spagnolo Trueba, in trasferta a Miami. Impiego intelligente della coppia da rotocalco Griffith-Banderas, sfruttando al meglio le capacità di quest'ultimo. ■ COMMEDIA; COL.; 125′; SPAGNA, USA, 1996.

TYKHO MOON ★★
Regia di ENKI BILAL. Con RICHARD BOHRINGER, YANN COLLETTE, JULIE DELPY, MARIE LAFORÊT, JOHAN LEYSEN, MICHEL PICCOLI. ■ La famiglia McBee ha il potere assoluto in una città del futuro, una città molto somigliante a Parigi ma divisa in settori. Tutti gli uomini della famiglia sono afflitti da una misteriosa malattia e hanno bisogno urgente di un trapianto di organi. Il donatore perfetto, Tykho Moon sembra essere stato ucciso ma invece è ancora vivo. La famiglia McBee lo cerca. ■ FANTASCIENZA; COL.; 102′; FRANCIA, GERMANIA, GRAN BRETAGNA, 1996.

TYSON ★★
Regia di JAMES TOBACK. ■ James Toback conosce Mike Tyson da 23 anni, cioè da quando il pugile fu condotto sul set di *The Pick-up Artist* al Museo di Storia Naturale di New York. Toback ricorda molto bene la chiacchierata che ebbe luogo nel suo camper quella sera. Il documentario trae quindi origine da un'amicizia di lunga data e il regista, consapevole del carattere del personaggio, cerca di trovare non le giustificazioni ma le motivazioni dei suoi atti nelle sue origini e nel modo di vedere la vita. Lo fa con materiale di repertorio ma anche con notizie sconosciute ai più, come quella dei problemi infantili di respirazione del pugile. Non a caso il documentario si chiude, significativamente, sul suo respiro. ■ DOCUMENTARIO; COL.; 100′; USA, 2008.

TZIGANA (L'ULTIMO WALZER) *(Bitter sweet)* ★★★
Regia di W. S. VAN DYKE. Con FELIX BRESSART, NELSON EDDY, IAN HUNTER, JEANETTE MACDONALD, GEORGE SANDERS. ■ Operetta sentimentale, remake del capolavoro del 1933. Ambientato nella Vienna della Belle Epoque, il film narra la storia di una coppia, di Carl (Nelson Eddy) maestro di musica e di sua moglie Sarah (Jeanette MacDonald) ballerina in cerca di gloria. Eddy scrive un'operetta fatta apposta per esaltare il talento di Sarah e cerca un produttore che metta in scena il lavoro. Viene aiutato dal barone von Tramisch che però si rivela un mascalzone. In un duello con il barone Carl perde la vita e non può assistere al trionfo della sua operetta e soprattutto della bella Sarah. ■ MUSICALE; COL.; 94′; USA, 1940.

U

UBALDO TERZANI HORROR SHOW ★★
Regia di GABRIELE ALBANESI. Con LAURA GIGANTE, ANTONINO IUORIO, FRANCESCO MASTRORILLI, PAOLO SASSANELLI, GIUSEPPE SOLERI. ■ Per volere del suo produttore, Alessio si trasferisce da Roma a Torino nella casa di Ubaldo Terzani, noto autore di best seller truculenti che avrà il compito di aiutarlo nella scrittura del suo primo horror da regista. Tra i due si instaura da subito uno strano rapporto a metà tra il plagio e l'ammirazione, dovuto alla straripante personalità dello scrittore. Anche Sara, la fidanzata di Alessio, raggiunge la misteriosa abitazione per un weekend in cui tutto precipiterà nel sangue. *Ubaldo Terzani Horror Show* diventa così un film basato su una sceneggiatura che coincide con quella elaborata dai due protagonisti in un gioco di specchi in cui l'esperienza vissuta e quella immaginata si sovrappongono. ■ HORROR; COL.; 83′; ITALIA, 2010.

U BOAT 55 – IL CORSARO DEGLI ABISSI ★★
(Haie und kleine Fischer)
Regia di FRANK WISBAR. Con SABINE BETHMANN, WOLFGANG PREISS. ■ Quattro giovani, entusiasti di Hitler e del nazismo, si imbarcano su una nave durante la guerra. La realtà crudele spegne i loro ardori e apre i loro occhi sulle assurdità del regime in cui avevano creduto, rendendoli consapevoli e finalmente uomini. ■ GUERRA; B/N; 90′; GERMANIA, 1957.

U-BOOT 96 *(Das Boot)* ★★★
Regia di WOLFGANG PETERSEN. Con HERBERT-ARTHUR GRÖNEMEYER, JÜRGEN PROCHNOW, KLAUS WENNEMANN, HUBERTUS BENGSCH. ■ Un film di guerra dove il regista Petersen (*La storia infinita*) trae ottimo partito dai grandi mezzi messigli a disposizione. È la storia, vera, di un sottomarino tedesco incaricato di dar la caccia nell'Atlantico ai convogli di rifornimento diretti in Inghilterra. Dopo aver affrontato due navi ed esser passato miracolosamente indenne nello stretto di Gibilterra, il sommergibile torna alla base di La Rochelle dove però viene affondato da un attacco aereo. Muoiono quasi tutti i membri dell'equipaggio. ■ GUERRA; COL.; 140′; GERMANIA, 1981. ■ GOLDEN GLOBES 1 NOM; OSCAR 6 NOM.

U-CARMEN EKHAYELITSHA ★★★
Regia di MARK DORNFORD-MAY. Con LUNGELWA BLOU, ANDISWA KEDAMA, PAULINE MALEFANE, ZWEILUNGILE SIDLOYI, ANDILE TSHONI. ■ Da quando Prospero Merimee scrisse il suo breve romanzo e da quando il soggetto divenne il libretto di una delle opere liriche più note al mondo, il nome di Carmen è indissolubilmente associato al connubio tra passione amorosa e morte. Il cinema si è ispirato palesemente a questo personaggio in numerose occasioni Non aveva però mai osato "riscrivere" il libretto dell'opera (conservando intatte le musiche) per tradurlo in una lingua del tutto particolare come lo Xosa, parlato nelle *township* di Cape Town. Mescolando recitativi del tutto originali, le musiche di Bizet e i ritmi tradizionali sudafricani il film ci offre uno sguardo inedito sul Sudafrica post-apartheid. A volte fatica a fondere le suggestioni provenienti da un'opera francese, in cui si racconta una vicenda spagnola, con le baracche e le abbondanti forme della protagonista e delle sue compagne, ma nel complesso si presenta come un esperimento interessante proprio per la scelta anomala (per chi non riesce a staccarsi dagli stereotipi culturali) che si è messa in atto. Orso d'Oro a Berlino 2005. ■ MUSICALE; COL.; 120′; SUDAFRICA, 2004. ■ BERLINO 1 PR.

UCCELLACCI E UCCELLINI ★★★
Regia di PIER PAOLO PASOLINI. Con FEMI BENUSSI, UMBERTO BEVILACQUA, NINETTO DAVOLI, TOTÒ. ■ Come in tutte le favole, non c'è una storia ben definita in questo film: il pretesto narrativo è dato dalle considerazioni filosofiche (in chiave marxista) di un vecchio corvo che si rivolge a due uomini, padre (Totò) e figlio (Davoli). Il corvo sembra convincere il suo limitato pubblico con la saggezza delle sue parole, ma appena si presenta il problema della fame, gli "irragionevoli" umani gli tirano il collo e se lo mangiano. L'allegoria è chiara; il film una tardiva possibilità che Pasolini offrì al grandissimo Totò. ■ FANTASTICO; B/N; 88′; ITALIA, 1966. ■ CANNES 1 PR.

UCCELLI, GLI *(The Birds)* ★★★★
Regia di ALFRED HITCHCOCK. Con TIPPI HEDNEN, SUZANNE PLESHETTE, JESSICA TANDY, ROD TAYLOR. ■ In un paesino a sud di San Francisco accadde un fatto strano: un gabbiano aggredisce una ragazza. È solo il primo episodio di una improvvisa guerra che gli uccelli scatenano contro gli esseri umani. Il protagonista del film riesce a mettere in salvo la propria famiglia, ma solo dopo aver combattuto con gli insoliti ferocissimi nemici sino a rischiare la vita. ■ DRAMMATICO; COL.; 120′; USA, 1963. ■ OSCAR 1 NOM.

UCCELLI DA PREDA *(Birds of Prey)* ★★
Regia di WILLIAM A. GRAHAM. Con ELAYNE HELVEIL, DAVID JANSSEN, RALPH MEEKER. ■ Un ex militare insegue alcuni banditi che fuggono con un ostaggio dopo aver rapinato una banca. Riesce a raggiungerli e a far fuggire il prigioniero. Per salvare poi la vita ad un amico poliziotto, imbarcatosi con lui nell'avventura, si getta contro i malviventi e muore. ■ DRAMMATICO; B/N; 81′; USA, 1974.

UCCELLI 2 *(Beaks)* ★
Regia di RENÉ CARDONA JR. Con CHRISTOPHER ATKINS, SONIA INFANTE, MICHELLE JOHNSON, SALVADOR PINEDA, GABRIELE TINTI. ■ L'uomo non ha la volontà di fermare il degrado ambientale. Ci pensano però degli uccelli killer che uccidono chi compie dei misfatti contro la natura. Ogni tanto *Gli uccelli* di Hitchock tornano alla mente ed è tutto un rimpianto. ■ THRILLER; COL.; 90′; MESSICO, 1987.

UCCELLI II, GLI *(The Birds: Land's End)* ★
Regia di ALAN SMITHEE. Con CHELSEA FIELD, TIPPI HEDREN, BRAD JOHNSON, JAMES NAUGHTON. ■ Si tratta di un presunto seguito de *Gli uccelli* di Hitchcock. Ma la partecipazione della Hedren e gli uccelli assassini sono l'unica cosa in comune. Una coppia cerca di dimenticare la tragica morte del figlio. Decidono di andare a vivere su un'isola poco abitata. Ma gli uccelli sono in agguato. ■ HORROR; COL.; 83′; USA, 1993.

UCCELLI VANNO A MORIRE IN PERÙ, GLI ★★★
(Les oiseaux vont mourir au Pérou)
Regia di ROMAIN GARY. Con PIERRE BRASSEUR, DANIELLE DARRIEUX, MAURICE RONET, JEAN SEBERG. ■ Una ninfomane ha chiesto al marito di ucciderla non appena la sua «malattia» si ripresenti. L'uomo non ha il coraggio di farlo e incarica l'autista che però viene assassinato prima di portare a termine il compito affidatogli. ■ DRAMMATICO; COL.; 95′; FRANCIA, 1968.

UCCELLO DALLE PIUME DI CRISTALLO, L' ★★★
Regia di DARIO ARGENTO. Con SUZY KENDALL, TONY MUSANTE, ENRICO MARIA SALERNO, EVA RENZI, UMBERTO RAHO, RENATO ROMANO. ■ Uno scrittore assiste per caso all'aggressione subita da una donna e s'improvvisa detective per identificare il colpevole: è convinto che si tratti di un maniaco che ha fatto a pezzi tre ragazze. Quando sembra aver imboccato la pista giusta, corre il rischio di lasciarci a sua volta la pelle. Per fortuna, la sua fidanzata ha avvertito la polizia che giunge in tempo. ■ GIALLO; COL.; 96'; ITALIA, 1970.

UCCELLO DEL PARADISO, L' *(L'oiseau du Paradis)* ★★★
Regia di MARCEL CAMUS. Con SAM EL, NARIE HEM, NOP NEM. ■ In Cambogia, un bambino che predice l'avvenire facendo scegliere i foglietti con l'oroscopo al suo "uccello del paradiso" lega per sempre i destini di un ragazzo e di una bellissima danzatrice. Un perfido individuo, geloso della fanciulla, provoca la morte dei due innamorati. Ma il misterioso uccello del paradiso, con il potere magico, li ricongiunge per sempre al di là del mare, in un'isola fantastica. ■ DRAMMATICO; COL.; 115'; FRANCIA, 1962.

UCCELLO DI FUOCO, L' *(Eldfågeln)* ★★
Regia di HASSE EKMAN. Con TITO GOBBI, ELLEN RASCH. ■ Tra una ballerina svedese e un cantante lirico italiano nasce un difficile amore che si conclude bruscamente quando l'uomo le propone di rinunciare alla danza per seguirlo. La ragazza, per una serie di drammatici eventi, è poi costretta ad abbandonare le scene. Ma, quando ormai è rassegnata al suo destino, potrà tornare a danzare. ■ MUSICALE; COL.; 92'; SVEZIA, 1952.

UCCELLO DI PARADISO, L' *(Bird of Paradise)* ★★★
Regia di DELMER DAVES. Con JEFF CHANDLER, LOUIS JOURDAN, DEBRA PAGET. ■ Un europeo arriva in Polinesia, si innamora di una indigena e, malgrado l'opposizione dello stregone, la sposa. Approfittando dell'improvvisa eruzione di un vulcano, lo stregone chiede però il sacrificio della ragazza per placare l'ira degli dèi. Il giovane non potrà impedire che la barbara usanza si compia. ■ AVVENTURA; COL.; 100'; USA, 1951.

UCCELLO MIGRATORE, L' ★★
Regia di STENO. Con LANDO BUZZANCA, ROSSANA PODESTÈ, GIANRICO TEDESCHI. ■ Un insegnante siciliano sbarca nella capitale per interessamento di uno zio politicante e va a capitare in un liceo popolato di contestatori. Coinvolto nella contestazione, finirà in prigione. ■ COMMEDIA; COL.; 94'; ITALIA, 1972.

UCCELLO TUTTO NERO, L' *(The Black Bird)* ★★★
Regia di DAVID GILER. Con STÉPHANE AUDRAN, LEE PATRICK, GEORGE SEGAL, LIONEL STANDER. ■ Rifacimento, in chiave satirica, del celeberrimo *Mistero del falco* di Huston, con Bogart. ■ GIALLO; COL.; 98'; USA, 1975.

UCCIDERAI ANCORA *(Haunted by her Past)* ★★
Regia di MICHAEL PRESSMAN. Con SUSAN LUCCI, MARCIA STRASSMAN, ROBIN THOMAS. ■ Una coppia, sposata da un anno, fa un viaggio per festeggiare. L'uomo è un avvocato, la donna si occupa d'antiquariato. Lui crede di sapere tutto di lei e invece la donna cova un terribile segreto, che salterà fuori nel corso del viaggio. ■ DRAMMATICO; COL.; 93'; USA, 1987.

UCCIDERE IN SILENZIO ★★
Regia di GIUSEPPE ROLANDO. Con RODOLFO BANDINI, GINO CERVI, GIPO FARASSINO, SYLVA KOSCINA, OTTAVIA PICCOLO. ■ Una coppia di studenti vive serenamente la stagione dell'amore finché lei non si accorge di aspettare un bambino. Lui le propone l'aborto, ma lei rifiuta. I due rischiano di dividersi per sempre; l'intervento del saggio nonno della fanciulla aggiusterà le cose. ■ DRAMMATICO; COL.; 91'; ITALIA, 1972.

UCCIDERE LA COLOMBA BIANCA *(The Package)* ★★★
Regia di ANDREW DAVIS. Con JOANNA CASSIDY, GENE HACKMAN, TOMMY LEE JONES. ■ Un sergente dell'esercito americano si trova coinvolto (e forse adoperato come capro espiatorio) in un complotto che mira a sabotare gli accordi Usa-Urss per il disarmo nucleare. Ma lui non si presta a fare l'uomo di paglia e in circostanze mirabolanti sventa i piani dei congiurati. ■ SPIONAGGIO; COL.; 93'; USA, 1989.

UCCIDERÒ ALLE SETTE *(The Couch)* ★★
Regia di OWEN CRUMP. Con SHIRLEY KNIGHT, ONSLOW STEVENS, GRANT WILLIAMS. ■ Un pazzo decide di uccidere il proprio medico curante e, per distogliere da sé i sospetti, compie una serie di altri delitti mettendo fuori pista gli investigatori. Nonostante tutto, alla fine la polizia riuscirà a risalire alla verità. ■ POLIZIESCO; B/N; 100'; USA, 1961.

UCCIDERÒ UN UOMO *(Que la bête meure)* ★★
Regia di CLAUDE CHABROL. Con CAROLINE CELLIER, MICHEL DUCHAUSSOY, JEAN YANNE. ■ Un bambino muore dopo essere stato investito da un pirata della strada: il padre, da quel momento, vive solo per rintracciare il colpevole. Ci riesce e scopre di avere dei potenziali ottimi complici. Il colpevole muore, infatti, avvelenato, ma nessuno saprà mai chi veramente ha messo il veleno nel bicchiere. ■ DRAMMATICO; COL.; 113'; FRANCIA, 1969.

UCCIDERÒ WILLIE KID ★★★
(Tell Them Willie Boy is Here)
Regia di ABRAHAM POLONSKY. Con ROBERT BLAKE, SUSAN CLARK, ROBERT REDFORD, KATHARINE ROSS, BARRY SULLIVAN. ■ Un giovane pellerossa uccide un uomo per legittima difesa, poi fugge con la fidanzata. Quando comprende di non avere più scampo, uccide anche la ragazza, secondo l'usanza della sua gente, per impedire che finisca nelle mani degli inseguitori. Un colpo di fucile, sparato dallo sceriffo, metterà fine anche alla sua vita. ■ WESTERN; COL.; 96'; USA, 1969.

UCCIDETE AGENTE SEGRETO 777-STOP ★★
Regia di MAURICE CLOCHE. Con JANY CLAIR, KEN CLARK, CRISTINA GAIONI, SEAN O'CONNOR. ■ Molti uomini del controspionaggio francese si sono venduti a potenze straniere e l'agente 777 deve sbaragliare l'organizzazione con il solo aiuto di una ragazza. L'opera di "pulizia" gli riuscirà alla perfezione. ■ POLIZIESCO; COL.; 92'; ITALIA, 1965.

UCCIDETE BIRGITT HAAS *(Il faut tuer Birgitt Haas)* ★★
Regia di LAURENT HEYNEMANN. Con LISA KREUZER, PHILIPPE NOIRET, JEAN ROCHEFORT. ■ Si tratta di un buon film di spionaggio diretto da un giovane regista e con attori solidi. I servizi segreti incaricano un loro agente di uccidere una terrorista. ■ GIALLO; COL.; 105'; FRANCIA, 1981.

UCCIDETE IL PADRINO *(The Devil's Eight)* ★★
Regia di BURT TOPPER. Con FRANÇOISE FABIAN, CHRISTOPHER GEORGE, TOM NARDINI. ■ Un agente dell'Fbi, per sgominare una banda mafiosa che si occupa di droga, non esita a servirsi di un gruppo di evasi dal penitenziario. Promette loro la libertà e, ottenutone in cambio aiuto, riesce a vincere la pericolosa battaglia. ■ DRAMMATICO; COL.; 97'; USA, 1968.

UCCIDETE IL VITELLO GRASSO E ARROSTITELO ★★★
Regia di SALVATORE SAMPERI. Con GIGI BALLISTA, MAURIZIO DEGLI ESPOSTI, JEAN SOREL, MARILÙ TOLO. ■ Enrico, tornato a casa dal collegio dopo la morte del padre da lui molto amato, scopre che ad ucciderlo sono stati il fratello e l'amante di questi. Enrico trova anche la prova contro i due, ma si ammala e rimane così alla mercé degli assassini che non lo curano e lo lasciano morire. ■ DRAMMATICO; COL.; 92'; ITALIA, 1970.

UCCIDETE JOHNNY RINGO ★★
Regia di GIANFRANCO BALDANELLO. Con ANGELO DESSI, MARIA TERESA GENTILINI, BRETT HALSEY, GUIDO LOLLOBRIGIDA. ■ Un agente federale, Johnny Ringo, deve smascherare un trafficante di denaro falso che agisce in una cittadina del Nuovo Messico. Arrivato sul luogo, mostra le sue credenziali allo sceriffo e mal gliene incoglie perché il falsario è proprio lo sceriffo. ■ WESTERN; COL.; 95'; ITALIA, 1966.

UCCIDETE L'AGENTE LUCAS ★★
(Die Antwort kennt nur der Wind – Seul le vent connaît la réponse)
Regia di ALFRED VOHRER. Con KARIN DOR, MARTHE KELLER, MAURICE RONET. ■ Un agente assicurativo trova le prove che un cliente è morto facendo saltare in aria la propria imbarcazione. Poiché la società ha già pagato, egli fa versare dall'erede la somma corrispondente sul proprio conto. Gli costerà cara. ■ GIALLO; COL.; 92'; FRANCIA, GERMANIA, 1975.

UCCIDETE MISTER MITCHELL ★★★
(Kill Mister Mitchell)
Regia di ANDREW V. MCLAGLEN. Con MARTIN BALSAM, JOE DON BAKER, LINDA EVANS, JOHN SAXON. ■ Il poliziotto Mitchell non è ben visto dalla malavita che tenta sempre di eliminarlo. Ma il piedipiatti è un duro che non esita ad allearsi con i delinquenti pur di raggiungere il suo scopo. E ci riesce sempre. ■ POLIZIESCO; COL.; 95'; USA, 1975.

UCCIDETE ROMMEL ★★
Regia di ALFONSO BRESCIA. Con UGO ADINOLFI, ANTON DRIFFING, CARL PARKER, RUDI ROMAN. ■ Un terribile capitano inglese, durante la guerra del deserto, deve impedire a Rommel di avanzare. L'ufficiale, che in quanto a metodi è degno dei suoi antagonisti nazisti, si scontra con i suoi subordinati tra i quali c'è un americano. È proprio quest'ultimo a tenergli testa con più energia ma è anche quello che, al momento opportuno, gli salverà la vita. ■ GUERRA; COL.; 93'; ITALIA, 1969.

UCCIDEVA A FREDDO ★★
Regia di GUIDO CELANO. Con LUIS BARBER, MARIO FELICIANI, PHILIPPE MARSCH, AMID TRAIL. ■ Fingendosi un pistolero, un agente federale si fa assumere nella banda del solito cattivo despota del paese e pone fine alle sue malefatte. ■ WESTERN; COL.; 94'; ITALIA, 1967.

UCCIDI DJANGO... UCCIDI PER PRIMO! ★★
Regia di SERGIO GARRONE. Con KRISTANELL DORIS, GIACOMO ROSSI STUART, ALDO SANBRELL. ■ L'avido Burton sogna di diventare proprietario di un'intera regione ed è sul punto di riuscirci, quando in città arriva Django e pone fine alle sue malefatte. ■ WESTERN; COL.; 93'; ITALIA, 1971.

UCCIDI E MUORI ★★
Regia di TANIO BOCCIA. Con ELINA DE WITT, ROBERT MARK, FABRIZIO MORONI. ■ Ringo arriva nel favoloso Ovest giusto in tempo per essere coinvolto nelle beghe di due famiglie: i Griffith e i Drumont. Malgrado fra lui e la bella Lisa Drumont nasca una tenera simpatia, Ringo fa giustizia degli uni e degli altri, che hanno fatto fronte comune contro di lui. ■ WESTERN; COL.; 95'; ITALIA, 1967.

UCCIDI, UCCIDI, MA CON DOLCEZZA ★★
(My Lover, my Son)
Regia di JOHN NEWLAND. Con PATRICIA BRAKE, DONALD HOUSTON, ROMY SCHNEIDER, DENNIS WATERMAN. ■ L'amore eccessivo che una donna nutre per il figlio convince il marito a separare i due. Durante la lite che ne segue, l'uomo rimane ucciso. A colpirlo è stato il figlio. Al processo la verità salterà fuori, ma nessuno sarà condannato. ■ DRAMMATICO; COL.; 96'; GRAN BRETAGNA, 1970.

UCCIDONO MA HANNO PAURA DI MORIRE ★★
Regia di PIERRE SISSER. Con CHRISTIAN ALERS, AGNÈS DESROCHES, DIDIER KAMIKANZA. ■ Un terrorista convince tre studenti – due ragazzi e una ragazza – a rapinare una banca. Il colpo riesce, ma i due ragazzi, feriti, vengono uccisi dal criminale perché ostacolano la fuga. La ragazza scappa e il terrorista, infine, salta in aria col malloppo. ■ DRAMMATICO; COL.; 90'; FRANCIA, 1973.

UCCISORI, GLI ★★
Regia di FABRIZIO TAGLIONI. Con GENEVIÈVE AUDREY, RINO BOLOGNESI, ISARCO RAVAIOLI. ■ Un giovane, accusato di furto e omicidio, fugge in Venezuela. La sua fidanzata e il fratello di questa lo raggiungono e lo trovano col bottino. Il colpevole, però, è un altro. ■ DRAMMATICO; COL.; 91'; ITALIA, 1977.

U-153 AGGUATO SUL FONDO *(Mystery Submarine)* ★★
Regia di C.M. PENNINGTON-RICHARDS. Con EDWARD JUDD, PAYNE LAURENCE, JAMES ROBERTSON JUSTICE. ■ Durante la guerra, un sottomarino tedesco, finito nelle mani degli inglesi, viene utilizzato come "richiamo per le allodole". Il capitano di una nave britannica, ignaro della missione del sommergibile, lo silura convinto di eliminare un mezzo nemico. ■ GUERRA; B/N; 92'; GRAN BRETAGNA, 1962.

U-112 ASSALTO AL QUEEN MARY ★★★
(Assault on a Queen)
Regia di JACK DONOHUE. Con RICHARD CONTE, ANTHONY FRANCIOSA, ERROL JOHN, VIRNA LISI, FRANK SINATRA. ■ Un gruppo di marinai e una ragazza individuano in fondo al mare un sommergibile tedesco affondato durante la guerra. Lo recuperano e lo rimettono in sesto per assalire la *Queen Mary* e rapinare i passeggeri. Ma i tempi della pirateria sono finiti. ■ AVVENTURA; COL.; 106'; USA, 1966.

U-570 CONTRATTACCO SILURI ★★
(Submarine Seahawk)
Regia di SPENCER GORDON BENNETT. Con JOHN BENTLEY, BRETT HALSEY. ■ Un sommergibile americano, durante la guerra, ha l'incarico di individuare una base giapponese. La cosa non soddisfa l'equipaggio, desideroso di combattere. Il comandante, per far contenti gli uomini, silura una portaerei. ■ GUERRA; B/N; 93'; USA, 1958.

U-571 ★★★
Regia di JONATHAN MOSTOW. Con JON BON JOVI, HARVEY KEITEL, DAVID KEITH, MATTHEW MCCONAUGHEY, JAKE WEBER, ERIC PALADINO, BILL PAXTON, MATTHEW SETTLE. ■ Nell'aprile del 1942 la marina americana organizza una spedizione per catturare un sommergibile tedesco che reca a bordo il decodificatore che permetterà di localizzare gli U-boat nazisti che fanno strage di naviglio alleato in Atlantico. Fingendosi tedeschi i marinai compiono la missione. Il fatto è vero. Solo che gli eroi non erano americani; ma inglesi. Ha protestato anche Blair, Clinton ha risposto che dopo tutto era solo un film. ■ AVVENTURA; COL.; 115'; USA, 2000. ■ OSCAR 1 PR, 2 NOM.

UDIENZA, L' ★★★
Regia di MARCO FERRERI. Con CLAUDIA CARDINALE, ALAIN CUNY, VITTORIO GASSMAN, ENZO JANNACCI, MICHEL PICCOLI, UGO TOGNAZZI. ■ Un giovanotto ha un pensiero ossessivo: parlare con il papa a tu per tu. Parte con l'idea di ottenere l'udienza e il viaggio è pretesto per incontri con personaggi stranissimi. Del resto, anche il protagonista è strambo. ■ COMMEDIA; COL.; 112'; ITALIA, 1971.

U2 RATTLE AND HUM ★★★
Regia di PHIL JOANOU. Con THE EDGE, BONO VOX, ADAM CLAYTON, LARRY MULLEN JR. ■ Si tratta della consacrazione del gruppo degli U2, proveniente dal sottosuolo musicale rock dei primi anni Ottanta. Vengono alternate immagini di concerto, le prove e la registrazione di alcuni brani in studio. La cinepresa li segue anche nei momenti privati ma senza oltrepassare un certo limite. Il regista si abbandona a virtuosismi tecnici e sottolinea gli aspetti della musica e soprattutto i testi delle loro canzoni. Viene quindi evidenziato l'impegno civile, da alcuni erroneamente definito politico. Dal problema dell'Irlanda del Nord alla figura di Martin Luther King, dall'apartheid al dramma dei *desaparecidos*. L'unica cosa che risulta sgradevole è la visita alla tomba di Elvis Presley. ■ DOC. MUSICALE; COL.; 93'; USA, 1988.

UFFA PAPÀ, QUANTO ROMPI! *(How Sweet it is)* ★★★
Regia di JERRY PARIS. Con JAMES GARNER, PAUL LYNDE, DEBBIE REYNOLDS, MAURICE RONET, TERRY THOMAS. ■ Jenny, tipica madre americana, piomba sulla Costa Azzurra per sorvegliare il figlio sedicenne in vacanza ed incappa nella rete di un fascinoso playboy europeo. La virtuosa resiste, ma le circostanze sono contro di lei: ci vorrà del bello e del buono per convincere il marito della sua fedeltà. ■ COMMEDIA; COL.; 99'; USA, 1968.

UFFICIALE E GENTILUOMO ★★★
(An Officer and a Gentleman)
Regia di TAYLOR HACKFORD. Con RICHARD GERE, LOUIS GOSSETT JR, DAVID KEITH, DEBRA WINGER. ■ Zack Mayo, figlio di madre suicida e di padre donnaiolo e ubriacone, decide di rifarsi una vita iscrivendosi al corso per piloti militari di jet. Durante il corso (durissimo perché l'istruttore lo prende di mira anche se a fin di bene) conoscerà l'amicizia di un ragazzo di estrazione borghese (che però finirà col suicidarsi) e l'amore sincero di una bella ragazza. Film di successo, tecnicamente ben fatto, con attori ricchi di carisma e tanto di happy-end. ■ DRAMMATICO; COL.; 125'; USA, 1981. ■ GOLDEN GLOBES 2 PR, 5 NOM; OSCAR 2 PR, 6 NOM.

UFFICIALE NON SI ARRENDE MAI, NEMMENO DI FRONTE ALL'EVIDENZA, FIRMATO COLONNELLO BUTTIGLIONE, UN ★★
Regia di MINO GUERRINI. Con ERNESTO CALINDRI, JACQUES DUFILHO, MICHELE GAMMINO, ALDO MACCIONE. ■ Il colonnello Buttiglione, ufficiale di vecchio stampo e molto pasticcione, odia il disordine, la disobbedienza e i "capelloni". Quando, dopo una serie di esilaranti avventure, per una sua sbadataggine muore e finisce in Paradiso, si incontra con Gesù e gli ordina immediatamente una visita dal barbiere. ■ COMICO; COL.; 93'; ITALIA, 1963.

UFO – ALLARME ROSSO... ATTACCO ALLA TERRA! ★★
Regia di CYRIL FRANKEL, MANUEL SUMMERS, TOMBLIN. Con TOM ADAMS, MICHAEL BILLINGTON, ED BISHOP, COLIN GORDON, WANDA VENTHAM. ■ Il film è un collage di tre episodi creati e girati per la televisione. Protagonista è un ufficiale americano che combatte con ogni mezzo gli invasori spaziali, del tutto simili ai terrestri nell'aspetto, ma con pessime intenzioni. ■ FANTASCIENZA; COL.; 94'; USA, 1971.

UFO... ANNIENTATE SHADO, UCCIDETE STRAKER... STOP ★★
(Square Triangle Flight Patkill Straker)
Regia di ALAN PERRY. Con MICHAEL BILLINGTON, ED BISHOP, GABRIELLE DRAKE, GEORGE SEWELL. ■ Il comandante Straker è alle prese con i soliti invasori spaziali che, per annientare la Terra, devono liberarsi di lui. Naturalmente non ci riescono. ■ FANTASCIENZA; COL.; 93'; GRAN BRETAGNA, 1972.

UFO CAFÈ ★★
Regia di PAUL SCHNEIDER. Con BEAU BRIDGES, PAUL DOOLEY, RICHARD MULLIGAN. ■ Beau Bridges nei panni di un extraterrestre che fa visita a un pensionato. Quest'ultimo all'inizio viene considerato un povero pazzo perché ha deciso di preparare una grande accoglienza per un essere di un altro mondo. Così potrà dimostrare a tutti che la sua non è arteriosclerosi. Il pensionato è interpretato da Richard Mulligan che, oltre ad aver lavorato in molte commedie di genere, ha al suo attivo partecipazioni in *Il piccolo grande uomo* di Penn e in *S.O.B.* di Blake Edwards. ■ COMMEDIA; COL.; 92'; USA, 1990.

UFO – CONTATTO RADAR, STANNO ATTERRANDO ★★
Regia di BOB BELL. Con MICHAEL BILLINGTON, ED BISHOP, GEORGE SEWELL. ■ Misteriosi dischi volanti girano attorno alla Terra e alla base lunare. Per distruggerli Straker si rivolge ad un abile pilota militare che risolve brillantemente il problema. ■ FANTASCIENZA; COL.; 92'; GRAN BRETAGNA, 1974.

UFO – DISTRUGGETE BASE LUNA ★★
(Kill Straker, a Question of Priorities)
Regia di LAXIE TURNER. Con ED BISHOP, GABRIELLE DRAKE, GEORGE SEWELL. ■ Il comandante Straker questa volta, per difendere la Terra dal solito attacco di extraterrestri, sacrifica suo figlio. ■ FANTASCIENZA; COL.; 90'; GRAN BRETAGNA, 1971.

UFO – PRENDETELI VIVI *(Ufo)* ★★
Regia di BOB BELL. Con MICHAEL BILLINGTON, ED BISHOP, GEORGE SEWELL. ■ I soliti malvagi extraterrestri rapiscono gli umani per prelevare gli organi necessari ai loro simili ammalati. Ma interviene Straker. ■ FANTASCIENZA; COL.; 95'; GRAN BRETAGNA, 1972.

UFO ROBOT CONTRO GLI INVASORI SPAZIALI, GLI ★
(Mazinga Versus Black General Grendaza Robe – Great Mazinga Versus Sea Monster – Gren daza Versus Great Mazinga)
Regia di TOSHIO MORI HILDEKI. ■ Collage di tre episodi speciali che vedono protagonisti i robot Mazinga Z, Grande Mazinga, Space Robot e Goldrake. ■ ANIMAZIONE; COL.; 90'; GIAPPONE, 1977.

UGO E JOSEFIN *(Hugo och Josefin)* ★★
Regia di KJELL GREDE. Con BEPPE, INGA LANDRÉ, FREDERIK MARIE. ■ Ugo ha il padre in prigione e deve arrangiarsi per vivere; Josefin soffre di solitudine perché i genitori sono troppo occupati per badare a lei. Tra i due bambini nasce una tenera e profonda amicizia che un adulto, un misterioso giardiniere, insegna loro ad apprezzare fino in fondo. ■ FANTASTICO; COL.; 94'; SVEZIA, 1973.

U.H.F. I VIDEOIDIOTI *(The Vidiot from U.H.F.)* ★★
Regia di JAY LEVEY. Con DAVID BOWIE, VICTORIA JACKSON, KEVIN MCCARTHY, MICHAEL RICHARDS, WEIRD WEIRD AL YANCOVIC. ■ Il film racconta la sfida televisiva tra una piccola stazione tv privata e una grossa emittente. George riceve in regalo dallo zio un piccolo network che sta andando allo sfascio. Con l'aiuto di un amico e di uno scatenato uomo delle pulizie, riesce a ottenere un'audience altissima, sottraendola addirittura a un gigante. La guerra inizia e si combatte a suon di battute, di spot assurdi (il vero cavallo di battaglia della piccola rete) e di programmi più o meno demenziali: è proprio questo che il pubblico vuole. Il livello del film sembra seguire proprio il livello della piccola tv privata: in tutti e due i casi il pubblico siamo noi. Le battute, il nucleo del film, sono a volte esilaranti e sottili, a volte volgari e demenziali: forse il pubblico americano è più adatto. ■ COMMEDIA; COL.; 98'; USA, 1988.

UIBÙ – FANTASMINO FIFONE ★★
(Hui Buh – Das Schlossgespenst)
Regia di SEBASTIAN NIEMANN. Con NICK BRIMBLE, ELLENIE SALVO GONZÁLEZ, HANS CLARIN, HEIKE MAKATSCH, MICHAEL HERBIG, CHRISTOPH MARIA HERBST, RICK KAVANIAN. ■ Mai barare al gioco delle carte: Baldovino, dopo aver provato a fare il furbo, si ritrova condannato a girovagare come fantasma nelle stanze del suo castello, senza nemmeno potersi togliere lo sfizio di atterrire le persone che vi si trovano, visto che è decisamente pauroso. L'unico a fingersi terrorizzato, ma solo per compiacere il fantasma, è un vecchissimo castellano. ■ FANTASTICO; COL.; 103'; GERMANIA, 2006.

UKRAINA NE BORDEL ★★
Regia di KITTY GREEN. ■ Uno spettro si aggira per l'Europa: lo spettro del femminismo. Organizzatesi per protestare contro la visione maschilista riservata alle donne ucraine, considerate suddite dei mariti o carne sul mercato del turismo sessuale, le Femen di Kiev concedono per la prima volta alla filmaker australiana Kitty Green un accesso ravvicinato alle loro vite. Con l'abbandono della loro terra, fattasi troppo pericolosa, e il trasferimento del collettivo a Parigi, comincia una nuova fase per Sasha, Inna, Anna, Irina, Oksana e le altre, e l'occasione è dunque buona per guardare alla strada fatta e riflettere sugli obiettivi raggiunti e sui limiti dell'esperienza iniziale. Se c'è, infatti, una virtù rara che emerge senza forzature da questa raccolta di interviste è proprio la disponibilità con cui queste donne accettano di "riflettersi", complice la video tecnologia, di mettersi in gioco e di rispondere con trasparenza e onestà – diremmo "nudità" – ai quesiti che vengono loro posti. ■ DOCUMANTARIO; COL.; 76'; AUSTRALIA, 2013.

ULIDI PICCOLA MIA ★★
Regia di MATEO ZONI. Con ELEONORA DEIDDA, MARCELLA DIENA, GIADA MERAVIGLIA, PAOLA PUGNETTI, MARCO ROMEO. ■ Paola sta per compiere diciotto anni e negli ultimi quattro è stata ospite in una comunità lontana dalla famiglia: il padre è contadino emiliano, la madre una donna marocchina. Fa ritorno a casa solo per brevi periodi. Ora deve cominciare a guardare al suo futuro che vorrebbe felice. Il film si apre con dei versi di Mariangela Gualtieri (da *Giuro per i miei denti da latte* nel libro *Senza polvere, senza peso* edito da Einaudi) trasformati in canto, come in uno spettacolo teatrale. ■ DOCUFICTION; COL.; 67'; ITALIA, 2011.

ULISSE ★★★
Regia di MARIO CAMERINI. Con KIRK DOUGLAS, SILVANA MANGANO, ROSSANA PODESTÈ, ANTHONY QUINN. ■ Riduzione cinematografica, con pregi e difetti, dell'*Odissea*. ■ AVVENTURA; COL.; 117'; ITALIA, 1954.

ULISSE CONTRO ERCOLE ★★
Regia di MARIO CAIANO. Con DOMINIQUE BOSCHERO, GEORGES MARCHAL, ALESSANDRA PANARO. ■ Giove, irato contro Ulisse, spedisce Ercole alla caccia dell'eroe. Ma i due *supermen*, dopo varie avventure insieme, diventano amici e Giove è costretto al perdono. ■ AVVENTURA; COL.; 94'; ITALIA, 1963.

ULISSE NON DEVE MORIRE ★★★
(Heureux qui comme Ulysse)
Regia di Henri Colpi. Con Mireille Audibert, Fernandel, Gilbert Rivet. ■ Ulisse è un cavallo vecchio e malandato il cui destino è finire sotto le corna di un toro nell'arena. Il suo stalliere però è di parere diverso e decide di portare il vecchio animale in Camargue, dove i cavalli vivono ancora allo stato selvaggio. Così Ulisse potrà trascorrere in libertà gli ultimi mesi, o anni, di vita. Il viaggio è difficoltoso, ma la meta viene raggiunta. Uomo e cavallo si separano, sapendo che non si incontreranno mai più. ■ Commedia; col.; 100'; Francia, 1969.

ULTIMA AFRICA, L' *(The Last Elephant)* ★★
Regia di Joseph Sargent. Con James Earl Jones, John Lithgow, Isabella Rossellini. ■ Uno scrittore newyorkese parte per indagare sulla scomparsa di un'amica, che egli aveva inviato in Africa a raccogliere spunti per un nuovo romanzo. Giunto in Africa conosce una giovane etologa: è una persona dolce ma forte, innamorata della natura, una di quelle ecologiste che si vedono nei documentari, e, benché lui invece sia un incallito bevitore privo di ideali, tra i due nasce un feeling sempre più saldo. Lei gli insegnerà ad apprezzare le cose semplici, a conoscere e ad amare la natura. ■ Avventura; col.; 93'; USA, 1990.

ULTIMA ALBA, L' *(Tears of the Sun)* ★
Regia di Antoine Fuqua. Con Monica Bellucci, Cole Hauser, Tom Skerritt, Bruce Willis. ■ Dopo un colpo di stato in Nigeria, al comandante Walters è affidato il compito di portare in salvo i componenti di una missione, il cui capo è la dottoressa Lendricks, che presta la sua opera di medico volontario nella giungla. La donna non vuole però abbandonare i pazienti al loro destino, e d'altronde Walters non può imbarcare gli indigeni sul suo elicottero per non incorrere in ritorsioni diplomatiche. Capolavoro trash, ma cinematograficamente nullo. ■ Azione; col.; 121'; USA, 2003.

ULTIMA AVVENTURA, L' ★★
Regia di Mario Camerini. Con Armando Falconi, Carlo Fontana, Diomira Jacobini, Cesare Zoppetti. ■ *L'ultima avventura* è quella che un vecchio conte, dongiovanni impenitente, vorrebbe avere con una giovane donna. La porta con sé a Rapallo, ma indugia troppo nei preamboli: un giovane più scaltro e più avvenente di lui lo batte in velocità soffiandogli la bella all'ultimo momento. ■ Commedia; b/n; 93'; Italia, 1932.

ULTIMA AVVENTURA, L' *(Nanette)* ★★
Regia di Erich Engel. Con Jenny Jugo, Hans Söhnker. ■ Un celebre scrittore si traveste da poveraccio per studiare bene l'ambiente della sua prossima commedia. Una ragazza, povera e generosa, si fa in quattro per aiutarlo e, quando scopre la verità, vorrebbe vendicarsi. Ma ormai è innamorata. ■ Commedia; b/n; 95'; Germania, 1940.

ULTIMA BATTAGLIA DEL GENERALE CUSTER, L' *(Tonka)* ★★★
Regia di Lewis R. Foster. Con Philip Carey, Sal Mineo, John Page. ■ La vicenda di Tonka, stallone che passa dalle mani dei pellirosse a quelle dei bianchi, si intreccia alla drammatica conclusione della battaglia tra il generale Custer e i Sioux. ■ Western; col.; 92'; USA, 1958.

ULTIMA BATTUTA, L' *(Punchline)* ★★★
Regia di David Seltzer. Con Sally Field, Tom Hanks, Mark Rydell. ■ Vite (non) parallele di due aspiranti comici di cabaret. Una casalinga sui trentacinque che non si rassegna a fare l'angelo incatenato ai fornelli e uno studentello fuori corso. A furia di sostenersi a vicenda, finiranno per innamorarsi. Ma lei ama troppo la famiglia. A una selezione per un grosso show tv lascia via libera al giovane e torna a casa dal marito. ■ Commedia; col.; 128'; USA, 1988.

ULTIMA BEFFA DI DON GIOVANNI, L' ★★★
(The Great Garrick)
Regia di James Whale. Con Brian Aherne, Olivia De Havilland, Edward Everett Horton. ■ Una beffa che gli attori della Comédie Française giocano al collega inglese Garrick (il più grande interprete shakespeariano del XVIII secolo, realmente esistito) rischia di mandare a carte quarantotto la sua bella storia d'amore con una nobile damigella. Per fortuna, l'inglese troverà il modo di chiarire ogni cosa con l'amante. ■ Commedia; b/n; 93'; USA, 1937.

ULTIMA CACCIA, L' *(The Last Hunt)* ★★★
Regia di Richard Brooks. Con Stewart Granger, Robert Taylor. ■ I bisonti stanno scomparendo dal Dakota e Sandy tenta di opporsi allo sterminio che Charles, un cacciatore folle, continua a fare. Sandy si innamora poi di un'indiana che il suo antagonista tratta come una schiava, e la rapisce. Inseguendo i fuggitivi, il cacciatore trova la morte, finendo assiderato. ■ Western; col.; 108'; USA, 1956.

ULTIMA CANZONE, L' *(Az utolsó dal)* ★★
Regia di Frigyes Ban. Con Pál Jávor, Janos Sardy, Erszi Simor. ■ Due cantanti lirici sono innamorati della stessa donna, ma uno dei due è debole di nervi e, non resistendo alla tensione, si uccide. La tragedia rischia di separare la donna e l'altro pretendente ma, superato lo shock i due si sposeranno. ■ Commedia; b/n; 93'; Ungheria, 1941.

ULTIMA CANZONE, L' ★★
Regia di Pino Mercanti. Con Madeleine Fischer, Alessandra Panaro, Roberto Risso. ■ Il matrimonio tra un nobile rampollo e una ragazza di umili natali è contrastato dal padre di lui che nemmeno dopo la morte del figlio vuol saperne di nuora e nipote. Ci vorrà un'altra disgrazia per convincere il vecchio a più miti consigli. ■ Commedia; b/n; 91'; Italia, 1958.

ULTIMA CANZONE, L' *(The Last Song)* ★
Regia di Alan J. Levi. Con Lynda Carter, Ronny Cox, Nicholas Pryor, Paul Rudd. ■ A una cantante capitano tra le mani alcune registrazioni che sono già costate la vita a suo marito, vittima dei loschi affari nel mondo dell'elettronica. Ma ora anche la donna e sua figlia se la devono vedere con i killer. ■ Drammatico; col.; 120'; USA, 1980.

ULTIMA CARICA, L' *(Pampa Barbara)* ★★
Regia di Lucas Demare, Hugo Fregonese. Con Francisco Petrone, Domingo Sapelli, Luisa Vehil. ■ Nell'Argentina ottocentesca, un ufficiale decide di trovare moglie a tutti i suoi soldati che vivono isolati in un forte. Le mogli sono reclutate tra le prostitute, ma non è il caso di fare gli schizzinosi. ■ Avventura; b/n; 93'; Argentina, 1945.

ULTIMA CARICA, L' ★★
Regia di Leopoldo Savona. Con Oreste Lionello, Barbara Nelli, Tony Russell. ■ Un giovane che cospira per liberare l'Italia dalle truppe di Napoleone conosce una fanciulla di nobili natali e, quando viene denunciato, pensa che sia lei la colpevole. Invece, la ragazza gli salverà addirittura la vita a prezzo della propria. ■ Avventura; col.; 91'; Italia, 1963.

ULTIMA CAROVANA, L' *(The Last Wagon)* ★★★
Regia di Delmer Daves. Con Felicia Farr, Susan Kohner, Richard Widmark. ■ Una carovana diretta verso l'Ovest è assalita dagli indiani; tutti gli uomini debbono fronteggiare l'attacco, anche un pistolero che il capo carovana aveva fatto legare ad una ruota e frustare. Ma sarà proprio lui a salvare tutti. ■ Western; col.; 99'; USA, 1955.

ULTIMA CARROZZELLA, L' ★★★
Regia di Mario Mattoli. Con Aldo Fabrizi, Lauro Gazzolo, Anna Magnani. ■ La storia di un vetturino che non vuol cedere all'avanzare dei tempi e soppiantare con una bella automobile la sua carrozzella. Si convincerà solo dopo che una travagliata vicenda giudiziaria lo vedrà rischiare la prigione. ■ Commedia; b/n; 90'; Italia, 1943.

ULTIMA CARTA, L' *(Gambling Lady)* ★★★
Regia di Archie Mayo. Con Pat O'Brien, Barbara Stanwyck. ■ Una ragazza, cresciuta in un ambiente di giocatori, riesce, grazie alla sua abilità con le carte, a tenersi il marito che un'altra donna le stava soffiando. ■ Drammatico; b/n; 66'; USA, 1934.

ULTIMA CASA A SINISTRA, L' ★★
(Last House on the Left)
Regia di Wes Craven. Con Sandra Cassel, Lucy Grantham, David A. Hess. ■ Due criminali, evasi dal carcere, assassinano

due ragazze, poi vanno a rifugiarsi proprio nella casa di una delle vittime. Il padre della ragazza finge di assecondarli ma, appena si presenta l'occasione, li uccide. ■ DRAMMATICO; COL.; 91'; USA, 1972.

ULTIMA CAVALCATA, L' *(The Ride Back)* ★★★
Regia di ALLEN H MINER. Con WILLIAM CONRAD, LITA MILAN, ANTHONY QUINN, GEORGE TREVINO. ■ Un condannato a morte per omicidio salva dall'attacco degli indiani una bambina. Poi si consegna nelle mani dello sceriffo che gli promette di tenere conto del suo gesto al processo. ■ WESTERN; B/N; 79'; USA, 1957.

ULTIMA CENA, L' ★★
Regia di LUIGI M. GIACHINO. Con BRUNO BARNABÒ, DAVID PEEL, KATHLEEN ROONEY. ■ Un giovane posa per il grande Leonardo che deve ritrarre Gesù nell'ultima cena. Passano gli anni e la vita abbrutisce il giovanotto che, incontrato nuovamente il maestro, si sente richiedere di posare per il volto di Giuda. ■ STORICO; B/N; 92'; ITALIA, 1948.

ULTIMA CHANCE, L' ★★
Regia di MAURIZIO LUCIDI. Con URSULA ANDRESS, BARBARA BACH, MASSIMO GIROTTI, FABIO TESTI, ELI WALLACH. ■ Un ladro di gioielli viene a sua volta derubato dalla nipote del proprietario del motel dove si è rifugiato. Da questo momento, i preziosi costano la vita a molte persone, anche a chi non si interessa alla refurtiva, finché rimane un solo superstite, braccato dalla polizia. ■ POLIZIESCO; COL.; 91'; ITALIA, 1973.

ULTIMA CHIMERA, L' *(Le président Haudecoeur)* ★★
Regia di JEAN DRÉVILLE. Con HARRY BAUR, BETTY STOCKFELD. ■ Un giudice di rigidissimi princìpi tiranneggia i familiari. Quando arriva una ragazza dal Canada, l'integerrimo cede però ai richiami dell'amore e, immediatamente, diventa più malleabile. ■ DRAMMATICO; B/N; 110'; FRANCIA, 1939.

ULTIMA CONQUISTA, L' *(Angel and the Badman)* ★★★
Regia di JAMES EDWARD GRANT. Con BRUCE CABOT, HARRY CAREY, TOM POWERS, IRENE RICH, GAIL RUSSELL, JOHN WAYNE. ■ Un giovanotto, accolto da una comunità di quaccheri, si innamora di una ragazza. Quando la fanciulla si ammala in seguito ad un agguato di malviventi, egli intende vendicarsi. Ma proprio la ragazza gli impedirà di macchiarsi le mani di sangue. ■ AVVENTURA; B/N; 100'; USA, 1947.

ULTIMA COPPIA SPOSATA, L' ★★★
(The Last Married Couple in America)
Regia di GILBERT CATES. Con ALLAN ARBUS, RICHARD BENJAMIN, ARLENE GOLONKA, VALERIE HARPER, GEORGE SEGAL, MARILYN SOKOL, NATALIE WOOD. ■ Due coniugi felicemente sposati s'accorgono che tutti i loro amici hanno divorziato. Anche il loro matrimonio entra in crisi quando lui cede alla corte spietata di una maliarda e crede d'aver trasmesso alla moglie una malattia venerea, ma alla fine tutto s'accomoda. ■ COMMEDIA; COL.; 103'; USA, 1979.

ULTIMA CORSA, L' *(The Last of the Cowboys)* ★★
Regia di JOHN LEONE. Con EILEEN BRENNAN, WALTER BRENNAN, HENRY FONDA, SUSAN SARANDON. ■ Henry Fonda (in uno dei suoi ultimi ruoli) è un vecchio camionista che sta per essere privato del suo "bestione". Decide allora di guidarlo per un ultimo viaggio attraverso l'America. E nel viaggio vorrebbe anche rivedere la sua vecchia fiamma ora tenutrice di un bordello. La rivede infatti e muore tra le sue braccia. ■ COMMEDIA; COL.; 94'; USA, 1976.

ULTIMA CORVÉE, L' *(The Last Detail)* ★★★
Regia di HAL ASHBY. Con JACK NICHOLSON, RANDY QUAID, OTIS YOUNG. ■ Due marinai ricevono l'incarico di accompagnare un ragazzo, colpevole di furto, al carcere militare. Durante il viaggio, i due uomini si rendono conto che il ragazzo è un disadattato più che un delinquente e, a modo loro, lo aiutano facendogli trascorrere piacevolmente le ultime giornate di libertà. ■ DRAMMATICO; COL.; 105'; USA, 1973. ■ CANNES 1 PR; GOLDEN GLOBES 2 NOM; OSCAR 3 NOM.

ULTIMA CROCIATA, L' ★★
(The Last Crusade – Michael the Brave)
Regia di SERGIU NICOLAESCU. Con MIRCEA ALBULESCU, JOANA BULCA, AMZA PELLEA. ■ Il film racconta la vicenda di Michele detto "il Valoroso", che combatté contro i turchi e riunì diverse province in un unico regno, la Romania. ■ STORICO; COL.; 93'; ROMANIA, 1971.

ULTIMA DANZA DI ROMEO E GIULIETTA, L' ★★
(Romeo i Dzul'Etta)
Regia di LEV ARNSTAM. Con SERGHIEI KOREN, GALINA ULANOVA, JURI ZDANOV. ■ Versione cinematografica del balletto di Prokofiev interpretata da una delle più grandi ballerine sovietiche, Galina Ulanova. ■ MUSICALE; COL.; 92'; URSS, 1954.

ULTIMA DIFESA, L' *(The Last Innocent Man)* ★★
Regia di ROGER SPOTTISWOODE. Con ED HARRIS, ROXANNE HART, DAVID SUCHET. ■ Film processuale, uno dei pochi con mordente del mestierante Spottiswoode. C'è di mezzo un avvocato che deve difendere il consorte della propria amante. L'uomo è accusato di avere ucciso una donna-poliziotto. Buona suspense con colpi di scena, nei limiti di un prodotto televisivo. ■ POLIZIESCO; COL.; 109'; USA, 1987.

ULTIMA DONNA, L' *(La dernière femme)* ★★★
Regia di MARCO FERRERI. Con GÉRARD DEPARDIEU, ORNELLA MUTI, MICHEL PICCOLI, RENATO SALVATORI. ■ Un giovane professionista abbandonato dalla moglie si consola con un'amante. La relazione dura però ben poco. Lui, infatti, è un violento e lei, stanca di sopportarlo, lo lascia. ■ DRAMMATICO; COL.; 108'; FRANCIA, ITALIA, 1976.

ULTIMA DONNA NON ESISTE, L' *(There is no 13)* ★★
Regia di ROBERT F. BOGGS. Con JEAN JENNINGS, LEE MOORE, REUBEN SCHAFER. ■ Un ex marine, dimesso da un ospedale militare, cerca un finanziatore per girare un film di condanna alla guerra. Gli offrono, invece, di girare una pellicola porno. Rifiuta e va incontro a una serie di incubi, a metà strada fra il sogno e la realtà (conosce anche una ragazza "mai nata" perché il padre è morto in battaglia). Infine, torna in ospedale. ■ DRAMMATICO; COL.; 85'; USA, 1976.

ULTIMA ECLISSI, L' *(Dolores Claiborne)* ★★★
Regia di TAYLOR HACKFORD. Con CATHY BATES, JENNIFER JASON LEIGH, DAVID STRATHAIRN. ■ Anche se il titolo italiano lo nasconde, il film è la versione cinematografica di *Dolores Claiborne*, apprezzato romanzo di Stephen King, uno degli autori più saccheggiati dal cinema. In questo caso non si tratta di un horror di *routine*, ma piuttosto di un raffinato thriller, diretto con solido professionismo da un Hackford particolarmente ispirato. Il sospetto di un duplice omicidio oscura il rapporto di Selena con la madre, Dolores. La verità emerge da un mosaico di flash-back. Cathy Bates si riconferma ideale interprete di personaggi di King. ■ THRILLER; COL.; 130'; USA, 1995.

ULTIMA ESTATE, L' *(Stolen Summer)* ★
Regia di PETE JONES. Con PEGGY ROEDERB, ADI STEIN, MIKE WEINBERG. ■ Chicago, 1976. Pete O'Malley, figlio undicenne di una famiglia di origini irlandesi dal fervente cattolicesimo, viene costantemente rimproverato a scuola dalla suora insegnante per la mancanza di fede; decide così di trascorrere l'estate intraprendendo la missione di convertire al cristianesimo Danny, figlio del rabbino capo della sinagoga del quartiere, per permettergli di andare in Paradiso. Prodotto da Matt Damon e Ben Affleck. ■ SENTIMENTALE; COL.; 94'; USA, 2003.

ULTIMA ESTATE, L' ★
Regia di ELEONORA GIORGI. Con ROBERTO FARNESI, FRANCESCA FERRAZZA, GABRIELA PENTERIANI, MANUELE PICA, DANIELA POGGI. ■ Roma. Tre uomini tentano di scassinare un bancomat, ma vengono sorpresi da tre carabinieri su una gazzella. Ne scaturisce un inseguimento con sparatoria in cui muore uno dei carabinieri. Passano alcuni mesi. Massimo, l'uomo ingiustamente accusato dell'omicidio, è in carcere in attesa di giudizio e riceve le visite del figlio, il diciottenne Paolo. La vicenda si intreccia fra una gang che ruba macchine, un gruppo di riccastri dediti alla polvere e una vicenda amorosa che tutto dovrebbe risolvere. ■ COMMEDIA; COL.; 100'; ITALIA, 2009.

ULTIMA ESTATE DEL MIO BAMBINO, L' ★★
(Go to the Light)
Regia di MIKE ROBE. Con NED BEATTY, LINDA HAMILTON, PIPER

LAURIE, RICHARD THOMAS. ■ Un film televisivo sul tema dell'Aids. A farne le spese è Young Ben, un bambino malato di emofilia fin dalla nascita. La cronaca dei suoi ultimi mesi è il tessuto del film. ■ DRAMMATICO; COL.; 90′; USA, 1988.

ULTIMA FERMATA BROOKLYN ★★★
(Last Exit Brooklyn)
Regia di ULRICH EDEL. Con JENNIFER JASON LEIGH, JERRY ORBACH, BURT YOUNG. ■ A Brooklyn nel 1952 si intrecciano le vicende di un sindacalista (travolto da una passione omosessuale), di una prostituta, di un operaio costretto a un matrimonio di fortuna (sullo sfondo uno sciopero di sei mesi che esacerba gli animi di tutto il quartiere). Dal romanzo (scandaloso nel 1964) di Hubert Rechy. ■ DRAMMATICO; COL.; 98′; USA, 1989.

ULTIMA FERMATA MARIÙ ★★
Regia di FRANCESCO DOMINEDÒ. Con MIA BENEDETTA, PAOLO CIVATI, VALERIA MARCHETTI, LUCIA SARDO, DANNY ZULINO. ■ Ispirato al romanzo di Giancarlo Marinelli *Amori in stazione*, il film parla di destini di emarginazione nel degrado di una piccola stazione ferroviaria, in cui si incontrano prostitute, omosessuali, magnaccia, militari di leva, extracomunitari, zingari e gente comune. Personaggi fuori dal tempo e dallo spazio. L'artificiosità è il loro linguaggio per uscire dalla crudezza paesaggistica. ■ DRAMMATICO; COL.; ITALIA, 2005.

ULTIMA FIAMMA, L' *(La última falla)* ★★
Regia di BENITO PEROJO. Con MIGUEL LIGERO, MATILDE VASQUEZ. ■ Un ricco uomo d'affari che vive in Argentina torna nella natia Spagna e cade nelle mani di alcuni truffatori. A salvarlo arriva dall'America il nipote. ■ COMMEDIA; B/N; 92′; SPAGNA, 1939.

ULTIMA FOLLIA DI MEL BROOKS, L' ★★★
(Silent Movie)
Regia di MEL BROOKS. Con MEL BROOKS, SID CAESAR, DOM DELUISE, MARTY FELDMAN, BERNADETTE PETERS. ■ Un film "muto" (le parole sono sostituite dalle didascalie), ma ricco di musiche. Presenta la storia di un regista che gira un film per salvare se stesso e contemporaneamente un produttore fallito. Inutilmente una società immobiliare, interessata alle proprietà del produttore, tenta di impedire la realizzazione della pellicola, che ottiene un successo strepitoso. ■ COMMEDIA; COL.; 86′; USA, 1976. ■ GOLDEN GLOBES 4 NOM.

ULTIMA FRECCIA, L' *(Pony Soldier)* ★★★
Regia di JOSEPH M. NEWMAN. Con CAMERON MITCHELL, TYRONE POWER. ■ Tra Duncan, guardia a cavallo canadese, e Orso Bruno, capo tribù pellerossa, nasce una grande amicizia. Malgrado fuorilegge e razzisti creino continuamente grossi problemi, i due uomini riusciranno a consentire fra i loro popoli un accordo che sarà rispettato. ■ AVVENTURA; COL.; 82′; USA, 1952.

ULTIMA FRONTIERA, L' *(The Last Frontier)* ★★★
Regia di ANTHONY MANN. Con ANNE BANCROFT, VICTOR MATURE, ROBERT PRESTON. ■ Un cacciatore di pellicce diventa soldato e si trova a fronteggiare un comandante ambizioso e incapace. Per giunta, si innamora della sfortunata moglie del terribile ufficiale. La presunzione porterà però il comandante alla morte e l'ex cacciatore prenderà il suo posto. ■ WESTERN; COL.; 98′; USA, 1956.

ULTIMA FUGA, L' *(The Last Run)* ★★★
Regia di RICHARD FLEISCHER. Con TONY MUSANTE, GEORGE C. SCOTT, TRISH VAN DEVERE. ■ Un giovane, per vincere la noia, accetta di accompagnare un criminale evaso dal carcere attraverso la Spagna. Il "divertimento", però, gli costerà la vita. ■ DRAMMATICO; COL.; 99′; USA, 1971.

ULTIMA GARA, L' ★★
Regia di PIERO COSTA. Con VERA BERGMAN, ENZO FIERMONTE, FRANCO SILVA. ■ Un giovane sportivo si innamora di una ragazza che aveva avuto una relazione con suo fratello. Mentre è ricoverato in clinica per un disturbo agli occhi, il fratello torna e riprende la relazione con la fanciulla. Allo sfortunato innamorato rimarranno le glorie dello sport. ■ COMMEDIA; B/N; 93′; ITALIA, 1954.

ULTIMA GIOVINEZZA *(Dernière jeunesse)* ★★
Regia di JEFF MUSSO. Con JACQUELINE DELUBAC, RAIMU. ■ Un uomo maturo si innamora di una ragazza che è stata lasciata dal fidanzato. La prende con sé, ma si accorge ben presto della miseria morale in cui vive la sua protetta La delusione lo spinge ad un gesto irreparabile. ■ DRAMMATICO; B/N; 88′; FRANCIA, 1939. ■ VENEZIA 1 PR.

ULTIMA ILLUSIONE – QUESTA NOSTRA GENTE, L' ★★
Regia di VITTORIO DUSE. Con JACQUELINE COLLARD, PIERO LULLI, LUISA RIVELLI. ■ Storia sentimentale-patetica di un vecchio ragioniere in pensione che, per vincere la solitudine, va ad abitare presso la famiglia di un fornaio. Ritrova la gioia di vivere, ma una notte viene stroncato da un attacco di cuore. ■ DRAMMATICO; B/N; 91′; ITALIA, 1954.

ULTIMA IMPERATRICE, L' *(Mo dai huang hou)* ★
Regia di CHEN JIALIN. Con PAN HONG, WEN JIANG. ■ La storia ha inizio nel 1922 con le nozze tra Pu Yi, l'imperatore cinese relegato nella Città Proibita, e Wan Rong. Si conclude vent'anni dopo con la morte di Tan Yuling, concubina di Pu Yi. Con la sua scomparsa finisce simbolicamente anche il periodo della monarchia in quella grande nazione. ■ STORICO; COL.; 105′; CINA, 1988.

ULTIMA LEGIONE, L' *(The Last Legion)* ★★
Regia di DOUG LEFLER. Con COLIN FIRTH, RUPERT FRIEND, IAIN GLEN, JOHN HANNAH, BEN KINGSLEY, KEVIN MCKIDD, PETER MULLAN, AISHWARYA RAI, THOMAS SANGSTER. ■ Roma è al collasso: Odoacre, generale dei Goti, prende il potere dopo aver invaso la città e confina il giovanissimo Romolo Augusto, ultimo erede della dinastia dei Cesari, al confino a Capri assieme al suo misterioso precettore, Ambrosino. Uno sparuto gruppo di fedelissimi, guidato dal coraggioso Aurelio, parte per una pericolosa missione di salvataggio: è l'inizio di una grande avventura. Il passaggio da libro a film è sempre un processo doloroso: per quanto possa essere complessa e sfaccettata, una sceneggiatura fatica sempre a restituire le stesse emozioni della pagina scritta, a meno che non intervenga la mano di un regista di talento. Non è questo il caso. ■ AZIONE; COL.; 110′; FRANCIA, GRAN BRETAGNA, ITALIA, SLOVACCHIA, USA, 2007.

ULTIMA LEZIONE, L' ★★★
Regia di FABIO ROSI. Con FRANCESCO CAPITANO, CHIARA CONTI, MANRICO GAMMAROTA, ROBERTO HERLITZKA, IGNAZIO OLIVA, PAOLO SASSANELLI. ■ Roma, quartiere Monte Mario. Una notte del 14 aprile 1987, Federico Caffè, uno dei più noti economisti italiani, scompare misteriosamente. In particolare, due ex allievi, Andrea, che aveva abbandonato la carriera universitaria e lavora alla Consob e Monica, una giovane neolaureata, ricordano i momenti più importanti vissuti con Caffè e s'interrogano sui motivi della sua scomparsa, fino a trovare un libro che potrebbe svelarne il mistero. Intanto, alla Consob, Andrea deve stendere una relazione per la quotazione in borsa di una società che reputa poco affidabile e deve decidere tra lasciarsi corrompere e fare carriera o seguire gli insegnamenti di Caffè. Basato su una vicenda realmente accaduta, *L'ultima lezione* è un film d'inchiesta visibilmente appassionato, in cui Rosi alterna presente e passato, immagini di repertorio e fiction, momenti dinamici in cui si svolgono le ricerche e pause dedicate alla riflessione, su Caffè, sull'economia e sull'Italia del post terrorismo e degli yuppie, senza privare la struttura narrativa di uno sviluppo coerente ed omogeneo. Anche se con qualche ingenuità. ■ GIALLO; COL.; 92′; ITALIA, 2000.

ULTIMA LUNA D'AGOSTO, L' ★★★
(Full Moon in Blue Water)
Regia di PETER MASTERSON. Con TERI GARR, GENE HACKMAN, BURGESS MEREDITH. ■ Torna il regista di *In viaggio verso Bountiful*, che nel suo passato e presente si divide fra lavoro e teatro, televisione e cinema. Floyd possiede un bar a Blue Water, un paese sperduto del Texas. Già da tempo la moglie è scomparsa senza lasciare tracce, ma il ricordo di lei è ancora presente. Il bar cade a pezzi e le tasse sono pesanti, così Floyd sembra costretto a vendere. Un giorno ecco il dramma: viene ritrovato il cadavere della

moglie annegata; saranno costruiti ben presto collegamenti con altri paesi che renderanno meno isolato il luogo. La vita continuerà. Pur con qualche lentezza di troppo, il film è ben diretto e segna un'altra buona interpretazione di Gene Hackman. ■ DRAMMATICO; COL.; 95'; USA, 1990.

ULTIMA LUNA (STORIA DI CATHERINE C.), L' ★★
(Les aventures de Catherine C.)
Regia di PIERRE BEUCHOT. Con FANNY ARDANT, ROBIN RENUCCI, HANNA SCHYGULLA. ■ L'attrice Catherine racconta le amare vicende della sua vita ad un misterioso sconosciuto: il suo intenso rapporto omosessuale con Fanny, moglie del direttore di un giornale, e i loro torbidi scambi erotici di partner. Il film è molto noioso, la storia in realtà non ha nulla da insegnare e i dialoghi, tema dominante, sono tali e tanti da esasperarci. Brave comunque le due attrici protagoniste. ■ DRAMMATICO; COL.; 95'; FRANCIA, 1990.

ULTIMA MAZURKA, L' ★★
Regia di GIANFRANCO BETTETINI. Con SENTA BERGER, PAOLO BONACELLI, ERLAND JOSEPHSON. ■ Storia dell'attentato al Diana a Milano nel 1921. Una bomba diretta al questore uccide 17 persone tra cui la prima attrice di una compagnia di operette che si stava esibendo. Il sanguinoso fatto, opera degli anarchici, fu strumentalizzato dai fascisti che si ersero a paladini della legge e dell'ordine. ■ STORICO; COL.; 121'; ITALIA, 1987.

ULTIMA MINACCIA, L' *(Deadline U.S.A.)* ★★★
Regia di RICHARD BROOKS. Con ETHEL BARRYMORE, HUMPHREY BOGART, KIM HUNTER. ■ Mentre il direttore di un quotidiano conduce una violenta campagna contro un gruppo di affaristi disonesti, i proprietari del giornale decidono di vendere. Il direttore si oppone e continua nella sua campagna, improvvisandosi all'occorrenza anche detective per smascherare i truffatori. Alla fine, la spunta: i colpevoli sono arrestati e il suo giornale continuerà le pubblicazioni. ■ POLIZIESCO; B/N; 87'; USA, 1952.

ULTIMA MISSIONE *(Men of War)* ★
Regia di PATRICK LANG. Con CHARLOTTE LEWIS, DOLPH LUNDGREN. ■ Gli indigeni di un'isola nei Tropici non vogliono cedere di fronte agli sporchi interessi di una compagnia mineraria. Dovranno vedersela con alcuni mercenari. ■ AZIONE; COL.; 98'; USA, 1993.

ULTIMA MISSIONE, L' *(MR 73)* ★★
Regia di OLIVIER MARCHAL. Con DANIEL AUTEUIL, OLIVIA BONAMY, CLÉMENT MICHU, GÉRALD LAROCHE, GUY LECLUYSE, MOUSSA MAASKRI. ■ Un serial killer insanguina le strade di Marsiglia. Poliziotto alla deriva, Louis Schneider conduce l'indagine tra i fantasmi del passato e i contrasti coi colleghi corrotti. Parallelamente, Justine, sopravvissuta al massacro dei genitori 25 anni prima, attende con ansia l'uscita di prigione dell'assassino che Schneider stesso aveva arrestato. Cupo e disperato questo *polar* di Olivier Marchal. Se *36 Quai des Orfèvres* combinava con stile ineccepibile la psicologia del *polar* alla Melville con l'azione dei thriller di Hong Kong, *L'ultima missione* si lascia pilotare dalle sofferenze senza uscita del suo protagonista. ■ AZIONE; COL.; 121'; FRANCIA, 2008.

ULTIMA MODELLA *(Sein letztes Modell)* ★★
Regia di RUDOLF VAN DER NOSS. Con CAMILLA HORN, ALEXANDER SVED. ■ Un pittore torna in patria dopo molti anni e, ritrovata l'ex fidanzata sposata con un altro, ricomincia a farle un'assidua corte. Il marito della donna va via da casa con il figlioletto. La donna riesce poi a dimostrargli la sua innocenza e la famigliola si riunisce. ■ DRAMMATICO; B/N; 92'; GERMANIA, 1937.

ULTIMA NAVE DA SHANGHAI, L' ★★★
(International Settlement)
Regia di EUGENE FORDE. Con DOLORES DEL RIO, GEORGE SANDERS. ■ Un giovane avventuriero riceve l'incarico di portare al sicuro una somma che gli consegneranno a Shanghai. Ci sono molte persone interessate a quel denaro e il giovanotto non riuscirebbe nell'impresa se non lo aiutasse una bella cantante innamorata di lui. ■ AVVENTURA; B/N; 75'; USA, 1938.

ULTIMA NEVE DI PRIMAVERA, L' ★★
Regia di RAIMONDO DEL BALZO. Con AGOSTINA BELLI, RENATO CESTIÉ, BEKIM FEHMIU. ■ Il piccolo Luca, orfano di madre, non sopporta che ci sia un'altra donna accanto al padre, e la rifiuta anche quando quest'ultima sembra ormai averlo conquistato con la sua dolcezza. Il padre, per recuperare l'affetto del bambino, lo porta in montagna a sciare e qui, dopo una brutta caduta, si scopre che il piccolo ha una tremenda malattia. ■ DRAMMATICO; COL.; 35'; ITALIA, 1973.

ULTIMA NOTTE, L' *(Leur dernière nuit)* ★★★
Regia di GEORGES LACOMBE. Con JEAN GABIN, MADELEINE ROBINSON. ■ Madeleine non dimentica di essere stata aiutata da un delinquente e, quando si presenta l'occasione, tenta di aiutarlo a fuggire dalla Francia. Al momento dell'imbarco l'uomo viene però scoperto dagli agenti che lo uccidono. ■ DRAMMATICO; B/N; 98'; FRANCIA, 1953.

ULTIMA NOTTE A COTTONWOOD ★★★
(Death of a Gunfighter)
Regia di ALAN SMITHEE. Con LENA HORNE, CARROLL O'CONNOR, DAVID OPATOSHU, JOHN SAXON. ■ Uno sceriffo conosce i segreti compromettenti dei personaggi più in vista del paese, che decidono di ucciderlo. Lo sceriffo si difende molto bene eliminando parecchi sicari, ma alla fine un'intera squadra di killer ha la meglio su di lui. Il film è in realtà diretto da Robert Totten e Don Siegel. ■ WESTERN; COL.; 100'; USA, 1968.

ULTIMA NOTTE A WARLOCK *(Warlock)* ★★★
Regia di EDWARD DMYTRYK. Con HENRY FONDA, DOROTHY MALONE, ANTHONY QUINN, RICHARD WIDMARK. ■ Gli abitanti di una cittadina assoldano un pistolero per difendersi dai banditi. Ma sarà proprio uno di questi, pentito, a sterminare la banda. Il pistolero sarà costretto ad andarsene. Un buon western, nobilitato dalla presenza di grandi attori in ottima forma. ■ WESTERN; COL.; 121'; USA, 1959.

ULTIMA NOTTE D'AMORE, L' ★★
Regia di CÉSAR FERNANDEZ ARDAVÍN. Con NADIA MARLOWA, AMEDEO NAZZARI, MARTA TOREN. ■ Una giovane si innamora di un ballerino, già amante di sua madre. Per difendersi dalla sua tentata violenza lo uccide, e finirà in tribunale nonostante la madre si sia accusata al suo posto. ■ DRAMMATICO; B/N; 93'; ITALIA, 1956.

ULTIMA OCCASIONE *(Tuff Turf)* ★★
Regia di FRITZ KIERSCH. Con ROBERT DOWNEY JR., PAUL MONES, KIM RICHARDS, JAMES SPADER. ■ Un ragazzo si deve trasferire in un'altra città. I suoi hanno qualche problema economico e lui, nel nuovo ambiente, deve affrontare difficoltà inattese dalle quali dovrà cercare di uscire a ogni costo. ■ DRAMMATICO; COL.; 112'; USA, 1984.

ULTIMA ODISSEA, L' *(Damnation Alley)* ★★
Regia di JACK SMIGHT. Con GEORGE PEPPARD, DOMINIQUE SANDA, JEAN-MICHAEL VINCENT. ■ Sulla Terra, distrutta dalla terza guerra mondiale, sono rimasti pochi superstiti. Uno di essi, dopo aver perduto i compagni, salva una ragazza e raggiunge la sola città risparmiata dalle radiazioni. ■ FANTASCIENZA; COL.; 81'; USA, 1977.

ULTIMA ONDA, L' *(The Last Wave)* ★★★
Regia di PETER WEIR. Con RICHARD CHAMBERLAIN, OLIVIA HAMNET, FREDERICK PARSLOW. ■ Un giovane avvocato, durante le indagini per difendere un suo cliente, scopre di essere un superiettatore. E infatti il suo cliente viene condannato e la Terra distrutta da una gigantesca ondata. Per chi crede alla iettatura, tenersi alla larga. ■ FANTASTICO; COL.; 106'; AUSTRALIA, 1977.

ULTIMA ORA *(Murder in the Big House)* ★★
Regia di B. REEVES EASON. Con FAYE EMERSON, VAN JOHNSON, GEORGE MEEKER. ■ Correndo rischi mortali, un giornalista scopre che un condannato a morte non è morto in un incidente durante il trasferimento, ma è stato fatto fuori da coloro che temevano le sue rivelazioni. Gli assassini finiscono dietro le sbarre. ■ POLIZIESCO; B/N; 59'; USA, 1942.

ULTIMA PARTITA, L' *(Fifteen Maiden Lane)* ★★★
Regia di ALLAN DWAN. Con LLOYD NOLAN, CESAR ROMERO, CLAIRE TREVOR. ■ Una coraggiosa assicuratrice si finge ladra e riesce a conoscere molti degli svaligiatori che danneggiano la sua

ditta. La polizia interviene in tempo per impedire la sua uccisione e per arrestare i malviventi. ■ POLIZIESCO; B/N; 65'; USA, 1936.

ULTIMA PASSIONE, L' *(Burg Theater)* ★★
Regia di WILLI FORST. Con WERNER KRAUSS, HANS MOSER, HORTENSE RAKY. ■ Storia tra attori e attrici. Trionfa l'amore dei giovani e il celebre attore resta scornato. ■ DRAMMATICO; B/N; 91'; AUSTRIA, 1936.

ULTIMA PATTUGLIA, L' ★★
(Die Reiter von deutsch Ostatrika)
Regia di HERBERT SELPIN. Con SEPP RIST, LISE STOBRAWA. ■ Allo scoppio della prima guerra mondiale, gli inglesi e i tedeschi delle colonie impugnano le armi. Il film racconta la difficile ritirata germanica. ■ DRAMMATICO; B/N; 90'; GERMANIA, 1934.

ULTIMA PORTA, L' *(The Lazarus Child)* ★
Regia di GRAHAM THEAKSTON. Con ANGELA BASSETT, DANIELLA BYRNE, HARRY EDEN, ANDY GARCIA, JUSTIN LOUIS, GERALDINE MCEWAN, FRANCES O'CONNOR, CHRISTOPHER SHYER, JAIMZ WOOLVETT. ■ Frankie Heywood è una bambina in coma a causa di un incidente di cui si incolpa, senza una valida ragione, il fratello maggiore Ben che, a seguito di questa tragedia, va chiudendosi giorno dopo giorno in un apatico isolamento. I genitori, disperati, si rivolgono alla neurologa Elisabeth Chase, ultima speranza per far risvegliare la figlia, ma la dottoressa capisce presto di avere bisogno dell'aiuto di Ben per riuscire nell'impresa... *L'ultima porta*, tratto da un famoso best-seller, è decisamente malriuscito. ■ DRAMMATICO; COL.; 95'; USA, 2004.

ULTIMA PREDA, L' *(Union Station)* ★★★
Regia di RUDOLPH MATÉ. Con BARRY FITZGERALD, WILLIAM HOLDEN, NANCY OLSON. ■ La giovane figlia di un milionario viene rapita da alcuni banditi. La polizia ne trova le tracce e li elimina, riuscendo a trarre in salvo, incolume, l'ostaggio. ■ POLIZIESCO; B/N; 80'; USA, 1950.

ULTIMA PREDA DEL VAMPIRO, L' ★
Regia di PIERO REGNOLI. Con WALTER BRANDI, MARIA GIOVANNINI, LYLA ROCCO. ■ Il discendente di un vampiro tenta di guarire l'antenato ma, non riuscendoci, lo uccide. ■ HORROR; B/N; 92'; ITALIA, 1961.

ULTIMA PROFEZIA, L' *(The Prophecy)* ★
Regia di GREGORY WIDEN. Con ELIAS KOTEAS, VIRGINIA MADSEN, ERIC STOLTZ, CHRISTOPHER WALKEN. ■ Uno dei film più idioti del 1995. Un uomo combatte l'arcangelo Gabriele. I due antagonisti mirano all'anima di un ex colonnello. C'è anche un poliziotto-prete e una donna che è Lucifero. C'è bisogno di altro? ■ FANTASTICO; COL.; 93'; USA, 1995.

ULTIMA PROVA, L' *(His Brother's Wife)* ★★★
Regia di W. S. VAN DYKE II. Con BARBARA STANWYCK, ROBERT TAYLOR. ■ Per vendicarsi dell'uomo che l'ha lasciata, una ragazza sposa il fratello di lui e poi lo abbandona immediatamente. Raggiunge l'altro, ma ne viene nuovamente respinta. Per convincerlo dei propri sentimenti affronta un pericolo mortale e, quando l'ha superato, finalmente lo sposa. ■ DRAMMATICO; B/N; 90'; USA, 1936.

ULTIMA RAPINA, L' *(Calling Bulldog Drummond)* ★★★
Regia di VICTOR SAVILLE. Con MARGARET LEIGHTON, WALTER PIDGEON. ■ Avventure di un poliziotto e di una bella collega in gonnella per scoprire e arrestare una banda di rapinatori. Emozione e batticuore fino all'ultimo, ottima recitazione. ■ DRAMMATICO; B/N; 80'; GRAN BRETAGNA, 1951.

ULTIMA RAPINA A PARIGI, L' *(La part des lions)* ★★
Regia di JEAN LARRIAGA. Con CHARLES AZNAVOUR, MICHEL CONSTANTIN, ROBERT HOSSEIN. ■ Due vecchi amici d'infanzia si ritrovano e organizzano, con successo, una grossa rapina. Un indizio mette la polizia sulle tracce dei malviventi, che muoiono nello scontro a fuoco con gli agenti. ■ POLIZIESCO; COL.; 91'; FRANCIA, 1971.

ULTIMA RECITA, L' *(Letter of Introduction)* ★★
Regia di JOHN M. STAHL. Con RITA M. JOHNSON, ADOLPHE MENJOU. ■ Un'aspirante divetta viene creduta amante di un celebre attore e abbandonata dal fidanzato. Dopo un drammatico episodio i due si riconciliano. ■ DRAMMATICO; B/N; 104'; USA, 1938.

ULTIMA RESISTENZA, L' *(The Last Posse)* ★★★
Regia di ALFRED L. WERKER. Con BRODERICK CRAWFORD, JOHN DEREK, WANDA HENDRIX. ■ Un uomo politico americano candidato al Senato incarica un delinquente comune di distruggere le prove del suo losco passato, conservate presso l'Fbi. Ma la polizia bracca il malvivente e stronca la carriera dell'uomo politico. ■ GIALLO; B/N; 74'; USA, 1953.

ULTIMA RISATA, L' *(Der letzte Mann)* ★★★
Regia di FRIEDRICH WILHELM MURNAU. Con MALY DELSCHAFT, EMIL JANNINGS, EMIL KURZ. ■ *Kammerspiel* del grande regista tedesco, scritto da Karl Mayer e fotografato da Karl Freund, è uno dei capolavori del cinema muto, innovativo nell'uso della macchina da presa. Emil Jannings (L'angelo azzurro) è intenso ed efficace. Il vecchio portiere di un grand hotel è fiero del proprio lavoro e della sua divisa. Vive in una casa popolare ma è riverito da tutto il vicinato. Quando, a causa dell'età, gli cambiano incarico e gli tolgono la divisa, lui ne soffre. Nottetempo la ruba e con essa festeggia il matrimonio della figlia. Scoperto il suo segreto, il genero lo caccia di casa. L'uomo si rifugia nei gabinetti dell'hotel, ma grazie ad un'improvvisa eredità, diventa milionario. ■ DRAMMATICO; COL.; 75'; GERMANIA, 1924.

ULTIMA RIVA, L' *(The River's Edge)* ★★
Regia di ALLAN DWAN. Con RAY MILLAND, DEBRA PAGET, ANTHONY QUINN. ■ L'ex amante di un bandito è contesa tra questi e il marito. Tornerà dal marito dopo un'avventura durante la quale il malvivente morirà, dando loro prova del suo pentimento. ■ DRAMMATICO; COL.; 87'; USA, 1957.

ULTIMA ROSA, L' *(The Ware Case)* ★★
Regia di ROBERT STEVENSON. Con JANE BAXTER, CLIVE BROOK. ■ Per lasciare che sua moglie viva felice accanto all'uomo che ama, il marito si dichiara autore di un delitto che non ha commesso. ■ DRAMMATICO; B/N; 79'; GRAN BRETAGNA, 1938.

ULTIMA SALOMÈ, L' *(Salome's Last Dance)* ★★★
Regia di KEN RUSSELL. Con NICKOLAS GRACE, GLENDA JACKSON, STRATFORD JOHNS. ■ Nella puritana Londra vittoriana viene impedita la rappresentazione pubblica della *Salomè* di Oscar Wilde. Alfred Taylor, proprietario di un lussuoso bordello, decide di rappresentare nella sua "casa" l'opera per l'amico Wilde. Lo spettacolo si chiuderà con l'irruzione della polizia nel bordello e l'arresto di Taylor e Wilde. Originale come al solito lo stile di Russell. ■ COMMEDIA; COL.; 87'; USA, 1988.

ULTIMA SCELTA DI MAX, L' ★★★
(The Outside Chance of Maximilian Glick)
Regia di ALLAN A. GOLDSTEIN. Con JAN RUBES, SAUL RUBINEK. ■ Un ragazzo ebreo tredicenne scopre la vita con le sue difficoltà. Il rabbino è vittima di un incidente mentre la ragazzina per la quale prova dell'affetto risulta non essere alla sua portata in quanto appartenente a un'altra fede religiosa. Ha vinto ai Festival di Toronto e di Vancouver. ■ DRAMMATICO; COL.; 96'; CANADA, 1988.

ULTIMA SCENA, L' ★★
Regia di NINO RUSSO. Con VITTORIO CAPRIOLI, ALDO GIUFFRÉ, MARINA SUMA. ■ Il capocomico di una compagnia teatrale minore aspetta la visita di un famoso critico (dal cui parere favorevole può dipendere la vita della sua formazione). Arriva un impiegato comunale e il capocomico lo prende per l'illustre recensore. Lo copre di riguardi, e la cosa gli torna utile perché l'impiegato convincerà la giunta a finanziare la compagnia. ■ COMMEDIA; COL.; 107'; ITALIA, 1988.

ULTIMA SEDUZIONE, L' *(The Last Seduction)* ★★★
Regia di JOHN DAHL. Con PETER BERG, LINDA FIORENTINO, BILL PULLMAN. ■ Tra i registi indipendenti emergenti John Dahl appare tra i più "cattivi" e agguerriti. Lo si può notare anche in questa storia senza fronzoli e controcorrente. Immorale e cattiva la figura femminile che però è vincente. La protagonista deruba il coniuge, scappa e seduce un uomo attraente ma stupido. Lo manovra perché uccida il marito e tutto va liscio. ■ DRAMMATICO; COL.; 115'; USA, 1994.

ULTIMA SENTENZA, L' ★★
Regia di MARIO BONNARD. Con ANTONELLA LUALDI, JACQUES SERNAS, CHARLES VANEL. ■ La figlia di un magistrato è creduta complice in una rapina conclusasi con la morte del derubato. La ragazza viene assolta, ma il padre muore d'infarto. ■ DRAMMATICO; B/N; 92'; ITALIA, 1951.

ULTIMA SFIDA, L' *(The Babe Ruth Story)* ★★★
Regia di ROY DEL RUTH. Con WILLIAM BENDIX, CHARLES BICKFORD, CLAIRE TREVOR. ■ Storia dell'ascesa e della caduta del famoso giocatore di baseball Babe Ruth. ■ BIOGRAFICO; B/N; 106'; USA, 1948.

ULTIMA SFIDA, L' *(Fort Worth)* ★★★
Regia di EDWIN L. MARIN. Con DAVID BRIAN, RANDOLPH SCOTT, PHILLIS THAXTER. ■ Un giornalista, ex pistolero, si trova costretto suo malgrado ad affrontare malviventi che terrorizzano una cittadina dove sta per giungere la ferrovia transcontinentale. ■ WESTERN; COL.; 80'; USA, 1951.

ULTIMA SFIDA, L' *(The Challenge)* ★★
Regia di JOHN FRANKENHEIMER. Con SCOTT GLENN, TOSHIRO MIFUNE, SHOGE SHIMADA. ■ Due spade che, per antica tradizione, una famiglia giapponese tramanda di padre in figlio, stanno per essere consegnate al primogenito Yoshidan, ma il fratello minore Hideo le prende con violenza. Anni dopo il figlio di Yoshidan ritrova una spada in America e incarica un avventuriero di restituirla al padre. E così sarà, dopo mille pericoli e la sfida finale tra i due fratelli con le due spade antiche che finalmente andranno nelle mani giuste. ■ AVVENTURA; COL.; 112'; USA, 1982.

ULTIMA SFIDA DI BRUCE LEE, L' *(Game of Death II)* ★
Regia di NGSEE-YUAN. Con HUONG CHENG-LI, BRUCE LEE, TONG LUNG. ■ Bobby sbarca negli Stati Uniti per indagare sulla morte del fratello Billy Lo, ucciso mentre tentava di smascherare gli assassini dell'amico Chin Ku. Quest'ultimo, in realtà, è ancora vivo e aveva inscenato la sua morte per coprire loschi traffici di droga. Bobby si vendicherà a colpi di kung-fu. ■ AVVENTURA; COL.; 93'; HONG KONG, 1981.

ULTIMA SPARATORIA, L' *(Badlands of Montains)* ★★
Regia di D.B. ULLMAN. Con BEVERLY GARLAND, JOHN PICARD, REX REASON. ■ Un certo Steve Breweeter pone la sua candidatura alla carica di sindaco di una piccola cittadina. C'è però chi vuole la sua pelle e le minacce fioccano. Un film western di serie C, così naïf da fare tenerezza. ■ WESTERN; B/N; 96'; USA, 1957.

ULTIMA SPERANZA, L' ★★
(Die Letzte Chance – La dernière chance)
Regia di LEOPOLD LINDTBERG. Con JOHNNY HOY, E. G. MORRISON, LUISA ROSSI. ■ Durante la seconda guerra mondiale, due prigionieri alleati scappano e tentano di raggiungere il confine svizzero. Uno ci lascia la vita, l'altro si salva. ■ DRAMMATICO; B/N; 92'; SVIZZERA, 1945. ■ CANNES 2 PR.

ULTIMA SPIAGGIA, L' *(On the Beach)* ★★★
Regia di STANLEY KRAMER. Con FRED ASTAIRE, AVA GARDNER, GREGORY PECK, ANTHONY PERKINS. ■ La guerra atomica ha distrutto l'intera umanità: solo uno sparuto gruppo di esseri umani è rimasto ancora in vita in Australia, ma presto anche loro dovranno soccombere a un'inevitabile fine. ■ DRAMMATICO; B/N; 134'; USA, 1959. ■ OSCAR 2 NOM.

ULTIMA SQUADRIGLIA, L' *(Lost Squadron)* ★★★
Regia di GEORGE ARCHAINBAUD. Con MARY ASTOR, RICHARD DIX, DOROTHY JORDAN, JOEL MCCREA, ERIC VON STROHEIM. ■ Storia di alcuni piloti della prima guerra mondiale che, smobilitati, trovano lavoro come controfigure acrobatiche in uno studio cinematografico. ■ DRAMMATICO; B/N; 72'; USA, 1932.

ULTIMA STAZIONE, L' *(Die letze Station)* ★★
Regia di BOGDAN DUMITRESCU. Con MARION KRACHT, SERGIO RUBINI, DOREL VISAN. ■ Il regista romeno racconta Bucarest come città della speranza e della disillusione. Nelu vi arriva dalla campagna e alla campagna tenterà di fare ritorno con il cadavere del padre. Rubini nelle mani di un regista che non lo sa utilizzare. ■ DRAMMATICO; COL.; 86'; GERMANIA, ROMANIA, 1998.

ULTIMA TAPPA, L' *(Ostatni Etap)* ★★★
Regia di WANDA JAKUBOWSKA, M. WAINBERGER. Con BARBARA DRAPINSKA, EDWARD DZIEWONSKI, ANTONINA GORECKA, TATJANA GORECKA. ■ Documentario sulle tragiche condizioni delle prigioniere polacche ed ebree nei campi di concentramento tedeschi. ■ DOCUMENTARIO; B/N; 92'; POLONIA, 1948.

ULTIMA TAPPA PER GLI ASSASSINI *(Canon City)* ★★
Regia di CRANE WILBUR. Con WHIT BISSELL, SCOTT BRADY, JEFF COREY. ■ Alcuni detenuti evadono e si rifugiano nelle case di diversi cittadini. Ma vengono ripresi, dopo che due di loro ci hanno rimesso la pelle. ■ DRAMMATICO; B/N; 82'; USA, 1948.

ULTIMA TEMPESTA, L' *(Prospero's Books)* ★★★
Regia di PETER GREENAWAY. Con MICHEL BLANC, MICHAEL CLARK, JOHN GIELGUD, ERLAND JOSEPHSON, ISABELLE PASCO. ■ Sono ventiquattro i libri che Prospero, personaggio de *La tempesta* di William Shakespeare, ha portato nell'isola dove è stato confinato. Essi raccolgono tutto il sapere umano e servono come metafora a Greenaway per costruire il suo film che invece di essere composto di inquadrature è, come suo solito, diviso in quadri. Il barocco e il grottesco qui raggiungono vertici che lasciano a volte imbarazzati. Estremizzando il suo metodo si passa da scene sott'acqua a strani balletti con minimi movimenti. La pittura a cui si è ispirato questa volta è quella di Tiziano Vecellio, quindi nudi a tutto spiano. Chi conosce il lavoro shakesperiano potrà apprezzare l'operazione. Gli altri probabilmente non sopporteranno il lungo monologo di John Gielgud. Splendide le musiche di Michael Nyman arricchite stavolta anche dalla partecipazione di ottime cantanti, prima tra tutte Ute Lemper. ■ DRAMMATICO; COL.; 124'; GRAN BRETAGNA, 1991.

ULTIMA TENTAZIONE DI CRISTO, L' ★★★
(The Last Temptation of Christ)
Regia di MARTIN SCORSESE. Con WILLEM DAFOE, BARBARA HERSHEY, HARVEY KEITEL. ■ Un film che ha fatto scandalo. Nel Vangelo secondo Scorsese, Gesù agonizzante sulla croce vagheggia (è il demonio che lo fa vagheggiare) una vita da marito e padre di famiglia con Maria Maddalena. Gesù recupera conoscenza, scaccia per l'ultima volta il diavolo, muore. E risorge dopo tre giorni. Un film interessante, non eccezionale; ma nient'affatto blasfemo, come vorrebbero i bigotti che hanno disturbato le proiezioni in Francia e Usa. ■ RELIGIOSO; COL.; 161'; USA, 1988. ■ GOLDEN GLOBES 2 NOM; OSCAR 1 NOM; VENEZIA 1 PR.

ULTIMATUM ★★★
Regia di ROBERT SIODMAK, ROBERT WIENE. Con DITA PARLO, ERIC VON STROHEIM. ■ Un ufficiale serbo viene fatto prigioniero allo scoppio della guerra con l'Austria e sua moglie arrestata. Un amico comune tenterà di salvare almeno lui, ma inutilmente. ■ DRAMMATICO; B/N; 93'; FRANCIA, 1938.

ULTIMATUM A CHICAGO *(Chicago Deadline)* ★★
Regia di LEWIS ALLEN. Con ALAN LADD, DONNA REED. ■ Un giornalista, rinvenuto il corpo esanime di una sconosciuta, indaga sulla vita di lei finché ne scopre l'assassino. ■ POLIZIESCO; B/N; 87'; USA, 1949.

ULTIMATUM ALLA POLIZIA *(Par le sang des autres)* ★★★
Regia di MARC SIMENON. Con FRANCIS BLANCHE, BERNARD BLIER, RICCARDO CUCCIOLLA, MYLÈNE DEMONGEOT. ■ Un pazzo minaccia di uccidere due ostaggi se non gli verrà consegnata la più bella ragazza del paese. Dopo alcune vicende drammatiche, è la ragazza stessa che lo avvicina e gli si dona con amore. Lo convince a consegnarsi ma suo padre, furioso per l'oltraggio, lo ammazza. ■ DRAMMATICO; COL.; 92'; FRANCIA, 1973.

ULTIMATUM ALLA TERRA ★★★★
(The Day the Earth Stood Still)
Regia di ROBERT WISE. Con HUGH MARLOWE, PATRICIA NEAL, MICHAEL RENNIE. ■ Giunge un extraterrestre per comunicare alla Terra l'ordine della Confederazione galattica. O smettere di fare la guerra o essere distrutti. Ma, per un errore, l'extraterrestre viene ucciso. Il suo fedele robot sta per iniziare la distruzione della Terra quando una donna, che si era innamorata dell'extraterrestre, riesce a persuadere il robot, che resuscita il suo padrone. L'extraterrestre comunica l'ordine della Confederazione e torna nello spazio. ■ FANTASCIENZA; B/N; 92'; USA, 1951.

ULTIMATUM ALLA TERRA ★★
(The Day the Earth Stood Still)
Regia di SCOTT DERRICKSON. Con JENNIFER CONNELLY, KEANU REEVES, JADEN SMITH. ■ Una smisurata e misteriosa sfera luminosa atterra tra gli alberi di Central Park e sotto gli occhi meravigliati dei newyorkesi. L'alieno che la abita e ne discende viene accolto da una pallottola di benvenuto, esplosa da un militare nervoso ed emotivo. Ricoverato d'urgenza e guarito con prodigiosa rapidità, l'alieno rivela sembianze umane e nome sotto una pellicola gelatinosa: è Klaatu, una creatura astrale precipitata dall'universo per avvertire l'umanità di un'imminente crisi globale. Dopo aver chiesto senza successo alla Segretaria di Stato degli Usa di organizzare una riunione internazionale per comunicare al mondo il suo messaggio, Klaatu elude la sorveglianza governativa, deciso a dare una dimostrazione di forza convincente con l'aiuto di Gort, il suo gigantesco automa. Sarà l'amore di una mamma, la scienziata Helen Benson, a farlo desistere dall'impresa, concedendo agli uomini il beneficio del dubbio e la possibilità del riscatto. Il film ci rammenta (anche) che la rappresentazione degli Stati Uniti non può essere distinta dalla rappresentazione della loro potenza militare. ■ FANTASCIENZA; COL.; 103'; USA, 2008.

ULTIMATUM ALLA VITA ★★
Regia di RENATO POLSELLI. Con FRANCA BETTOJA, FABRIZIO CAPUCCI, CLAUDIO GORA. ■ Durante l'ultima guerra, alcune ragazze resistono coraggiosamente agli interrogatori dei tedeschi. Una fugge e avvisa i partigiani, che ingaggiano uno scontro a fuoco col nemico durante il quale muoiono tutti. ■ GUERRA; B/N; 95'; ITALIA, 1961.

ULTIMATUM DI MEZZANOTTE *(The Fighting Navy)* ★★
Regia di NORMAN WALKER. Con ROBERT DOUGLAS, HENRY BYRON WARNER. ■ In un'isola dei mari del Sud gli indigeni si ribellano al dominio coloniale. I bianchi stanno per essere sopraffatti, poi arriva un incrociatore che stermina gli indigeni e pone in salvo i due ostaggi. ■ AVVENTURA; B/N; 75'; GRAN BRETAGNA, 1937.

ULTIMA VACANZA, L' *(Last Holiday)* ★★
Regia di LL COOL J, WAYNE WANG. Con JANE ADAMS, HALLE BAILEY, LL COOL J, GÉRARD DEPARDIEU, GIANCARLO ESPOSITO, TIMOTHY HUTTON, QUEEN LATIFAH, CYNTHIA LEBLANC, MICHAEL NOURI, ALICIA WITT. ■ Georgia, timida e non più giovanissima, lavora come commessa in un grande magazzino: segretamente innamorata di un collega, la donna, taglia forte formato gospel, conduce una vita di rinunce alimentari (e non solo) pur coltivando l'hobby della cucina. Quando le verrà comunicato che le rimangono tre settimane di vita per una rara forma di tumore al cervello, Georgia darà fondo ai propri risparmi per regalarsi un'ultima, indimenticabile, folle vacanza. La favola moderna con tanto di messaggio ha trovato in Wang, fin dai tempi del celeberrimo *Smoke*, un regista d'eccezione. ■ COMMEDIA; COL.; 122'; USA, 2006.

ULTIMA VALLE, L' *(The Last Valley)* ★★★
Regia di JAMES CLAVELL. Con FLORINDA BOLKAN, MICHAEL CAINE, OMAR SHARIF. ■ Durante la guerra dei Trent'anni, un professore trova rifugio in un piccolo villaggio di montagna scampato miracolosamente alla distruzione. S'illude, stabilendovi un clima di pace e di solidarietà, di risparmiare il paesino dalle violenze della guerra. Ma non sarà così: la distruzione e la violenza arriveranno anche in quell'oasi di pace ed egli dovrà abbandonare per sempre quei luoghi. ■ AVVENTURA; COL.; 128'; GRAN BRETAGNA, 1970.

ULTIMA VENDETTA, L' *(The Ship that Died of Shame)* ★★
Regia di BASIL DEARDEN. Con RICHARD ATTENBOROUGH, GEORGE BAKER, BILL OWEN, VIRGINIA MCKENNA. ■ Un ufficiale, amareggiato dalla guerra che gli ha ucciso la moglie, diventa contrabbandiere. Gli affari prosperano finché la polizia non viene messa in allarme. Finale deludente. ■ AVVENTURA; B/N; 91'; GRAN BRETAGNA, 1955.

ULTIMA VERGINE AMERICANA, L' ★★
(The Last American Virgin)
Regia di BOAZ DAVIDSON. Con STEVE ANTIN, DIANE FRANKLIN, LAWRENCE MONODSON. ■ La prima delusione di un giovane sensibile, Gary, che dopo avventure da caserma s'innamora di una ragazza, che lo tradisce con un compagno di scuola disinvolto e cinico. Rimasta incinta nella relazione, la ragazza chiede aiuto proprio a Gary, per poi tornare tra le braccia dell'altro. ■ COMMEDIA; COL.; 93'; USA, 1982.

ULTIMA VIOLENZA, L' ★
Regia di RAFFAELLO MATARAZZO. Con LORELLA DE LUCA, DARIO MICHAELIS, YVONNE SANSON. ■ Un giovane cinico porta lo scompiglio nella sua famiglia affinché il padre affidi a lui tutte le sostanze. Più tardi, in un impeto di pentimento, confesserà le sue colpe. ■ DRAMMATICO; B/N; 94'; ITALIA, 1957.

ULTIMA VOLTA, L' ★★
Regia di ALDO LADO. Con JOE DALLESSANDRO, ELEONORA GIORGI, MASSIMO RANIERI. ■ Due amici portano a termine un grosso colpo. La loro vittima ammazza uno dei due e si riprende il malloppo; il superstite se ne riappropria e si vendica. ■ DRAMMATICO; COL.; 92'; ITALIA, 1976.

ULTIMA VOLTA CHE MI SONO SUICIDATO, L' ★★
(The Last Time I committed Suicide)
Regia di STEPHEN KAY. Con CLAIRE FORLANI, THOMAS JANE, KEANU REEVES. ■ Neal Cassady, seguace del grande scrittore americano Jack Kerouac, è il protagonista di questo film. Ha perso la vita in un incidente d'auto alla maniera di James Dean e di Fred Buscaglione. L'epoca è quella degli anni Cinquanta. Pieno di citazioni letterarie della *beat generation*, il film si perde in intellettualismi inutili. ■ DRAMMATICO; COL.; 115'; USA, 1997.

ULTIMA VOLTA CHE VIDI PARIGI, L' ★★★★
(The Last Time I Saw Paris)
Regia di RICHARD BROOKS. Con VAN JOHNSON, WALTER PIDGEON, ELIZABETH TAYLOR. ■ Ai campi Elisi francesi e alleati festeggiano la liberazione di Parigi. Charly, giovane ufficiale americano, viene baciato da una bellissima ragazza che ritrova qualche ora dopo a una festa. Conosce dunque Elena, americana che vive a Parigi con suo padre e sua sorella Mary. Quest'ultima ha subito un debole per Charly, ma Elena... è Elizabeth Taylor. Charly decide di rimanere a Parigi e di lavorare per un giornale, inoltre sta scrivendo un libro. Elena e Charly si sposano e si divertono, persino troppo. Nel frattempo il manoscritto viene respinto. Charly beve, tutti bevono. Riprova a scrivere, ma è un'altra delusione. Il matrimonio comincia a scricchiolare, anche se è nata una bambina. Una notte Elena, cagionevole, rimane fuori della porta, nella neve, Charly ubriaco non la sente. Ricoverata muore di polmonite. La bambina viene affidata alla cognata che può vendicarsi dell'antico smacco. Quando dopo qualche anno Charly torna a Parigi, Mary non vuole ridargli la figlia. Ma all'ultimo momento cambia idea. Charly potrà avere la sua famiglia. Uno dei grandi *mélo* della Metro degli anni Cinquanta, con tante belle prerogative. Prima di tutto la base: un racconto di Scott Fitzgerald dal titolo *Babilonia rivisitata*, ambientato dopo la prima guerra mondiale e opportunamente trasferito all'altro dopoguerra. Poi la regia, affidata a Brooks, allora giovane autore, della generazione che avrebbe dedicato grande attenzione al rigore e alla verità. Da ricordare anche la colonna sonora e la bellissima canzone del titolo. Il film è giocato su flash-back e riproduce la Parigi invasa dagli americani, la vita nei caffè e la voglia di divertirsi a oltranza. In sostanza il malinconico mondo di Fitzgerald nonostante le profonde interpolazioni. Una menzione per Walter Pidgeon, nella parte di uno dei papà più simpatici di tutto il cinema. ■ DRAMMATICO; COL.; 116'; USA, 1954.

ULTIMA VOLTA INSIEME, L' ★
Regia di NINI GRASSIA. Con ANNA ORSO, MASSIMO RANIERI, ENRICO MARIA SALERNO. ■ Un giovane avvocato napoletano, figlio di un principe del foro, lotta contro il racket delle tangenti e incontra per caso sua madre, che non aveva mai conosciuto e che credeva morta. ■ DRAMMATICO; COL.; 93'; ITALIA, 1981.

ULTIMA ZIA DI CARLO, L' *(Where's Charley?)* ★★★
Regia di DAVID BUTLER. Con RAY BOLGER, MARIE GERMAINE, ALLYN MCLERIE, MARGARET SCOTT, ROBERT SHACKLETON. ■ Un giovane burlone si traveste da donna – una parente che sta aspettando e non è ancora arrivata – e trova subito interessanti

corteggiatori. Al sopraggiungere dell'autentica ospite, l'avventura si conclude con tre matrimoni. ■ COMMEDIA; COL.; 98'; GRAN BRETAGNA, 1952.

ULTIME AVVENTURE DI DON GIOVANNI ★★★
(The Private Life of Don Juan)
Regia di ALEXANDER KORDA. Con BINNIE BARNES, DOUGLAS FAIRBANKS, BENITA HUME, MERLE OBERON. ■ Il vecchio Don Giovanni rinuncia alle conquiste femminili e torna dalla moglie che lo ha atteso pazientemente. Douglas Fairbanks, purtroppo, non aveva più l'età per parti del genere. ■ AVVENTURA; B/N; 89'; GRAN BRETAGNA, 1934. ■ VENEZIA 1 PR.

ULTIME 56 ORE, LE ★★
Regia di CLAUDIO FRAGASSO. Con BARBORA BOBULOVA, SIMONA BORIONI, LUCA LIONELLO, NICOLE MURGIA, GIANMARCO TOGNAZZI. ■ Cinque anni dopo l'intervento militare nei territori del Kosovo, molti membri dell'esercito italiano riportano gravi malformazioni e malattie tumorali. Di fronte all'agonia del marito, la dottoressa Ferri fa giurare a un altro reduce, il colonnello Moresco, che farà qualunque cosa per far emergere la verità sulle implicazioni fra l'uranio degli armamenti bellici e la proliferazione dei tumori nell'esercito. Il vicequestore Manfredi, un abile negoziatore poco incline ai protocolli della polizia, deve gestire una figlia adolescente e una crisi coniugale con una moglie che ama ancora. La tragicità del fato farà incrociare i destini del militare e del poliziotto all'interno di un ospedale. ■ AZIONE; COL.; 107'; ITALIA, 2010.

ULTIME DELLA NOTTE *(Scandal Sheet)* ★★
Regia di LEW LANDERS. Con BRODERICK CRAWFORD, JOHN DEREK, DONNA REED. ■ Un giornalista di successo sopprime la moglie che potrebbe rivelare il suo losco passato e un reporter che ha capito tutto. Verrà scoperto e ucciso nel tentativo di fuga. ■ DRAMMATICO; B/N; 82'; USA, 1952.

ULTIME LETTERE DA STALINGRADO ★★
(Letzte Briefe aus Stalingrad – Lettres de Stalingrad)
Regia di GILLES KATZ. Con HUGUETTE LENCAGNE, FRÉDÉRIQUE MEININGER, PATRICIA SAINT-GEORGES. ■ I soldati tedeschi assediati a Stalingrado scrivono a casa e raccontano gli orrori della guerra. ■ GUERRA; COL.; 91'; GERMANIA, 1969.

ULTIME NOTIZIE *(The Murder Man)* ★★★
Regia di TIM WHELAN. Con LIONEL ATWILL, VIRGINIA BRUCE, JAMES STEWART, SPENCER TRACY. ■ Per vendicarsi, un giornalista omicida fa condannare un innocente. Poco prima dell'esecuzione, pentito, confessa la sua colpa. ■ DRAMMATICO; B/N; 70'; USA, 1935.

ULTIME NOTIZIE *(News at Eleven)* ★★
Regia di MIKE ROBE. Con BARBARA BABCOCK, PETER RIEGERT, MARTIN SHEEN. ■ Un giornalista televisivo viene a sapere da un'amica di sua figlia che hanno arrestato un insegnante d'arte drammatica per violenza carnale. Viene fatta un'intervista alla quattordicenne sedotta che afferma di non essere stata violentata e che lei è innamorata dell'insegnante. Per alzare l'audience il direttore della televisione trasmette il filmato nonostante il giornalista si opponga. Dopo la trasmissione la ragazza comincerà a ricevere squallide telefonate di uomini. L'assunto della pellicola è interessante, ma la realizzazione è manieristica come l'interpretazione. Meglio i telefilm di *Lou Grant* che in tre quarti d'ora trattavano temi altrettanto scottanti. ■ DRAMMATICO; COL.; 95'; USA, 1986.

ULTIME ORE DI UNA VERGINE – UN DOPPIO A METÀ, LE ★
Regia di GIANFRANCO PICCIOLI. Con DON BACKY, MASSIMO FARINELLI, SYDNE ROME. ■ Uno studente appassionato di fotografia viene tradito dall'amico giornalista al quale aveva ceduto dell'interessante materiale. Deluso, fa abortire la sua ragazza, che muore durante l'operazione. ■ DRAMMATICO; COL.; 95'; ITALIA, 1972.

ULTIME 36 ORE, LE *(36 Hours)* ★★★
Regia di GEORGE SEATON. Con JAMES GARNER, EVA MARIE SAINT, ROD TAYLOR. ■ I nazisti catturano un ufficiale americano e con un trucco infernale gli fanno credere che la guerra sia finita da molti anni e che lui, in preda ad amnesia, abbia finalmente riacquistato la memoria dopo le cure a cui è stato sottoposto nell'ospedale americano in cui si trova (che invece è ricostruito dai tedeschi). Con un abile interrogatorio, cercano poi di fargli dire il giorno in cui "avvenne" lo sbarco in Normandia. L'ufficiale sta quasi per cadere nel tranello, quando un piccolo particolare gli svela la macchinazione. Riesce a fuggire. ■ DRAMMATICO; COL.; 115'; USA, 1965.

ULTIME VACANZE, LE *(Les Dernieres Vacances)* ★★★
Regia di ROGER LEENHARDT. Con PIERRE DUX, JEAN D'YD, MICHEL FRANÇOIS, ODILE VERSOIS. ■ Primi anni Trenta. Una famiglia si ritrova riunita nella casa di campagna di zio Walter. Un film nella tradizione letteraria francese. ■ COMMEDIA; B/N; 95'; FRANCIA, 1947.

ULTIMI, GLI ★★
Regia di VITO PANDOLFI. ■ È la storia di un ragazzo intelligente, ma deriso da tutti, che si libera dei suoi timori infantili, maturando finalmente. ■ DRAMMATICO; B/N; 87'; ITALIA, 1963.

ULTIMI BAGLIORI DI UN CREPUSCOLO ★★★
(Twilight's Last Gleaming)
Regia di ROBERT ALDRICH. Con JOSEPH COTTEN, CHARLES DURNING, BURT LANCASTER, RICHARD WIDMARK. ■ Un ufficiale si impadronisce di una base missilistica e tenta di imporre al presidente Usa un ricatto politico. Un altro militare, privo di qualsiasi scrupolo, invece di accettare un accordo pacifico, assalta la base uccidendo il ribelle e il presidente, che si era recato fin lì per dissuaderlo dal suo proposito. ■ DRAMMATICO; COL.; 120'; USA, 1976.

ULTIMI CANNIBALI, GLI ★★
(Chez les mangeurs d'hommes)
Regia di ANDRÉ-PAUL ANTOINE. ■ Due cineasti vengono accolti amichevolmente dai cannibali, ma devono scappare quando il loro capo si accorge che hanno trasgredito ad un preciso divieto. ■ DOCUMENTARIO; B/N; 92'; FRANCIA, 1928.

ULTIMI CINQUE MINUTI, GLI ★★★
Regia di GIUSEPPE AMATO. Con LINDA DARNELL, VITTORIO DE SICA, SOPHIE DESMARETS. ■ Due giovani si incontrano per caso e si sposano. Dopo una breve crisi causata dalla moglie, che si crede innamorata di un altro, tutto si accomoda. ■ COMMEDIA; B/N; 90'; ITALIA, 1955.

ULTIMI DELLA CLASSE ★★
Regia di LUCA BIGLIONE. Con MARCO BATTELLI, VALENTINO CAMPITELLI, ANDREA DE ROSA, CLIZIA FORNASIER, LUDOVICO FREMONT, GIOVANNI GAROFALO, GIULIA ELETTRA GORIETTI, MARCO IANNONE, AZZURRA MASTRANGELO, MARCO MESSERI, NATHALIE RAPTI GOMEZ, SARA TOMMASI. ■ Michele è in piena crisi adolescenziale. Di studiare non ha nessuna voglia, di ballare la salsa insieme ai suoi, di ritorno da Cuba, nemmeno. Gli piacerebbe che Federica ricambiasse la sua corte, ma così non è. Non gli resta che il calcio con gli amici e il suo blog, "Ultimi della classe", nel quale può far credere a tremila sconosciuti di essere il "figo" che non è. *Ultimi della classe*, regia cinematografica dello sceneggiatore televisivo Luca Biglione, è l'ultimo capitolo di una classe di ferro: quella dei film sulla verginità da "perdere" e la maturità da "vincere", possibilmente nello stesso periodo, anche se mutando l'ordine degli addendi il risultato non cambia. ■ COMMEDIA; COL.; 90'; ITALIA, 2008.

ULTIMI DELLA STRADA, GLI ★★★
Regia di DOMENICO PAOLELLA. Con ORETTA FIUME, ROBERTO VILLA. ■ A Napoli un gruppo di scugnizzi orfani, in seguito al risanamento edilizio di alcuni rioni, vengono ospitati in una colonia. Solo una ragazza si rifiuta, ma trova la comprensione di un giovane costruttore che conosce le difficoltà della vita. I due alla fine si sposeranno. ■ COMMEDIA; B/N; 93'; ITALIA, 1939.

ULTIMI DIECI GIORNI DI HITLER, GLI ★★★
(Hitler: The Last Ten Days)
Regia di ENNIO DE CONCINI. Con ADOLFO CELI, ALEC GUINNESS, SIMON WARD, DIANE CILENTO, DORIS KUNSTMANN. ■ Il 20 aprile 1945 Hitler, Eva Braun e alcuni ufficiali nazisti si barricano in un bunker a Berlino, dove il dittatore si darà la morte assieme all'amante, che nel frattempo ha sposato. I suoi accoliti

non lo seguiranno, come avevano promesso, nella morte. ■ DRAMMATICO; COL.; 107′; ITALIA, GRAN BRETAGNA, 1973. ■ DAVID DI DONATELLO 1 PR, 1 NOM.

ULTIMI ECHI DI GUERRA *(Distant Thunder)* ★★
Regia di RICK ROSENTHAL. Con JOHN LITHGOW, RALPH MACCHIO. ■ Ennesimo film intorno alla guerra del Vietnam. Un reduce si isola con altri compagni nella foresta. La voglia di tornare a casa e riabbracciare il figlio, ormai diciottenne, è però più forte ma il ritorno alla normalità non è facile. Una brutta esperienza farà sì che tutto si appiani. Convincente l'attore John Lithgow. ■ DRAMMATICO; COL.; 109′; USA, 1988.

ULTIMI FILIBUSTIERI, GLI ★
Regia di MARCO ELTER. Con LOREDANA, VITTORIO SANNI, OSVALDO VALENTI. ■ Il figlio del Corsaro Rosso difende la sorella da un cacciatore di dote. Finirà con l'ucciderlo in duello. ■ AVVENTURA; B/N; 93′; ITALIA, 1941.

ULTIMI FUOCHI, GLI *(The Last Tycoon)* ★★★
Regia di ELIA KAZAN. Con TONY CURTIS, ROBERT DE NIRO, ROBERT MITCHUM, JEANNE MOREAU, JACK NICHOLSON. ■ Negli anni Trenta, il produttore di una casa cinematografica si innamora di una ragazza che gli ricorda la moglie defunta, e per lei trascura anche il lavoro. Quando la giovane sposa un altro, il produttore, sconfortato, perde aggressività nel lavoro e viene cacciato dal suo posto. Da Francis Scott Fitzgerald. ■ DRAMMATICO; COL.; 125′; USA, 1976. ■ OSCAR 1 NOM.

ULTIMI FUORILEGGE, GLI *(American Outlaws)* ★★
Regia di LES MAYFIELD. Con SCOTT CAAN, COLIN FARRELL, ALI LARTER. ■ Il film si apre con uno scontro tra un gruppetto di giovani e i soldati dell'Unione. Siamo nel corso della Guerra Civile e i nostri eroi sono Jesse James, suo fratello Frank e i loro cugini. Si rivisita quindi la storia di uno dei banditi più famosi d'America con una gran dose di simpatia riversata nei suoi confronti. Anche perché, dopo aver combattuto i soldati, lui e i suoi dovranno affrontare i magnati della ferrovia che vogliono portargli via le terre per un tozzo di pane. Si mescolano due generi: il western e il gangster-movie. Non dimenticando mai di fare spettacolo e avendo ben presente Robin Hood, ma con scarsa presa nei confronti di un pubblico (quello giovanile a cui si rivolge), che sa ben poco di entrambi i generi. ■ WESTERN; COL.; 85′; USA, 2001.

ULTIMI GIGANTI, GLI *(The Last Hard Men)* ★★★
Regia di ANDREW V. MCLAGLEN. Con JAMES COBURN, BARBARA HERSHEY, CHARLTON HESTON. ■ Un detenuto fugge di prigione per vendicare la sua donna, uccisa accidentalmente dallo sceriffo. Questi lo insegue per liberare la propria figlia, caduta nelle mani dell'evaso. Morirà per sua mano, ma sarà vendicato dal genero. ■ WESTERN; COL.; 103′; USA, 1975.

ULTIMI GIORNI, GLI ★★★★
Regia di JAMES MOLL. Con BILL BOSCH, RENÉE FIRESTONE, ALICE LOK CAHANA, IRENE ZISBLATT. ■ James Moll e Steven Spielberg realizzano questo documentario per la "Survivors of the Shoah Visual History Foundation". La fiction è bandita eppure questo film, che ha come protagonisti cinque ebrei ungheresi sopravvissuti alla Shoah che ripercorrono la storia di vicende che loro stessi hanno in qualche misura rimosso, colpisce dritto al cuore e al cervello. Dimostrando che documentario non significa necessariamente "noia". Da vedere prima di "rivedere" i libri di storia. ■ DOCUMENTARIO; COL.; 86′; USA, 1998.

ULTIMI GIORNI AL KREMLINO ★★
(Crisis in the Kremlin)
Regia di JONATHAN WINFREY. Con THEODORE BIKEL, DENISE BIXLER, ROBERT RUSLER. ■ L'Urss sta per finire ed è necessario difendere Gorbaciov. Il suo sosia viene allora messo sotto la protezione di un agente. Ma non del Kgb bensì della Cia. Col beneplacito di Roger Corman. ■ SPIONAGGIO; COL.; 84′; USA, 1992.

ULTIMI GIORNI DA NOI *(The Last Day of Chez nous)* ★★
Regia di GILLIAN ARMSTRONG. Con KERRY FOX, BRUNO GANZ, LISA HARROW. ■ Beth è un'affermata scrittrice. È sposata con Jean-Pierre, ma il ménage non funziona benissimo. In casa vivono la figlia di Beth e l'affittuario Tim. Arriva Vicki, la sorella minore di Beth, che inizia una storia con Jean-Pierre. La scrittrice vede sgretolarsi il controllo del suo universo, che riteneva riposasse saldamente nelle sue mani. ■ DRAMMATICO; COL.; 92′; AUSTRALIA, 1991.

ULTIMI GIORNI DI FRANK E JESSE JAMES, GLI ★★
(The Last Days of Frank and Jesse James)
Regia di WILLIAM A. GRAHAM. Con JOHNNY CASH, KRIS KRISTOFFERSON, WILLIE NELSON. ■ Tre celebri cantanti country alle prese con la leggenda dei fratelli James. Per la televisione. ■ WESTERN; COL.; 120′; USA, 1986.

ULTIMI GIORNI DI POMPEI, GLI ★★★
Regia di CARMINE GALLONE, AMLETO PALERMI. Con RINA DE LIGUORO, BERNHARD GOETZKE, MARIA KORDA, VIKTOR VARKONYI. ■ Costato sette milioni di lire, fu un successo ma non sufficiente per "rientrare". I grandi kolossal italiani cominciavano la loro parabola di declino. ■ STORICO; B/N; 147′; ITALIA, 1926.

ULTIMI GIORNI DI POMPEI, GLI ★★★
(Last Days of Pompei)
Regia di ERNEST BEAUMONT SCHOEDSACK. Con PRESTON FOSTER, ALAN HALE, BASIL RATHBONE. ■ Che cosa accadde a Pompei nei giorni precedenti la famosa eruzione. ■ STORICO; B/N; 96′; USA, 1935.

ULTIMI GIORNI DI POMPEI, GLI ★★
Regia di PAOLO MOFFA. Con GEORGE MARSHALL, MICHELINE PRESLE. ■ Storia drammatica di un giovane e della sua amata, ambientata all'epoca dell'eruzione del Vesuvio. ■ STORICO; B/N; 92′; ITALIA, 1948.

ULTIMI GIORNI DI POMPEI, GLI ★★
Regia di MARIO BONNARD. Con CHRISTINE KAUFMANN, STEVE REEVES, FERNANDO REY. ■ A Pompei i cristiani vengono accusati di ogni sorta di malefatte e condannati a morte. Un centurione convinto della loro innocenza viene gettato in prigione. Ne fuggirà con l'amata proprio il giorno dell'eruzione del Vesuvio. ■ STORICO; COL.; 100′; ITALIA, 1959.

ULTIMI GIORNI DI POMPEO, GLI ★★
Regia di MARIO MATTOLI. Con ROBERTA MARI, CAMILLO PILOTTO, ENRICO VIARISIO. ■ Un avvocato tenta di impedire il matrimonio tra un'ereditiera e un musicista, ma senza riuscirci. ■ COMMEDIA; B/N; 91′; ITALIA, 1937.

ULTIMI GIORNI DI UNO SCAPOLO, GLI ★★★
(Once More, My Darling)
Regia di ROBERT MONTGOMERY. Con ANN BLYTH, JANE COWL, ROBERT MONTGOMERY. ■ Un avvocato avvicina una bella ereditiera con lo scopo di intrappolare un ladro di gioielli che la corteggia. Riesce nell'intento e la giovane, che nel frattempo si è innamorata di lui, prima lo respinge temendo di essere stata presa in giro, poi lo sposa. ■ COMMEDIA; B/N; 94′; USA, 1949. ■ OSCAR 1 NOM.

ULTIMI GUERRIERI, GLI *(The Last Warrior)* ★★
Regia di MARTIN WRAGGE. Con TAGAWA CARY-HIROYUKI, GARY GRAHAM. ■ Chi ricorda *Duello nel Pacifico* si trova davanti a un *déjà-vu*. Siamo, infatti, ancora una volta dinanzi a due uomini, un giapponese e un americano, che nel 1945, a conflitto finito, continuano la loro guerra personale. ■ GUERRA; COL.; 90′; USA, 1990.

ULTIMI QUATTRO DI SANTA CRUZ, GLI ★★
(Die letzten vier von Santa Cruz)
Regia di WERNER KLINGLER. Con IRENE MEYENDORFF, HERMANN SPEELMANS. ■ Una coppia di sposi smaschera le losche imprese di una organizzazione e ne manda i componenti in galera. ■ AVVENTURA; B/N; 92′; GERMANIA, 1936.

ULTIMI SEI MINUTI, GLI *(Fear is the Key)* ★★
Regia di MICHAEL TUCHNER. Con SUZY KENDALL, BARRY NEWMAN, JOHN VERNON. ■ Un condannato fugge dal tribunale prendendo in ostaggio la figlia di un miliardario. Attraverso una complicatissima vicenda piena di colpi di scena, si scoprirà che l'uomo è innocente e che ha escogitato una trappola per catturare finalmente gli assassini di tre suoi familiari. ■ AVVENTURA; COL.; 108′; GRAN BRETAGNA, 1972.

ULTIMI TRE GIORNI, GLI ★★★
Regia di GIANFRANCO MINGOZZI. Con LUIGI CASELLATO, CLAU-

DIO CASSINELLI, LINA SASTRI. ■ Rievocazione di un celebre attentato a Mussolini avvenuto a Bologna nel 1926. Il protagonista è un ragazzo di sedici anni, Anteo Zamboni, che sparò un colpo di pistola (a vuoto) contro il dittatore e venne ucciso a pugnalate, sul posto, dai fascisti. Il film avalla l'ipotesi, probabilmente vera, che i fascisti sapessero delle intenzioni del ragazzo e che in qualche modo incoraggiarono il suo gesto, in modo da avere il pretesto per una feroce repressione. Difatti qualche giorno dopo furono proclamate le leggi speciali che spensero ogni possibilità di opposizione democratica nel paese. ■ DRAMMATICO; COL.; 123′; ITALIA, 1978.

ULTIMO ADDIO ★★
Regia di FERRUCCIO CERIO. Con GINO CERVI, LUISA FERIDA. ■ Un giovane abbandona la donna di cui è innamorato perché si crede irrimediabilmente malato. Anni dopo, benché l'amata sia già sposata e madre, vorrebbe riconquistarla, ma un drammatico evento glielo impedirà. ■ DRAMMATICO; B/N; 93′; ITALIA, 1942.

ULTIMO AGGUATO, L' *(A Life at Stake)* ★★
Regia di PAUL GUILFOYLE. Con KEITH ANDES, ANGELA LANSBURY. ■ Un costruttore edile, sfuggito a un attentato, individua il colpevole (che voleva ucciderlo per incassare l'assicurazione) e riesce a eliminarlo. ■ DRAMMATICO; B/N; 78′; USA, 1958.

ULTIMO AMANTE, L' ★★
Regia di MARIO MATTOLI. Con NINO BESOZZI, MAY BRITT, AMEDEO NAZZARI. ■ È il rifacimento di *Stasera niente di nuovo* (1942). ■ COMMEDIA; B/N; 90′; ITALIA, 1955.

ULTIMO AMORE *(Letzte Liebe)* ★
Regia di FRANZ SCHULTZ. Con HANS JARAY, MICHIKO MEINL. ■ Un compositore di opere liriche si innamora dell'interprete del suo ultimo lavoro. Quando muore la giovane, per rispetto alla sua memoria, rinuncerà al matrimonio con una collega. ■ DRAMMATICO; B/N; 92′; GERMANIA, 1935.

ULTIMO AMORE ★★
Regia di LUIGI CHIARINI. Con CLARA CALAMAI, ANDREA CHECCHI, DANTE MAGGIO. ■ Un pilota italiano, durante un breve permesso a Roma, si innamora di una ballerina. Un improvviso attacco dei tedeschi lo costringe a lasciarla per imbarcarsi sul proprio aereo, dove troverà la morte con due amici. ■ DRAMMATICO; B/N; 94′; ITALIA, 1946.

ULTIMO ANELLO DELLA FOLLIA, L' ★★
Regia di SIDNEY J. FURIE. Con VINCENT GALLO, BRUCE GREENWOOD, DARYL HANNAH, JOHANNA BLACK, JENNIFER TILLY. ■ Una casa desolata e isolata, nel bel mezzo di una brulla cittadina sconosciuta, dove l'unico altro edificio vicino è una vecchia stazione di benzina, fra l'altro disabitata. È quella la prigione di Ann, una donna borghese ormai prossima al parto, che viene rapita da una coppia di psicopatici i quali, essendo sterili, trovano che l'unico modo possibile per esaudire i loro desideri di paternità e maternità sia quello di rapire una sconosciuta, facendo credere al marito di quest'ultima che sia perita in un incidente automobilistico. Superficialmente la storia è buona, Furie resta distante dalla qualità del suo *Ipcress* (1965), ma ha anche decisamente lasciato alle spalle *Ragazze nel pallone*. Si strizza l'occhio a *Misery non deve morire* (1990), ma abbiamo perso per strada la Kathy Bates-Annie Wilkes che ci spaventava anche solo con il suo pesante incedere. ■ THRILLER; COL.; 100′; CANADA, 2000.

ULTIMO APACHE, L' *(Apache)* ★★★★★
Regia di ROBERT ALDRICH. Con BURT LANCASTER, JOHN MCINTIRE, JEAN PETERS. ■ Il giovane Massai è l'ultimo guerriero apache ad arrendersi ai bianchi. Anche Geronimo ha accettato di essere trasferito nella riserva. Durante il viaggio Massai riesce a fuggire e torna alla sua terra. Tradito dal vecchio capo viene di nuovo catturato. Evade ancora e da solo combatte i bianchi. Uccide, distrugge, incendia, semina il terrore. Diventa una leggenda. Massai si è portato via la figlia del capo, per punirla, ma poi si innamora di lei. Quando la donna rimane incinta, Massai capisce che non può più combattere, che è arrivato il momento di fermarsi, di stabilirsi. Semina un campo di grano. I soldati lo braccano e lo raggiungono. Lo ucciderebbero se il comandante, che ha capito il significato di quel campo, non li fermasse. Massai, passando fra i soldati, raggiunge la capanna dove la sua donna ha dato alla luce un bambino. Film importante, con toni nuovi grazie al regista Aldrich, della generazione successiva a quella dei Ford, Mann e Hawks, i maestri del western. Minor mito, minor compiacimento, ma grande efficacia di racconto, con soluzioni registiche che il western non aveva mai espresso, come il piano sequenza in cui Massai si trova di notte in mezzo a una città e vede cose incomprensibili: un ristorante, una tintoria, un accattone, un imbonitore, gli abiti delle donne. Il discorso "razziale" ha una sua importanza, anche se precedentemente altri film si erano schierati dalla parte degli indiani (*L'amante indiana* e *Il passo del diavolo*). E poi c'è Lancaster, in un ruolo che sembrava fatto apposta per lui. Vitale, tormentato, violento ma anche sentimentale e intelligente, l'attore, quarantenne, era allora in strepitosa forma fisica e nel momento più "eroico" della sua carriera, buono per l'avventura e per tutti gli altri ruoli. ■ WESTERN; COL.; 91′; USA, 1953.

ULTIMO APPELLO, L' *(The Chamber)* ★★
Regia di JAMES FOLEY. Con FAYE DUNAWAY, GENE HACKMAN, CHRIS O'DONNELL. ■ Quando Sam Cayhall, il detenuto più anziano dello stato del Mississippi ed irriducibile razzista, sta per essere giustiziato per l'omicidio di due bambini di colore avvenuto nel 1967, riceve la visita di un giovane avvocato che tenta di fare riaprire il processo. Le indagini però costringeranno il giovane legale a fare i conti con il terribile passato della sua famiglia. ■ DRAMMATICO; COL.; 110′; USA, 1997.

ULTIMO ARRIVATO, L' *(Der Aussenseiter)* ★★
Regia di HANS DEPPE. Con ERNEST DUMCKE, HEINZ RÜHMANN. ■ Un vagabondo allenatore di cavalli porta alla vittoria un puledro, e così favorisce il matrimonio della padrona grazie al premio vinto dal cavallo. ■ COMMEDIA; B/N; 91′; GERMANIA, 1938.

ULTIMO ASSALTO, L' *(Die letzte Runde)* ★★
Regia di WERNER KLINGLER. Con ATTILA HÖRBIGER, CAMILLA HORN. ■ Un ex pugile, che ha avuto la carriera rovinata per colpa di una donna, porta alla vittoria un giovane che rischiava di fare la sua stessa fine (per colpa della stessa donna). ■ COMMEDIA; B/N; 95′; GERMANIA, 1939.

ULTIMO ATTACCO, L' *(La fiel infanteria)* ★★
Regia di PEDRO LAZAGA. Con ARTURO FERNANDEZ, AMALIA GADÉ. ■ Un ufficiale spagnolo sposa durante la guerra la sua fidanzata e subito dopo parte per una rischiosa missione. ■ GUERRA; B/N; 113′; SPAGNA, 1960.

ULTIMO ATTACCO, L' *(Flight of the Intruder)* ★★★
Regia di JOHN MILIUS. Con WILLEM DAFOE, DANNY GLOVER, BRAD JOHNSON. ■ Si parla ancora di Vietnam, protagonista l'aeronautica. Troviamo il pilota Jake Grafton in crisi esistenziale e con la rabbia dentro pronta a esplodere. È stato ucciso infatti il suo miglior compagno di missione e non sopporta più l'inutilità delle incursioni assegnategli. Ora ha deciso di fare a modo suo e di andare col bombardiere su Hanoi. Non uscirà vivo. La sceneggiatura è manierata, ma se visto nella prospettiva dei film di guerra per puro spettacolo, allora Milius ha fatto centro. ■ GUERRA; COL.; 110′; USA, 1990.

ULTIMO ATTO, L' *(Der letzte Akt)* ★★★
Regia di GEORG WILHELM PABST. Con ALBIN SKODA, LOTTE TOBISCH, OSKAR WERNER. ■ La Germania sta per essere sconfitta, le truppe tedesche si ritirano di fronte all'avanzata dei sovietici. Hitler, nel bunker dove si è rifugiato assieme al suo Stato Maggiore, continua a lanciare i suoi ordini pazzeschi. Molti dei suoi seguaci, per sottrarsi al pensiero della fine incombente, si abbandonano a un'orgia sfrenata. Il film si chiude col suicidio di Hitler. ■ DRAMMATICO; B/N; 92′; GERMANIA, 1955.

ULTIMO AVVENTURIERO, L' *(The Adventurers)* ★★
Regia di LEWIS GILBERT. Con CHARLES AZNAVOUR, ALAN BADEL, BEKIM FEHMIU. ■ Il figlio di un rivoluzionario sudamericano assassinato, creduto responsabile della morte del padre, viene ucciso dal figlio di un altro rivoluzionario. Dal romanzo di Harold Robbins. La versione originale, che dura 171 minuti, è stata ridotta notevolmente. ■ AVVENTURA; COL.; 90′; ITALIA, 1970.

ULTIMO AVVERTIMENTO *(Crossing the Mob)* ★★
Regia di STEVEN HILLIARD STERN. Con MELODY ANDERSON,

GIL GERARD. ■ Una rara e antica collezione di libri è stata sabotata e rovinata. Stoner, il poliziotto privato che si occupa delle indagini, si trova imprevedibilmente di fronte a un assassino spietato. ■ GIALLO; COL.; 90′; USA, 1989.

ULTIMO AVVERTIMENTO DI MR. MOTO, L' ★★
(Mr. Moto's Last Warning)
Regia di NORMAN FOSTER. Con JOHN CARRADINE, PETER LORRE, GEORGE SANDERS. ■ Una banda di terroristi, al soldo di una potenza straniera, cerca di scatenare una guerra fra la Francia e l'Inghilterra, attaccando la flotta francese mentre transita dal Canale di Suez. Ma Mr. Moto piomba a Porto Said e manda all'aria i piani della gang. ■ GIALLO; B/N; 71′; USA, 1939.

ULTIMO BACIO, L' *(Pontcarral, colonel d'Empire)* ★★
Regia di JEAN DELANNOY. Con PIERRE BLANCHAR, ANNIE DUCAUX, SUZY CARRIER. ■ Un giovane uccide in duello l'ex amante della moglie. La donna (che lo aveva sposato unicamente per fare un dispetto all'amante) lo abbandona e fugge. Poi si rende conto di essersene innamorata e torna da lui, appena in tempo per vederlo partire per il fronte. ■ DRAMMATICO; B/N; 125′; FRANCIA, 1945.

ULTIMO BACIO, L' ★★★
Regia di GABRIELE MUCCINO. Con STEFANO ACCORSI, PIERFRANCESCO FAVINO, GIOVANNA MEZZOGIORNO, REGINA ORIOLI, GIORGIO PASOTTI, STEFANIA SANDRELLI, MARTINA STELLA. ■ Carlo (Accorsi) sta per sposare Giulia (Mezzogiorno), che è incinta. C'è la madre di Giulia (Sandrelli) ossessionata dall'età, c'è Marco (Favino), il solo che sembra felice del suo matrimonio, c'è Adriano (Pasotti) che odia la moglie. I sentimenti si palesano, poi salgono di tono e tutti alla fine stanno peggio. Carlo, che vede il matrimonio come un cambiamento finale, dopo il quale non si potrà che essere seri e tristi, si concede un'ultima fuga "cedendo" alle grazie di un'avvenente liceale (Stella). Un ultimo, gradevole viatico. Pur inserito nella "piccola cornice creativa" del cinema italiano, questo lavoro riconosce onestamente i propri limiti istituzionali, ma con un valore aggiunto: Muccino sa far recitare gli attori. Non c'è la sgradevole sensazione dell'innaturale o ipernaturale delle soap italiane. Qui ci sono ragazzi e adulti ben rappresentati. E non è poco. Per il resto registriamo l'evoluzione e la maggior consapevolezza dei contenuti (rispetto al precedente *Come te nessuno mai*) da parte del regista. ■ DRAMMATICO; COL.; 115′; ITALIA, 2001. ■ DAVID DI DONATELLO 3 PR, 3 NOM.

ULTIMO BALLO, L' ★★
Regia di CAMILLO MASTROCINQUE. Con ELSA MERLINI, AMEDEO NAZZARI. ■ Una donna, non sapendosi rassegnare all'incombente vecchiaia, si dà alla pazza gioia. Sua figlia saprà ricondurla alla ragione. ■ COMMEDIA; B/N; 85′; ITALIA, 1941.

ULTIMO BAMBINO, L' *(The Last Child)* ★★
Regia di JOHN LLEWELLYN MOXEY. Con EDWARD ASNER, HARRY GUARDINO, VAN HEFLIN, JANET MARGOLIN. ■ Il governo degli Stati Uniti proibisce di avere più di un bambino per famiglia. I coniugi Miller fuggono in Canada dove un senatore in pensione cerca di aiutarli. ■ FANTASTICO; COL.; 73′; USA, 1971.

ULTIMO BAZOOKA TUONA, L' ★★★
(Hold Back the Night)
Regia di ALLAN DWAN. Con MONA FREEMAN, JOHN PAYNE. ■ Vicende avventurose di una pattuglia americana che nel corso della guerra di Corea (1950-53) ha il compito di proteggere la ritirata dei compagni. La pericolosa missione sarà portata a termine a prezzo di eroici sacrifici. ■ GUERRA; B/N; 80′; USA, 1956.

ULTIMO BERSAGLIO ★
Regia di ANDREA FREZZA. Con PIETRO BIONDI, COSIMO CINIERI, SILVIA COHEN, GIANCARLO GIANNINI. ■ La protagonista torna a Venezia per i funerali del padre, un anziano professore universitario morto suicida. L'uomo, che aveva vissuto l'Olocausto sulla propria pelle, non si è però suicidato. È stato ucciso da qualcuno che ha a che fare con il suo passato. ■ DRAMMATICO; COL.; 104′; ITALIA, 1997.

ULTIMO BERSAGLIO, L' *(Combat Squad)* ★★
Regia di CY ROTH. Con JOHN IRELAND, LON MCCALLISTER. ■ Una pattuglia di militari, alle prese con un difficile compito, subisce diverse perdite. Fra gli uomini giunti di rinforzo, uno ha una serie di contrasti con il comandante. Gli salverà la vita, e verrà pubblicamente elogiato. ■ GUERRA; B/N; 72′; USA, 1954.

ULTIMO BICCHIERE, L' *(Last Order)* ★★
Regia di FRED SCHEPISI. Con MICHAEL CAINE, TOM COURTENAY, DAVID HEMMINGS, BOB HOSKINS, HELEN MIRREN, LAURA MORELLI, RAY WINSTONE. ■ Un anziano macellaio è appena morto, e i suoi tre amici di una vita, accompagnati dal suo figlio adottivo, cercano di esaudirne l'ultimo desiderio: vedere versate le proprie ceneri in mare dal molo di Margate. L'occasione è buona per colossali bevute in nome dell'amico scomparso, e per un bilancio della propria esistenza, segnata da tradimenti e piccole grandi vigliaccherie, mentre la vedova del defunto preferisce non unirsi al gruppetto per andare a far visita alla figlia handicappata. ■ DRAMMATICO; COL.; 109′; GERMANIA, GRAN BRETAGNA, 2003.

ULTIMO BOY SCOUT – MISSIONE: SOPRAVVIVERE, L' *(The Last Boy Scout)* ★★★
Regia di TONY SCOTT. Con CHELSEA FIELD, DAMON WAYANS, BRUCE WILLIS. ■ Forse il miglior film diretto da Tony Scott. Scritto da Shane Black (*Arma letale*), il film è un omaggio ai noir degli anni Quaranta e Cinquanta, quelli tratti da Chandler e Hammett. Un investigatore privato dedito all'alcool non vive bene in famiglia: la moglie gli mette le corna e con la figlia ha un pessimo rapporto. Una donna lo fa indagare su un complicato caso e viene uccisa. Lui cerca di barcamenarsi tra mafiosi e politici con l'aiuto di un compare di colore. Tutto comunque entro i canoni del già visto. ■ POLIZIESCO; COL.; 105′; USA, 1991.

ULTIMO BUSCADERO, L' *(Junior Bonner)* ★★★
Regia di SAM PECKINPAH. Con BEN JOHNSON, IDA LUPINO, STEVE MCQUEEN, ROBERT PRESTON. ■ Ai giorni nostri, in Arizona, un cowboy cerca di vivere secondo gli insegnamenti del vecchio padre lavorando nei rodei, ma un toro lo disarciona. Il nostro è in crisi, ma vedendo che il fratello, esponente della nuova America, fa soldi con le speculazioni edilizie capisce d'aver ragione, trova la forza per resistere in sella all'animale e regala i soldi del premio al padre affinché possa andare in Australia alla ricerca di una nuova frontiera. ■ COMMEDIA; COL.; 103′; USA, 1972.

ULTIMO CACCIATORE, L' ★★
Regia di ANTHONY DAWSON. Con DINO CONTI, TISA FARROW, TONY KING, JOHN STEINER. ■ Antonio Margheriti, col suo solito pseudonimo americaneggiante, dirige un film sulla guerra del Vietnam. ■ GUERRA; COL.; 92′ ITALIA, 1980.

ULTIMO CACCIATORE, L' *(Last of the Dogmen)* ★
Regia di TAB MURPHY. Con TOM BERENGER, BARBARA HERSHEY, KURTWOOD SMITH. ■ Due attori di non secondaria importanza coinvolti in un film che narra di una caccia a tre uomini compiuta da diversi personaggi con differenti motivazioni. Si ripercorrono "luoghi" del cinema di genere senza però la necessaria rilettura. ■ AVVENTURA; COL.; 117′; USA, 1995.

ULTIMO CAPODANNO, L' ★★
Regia di MARCO RISI. Con MONICA BELLUCCI, FRANCESCA D'ALOIA, MARCO GIALLINI, ALESSANDRO HABER, MARIA MONTI, PIERO NATOLI. ■ Liberamente tratto dal racconto *L'ultimo capodanno dell'umanità* di Niccolò Ammaniti. In un condominio romano un gruppo di persone si organizza per vivere al meglio il capodanno. C'è la donna tradita (la nudissima Bellucci), il marito sado-trasgressivo (Haber) e tanti esempi di umanità grottesca. Sembra tutto bello e normale, ma appena succede qualcosa di imprevisto, quando i freni cadono, allora è un disastro. Tutto diventa incomprensione e anche violenza. Film dalle grandi e un po' confuse ambizioni. Il pubblico lo ha ignorato. L'aspetto positivo è il tentativo di universalizzare qualcosa di italiano. Parzialmente – pur in tanta furbesca confusione – riuscito. ■ DRAMMATICO; COL.; 90′; ITALIA, 1998.

ULTIMO CARICO D'ORO, L' *(Till There Was You)* ★
Regia di JOHN SEALE. Con MARK HARMON, JEROEN KRABBE, DEBORAH UNGER. ■ In dubbio se il fratello sia ancora vivo, un sassofonista di Manhattan va su un'isola per indagare. Conosce so-

lo il nome di uno strano avventuriero, Big Viv. ■ THRILLER; COL.; 91'; USA, 1990.

ULTIMO CINEMA DEL MONDO, L' ★★★
(El viento se llevò lo que)
Regia di ALEJANDRO AGRESTI. Con VERA FOGWILL, ANGELA MOLINA, JEAN ROCHEFORT. ■ Un paesino della Patagonia ha come unica attrattiva una piccola sala cinematografica piuttosto malconcia nella quale le copie dei film arrivano quasi distrutte con montaggi improbabili. Una tassista di Buenos Aires vi arriva quasi per caso e si innamora di un critico. Arriva anche un divo francese che fa coppia con una bella locandiera. Simpatico e originale, premiato a San Sebastian. ■ COMMEDIA; COL.; 88'; ARGENTINA, FRANCIA, OLANDA, SPAGNA, 1998.

ULTIMO CLIENTE, L' *(The Last Customer)* ★★★
Regia di NANNI MORETTI. ■ Gli ultimi giorni della farmacia Gardini a New York prima della demolizione per far spazio ad un nuovo grattacielo. Il dramma della famiglia italo-americana che in quello stabile aveva sempre vissuto e il commosso saluto dei clienti che per tanti anni l'avevano frequentata. Girato da Moretti a New York durante la sua permanenza per la promozione de *La stanza del figlio*. *L'ultimo cliente* – pur gradevole – non è proprio tra le cose più memorabili del regista. ■ CORTOMETRAGGIO; COL.; 23'; ITALIA, 2002.

ULTIMO COLPO, L' *(Le paria)* ★★★
Regia di CLAUDE CARLIEZ. Con HORST FRANK, JEAN MARAIS, MARIE JOSÉ NAT. ■ Una donna innamorata di un gangster gli offre rifugio. L'uomo sarà ugualmente ucciso dalla polizia, ma, prima di morire, si farà assicurare l'impunità della compagna. ■ DRAMMATICO; COL.; 106'; FRANCIA, 1968.

ULTIMO COLPO, L' *(The Last Hit)* ★
Regia di JAN EGLESON. Con BROOKE ADAMS, BRYAN BOWN, SALLY KEMP, HARRIS YULIN. ■ Michael, un reduce dal Vietnam, molto bravo col fucile, deve uccidere un colonnello assassino. Cambia idea quando conosce la figlia dell'ufficiale. ■ DRAMMATICO; COL.; 88'; USA, 1993.

ULTIMO COLPO DELL'ISPETTORE CLARK, L' ★★★
(The Alpha Caper)
Regia di ROBERT M. LEWIS. Con HENRY FONDA, LEONARD NIMOY, ELENA VERDUGO. ■ Un poliziotto, prossimo alla pensione, decide di vendicarsi per non avere ottenuto la concessione della proroga e, con tre ladri, ruba un grosso quantitativo d'oro. Scoperto e inseguito fugge con i complici, ma verrà catturato. ■ GIALLO; COL.; 85'; USA, 1973.

ULTIMO COLPO IN CANNA, L' ★★★
(The Day of the Evil Gun)
Regia di JERRY THORPE. Con JOHN ANDERSON, PAUL FIX, GLENN FORD, DEAN JAGGER, ARTHUR KENNEDY. ■ Un uomo affronta gli indiani che hanno rapito sua moglie e le sue due figlie. Non solo riuscirà a liberarle, ma ucciderà anche un rivale in amore che tentava di eliminarlo. ■ WESTERN; COL.; 93'; USA, 1968.

ULTIMO COMBATTIMENTO, L' ★★
Regia di PIERO BALLERINI. Con ENZO FIERMONTE, MILENA PENOVICH. ■ Un pugile si lascia ammaliare da un'americana, la sposa e la segue nel suo paese. Qui incontra il campione della sua categoria, riesce a batterlo e torna in Italia. ■ DRAMMATICO; B/N; 91'; ITALIA, 1941.

ULTIMO COMBATTIMENTO DI CHEN, L' ★★
(The Game of Death)
Regia di ROBERT CLOUSE. Con DEAN JAGGER, BRUCE LEE, GIG YOUNG. ■ Un campione di karatè elimina una organizzazione di criminali che cercavano di ucciderlo perché rifiutava la loro "protezione". ■ DRAMMATICO; COL.; 102'; HONG KONG, 1977.

ULTIMO CONTRATTO, L' *(Grosse Point Blank)* ★★
Regia di GEORGE ARMITAGE. Con ALAN ARKIN, DAN AYKROYD, JOAN CUSACK, JOHN CUSACK, MINNIE DRIVER. ■ Un killer torna al paese natio per uccidere un testimone. Un suo collega vuole però fare fuori lui che, nel frattempo, trova una vecchia fiamma e starebbe quasi per mettersi sulla retta via. La mescolanza dei generi domina senza mai imporsi. ■ DRAMMATICO; COL.; 107'; USA, 1997.

ULTIMO DECAMERON – LE PIÙ BELLE DONNE DEL BOCCACCIO – DECAMERON 3, L' ★
Regia di ITALO ALFARO. Con FEMI BENUSSI, ANGELA COVELLO, BEBA LONCAR. ■ Sette episodi che finiscono tutti all'interno di un letto. ■ EROTICO; COL.; 90'; ITALIA, 1972.

ULTIMO DEGLI INDIFESI, L' *(Gideon's Trumpet)* ★★
Regia di ROBERT E. COLLINS. Con JOSÉ FERRER, HENRY FONDA, JOHN HOUSEMAN, SAM JAFFE. ■ Tratto da un autentico fatto di cronaca, il film narra la vicenda di Clarence Earl Gideon. L'uomo, sorpreso a giocare in una bisca clandestina, viene tratto in arresto. Non avendo il denaro sufficiente per pagarsi un legale, chiede che gli venga assegnato un avvocato d'ufficio dalla Corte Suprema, ma inutilmente. Gideon, allora, inizia un'estenuante battaglia in difesa della giustizia contro questo importantissimo organismo americano. ■ DRAMMATICO; COL.; 90'; USA, 1980.

ULTIMO DEI BANDITI, L' *(Last of the Badmen)* ★★
Regia di PAUL LANDRES. Con JAMES BEST, DOUGLAS KENNEDY, GEORGE MONTGOMERY. ■ Una banda, complice lo sceriffo, fa fuggire dei detenuti per eliminarli e per incassare la taglia che pende sul loro capo. Un coraggioso agente riuscirà a mettere fine agli odiosi crimini. ■ WESTERN; COL.; 79'; USA, 1956.

ULTIMO DEI BUCANIERI, L' *(Last of the Buccaneers)* ★★
Regia di LEW LANDERS. Con MARY ANDERSON, KARIN BOOTH, PAUL HENREID. ■ Un bucaniere è in aperta ostilità con un parente della propria fidanzata, che, accusandolo ingiustamente, tenterà di eliminarlo. Inutile dire che il bucaniere si salverà, impalmando poi la fanciulla. ■ AVVENTURA; COL.; 79'; USA, 1946.

ULTIMO DEI COMANCHES, L' ★★
(The Stand at Apaches River)
Regia di LEE SHOLEM. Con JULIE ADAMS, HUGH MARLOWE, STEPHEN MCNALLY. ■ Gli indiani assediano una fattoria nella quale si sono rifugiati, tra l'altro, uno sceriffo e il suo prigioniero. Nei ripetuti assalti tutti gli indiani, e molti dei bianchi, muoiono; lo sceriffo, rimasto in vita col prigioniero, rinuncerà a portarlo in carcere. ■ WESTERN; COL.; 77'; USA, 1958.

ULTIMO DEI MOHICANI, L' *(The Last of the Redmen)* ★★
Regia di GEORGE SHERMAN. Con JON HALL, MICHAEL O'SHEA. ■ Nel diciottesimo secolo, un mohicano e suo figlio, ultimi della stirpe, si schierano a fianco degli inglesi contro i francesi e i loro alleati indiani. Riescono anche a salvare le figlie del colonnello inglese cadute nelle mani dei nemici. Il più giovane dei pellerossa sarà però poi ucciso a tradimento. ■ AVVENTURA; COL.; 77'; USA, 1947.

ULTIMO DEI MOHICANI, L' ★★
Regia di MATTEO CANO. Con BARBARA LOY, PAUL MÜLLER, JACK TAYLOR. ■ Versione molto economica del romanzo di Fenimore Cooper. Ancora il cacciatore bianco Occhio di Falco contro il feroce urone Magua durante la guerra dei cinque anni fra Francia e Inghilterra nella regione dei Grandi Laghi. Aiuta Occhio di Falco il giovane indiano Uncas che però muore ucciso da Magua. ■ AVVENTURA; COL.; 92'; USA, 1977.

♥ ULTIMO DEI MOHICANI, L' ★★★★
(The Last of the Mohicans)
Regia di MICHAEL MANN. Con DANIEL DAY-LEWIS, MADELEINE STOWE. ■ Ennesima proposta del romanzo di Fenimore Cooper. America, Stati dell'Est a metà del diciottesimo secolo. Nel quadro della guerra fra inglesi e francesi un guerriero mohicano, ultimo della tribù, combatte coi suoi figli al fianco degli inglesi. Il grande nemico non è il comandante francese, ma il feroce guerriero urone Magua. Violenza, amore, alti sentimenti, senso della fine di una civiltà. Scene di battaglia davvero splendide, corse fra foreste e fiumi. Grandi dichiarazioni di principio e di saggezza indiana. Il regista Mann ha cercato tutte le suggestioni possibili. Grandi movimenti di macchina, natura buia e paurosa, susseguirsi continuo di scene madri. Per chi non è giovanissimo e ha buona memoria cinematografica non sarà difficile evocare un classico degli anni Quaranta, *Gli invincibili*, di DeMille, con Gary Cooper, un'opera che Mann ha sicuramente studiato nei minimi particolari. Il giudizio vuole premiare il ritorno (sempre coraggioso) al western. ■

WESTERN; COL.; 130'; USA, 1992. ■ GOLDEN GLOBES 1 NOM; OSCAR 1 PR, 1 NOM.

ULTIMO DEI MONTECRISTO, L' *(Dios se lo pague)* ★★
Regia di LUIS CÉSAR AMADORI. Con ARTURO DE CORDOVA, ZULLY MORENO. ■ Derubato di una sua invenzione da un industriale, un uomo si mette a fare il mendicante per raccogliere senza fatica i soldi necessari ad acquistare lo stabilimento dell'industriale-ladro. Innamoratosi di una bella donna, rischia però di perderla a causa della sua singolare attività. Poi tutto s'aggiusta. ■ DRAMMATICO; B/N; 93'; ARGENTINA, 1948.

ULTIMO DEI PAGANI, L' *(Last of the Pagans)* ★★
Regia di RICHARD THORPE. Con MALA LONA, LOTUS LONG. ■ Un indigeno rapisce una bellissima fanciulla da un villaggio nemico, ma deve poi cederla al suo capo che, valendosi dei suoi poteri, la sposa. La fanciulla, alla prima occasione, fuggirà col suo rapitore in un'altra isola. ■ AVVENTURA; B/N; 91'; USA, 1935.

ULTIMO DEI SEI, L' *(Le dernier de six)* ★★★
Regia di GEORGES LACOMBE. Con MICHELLE ALFA, PIERRE FRESNAY. ■ Un avventuriero vuole eliminare per denaro i suoi cinque soci: con quattro la spunta ma, quando sta per completare l'opera, è lui ad essere ucciso dalla polizia. ■ GIALLO; B/N; 90'; FRANCIA, 1946.

ULTIMO DEI TEMPLARI, L' *(Season of the Witch)* ★★
Regia di DOMINIC SENA. Con NICOLAS CAGE, STEPHEN CAMPBELL MOORE, CLAIRE FOY, STEPHEN GRAHAM, RON PERLMAN. ■ Behmen e Felson sono due templari che hanno combattuto a lungo come Crociati divenendo famosi per il numero di nemici uccisi. Quando però comprendono che la loro guerra in nome di Dio comporta il massacro di donne e bambini inermi decidono di abbandonare il campo di battaglia. Catturati come disertori, ottengono la liberazione solo a patto di scortare una presunta giovane strega a un monastero situato in un luogo distante. I monaci che vi risiedono posseggono un antico libro le cui formule consentono di smascherare la stregoneria. ■ AVVENTURA; COL.; 95'; USA, 2010.

ULTIMO DEI VICHINGHI, L' ★★
Regia di GIACOMO GENTILOMO. Con ISABELLE COREY, CAMERON MITCHELL, EDMUND PURDOM, HÉLÈNE REMY. ■ Il figlio di un re che è stato ucciso a tradimento sfugge all'usurpatore che ha preso il posto del padre, poi assalta il castello e lo elimina. Quindi sale al trono con la donna che ama. ■ AVVENTURA; COL.; 90'; ITALIA, 1961.

ULTIMO DOMICILIO CONOSCIUTO ★★★
(Dernier domicile connu)
Regia di JOSÈ GIOVANNI. Con MICHEL CONSTANTIN, MARLÈNE JOBERT, LINO VENTURA. ■ Un commissario di polizia riesce a rintracciare, con l'aiuto di una giovane ausiliaria, un importante testimone che provoca la condanna di un pericoloso bandito. Dopo la sua preziosa deposizione, il testimone, non più protetto dagli agenti, viene ucciso. La giovane assistente, nauseata dal comportamento dei suoi colleghi, lascia la polizia. Il commissario, che l'ama, resterà solo. Un ottimo film nero firmato da un vero specialista. ■ POLIZIESCO; COL.; 95'; FRANCIA, 1969.

ULTIMO DOMINATORE DELL'ARIA, L' ★★
(The Last Airbender)
Regia di M. NIGHT SHYAMALAN. Con DEV PATEL, NICOLA PELTZ, JACKSON RATHBONE, NOAH RINGER, SHAUN TOUB. ■ In un mondo fantastico dove pace e prosperità si reggono sull'armonia fra gli elementi della natura, quattro nazioni gestiscono il controllo di ognuno di essi: Nomadi dell'Aria, Tribù dell'Acqua, Regno della Terra e Nazione del Fuoco. L'equilibrio fra i quattro regni è garantito dall'Avatar, una figura in grado di comunicare con gli Spiriti del mondo e di reincarnarsi ogni volta nel corpo di un membro di una diversa popolazione. Quando l'Avatar scompare misteriosamente, il mondo diviene possesso della belligerante Nazione del Fuoco, che prima stermina tutti i Nomadi dell'Aria, poi sposta le sue mire verso le Tribù dell'Acqua. Un giorno, due giovani membri della Tribù, i fratelli Katara e Sokka, trovano durante una battuta di caccia un gigantesco mammut e un ragazzo intrappolati nel ghiaccio. Il giovane risponde al nome di Aang ed è l'ultimo sopravvissuto dei Nomadi dell'Aria. ■ AVVENTURA; COL.; 103'; USA, 2010.

ULTIMO DRAGO, L' *(The Last Dragon)* ★★
Regia di MICHAEL SCHULTZ. Con JULIUS CARRY, TAIMAK, VANITY. ■ Leroy, ragazzo di colore esperto in karatè, viene preso di mira dal boss di Harlem il giorno in cui salva Laura dalle minacce di quest'ultimo. Ma nello scontro finale Leroy abbatte tutti e avrà Laura come premio. ■ COMMEDIA; COL.; 109'; USA, 1985. ■ GOLDEN GLOBES 1 NOM.

ULTIMO DUELLO, L' *(This Woman is Mine)* ★★★
Regia di FRANK LLOYD. Con CAROL BRUCE, JOHN CARROLL, FRANCHOT TONE. ■ Una spedizione organizzata per l'acquisto di pellicce dagli indiani subisce un loro attacco e viene decimata. L'eroico sacrificio di uno dei superstiti consentirà agli altri di salvarsi. ■ AVVENTURA; B/N; 91'; USA, 1941. ■ OSCAR 1 NOM.

ULTIMO EDEN, L' *(Moana)* ★★★
Regia di ROBERT J. FLAHERTY. Con MATAHI, RERI. ■ Siamo nell'isola polinesiana di Savaii e assistiamo a scene di vita quotidiana. Ci sono due giovani innamorati, una madre che raccoglie more nel bosco, la cattura di un cinghiale, la pesca con la fiocina, la cottura di un granchio e una danza finale. Un documentario del grande Flaherty che ebbe non pochi problemi di censura con la Paramount. ■ DOCUMENTARIO; B/N; 77'; USA, 1926.

ULTIMO EROE, L' *(The Last Hero)* ★
Regia di DERRICK LOUW. Con HOLLY GAGNIER, RICHARD LYNCH, JAMES RYAN, SONNY TRINIDAD. ■ Un uomo si deve vendicare di un losco malvivente, trafficante di droga. Costui prima lo ha fatto finire in carcere e poi è stato responsabile della morte della moglie. In carcere, il protagonista ha avuto lezioni di arti marziali. ■ AVVENTURA; COL.; 90'; USA, 1992.

ULTIMO EROE DEL WEST, L' *(Scandalous John)* ★★★
Regia di ROBERT BUTLER. Con ALFONSO ARAU, MICHELE CAREY, BRIAN KEITH, RICK LENZ. ■ Un vecchio pioniere non vuole cedere la sua casa ad uno speculatore edilizio che, dopo una serie di vani sforzi, si convince a lasciarlo perdere. Ma il caparbio pioniere sarà ucciso da un aiutante dello speculatore. ■ COMMEDIA; COL.; 117'; USA, 1971.

ULTIMO ESORCISMO, L' *(The last exorcism)* ★★
Regia di DANIEL STAMM. Con IRIS BAHR, ASHLEY BELL, PATRICK FABIAN, LOUIS HERTHUM, CALEB JONES. ■ Baton Rouge. Il reverendo Cotton Marcus, che appartiene a una famiglia di ministri del culto da quattro generazioni, ha una crisi di fede che viene ben occultata dai suoi sermoni sempre coinvolgenti e ricchi di trovate. Chiamato un giorno per un esorcismo nel cuore della Louisiana, porta con sé una mini troupe (cameraman e tecnico del suono) per provare che i cosiddetti posseduti non sono in realtà altro che malati bisognosi di cure psichiatriche. Aggiunge anche alcuni trucchi che dovrebbero servire a suggestionare la giovanissima Nell. La sua situazione familiare non è delle migliori. Il padre beve e, come afferma il fratello, tutto è precipitato dopo la morte della madre. ■ HORROR; COL.; 87'; USA, FRANCIA, 2010.

ULTIMO FUORILEGGE, L' *(Cimarron Kid)* ★★★
Regia di BUDD BOETTICHER. Con AUDIE MURPHY, BEVERLY TYLER. ■ Uscito dal carcere, un uomo è accusato ingiustamente di una rapina e, per non essere di nuovo arrestato, si aggrega a una banda di fuorilegge, diventandone presto il capo. Durante un "colpo", la gang viene però tradita e annientata dalla polizia. Il nostro, rimasto vivo, si costituirà. ■ WESTERN; COL.; 84'; USA, 1950.

ULTIMO FUORILEGGE, L' *(The Last Outlaw)* ★
Regia di GEOFF MURPHY. Con STEVE BUSCEMI, DERMOT MULRONEY, MICKEY ROURKE. ■ La vendetta da parte di un boss. I suoi compagni lo hanno ferito e tradito e lui aiuta i *vigilantes* ad acciuffarli. Il solito Mickey Rourke "maledettissimo". ■ WESTERN; COL.; 85'; USA, 1994.

ULTIMO GANGSTER, L' *(The Last Gangster)* ★★★
Regia di EDWARD LUDWIG. Con JOHN CARRADINE, EDWARD G. ROBINSON, LIONEL STANDER, JAMES STEWART. ■ Scontata la pena, un gangster si mette alla ricerca della moglie, che nel frattempo ha sposato un altro, per ucciderla. Rinuncia al proposito per

amore dei figli e, nel difendersi da alcuni avversari, viene mortalmente ferito. ■ DRAMMATICO; B/N; 81'; USA, 1937.

ULTIMO GIGOLO, L' *(The Man from Elysian Fields)* ★
Regia di GEORGE HICKENLOOPER. Con JAMES COBURN, ANDY GARCIA, ANJELICA HUSTON, MICK JAGGER, JULIANNA MARGULIES, OLIVIA WILLIAMS. ■ Barry Tiller, padre e marito felice, è un aspirante scrittore in crisi d'ispirazione e di soldi. Deciso a tutto pur di mantenere la famiglia, Barry finisce con l'entrare a far parte di una lussuosa agenzia di accompagnatori per donne ricche e sole di cui il non più giovane signor Fox, che si limita a "seguire" personalmente una sola e affezionata cliente trentennale, è il titolare. Inizialmente tutto sembra andare per il meglio, e non solo Barry diventa l'amante generosamente retribuito della giovane ed affascinante moglie dell'ormai anziano premio Pulitzer Tobias Alcott, ma lo stesso Alcott, in crisi d'idee, decide di coinvolgere Barry nella stesura del suo ultimo romanzo, promettendogli un'adeguata citazione. ■ DRAMMATICO; COL.; 90'; USA, 2001.

ULTIMO GIOCO, L' *(Players)* ★★
Regia di ANTHONY HARVEY. Con BJORN BORG, PANCHO GONZALEZ, STEVE GUTTENBERG, ALI MACGRAW, DEAN-PAUL MARTIN, JOHN MCENROE, ILIE NASTASE, MAXIMILIAN SCHELL. ■ Un giovane campione di tennis in ascesa è innamorato di una donna che però spesso deve abbandonarlo per correre dal bizzarro riccone che la mantiene. Ma, a un certo punto, lei capisce e lascia l'altro per dedicarsi tutta a lui. ■ COMMEDIA; COL.; 120'; USA, 1979.

ULTIMO GIORNO, L' ★★
Regia di AMASI DAMIANI. Con SUSAN DOYLE, CARLO GIUDICE, SILVANO TRANQUILLI. ■ Un vedovo sessantenne con problemi di cuore ha un figlio handicappato, Marco. Prevedendo la fine, tenta invano di sistemare il figlio dapprima presso parenti e amici, poi in una clinica privata. L'unica ad interessarsi con altruismo a Marco sarà una studentessa sua amica. ■ DRAMMATICO; COL.; 90'; ITALIA, 1985.

ULTIMO GIORNO D'AMORE, L' *(L'homme pressé)* ★★★
Regia di ÉDOUARD MOLINARO. Con MIREILLE DARC, ALAIN DELON, MICHEL DUCHAUSSOY, MONICA GUERRITORE. ■ Un collezionista fanatico si sposa. Nel periodo in cui la moglie aspetta un figlio, tenta di acquistare un pezzo di eccezionale valore: il giorno dell'asta, proprio mentre sta per diventare padre, muore però d'infarto per l'emozione. ■ DRAMMATICO; COL.; 90'; FRANCIA, 1977.

ULTIMO GIORNO DI SCUOLA PRIMA DELLE VACANZE DI NATALE, L' ★★★
Regia di GIAN VITTORIO BALDI. Con DELIA BOCCARDO, LUCA BONICALZI, LINO CAPOLICCHIO, RICCARDO CUCCIOLLA. ■ Nel corso della seconda guerra mondiale, tre fascisti – due uomini e una ragazza – uccidono crudelmente gli occupanti di un pullman accusandoli di inesistenti tradimenti. ■ GUERRA; COL.; 88'; ITALIA, 1975.

ULTIMO GLADIATORE, L' ★★
Regia di UMBERTO LENZI. Con LISA GASTONI, RICHARD HARRISON, MARILÙ TOLO. ■ Un gladiatore rifiuta di uccidere gli avversari e si ribella persino a Messalina, perfida moglie dell'imperatore Claudio, che decide di farlo sopprimere. I complotti della donna, però, sono intanto scoperti e provocano la sua morte. Il gladiatore è libero. ■ AVVENTURA; COL.; 94'; ITALIA, 1964.

ULTIMO GUAPPO, L' ★★
Regia di ALFONSO BRESCIA. Con LUCIANO CATENACCI, MARIO MEROLA, WALTER RICCIARDI. ■ Resa dei conti tra due mafiosi. A rimetterci è il figlio di uno dei due, che muore. Il padre lo vendica, poi cambia aria. ■ DRAMMATICO; COL.; 92'; ITALIA, 1978.

ULTIMO GUERRIERO, L' ★
Regia di ROMOLO GUERRIERI. Con MARINA COSTA, WOODY STROODE. ■ Razzismo prossimo venturo tra i sopravvissuti a una non meglio specificata catastrofe mondiale: un manipolo di "privilegiati", attrezzatissimi e cattivelli, e qualche decina di "contaminati", ingiustamente torturati e uccisi. Un guerriero vendicatore rimetterà tutto (o quasi) a posto. ■ AVVENTURA; COL.; 91'; ITALIA, 1983.

ULTIMO HANDICAP *(Casey's Shadow)* ★★★
Regia di MARTIN RITT. Con WALTER MATTHAU, ALEXIS SMITH, ROBERT WEBBER. ■ Nel New Mexico, un allevatore di cavalli cresce un puledrino, figlio di un campione, che dimostra subito eccezionali qualità. All'età di due anni, infatti, lo farà correre e vincere il più prestigioso premio americano. ■ COMMEDIA; COL.; 93'; USA, 1977.

ULTIMO HAREM, L' ★
Regia di WILLY S. REGAN. Con CORINNE CLÉRY, GEORGE LAZENBY, DANIELA POGGI. ■ Uno sceicco, titolare di un favoloso harem, va alla ricerca della sua prima moglie, fuggita perché non voleva spartirlo con le altre donne dell'harem. Lei accetta di tornare a patto che lui liquidi tutte le mogli. Lui è d'accordo, ma l'amata gli viene uccisa dalle rivali. Lui giura di vendicarsi. Poi ci ripensa ma le donne, che l'hanno preso in parola, decidono di precederlo. Lo faranno fuori. ■ AVVENTURA; COL.; 92'; ITALIA, 1981.

ULTIMO IMPERATORE, L' *(The Last Emperor)* ★★★★🏆
Regia di BERNARDO BERTOLUCCI. Con JOAN CHEN, JOHN LONE, PETER O'TOOLE. ■ Sterminato affresco di quasi un secolo di storia cinese, dalla designazione di Pu-Yi, bimbo di tre anni, a imperatore della Cina, sino alla sua morte come semplice giardiniere nell'orto botanico di Pechino. Dai fasti della Città Proibita all'esilio dorato, dalla prigione in Siberia ai campi di rieducazione politica nella Cina di Mao, passando attraverso l'intesa con il Giappone in un disperato tentativo di tornare sul trono. Storia di una solitudine, l'inutile lotta di un uomo ambizioso ma debole contro la Storia, nel vano aggrapparsi a rituali millenari, il tutto mirabilmente reso da Bertolucci in un film vincitore di numerosi Oscar. ■ DRAMMATICO; COL.; 167'; ITALIA, GRAN BRETAGNA, 1987. ■ DAVID DI DONATELLO 🏆 9 PR, 9 NOM; GOLDEN GLOBES 🏆 4 PR, 5 NOM; OSCAR 🏆 9 PR, 9 NOM.

ULTIMO INCONTRO ★★★
Regia di GIANNI FRANCIOLINI. Con JEAN-PIERRE AUMONT, AMEDEO NAZZARI, ALIDA VALLI. ■ Un corridore automobilistico vorrebbe fuggire con l'amante, moglie di un meccanico. All'ultimo momento la donna rifiuta però di partire e gli comunica la sua decisione proprio mentre lui sta per iniziare una corsa. Sconvolto, l'uomo perde il controllo della macchina e muore. Lei, ricattata da un operaio che ha scoperto la sua tragica relazione, si prostituisce. Il marito la uccide. ■ DRAMMATICO; B/N; 95'; ITALIA, 1951.

ULTIMO INGANNO, L' *(Deadfall)* ★★
Regia di CHRISTOPHER COPPOLA. Con MICHAEL BIEHN, NICOLAS CAGE, JAMES COBURN, PETER FONDA, CHARLIE SHEEN, SARAH TRIGGER. ■ Un gangster dal buon cuore uccide per un tragico errore suo padre. Si mette allora alla ricerca dello zio cattivissimo per impedirgli di assumere il comando. Questo Coppola è un ipercitazionista senz'anima. ■ DRAMMATICO; COL.; 99'; USA, 1993.

ULTIMO INQUISITORE, L' *(Goya's Ghosts)* ★★
Regia di MILOS FORMAN. Con CARLOS BARDEM, JAVIER BARDEM, JOSÉ LUIS GÓMEZ, MICHAEL LONSDALE, NATALIE PORTMAN, RANDY QUAID, MABEL RIVERA, STELLAN SKARSGÅRD. ■ Spagna, 1792. Il pittore Francisco Goya gode del suo momento di gloria grazie alla nomina di "pittore di corte", che gli permette di mantenere la sua vena artistica dipingendo il desolante scenario della guerra e delle misere condizioni di vita cui è costretto il suo popolo. Un giorno, la sua musa ispiratrice – l'adolescente Ines – viene ingiustamente accusata di giudaismo e imprigionata dalla Santa Inquisizione. Durante la prigionia incontrerà fratello Lorenzo, astuto ed enigmatico membro dell'Inquisizione che abuserà della sua ingenuità per sfruttare il proprio potere ecclesiale. Ma un'incredibile vicenda costringerà l'uomo ad allontanarsi dalla Spagna, per farvi ritorno quindici anni più tardi sotto una veste completamente nuova. C'è davvero tutto nel Francisco Goya tratteggiato da Milos Forman: l'indipendenza artistica, il dovere di ritrarre la brutalità a cavallo del secolo, fra le ispirazioni illuministe e quelle ecclesiastiche, dalle barbarie dell'Inquisizione fino gli agi di una corte illuminata. Rilevante l'interpretazione di Javier Bardem, nella parte di un inquisitore prima e di un illuminato dopo, irriconoscibile Natalie Portman, matura e straniante nelle vesti di una presunta eretica perseguitata. Un film che lascia col sorriso amaro di chi, grazie a una colpo di pennello, scopre insieme arte e miserie dell'esistenza. ■ DRAMMATICO; COL.; 117; SPAGNA, 2006.

ULTIMO INVERNO *(The Last Winter)* ★★
Regia di Richy Shelack. Con Yona Elian, Stephen Macht, Kathleen Quinlan. ■ Dopo la guerra del Kippur fra arabi e israeliani, alcune donne cercano i loro mariti dati per dispersi. Un giorno viene proiettato un filmato di prigionieri di guerra, due donne credono di riconoscere nello stesso uomo il rispettivo marito. ■ Drammatico; col.; 92′; Israele, USA, 1983.

ULTIMO KILLER, L' ★★
Regia di Giuseppe Vari. Con George Eastman, Dana Ghia, Anthony Ghidra. ■ Un uomo salva la vita al killer incaricato di ucciderlo. Il killer gli insegna a sparare, e, tempo dopo, lo affronta e ci lascia la pelle. ■ Western; col.; 95′; Italia, 1967.

ULTIMO MERCENARIO, L' ★★
Regia di Dieter Muller. Con Ray Danton, Pascale Petit, Günther Stoll. ■ Un mercenario rifiuta di tradire l'uomo che l'ha ingaggiato e corre il rischio di essere ucciso. Ma riuscirà a cavarsela. ■ Avventura; col.; 93′; Italia, 1971.

ULTIMO METRÒ, L' *(Le dernier métro)* ★★★
Regia di François Truffaut. Con Catherine Deneuve, Gérard Depardieu, Jean Poiret. ■ A Parigi durante l'occupazione tedesca, un'attrice famosa, moglie di un capocomico ebreo, manda avanti il teatro, dopo la fuga del marito (in realtà nascosto nella cantina del teatro). Ma intanto il giovane primattore s'innamora della donna (d'altronde ricambiato). Affettuosa, ironica rievocazione della Parigi degli anni dell'occupazione, quando, dice il regista, s'andava a teatro più di adesso. ■ Drammatico; col.; 130′; Francia, 1980. ■ David di Donatello 1 pr, 1 nom; Golden Globes 1 nom; Oscar 1 nom.

ULTIMO MILIARDARIO, L' *(Le dernier milliardaire)* ★★★
Regia di René Clair. Con Marthe Mellot, Renée Saint-Cyr. ■ Un miliardario si proclama dittatore e rende la vita difficile ai concittadini. Dopo un fallito tentativo di assassinio, l'uomo diventa pazzo, poi rinsavisce e si rende conto di essere ormai rimasto al verde. Considerato un film antifascista, non fu distribuito in Italia e in Germania. ■ Drammatico; b/n; 92′; Francia, 1934.

ULTIMO MINUTO ★★★
Regia di Pupi Avati. Con Lino Capolicchio, Elenna Sofia Ricci, Ugo Tognazzi, Diego Abatantuono, Massimo Bonetti. ■ Walter Fabbroni, l'anziano manager di una squadra di calcio dai deludenti risultati, viene estromesso dal nuovo presidente, a cui non piacciono i suoi piccoli intrallazzi. Ma i primi incontri senza di lui sono disastrosi e il vecchio viene richiamato. Nella partita decisiva gli avversari corrompono un attaccante, amante di sua figlia, ma Fabbroni fa giocare un esordiente che segna il gol vincente. ■ Commedia; col.; 90′; Italia, 1987. ■ David di Donatello 2 pr, 2 nom.

ULTIMO MONDO CANNIBALE ★
Regia di Ruggero Deodato. Con Massimo Foschi, Me Me Lay, Ivan Rassimov. ■ Il film narra di due spedizioni sterminate dai cannibali. Scene orripilanti. ■ Drammatico; col.; 93′; Italia, 1977.

ULTIMO MUNDIAL, L' ★
Regia di Antonella Ponziani, Tonino Zangardi. Con Mario De Candia, Armando De Razza, Alessandro Haber, Angelo Orlando, Francesca Ponziani. ■ Un calciatore, distratto da una bella donna, sbatte la testa contro il palo della porta. Finisce in coma e sogna. Anche lo spettatore sogna: di non aver pagato il biglietto per una simile nullità. Un pallino (invece di zero) solo perché la Ponziani resti nel cinema: a fare l'attrice. ■ Commedia; col.; 91′; Italia, 1999.

ULTIMO OMICIDIO, L' *(Once a Thief)* ★★★
Regia di Ralph Nelson. Con Alain Delon, Van Heflin, Ann Margret, Jack Palance. ■ Due fratelli partecipano a una rapina: uno è un malvivente, l'altro è stato coinvolto nell'impresa suo malgrado. Traditi da un compagno, i due, dopo una serie di drammatiche avventure, saranno abbattuti dagli agenti. ■ Drammatico; b/n; 107′; USA, 1964.

ULTIMO ORIZZONTE, L' *(Gallant Journey)* ★★★
Regia di William A. Wellman. Con Janet Blair, Glenn Ford, Charles Ruggles. ■ Giudicato dai suoi concittadini e dalla famiglia uno squilibrato, un giovane inventore riesce a costruire un aereo, grazie all'aiuto e all'incoraggiamento della moglie. Durante il primo volo di prova, preso dalle vertigini, precipita in mezzo a una prateria. Morirà con il conforto della fedele compagna. ■ Drammatico; b/n; 85′; USA, 1948.

ULTIMO PARADISO, L' ★★★
Regia di Folco Quilici. ■ Quattro episodi ambientati nelle isole del Pacifico fanno da pretesto al documentario su usi, costumi e tradizioni degli indigeni. ■ Documentario; col.; 92′; Italia, 1957.

ULTIMO PELLIROSSA, L' *(Geronimo!)* ★★★
Regia di Paul Sloan. Con Andy Devine, Ellen Drew, Preston Foster. ■ Sobillati da loschi avventurieri, gli indiani di Geronimo scatenano la guerra contro i bianchi. Dopo sanguinose lotte, i militari ristabiliranno l'ordine. ■ Western; b/n; 89′; USA, 1939.

ULTIMO PERDONO, L' ★★
Regia di Renato Polselli. Con Franca Marzi, Adriano Rimoldi. ■ Un ex detenuto recluta delle ragazze per un malvivente credendo che servano ad un balletto. Il malvivente commercia invece in schiave bianche. Quando il nostro ne ha le prove, libera una giovane – che scoprirà essere sua figlia – e comincia una nuova esistenza. ■ Drammatico; b/n; 95′; Italia, 1952.

ULTIMO PIANO, L' ★★
Regia di Paolo Scarfò. Con Federico Cucchini, Andrea Nicoletti, Federica Virgili. ■ Armin è un location scout con poteri extrasensoriali, che lo legano ai luoghi che cerca. Uno in particolare lo coinvolge, attirandolo Le sue percezioni si fanno sempre più forti. In questo percorso è accompagnato dalla sua fidanzata, Hannabelle. Lei è diventata per Armin l'unico aggancio con la realtà. ■ Drammatico; col.; 100′; Italia, 2003.

ULTIMO PONTE, L' *(Die letzte Brücke)* ★★
Regia di Helmut Kautner. Con Barbara Rütting, Maria Schell, Bernard Wicki. ■ Durante l'ultima guerra, un'infermiera tedesca in Jugoslavia si innamora di un nemico e presta aiuto ai partigiani. Ci rimetterà la vita. ■ Guerra; b/n; 92′; Austria, 1953. ■ Cannes 2 pr.

ULTIMO PULCINELLA, L' ★★
Regia di Maurizio Scaparro. Con Adriana Asti, Domenico Balsamo, Valeria Cavalli, Massimo Ranieri, Jean Sorel. ■ Michelangelo è un attore napoletano rassegnato al nuovo e all'incomprensibile che avanza nei teatri. Appesa al chiodo la maschera di Pulcinella e riposto in uno zaino il suo bianco e largo costume, parte alla volta di Parigi per recuperare il rapporto col figlio. Francesco è fuggito da Napoli e dalla casa paterna per scampare ai sicari di un omicidio camorrista, di cui è stato testimone. Nelle banlieues parigine, Michelangelo ritrova il ragazzo e scopre un vecchio teatro custodito da Marie, un'attrice milanese che si inventa parigina. Con l'aiuto di un professore della Sorbona, della sua assistente Faiza e dei ragazzi del quartiere, l'attore napoletano (ri)spolvererà poltrone e tavole del palcoscenico, mettendo in scena "l'ultimo pulcinella", simbolo degli umili e anima del popolo partenopeo e di tutti i popoli offesi. ■ Drammatico; col.; 89′; Italia, 2008.

ULTIMO QUARTO D'ORA, L' ★★
(Le dernier quart d'heure)
Regia di Roger Saltel. Con Georges Rivière, Lucille Saint-Simon. ■ Una ragazza viene strangolata nel suo appartamento. Per l'omicidio viene arrestato un giovane operaio che invano si proclama innocente. Un bravo poliziotto riuscirà a smascherare il vero colpevole, tornato sul luogo del delitto per recuperare un oggetto. ■ Drammatico; b/n; 93′; Francia, 1961.

ULTIMO RE DI SCOZIA, L' *(The Last King of Scotland)* ★★
Regia di Kevin Macdonald. Con Gillian Anderson, James McAvoy, Simon McBurney, Kerry Washington, Forest Whitaker. ■ Nicholas Garrigan è un medico scozzese neolaureato che sogna l'avventura umanitaria. La trova in Uganda, dove si reca ad esercitare la sua professione. Viene immediatamente colpito dalla moglie del medico responsabile dell'ospedale, ma ben presto una più forte calamita lo attrae a sé: si tratta di Idi Amin

Dada, il trascinatore di folle che ha appena sconfitto l'avversario Milton Obote e rimarrà presidente del Paese dal 1971 al 1979. Nicholas diverrà suo medico personale e poi suo principale consigliere, scoprendo progressivamente che dietro alla facciata di brillante bonomia si cela un uomo crudele. "Sua Eccellenza Presidente per la Vita, Federmaresciallo Al Haidji Dottor Idi Amin, Signore di tutti gli animali della terra e dei pesci del mare, e Conquistatore dell'Impero Britannico, in Africa e particolarmente in Uganda". Così si autoproclamò l'uomo che è stato accusato del massacro di centinaia di migliaia di persone. MacDonald è al suo primo lungometraggio, dopo un'intensa attività di documentarista. ■ DRAMMATICO; COL.; 121′; GRAN BRETAGNA, 2006.

ULTIMO RESPIRO ★★★

Regia di FELICE FARINA. Con FRANCESCO BENIGNO, MASSIMO DAPPORTO, FEDERICA MORO, SALVATORE TERMINI, ALFREDO LI BASSI. ■ Un film che ha creato polemiche per le critiche mosse al regista, accusato di aver "usato" i giovani del quartiere Zen di Palermo. Il film è comunque discretamente diretto e interpretato. I due protagonisti vogliono entrare in una lussuosa villa per derubare il proprietario, ma hanno una brutta sorpresa. Allora l'oggetto del desiderio si sposta, da parte di uno dei due, sulla figlia del padrone di casa. ■ DRAMMATICO; COL.; 105′; ITALIA, 1992.

ULTIMO RIBELLE, L' *(El ultimo rebelde)* ★★

Regia di MIGUEL CONTRERAS TORRES. Con CHARLES FAWCETT, CARLOS THOMPSON. ■ La scoperta di un filone d'oro fa scoppiare le ostilità tra americani e messicani. Il capo di questi ultimi resterà ucciso in duello col nemico che, conscio del suo valore, renderà onore alla salma. ■ AVVENTURA; COL.; 92′; MESSICO, 1962.

ULTIMO RICATTO, L' *(Blackmail)* ★★★

Regia di HENRY C. POTTER. Con RUTH HUSSEY, GENE LOCKHART, EDWARD G. ROBINSON. ■ Condannato per un furto che non ha commesso, un detenuto evade e, scoperto un pozzo di petrolio, si arricchisce. Un giorno si fa vivo il vero colpevole del furto, che si dichiara disposto a confessare, in cambio di una grossa somma. In realtà, il malvivente lo manda di nuovo in galera, impadronendosi dei suoi beni. Il petroliere fugge ancora e lo affronta in una drammatica lotta, riuscendo a fargli confessare le sue colpe. ■ DRAMMATICO; B/N; 81′; USA, 1939.

ULTIMO RIFIFI, L' ★★

Regia di JUAN ATIENZA. Con SARA GARCIA, JOSÉ ISBERT. ■ Tre amici decidono di derubare la Cassa Pensioni. Il colpo riesce, ma i maldestri banditi dimenticano il bottino: dovranno ricominciare tutto da capo. ■ COMMEDIA; B/N; 94′; ITALIA, 1966.

ULTIMO ROUND, L' *(Heart)* ★★

Regia di JAMES LEMMO. Con STEVE BUSCEMI, BRAD DAVIS, FRANCES FISHER. ■ Eddie è un pugile di discrete qualità tecniche e fisiche che potrebbe aspirare al titolo della sua categoria. Purtroppo, non ha il sostegno morale della moglie né quello materiale e psicologico del suo impresario e del suo allenatore. ■ DRAMMATICO; COL.; 90′; USA, 1988.

ULTIMO SAFARI, L' *(The Last Safari)* ★★★

Regia di HENRY HATHAWAY. Con KAZ GARAS, STEWART GRANGER, GABRIELLA LICUDI. ■ Per vendicare un amico morto, un cacciatore cerca l'elefante che lo ha ucciso per abbatterlo. Al momento buono, però, ci rinuncerà. Ottime le riprese degli animali. ■ AVVENTURA; COL.; 110′; GRAN BRETAGNA, 1967.

ULTIMO SAMURAI, L' *(Joi-Uchi)* ★★

Regia di MASAKI KAOBAYASHI. Con TOSHIRO MIFUNE, YOKO TSUKASA. ■ Nel Giappone feudale, un giovane nobile sposa una donna ripudiata dal figlio del signore di un potente clan. I membri del clan vogliono poi che la donna torni dall'ex marito. Il giovane e la ragazza si oppongono e vengono uccisi. Il padre del giovane parte intenzionato a chiedere giustizia all'imperatore, ma viene eliminato a sua volta durante il viaggio. ■ DRAMMATICO; B/N; 94′; GIAPPONE, 1967.

ULTIMO SAMURAI, L' *(The Last Samurai)* ★★★

Regia di EDWARD ZWICK. Con WILLIAM ATHERTON, BILLY CONNOLLY, TOM CRUISE, DARIN FUJIMORI, SEIZO FUKUMOTO, KEN WATANABE. ■ Storia del Capitano Algren del 7° cavalleggeri e del suo coinvolgimento nell'epopea che decretò l'ingresso della civiltà nipponica tra le moderne potenze militari. Il prezzo da pagare fu mettere fine alla millenaria tradizione dei samurai, guardia scelta dell'Imperatore, guidata nel suo canto del cigno da Katsumoto, grande guerriero. Algren, prigioniero dei samurai, conosce un mondo fondato su valori dimenticati che imparerà ad amare. *The Last Samurai* porta la firma di Tom Cruise più che del suo regista, Zwick, che si conferma un discreto mestierante: la sua è una regia senza impennate né cadute, prevedibile ma godibilissima. Nel complesso il film è molto curato e la minuziosa rappresentazione di una cultura da noi così lontana tiene alta l'attenzione fino alla fine, nonostante le due ore e mezzo di durata complessiva. ■ AVVENTURA; COL.; 144′; USA, 2003. ■ GOLDEN GLOBES 2 NOM; OSCAR 3 NOM.

ULTIMO SAPORE DELL'ARIA, L' ★★

Regia di RUGGERO DEODATO. Con FIORENZO FIORENTINI, VITTORIO GALEAZZI, MAURIZIO ROSSI. ■ Dramma strappalacrime: ha per protagonista un ragazzino che diventa campione di nuoto prima di morire. ■ DRAMMATICO; COL.; 95′; ITALIA, 1978.

ULTIMO SCUGNIZZO, L' ★★★

Regia di GENNARO RIGHELLI. Con SILVANA JACHINO, DRIA PAOLA, VANNA VANNI, RAFFAELE VIVIANI. ■ Un giovane sbandato in procinto di diventare padre decide di mettere la testa a posto. Fattosi assumere come uomo di fiducia da un avvocato, riesce a sbrogliargli non solo le pratiche legali, ma anche una serie di situazioni equivoche nelle quali il legale s'era cacciato con la sua famiglia. ■ COMMEDIA; B/N; 91′; ITALIA, 1938.

ULTIMO SOGNO, L' *(Life as a House)* ★★★

Regia di IRWIN WINKLER. Con HAYDEN CHRISTENSEN, KEVIN KLINE, JENA MALONE, SAM ROBARDS, KRISTIN SCOTT THOMAS, JAMEY SHERIDAN, MARY STEENBURGEN. ■ Il quarantacinquenne George Moore non ha avuto un buon rapporto con il padre. Consapevole di dover morire presto non vuole che lo scostante figlio sedicenne conservi un pessimo ricordo di lui. George, che è un affermato architetto, decide allora di costruire una casa in riva all'Oceano e cerca di coinvolgere il figlio nel progetto. Un film di sentimenti come se non se ne vedevano da tempo. Debitamente aggiornato e con una maiuscola interpretazione di Kevin Klein, all'apice delle sue capacità espressive, ha incontrato un grande successo di pubblico e di incassi negli Usa. ■ DRAMMATICO; B/N; 100′; USA, 2001. ■ GOLDEN GLOBES 1 NOM.

ULTIMO SOLE, L' ★★

Regia di ADRIANO BOLZONI. ■ Panoramica della situazione politica mondiale al termine dell'ultima guerra. ■ DOCUMENTARIO; B/N; 93′; ITALIA, 1969.

ULTIMO SOLE D'ESTATE – INCOMPRESO, L' ★★
(Misunderstood)

Regia di JERRY SCHATZBERG. Con SUSAN ANSPACH, HUCKLEBERRY FOX, GENE HACKMAN, HENRY THOMAS, RIP TORN. ■ Ispirato all'*Incompreso* di Florence Montgomery, il film racconta il difficile rapporto tra un padre vedovo e il maggiore dei suoi due figli, un ragazzino di dieci anni, sensibile e introverso. Sarà una disgrazia a riavvicinarli, quando il bambino, cadendo da un albero, si spezzerà la spina dorsale. ■ DRAMMATICO; COL.; 91′; USA, 1983.

♥ ULTIMO SPETTACOLO, L' ★★★★
(The Last Picture Show)

Regia di PETER BOGDANOVICH. Con TIMOTHY BOTTOMS, JEFF BRIDGES, ELLEN BURSTYN, BEN JOHNSON, CLORIS LEACHMAN, CYBILL SHEPHERD. ■ Siamo in una piccola città del Texas, nel 1950. Il film racconta con delicatezza e partecipazione le storie sentimentali di alcuni ragazzi, poco prima dello scoppio della guerra di Corea. La fine del periodo della loro giovinezza è sancita dalla chiusura del cinemino in cui si ritrovavano. ■ DRAMMATICO; COL.; 118′; USA, 1971. ■ GOLDEN GLOBES 1 PR, 4 NOM; OSCAR 2 PR, 6 NOM.

ULTIMO SQUALO, L' ★★

Regia di ENZO GIROLAMI CASTELLARI. Con JAMES FRANCISCUS, VIC MORROW, MICAELA PIGNATELLI. ■ Imitazione (nostrana) dello *Squalo*. In una località costiera della California imperversa (forse) uno squalo. Nel dubbio sarebbe il caso di non far uscire nessuno in mare. E invece un pezzo grosso locale organizza (a scopi elettorali) una grande regata di windsurf. Ovviamente i partecipanti saranno fatti a pezzi. ■ AVVENTURA; COL.; 94'; ITALIA, 1980.

ULTIMO STADIO ★★
Regia di IVANO DE MATTEO. Con IVANO DE MATTEO, FEDERICO GALANTE, MANRICO GAMMAROTA, VALERIO MASTANDREA, FRANCO NERO. ■ Dal romanzo omonimo di Valentina Ferlan. Si narra della vita intrecciata di cinque famiglie, tutte appassionate di calcio. I loro rapporti sono scanditi dalle partite e dallo stadio Olimpico, che nell'occasione ospita la finale della Champion's League. I "componenti" non sono personaggi semplici, tutt'altro, ma hanno una precisa propensione all'infelicità. Idea discreta per l'esordiente regista. Rivisto con piacere un Franco Nero in ottima forma. ■ COMMEDIA; B/N; 96'; ITALIA, 2002.

ULTIMO TANGO, L' *(Mi ultimo tango)* ★★
Regia di LUIS CÉSAR AMADORI. Con SARA MONTIEL, MAURICE RONET. ■ Una bravissima cantante, diventata cieca, respinge l'innamorato. Questi, invece di arrendersi, riesce a farla operare e, dopo la guarigione, la sposa. ■ DRAMMATICO; B/N; 91'; SPAGNA, 1960.

♥ ULTIMO TANGO A PARIGI ★★★★
Regia di BERNARDO BERTOLUCCI. Con MARLON BRANDO, MASSIMO GIROTTI, JEAN-PIERRE LÉAUD, MARIA MICHI, MARIA SCHNEIDER. ■ Un uomo, rimasto vedovo della moglie suicida, si aggira per Parigi in preda a una irrefrenabile malinconia, dovuta, oltre che alla perdita della sua compagna, a un passato confuso e alla perdita della giovinezza. L'incontro con una giovanissima ragazza borghese e il loro fulmineo rapporto sessuale cambierà la vita di entrambi. Ma l'uomo sembra imprigionato in una sorta di ossessione erotica, che solo in un primo tempo è condivisa dalla giovane. Quando scemerà l'interesse della ragazza per quel rapporto senza futuro, questa ucciderà il suo amante. Film discusso ma non discutibile, *Ultimo tango a Parigi* reca l'impronta di quello che può essere considerato il vero autore del film: Marlon Brando. Bertolucci non sarà mai più così sincero e ossequiente con la storia che racconta. A supporto di questa tesi resta il fatto che quando Brando è assente il regista cerca di reimpadronirsi della storia con uno stile "Truffaut" fastidioso e ingiustificabile. La presenza di Jean-Pierre Léaud è in tal senso indicativa. Il solo modo di non essere travolto da Brando era quello di mettersi al servizio delle studiate improvvisazioni del geniale attore. E Bertolucci lo ha fatto, sia pure con qualche sofferenza. Il risultato è un film ibrido ma entusiasmante. Quando il film fu distribuito era già stato preceduto dalle cronache scandalistiche, che avevano speculato su alcune sequenze di grande impatto erotico, per allora. In seguito abbiamo visto ben altro. E in quelli che si possono considerare anni contraddittori e che vengono denominati secondo i casi, anni di piombo, di restaurazione e altre definizioni pseudo storico-sociali, il film venne ritirato e i negativi distrutti; tutto con un furore da inquisizione. Per fortuna si salvò qualche copia, e ora il film viene venduto e svenduto anche nei supermarket, assieme alla nutella. E il furore scatenato dalla presunta empietà della pellicola, dov'è? ■ DRAMMATICO; COL.; 132'; ITALIA, 1972. ■ DAVID DI DONATELLO 1 PR, 1 NOM; GOLDEN GLOBES 2 NOM; OSCAR 2 NOM.

ULTIMO TANGO A ZAGAROLO ★
Regia di NANDO CICERO. Con NICOLA ARIGLIANO, MARTINE BESWICK, FRANCO FRANCHI. ■ Una monotona parodia di *Ultimo tango a Parigi*. ■ COMMEDIA; COL.; 100'; ITALIA, 1973.

ULTIMO TENTATIVO, L' ★★★
(Baby, the Rain Must Fall)
Regia di ROBERT MULLIGAN. Con STEVE MCQUEEN, DON MURRAY, LEE REMICK. ■ L'azione si svolge nel sud degli Stati Uniti. Finito in carcere per omicidio, un giovane, quando esce di prigione, è deciso a ricominciare una nuova vita con la moglie e la figlioletta. Appassionato fin da ragazzino di musica, vorrebbe seguire la sua vocazione e incomincia ad esibirsi nei locali della zona, cantando e suonando la chitarra. La sua passione è però contrastata da più parti, e il giovane, rifiutatosi di accettare il lavoro che vorrebbero imporgli, finisce di nuovo in galera. ■ DRAMMATICO; B/N; 100'; USA, 1965.

ULTIMO TERRESTRE, L' ★★
Regia di GIANNI PACINOTTI. Con ANNA BELLATO, TECO CELIO, ROBERTO HERLITZKA, STEFANO SCHERINI, GABRIELE SPINELLI. ■ Luca Bertacci è un uomo solo, sulla terra e nell'Italia prossima a un'invasione aliena. Segretamente innamorato della sua vicina, che gli preferisce un bellimbusto che specula su illuminazioni ed extraterrestri, Luca lavora come cameriere al Bingo e vive in un appartamento impersonale. La morte del gatto della dirimpettaia, sempre origliata e osservata, muoverà finalmente la sua vita in una direzione altra e felice. ■ FANTASCIENZA; COL.; 100'; ITALIA, 2011.

ULTIMO TESTIMONE, L' *(Der letzte Zeuge)* ★★
Regia di WOLFGANG STAUDTE. Con JURGEN KOSLAR, ELLEN SCHWIERS. ■ Una prostituta viene accusata di aver assassinato la sua bambina. L'avvocato difensore metterà con le spalle al muro il vero colpevole. ■ DRAMMATICO; B/N; 92'; GERMANIA, 1961.

ULTIMO TESTIMONE, L' ★
Regia di E. BRUCE WEISS. Con JEFF HENDERSON, MIKE SCHUSTER. ■ Un uomo è ricercato dalla polizia che lo ritiene colpevole di alcuni reati. Lui, invece, sostiene che si tratti di un pretesto per metterlo in prigione e poi ammazzarlo tranquillamente, dato che le sue idee politiche danno fastidio a persone molto importanti. Dopo varie vicissitudini, si dirige verso la frontiera canadese per cercare rifugio in quella nazione. ■ DRAMMATICO; COL.; 100'; ISRAELE, 1987.

ULTIMO TESTIMONE – L'UNICO TESTIMONE, L' ★★★
(Edinstevenjat svidetel)
Regia di MIKAIL PANDURSKY. Con OLEG BORISOV, LIVBEN CIATALOV, KIRIL VARIISKI. ■ Pandursky parla del crollo di ideali e della concreta situazione di sfacelo in cui versa la Bulgaria. Partendo da un normalissimo alterco scoppiato in autobus tra l'autista e un passeggero, il film diventa un apologo tristemente grottesco circa la necessità che hanno le alte cariche di avere un responsabile da condannare. Vincitore, alla Mostra di Venezia, dei premi al miglior attore e alla colonna sonora. ■ DRAMMATICO; COL.; 60'; BULGARIA, 1990.

ULTIMO TRAMONTO SULLA TERRA DEI McMASTERS, L' *(The McMasters)* ★★★
Regia di ALF KJELLIN. Con DAVID CARRADINE, JOHN CARRADINE, DANE CLARK, BURL IVES, L.Q. JONES, NANCY KWAN, JACK PALANCE, BROCK PETERS. ■ Al termine della guerra di Secessione, un nero che aveva indossato la divisa dell'esercito nordista ne passa di tutti i colori a causa della non sopita discriminazione razziale. Terrà però duro e alla fine riuscirà a fare strage dei suoi persecutori. ■ WESTERN; COL.; 97'; USA, 1970.

ULTIMO TRENO, L' *(Edges of the Lord)* ★★★
Regia di YUREK BOGAYEVICZ. Con RICHARD BANEL, WILLEM DAFOE, LIAM HESS, HALEY JOEL OSMENT. ■ Romek, un adolescente ebreo, sfugge alla deportazione grazie a una famiglia cattolica che vive in un paesino ai margini della storia dove un prete, insegnando loro il catechismo, cerca di proteggerli dai tedeschi. L'unica presenza minacciosa dell'olocausto è un treno che ogni sera corre sulla vicina ferrovia con il suo disperato carico umano diretto verso lo sterminio. Eppure la follia della guerra e della persecuzione tocca anche questa piccola comunità rurale: Romek è vittima di persecuzioni, non da parte di soldati tedeschi che si vedono molto raramente, ma per mano di alcuni polacchi che vivono nel paesello. Il venir meno della morale, lo sfaldamento dei valori, l'abbrutimento delle conoscenze generato dalla guerra non risparmia nessuno e nessun luogo. In questo contesto, Romek e i due piccoli figli della famiglia che lo ospita sono vittime di qualcosa di abnorme, di terrificante, che sfugge a ogni razionalità. Ancor più arcano è quello che alla fine farà Tolo, il più piccolo dei tre ragazzi, che immedesimandosi nella figura di Cristo si sentirà la missione di redimere gli uomini dal male. ■ DRAMMATICO; COL.; 90'; USA, 2001.

ULTIMO TRENO, L' *(Corazón de fuego)* ★★
Regia di DIEGO ARSUAGA. Con HECTOR ALTERIO, BALARAM DI-

NARD, FEDERICO LUPPI, EDUARDO MIGLIONICO, GASTÓN PAULS, JOSÉ SORIANO. ■ Due anziani ferrovieri, un professore e un ragazzino prendono in ostaggio un vecchio treno che è stato venduto agli Usa per fare un film. A bordo della locomotiva iniziano un viaggio attraverso l'Uruguay per scappare in Brasile. Film picaresco impreziosito da personaggi fuori dal tempo capaci di mostrarci che un cinema non omologato ma comunque divertente è possibile. ■ DRAMMATICO; COL.; 94'; ARGENTINA, SPAGNA, URUGUAY, 2002.

ULTIMO TRENO DA BOMBAY, L' ★★
(Last Train from Bombay)
Regia di FRED F. SEARS. Con JON HALL, CHRISTINE LARSON. ■ Un diplomatico americano in India scopre e sventa un attentato terroristico ai danni di un principe. ■ AVVENTURA; B/N; 72'; USA, 1952.

ULTIMO TRENO DA VIENNA, L' ★★★
(The Miracle of the White Stallions)
Regia di ARTHUR HILL. Con EDDIE ALBERT, CURD JÜRGENS, LILLI PALMER, ROBERT TAYLOR. ■ Il film racconta come il direttore della celebre scuola di equitazione spagnola a Vienna riuscì a salvare dai pericoli della guerra i suoi meravigliosi cavalli Lippzan che, finiti dopo una serie di avventure in Cecoslovacchia, vennero poi condotti nella capitale austriaca, sotto scorta, grazie al generale Patton. ■ AVVENTURA; COL.; 117'; USA, 1963.

ULTIMO TRENO DELLA NOTTE, L' ★★★
Regia di ALDO LADO. Con FLAVIO BUCCI, MACHA MÉRIL, ENRICO MARIA SALERNO. ■ Due sadici teppisti uccidono due ragazze che viaggiano con loro su un treno internazionale. Quando credono di essere ormai sfuggiti alla giustizia, finiscono casualmente nell'abitazione del padre di una delle vittime che, scoperto quanto hanno fatto, li elimina con ferocia. ■ DRAMMATICO; COL.; 92'; ITALIA, 1975.

ULTIMO TRENO DELLA SERA, L' ★★
(Retour à la bien-aimée)
Regia di JEAN-FRANÇOIS ADAM. Con JACQUES DUTRONC, BRUNO GANZ, ISABELLE HUPPERT. ■ Un pianista fallito, divorziato dalla moglie, cerca di riprendersela escogitando un piano diabolico. Uccide un uomo e fa ricadere la colpa sul nuovo marito della sua ex, dopo aver manipolato gli indizi. Una buona storia purtroppo non sostenuta adeguatamente dall'interpretazione (solo Dutronc si eleva dalla mediocrità). ■ GIALLO; COL.; 98'; FRANCIA, 1979.

ULTIMO TRENO PER KATMANDU ★
(The Night Train to Kathmandu)
Regia di ROBERT WIEMER. Con EDDIE CASTRODAD, PERNELL ROBERTS. ■ Un nucleo familiare parte alla volta del Nepal, per compiere una missione scientifica tra le vette dell'Himalaya. Tra queste persone c'è anche una ragazza che, abbandonati di mala voglia i suoi amici, si scopre improvvisamente entusiasta del viaggio quando incontra un ragazzo strano ma affascinante. ■ COMMEDIA; COL.; 100'; USA, 1988.

ULTIMO ULTRAS, L' ★
Regia di STEFANO CALVAGNA. Con FRANCESCA ANTONELLI, STEFANO CALVAGNA, ROSSELLA INFANTI, GIANCARLO LOMBARDI, MAURO MECONI. ■ Giovanni è latitante dopo aver ucciso un giovane allo stadio, durante uno scontro. Tifoso accanito e scommettitore, conosce diversi personaggi che, in un modo o nell'altro, gli cambieranno la vita: Sergio, un capo tifoseria di una squadra locale, Lucrezia, una giovane prostituta, Marina, cassiera ad un ufficio scommesse, di cui si innamora, e Alice, una violinista. ■ DRAMMATICO; COL., 90'; ITALIA, 2009.

ULTIMO UOMO DA IMPICCARE, L' ★★★
(The Last Man to Hang?)
Regia di TERENCE FISHER. Con TOM CONWAY, ELIZABETH SELLARS. ■ Per colpa della cameriera che lo odia, un uomo è accusato di aver ucciso la moglie che invece è viva e vegeta. ■ DRAMMATICO; B/N; 75'; GRAN BRETAGNA, 1956.

ULTIMO UOMO DI SARA, L' ★★
Regia di MARIA VIRGINIA ONORATO. Con ODDO BRACCI, ROSEMARIE DEXTER. ■ Nel tentativo di scoprire le cause della misteriosa morte della moglie, un pittore esamina le decine e decine di pellicole che la donna, maniaca della cinepresa, aveva girato nelle ultime settimane di vita. Scopre così che la consorte è stata assassinata perché aveva scoperto casualmente i terroristi di destra responsabili di una strage. ■ DRAMMATICO; COL.; 92'; ITALIA, 1972.

ULTIMO UOMO SULLA TERRA, L' ★★
Regia di UBALDO RAGONA. Con FRANCA BETTOJA, EMMA DANIELI, VINCENT PRICE. ■ Una terribile epidemia ha trasformato tutti gli esseri umani in vampiri. L'unico immune dovrà vedersela con loro. ■ HORROR; COL.; 93'; ITALIA, 1964.

ULTIMO URRÀ, L' *(The Last Urrah)* ★★★
Regia di JOHN FORD. Con JOHN CARRADINE, WALLACE FORD, DIANNE FOSTER, JEFFREY HUNTER, PAT O'BRIEN, BASIL RATHBONE, SPENCER TRACY. ■ Un sindaco del New England dalla spiccata personalità e dai metodi piuttosto spregiudicati si ripropone alla carica e, benché non esiti a fare ricorso a tutte le astuzie, viene battuto. Colpito da una sincope, prima di morire lascia ai suoi cittadini un indelebile ricordo di sé, respingendo le espressioni di ipocrita compassione degli avversari. ■ DRAMMATICO; B/N; 121'; USA, 1958.

ULTIMO VALZER, L' *(The Last Waltz)* ★★★
Regia di MARTIN SCORSESE. Con RICK DANKO, NEIL DIAMOND, BOB DYLAN, RICHARD MANUEL, ROBBIE ROBERTSON, NEIL YOUNG. ■ Il film è la storia dal vero, con documenti originali, del complesso The Band, scioltosi nel 1976 dopo oltre sedici anni di attività. ■ DOC. MUSICALE; COL.; 117'; USA, 1978.

ULTIMO VAMPIRO, L' *(La saga de los Drácula)* ★
Regia di LEON KLIMOVSKY. Con NARCISO IBANEZ MENTA, TONY ISBERT, TINA SAINZ. ■ La nipote di Dracula perde il bambino di cui era incinta e fa strage di tutti i vampiri. Feritasi, involontariamente nutre col suo sangue il figlio, che immediatamente resuscita. ■ HORROR; COL.; 92'; SPAGNA, 1973.

ULTIMO VENDICATORE, L' *(The Final Hour)* ★★★
Regia di ROBERT DOUGLAS. Con LEE J. COBB, ULLA JACOBSSON, DOUG MCCLURE. ■ Una giovane immigrata scatena le brame di tre uomini e provoca la morte di uno. Nel duello tra i rivali la ragazza muore accidentalmente; il dramma serve a ristabilire la pace tra i contendenti e i rispettivi sostenitori. ■ WESTERN; COL.; 82'; USA, 1962.

ULTIMO VIAGGIO, L' *(Terminal Bliss)* ★★
Regia di ALAN JORDAN. Con ESTEE CHANDLER, TIMOTHY OWEN, LUKE PERRY. ■ Luke Perry equivale a dire Dylan di *Beverly Hills 90210*. Il che equivale a dire un James Dean in sedicesimo. È quanto accade anche in questo film in cui si tenta di rispolverare il cliché del bello e predestinato. ■ DRAMMATICO; COL.; 94'; USA, 1990.

ULTIMO VIAGGIO DELL'ARCA DI NOÈ, L' ★★
(The Last Flight of the Noah's Ark)
Regia di CHARLES JARROTT. Con GENEVIÈVE BUJOLD, ELLIOTT GOULD, RICKY SCHRODER. ■ Un pilota accetta di portare un gruppo di animali su un'isola perché sia ripopolata con bestiole di quella specie. Ma sull'aereo s'imbarcano due piccoli clandestini. I guai sono solo cominciati. L'aereo ha un guasto e deve atterrare su un'isola del Pacifico, abitata solo da due giapponesi che non sanno che la guerra è finita. ■ AVVENTURA; COL.; 97'; USA, 1980.

ULTIMO VIAGGIO – IL RIMORCHIO, L' ★★
(The Last Load)
Regia di JOHN BAXTER. Con DOUGLAS BARR, IVOR BROWYER. ■ Un discreto film per ragazzi che ha per protagonista un uomo buono e sempre pronto ad aiutare il prossimo. ■ AVVENTURA; B/N; 92'; GRAN BRETAGNA, 1947.

ULTIMO VOLO, L' *(Flight from Glory)* ★★
Regia di LEW LANDERS. Con WHITNEY BOURNE, CHESTER MORRIS. ■ Un pilota per vendicare molti colleghi periti a causa di un avido e cinico imprenditore, lo costringe a seguirlo sul suo apparecchio e lo manda a sfracellarsi contro le montagne. ■ DRAMMATICO; B/N; 90'; USA, 1937.

ULTIMO VOLO DA CORAMAYA ★
(The Last Plane from Coramaya)
Regia di ROBERTS RANDY. Con JULIE CARMEN, LOUIS GOSSETT JR.

■ Un archeologo, partito per paesi lontani, scompare. Gideon, un amico, parte alla sua ricerca. Si trova così nello Stato di Coramaya, dove dei militari corrotti esercitano un potere sanguinario. È allora che Gideon decide di combattere la dittatura, riuscirà anche a trovare l'amico scomparso? ■ AVVENTURA; COL.; 91'; USA, 1989.

ULTIMO VOLO DELLE AQUILE, L' ★★
(Taiheiyo no tsubasa)
Regia di SHUEI MATSUBAYASHI. Con YUZO KAYAMA, TOSHIRO MIFUNE. ■ Il film racconta le ultime fasi della seconda guerra mondiale, durante la quale i giapponesi si sacrificarono per una vittoria in cui ormai non potevano più credere. ■ GUERRA; COL.; 92'; GIAPPONE, 1963.

ULTIMO ZAR, L' ★★
Regia di PIERRE CHENAL. Con GIANNA MARIA CANALE, EDMUND PURDOM. ■ Vita e morte di Rasputin, il celebre taumaturgo che guarì il figlio dello zar e per questo venne introdotto a corte, dove dettò legge. Infine, però, fu ucciso da un gruppo di congiurati. ■ DRAMMATICO; COL.; 94'; ITALIA, 1960.

ULTRÀ ★★
Regia di RICKY TOGNAZZI. Con CLAUDIO AMENDOLA, GIANMARCO TOGNAZZI. ■ Premiato al Festival di Berlino, ex-aequo con Jonathan Demme per *Il silenzio degli innocenti*, Ricky Tognazzi passa dalla commedia chiusa della sua opera d'esordio, *Piccoli equivoci*, a un film verista sulla scia di quelli di Marco Risi. La violenza negli stadi attraverso l'esperienza di alcuni ragazzi che sfogano i propri problemi esistenziali nel tifo. Violento e secco, nonostante qualche ingenuità, sembra costruito apposta per dare fiato a Biscardi. ■ DRAMMATICO; COL.; 92'; ITALIA, 1992. ■ BERLINO 1 PR; DAVID DI DONATELLO 3 PR, 3 NOM.

ULTRACORPI – L'INVASIONE CONTINUA ★★★
(Body Snatchers)
Regia di ABEL FERRARA. Con GABRIELLE ANWAR, TERRY KINNEY, FOREST WHITAKER, BILLY WIRTH. ■ Nella storia del cinema ci sono pochi film che possono vantare di essere stati rifatti tre volte e di avere sempre una buona qualità. *L'invasione degli ultracorpi* di Don Siegel ne è uno dei rari esempi. Dopo la versione di Philip Kaufman del 1978, ecco che arriva quella di Abel Ferrara, regista "maledetto". Nonostante le poche pretese della produzione, il regista ha rinnovato il plot aggiornandolo ai temi politici e antimilitaristici di oggi. Tutto infatti, anche se l'antico canovaccio la fa da padrone, parte da una base militare. Al soggetto e alla co-sceneggiatura ci sono due registi horror, Larry Cohen e Stuart Gordon. ■ FANTASCIENZA; COL.; 125'; USA, 1993.

ULTRAVIOLET ★★★
Regia di KURT WIMMER. Con MILLA JOVOVICH, CAMERON BRIGHT, NICK CHINLUND, WILLIAM FICHTNER. ■ Nel ventunesimo secolo, una nuova specie di umani compare sulla terra, gli emofagi, dotati di un'incredibile intelligenza e di altre straordinarie capacità ma costretti a nutrirsi di sangue come vampiri. Il mondo è costernato: sempre più persone sono trasformate e i governi cercano un modo per sbarazzarsi di questa subcultura che minaccia di distruggere la società. Violet è una guerriera che pretende vendetta contro chi ha cambiato per sempre la sua vita, anche lei ha contratto il virus e sta per trasformarsi. Inaspettatamente però si trova a difendere Six, un bambino di nove anni condannato a morte perché ritenuto appartenente agli emofagi. ■ FANTASCIENZA; COL.; 88'; USA, 2006.

ULULATO, L' *(The Howling)* ★★★
Regia di JOE DANTE. Con JOHN CARRADINE, PATRICK MACNEE, DEE WALLACE. ■ Un lupo mannaro imperversa per una città americana, finché la polizia non lo abbatte, con l'aiuto di una coraggiosa giornalista. La ragazza però riporta uno shock, e pensa di cavarsela con un breve soggiorno in una clinica sui monti, diretta da un simpatico dottore. Dalla padella nella brace. Il posto è pieno di uomini (e donne) lupo. Anzi ci sono solo quelli. Il loro capo tenta di fare la festa alla giornalista, che si salva. Ma per poco. È stata morsa anche lei. ■ HORROR; COL.; 91'; USA, 1981.

ULULATO II *(Howling II... Your Sister is a Werewolf)* ★
Regia di PHILIPPE MORA. Con REB BROWN, SYBIL DANNING, MARSHA A. HUNT, CHRISTOPHER LEE, ANNIE MCENROE. ■ Una ragazza muore in circostanze misteriose e i suoi familiari si fanno convincere da un esperto in lupi mannari che è necessario recarsi in Transilvania perché la giovane possa riposare in pace. Bisogna infatti distruggere Stirba, la regina dei lupi mannari. Niente collega questo film a *L'ululato* di Joe Dante. Christopher Lee fa il "lupomannarologo" senza troppa convinzione. ■ HORROR; COL.; 100'; USA, 1985.

UMANITÀ ★★
Regia di JACK SALVATORI. Con ROLDANO LUPI, DINA SASSOLI. ■ Durante la seconda guerra mondiale un medico si innamora di una giovane. Tornerà dalla moglie dopo il matrimonio della fanciulla col fidanzato appena tornato dalla prigionia. ■ DRAMMATICO; B/N; 92'; ITALIA, 1946.

UMANITÀ, L' *(L'humanité)* ★★
Regia di BRUNO DUMONT. Con SÉVERINE CANEELE, EMMANUEL SCHOTTÉ, PHILIPPE TULLIER. ■ Pharaon è un poliziotto integerrimo, e forse un pò ingenuo. Mentre indaga con il suo capo sull'assassinio di un adolescente, che è stata anche violentata, le sue certezze si sfaldano e decide di sacrificarsi per l'umanità, come un moderno Gesù. Vincitore di tre premi al Festival di Cannes: Gran Premio, miglior attore e migliore attrice. Forse meno riuscito rispetto all'opera d'esordio di Dumont, inedita in Italia. *La vie de Jesus*. Hanno fatto scalpore, un'inquadratura della vittima e alcuni rapporti sessuali molto realistici. ■ DRAMMATICO; COL.; 148'; FRANCIA, 1999. ■ CANNES 3 PR.

UMANOIDE, L' ★★
Regia di ALDO LADO. Con CORINNE CLÉRY, RICHARD KIEL, LEONARD MANN. ■ In un futuro molto lontano il mondo, finalmente in pace, è minacciato dal cattivo fratello del suo reggente che vuole impadronirsi del trono. Vince il bene. ■ FANTASCIENZA; COL.; 92'; ITALIA, 1979.

UMANO NON UMANO ★★
Regia di MARIO SCHIFANO. Con CARMELO BENE, ANITA PALLENBERG, ALEXANDRA STEWART. ■ Un film stravagante formato da diversi episodi senza una trama precisa sull'incomunicabilità tipica del mondo moderno. Il regista è un noto pittore d'avanguardia. Ci sono anche brevi comparsate dello scrittore Alberto Moravia e del poeta Sandro Penna. ■ DRAMMATICO; COL.; 91'; ITALIA, 1971.

UMBERTO D. ★★★★★
Regia di VITTORIO DE SICA. Con CARLO BATTISTI, MARIA PIA CASILIO. ■ Il film, uno tra i più significativi del nostro neorealismo, racconta la storia semplice e cruda di un anziano funzionario ministeriale completamente in miseria ma animato da una grande dignità. Dopo un ricovero in ospedale pensa di buttarsi sotto un treno per togliersi silenziosamente di mezzo e non essere più di peso a nessuno, ma all'arrivo del treno il suo affezionato cagnolino, con il quale si accingeva a morire, scappa. Umberto D allora lo insegue e viene distolto dal pensiero del suicidio: la vita, in fondo, riserva ancora qualche speranza. Con *Il posto delle fragole*, di Bergman, l'omaggio più sincero e commosso del cinema al problema della vecchiaia. La sceneggiatura è di Cesare Zavattini e dello stesso De Sica. ■ DRAMMATICO; B/N; 89'; ITALIA, 1952. ■ OSCAR 1 NOM.

UMILIATI E OFFESI *(The Insulted and the Injured)* ★★
Regia di ANDRZEJ ASPHAY. Con NASTASSJA KINSKI. ■ Trasposizione cinematografica del romanzo di Dostoevskij. La bella Natasha viene sedotta e abbandonata da Alesa, l'incostante e opportunista figlio del principe Valkovski. Scontri di famiglie tra amori traditi e coscienze lacerate. ■ DRAMMATICO; COL.; 100'; USA, 1990.

UMORISMO NERO *(Humorisme noir)* ★★★
Regia di CLAUDE AUTANT-LARA Con PIERRE BRASSEUR, FOLCO LULLI, EMMA PENELLA, SYLVIE, ALIDA VALLI. ■ Tre episodi dal gustoso sapore macabro-comico nel primo una ricca e anziana donna crede, a torto, che il nipote voglia ucciderla per ereditare; nel secondo un uomo si salva dall'accusa di omicidio; nell'ultimo un nobile sogna la donna che apparirà poco dopo nella sua vita. ■ COMMEDIA; B/N; 112'; FRANCIA, ITALIA, SPAGNA, 1964.

UN AMORE DI GIOVENTÙ *(Un amour de jeunesse)* ★★
Regia di MIA HANSEN-LØVE. Con VALERIE BONNETON, MAGNE BREKKE, LOLA CRETON, SERGE RENKO, SEBASTIAN URZENDOWSKY. ■ Camille ha quindici anni e un amore grande. Sullivan ne ha diciannove, è innamorato perdutamente di Camille, ma è comunque deciso a partire per il Sudamerica in cerca di se stesso e lontano dall'abbraccio soffocante di lei. La partenza di Sullivan sconvolge la vita di Camille, che tenta il suicidio e poi prova a vivere la sua vita tra le braccia di un maturo architetto norvegese di cui diventa assistente e compagna. Diversi anni dopo, lungo le strade di Parigi, ritroverà Sullivan e con lui un sentimento mai sopito. Attrice ieri per Assayas (che poi la sposa), regista oggi, Mia Hansen-Løve gira il suo terzo film e alla maniera di Truffaut ricrea e reinventa sul set momenti e situazioni vissute nella vita. Come il "primo amore", quello che non si scorda mai. ■ DRAMMATICO; COL.; 111'; FRANCIA, GERMANIA, 2011.

UNA COME QUELLE *(... und so was nennt sich Leben)* ★★
Regia di GÉZA VON RADVANJI. Con KARIN BAAL, MICHAEL HINZ, ELKE SOMMER, WOLFGANG LUKSCHY, HELI FINKENZELLER. ■ Una *entraîneuse* in attesa di un figlio viene lasciata dall'uomo che l'ama e si suicida. Il giovane, pentito, la segue nella morte. ■ DRAMMATICO; B/N; 92'; GERMANIA, 1960.

UNA DI QUELLE ★★★
Regia di ALDO FABRIZI. Con PEPPINO DE FILIPPO, LEA PADOVANI, TOTÒ. ■ Una vedova, passeggiatrice a tempo perso, conosce un contadino che, dopo averla aiutata nella cura al figlio ammalato, la sposa. ■ COMICO; B/N; 98'; ITALIA, 1952.

UNA DI TROPPO ★★
Regia di PINO TOSINI. Con DALILA DI LAZZARO, JOHN SAXON. ■ La giovane Andrée si reca ad Orvieto per prendere possesso del palazzo lasciatole in eredità da una parente. Dopo aver espletato le formalità di legge decide di andare a visitarlo, ma mentre si trova al suo interno con l'uomo che l'ha accompagnata qualcuno spranga l'ingresso rinchiudendoli all'interno. ■ DRAMMATICO; COL.; 93'; ITALIA, 1988.

UNA DOPO L'ALTRA *(Une fille libre)* ★★
Regia di CLAUDE PIERSON. Con CHRISTINE DAVRAY, BERNARD VERLEY. ■ Vite parallele di due donne: la prima, dopo anni di fedeltà al marito, proverà il bisogno di tradirlo; la seconda, libera per scelta personale, troverà l'uomo giusto e lo sposerà. ■ COMMEDIA; COL.; 91'; FRANCIA, 1969.

UNA LEI TRA DI NOI *(En Kort en lang)* ★★
Regia di HELLA JOOF. Con JESPER LOHMANN, TROELS LYBY, MADS MIKKELSEN, CHARLOTTE MUNCK. ■ Jacob e Jorgen sono un'affiatata coppia omosessuale danese. Tanto affiatata da decidere, dopo una lunga convivenza, di fare il grande passo e sposarsi. Ma l'arrivo di Caroline, moglie del fratello di Jorgen, Tom, sconvolge tutti i preparativi. Jacob, infatti, se ne innamora subito e ben presto la notizia di una gravidanza fa crollare tutti i tentativi di nascondere la cosa. ■ COMMEDIA; COL.; 98'; DANIMARCA, GERMANIA, 2001.

UNA MOGLIE, DUE AMICI, QUATTRO AMANTI ★★
Regia di MICHELE MASSIMO TARANTINI. Con OLGA KARLATOS, RENZO MONTAGNANI, LUCIANO SALCE. ■ Ispirato alla *pochade* francese de *Le pillole di Ercole*. Un medico beve senza saperlo una pozione afrodisiaca, che ne fa per qualche ora un mandrillo che salta addosso a tutte le donne che gli capitano. Il marito di una delle sue vittime (del resto consenzienti) vuole rendergli la pariglia, andando a letto con la moglie del medico. Questi mostra di cedere alle sue minacce, in realtà cerca di rifilargli una ragazza facile, spacciandola per la propria consorte. ■ COMMEDIA; COL.; 91'; ITALIA, 1980.

UN ANNO DA LEONI *(The Big Year)* ★★
Regia di DAVID FRANKEL. Con JACK BLACK, BRIAN DENNEHY, ANJELICA HUSTON, STEVE MARTIN, OWEN WILSON. ■ Brad Harris ha 36 anni, è divorziato e vive con i genitori. Se la madre lo sostiene nella sua passione per il bird watching il padre costituisce un ostacolo. Brad però ha un idolo: Kenny Bostick, che ha vinto la competizione denominata The Big Year. La gara consiste nel riuscire a vedere, nell'arco di un anno, il maggior numero di specie di uccelli. Bostick, che ne ha individuati più di 700, teme che il suo record possa essere battuto e torna a competere nonostante il parere contrario della moglie. Girare un film sul bird watching ispirato a un libro di Mark Obmascik *The Big Year: A Tale of Man, Nature and Fowl Obsession* non significa certo volersi cercare una grande audience, ma, grazie a un cast azzeccato, il film di David Frankel (*Marley and Me*, *Il diavolo veste Prada*) risulta una gradevole commedia che non rinuncia a scavare nella psicologia dei tre protagonisti. ■ COMMEDIA; COL.; 100'; USA, 2011.

UNA NOTTE, UN SOGNO ★★
Regia di MASSIMO MANUELLI. Con CLAIRE NEBOUT, SERGIO RUBINI, RODOLFO TRAVERSA. ■ Una giovane signora torinese, stufa di annoiarsi a una serata con amici, si mette a gironzolare per la città e viene coinvolta nelle avventure di un fotoreporter d'assalto, che ha le prove dell'omicidio commesso da un boss della mafia cinese, e sta per incastrarlo. Ma intanto deve scappare, con la signora appresso, inseguito dai sicari del boss per mezza città. All'alba, dopo essersi amati in un vagone letto, i due si separano. Lei torna in villa, lui parte per la Svezia. ■ COMMEDIA; COL.; 83'; ITALIA, 1988.

UNA SEPARAZIONE *(Jodaeiye Nader az Simin)* ★★★
Regia di ASGHAR FARHADI. Con SAREH BAYAT, SARINA FARHADI, BABAK KARIMI, PEYMAN MOADI, ALI-ASGHAR SHAHBAZI. ■ Nader e sua moglie Simin stanno per divorziare. Hanno ottenuto il permesso di espatrio, ma Nader non vuole partire per non abbandonare il padre malato di Alzheimer. Simin va a vivere con i suoi genitori mentre la figlia resta col padre. È necessario assumere qualcuno che si occupi dell'uomo mentre Nader è al lavoro, e l'incarico viene dato a una donna che ha una figlia di cinque anni ed è incinta. Asghar Farhadi conferma con questo film doti di narratore IN una storia che innesca una serie di domande sotto l'apparente facciata di un conflitto familiare. DRAMMATICO; COL.; 90'; IRAN, 2011.

UNA SPIA NON BASTA *(This means war)* ★★
Regia di MCG. Con CHELSEA HANDLER, TOM HARDY, CHRIS PINE, TIL SCHWEIGER, REESE WITHERSPOON. ■ Fdr Foster e il suo amico per la pelle Tuck sono due agenti della Cia che lavorano in coppia. Mentre Tuck è divorziato e ha un figlio, Fdr (che sta per Franklin Delano Roosevelt) è un dongiovanni. Finiscono entrambi per essere attratti, confidandosi il segreto a vicenda, da Lauren, una single che non vorrebbe essere più tale e che non sa chi scegliere. Inizia il corteggiamento senza esclusione di colpi. ■ COMMEDIA; COL.; 98'; USA, 2011.

UNA STRADA, UN AMORE *(Hanover Street)* ★★
Regia di PETER HYAMS. Con LESLEY-ANNE DOWN, HARRISON FORD, CHRISTOPHER PLUMMER. ■ Seconda guerra mondiale: a Londra un ufficiale americano salva un'infermiera dai bombardamenti e diventa suo amante. Il caso vuole che il marito della donna e l'americano partano insieme per una missione in Francia. L'avventura, nonostante molti intoppi, si conclude felicemente. L'ufficiale, saputo che la sua amante è sposata, la lascia. ■ DRAMMATICO; COL.; 109'; USA, 1979.

UNA SULL'ALTRA ★★
Regia di LUCIO FULCI. Con ELSA MARTINELLI, MARISA MELL, JEAN SOREL. ■ Una donna, per liberarsi dal marito e vivere col cognato, sparisce in modo che il marito venga accusato del suo assassinio. Ma il piano diabolico fallirà. ■ GIALLO; COL.; 93'; ITALIA, 1969.

UNA SU 13 – 12 + 1 ★★
Regia di NICOLAS GESSNER, LUCIANO LUCIGNANI. Con VITTORIO GASSMAN, OTTAVIA PICCOLO, SHARON TATE, ORSON WELLES. ■ Un giovane barbiere perde una favolosa eredità, ma vende ad altissimo prezzo una lozione per capelli da lui inventata. ■ COMMEDIA; COL.; 95'; ITALIA, 1969.

UNA VITA UN AMORE *(Maria)* ★
Regia di TITO DAVISON. Con FERNANDO ALLENDE, TARYN POWER, JOSÉ SUAREZ. ■ Drammone sentimentale, vecchio stile che ha per protagonisti un'orfanella, destinata a morire per un male incurabile, e uno studente innamorato di lei. ■ DRAMMATICO; COL.; 95'; MESSICO, 1974.

UNA VOLTA ALLA SETTIMANA ★★★
Regia di AKOS RATHONYI. Con CARLO CAMPANINI, VERA CARMI, TITINA DE FILIPPO, NICOLA MALDACEA, ROBERTO VILLA. ■ Storiellina semplice, ma film ben girato e ben interpretato. Una collegiale, per vedere l'innamorato, deve fingersi nipote di un amico del fidanzato. Molti equivoci sembrano mettere in forse il matrimonio, ma poi tutto si accomoda. ■ COMMEDIA; B/N; 91'; ITALIA, 1941.

UNA VOLTA HO INCONTRATO UN MILIARDARIO ★★★
(Melvin and Howard)
Regia di JONATHAN DEMME. Con PAUL LE MAT, JASON ROBARDS, MARY STEENBURGEN. ■ Un giovane camionista soccorre un vecchio ferito, trovato nel deserto, non sapendo che è il famoso magnate Howard Hughes. Quando Howard muore qualche tempo dopo, lascia il giovane erede di una favolosa somma. Il testamento però viene impugnato. L'eredità è tolta dalle mani del giovane, che deluso dall'avidità di tutti (parenti e amici compresi), rinuncia alla ricchezza senza combattere. ■ COMMEDIA; COL.; 95'; USA, 1981. ■ GOLDEN GLOBES 2 PR, 4 NOM; OSCAR 2 PR, 3 NOM.

UNA VOLTA NELLA VITA ★★
Regia di DONALD SHEBIB. Con JAMES NAUGHTON, LINDSAY WAGNER. ■ Due coniugi apparentemente felici e appagati sono invece in competizione a causa dello sport. Entrambi vogliono vincere più dell'altro, soprattutto il marito che arriva a fare del podismo la cosa più importante della sua esistenza. ■ DRAMMATICO; COL.; 95'; USA, 1985.

UNA VOLTA NON BASTA ★★
(Jacqueline Susann's Once is not Enough)
Regia di GUY GREEN. Con KIRK DOUGLAS, GEORGE HAMILTON, DAVID JANSSEN, MELINA MERCOURI, ALEXIS SMITH, BRENDA VACCARO. ■ Tornata a casa dal costoso collegio svizzero, la figlia di un produttore cinematografico resta scossa trovando il padre risposato con una miliardaria pluridivorziata. Supera però presto lo shock e si getta nelle braccia prima di un giovane playboy, poi di un maturo scrittore hollywoodiano che però finisce per abbandonarla. Un incidente aereo la priverà anche del padre e della matrigna. Ma la ragazza ha di che consolarsi: è giovane, bella e ha ereditato una fortuna. ■ COMMEDIA; COL.; 121'; USA, 1974. ■ GOLDEN GLOBES 1 PR, 1 NOM; OSCAR 1 NOM.

UNBREAKABLE – IL PREDESTINATO *(Unbreakable)* ★★
Regia di M. NIGHT SHYAMALAN. Con SAMUEL L. JACKSON, BRUCE WILLIS, ROBIN WRIGHT PENN. ■ Una chiave thriller e una mistica nel racconto di Shyamalan, che non poteva non percorrere una strada simile a quella del precedente *Sesto senso*. Per cominciare Bruce Willis: non è un fantasma ma l'unico sopravvissuto di un disatro ferroviario. E poi la *new entry* Samuel L. Jackson nella parte di un uomo malato, fragile non solo nel fisico: secondo lui, il sopravvissuto possiede doti misteriose, e sovrumane. Si tratta di prenderne coscienza. Alla fine i nodi si sciolgono, il sipario si apre e la verità, insospettabile, emerge. Jackson non era poi così fragile. Come sempre accade il numero due non è all'altezza dell'originale. Qualche buona tensione compromessa da un ritmo troppo lento. ■ DRAMMATICO; COL.; 110'; USA, 2000.

UNCINO, L' *(The Hook)* ★★★
Regia di GEORGE SEATON. Con NICK ADAMS, KIRK DOUGLAS, ROBERT WALKER. ■ Tre militari americani rifiutano di uccidere un prigioniero. Quando giunge la notizia che la guerra è finita, una fatale circostanza farà sì che proprio i tre uccidano l'uomo. ■ GUERRA; B/N; 98'; USA, 1962.

UN COUPLE PARFAIT ★★
Regia di NOBUHIRO SUWA. Con NATHALIE BOUTEFEU, VALERIA BRUNI TEDESCHI, LOUIS-DO DE LENCQUESAING, BRUNO TODESCHINI. ■ Marie e Nicolas arrivano a Parigi per il matrimonio di una coppia di amici. Dopo quindici anni la loro storia d'amore è a un punto di rottura e decidono di separarsi. Durante il soggiorno, fra annunci agli amici comuni, visite al Museo Rodin e divagazioni notturne, entrambi si confrontano più concretamente con l'idea dell'abbandono, vedendo oscillare i loro sentimenti. ■ DRAMMATICO; COL.; 104'; GIAPPONE, FRANCIA, 2005.

UNCUT – MEMBER ONLY ★
Regia di GIONATA ZARANTONELLO. Con MORENA CIOTOLI, LUISA CORLEONE, CRISTINA MAZZUZZI, FRANCO TRENTALANCE. ■ Ciccio, bloccato a letto per una frattura al bacino ha in testa solo una cosa: trovare una donna. Comincia così una ricerca ossessiva, tra i tanti numeri di telefono, per portarsi sotto il lenzuolo un'ex fidanzata, un'amica, una vicina di casa. ■ COMMEDIA; COL.; 78'; ITALIA, 2003.

UNDERGROUND ★★★½
Regia di EMIR KUSTURICA. Con MIRJANA JOKOVIC, MIKI MANOJLOVIC, LAZAR RISTOVSKI. ■ Belgrado 1941. Due amici un po' patrioti e un po' delinquenti combattono i tedeschi. Per salvarsi uno di loro, ferito, si nasconde, con altri, in una cantina. L'altro diventa un eroe. Dopo la guerra è un favorito di Tito. Continua comunque a tener nascosti gli altri, dicendo che la guerra non è finita. Passano i decenni. Quando il "sepolto" esce alla luce trova un'altra guerra, una sola cosa è cambiata: il suo paese non esiste più. La guerra adesso riguarda i serbi e i bosniaci. Nel frattempo molti sono morti, qualcuno si è sposato, sono nati figli. I fatti si ripetono ciclicamente. C'è sempre una guerra da combattere. I tanti anni passati *underground* rappresentano l'inutilità di una certa èra, quella di Tito, appunto, che non era niente, non era comunismo, non libertà, ma solo attesa di niente. Alla fine tutti sono tornati giovani e banchettano in riva a un fiume. Una striscia di terra si stacca dalla riva. È un altro pezzo che abbandona quella terra piena di dolore. Film travolgente, allegorico e potente. Pieno di simboli, di dolore e di voglia di vivere per reazione. Ci sono anche i caschi blu che trasportano sottoterra, *underground*, i profughi in Italia. Ci sono tante citazioni cinematografiche. Ricordiamo quella dei due sposi che si ritrovano sott'acqua, omaggio di Kusturika al Jean Vigo dell'*Atalante*. Vincitore della Palma d'Oro a Cannes nel 1995. ■ FANTASTICO; COL.; 170'; GERMANIA, JUGOSLAVIA, 1995. ■ CANNES 1 PR.

UNDEAD ★★
Regia di MICHAEL SPIERIG, PETER SPIERIG. Con LISA CUNNINGHAM, DIRK HUNTER, ROB JENKINS, FELICITY MASON, MUNGO MCKAY, EMMA RANDALL. ■ Una pioggia di meteoriti stravolge la pacifica vita dei cittadini di Berkeley, Australia: chi viene colpito dalle rocce meteoritiche non muore, bensì diventa uno zombie. La mefitica piaga della zombificazione, si sa, è contagiosa, e ben presto la stragrande maggioranza degli abitanti del villaggio si ritroverà a vagare affamata di carne umana. ■ HORROR; COL.; 104'; AUSTRALIA, AUSTRALIA, 2003.

UNDERCOVER BROTHER ★
Regia di MALCOLM D. LEE. Con DAVID CHAPELLE, DENISE RICHARDS. ■ Il timido e impacciato Jackson nasconde un coraggio da supereroe; in realtà è un agente di una associazione clandestina di afroamericani che lotta per difendere la propria etnia da "The Man". ■ COMICO; COL.; 86'; USA, 2002.

UNDERGROUND – IL CLANDESTINO, THE ★★
Regia di PINO MERCANTI. Con CONNY CAROL, DAN HARRISON. ■ Drammone strappalacrime. Un immigrato ruba al suo datore di lavoro, una fiera carogna. La fidanzata del capitalista si innamora del ladro. Questi, per salvare la ragazza, si fa uccidere dalla polizia. ■ DRAMMATICO; COL.; 93'; ITALIA, 1970.

UNDER SUSPICION ★★
Regia di STEPHEN HOPKINS. Con MONICA BELLUCCI, MORGAN FREEMAN, GENE HACKMAN, THOMAS JANE. ■ Remake di *Guardato a vista* di Claude Miller, film francese del 1981, con Lino Ventura, Michel Serrault e Romy Schneider. Nel remake l'azione si sposta dalla Normandia ai Tropici, nell'isola di San Juan a Portorico. Un vecchio capitano di polizia (Morgan Freeman), convoca al commissariato il ricco ed influente avvocato Henry Hearst (Gene Hackman), il personaggio più in vista dell'intera isola. Il colloquio tra due vecchi amici, grazie anche alla presenza di un giovane ispettore, si trasforma in breve in un drammatico confronto. Hearst ha ritrovato il giorno prima il cadavere di una ragazzina tra la boscaglia: il secondo delitto in pochi giorni, entrambe le piccole vittime sono state stuprate prima di essere uccise. Henry è insospettabile, ma la sua testimonianza è piena di bu-

chi e il suo alibi va provato: in breve la sua vita e il suo problematico matrimonio con la splendida Chantal (Monica Bellucci) viene passata al setaccio. Un buon giallo, diligente, ma non troppo incisivo. ■ THRILLER; B/N; 111'; USA, 2000.

UNDER THE CHERRY MOON ★★

Regia di PRINCE NELSON. Con JEROME BENTON, PRINCE, KRISTIN SCOTT THOMAS. ■ Un gigolò abituato a donne ricche si innamora di un'ereditiera un po' difficile da agganciare. Nascerà l'amore, ma all'orizzonte la tragedia li attende. Una commedia mista a melodramma misto a musical in buona parte scorrevole e agile, nonostante lo scarso successo. L'interpretazione e la regia sono di Prince, popolarissimo musicista di colore tra i migliori artisti della scena musicale degli anni Ottanta. La versione è originale con sottotitoli. ■ COMMEDIA; B/N; 98'; USA, 1986.

UNDER THE HULA MOON ★

Regia di JEFF CELENTANO. Con STEPHEN BALDWIN, EMILY LLOYD, CHRIS PENN. ■ Buzzard abita nel bel mezzo del deserto con la bella moglie, sognando spiagge incantate. Ma ecco che il fratello acquisito Turk evade di prigione e distrugge la quiete dei due. ■ COMMEDIA; COL.; 95'; USA, 1995.

UNDER THE SKIN ★★

Regia di JONATHAN GLAZER. Con PAUL BRANNIGAN, ANTONIA CAMPBELL-HUGHES, ROBERT J. GOODWIN, KRYSTOF HADEK, SCARLETT JOHANSSON. ■ Il corpo di una donna viene recuperato da un misterioso motociclista fuori strada e trascinato su un camion, dove un'aliena, con le medesime sembianze della malcapitata, ne indossa letteralmente le vesti. L'aliena intraprende quindi un viaggio attraverso la Scozia, sfruttando il proprio fisico seducente per adescare uomini soli e non restituirli mai più alle loro vite. Glazer va dritto al centro del romanzo di Michel Faber, rinunciando ad ogni conoscenza o informazione preparatoria per occuparsi solo e soltanto del viaggio della protagonista e costruire così un on the road visionario, teso ad immaginare barlumi di altre dimensioni ma anche e soprattutto a guardare il nostro mondo con un occhio altro. Spogliato del contesto fantascientifico e ridotto quasi al silenzio, il film non guadagna a sufficienza in atmosfera da compensare le perdite in materia di psicologia e possibilità di identificarsi con il personaggio. Il confronto insistito sullo spazio visionario ed estetizzante ma in verità crudele e annientatore proprio della dimensione aliena e quello più aspro, squallido e violento delle Highlands e, per estensione, dell'umanità è tutto quello che Glazer decide di dire e mostrare, ma la sensazione è che sia un discorso povero e riduttivo, che ci lascia insensibili e alieni al destino della protagonista. ■ FANTASCIENZA; COL.; 104'; USA, GRAN BRETAGNA, 2013.

UNDERWORLD ★★

Regia di GEORGE PAVLOU. Con STEVEN BERKOFF, DENHOLM ELLIOTT, ART MALIK, MIRANDA RICHARDSON. ■ Un tremendo esperimento chimico ha sfigurato orribilmente le persone che vi erano sottoposte. Queste stesse persone adesso vivono, rintanate come topi, nelle fogne cittadine, in cunicoli neri come la notte e maleodoranti, dove progettano sadici piani criminosi. ■ HORROR; COL.; 90'; USA, 1985.

UNDERWORLD ★★

Regia di LEN WISEMAN. Con KATE BECKINSALE, SHANE BROLLY, BILL NIGHY, MICHAEL SHEEN, SCOTT SPEEDMAN. ■ La vampira Selene ha una missione: distruggere i licantropi. Scopre però che c'è un accordo segreto tra il capo dei vampiri Kraven e quello dei licantropi Lucian che coinvolge un essere umano, Michael. Per neutralizzare il piano Selene risveglia il nobile vampiro Viktor. A mezza strada tra *Blade* e *Il corvo* per quanto riguarda luci e ambientazione è un film che può interessare gli appassionati ma non mostra nessuna particolare originalità. A partire dalla monocorde prestazione di Kate Beckinsale. ■ HORROR; COL.; 121'; GERMANIA, GRAN BRETAGNA, UNGHERIA, USA, 2003.

UNDERWORLD: EVOLUTION ★★

Regia di LEN WISEMAN. Con KATE BECKINSALE, SHANE BROLLY, SOPHIA MYLES, BILL NIGHY, MICHAEL SHEEN, SCOTT SPEEDMAN. ■ Nella secolare guerra tra Licantropi e Vampiri, a seguito degli eventi narrati nel primo *Underworld*, tradimenti e cospirazioni hanno portato al risveglio di Marcus, primo vampiro dal quale dipende la sopravvivenza di tutta la specie. Deciso a soffocare nel sangue il caos che imperversa tra le due razze, Marcus è in cerca della prigione segreta del fratello William, il primo tra i Lycan, bestia sanguinaria di incontrollabile potenza. ■ HORROR; COL.; 106'; USA, 2006.

UNDERWORLD: LA RIBELLIONE DEI LYCANS ★

(Underworld: Rise of the Lycans)

Regia di PATRICK TATOPOULOS. Con RHONA MITRA, BILL NIGHY, MICHAEL SHEEN. ■ L'eterna lotta tra vampiri e lupi mannari. La storia d'amore tra Sonja e Lucian, la furiosa opposizione del temibile Viktor e l'affermazione dell'autonomia dei licantropi dalla schiavitù impostagli dai vampiri sono ciò che poi porterà agli scontri finali. ■ HORROR; COL.; 92'; USA, 2009.

UNDERWORLD – VENDETTA SOTTERRANEA ★

(Underworld)

Regia di ROGER CHRISTIAN. Con LARRY BISHOP, DENIS LEARY, JOE MANTEGNA, ANNABELLA SCIORRA, ABE VIGODA. ■ Il figlio di un boss mafioso, entrato in coma profondo da due anni in seguito a un attentato, cerca di eliminare chi ha tradito. Il remake di *La vendetta del gangster* di Fuller cerca una via espressiva che si rifaccia al tarantinismo senza però riuscire ad andare al di là di una "maniera" fastidiosa. ■ DRAMMATICO; COL.; 103'; USA, 1996.

UNDICESIMO COMANDAMENTO, L' *(Das Netz)* ★★

Regia di MANFRED PURZER. Con HEINZ BENNENT, MEL FERRER, KLAUS KINSKI. ■ Uno scrittore di successo vive tuttavia una vita di frustrazioni e fallimenti sentimentali, spaventato dalle donne a causa di traumi infantili. Ne uccide tre, ma viene scoperto da un giornalista senza scrupoli, che lo convince, dietro lauto compenso, a scrivere le sue memorie per il giornale. Lo scrittore rivive i tre efferati delitti finché, scoperto e braccato, si suicida. ■ DRAMMATICO; COL.; 92'; GERMANIA, 1980.

UNDICI MOSCHETTIERI, GLI ★★★

Regia di ENNIO DE CONCINI. Con GIUSEPPE MEAZZA, SILVIO PIOLA, FAUSTO SARACENI. ■ Il film è la rievocazione, arricchita da spezzoni documentaristici, della nascita e del cammino della nazionale italiana di calcio. Ottimo per gli appassionati. ■ SPORTIVO; B/N; 90'; ITALIA, 1952.

11 SETTEMBRE 2001 *(11'09"01 – September 11)* ★★

Regia di YOUSSEF CHAHINE, AMOS GITAI, ALEJANDRO GONZALEZ INARRITU, SHOHEI IMAMURA, CLAUDE LELOUCH, KEN LOACH, SAMIRA MAKHMALBAF, MIRA NAIR, IDRISSA OUEDRAOGO, SEAN PENN, DANIS TANOVIC. Con TANVI AZMI, ERNEST BORGNINE, NOUR EL-CHÉRIF, MARYAM KARIMI, EMMANUELLE LABORIT, KEREN MOR, DZANA PINJO, TOMORO TAGUCHI, VLADIMIR VEGA, LIONEL ZIZRÉEL GUIRE. ■ Il "produttore artistico" Alain Brigand ha dato mandato a undici registi di impegnarsi in un cortometraggio di 11 minuti 9 secondi e un decimo che ricordasse, a un anno di distanza, la strage di Manhattan. Alcuni episodi sono di grande qualità. ■ DOCUMENTARIO; COL.; 122'; FRANCIA, GRAN BRETAGNA, 2002.

11 SETTEMBRE 1683 ★★

Regia di RENZO MARTINELLI. Con F. MURRAY ABRAHAM, PIOTR ADAMCZYK, ALICJA BACHLEDA, ENRICO LO VERSO, JERZY SKOLIMOWSKI. ■ Marco, monaco e predicatore di Aviano, arringa le folle, fa miracoli e legge le stelle (comete). Difensore della cristianità e sostenitore dell'unica Luce, diversi anni prima è stato strappato alla morte da Kara Mustafa, oggi Gran Visir dell'impero ottomano deciso a marciare verso Vienna e contro gli infedeli occidentali. Marco, lasciata Aviano per Vienna, incontra l'imperatore asburgico Leopoldo I, a cui preannuncia la marcia dei turchi contro l'Europa e suggerisce una santa alleanza tra le nazioni cristiane per contrastare e fermare l'avanzata dell'Islam. Riluttante a credere alle parole del monaco, Leopoldo sottovaluta il pericolo che non tarda a lambire le mura della città e a chiedere il conto alla sua pavida anima. Sostenuto dalla fede e dalla strategia militare di Jan Sobieski, re polacco ostinato e lungimirante, il cristiano occidente avrà la meglio sull'esercito musulmano, battuto e costretto alla ritirata l'undici settembre del 1683. *Undici set-*

tembre 1683 è incapace di confrontarsi con la complessità delle implicazioni storico-culturali. Sia inteso, Martinelli riferisce di fatti storici realmente accaduti e "documenta" la penetrazione turca in Europa, che nel 1683 si era spinta fino a Belgrado minacciando di sostituire il dio della Bibbia col dio del Corano. Ma è come questi eventi vengono rappresentati e trattati a lasciare perplessi. Perché è lì che il film di Martinelli è diretto al galoppo, intendendo e sostenendo la teoria della vendetta araba mentre (auto)celebra l'orgoglio occidentale (e nazionale) e il guerriero padano con spada (e croce) sguainate. ■ STORICO; COL.; 133'; ITALIA, 2013.

UNDICI UFFICIALI DI SCHILL, GLI ★★
(Die elf Schill'schen Offiziere)
Regia di RUDOLF MEINERT. Con HANS BRANSEWETTER, HERTHA THIELE. ■ In un piccolo Stato tedesco un gruppo di ufficiali compie azioni partigiane contro le truppe napoleoniche. Il re, per tenersi buoni i francesi, fa catturare i ribelli e li condanna a morte nonostante le suppliche di tutta la popolazione. ■ DRAMMATICO; B/N; 93'; GERMANIA, 1932.

UNDICI UOMINI E UN PALLONE ★
Regia di GIORGIO SIMONELLI. Con LUIGI ALMIRANTE, CARLO CAMPANINI, CARLO DAPPORTO. ■ Per impedire a un grande campione di calcio di partecipare alla partita decisiva, i dirigenti della società avversaria tentano mille trucchi. Ma l'asso scenderà regolarmente in campo. ■ COMICO; B/N; 94'; ITALIA, 1948.

UNDISPUTED ★★★
Regia di WALTER HILL. Con PETER FALK, VING RHAMES, MICHAEL ROOKER, WESLEY SNIPES. ■ Nel penitenziario di Sweetwater, il carcere di massima sicurezza sperduto nel deserto del Mojave dove sono detenuti i peggiori delinquenti di tutti gli Stati Uniti, arriva un campione dei pesi massimi, incriminato per molestie sessuali (ogni riferimento è puramente casuale). Ma a Sweetwater c'è già un altro pugile e lo scontro tra i due è chiaramente inevitabile. La boxe è la vera protagonista di questo film, o per meglio dire, l'ideale più puro della boxe, almeno secondo il boss mafioso che detta il bello e il cattivo tempo all'interno del carcere, quello «scontro uno contro uno in cui l'unica posta in palio è il rispetto». ■ DRAMMATICO; COL.; 96'; USA, 2002.

UNEASY RIDERS *(Nationale 7)* ★★★
Regia di JEAN-PIERRE SINAPI. Con LIONEL ABELANSKI, JULIEN BOISSELIER, OLIVIER GOURMET, NADIA KACI, NADINE MARCOVICI, CHANTAL NEUWIRTH. ■ Una casa di accoglienza per adulti disabili, gran parte dei quali deambula grazie a carrozzelle a motore. Siamo nei pressi di Tolone e il perno delle vicende è René. Cinquant'anni, affetto da una patologia muscolare grave, ha un carattere scostante e iracondo ed è detestato sia dagli altri pazienti che dal personale. Un giorno viene affidato a un'infermiera nuova, Julie, dinanzi alla quale non esita ad esibire il proprio campionario di volgarità e insulti. Ma Julie è così profondamente onesta e appassionata al proprio lavoro da renderlo inoffensivo al punto di confidarsi con lei rivelandole il suo più profondo desiderio: poter fare l'amore con una donna prima che il male glielo impedisca del tutto. Nessuna retorica sull'handicap, ma neppure facile scandalismo alla *De Heer* o alla *Freaks* rivisitato. Profonda consapevolezza invece che il tema della sessualità per i portatori di handicap è tanto importante quanto rimosso dalla coscienza collettiva. Allora perché non riportarlo in superficie riferendo di un fatto realmente accaduto? ■ COMMEDIA NERA; COL.; 90'; FRANCIA, 2000.

UNFORGIVEN *(Yurusarezaru mono)* ★★
Regia di LEE SANG-IL. Con AKIRA EMOTO, JUN KUNIMURA, KOICHI SATO, KEN WATANABE, YUYA YAGIRA. ■ Il remake del film di Clint Eastwood *Gli spietati*, *Unforgiven*, è ambientato a Hokkaido, Giappone, attorno al 1880. Jubei Kamata (Ken Watanabe) è un personaggio molto temuto, il suo nome è tristemente noto tra gli abitanti della città di Kyoto per i numerosi omicidi di cui si è reso protagonista. Jubei sparirà tutt'a un tratto dalla circolazione, per riapparire solo dieci anni dopo, vedovo e con dei figli a carico. Aveva giurato che non sarebbe più tornato a combattere, ma le disperate condizioni economiche in cui si trova lo spingono a sguainare, dopo tanti anni, la sua spada. ■ AZIONE; COL.; 100'; GIAPPONE, 2013.

UN GENIO, DUE COMPARI, UN POLLO ★★★
Regia di DAMIANO DAMIANI. Con ROBERT CHARLEBOIS, TERENCE HILL, MIOU-MIOU. ■ Un "genio" (Terence Hill) combina una complicata truffa ai danni di un ufficiale con l'aiuto di due compari. Ma alla fine i soldi che l'ufficiale aveva rubato agli indiani torneranno ai legittimi proprietari. ■ WESTERN; COL.; 125'; ITALIA, 1975.

UNGHIA E IL DENTE, L' *(La griffe et la dent)* ★★★
Regia di FRANÇOIS BEL, GÉRARD VIENNE. ■ Il film è un documentario girato in Africa e i suoi protagonisti sono le fiere, nella vita quotidiana. ■ DOCUMENTARIO; COL.; 92'; FRANCIA, 1976.

UN GIORNO QUESTO DOLORE TI SARÀ UTILE ★★
Regia di ROBERTO FAENZA. Con MARCIA GAY HARDEN, PETER GALLAGHER, LUCY LIU, AUBREY PLAZA, TOBY REGBO. ■ James Sveck ha diciassette anni e nessuna voglia di avere contatti: butta il cellulare, e si stacca dagli adulti. Figlio di genitori separati e fratello minore di una sorella innamorata di un professore di teoria del linguaggio, James comunica solo con Nanette, nonna di buon cuore, e Miró, un cagnetto nero. Deciso a non frequentare l'università e ad acquistare una vecchia casa nel Midwest, i genitori lo invitano a incontrare una *life coach,* una terapista, che gli indichi la via per il successo. ■ DRAMMATICO; COL.; 98'; USA, ITALIA, 2011.

UNICA LEGGE IN CUI CREDO, L' ★★
Regia di CLAUDIO GIORGI. Con CLAUDIO GIORGI, RAIKA JURI. ■ Un ex mercenario cerca gli assassini di sua sorella. Così facendo provoca scompiglio in una organizzazione banditesca, che cercherà invano di eliminarlo. ■ GIALLO; COL.; 91'; ITALIA, 1975.

UNICA REGOLA VINCERE *(Sleeping Dogs)* ★★
Regia di ROGER DONALDSON. Con MEL GIBSON, SAM NEILL, WARREN OATES, NEVAN ROWE. ■ L'azione è ambientata in Nuova Zelanda alla fine del Novecento. Un colpo di Stato ha portato al potere un gruppo di estrema destra. Un giovane operaio però organizza un movimento di guerriglieri, decisi a battersi fino all'estremo per riaffermare la libertà. ■ GUERRA; COL.; 93'; NUOVA ZELANDA, 1977.

UNICO GIOCO IN CITTÀ, L' ★★★
(The Only Game in Town)
Regia di GEORGE STEVENS. Con WARREN BEATTY, CHARLES BRASWELL, ELIZABETH TAYLOR. ■ A Las Vegas, una ballerina abbandonata dall'amante si consola con un altro uomo. Questi, dopo aver perso per ben due volte le sue sostanze al gioco, vince una grossa somma e sposa la donna. ■ COMMEDIA; COL.; 113'; USA, 1968.

UNICO INDIZIO LA LUNA PIENA *(Silver Bullett)* ★★
Regia di DANIEL ATTIAS. Con GARY BUSEY, COREY HAIM, EVERETT MCGILL. ■ Da un romanzo di Stephen King (che è anche sceneggiatore del film). Una cittadina della provincia americana viene scossa da alcuni efferati delitti che sembrano destinati a restare senza soluzione. Senonché il piccolo Marty, un ragazzo handicappato, scopre che l'assassino è un lupo mannaro che colpisce nelle notti di luna piena. Il mostro naturalmente cercherà di eliminarlo, offrendo così le scene di maggiore suspense del film. ■ HORROR; COL.; 104'; USA, 1985

...UNICO INDIZIO UN ANELLO DI FUMO ★★★
(The Disappearance)
Regia di STUART COOPER. Con DAVID HEMMINGS, VIRGINIA MCKENNA, CHRISTOPHER PLUMMER, FRANCINE RACETTE, DONALD SUTHERLAND. ■ Storia di un killer professionista che accetta di uccidere l'amante della moglie. Il ritorno di quest'ultima, pentita, lo distoglierà dallo scopo e dal suo sporco mestiere. ■ DRAMMATICO; COL.; 100'; CANADA, GRAN BRETAGNA, 1977.

UNICO INDIZIO: UNA SCIARPA GIALLA ★★★
(La maison sous les arbres)
Regia di RENÉ CLÉMENT. Con FAYE DUNAWAY, FRANK LANGELLA, BARBARA PERKINS. ■ Un'organizzazione spionistica rapisce i figli di uno studioso perché riveli alcuni segreti industriali. Persino sua moglie viene sospettata, ma i bambini verranno ritrovati

dopo un azzeccato colpo di scena finale. ■ GIALLO; COL.; 95′; FRANCIA, 1971.

UNICO TESTIMONE *(Domestic Disturbance)* ★★
Regia di HAROLD BECKER. Con STEVE BUSCEMI, TERI POLO, JOHN TRAVOLTA, VINCE VAUGHN. ■ Riecco John Travolta ad interpretare il buono a tutti costi, quell'"eroe per caso" che piace così tanto al cinema americano. Qui è un costruttore di barche, separato e padre del piccolo Danny, il quale, non avendo preso molto bene la separazione dei genitori, ha la brutta abitudine di condirsi la vita con un bel po' di bugie. Non c'è da stupirsi quindi che nessuno gli creda quando racconta di aver visto il nuovo compagno della mamma uccidere qualcuno. Nessuno tranne il babbo, che si improvvisa detective per salvare la famiglia dalle grinfie del malvagio. Thriller convenzionale e prevedibile oltre ogni ragionevole limite. ■ THRILLER; COL.; 90′; USA, 2001.

UNITÀ SPECIALE ANTISOMMOSSA ★★
Regia di JIM GODDARD. Con ADRIAN DUNBAR, JEREMY KEMP. ■ Nel corso di una manifestazione, uno dei partecipanti viene ucciso all'apparenza in maniera accidentale. La moglie della vittima, però, sostiene che sia stata la polizia a picchiare il poveretto ed esige giustizia. ■ DRAMMATICO; COL.; 95′; GRAN BRETAGNA, 1987.

UNITED 93 ★★★
Regia di PAUL GREENGRASS. Con LEWIS ALSAMARI, TRISH GATES, CHEYENNE JACKSON, DAVID ALAN BASCHE, DENNY DILLON, PETER HERMANN. ■ Il volo United 93 l'11 settembre 2001 non penetrò nelle Twin Towers. Non distrusse un'ala del Pentagono. Precipitò vicino a Shanksville in Pennsylavania. Se volessimo trovare un altro titolo al film potremmo parlare de *Il volo dimenticato*. Quello cioè che non provocò danni se non ai passeggeri e al personale di bordo. Provvede a riportarlo alla superficie della nostra memoria il film di Paul Greengrass, realizzato con la collaborazione di molti parenti delle vittime. Lo fa con uno stile assolutamente antihollywoodiano ma non dimenticando la lezione di Oliver Stone. Per due terzi del tempo assistiamo alle operazioni di imbarco e al volo di crociera dell'aereo mentre a terra la tensione progredisce verso il suo apice. Le due Torri stanno già fumando e si ritiene che altri velivoli siano in pericolo. Mentre la sceneggiatura evita di farci appassionare alle caratteristiche psicologiche dei passeggeri, il montaggio molto ritmato costruisce il climax a terra. Quando i terroristi, identificati come tali dallo spettatore sin dall'inizio, mettono in atto il loro piano resta poco tempo. Per loro e per lo spettatore. Ma questo è un bene perché così le retoriche vengono evitate e si lascia parlare non la "verità" (perché è impossibile ricostruirla) ma una plausibile versione dei fatti. Che ci colpisce al cuore perché ha la forza dell'umanità violata. Che è superiore a quella di tanti spettacoli con fini autoreferenziali. ■ DRAMMATICO; COL.; 90′; GRAN BRETAGNA, USA 2006.

UNITI NELLA VENDETTA *(The Great Missouri Raid)* ★★
Regia di GORDON DOUGLAS. Con WARD BOND, WENDELL COREY, CAREY MCDONALD. ■ Due fratelli sudisti vengono braccati da un ufficiale nordista, al quale hanno ucciso un fratello, dopo la fine della guerra di Secessione. ■ WESTERN; COL.; 83′; USA, 1951.

UNIVERSAL SOLDIER: REGENERATION ★
Regia di JOHN HYAMS. Con ANDREI ARLOVSKI, ZAHARY BAHAROV, COREY JOHNSON, DOLPH LUNDGREN, JEAN-CLAUDE VAN DAMME. ■ Gruppo armato, che rivendica la liberazione di combattenti per l'indipendenza di uno dei tanti territori rimasti sotto l'influenza russa dopo il crollo dell'URSS, sequestra i figli del presidente russo. I terroristi minacciano anche di far saltare la infaustamente storica centrale di Cernobyl se le loro richieste non saranno accolte. Viene creata una *task force* russo-statunitense pronta ad intervenire. ■ AZIONE; COL.; 98′; USA, 2009.

UNIVERSITÀ DELL'ODIO, L' *(Higher Learning)* ★★
Regia di JOHN SINGLETON. Con JENNIFER CONNELLY, LAURENCE FISHBURNE, MICHAEL RAPAPORT. ■ Columbus University, ecco i rapporti fra studenti di estrazione e razze diverse. Ben presto le "diversità" si trasformano in violenza. Gli insegnanti, che dovrebbero spiegare e mediare, sono i più cinici. Profonda sensazione di già visto e di inutilità. ■ DRAMMATICO; COL.; 127′; USA, 1995.

UNIVERSO INNAMORATO, L' ★★★
(Twenty Million Sweethearts)
Regia di RAY ENRIGHT. Con PAT O'BRIEN, DICK POWELL, GINGER ROGERS, THE MILLS BROTHERS. ■ Giovane cameriere non ha i soldi per sposare la sua ragazza. Fortunatamente ha una bella voce. Diventa un divo e può così accasarsi. ■ COMMEDIA; B/N; 89′; USA, 1934.

UN KM DA WALL STREET *(Boiler Room)* ★★★
Regia di BEN YOUNGER. Con BEN AFFLECK, VIN DIESEL, GIOVANNI RIBISI. ■ Il diciannovenne Seth Davis abbandona gli studi al college e apre una bisca clandestina. Suo padre, giudice, lo considera un incapace e un fallito. Seth, in realtà, ha un talento naturale per gli affari e diventa un broker di successo. Ma in questo nuovo ambiente ha modo di osservare uno stile di vita e una morale che non lo convincono del tutto. Quando scoprirà di essere in procinto di rovinare l'esistenza di un cliente, a cui ha fatto illusorie promesse di guadagno, deciderà di cambiare vita. Younger (27 anni all'epoca del film) ha lavorato a lungo nell'ambito delle campagne elettorali e si vede. La sua voglia di denuncia di una cultura il cui unico valore è il denaro è evidente (anche se fortemente stemperata dalle esigenze dell'*happy end*). È però supportata da una notevole abilità nel fare cinema e da una consapevolezza notevole (per un esordiente) nei confronti del cinema che lo ha preceduto. ■ DRAMMATICO; COL.; 119′; USA, 2000.

UNKNOWN KNOWN: THE LIFE AND TIMES OF DONALD RUMSFELD, THE ★★★
Regia di ERROL MORRIS. Con KENN MEDEIROS, ERROL MORRIS, DONALD RUMSFELD. ■ Dopo il successo ottenuto con *The Fog of War* (2003) in cui veniva intervistato l'ex segretario alla difesa Robert McNamara, il regista Errol Morris mette sotto analisi Donald Rumsfeld, la persona più giovane e più anziana allo stesso tempo ad aver ricoperto questo incarico. Nel documentario-intervista, Rumsfeld ripercorre gli episodi più importanti della carriera di Segretario alla Difesa, dagli albori fino al discusso conflitto iracheno, nel 2003. Morris fa emergere la figura di uno degli uomini più potenti nelle varie amministrazioni. Rumsfeld riteneva di possedere la visione giusta della politica e, seppure col giusto atteggiamento fa passare lidea che senza di lui il mondo sarebbe peggiore. ■ DOCUMENTARIO; COL.; 105′; USA, 2013.

UNKNOWN. SENZA IDENTITÀ *(Unknown)* ★★★
Regia di JAUME COLLET-SERRA. Con BRUNO GANZ, JANUARY JONES, DIANE KRUGER, LIAM NEESON, AIDAN QUINN. ■ Martin Harris è un celebre botanico americano sposato alla bella e biondissima Liz. Atterrato all'aeroporto di Berlino con gentile consorte, il dottor Harris raggiunge in taxi l'hotel Adlon, dove si terrà un prestigioso convegno di biotecnologia. Accortosi molto presto di non avere con sé la propria ventiquattrore, Martin prende un secondo taxi diretto all'aeroporto per recuperare il bagaglio. Terminata sventuratamente la sua corsa nel fiume e salvato dalla giovane donna alla guida del mezzo, l'uomo viene ricoverato in stato di incoscienza. Solo e senza documenti si risveglia dal coma dopo quattro giorni, ricordando soltanto di essere Martin Harris e di avere una moglie che lo attende in albergo. Dimesso nonostante l'evidente stato di confusione e il parere contrario del medico, Martin torna da dove era partito, scoprendo con orrore che la sua compagna ignora chi lui sia e che lo sconosciuto al suo fianco dichiara di essere addirittura il dottor Martin Harris. Allontanato a forza dalla sicurezza, Martin dovrà liquidare l'impostore recuperando documenti, memoria e identità. ■ DRAMMATICO; COL.; 115′; GRAN BRETAGNA, FRANCIA, GERMANIA, GIAPPONE, CANADA, USA, 2011.

UN MATTO, DUE MATTI, TUTTI MATTI ★
(La grande mafia)
Regia di PHILIPPE CLAIR. Con FRANCIS BLANCHE, SIDNEY CHAPLIN, ALDO MACCIONE, NICO, RICO, ACHILLE ZAVATTA. ■ Un timido impiegato di banca al quale è stato trapiantato il cuore di un boss mafioso diventa un temibile fuorilegge. ■ COMMEDIA; COL.; 92′; FRANCIA, 1974.

UN MILIONE DI ANNI FA *(One Million Years B.C.)* ★★★
Regia di DON CHAFFEY. Con PERCY HERBERT, JOHN RICHARD-

SON, RAQUEL WELCH. ■ Il film è ambientato agli albori della vita umana. Un selvaggio delle rocce viene salvato da una ragazza della tribù del mare che egli salva a sua volta dall'attacco di un gigantesco animale. Dopo molte avventure le due tribù si scontrano; a far cessare la battaglia è una violenta eruzione che lascia solo pochi sopravvissuti. ■ AVVENTURA; COL.; 100′; GRAN BRETAGNA, 1966.

UN MILIONE DI DOLLARI PER SETTE ASSASSINI ★★
Regia di UMBERTO LENZI. Con ROGER BROWNE, ANTONIO GRADOLI, JOSÉ GRECI, CARLO HINTERMANN. ■ Uno scienziato figlio di un ricchissimo uomo d'affari viene trovato ucciso. Il padre incarica una sorta di detective di vendicare il defunto. L'investigatore riesce a trovare i mandanti e li elimina, compreso il proprio cliente che era uno dei complici. Le sorprese, però, non sono finite. ■ AVVENTURA; COL.; 91′; ITALIA, 1966.

UN MINUTO A MEZZANOTTE *(36.15 Père Noël)* ★★
Regia di RENÉ MANZOR. Con LOUIS DUCREUX, BRIGITTE FOSSEY, ALAIN MUSY. ■ Vincitore del Fantafestival di Roma 1990. Siamo a Natale, un bambino vive, in compagnia del nonno malato, in un castello vicino a Parigi. Il suo nemico è uno psicopatico travestito da Babbo Natale. Anche se la lotta è impari il bimbo se la cava benissimo. È il film che ha dato l'idea per *Mamma ho perso l'aereo*. ■ THRILLER; COL.; 90′; FRANCIA, 1989.

UN MINUTO PER PREGARE, UN ISTANTE PER MORIRE – ESCONDIDO ★★
Regia di FRANCO GIRALDI. Con GIAMPIERO ALBERTINI, ALEX CORD, ARTHUR KENNEDY, NICOLETTA MACHIAVELLI. ■ Sulla sua testa c'è una grossa taglia, ma Clay è stanco di fare il bandito e intende cominciare a vivere come tutti gli altri uomini. Dopo aver liberato un paese dalle prepotenze di uno sceriffo corrotto, Clay ottiene la grazia dal governatore che gli condona le precedenti colpe. Ma la notizia non si diffonde tanto presto e due killer lo uccidono pensando di poter ancora guadagnare la taglia. ■ WESTERN; COL.; 92′; ITALIA, 1968.

UN MOSTRO E MEZZO ★★
Regia di STEFANO VANZINA. Con ALBERTO BONUCCI, FRANCO FRANCHI, CICCIO INGRASSIA, MARGARET LEE. ■ Un ladro, condannato per il furto di una valigia contenente i resti di un cadavere, viene liberato dal medico al quale appartiene la valigia e sottoposto ad un'operazione di chirurgia plastica. Assunte le sembianze di un pericoloso bandito, viene coinvolto in una serie di equivoci e di avventure che si concluderanno senza eccessivi danni. ■ COMICO; B/N; 90′; ITALIA, 1964.

UNNATURALS – CONTRONATURA, THE ★
Regia di ANTONIO MARGHERITI. Con DOMINIQUE BOSCHERO, JOACHIM FUCHSBERGER, MARIANNE KOCH, MARCO MORELLI. ■ In Inghilterra, a causa di un temporale, cinque viaggiatori debbono rifugiarsi in una cupa magione e interrompono una seduta spiritica. Appaiono così i fantasmi di coloro che i cinque hanno ucciso per soddisfare le loro turpi passioni e fanno giustizia. ■ HORROR; COL.; 92′; ITALIA, 1970.

UNO A TE, UNO A ME, UNO A RAFFAELE ★★
Regia di JON JOST. Con VITTORIA ARENILLAS, PIER PAOLO CAPPONI, LUCIA GARDIN, ELIANA MIGLIO. ■ Un film piuttosto controverso del regista di *Tutti i Vermeer di New York*. Costanza ha dei problemi perché la sua inquilina che viene dall'Argentina non vuole pagarle la pigione. Non le ha fatto un regolare contratto dunque non può nemmeno sfrattarla. Le cose non migliorano anche quando cerca di farsi aiutare. ■ DRAMMATICO; COL.; 85′; ITALIA, 1994.

UNO CONTRO L'ALTRO PRATICAMENTE AMICI ★★
Regia di BRUNO CORBUCCI. Con TOMAS MILIAN, RENATO POZZETTO, ANNA MARIA RIZZOLI. ■ Un piccolo industriale di Varese va a Roma, con una valigia contenente cento milioni in contanti per "persuadere" un sottosegretario a concedergli una licenza d'esportazione. Ma a Roma incontra un ladruncolo, Monnezza. Quando i soldi spariscono il primo a essere sospettato è naturalmente il lestofante. Non è stato lui. Ma è lui a ritrovare il malloppo (e a tenerselo perché il varesotto ha ottenuto ugualmente lo scopo). ■ COMMEDIA; COL.; 92′; ITALIA, 1981.

UNO CONTRO TUTTI ★★★★
Regia di CHARLIE CHAPLIN. Con CHARLIE CHAPLIN, EDNA PURVIANCE, BEN TURPIN. ■ Il film è una selezione di alcune comiche girate da Chaplin nel 1915. Le scene sono tratte da alcuni cortometraggi della serie *Uno contro tutti*. Ecco alcuni titoli: *Uno contro tutti/Charlot apprendista (Work)*; *Uno contro tutti/Charlot boxeur (The Champion)*; *Uno contro tutti/Charlot inserviente di banca (The Bank)*; *Uno contro tutti/Charlot vagabondo (The Tramp)*; *Uno contro tutti/Il suo nuovo lavoro (Charlot al cinema)*. Chaplin è agli inizi della sua carriera ed ha appena casualmente inventato il suo personaggio. Nel 1915 alla Keystone girò ben 35 film dirigendo sempre se stesso. Visti oggi questi film del primo Charlot sono molto semplici. La comicità è ottenuta attraverso frenetiche gag fatte di ubriacature, scazzottate, martellate, autoscontri, dentisti, mariti gelosi, e via di questo passo. Comunque Chaplin dà prova di buone capacità di attore e sceneggiatore. Queste doti dovevano arrivare a maturazione con la società Essanay a cui Chaplin si unì nello stesso 1915. Nelle ultime realizzazioni di quell'anno, il grande regista introdusse per la prima volta elementi di ironia sociale che anticipavano *Il monello* (1921) e *Il pellegrino* (1923). ■ COMICO; B/N; 92′; USA, 1961.

UNO DEI DUE *(Une chance sur deux)* ★★
Regia di PATRICE LECONTE. Con JEAN-PAUL BELMONDO, ALAIN DELON, VANESSA PARADIS. ■ In Francia hanno prodotto questo film dandogli la connotazione dell'evento: i due mostri sacri tornavano insieme, per la sesta volta, ma dopo tanto, tanto tempo. Il film non ha avuto il successo previsto. Il cinema è proprio cambiato. Due grandi sessantenni trovano esile spazio, anche se sono Delon e Belmondo. La storia non aiuta. La giovane Alice sa che "uno dei due" è suo padre, ma non sa quale. Intanto si tratta di far sparire un grisbì da cinquanta milioni di dollari. Per i nostalgici: c'è persino un momento di musica del Borsalino. ■ COMMEDIA; COL.; 109′; FRANCIA, 1998.

UNO DEI TRE *(La glaive et la balance)* ★★★
Regia di ANDRÉ CAYATTE. Con JEAN-CLAUDE BRIALY, ANTHONY PERKINS, RENATO SALVATORI. ■ Si processano tre giovani accusati d'aver ucciso un ragazzo, ma si sa con certezza che uno è innocente. La giuria preferisce mandarli tutti assolti per evitare di condannare l'incolpevole, ma la folla lincia tutti e tre. ■ DRAMMATICO; B/N; 135′; FRANCIA, 1962. ■ DAVID DI DONATELLO 1 PR, 1 NOM.

UNO DEI TRE ★★★
Regia di GIANNI SERRA. Con PETER CHATEL, ANNA MARIA GHERARDI, JOSÉ QUAGLIO. ■ Un'inchiesta prende il via dalla misteriosa morte di due studenti greci in Italia. Dietro ci sono le manovre del regime dei colonnelli. ■ DRAMMATICO; COL.; 92′; ITALIA, 1973.

UNO DELLA MONTAGNA *(Un de la montagne)* ★★
Regia di SERGE DE POLIGNY. Con SIMONE BOURDAY, GUSTAV DIESSL. ■ Una guida alpina riesce a trovare una nuova via per scalare un monte e si guadagna così l'eredità che gli permette di sposare la sua ragazza. ■ DRAMMATICO; B/N; 90′; FRANCIA, 1936.

UNO DI PIÙ ALL'INFERNO ★★
Regia di GIOVANNI FAGO. Con GEORGE HILTON, CLAUDIE LANGE, GIL ROLAND, PAUL STEVENS. ■ Un western con spunti parodistici. Il figlio di un pastore protestante diventa pistolero e vendica il padre. ■ WESTERN; COL.; 95′; ITALIA, 1968.

UNO DOPO L'ALTRO ★★
Regia di NICK HOWARD. Con JOSÉ BODALO, RICHARD HARRISON, PAMELA TUDOR. ■ Un bieco signorotto rapina la sua stessa banca e dà la colpa ai banditi messicani, ma l'eroe di turno lo smascherà. ■ WESTERN; COL.; 93′; ITALIA, 1968.

UNO, DUE, TRE! *(One, Two, Three)* ★★★
Regia di BILLY WILDER. Con HORST BUCHHOLZ, JAMES CAGNEY, ARLENE FRANCIS, LILO PULVER, PAMELA TIFFIN. ■ A Berlino, un abile dirigente della Coca-Cola cerca di diffondere l'americanissima bibita nei paesi del blocco orientale e si trova a risolvere la grossa grana costituita dalla figlia del principale che ha sposato un fanatico comunista. ■ COMMEDIA; B/N; 108′; USA, 1961. ■ OSCAR 1 NOM.

UNO, DUE, TRE, STELLA! *(Un deux trois soleil)* ★★
Regia di BERTRAND BLIER. Con MYRIAM BOYER, CLAUDE BRASSEUR, ANOUK GRINBERG, JEAN-PIERRE MARIELLE, OLIVIER MARTINEZ, MARCELLO MASTROIANNI. ■ Partendo in quarta nel solito metodo anarchico del regista, il film si perde poi in una sceneggiatura senza controllo. Peccato. Siamo a Marsiglia e assistiamo al vagabondare e alle fantasie di una giovane, sposata e con un padre dedito all'alcool. Mastroianni, nella parte del genitore ubriacone, ce la mette tutta ma sembra un po' spaesato. ■ COMMEDIA; COL.; 104'; FRANCIA, 1993. ■ VENEZIA 2 PR.

UN'ORA D'AMORE *(One Hour with You)* ★★★★
Regia di ERNST LUBITSCH, GEORGE CUKOR. Con MAURICE CHEVALIER, JEANETTE MACDONALD, CHARLES RUGGLES, GENEVIÈVE TOBIN, ROLAND YOUNG. ■ Il film, in forma di operetta, narra le avventure galanti di un medico parigino a cui piacciono un pò troppo le donne, al punto di mettere in crisi il proprio matrimonio. Il film, prodotto e sceneggiato da Lubitsch e di fatto diretto da Cukor, è tratto dall'opera teatrale *Soltanto un sogno* di Lothar Schmidt. Il film ebbe degli strascichi nei rapporti tra Lubitsch, Cukor e la Paramount. Quest'ultima decise di lanciarlo come un'opera di Lubitsch, al che Cukor fece causa alla casa di produzione che patteggiò liberando contrattualmente Cukor. La Paramount teneva talmente a Lubitsch che gli affidò la direzione della produzione. Infatti chi meglio del grande regista conosceva la formula dei film Paramount tendenzialmente leggeri e brillanti? Anche in *Un'ora d'amore* si sente il "tocco alla Lubitsch" di una storia tipicamente americana (ovvero una storia di denaro e sesso, i due valori che l'americano medio comprendeva meglio), anche se ambientata in un'Europa raffinata ed elegante. ■ COMMEDIA; B/N; 90'; USA, 1932. ■ OSCAR 1 NOM.

UN'ORA DI FELICITÀ *(Frau Sylvelin)* ★★
Regia di HERBERT MAISCH. Con HEINRICH GEORGE, PAUL RICHTER, MARIA VON TASNADY. ■ Un uomo d'affari tedesco preso dal lavoro trascura la moglie. Lei viene corteggiata da un nobile, gli cede e lo segue. L'uomo, disperato, trascura gli affari e lei, che lo viene a sapere, ha la prova del suo amore e torna a casa. ■ COMMEDIA; B/N; 92'; GERMANIA, 1938.

UN'ORA PRIMA DELL'ALBA ★★★
(The Hour Before the Dawn)
Regia di FRANK TUTTLE. Con VERONICA LAKE, FRANCHOT TONE. ■ Un obiettore di coscienza inglese ottiene di esercitare il servizio civile. S'innamora di una sedicente profuga danese ma, quando scopre che costei è una spia nazista, l'uccide e s'arruola nella Raf. ■ DRAMMATICO; B/N; 91'; USA, 1944.

UNO TRA LA FOLLA ★★★
Regia di ENNIO CERLESI. Con ADRIANA BENETTI, CARLO CAMPANINI, EDUARDO DE FILIPPO, TITINA DE FILIPPO, ENZO FIERMONTE. ■ Nel 1944, un impiegatuccio viene scambiato dai nazifascisti per partigiano: per sua fortuna, un amico potente lo salva facendogli avere un attestato di fedeltà al regime. Alla liberazione, il poveretto viene accusato di essere un collaborazionista, ma lo stesso amico lo caverà nuovamente dai guai. ■ COMMEDIA; B/N; 93'; ITALIA, 1946.

UN PIEDIPIATTI E MEZZO *(Cop and Half)* ★★
Regia di HENRY WINKLER. Con RUBY DEE, NORMAN D. GOLDEN II, BURT REYNOLDS. ■ Un ragazzino di otto anni, orfano, si ritrova a realizzare il sogno della sua vita: fare il detective. È testimone di un omicidio e riesce a diventare per un giorno il "braccio destro" di un vero poliziotto che non ama i bambini. Tutto cambia quando il piccolo si trova in pericolo e l'uomo si impegnerà per salvarlo. Insieme sgomineranno i "cattivi". Henry Winkler dirige una storiella sulla falsariga di altre già viste sul grande schermo come se il pubblico fosse sempre quello di *Happy Days*, ma i tempi sono cambiati. ■ COMMEDIA; COL.; 97'; USA, 1993.

UN RAGAZZO, TRE RAGAZZE... – RACCONTO D'ESTATE *(Conte d'été)* ★★★
Regia di ERIC ROHMER. Con AMANDA LANGLET, AURÉLIA NOLIN, MELVIL POUPAUD, GWENAËLLE SIMON. ■ Gaspard è un giovane musicista che arriva in Bretagna per un periodo di vacanza. Incontra Margot, un'etnologa che fa la cameriera durante l'estate, e intreccia con lei un'amicizia che potrebbe diventare amore. Gaspard sta aspettando Léna, la sua ragazza, ma fa la conoscenza anche di Solène con cui potrebbe avere inizio un altro rapporto sentimentale. Indeciso su tutto, il protagonista di Rohmer entra di diritto nella galleria di uomini irrisolti che percorrono il cinema del regista francese. Un cinema in cui lo spazio sembra diventare un luogo astratto in cui ciò che contano sono i segni tracciati dal pensiero e dalla parola. Parola a cui Rohmer sa di poter anche rinunciare come dimostra, con rigore assoluto, all'inizio del film. La versione italiana ha tre scene tagliate rispetto all'originale e il titolo è quanto di più deleterio si potesse inventare. ■ COMMEDIA; COL.; 101'; FRANCIA, 1996.

UNSAID – SOTTO SILENZIO, THE *(The Unsaid)* ★★★
Regia di TOM MCLOUGHLIN. Con SAMUEL BOTTOMS, LINDA CARDELLINI, CHELSEA FIELD, BRENDAN FLETCHER, ANDY GARCIA, VINCENT KARTHEISER, TERI POLO. ■ Michael Hunter è uno psichiatra la cui vita è stata distrutta dal suicidio del figlio. Ha divorziato e si disinteressa della figlia. Uno dei suoi pazienti gli ricorda il figlio. È un ragazzo che sembra a posto ma nasconde un passato carico di problemi (è rimasto orfano in modo tragico). Michael deve decidere sul suo futuro, ma rischia di vedere compromesso il proprio presente dato che viene coinvolto in una catena di omicidi. Come al solito, quando dietro alla macchina da presa e sul set ci sono professionisti solidi, la storia è già nota ma la macchina funziona. Andy Garcia interpreta un ruolo intenso, ma va tenuto d'occhio il giovane adolescente che cerca di trascinarlo con sé nell'inferno della violenza. Vincent Kartheiser è ormai abbonato a ruoli come questo. È stato omicida in *Delitto + castigo a Suburbia*, spacciatore in *Another Day in Paradise* e adoratore del demonio in *Ricky Six*. Rischia di non venirne più fuori. Bisognerà che qualcuno gli racconti la biografia di Anthony Perkins. Finché è in tempo. ■ THRILLER; COL.; 100'; USA, 2001.

UN SINGLE PER DUE *(Solitaire for 2)* ★★
Regia di GARY SINYOR. Con MARYAM D'ABO, MARK FRANKEL, JASON ISAACS, AMANDA PAYS, HELEN LEDERER. ■ Lui è uno psicologo esperto nel linguaggio del corpo, lei una paleontologa capace di leggere nel pensiero. Il pensiero di lui è costantemente rivolto al sesso e i due finiranno col fare l'amore dando il via a una concatenazione di malintesi. ■ COMMEDIA; COL.; 106'; GRAN BRETAGNA, 1995.

UNSTOPPABLE. FUORI CONTROLLO ★★
(Unstoppable)
Regia di TONY SCOTT. Con ROSARIO DAWSON, KEVIN DUNN, CHRIS PINE, ETHAN SUPLEE, DENZEL WASHINGTON. ■ Primo giorno di lavoro per la recluta capotreno, un ragazzo dal cognome noto nel settore che arriva con una grande spinta dietro di sé. Il novellino capita nel treno merci del veterano dei veterani, 28 anni di servizio e poca voglia di avere a che fare con ragazzini inesperti. È un brutto giorno per litigare, lo scopriranno presto, quando arriverà la notizia che, a causa di un incidente, sul loro binario c'è un grosso e lungo convoglio carico di materiale pericoloso che procede verso centri abitati contromano, senza conducente, a velocità crescente. Evitarlo non sarà semplice, ma ancora più difficile si rivelerà fermarlo. ■ AZIONE; COL.; 99'; USA, 2010.

UN UOMO E DUE DONNE *(Paris au mois d'août)* ★★★
Regia di PIERRE GRANIER-DEFERRE. Con AMARANDE, CHARLES AZNAVOUR, DOMINIQUE DAVRAY, SUSAN HAMPSHIRE, HELENA MANSON, ALAN SCOTT. ■ Un padre di famiglia, solo in città durante il mese d'agosto (ha spedito la famiglia al mare), conosce una bella turista inglese e incomincia a corteggiarla facendosi passare per un famoso artista. Lei affascinata cede alla sua corte, poi riparte. Quando la famiglia ritorna dal mare, all'uomo rimane comunque un bel ricordo dell'avventura estiva. ■ COMMEDIA; B/N; 98'; FRANCIA, 1965.

UN UOMO E UNA COLT ★★
Regia di TULIO DEMICHELI. Con ROBERT HUNDAR, GLORIA MILLAND, FERNANDO SANCHO. ■ Un pistolero è ingaggiato da un ricco messicano per uccidere il dottore che sostiene la causa dei ribelli di Emiliano Zapata. Ma, conoscendo la vittima designata, il sicario si rende conto che è una gran brava persona e che, semmai,

quello che sarebbe da eliminare è il suo datore di lavoro. Allora lo elimina. ■ WESTERN; COL.; 91′; ITALIA, 1967.

UN UOMO, UNA CITTÀ ★★
Regia di ROMOLO GUERRIERI. Con FRANÇOISE FABIAN, LUCIANO SALCE, ENRICO MARIA SALERNO. ■ Il capo della Squadra Mobile di Torino è un uomo buono e comprensivo. I suoi superiori però lo trasferiscono quando egli scopre un losco giro di droga e prostituzione in cui è coinvolta la Torino bene. Anche un giornalista, suo amico e collaboratore, è messo a tacere. Ma i due non si daranno per vinti. ■ DRAMMATICO; COL.; 92′; ITALIA, 1974.

UN UOMO, UNA DONNA *(Un homme et une femme)* ★★★★🏆
Regia di CLAUDE LELOUCH. Con ANOUK AIMÉE, PIERRE BAROUH, JEAN-LOUIS TRINTIGNANT, VALÉRIE LAGRANGE, ANTOINE SIRE, SOUAD AMIDOU. ■ A metà degli anni Sessanta i nomi di Anne Gauthier e di Jean-Luc Duroc divennero popolari quasi come quelli di un divo. Erano i personaggi interpretati da Anouk Aimée e Jean-Louis Trintignant. Quel film fu davvero un "caso". In quel tempo fu il titolo più famoso nel mondo. Per una volta il cinema francese, genericamente snob, e che pone tradizionalmente minore attenzione al botteghino, aveva costruito un prodotto per il grande successo, con tutti i bravi ingredienti: preponderanza *mélo*, storia con grandi identificazioni, interpreti accattivanti, musica orecchiabile e pressante. Anne e Jean-Luc sono due vedovi, si incontrano per caso durante una visita al collegio dove studiano i loro figli. Cominciano a uscire. Lei è ancora fresca del ricordo del marito, un uomo eccezionale. Jean-Luc ne sente la presenza, se ne crea quasi un complesso. Quando i due vanno in albergo non succede niente. È troppo presto. Ma lui insiste, con grande tenerezza corteggia la donna. Il momento chiave avviene quando lei se ne va in treno e lui la precede in macchina (è un pilota, guida una Mustang) alla stazione. Grande abbraccio e grande amore all'orizzonte. Il primo merito di Lelouch, confermato nei suoi lavori successivi, era l'ottima mediazione fra il prodotto e la qualità, mixati con grande furbizia. Alcuni tratti del film divennero parte della vita della gente: il montone che lui portava divenne di gran moda, così come la spiaggia di Deauville dove i due giocano coi bambini, la Ford Mustang ebbe un'impennata di vendite in Europa. In sostanza un'anticipazione dei fenomeni commerciali caratterizzati dalle abnormi produzioni degli anni Ottanta-Novanta. Anche la composizione di Francis Lai, che identifica il film in assoluto (alla maniera di *Scandalo al sole*, per fare un solo esempio), divenne uno dei dischi più venduti nel mondo. *Un uomo, una donna* ebbe anche importanti riconoscimenti di critica e ottenne l'Oscar come miglior film straniero per il 1966. È uno dei rari film francesi che ottengono ancora un alto gradimento televisivo. ■ DRAMMATICO; COL.; 107′; FRANCIA, 1967. ■ CANNES 🏆 1 PR; OSCAR 🏆 2 PR, 4 NOM.

UN UOMO, UNA DONNA E UNA BANCA ★★★
(A Man, a Woman and a Bank)
Regia di NOEL BLACK. Con BROOKE ADAMS, TONY LEE, PAUL MAZURSKY, ALLEN MAGICOVSKY, DONALD SUTHERLAND, NICK RICE, ANNETTE MARIE DUPUIS. ■ Un ingegnere e un esperto in cervelli elettronici decidono di rapinare una banca, pubblicizzata come inattaccabile per via delle sofisticate misure di sicurezza. Riescono a mettere a segno il colpo e poi rischiano di essere smascherati per un banale imprevisto. Ma, grazie a una giovane fotografa che nel frattempo si è innamorata dell'ingegnere, la fanno franca e scappano con cinque milioni di dollari. ■ COMMEDIA; COL.; 100′; CANADA, 1979.

UN UOMO, UNA DONNA E UN BAMBINO ★★
(Man, Woman and Child)
Regia di DICK RICHARDS. Con BLYTHE DANNER, DAVID HEMMINGS, MARTIN SHEEN, MAUREEN ANDERMAN, SEBASTIAN DUNGAN. ■ Un padre di famiglia scopre che è nato un figlio da una sua relazione extraconiugale. Quando muore la madre del piccolo, lo invita a casa sua. Sorgono complicazioni, naturalmente, quando la moglie e le figlie vengono a sapere chi è il babbo del loro piccolo ospite. ■ DRAMMATICO; B/N; 105′; USA, 1983.

UN UOMO, UNA DONNA OGGI ★★★
(Un homme et une femme: vingt ans déjà)
Regia di CLAUDE LELOUCH. Con ANOUK AIMÉE, RICHARD BERRY, JEAN-LOUIS TRINTIGNANT. ■ Anne Gauthier e Jean-Luis Duroc (lei divenuta produttrice di film, lui direttore sportivo della Lancia) si erano amati vent'anni prima. Quando si rincontrano, lei ha una relazione con un giornalista televisivo, Patrick; Jean-Luis, che ha un figlio, inizia un flirt con la sorella di sua nuora. Dopo una rischiosa avventura, dove lui rischia di morire durante un rally, Anne e Jean-Luis comprendono che l'antica fiamma non si era mai spenta. Decidono di farne un film e di non lasciarsi più. ■ COMMEDIA; COL.; 120′; FRANCIA, 1986.

UN UOMO, UN CAVALLO, UNA PISTOLA ★★
Regia di LUIGI VANZI. Con TONY ANTHONY, ETTORE MANNI, DANIELE VARGAS. ■ Una carrozza tutta d'oro viene catturata da una banda di gangster che opera sul confine tra il Messico e gli Stati Uniti. Un avventuriero stermina la gang di fuorilegge per impadronirsi dell'inestimabile veicolo. Finale con sorpresa. ■ WESTERN; COL.; 95′; ITALIA, 1968.

UOMINI *(The Men)* ★★★★
Regia di FRED ZINNEMANN. Con MARLON BRANDO, EVERETT SLOANE, JACK WEBB, TERESA WRIGHT. ■ Durante la guerra in Corea un giovane ufficiale viene ferito alla spina dorsale. Dovrà vivere il resto della vita su una sedia a rotelle. Una realtà che non accetta, ma ha intorno persone all'altezza, dal suo medico alla sua ragazza. È il primo film del 26enne Marlon Brando. La leggenda, o forse non lo è, narra che il profeta dell'Actor's Studio passasse alcuni mesi a stretto contatto coi paraplegici per essere un malato perfetto. In Marlon è ancora troppo visibile il *metodo*, ma già si capiva che non sarebbe stato solo un giovane promettente. Nel giro di pochi anni avrebbe raccolto una nomination dopo l'altra e un Oscar (*Fronte del porto*). ■ DRAMMATICO; 90′; USA, 1950.

UOMINI *(Männer)* ★★★
Regia di DORIS DÖRRIE. Con ULRIKE KRIENER, HEINER LAUTERBACH, UWE OCHSENKNECHT. ■ Julius, pubblicitario di talento, scosso dal tradimento della moglie, scopre che l'amante è un ex sessantottino, Stefan, disoccupato e abbastanza selvatico. Studia un piano, riesce a diventare suo amico e suo coinquilino. Questi, entrato in confidenza, gli confessa tutto, compreso il fatto che è stanco della sua miserevole vita. Julius lo spinge a diventare normale e gli trova un lavoro proprio nella sua azienda. Paula, ritrovandosi ben presto accanto una fotocopia del marito, ne preferisce almeno l'originale e abbandona Stefan per il marito. ■ COMMEDIA; COL.; 96′; GERMANIA, 1985.

UOMINI ALLA VENTURA *(What Price Glory?)* ★★★
Regia di JOHN FORD. Con JAMES CAGNEY, CORINNE CALVET, DAN DAILEY, WILLIAM DEMAREST. ■ Un capitano e un sergente dei marines, nel corso della prima guerra mondiale, lottano a colpi di stratagemmi per conquistare la bella figlia di un oste francese. ■ COMMEDIA; B/N; 111′; USA, 1952.

UOMINI AL PASSO *(Cadence)* ★★
Regia di MARTIN SHEEN. Con F. MURRAY ABRAHAM, CHARLIE SHEEN, MARTIN SHEEN. ■ Franklin pur di non essere arrestato decide di arruolarsi nell'esercito degli Stati Uniti. Capita però male, infatti siamo nella prima metà degli anni Sessanta e sta scoppiando la guerra in Vietnam. Così si troverà in una prigione militare e avrà a che fare con il sergente McKinney che ha gravi problemi psicologici. ■ DRAMMATICO; COL.; 100′; USA, 1990.

UOMINI, ANNI, VITA ★★
Regia di YERVANT GIANIKIAN, ANGELA RICCI LUCCHI. ■ Il popolo armeno visto "storicamente" dalla coppia di documentaristi di *Dal polo all'equatore*. Sperimentale. ■ DOCUMENTARIO; COL.; 70′; ITALIA, 1990.

UOMINI BIANCHI E UOMINI NERI ★★
■ Documentario sulla bonifica di un vasto territorio africano. ■ DOCUMENTARIO; B/N; 92′; USA, 1952.

UOMINI CATAPULTA *(Bail out at 43.000)* ★★
Regia di FRANCIS D. LYON. Con PAUL KELLY, JOHN PAYNE, KAREN STEELE. ■ La crisi di un gruppo di aviatori americani che deve sperimentare un nuovo modello di seggiolino espulsore per aerei supersonici. ■ DRAMMATICO; B/N; 78′; USA, 1957.

UOMINI, CHE MASCALZONI..., GLI ★★★★
Regia di MARIO CAMERINI. Con VITTORIO DE SICA, LIA FRANCA,

PIA LOTTI, ALDO MOSCHINO, CESARE ZOPPETTI. ■ A Milano, un giovanotto fa la corte a una ragazza portandola a spasso sull'automobile del padrone, ma per un equivoco i due litigano e lui perde il posto d'autista. Più tardi si ritroveranno alla Fiera campionaria e, grazie ai buoni uffici del padre di lei, un tassista, finiranno per sposarsi. ■ COMMEDIA; B/N; 67'; ITALIA, 1932.

UOMINI, CHE MASCALZONI!, GLI ★★
Regia di GLAUCO PELLEGRINI. Con MIRIAM BRU, WALTER CHIARI, ANTONELLA LUALDI. ■ Pellicola ispirata alla precedente. L'autista è diventato un vero dongiovanni, ma anche questa volta finirà per sposare la figlia del tassista. ■ COMMEDIA; B/N; 86'; ITALIA, 1953.

UOMINI COCCODRILLO *(The Alligator People)* ★★
Regia di ROY DEL RUTH. Con BRUCE BENNETT, LON CHANEY JR, BEVERLY GARLAND. ■ Uno scienziato tenta di rafforzare la pelle degli uomini con innesti di rettili, ma crea dei mostri metà uomini e metà coccodrilli. ■ HORROR; B/N; 74'; USA, 1959.

UOMINI CONDANNANO, GLI *(Yeld to the Night)* ★★
Regia di JACK LEE THOMPSON. Con MICHAEL CRAIG, DIANA DORS, YVONNE MITCHELL. ■ Una commessa rimane sconvolta dal suicidio dell'amante, innamoratosi non corrisposto di una maliarda. Ucciderà la responsabile e pagherà il suo gesto con la vita. ■ DRAMMATICO; B/N; 99'; GRAN BRETAGNA, 1956.

UOMINI CONTRO ★★★
Regia di FRANCESCO ROSI. Con PIER PAOLO CAPPONI, ALAIN CUNY, MARK FRECHETTE, FRANCO GRAZIOSI, GIAN MARIA VOLONTÉ. ■ Un giovane tenente partecipa al primo conflitto mondiale e, a poco a poco, assistendo alle follie di un generale e agli inutili macelli, comprende l'assurdità della guerra. Finirà fucilato per aver coperto i suoi uomini, responsabili d'ammutinamento. ■ GUERRA; COL.; 101'; ITALIA, 1970.

UOMINI CORAGGIOSI *(The Great Barrier)* ★★
Regia di MILTON ROSMER. Con RICHARD ARLEN, LILLI PALMER. ■ Un giovane rissoso è condannato a lavorare per un mese alla costruzione della ferrovia transcontinentale americana. Saprà farsi onore e conquistare la ragazza che ama. ■ WESTERN; B/N; 83'; GRAN BRETAGNA, 1937.

UOMINI CORAGGIOSI *(Smelii Liudi)* ★★
Regia di KOSTANTIN JUDIN. Con TANIA CERNOVA, S. CURZO. ■ Un giovane funzionario del partito comunista è incaricato di sovrintendere a un allevamento di cavalli. Al momento dell'invasione nazista, si servirà degli animali per combattere i nemici. ■ GUERRA; COL.; 93'; URSS, 1951.

UOMINI CORROTTI ★★
(In the Line of Duty: The Fbi Murders)
Regia di DICK LOWRY. Con RONNY COX, MICHAEL GROSS, DAVID SOUL. ■ Bill e Mike, ex compagni d'armi, portano a termine con successo una serie di rapine. Messa in allarme, l'Fbi sguinzaglia i suoi uomini migliori, ma sembra che i criminali abbiano il potere di rendersi invisibili. Dopo mesi di vane ricerche e speranze andate in fumo, un testimone è in grado di fornire il primo, utile indizio che porterà gli agenti sulle tracce dei ladri. ■ POLIZIESCO; COL.; 95'; USA, 1988.

UOMINI DALLE NOVE VITE ★★
(The Man with Nine Lives)
Regia di NICK GRINDE. Con BORIS KARLOFF, ROGER PRYOR, JOAN SAYERS. ■ Un medico, indagando nella villa canadese di uno scienziato volatizzatosi dopo aver effettuato misteriosi esperimenti d'ibernazione, ritrova lo scomparso e le sue vittime congelati e li riporta in vita. Dopo aver compiuto alcuni folli esperimenti, l'uomo verrà eliminato dalla polizia. ■ HORROR; B/N; 73'; USA, 1940.

UOMINI DAL PASSO PESANTE, GLI ★★
Regia di MARIO SEQUI. Con JOSEPH COTTEN, JAMES MITCHUM, FRANCO NERO, ILARIA OCCHINI, GORDON SCOTT. ■ Dopo la guerra civile, un potente allevatore texano boicotta i vincitori nordisti usando mezzi estremamente violenti. Quando un figlio gli si oppone, il padre scatena una strage. ■ WESTERN; COL.; 95'; ITALIA, 1966.

UOMINI D'AMIANTO CONTRO L'INFERNO ★★
(Hellfighters)
Regia di ANDREW V. MCLAGLEN. Con BRUCE CABOT, FRANCES FONG, JIM HUTTON, VERA MILES, KATHARINE ROSS, JOHN WAYNE. ■ Nonostante il regista e il protagonista, non si tratta di un western ma delle avventure di un gruppo di super-pompieri specializzati nello spegnere gli incendi nei pozzi petroliferi sudamericani. ■ AVVENTURA; COL.; 121'; USA, 1968.

UOMINI D'ARGENTO *(Silver Bears)* ★★★
Regia di IVAN PASSER. Con MICHAEL CAINE, LOUIS JOURDAN, CYBILL SHEPHERD. ■ Una gustosa presa in giro del mondo finanziario internazionale, ma gli stratagemmi dei protagonisti sono cervellotici e la comprensibilità della trama ne risente parecchio. ■ COMMEDIA; COL.; 91'; GRAN BRETAGNA, 1977.

UOMINI D'ASSALTO *(Hangfire)* ★
Regia di PETER MARIS. Con BRAD DAVIS, GEORGE KENNEDY, JEAN-MICHAEL VINCENT. ■ Un "uomo duro" ha l'incarico di riportare in prigione un gruppo di evasi da una prigione. I tipi non sono certo arrendevoli, ma anche chi li cerca non è da meno. Gli elicotteri si sprecano ma *Tuono blu* e *Apocalypse Now* sono lontani. ■ AVVENTURA; COL.; 86'; USA, 1990.

UOMINI DELLA CITTÀ DEI RAGAZZI, GLI ★★★
(Men of Boys' Town)
Regia di NORMAN TAUROG. Con MICKEY ROONEY, SPENCER TRACY, BOBS WATSON. ■ Nel 1938 il film *La città dei ragazzi* aveva avuto un grande successo descrivendo i tentativi di padre Flanagan per redimere i ragazzi traviati. Questa pellicola è il seguito della prima. ■ DRAMMATICO; B/N; 103'; USA, 1941.

UOMINI DELLA MIA VITA, GLI *(Men Don't Leave)* ★★★
Regia di PAUL BRICKMAN. Con KATHY BATES, JOAN CUSACK, ARLISS HOWARD, JESSICA LANGE. ■ Le muore il marito e lei cerca di ricominciare a vivere con i due figli cercando lavoro in città. Non le sarà facile, troverà un nuovo amore ma i figli cercheranno di sfuggire al suo controllo. La Lange continua la sua interessante ricerca di personaggi femminili complessi. Ancora una volta sceglie una sceneggiatura che riesce sempre a evitare il luogo comune. ■ DRAMMATICO; COL.; 115'; USA, 1989.

UOMINI DELLA TERRA DIMENTICATA DAL TEMPO, GLI *(The People That Time Forgot)* ★★★
Regia di KEVIN CONNOR. Con SARAH DOUGLAS, DOUG MCCLURE, PATRICK WAYNE. ■ Una piccola spedizione tenta di salvare un pilota disperso in un'isola misteriosa rimasta all'età della pietra, ma farà appena in tempo a fuggire prima di una catastrofica eruzione tellurica. ■ AVVENTURA; COL.; 90'; USA, 1977.

UOMINI DELLA TERRA SELVAGGIA, GLI ★★★
(The Badlanders)
Regia di DELMER DAVES. Con ERNEST BORGNINE, KATY JURADO, ALAN LADD. ■ Due ex carcerati del penitenziario di Yuma propongono a un ricco *ranchero* di acquistare dell'oro estratto da una miniera. L'uomo vorrebbe ingannarli, ma non ci riuscirà. Remake western di *Giungla d'asfalto*. ■ WESTERN; COL.; 83'; USA, 1959.

UOMINI DEL WEST *(The Range Busters)* ★★
Regia di S. ROY LUBY. Con RAY CARRIGAN, JOHN KING, MAX TERHUNE. ■ Uno degli episodi della sterminata serie western sui tre allegri giustizieri soprannominati "I tre mesquitieri". Qui i tre scoprono l'identità di un assassino che si fa chiamare "il Fantasma". ■ WESTERN; B/N; 56'; USA, 1940.

UOMINI DI DIO *(Des hommes et des dieux)* ★★★★
Regia di XAVIER BEAUVIS. Con JAQUES HERLIN, PHILIPPE LAUDENBACH, MICHAL LONSDALE, OLIVIER RABOURDIN, LAMBERT WILSON. ■ 1996. Algeria. Una comunità di monaci benedettini opera in un piccolo monastero in favore della popolazione locale aderendo all'antica regola dell'«Ora et Labora». Il rispetto reciproco tra loro, che prestano anche assistenza medica, e la popolazione locale di fede musulmana è palpabile. Fino a quando la minaccia del terrorismo fondamentalista comincia a farsi pressante. Christian, l'abate eletto dalla comunità, decide di rifiutare la presenza dell'esercito a difesa del monastero non senza trovare qualche voce discorde tra i confratelli. Una notte un gruppo armato fa irruzione nel convento chiedendo l'assistenza per due terroristi fe-

riti. Dinanzi al diniego vengono chieste medicine che vengono rifiutate perché scarse e necessarie per l'assistenza ai più deboli. Il gruppo abbandona il convento ma da quel momento il rischio per i monaci si fa evidente. Xavier Beauvois porta sullo schermo il sacrificio di sette monaci francesi che nel marzo 1996 vennero sequestrati da un gruppo armato della Jihad islamica e le cui teste vennero rinvenute il 30 maggio di quello stesso anno. Documenti ritrovati di recente coinvolgono le forze armate algerine nel tragico esito finale del sequestro. ■ DRAMMATICO; COL.; 120′; FRANCIA, 2010.

UOMINI DI DUE MONDI *(Men of Two Worlds)* ★★
Regia di THOROLD DICKINSON. Con PHYLLIS CALVERT, ERIC PORTMAN. ■ Un nero del Tanganika, che ha ricevuto una raffinata educazione europea diventando un ottimo compositore, aiuta le autorità coloniali a lottare contro uno stregone oscurantista. Ma, quando costui lo maledice, il musicista, suggestionato, s'ammala. Un commissario inglese saprà guarirlo facendogli riascoltare le sue canzoni. ■ DRAMMATICO; COL.; 109′; GRAN BRETAGNA, 1946.

UOMINI DI FRONTIERA *(The Frontiersman)* ★★
Regia di LESLEY SELANDER. Con WILLIAM BOYD, GEORGE GABBY HAYES, CLARA KIMBALL YOUNG. ■ Hopalong Cassidy ha preso una cotta per una maestrina che ha messo su una scuola per piccoli indiani. A distrarlo dall'idillio arriva una banda di ladri di bestiame che cerca di razziare Bar 20, il ranch dove lavora Cassidy. I razziatori avranno quel che si meritano. ■ WESTERN; B/N; 95′; USA, 1938.

UOMINI DI MARTE, GLI *(Mars Men)* ★
Regia di SEIKA DEN. Con WEN CHANG-LUNG, YEH HSIAO. ■ Battaglie tra Terra e Marte per il possesso di una magica statuetta. Vince la Terra. ■ FANTASCIENZA; COL.; 92′; CINA, GIAPPONE, 1976.

UOMINI DI PAROLA *(Stand Up Guys)* ★★★
Regia di FISCHER STEVENS. Con ALAN ARKIN, VANESSA FERLITO, JULIANNA MARGUILIES, AL PACINO, CHRISTOPHER WALKEN. ■ Al esce di prigione dopo 28 anni di pena. Ad attenderlo c'è il vecchio amico e complice Doc che lo accompagna nella sua prima serata di libertà. Il boss che all'epoca perse l'unico figlio nella rapina che ha portato Al in carcere, ha atteso tutti questi anni per vederlo uscire e poi ucciderlo: questo compito è stato affidato a Doc. Il connubio regista e sceneggiatore Noah Haidle offre un film che sa come valorizzare dei grandi attori pur partendo da situazioni stereotipate da innumerevoli rivisitazioni. ■ COMMEDIA; COL.; 95′, USA, 2013.

UOMINI, DONNE E PRETI *(El Padre Pitillo)* ★
Regia di JUAN DE ORDUÑA. Con MARGARITA ANDREY, VALERIE LEON, VIRGILIO TEIXEIRA. ■ Un simpatico parroco deve ricorrere alle maniere brusche per far trionfare l'amore tra due giovani appartenenti a famiglie rivali. ■ COMMEDIA; B/N; 91′; SPAGNA, 1955.

UOMINI D'ONORE *(Men of Respect)* ★★
Regia di WILLIAM REILLY. Con KATHERINE BOROWITZ, PETER BOYLE, ROD STEIGER, JOHN TURTURRO. ■ Probabilmente la recitazione sopra le righe di Turturro risulta adatta soprattutto per i lavori visionario-grotteschi dei fratelli Coen. Infatti se poteva funzionare in *Stato di grazia* di Phil Joanou e in *Crocevia della morte*, e lo si poteva ammirare in *Barton Fink*, qui si arriva a detestarlo. Stavolta si trova a New York nei panni di un mafiosetto con sete di potere ma indeciso nell'attuare estremi rimedi. La moglie, più ambiziosa di lui, lo convince a uccidere il boss, interpretato da Rod Steiger, ma la punizione non tarderà, come predetto da una strana medium. Non mancano spunti interessanti. ■ DRAMMATICO; COL.; 101′; USA, 1990.

UOMINI DURI ★★★
Regia di DUCCIO TESSARI. Con WILLIAM BERGER, LORELLA DE LUCA, ISAAC HAYES, LUCIANO SALCE, VITTORIO SANIPOLI, LINO VENTURA. ■ Negli Usa, un manesco parroco italo-americano e un ex poliziotto nero fanno luce su un misterioso omicidio commesso dalla mafia. ■ POLIZIESCO; COL.; 90′; ITALIA, 1974.

UOMINI E CIELI ★★★
Regia di FRANCESCO DE ROBERTIS. Con LAMBERTO BAVIERA, GIULIO FAIDO, VASCO MARLIA. ■ Un pilota in licenza di convalescenza va alla ricerca dei suoi commilitoni conosciuti prima della guerra e li trova profondamente segnati dal conflitto. ■ DRAMMATICO; B/N; 92′; ITALIA, 1943.

UOMINI E COBRA *(There was a Crooked Man)* ★★★
Regia di JOSEPH LEO MANKIEWICZ. Con HUME CRONYN, KIRK DOUGLAS, HENRY FONDA, BURGESS MEREDITH, WARREN OATES. ■ Verso il 1880, in un penitenziario dell'Arizona, un ingenuo direttore progressista cerca di migliorare le condizioni dei detenuti e chiede la collaborazione di un carcerato. Costui sembra accordagliela, ma in realtà lo fa per attuare un sanguinoso piano di fuga. Il suo progetto riesce, ma ci sarà la sorpresa finale. ■ WESTERN; COL.; 125′; USA, 1970.

UOMINI & DONNE, AMORI & BUGIE ★★
Regia di ELEONORA GIORGI. Con WALTER CONCIATORE, PAOLO GIOMMARELLI, CHIARA MASTALLI, ORNELLA MUTI, JACOPO VENTURIERO, SASHA VITALE. ■ Uno squarcio di vita di una famiglia degli anni Sessanta, tra il boom economico e la rivoluzione sessuale. Anna e Giovanni si sono sposati giovanissimi, ora hanno cinque figli e sono tanto diversi tra loro: lei è una donna radicata nei valori antichi della famiglia e dell'abnegazione, lui un grossolano rampante tutto "amante & carriera". Tanto da condurre con la sua amante una vera e propria doppia vita, con due figli annessi, al contrario della morigeratissima Anna che, scopertolo, trova rifugio nella preghiera. Ma l'aria del'68 rovescerà la situazione. ■ DRAMMATICO; COL.; 93′; ITALIA, 2002.

UOMINI E DONNE: ISTRUZIONI PER L'USO ★★
(Hommes femmes: mode d'emploi)
Regia di CLAUDE LELOUCH. Con PIERRE ARDITI, FABRICE LUCHINI, ALESSANDRA MARTINES, BERNARD TAPIE. ■ Un industriale malato e un mancato attore costretto a fare il poliziotto si incontrano, fanno amicizia e si scambiano le loro idee sulla vita. Chi ha amato, chi è stato tradito, chi deluso. Riconoscibile Lelouch con la sua chiave di rapporti un po' meno melensi rispetto ad alcuni suoi film precedenti. Abbastanza sorprendente il pittoresco Tapie, già uomo politico, sportivo e (tuttora) inquisito. Com'è lontano *Un uomo e una donna*. ■ COMMEDIA; COL.; 122′; FRANCIA, 1996.

UOMINI & DONNE – TUTTI DOVREBBERO VENIRE... ALMENO UNA VOLTA! *(Trust the Man)* ★★
Regia di BART FREUNDLICH. Con JUSTIN BARTHA, BILLY CRUDUP, DAGMARA DOMINCZYK, DAVID DUCHOVNY, MAGGIE GYLLENHAAL, EVA MENDES, JULIANNE MOORE. ■ Per una volta il titolo italiano rispecchia alla perfezione la trama di un film. *Uomini & donne* si riferisce proprio alle diversità che esistono e creano un divario tra i due sessi, mentre l'originale *Trust The Man* fa riferimento a un evento che segnerà il cambiamento di uno dei protagonisti. Il regista Bart Freundlich ci porta nella sua New York, dove si svolgono e intrecciano le storie di due coppie unite da un legame di parentela. Rebecca (Julian Moore) è sposata con Tom (David Duchovny), il miglior amico di suo fratello Tobey (Billy Crudup), che a sua volta convive con Elaine (Maggie Gyllenhaal), amica di Rebecca. Le donne da una parte e gli uomini dall'altra, la difficoltà di comunicare, lasciarsi e riprendersi sono tutti elementi di una ricetta che il cinema ci ha presentato più volte. ■ COMMEDIA; COL.; 103′; USA, 2005.

UOMINI E FILO SPINATO *(The McKenzie Break)* ★★★
Regia di LAMONT JOHNSON. Con HELMUT GRIEM, IAN HENDRY, BRIAN KEITH. ■ Un ufficiale inglese, durante il secondo conflitto mondiale, scopre un minuzioso piano di fuga preparato da alcuni prigionieri tedeschi, ma, pur arrestando i caporioni, non riuscirà ad impedire l'evasione degli altri. ■ GUERRA; COL.; 106′; GRAN BRETAGNA, 1971.

UOMINI E LUPI *(Wolf Call)* ★★
Regia di GEORGE WAGGNER. Con JOHN CARROLL, MOVITA. ■ Il film racconta di un giovane di New York che, inviato a dirigere una miniera in Canada, s'innamora di una ragazza locale e decide di rimanere nel Nord. ■ AVVENTURA; B/N; 93′; USA, 1938.

UOMINI E LUPI ★★★
Regia di GIUSEPPE DE SANTIS. Con PEDRO ARMENDARIZ, SILVANA MANGANO, YVES MONTAND. ■ In un paese dell'Abruzzo infestato dai lupi arrivano due uomini specializzati nella caccia di questi animali. Uno è un serio professionista; l'altro è un giovane inesperto e presuntuoso che maturerà dopo la morte del primo, ottenendo anche l'amore di una bella ragazza. ■ DRAMMATICO; B/N; 102'; ITALIA, 1957.

UOMINI E MARE ★★
Regia di NINO ZUCCHELLI. ■ La storia della marineria illustrata attraverso dei cimeli. Documentario per ragazzi. ■ DOCUMENTARIO; B/N; 95'; ITALIA, 1962.

UOMINI E NO ★★★
Regia di VALENTINO ORSINI. Con FLAVIO BUCCI, MASSIMO FOSCHI, MONICA GUERRITORE, IVANA MONTI, RENATO SCARPA. ■ Il regista e gli sceneggiatori tentano una attualizzazione del famoso romanzo omonimo di Vittorini sulla lotta partigiana nella Milano del 1944. Enne2, un resistente, è in crisi: la donna che ama ha sposato un altro e il suo gruppo è decimato dal fascista "Cane Nero". Alla fine il nostro sceglierà di morire uccidendo il suo nemico. ■ DRAMMATICO; COL.; 105'; ITALIA, 1980. ■ VENEZIA 1 PR.

UOMINI E NOBILUOMINI ★★★
Regia di GIORGIO BIANCHI. Con MARIO CAROTENUTO, ANTONIO CIFARIELLO, VITTORIO DE SICA, SILVIA PINAL, ELKE SOMMER. ■ Un nobile spiantato vorrebbe dare in moglie la graziosa nipote a un ricco conte. Ma la ragazza ama un giovane povero e lo sposa segretamente. Quando lo zio scopre la verità si rifà sposando una ricca salumiera. ■ COMMEDIA; B/N; 94'; ITALIA, 1959.

UOMINI E SQUALI ★★★
Regia di BRUNO VAILATI. ■ Documentario sulla fauna marina, che si avvale di alcune emozionanti riprese che hanno per protagonisti gli squali. ■ DOCUMENTARIO; COL.; 91'; ITALIA, 1976.

UOMINI E TOPI *(Of Mice and Man)* ★★★
Regia di LEWIS MILESTONE. Con LON CHANEY JR, BETTY FIELD, BURGESS MEREDITH, CHARLES BICKFORD, ROMAN BOHNEN, BOB STEELE, NOAH BEERY JR., OSCAR O'SHEA. ■ Un bracciante cerca disperatamente di proteggere il proprio cugino, un gigante ritardato mentale che non si rende conto della sua forza spaventosa. Quando quest'ultimo strangola una donna, l'altro lo uccide per sottrarlo al linciaggio. ■ DRAMMATICO; B/N; 107'; USA, 1939. ■ OSCAR 4 NOM.

UOMINI E TOPI *(Of Mice and Men)* ★★★
Regia di GARY SINISE. Con SHERILYN FENN, JOHN MALKOVICH, GARY SINISE, CASEY SIEMASZKO. ■ Tratto dal celebre romanzo di John Steinbeck. Lenny, un contadino mezzo matto, è costretto a fuggire. È accompagnato e "curato" dal cugino George che prova per lui molto affetto. Dopo essere giunti a un'altra fattoria i guai non sono finiti perché la figlia del nuovo datore di lavoro è viziata e provocante. Quando riesce a sedurre Lenny, lui incidentalmente la uccide e deve fuggire. Nel momento in cui George si rende però conto che sarà catturato, piuttosto che farlo linciare, gli spara lui stesso per non farlo soffrire. Un buon film con la grande interpretazione di John Malkovich, in un ruolo davvero inedito per lui. Un personaggio come Lenny è difficile da rendere senza cadere nello stereotipo. ■ DRAMMATICO; COL.; 115'; USA, 1992.

UOMINI FALCO, GLI *(Sky Riders)* ★★★
Regia di DOUGLAS HICKOX. Con CHARLES AZNAVOUR, JAMES COBURN, ROBERT CULP, SUSANNAH YORK. ■ Un gruppo speciale, servendosi dei deltaplano, libera alcuni ostaggi prigionieri dei terroristi in un monastero greco sul picco di una montagna. ■ AVVENTURA; COL.; 93'; USA, 1976.

UOMINI H *(Bijo to Ekitai – Nigen/The H Men)* ★★
Regia di ISHIRÔ HONDA. Con HAKITO HIRAKA, KENJI SAHARA, YUMI SHIAHAWA. ■ Alcune persone sottoposte a una pioggia radioattiva vengono trasformate in pericolosi mostri gelatinosi. ■ FANTASTICO; B/N; 93'; GIAPPONE, 1957.

UOMINI – IL MIO CORPO TI APPARTIENE ★★★
(The Men)
Regia di FRED ZINNEMANN. Con MARLON BRANDO, EVERETT SLOANE, JACK WEBB, TERESA WRIGHT. ■ Durante la seconda guerra mondiale, un giovane ufficiale viene ferito alla spina dorsale e perde l'uso degli arti inferiori. Faticosamente, con l'aiuto della ragazza che lo ama, imparerà ad accettare la sua menomazione. ■ DRAMMATICO; B/N; 85'; USA, 1950. ■ OSCAR 1 NOM.

UOMINI IN BIANCO *(Men in White)* ★★★
Regia di RICHARD BOLESLAWSKI. Con ELIZABETH ALLAN, CLARK GABLE, JEAN HERSHOLT, OTTO KRUGER, MYRNA LOY. ■ Il re e la regina di Hollywood in un drammone su un brillante medico che, disgustato dall'egoismo della ricca fidanzata, ha un'avventura con un'infermiera che rimane incinta. La ragazza ha un aborto e il medico la opera, ma non riesce a salvarla. La fidanzata egoista, vedendo la rivale morire coraggiosamente, si redime. Lacrimoso lieto fine. ■ DRAMMATICO; B/N; 110'; USA, 1934.

UOMINI IN BIANCO *(Les hommes en blanc)* ★★★
Regia di RALPH HABIB. Con JEANNE MOREAU, RAYMOND PELLEGRIN. ■ Un giovane medico, brillante ma gelido, s'innamora di una collega. Questa, però, lo rifiuta perché lo giudica insensibile. Lui ha una crisi e diventa medico condotto di un paesino. Prodigandosi per gli ammalati, otterrà l'amore di lei. ■ DRAMMATICO; B/N; 80'; FRANCIA, 1956.

UOMINI IN GUERRA *(Men in War)* ★★★
Regia di ANTHONY MANN. Con ROBERT KEITH, ALDO RAY, ROBERT RYAN. ■ Una pattuglia americana in Corea, per cercare di salvarsi, requisisce la jeep su cui viaggiano un colonnello ferito e un sergente. Dopo i primi contrasti, i due gruppi troveranno l'accordo e combatteranno eroicamente. ■ GUERRA; B/N; 104'; USA, 1957.

UOMINI NELLA NOTTE *(Outside the Law)* ★★
Regia di TOD BROWNING. Con OWEN MOORE, MARY NOLAN, EDWARD G. ROBINSON. ■ Un rapinatore di banche (Edward G. Robinson che nello stesso anno doveva sfondare con *Piccolo Cesare*) è tradito dall'amante e da un uomo della sua banda. ■ POLIZIESCO; B/N; 91'; USA, 1930.

UOMINI NELLA SUA VITA, GLI *(Men in her Life)* ★★★
Regia di GREGORY RATOFF. Con DEAN JAGGER, EUGENIE LEONTOVICH, LORETTA YOUNG. ■ Una ragazza, che lavora in un circo, diventa una famosa ballerina grazie alla protezione di un maestro di ballo, innamorato di lei, che poi si sacrifica per permetterle di sposare un ricco. Alcuni anni dopo il matrimonio della ballerina va in crisi, ma i due coniugi si riappacificheranno per amore della figlia. ■ DRAMMATICO; B/N; 90'; USA, 1941. ■ OSCAR 1 NOM.

UOMINI NELLA TEMPESTA *(Menschen in Sturm)* ★
Regia di FRANZ PETER BUCH. Con SIEGFRIED BREUER, HANNELORE SCHROTH, OLGA TSCHECHOWA. ■ Film di propaganda che cerca di giustificare l'invasione nazista della Jugoslavia con presunte prepotenze commesse dagli sloveni contro la minoranza germanica del loro paese. ■ GUERRA; B/N; 93'; GERMANIA, 1942.

UOMINI NELL'INFINITO – STORIA DELL'ASTRONAUTICA ★★
Regia di GASTONE GRANDI. ■ Documentario per ragazzi sulle imprese spaziali. ■ DOCUMENTARIO; B/N; 92'; ITALIA, 1961.

UOMINI NELLO SPAZIO *(Parachute Jumper)* ★★
Regia di ALFRED E. GREEN. Con LEO CARRILLO, BETTE DAVIS, DOUGLAS FAIRBANKS JR. ■ Due aviatori faticano a guadagnarsi il pane alla fine della guerra. Solo un tipo di dubbia fama offre loro una mano, ma per coinvolgerli in una serie di imprese banditesche. Una delle prime apparizioni di Bette Davis. ■ AVVENTURA; B/N; 91'; USA, 1932.

UOMINI NON GUARDANO IL CIELO – PIO X, GLI ★★
Regia di UMBERTO SCARPELLI. Con CORRADO ANNICELLI, TULLIO CARMINATI, ANTONIO CENTA, ISA MIRANDA, ENRICO WIDON. ■ Nel 1914, alle soglie della morte e col cuore straziato per lo scoppio della prima guerra mondiale, papa Pio X rievoca la sua vita. ■ BIOGRAFICO; B/N; 94'; ITALIA, 1952.

UOMINI NON PENSANO CHE A QUELLO, GLI ★★★
Regia di YVES ROBERT. Con JEAN-MARIE AMATO, JEAN BEL SKERRITT. ■ Il fantasma di don Giovanni Tenorio cerca disperatamente di aiutare un giovanotto timido. ■ COMMEDIA; B/N; 70'; FRANCIA, 1953.

UOMINI NON POSSONO ESSERE VIOLENTATI, GLI *(Män kan inte valdtas)* ★★★
Regia di JÖRN DONNER. Con GÖSTA BREDEFELDT, ANNA GODENIUS, TONI REGNER. ■ Dal romanzo di Marta Tikkanen. Eva viene violentata e, per tutta risposta, violenta a sua volta l'autore dello stupro, dopo avergli reso la vita difficile in vari modi. Film glaciale che mette a nudo i gusti della società svedese, che tenta di essere perfetta. Uscito in Italia solo nel 1984. ■ DRAMMATICO; COL.; 92'; SVEZIA, 1977.

UOMINI NON SONO INGRATI, GLI ★★★
Regia di GUIDO BRIGNONE. Con LUIGI ALMIRANTE, GINO CERVI, AMELIA CHELLINI, ISA PAOLA, ENRICO VIARISIO, LILY VINCENTI. ■ Una di quelle commedie moderatamente piccanti che nel periodo fascista venivano ambientate nell'allegra Ungheria. A causa di una scommessa, un giovanotto bacia la prima ragazza che incontra e le manda a monte il fidanzamento. I due finiranno per sposarsi. ■ COMMEDIA; B/N; 93'; ITALIA, 1937.

UOMINI OMBRA ★★
Regia di FRANCESCO DE ROBERTIS. Con GIORGIO ALBERTAZZI, EDUARDO CIANELLI, MARA LANE, PAOLO STOPPA. ■ Durante la seconda guerra mondiale, gli uomini del controspionaggio navale italiano non cadono in una trappola tesa loro dagli inglesi e smantellano una rete nemica. ■ SPIONAGGIO; B/N; 94'; ITALIA, 1954.

UOMINI PERDONANO, GLI *(Tomorrow is Another Day)* ★★
Regia di FELIX E. FEIST. Con STEVE COCHRAN, RUTH ROMAN. ■ Un pregiudicato uccide un brutale poliziotto per difendere una ballerina. Viene arrestato, ma all'ultimo momento sarà liberato. ■ DRAMMATICO; B/N; 90'; USA, 1951.

UOMINI PREFERISCONO LE BIONDE, GLI *(Gentlemen Prefer Blondes)* ★★★★
Regia di HOWARD HAWKS. Con CHARLES COBURN, MARCEL DALIO, MARILYN MONROE, ELLIOT REID, JANE RUSSELL. ■ Un milionario vuole evitare che il proprio figlio sposi una bella bionda terribilmente interessata e spedisce la ragazza in Francia mettendole alle costole un detective. Ma le nozze avverranno lo stesso e il detective sposerà un'amica della ragazza. ■ COMMEDIA; B/N; 91'; USA, 1953.

UOMINI SELVAGGI *(Wild Rovers)* ★★★
Regia di BLAKE EDWARDS. Con LYNN CARLIN, WILLIAM HOLDEN, KARL MALDEN, RYAN O'NEAL, TOM SKERRITT. ■ Due cowboy, uno anziano e uno giovanissimo, stanchi del loro duro lavoro, tentano una rapina e fuggono verso il Messico col bottino, ma verranno uccisi dai loro spietati inseguitori. ■ WESTERN; COL.; 109'; USA, 1971.

UOMINI SEMPLICI *(Simple Men)* ★★★
Regia di HAL HARTLEY. Con ROBERT BURKE, ELINA LÖWENSOHN, WILLIAM SAGE. ■ Il regista di *Trust-Fidati* torna con un altro buon film che è stato presentato a Cannes. Bill, dopo essere stato tradito dalla sua donna, ha deciso di odiare il sesso femminile e si vuole vendicare. C'è anche suo fratello Dennis, poco esperto della vita, introverso, sempre con un libro in mano e desideroso di ritrovare il padre. Faranno molti incontri strani e rimarranno delusi, quando finalmente troveranno il genitore. Girato col caratteristico stile di Hartley che ha qualcosa di Jarmusch e di Lynch senza per questo risultare poco originale. ■ COMMEDIA; COL.; 104'; USA, 1992.

UOMINI SENZA CASA *(Les chiffoniers d'Emmaus)* ★★★
Regia di ROBERT DARÈNE. Con YVES DENIAUD, PIERRE MONDY, GABY MORLAY, MADELEINE ROBINSON. ■ Il film narra l'esperienza dell'Abbé Pierre, il sacerdote che fondò i centri Emmaus per raccogliere i derelitti e che fu eletto deputato al Parlamento francese. ■ DRAMMATICO; B/N; 100'; FRANCIA, 1956.

UOMINI SENZA DONNE ★★
Regia di ANGELO LONGONI. Con ALESSANDRA ACCIAI, ALESSANDRO GASSMAN, GIANMARCO TOGNAZZI. ■ Alex (Gassman) e Max (Tognazzi) sono personalità molto diverse. Uno è ultramacho, l'altro quasi artista. Vivono insieme con un sacco di problemi. Le ragazze complicano ulteriormente le cose. È meglio tutto sommato rimanere single. Superfluo e di basso profilo. ■ COMMEDIA; COL.; 100'; ITALIA, 1996.

UOMINI SENZA LEGGE *(Hors-la-loi)* ★★
Regia di RACHID BOUCHAREB. Con ASSAAD BOUAB, SAMI BOUAJILA, JAMEL DEBBOUZE, SABRINA SEYYECOU, ROSCHDY ZEM. ■ Nell'Algeria colonizzata crescono tre fratelli e il risentimento contro l'occupazione francese. Espropriati dai coloni della terra dei padri, Saïd, Messaoud e Abdelkader seguiranno i loro destini altrove. Protettore e faccendiere a Pigalle Saïd, soldato dell'Esercito francese sul fronte indocinese Messaud, militante del movimento di indipendenza algerino detenuto nelle carceri francesi Abdelkader, i tre fratelli si ritroveranno anni dopo a Parigi costretti nelle banlieue e occupati alla Renault. Tra la loro gente repressa e indotta a una vita indigente matura in Messaoud e Abdelkader la coscienza nazionale e la convinzione che non avrebbero mai salutato il Tricolore come propria bandiera. Entrato in clandestinità e diventato in poco tempo e molte azioni (armate) leader del Fronte Popolare di Liberazione, Abdelkader trascinerà nella causa i fratelli fino all'alba della liberazione. ■ AZIONE; COL.; 138'; FRANCIA, ALGERIA, BELGIO, 2010.

UOMINI SENZA PACE *(Los ojos desan huellas)* ★★
Regia di JOSÉ LUIS SAENZ DE HEREDIA. Con JULIO PANA, RAF VALLONE, ELENA VARZI. ■ Un ex avvocato radiato dall'albo è costretto a coprire le infedeltà di un ricco amico, nonostante sia innamorato di sua moglie. Approfittando del fatto che l'altro crede d'aver ucciso un uomo in una rissa, il nostro lo convince a simulare il suicidio e in realtà l'uccide, ma non riuscirà a farla franca. ■ DRAMMATICO; B/N; 92'; ITALIA, SPAGNA, 1952.

UOMINI SENZA PAURA *(Face to Face)* ★★★
Regia di JOHN BRAHM, BRETAIGNE WINDUST. Con GENE LOCKHART, JAMES MASON, ROBERT PRESTON, MARJORIE STEELE, MINOR WATSON. ■ Due episodi tratti da racconti famosi. Nel primo, un ufficiale di marina nel Pacifico salva un collega che è stato costretto ad uccidere un marinaio. L'origine è *Il passeggero misterioso* di Conrad. Nel secondo, tratto da *A colpi di Pistola* di Crane, un vecchio ex bandito del West si scatena sparando in aria mentre lo sceriffo è assente. ■ DRAMMATICO; B/N; 92'; USA, 1952.

UOMINI SI NASCE, POLIZIOTTI SI MUORE ★★
Regia di RUGGERO DEODATO. Con ADOLFO CELI, FRANCO CITTI, SILVIA DIONISIO, RAY LOVELOCK, MARC POREL, RENATO SALVATORI. ■ Le avventure di due terribili poliziotti di una squadra speciale. Molte scene violente e molte scene sexy. ■ POLIZIESCO; B/N; 92'; ITALIA, 1976.

UOMINI SONO NEMICI, GLI ★★
Regia di ETTORE GIANNINI. Con ANDREA CHECCHI, VALENTINA CORTESE, CLÉMENT DUHOUR, VIVIANE ROMANCE. ■ Durante la seconda guerra mondiale, un uomo accusato di collaborare coi nazisti viene ucciso dai partigiani. La sua amante, per vendicarlo, accetta di diventare una spia al servizio dei tedeschi. Finirà giustiziata. ■ SPIONAGGIO; B/N; 93'; ITALIA, 1949.

UOMINI SPIETATI *(The Last Days of Frankie the Fly)* ★
Regia di PETER MARKLE. Con DAYTON CALLIE, DARYL HANNAH, DENNIS HOPPER, MICHAEL MADSEN, KIEFER SUTHERLAND. ■ Un piccolo malvivente, Frankie detto la Mosca, deve subire i soprusi del proprio capo nonché occuparsi della produzione di un regista di film porno. Si innamora così dell'attrice protagonista e uccide il suo superiore. Viene ripreso da una telecamera che registrerà anche la sua morte. L'ombra di Tarantino aleggia su troppo cinema degli anni Novanta per consentire di ritenere "originali" storie come questa. ■ DRAMMATICO; COL.; 91'; USA, 1996.

UOMINI SPOSANO LE BRUNE, GLI *(Gentlemen Marry Brunettes)* ★★
Regia di RICHARD SALE. Con JEANNE CRAIN, JANE RUSSELL, ALAN YOUNG. ■ La trama del film (due ballerine americane in Francia, l'una generosa, l'altra interessata, a caccia di uomini) ricorda molto quella di *Gli uomini preferiscono le bionde*, girato tre anni prima con la stessa Russell in coppia con la Monroe. ■ MUSICALE; COL.; 97'; USA, 1956.

UOMINI SUL FONDO ★★★★
Regia di FRANCESCO DE ROBERTIS. Con FELGA LAURI, DIEGO

POZZETTO, MARIA ENRICHETTA STOPPA. ■ La storia riguarda i tentativi fatti per salvare l'equipaggio di un sommergibile italiano, rimasto imprigionato sul fondo nel corso di un'esercitazione. Alla fine, un marinaio coraggioso riuscirà nell'impresa. ■ DRAMMATICO; B/N; 99'; ITALIA, 1941.

UOMINI SULLA LUNA *(Destination Moon)* ★★★
Regia di IRVING PICHEL. Con WARNER ANDERSON, JOHN ARCHER, DICK WESSON. ■ Dignitoso film di fantascienza britannico con buoni trucchi. Narra dell'emozionante spedizione di quattro astronauti sulla Luna. ■ FANTASCIENZA; COL.; 91'; GRAN BRETAGNA, 1952. ■ OSCAR 1 PR, 2 NOM.

UOMINI SULL'ORLO DI UNA CRISI DI NERVI ★
Regia di ALESSANDRO CAPONE. Con PINO AMMENDOLA, VINCENZO CROCITTI, GIANNI GAROFALO, CLAUDIA KOLL, NICOLA PISTOIA. ■ Quattro quarantenni si ritrovano a giocare a poker senza consorti. Cercheranno di contattare una massaggiatrice che finirà col far andare in bianco tre di loro. La storia è fragile come gli interpreti. ■ COMMEDIA; COL.; 106'; ITALIA, 1995.

UOMINI UOMINI UOMINI ★★
Regia di CHRISTIAN DE SICA. Con CHRISTIAN DE SICA, MASSIMO GHINI, LEO GULLOTTA, ALESSANDRO HABER. ■ Film dall'umorismo agrodolce, imperniato sulle vicende quotidiane di un gruppo di amici, tutti omosessuali. Ben recitato, ma privo di sostanza, si risolve in un prodotto qualitativamente di poco superiore alla media della commedia all'italiana degli anni Ottanta. ■ COMMEDIA; COL.; 90'; ITALIA, 1995.

UOMINI VERI *(The Right Stuff)* ★★★
Regia di PHILIP KAUFMAN. Con BARBARA HERSHEY, DENNIS QUAID, SAM SHEPARD. ■ La storia degli uomini che conquistarono lo spazio per gli Usa: Slayton, Shepard, Glenn, Cooper, Grissom, Carpenter, Schirra. Dai primi navigatori dello spazio alla conquista della luna. Philip Kaufman ha messo insieme una saga avvincente, riuscendo a rendere l'umanità di quelli che la stampa amò definire "robot" dello spazio. Ma la parte migliore riguarda un antesignano del gruppo, il primo uomo a osare, Chuck Yeager, presentato come un cowboy dei tempi moderni. ■ AVVENTURA; COL.; 171'; USA, 1983. ■ GOLDEN GLOBES 1 NOM; OSCAR 4 PR, 8 NOM.

UOMINI VIOLENTI *(The Violent Men)* ★★★
Regia di RUDOLPH MATÉ. Con GLENN FORD, DIANNE FOSTER, BRIAN KEITH, EDWARD G. ROBINSON, BARBARA STANWYCK. ■ Un piccolo *ranchero* si trova nei guai perché un grande allevatore vuole assolutamente la sua terra. Costui è un paralitico sobillato dalla terribile moglie che lo tradisce col fattore. A un certo punto, la perfida donna tenta di eliminare il marito sottraendogli le stampelle durante un incendio, ma lui se la cava e fa pace con il *ranchero* che, eliminati i malvagi, sposerà sua figlia. ■ WESTERN; COL.; 96'; USA, 1955.

UOMINI VOGLIONO VIVERE, GLI ★★★
(Les hommes veulent vivre)
Regia di LÉONIDE MOGUY. Con CLAUDIO GORA, JACQUELINE HUET, JOHN JUSTIN. ■ Un fisico nucleare francese sta per scoprire una terribile arma, ma la leucemia del figlio gli fa avere una crisi di coscienza che lo induce ad abbandonare le ricerche e a uccidere un perfido collega italiano che voleva spingerlo a continuarle. ■ DRAMMATICO; B/N; 110'; FRANCIA, ITALIA, 1962.

UOMO, UN *(One Man)* ★★
Regia di ROBIN SPRY. Con LEN CARIOU, BARRY MORSE, SEAN SULLIVAN. ■ Un giornalista tv parte in una crociata contro una fabbrica che, a parere suo, ha inquinato l'intera regione. L'uomo si trova presto solo nella sua battaglia. I suoi capi lo mollano per non avere guai con l'unione industriali della zona. Il giornalista e la sua famiglia devono affrontare senza aiuto gli attacchi dei gorilla al soldo dei proprietari della fabbrica. ■ DRAMMATICO; COL.; 92'; CANADA, 1980.

UOMO AMERICANO – SON OF BITCH, UN ★★
Regia di NINO MARINO. Con JOAQUIN DE ALMEIDA, LYNETTE JOHNSON, ANTONELLA MURGIA, FRANKIE SPERANZA, EVA WONDER. ■ Un venditore ambulante americano, tornato a casa, scopre che la sua donna è fuggita con un altro uomo a Hollywood per tentare la scalata cinematografica. Raggiunti i due fuggitivi dopo una lunga serie di peripezie, un'amara realtà lo attende: la donna, del tutto impazzita, uccide davanti ai suoi occhi l'amico. ■ COMMEDIA; COL.; ITALIA, 1979.

UOMO A METÀ, UN ★★★
Regia di VITTORIO DE SETA. Con PIER PAOLO CAPPONI, ROSEMARIE DEXTER, ILARIA OCCHINI, LEA PADOVANI, JACQUES PERRIN, KITTY SWAN. ■ Un uomo rinchiuso in una clinica per malattie nervose ripensa alla sua vita: l'autoritarismo della madre e l'egoismo del fratello l'hanno portato a una nevrosi che gli rende difficile ogni rapporto con le donne. ■ DRAMMATICO; B/N; 93'; ITALIA, 1966. ■ VENEZIA 1 PR.

UOMO A NUDO, UN *(The Swimmer)* ★★★
Regia di FRANK PERRY. Con KIM HUNTER, BURT LANCASTER, CORNELIA OTIS SKINNER, JANICE RULE. ■ Un uomo di mezza età decide di tornare alla propria casa, situata alla periferia di una grande città, nuotando attraverso le piscine dei ricchi vicini. Il disgraziato ha un'amnesia che gli nasconde la sua vita fallimentare e, quando finalmente arriva alla meta, trova la sua abitazione deserta: la sua ricchezza, il suo successo esistevano solo nella sua fantasia. ■ DRAMMATICO; COL.; 94'; USA, 1968.

UOMO A TRE RUOTE, L' *(Le triporteur)* ★★
Regia di JACQUES PINOTEAU. Con BÉATRICE ALTARIBA, DARRY COWL, PIERRE MONDY. ■ Il fattorino di un pasticciere combina tanti guai da essere licenziato. Per consolarsi, decide d'andare a Nizza col suo furgoncino per vedere una partita di calcio. Quando la sua squadra sta per essere sconfitta, si sostituisce al portiere, e grazie a una portentosa "bomba", ottiene la vittoria. ■ COMICO; COL.; 93'; FRANCIA, 1961.

UOMO AVVISATO, MEZZO AMMAZZATO... PAROLA DI SPIRITO SANTO ★
Regia di GIULIANO CARNIMEO. Con GIANNI GARKO, CHRIS HUERTA, PILAR VELASQUEZ. ■ Per interesse e per i begli occhi di una ragazza, il pistolero Spirito Santo aiuta un presidente messicano deposto da un bieco generale a tornare al potere. ■ WESTERN; COL.; 95'; ITALIA, 1972.

UOMO BIANCO, TU VIVRAI! *(No Way Out)* ★★★
Regia di JOSEPH LEO MANKIEWICZ. Con LINDA DARNELL, STEPHEN MCNALLY, SIDNEY POITIER, RICHARD WIDMARK. ■ Un medico nero opera di tumore un fuorilegge bianco che gli muore sotto i ferri. Il fratello del morto, razzista convinto, accusa il dottore d'assassinio e gli scatena contro la folla, ma, ferito gravemente, dovrà ricorrere proprio al suo nemico per non morire dissanguato. ■ DRAMMATICO; B/N; 106'; USA, 1950. ■ OSCAR 1 NOM.

UOMO BIANCO VA' COL TUO DIO ★★★
(Man in the Wilderness)
Regia di RICHARD C. SARAFIAN. Con JOHN BINDON, BEN CARRUTHERS, RICHARD HARRIS, JOHN HUSTON. ■ Verso il 1820, una spedizione di cacciatori di pelli attraversa le foreste americane trascinandosi dietro un grosso barcone. La guida viene assalita e ferita da un orso, e il capo del gruppo, timoroso di un attacco indiano, l'abbandona al suo destino. Lo sventurato ce la fa a guarire e insegue la spedizione per vendicarsi, ma alla fine sarà proprio lui a salvarla dai pellirosse. ■ WESTERN; COL.; 105'; GRAN BRETAGNA, 1971.

UOMO BICENTENARIO, L' *(Bicentennial Man)* ★★★
Regia di CHRIS COLUMBUS. Con EMBETH DAVIDTZ, SAM NEILL, OLIVER PLATT, ROBIN WILLIAMS. ■ NDR-114 è un robot per uso domestico che Richard Martin decide di regalare alla sua famiglia. Andrew è il nomignolo che le due figlie di Martin attribuiscono al nuovo arrivato, un robot tuttofare che riempie la casa con il suo strano stridore di lamiera. Impeccabile nello svolgimento delle sue mansioni domestiche, Andrew mostra, però, atteggiamenti particolari, come se al di là della sua impenetrabile corazza palpitassero bagliori di personalità. Anche se alcuni suoi tratti sono fortemente antropomorfi, due sono gli elementi che separano Andrew dal mondo degli uomini: il tempo (non invecchia) e la libertà (non può gestire autonomamente la propria esistenza come "diverso"). Ma Andrew rinuncerà all'eternità in nome del-

l'amore e troverà così il vero se stesso. Quella dell'*Uomo bicentenario* è un'operazione complessa. L'azione, rallentata da un autocompiacimento eccessivo, lotta con lo scorrere degli anni per star dietro alla storia osservando l'evolversi dei personaggi con la più assoluta passività. ■ FANTASCIENZA; COL.; 131′; USA, 2001.

UOMO CAFFELATTE, L' *(Watermelon Man)* ★★★
Regia di MELVIN VAN PEEBLES. Con HOWARD CAINE, GODFREY CAMBRIDGE, MANTAN MORELAND, ESTELLE PARSONS. ■ Un regista di colore affronta il problema del razzismo in tono leggero e divertente, raccontando le disavventure di un terribile persecutore dei neri che, per uno strano prodigio, si sveglia una mattina con la pelle color cioccolato. ■ COMMEDIA; COL.; 97′; USA, 1970.

UOMO CHE AMA, L' ★★
Regia di MARIA SOLE TOGNAZZI. Con MONICA BELLUCCI, PIERFRANCESCO FAVINO, PIERA DEGLI ESPOSTI, MARISA PAREDES, KSENIA RAPPOPORT. ■ Roberto ama Sara. La ama la notte, la ama col sole, la ama lungo il fiume, dentro una macchina, sotto e sopra le lenzuola. Dopo avere interrotto una storia d'amore e di convivenza, a un passo dal matrimonio e dalla paternità, Roberto ha voglia di ricominciare e di sgombrare il cassetto del passato. Sara invece resiste al suo amore esagerato fino a trasformare un telefono spento in un silenzio assordante. Roberto indaga e scopre il tradimento. Sara ha fatto l'amore con l'uomo sbagliato, coniugato e amato più di lui. Disperato, Roberto la respinge e la pretende, la disprezza apertamente e la ama ostinatamente. Tra notti insonni, appostamenti notturni e passeggiate appannate, l'uomo che ama esaurisce gli eccessi e impara l'amore. ■ COMMEDIA; COL.; 102′; ITALIA, 2008.

UOMO CHE AMAVA LE DONNE, L' ★★★
(L'homme qui amait les femmes)
Regia di FRANÇOIS TRUFFAUT. Con NELLY BORGEAUD, CHARLES DENNER, BRIGITTE FOSSEY. ■ Un giovane e serio professionista non riesce a controllare la sua passione per tutte le donne che gli piacciono. Scrive persino un libro sull'argomento e un editore accetta di pubblicarlo. Quando muore in un incidente, sulla sua tomba si raccolgono tutte le sue conquiste. ■ DRAMMATICO; COL.; 118′; FRANCIA, 1977.

UOMO CHE AMAVA LE ROSSE, L' ★★
(The Man Who Loved the Redheads)
Regia di HAROLD FRENCH. Con ROLAND CULVER, JOHN JUSTIN, MOIRA SHEARER. ■ Un nobile inglese da studente ha avuto un'infatuazione per una rossa e, per tutta la vita, dà la caccia alle ragazze dalla chioma fulva nascondendosi dietro falso nome. Finché, giunto alla maturità, scopre che la moglie ha sempre saputo delle sue scappatelle: mette la testa a posto. ■ COMMEDIA; COL.; 89′; GRAN BRETAGNA, 1954.

UOMO CHE AMO, L' *(History is Made at Night)* ★★★
Regia di FRANK BORZAGE. Con JEAN ARTHUR, CHARLES BOYER, LEO CARRILLO, COLIN CLIVE. ■ La moglie di un armatore americano, stanca dell'ossessiva gelosia del marito, s'innamora di un cameriere parigino. Il tradito, scoperta la verità, cerca in tutti i modi di eliminare l'intruso. Alla fine, ordina al capitano della nave, che porta i due amanti negli Usa, di battere un record di velocità nonostante le condizioni atmosferiche proibitive. La nave affonda e l'armatore si suicida, ma i due colombi se la cavano. ■ DRAMMATICO; B/N; 97′; USA, 1937.

UOMO CHE AMÒ "GATTA DANZANTE", L' ★★★
(The Man Who Loved Cat Dancing)
Regia di RICHARD C. SARAFIAN. Con LEE J. COBB, GEORGE HAMILTON, SARAH MILES, BURT REYNOLDS, JACK WARDEN. ■ La moglie di un ufficiale di cavalleria viene rapita da una banda di rapinatori. A poco a poco la donna s'innamora del capo fuorilegge che è diventato bandito dopo aver ucciso il violentatore della moglie indiana. Il loro amore trionferà nonostante i molti nemici. ■ WESTERN; COL.; 128′; USA, 1975.

UOMO CHE BRUCIÒ IL SUO CADAVERE, L' ★★
Regia di GIANNI VERNUCCIO. Con FRANCO CERRI, ANNABELLA INCONTRERA, SANDRO LUPORINI, FRANCA MARZI, MARIA MONTI. ■ Un bancario milanese, d'accordo con l'amante, fugge con la cassa e uccide il marito della donna, lasciandolo carbonizzato in un'auto. La speranza della diabolica coppia è che la polizia creda che si tratti del ladro. Il piano, però, non riuscirà. ■ POLIZIESCO; B/N; 93′; ITALIA, 1967.

UOMO CHE CADDE SULLA TERRA, L' ★★★
(The Man Who Fell to Earth)
Regia di NICOLAS ROEG. Con DAVID BOWIE, CANDY CLARK, BUCK HENRY, RIP TORN. ■ Il divo rock David Bowie presta il suo volto ambiguo a un extraterrestre venuto sulla Terra per cercare di salvare il suo pianeta sconvolto dalla siccità. La missione dell'alieno avrebbe successo perché, prese le sembianze umane, sfrutta la sua conoscenza tecnologica superiore per creare un impero industriale. Ma interviene la Cia a ridurlo un rottame. ■ FANTASCIENZA; COL.; 118′; GRAN BRETAGNA, 1976.

UOMO CHE CAPIVA LE DONNE, L' ★★★
(The Man Who Understood Women)
Regia di NUNNALLY JOHNSON. Con LESLIE CARON, MARCEL DALIO, CESARE DANOVA, HENRY FONDA, MYRON MCCORMICK, CONRAD NAGEL. ■ Un attore cinematografico sul viale del tramonto cerca una rivalsa lanciando una ragazza che poi sposa. In seguito, però, l'armonia della coppia s'incrina perché lui pensa solo alla carriera di lei. Alla fine si riconcilieranno. ■ DRAMMATICO; B/N; 105′; USA, 1959.

UOMO CHE CERCA LA VERITÀ, L' ★★
(L'homme qui cherche la vérité)
Regia di ALEXANDER ESWAY. Con JACQUELINE DELUBAC, RAIMU. ■ Un banchiere finge di essere diventato sordo per mettere alla prova l'affetto dei suoi parenti. Scopre che quasi tutti lo sfruttano e li scaccia risparmiando solo la donna che ama e che nel frattempo si è pentita di averlo tradito. ■ COMMEDIA; B/N; 90′; FRANCIA, 1940.

UOMO CHE DOVEVA UCCIDERE IL SUO ASSASSINO, L' *(Color me Dead)* ★★
Regia di EDDIE DAVIS. Con PATRICIA CONNOLY, RICK JASON, CAROLYN JONES, TOM TRYON. ■ Un uomo, avvelenato da uno scioperato che vuole così coprire un suo furto e un suo omicidio, dopo affannosa caccia uccide il responsabile e muore. ■ POLIZIESCO; COL.; 97′; USA, 1972.

UOMO CHE ERA SOLO, L' *(Father is a Bachelor)* ★★★
Regia di NORMAN FOSTER. Con COLEEN GRAY, WILLIAM HOLDEN, MARY JANE SANDERS. ■ Un giovane ciarlatano che gira per le campagne vendendo un farmaco miracoloso adotta cinque orfanelli. Conosciuta una brava ragazza, la sposa e rinuncia alla vita vagabonda in modo che i piccoli possano avere una casa. ■ COMMEDIA; B/N; 84′; USA, 1956.

UOMO CHE FISSA LE CAPRE, L' ★★★
(The Men Who Stare At Goats)
Regia di GRANT HESLOV. Con JEFF BRIDGES, GEORGE CLOONEY, STEPHEN LANG, EWAN MCGREGOR, KEVIN SPACEY. ■ Bob Wilton è un giornalista pavido e impacciato, abbandonato dalla moglie e a caccia dello scoop della vita. Inviato di guerra in Iraq nel tentativo disperato e maldestro di attirare l'attenzione della fedifraga consorte, Wilton incontra lo stralunato Lyn Cassady, soldato Jedi e monaco guerriero appartenente alla New Earth Army, un'unità sperimentale dell'esercito americano che vuole "combattere" le guerre col *flower power*. In grado di attraversare i muri e di fermare con lo sguardo il cuore di una capra, abili nel leggere nel pensiero del nemico e nel dissolvere le nuvole nel cielo, l'esercito hippy, fondato dallo stupefacente Bill Django, accoglie tra le sue fila il giornalista, iniziandolo al lato nobile della Forza. Tra rapimenti, vagheggiamenti e dosi massicce di LSD, Bob Wilton scriverà il suo articolo e ristabilirà l'equilibrio nella Forza. Tratto dal libro di Jon Ronson. ■ COMMEDIA; COL.; 93′; USA, GRAN BRETAGNA, 2009.

UOMO CHE FUGGÌ DAL FUTURO, L' *(THX 1138)* ★★★
Regia di GEORGE LUCAS. Con ROBERT DUVALL, MAGGIE MCOMIE, DONALD PLEASENCE. ■ La vicenda è ambientata nel futuro, in un mondo dove l'essere umano è stato sostituito con robot senza pensiero, né anima, né volontà. Un giorno uno di questi robot si sente attratto da una donna, che accetta di fuggire con lui. Lei

morirà nel tentativo, mentre il nostro raggiungerà la libertà. ■ FANTASCIENZA; COL.; 95'; USA, 1971.

UOMO CHE GRIDAVA AL LUPO, L' ★★
(The Man Who Cried Wolf)
Regia di LEWIS R. FOSTER. Con BARBARA REED, LEWIS STONE. ■ Un attore si fa passare per mitomane per poter uccidere l'uomo che gli ha sedotto la moglie. Più tardi, però, verrà accusato dell'omicidio suo figlio e dovrà penare per convincere la polizia della verità. ■ DRAMMATICO; B/N; 66'; USA, 1938.

UOMO CHE GUARDA, L' ★★★
Regia di TINTO BRASS. Con FRANCO BRANCIAROLI, FRANCESCO CASALE, CRISTINA GARAVAGLIA, KATARINA VASILLISSA. ■ Dodo è stato lasciato dalla moglie e non riesce a darsi pace. Diventa così un osservatore delle altre donne e in alcune occasioni le identifica con la sua Silvia. Ma non arriva mai a fare l'amore con le altre. Lo tormenta poi il sospetto che il padre sia stato a letto con la moglie e la servetta di casa alimenta con insinuazioni questa ipotesi. Quando alla fine i due coniugi sembrano tornare insieme Dodo non riesce ad allontanarsi dal sospetto. Vediamo poi una parete dove è dipinto Brass che guarda dallo spiraglio di una porta. ■ EROTICO; COL.; 100'; ITALIA, 1993.

UOMO CHE INGANNÒ LA MORTE, L' ★★★
(The Man Who Could Cheat Death)
Regia di TERENCE FISHER. Con HAZEL COURT, ANTON DIFFRING, CHRISTOPHER LEE, ARNOLD MARLÉ, DELPHI LAWRENCE. ■ Uno scienziato centenario è riuscito a mantenere un aspetto giovanile trapiantandosi le ghiandole di alcune ragazze, ma l'ultima sua potenziale vittima lo farà perire in un incendio. ■ HORROR; COL.; 83'; GRAN BRETAGNA, 1959.

UOMO CHE INGANNÒ SE STESSO, L' ★★
(The Man Who Cheated Himself)
Regia di FELIX E. FEIST. Con LEE J. COBB, JOHN DALE, JANE WYATT. ■ Per salvare la sua amante che ha ucciso il marito, un poliziotto corrotto cerca di addossare la responsabilità del delitto a un giovane sbandato. Ma il gioco non gli riuscirà. ■ POLIZIESCO; B/N; 81'; USA, 1956.

UOMO CHE INSEGUIVA LA MORTE, L' ★★
(Vacances en enfer)
Regia di JEAN KERCHBRON. Con ELINA LABOURDETTE, GEORGES POUJOULY. ■ Proprio alla fine della seconda guerra mondiale, un giovane collaborazionista in fuga verso la Spagna salva una famiglia borghese da alcuni sbandati tedeschi. La figlia, riconoscente e innamorata, cerca d'aiutare il fuggiasco, ma, a pochi metri dal confine, i due sono raggiunti dai nazisti che impongono all'uomo di seguirli in Germania, separandolo dalla bella. ■ DRAMMATICO; B/N; 79'; FRANCIA, 1961.

UOMO CHE MENTE, L' *(L'homme qui ment)* ★★★
Regia di ALAIN ROBBE-GRILLET. Con SYLVIE BREAL, SUZANA KOCURIKOVA, CATHERINE ROBBE-GRILLET, JEAN-LOUIS TRINTIGNANT. ■ A vent'anni dalla guerra, un uomo torna nei luoghi dove ha combattuto i tedeschi come partigiano e ricerca un commilitone dando versioni sempre diverse dagli avvenimenti. Alla fine, l'uomo è ucciso da un misterioso individuo che dichiara d'essere lo scomparso. ■ DRAMMATICO; B/N; 97'; CECOSLOVACCHIA, FRANCIA, 1968. ■ BERLINO 1 PR.

UOMO CHE MORÌ TRE VOLTE, L' ★★
(The Man Who Finally Died)
Regia di QUENTIN LAWRENCE. Con STANLEY BAKER, PETER CUSHING, MAI ZETTERLING. ■ Un inglese d'origine tedesca viene chiamato in Baviera da una telefonata del padre che lui credeva morto durante la guerra e si trova coinvolto in una complicata vicenda di spionaggio. ■ POLIZIESCO; B/N; 100'; GRAN BRETAGNA, 1964.

♥ UOMO CHE NON C'ERA, L' ★★★★
The man who wasn't there)
Regia di JOEL COEN. Con MICHAEL BADALUCCO, JAMES GANDOLFINI, FRANCES MCDORMAND, BILLY BOB THORNTON. ■ Siamo nel 1949 a Santa Rosa in California. Ed Crane è un barbiere triste, senza nessuna prospettiva. Sospetta che la moglie Doris abbia una relazione. Per reagire in qualche modo decide di investire denaro nel nuovo business del lavaggio a secco. Estorce quindi la somma di 10.000 dollari all'amico Dave, che poi è l'amante della moglie e, in un raptus, lo uccide. La moglie è l'indiziata numero uno, e il barbiere si trova in una situazione senza uscita. Anzi l'uscita, alla fine c'è: la peggiore. I fratelli Coen tornano, dopo *Fratello, dove sei?*,con un film altrettanto importante ma meno accattivante per il pubblico. Una sceneggiatura egregia che avrebbe meritato un Oscar. Rigorosi, attraverso un umorismo sottile e uno splendido bianco e nero, confermano la passione per il cinema noir. La provincia, le manie dell'epoca, il razzismo, il racket del gioco, tutto è rappresentato ad arte. Grande interpretazione di Thornton qui alla sua prova di maturità. Sempre efficaci James Gandolfini e la moglie del regista, Frances McDormand (Oscar per *Fargo*). ■ DRAMMATICO; COL.; 116'; USA, 2001. ■ CANNES 1 PR; GOLDEN GLOBES 3 NOM; OSCAR 1 NOM.

UOMO CHE NON È MAI ESISTITO, L' ★★★
(The Man Who Never Was)
Regia di RONALD NEAME. Con ROBERT FLEMYNG, GLORIA GRAHAME, JOSEPHINE GRIFFIN, CLIFTON WEBB. ■ Il film rievoca una famosa beffa giocata dal servizio segreto inglese ai nazisti. Per convincere i tedeschi che nel 1943 gli Alleati intendevano sbarcare in Grecia anziché in Sicilia, fu prelevato da un obitorio un cadavere e, rivestito dei panni d'ufficiale di Stato Maggiore, fu gettato in mare con falsi documenti come se fosse vittima di un naufragio. ■ SPIONAGGIO; COL.; 103'; GRAN BRETAGNA, 1955.

UOMO CHE NON POTEVA ESSERE IMPICCATO, L' ★★
(The Man they Could not Hang)
Regia di NICK GRINDE. Con LORNA GRAY, BORIS KARLOFF. ■ Uno scienziato viene condannato a morte per i suoi misteriosi esperimenti, ma un suo assistente lo riporta in vita. Il resuscitato diventa uno spietato vendicatore, finché non viene definitivamente eliminato. ■ HORROR; B/N; 72'; USA, 1939.

UOMO CHE NON SAPEVA AMARE, L' ★★★
(The Carpetbaggers)
Regia di EDWARD DMYTRYK. Con ELIZABETH ASHLEY, CARROLL BAKER, MARTIN BALSAM, ROBERT CUMMINGS, MARTHA HYER, ALAN LADD, ARCHIE MOORE, GEORGE PEPPARD. ■ Il film è ispirato abbastanza chiaramente al bizzarro milionario Howard Hughes. Un uomo ha successo nell'industria aviatoria e cinematografica, ma procura l'infelicità delle sue donne finché un suo vecchio amico non lo prende a cazzotti e gli toglie dalla testa l'idea di essere pazzo come il fratello gemello. Carroll Baker interpreta un personaggio ispirato a Jean Harlow. ■ DRAMMATICO; COL.; 150'; USA, 1964.

UOMO CHE NON SEPPE TACERE, L' *(Le silencieux)* ★★★
Regia di CLAUDE PINOTEAU. Con SUZANNE FLON, LEO GENN, ROBERT HARDY, PIERRE-MICHEL LE CONTE, LEA MASSARI, LINO VENTURA. ■ Uno scienziato francese, passato ai sovietici, viene rapito dal servizio segreto inglese che gli impone di smascherare due spie russe, ma ora dovrà vedersela con i suoi ex colleghi. Buon film con un'ottima interpretazione. ■ SPIONAGGIO; COL.; 100'; FRANCIA, 1972.

UOMO CHE NON VOLEVA UCCIDERE, L' ★★★
(From Hell to Texas)
Regia di HENRY HATHAWAY. Con DON MURRAY, DIANE VARSI, CHILL WILLS. ■ Un giovane cowboy quacchero uccide accidentalmente il figlio di un ricco *ranchero* e si trova addosso i familiari della vittima. Farebbe una brutta fine perché, per motivi religiosi, non può sparare addosso agli avversari, ma un atto di generosità gli salverà la vita. ■ WESTERN; COL.; 100'; USA, 1958.

UOMO CHE PARLÒ TROPPO, L' ★★
(The Man Who Talked Too Much)
Regia di VINCENT SHERMAN. Con RICHARD BARTHELMESS, BRENDA MARSHALL. ■ Un procuratore distrettuale, sconvolto per aver fatto condannare a morte un innocente, diventa penalista e si ritrova legale di una banda di gangster. Il fratello cerca di distoglierlo da quell'ambiente, ma i gangster fabbricano false prove per farlo accusare d'omicidio. Lieto fine. ■ POLIZIESCO; B/N; 92'; USA, 1940.

UOMO CHE PIANSE, L' *(The Man who Cried)*
Regia di Sally Potter. Con Cate Blanchett, Johnny Depp, Christina Ricci, John Turturro. ■ Fegele, una bambina ebrea, vive con il padre cantore in un villaggio russo. L'uomo parte per l'America, che diventa il sogno della piccola. Finirà invece in Inghilterra con il nome di Suzie e con l'obbligo di non parlare yiddish e imparare a cantare. Il canto la porterà a Parigi dove incontrerà uno zingaro. La meta resta però sempre l'America dove spera di incontrare il padre nonostante gli ostacoli frapposti da un losco individuo. Si tratta di un'opera assolutamente inutile, prevedibile, scontata di Sally Potter. ■ Drammatico; col.; 97'; Francia, Gran Bretagna, 2000.

UOMO CHE RIDE, L' *(The Man Who Laughs)* ★★★
Regia di Paul Leni. Con Olga Baclanova, Mary Philbin, Conrad Veidt. ■ Hollywood ha sempre amato il lieto fine. Dunque, alle prese con un romanzo di Victor Hugo dal finale drammatico, Paul Leni ha dovuto stare al gioco. Sostenuto anche dall'interpretazione inquietante e struggente di Conrad Veidt, assistiamo alla famosa vicenda dell'uomo con la bocca paralizzata in un sorriso. ■ Drammatico; b/n; 75'; USA, 1928.

UOMO CHE RIDE, L' ★★
Regia di Sergio Corbucci. Con Lisa Gastoni, Gianni Musy, Ilaria Occhini, Edmund Purdom, Jean Sorel. ■ Agli inizi del Cinquecento, Cesare Borgia fa fare un'anacronistica operazione di plastica facciale a un acrobata sfigurato in modo che somigli a un suo rivale che dovrà sostituire. Il giovane però si ribellerà ben presto al malvagio Valentino. ■ Avventura; col.; 91'; Italia, 1966.

UOMO CHE SAPEVA TROPPO, L' ★★★
(The Man Who Knew Too Much)
Regia di Alfred Hitchcock. Con Leslie Banks, Edna Best, Peter Lorre. ■ Appartenente al periodo inglese del grande maestro del cinema, è la prima versione di questo titolo. Infatti anni dopo, nel 1956, con il medesimo intreccio Hitchcock avrebbe girato a Hollywood il remake con James Stewart e Doris Day. Una spia viene pugnalata, ma prima di morire rivela a un turista inglese il nascondiglio di un importante messaggio. Verrà rapita la figlia del turista, ma quest'ultimo riuscirà sia a smascherare l'organizzazione, che sta preparando un attentato, sia a salvare la propria bambina. Più onesto e più ironico rispetto alla versione hollywoodiana. ■ Spionaggio; b/n; 84'; Gran Bretagna, 1934.

UOMO CHE SAPEVA TROPPO, L' ★★★★
(The Man Who Knew Too Much)
Regia di Alfred Hitchcock. Con James Stewart, Doris Day, Bernard Miles. ■ Remake dell'omonimo film del 1934, mantiene la stessa trama ambientandola in Marocco invece che in Svizzera. Interessante è l'uso della musica nella sequenza che si svolge alla Royal Albert Hall. Il direttore d'orchestra è Bernard Herrmann, autore delle musiche del film. ■ Spionaggio; col.; 120'; USA, 1956.

UOMO CHE SAPEVA TROPPO POCO, L' ★★
(The Man Who Knew a Little)
Regia di Jon Amiel. Con Peter Gallagher, Bill Murray, Joanne Whalley. ■ Un americano giunge a Londra per incontrare il fratello. Ben presto si trova nel mezzo di un intrigo. Crede trattarsi di una sorta di scherzo, invece è tutto vero. Parodia del famoso film di Hitchcock, e altre citazioni cinematografiche colte da chi si intende di cinema. ■ Commedia; col.; 93'; USA, 1997.

UOMO CHE SBANCÒ MONTECARLO, L' ★★★
(The Man Who Broke the Bank at Montecarlo)
Regia di Stephen Roberts. Con Joan Bennett, Ronald Colman. ■ Un principe russo, ridotto dalla rivoluzione a fare il taxista a Parigi, apre una sottoscrizione tra i compagni d'esilio e, con i soldi ottenuti, sbanca il casinò di Montecarlo. La direzione gli mette alle costole una bella ragazza per farlo tornare a giocare e riprendersi il denaro. La missione riesce, ma fra i due nasce l'amore. ■ Commedia; b/n; 70'; USA, 1935.

UOMO CHE SFIDÒ L'ORGANIZZAZIONE, L' ★★
Regia di Sergio Grieco. Con Stephen Boyd, Pepe Calvo, Nadine Perles, Howard Ross, Karin Schubert. ■ Un americano truffa una grossa partita di droga a un'organizzazione mafiosa e riesce ad avere partita vinta. Abbastanza divertente. ■ Poliziesco; col.; 92'; Italia, 1976.

UOMO CHE SORRIDE, L' ★★★
Regia di Mario Mattoli. Con Paola Borboni, Vittorio De Sica, Umberto Melnati, Assia Noris, Enrico Viarisio. ■ Un giovanotto sposa una ragazza dal carattere terribile e la addolcisce. Questa volta, però, il protagonista usa la cortesia anziché le maniere forti. ■ Commedia; b/n; 95'; Italia, 1936.

UOMO CHE SUSSURRAVA AI CAVALLI, L' ★★★
(The Horse Whisperer)
Regia di Robert Redford. Con Scarlett Johansson, Sam Neill, Robert Redford, Kristin Scott Thomas. ■ Dal best seller di Nicholas Evans. Una ragazzina viene investita da un camion. Stava cavalcando con un'amica. Ci rimette una gamba e il cavallo sta per essere abbattuto, ma si salva pur con grandi menomazioni, nel corpo e... nella mente se così si può dire. La madre dell'adolescente porta figlia e cavallo in un ranch del Montana dove sarà curato (più nella mente che nel corpo) da Redford, l'uomo che sussurra ai cavalli. L'esperienza mette a nudo anche certi rapporti familiari ed è inevitabile che la madre, scocciatrice sentimentale, si innamori di Redford. Nel frattempo il cavallo migliora e poi guarisce. Alla fine, dolorosamente, la donna torna alla sua vita newyorkese. Il cowboy ha preferito, giustamente, defilarsi. La solita parabola ecologica alla Redford, molto visibile, molto paesaggistica. Se guarisce quel cavallo c'è speranza per tutti. Redford insiste nel suo messaggio, a costo di essere un po' troppo lirico. Ma teniamoceli stretti questi film puliti, anche se un po' ridondanti. ■ Sentimentale; col.; 160'; USA, 1998. ■ Golden Globes 2 nom; Oscar 1 nom.

UOMO CHE UCCIDEVA A SANGUE FREDDO, L' ★★★
(Traitement de choc)
Regia di Alain Jessua. Con Alain Delon, Michel Duchaussoy, Annie Girardot, Robert Hirsch. ■ Una manager quarantenne in crisi per l'avvicinarsi della vecchiaia si reca in una clinica di lusso dove un simpatico dottore pratica una miracolosa cura di ringiovanimento. Insospettita da alcuni particolari, la donna scopre che l'elemento principale della cura è il sangue carpito ad alcuni lavoratori stranieri. Uccide allora il medico, ma finirà in manicomio perché le autorità sono d'accordo con la clinica. ■ Drammatico; col.; 88'; Francia, 1972.

UOMO CHE UCCISE IL SUO CADAVERE, L' ★★
(The Indestructibile Man)
Regia di Jack Pollexfen. Con Marian Carr, Lon Chaney jr. ■ Uno scienziato eseguendo degli esperimenti sul cadavere di un condannato a morte lo fa rivivere trasformandolo in un mostro fortissimo. ■ Horror; b/n; 91'; USA, 1956.

UOMO CHE UCCISE IL SUO CARNEFICE, L' ★★★
(A Covenant with Death)
Regia di Lamont Johnson. Con Laura Devon, Katy Jurado, George Maharis. ■ Nel Nuovo Messico del primo Novecento un uomo viene condannato a morte innocente e, divincolandosi sul patibolo, provoca la morte del boia. Il giudice lo assolverà da questo nuovo delitto, essendo stata scoperta la sua estraneità al primo. ■ Drammatico; col ; 97'; USA, 1967.

♥ UOMO CHE UCCISE LIBERTY VALANCE, L' ★★★★
(The Man Who Shot Liberty Valance)
Regia di John Ford. Con John Carradine, Andy Devine, Lee Marvin, Vera Miles, Edmond O'Brien, James Stewart, Lee Van Cleef, John Wayne. ■ Ai primi del Novecento, un senatore ritorna al paese dove era cominciata la sua carriera politica per assistere ai funerali di uno sconosciuto cowboy. Incuriositi i giornalisti gliene chiedono la ragione e l'uomo racconta che diversi anni prima, ai tempi del West selvaggio, lui e il defunto erano stati rivali per una donna. Quando il mandriano si era reso conto che lei preferiva l'altro, aveva scelto di proteggere l'avversario per consentire la felicità dell'amata. Così quando il futuro senatore, allora giovane avvocato inesperto nell'uso delle armi, era stato sfidato a duello dal bandito Liberty Valance, il cowboy aveva eliminato il terribile pistolero lasciando la gloria all'altro, che vince le

sue prime elezioni. I giornalisti decidono di tacere per lasciar vivere la leggenda. Ottima interpretazione per il migliore tra gli ultimi western di Ford. ■ WESTERN; B/N; 119′; USA, 1962. ■ OSCAR 1 NOM.

UOMO CHE UCCISE SE STESSO, L' ★★
(The Man Who Haunted Himself)
Regia di BASIL DEARDEN. Con OLGA GEORGES-PICOT, ROGER MOORE, HILDEGARD NEIL, ANTON RODGERS. ■ Un dirigente industriale ha un incidente stradale. Il suo cuore si ferma, ma riprende a vivere con un doppio battito cardiaco. Da quel momento è perseguitato da un sosia che lo costringe, alla fine, a buttarsi nel Tamigi. Morto lui, morrà anche il doppio. ■ FANTASTICO; COL.; 94′; GRAN BRETAGNA, 1974.

UOMO CHE VALEVA MILIARDI, L' ★★
(L'homme qui valait des millards)
Regia di FREDERICK STAFFORD. Con ANNY DUPEREY, RAYMOND PELLEGRIN, PETER VAN EYCK. ■ Il compagno di fuga di un ex collaborazionista è in realtà un agente americano, che vuole scoprire dove l'altro abbia nascosto una gran quantità di dollari perfettamente imitati dai nazisti durante la guerra. La missione riuscirà. ■ AVVENTURA; COL.; 88′; FRANCIA, 1968.

UOMO CHE VENNE DAL NORD, L' *(Murphy's War)* ★★★
Regia di PETER YATES. Con HORST JANSON, PHILIPPE NOIRET, PETER O'TOOLE, SIAN PHILLIPS. ■ Nel 1945, un ostinato irlandese riesce a vendicarsi del sommergibile tedesco che ha affondato la sua nave, anche se sacrifica la sua vita e quella dei componenti di una missione battista in Venezuela che l'avevano salvato dopo il naufragio. ■ AVVENTURA; COL.; 108′; GRAN BRETAGNA, 1971.

UOMO CHE VERRÀ, L' ★★★
Regia di GIORGIO DIRITTI. Con STEFANO BICOCCHI, CLAUDIO CASADIO, ALBA ROHRWACHER, MAYA SANSA, GRETA ZUCCHERI MONTANARI. ■ Alle pendici di Monte Sole, sui colli appenninici vicini a Bologna, la comunità agraria locale vede i propri territori occupati dalle truppe naziste e molti giovani decidono di organizzarsi in una brigata partigiana. Per una delle più giovani abitanti del luogo, la piccola Martina, tutte quelle continue fughe dai bombardamenti e quegli scontri a fuoco sulle vallate hanno poca importanza. Da quando ha visto morire il fratello neonato fra le sue braccia, Martina ha smesso di parlare e vive unicamente nell'attesa che arrivi un nuovo fratellino. Il concepimento avviene in una mattina di dicembre del 1943, esattamente nove mesi prima che le SS diano inizio al rastrellamento di tutti gli abitanti della zona. L'eccidio di Marzabotto: per raccontare quella strage degli ultimi giorni del nazifascismo nella quale vennero uccisi circa 770 paesani radunati nelle case, nei cimiteri e sui sagrati delle chiese, Giorgio Diritti si affida a un proposito simile a quello del suo precedente *Il vento fa il suo giro*: partire dal dialetto per raccontare una comunità e dal linguaggio del cinema per costruire un messaggio sull'identità culturale. Rispetto al lungometraggio d'esordio, *L'uomo che verrà* si confronta direttamente con la memoria storica e tende a ricostruire la storia del massacro in modo strategico ma senza risultare affettato, puntando sul lato emozionale ma mai ricattatorio della messa in scena. ■ DRAMMATICO; COL.; 117′; ITALIA, 2009. ■ DAVID DI DONATELLO 🏆 1 PR.

UOMO CHE VIDE IL FUTURO, L' *(The Clairvoyant)* ★★★
Regia di MAURICE ELVEY. Con CLAUDE RAINS, FAY WRAY. ■ Un chiaroveggente di varietà scopre di saper predire veramente il futuro se è in compagnia di una ragazza. Ottiene un vero trionfo perché sa evitare le sciagure, ma la moglie di lui, preoccupata per il suo matrimonio, induce la ragazza ad andarsene. ■ DRAMMATICO; B/N; 80′; GRAN BRETAGNA, 1934.

UOMO CHE VIDE IL SUO CADAVERE, L' ★★
(House of Secrets)
Regia di GUY GREEN. Con JULIA ARNALL, BARBARA BATES, MICHAEL CRAIG. ■ La polizia convince un marinaio a sostituirsi a un suo sosia, un bandito morto, per poter catturare una banda di falsari. La missione riuscirà, nonostante i gravi pericoli corsi. ■ POLIZIESCO; COL.; 97′; GRAN BRETAGNA, 1956.

UOMO CHE VIENE DA CANYON CITY, L' ★
(Odio en la frontera – I que viva carrancho!)
Regia di ALFONSO BALCAZAR GRANDA. Con LUIS DAVILA, LOREDANA NUSCIAK, FERNANDO SANCHO, ROBERT WOOD. ■ Due evasi da una prigione americana vengono assoldati dal proprietario di una miniera d'argento messicana, ma accortisi che è una carogna guidano la rivolta dei *peones* contro di lui. ■ WESTERN; COL.; 95′; SPAGNA, 1966.

UOMO CHE VIENE DA LONTANO, L' ★★★
(The Man Outside)
Regia di SAMUEL GALLU. Con PINKAS BRAUN, VAN HEFLIN, PETER VAUGHAN. ■ Un agente della Cia, scacciato dal suo lavoro, viene contattato da un greco che gli propone di consegnare ai suoi antichi datori di lavoro uno scienziato russo fuggito in Occidente. Il nostro, esitante, accetta, ma scoprirà di essere stato una pedina dei servizi sovietici. ■ SPIONAGGIO; COL.; 101′; GRAN BRETAGNA, 1967.

UOMO CHE VINSE LA MORTE, L' ★★
(Vengeance – Ein Toter such seinen Mörden)
Regia di FREDDIE FRANCIS. Con ANNE HEYWOOD, CECILIA PARKER, PETER VAN EYCK. ■ Uno scienziato riesce a mantenere in vita il cervello di un industriale morto in un attentato e, grazie agli impulsi telepatici di questo, a scoprire l'assassino. ■ FANTASTICO; B/N; 83′; GRAN BRETAGNA, 1962.

UOMO CHE VISSE DUE VOLTE, L' ★★
(The Man Who Lived Twice)
Regia di HARRY LACHMAN. Con RALPH BELLAMY, WARD BOND, MARIAN MARSH. ■ Un evaso si rifà il volto con un'operazione di plastica e si ricrea una vita onesta. Quando, diversi anni dopo, lo scopriranno otterrà la grazia dal governatore. ■ DRAMMATICO; B/N; 73′; USA, 1936.

UOMO CHE VISSE DUE VOLTE, L' *(I've Lived Before)* ★★
Regia di RICHARD BARTLETT. Con ANN HARDING, JOCK MAHONEY, LEIGH SNOWDEN. ■ Nella memoria di un pilota riaffiorano i ricordi di un altro aviatore ucciso durante la prima guerra mondiale. Si fanno delle indagini e si deve giungere alla conclusione che si tratti di un caso di reincarnazione. ■ FANTASTICO; B/N; 82′; USA, 1957.

UOMO CHE VISSE NEL FUTURO, L' ★★★
(The Time Machine)
Regia di GEORGE PAL. Con SEBASTIAN CABOT, YVETTE MIMIEUX, ROD TAYLOR, ALAN YOUNG. ■ Uno scienziato vittoriano inventa una macchina che gli permette di raggiungere un lontano futuro. Dopo secoli di guerra atomica l'umanità è divisa in due popoli, uno amante della natura, l'altro cannibale che vive nei sotterranei. Il protagonista lotta contro questi ultimi e per salvarsi deve ritornare nel suo presente. La sua permanenza sarà però breve, perché nel futuro c'è una ragazza che l'aspetta. ■ FANTASCIENZA; B/N; 103′; GRAN BRETAGNA, 1960. ■ OSCAR 1 PR, 1 NOM.

UOMO CHE VOGLIO, L' *(Karl för sin hatt)* ★★
Regia di SCHAMYL BAUMAN. Con ADOLF JAHR, BRIGIT TENGHORT. ■ Una tempesta di neve fa rifugiare una ricca signorina nella capanna di un taglialegna. Nonostante la differenza di classe finiranno per sposarsi. ■ COMMEDIA; B/N; SVEZIA, 1940.

UOMO CHE VOLLE FARSI RE, L' ★★★
(The Man Who Would Be King)
Regia di JOHN HUSTON. Con MICHAEL CAINE, SHAKIRA CAINE, SEAN CONNERY, SAED JAFFREY, DOGHMI LARBI, CHRISTOPHER PLUMMER. ■ Alla fine dell'Ottocento, due sergenti, congedati dall'esercito inglese in India, danno la scalata al potere di un piccolo regno tra le montagne dell'Afghanistan. Uno dei due, spacciandosi per inviato degli dèi, riesce a cingere la corona, ma la ragazza indigena che ha scelto per moglie, sospettando la verità, fingendo di baciarlo lo morde. Alla vista del sangue gli afghani capiscono l'inganno e lo uccidono. ■ AVVENTURA; COL.; 129′; USA, 1975. ■ GOLDEN GLOBES 1 NOM; OSCAR 4 NOM.

UOMO CHE VORREI, L' *(Dream Girl)* ★★★
Regia di MITCHELL LEISEN. Con MACDONALD CAREY, BETTY HUTTON. ■ Una ragazza, innamorata del cognato, si estrania dalla realtà sognando meravigliose avventure in compagnia di lui, ma

un giornalista saprà guarirla e sposarla. ■ COMMEDIA; B/N; 85'; USA, 1947.

UOMO CHIAMATO APOCALISSE JOE, UN ★
Regia di LEOPOLDO SAVONA. Con FERNANDO CERULLI, EDUARDO FAJARDO, MARY PAZ PONDAL, ANTHONY STEFFEN. ■ Un giovane attore riesce ad impadronirsi della miniera lasciatagli in eredità, nonostante l'opposizione di un prepotente avversario. ■ WESTERN; COL.; 95'; ITALIA, 1971.

UOMO CHIAMATO CAVALLO, UN ★★★
(A Man Called Horse)
Regia di ELLIOT SILVERSTEIN. Con JUDITH ANDERSON, JEAN GASCON, RICHARD HARRIS, MANU TUPOU. ■ Verso il 1820, un nobile inglese fa una spedizione di caccia nelle zone inesplorate del Nord America e viene catturato dai Sioux. Gli indiani, che non hanno mai visto un bianco, lo trattano come se fosse un cavallo da soma, ma l'inglese a poco a poco riesce a farsi accettare come guerriero e diventa addirittura capo quando sconfigge i nemici della tribù adottando la tattica della fanteria britannica. Solo la morte della pellerossa, che era diventata sua moglie, lo farà decidere a tornarsene in Europa. ■ WESTERN; COL.; 114'; USA, 1970.

UOMO CHIAMATO CHARRO, UN *(Charro)* ★★★
Regia di CHARLES MARQUIS WARREN. Con INA BALIN, VICTOR FRENCH, ELVIS PRESLEY, BARBARA WERLE. ■ Il re del rock'n'roll nell'insolita parte di un bandito redento dall'amore che deve vedersela con i suoi ex complici. ■ WESTERN; COL.; 98'; USA, 1969.

UOMO CHIAMATO DAKOTA, UN ★
Regia di MARIO SABATINI. Con TAMARA BARONI, ANTHONY FREEMAN, GORDON MITCHELL. ■ Un ex ufficiale nordista sgomina una banda di predoni che terrorizza l'intera regione. ■ WESTERN; COL.; 94'; ITALIA, 1972.

UOMO CHIAMATO FLINTSTONE, UN ★★★
(The Man Called Flintstone)
Regia di JOSEPH BARBERA, WILLIAM HANNA. ■ Il film si ispira alla serie televisiva di cartoni animati *Gli antenati* che narra le avventure di una famiglia di cavernicoli, i Flintstone. ■ ANIMAZIONE; COL.; 92'; USA, 1967.

UOMO CHIAMATO UOMO, UN *(The Last Word)* ★★
Regia di ROY BOULTING. Con KAREN BLACK, RICHARD HARRIS, MARTIN LANDAU. ■ Un'impresa edile vorrebbe demolire un vecchio palazzo per costruirvene un altro nuovo. Nel palazzo, però, abita uno stravagante inventore che non vuole andarsene. Una cronista televisiva, Paula, si interessa a lui e, comprendendo le sue motivazioni, decide di aiutarlo. ■ COMMEDIA; COL.; 105'; USA, 1979.

UOMO CHIAMATO VOLPE BIANCA, UN ★
Regia di CONRAD PETZOLD. Con BARBARA BRYL, HOLGA MANOVAN, GEORGE MITIK, HORST SCHULTZE. ■ Un onesto sceriffo riesce a scagionare gli indiani di Volpe Bianca ingiustamente accusati della rapina a una diligenza. ■ WESTERN; COL.; 92'; GERMANIA, JUGOSLAVIA, 1971.

UOMO COME LUI, UN *(Very Like a Whale)* ★★
Regia di ALAN BRIDGES. Con ALAN BATES, GEMMA JONES, LESLIE SANDS. ■ Le ultime ore nella vita di un capitano d'industria. La salute non lo sorregge più, e ora scopre che il lavoro non significa nulla e lui stesso s'è creato il vuoto affettivo attorno. Dal dramma di John Osborne. Più che altro un veicolo per una grossa interpretazione offerto ad Alan Bates. ■ DRAMMATICO; COL.; 91'; GRAN BRETAGNA, 1980.

UOMO CON I PUGNI DI FERRO ★★
Regia di RZA. Con RUSSELL CROWE, CUNG LE, LUCY LIU, BYRON MANN, RICK YUNE. ■ Jungle Village. In un'epoca imprecisata dell'antica Cina, un pacifico fabbro è costretto a creare armi per i peggiori predoni della zona, per avere soldi sufficienti a liberare la sua amata Lady Silk dal bordello in cui lavora, The Pink Blossom. L'arrivo in città del mercenario inglese Knife coincide con una escalation di rese dei conti tra i diversi clan, che finirà per coinvolgere tragicamente anche il fabbro Thaddeus. Rza interpreta la regia senza soluzione di continuità rispetto al lavoro di producer hip-hop. L'intenzione di stupire a tutti i costi è evidente e mal "rubata" dal suo maestro Tarantino. ■ AZIONE; COL.; 95'; USA, HONG KONG, 2012.

UOMO CON LA MACCHINA DA PRESA, L' ★★★★
(Celovek s kinoapparatom)
Regia di DZIGA VERTOV. ■ Il film più bello e famoso del documetarista Dziga Vertov. Un cameram vaga per la città con una cinepresa in spalla documentando un giorno di vita in una affaccendata città dell'Unione Sovietica. Il film non ha una storia, è semplicemente montaggio creativo di musica e immagini in una tecnica quasi surrealista: alcune sono immagini dal vero, altre sono catturate su uno schermo. L'individuo è inserito nel movimento delle masse e queste a loro volta sono un ingranaggio della più vasta e sottostante macchina sociale. Questa idea è forse l'unica concessione all'imperante visione socialista sovietica. ■ DOCUMENTARIO; B/N; 67'; RUSSIA, 1929.

UOMO CON LA SCARPA ROSSA, L' ★★★
(The Man with One Red Shoe)
Regia di STAN DRAGOTI. Con DABNEY COLEMAN, CHARLES DURNING, TOM HANKS. ■ Si tratta del remake del film francese *Alto, biondo e con una scarpa nera*: due alti papaveri della Cia in lotta tra loro (Coleman e Durning) coinvolgono maldestramente nei loro giochi di potere un ignaro ed eccentrico Tom Hanks. Tra mille equivoci di varia natura sarà un terzo a godere tra i due litiganti. ■ COMICO; COL.; 93'; USA, 1986.

UOMO CONTRO LA MORTE, UN ★★★
(Dr. Ehrlich's Magic Bullett)
Regia di WILLIAM DIETERLE. Con DONALD CRISP, RUTH GORDON, OTTO KRUGER, MARIA OUSPENSKAJA, EDWARD G. ROBINSON, SIEGFRIED RUMANN. ■ La vita dell'ottocentesco dottor Ehrlich, inventore della prima cura efficace contro la sifilide. ■ BIOGRAFICO; B/N; 103'; USA, 1940. ■ OSCAR 1 NOM.

UOMO DA ABBATTERE, UN *(Un homme à abattre)* ★★★
Regia di PHILIPPE CONDROYER. Con VALÉRIE LAGRANGE, LUIS PADROS, JEAN-LOUIS TRINTIGNANT. ■ A Barcellona, un reduce dei campi di sterminio dà una caccia spietata al suo antico aguzzino. Il criminale viene semplicemente ferito e saranno proprio i suoi compagni, membri di un associazione neonazista, a finirlo. ■ DRAMMATICO; COL.; 90'; FRANCIA, 1972.

UOMO DA AFFITTARE, UN *(The Hireling)* ★★★
Regia di ALAN BRIDGES. Con PETER EGAN, SARAH MILES, CAROLINE MORTIMER, ELIZABETH SELLARS, ROBERT SHAW. ■ Un autista s'illude perché la sua padrona, una ricca Lady, s'innamora di lui, ma non si tratta che di un momento di sbandamento dovuto a una crisi nervosa della nobile signora e il poveretto, abbandonato, fracassa la Rolls Royce contro il garage. ■ DRAMMATICO; COL.; 108'; GRAN BRETAGNA, 1973. ■ CANNES 1 PR.

UOMO DA BRUCIARE, UN ★★★
Regia di VALENTINO ORSINI, PAOLO TAVIANI, VITTORIO TAVIANI. Con LYDIA ALFONSI, SPIROS FOCAS, DIDI PEREGO, GIAN MARIA VOLONTÉ. ■ Un sindacalista siciliano preferisce lasciare un incarico a Roma per tornare al proprio paese e lottare contro la mafia. Viene ucciso, ma il suo sacrificio scuoterà i contadini. ■ DRAMMATICO; B/N; 92'; ITALIA, 1962.

UOMO DA BUTTARE, UN ★★★
(W.W. and the Dixie Dancekings)
Regia di JOHN G. AVILDSEN. Con ART CARNEY, BURT REYNOLDS, CONNY VAN DYKE. ■ Siamo nel Sud degli Stati Uniti, negli anni Cinquanta. Un ladro dal cuore d'oro si innamora di una ragazza, membro di un gruppo musicale che vuole "sfondare". Per racimolare i soldi necessari al debutto, il giovane converte il gruppo ai suoi metodi. Un poliziotto è sulle tracce degli imbroglioni, e proprio quando il ladro viene catturato, essi ottengono un grande successo. Finale a sorpresa. ■ COMMEDIA; COL.; 91'; USA, 1975.

UOMO D'ACCIAIO *(Pumping Iron)* ★
Regia di GEORGE BUTLER, ROBERT FIORE. Con LOU FERRIGNO, MIKE KATZ, ARNOLD SCHWARZENEGGER. ■ Grande sfoggio di muscoli e durissimi allenamenti in vista del campionato di bodybuilding del 1975. A vincere fu il gigantesco Schwarzenegger, battendo di qualche punto il famoso Hulk Ferrigno. ■ DOCUMENTARIO; COL.; 85'; USA, 1976.

UOMO D'ACCIAIO, L' *(Man of Steel)* ★★
Regia di ZACK SNYDER. Con AMY ADAMS, HENRY CAVILL, KE-

VIN COSTNER, DIANE LANE, MICHAEL SHANNON. ■ Il pianeta Krypton, esaurite le risorse naturali, è condannato a implodere. A pochi giorni dalla fine, durante il colpo di stato del generale Zod, nasce un bambino destinato a cambiare la vita di un pianeta più giovane e lontano. Figlio di Jor-El, scienziato e luminare di Krypton, Kal viene imbarcato su una navicella e lanciato nello spazio con il codice genetico del suo popolo. Atterrato in Kansas e sopravvissuto ai genitori, Kal viene recuperato dai coniugi Kent, che lo educano con amore e senso etico. Molto presto però la natura aliena e formidabile di Clark, il suo nome terreno, prende il sopravvento emarginandolo dal mondo. Unico della sua progenie, Clark incarna la "speranza" di un domani migliore per il pianeta che lo ha cresciuto e che adesso vuole servire facendo il bene. Infilata la tuta rosso-blu di Superman, dovrà vedersela con un fantasma del passato che torna a chiedere il conto. Come Batman, suo compagno di nuvole e (super)avventure, Superman *ritorna* al cinema, ma diversamente da lui non convince quasi mai. ■ FANTASTICO; COL.; 143'; USA, CANADA, GRAN BRETAGNA, 2013.

UOMO D'ACQUA DOLCE ★★★
Regia di ANTONIO ALBANESE. Con ANTONIO ALBANESE, SARA ANTICOLI, VALERIA MILILLO, ANTONIO PETROCELLI. ■ Antonio va a comprare un vasetto di funghi alla moglie, prende un colpo in testa, perde la memoria e torna dopo cinque anni. Naturalmente tutto è cambiato e tutto va recuperato, a cominciare dalla moglie che si è messa con un altro. Film incentrato su Albanese, che ha ironia e intelligenza, percorre anche vie "stranamente nuove", ricorda tanta gente (Tati, tanto per fare un nome) e propone una comicità surreale e grottesca. A metà film l'attore si accorge che non può fare anche l'altra metà con le stesse smorfie e gli stessi balletti e allora ecco che passiamo ad un'altra storia, diluita, tutta diversa. ■ COMICO; COL.; 90'; ITALIA, 1996.

UOMO DAGLI OCCHI A RAGGI X, L' *(X)* ★★★
Regia di ROGER CORMAN. Con RAY MILLAND, HAROLD J. STONE, DIANA VAN DER VLIS. ■ Uno scienziato inventa un liquido che dà ai suoi occhi il potere dei raggi X. Dapprima gli va tutto bene, ma poi deve fuggire e perde gli occhiali che gli consentono una visione normale. Impazzito a causa del mondo assurdo che vede si strapperà gli occhi. ■ HORROR; B/N; 80'; USA, 1966.

UOMO DAGLI OCCHI DI GHIACCIO, L' ★★
Regia di ALBERTO DE MARTINO. Con BARBARA BOUCHET, FAITH DOMERGUE, CORRADO GAIPA, ANTONIO SABATO. ■ Nel New Mexico, un giornalista riesce a salvare un innocente condannato a morte scoprendo il vero responsabile dell'assassinio di un senatore. ■ POLIZIESCO; COL.; 94'; ITALIA, 1971.

UOMO DAI CALZONI CORTI – L'AMORE PIÙ BELLO, L' ★★
Regia di GLAUCO PELLEGRINI. Con MEMMO CAROTENUTO, EDUARDO DE FILIPPO, EDOARDO NEVOLA, FRANCISCO RABAL, ALIDA VALLI. ■ Un bambino fugge da un orfanotrofio di Caltanissetta e parte alla ricerca della madre che l'ha abbandonato in quanto illegittimo. Dopo aver traversato l'Italia ritrova la genitrice a Venezia e il marito di lei che, passato il momento di rabbia, decide di tenerlo come se fosse suo figlio. ■ DRAMMATICO; B/N; 91'; ITALIA, 1958.

UOMO DAI CENTO VOLTI, L' *(The Ringer)* ★★
Regia di GUY HAMILTON. Con GRETA GYNT, DONALD WOLFIT, HERBERT LOM. ■ Caccia di due ispettori di Scotland Yard e di un esperto di criminologia a un pericoloso criminale mago dei travestimenti. Finale imprevedibile. ■ POLIZIESCO; B/N; 78'; GRAN BRETAGNA, 1952.

UOMO DAI DIAMANTI, L' *(Diamond Jim)* ★★
Regia di EDWARD SUTHERLAND. Con EDWARD ARNOLD, BINNIE BARNES. ■ Alla fine dell'Ottocento, Brady, partito dal nulla, diventa un grande finanziere, ma poiché non riesce ad ottenere la donna che ama, si suicida andando contro le prescrizioni dei medici e offrendosi un pranzo luculliano. ■ DRAMMATICO; B/N; 93'; USA, 1936.

UOMO DAI DUE VOLTI, L' *(Skin Deep)* ★★★
Regia di RAY ENRIGHT. Con MONTE BLUE, BETTY COMPSON, ALICE DAY, DAVEY LEE. ■ Moglie perfida manda in galera il marito gangster. Questi, scontata la pena, si farà fare la plastica facciale e, così cambiato, diventerà un cittadino modello. ■ DRAMMATICO; B/N; 75'; USA, 1929.

UOMO DAI DUE VOLTI, L' *(Charlie Chan in Paris)* ★★★
Regia di LEWIS SEILER. Con MARY BRIEN, WARNER OLAND. ■ L'attore di origine olandese Warner Oland divenne famoso negli anni Trenta impersonando il detective cinese Charlie Chan. In questo film il nostro è in trasferta in Francia per individuare l'assassino che ha falsificato alcune azioni. ■ POLIZIESCO; B/N; 93'; USA, 1935.

UOMO DAI MILLE VOLTI, L' ★★★
(Man of Thousand Faces)
Regia di JOSEPH PEVNEY. Con JIM BACKUS, JAMES CAGNEY, JANE GREER, DOROTHY MALONE, MARJORIE RAMBEAU. ■ James Cagney dà una delle sue migliori interpretazioni rievocando la vita triste e drammatica di Lon Chaney, il grande divo del muto specializzato in personaggi dal viso orripilante e deforme. L'attore ha entrambi i genitori sordomuti e quando la giovane sposa se ne accorge, lo abbandona. Chaney trova un po' di serenità con un'altra donna, ma litiga col figlio che vuole assistere la madre ormai ridotta a una vita di stenti. Quando l'attore è morente i due si riappacificano; il figlio continuerà la carriera del padre col nome di Lon Chaney Jr. ■ BIOGRAFICO; B/N; 122'; USA, 1957. ■ OSCAR 1 NOM.

UOMO DAI SETTE CAPESTRI, L' ★★★
(The Life and Times of Judge Roy Bean)
Regia di JOHN HUSTON. Con JACQUELINE BISSET, AVA GARDNER, TAB HUNTER, PAUL NEWMAN, ANTHONY PERKINS, VICTORIA PRINCIPAL. ■ Alla fine dell'Ottocento, il bandito texano Bean diventa giudice e amministra la giustizia con metodi poco ortodossi, servendosi parecchio della forca. Il magistrato è anche barista e venera l'attrice inglese Lily Langtry che non ha mai visto. La civiltà arriva anche in quelle lande selvagge e il pittoresco personaggio sparisce, ma tornerà verso il 1920 a difendere, pistola in pugno, la propria figlia dalle prepotenze di un avido capitalista rappresentante della nuova America, ancor più spietata della vecchia. ■ WESTERN; COL.; 124'; USA, 1972. ■ GOLDEN GLOBES 1 NOM; OSCAR 1 NOM.

UOMO DAL BRACCIO D'ORO, L' ★★★★
(The Man with the Golden Arm)
Regia di OTTO PREMINGER. Con DARREN MCGAVIN, KIM NOVAK, FRANK SINATRA, ARNOLD STANG, ROBERT STRAUSS, JOHN CONTE. ■ A Chicago, un abilissimo giocatore d'azzardo è schiavo dell'eroina e succube della moglie rimasta paralizzata in un incidente da lui provocato. Il tenero amore di una ragazza potrebbe redimerlo, ma il protagonista viene accusato di omicidio. Per fortuna tutto finirà bene. ■ DRAMMATICO; B/N; 119'; USA, 1956. ■ OSCAR 3 NOM.

UOMO DAL CERVELLO TRAPIANTATO, L' ★★
(L'homme au cerveau greffé)
Regia di JACQUES DONIOL-VALCROZE. Con JEAN-PIERRE AUMONT, MATHIEU CARRIÈRE, MICHEL DUCHAUSSOY, MARIANNE EGGERICKX, NICOLETTA MACHIAVELLI, PIERRE SANTINI. ■ Uno scienziato condannato da una malattia si fa trapiantare il cervello nel corpo di un giovane pilota automobilistico, ma l'uomo che ne risulta ha elementi della personalità dell'uno ed elementi della personalità dell'altro, che si trovano in conflitto. ■ FANTASCIENZA; COL.; 85'; FRANCIA, 1973.

UOMO DAL DITO D'ACCIAIO, L' *(Bullet Wound)* ★
Regia di SHIRÔ MORITANI. Con YUZO KAYAMA, MARI TACHIBARA, KIWARO TAICHI. ■ Un abilissimo agente segreto sgomina una banda di trafficanti d'armi, ma finisce ucciso. ■ POLIZIESCO; COL.; 92'; GIAPPONE, 1971.

UOMO DAL GUANTO GRIGIO, L' ★★
Regia di CAMILLO MASTROCINQUE. Con ANNETTE BACH, ANTONIO CENTA, MARIO DEL MONACO, ROLDANO LUPI. ■ Un folle assassino ha sostituito *L'uomo dal guanto grigio*, quadro di Antonello da Messina, con una copia e ha ucciso tutti quelli che potrebbero rivelare qualcosa d'importante. Una pittrice e un tenore lo smaschereranno. ■ POLIZIESCO; B/N; 94'; ITALIA, 1949.

UOMO DALLA CRAVATTA DI CUOIO, L' ★★★
(Coogan's Bluff)
Regia di DON SIEGEL. Con SUSAN CLARK, LEE J. COBB, CLINT EASTWOOD, BETTY FIELD, TISHA STERLING. ■ Uno sceriffo dell'Arizona, erede della tradizione western, arriva a New York per estradare un bandito ma, spaesato nel nuovo ambiente, favorisce involontariamente l'evasione del prigioniero. Saprà riacciuffarlo dopo un movimentato inseguimento. ■ POLIZIESCO; COL.; 100'; USA, 1968.

UOMO DALLA CROCE, L' ★★★
Regia di ROBERTO ROSSELLINI. Con ALDO CAPACCI, ROSWITA SCHMIDT, ALBERTO TAVAZZI. ■ Un cappellano militare in Russia sacrifica la propria vita per un ferito e con il suo apostolato riporta Dio nel paese dei Soviet. ■ GUERRA; B/N; 88'; ITALIA, 1943.

UOMO DALLA FORZA BRUTA, L' *(The Wild Party)* ★★★
Regia di HARRY HORNER. Con ARTHUR FRANZ, KATHRYN GRANT, ANTHONY QUINN, JAY ROBINSON. ■ Un rozzo ex campione di baseball sequestra una ereditiera a scopo di ricatto, ma s'innamora di lei suscitando la ripicca della sua ragazza che progetta di fuggire con un pianista. L'uomo, saputolo, si scatena: ma sarà proprio la sua ex donna ad ucciderlo. ■ DRAMMATICO; B/N; 81'; USA, 1956.

UOMO DALLA MANO D'ACCIAIO CONTRO IL DRAGO ROSSO, L' *(Ching – Blood Leopard)* ★
Regia di LUNG CHIEN. Con CHANG CHING, CHIANG PIN. ■ Un giovane acrobata diventa maestro di arti marziali grazie agli insegnamenti di un eremita e sconfigge il bieco signorotto che gli aveva insidiato la ragazza. ■ AVVENTURA; COL.; 92'; HONG KONG, 1972.

UOMO DALLA MASCHERA, L' ★★★
(The Face Behind the Mask)
Regia di ROBERT FLOREY. Con EVELYN KEYES, PETER LORRE. ■ Un emigrante ungherese rimasto sfigurato cela il suo volto con una maschera e diviene capo di una banda di delinquenti. Quando incontra una cieca che lo ama, pare addolcirsi ma i complici, traditi, uccidono la ragazza. Lui farà una strage. ■ POLIZIESCO; B/N; 69'; USA, 1940.

UOMO DALLA MASCHERA DI FERRO, L' ★★★
(Le masque de fer)
Regia di HENRI DECOIN. Con SYLVA KOSCINA, PHILIPPE LEMAIRE, JEAN MARAIS, ENRICO MARIA SALERNO. ■ Luigi XIV ha un gemello che, per evitare lotte di successione, è stato imprigionato in una fortezza, ma il re si ammala e l'astuto cardinale Mazzarino incarica D'Artagnan di sostituire il sovrano con il fratello. Costui scopre che la vita di corte è molto noiosa ed è ben felice quando l'augusto parente si ristabilisce. ■ AVVENTURA; COL.; 127'; FRANCIA, ITALIA, 1963.

UOMO DALLA PELLE DURA, L' ★★
Regia di FRANCO PROSPERI. Con ROBERT BLAKE, ERNEST BORGNINE, GABRIELE FERZETTI, TOMAS MILIAN, ORAZIO ORLANDO, CATHERINE SPAAK. ■ Negli Usa, un pugile pellerossa dovrà faticare molto per convincere la polizia di essere estraneo all'omicidio del suo manager, legato al losco giro delle scommesse. ■ POLIZIESCO; COL.; 93'; ITALIA, 1972.

UOMO DALLA PISTOLA D'ORO, L' ★
(Diez mil dolares vivo o muerto)
Regia di ALFONSO BALCAZAR. Con LUIS DAVILA, GLORIA MILLAND, CARL MÖHNER, FERNANDO SANCHO. ■ Un medico alcolizzato inseguito da un cacciatore di taglie scopre il cadavere di un pistolero buono, noto per avere le armi dorate e ne assume l'identità per nascondersi. Diventerà un giustiziere e il suo inseguitore, scoprendolo redento, lo lascerà libero. ■ WESTERN; COL.; 91'; ITALIA, SPAGNA, 1966.

UOMO DALLE CHIAVI D'ORO, L' ★★★
(L'homme aux clefs d'or)
Regia di LÉO JOANNON. Con PIERRE FRESNAY, ANNIE GIRARDOT, JEAN RIGAUX, GIL VIDAL. ■ Un professore scopre che alcuni suoi allievi progettano un furto. Non li denuncia, ma pretende che gli consegnino una confessione scritta. I ragazzi reclutano una giovane che accusi falsamente il docente d'averla violentata e lo fanno cacciare dal liceo, ma lui, diventato portiere d'albergo, saprà vendicarsi. ■ DRAMMATICO; B/N; 92'; FRANCIA, 1957.

UOMO DALLE DUE OMBRE, L' ★★★
(De la part des copains)
Regia di TERENCE YOUNG. Con CHARLES BRONSON, MICHEL CONSTANTIN, JILL IRELAND, JAMES MASON, LUIGI PISTILLI, LIV ULLMANN. ■ Un disertore americano si è rifatto una vita in Francia, ma alcuni antichi complici lo rintracciano perché vorrebbero costringerlo a collaborare con loro nel contrabbando di droga. Lui riuscirà ad eliminarli tutti. ■ POLIZIESCO; COL.; 94'; FRANCIA, 1970.

UOMO DALL'IMPERMEABILE, L' ★★★
(L'homme à l'imperméable)
Regia di JULIEN DUVIVIER. Con BERNARD BLIER, FERNANDEL, JEAN RIGAUX, PIERRE SPIERS. ■ Un timido clarinettista viene convinto da un amico a tentare un'avventuretta extraconiugale e si trova coinvolto in un giallo, perché la sua occasionale compagna viene pugnalata. Riuscirà a provare la sua innocenza senza che la moglie abbia sospettato di nulla. ■ COMMEDIA; B/N; 106'; FRANCIA, 1957.

UOMO DALL'OCCHIO DI VETRO, L' ★
(Der Mann mit dem Glasauge)
Regia di ALFRED VOHRER. Con KARIN HUBNER, HORST TAPPERT, HUBERT VON MEYERINCK. ■ Il prolificissimo regista dirige uno dei numerosissimi, scadenti film che negli anni Sessanta i tedeschi trassero dai racconti dell'inglese Edgar Wallace. ■ POLIZIESCO; B/N; 94'; GERMANIA, 1968.

UOMO DALL'OMBRELLO BIANCO – DUE CAMPANILI... TANTE SPERANZE, L' ★
(El hombre del paraguas blanco)
Regia di JOAQUÍN LUIS ROMERO MARCHENT. Con JUAN CALVO, LORELLA DE LUCA, JOSÉ LUIS OZORES, LUIGI PAVESE, VIRGILIO RIENTO. ■ I contadini di un paesino dell'Estremadura chiedono a un ricco i soldi necessari per i fuochi artificiali. L'avaro li nega, ma la di lui figlia, buona bambina invalida, entra in crisi perché una cicogna rimane impigliata sul tetto e lei teme un infanticidio. Per fortuna tutto sarà risolto da un soprannaturale venditore ambulante. ■ FANTASTICO; B/N; 92'; SPAGNA, 1957.

UOMO DALL'ORECCHIO MOZZATO, L' ★★
(L'homme à l'oreille cassée)
Regia di ROBERT BOUDRIOZ. Con THOMY BOURDELLE, JACQUELINE DAIX. ■ Nel 1812, uno scienziato polacco sperimenta un farmaco che dà la catalessi su un ufficiale napoleonico prigioniero dei russi. L'uomo si risveglia così in epoca moderna, trovandosi assolutamente spaesato. ■ COMMEDIA; B/N; 75'; FRANCIA, 1937.

UOMO DAL LUNGO FUCILE, L' ★★
(Winnetou und Shatterhand im Tal der Toten)
Regia di HARALD REINL. Con LEX BARKER, RIK BATTAGLIA, PIERRE BRICE, KARIN DOR. ■ Uno dei numerosi western tedeschi con protagonista Winnetou, il nobile apache. Qui il pellerossa difende un carico d'oro e una ragazza da alcuni banditi. ■ WESTERN; COL.; 95'; GERMANIA, 1970.

UOMO DAL PIANETA X, L' *(The Man from Planet X)* ★★
Regia di EDGARD GEORGE ULMER. Con RAYMOND BOND, ROBERT CLARKE, MARGARET FIELD. ■ Un alieno giunto dal pianeta X giunge in Scozia pare con buoni propositi. Ben presto si scopre che vuole preparare l'invasione dei suoi consimili. ■ FANTASCIENZA; B/N; 70'; USA, 1951.

UOMO DAL PUGNO D'ORO, L' ★★
(El hombre del puño de oro)
Regia di JAIME JESUS BALCAZAR. Con ERIKA BLANC, GERMAN CARLOS, ANTONELLA MURGIA, FRANK RUSSELL. ■ Un detective, per colpa di un'ambigua cliente, deve seguire fino in Turchia uno spietato contrabbandiere di diamanti. ■ POLIZIESCO; COL.; 92'; SPAGNA, 1966.

UOMO DAL VESTITO GRIGIO, L' ★★★
(The Man in the Gray Flannel Suit)
Regia di NUNNALLY JOHNSON. Con LEE J. COBB, JENNIFER JONES, FREDRIC MARCH, MARISA PAVAN, GREGORY PECK. ■ Gregory

Peck nella parte del tipico borghese americano. Bravo padre e marito, professionista coscienzioso, un po' scialbo e conformista. Tuttavia non è stato sempre così. In guerra ha ammazzato. E anche ha amato: una bella ragazza italiana che rimase incinta. Solo dopo dieci anni Peck viene a saperlo e racconta tutto alla moglie che finisce per comprendere. ■ DRAMMATICO; COL.; 124′; USA, 1956.

UOMO DA MARCIAPIEDE, UN ★★★★🏆
(Midnight Cowboy)
Regia di JOHN SCHLESINGER. Con DUSTIN HOFFMAN, SYLVIA MILES, BRENDA VACCARO, JON VOIGHT. ■ Uno dei migliori film americani degli anni Sessanta, diretto dall'inglese in trasferta John Schlesinger. Protagonista è un biondo e atletico texano piovuto nella grande città con l'intenzione di far carriera come gigolò per le signore abbienti. Ma è uno sprovveduto che colleziona solo fiaschi. Ridotto quasi all'accattonaggio, stringe amicizia con un barbone zoppetto. I due decidono di andarsene dalla grande città, ma lo zoppetto muore durante il viaggio verso la Florida. ■ DRAMMATICO; COL.; 113′; USA, 1968. ■ DAVID DI DONATELLO 🏆 2 PR, 2 NOM; OSCAR 🏆 3 PR, 6 NOM.

UOMO DA NULLA, UN ★★
Regia di RENATA AMATO. Con CRISTINA HUI, SANDRO MORETTI, MONICA STROEBEL. ■ Un regista di documentari torna a Roma dopo aver girato un film a Hong Kong. Fa un bilancio della sua vita, ma le conclusioni non sono positive. Nel lavoro non è riuscito a realizzarsi. E nemmeno nella famiglia, perché la consorte, stanca di troppi anni di vita stentata, vuole lasciarlo. ■ DRAMMATICO; COL.; 91′; ITALIA, 1976.

UOMO DA RISPETTARE, UN ★★★
Regia di MICHELE LUPO. Con FLORINDA BOLKAN, KIRK DOUGLAS, GIULIANO GEMMA. ■ Un famoso scassinatore, da poco uscito di prigione, s'accorda con un giovanotto svelto per rapinare una compagnia d'assicurazioni. Ma il giovanotto non rispetta i patti: s'invola con il malloppo e la moglie dello scassinatore. Questi, benché ferito e con la polizia alle calcagna, lo raggiunge e lo uccide. ■ GIALLO; COL.; 112′; ITALIA, 1972.

UOMO DA VENDERE, UN *(A Hole in the Head)* ★★★
Regia di FRANK CAPRA. Con CAROLYN JONES, ELEANOR PARKER, THELMA RITTER, EDWARD G. ROBINSON, FRANK SINATRA. ■ Frank Sinatra nei panni di un simpatico tipo di fallito, buono come il pane e idolatrato dal figlioletto, ma incapace di provvedere a se stesso. Il fratello maggiore lo spinge a corteggiare una vedova che potrebbe risolvere i suoi problemi; lui esita, la vedova però gli toglierà ogni dubbio. Con l'approvazione del ragazzino. ■ COMMEDIA; COL.; 93′; USA, 1960. ■ OSCAR 1 PR, 1 NOM.

UOMO DEI MIEI SOGNI, L' *(It Had to Be You)* ★★★
Regia di DON HARTMAN, RUDOLPH MATÉ. Con RON RANDELL, GINGER ROGERS, CORNEL WILDE. ■ Una bionda ereditiera è divenuta celebre per i suoi matrimoni mai portati a compimento (al momento d'ogni "sì", lei scoppia in lacrime e scappa). La ragione c'è. È innamorata di un compagno d'infanzia, che non ha più visto, passata l'età dei giochi. Sarà lui che riuscirà a portarla davanti all'altare per il sì definitivo. ■ COMMEDIA; B/N; 98′; USA, 1947.

UOMO DEI MIRACOLI, L' ★★★
(The Man Who Could Work Miracles)
Regia di LOTHAR MENDES. Con JONA GARDNER, ROLAND YOUNG. ■ Un ometto qualunque, impiegato della City, riceve per volontà divina il potere di fare i miracoli. Sulle prime decide di utilizzarlo per il bene dell'umanità, ma, quando s'accorge che i potenti della terra stanno brigando per strumentalizzarlo, chiede (e ottiene) di essere privato delle sue straordinarie facoltà. ■ COMMEDIA; B/N; 82′; GRAN BRETAGNA, 1936.

UOMO DEI MONTI, L' *(No Defense)* ★★★
Regia di LLOYD BACON. Con MONTE BLUE, WILLIAM DESMOND, MAY MCAVOY. ■ Un giovane ingegnere è addetto alla costruzione di un ponte. Il ponte crolla. La colpa non è dell'ingegnere, ma del fratello della sua donna. Tuttavia l'innocente deve assumersi la responsabilità. Per fortuna, *in extremis* la verità viene a galla. ■ AVVENTURA; B/N; 93′; USA, 1929.

♥ **UOMO DEI SOGNI, L'** *(Field of Dreams)* ★★★
Regia di ARTHUR ROBINSON. Con KEVIN COSTNER, JAMES EARL JONES, BURT LANCASTER, AMY MADIGAN. ■ Ray, coltivatore trentaseienne di mais, vive col rimorso di non aver saputo dialogare col padre morto e di non avere realizzato i suoi sogni sportivi. Su invito di una voce arcana Ray costruisce davanti a casa un campo da baseball, nel quale vengono a giocare una miracolosa partita vecchi campioni, tra i quali uno scrittore, un medico e il padre di Ray, tutti morti da tempo e che nel "campo dei sogni" riscoprono il piacere della convivenza. Che sia questo il paradiso? Molto bravo Kevin Costner. ■ FANTASTICO; COL.; 106′; USA, 1989. ■ OSCAR 3 NOM.

UOMO DEL BANCO DEI PEGNI, L' ★★★★
(The Pawnbroker)
Regia di SIDNEY LUMET. Con GERALDINE FITZGERALD, BROCK PETERS, ROD STEIGER. ■ Forse la più grande interpretazione di Rod Steiger. Qui è Sol, un usuraio ebreo che lavora per il racket di un gangster nero. Sol sembra un cuore di pietra. In realtà s'è rinchiuso in se stesso dopo le orrende sofferenze nei lager nazisti. Riscoprirà il dolore e la redenzione quando il suo giovane commesso portoricano verrà ammazzato nel tentativo di difendere il banco dei pegni e il suo padrone. ■ DRAMMATICO; B/N; 116′; USA, 1965. ■ BERLINO 1 PR; OSCAR 1 NOM.

UOMO DEL COLPO PERFETTO, L' ★★
Regia di ALDO FLORIO. Con ALIDA CHELLI, LUIS DAVILA, RICHARD HARRISON, ROSALBA NERI. ■ Un bel grisbì in diamanti viene involato mentre viaggia dall'Africa ad Amsterdam. Un detective delle assicurazioni troverà i preziosi, nonché la banda che ha effettuato il colpo. Sparatoria, recupero del malloppo e punizione dei ladri. ■ AVVENTURA; COL.; 93′; ITALIA, 1967.

UOMO DEL CONFINE, L' *(Borderline)* ★★
Regia di JERROLD FREEDMAN. Con CHARLES BRONSON, ED HARRIS, KENNETH MCMILLAN. ■ Charles Bronson è il capo dei poliziotti della squadra di confine tra California e Messico. La sua maggiore preoccupazione è il traffico di immigrati clandestini, che negli ultimi tempi ha assunto proporzioni eccezionali. Bronson scopre che, dietro, ci sono alcuni pezzi grossi californiani. Con una spettacolare retata, cattura i capi e i conducenti dei furgoni che trasportano i clandestini dal Messico. Ma i capi hanno forti appoggi. Al processo verranno tutti assolti. ■ GIALLO; COL.; 105′; USA, 1980.

UOMO DEL FIUME, L' *(Le crabe-tambour)* ★★
Regia di PIERRE SCHOENDOERFFER. Con AURORE CLÉMENT, JACQUES DUFILHO, MORGAN JONES, JACQUES PERRIN, CLAUDE RICH, JEAN ROCHEFORT, ODILE VERSOIS. ■ Due ufficiali di marina di scorta a dei pescherecci al largo di Terranova desiderano ardentemente ritrovare un loro ex commilitone che ora comanda una di quelle navi. Alla fine del film si scoprirà che il misterioso individuo, appena intravisto dai vecchi compagni, sta morendo di cancro. ■ DRAMMATICO; COL.; 119′; FRANCIA, 1977.

UOMO DEL FIUME NEVOSO, L' ★★
(The Man from Snowy River)
Regia di GEORGE T. MILLER. Con TOM BURLINSON, KIRK DOUGLAS, JACK THOMPSON, SIGRID THORNTON. ■ Jim, un giovane cowboy, trova lavoro presso un allevatore di bestiame, della cui figlia s'innamora, ricambiato. Dopo una lite col padre, la ragazza fugge, cade in un burrone e viene salvata da Jim. Rifiutato il premio dell'allevatore, il ragazzo torna sulle sue montagne. ■ AVVENTURA; COL.; 115′; AUSTRALIA, 1982. ■ GOLDEN GLOBES 1 NOM.

UOMO DEL GIORNO, L' *(L'homme du jour)* ★★★
Regia di JULIEN DUVIVIER. Con ALERME ANDERÉ, MAURICE CHEVALIER, JOSETTE DAY, ELVIRE POPESCO. ■ Un elettricista dona il proprio sangue a una celebre attrice e le salva la vita. Il fatto rimbalza sui giornali e fa del giovanotto l'uomo del momento. La sua fidanzata, che vorrebbe fare l'attrice, ne approfitta. Poi il clamore si spegne e i due si risolvono a tornare senza troppi rimpianti alla modesta vita di sempre. ■ COMMEDIA; B/N; 85′; FRANCIA, 1935.

UOMO DEL GIORNO DOPO, L' *(The Postman)* ★★
Regia di KEVIN COSTNER. Con KEVIN COSTNER, LARENZ IATE, WILL PATTON, TOM PETTY, JAMES RUSSO, OLIVIA WILLIAMS. ■

Dal libro di David Brin. Anno 2013. Il mondo è uscito dalla catastrofe nucleare privo di ordine, leggi e stati. Ci sono città che cercano di sopravvivere. Un gruppo di armati vuole dominare con la violenza. Insomma, la civiltà è tornata indietro. Costner si improvvisa portalettere (sarebbe l'uomo che ristabilisce i contatti, ruolo decisivo...) e risveglia una certa coscienza di libertà. Alla fine, in un duello, elimina il tiranno. Il domani sarà migliore. Nella cultura di Kevin Costner ci dev'essere qualche paurosa lacuna che non gli permette di visualizzare la banalità di certi messaggi. L'attore regista è sedotto dalle parabole che rappresentano i grandi temi, la guerra, la civiltà, la libertà, il bene e il male e li traduce in termini triti e superati, fuori luogo, persino ridicoli. Temi digeriti da decenni persino dall'etica degli animaletti di Disney. ■ FANTASTICO; COL.; 177′; USA, 1998.

UOMO DEL KLAN, L' *(The Klansman)* ★★★
Regia di TERENCE YOUNG. Con RICHARD BURTON, LINDA EVANS, LOLA FALANA, LEE MARVIN, CAMERON MITCHELL, LUCIANA PALUZZI. ■ In una cittadina del profondo Sud, dove il Ku Klux Klan l'ha sempre fatta da padrone, un proprietario terriero appoggia il movimento nazista. Il Klan lo condanna a morte. L'uomo si difende e nella battaglia si trova accanto lo sceriffo locale disgustato dalle troppe malefatte della setta. Muoiono tutti, buoni, cattivi e così via. ■ DRAMMATICO; COL.; 112′; USA, 1975.

UOMO DELLA CROCE, L' ★★★
Regia di ROBERTO ROSSELLINI. Con ATTILIO DOTTESIO, ROSWITA SCHMIDT, ALBERTO TAVAZZI. ■ Estate 1942: un cappellano al seguito dell'esercito italiano in Russia sceglie di rimanere al fianco di un soldato gravemente ferito anche se la scelta gli procurerà una lunga e dura prigionia. Rossellini ottiene un pregevole risultato dirigendo un attore non professionista. ■ GUERRA; B/N; 88′; ITALIA, 1942.

UOMO DELLA FORTUNA, L' ★★
Regia di SILVIA SARACENO. Con SERGIO ASSISI, ENZO CANNAVALE, GIOVANNI ESPOSITO, TONY SPERANDEO, BURT YOUNG. ■ Si ride sulla mafia, ci si occupa del Lotto e si fa un film napoletano strizzando l'occhio alla sceneggiata. Si tratta di un esordio interessante con un Cannavale fuori dai soliti, logori schemi. ■ COMMEDIA; COL.; 90′; ITALIA, 2000.

UOMO DELLA GIAMAICA, L' ★★★
(L'homme de la Jamaïque)
Regia di MAURICE DE CANONGE. Con PIERRE BRASSEUR, VERA NORMAN, JEAN PIGNOL, ALEXANDRE RIGNAULT. ■ Pierre Brasseur nella parte di un avventuriero che si dà al contrabbando. Finché si tratta di trasportare armi in Africa tutto gli va bene, ma nel fare il "mercante di uomini" il furfante si prende la lebbra. Ma è proprio nato con la camicia: ha conosciuto un dottore che può guarirlo. Grato, l'ex manigoldo devolve tutto il denaro malguadagnato in opere di bene. ■ AVVENTURA; B/N; 120′; FRANCIA, 1950.

UOMO DELLA GRANDE MURAGLIA, L' ★
(The Devilish Killer)
Regia di CHIN SHEN EN. Con PI CIA-LA, LEE SIUN, YE CIAI. ■ L'uomo della grande muraglia, un signorotto prepotente e violento, invincibile lottatore, vuole impadronirsi di una spada che dicono magica e, per far questo, stermina la famiglia del possessore. Rimangono in vita però i due figli dell'ucciso che, attraverso mille avventure, riusciranno a vendicare il padre. ■ AVVENTURA; COL.; 92′; HONG KONG, 1973.

UOMO DELLA LEGGE, L' *(Gunfight Ridge)* ★★★
Regia di FRANCIS D. LYON. Con JOEL MCCREA, MARK STEVENS, JOAN WELDON. ■ L'uomo della legge è un coraggioso ispettore che deve fronteggiare un pericoloso rapinatore di treni. Il cattivo, un tipo insospettabile, è un pericoloso assassino. L'ispettore lo smaschera, lo insegue dopo un ennesimo colpo e salda il conto a pistolettate. ■ WESTERN; B/N; 85′; USA, 1957.

UOMO DELLA LEGIONE – LA RAGAZZA DI VENEZIA, L' ★★★
Regia di ROMOLO MARCELLINI. Con PASTORA PENA, ROBERTO REY. ■ Di ritorno dalla guerra etiopica, un giovane conosce una ragazza e la sposa. Presto però l'abbandona per andare a combattere volontario nella guerra civile di Spagna. Rischia di morire, ma si salva. Tornato a casa si sposa e decide, una buona volta, di dedicarsi al lavoro e alla famiglia ■ DRAMMATICO; B/N; 92′; ITALIA, 1939.

UOMO DELLA LUNA, L' *(The Man in the Moon)* ★★★
Regia di ROBERT MULLIGAN Con TESS HARPER, JASON LONDON, SAM WATERSTON. ■ Siamo negli anni Cinquanta in Louisiana. La protagonista è una ragazza che scopre l'amore. Ma non sarà tutto rose e fiori, come è nello stile di Robert Mulligan, che, per di più, in questa occasione ha come produttore Mark Rydell (il regista de *Il lago dorato*). ■ DRAMMATICO; COL.; 99′; USA, 1991.

UOMO DELLA MANCHA, L' *(Man from La Mancha)* ★★★
Regia di ARTHUR HILLER. Con HARRY ANDREWS, JAMES COCO, SOPHIA LOREN, PETER O'TOOLE. ■ È la storia di Don Chisciotte raccontata dall'autore stesso, Miguel de Cervantes Saavedra (Peter O'Toole interpreta entrambi i ruoli). ■ COMMEDIA; COL.; 130′; USA, 1972. ■ GOLDEN GLOBES 2 NOM; OSCAR 1 NOM.

UOMO DELLA MIA VITA, L' *(L'homme de ma vie)* ★★
Regia di GUY LEFRANC. Con JEANNE MOREAU, MADELEINE ROBINSON, UMBERTO SPADARO. ■ Una povera donna sedotta e abbandonata, con figlia a carico, si dà alla prostituzione per assicurare una vita agiata alla ragazzina. Costei, divenuta adulta, viene a conoscere il mestiere della madre e le butta in faccia il suo disprezzo. Ma, dopo qualche tempo, anche lei è nella stessa situazione in cui la madre s'era trovata anni prima. Ucciderà il suo seduttore, e la madre s'incolperà del delitto per salvarla. ■ DRAMMATICO; B/N; 98′; FRANCIA, ITALIA, 1950.

UOMO DELL'ANNO, L' *(Man of the Year)* ★★
Regia di BARRY LEVINSON. Con DAVID ALPAY, LEWIS BLACK, FAITH DANIELS, JEFF GOLDBLUM, LAURA LINNEY, CHRISTOPHER WALKEN, ROBIN WILLIAMS. ■ L'anchorman televisivo Tom Dobbs (Robin Williams), subissato da e-mail esultanti dopo aver minacciato una candidatura alla presidenza degli Stati Uniti, decide di partecipare alla corsa alla Casa Bianca. Con un entourage capeggiato dal manager Jack Menken (Cristopher Walken), il suo cammino trionfale si scontra con la realtà e con un' irreale onestà. In questa sorta di demistificazione della televisione che si impossessa del cinema in una condizione in cui la televisione invade il cinema, Robin Williams si muove alla perfezione nella prima ora, manifestando naturalezza e solo attimi caricaturali tipici della sua natura. A tenergli testa c'è un immenso Cristopher Walken, immobilizzato su una sedia a rotelle, che dispensa lezioni di recitazione a destra e a manca (nella sequenza del ballo il suo movimento dei piedi a ritmo di musica è un piccolo gioiello). ■ DRAMMATICO; COL.; 115′; USA, 2006.

UOMO DELLA PIOGGIA, L' *(The Rainmaker)* ★★★★
Regia di FRANCIS FORD COPPOLA. Con MATT DAMON, CLAIRE DANES, DANNY DEVITO, DANNY GLOVER, MICKEY ROURKE, ROY SCHEIDER, JON VOIGHT, TERESA WRIGHT. ■ Rudy si è appena laureato in legge, non è ancora procuratore ma lo diventa quasi subito. Vive a Memphis e si dà da fare. Si trova a patrocinare la famiglia di un malato di leucemia: l'assicurazione non vuole riconoscere il legittimo risarcimento. Rudy va avanti. Quando si trova di fronte al micidiale corporativismo delle assicurazioni, non si fa intimidire da una schiera di avvocati da "mille dollari l'ora" e affronta la sua battaglia. Alla sua prima causa, ma col furore del Davide onesto, il ragazzo vince su tutta la linea. La compagnia assicurativa, che era una vera associazione per delinquere, perde la causa ed è costretta al fallimento. Chi conosce John Grisham, l'autore del libro, sa che alla fine giustizia sarà fatta. Nelle sue storie ognuno ha esattamente quello che si merita. Gli onesti hanno la meglio sui cattivi, pure organizzatissimi. E mettiamoci Coppola, che racconta con la giusta tensione. Si esce dalla sala col magnifico senso liberatorio dei grandi film di un tempo. Coppola-Grisham, ovvero il fronte opposto ai maledetti tarantiniani. Teniamoceli stretti Quando i buoni vincevano si diceva "succede solo al cinema", poi non è più successo neanche al cinema. Grisham e Coppola ripristinano la speranza. Il film come sogno e benessere. *Il cavaliere della valle solitaria* è tornato. E la presenza della vecchina Teresa Wright (mito di Hollywood: *Si-*

gnora Miniver, *I migliori anni della nostra vita*) è un altro segnale di qualità, una garanzia rassicurante verrebbe da dire, senza corporativismi. ■ DRAMMATICO; COL.; 135′; USA, 1998. ■ GOLDEN GLOBES 1 NOM.

UOMO DELLA PORTA ACCANTO, L' ★★★
(The People Next Door)
Regia di DAVID GREENE. Con JULIE HARRIS, HAL HOLBROOK, CLORIS LEACHMAN, STEPHEN MCHATTIE, ELI WALLACH. ■ Una ragazza è dedita alla droga. A iniziarla è stato un giovane vicino di casa, vizioso e mascalzone. I genitori cercano di recuperare la fanciulla, ma a nulla valgono i loro approcci né le cure di uno psicanalista. Uno spiraglio si aprirà solo quando la poverina, ricoverata in clinica, conoscerà un giovane che è passato attraverso le sue stesse esperienze. Costui metterà in moto una reazione positiva che la condurrà forse alla guarigione. ■ DRAMMATICO; COL.; 93′; USA, 1970.

UOMO DELLA PORTA ACCANTO, L' ★
(Der Mann nebenan)
Regia di PETRA HAFFTER. Con UVE BOHM, ANTHONY PERKINS, SOPHIE WARD. ■ Una delle ultime interpretazioni di Perkins che veniva ancora perseguitato dal fantasma di *Psycho*. È infatti un assassino psicopatico, affidato alla zia dopo che i genitori se ne sono liberati. L'uomo, in quel di Londra, si diletta ad assassinare graziose fanciulle. ■ THRILLER; COL.; 95′; GERMANIA, 1991.

UOMO DELLA SCURE, L' *(The Hatchet Man)* ★★
Regia di WILLIAM A. WELLMAN. Con J. CARROL NAISH, EDWARD G. ROBINSON, LORETTA YOUNG. ■ L'uomo del titolo è il killer di una banda di gangster cinesi, che contende a un altro clan il dominio della Chinatown di San Francisco. Gli ordinano di uccidere un suo vecchio amico, capo dell'altra banda, e lui lo fa. Poi però si prende cura dell'orfanella. Definizione di un critico dell'epoca: «Un pastiche di *Scarface* e di *Madama Butterfly*». ■ AVVENTURA; B/N; 92′; USA, 1932.

UOMO DELLA STAZIONE, L' ★★
(The Railway Station Man)
Regia di MICHAEL WHYTE. Con JULIE CHRISTIE, DONALD SUTHERLAND. ■ Immersa nel caratteristico paesaggio dell'Irlanda del Nord, la vicenda racconta dell'incontro tra una donna, il cui marito è stato ucciso dall'esercito repubblicano irlandese, e un ex militare. Con la presenza dell'uomo viene meno il volontario isolamento della vedova. ■ DRAMMATICO; COL.; 97′; GRAN BRETAGNA, IRLANDA, 1992.

UOMO DELLA STRADA FA GIUSTIZIA, L' ★★
Regia di UMBERTO LENZI. Con LUCIANA PALUZZI, RAYMOND PELLEGRIN, HENRY SILVA. ■ Durante una rapina a Milano, i banditi sparano e una pallottola vagante uccide una bambina. Il padre della piccola, straziato, decide di vendicarla. Si mette in caccia degli assassini nonostante la polizia tenti di dissuaderlo, e arriva persino, per ottenere il suo scopo, ad aderire a un'associazione di *vigilantes* privati. Alla fine sarà anche per merito suo che la polizia metterà le mani sugli uccisori. ■ GIALLO; COL.; 93′; ITALIA, 1976.

UOMO DELLA TORRE EIFFEL, L' ★★★
(The Man on the Eiffel Tower)
Regia di BURGESS MEREDITH. Con CHARLES LAUGHTON, BURGESS MEREDITH, FRANCHOT TONE, JEAN WALLACE. ■ Maigret (un impagabile Charles Laughton) deve vedersela con un criminale che ha ucciso una vecchia signora per permettere al mandante, un giovane debosciato, di ereditare. Maigret sospetta presto del colpevole, ma una serie di eventi (fra cui la morte del mandante dell'omicidio) lo inducono a dubitare. Predisporrà comunque un'abile trappola in cui il criminale, nonostante le mille astuzie, finirà per cadere. ■ GIALLO; COL.; 97′; USA, 1949.

UOMO DELLA VALLE, L' *(Man from God's Country)* ★★
Regia di PAUL LANDRES. Con SUSAN CUMMINGS, JAMES GRIFFITH, GEORGE MONTGOMERY, RANDY STUART. ■ Una città è in mano a un losco biscazziere. Un padre di famiglia è nel suo libro paga: ma quando vede che l'amante e il figlioletto stanno cominciando a disprezzarlo (anche per via del paragone con un amico, coraggioso e adamantino), l'uomo rinsavisce. Si schiera a fianco dell'amico, che ha dichiarato guerra al biscazziere, si busca una pallottola, ma recupera l'affetto dei suoi cari. ■ WESTERN; COL.; 72′; USA, 1958.

UOMO DELLA VALLE MALEDETTA ★★
Regia di SIRO MARCELLINI. Con IRAN EORY, TY HARDIN. ■ Gli indiani rapiscono la moglie di un *ranchero*. Costui tenta di liberarla, ma invano. La donna è invece salvata da un cowboy solitario, del quale s'innamora. Il cowboy e il marito lottano. Vince il primo, ma decide di lasciar campo libero al rivale. ■ WESTERN; COL.; 93′; ITALIA, SPAGNA, 1964.

UOMO DELLE GRANDI PIANURE, L' ★★
(Hawken's Breed)
Regia di CHARLES B. PIERCE. Con PETER FONDA, SERENE HEDIN. ■ Peter Fonda in un ruolo simile a quelli resi proverbiali da suo padre Henry, un pioniere, un uomo "giusto" nel mondo di violenza della conquista del West. Fa la parte di un cacciatore del Tennessee che si innamora di una ragazza indiana e con lei attraversa mille pericoli. ■ WESTERN; COL.; 93′; USA, 1989.

UOMO DELLE MONTAGNE, L' ★★
(Guardian of the Wilderness)
Regia di DAVID O'MALLEY. Con KEN BERRY, JOHN DEHNER, DENVER PYLE. ■ È la vera storia di Galme Clark, un montanaro che si batté contro il disboscamento delle foreste di sequoia della California nel secolo scorso. Perché i giganteschi alberi non fossero abbattuti dai boscaioli, arrivò persino il presidente Lincoln, che gli diede ragione. ■ AVVENTURA; COL.; 94′; USA, 1976.

UOMO DELLE SCOMMESSE, L' *(Devil to Pay)* ★★
Regia di GEORGE FITZMAURICE. Con RONALD COLMAN, MYRNA LOY, LORETTA YOUNG. ■ Ronald Colman (uno dei pochi divi del muto che rimase tale col sonoro) ha il ruolo della pecora nera in una rispettabile famiglia borghese. Giocatore, avventuriero, scommettitore accanito, dopo aver passato anni lontano dai suoi, decide un giorno di ritornare all'ovile. Dapprima i familiari lo snobbano, poi, conquistati dalla sua simpatia, lo riprendono (diventerà il capo di casa). ■ COMMEDIA; B/N; 91′; USA, 1931.

UOMO DELLE STELLE, L' ★★★
Regia di GIUSEPPE TORNATORE. Con SERGIO CASTELLITTO, TIZIANA LODATO, CLELIA RONDINELLA. ■ Sicilia primi anni Cinquanta. Joe Morelli, col suo furgone, batte i paesi. Monta la sua macchina da presa e fa provini (a pagamento) alla gente. La pellicola sarà vista da grandi del cinema, si ammicca a De Sica, Rossellini. Davanti all'obiettivo la gente si esprime in modo strano, allarmante, forse è davvero se stessa. Ecco la casalinga che avrebbe ambizioni, il ragazzo che crede di essere un grande attore, l'omosessuale che cerca un'evasione, il vecchio che ha ancora velleità. Ne esce uno straordinario quadro generale di popolo. Naturalmente è una truffa. Joe fa due errori, imbroglia un carabiniere e un mafioso (ne riprende il funerale). Alla fine sono guai seri. Joe imbroglia anche una ragazza, che si innamora di lui, poi esce di senno. Alla fine, solo e disperato, forse pentito, rivede passare le immagini dei siciliani che gli avevano creduto: sequenza omologa di quella famosa dei baci che chiudeva *Nuovo cinema Paradiso*. Tornatore è, soprattutto negli anni Novanta, l'unico autore italiano che sa uscire dalla provincia e dall'autoctono. Si fa capire dovunque. Ed è anche molto astuto, ma non è un difetto grave. Una citazione per i cammei di Leo Gullotta e Leopoldo Trieste. ■ DRAMMATICO; COL.; 115′; ITALIA, 1995. ■ OSCAR 1 NOM; VENEZIA 1 PR.

UOMO DELL'EST, L' *(Rawhide)* ★★★
Regia di HENRY HATHAWAY. Con SUSAN HAYWARD, HUGH MARLOWE, TYRONE POWER. ■ Una stazione di posta per le diligenze è attaccata dai banditi. I *desperados* prendono in ostaggio i presenti e aspettano l'arrivo della corriera del giorno dopo, che dovrebbe trasportare un prezioso carico. Ma il giovane impiegato della stazione riesce a liberarsi e a sopraffare i banditi (quelli che sono rimasti, perché nel frattempo alcuni si sono ammazzati fra di loro in lite per il comando e per una donna compresa fra gli ostaggi). ■ WESTERN; B/N; 86′; USA, 1952.

UOMO DEL MOMENTO, L' *(Man of the Moment)* ★★
Regia di JOHN PADDY CARSTAIRS. Con BELINDA LEE, LANA

MORRIS, NORMAN WISDOM. ■ L'uomo del momento è un oscuro impiegato al Foreign Office inglese. Gli capita, per una serie di contrattempi, di sostituire il suo capo, cioè di sedere attorno a una tavola di *big* della diplomazia per decidere il destino di una isola dei mari del Sud, che fa gola per le sue risorse naturali ai potenti di mezzo mondo. L'ometto senza volerlo diventa il perno della situazione. E siccome sono in gioco grossi interessi, i concorrenti cercano a più riprese anche a ucciderlo. Finale a sorpresa. ■ COMICO; B/N; 95'; GRAN BRETAGNA, 1955.

UOMO DEL NEVADA, L' *(The Nevadan)* ★★★
Regia di GORDON DOUGLAS. Con DOROTHY MALONE, RANDOLPH SCOTT, FORREST TUCKER. ■ Un uomo, ricercato per aver trafugato un carico d'oro, per far perdere le tracce aggredisce un vagabondo e lo obbliga a scambiare i vestiti. Ma il vagabondo è in realtà un agente del governo che, oltre a riprendersi abiti e ricercato, metterà un po' di pulizia negli affari loschi della regione. Troverà anche il tempo per la bella figlia di un *ranchero*. ■ WESTERN; B/N; 81'; USA, 1950.

UOMO DEL NIGER, L' *(L'homme du Niger)* ★★★
Regia di JACQUES DE BARONCELLI. Con HARRY BAUR, ANNIE DUCAUX, JACQUES DUMESNIL, VICTOR FRANCEN. ■ Un ufficiale sta per iniziare i lavori di costruzione di una diga sul Niger, ma s'ammala gravemente. Allora dice addio alla sua ragazza e la diga la fa costruire da un altro, mandandogli periodicamente le istruzioni. Guarito, torna dalla fidanzata, ma questa nel frattempo s'è sposata. Il poveraccio torna in Africa e si fa affidare una missione molto pericolosa nella quale troverà la morte. ■ AVVENTURA; B/N; 102'; FRANCIA, 1939.

UOMO DEL RIKSCIÒ, L' *(Muhomatsu no issho)* ★★★★
Regia di HIROSHI INAGAKI. Con TOSHIRO MIFUNE, HIDEKO TAKAMINE. ■ È la storia di un uomo che vive tirando il riksciò per turisti danarosi. Forte e violento, ma di cuore gentile, si prende cura di una vedova e del suo figliolo adolescente. Per merito suo il ragazzo studierà e si farà strada nella vita. Ma non sarà riconoscente all'uomo del riksciò, che morrà dimenticato. ■ DRAMMATICO; COL.; 93'; GIAPPONE, 1958. ■ VENEZIA 1 PR.

UOMO DEL ROMANZO, L' ★★★
Regia di MARIO BONNARD. Con CARLA CANDIANI, CONCHITA MONTENEGRO, AMEDEO NAZZARI. ■ Una scrittrice per il suo ultimo romanzo si è ispirata a un giovane conosciuto in Italia. Affascinata dal personaggio, un'amica della scrittrice viene nella penisola per conoscere personalmente l'uomo del romanzo. Se ne innamora e lo sposa. Dapprima non tutto fila liscio, poi i due vivono felici e contenti. ■ COMMEDIA; B/N; 90'; ITALIA, 1941.

UOMO DEL SUD, L' *(The Southerner)* ★★★★
Regia di JEAN RENOIR. Con BEULAH BONDI, BETTY FIELD, J. CARROL NAISH, ZACHARY SCOTT. ■ Protagonista è un contadino che si rompe la schiena a lavorare con la famiglia nel suo campicello. Niente sembra piegarlo: né le piogge torrenziali, né la siccità, neppure le carestie e le disgrazie familiari. Tantomeno il vicino carogna. E difatti, dopo qualche anno di sacrifici, la terra da lui tanto amata sembra premiarlo. ■ DRAMMATICO; B/N; 102'; USA, 1946. ■ OSCAR 3 NOM; VENEZIA 1 PR.

UOMO DEL TEXAS, L' *(Lone Texan)* ★★
Regia di PAUL LANDRES. Con AUDREY DALTON, WILLARD PARKER, GRANT WILLIAMS. ■ Un giovanotto, benché nato nel Texas, ha combattuto fra i nordisti durante la guerra civile. Logico che, quando torna a casa, i suoi concittadini lo considerino una specie di traditore. Si schiereranno dalla sua parte solo quando il giovane intraprenderà una vigorosa battaglia contro lo sceriffo che taglieggia la popolazione. Il "cattivo" sarà ucciso, il giovane ritornerà stimato cittadino. ■ WESTERN; COL.; 90'; USA, 1959.

UOMO DEL TRENO, L' *(L'homme du train)* ★★★
Regia di PATRICE LECONTE. Con JOHNNY HALLYDAY, JEAN ROCHEFORT, JEAN-FRANÇOIS STEVENIN. ■ Una qualsiasi provincia francese. Un uomo scende da un treno mentre un altro uomo, dentro una farmacia, non sembra attendere che quell'arrivo. Il caso li incoraggia e Milan, disincantato cascatore di circo con l'hobby delle rapine in banca, incrocia e attraversa irrimediabilmente la vita di Manesquier, anziano professore di letteratura francese. Leconte, con la grazia sapiente che lo contraddistingue, suggerisce allo spettatore i movimenti dei personaggi, gli incroci e le separazioni. ■ DRAMMATICO; COL.; 90'; FRANCIA, 2002.

UOMO DEL WEST, L' *(The Westerner)* ★★★★
Regia di WILLIAM WYLER. Con DANA ANDREWS, WALTER BRENNAN, GARY COOPER. ■ Brennan interpreta, in maniera quanto mai pittoresca, il vecchio giudice Roy Bean, detto "la legge ad Ovest del Pecos" (o altrimenti l'"uomo dai sette capestri": ricordate il film con Paul Newman?). Bean è un personaggio divertente e picaresco, ma anche un fior di filibustiere che taglieggia gli agricoltori della sua zona. La resa dei conti per lui arriva nella persona del vagabondo Gary Cooper che attira il giudice in una trappola fuori del suo paese-fortezza, lo sfida a duello e lo uccide. ■ WESTERN; B/N; 100'; USA, 1940. ■ OSCAR 1 PR, 3 NOM.

UOMO DI ALCATRAZ, L' *(Birdman of Alcatraz)* ★★★★
Regia di JOHN FRANKENHEIMER. Con BETTY FIELD, BURT LANCASTER, KARL MALDEN, THELMA RITTER, TELLY SAVALAS. ■ È una storia vera, quella di Robert Stroud, un delinquente incallito che, durante la detenzione, ammazza anche una guardia. Lo condannano a morte, ma la pena viene poi commutata in carcere a vita. Durante la detenzione, Stroud prende a interessarsi quasi per caso di ornitologia. Superando molte difficoltà, riesce a diventare uno dei massimi esperti viventi in materia di volatili e diviene un caso nazionale. Ma la libertà non riuscirà più a riconquistarla. ■ DRAMMATICO; B/N; 148'; USA, 1963. ■ OSCAR 4 NOM; VENEZIA 1 PR.

UOMO DI ARAN, L' *(Man of Aran)* ★★★★
Regia di ROBERT J. FLAHERTY. Con MAGGIE DILLANE, COLMAN "TIGER" KING. ■ Forse il miglior documentario di Robert Flaherty. Fuggito da Hollywood dopo i pesanti condizionamenti impostigli per *Ombre bianche* e *Nanook l'esquimese*, il regista girò in Inghilterra, con la collaborazione di John Grierson, e l'assistenza di Sir Michael Balcon, questa mirabile ricostruzione della vita dei pescatori in un piccolo porto irlandese. ■ DOCUMENTARIO; B/N; 75'; GRAN BRETAGNA, 1934. ■ VENEZIA 1 PR.

UOMO DI ATLANTIDE, L' *(The Man from Atlantis)* ★★
Regia di LEE H. KATZIN. Con VICTOR BUONO, PATRICK DUFFY, ART LUND, BELINDA MONTGOMERY. ■ Su una spiaggia americana, nelle vicinanze del Centro Navale Sottomarino, il giorno seguente a una furiosa tempesta viene trovato un uomo esanime. L'uomo presenta delle caratteristiche che inducono gli studiosi a crederlo un superstite della mitica Atlantide: ha infatti le mani palmate e un sistema respiratorio anfibio, può rimanere ore sott'acqua e raggiungere senza pericolo profondità proibite per l'uomo comune e per qualsiasi mezzo subacqueo. ■ AVVENTURA; COL.; 90'; USA, 1977.

UOMO DI BRONZO, L' *(Kid Galahad)* ★★★
Regia di MICHAEL CURTIZ. Con HUMPHREY BOGART, BETTE DAVIS, WAYNE MORRIS, EDWARD G. ROBINSON. ■ Robinson è un manager di boxe che un giorno scopre un grande campione in un giovanotto che manovra l'ascensore in albergo. Lo porta quasi al titolo, ma, sul più bello, s'intromette il gangster Bogart che vorrebbe truccare gli incontri. Il manager morirà nel tentativo di difenderlo. ■ DRAMMATICO; B/N; 101'; USA, 1937. ■ VENEZIA 1 PR.

UOMO DI CASA, L' *(Man of the House)* ★★
Regia di JAMES ORR. Con CHEVY CHASE, FARRAH FAWCETT, JONATHAN TAYLOR THOMAS. ■ Mamma-figlio-fidanzato della mamma. Su questo trio si impernia un film che costituisce una pallida imitazione dell'ormai "classico" *Un cowboy col velo da sposa*. La sceneggiatura non ci risparmia neppure tre mafiosi doc e un capo indiano pronto a far loro da degno avversario, mentre tenta di conservare le tradizioni del suo popolo. ■ COMMEDIA; COL.; 96'; USA, 1995.

UOMO DI CASA, L' *(Man of the House)* ★
Regia di STEPHEN HEREK. Con ANNE ARCHER, PAGET BREWSTER, CEDRIC THE ENTERTAINER, VANESSA FERLITO, PAULA GARCES, KELLI GARNER, MONICA KEENA, TOMMY LEE JONES, CHRISTINA MILIAN. ■ Al ranger Roland Sharp è stato assegnato l'incarico di proteggere le uniche testimoni dell'assassinio di un pericoloso narcotrafficante. Sharp dovrà affrontare la difficile con-

vivenza con un gruppo di attraenti cheerleaders, camuffandosi sotto le mentite spoglie di assistente allenatore. ■ COMMEDIA; COL.; 97'; USA, 2005.

UOMO DI CASABLANCA, L' *(L'homme de Marrakesch)* ★★
Regia di JACQUES DERAY. Con CLAUDINE AUGER, RENATO BALDINI, GEORGE HAMILTON. ■ Un furgone che trasporta una fortuna in lingotti da una miniera d'oro a un porto marocchino viene attaccato da una banda di gangster capitanati da una bella ragazza e da un americano privo di scrupoli. Quest'ultimo, una volta portato il colpo a compimento, cerca di eliminare tutti i complici. Il giovane autista della banda però reagisce e lo uccide. Poi s'invola con l'oro e la donna. Alla fine perderà entrambi, ma salverà la pelle. ■ AVVENTURA; COL.; 91'; FRANCIA, 1966.

UOMO DI CENERE, L' *(L'homme de cendre)* ★★★
Regia di NOURI BOUZID. Con KAHLED KSOURI. ■ Nouri Bouzid è uno dei migliori registi tunisini e il suo *Gli zoccoli d'oro*,presentato a Cannes nel 1989, era uno dei più interessanti film di quel festival. Si tratta di un lungometraggio che descrive le turbe psichiche e sociali dei giovani tunisini, ossessionati dall'idea della virilità. Merita attenzione e partecipazione. ■ DRAMMATICO; COL.; 109'; TUNISIA, 1986.

UOMO DI CERA, L' *(The Incredible Melting Man)* ★
Regia di WILLIAM SACHS. Con BURR DE BENNING, ALEX REBAR. ■ Un astronauta in missione rimane vittima di un incidente durante il quale viene lungamente esposto a massicce quantità di radiazioni solari. In seguito a ciò, le sue cellule subiscono un mutamento irreversibile ed egli è costretto, per continuare a vivere, a mangiare carne umana. ■ HORROR; COL.; 85'; USA, 1978.

UOMO DI FERRO, L' *(The Iron Man)* ★★★
Regia di JOSEPH PEVNEY. Con JEFF CHANDLER, ROCK HUDSON, EVELYN KEYES. ■ Coke Mason è un minatore che s'è dato allo sport per sfuggire alla pericolosa vita della miniera. È forte e coraggioso e, se colpito duro, diviene una belva. Fa rapida carriera anche se la folla, che pur lo idolatra, sembra odiarlo. Ma un giorno si trova contro, come sfidante, un suo amico di sempre. Per la prima volta Coke combatte lealmente e viene battuto. ■ DRAMMATICO; B/N; 82'; USA, 1951.

UOMO DI FERRO, L' *(Czlowiek zelada)* ★★★8
Regia di ANDRZEJ WAJDA. Con MARIAN OPANIA, JERZY RADZIWILOWICZ, KRYSTINA JANDA. ■ È il seguito dell'*Uomo di marmo* girato da Wayda nel 1976. La giovane regista, protagonista del primo film, dopo aver tentato invano di fare un film "sull'uomo di marmo" (un operaio idealista perseguitato dal regime) ha sposato suo figlio Maciek, anche lui politicamente impegnato. È il 1980. Marito e moglie hanno aderito a Solidarnosc (il film ha avuto anche la partecipazione di Lech Walesa, che fa da testimone al matrimonio della coppia). Il sindaco è impegnato in uno sciopero ad oltranza. Un giornalista, inviato da Praga con la consegna di fare articoli contro gli scioperanti, conosce Maciek e la moglie e diventa loro amico. Palma d'Oro a Cannes (più per il coraggio civile che per meriti artistici, però). La versione originale dura 175 minuti. ■ DRAMMATICO; COL.; 150'; POLONIA, 1981. ■ CANNES 8 1 PR; OSCAR 8 1 NOM.

UOMO DI HONG KONG, L' ★★★
(Les tribulations d'un chinois en Chine)
Regia di PHILIPPE DE BROCA. Con URSULA ANDRESS, JEAN-PAUL BELMONDO, JEAN ROCHEFORT. ■ Belmondo è un miliardario annoiato. Annoiato al punto da desiderare la propria morte e da commissionare il proprio assassinio a Hong Kong a un misterioso professore cinese, stipulando nel frattempo un'assicurazione sulla vita a favore della fidanzata. Ma l'incontro con una splendida ballerina gli fa tornare la voglia di vivere. Urge raggiungere il professore e indurlo a rinunciare al macabro patto. Dopo varie avventure il miliardario riesce nell'intento, ma intanto ha messo una pulce nell'orecchio alla famiglia della fidanzata che comincia a progettare la sua eliminazione. ■ AVVENTURA; COL.; 100'; FRANCIA, 1966.

UOMO DI KIEV, L' *(The Fixer)* ★★★
Regia di JOHN FRANKENHEIMER. Con ALAN BATES, DIRK BOGARDE, ELIZABETH HARTMAN. ■ Un povero giovane ebreo, in Russia alla fine dell'Ottocento, viene incarcerato sotto l'accusa (falsa) di aver violentato una ragazza cristiana. È l'inizio di un calvario. Su di lui piovono altre imputazioni di tutti i generi. Il giovane fa le spese del razzismo imperante in quegli anni in Russia. Verrebbe eliminato senza processo, se un onesto ufficiale non lo salvasse all'ultimo momento dalle grinfie del capo della polizia. ■ DRAMMATICO; COL.; 132'; GRAN BRETAGNA, 1968. ■ OSCAR 1 NOM.

UOMO DI LARAMIE, L' *(Man from Laramie)* ★★★★
Regia di ANTHONY MANN. Con ARTHUR KENNEDY, JAMES STEWART. ■ Un ex ufficiale vuol vendicare la morte del fratello ucciso in un'imboscata degli indiani. Non se la prende con i pellirosse, ma con il rinnegato bianco che fornì le armi. I rinnegati però sono due, il figlio di un *ranchero* e il suo capoccia. Il capoccia elimina il complice, ma poi deve vedersela con l'ex ufficiale. Questi però non lo uccide, lascia che ci pensino gli indiani. ■ WESTERN; COL.; 104'; USA, 1955.

UOMO DI MARMO, L' *(Czlowiek z marmuru)* ★★★★
Regia di ANDRZEJ WAJDA. Con KRYSTYNA JANDA, TADEUSZ LOMNICKI, JERZY RADZIWILOWICZ. ■ Una cineasta prossima agli esami prepara come tesi un filmato su un operaio stakanovista proclamato eroe del lavoro. Ma svolgere un'inchiesta sul personaggio non è semplice: la ragazza si trova davanti a un muro di omertà e di reticenze. La verità è stata accuratamente celata per anni e, come al solito, non sta da una parte sola. ■ DRAMMATICO; COL.; 164'; POLONIA, 1976.

UOMO DI MARSIGLIA, L' *(L'explosion)* ★★
Regia di MARC SIMENON. Con MYLÈNE DEMONGEOT, RICHARD HARRISON, FRANÇOISE PRÉVOST. ■ Protagonista è un ladro in guanti gialli che invola i preziosi di una famosa diva. Fa in tempo a nasconderli prima che lo prendano. Evade e cerca di recuperare il grisbì, ma gli ostacoli da superare non sono pochi: dalla polizia (pubblica e privata) alla concorrenza (un furfante del calibro del protagonista). Fra tanti litiganti, nessuno gode. ■ COMMEDIA; COL.; 90'; FRANCIA, 1971.

UOMO DI MEZZANOTTE, L' *(The Midnight Man)* ★★★
Regia di ROLAND KIBBEE, BURT LANCASTER. Con SUSAN CLARK, BURT LANCASTER, CAMERON MITCHELL. ■ Dopo aver scontato una lunga pena per un'accusa di omicidio, un uomo di mezza età viene scarcerato e trova lavoro come guardiano notturno presso un *campus* universitario. Ammazzano uno degli ospiti e lui s'improvvisa detective. Sospetta di mezzo *campus* finché non trova i veri colpevoli. ■ GIALLO; COL.; 117'; USA, 1975.

UOMO DINAMITE, L' *(Carnival of Fools)* ★★★
Regia di ANDREW V. MCLAGLEN. Con ANNE BAXTER, GEORGE KENNEDY, STROTHER MARTIN, JAMES STEWART. ■ Un ex rapinatore esce dopo trent'anni di galera e trova ad aspettarlo un crudele poliziotto che vuol sapere da lui dove aveva nascosto il bottino prima di finire in carcere. Il vecchio vuol solo vivere in pace gli ultimi anni, ma lo spietato agente insiste e non si ferma davanti a niente, nemmeno all'omicidio, pur di raggiungere il suo scopo. Allora l'ex rapinatore, grande esperto di esplosivi, lo fa saltare in aria a suon di candelotti. ■ AVVENTURA; COL.; 98'; USA, 1971.

UOMO DI NEVE, L' ★★
Regia di DAN CURTIS. Con DEAN JONES, LOUISE SOREL. ■ I componenti della famiglia Cooper, che abita in un paesino della provincia americana, sono stati accusati di un insolito assassinio. Viene istituito quindi il processo per stabilire se ne siano effettivamente responsabili. ■ DRAMMATICO; COL.; 100'; USA, 1988.

UOMO DI PAGLIA, L' ★★★
Regia di PIETRO GERMI. Con FRANCA BETTOJA, LUISA DELLA NOCE, PIETRO GERMI, EDOARDO NEVOLA, SARO URZÌ. ■ Andrea, un operaio oltre i quaranta sposato e con prole, diventa l'amante di una ragazza molto più giovane di lui, emotivamente molto indifesa. Per l'operaio è solo un'avventura, che cerca di troncare quando le responsabilità familiari e i rimorsi nei confronti della moglie lo richiamano all'ordine. Ma per la ragazza è una tragedia. S'uccide. ■ DRAMMATICO; B/N; 120'; ITALIA, 1958.

UOMO DI PECHINO, L' *(The Peking Man)* ★
Regia di CHANG MEI CHUNG. Con YEUG C. LEE, I. YUAN. ■ I

giapponesi si appropriano di una pericolosa formula per la costruzione di un'arma nucleare. I cinesi allora assaltano la loro base e la distruggono assieme al pericoloso segreto. ■ DRAMMATICO; COL.; 93'; FORMOSA, 1973.

UOMO DI RIO, L' *(L'homme de Rio)* ★★★
Regia di PHILIPPE DE BROCA. Con JEAN-PAUL BELMONDO, ADOLFO CELI, FRANÇOISE DORLÉAC, JEAN SERVAIS. ■ Una delle più indiavolate commedie avventurose cucite sulla misura di Belmondo. Ha la parte di un soldato francese in licenza che non trova più la sua bella dove l'ha lasciata. La bella è stata coinvolta in una specie di caccia al tesoro (completa di morti ammazzati), che l'ha condotta fino in Brasile. L'innamorato la segue fin là. Supera un mucchio di traversie e la riporta a casa sana e salva. ■ AVVENTURA; COL.; 120'; FRANCIA, 1964. ■ OSCAR 1 NOM.

UOMO DI SAINT MICHEL, L' *(Doucement les basses)* ★★★
Regia di JACQUES DERAY. Con ALAIN DELON, NATHALIE DELON, PAUL MEURISSE. ■ Un uomo s'è fatto prete dopo la morte (presunta) per annegamento della moglie. Dopo qualche anno, la donna ricompare mettendo in grave imbarazzo il consorte, ora parroco di una piccola comunità. Che fare? Forse è meglio tornare privato cittadino e riprendersi la mogliettina. Ma costei, intanto, s'è fatta suora. Lui la rapisce dal convento. ■ COMMEDIA; COL.; 86'; FRANCIA, 1971.

UOMO DI SANTA CRUZ – VENDETTA, L' ★★
(Kid Vengeance)
Regia di JOE MANDUKE. Con JIM BROWN, LEIF GARRETT, JOHN MARLEY, LEE VAN CLEEF. ■ Un orfano ammazza uno ad uno i banditi che hanno ucciso i suoi genitori e rapito sua sorella. ■ DRAMMATICO; COL.; 91'; ISRAELE, USA, 1977.

UOMO DI SPETTACOLO, UN *(The Picture Show Man)* ★★
Regia di JOHN POWER. Con PATRICK CARGILL, JOHN MEILLON, ROD TAYLOR. ■ Basato su un libro fotografico, *Penn's picture in tour*, immagini di una piccola compagnia di artisti stravaganti che faceva il cinema itinerante con circa sessant'anni di anticipo. Poco dopo la prima guerra mondiale, andavano da un paesino all'altro dell'Australia a proiettare i nuovi film. Eredi dei vecchi commedianti girovaghi, morirono per strada prima che il cinema sapesse parlare. ■ COMMEDIA; COL.; 93'; AUSTRALIA, 1977.

UOMO DI STAGNO, L' *(The Plumber)* ★★★
Regia di PETER WEIR. Con ROBERT COLEBY, IVAN KARTS, JUDY MORRIS. ■ Una signora è turbata dall'andare e venire di un idraulico, un uomo sfrontato, sensuale, stravagante. Allora pensa di liberarsene accusandolo di furto. Originariamente un tv movie per la tv australiana. È una cosa minore, ma interessante, e un'ulteriore testimonianza della predilezione di Weir per la *black comedy* e i personaggi inquietanti. ■ DRAMMATICO; COL.; 76'; AUSTRALIA, 1980.

UOMO DI TALBOT, L' *(Two Thousand and None)* ★★★
Regia di ARTO PARAGAMIAN. Con CARL ALACCHI, KATHERINE BOROWITZ, OLEG KISSELIOV, JULIAN RICHINGS, JOHN TURTURRO. ■ L'intelligenza, quale disgrazia. Perché porta a voler capire tutto della vita, di fatto a non capire nulla: ad essere un infelice, a volte ad impazzire. È quello che succede al paleontologo Benjamin (un bravissimo John Turturro): dopo aver fatto una scoperta di quelle pazzesche, che lo porterà dritto dritto al successo, si accorge di aver contratto una malattia fulminante, mortale. Una malattia peraltro del tutto inesistente, e del tutto allusiva: il suo cervello gonfierà a dismisura fino ad esplodere. Ed una malattia (anche qui simbolicamente) indotta dalla vita: il paleontologo ricerca i suoi massimi perché nel passato, con ostinazione. Ma arriveranno dall'aldilà i suoi genitori: gli spiegheranno un po' di cose, dopodiché Benjamin acquisterà la serenità. Mentre tutte le persone a lui care non si daranno pace, perché ossessionate dal bisogno di "capire" il perché del suo destino, lui prenderà con filosofia ogni istante della sua vita. Un modo di approcciare l'esistenza che richiede autoironia, disincanto. ■ DRAMMATICO; COL.; 93'; CANADA, 2001.

UOMO DI TOLEDO, L' ★★
Regia di EUGENIO MARTÍN. Con NORMA BENGELL, STEVE FORSYTH, CARL MÖHNER. ■ Uccidono il comandante in capo dell'armata spagnola e il procuratore del re incarica don Miguel di scoprire gli autori del crimine. Il giovane cerca di compiere la missione, ma le insidie sono molte. Più volte viene minacciata la sua vita, anche da parte di donzelle che lo avvicinano per colpirlo a tradimento. Ma, con l'aiuto di una ragazza, don Miguel riuscirà a salvare la pelle e a scoprire l'uccisore del generalissimo. ■ AVVENTURA; COL.; 92'; ITALIA, SPAGNA, 1964.

UOMO DI VETRO, L' ★★
Regia di STEFANO INCERTI. Con ANNA BONAIUTO, NINNI BRUSCHETTA, DAVID COCO, TONY PALAZZO, FRANCESCO SCIANNA, TONY SPERANDEO. ■ Leonardo Vitale è il primo pentito di Mafia. La sua decisione di confessare e raccontare i fatti lo conduce verso il baratro, in una cella piccolissima, in un manicomio criminale e poi infine libero, verso le dure leggi della Mafia. Stefano Incerti osserva la vita. L'ha sempre osservata, fin da *Il verificatore*, in cui si immedesimava in un uomo che incontrava le persone mentre controllava i contatori del gas. E ne *La vita come viene* ci sono alcune storie che vengono raccontate en passant nei momenti della quotidianità. In *L'uomo di vetro*, il registro cambia, ma non troppo, perché è la veridicità degli eventi che differenzia quest'opera dalle precedenti. ■ DRAMMATICO; COL.; 96'; ITALIA, 2007.

UOMO D'ORO, UN *(Un homme en or)* ★★
Regia di JEAN DRÉVILLE. Con HARRY BAUR, SUZY VERNON. ■ Un modesto impiegato apprende che sua moglie sta per tradirlo con un giovane ricco e intraprendente. Lui non tenta di vendicarsi, ma cerca di far vedere alla moglie (e a se stesso) che vale di più del rivale. In capo a pochi mesi, l'ex timido mezze maniche si trasforma in capitano d'industria. Riconquisterà la moglie, e il seduttore rimarrà con un palmo di naso. ■ COMMEDIA; B/N; 78'; FRANCIA, 1934.

UOMO E IL DIAVOLO, L' *(La rouge et le noir)* ★★★
Regia di CLAUDE AUTANT-LARA. Con ANTOINE BALPÊTRÉ, DANIELLE DARRIEUX, ANTONELLA LUALDI, JEAN MARTINELLI, GÉRARD PHILIPE. ■ Gérard Philipe è un inimitabile Julien Sorel, il seminarista che dà la scalata alla ricchezza e al potere nella Francia della Restaurazione. Diventa l'amante della signora de Renal (la madre dei bambini di cui è il precettore), ma poi l'abbandona per tentare l'avventura parigina. Lì si fidanza con un'altolocata fanciulla, ma interviene la de Renal a guastargli le uova nel paniere. Julien le spara; poi si lascia condannare senza difendersi. ■ DRAMMATICO; COL.; 135'; FRANCIA, 1955.

UOMO E LA BESTIA, L' *(Tol'able David)* ★★
Regia di JOHN BLYSTONE. Con NOAH BEERY, RICHARD CROMWELL. ■ Rifacimento di un classico muto di Griffith. Tre evasi arrivano in un paese e lo terrorizzano. Solo un giovanetto di gentile aspetto osa fronteggiarli. Quasi lo uccidono. Ma lui uccide loro. ■ AVVENTURA; B/N; 93'; USA, 1931.

UOMO FACILE, UN ★★
Regia di PAOLO HEUSCH. Con MAURIZIO ARENA, CATHIA CARO, TIBERIO MITRI, GIOVANNA RALLI. ■ Righetto è in decadenza come pugile. Anche se in condizioni precarie, riesce a vincere il campionato d'Europa, ma poi deve ritirarsi. Non riesce però a rassegnarsi a una vita normale e finisce per tornare sul ring, dove vien messo contro il cognato diventato nel frattempo anche lui pugile. Il match sarà fatale all'ex campione. ■ DRAMMATICO; B/N; 92'; ITALIA, 1958.

UOMO FANTASMA, L' *(Monsieur personne)* ★★★
Regia di CHRISTIAN-JAQUE. Con JULES BERRY, JOSELINE GAËL. ■ Sfidando la gendarmeria di Parigi, un abile lestofante prepara e porta a termine un grosso furto di denaro nella villa super-protetta di una ricca signora. Realizza il colpo scambiando il contante con bigliettoni di banca falsi, ed allontanandosi quindi indisturbato prima che il furto venga scoperto. ■ POLIZIESCO; B/N; 90'; FRANCIA, 1935.

UOMO ILLUSTRATO, L' *(The Illustrated Man)* ★★★
Regia di JACK SMIGHT. Con CLAIRE BLOOM, DON DUBBINS, ROD STEIGER. ■ Lungo le strade della California si incontrano un giovane meccanico e un ex lavorante di circo. Quest'ultimo ha il corpo quasi completamente ricoperto da strani e suggestivi tatuaggi.

Guardandoli, il giovane meccanico si sente trasportare in un mondo fantastico, tra sconvolgenti avventure. Così, passano sullo schermo tre episodi (tratti da altrettanti racconti di fantascienza di Ray Bradbury). ■ FANTASCIENZA; COL.; 103'; USA, 1969.

UOMO IN BASSO A DESTRA NELLA FOTOGRAFIA, L' *(Défence de savoir)* ★★★
Regia di NADINE MARQUAND TRINTIGNANT. Con MICHEL BOUQUET, CHARLES DENNER, BERNADETTE LAFONT, JEAN-LOUIS TRINTIGNANT. ■ Un giovane avvocato parigino decide di indagare sulla morte dell'aiutante di un uomo politico, avvenuta durante la campagna elettorale. Ma il bandolo della matassa è talmente avviluppato che alla fine lo zelante avvocato deve arrendersi davanti alla verità costruita dall'uomo politico. ■ DRAMMATICO; COL.; 104'; FRANCIA, ITALIA, 1973.

UOMO INDISTRUTTIBILE, L' *(I-Man)* ★★
Regia di COREY ALLEN. Con SCOTT BAKULA, ELLEN BRY. ■ Un furgone della Nasa, che trasporta una sostanza di recentissima scoperta, si scontra con un taxi. L'autista di quest'ultimo, involontariamente esposto a radiazioni, invece di soffrirne si scopre dotato di poteri straordinari e di una forza erculea. Viene così "requisito" dal governo degli Stati Uniti che intende usarlo nelle missioni più delicate. ■ FANTASTICO; COL.; 95'; USA, 1986.

UOMO IN GINOCCHIO, UN ★★★
Regia di DAMIANO DAMIANI. Con GIULIANO GEMMA, ELEONORA GIORGI, MICHELE PLACIDO. ■ Un uomo è sospettato di complicità nel rapimento della moglie di un mafioso e da questi condannato a morte. L'uomo allora tenta di accordarsi col killer, ma lo ferisce involontariamente a morte durante una colluttazione. ■ DRAMMATICO; COL.; 93'; ITALIA, 1979.

UOMO IN GRIGIO, L' *(The Man in Gray)* ★★★
Regia di LESLIE ARLISS. Con PHYLLIS CALVERT, MARGARET LOCKWOOD, JAMES MASON. ■ Una nobile inglese sposa senza amarlo un austero Lord. Per liberarsene lo getta poi tra le braccia di una ex compagna di college, la quale però la uccide per prendere il suo posto come moglie del Lord. A sua volta farà una brutta fine. ■ DRAMMATICO; B/N; 116'; GRAN BRETAGNA, 1943.

UOMO IN GUERRA, UN *(One Man's War)* ★★
Regia di SERGIO TOLEDO. Con NORMA ALEANDRO, ANTHONY HOPKINS, FERNANDA TORRES. ■ ?Film uscito dopo il successo de *Il silenzio degli innocenti* con Hopkins come protagonista. Qui è un medico che cerca di contrapporsi alla legge totalitaria imposta da Stroessner. ■ DRAMMATICO; COL.; 98'; GRAN BRETAGNA, 1990.

UOMO INNAMORATO, UN *(Un homme amoreux)* ★★
Regia di DIANE KURYS. Con PETER COYOTE, JAMIE LEE CURTIS, GRETA SCACCHI. ■ Un attore americano a Roma si innamora di una giovane collega e per lei medita di lasciare la famiglia. Nel dilemma quasi si suicida come il personaggio che sta interpretando (lo scrittore Cesare Pavese). Poi decide di optare per la famiglia. ■ DRAMMATICO; COL.; 109'; FRANCIA, 1987.

UOMO IN NERO, L' *(The Dark Man)* ★★
Regia di JEFFREY F. DELL. Con BARBARA MURRAY, NATASHA PARRY, MAXWELL REED. ■ Una giovane attrice si innamora di un misterioso uomo che veste sempre di nero. Quando scopre che si tratta di un pericoloso delinquente, corre il rischio di rimetterci la pelle. La salva un coraggioso commissario. ■ POLIZIESCO; B/N; 91'; GRAN BRETAGNA, 1951.

UOMO IN NERO, L' *(Judex)* ★★
Regia di GEORGES FRANJU. Con FRANCINE BERGÉ, SYLVA KOSCINA, CHANNING POLLACK. ■ Intricato fumettone: narra le malefatte di un banchiere che prima viene creduto morto, poi è sequestrato da un misterioso vendicatore che intende fargli scontare le sue colpe, infine muore suicida. ■ POLIZIESCO; B/N; 105'; FRANCIA, 1964.

UOMO INNOCENTE, UN *(An Innocent Man)* ★★
Regia di PETER YATES. Con F. MURRAY ABRAHAM, JAMES T. MORRIS, DAVID RASCHE, LAILA ROBINS, TOM SELLECK, RICHARD YOUNG. ■ Un tecnico viene coinvolto in un reato per le manovre di due politici corrotti. Condannato innocente, conosce le agghiaccianti violenze del carcere e la legge mafiosa che regola i rapporti tra i detenuti. Quando esce, l'uomo pacifico si è trasformato in un uomo deciso a non subire più ingiustizie. Insieme a un poliziotto, riesce a smascherare i responsabili della sua rovina e a mandarne uno in prigione. L'altro muore in uno scontro a fuoco. ■ DRAMMATICO; COL.; 113'; USA, 1989.

UOMO IN PIÙ, L' ★★
Regia di PAOLO SORRENTINO. Con NINNI BRUSCHETTA, ITALO CELORO, ANGELA GOODWIN, NELLO MASCIA, ANDREA RENZI, TONI SERVILLO. ■ Napoli, anni Ottanta. Tony è un cantante all'apice del successo. Sprezzante e apparentemente sicuro di sé, ma cocainomane incallito e con la morte del fratello sulla coscienza. Antonio Pisapia è uno stopper integro che non si presta ai trucchi del calcio scommesse. Tony verrà messo fuori gioco da una minorenne che gli si offre e poi lo denuncia. I due cercano di risalire la china, ma se Tony sembra disilluso, Antonio è convinto di potere essere un valido allenatore. Film interessante e ispirato a due personaggi reali: il cantautore Califano e il calciatore Di Bartolomei. Si svolge in una Napoli diversa, spietata e cinica, senza mai essere folkloristica. ■ DRAMMATICO; COL.; 100'; ITALIA, 2001.

UOMO IN PREMIO, UN ★★
(Le dernier amount romantique)
Regia di JUST JAECKIN. Con DALILA DI LAZZARO, DAYLE HADDON, ZORICA LOZIC, FERNANDO REY, GÉRARD TYBALT. ■ Viene indetto un concorso per scegliere "l'ultimo uomo romantico". Tra i partecipanti c'è il domatore di leoni di un piccolo circo. Il giovanotto giunge secondo e sceglie come premio di passare una settimana in compagnia della giovane americana che ha indetto il concorso. Dapprima la donna lo odia, poi si innamora di lui. ■ COMMEDIA; COL.; 99'; FRANCIA, 1978.

UOMO IN PRESTITO, UN ★★
(The Truth About Cats & Dogs)
Regia di MICHAEL LEHMANN. Con BEN CHAPLIN, JAMIE FOX, UMA THURMAN. ■ Un fotografo mette dei pattini a rotelle a un cane per un servizio fotografico senza poi riuscire a toglierglieli. Viene aiutato via radio da una veterinaria e si innamora della sua voce. Costei, che non si piace molto, non ha il coraggio di recarsi al primo appuntamento. Si farà sostituire da un'amica non particolarmente intelligente. Commedia divertente del regista di *Schegge di follia*. ■ COMMEDIA; COL.; 97'; USA, 1996.

UOMO IN UNIFORME, L' *(I Love a Man in Uniform)* ★★★
Regia di DAVID WELLINGTON. Con BRIGITTE BAKOA, TOM MCCAMUS. ■ Henry è un impiegato bancario. Il suo sogno è quello di diventare un attore. Presentatosi a un provino per una parte da poliziotto, supera la prova. Diventa così Flanagan, il poliziotto di una serie televisiva. Ma per un'esagerata immedesimazione non riesce a distinguere più il confine tra realtà e finzione. Finale tragico. Buone la regia e l'interpretazione. Presentato a Cannes e vincitore al Mystfest di Cattolica. ■ DRAMMATICO; COL.; 100'; CANADA, 1993.

UOMO IN VENDITA, UN *(Bloomfield)* ★★★
Regia di RICHARD HARRIS, URI ZOHAR. Con RICHARD HARRIS, MAURICE KAUFMAN, ROMY SCHNEIDER, YOSSI YADIN. ■ Il quarantenne centravanti di una squadra israeliana di calcio continua a sperperare denaro non pensando all'avvenire, convinto che potrà iniziare la carriera di allenatore, una volta finita quella di calciatore. Ma così non è. Vistasi chiusa ogni porta l'uomo si vende alla squadra avversaria, accettando di non giocare l'ultima partita. I rimorsi provocatigli dall'ammirazione di un bambino lo convinceranno ad entrare in campo. ■ DRAMMATICO; COL.; 93'; GRAN BRETAGNA, 1971.

UOMO INVISIBILE, L' *(The Invisible Man)* ★★★★
Regia di JAMES WHALE. Con WILLIAM HARRIGAN, CLAUDE RAINS, GLORIA STUART. ■ Uno scienziato riesce a scoprire una sostanza che rende invisibili e diventa una sorta di pericolo pubblico, sfruttando senza freni questa sua capacità. Ma quando cade la neve, le orme lasciate su di essa lo tradiscono e la polizia può spargli uccidendolo. ■ FANTASTICO; B/N; 71'; USA, 1933. ■ VENEZIA 1 PR.

UOMO INVISIBILE ATTRAVERSO LA CITTÀ, L' ★★
(Ein Unsichtbarer geht durch die Stadt)
Regia di HARRY PIEL. Con LISSI ARNA, HARRY PIEL. ■ Un tas-

sista trova un apparecchio in grado di far diventare invisibili e, sfruttandolo, in breve diviene ricco. Si compra un castello e fa la bella vita, fin quando il cameriere, che ha scoperto il segreto, non s'impadronisce della mirabolante invenzione, usandola per scopi criminali. Il tassista gli dà allora la caccia, lo affronta in un mortale duello e nel momento più drammatico... si sveglia. ■ FANTASTICO; B/N; 94'; GERMANIA, 1933.

UOMO, LA BESTIA E LA VIRTÙ, L' ★★★
Regia di STENO. Con VIVIANE ROMANCE, TOTÒ, ORSON WELLES. ■ Assunta, sposata ad un rozzo capitano che è sempre in mare, s'innamora del maestro del figlio, e ben presto si accorge di aspettare un bebè dall'amante. Per nascondere il tradimento al marito, non resta che fargli credere che il bambino sia suo. Ma per far questo occorre che si riallacci il rapporto coniugale, allentato da tempo. La furba Assunta rimpinza quindi il marito, tornato da un viaggio, di torte drogate e afrodisiache. Effetto garantito. ■ COMMEDIA; COL.; 88'; ITALIA, 1953.

UOMO, LA DONNA E I MISTERI DEL SESSO, L' ★★★
(Wie sag ich's meinem Kinde)
Regia di ROLAND CÄMMERER, KLAUS SCHWARZE. Con HANS BERGMANN, ASTRID BONER, ANKE SYRING. ■ A scuola di sesso, attraverso sette episodi legati ad altrettante domande che alcuni ragazzi rivolgono agli adulti. Il documentario appare di discreta fattura e, una volta tanto, non si presta a speculazioni erotiche. ■ DOCUMENTARIO; COL.; 92'; GERMANIA, 1971.

UOMO LASER, L' *(Laserblast)* ★★
Regia di MICHAEL RAYE. Con RODDY MCDOWALL, KIM MILFORD, CHERYL SMITH, KEENAN WYNN. ■ Un ragazzo trova un fucile-laser perduto da alcuni extraterrestri. Impazzito, lo usa per vendicarsi e fa una strage. A un certo punto tornano gli extraterrestri che lo uccidono e recuperano l'arma. Piuttosto modesto. ■ FANTASCIENZA; COL.; 90'; USA, 1978.

UOMO, LA VERGINE, I LUPI, L' ★★
(Mara of the Wilderness)
Regia di FRANK MCDONALD. Con EVA BRENT, THEO MARCUSE, LINDA SAUNDERS, ADAM WEST. ■ Una bambina di sette anni è cresciuta con due lupacchiotti in Alaska dopo che un orso ha ucciso i suoi genitori. Per motivazioni diverse sono interessati a lei uno studioso e un cacciatore, che vorrebbe catturarla per trarne profitto. Si alternano colpi di scena, ma alla fine sarà l'antropologo che, affidato l'ingordo cacciatore alle guardie, si metterà alla ricerca della piccola. ■ AVVENTURA; COL.; 90'; USA, 1965.

UOMO LEOPARDO, L' *(The Leopard Man)* ★★★
Regia di JACQUES TOURNEUR. Con JAMES BELL, MARGO, DENNIS O'KEEFE. ■ Dal romanzo *Alibi nero* di Cornell Woolrich. Una serie di orribili delitti in una piccola città del Messico vengono attribuiti a un leopardo, fuggito recentemente dal serraglio e sparito chissà dove. Ma due giornalisti scoprono la verità. L'assassino è un uomo, un medico, soggetto a terribili raptus notturni. ■ HORROR; B/N; 66'; USA, 1943.

UOMO LIBERO, UN *(Un homme libre)* ★★
Regia di ROBERT MULLER. Con GILBERT BÉCAUD, OLGA GEORGES-PICOT, CHARLES GÉRARD. ■ Un architetto parigino dopo aver scoperto che la moglie lo tradisce divorzia. La sua libertà non è però così bella come si aspettava: gli è difficile instaurare nuovi rapporti, trovare nuovi interessi. Incontra un'americana con la quale fa amicizia, ma ben presto la donna torna dal marito. Dopo qualche incertezza, spinto dalla solitudine, l'uomo decide di partire per gli Stati Uniti per raggiungere il nuovo amore. ■ DRAMMATICO; COL.; 90'; FRANCIA, 1972.

UOMO, L'ORGOGLIO, LA VENDETTA, L' ★★
Regia di LUIGI BAZZONI. Con TINA AUMONT, LEE BURTON, KLAUS KINSKI, FRANCO NERO. ■ Un militare spagnolo viene degradato per avere lasciato fuggire una donna arrestata per rissa. Quando la trova, ne diviene l'amante, uccide un ufficiale al quale la donna dava eccessiva confidenza e scappa sulle montagne associandosi ad alcuni briganti che assaltano le diligenze. Dopo una fortunata rapina, egli vorrebbe partire per l'America per ricominciare una nuova vita con l'amante che, ora invaghitasi di un torero, lo vuole però abbandonare. Infuriato per questo voltafaccia, lo spagnolo l'ammazza ed è a sua volta ucciso dalle guardie che lo inseguivano. Ennesimo rifacimento della *Carmen*. ■ DRAMMATICO; COL.; 99'; ITALIA, 1967.

UOMO LUPO, L' *(The Wolf Man)* ★★★
Regia di GEORGE WAGGNER. Con RALPH BELLAMY, LON CHANEY JR, CLAUDE RAINS, WARREN WILLIAMS. ■ Un giovane nel difendere la sua ragazza aggredita da un lupo mannaro viene morso dal mostro prima di riuscire a ucciderlo. Ben presto diventa anche lui un licantropo e, dopo aver ammazzato il guardiano del cimitero, sta per far fuori anche la sua ragazza, quando il suo stesso padre, ignaro, l'uccide. ■ HORROR; B/N; 71'; USA, 1941.

UOMO MASCHERATO CONTRO I PIRATI, L' ★★
Regia di VERTUNNIO DE ANGELIS. Con CLAUDE DANTES, PIETRO DE VICO, GEORGE HILTON. ■ Un misterioso (ma non troppo) uomo mascherato combatte contro una ciurma di pirati che vogliono vendere alcune prigioniere come schiave. ■ AVVENTURA; COL.; 93'; ITALIA, 1965.

UOMO MEDIO + MEDIO, L' *(Comme tout le monde)* ★★
Regia di PIERRE-PAUL RENDERS. Con LAURENCE BIBOT, CAROLINE DHAVERNAS, CHANTAL LAUBY, THIERRY LHERMITTE, KHALID MAADOUR, GILBERT MELKI. ■ Emerso come concorrente del quiz televisivo *Comme tout le monde*, Jalil viene preso di mira da una società di marketing che lo sfrutta come cavia attraverso la bella e misteriosa Claire. Fingendosi innamorata di lui, la ragazza lo testa (a sua insaputa) su prodotti e gusti, mentre la società lo monitora giorno e notte, nel pubblico e nel privato. Quello che fa di Jalil un tipo "speciale" è che da solo vale un campione di 10.000 persone. Il suo dono è di essere lo specchio della maggioranza della gente, l'uomo medio più medio di tutti, al punto che persino il Presidente della Repubblica francese decide di basare la campagna elettorale sulle sue opinioni. ■ COMMEDIA; COL.; 90'; BELGIO, CANADA, FRANCIA, GERMANIA, LUSSEMBURGO, 2006.

UOMO MERAVIGLIA, L' *(Wonder Man)* ★★★
Regia di BRUCE H. HUMBERSTONE. Con DANNY KAYE, VIRGINIA MAYO, VERA-ELLEN. ■ Il fratello gemello d'un attore ucciso dai gangster, affinché non deponesse ad un processo, viene esortato dallo spirito di questo a vendicarlo. Cosa che il giovane, attore di varietà a sua volta, riesce a compiere tra mille peripezie: alla fine fa catturare i malviventi, con una testimonianza musicale, in palcoscenico. ■ COMICO; COL.; 98'; USA, 1945. ■ OSCAR 1 PR, 4 NOM.

UOMO NEL CIELO, L' *(The Man in the Sky)* ★★
Regia di CHARLES CRICHTON. Con WALTER FITZGERALD, JACK HAWKINS, ELIZABETH SELLARS, JOHN STRATTON. ■ Un collaudatore di aerei vorrebbe acquistare una casa, ma la società per cui lavora è in crisi. Il collocamento sul mercato di un nuovo aereo potrebbe permettergli di realizzare il sogno, ma il giorno del collaudo l'aereo si incendia e solo per miracolo il pilota riesce *in extremis* a salvarsi. ■ DRAMMATICO; B/N; 87'; GRAN BRETAGNA, 1957.

UOMO NELLA RETE, L' *(Menschen im Netz)* ★★
Regia di FRANZ PETER WIRTH. Con HANSJÖRG FELMY, HANNES MESSEMER. ■ Un condannato per omicidio viene improvvisamente rimesso in libertà. Tornato a casa, non convinto dalla vita agiata che conduce la moglie, l'invita a lasciare l'impiego. La donna però non può, essendo coinvolta in un'organizzazione spionistica; cerca di ribellarsi e viene uccisa. Il marito non si darà pace finché non consegnerà i responsabili alla giustizia. ■ POLIZIESCO; B/N; 92'; GERMANIA, 1959.

UOMO NELL'OMBRA, L' *(Man in the Dark)* ★★★
Regia di LEW LANDERS. Con EDMOND O'BRIEN, AUDREY TOTTER. ■ Un rapinatore si sottopone a un intervento al cervello destinato a togliergli le tendenze criminali, in cambio di una riduzione di pena. L'operazione riesce, ma il rapinatore, oltre all'attitudine a delinquere, ha perso anche la memoria, e perciò non può rivelare ai complici, che lo rapiscono, il nascondiglio dell'ultimo bottino. Lo ritrova poi con l'aiuto della sua ragazza ma, ormai diventato onesto, lo restituisce. ■ DRAMMATICO; B/N; 70'; USA, 1953.

UOMO NELL'OMBRA, L' *(The Ghost Writer)* ★★★
Regia di ROMAN POLANSKI. Con JAMES BELUSCHI, PIERCE BROSNAN, KIM CATTRALL, EWAN MCGREGOR, OLIVIA WILLIAMS. ■

L'ex primo ministro britannico Adam Lang vive su un'isola negli Stati Uniti con la moglie, la segretaria e le guardie del corpo. Viene raggiunto da un *ghost writer* incaricato di rivedere da cima a fondo la sua autobiografia. Lo scrittore va a sostituire il precedente *ghost writer* che è morto cadendo da un traghetto in circostanze misteriose. In breve tempo lo scrittore comprende di essersi accollato un'impresa scottante e non solo sul piano letterario. Lang viene infatti accusato di avere, nel corso del suo mandato, consentito la tortura di prigionieri sospettati di terrorismo e di avere inconfessati legami con la CIA. ■ THRILLER; COL.; 131′; USA, GERMANIA, FRANCIA, 2010.

UOMO NELL'OMBRA – MISTER X, L'UOMO NELL'OMBRA, L' ★★
(The Unguarded Moment)
Regia di HARRY KELLER. Con GEORGE NADER, ESTHER WILLIAMS. ■ Una giovane insegnante viene messa nei pasticci dal padre di un allievo, il quale l'accusa di aver sedotto il figlio, che è a sua volta sospettato di omicidio. L'uomo tenterà di uccidere l'insegnante, ma verrà fermato in tempo da un tenente di polizia innamorato della donna. ■ DRAMMATICO; COL.; 95′; USA, 1956.

UOMO NEL MIRINO, L' *(The Gauntlet)* ★★★
Regia di CLINT EASTWOOD. Con CLINT EASTWOOD, PAT HINGLE, SONDRA LOCKE. ■ Un poliziotto scorta una teste apparentemente insignificante. Appare subito chiaro che nessuno dei due dovrà giungere vivo al processo, e difatti la coppia diviene oggetto di attentati, dai quali si salva solo grazie all'astuzia dell'agente. ■ POLIZIESCO; COL.; 109′; USA, 1977.

UOMO NEL MIRINO, UN *(The Man Who Wouldn't Die)* ★
Regia di BILL CONDON. Con NANCY ALLEN, MALCOLM MCDOWELL, ROGER MOORE. ■ Uno scrittore ha sfruttato le gesta di un delinquente che sta scontando il carcere a vita. Costui non vuole che siano scritti romanzi ispirati a lui e minaccia il protagonista. ■ HORROR; COL.; 88′; USA, 1993.

UOMO NERO, L' *(Gehetzte Menschen)* ★★
Regia di FRIEDRICH FEHR. Con HANS FEHER, EUGENE KLOPFER. ■ Un giovane padre, accusato ingiustamente di un delitto, riesce a evadere e, con l'aiuto del figlio, lotta contro la polizia per cercare di fare trionfare la verità. ■ DRAMMATICO; B/N; 90′; GERMANIA, 1932.

UOMO NERO, L' ★★
Regia di SERGIO RUBINI. Con GUIDO GIAQUINTO, FABRIZIO GIFUNI, VALERIA GOLINO, SERGIO RUBINI, RICCARDO SCAMARCIO. ■ Gabriele Rossetti va a sud, torna al suo paese e al padre ricoverato in un ospedale di provincia. Al capezzale dell'uomo, Gabriele ripensa all'infanzia e alla relazione col genitore, capostazione ossessionato dall'arte e da Cézanne. Figlio unico di Ernesto e Franca Rossetti, insegnante e casalinga amorevole, il ragazzo cresce osservando le manie degli adulti: le infatuazioni corrisposte di zio Pinuccio, le tele rifatte del padre, le conversazioni coi cari defunti della madre. Impressionato da un misterioso uomo nero e affascinato dal fascino impenitente dello zio, Gabriele vive la sua fanciullezza. In viaggio lungo i binari della vita e del tempo procederà per agnizioni, riconoscendo padre e uomo nero per quello che sono e non per quello che fino ad allora aveva creduto che fossero. ■ DRAMMATICO; COL.; 116′; ITALIA, 2009.

UOMO, OGGI, UN *(WUSA)* ★★★
Regia di STUART ROSENBERG. Con BRUCE CABOT, MOSES GUNN, PAUL NEWMAN, ANTHONY PERKINS, JOANNE WOODWARD. ■ Un annunciatore radiofonico lavora alle dipendenze di un'emittente privata che sostiene una campagna antiprogressista. Vive con una prostituta, Geraldine, ed è amico di un giovane idealista che un giorno, durante un comizio, uccide un avversario politico. Geraldine, presente alla scena ed arrestata, si suicida in carcere. L'annunciatore, presa coscienza di essere strumento di una battaglia che non condivide, abbandona disperato la città. ■ DRAMMATICO; COL.; 115′; USA, 1970.

UOMO OMBRA, L' *(The Thin Man)* ★★★★
Regia di WOODBRIGE STRONG VAN DYKE. Con MYRNA LOY, MAUREEN O'SULLIVAN, NAT PENDLETON, WILLIAM POWELL, CESAR ROMERO. ■ L'"uomo ombra" del titolo è uno scienziato che scompare misteriosamente. Gli vengono attribuiti alcuni delitti, e Charles viene incaricato delle indagini dalla preoccupatissima figlia del professore. Soluzione a sorpresa. ■ GIALLO; B/N; 93′; USA, 1934. ■ OSCAR 4 NOM.

UOMO OMBRA, L' *(The Shadow)* ★★
Regia di RUSSELL MULCAHY. Con ALEC BALDWIN, PETER BOYLE, TIM CURRY, JOHN LONE, PENELOPE ANN MILLER. ■ Ritorna l'*Uomo ombra* disegnato nel 1931 da Walter Gibson e che ora prende corpo grazie ad Alec Baldwin in una rievocazione dell'epoca troppo ricercata per essere "viva". ■ AVVENTURA; COL.; 107′; USA, 1994.

UOMO OMBRA TORNA A CASA, L' ★★★
(The Thin Man Goes Home)
Regia di RICHARD THORPE. Con HARRY DAVENPORT, GLORIA DE HAVEN, MYRNA LOY, WILLIAM POWELL, LUCILLE WATSON. ■ Mentre il celebre detective privato Nick è a casa per qualche giorno di riposo insieme all'inseparabile e graziosa moglie Nora, un delitto viene commesso proprio a pochi passi dal suo giardino. Inutile dire che Nick rintraccia il colpevole, con un melodrammatico finale alla presenza di tutti gli indiziati, nella maniera cioè cara a giallisti come Rex Stout e Gardner. ■ GIALLO; B/N; 100′; USA, 1944.

UOMO PER BENE, UN ★★
Regia di MAURIZIO ZACCARO. Con STEFANO ACCORSI, GIULIANO GEMMA, LEO GULLOTTA, MARIANGELA MELATO, GIOVANNA MEZZOGIORNO, MICHELE PLACIDO. ■ Un film un po' troppo per bene per una vicenda, quella di Enzo Tortora, decisamente per male. Zaccaro viene dalla scuola di cinema di Bassano. Ama i film civili, ma la sua denuncia risulta piuttosto scontata. Il suo è, naturalmente, il punto di vista della difesa del presentatore assurdamente accusato. Il quale, interpretato da Placido, è più patetico che credibile. Ma gli altri attori del cast si fanno vedere con indubbio piacere, lavorano con convinta perizia. Il punto di vista di Zaccaro è troppo unilaterale per appassionare la platea. ■ POLITICO; COL.; 120′; ITALIA, 1999.

UOMO PERDUTO, L' *(The Lost Man)* ★★★
Regia di ROBERT ALAN ARTHUR. Con LEON BIBB, AL FREEMAN JR, SIDNEY POITIER, JOANNA SHIMKUS, MICHAEL TOLAN. ■ Per finanziare un'organizzazione rivoluzionaria nera, un giovane di colore, Jason, ex assertore della non violenza, rapina una società. La polizia, avvisata in tempo, uccide i suoi tre complici. Jason, rimasto ferito, cerca di abbandonare New York con una giovane donna bianca innamorata di lui, ma cade a sua volta sotto il piombo degli agenti. ■ DRAMMATICO; COL.; 122′; USA, 1968.

UOMO PERFETTO, L' *(Les princes)* ★★
Regia di TONY GATLIF. Con MUSE DALBRAY, GERARD DARMON, CELINE MILITON. ■ Un regista gira un film sulla complessa realtà della vita degli zingari. Nara, ripudiata la vita nomade e la moglie colpevole di usare anticoncezionali, vive con la madre e la figlia alla periferia di una grande città francese. Sfrattati dalla polizia, i tre zingari si incamminano a piedi verso la città nella quale vive un avvocato loro amico, seguiti dalla moglie di Nara, che non ha mai smesso di amarlo. Durante il viaggio, la vecchia matriarca, custode delle antiche tradizioni gitane, muore, ma il peregrinare della sua gente non avrà mai fine. ■ DRAMMATICO; COL.; 87′; FRANCIA, 1982.

UOMO PERFETTO, L' ★★
Regia di LUCA LUCINI. Con MARIA CHIARA AUGENTI, GIUSEPPE BATTISTON, FRANCESCA INAUDI, GIAMPIERO JUDICA, GIAMPAOLO MORELLI, GABRIELLA PESSION, PAOLO PIEROBON, RICCARDO SCAMARCIO. ■ Siamo a Milano. Lucia, creativa in un'agenzia di *advertising*, legata da un'amicizia eterna alla apparentemente svampita Maria, è innamorata da anni di Paolo. Purtroppo il ragazzo da sogno convolerà a nozze proprio con l'amica. Il tentativo estremo di distrarre Maria dal matrimonio la condurrà alla consapevolezza di essersi fossilizzata su un amore quando invece ne possono esistere altri. Commedia romantica che ripropone luoghi comuni, *L'uomo perfetto* è però da lodare in quanto non pretenzioso e assolutamente godibile. ■ COMMEDIA; COL.; 95′; ITALIA, 2005.

UOMO PER IVY, UN *(For Love of Ivy)* ★★★
Regia di DANIEL MANN. Con BEAU BRIDGES, ABBEY LINCOLN, SIDNEY POITIER. ■ Due giovani "bene" di campagna cercano di impedire che la loro preziosa cameriera nera vada a lavorare in città come segretaria. Per indurla a restare, le presentano un simpatico e prestante mascalzone, di professione biscazziere. Ma questi si innamora della ragazza, se la sposa e se la porta via, mandando all'aria i piani dei due giovani. ■ COMMEDIA; COL.; 102'; USA, 1968. ■ OSCAR 1 NOM.

UOMO PER TUTTE LE STAGIONI, UN ★★★★🏆
(A Man for All Seasons)
Regia di FRED ZINNEMANN. Con NIGEL DAVENPORT, WENDY HILLER, LEO MCKERN, VENESSA REDGRAVE, PAUL SCOFIELD, ROBERT SHAW, ORSON WELLES, SUSANNAH YORK. ■ Il dissoluto e tirannico Enrico VIII d'Inghilterra non conosce tregua nella sua sete di conquista: di terre, come di donne. Stanco della moglie Caterina d'Aragona, da cui non ha avuto figli, vuol divorziare per sposare Anna Bolena, ma deve prima affrontare il papa che, fortemente ostile a tale progetto, è intenzionato a negargli l'annullamento delle nozze con Caterina. Il re tenta allora di ottenere i buoni uffici di Sir Thomas More, uomo di grande nobiltà d'animo, assai ascoltato a Roma. Ma questi rifiuta di prestarsi ai capricci del sovrano che, esasperato, lo condanna a morte. Un grande regista e dei grandi attori danno vita alla più riuscita delle molte versioni di questo episodio della storia inglese. Cinque Oscar. ■ DRAMMATICO; COL.; 120'; GRAN BRETAGNA, 1966. ■ OSCAR 🏆 6 PR, 8 NOM.

UOMO PIÙ FORTE DEL MONDO, L' ★★
(The Strongest Man in the World)
Regia di VINCENT MCEVEETY. Con EVE ARDEN, CESAR ROMERO, KURT RUSSELL. ■ Tipico prodotto Disney degli anni Settanta. Un gruppo di studenti di chimica scopre una pozione che, mescolata ad alcuni cereali, diventa un supertonico capace di trasformare uno studentello di fisico scarso in un superforzuto. I ragazzi la sperimentano, con enorme successo, in alcune gare sportive. Ma la cosa viene scoperta da una banda di malfattori che cercano di impadronirsi della formula per i loro loschi scopi. ■ COMMEDIA; COL.; 92'; USA, 1975.

UOMO PIÙ FORTE DEL MONDO – LA GRANDE SPARATA, L' *(The Strong Man)* ★★★
Regia di FRANK CAPRA. Con GERTRUDE ASTOR, PRISCILLA BONNER, HARRY LANGDON. ■ Il più bel film di Harry Langdon, sostenuto da un grande regista come Frank Capra. Trovate esilaranti e riprese coraggiose. Paul Bergot è un soldato belga piuttosto timido. Catturato da un soldato tedesco, Zandow, finisce in America come fenomeno da baraccone. ■ COMMEDIA; COL.; 83'; USA, 1926.

UOMO PIÙ VELENOSO DEL COBRA, L' ★★
Regia di ALBERT WALKER. Con GIORGIO ARDISSON, ERIKA BLANC, ALBERTO DE MENDOZA. ■ Un ex gangster americano vuole vendicare l'uccisione del fratello e, convinto che il responsabile sia il socio, ne provoca la morte durante un safari in Kenya. Ma l'assassino è un altro. ■ GIALLO; COL.; 92'; ITALIA, 1971.

UOMO PRIVATO, L' ★★
Regia di EMIDIO GRECO. Con MIA BENEDETTA, MYRIAM CATANIA, ENNIO COLTORTI, MARIANGELA D'ABBRACCIO, GIULIO PAMPIGLIONE, VANESSA GRAVINA, VANNI MATERASSI, TOMMASO RAGNO, CATHERINE SPAAK. ■ Tra Torino e Pisa si svolge la vita di un professore universitario di Diritto, socialmente e professionalmente affermato. Dotato di grande intelligenza e di un fascino sfuggente, l'uomo e il professore conducono un'esistenza "ritirata", che sconfina qualche volta nei letti di amanti occasionali. Deciso a controllare la realtà e a tenerla accuratamente a distanza, viene suo malgrado coinvolto nella morte per suicidio di uno studente. Il ragazzo, ossessionato dalla vita del professore, ha registrato scrupolosamente le sue lezioni, i suoi comportamenti, le sue abitudini. Il cinema eminentemente letterario del regista (*L'invenzione di Morel*, *Una storia semplice*, *Il Consiglio d'Egitto*), si avvale questa volta di un soggetto originale scritto dallo stesso autore. ■ THRILLER; COL.; 100'; ITALIA, 2007.

UOMO PROIBITO, L' *(Winter Meeting)* ★★★
Regia di BRETAIGNE WINDUST. Con JAMES DAVID, BETTE DAVIS, JOHN HUST. ■ Un giovane ufficiale di marina è diviso tra la vocazione al sacerdozio e la via del sentimento, cui lo conduce l'incontro con una giovane poetessa. Lei, a sua volta, ha un triste passato da dimenticare. Il giovane non sa prendere una decisione e la poetessa preferisce abbandonarlo. ■ DRAMMATICO; B/N; 104'; USA, 1948.

UOMO PROIETTILE, L' ★★
Regia di SILVANO AGOSTI. Con PAOLA AGOSTI, GIULIA BOSCHI, BRUNO WOLKOWITCH. ■ Agosti continua il suo percorso da vero indipendente. Rivisita il circo senza curarsi delle inevitabili etichette "felliniane". Racconta una storia di donne barbute e di uomini proiettile con una poeticità e un intimismo difficilmente comunicabili al pubblico contemporaneo. Gli omaggi al cinema delle origini si sprecano ma resta il dubbio del solipsismo. ■ DRAMMATICO; COL.; 85'; ITALIA, 1995.

UOMO PUMA, L' ★★
Regia di ALBERTO DE MARTINO. Con WALTER GEORGE ALTON, MIGUEL FUENTES, GUIDO LOLLOBRIGIDA, DONALD PLEASENCE, SYDNE ROME, BENITO STEFANELLI, SILVANO TRANQUILLI. ■ L'uomo puma è una specie di Superman che lotta contro il perfido Kobras. ■ FANTASTICO; COL.; 90'; ITALIA, 1980.

UOMO QUALUNQUE, UN *(He Was a Quiet Man)* ★★
Regia di FRANK CAPPELLO. Con ELISHA CUTHBERT, JAMISON JONES, SASCHA KNOPF, CRISTINA LAWSON, WILLIAM H. MACY, CHRISTIAN SLATER. ■ La storia dell'impiegato Bob Maconel è un cammino nel grigiore totale della mediocrità. L'unica soluzione è un atto unico, imprescindibile, definitivo. Sia esso compiuto o subito. E quando la situazione varia, Bob non sa come gestirla, ci prova, a volte ci riesce, a volte no, perché la natura di un uomo è impossibile da cambiare. La claustrofobia è palpabile. Il dramma di una vita, percepibile. E poi la solitudine, la routine dannata e amata. I sentimenti nell'esistenza di un uomo piccolo piccolo, compaiono e sono distruttivi, non lasciano speranza. Cambiano le regole e modificano l'equilibrio già precario. Il film di Frank Cappello è un ritratto intimo di un uomo che non è depresso, ma è chiuso nella sua dimensione limitata priva di uscite. ■ COMMEDIA; COL.; 95'; USA, 2007.

UOMO, QUESTO DOMINATORE, L' ★★★
(The Male Animal)
Regia di ELLIOTT NUGENT. Con JACK CARSON, OLIVIA DE HAVILLAND, HENRY FONDA, EUGENE PALLETTE. ■ Un professore d'università vorrebbe leggere durante una cerimonia una lettera di un anarchico, mentre i suoi colleghi glielo vogliono impedire. Ma non è la sola preoccupazione del professore: sua moglie sembra infatti riattivare l'antica fiamma con un giocatore di rugby giunto al *campus*. Infine, dopo una solenne sbronza, il timido docente affronta e sbaraglia tutti gli avversari: prima il rivale in amore, e poi il diffidente uditorio, leggendo un brano scritto dall'anarchico Vanzetti prima della sua esecuzione, e riportando un grande successo. ■ COMMEDIA; B/N; 101'; USA, 1942.

UOMO RAGNO, L' *(Spider Man)* ★★★
Regia di E.W. SWACKHAMER. Con NICHOLAS HAMMOND, MICHAEL PATE, DAVID WHITE. ■ Per la prima volta sullo schermo l'eroe dei fumetti di Stan Lee. Un giovane studente viene morso da un ragno radioattivo e ne assume gli straordinari poteri. Sventerà i loschi piani di uno scienziato. ■ FANTASTICO; COL.; 94'; USA, 1977.

UOMO RAGNO COLPISCE ANCORA, L' ★★★
(Spider Man Strikes Back)
Regia di RON SATLOF. Con CHIP FIELDS, NICHOLAS HAMMOND, ROBERT F. SIMON. ■ L'uomo ragno sventa i piani di un folle che vuole usare una bomba atomica. Secondo della serie, il film è lontano dalle possibilità del "miliardario" Superman, tuttavia è dignitoso e abbastanza divertente. ■ COMMEDIA; COL.; 80'; USA, 1978.

UOMO RAGNO SFIDA IL DRAGO, L' ★★
(Spider Man the Dragon's Challenge)
Regia di DON MCDOUGALL. Con NICHOLAS HAMMOND, MYRON HEALEY, ROBERT F. SIMON. ■ Un uomo politico cinese è accusato di aver tradito il suo paese durante la guerra. Per dimostrare

la sua innocenza deve ritrovare tre suoi ex commilitoni americani. Il giornalista Peter (che in realtà è l'uomo ragno) lo aiuta nella ricerca. Uno speculatore, cui fa molto comodo la condanna del cinese, cerca di uccidere entrambi. ■ AVVENTURA; COL.; 96'; USA, 1979.

UOMO RITORNA, UN ★★★
Regia di MAX NEUFELD. Con GINO CERVI, ANNA MAGNANI. ■ È l'amaro quadro del dopoguerra, tra lo sfascio e la lacerazione delle famiglie. Il direttore di una centrale elettrica, tornato a casa dopo la guerra, trova tutto distrutto: non solo la centrale, ma la sua stessa famiglia. Il fratellino e la sorella sono a Roma, dove il ragazzo fa la borsa nera e lei si prostituisce. Il reduce tenta di ricostruire la centrale, ma la burocrazia lo disarma. Vede poi la famiglia cominciare a poco a poco a ricostituirsi, ma sa che nulla potrà mai più essere come prima. ■ DRAMMATICO; B/N; 92'; ITALIA, 1946.

UOMO SBAGLIATO, UN *(The Strange One)* ★★★
Regia di JACK GARFEIN. Con BEN GAZZARA, PAT HINGLE, MARK RICKMAN. ■ Un istruttore militare, punito per la sua eccessiva severità verso le reclute, si vendica del suo superiore facendone espellere dall'esercito il figlio con un trucco. Il superiore sospetta di lui, ma non può far nulla. Saranno gli stessi allievi del malvagio istruttore a organizzare un "tribunale" privato e a condannarlo cacciandolo via. ■ DRAMMATICO; B/N; 100'; USA, 1957.

UOMO SCAMBIATO, L' ★★
Regia di BAJUSZ PETER. Con FERENC KISS, DAYKA MARGIT, ERSZI SIMOR. ■ Due ufficiali che si assomigliano come gocce d'acqua sono al fronte nella guerra del 1915-'18. Quando una bomba uccide uno dei due, il superstite viene scambiato per l'altro e, avendo perso la memoria per l'esplosione, viene inserito in una famiglia che non è la sua. Il sosia sarà riconosciuto dalla madre che, non volendo però farlo tornare alla solitudine, lo lascerà nella sua nuova casa. ■ DRAMMATICO; B/N; 91'; UNGHERIA, 1943.

UOMO SENZA CORPO, L' *(Course of the Undead)* ★★
Regia di EDWARD DEIN. Con ERIC FLEMING, MICHAEL PATE. ■ Storia di fantasmi in ambiente western. In una cittadina di frontiera si susseguono morti violente e misteriose. L'autore dei delitti è lo spirito di un giovane suicidatosi anni prima dopo aver ammazzato il fratello, e colpito quindi da una maledizione che lo spinge ad uccidere senza posa. Il fantasma assassino sarà fermato da un pastore protestante con una pallottola su cui è incisa una croce. ■ HORROR; B/N; 79'; USA, 1959.

UOMO SENZA IMPORTANZA, UN ★★
(A Man of no Importance)
Regia di SURI KRISHNAMMA. Con BRENDA FICKER, ALBERT FINNEY, MICHAEL GAMBON. ■ Dublino, anni Sessanta. Un bigliettaio di autobus riesce a mettere in scena la *Salomè* di Wilde riuscendo così, in qualche modo, a sublimare l'attrazione che prova per l'autista del mezzo su cui lavora. ■ PSICOLOGICO; COL.; 98'; GRAN BRETAGNA, IRLANDA, 1994.

UOMO SENZA MANO, L' *(90 Minuten Aufenthalt)* ★★
Regia di HARRY PIEL. Con ALEXANDER GOLLING, HARRY PIEL. ■ Una ragazza orfana si reca a Lisbona per raggiungere un ricco zio, ignorando che questi nel frattempo è stato ucciso da un criminale che ne ha preso il posto. La giovane smaschererà l'assassino. ■ DRAMMATICO; B/N; 93'; GERMANIA, 1936.

UOMO SENZA MEMORIA, L' ★★
Regia di DUCCIO TESSARI. Con SENTA BERGER, LUC MERENDA, UMBERTO ORSINI. ■ Un uomo viene ritrovato privo di memoria accanto ad un cadavere. Per una macchinazione criminale gli viene fatto credere di essere un'altra persona. Il poveretto passerà un sacco di guai, ma alla fine, con l'aiuto della moglie, riuscirà a togliersi dai pasticci. ■ GIALLO; COL.; 91'; ITALIA, 1974.

UOMO SENZA OMBRA, L' *(Endstation Freiheit)* ★★
Regia di REINHARD HAUFF. Con BURKHARD DRIEST, KATIA RUPE, ROLF ZACHER. ■ Un criminale, uscito dal carcere, pensa di mettere la testa a posto e cerca la sua strada come scrittore. Ma il successo tarda a venire e allora si persuade a tentare un colpo. Alla vigilia però il suo libro viene pubblicato e lui si ritira, lasciando il suo socio a tentare da solo. Morale: il socio viene ucciso durante la rapina, mentre il protagonista diventa celebre romanziere. ■ GIALLO; COL.; 112'; GERMANIA, 1980.

UOMO SENZA OMBRA, L' *(The Hollow Man)* ★★
Regia di PAUL VERHOEVEN (I). Con KEVIN BACON, JOSH BROLIN, WILLIAM DEVANE, KIM DICKENS, RHONA MITRA, ELISABETH SHUE. ■ Lo scienziato Kane sperimenta su stesso i risultati della sua ricerca sulla invisibilità. Il siero oltre a rendere invisibili ha un effetto devastante sulla personalità. Superbo, ambizioso e spregiudicato l'uomo è ormai prigioniero dei poteri che la sua scoperta gli conferisce e ben presto diventa una minaccia per tutta la comunità di scienziati che lo circonda. ■ HORROR; COL.; 112'; GERMANIA, USA, 2000.

UOMO SENZA PASSATO, L' ★★★
(Les dimanches de Ville d'Avray)
Regia di SERGE BOURGUIGNON. Con NICOLE COURCEL, PATRICIA GOZZI, HARDY KRÜGER. ■ Perseguitato dal rimorso perché crede di aver ucciso una bambina in un'azione di guerra, un reduce si affeziona a una piccola orfana che sta per essere condotta in collegio, e inizia con lei una singolare amicizia fatta di lunghe passeggiate e di domeniche felici nei boschi: un rapporto che la gente non capisce e male interpreta. Anche la polizia è insospettita e quando, la notte di Natale, lui non riconduce la piccola in collegio gli agenti intervengono e lo uccidono, mentre si avvicina alla bimba addormentata per portarle un regalo. ■ DRAMMATICO; B/N; 110'; FRANCIA, 1962. ■ OSCAR 1 PR, 3 NOM.

UOMO SENZA PASSATO, L' ★★★★
(Mies vailla menneisyyttä)
Regia di AKI KAURISMÄKI. Con JOONA KARASTIE, KAIJA PAKARINEN, AARRE KAREN, JUHANI NIEMELA, OUTI MAENPAA, KATI OUTINEN, MARKKU PELTOLA, PERTTI SVEHOLM, SAKARI KUOSMANEN, AINO SEPPO, ANNIKKI TAHTI. ■ Un uomo approda alla stazione di Helsinki. La sera stessa viene derubato e ferocemente picchiato. Scappato dall'ospedale dove lo davano ormai per morto scopre di aver perso la memoria. Sperduto in una realtà che non conosce e privo di qualunque punto di riferimento (non ricorda nemmeno il proprio nome), l'uomo sembrerebbe destinato al peggio. Ma l'incontro con una famiglia di marginali e in seguito con Irma, sfiorita rappresentante dell'Esercito della Salvezza, gli permetterà – con tutte le lentezze e le esitazioni del caso – di rifarsi una vita e trovare addirittura l'amore. *L'uomo senza passato* consacra definitivamente Kaurismäki tra i grandi. Seconda parte dell'ideale trilogia dedicata alla Finlandia, riprende tutti gli stilemi cari al regista finlandese, dall'osservazione del degrado sociale al lunare umorismo. Ma li approfondisce alla luce di una commozione partecipata alla vita dei propri protagonisti. Per un messaggio – la dignità come diritto inalienabile, la seconda occasione che si offre a chiunque abbia il coraggio di afferrarla – perfettamente condivisibile. Finalmente un film didattico nel senso migliore del termine. Meritatissimi Gran Premio della Giuria e Palma per la miglior attrice al festival di Cannes. ■ DRAMMATICO; COL.; 97'; FINLANDIA, 2002. ■ OSCAR 1 NOM.

UOMO SENZA PAURA, L' *(Man Without a Star)* ★★★
Regia di KING VIDOR. Con JEANNE CRAIN, KIRK DOUGLAS. ■ Battaglia tra allevatori, che vogliono disporre dei ricchi pascoli del West senza limitazioni, e agricoltori che intendono invece recintare i loro campi da coltivare. La lotta vede per protagonisti due cowboy, alle dipendenze di una ricca e bella quanto egoista allevatrice. ■ WESTERN; COL.; 89'; USA, 1955.

UOMO SENZA SCAMPO, UN *(I Walk the Line)* ★★★
Regia di JOHN FRANKENHEIMER. Con LONNY CHAPMAN, RALPH MEEKER, ESTELLE PARSONS, GREGORY PECK, TUESDAY WELD. ■ Oramai giunto alle soglie della maturità, stanco e deluso da una vita opaca e senza più prospettive, lo sceriffo d'una cittadina del West trova improvvisamente un nuovo gusto alla vita grazie all'amore di una giovane donna. Lei tuttavia lo inganna e si serve di lui per certi suoi loschi traffici. Quando lo sceriffo, che nel frattempo è arrivato persino a farsene complice, aprirà gli occhi, sarà troppo tardi: si troverà abbandonato da tutti. ■ DRAMMATICO; COL.; 95'; USA, 1971.

UOMO SENZA SONNO, L' *(The Machinist)* ★★
Regia di BRAD ANDERSON. Con CHRISTIAN BALE, LARRY GILLIARD JR, MICHAEL IRONSIDE, JENNIFER JASON LEIGH, AITANA SÁNCHEZ-GIJÓN, JOHN SHARIAN. ■ La ragione per cui, comunque, *The Machnist* sarà consegnato agli annali del cinema, è la prova di uno smunto, scheletrico, diafano Christian Bale, sempre a suo agio in parti *off* (*Equilibrium, Velvet Goldmine, American Psycho* in testa e, speriamo, nel prossimo Barman) ma qui oggettivamente irriconoscibile e davvero straordinario. 45k di pura classe, che francamente, sembrano sprecati in una pellicola così banale e traboccante cliché. ■ HORROR; COL.; 102′; SPAGNA, 2004.

UOMO SENZA TRAMONTO, L' ★★★
(Cette vieille canaille)
Regia di ANATOLE LITVAK. Con HARRY BAUR, ALICE FIELD. ■ Un famoso chirurgo s'innamora di una girovaga e la prende con sé. La ragazza incontra però un vecchio innamorato, ora famoso trapezista, e fugge con lui. Il chirurgo li insegue e li raggiunge in tempo per salvare dalla morte l'acrobata, vittima di una brutta caduta. ■ DRAMMATICO; B/N; 99′; FRANCIA, 1933.

UOMO SENZA VOLTO, L' *(Preview Murder Mystery)* ★★
Regia di ROBERT FLOREY. Con REGINALD DENNY, FRANCES DRAKE. ■ Morti violente e misteriose nello stabilimento in cui si sta girando una nuova edizione di un film che aveva avuto per protagonista un attore ora defunto. Vengono uccisi l'attore principale e un agente, mentre il regista viene trovato impiccato. Sorpresa finale. ■ GIALLO; COL.; 62′; USA, 1935.

UOMO SENZA VOLTO, L' ★★
Regia di JUAN BUSTILLO ORO. Con ARTURO DE CORDOVA, CARMEN MOLINA. ■ Un ispettore di polizia indaga su una serie di delitti che hanno per vittime giovani donne e che sembrano commessi da un maniaco sessuale. L'ispettore Carlos non riesce però a scoprire l'assassino e scoraggiato abbandona la partita. Indagando per proprio conto, un suo amico scopre la verità. ■ GIALLO; B/N; 94′; MESSICO, 1951.

UOMO SENZA VOLTO, L' *(The Man Without a Face)* ★★★★
Regia di MEL GIBSON. Con MEL GIBSON, GEOFFREY LEWIS, NICK STAHL, MARGARET WHITTON. ■ Charles è appena stato bocciato all'esame di ammissione all'accademia di West Point. La sua è una famiglia strana, c'è la mamma e ci sono due sorelle, tutti figli di diverso padre. Charles ha un suo mondo interno particolare, che nessuno capisce; anzi gli viene attribuita scarsa intelligenza. Il ragazzo non si dà per vinto e convince la madre (sempre sul punto di sposarsi con l'ennesimo amico) a lasciargli ritentare l'esame. Charles incontra McLeod, stranissimo individuo, sfigurato e solitario, che ha avuto un gravissimo incidente in cui perse la vita un suo allievo. McLeod vive in una vecchia casa sul grande lago (siamo nel Maine) ed è un docente oggetto di rituali pettegolezzi: c'è addirittura chi dice sia John Kennedy (la vicenda si svolge nel 1968). Duro e scorbutico all'inizio, l'insegnante si lascia via via andare e fra lui e l'allievo nasce una profonda amicizia. Ma ben presto la cattiveria e la grettezza inquinano tutto. L'uomo viene addirittura accusato di molestare il ragazzo. Una commissione composta dallo sceriffo, un giudice e uno psicologo giudica il rapporto. McLeod si difende con grande dignità. Viene decretato che i due non dovranno più vedersi. Charles supera l'esame di ammissione e quattro anni dopo prende il diploma dell'Accademia. Grandi festeggiamenti. Nella confusione il ragazzo cerca il volto che gli preme. Vede un uomo che si allontana. Lo chiama. È il suo insegnante. Si salutano da lontano, sorridendo. Dal romanzo di Isabelle Holland. Film furbo e bellissimo, che parrebbe il decimo diretto da Gibson, tanto sono pulite e perfette le combinazioni del racconto. Ottimo montaggio, puntuali i passaggi dalle scene in interni a quelle di bosco e di lago di quella baia del Maine. Gibson ha dosato tutto alla perfezione: racconto, sentimento, temi, impegno e cultura. Straordinaria la scena in cui l'uomo legge l'*Eneide* in latino ascoltando un antico disco della *Butterfly* e indimenticabili le sequenze di lezione, con letture del *Mercante di Venezia* di Shakespeare. Un film sui valori fondamentali, la pazienza, il coraggio e la fiducia. Con magnifiche memorie di cinema, da *L'attimo fuggente* al *Buio oltre la siepe*, al *Cavaliere della valle solitaria*. Opera completa, per la famiglia. ■ DRAMMATICO; COL.; 105′; USA, 1993.

UOMO SOLITARIO, L' *(The Lonely Man)* ★★★
Regia di HENRY LEVIN. Con ELAINE AIKEN, JACK PALANCE, ANTHONY PERKINS. ■ Un ex pistolero torna a casa dopo molti anni e si trova alle prese con il figlio che lo accusa d'aver procurato la morte di sua madre. Ma il giovane scoprirà poi d'essersi sbagliato e accompagnerà suo padre, spalleggiandolo, ad un ultimo duello alla pistola che l'ex pistolero, quasi cieco, dovrà sostenere. ■ WESTERN; B/N; 87′; USA, 1957.

UOMO SOLO – L'ORGIA DELLA VIOLENZA, UN ★★★
(Solo)
Regia di JEAN-PIERRE MOCKY. Con SYLVIE BREAL, ANNE DELEUZE, JEAN-PIERRE MOCKY. ■ Un violinista, in realtà ladro internazionale, tornato a Parigi dopo molto tempo, trova il fratello invischiato in un gruppo terrorista sospettato di aver partecipato a una strage. Il violinista cerca di fermarlo e di indurlo ad abbandonare la strada della violenza, ma, nel tentativo di difenderlo, rimane ucciso lui stesso in un conflitto a fuoco con la polizia, mentre il fratello tenta invano di fuggire. ■ DRAMMATICO; COL.; 89′; FRANCIA, 1969.

UOMO SPEZZATO, L' ★★
Regia di STEFANO CALVAGNA. Con FLAVIO BUCCI, STEFANO CALVAGNA, GIUSI CATALDO, IVO GARRANI, GIULIA ELETTRA GORIETTI, VALENTINA PACE, FEDERICA SBRENNA. ■ Laura ha 13 anni, i suoi genitori sono separati e hanno poco tempo da dedicarle. La ragazza si innamora del suo professore d'arte, un uomo cordiale che ha, con i suoi allievi, un rapporto amichevole e diretto. Il sogno di Laura è quello comune a milioni di sue (quasi) coetanee, fare la velina. Nel frattempo decide di misurare il modello di sessualità che ha mutuato dalla televisione, seducendo il professore. ■ DRAMMATICO; COL.; 90′; ITALIA, 2004.

UOMO SULL'ALTALENA, L' *(Man on a Swing)* ★★
Regia di FRANK PERRY. Con JOEL GREY, CLIFF ROBERTSON, ELIZABETH WILSON. ■ Un poliziotto indaga su un intricato caso di omicidio. Un giovane si offre di aiutarlo. È un medium (dice lui): può individuare gli assassini. Il poliziotto è scettico, ma lo accontenta. Il caso sembra risolto, ma i dubbi sulle effettive capacità del giovane rimangono. Da un fatto autentico. Ottima l'interpretazione di Joel Grey (il fantasista di *Cabaret*). Ma il finale delude. ■ GIALLO; COL.; 91′; USA, 1974.

UOMO SUL TETTO, L' *(Mannen pa taket)* ★★★
Regia di BO WIDERBERG. Con THOMAS HELLBERG, CARL GUSTAF LINDSTEDT, SVEN WOLLTER. ■ Un poliziotto ammazza i colleghi che hanno fatto morire sua moglie, innocente della colpa per la quale era finita in galera. Un altro agente, visto inutile qualsiasi tentativo di stanarlo dalla sua favorevole posizione, si espone personalmente e riesce a farlo catturare. ■ POLIZIESCO; COL.; 92′; SVEZIA, 1976.

UOMO TERMINALE, L' *(The Terminal Man)* ★★★
Regia di MIKE HODGES. Con JILL CLAYBURGH, RICHARD A. DYSART, JOAN HACKETT, GEORGE SEGAL. ■ Un tecnico elettronico, soggetto a crisi di aggressività a causa di una lesione cerebrale, viene riportato alla ragione grazie all'introduzione nel cervello di elettrodi che emanano onde tranquillizzanti. Ma le onde diventano come una droga per il malato, che non può più farne a meno, e di cui ha bisogno in dose sempre maggiore. L'uomo, ormai impazzito, fugge dall'ospedale, massacra la moglie, uccide un prete e devasta una chiesa, finché cade sotto il piombo della polizia. ■ FANTASCIENZA; COL.; 107′; USA, 1974.

♥ **UOMO TRANQUILLO, UN** *(The Quiet Man)* ★★★★★
Regia di JOHN FORD. Con BARRY FITZGERALD, VICTOR MCLAGLEN, MAUREEN O'HARA, JOHN WAYNE. ■ Anni Venti. Sean Thornton torna in Irlanda, terra della sua famiglia, per stabilirvisi, dopo aver fatto fortuna – come pugile – a Pittsburg. Viene accolto dalla comunità con grande curiosità e con un po' di sospetto. Ma quando Sean decide di comprare la casa dov'era nato diventa simpatico a tutti. Deve però battere la concorrenza di Denhaer, uomo rozzo e prepotente, ma fratello della bellissima...

Maureen O'Hara. Sean si innamora della donna, la corteggia secondo tutti i giusti riti, dopo averla chiesta in moglie. Alle nozze Denhaer si rifiuta di dare alla sorella la legittima dote. Da quelle parti il fatto è molto serio, tanto che la donna si rifiuta di consumare le nozze. Sean è costretto a stare a tutti i giochi e, grazie a una strepitosa rissa col cognato, ottiene il dovuto e i due sposi potranno essere, a tutti gli effetti, marito e moglie. Uno dei più grandi film americani, intelligente, felicissimo e nostalgico. Un atto d'amore di Ford verso la terra della sua famiglia. Lo straniero Wayne, americano pragmatico, si scontra con la scomoda tradizione irlandese e scopre che, tutto sommato, la vita era bella anche se guidata da riti e condizionamenti a prima vista inutili. Un film perfetto in tutti gli aspetti, a cominciare da quello figurativo, grazie alla campagna irlandese, ai corsi d'acqua, ai ponti e alle case di mattoni. Ruolo determinante ha la colonna sonora (Young) ispirata ai canti popolari di quella terra. E Ford non perde di vista nemmeno i grandi temi, condotti con ironia e semplicità e proprio per questo ancora più efficaci, come quando la comunità cattolica si finge protestante per impedire che il pastore venga trasferito per mancanza di fedeli. Doverosa la citazione dei due grandi protagonisti, al meglio delle loro possibilità (Wayne amoroso era una sorpresa per tutti), ma anche quella dei caratteristi, indimenticabili: Barry Fitzgerald, Victor McLaglen e Word Bond. Tutti purissimi fordiani. Premio Oscar a John Ford. Negli anni Novanta un documentario (*Mush, Mush, Mush. L'Irlanda di John Ford*) ci ha riportato le atmosfere dell'*Uomo tranquillo*. Una troupe è andata in quei luoghi. Abbiamo rivisto il pub dove beveva Fitzgerald, la chiesa dove Wayne toccò la mano di Maureen, il ponte che guarda la casa dei Thornton, i fiumi e le case. Tutta la zona vive di quel film, i turisti ci vanno in pellegrinaggio. Non c'è più Wayne, non c'è più Ford. Ma ci sono ancora. ■ COMMEDIA; COL.; 129'; USA, 1952. ■ OSCAR 2 PR, 7 NOM; VENEZIA 1 PR.

UOMO TUTTO D'UN PEZZO, UN ★★
(The Wild McCullochs)
Regia di MAX BAER. Con JULIE ADAMS, MAX BAER, FORREST TUCKER. ■ Una commedia piena di pugni, di bevute e di risate sulla falsa riga di *Un uomo tranquillo*. Tucker è un milionario del Texas che s'è fatto da solo e ha insegnato ai figli a rispettare solo la grinta dura e i pugni sodi. Un giovanottone, pretendente alla mano della figlia del riccone, dovrà passarsi un esame a suon di botte. Ma lo supererà a pieni voti. ■ COMMEDIA; B/N; 93'; USA, 1975.

UOMO UCCISO DUE VOLTE, L' ★★
(The Case of the Velvet Claws)
Regia di WILLIAM CLEMENS. Con CLAIRE DODD, WARREN WILLIAM. ■ Un avvocato-detective è costretto e lasciare la sposina il giorno delle nozze per un complicato caso che gli capita tra capo e collo: l'omicidio di un agente di cambio. Dopo mille peripezie, e dopo essere stato sospettato lui stesso del delitto, l'avvocato riesce a far luce sul fattaccio e a partire per il viaggio di nozze. ■ GIALLO; B/N; 74'; USA, 1936.

UOMO UCCISO DUE VOLTE, L' ★★
(Der blaue Nachtfalter)
Regia di WOLFGANG SCHLEIF. Con ZARAH LEANDER, MARINA PETROWA, CHRISTIAN WOLFF. ■ Una signora viene condannata a una lunga pena detentiva, perché accusata d'aver ucciso un ricattatore. Uscita dal carcere, scopre che il supposto assassinato è vivo e ora sta ricattando suo figlio. Lo uccide e la giuria, tenendo conto della tragica storia, la assolve. ■ POLIZIESCO; B/N; 94'; GERMANIA, 1959.

UOMO, UN EROE, UN *(One Man's Hero)* ★★
Regia di LANCE HOOL. Con TOM BERENGER, PATRICK BERGIN, JOAQUIN DE ALMEIDA, DANIELA ROMO, A. SAKINE-NIKOLSKI, STEPHEN TOBOLOWSKY. ■ La storia della guerra tra Stati Uniti e Messico sullo sfondo di un interesse puramente espansionistico da parte americana. Il cinema la frequenta poco. Questa volta lo fa in toni da romanzo. ■ STORICO; COL.; 114'; USA, 1999.

UOMO VENERDÌ, L' *(Man Friday)* ★★
Regia di JACK GOLD. Con CHRISTOPHER CABOT, PETER CELLIER, PETER O'TOOLE, RICHARD ROUNDTREE. ■ Si tratta di *Robinson Crusoe* a rovescio. Il protagonista del libro di Defoe qui fa il servitore per un uomo di colore. ■ AVVENTURA; COL.; 109'; GRAN BRETAGNA, 1975.

UOMO VENUTO DA CHICAGO, L' *(Un condé)* ★★
Regia di YVES BOISSET. Con MICHEL BOUQUET, ADOLFO CELI, GIANNI GARKO. ■ Dall'assassinio di un proprietario di night club, che si opponeva allo spaccio di droga nel suo locale, nasce una serie indicibile di omicidi e regolamenti di conti. Un ispettore di polizia, per vendicare la morte di un collega, non esita a servirsi di mezzi illegali. Poi confessa le sue responsabilità al giudice e lascia la polizia. ■ GIALLO; COL.; 103'; FRANCIA, 1970.

UOMO VENUTO DAL KREMLINO – NEI PANNI DI PIETRO, L' *(The Shoes of the Fisherman)* ★★★
Regia di MICHAEL ANDERSON. Con LAURENCE OLIVIER, ANTHONY QUINN, OSKAR WERNER. ■ Giunto a Roma dopo vent'anni di prigionia in Unione Sovietica, il vescovo Kiril Lakota diviene dapprima cardinale e poi addirittura papa. Sul trono di Pietro, Kiril si trova a dover affrontare una spinosa questione: dalla Cina poverissima giungono avvisaglie di guerra e il suo ex carceriere, il premier sovietico, gli domanda aiuto per risolvere pacificamente la questione. Il papa accetta: destinerà i beni di cui potrà disporre all'aiuto di tutti i poveri del mondo. ■ DRAMMATICO; COL.; 157'; USA, 1969. ■ OSCAR 2 NOM.

UOMO VENUTO DALLA PIOGGIA, L' ★★★
(Le passager de la pluie)
Regia di RENÉ CLÉMENT. Con CHARLES BRONSON, MARLÈNE JOBERT, GABRIELE TINTI. ■ Durante una giornata di pioggia, uno sconosciuto giunge in una cittadina francese sulla costa e violenta la giovane moglie di un ufficiale dell'Air France. La ragazza, riavutasi dallo shock, lo uccide gettando in mare il cadavere, ma giorni dopo si imbatte in un americano che la smaschera. L'americano dava la caccia all'individuo misterioso, un soldato ladro e maniaco, ed è tentato in un primo momento di denunciare la giovane. Ma poi decide di tacere. ■ GIALLO; COL.; 117'; FRANCIA, 1970. ■ DAVID DI DONATELLO 1 PR, 1 NOM.

UOMO VENUTO DALL'IMPOSSIBILE, L' ★★★
(Time after Time)
Regia di NICHOLAS MEYER. Con GERALDINE BAROM, CHARLES CIOFFI, JOSEPH MAHER, MALCOLM MCDOWELL, MARY STEENBURGEN, DAVID WARNER. ■ Jack lo Squartatore, inseguito dalla polizia, usa una macchina del tempo per proiettarsi dal 1893 nella San Francisco del 1979, dove commette una serie di delitti. Uno scienziato lo insegue e, servendosi sempre della macchina del tempo, lo spedisce nell'infinito. Poi lo scienziato torna nel suo secolo con una ragazza della quale s'è innamorato. ■ FANTASTICO; COL.; 112'; USA, 1979.

UOMO VENUTO DAL MARE, L' ★★
Regia di ROBERTO DE RIBÓN, BELISARIO L. RANDONE. Con MARIA MERCADER, MASSIMO SERATO. ■ Due uomini corteggiano la medesima ragazza. Uno è un giovane marinaio squattrinato, l'altro uno spregiudicato ed anziano speculatore. La giovane predilegerebbe il primo, ma il suo tutore la costringe a scegliere il più anziano, a cui egli deve dei soldi. Quando la love story appare ormai all'epilogo, il marinaio riuscirà a ribaltare la situazione, impalmando la ragazza. ■ DRAMMATICO; B/N; 92'; ITALIA, 1942.

UOMO VENUTO DA LONTANO, L' ★★★
(An American Romance)
Regia di KING VIDOR. Con WALTER ABEL, BRIAN DONLEVY, ANN RICHARDS, JOHN QUALEN, STEPHEN MCNALLY. ■ Il film racconta l'*escalation* che un emigrato ungherese, giunto negli Stati Uniti all'inizio del secolo, compie da umile minatore a capitano d'industria. Al successo del lavoro non si accompagna però un'altrettanto fortunata vita familiare. Un figlio muore durante la prima guerra mondiale, un altro diventa sindacalista e gli mette i bastoni fra le ruote. ■ DRAMMATICO; COL.; 122'; USA, 1944.

UOMO VENUTO PER UCCIDERE, L' ★★
Regia di LEON KLIMOVSKY. Con FEMI BENUSSI, WILLIAM SPOLT, RICHARD WYLER. ■ Grazie alle parole del suo vecchio maestro di scuola, un feroce bandito si redime e combatte a fianco dello sceriffo che avrebbe dovuto uccidere. ■ WESTERN; COL.; 95'; ITALIA, 1968.

UOVA DI GAROFANO ★★★
Regia di SILVANO AGOSTI. Con LOU CASTEL, ALAIN CUNY, ELISA MUROLO, FEDERICO ZANOLA. ■ Un antico casolare evoca tanti ricordi in un uomo che vi torna con un bambino. Le immagini riaffluiscono mostrando la sua famiglia, la guerra, una fucilazione, i partigiani, ma soprattutto la grande intesa con Crimen, un vecchio. Quell'uomo anziano abitava lontano da tutti in una dimora sulla montagna. Un bel film tra storia e poesia, presentato a Venezia. Esiste una versione più breve. ■ COMMEDIA; COL.; 120'; ITALIA, 1988.

UOVA D'ORO *(Huevos de oro)* ★★★
Regia di BIGAS LUNA. Con JAVIER BARDEM, MARIA DE MEDEIROS, ALESSANDRO GASSMAN, ELISA TOUATI. ■ Più riuscito e meno divertente di *Prosciutto prosciutto*, che ha avuto più fortuna al botteghino, anche questo film di Bigas Luna tratta di sesso. Benito Gonzales è un patito di Rolex, Julio Iglesias, Dalí e della Ferrari. Dopo aver fatto il dongiovanni impenitente si sposa con la figlia di un banchiere. Pieno di ambizioni, vorrebbe costruire un palazzo che porti il suo nome, tenta anche un rapporto a tre con moglie e amante. L'aspetta l'insuccesso. Due citazioni sono rivolte a Dalí e a Buñuel. I cassetti che Benito disegna sui corpi delle sue donne si riferiscono al primo e i sogni (si vede prigioniero di due uova; vede il corpo di una donna percorso da formiche, come la mano in *Un chien andalou*) al secondo. In una piccola parte il figlio di Vittorio Gassman. ■ COMMEDIA; COL.; 100'; FRANCIA, ITALIA, SPAGNA, 1993.

UOVO DEL SERPENTE, L' ★★★
(Das Schlangenei – The Serpent's Egg)
Regia di INGMAR BERGMAN. Con DAVID CARRADINE, GERT FRÖBE, LIV ULLMANN. ■ Berlino, 1923. Un trapezista americano ebreo viene sospettato di aver ucciso il fratello e molte altre persone. Dopo una serie di avvenimenti scopre che un medico è responsabile di alcuni brutali esperimenti eseguiti sugli esseri umani, e ne provoca il suicidio. ■ DRAMMATICO; COL.; 120'; GERMANIA, USA, 1977.

UP ★★★
Regia di PETE DOCTER, BOB PETERSON. Con EDWARD ASNER, DELROY LINDO, JORDAN NAGAI, BOB PETERSON, CHRISTOPHER PLUMMER. ■ In una sala cinematografica si proietta un cinegiornale su un esploratore, Charles Muntz, che è tornato dall'America del Sud con lo scheletro di un uccello che la scienza ufficiale qualifica come falso. Muntz riparte per dimostrare la sua onestà. Un bambino occhialuto, Carl, è in sala. Muntz è il suo eroe. Incontrerà una bambina, Ellie, che ha la sua stessa passione. I due cresceranno insieme e si sposeranno. Un giorno però Carl si ritrova vedovo con la sua villetta circondata da un cantiere e con il sogno che i contrattempi della vita non hanno mai permesso a lui ed Ellie di realizzare: una casa in prossimità delle cascate citate da Muntz come luogo della sua scoperta. Un giorno un giovane esploratore bussa alla sua porta. Sarà con lui che Carl, senza volerlo, comincerà a realizzare il sogno. ■ ANIMAZIONE; COL.; 104'; USA, 2009.

UP! ★★
Regia di RUSS MEYER. Con RAVEN DE LA CROIX, ROBERT MCLANE, FRANCESCA KITTEN NATIVIDAD. ■ Un pervertito nazista viene ucciso da un pirahna in una piscina. Due donne subiscono violenza, si amano e poi una cerca di eliminare l'altra. Si scoprirà che una di loro è figlia di Hitler e di Eva Braun. ■ EROTICO; COL.; 80'; USA, 1976.

UPPERCUT *(Matilda)* ★★★
Regia di DANIEL MANN. Con ELLIOTT GOULD, HARRY GUARDINO, ROBERT MITCHUM, CLIVE REVILL, LIONEL STANDER. ■ Una storia per ragazzi che ha come protagonista un canguro-pugile, con molti bravi attori. ■ COMMEDIA; COL.; 103'; USA, 1977.

UPPERSEVEN, L'UOMO DA UCCIDERE ★★
Regia di ALBERTO DE MARTINO. Con KARIN DOR, NANDO GAZZOLO, PAUL HUBSCHMID. ■ Stati Uniti e Sud Africa contrattano la pace nel continente nero, ma Kobras, capo di un'organizzazione criminale, ci mette lo zampino. Dall'America, per sventare il piano, giungono un agente segreto dai mille volti ed una bionda che, dopo aver frugato mezza Europa, catturano la banda. ■ SPIONAGGIO; COL.; 92'; ITALIA, 1967.

UPSIDE DOWN ★★
Regia di JUAN DIEGO SOLANAS. Con KIRSTEN DUNST, NICHOLAS ROSE, TIMOTHY SPALL, JIM STURGESS. ■ Due pianeti dell'Universo simili alla Terra. Uno in posizione opposta all'altro tanto da fargli sostituto della volta stellata. Ognuno con la propria forza di gravità e con un'enorme colonna che li collega. Nessun abitante dei due mondi può incontrare direttamente chi vive nell'altro. Il giovane Adam, che vive nel disastrato pianeta di sotto, si reca in un luogo proibito in prossimità dell'abitazione della zia Becky. Là incontra, a testa in giù, la coetanea Eden. Il passo dall'amicizia all'amore proibito è breve. ■ DRAMMATICO; COL.; 107'; CANADA, 2013.

UPSTAIRS NEIGHBOUR – IL VICINO DEL PIANO DI SOPRA, THE *(The Upstairs Neighbour)* ★
Regia di JAMES MERENDINO. Con RUSTAM BRANAMAN, CHRISTINA FULTON, SEBASTIAN GUTIERREZ. ■ Uno scrittore in crisi ha un grande senso di oppressione. Si sente osservato da un vicino che crede appartenere a una setta satanica. Molto meglio *L'inquilino del terzo piano* di Polanski. ■ THRILLER; COL.; 90'; USA, 1993.

URAGANO *(The Hurricane)* ★★★★
Regia di JOHN FORD. Con MARY ASTOR, JOHN CARRADINE, JON HALL, DOROTHY LAMOUR, RAYMOND MASSEY, THOMAS MITCHELL, C. AUBREY SMITH. ■ Un povero indigeno di un'isola dei mari del Sud vede trasformata la sua pena detentiva di pochi mesi in un vero ergastolo, a causa dei suoi tentativi di evasione che gli raddoppiano ogni volta il periodo da scontare in cella. Dopo varie occasioni sfortunate riesce però a scappare e a raggiungere la sua famiglia. Quando un ciclone si abbatte sull'isola, l'indigeno porta in salvo i suoi congiunti e anche la moglie del governatore. Questo gesto gli frutterà la libertà. ■ DRAMMATICO; B/N; 102'; USA, 1937. ■ OSCAR 1 PR, 3 NOM.

URAGANO *(Hurricane)* ★★★
Regia di JAN TROELL. Con MIA FARROW, TREVOR HOWARD, JASON ROBARDS, MAX VON SIDOW. ■ Narra la storia di una giovane inglese che si innamora di un re indigeno e scappa con lui nonostante l'opposizione del padre. Durante la fuga sopravviene un terribile uragano dal quale i due si salvano, unici nell'isola, grazie all'astuzia dell'indigeno. ■ DRAMMATICO; COL.; 119'; USA, 1979.

URAGANO AI TROPICI ★★
Regia di PIER LUIGI FARALDO, GINO TALAMO. Con RUBI D'ALMA, FOSCO GIACHETTI, OSVALDO VALENTI, MINO DORO, VINICIO SOFIA, DANILO CALAMAI. ■ Il comandante di un fortino in Marocco riceve l'ordine di sabotare l'aereo di un pilota considerato una spia, in procinto di giungere nella zona. All'arrivo al forte del velivolo, il comandante riconosce nell'aviatore un suo amico d'infanzia. Ligio al codice, esegue ugualmente il sabotaggio e solo dopo che l'amico è decollato con a bordo una bomba ad orologeria apprende che i suoi superiori si erano sbagliati. Per fortuna, un uragano costringerà il pilota ad atterrare prima dello scoppio della bomba. ■ GUERRA; B/N; 93'; ITALIA, 1940.

URAGANO ALL'ALBA ★★★
(The Commandos Strike at Dawn)
Regia di JOHN FARROW. Con LILLIAN GISH, CEDRIC HARDWICKE SIR, ANNA LEE, PAUL MUNI. ■ In Norvegia, l'occupazione tedesca durante la seconda guerra mondiale incontra una fiera resistenza. In un villaggio costiero, un giovane, con l'aiuto di alcuni compagni, riesce ad imbarcarsi su di un piccolo canotto ed a raggiungere l'Inghilterra, dove contatta i comandi militari alleati, organizzando uno sbarco in Norvegia alla testa di un commando di militari e partigiani. L'impresa riesce, ma lui ci rimette la pelle. ■ GUERRA; B/N; 96'; USA, 1942. ■ OSCAR 1 NOM.

URAGANO DI FUOCO *(St. Helens)* ★★
Regia di ERNEST PINTOFF. Con ART CARNEY, DAVID HUFFMAN, CASSIE YATES. ■ Nel maggio del 1980 il St. Helens, un vulcano che tutti ritenevano pericoloso, esplode, facendo numerose vittime. I personaggi principali sono un vecchio che non vuole lasciare i posti che l'hanno visto bambino e un giovane che cerca di

impedire la carneficina. Ma invano. ■ DRAMMATICO; COL.; 94′; USA, 1981.

URAGANO EXPRESS *(Hurricane Express)* ★★
Regia di ARMAND SCHAEFER. Con SHIRLEY GRAY, TULLY MARSHALL, JOHN WAYNE. ■ L'*Uragano Express*, il treno più veloce degli Stati Uniti, è bersaglio di numerosi assalti. La polizia indaga senza successo, mentre Larry Baker, figlio di un macchinista ucciso durante un attacco, riesce dopo intricate vicende e scontri a fuoco ad affidare i colpevoli alla giustizia. ■ AVVENTURA; B/N; 94′; USA, 1932.

URAGANO SMITH *(Hurricane Smith)* ★
Regia di COLIN BUDDS. Con CASSANDRA DELANEY, JÜRGEN PROCHNOW, CARL WEATHERS. ■ Ancora un personaggio tagliato con l'accetta per il protagonista di *Action Jackson*. Violenza, inseguimenti, stereotipi a non finire per una storia che non ha nulla di nuovo da dire. Il regista ne è perfettamente consapevole e si adegua. ■ AVVENTURA; COL.; 80′; USA, 1990.

URAGANO SUL CAPO HORN *(Cabo de hornos)* ★★
Regia di TITO DAVISON. Con JORGE MISTRAL, SILVIA PINAL. ■ Il comandante di una baleniera si innamora perdutamente della bella Milena. Questa dopo un primo appuntamento d'amore scompare e il comandante decide di cercarla. Saprà così che ella si crede perseguitata da un destino avverso e per paura di rovinare il suo amato è decisa a vivere in solitudine. Dopo alterne vicende Milena si imbarca sulla baleniera in rotta per mari infidi. Tempesta risolutrice e lieto fine. ■ AVVENTURA; B/N; 93′; MESSICO, 1957.

URAGANO SULLE BERMUDE – L'ULTIMO S.O.S. – INCONTRO CON GLI UMANOIDI ★★
Regia di ANTHONY RICHMOND. Con ANDRÉS GARCÍA, GIANNI GARKO, ALFREDO MAYO, MANUEL ZARZO. ■ Due sposini in viaggio di nozze scompaiono nel famigerato triangolo delle Bermude. Durante le loro ricerche si susseguono altre misteriose sparizioni. Sorpresa finale. ■ FANTASCIENZA; COL.; 92′; ITALIA, SPAGNA, 1979.

URAGANO SUL PO *(Liebe)* ★★
Regia di HORST HÄCHLER. Con AVE NINCHI, MARIA SCHELL, RAF VALLONE. ■ La storia di due sorelle berlinesi, una innamorata del marito dell'altra. Quest'ultima muore durante un'alluvione nella bassa padana, ma non per questo il sogno d'amore dell'altra si realizzerà. ■ DRAMMATICO; B/N; 93′; GERMANIA, ITALIA, 1956.

URAGANO SU YALÙ *(Battle Zone)* ★★
Regia di LESLEY SELANDER. Con LINDA CHRISTIAN, JOHN HODIAK, STEPHEN MCNALLY. ■ Due marines si contendono la stessa ragazza sullo sfondo della guerra di Corea. Dopo molti avvenimenti drammatici, lei farà la sua scelta. ■ GUERRA; B/N; 82′; USA, 1952.

URANUS ★★
Regia di CLAUDE BERRI. Con MICHEL BLANC, GÉRARD DEPARDIEU, MICHEL GALABRU, PHILIPPE NOIRET. ■ Tratto dal romanzo di Marcel Aymé il film è ambientato nell'immediato dopoguerra francese. Pur con un grande cast il film soffre di alcune forzature ed estremizzazioni. Molti sono i personaggi: Watrin, un professore che ha perso la moglie in un bombardamento; Gaigneux, un comunista che non condivide la violenza dei suoi compagni nei confronti dei nemici; Leopold, un oste che si diletta di poesia; Archambaud, il proprietario della casa dove si svolge l'azione. Tutti assistono, chi con partecipazione e chi con insofferenza od opportunismo, alla Liberazione. ■ DRAMMATICO; COL.; 100′; FRANCIA, 1991.

URBAN COWBOY ★★
Regia di JAMES BRIDGES. Con BARRY CORBIN, SCOTT GLENN, MADOLYN SMITH, JOHN TRAVOLTA, DEBRA WINGER. ■ Un cowboy si inurba, si sposa, litiga con la moglie e alla fine si riconcilia con lei dopo molte avventure. ■ COMMEDIA; COL.; 135′; USA, 1980. ■ GOLDEN GLOBES 1 NOM.

URBAN LEGEND – FINAL CUT ★
Regia di JOHN OTTMAN. Con HART BOCHNER, MATTHEW DAVIS, LORETTA DEVINE. ■ Il teatro è quello dell'Alpine University, scuola di comunicazione e cinema. È frequentata da chi vuol davvero fare cinema, da velleitari e da chi prende lo studio troppo sul serio. Ogni anno viene varato un concorso che premierà gli autori del miglior progetto. Nelle scelte gli allievi privilegiano le storie violente, addirittura horror. Per avvicinarsi il più possibile alla verità qualcuno pensa che se la fiction diventa realtà ne guadagna la credibilità del film. Meglio dunque se i morti sono veri. Storiella pretestuosa da bocciare su tutti i fronti. ■ THRILLER; COL.; 94′; USA, 2001.

URBAN WARRIORS ★
Regia di PINO BURICCHI. Con DEBORAH KEITH, KARL LANDGREN. ■ Ennesima versione fantasiosa del "dopo nucleare", che ipotizza come sarebbe il nostro pianeta e a quali sacrifici e lotte dovrebbero sottostare i pochi sopravvissuti per non soccombere. ■ FANTASTICO; COL.; 95′; ITALIA, 1986.

URGA – TERRITORIO D'AMORE ★★★♉
Regia di NIKITA MICHALKOV. Con BADEMA, BAYARTU, VLADIMIR GOSTUKIN. ■ Vincitore del Leone d'Oro alla Mostra di Venezia, non senza contestazioni. L'avrebbe infatti meritato *Lanterne rosse* di Zhang Ymou. Il film di Michalkov è simpatico, piacevole ma niente di più. Poggia su una storiellina flebile supportata da una bellissima fotografia e da un paesaggio da favola. Siamo in Mongolia. Un solitario personaggio, che vive con moglie e figlia in una landa sconfinata, conosce un giorno un camionista che è uscito di strada col suo automezzo. Insieme i due uomini vanno in città, perché il mongolo ha scoperto che c'è il famoso preservativo che permette i piaceri della carne senza aumentare il numero di figli. I soldi però li spenderà in bevute con il nuovo amico, e in un apparecchio televisivo, che con un'antenna posticcia, funzionerà magicamente. ■ COMMEDIA; COL.; 118′; FRANCIA, URSS, 1991. ■ GOLDEN GLOBES ♉ 1 NOM; OSCAR ♉ 1 NOM; VENEZIA ♉ 3 PR.

URLA DEL SILENZIO *(The Killing Fields)* ★★★
Regia di ROLAND JOFFÉ. Con JOHN MALKOVICH, HAING S. NGOR, JULIAN SANDS, SAM WATERSTON. ■ L'inglese Roland Joffe, al suo debutto alla regia di un lungometraggio, firma questa cruda e toccante rievocazione dei giorni tragici e folli che vissero le popolazioni della Cambogia dopo l'evacuazione americana del 1975. Tratto dal best-seller del giornalista del «New York Times» Sidney Schenberg (Waterston), corrispondente da Phnom Penh in quel periodo, il film narra le atroci peripezie dell'interprete di questi, Dith Pran (Ngor), catturato dai Khmer giunti al potere, e sottoposto a "rieducazione" in un campo di lavoro. Vincitore di tre premi Oscar: a Haing S. Ngor (migliore attore non protagonista), alla fotografia e al montaggio. ■ DRAMMATICO; COL.; 141′; GRAN BRETAGNA, 1984. ■ GOLDEN GLOBES 1 PR, 6 NOM; OSCAR 3 PR, 7 NOM.

URLA DI MEZZANOTTE *(Heart of Midnight)* ★★
Regia di MATTHEW CHAPMAN. Con PETER COYOTE, DENISE DUMMONT, JENNIFER JASON LEIGH, GALE MAYRON. ■ Carol, divenuta zoppa a causa di un grave trauma psichico infantile, eredita dallo zio un night club in rovina. Scoprirà che il locale in realtà era luogo di anormali attività erotiche, mentre una ex vittima e complice dello zio cercherà di eliminarla. ■ THRILLER; COL.; 105′; USA, 1988.

URLATORI ALLA SBARRA ★
Regia di LUCIO FULCI. Con MINA, JOE SENTIERI, ELKE SOMMER. ■ Attraverso raccomandazioni ed amicizie, un gruppo di giovani appassionati di canzonette riesce ad esibirsi alla televisione. ■ MUSICALE; B/N; 92′; ITALIA, 1960.

URLO *(Howl)* ★★★
Regia di ROB EPSTEIN, JEFFREY FRIEDMAN. Con JAMES FRANCO, JON PRESCOTT, TODD ROTONDI, DAVID STRATHAIRN, AARON TVEIT. ■ Nel 1955 alla Six Gallery di San Francisco, il giovane poeta Allen Ginsberg recita per la prima volta in pubblico quello che diventerà il manifesto poetico dell'intera cultura Beat americana: *Howl*. Nel suo ululato lamentoso e lacerante risiedono gran parte delle esperienze biografiche dell'autore e tutta la forza immaginifica della sua forma poetica. Qualche anno dopo, in seguito alla pubblicazione del poema da parte del City Light Bookstore, l'editore Lawrence Ferlinghetti e l'"ululato" di Ginsberg sono

sotto accusa da parte della comunità americana per i contenuti osceni e il dubbio valore letterario. Le quattro parti del lamento poetico e allucinato di Allen Ginsberg si convertono in altrettanti stili e formati all'interno di un'opera che somma alla passione letteraria, un *biopic* sugli anni giovanili del più importante poeta beat, un pamphlet storico-critico sulla libertà d'espressione e l'intenzione di contenere in immagini suggestive l'essenza dei versi poetici. ■ DRAMMATICO; COL.; 90′; USA, 2010.

URLO, L' ★★
Regia di FERRUCCIO CERIO. Con ROLDANO LUPI, GUGLIELMO MARIN, ELLI PARVO. ■ Personale e degenti di una clinica psichiatrica vivono terrorizzati da un urlo che rompe puntualmente il silenzio della notte. La moglie del direttore, trascurata dal marito, si innamora di un musicista ospite dell'istituto ed il marito, venutolo a sapere, la impaurisce dicendole che il musicista è un pazzo omicida. E invece il pazzo omicida è lui, il direttore. In preda ad una crisi muore. Sua moglie e il musicista si sposano. ■ DRAMMATICO; B/N; 93′; ITALIA, 1949.

URLO, L' ★★
Regia di TINTO BRASS. Con TINA AUMONT, LUIGI PROIETTI, NINO SEGURINI. ■ Una ragazza decide di abbandonare il suo promesso sposo poco prima delle nozze, perché il giovane le rappresenta un mondo di frivolezze borghesi che lei ora rifiuta. Fugge con un altro, e i due, durante un avventuroso viaggio, si abbandonano alla gioia di un'esistenza senza doveri né restrizioni o pudori. ■ FANTASTICO; COL.; 100′; ITALIA, 1967.

URLO CONTRO MELODIA NEL CANTAGIRO 1963 ★★
Regia di ARTURO GEMMITI. Con ENRICO MARIA SALERNO. ■ La cronaca della manifestazione canora, con sfilata di noti e meno noti in varie località italiane. ■ COMM. MUSICALE; B/N; 91′; ITALIA, 1963.

URLO DEI BOLIDI, L' ★★
Regia di LEO GUARRASI. Con GIANNI MUSY, ROSSANA ROSSANIGO, WALTER SANTESSO. ■ Un giovane meccanico arrampicatore sociale, per far colpo sulla figlia di un industriale, si iscrive al Gran Premio d'Italia e, malgrado il gioco sleale degli avversari, riesce ad arrivare primo, seppur con l'auto in fiamme. Al traguardo c'è la ragazza che l'attende. ■ COMMEDIA; B/N; 90′; ITALIA, 1961.

URLO DEI COMANCHES, L' *(Fort Dobbs)* ★★
Regia di GORDON DOUGLAS. Con BRIAN KEITH, VIRGINIA MAYO, CLINT WALKER, RICHARD EYER. ■ L'inseguimento dello sceriffo e dei suoi uomini ai danni di Gar Davis, accusato di omicidio, si ferma nel territorio dei Comanches, quando un uomo, creduto Davis, viene ritrovato morto. Ma Davis è vivo ed ha portato in salvo una donna ed il suo bambino. ■ WESTERN; B/N; 90′; USA, 1958.

URLO DEI GIGANTI, L' *(Operación Rommel)* ★★
Regia di HENRY MANKIEWICZ (pseud. di LEON KLIMOVSKY). Con ANDREA BOSIC, ALBERTO DE MENDOZA, JACK PALANCE. ■ Un commando alleato giunge in Germania all'indomani dell'attentato contro Hitler (luglio 1943) con l'intento, tra l'altro, di far fuggire Rommel, che aveva appoggiato il gesto. Alcuni ufficiali che avevano partecipato al complotto vengono liberati, la "volpe del deserto" viene incriminata per errore. Il gruppetto è poi attaccato dai tedeschi, ma resiste mentre una divisione alleata riesce a conquistare un importante avamposto. ■ GUERRA; COL.; 92′; SPAGNA, 1969.

URLO DEI MARINES, L' *(Then There Were Three)* ★★
Regia di ALEX NICOL. Con FRANK GREGORY, FRANK LATIMORE, ALEX NICOL. ■ Durante lo sbarco in Normandia un ufficiale del Reich si traveste da marine per catturare il capo dei *maquis* francesi liberati dagli americani, ma fallisce. Gli Alleati avanzano vittoriosi. ■ GUERRA; B/N; 82′; USA, 1963.

URLO DEI SIOUX, L' ★★
(Buffalo Bill in Tomahawk Territory)
Regia di BERNARD B. RAY. Con SLIM ANDREWS, SHARON DEXTER, CLAYTON MOORE. ■ La mandria che Buffalo Bill doveva consegnare agli indiani per ordine del governo federale viene catturata da alcuni banditi che fanno cadere i sospetti dell'azione sui pellirosse. Il nostro eroe, convinto del contrario, sventa una guerra che sembrava inevitabile. ■ WESTERN; B/N; 77′; USA, 1953.

URLO DEL GABBIANO, L' *(Night Runner)* ★★
Regia di ABNER BIBERMAN. Con MERRY ANDERS, RAY DANTON, COLLEEN MILLER. ■ Roy, appena uscito dall'ospedale psichiatrico in cui era stato ricoverato dopo un episodio drammatico, stenta a reinserirsi nella vita di ogni giorno. Sembra esservi riuscito quando il padre della ragazza, di cui si è innamorato, ne scopre i drammatici precedenti. Finale tragico. ■ DRAMMATICO; B/N; 79′; USA, 1957.

URLO DELLA BATTAGLIA, L' *(Merrill's Marauders)* ★★★
Regia di SAMUEL FULLER. Con JEFF CHANDLER, ANDREW DUGGAN, TY HARDIN. ■ È la storia dei *marauders* di Merrill che si aprono la strada nella giungla birmana attraverso selvaggi combattimenti con i giapponesi. Merrill, gravemente malato, crolla prima di arrivare a destinazione, ma i *marauders* riusciranno a giungere al mare. ■ GUERRA. COL.; 82′; USA, 1962.

URLO DELLA CITTÀ, L' *(Cry of the City)* ★★★
Regia di ROBERT SIODMAK. Con RICHARD CONTE, VICTOR MATURE, DEBRA PAGET, SHELLEY WINTERS. ■ Due amici d'infanzia l'un contro l'altro armati. Uno è un poliziotto, l'altro un feroce bandito. Quest'ultimo, Martino Roma, è ferito e catturato dalla polizia, ma riesce a fuggire. L'ex amico lo insegue. Durante le indagini rimane colpito gravemente a sua volta. Martino riuscirebbe a farla franca se un ragazzino, che l'ha sempre idolatrato, non gli saldasse il conto una volta per sempre. ■ POLIZIESCO; B/N; 97′; USA, 1948.

URLO DELLA FOLLA, L' *(The Crowd Roars)* ★★★
Regia di HOWARD HAWKS. Con JOAN BLONDELL, JAMES CAGNEY, ANN DVORAK. ■ Film automobilistico di grande successo ai primordi del sonoro. James Cagney è un asso di formula uno che vorrebbe che il fratello minore seguisse le sue orme. Ma deve arrendersi. ■ AVVENTURA; B/N; 85′; USA, 1932.

URLO DELLA FOLLA, L' *(The Sound of Fury)* ★★★
Regia di CYRIL ENDFIELD. Con LLOYD BRIDGES, RICHARD CARLSON, FRANK LOVEJOY, KATHLEEN RYAN. ■ Un poveraccio padre di famiglia si lascia indurre da un mascalzone a rapire il figlio di un ricco. Il rapito muore ucciso dal mascalzone. Il poveraccio, torturato dai rimorsi, si tradisce. I due sono trascinati in guardina, ma la folla, inferocita, assalta la prigione e li lincia. ■ DRAMMATICO; B/N; 85′; USA, 1951.

URLO DELLA FORESTA, L' *(The Blazing Forest)* ★★★
Regia di EDWARD LUDWIG. Con WILLIAM DEMAREST, AGNES MOOREHEAD, SUSAN MORROW, JOHN PAYNE. ■ L'anziana proprietaria di una segheria dell'Oregon stenta a mandare avanti l'azienda. Ma ha la buona idea di assumere un sorvegliante che mette in riga i boscaioli. Le cose sono però complicate dall'intervento di un cattivo soggetto e da uno spettacolare incendio che minaccerà di distruggere l'azienda e le vite degli occupanti. ■ AVVENTURA; COL.; 90′; USA, 1952.

URLO DELLA MONTAGNA, L' *(Hegyek leána)* ★★
Regia di ZOLTAN FARKAS. Con CECIL CRAWFORD, ALICE FEYNES, EDWARD FURLAY. ■ In un villaggio sulle montagne dei Tatra, una ragazza passa una vita grama per via della cattiva fama della madre, una prostituta. Uno spiraglio di felicità le si apre quando conosce un giovane cantoniere di cui diviene l'amante. Ma l'uomo è già sposato. Tragico finale. ■ DRAMMATICO; B/N; 93′; UNGHERIA, 1942.

URLO DELLA VERITÀ, L' ★
Regia di STELVIO MASSI. Con PIER PAOLO CAPPONI, TOMMASO GIVOGRE, ANTONELLA LUALDI, STEFANIA MEGA, ELIANA MIGLIO. ■ La professoressa Vitali è attenta alle istanze dei propri studenti. Ha in classe alunni di varia estrazione sociale tra cui emergono il ragazzo che si occupa dell'amico handicappato e il giovane borghese che fa coppia con la ragazza più sfortunata sul piano familiare. Si procede per stereotipi senza un minimo di accenno alla vita vera. ■ DRAMMATICO; COL.; 99′; ITALIA, 1993.

URLO DELL'INSEGUITO, L' *(Cry of the Hunted)* ★★★
Regia di JOSEPH H. LEWIS. Con POLLY BERGEN, WILLIAM CONRAD, VITTORIO GASSMAN, BARRY SULLIVAN. ■ Un galeotto, sel-

vaggio e ribelle, scappa da una prigione della Florida e cerca di raggiungere la famiglia. Ma un poliziotto lo insegue. Si scatena fra i due una lotta selvaggia: il poliziotto morirebbe se il ricercato, in un impeto di generosità, non lo salvasse dalle sabbie mobili. Tornano indietro. Il poliziotto testimonierà a favore dell'evaso. Questi si farà in pace ancora qualche mese di carcere. ■ DRAMMATICO; B/N; 80'; USA, 1953.

URLO DELL'ODIO, L' *(The Edge)* ★★
Regia di LEE TAMAHORI. Con ALEC BALDWIN, ANTHONY HOPKINS, ELLE MACPHERSON. ■ Un ricco uomo d'affari (Hopkins) col pallino delle citazioni intellettuali, organizza una vacanza in Alaska coi suoi amici. In realtà il suo migliore amico (Baldwyn) è anche l'amante di sua moglie e quando si presenta la circostanza – un incidente aereo isola i due fra le montagne – cerca di ucciderlo. Alla fine la forza della natura, la sua durezza fanno una certa ancestrale giustizia. Il cattivo paga. Oltre ai grandi attori protagonista è la natura, una sorta di grande, estremo giudice. Tamahori aveva dato ottima prova di sé in storie metropolitane, così come David Mamet, qui sceneggiatore. Ancora una volta Baldwyn è l'affascinante cattivo. ■ DRAMMATICO; COL.; 118'; USA, 1998.

URLO DEL SILENZIO, L' ★★★
(The Heart is a Lonely Hunter)
Regia di ROBERT ELLIS MILLER. Con ALAN ARKIN, SONDRA LOCKE, CICELY TYSON. ■ Protagonista è un giovane sordomuto con l'animo del boy-scout. Fa del bene a tutti, a un amico minorato, a un medico di colore, a una ragazza in guai sentimentali. Ma nessuno lo ricambia. Un giorno, disperato, si uccide. Solo al funerale avrà dichiarazioni d'affetto. ■ DRAMMATICO; COL.; 125'; USA, 1968. ■ OSCAR 2 NOM.

URLO DI BRUCE LEE TERRORIZZA ANCORA, L' ★
Regia di CHEN TUNG MAN. Con SONNY GHIBA, YOUNG SEE, JAMES YAMASHITA. ■ Un giovane karateca, a cui hanno barbaramente ucciso la madre, si affida a un insegnante di arti marziali che è in realtà un losco trafficante di droga e che ha ucciso un giovane poliziotto il cui fratello ha giurato vendetta... Insomma, è il solito karatè. ■ AVVENTURA; COL.; 91'; HONG KONG, 1976.

URLO DI CHEN TERRORIZZA ANCHE L'OCCIDENTE, L' ★★
Regia di BRUCE LEE. Con BRUCE LEE, MALISA LONGO, GEORGE WALL. ■ Il defunto Bruce Lee in un tentativo di portare i canovacci del kung-fu su sfondo italiano. Ha la parte di un cinesino di gentile aspetto che viene a lavorare come sguattero in una trattoria di Roma. La zona è infestata da una banda di bulletti. Niente paura: il cinesino, maestro di arti marziali, ne farà polpette. ■ AVVENTURA; COL.; 100'; ITALIA, 1973.

URLO DI GUERRA DEGLI APACHES, L' ★★
(Ambush at Cimarron Pass)
Regia di JODIE COPELAN. Con IRVING BACON, SCOTT BRADY, MARGIA DEAN, CLINT EASTWOOD. ■ Nel territorio infestato dagli Apaches un pugno di uomini cerca di raggiungere il forte più vicino, rischiando cento volte la pelle. Li comanda un duro sergente che ha un carico d'armi da portare a destinazione. Tuttavia le distruggerà per non farle cadere nelle mani dei pellirosse. ■ WESTERN; B/N; 73'; USA, 1958.

URLO E LA FURIA, L' *(The Sound and the Fury)* ★★★
Regia di MARTIN RITT. Con YUL BRYNNER, MARGARET LEIGHTON, FRANÇOISE ROSAY, JACK WARDEN, JOANNE WOODWARD. ■ Una famiglia decaduta (e bacata) del profondo Sud. Il giovane autoritario Jason cerca di tenere unito un nucleo rovinato dall'alcolismo, dalla ninfomania, dalle malattie mentali. Ha anche il suo daffare con Quentin, la più giovane e sana del mazzo, che vorrebbe scappare con un acrobata da circo. Quentin si persuade a rimanere: forse, un giorno, sposerà persino il rude Jason. ■ DRAMMATICO; COL.; 115'; USA, 1959.

URLO NELLA NOTTE, UN *(No Down Payment)* ★★★
Regia di MARTIN RITT. Con JEFFREY HUNTER, CAMERON MITCHELL, SHEREE NORTH, TONY RANDALL, JOANNE WOODWARD. ■ Quattro giovani coppie della media borghesia americana sono vicine di casa e s'incontrano spesso. Solo una di esse è abbastanza stabile. Le altre hanno i loro guai: un marito beve e mette le corna alla moglie, un altro violenta la consorte del vicino. ■ DRAMMATICO; B/N; 105'; USA, 1957.

URLO NELLE TENEBRE, UN ★
Regia di ELO PANNACCIÒ. Con RICHARD CONTE, FRANÇOISE PRÉVOST, JEAN-RICHARD VERNÉ. ■ Un giovanotto posseduto dal diavolo ammazza la fidanzata e la madre. La sorella missionaria, di ritorno dall'Africa, decide di affidarlo alle cure di un esorcista. Costui scaccia il diavolo dal giovane, ma il maligno s'insinua nella sorella e la fa precipitare da una rupe. ■ HORROR; COL.; 93'; ITALIA, 1975.

URSUS ★★
Regia di CARLO CAMPOGALLIANI. Con ED FURY, CRISTINA GAJONI, MOIRA ORFEI. ■ Ursus parte per vendicare la morte del padre ucciso dal tiranno Setas e ritrovare la fidanzata rapita dallo stesso. Le sue ricerche lo portano in un'isola dove scopre che la fidanzata è divenuta regina e non ha più interesse per lui. Anzi, tenta di uccidere il buon Ursus. ■ MITOLOGICO; COL.; 95'; ITALIA, 1961.

URSUS E LA RAGAZZA TARTARA ★★
Regia di REMIGIO DEL GROSSO. Con ROLAND LESAFFRE, ETTORE MANNI, AKIM TAMIROFF, YOKO TANI. ■ Stavolta l'azione è spostata nelle steppe siberiane. Ursus ha un ruolo secondario, quello di un soldato tenuto prigioniero dai tartari. L'eroe è un principe polacco che, innamoratosi di una principessa dagli occhi a mandorla, la converte al cristianesimo e alla causa politica occidentale. I tartari saranno così battuti. ■ MITOLOGICO; COL.; 93'; ITALIA, 1961.

URSUS, GLADIATORE RIBELLE ★★
Regia di DOMENICO PAOLELLA. Con JOSÉ GRECI, GLORIA MILLAND, GIANNI SANTUCCIO, DAN VADIS. ■ Ursus, come Spartaco, decide di ribellarsi e di ottenere la sognata libertà. Chiama a raccolta gli altri gladiatori. ■ MITOLOGICO; COL.; 95'; ITALIA, 1962.

URSUS IL TERRORE DEI KIRGHISI ★★
Regia di ANTHONY DAWSON. Con MIREILLE GRANELLI, ETTORE MANNI, REG PARK. ■ Un terribile mostro aggredisce gli abitanti di una valle. Sospettato è un capo tribù, Ursus, per la sua grande forza e per il fatto che lo spauracchio non ha mai toccato la sua gente. Invece Ursus è innocente: la colpevole è una malefica regina innamorata di lui. ■ MITOLOGICO; COL.; 90'; ITALIA, 1964.

URSUS NELLA TERRA DI FUOCO ★
Regia di GIORGIO SIMONELLI. Con ED FURY, ADRIANO MICANTONI, CLAUDIA MORI. ■ Un tiranno vuol estendere il suo dominio alla Terra di Fuoco e cerca di eliminare Ursus che vi s'oppone. Durante un terribile torneo Ursus batte tutti gli uomini del tiranno. Questi non demorde, ma a soccorrere Ursus e la giusta causa, interviene addirittura il dio del fuoco, che libera il mondo dal despota. ■ MITOLOGICO; COL.; 91'; ITALIA, 1963.

URSUS NELLA VALLE DEI LEONI ★★
Regia di CARLO LUDOVICO BRAGAGLIA. Con ED FURY, ALBERTO LUPO, MOIRA ORFEI. ■ Ursus è il figlio di un re, che un usurpatore cattivo ha fatto portare bambino nella Valle dei Leoni. Ma le belve, invece di sbranare il piccolo, lo allevano. Divenuto un forzuto e messo al corrente delle sue origini regali, Ursus compie la sua vendetta contro l'usurpatore. ■ MITOLOGICO; B/N; 94'; ITALIA, 1962.

U.S.A. CONTRO JOHN LENNON ★★★
(The U.S. vs. John Lennon)
Regia di JOHN SCHEINFELD, DAVID LEAF. ■ «All We Are Saying Is Give Peace a Chance». Il mantra di John Lennon è stato uno degli inni rivoluzionari pacifisti con la più alta capacità di penetrazione nel mondo anglosassone e non. Il più "politico" dei Beatles (che avrebbe scritto e musicato quell'evergreen che è *Imagine*) era all'epoca già entrato nella "fase Yoko Ono" che avrebbe poi portato alla dissoluzione del gruppo, scatenando le ire dei fan e dando il via alle accuse nei confronti della compagna orientale del musicista. Questo documentario, che vede l'attiva collaborazione della vedova e che pertanto non può metterla in cattiva luce, ha comunque il pregio di mostrare, attraverso molti documenti inediti e interviste a chi all'epoca era entrato in contatto con il musicista,

un'altra faccia della medaglia. È quella di una pop star all'apice del successo che, grazie forse anche a un'infanzia e adolescenza travagliate, sente il bisogno di fare qualcosa per un mondo che sia più in pace con se stesso. Sono gli anni della guerra nel Vietnam e Lennon è pronto a manifestare il suo dissenso in tutte le forme possibili. A partire dal "bed in" ad Amsterdam in favore della pace, con la stampa ammessa periodicamente attorno al talamo nuziale, fino all'attivo sostegno delle campagne anti Nixon negli States. Ed è qui che ebbe inizio il tentativo da parte dell'Fbi di Edgar Hoover (che riferiva direttamente alla Casa Bianca) di espellere l'artista dal territorio americano. ■ DOCUMENTARIO; COL.; 99'; USA, 2006.

USANZE D'ALLORA *(Pursuit of Happiness)* ★★★
Regia di ALEXANDER HALL. Con JOAN BENNETT, FRANCIS LEDERER, CHARLES RUGGLES. ■ Durante la guerra d'Indipendenza americana, un soldato tedesco arruolato nelle truppe inglesi capita in una casa d'arrabbiati indipendentisti. Il che non gli impedisce di simpatizzare con la figlia del padrone di casa, un pastore protestante. Il pastore protesta, ma poi deve cedere. ■ COMMEDIA; B/N; 75'; USA, 1934.

USCITA, L' ★★
Regia di MARCO LETO. Con PIERO D'ONOFRIO, ALMERICA SCHIAVO. ■ Marina è un'ex brigatista che ha scontato la sua pena e che ora viene rimessa in libertà. Il film racconta i problemi e gli ostacoli psicologici e pratici cui la ragazza va incontro quando tenta di reinserirsi nella "normalità". ■ DRAMMATICO; COL.; 100'; ITALIA, 1989.

USCITA DALLE FABBRICHE LUMIÈRE, L' ★★★★
(La Sortie des usines Lumière)
Regia di LOUIS LUMIÈRE. ■ È il primo storico film dei fratelli Lumière che ha dato vita al cinema. Si tratta, come suggerisce il titolo, dell'uscita di fine lavoro degli operai delle officine omonime. ■ DOCUMENTARIO; B/N; 1'; FRANCIA, 1895.

USCITA DI SICUREZZA *(Exit in Red)* ★
Regia di YUREK BOGAYEVICZ. Con ANTHONY MICHAEL HAIL, CARRÉ OTIS, MICKEY ROURKE, ANNABEL SCHOFIELD. ■ La storia di una bellissima che sembra cadere facilmente tra le braccia del nostro Rourke (uno psichiatra fuggito da Los Angeles, direzione Palm Spring, perché accusato – pare ingiustamente – di violenza carnale da un'attrice che gli vuol fare la pelle), ma in testa ha un bel piano per servirsi di lui, e diventare ricchissima ... Tutte lo vogliono, questo Rourke: pure la sua "avvocatessa". E poi ancora, direbbe Totò: «Mickey Rourke psichiatra? Ma mi facci il piacere...». ■ COMMEDIA NERA; COL.; 97'; USA, 1996.

U.S. MARSHALS – CACCIA SENZA TREGUA ★★★
(U.S. Marshals)
Regia di STUART BAIRD. Con ROBERT DOWNEY JR., IRÈNE JACOB, TOMMY LEE JONES, JOE PANTOLIANO, WESLEY SNIPES. ■ Torna Tommy Lee Jones-Sam Gerard, il segugio che braccava il "fuggitivo" Harrison Ford. L'impianto è lo stesso. Questa volta il detenuto fugge da un aereo dopo un atterraggio di fortuna: è Snipes, ex agente incastrato, dunque innocente, proprio com'era Harrison Ford. Il gruppo di caccia si chiama appunto U.S. Marshals. Con l'aiuto di un agente dell'Fbi (Downey) alla fine il fuggitivo viene preso. Ma il cattivo era quello dell'Fbi. Spettacolare e ricco, ecco gli ingredienti dell'ottimo prodotto di evasione, fra boschi e fiumi e grattacieli di New York e Los Angeles. Tutti bravi. Notata Irene Jacob, molto amata da Kieslowski. In attesa de *Il fuggitivo 3*. ■ AVVENTURA; COL.; 103'; USA, 1998.

USSARI, GLI *(Kyber Patrol)* ★★★
Regia di SEYMOUR M. FRIEDMAN. Con DAWN ADDAMS, PATRIC KNOWLES. ■ In India, nell'Ottocento, un sultano complotta contro l'esercito inglese. Un capitano sospetta, ma non lo prendono sul serio. E anche sul fronte privato le cose gli vanno male (la fidanzata gli preferisce un azzimato ufficialetto). Ma il capitano avrà la sua rivincita, salvando il reggimento da un'imboscata e riconquistando l'affetto della ragazza. ■ AVVENTURA; COL.; 71'; USA, 1954.

USSARI DI BERGERY, GLI *(Bercsenyi huszarok)* ★★
Regia di SANDOR SZLATINAY. Con ZITA SZELECZKY. ■ Una donna divorzia dal marito, un ufficiale degli ussari, e sposa un barone che la lascia presto vedova. L'uomo conosce la figliola che non aveva mai visto (e che considerava il barone suo padre). Tutti commossi. ■ COMMEDIA; B/N; 92'; UNGHERIA, 1939.

USSARO, L' *(Ihr Leibhusar)* ★★
Regia di HUBERT MARISCHKA. Con PÁL JÁVOR, PAUL KEMP, MAGDA SCHNEIDER. ■ Un ufficiale ubriacone e donnaiolo per salvarsi dalla bancarotta accetta di sposare una ragazza che non ha mai visto. Prima dell'incontro con la sua promessa, vede però una fanciulla e se ne innamora, ricambiato. Che fortuna: era proprio la sua fidanzata sconosciuta. ■ COMMEDIA; B/N; 91'; AUSTRIA, GERMANIA, UNGHERIA, 1937.

USSARO FANTASMA, L' *(Les maineaux de Paris)* ★★
Regia di MAURICE CLOCHE. Con JEAN-PIERRE AUMONT, VIRGINIA KELEY. ■ Un ragazzino di molta fantasia sogna una notte un ussaro di Napoleone che gli rivela che non troverà mai pace finché un medaglione (consegnatogli a suo tempo dall'imperatore) non raggiungerà il figlio di Bonaparte, il re di Roma. Il ragazzino ritrova il medaglione e lo va a depositare a Vienna sulla tomba dello sfortunato giovane. ■ COMMEDIA; B/N; 90'; FRANCIA, 1952.

USSARO NERO, L' *(Der Schwarzehusar)* ★★
Regia di GERHARD LAMPRECHT. Con MADY CHRISTIANS, WOLF ALBACH RETTY, CONRAD VEIDT. ■ Durante le campagne napoleoniche sorge l'amore fra un aristocratico ufficiale austriaco e una dama francese. ■ COMMEDIA; B/N; 93'; GERMANIA, 1932.

USSARO SUL TETTO, L' *(Le hussard sur le toît)* ★★★
Regia di JEAN-PAUL RAPPENEAU. Con CLAUDIO AMENDOLA, JULIETTE BINOCHE, CARLO CECCHI, OLIVIER MARTINEZ. ■ Provenza 1832. Un patriota italiano è rifugiato in un villaggio e sfugge agli agenti austriaci che vogliono ucciderlo. Si accompagna a una bella sposata e con lei attraversa il nord della Francia cercando di rimpatriare attraverso le Alpi. Nel frattempo diventa il cavalier servente della giovane e la salva da mille pericoli, peste compresa. Alla fine lei riceve una lettera dall'Italia. Chissà che un giorno non raggiunga il suo eroe. Azione e paesaggi, duelli alla spada e competizione d'amore. Un film di buon successo di pubblico, con la solita Binoche intensa e il giovane Martinez, già idolo delle giovanissime francesi. ■ AVVENTURA; COL.; 125'; FRANCIA, 1996.

USURAIO, L' ★★
Regia di SERGIO GRIECO, HARRY HASSO. Con RAFAEL LUIS CALVO, ALDO FIORELLI, MARIA TASNADY. ■ Un uomo, amareggiato dalle troppe sconfitte, decide di diventare affarista senza scrupoli. Molti anni dopo ritrova la donna da lui amata in gioventù. Il marito di costei è in difficoltà e non può provvedere all'avvenire del figliolo. Ma il figliolo non è suo, è dell'affarista che, alla fine, si ravvede. ■ DRAMMATICO B/N; 92'; ITALIA, 1943.

USURPATORE, L' *(Strangers in Love)* ★★
Regia di LOTHAR MENDES. Con KAY FRANCIS, FREDRIC MARCH, SIDNEY TOLER. ■ Una segretaria ama il principale, ma un giorno scopre che non è lui che l'ha frequentata ultimamente, ma il suo fratello gemello. La segretaria cerca di vederci chiaro e scopre che è in atto una frode familiare. ■ COMMEDIA; B/N; 91'; USA, 1932.

USURPATORE, L' *(Tower of London)* ★★★
Regia di ROWLAND V. LEE. Con BORIS KARLOFF, VINCENT PRICE, BASIL RATHBONE, JOHN SUTTON. ■ Rievocazione romanzata delle vicende di Riccardo III d'Inghilterra. Il deforme duca di Gloucester aspira al trono, ma troppi tra fratelli e cugini gli sbarrano la successione. Perciò decide di farli ammazzare tutti. Alla fine lo incoronano re, ma la resa dei conti è vicina anche per lui. Impegnato in battaglia dal duca di Richmond, Riccardo viene selvaggiamente ucciso dai soldati nemici. ■ STORICO; B/N; 92'; USA, 1939.

UTOPIA ★
Regia di MARÍA RIPOLL. Con JOSÉ GARCIA, TCHÉKY KARYO, NAJWA NIMRI, LEONARDO SBARAGLIA, EMMA VILARASAU. ■ Sin da piccolo Adrián ha il dono di vedere le cose prima che ac-

cadano. Con l'aiuto di Utopía, una società segreta di cui fanno parte anche altre persone con le sue stesse doti extrasensoriali, inizia a comprendere quelle strane visioni, ma ben presto si rende conto di non essere capace di prevenire gli eventi negativi che lo perseguitano come sogni lucidi. L'uccisione accidentale della moglie e del figlio del poliziotto Hervé lo portano ad allontanarsi da Utopía, ma sei anni più tardi viene scovato dalla società che lo spinge, suo malgrado, ad accettare un ultimo incarico. Sebbene la regia sia coinvolgente, i continui flashback e le visioni di Adrián fanno perdere il filo narrativo e rendono la trama sconclusionata, a tratti banale. ■ THRILLER; COL.; 106′; FRANCIA, SPAGNA, 2003.

UTTARA *(The Wrestlers)* ★★★★

Regia di BUDDHADEB DASGUPTA. Con TAPAS ADHIKARI, R.I. ASAD, SHANKAR CHAKRABORTY, TAPAS PAL, JAYA SEAL. ■ Due amici. Lavorano in una piccola stazione ferroviaria in Bengala. Fra un treno e l'altro, coltivano una grande passione: la lotta. Il loro campo di allenamento (fatto di sola terra) sta in cima ad un colle, con dietro la linea dell'orizzonte. Un giorno uno dei due se ne va al paese d'origine. Torna a casa con una donna, sua moglie. Nell'amico (ora solo) nasce la gelosia: fra il suo corpo e quello dell'amico s'è insinuato quello di una donna. Cerca di sedurla con la forza ma, quando viene scoperto dal marito, inizia un duello molto più cattivo dei precedenti. Il film: sentimenti allo stato puro, buoni e cattivi insieme. Espressi in maniera autentica, senza filtri, secondo una linea molto orientale. Molto simbolica, difficile (forse) per un occidentale, abituato a cose più "concrete". Più materiali e più contorte. Ma essere diretti non vuol dire (per forza) essere didascalici. ■ DRAMMATICO; COL.; 99′; INDIA, 1999. ■ VENEZIA 1 PR.

U-TURN – INVERSIONE DI MARCIA *(U-Turn)* ★★

Regia di OLIVER STONE. Con JENNIFER LOPEZ, NICK NOLTE, SEAN PENN, JOAQUIM PHOENIX, BILLY BOB THORNTON, JON VOIGHT. ■ Dal romanzo *Cani randagi* di John Ridley. Un vagabondo disperato (il racket gli ha tagliato due dita perché in ritardo coi pagamenti) arriva in una cittadina messicana con la macchina rotta. Dovendosi trattenere si trova in un mare di guai. La storia praticamente non c'è, e Stone credeva di supplire con gli artifici: il film infatti non presenta una sola inquadratura naturale. Fra il peggior Tony Scott e un sospetto – fastidioso e pericoloso – odor di Tarantino. ■ DRAMMATICO; COL.; 125′; USA, 1997.

UTZ ★★★

Regia di GEORGE SLUIZER. Con BRENDA FRICKER, ARMIN MUELLER-STAHL, PAUL SCOFIELD. ■ Mueller-Stahl per questa interpretazione ha vinto l'Orso d'Oro a Berlino. Ambientato a Praga, segue le vicende del barone von Utz narrate da un antiquario suo amico. La mania per le opere in ceramica di Meissen è una delle caratteristiche principali del personaggio, che ha vissuto la sua vita isolandosi dal resto del mondo. ■ DRAMMATICO; COL.; 98′; GERMANIA, GRAN BRETAGNA, ITALIA, 1992. ■ BERLINO 1 PR.

UZAK ★★★

Regia di NURI BILGE CEYLAN. Con FATMA CEYLAN, ZUHAL GENCER ERKAYA, NAZAN KIRILMIS, MUZAFFER OZDEMIR, MEHMET EMIN TOPRAK. ■ Mahmut, fotografo freelance quarantenne, è in una crisi esistenziale dopo che sua moglie lo ha lasciato. Proprio in quel momento delicato, va a fargli visita suo cugino Yusuf, disoccupato dopo il fallimento della fabbrica dove lavorava, alla ricerca di un appiglio e con mille manie al seguito. ■ DRAMMATICO; COL.; 110′; TURCHIA, 2003. ■ CANNES 2 PR.

V

VACANCY ★★
Regia di NIMRÓD ANTAL. Con SCOTT G. ANDERSON, KATE BECKINSALE, MARK CASELLA, ETHAN EMBRY, FRANK WHALEY, LUKE WILSON. ■ Dopo aver lasciato la strada principale ed essersi inoltrati in una secondaria, l'automobile dei coniugi Fox rompe il motore, fortunatamente (?) proprio di fronte a un motel. Data la tarda ora, sono indotti a prendere una stanza e aspettare l'alba per chiamare i soccorsi. Nei sudici alloggi dell'albergo sembra nascondersi un segreto, peraltro mal celato dai cattivi di turno, che lasciano in giro gli *snuff movie* girati fra quelle pareti. Compreso il pericolo, i Fox decidono di non rimanere ad attendere la propria fine ma di dare del filo da torcere ai loro inseguitori. Gli alberghi nascondono un enorme potenziale per gli sceneggiatori di film horror: da *Psyco* fino a *Shining*, dietro i numeri che segnano le stanze sembra sempre nascondersi un universo pieno di ombre... ■ HORROR; COL.; 95′; USA, 2007.

VACANZA, LA ★★★
Regia di TINTO BRASS. Con FRANCO NERO, VANESSA REDGRAVE, LEOPOLDO TRIESTE. ■ Una giovane, che il nobile seduttore ha mandato in manicomio, ne esce per un periodo di prova. Unitasi a un bracconiere, passa da un'avventura all'altra e finisce in prigione; fugge, ma viene trovata e rispedita in manicomio. Film interessante anche se abbastanza complesso. ■ DRAMMATICO; COL.; 105′; ITALIA, 1971.

VACANZA ALL'INFERNO, UNA ★★
Regia di TONINO VALERI. Con F. MURRAY ABRAHAM, GIANCARLO GIANNINI, MARCO LEONARDI, MIRCA VIOLA. ■ Il film si richiama al libro di Fabrizio Paladini *Bangkwang* e narra di un fatto veramente accaduto. Un reporter in Thailandia si fa trovare dalla polizia dell'eroina nascosta nella videocamera. Viene condannato a sedici anni da passare in "quelle" prigioni. Persino troppo evidente il richiamo a *Fuga di Mezzanotte*. Ma quello era un ottimo film. ■ DRAMMATICO; COL.; 104′; ITALIA, 1997.

VACANZA BESTIALE, UNA ★★
Regia di CARLO VANZINA. Con DIEGO ABATANTUONO, JERRY CALÀ, UMBERTO SMAILA. ■ Alcuni sciocchi turisti si mettono nelle mani di un'agenzia di viaggi poco scrupolosa che li conduce in Africa e poi li lascia allo sbaraglio. Quasi privi di denaro, di risorse, con la barriera del linguaggio, i turisti cercano disperatamente di tornare in Italia. E ci riescono. Su un tappeto (che non vola, però galleggia). ■ COMMEDIA; COL.; 92′; ITALIA, 1980.

VACANZA DEL CACTUS, UNA ★
Regia di MARIANO LAURENTI. Con BOMBOLO, ENZO CANNAVALE, ANNA MARIA RIZZOLI. ■ Un danaroso e voglioso commendatore, un amico fesso, una segretaria "bona" e una moglie miope e impicciona sono gli ingredienti di questa commedia banale e scontata, ambientata nell'isola di Rodi. ■ COMMEDIA; COL.; 95′; ITALIA, 1981.

VACANZA DEL DIAVOLO, LA *(The Devil's Holiday)* ★★★
Regia di EDMUND GOULDING. Con HOBART BOSWORTH, NANCY CARROLL, PHILLIPS HOLMES, JAMES KIRKWOOD, NED SPARKS. ■ Hallie (Nancy Carrol) interpreta una manicure che corteggia e sposa il ricco David (Phillips Holmes). Si tratta di un matrimonio non del tutto disinteressato, infatti quando la famiglia di lui le offre del denaro per lasciare David, Hallie accetta i soldi. David comincia a dare segni di pazzia e la ragazza è presa da rimorsi: rinuncia ai soldi e torna dal marito. Nancy Carrol dà un'ottima interpretazione e porta un tocco di freschezza in un film un po' scontato e disordinato. ■ COMMEDIA; B/N; 80′; USA, 1930. ■ OSCAR 1 NOM.

VACANZA DEL PECCATORE, LA *(Sinner's Holiday)* ★★
Regia di JOHN ADOLFI. Con JOAN BLONDELL, JAMES CAGNEY, GRANT WHITERS. ■ Il primo film di James Cagney, dove fa un cattivo truffatore e vigliacco Assieme al fratello contrabbanda il whisky durante il proibizionismo. Quando l'altro va in prigione ne approfitta per derubarlo. Poi lo uccide, appena quello, uscito di galera, chiede il saldo del conto. La madre cerca di buttare la colpa su un innocente. Ma invano. ■ POLIZIESCO; B/N; 60′; USA, 1930.

VACANZA DI TROPPO, UNA *(Summer Rental)* ★★
Regia di CARL REINER. Con KAREN AUSTIN, JOHN CANDY, RICHARD CRENNA. ■ Un controllore di volo psicologicamente debilitato riesce ad avere un meritato periodo di ferie. Così decide di andare con la famigliola al mare su una spiaggia dove gliene capiteranno di tutti i colori. Interpretato dal comico ciccione John Candy in maniera sguaiata e poco sostenuto dagli altri della troupe compreso il regista, che tre anni prima aveva diretto un gioiellino come *Il mistero del cadavere scomparso*. ■ COMICO; COL.; 86′; USA, 1985.

VACANZA NERA, UNA *(Dark Holiday)* ★
Regia di LOU ANTONIO. Con LEE REMICK. ■ Una versione al femminile di *Fuga di mezzanotte*. Un'ingenua turista americana compra degli oggetti artistici, credendo siano una sorta di souvenir, da un venditore ambulante. Viene arrestata e non riuscendo a dipanare la matassa burocratica cerca di fuggire dal carcere. Il film è ambientato in Turchia, dove la vita carceraria è orribile. Per chi è assuefatto ai film televisivi. ■ DRAMMATICO; COL.; 95′; USA, 1989.

VACANZE AD HONOLULU *(Hula-Hoop, Conny)* ★★
Regia di HEINZ PAUL. Con CONNY FROBES, SUSI NICOLETTI. ■ Una commedia degli equivoci che si conclude felicemente col matrimonio di due giovani e quello dei rispettivi genitori tra di loro. ■ COMMEDIA; B/N; 91′; GERMANIA, 1949.

VACANZE AFRICANE *(L'africain)* ★★
Regia di PHILIPPE DE BROCA. Con CATHERINE DENEUVE, PHILIPPE NOIRET. ■ Un Philippe De Broca in una buona forma al servizio di una coppia quasi infallibile (Noiret e la Deneuve). La Deneuve è una titolare di agenzia di viaggi che vende la "grande avventura". Un giorno conduce i suoi clienti in Africa, ma nel cuore del continente nero trova inopinatamente l'ex marito (Noiret) rifugiatosi là in cerca di pace. L'imprevisto incontro riavvicina per un po' la coppia. Quando lei riparte gli prometterà di convincere i turisti a lasciare in pace gli africani. ■ COMMEDIA; B/N; 100′; FRANCIA, 1983.

VACANZE A ISCHIA ★★★
Regia di MARIO CAMERINI. Con VITTORIO DE SICA, MARISA MERLINI. ■ Vicende comiche o drammatiche dei vacanzieri giunti nell'assolata Ischia. Lieto fine per tutti. Regista e interpreti sulla cresta dell'onda nell'era dei telefoni bianchi, ma con vent'anni in più. ■ COMMEDIA; COL.; 100′; ITALIA, 1957.

VACANZE ALLA BAIA D'ARGENTO ★★★
Regia di FILIPPO WALTER RATTI. Con MARIO CAROTENUTO, VALERIA FABRIZI, ANTHONY STEEL. ■ Due giovani, che in un primo tempo si frequentano per interesse, finiscono con l'innamorarsi per davvero. ■ COMMEDIA; COL.; 90′; ITALIA, 1961.

VACANZE AL MESSICO *(Holiday in Mexico)* ★★★
Regia di GEORGE SIDNEY. Con JOSÉ ITURBI, ILONA MASSEY, WALTER PIDGEON, JANE POWELL. ■ La figlia di un ambasciatore crede di amare, ricambiata, un anziano musicista. Questi però la disillude e lei finisce con l'accettare la corte di un coetaneo. ■ SENTIMENTALE; COL.; 127′; USA, 1946.

VACANZE A MALAGA *(Taxi, roulotte et corrida)* ★★★
Regia di ANDRÉ HUNEBELLE. Con RAYMOND BUSSIÈRES, LOUIS DE FUNÈS. ■ Durante il viaggio che lo porta in ferie con la famiglia un tassista incontra una ladra che gli procurerà un sacco di guai. ■ COMMEDIA; B/N; 80′; FRANCIA, 1958.

VACANZE A MONTECARLO *(Mission à Montecarlo)* ★★
Regia di JEAN BOYER. Con AUDREY HEPBURN, HARRY JAMES, PHILIPPE LEMAIRE. ■ Comiche peripezie di un musicista al quale viene affidato un bambino, che sarà rapito e poi riconsegnato dalla polizia ai genitori. ■ COMM. MUSICALE; B/N; 106′; FRANCIA, 1951.

VACANZE A NATALE *(Christmas Holiday)* ★★★
Regia di ROBERT SIODMAK. Con DEANNA DURBIN, DEAN HARENS, GENE KELLY. ■ Una giovane il cui marito è stato condannato all'ergastolo si dà alla prostituzione. Un ufficiale riuscirà a ricondurla sulla retta via. Un ruolo insolito per la Durbin, impegnata qui nel registro drammatico. ■ DRAMMATICO; B/N; 92′; USA, 1944. ■ OSCAR 1 NOM.

VACANZE A PARIGI *(Votre devoué blanc)* ★★
Regia di JEAN LAVIRON. Con EDDIE CONSTANTINE, DANIELLE GODET. ■ Un pilota americano di passaggio a Parigi si trova coinvolto in una pericolosa avventura dalla quale uscirà indenne dopo avere scagionato un'attrice dall'accusa di omicidio. ■ POLIZIESCO; B/N; 97′; FRANCIA, 1954.

VACANZE A PORTOFINO ★★
Regia di HANS DEPPE. Con TEDDY RENO, GIULIA RUBINI. ■ Una contessa delusa da un cantante tenta di ostacolare l'amore della nipote per il componente di un complesso musicale. Non ci riuscirà. ■ MUSICALE; COL.; 93′; GERMANIA, 1957.

VACANZE BOLLENTI PER QUEI PAZZI PAZZI PORCELLONI *(Hardbodies 2)* ★
Regia di MARK GRIFFITHS. Con ROBERTA COLLINS, FABIANA UDENIO, BRAD ZUTAUT. ■ Sono vacanze di lavoro quelle di una troupe americana che va d'estate in Grecia a girare un film nei luoghi più suggestivi. Ma uomini e donne della troupe trovano il modo di rallegrare le pause di lavoro con canti, balli, flirt e boccaccesche burle. ■ COMMEDIA; COL.; 95′; USA, 1986.

VACANZE CALDE *(Hot Resort)* ★
Regia di JOHN ROBINS. Con MICHAEL BERZ, TOM PARSEKIAN. ■ Le vacanze ai Caraibi sono un sogno per tutti, anche per un gruppo di studenti squattrinati che riescono a farsi assumere come camerieri da un albergo del luogo. Per farli rigare dritti viene chiamato addirittura un ex sergente dei marines. ■ COMMEDIA; COL.; 84′; USA, 1984.

VACANZE COL GANGSTER ★★
Regia di DINO RISI. Con MARC LAWRENCE, LAMBERTO MAGGIORANI. ■ Un gruppo di giovani studenti prepara l'evasione di un innocente, ma al posto di questi fugge un pericoloso gangster. La polizia riuscirà ad acciuffarlo e poco dopo il carcerato innocente otterrà la libertà. ■ AVVENTURA; B/N; 92′; ITALIA, 1951.

VACANZE D'AMORE *(Having Wonderful Time)* ★★★
Regia di ALFRED SANTELL. Con LUCILLE BALL, DOUGLAS FAIRBANKS JR, GINGER ROGERS. ■ Una ragazza finge di accettare la corte di un dongiovanni per far sì che l'innamorato chieda la sua mano. Il che avviene. ■ COMMEDIA; B/N; 95′; USA, 1938.

VACANZE D'AMORE *(Le village magique)* ★★
Regia di JEAN-PAUL LE CHANOIS. Con LUCIA BOSÈ, WALTER CHIARI, HÉLÈNE REMY. ■ Durante una vacanza un architetto si innamora di una giovane infermiera e per lei lascia la fidanzata. ■ COMMEDIA; COL.; 93′; FRANCIA, 1954.

♥ VACANZE DEL SIGNOR HULOT – LE VACANZE DI MONSIEUR HULOT, LE ★★★★
(Les vacances de Monsieur Hulot)
Regia di JACQUES TATI. Con NATHALIE PASCAUD, LOUIS PERRAULT, JACQUES TATI. ■ Il film è una satira bonaria, ma qualche volta anche pungente, delle "smanie per la villeggiatura" tipiche della media borghesia. Si tratta della cronaca delle vacanze del signor Hulot sulla costa bretone: egli si scontra in continuazione con gli aspetti più banali e ridicoli della realtà della villeggiatura, procedendo imperturbabile per la propria strada, senza mai pronunciare una parola. ■ COMMEDIA; B/N; 96′; FRANCIA, 1952. ■ OSCAR 1 NOM.

VACANZE DEL SOR CLEMENTE, LE ★★
Regia di CAMILLO MASTROCINQUE. Con VIRGILIO RIENTO, ALBERTO TALEGALLI. ■ Un marito mediocre e sfaccendato è vittima di una moglie autoritaria, altezzosa e maniaca. ■ COMMEDIA; B/N; 75′; ITALIA, 1954.

VACANZE D'ESTATE ★
Regia di NINI GRASSIA. Con PATRIZIA PELLEGRINO, YARI PORZIO, SAVERIO VALLONE. ■ Vacanze ricche di sorprese e di avventure galanti o meno, durante l'estate a Palinuro, per un industriale, una precoce ragazza e un autostoppista che, alla fine delle vacanze, non sarà più un poveraccio. Film inutile del filone vacanziero. ■ COMMEDIA; COL.; 85′; ITALIA, 1985.

VACANZE DI ARCIBALDO, LE *(Leaving for Trouble)* ★★
Regia di HAL YATES. Con EDGAR KENNEDY, JOAN RICE. ■ Durante il viaggio verso una località di villeggiatura in montagna una famigliola viene disturbata da due malviventi, dei quali riuscirà alla fine a liberarsi. ■ COMICO; B/N; 91′; USA, 1947.

VACANZE DI NATALE ★★★
Regia di CARLO VANZINA. Con JERRY CALÀ, CHRISTIAN DE SICA, STEFANIA SANDRELLI. ■ La "banda Vanzina" in trasferta a Cortina d'Ampezzo dopo la Versilia di *Sapore di mare* e prima di *Yuppies*. Si ride. ■ COMICO; COL.; 92′; ITALIA, 1983.

VACANZE DI NATALE A CORTINA ★
Regia di NERI PARENTI. Con CHRISTIAN DE SICA, SABRINA FERILLI, KATIA FOLLESA, VALERIA GRACI, RICKY MEMPHIS. ■ Cortina, dove la neve fiocca e i vip sfilano. L'avvocato Covelli ha deciso di appendere l'infedeltà al chiodo e di tornare ad essere il consorte leale di Elena, moglie tradita che risolve di tradirlo, ricambiando la sua decennale "cortesia". Una *pochade* di fine "impero", un impero avviato nel 1983. ■ COMMEDIA; COL.; 113′; ITALIA, 2011.

VACANZE DI NATALE 2000 ★★
Regia di CARLO VANZINA. Con MASSIMO BOLDI, NINO D'ANGELO, CHRISTIAN DE SICA, MEGAN GALE. ■ Il trio Boldi-De Sica-D'Angelo mette a segno un altro film di cassetta, lo stesso anno di *Tifosi*. Questa volta al posto di Parenti c'è Vanzina, dunque tutto come previsto. Come nel primo *Vacanze di Natale* del 1983 si ritorna a Cortina d'Ampezzo per festeggiare il capodanno di fine secolo e millennio. Un avvocato sta sistemando lo chalet per il cenone e un amico milanese è suo ospite. Vincitori dell'enalotto provenienti da Napoli e una bella cubana completano la fauna. ■ COMICO; COL.; 100′; ITALIA, 1999.

VACANZE DI NATALE '90 ★★
Regia di ENRICO OLDOINI. Con DIEGO ABATANTUONO, MASSIMO BOLDI, CHRISTIAN DE SICA, EZIO GREGGIO, ANDREA RONCATO. ■ Tutto si svolge a St. Moritz dove, durante il Natale, i personaggi si incontrano, si scontrano e si intrecciano. Situazioni viste e riviste, ma essendo molte e varie catturano lo spettatore senza pretese. Ormai le commedie caserecce erotico-volgari non sono più di due o tre l'anno ed è chiaro che i vecchi fan ci si buttano a frotte, l'unico particolare diverso è che sono apparentemente caste. Camuffate e confezionate diversamente sono sempre uguali a se stesse. ■ COMMEDIA; COL.; 110′; ITALIA, 1990.

VACANZE DI NATALE '95 ★
Regia di NERI PARENTI. Con MASSIMO BOLDI, CHRISTIAN DE SICA, LUKE PERRY. ■ Le solite gag del gruppo Vanzina (che ha

scritto il soggetto), Parenti, Boldi e De Sica. Il gruppetto è in vacanza ad Aspen. Il resto lo sappiamo. In più c'è Luke Perry, il Dylan di *Beverly Hills 90210*, idolo delle ragazzine. ■ COMICO; COL.; 95′; ITALIA, 1995.

VACANZE DI NATALE '91 ★★
Regia di ENRICO OLDOINI. Con MASSIMO BOLDI, CHRISTIAN DE SICA, EZIO GREGGIO, ORNELLA MUTI, ANDREA RONCATO, ALBERTO SORDI. ■ Il menù annuale è pronto in tavola. Vacanze sulla neve con il pesce fritto. Cosa dire? È un po' meglio di *Vacanze di Natale '90*, con un ritmo più omogeneo e come il primo è furbescamente costruito in stile *pochade* con molti personaggi e storie. Un tipo di pubblico sembra gradirle. Siamo a St. Moritz in un grande albergo. Sordi, il cameriere di lunga carriera, e la Muti, sua figlia, sono le nuove entrate piacevoli. Per il resto troviamo: Leopoldo e il fantasma della moglie da lui uccisa durante il secondo matrimonio; Mimmo e Rino, coppia gaia, finché il primo, che è separato dalla moglie, si infatua di una donna; Enzo, romano, e Nanni, milanese, con le due consorti. ■ COMMEDIA; COL.; 114′; ITALIA, 1991.

VACANZE D'INVERNO ★★★
Regia di CAMILLO MASTROCINQUE. Con VITTORIO DE SICA, MICHÈLE MORGAN, ALBERTO SORDI. ■ Il film comprende quattro episodi che narrano diverse avventure amorose non sempre a lieto fine. Imperversa il grande Sordi con la sua comicità travolgente. ■ COMMEDIA; COL.; 108′; ITALIA, 1959.

VACANZE DI SANGUE *(Club Dread)* ★
Regia di JAY CHANDRASEKHAR. Con JAY CHANDRASEKHAR, BRITTANY DANIEL, KEVIN HEFFERNAN, JORDAN LADD, STEVE LEMME, PAUL SOTER. ■ La festa non ha mai fine da Coconut Pete, un ex rockstar che ha trasformato l'isola di Broken Lizard in un paradiso delle vacanze. Finché non cominciano a spuntare cadaveri uno dietro l'altro. Nessuna idea che distingua il film da mille altri. ■ COMMEDIA; COL.; 97′; USA, 2004.

VACANZE IN AMERICA ★
Regia di CARLO VANZINA. Con CLAUDIO AMENDOLA, JERRY CALÀ, CHRISTIAN DE SICA. ■ Le vacanze in America, organizzate da una scuola privata per i suoi alunni ed ex alunni, sono portatrici di avventure, più o meno piacevoli, per tutti. Un film per i più giovani, che al botteghino hanno apprezzato. ■ COMMEDIA; COL.; 89′; ITALIA, 1984.

VACANZE IN ARGENTINA ★★
Regia di SERGIO LEONE. Con ISABELLE COREY, EMMA DANIELI. ■ Un ricco emigrato italiano in Argentina, per placare i propri sensi di colpa, decide di lasciare tutta la sua fortuna alle due figlie e alla nipote di un uomo da lui ucciso in un incidente automobilistico. Ritrovata la propria serenità, si lascia poi conquistare da una bella vedova. ■ COMMEDIA; COL.; 92′; ITALIA, 1960.

VACANZE IN COLLEGIO *(Merlusse)* ★★★
Regia di MARCEL PAGNOL. Con JEAN CASTAN, ANDRÉ POLLACK, HENRI POUPON. ■ Un professore malvisto dagli alunni per il suo carattere burbero conquista, in occasione del Natale, il loro amore e la loro devozione. Un ottimo prodotto, con una perfetta analisi di ambienti e di tipi, del regista e autore teatrale francese che lanciò Fernandel. ■ COMMEDIA; B/N; 72′; FRANCIA, 1935.

VACANZE IN VAL TREBBIA ★★
Regia di MARCO BELLOCCHIO. Con MARCO BELLOCCHIO, GISELLA BURINATO, BEPPE CIAVATTA, GIANNI SCHICCHI. ■ Il regista Bellocchio indeciso sulla vendita della casa a Bobbio decide di andare sul posto con moglie e figlio. Passano alcuni giorni tra discussioni, incontri con amici e parenti. Autobiografico sia per il regista che per la sua generazione. ■ DOCUMENTARIO; COL.; 56′; ITALIA, 1981.

VACANZE PER AMANTI *(Holiday for Lovers)* ★★★
Regia di HENRY LEVIN. Con PAUL HENREID, JILL ST. JOHN, CLIFTON WEBB, JANE WYMAN. ■ Durante un viaggio turistico all'estero una ragazza si innamora del figlio di un pittore. La famiglia la raggiunge e non solo non riesce a farle cambiare idea, ma deve rassegnarsi alla decisione della seconda figlia di restare. ■ COMMEDIA; COL.; 103′; USA, 1959.

VACANZE PERICOLOSE *(Perilous Holiday)* ★★
Regia di EDWARD H. GRIFFITH. Con PAT O'BRIEN, RUTH WARRICK. ■ Un agente segreto si innamora della giornalista che è incaricato di sorvegliare. L'aiuta a incriminare un delinquente e le dichiara i suoi sentimenti, pienamente ricambiato. ■ POLIZIESCO; B/N; 89′; USA, 1946.

VACANZE ROMANE *(Roman Holiday)* ★★★
Regia di WILLIAM WYLER. Con EDDIE ALBERT, AUDREY HEPBURN, GREGORY PECK, ARTLEY POWER. ■ A Roma, un giornalista pensa di trarre vantaggio professionale dal suo casuale incontro con una principessa che sta trascorrendo una vacanza in incognito, ma quando comprende di essersi innamorato di lei rinuncia al proposito. ■ COMMEDIA; B/N; 119′; USA, 1953. ■ OSCAR 3 PR, 10 NOM.

VACANZE ROMANE 2 *(Roman Holiday)* ★
Regia di NOEL NOSSECK. Con ED BEGLEY JR, TOM CONTI, CATHERINE OXENBURG. ■ Rifacimento, ambientato ai nostri giorni, del famoso film con Gregory Peck e Audrey Hepburn. Il bravo Tom Conti (che però non regge il confronto con Gregory Peck) ha il ruolo del giornalista che cerca di fare uno scoop con una principessa straniera a Roma. Ma poi s'innamora e rinuncia al servizio a sensazione. ■ COMMEDIA; COL.; 100′; USA, 1987.

VACANZE SULLA COSTA SMERALDA ★
Regia di RUGGERO DEODATO. Con SILVIA DIONISIO, LITTLE TONY. ■ I proprietari di due alberghi si fanno un'accanita concorrenza. Quando uno vince il rivale si getta in mare, ma sul fondo trova un tesoro che gli consente di comprare l'albergo dell'avversario. ■ COMMEDIA; COL.; 92′; ITALIA, 1968.

VACANZE SULLA NEVE ★★
Regia di FILIPPO WALTER RATTI. Con VALERIA FABRIZI, ENZO LA TORRE. ■ Lo sbaglio di una banca fa credere che un assegno col quale è stato pagato il soggiorno in montagna di alcuni studenti sia a vuoto. Dopo tragicomiche avventure tutto finisce nel migliore dei modi. ■ COMMEDIA; COL.; 91′; ITALIA, 1967.

VACANZE SULLA NEVE *(Feuer und Eis)* ★★
Regia di WILLY BOGNER. Con SUZY CHAFFE, JOHN EAVES. ■ Un giovanotto dà la caccia a una ragazza da un capo all'altro dell'America. Durante il viaggio, gli capita di assistere a una serie di splendide esibizioni sportive (sci; windsurf; corse in delta-plano, in moto, in skateboard). ■ DOCUMENTARIO; COL.; 83′; GERMANIA, 1985.

VACANZE SULLA NEVE ★
Regia di MARIANO LAURENTI. Con LAURA CHIATTI, ATTILIO FONTANA, MARISA MERLINI, ALESSIA MERZ, GUIDO NICHELI. ■ Un film a servizio della Merz con un Laurenti impegnato a confezionare la solita storiellina dello studente di Legge che vorrebbe fare il cantante. Con tanto di albergo a cinque stelle e personaggi di contorno. ■ COMMEDIA; COL.; 97′; ITALIA, 1999.

VACANZE SULLA SPIAGGIA *(Beach Party)* ★★
Regia di WILLIAM ASHER. Con FRANKIE AVALON, ROBERT CUMMINGS, ANNETTE FUNICELLO, DOROTHY MALONE. ■ Un professore di antropologia si stabilisce in California per studiare le abitudini dei teenagers: riunirà due giovani innamorati e finirà per trovare anche lui l'amore. ■ COMMEDIA; COL.; 101′; USA, 1963.

VACATIONLAND
Regia di TODD VEROW. Con CHARLES ARD, THEODORE BOULOUKOS, MICHAEL JOHN DION, BRAD HALLOWELL, MINDY HOFMAN, GREGORY J. LUCAS, JENNIFER STACKPOLE. ■ Una produzione a basso budget che sa più di amatoriale che di sperimentale. Un digitale dai colori mostruosamente finti, colonna sonora da z-movie, recitazione dilettantesca. La storia ricalca l'esperienza autobiografica del regista Todd Verow: la sua adolescenza nel Maine, segnata da una molestia subita a dieci anni. Un professore assiduo frequentatore di bagni pubblici, un artista che lo assume come modello, un amico di cui è innamorato condividono con lui, in forme diverse, un rapporto omosessuale. Resta da capire il senso del film. ■ DRAMMATICO; COL.; 104′; USA, 2005.

VACCA E IL PRIGIONIERO, LA ★★★
(La vache et le prisonnier)
Regia di HENRI VERNEUIL. Con FERNANDEL, PIERRE LOUIS, IN-

GEBOR SCHÖNER, ELLEN SCHWIERS. ■ Un soldato francese catturato dai tedeschi fugge dal campo di prigionia trascinandosi dietro una vacca: un paradossale espediente per passare inosservato. Gli andrà tutto bene fin quasi all'ultimo, poi il diavolo ci metterà la coda. ■ COMMEDIA; B/N; 96'; FRANCIA, 1959.

VADO A RIPRENDERMI IL GATTO ★★
Regia di GIULIANO BIAGETTI. Con MARIO ADORF, EOLO CAPRITTI, BARBARA DE ROSSI. ■ Un uomo di mezza età si ritira in campagna con un gatto a cui è molto affezionato. Conosce una giovane donna e per un po' i due andranno d'amore e d'accordo. Poi un giorno l'uomo si stanca, vuole starsene da solo e la donna, per andarsene, pretende il gatto. La solitudine però si farà sentire e l'uomo cambierà idea. ■ COMMEDIA; COL.; 90'; ITALIA, 1989.

VADO A VIVERE A NEW YORK *(Naked in New York)* ★★
Regia di DAN ALGRANT. Con JILL CLAYBURGH, TONY CURTIS, TIMOTHY DALTON, GRIFFIN DUNNE, MARY-LOUISE PARKER, ERIC STOLTZ, KATHLEEN TURNER. ■ Un film prodotto da Martin Scorsese con un grande cast ma dai risultati tiepidi. Un commediografo di belle speranze decide di piantare la propria ragazza e andare a New York. Lo aspetta un regista che vuole realizzare la sua commedia. ■ COMMEDIA; COL.; 90'; USA, 1994.

VADO A VIVERE DA SOLO ★★
Regia di MARCO RISI. Con ELVIRE AUDRAY, LANDO BUZZANCA, JERRY CALÀ, FRANCESCO SALVI. ■ Uno studente universitario riesce finalmente ad affittare una mansarda e a viverci da solo. Ma la libertà tanto desiderata è sciupata da mille disavventure, fino all'arrivo nella sua vita di un bella francese, che amerà e sposerà. ■ COMICO; COL.; 98'; ITALIA, 1982.

VADO IN GUERRA A FAR QUATTRINI ★★★
(Le facteur s'en va-t-en guerre)
Regia di CLAUDE BERNARD AUBERT. Con CHARLES AZNAVOUR, DANIEL CECCALDI, FRANCO FABRIZI, HELMUT SCHNEIDER. ■ Un postino credulone si arruola nella Legione straniera senza rendersi conto di quello che ciò significa e viene mandato in Indocina, dove ben presto è catturato. ■ DRAMMATICO; COL.; 95'; FRANCIA, 1966.

VADO... L'AMMAZZO E TORNO ★★
Regia di ENZO GIROLAMI CASTELLARI. Con EDD BYRNES, GEORGE HILTON. ■ Un cacciatore di taglie, un bandito e un funzionario di banca sulle tracce di una grossa refurtiva. Quando, dopo numerose avventure, si ritrovano nel luogo in cui è stato nascosto il bottino, rinunciano a battersi e preferiscono dividerselo in parti uguali. ■ WESTERN; COL.; 95'; ITALIA, 1967.

VA' DOVE TI PORTA IL CUORE ★★★
Regia di CRISTINA COMENCINI. Con MARGHERITA BUY, MASSIMO GHINI, TCHÉKY KARYO, VIRNA LISI. ■ Storia di tre donne: Olga la nonna, Ilaria la figlia, Marta la nipote. Ilaria ha avuto la bambina in un incontro occasionale con un turco, è mantenuta dalla madre, ne combina di tutti i colori. Muore in un incidente. Marta cresce con la nonna. Alla morte di questa, la ragazza, ventenne, torna dall'America. Nella casa vuota trova un diario di Olga. La nonna, "confessandole" la propria vita, crede di poter portare chiarezza e serenità in tre rapporti mai felici. Ilaria era cresciuta con un uomo che non era suo padre, era il frutto di una relazione con un medico. Il marito, malato di cuore, forse sospettava. Ecco dunque che il malessere di tutti aveva una ragione precisa, ma non era quello che credeva di essere. Il diario funziona: Marta, "purificata", parte felice in bicicletta per un giro che la porterà a Vienna. Sopravvalutato o meno, il best seller di Susanna Tamaro (record italiano di vendite) ha un impianto che funziona. Bastava seguire il cammino e non si correvano rischi. A quel punto tutto è in mano agli attori. Brava la Buy (fa la nonna giovane). Fantastica Virna. ■ SENTIMENTALE; COL.; 100'; ITALIA, 1996.

VA ET VIENT ★★
Regia di JOÃO CÉSAR MONTEIRO. Con MIGUEL BORGES, MANUELA DE FREITAS, RITA DURAO, JOÃO CÉSAR MONTEIRO. ■ João Vuvu è un vedovo che vive da solo in una grande casa di un quartiere molto antico di Lisbona. João Vuvu è un tipo poco socievole e con curiose abitudini, tra cui quella di compiere tutti i giorni lo stesso tragitto con il tram. Il giorno in cui suo figlio esce di prigione e gli comunica la sua volontà di avere figli, João inizia a compiere delle azioni che ne rivelano la vera natura criminale. Opera uscita postuma di un regista di culto amato da una ristretta cerchia di cinefili che ne ammiravano la cultura unita alla stravaganza erotica. Con questo film dalla durata infinita Monteiro ha firmato il proprio testamento. Il pubblico non importava al regista e ne era ricambiato. ■ DRAMMATICO; COL.; 157'; PORTOGALLO, 2002.

♥ **VA' E UCCIDI** *(The Manchurian Candidate)* ★★★
Regia di JOHN FRANKENHEIMER. Con JAMES GREGORY, LAURENCE HARVEY, ANGELA LANSBURY, JANET LEIGH, FRANK SINATRA. ■ Un veterano di guerra torna dalla Corea ridotto a un rottame umano: spinto anche dall'ambiziosissima madre, finirà per uccidere, prezzolato, un uomo politico di sinistra. ■ DRAMMATICO; B/N; 126'; USA, 1962. ■ OSCAR 2 NOM.

VA' E VEDI ★★★
Regia di ELEMI KLIMOV. Con ALEKSEJ KRAVSENKO, LJUBOMIRAS LAUVIAVICUS, OLGA MIRONOVA. ■ Protagonista della dolorosa vicenda è un ragazzo di sedici anni, originario della Bielorussia, che vive la seconda guerra mondiale con lo strazio di un'adolescenza sprecata e la ferma convinzione che chi uccide deve pagare, perché nessuno ha il diritto di togliere la vita a un altro essere umano. Buon film russo girato sul nascere della Perestrojka. ■ GUERRA; COL.; 145'; URSS, 1985.

VAGABONDI, I *(Murder Case)* ★★★
Regia di JAMES W. HORNE. Con OLIVER HARDY, STAN LAUREL. ■ Il film si compone di due episodi: nel primo la coppia comica mette nei guai un poliziotto; nel secondo si salva da un erede assassino. ■ COMMEDIA; B/N; 92'; USA, 1951.

VAGABONDI AL CHIARO DI LUNA ★★
(Kentucky Moonshine)
Regia di DAVID BUTLER. Con THE RITZ BROTHERS, TONY MARTIN. ■ Per ottenere un ingaggio in una trasmissione radiofonica di musica folcloristica, tre attori si fanno passare per autentici montanari del Kentucky e vengono così assunti. L'inganno è scoperto, ma la trasmissione si fa ugualmente. ■ COMMEDIA; B/N; 85'; USA, 1938.

VAGABONDI DELL'AMORE *(Vagabunden)* ★★
Regia di ROLF HANSEN. Con ATTILA HÖRBIGER, PAULA WESSELY. ■ Un medico sposato si separa dalla moglie senza sapere che questa attende un bambino. Più tardi, abbandonato dall'amante e pentito, farà ritorno alla famiglia. ■ DRAMMATICO; B/N; 93'; GERMANIA, 1949.

VAGABONDI DELLE STELLE, I ★★
Regia di NINO STRESA. Con BRUNELLA BOVO, TITINA DE FILIPPO, MARIO GIROTTI, ENRICO GLORI. ■ Un giovane pittore bacia la figlia del proprietario della pensione napoletana nella quale risiede. L'uomo vuole ucciderlo, ma quando lo sente cantare una canzone scritta da lui si commuove e gli concede la mano della ragazza. ■ COMMEDIA; COL.; 94'; ITALIA, 1956.

VAGABONDO, IL ★★★
Regia di CARLO BORGHESIO. Con LILLY GRANADO, ERMINIO MACARIO. ■ Un vagabondo rende un grosso favore a un ricco signore, che per ricompensarlo gli offre alloggio nella sua casa. Lui, però, preferisce tornare alla sua vita erraboda. ■ COMMEDIA; B/N; 92'; ITALIA, 1941.

VAGABONDO A CAVALLO *(Saddle Tramp)* ★★★
Regia di HUGO FREGONESE. Con WANDA HENDRIX, JOEL MCCREA. ■ Un cowboy prende a vivere con sé i figli di un amico appena defunto; trova lavoro in una fattoria, scopre che il suo padrone è un ladro e lo smaschera, quindi sposa una trovatella e si forma così una famiglia. ■ AVVENTURA; COL.; 77'; USA, 1950.

VAGABONDO ALLA CORTE DI FRANCIA, UN ★★★
(If I Were King)
Regia di ADOLPHE ZUKOR. Con RONALD COLMAN, FRANCES DEE, BASIL RATHBONE. ■ È la storia del poeta François Villon che, riuscito a farsi proclamare connestabile dal re, libera Parigi dai borgognoni. Gli ufficiali che non avevano voluto seguirlo nell'impresa non riescono a farlo imprigionare e lo costringono all'esilio. ■ STORICO; B/N; 101'; USA, 1938. ■ OSCAR 4 NOM.

VAGABONDO DELLA CITTÀ MORTA, IL ★★
(Relentless)
Regia di George Sherman. Con Marguerite Chapman, Robert Young. ■ Un cowboy accusato ingiustamente di assassinio evade dalla prigione e con l'aiuto della fidanzata assicura alla giustizia i veri colpevoli. ■ Avventura; col.; 93'; USA, 1948.

VAGABONDO DELLA FORESTA, IL ★★★
(Rachel and the Stranger)
Regia di Norman Foster. Con Gary Gray, William Holden, Robert Mitchum, Loretta Young. ■ Agli inizi dell'Ottocento un pioniere delle foreste dell'Ohio, rimasto vedovo con un figlio, compra una nuova moglie. La tratta con freddezza, ma, quando arriva un cacciatore che comincia a corteggiarla, prova una strana gelosia che si trasformerà in amore dopo i pericoli corsi dai protagonisti durante un attacco di pellirosse. ■ Western; b/n; 93'; USA, 1948.

VAGABONDO DELLA STEPPA, IL *(Professor Wilczur)* ★★
Regia di Michal Waszynski. Con Elzbieta Barszczewska, Junosza Stepowski. ■ Un medico perde la memoria; la riacquisterà solo quando si tratterà di salvare la vita a sua figlia. ■ Avventura; b/n; 91'; Polonia, 1938.

VAGABONDO DELLE FRONTIERE – IL KENTUCKIANO, IL *(The Kentuckian)* ★★★
Regia di Burt Lancaster. Con John Carradine, Dianne Foster, Burt Lancaster, Diana Lynn. ■ Verso il 1840, un vedovo parte per il Texas con il figlio per sfuggire a una faida che oppone la sua famiglia a un'altra. Durante il viaggio crede d'innamorarsi di una raffinata signorina, ma poi capisce che il suo vero amore è una sguattera che l'ha salvato dai suoi rivali che l'avevano seguito. Ripartirà con lei. ■ Western; col.; 94'; USA, 1955.

VAGABONDO DELL'ISOLA, IL ★★★
(The Beachcomber – The Vessel of Wrath)
Regia di Erich Pommer. Con Elsa Lanchester, Charles Laughton. ■ In un'isola dei mari del Sud, un vagabondo ubriacone, invitato ad aiutare il medico per scongiurare un'epidemia, perde il vizio del bere, si innamora di una giovane compatriota e con lei torna in Olanda. ■ Avventura; b/n; 95'; Gran Bretagna, 1937.

VAGABONDO E LA BALLERINA, IL *(Union Depot)* ★★
Regia di Alfred E. Green. Con Joan Blondell, Douglas Fairbanks jr, Alan Hale. ■ Una specie di *Grand Hotel* ferroviario. In una stazione, fra un treno e l'altro, tanta gente va e viene. Una serie di storie ora allegre ora tristi s'incrociano (la più importante riguarda la love story fra un imbroglione e una ballerina di fila). ■ Drammatico; b/n; 94'; USA, 1932.

VAGHE STELLE DELL'ORSA ★★★★
Regia di Luchino Visconti. Con Claudia Cardinale, Michael Craig, Renzo Ricci, Jean Sorel, Fred Williams. ■ Di ritorno a Volterra, sua città natale, una donna sposata è assalita dai fantasmi del passato. Sulla famiglia pesano diverse tragedie, tra le quali la morte del padre, ebreo, deportato dai nazisti in un campo di concentramento. La donna è accusata dal patrigno di aver denunciato il genitore e di aver avuto rapporti incestuosi col fratello. Lei, abbandonata dal marito, tronca ogni legame con i suoi; il fratello, disperato, si suicida. ■ Drammatico; b/n; 100'; Italia, 1965. ■ Venezia 1 pr.

VAGONE LETTO PER ASSASSINI ★★★
(Compartiment tueurs)
Regia di Constantin Costa Gavras. Con Catherine Allégret, Jacques Perrin, Simone Signoret, Michel Piccoli. ■ Uno studente in viaggio su un treno trova un cadavere e, nonostante l'assassino elimini i testimoni del suo misfatto, riesce a smascherare lui e i suoi complici. ■ Giallo; b/n; 95'; Francia, 1965.

VAGONE LETTO PER TRIESTE ★★
(Sleeping Car to Trieste)
Regia di John Paddy Carstairs. Con Jean Kent, Albert Lieven. ■ Un diplomatico, dopo aver rubato dei preziosi documenti, uccide il complice al quale li aveva affidati e muore a sua volta per sfuggire alla polizia. ■ Poliziesco; b/n; 95'; Gran Bretagna, 1948.

VAGONE ROSSO, IL *(Red Wagon)* ★★
Regia di Paul L. Stein. Con Charles Bickford, Greta Nissen. ■ Il proprietario di un circo equestre si innamora di una zingara e trascura il lavoro, salvo poi rimettere la testa a posto e sposare una bella collega. ■ Avventura; b/n; 106'; Gran Bretagna, 1933.

VAI ALLA GRANDE ★★
Regia di Salvatore Samperi. Con Massimo Ciavarro, Danilo Mattei, Lara Wendel. ■ Quattro vitelloni di provincia imbandiscono scherzi goliardici per ingannare la noia, finché compare nella loro vita una ragazza tedesca avviata alla prostituzione – di cui s'innamora uno di loro – che suscita contrasti e gelosie. Un Samperi molto, molto minore, che ha perso tutto lo smalto dei primi film. ■ Commedia; col.; 91'; Italia, 1983.

VAI AVANTI... DOTTORE *(Doctor in Clover)* ★★
Regia di Ralph Thomas. Con Leslie Phillips, James Robertson Justice. ■ Scherzi e avances alle infermiere di un medico, ex detenuto, che ha inventato un siero capace di ringiovanire. Naturalmente ne succedono delle belle. ■ Commedia; col.; 102'; Gran Bretagna, 1965.

VAI AVANTI TU CHE MI VIEN DA RIDERE ★★
Regia di Giorgio Capitani. Con Lino Banfi, Agostina Belli, Nando Paone. ■ Il commissario Pasquale Bellachioma cerca di fare colpo sui suoi superiori e sembra che l'occasione arrivi quando rapisce un "travestito", unico testimone di alcuni attentati, sperando di attirare i killer che lo vogliono far tacere per sempre. Il colpo gli riesce, peccato che s'innamori del travestito che sembra davvero una lei. ■ Commedia; col.; 92'; Italia, 1982.

VAI COL LISCIO ★★
Regia di Giancarlo Nicotra. Con Janet Agren, Jack La Cayenne. ■ Una ricca possidente accetta di sposarsi per interesse. Prima del matrimonio va però a letto col maestro di ballo e finisce per rimanere con lui. ■ Commedia; col.; 92'; Italia, 1976.

VAI E VIVRAI *(Va, vis et deviens)* ★★★
Regia di Radu Mihaileanu. Con Moshe Abeba, Yael Abecassis, Moshe Agazal, Sirak M. Sabahat, Roschdy Zem. ■ 1984. Centinaia di migliaia di africani trovano rifugio nei campi profughi in Sudan. Gli israeliani, con l'aiuto degli americani, portano in salvo gli etiopi di origine ebrea, i Falasha. Un bambino viene salvato dalla madre che lo fa salire su un convoglio facendolo passare per ebreo. Verrà adottato da una famiglia israeliana e crescerà con il desiderio di rivedere la madre misto al conflitto interiore dato dalla consapevolezza della non appartenenza. Un film dal soggetto apparentemente complesso quello del regista di quel piccolo gioiello che è stato *Train de vie*. Capace però di toccare ancora una volta il cuore degli spettatori grazie all'estrema partecipazione che mostra nei confronti dei due piani della narrazione. Sul versante sociale Mihaileanu è impietoso nei confronti degli israeliani più retrivi che nascondono la loro xenofobia dietro l'uso distorto della parola divina. Sul piano più privato mostra una grande delicatezza nel descrivere la crescita di un ragazzo adottato desideroso, al contempo, di integrarsi ma anche di ritrovare la propria madre. Quella madre che lo aveva fatto partire assegnandogli un mandato: "Va' e diventa". ■ Drammatico; col.; 153'; Francia, Israele, 2004.

VAI GORILLA ★★
Regia di Tonino Valeri. Con Claudia Marsani, Renzo Palmer, Fabio Testi. ■ Un giovane, assunto al servizio di un ricco industriale, lo convince a non cedere al ricatto di ignoti estorsori. Selvaggiamente pestato, con uno stratagemma riesce poi a smascherare i banditi e li ammazza. ■ Giallo; col.; 100'; Italia, 1975.

VAI KILLER! ★★
Regia di Costas Karagiannis. Con Larry Daniels, Dorothy Moore. ■ Un uomo si sposa per interesse e ingaggia un killer perché gli uccida la scomoda moglie. L'assassino fa fuori un'altra donna al posto della vittima designata. Mandante e omicida fa-

ranno i conti con la giustizia. ■ DRAMMATICO; COL.; 94′; GRECIA, 1978.

VAJAS CON DIOS, GRINGO ★

Regia di EDOARDO MULARGIA. Con LUCRETIA LOVE, GLENN SAXSON. ■ Un giovane accusato a torto di assassinio evade di prigione e riesce a provare la sua innocenza dopo una serie di drammatiche avventure. ■ WESTERN; COL.; 95′; ITALIA, 1966.

VAJONT – LA DIGA DEL DISONORE ★★★

Regia di RENZO MARTINELLI. Con DANIEL AUTEUIL, ANITA CAPRIOLI, LEO GULLOTTA, PHILIPPE LEROY, LAURA MORANTE, JORGE PERUGORRIA, MICHEL SERRAULT. ■ Era il 9 ottobre del 1963 quando 260 milioni di metri cubi di terra e rocce del monte Toc si staccarono e franarono nel lago artificiale della diga del Vajont. L'anomala, immensa onda relativa sommerse Longarone. Morirono oltre 2000 persone. Si parlò si fatalità, ma non era così. C'era stato chi aveva previsto la tragedia essendo la diga costruita su un terreno inadatto. La giornalista Tina Merlin cercò di portare alla luce la verità, indagando fra omertà e scarichi di responsabilità. Un funzionario si tolse la vita. Il processo, durato decenni, produsse solo condanne ridicole. Martinelli racconta tutto questo cercando di mediare lo spettacolo (troppi effetti speciali e addirittura "esagerati") e l'inchiesta. La Morante è brava ma fin troppo aggressiva. La vera Merlin non era così. Ma, si sa, il cinema ha le sue licenze. Film, comunque, benemerito. ■ DRAMMATICO; COL.; 98′; FRANCIA, ITALIA, 2001.

VALANGA *(Avalanche)* ★★

Regia di COREY ALLEN. Con MIA FARROW, ROBERT FORSTER, ROCK HUDSON. ■ Un uomo ha costruito un complesso alberghiero in una zona montana che un suo amico considera pericolosa in caso di valanghe. Il disastro puntualmente avviene e provoca molte vittime. ■ DRAMMATICO; COL.; 91′; USA, 1978.

VALANGA DEGLI UOMINI ROSSI, LA ★★
(Apache Ambush)

Regia di FRED F. SEARS. Con RICHARD JAECKEL, BILL WILLIAMS. ■ Dopo la guerra civile, un messo del presidente Lincoln respinge l'assalto degli indiani e sfugge alle insidie di un traditore, riuscendo a trasportare alcune mandrie negli Stati del Nord, provati dalla carenza di cibo. ■ WESTERN; B/N; 68′; USA, 1955.

VALANGA DEI SIOUX, LA *(Hiawatha)* ★★

Regia di KURT NEUMANN. Con YVETTE DUGAY, VINCE EDWARDS. ■ Un saggio guerriero sioux uccide in duello un compagno che voleva provocare la guerra tra le tribù indiane. ■ WESTERN; B/N; 80′; USA, 1951.

VALANGA DEI TANKS, LA *(Tank Battalion)* ★★

Regia di SHERMAN A. ROSE. Con MARJORIE ELLEN, EDWARD G. ROBINSON JR. ■ Da una pericolosa azione offensiva in Corea si salvano solo pochi uomini. ■ GUERRA; B/N; 90′; USA, 1958.

VALANGA GIALLA *(Retreat, Hell!)* ★★

Regia di JOSEPH H. LEWIS. Con RICHARD CARLSON, FRANK LOVEJOY. ■ Un battaglione di marines si distingue in Corea per il coraggio e la resistenza. Anche quando tutto sembra perduto, il comandante guida i suoi uomini finché, giunti i rinforzi, essi superano vittoriosamente lo sbarramento nemico. ■ GUERRA; B/N; 95′; USA, 1952.

VALANGA SUL FIUME, LA *(Fury River)* ★★

Regia di ALAN CROSLAND JR, JACQUES TOURNEUR, GEORGE WAGGNER. Con BUDDY EBSEN, KEITH LARSEN. ■ Narra le imprese di un gruppo di Rangers inglesi di stanza in Canada, alle prese coi nemici francesi. ■ AVVENTURA; COL.; 75′; USA, 1960.

VALDEZ IL MEZZOSANGUE *(Chino)* ★★★

Regia di DUILIO COLETTI, JOHN STURGES. Con MARCEL BOZZUFFI, CHARLES BRONSON. ■ Un meticcio, respinto dai bianchi, vive allevando cavalli che poi vende agli indiani. Innamorato di una ragazza bianca, è costretto a sopportare tutta una serie di angherie. Alla fine, scoraggiato, dà fuoco alla sua proprietà e abbandona la regione. ■ AVVENTURA; COL.; 98′; ITALIA, 1973.

VALENCIA *(El ultimo suple)* ★

Regia di JUAN DE ORDUÑA. Con ARMANDO CALVO, SARA MONTIEL. ■ Una cantante, amante del proprio impresario, si innamora di un torero. Quando questi muore nell'arena, lei si dà all'alcool, morendo a sua volta poco dopo tra le braccia dell'antico compagno. ■ MUSICALE; COL.; 95′; SPAGNA, 1957.

VALENTIN *(Valentín)* ★★★

Regia di ALEJANDRO AGRESTI. Con ALEJANDRO AGRESTI, JULIETA CARDINALI, CARMEN MAURA, JEAN PIERRE NOHER, RODRIGO NOYA, MEX URTIZBEREA. ■ Valentin è un bambino di 9 anni che vive insieme al padre e alla nonna, che ha perso la voglia di vivere dopo la morte del marito. Con la speranza di ritrovare la madre che l'ha abbandonato all'età di tre anni, insieme al suo amico del cuore decide di voler diventare astronauta. Affronteranno insieme una dura preparazione per un'ipotetica spedizione nello spazio. Commovente, dolce, emozionante, questo piccolo film di Alejandro Agresti è un gioiellino. ■ DRAMMATICO; COL.; 86′; ARGENTINA, OLANDA, 2002.

VALENTINE – APPUNTAMENTO CON LA MORTE ★
(Valentine)

Regia di JAMIE BLANKS. Con DAVID BOREANAZ, JESSICA CAPSHAW, DENISE RICHARDS, MARLEY SHELTON. ■ Era sin troppo prevedibile che i vari *Scream* generassero figli più o meno degeneri. Uno dei più fastidiosi è proprio questo *Valentine* che sembra far suo uno degli assunti della fortunata serie di Craven secondo il quale se fai sesso in un film horror non puoi che finir male. E così finiscono quattro ragazze che cercano sesso ma incappano nella persona sbagliata, un tale cui danno molto fastidio i rifiuti. Troppo sangue in attesa di un colpo di scena che non arriva mai. ■ HORROR; COL.; 95′; USA, 2001.

VALENTINO ★

Regia di ANTON GIULIO BORGHESI. Con ROSSANO MASSARENTI. ■ Un bimbo sognatore e curioso si inoltra nel bosco per osservare la vita dei suoi abitanti. Smarrisce la strada, ma i suoi compaesani lo ritroveranno. ■ AVVENTURA; COL.; 102′; ITALIA, 1958.

VALENTINO ★★★

Regia di KEN RUSSELL. Con LESLIE CARON, RUDOLF NUREYEV, MICHELLE PHILLIPS, FELICITY KENDAL. ■ La storia di Rodolfo Valentino dall'esordio cinematografico al matrimonio, dal divorzio alla prematura morte per peritonite a soli trentun anni. Nureyev, nella parte di Valentino, dimostra una insospettata carica di simpatia e naturalezza. ■ BIOGRAFICO; COL.; 127′; USA, 1977.

VALENTINO. THE LAST EMPEROR ★★★

Regia di MATT TYMAUER. Con GIANCARLO GIAMMETTI, VALENTINO. ■ Il mondo del glamour di Valentino viene mostrato attraverso lo sguardo di Matt Tyrnauer, corrispondente speciale di «Vanity Fair». La troupe dal giugno 2005 al luglio 2007 ha girato circa 250 ore. Si tratta di un documentario decisamente interessante e non solo per chi si occupa di alta moda, o di personaggi della jet society. Ne esce infatti un ritratto complesso di quello che è stato davvero un "imperatore". Tyrnauer riesce a offrire allo spettatore l'immagine di un grande creatore di moda seguendolo nel processo di realizzazione dei suoi capolavori di stoffa cogliendone le intuizioni geniali così come gli improvvisi mutamenti d'umore. Ma ciò che più colpisce è che, nonostante quel margine di agiografico che queste operazioni prevedono, dalla visione emerge con la forza dei sentimenti la storia di una relazione durata 50 anni: quella tra Valentino Garavani e Giancarlo Giammetti. Il rapporto tra i due è di stima, di affetto e di collaborazione piena. ■ DOCUMENTARIO; COL.; 96′; USA, 2008.

VALERIA DENTRO E FUORI ★★

Regia di BRUNELLO RONDI. Con BARBARA BOUCHET, PIER PAOLO CAPPONI. ■ Una giovane donna chiede invano al marito di renderla madre. Quando si concede al cognato, il coniuge la rinchiude in manicomio, dove lei lentamente impazzisce. ■ DRAMMATICO; COL.; 93′; ITALIA, 1972.

VALERIA, L'AMANTE CHE UCCIDE ★★★
(The Velvet Touch)

Regia di JOHN GAGE. Con LEO GENN, SIDNEY GREENSTREET, ROSALIND RUSSELL, CLAIRE TREVOR. ■ Un'attrice uccide il suo impresario che vuole impedirle il matrimonio. Una sua collega che era innamorata del defunto viene arrestata e si suicida. L'attrice, presa dai rimorsi, si costituisce. ■ DRAMMATICO; B/N; 97′; USA, 1948.

VALERIA, RAGAZZA POCO SERIA ★★
Regia di Guido Malatesta. Con Maurizio Arena, Gabriella Pallotta. ■ Due giovani amano la stessa ragazza e decidono di battersi per lei. Il vincitore si accorge però che i suoi sentimenti non sono ricambiati e lascia la giovane al rivale. ■ Commedia; b/n; 92′; Italia, 1958.

VALÉRIE – DIARIO DI UNA NINFOMANE ★★
Regia di Christian Molina. Con Llum Barrera, Geraldine Chaplin, Belén Fabra, Angela Molina, Leonardo Sbaraglia. ■ Valérie Tasso scopre il sesso a 15 anni. Avvicinandosi ai trenta ne diventa dipendente e non esita a definirsi ninfomane. Confida le sue pulsioni alla saggia nonna che la invita a non frustrare il desiderio, ma anche a riuscire a comprendere il senso di solitudine che lei tenta di rimuovere. Dopo la morte della nonna, perso il lavoro, Valérie, cercandone uno nuovo, incontra Jaime, un uomo romantico che, per la prima volta, la fa sentire innamorata. Dal libro autobiografico di Valérie Tasso. ■ Drammatico; col.; 95′; Spagna, 2008.

VALET GIRLS ★
Regia di Rafal Zielinski. Con Mary Kohnert, April Stewart, Christopher Weeks. ■ Le Valet Girls sono un gruppetto di belle ragazze che lavorano a Hollywood come hostess ai pranzi degli uomini d'affari. Da quando hanno adottato costumi succinti i loro guadagni sono decisamente aumentati mentre quelli degli Starvin Students, tutti ragazzi, si stanno pericolosamente avvicinando allo zero, dato che hanno ben pochi mezzi per controbattere l'eccitante concorrenza delle Valet Girls. ■ Commedia; col.; 95′; USA, 1986.

VALHALLA RISING ★★
Regia di Nicolas Winding Refn. Con Gary Lewis, Mads Mikkelsen, Alexander Morton, Jamie Sives, Ewan Stewart. ■ In un tempo mitologico sconosciuto, c'era una volta uno schiavo di incredibile forza. Con l'aiuto di un ragazzo, un giorno riuscì a liberarsi e riversò la sua furia sugli uomini che lo avevano tenuto prigioniero per anni torturandoli e uccidendoli. Attraverso le valli della Scozia, questo guerriero orbo e muto ma dalla potenza sovrumana si imbarcò su un vascello di nobili vichinghi per intraprendere una crociata in Scandinavia, ma, passando attraverso una bruma inquietante e ripetuti attacchi da una forza sconosciuta, comprese presto di essersi addentrato in una terra oltre i confini della natura e che il suo fato era già stato scritto dagli dèi. Un immaginario ricco di suggestioni legate alla natura selvaggia, intesa sia come paesaggi incontaminati che come brutalità primordiale dell'uomo. ■ Azione; col.; 90′; Danimarca, Gran Bretagna, 2009.

VALIANT *(Vaiant)* ★★
Regia di Gary Chapman. Voci di Daniele Formica, Germana Longo, Massimiliano Manfredi, Enzo Salvi. ■ Storia edificante, realizzazione un po' meno. Questo in sintesi il giudizio sul questo film d'animazione digitale, il primo battente bandiera britannica, che racconta la storia di Valiant, piccione viaggiatore al servizio di sua maestà, durante la seconda guerra mondiale. Incredibilmente, è tutto vero: ai tempi uno dei mezzi più efficaci per ottenere e trasmettere informazioni era quello di usare i piccioni viaggiatori. ■ Animazione; col.; 109′; USA, 2005.

VALIDITÀ GIORNI DIECI ★★★
Regia di Camillo Mastrocinque. Con Antonio Centa, Laura Solari. ■ Un giovane conosce a Venezia un'agente di assicurazioni incaricata di recuperare una collana rubata. L'aiuta a portare a termine l'impresa e ottiene la sua mano. ■ Commedia; b/n; 91′; Italia, 1940.

VALIGIA A QUATTRO ZAMPE, UNA ★★
(More dogs than bones)
Regia di Michael Browning. Con Peter Coyote, Whoopi Goldberg, Joe Mantegna, Mercedes Ruehl. ■ Protagonista del film è una borsa di cuoio appartenente a un indiano diretto in America per andare a trovare suo nipote Andy. Durante il volo per Los Angeles, un boss, temendo una perquisizione all'aereoporto, pensa di nascondere nella borsa dell'uomo le migliaia di dollari che porta con sé. I problemi sorgono in America: la preziosa borsa scompare perché Socrates, il simpatico cagnone di Andy, ha la mania di nascondere gli oggetti. Hanno così inizio le ricerche della borsa, con continui colpi di scena. Film curioso e originale, nonostante qualche momento di lentezza e qualche scena inutile. ■ Commedia; col.; 94′; USA, 2000.

VALIGIA DEI SOGNI, LA ★★★
Regia di Luigi Comencini. Con Maria Pia Casilio, Umberto Melnati. ■ Un ex attore di film muti ottiene lavoro dal marito di un'anziana collega e istituisce un museo del cinema. ■ Commedia; b/n; 84′; Italia, 1954.

VALIGIA DEI VENTI MILIONI, LA ★★★
(Charlie Chan at Montecarlo)
Regia di Eugene Forde. Con Keye Luke, Warner Oland. ■ Ennesima avventura del celebre investigatore cinese Charlie Chan: questa volta trova l'assassino di un bancario. ■ Avventura; b/n; 71′; USA, 1937.

VALIGIA DEL BOIA, LA *(The Quare Fellow)* ★★
Regia di Arthur Dreifuss. Con Patrick McGoohan, Sylvia Syms. ■ Un uomo viene condannato a morte per aver ucciso il fratello. Mentre si avvicina il giorno dell'esecuzione, la moglie ha una relazione con un secondino convinto della validità della pena capitale. Poi la donna, presa dai rimorsi, confessa di essere stata lei a provocare il delitto, essendo diventata l'amante del cognato. Il condannato finirà però ugualmente sul patibolo. ■ Drammatico; b/n; 90′; Irlanda, 1962.

VALIGIA INFERNALE, LA ★★★
(Bulldog Drummond's Revenge)
Regia di Louis King. Con John Barrymore, Louise Campbell, John Howard. ■ Prima di sposarsi, l'investigatore privato e veterano della Grande Guerra Bulldog Drummond arresta il capo delle spie che hanno ucciso un inventore. ■ Poliziesco; b/n; 60′; USA, 1937.

VALIGIA PIENA DI DOLLARI, UNA *(Peeper)* ★★
Regia di Peter Hyams. Con Michael Caine, Kitty Winn, Natalie Wood. ■ Un detective riceve l'incarico da un cliente di ritrovare la figlia persa di vista da molto tempo. L'investigatore si mette a taccheggiare due ragazze, ciascuna delle quali potrebbe essere la fanciulla cercata. Mentre le segue è implicato in un oscuro intrigo familiare. Revival (con intenzioni non ben realizzate di parodia) dei "neri" anni Quaranta. ■ Giallo; col.; 87′; USA, 1975.

VALIGIA SUL LETTO, LA ★★
Regia di Eduardo Tartaglia. Con Maurizio Casagrande, Biagio Izzo, Veronica Mazza, Nunzia Schiano, Eduardo Tartaglia. ■ Achille Lo Ciummo e la sua amata Brigida hanno avuto lo sfratto e come nuova dimora non hanno trovato di meglio che un cantiere della metropolitana. Come se non bastasse lei è costretta a travestirsi da polpetta per pubblicizzare la carne di un negozio e lui perde nel giro di un giorno, dopo anni, il lavoro all'anagrafe, per di più senza essere mai stato assunto. Come sfuggire ad un'esistenza tanto misera? Alterando dei vecchi documenti, cancellando una lettera dal cognome del nonno e ritrovandosi di colpo parente del boss pentito Antimo Lo Ciummo. ■ Commedia; col.; 103′; Italia, 2010.

VALIGIE DI TULSE LUPER: LA STORIA DI MOAB – PARTE I, LE ★★
(The Moab Story / The Tulse Luper Suitcase – Part I)
Regia di Peter Greenaway. Con Victoria Abril, Kathy Bates, Tom Bower, Rossy De Palma, J. J. Feild, Vincent Gallo, Deborah Harry, William Hurt, Don Johnson, Amanda Plummer, Franka Potente, Molly Ringwald, Isabella Rossellini, Sting. ■ La vita di Tulse Henry Purcell Luper, scrittore professionista e project-maker, dentro e fuori le prigioni, ricostruita attraverso gli indizi trovati in 92 valigie sparse per il mondo. Sulla falsariga dell'Uranio, numero atomico 92, dalla sua scoperta nel 1928 fino alla sua "morte", nel 1989, quando la caduta del Muro di Berlino mise fine alla Guerra Fredda (e alla corsa alla fissione nucleare). Greenaway ha ormai da tempo perso il senso della misura. Anche chi ne apprezzava la genialità visiva ha smesso ormai di inseguire il suo onirismo intellettual-multimediale. Le installazioni nelle piazze sono una cosa. Fare film un'altra. 2 stel-

le per il passato. ■ DRAMMATICO; COL.; 125'; GRAN BRETAGNA, 2003.

VALLANZASCA. GLI ANGELI DEL MALE ★★
Regia di MICHELE PLACIDO. Con MORITZ BLEIBTREU, KIM ROSSI STUART, FRANCESCO SCIANNA, VALERIA SOLARINO, FILIPPO TIMI. ■ 1985. Renato Vallanzasca, 35 anni, è detenuto in isolamento nel carcere di Ariano Irpino. È lui stesso a raccontare le sue imprese adolescenziali che gli frutteranno la prima reclusione nel carcere minorile. È l'inizio di una carriera che, con il supporto di alcuni amici d'infanzia, lo condurrà a divenire "il boss della Comasina". È l'inizio della "carriera" del bel René, che lo porterà a una condanna complessiva di quattro ergastoli e 260 anni di reclusione con l'accusa di sette omicidi, di cui quattro direttamente compiuti, una settantina di rapine e quattro sequestri di persona nonché numerosi tentativi di evasione. È detenuto da 38 anni. Michele Placido, come sempre, si fa prendere dal desiderio di applicare ogni volta chiavi di lettura e angolazioni "originali" alle storie che intende trattare. Dopo averci raccontato il '68 dal punto di vista del giovane poliziotto che era in quell'epoca, oggi afferma: «Non mi interessava entrare nel merito della vicenda. Quello che trovavo stimolante da un punto di vista artistico e creativo era entrare nella mente di un criminale, con un approccio asettico e quasi entomologico lontano da qualsiasi giudizio morale». Detto questo, Vallanzasca esce benissimo dal film: se non è un eroe, gli è molto vicino. ■ DRAMMATICO; COL.; 125'; ITALIA, 2010.

VALLE DEGLI ALBERI ROSSI, LA ★★
(The Valley of the Redwoods)
Regia di WILLIAM N. WITNEY. Con LYNN BERNAY, JOHN HUDSON. ■ Dopo aver compiuto una rapina con la complicità di una ragazza, due banditi, inseguiti dalla polizia, perdono la testa: uno tenterà di uccidere il compagno, ma sarà ucciso dalla ragazza. ■ POLIZIESCO; B/N; 64'; USA, 1960.

VALLE DEGLI UOMINI LUNA, LA ★★
(Jungle Moon Men)
Regia di CHARLES S. GOULD. Con JEAN BYRON, JOHNNY WEISSMULLER. ■ Dopo una serie di drammatiche avventure, una spedizione raggiunge le rovine di un'antica città nel cuore del continente nero e si trova a dover lottare contro l'unica superstite della stirpe degli Atlantidi, vissuta per secoli nelle viscere della Terra. ■ AVVENTURA; B/N; 70'; USA, 1955.

VALLE DEGLI UOMINI PERDUTI, LA *(Massacre)* ★★
Regia di LOUIS KING. Con DANE CLARK, JAMES CRAIG. ■ I poliziotti messicani riescono a stanare una banda e a ucciderne i componenti; lungo il viaggio di ritorno sono massacrati dagli indiani, ai quali i defunti vendevano armi. ■ WESTERN; COL.; 76'; USA, 1959.

VALLE DEGLI UOMINI ROSSI, LA ★★★
(Valley of the Sun)
Regia di GEORGE MARSHALL. Con LUCILLE BALL, JAMES CRAIG. ■ Un'azzeccata parodia delle storie del West, in cui un bianco, amico degli indiani, salva dalla loro vendetta un rivale e quindi ne sposa la fidanzata. ■ WESTERN; B/N; 84'; USA, 1942.

VALLE DEI BRUTI, LA *(Ride the Man Down)* ★★
Regia di JOSEPH KANE. Con ROD CAMERON, BRIAN DONLEVY. ■ Per difendere la sua fattoria, una donna si allea a un vicino. Quando ogni pericolo sarà scongiurato, i due si fidanzeranno. ■ WESTERN; COL.; 90'; USA, 1952.

VALLE DEI CASTORI, LA *(Beaver Valley)* ★★★
Regia di JAMES ALGAR. ■ È un suggestivo documentario allegato al film *Deserto che vive*. ■ DOCUMENTARIO; COL.; 93'; USA, 1950.

VALLE DEI COMANCHES, LA *(Madron)* ★★★
Regia di JERRY HOPPER. Con RICHARD BOONE, LESLIE CARON, SAM RED, PAUL SMITH. ■ Sister Mary (Leslie Caron) è l'unica sopravvissuta di una strage apache. Madron, un pistolero, la salva dall'aggressione di tre balordi: due sono uccisi e il terzo si salva in cambio di un giuramento di obbedienza alla suora. Gli apache intrappolano il trio e inzia l'assedio. La suora, di nuovo in una situazione estrema, è presa da una crisi profonda e abbandona l'abito monastico. Primo film completamente girato in Israele. ■ WESTERN; COL.; 90'; ISRAELE, USA, 1970.

VALLE DEI DELITTI, LA *(The Young Guns)* ★★
Regia di ALBERT BAND. Con GLORIA TALBOTT, RUSS TAMBLYN. ■ Il figlio di un bandito è guardato con sospetto dai compaesani benché sia un ragazzo onesto. Questa situazione lo spinge a unirsi ad alcuni malviventi, poi il suo innato buon senso prevarrà. ■ WESTERN; B/N; 84'; USA, 1956.

VALLE DEI DISPERATI, LA ★★
(The Beast of Hollow Mountain)
Regia di EDWARD NASSOUR. Con GUY MADISON, PATRICIA MEDINA. ■ Un film a metà tra il western e la fantascienza: un allevatore, osteggiato da un rivale, sta per partire quando un terribile mostro incomincia a seminare terrore e morte nel paese. ■ WESTERN; COL.; 80'; USA, 1956.

VALLE DEI FORTI, LA *(Trail of Vigilantes)* ★★
Regia di ALLAN DWAN. Con PEGGY MORAN, FRANCHOT TONE. ■ Un detective scopre che un'organizzazione privata di poliziotti fa il doppio gioco e non disdegna il denaro dei malviventi. A rischio della propria vita, manderà in galera il loro capo. ■ WESTERN; B/N; 78'; USA, 1940.

VALLE DEI GIGANTI, LA *(Valley of Giants)* ★★
Regia di WILLIAM KEIGHLEY. Con WAYNE MORRIS, CLAIRE TREVOR. ■ Un proprietario terriero tenta di impadronirsi delle zone boschive dei vicini. Quando sta per raggiungere il suo scopo, gli avversari si alleano e hanno la meglio. ■ AVVENTURA; COL.; 79'; USA, 1938.

VALLE DEI LUNGHI COLTELLI, LA *(Winnetou II)* ★★
Regia di HARALD REINL. Con MARIO ADORF, LEX BARKER, PIERRE BRICE. ■ Guerra tra gli indiani a causa del passaggio della ferrovia. Muoiono i buoni, ma anche il traditore di turno. ■ WESTERN; COL.; 94'; GERMANIA, 1963.

VALLE DEI MAORI, LA *(The Seekers)* ★★
Regia di KEN ANNAKIN. Con JACK HAWKINS, GLYNIS JOHNS, NOËL PURCELL. ■ I rapporti tra i coloni della Nuova Zelanda e gli indigeni si guastano a causa di un incidente. A salvarsi dalla conseguente strage dei primi è un bambino che verrà allevato dal capo tribù. ■ AVVENTURA; COL.; 90'; GRAN BRETAGNA, 1954.

VALLE DEI MOHICANI, LA *(Comanche Station)* ★★★
Regia di BUDD BOETTICHER. Con NANCY GATES, RANDOLPH SCOTT. ■ Un uomo riscatta una sconosciuta agli indiani e la riporta al marito, nonostante gli agguati di alcuni malviventi; più tardi parte per cercare la moglie, fatta prigioniera dai comanches. ■ WESTERN; COL.; 74'; USA, 1960.

VALLE DEI MONSONI, LA *(Three Faces West)* ★★★
Regia di BERNARD VORHAUS. Con CHARLES COBURN, SIGRID CURIE, JOHN WAYNE. ■ Un medico profugo cecoslovacco e la figlia si trasferiscono in un'arida regione americana. La ragazza vorrebbe ripartire subito. Poi resta e s'innamora a poco a poco del giovane capo del villaggio. Delusa dal fidanzato, seguirà il giovane quando questi si trasferirà con gli uomini del villaggio verso le fertili terre dell'Oregon. ■ DRAMMATICO; B/N; 79'; USA, 1940.

VALLE DEI RE, LA *(Valley of the Kings)* ★★★
Regia di ROBERT PIROSH. Con ELEANOR PARKER, ROBERT TAYLOR, CARLOS THOMPSON. ■ La figlia di un noto archeologo si reca col marito in Egitto alla ricerca della tomba del faraone Rahotep, in cui dovrebbe essere custodito il segreto delle sacre scritture. Riuscirà nell'impresa. ■ AVVENTURA; COL.; 86'; USA, 1955.

VALLE DEI TAGLIATORI DI TESTE, LA ★★
(Valley of Headhunters)
Regia di WILLIAM BERKE. Con CHRISTINE LARSON, JOHNNY WEISSMULLER. ■ La valle in questione è ricca di rame e diversi loschi personaggi tentano di strappare agli indigeni il diritto di sfruttamento. Non ci riusciranno. ■ AVVENTURA; B/N; 67'; USA, 1953.

VALLE DEL DESTINO, LA *(The Valley of Decision)* ★★★
Regia di TAY GARNETT. Con GREER GARSON, MARSHA A. HUNT, GREGORY PECK. ■ Amore infelice tra un ricco giovane e la pre-

murosa e generosa governante della famiglia. Una sanguinosa lite tra i rispettivi genitori comprometterà definitivamente ogni possibilità di una loro unione. ■ DRAMMATICO; B/N; 111′; USA, 1945. ■ OSCAR 2 NOM.

VALLE DEL DIAVOLO, LA ★★
Regia di MARIO MATTOLI. Con MARINA BERTI, ANDREA CHECCHI, CARLO NINCHI. ■ La figlia di un medico addetto alla cura di una dilagante infezione vaiolosa sposa suo malgrado un autoritario signorotto. Riuscirà a liberarsene solo grazie a un incidente mortale di cui l'uomo rimarrà vittima. ■ AVVENTURA; B/N; 91′; ITALIA, 1943.

VALLE DELLA MORTE, LA *(Death Valley)* ★★
Regia di LEW LANDERS. Con HELEN GILBERT, ROBERT LOWERY. ■ Un bandito si impossessa del ricavato della vendita di una miniera d'oro, sottraendolo alla legittima proprietaria. Con l'aiuto di un giovane la donna recupererà il suo denaro. ■ AVVENTURA; COL.; 70′; USA, 1946.

VALLE DELLA PACE, LA ★★
Regia di FRANCE STIGLIC. Con JOHN KITZMILLER. ■ Due ragazzini e il pilota di un aereo americano abbattuto in Jugoslavia durante la guerra partigiana cercano di prendere contatto con le forze patriottiche. Il pilota muore durante un combattimento con i tedeschi e i due giovinetti riescono a fatica a mettersi in salvo. ■ GUERRA; B/N; 94′; JUGOSLAVIA, 1956. ■ CANNES 1 PR.

VALLE DELLA VENDETTA, LA *(Valley of Vengeance)* ★★
Regia di SAM NEWFIELD. Con BUSTER CRABBE, AL ST JOHN. ■ I banditi assaltano una carovana di cercatori di pepite. Due giovani, scampati all'eccidio, faranno vendetta. ■ WESTERN; B/N; 56′; USA, 1944.

VALLE DELLA VENDETTA, LA *(Vengeance Valley)* ★★
Regia di RICHARD THORPE. Con SALLY FORREST, BURT LANCASTER, ROBERT WALKER. ■ Lee, figlio di un allevatore, è indolente e predisposto alla delinquenza; il fratellastro Owen invece è un ottimo lavoratore e cerca di portare Lee sulla retta via. Non vi riuscirà, tanto che sarà costretto a eliminarlo per legittima difesa. ■ WESTERN; COL.; 83′; USA, 1951.

VALLE DELLE AQUILE, LA *(The Valley of the Eagles)* ★★
Regia di TERENCE YOUNG. Con NADIA GRAY, JOHN MCCALLUM, JACK WARNER. ■ Con l'aiuto dell'amante, una donna sottrae al marito un'importante invenzione e fugge col complice. Lo scienziato si precipita sulle loro tracce insieme a un ispettore di polizia e a una maestrina. Il prezioso apparecchio sarà recuperato, i fuggitivi faranno una brutta fine. ■ DRAMMATICO; B/N; 86′; GRAN BRETAGNA, 1951.

VALLE DELLE BAMBOLE, LA ★★★
(Valley of the Dolls)
Regia di MARK ROBSON. Con PATTY DUKE, SUSAN HAYWARD, MARTIN MILNER, BARBARA PARKINS, SHARON TATE. ■ Il successo che tre ragazze hanno lungamente inseguito e alla fine ottenuto a New York si rivela presto effimero. Ciascuna di loro non regge alle nuove e brillanti condizioni di vita e finisce per rovinarsi: chi nella droga, chi nel suicidio, chi nell'abbandono malinconico e definitivo della propria attività. ■ DRAMMATICO; COL.; 123′; USA, 1967. ■ OSCAR 1 NOM.

VALLE DELL'ECO TONANTE, LA ★★
Regia di AMERIGO ANTON. Con HÉLÈNE CHANEL, KIRK MORRIS, ROSALBA NERI. ■ Per raggiungere la valle dei pascoli verdi bisogna passare attraverso la valle dell'Eco, presidiata dai terribili Uomini Eco. L'intervento di Maciste consentirà a una pacifica comunità di arrivare alla meta. ■ AVVENTURA; COL.; 93′; ITALIA, 1965.

VALLE DELL'EDEN, LA *(East of Eden)* ★★★★
Regia di ELIA KAZAN. Con RICHARD DAVALOS, JAMES DEAN, JULIE HARRIS, BURL IVES, RAYMOND MASSEY, JO VAN FLEET. ■ Il film racconta dei difficili rapporti familiari tra Cal, inviso al padre perché gli ricorda da vicino la moglie, fuggita molti anni prima, e Aaron, che invece è il suo figlio prediletto. Quando si scopre che la madre è viva e gestisce una casa d'appuntamenti, le reazioni dei figli sono contrastanti: Cal mostra di non risentirne e anzi le chiede un prestito che dovrebbe poi servire al padre per tamponare le conseguenze di un dissesto economico; Aaron invece ne è sconvolto e si arruola volontario nell'esercito americano (1918). L'ostilità del padre verso Cal si placa però solo in punto di morte. ■ DRAMMATICO; COL.; 115′; USA, 1955. ■ CANNES 1 PR; OSCAR 1 PR, 4 NOM.

VALLE DELL'EDEN, LA *(East of Eden)* ★★
Regia di HARVEY HART. Con ANNE BAXTER, TIMOTHY BOTTOMS, BRUCE BOXLEITNER, LLOYD BRIDGES, WARREN OATES, JANE SEYMOUR. ■ Siamo al remake televisivo del glorioso film di Kazan. Per una volta si tratta di un rifacimento accettabile, grazie anche al poderoso cast in cui vecchie e nuove glorie di Hollywood si confrontano. Vincono gli Old Gringos per manifesta debolezza degli avversari nel confrontarsi con un classico. ■ DRAMMATICO; COL.; 240′; USA, 1982.

VALLE DELLE MILLE COLLINE, LA ★★
(Nor the Moon by Night)
Regia di KEN ANNAKIN. Con MICHAEL CRAIG, ANNA GAYLOR, BELINDA LEE, PAMELA STIRLING. ■ Complessi intrecci sentimentali nel cuore della giungla. Due fratelli – i protagonisti principali – finiranno per sposare uno un'infermiera, l'altro una dolce indigena. ■ DRAMMATICO; COL.; 92′; GRAN BRETAGNA, 1958.

VALLE DELLE OMBRE ROSSE, LA ★★
(Der letzte Mohikaner)
Regia di HARALD REINL. Con KARIN DOR, ANTHONY STEFFEN. ■ Il denaro destinato alla paga dei soldati è oggetto delle losche attenzioni di banditi bianchi alleati a un gruppetto di pellirosse. Un saggio capo indiano impedirà che i dollari finiscano nelle loro mani. ■ WESTERN; B/N; 95′; GERMANIA, 1965.

VALLE DELLE SETE – PRATERIA INSANGUINATA ★★
(When a Man's a Man)
Regia di EDWARD F. CLINE. Con GEORGE O'BRIEN, DOROTHY WILSON. ■ Il proprietario di una fattoria non cede al ricatto di un profittatore che vuole comprargliela a poco prezzo. Si avvale in questo caso dell'aiuto prezioso di un amico che ne sposerà la figlia. ■ DRAMMATICO; B/N; 84′; USA, 1935.

VALLE DELL'INFERNO, LA *(Danger Valley)* ★★
Regia di ROBERT NORTH BRADBURY. Con ERNIE ADAMS, JACK RANDALL. ■ Per prendere illegittimamente possesso di una miniera d'oro, un bandito insidia e ricatta la figlia del vero proprietario, rimasta sola in casa. La salva l'intervento di un generoso cowboy. ■ WESTERN; B/N; 54′; USA, 1937.

VALLE DELL'ODIO, LA ★
Regia di ADRIANO ZANCARELLA. Con ILSE GARY, FREDA MONTAPERTI, ERNESTO ROVERE. ■ Acerrima lotta, in un villaggio rupestre, tra i valligiani e un industriale del legno diventato il nuovo proprietario delle foreste circostanti. Finale tragico. ■ DRAMMATICO; B/N; 93′; ITALIA, 1950.

VALLE DELL'ORO, LA *(The Lucky Texan)* ★★
Regia di ROBERT NORTH BRADBURY. Con BARBARA SHELDON, JOHN WAYNE. ■ Un uomo onesto e un giovane attivo vogliono la concessione per lo sfruttamento di una miniera d'oro. Ostacolati da un bandito, avranno alla fine partita vinta. ■ WESTERN; B/N; 56′; USA, 1934.

VALLE DELL'ORSO, LA ★★
Regia di JOSEPH PEVNEY. Con MARTHA HYER, CLINT WALKER, KEENAN WYNN. ■ Un ex sceriffo acquista una fattoria e vi si trasferisce con la famiglia: deve combattere però con un orso terribile e con un facoltoso signorotto. Batterà entrambi. ■ WESTERN; COL.; 102′; USA, 1966.

VALLE DEL MINOTAURO, LA *(Land of the Minotaur)* ★★
Regia di COSTAS CARAYNNIS. Con PETER CUSHING, DONALD PLEASENCE, COSTAS SKOURAS. ■ In un villaggio dei Balcani, un malefico barone offre sacrifici umani a un idolo di pietra a forma di Minotauro. Un prete irlandese dopo lunga lotta riesce a porre fine al malefico culto. ■ HORROR; COL.; 88′; GRAN BRETAGNA, GRECIA, 1976.

VALLE DEL MISTERO, LA *(Valley of Mystery)* ★★
Regia di JOSEPH LEYTES. Con PETER GRAVES, LOIS NETTLETON. ■ L'atterraggio nella giungla di un aereo in avaria si conclude senza vittime. Uno dei superstiti, insieme alla sua donna, parte alla ricerca della sorella, missionaria nella giungla. La troverà de-

funta, ma riuscirà a organizzare i soccorsi. ■ AVVENTURA; COL.; 90'; USA, 1967.

VALLE DEL PECCATO, LA *(Vale Abraão)* ★★★
Regia di MANOEL DE OLIVEIRA. Con LUÌS MIGUEL CINTRA, LEONOR SILVEIRA. ■ Il più grande regista portoghese alle prese con Flaubert. Infatti questo film pare ispirato a *Madame Bovary*. Ai giorni nostri, in Portogallo, Emma tradisce il marito con alcuni amanti. Lo aveva sposato senza amore. Molto particolare. Come tutto il cinema di De Oliveira, il film richiede attitudine da cinefilo. ■ COMMEDIA; COL.; 187'; PORTOGALLO, 1993.

VALLE DEL SOLE, LA *(Stallion Road)* ★★
Regia di JAMES V. KERN. Con RONALD REAGAN, ZACHARY SCOTT, ALEXIS SMITH. ■ Una fascinosa cavallerizza è corteggiata assiduamente da un vecchio amico del fidanzato. La donna cede alla corte dello spasimante, ma quando il fidanzato, un veterinario, cade gravemente malato, torna fra le sue braccia. ■ COMMEDIA; B/N; 91'; USA, 1947.

VALLE DI PIETRA – KALKSTEIN, LA ★★
Regia di MAURIZIO ZACCARO. Con ALEKSANDER BARDINI, FABIO BUSSOTTI, CHARLES DANCE, KLARA NEROLDOVA. ■ Tratto da un racconto di Adalbert Stifter. Secondo film per Zaccaro dopo *Dove comincia la notte*, sceneggiato dal regista e da Ermanno Olmi. Siamo in Boemia, durante l'impero austro-ungarico. Un vecchio parroco diventa amico di un giovane. Quando l'uomo di chiesa si ammala gravemente l'altro gli resta vicino. Nel testamento il parroco gli lascerà i suoi averi per la costruzione di una scuola più comoda per i bambini della valle. ■ DRAMMATICO; COL.; 104'; ITALIA, 1992.

VALLE DI SANTA LUCIA, LA *(The Red Pony)* ★★★
Regia di ROBERT TOTTEN. Con HENRY FONDA, BEN JOHNSON, MAUREEN O'HARA. ■ Le difficoltà economiche di una famiglia di fattori causano incomprensioni tra il capofamiglia e il suo bambino che lo accusa di essere prepotente. L'uomo regala al figlio un cavallino, ma sembra non ottenere risultati anche perché l'animale muore presto per malattia. Invece la rinconciliazione è alle porte. ■ AVVENTURA; COL.; 100'; USA, 1974.

VALLE MALEDETTA, LA *(Rustlers Valley)* ★★
Regia di NATE WATT. Con WILLIAM BOYD, LEE J. COBB, RUSSELL HAYDEN. ■ Hopalong Cassidy è il soprastante del ranch di un brav'uomo e l'aspirante alla mano della figlia dello stesso. Perciò ha un doppio motivo per salvare il suo principale dalle manovre di un losco affarista (Lee J. Cobb, allora solo ventiseienne) che vuole impadronirsi della valle. ■ WESTERN; B/N; 95'; USA, 1937.

VALLI DELLA SOLITUDINE, LE *(Mrs. Mike)* ★★
Regia di LOUIS KING. Con EVELYN KEYES, DICK POWELL. ■ I rapporti tra un agente canadese e la sua consorte sono gravemente turbati dalla morte della loro bambina. La donna, in preda alla disperazione, sembra volersi allontanare da tutti gli affetti. Alla fine però si ricongiungerà al marito. ■ DRAMMATICO; B/N; 99'; USA, 1949.

VALMONT ★★★
Regia di MILOS FORMAN. Con ANNETTE BENING, COLIN FIRTH, MEG TILLY, FAIRUZA BALK, JEFFREY JONES. ■ *Le relazioni pericolose* di Pierre Choderlos de Laclos colpiscono ancora. Forman sostiene di essere stato il primo ad avere l'idea cinematografica anche se è stato battuto sul tempo da Frears che ne ha preso gli onori. La vicenda è nota: il visconte di Valmont e la marchesa di Merteuil fanno un patto secondo il quale il nobiluomo deve sedurre la donna che sta per sposare un ex della marchesa. Tutto riesce, ma a tutto c'è rimedio fuorché alla morte. Con alcune variazioni nel finale e con molta briosità la versione di Forman risulta meno accademica e pretenziosa di quella di Frears, però manca di quel "senso tragico" che c'era nell'altra. ■ DRAMMATICO; COL.; 134'; FRANCIA, GRAN BRETAGNA, 1989. ■ OSCAR 1 NOM.

VALZER ★★
Regia di SALVATORE MAIRA. Con MAURIZIO MICHELI, MARINA ROCCO, CRISTINA SERAFINI, VALERIA SOLARINO. ■ Assunta lavora come cameriera in un albergo pieno di stelle del calcio e della televisione. Senza aspirazioni e contro il parere della madre trascorre la sua giovane esistenza servendo e riverendo i facoltosi avventori, che troppo spesso scordano le buone maniere. Una mattina incontra il padre di Lucia, un'amica e collega partita dieci anni prima e poi svanita nel nulla. Il padre, rilasciato dal carcere, troverà in Assunta risposte e consolazione. Il racconto, ostinatamente chiuso nella tecnica formale, finisce per rimanerne intrappolato. ■ DRAMMATICO; COL.; 87'; ITALIA, 2007.

VALZER CELESTE *(Der himmlische Walzer)* ★★
Regia di GÉZA VON CZIFFRA. Con CURD JÜRGENS, ELFIE MAYERHOFER. ■ Un gruppo di angeli contestatori non vuole indossare più i panni consueti, ma abiti moderni. Nel racconto c'è anche un angelo che si innamora di un musicista. Il finale vede trasformato l'angelo in donna e il musicista in marito. ■ COMM. MUSICALE; B/N; 92'; GERMANIA, 1948.

VALZER CHAMPAGNE *(Champagne Waltz)* ★★
Regia di EDWARD SUTHERLAND. Con FRED MACMURRAY, GLADYS SWARTHOUT. ■ A Vienna un complessino jazz oscura la fama di un'orchestra di valzer che suona in un locale adiacente. L'orchestra si trasferisce in America, dove avrà grande successo. ■ COMMEDIA; B/N; 85'; USA, 1936.

VALZER CON BASHIR *(Waltz With Bashir)* ★★★
Regia di ARI FOLMAN. Con ARI FOLMAN, YEHEZKEL LAZAROV, MICKEY LEON, ORI SIVAN. ■ Una notte, in un bar, un amico confessa al regista israeliano Ari Folman un suo incubo ricorrente: sogna di essere inseguito da 26 cani inferociti. Ha la certezza del numero perché, quando l'esercito israeliano occupava una parte del Libano, gli era stato assegnato il compito di uccidere i cani, 26 appunto, che di notte segnalavano abbaiando l'arrivo dei soldati. Folman si accorge di avere rimosso praticamente tutto quanto accaduto durante quei mesi che condussero al massacro portato a termine dalle Falangi cristiano/maronite nei campi di Sabra e Chatila. Decide allora di intervistare dei compagni d'armi dell'epoca per cercare di ricostruire una memoria che ognuno di essi conserva solo in parte cercando di farla divenire patrimonio condiviso. Folman, regista e sceneggiatore di qualità affronta con coraggio uno dei nervi scoperti della storia recente della democrazia israeliana. ■ DRAMMATICO; COL.; 87'; ISRAELE, GERMANIA, FRANCIA, 2008.

VALZER D'ADDIO DI CHOPIN *(Abschiedswalzer)* ★★
Regia di GÉZA VON BOLVÀRY. Con WOLFGANG LIEBENEINER, SYBILLE SCHMITZ. ■ Chopin si reca a Parigi per sfuggire i pericoli di una imminente rivoluzione. Lì approfondisce lo studio del pianoforte e diventa famoso. ■ DRAMMATICO; B/N; 93'; GERMANIA, 1934.

VALZER D'AMORE *(All a bal)* ★★
Regia di VIKTOR BANKY. Con ZITA SZELECZKY. ■ Innamorata di un bravo funzionario, una donna gli sottrae dei documenti per impedire che cadano nelle mani di alcuni delinquenti. L'uomo è accusato di tradimento; l'equivoco però poi si chiarisce e i due possono sposarsi. ■ COMMEDIA; B/N; 91'; UNGHERIA, 1941.

VALZER D'AMORE *(La valse brillante)* ★★
Regia di JEAN BOYER. Con MARTHA EGGERTH, JAN KIEPURA, LUCIEN BARROUX. ■ Un brillante funzionario vuole togliere dalle scene la sua promessa sposa, grande diva del canto. Per evitarlo i fan della diva la minacciano con lettere anonime. La guardia del corpo, messale alle costole dal suo impresario, svelerà il retroscena e sposerà la donna. ■ COMM. MUSICALE; B/N; 95'; FRANCIA, 1949.

VALZER DELL'IMPERATORE, IL ★★★
(The Emperor Waltz)
Regia di BILLY WILDER. Con BING CROSBY, ROLAND CULVER, JOAN FONTAINE. ■ Intorno agli amori di una superba cagnetta, di cui è proprietaria una nobildonna, si sviluppa un divertente intreccio di frivole situazioni. Promessa al cane imperiale di Francesco Giuseppe, la cagnetta preferisce il corteggiamento di un modesto cagnolino di provincia, di proprietà di un venditore. Venditore e nobildonna si sposeranno. ■ COMM. MUSICALE; COL.; 106'; USA, 1948. ■ OSCAR 2 NOM.

VALZER DI PARIGI, IL *(La valse de Paris)* ★★★
Regia di MARCEL ACHARD. Con PIERRE FRESNAY, NOËLLE NORMAN, YVONNE PRINTEMPS. ■ Una cantante di successo ha un'in-

felice storia d'amore con un principe, da cui alla fine è costretta ad allontanarsi. Si dà così a diversi uomini, tra cui il suo impresario che l'ama alla follia. Ma egli non è ricambiato e sfoga la sua delusione scrivendo canzoni che la sua amata interpreterà. ■ DRAMMATICO; B/N; 92'; FRANCIA, 1950.

VALZER VIENNESE *(Viennese Nights)* ★★
Regia di ALAN CROSLAND. Con ALEXANDER GRAY, WALTER PIDGEON, VIVIENNE SEGAL. ■ Love story a Vienna fra un compositore e una ragazza, che però il destino separa. Quarant'anni dopo, però, i rispettivi nipoti s'incontrano e si innamorano (il compositore nel frattempo è defunto). ■ SENTIMENTALE; COL.; 94'; USA, 1931.

VAMOS A MATAR COMPAÑEROS ★★★
Regia di SERGIO CORBUCCI. Con TOMAS MILIAN, FRANCO NERO, JACK PALANCE, FERNANDO REY. ■ Durante la rivoluzione messicana, un ambiguo generale dei ribelli libera un professore idealista, guida spirituale delle lotte rivoluzionarie, solo per carpirgli il segreto di una cassaforte piena di denaro. Si accende una violenta lotta tra i seguaci del professore e il torbido generale finché quest'ultimo non avrà la peggio. ■ WESTERN; COL.; 135'; ITALIA, 1970.

VAMOS A MATAR SARTANA ★
Regia di MARIO PINZAUTI. Con GEORGE MARTIN, GORDON MITCHELL, ISARCO RAVAIOLI. ■ Un gruppo di evasi alla ricerca di un tesoro: fra di loro un uomo che era stato incarcerato ingiustamente. Faranno tutti una brutta fine, escluso lui. Ovviamente. ■ WESTERN; COL.; 95'; ITALIA, 1971.

VAMP ★★
Regia di RICHARD WENK. Con SANDY BARON, GRACE JONES, GEDDE WATANABE. ■ Due studenti a caccia di avventure in città capitano in un locale notturno in cui conoscono una fascinosa e sensualissima cantante nera. Costei porta a letto uno dei due e lo vampirizza. Il night club stesso è zeppo di vampiri che farebbero fare analoga fine all'altro studente, se costui non riuscisse a fuggire con l'aiuto di una bella ragazza. ■ HORROR; COL.; 91'; USA, 1986.

VAMPATA D'AMORE, UNA *(Gycklarnas afton)* ★★★
Regia di INGMAR BERGMAN. Con HARRIET ANDERSSON, HASSE ECKMAN, ÅKE GRÖNBERG. ■ Anna è l'amante del direttore del circo. Quando quest'ultimo manifesta l'intenzione di tornare a vivere con la moglie, la ragazza accetta la corte di un giovane attore. Ma il suo amante, respinto dalla moglie, poi torna alla carica, sfidando l'antagonista. Nella lotta avrà la peggio e si ritirerà nel suo carrozzone con la disperazione nel cuore. ■ DRAMMATICO; B/N; 90'; SVEZIA, 1953.

VAMPATA DI VERGOGNA, UNA ★★★
(Happy Birthday Wanda June)
Regia di MARK ROBSON. Con ROD STEIGER, SUSANNAH YORK, PAMELYN FERDIN. ■ Un mercenario creduto morto fa ritorno a casa. La moglie e il figlio ne sono dapprima entusiasti, ma poco alla volta scoprono nell'uomo l'abisso scavato dagli anni di assenza e dalla vita condotta sino ad allora in ambienti e culture tanto diversi. Il distacco è inevitabile. ■ COMMEDIA; COL.; 105'; USA, 1971.

VAMPATA DI VIOLENZA, UNA *(Les grandes gueules)* ★★★
Regia di ROBERT ENRICO. Con ANDRÉ BOURVIL, MARIE DUBOIS, LINO VENTURA. ■ Ereditata una vecchia segheria, un uomo decide di rimetterla in funzione e, non avendo altra scelta, accetta di prendere alle sue dipendenze alcuni galeotti, affidatigli dalle autorità sotto condizionale. Un commerciante del luogo cerca però di mettergli i bastoni fra le ruote. Una sera i galeotti e gli uomini del commerciante litigano furiosamente: ci scappa il morto e tutti i galeotti tornano in carcere. Il proprietario della segheria, disperato, brucia ogni suo avere. ■ DRAMMATICO; COL.; 110'; FRANCIA, 1965.

VAMPIRA ★★★
Regia di CLIVE DONNER. Con TERESA GRAVES, JENNIE LINDEN, DAVID NIVEN. ■ Al conte Dracula serve sangue per resuscitare la sua Vampira. Apre il suo castello ai turisti ma, per un errore di trasfusione, Vampira si risveglia nera. Si mette in cerca di un antidoto, coadiuvato dal capo di un gruppo di turiste. Ma presto viene a galla tutta la faccenda, e il conte Dracula è costretto a fuggire. ■ COMMEDIA; COL.; 89'; GRAN BRETAGNA, 1974.

VAMPIRA NUDA, LA *(La vampire nue)* ★
Regia di JEAN ROLLIN. Con JEAN ARON, CHRISTINE FRANÇOIS, OLIVER MARTIN. ■ Strani esperimenti avvengono nella dimora estiva di un industriale. Il figlio di quest'ultimo scopre alla fine che il padre con i suoi collaboratori ha scoperto il segreto dell'immortalità. ■ DRAMMATICO; COL.; 85'; FRANCIA, 1969.

VAMPIRAS – LE VAMPIRE, LAS ★★
(Las Vampiras/Vampyros Lesbos)
Regia di JESUS FRANCO. Con SOLEDAD MIRANDA, DENNIS PRICE, EWA STROEMBERG. ■ Nadina è una vampira che dorme in piscina. Quando giunge su sua richiesta da Istanbul un agente immobiliare la donna gli dà un morsetto e poi se lo porta a letto. Per i fans di Jesus Franco una leccornia. ■ HORROR; COL.; 85'; GERMANIA, SPAGNA, 1970.

VAMPIRES *(John Carpenter's Vampires)* ★★
Regia di JOHN CARPENTER. Con DANIEL BALDWIN, SHERYL LEE, JAMES WOODS. ■ Il sacerdote eretico Valek nel milletrecento ha prodotto una serie di vampiri un po' anomali: temono solo la luce e i picchetti nel cuore. Ai giorni nostri ancora fanno danni. Ed ecco che arriva l'ammazzavampiri. Il solito Carpenter, che si muove bene in questo tipo di storie. ■ HORROR; COL.; 108'; USA, 1998.

VAMPIRI *(To Die For)* ★
Regia di DERAN SERAFIAN. Con BRENDAN HUGHES, SYDNEY WALSH, AMANDA WYSS. ■ Un giovane vampiro si innamora di una ragazza e fa di tutto per "impedirsi" di farla diventare come lui. Tre anni dopo un secondo episodio, per fortuna inedito in Italia. ■ COMMEDIA; COL.; 99'; USA, 1988.

VAMPIRI, I *(Born Reckless)* ★★
Regia di JOHN FORD. Con WILLIAM HARRIGAN, EDMUND LOWE, LEE TRACY. ■ Un gangster, costretto a scegliere tra la prigione e la guerra, sceglie quest'ultima. Diventa un eroe e al ritorno s'innamora di una brava ragazza, optando definitivamente per una vita onesta. Ma un suo vecchio nemico gli rapisce la figlioletta e l'uomo è costretto a ricorrere alla violenza per salvarla. ■ POLIZIESCO; B/N; 75'; USA, 1930.

VAMPIRI, I ★★★
Regia di RICCARDO FREDA. Con GIANNA MARIA CANALE, CARLO D'ANGELO, WANDISA GUIDA. ■ Alcune ragazze vengono trovate morte per dissanguamento. Un abile investigatore indaga e scopre il mistero che si cela dietro i delitti: l'assassina è una vecchia raggrinzita che si serve del sangue delle vittime per ringiovanire. ■ HORROR; B/N; 85'; ITALIA, 1957.

VAMPIRI AMANTI *(The Vampire Lovers)* ★★★
Regia di ROY WARD BAKER. Con GEORGE COLE, PETER CUSHING, INGRID PITT. ■ Le misteriose morti per dissanguamento di alcune ragazze, avvenute nel suo castello, inducono un generale a chiedere l'aiuto del barone von Hartog, da tempo spietato massacratore di vampiri. Dopo diverse ricerche, si scopre l'ultimo vampiro in circolazione e lo si fa fuori. ■ HORROR; COL.; 88'; GRAN BRETAGNA, 1970.

VAMPIRI DELLO SPAZIO, I *(Quatermass II)* ★★★
Regia di VAL GUEST. Con BRIAN DONLEVY, SIDNEY JAMES, JOHN LONDGEN. ■ Uno scienziato, recatosi in una zona dove sono stati segnalati strani "meteoriti" che sprigionano un gas venefico, scopre l'esistenza di un grande stabilimento segreto dove, gli dicono, si sta studiando un nuovo cibo sintetico. In realtà, vi si nasconde un terribile segreto. Un gruppo di visitatori che cerca di scoprire la verità viene eliminato. Lo scienziato, sfuggito alla morte, distruggerà con un missile ogni cosa. ■ FANTASCIENZA; B/N; 84'; GRAN BRETAGNA, 1957.

VAMPIRI DEL SESSO, I *(Des femmes disparaissent)* ★★★
Regia di EDOUARD MOLINARO. Con ESTELLA BLAIN, ROBERT HOSSEIN, MAGALI NOËL. ■ Una ragazza finisce nelle mani di un losco figuro che vuole sfruttarla. Sarà il suo fidanzato a toglierla dalla difficile situazione. ■ DRAMMATICO; B/N; 85'; FRANCIA, 1958.

VAMPIRI DI SALEM'S LOT, I *(A Return to Salem's Lot)* ★
Regia di LARRY COHEN. Con ANDREW DUGGAN, SAMUEL FUL-

LER, MICHAEL MORIARTY. ■ Niente a che vedere con Stephen King nonostante il titolo echeggi una sua opera. È la storia di un antropologo che va a Salem's Lot, la cittadina dove aveva passato la sua adolescenza. Con lui c'è il figlio ed entrambi avranno la sorpresa di avere dei vampiri come inquilini. Cohen, famoso mestierante del genere horror, firma uno dei suoi peggiori lavori. Peccato per un Moriarty sprecato e la presenza del regista Fuller. ■ HORROR; COL.; 101′; USA, 1987.

VAMPIRO, IL *(The Vampire)* ★★★
Regia di FRANK STRAYER. Con LIONEL ATWILL, MELVIN DOUGLAS, FAY WRAY. ■ Un medico pazzo crede di poter curare il cancro col sangue umano. Uccide perciò diverse persone con la complicità del suo assistente. Quest'ultimo però poi rinsavisce, elimina il folle e si suicida. ■ HORROR; B/N; 63′; USA, 1933.

VAMPIRO, IL *(The Vampire)* ★
Regia di PAUL LANDRES. Con DABBS GREER, LYDIA REED, HERB VIGRAN. ■ Un giovane medico ingerisce per errore alcune pastiglie che lo trasformano in vampiro e compie una serie di delitti senza rendersene conto. ■ HORROR; B/N; 74′; USA, 1957.

VAMPIRO A BROOKLYN *(Vampire in Brooklyn)* ★
Regia di WES CRAVEN. Con ANGELA BASSETT, KADEEM HARDISON, EDDIE MURPHY, ALLEN PAYNE. ■ Eddie Murphy cerca una nuova via per ritrovare il successo perduto. È un vampiro eterogeneo (da italoamericano a pastore di anime), ma non riesce né a far ridere né a terrorizzare. Profilo basso. ■ FANTASTICO; COL.; 103′; USA, 1996.

VAMPIRO A MEZZANOTTE *(Vampire at Midnight)* ★★
Regia di GREGORY MCCLATCHY. Con LESLEY MILNE, ROBERT RANDOM, JASON WILLIAMS. ■ Un poliziotto crede che il misterioso assassino di alcune donne sia un vampiro (lo deduce da profondi morsi trovati sul collo). Ha ragione: il vampiro c'è e si nasconde sotto le rispettabili spoglie di un medico che usa l'ipnosi per terapia. Ma anche per ridurre le giovani donne alla sua mercé. ■ HORROR; COL.; 100′; USA, 1988.

VAMPIRO – CYCLOPS IL VAMPIRO, IL ★★★
(Dead Man's Walk)
Regia di SAM NEWFIELD. Con MARY CARLISLE, GEORGE ZUCCO. ■ Morto per mano del fratello medico, Erwin gli appare comunicandogli di essersi trasformato in vampiro. Quando si ammala misteriosamente una sua nipote, il dottore decide di dare fuoco al cadavere del fratello, ma perirà pure lui nell'incendio. ■ HORROR; B/N; 63′; USA, 1953.

VAMPIRO DELL'ISOLA, IL *(Isle of the Dead)* ★★★
Regia di MARK ROBSON. Con ELLEN DREW, BORIS KARLOFF. ■ Morti a ripetizione in una villa su un'isola del mar Egeo: finiscono tutti per uno strano morbo, provocato, si dice, dallo spirito maligno che alberga in una ragazza. La giovane corre il rischio di essere uccisa ma riesce a sfuggire al pericolo e lascia l'isola con un giornalista che l'ama. ■ DRAMMATICO; B/N; 72′; USA, 1945.

VAMPIRO DEL PIANETA ROSSO, IL ★★★
(Not of this Earth)
Regia di ROGER CORMAN. Con PAUL BIRCH, BEVERLY GARLAND, MORGAN JONES. ■ Un extraterrestre succhia il sangue agli esseri umani per la sua gente malata. Vulnerabile ai rumori, viene alla fine neutralizzato da una sirena della polizia. Ma un suo successore è già pronto in agguato. ■ AVVENTURA; B/N; 75′; USA, 1957.

VAMPIRO DI SANTIAGO, IL *(La quintrala)* ★
Regia di HUGO DEL CARRIL. Con ANNA MARIA LYNCH, RICARDO MENDOZA, ANTONIO VILAR. ■ Una pestifera ragazza semina morti come noccioline, attirando le vittime predestinate con il suo fascino maligno. ■ DRAMMATICO; B/N; 93′; ARGENTINA, 1955.

VAMPIRO – LA STRANA AVVENTURA DI DAVID GRAY, IL *(Vampyr – L'étrange aventure de David Gray)* ★★★★
Regia di CARL THEODOR DREYER. Con HENRIETTE GÉRARD, RENA MANDEL, SYBILLE SCHMITZ, JULIAN WEST. ■ David si ferma per una notte in una locanda e conosce uno strano vecchio che gli lascia un incartamento che gli chiede di leggere dopo la propria morte. Ripreso il viaggio giunge al maniero dell'anziano personaggio ed è testimone della sua morte. Letto il manoscritto scopre l'esistenza di una vampira, certa Marguerite Chopin. Dopo alterne vicende David riesce a sconfiggere il male, colpendo al cuore la vampira con un paletto. Capolavoro pieno di inquadrature mirabili come la soggettiva di David che viene condotto, nella bara, verso la sepoltura. Dreyer miscela realtà e onirismo in uno spettacolo di grande effetto. Tratto dal libro *Carmilla* di Sheridan Le Fanu e fotografato da Rudolph Matè. In circolazione non esistono copie in italiano restaurate. Per poterlo vedere al meglio bisogna accontentarsi di copie in originale con sottotitoli in inglese. ■ DRAMMATICO; B/N; 75′; FRANCIA, 1931.

VANESSA DALLE ALI BRUCIATE, LA ★★
(One of those Things)
Regia di ERIK BALLING. Con ROY DOTRICE, JUDY GEESON, ZENA WALKER. ■ Una ragazza ricatta un professionista che ha ucciso un uomo in un incidente. Finisce per innamorarsi del ricattato, ma morirà per sua mano. ■ DRAMMATICO; COL.; 91′; DANIMARCA, 1972.

VANGELO DELLA VIOLENZA, IL *(La rage au poing)* ★★
Regia di ERIC LE HUNG. Con FRANÇOISE DORNER, PHILIPPE LAVOT, MARIE-GEORGES PASCAL, PASCALE ROBERTS. ■ Orfano di madre e con un padre ubriacone, un ragazzo non riesce a inserirsi nella società e si lega a un gruppo di giovani sbandati. Farà una tragica fine. ■ DRAMMATICO; COL.; 90′; FRANCIA, 1974.

VANGELO DELLE MERAVIGLIE, IL ★
(El evangelio de las maravillas)
Regia di ARTURO RIPSTEIN. Con BRUNO BICHIR, JULIETA EGURROLA, FLOR EDWARDA GURROLA, RAFAEL INCLÁN, GUILLERMO IVÁN, KATY JURADO, FRANCISCO RABAL, PATRICIA REYES ESPINDOLA. ■ Messico: verso la fine del duemila. Uno strano sacerdote alcolizzato e sua figlia ospitano un gruppo di mistici mezzi matti che aspettano la fine di tutto. Un mondo davvero eterogeneo, fatto di artisti falliti, di intellettuali che non sanno più cosa cercare, di maniaci sessuali che non sanno più a che fantasia morbosa votarsi. ■ DRAMMATICO; COL.; 112′; ARGENTINA, FRANCIA, MESSICO, SPAGNA, 1998.

♥ VANGELO SECONDO MATTEO, IL ★★★★
Regia di PIER PAOLO PASOLINI. Con MARGHERITA CARUSO, ENRIQUE IRAZOQUI, SUSANNA PASOLINI. ■ Il film è una fedele riproposizione del *Vangelo secondo Matteo* dal momento dell'Annunciazione alla Resurrezione di Gesù. Le tappe della vita di Gesù Cristo sono ripercorse senza variazioni nella storia, né cambiamenti anche testuali rispetto alla versione di san Matteo. Il *Vangelo* di Pasolini non intendeva mettere in discussione dogmatismi o miti, quanto far emergere l'idea della morte, uno dei temi fondamentali della sua poetica. Come negli altri film, il regista si affida a un linguaggio sonoro ricercato per didascalizzare alcune delle vicende più significative. Ecco dunque la *Passione secondo Matteo* di Bach e soprattutto *La musica funebre massonica* di Mozart – che accompagna tutta la passione di Gesù – a suggellare la propria immagine della morte: un evento necessario, per niente eroico e soprattutto ineluttabile. Il *Vangelo*, come quello di Matteo, disegna una figura di Cristo più umana che divina, un uomo con moltissimi tratti di dolcezza e mitezza, che però reagisce con rabbia all'ipocrisia e alla falsità. Si tratta di un Cristo motivato dalla volontà di redenzione per coloro che subiscono le conseguenze dell'istituzionalizzazione della religione operata dai farisei che ne hanno fatto uno strumento di dominio politico e sociale. È un Cristo rivoluzionario che è venuto a portare la spada piuttosto che la pace. Il film fu apprezzato dai cattolici: l'«Osservatore romano» scrisse che si trattava di un film «fedele al racconto non all'ispirazione del Vangelo». La critica di sinistra rispose freddamente: «l'Unità» si espresse in questi termini: «...il nostro cineasta ha soltanto composto il più bel film su Cristo che sia stato fatto finora, e probabilmente il più sincero che egli potesse concepire. Di entrambe le cose gli va dato obiettivamente, ma non entusiasticamente atto». ■ RELIGIOSO; B/N; 142′; ITALIA, 1964. ■ OSCAR 3 NOM; VENEZIA 1 PR.

VANGELO SECONDO PRECARIO, IL ★★★
Regia di STEFANO OBINO. Con LUCILLA AGOSTI, ALBERTO BER-

GAMINI, MANUELA BOSONE, STEFANO CELLA, GIANLUIGI COLOMBO, GIOVANNI DE GIORGI, GIUSEPPE MATERAZZI, MARINA REMI, DAVIDE STECCONI, ELISA VALTOLINA, ALIOSCIA VICCARO. ■ Film prodotto dal basso, con sottoscrizioni di 10 euro raccolte su Internet che danno diritto a una copia del dvd e al proprio nome nei titoli di coda, *Il Vangelo secondo precario* narra quattro storie di ordinaria flessibilità: Dora è una stagista televisiva a cui vengono rubate le idee, Franco è un aspirante scrittore che per vivere fa l'agente finanziario, Mario è un avvocato che aspetta di poter diventare socio di uno studio legale e Marta fa indagini per conto dell'Ixtat. Su tutti vigila san Precario, un pugile morto per sbaglio, delegato all'archiviazione delle preghiere dei precari. Se vi aspettate un film che rimarrà nella storia del cinema non è questa l'opera che fa per voi. Se invece pensate a un progetto che si concretizza mettendo insieme forze che la società contemporanea tende sempre più ad isolare nella lotta quotidiana per la sopravvivenza allora è bene che lo vediate. Tre stelle per l'impegno profuso. ■ DRAMMATICO; COL.; 97′; ITALIA, 2005.

VANGELO SECONDO SAN FREDIANO – STORIA DI PRETI, LADRI... E PECCATRICI, IL ★
Regia di OSCAR BRAZZI. Con GHIGO MASINO, TINA VINCI. ■ Un prete riesce a ricondurre i parrocchiani in chiesa grazie al suo comportamento decisamente poco ortodosso. ■ COMMEDIA; COL.; 93′; ITALIA, 1978.

VANGELO SECONDO SIMONE E MATTEO, IL ★★
Regia di GIULIANO CARNIMEO. Con MICHAEL COBY, DOMINIC BARTO, PAUL SMITH. ■ Due avventurieri, scambiati per ladri, destano l'interesse di un boss che li sfrutta a loro insaputa per un trasporto di preziosi. La coppia deve difendersi dai poliziotti e dai ladri, ai quali sottrarrà, ma solo per breve tempo, la preziosa refurtiva. ■ COMMEDIA; COL.; 92′; ITALIA, 1975.

VAN HELSING ★★
Regia di STEPHEN SOMMERS. Con ELENA ANAYA, ALUN ARMSTRONG, KATE BECKINSALE, SHULER HENSLEY, HUGH JACKMAN, WILL KEMP, KEVIN J. O'CONNOR, RICHARD ROXBURGH, DAVID WENHAM. ■ Tutti presenti all'appello? Vediamo Lupo, Frankie e Dracula ci sono. Manca Carletto (però ci alzano la mano anche Dr Jekyll e Mr Hide, arrivati precisi-precisi dalla Lega degli straordinari gentiluomini), ma come principe dei mostri va bene anche Hugh Jackman, che incarna un personaggio cucitogli su misura e che si propone come nuova icona possibile per sequel e trilogie assortite: Van Helsing, eroe privo di memoria (come Wolverine), che si aggira per l'Europa della fine dell'Ottocento al soldo del Vaticano sulle tracce del conte Dracula, e delle sue tre mogli, una più assatanata dell'altra (in tutti i sensi...). Sommers, evidentemente preso dalla smania di utilizzare tutti i personaggi e le icone di cinema che sogna di mettere in scena sin dai tempi della Mummia, aggiunge carne al fuoco per tutto il film, perdendo spesso di vista sceneggiatura e coerenza della storia. ■ HORROR; COL.; 145′; USA, 2004.

VANIGLIA E CIOCCOLATO ★★
Regia di CIRO IPPOLITO. Con JOAQUIN CORTEZ, MARIA GRAZIA CUCINOTTA, ERNESTO MAHIEUX, ALESSANDRO PREZIOSI, SERRA YLMAZ. ■ Non sopportando l'ennesimo tradimento del marito, la bella musicista Pepe si ritira nella ricca villa di famiglia sulla costa. Una storia d'amore tra la Cucinotta e il ballerino spagnolo di flamenco Cortez fa da plot di base del film. Bastano due belli per fare un buon film con un regista addestratosi a lungo nel cinema di serie B? ■ SENTIMENTALE; COL.; 110′; ITALIA, 2003.

VANILLA SKY ★★
Regia di CAMERON CROWE. Con TOM CRUISE, PENELOPE CRUZ, CAMERON DIAZ, KURT RUSSELL. ■ David Aames è un uomo davvero fortunato. È giovane, bello e ricco, essendo l'erede di un impero editoriale. È abituato a ottenere ciò che vuole, quando vuole. Finché un giorno incontra Sofia che identifica come la donna dei suoi sogni. Ma ha appena fatto in tempo a comprenderlo che la ragazza scompare. La vita di David non può più essere la stessa. Si metterà a cercarla in modo ossessivo correndo numerosi rischi. C'era una volta *Apri gli occhi* di Alejandro Amenabar, un piccolo film in equilibrio tra realtà e allucinazione. C'è ora questo film di un regista esperto come Cameron Crowe, ma inevitabilmente non europeo, nel senso che impernia tutta la vicenda su un Tom Cruise attore/produttore troppo impegnato a specchiarsi nella propria immagine per far partecipare il pubblico a quanto accade sullo schermo. ■ THRILLER; COL.; 120′; USA, 2001. ■ GOLDEN GLOBES 2 NOM; OSCAR 1 NOM.

VANINA VANINI ★★★
Regia di ROBERTO ROSSELLINI. Con MARTINE CAROL, SANDRA MILO, LAURENT TERZIEFF. ■ Nella prima metà dell'Ottocento una principessa romana si innamora di un carbonaro e fugge con lui in Romagna. Per avere l'amante tutto per sé, ne denuncia poi i compagni facendoli arrestare. Ma il giovane, piuttosto che essere creduto una spia, preferisce consegnarsi alla polizia. Dopo la sua esecuzione la donna si chiuderà in convento. ■ AVVENTURA; COL.; 127′; ITALIA, 1961.

VANISHING ON THE 7TH STREET ★★
Regia di BRAD ANDERSON. CON HAYDEN CHRISTENSEN, TAYLOR GROOTHUIS, JACOB LATIMORE, JOHN LEGUIZAMO, THANDIE NEWTON. ■ In una grande multisala di Detroit, un improvviso blackout fa misteriosamente sparire nel nulla tutti gli spettatori, lasciando solo residui di pop corn e vestiti accasciati sulle poltrone. Lo stesso avviene in un ospedale della città, dove sono scomparsi tutti i pazienti e i medici, ad eccezione di una fisioterapista e di un uomo abbandonato sotto i ferri di un'operazione chirurgica. Il mattino seguente, al suo risveglio, il reporter televisivo Luke Ryder si accorge che non c'è più corrente elettrica e che l'intera popolazione è scomparsa. Muovendosi in una città fantasma dominata dal silenzio e dalle tenebre, Luke capisce che la sola speranza di salvezza è data dalle poche fonti di luce rimaste. Non è un caso il fatto che un thriller incentrato sulla dualità luce/buio cominci all'interno di un cinema e, in modo particolare, seguendo il punto di vista di un proiezionista, custode di quel fascio di luce che si riverbera sullo schermo dando origine al film. ■ HORROR; COL.; 92′; USA, 2010.

VANISHING – SCOMPARSA, THE *(The Vanishing)* ★★
Regia di GEORGE SLUIZER. Con JEFF BRIDGES, SANDRA BULLOCK, KIEFER SUTHERLAND, NANCY TRAVIS. ■ Diane scompare mentre si trova con Jeff a una stazione di servizio. Il ragazzo la cerca disperatamente per tre anni. ■ THRILLER; COL.; 109′; USA, 1993.

VANITÀ ★★
Regia di GIORGIO PASTINA. Con WALTER CHIARI, LILIANA LAINE. ■ Nella Milano del primo Novecento una giovane povera tradisce il suo compagno che la scaccia di casa. Incontrandolo tempo dopo, lo respinge perché si sente indegna di lui. L'uomo la ferisce a morte, sposandola *in extremis*. ■ DRAMMATICO; B/N; 94′. 1; ITALIA, 1946.

VANITÀ E AFFANNI *(Larmar och gor sig till)* ★★★
Regia di INGMAR BERGMAN. Con BORJE AHLSTEDT, PERNILLA AUGUST, ERLAND JOSEPHSON, MARIE RICHARDSON. ■ «La vita non è che un'ombra che cammina, un povero commediante che si pavoneggia e si dimena per un'ora sulla scena e poi non lo si sente mai più. È una storia raccontata da un idiota, piena di frastuono e di furore, che non significa nulla». Questa didascalia tratta dal *Macbeth* apre il film. Così è la vita del protagonista Carl o, perlomeno quello che egli pensa sia. Simile in gran parte a quella di Franz Schubert. ■ DRAMMATICO; COL.; 119′; SVEZIA, 1997.

VA NUDA PER IL MONDO *(Go Naked in the World)* ★★★
Regia di RANALD MACDOUGALL. Con ERNEST BORGNINE, ANTHONY FRANCIOSA, GINA LOLLOBRIGIDA. ■ Un giovane si innamora di una prostituta di lusso e suo padre, pur di non perderlo, acconsente al loro matrimonio. La ragazza però si rende presto conto che quella situazione non farà felice nessuno: abbandonato il fidanzato, decide di togliersi la vita. ■ DRAMMATICO; COL.; 101′; USA, 1961.

VANYA SULLA 42ª STRADA *(Vanya on 42nd Street)* ★★★
Regia di LOUIS MALLE. Con GEORGE GAYNES, ANDRÉ GREGORY, JULIANNE MOORE, LARRY PINE, WALLACE SHAWN, BROOKE SMITH. ■ Tratto da un adattamento teatrale di David Mamet ispirato a sua volta da *Zio Vania* di Cechov. La versione teatrale era di-

retta da André Gregory, autore di una commedia che Louis Malle realizzò nei primi anni Ottanta, *La mia cena con André*. E i rimandi a quel film proseguono con uno degli attori, Wallace Shawn, qui protagonista. La bravura di tutti è indiscutibile. La regia utilizza il teatro vuoto dove i personaggi-attori sembra stiano facendo le prove di spettacolo. Proprio come nella versione a teatro non ci sono costumi, gli attori sono vestiti come nel privato. Li vediamo arrivare separatamente al New Amsterdam Theatre, sede un tempo delle Ziegfield Folies, e poi, sedutisi, cominciare a chiacchierare. La *pièce* ha inizio. Meglio nella versione con sottotitoli, per un pubblico scelto. ■ DRAMMATICO; COL.; 119′; GRAN BRETAGNA, USA, 1993.

VARIABILE UMANA, LA ★★
Regia di BRUNO OLIVIERO. Con GIUSEPPE BATTISTON, SANDRA CECCARELLI, SILVIO ORLANDO, ALICE RAFFAELLI, GIORGIA SENESI. ■ L'imprenditore Mario Ulrich viene trovato morto in casa dalla moglie, che chiama la polizia. Il caso è affidato all'ispettore Monaco, costretto a tornare all'azione dopo anni di inazione volontaria seguiti alla morte della sua compagna. La stessa sera in questura finisce la figlia di Monaco, Linda, e la situazione si complica. Oliviero sceglie la narrazione di genere per il debutto nella fiction dopo un'onorata carriera di documentarista, con interesse spiccato per fenomeni di mafia e terrorismo a Milano. È invece sotto l'occhio silente ma giudicante dei nuovi grattacieli di Porta Nuova che va in scena l'ennesima parabola di decadenza e perversione, di immoralità eretta a sistema. ■ DRAMMATICO; COL.; 83′; ITALIA, 2013.

VARIETÀ *(Show Business)* ★★★
Regia di EDWIN L. MARIN. Con EDDIE CANTOR, JOAN DAVIS, CONSTANCE MOORE, GEORGE MURPHY. ■ Due comici si mettono a lavorare assieme e riescono ad affermarsi. Il più giovane si innamora di una ragazza e la sposa. Lei però è così gelosa che ben presto lui se ne separa, abbandonando anche il compagno di lavoro. Sarà proprio quest'ultimo, dopo una serie di drammatici avvenimenti, a far sì che marito e moglie si riconcilino. ■ SENTIMENTALE; B/N; 92′; USA, 1944.

VARIETÀ – I TRE DIAVOLI *(Variétés)* ★★★
Regia di NICOLAS FARKAS. Con ANNABELLA, JEAN GABIN, FERNARD GRAVEY, CAMILLE BERT. ■ Due trapezisti amano una collega. Lei ricambia il più giovane. L'altro sacrificherà la propria vita per la felicità della ragazza. ■ DRAMMATICO; B/N; 100′; FRANCIA, 1935.

VARIETÉ ★★★
Regia di EWALD ANDREAS DUPONT. Con LYA DE PUTTI, EMIL JANNINGS, WARWICK WARD. ■ Huller lavora al Luna Park. Conosce Berta Maria, se ne innamora e si separa dalla moglie. Un drammone diretto con grande mestiere e pieno di suggestioni visive molto interessanti. ■ DRAMMATICO; B/N; 104′; GERMANIA, 1925.

VARSAVIA, CITTÀ INDOMITA ★★★
(Miasto nieujarzmione)
Regia di JERZY ZARZYCKI. Con JAN KURNAKOWICZ, ZOFIA MROZOWSKA. ■ Nella Varsavia occupata dai tedeschi agiscono tre partigiani che forniscono preziose informazioni ai russi. Uno di essi incontra una ragazza sfuggita alla fucilazione, la soccorre e l'aiuta a nascondersi. La ragazza riesce poi ad abbandonare la città, unendosi alle truppe regolari. I due si incontreranno di nuovo a Varsavia, ormai libera. ■ GUERRA; B/N; 93′; POLONIA, 1950.

VARSITY BLUES ★★★
Regia di BRIAN ROBBINS. Con SCOTT CAAN, RON LESTER, AMY SMART, JAMES VAN DER BEEK, JON VOIGHT, PAUL WALKER. ■ Siamo nel Texas in una cittadina in cui conta solo il football. Sarà un giocatore di riserva a prendere in mano la guida della squadra divenendone il leader in campo e fuori. Film sportivo di solido impianto narrativo ■ SPORTIVO; COL.; 104′; USA, 1999.

VASCELLO MALEDETTO, IL *(Kidnapped)* ★★★
Regia di ALFRED L. WERKER. Con FREDDIE BARTHOLOMEW, WARNER BAXTER, JOHN CARRADINE, C. AUBREY SMITH, ARLEEN WHELAN. ■ Verso il 1750, un ribelle scozzese aiuta il figlio di un nobile a rientrare in possesso dei suoi beni. Questo gesto gli varrà la riconoscenza dell'amico in una tragica circostanza. ■ AVVENTURA; B/N; 90′; USA, 1938.

VASCELLO MISTERIOSO, IL *(Sealed Cargo)* ★★★
Regia di ALFRED L. WERKER. Con DANA ANDREWS, CLAUDE RAINS. ■ Durante l'ultima guerra, un marinaio civile nordeuropeo scopre un vascello tedesco carico di armi ma abilmente mascherato per non destare sospetti. Con la collaborazione di un intero paesino riuscirà a renderlo inoffensivo. ■ GUERRA; B/N; 90′; USA, 1951.

VATEL ★★★
Regia di ROLAND JOFFÉ. Con GÉRARD DEPARDIEU, JULIAN GLOVER, TIM ROTH, JULIAN SANDS, UMA THURMAN. ■ Film colossale con un grande cast e un budget considerevole. *Vatel* è un po' antiquato nella concezione e nello stile, ma presenta anche la solidità e l'accuratezza del grande cinema vecchio stile. Uno spettacolo grandioso che si fonda sulla meraviglia della teatralità barocca, applicata al memorabile banchetto dell'aprile 1671. Il maestro di cerimonie François Vatel (Gérard Depardieu) organizza magnifici festeggiamenti in onore del Re Sole. Dalla riuscita della festa dipende il futuro politico del Principe di Condé, alle dipendenze del quale Vatel presta servizio. Le tre giornate dei festeggiamenti corrono sfrenate, fra banchetti e coreografie che stupiscono il re. La regia di Vatel è perfetta. Di lui si accorge Anne de Montassieur (Uma Thurman), ancella della regina e favorita di re Luigi (Julian Sands) che intuisce nella personalità appassionata del cuoco un'anima candida, ancora non infangata dalle bassezze di corte. Vatel ha modo di sperimentarle quando alcuni componenti della corte di accorgono delle attenzioni di Anne per il cerimoniere e iniziano a tramare contro di lui... ■ DRAMMATICO; B/N; 157′; FRANCIA, GRAN BRETAGNA, 2000.

VECCHIA AMERICA *(On Moonlight Bay)* ★★★
Regia di ROY DEL RUTH. Con DORIS DAY, GORDON MACRAE. ■ Una ragazza, nonostante l'opposizione dei genitori, resta fedele all'amore per un coetaneo, che la sposerà prima di partire per il fronte allo scoppio della prima guerra mondiale. ■ COMMEDIA; B/N; 95′; USA, 1951.

VECCHIA AMERICA *(Nickelodeon)* ★★★
Regia di PETER BOGDANOVICH. Con BRIAN KEITH, RYAN O'NEAL, TATUM O'NEAL, BURT REYNOLDS, STELLA STEVENS. ■ Affettuosa ricostruzione della nascita del cinema. Nei primi anni del Novecento, una grande industria americana assume il monopolio delle produzioni cinematografiche. Un gruppo di personaggi accomunati dall'amore per il cinema permette la realizzazione di alcune brevi pellicole prima, e di un lungometraggio poi. Il film si chiude significativamente con la rievocazione della prima di *Nascita di una nazione*, il capolavoro di Griffith. ■ COMMEDIA; COL.; 121′; USA, 1976.

VECCHIA CALIFORNIA *(California)* ★★★
Regia di JOHN FARROW. Con BARRY FITZGERALD, RAY MILLAND, BARBARA STANWYCK. ■ Nella California elettrizzata dalla corsa all'oro si svolge la vicenda della proprietaria di una bisca e di un capo carovana che prima si fanno la guerra, poi si accorgono di amarsi e si sposano. ■ AVVENTURA; COL.; 95′; USA, 1947.

VECCHIA GUARDIA ★★★
Regia di ALESSANDRO BLASETTI. Con FRANCO BRAMBILLA, GIANFRANCO GIACHETTI. ■ Durante i giorni seguenti alla Marcia su Roma, la casuale uccisione del figlio di uno squadrista, amato da tutti, ha il potere di placare gli animi e cancellare le divergenze politiche. Uno dei pochi film celebratori del fascismo, ottimamente girato però da Blasetti, che si ispirò alla scuola sovietica. ■ DRAMMATICO; B/N; 88′; ITALIA, 1934.

VECCHIA LEGGE DEL WEST, LA *(Waterhole n. 3)* ★★★
Regia di WILLIAM A. GRAHAM. Con JAMES COBURN, CARROLL O'CONNOR. ■ Un avventuriero deruba tre ladri. Catturato e liberato, si associa a un compare che tenta di imbrogliarlo nascondendo il bottino. Una ragazza innamorata di lui glielo ritrova e glielo consegna. Il nostro fugge abbandonandola. ■ WESTERN; COL.; 95′; USA, 1967.

VECCHIA RUSSIA *(Grossfürstin Alexandra)* ★★
Regia di WILHELM THIELE. Con PAUL HARTMANN, MARIA JE-

RITZA. ■ Una cantante lirica perde la testa per il maestro di canto, ma quando viene a sapere che il marito, creduto morto, è invece vivo e vegeto, lascia la professione e lo segue. ■ DRAMMATICO; B/N; 92′; AUSTRIA, 1933.

VECCHIA SAN FRANCISCO *(Hello, Frisco, Hello)* ★★★
Regia di BRUCE H. HUMBERSTONE. Con ALICE FAYE, JACK OAKIE, JOHN PAYNE. ■ Una cantante di successo aiuta uno sfortunato collega a risalire la china, poi lo sposa. ■ COMM. MUSICALE; COL.; 98′; USA, 1943. ■ OSCAR 1 PR, 2 NOM.

VECCHIA SIGNORA, LA ★★★
Regia di AMLETO PALERMI. Con MEMO BENASSI, MARIA BONORA, VITTORIO DE SICA, ARTURO FALCONI, EMMA GRAMATICA. ■ Un'anziana signora caduta in miseria si adatta a vendere caldarroste pur di pagare gli studi alla nipote. Tre stelle per l'ottima recitazione. ■ COMMEDIA; B/N; 93′; ITALIA, 1932.

VECCHIA SIGNORA INDEGNA, UNA ★★★
(La vieille dame indigne)
Regia di RENÉ ALLIO. Con ETIENNE BERRY, MALKA RIBOWSKA, LOUISE SYLVIE. ■ Dopo aver trascorso una vita intera di lavoro e di sacrificio, una donna rimane vedova a settant'anni e, rifiutando di accettare l'ospitalità dei figli, si aggrega a un gruppo di buontemponi e spende allegramente quasi tutte le sue sostanze. Tutti si mostrano scandalizzati. L'unico a comprendere il comportamento della vecchietta è un nipote che ne raccoglierà l'ultimo respiro. ■ COMMEDIA; B/N; 88′; FRANCIA, 1965.

VECCHIA VIENNA *(Der liebe Augustin)* ★★
Regia di E. W. EMO. Con MARIA ANDERGAST, PAUL HÖRBIGER. ■ Un suonatore ambulante ridicolizza con i suoi pungenti versi i cortigiani e la favorita dell'imperatore d'Austria, che varie volte tenta, inutilmente, di farlo sopprimere. ■ AVVENTURA; B/N; 93′; GERMANIA, 1940.

VECCHIA VOLPE *(The Grey Fox)* ★
Regia di PHILLIP BORSOS. Con JACKIE BURROUGHS, RICHARD FARNSWORTH, KEN POGUE. ■ L'anziano Bill Mimer viene scarcerato dopo trentatré anni di carcere, ma non riesce a rassegnarsi all'idea di un tranquillo lavoro. Realizza quindi la grande rapina al treno che ha sempre sognato, ma viene riacciuffato dalla polizia. Riuscirà a evadere e a rifarsi una vita con una matura zitella. ■ AVVENTURA; COL.; 91′; CANADA, 1982.

VECCHI E I GIOVANI, I ★★
Regia di MARCO LETO. Con ALAIN CUNY, GABRIELE FERZETTI, STEFANO SATTA FLORES. ■ È la trasposizione in immagini del grande romanzo a carattere storico scritto da Luigi Pirandello sulle disillusioni posteriori al 1860, cioè dopo l'Unità d'Italia. Si centra più l'aspetto familiare di quello politico, ed era inevitabile per la difficoltà di tradurre in immagini una storia tanto complessa. Girato con molto professionismo, il film non lievita mai pur arrivando a risultati accettabili. ■ DRAMMATICO; COL.; 180′; ITALIA, 1978.

VECCHIE ★★★
Regia di DANIELE SEGRE. Con MARIA GRAZIA GRASSINI, BARBARA VALMORIN. ■ Agata e Letizia, due donne anziane in una casa di vacanze. Non escono mai e Segre esplora il loro vivere come alla ricerca del loro intimo evitando la retorica. Si tratta di una fiction i cui dialoghi sono più che mai vicini al vero. ■ DRAMMATICO; B/N; 81′; ITALIA, 2003.

VECCHIO CHE LEGGEVA ROMANZI D'AMORE, IL *(Le Vieux qui lisait des romans d'amour)* ★★
Regia di ROLF DE HEER. Con RICHARD DREYFUSS, TIMOTHY SPALL, CATHY TYSON, HUGO WEAVING. ■ Nell'Amazzonia più remota Antonio José Bolivar, sessantenne bianco esperto nella caccia al giaguaro, si è guadagnato con le sue doti e il rispetto per la foresta la stima degli indigeni. La sua vita cambia quando comincia a leggere i romanzi d'amore lasciatigli dal dentista Rubicondo. Tanto da decidere di cominciare una storia con Josefina, che vive facendo da cameriera e prostituta per gli arroganti stranieri che giungono sul posto. ■ DRAMMATICO; COL.; 111′; AUSTRALIA, FRANCIA, OLANDA, SPAGNA, 2002.

VECCHIO CINEMA... CHE PASSIONE ★★
Regia di ALDO CRUDO. Con MARIEMMA BARDI, PIERO PALERMINI. ■ Una banale vicenda di gelosia, scritta per dar modo di rivedere alcuni vecchi spezzoni cinematografici con noti personaggi dei film muti. ■ COMMEDIA; B/N; 91′; ITALIA, 1957.

VECCHIO E IL BAMBINO, IL ★★★
(Le vieil homme et l'enfant)
Regia di CLAUDE BERRI. Con ROGER CAREL, PAUL PRÉBOIST, MICHEL SIMON. ■ Durante l'ultimo conflitto, un bimbo ebreo diventa l'inseparabile amico di un vecchio antisemita che non verrà mai a conoscenza di questo segreto e vivrà nel ricordo della bellissima amicizia. Un film delicato interpretato da eccellenti protagonisti. ■ COMMEDIA; B/N; 90′; FRANCIA, 1966. ■ BERLINO 1 PR.

VECCHIO E IL MARE, IL *(The Old Man and the Sea)* ★★★
Regia di JOHN STURGES. Con HARRY BELLAVER, FELIPE PAZOS, SPENCER TRACY. ■ La storia di un vecchio pescatore di Cuba che dopo aver lottato per ore e ore riesce a catturare un enorme pescespada. I pescecani, però, glielo divorano prima che riesca a issarlo sulla barca. ■ DRAMMATICO; COL.; 86′; USA, 1958. ■ OSCAR 1 PR, 3 NOM.

VECCHIO E IL NUOVO, IL – LA LINEA GENERALE *(Staroe i novoe)* ★★★
Regia di SERGEJ M. EISENSTEIN. Con VAS'JA BUZENKOV, EFIMKIN HURTIN, MARFA LAPKINA, KOSTJA VASIL'EV. ■ Una povera contadina, durante gli anni Venti in Russia, è tra i primi a sentire il bisogno di una cooperativa in contrasto coi contadini benestanti. ■ DRAMMATICO; B/N; 90′; URSS, 1929.

VECCHIO SQUALO *(Barnacle Bill)* ★★★
Regia di RICHARD THORPE. Con WALLACE BEERY, MARJORIE MAIN. ■ La giovanissima figlia di un marinaio, vedovo, scansafatiche e spendaccione, riesce a "raddrizzare" il padre, facendo in modo che si sposi con una donna saggia e da sempre innamorata di lui. ■ COMMEDIA; B/N; 98′; USA, 1941.

VECCHIO TESTAMENTO, IL ★★
Regia di GIANFRANCO PAROLINI. Con BRAD HARRIS, SUSAN PAGET, CARLO TAMBERLANI. ■ Il film è la storia romanzata dell'esodo degli ebrei da Gerusalemme durante l'occupazione siriana. ■ RELIGIOSO; COL.; 90′; ITALIA, 1963.

VECCHIO VALZER *(Régi Keringö)* ★★
Regia di VIKTOR BANKY. Con ANTAL PAGER, ERZSI SIMON. ■ Un giovane e suo padre si innamorano della stessa donna. Il ragazzo otterrà la mano della fanciulla grazie anche all'aiuto del genitore rinsavito. ■ COMMEDIA; B/N; 92′; UNGHERIA, 1941.

VEDIAMOCI CHIARO ★★
Regia di LUCIANO SALCE. Con JANET AGREN, JOHNNY DORELLI, ELEONORA GIORGI. ■ Il giovane manager di una piccola emittente televisiva perde la vista in seguito a un incidente. Quando la riacquista, grazie a un nuovo incidente, scopre che la moglie lo tradisce, che il suo migliore amico ha venduto la televisione e che la ragazza della quale si stava innamorando è soltanto un'investigatrice della compagnia d'assicurazioni. ■ COMMEDIA; COL.; 105′; ITALIA, 1984.

VEDIAMOCI STASERA.. PORTA IL MORTO ★★
(Mistery Date)
Regia di JONATHAN WACKS. Con ETHAN HAWKE, BRIAN MCNAMARA, TERI POLO. ■ Per chi si accontenta e ha sedici anni. Tom per darsi una botta di vita imita il fratello maggiore e usa tutti i suoi accessori (comprese le carte di credito). Tutto in una notte per far colpo su una ragazza, Geena. Scoprirà a sue spese che tipetto sia il fratellino tra malavitosi, poliziotti disonesti e altri ancora. ■ COMMEDIA; COL.; 99′; USA, 1991.

VEDI NAPOLI E POI MUORI ★★
Regia di RICCARDO FREDA. Con RENATO BALDINI, GIANNA MARIA CANALE. ■ Un uomo si crede tradito e abbandona la moglie; questa, anni dopo, uccide per legittima difesa l'avventuriero che ha causato la separazione, viene assolta e torna in famiglia. ■ DRAMMATICO; B/N; 85′; ITALIA, 1952.

VEDO NUDO ★★★
Regia di DINO RISI. Con SYLVA KOSCINA, NINO MANFREDI, VÉRONIQUE VENDELL. ■ Il film si compone di sette episodi. L'ultimo, che dà titolo alla pellicola, narra le disavventure di un mago della pubblicità erotica, che improvvisamente incomincia a veder

nude tutte le donne che incontra. ■ COMMEDIA; COL.; 119'; ITALIA, 1969.

VEDOVA, LA ★★★
Regia di GOFFREDO ALESSANDRINI. Con EMMA GRAMATICA, ISA POLA, RUGGERO RUGGERI. ■ Dopo qualche anno di vedovanza una giovane si risposa facendo felice la suocera che vuole tenere solo per sé il dolore per il figlio defunto. ■ COMMEDIA; B/N; 94'; ITALIA, 1939.

VEDOVA ALLEGRA, LA *(The Merry Widow)* ★★★
Regia di ERICH VON STROHEIM. Con ROY D'ARCY, JOHN GILBERT, MAE MURRAY. ■ Tratto dall'operetta di Franz Lehár è stato girato in parte a colori. Il principe Mirko e suo cugino Danilo fanno la corte a Sally, una ballerina americana. Danilo decide di sposarla ma il re Nikita e la consorte Milena non vogliono. Allora Sally per ripicca sposa un vecchio ricco, il barone Sadoja, costretto sulla sedia a rotelle. ■ DRAMMATICO; B/N E COL.; 110'; USA, 1925.

VEDOVA ALLEGRA, LA *(The Merry Widow)* ★★★★
Regia di ERNST LUBITSCH. Con MAURICE CHEVALIER, EDWARD EVERETT HORTON, JEANETTE MACDONALD, UNA MERKEL. ■ Il principe Danilo, famoso dongiovanni, riceve dalle autorità del proprio paese (uno staterello dell'Europa centrale) l'ordine di sposare una bella e ricchissima vedova sua connazionale affinché le cospicue sostanze di quest'ultima non vengano esportate. Equivoci e malintesi fino al prevedibile matrimonio finale. ■ COMMEDIA; B/N; 99'; USA, 1934. ■ OSCAR 1 PR, 1 NOM.

VEDOVA ALLEGRA, LA *(The Merry Widow)* ★★
Regia di CURTIS BERNHARDT. Con FERNANDO LAMAS, LANA TURNER. ■ Un'altra versione, molto inferiore alla precedente, dell'operetta di Lehár. ■ COMMEDIA; COL.; 105'; USA, 1952. ■ OSCAR 2 NOM.

VEDOVA ALLEGRA MA NON TROPPO, UNA ★★★
(Married to the Mob)
Regia di JONATHAN DEMME. Con MATTHEW MODINE, MICHELLE PFEIFFER, DEAN STOCKWELL. ■ Un killer della mafia è ucciso dal suo capo perché sorpreso con l'amante del boss stesso. Ma il boss concupisce anche la vedova del defunto. Per sfuggire alla sua corte, la donna cambia città. Il boss la segue anche lì, ma si trova di fronte un altro innamorato (un agente dell'Fbi). Svelta, frizzante commedia giallo-rosa dove tutti gli attori girano al meglio (Stockwell guadagnò anche una nomination all'Oscar). ■ GIALLO; COL.; 103'; USA, 1988. ■ GOLDEN GLOBES 1 NOM; OSCAR 1 NOM.

VEDOVA AMERICANA, LA *(Used People)* ★★
Regia di BEEBAN KIDRON. Con KATHY BATES, MARCIA GAY HARDEN, SHIRLEY MACLAINE, MARCELLO MASTROIANNI, JESSICA TANDY. ■ Primo film a Hollywood del regista inglese Kidron e un cast di ottimo livello per un film che prende in esame i rapporti tra comunità ebraiche e italo-americane. Il risultato è molto modesto. Gli attori, tutti professionali, sono costretti in ruoli pieni di cliché e manierati. Siamo a New York sul finire degli anni Sessanta. L'italo-americano Joe, Marcello Mastroianni, conosce l'ebrea Pearl, Shirley MacLaine. La donna sta dando l'estremo saluto al marito, del quale è in corso il funerale. Tra i due nascerà del tenero. ■ COMMEDIA; COL.; 114'; USA, 1992. ■ GOLDEN GLOBES 2 NOM.

VEDOVA ELETTRICA, LA *(Le septième ciel)* ★★
Regia di RAYMOND BERNARD. Con DANIELLE DARRIEUX, ALBERTO SORDI, PAUL MEURISSE. ■ Una vedova, che uccide i suoi pretendenti per derubarli dei loro averi, si innamora di una potenziale vittima che il suo aiutante, geloso, sopprime. Vedova e aiutante faranno una brutta fine. ■ COMMEDIA; B/N; 107'; FRANCIA, 1958.

VEDOVA INCONSOLABILE RINGRAZIA QUANTI LA CONSOLARONO, LA ★★
Regia di MARIANO LAURENTI. Con EDWIGE FENECH, CARLO GIUFFRÈ, DIDI PEREGO. ■ Per impossessarsi dell'eredità del defunto marito, una bella vedova deve diventare al più presto madre. Nonostante la stretta sorveglianza degli avidi cognati, riesce a farsi mettere incinta da un nobiluomo che sposerà. ■ COMMEDIA; COL.; 94'; ITALIA, 1973.

VEDOVA NERA, LA ★
(Geheimnis der Schwarzen Witwe – Araña Negra)
Regia di FRANZ JOSEF GOTTLIEB. Con KARIN DOR, OTTO WILHELM FISCHER. ■ Una donna uccide i comuni proprietari di un tesoro, compreso suo marito, per essere la sola a goderne. ■ GIALLO; B/N; 90'; GERMANIA, 1963.

VEDOVA NERA, LA *(Black Widow)* ★★★
Regia di BOB RAFELSON. Con BARBARA FREY, THERESA RUSSELL, DEBRA WINGER. ■ Giallo dai meccanismi intriganti e psicologicamente profondo, giocato da una "vedova nera", l'affascinante Catharine, pluriomicida di mariti ricchi e quindi facoltosa ereditiera. Ma Alexandra Barnes, intelligente agente federale, tramite una serie di coincidenze scoperte al computer, inizia a sospettare di lei. Parte alla sua ricerca alle Haway, dove Catharine, innamoratasi nuovamente di un affascinante playboy, medita il solito piano. Le due donne diventano amiche e Catharine commette l'errore di presentare Paul Nuytten ad Alexandra che a sua volta s'innamora di lui. Quest'ultima riesce a sventare i piani della vedova con un bel colpo di scena, prima di cadere affascinata da Catharine. ■ GIALLO; COL.; 103'; USA, 1986.

VEDOVA NON VESTE DI NERO, LA *(Fever)* ★★
Regia di CRAIG LAHIFF. Con BILL HUNTER, MARY REGAN, GARY SWEET. ■ Un anziano poliziotto mette le mani sul bottino di un grosso traffico di droga. Torna a casa e viene quasi ucciso dall'amante della moglie. Lasciato per morto si riprende e si mette in caccia dei due adulteri, che nel frattempo si sono impossessati del malloppo. Sul treno per Melbourne si gioca una mortale partita a tre. ■ GIALLO; COL.; 92'; AUSTRALIA, 1988.

VEDOVA PERICOLOSA, LA ★★
(The Wistful Widow of Wagon Gap)
Regia di CHARLES BARTON. Con BUD ABBOTT, LOU COSTELLO, MARJORIE MAIN. ■ Gianni e Pinotto sono protagonisti di un'avventura ambientata nel West. ■ WESTERN; B/N; 78'; USA, 1947.

VEDOVA PER UNA NOTTE *(Charley's Tante)* ★
Regia di HANS QUEST. Con HERTA FEILER, HENZ RHUMANN. ■ Ennesima versione de *La zia di Carlo*: un uomo si traveste da donna per riunire due coppie. ■ COMMEDIA; COL.; 92'; GERMANIA, 1956.

VEDOVA TUTTA D'ORO, UNA *(Une veuve en or)* ★★★
Regia di MICHEL AUDIARD. Con MICHÈLE MERCIER, CLAUDE RICH. ■ Una donna può incassare una favolosa eredità solo a condizione che resti vedova; in caso contrario, l'eredità è destinata a un'organizzazione ebraica. La donna fa passare un cadavere per quello del marito, tenendo presso di sé il coniuge truccato da autista. Lo risposerà dopo aver ottenuto l'eredità. ■ COMMEDIA; COL.; 88'; FRANCIA, 1969.

VEDOVA X, LA ★★
Regia di LEWIS MILESTONE. Con PATRICIA ROC, MASSIMO SERATO. ■ Un uomo corteggia contemporaneamente due donne, benché ne ami una sola. Il difficile rapporto a tre si conclude con la tragica – e volontaria – morte del protagonista. ■ DRAMMATICO; B/N; 93'; ITALIA, 1955.

VEDOVE INCONSOLABILI IN CERCA DI... DISTRAZIONI ★
Regia di BRUNO A. GABURRO. Con GABRIELLA PALLOTTA, LUISA RIVELLI. ■ Il film si compone di tre episodi: nel primo, una moglie troppo vogliosa causa la morte del marito; nel secondo, un uomo tradito muore al posto della consorte; nell'ultimo, una vedova scopre l'insospettata rendita del defunto. ■ COMMEDIA; B/N; 92'; ITALIA, 1969.

VEDOVELLA, LA ★★
Regia di SILVIO SIANO. Con MARGARET LEE, AROLDO TIERI. ■ Una prostituta eredita un castello e, sfruttando il suo mestiere, riesce a evitare l'esproprio delle terre. ■ COMICO; B/N; 92'; ITALIA, 1964.

VEDOVO, IL ★★★
Regia di DINO RISI. Con NANDO BRUNO, LIVIO LORENZON, ALBERTO RABAGLIATI, LEONORA RUFFO, ALBERTO SORDI, FRANCA VALERI. ■ Un romano trapiantato a Milano che s'è sposato solo per interesse crede a un certo punto che la ricchissima moglie sia

morta in un incidente e pensa già a come adoperare i suoi milioni. La donna, invece, è viva. Il poveraccio prepara un piano per ucciderla e nonostante tutti i preparativi, è lui a rimetterci la vita. ■ COMMEDIA; B/N; 100′; ITALIA, 1959.

VEDOVO, AITANTE, BISOGNOSO AFFETTO OFFRESI ANCHE BABY-SITTER *(Kotch)* ★★★
Regia di JACK LEMMON. Con FELICIA FARR, WALTER MATTHAU, DEBORAH WINTERS. ■ Un arzillo pensionato viene allontanato da casa dalla nuora. La baby-sitter che questa aveva assunto, e quindi cacciato, nel frattempo rimane incinta e senza aiuto (il suo amante ha cercato invano di farla abortire). Il pensionato la conduce nella sua casa e la convince a tenere il piccolo, quindi, nonostante la nuora pentita gli offra ospitalità, egli decide di continuare a vivere da solo. ■ COMMEDIA; COL.; 113′; USA, 1971. ■ GOLDEN GLOBES 1 PR, 3 NOM; OSCAR 4 NOM.

VEDOVO ALLEGRO, IL ★★
Regia di MARIO MATTOLI. Con ISA BARZIZZA, CARLO DAPPORTO, AMEDEO NAZZARI. ■ Un artista di varietà vedovo ha una figlioletta gravemente malata che ha bisogno di una costosa operazione. Per procurarsi il denaro, l'uomo ricatta il socio in affari, un tipo losco, che per questa vendetta lo denuncia per furto. Un bravo commissario sistemerà le cose. ■ COMMEDIA; B/N; 90′; ITALIA, 1950.

VEDOVO CERCA MOGLIE *(Week-end with Father)* ★★
Regia di DOUGLAS SIRK. Con VAN HEFLIN, PATRICIA NEAL. ■ Un vedovo e una vedova si innamorano, ma i rispettivi figli tanto fanno che riescono a dividerli. Poi, accorgendosi che i due sono infelici, saranno gli stessi figli a riunirli. ■ COMMEDIA; B/N; 83′; USA, 1951.

VEDOZERO ★★
Regia di ANDREA CACCIA. Con SETTANTA RAGAZZI DELLE SCUOLE. ■ Il film è il risultato di un originale progetto cinematografico realizzato da Andrea Caccia in alcune scuole milanesi. Protagonisti sono settanta ragazzi chiamati a riprodurre con i cellulari momenti di vita. Nonostante una trama po' sfilacciata, attraverso un sottile filo conduttore, il "docu" riesce a far addentrare lo spettatore nel labirintico mondo giovanile. ■ DOCUFICTION; COL.; 70′; ITALIA, 2009.

VEGAS: BASED ON A TRUE STORY ★★
Regia di AMIR NADERI. Con MARK GREENFIELD, NANCY LA SCALA, ZACH THOMAS. ■ Eddie Parker, sua moglie Tracy e suo figlio Mitch vivono in un piccolo appezzamento di terreno alla periferia di Las Vegas. Lui fa il gommista e s'impegna a star lontano dalle sale da gioco, lei fa la cameriera e s'impegna a far crescere l'erba in giardino e a coltivare pomodori biologici, nel tentativo di trovare la normalità, se felicità è chiedere troppo. Quando spunta un ex marine che dice di aver abitato da bambino nella loro casa e offre dei soldi per ricomprarla, il virus della tentazione penetra in Eddie, prolifera, ammorba, contagia e distrugge. Nulla sarà più come prima. Naderi, l'iraniano che racconta l'America, non giudica il Nuovo Mondo ma la cara vecchia avidità, senza moralismo alcuno e anzi con un ghigno beffardo che invita a sua volta alla risata amara. Apologo, *black short story*, metafora talmente evidente da perdere il suo piano figurato per scendere, anche grazie alle riprese digitali, a livello della più inquietante e quotidiana realtà. Quella che avremmo tutti sotto gli occhi, se solo scavassimo mezzo metro sotto terra. ■ DRAMMATICO; COL.; 102′; USA, 2008.

VEGLIA DELLA FIAMMA, LA *(Christina)* ★
Regia di WILLIAM K. HOWARD. Con HARRY CORDING, JANET GAYNOR, CHARLES MORTON. ■ Un'olandesina perde il suo amore. Il destino sembra accanirsi contro di lei. Ma non dura: l'innamorato ritornerà. ■ DRAMMATICO; B/N; 90′; USA, 1929.

VEGLIA DELLE AQUILE, LA *(A Gathering of Eagles)* ★★
Regia di DELBERT MANN. Con ROCK HUDSON, ROD TAYLOR. ■ Un ufficiale americano impegnato in un compito di responsabilità assume atteggiamenti così severi da suscitare le rimostranze dei colleghi e della moglie. Portato a termine l'impegno, tutto torna alla normalità. ■ COMMEDIA; COL.; 115′; USA, 1963. ■ OSCAR 1 NOM.

VELENO ★★
Regia di BRUNO BIGONI. Con MATTEO BIGONI, CARLO COLNAGHI, MARINA CONFALONE, ELIO DE CAPITANI, IDA MARINELLI. ■ Due fratelli si odiano a morte. Quando uno di loro sparisce senza lasciare traccia, la polizia arresta l'altro per omicidio. Un tentativo originale di staccarsi dai vizi imperanti del cinema italiano degli anni Novanta. ■ COMMEDIA; COL.; 90′; ITALIA, 1993.

VELENO ALLO ZOO *(Gift im Zoo)* ★
Regia di HANS MULLER. Con IRENE MEYENDORFF, CARL RADDATZ. ■ Per scalzare il rivale un uomo tenta di farlo ritenere responsabile di un'epidemia. La polizia lo scopre e, inseguendolo, ne provoca involontariamente la morte. ■ POLIZIESCO; B/N; 93′; GERMANIA, 1951.

VELENO DEL PECCATO – L'ULTIMO BACIO, IL *(Night Editor)* ★★★
Regia di HENRY LEVIN. Con JANIS CARTER, WILLIAM GARGAN. ■ Per non far condannare un innocente, un poliziotto rende una testimonianza che svela, tra l'altro, la sua relazione con una donna sposata. Questa cerca di ucciderlo, ma invano; il poliziotto, destituito, troverà conforto in seno alla famiglia. ■ DRAMMATICO; B/N; 68′; USA, 1946.

VELENO IN PARADISO *(The Guest in the House)* ★★★
Regia di JOHN BRAHM. Con ANNE BAXTER, RALPH BELLAMY, RUTH WARRICK. ■ Una psicopatica, amata da un giovane medico, si invaghisce del fratello del fidanzato, sposato e con figli, ordendo tutta una serie di intrighi per staccare l'uomo dalla famiglia. Una zia dei due fratelli, per evitare che la donna rovini entrambi, la spingerà al suicidio. ■ DRAMMATICO; B/N; 121′; USA, 1944. ■ OSCAR 1 NOM.

VELI DI BAGDAD, I *(Veils of Baghdad)* ★★
Regia di GEORGE SHERMAN. Con MARIE BLANCHARD, VICTOR MATURE. ■ Un giovane seguace del sultano di Bagdad scopre un complotto ai danni del suo signore e riesce a sventarlo, punendo i colpevoli. ■ AVVENTURA; COL.; 82′; USA, 1953.

VELLUTO BLU *(Blue Velvet)* ★★★
Regia di DAVID LYNCH. Con LAURA DERN, DENNIS HOPPER, KYLE MACLACHLAN, ISABELLA ROSSELLINI. ■ In una quieta cittadina della California un giovane trova un orecchio umano in un prato e lo porta alla polizia. Insieme a Sandy, figlia del poliziotto che indaga, comincia a investigare e presto i due scoprono che devono cercare nella vita di Dorothy Vallens, cantante di night. Jeffrey scopre che Frank, uno psicopatico drogato, la sottopone a sordide violenze e la ricatta, dopo averle rapito il marito e il figlio. Dopo essere stato picchiato e catturato dalla banda di Frank, Jeffrey riesce a uccidere lo psicopatico e a salvare il bambino. Ma non il marito di Dorothy, detta *Velluto Blu*. ■ THRILLER; COL.; 120′; USA, 1986. ■ GOLDEN GLOBES 1 PR, 2 NOM; OSCAR 1 NOM.

VELO AZZURRO, IL *(Le voile bleu)* ★★★
Regia di JEAN STELLI. Con GABY MORLAY, ELVIRE POPESCO. ■ Una donna che ha dedicato la sua vita ad allevare gli orfanelli, giunta ai sessant'anni, si trova sola e poverissima ed è costretta a fare la domestica. Caduta dalle scale, si frattura un braccio e viene soccorsa da uno dei suoi ex protetti, diventato medico. Il giovane, assieme ad altri ex pupilli della povera donna, farà in modo di assicurarle una tranquilla vecchiaia. ■ DRAMMATICO; B/N; 112′; FRANCIA, 1949.

VELOCI DI MESTIERE *(Fast Company)* ★★
Regia di DAVID CRONENBERG. Con CLAUDIA JENNINGS, JOHN SAXON, WILL SMITH. ■ Un film anomalo per il regista Cronenberg. Un pilota di dragster perde il contratto con il manager e decide di gareggiare da indipendente. Il problema è vincere nonostante si cerchi in tutti i modi di farlo perdere. ■ DRAMMATICO; COL.; 90′; CANADA, 1979.

VELOCITÀ DELLA LUCE, LA ★★★
Regia di ANDREA PAPINI. Con PATRICK BAUCHAU, PEPPINO MAZZOTTA, BEATRICE ORLANDINI. ■ Mario è un ladro d'auto ipocondriaco al volante di un'Alfa Brera, che individua le sue vittime in autostrada. Doppiato sulla corsia di sorpasso da una Bentley del '92, riesce a scoprire con una scusa il nome del suo proprieta-

rio. Il suo prossimo obbiettivo diventa così Rinaldo, un vecchio chirurgo affetto da una misteriosa patologia, che finisce per salvargli la vita dentro una galleria in fiamme. Mario, ansioso di dimostrare la sua gratitudine, rivela a Rinaldo la sua vera identità e le sue reali intenzioni. Quelle rivelazioni determineranno i rispettivi destini. *La velocità della luce* è un noir esistenziale che scandisce il percorso di due vetture e di due esistenze emotivamente e fisicamente separate. Due uomini, due maschere e due diversi modi di sfuggire all'ossessione dell'identità che passa per la dissimulazione. ■ DRAMMATICO; COL.; 90′; ITALIA, 2008.

VELOCITÀ MASSIMA ★★★
Regia di DANIELE VICARI. Con ALESSIA BARELA, VALERIO MASTANDREA, CRISTIANO MORRONI. ■ Roma. Il proprietario di un'autorimessa sempre sul punto di chiudere assume, senza pagarlo, un'apprendista davvero bravo. Insieme riescono a mettere a punto un'auto pronta a partecipare alla pari alle corse clandestine che periodicamente si tengono a Roma nell'area attorno all'Obelisco. I due sanno il fatto loro ma una donna li divide. Una sceneggiatura cucita addosso a Valerio Mastandrea con il suo sguardo solo apparentemente svagato e un atteggiamento nei confronti della vita che mescola distacco e partecipazione. Una realtà ben nota a Roma e il retorico motto «donne e motori...» per un film che senza essere un capolavoro si fa seguire dall'inizio alla fine facendo sorridere e un po' riflettere. Con un finale che farà la gioia (e la disperazione?) di tutti gli appassionati di auto sportive. ■ DRAMMATICO; COL.; 111′; ITALIA, 2002. ■ DAVID DI DONATELLO 1 PR, 1 NOM.

VELO DIPINTO, IL *(The Painted Veil)* ★★★
Regia di RICHARD BOLESLAWSKI. Con GEORGE BRENT, GRETA GARBO, HERBERT MARSHALL, WARNER OLAND. ■ In Cina, una donna, trascurata dal marito medico, si innamora di un corteggiatore. Ma questi non ha alcuna intenzione di sposarla e lei rifiuta di seguirlo. Dopo essersi coraggiosamente prodigata durante un'epidemia, riuscirà lentamente a riconquistare l'amore del coniuge. ■ DRAMMATICO; B/N; 83′; USA, 1934.

VELO DIPINTO, IL *(The Painted Veil)* ★★★
Regia di JOHN CURRAN. Con SHIHAN CHENG, TOBY JONES, EDWARD NORTON, DIANA RIGG, LIEV SCHREIBER, NAOMI WATTS. ■ Kitty, una giovane donna della borghesia inglese in età da marito, sposa Walter Fane, un medico specializzato in batteriologia che nutre per lei un sentimento profondo. Dopo il matrimonio, contratto per compiacere la madre, Kitty si trasferisce con Walter a Shangai, dove, annoiata, cede alle lusinghe di sir Charles Townsend, vice console maritato e padre di due figli. L'adulterio viene presto scoperto da Walter che, ferito, decide di rivalersi conducendo la moglie al villaggio di Mei-tan-fu, colpito da un'epidemia colerica. L'isolamento forzato e le condizioni di morte e miseria in cui versa la gente del villaggio, costringono Kitty a un esame di coscienza che getta sul marito una luce nuova. I romanzi di Somerset Maugham, scrittore britannico morto nel 1965, sono stati per anni la magnifica ossessione di Edward Norton. La sua scelta è poi ricaduta su *Il velo dipinto*, già trasposto sullo schermo nel 1934 da Richard Boleslawski e interpretato da Greta Garbo. Il risultato è un film delicato che restituisce allo spettatore l'esperienza di una lettura diretta del libro, a cui rimane fedele, almeno nelle atmosfere e nei dialoghi. A cambiare, fino a stravolgere il senso della storia, è l'epilogo. ■ DRAMMATICO; COL.; 125′; CINA, USA, 2006.

VELVET DREAMS ★
Regia di VINCENZO SALVIANI. Con RAQUEL EVANS, BRETT HALSEY, KATHY SHOWER. ■ Il sofferto percorso psicologico di una scrittrice, Laura, che mentre scrive un libro subisce un mutamento di personalità dal quale solo Anna potrà salvarla. ■ DRAMMATICO; COL.; 90′; SPAGNA, 1988.

VELVET GOLDMINE ★★★
Regia di TODD HAYNES. Con CHRISTIAN BALE, TONI COLLETTE, EDDIE IZZARD, EWAN MCGREGOR, JONATHAN RHYS-MEYERS. ■ Protagonista è Brian Slade, scomparso in seguito a quello che avrebbe dovuto essere un finto delitto in scena. Haynes utilizza la struttura narrativa di *Citizen Kane* per rievocare la fine degli anni Sessanta, il glam rock e il kitsch. Anche qui infatti un giornalista indaga sulla morte e sulla vita del misterioso cantante. ■ BIOGRAFICO; COL.; 123′; GRAN BRETAGNA, USA, 1998. ■ CANNES 1 PR; OSCAR 1 NOM.

VENA D'ORO, LA ★★★
Regia di MAURO BOLOGNINI. Con RICHARD BASEHART, TITINA DE FILIPPO, MARTA TOREN. ■ Un ragazzo, geloso dell'amore di sua madre vedova per un amico, fa di tutto per separarli. Poi, comprendendo quanto questo sentimento sia profondo, farà in modo che i due si riuniscano. ■ COMMEDIA; B/N; 93′; ITALIA, 1955.

VENDESI MIRACOLO *(Leap of Faith)* ★★
Regia di RICHARD PEARCE. Con LOLITA DAVIDOVICH, STEVE MARTIN, LIAM NEESON, DEBRA WINGER. ■ Un falso predicatore, con alcuni collaboratori, gira gli Stati Uniti. Di miracoli veri e propri non ce ne sono, ma Jonas offre uno show molto spettacolare. Jane, sua socia nell'impresa, con apparecchi sofisticati comunica con Jonas durante le dimostrazioni di veggenza. Così indica quali persone contattare tra il pubblico e cosa "fare dire" sulla loro vita. ■ COMMEDIA; COL.; 108′; USA, 1992.

VENDETTA *(They Won't Forget)* ★★★
Regia di MERVYN LE ROY. Con GLORIA DICKSON, EDWARD NORRIS, CLAUDE RAINS. ■ Un giovane viene ritenuto a torto un assassino e, nonostante i suoi disperati tentativi per difendersi, è condannato a morte. Un'alta personalità interviene in suo favore e gli salva la vita facendo sospendere l'esecuzione, ma il finale sarà lo stesso drammatico. ■ DRAMMATICO; B/N; 95′; USA, 1937.

VENDETTA *(The Mystery of Mr. Wong)* ★★★
Regia di WILLIAM NIGH. Con BORIS KARLOFF, DOROTHY TREE. ■ Un ricco collezionista americano riesce a entrare in possesso di un gioiello cinese considerato sacro e, durante una festa, è ucciso in circostanze misteriose. Vengono registrati poi altri delitti, tutti attribuiti a un malefico influsso del gioiello cinese. La verità è ben diversa. ■ POLIZIESCO; B/N; 68′; USA, 1939.

VENDETTA *(Hungry Hill)* ★★
Regia di BRIAN DESMOND HURST. Con MARGARET LOCKWOOD, DENNIS PRICE. ■ Dissidi familiari provocano morti a catena tra i figli e i nipoti del proprietario di una miniera. L'ultima vittima cade per colpa di una famiglia rivale. La madre dell'ucciso rinuncerà però alla vendetta nella speranza che il suo gesto possa portare la pace tra i superstiti. ■ DRAMMATICO; B/N; 109′; GRAN BRETAGNA, 1946.

VENDETTA *(The Hit)* ★★★
Regia di STEPHEN FREARS. Con LAURA DEL SOL, JOHN HURT, TIM ROTH, TERENCE STAMP. ■ Nel 1973, in Inghilterra, grazie alla sua testimonianza, Willie Parker manda in galera i componenti della banda criminale della quale anch'egli fa parte. Dieci anni dopo, un sicario di professione riesce a trovare il "traditore" in Spagna, dove ha cercato rifugio. ■ DRAMMATICO; COL.; 100′; GRAN BRETAGNA, 1984.

VENDETTA A HONG KONG *(Harry's King)* ★★
Regia di JAMES FARGO. Con DAVID HEMMINGS, LISA LU, DAVID SOUL. ■ Un avventuriero americano giunge a Hong Kong per tirar fuori dai guai un vecchio amico. Costui s'è involato con un grisbì che interessa sia alla polizia che al capo del sindacato del crimine locale. L'amico poi muore nell'incendio di una barca. Ma siamo sicuri che è morto? ■ AVVENTURA; COL.; 91′; USA, 1987.

VENDETTA DAL FUTURO ★★
Regia di SERGIO MARTINO. Con JANET AGREN, CLAUDIO CASSINELLI, DANIEL GREENE. ■ Ricostruito come un robot dopo un grave incidente, un giovane viene programmato per uccidere un ecologista che dà fastidio a una multinazionale chimica. Ma l'uomo robot si ribella, elimina i killer che gli danno la caccia e si rifugia in un paesino con una bella ragazza. ■ FANTASTICO; COL.; 91′; ITALIA, 1986.

VENDETTA D'AMORE *(Kiterses)* ★★
Regia di BÉLA GAÁL. Con KATALIN KARADY, JULIA TOTH. ■ La sorella di un giovane finito in prigione decide di vendicarsi del

magistrato che l'ha condannato facendolo innamorare di sé, e poi lasciandolo. Il piano riesce a metà. ■ DRAMMATICO; B/N; 92′; UNGHERIA, 1941.

VENDETTA DEGLI APACHES, LA *(Apache Uprising)* ★★
Regia di ROBERT G. SPRINGSTEEN. Con RORY CALHOUN, CORINNE CALVET, LON CHANEY JR. ■ Su una diligenza prendono posto, fra gli altri, due banditi che intendono impadronirsi della borsa piena di dollari di un passeggero. Prima di giungere alla meta, due pistoleri che scortano la vettura raccolgono però lungo la strada un capo indiano morente. La diligenza viene così assalita dai pellirosse decisi a riprendersi il loro capo. Dalla strage finale si salveranno solo una ragazza e uno dei due pistoleri. ■ WESTERN; COL.; 90′; USA, 1966.

VENDETTA DEI BARBARI, LA ★★
Regia di GIUSEPPE VARI. Con DANIELA ROCCA, ANTHONY STEEL. ■ Nel 408 Galla Placidia, sorella dell'imperatore Onorio, salva Ravenna dall'attacco dei Visigoti, quindi viene catturata dal loro capo. Acconsente a sposarlo, affinché essi ritornino pacificamente in patria. ■ STORICO; COL.; 95′; ITALIA, 1960.

VENDETTA DEI CANGACEIROS, LA ★★
(A morte comanda a Cangaco)
Regia di CARLOS COIMBRA. Con AURORA DUARTE, ALBERTO RUSCHEL. ■ Un allevatore brasiliano si ribella alla "protezione" dei banditi e, dopo aver organizzato un piccolo esercito, assale il loro covo e li stermina. ■ AVVENTURA; COL.; 92′; BRASILE, 1965.

VENDETTA DEI DALTON, LA ★★★
(When the Daltons Rode)
Regia di GEORGE MARSHALL. Con KAY FRANCIS, RANDOLPH SCOTT. ■ Un giovane che ha ucciso accidentalmente un agente fugge e, assieme ai componenti della sua famiglia, costituisce una pericolosa banda. Dopo numerose scorrerie, la gang familiare sarà sgominata dalla polizia. ■ AVVENTURA; B/N; 80′; USA, 1940.

VENDETTA DEI FRATELLI CORSI, LA ★★
(The Corsican Brothers)
Regia di IAN SHARP. Con GERALDINE CHAPLIN, TREVOR EVE, OLIVIA HUSSEY. ■ Una lunga faida tra famiglie in Corsica porta al massacro di una di esse. Scampano solo due gemelli appena nati. Uno viene allevato da un dottore francese, l'altro da un capo bandito. Si ritroveranno da uomini fatti e otterranno le loro vendette. ■ AVVENTURA; COL.; 90′; GRAN BRETAGNA, 1985.

VENDETTA DEI GLADIATORI, LA ★
Regia di LUIGI CAPUANO. Con JOSÉ GRECI, MICKEY HARGITAY, LIVIO LORENZON. ■ I barbari si preparano a invadere Roma. La figlia dell'imperatore, aiutata da sei gladiatori, scongiura il pericolo. ■ AVVENTURA; COL.; 92′; ITALIA, 1964.

VENDETTA DEI GUERRIERI ROSSI, LA ★
(Spur des Falken)
Regia di GOTTFRIED KOLDITZ. Con BARBARA BRYLWOOD, JOHN MITCHELL. ■ Un losco affarista, per sfruttare un giacimento aurifero in territorio indiano, fa in modo che i pellirosse siano scacciati dall'esercito. Riuscirà nell'impresa, ma ci lascerà la pelle. ■ WESTERN; COL.; 93′; GERMANIA, 1968.

VENDETTA DEI MORTI VIVENTI, LA ★
(La rebelion de las muertas)
Regia di LEON KLIMOVSKY. Con ROMY M. MILLER, PAUL NASCHY. ■ Per vendicare un vecchio delitto compiuto dagli inglesi a Benares, un indiano compie una serie di atroci delitti con l'aiuto di morti resuscitati. Il film vorrebbe spaventare e invece riesce solo a far ridere. ■ HORROR; COL.; 94′; SPAGNA, 1973.

VENDETTA DEI MOSCHETTIERI, LA ★★★
(La vengeance de Milady)
Regia di BERNARD BORDERIE. Con GÉRARD BARRAY, MYLÈNE DEMONGEOT, GEORGES DESCRIÈRES. ■ D'Artagnan, tornato dall'Inghilterra dove ha recuperato i gioielli della regina di Francia, è arrestato e condannato a morte per ordine del cardinale Richelieu, ma è salvato da Milady. In aiuto di D'Artagnan accorrono quindi Athos, Portos e Aramis che eliminano Milady e le guardie di Richelieu giunte in suo soccorso. ■ AVVENTURA; COL.; 96′; FRANCIA, 1961.

VENDETTA DEI TUGHS, LA ★★
Regia di GIAN PAOLO CALLEGARI. Con LEX BARKER, FIORELLA MARI. ■ Il film, tratto da *I misteri della giungla nera* di Salgari, è la storia di Tremal-Naik, un cacciatore di tigri indiano, che viene catturato da una feroce setta religiosa mentre cerca di liberare la sua donna. I soldati intervengono uccidendo i fanatici e restituendo la libertà agli innamorati. ■ AVVENTURA; COL.; 92′; ITALIA, 1952.

VENDETTA DEL CORSARO, LA ★★
Regia di PRIMO ZEGLIO. Con JEAN-PIERRE AUMONT, MARIA MONTEZ. ■ Per liberare la sorella prigioniera di un governatore spagnolo, un nobile diventa corsaro. In queste vesti semina il terrore tra i nemici e porta a termine l'impresa. ■ AVVENTURA; B/N; 93′; ITALIA, 1951.

VENDETTA DEL DR. K, LA *(Return of the Fly)* ★★★
Regia di EDWARD L. BERNDS. Con BRETT HALSEY, VINCENT PRICE. ■ Il figlio di uno scienziato rimane vittima di un esperimento, ad opera di un criminale, che gli muta la testa e un braccio in quelli di una mosca. Fortunatamente un poliziotto riesce a catturare l'insetto che ha acquistato la testa e gli arti del giovane: chiudendo l'uomo-mosca e la mosca-uomo in un apparecchio, restituirà la normalità a entrambi. ■ DRAMMATICO; B/N; 80′; USA, 1959.

VENDETTA DEL GANGSTER, LA ★★★
(Underworld U.S.A.)
Regia di SAMUEL FULLER. Con DOLORES DORN, CLIFF ROBERTSON. ■ Un giovane che a 12 anni aveva assistito all'omicidio del padre giurando di vendicarsi identificati gli assassini, riesce a metterli uno contro l'altro, spingendoli a uccidersi reciprocamente. Anche lui però ci rimette la pelle. ■ POLIZIESCO; B/N; 99′; USA, 1961.

VENDETTA DEL GOBBO DI PARIGI, LA ★★★
(Les aventures de Lagardère – La vengeance de Lagardère)
Regia di JEAN-PIERRE DECOURT. Con NADINE ALARI, JEAN PIAT. ■ Un nobile rapisce una donna sposata. Il marito, dopo che la moglie è stata liberata, cerca di rintracciarlo per vendicarsi, ma invano. Ricorre allora a uno stratagemma: si fa condannare a morte dal re di Spagna, certo che il rivale non saprà resistere alla tentazione di assistere all'esecuzione. Così infatti avviene. Al momento dell'impiccagione, la corda, opportunamente truccata, si spezza. ■ AVVENTURA; COL ; 101′; FRANCIA, 1967.

VENDETTA DELLA MASCHERA DI FERRO, LA ★
Regia di FRANCESCO DE FEO. Con WANDISA GUIDA, MICHEL LEMOINE. ■ Un giovane fatto prigioniero e il cui viso è stato celato da una maschera di ferro si vendica del nemico sottoponendolo alla medesima tortura. ■ AVVENTURA; COL.; 91′; ITALIA, 1961.

VENDETTA DELLA MASCHERA NERA, LA ★★
Hak hap Black Mask)
Regia di DANIEL LEE. Con WAN LAU CHING, YIP FRANÇOISE, JET LI, KAREN MOK, PATRICK LUNG. ■ Tsui Chik è stato sottoposto a un esperimento che lo ha reso insensibile al dolore e ai sentimenti (almeno parzialmente). I suoi ex colleghi bibliotecari lavorano per i narcotrafficanti. Film d'azione con inserti demenziali e con Yuen Woo-ping (*Matrix*) a dirigere le scene più tese. ■ AZIONE; COL.; 90′; HONG KONG, 1996.

VENDETTA DELLA PANTERA ROSA, LA ★★★
(The Revenge of the Pink Panther)
Regia di BLAKE EDWARDS. Con DYAN CANNON, HERBERT LOM, PETER SELLERS. ■ Un mafioso caduto in disgrazia decide di riconquistare la fiducia dei colleghi catturando un pasticcione quanto fortunato ispettore francese. Il quale, proprio grazie alla sua incredibile fortuna, esce illeso da un attentato e consegna alla polizia il boss e la sua banda. ■ COMMEDIA; COL.; 99′; USA, 1978.

VENDETTA DELLA SIGNORA, LA *(Der Besuch)* ★★★
Regia di BERNHARD WICKI. Con INGRID BERGMAN, ANTHONY QUINN, PAOLO STOPPA. ■ Una donna torna dopo molti anni al proprio paese. Ricchissima, riesce, suscitando la cupidigia della popolazione, a far sì che il suo seduttore di molti anni prima venga condannato a morte. Il giorno dell'esecuzione, poi, la sua vendetta si fa ancora più terribile. L'uomo viene graziato e in questo

modo la donna gli fa perdere anche la dignità. ■ DRAMMATICO; B/N; 100'; GERMANIA, 1964. ■ OSCAR 1 NOM.

VENDETTA DELL'UOMO CHIAMATO CAVALLO, LA ★★★
(Return of a Man Called Horse)
Regia di IRVIN KERSHNER. Con RICHARD HARRIS, BILL LUCKING, GALE SONDERGAARD. ■ Il film, seguito di *Un uomo chiamato cavallo*, racconta di come il protagonista, tornato in Inghilterra, senta la nostalgia per i pellirosse e li raggiunga. Gli indiani sono stati decimati dai cacciatori di pelli. Sotto la guida dell'inglese, i pellirosse riusciranno a distruggere la banda dei cacciatori. ■ DRAMMATICO; COL.; 129'; USA, 1976.

VENDETTA DELL'UOMO INVISIBILE, LA ★★
(Der Unsichtbare)
Regia di RAPHAEL NUSSBAUM. Con JOHN BORSODY, ELLEN SCHWIERS. ■ Uno scienziato scopre una formula capace di rendere invisibili, e alla sua scomparsa, che coincide con alcuni delitti, ne viene creduto l'autore. Suo fratello dimostrerà la sua innocenza e troverà il colpevole. ■ FANTASCIENZA; B/N; 93'; GERMANIA, 1963.

VENDETTA DEL MOSTRO, LA ★★
(Revenge of the Creature)
Regia di JACK ARNOLD. Con JOHN AGAR, LORI NELSON. ■ Un uomo-pesce, catturato da due esploratori, fugge dalla piscina nella quale è stato esposto. La polizia viene mobilitata per la sua cattura, ma il mostro scompare nell'oceano. ■ FANTASCIENZA; B/N; 82'; USA, 1955.

VENDETTA DEL RAGNO NERO, LA *(The Spider)* ★★
Regia di BERT I. GORDON. Con EDWARD KEMMER, JUNE KENNEY. ■ Due giovani trovano un gigantesco ragno addormentato. L'animale viene portato in città, si sveglia e sparge il terrore tra gli inermi cittadini prima di essere ucciso. ■ FANTASCIENZA; B/N; 75'; USA, 1958.

VENDETTA DEL SOLDATO, LA ★★
(Vengeance of a Soldier)
Regia di DAVID WORTH. Con JOHN SAVAGE, MARIA SOCAS. ■ Morgan torna nella sua casa dopo dieci anni passati in Vietnam. Ma i suoi paesani non lo accolgono bene. In Vietnam si è rifiutato di obbedire a ordini inutilmente crudeli ed è stato sottoposto a corte marziale. Evitato da tutti come un traditore, Morgan se ne va in Sudamerica e attraverso una "guerra giusta" dimostrerà di che tempra è fatto. ■ THRILLER; COL.; 91'; ARGENTINA, USA, 1984.

VENDETTA DEL TENENTE BROWN, LA ★★
(The Saga of Hemp Brown)
Regia di RICHARD CARLSON. Con RORY CALHOUN, BEVERLY GARLAND. ■ Un ufficiale dell'esercito americano, accusato di furto, riesce a scovare e a punire meritatamente l'uomo che ha derubato il convoglio che egli doveva sorvegliare e proteggere. ■ WESTERN; COL.; 80'; USA, 1958.

VENDETTA DEL VAMPIRO, LA ★
(El mundo de los vampiros)
Regia di HENRY G. RICHARDS. Con LYDIA LARSON, EDWARD TUCKER. ■ Il superstite di una famiglia di vampiri tenta di uccidere gli ultimi discendenti di una cosca nemica. Ma gli va male e si piglia in cuore il tradizionale paletto acuminato. ■ HORROR; B/N; 92'; MESSICO, 1962.

VENDETTA DI AQUILA NERA, LA ★★
Regia di RICCARDO FREDA. Con ROSSANO BRAZZI, GIANNA MARIA CANALE. ■ Un cosacco è perseguitato da un nemico che gli uccide la famiglia e tenta di eliminare anche lui. Alla fine il nostro avrà partita vinta e ritroverà un figlio che credeva morto. ■ AVVENTURA; B/N; 96'; ITALIA, 1951.

VENDETTA DI BRUCE LEE, LA ★
Regia di YANG SUN. Con KIAN PAN, YEN TIEN. ■ I briganti terrorizzano un intero villaggio; poi arriva il vendicatore che fa strage dei cattivi e riporta pace e giustizia a colpi di karate. ■ AVVENTURA; B/N; 92'; HONG KONG, 1973.

VENDETTA DI CARTER, LA *(Get Carter)* ★★
Regia di STEPHEN KAY. Con MICHAEL CAINE, ALAN CUMMING, RACHAEL LEIGH COOK, MIRANDA RICHARDSON, SYLVESTER STALLONE. ■ Remake di un film inglese del 1970, ma soprattutto rimando a un certo cinema "violento" dello stesso periodo? Assolutamente sì. Ma quando gli ingredienti di un film sono tanti, e provenienti da altri autori, il dosaggio e l'assemblaggio diventano fondamentali. E così in questo film funziona piuttosto bene la prima parte, invece non si può dire lo stesso della seconda. La prima racconta di Jack Carter/Sylvester Stallone che conduce una vita solitaria e non proprio ortodossa finché si reca da cognata e nipotina per indagare intorno alla morte misteriosa del fratello, avvenuta in un incidente stradale. Poi arriva la seconda parte: che, a differenza della prima, scatena tutte le potenzialità da pistolero vendicativo di Sylvester Stallone, fino a un prodotto di genere e monocorde. ■ THRILLER; COL.; 100'; USA, 2000.

VENDETTA DI ERCOLE, LA ★★
Regia di VITTORIO COTTAFAVI. Con GABY ANDRÉ, BRODERICK CRAWFORD, MARK FORREST. ■ L'amore contrastato tra la figlia del re di Ecalia e il figlio di Ercole dà l'occasione al sovrano di tendere una trappola a Ercole. Questi, sopravvissuto a due attentati, non trattiene più la sua furia quando il re rapisce sua moglie. ■ AVVENTURA; COL.; 95'; ITALIA, 1960.

VENDETTA DI FRANKENSTEIN, LA ★★★
(The Revenge of Frankenstein)
Regia di TERENCE FISHER. Con PETER CUSHING, EUNICE GAYSON. ■ Il barone Frankenstein, creduto morto, crea un nuovo mostro con l'aiuto del suo assistente. Il mostro si ribella al "padre" e lo ferisce mortalmente. L'assistente del barone ne prende il cervello e lo innesta in un nuovo corpo. Il barone continua così a vivere. ■ HORROR; COL.; 89'; GRAN BRETAGNA, 1958.

VENDETTA DI FU MAN CHU, LA ★★
(Die Rache des Dr. Fu Man Chu)
Regia di JEREMY SUMMERS. Con CHRISTOPHER LEE, DOUGLAS WIBNER. ■ Fu Man Chu, un feroce criminale cinese, vuole vendicarsi dei capi di tutte le polizie del mondo. Un agente dell'Fbi, messo in sospetto dal rapimento di un commissario inglese, penetra nel covo del malvivente e lo distrugge, ma il delinquente riesce a fuggire. ■ AVVENTURA; COL.; 91'; GERMANIA, 1967.

VENDETTA DI GWANGI, LA *(The Valley of Gwangi)* ★★★
Regia di JAMES O'CONNOLLY. Con RICHARD CARLSON, JAMES FRANCISCUS, GILA GOLAN. ■ Mentre cercano un cavallo nano, i proprietari di un circo trovano e catturano un dinosauro. Il giorno dello spettacolo questi assalta la folla, ma viene imprigionato e ucciso. ■ FANTASCIENZA; COL.; 95'; GRAN BRETAGNA, 1968.

VENDETTA DI KOCISS, LA *(Conquest of Kochiss)* ★★
Regia di WILLIAM CASTLE. Con JOHN HODIAK, ROBERT STACK. ■ Il capo degli Apache accetta la coesistenza pacifica con i bianchi e rinuncia alla guerra quando ha le prove che sua moglie è stata uccisa da un gruppo di pellirosse ribelli. ■ AVVENTURA; COL.; 70'; USA, 1953.

VENDETTA DI LADY MORGAN, LA ★
Regia di MASSIMO PUPILLO. Con ERIKA BLANC, GORDON MITCHELL, PAUL MÜLLER. ■ Film dell'orrore con trama senza senso, che ha il solo scopo di spargere terrore in platea. ■ HORROR; B/N; 92'; ITALIA, 1966.

VENDETTA DI MONTECRISTO, LA ★★★
(Le comte de Monte-Cristo)
Regia di ROBERT VERNAY. Con LIA AMANDA, JEAN MARAIS, NOËL ROQUEVERT. ■ Continuazione del film *Il tesoro di Montecristo*. Il conte di Montecristo, trasferitosi a Parigi, porta a termine la sua vendetta risparmiando solo il figlio della donna che aveva amato. Il conte partirà poi per l'Oriente in compagnia della fedele schiava da lui liberata. ■ AVVENTURA; B/N; 86'; FRANCIA, 1954.

VENDETTA DI SANGUE ★
Regia di JUAN CARLOS DESANZO. Con JIMMY GRAZIA, RUDOLPH RANN. ■ Il subdolo proprietario di un locale notturno riceve in eredità un grosso patrimonio e qualche tempo dopo un giornalista viene ucciso; scattano immediatamente le indagini della polizia, che scopre le tracce di un importante traffico di stupefacenti. ■ POLIZIESCO; COL.; 105'; MESSICO, 1984.

VENDETTA DI SPARTACUS, LA ★
Regia di MICHELE LUPO. Con ROGER BROWNE, SCILLA GABEL, GORDON MITCHELL. ■ Si diffonde la falsa voce che Spartaco è vivo, e i suoi dispersi seguaci si riuniscono sperando di riprendere la lotta contro Roma. Verranno tutti uccisi. ■ AVVENTURA; COL.; 91'; ITALIA, 1964.

VENDETTA DI TARZAN, LA *(Tarzan's Deadly Silence)* ★★
Regia di ROBERT L. FRIEND. Con RON ELY, WOODY STRODE. ■ Tarzan corre in aiuto delle tribù che non vogliono sottomettersi a un prepotente bianco. Questi tenta di uccidere l'uomo della giungla, ma perirà per mano di un alleato stanco delle sue crudeltà. ■ AVVENTURA; COL.; 99'; USA, 1970.

VENDETTA DI UNA DONNA, LA ★★
(La vengeance d'une femme)
Regia di JACQUES DOILLON. Con BÉATRICE DALLE, ISABELLE HUPPERT. ■ Doillon continua il suo percorso di analisi dei sentimenti affrontando il tema dell'amore per un uomo da parte di due donne. I ruoli sono socialmente diversi (una è moglie e l'altra è amante), ma anche il modo di vivere il rapporto amoroso è decisamente differente. ■ DRAMMATICO; COL.; 115'; FRANCIA, 1989.

VENDETTA DI UNA PAZZA, LA ★★
Regia di PINO MERCANTI. Con LIDA BAAROVA, MINO DORO. ■ Una donna, impazzita per il suicidio dell'amato, scopre che suo marito ne è responsabile. Lo choc la fa rinsavire e compie la sua vendetta. ■ DRAMMATICO; B/N; 93'; ITALIA, 1951.

VENDETTA DI URSUS, LA ★★
Regia di LUIGI CAPUANO. Con SAMSON BURKE, LIVIO LORENZON. ■ Un re vuole sposare la figlia di un altro sovrano per impadronirsi del suo regno. Arriva Ursus che però non fa in tempo a impedire l'uccisione del padre della principessa. Ma farà tremenda vendetta e sposerà l'orfanella. ■ AVVENTURA; COL.; 87'; ITALIA, 1962.

VENDETTA DI ZORRO, LA *(El Jinete Solitario)* ★
Regia di RAFAEL BALEDON. Con MARIA RIVAS, JEFFREY STONE. ■ Uno Zorro di serie C. ■ AVVENTURA; B/N; 94'; MESSICO, 1964.

VENDETTA È MIA, LA *(Fukushu suru wa ware ni ari)* ★★★
Regia di SHOHEI IMAMURA. Con MITSUKO BAISHO, RENTARO MIKUNI, KEN OGATA, MAYUMI OGAWA. ■ Anticipatore dei film sui serial-killer, è stato presentato di notte su Raitre, in versione originale e, inspiegabilmente, senza sottotitoli. Forse per un problema di nulla-osta censorio. Seguiamo le azioni violente del protagonista che alla fine viene arrestato dalla polizia e interrogato. ■ DRAMMATICO; COL.; 142'; GIAPPONE, 1979.

VENDETTA È UN PIATTO CHE SI SERVE FREDDO, LA ★★
Regia di PASQUALE SQUITIERI. Con KLAUS KINSKI, LEONARD MANN, IVAN RASSIMOV. ■ L'odio di un uomo per gli indiani si spegne quando scopre che non furono loro gli assassini della sua famiglia, ma alcuni bianchi. Riesce a entrare alle dipendenze del loro capo e a ucciderlo insieme ai complici con l'aiuto dei pellirosse. ■ WESTERN; COL.; 98'; ITALIA, 1971.

VENDETTA GIALLA *(The Son Daughter)* ★★
Regia di CLARENCE BROWN. Con HELEN HAYES, RAMON NOVARRO, LEWIS STONE. ■ Siamo nel 1911, all'inizio della rivoluzione che porterà la fine della dinastia imperiale dopo quasi trecento anni di dominazione. Protagonista è una fanciulla che per procurare armi ai rivoluzionari è disposta anche all'estremo sacrificio di diventare l'amante di un crudele generale al servizio dell'imperatore. Quando il suo sacrificio non serve più, la ragazza strangola l'aguzzino nel sonno. ■ DRAMMATICO; B/N; 93'; USA, 1932.

VENDETTA NEL SOLE *(A Man about the House)* ★★
Regia di LESLIE ARLISS. Con DULCIE GRAY, MARGARET JOHNSTON, GUY MIDDLETON, LILIAN BRAITHWAITE. ■ Un maggiordomo sposa un'inglese per entrare in possesso del suo castello. Poi corteggia la cognata quando scopre che l'eredità appartiene a lei, e avvelena la moglie. Finirà ucciso dal fratello di una fanciulla che ha sedotto. ■ DRAMMATICO; B/N; 99'; GRAN BRETAGNA, 1947.

VENDETTA PERSONALE *(No Retreat no Surrender)* ★
Regia di COREY YUEN. Con J. W. FAILS, KURT MCKINNEY, JEAN CLAUDE VAN DAMME. ■ Il solito ragazzino vittima delle angherie dei bulli del proprio quartiere si riscatta affrontando un possente russo (Van Damme all'esordio) a colpi di arti marziali, imparate dal solito saggio. Prodotto usa e getta, nemmeno originale. ■ AVVENTURA; COL.; 83'; USA, 1985.

VENDETTA PER VENDETTA ★★
Regia di RAY CALLOWAY. Con JOHN HAMILTON, JOHN IRELAND, LOREDANA NUSCIAK, LEMMY CARSON. ■ Lotta all'ultimo sangue per il possesso di un gruzzolo d'oro che ha causato parecchie vittime e che nessuno riuscirà a godere. ■ WESTERN; COL.; 94'; ITALIA, 1968.

VENDETTA RUSTICANA *(Vendetta en Camargue)* ★★
Regia di JEAN DEVAIVRE. Con BRIGITTE AUBER, JEAN PASQUÉ, JEAN TISSIER, ROSY VARTE. ■ La giovane proprietaria di una fattoria è fatta oggetto di continui furti, dei quali crede colpevole un vicino. Questi le salva la vita per ben due volte; i ladri sono scoperti e uccisi, o allontanati. ■ DRAMMATICO; B/N; 88'; FRANCIA, 1950.

VENDETTA SARDA ★★
Regia di MARIO MATTOLI. Con RICCARDO BILLI, WALTER CHIARI, FRANCA MARZI, MARIO RIVA. ■ Un cameriere sardo a Milano crede di aver ereditato una grossa fortuna e torna nell'isola. Qui è costretto ad affrontare tre fratelli suoi rivali nonché un'innamorata gelosissima. Lascia tutto quando scopre che l'erede è suo cugino. ■ COMMEDIA; B/N; 92'; ITALIA, 1951.

VENDETTA SUL RING *(Ringside)* ★★
Regia di FRANK MCDONALD. Con DONALD BARRY, SHEILA RYAN. ■ È la storia di due fratelli, uno dei quali diventa pugile come l'altro per vendicarlo della cecità causatagli da un perfido avversario. Di incontro in incontro, il ragazzo riesce a sfidare il campione nemico e lo massacra. Poi si fidanza con l'ex ragazza del cieco, che però fortunatamente recupera la vista e sposa la sua bella infermiera. ■ DRAMMATICO; B/N; 81'; USA, 1949.

VENDETTA TRASVERSALE *(Next to Kin)* ★★
Regia di JOHN IRVIN. Con ADAM BALDWIN, LIAM NEESON, PATRICK SWAYZE. ■ Un poliziotto del Kentucky giunge a Chicago. Suo fratello viene ucciso da un caporione che mette a tacere il testimone oculare. Il poliziotto vorrebbe far tutto nell'ambito della legge e trattiene un altro fratello dal vendicarsi. C'è di mezzo la mafia e la giustizia ci sarà, ma dopo la carneficina. Veicolo per Patrick Swayze e nient'altro. Nulla di nuovo sotto il sole. ■ AZIONE; COL.; 111'; USA, 1989.

VENDICATA ★★
Regia di GIUSEPPE VARI. Con ALBERTO FARNESE, MILLY VITALE. ■ Una sposa si crede vedova e affida la figlia a una nutrice. Il suo datore di lavoro cerca inutilmente di sedurla; il marito al suo ritorno la vendicherà. ■ DRAMMATICO; B/N; 92'; ITALIA, 1955.

VENDICATORE, IL *(I Am the Law)* ★★★
Regia di ALEXANDER HALL. Con WENDY BARRIE, JOHN BEAL, OTTO KRÜGER, BARBARA O'NEIL, EDWARD G. ROBINSON. ■ Un professore universitario organizza la lotta contro le bande criminali riuscendo infine a sconfiggerle. ■ POLIZIESCO; B/N; 83'; USA, 1938.

VENDICATORE, IL *(Brother Orchid)* ★★★
Regia di LLOYD BACON. Con HUMPHREY BOGART, EDWARD G. ROBINSON, ANN SOTHERN. ■ Lotta tra due gangster per il comando di una banda. Alla fine il più vecchio, vissuto qualche tempo in convento per curare una ferita, abbandona la partita essendosi convertito alla vita mistica. ■ DRAMMATICO; B/N; 91'; USA, 1940.

VENDICATORE, IL *(Dubrowsky)* ★★
Regia di WILLIAM DIETERLE. Con MARIO BERNARDI, PAUL DAHLKE, ROSANNA SCHIAFFINO. ■ Cattivo barone fa morire di crepacuore un ex ufficiale dello zar ritiratosi in campagna. Il figlio del morto farà vendetta e sposerà l'angelica figlia del barone. ■ AVVENTURA; B/N; 94'; ITALIA, JUGOSLAVIA, 1959.

VENDICATORE, IL *(The Punisher)* ★★
Regia di MARK GOLDBLATT. Con LOUIS GOSSETT JR, JEROEN KRABBE, DOLPH LUNDGREN. ■ Un puro film d'azione, violenza e luoghi comuni. C'è un assassino che circola e uccide uomini che hanno a che fare con la mafia e che sono sempre riusciti a farla franca. Un ispettore ha dei vaghi sospetti su un ex agente della polizia che sarebbe dato per morto. Si tratta comunque di una ven-

detta. C'è pure una cattivissima donna dedita al ratto dei bambini che rapisce per conto della mafia giapponese. ■ POLIZIESCO; COL.; 95'; USA, 1990.

VENDICATORE DALLE MANI D'ACCIAIO, IL ★
Regia di TI T'ANG. Con USIAO CH'I LIN, CHIN FEI. ■ Giovane eroe si vendica, a colpi di karate, dell'assassino dei genitori. ■ AVVENTURA; B/N; 92'; HONG KONG, 1973.

VENDICATORE DEI MAYA, IL ★
Regia di GUIDO MALATESTA. Con BARBARA LOY, MIMMO MAGGIO, LUCIANO MARIN, KIRK MORRIS. ■ Ercole salva una bella principessa dalle brame del gigante Golia. ■ AVVENTURA; COL.; 81'; ITALIA, 1965.

VENDICATORE DELL'ARIZONA, IL ★★★
(Gun the Man Down)
Regia di ANDREW V. MCLAGLEN. Con JAMES ARNESS, ANGIE DICKINSON. ■ Un bandito è stato arrestato e condannato perché i due complici e la sua ragazza l'hanno abbandonato, ferito, dopo una rapina. Scontata la pena, si mette sulle tracce dei traditori per consegnarli alla legge. Riuscirà nell'intento. ■ WESTERN; B/N; 92'; USA, 1962.

VENDICATORE DELLE CASCATE NERE, IL ★★
(Ordeal at Dry Red)
Regia di RICHARD C. SARAFIAN. Con JOHN ALONZO, SANDRA KNIGHT, PETER MANAKOS, HOUSE PETERS JR. ■ I componenti di una famiglia messicana, per vendicarsi dello sceriffo che ritengono responsabile del linciaggio di un congiunto, si barricano nel saloon con un gruppo d'ostaggi e minacciano d'ucciderne uno ogni dieci minuti se l'uomo di legge non accetterà di battersi in duello. Sparatoria finale. ■ WESTERN; B/N; 80'; USA, 1963.

VENDICATORE DEL TEXAS, IL ★★
(Guns of Wyoming – Cattle King)
Regia di TAY GARNETT. Con JOAN CAULFIELD, ROBERT LOGGIA, ROBERT MIDDLETON, ROBERT TAYLOR. ■ Un onesto allevatore s'oppone a un losco affarista che vuole aprire una nuova pista per il bestiame dal Texas al Wyoming. Gli uccideranno la fidanzata, ma avrà partita vinta. ■ WESTERN; COL.; 88'; USA, 1962.

VENDICATORE DEL TEXAS, IL *(Law and Order)* ★★
Regia di SHERMAN SCOTT. Con BUSTER CRABBE, TEX O'BRIEN, SARAH PADDEN. ■ Billy the Kid sventa un diabolico piano ordito da alcuni banditi che vorrebbero far sposare una ricca zitella cieca a un loro complice. ■ WESTERN; B/N; 90'; USA, 1942.

VENDICATORE DI JESS IL BANDITO, IL ★★★
(The Return of Frank James)
Regia di FRITZ LANG. Con JOHN CARRADINE, JACKIE COOPER, HENRY FONDA, HENRY HULL, DONALD MEEK, GENE TIERNEY. ■ L'anno precedente aveva ottenuto grande successo il film *Jess il bandito* dove il famoso fuorilegge, interpretato da Tyrone Power, finiva ucciso a tradimento, secondo la verità storica, dai fratelli Ford. In questo secondo episodio si immagina che Frank, il saggio fratello di Jess, si vendichi dei due assassini. ■ WESTERN; B/N; 92'; USA, 1940.

VENDICATORE DI KANSAS CITY, IL ★
Regia di AUGUSTIN NAVARRO. Con FRED CANOW, FERNANDO MONTEZ, BARBARA NELLY, PAUL PIAGET. ■ In un paese sono stati commessi diversi omicidi e lo sceriffo sospetta di un pistolero che vuole vendicare la morte della sorella, condannata con l'accusa d'aver ucciso l'innamorato. Ma la verità è ben diversa. ■ WESTERN; COL.; 91'; ITALIA, SPAGNA, 1965.

VENDICATORE DI MANILA, IL ★★
(Sword of the Avenger)
Regia di SIDNEY SALKOW. Con RAMON DEL GADO, SIGRID GURIE. ■ Un corrotto governatore accusa ingiustamente un marinaio per rubargli la fidanzata, ma lui evade, trova un favoloso tesoro, si fa passare per conte, si vendica del malvagio e sposa la bella. ■ AVVENTURA; B/N; 80'; USA, 1952.

VENDICATORE FOLLE, IL ★★★
(Le parfum de la dame en noir)
Regia di LOUIS DAQUIN. Con MARCEL HARRAND, HÉLÈNE PERDRIÈRE, SERGE REGGIANI, MICHEL PICCOLI, JEAN-PIERRE GRENIER. ■ Il giornalista Rouletabille deve indagare sulla scomparsa di un avventuriero che ha sposato una sua amica ed è stato arrestato la sera delle nozze. ■ POLIZIESCO; B/N; 100'; FRANCIA, 1953.

VENDICATORE MASCHERATO, IL ★★
Regia di PINO MERCANTI. Con JEAN CLAUDIO, LISA GASTONI, GUY MADISON, GASTONE MOSCHIN, INGRID SCHÖLLER. ■ Nella Venezia cinquecentesca un nobile coraggioso guida la rivolta contro il perfido doge. ■ AVVENTURA; COL.; 93'; ITALIA, 1964.

VENDICATORE MISTERIOSO, IL *(Der Rächer)* ★
Regia di KARL ANTON. Con HEINZ DRACHE, INA DUSCHA, KLAUS KINSKI, INGRID VON BERGER. ■ Una troupe cinematografica è decimata da un misterioso assassino. ■ POLIZIESCO; B/N; 92'; GERMANIA, 1961.

VENDICATORE NERO, IL *(The Dark Avenger)* ★★★
Regia di HENRY LEVIN. Con JOANNE DRU, PETER FINCH, ERROL FLYNN. ■ Errol Flynn interpreta, idealizzandola, la figura del principe Nero, cioè di Edoardo principe di Galles, il miglior condottiero inglese della guerra dei cent'anni. ■ AVVENTURA; COL.; 85'; USA, 1956.

VENDICATORE SILENZIOSO, IL *(Smoky)* ★★★
Regia di LOUIS KING. Con ANNE BAXTER, BRUCE CABOT, FRED MACMURRAY. ■ Un bravo cowboy, ottimo domatore di cavalli, ha un fratello cattivo che, dopo numerose malefatte, sarà giustiziato da uno stallone dell'esulcerato parente. ■ WESTERN; COL.; 87'; USA, 1951.

VENDICATORI, I *(The Corsican Brothers)* ★★
Regia di GREGORY RATOFF. Con DOUGLAS FAIRBANKS JR, FAY HOLDEN, AKIM TAMIROFF, RUTH WARRICK. ■ Verso il 1830, due gemelli corsi, il cui padre è stato ucciso da un rivale, sono allevati, ignorando la reciproca esistenza, uno nell'isola, l'altro a Parigi. A vent'anni scoprono la loro origine e si vendicano del fellone, ma uno dei due morirà. ■ AVVENTURA; B/N; 112'; USA, 1941. ■ OSCAR 1 NOM.

VENDICATORI DELLA NOTTE, I *(Young Warriors)* ★★
Regia di LAWRENCE FOLDES. Con ERNEST BORGNINE, LYNDA DAY GEORGE, RICHARD ROUNDTREE. ■ Quattro giovani spensierati si trasformano in giustizieri dopo lo stupro e l'uccisione della sorella di uno di loro, mettendosi a dare la caccia a bande di teppisti. Quando trovano i responsabili dello stupro compiono un eccidio, ma poi, nauseati dalla spirale di violenza, si suicidano. ■ DRAMMATICO; COL.; 103'; USA, 1983.

VENDICATORI DELL'AVE MARIA, I ★★
Regia di ADALBERTO ALBERTINI. Con ALBERTO DELL'ACQUA, TONY KENDALL, IDA MEDA. ■ Nella California della corsa all'oro, una troupe di saltimbanchi riesce a sconfiggere un gruppo di ricchi e prepotenti yankee. ■ WESTERN; COL.; 92'; ITALIA, 1971.

VENDICATRICE DEI SIOUX, LA *(Rose of Cimarron)* ★★
Regia di HARRY KELLER. Con JACK BENTEL, MALA POWERS, BILL WILLIAMS. ■ Normale western di serie B, con la sola novità di avere una donna come protagonista. ■ WESTERN; COL.; 74'; USA, 1952.

VENDICATRICE DI SIVIGLIA, LA ★
(La moza de cántaro)
Regia di FLORIAN REY. Con PETER DAMON, ISMAEL MARIO, PAQUITA RICO. ■ Per vendicare il padre, una nobile fanciulla spagnola si traveste da uomo: otterrà giustizia. ■ AVVENTURA; B/N; 94'; SPAGNA, 1955.

VENDICATRICE, LA *(Vendetta)* ★★
Regia di MEL FERRER. Con DONALD BUKA, GEORGE DOLENZ, FAITH DOMERGUE. ■ Nell'Ottocento, in Corsica, una testarda ragazza induce il fratello riluttante a vendicare il padre e viene essa stessa assassinata. ■ DRAMMATICO; B/N; 84'; GRAN BRETAGNA, 1950.

VENDICATRICI DI ZORRO, LE ★
(Las vengadoras en mascarada)
Regia di FREDERICH CURIEL. Con ERIC COSTILO, KITY DE HOYOS, DACIA GONZALES, OBERT RODRIGUEZ. ■ Due sorelle mascherate scoprono una banda di rapinatori. ■ AVVENTURA; B/N; 92'; MESSICO, 1965.

VENDICHERÒ IL MIO PASSATO *(The Long Memory)* ★★
Regia di ROBERT HAMER. Con ROBERT HAMER, JOHN MILLS,

JOHN MCCALLUM, ELISABETH SELLARS, HUGH STEWART. ■ Dopo aver scontato una lunga pena nonostante fosse innocente, un uomo raccoglie le prove per vendicarsi dei falsi testimoni. ■ DRAMMATICO; B/N; 96'; GRAN BRETAGNA, 1954.

VENDICO IL TUO PECCATO ★★★
(Obsession – The Hidden Room)
Regia di EDWARD DMYTRYK. Con PHIL BROWN, SALLY GRAY, ROBERT NEWTON, NAUNTON WAYNE. ■ Un marito tradito tiene prigioniero l'ultimo amante della moglie e ogni giorno versa in una vasca un po' di acido solforico. Ha intenzione, quando il recipiente sarà pieno, di eliminare il rivale e di distruggerne il corpo. Per fortuna, un cagnolino manderà a monte il diabolico piano. ■ POLIZIESCO; B/N; 98'; GRAN BRETAGNA, 1952.

VENDITORE DI MORTE, IL ★★
Regia di LORENZO GICCA PALLI. Con GIANNI GARKO, GELY GENKA, KLAUS KINSKI, LUCIANO LORCAS. ■ Per salvare un innocente, condannato a morte per assassinio, un avvocato assolda un pistolero che individua l'insospettabile colpevole. Ma ci sarà un'ulteriore sorpresa. ■ WESTERN; COL.; 95'; ITALIA, 1972.

VENDITORE DI PALLONCINI, IL ★★
Regia di MARIO GARIAZZO. Con MAURIZIO ARENA, ADOLFO CELI, RENATO CESTIÉ, LEE J. COBB, CYRIL CUSACK, MARINA MALFATTI, JAMES WHITMORE. ■ Abbandonato dalla madre, un virtuoso bimbetto mantiene il padre alcolizzato facendo il burattinaio. Stremato dalla fatica, avrà la consolazione del conforto materno prima di essere ghermito dalla morte sotto le vesti di un venditore di palloncini. ■ DRAMMATICO; COL.; 92'; ITALIA, 1975.

VENDITORE DI UCCELLI, IL *(Der Vogelhändler)* ★★
Regia di E. W. EMO. Con WOLF ALBACH-RETTY, GEORG ALEXANDER, LIL DAGOVER. ■ Equivoci amorosi ambientati in un principato tedesco da operetta: un venditore d'uccelli teme che il margravio insidi la sua fidanzata, ma poi tutto si accomoda. ■ COMMEDIA; B/N; 91'; GERMANIA, 1935.

VENDO CARA LA PELLE ★★
Regia di ETTORE M. FIZZAROTTI. Con VALERIA BERTOLESCHI, MICHÈLLE GIRARDON, GRANT LARAMY, MIKE MARSHALL. ■ Un giovane pistolero cerca di vendicarsi degli assassini dei suoi familiari e ci riesce, nonostante i malvagi gli rapiscano il figlioletto dell'innamorata. ■ WESTERN; COL.; 87'; ITALIA, 1968.

VENDO LA MIA VITA *(I'll Sell my Life)* ★★
Regia di ELMER CLIFTON. Con STANLEY FIELD, ROSE HEBART, MICHAEL WHALEN. ■ Gli assassini di una donna mettono un annuncio sul giornale per trovare una persona che si dichiari colpevole del delitto e accetti la condanna a morte in cambio di una forte somma. Risponde una ballerina che ha bisogno di soldi per curare il fratello, ma un giornalista salva la ragazza. ■ POLIZIESCO; B/N; 79'; USA, 1949.

VENERDÌ MALEDETTO *(Long Good Friday)* ★★★
Regia di ATOM EGOYAN, WILLIAM FRUET, JOHN MACKENZIE. Con EDDIE CONSTANTINE, BOB HOSKINS, HELEN MIRREN. ■ Un capo della malavita londinese che vuole entrare nel giro degli affari internazionali è colto di sorpresa, durante una trattativa, dagli attentati ripetuti contro uomini della sua banda. Crede che l'attentatore sia qualche gangster rivale, e solo troppo tardi identifica quali sono i suoi veri nemici. ■ THRILLER; COL.; 114'; GRAN BRETAGNA, 1981.

VENERDÌ 13 *(Friday the 13th)* ★★
Regia di SEAN S. CUNNIGHAM. Con LAURIE BARTRAM, HARRY CROSBY, ADRIENNE KING, MARK NELSON, BETSY PALMER. ■ Chi uccide nei più atroci modi gli abitanti del campeggio? Risolve il mistero l'unica sopravvissuta, tagliando poi la testa all'assassino. ■ HORROR; COL.; 95'; USA, 1980.

VENERDÌ 13 – CAPITOLO FINALE ★★
(Friday the 13th – The Final Chapter)
Regia di JOSEPH ZITO. Con PETER BARTON, KIMBERLY BECK, COREY FELDMAN, CRISPIN GLOVER. ■ Il brutale maniaco che durante le puntate precedenti ha terrorizzato gli abitanti di Crystal Lake è stato trovato morto insieme con le sue ultime dieci vittime e la tranquillità sembra ritrovata. Ma il mostro è ancora vivo e, fuggito dall'obitorio, ricomincia a uccidere in modo sempre più efferato. ■ HORROR; COL.; 91'; USA, 1984.

VENERDÌ 13: IL SANGUE SCORRE DI NUOVO ★
(Friday the 13th, Part VII: The New Blood)
Regia di JOHN CARL BUECHLER. Con KEVIN BLAIR, TERRY KISER, LAR PARK LINCOLN. ■ A far ritornare Jason in vita ci pensa una campeggiatrice sensitiva, mentre alla noia ci pensa il regista. ■ HORROR; COL.; 88'; USA, 1988.

VENERDÌ 13 IL TERRORE CONTINUA ★★
(Friday the 13th Part V: A New Beginning)
Regia di DANNY STEINMANN. Con MELANIE KINNAMAN, SHAVAR ROSS, JOHN SHEPARD. ■ Sono passati otto anni dagli ultimi efferati omicidi di Jason, il terribile assassino sfigurato di Crystal Lake. Ma un giovane, che fu testimone da bambino dei delitti, è ancora ossessionato dai loro ricordi. Un giorno, vicino all'ospedale psichiatrico in cui è ricoverato, cominciano a verificarsi nuovi delitti che sembrano portare il marchio di Jason. Chi è il folle omicida? Lo stesso Jason tornato dalla tomba, oppure il giovane protagonista, che forse si sta identificando con l'antico assassino? ■ HORROR; COL.; 102'; USA, 1985.

VENERDÌ 13: JASON VIVE ★
(Friday the 13th Part VI: Jason Lives)
Regia di TOM MCLOUGHLIN. Con JENNIFER COOKE, DAVID KAGAN, THOM MATHEWS. ■ Il tremendo Jason semina ancora il terrore a Crystal Lake. Oltre ai turisti ne fanno le spese anche gli spettatori. ■ HORROR; COL.; 87'; USA, 1986.

VENERDÌ 13 PARTE VIII: INCUBO A MANHATTAN ★
(Friday the 13th, Part VIII: Jason Takes Manhattan)
Regia di ROB HEDDEN. Con JENSEN DAGGET, KANE HODDER, SCOTT REEVES. ■ Il terrore naviga in compagnia di Jason per approdare a New York e l'incubo di questa serie senza fine continua. ■ HORROR; COL.; 100'; USA, 1989.

VENERE ★★
Regia di NICOLA FAUSTO NERONI. Con MAURIZIO D'ANCORA, ELLEN MEIS, EVELINA PAOLI. ■ Un giovane, figlio d'italiani, ma nato e vissuto all'estero, si reca finalmente nel suo paese d'origine. ■ SENTIMENTALE; B/N; 92'; ITALIA, 1933.

VENERE BIONDA *(Blonde Venus)* ★★★
Regia di JOSEF VON STERNBERG. Con MARLENE DIETRICH, CARY GRANT, HERBERT MARSHALL, DICKIE MOORE. ■ Una cantante di nightclub tedesca sposa un brav'uomo e tenta di diventare una tranquilla casalinga, ma si innamora di un affascinante playboy e lascia marito e figlioletto. ■ DRAMMATICO; B/N; 80'; USA, 1932.

VENERE CIECA, LA *(Vénus aveugle)* ★★★
Regia di ABEL GANCE. Con GEORGES FLAMANT, VIVIANE ROMANCE. ■ Una donna, saputo che è destinata a diventare cieca, abbandona l'amante senza rivelargli la verità. Quando però lui ne viene a conoscenza torna a consolare la poverina che, oltre tutto, nel frattempo ha perso la figlia nata dalla loro relazione. ■ DRAMMATICO; B/N; 100'; FRANCIA, 1941.

VENERE CREOLA ★★
Regia di LORENZO RICCIARDI. Con CALVIN LOCKHART, HELEN WILLIAMS. ■ Le vicende di un giovane proprietario di galli da combattimento alla ricerca di un volatile che possa sostituire il suo campione, ucciso da un cane, sono il pretesto per scene documentaristiche sul folklore dei Caraibi. ■ DRAMMATICO; COL.; 92'; ITALIA, 1961.

VENERE DEI PIRATI, LA ★★
Regia di MARIO COSTA. Con GIANNA MARIA CANALE, SCILLA GABEL, MASSIMO SERATO. ■ Nel Seicento una ragazza, per colpa di una spietata duchessa, diventa regina dei pirati. Alla fine si scoprirà che proprio la fuorilegge è la legittima erede del ducato: potrà sposare un bel cavaliere. ■ AVVENTURA; COL.; 94'; ITALIA, 1960.

VENERE DELLA GANG, LA ★★
Regia di CHARLES GIRARD. Con MIJANOU BARDOT, PAUL FRANKEUR, PIERRE VANECK. ■ Due reduci dell'Indocina usano la somma che aveva loro affidato un trafficante per aprire un fallimentare locale. Quando il debitore si fa vivo, i due accettano di

partecipare a una rapina. Il colpo finirà in tragedia. ■ POLIZIESCO; B/N; 84'; FRANCIA, 1960.

VENERE DELL'ORO, LA *(La vénus de l'or)* ★★★
Regia di JEAN DELANNOY, CHARLES MÉRÉ. Con MIREILLE BALIN, JACQUES COUPEU. ■ L'amante di un losco banchiere, innamoratasi di un aviatore, gli trova un posto presso l'amico. Quando quest'ultimo propone un affare poco pulito al pilota, la donna lo denuncia perdendo anche l'innamorato. ■ DRAMMATICO; B/N; 95'; FRANCIA, 1938.

VENERE DI CHICAGO, LA *(Wabash Avenue)* ★★★
Regia di HENRY KOSTER. Con REGINALD GARDINER, BETTY GRABLE, VICTOR MATURE. ■ Un furbo proprietario di locali notturni si vendica del socio che ha barato con lui, scatenandogli contro l'Esercito della Salvezza e facendogli credere d'aver ucciso un uomo. Il socio, per vendicarsi, mette zizzania tra il rivale e la sua ragazza, ma poi tutto s'appiana. ■ MUSICAL; COL.; 92'; USA, 1950. ■ OSCAR 1 NOM.

VENERE D'ILLE, LA ★★
Regia di LAMBERTO BAVA, MARIO BAVA. Con MARIO MARANZANA, DARIA NICOLODI, MARC POREL. ■ Film per la televisione. Siamo nell'Ottocento. Due servi scoprono, immersa nel terreno, una statua che ritrae una bellissima dea. Lo stesso giorno arriva un giovane che dovrà sposare la figlia del proprietario terriero. Il giovane resta affascinato dalla somiglianza fra la futura moglie e la statua. La notte delle nozze strani fenomeni accadono. Tratto da Merimée. ■ FANTASCIENZA; COL.; 60'; ITALIA, 1978.

VENERE DI WILLENDORF, LA ★★
Regia di ELISABETTA LODOLI. Con IAIA FORTE, ILARIA OCCHINI, LUISA PASELLO. ■ Ida ed Elena sono due cugine molto diverse. Si incrociano in una certa villa che le aveva viste bambine. Tra l'altro il fidanzato di Ida è diventato il marito di Elena, ma il loro matrimonio è in crisi. ■ DRAMMATICO; COL.; 85'; ITALIA, 1996.

VENERE E IL PROFESSORE *(A Song is Born)* ★★★
Regia di HOWARD HAWKS. Con LOUIS ARMSTRONG, CHARLIE BARNETT, STEVE COCHRAN, TOMMY DORSEY, BENNY GOODMAN, LIONEL HAMPTON, DANNY KAYE, VIRGINIA MAYO, MEL POWELL, THE GOLDEN GATE QUARTET. ■ Un gruppo di musicologi, che da anni vive isolato in una villa per compilare un'enciclopedia, s'accorge improvvisamente d'aver trascurato il jazz e invita per documentarsi un gruppo d'artisti. Tra gli altri c'è una cantante, amante di un gangster, che si finge innamorata del più giovane dei professori per sottrarsi al procuratore distrettuale che vuole interrogarla. A poco a poco, la finzione diventa realtà; il gangster poi sarà sconfitto da professori e musicisti. Rifacimento in chiave musicale di *Colpo di fulmine*, dove i professori erano linguisti, girato dallo stesso Hawks nel 1942. È inferiore al modello, ma si ricorda per la partecipazione di molti grandi del jazz e per la scena in cui i musicisti suonano fortissimo per far cadere con le vibrazioni un'enorme palla di marmo sul gangster che li minaccia. ■ MUSICALE; COL.; 113'; USA, 1948.

VENERE IMPERIALE ★★★
Regia di JEAN DELANNOY. Con STEPHEN BOYD, GABRIELE FERZETTI, MASSIMO GIROTTI, GINA LOLLOBRIGIDA. ■ Sontuosa biografia di Paolina Borghese, la sorella birichina di Napoleone. ■ BIOGRAFICO; B/N; 145'; ITALIA, 1963. ■ DAVID DI DONATELLO 1 PR, 1 NOM.

VENERE INDIANA *(Naked in the Sun)* ★★★
Regia di R. JOHN HUGH. Con JAMES CRAIG, DENNIS CROSS, BARTON MACLANE, LITA MILAN. ■ Il film segue abbastanza fedelmente la storia di Osceola, il capo degli indiani seminole che viveva nelle paludi della Florida nella prima metà dell'Ottocento. Il pellerossa divenne ribelle perché gli fu rapita la moglie e lui venne frustato dagli americani. Morì in carcere dopo essersi consegnato per evitare rappresaglie. ■ WESTERN; COL.; 79'; USA, 1959.

VENERE IN PIGIAMA *(Boys' Night Out)* ★★★
Regia di MICHAEL GORDON. Con HOWARD DUFF, JAMES GARNER, KIM NOVAK, TONY RANDALL, JESSIE ROYCE LANDIS. ■ Una giovane sociologa, che si spaccia per donnina allegra, entra in contatto con quattro amici che si dividono una garçonnière allo scopo di documentarsi sulle abitudini extraconiugali degli americani. Astutamente, la ragazza riesce a tenerli a bada senza nulla concedere e alla fine, svelata la sua vera attività, sposa l'unico scapolo del gruppo. ■ COMMEDIA; COL.; 115'; USA, 1962.

VENERE IN VISONE *(Butterfield 8)* ★★★
Regia di DANIEL MANN. Con MILDRED DUNNOCK, EDDIE FISHER, LAURENCE HARVEY, DINA MERRILL, ELIZABETH TAYLOR. ■ Un uomo sposato s'innamora perdutamente di una donna nevrotica che è stata sua amante occasionale, ma i due poi litigano perché lei ha preso la pelliccia della moglie di lui. La moglie comprensiva perdonerà l'adultero. ■ DRAMMATICO; COL.; 109'; USA, 1960. ■ OSCAR 1 PR, 2 NOM.

VENERE NERA *(Venus noire)* ★★
Regia di ABDEL KECHICHE. Con JEAN-CHRISTOPHE BOUVET, OLIVIER GOURMET, ANDRE JACOBS, JONATHAN PIENAAR, YAHIMA TORRES. ■ Nel 1817 all'Accademia Reale di Medicina di Parigi il professor Georges Cuvier discute una tesi sulle somiglianze anatomiche fra gli ottentotti e le scimmie basandosi sugli studi effettuati sul corpo e gli organi di una donna, Sarah Baartman. La storia di Saartjie e dell'esposizione del suo corpo ha però inizio sette anni prima a Londra, dove assieme al suo padrone afrikaner tiene spettacoli di intrattenimento a Piccadilly Street interpretando una selvaggia in catene nota come la "Venere Ottentotta". Autore di un cinema identificato come fortemente realista, Abdel Kechiche trova, a ben guardare, sempre il modo di connettere almeno un elemento dei suoi film alle idee di spettacolo e di messa in scena. ■ DRAMMATICO; COL.; 166'; FRANCIA, ITALIA, BELGIO, 2010.

VENERE PAURA ★
Regia di HIRTIA SOLARO. Con ALESSANDRA ACCIAI, LUCIANO BARTOLI, FRANCESCO GABRIELE. ■ Un padre camilliano si occupa dei diversi e subisce tentativi di seduzione da Glacida, che vorrebbe invece redimere. Il religioso parla con una pappagallina e celebra la messa in una chiesa semivuota con accenti farseschi. La Solaro non rinuncia alle tematiche legate alla devianza e alla nevrosi, ma ottiene esiti decisamente poco coinvolgenti. ■ DRAMMATICO; COL.; 88'; ITALIA, 1990.

VENERE PECCATRICE *(A Strange Woman)* ★★
Regia di EDGARD GEORGE ULMER. Con LOUIS HAYWARD, HEDY LAMARR, GEORGE SANDERS. ■ Una perfida maliarda cerca di sottrarsi al misero ambiente d'origine, seducendo diversi uomini e spingendoli a ogni sorta di nefandezze. Farà una tragica fine. ■ DRAMMATICO; B/N; 100'; USA, 1946.

VENERE SELVAGGIA *(Siega verde)* ★★
Regia di RAFAEL GIL. Con CARLOS LARRANAGA, LUZ MARQUEZ, JEANNE VALÉRIE. ■ Orfana poverissima si innamora di rampollo di famiglia borghese; riesce a sposarlo ma muore di parto. ■ DRAMMATICO; B/N; 92'; SPAGNA, 1960.

VENERE SENZA NOME PER L'ISPETTORE FORRESTER, UNA ★★
(Der Teufel kam aus Akasava)
Regia di JESUS FRANCO. Con SUSANNE KORDA, EWA STROEMBERG, HORST TAPPERT, FRED WILLIAMS. ■ Un ispettore inglese, aiutato da una bella collega, si reca a Mombasa per indagare sulla scomparsa dello zio scienziato che ha scoperto un prodigioso minerale e sventa un complotto internazionale. ■ POLIZIESCO; COL.; 94'; GERMANIA, 1973.

VENERE TASCABILE, LA *(La bête à l'affut)* ★★
Regia di PIERRE CHENAL. Con FRANÇOISE ARNOUL, HENRI VIDAL. ■ Un evaso si rifugia in casa di una giovane vedova che, prima impietosita e poi innamorata, decide d'aiutarlo nella sua fuga verso la Spagna. Durante il viaggio, la donna scopre che l'uomo l'ha ingannata, ma, prima che possa lasciarlo, il bandito muore in una sparatoria dimostrandosi più onesto di quel che pareva. ■ POLIZIESCO; B/N; 90'; FRANCIA, 1958.

VENERE TUTTA D'ORO, UNA ★
Regia di SHINJI MURAYAMA. Con KYOKO MAKANISHI, MAKO MIDORI, TATSUO UMEMIYA. ■ Un barista spinge le ragazze alla prostituzione. Troverà il suo castigo per mano di un'infermiera, sorella di una sua vittima. ■ DRAMMATICO; B/N; 92'; GIAPPONE, 1966.

VENERE VA ALLA GUERRA *(Fast ein Held)* ★★
Regia di Rainer Erler. Con Martin Held, Vladimir Medar, Anton Nalis, Pascale Petit, Tito Strozzi. ■ Durante la seconda guerra mondiale, in un paesino francese, una ragazza, per impedire che il suo innamorato, un caporale tedesco, parta per il fronte russo, gli somministra un sonnifero. Rimasto solo nel villaggio, il graduato assume la falsa carica di comandante militare. Scoperto dalla polizia militare, il caporale sarebbe poi fucilato come disertore se non intervenissero gli alleati liberatori. ■ Commedia; col.; 91′; Germania, 1969.

VENERI AL SOLE ★★
Regia di Marino Girolami. Con Walter Chiari, Valeria Fabrizi, Franco Franchi, Ciccio Ingrassia, Gloria Paul, Maria Spina, Raimondo Vianello. ■ Tre episodi d'ambiente balneare. ■ Commedia; b/n; 92′; Italia, 1965.

VENERI DEL PECCATO *(Madeleine, Telephone 136211)* ★
Regia di Kurt Meisel. Con Eva Bartòk, Sabina Sesselmann. ■ Un poliziotto riesce a stroncare un giro di ragazze squillo introducendovi una studentessa universitaria che prepara una tesi sull'argomento. ■ Poliziesco; b/n; 90′; Germania, 1959.

VENERI IN COLLEGIO ★★
Regia di Marino Girolami. Con Silvio Bagolini, Ursula Davis, Franco Franchi, Ennio Girolami, Ciccio Ingrassia, Sandra Mondaini, Raimondo Vianello. ■ Un gruppo di fotoreporter italiani compete con dei colleghi francesi per riuscire a fotografare una ragazza che si trova in un sorvegliatissimo collegio svizzero. ■ Commedia; b/n; 93′; Italia, 1965.

VENERI ROSSE *(Slightly Scarlet)* ★★★
Regia di Allan Dawn. Con Arlene Dahl, Rhonda Fleming, John Payne. ■ Lotta tra un milionario e un gangster per ottenere la carica di sindaco di una città americana. Vincerà il primo, grazie all'aiuto di un ex complice del secondo. ■ Poliziesco; col.; 99′; USA, 1956.

VENEXIANA, LA ★★
Regia di Mauro Bolognini. Con Laura Antonelli, Jason Connery, Monica Guerritore. ■ In una Venezia cinquecentesca splendida e libertina approda il bel forestiero Jules (Jason, figlio di Sean Connery), che è subito fatto preda in una sola memorabile notte di due vogliose bellezze locali. Film frizzante e leggerino (nonostante i quarti di nobiltà letterari), nobilitato dalla bellissima fotografia e dagli splendidi costumi. ■ Commedia; col.; 125′; Italia, 1985.

VENEZIA, LA LUNA E TU – I DUE GONDOLIERI ★★
Regia di Dino Risi. Con Marisa Allasio, Riccardo Garrone, Nino Manfredi, Ingebor Schoener, Alberto Sordi. ■ Irritata per le continue scappatelle del fidanzato gondoliere, una ragazza di Venezia decide di sposarsi con un altro, ma il dongiovanni pentito riesce a impedire le nozze. ■ Commedia; col.; 107′; Italia, 1958.

VENGA A FARE IL SOLDATO DA NOI ★★
Regia di Ettore M. Fizzarotti. Con Katia Christine, Franco Franchi, Ciccio Ingrassia, Gianni Nazzaro, Stelvio Rosi. ■ Dieci anni prima Fizzarotti aveva ottenuto un buon successo con filmetti musical-militari in cui Morandi faceva il fante canterino. Qui tenta di rinnovare la formula con la storia di una ragazza che, per errore, è chiamata alla leva. ■ Comm. musicale; col.; 93′; Italia, 1972.

VENGA A PRENDERE IL CAFFÈ... DA NOI ★★★
Regia di Alberto Lattuada. Con Piero Chiara, Francesca Romana Coluzzi, Angela Goodwin, Alberto Lattuada, Checco Rissone, Ugo Tognazzi, Milena Vukotic. ■ In una città di provincia del Nord, un funzionario del fisco, a caccia di una sistemazione, mette gli occhi su quattro sorelle non avvenenti, ma benestanti. Ne sposa una e diventa il cocco di tutte. La buona cucina e il troppo sesso gli faranno venire un coccolone: e rimarrà paralizzato aumentando la sua dipendenza dalle quattro "mogli". ■ Commedia; col.; 113′. 2; Italia, 1970.

VENGA IL TUO REGNO *(Kingdom Come)* ★★
Regia di Doug McHenry. Con Anthony Anderson, Toni Braxton, LL Cool J, Loretta Devine, Whoopi Goldberg, Richard E. Grant, Darius McCrary, Jada Pinkett, Vivica A. Volpe. ■ La morte del patriarca Bud, avvenuta improvvisamente in cucina accanto alla moglie Raynelle, scatena una serie di conflitti tra tutti i membri della famiglia Slocumb e i suoi amici. Durante la veglia funebre, fa la sua comparsa una galleria di personaggi ironici e divertenti, dalle personalità estremamente contrastanti. Tutti discutono su tutto: dai soldi, all'iscrizione commemorativa da apporre sulla lapide. Esordio cinematografico per la cantante afro-americana Toni Braxton, *Venga il tuo regno* è una commedia divertente e acuta, che mescola i sentimenti e le passioni umane di un'intera famiglia, come invidie, rancori, delusioni e rabbia per rivelare i suoi lati oscuri e le sue piccole meschinità. ■ Commedia; col.; 94′; USA, 2001.

VENGO A PRENDERTI *(Shadows in the sun)* ★
Regia di Brad Mirman. Con Claire Forlani, Giancarlo Giannini, Joshua Jackson, Harvey Keitel, Armando Pucci. ■ Wildon Parish è un affermato e talentuoso scrittore americano. Da vent'anni, ovvero da quando è morta sua moglie, ha smesso di scrivere e si è ritirato nella rilassante terra senese della Val d'Orcia. Una casa editrice londinese manda uno dei suoi dipendenti, Geremy, aspirante scrittore, a cercarlo per convincerlo a fargli firmare un contratto e così ricominciare a scrivere. L'incontro tra i due all'inizio non promette niente di buono, visto l'acerrimo odio e il feroce accanimento dello scrittore contro gli editori e la sua riluttanza nel ricominciare a scrivere ma poi, complice l'affinità elettiva che piano piano sboccia tra i due e, complici amici e parenti, l'happy end arriva immancabile. ■ Commedia; col.; 90′; Francia, Gran Bretagna, Italia, 2005.

VENGO – DEMONE FLAMENCO ★★
(Vengo – Dunde del viento)
Regia di Tony Gatlif. Con Antonio Canales, Antonio Perez Dechent, Orestes Villasan Rodroguez. ■ Caco, un andaluso dagli occhi profondissimi, piange sua figlia, Pepa, nei fondi dei bicchieri, nei bordelli di Siviglia, sotto i tacchi e le suole consumate dal flamenco, tra le corde tese delle chitarre andaluse. Adesso vive, canta e danza solo per Diego, il suo giovane nipote handicappato che è costretto a proteggere dalla vendetta della famiglia Caravaca. Questo gesto gli costerà la vita. Atto di amore del regista francese nei confronti del flamenco che si mescola volentieri con i colori e le tradizioni della generosa terra andalusa facendo da ossessiva colonna sonora alla tragica vicenda di Caco. ■ Drammatico; col.; 95′; Francia, Spagna, 2000.

VENNE UN UOMO DI NOME DI GESÙ ★★
(In Search of Historic Jesus)
Regia di Henning Schellerup. Con John Anderson, Nehemiah Persoff, John Rubinstein. ■ Il film analizza e tenta di spiegare alcuni degli avvenimenti legati alla vita e alla figura di Gesù: chi sia stato realmente, che cosa abbia fatto negli anni precedenti la sua predicazione, se sia stata possibile la sua resurrezione e quale credibilità debba essere attribuita alla Sacra Sindone. ■ Storico; col.; 95′; USA, 1987.

VENOM ★★
Regia di Piers Haggard. Con Klaus Kinski, Oliver Reed, Nicol Williamson. ■ Una cameriera e un autista progettano di rapire il figlio dei loro ricchissimi padroni di casa, ma il ragazzino entra per sbaglio in possesso di un serpente velenosissimo, il "Mamba"! Il rettile si aggira nell'appartamento facendo strage dei rapitori. ■ Thriller; col.; 98′; Gran Bretagna, 1981.

VENTAGLIO, IL *(The Fan)* ★★★
Regia di Otto Preminger. Con Madeleine Carroll, Jeanne Crain, Richard Greene, George Sanders. ■ Una nobildonna londinese si crede tradita dal marito e, per ripicca, ha un'avventura, ignorando che la supposta amante del coniuge è in realtà sua madre, che l'ha abbandonata quando era bimba e che ora si riscatta salvandola dallo scandalo. ■ Drammatico; b/n; 79′; USA, 1951.

VENTAGLIO DI LADY WINDERMERE, IL ★★★
(Lady Windermere's Fan)
Regia di Ernst Lubitsch. Con Ronald Colman, May McAvoy, Irene Rich. ■ La trasposizione dalla commedia di Oscar

Wilde. La madre di Lady Windermere, donna con un passato discutibile, riceve una somma di denaro dal genero. I rapporti intimi si incrinano. Una buona unione del classico di Wilde con la bravura di Lubitsch. ■ DRAMMATICO; B/N; 75'; USA, 1925.

VENTAGLIO SEGRETO, IL ★★★
(Snow Flower and the Secret Fan)
Regia di WAYNE WANG. Con HUGH JACKMAN, JEON JI-HYUN, GIANNA JUN, BINGBING LI, VIVIAN WU. ■ Cina, 19° secolo. Due bambine, unite dall'aver subito nello stesso giorno la tradizionale fasciatura dei piedi, si giurano amicizia eterna nel nome del *laotong*, un legame antico e fortissimo. Più avanti, nella solitudine dei rispettivi matrimoni, si tengono in comunicazione grazie ad un ventaglio, sulle pieghe del quale si scrivono tramite il linguaggio segreto *nu shu*, appreso da piccole e sconosciuto agli uomini. Parallela, nella Shanghai di oggi, scorre la storia di Nina e Sophia, amiche per la pelle e sorelle nello spirito. Il loro legame è messo a dura prova dalle richieste della vita moderna e solo la riscoperta e la comprensione dell'antica unione del *laotong* può ancora salvarlo dalla rottura definitiva. Il bestseller di Lisa See *Fiore di neve e il ventaglio segreto* finisce dentro la macchina da presa di Wayne Wang e il risultato è un film perfetto per lacrimare segretamente. ■ DRAMMATICO; COL.; 105'; CINA, USA, 2011.

VENT'ANNI ★★
Regia di GIORGIO BIANCHI. Con OSCAR BLANDO, FRANCESCO GOLISANO, LILIANA MANCINI. ■ Un giovane ladro, frequentando un magazzino dove pensa di compiere un furto, conosce e s'innamora di una commessa che, senza saperlo, lo redimerà. ■ COMMEDIA; B/N; 92'; ITALIA, 1949.

VENT'ANNI DOPO – STANLIO E OLLIO TESTE DURE *(Blockheads)* ★★★
Regia di JOHN BLYSTONE. Con MINNA COMBELL, PATRICIA ELLIS, OLIVER HARDY, STAN LAUREL. ■ Stanlio, reduce di guerra, ritrova Ollio sposato. Equivoci a non finire. ■ COMICO; B/N; 55'; USA, 1938. ■ OSCAR 1 NOM.

VENTESIMO DUCA, IL ★★
Regia di LUCIO DE CARO. Con PAOLA BORBONI, GIUSEPPE PORELLI, PAOLA VENERONI, DOMENICO VIGLIONE BORGHESE, ROBERTO VILLA. ■ Un vecchio duca, morto il figlio che aveva lasciato il castello paterno per sposare un'attrice, acconsente ad accogliere la nipote, credendo però, per un equivoco, che si tratti di un maschio. La ragazza, per non disilluderlo, gli si presenta travestita da uomo. Gli svelerà la verità quando ormai avrà conquistato il suo affetto. ■ COMMEDIA; B/N; 92'; ITALIA, 1943.

VENTESIMO SECOLO *(Twentieth Century)* ★★★★
Regia di HOWARD HAWKS. Con JOHN BARRYMORE, WALTER CONNOLLY, ETIENNE GIRARDOT, ROSCOE KERNS, CAROLE LOMBARD. ■ Sul *Ventesimo secolo*, un treno di lusso che collega la costa pacifica a quella atlantica, viaggia un gigantesco attore-regista-produttore di Broadway, che ora si trova in cattive acque. L'uomo scopre tra i passeggeri la sua ex moglie che lui ha lanciato sul palcoscenico e che ora è diventata una famosissima stella del cinema, e tenta disperatamente di proporle un contratto per ritornare sulla cresta dell'onda. Ci riuscirà, alla fine, fingendosi moribondo e riprenderà a schiavizzare la donna come faceva quando lei era un'attricetta sconosciuta. Ottima interpretazione di Barrymore e della Lombard per un classico della commedia sofisticata, tratto da un lavoro teatrale di Charles McArthur e Ben Hecht, destinato quest'ultimo a diventare uno dei migliori sceneggiatori americani. ■ COMMEDIA; B/N; 91'; USA, 1934.

20 ANNI DI MENO *(20 ans d'écart)* ★★
Regia di DAVID MOREAU. Con CHARLES BERLING, GILLES COHEN, VIRGINIE EFIRA, AMELIE GLENN, PIERRE NINEY. ■ Alice ha trentotto anni, una figlia, un lavoro presso una rivista di moda patinata e nessun bisogno di un uomo. Balthazar ha vent'anni, un padre sciupafemmine e un modo ingenuo e privo di pretese di affrontare la vita. Per Balthazar, Alice è un colpo di fulmine, nonostante abbia quasi vent'anni più di lui. Per Alice, Balthazar è l'opportunità di convincere il suo direttore che non è la borghese complessata che lui crede, e magari di fare un salto di carriera. Dunque Alice finge di avere una relazione da donna *cougar* con il suo *boy toy*: reggerà la finzione? E Balthazar starà al gioco, acconsentendo di farsi trattare da giocattolo? Garbata commedia romantica molto francese basata sul ribaltamento delle convenzioni sociali e delle aspettative di genere e generazionali. ■ COMMEDIA; COL.; 92'; FRANCIA, 2013.

20 CENTIMETRI *(20 centímetros)* ★
Regia di RAMÓN SALAZAR. Con GELI ALBALADEJO, PILAR BARDEM, MÓNICA CERVERA, FANY DE CASTRO, ROSSY DE PALMA, LOLA DUEÑAS, CONCHA GALÁN, MACARENA GÓMEZ, VICENTE HARO, MARÍA LALANE, NAJWA NIMRI, PEP NOGUERA, MIGUEL O'DOGHERTY, INMA OLMOS, NOEL SALAZAR, JUAN SANZ, RICHARD SHAW. ■ Marieta è un travestito madrileno che soltanto venti centimetri, imbarazzanti per la sua categoria, allontanano dalla piena realizzazione. Soffre di una forma di narcolessia che l'addormenta nei vicoli tristi della prostituzione e la sprofonda in numeri musicali, di cui è protagonista esplosiva. Se lungo i marciapiedi di Madrid Marieta vende il piacere per comprare la piena grazia femminile, in quelli glamour dei suoi sogni danza e canta, in vesti sempre diverse, il meglio della musica leggera europea. La sua vita è popolata da personaggi almodovariani che finiscono per ingombrare a passo di danza la sua fervente attività onirica. Resta la sensazione di un'opera sopravvalutata, soprattutto al festival di Locarno, dove il film è stato presentato in concorso. ■ COMM. MUSICALE; COL.; 112'; SPAGNA, 2005.

VENTI CHILI DI GUAI... E UNA TONNELLATA DI GIOIA *(40 Pounds of Trouble)* ★★★
Regia di NORMAN JEWISON. Con TONY CURTIS, MARY MURPHY, SUZANNE PLESHETTE, CLAIRE WILCOX. ■ Il direttore di un casinò, che non può recarsi in California perché non ha versato gli alimenti alla moglie divorziata, rischia l'arresto per accontentare una vivace bambina, figlia di un amico morto, che vuole essere accompagnata a Disneyland. Finirà in galera ma troverà l'amore di una ragazza e i due, sposatisi, potranno adottare il demonietto. ■ COMMEDIA; COL.; 106'; USA, 1963.

25 DEGRÉS EN HIVER ★★
Regia di STÉPHANE VUILLET. Con INGEBORGA DAPKOUNAITE, JACQUES GAMBLIN, CARMEN MAURA. ■ Lo spagnolo Miguel vive a Bruxelles con la piccola figlia. Sua moglie, cantante, lavora negli Stati Uniti. La sua vita non è esattamente felice. Un giorno si ritrova in macchina una giovane ucraina sfuggita al rimpatrio. Miguel si farà carico dei problemi della donna, che non sono semplici. ■ COMM. DRAMMATICA; COL.; 90'; BELGIO, FRANCIA, RUSSIA, 2003.

VENTICINQUE MINUTI CON LA MORTE ★★
(Dial 1119)
Regia di GERALD MAYER. Con VIRGINIA FIELD, ANDREA KING, MARSHALL THOMPSON. ■ Un pazzo, evaso dal manicomio criminale, prende in ostaggio gli avventori di un bar, minacciando di ucciderli se entro venticinque minuti non si presenterà il medico che l'ha fatto internare. Il dottore arriva e viene ucciso, ma il folle pagherà. ■ DRAMMATICO; B/N; 75'; USA, 1955.

VENTICINQUESIMA ORA, LA ★★★
(La vingt-cinquième heure)
Regia di HENRI VERNEUIL. Con MARCEL DALIO, JEAN DESAILLY, VIRNA LISI, ANTHONY QUINN, MICHAEL REDGRAVE, SERGE REGGIANI. ■ Nel 1940, in Romania, un contadino viene deportato come ebreo perché il capo della polizia locale vuole rubargli la giovane sposa. Il poveretto riesce a scappare a Budapest, ma, nuovamente arrestato dai nazisti, se la cava solo accettando di entrare nelle SS; così, alla liberazione, avrà altri guai perché accusato di collaborazionismo. ■ DRAMMATICO; COL.; 127'; FRANCIA, 1967.

25ma ORA, LA *(The 25th Hour)* ★★★
Regia di SPIKE LEE. Con BRIAN COX, ROSARIO DAWSON, EDWARD NORTON, ANNA PAQUIN, BARRY PEPPER. ■ Monty Brogan è un trafficante di droga. Qualcuno, forse la sua donna, Naturelle, lo ha denunciato alla polizia che ha trovato una grossa quantità di cocaina nascosta nei cuscini del divano di casa sua. Monty, adesso, ha solo 24 ore di libertà prima di entrare in galera per sette anni. Decide di trascorrere questo lasso di tempo in compagnia di due dei suoi più cari amici, un rampante broker di Wall Street

e un impacciato professore di letteratura inglese; inoltre Monty è deciso a recuperare il rapporto conflittuale con suo padre. Ma per il protagonista il tempo serve anche per tuffarsi, immergersi e "vivere" la sua città, New York, in particolare Manhattan, ferita a morte dall'11 settembre. Un film sulla disillusione di un individuo e di un intero paese. Un film corale e intimista che porta a riflettere sull'ineluttabilità del Tempo, sulla perdita di ogni punto di riferimento e che ci pone la domanda: "Ma c'è ancora una possibilità per cambiare le cose?", una domanda, oggi più che mai, ossessiva e necessaria. ■ DRAMMATICO; COL.; 134′; USA, 2003.

VENTI D'AUTUNNO *(Winds of Autumn)* ★★
Regia di CHARLES B. PIERCE. Con JACK ELAM, JEANETTE NOLAN, ANDREW PRIME. ■ Un ragazzino vuole vendicarsi di una famiglia di ladri e assassini che hanno ucciso i suoi cari. Li insegue e ne ammazza qualcuno. Quando stanno per uccidere anche lui, arriva un vendicatore numero due, stavolta adulto. ■ WESTERN; COL.; 91′; USA, 1976.

VENTIDUESIMA VITTIMA... NESSUN TESTIMONE ★★
(Parole de flic)
Regia di JOSÉ PINHEIRO. Con ALAIN DELON, FIONA GÉLIN, JACQUES PERRIN. ■ Una banda di giustizieri fa piazza pulita dei piccoli malviventi di Lione, ma fra le vittime c'è anche la figlia di Delon, poliziotto allontanato dall'incarico per i suoi metodi troppo sbrigativi. La sua vendetta porta montagne di cadaveri, ma non salva un film troppo raffazzonato. ■ POLIZIESCO; COL.; 101′; FRANCIA, 1985.

22 SPIE DELL'UNIONE *(The Great Locomotive Chase)* ★★★
Regia di FRANCIS D. LYON. Con JEFFREY HUNTER, FESS PARKER. ■ Durante la guerra di secessione, alcune spie nordiste rubano una locomotiva e attraversano gran parte del territorio nemico con l'esercito confederato alle calcagna. Il capo del gruppo sarà catturato e condannato a morte, mentre diversi suoi uomini raggiungeranno le proprie linee. ■ AVVENTURA; COL.; 85′; USA, 1956.

VENTI LUCENTI *(Fényes Szelek)* ★★★
Regia di MIKLÓS JANCSÓ. Con LAJOS BALÁZSOVITS, ANDREA DRAHOTA, KATI KOVÁCS, ANDRÁS KOZÁK. ■ I problemi della cultura e dei suoi rapporti con la rivoluzione marxista sono affrontati dal regista ungherese tramite le vicende di diversi personaggi che cercano di laicizzare un collegio cattolico nel 1947. ■ DRAMMATICO; COL.; 80′; UNGHERIA, 1968.

VENTIMILA ANNI A SING-SING ★★★
(20,000 Years in Sing-Sing)
Regia di Michael Curtiz. Con Louis Calhern, Bette Davis, Warren Hymer, Lyle Talbot, Sheila Terry, Spencer Tracy. ■ Un gangster sbruffone è mandato al penitenziario di Sing-Sing dove, a poco a poco, si redime grazie agli sforzi di un umano direttore che gli concede una licenza per visitare la propria ragazza gravemente ferita. Scoperto che l'incidente capitato alla donna è stato causato da un farabutto che voleva violentarla, il bandito non ritorna in carcere e uccide il colpevole. Quando apprende, però, che il buon direttore rischia dei guai, si costituisce pur sapendo che finirà sulla sedia elettrica. ■ Drammatico; b/n; 81′; USA, 1933.

VENTIMILA DOLLARI SPORCHI DI SANGUE – KIDNAPPING, PAGA O UCCIDIAMO TUO FIGLIO ★★
Regia di ALBERTO CARDONE. Con EUGENIO BATTISTI, ANDREA FANTASIA, MONTGOMERY FORD, TERESA GIMPERA, FERNANDO SANCHO. ■ Un ex sceriffo, che ha perduto il posto perché sospettato d'alcolismo, si riscatta sventando il rapimento del figlioletto di una vedova. ■ WESTERN; COL.; 90′; ITALIA, 1970.

VENTIMILA DOLLARI SUL SETTE ★★
Regia di ALBERTO CARDONE. Con MIKE ANTHONY, AURORA BATISTA, TEODORO CORRÈ, JERRY WILSON. ■ Un pistolero vuole trovare e uccidere il misterioso assassino di suo fratello. Ci riuscirà. ■ WESTERN; COL.; 92′; ITALIA, 1968.

VENTIMILA LEGHE SOTTO I MARI ★★
(Kaitei Sunman Mairu)
Regia di KIMYO YABUKI. ■ La trama del film non ha nulla a che vedere con il romanzo di Verne, ma tratta dei soliti mostri robot che anni dopo avrebbero avuto grande successo in televisione. Qui tentano di conquistare un pacifico regno subacqueo. ■ ANIMAZIONE; COL.; 91′; GIAPPONE, 1971.

VENTIMILA LEGHE SOTTO I MARI ★★★
(20,000 Leagues Under the Sea)
Regia di RICHARD FLEISCHER. Con KIRK DOUGLAS, PETER LORRE, PAUL LUKAS, JAMES MASON. ■ Verso la metà dell'Ottocento, un misterioso mostro marino affonda le navi. Uno scienziato, il suo assistente e un fiociniere scopriranno che si tratta di un sottomarino comandato dal misterioso capitano Nemo, un principe indiano che vuole vendicarsi degli inglesi. ■ AVVENTURA; COL.; 127′; USA, 1954. ■ OSCAR 2 PR, 3 NOM.

VENTIMILA LEGHE SOTTO LA TERRA ★★★
(War Gods of the Deep)
Regia di JACQUES TOURNEUR. Con SUSAN HART, TAB HUNTER, VINCENT PRICE, DAVID TOMLINSON. ■ Un giovanotto, che con un amico cerca di individuare i rapitori della sua ragazza, scopre una città sotterranea abitata da mostruosi esseri. Una provvidenziale eruzione la distruggerà. ■ HORROR; COL.; 85′; USA, 1968.

VENTIMILA STERLINE PER AMANDA ★★★
(Seance on a Wet Afternoon)
Regia di BRYAN FORBES. Con RICHARD ATTENBOROUGH, NANETTE NEWMAN, KIM STANLEY. ■ Ottimo film, tipicamente britannico, con due eccellenti occasioni interpretative per Attenborough e la Stanley. Lei è una falsa medium che progetta un contorto piano. Convince il marito a rapire una bambina, in modo da poter "vedere" il luogo del nascondiglio, farla ritrovare e acquistare una fama eccezionale (e molto redditizia) come chiaroveggente. Dal romanzo di Mark McShane. ■ DRAMMATICO; B/N; 115′; GRAN BRETAGNA, 1964.

24 DICEMBRE 1975, FIAMME SU NEW YORK! ★★
(The Blazing Tower)
Regia di JERRY JAMESON. Con JOSEPH BELL, LYNN CARLIN, ANJANETTE COMER, JOHN FORSYTHE. ■ Durante una festa natalizia, scoppia un rovinoso incendio e vari personaggi, di fronte al pericolo, mostrano la loro vera natura. ■ DRAMMATICO; COL.; 90′; USA, 1975.

24 ORE *(Trapped)* ★★
Regia di LUIS MANDOKI. Con KEVIN BACON, COURTNEY LOVE, CHARLIZE THERON, STUART TOWNSEND. ■ Tre malviventi, Cheryl, Joe e Vince, si guadagnano da vivere tramite un piano perverso: rapire figli di ricche famiglie ed entro 24 ore ottenere un lauto riscatto. Un giorno però l'ennesima estorsione non funziona come dovrebbe: i tre si trovano di fronte non una famigliola spaventata e pronta ad arrendersi, ma una coppia pronta a ripagare i criminali con la stessa moneta. Un thriller classico in cui, però, le situazioni risultano alquanto prevedibili. ■ THRILLER; COL.; 99′; USA, 2003.

24 ORE A SCOTLAND YARD ★★★
(Gideon of Scotland Yard – Gideon's Day)
Regia di JOHN FORD. Con CYRIL CUSACK, DIANNE FOSTER, JACK HAWKINS, ANNA MASSEY, ANDREW RAY. ■ L'ispettore Gideon, dopo aver risolto vari casi, torna a casa e scopre che la figlia amoreggia con l'agente che gli ha dato due contravvenzioni. ■ POLIZIESCO; B/N; 91′; GRAN BRETAGNA, 1959.

24 ORE DI LE MANS, LE *(Le Mans)* ★★★
Regia di LEE H. KATZIN. Con ELGA ANDERSEN, STEVE MCQUEEN, LUC MERENDA, SIEGFRIED RAUCH. ■ Un pilota americano partecipa alle 24 ore di Le Mans. La fragile trama è un pretesto per introdurre riprese dal vero della corsa. ■ DRAMMATICO; COL.; 106′; USA, 1973.

24 ORE DI TERRORE ★
Regia di GASTONE GRANDI. Con PAUL JANNING, LAURENT MADISON, ANNIE STUART, JOSEPH WARRENDER. ■ Un agente dell'Fbi s'introduce in una banda di loschi francesi e la sgomina trovando anche l'amore di una ragazza. ■ POLIZIESCO; B/N; 92′; ITALIA, 1968.

24 ORE... NON UN MINUTO DI PIÙ ★★
Regia di FRANCO BOTTARI. Con RICCARDO CUCCIOLLA, CARLO GADDI, GABRIELE TINTI, MARIO VALDEMARIN, FRANZ VON TREUBERG. ■ In un paese retto da una dittatura, tre rivoluziona-

ri rapiscono il console tedesco per ottenere la liberazione dei compagni prigionieri. Ma l'azione sarà sfruttata dal cinico ministro dell'Interno che, dopo un'orribile strage, renderà più pesante la dittatura. ■ DRAMMATICO; COL.; 92'; ITALIA, 1974.

24 ORE DONNA *(24 Hours Woman)* ★
Regia di NANCY SAVOCA. Con KAREN DUFFY, MARIANNE JEAN-BAPTISTE, MELISSA LEO, PATTI LUPONE, ROSIE PEREZ, WENDELL PIERCE, DIEGO SERRANO. ■ Il grande fratello e dintorni. Dunque storia di televisione e verità. Grace Santos è produttrice del programma di successo *24 ore donna*. Quando rimane incinta il marito le suggerisce di sfruttare la situazione secondo... attitudine: il pubblico potrà seguire, in tivù naturalmente, minuto per minuto l'evolversi della gravidanza. Più semplice da immaginare che da fare. La televisione: uffa! ■ COMMEDIA; COL.; 91'; USA, 2001.

24 ORE PER NON MORIRE *(Running Hot)* ★★
Regia di MICHAEL GRIFFITHS. Con RICHARD BRADFORD, MONICA CARRICO, STUART MARGOLIN, ERIC STOLTZ. ■ Un giovane nella cella della morte aspetta l'ora dell'esecuzione. Stanno per giustiziarlo per un delitto che non ha commesso. Manca un giorno e tutto sembra perduto. Ma fuori c'è qualcuno che sta lavorando per provare l'innocenza del ragazzo. ■ DRAMMATICO; COL.; 95'; USA, 1988.

24 ORE PER UCCIDERE *(24 Hours to Kill)* ★★★
Regia di PETER BEZENCENET. Con LEX BARKER, MICKEY ROONEY, WALTER SLEZAK. ■ Su un aereo in scalo forzato di ventiquattr'ore a Beirut sta per scoppiare la tragedia: un membro dell'equipaggio si è impossessato di un bottino di oro, e una banda di gangster lo cerca, mettendo in pericolo tutti quelli che si trovano sull'apparecchio. ■ AVVENTURA; COL.; 92'; GRAN BRETAGNA, 1965.

VENTIQUATTRO SETTE *(TwentyFourSeven)* ★★★
Regia di SHANE MEADOWS. Con JUSTIN BRADY, JAMES HOOTON, BOB HOSKINS, BRUCE JONES, DANNY NUSSBAUM, DARREN O. CAMPBELL. ■ I giovani di Nottingham non hanno la possibilità di fare altro che veder scorrere ventiquattro ore al giorno per sette giorni. Niente lavoro, niente sport. Niente di niente. Ma c'è Alan, un pugile in là con gli anni che crede fortemente che una palestra di boxe potrebbe cambiare qualcosa. Con caparbietà convince i ragazzi a provare, combatte con l'ostilità delle famiglie e, soprattutto, offre regole morali. Poche ma precise. Il giorno in cui, anche se con validi motivi, contravviene a una di queste sparisce. Il film parte dal suo ritrovamento in una baracca qualche tempo dopo. I suoi ragazzi non fanno una gran vita, ma non si sono persi. Meadows sa come raccontare un film dal forte impianto sociale e Bob Hoskins lo coadiuva da par suo. ■ DRAMMATICO; B/N; 96'; GRAN BRETAGNA, 1997.

27 BACI PERDUTI *(27 missing kisses – Summer)* ★★★
Regia di NANA DZHORDZHADZE. Con SHALVA IASHVILI, NINO KUKHANIDZE, AMALIYA MORDVINOVA, PIERRE RICHARD, YEVGENI SIDIKHIN. ■ Presentato alla "Quinzaine des realisateurs" di Cannes 2000, il film della regista georgiana narra delle vicende di una quattordicenne che arriva in un tranquillo villaggio dell'ex Unione Sovietica. Deve trascorrere le vacanze estive a casa di una zia. Si innamora di un astronomo quarantunenne, ma è amata dalla voce narrante del film, figlio dell'astronomo e profeta di una catastrofe finale collegata a un eclisse di sole e di luna. Alla fine le scelte della fanciulla saranno del tutto diverse, ma molte cose saranno cambiate. Una commedia con punte di tragico, con un po' di erotismo e con la voglia di mescolare elettricità narrativa e romanticismo. ■ COMMEDIA; COL.; 90'; GERMANIA, GRAN BRETAGNA, 2000.

27 GIORNI DEL PIANETA SIGMA, I *(The 27th Day)* ★
Regia di WILLIAM ASHER. Con GENE BARRY, VALERIE FRENCH, ARNOLD MOSS, GEORGE VOSKOVEC. ■ Gli abitanti di un misterioso pianeta destinato a scomparire per salvarsi mettono a repentaglio l'esistenza della Terra. ■ FANTASCIENZA; B/N; 94'; USA, 1957.

27 VOLTE IN BIANCO *(27 Dresses)* ★★
Regia di ANNE FLETCHER. Con MALIN AKERMAN, EDWARD BURNS, JUDY GREER, KATHERINE HEIGL, JAMES MARSDEN. ■ Jane è una ragazza romantica, molto generosa e follemente innamorata del suo capo e dei matrimoni. La sua passione per le cerimonie nuziali è talmente forte che ha partecipato a ben 27 matrimoni in veste di damigella e tiene custoditi nell'armadio tutti i bellissimi abiti indossati di volta in volta. Questo in attesa del *suo* fatidico giorno, magari insieme all'uomo dei suoi sogni, che non sembra essersi ancora accorto di lei. Nel frattempo Jane dovrà accontentarsi del corteggiamento cinico ed opportunista di un cronista a caccia di scoop sulla "ragazza dei matrimoni", Kevin. ■ COMMEDIA; COL.; 107'; USA, 2008.

20 SIGARETTE ★★
Regia di AURELIANO AMADEI. Con ALBERTO BASALUZZO, GIORGIO COLANGELI, CAROLINA CRESCENTINI, ORSETTA DE ROSSI, VINICIO MARCHIONI. ■ Senza un lavoro fisso e disoccupato sentimentalmente, Aureliano Amadei sogna il cinema. Per il momento è un giovane filmaker vicino agli interessi dei centri sociali e lontano dalle responsabilità da adulto. Quando il cineasta Stefano Rolla gli propone il ruolo di assistente per un film da girare in Iraq, accetta la proposta, prepara frettolosamente i bagagli e si avvia a intraprendere la sua personale missione. Caso e sfortuna decidono il suo destino: il 12 novembre 2003 si troverà vittima dell'attentato terroristico di Nasiriyya. Rimarrà ferito ma abbastanza vivo da tornare in Italia per raccontare la sua storia. ■ DRAMMATICO; COL.; 94'; ITALIA, 2010.

VENTITRÉ ★★
Regia di DUCCIO FORZANO. Con LINDA BATTISTA, NICOLA DI PINTO, FRANCESCO FERRANTE, LELLO FERRANTE, ERNESTO MAHIEUX, MIMMO MANFREDI, BARBARA RIZZO. ■ Un gruppo di ragazze bulgare arriva il 23 dicembre a scombussolare la noiosa vita di un paesino del napoletano. ■ COMMEDIA; COL.; 106'; ITALIA, 2004.

23 PASSI DAL DELITTO *(23 Paces to Baker Street)* ★★★
Regia di HENRY HATHAWAY. Con VAN JOHNSON, PATRICIA LAFFAN, VERA MILES, CECILIA PARKER. ■ A Londra, in un pub, uno scrittore americano sente per caso due avventori che progettano di rapire una bambina, ma non può individuarli perché è cieco. Nonostante la menomazione, riuscirà a far catturare i colpevoli. ■ POLIZIESCO; COL.; 103'; USA, 1956.

23 PUGNALI PER CESARE *(Julius Caesar)* ★★★
Regia di STUART BURGE. Con RICHARD CHAMBERLAIN, JOHN GIELGUD, CHARLTON HESTON, RICHARD JOHNSON, CHRISTOPHER LEE, DIANA RIGG, JASON ROBARDS, ROBERT VAUGHN. ■ Dal *Giulio Cesare* di Shakespeare. I distributori italiani, preoccupati delle possibili reazioni del nostro pubblico, affibbiarono alla pellicola un titolo da western, così come avrebbero chiamato *La regina delle piramidi* il film che Heston trasse più tardi da *Antonio e Cleopatra*. ■ DRAMMATICO; COL.; 117'; GRAN BRETAGNA, 1972.

VENTO, IL *(The Wind)* ★★★★
Regia di VICTOR SJÖSTRÖM. Con DOROTHY CUMMING, LILLIAN GISH, LARS HANSON, MONTAGU LOVE, EDWARD EARLE. ■ Il miglior film del regista svedese in terra statunitense. Nonostante il finale voluto dalla produzione, questo rimane uno dei capolavori del muto con la grande interpretazione di Lillian Gish. Una giovane donna della Virginia arriva in Texas. Rimane intrappolata in una casetta di legno, durante una grande bufera. La insidia uno sconosciuto, ma lei riesce a ucciderlo e lo sotterra sotto la sabbia. Grande fotografia. ■ DRAMMATICO; B/N; 84'; USA, 1928.

VENTO, IL *(The Wind)* ★★
Regia di NICO MASTORAKIS. Con MEG FOSTER, WINGS HAUSER, STEVE RAILSBACK. ■ Una scrittrice americana di gialli in vacanza in Grecia (dove conta di finire il suo ultimo romanzo) immagina che il suo padrone di casa possa essere stato ucciso dal suo intendente. In realtà è andata proprio così. E ora l'assassino vuol fare il bis a spese della scrittrice. ■ DRAMMATICO; COL.; 90'; USA, 1988.

VENTO CALDO *(Parrish)* ★★★
Regia di DELMER DAVES. Con CLAUDETTE COLBERT, TROY DONAHUE, KARL MALDEN. ■ Nel Sud degli Usa una vedova sposa un ricco piantatore, ma il figlio di lei si trova a disagio tra gli al-

tezzosi fratellastri. Riuscirà a mostrare quanto vale riattando una vecchia piantagione, nonostante l'opposizione del parentado. ■ DRAMMATICO; COL.; 140′; USA, 1961.

VENTO CALDO DI BATTAGLIA ★★
(Les carillons sans joie)
Regia di CHARLES BRABANT. Con DANY CARREL, ROGER HANIN, PAUL MEURISSE, RAYMOND PELLEGRIN. ■ In Tunisia nel 1942 una compagnia francese dapprima si limita a opporre una resistenza passiva contro gli occupanti nazisti, poi prende le armi e si fa massacrare fino all'ultimo uomo. Film piuttosto retorico. ■ GUERRA; B/N; 91′; FRANCIA, 1964.

VENTO CHE ACCAREZZA L'ERBA, IL ★★★
(The Wind That Shakes the Barley)
Regia di KEN LOACH. Con LIAM CUNNINGHAM, PADRAIC DELANEY, ORLA FITZGERALD, FIONA LAWTON, CILLIAN MURPHY, MARY MURPHY, MARY O'RIORDAN. ■ Irlanda 1920. Contadini e operai delle campagne si uniscono per reagire agli uomini dell'esercito britannico, sbarcati in forze sull'isola per impedire qualsiasi tentativo di rivendicazione di indipendenza. Damien, che sta per partire per Londra per consolidare la sua professione di medico, decide di restare per lottare a fianco del fratello Teddy. Lo scontro porterà alla firma di un trattato con gli inglesi. Ma non tutto sarà finito, perché la vittoria è solo apparente. Saranno le famiglie stesse a dividersi tra chi si ritiene soddisfatto del risultato conseguito e chi invece pensa che l'oppressione abbia solo mascherato la propria strategia. In un'epoca in cui il terrorismo domina le news del mondo e in cui l'Irlanda del Nord sembra definitivamente uscita dalla spirale di odio che l'aveva avviluppata sino a pochi anni fa, può suonare strano che un regista come Ken Loach vada a riaprire una ferita apparentemente ormai suturata. Questa volta non è il "comunista" Loach che narra ma il "britannico" Ken nato nel Warwickshire che va ad indagare le dinamiche che conducono una persona dotata di cultura e di valori ad impugnare le armi per difendere i deboli contro le prevaricazioni di un Impero. *Michael Collins* di Neil Jordan ci aveva mostrato il percorso inverso (da terrorista a firmatario di un accordo "politico"). Il Damien di Loach potrebbe diventare un tranquillo borghese; si troverà invece a confrontarsi su sponde opposte con il suo stesso sangue. ■ DRAMMATICO; COL.; 124′; FRANCIA, GRAN BRETAGNA, IRLANDA, 2006.

VENTO CI PORTERÀ VIA, IL ★★★
(Le vent nous emportera)
Regia di ABBAS KIAROSTAMI. Con BEHZAD DOURANI, NOGHRE ASADI, ROUSHAN KARAM ELMI. ■ Un'auto percorre in campo lungo una strada sterrata. Così si apre il film, con uno dei "luoghi" visivi ormai canonici per il cinema di Kiarostami. Che non teme di riproporlo proseguendo un rigoroso percorso di depurazione dello sguardo del suo cinema. Così la storia dell'ingegnere che deve girare un documentario sui riti funebri che si tengono in un villaggio del Kurdistan iraniano diventa l'occasione per approfondire segni antropologici e psicologici. I simboli (tartaruga e scarabeo per non citarne che due) non sono mai forzati così come è precisa e toccante la scena in cui si intravede il volto di una ragazza altrimenti celata allo sguardo estraneo. Se vi viene da dire "Basta!" alla riproposizione della scena del cellulare che non prende il campo forse avete ragione voi. Ma è più facile che dobbiate andare a rivedervi la differenza tra reiterazione e progressione. Premiato a Venezia da una giuria che aveva come presidente Kusturica. Che fa un cinema esattamente opposto. ■ DRAMMATICO; COL.; 118′; FRANCIA, 1999. ■ VENEZIA 1 PR.

VENTO D'AFRICA ★★
Regia di ANTON GIULIO MAJANO. Con LUIGI ALMIRANTE, GIOVANNI GRASSO, GINO LENZINI, FRANCA MAJ. ■ Un vecchio sottufficiale delle truppe coloniali si sacrifica per il nipote, i cui genitori sono stati massacrati dai somali. Tra i due sorge poi una incomprensione e il ragazzo fugge dal collegio. Si ricrederà. ■ DRAMMATICO; B/N; 90′; ITALIA, 1949.

VENTO D'AUTUNNO *(Sacred Ground)* ★★
Regia di CHARLES B. PIERCE. Con JACK ELAM, JEANETTE NOLAN. ■ America, fine del XIX secolo. Alcuni uomini uccidono tutti i membri di una famiglia. Si salva il giovane Joel, che affronta un viaggio attraverso il Montana per cercare gli assassini e fare giustizia. ■ DRAMMATICO; COL.; 100′; USA, 1985.

VENTO DELL'EST *(Le vent d'est)* ★★
Regia di JEAN-LUC GODARD. Con DANIEL COHN-BENDIT, GLAUBER ROCHA, GIAN MARIA VOLONTÉ, ANNE WIAZEMSKY. ■ Racconta la leggenda che Godard finse di farsi convincere da un produttore a girare un western marxista ispirato alle idee del 1968, ma che invece si vendicò dell'ingenuo rappresentante del capitalismo girando un film dove alcuni attori si limitano a recitare brani rivoluzionari. ■ DRAMMATICO; COL.; 97′; FRANCIA, ITALIA, 1969.

VENTO DEL PERDONO, IL *(An Unfinished Life)* ★★★
Regia di LASSE HALLSTRÖM. Con MORGAN FREEMAN, BECCA GARDNER, DAMIAN LEWIS, JENNIFER LOPEZ, JOSH LUCAS, CAMRYN MANHEIM, ROBERT REDFORD. ■ Due storie parallele, quella di Einar Gilkyson che vive in una fattoria proprio come un vecchio cowboy, e di Jean (Lopez) che in un altro stato scappa di casa con la figlia Griff, perché maltrattata dal compagno. La relazione tra i due episodi si scopre dopo pochi minuti, quando Jean dirà alla bambina: «Stiamo andando da tuo nonno». Einar infatti è il suocero di Jean, e Griff (stesso nome della bambina) era il figlio morto da anni in un incidente stradale. Einar imputa alla nuora, che era al volante, la morte del figlio, dunque il rapporto non può che essere difficile. La presenza di Redford divora quella della Lopez, il cui successo è il più inspiegabile mistero del cinema moderno. Jennifer è sempre l'anello debole del film, insieme alle esplicite didascalie su temi come la morte, la solitudine, il perdono. Una citazione: Alan Ladd junior (il produttore del film) e il Wyoming evocano qualcosa di mitologico nella storia del cinema. Pensate ad Alan senior. ■ DRAMMATICO; COL.; 107′; USA, 2005.

VENTO DEL SUD ★★
Regia di ENZO PROVENZALE. Con LAURA ADANI, CLAUDIA CARDINALE, ANNIBALE NINCHI, RENATO SALVATORI. ■ La mafia ordina a un giovane operaio delle saline di uccidere un marchese, ma lui, innamoratosi di una figlia del nobile, non ubbidisce e fugge con la ragazza. Costei sarà uccisa dai mandanti delusi e il giovane morirà tentando di vendicarsi. ■ DRAMMATICO; B/N; 95′; ITALIA, 1960.

VENTO DI FOLLIA *(Noix de coco)* ★★
Regia di JEAN BOYER. Con JUNIE ASTOR, MARIE BELL, GILBERT GIL, RAIMU, MICHEL SIMON. ■ In casa di un ricco floricoltore di Nizza scoppiano violenti dissidi, originati dalla scoperta che la seconda moglie del capofamiglia era stata una ballerinetta di piccola virtù. Poi tutto s'accomoda. ■ COMMEDIA; B/N; 80′; FRANCIA, 1941.

VENTO DI MILIONI ★★
Regia di DINO FALCONI. Con ENZO BILIOTTI, PRIMO CARNERA, VIVI GIOI, UMBERTO MELNATI. ■ Il film si svolge in Inghilterra ed è una satira del gioco in borsa che crea e distrugge effimeri milionari. ■ COMMEDIA; B/N; 93′; ITALIA, 1940.

VENTO DI PASSIONI *(Raw Wind in Eden)* ★★
Regia di RICHARD WILSON. Con JEFF CHANDLER, ROSSANA PODESTÈ, ESTHER WILLIAMS. ■ Una ricca coppia, costretta a soggiornare in una sperduta isola mediterranea in seguito a un incidente aereo, si trova coinvolta in drammatici intrighi amorosi. ■ DRAMMATICO; B/N; 89′; USA, 1958.

VENTO DI PASSIONI *(Legends of the Fall)* ★★
Regia di EDWARD ZWICK. Con ANTHONY HOPKINS, JULIA ORMOND, BRAD PITT. ■ Prendendo spunto da un racconto di Jim Harrison, il film narra la saga dei fratelli Ludlow, tra passioni, rivalità e sentimenti, dalle terre del Montana (in un'atmosfera tardo-western) alle trincee della prima guerra mondiale. Progetto inutilmente ambizioso, in cui affonda anche il buon Hopkins, nel ruolo di Ludlow padre. ■ DRAMMATICO; COL.; 133′; USA, 1994. ■ GOLDEN GLOBES 4 NOM; OSCAR 1 PR, 3 NOM.

VENTO DI PRIMAVERA ★★
Regia di GIULIO DEL TORRE, ARTHUR MARIA RABENALT. Con SABINE BETHMANN, VALERIA FABRIZI, MASSIMO GIULIANI, RITA LIECHTI, LAURETTA MASIERO, FERRUCCIO TAGLIAVINI, RUDOLPH

VOGEL, ERICH WINN. ■ Il direttore di una compagnia tedesca in Italia si innamora della sua affascinante segretaria, a sua volta tedesca. Come accade nei musical, di tutti i Paesi, basta questa formula a sostenere il racconto che non può che concludersi con l'happy end classico. Il tutto come pretesto per le canzoni cantate dal grande tenore Ferruccio Tagliavini. Nel cast una giovane Lauretta Masiero, che si stava imponendo come soubrette completa. ■ MUSICALE, 112', ITALIA, 1958.

VENTO DI PRIMAVERA *(La Rafle)* ★★★
Regia di ROSE BOSCH. Con RAPHAËLLE AGOGUE, GAD ELMALEH, MELANIE LAURENT, HUGO LEVERDEZ, JEAN RENO. ■ 1942. Estate. Dopo l'invasione da parte delle truppe della Germania hitleriana, gli ebrei sono stati prima obbligati a portare la stella di David sugli indumenti, poi sono stati progressivamente esautorati dai loro impieghi e impediti ad accedere a scuole e luoghi pubblici. Ma ora Hitler ha deciso di procedere allo sterminio di massa e vuole che il governo collaborazionista insediato a Vichy gli procuri dalla sola Parigi almeno 20.000 dei 25.000 ebrei residenti. I suddetti verranno dapprima condotti in campi di raccolta in territorio francese e poi, una volta ultimati i lavori per i forni crematori nei lager, avviati a morire. Il maresciallo Pétain aderisce senza difficoltà alla richiesta e la notte del 16 luglio (i tedeschi avevano chiesto il 14 dimenticando la festa nazionale) la retata si svolge. Tredicimila uomini, donne e bambini ebrei vengono prelevati dalle loro abitazioni e portati nel Vélodromo d'Hiver, prima tappa del loro calvario. ■ DRAMMATICO; COL.; 115'; FRANCIA, GERMANIA, UNGHERIA, 2010.

VENTO DI PRIMAVERA – L'INTRAPRENDENTE SIGNOR DICK *(The Bachelor and the Bobby-Soxer)* ★★★
Regia di IRVING REYS. Con RAY COLLINS, CARY GRANT, MYRNA LOY, SHIRLEY TEMPLE, RUDY VALLEE. ■ Un'adolescente s'infatua di un brillante pittore e la trascina in un mucchio di guai, ma lui finirà per sposare la sorella della ragazza, una austera donna giudice. ■ COMMEDIA; B/N; 95'; USA, 1947. ■ OSCAR 1 PR, 1 NOM; VENEZIA 1 PR.

VENTO, DI SERA, IL ★★
Regia di ANDREA ADRIATICO. Con IVANO MARESCOTTI, FRANCESCA MAZZA, SERGIO ROMANO, CORSO SALANI, FABIO VALLETTA. ■ Paolo e Luca, una coppia gay consolidata. Una sera mentre Luca torna a casa assiste all'omicidio di un sottosegretario del Ministero degli interni e viene colpito perché non possa testimoniare. Paolo, dopo la sua morte, inizia a girovagare in una Bologna notturna in cerca di una ragione che lo liberi del senso di colpa provocato dai ripetuti inviti a rientrare prima che aveva rivolto al compagno. Se l'inizio del film funziona grazie all'assoluta assenza di dialoghi, quando questi iniziano si svela la matrice teatrale della sceneggiatura. Corso Salani riesce a sostenerla, molti dei suoi partner no. ■ DRAMMATICO; COL.; 92'; ITALIA, 2004.

VENTO DI TEMPESTA *(The Miracle)* ★★
Regia di IRVING RAPPER. Con CARROLL BAKER, VITTORIO GASSMAN, ROGER MOORE, WALTER SLEZAK. ■ Trasposizione cinematografica di *Il miracolo,* melodramma di Vollmoeller. Spagna, 1812. Un soldato inglese fa innamorare una novizia che fugge per lui dal convento. Dopo alcune vicissitudini rimarrà vedova di uno zingaro e dopo un ultimo incontro con il suo primo amore tornerà a fare la suora. ■ DRAMMATICO; COL.; 121'; USA, 1959.

VENTO DI TERRA ★★★
Regia di VINCENZO MARRA. Con FRANCESCO GIUFFRIDA, EDOARDO MELONE, VINCENZO PACILLI. ■ Enzo, un ragazzo di diciotto anni, vive con la sua famiglia nel quartiere periferico di Napoli. In seguito alla morte del padre, nel tentativo di aiutare la propria famiglia il ragazzo si trova a fronteggiare una serie di vicissitudini. La determinazione del ragazzo fa però si che la famiglia ritrovi una dignità altrimenti compromessa. Marra si dimostra molto più sicuro che nell'opera d'esordio ed è capace di raccontare la desolazione di una vita apparentemente senza speranza senza mai alzare i toni ma anche senza lo spirito con cui un partenopeo doc affronterebbe la vita. ■ DRAMMATICO; COL.; 90'; ITALIA, 2004. ■ VENEZIA 1 PR.

VENTO DI TERRE LONTANE *(Jubal)* ★★★
Regia di DELMER DAVES. Con ERNEST BORGNINE, FELICIA FARR, GLENN FORD, VALERIE FRENCH, ROD STEIGER. ■ Un cowboy vagabondo, paternamente accolto da un ranchero che lo fa suo intendente, è sedotto dalla giovane moglie del padrone. Il cowboy è poi costretto a uccidere il suo benefattore, desideroso di vendetta. Eviterà a malapena il linciaggio. ■ WESTERN; COL.; 101'; USA, 1956.

VENTO E IL LEONE, IL *(The Wind and the Lion)* ★★★
Regia di JOHN MILIUS. Con CANDICE BERGEN, SEAN CONNERY, BRIAN KEITH. ■ Nel 1904, in Marocco, un capo ribelle berbero, volendo procurare grane al sultano asservito ai francesi e ai tedeschi, rapisce una vedova americana e i suoi due figli. Il presidente Teodoro Roosevelt, desideroso di difendere il prestigio del suo paese, manda un contingente di marines. Frattanto tra rapitore e rapiti è nata una mutua simpatia e, quando la donna s'accorge che i tedeschi stanno tendendo un'imboscata ai ribelli, ottiene che i fucilieri americani combattano in difesa dei berberi. ■ AVVENTURA; COL.; 119'; USA, 1976. ■ OSCAR 2 NOM.

VENTO FA IL SUO GIRO, IL ★★★
Regia di GIORGIO DIRITTI. Con ALESSANDRA AGOSTI, DARIO ANGHILANTE, GIOVANNI FORESTI, THIERRY TOSCAN. GIRATO INTERAMENTE NELLE VALLI OCCITANE DEL PIEMONTE. ■ Un ex professore decide di trasferirsi con tutta la sua famiglia – una moglie e tre figli – in un paesino di poche anime, sulle montagne, per poter vivere secondo natura. Nella diffidenza generale, Philippe e sua moglie vivono di pastorizia, cercando di raggiungere quel difficile equilibrio con le cose del mondo e con gli anziani abitanti del posto. Il film di Giorgio Diritti vale tre stelle. Una per il coraggio, una per le difficoltà della distribuzione (il film ha fatto la spola fra una sala e l'altra d'Italia, dove il mercato non è sembrato accorgersene, mentre all'estero ha fatto incetta di premi e riconoscimenti), la terza per la prova corale di tutti gli attori, bravissimi e non professionisti (eccezion fatta per Thierry Toscan e Alessandra Agosti). L'augurio è che il film venga risarcito moralmente di tutto ciò che ha subito e per tutto ciò che subirà, nella cecità dei nostri critici e dei nostri speculatori culturali. *E l'aura fai son vir* – questo il titolo occitano del film – si riferisce al detto popolare che vuole il vento una metafora di tutte le cose, un movimento circolare in cui tutto torna, come rappresentato nel film dalla figura di uno scemo del villaggio che corre nei prati simulando il gesto del volo. ■ DRAMMATICO; COL.; 110'; ITALIA, 2005.

VENTO FREDDO D'AGOSTO *(A Cold Wind in August)* ★★
Regia di ALEXANDER SINGER. Con LOLA ALBRIGHT, JOE DE SANTIS, SCOTT MARLOWE. ■ Una spogliarellista pluridivorziata s'innamora perdutamente di un diciassettenne. Lui la ricambia, ma quando scopre il mestiere della donna, l'abbandona lasciandola nella disperazione. ■ DRAMMATICO; B/N; 93'; USA, 1961.

VENTO INFUOCATO DEL TEXAS *(Bienvenido, padre Murray)* ★
Regia di RAMÓN TORRADO. Con ANGEL DEL POZO, RENÉ MUÑOZ, PAUL PIAGET. ■ Un prete nero e un pistolero sventano le trame di alcuni potenti e insospettabili cittadini di un paese texano. ■ WESTERN; COL.; 91'; SPAGNA, 1965.

VENTO MI HA CANTATO UNA CANZONE, IL ★★
Regia di CAMILLO MASTROCINQUE. Con VIRGILIO RIENTO, LAURA SOLARI, ALBERTO SORDI. ■ Con l'aiuto di un'amica, che si diletta di canto, un musicista riesce a sfondare, raggirando un burbanzoso direttore radiofonico. ■ COMM. MUSICALE; B/N; 94'; ITALIA, 1953.

VENTO NON SA LEGGERE, IL *(The Wind Cannot Read)* ★★★
Regia di RALPH THOMAS. Con DIRK BOGARDE, JOHN FRASER, RONALD LEWIS, YOKO TANI. ■ Un ufficiale inglese, durante la seconda guerra mondiale, sposa la ragazza orientale che gli insegna il giapponese. Più tardi, mentre è prigioniero dei nipponici, l'uomo apprende che la moglie è gravemente malata. Riesce a evadere e quando la raggiunge scopre che la poverina è ormai allo stremo. ■ DRAMMATICO; B/N; 110'; GRAN BRETAGNA, 1958.

VENTO SELVAGGIO *(Rip the Wild Wind)* ★★★
Regia di CECIL B. DE MILLE. Con PAULETTE GODDARD, SUSAN HAYWARD, HEDDA HOPPER, RAYMOND MASSEY, RAY MILLAND, ROBERT PRESTON, JOHN WAYNE. ■ Nel 1840 un avvocato e un ambiguo capitano della marina mercantile, entrambi innamorati di una ragazza, lottano contro i pirati che infestano le coste della Florida. Nel corso di un'immersione subacquea, il marinaio si riscatterà sacrificando la propria vita per salvare il rivale da una piovra. ■ AVVENTURA; COL.; 124′; USA, 1942. ■ OSCAR 1 PR, 3 NOM.

VENTO SI ALZA, IL *(Le vent se lève)* ★★★
Regia di YVES CIAMPI. Con MYLÈNE DEMONGEOT, CURD JÜRGENS, ALAIN SAURY. ■ Un ex capitano di lungo corso non più giovanissimo si fa coinvolgere dall'amante e dal fratello di questa in un affare losco: si tratta di affondare una nave che si vuol far credere piena di gioielli per intascare l'assicurazione. Molte disavventure e finale lieto. ■ DRAMMATICO; B/N; 90′; FRANCIA, 1956.

28 GIORNI *(28 Days)* ★★
Regia di BETTY THOMAS. Con SANDRA BULLOCK, STEVE BUSCEMI, DIANE LADD, VIGGO MORTENSEN, ELIZABETH PERKINS, DOMINIC WEST. ■ Gwen beve, si droga ecc. All'ultima che combina si trova costretta a una terapia di 28 giorni di disintossicazione. Cerca di sfuggirvi, ma poi si affeziona al microcosmo della clinica. Quando uscirà cambierà vita lasciando però anche il suo ragazzo. Ora dovrà confrontarsi con la solitudine. Per essere un film di intrattenimento ha almeno il coraggio di un finale senza dolcificanti. ■ DRAMMATICO; COL.; 102′; USA, 2000.

28 GIORNI DOPO *(28 days later)* ★★
Regia di DANNY BOYLE. Con CHRISTOPHER ECCLESTON, NAOMIE HARRIES, CILLIAN MURPHY. ■ Inghilterra, oggi. Durante un blitz un gruppo di animalisti irrompe in un laboratorio dove alcuni scimpanzé vengono sottoposti alla visione forzata di immagini violente. Jim, il ricercatore che studia le cavie, avverte gli attivisti che gli animali sono affetti da un virus sconosciuto e pericoloso. Malgrado ciò, i membri del commando decidono di liberare gli animali, da cui vengono immediatamente attaccati. 28 giorni dopo, Jim si risveglia in una Londra deserta e spettrale. È solo l'inizio di un'avventura dai risvolti terrificanti, dove l'uomo civilizzato si conferma come la belva peggiore. Dopo un paio di film sbagliati, Danny "Trainspotting" Boyle firma un horror a basso costo e girato in digitale che dà punti a molte produzioni miliardarie. ■ HORROR; COL.; 112′; GRAN BRETAGNA, OLANDA, 2002.

28 MINUTI PER 3 MILIONI DI DOLLARI ★
Regia di MAURIZIO PRADEAUX. Con CLAUDIO BAVA, RICHARD HARRISON, FRANCA POLESELLO, FERRUCCIO VIOTTI. ■ Un milionario francese incarica un ladro di rubare un favoloso diamante che si trova a Roma. Accuratamente preparato, il colpo riesce, ma il committente non si godrà il prezioso. ■ POLIZIESCO; COL.; 92′; ITALIA, 1968.

VENTOTTO SETTIMANE DOPO *(28 Weeks later)* ★★
Regia di JUAN CARLOS FRESNADILLO. Con ROSE BYRNE, ROBERT CARLYLE, JEREMY RENNER. ■ La diffusione dello sconosciuto virus che rende gli esseri umani zombie dalla sorprendente falcata ha gettato morte e panico sul Regno Unito, come visto in *28 giorni dopo*, e portato alla completa evacuazione dei superstiti di tutta la Gran Bretagna, messa in quarantena dalle Nazioni Unite. *28 settimane dopo* la situazione sembra essere nuovamente sotto controllo: tutti gli infetti sono stati sterminati e il rimpatrio dei primi profughi può cominciare insieme ai lavori di ricostruzione. Il ritrovamento di una donna che sembra essere immune ai devastanti effetti del virus, pur essendone portatrice, è di grande interesse per gli scienziati che studiano la natura del contagio per tentare di produrre un antidoto. Ovviamente, basterà un imprevedibile incidente a dare il via a un nuovo incubo. ■ HORROR; COL.; 99′; GRAN BRETAGNA, SPAGNA, 2007.

VENTRE DELL'ARCHITETTO, IL ★★★
(The Belly of an Architect)
Regia di PETER GREENAWAY. Con BRIAN DENNEHY, CHLOE WEBB, LAMBERT WILSON. ■ Un architetto americano a Roma si convince che la moglie (che lo sta tradendo con un giovane collega) sta cercando di avvelenarlo lentamente, come la consorte dell'imperatore Augusto. Ma in realtà è lui che sta psicosomatizzando la propria angoscia esistenziale. Chiuderà il suo tormento con un suicidio. Raffinata, qua e là troppo elucubrata ma fascinosa metafora di Greenaway. Con immagini di Roma mai viste sullo schermo. ■ DRAMMATICO; COL.; 118′; GRAN BRETAGNA, 1987.

VENTRE DI MARIA, IL ★★
Regia di MEMÉ PERLINI. Con GIUSEPPE IERACITANO, AGNESE NANO, NUCCIO SIANO. ■ Memé Perlini (*Ferdinando uomo d'amore*) si confronta col mistero di Maria secondo il testo di Franca Bigliardi. Una lettura poco ortodossa e contaminata da uno spirito provocatorio: quando Giuseppe viene a sapere che Maria (Agnese Nano) aspetta un figlio, nella sua mente si fa strada il sospetto di un'infedeltà della donna. ■ DRAMMATICO; COL.; 100′; ITALIA, 1993.

21 ★★
Regia di ROBERT LUKETIC. Con KATE BOSWORTH, LAURENCE FISHBURNE, KEVIN SPACEY, JIM STURGESS, AARON YOO. ■ Ispirato alla vera storia di Ben Campbell, brillante studente del Mit che, per racimolare i soldi per pagarsi l'università, decide di unirsi a un gruppo scelto di cervelloni che ogni settimana, dotati di false identità, saccheggiano i casinò di Las Vegas grazie alla loro abilità nel gioco del Blackjack. Guidati da Micky Rosa, un geniale e poco ortodosso professore, capace di elaborare un sistema infallibile per vincere, basato su segnali e conteggi matematico-probabilistici applicati al gioco. Le iniziali fortune fanno montare la testa a Ben che, invaghito della bella compagna di avventure Jill Taylor, si spinge sempre più in là, fino ad arrivare a superare il punto di rottura, rappresentato da Cole Williams, manager della security del casinò che non vede di buon occhio i continui successi di Ben. ■ DRAMMATICO; COL.; 125′; USA, 2008.

21 GRAMMI *(21 Grams)* ★★
Regia di ALEJANDRO GONZALEZ INARRITU. Con BENICIO DEL TORO, CLEA DUVALL, DANNY HUSTON, SEAN PENN, NAOMI WATTS. ■ Middle America. Un ex malavitoso, Jack Jordan (Benicio Del Toro), torna a casa in macchina per la festa del suo compleanno. Troppo veloce in una curva investe e uccide un padre con le sue 2 bambine. Nonostante il grande dolore, Cristina (Naomi Watts) accetta la donazione del cuore del marito. Il beneficiario è Paul (Penn) che, letteralmente rinato, stravolge la propria vita. ■ DRAMMATICO; COL.; 125′; USA, 2003. ■ OSCAR 2 NOM; VENEZIA 1 PR.

21 JUMP STREET ★★
Regia di PHIL LORD, CHRIS MILLER. Con JOHNNY DEPP, DAVE FRANCO, JONAH HILL, BRIE LARSON, ROB RIGGLE, CHANNING TATUM. ■ Greg Jenko e Morton Schmidt hanno frequentato la stessa scuola superiore. Il primo era il bullo ignorante e l'altro il secchione imbranato. Si ritrovano fianco a fianco in una scuola di polizia e uno finisce con il dare una mano all'altro compensando le sue debolezze. Dopo una gavetta consumata nel pattugliamento dei parchi in bicicletta vengono destinati a un compito speciale. Dovranno infiltrarsi in un liceo come studenti per stroncare il traffico di una nuova pericolosa droga. Cosa ci fa Johnny Depp in un film che al primo sguardo sembrerebbe l'ennesima commedia tra compagni di polizia ? Trattasi di reminiscenza della serie televisiva *21 Jump Street,* che andò in onda dal 1987 al 1991, alla quale il divo dovette la sua fama iniziale come idolo delle teenagers. ■ AZIONE; COL.; 109′; USA, 2012.

21 JUMP STREET – POLIZIOTTO INESPERTO ★★
(21 Jump Street)
Regia di KIM MANNERS. Con JOHNNY DEPP, FREDERIC FORREST. ■ Quando un attore raggiunge la fama con un personaggio come quello di *Edward Mani di forbice* vorrebbe forse dimenticare film-pilot come questo, girati non si sa bene perché e con uno stile ben lontano da quello del film citato. Il senso della storia sta tutto nel titolo. ■ COMMEDIA; COL.; 90′; USA, 1990.

21 ORE A MONACO *(21 Hours at Munich)* ★★★
Regia di WILLIAM A. GRAHAM. Con WILLIAM HOLDEN, SHIRLEY KNIGHT, FRANCO NERO. ■ Il film è la ricostruzione della tragedia svoltasi a Monaco durante le Olimpiadi del 1972. Alcuni *fedayn* sequestrarono un gruppo di israeliani che finirono uccisi

(con i loro carnefici). Soltanto tre vennero liberati in cambio di altri ostaggi. ■ DRAMMATICO; COL.; 100'; USA, 1977.

VENUS FOEMINA HEROTICA ★

(Stosstrupp Venus blâsta zum Angriff)

Regia di HANS G. KEIL. Con CATHERINA CONTI, NINA FREDERIC. ■ Alcune venusiane sbarcano sulla Terra e, conquistate dalle esperienze fatte, decidono di rimanere. ■ FANTASCIENZA; COL.; 92'; GERMANIA, 1974.

VENUTO AL MONDO ★★

Regia di SERGIO CASTELLITTO. Con SAADET AKSO, PIETRO CASTELLITTO, PENELOPE CRUZ, ADNAN HASKOVIC, EMILE HIRSCH. ■ Gemma, dopo molti anni di assenza torna a Sarajevo, portando con sé il figlio Pietro. L'occasione è l'invito che le ha fatto Gojko, poeta estroverso e un tempo sua guida in Bosnia, per una mostra fotografica sulla guerra. Gemma proprio in Bosnia, prima dell'inizio del conflitto, aveva conosciuto Diego per il quale aveva mandato all'aria il proprio matrimonio. Da Diego però Gemma, per un suo difetto fisico, non aveva potuto avere figli. Ma il desiderio era così forte da spingerla ad accettare che il marito procreasse con un'altra donna disposta poi a cedere il neonato. ■ DRAMMATICO; COL.; 127'; ITALIA, 2012.

VERA CRUZ ★★★★

Regia di ROBERT ALDRICH. Con ERNEST BORGNINE, GARY COOPER, DENISE DARCEL, BURT LANCASTER, SARA MONTIEL, CESAR ROMERO. ■ Nel Messico del 1866 due americani – un onesto ex ufficiale sudista e un cinico avventuriero – sono coinvolti nella lotta tra i guerriglieri di Benito Juarez e gli imperiali di Massimiliano d'Asburgo. I due finiranno per scegliere la parte dei ribelli e per affrontarsi in un mortale duello. ■ WESTERN; COL.; 94'; USA, 1953.

VERA GLORIA, LA *(True Glory)* ★★★

■ Documentario propagandistico sullo sbarco alleato in Normandia. ■ DOCUMENTARIO; B/N; 90'; USA, 1944.

VERA GOLA PROFONDA, LA *(Deep Throat – I)* ★★

Regia di GÉRARD DAMIANO. Con LINDA LOVELACE, HARRY REEMS. ■ Una donna insaziabile si fidanza lasciando il "protettore", che si consola con un amico. ■ EROTICO; COL.; 92'; USA, 1972.

VERA STORIA DEL DOTTOR JEKYLL, LA ★★★

(I, Monster)

Regia di STEPHEN WEEKS. Con PETER CUSHING, SUSANNE JAMESON, CHRISTOPHER LEE, GEORGE MERRITT, MIKE RAVEN. ■ Ennesima versione del famoso racconto di Stevenson sullo scienziato vittoriano che si sdoppia in mostro, interpretata da due specialisti dell'orrore britannico. ■ HORROR; COL.; 74'; GRAN BRETAGNA, 1974.

VERA STORIA DELLA MONACA DI MONZA, LA ★★

Regia di STEFAN OBLOWSKY (pseud. di BRUNO MATTEI). Con PAOLA CORAZZI, MARIO CUTINI, FRANCO GAROFALO, ZORA KEROVA, PAOLA MONTENERO. ■ La vera storia non è molto diversa da quella resa celebre dal Manzoni, ma con qualche chilo di sesso in più. ■ DRAMMATICO; COL.; 90'; ITALIA, 1980.

VERA STORIA DELLA RIVOLUZIONE FRANCESE, LA ★★

(Liberté, Egalité, Choucroute)

Regia di JEAN YANNE. Con URSULA ANDRESS, JEAN POIRET, MICHEL SERRAULT. ■ Versione riveduta e corretta in chiave comica dei mesi che sconvolsero Parigi dal giorno della presa della Bastiglia. È proprio da questo punto che iniziano le vicende del film, con l'arrivo nella capitale del califfo di Bagdad. Questi ha sentito parlare della ghigliottina e vuole osservarne l'efficacia, per valutare se sia o meno il caso di portarla nel suo paese e usarla contro i ribelli. ■ COMMEDIA; COL.; 110'; FRANCIA, 1986.

VERA STORIA DI ABRAMO LINCOLN, LA ★★

(The Lincoln Cospiracy)

Regia di JAMES L. CONWAY. Con JOHN ANDERSON, JOHN DEHNER, BRADFORD DILLMAN. ■ La storia degli uomini che decisero di uccidere Abramo Lincoln alla fine della guerra di secessione. Il loro capo era John Wilkes Booth, un fanatico sudista, un attore in declino, che riuscì a eludere la vicina sorveglianza della polizia e a uccidere il presidente al Ford Theatre di Washington. ■ STORICO; COL.; 95'; USA, 1977.

VERA STORIA DI BILLY THE KID, LA ★★

(Gore Vidal's Billy the Kid)

Regia di WILLIAM A. GRAHAM. Con VAL KILMER. ■ Ancora Billy the Kid nel suo incontro-scontro con lo sceriffo Pat Garrett. Questa volta si tenta, col patrocinio di Gore Vidal, di ricondurre la leggenda entro confini più legati alla verità storica. Val Kilmer offre al suo personaggio la giusta misura. ■ WESTERN; COL.; 96'; USA, 1989.

VERA STORIA DI BONNIE CLYDE, LA ★

(Bonnie Clyde: The True Story)

Regia di GARY HOFFMAN. Con DANA ASHBROOK, MICHAEL BOWEN, TRACEY NEEDHAM. ■ Quando il cinema vuole dedicarsi al remake, due volte su tre riesce a produrre dei pallidi simulacri del film originale. Questo film non smentisce l'assunto. La "vera" storia non è poi così documentata e i protagonisti sono lontani anni-luce da Warren Beatty e Faye Dunaway. ■ DRAMMATICO; COL.; 95'; USA, 1992.

VERA STORIA DI EVA PERON, LA *(Eva Perón)* ★★

Regia di JUAN CARLOS DESANZO. Con CHRISTINA BANEGAS, ESTHER GORIS, VICTOR LAPLACE. ■ Esther Goris è una delle più affermate attrici argentine. Si trova a rivestire i panni di Eva Perón in diretta concorrenza con Madonna. Non può che uscirne perdente, non per demerito proprio ma per manifesta povertà e irresolutezza della messa in scena. ■ STORICO; COL.; 110'; ARGENTINA, 1996.

VERA STORIA DI FRANK MANNATA, LA ★★

Regia di JAVIER SETÒ. Con WILLIAM BOGART, JEFFREY HUNTER, MARGARET LEE, ANNA MARIA PIERANGELI, GOGÒ ROJO. ■ Negli anni Venti, un siciliano emigrato a Chicago riesce a diventare importante capo della malavita, ma finirà ucciso da un rivale. Dato che il western all'italiana mostrava ormai la corda, si tentò di lanciare il film di gangster all'italiana, ma senza successo. ■ POLIZIESCO; COL.; 93'; ITALIA, 1970.

VERA STORIA DI JACK LO SQUARTATORE, LA ★★★

(From Hell)

Regia di ALBERT HUGHES, ALLEN HUGHES. Con ROBBIE COLTRANE, JOHNNY DEPP, HEATHER GRAHAM, IAN HOLM, SUSAN LYNCH. ■ 1888: Londra. Nel quartiere di Whitechapel, reso celebre appunto da Jack, il primo serial-killer mediatico della storia, vive Mary Kelly, prostituta, insieme ad alcune amiche colleghe. La vita è durissima ma almeno... è vita. Poi Ann, una delle amiche, viene trovata uccisa, barbaramente. La stessa sorte tocca, poco dopo, a Polly. A indagare viene chiamato l'ispettore Fred Abberline. Film di atmosfere e di straordinaria "pittura". Molto dovuto all'ispirazione che è, appunto, *From Hell*, il fumetto edito da Alan Moore negli anni Novanta. Ecco dunque una Londra buia e nebbiosa, insomma fortissima "espressione". È la parte migliore del film. Per quanto poi riguarda il grande mistero di Jack, niente di nuovo. L'ennesima ipotesi. ■ HORROR; COL.; 137'; USA, 2002.

VERA STORIA DI JESS IL BANDITO, LA ★★★

(The True Story of Jesse James)

Regia di NICHOLAS RAY. Con JEFFREY HUNTER, HOPE LANGE, ROBERT WAGNER. ■ Nel 1866, finita la guerra di secessione, il guerrigliero sudista Jess James non sa reinserirsi nella vita civile e forma una banda di rapinatori. Dopo dieci anni di successi, i fuorilegge saranno sgominati dagli abitanti di Northfield durante l'assalto a una banca, e Jess verrà ucciso da un traditore ingolosito dalla taglia. ■ WESTERN; COL.; 92'; USA, 1957.

VERA STORIA DI LUCKY WELSH, LA ★★

(Showdown at Boot Hill)

Regia di GENE FOWLER JR. Con CHARLES BRONSON, CAROLE MATHEWS. ■ Uno sceriffo si attira la disapprovazione del paese che lo crede un cacciatore di taglie. Una donna riesce a sopire il suo odio per i fuorilegge, provocato dalla guerra di secessione, e con lui inizia una nuova vita. ■ DRAMMATICO; B/N; 93'; USA, 1958.

VERA STORIA DI LYNN STUART, LA ★★
(The True Story of Lynn Stuart)
Regia di LEWIS SEILER. Con JACK LORD, BETSY PALMER. ■ Una donna, sconvolta perché il nipote è rimasto vittima della droga, accetta di diventare informatrice della polizia e contribuisce a sgominare una gang di spacciatori. ■ POLIZIESCO; B/N; 78′; USA, 1958.

VERA STORIA DI ROSEMARIE, LA ★★
(Die Wahrheit über Rosemarie)
Regia di RUDOLF JUGERT. Con PAUL DALKE, BELINDA LEE, KARL SCHOMBOCK. ■ Il film racconta nuovamente il caso della mondana d'alto bordo assassinata che diede origine a uno dei primi scandali del dopoguerra tedesco e che aveva dato lo spunto a *La ragazza Rosemarie*. ■ DRAMMATICO; B/N; 98′; GERMANIA, 1960.

VERA VITA DI ANTONIO H., LA ★★★
Regia di ENZO MONTELEONE. Con GIULIANA DE SIO, ENNIO FANTASTICHINI, ALESSANDRO HABER. ■ Primo film diretto dallo sceneggiatore Monteleone. Presentato alla Mostra di Venezia. È quasi un "one man show", come lo chiamano negli Stati Uniti. Sulla scena di un teatro c'è l'attore Antonio H. che parla di sé, del tentativo mai riuscito di diventare veramente famoso. In parte preso dalla vita reale di Alessandro Haber (ci sono spezzoni di film interpretati da lui) e in parte inventato. Vengono mostrate interviste ad alcuni registi: Monicelli, Bertolucci, Taviani, Loy, Salvatores. In aggiunta una ricostruzione ironica del periodo di convivenza con Giuliana De Sio. Divertente, senza pretese, costato poco. Haber regge lo spettacolo e gli altri, Giuliana De Sio in testa, lo assecondano. ■ COMMEDIA; COL.; 95′; ITALIA, 1994.

VERBOTEN, FORBIDDEN, PROIBITO *(Verboten!)* ★★
Regia di SAMUEL FULLER. Con JAMES BERT, SUSAN CUMMINGS, HAROLD DAYE, TOM PITTMAN. ■ Una ragazza tedesca di sentimenti antinazisti, sposata con un sergente americano delle truppe d'occupazione, scopre che il fratello appartiene a un gruppo terroristico del passato regime. Riuscirà a convincerlo a uscirne. ■ DRAMMATICO; B/N; 94′; USA, 1958.

VERDE ETÀ, LA ★
Regia di BRUNO JORI. Con RICARDO MONTALBAN, ROSA MARIA PAVONCELLI, LUCIANO PIFFER. ■ Il figlio decenne di un contrabbandiere rimane paralizzato per essere salito sull'albero della cuccagna a prendere una bambola da donare a una coetanea, figlia di un maresciallo dei carabinieri. La bimba prega per ottenere la guarigione dell'amico. L'otterrà, dopo lacrimose avventure. ■ DRAMMATICO; B/N; 91′; ITALIA, 1957.

VERDE PRATO DELL'AMORE, IL *(Le bonheur)* ★★★
Regia di AGNÈS VARDA. Con MARIE-FRANCE BOYER, CLAIRE DRUOT, JEAN-CLAUDE DRUOT, MARCELLE FAVRE-BERTIN. ■ Un uomo, felicemente sposato, s'innamora di un'altra e cerca di convincere la moglie ad accettare che lui abbia la nuova relazione senza per questo infrangere il matrimonio. La donna finge d'accettare, ma si suicida. Superato lo shock, il vedovo sposerà l'amante. ■ DRAMMATICO; COL.; 78′; FRANCIA, 1968. ■ BERLINO 1 PR.

VERDETTO, IL *(Sealed Verdict)* ★★
Regia di LEWIS ALLEN. Con BRODERICK CRAWFORD, FLORENCE MARLY, RAY MILLAND. ■ Un ufficiale nazista, accusato di essere un criminale di guerra, viene difeso da un'avvocatessa francese che gli è riconoscente perché le ha salvato il padre. Alla fine, la donna dovrà arrendersi di fronte alle implacabili accuse mosse contro l'ufficiale da un pubblico ministero americano. ■ DRAMMATICO; B/N; 83′; USA, 1946.

VERDETTO, IL *(The Verdict)* ★★★
Regia di SIDNEY LUMET. Con JAMES MASON, PAUL NEWMAN, CHARLOTTE RAMPLING. ■ Frank Galvin è un avvocato di mezza età ormai ridotto ad assumere piccole cause, ma un giorno gli capita un caso che potrebbe risollevarlo: tutelare Deborah Kaye, una ragazza ormai in coma irreversibile, e dimostrare che la poveretta è ridotta così per negligenza dei dottori dell'ospedale Santa Caterina. Frank è solo contro tutti perché l'ospedale si può permettere fior di avvocati e tenta perfino di chiudere il caso con una grossa somma di denaro in forma di risarcimento. Per di più, la bella donna, che è diventata l'amante di Frank, è una spia dell'avversario. Eppure, aiutato da un suo ex professore universitario, che lo sprona a non abbandonare il caso nonostante le mille difficoltà, vince. ■ DRAMMATICO; COL.; 129′; USA, 1982. ■ DAVID DI DONATELLO 1 PR, 1 NOM; GOLDEN GLOBES 5 NOM; OSCAR 5 NOM.

VERDETTO DELLA PAURA, IL *(Trial by Jury)* ★
Regia di HEYWOOD GOULD. Con ARMAND ASSANTE, GABRIEL BYRNE, WILLIAM HURT, JOANNE WHALLEY-KILMER. ■ Una giurata viene ricattata dall'imputato e decide quindi di battersi per la sua assoluzione. A un certo punto cambia idea e decide di farlo condannare. ■ DRAMMATICO; COL.; 92′; USA, 1994.

VERDETTO FINALE *(Fighting Justice)* ★★
Regia di JOSEPH RUBEN. Con MARGARET COLIN, SULLY DIAZ, ROBERT DOWNEY JR., MIGUEL FERNANDES, MISAN KIM, JAMES WORD. ■ Un avvocato un tempo noto per le cause umanitarie, divenuto compagno di killer e spacciatori, si riscatta assistendo un coreano accusato ingiustamente di doppio omicidio. Con un socio, si improvvisa detective e, scoperta la verità, fa scagionare il suo cliente. Scopre inghippi e corruzione a tutti i livelli. ■ THRILLER; COL.; 103′; USA, 1988.

VERDETTO FINALE – II THRILLER *(Ricochet)* ★★
Regia di RUSSELL MULCAHY. Con ICE-T, JOHN LITHGOW, KEVIN POLLAK, LINDSAY WAGNER, DENZEL WASHINGTON. ■ Nick Styles riesce a catturare sotto le luci dei riflettori un pericoloso psicopatico, Talbot Blake. Styles fa carriera mentre Blake finisce in galera. Quando ne esce decide di fargliela pagare facendogli fare un rapido percorso in discesa. Lithgow indossa nuovamente i panni dello psicotico in un film che ci vuol far riflettere sugli influssi negativi della civiltà dell'immagine. ■ THRILLER; COL.; 102′; USA, 1991.

VERDI ANNI DELLA NOSTRA VITA, I ★★★
(Le grand Meaulnes)
Regia di JEAN-GABRIEL ALBICOCCO. Con JEAN BLAISE, BRIGITTE FOSSEY, ALAIN LIBOLT, ALAIN NOURY, JULIETTE VILLARD. ■ Impossibile amore tra Meaulnes e una bella castellana. Riuscirà a sposarla ma lei morirà quasi subito di parto lasciandogli una bambina. Fotografia "flou" molto originale. ■ DRAMMATICO; COL.; 116′; FRANCIA, 1967.

VERDI BANDIERE DI ALLAH, LE ★★
Regia di GIACOMO GENTILOMO. Con WALTER BARNES, LINDA CRISTAL, CRISTINA GAJONI, MIMMO PALMARA, VITTORIO SANIPOLI, JOSÉ SUAREZ. ■ Nel Cinquecento, un valoroso capitano veneto e un generoso capitano turco riescono ad aver partita vinta sugli intrighi, orditi da un governatore spagnolo e da un bieco vizir, per riaccendere la guerra tra cristiani e musulmani. ■ AVVENTURA; COL.; 94′; ITALIA, 1964.

VERDI DIMORE *(Green Mansions)* ★★★
Regia di MEL FERRER. Con LEE J. COBB, SESSUE HAYAKAWA, AUDREY HEPBURN, ANTHONY PERKINS, HENRY SILVA. ■ Una surreale e infelice storia d'amore che si svolge tra le giungle venezuelane del primo Novecento. ■ DRAMMATICO; COL.; 101′; USA, 1959.

VERDI PASCOLI, I *(The Green Pastures)* ★★
Regia di WILLIAM KEIGHLEY. Con EDDIE ROCHESTER ANDERSON, REX INGRAM, OSCAR POLK. ■ È la diligente trasposizione cinematografica di un hit di Broadway negli anni Trenta (forse la prima *pièce* con soli attori neri a essere rappresentata nei grandi teatri). È una favola sul Paradiso come lo vedono i neri. Dio veste i panni di un imponente e saggio pastore protestante. Il paradiso è un immenso campo di cotone dove però i neri assunti in cielo non si rompono la schiena, ma se ne stanno piacevolmente spaparanzati. ■ FANTASTICO; B/N; 90′; USA, 1937.

VERDI PASCOLI DEL WYOMING, I ★★
(Green Grass of Wyoming)
Regia di LOUIS KING. Con CHARLES COBURN, PEGGY CUMMINGS, LLOYD NOLAN, ROBERT ARTHUR. ■ La rivalità fra due famiglie di allevatori di cavalli del Wyoming è risolta dal matrimonio fra un ragazzo e una ragazza dei rispettivi clan. Partecipazione (con tre canzoni) di Burl Ives, allora il folk singer più reputato in America. ■ WESTERN; COL.; 95′; USA, 1948. ■ OSCAR 1 NOM.

VERDUGO, EL *(One Hundred Rifles)* ★★★
Regia di TOM GRIES. Con JIM BROWN, BURT REYNOLDS, RAQUEL WELCH. ■ Siamo in Messico. Un mezzosangue ribelle viene fatto prigioniero da un ufficiale nemico degli indiani e condannato a morte. Liberato dai compagni riesce, con l'aiuto di uno sceriffo nero convertitosi alla sua causa, a battere i soldati governativi. La guerra, però, non è ancora vinta. ■ AVVENTURA; COL.; 110′; USA, 1969.

VERGINE, IL *(Le départ)* ★★★
Regia di JERZY SKOLIMOWSKI. Con JAQUELINE BIR, LÉON DONY, CATHERINE DUPORT, JEAN-PIERRE LÉAUD, PAUL ROLAND. ■ Un giovane parrucchiere per signora non pensa alle ragazze perché ha una folle passione per le automobili. Vorrebbe partecipare a una corsa e cerca disperatamente una macchina per poterlo fare. Dopo varie avventure, conosce una ragazza, s'innamora e capisce che c'è qualcosa di più importante dei motori. ■ COMMEDIA; B/N; 89′; BELGIO, 1967. ■ BERLINO 1 PR.

VERGINE DA RUBARE, UNA ★★★
(Kavkazskasaja plennica)
Regia di LEONID GAJDAJ. Con ALEKSANDR DEMJANENKO, VLADIMIR ETUSCH, FRUNSIK MKRTICIIAN, NATALJA VARLEJ. ■ In un paese circasso, un bieco sindaco decide, secondo le tradizioni, di rapire la ragazza di cui si è invaghito e ottiene l'involontaria complicità del giornalista russo che ama riamato la giovane. Girandola di equivoci, chiariti i quali i due colombi si sposeranno. ■ COMMEDIA; COL.; 92′; URSS, 1968.

VERGINE DEI SICARI, LA ★★
(La virgen de los sicarios)
Regia di BARBET SCHROEDER. Con ANDERSON BALLESTREROS, GERMAN JARAMILLO, DAVID RESTREPO. ■ Lo scrittore Fernando Vallejo torna a Medellin, la città dove è nato, per morire. Circondato da una noia orrorifica, troverà nell'amore omosessuale per Alexis, poco più che adolescente, la volontà di prolungare l'agonia esistenziale. Un giorno, in un banale regolamento di conti, Alexis viene ucciso. Fernando cercherà, allora, soddisfazione nell'amore, ancora una volta acerbo di Wilmar, sicario di Alexis. Un altro colpo di pistola "voterà" Wilmar alla Vergine... Malsana è l'aria di Medellin, malsana come gli amori di Fernando Vallejo, malsana come gli spiriti delle sue Chiese. Avido come un vampiro, il "primo grammatico colombiano" succhia la vita dei suoi giovani amanti, rigettati dalle strade e martirizzati dalle Chiese. ■ DRAMMATICO; COL.; 97′; COLOMBIA, FRANCIA, 2000.

VERGINE DEL LAGO, LA *(Tóparti Látomás)* ★★
Regia di LASZLO KALMAR. Con PÁL JÁVOR, KLARI TOLNAY. ■ Uno scultore s'innamora di una ragazza che ha intravisto mentre si bagnava in un lago di notte. Crede di identificarla in una giovane rimasta paralizzata. Scoprirà più tardi d'essersi sbagliato, ma ormai è pronto per il matrimonio. ■ DRAMMATICO; B/N; 91′; UNGHERIA, 1941.

VERGINE DELLA LUSSURIA, LA ★★
(La Virgen de la Lujuria)
Regia di ARTURO RIPSTEIN. Con JUAN DIEGO, ADRIANA GIL, LUIS FELIPE TOVAR. ■ Messico degli anni Quaranta: Ripstein mette in scena un mélo drammatico, i cui protagonisti sono Nacho, collezionista di foto pornografiche, follemente innamorato della prostituta Lola, che ha a sua volta perso la testa per un lottatore. Le follie d'amore di Nacho per la bella Lola sono raccontate, tra realtà e immaginazione, sullo sfondo di ambienti cupi e a tratti squallidi dove si muovono personaggi improbabili. ■ EROTICO; COL.; 145′; MESSICO, PORTOGALLO, SPAGNA, 2002. ■ VENEZIA 1 PR.

VERGINE DELLA ROCCIA, LA *(La vierge du rocher)* ★
Regia di GEORGES PALLU. Con COLETTE DARFEUIL, JEAN GARAT, MADELEINE GUITTY. ■ Un bambino di famiglia ricca e miscredente rimane paralizzato, ma si fa condurre a Lourdes su consiglio di una virtuosa compagna di giochi e torna a camminare. Conversione generale dei congiunti. ■ DRAMMATICO; B/N; 88′; FRANCIA, 1934.

VERGINE DELLA VALLE, LA *(White Feather)* ★★★
Regia di ROBERT D. WEBB. Con JEFFREY HUNTER, JOHN LUND, DEBRA PAGET, ROBERT WAGNER. ■ Il governo americano impone agli indiani di sgomberare un territorio che deve essere aperto alla colonizzazione. Due pellerossa ostili all'imposizione catturano un geologo inviato in ispezione, ma questi riesce a far innamorare una giovane della tribù e a convincere gli indiani a obbedire. I due ribelli sceglieranno di morire in una carica suicida. ■ WESTERN; COL.; 102′; USA, 1955.

VERGINE DELLA VIOLENZA, LA ★★
(The Case of Patty Smith)
Regia di LEO A. HANDEL. Con MERRY ANDERS, JOE CONLEY, J. EDWARD MCKINLEY, DAVID MCMAHON. ■ Una ragazza rimane incinta dopo essere stata violentata da tre giovinastri. Abbandonata da tutti, decide di sottoporsi a un aborto clandestino, ma muore proprio mentre i colpevoli vengono arrestati. ■ DRAMMATICO; B/N; 90′; USA, 1965.

VERGINE DEL RENO, LA *(La vierge du Rhin)* ★★★
Regia di GILLES GRANGIER. Con ANDRÉE CLÉMENT, JEAN GABIN, NADIA GRAY, ELINA LABOURDETTE, RENAUD MARY. ■ Sulla motobarca *La vergine del Reno* diretta a Strasburgo viaggia un misterioso personaggio. Costui altri non è che l'antico proprietario, dato disperso in guerra, che ora vuole vendicarsi della moglie fedifraga e del suo secondo marito. I due, però, sono preavvertiti e la donna cerca di far condannare il primo marito come assassino del secondo, nel frattempo misteriosamente ucciso, ma la verità trionferà. ■ DRAMMATICO; B/N; 82′; FRANCIA, 1953.

VERGINE DI BALI, LA ★★
Regia di GUIDO ZURLI. Con GIORGIO ARDISSON, LEA LANDER, HAYDÉE POLITOFF, PEDRO MARIA SANCHEZ. ■ Un inglese stufo della vita monotona e della fidanzata asfissiante, fugge a Bali dove vive alla giornata e lotta contro un trafficante d'oro. Innamoratosi di una compatriota, pare convinto a tornare in patria, ma, all'ultimo momento, fugge ancora. ■ AVVENTURA; COL.; 94′; INDONESIA, ITALIA, 1973.

VERGINE DI CERA, LA *(The Terror)* ★★★
Regia di ROGER CORMAN. Con BORIS KARLOFF, SANDRA KNIGHT, JACK NICHOLSON. ■ Agli inizi dell'Ottocento, un ufficiale napoleonico assiste in un misterioso castello al suicidio di un uomo perseguitato dal fantasma della moglie assassinata. Compiuta la sua missione, l'apparizione si scioglie come se fosse di cera. ■ HORROR; COL.; 81′; USA, 1964.

VERGINE DI DUNWICH, LA *(The Dunwich Horror)* ★★
Regia di DANIEL HALLER. Con ED BEGLEY JR, SANDRA DEE, DEAN STOCKWELL. ■ Il discendente di una sanguinaria famiglia vuole approfittare dell'amore di una ragazza nei suoi confronti per condurre esperimenti malefici. Non ci riuscirà. ■ DRAMMATICO; COL.; 90′; USA, 1970.

VERGINE DI FERRO, LA *(The Iron Maiden)* ★★★
Regia di GERALD THOMAS. Con MICHAEL CRAIG, JEFF DONNELL, ANNE HELM. ■ Un progettista d'aerei, bravo ma pasticcione, non riesce a vendere i suoi ottimi disegni. Per fortuna, un finanziatore americano si lascerà contagiare dalla mania che il nostro eroe ha per le vecchie locomotive, e, dopo aver partecipato a una gara a bordo di una di esse, *La vergine di ferro*, gli farà fare ottimi affari. ■ COMMEDIA; B/N; 98′; GRAN BRETAGNA, 1963.

VERGINE DI NORIMBERGA, LA ★★★
Regia di ANTONIO MARGHERITI. Con JIM DOLEN, CHRISTOPHER LEE, ROSSANA PODESTÈ, GEORGES RIVIÈRE. ■ La sposa americana di un nobile tedesco scopre diverse ragazze straziate dalla "vergine di Norimberga", antico strumento di tortura a forma di donna. Un agente dell'Fbi svelerà il mistero che si nasconde dietro la serie di raccapriccianti delitti. ■ HORROR; COL.; 95′; ITALIA, 1965.

VERGINE DI SALEM, LA *(Maid of Salem)* ★★★
Regia di FRANK LLOYD. Con CLAUDETTE COLBERT, FRED MACMURRAY. ■ Il film racconta, romanzandolo, uno dei più famosi episodi dell'America coloniale: l'impiccagione di numerose persone accusate di stregoneria, avvenuta ad opera dei puritani nel villaggio di Salem, nel Massachusetts, alla fine del Seicento. ■ DRAMMATICO; B/N; 86′; USA, 1937.

VERGINE DI SAMOA, LA ★★
Regia di Javier Setò. Con Franco Fantasia, Frank Moran, James Philbrook, Seyna Seyn. ■ Nei mari del Sud un marinaio americano deve lottare contro un bieco malese per salvare una ragazza tahitiana. ■ Avventura; col.; 93′; Italia, Spagna, 1968.

VERGINE DI SHANDIGOR, LA ★★
(L'inconnu de Shandigor)
Regia di Jean Louis Roy. Con Marie-France Boyer, Ben Carruthers, Jacques Dufilho, Serge Gainsbourg, Jean-Luis Roy. ■ Film alquanto oscuro su uno scienziato che vive isolato in una villa protetta da congegni elettronici per difendere una sua invenzione. L'uomo si suiciderà perché tradito da un amico e dalla figlia e l'invenzione andrà persa. ■ Spionaggio; b/n; 95′; Francia, 1967.

VERGINE DI TRIPOLI, LA *(Slave Girl)* ★★★
Regia di Charles Lamont. Con George Brent, Yvonne De Carlo. ■ Agli inizi dell'Ottocento, un americano, inviato a Tripoli per riscattare tredici marinai suoi compatrioti, prigionieri dei pirati barbareschi, viene derubato della somma necessaria da una danzatrice. Riacciuffatala, troverà anche l'amore. ■ Commedia; col.; 80′; USA, 1948.

VERGINE E LO ZINGARO, LA ★★★
(The Virgin and the Gipsy)
Regia di Christopher Miles. Con Honor Blackman, Fay Compton, Maurice Denham, Franco Nero, Joanna Shimkus. ■ La progressiva emancipazione sessuale di una persona. In questo caso si tratta della figlia di un pastore protestante: s'innamora di uno zingaro che le salva la vita nel corso di un'inondazione. ■ Commedia; col.; 95′; Gran Bretagna, 1971.

VERGINE FOLLE, LA *(La vierge folle)* ★★
Regia di Henri Diamant-Berger. Con Annie Ducaux, Victor Francen. ■ Un avvocato di mezza età fugge con una ragazza, ma l'amore impossibile avrà tragica fine. ■ Drammatico; b/n; 90′; Francia, 1938.

VERGINE GITANA, LA *(Debla – La virgen gitana)* ★
Regia di Ramón Torrado. Con Alfredo Mayo, Paquita Rico, Lina Yergos. ■ Tra un pittore e la sua modella gitana nasce un casto amore. La moglie dell'artista, gelosa, vorrebbe distruggere il quadro ma viene uccisa. La zingara riuscirà a provare la sua innocenza al processo, ma morirà subito dopo. ■ Drammatico; col.; 92′; Spagna, 1951.

VERGINE, IL TORO E IL CAPRICORNO, LA ★
Regia di Luciano Martino. Con Edwige Fenech, Alberto Lionello, Aldo Maccione. ■ Stanca dei tradimenti del marito, una moglie si vendica rendendogli pan per focaccia. ■ Erotico; col.; 95′; Italia, 1977.

VERGINE IN COLLEGIO, LA *(Tamahine)* ★★
Regia di Philip Leacock. Con Coral Browne, John Fraser, Nancy Kwan, Dennis Price. ■ Grande scompiglio in un austero collegio inglese per l'arrivo di una bella euroasiatica nipote del rettore. La ragazza scandalizza lo zio con i suoi modi spregiudicati, ma finirà per sposarne il figlio. ■ Commedia; col.; 95′; Gran Bretagna, 1963.

VERGINE INDIANA, LA *(Maria Candelaria)* ★★★
Regia di Emilio Fernandez. Con Pedro Armendariz, Dolores Del Rio. ■ Nel Messico del primo Ottocento, un'india è malvista dai compaesani perché sua madre era una prostituta. La poverina è concupita da un signorotto che riesce a metterle in prigione il fidanzato. Dalla parte dei due si mette un pittore straniero che chiede alla donna di posare per un quadro. Si tratta di un nudo e, quando i paesani vedono l'opera terminata, benché la donna abbia acconsentito a farsi ritrarre solo il viso, lapidano la sventurata. ■ Drammatico; b/n; 110′; Messico, 1943. ■ Cannes 1 pr.

VERGINE IN NERO, UNA *(La niña de luto)* ★★
Regia di Manuel Summers. Con Maria José Alfonso, Pilar Gomez Ferrer, Alfredo Landa, Vincente Llosa. ■ Due fidanzati faticano a sposarsi perché la famiglia di lei è continuamente funestata da lutti che impongono il rinvio del matrimonio. ■ Commedia; col.; 94′; Spagna, 1967.

VERGINE MODERNA ★★
Regia di Marcello Pagliero. Con May Britt, Vittorio De Sica, Gabriele Ferzetti, Vittorio Sanipoli. ■ Una giovane ambiziosa seduce vari personaggi allo scopo di far carriera, ma l'onesto fratello riuscirà a redimerla con una violenta scenata. ■ Drammatico; b/n; 93′; Italia, 1954.

VERGINE PER IL BANDITO, UNA ★
(...Und Ewig Knallen die Räuber)
Regia di Franz Antel. Con Helmut Lohener, Beba Loncar, Helga Sommerfeld, Fritz Tillmann. ■ Nel Medioevo, un sarto diventa bandito per amore di una ragazza. Catturato, il nostro sarebbe condannato a morte se lei, appellandosi a un'antica tradizione, non ne ottenesse il rilascio. ■ Avventura; col.; 94′; Austria, 1966.

VERGINE PER IL PRINCIPE, UNA ★★★
Regia di Pasquale Festa Campanile. Con Tino Buazzelli, Vittorio Gassman, Philippe Leroy, Virna Lisi. ■ Nel 1583, il principe Vincenzo Gonzaga signore di Mantova è costretto da motivi politici a sposare Leonora de' Medici, ma poiché il nobile ha alle spalle un matrimonio fallito, prima del consenso deve provare la propria virilità con una vergine. Il nostro è un donnaiolo ma l'emozione rischia di giocargli un brutto scherzo. ■ Commedia; col.; 110′; Italia, 1965.

VERGINE PER UN BASTARDO ★
Regia di Ubaldo Ragona. Con Luigi Crescenzi, Dan Harrison, Marisa Solinas. ■ In un villaggio marinaro una ragazza accetta di sposare un gangster americano rifugiatosi lì dopo un colpo, ma la mattina dopo lui se la squaglia. Un giovane pescatore asciugherà le lacrime della sedotta abbandonata. ■ Drammatico; b/n; 95′; Italia, 1966.

VERGINE RIBELLE, LA *(A beszelö Köntös)* ★★
Regia di Géza Von Radvanji. Con Pál Jávor, Maria Tasnady. ■ Amore contrastato tra un borgomastro e una ragazza promessa al sultano di Buda, nell'Ungheria del Seicento. ■ Avventura; b/n; 92′; Ungheria, 1942.

VERGINE RIBELLE, LA *(La fierecilla domada)* ★★★
Regia di Anthony Roman. Con Alberto Colsas, Raymondo Corday, Claudine Dupuis, Carmen Sevilla. ■ Un astuto mercante sposa un ragazza fiera e indipendente, e la doma con metodi piuttosto bruschi. ■ Commedia; col.; 94′; Francia, Spagna, 1957.

VERGINE SCALTRA, LA *(La Marie du Port)* ★★★
Regia di Marcel Carné. Con Blanchette Brunoy, Nicole Courcel, Jean Gabin, Claude Romain. ■ Un ricco commerciante di Cherbourg s'innamora della giovanissima sorella della propria amante, ma la ragazza vuole farsi sposare e, dopo alcuni drammatici avvenimenti, ci riuscirà. ■ Drammatico; b/n; 88′; Francia, 1949.

VERGINE SOTTO IL TETTO, LA *(The Moon Is Blue)* ★★★
Regia di Otto Preminger. Con William Holden, Maggie McNamara, David Niven, Tom Tully. ■ Un architetto, scapolone e donnaiolo, s'innamora a poco a poco di una ragazza di provincia, che, pur accettando gli inviti a casa sua, è fermamente decisa a rimanere vergine. Riuscirà a sposarla nonostante sia apparso un rivale più anziano ed esperto ■ Commedia; b/n; 95′; USA, 1953. ■ Oscar 3 nom.

VERGINE TAGLIA 36 *(36 fillette)* ★★
Regia di Catherine Breillat. Con Jean-Pierre Léaud, Jean-François Stévenin, Delphine Zentout. ■ Il ritratto di una ragazzina provocante, piccolina ma con un petto da adulta. E un abbigliamento che non può non attirare l'attenzione degli uomini, specie quelli maturi. Questi tentano di portarsela a letto, e lei sembra starci. Ma deve esser sempre lei a dirigere il gioco. ■ Commedia; col.; 88′; Francia, 1988.

VERGINI, LE *(Les vierges)* ★★★
Regia di Jean-Pierre Mocky. Con Charles Aznavour, Francis Blanche, Patrice Laffont, Stefania Sandrelli. ■ Un film a episodi che dovrebbe illustrare il tema dell'amore tra gli adolescenti. ■ Commedia; b/n; 92′; Francia, 1963.

VERGINI CAVALCANO LA MORTE, LE ★★
Regia di JORGE GRAU. Con EWA AULIN, LUCIA BOSÈ, LOLA GAOS, ESPARTACO SANTONI, SILVANO TRANQUILLI. ■ Mediocre sexy-horror ispirato alla vicenda di Elizabeth Batory, la contessa ungherese che uccideva giovani vergini per bagnarsi nel loro sague. ■ HORROR; COL.; 92′; ITALIA, 1973.

VERGINI DI ROMA, LE ★★
Regia di CARLO LUDOVICO BRAGAGLIA, VITTORIO COTTAFAVI. Con LOUIS JOURDAN, ETTORE MANNI, SYLVIA SYMS. ■ Film di fantastoria che si rifà alla leggenda di Clelia, eroina romana che, data in ostaggio a Porsenna, riuscì a fuggire con dodici compagne e a tornare nell'Urbe. ■ AVVENTURA; COL.; 93′; FRANCIA, ITALIA, 1961.

VERGINI DI SALEM, LE *(Les sorcières de Salem)* ★★★
Regia di RAYMOND ROULEAU. Con ALFRED ADAM, MYLÈNE DEMONGEOT, YVES MONTAND, SIMONE SIGNORET. ■ Nel 1692 a Salem, nella colonia del Massachusetts, alcune ragazze isteriche accusano i vicini di stregoneria. Un onesto pioniere cerca d'opporsi all'indiscriminata persecuzione che segue, e finisce sulla forca. ■ DRAMMATICO; B/N; 145′; FRANCIA, 1957.

VERGINITÀ *(Jungferushaft – Panenstvi)* ★★
Regia di OTAKAR VÀVRA. Con LIDA BAAROVA, ADINA MANDLOVA. ■ Agli inizi del Novecento, una ragazza accetta di sposare un ricco oste per trovare i soldi sufficienti a curare l'innamorato malato di tisi, ma tutto è vano perché il giovane muore. ■ DRAMMATICO; B/N; 93′; CECOSLOVACCHIA, 1942.

VERGINITÀ ★★
Regia di LEONARDO DE MITRI. Con LEONARDO CORTESE, ARNOLDO FOÀ, TAMARA LEES, ELEONORA ROSSI DRAGO, OTELLO TOSO. ■ Una ragazza, inseguendo la gloria e la ricchezza, cade nelle spire di mercanti di donne. Un onesto giovane riuscirà a salvarla. ■ DRAMMATICO; B/N; 92′; ITALIA, 1951.

VERGINITÀ INDIFESA *(Nevinost bez Zastite)* ★★★
Regia di DUSAN MAKAVEJEV. Con MIJA ALEKSIC, PERA MILOSAVLJEVIC, STEFAN MISCOVIC, IVAN ZIVCOVIC. ■ Il regista Makavejev, l'autore di *Sweet Movie* e *Un affare di cuore*, è noto per il suo bizzarro spirito satirico. Qui prende lo spunto da un film melodrammatico girato nel 1942, sotto l'occupazione tedesca, per dare, attraverso interviste agli attori della pellicola, un grottesco ritratto della vita jugoslava. ■ DOCUMENTARIO; COL.; 79′; JUGOSLAVIA, 1969. ■ BERLINO 1 PR.

VERGOGNA, LA *(Skammen)* ★★★
Regia di INGMAR BERGMAN. Con GUNNAR BJÖRNSTRAND, SIGGE FURST, LIV ULLMANN, MAX VON SIDOW. ■ Film contro la guerra. In un paese imprecisato scoppia un conflitto e una coppia di sposi attraversa esperienze terribili e umilianti ad opera ora dell'uno ora dell'altro esercito, finché i due non si troveranno alla deriva su una scialuppa in un mare disseminato di cadaveri. ■ DRAMMATICO; B/N; 103′; SVEZIA, 1968.

VERGOGNA, SCHIFOSI! ★★
Regia di MAURO SEVERINO. Con ROBERTO BISACCO, MARILLA BRANCO, LINO CAPOLICCHIO, IVANO DAVOLI, CLAUDIA GIANNOTTI. ■ Tre ricchi giovani milanesi vengono ricattati da un misterioso personaggio che invia loro messaggi registrati e li accusa d'aver provocato la morte di un tedesco durante un'orgia. Individuato il colpevole in un loro amico pittore, i tre l'uccidono scoprendo poi che non si trattava di un vero ricatto, ma solamente di uno scherzo. ■ DRAMMATICO; COL.; 92′; ITALIA, 1969.

VERGOGNE DEL MONDO – PANE AMARO, LE ★★★
Regia di GIUSEPPE MARIA SCOTESE. ■ Documentario sulla fame nel mondo. ■ DOCUMENTARIO; COL.; 93′; ITALIA, 1968.

VERIFICATORE, IL ★★
Regia di STEFANO INCERTI. Con RENATO CARPENTIERI, ROBERTO DE FRANCESCO, ANTONINO IUORIO, ELODIE TRECCANI. ■ Crescenzio ha trent'anni e va a leggere i dati dei contatori del gas nelle abitazioni. È innamorato di Giuliana che subisce le pesanti attenzioni del suo principale. Finché le attenzioni non diventano "troppo" pesanti e Crescenzio decide di agire. ■ DRAMMATICO; COL.; 80′; ITALIA, 1995.

VERITÀ, LA *(La vérité)* ★★★
Regia di HENRI-GEORGES CLOUZOT. Con BRIGITTE BARDOT, BARBARA FREY, PAUL MEURISSE, MARIE JOSÉ NAT, CHARLES VANEL. ■ Si celebra un processo contro una ragazza, dalla vita molto libera, che ha ucciso l'amante dopo aver scoperto che costui stava per sposare la morigerata sorella. La corte e il pubblico sono prevenuti contro l'accusata per motivi moralistici e la poverina, non sopportando il linciaggio, si suicida prima del verdetto. ■ DRAMMATICO; B/N; 124′; FRANCIA, ITALIA, 1960. ■ DAVID DI DONATELLO 1 PR, 1 NOM; OSCAR 1 NOM.

VERITÀ, LA *(Lost in the Stars)* ★★
Regia di DANIEL MANN. Con PAULA KELLY, BROCK PETERS, RAIMOND ST JACQUES. ■ Versione musicale (scritta da Maxwell Anderson e Kurt Weill) del romanzo antirazzista *Piangi terra amata*. Ambientato in Sud Africa è la storia di un pastore protestante di pelle nera che va in città alla ricerca del figlio, diventato un fuorilegge e ricercato dalla polizia bianca. ■ MUSICALE; COL.; 94′; USA, 1974.

VERITÀÀÀ, LA ★★
Regia di CESARE ZAVATTINI. Con VITTORIO AMENDOLA, PIETRO BARRECA, CESARE ZAVATTINI. ■ Il titolo con tre "a" è voluto per dare la sensazione di un grido. Chi urla è un vecchio di ottant'anni che dopo essere scappato dal manicomio vuole comunicare agli altri la propria angoscia. Dopo un episodio in *Amore in città*, Zavattini approda alla regia con questo breve lungometraggio. Era più bravo come sceneggiatore. ■ COMMEDIA; COL.; 65′; ITALIA, 1982.

VERITÀ APPARENTE *(The invisible circus)* ★
Regia di ADAM BROOKS. Con PATRICK BERGIN, MORITZ BLEIBTREU, JORDANA BREWSTER, BLYTHE DANNER, CAMERON DIAZ, CHRISTOPHER ECCLESTON, ISABELLE PASCO. ■ Una ragazza sembrerebbe giungere a Parigi per iniziare l'università, di fatto sta cercando di capire perché la sorella si sia suicidata, anni prima. L'incontro col suo ex ragazzo le dà molti elementi nuovi, peccato che il film non faccia altrettanto con lo spettatore: mediocrità, banalità e prevedibilità dall'inizio alla fine, in totale coerenza. ■ THRILLER; COL.; 92′; USA, 2001.

VERITÀ È CHE NON GLI PIACI ABBASTANZA, LA ★★
(He's Just Not That Into You)
Regia di KEN KWAPIS. Con BEN AFFLECK, JENNIFER ANISTON, DREW BARRYMORE, JENNIFER CONNELLY, KEVIN CONNOLLY. ■ Gigi è cresciuta con la convinzione che il maschio in amore agisca secondo delle logiche incomprensibili alle donne e di conseguenza tende a interpretare comportamenti, segnali e silenzi dei ragazzi che frequenta. A illuminarla sulla questione sarà il migliore amico di Conor, l'uomo che l'ha appena scaricata perché segretamente innamorato di un'altra. Il film trae spunto dal manuale di auto-aiuto scritto a quattro mani da Greg Behrendt e Liz Tuccillo (rispettivamente consulente e autrice della serie tv *Sex and the City*) per esplorare il divario tra i sessi nella sfera sentimentale e l'esito è chiaro: se lui non ti chiama è perché non gli piaci abbastanza. ■ COMMEDIA; COL.; 129′; USA, 2009.

VERITÀ IN REGGICALZE, LA *(Please Turn Over)* ★★★
Regia di GERALD THOMAS. Con JEAN KENT, LESLIE PHILLIPS, TED RAY, JOAN SIMS. ■ I guai di una rispettabile famiglia londinese, originati da un libro scandalistico di successo, scritto dalla giovane figlia che attribuisce ai parenti ogni sorta di vizi. ■ COMMEDIA; B/N; 87′; GRAN BRETAGNA, 1960.

VERITÀ NASCOSTA *(The Image)* ★★
Regia di PETER WERNER. Con KATHY BAKER, ALBERT FINNEY, JOHN MAHONEY. ■ Interpretato da un attore come Finney, che non delude quasi mai, e sorretto da un buon ritmo, il film è di quelli che gettano un occhio critico sull'ambiente televisivo. Protagonista è un giornalista sempre a caccia del sensazionale. Aiutato da un suo amico, il giornalista dovrà fare i conti con una realtà diversa da quella che immagina. ■ DRAMMATICO; COL.; 90′; USA, 1989.

VERITÀ NASCOSTA, LA *(La cara oculta)* ★★
Regia di ANDRES BAIZ. Con MARTINA GARCIA, QUIM GUTIERREZ, CLARA LAGO, ALEXANDRA STEWART. ■ Dopo la scompar-

sa della sua compagna, Adrián s'innamora di Fabiana, piacente e un po' arrivista cameriera che si trasferisce presto nella sua villa. Mentre per la polizia l'uomo è l'unico sospettato della misteriosa sparizione, attraverso un flashback ne conosciamo il passato: giunto dalla Spagna in Colombia per dirigere l'Orchestra Filarmonica di Bogotà, vive insieme alla bella Belén, uno spirito fin troppo libero. ■ THRILLER; COL.; 95′; COLOMBIA, SPAGNA, 2011.

VERITÀ NASCOSTA, UNA *(White Lie)* ★★★
Regia di BILL CONDON. Con GREGORY HINES, BILL NUNN, ANNETTE O'TOOLE. ■ L'addetto stampa del sindaco di New York ha alle sue spalle un passato traumatico. Suo padre, uomo di colore, venne impiccato da un gruppo del Ku Klux Klan. Nonostante gli sforzi per costruirsi una vita integrata, quell'orrendo delitto torna prepotentemente alla ribalta della sua vita. Gli viene fatta pervenire una foto dell'impiccagione. Film decisamente interessante e non di maniera. ■ DRAMMATICO; COL.; 89′; USA, 1991.

VERITÀ NASCOSTA *(Plain Truth)* ★★
Regia di PAUL SHAPIRO. Con MARISKA HARGITAY, JONATHAN LAPAGLIA, ANDREW MARTIN-SMITH, ALEC MCCLURE, JAN NIKLAS, ALISON PILL, KATE TROTTER. ■ Una semplice verità, ecco tutto quello che cerca l'avvocatessa Ellie Harrison quando si trova di fronte alla diciottenne Katie, giovane ragazza che fa parte di una piccola comunità amish della Pennsylvania, accusata del più infame dei delitti: quello di infanticidio. Ma non di un infanticidio qualsiasi, quello di suo figlio, e a poche ore dalla sua nascita. Da portatrice di vita a portatrice di morte, in questo caso il passo sembrerebbe essere breve, ma c'è veramente la giovane Kate dietro questo efferato omicidio a sangue freddo? Bravissima Alison Pill nella parte dell'imputata. ■ GIALLO; COL.; 85′; CANADA, USA, 2004.

VERITÀ NASCOSTE, LE *(What Lies Beneath)* ★★★
Regia di ROBERT ZEMECKIS. Con HARRISON FORD, MIRANDA OTTO, MICHELLE PFEIFFER, JAMES REMAR, KATHARINE TOWNE. ■ New England. Claire e Norman sono finalmente soli: la figlia di primo letto di Eli si è iscritta all'università e per loro, dopo il primo disagio per il distacco, dovrebbe riprendere la vita da sposini. Ma non è così. Nella casa di fronte qualcosa non va e nella loro villa (ai bordi di un lago) Claire comincia a sentire voci e ad avvertire una presenza femminile. È un crescendo verso la paura che non risparmia brividi e sorprese. Se il cinema è *entertainment*, il film di Zemeckis è cinema. Non mancano le citazioni, ma il pubblico resta legato alla sedia dall'inizio alla fine. ■ HORROR; COL.; 130′; USA, 2000.

VERITÀ NEGATE, LE *(Irresistible)* ★★
Regia di ANN TURNER. Con EMILY BLUNT, JOANNA HUNT-PROKHOVNIK, WILLIAM MCINNES, LAUREN MIKKOR, SAM NEILL, GEORGIE PARKER, SUSAN SARANDON, BUD TINGWELL. ■ Quando il sospetto diventa ossessione o forse realtà. Sophie è un'illustratrice di successo, è felicemente sposata con Craig da dieci anni, ha due educatissime e biondissime figlie e vive in una casa visibilmente ricca e confortevole. Questa vita apparentemente realizzata inizia a perdere pezzi del puzzle, perfettamente incastrati, quando Craig comincia a lavorare a stretto contatto con Mara, una giovane e attraente collaboratrice. Sophie inizia a dubitare della ragazza, a ipotizzare che si voglia impossessare della sua esistenza, che macchini di prendere il suo posto non solo accanto al marito ma anche accanto alle figlie. Ovviamente nessuno crede alla donna, anzi. Proprio nel momento in cui Sophie sembra perdere tutto, accade però qualcosa di inaspettato. ■ DRAMMATICO; COL.; 103′; AUSTRALIA, 2006.

VERITÀ... QUASI NUDA, LA *(The Naked Truth)* ★★★
Regia di MARIO ZAMPI. Con SHIRLEY EATON, PEGGY MOUNT, DENNIS PRICE, PETER SELLERS, TERRY THOMAS. ■ Un mascalzone dirige un giornalaccio scandalistico. Quattro sue vittime tentano dapprima di sopprimerlo, poi, quando il perfido viene arrestato e minaccia di rivelare scottanti segreti al processo, i poveretti s'affannano per farlo evadere. ■ COMMEDIA; B/N; 92′; GRAN BRETAGNA, 1958.

VERITÀ SEMINUDA, LA *(The Half Naked Truth)* ★★★
Regia di GREGORY LA CAVA. Con FRANK MORGAN, EUGENE PALLETTE, LEE TRACY, LUPE VELEZ. ■ Per ingelosire l'amata un agente teatrale porta al successo un'attricetta sconosciuta. La pace è presto fatta. ■ COMMEDIA; B/N; 81′; USA, 1932.

VERITÀ UCCIDE, LA *(In Self Defense)* ★
Regia di BRUCE SETH GREEN. Con YAPHET KOTTO, LINDA PURL, TERRY LESTER, BILLY DRAGO. ■ Susan rimane coinvolta in un comunissimo incidente stradale Le conseguenze di quest'ultimo, assolutamente imprevedibili, la porteranno a doversi salvaguardare da un pericoloso delinquente. ■ DRAMMATICO; COL.; 85′; USA, 1987.

VERITÀ, VI PREGO, SULL'AMORE, LA ★★
Regia di FRANCESCO APOLLONI. Con FRANCESCO APOLLONI, ELDA AVIGNINI, PIERFRANCESCO FAVINO, BEATRICE FAZI, YARI GUGLIUCCI, VERONIKA LOGAN, ALBERTO MOLINARI, BARBARA SNELLEMBURG. ■ Si comincia con una canzone di Argliano degli anni Sessanta. Poi arriva un cane in calore, Brando, che si avvinghia, e non solo, alle gambe maschili che gli passano vicino. Poi arrivano "loro". Trentenni con vari problemi (quasi tutti) d'amore. Si ritrovano tutti il giorno di san Valentino. Tratto dall'omonima commedia di Apolloni, di buon successo in teatro, non funziona al cinema che ha bisogno di un profilo più alto, il minimale va incoraggiato. Fiato troppo corto di tutto. Troppo esili i sorrisini strappati qua e là. La parte migliore rimangono Arigliano e il cane pomicione. ■ COMMEDIA; COL.; 90′; ITALIA, 2001.

VERMISAT ★★★
Regia di MARIO BRENTA. Con CARLO CABRINI, MARIA MONTI. ■ Il film è la storia di un poveraccio che per vivere è costretto a raccogliere vermi. L'uomo ha per compagna una prostituta che lo abbandonerà e lui, di nuovo solo e ammalato, sarà ricoverato. ■ DRAMMATICO; COL.; 90′; ITALIA, 1974.

VERNE MILLER – CHICAGO ANNI '30 *(Verne Miller)* ★★
Regia di ROD HEWITT. Con SCOTT GLENN, ANDREW ROBINSON, BARBARA STOCK. ■ Verne Miller fu un ex sceriffo del Dakota che agli inizi degli anni Trenta divenne uomo di fiducia di Al Capone e sua *longa manus* a Kansas City. La sua fortuna termina quando tenta di liberare un suo compagno arrestato e, nella sparatoria, causa un massacro di poliziotti. Ora tutti gli danno la caccia, forze dell'ordine e anche killer di Capone (che ormai lo considera "scomodo"). Ma nessuno ucciderà Verne. Prima di una pallottola, arriva la sifilide. ■ THRILLER; COL.; 92′; USA, 1987.

VERO COME LA FINZIONE *(Stranger Than Fiction)* ★★
Regia di MARC FORSTER. Con WILL FERRELL, DUSTIN HOFFMAN, DENISE HUGHES, TOM HULCE, LINDA HUNT, QUEEN LATIFAH, EMMA THOMPSON. ■ Harold Crick è un uomo che vive la propria esistenza attraverso i numeri. Conta le volte che muove lo spazzolino tra i denti, i passi che compie per arrivare alla fermata dell'autobus, esegue a mente calcoli impossibili. Una mattina, appena svegliato e pronto a svolgere il proprio lavoro di esattore delle tasse, sente una voce femminile. La voce descrive i movimenti di Harold e ogni azione che compie. Contemporaneamente, una famosa romanziera in preda a un blocco creativo, sta proprio scrivendo la storia di quell'uomo qualunque. Realtà e finzione sono frequentemente oggetto delle sceneggiature cinematografiche. Nel caso di *Vero come la finzione* (molto meglio il titolo originale *Stranger Than fiction*), questi due mondi corrono in parallelo percorrendo una linea dolcemente surreale, semplice nelle situazioni, e con una dose di ironia espressa con garbo. ■ COMMEDIA; COL.; 113′; USA, 2006.

VERO AMORE, IL *(Lucrèce)* ★★★
Regia di LÉO JOANNON. Con EDWIGE FEUILLÈRE, PIERRE JOURDAN. ■ Un collegiale si innamora di un'attrice trentenne, che prima lo respinge, poi gli confessa di ricambiarlo. ■ COMMEDIA; B/N; 100′; FRANCIA, 1943.

VERO E IL FALSO, IL ★★
Regia di ERIPRANDO VISCONTI. Con MARTIN BALSAM, TERENCE HILL, PAOLA PITAGORA. ■ Una donna è ingiustamente accusata di aver ucciso l'amante del marito, Claudio. Scontata la pena, scopre che la donna è viva e convive con Claudio. Prima la uccide poi, vedendosi di nuovo incriminata, si suicida. ■ DRAMMATICO; COL.; 93′; ITALIA, 1972

VERONICA GUERIN – IL PREZZO DEL CORAGGIO ★★
(Veronica Guerin)
Regia di JOEL SCHUMACHER. Con CATE BLANCHETT, BRENDA FRICKER, CIARAN HINDS, GERARD MCSORLEY. ■ Il 26 giugno 1996 la giornalista dublinese Veronica Guerin fu uccisa in un agguato da un killer, inviato dalle gang di spacciatori che infestavano la capitale irlandese e soggiogavano la sua gioventù. Questo fu il risultato dei reportage scottanti che la Guerin aveva scritto negli anni precedenti, adorata dai lettori, ostracizzata dai colleghi, inascoltata dal governo; il quale peraltro, una settimana dopo la sua morte, in una sessione straordinaria approvò una legge antidroga che contribuì a sconfiggere i trafficanti. Joel Schumacher, con piglio cronachistico, ha preso in mano questa vicenda, poco nota al di fuori dei confini irlandesi, e l'ha affidata alla sensibilità di Cate Blanchett, già avvezza a interpretare ruoli di donne coraggiose e straordinarie. ■ DRAMMATICO; COL.; 98′; IRLANDA, USA, 2003. ■ GOLDEN GLOBES 1 NOM.

VERONIKA VOSS *(Die Sehnsucht der Veronika Voss)* ★★★🏆
Regia di RAINER WERNER FASSBINDER. Con ANNEMARIE DÜRINGER, HILMAR THATE, ROSEL ZECH. ■ Veronika Voss è un'attrice in declino che un giornalista, nella Monaco di Baviera del 1955, incontra per caso. Ne rimane affascinato e, cercandola, scopre che la donna vive dalla sua psichiatra, che la sta uccidendo con la morfina per impadronirsi dei suoi beni. Il giornalista, aiutato da un'amica di Veronika, cerca di salvarla, ma inutilmente: Veronika, privata della morfina, muore dopo aver ingerito dei barbiturici. ■ DRAMMATICO; B/N; 105′; GERMANIA, 1981. ■ BERLINO 🏆 1 PR.

VERSAILLES *(Si Versailles m'était contée)* ★★★
Regia di SACHA GUITRY. Con JEAN-LOUIS BARRAULT, CLAUDETTE COLBERT, SACHA GUITRY, JEAN MARAIS, GÉRARD PHILIPE, EDITH PIAF, MICHELINE PRESLE, ORSON WELLES. ■ Il film, raccontando la storia della celebre residenza di Versailles, dimora di re, ripercorre anche quella della Francia e delle sue più illustri figure. ■ STORICO; COL.; 160′; FRANCIA, 1954.

VERSIONE DI BARNEY, LA *(Barney's Version)* ★★★
Regia di RICHARD J. LEWIS. Con MINNIE DRIVER, PAUL GIAMATTI, DUSTIN HOFFMAN, RACHELLE LEFEVRE, ROSAMUND PIKE. ■ Barney Panofsky è un produttore televisivo ebreo che vive a Montreal, dove colleziona mogli e bottiglie di whisky. Figlio affettuoso di un poliziotto in pensione col vizio del sesso e degli aneddoti, Barney è incalzato dalle ambizioni e dalle calunnie del detective O'Hearne, convinto da anni del suo coinvolgimento nella scomparsa di Boogie, amico licenzioso e scrittore dotato. Dopo l'uscita del libro di O'Hearne, che lo accusa di omicidio e di ogni genere di bassezza, Barney si decide a dare la sua versione dei fatti, ripercorrendo la sua (mal)educazione sentimentale e la sua vita fuori misura, consumata nell'Italia degli anni Sessanta e perseverata in Canada. Tra una partita di hockey e una boccata di Montecristo, l'irrefrenabile Barney rievoca il suo primo matrimonio con una pittrice esistenzialista e suicida, riesamina le seconde nozze con una miliardaria ebrea e ninfomane e riconsidera gli errori fatti con la sua terza e amatissima consorte, speaker garbata e madre dei suoi due figli. Indubbiamente non è facile misurarsi con il lavoro di trasposizione, figuriamoci poi sceneggiare le parole di Mordecai Richler e il suo romanzo più celebre (*La versione di Barney*), pubblicato in Italia all'inizio degli anni zero. Ma forse valeva la pena provarci perché Barney Panofsky ha "carattere" cinematografico e personalità impetuosa per soddisfare quel pubblico trasversale che ama la letteratura e il cinema e resiste alla banalità dei pregiudizi. Purtroppo però la traduzione questa volta non funziona e l'omonimo libro di Richler eccede la versione di Richard J. Lewis, rendendo la sua conversione mediale trascurabile. Lewis preferisce una "versione" conciliata e conciliante di Barney, che manca l'identità ebraica e l'umorismo yiddish di Richler. Preoccupato forse della "diversità" di Panofsky il regista finisce per renderlo troppo uguale a troppi eroi da melodramma, perdendo la peculiarità di un buontempone disprezzato da rabbini e gentili, sempre pronto a sacrificare verità e relazioni per una buona battuta. Una battuta che veicola sempre sentimenti profondi e sfoga un'energia nervosa a lungo trattenuta. A incarnare meglio del protagonista Paul Giamatti la straordinarietà espressiva dello spirito yiddish è il padre di Dustin Hoffman, attore ebreo e per questo probabilmente emotivamente prossimo al Barney letterario e in grado di riconoscerne e impiegarne l'umorismo e la superiorità paranoide. ■ COMMEDIA; COL.; 132′; CANADA, ITALIA, 2010.

VERSIONE DONNA *(A Matter of Sex)* ★★
Regia di LEE GRANT. Con DINAH MANOFF, JUDGE REINHOLD, JEAN STAPLETON. ■ La storia di un fatto vero (accaduta a Willmar in Usa): otto impiegate di banca scioperarono per due anni per ottenere un trattamento professionale pari a quello dei colleghi maschi. ■ COMMEDIA; COL.; 100′; USA, 1983.

VERSO GIUSTO DELLA COSA, IL ★★
(Deux enfoirés a Saint-Tropez)
Regia di MAX PÉCAS. Con JEAN-MICHEL NOIRET. ■ La classica storiella vacanziera che i Vanzina ci hanno propinato più volte e che ora ci viene riproposta dalla vicina Francia. Spiaggia, sole, bellezze, furbastri, avventure e tanta tanta ripetitività. ■ COMMEDIA; COL.; 90′; FRANCIA, 1986.

VERSO IL FAR WEST *(Overland Pacific)* ★★
Regia di FRED F. SEARS. Con PEGGIE CASTLE, JOCK MAHONEY, WILLIAM BISHOP. ■ Un tipo losco cerca di manovrare i lavori della ferrovia secondo i propri interessi, forte dell'aiuto degli indiani. Costoro verranno respinti durante un formidabile attacco, lui ucciso; i lavori proseguiranno secondo i piani. ■ WESTERN; COL.; 73′; USA, 1954.

VERSO IL PARADISO *(Household Saints)* ★★
Regia di NANCY SAVOCA. Con VINCENT D'ONOFRIO, JUDITH MALINA, LILI TAYLOR, TRACEY ULLMAN. ■ Rappresentazione fuori dagli schemi di una famiglia italo-americana. La vicenda si snoda in due decenni: gli anni Cinquanta e i Sessanta. La coppia Catherine e Joseph si è potuta formare in maniera davvero strana: grazie a una partita di pinnacolo. Catherine non ha vita facile con la suocera. A complicare ulteriormente i rapporti arriva una notizia: la ragazza avrà un figlio. ■ COMMEDIA; COL.; 124′; USA, 1993.

VERSO IL SOLE *(Pa Solsidan)* ★★★
Regia di GUSTAV MOLANDER. Con INGRID BERGMAN, LARS HANSON, EDWIN ADOLPHSON. ■ Un ricco giovane teme che sua moglie lo abbia sposato per interesse e le tende una trappola per spiarne il comportamento. Capirà di essersi sbagliato. ■ COMMEDIA; B/N; 93′; SVEZIA, 1936.

VERSO IL SOLE *(Sunchaser)* ★★★
Regia di MICHAEL CIMINO. Con ANNE BANCROFT, WOODY HARRELSON, JON SEDA, TALISA SOTO. ■ Lui è un medico di successo: bella casa, bella moglie eccetera. L'altro è un criminale diciottenne, indiano, malato terminale – anche se non sembrerebbe. Il ragazzo riesce a scappare e sequestra il medico che gli permetterà di arrivare vivo a un certo lago su certi monti. Se si bagnerà in quell'acqua guarirà. Il film diventa dunque un *road movie* aperto, con una sua piccola mitologia e con tutti i giusti ingredienti compreso il grande "sentimento finale". Sembra di rivedere il Cimino di una volta. Il regista, un po' disuguale, negli anni Novanta non ha avuto grandi fortune nell'ambito del movimento hollywoodiano. Il film merita mezzo punto più della valutazione espressa. ■ DRAMMATICO; COL.; 120′; USA, 1996.

VERSO IL SUD *(Goin' South)* ★★★
Regia di JACK NICHOLSON. Con CHRISTOPHER LLOYD, JACK NICHOLSON, MARY STEENBURGEN. ■ Un fuorilegge male in arnese si salva dall'impiccagione poiché, grazie a una legge in vigore, una donna accetta di sposarlo. La vita in comune non è facile soprattutto all'arrivo degli ex complici di lui, ma tutto si risolve con il riavvicinamento dei due sposi che scoprono di amarsi per davvero. ■ WESTERN; COL.; 109′; USA, 1978.

VERSO IL SUD *(Vers le sud)* ★★
Regia di LAURENT CANTET. Con MÉNOTHY CESAR, LOUISE PORTAL, CHARLOTTE RAMPLING, KAREN YOUNG. ■ Andare a sud, cantava Vinicio Capossela, a sud di noi, come fanno le tre splendide protagoniste di Laurent Cantet: Charlotte Rampling, Karen Young e Louise Portal. Rispettivamente Brenda, Ellen e Sue, tre turiste americane in "gita di piacere" ad Haiti sul finire degli an-

ni Settanta. Approdate a quella spiaggia da un passato confessato in prima persona alla macchina da presa, per quel passato cercano conforto tra le braccia di quello che oggi viene definito *jinetero* ("il cavalcatore"), una sorta di gigolo dei Caraibi. Una consolazione effimera, la loro, comprata da chi ha "fame" di venderla. Il sud di Brenda ed Ellen è incarnato da Legba, un giovane uomo color ebano che guadagna «cibo e sicurezza» smerciando «desiderio e amore». Legba è capace e ha stile, e i suoi guadagni gli permettono di mantenere se stesso e la vecchia madre. Entrambe invaghite fino a pensare di condurlo via con loro, le donne arriveranno a un feroce scontro finale, incapaci di riconoscere la vacuità del loro sogno sessuale. ■ DRAMMATICO; COL.; 105′; CANADA, FRANCIA, 2005.

VERSO LA CITTÀ DEL TERRORE ★★★
(A Tale of Two Cities)
Regia di RALPH THOMAS. Con DIRK BOGARDE, CHRISTOPHER LEE, DONALD PLEASENCE, ATHENE SEILER, DOROTHY TUTIN. ■ Durante la Rivoluzione francese, un nobile che vuol farsi passare per popolano viene scoperto e condannato a morte. Per amore di sua moglie, di cui è innamorato, un avvocato si fa uccidere al suo posto. ■ DRAMMATICO; B/N; 117′; GRAN BRETAGNA, 1958.

VERSO LA FELICITÀ *(Erotikon)* ★★★
Regia di MAURITZ STILLER. Con ANDERS DE WAHL, KARIN MOLANDER, TORA TAJE. ■ Lev, un entomologo, trascura per il suo lavoro la moglie Irene. Lei ha degli incontri galanti con il barone Felix e con Preben, uno scultore. Il dottore dal canto suo s'invaghisce di Marte sua nipote. Lev e Felix rischiano di arrivare a un duello e ormai il matrimonio è in crisi. All'epoca della sua uscita fece molto scalpore. ■ COMMEDIA; B/N; 84′; SVEZIA, 1920.

VERSO LA FELICITÀ *(Happiness Ahead)* ★★
Regia di MERVYN LE ROY. Con JOHN HALLIDAY, JOSEPHINE HUTCHINSON, DICK POWELL. ■ Una ricca ereditiera s'innamora di un giovanotto che non può sopportare la gente altolocata. Perciò, per non perdere il suo amore, si finge un'operaia come lui. La trama è sciocchereIla, ma le canzoni furono molto popolari all'epoca. ■ COMM. MUSICALE; B/N; 94′; USA, 1934.

VERSO L'AMORE *(Die Reise nach Tilsit)* ★★
Regia di VEIT HARLAN. Con KRISTINA SÖDERBAUM, FRITZ VAN DONGEN. ■ Un pescatore perde la testa per una villeggiante e pensa persino di uccidere la propria moglie. Questa, che lo ha compreso, si dichiara disposta al sacrificio, ma lui rinuncia e ottiene il suo generoso perdono. ■ DRAMMATICO; B/N; 92′; GERMANIA, 1939.

VERSO LA VITA *(Les bas fonds)* ★★★
Regia di JEAN RENOIR. Con JEAN GABIN, LOUIS JOUVET, SUZY PRIM, JUNIE ASTOR. ■ Due giovani si amano, ma la sorella di lei tenta di impedire questo rapporto. Il giovane uccide casualmente suo marito e dopo il processo, in cui non ha subìto alcuna condanna, parte con l'innamorata. ■ DRAMMATICO; B/N; 95′; FRANCIA, 1936.

VERSO LE COSTE DI TRIPOLI ★★★
(To the Shores of Tripoli)
Regia di BRUCE H. HUMBERSTONE. Con MAUREEN O'HARA, JOHN PAYNE, RANDOLPH SCOTT. ■ Rapporti difficili tra un severo ufficiale e un subalterno ribelle, che oltretutto ama sua nipote. Durante la guerra il ragazzo salva la vita al superiore, che si riconcilia definitivamente con lui. ■ GUERRA; COL.; 86′; USA, 1942. ■ OSCAR 1 NOM.

VERSO L'EDEN *(Eden à l'Ouest)* ★★
Regia di CONSTANTIN COSTA GAVRAS. Con ANNY DUPEREY, JULIANE KÖHLER, ANTOINE MONOT JR., RICCARDO SCAMARCIO, ULRICH TUKUR. ■ Elias è un giovane clandestino che si getta a mare nel momento in cui le motovedette della guardia costiera greca stanno per catturarlo. Approda sulla spiaggia dell'Eden, un villaggio di vacanze per turisti ricchi. Trovati degli abiti da inserviente viene scambiato per tale e richiesto di prestazioni. Le quali sono lavorative (facchino, idraulico) ma anche sessuali. Costretto a fuggire per non essere arrestato ha una meta precisa: Parigi. C'è modo e modo di affrontare il complesso tema dell'emigrazione clandestina. Quello scelto dal regista greco è il meno credibile. ■ DRAMMATICO; COL.; 111′; GRECIA, FRANCIA, ITALIA, 2009.

VERSO L'IGNOTO *(The Amazing Mrs. Holliday)* ★★★
Regia di BRUCE MANNING. Con DEANNA DURBIN, BARRY FITZGERALD, FRIEDA INESCORT, EDMOND O'BRIEN. ■ Il film racconta il viaggio avventuroso di una ragazza e otto bambini dalla Cina fino in America, in mezzo ai pericoli della guerra. Dopo numerose difficoltà, il gruppetto si salva. ■ COMMEDIA; B/N; 96′; USA, 1943. ■ OSCAR 1 NOM.

VERSO ORIENTE *(Kedma)* ★★★
Regia di AMOS GITAI. Con YUSSEF ABU WARDA, SANDY BAR, VERONICA NICOLE, HELENA YARALOVA. ■ Maggio 1948. Un vecchio cargo, la Kedma, scarica sulle coste della Palestina un gruppo di persone sopravvissute all'Olocausto e provenienti da ogni parte d'Europa. Vengono accolte dall'esercito clandestino israeliano che cerca di portarle verso un kibbutz. Ma bisogna fare i conti con gli inglesi che ancora occupano il territorio e con i palestinesi che non hanno alcuna intenzione di cedere una terra che ritengono sia la loro. Gitai torna ad affrontare il tema dell'edificazione dello Stato d'Israele dopo la prova, non del tutto riuscita, di *Eden*. Qui i ritmi sono più personali e l'assunto politico destinato a far discutere perché scontenterà tutti. I tempi del film sono lentissimi nella fase iniziale, con tutta la desolazione di mondi individuali che sono sopravvissuti all'inferno e sono in cerca di un paradiso che non si delinea come tale. ■ DRAMMATICO; COL.; 100′; FRANCIA, ISRAELE, ITALIA, 2002.

VERSO SERA ★★♉
Regia di FRANCESCA ARCHIBUGI. Con SANDRINE BONNAIRE, MARCELLO MASTROIANNI, LARA PRANZONI, GIOVANNA RALLI, ZOE INCROCCI. ■ Seconda opera cinematografica per la giovane Archibugi dopo l'esordio di *Mignon è partita*. Per certi versi più complesso del precedente, ma meno riuscito per l'apertura un po' manierata alla politica fine anni Settanta. Emerge ancora una volta la bravura di Mastroianni e, seppure in un ruolo ingrato, la Bonnaire se la cava molto bene. Ludovico Bruschi è un professore di stampo comunista che accoglie la nipotina nata dalla relazione del figlio con Stella, una ragazza militante nel movimento del 1977. La madre torna per prendersi la bambina ma Ludovico non vuole e tra i due adulti nasce un amore platonico, silenzioso. ■ COMMEDIA; COL.; 90′; ITALIA, 1990. ■ DAVID DI DONATELLO ♉ 2 PR, 2 NOM.

VERSO SUD ★★
Regia di PASQUALE POZZESSERE. Con STEFANO DIONISI, PIERFRANCESCO PERGOLI, ANTONELLA PONZIANI, TITO SCHIPA JR. ■ Opera d'esordio di Pozzessere, già collaboratore di Avati e Maselli, dopo un documentario che aveva destato molto interesse. Siamo a Roma e Paola è appena uscita di prigione dov'era finita per una piccola cosa. Non ha nessuno e il suo solo pensiero è per Chicco, il suo bimbo, quattordici mesi, che è in un istituto minorile. Conosce Eugenio, un piccolo ladro, e insieme cercano di fuggire con il bambino, dopo aver tentato di vivere tranquilli in una casa disabitata e aver cercato lavoro. Finale tragico. Abbastanza buona l'interpretazione, ma nella regia ci sono molte ingenuità e nella sceneggiatura alcuni vuoti. ■ DRAMMATICO; COL.; 88′; ITALIA, 1992. ■ DAVID DI DONATELLO 1 PR, 1 NOM.

VERTENZA INCONCILIABILE ★★
(Irreconciliable Differences)
Regia di CHARLES SHYER. Con DREW BARRYMORE, SHELLEY LONG, RYAN O'NEAL. ■ Una coppia di successo vive nello sfarzo senza dare vero affetto alla figlia impegnata com'è, dapprima a inseguire il dio Denaro e successivamente a combattere tramite avvocati per la separazione. La figlia citerà i propri stessi genitori in tribunale ottenendo di essere affidata all'amorevole governante. ■ DRAMMATICO; COL.; 113′; USA, 1984. ■ GOLDEN GLOBES 2 NOM.

VERTICAL LIMIT ★
Regia di MARTIN CAMPBELL. Con SCOTT GLENN, CHRIS O'DONNELL, BILL PAXTON, IZABELLA SCORUPCO, ROBIN TUNNEY. ■ Peter e Annie Garret sono fratello e sorella. Non hanno più rapporti da quando un incidente di montagna ha profondamente mu-

tato le loro vite. Peter ha dovuto tagliare la corda che sosteneva il padre per salvarsi con Annie. Da allora lei è diventata guida alpina e lui si è occupato di fotografia. Si ritrovano perché Annie rimane intrappolata in una grotta a 8000 metri insieme a un collega e a un miliardario megalomane. Peter organizza una spedizione per salvarli. Il regista è sicuramente abituato agli effetti speciali e qui lo dimostra ancora una volta sulle cime del Monte Cook (Nuova Zelanda) chiamato a sostituire il K2. La gru sospesa nel vuoto per le riprese più vertiginose lo dimostra. Un film però ha bisogno (come tutti sanno) di una sceneggiatura e questa manca del tutto. ■ AZIONE; COL.; 126′; USA, 2000.

VERTIGINE ★★
Regia di GUIDO BRIGNONE. Con BENIAMINO GIGLI, CAMILLA HORN. ■ Una ragazza crede che il fidanzato la tradisca e lo abbandona. Per salvarlo dai debiti sacrifica una grossa somma, ma le numerose emozioni le sono fatali. ■ DRAMMATICO; B/N; 93′; ITALIA, 1941.

VERTIGINE *(Laura)* ★★★★
Regia di OTTO PREMINGER. Con DANA ANDREWS, VINCENT PRICE, GENE TIERNEY, CLIFTON WEBB. ■ Qualcuno ha ucciso la bellissima Laura Hunt, sparandole al viso. Il tenente Mark McPherson inizia le indagini facendo visita a Waldo Lydecker, ironico e raffinato scrittore, artefice del successo di Laura come pubblicitaria. Mark non tarda a scoprire la rivalità tra l'attempato Waldo e il giovane bellimbusto Shelby Carpenter, fidanzato della vittima. Apprende inoltre che Carpenter frequentava anche la ricca Ann e la modella Diane. Grazie ai dettagliati racconti di Waldo e a un ritratto appeso in casa di Laura, il rude poliziotto resta affascinato dalla donna su cui indaga. Grande è la sua sorpresa quando Laura, viva e ignara di tutto, torna nel proprio appartamento. Si tratta ora di chiarire se l'assassino abbia commesso un errore, uccidendo Diane al posto di Laura, o se proprio quest'ultima abbia organizzato la morte della rivale preparandosi un alibi perfetto. Provocatorio e aggressivo, Mark scatena le reazioni dei sospetti e riesce a intervenire quando l'assassino cerca di colpire nuovamente. Felice combinazione di diversi elementi, dalla trama di Vera Caspary al tema musicale di David Raskin, il film deve molto agli interpreti. Gene Tierney sfrutta al meglio l'occasione per diventare una diva. Dana Andrews lascia sgretolare la sua durezza per mostrarsi sentimentale. Clifton Webb, voluto dal regista, tratteggia il gentiluomo colto e snob che, con diverse varianti, porterà altre volte sullo schermo. Espressa in modo implicito, la tensione del desiderio per Laura è comunque evidente, tanto da parte di Waldo, cui è concesso di possederla solo intellettualmente, quanto da parte di Mark, che riesce a conquistarla dopo l'ambigua violenza morale dell'interrogatorio. Preminger conduce il gioco con una narrazione rapida ed essenziale. ■ POLIZIESCO; B/N; 88′; USA, 1944. ■ OSCAR 1 PR, 5 NOM.

VERTIGINE *(Marjorie Morningstar)* ★★★
Regia di IRVING RAPPER. Con GENE KELLY, EVERETT SLOANE, CLAIRE TREVOR, NATALIE WOOD. ■ A New York un'ambiziosa ragazza ebrea si innamora di un dongiovanni che per qualche tempo la corteggia, quindi la abbandona per tornare al suo mondo. La giovane si unirà all'uomo che l'ha sempre attesa, rassegnandosi a una vita piatta e priva di imprevisti. ■ COMMEDIA; COL.; 123′; USA, 1958. ■ OSCAR 1 NOM.

VERTIGINE BIANCA *(Lady, Let's Dance)* ★★
Regia di FRANK WOODRUFF. Con BELITA, JAMES ELLISON. ■ Una pattinatrice olandese fa fortuna in America e diventa stella di prima grandezza. Il suo mecenate torna invalido dalla guerra e i due scoprono di amarsi ancora. ■ SENTIMENTALE; B/N; 83′; USA, 1946.

VERTIGINE BIANCA ★★
Regia di GIORGIO FERRONI. ■ Il documentario è una raccolta di filmati delle Olimpiadi invernali del 1956 di Cortina d'Ampezzo. ■ DOCUMENTARIO; COL.; 92′. 1; ITALIA, 1956.

VERTIGINE D'AMORE ★★
Regia di LUIGI CAPUANO. Con ELLI PARVO, CHARLES VANEL. ■ Una giovane sposa, controvoglia, uno spasimante. Tempo dopo l'uomo che ama ritorna, e poiché nel frattempo il marito è morto, essi si riuniscono. ■ DRAMMATICO; B/N; 93′; ITALIA, 1948.

VERTIGINE DI UNA NOTTE *(Vertige d'un soir)* ★★
Regia di VICTOR TOURJANSKY. Con GABY MORLAY, CHARLES VANEL. ■ Una donna tradisce il marito e questi cerca di indurla a confessare. Lei preferisce gettarsi sotto un'auto, ma viene salvata e si riunisce al coniuge. ■ DRAMMATICO; B/N; 94′; FRANCIA, 1936.

VERTIGINE PER UN ASSASSINO ★★
Regia di JEAN-PIERRE DESAGNAT. Con MARCEL BOZZUFFI, MICHEL CONSTANTIN, SYLVA KOSCINA. ■ Un malvivente fugge dai complici e incappa in una donna che vuole addossargli l'assassinio di un uomo. Lui la uccide, ma non sfugge ai nemici. ■ DRAMMATICO; COL.; 95′; ITALIA, 1970.

VERUSCHKA – POESIA DI UNA DONNA ★★
Regia di FRANCO RUBARTELLI. Con GIANNI DE LUIGI, LUIGI PISTILLI, VERUSCHKA. ■ Una fotomodella è stanca del lavoro e dell'amante, che dopo ogni discussione torna dalla moglie. Si reca in Germania a cercare l'amore della sua infanzia. L'amante la raggiunge e la riporta indietro, ma durante il viaggio entrambi muoiono in un incidente. ■ DRAMMATICO; COL.; 92′; ITALIA, 1971.

VESNA VA VELOCE ★★
Regia di CARLO MAZZACURATI. Con ANTONIO ALBANESE, SILVIO ORLANDO, TEREZA ZAJICKOVA. ■ Vesna, ventunenne ceca, si allontana dalla sua comitiva e rimane a Trieste con la precisa intenzione di fare la prostituta. Dopo le prime difficoltà iniziali i soldi cominciano ad arrivare. Gli incontri con gli uomini sono tutt'altro che dolorosi, l'unico che la tratta male (anzi, malissimo, le dà una coltellata) è un magnaccia jugoslavo. La soccorre il mite Antonio (Albanese) che si innamora di lei. Dopo una breve convivenza con qualche dolcezza reciproca, la ragazza preferisce continuare la sua vita. Trovata senza passaporto, fugge per non essere rimpatriata, e finisce sotto un camion. Film iporealista con qualche buona idea (carrellate sulle vetrine del consumo per esempio) ma con gravi mancanze di sceneggiatura e malamente servito dalla colonna sonora (Jan Garbarek). Niente è ben definito e non si capisce quale sia la tesi del film: la ragazza non è vittima innocente di alcun sistema, è perfettamente consapevole di quello che fa. Film assolutamente rappresentativo del movimento del cinema italiano tipico degli anni Novanta, socialmente velleitario e limitato a una triste e sterile denuncia senza la minima proposta. Storie povere e d'attualità rappresentate da soli caratteristi. ■ DRAMMATICO; COL.; 92′; ITALIA, 1996. ■ VENEZIA 1 PR.

VESPA E LA REGINA, LA ★
Regia di ANTONELLO DI LEO. Con CLAUDIA GERINI, LUIGI PETRUCCI, PERE PONCE. ■ Non solo Nuti, annusando l'aria dei tempi, pesca nell'omosessualità femminile. Altrettanto fa Di Leo, con un successo minore. Gerini, tra *Tutti gli uomini del deficiente* e questa Vespa, non punge, ma, piuttosto, si punge con scelte sbagliate. ■ COMMEDIA; COL.; 93′; ITALIA, 1999.

VESPRO SICILIANO ★★
Regia di GIORGIO PASTINA. Con MARINA BERTI, CLARA CALAMAI, ROLDANO LUPI. ■ Storia d'amore a lieto fine nella Sicilia duecentesca dominata dai francesi. Il popolo si ribella e uccide l'usurpatore, mentre un'eroina si sacrifica. ■ STORICO; B/N; 90′; ITALIA, 1949.

VESSILLO ROSSO *(Red Ensign)* ★★★
Regia di MICHAEL POWELL. Con LESLIE BANKS, CAROL GOODNER, FRANK VOSPER. ■ Una delle prime opere del grande regista inglese Michael Powell che ultimamente è stato oggetto di attenzione da parte dei critici e dei cinefili di tutto il mondo. La Rai ha così pensato di doppiare e trasporre in un ciclo alcuni film inediti nel nostro paese. Qui si narra con un taglio avvincente e psicologico della lotta tra due armatori, entrambi intenzionati a conquistare il mercato con la costruzione di un nuovo modello di nave. ■ DRAMMATICO; B/N; 92′; GRAN BRETAGNA, 1934.

VESTALE DI SATANA, LA *(Le rouge aux levres)* ★★
Regia di HARRY KÜMEL. Con JOHN KARLEN, DELPHINE SEYRIG. ■ Una bella vampira seduce una giovane sposa che, dopo la

morte accidentale dell'amante, ne seguirà le orme. ■ HORROR; COL.; 94′; BELGIO, 1971.

VESTIRE GLI IGNUDI ★★

Regia di MARCELLO PAGLIERO. Con GABRIELE FERZETTI, ELEONORA ROSSI DRAGO. ■ Una giovane diventa amante del suo padrone e, cacciata di casa, tenta di uccidersi. Uno scrittore la salva e inutilmente la dissuade da un nuovo tentativo di suicidio. ■ DRAMMATICO; B/N; 104′; ITALIA, 1954.

VESTITI NUOVI DELL'IMPERATORE, I ★★★
(The Emperor's New Clothes)

Regia di ALAN TAYLOR. Con IBEN HJEJLE, IAN HOLM, TOM MCINNERNY, NIGEL TERRY, TOM WATSON. ■ Sant'Elena, 1821. Napoleone non vede l'ora di abbandonare l'esilio forzato che lo costringe all'inattività. Grazie all'individuazione di un suo sosia si decide per un'accurata messinscena basata sullo scambio di identità. Ma le cose non vanno come sperato: l'imperatore arriverà a Parigi, ma in modo del tutto anonimo e solitario. Avrà così inizio una sua relazione con una venditrice di meloni, sempre nell'attesa del giorno della riscossa, che, a causa di un evento accaduto a Sant'Elena, sembra destinato a non giungere mai. Più che Napoleone è la vita quotidiana dell'epoca ad essere la protagonista della divertente pellicola. Taylor, però, sembra più a suo agio con l'età contemporanea e, a causa forse dell'autorevolezza del grande Ian Holm, è quasi timoroso nei confronti della materia che ha a disposizione. Questo non diminuisce i pregi di un film piacevole e ben confezionato, ma riduce di fatto le potenzialità di una sceneggiatura che altri, ad esempio un Terry Gilliam, avrebbero sviluppato con maggiore coraggio visivo. ■ COMMEDIA; COL.; 105′; GRAN BRETAGNA, 2001. ■ GOLDEN GLOBES 1 NOM; OSCAR 1 NOM.

VESTITO, IL *(De Jurk)* ★★★

Regia di ALEX VAN WARMERDAM. Con KHALDOUN ELMECKY, HENRI GARCIN, ARIANE SCHLUTER, FRANS VORSTMAN. ■ Un bel vestito estivo a fiori spinto dal vento finisce nel giardino di un'anziana signora e poi sul corpo di una giovane e bella fidanzata di un pittore, di un controllore delle ferrovie, di un autista di autobus. Di una fanciulla di nome Chantal e anche della barbona Marie. Nel bene e nel male l'abito cambierà la vita di un gruppo di persone. Originale e ironico film sull'esistenza, non privo di una comicità surreale alla Tati e alla Keaton. ■ COMMEDIA; COL.; 98′; OLANDA, 1996.

VESTITO CHE UCCIDE *(I'm Dangerous Tonight)* ★★

Regia di TOBE HOOPER. Con MADCHEN AMICK, DAISY HALL, COREY PARKER, ANTHONY PERKINS. ■ C'è un antico mantello appartenuto agli Aztechi che ha strani poteri. Chi lo indossa ha più di un problema serio. Se però glielo rubano, come accade in questo caso, i problemi passano agli altri. Il regista di *Poltergeist* e *SpaceVampires* è sempre all'altezza. ■ HORROR; COL.; 88′; USA, 1990.

VESTITO DA SPOSA, IL ★

Regia di FIORELLA INFASCELLI. Con PIERA DEGLI ESPOSTI, ANDREA DI STEFANO, SALVATORE LAZZARO, PIERPAOLO LOVINO, MAURO MARCHESE, MAYA SANSA. ■ Stella esce dall'atelier dove stanno confezionando il vestito per il suo matrimonio e viene violentata da quattro uomini. I suoi progetti, assieme con la sua vita, crollano. Passano i mesi e Stella, tornata alla vita, incontra per caso il padrone dell'atelier. Tra i due nasce una storia d'amore. Ma... vi lasciamo immaginare cosa dovrà scoprire la giovane donna in questo film che manda allo sbaraglio una sempre brava Maja Sansa senza lasciare però allo spettatore altra soddisfazione che ammirarne i talenti qui sprecati. ■ DRAMMATICO; COL.; 100′; ITALIA, 2004.

VESTITO PER UCCIDERE *(Dressed to Kill)* ★★★

Regia di BRIAN DE PALMA. Con NANCY ALLEN, MICHAEL CAINE, ANGIE DICKINSON. ■ Una delle pazienti di un noto psicanalista viene uccisa sotto gli occhi di una ragazza-squillo, ingiustamente sospettata del delitto. Insieme con il figlio della vittima, la testimone smaschererà il maniaco omicida. Thriller hitchcockiano, girato benissimo, ma con troppe svirgolate horror. ■ HORROR; COL.; 105′; USA, 1980.

VESTITO PER UN CADAVERE, UN *(The Busy Body)* ★★

Regia di WILLIAM CASTLE. Con ANNE BAXTER, SID CAESAR, ROBERT RYAN. ■ Funerale di un gangster. Ma il vestito con cui il defunto è messo nella bara è imbottito con un milione di dollari. Si scatena una caccia al tesoro, che coinvolge soprattutto un poveraccio del tutto ignaro dell'esistenza del grisbi. William Castle, che s'era fatto un nome nell'horror attorno al 1960, tenta l'umorismo nero riducendo un giallo di Donald Westlake (un autore invariabilmente maltrattato dal cinema). Ma s'affida a un comico mediocre come Caesar, e lascia in disparte macchine di divertimento come Richard Pryor e Dom de Luise. ■ GIALLO; COL.; 90′; USA, 1967.

VESTITO STRAPPATO, IL *(The Tattered Dress)* ★★

Regia di JACK ARNOLD. Con JACK CARSON, JEFF CHANDLER, JEANNE CRAIN. ■ Durante un processo, si sviluppa una forte rivalità fra l'avvocato difensore e lo sceriffo, che accusa l'uomo di aver corrotto un giurato. Ma il legale è innocente e riuscirà a dimostrarlo proprio dopo l'uccisione dello sceriffo da parte del giurato stesso. ■ DRAMMATICO; B/N; 93′; USA, 1957.

VESUVIANI, I ★

Regia di ANTONIO CAPUANO, PAPPI CORSICATO, ANTONIETTA DE LILLO, STEFANO INCERTI, MARIO MARTONE. Con ANNA BONAIUTO, RENATO CARPENTIERI, IAIA FORTE, ENZO MOSCATO. ■ Cinque registi del cinema napoletano alle prese con episodi di vita tra il reale e il fantastico. *Sofialorén* di Antonio Capuano: un pescatore alle prese con un polipo tramutatosi in donna. *La stirpe di Iana* di Pappi Corsicato: una banda di motocicliste inneggiano alla dea Iana. *Maruzzella* di Antonietta De Lillo: un travestito abita in un cinema porno. *Il diavolo nella bottiglia* di Stefano Incerti: un barbone è in possesso di una bottiglia dagli strani poteri. *La salita* di Mario Martone: il sindaco di Napoli si arrampica sul Vesuvio. Non riuscito, tristemente. ■ EPISODI; COL.; 125′; ITALIA, 1997.

VETTURALE DEL MONCENISIO, IL ★★

Regia di GUIDO BRIGNONE. Con ELISA CEGANI, ROLDANO LUPI. ■ Nell'Ottocento un vetturale viene creduto morto e sua moglie si risposa con un nobile. Questi trama per entrare in possesso di una grossa eredità, ma viene smascherato e si uccide. Il vetturale ritrova la moglie e la figlia. ■ DRAMMATICO; B/N; 92′; ITALIA, 1956.

VETTURALE DEL SAN GOTTARDO, IL ★★

Regia di IVO ILLUMINATI. Con LEONARDO CORTESE, MARIELLA LOTTI, GIORGIO COSTANTINI. ■ La storia del traforo del San Gottardo, a cui si intreccia una vicenda d'amore. ■ DRAMMATICO; B/N; 93′; ITALIA, 1942.

VEXILLE ★★★

Regia di FUMIHIKO SORI. ■ 2077. Da 10 anni il Giappone ha abbandonato l'ONU perché contrario alle limitazioni che l'organismo internazionale poneva alla sperimentazione sugli androidi. Da allora l'arcipelago nipponico è divenuto impenetrabile, grazie a un campo magnetico che impedisce a qualsiasi satellite di vedere cosa accade sul suo territorio. Gli Stati Uniti sono ormai convinti che la sperimentazione abbia abbondantemente superato qualsiasi limite accettabile e, pur mantenendo relazioni ufficiali, inviano in Giappone una forza speciale, la SWORD, incaricata di neutralizzare la centrale di produzione degli androidi. Fumihiko Sori pone un maggiore accento sul versante politico della narrazione nonché sulla continua sperimentazione del digitale, che offre effetti davvero strabilianti Vexille ha molti debiti con *Blade Runner* per quanto riguarda il rapporto umanità/macchina ma, soprattutto, ci offre due protagoniste (Vexille e Maria) che si confrontano, da posizioni diverse, con i deliri di potenza di un Paese, destinati a mettere in crisi l'equilibrio mondiale nonché le basi dell'etica. Riuscire ad affrontare questi temi di assoluta attualità mantenendo alto il livello spettacolare è un merito non secondario. ■ ANIMAZIONE; COL.; 109′; GIAPPONE, 2007.

VIA CASTELLANA BANDIERA ★★

Regia di EMMA DANTE. Con DARIO CASAROLO, ELENA COTTA, EMMA DANTE, RENATO MALFATTI, ALBA ROHRWACHER. ■ Samira ha tanti anni e un dolore grande: ha perso sua figlia, uccisa dal cancro e da una vita tribolata nella periferia di Palermo. Da sette anni la ritrova in un cimitero assolato e desolato, dove sfama cani e cuccioli prima di riprendere la strada di casa alla guida della sua Punto e a fianco di un genero ostile. Rosa ha una madre da lasciare andare e un passato da dimenticare a Palermo, dove accompagna Clara, la donna amata, al matrimonio di un comune amico. Inquieta e infastidita da una città da cui è fuggita anni prima, infila via Castellana Bandiera, una strada stretta e a doppio senso di marcia. In direzione ostinata e contraria arriva Samira e chiede il passo per raggiungere la sua casa a pochi metri dall'impasse. Contrariata e altrettanto risoluta, Rosa è decisa a mantenere la posizione. Irriducibili sotto il sole tenace di Palermo, Samira e Rosa si affronteranno in un duello che non contempla resa e retromarcia. Emma Dante, regista teatrale che debutta al cinema, elude 'giustificazioni' o allineamenti, decidendo per il dicotomico senza stabilire una vittoria di una parte sull'altra o affermare quello che è giusto su quello che invece è avvertito come inopportuno. Disagio e inesorabilità si distribuiscono frontalmente e si incarnano in donne incapaci di qualsiasi ricognizione, di qualsiasi compassione, di qualsiasi ripresa. Confronto tragico e lontano da qualsiasi purezza eroica, l'opera prima di Emma Dante ci lascia testimoni muti e agghiacciati. Impossibilitati a intervenire inserendo la retromarcia per evitare la deriva e liberare la strada a un "paese" bloccato e incapace di ripartire. Se non in direzione della collisione e del suo esito sciagurato. Coppa Volpi alla Mostra di Venezia 2013 a Elena Cotta. ■ DRAMMATICO; COL.; 90'; ITALIA, SVIZZERA, FRANCIA, 2013.

VIACCIA, LA ★★★

Regia di MAURO BOLOGNINI. Con JEAN-PAUL BELMONDO, CLAUDIA CARDINALE, ROMOLO VALLI. ■ Alla fine dell'Ottocento, in Toscana, un giovane si innamora di una prostituta. Una sera viene mortalmente ferito da un amico della ragazza e, invece di rimanere all'ospedale, la raggiunge. Lei non si fa trovare, e il giovane si lascia morire. ■ DRAMMATICO; B/N; 106'; ITALIA, 1961.

VIA COL... PARAVENTO ★★

Regia di MARIO COSTA. Con MAURIZIO ARENA, MEMMO CAROTENUTO, JANET VIDOR. ■ Pur di allestire una rivista tre compari accettano soldi da un gangster. La sera della prima succede il finimondo, ma è proprio l'intervento del bandito a decretare il successo dello spettacolo. ■ COMMEDIA; B/N; 92'; ITALIA, 1958.

VIA COL VALZER ★★

Regia di HAROLD FRENCH. Con PATRICIA DAINTON, GISÈLE PRÉVILLE, DENNIS PRICE. ■ Poco prima della grande guerra, una cantante, benché aspetti un bambino, abbandona il giovane amante a causa di un equivoco, poi accetta di sposare un devoto ammiratore. Anni dopo i tre si ritrovano, ma proseguono ciascuno per la propria strada. ■ MUSICALE; COL.; 96'; GRAN BRETAGNA, 1950.

♥ VIA COL VENTO *(Gone with the Wind)* ★★★★★🏆

Regia di VICTOR FLEMING. Con OLIVIA DE HAVILLAND, CLARK GABLE, LESLIE HOWARD, VIVIEN LEIGH, HATTIE MCDANIEL, THOMAS MITCHELL. ■ Rossella O'Hara è innamorata di Ashley che sposa Melania. Crederà di amarlo per tutta la vita. Nel frattempo si sposa tre volte. L'ultimo marito è Rhett Butler (Gable). La loro vita è inquinata dal fantomatico amore di lei per l'altro. Quando muore Melania e Ashley sarebbe libero, Rossella si rende conto che l'uomo non significa niente per lei, che è stata vittima di un colossale abbaglio, che il suo vero amore è il marito. Lo rincorre e glielo dice, ma Rhett non le crede, ormai è troppo tardi. «Che ne sarà di me?», domanda Rossella piangente. «Francamente me ne infischio», dice Rhett uscendo nella nebbia. Nel frattempo c'è stata la guerra di secessione. Il Sud ha perso e tutto il suo mondo è crollato. È il film che ha avuto più spettatori nella storia del cinema. Tre milioni e mezzo di dollari di investimento nel 1939. Tratto dal massimo best seller dell'epoca, opera di Margareth Mitchell, venne prodotto da David Selznick che ne fu autore e padrone, cambiando ben tre registi (Cukor, Wood e Fleming). Tutta la produzione fu all'insegna del "gigantesco" e della cura assoluta di ogni particolare: il miglior architetto, Manzies; il miglior stilista, Plunkett; il miglior sceneggiatore, Howard; il miglior fotografo, Haller; e il miglior compositore, Steiner. Tutti premi Oscar. La ricerca della protagonista divenne un caso nazionale. Dopo aver costretto tutte le grandi dive hollywoodiane a un provino, Selznick scelse la quasi sconosciuta Vivian Leigh, che veniva dall'Inghilterra. La troupe lavorò al film quasi un anno e mezzo e la "prima" avvenne ad Atlanta, teatro di gran parte della vicenda, nel dicembre del 1939. Erano presenti gli ultimi, decrepiti, reduci della guerra civile. Il film fu subito un trionfo. Tutta l'America e poi tutto il mondo lo videro. In Italia arrivò nel 1949. *Via col vento* è un'opera perfetta, è quello che vuole essere, una "grande evasione" di qualità. Spettacolo, interpretazione, ricostruzione, storia, musica, sceneggiatura: tutto funziona. Film per la famiglia, di buoni contenuti didattici, ha creato una serie di "precedenti di immagine" che fanno parte della comunicazione e della cultura del Novecento: la grinta ironica di Gable, quella capricciosa di Vivian, il gesto compassato di Howard, la dolcezza a oltranza della de Havilland, il buon senso e l'ingombro di Mamie (la McDaniels, primo attore di colore premiato con l'Oscar). Tutti "segnali" che fanno parte delle abitudini di diverse generazioni di occidentali. Come alcuni grandi titoli del cinema, e forse più di tutti, *Via col vento* è qualcosa più di un film. È un vecchio amico, una cara abitudine. Proposto in tivù più volte ha sempre mantenuto un gradimento alto e costante, competendo coi grandi titoli del momento. Negli anni Settanta in Italia si tentò di ridoppiarlo per ricomporre un linguaggio che si diceva superato (i neri dicono ancora "badrone", fra le altre cose). Gable fu doppiato dal povero Vannucchi. Un disastro. *Via col vento* va bene così. Lasciamolo stare. ■ DRAMMATICO; COL.; 222'; USA, 1939. ■ OSCAR 🏆 9 PR, 13 NOM.

VIA CONVENTO *(Me and my Pal)* ★★★

Regia di HAL ROACH. Con OLIVER HARDY, STAN LAUREL. ■ Il film si compone di tre episodi: nel primo Stanlio manda a monte il matrimonio di Ollio; nel secondo i due ubriacano involontariamente una donna; nel terzo Stanlio viene accusato di furto, ma riesce a discolparsi. ■ COMICO; B/N; 85'; USA, 1947.

VIA DA LAS VEGAS *(Leaving Las Vegas)* ★★★

Regia di MIKE FIGGIS. Con NICOLAS CAGE, JULIAN SANDS, ELISABETH SHUE. ■ Ben, alcolizzato quasi terminale, giustamente licenziato, va a Las Vegas per suicidarsi con l'alcool. Incontra Sara, prostituta disperata e masochista. Le loro miserie sono un ottimo collante. Si frequentano, si sostengono, stanno male insieme, non "consumano", perché lui proprio non ce la fa. Ci riesce all'ultimo momento, prima di morire. Buon film enfatizzato dagli americani, immeritatamente. Va detto che l'interpretazione di Cage, che gli ha dato addirittura l'Oscar, è il solito esercizio accademico e non difficilissimo di un attore in una parte sopra le righe, un ruolo che gli americani hanno sempre preso molto sul serio (basti ricordare Ray Milland, premio Oscar in *Giorni perduti*). ■ DRAMMATICO; COL.; 110'; USA, 1996. ■ GOLDEN GLOBES 1 PR, 4 NOM; OSCAR 1 PR, 4 NOM.

VIA DALLA PAZZA FOLLA ★★★★
(Far from the Madding Crowd)

Regia di JOHN SCHLESINGER. Con ALAN BATES, JULIE CHRISTIE, PETER FINCH, TERENCE STAMP. ■ Nella campagna inglese dell'Ottocento una ragazza è amata e contesa da tre uomini: un pastore, un fittavolo e un militare. Sceglie quest'ultimo, che tempo dopo l'abbandona facendole credere di essere morto. Quando ritorna, sua moglie sta per fidanzarsi col fittavolo, che lo uccide. Rimane il pastore che l'ha sempre amata, al quale la donna andrà in sposa. ■ DRAMMATICO; COL.; 169'; GRAN BRETAGNA, 1967. ■ OSCAR 1 NOM.

VIA DALL'INCUBO *(Enough)* ★

Regia di MICHAEL APTED. Con BILL CAMPBELL, JULIETTE LEWIS, JENNIFER LOPEZ, NOAH WYLE. ■ Slim lavora come cameriera in uno squallido bar di un paesino del Kansas. Incontra l'anima gemella in Mitch, affascinante e ricchissimo imprenditore edile: lo sposa, vive da signora, è moglie e mamma felice. Ma l'inferno è in agguato: quando Slim gli rinfaccia una scappatella sentimentale, Mitch si rivela un violento prevaricatore. ■ THRILLER; COL.; 100'; USA, 2002.

VIA DEGLI ANGELI, LA ★★

Regia di PUPI AVATI. Con GIANNI CAVINA, VALENTINA CERVI,

CARLO DELLE PIANE, ELIANA MIGLIO. ■ Questo film di Avati gronda retorica da ogni inquadratura. Retorici sono i volti e le espressioni degli interpreti, dal triste Cavina allo stralunato Carletto Delle Piane. Triste il paesaggio appenninico che fa da location alla storia. Galleria di ritratti di famiglia che dovrebbe piacere a tutti i costi. E invece non piace. ■ COMMEDIA; COL.; 122′; ITALIA, 1999.

VIA DEGLI SPECCHI ★
Regia di GIOVANNA GAGLIARDO. Con MILVA, HEINZ BENNENT, NICOLE GARCIA. ■ Una donna-giudice viene incaricata di fare luce sulla morte di una ragazza buttatasi dalla terrazza. Viene così a scoprire la relazione di suo marito con lei, e la sua responsabilità per la sua morte. Interrogando la dirimpettaia della suicida, litiga con lei, e anche questa farà la stessa fine. Ormai la donna e il marito sono accomunati nelle stesse responsabilità. ■ DRAMMATICO; COL.; 90′; ITALIA, 1982.

VIA DEI BABBUINI, LA ★★
Regia di LUIGI MAGNI. Con PIPPO FRANCO, FABIO GARRIBA, CATHERINE SPAAK. ■ Una giovane donna parte per l'Africa per assistere il padre gravemente ammalato. Dopo la sua morte, invece di rientrare in patria si unisce a un tipo stravagante che vive poveramente; scomparso drammaticamente il nuovo amico, si rifiuta di tornare col marito (che l'ha raggiunta) per seguire la "via dei babbuini", simbolo del ritorno alla natura. ■ COMMEDIA; COL.; 110′; ITALIA, 1974.

VIA DEI BRILLANTI, LA *(27 rue de la Paix)* ★★★
Regia di RICHARD POTTIER. Con JULES BERRY, SUZY PRIM. ■ Un pittore viene accusato di aver ucciso una modella. Una fanciulla lo aiuta a provare la sua innocenza, e dopo il divorzio dell'uomo dalla moglie lo sposa. ■ DRAMMATICO; B/N; 100′; FRANCIA, 1937.

VIA DEI GIGANTI, LA *(Union Pacific)* ★★★
Regia di CECIL B. DE MILLE. Con BRIAN DONLEVY, JOEL MCCREA, LYNNE OVERMAN, ROBERT PRESTON, ANTHONY QUINN, BARBARA STANWYCK, AKIM TAMIROFF. ■ Durante i difficili e sanguinosi lavori di costruzione della ferrovia tra l'Atlantico e il Pacifico si svolge la storia d'amore tra la figlia di un macchinista e un sorvegliante. La ragazza sposa un bandito per salvare l'amato, e quando il marito muore ucciso dai suoi uomini, i due si riuniscono. ■ AVVENTURA; B/N; 135′; USA, 1939. ■ OSCAR 1 NOM.

VIA DEI POMPIERI N. 25 *(Tuzoltò utca 25)* ★★★★
Regia di ISTVÁN SZABÓ. Con RITA BÉKÉS, LUCYNA WINICKA. ■ Budapest, antico quartiere Ferencvaros. Gli abitanti di un caseggiato prossimo alla demolizione non riescono a prendere sonno nella canicola agostana e allora pensano al loro passato. Rivivono le delusioni, le angosce, le speranze e guardano disincantati al presente difficile e tormentato. Con l'alba giunge la fine delle fantasticherie e si avvia un nuovo giorno. Sarà uguale agli altri? In questo film corale, attraverso lo scavo nella quotidianità Szabó recupera la dimensione della storia di una nazione dalle vicende travagliatissime. Degni di menzione sia la fotografia sia le musiche originali. ■ DRAMMATICO; COL.; 95′; UNGHERIA, 1974.

VIA DELLA DROGA, LA ★★
Regia di ENZO GIROLAMI CASTELLARI. Con DAVID HEMMINGS, FABIO TESTI. ■ Un agente della sezione antidroga riesce a conquistarsi la fiducia di un grosso spacciatore, ma al momento decisivo non può contare sull'aiuto dei compagni e deve battersi da solo. Un prodotto eminentemente commerciale. ■ DRAMMATICO; COL.; 91′; ITALIA, 1972.

VIA DELLA FELICITÀ, LA *(Umwege zum Glück)* ★★
Regia di FRANZ PETER BUCH. Con EWALD BALSER, LIL DAGOVER. ■ Una moglie trascurata non riesce a tradire il marito che, venuto a conoscenza dell'episodio, medita sul proprio comportamento e si riavvicina a lei. ■ COMMEDIA; B/N; 94′; GERMANIA, 1939.

VIA DELLA GLORIA, LA *(The Way Ahead)* ★★★
Regia di CAROL REED. Con WILLIAM HARTNELL, STANLEY HOLLOWAY, RAYMOND HUNTLEY, DAVID NIVEN. ■ Una buona pellicola di propaganda che narra la storia di una pattuglia inglese, dapprima divisa dalle diversità di cultura, caratteri, educazione, quindi unita nella difesa della patria. ■ GUERRA; B/N; 115′; GRAN BRETAGNA, 1944.

VIA DELLA MORTE *(Side Street)* ★★★
Regia di ANTHONY MANN. Con JAMES CRAIG, FARLEY GRANGER, CATHY O'DONNELL. ■ Un reduce sottrae del denaro per assicurare serenità alla moglie e al figlioletto. Il derubato, un ricattatore, tenterà di rientrarne in possesso. Tragedia finale. ■ POLIZIESCO; B/N; 83′; USA, 1949.

VIA DELLA PROSTITUZIONE, LA ★★
Regia di JOE D'AMATO. Con ELY GALLEANI, LAURA GEMSER, GABRIELE TINTI. ■ Emmanuelle, una giornalista di colore, indaga sulla prostituzione nel mondo e spinge la sua "professionalità" fino a diventare prostituta ella stessa. ■ EROTICO; COL.; 90′; ITALIA, 1977.

VIA DELLA TAVERNA 23 *(The Rat)* ★★
Regia di JACK RAYMOND. Con RUTH CHATTERTON, ANTON WALBROOK. ■ Una ragazza si innamora del padre adottivo. Durante una sua assenza uccide per legittima difesa: il tribunale la condanna a una pena molto mite. ■ DRAMMATICO; B/N; 72′; GRAN BRETAGNA, 1937.

VIA DELLE CINQUE LUNE ★★
Regia di LUIGI CHIARINI. Con LUISELLA BEGHI, ANDREA CHECCHI, OLGA SOLBELLI, TERESA FRANCHINI. ■ Drammatica vicenda di una fanciulla che, scoprendo la madre in atteggiamento inequivocabile col proprio fidanzato, ne muore. ■ DRAMMATICO; B/N; 81′; ITALIA, 1942.

VIA DELLE STELLE, LA *(Star Dust)* ★★★
Regia di WALTER LANG. Con LINDA DARNELL, CHARLOTTE GREENWOOD, JOHN PAYNE, ROLAND YOUNG. ■ Un ex attore, dopo aver inutilmente esortato una ragazza a non seguire la strada del cinema, irta di difficoltà e delusioni, l'aiuta ad affermarsi. ■ COMMEDIA; B/N; 85′; USA, 1940.

VIA DELL'IMPOSSIBILE, LA *(Topper)* ★★★★
Regia di NORMAN Z. MCLEOD. Con CONSTANCE BENNETT, BILLIE BURKE, CARY GRANT, ALAN MOWBRAY, EUGENE PALLETTE, ROLAND YOUNG. ■ Una ricca e giovane coppia muore in un incidente d'auto, ma i due, rimasti sulla terra sotto forma di spiriti con la possibilità di rendersi invisibili, decidono di far gustare la vita a un loro amico, un timido e inibito direttore di banca di mezza età, Cosmo Topper. Riusciranno nell'intento. ■ COMMEDIA; B/N; 97′; USA, 1937. ■ OSCAR 2 NOM.

VIA DELL'INFERNO, LA *(Gate of Hell)* ★★
Regia di TEINOSUKE KINUGASA. Con MACHIKO KYÔ. ■ Per non tradire il marito e non causare la sua morte, una donna si sostituisce a lui e viene uccisa da un focoso pretendente. Questi, disperato, si suicida. ■ DRAMMATICO; COL.; 93′; GIAPPONE, 1954. ■ OSCAR 1 PR, 1 NOM.

VIA DELL'ORO, LA *(Queen of the Yukon)* ★★
Regia di PHIL ROSEN. Con CHARLES BICKFORD, IRENE RICH, MELVIN LANG. ■ La proprietaria di un battello si arricchisce all'epoca della corsa all'oro, nello Yukon del 1898. Una vicenda avventurosa terminerà nel migliore dei modi. ■ AVVENTURA; B/N; 81′; USA, 1940.

VIA DEL MALE, LA *(Dance, Fools, Dance)* ★★★
Regia di HARRY BEAUMONT. Con WILLIAM BAKEWELL, JOAN CRAWFORD, CLIFF EDWARDS, CLARK GABLE, LESTER VAIL. ■ La crisi del 1929 manda in rovina fratello e sorella. Lei diventa giornalista, lui, segretamente, contrabbandiere di alcolici agli ordini di uno spietato gangster. La ragazza facendo un servizio scopre la verità sulla banda e il capo vorrebbe ucciderla, ma il fratello si sacrificherà per lei redimendosi. ■ POLIZIESCO; B/N; 82′; USA, 1931.

VIA DEL MALE, LA *(King Creole)* ★★★
Regia di MICHAEL CURTIZ. Con CAROLYN JONES, DEAN JONES, WALTER MATTHAU, ELVIS PRESLEY. ■ Un giovane delinquente-cantante è costretto da un gangster a partecipare a una rapina. Ne va di mezzo la sua ragazza, ma anche il malvivente finirà ucciso. ■ DRAMMATICO; B/N; 116′; USA, 1958.

VIA DEL POSSESSO, LA *(Beg, Borrow or Steal)* ★★
Regia di WILHELM THIELE. Con HERMAN BING, REGINALD

DENNY, FRANK MORGAN, ERIK RHODES, FLORENCE RICE. ■ La figlia di un lestofante, che si finge ricco, viene abbandonata dal fidanzato e sposa il benestante datore di lavoro del padre. ■ COMMEDIA; B/N; 104′; USA, 1937.

VIA DEL RHUM, LA *(Le boulevard du rhum)* ★★★
Regia di ROBERT ENRICO. Con BRIGITTE BARDOT, LINO VENTURA. ■ Durante il proibizionismo, un contrabbandiere di alcolici trascura il lavoro per un'attrice del muto. Questa gli preferisce un nobile; anni dopo, uscito di prigione, il corteggiatore andrà ad ammirarla al cinema. ■ AVVENTURA; COL.; 113′; FRANCIA, 1971.

VIA DEL RIMORSO, LA *(Une si jolie petite plage)* ★★★
Regia di YVES ALLÉGRET. Con GÉRARD PHILIPE, MADELEINE ROBINSON. ■ Un giovane si lega a una donna ricca e anziana che uccide dopo pochi anni. Prima di suicidarsi confida le sue esperienze a un coetaneo in procinto di seguire la medesima strada. ■ DRAMMATICO; B/N; 91′; FRANCIA, 1949.

VIA DEL SUD, LA ★★
Regia di ENRICO CAPPELLINI. Con ANTONIO ACQUA, M. A. VITALE. ■ Un ex militare accetta di allestire un museo nel quale figureranno le testimonianze più gloriose della guerra italiana in Africa. ■ DRAMMATICO; B/N; 93′; ITALIA, 1953.

VIA DEL TABACCO, LA *(Tabacco Road)* ★★★★
Regia di JOHN FORD. Con DANA ANDREWS, WARD BOND, CHARLES GRAPEWIN, ELIZABETH PATTERSON, MARJORIE RAMBEAU, GENE TIERNEY. ■ Nel Sud degli Stati Uniti, i discendenti di una famiglia ricchissima hanno sperperato tutti gli averi e vivono nell'apatia. Il capofamiglia, dopo aver venduto i figli, vivrà della carità altrui. ■ DRAMMATICO; B/N; 84′; USA, 1941.

VIA DEL WEST, LA *(The Way West)* ★★★
Regia di ANDREW V. MCLAGLEN. Con LOLA ALBRIGHT, KIRK DOUGLAS, ROBERT MITCHUM, RICHARD WIDMARK. ■ È la storia di una carovana di pionieri in viaggio dal Missouri all'Oregon. Drammatiche disavventure ne turbano la marcia, ma essa raggiunge l'obiettivo. Spettacolarità e ottima recitazione. ■ WESTERN; COL.; 122′; USA, 1967.

VIA DI QUI UOMO BIANCO *(Sacred Ground)* ★★
Regia di CHARLES B. PIERCE. Con JACK ELAM, L.Q. JONES, TIM MCINTIRE. ■ Un cacciatore di pellicce s'è stabilito in territorio indiano, ha sposato una pellerossa e nessuno lo ha mai disturbato. Ma un giorno l'uomo con moglie e figlio ha la cattiva idea di stabilirsi in un terreno che da secoli è il sacro cimitero dei Piutes. La reazione degli indiani sarà terribile. ■ WESTERN; COL.; 95′; USA, 1983.

VIAGGIA RAGAZZA, VIAGGIA, HAI LA MUSICA NELLE VENE ★★
Regia di PASQUALE SQUITIERI. Con DINO MELE, LEOPOLDO TRIESTE, VICTORIA ZINNY. ■ Una coppia si sfascia penosamente dopo sedici anni di matrimonio: lui fugge in preda a crisi di alienazione; lei, nel tentativo di riconquistarlo, si perde nel mondo del vizio e della droga fino al suicidio. ■ DRAMMATICO; COL.; 93′; ITALIA, 1974.

VIAGGIATORE D'OGNISSANTI, IL ★★
(Le voyageur de la Toussaint)
Regia di LOUIS DAQUIN. Con JULES BERRY, JEAN DESAILLY, ASSIA NORIS. ■ Un giovane ereditiero si accorge che gli affari del defunto parente non erano dei più cristallini, tant'è che abbandona ogni ricchezza per partire con la fascinosa moglie dello zio morto. ■ DRAMMATICO; B/N; 102′; FRANCIA, 1942.

VIAGGIATORI DELLA SERA, I ★★★
Regia di UGO TOGNAZZI. Con ROBERTA PALADINI, UGO TOGNAZZI, ORNELLA VANONI. ■ Il film è un'insolita visione del futuro degli ultracinquantenni, i quali dietro il paravento di una vacanza premio sarebbero eliminati da una fantomatica organizzazione. Il protagonista, che per sfuggire alla morte ha sequestrato il nipotino, viene da questi ucciso accidentalmente. ■ DRAMMATICO; COL.; 130′; ITALIA, SPAGNA, 1979.

VIAGGI DI GULLIVER, I *(Gulliver's Travels)* ★★★
Regia di DAVE FLEISCHER. ■ Gulliver visita il paese di Lilliput. Lieto fine di una guerra tra microscopici re: l'intervento del buon Gulliver pone termine alla contesa; i figli dei due sovrani si uniscono in matrimonio. ■ ANIMAZIONE; COL.; 94′; USA, 1939. ■ OSCAR 2 NOM.

VIAGGI DI GULLIVER, I ★★★
(The Three Worlds of Gulliver)
Regia di JACK SHER. Con KERWIN MATHEWS, JO MORROW, LEE PATTERSON. ■ Peregrinazioni di Gulliver e della sua fidanzata presso diverse popolazioni. I due sono costretti ad andarsene da tutti i posti in cui approdano, ma alla fine il dottor Gulliver scoprirà che si è trattato di un sogno. ■ FANTASTICO; COL.; 97′; USA, 1959.

VIAGGI DI NOZZE ★★★
Regia di CARLO VERDONE. Con CLAUDIA GERINI, CINZIA MASCOLI, VERONICA PIVETTI, CARLO VERDONE. ■ Verdone alle prese con tre viaggi di nozze. Il borgataro benestante con una sua simile (Gerini), entrambi un po' maniaci sessuali. Il medico pedante con l'inibita e disperata Veronica Pivetti: suicidio di lei al Danieli di Venezia. Infine ecco la Mascoli alle prese coi tremendi problemi familiari del neomarito. Sorrisi e risate abbastanza sane. Verdone ha anche rinverdito almeno un vecchio personaggio dei suoi film. Record di incasso del Natale 1995. Ecco la ragione per una stella in più. ■ COMICO; COL.; 100′; ITALIA, 1995.

VIAGGIO, IL *(The Journey)* ★★★
Regia di ANATOLE LITVAK. Con YUL BRYNNER, KURT KASZNAR, DEBORAH KERR. ■ Durante la rivolta d'Ungheria (1956), un ufficiale sovietico, incaricato di interrogare i passeggeri di un pullman diretto in Austria, si innamora di una donna che fa parte della comitiva. Ciò gli provoca una crisi di coscienza: favorirà in tutti i modi la fuga della sua innamorata, ma morirà alla fine per mano dei partigiani ungheresi. ■ DRAMMATICO; COL.; 125′; USA, 1959.

VIAGGIO, IL ★★★
Regia di VITTORIO DE SICA. Con IAN BENNEN, SERGIO BRUNI, RICHARD BURTON, SOPHIA LOREN. ■ Ultimo lavoro del compianto De Sica, tratto da una novella di Luigi Pirandello. Costretta a sposare il fratello di colui che ama, una donna apprende di essere gravemente malata. Scomparso il marito in un incidente, si convince a fare l'ultimo viaggio assieme al cognato, del quale è sempre innamorata. Giunta a Venezia, però, la coglierà la morte. ■ COMMEDIA; COL.; 99′; ITALIA, 1974. ■ DAVID DI DONATELLO 1 PR, 1 NOM.

VIAGGIO, IL *(El viaje)* ★★★
Regia di FERNANDO EZEQUIEL SOLANAS. Con RICARDO BARTIS, MARC BERMAN, WALTER QUIROZ, DOMINIQUE SANDA. ■ Il regista di *Tangos – L'exilio de Gardel* propone un altro film metafora sulla vita politica dei popoli sudamericani. Ushuaia, Terra del Fuoco. Un liceale frequenta una scuola in rovina. Suo padre manca da molto tempo e sua madre ora è con un altro uomo. Così il ragazzo, Martin, compie un viaggio con la speranza di trovare il suo vero padre. ■ DRAMMATICO; COL.; 116′; ARGENTINA, 1992. ■ CANNES 1 PR.

VIAGGIO A KANDAHAR *(Safar e Ghandehar)* ★★★
Regia di MOHSEN MAKHMALBAF. Con NILOUFAR PAZIRA, HASSAN TANTAÏ, SADOU TEYMOURI. ■ Nafas, giornalista afgana, è riuscita a ripararsi in Canada nel momento in cui i talebani prendevano il potere. Riceve una lettera dalla sorella minore che le annuncia l'intenzione di suicidarsi in occasione dell'ultima eclisse del secolo, non sopportando più il modo in cui le donne vengono discriminate nel paese. Cerca allora di raggiungerla penetrando in Afghanistan attraverso l'Iran. Nel corso del viaggio incontra persone che l'aiutano e altre che cercano di imbrogliarla. Si tratta di una umanità varissima e disperata come quella della donna che può essere visitata dal medico solo attraverso un sipario che le copre il corpo o i monchi che inseguono sulle loro stampelle le protesi lanciate dal cielo. Si tratta di sequenze difficili da dimenticare. Così come la figura del trafficante delle stesse protesi e la lunga teoria di donne che si muove nel deserto. Con burka di diversi colori ma con il nero nel cuore. ■ DRAMMATICO; COL.; 90′; FRANCIA, IRAN, 2001.

VIAGGIO AL CENTRO DELLA TERRA ★★★
(Journey to the Center of the Earth)
Regia di Henry Levin. Con Diane Baker, Pat Boone, James Mason. ■ Alcuni coraggiosi capeggiati da un professore scozzese si introducono in un vulcano islandese sulle tracce di uno studioso e giungono al centro del pianeta. ■ Avventura; col.; 132′; USA, 1959. ■ Oscar 3 nom.

VIAGGIO AL CENTRO DELLA TERRA ★★
(Journey to the Center of the Earth)
Regia di William Dear. Con F. Murray Abraham, David Dundara, Farrah Forke, Kim Miyori, Fabiana Udenio. ■ Il racconto di Verne rivitalizzato dagli effetti speciali. Il professor Marloch guida la spedizione a bordo dell'*Adventurer*: calatisi da un vulcano attivo, gli esploratori visitano lo straordinario mondo sotterraneo fino a imbattersi nella peggiore minaccia per il nostro pianeta, il Demonio. ■ Fantastico; col.; 92′; USA, 1993.

VIAGGIO AL CENTRO DELLA TERRA 3D ★★
(Journey to the Center of the Earth)
Regia di Eric Brevig. Con Anita Briem, Brendan Fraser, Josh Hutcherson. ■ Alla ricerca di un collega scomparso, un professore universitario si ritrova al centro della Terra col nipote e un'affascinante islandese. Appassionato di Verne, userà il celebre romanzo come guida. Nell'immaginifico Mondo sotterraneo il trio trova uccellini luminosi, oceani, piante carnivore giganti, mostri marini e dinosauri. ■ Azione; col.; 92′; USA, 2008.

VIAGGIO ALL'ALTRO MONDO ★★★
(L'héritier de mon désir)
Regia di Albert Valentin. Con Jules Berry, Fernandel, Elvire Popesco. ■ Un umile fattorino eredita un favoloso castello. Inebriato dalla nuova condizione, sta per cedere alle lusinghe di una subdola profittatrice, ma rinsavisce improvvisamente e ritorna dalla fanciulla per cui smaniava quando era povero. ■ Commedia; b/n; 102′; Germania, 1939.

VIAGGIO ALLA MECCA *(Le Grand Voyage)* ★
Regia di Ismaël Ferroukhi. Con Kamel Belghazi, Nicolas Cazale, Mohammed Majd, Jacky Nercessian. ■ Almeno una volta nella vita, un musulmano deve andare in pellegrinaggio alla Mecca per essere, alla sua morte, accettato in cielo. In Francia, un anziano marocchino sente che a breve dovrà fare questo viaggio, e chiede al giovane figlio di accompagnarlo in automobile per cinquemila chilometri. Fra loro c'è una grande distanza. La cultura diversa, la religione (il figlio, nato in Francia, non è musulmano), l'età, sono i muri che si frappongono nella costruzione di un dialogo e di una condivisione. Il viaggio sarà lungo e difficile, con molti ostacoli da superare, e l'arrivo alla Mecca costringerà padre e figlio a parlarsi. ■ Drammatico; col.; 105′; Francia, Marocco, 2004. ■ Venezia 1 pr.

VIAGGIO ALL'INFERNO ★★★
(Heart of Darkness: A Filmaker's Apocalypse)
Regia di Fax Bahr, George Hickenlooper. Con Marlon Brando, Francis Ford Coppola, Dennis Hopper, John Milius, Martin Sheen. ■ Si tratta della cronaca filmata, in parte anche dalla moglie di Coppola (Eleonor), dei sacrifici e delle difficoltà affrontate sul set del capolavoro del regista italo-americano, *Apocalypse Now*. Presentato al Festival di Cannes nel 1991, questo documentario, attraverso le testimonianze dei protagonisti, getta uno sguardo sull'ossessione che invade gli artisti una volta che oltrepassano il ponte tra la ragione comune e la frenesia allucinatoria di portare fino in fondo le proprie visioni. Tra le immagini curiose si può vedere Marlon Brando che, oltre a discutere per ore con Coppola, fa il gioco "naso-nasino-nasello" di Stan Laurel con i ragazzi indigeni. ■ Documentario; col.; 95′; USA, 1991.

VIAGGIO ALLUCINANTE *(Fantastic Voyage)* ★★★
Regia di Richard Fleischer. Con Stephen Boyd, Edmond O'Brien, Raquel Welch. ■ Per salvare la vita a un famoso scienziato, alcuni medici sperimentano una sua invenzione straordinaria, che consente alle cose e agli uomini di rimpicciolirsi per un periodo di un'ora. Introdottisi nel corpo dell'inventore con una specie di sottomarino, riescono così a operarlo, a salvarlo e a uscire appena in tempo dal suo corpo, riprendendo le normali dimensioni. ■ Fantascienza; col.; 100′; USA, 1966. ■ Oscar 2 pr, 5 nom.

VIAGGIO AL PIANETA VENERE ★★★
(Abbott and Costello Go to Mars)
Regia di Charles Lamont. Con Bud Abbott, Marie Blanchard, Lou Costello. ■ Partiti per errore su un astrorazzo, Gianni e Pinotto approdano dopo molto girovagare sul pianeta Venere, dove regnano le donne. ■ Comico; b/n; 77′; USA, 1953.

VIAGGIO AL PRINCIPIO DEL MONDO ★★★
(Viagem ao principio do mundo)
Regia di Manoel De Oliveira. Con Manoel De Oliveira, Jean-Yves Gautier, Marcello Mastroianni, Leonor Silveira. ■ Un anziano regista e un giovane attore attraversano il Portogallo alla ricerca del loro passato. Il primo vuole rivisitare il tempo perduto mentre il secondo è alla ricerca delle proprie radici. In questo *road movie* della memoria il regista portoghese riflette sul passato attraverso il presente rinunciando a qualsiasi illazione sul futuro che, per definizione, "non è ancora". ■ Psicologico; col.; 93′; Francia, Portogallo, 1997.

VIAGGIO AL SETTIMO PIANETA ★★★
(Journey to the Seventh Planet)
Regia di Sidney W. Pink. Con John Agar, Ann Smyrner, Greta Thyssen. ■ Il viaggio su Urano di un gruppo di astronauti trova un terribile ostacolo in un essere dall'intelligenza superiore che è in grado di materializzare le angosce passate e presenti dei componenti della spedizione. Riusciti a ucciderlo, gli astronauti tornano sulla Terra. ■ Fantascienza; col.; 80′; USA, 1962.

VIAGGIO A NEW YORK *(Senior Trip)* ★★
Regia di Kenneth Johnson. Con Scott Baio, Randy Brooks, Mickey Rooney. ■ Per festeggiare il conseguimento del diploma un gruppo di liceali decide di concedersi un viaggio premio a New York. Tra le cose che accadranno a New York un incontro con Mickey Rooney (nel ruolo di se stesso). ■ Commedia; col.; 93′; USA, 1981.

VIAGGIO A ROMA *(Voyage à Rome)* ★★
Regia di Michel Lengliney. Con Suzanne Flon, Gérard Jugnot, Lucrezia Lante Della Rovere, Cécile Paoli, François Périer. ■ Il parigino Thierry si trova dinanzi alla richiesta di divorzio da parte della moglie. Per allentare la tensione si reca dai genitori e scopre che la madre settantenne vuole lasciare il padre. Il figlio le propone un viaggio a Roma per vedere il papa. Il Pontefice non è in città, ma il viaggio servirà a entrambi per chiarire meglio la propria situazione familiare. ■ Commedia; col.; 78′; Francia, 1992

VIAGGIO A TITOLO PRIVATO *(Port Djema)* ★★
Regia di Eric Heumann. Con Nathalie Boutefeu, Jean-Yves Dubois, Edouard Montoute, Christophe Odent. ■ Un chirurgo parigino si reca a Port Djema per mantenere la promessa fatta a un amico che è stato assassinato di recente. Scopre una realtà africana del tutto sconosciuta. La ricerca di un bambino che il morto gli aveva chiesto di trovare e assistere avrà un esito imprevisto. ■ Drammatico; col. 95′; Francia, Italia, 1997. ■ Berlino 1 pr.

VIAGGIO A TOKYO *(Tokyo Monogatari)* ★★★
Regia di Yasujiro Ozu. Con Chiyeko Higashiyama, Kuniko Miyake, Chishu Ryu, So Yamamura. ■ L'incomunicabilità tra genitori e figli è la base di questo film del maestro giapponese. Due vecchi fanno un viaggio a Tokyo per vedere i propri figli. Questi pensano bene di spedirli per il weekend in un posto per turisti. Durante il viaggio di ritorno la madre muore. ■ Drammatico; b/n colorato a mano; 136′; Giappone, 1953.

VIAGGIO ATTRAVERSO L'IMPOSSIBILE ★★★
(Voyage à travers l'impossible)
Regia di Georges Méliès. Con Fernade Albany, Mau De Lavergne, Georges Méliès. ■ Il secondo capolavoro del regista francese dopo *Viaggio nella luna*. Alcuni scienziati vanno sul sole a bordo di un treno per poi immergersi nel mare con un sottomarino. ■ Fantascienza; b/n colorato a mano; 22′; Francia, 1904.

VIAGGIO CHIAMATO AMORE, UN ★★★
Regia di MICHELE PLACIDO. Con STEFANO ACCORSI, ALESSANDRO HABER, LAURA MORANTE, KATY LOUISE SAUNDERS. ■ Siamo nel 1916. Sibilla Aleramo, pseudonimo di Rina Faccio, scrittrice, pasionaria e femminista ante litteram, si innamora di Dino Campana, giovane poeta "sopra la media", come dicono critici dell'epoca leggendo le sue poesie. Quando i due si incontrano l'amore viene ribadito con passione e persino violenza. Dalle sue parti Dino viene chiamato "il matto", *vox populi* ahimè credibile, se è vero che il poeta passerà gran parte della sua vita in manicomio, morendovi poi nel 1932. Ma nel biennio 1916-'17 i due vivono un amore intenso, distruttivo, fatto di poesia, sesso, fughe e ritorni (di lui), e anche botte. Con amici e famigliari che, di volta in volta, assistono. Di riflesso abbiamo l'istantanea della guerra, della cultura dell'epoca, che Campana odiava, e "dell'intelligenza" fiorentina, che prevaleva. Chi conosce la storia di quel poeta maledetto sa che uno dei suoi massimi dolori fu il rapporto col pittore-scrittore Soffici (un altro fra i molti amanti della Aleramo). Campana gli mandò il manoscritto dei suoi *Canti orfici*, che venne smarrito. Doverli riscrivere compromise ulteriormente il suo equilibrio. Non si può che accogliere bene una storia fuori dagli schemi piccoli e grigi del movimento generale del cinema italiano. Bravo e accurato Placido nella ricostruzione di quel tempo, con quel tanto di "lirica" e di passione che si applica bene. Il regista va dritto per la sua strada, "cerca" il pubblico con l'esasperazione spettacolare dei sentimenti, ma è legittimo, è "cinema". I protagonisti, si sa, sono bravi. La Morante vuol ribadire, come sempre, di essere toccata dalla grazia. ■ BIOGRAFICO; COL.; 100'; ITALIA, 2002. ■ VENEZIA 1 PR.

VIAGGIO CLANDESTINO – VITE DI SANTI E DI PECCATORI, IL ★★
Regia di RAOUL RUIZ. Con MARCO CAVICCHIOLI, ENZO MOSCATO, ENZO VETRANO. ■ Un piccolo film girato in Sicilia dal regista cileno. Tratto da *La vita è sogno* di Calderon de la Barca. Troviamo tra gli altri un Gesù che si è fatto ospitare dagli angeli, mentre una santa divoratrice di pasta fa impazzire il diavolo. ■ GROTTESCO; COL.; 65'; ITALIA, 1993.

VIAGGIO CON ANITA ★★★
Regia di MARIO MONICELLI. Con CLAUDINE AUGER, GIANCARLO GIANNINI, GOLDIE HAWN. ■ Un uomo sposato è diretto verso la città in cui il padre è ammalato. Compie il viaggio con una ragazza e ne diviene l'amante. Giunto a destinazione, trova l'infermo defunto: si scopre la sua relazione e lui, per vendicarsi, svela un piccante retroscena della vita del genitore. ■ DRAMMATICO; COL.; 125'; ITALIA, 1978.

VIAGGIO D'AMORE ★★
Regia di OTTAVIO FABBRI. Con FLORENCE GUERIN, LEA MASSARI, OMAR SHARIF. ■ Per il quarantesimo anniversario di matrimonio due coniugi decidono di scendere a piedi dai monti verso valle fino al mare, che non hanno mai visto. Incontreranno varie umanità: un prete, due amanti e altri ancora. Tra realtà e fantasia la storia è stata ispirata da una poesia del poeta sceneggiatore Tonino Guerra. La regia è buona anche se è un tantino televisiva, molto bravi Lea Massari e Omar Sharif. Il risultato finale è sufficiente. ■ DRAMMATICO; COL.; 98'; FRANCIA, ITALIA, 1990.

VIAGGIO DELLA SPERANZA, IL ★★★★
(Reise Der Hoffnung)
Regia di XAVIER KOLLER. Con ERDINC AKBAS, NECMETTIN COBANOGLU, YAMAN OKAY, EMIN SIVAS. ■ Potrà mai qualcuno raggiungere la terra promessa? Questo l'interrogativo che il film si pone narrando la storia di una famiglia turca, che, ridotta in povertà, è costretta a emigrare illegalmente in Svizzera. Sono i racconti di guadagni sicuri a convincere Haydar che occorre partire. Convinta sua moglie Meryem e venduto il suo pezzo di terra, l'uomo prende però una decisione: quella di lasciare in patria, alle cure dei suoi genitori, i suoi sette figli. Suo padre lo convince però a portare con sé almeno uno dei suoi figli. I tre partono, così, in cerca di fortuna ma varie vicende, durante il viaggio, porteranno padre e figlio a separarsi da Meryem: la terra promessa diventa un sogno irraggiungibile. Un film che ognuno dovrebbe vedere, almeno una volta. ■ DRAMMATICO; COL.; 109'; RUSSIA, SVIZZERA, TURCHIA, 1990. ■ OSCAR 1 PR, 1 NOM.

♥ VIAGGIO DELLA SPOSA, IL ★★★
Regia di SERGIO RUBINI. Con FRANCO JAVARONE, GIOVANNA MEZZOGIORNO, CARLO MUCARI, UMBERTO ORSINI, SERGIO RUBINI. ■ La giovane contessa Porzia deve trasferirsi dal convento abruzzese nel quale ha ricevuto una raffinata educazione, a Bari, dove raggiungerà il suo promesso sposo. Nel corso del viaggio una banda di briganti stermina la scorta. Gli unici superstiti sono la giovane e il suo stalliere, Bartolo. Nel corso del loro lungo viaggio per raggiungere la meta, i due personaggi si affacciano l'uno sul mondo dell'altro. Questo scambio, unitamente alle difficoltà superate insieme, farà nascere tra i due un sentimento d'amore, che sembra impossibile confessare. Alla fine del viaggio, Porzia scoprirà che il suo futuro marito è un signorotto di campagna. L'ignorante Bartolo, a fine viaggio è completamente trasformato. Sergio Rubini affronta il film in costume dopo l'ultima esperienza con il *Nirvana* di Salvatores. Il suo film è professionalmente corretto anche se piuttosto prevedibile per quanto riguarda l'evolversi della vicenda. ■ DRAMMATICO; COL.; 104'; ITALIA, 1997.

VIAGGIO DEL SIGNOR PERRICHON, IL ★★★
Regia di PAOLO MOFFA. Con PAOLA BORBONI, ANTONIO GANDUSIO. ■ Due giovani corteggiano la figlia di due agiati coniugi: l'uno è il favorito del padre della ragazza, l'altro è appoggiato dalla madre. Il ritiro di uno dei contendenti spianerà la strada all'altro. ■ COMMEDIA; B/N; 78'; ITALIA, 1943.

VIAGGIO DI CAPITAN FRACASSA, IL ★★★
Regia di ETTORE SCOLA. Con EMMANUELLE BÉART, LAURETTA MASIERO, ORNELLA MUTI, MASSIMO TROISI, TONI UCCI. ■ Commedia in costume per Scola, che si avvale ancora di Massimo Troisi dopo l'esperimento in coppia con Mastroianni del precedente *Che ora è?* Una compagnia di comici viaggiante sta spostandosi dalla Spagna a Parigi. Con loro c'è il barone di Sigognac, senza una lira, del quale si invaghiscono Serafina e Isabella. Il barone per sostituire Matamoro, che è morto, prenderà il nome d'arte di Capitan Fracassa. Deluso da Isabella, troverà affetto tra le braccia di Serafina e porterà al successo la compagnia. ■ COMMEDIA; COL.; 130'; ITALIA, 1990. ■ DAVID DI DONATELLO 2 PR, 2 NOM.

VIAGGIO DI FELICIA, IL *(Felicia's Journey)* ★★
Regia di ATOM EGOYAN. Con ELAINE CASSIDY, BOB HOSKINS, PETER MCDONALD. ■ Un pacifico, quasi timido, responsabile della cucina di una grande azienda vive una vita solitaria, concedendosi, naturalmente, cibi squisiti e una serie di video di sua madre, antica diva della tv. In realtà l'uomo è un serial killer. Quando si interessa di una ragazza sola e spaesata, mette in atto il suo piano che dovrebbe portare all'ennesimo assassinio. Ma qualcosa si inceppa. Ruolo adatto per Hoskins. Cassidy regge il gioco. Ma è un gioco freddo, una partita a scacchi già disputata. ■ DRAMMATICO; COL.; 115'; CANADA, GRAN BRETAGNA, 2000.

VIAGGIO DI IVAN SERGHIEVIC, IL *(Pecki-Lavockj)* ★★★
Regia di VASILIJ SUSKIN. Con LIDIJA FEDOSEVA-SUKSINA, VSEVOLOV SANAEV, VASILIJ SUKSIN. ■ Un giovane parte per recarsi nell'Altai, luogo dove pensa di trascorrere un breve periodo di vacanza. Il percorso riguarderà più la geografia dello spirito che non quella degli atlanti. ■ DRAMMATICO; COL.; 98'; URSS, 1972.

VIAGGIO DI JEANNE, IL *(Les grandes personnes)* ★★
Regia di ANNA NOVION. Con LIA BOYSEN, JEAN-PIERRE DARROUSSIN, ANAÏS DEMOUSTIER, JAKOB EKLUND, JUDITH HENRY. ■ Alla vigilia del suo diciassettesimo compleanno, la timida Jeanne viene imbarcata dal padre Albert in una vacanza alla scoperta dell'isola di Orust, lungo la costa svedese. Al loro arrivo sull'isola i due scoprono che, per un disguido, nella casa presa in affitto ci sono anche due donne: Annika, la proprietaria dell'appartamento, svedese un tempo fuggita in Francia, e la sua amica Christine, una costumista teatrale in vacanza. Sopportare le bizzarrie infantili di Albert non è facile per nessuna delle tre donne ma, in fondo, ognuna di loro deve ancora fare i conti con quelle esperienze e quelle prese di posizione che determinano il passaggio all'età adulta. ■ COMMEDIA; COL.; 84'; FRANCIA, SVEZIA, 2008.

VIAGGIO DI MAMMA KRAUSENS VERSO LA FELICITÀ, IL *(Mutter Krausens Fahrt ins Gluck)* ★★
Regia di PIEL JUTZI. Con ALEXANDRA SCHMIDT, ILSE TRAUTSCHOLD, HOLMES ZIMMERMANN. ■ Una venditrice di giornali, mamma Krausens, ha messo in subaffitto la propria casa. Così, coi suoi figli, Erna e Paul, deve adattarsi in cucina. Arriva un personaggio malvagio e intrigante che riesce a distruggere la famiglia. ■ DRAMMATICO; B/N; 99'; GERMANIA, 1929.

VIAGGIO DI NATTY GANN, IL *(Journey of Natty Gann)* ★★
Regia di JEREMY PAUL KAGAN. Con SCATMAN CROTHERS, JOHN CUSACK, MEREDITH SALENGER. ■ Durante gli anni della Depressione una ragazza attraversa l'America per raggiungere il padre. Le fa da compagno di viaggio (e da protettore) un grosso (però bonaccione) lupo (l'interprete a quattro zampe, comunque, è un cane). ■ AVVENTURA; COL.; 101'; USA, 1985. ■ OSCAR 1 NOM.

VIAGGIO DI NOZZE *(In his Steps)* ★★
Regia di KARL BROWN. Con ERIC LINDEN, CECILIA PARKER. ■ Due ragazzi si sposano contro il volere delle rispettive famiglie benestanti e passano un sacco di guai. Ma alla fine tutto s'appiana. ■ DRAMMATICO; B/N; 86'; USA, 1936.

VIAGGIO DI NOZZE ALL'ITALIANA ★★
Regia di MARIO AMENDOLA. Con FERRUCCIO AMENDOLA, TONY RUSSELL, TONI UCCI, CONCHITA VELASCO. ■ Banali peripezie amorose di alcune coppie in viaggio di nozze a Sorrento. Vivacizza un poco la vicenda un tentativo di furto al casinò dell'albergo. ■ COMMEDIA; COL.; 93'; ITALIA, 1966.

VIAGGIO DI PAURA *(Les passagers)* ★★★
Regia di SERGE R. LEROY. Con MIREILLE DARC, BERNARD FRESSON, JEAN-LOUIS TRINTIGNANT. ■ Un giovane squilibrato tenta invano di riportare a sé l'amante. Sarà proprio questa a ucciderlo quando lui tenterà di sopprimere suo marito. ■ GIALLO; COL.; 100'; FRANCIA, 1976.

VIAGGIO FANTASTICO DI SINBAD, IL *(The Golden Voyage of Sinbad)* ★★
Regia di GORDON HESSLER. Con TOM BAKER, JOHN PHILIP LAW, CAROLINE MUNRO. ■ Sinbad fa di tutto perché il gran visir di Marabia possa entrare in possesso di un prezioso amuleto. Riuscirà nell'impresa dopo aver lottato con maghi maligni e mostri terribili. ■ AVVENTURA; COL.; 104'; USA, 1974.

VIAGGIO IMPREVISTO, UN *(Le voyage imprévu)* ★★★
Regia di JEAN DE LIMUR. Con JEAN-CLAUDE DAUPHIN, BETTY STOCKFELD, ROGER TREVILLE. ■ Un uomo, trascurato dalla moglie, vuole ribellarsi alla sua triste sorte. Quando lei dimentica una pantofola nell'appartamento di un pilota, cerca quindi di approfittare dell'occasione. ■ COMMEDIA; B/N; 87'; FRANCIA, 1934. ■ VENEZIA 1 PR.

VIAGGIO INDIMENTICABILE *(Flying Clipper)* ★★
Regia di HERMAN LEITNER, RUDOLF NUSSGRUBER. ■ Si raccontano le avventure di alcuni marinai su di una barca a vela, il *Flying Clipper*. Tra tempeste e bonacce, il gruppo approda a Porto Said, in Turchia, a Rodi, in Grecia, in Italia e a Montecarlo. ■ DOCUMENTARIO; B/N; 92'; SVEZIA, 1963.

VIAGGIO INDIMENTICABILE, IL *(No Highway in the Sky)* ★★★
Regia di HENRY KOSTER. Con MARLENE DIETRICH, GLYNIS JOHNS, JAMES STEWART. ■ Uno scienziato bizzarro giunge alla conclusione che le code degli aerei che hanno oltrepassato un certo numero di ore di volo si disintegrano per dissoluzione della materia. Una serie di incidenti gli darà ampia ragione. ■ FANTASCIENZA; B/N; 98'; GRAN BRETAGNA, 1951.

VIAGGIO IN FONDO AL MARE *(Voyage to the Bottom of the Sea)* ★★★
Regia di IRWIN ALLEN. Con BARBARA EDEN, JOAN FONTAINE, WALTER PIDGEON, ROBERT STERLING. ■ Una tempesta di raggi radioattivi si abbatte sulla Terra minacciando la sopravvivenza dell'umanità. Il comandante di un sommergibile nucleare decide di colpire con un missile la fascia di Van Allen, da dove partono i raggi: scene di panico e disperazione accompagnano la decisione, che comunque ha successo. ■ FANTASCIENZA; COL.; 105'; USA, 1961.

VIAGGIO IN INDIA *(Scream of the Ants)* ★★★
Regia di MOHSEN MAKHMALBAF. Con MAHMOUD CHOKROLLAHI, KARL MAASS, MAHNOUR SHADZI. ■ Un uomo e una donna partono dall'Iran per consumare il viaggio di nozze in India. Lei è credente, lui ateo e comunista. Il subcontinente si rivela subito un terreno di confronto e scontro; per lei l'esperienza è di natura spirituale, per lui è l'emblema di quel che può fare "l'oppio dei popoli". Con *Viaggio in India*, Mohsen Makhmalbaf dà vita a due personaggi complessi e moderni. Lei, prima che una credente una donna decisa a credere, è una figura sensibile ma libera e leggera; su di lui, invece, scetticismo e materialismo pesano come un doloroso carico e la sedia che porta sempre sulle spalle non ne è che un simbolo. I due sposi cercano una risposta alla loro diversità, ma in verità trovano altre e nuove domande. ■ DRAMMATICO; COL.; 86'; INDIA, 2006.

♥ **VIAGGIO IN INGHILTERRA** *(Shadowlands)* ★★★★
Regia di RICHARD ATTENBOROUGH. Con EDWARD HARDWICKE, ANTHONY HOPKINS, JOSEPH MAZZELLO, DEBRA WINGER. ■ Oxford primi anni Sessanta. Il professor Stevens, esimio poeta, insegna letteratura. La sua vita si identifica con l'università. Tè e cene coi colleghi, disquisizioni di alto livello. Il professore vive col fratello in una bella casa, piena di storia. Arriva dall'America la poetessa Joy Gresham, col figlio, per conoscerlo. Si incontrano e non si piacciono del tutto. Ma poi qualcosa succede. Lei divorzia. Stevens, pur imbalsamato nella sua vita e nelle sue sicurezze, si decide al grande passo. I due si sposano e lei scopre di avere il cancro. Da quel momento la vita del professore è tutta dedicata alla donna. Fino alla morte di lei. Tratto dal romanzo di William Nicholson. Un'atmosfera molto simile a quella del precedente film di Hopkins, *Quel che resta del giorno*, e anche quel maggiordomo assomiglia a questo professore, con la differenza che Stevens alla fine si concede. Anche se Attemborough è un regista di grande regolarità, senza mai un'accelerazione, in questo caso, pur non cambiando marcia né sostanza, si vale di un ambiente, di una storia e soprattutto di due protagonisti che gli tolgono quasi tutte le castagne dal fuoco. Il film vale per la poesia e la serenità, per la ricerca di quell'ambiente e per la manifestazione del dolore e dell'amore. Stevens, razionale e (diventato) umano, soffre per la sua adorata moglie, e non capisce perché la morte debba toccare a lei. Cerca di darsi una spiegazione, se la prende con Dio. Alla fine si arrende. Nell'ultima scena, nei campi, col figlio di lei che gli corre incontro fa l'ultimo ragionamento: «Più si ama più si soffrirà per il distacco. È molto doloroso ma bisogna saperlo accettare». Dunque sentimento che non si allarga mai troppo, Inghilterra col suo verde e le sue tradizioni. Un film che ci ha concesso un po' di respiro nella media delle proposte di quel periodo: ansiose, violente, spesso volgari, quasi sempre dimenticabili. ■ DRAMMATICO; COL.; 140'; GRAN BRETAGNA, 1993. ■ OSCAR 2 NOM.

VIAGGIO IN ITALIA ★★★★
Regia di ROBERTO ROSSELLINI. Con INGRID BERGMAN, LESLIE DANIELS, ANNA PROCLEMER, GEORGE SANDERS. ■ Una coppia di coniugi protestanti giunge a Napoli per un'eredità. I rapporti fra i due sono freddi; nella loro unione i sentimenti non hanno mai avuto molta importanza. Ma in Italia i due, per la prima volta, sono costretti a una severa analisi dei loro rapporti, dei problemi stessi dell'esistenza. Stanno quasi per divorziare quando, improvvisamente, assistendo a una processione riscoprono, con l'amore, un nuovo equilibrio. ■ DRAMMATICO; B/N; 79'; ITALIA, 1953.

VIAGGIO IN PARADISO *(Get the Gringo)* ★★★
Regia di ADRIAN GRUNBERG. Con MEL GIBSON, DANIEL GIMENEZ CACHO, DOLORES HEREDIA, JESUS OCHOA, ROBERTO SOSA. ■ In fuga dalla polizia e dai sicari di un pericoloso criminale, un rapinatore oltrepassa il confine con il Messico e viene arrestato dalle autorità locali. L'uomo sembra non avere un'identità e ha cancellato le sue impronte digitali, così che la polizia, dopo essersi impossessata dei soldi della refurtiva, lo chiude in un carcere di Tijuana noto come El Pueblito. Il penitenziario è un vero e proprio villaggio-baraccopoli dove dominano ogni tipo di violenza e di corruzione. Il rapinatore stringe amicizia con un ragazzino di dieci anni con il vizio del fumo. È lui a spiegargli che all'interno del

Pueblito chi comanda e gestisce tutto è Javi, un ricco trafficante malato di cirrosi. Per risollevare la parabola discendente del suo statuto di star, Mel Gibson si cuce addosso un ruolo che è più una summa dei suoi caratteri più amati dal pubblico. ■ AZIONE; COL.; 95′; USA, 2012.

VIAGGIO NELLA LUCE *(Journey into Light)* ★★
Regia di STUART HEISLER. Con STERLING HAYDEN, VIVECA LINDFORS, THOMAS MITCHELL. ■ Sterling Hayden è un giovane pastore protestante che le troppe disgrazie della vita hanno privato della fede (in compenso lo hanno consegnato all'alcool). Sarà l'amore di una ragazza cieca a restituirlo alla religione (e alla sobrietà). ■ DRAMMATICO; B/N; 95′; USA, 1951.

VIAGGIO NELLA LUNA *(Voyage dans la lune)* ★★★★
Regia di GEORGES MÉLIÈS. Con VICTOR ANDRÉ, BLEUETTE BERNON, GEORGES MÉLIÈS. ■ La luna è l'obiettivo di un circolo di astronomi che, sparati da un cannone, finiscono nell'occhio del pianeta. Riescono a scappare dopo essere stati imprigionati dai Seleniti. Storico film di Georges Méliès, riconosciuto universalmente come il "padre" degli effetti speciali. ■ FANTASCIENZA; B/N; 14′; FRANCIA, 1902.

VIAGGIO NELL'IMPOSSIBILE *(Topper Takes a Trip)* ★★★
Regia di NORMAN Z. MCLEOD. Con CONSTANCE BENNETT, ROLAND YOUNG. ■ Le anime di due defunti hanno il compito di mettere pace in una coppia di amici in crisi, pena la dannazione eterna. Lo spirito della donna svolge l'incombenza nel migliore dei modi. ■ FANTASTICO; B/N; 85′; USA, 1939. ■ OSCAR 1 NOM.

VIAGGIO NELL'INFERNO ★★
(White Hot – Crack in the Mirror)
Regia di ROBBY BENSON. Con DANNY AIELLO, ROBBY BENSON, SALLY KIRKLAND. ■ Film ricco di effetti speciali e con una fotografia molto ricercata. Ma alla qualità della confezione non corrisponde quella di regia e interpretazione. Dopo aver perso il posto a Wall Street un giovane decide di risolvere i problemi economici in maniera più disinvolta. Si accompagna a uno spacciatore, ma alla fine scopre che non è stata una buona idea. ■ DRAMMATICO; COL.; 105′; USA, 1988.

VIAGGIO NELL'INTERSPAZIO *(Spaceways)* ★★★
Regia di TERENCE FISHER. Con EVA BARTÒK, HOWARD DUFF, ANDREW OSBORNE. ■ Un caso di trafugamento di documenti scientifici mette nei guai uno studioso che è sospettato di essere il responsabile della sparizione. Dopo numerosi equivoci, sarà provata la sua estraneità ai fatti e sarà arrestato il colpevole. ■ FANTASCIENZA; B/N; 76′; GRAN BRETAGNA, 1953.

VIAGGIO NELL'ISOLA MISTERIOSA ★★
(Journey 2: The Mysterious Island)
Regia di BRAD PEYTON. Con MICHAEL CAINE, LUIS GUZMAN, VANESSA HUDGENS, JOSH HUTCHERSON, DWAYNE JOHNSON. ■ Il giovane Sean Anderson, adolescente inquieto, è uno studente prodigio. Perso il padre, la sua unica ossessione è recuperare i legami familiari. Dopo esser entrato in un centro satellitare per captare un messaggio in codice, Sean, col patrigno Hank, riesce a decrittarlo. Il messaggio pare provenire dal nonno, scomparso da dieci anni, di Sean: l'isola descritta da Jules Verne ne *L'isola misteriosa* esiste, ed è la stessa raccontata da Stevenson ne *L'isola del Tesoro* e da Swift ne *I viaggi di Gulliver*. Con le mappe dei tre romanzi, i due scoprono una cartina con delle coordinate e partono così alla ricerca dell'isola misteriosa. ■ AVVENTURA; COL.; 94′; USA, 2012.

VIAGGIO PERICOLOSO, UN *(The Lion of Africa)* ★★
Regia di KEVIN CONNOR. Con BROOKE ADAMS, BRIAN DENNEHY, DON WARRINGTON. ■ Siamo in Africa. Samuel Marsh accompagna col suo camion una dottoressa, Grace, che deve raggiungere al più presto una tribù. C'è da combattere una grande epidemia di colera. Durante il viaggio i due avranno modo di legarsi sentimentalmente e insieme sveleranno anche il mistero di una certa pietra dal valore inestimabile. ■ AVVENTURA; COL.; 110′; USA, 1987.

VIAGGIO SEGRETO ★★
Regia di ROBERTO ANDÒ. Con MARCO BALIANI, ALESSIO BONI, DONATELLA FINOCCHIARO, CLAUDIA GERINI, ROBERTO HERLITZKA, EMIR KUSTURICA, VALERIA SOLARINO. ■ Leo è uno psicanalista, sua sorella Ale è una modella. Abitano a Roma nello stesso palazzo ed entrano l'uno nella vita dell'altro con la stessa facilità con cui penetrano nei rispettivi appartamenti. Ne possiedono la chiave. La notizia che la loro villa d'infanzia, in Sicilia, è stata messa in vendita s'intreccia alla decisione di Ale di sposare Harold, un artista serbo che ha perso la testa per lei, al punto che vorrebbe regalarle la casa dove è nata. È per impedire che questo avvenga che Leo intraprende un viaggio segreto a Siracusa, per riacquistare la proprietà ed evitare che il delitto che ha segnato la loro infanzia torni a insidiare la memoria della sorella. ■ DRAMMATICO; COL.; 103′; FRANCIA, ITALIA, 2006.

VIAGGIO SENZA FINE – LUNGO VIAGGIO DI RITORNO *(The Long Voyage Home)* ★★★
Regia di JOHN FORD. Con IAN HUNTER, THOMAS MITCHELL, JOHN WAYNE. ■ Un rapporto di sincera amicizia, oltreché il grande amore per il mare, lega un gruppo di marinai. Nonostante si imbattano in situazioni drammatiche e rischiose, troveranno la forza, una volta approdati sulla terraferma, di ricominciare una nuova avventura. ■ DRAMMATICO; B/N; 90′; USA, 1940. ■ OSCAR 5 NOM.

VIAGGIO SENZA RITORNO ★★
(Truth or Consequences N.M.)
Regia di KIEFER SUTHERLAND. Con VINCENT GALLO, KIEFER SUTHERLAND. ■ Vincent Gallo esce di prigione (proprio come nel suo *Buffalo 66*) e vuole girar pagina. Vuole cambiare proprio tutto e avere magari il conforto di un rapporto vero con una ragazza. Ma, si sa, in un certo ambiente i buoni propositi si scontrano... con l'ambiente appunto. Per sistemarsi occore fare "quell'ultimo colpo", che non sistema mai niente, anzi è la fine di tutto. Esordio del giovane Sutherland. Poteva essere anche peggiore. ■ DRAMMATICO; COL.; 101′; USA, 1997.

VIAGGIO SOLA ★★★
Regia di MARIA SOLE TOGNAZZI. Con STEFANO ACCORSI, ALESSIA BARELA, MARGHERITA BUY, FABRIZIA SACCHI, GIANMARCO TOGNAZZI. ■ Irene, ispettrice alberghiera che valuta e giudica le prestazioni di hotel di lusso, è pignola e scrupolosa, e soggiorna nell'albergo di turno all'insaputa di direttori e personale. In volo tra una città e un'altra, Irene viaggia sola e dentro una vita a cinque stelle che le impedisce di mettere radici. A terra l'aspettano Andrea, ex fidanzato ed eterno amico, e Silvia, sorella con marito e prole, che sogna un giorno di vederla "sistemata". Attenta ai particolari, Irene sembra però perdere il quadro generale. Il decesso di un'antropologa conosciuta in un hotel berlinese la fa precipitare nel caos, disorientandola. Dopo *L'uomo solo* di Favino, dentro una storia sentimentale che finisce, Maria Sole Tognazzi sceglie una protagonista femminile e la imbarca letteralmente nel mondo. Il senso del film vive negli occhi e nel portamento di Margherita Buy, paradigma di una modernità del femminile. Accanto a lei il passo indolente e spaesato di Stefano Accorsi e quello smagrito e irrequieto di Gianmarco Tognazzi. ■ COMMEDIA; COL.; 85′; ITALIA, 2012.

VIAGGIO VERSO IL SOLE *(Günese Yolculuk)* ★★★
Regia di YESIM USTAOGLU. Con NIGAR AKTAR, NEWROZ BAZ, MIZGIN KAPAZAN, NAZMI QUIRIX. ■ Istanbul ai giorni nostri. Mehmet è un giovane che cerca con un tubo di rame le perdite nell'acquedotto cittadino. Incontra il curdo Berzan di cui diventa amico. Verrà a sua volta ritenuto curdo a causa della sua pelle scura, accusato ingiustamente e picchiato. Berzan viene ucciso dopo una manifestazione di protesta. Mehmet intraprende un lungo viaggio per seppellire il suo corpo nel lontano villaggio d'origine. Una donna coraggiosa dietro la macchina da presa per raccontare una storia a cui si può perdonare qualche incongruenza narrativa presente nella seconda parte. In Concorso a Berlino nei giorni in cui veniva arrestato in Germania Ocalan. ■ DRAMMATICO; COL.; 109′; GERMANIA, OLANDA, TURCHIA, 1998.

VIA LATTEA, LA *(The Milky Way)* ★★★
Regia di LEO MCCAREY. Con HAROLD LLOYD, ADOLPHE MENJOU. ■ Rapida carriera pugilistica di un lattaio. Montato ad arte da un

organizzatore senza scrupoli, al combattimento decisivo vince perché l'avversario, nettamente più forte, ingerisce per errore del sonnifero. Si ritirerà dall'attività e sposerà la figlia del suo datore di lavoro. ■ COMMEDIA; B/N; 92'; USA, 1936.

♥ **VIA LATTEA, LA** *(La voie lactée)* ★★★★
Regia di LUIS BUÑUEL. Con PIERRE CLÉMENTI, ALAIN CUNY, PAUL FRANKEUR, MICHEL PICCOLI, EDITH SCOB. ■ Due vagabondi, mentre sono in viaggio dalla Francia alla Spagna, diretti al santuario di San Giacomo di Compostella, si imbattono in tutta una serie di diabolici personaggi e di situazioni assurde: un giansenista e un gesuita che litigano a proposito della Grazia e della Predestinazione, e si battono a duello; il marchese de Sade che spiega a una sua vittima che Dio non esiste; un vescovo che polemizza con due giovani sull'Unità e Trinità di Dio e condanna al rogo il cadavere di un suo predecessore; un plotone di anarchici che fucila il papa, mentre in un collegio un gruppo di bambine recita anatemi. Terminato il viaggio, tocca, simbolicamente, a una prostituta deludere i due viandanti. ■ DRAMMATICO; COL.; 102'; FRANCIA, 1968.

VIALE DELLA CANZONE ★
Regia di TULLIO PIACENTINI. ■ Una serie di cantanti interpreta motivi facili e orecchiabili: il tutto corredato da paesaggi e disegni animati. ■ MUSICALE; COL.; 92'; ITALIA, 1965.

VIALE DELLA SPERANZA ★★
Regia di DINO RISI. Con COSETTA GRECO, MARCELLO MASTROIANNI, PIERA SIMONI. ■ Gioie e delusioni di tre giovani aspiranti dive: Luisa ha talento e sfonda; Franca tenta di sedurre un produttore ma ha poche doti artistiche e viene scartata; Giuditta invece ritorna al suo paesello tra le braccia del fidanzato. ■ COMMEDIA; B/N; 100'; ITALIA, 1952.

VIALE DEL TRAMONTO *(Sunset Boulevard)* ★★★★★
Regia di BILLY WILDER. Con WILLIAM HOLDEN, NANCY OLSON, GLORIA SWANSON, ERIC VON STROHEIM. ■ Joe Gillis (Holden), sceneggiatore di Hollywood, è in un momento di difficoltà professionale. Per sfuggire agli esattori (non sta pagando le rate della macchina) capita in una vecchia casa che sembra abbandonata, ma non lo è. L'abita Norma Desmond (Swanson), vecchia gloria del muto. Joe accetta di rivedere un terribile copione che la diva sta scrivendo, sognando un clamoroso ritorno sul set. L'atmosfera della casa è nera, buia, quasi mortale. La diva proietta continuamente suoi vecchi film, gli ospiti sono mummie sopravissute (c'è Buster Keaton fra i frequentatori). Figura rilevante è il domestico von Mayerling (Stroheim) che, si verrà a sapere, è anche stato il primo marito di Norma. La donna finisce per innamorarsi del giovane, a sua volta innamorato di una sua collega coetanea (Olson). Gillis per un po' accetta la situazione del mantenuto, poi cede. Ma Norma, ormai impazzita, gli spara mentre sta andandosene. L'uomo cade nella piscina, simbolo delle cose che aveva tanto desiderato. Storia solo cinematografica, dovuta a sceneggiatori puri come Charles Brackett e D. M. Marshan e allo stesso Wilder (premi Oscar). La vicenda viene raccontata da Gillis che è già morto, in terza persona. La sceneggiatura prevedeva che il personaggio, portato all'obitorio, addirittura dialogasse con gli altri morti. La voce narrante, accompagnata dalla musica di Franz Waxman (premio Oscar) che anticipa nei toni tutta la tragedia che avverrà, attraversa il film rilanciando l'efficacia del racconto. Tutto quanto è nello specifico cinematografico: i discorsi di sceneggiature, la vita degli studi, persino il mitico cancello d'ingresso della Paramount. La Desmond vive la tragica nostalgia del cinema muto: «Noi eravamo grandi, è il cinema che è diventato piccolo», e De Mille interpreta se stesso con tanto di stivaletti e piglio autoritario: sta girando *Sansone e Dalila* quando la vecchia diva gli piomba sul set. Una menzione per William Holden, trentaduenne, che finalmente si affermò come meritava, e che sostituì all'ultimo momento il complicato Montgomery Clift, intimorito dal ruolo. Il tutto fotografato con un bianco e nero pericoloso che sottende un'angoscia continua. Questo film non è un noir, non è drammatico tradizionale, non è *fantasy*, è semplicemente *Viale del tramonto*. ■ DRAMMATICO; B/N; 110'; USA, 1950. ■ OSCAR 3 PR, 11 NOM.

VIALE FLAMINGO *(Flamingo Road)* ★★★
Regia di MICHAEL CURTIZ. Con JOAN CRAWFORD, ZACHARY SCOTT. ■ Un ambizioso sceriffo soffoca la tranquilla esistenza di un suo volenteroso e ingenuo collaboratore, il vice-sceriffo Fielding, inserendolo per i suoi loschi scopi nell'attività politica. Quest'ultimo finisce per uccidersi dalla disperazione. Ma anche lo sceriffo perirà e verranno scoperti tutti i suoi intrighi. ■ DRAMMATICO; B/N; 94'; USA, 1949.

VIA MAESTRA, LA *(The Raggedy Rawney)* ★★★
Regia di BOB HOSKINS. Con DEXTER FLETCHER, BOB HOSKINS, ZOE NATHENSON, ZOE WANAMAKER. ■ Un soldato diserta truccandosi da donna. Viene accolto da una carovana di zingari e vive con loro. Bob Hoskins fa il suo esordio dietro la macchina da presa con una storia antimilitarista che si ispira a un'antica leggenda tzigana. ■ COMMEDIA; COL.; 102'; GRAN BRETAGNA, 1987.

VIA MALA ★★
Regia di PAUL MAY. Con GERT FRÖBE, JOACHIM HANSEN, CHRISTINE KAUFMANN. ■ Un turpe individuo maltratta in continuazione moglie e figli. La moglie lo avvelena prima che i figli riescano a tendergli un agguato mortale. ■ DRAMMATICO; B/N; 92'; GERMANIA, 1961.

VIA MARGUTTA ★★★
Regia di MARIO CAMERINI. Con GÉRARD BLAIN, FRANCO FABRIZI, YVONNE FURNEAUX, ANTONELLA LUALDI. ■ Sul vivace scenario di via Margutta, si intrecciano numerose storie personali di artisti e sfaccendati intellettualoidi. Delusioni, speranze, difficoltà economiche dei protagonisti offrono un significativo spaccato di una gioventù con tanti ideali e poco senso pratico. ■ COMMEDIA; B/N; 105'; ITALIA, 1960.

VI AMO E SARETE MIA *(Der Frechdachs)* ★★
Regia di CARL BOESE. Con WILLY FRITSCH, CAMILLA HORN. ■ Divertente commedia degli equivoci con trionfo finale dell'amore. ■ COMMEDIA; B/N; 95'; GERMANIA, 1932.

VIA MONTENAPOLEONE ★★
Regia di CARLO VANZINA. Con LUCA BARBARESCHI, VALENTINA CORTESE, RENÉE SIMONSEN. ■ La premiata ditta Vanzina & C. (regia + produzione) fa il ritratto a una delle più famose e celebrate vie del mondo. Tutti i personaggi che fanno la "vasca" vi sono rappresentati con le loro debolezze e le loro piccole e grandi storie; la fotografa in carriera che si tiene il figlio, modelle, playboy, ricche borghesi annoiate, professionisti, in una girandola di storie quasi vere. ■ COMMEDIA; COL.; 103'; ITALIA, 1987.

VIA PADOVA 46 – LO SCOCCIATORE ★★★
Regia di GIORGIO BIANCHI. Con PEPPINO DE FILIPPO, GIULIETTA MASINA, ALBERTO SORDI. ■ Circuito da una prostituta che subito dopo viene assassinata, un tranquillo funzionario è preda di allucinazioni persecutorie poiché è stato visto nei pressi della casa della donna. Prossimo a una fuga codarda, viene a sapere che l'omicida è stato catturato. ■ DRAMMATICO; B/N; 93'; ITALIA, 1953.

VIA PARADISO ★★★
Regia di LUCIANO ODORISIO. Con GUIDO CELANO, ANGELA MOLINA, MICHELE PLACIDO. ■ Un film con una bella storia e una buona realizzazione che ha avuto la sfortuna di una distribuzione pressoché inesistente. Siamo a Chieti, durante il Natale, e Francesco, sposato e con un figlio, deve vendere la sua sala cinematografica agli americani che ne vogliono fare una multisala. Incontra una vecchia fiamma e ricordano i vecchi tempi. Il matrimonio è in crisi e l'uomo si rifugia nell'antico amore e decide che fuggirà con lei. Quando capirà che la donna non è della stessa idea rinuncerà alla vendita del cinema. Troppo tardi, grazie a una vecchia lettera, scoprirà che lei lo amava. ■ DRAMMATICO; COL.; 105'; ITALIA, 1988.

VIA PIÙ BELLA, LA ★★
Regia di LEO MARTIN. Con OTTO RUBIN, ANNA WITT. ■ Uno scioperato dilapida il patrimonio del padre fino a provocarne la morte di crepacuore e inguaia ingenue fanciulle abbandonandole incinte. Suo fratello prende in mano la situazione e lo costringe a comportarsi da galantuomo. ■ COMMEDIA; B/N; 92'; GERMANIA, 1935.

VIA PROIBITA, LA *(Coming-out Party)* ★★
Regia di John Blystone. Con Nigel Bruce, Frances Dee, Gene Raymond. ■ Una ragazza dell'alta società vuol sposare a ogni costo un musicista di jazz di oscuri natali. Dovrà lottare parecchio contro l'opposizione della madre, che aveva pronto per lei un partito molto più altolocato. ■ Sentimentale; b/n; 90'; USA, 1934.

VIA SENZA GIOIA, LA *(Die freudlose Gasse)* ★★★
Regia di Georg Wilhelm Pabst. Con Greta Garbo, Valeska Gert, Asta Nielsen. ■ È l'ultimo film tedesco di Greta Garbo prima della partenza per Hollywood. Melodramma tratto da un feuilleton. In via Melchior, a Vienna, vicino a una macelleria c'è un negozio di abiti che in realtà è la copertura di un bordello. ■ Drammatico; b/n; 110'; Germania, 1925.

VIA SENZA RITORNO *(Weg ohne Umkehr)* ★
Regia di Victor Vicas. Con René Deltgen, Ivan Desny, Ruth Nichaus. ■ Un tenente russo si invaghisce di Anna nonostante lei sia l'amante di un diplomatico sovietico a Berlino. Sul punto di fuggire insieme, gli uomini dell'ambasciatore giungono in tempo per trattenere la donna. ■ Drammatico; b/n; 93'; Germania, 1953.

VIA VARSAVIA ★★
Regia di Emiliano Cribari. Con Alessandro Benvenuti, Erika Renai, Marco Masini, Carlo Monni, Novello Novelli. ■ In un piccolo teatro di Firenze va in scena uno spettacolo. Sul palco una sola attrice, Erika Renai nel ruolo di Francesca, condannata a morte per aver compiuto un atto di cannibalismo nei confronti del fratello quando si trovava in America. L'ultima ora della sua vita si trasforma così in una sorta di viaggio nel passato, nella coscienza, nella poesia, attraverso la lettura delle pagine di un diario e un dialogo continuo instaurato con il fratello morto, che ormai porta dentro di sé. Con *Via Varsavia*, Emiliano Cribari conclude la sua trilogia sul cinema di parola, iniziata con *La ricreazione* e proseguita con *Tuttotorna*. ■ Drammatico; col.; 85'; Italia, 2006.

VIA VENETO ★★
Regia di Giuseppe Lipartiti. Con Gérard Blain, Claudio Gora, Leopoldo Trieste, Frank Wolff. ■ Un uomo sfaccendato e spendaccione vive di trucchetti ed espedienti. Dopo aver raggirato e convinto un riccone a finanziare addirittura un film, finisce in trappola per un assegno a vuoto. ■ Commedia; b/n; 92'; Italia, 1963.

VIBURNO ROSSO *(Kalina Krasnaja)* ★★★
Regia di Vasilij Suksin. Con Lidija Fedoseva-Suksina, Vasili Shukshin, Aleksei Vanin. ■ Un ex galeotto torna in campagna ma viene assassinato dagli antichi complici "cittadini" dai quali non riesce a staccarsi definitivamente. Suksin ripropone la tematica a lui più cara, quella della contrapposizione tra i valori puliti della campagna e la corruzione della città. ■ Drammatico; col.; 100'; URSS, 1974.

VICERÉ, I ★★
Regia di Roberto Faenza. Con Lucia Bosè, Franco Branciaroli, Lando Buzzanca, Cristiana Capotondi, Guido Caprino, Sebastiano Lo Monaco, Alessandro Preziosi, Assumpta Serna, Giselda Volodi. ■ Sicilia. Ultimi anni di dominazione borbonica prima della nascita dello stato italiano. La morte della principessa Teresa introduce allo spettatore la famiglia Uzeda, discendente dei vicerè di Spagna. Le vicende degli Uzeda e i loro intrighi, raccontati negli anni attraverso gli occhi di Consalvo, l'ultimo discendente, rappresentano la società dell'epoca in rapido divenire, in cui sopravvivere significa innanzitutto essere schiavi di regole e tradizioni. Liberamente tratto dall'omonimo romanzo del 1894 di Federico De Roberto, il film di Faenza è innanzitutto un quadro familiare. È necessario sottolineare come il progetto di Faenza sarà sviluppato, in seguito, in versione estesa per la televisione (i campi infatti sono spesso molto stretti), e, di conseguenza, il percorso del protagonista, così come messo in scena, si adatterà meglio al piccolo schermo. ■ Storico; col.; 120'; Italia, 2007.

VICEVERSA – DUE VITE SCAMBIATE *(Vice Versa)* ★★★
Regia di Brian Gilbert. Con Swoosie Kurtz, Judge Reinhold, Fred Savage. ■ Vicenda paradossale che ha per protagonisti un uomo e il figlio undicenne. Il primo entra incidentalmente nel corpo del secondo e viceversa; entrambi, fino a quando troveranno una soluzione al pasticcio, dovranno comportarsi secondo il corpo che li ospita. Nonostante sia una situazione più volte visitata al cinema, qui risulta godibile e ritmata. ■ Commedia; col.; 100'; USA, 1988.

VICHINGHI, I *(The Vikings)* ★★★
Regia di Richard Fleischer. Con Ernest Borgnine, Tony Curtis, Kirk Douglas, Janet Leigh. ■ Storie di violenza e soprusi segnano il popolo vichingo. In mezzo a estenuanti difficoltà, il servitore Eric sposa la principessa Morgana e diviene re dei vichinghi. ■ Avventura; col.; 114'; USA, 1957.

VICHINGO VENUTO DAL SUD, IL ★★
Regia di Steno. Con Gigi Ballista, Lando Buzzanca, Pamela Tiffin. ■ Poiché la moglie danese deve interpretare un filmetto erotico, il gelosissimo marito siciliano non trova di meglio che farle da partner. ■ Comico; col.; 106'; Italia, 1971.

VICINI AL PECCATO *(Vi tva)* ★★
Regia di Schamyl Bauman. Con Signe Hasso, Sture Lagerwall. ■ La quieta e positiva amicizia tra due coppie sposate è turbata dalla segreta passione di uno dei due uomini, un ambizioso architetto, per la moglie dell'altro. La nascita di un figlio ne placa però le adulterine tendenze. ■ Drammatico; b/n; 94'; Svezia, 1939.

VICINI DEL TERZO TIPO *(The Watch)* ★
Regia di Akiva Schaffer. Con Richard Ayoade, Rosemarie DeWitt, Jonah Hill, Ben Stiller, Vince Vaughn. ■ Dopo il barbaro assassinio del custode del superstore in cui lavora, Evan decide di mettere in piedi un servizio di vigilanza dei cittadini di Glenview, piccola cittadina dell'Ohio in cui vive. Gli unici a unirsi a lui sono i tre stralunati Bob, Frankin e Jamarcus, uomini che cercano più che altro divertimento e qualcuno con cui passare le serate. Alla fine il gruppo si trova a confrontarsi con un qualcosa di spaventoso e inatteso: un'invasione aliena. ■ Commedia; col.; 102'; USA, 2012.

VICINI DI CASA, I *(Neighbors)* ★★★
Regia di John G. Avildsen. Con Dan Aykroyd, John Belushi, Cathy Moriarty, Kathryn Walker. ■ La tranquilla esistenza di due coniugi di mezza età viene sconvolta dall'arrivo di una coppia di strampalati vicini di casa. La moglie riscoprirà sopiti interessi culturali, il marito deciderà di cambiare completamente vita, distruggendo l'amatissimo televisore e dando fuoco alla sua villetta. ■ Commedia; col.; 94'; USA, 1981.

VICINO ALLA FINE *(A Midnight Clear)* ★★★
Regia di Keith Gordon. Con Peter Berg, Kevin Dillon, Arye Gross, Ethan Hawke, Gary Sinise. ■ Ardenne, dicembre 1944. William Knott, sergente diciannovenne, si vede affidare un incarico delicato: deve rilevare, con una piccola squadra, le attività del nemico in una zona strategica. Il gruppo, formato da sei uomini, entra in contatto con una pattuglia di tedeschi intenzionati a consegnarsi in seguito però a una simulazione di battaglia. Uno degli americani, fortemente esaurito, trasforma il finto scontro in una cruenta realtà. Il gruppo faticherà per ritrovare la propria base. Film sulla guerra che diventa riflessione sul senso della pace. ■ Drammatico; col.; 108'; USA, 1991.

VICINO ALLE STELLE *(Man's Castle)* ★★★
Regia di Frank Borzage. Con Glenda Farrell, Spencer Tracy, Loretta Young. ■ Lei è sedotta e abbandonata, ma poi il seduttore si pente e diventa un buon marito e un bravo papà. ■ Commedia; b/n; 75'; USA, 1933.

VICINO AL MARE PIÙ AZZURRO ★★
(U samogo sinego morja)
Regia di Boris Barnet, Samed Mardanov. Con Nikolaj Krjuckov, Yelena Kuzmina, Lev Sverdlin. ■ È la storia di due naufraghi che si sono innamorati della stessa donna. Purtroppo per loro è già impegnata. Minimalista e poetico, con una gran-

de fotografia inerente alla natura e soprattutto al mare. ■ COMMEDIA; B/N; 70'; URSS, 1936.

VICINO DI CASA, IL *(The Neighbor)* ★★
Regia di RODNEY GIBBONS. Con FRANCES BAY, LINDA KOZLOWSKI, RON LEA, ROD STEIGER. ■ Sempre bravo, Steiger interpreta la parte di un vecchio infelice psicopatico. Da piccolo aveva assassinato il fratello "colpevole" della morte (di parto) della madre. Ora vengono ad abitare vicino a lui un uomo e una donna. Lei ha un'impressionante rassomiglianza con la madre e aspetta un bambino. Il seguito si può immaginare. ■ THRILLER; COL.; 90'; USA, 1993.

VICIOUS LIPS ★
Regia di ALBERT PUYN. Con SHAYNE FARRIS, LINDA KERRIDGE, TONY LIENITZ, DRUE ANN PERY. ■ Le Vicious Lips sono un gruppo musicale femminile. La loro cantante, Ace Lucas, si scontra con un veicolo spaziale e il suo posto è preso da Judy Jetson. Lo scambio si rivela assai fruttuoso, tanto che per le giovani musiciste ha inizio una stagione musicale fantastica. ■ FANTASTICO; COL.; 85'; USA, 1987.

VICKY... COVER-GIRL *(À belles dents)* ★★★
Regia di PIERRE GASPARD-HUIT. Con JACQUES CHARRIER, MIREILLE DARC, DANIEL GÉLIN, PETER VAN EYCK. ■ Tormentate avventure di Vicky, una giovane e affascinante orfanella. Passata attraverso amori sfortunati, eredita alla fine una grossa fortuna dal suo secondo marito suicida. Diviene così apprezzata dirigente d'industria. ■ COMMEDIA; COL.; 98'; FRANCIA, 1966.

VICKY CRISTINA BARCELONA ★★★
Regia di WOODY ALLEN. Con JAVIER BARDEM, PENELOPE CRUZ, REBECCA HALL, SCARLETT JOHANSSON. ■ Vicky e Cristina sono buone amiche, anche se hanno visioni completamente differenti dell'amore. Vicky è fedele all'uomo che sta per sposare e ancorata ai propri princìpi. Cristina invece è disinibita e continuamente alla ricerca di una passione amorosa che la sconvolga. Vicky riceve da due amici di famiglia l'offerta di trascorrere una vacanza in casa loro a Barcellona durante l'estate. La ragazza pensa così di poter approfondire la propria conoscenza della cultura catalana, sulla quale sta lavorando per un master. Propone a Cristina di accompagnarla, così forse potrà superare meglio il trauma di una storia finita di recente. Una sera, in una galleria d'arte, Cristina incrocia lo sguardo di un uomo estremamente attraente, il pittore Juan Antonio, che propone alle ragazze un rapporto a tre. Una vera manna per Woody, che ha abbattuto un altro dei suoi tabù. Se finora solo rarissimamente aveva girato in piena estate ora è la luminosa Barcellona ad attrarre il suo sguardo. Si sarà senz'altro trattato di esigenze produttive, tuttavia il calore della città catalana (e della sorprendente Oviedo) si trasmette al film offrendogli un'ulteriore sensazione di novità. ■ COMMEDIA; COL.; 90'; SPAGNA, USA, 2008.

VICOLO CIECO *(Blind Alley)* ★★★
Regia di CHARLES VIDOR. Con ANN DVORAK, CHESTER MORRIS. ■ In seguito alle rivelazioni di uno psichiatra che gli spiega i motivi inconsci del suo agire illegale, un manigoldo diviene preda di angosciosi e disperati ripensamenti. Cadrà sotto i colpi della polizia che lo stava braccando. ■ DRAMMATICO; B/N; 61'; USA, 1939.

VICOLO CIECO *(Perfect Strangers)* ★★
Regia di LARRY COHEN. Con ANNE CARLISLE, ANNE MAGNUSON, BRAD RIJIN. ■ Un violento assassino deve riuscire a uccidere un bambino, unico testimone di un omicidio da lui commesso. Pensa allora di avvicinarlo seducendone la madre, ma alla fine cambia idea e decide di mettere la testa a posto. ■ POLIZIESCO; COL.; 91'; USA, 1984.

VICOLO CIECO *(Blindside)* ★★
Regia di PAUL LYNCH. Con LORI HALLIER, HARVEY KEITEL. ■ Il proprietario di un albergo nel Canada, che era stato a suo tempo una specie di sociologo, attento al comportamento dei suoi clienti, ha il vizio di spiarli con le telecamere. I guai arrivano quando deve ospitare una banda di trafficanti di droga. L'uomo infatti verrà a sapere di una certa guerra tra bande rivali e del progetto di uccidere una giovane donna, moglie di un capobanda. Pur essendo giostrato abbastanza bene, il film non esce dai facili schemi del suo genere. Una menzione per Keitel. ■ GIALLO; COL.; 90'; GRAN BRETAGNA, 1988.

VICTIM ★★★
Regia di BASIL DEARDEN. Con DIRK BOGARDE, DENNIS PRICE, SYLVIA SIMS. ■ Un avvocato dai trascorsi oscuri, temendo di essere ricattato, si rifiuta di proteggere un giovane amico che è in prigione per furto, e che inoltre è a sua volta vittima di torbidi ricatti. Solo quando il giovane si uccide per non compromettere l'avvocato, questi aiuterà la polizia a chiarire tutti i retroscena del suo ambiguo passato. ■ DRAMMATICO; B/N; 100'; GRAN BRETAGNA, 1961.

VICTOR *(Victor... pendant qu'il est trop tard)* ★★★
Regia di SANDRINE VEYSSET. Con LYDIA ANDRÉI, JÉRÉMY CHAIX, SKAN GUENIN, MATHIEU LANÉ, CHANTAL MALEBERT. ■ Victor, dieci, dà un colpo di forbice nella schiena del padre e fugge per cercare rifugio dapprima in un luna park e poi nella casa di una prostituta. Rispetto al suo film precedente la Veysset muta registro cromatico anche se continua a occuparsi del ruolo della donna sola e delle problematiche dell'infanzia. Adattamento del romanzo di Denis Belloc *Les ailes de Julien*. ■ DRAMMATICO; COL.; 88'; FRANCIA, 1998.

VICTOR VICTORIA *(Victor-Victoria)* ★★★
Regia di BLAKE EDWARDS. Con JULIE ANDREWS, JAMES GARNER, ROBERT PRESTON, LESLEY-ANN WARREN. ■ Victoria, una cantante in miseria che frequenta l'ambiente dei gay della Parigi anni Trenta, si inventa un ambiguo personaggio per ritrovare il successo: fingerà di essere un uomo che si traveste da donna. I risultati della mascherata sono fin troppo perfetti: non soltanto la cantante ritrova il successo, ma fa innamorare sia gli uomini che le donne. ■ COMMEDIA; COL.; 133'; USA, 1982. ■ DAVID DI DONATELLO 1 PR, 1 NOM; GOLDEN GLOBES 1 PR, 5 NOM; OSCAR 1 PR, 7 NOM.

VIDA QUE TE ESPERA, LA ★
Regia di MANUEL GUTIÉRREZ ARAGÓN. Con JUAN DIEGO, MARTA ETURA, LUIS TOSAR. ■ Valle des Pas. Nord della Spagna. Due famiglie di contadini sono protagoniste di un dissidio che lascerà profonde conseguenze. Val e Rai (novelli Romeo e Giulietta) sperimentano un amore che sta nascendo ma le famiglie li dividono. C'è di mezzo (a complicare le cose) anche un omicidio. ■ DRAMMATICO; COL.; 108'; SPAGNA, 2004.

VIDEODROME ★★★
Regia di DAVID CRONENBERG. Con DEBORAH HARRY, SONJA SMITS, JAMES WOODS. ■ Metafora della civiltà televisiva: il direttore di un'emittente privata capta per caso un programma a base di torture e assassini. Affascinato e disgustato al tempo stesso, decide di vederci chiaro e scopre che il fantomatico conduttore della mostruosa trasmissione è morto da tempo e che il programma viene trasmesso da un'emittente pirata il cui proprietario vuole, grazie alla potenza della tv, dominare il mondo e sconvolgere le coscienze, trasformando gli uomini in orribili macchine da distruzione. ■ FANTASTICO; COL.; 90'; CANADA, 1982.

VIDEOKILLER *(Remote Control)* ★★
Regia di JEFF LIEBERMAN. Con KEVIN DILLON, BERT REMSEN, JENNIFER TILLY. ■ Un vecchio film in videocassetta ha il potere di trasformare chi lo guarda in un feroce assassino. Dopo molte uccisioni, un giovanotto scopre che è tutto un complotto ordito da un "alien" per sterminare i terrestri. Allora distrugge la casa produttrice delle cassette. ■ HORROR; COL.; 90'; USA, 1988.

VIDEO MORTALE *(Video Murders (1988))* ★
Regia di JIM MCCULLOUGH JR. Con ERIC BROWN, JOHN P. FERTITTA, VIRGINIA LORIDANS. ■ Un uomo vorrebbe fare il regista televisivo, ma nonostante la perseveranza non riesce nell'intento. La sua mente, già in preda a gravi squilibri psicologici, crolla definitivamente ed egli inizia a frequentare prostitute per poterle filmare mentre le ammazza. ■ DRAMMATICO; COL.; 90'; USA, 1989.

VIDOCQ ★★
Regia di PITOF. Con GUILLAUME CANET, GÉRARD DEPARDIEU, INES SASTRE, ANDRÉ DUSSOLLIER, EDITH SCOB. ■ François Vidocq era un criminale assunto poi dalla polizia di Parigi, eravamo

all'inizio dell'Ottocento. Scrisse una'autobiografia alla quale attinse anche il cinema negli anni Quaranta (*Scandalo a Parigi*, con George Sanders). Il poliziotto è incaricato di indagare su una serie di omicidi dovuti a un personaggio misterioso. Il responsabile è un assassino-alchimista furbissimo, ma Vidocq-Depardieu, davvero capace di interpretare la mentalità criminale, non si fa ingannare. Il regista Pitof, specialista di effetti speciali, ci fa davvero pagare questa sua attitudine. Atmosfere gotiche, movimenti di macchina, una Parigi che sembrerebbe la città di Dracula. È un po' la moda francese del nuovo millennio, quella, per esempio, del *Patto dei lupi*. ■ POLIZIESCO; COL.; 100'; FRANCIA, 2001.

VIDOCQ L'INAFFERRABILE *(Vidocq)* ★★★
Regia di JACQUES DAROY. Con MARIE BELL, ANDRÉ BRULÉ, NADINE VOGEL. ■ Vidocq evade due volte per sfuggire a ingiuste e calunniose accuse. L'assassinio del fratello di una ragazza, conosciuta per caso, gli consentirà comunque di sconfiggere il vero responsabile di tutti i misfatti. ■ AVVENTURA; B/N; 105'; FRANCIA, 1938.

VIE DE FAMILLE – VITA DI FAMIGLIA, LE ★★★
(La vie de famille)
Regia di JACQUES DOILLON. Con JULIET BERTO, JULIETTE BINOCHE, SAMI FREY. ■ Un buon lavoro di Jacques Doillon, regista intellettuale troppo spesso letterario. Una piccola scampagnata di padre e figlia – la madre ha divorziato dal marito –, li vedrà finalmente uniti. ■ COMMEDIA; COL.; 90'; FRANCIA, 1984.

VIE DEL CIELO, LE *(Halfway to Heaven)* ★★
Regia di GEORGE ABBOTT. Con JEAN ARTHUR, PAUL LUKAS, CHARLES BUDDY ROGERS. ■ Due trapezisti si contendono l'amore di una biondina. Uno, simulando una presa difettosa, lascia precipitare l'altro, che muore. La biondina sospetta l'omicidio volontario e riuscirà a dimostrarlo con l'aiuto di un altro acrobata innamorato. ■ DRAMMATICO; B/N; 92'; USA, 1929.

VIE DEL CIELO, LE *(Three Guys Named Mike)* ★★★
Regia di CHARLES WALTERS. Con VAN JOHNSON, HOWARD KEEL, JANE WYMAN. ■ Un'hostess, tanto desiderabile quanto inesperta e impacciata, rischia il posto al primo volo per un errore grossolano. Salvata dal pilota, suo spasimante, si trova corteggiata da altri due uomini. Lunghe schermaglie prima che ci sia un vincitore. ■ COMMEDIA; B/N; 90'; USA, 1951.

VIE DEL DESTINO, LE ★★★
(The Courtneys of Curzon Street)
Regia di HERBERT WILCOX. Con ANNA NEAGLE, MICHAEL WILDING, GLADYS YOUNG. ■ Saga di una famiglia inglese, dalla fine dell'Ottocento in poi. ■ DRAMMATICO; B/N; 120'; GRAN BRETAGNA, 1947.

VIE DELLA CITTÀ, LE *(City Streets)* ★★★
Regia di ROUBEN MAMOULIAN. Con GARY COOPER, GUY KIBBEE, PAUL LUKAS, SYLVIA SIDNEY. ■ Tragica storia della figlia di un gangster ingiustamente accusata di un delitto. ■ DRAMMATICO; B/N; 82'; USA, 1931.

VIE DELLA CITTÀ, LE *(I Walk Alone)* ★★★
Regia di BYRON HASKIN. Con WENDELL COREY, BURT LANCASTER, LIZABETH SCOTT. ■ Uscito di galera dove ha scontato una pena per furto. Frankie raggiunge il suo ex complice, Nick, che invece, col bottino, è divenuto proprietario di un avviato night-club. Lo scontro è inevitabile. L'intervento della polizia, che uccide Nick, salva Frankie da sicura morte. ■ DRAMMATICO; B/N; 98'; USA, 1947.

VIE DELLA GLORIA, LE *(The Road to Glory)* ★★★
Regia di HOWARD HAWKS. Con JUNE LANG, FREDRIC MARCH. ■ Il cameriere di un'agiata famiglia fa fortuna, in barba alla sciuperata inettitudine dei suoi datori di lavoro. Sposerà la figlia minore dei padroni di casa. ■ DRAMMATICO; B/N; 105'; USA, 1936.

VIE DELLA VIOLENZA, LE *(The way of the gun)* ★★★
Regia di CHRISTOPHER MCQUARRIE. Con JAMES CAAN, BENICIO DEL TORO, TAYE DIGGS, NICKY KATT, JULIETTE LEWIS, RYAN PHILLIPPE, SCOTT WILSON. ■ Opera prima dello sceneggiatore Christopher McQuarrie, già premiato con l'Oscar per i *I soliti sospetti*. Gira adesso un film dal sapore tarantiniano: compiaciuto, violento, sofisticato, ricercato nei dialoghi, nei quali i banditi parlano come filosofi classici. Stilisticamente impeccabile al limite del virtuosismo. È un mix tra un film nero e un western girato in una polverosa località al confine con il Messico dove due scalcinati gangster, ridotti sul lastrico, decidono di sequestrare una donna, che sta conducendo una gravidanza su commessa di un facoltoso impresario, che in realtà è un malavitoso. L'uomo incarica un nonnetto di nome Sarno di recuperare la donna. Ma Sarno è un osso duro che sa il fatto suo. Lo scontro finale suggella una storia surreale e anticonvenzionale. ■ THRILLER; COL.; 119'; USA, 2001.

VIE DEL PECCATO, LE ★★
Regia di GIORGIO PASTINA. Con LEONARDO CORTESE, JACQUELINE LAURENT, CARLO NINCHI. ■ Ucciso il rivale per gelosia, un uomo, quando esce di prigione, scopre che la moglie è divenuta l'amante del genero del morto e l'abbandona, lei si suicida. ■ COMMEDIA; B/N; 93'; ITALIA, 1946.

VIE DEL SIGNORE SONO FINITE, LE ★★★
Regia di MASSIMO TROISI. Con MASSIMO BONETTI, JO CHAMPA, MASSIMO TROISI, MARCO MESSERI, ENZO CANNAVALE. ■ Un giovane barbiere di paese (siamo negli anni Venti) è paralizzato agli arti inferiori per una malattia psicosomatica. I medici credono che la malattia sia legata alla fine della sua love story con una ricca ragazza del posto. Infatti è vero: il giovane riprenderà l'uso degli arti quando riconquisterà per sempre il cuore della bella. Prima però accadranno tante cose (inclusa l'incarcerazione per antifascismo del giovanotto). ■ COMMEDIA; COL.; 115'; ITALIA, 1987.

VIE EN ROSE, LA *(La Môme)* ★★
Regia di OLIVIER DAHAN. Con CATHERINE ALLÉGRET, MARC BARBÉ, MARION COTILLARD, CLOTILDE COURAU, GÉRARD DEPARDIEU, PASCAL GREGGORY, JEAN-PAUL ROUVE, EMMANUELLE SEIGNER, CAROLINE SIHOL, SYLVIE TESTUD. ■ La pellicola, ambientata in Francia e a Praga, ripercorre i drammi e le gioie di una delle leggende della canzone francese e internazionale, Edith Piaf. Nata nei sobborghi parigini, la diva diventa famosissima fin da giovane. La sua voce, caratterizzata da mille sfumature, era in grado di passare da toni aspri a toni dolcissimi. Molte le sfortune e i fatti negativi: incidenti stradali, coma epatici, interventi chirurgici, delirium tremens e anche un tentativo di suicidio. Il film di Dahan ricostruisce bene una delle sue ultime apparizioni pubbliche, in cui appare piccola e ricurva, con le mani deformate dall'artrite e con radi capelli. Solo una cosa era rimasta inalterata e splendida: la sua voce. Il fatto che il regista abbia preso come spunto iniziale per il film una fotografia della cantante e non la sua musica, non ci sorprende affatto. Conferma, anzi, il taglio pienamente cinematografico dell'opera. Partire da questo punto è sinonimo di un omaggio che rifiuta il didascalismo e una ricostruzione strettamente biopic. ■ BIOGRAFICO; COL.; 140'; FRANCIA, GRAN BRETAGNA, REPUBBLICA CECA, 2007.

VIEILLE MAITRESSE, UNE ★★
Regia di CATHERINE BREILLAT. Con ASIA ARGENTO, MICHAEL LONSDALE, ROXANE MESQUIDA, YOLANDE MOREAU, CLAUDE SARRAUTE. ■ Il giovane seduttore Ryno de Marigny sta per sposare la giovane Hermangarde, una ragazza dalle elevate virtù che fa parte dell'aristocrazia parigina. Circolano però fondate voci sulla fragilità di una simile unione. Si dice infatti che De Marigny continui a frequentare la Vellini, una donna priva di scrupoli e ricca di passione dalla quale in un recente passato ha anche avuto una figlia, poi deceduta. Questo è il plot iniziale del nuovo film di Catherine Breillat, ispirato a un romanzo di Jules Barbey d'Aurevilly. Breillat continua (con grande coerenza, le va riconosciuto) il suo viaggio attraverso le dinamiche attraverso cui la sessualità si esprime. Se spesso ha privilegiato la contemporaneità, questa volta viene attratta dal XIX secolo e dalle sue pruderie sociali finalizzate a elevare un falso perbenismo a "morale" comune e riconosciuta. ■ DRAMMATICO; COL.; 110'; FRANCIA, 2007.

VIE EST À NOUS, LA ★★★
Regia di JEAN RENOIR. Con JACQUES BECKER, JULIEN BERTHEAU, JEAN RENOIR. ■ Tra il documentario e il cinema realista, questo film fu realizzato nel 1936 alla vigilia del Fronte popolare da

un'équipe di registi e attori amici. Girato su iniziativa del Partito comunista francese per la campagna elettorale, rappresenta il primo tentativo di azione audiovisiva. Raccolse l'interesse di tutta la stampa e conobbe un gran successo negli ambienti intellettuali e artistici. Fu poi distrutto dalle autorità tedesche durante l'occupazione. La versione ritrovata e restaurata è stata trasmessa da Raitre. ■ DOCUMENTARIO; B/N; 106'; FRANCIA, 1936.

VIEL PASSIERT – DER BAP FILM ★★★
Regia di WIM WENDERS. Con WOLFGANG NIEDECKEN. ■ Immaginate una band, i BAP, che è in pista dagli anni Settanta e che ha ancora una forte presa su un pubblico non solo arruolato tra i nostalgici del bel tempo andato. Pensate che questa band gode di fama a livello nazionale ma canta nel dialetto stretto di Colonia. Aggiungete che Colonia è la città di Wim Wenders e avrete un film che non ha nulla del fascino esotico di *Buena Vista Social Club*, ma consente di conoscere un fenomeno musicale decisamente interessante. Niedecken, il *front man* e autore di quasi tutti i testi, è indubbiamente una personalità forte che si trova quindi al centro del documentario. Potrebbe essere letto come una promozione commerciale in cui Wenders sperimenta tutti i possibili linguaggi del clip musicale. Forse è anche così. Ma di un gruppo come questo, capace di cantare testi anche molto duri sul piano politico e sociale su una base musicale molto accattivante, ci sarebbe bisogno in Italia. Noi abbiamo solo i Pooh (stessa fascia d'età ma tutt'altre tematiche) e Finardi (con un pubblico limitato). Questi Venditti germanici (sono loro che hanno fatto il concerto allo stadio quando il Colonia ha vinto il Campionato) hanno un grande seguito e non parlano solo di "sole, cuore e amore". ■ DOCUMENTARIO; COL.; 96'; GERMANIA, 2002.

VIENI A FARE LA SPIA CON ME *(Come Spy with Me)* ★★
Regia di MARSHALL STONE. Con ALBERT DEKKER, TROY DONAHUE, ANDREA DROMM. ■ L'ex bello di *Scandalo al sole* Troy Donahue, coinvolto in un intrigo spionistico. È un abile palombaro che aiuta una ragazza a risolvere il mistero della morte di due americani in Giamaica (dietro c'è un complotto contro la pace nel mondo). ■ AVVENTURA; COL.; 93'; USA, 1967.

VIENI AVANTI CRETINO ★
Regia di LUCIANO SALCE. Con LINO BANFI, FRANCO BRACARDI, ADRIANA RUSSO. ■ Le disavventure di un povero demente (o è soltanto sfortunato?) appena uscito di galera: scambia un gabinetto dentistico per una casa chiusa, trova e perde lavoro come guardiacaccia, cameriere, garagista e persino perito elettronico. Poi incontra la donna della sua vita e cala pietosamente il sipario. ■ COMMEDIA; COL.; 98'; ITALIA, 1982.

VIENI A VIVERE CON ME *(Come Live With Me)* ★★★
Regia di CLARENCE BROWN. Con IAN HUNTER, HEDY LAMARR, JAMES STEWART. ■ Una donna austriaca, immigrata clandestinamente negli Stati Uniti, per non farsi rimpatriare convince un giovane, in cambio di un assegno mensile, a sposarla. La loro unione sarà però ben presto consolidata dall'amore. ■ COMMEDIA; B/N; 86'; USA, 1941.

VIENI VIA CON ME ★★
Regia di CARLO VENTURA. Con ALEX FELDMAN, DYLAN FERGUS, ADAM KAUFMAN, ENRICO LUCCI, MARIANGELA MELATO, MARTA MONDELLI, DINO NOLE, DANIELE PASSARO. ■ A Utica, una piccola città nel cuore dello stato di New York, vive Maria Grande che non è la classica mamma italo-americana: non ama ascoltare *Torna a Surriento* e si occupa più dei suoi vicini di casa immigrati che dei suoi tre figli, uno dei quali, Santino, ha imboccato la strada sbagliata. C'è anche il marito della donna, solo che è morto e le appare di notte e, seppure da fantasma, non la tratta bene. ■ COMMEDIA; COL.; 92'; ITALIA, 2005.

VIENI, VIENI AMORE MIO ★★
Regia di VITTORIO CAPRIOLI. Con MAX DELYS, CIRO IPPOLITO, GIANCARLO MAESTRI, IMMA PIRO. ■ Stanca di attendere il matrimonio per assaporare le gioie dell'amore, una ragazza si concede al farmacista presso cui lavora. ■ COMMEDIA; COL.; 92'; ITALIA, 1975.

VIENNA DI STRAUSS *(Waltzes from Vienna)* ★★
Regia di ALFRED HITCHCOCK. Con FAY COMPTON, EDMUND GWENN, ESMOND KNIGHT, JESSIE MATTHEWS. ■ Anche Hitchcock negli anni giovanili si provò a mettere in cinema la storia (e le rivalità) di Johannes Strauss padre e figlio. E come tanti altri registi che lo seguirono diede larga importanza alla contrastata vicenda d'amore di Strauss junior per una soprano amante di un aristocratico. ■ BIOGRAFICO; B/N; 80'; GRAN BRETAGNA, 1934.

VIENNA 1800 *(Brüderlein Fein)* ★★
Regia di HANS THIMIG. Con MARTA HARREL, HANS HOLT, WILHELM HEIM. ■ Sfortunate peregrinazioni amorose di un valente compositore: una donna lo salva da un matrimonio sbagliato e poi l'abbandona per un uomo benestante. Quando la donna sarà in punto di morte, il compositore, ancora innamorato, accorrerà però al suo capezzale. ■ COMMEDIA; B/N; 93'; AUSTRIA, 1942.

VIENTO, EL ★★★
Regia di EDUARDO MIGNOGNA. Con MARIANA BRISKI, PABLO CEDRÓN, ANTONELLA COSTA, RICARDO DÍAZ MOURELLE, HERNÁN JIMÉNEZ, FEDERICO LUPPI, ESTEBAN MELONI. ■ Quando Ema, figlia di Frank e madre di Alina, muore, l'anziano pastore, rimasto solo, si trasferisce dalla campagna alla casa della nipote a Buenos Aires, cercando di riallacciare un rapporto molto freddo. Alina, infatti, divisa tra il giovane Diego e il maturo Miguel, non ha mai saputo chi fosse suo padre e rimprovera al nonno di aver rovinato la vita a moglie e figlia. I personaggi si aggirano per la città tra interrogativi e incontri, fino al finale che scioglierà il mistero e insieme a esso i nodi delle varie esistenze. Caratteri autentici (ottime le prove del veterano Federico Luppi e della Antonella Costa di *Garage Olimpo*) e leggerezza di tocco sono le virtù più evidenti di un film all'insegna della semplicità, costruito su un intreccio di relazioni non banali, ma in cui è facile d'altra parte riconoscersi. ■ DRAMMATICO; COL.; 92'; ARGENTINA, 2005.

VIE SEGRETE, LE *(The Secret Ways)* ★★
Regia di PHIL KARLSON. Con CHARLES REGNIER, RICHARD WIDMARK, SONJA ZIEMANN. ■ Un autorevole esponente del dissenso, dopo una serie di drammatiche avventure, riesce a scappare dall'Ungheria con l'aiuto di un agente segreto. ■ AVVENTURA; B/N; 112'; USA, 1961.

VIETATO AI MINORENNI ★★
Regia di MARIO MASSA. Con BEATRICE MANCINI, NEDA NALDI, OTELLO TOSO. ■ Un avventuriero senza scrupoli seduce la proprietaria di un albergo per fini equivoci. La sorella della donna ne provoca la morte, attizzando lo spirito vendicativo di una sua ex amante. ■ COMMEDIA; B/N; 93'; ITALIA, 1943.

VIETATO AI MINORI ★
Regia di MAURIZIO PONZI. Con SABRINA FERILLI, ALESSANDRO HABER, MARIELLA VALENTINI. ■ Siamo lontani dai tempi del buon *Io, Chiara e lo Scuro*, ma anche dall'ottimo e dimenticato *Il pornografo* con Richard Dreyfuss. Ponzi mette insieme una storia con una troupe sgangherata che deve girare un film porno all'isola d'Elba. Riescono ma che fatica, anche per chi vede il film. Peccato per Haber e la Valentini, usati male. ■ COMMEDIA; COL.; 101'; ITALIA, 1992.

VIETATO RUBARE LE STELLE ★★★
(The Fuzzy Pink Nightgown)
Regia di NORMAN TAUROG. Con RALPH MEEKER, JANE RUSSELL, KEENAN WYNN. ■ Tra una diva rapita e il suo galante carceriere nasce l'amore. La donna, per non comprometterlo, si vede così costretta a giustificare con delle scuse la propria scomparsa. ■ COMMEDIA; B/N; 87'; USA, 1957.

VIETNAM ADDIO *(Nam, Tour of Duty)* ★
Regia di BILL W. L. NORTON. Con STEPHEN GRAPHEY, TERENCE KNOX, JOSHUA MAURER. ■ Un plotone di giovani soldati americani si trova a combattere in Vietnam, trovandosi spesso in gravi difficoltà. Il paese risulterà loro ostile, pieno di trappole e di pericoli ovunque. ■ GUERRA; COL.; 94'; USA, 1987.

VIETNAM GUERRA E PACE ★★
Regia di LAMBERTO ANTONELLI. Con ALFREDO MEDORI. ■ Reportage sulla vita notturna di Saigon durante la guerra fra i due Vietnam. La gente riesce a divertirsi, mentre intorno alla città si combatte. ■ DOCUMENTARIO; COL.; 93'; ITALIA, 1968.

VIETNAM, GUERRA SENZA FRONTE ★★
Regia di ALESSANDRO PERRONE. ■ A differenza del precedente, questo documentario si appunta sulle documentazioni storico-politiche che hanno condotto allo stato di ventennale belligeranza nel Vietnam. Uno sguardo attento è riservato alle tecniche della guerriglia. ■ DOCUMENTARIO; COL.; 95′; ITALIA, 1967.

VIETNAM: LA GRANDE FUGA *(P.O.W. the Escape)* ★★
Regia di GIDEON AMIR. Con DAVID CARRADINE, STEVE JAMES, MAKO. ■ Un gruppo di americani prigionieri di guerra dei vietnamiti riesce a fuggire con l'aiuto di un corrotto ufficiale viet. Gli americani si dirigono verso Saigon, che però sta per cadere. La lotta per la sopravvivenza si presenta quanto mai dura. ■ AVVENTURA; COL.; 90′; USA, 1986.

VIETNAM MISSIONE TONKIN *(In Love and in War)* ★★
Regia di PAUL AARON. Con JANE ALEXANDER, JAMES WOODS. ■ Si tratta della vera storia di due coniugi. La signora Stockdale cerca disperatamente di convincere il governo americano a far tornare il marito a casa. Jim Stockdale infatti è rimasto prigioniero nel golfo del Tonkino dopo un'azione che la squadriglia aerea, da lui comandata, ha compiuto contro i nord-vietnamiti. Buona l'interpretazione di Woods. ■ DRAMMATICO; COL.; 92′; USA, 1987.

VIETNAM MORTE ORANGE *(My Father, My Son)* ★★
Regia di JEFF BLECKNER. Con KEITH CARRADINE, MICHAEL HORTON, KARL MALDEN. ■ Un ammiraglio americano dà l'ordine di lanciare sul Vietnam il micidiale defoliante Orange. Qualche tempo dopo il figlio si ammala di cancro. Con ogni probabilità, il giovane, militare in Vietnam, è stato contaminato dall'Orange. ■ DRAMMATICO; COL.; 100′; USA, 1988.

VIETNAM, SCENE DEL DOPOGUERRA ★★★
Regia di UGO GREGORETTI, ROMANO LEDDA. ■ Il documentario è stato realizzato a soli due mesi dalla fine della guerra nel Vietnam. ■ DOCUMENTARIO; COL.; 92′; ITALIA, 1975.

VIETNAM 73 ★★
Regia di WALTER HEYNOWSKI, GERHARD SCHEUMANN. ■ Attraverso l'interrogatorio di prigionieri americani nel Vietnam del Nord, traspare l'assurdità del conflitto. ■ DOCUMENTARIO; B/N; 93′; GERMANIA, 1973.

VIETNAM – VERITÀ DA RICERCARE *(In Country)* ★★
Regia di NORMAN JEWISON. Con KEVIN ANDERSON, EMILY LLOYD, BRUCE WILLIS. ■ Un'adolescente del Kentucky vuole comprendere la ragione della guerra nel Vietnam e perché suo padre abbia dovuto morirci. Lo zio della ragazzina, Bruce Willis, rimane molto colpito. Avranno modo di meditare sulla reale necessità della guerra. ■ DRAMMATICO; COL.; 110′; USA, 1989. ■ GOLDEN GLOBES 1 NOM.

VIGILANTE ★★
Regia di WILLIAM LUSTIG. Con ROBERT FORSTER, WOODY STRODE, FRED WILLIAMSON. ■ Un ex poliziotto un giorno torna a casa e trova la figlioletta uccisa e la moglie ferita (e resa quasi pazza) dall'aggressione di alcuni teppisti. Al processo degli assassini, un giudice corrotto li assolve e il poveraccio che protesta violentemente è condannato alla galera per oltraggio. Quando esce è pieno di odio e di rancore. Aderisce a un gruppo di giustizieri della notte (tutti ex poliziotti delusi dalla giustizia ufficiale) e fa una strage dei teppisti e dei loro complici. ■ THRILLER; COL.; 90′; USA, 1982.

VIGILANTI *(Vigyazok)* ★★
Regia di SANDOR SARA. Con PETER ANDORAI, ESZTER NAGY-KALOZY, ZOLTAN SERES. ■ Eva è sposata con Peter, un ingegnere. Durante una serata, mentre passano il tempo a parlare e ad ascoltare musica, Eva trova una tessera di vigilante della polizia segreta. È caduta a uno dei presenti. Tensione e dubbi. ■ DRAMMATICO; COL.; 90′; BULGARIA, 1993.

VIGILATO SPECIALE *(Straight Time)* ★★★
Regia di ULU GROSBARD. Con GARY BUSEY, DUSTIN HOFFMAN, HARRY DEAN STANTON. ■ Un giovane, rilasciato anticipatamente dal carcere per buona condotta, finisce nuovamente dentro per colpa di un giudice. Tornato in libertà, è convinto che ormai la strada della "normalità" gli sia preclusa: compie una rapina dopo l'altra, affida la refurtiva a una ragazza e decide di farsi catturare. ■ DRAMMATICO; COL.; 114′; USA, 1977.

VIGILE, IL ★★★
Regia di LUIGI ZAMPA. Con VITTORIO DE SICA, SYLVA KOSCINA, MARISA MERLINI, MARIO RIVA, ALBERTO SORDI, LIA ZOPPELLI. ■ A forza di raccomandazioni un disoccupato riesce a ottenere un impiego come vigile urbano. Dopo una serie di pasticci, richiamato al dovere dai superiori, multa anche il sindaco. Ma invece di ricevere elogi, rischia il posto. Riesce a mantenere l'impiego solo dopo aver fatto le sue scuse al sindaco. Quando vede la macchina di quest'ultimo sfrecciare velocissima, non interviene, la macchina esce di strada e finisce in una scarpata. ■ COMMEDIA; B/N; 109′; ITALIA, 1960.

VIGILIA D'AMORE *(When Tomorrow Comes)* ★★★
Regia di JOHN M. STAHL. Con CHARLES BOYER, IRENE DUNNE. ■ Persa la figlioletta, una donna esce di senno. Il marito cerca timidamente l'amore di un'altra donna, poi si pente e fugge lontano assieme alla consorte. ■ COMMEDIA; B/N; 90′; USA, 1939. ■ OSCAR 1 PR, 1 NOM.

VIGILIA D'ARMI *(Veille d'armes)* ★★★
Regia di MARCEL L'HERBIER. Con ANNABELLA, VICTOR FRANCEN, PIERRE RENOIR. ■ La stupida moglie del comandante di un incrociatore, temendo la gelosia del marito, gli nasconde il suo amore passato per un tenente che è a bordo della nave. Molto penare, ma lieto fine. ■ DRAMMATICO; B/N; 120′; FRANCIA, 1935. ■ VENEZIA 1 PR.

VIGILIA DI GUERRA *(Der erste Polka)* ★★
Regia di KLAUS EMMERICH. Con ERLAND JOSEPHSON, MARIA SCHELL, GUIDO WIELAND. ■ Il primo giorno di guerra, 31 agosto 1939, vissuto dal punto di vista di una famiglia polacca, che abita la cittadina dove avvenne la provocazione, pretesto per l'entrata in guerra della Germania. ■ DRAMMATICO; COL.; 93′; GERMANIA, 1989.

VIGILIA DI NOZZE ★★★
Regia di GORDON PERRY. Con JEAN KENT, ROLAND YOUNG. ■ Vari episodi introdotti da un insolito pretesto: si raccontano le storie drammatiche che ci sono dietro diversi oggetti con cui una sposa s'adorna il giorno delle nozze. ■ DRAMMATICO; B/N; 108′; GRAN BRETAGNA, 1948.

VIGILI E VIGILESSE ★
Regia di FRANCO PROSPERI. Con GIORGIO BRACARDI, ANDY LUOTTO, GIANNI MAGNI, MARIO MARENCO. ■ Un gruppo di vigili e vigilesse di diversi comuni si ritrova a Roma per seguire un corso che li porterà in viaggio studio a Londra. Tra avventure e disavventure, una parata di comici televisivi e di cabarettisti alla vana ricerca di una risata. ■ COMMEDIA; B/N; 93′; ITALIA, 1982.

VIGLIACCHERIA *(Whom the Gods Destroy)* ★★
Regia di WALTER LANG. Con WALTER CONNELLY, ROBERT YOUNG. ■ Durante un naufragio, al fatidico ordine "prima le donne e i bambini", uno scrittore si traveste con abiti femminili per salvare la pelle, ma è costretto per molto tempo a subire le conseguenze di quel gesto di codardia. Con l'aiuto della moglie e del figlio saprà infine riscattarsi. ■ DRAMMATICO; B/N; 91′; USA, 1934.

VIGLIACCHI NON PREGANO, I ★★
Regia di MARIO SICILIANO. Con GIANNI GARKO, MARIA MIZAR, ELISA MONTES, SEAN TODD. ■ Un sudista tornato dal Texas dopo la guerra di secessione diventa un pericoloso bandito dopo che gli hanno violentato la moglie. Un suo amico sarà costretto a ucciderlo. ■ WESTERN; COL.; 95′; ITALIA, 1968.

VIGLIACCO RITORNA, UN *(Silent Dust)* ★★★
Regia di LANCE COMFORT. Con DEREK FARR, SALLY GRAY, STEPHEN MURRAY, NIGEL PATRICK. ■ È il dramma di un anziano nobile inglese cieco che vive nel culto del figlio morto in guerra e che apprende che il supposto eroe è in realtà vivo e vegeto: ha disertato e adesso si è dato al crimine. Finale drammatico. ■ DRAMMATICO; B/N; 82′; GRAN BRETAGNA, 1947.

VIGO – PASSIONE PER LA VITA ★★★
(Vigo: Passion for Life)
Regia di JULIEN TEMPLE. Con ROMANE BOHRINGER, JIM CARTER, JAMES FRAIN, DIANA QUICK. ■ Alle origini ci sono un romanzo

di Salles Gomes e un successivo testo teatrale di Chris Ward. Si seguono gli ultimi sei anni di vita del giovane regista Jean Vigo. Il ricovero in sanatorio, la passione per Lydu Lozinska ma, soprattutto, la passione per il cinema in un film che riflette sul rapporto tra l'arte del XX secolo e la poesia. ■ BIOGRAFICO; COL.; 103′; FRANCIA, GIAPPONE, GRAN BRETAGNA, 1999.

VILLA BORGHESE ★★★
Regia di GIANNI FRANCIOLINI. Con EDUARDO DE FILIPPO, VITTORIO DE SICA, ANNA MARIA FERRERO, ANNA MAGNANI, MICHELINE PRESLE, FRANCA VALERI, ENRICO VIARISIO. ■ Vari episodi, ora comici ora drammatici, che si svolgono nel parco di Villa Borghese dalle prime ore del mattino a notte fonda. Ci sono le balie e i soldati, la liceale che vuole compromettere il professore e scopre che sta diventando cieco, un matrimonio combinato dai genitori e una prostituta che sfuggendo alla polizia finisce in un concorso di bellezza e viene eletta miss. ■ EPISODI; B/N; 98′; ITALIA, 1953.

VILLA DA VENDERE ★★
Regia di FERRUCCIO CERIO. Con VERA CARMI, AMEDEO NAZZARI. ■ Un giovanotto ridotto in miseria dalla sua vita scapestrata decide di vendere una villa, ma viene a scoprire che alcuni truffatori vogliono intascarsi i soldi della vendita. Fa delle indagini nel corso delle quali troverà l'amore di una ragazza ricca. ■ COMMEDIA; B/N; 92′; ITALIA, 1942.

VILLA DELLE ANIME MALEDETTE, LA ★★
(The Damned)
Regia di CARLO AUSINO. Con JEAN-PIERRE AUMONT, ANNA RITA GRAPPUTO, BEBA LONCAR. ■ Estate 1955: durante un violento temporale notturno, i quattro abitanti di una villa vengono travolti da un'entità demoniaca e si uccidono tra loro. L'unica superstite, una donna, muore di paura nel parco, dove si trova il cimitero di famiglia. Venticinque anni più tardi, un notaio convoca gli eredi della villa maledetta. ■ DRAMMATICO; B/N; 93′; ITALIA, 1982.

VILLA DEL MISTERO, LA *(Muss'Em up)* ★★
Regia di CHARLES VIDOR. Con MARGARET CALLHAN, PRESTON FOSTER. ■ In una villa, dopo alcuni minacciosi avvenimenti, viene rapita la figlia del proprietario a scopo di ricatto. Un investigatore farà luce sulla vicenda. ■ POLIZIESCO; B/N; 93′; USA, 1938.

VILLA DEL PIACERE, LA *(House of the Rising Sun)* ★★
Regia di GREG GOLD. Con FRANK ANNESE, JAMIE BARRETT, TAWNY MOYER. ■ Una giornalista fa un'inchiesta sul mondo della prostituzione. Arriva a fingersi prostituta per poter entrare in una casa d'appuntamenti di Los Angeles e scoprire chi la frequenta e che ci fa. Ma il gestore del bordello comincia ad avere qualche sospetto su di lei. ■ DRAMMATICO; COL.; 91′; USA, 1987.

VILLA DEL VENERDÌ, LA ★★
Regia di MAURO BOLOGNINI. Con MARCO DI STEFANO, TCHÉKY KARYO, JOANNA PACULA, JULIAN SANDS, LARA WENDEL. ■ Tratto da un breve racconto di Alberto Moravia, il film, riadattando e ampliando, racconta la storia di una coppia dai costumi un po' particolari. Lui, Stefano, concede alla moglie Alina di tradirlo durante il week-end con un pianista, nella villa che ha messo a disposizione. Il pianista, Paolo, ha un ruolo ben più di rilievo che nel racconto, è lui il protagonista dello strano triangolo. Così, nell'inquietante cornice della villa, si consumano morbose passioni: il sesso è in primo piano pur rimanendo le scene nei limiti della decenza. I tradimenti e i rapporti amorosi sono in realtà una scusa per mostrarci singolari e alquanto improbabili sentimenti tanto cari a Moravia. Il film sarebbe ben più noioso se non fosse per la bravura degli attori e per la professionalità di Bolognini. ■ DRAMMATICO; B/N; 100′; ITALIA, 1991.

VILLAFRANCA ★★★
Regia di GIOVACCHINO FORZANO. Con ANNIBALE BETRONE, ENZO BILIOTTI, GIULIO DONADIO, CORRADO RACCA, PIA TORRIANI. ■ Dal dramma omonimo dello stesso Forzano, è la rievocazione romanzata dello svolgimento della seconda guerra d'indipendenza. ■ STORICO; B/N; 95′; ITALIA, 1933.

VILLAGE, THE ★★
Regia di M. NIGHT SHYAMALAN. Con JAYNE ATKINSON, ADRIEN BRODY, FRANK COLLISON, BRYCE DALLAS HOWARD, BRENDAN GLEESON, JUDY GREER, WILLIAM HURT, CHERRY JONES, JOAQUIN PHOENIX, MICHAEL PITT, SIGOURNEY WEAVER, CELIA WESTON. ■ M. Night Shyamalan, dopo *Il sesto senso* e *Signs*, ci riprova con una pellicola circondata da mistero e da grandi aspettative, forse troppe. Il thriller è ben girato e suggestivo ma purtroppo a questi pregi si devono aggiungere alcuni intoppi nella trama che incespica su se stessa troppo a lungo relegando il film nel limbo dei titoli che potevano essere qualcosa di più. Gli abitanti di un villaggio simil-luterano immerso nei boschi vivono in armonia con la natura isolati dal resto del mondo. Non per tutti l'isolamento è una scelta, in quanto da tempi immemorabili l'ingresso nei boschi, popolati da misteriose creature, è vietato. Il giovane Lucius, insofferente verso una tale imposizione, sfiderà il divieto. ■ THRILLER; COL.; USA, 2004.

VILLAGGIO DEI DANNATI *(Village of the Damned)* ★★
Regia di JOHN CARPENTER. Con KRISTIE ALLEY, MARK HAMILL, LINDA KOZLOWSKI, MICHAEL PARÉ, CHRISTOPHER REEVE. ■ Remake del film di Rilla del 1960. Non siamo in Inghilterra ma negli Stati Uniti. Ci sono bambini che possono leggere nel pensiero, e c'è anche il personaggio aggiunto di una ricercatrice interpretato da Kristie Alley e, in una piccola parte, il dimenticato Mark Hamill di *Guerre stellari*. ■ FANTASCIENZA; COL.; 98′; USA, 1995.

VILLAGGIO DEI DANNATI, IL ★★★
(The Village of the Damned)
Regia di WOLF RILLA. Con MICHAEL GWINNE, GEORGE SANDERS, BARBARA SHELLEY. ■ Piccolo classico della fantascienza. Dopo alcuni fatti misteriosi tutte le donne di un paesino scozzese si trovano incinte. I bambini nati da loro sono precocissimi e dotati di strani poteri parapsicologici che preoccupano grandemente le autorità. ■ FANTASCIENZA; B/N; 78′; GRAN BRETAGNA, 1960.

VILLAGGIO DELLE STREGHE, IL ★★
(From a Whisper to a Scream)
Regia di JEFF BURR. Con MARTINE BESWICK, CAMERON MITCHELL, VINCENT PRICE. ■ Un vecchio malizioso signore (Vincent Price) parlando con una giornalista dell'imminente esecuzione di una donna accusata di omicidio plurimo, sostiene che quel villaggio del Tennessee è da sempre sotto l'influenza del diavolo. E a dimostrazione della sua tesi racconta alcune vicende terrificanti accadute là. ■ HORROR; COL.; 88′; USA, 1987.

VILLAGGIO DELL'UOMO BIANCO, IL ★★
(When the Redskins Rode)
Regia di LEW LANDERS. Con MARY CASTLE, JON HALL. ■ Nel 1753, il colonnello Washington, futuro capo della lotta per l'indipendenza dal predominio inglese, combatte con l'esercito britannico contro i francesi, aiutato dalla tribù degli indiani Delaware. ■ AVVENTURA; COL.; 78′; USA, 1951.

VILLAGGIO DI CARTONE, IL ★★
Regia di ERMANNO OLMI. Con MASSIMO DE FRANCOVICH, ALESSANDRO HABER, EL HADJI IBRAHIMA FAYE, RUTGER HAUER. ■ Una chiesa. Un parroco. Un'impresa di traslochi. La chiesa non serve più e viene svuotata di tutti gli arredi sacri, compreso il grande crocifisso sopra l'altare. Restano solo le panche in uno spazio vuoto. Il vecchio prete sembra non sapersi rassegnare a questa sorte mentre il sacrestano ne prende atto. Ma, di lì a poco, un folto gruppo di clandestini in cerca di rifugio entra nella chiesa e, con panche e cartoni, vi installa un piccolo villaggio. Il sacerdote vede la sua chiesa riprendere vita ma dall'esterno gli uomini della legge si fanno minacciosi. Ermanno Olmi aveva dichiarato, nel momento dell'uscita di *Centochiodi*, che da quel momento si sarebbe dedicato esclusivamente al documentario. Non è stato così. Il "Villaggio" non appartiene al miglior Olmi. I migranti visti attraverso simboli un po' scontati e demagogici. ■ DRAMMATICO; COL.; 87′; ITALIA, 2011.

VILLAGGIO INCANTATO – NEL PAESE DELLE MERAVIGLIE, IL *(Babes in Toyland)* ★★★★
Regia di GUS MEINS, CHARLES ROGERS. Con HENRY BRANDON, OLIVER HARDY, CHARLOTTE HENRY, STAN LAUREL. ■ Nel pae-

se di Balocchia, Stanlio e Ollio aiutano maldestramente Babbo Natale a confezionare i doni. Ma un giorno il loro meraviglioso paese è preso di mira dal perfido Barnaba, che i nostri eroi cercano maldestramente di raggirare nel tentativo di salvare madre Peep e Little Bo Peep dalle grinfie dell'aguzzino. Inferocito per il raggiro, Barnaba decide di liberare i suoi orribili uomini delle caverne per fare a pezzi il paese. Stanlio e Ollio difendono l'avamposto aiutati da alcuni soldatini di piombo che si manifesteranno molto efficaci. La strampalata strategia di battaglia di Stanlio è una delle più esilaranti comiche del cinema. ■ FANTASTICO; B/N; 73'; USA, 1934.

VILLAGGIO MALEDETTO, IL *(Cry for the Stranger)* ★★
Regia di PETER MEDAK. Con PATRICK DUFFY, BRIAN KEITH, CINDY PICKETT. ■ Patrick Duffy (alias "Bobby" di *Dallas*) qui fa lo psichiatra che cerca un posto tranquillo per finire il suo libro. Ma il villaggio dove si stabilisce non è precisamente riposante. Una serie di delitti ha gettato nel panico la popolazione. Lo psichiatra si impegna a risolvere il mistero. ■ HORROR; COL.; 100'; USA, 1982.

VILLAGGIO PIÙ PAZZO DEL MONDO, IL ★★★
(Li'l Abner)
Regia di MELVIN FRANK. Con STUBBY KAYE, JULIE NEWMAR, PETER PALMER, LESLIE PARRISH. ■ Protagonista è Li'l Abner, aitante e ingenuo contadino povero del Sud, strenuo difensore degli ideali yankee, e la sua pittoresca famiglia: la madre, vecchietta di ferro, l'imbelle padre, la prosperosa moglie Daisy Mae. Il loro villaggio, Dogpatch, rappresenta tutti gli Stati Uniti. Qui gli abitanti del paese devono fronteggiare il pericolo di esperimenti atomici. ■ COMM. MUSICALE; COL.; 113'; USA, 1960. ■ OSCAR 1 NOM.

VILLA PARADISO *(Paradistorg)* ★★★
Regia di GUNNEL LINDBLOM. Con INGA LANDRÉ, PER MYRBERG, BRIGITTA VALBERG. ■ Dal romanzo di Ulla Isaksson. Un buon film della Lindblom, ex primattrice di Ingmar Bergman (e fin troppo memore di personaggi e atmosfere del maestro). Villa Paradiso è una casa nella campagna svedese dove ogni anno d'estate si danno convegno tre generazioni di una famiglia borghese. Ciascuna vi porta i suoi problemi e le sue angosce (il nonno crede di morire ma è un falso allarme). ■ DRAMMATICO; COL.; 90'; SVEZIA, 1976.

VILLE DES PIRATES, LA ★★
Regia di RAOUL RUIZ. Con ANNE ALVARO, ANDRÉ ENGEL, MELVIL POUPAUD, HUGUES QUESTER. ■ Un adolescente crudele e violento vive su un'isola selvaggia e deserta. Il giovane suscita sentimenti contrastanti e perversi in una serva, Isidore. Film particolarmente riuscito di Raul Ruiz, con un'atmosfera torbidamente intrigante. ■ DRAMMATICO; COL.; 115'; FRANCIA, 1983.

VILLE EST TRANQUILLE, LA ★★
Regia di ROBERT GUÉDIGUIAN. Con ARIANE ASCARIDE, PIERRE BANDERET, JACQUES BOUDET, JEAN-PIERRE DARROUSSIN, ALEXANDRE OGOU. ■ Michèle è una pescivendola vedova che dedica la propria vita al tentativo di salvare la figlia dalla droga. Prima si fa dare un prestito da un barista amico di gioventù, poi si dà alla prostituzione pur di garantire le dosi alla ragazza finendo per ucciderla con una quantità letale di droga. Intanto avrà incontrato Paul, che ha tradito i propri compagni di lavoro per avere in cambio una licenza di tassista. Ma le storie sono molteplici e tutte non liete in quel degrado esistenziale in cui anche l'amata classe popolare sta precipitando secondo Guédiguian. Che è un regista scomodo per tutti, persino per la stessa sinistra a cui grida (non sussurra) la propria rabbia. Questa volta lo fa però in modo troppo didascalico. Ed è un peccato, perché quando riesce a imbrigliare la vena tribunizia è capace di lavorare con grande levità sulle contraddizioni di una città complessa e difficile come la Marsiglia che ama e odia. ■ DRAMMATICO; COL.; 154'; FRANCIA, 2000.

VILLEGGIATURA, LA ★★★
Regia di MARCO LETO. Con ADOLFO CELI, VITO CIPOLLA, ROBERTO HERLITZKA, ADALBERTO MARIA MERLI, JOHN STEINER, MILENA VUKOTIC. ■ Negli anni Trenta, un giovane professore universitario antifascista viene inviato al confino nell'isola di Ventotene. Dapprima le cose gli vanno male, ma quando viene affidato a un colto commissario di polizia, gli viene concesso di farsi raggiungere dalla famiglia e la punizione si trasforma in una specie di villeggiatura. A poco a poco, però, il docente, entrato in contatto coi confinanti proletari, sottoposto a ogni sorta di vessazioni, si rende conto del vero volto del fascismo e fugge per darsi alla lotta attiva. ■ DRAMMATICO; B/N; 112'. 1; ITALIA, 1973.

VILLINO INCANTATO, IL *(The Enchanted Cottage)* ★★★
Regia di JOHN CROMWELL. Con HERBERT MARSHALL, DOROTHY MCGUIRE, ROBERT YOUNG. ■ Un delicato film romantico tipico del dopoguerra: in un cottage fatato, una ragazza bruttina e un reduce sfigurato da una ferita di guerra si trovano reciprocamente bellissimi. ■ DRAMMATICO; B/N; 91'; USA, 1945. ■ OSCAR 1 NOM.

VINCENT E THEO *(Vincent and Theo)* ★★★
Regia di ROBERT ALTMAN. Con ANNE CANOVAS, PAUL RHYS, TIM ROTH. ■ La vita di Vincent Van Gogh, soprattutto secondo il rapporto con il fratello Theo. Ci sono tutte le fasi importanti dell'esistenza del pittore, compreso l'incontro con Gauguin. Diretta con la sapiente mano del regista americano questa pellicola destinata al pubblico televisivo è piena di idee figurative notevoli. Ottima la prova dell'attore Tim Roth, uno dei più promettenti giovani del grande schermo degli anni Ottanta. ■ BIOGRAFICO; COL.; 137'; USA, 1989.

VINCERE ★★★
Regia di MARCO BELLOCCHIO. Con PIER GIORGIO BELLOCCHIO, MICHELA CESCON, GIOVANNA MEZZOGIORNO, FAUSTO RUSSO ALESI, FILIPPO TIMI. ■ Siamo agli inizi del secolo e un giovane socialista rivoluzionario incontra una donna passionale come lui, Ida Dalser. Quel giovane si chiama Benito Mussolini. Lei lo seguirà nella sua azione politica, assecondandone i cambiamenti di rotta e giungendo fino a spogliarsi di tutto per consentirgli di fondare il proprio giornale, «Il Popolo d'Italia». Gli darà anche un figlio che verrà chiamato Benito Albino e sarà riconosciuto dal padre. Ida però dovrà scoprire che il suo matrimonio, avvenuto in chiesa, ha molto meno valore di quello che Mussolini ha contratto civilmente con Rachele Guidi da cui ha avuto la figlia Edda. L'ascesa dell'uomo politico è inarrestabile così come la sua decisione di escludere dalla propria vita sia Ida che il bambino. La donna cercherà di autoconvincersi che si tratti solo di una messa alla prova che non potrà che risolversi in senso positivo. Invece significherà per lei e suo figlio la morte in ospedale psichiatrico circondati da una cortina di oblio. Marco Bellocchio affronta una pagina di storia italiana apparsa negli anni Cinquanta su «La Settimana Incom Illustrata» e che in pochi conoscevano. ■ DRAMMATICO; COL.; 128'; ITALIA, FRANCIA, 2009. ■ DAVID DI DONATELLO 1 PR.

VINCERE INSIEME *(The Cutting Edge)* ★★
Regia di PAUL MICHAEL GLASER. Con ROY DOTRICE, MOIRA KELLY, DANIEL BERNARD SWEENEY. ■ Doug, campione dilettante di hockey, subisce un incidente che gli impedisce di continuare a giocare. Si trova a fare il pattinatore a fianco di Kate con la quale, dopo numerosi scontri ed equivoci, vincerà le Olimpiadi invernali. Ovviamente i due si innamoreranno. Le riprese delle gare di pattinaggio sono tra le cose migliori di un film di routine. ■ COMMEDIA; COL.; 90'; USA, 1992.

VINCI PER ME! *(The Ring)* ★★★
Regia di ALFRED HITCHCOCK. Con CARL BRISSON, LILLIAN HALL-DAVIES, FORREST HARVEY. ■ Un pugile di periferia perde un match con un australiano che gli soffia la moglie. Per riconquistare consorte e vittoria dovrà risalire sul ring. Uno dei migliori film del periodo muto di Hitchcock. ■ COMMEDIA; B/N; 65'; GRAN BRETAGNA, 1927.

VINCITORE, IL *(Der Sieger)* ★★
Regia di HANS HEINRICH, PAUL MARTIN. Con HANS ALBERS, KATHE VON NAGY. ■ Un impiegato delle poste fa guadagnare una cifra favolosa a un riccone, il padre della ragazza che ama. Il ricco, grato, gli concederà la mano della figlia. ■ COMMEDIA; B/N; 114'; GERMANIA, 1931.

VINCITORE, IL *(...Reitet für Deutschland)* ★★
Regia di ARTHUR MARIA RABENALT. Con WILLY BIRGEL, GERHILD WEBER. ■ Un capitano degli Ulani, pur essendo stato gravemente ferito durante la grande guerra, riesce a guarire e vince perfino un importante concorso ippico. ■ DRAMMATICO; B/N; 93′; GERMANIA, 1941.

VINCITORE, IL *(American Flyers)* ★★
Regia di JOHN BADHAM. Con KEVIN COSTNER, RAE DAWN CHONG, DAVID GRAND. ■ È la storia di due fratelli, David e Marcus, il primo vive con la madre dopo la morte del padre (di aneurisma, una malattia ereditaria); il secondo lavora come medico sportivo. David, appassionato di ciclismo, è convinto, da strani malesseri, di avere la stessa malattia del padre. Marcus riesce a convincerlo del contrario e David partecipa alla gara di ciclismo, pur sospettando che il fratello gli abbia mentito sulle sue condizioni. Durante la corsa David comprende che è invece Marcus ad avere la malattia del padre. ■ DRAMMATICO; COL.; 114′; USA, 1985.

VINCITORE, IL *(The Winner)* ★★
Regia di ALEX COX. Con REBECCA DE MORNAY, VINCENT D'ONOFRIO, RICHARD EDSON, BILLY BOB THORNTON. ■ Philip è un giocatore che sbanca i tavoli di Las Vegas. Louise è interessata più ai suoi soldi che a lui. Ma c'è anche un gangster che vorrebbe arricchirsi a sue spese. Vedere Alex Cox (*Sid e Nancy*) dirigere un film come questo dà la misura di come abbia ragione Mamet: le cose cambiano. ■ COMMEDIA; COL.; 89′; AUSTRALIA, USA, 1996.

VINCITORI, I *(The Victors)* ★★★
Regia di CARL FOREMAN. Con VINCE EDWARDS, ALBERT FINNEY, GEORGE HAMILTON, MELINA MERCOURI, JEANNE MOREAU. ■ Il film vuole mostrare il rovescio della medaglia della campagna americana per la liberazione dell'Europa nel corso della seconda guerra mondiale. I soldati non sono degli eroi, ma dei poveri diavoli gettati nell'inferno della guerra. La scena culminante è la fucilazione di un disertore la notte di Natale. ■ GUERRA; B/N; 156′; GRAN BRETAGNA, 1963.

VINCITORI ALLA SBARRA *(Le temps du ghetto)* ★★★
Regia di FRÉDÉRIC ROSSIF. ■ Vigoroso documentario sulle atrocità compiute dai nazisti contro gli ebrei del ghetto di Varsavia. ■ DOCUMENTARIO; B/N; 84′; FRANCIA, 1961.

VINCITORI E VINTI *(Judgment at Nuremberg)* ★★★★
Regia di STANLEY KRAMER. Con MONTGOMERY CLIFT, MARLENE DIETRICH, JUDY GARLAND, BURT LANCASTER, MAXIMILIAN SCHELL, SPENCER TRACY, RICHARD WIDMARK. ■ Nel 1948, un vecchio giudice americano deve occuparsi di quattro colleghi tedeschi accusati di crimini di guerra. Parrebbe che il magistrato provi simpatia per uno degli imputati, uomo di grande levatura, ma dopo la deposizione dei testimoni sarà severo anche con lui che, proprio per la sua cultura e sensibilità, è più colpevole degli altri per aver ascoltato le lusinghe del nazismo. ■ DRAMMATICO; B/N; 178′; USA, 1961. ■ DAVID DI DONATELLO 3 PR, 3 NOM; OSCAR 2 PR, 10 NOM.

VINCOLI DI SANGUE *(Murder in Law)* ★
Regia di TONY JITI GILL. Con MARYLIN ADAMS, JOE ESTEVEZ, SANDY SNYDER. ■ Una donna squilibrata fugge da una casa di cura dopo aver ucciso un uomo. Va a casa del figlio, ma la nuora la fa tornare in clinica. Quando la donna fuggirà ancora, per tutti saranno dolori. Anche per lo spettatore. ■ THRILLER; COL.; 90′; USA, 1993.

VINELLA E DON PEZZOTTA ★★
Regia di MINO GUERRINI. Con GIORGIO BRACARDI, WEST BUCHANAN, MARCELLO DI FALCO, LIA TOMAS. ■ Un sacrestano aiuta un povero parroco romano a lottare contro un invadente e ricchissimo missionario americano. ■ COMMEDIA; COL.; 93′; ITALIA, 1976.

VINO, WHISKY E ACQUA SALATA ★★
Regia di MARIO AMENDOLA. Con TINO BUAZZELLI, FRANCO FRANCHI, CICCIO INGRASSIA, ALBERTO SORRENTINO, RAIMONDO VIANELLO. ■ Buffonesche avventure di guerra e di spionaggio ambientate su un sommergibile italiano durante l'ultima guerra. Vianello ha la parte di un compassato ufficiale britannico. ■ COMICO; COL.; 94′; ITALIA, 1964.

VINTI, I *(Traumulus)* ★★★
Regia di CARL FROELICH. Con EMIL JANNINGS, HILDE VON STOLZ. ■ Un preside guglielmino viene rovinato dallo scandalo suscitato dalla cattiva condotta di un allievo e dalle leggerezze di sua moglie. ■ DRAMMATICO; B/N; 93′; GERMANIA, 1936.

VINTI, I ★★★
Regia di MICHELANGELO ANTONIONI. Con PATRICK BARR, EDUARDO CIANNELLI, ANNA MARIA FERRERO, FRANCO INTERLENGHI, JEAN-PIERRE MOCKY, HENRY POIRIER, PETER REYNOLDS. ■ Tre episodi sulla gioventù degli anni Cinquanta girati in Italia, Francia e Inghilterra. ■ DRAMMATICO; B/N; 110′; ITALIA, 1953.

VIOL@ ★★
Regia di DONATELLA MAIORCA. Con ROSSANA MORTARA, STEFANIA ROCCA, STEFANO ROTA. ■ Navigando in Internet, Marta, che attraversa un momento di crisi generale, incappa in un tale che si fa chiamare Mitter – lei ha assunto il nome Viola. Nasce una relazione sessuale virtuale che le complica ulteriormente la vita. Sarà peggio quando conoscerà davvero il "navigatore". ■ DRAMMATICO; COL.; 90′; ITALIA, 1998.

VIOLA BACIA TUTTI ★★
Regia di GIOVANNI VERONESI. Con ASIA ARGENTO, MASSIMO CECCHERINI, VALERIO MASTANDREA, ROCCO PAPALEO. ■ Tre amici partono per una vacanza. Vogliono divertirsi con donne e prendere il sole. Ma cadono vittime di una rapinatrice maldestra. Gag relative. Sapore di Pieraccioni (c'è il fedelissimo Ceccherini). Del resto Veronesi è il coautore del film del "fenomeno" toscano. Il regista finora ha dimostrato di essere più bravo a scrivere che a dirigere (*Silenzio si nasce*, *Il barbiere di Rio*). Qui fa un discreto salto di qualità. ■ COMMEDIA; COL.; 100′; ITALIA, 1998.

VIOLA DI MARE ★★
Regia di DONATELLA MAIORCA. Con MARIA GRAZIA CUCINOTTA, ENNIO FANTASTICHINI, ISABELLA RAGONESE, VALERIA SOLARINO, GISELDA VOLODI. ■ Un isola vicino alla Sicilia, seconda metà dell'Ottocento. Angela e Sara crescono insieme ma le loro infanzie sono difficili: la prima subisce i soprusi di un genitore violento; la seconda perde il padre in guerra, mentre la guerra la strapperà all'amica e alla sua terra. Al suo ritorno, Angela si innamora di Sara e inizia il suo ostinato corteggiamento, da cui nascerà una relazione che, con il suo sviluppo inusuale, intaccherà riti millenari. ■ DRAMMATICO; COL.; 105′; ITALIA, 2009.

VIOLANTA ★★★
Regia di DANIEL SCHMID. Con LUCIA BOSÈ, LOU CASTEL, GÉRARD DEPARDIEU, MARIA SCHNEIDER. ■ Dal romanzo di Conrad Meyer. Violanta è una matriarca, esempio di rettitudine e di fermezza. Fino al giorno in cui arriva un giovanotto e fa venire alla luce una colpa passata della donna, che aveva amato un prete e ne era rimasta incinta. Costretta dal padre, aveva abbandonato il suo amante per sposare un vecchio. Poi lo aveva ucciso con il veleno. Il giovane è un altro figlio del prete. Ama la figlia di Violanta e scopre con orrore che potrebbe essere sua sorella. Violanta si uccide. Daniel Schmid si rivela con questo focoso, ma potente dramma rustico, uno dei migliori autori svizzeri. Lucia Bosè fornisce la sua migliore interpretazione. ■ DRAMMATICO; COL.; 95′; SVIZZERA, 1977.

VIOLENCE *(Born Losers)* ★★
Regia di T. C. FRANK (pseud di TOM LAUGHLIN). Con ELIZABETH JAMES, TOM LAUGHLIN, JEREMY SLATE. ■ Una banda di teppisti in motocicletta sparge il terrore in una cittadina americana. Un ragazzo coraggioso riesce a debellarli, poi sposa una delle ragazze violentate dai giovinastri. ■ DRAMMATICO; COL.; 112′; USA, 1967.

VIOLENCE STORY ★★★
Regia di RICHARD RUSH. Con JOANNA FRANK, JOHN GARWOOD, ROBERT WALKER JR. ■ Ancora una violenta banda di motociclisti: questa volta però se la prendono con un cattivone, nemico di

un mite gruppo di indiani impiegati nella costruzione di una diga, e alla fine lo sconfiggono. ■ AVVENTURA; B/N; 96′; USA, 1968.

VIOLENTA DOLCE ESTATE, UNA *(Dark Victory)* ★★
Regia di ROBERT BUTLER. Con ANTHONY HOPKINS, ELIZABETH MONTGOMERY, MARIO ROCUZZO, ERIC SERVER, VIC TAYBACK. ■ Quando Katie scopre di avere pochi mesi di vita per un tumore al cervello, dopo una grave crisi di disperazione sposa il medico che le ha diagnosticato la malattia. Vivono felici qualche settimana e poi arriva la morte. ■ DRAMMATICO; COL.; 150′; USA, 1976.

VIOLENT COP *(Sono otoko, kyobo ni tsuki)* ★★★
Regia di TAKESHI KITANO. Con MAKOTO ASHIGAWA, MAIKO KAWAKAMI, TAKESHI KITANO. ■ Un poliziotto litigioso è duro con gli aspiranti, violento nelle azioni. I suoi capi non riescono a tenerlo a freno. In famiglia vive il dramma di una sorella handicappata e sul lavoro scopre che il suo superiore traffica stupefacenti. ■ POLIZIESCO; COL.; 104′; GIAPPONE, 1989.

VIOLENTI, I *(Three Violent People)* ★★★
Regia di RUDOLPH MATÉ. Con ANNE BAXTER, CHARLTON HESTON, GILBERT ROLAND, TOM TRYON. ■ Reduce dalla guerra di secessione, un uomo ritorna alla sua fattoria. I tempi però sono duri: la zona è infestata da speculatori, il fratello cerca di derubarlo e persino la giovane sposa lo ha ingannato sul suo burrascoso passato. Alla fine, la nascita di un bambino e un comune pericolo riusciranno a riavvicinare la coppia. ■ WESTERN; COL.; 100′; USA, 1957.

VIOLENTI, I ★
Regia di GILBERT ROUSSEL (pseud. di BRUNO MATTEI). Con URSULA FLORES, LAURA GEMSER, MARIA ROMANO, GABRIELE TINTI. ■ Ennesima avventura di Laura Gemser che va in carcere, proprio come nel precedente *Violenza in un carcere femminile* dello stesso regista. ■ DRAMMATICO; COL.; 95′; ITALIA, 1983.

VIOLENTI DELL'OREGON, I *(The Longhorn)* ★★
Regia di LEWIS D. COLLINS. Con PHYLLIS COATES, BILL ELLIOTT, MYRON HEALEY. ■ Un allevatore si trova a dover fronteggiare la ribellione dei cowboy assoldati per scortare la sua mandria. Riuscirà nell'impresa. ■ WESTERN; B/N; 85′; USA, 1951.

VIOLENTI DEL NEVADA, I *(South of Santa Fé)* ★★
Regia di BERT GLENNON. Con JANIS ELIOT, BOB STEEL. ■ Un giovanotto vendica il padre, ucciso anni prima durante un assalto al treno, facendosi rinchiudere nel carcere dove si trova il colpevole. ■ WESTERN; B/N; 84′; USA, 1932.

VIOLENTI DI RIO BRAVO, I ★★
(Der Schatz der Azteken – Die Pyramide des Sonnengottes)
Regia di ROBERT SIODMAK. Con LEX BARKER, GÉRARD BARRAY, RIK BATTAGLIA. ■ Un Siodmak decisamente minore: ai tempi della guerra civile messicana alcuni loschi personaggi cercano di impadronirsi del tesoro degli Aztechi: saranno puniti. ■ AVVENTURA; COL.; 93′; GERMANIA, 1966.

VIOLENTI DI ROMA BENE, I ★★
Regia di ABEL FERRARA, SAGRI. Con PIERRE MARFURT, ANTONIO SABÈTO. ■ Un tenace commissario di polizia riesce ad arrestare un figlio di papà sospettato di numerosi delitti e prosciolto varie volte da ogni accusa grazie alle "conoscenze" del genitore. ■ DRAMMATICO; COL.; 95′; ITALIA, 1976.

VIOLENTI E SELVAGGI *(Los Salvajes)* ★★
Regia di RAFAEL BALEDON. Con PEDRO ARMENDARIZ, CARLOS BAEME, MARY ESQUINEL. ■ La moglie di un proprietario terriero messicano tradisce il marito con il fratello di lui. Quando il marito viene ucciso per mano di ignoti, l'amante, in preda al rimorso, se ne addossa la colpa. ■ DRAMMATICO; B/N; 93′; MESSICO, 1957.

VIOLENTO WEEK-END DI TERRORE, UN ★★
(Death Weekend)
Regia di WILLIAM FRUET. Con DON STROUD, BRENDA VACCARO. ■ Alcuni teppisti prendono prigionieri un dentista e la sua amica. Uccideranno il dentista ma saranno eliminati, uno a uno, dalla donna. ■ DRAMMATICO; COL.; 92′; CANADA, 1976.

VIOLENZA *(The Gangster)* ★★
Regia di GORDON WILES. Con BELITA, BARRY SULLIVAN. ■ Ascesa e caduta di un gangster che si rovina per amore di una cantante. ■ POLIZIESCO; B/N; 84′; USA, 1947.

VIOLENZA A UNA VERGINE NELLA TERRA DEI MORTI VIVENTI *(Le frisson des vampires)* ★★
Regia di JEAN ROLLIN. Con JEAN-MARIE DURAND, SANDRA JULIEN, JACQUES ROBIOLLES. ■ In un vecchio castello francese, due fratelli, che si dedicano alla caccia dei vampiri, cadono un giorno vittime di questi ultimi, seguendone la triste sorte: d'ora in poi, andranno anche loro alla caccia di sangue da succhiare. ■ HORROR; COL.; 90′; FRANCIA, 1971.

VIOLENZA AL SOLE – UNA ESTATE IN QUATTRO ★★
Regia di FLORESTANO VANCINI. Con BIBI ANDERSSON, GUNNAR BJÖRNSTRAND, ROSEMARIE DEXTER, GIULIANO GEMMA. ■ Due coppie, una italiana e l'altra svedese, passano insieme un periodo di vacanza. Il palese affiatamento della prima fa vacillare il precario equilibrio psicologico della donna svedese, suscitando in lei ricordi del passato e desideri di evasione. Drammatico finale. ■ DRAMMATICO; COL.; 95′; ITALIA, 1970.

VIOLENZA ARMATA A SAN FRANCISCO ★★
(Ground Zero)
Regia di JAMES T. FLOCKER. Con MELVIN BELLI, RON CASTEL. ■ Un potente boss vuol far uscire di prigione due mafiosi ricattando la polizia con la minaccia di una bomba atomica. Due agenti lo uccideranno. ■ POLIZIESCO; COL.; 95′; USA, 1973.

VIOLENZA A UN MINORENNE *(Frame up)* ★
Regia di PAUL LEDER. Con BOBBY DI CICCO, HEATHER FAIRFIELD, FRANCES FISHER, WINGS HAUSER. ■ Dopo che un ragazzo è morto per le sevizie di una brutale iniziazione in una banda giovanile, i responsabili sembrano farla franca mentendo alla polizia. C'è però un onesto sceriffo che riporta le indagini sulla pista giusta e scopre che il colpevole è il rampollo di un potente locale. ■ DRAMMATICO; COL.; 90′; USA, 1983.

VIOLENZA CONTRO VIOLENZA ★★
Regia di ROLF OLSEN. Con AMADEUS AUGUST, RAIMUND HARMSTORF, GIANNI MACCHIA. ■ Un delinquente evaso dal carcere organizza, con l'aiuto di alcuni complici, l'assalto a una banca. Il colpo, inizialmente riuscito, si conclude con la cattura e l'uccisione dei malviventi. ■ DRAMMATICO; COL.; 93′; ITALIA, 1973.

VIOLENZA È IL MIO FORTE, LA *(Shamus – Passion for Danger)* ★★★
Regia di BUZZ KULIK. Con DYAN CANNON, BURT REYNOLDS, JOHN P. RYAN, JOE SANTOS, GIORGIO TOZZI, RON WEYAND. ■ Un potente miliardario al quale sono stati sottratti gioielli preziosi incarica un detective privato di far luce sulla vicenda. Dopo una serie di colpi di scena, il giovane agente riesce ad avere la meglio, consegnando il miliardario stesso, implicato in loschi traffici di spionaggio, alla polizia. ■ POLIZIESCO; COL.; 106′; USA, 1973.

VIOLENZA È LA MIA LEGGE, LA *(Vengeance)* ★★
Regia di DENE HILYARD. Con MELORA CONWAY, WILLIAM THOURBY, BILLY WOOD. ■ Al termine della guerra civile americana, un capitano sudista, al quale è stato ucciso il fratello, decide di vendicarsi. Rintracciato il colpevole, divenuto nel frattempo capo di una banda di razziatori, lo uccide e stermina la banda. ■ WESTERN; B/N; 77′; USA, 1966.

VIOLENZA E L'AMORE – IL MITO DELL'UOMO, LA ★★
Regia di ADIMARO SALA. Con LYDIA ALFONSI, VITTORIO CAPRIOLI, LISA GASTONI, RAOUL GRASSILLI, DINO MELE, UMBERTO ORSINI, NINI ROSSO. ■ Il film è diviso in due episodi. Nel primo, *La violenza*, una coppia d'innamorati in crisi non riesce a ritrovare l'armonia neppure dopo una drammatica esperienza, l'aggressione subita da parte di alcuni teppisti. Nel secondo, *L'amore*, un marito s'innamora di un'amica della moglie. ■ DRAMMATICO; B/N; 94′; ITALIA, 1968.

VIOLENZA IN UN CARCERE FEMMINILE ★
Regia di VINCENT DAWN (pseud. di BRUNO MATTEI). Con LEILA DUCCI, LAURA GEMSER, GABRIELE TINTI. ■ Una giornalista si fa arrestare sotto falsa identità per scoprire di persona la dura realtà del carcere femminile e condurre una documentata inchiesta sull'argomento. ■ DRAMMATICO; COL.; 92′; ITALIA, 1982.

VIOLENZA PER UNA GIOVANE ★★★
(La joven – The Young One)
Regia di LUIS BUÑUEL. Con BERNIE HAMILTON, KAY MEERSMAN, ZACHARY SCOTT. ■ Su una piccola isola vivono un guardacaccia e una quattordicenne. Quando giunge un nero ricercato per violenza carnale, il guardacaccia violenta la ragazzina e dà la colpa all'altro che viene arrestato. Un prete lo farà fuggire. ■ DRAMMATICO; B/N; 96'; MESSICO, 1960. ■ CANNES 1 PR.

VIOLENZA: QUINTO POTERE ★★★
Regia di FLORESTANO VANCINI. Con MARIO ADORF, RICCARDO CUCCIOLLA, CICCIO INGRASSIA, GASTONE MOSCHIN, ENRICO MARIA SALERNO. ■ Nell'aula di un tribunale si celebra un processo per i fatti criminosi causati dalla lotta tra due cosche mafiose. Solo i pesci piccoli pagheranno. Il soggetto del film allude chiaramente ad alcuni famosi delitti della mafia. ■ DRAMMATICO; COL.; 101'; ITALIA, 1972.

VIOLENZA SEGRETA ★★★
Regia di GIORGIO MOSER. Con GIORGIO ALBERTAZZI, ENRICO MARIA SALERNO, VITTORIO SANIPOLI. ■ Il film mette in luce, attraverso la figura di un giovane esploratore giunto in Somalia nel 1958, la violenza morale commessa contro la dignità personale degli uomini di colore. ■ DRAMMATICO; COL.; 94'; ITALIA, 1963.

VIOLENZA SUL LAGO ★★
Regia di LEONARDO CORTESE. Con LIA AMANDA, ERNO CRISA. ■ Un ragazzo si innamora della figlia del giudice che l'ha condannato. Poiché il sentimento è reciproco, l'uomo, prima contrariato, non vi si oppone. ■ DRAMMATICO; B/N; 92'; ITALIA, 1954.

VIOLENZA SULL'AUTOSTRADA *(White Line Fever)* ★★
Regia di JONATHAN KAPLAN. Con KAY LENZ, JEAN-MICHAEL VINCENT. ■ In seguito al rifiuto di trasportare merce di contrabbando, un camionista si attira l'odio della società da cui dipende. Uscirà malconcio dall'avventura, ma i suoi colleghi impareranno a non lasciarsi sottomettere e formeranno un sindacato. ■ DRAMMATICO; COL.; 92'; USA, 1975.

VIOLENZA SUL RING *(Hammer)* ★★
Regia di BRUCE CLARK. Con VONETTA MCGEE, WILL SMITH, FRED WILLIAMSON. ■ Un boxeur di pelle nera fa una folgorante carriera. Il racket della boxe cerca di piegarlo ai suoi voleri, ma il campione non ci sta. E si difende gagliardamente contro i killer del "sindacato". ■ DRAMMATICO; COL.; 93'; USA, 1972.

VIOLETA PARRA – WENT TO HEAVEN ★★★
(Violeta se fue a los cielos)
Regia di ANDRÉS WOOD. Con GABRIELA AGUILERA, THOMAS DURAND, FRANCISCA GAVILAN, LUIS MACHIN, CHRISTIAN QUEVEDO. ■ Violeta Parra (1917-1957), icona della musica popolare cilena, è uno degli artisti più significativi dell'America Latina: cantautrice, ricercatrice del folklore, ma anche pittrice, ricamatrice, insomma artista generale, nonché la prima latinoamericana a cui fu consacrata un'esposizione di opere al Louvre. Il film inizia descrivendo la sua infanzia e l'adolescenza tormentate trascorse nel Sud del Paese, nella regione di Chillán, in una famiglia proletaria numerosa. Fin da bambina è vivace e dimostra inclinazione per la musica (compone le prime canzoni a 12 anni) e per il teatro. Violeta si sposa due volte, ha 4 figli, si integra in un gruppo teatrale itinerante. Nel 1954, viene invitata ad esibirsi in Polonia e successivamente trascorre 2 anni in Europa. Tornata in Cile inizia a incidere dischi e, nel 1958, fonda il Museo Nacional del Arte Folklórico. All'inizio degli anni '60 è a Parigi insieme al grande amore, il musicologo e antropologo svizzero Gilbert Favre. Rientrata in Cile, nel 1965 inaugura il suo progetto più ambizioso, la tenda-teatro a La Reina, che vuole essere una "Universidad del Folklore". Andrés Wood ha tracciato un ritratto intenso: descrive la donna e l'artista appassionata e contraddittoria, tenacemente creativa, ma anche in lotta con i suoi demoni interiori. Si notano le similarità di approccio con il notevole film *Frida, naturaleza viva* (1986), del regista messicano Paul Leduc. La narrazione è sapientemente frammentaria e si struttura attraverso ellissi e salti temporali intervallati da un curioso filo conduttore. ■ BIOGRAFICO; COL.; 110'; CILE, ARGENTINA, BRASILE, 2011.

VIOLETERA – LA BELLA FIORAIA DI MADRID, LA *(La violetera)* ★★
Regia di LUIS CÉSAR AMADORI. Con SARA MONTIEL, RAF VALLONE. ■ Un nobile lascia una povera cantante che diventerà famosa. Si incontreranno anni dopo, lui rimasto vedovo e lei caduta in miseria, e si uniranno per non lasciarsi mai più. ■ DRAMMATICO; B/N; 93'; SPAGNA, 1958.

VIOLETTE IMPERIALI *(Violettes impériales)* ★★
Regia di RICHARD POTTIER. Con LUIS MARIANO, CARMEN SEVILLA. ■ Una zingara predice a una viaggiatrice che diverrà regina. La profezia si avvererà e la zingara, dopo aver salvato la vita alla sovrana, ne sposerà il nobilissimo cugino. ■ COMMEDIA; COL.; 108'; FRANCIA, 1952.

VIOLETTE NEI CAPELLI ★★
Regia di CARLO LUDOVICO BRAGAGLIA. Con CARLA DEL POGGIO, IRASEMA DILIAN, LILIA SILVI, ROBERTO VILLA. ■ Tre ragazze, amiche per la pelle, seguono destini diversi: una sola sposerà l'uomo che ama. ■ COMMEDIA; B/N; 91'; ITALIA, 1941.

VIOLETTE NOZIÈRE ★★★
Regia di CLAUDE CHABROL. Con STÉPHANE AUDRAN, JEAN CARMET, ISABELLE HUPPERT. ■ Il film è la storia di una giovane, realmente esistita, accusata di aver tentato di uccidere la madre e d'aver eliminato il patrigno. Al processo i pareri sull'accaduto (la giovane aveva un viso d'angelo ma un animo perverso e corrotto) furono discordi, tuttavia la ragazza venne condannata a morte. In seguito, tre presidenti francesi si interessarono del suo caso: Leburn commutò la pena in ergastolo, Petain in dodici anni di carcere e De Gaulle le rese la libertà. Violette si sposò ed ebbe cinque figli. Poco prima di morire, ottenne piena riabilitazione. ■ DRAMMATICO; COL.; 120'; CANADA, FRANCIA, 1977. ■ CANNES 1 PR.

VIOLINI DEL BALLO, I *(Les violons du bal)* ★★★
Regia di MICHEL DRACH. Con MARIE JOSÉ NAT, JEAN-LOUIS TRINTIGNANT. ■ Il film, autobiografico, racconta le esperienze del regista che, bambino, allo scoppio della seconda guerra mondiale fu costretto, come altri ebrei, a nascondersi e a cambiare nome, raggiungendo infine la Svizzera con la mamma e la nonna. ■ DRAMMATICO; COL.; 110'; FRANCIA, 1973. ■ CANNES 1 PR.

VIOLINISTA SUL TETTO, IL *(Fiddler on the Roof)* ★★★♉
Regia di NORMAN JEWISON. Con NORMA CRANE, LEONARD FREY, TOPOL. ■ Patetica storia di una famiglia ebrea in Russia, obbligata a partire per l'America dalla persecuzione razziale. ■ DRAMMATICO; COL.; 165'; USA, 1969. ■ DAVID DI DONATELLO 1 PR, 1 NOM; GOLDEN GLOBES ♉ 2 PR, 4 NOM; OSCAR ♉ 3 PR, 8 NOM.

VIOLINO ROSSO, IL *(The Red Violin)* ★★
Regia di FRANÇOIS GIRARD. Con CARLO CECCHI, IRENE GRAZIOLI, GRETA SCACCHI. ■ Storia di un violino rosso, a partire dal 1681 fino alla fine del Novecento. Lo strumento (naturalmente) porta con sé una maledizione che si propaga a tutti coloro che ne vengono in possesso. È dunque molto grave che il violino non se ne resti tranquillo, ma abbia la propensione a girare il mondo, dalla Cina, alla Francia, all'Inghilterra, "testimoniando" eventi importanti come la Rivoluzione francese, quella cinese, e poi alcune vicende contemporanee. Velleitario e confuso. ■ DRAMMATICO; COL.; 132'; CANADA, ITALIA, 1998. ■ GOLDEN GLOBES 1 NOM; OSCAR 1 PR, 1 NOM.

VIPERA ★★
Regia di SERGIO CITTI. Con GOFFREDO FOFI, GIANCARLO GIANNINI, HARVEY KEITEL, ELIDE MELLI, ANNALISA SCHETTINO, LARISSA VOLPENTESCA. ■ Nomi certamente roboanti, a cominciare da Keitel, grandissimo attore che forse pretende troppo da se stesso, Giannini, altro grande forse stanco, e nientemeno che Goffredo Fofi, critico. Anni Sessanta: echeggiano ancora i fatti della guerra, c'è la (finta) ricostruzione, ancora non c'è da mangiare per tutti. La miseria generale porta a brutte promiscuità, così di Rosetta abusano un ex fascistone e (come poteva essere altrimenti) il padre, che è Keitel, tristissimo uomo già abbandonato dalla moglie Vipera, appunto. Nasce il bambino di Rosetta, immediatamente fatto sparire, e la ragazza, pure in quel contesto disperato, decide di ritrovarlo, e di lottare. ■ DRAMMATICO; COL.; 90'; ITALIA, 2001.

VIPERA DEL DESERTO, LA *(Torrents)* ★★
Regia di Serge De Poligny. Con Renée Faure, Georges Marchal. ■ A causa di una delusione sentimentale, un uomo parte per l'Africa, dove si sposa. La sua ex fiamma tenta di riconquistarlo e di ucciderne la moglie, ma inutilmente. Si toglierà la vita. ■ Drammatico; b/n; 100'; Francia, 1946.

VIPERE *(Quai de Grenelle)* ★★
Regia di Emile Edwin Reinert. Con Maria Mauban, Henri Vidal. ■ Un cacciatore di vipere perde, durante una rissa, il suo pericoloso fardello. I rettili creano il panico. Il giovane, arrestato, riesce a fuggire e, per salvarsi, uccide due persone. Infine è abbattuto dai poliziotti. ■ Drammatico; b/n; 96'; Francia, 1950.

VIP, MIO FRATELLO SUPERUOMO ★★★
Regia di Bruno Bozzetto. ■ Un superuomo inetto viene catturato da una malvagia donna che vuole conquistare il mondo; suo fratello, forte e coraggioso, lo libera e libera l'intera umanità dal pericolo. ■ Animazione; b/n; 80'; Italia, 1968.

VI PRESENTO I NOSTRI *(Little Fockers)* ★★
Regia di Paul Weitz. Con Blythe Danner, Robert De Niro, Teri Polo, Ben Stiller, Owen Wilson. ■ Gaylord "Greg" Fotter e Pam Byrnes sono felicemente sposati e da poco genitori di due bambini. Quando nonno Jack sfiora l'infarto, la preoccupazione di trovare un degno erede al suo ruolo di "padrino" e pastore della famiglia ricade sulle spalle di Greg con tutto il peso e l'ansia di cui solo il padre di sua moglie sa caricarlo. Come se non bastasse, torna a farsi vivo il ricco e sensibile ex pretendente di Pam ed entra nella vita di Greg la bellissima tentatrice Andi Garcia, una rappresentante farmaceutica decisa a fare di lui il testimonial di una pillola per la disfunzione erettile. Accade così che il terzo tomo rinunci ad una vita autonoma e si accontenti di funzionare come lucidatrice dei fasti pregressi: una funzione che svolge con efficacia, assicurando ancora una volta le risate, soprattutto grazie alla freschezza dei personaggi affidati a Owen Wilson e Jessica Alba, che compensano la stanchezza di quelli di Hoffman e Barbra Streisand. ■ Commedia; col.; 98'; USA, 2010.

VI PRESENTO JOE BLACK *(Meet Joe Black)* ★★★
Regia di Martin Brest. Con Claire Forlani, Anthony Hopkins, Brad Pitt, Jeffrey Tambor, Jake Weber. ■ William Parrish è un miliardario che sente voci inspiegabili. La spiegazione c'è: è arrivato nella sua villa il bel Joe Black. Sua figlia Susan se ne innamora subito, ma nessuno sa che si tratta dell'Angelo della Morte venuto a prendere William. Va però prima salvaguardata l'azienda di famiglia che il subdolo Drew vorrebbe sottrargli. Brad ormai può fare di tutto, anche il killer più attivo al mondo in un film decisamente troppo lungo. Hopkins, anche lui, può permettersi di tutto e di più. ■ Drammatico; col.; 180'; USA, 1998.

VIRAMUNDO – UN VIAGGIO MUSICALE CON GILBERTO GIL ★★★
Regia di Pierre-Yves Borgeaud. ■ Da musicista co-fondatore del movimento del Tropicalismo a primo uomo di colore nominato ministro della Cultura in Brasile. Questa è la parabola di Gilberto Gil che qui compie un suggestivo viaggio nelle periferie del mondo opulento e tecnologizzato. Un viaggio a contatto con la natura, che parte dal Brasile e approda sino all'Africa passando per l'Australia, in quella che non è una semplice tournée ma una straordinaria occasione di incontro e scambio tra le etnie e le culture. ■ Documentario, col.; 95'; Francia, Svizzera, 2013.

VIRGINIA ★★★
Regia di Edward H. Griffith. Con Madeleine Carroll, Sterling Hayden, Fred MacMurray. ■ L'amore travagliato di una ragazza per un compagno d'infanzia sposato, che la prenderà in moglie quando rimarrà vedovo. ■ Commedia; col.; 110'; USA, 1941.

VIRGINIA, DIECI IN AMORE ★★
(She's Back on Broadway)
Regia di Gordon Douglas. Con Virginia Mayo, Gene Nelson. ■ Un'attrice fallita torna alla rivista sotto la direzione dell'antico amore. Il lavoro, dopo qualche ritocco, ottiene un clamoroso successo. ■ Commedia; col.; 95'; USA, 1953.

VIRGINIANO, IL *(The Virginian)* ★★★
Regia di Stuart Gilmore. Con Barbara Britton, Brian Donlevy, Joel McCrea. ■ Una maestrina si innamora di un allevatore, ma lo abbandona quando lui lascia che un amico venga impiccato. Poi la ragazza si rende conto che l'allevatore non avrebbe potuto comportarsi diversamente senza infrangere la legge, e torna al suo fianco. ■ Avventura; col.; 90'; USA, 1945.

VIRIDIANA ★★★★
Regia di Luis Buñuel. Con Silvia Pinal, Francisco Rabal, Fernando Rey. ■ Una ragazza, prima di prendere i voti, si reca a trovare uno zio e questi, colpito dalla straordinaria somiglianza fra la giovane e la moglie defunta, se ne innamora. Lei però rifiuta di sposarlo e lui s'uccide. La fanciulla rimane nella casa, intenzionata a dedicarsi a opere di bene. A poco a poco s'instaurerà però un rapporto ambiguo fra lei e il cugino e l'amante di quest'ultimo. Il film fece scandalo per una scena che parodia l'Ultima Cena, con laidi mendicanti che incarnano gli apostoli. La solita ferocissima critica di Buñuel alla religione tradizionalmente intesa e alle convenzioni sociali. ■ Drammatico; b/n; 90'; Spagna, 1961. ■ Cannes I pr.

VIRILITÀ ★★
Regia di Paolo Cavara. Con Agostina Belli, Turi Ferro, Marc Porel. ■ In Sicilia, un ragazzo è accusato di scarsa virilità. Suo padre, che dopo aver divorziato dalla moglie ha sposato una bella impiegata, beffeggiato dall'intero paese, non trova di meglio che rendere nota la relazione fra il figlio e la propria consorte. ■ Commedia; col.; 92'; Italia, 1974.

VIRTUALI, I ★★
Regia di Luca Mazzieri, Marco Mazzieri. Con Andrea Galeazzi, Marco Mazzieri, Stefania Rocca. ■ Indovinare qual è il soggetto di due autori esordienti che fanno un film in famiglia e senza soldi? Ma è la storia del film che si sta facendo. Passano piccoli personaggi, avventizi, già visti tante volte. Qualche sorriso. La pratica del film nel film era già stucchevole in personaggi come Wenders, Kusturica e Angelopulos. Ai fratelli parmigiani si chiedeva un'idea diversa, per l'esordio. ■ Commedia; col.; 80'; Italia, 1996.

VIRTUALITY *(Virtuosity)* ★★
Regia di Brett Leonard. Con Russell Crowe, Louise Fletcher, William Forsythe, Traci Lords, Kelly Lynch, Denzel Washington. ■ Dal regista de *Il tagliaerbe*. Los Angeles è terrorizzata da un misterioso serial killer. Si tratta in realtà di un assassino virtuale che "possiede" la memoria di duecento psicopatici omicidi. Parker Barnes, ex poliziotto, deve cercare di fermarlo. ■ Fantastico; col.; 100'; USA, 1995.

VIRTUAL SEXUALITY ★
Regia di Nick Harran. Con Luke De Lacey, Marcelle Duprey, Laura Fraser, Kieran O'Brien, Rupert Penry-Jones. ■ Justine ha una vita sentimentale in caduta libera. Un giorno prova un software che può simulare il suo partner ideale. Ci si trova dentro. Anzi, di più, "diventa" lui. Con tutte le (risapute) conseguenze del caso. ■ Commedia; col.; 93'; USA, 1999.

VIRTÙ SDRAIATA, LA *(The Appointment)* ★★★
Regia di Sidney Lumet. Con Anouk Aimée, Didi Perego, Omar Sharif. ■ Un avvocato sposa una ragazza che si sospetta abbia una doppia vita e la perseguita finché lei, disperata, si suicida. Il marito scoprirà troppo tardi di essersi sbagliato nei suoi riguardi. ■ Drammatico; col.; 100'; USA, 1969.

VIRUS ★
Regia di Vincent Dawn (pseud. di Bruno Mattei). Con Bruno Boni, Patrizia Costa, Margit Evelyn Newton. ■ In Nuova Guinea, una multinazionale cerca di eliminare radicalmente il problema della sovrappopolazione nel Terzo Mondo. La fabbrica per l'"eliminazione" ha un incidente e i vapori liberati tramutano tutti gli abitanti della regione in "zombi" (e cannibali per giunta). Analoga sorte tocca anche ad alcuni intrusi (due giornalisti, alcuni militari) che erano venuti a curiosare. ■ Horror; col.; 93'; Italia, 1980.

VIRUS ★★
Regia di Kinji Fukasaku. Con Chuck Connors, Glenn Ford,

Bo Svenson. ■ Una capsula contenente un virus mortale si rompe sulle Alpi. L'intero globo è contaminato. Si salvano solo 833 persone. Tentativo di kolossal fantascientifico giapponese, ma senza il pathos e gli effetti speciali che il genere catastrofico impone. Partecipano molti veterani di Hollywood, ma il vero protagonista è il nipponico Sonny Chiba. ■ Fantascienza; col.; 93'; Giappone, 1980.

VIRUS ★
Regia di John Bruno. Con William Baldwin, Marshall Bell, Jamie Lee Curtis, Joanna Pacula, Donald Sutherland. ■ Un'astronave americana incrocia un veicolo spaziale russo ovviamente vuoto e dominato da una "forza" misteriosa. John Bruno è un grande tecnico degli effetti speciali. Peccato che si diriga da solo e perda per strada (anzi nello spazio) un po' tutto, dalla sceneggiatura a, vedi caso, proprio gli effetti speciali che sono di basso livello. ■ Fantascienza; col.; 90'; USA, 1999.

VIRUS LETALE *(Outbreak)* ★★
Regia di Wolfgang Petersen. Con Morgan Freeman, Dustin Hoffman, Rene Russo, Donald Sutherland. ■ Liberamente ispirato alle ricerche epidemiologiche sui virus di provenienza africana, il film narra della improvvisa espansione di una mortale malattia in California. L'epidemia, incontrollabile, era stata prevista dall'inascoltato dottor Daniels, in un suo rapporto sui rischi di diffusione in territorio americano. Quando gli eventi precipitano, Daniels viene richiamato in servizio. L'attenzione dedicata da Hoffman alla preparazione del proprio ruolo va perduta nella complessiva lentezza del film. ■ Drammatico; col.; 127'; USA, 1995.

VISCONTE DI BRAGELONNE, IL ★★
Regia di Fernando Cerchio. Con Dawn Addams, Georges Marchal. ■ Una vicenda avventurosa che ha per protagonista un nobile, mandato in Inghilterra in missione, e i celebri moschettieri, suoi fidi alleati. Lieto fine. ■ Avventura; col.; 94'; Italia, 1955.

VISCOUNT: FURTO ALLA BANCA MONDIALE, THE ★★
Regia di Maurice Cloche. Con Franco Fabrizi, Kerwin Mathews. ■ Lotta tra due mafiosi per il possesso di un quantitativo di droga che si conclude con la morte di uno e la prigione per l'altro. ■ Drammatico; col.; 93'; Italia, 1967.

VISIONARI, I ★★
Regia di Maurizio Ponzi. Con Adriana Asti, Jean-Marc Bory. ■ Un'attrice si innamora di un collega e per lui lascia il regista al quale era legata. Dopo qualche giorno di assenza – durante il quale l'amante la tradisce – si accorge che i suoi sentimenti sono mutati, e lo lascia. ■ Drammatico; b/n; 95'; Italia, 1968.

VISIONE DEL SABBA, LA ★★★
Regia di Marco Bellocchio. Con Omero Antonutti, Béatrice Dalle, Jacques Weber. ■ Una ragazza folle crede di essere una strega del diciassettesimo secolo. È rinchiusa in un manicomio criminale per aver cercato di uccidere un tale che faceva atti osceni. Uno psichiatra va a fare una perizia su di lei e rimane coinvolto nel mondo della fantasia della donna. Ambizioso film di Bellocchio, pienamente risolto solo sul piano figurativo. ■ Drammatico; col.; 94'; Italia, 1988.

VISIONI ASSASSINE *(The Face of Fear)* ★★
Regia di Farhad Mann. Con Pam Dawber, Lee Horsley. ■ Il serial-killer viene chiamato il "macellaio". Ce n'è motivo visto che arriva sino a dieci efferati delitti, finché non entra in campo il redattore di una rivista che si occupa di *mountain climbing*. Sembrerebbe la persona più lontana da un'attività investigativa. Ma ha una particolarità: è dotato di poteri extrasensoriali. ■ Thriller; col.; 95'; USA, 1990.

VISIONI PRIVATE
Regia di Ninni Bruschetta, Francesco Calogero, Donald Ranvaud. Con Antonio Alveario, Patrick Bauchau, Ninni Bruschetta, Antonio Caldarella, Jessica Forde. ■ Durante il Festival di Taormina del 1988 un direttore artistico grida in continuazione. Un losco produttore tedesco muore e due attricette hanno dei problemi. La trama sembra il bloc-notes di una crisi d'ispirazione. ■ Commedia; col.; 90'; Italia, 1990.

VISIONI SENZA VOLTO *(Murderous Visions)* ★
Regia di Gary Sherman. Con Bruce Boxleitner, Robert Culp, Laura Johnson. ■ Come altri film di successo, *Il silenzio degli innocenti* è destinato a ritrovarsi una serie di cloni. Questo appartiene alla serie. Un serial-killer non si limita a uccidere le proprie vittime, ma asporta dai cadaveri la pelle del viso. ■ Thriller; col.; 89'; USA, 1991.

VISIONS ★★
Regia di Luigi Cecinelli. Con Henry Garrett, Caroline Kessler, Steven Matthews, Jakob von Nichel, Ralph Palka. ■ Spider è uno spietato serial killer che tortura le sue vittime tenendole sadicamente in vita il più a lungo possibile. Dopo un blitz di una squadra dell'Fbi finito in tragedia, il criminologo Leemen decide di ritirarsi dal caso in preda ai sensi di colpa. Trasferito in un ospedale psichiatrico, il dottor Leemen si trova un giorno ad accogliere fra i suoi pazienti Matthew, un ragazzo colpito da una totale amnesia in seguito a un incidente. Con l'aiuto dell'esuberante Nick, altro paziente della clinica, e di Hope, una giovane reporter di cronaca nera, Matt scopre di avere delle visioni che riguardano il noto serial killer e le sue vittime e decide così di mettersi sulle sue tracce. ■ Thriller; col.; 108'; Italia, 2008.

VISITA, LA ★★★
Regia di Antonio Pietrangeli. Con Mario Adorf, Sandra Milo, François Périer. ■ Un uomo e una donna si incontrano dopo essersi conosciuti tramite una rubrica di annunci matrimoniali. L'incontro però frutta solo amicizia. ■ Commedia; b/n; 100'; Italia, 1963.

VISITATORI, I *(The Visitors)* ★★★
Regia di Elia Kazan. Con Patricia Joyce, Patrick McVoy, Steve Railsback, James Woods. ■ Un film da un budget irrisorio, meno di duecento milioni di lire, per il grande regista americano. Un soldato in Vietnam accusa due suoi compagni di stupro ai danni di una ragazza vietnamita. Dopo aver scontato la pena i due assassini lo rintracciano in campagna dove abita con la famiglia. ■ Drammatico; col.; 90'; USA, 1971.

VISITATORI, I *(Les visiteurs)* ★★
Regia di Jean-Marie Poiré. Con Christian Clavier, Valérie Lemercier, Didier Pain, Jean Reno. ■ Francia, anno di grazia 1123. Goffredo, nobile cavaliere, uccide incosapevolmente il padre della donna che ama. Avrà la possibilità di rimediare all'errore ingerendo una pozione magica che lo porterà indietro nel tempo quel tanto che gli consentirà di rimediare al tragico errore. Per l'eccessiva dose ingoiata il cavaliere si ritrova invece, con il suo scudiero, poco più di 900 anni dopo. Di fatto negli anni Novanta. A contatto con la civiltà moderna e le sue storture, il cavaliere avrà più di una sorpresa, ma riuscirà a tornare infine ai suoi bei dì e a salvare in tempo il padre dell'amata. Una trama non originalissima, mutuata da Wells e da un racconto di Mark Twain, che in Francia ha battuto ogni record d'incassi. E per quanto il doppiaggio sottragga al divertimento originale, il successo risulta incomprensibile. Un film baciato dalla sorte, ma che presso il nostro pubblico non ha sortito alcun effetto. La regia non ha ritmo sufficiente e i personaggi sono francamente poco simpatici. ■ Commedia; col.; 100'; Francia, 1993.

VISITATORI DEL SABATO SERA, I *(Spirit of '76)* ★
Regia di Lucas Reiner. Con David Cassidy, Olivia D'Abo, Geoff Hoyle. ■ Nel 2176 sulla Terra non si sa più nulla del passato. Tre viaggiatori del tempo cercano di rimediare alla lacuna tornando al 1776. Si trovano invece nel 1976 e dovranno faticare non poco per riuscire a tornare al loro tempo. Storiella giovanilistica con colonna sonora compilation. ■ Fantascienza; col.; 75'; USA, 1990.

VISITATORI 2 RITORNO AL PASSATO, I ★★
(Les couloirs du temps Les visiteurs II)
Regia di Jean-Marie Poiré. Con Christian Clavier, Valérie Lemercier, Didier Pain, Jean Reno. ■ Ancora il nostro Jean-Cojon che si trova a muoversi in dimensioni temporali diverse da quella medioevale che è la sua. In Francia campione di incassi. Da

noi (con uscita due anni dopo) no. ■ COMMEDIA; COL.; 118'; FRANCIA, 1998.

VISITE A DOMICILIO *(House Calls)* ★★★
Regia di HOWARD ZIEFF. Con GLENDA JACKSON, WALTER MATTHAU. ■ Un medico vedovo si dà alla pazza gioia e seduce una piacente signora. Questa, che vorrebbe sposarlo, si sente offesa quando l'uomo si interessa a un'altra, in realtà per motivi di lavoro. Lui però la riconquisterà e la prenderà in moglie. ■ COMMEDIA; COL.; 98'; USA, 1978.

VISITE DEL PRESIDENTE, LE ★★
(Odziedziny Prezidenta)
Regia di JAN BATORY. Con LEON NYEMICZYCK, JANISEK PONIASKY, BEATA TYSKIEWICZ. ■ Un bambino poco amato dai genitori si rifugia in un mondo di sogni. Nelle fantasie è visitato dal presidente, una figura paterna, che sostituisce il padre vero, tutto preso dalla nuova moglie. ■ DRAMMATICO; B/N; 92'; POLONIA, 1961.

VISONE NERO SU PELLE MORBIDA ★
(Schwarzer Nerz auf zarter Haut)
Regia di MICHAEL THOMAS (pseud. di ERWIN DIETRICH). Con TAMARA BARONI, WILLIAM HARRIS. ■ Per ingannare le spie nemiche, un agente segreto finge di portare con sé le preziose formule di un propellente, che invece sono già al sicuro. ■ SPIONAGGIO; COL.; 93'; GERMANIA, 1970.

VISONE SULLA PELLE, IL *(That Touch of Mink)* ★★★
Regia di DELBERT MANN. Con DORIS DAY, CARY GRANT, GIG YOUNG, AUDREY MEADOWS. ■ Un ricco scapolo s'innamora di un'affascinante ragazza e riesce a convincerla a trascorrere una vacanza con lui alle Bermuda. Per una serie di comici contrattempi, i due non riescono mai a trascorrere qualche ora di intimità: dovranno attendere il matrimonio. ■ COMMEDIA; COL.; 99'; USA, 1962. ■ OSCAR 3 NOM.

VISO PALLIDO *(The Paleface)* ★★★
Regia di NORMAN Z. MCLEOD. Con BOB HOPE, JANE RUSSELL, ROBERT ARMSTRONG, BOBBY WATSON. ■ Un'improvvisata spia in gonnella costringe l'occasionale compagno a sposarla quindi, con lui, impedisce che un carico d'armi di contrabbando giunga agli indiani. ■ COMMEDIA; B/N; 91'; USA, 1948. ■ OSCAR 1 PR, 1 NOM.

VISPA TERESA, LA ★★
Regia di MARIO MATTOLI. Con LEONARDO CORTESE, LILIA SILVI. ■ Dopo contrastate vicende, due giovani di diversa estrazione sociale possono finalmente fare progetti per il loro futuro matrimonio. ■ COMMEDIA; B/N; 93'; ITALIA, 1943.

VISSI D'ARTE *(Enter the Madame)* ★★★
Regia di ELLIOTT NUGENT. Con CARY GRANT, ELISSA LANDI. ■ Un giovane salva la vita a una diva e la sposa. Il successo pesa sulla tranquillità familiare, che rischia di essere compromessa. La donna, però, finirà col riconquistare il coniuge. ■ COMMEDIA; B/N; 83'; USA, 1935.

VITA A DUE, LA *(La vie à deux)* ★★★
Regia di SACHA GUITRY. Con PIERRE BRASSEUR, DANIELLE DARRIEUX, FERNANDEL. ■ Uno scrittore ha conosciuto tre coppie bene assortite e, anni dopo, in punto di morte, decide di lasciare il patrimonio a quella rimasta felice come allora. Dall'indagine, però, risulta che tutte le tre coppie hanno dei contrasti. Lo scrittore cambia testamento. ■ COMMEDIA; B/N; 108'; FRANCIA, 1958.

VITA AGRA, LA ★★★
Regia di CARLO LIZZANI. Con GIAMPIERO ALBERTINI, ROSSANA MARTINI, GIOVANNA RALLI, UGO TOGNAZZI. ■ L'operaio Luigi Bianchi va a Milano con lo scopo di compiere un attentato alla sede principale della società mineraria per cui ha lavorato, responsabile di un gravissimo incidente. Ma cambierà il suo proposito e si farà completamente integrare nella vita della metropoli lombarda. ■ DRAMMATICO; B/N; 100'; ITALIA, 1963.

VITA ALLA ROVESCIA, UNA *(La vie à l'envers)* ★★
Regia di ALAIN JESSUA. Con CHARLES DENNER, ANNA GAYLOR. ■ Un giovane trova sempre più piacere alla solitudine e non cambia idea nemmeno quando sua moglie tenta il suicidio e lui perde il posto di lavoro. ■ DRAMMATICO; B/N; 93'; FRANCIA, 1964. ■ VENEZIA 1 PR.

VITA ALLEGRA, LA *(La vida alegre)* ★★★
Regia di FERNANDO COLOMO. Con VERÓNICA FORQUÉ, ANA OBREGON, ANTONIO RESINES. ■ Ana si mette a lavorare come dottore in una clinica di malattie infettive. Con la totale disapprovazione del marito, anche lui medico e assistente del ministro della Sanità. Ma finirà che nella clinica di Ana dovranno passare tutti: il marito, il ministro e la bella amante del ministro. Disinibita, effervescente commedia del nuovo corso del cinema spagnolo. ■ COMMEDIA; COL.; 100'; SPAGNA, 1987.

VITA AL MASSIMO, UNA *(True Romance)* ★★★
Regia di TONY SCOTT. Con PATRICIA ARQUETTE, DENNIS HOPPER, GARY OLDMAN, BRAD PITT, CHRISTIAN SLATER, CHRISTOPHER WALKEN. ■ Clarence conosce Alabama in un cinema. Hanno in comune la passione per Elvis e sono un po' matti. Si innamorano e si sposano. Lui va subito a uccidere l'ex magnaccia di lei, gli sottrae una valigia piena di droga e comincia la fuga. Li inseguono i proprietari della cocaina, siciliani che non scherzano. Uccidono il simpatico padre di Clarence (un magnifico Hopper) e rintracciano i due giovani a Los Angeles. Il tentativo di vendere la "polvere" porta all'appuntamento finale fra mafiosi, polizia, spacciatori, Clarence e Alabama. Alla fine i due sono felici su una spiaggia, genitori di un bel bambino. Cammei preziosi di Brad Pitt, Gary Oldman e Christopher Walken. C'è tutto, proprio tutto: droga, violenza, sesso, racket, mafia, polizia, road, rapporto padre e figlio, amore, amicizia, musica, mito-Elvis, famiglia, e infine "grottesco" e persino un cucchiaino di poesia gergale. Merito dello sceneggiatore Quentin Tarantino che fa fare al "fratello minore" degli Scott un vero salto di qualità; e merito anche del compositore Hans Zimmer, davvero felicissimo. Pur nella furberia della confezione smagliante e urlata, ci sono venti nuovi, e non è facile oggi; e c'è un'ironia diffusa che giustifica tutte le etiche capovolte nel frullato fra buoni e cattivi dove i buoni sono cattivi e i cattivi buoni. ■ AVVENTURA; COL.; 116'; USA, 1993.

VITA ALTRUI, LA ★★★
Regia di MICHELE SORDILLO. Con RENATO CARPENTIERI, GIUSI CATALDO, MARIA CONSAGRA, IAIA FORTE. ■ Il fim gira intorno a un talk show chiamato *Vite altrui* e alla vita della sua conduttrice, le vicende dei vari personaggi, un professore universitario, un magistrato, uno psicanalista e una sua paziente, due avvocati si intersecano con sviluppi imprevisti, come in un gioco di scatole cinesi. Film polifonico e sincero nell'approccio, mai banale anche se spesso ingenuo, alle vicende interiori dei protagonisti e ai loro disagi. ■ DRAMMATICO; B/N; 84'; ITALIA, 2000.

VITA A MODO MIO, LA *(Nobody's Fool)* ★★★★
Regia di ROBERT BENTON. Con MELANIE GRIFFITH, PAUL NEWMAN, JESSICA TANDY, BRUCE WILLIS. ■ Donald (Newman) vive a North Bath, cittadina dove tutti si conoscono. Fa lavoretti modesti, è orso e inaffidabile, cinico. Occupa una stanza nella casa di Jessica Tandy: i due si rispettano. Ma c'è una persona che ha un debole per lui, Melanie sposata con un ricco locale (Willis), cialtrone, disonesto e donnaiolo. Donald si è separato e ha un figlio che non vede mai, ha anche due nipotini, pressoché sconosciuti, uno dei quali si affeziona al nonno. Ecco che Donald scopre cose che non conosceva, non ha fatto il genitore, gli piace fare il nonno. E ha molte cose da insegnare al bambino. Per fortuna ogni tanto arriva un film come questo: piccoli sentimenti, domestico e minimale, ma discreto e intelligente. Ma ecco che emerge la grande qualità. È molto bello vedere Newman tornare protagonista e vitale, dopo il disastro di *Mr. Hula Hoop*, dove faceva la spalla a Tim Robbins. Qui bacia la bella Melanie, e sono alla pari, niente di grottesco anche se fra i due ci sono quasi quarant'anni di differenza. Il ritorno di Paul "com'era" è una delle più belle sorprese del 1995. ■ COMMEDIA; COL.; 110'; USA, 1995. ■ BERLINO 1 PR; GOLDEN GLOBES 1 NOM; OSCAR 2 NOM.

VITA AMOROSA DI CASANOVA, LA ★★
(Les amours de Casanova)
Regia di RENÉ BARBERIS. Con IVAN MOSJOUKINE, MADELEINE OZERAY, JEANNE BOITEL. ■ Le avventure amorose del celebre dongiovanni, allora spietatamente censurate. ■ COMMEDIA; B/N; 93'; FRANCIA, 1933.

VITA A PASSO DI DANZA, LA ★★
(Look for the Silver Lining)
Regia di DAVID BUTLER. Con RAY BOLGER, JUNE HAVER, GORDON MACRAE, CHARLES RUGGLES. ■ Una figlia d'arte comincia a danzare sin da piccola e, divenuta adulta, ottiene strepitosi successi. Sposa un collega e, dopo la morte del coniuge, trova conforto nella professione. ■ MUSICALE; COL.; 100'; USA, 1949. ■ OSCAR 1 NOM.

VITA APPESA A UN FILO, LA ★★★
(Bian Zhou Bian Chang – Life on a String)
Regia di CHEN KAIGE. Con HUANG LEI, XU QING, LIU ZHONGYUAN. ■ Un film cinese molto suggestivo. Siamo in Mongolia. Il protagonista è un vecchio suonatore di saxian, una specie di banjo, chiamato "il Santo". Non ha il dono della vista e potrà forse riacquistarla nel momento in cui si spezzerà la milleunesima corda del suo strumento musicale. Quando verrà il momento fatidico per uno scherzo del destino l'uomo rimarrà comunque cieco. Il suo discepolo, anch'egli non vedente, nel frattempo decide di non seguire il suo insegnamento. ■ DRAMMATICO; COL.; 105'; CINA, GERMANIA, GRAN BRETAGNA, 1991.

VITA A VENT'ANNI, LA *(Navy Blue and Gold)* ★★★
Regia di SAM WOOD. Con FLORENCE RICE, JAMES STEWART, ROBERT YOUNG. ■ Un giovane si iscrive all'Accademia navale sotto falso nome perché suo padre, pur innocente, aveva subìto una condanna. Quando rivela la sua identità, viene istituito un nuovo processo che consente al genitore di essere scagionato. ■ DRAMMATICO; B/N; 94'; USA, 1937.

VITA A VOLTE È MOLTO DURA, VERO PROVVIDENZA?, LA ★★
Regia di LUIGI PETRINI. Con TOMAS MILIAN, GREGG PALMER. ■ Il film è un susseguirsi di avventure il cui principale protagonista è un cacciatore di taglie, che cattura un bandito e lo libera per guadagnarsi una seconda volta la taglia. ■ WESTERN; COL.; 92'; ITALIA, 1972.

VITA BRUCIATA, UNA *(La jeune fille assassinée)* ★★
Regia di ROGER VADIM. Con MICHEL DUCHAUSSOY, SIRPA LANE. ■ L'assassino di una giovane si presenta a uno scrittore perché ricavi un romanzo dalla vita della defunta. L'uomo, indagando nel passato della ragazza, scopre la sua infelicità, la mancanza d'affetto che l'ha perseguitata e, considerando la sua esistenza troppo meschina per ricavarne un libro di successo, rinuncia all'incarico. L'omicida si toglie la vita. ■ DRAMMATICO; COL.; 100'; FRANCIA, 1974.

VITA CHE SOGNAVA, LA *(Boots Malone)* ★★★
Regia di WILLIAM DIETERLE. Con WILLIAM HOLDEN. ■ Un allenatore di fantini ingaggia un ragazzo che in un'importante corsa riesce a riportare una splendida vittoria, nonostante le ingerenze di alcuni scommettitori che volevano impedire la partecipazione del suo cavallo alla gara. ■ AVVENTURA; B/N; 103'; USA, 1952.

VITA CHE VORREI, LA ★★★
Regia di GIUSEPPE PICCIONI. Con NINI BRUSCHETTA, SANDRA CECCARELLI, ROBERTO CITRAN, CAMILLA FILIPPI, SONIA GESSNER, GEA LIONELLO, LUIGI LO CASCIO, GALATEA RANZI, PAOLO SASSANELLI ■ Lui, Stefano, attore affermato, teme che il successo gli sfugga di mano. Lei, Laura, è un'aspirante attrice dalla vita turbolenta. I loro destini si incrociano sul set di un film in costume, legato a un certo immaginario ottocentesco. Provano insieme e scatta l'attrazione finché Laura ottiene la parte della protagonista, superando la rivale Chiara. Piccioni torna sullo schermo con i due protagonisti del suo precedente (Lo Cascio e Ceccarelli) di *Luce dei miei occhi*. Lo fa cercando, come è solito fare, il gesto inavvertito, l'imbarazzo che va al di là della scena da recitare ma che trova posto nella realtà. In questo amore difficile che cerca di unire due nevrosi (chi meglio degli attori può esserne un portatore più o meno sano?) le quali trovano le parole talvolta nella messa in scena di un passato in cui il "detto" doveva spesso alludere a gesti che non era possibile compiere se non di nascosto. ■ SENTIMENTALE; COL.; 125'; ITALIA, 2004.

VITA COL PADRE *(Life with Father)* ★★★
Regia di MICHAEL CURTIZ. Con IRENE DUNNE, WILLIAM POWELL, ELIZABETH TAYLOR. ■ Una donna dolce e apparentemente remissiva è sposata con un banchiere burbero e autoritario al quale, però, riesce a far fare quello che vuole. Il marito, infatti, è in fondo un brav'uomo che ama teneramente sia la moglie che i suoi quattro figli. Un giorno il poveraccio si lascia scappare di non essere battezzato. La consorte, in men che non si dica, riuscirà a trascinarlo in chiesa. ■ COMMEDIA; COL.; 116'; USA, 1947. ■ OSCAR 4 NOM.

VITA COME MALATTIA SESSUALMENTE TRASMESSA, LA ★★★
(Zycie jako smiertelna choroba przenoszona droga plciowa)
Regia di KRZYSZTOF ZANUSSI. Con TADEUSZ BRADECKI, KRYSTYNA JANDA, ZBIGNIEW ZAPASIEWICZ. ■ Un giovane uomo, un fuggitivo. Arriva in un villaggio francese del Medioevo, tenta di scappare rubando un cavallo ma viene disarcionato e catturato da alcuni ragazzini del luogo che lo portano dal parroco, affinché lo confessi e lo condanni alla pena di morte per il furto dell'animale. Ma il sacerdote decide di condurre il ladro, per un certo periodo, in un monastero per riportarlo in seguito al villaggio, pronto a pagare con la vita il suo debito con la giustizia terrena. A questo punto si sente gridare "Stop!" e la realtà irrompe nella fantasia. Ciò che abbiamo visto fino ad ora era solo la ripresa di una fiction tratta dalle *Cronache* di San Bernardo, nelle quali non si sa se il sacerdote mandò davvero a morte il ladro oppure se riuscì a convertirlo al Cristianesimo. Un attore della fiction è stato ferito sul set e il medico della troupe interviene. Zanussi crea un sofisticato gioco in cui si vengono a stabilire rimandi speculari tra i personaggi dei due film: tra il ladro e il sacerdote e tra il medico della troupe e uno degli attori. ■ DRAMMATICO; COL.; 99'; POLONIA, 2000.

VITA COME VIENE, LA ★★
Regia di STEFANO INCERTI. Con VALERIA BRUNI TEDESCHI, LORENZA INDOVINA, DANIELE LIOTTI, TONY MUSANTE, STEFANIA ROCCA, STEFANIA SANDRELLI, CLAUDIO SANTAMARIA. ■ Max crede che l'esistenza sia un gioco e tocca alla consorte ricordargli che esiste la realtà. Un musicista jazz si sente frustrato. Una moglie scopre un volto inatteso del marito. Un uomo è traumatizzato dal licenziamento improvviso. Un professore americano separato fa un incontro che gli cambia la vita. Cinque storielline che si intrecciano senza particolari novità. Un film un po' come viene. ■ DRAMMATICO; COL.; 116'; ITALIA, 2001.

VITA COMINCIA A QUARANT'ANNI, LA ★★
(Life Begins at Forty)
Regia di GEORGE MARSHALL. Con ROCHELLE HUDSON, WILL ROGERS. ■ Un ragazzo sconta alcuni anni di galera per un furto non commesso. Quando torna in libertà, riesce a provare che il ladro fu lo stesso figlio del derubato. ■ COMMEDIA; B/N; 85'; USA, 1935.

VITA COMINCIA CON L'AMORE, LA ★★
(Life Begins with Love)
Regia di RAY MCCAREY. Con DOUGLAS MONTGOMERY, JEAN PARKER. ■ Un figlio di papà si innamora di una povera maestra d'asilo, ripudia il proprio ambiente e la sposa. ■ COMMEDIA; B/N; 82'; USA, 1937.

VITA COMINCIA PER ANDY HARDY, LA ★★
(Life Begins for Andy Hardy)
Regia di GEORGE BRACKETT SEITZ. Con JUDY GARLAND, MICKEY ROONEY, LEWIS STONE. ■ Andy Hardy vuol farsi da solo. Deluse le aspettative del padre, che lo vorrebbe avvocato, va a New York a cercare fortuna. Ma non la trova. Dovrà tornare quatto quatto al paesello. Terza e ultima partecipazione di Judy Garland alla serie *Hardy*. Ormai grandi cose l'aspettavano. ■ COMMEDIA; B/N; 100'; USA, 1941.

VITA CONIUGALE *(Vie conjugale: Jean-Marc)* ★★★
Regia di ANDRÉ CAYATTE. Con JACQUES CHARRIER, MARIE JOSÉ NAT. ■ Una giovane ambiziosa non sopporta la vita di provincia e convince il marito a trasferirsi in città. Questo non le impedisce di tradirlo prima, e finalmente di lasciarlo. ■ DRAMMATICO; B/N; 115'; FRANCIA, 1963.

VITA CORRE SUL FILO, LA *(Slender Thread)* ★★★
Regia di SYDNEY POLLACK. Con ANNE BANCROFT, SIDNEY POITIER, TELLY SAVALAS. ■ Una giovane donna si avvelena e, in attesa della morte, compone il numero del "telefono amico". All'altro capo del filo c'è uno studente universitario che, dopo aver tentato inutilmente di farsi svelare dalla donna il luogo in cui si trova, mobilita i tecnici telefonici e la polizia riuscendo a farla salvare appena in tempo. ■ DRAMMATICO; B/N; 98'; USA, 1965. ■ OSCAR 2 NOM.

VITA DA BOHÈME *(Scene de la vie de bohème)* ★★★★
Regia di AKI KAURISMÄKI. Con EVELYNE DIDI, JEAN-PIERRE LÉAUD, MATTI PELLONPÄÄ. ■ Sebbene sia il suo film più vicino ai gusti del pubblico, questo del regista finlandese può essere considerato il suo capolavoro. Segue a un anno di distanza *Ho affittato un killer* e si ispira a un romanzo di Henry Murger. Lo stesso dal quale Puccini trasse la sua *Bohème*. Siamo a Parigi dove tre artisti spiantati (un bizzarro musicista, un pittore albanese e uno scrittore fluviale) si incontrano per una serie di circostanze e dividono le proprie miserie. Tutto è molto ironico nel classico stile di Kaurismäki ma non mancano gli episodi tragici (l'espatrio del pittore che poi ritorna clandestinamente e la morte di Mimì). In piccoli ruoli due registi: Samuel Fuller che fa l'editore e Louis Malle che offre una cena al pittore appena derubato del portafoglio. Jean-Pierre Léaud entra ogni tanto in scena, con la sua aria comicamente assente alla Buster Keaton, come collezionista di quadri. ■ DRAMMATICO; B/N; 110'; FRANCIA, 1991.

VITA DA CAMPER *(R.V.)* ★
Regia di BARRY SONNENFELD. Con WILL ARNETT, KRISTIN CHENOWETH, JEFF DANIELS, CHERYL HINES, JOSH HUTCHERSON, JOANNA LEVESQUE, ROBIN WILLIAMS. ■ Bob Munro è un uomo sulla cinquantina: una bella casa in un quartiere residenziale, un lavoro frustrante ma redditizio, una moglie attraente e due figli che, arrivati nella fase adolescenziale, non lo considerano più. A causa di un'irrinunciabile – pena il licenziamento – riunione di lavoro, decide di spostare la meta delle sue vacanze e di portare tutta la famiglia, invece che alle agognate Hawaii, in Colorado, luogo in cui si svolgerà proprio la riunione. Mezzo di locomozione un immenso e colorato camper, difficilmente manovrabile e super accessoriato. Le disavventure durante la vacanza si susseguiranno una dopo l'altra e il nucleo familiare, anche grazie alla conoscenza di una famiglia felice e post hippy di camperisti, ritroverà la condivisione di certi ideali nonché il piacere e il gusto di stare insieme. ■ AVVENTURA, COL., 98'; USA, 2006.

VITA DA CANI ★★★
Regia di MARIO MONICELLI, STENO. Con FURLANETTO, ALDO FABRIZI, GINA LOLLOBRIGIDA, MARCELLO MASTROIANNI, DELIA SCALA, TINO SCOTTI. ■ La vicenda di tre ragazze desiderose di far fortuna: una si suicida; l'altra abbandona i suoi sogni; solo la terza, una soubrette, trova un'importante scrittura. ■ COMMEDIA; B/N; 90'; ITALIA, 1950.

VITA DA SOGNO, UNA ★
Regia di DOMENICO COSTANZO. Con MASSIMO CECCHERINI, ANNARITA DEL PIANO, TIM MAN, ALESSANDRO PACI, EUGENIA TEMPESTA. ■ Commedia ambientata a Firenze caratterizzata da una buona dose di gag e arti marziali. Il protagonista infatti si finge un campione per cercare di conquistare una bella ragazza, ma anche lei a sua volta finge di essere ciò che non è. Grazie a questo mix di situazioni paradossali, ci saranno storie inaspettate. ■ COMMEDIA; COL.; 90'; ITALIA, 2013.

VITA DA STREGA *(Bewitched)* ★★
Regia di NORA EPHRON. Con WILL FERRELL, MICHAEL KANE, NICOLE KIDMAN, SHIRLEY MACLAINE, JASON SCHWARTZMAN, JIM TURNER. ■ L'onda lunga del passato non consegna sempre buoni ricordi e trasformarlo in presente può essere un buon affare ma anche una cattiva azione. *Vita da strega* (*Bewitched*) è stata una delle tante serie televisive e una delle più sciocche. La versione cinematografica racconta di una giovane, Isabel, strega pentita e che desidera intraprendere una nuova esistenza con un marito e dei figli. Incontra Jack Wyatt, divo televisivo che sta appunto allestendo una nuova serie di *Vita da strega*. Convinto che le facoltà di Isabel siano solo trucchi è però "stregato" dal nasino di lei, che naturalmente è attratta a sua volta. La fanciulla, che non ha alcuna esperienza recitativa, viene ingaggiata, con quel che segue. Will Farrell, divo televisivo, essendo quello il suo standard si adegua in scioltezza alla vicenda. Due vecchie glorie, Shirley MacLaine e Michael Caine, fanno da contorno ai due protagonisti. Film scioccherello, al cui confronto le commedie con Doris Day erano capolavori di malizia, *Vita da strega* è solo l'attuazione del desiderio della Kidman di entrare nei blockbuster. ■ COMMEDIA; COL.; 102'; USA, 2005.

VITA DAVANTI A SÉ, LA *(La vie devant soi)* ★★★
Regia di MOSHÉ MIZRAHI. Con JEAN-CLAUDE DAUPHIN, SIMONE SIGNORET, SAMY BEN YOUB. ■ La storia di un'ebrea che, incapace di fare la prostituta, alleva i figli delle "colleghe". Morirà assistita da uno dei due ragazzi che le sono rimasti. ■ DRAMMATICO; COL.; 100'; FRANCIA, 1977. ■ DAVID DI DONATELLO 1 PR, 1 NOM; GOLDEN GLOBES 1 NOM; OSCAR 1 PR, 1 NOM.

VITA DEGLI ALTRI, LA *(U Kresu Drogi)* ★★
Regia di MICHAL WASZYNSKI. Con ELZBIETA BARSZCZEWSKA, JUNOSZA STEPOWSKI. ■ Un chirurgo opera con successo il rivale che, tempo prima, aveva causato la sua rovina e, già malandato, muore subito dopo. ■ DRAMMATICO; B/N; 92'; POLONIA, 1942.

VITA DEGLI ALTRI, LA ★★
Regia di NICOLA DE RINALDO. Con RENATO CARPENTIERI, PAOLO DE VITA, ROSA PIANETA, MAYA SANSA, LUISA SAPONANGELO. ■ Mariano si ritira nella sua villetta abusiva sulle pendici del Vesuvio per dedicarsi ai suoi reperti archeologici. In realtà è un anziano padrino della camorra, ormai pentito. La visita di una giovane vulcanologa, con la quale nasce uno scambio umano intenso, fa sì che, suo malgrado, si trovi nuovamente coinvolto in una losca faccenda che gli schiude il torbido passato dal quale sta fuggendo. Riuscirà nobilmente a riscattarsi. Il film è illuminato dalla interpretazione di Renato Carpentieri che giganteggia sulla scena a tal punto che lo spettatore ne assume il punto di vista, quello di un malavitoso. *La vita degli altri* è un film intimista: indaga i territori della coscienza, esplora i rapporti tra le generazioni, segue con intensità la parabola autodistruttiva di un uomo. ■ DRAMMATICO; COL.; 89'; ITALIA, 2001.

VITA DEL DOTTOR KOCH, LA ★★★
(Robert Koch, der Bekampferdes Todes)
Regia di HANS STEINHOFF. Con VIKTORIA V. BALLASKO, EMIL JANNINGS. ■ È la storia del medico e batteriologo tedesco Robert Koch e degli studi che lo portarono alla scoperta del bacillo della tubercolosi. ■ DRAMMATICO; B/N; 91'; GERMANIA, 1939. ■ VENEZIA 1 PR.

VITA DEL DOTTOR PASTEUR, LA ★★★
(The Story of Louis Pasteur)
Regia di WILLIAM DIETERLE. Con JOSEPHINE HUTCHINSON, ANITA LOUISE, PAUL MUNI, AKIM TAMIROFF. ■ È la storia del chimico e biologo francese Louis Pasteur, le cui grandi scoperte segnarono l'inizio di una nuova epoca nella cura delle malattie infettive. I suoi studi furono osteggiati dai colleghi e dalle autorità sanitarie. Ma, quando la sua fatica fu premiata, anche chi gli era contrario lo elogiò pubblicamente. ■ BIOGRAFICO; B/N; 85'; USA, 1935. ■ OSCAR 3 PR, 4 NOM; VENEZIA 1 PR.

VITA DI ADELE, LA *(La Vie d'Adèle)* ★★
Regia di ABDEL KECHICHE. Con ADELE EXARCHOPOLOUS, JEREMIE LAHEURTE, AURELIEN RECOING, CATHERINE SALÉE, LEA SEYDOUX. ■ Adèle ha quindici anni e un appetito insaziabile di cibo e di vita. Leggendo della Marianna di Marivaux si invaghisce di Thomas, a cui si concede senza mai accendersi davvero. A innamorarla è invece una ragazza dai capelli blu incontrata per caso e ritrovata in un locale gay. Nasce una storia d'amore importante. Ancora una volta Abdellatif Kechiche guarda a Pierre de Marivaux, maître dei sentimenti nella società francese del diciottesimo secolo, spiando l'amore che il suo cinema, come la letteratura dello scrittore, fa uscire allo scoperto. Sul romanzo *La Vie de Marianne* apre *La Vie d'Adèle*, storia d'amore e di formazione di

un'adolescente che concede alla macchina da presa ogni dettaglio e ogni sfumatura di sé. ■ DRAMMATICO; COL.; 90'; USA, 2013.

VITA DI ADOLFO HITLER, LA ★★★
(Das Leben von Adolf Hitler)
Regia di PAUL ROTHA. ■ Con una serie di spezzoni documentaristici a volte inediti, il film narra la vita di Hitler dall'ascesa politica al suicidio nel bunker di Berlino. ■ DOCUMENTARIO; B/N; 93'; GERMANIA, 1961.

VITA DI CRISTALLO *(The Waterdance)* ★★★
Regia di NEAL JIMENEZ, MICHAEL STEINBERG. Con WILLIAM FORSYTHE, HELEN HUNT, WESLEY SNIPES, ERIC STOLTZ. ■ Un gruppo di paralizzati deambulanti su sedia a rotelle. C'è chi era sulla strada del successo e avverte in modo pesante l'handicap, c'è chi si maschera dietro una durezza di facciata e chi invece vuol fare il buffone per non mostrare il dolore che ha dentro. ■ DRAMMATICO; COL.; 106'; USA, 1992.

VITA DIFFICILE, UNA ★★★★★
Regia di DINO RISI. Con CLAUDIO GORA, LEA MASSARI, ALBERTO SORDI. ■ Zona del lago di Como, inverno 1944. Silvio Magnozzi, partigiano romano, sul punto di essere ucciso da un tedesco, viene salvato da Elena, figlia della proprietaria di un albergo. Silvio si nasconde per qualche tempo in un mulino abbandonato, Elena gli porta da mangiare, nasce una relazione. Una notte l'uomo sparisce e lo ritroviamo a Roma dopo la Liberazione. Lavora in un giornale comunista e un giorno viene incaricato di fare un servizio sull'oro di Dongo, che è molto vicino al paese di Elena. Silvio telefona, Elena lo insulta, ma poi si presenta all'appuntamento e i due vanno a Roma insieme. Da quel momento l'"idealista" Magnozzi vivrà tutte le vicende chiave dell'Italia di quegli anni: il referendum che vede la vittoria della repubblica, le elezioni del 18 aprile 1948 (quelle della paura comunista), le lotte di classe che lo porteranno in prigione, l'integramento nella ditta del suo vecchio, ricco nemico. Nel frattempo il matrimonio con Elena, donna pratica, ha avuto i suoi problemi. Titolo chiave di un'epoca del nostro cinema. La guerra e il dopo immediato visti quindici anni più tardi. Altri grandi film sulla guerra, come *Tutti a casa* e *Il generale della Rovere*, sono di quel periodo. Non ci sarebbe mai più stato un Risi come quello (ricordiamo *Il sorpasso* e *I mostri*). Alcuni episodi della *Vita* sono nel grande libro del cinema italiano: la cena in casa dei principi proprio al momento dell'annuncio che il re ha perso il referendum; Sordi che cerca di dare, disastrosamente, un esame di ingegneria, oppure ubriaco, a Viareggio, che sputa alle macchine che gli passano vicino; e ancora la scena finale del solenne schiaffo dato al commendatore che finisce in piscina. Magnifica stagione, corale, del cinema italiano (dei Monicelli, Risi, Comencini). Certo, più tardi ci sarebbero state le grandi individualità degli autori e dei "poeti" come Antonioni, Fellini e Pasolini, ma Silvio Magnozzi è il magnifico rappresentante delle cose che noi italiani abbiamo fatto, non solo sognato. ■ DRAMMATICO; B/N; 118'; ITALIA, 1961. ■ DAVID DI DONATELLO 1 PR, 1 NOM.

VITA DI GAUGUIN, LA *(Wolf at the Door)* ★★
Regia di HENNING CARLSEN. Con DONALD SUTHERLAND, MAX VON SIDOW. ■ Gli ultimi anni della sofferta vita di Gauguin, il pittore francese vissuto nell'Ottocento che, incompreso in patria, si trasferì per qualche tempo a Tahiti. Tornato a Parigi, fuggì nuovamente dopo altre delusioni che lo segnarono profondamente e lo spinsero a rifugiarsi nel confortante paradiso polinesiano. Pomposo e diretto con mano pesante. ■ BIOGRAFICO; COL.; 94'; DANIMARCA, FRANCIA, 1987.

VITA DI GIULIO REUTER – MESSAGGIO TRAGICO, LA *(A Dispatch from Reuter's – This Man Reuter)* ★★★
Regia di WILLIAM DIETERLE. Con EDNA BEST, EDWARD G. ROBINSON. ■ Giovane postino dalla fertile fantasia, Reuter si serve di piccioni viaggiatori per accelerare il servizio informazioni. In questo modo salva parecchie vite umane in un drammatico frangente. Col passare degli anni sostituisce ai piccioni il telegrafo, quindi fonda la sua famosa agenzia internazionale. ■ BIOGRAFICO; B/N; 89'; USA, 1940.

VITA DI JEAN-HENRI FABRE, LA *(Monsieur Fabre)* ★★
Regia di HENRI DIAMANT-BERGER. Con PIERRE FRESNAY, ELISABETH HARDY. ■ È la biografia dello scienziato francese Jean-Henri Fabre (1766-1837), famoso per i suoi studi sugli insetti utili all'agricoltura. ■ BIOGRAFICO; B/N; 88'; FRANCIA, 1951.

VITA DI O-HARU, DONNA GALANTE, LA ★★★★
(Saikaku Ichidai Onna)
Regia di KENJI MIZOGUCHI. Con TOSHIRO MIFUNE, ICHIRO SUGAI, KINUYO TANAKA. ■ Una cortigiana giapponese, caduta in disgrazia, scivola sempre più in basso finché, dopo un'esperienza in una casa di piacere, si fa monaca e attende serenamente la morte. ■ DRAMMATICO; B/N; 148'; GIAPPONE, 1952. ■ VENEZIA 1 PR.

VITA DI PI *(Life of Pi)* ★★★
Regia di ANG LEE. Con GERARD DEPARDIEU, IRRFAN KHAN, SURAJ SHARMA, TABU, RAFE SPALL. ■ Il giovane Pi Patel è cresciuto con la famiglia a contatto con lo zoo paterno, mescolando fin dall'infanzia sogno e realtà. Quando il padre ha esigenze di denaro e sceglie di trasferirsi in Canada per vendere lo zoo, Pi ancora non può intuire cosa lo attenderà nelle vastità oceaniche. Di fronte a una tempesta terrificante, la nave affonda, lasciando in breve tempo Pi con un'unica compagna di viaggio: la tigre Richard Parker, l'animale più temuto dello zoo paterno. Pi potrà solo fare affidamento sulla propria intelligenza per poter sopravvivere e convivere con la tigre. Ang accetta una nuova sfida, adattando il best seller di Yann Martel, così arduo da immaginare nella trasposizione cinematografica. Missione che il regista compie ricorrendo a un sapiente mix di background personale e stato dell'arte della tecnologia, coniugando realtà e *computer graphics* in un abbacinante viaggio in una realtà inesplorata che si presenta come un terrificante mondo incantato. ■ AVVENTURA; 127'; CINA, USA, 2012.

VITA DI SCORTA, LA ★
Regia di PIERO VIDA. Con JEAN BOISSERY, ANNA GALIENA, MANUELA TORRI. ■ Contrastata storia d'amore dall'epilogo dolceamaro fra una tossicodipendente e un giovane in cerca di successo. Film superficiale nell'affrontare il problema droga e noioso nello svolgimento. ■ DRAMMATICO; COL.; 90'; ITALIA, 1985.

VITA DI UNA COMMESSA VIAGGIATRICE ★★★
(The First Travelling Saleslady)
Regia di ARTHUR LUBIN. Con CAROL CHANNING, BARRY NELSON, GINGER ROGERS. ■ Un industriale è in difficoltà: ha fabbricato grandi quantità di filo spinato destinato a recintare le proprietà terriere del West, ma gli allevatori non ne vogliono sapere, perché temono che il bestiame possa rimanere ferito. Una giovane intraprendente si offre come piazzista e parte per il West. Un grande allevatore le propone il matrimonio, ma di filo spinato non ne vuol sentir parlare. La donna riuscirà a piazzare la merce persuadendo le mogli dei suoi clienti. Poi sposerà un giovane pioniere dell'automobilismo, che l'ha aiutata nell'impresa. ■ COMMEDIA; B/N; 82'; USA, 1956.

VITA DI UN COMMESSO VIAGGIATORE *(Casimir)* ★★★
Regia di RICHARD POTTIER. Con JACQUELINE DUC, FERNANDEL, GERMAINE MONTERO. ■ Un pittore si fidanza per corrispondenza con una ricca sudamericana e poi, quando si avvicina la data del matrimonio, fugge. Per un equivoco, la sudamericana scambia un rappresentante di aspirapolvere per il pittore. Il rappresentante riuscirà a farle acquistare mille apparecchi per la sua catena di alberghi e potrà così sposare la propria fidanzata. La riccona convolerà poi a nozze col pittore. ■ COMICO; B/N; 87'; FRANCIA, 1950.

VITA DI UN GANGSTER, LA *(I, Mobster)* ★★★
Regia di ROGER CORMAN. Con STEVE COCHRAN, LITA MILAN, ROBERT STRAUSS. ■ La carriera di un fuorilegge da gregario a capo di una banda specializzata nel traffico di droga. Raggiunti i vertici dell'organizzazione, subirà la stessa sorte che aveva riservato al suo ex capo: sarà eliminato dal suo luogotenente. ■ POLIZIESCO; B/N; 80'; USA, 1958.

VITA DI UN ONEST'UOMO, LA ★★★
(La vie d'un honnête homme)
Regia di SACHA GUITRY. Con PAULINE CARTON, LOUIS DE FUNÈS, MARGUERITE PIERRY, MICHEL SIMON. ■ Michel Simon interpreta due fratelli in uno dei più bei film di Guitry. Alain, pecora nera

della famiglia, muore e il fratello gemello Albert decide di prendere la sua identità. Fa in modo che l'eredità vada a se stesso. La consorte affranta più per il denaro che per la morte del marito lo indurrà a fuggire. ■ COMMEDIA; B/N; 100'; FRANCIA, 1953.

VITA DI VERNON E IRENE CASTLE, LA ★★★
(The Story of Vernon and Irene Castle)
Regia di HENRY C. POTTER. Con FRED ASTAIRE, WALTER BRENNAN, EDNA MAY OLIVER, GINGER ROGERS. ■ Biografia di una famosa coppia di ballerini americani attivi all'inizio del secolo. Vernon morì poi durante la prima guerra mondiale a cui prese parte come aviatore. ■ MUSICALE; B/N; 93'; USA, 1939.

VITA È BELLA, LA ★★
Regia di CARLO LUDOVICO BRAGAGLIA. Con ANNA MAGNANI, MARIA MERCADER, ALBERTO RABAGLIATI. ■ Un nobile in disgrazie finanziarie si offre come cavia per un esperimento che gli potrebbe costare la vita; gli servirà per apprezzare maggiormente le gioie dell'esistenza. Tutto, naturalmente, finisce bene. ■ COMMEDIA; B/N; 76'; ITALIA, 1943.

VITA È BELLA, LA ★★
Regia di GRIGORIJ CUCHRAJ. Con GIANCARLO GIANNINI, STEFANO MADIA, ORNELLA MUTI. ■ In un paese a regime dittatoriale, un tassista, che non si è mai occupato di politica, soccorre un cliente sospetto di cospirazione. Questo gli attira addosso i sospetti della polizia e anche dei congiurati che lo ritengono una spia del regime. ■ DRAMMATICO; COL.; 95'; ITALIA, URSS, 1979.

♥ VITA È BELLA, LA ★★★★
Regia di ROBERTO BENIGNI. Con ROBERTO BENIGNI, NICOLETTA BRASCHI, HORST BUCHHOLZ, GIORGIO CANTARINI, GIUSTINO DURANO, GIULIANA LOJODICE. ■ Guido (Benigni) sposa Dora (Braschi) e hanno un figlio (Cantarini). Questo succede dopo che lui ha fatto il cameriere, si è improvvisato insegnante eccetera, in sostanza dopo che Benigni ha fatto il Benigni con relative gag, mimica e risate. Siamo alla fine degli anni Trenta, le leggi antirazziali italiane portano l'intera famiglia (sono ebrei) in un campo di concentramento. Il papà racconta al figlio che stanno per fare un bel gioco, si tratta, appunto, di stare al gioco. Se riusciranno a non essere espulsi dal campo vinceranno mille punti e potranno tornare a casa in carro armato. Tutte le vicende drammatiche che accadono vengono trasformate in quel senso. Da antologia è il discorso del soldato tedesco che dà istruzioni nella sua lingua e che Benigni traduce come se fossero le regole del gioco. Alla fine il papà viene ucciso (e va a morire saltando e ridendo, sotto gli occhi del bambino, reggendo il gioco fino alla fine). Il bambino torna davvero a casa su un carro armato alleato. Sostanzialmente due film, il primo col solito (miglior) Benigni, il secondo è invece un racconto molto serio, importante, profondo e tragicamente felice. Davvero un decisivo salto di qualità del nostro comico. Una mediazione molto alta fra il sorriso, la paura e la tragica lettura della storia, una dimensione e una capacità che si pensava non gli appartenessero. Qualcuno potrà obiettare sulla strumentalizzazione del solito argomento dell'olocausto, troppo facile per non commuovere, non toccare le coscienze e... non avere successo, come Spielberg insegna. Il film su otto candidature, ne ha vinte tre: miglior film straniero, Benigni migliore attore protagonista e miglior colonna sonora di Nicola Piovani. ■ DRAMMATICO; COL.; 131'; ITALIA, 1998. ■ CANNES 1 PR; OSCAR 3 PR, 7 NOM.

♥ VITA È MERAVIGLIOSA, LA ★★★★★
(It's a Wonderful Life)
Regia di FRANK CAPRA. Con LIONEL BARRYMORE, GLORIA GRAHAME, THOMAS MITCHELL, DONNA REED, JAMES STEWART, HENRY TRAVERS. ■ Probabilmente è il capolavoro di Frank Capra, certamente uno dei film più belli e amati usciti dalla fucina americana, sostenuto da una magistrale interpretazione di James Stewart. La storia è molto semplice: George Bailey per tutta la sua vita rinuncia a qualche cosa pur di servire gli altri. Da bambino salva il fratello caduto in uno stagno ghiacciato, ma prende un'otite che lo rende sordo da un orecchio. Da giovane rinuncia alla laurea per restare nella sua cittadina e fare andare avanti la società fondata dal padre per fornire case ai meno abbienti. E così, di rinuncia in rinuncia, George tira avanti; si sposa, va ad abitare in una vecchia casa umida, ha tre figli. Ma ecco che lo zio perde ottomila dollari che vengono trovati dal perfido finanziere Potter. Questi non restituisce la somma e spinge così George al suicidio. È la notte di Natale e George si avvia verso il fiume per gettarsi nelle sue acque turbinanti. Ma arriva dal cielo un angelo che per convincerlo a non uccidersi gli fa vedere cosa sarebbe successo se lui non fosse mai nato. La città sarebbe in mano al perfido Potter, nessuna casa per i meno abbienti sarebbe mai stata costruita, sua moglie sarebbe rimasta zitella, sua madre sarebbe ridotta a gestire una pensione, suo fratello, morto da bambino perché George non avrebbe potuto salvarlo, non avrebbe a sua volta potuto salvare duemila uomini durante un'azione bellica che gli ha fruttato la massima onorificenza militare. George si convince che la vita è meravigliosa e torna ad affrontare le sue responsabilità. Nel frattempo la popolazione della cittadina ha raccolto gli ottomila dollari per aiutare George che ha sempre aiutato tutti. In uno straordinario finale, allegro e patetico insieme, il film si chiude con il suono di un campanello. È l'angelo custode che, compiuta la missione, ha ottenuto da Dio le ali, diventando angelo di prima categoria. ■ FANTASTICO; B/N; 129'; USA, 1946. ■ OSCAR 5 NOM.

VITA E NIENT'ALTRO, LA *(La vie et rien d'autre)* ★★★
Regia di BERTRAND TAVERNIER. Con SABINE AZÉMA, PHILIPPE NOIRET. ■ La prima guerra mondiale è terminata da due anni e in Francia si cerca di identificare i corpi dei caduti. Si incontrano il capitano Dellaplane e un donna che cerca il corpo del marito. I due s'innamorano, ma lui si ritrae dinanzi alla dichiarazione di lei. Solo due anni dopo le scriverà dicendo di amarla. Il film, pur essendo drammatico, sottende un sottile umorismo, descrive un'epoca, è molto attento alla psicologia degli individui. Oltre al regista un plauso va a Philippe Noiret. ■ DRAMMATICO; COL.; 133'; FRANCIA, 1989. ■ DAVID DI DONATELLO 1 PR, 1 NOM.

VITA È NOSTRA, LA *(Claudia and David)* ★★★
Regia di WALTER LANG. Con MARY ASTOR, DOROTHY MCGUIRE, ROBERT YOUNG. ■ Una coppia è in crisi: il marito è preoccupato per le eccessive attenzioni rivolte alla moglie da un amico; la moglie è gelosa di una ricca vedova che il marito incontra per motivi di lavoro. Dopo un grave incidente d'auto, che mette a repentaglio la vita di lui, torna il sereno. ■ COMMEDIA; B/N; 78'; USA, 1946.

VITA ESAGERATA, UNA *(A Life Less Ordinary)* ★
Regia di DANNY BOYLE. Con CAMERON DIAZ, HOLLY HUNTER, DELROY LINDO, EWAN MCGREGOR. ■ Il gruppetto "storico ed eroico" di *Trainspotting* (Boyle regista, McGregor attore, McDonald produttore, Hodge sceneggiatore) ci riprova. Confessiamo senz'altro che da parte nostra, convinti detrattori di quel film, c'è subito un pregiudizio iniziale. Da quei nomi difficilmente potrà venire qualcosa di buono, pur registrando il tentativo di inversione di tendenza entrando nel rassicurante e divertente, almeno nelle intenzioni, anzi solo nelle intenzioni. Un poveraccio rapisce la figlia del ricco che lo ha licenziato. Da qui le battute, le musiche, le gag. Almeno *Trainspotting*, pur non condivisibile (da noi) nei contenuti, era ben fatto. ■ COMMEDIA; COL.; 98'; USA, 1997.

VITA È SOGNO, LA *(Dazed and Confused)* ★★
Regia di RICHARD LINKLATER. Con RORY COCHRANE, ADAM GOLDBERG, JOEY LAUREN ADAMS, JASON LONDON, MATTHEW MCCONAUGHEY. ■ Siamo a metà degli anni Settanta (non per niente il titolo originale cita una canzone dei Led Zeppelin), durante l'ultimo giorno prima delle vancaze. La scuola è ormai finita, ma c'è ancora chi vuole fare dispetti per non pensare alle responsabilità che lo attendono. ■ COMMEDIA; COL.; 98'; USA, 1993.

VITA È UNA COSA MERAVIGLIOSA, LA ★
Regia di CARLO VANZINA. Con ENRICO BRIGNANO, NANCY BRILLI, LUIGI PROIETTI, LUISA RANIERI, VINCENZO SALEMME. ■ In una Roma dai colori estivi si muovono un poliziotto addetto alle intercettazioni che ascoltando le vite degli altri scopre che la fidanzata fa la escort, uno stimato chirurgo con un figlio svogliato che più che studiare preferisce scommettere e un pezzo grosso del mondo bancario che casualmente finisce in un gruppo di piccolo borghesi e per curiosità si finge magazziniere. ■ COMMEDIA; COL.; 103'; ITALIA, 2010.

VITA È UN'ALTRA COSA, LA *(Le petit chose)* ★★
Regia di MAURICE CLOCHE. Con JANINE DARCEY, FERNAND CHARPIN, ROBERT LYNEN. ■ Storia di una famiglia francese in disgrazia dopo i moti rivoluzionari del 1848. I figli devono rimboccarsi le maniche e guadagnarsi da vivere. ■ DRAMMATICO; B/N; 85'; FRANCIA, 1938.

VITA È UNA SOLA, LA ★
Regia di EUGENIO CAPPUCCIO. Con GIANLUCA ARCOPINTO, EUGENIO CAPPUCCIO, MASSIMO GAUDIOSO, FABIO NUNZIATA, ANNA SCAGLIONE. ■ "Sola" in gergo romanesco significa fregatura. Al di là del giochino di parole del titolo ci sembra proprio che di fregatura si tratti. I tre protagonisti dell'interessante *Il caricatore* tornano sul grande schermo senza avere più nulla da dire. Le vicende dei tre registi che vogliono presentare un loro film al Festival dei Quattro Cantoni sono davvero approssimative. Tanto da far auspicare un ritorno al cortometraggio, vera palestra produttiva del gruppo. ■ COMMEDIA; COL.; 81'; ITALIA, 1999.

VITA È UN GIOCO, LA ★
Regia di FABIO CAMPUS. Con SABINA BEGAN, NIKI GIUSTINI, PIERO GREMIGNI, GRAZIANO SALVADORI, BEBO STORTI. ■ Quattro amici che amano il gioco d'azzardo seguiti da Firenze a St.Vincent. Bebo Storti è un comico già di poca presa in televisione che praticamente si nullifica sul grande schermo. Con, in più, una regia che cerca di imitare modelli troppo complessi. ■ COMMEDIA; COL.; 102'; ITALIA, 2000.

VITA È UN LUNGO FIUME TRANQUILLO, LA ★★★
(Le vie est un long fleuve tranquille)
Regia di ÉTIENNE CHATILIEZ. Con DANIEL GÉLIN, EMMANUEL GRENDRIER, LORENZO MAJNONI, ANDRÉ WILMS. ■ Due famiglie francesi: i Lequesnoy, borghesi molto perbenino, e i Grosville, proletari spesso nei guai con la legge. Fanno vite parallele, indipendenti, serene. Fino al giorno in cui si scopre che qualche anno prima, al reparto maternità, c'è stato uno scambio di culle. I Lequesnoy riprendono (a pagamento) il loro ragazzino, ma la coetanea si rifiuta, traumatizzata, di andare a convivere con i veri genitori, i Grosville (e non ha tutti i torti). La più bella commedia francese del 1988, girata da un esordiente che sembra aver ereditato il "tocco" di Truffaut. ■ COMMEDIA; COL.; 92'; FRANCIA, 1988.

VITA È UN MIRACOLO, LA *(Kad je zivot bio cudo)* ★★★
Regia di EMIR KUSTURICA. Con ALEKSANDAR BERCEK, VUK KOSTIC, NATASA SOLAK, SLAVKO STIMAC, VESNA TRIVALIC. ■ Bosnia 1992. Luka, ingegnere arrivato da Belgrado in un paesino di montagna con moglie soprano un po' nevrotica e figlio abile calciatore, vede la sua vita mutare rapidamente. Lui è lì per costruire un tratto di linea ferroviaria ma la guerra scoppia, la moglie se ne va, il figlio viene fatto prigioniero e lui viene richiamato nell'esercito. Per di più, quando gli viene affidata una giovane prigioniera musulmana se ne innamora. Kusturica è tornato con tutto il suo bagaglio ipertrofico di immagini, uomini e soprattutto animali. Ma, e questa è la novità, gli serve nella prima ora della sua nuova opera per tenerlo lontano dal centro del suo narrare: la possibilità dell'amore tra diversi anche nel bel mezzo del caos più totale. Quasi ne avesse paura, rinvia l'appuntamento con i sentimenti e appesantisce il film di una zavorra di "segni" che poi "miracolosamente" si rarefanno per lasciare spazio all'umanità (che è sempre messa a confronto con il mondo animale). ■ GROTTESCO; COL.; 155'; FRANCIA, REP. FED. JUGOSLAVA, 2004.

VITA È UN ROMANZO, LA *(La vie est un roman)* ★★★
Regia di ALAIN RESNAIS. Con FANNY ARDANT, GERALDINE CHAPLIN, VITTORIO GASSMAN, RUGGERO RAIMONDI. ■ Tre vicende che si svolgono in uno strano castello. Nella prima un ricco folle sconvolto dagli orrori della guerra, raduna nel castello gli amici e fa bere loro una pozione che li porta all'oblio; ma la sua donna si ribella. Nella seconda un gruppo di studiosi della psicologia dell'infanzia tiene nel maniero un seminario sull'immaginazione che si trasforma in un caos. Nella terza, ambientata nel Medioevo, dei ragazzi vivono insieme ai personaggi delle loro fantasie. In bilico tra parodia e il music hall, il film vuole spiegare che è impossibile organizzare la felicità degli altri. ■ FIABESCO; COL.; 110'; FRANCIA, 1983.

VITA FACILE, LA ★★
Regia di LUCIO PELLEGRINI. Con STEFANO ACCORSI, PIERFRANCESCO FAVINO, CAMILLA FILIPPI, ANGELO ORLANDO, VITTORIA PUCCINI. ■ Luca è un medico italiano che lavora in Kenia, solo, fatta eccezione per un'infermiera e qualche aiutante, in un piccolo ospedale umanitario. Mario è uno stimato chirurgo di una clinica privata romana, che lo raggiunge con la scusa di volerlo rivedere dopo anni di distanza, ma in realtà mira ad allontanarsi opportunisticamente e brevemente dal luogo di lavoro. Quando, malgrado le diverse scelte di vita, Mario e Luca ritrovano le ragioni dell'amicizia che li aveva tanto legati in passato, si presenta in Africa anche Ginevra, la donna che entrambi hanno amato e che ha sposato Mario. Gli equilibri faticosamente raggiunti saltano e la vita si presta a svolte e imprevisti. ■ COMMEDIA; COL.; 102'; ITALIA, 2011.

VITA FUTURA – NEL DUEMILA GUERRA O PACE, LA *(Things to Come)* ★★★
Regia di WILLIAM CAMERON MENZIES. Con RAYMOND MASSEY, MARGARET SCOTT. ■ Uno dei migliori film di fantascienza di prima della guerra. Un gruppo di scienziati, dopo un disastroso conflitto che ha semidistrutto l'umanità, riesce a creare un mondo perfetto. Però la popolazione non tollera più questo mondo di totale civiltà e sta per ribellarsi, quando la partenza di un'astronave, che deve mettersi in contatto con abitanti di altri pianeti, calma e rasserena gli animi. ■ FANTASCIENZA; B/N; 92'; GRAN BRETAGNA, 1936.

VITA – IL DRAMMA DI UNA SPOSA, UNA *(Une vie)* ★★
Regia di ALEXANDRE ASTRUC. Con CHRISTIAN MARQUAND, MARIA SCHELL. ■ Una donna è costantemente tradita dal marito. Ma un tragico destino attende al varco il coniuge fedifrago: sarà ucciso, assieme all'amante, dal futuro marito di quest'ultima. ■ DRAMMATICO; COL.; 92'; FRANCIA, 1958.

VITA IN CAMPAGNA *(Them Thar Hills)* ★★★★
Regia di CHARLES ROGERS. Con MAE BUSCH, BOBBY DUNN, BILLY GILBERT, CHARLIE HALL, OLIVER HARDY, STAN LAUREL. ■ Ollio è ammalato di gotta, e il dottore gli consiglia una villeggiatura in campagna. Così insieme a Stanlio affitta una roulotte e si stabilisce in una radura con un pozzo vicino, nel quale una banda di distillatori clandestini aveva versato poco prima alcool di contrabbando. I due stanno sedendosi a tavola per pranzare, quando una coppia chiede loro della benzina per la loro macchina, rimasta ferma poco distante da lì, che ne è rimasta senza. La donna si ferma a mangiare mentre suo marito va a prendere la macchina. Al suo ritorno l'uomo trova i tre ubriachi per via di quell'acqua vite che credevano acqua. ■ COMICO; B/N; 34'; USA, 1934.

VITA IN CAMPAGNA *(Country Life)* ★★
Regia di MICHAEL BLAKEMORE. Con MICHAEL BLAKEMORE, SAM NEILL, GRETA SCACCHI. ■ Sembra ormai irrefrenabile l'impulso di portare il teatro in cinema. Impulso magnifico del resto, se si rispettano teatro e cinema. Se si cerca la novità e l'artificio ecco che la caduta è verticale perché più ci si allontana dai testi originali, più si va nell'inutile e nel caos. Dopo *Riccardo III* di Loncrain e ben due Zii Vania di Malle e Hopkins (*August*), ecco un altro Zio Vania di questo australiano velleitario che dispone inutilmente di buoni attori. Siamo nel 1915. Un anziano critico teatrale (interpretato dal regista stesso) torna in Australia dopo molto anni. La sua giovane moglie (Scacchi) si innamora del giovane medico (Neill). Eleganza e natura. Ma non basta. Prodotto nel 1994 e approdato nell'estate di due anni dopo. ■ DRAMMATICO; COL.; 114'; USA, 1996.

VITA INDIPENDENTE, UNA ★★★
(Une vie indipendente – Samostojatelnaja zizn)
Regia di VITALI KANEVSKIJ. Con DINARA DROUKAROVA, PAVEL NAZAROV, TOSHIRO WATANABE. ■ Seconda guerra mondiale. Valerka è un giovane studente russo che viene espulso perché testimone di una violenza carnale su una minorenne, compiuta dal preside della scuola. Cerca allora fortuna a nord lavorando in un cantiere navale in cui la vita è durissima. Un giorno ritrova un vecchio amore, ma lo perderà nuovamente. Opera autobiografica che ha l'insolita caratteristica di essere stata girata in sette città con ses-

santa *locations* diverse. ■ DRAMMATICO; COL.; 97′; FRANCIA, RUSSIA, 1992. ■ CANNES 1 PR.

VITA IN FUGA, UNA *(The Running Kid)* ★★
Regia di MAX TASH. Con BRIE HOWARD, DAVID PACKER, SUSAN STRASBERG. ■ Il protagonista si laurea e sembra avviato a una tranquilla carriera. Ma conosce una batterista rock e se ne innamora alla follia. La seguirà a Los Angeles dove la sua vita cambierà completamente. ■ DRAMMATICO; COL.; 97′; USA, 1989.

VITA IN GIOCO, UNA ★★
Regia di FRANCO GIRALDI. Con ENNIO FANTASTICHINI, MARIANGELA MELATO, FABIO TRAVERSA. ■ Due coniugi quarantenni dopo dieci anni di matrimonio vivono una crisi del rapporto. Andrea è sempre in viaggio per il suo lavoro di giornalista televisivo e così Marianna, che non ha contatti esterni, si sente sola. Così va a insegnare in una scuola dove, fin dal primo giorno, si rende conto di come sia difficile il rapporto con le nuove generazioni così distanti. Un rapporto affettivo la lega ben presto a una sua studentessa, Samantha, che ospita a casa senza l'approvazione del marito. ■ DRAMMATICO; COL.; 150′; ITALIA, 1990.

VITA IN PERICOLO, UNA *(A Case for Murder)* ★★
Regia di DUNCAN GIBBINS. Con BELINDA BAUER, PETER BERG, SAMANTHA EGGAR, JENNIFER GREY. ■ Fresca di laurea, Kate entra in un importante studio legale di Los Angeles. Diventa l'assistente di Jack nella difesa di una donna sospettata dell'omicidio del marito, socio dello studio e amico di Jack. I sospetti che si creano intorno al caso non impediscono a Kate di avere una relazione con il collega, almeno fino a quando non scopre che gli interessi dell'uomo mettono in pericolo la sua vita. ■ THRILLER; COL.; 89′; USA, 1993.

VITA INQUIETA *(The Girl Who Had Everything)* ★★★
Regia di RICHARD THORPE. Con FERNANDO LAMAS, WILLIAM POWELL, ELIZABETH TAYLOR. ■ Una ragazza ricca e viziata, figlia di un avvocato, si infatua di un avventuriero, capo di un'organizzazione di allibratori clandestini, e lascia il fidanzato. Per sposare la fanciulla, l'avventuriero decide di abbandonare i compagni; litiga però violentemente col padre della giovane, che, disgustata, tronca la relazione. L'uomo vorrebbe, a questo punto, tornare nell'organizzazione, ma viene ucciso dagli ex complici. ■ DRAMMATICO; B/N; 69′; USA, 1953.

VITA IN ROSSO, LA *(Ligne de vie)* ★★★
Regia di PAVEL LUNGIN. Con ARMEN DJIGARKHANIAN, TATIANA MECHERKINA, VINCENT PEREZ, SERGEJ SEPANCHENKO. ■ Longuine continua il suo viaggio alla scoperta degli angoli più bui della nuova Russia. Mafia, omicidi, sequestri e tutto quanto viene mosso dalla fame di denaro viene portato sullo schermo con la ferma volontà di trasfigurare l'aberrazione in una narrazione volutamente surreale. Dal regista di *Taxi Blues*. ■ DRAMMATICO; COL.; 96′; FRANCIA, ITALIA, RUSSIA, SVIZZERA, 1996.

VITA INTIMA DI ADAMO ED EVA, LA ★★★
(The Private Lives of Adam and Eve)
Regia di MICKEY ROONEY, ALBERT ZUGSMITH. Con MICKEY ROONEY, FAY SPAIN, MAMMI VAN DOREN. ■ Eva, moglie di un meccanico di nome Adamo, vuole lasciarlo per sposare un ricco bottegaio. Quando la donna, col suo spasimante, sale sul pullman per recarsi a Reno a divorziare, il marito la segue. Per il pericolo di un nubifragio poi l'automezzo è costretto a fermarsi e tutti i passeggeri si rifugiano in una chiesa. Qui la donna s'addormenta e sogna la vicenda biblica di Adamo ed Eva, frammista a episodi della sua vita. Al risveglio deciderà di tornare col marito. ■ COMMEDIA; B/N E COL.; 87′; USA, 1960.

VITA INTIMA DI MARCANTONIO E CLEOPATRA, LA *(La vida intima de Marco Antonio y Cleopatra)* ★★
Regia di ROBERTO GAVALDÓN. Con MARIA ANTONIETTA PONS, LUIS SANDRINI. ■ Marcantonio, assistente di un professore di scienze occulte, viene ipnotizzato e proiettato nell'antica Roma. Andrà in Egitto, diverrà l'amante di Cleopatra e combatterà contro Tolomeo. ■ COMMEDIA; B/N; 92′; MESSICO, 1947.

VITA, L'AMORE, LA MORTE, LA ★★★
(La vie, l'amour, la mort)
Regia di CLAUDE LELOUCH. Con AMIDOU, MARCEL BOZZUFFI, CAROLINE CELLIER, JANINE MAGNAN, CATHERINE SAMIE, PIERRE ZIMMER. ■ È un atto d'accusa contro la pena di morte. Un operaio, sposato e con figli, è affetto da un complesso di origine sessuale che lo ha spinto a uccidere tre prostitute. Quando viene identificato e arrestato, confessa ed è condannato alla pena capitale, benché al momento dei tre delitti non fosse in grado di intendere e volere. ■ DRAMMATICO; COL.; 112′; FRANCIA, 1969.

VITALIZIO, IL *(Le viager)* ★★★
Regia di PIERRE TCHERNIA. Con CLAUDE BRASSEUR, JEAN-PIERRE DARRAS, MICHEL GALABRU, ODETTE LAURE, MICHEL SERRAULT, ROSY VARTE. ■ Un medico ha fra i suoi pazienti un pensionato sessantenne piuttosto mal ridotto che possiede una casetta a Saint-Tropez. Pensando che il pensionato non ne avrà per molto, il dottore convince i suoi familiari a offrirgli un vitalizio in cambio della proprietà della casa. Ma il vecchio si mostra molto più coriaceo del previsto e tutti i tentativi dei parenti del medico per aiutarlo a lasciare questa terra si rivelano vani. ■ COMMEDIA; COL.; 103′; FRANCIA, 1971.

VITAL SIGNS – UN ANNO, UNA VITA *(Vital Sign)* ★★
Regia di MARISA SILVER. Con DIANE LANE, ADRIAN PASDAR. ■ Commediola flebile sul tirocinio di alcuni giovani studenti che si devono preparare alla missione di medico. Ovviamente c'è chi cerca di emergere sugli altri anche a costo di qualche scorrettezza. Tra operazioni chirurgiche e coinvolgimenti con i pazienti il film corre su binari prevedibili. ■ COMMEDIA; COL.; 115′; USA, 1989.

VITA LUNGA UN GIORNO, UNA ★★
Regia di SAM LIVINGSTONE. Con EWA AULIN, LUCIANO CATENACCI, PHILIPPE LEROY, MINO REITANO, FRANCO RESSEL. ■ Un marinaio si innamora di una ragazza e, venuto a sapere che la fanciulla è gravemente malata e ha bisogno di una costosa operazione, accetta, per ottenere i soldi necessari, la proposta di un annoiato riccone: avrà il denaro solo se riuscirà a sfuggire a cinque sicari che tenteranno di ucciderlo in modi diversi. Finale a sorpresa. ■ DRAMMATICO; COL.; 94′; ITALIA, 1973.

VITA MIGLIORE, UNA ★★
Regia di FABIO DEL GRECO. Con MAX CUTRERA, FABIO DEL GRECO, GABRIELE GUERRA, GENNARO MOTTOLA, CHIARA PAVONI, SVEVA TEDESCHI. ■ Un investigatore privato annoiato dalla vita e appagato dai suoni e dai rumori della città. Andrea Casadei conduce una vita tranquilla, intercettando le conversazioni altrui e perdendosi fra gli scomodi dettagli di tradimenti coniugali da riferire ai suoi clienti e il rapporto con Gigi, artista di strada ossessionato dalla smania di successo. Quando a un provino incontra l'aspirante attrice Marina, inizierà un pedinamento a suon di microspie che aprirà ad Andrea le porte di un mondo squallido e sotterraneo, fatto di corruzione, segreti, opportunismi e tradimenti, il tutto per raggiungere il miraggio di un successo privato di ogni magia. ■ DRAMMATICO, COL., 87′; ITALIA, 2006.

VITA NEGLI OCEANI, LA *(Oceans)* ★★
Regia di JACQUES PERRIN, JACQUES CLUZAUD. ■ Che cos'è il mare e quale grande storia si nasconde nelle sue profondità? Domande che nascono dalla vorace curiosità di un bambino di fronte all'immensità dell'oceano e da cui comincia un viaggio attraverso la storia dell'universo vista con gli occhi del mare e delle sue creature. Perché tutto quello che succede nel mondo si riflette nell'oceano, e tutto quello che succede negli oceani determina il nostro futuro. Sembra procedere come una ricerca attraverso gli elementi naturali la seconda vita di Jacques Perrin come documentarista. Un pedinamento caparbio, pronto a cogliere sempre più in profondità e con sempre maggiori dettagli le vite microscopiche degli insetti (*Microcosmos*), i lunghi viaggi dei volatili (*Il popolo migratore*) e ora l'infinità della fauna marina. ■ DOCUMENTARIO; COL.; 93′; FRANCIA, SVIZZERA, SPAGNA, PRINCIPATO DI MONACO, USA, 2009.

VITA NELLE TUE MANI, LA *(Ich suche Dich)* ★★
Regia di O. W. FISCHER. Con ANOUK AIMÉE, OTTO WILHELM FISCHER, NADIA TILLER. ■ Una giovane dottoressa, molto religiosa, in attesa di partire come missionaria per l'Indocina, lavora in Svizzera in una casa di cura per alienati. Qui conosce un medico

che sta sperimentando un siero in grado di guarire alcune malattie della mente. La gelosia di una donna farà sì che il siero vada distrutto e che la dottoressa resti uccisa. Il medico partirà per l'Indocina al posto della giovane. ■ DRAMMATICO; B/N; 92'; GERMANIA, 1956.

VITA NON BASTA, UNA *(Itineraire d'un enfant gaté)* ★★★
Regia di CLAUDE LELOUCH. Con RICHARD ANCONINA, JEAN-PAUL BELMONDO, DANIEL GÉLIN. ■ Notevole ritorno di Belmondo, che a oltre cinquant'anni si decide a mettere da parte i ruoli d'azione e a recitare un ruolo della sua età. È un maturo uomo di successo che decide di ricominciare da capo e si mette in viaggio, alla ricerca di valori dimenticati nella corsa al successo. I valori forse non li trova, in compenso, con le cose che ha imparato dalla vita, troverà il modo di fare del bene a un suo giovane compagno di strada. ■ COMMEDIA; COL.; 126'; FRANCIA, 1988.

VITA NON VIOLENTA, UNA ★
Regia di DAVID EMMER. Con GIANLUCA ANGELINI, ADRIANA ASTI, NINETTO DAVOLI, YARI GUGLIUCCI, JACQUELINE LUSTIG. ■ Figlio d'arte Emmer Jr. racconta le vicende di Gianluca che, finito il militare si ritrova senza lavoro e senza casa. Gli offre alloggio in una baracca un pescatore malavitoso, ma il ragazzo vuole condurre una vita normale. Si innamora di una prostituta extracomunitaria e si ritroverà senza neppure più la baracca. Lo aspetta un posto di netturbino. ■ DRAMMATICO; COL.; 88'; ITALIA, 2000.

VITA NOTTURNA *(Night Life)* ★
Regia di DANIEL TAPLITZ. Con BEN CROSS, MARYAM D'ABO. ■ Quando si sveglia da un sonno durato cento anni, una splendida vampira deve destreggiarsi tra due tenaci spasimanti: un affascinante medico e un vampiro vecchio e cattivo. ■ COMMEDIA; COL.; 90'; USA, 1989.

VITA NOVA, LA ★★
Regia di EDOARDO TORRICELLA. Con LILIANA CHIARI, MICAELA PIGNATELLI, SERGIO SERAFINI, EDOARDO TORRICELLA. ■ Uno stravagante artista di teatro si innamora di una ragazza borghese. Quando lei si accorge di essere incinta, entrambi decidono di accettare il bambino che sta per nascere e di sposarsi. Intervengono però i genitori della ragazza, che la fanno abortire. Quando, dopo qualche settimana, i due si rivedono, in una città che risuona di slogan rivoluzionari, lei non vuole più tornare con lui. ■ DRAMMATICO; COL.; 94'; ITALIA, 1975.

VITA OLTRE LA VITA, LA ★★
(The Search for Bridey Murphy)
Regia di NOEL LANGLEY. Con NANCY GATES, LOUIS HAYWARD, TERESA WRIGHT. ■ Basato su un fatto autentico (poi molto ridimensionato). Nell'immediato dopoguerra, durante un gioco di società, un ipnotizzatore scopre che Ruth, casalinga del Tennessee, è la reincarnazione di Bridey Murphy, una ragazza vissuta in Irlanda nell'Ottocento. ■ DRAMMATICO; B/N; 95'; USA, 1956.

VITA PER UN'ALTRA VOLTA, LA ★
Regia di DOMENICO ASTUTI. Con VICTOR CAVALLO, JO CHAMPA, CARLO CROCCOLO, ANGELA LUCE, ARTURO PAGLIA. ■ Il ventenne Marcello pulisce i bagni pubblici ed è innamorato di una parrucchiera eroinomane. Vorrebbe apparire al *Maurizio Costanzo Show*. Ci prova ma finisce male. Troppo Scorsese. Troppo Pasolini. Troppa supponenza. ■ DRAMMATICO; COL.; 106'; ITALIA, 1999.

VITA PER VITA *(Maximilian Kolbe)* ★★
Regia di KRZYSZTOF ZANUSSI. Con ARTHUR BARCIS, JOACHIM KRÒL, CHRISTOPH WALTZ, EDWARD ZENTARA. ■ Siamo nel 1941 nel campo di concentramento di Auschwitz. Un uomo fugge e vengono condannati dieci ostaggi per dare un esempio. Ma padre Kolbe si sacrifica per loro. Uno dei soggetti religiosi che ha utilizzato nella sua carriera il regista polacco Zanussi. ■ DRAMMATICO; COL.; 94'; GERMANIA, 1991.

VITA PRIVATA *(Vie privée)* ★★★
Regia di LOUIS MALLE. Con BRIGITTE BARDOT, URSULA KUBLER, MARCELLO MASTROIANNI. ■ Una ragazza ginevrina sfonda a Parigi nel mondo del cinema, diventando una diva sexy. Dopo una lite con una cameriera, che le grida in faccia il suo disprezzo, si ritira però in casa, rifiutando di tornare davanti alla cinepresa. Poi, incontrato un regista, ne diviene l'amante, seguendolo a Spoleto dove lui sta allestendo uno spettacolo. La sera della prima, salirà sui tetti di un palazzo per assistere allo spettacolo e, accecata dai flash di un fotografo, cadrà nel vuoto. ■ DRAMMATICO; COL.; 90'; FRANCIA, 1961.

VITA PRIVATA DI ELENA DI TROIA, LA ★★★
(The Private Life of Helen of Troy)
Regia di ALEXANDER KORDA. Con ALICE ADAIR, MARIO CARILLO, MARÍA CORDA, RICARDO CORTEZ, GEORGE KOTSONAROS, TOM O'BRIEN, CONSTANTINE ROMANOFF, BERT SPROTTE. ■ Dopo i successi di *La vita privata di Enrico VIII* e *L'arte e gli amori di Rembrandt*, Korda dirige la moglie Maria in un ennesimo film della serie "vite private". La storia è nota: una discinta Elena viene rapita dal giovane aitante principe troiano Paride (Ricardo Cortez). È l'episodio che scatena la lunga guerra di Troia: il re di Micene Menelao organizza una spedizione per liberare la consorte e punire i troiani. Film basato soprattutto sulla fisicità degli attori. ■ COMMEDIA; B/N; USA, 1927. ■ OSCAR 2 NOM.

VITA PRIVATA DI HENRY ORIENT, LA ★★★
(The World of Henry Orient)
Regia di GEORGE ROY HILL. Con TOM BOSLEY, ANGELA LANSBURY, PAULA PRENTISS, PETER SELLERS. ■ Un pianista di scarso talento incontra casualmente due ragazzine tutto pepe che, da quel momento, giudicandolo una specie di idolo, incominciano a perseguitarlo procurandogli un sacco di guai e facendogli anche registrare un solenne fiasco in occasione di un importante debutto. I guai per il povero pianista finiranno solo quando le due piccole pesti rivolgeranno le loro attenzioni verso altri obiettivi. ■ COMICO; COL.; 106'; USA, 1964.

VITA PRIVATA DI SHERLOCK HOLMES, LA ★★★★
(The Private Life of Sherlock Holmes)
Regia di BILLY WILDER. Con COLIN BLAKELY, IRENE HANDL, STANLEY HOLLOWAY, CATHERINE LACEY, CHRISTOPHER LEE, GENEVIÈVE PAGE, ROBERT STEPHENS. ■ Una donna si presenta a Sherlock Holmes chiedendogli di ritrovarle il marito, un ingegnere belga, misteriosamente scomparso. Il celebre detective si reca in Scozia con il suo fido Watson e nelle acque del lago di Loch Ness scopre il prototipo di un sommergibile che gli inglesi hanno camuffato in mostro per impedire ai tedeschi di identificarlo. Scopre anche che la donna, che aveva denunciato la scomparsa del marito, è in realtà una spia tedesca che si è servita di lui per scoprire il nascondiglio del sottomarino. Ovviamente, il nostro farà fallire il piano della bella spia. ■ COMMEDIA; COL.; 125'; GRAN BRETAGNA, 1970.

VITA PRIVATA DI UN PUBBLICO ACCUSATORE ★★
(Pena de muerte)
Regia di JORGE GRAU. Con MARISA MELL, FERNANDO REY, ESPARTACO SANTONI. ■ L'inflessibile procuratore generale del tribunale parigino, che nella sua carriera ha mandato alla ghigliottina decine di assassini, si reca in Spagna per indagare su una misteriosa vicenda. Qui, dopo il suo arrivo, si verificano tre delitti che sembrano la ripetizione di altrettanti "casi" di cui in passato il giudice francese s'era occupato. ■ GIALLO; COL.; 92'; ITALIA, SPAGNA, 1973.

VITA PROVVISORIA, LA ★★
Regia di HERVÉ BROMBERGER, VINCENZO GAMMA. Con ADELMO DI FRAIA, VICKY LUDOVISI, PAOLA PITAGORA. ■ Il film, che si avvale anche di attori non professionisti, è costituito da sette episodi, alcuni tristi altri allegri, che hanno come tema comune la provvisorietà dell'esistenza quotidiana. ■ DRAMMATICO; B/N; 93'; ITALIA, 1962.

VITA QUASI PERFETTA, UNA ★★
(Life or something like it)
Regia di STEPHEN HEREK. Con EDWARD BURNS, STOCKARD CHANNING, ANGELINA JOLIE, TONY SHALHOUB. ■ Una inviata speciale della televisione di Seattle, Lanie Kerrigan intervista, un giorno, un barbone con poteri paranormali sul punteggio di una partita di football. A sorpresa, invece, l'uomo le predice che sta vivendo una vita senso senso e che morirà la settimana successiva. Cosa fare? Messa di fronte a un atroce dilemma, Lanie diventa,

ben presto, un "frullatore" di emozioni. ■ COMMEDIA; COL.; 103'; USA, 2002.

VITA RICOMINCIA, LA ★★

Regia di MARIO MATTOLI. Con EDUARDO DE FILIPPO, FOSCO GIACHETTI, ALIDA VALLI. ■ Durante la prigionia del marito, una donna deve prostituirsi per salvare il figlio gravemente malato. Alla fine della guerra, la donna deve confessare tutto al marito, ma il vecchio amante la ricatta e lei lo uccide. Il marito sta per lasciare la moglie, ma poi la assiste durante il processo, da cui uscirà assolta. ■ DRAMMATICO; B/N; 89'; ITALIA, 1945.

VITA RUBATA *(La otra)* ★★

Regia di ROBERTO GAVALDÓN. Con DOLORES DEL RIO, AGUSTIN IRUSTA, VICTOR JUNCO. ■ Gemella povera uccide gemella ricca per godersi le sue ricchezze. Ma la gemella ricca aveva ucciso il marito. La polizia arresta la gemella povera, che viene così condannata per un assassinio che non ha commesso. ■ DRAMMATICO; B/N; 94'; MESSICO, 1946.

VITA SEGRETA DELLE API, LA ★★

(The Secret Life of Bees)

Regia di GINA PRINCE-BYTHEWOOD. Con DAKOTA FANNING, JENNIFER HUDSON, ALICIA KEYS, QUEEN LATIFAH. ■ Non ha certo tutte le sicurezze del mondo la piccola Lily che a 4 anni spara alla madre per errore ed è costretta a passare i seguenti 10 anni con un padre che non le vuole bene e non manca mai di farlo notare. Così quando la misura è colma scappa per intraprendere un viaggio alla scoperta delle proprie radici, assieme alla sua badante di colore, proprio nell'anno della firma della dichiarazione dei diritti civili per gli afroamericani. Ad accoglierla in un nuovo alveo familiare saranno tre sorelle di colore che producono miele, ma nonostante il benessere Lily imparerà che una firma su un pezzo di carta non significa farla diventare realtà. ■ AVVENTURA; COL.; 110'; USA, 2008.

VITA SEGRETA DELLE PAROLE, LA ★★

(La vida secreta de las palabras)

Regia di ISABEL COIXET. Con JAVIER CAMARA, JULIE CHRISTIE, STEVEN MACKINTOSH, EDDIE MARSAN, SARAH POLLEY, TIM ROBBINS. ■ Prodotto fra gli altri da Pedro Almodóvar, questo film spagnolo interpretato da Tim Robbins e Sarah Polley, è un viaggio nell'anima di due persone entrambe sconvolte dalla loro esistenza. Hanna, vive sola, non parla con nessuno ed è maniacale nelle cose che fa. Le sue giornate sono ossessive, suddivise fra la casa silente e la fabbrica tessile in cui lavora, e il suo capo ritiene che lei debba fare un mese di vacanza per ritornare a sorridere. Hanna trascorrerà questo periodo su una piattaforma petrolifera, dove accudisce Josef, temporaneamente cieco per le ustioni procuratesi in un incidente. I due si immergeranno nel dolore dei loro ricordi per liberare paure scolpite negli occhi. ■ DRAMMATICO; COL.; 112'; SPAGNA, 2005.

VITA SEGRETA DI IAN FLEMING, LA ★★

(Spymaker: The Secret Life of Ian Fleming)

Regia di FERDINAND FAIRFAX. Con JASON CONNERY, KRISTIN SCOTT THOMAS. ■ Chi ha avuto l'idea geniale di inventare il personaggio dell'agente 007 merita che si racconti la sua vita. Pare che Fleming abbia avuto più di un'occasione per divertirsi. Sicuramente si è divertito Jason Connery, figlio di Sean, nell'interpretare il ruolo dello scrittore che ha contribuito a costruire la fama di papà. ■ COMMEDIA; COL.; 100'; GRAN BRETAGNA, 1989.

VITA SEGRETA DI UNA DICIOTTENNE ★★

Regia di OSCAR BRAZZI. Con MIMMA BISCARDI, ROSSANO BRAZZI, RENZO PETRETTO. ■ Una ragazza di povera famiglia è costretta a prostituirsi per sopravvivere, abbandonando il fidanzato, un giovane che vive di espedienti. Ma i due finiranno per ritrovarsi e intraprendere una nuova esistenza serena. ■ DRAMMATICO; COL.; 93'; ITALIA, 1969.

VITA SESSUALE DEI BELGI, LA ★★

(La vie sexuelle des belges)

Regia di JAN BUCQUOY. Con JEAN-HENRI COMPÈRE, NOÉ FRANCQ, ISABELLE LEGROS, SOPHIE SCHNEIDER. ■ Il regista è noto, nel suo paese, come un provocatore di professione. In questo primo capitolo di un'ipotetica enciclopedia visiva ci racconta delle imprese erotiche di un suo conterraneo tipo. Gira e rigira, se si è maschi e belgi (?), l'immagine materna continua a essere presente. ■ COMMEDIA; COL.; 80'; BELGIO, 1994.

VITA SMERALDA ★

Regia di JERRY CALÀ. Con GIORGIO ALFIERI, JERRY CALÀ, FRANCESCA CAVALLIN, LORY DEL SANTO, FABIO FULCO, DANIELE INTERRANTE, GUIDO NICHELI, ELEONORA PEDRON, ELENA SANTARELLI, DAVIDE SILVESTRI, BENEDETTA VALANZANO, COSTANTINO VITAGLIANO. ■ Tre ragazze, Luana, Elena e Silvia, ventenni stanche di vacanze normali, fatte di campeggi e falò sulla spiaggia, decidono di andare in Sardegna, nella patinatissima e super glamour Costa Smeralda. Il resto è noioso e conosciuto. ■ COMMEDIA; COL.; 93'; ITALIA, 2006.

VITA SOGNATA DEGLI ANGELI, LA ★★★

(La vie revée des anges)

Regia di ERICK ZONCA. Con ELODIE BOUCHEZ, GREGOIRE COLIN, NATACHA REGNIER. ■ Storia di due ragazze, una *on the road* e l'altra seduttrice. Sono diversissime dunque, e siccome gli estremi si attraggono, diventano amiche e mettono su casa insieme. Frequentano tanta gente, i rapporti non sono mai facili. Film vivo con due brave interpreti – Bouchez e Regnier – che hanno vinto la Palma d'oro a Cannes per la migliore interpretazione femminile. ■ DRAMMATICO; COL.; 117'; FRANCIA, 1998. ■ CANNES 1 PR.

VITA SOSPESA, LA *(Hors la vie)* ★★★

Regia di MAROUN BAGDADI. Con RAFIC ALÌ AHMAD, HIPPOLYTE GIRARDOT, HAMZAH NASRULLAH, HUSSEIN SBEITY. ■ Il film racconta la vera storia di un fotografo francese sequestrato a Beirut. Lo spettatore si identifica subito col protagonista e, impotente, soffre con lui le umiliazioni, le privazioni e le pene inflitte dai rapitori. La cornice è terrificante: ci si muove nello scheletro di una città agghiacciante. In questo contesto, trasportando come un fagotto il protagonista, i sequestratori si muovono immersi anche loro in una naturalezza e in una normalità che ci angosciano ancora di più. Il film è condotto bene, con una fedeltà quasi assoluta al romanzo scritto dal vero protagonista della vicenda. È una storia che accade continuamente e lo spettatore lo sente: soffre, fa il tifo per lui, fino ad accettare il finale un po' paradossale. ■ DRAMMATICO; COL.; 95'; BELGIO, FRANCIA, ITALIA, 1991. ■ CANNES 1 PR.

VITA SPEZZATA, UNA *(The Last of Philip Banter)* ★★

Regia di HERVÉ HACHUEL. Con TONY CURTIS, JOSÉ LUIS GOMEZ, GREGG HENRY, IRENE MIRACLE, SCOTT PAULIN, PATTY SHEPARD, KATE VERNON. ■ Uno scrittore americano alcolizzato e in crisi d'ispirazione vive a Madrid con la moglie, alle spalle del suocero, un finanziere facoltoso che lo disprezza, al punto di convincere la figlia a fare internare il marito in clinica psichiatrica. Il poveretto soffre sempre più di allucinazioni fino a confondere fantasie e realtà. Ma nella clinica è in corso un complotto ordito dal suocero e dal primario suo complice al fine di farlo impazzire e di liberare la figlia. La tremenda scoperta di carte e di registrazioni sconvolgenti aiuterà lo scrittore a reagire, a uscire dal tunnel e a riconquistare la moglie. Un giallo di scarso mordente. ■ GIALLO; COL.; 99'; SPAGNA, 1986.

VITA STRAPPATA, UNA *(Always Remember I Love You)* ★

Regia di MICHAEL MILLER. Con DAVID BIRNEY, STEPHEN DORFF, PATTY DUKE. ■ Un ragazzo adottato ritrova i genitori naturali e conquista il loro affetto tenendo sempre nascosta la sua vera identità. Col tempo, però, la sua presenza porta a un conflitto col fratello, allora il giovane sceglie di tornare dai suoi genitori adottivi. ■ DRAMMATICO; COL.; 120'; USA, 1990.

VITA TORNA, LA ★★

Regia di PIER LUIGI FARALDO. Con PAOLA BORBONI, TULLIO CARMINATI, NUNZIO FILOGAMO, CAMILLO PILOTTO, ERSZI SIMOR. ■ Vecchio attore si innamora di una giovane aspirante attrice e per amore di lei torna sul palcoscenico. ■ COMMEDIA; B/N; 92'; ITALIA, 1941.

VITA TRANQUILLA, UNA ★★

Regia di CLAUDIO CUPELLINI. Con MARCO D'AMORE, FRANCESCO DI LEVA, JULIANE KÖHLER, TONI SERVILLO, LEONARDO

SPRENGLER. ■ Nel centro della Germania vive Rosario, italiano cinquantenne che mischia il cinghiale con il granchio nella cucina del suo albergo. Con una bella moglie e un figlio gentile, vive felice ma ammazza gli alberi con i chiodi perché vuole ampliare il suo hotel. Quello che si sforza di uccidere è anche il suo passato di pluriomicida che un giorno gli fa visita sotto forma di Edoardo e Diego, due giovani di malavita. Le colpe dei padri ricadranno sui figli come pioggia di pallottole nella nera notte di qualche non-luogo e la salvezza è un'autostrada che non sappiamo dove finirà. L'unica certezza è il dubbio: si può vivere una vita tranquilla fuggendo nella nebbia ma non da se stessi? ■ NOIR; COL.; 105'; ITALIA, FRANCIA, GERMANIA, 2010.

VITA TRIONFA, LA *(Regain)* ★★
Regia di MARCEL PAGNOL. Con ORANE DEMAZIS, FERNANDEL, MILLY MATHIS, MARGUERITE MORENO. ■ In un villaggio abbandonato vive Panturle, solo come un cane. Quando arriva Orsola, i due si uniscono e adagio adagio ridanno vita al villaggio. ■ COMMEDIA; B/N; 135'; FRANCIA, 1937.

VITA TROPPO BREVE, UNA ★★
Regia di ROBERT MARKOWITZ. Con BONNIE BEDELIA, GENNIE JAMES, CRAIG T. NELSON. ■ Film televisivo di produzione canadese con l'attore di *Poltergeist*. Melodramma dei buoni sentimenti attraverso una tragedia familiare. Alex, una bambina colpita da fibrosi cistica, perde la vita. I due genitori, per sopravvivere alla disperazione, adottano un'altra bimba. Il padre scriverà anche una biografia sulla piccola che non c'è più. ■ DRAMMATICO; COL.; 105'; CANADA, 1986.

VITA VENDUTA, UNA ★★
Regia di ALDO FLORIO. Con RODOLFO BIANCHI, GERARDO D'AMATO, GERMANO LONGO, ENRICO MARIA SALERNO, GABRIELE TOZZI. ■ Due giovani siciliani si trovano a combattere in Spagna nelle file dei fascisti, a fianco delle falangi franchiste. Uno, un povero minatore, intende mettere da parte i soldi per acquistare un campicello; l'altro, che si dice antifascista e favorevole ai rivoluzionari, vuole andare in America dove ha famiglia. Quando il primo si ribellerà ai comandi di un gerarca e verrà fucilato, il secondo accetterà di far parte del plotone d'esecuzione. ■ GUERRA; COL.; 93'; ITALIA, 1976.

VITA VIOLATA, UNA ★★
Regia di RICCARDO SEDANI. Con NADIA BENGALA, MARCO DI STEFANO, GIANNI FRANCO, JUN ICHIKAWA, EDOARDO VELO. ■ Un magistrato crede nel racconto di una violenza subìta da un'aspirante attrice per mano di un noto produttore. Alla ricerca della verità lo accompagna una tenace giornalista nel tentativo di fargli prendere coscienza di una possibile realtà mistificata. Il magistrato rivive un passato che sperava di aver cancellato: quello dell'omicidio violento di cui è stata vittima la moglie. Forte di improvvisa passione nata per la giovane vittima, riuscirà a far processare il noto produttore, con inattese conseguenze. ■ DRAMMATICO; COL.; 90'; ITALIA, 2013.

VITA VIOLENTA, UNA ★★★
Regia di PAOLO HEUSCH, BRUNELLO RONDI. Con FRANCO CITTI, ALFREDO LEGGI, SERENA VERGANO. ■ Il film ha per protagonista un giovane di borgata che durante una rissa ferisce a coltellate un uomo e finisce in carcere. Uscito di prigione, si ammala di tisi e viene ricoverato in sanatorio, dove un sindacalista comunista lo convince a mettere la testa a posto. Il giovane, infatti, decide di sposarsi e di sistemarsi, ma un giorno, per salvare una donna, si getta in un fiume e muore. ■ DRAMMATICO; B/N; 93'; ITALIA, 1962.

VITE DANNATE *(Too Young To Die)* ★★
Regia di ROBERT MARKOWITZ. Con JULIETTE LEWIS, MICHAEL O'KEEFE, BRAD PITT. ■ La vita dannata di una ragazza che in età adolescenziale era stata stuprata dal patrigno. Non solo, viene messa fuori casa e conosce un bel ragazzo che la sfrutta. Prima della fine del film arriva a uccidere. Bravi gli attori, ma il regista dov'è? ■ DRAMMATICO; COL.; 93'; USA, 1990.

VITE DEGLI ALTRI, LE *(Das Leben der Anderen)* ★★★★
Regia di FLORIAN HENCKEL VON DONNERSMARCK. Con HANS-UWE BAUER, MATTHIAS BRENNER, MARTINA GEDECK, VOLKMAR KLEINERT, SEBASTIAN KOCH, ULRICH MÜHE, THOMAS THIEME, ULRICH TUKUR. ■ Berlino Est, 1984. Il capitano Gerd Wiesler è un abile e inflessibile agente della Stasi, la polizia di stato che spia e controlla la vita dei cittadini della DDR. Un idealista votato alla causa comunista, servita con diligente scrupolo. Dopo aver assistito alla pièce teatrale di Georg Dreyman, un noto drammaturgo dell'Est che si attiene alle linee del partito, gli viene ordinato di sorvegliarlo. Il ministro della cultura Bruno Hempf si è invaghito della compagna di Dreyman, l'attrice Christa-Maria Sieland, e vorrebbe trovare prove a carico dell'artista per avere campo libero. Ma l'intercettazione sortirà l'esito opposto, Wiesler entrerà nelle loro vite non per denunciarle ma per diventarne complice discreto. La trasformazione e la sensibilità dello scrittore lo toccheranno profondamente, fino ad abiurare una fede incompatibile con l'amore, l'umanità e la compassione. All'epoca dei fatti, quando le Germanie erano due e un muro lungo 46 km attraversava le strade e il cuore dei tedeschi, il regista Florian Henckel von Donnersmarck era poco più che un bambino. Per questa ragione ha riempito il suo film dei dettagli che colpirono il fanciullo che era allora. L'incoscienza e la paura diffuse nella sua preziosa opera prima sono quelle di un'infanzia dotata di un eccellente spirito di osservazione. La riflessione e l'interesse per il comportamento della popolazione, degli artisti e degli intellettuali nei confronti del regime comunista appartengono invece a uno sguardo adulto e documentato sulla materia. Meritato l'Oscar come miglior film in lingua non inglese. ■ DRAMMATICO; COL.; 137'; GERMANIA, 2006.

VITELLONI, I ★★★★★
Regia di FEDERICO FELLINI. Con FRANCO FABRIZI, RICCARDO FELLINI, FRANCO INTERLENGHI, ELEONORA RUFFO, ALBERTO SORDI, LEOPOLDO TRIESTE. ■ In una cittadina di mare che potrebbe essere Rimini vivono cinque giovani: Moraldo (Interlenghi), Alberto (Sordi), Fausto (Fabrizi), Leopoldo (Trieste), Riccardo (Fellini, fratello del regista). Le loro sono piccole storie, secondo le possibilità offerte da un posto come quello. Fausto corre dietro a tutte le donne e non ha voglia di lavorare, trova un posto da commesso, gli altri ridono di lui. Si sposa ma non cambia. Alla fine il padre lo picchia con la cinghia, come un bambino. Alberto ha problemi in famiglia, la sorella se ne va con un uomo sposato. Lui si ubriaca. Riccardo non ha personalità, è un po' la spalla di tutti. Leopoldo scrive commedie che nessuno legge. Quando arriva un attore in città che sembra interessarsi ai suoi scritti, in realtà si interessa... a lui. Moraldo è il più serio, è buono e generoso. Alla fine sarà l'unico ad andarsene. Era il quarto film di Fellini e fu quello che mostrò per primo le sue attitudini, in sostanza ci si accorse che il regista aveva davvero qualcosa in più. Nessuno meglio di lui conosceva la vita di quella provincia sonnolenta, dove succedono sempre le stesse, pochissime cose, dove se hai un lampo di fantasia particolare dovrai soffrire anche di più perché non ci sarà comunque uno sbocco. Come sempre, come farà anche in futuro, Fellini si smarrisce, e si spaventa davanti al tempo che scorre e che costringerà a crescere e a fare delle scelte. Perché non ci saranno scelte da fare. Più tardi il regista butterà tutto sulla fantasia, sull'impegno e la ricerca. Quando uscì il film parve ad alcuni semplicemente l'istantanea "realista" della provincia, ma c'era molto di più, c'era il mondo ricreato di un autore unico in quella pratica, con sequenze di poesia ben oltre il "realismo", come la passeggiata "stanca" sulla spiaggia di tutti gli amici, o l'intero episodio del gruppo di avanspettacolo, un mondo per il quale Fellini ha sempre avuto un debole, e nel quale faceva rispecchiare, in grottesco, l'intera rappresentazione della vita ■ COMMEDIA; B/N; 104'. 2; VENEZIA 1; ITALIA, 1953. ■ OSCAR 1 NOM; VENEZIA 1 PR.

VITE NASCOSTE *(Get Real)* ★★
Regia di SIMON SHORE. Con CHARLOTTE BRITTAIN, BRAD GORTON, STACY HART, BEN SILVERSTONE. ■ Questo film ha vinto nel 1998 un premio al Festival di Edimburgo. Il tema è quello dell'omosessualità. La chiave sarebbe quella divertente. Il protagonista è Steven, brillante studente del liceo, che ha problemi di personalità. Comunque azzecca la mossa giusta: si innamora, stranamente ricambiato, dello studente più aitante della scuola. La vicenda non può che essere complicata da digressioni etero, ora comiche

ora tragiche. Gli attori sono migliori della regia. ■ COMMEDIA; COL.; 108'; GRAN BRETAGNA, 1998.

VITE PERDUTE ★★

Regia di ROBERTO MAURI, ADELCHI BIANCHI. Con VIRNA LISI, SANDRA MILO, JACQUES SERNAS. ■ Nel cantiere di una miniera sull'isola d'Elba, un ragazzo e tre ragazze si trovano alle prese con cinque ergastolani evasi. Uno dei criminali, un nero, uccide una delle ragazze e poi, improvvisamente impazzito, elimina anche tre dei suoi complici. Il superstite allora lo uccide e libera i prigionieri rimasti ancora in vita. ■ DRAMMATICO; B/N; 92'; ITALIA, 1958.

VITE RUBATE *(Voleur de vie)* ★★

Regia di YVES ANGELO. Con EMMANUELLE BÉART, SANDRINE BONNAIRE, ANDRÉ DUSSOLLIER, VAHINA GIOCANTE. ■ Alda e Olga, due sorelle che vivono ai bordi di una scogliera ventosa. Una non si nega ai piaceri del sesso senza cercare legami, l'altra si è chiusa nella propria quotidianità priva di slanci. Il film vorrebbe indagarne le psicologie, ma mette solo in evidenza un accumulo di retoriche, letterarie e non. La Béart, qui più che in altri film, mostra e dimostra come il farsi siliconare il labbro superiore le impedisca qualsiasi mobilità espressiva (che non sia dello sguardo) nei primi piani ■ DRAMMATICO; COL.; 105'; FRANCIA, 1998.

VITE SEPARATE *(Separate Lives)* ★★

Regia di DAVID MADDEN. Con JAMES BELUSHI, LINDA HAMILTON, VERA MILAS. ■ Lei è una psichiatra, lui un poliziotto. Ci sono omicidi in serie. Si scopre che la donna ha due personalità, una buonissima e una cattivissima. C'è anche un fratello infido del poliziotto. Uffa. ■ GIALLO; COL.; 101'; USA, 1995.

VITE SOSPESE *(Shining Through)* ★★

Regia di DAVID SELTZER. Con MICHAEL DOUGLAS, JOHN GIELGUD, MELANIE GRIFFITH, LIAM NEESON, JOELY RICHARDSON. ■ New York fine anni Trenta. Una ragazza ebrea di origini germanico-irlandesi viene assunta come traduttrice da un funzionario americano. La ragazza scopre che il suo datore di lavoro è un agente segreto, e chiede di lavorare per la stessa causa. Riesce a farsi mandare a Berlino per indagare sui progressi "nucleari" dei nazisti. Tra una sparatoria e un aiuto che si rivelerà interessato, tra un tentativo di passare per cuoca e un finto innamoramento, la bella spia riesce a mettersi in salvo col suo "principale". La povera Melanie Griffith fa quello che può; da rilevare la prova di Liam Neeson (ai tempi sempre più noto al grande pubblico), mentre Douglas è una caricatura. Il pericolo maggiore, di fronte a un melodramma che più finto non si può, è prenderlo per una parodia. In realtà è stato fatto seriamente e qui sta il vero problema. ■ DRAMMATICO; COL.; 135'; USA, 1991.

VITE STROZZATE ★★★

Regia di RICKY TOGNAZZI. Con SABRINA FERILLI, VINCENT LINDON, RICKY MEMPHIS, LINA SASTRI, LUCA ZINGARETTI. ■ Tognazzi non abbandona la sua attitudine all'*instant movie*. Aderisce alle "mode" del momento. Lo aveva fatto col tifo violento (*Ultrà*), coi giudici a rischio (*La scorta*) e ora lo fa con la grande piaga dell'usura. Parabola di una famiglia di costruttori che da un prestito iniziale di sessanta milioni si trova indebitata per miliardi. C'è il funzionario bancario complice, il commercialista che orchestra tutto fingendosi amico della vittima, e ci sono gli esattori violenti. Ci scappano i morti. Alla fine, l'imprenditore, rovinato, si rivolge alla polizia. Il commercialista finisce malissimo. Film di buona forza, forse il migliore del regista. Una menzione per il "perfido" Zingaretti, davvero bravissimo. ■ DRAMMATICO; COL.; 105'; ITALIA, 1996.

VITE VENDUTE – IL SALARIO DELLA PAURA ★★★★🎖

(Le salaire de la peur)

Regia di HENRI-GEORGES CLOUZOT. Con VERA CLOUZOT, FOLCO LULLI, YVES MONTAND, PETER VAN EYCK, CHARLES VANEL. ■ In una zona desertica del Guatemala prende fuoco un pozzo petrolifero. Quattro disperati vengono ingaggiati per raggiungere la zona con due camion carichi di nitroglicerina per far saltare il pozzo. La missione è pericolosissima, ma i quattro – un corso, un muratore toscano, un tedesco e un avventuriero parigino – non hanno nulla da perdere. Uno solo riuscirà a concludere il viaggio. Ma al ritorno, eccitato per la vittoria, uscirà di strada e precipiterà in un burrone. ■ DRAMMATICO; B/N; 156'; FRANCIA, ITALIA, 1952. ■ BERLINO 🎖 1 PR; CANNES 🎖 2 PR.

VITO E GLI ALTRI ★★★

Regia di ANTONIO CAPUANO. Con GINO APICELLA, GIOVANNI BRUNO, NANDO TRIOLA. ■ Un buon esordio italiano. Il problema dei minori che vivono lontani dalla legge e finiscono nelle reti della camorra è analizzato in maniera molto realistica. Vito è il nome di uno di questi ragazzi. Attraverso le loro storie, tra scippi e sogni ingenui (legati al mondo del cinema d'azione e alla televisione), si trova una conferma sul disagio giovanile dell'ultimo decennio. ■ DRAMMATICO; COL.; 80'; ITALIA, 1991.

VITRIOL ★

Regia di FRANCESCO AFRO DE FALCO. Con ROBERTA ASTUTI, LEONARDO BILARDI, GABRIELLA CERINO, STEFANO JOTTI, YURI NAPOLI. ■ Lola Verdis è una giovane laureanda in architettura presso l'Università Federico II di Napoli. Sta preparando la tesi, ma le ricerche e la raccolta del materiale la portano lontano, alla scoperta di misteri occulti che riguardano la Napoli segreta e massonica. Il ritrovamento di un oggetto misterioso condurrà a scoperte sempre più sconcertanti su un antico ordine esoterico realmente esistito nella Napoli borbonica (l'Ordine Osirideo Egizio). ■ THRILLER; COL.; 80'; ITALIA, 2012.

VITTIMA DESIGNATA, LA ★★

Regia di MAURIZIO LUCIDI. Con KATIA CHRISTINE, PIERRE CLÉMENTI, TOMAS MILIAN. ■ Innamoratosi di una fotomodella, un disegnatore vorrebbe sbarazzarsi della ricca moglie. Conosce un conte che gli fa una proposta: io ammazzo tua moglie se tu ammazzi mio fratello. Il disegnatore rifiuta, ma il conte elimina ugualmente la donna. Sospettato del delitto, il disegnatore è costretto, per scagionarsi, a ricambiare il "favore" al conte. ■ GIALLO; COL.; 93'; ITALIA, 1971.

VITTIMA PREDESTINATA *(Moving Target)* ★★

Regia di CHRIS THOMPSON. Con HUNT BLOCK, LLOYD BRIDGES. ■ Una donna molto ricca perde la testa per un uomo che sposa poco tempo dopo il loro incontro. Insospettito dalla fretta con la quale le nozze sono state celebrate, un amico di lei la esorta a fare indagini sul novello sposo. Viene pertanto a galla un complotto nel quale è immischiata, tra gli altri, anche un'insospettabile segretaria. ■ DRAMMATICO; COL.; 100'; USA, 1988.

VITTIMA SILENZIOSA, LA *(Silent Victim)* ★★

Regia di MENAHEM GOLAN. Con MICHELLE GREENE, ELY POUGET, KYLE SECOR. ■ Un dramma di stampo televisivo che vede una donna sul banco degli imputati perché ha abortito. L'imputazione è omicidio e il processo viene ripreso dalla televisione. ■ DRAMMATICO; COL.; 117'; USA, 1993.

VITTIMA SOMMERSA, LA ★★

(The Case of the Suttering Bishop)

Regia di WILLIAM CLEMENS. Con ANN DVORAK, DONALD WOODS. ■ Chi ha ucciso il miliardario? La sua vera nipote o quella che lui credeva tale? L'avvocato che indaga scopre il mistero dopo che il pubblico ha già capito tutto. ■ GIALLO; B/N; 76'; USA, 1937.

VITTIME DELL'ODIO E DELL'AMORE ★★

(So Little Time)

Regia di COMPTON BENNETT. Con GABRIELLE DORZIAT, MARIUS GORING, MARIA SCHELL. ■ Durante la guerra, una guarnigione tedesca s'installa in un castello belga, dove vivono una vecchia contessa malata e sua figlia. Fra la ragazza e l'ufficiale che comanda le truppe, entrambi appassionati di musica, s'instaura a poco a poco un'intesa, un legame sentimentale. Ma la guerra, con le sue leggi crudeli, spezzerà questo legame e la vita stessa dei due protagonisti. ■ DRAMMATICO; B/N; 88'; GRAN BRETAGNA, 1952.

VITTIME DEL TEMPO *(Forgotten Prisoners)* ★★

Regia di ROBERT GREENWALD. Con ROGER DALTREY, HECTOR ELIZONDO, RON SILVER. ■ Siamo di nuovo in una storia simile a quella che ha ispirato *Fuga di mezzanotte*, ma le condanne sulle violazioni dei diritti umani non sono mai troppe. Le carceri turche hanno proprio poco di umano anche se non detengono l'esclusiva dei maltrattamenti come il film sembra a tratti suggerire. ■ DRAMMATICO; COL.; 90'; USA, 1990.

VITTIME DI GUERRA *(Casualties of War)* ★★★
Regia di BRIAN DE PALMA. Con MICHAEL J. FOX, DON HARVEY, SEAN PENN. ■ La guerra del Vietnam giustifica le barbarie e gli omicidi? Questo si domanda il giovane soldato che decide di denunciare un sergente e altri accoliti per la violenza e l'assassinio di una ragazza vietnamita. Dopo un inizio tecnicamente memorabile il film perde quota e, anche se è godibile e non precipita mai, purtroppo non vola lontano. De Palma rimane un grande tecnico, mentre tra gli attori il migliore è Penn, facilitato però da un ruolo sopra le righe. ■ GUERRA; B/N; 120'; USA, 1989. ■ GOLDEN GLOBES 1 NOM.

VITTIME DI NORWICH, LE *(Dead Men Tell no Tales)* ★★
Regia di DAVID MACDONALD. Con SARA SEEGAR, EMLYN WILLIAMS, HUGH WILLIAMS. ■ Perverso direttore di una scuola ammazza a destra e a manca per impadronirsi di un milione di franchi vinti da una sua professoressa. La povera donna e parecchi complici del delinquente vengono scannati, ma alla fine la polizia metterà le manette al terribile direttore. ■ GIALLO; B/N; 80'; GRAN BRETAGNA, 1938.

VITTIME INNOCENTI *(Tainted Blood)* ★★
Regia di MATTHEW PATRICK. Con KERRI GREEN, NATASHA GREGSON WAGNER, RAQUEL WELCH. ■ Due gemelli sono vittime di una manipolazione genetica. Il maschio ha già ucciso i genitori adottivi e si è poi tolto la vita. La femmina vive da qualche parte con la famiglia che l'ha in adozione, ma ha nel sangue il fatale meccanismo pronto a scattare. La Welch è la giornalista che si occupa del caso e si mette sulle tracce della ragazza. ■ THRILLER; COL.; 83'; USA, 1993.

VITTIME NEL BUIO *(In Company of Darkness)* ★★
Regia di DAVID ANSPAUGH. Con STEVEN BAUER, JEFF FAHEY, HELEN HUNT. ■ Siamo ancora dalle parti de *Il silenzio degli innocenti*. Un ragazzo uccide giovani di entrambi i sessi, ma non si riescono a raccogliere prove contro di lui. Una donna poliziotto è incaricata di indagare su di lui e, soprattutto, sulla sua personalità. Ma le sorprese non riguarderanno solo il pluriomicida. ■ THRILLER; COL.; 90'; USA, 1992.

VITTORIA *(Victory)* ★★★
Regia di JOHN CROMWELL. Con BETTY FIELD, SIR CEDRIC HARDWICKE, FREDRIC MARCH. ■ Dal noto romanzo di Joseph Conrad. Un uomo, stanco e deluso, si rifugia in un'isola dei mari del Sud in cerca di pace. Ma la sua tranquillità è turbata dall'arrivo di una donna e di tre filibustieri. Per difendere la sua vita e quella della ragazza, l'uomo è costretto a combattere e a uccidere. Ottimamente recitato, il film soffre di un'ambientazione posticcia (i "mari del Sud" realizzati in studio). ■ AVVENTURA; B/N; 78'; USA, 1940.

VITTORIA AMARA *(Bitter Victory)* ★★★
Regia di NICHOLAS RAY. Con RICHARD BURTON, CURD JÜRGENS, RAYMOND PELLEGRIN, RUTH ROMAN. ■ Durante la seconda guerra mondiale due ufficiali, mandati in missione in Libia, vengono degradati a soldati semplici in seguito a screzi sorti tra di loro perché uno sospetta l'altro di una tresca con la propria moglie. ■ DRAMMATICO; COL.; 97'; FRANCIA, USA, 1958.

VITTORIA DEL DOTTOR KILDARE, LA ★★
(Dr. Kildare's Victory)
Regia di W. S. VAN DYKE II. Con LEW AYRES, LIONEL BARRYMORE, ROBERT STERLING. ■ Il dottor Kildare s'inserisce nella contesa fra due ospedali, ciascuno dei quali reclama una sua "zona d'influenza". Kildare salva la carriera a un giovane collega, che ha sì salvato una vita, ma nella zona dell'altro ospedale. ■ DRAMMATICO; B/N; 92'; USA, 1941.

VITTORIA SULLE TENEBRE *(Bright Victory)* ★★
Regia di MARK ROBSON. Con PEGGY DOW, ARTHUR KENNEDY. ■ Un sergente americano, ferito in guerra, rimane cieco. Dapprima, disperato, tenta il suicidio. Poi, a poco a poco, accetta la sua menomazione, grazie all'aiuto di un militare nero, di un avvocato (anche loro ciechi) e di una brava ragazza. ■ DRAMMATICO; B/N; 97'; USA, 1951. ■ OSCAR 2 NOM.

VITTORIA SULL'OCEANO *(Fracht von Baltimore)* ★★
Regia di HANS HINRICH. Con ATTILA HÖRBIGER, HILDE WEISSNER. ■ Due compagnie di navigazione devono aggiudicarsi un contratto. Quella diretta da una ragazza soccomberebbe se il comandante di una nave, innamorato della fanciulla, non facesse miracoli. Avrà come premio la bella armatrice. ■ AVVENTURA; B/N; 93'; GERMANIA, 1938.

VITTORIE PERDUTE *(Go Tell the Spartans)* ★★★
Regia di TED POST. Con DAVID CLENNON, CLYDE KASATSU, BURT LANCASTER, MARC SINGER, DOLPH SWETT, CRAIG WASSON. ■ Nel 1964, durante la guerra in Vietnam, un contingente di soldati americani e vietnamiti occupa una base deserta. Ben presto però gli uomini dello Zio Sam e i loro alleati si trovano in difficoltà di fronte ai ripetuti attacchi dei vietcong e, alla fine, sono annientati. Fra le rovine e i cadaveri disseminati ovunque, si alza l'unico soldato superstite, avviandosi verso una improbabile salvezza. ■ GUERRA; COL.; 114'; USA, 1978.

VITTORIE SUI MARI *(Victory at Sea)* ★★
Regia di HENRY SALOMON. ■ È un lungometraggio che rievoca i combattimenti in mare avvenuti durante la seconda guerra mondiale. Comprende documentari ripresi direttamente durante gli avvenimenti. ■ DOCUMENTARIO; B/N; 108'; USA, 1954.

VITTORIO E VITTORIA *(Viktor und Viktoria)* ★★
Regia di REINHOLD SCHÜNZEL. Con RENATE MÜLLER, HERMANN THIMIG. ■ Divertente storia di un cantante che si finge donna e di una donna che prende il suo posto quando lui si ammala e non può più cantare. Equivoci a non finire. ■ COMMEDIA; B/N; 94'; GERMANIA, 1933.

VITTORIO RACCONTA GASSMAN, UNA VITA DA MATTATORE ★★★
Regia di GIANCARLO SCARCHILLI. Con AGOSTINA BELLI, SERGIO CASTELLITTO, DINO DE LAURENTIIS, VITTORIO GASSMAN, GIANCARLO GIANNINI. ■ Per imparare il mestiere d'attore, ci vogliono anni di studio e dedizione. Ma per comprendere la natura emozionale della recitazione, basta ascoltare la voce di Vittorio Gassman. Giancarlo Scarchilli si mette da parte, lascia parlare il "matador" senza intervenire pesantemente sulle sue dichiarazioni. Sceglie la strada della divisione in capitoli per inquadrare – o almeno tentare di farlo – la straordinaria carriera di un personaggio complesso e pieno di sfaccettature. La struttura semplice della narrazione documentaristica è scandita dagli interventi di Alessandro Gassman, commosso e trattenuto senza filtri. È evidente che il pensiero del padre non lo lasci indifferente, ma lo metta a dura prova ogni volta che lo sguardo si rivolge al passato. Il suo desiderio di illuminare ancora una volta, a dieci anni dalla scomparsa, il fascino di un uomo che ha dato tutto all'arte, seppur trascurando famiglia e affetti, si intreccia alla volontà di ricordare. La memoria di ciò che è stato Gassman è un valore che non va sminuito, né archiviato. ■ DOCUMENTARIO; COL.; 80'; ITALIA, 2011.

VIUUULENTEMENTE... MIA ★★
Regia di CARLO VANZINA. Con DIEGO ABATANTUONO, LAURA ANTONELLI, ROBERTO DELLA CASA. ■ Un maldestro agente di polizia si lascia sfuggire un'avventuriera senza scrupoli, che si rifugia in Spagna. Il suo superiore lo accompagna per riacciuffare la fuggitiva, che però fa di tutto per sfuggire all'arresto. La giustizia non trionferà, ma l'amore sì. ■ COMMEDIA; COL.; 105'; ITALIA, 1982.

VIVA D'ARTAGNAN ★★
Regia di GABRIELE CRISANTI, JOHN HALAS. ■ Versione in cartoni animati delle celebri avventure di D'Artagnan e dei suoi inseparabili compagni. ■ ANIMAZIONE; B/N; 93'; GRAN BRETAGNA, ITALIA, 1977.

VIVA GRINGO ★★
Regia di GEORG MARISCHKA. Con RIK BATTAGLIA, GUY MADISON, GEULA NUNI, FRANCISCO RABAL, FERNANDO REY, WILLIAM ROTHLEIN. ■ Sobillati dal fanatico gran sacerdote, gli ultimi discendenti della dinastia Incas decidono di ribellarsi al governo. Le autorità peruviane incaricano un audace esploratore di sedare la sommossa. Il nostro eroe riuscirà nell'impresa grazie al sacrificio del giovane re della tribù, che preferirà lasciarsi uccidere piuttosto che guidare il suo popolo in una guerra senza speranza. ■ AVVENTURA; COL.; 93'; ITALIA, 1966.

VIVA IL CINEMA! ★★
Regia di GIORGIO BALDACCINI, ENZO TRAPANI. Con CARLO CAMPANINI, WALTER CHIARI, CARLO DAPPORTO, SILVANA PAMPANINI. ■ Un giovane commesso viaggiatore, timido e balbuziente, ha scritto un soggetto cinematografico e vorrebbe farne un film di successo. Nonostante l'aiuto della fidanzata e di un vecchio attore del cinema muto, non riuscirà nell'impresa. ■ COMICO; B/N; 91′; ITALIA, 1952.

VIVA IL GENERALE JOSÉ! *(The Torch)* ★★
Regia di EMILIO FERNANDEZ. Con PEDRO ARMENDARIZ, PAULETTE GODDARD, GILBERT ROLAND. ■ Un generale rivoluzionario, occupata una cittadina messicana, s'innamora della figlia di un ricco possidente, fidanzata con un medico americano. La ragazza dapprima lo disprezza, poi incomincia ad amarlo. Inutile dire che, per lui, finirà per abbandonare il fidanzato. ■ DRAMMATICO; B/N; 90′; USA, 1950.

VIVA LA GIOIA! *(Vie Parisienne)* ★★
Regia di ROBERT SIODMAK. Con MAX DEARLY, CONCHITA MONTENEGRO, GEORGES RIGAUD. ■ Un vecchio e ricco nonno sudamericano riesce a far sposare sua nipote con un simpatico conte conosciuto a Parigi, nonostante l'opposizione di suo figlio, padre della ragazza. ■ COMMEDIA; B/N; 95′; FRANCIA, 1935.

VIVA LA LIBERTÀ ★★★
Regia di ROBERTO ANDÒ. Con ANNA BONAIUTO, VALERIA BRUNI TEDESCHI, MICHELA CESCON, VALERIO MASTANDREA, TONI SERVILLO. ■ Enrico Oliveri, uomo di sinistra e segretario del principale partito dell'opposizione, dopo essere stato sconfitto da un sondaggio, decide di concedersi una pausa e di lasciarsi alle spalle moglie, casa, paese e partito. "Esule" a Parigi, dove lo accoglie Danielle, amante di un'estate a Cannes e segretaria di edizione nel cinema, Enrico è paralizzato e confuso. Intanto a Roma Andrea Bottini, fedele collaboratore, prova a riparare al danno riempiendo il vuoto in maniera singolare: Enrico ha un fratello gemello appena dimesso da una clinica psichiatrica che potrebbe arginare temporaneamente l'assenza del segretario. Il gemello Giovanni Ernani, professore di filosofia affetto da una depressione bipolare, non si fa certo pregare e divertito indossa gli scomodi panni del fratello, sorprendendo giornalisti, opinione pubblica e membri del partito. Roberto Andò realizza con garbo, leggerezza e intensità un film sul disagio del potere, meglio, dell'essere immagine del potere. ■ DRAMAMTICO; COL.; 94′; ITALIA, 2013.

VIVA L'ALLEGRIA *(Everybody Sings)* ★★★
Regia di EDWIN L. MARIN. Con FANNY BRICE, BILLIE BURKE, JUDY GARLAND, ALLAN JONES, REGINALD OWEN. ■ Una famiglia di pazzoidi, tutti impegnati in varie attività artistiche, trascura la più piccola della casa, che ha dodici anni ed è interpretata da Judy Garland ancora bambina. La servitù della casa, diretta da un simpatico cuoco cantante, allestisce uno spettacolo musicale dove la bambina canta e balla con grande successo. Matrimonio finale tra il cuoco e la sorella maggiore della piccola diva. ■ COMM. MUSICALE; B/N; 80′; USA, 1937.

VIVA LA MUERTE *(Que viva la muerte!)* ★★★
Regia di FERNANDO ARRABAL. Con MAHADI CHAOUCH, NURIA ESPERT, ANOUK FERJAC, IVAN HENRIQUES, JAZIA KLIBI. ■ Un ragazzo spagnolo di dodici anni, che vive in un'atmosfera magica, fra sogni e ricordi di esperienze reali, scopre che il padre, scomparso dopo la vittoria delle falangi franchiste, era stato in realtà denunciato dalla moglie, finendo in prigione dove aveva tentato il suicidio. Il ragazzino, seguendo le orme del padre, raggiungerà i partigiani sui monti. ■ DRAMMATICO; COL.; 90′; FRANCIA, 1971.

VIVA LA MUERTE... TUA ★★
Regia di DUCCIO TESSARI. Con HORST JANSON, FRANCO NERO, LYNN REDGRAVE, ELI WALLACH. ■ Due banditi, evasi con la complicità di una giornalista (che li credeva rivoluzionari messicani), riescono a impadronirsi di un tesoro che poi finisce però nelle mani delle truppe regolari. I due si aggregano ai rivoltosi col solo scopo di recuperare il loro tesoro, ma poi prendono coscienza della bontà della causa dei loro compagni e, tornati in possesso dell'oro, lo distribuiscono fra i *peones*. ■ WESTERN; COL.; 117′; ITALIA, 1971.

VIVA LA RIVISTA! ★★
Regia di ENZO TRAPANI. Con ISA BARZIZZA, CARLO CAMPANINI, WALTER CHIARI. ■ Il film è formato da quattro episodi che hanno per protagonisti attori di rivista. ■ COMICO; B/N; 92′; ITALIA, 1952.

VIVA LA SCIMMIA ★★
Regia di MARCO COLLI. Con GIULIANA DE SIO, GIOVANNI ESPOSITO, LUNETTA SAVINO. ■ Nena e Lila sono due sorelle che si trovano a condividere lo stesso appartamento in un palazzo borghese abitato dall'umanità più disparata. Apparentemente diversissime, in realtà sono simili per retaggio: entrambe perbeniste, ipocrite e bigotte, portate a ignorare o temere quanto si consuma fuori dalle mura domestiche, come il fatto che i sotterranei del palazzo siano abitati da una torma di extracomunitari. Tratto dal romanzo breve *Le due zitelle* di Tommaso Landolfi, *Viva la scimmia* è una scommessa persa. Coraggiosa l'idea di portare sullo schermo un autore (caso raro in Italia) tendente al grottesco e al fantastico, ma il regista sembra fermarsi a questo. Sceneggiatura piatta, regia televisiva: la buona prova delle attrici non basta. ■ COMMEDIA; COL.; 95′; ITALIA, 2002.

VIVA LAS VEGAS ★★★
Regia di GEORGE SIDNEY. Con ANN MARGRET, ELVIS PRESLEY. ■ Avventure e amori di un pilota di macchine da corsa nella mitica città del gioco. Notevole colonna sonora al servizio di Elvis Presley. ■ COMM. MUSICALE; COL.; 86′; USA, 1964.

VIVA LA VITA *(Viva la vie)* ★★
Regia di CLAUDE LELOUCH. Con MICHEL PICCOLI, CHARLOTTE RAMPLING, JEAN-LOUIS TRINTIGNANT. ■ A Michel e a Sarah accade un fatto incredibile: scompaiono misteriosamente per poi tornare a casa dopo tre giorni non ricordando nulla. I rispettivi coniugi sospettano una loro fuga romantica. La polizia indaga. Gli scienziati sostengono che i due sono stati rapiti dagli extraterrestri. La realtà è molto più semplice: Michel ha sognato. ■ COMMEDIA; COL.; 106′; FRANCIA, 1985.

VIVA LE DONNE! *(Footlight Parade)* ★★★★
Regia di LLOYD BACON. Con JOAN BLONDELL, JAMES CAGNEY, JOHN GARFIELD, RUBY KEELER, DICK POWELL. ■ Giovane musicista autore di spettacoli di varietà deve scrivere una commedia musicale in tre giorni poiché gli è stato rubato il lavoro già fatto. Lo aiuta una bella segretaria. Avrà successo e i due si sposeranno. ■ COMM. MUSICALE; B/N; 100′; USA, 1934.

VIVA L'ITALIA! ★★★
Regia di ROBERTO ROSSELLINI. Con FRANCO INTERLENGHI, GIOVANNA RALLI, RENZO RICCI, PAOLO STOPPA. ■ Il film narra la conquista del regno delle due Sicilie a opera dei leggendari Mille di Garibaldi e si conclude con la partenza del condottiero vittorioso per il volontario esilio di Caprera. ■ STORICO; B/N; 103′; ITALIA, 1961.

VIVA L'ITALIA ★★
Regia di MASSIMILIANO BRUNO. Con AMBRA ANGIOLINI, RAOUL BOVA, ALESSANDRO GASSMAN, EDOARDO LEO, ROCCO PAPALEO, MICHELE PLACIDO. ■ L'ennesima famiglia italiana a cui tanta commedia ci ha abituato. "Soliti idioti" questa volta meno sgarrupati del solito perché figli di un potente politico (Placido): meno poveri sicuramente, ma non meno idioti. Spagnolo è il nome di questo padre-burattinaio che tiene le fila dei tre figli e del loro successo (Gassman, Bova, Angiolini), così come di gran parte della politica italiana. È un passpartout per tutti. E poi a seguire incroci di favori e scambi di raccomandazioni, a chi ruba meglio e più in fretta. ■ COMMEDIA; COL.; 90′; ITALIA, 2012.

VIVA LO SPORT – LUI E LA PALLA *(The Freshman)* ★★★
Regia di FRED C. NEWMEYER, SAM TAYLOR. Con BROOKS BENEDICT, HAROLD LLOYD, JOBYNA RALSTON. ■ Uno studente di origini campagnole si iscrive alle gare di sport organizzate dal suo college sperando di mettersi in luce. Pieno di entusiasmo, ma sgraziato e inesperto, viene fatto oggetto di burle da parte dei compagni fino a quando, quasi per caso, riesce a segnare il punto che por-

ta alla vittoria la sua squadra. Il grande Harold Lloyd al suo meglio. Uscito in homevideo. ■ COMICO; B/N; 65′; USA, 1925.

VIVA MARIA! ★★★
Regia di LOUIS MALLE. Con BRIGITTE BARDOT, CLAUDIO BROOK, PAULETTE DUBOST, GEORGE HAMILTON, CARLOS LOPEZ MOCTEZUMA, JEANNE MOREAU, FRANCISCO REIGUERA, GREGOR VON REZZORI. ■ Maria, figlia di un terrorista irlandese, capita in un paese dell'America centrale, fra un gruppo di artisti ambulanti che hanno per soubrette un'altra ragazza di nome Maria. La giovane irlandese si aggrega al gruppo, diventando presto famosa assieme all'altra Maria e avendo modo di sfogare la sua esuberanza con numerosi corteggiatori. I componenti della carovana vengono poi coinvolti nella sollevazione dei contadini contro un malvagio oppressore. Le due Marie si mettono a capo della sommossa e, dopo una serie di pericolose avventure, riescono a portare i ribelli alla vittoria. ■ AVVENTURA; COL.; 115′; FRANCIA, 1965.

VIVA ROBIN HOOD *(Rogues of Sherwood Forest)* ★★
Regia di GORDON DOUGLAS. Con JOHN DEREK, DIANA LYNN, GEORGE MACREADY. ■ Morto Robin Hood, il compito di combattere contro il re, in difesa dei poveri, tocca al figlio, che non è da meno del padre: sconfigge il sovrano e lo obbliga a promulgare una costituzione nella quale assicura ai sudditi libertà e giustizia. ■ AVVENTURA; COL.; 80′; USA, 1950.

VIVA SAN ISIDRO! ★
Regia di ALESSANDRO CAPPELLETTI. Con DIEGO ABATANTUONO, LUMI CAVAZOS, MARCO LEONARDI. ■ Pino Cacucci ispira, dopo *Puerto Escondido*, un altro film. Peccato che di calcio, politica e luoghi più o meno esotici ci avesse già parlato Salvatores. Qui si ritorna sui temi, ma non basta un Abatantuono-prete in un ruolo secondario a salvare la storia. ■ COMMEDIA; COL.; 94′; ITALIA, 1995.

VIVA VILLA! *(Viva Villa)* ★★★★
Regia di JACK CONWAY, HOWARD HAWKS. Con WALLACE BEERY, LEO CARRILLO, DONALD COOK, STUART ERWIN. ■ Film di grandissimo successo, specialmente per l'eccezionale interpretazione di Wallace Beery, racconta la vita di Pancho Villa, che da bandito diventa uno dei leader della rivoluzione contadina in Messico, negli anni precedenti la prima guerra mondiale. Villa per due volte combatte e per due volte si ritira come Cincinnato, ma alla fine un traditore lo uccide. ■ AVVENTURA; B/N; 115′; USA, 1934. ■ OSCAR 1 PR, 4 NOM; VENEZIA 2 PR.

VIVA, VIVA VILLA! *(Villa Rides)* ★★★
Regia di BUZZ KULIK. Con CHARLES BRONSON, YUL BRYNNER, MARIA GRAZIA BUCCELLA, ALEXANDER KNOX, HERBERT LOM, ROBERT MITCHUM, FERNANDO REY. ■ Pancho Villa, ottenuta una serie di successi grazie anche all'aiuto di un aereo messo a disposizione da un avventuriero americano, provoca la gelosia di un generale che cerca di sbarazzarsi di lui impegnandolo in un'impresa disperata. Pancho Villa supera la prova e, dopo l'assassinio del presidente Madero, intraprende la lotta contro l'odiato generale che si è impadronito del potere. ■ AVVENTURA; COL.; 125′; GRAN BRETAGNA, 1968.

VIVA ZAPATA! ★★★
Regia di ELIA KAZAN. Con MARLON BRANDO, JEAN PETERS, ANTHONY QUINN. ■ Nel Messico dominato dal dittatore Porfirio Diaz, Emiliano Zapata alla testa dei *peones* conduce, insieme a Pancho Villa, la lotta contro gli oppressori fino ad abbatterli. Ma la pace non torna nel paese: il nuovo presidente, un uomo debole e incapace, viene spodestato e ucciso. Diventato presidente per acclamazione, lo stesso Zapata cadrà poi vittima di un attentato. ■ AVVENTURA; B/N; 113′; USA, 1952. ■ CANNES 1 PR; OSCAR 1 PR, 5 NOM.

VIVA ZAPATERO! ★★★
Regia di SABINA GUZZANTI. Con SABINA GUZZANTI. ■ Questo film-documentario ripercorre con l'aiuto di numerose testimonianze, la storia del programma tv della Guzzanti, *Raiot*, prima voluto e poi censurato da RaiTre. Più che un film "contro Berlusconi" è un film che si interroga su quale sia la definizione di satira e sulla effettiva libertà di informazione nel nostro Paese. La Guzzanti (che si compiace non poco del suo "caso" e non rinuncia mai fino alla fine a ritornarvi anche quando sembra pronta ad allargare lo sguardo sul complesso della situazione della comunicazione in Italia) non lesina critiche neppure alla sinistra. Colpevole, a suo dire, di eccessiva compiacenza nei confronti del Cavaliere. ■ DOCUMENTARIO; COL.; 80′; ITALIA, 2005.

VIVE L'AMOUR *(Aiqing wansui – Vive l'amour)* ★★★♉
Regia di MING-LIANG TSAI. Con CHENCHAO-JUNG, YANG KUEI-MEI, LEE KANG SHENG. ■ Secondo film per il regista taiwanese che nel 1993 vinse il Cinema Giovani di Torino con un'opera mai distribuita in Italia. Mei-mei è una bella agente immobiliare. Hsiao-kang si occupa di loculi per urne cinerarie. Ah-rong espone sul marciapiede vestiti da donna. Dopo alcuni, inutili, intrecci sentimentali alla fine torneranno tutti e tre soli e Mei-mei piangerà su una panchina, nella lenta e lunghissima sequenza finale. Vincitore ex aequo del Leone d'Oro alla Mostra di Venezia. Osannato da una parte della critica, si tratta semplicemente di un buon esercizio di scrittura, a volte riecheggiante Jean-Marie Straub e in parte Michelangelo Antonioni. Comunque niente di così innovativo come qualcuno ha detto. ■ COMMEDIA; COL.; 119′; TAIWAN, 1994. ■ VENEZIA ♉ 1 PR.

VIVENDO, CANTANDO CHE MALE TI FO? ★
Regia di MARINO GIROLAMI. Con MARIO CAROTENUTO, MARIA GIOVANNINI, CLAUDIO VILLA. ■ La voce di un suo ex compagno di scuola che studia canto provoca un irresistibile prurito a un ricco industriale. La causa è una vecchia avversione che l'industriale nutre per il cantante: potrà guarire solo superando tale avversione e trasformandosi in benefattore dell'odiato ex compagno. ■ COMMEDIA; B/N; 93′; ITALIA, 1957.

VIVENDO UN SOGNO *(When the Light Go on Again)* ★★
Regia di WILLIAM K. HOWARD. Con BARBARA BELDEN, JAMES LYDON. ■ Perde la memoria in guerra, la riacquista, torna a casa dalla cara mogliettina, la riperde, ma l'amore di lei lo fa di nuovo guarire. ■ COMMEDIA; B/N; 89′, USA, 1944.

VIVENDO VOLANDO *(Riding on the Air)* ★★
Regia di EDWARD SEDGWICK. Con JOE E. BROWN, GUY KIBBEE, FLORENCE RICE. ■ Filmetto comico incentrato su un giornalista che ha il coraggio di volare su un aereo radiocomandato (si è negli anni Trenta quando i radiocomandati erano precari). Solite gag. ■ COMICO; B/N; 97′; USA, 1937.

VIVERE ★★
Regia di GUIDO BRIGNONE. Con CATERINA BORATTO, TITO SCHIPA. ■ Un padre disapprova il matrimonio della figlia. Ma quando questa è in pericolo di vita, la perdona e le canta per telefono *Vivere*. La ragazza supera la crisi. ■ DRAMMATICO; B/N; 92′; ITALIA, 1937.

VIVERE *(Ikiru)* ★★★★
Regia di AKIRA KUROSAWA. Con NOBUO KANEKO, MIKI ODAGIRI, TAKASHI SHIMURA. ■ Un classico di Kurosawa, una metafora che parte da un caso individuale e suggerisce il malessere del Giappone del dopoguerra. Un anziano impiegato scopre che ha un cancro e solo un anno da vivere. Cerca di dare un significato ai giorni che gli rimangono e, non trovando un conforto in famiglia, s'affeziona a un gruppo di madri che cercano un'area per far giocare i loro bambini. Termina la vita dell'uomo, ma con la gioia di vedere cominciare quella degli altri. ■ DRAMMATICO; B/N; 143′; GIAPPONE, 1952.

♥ VIVERE! *(Huozhe!)* ★★★
Regia di ZHANG YIMOU. Con GONG LI, GE YOU. ■ Tratto dal romanzo di Yu Hua. Il film ha vinto il Gran Premio della Giuria al Festival di Cannes e Ge You quello di miglior attore. Un cinese si riduce in miseria, travolgendo la famiglia, per il vizio del gioco. Il padre muore di crepacuore e l'uomo va a vivere da solo, lasciando moglie e figlio. Poi i due coniugi si riconciliano e attraversano tragedie e dolori. Passando dalla guerra voluta da Chiang Kai-Shek agli anni Cinquanta, a Mao Tse-Tung, fino alla rivoluzione culturale degli anni Sessanta. Molto bravi gli interpreti. Rispetto ai precedenti lavori Zhang Ymou cede forse qualcosa allo spettacolo, ma il fascino del suo cinema è ancora intatto. Il lavoro è stato osteggiato dalla censura cinese, che non ama il regista. ■

DRAMMATICO; COL.; 125'; CINA, 1994. ■ CANNES 3 PR; GOLDEN GLOBES 1 NOM.

VIVERE ALLA GRANDE *(Going in Style)* ★★★
Regia di MARTIN BREST. Con GEORGE BURNS, ART CARNEY, LEE STRASBERG. ■ Tre vecchi pensionati, stufi di oziare squallidamente aspettando la morte, decidono di fare un colpo grosso, un assalto alla banca. Ci riescono (bottino 25.000 dollari). Ma due dei tre non reggono all'emozione e allo stress (il più giovane s'era dato alle follie a Las Vegas). Il superstite consegna il bottino ai nipoti di uno dei defunti e si lascia prendere dalla polizia. In carcere non si sta male (se anche muore lì, pazienza). ■ COMMEDIA; COL.; 96'; USA, 1980. ■ VENEZIA 1 PR.

VIVERE A SBAFO ★★
Regia di GIORGIO FERRONI. Con MISCHA AUER, PEPPINO DE FILIPPO, UMBERTO MELNATI, DOLORES PALUMBO. ■ Una donna eredita una fortuna e compra un albergo, accorgendosi troppo tardi di aver fatto un cattivo affare. Un singolare personaggio la convince, per attirare dei clienti veri, a ospitarne dei finti, facendoli mangiare e bere a ufo. ■ COMICO; B/N; 93'; ITALIA, 1950.

VIVERE DA VIGLIACCHI, MORIRE DA EROI ★★
(Chuka)
Regia di GORDON DOUGLAS. Con ERNEST BORGNINE, JOHN MILLS, LUCIANA PALUZZI, ROD TAYLOR, JAMES WHITMORE. ■ Gli indiani attaccano un forte e sterminano tutti i soldati. Sopravvivono solo un pistolero e una ragazza giunti su una diligenza poco prima dell'assalto. Il capo indiano li risparmia perché il pistolero, durante una tempesta di neve, aveva diviso i pochi viveri di cui disponeva con alcuni pellirosse affamati. ■ WESTERN; COL.; 105'; USA, 1967.

♥ VIVERE E MORIRE A LOS ANGELES ★★★
(To Live and Die in L.A.)
Regia di WILLIAM FRIEDKIN. Con WILLEM DAFOE, JOHN PANKOW, WILLIAM L. PETERSEN. ■ In una Los Angeles una volta tanto non da copertina, si combatte la lotta senza esclusioni di colpi tra un falsario assassino (Dafoe) e due poliziotti decisi a eliminarlo a ogni costo. Ma il confine tra il bene e il male appare sempre più sfumato. Ancora una volta Friedkin confeziona un film di grande successo e di azione travolgente, avvincente e violento quanto basta. ■ POLIZIESCO; COL.; 116'; USA, 1986.

VIVERE GIOVANE *(Violette et François)* ★★★
Regia di JACQUES ROUFFIO. Con ISABELLE ADJANI, ROLAND BERTIN, SOPHIE DAUMIER, JACQUES DUTRONC, LEA MASSARI, SERGE REGGIANI. ■ François è un giovane immaturo, allegro e amante dell'avventura. Quando Violette lo sposa, è costretta a seguirlo nelle sue razzie nei grandi magazzini, lasciandosi ben presto prendere dal vizio. Scoperta da un'ispettrice, convince poi il marito a mettere la testa a partito e lui ci prova (fonda anche un giornale che dura un giorno), ma poi ricomincia a rubare e finisce in galera. Violette a questo punto, pur amandolo ancora, lo lascia definitivamente. ■ DRAMMATICO; COL.; 102'; FRANCIA, 1976.

VIVERE IN FUGA *(Running on Empty)* ★★
Regia di SIDNEY LUMET. Con JUDD HIRSCH, CHRISTINE LAHTI, RIVER PHOENIX. ■ Una coppia sposata è braccata dall'Fbi da molto tempo e due volte all'anno si trasferisce in un posto diverso per far perdere le tracce. Arthur e Annie nel 1971 facevano parte della sinistra pacifista e attaccarono una fabbrica. In continuo cambio d'identità i coniugi si trascinano dietro i due figli. Danny, quello più grande, in un momento di pericolo li avverte dell'arrivo degli agenti, ma decide di lasciarsi prendere. Un film sociale e politico dal regista di *Quinto potere* e *Il verdetto*. ■ DRAMMATICO; COL.; 117'; USA, 1988. ■ GOLDEN GLOBES 1 PR, 5 NOM; OSCAR 2 NOM.

VIVERE IN PACE ★★
Regia di LUIGI ZAMPA. Con ALDO FABRIZI, MIRELLA MONTI, GAR MOORE, AVE NINCHI. ■ Discreto tentativo di indagare la psicologia dei soldati. Un prigioniero americano, tenuto nascosto da alcuni contadini umbri, si incontra, ubriaco, con un soldato tedesco pure lui ubriaco. I due credono che la guerra sia finita e si abbracciano commossi. Ma non è così e ben presto tuonerà il cannone. Zio Tigna, che teneva nascosto il prigioniero e altri due suoi compagni, cadrà vittima dei nazisti. ■ DRAMMATICO; B/N; 89'. 2; ITALIA, 1946.

VIVERE INSIEME *(The Marrying Kind)* ★★★
Regia di GEORGE CUKOR. Con JUDY HOLLIDAY, MADGE KENNEDY, ALDO RAY. ■ Un impiegato postale e la moglie decidono, dopo molti anni di matrimonio, di separarsi. Il giudice al quale si rivolgono, una donna, li convince però a parlare della loro vita. Rievocando i tanti momenti, tristi e allegri, che li hanno visti uniti, i due decideranno alla fine di rinunciare al divorzio. ■ COMMEDIA; B/N; 93'; USA, 1952.

VIVERE NEL TERRORE *(Bad Dreams)* ★★
Regia di ANDREW FLEMING. Con BRUCE ABBOTT, RICHARD LYNCH, JENNIFER RUBIN. ■ Nel 1974 una comunità spiritualista, retta da un fanatico guru, si autodistrugge in un suicidio collettivo (tutti i membri si danno fuoco compreso il guru). Quattordici anni dopo, l'unica superstite esce dallo stato di coma profondo e viene affidata alle cure di uno psichiatra. Ma nella clinica che la ospita, i malati vengono presi dalla mania suicida. La superstite vive sotto il terrore che il guru sia tornato. ■ HORROR; COL.; 84'; USA, 1988.

VIVERE PERICOLOSAMENTE *(Macon County Line)* ★★
Regia di RICHARD COMPTON. Con JOAN BLACKMAN, GEOFFREY LEWIS, ALAN VINT, JESSE VINT, CHERYL WATERS. ■ Due ladri capitano nella notte in casa di un poliziotto, trovano la moglie dell'agente sola, e dopo averla violentata, la uccidono. Il marito si convince che i responsabili del delitto siano due giovani vagabondi e una ragazza, fermi casualmente nelle vicinanze per un'avaria alla loro macchina. Si mette alla loro ricerca e, nel corso di un feroce inseguimento, viene ucciso da uno dei due vagabondi. L'altro vagabondo e la ragazza saranno però eliminati dal figlio dodicenne dell'agente, trasformatosi in uno spietato giustiziere. ■ DRAMMATICO; COL.; 89'; USA, 1973.

VIVERE PER UCCIDERE ★★
(Le crime de David Levinstein)
Regia di ANDRÉ CHARPAK. Con MARC CASSOT, ANDRÉ CHARPAK, BERANGÈRE DAUTUN, HANS MEYER, CLAUDE VERNIER. ■ Un ebreo, che ha avuto i genitori uccisi dai tedeschi ed è stato internato in un campo di concentramento, finita la guerra si mette a caccia dei suoi ex aguzzini e li fa fuori uno per uno. Poi è ucciso dalla polizia. ■ DRAMMATICO; COL.; 95'; FRANCIA, 1968.

VIVERE PER VIVERE *(Vivre pour vivre)* ★★★
Regia di CLAUDE LELOUCH. Con CANDICE BERGEN, ANNIE GIRARDOT, YVES MONTAND, UTA TAEGER, IRÈNE TUNC. ■ Un reporter della televisione francese, sposato da molti anni con una donna che l'ama teneramente, intreccia una relazione con una ragazza. Preso dai rimorsi, approfitta della possibilità di recarsi in Vietnam per un servizio sulla guerra per poter troncare così i rapporti con l'amante. Provato dalla tragica esperienza, al suo ritorno si convince di aver ormai perduto per sempre l'amore della consorte. Ma lo attende il classico lieto fine. ■ COMMEDIA; COL.; 90'; FRANCIA, 1967. ■ OSCAR 1 NOM.

VIVERE SENZA UN PADRE *(Runaway Father)* ★★
Regia di JOHN NOCOLELLA. Con DONNA MILS, CHRIS MULKEY, JACK SCALIA. ■ Sono una donna felice, pensa la protagonista: madre, moglie, una bella casa e una vita serena. Ma improvvisamente il marito scompare; sembra morto in un incidente aereo, ma in realtà ha cambiato nome, casa e famiglia. Non solo, ma intenta causa alla ex moglie per riavere i figli. Tratto da una storia vera che sconvolse gli Usa: ed in questo stanno limiti e pregi del film. ■ DRAMMATICO; COL.; 94'; USA, 1991.

VIVERE UN SOGNO *(Goal II: Living the Dream)* ★★
Regia di JAUME COLLET-SERRA. Con KUNO BECKER, DAVID BECKHAM, ANNA FRIEL, RUTGER HAUER, ALESSANDRO NIVOLA, ELIZABETH PEÑA, LEONOR VARELA. ■ Santiago Muñez è finalmente diventato un titolare del Real Madrid, la più carica di onori tra le squadre europee, coronando un sogno lungo un film (il prequel *Goal! Il film*). Denaro, donne, potere e fama però, sono fattori terribilmente destabilizzanti per un ragazzo la cui fidanzata non fa altro che pensare al matrimonio. Santiago, tra infortuni

drammatici, problemi sentimentali e di famiglia, rivalità, gelosie e invidie, sperimenta così cosa voglia dire passare dagli altari alla polvere: ma solo i veri campioni sanno rialzarsi dopo essere caduti. ■ SPORTIVO; COL.; 115′; GRAN BRETAGNA, 2007.

VIVEVA PER UCCIDERE... UCCIDEVA PER VIVERE *(El Tunco)* ★
Regia di OSCAR BROOKS. Con JULIO ALEMAN, BARBARA ANGELY, JOHN MARCANT, HALBERT MARISCAL. ■ Un pistolero monco, stanco di uccidere, vuole ritirarsi a vita privata. Non glielo consentiranno. ■ WESTERN; COL.; 91′; SPAGNA, 1974.

VIVI, AMA E IMPARA *(Live, Love and Learn)* ★★★
Regia di GEORGE FITZMAURICE. Con ROBERT MONTGOMERY, MICKEY ROONEY, ROSALIND RUSSELL, MONTY WOOLEY. ■ Riccona sposa giovane pittore povero perché ammira la sua arte. Lui, per paura che lo credano un cacciatore di dote, si mette a fare il pittore commerciale e diventa ricco. La moglie minaccia di lasciarlo se non tornerà all'arte. Lui obbedisce. ■ COMMEDIA; B/N; 78′; USA, 1937.

VIVIAMO STANOTTE *(Let's Live Tonight)* ★★★
Regia di VICTOR SCHERTZINGER. Con TULLIO CARMINATI, LILIAN HARVEY. ■ Storia di due fratelli innamorati della stessa bellona. Uno dei due si ritira e lascia la vittoria al fratello. ■ COMMEDIA; B/N; 92′; USA, 1935.

VIVI CON IL TUO AMORE *(Lauter Lieben)* ★★
Regia di HEINZ RÜHMANN. Con HERTA FEILER, ROLF WEITH. ■ I due protagonisti si sposano con l'intesa di divorziare al più presto. Ma si innamorano davvero. ■ COMMEDIA; B/N; 93′; GERMANIA, 1940.

VIVI CON RABBIA *(Studs Lonigan)* ★★
Regia di IRVING LERNER. Con JAY C. FLIPPEN, DICK FORAN, CHRISTOPHER KNIGHT, VENETIA STEVENSON. ■ Nella Chicago degli anni Venti, un ragazzo ribelle e scioperato vive ai margini della società. Il padre lo caccia di casa, la fidanzata lo abbandona, ma nulla riesce a convincerlo a intraprendere un'esistenza normale. Finito in carcere perché implicato in una losca vicenda, troverà alla fine una brava ragazza che lo renderà padre e gli darà la forza di accettare le sue nuove responsabilità. ■ DRAMMATICO; B/N; 95′; USA, 1960.

VIVI E I MORTI, I *(The Fall of the House of the Usher)* ★★★
Regia di ROGER CORMAN. Con MARK DAMON, MYRNA FAHEY, VINCENT PRICE. ■ Il film narra la tragica fine della dinastia degli Usher, destinata a estinguersi per una secolare maledizione. ■ HORROR; B/N; 85′; USA, 1960.

VIVI E LASCIA MORIRE – ARRIVEDERCI ALL'INFERNO ★★★
(See You in Hell, Darling – An American Dream)
Regia di ROBERT GIST. Con MURRAY HAMILTON, JANET LEIGH, LLOYD NOLAN, ELEANOR PARKER, BARRY SULLIVAN, STUART WHITMAN. ■ Un giornalista televisivo, odiato dalla mafia e dalla polizia, che attacca duramente durante le sue trasmissioni, provoca involontariamente la morte della ricca moglie dalla quale voleva divorziare. Arrestato, è tirato fuori dai guai dal padre della morta, che vuole evitare lo scandalo e costringe gli agenti ad accettare la tesi della disgrazia. Il giornalista, innamoratosi nel frattempo di una ragazza che fa parte di una banda mafiosa, tenta quindi, inutilmente, di rifarsi con lei una nuova vita. I due sono infatti destinati a una tragica fine. ■ DRAMMATICO; COL.; 103′; USA, 1966. ■ OSCAR 1 NOM.

VIVI MA NON UCCIDERE *(Mord und Totschlag)* ★★★
Regia di VOLKER SCHLÖNDORFF. Con WERNER ENKE, ANITA PALLENBERG, HANS PETER. ■ Una ragazza che lavora come cameriera in un bar provoca senza volerlo la morte del proprio ragazzo. Chiede quindi aiuto a due giovani che si sbarazzano del cadavere scaricandolo in un cantiere autostradale. ■ DRAMMATICO; B/N; 93′; GERMANIA, 1967.

VIVI O PREFERIBILMENTE MORTI ★★
Regia di DUCCIO TESSARI. Con NINO BENVENUTI, ANTONIO CASAS, GIULIANO GEMMA, CHRIS HUERTA, SYDNE ROME. ■ Due cugini squattrinati ne combinano di tutti i colori per procurarsi del denaro. Ma sempre senza successo. Western in chiave umoristica, realizzato con discreto mestiere. ■ WESTERN; COL.; 102′; ITALIA, 1969.

VIVI, RAGAZZA, VIVI ★★
Regia di LORENZO ARTALE. Con ROSSANO BRAZZI, ALDO REGGIANI, PILAR VELASQUEZ, VICTORIA ZINNY. ■ Una ragazza di famiglia nobile e ricca e un giovane figlio di contadini sono amanti. La relazione è contrastata dai genitori di lei e i due fuggono. Il giovane, imbarcatosi su un peschereccio, provoca l'invidia di un collega che, per vendicarsi, cerca di uccidere la ragazza. Ma per fortuna non ci riesce e paga anzi con la sua vita. ■ DRAMMATICO; COL.; 92′; ITALIA, 1971.

VIVO E IL MORTO, IL *(The Quick and the Dead)* ★
Regia di ROBERT DAY. Con KATE CAPSHAW, TOM CONTI, SAM ELLIOTT. ■ Una storia che si è vista decine di volte nel cinema western. Una tranquilla famiglia, che è minacciata da dei pistoleri senza scrupoli, viene salvata da un cavaliere sconosciuto. ■ WESTERN; COL.; 93′; USA, 1987.

VIVO PER IL MIO AMORE *(That Certain Woman)* ★★★
Regia di EDMUND GOULDING. Con BETTE DAVIS, HENRY FONDA, IAN HUNTER, ANITA LOUISE. ■ Rifacimento di un grande successo del cinema muto. Vedova buona di un gangster vuole rifarsi una vita e sposa il figlio di un milionario. Ma questi fa di tutto per rovinare il matrimonio e ci riesce. Solo anni dopo, morto il perfido riccastro, i due potranno riunirsi felicemente. ■ DRAMMATICO; B/N; 93′; USA, 1937.

VIVO PER LA TUA MORTE ★★
Regia di ALEX BURKS. Con LEE BURTON, ROSALBA NERI, DICK PALMER, WAYDE PRESTON, STEVE REEVES, SILVANA VENTURELLI. ■ Mister muscoli, qui nella parte di un cowboy, accusato ingiustamente di assalto a un treno, è condannato ai lavori forzati. Riuscirà a fuggire e a fare tremenda vendetta. ■ WESTERN; COL.; 92′; ITALIA, 1968.

VIVO QUANTO BASTA PER AMMAZZARTI *(Santee)* ★★
Regia di GARY NELSON. Con MICHAEL BURNS, GLENN FORD, JAY SILVERHEELS, HARRY TOWNES. ■ Un ragazzo di diciannove anni giura di ammazzare un cacciatore di taglie che gli ha ucciso il padre. I due, divenuti casualmente compagni di viaggio, finiscono però per diventare amici. Il ragazzo, anzi, quando l'altro starà per soccombere di fronte a un pericoloso bandito, sacrificherà la propria vita per salvarlo. ■ WESTERN; COL.; 93′; USA, 1972.

VIVRÒ NEL TUO RICORDO *(La mujer de las camelias)* ★
Regia di ERNESTO ARANCIBA. Con SANTIAGO ARANCIBA, ZULLY MORENO, CARLOS THOMPSON. ■ Confusa vicenda che ricorda, da lontano, la *Signora delle camelie*. ■ DRAMMATICO; B/N; 93′; ARGENTINA, 1953.

VIXEN ★★
Regia di RUSS MEYER. Con JON EVANS, ERICA GAVIN, HARRISON PAGE, GARTH PILLSBURY. ■ Vixen è sposata con un pilota che lavora molto e la lascia spesso sola. Lei lo tradisce con altri uomini, lui in compenso fa l'eroe. Si tratta del primo film di Meyer esplicitamente erotico che anticipa la parte più goliardica e meno drammatica della sua carriera. ■ EROTICO; COL.; 70′; USA, 1969.

VIZI DI FAMIGLIA *(Rumor has it)* ★★★
Regia di ROB REINER. Con JENNIFER ANISTON, KEVIN COSTNER, RICHARD JENKINS, SHIRLEY MACLAINE, CHRISTOPHER MCDONALD, MARK RUFFALO, STEVE SANDVOSS, MENA SUVARI. ■ Charles Webb, chi era costui? È certamente più noto un suo romanzo, *Il laureato*. Webb, per la sua storia che nel 1967, grazie al film, girò il mondo, si ispirò a una famiglia vera di Pasadena, gli Huttinger, diventati nella finzione i Robinson. Insomma, la matura Anne Bancroft (cioè la signora Robinson) che sedusse il neolaureato Dustin Hoffman innamorato di sua figlia Katharine Ross, la ritroviamo qui nei panni di Shirley MacLaine, la nonna Katharine. La figlia è morta giovane. È rimasta la nipote. Ecco che nel 1997 la nipote, la trentenne Sara Huttinger, giornalista frustrata del «New York Times», torna a Pasadena in compagnia del fidanzato Jeff, per le nozze di sua sorella. ■ COMMEDIA; COL.; 96′; USA, 2005.

VIZIO DEL GIOCO SI PAGA CARO, IL ★★★
(Cure for Pokeritis)
Regia di LAURENCE TRIMBLE. Con LEAH BAIRD, JOHN BUNNY, WILLIAM R. DUNN, CHARLES ELDRIDGE, FLORA FINCH. ■ Uscito di casa col pretesto di un'importante riunione d'affari notturna, George Brown va in realtà a giocare a poker con gli amici. La sua arcigna moglie raduna un gruppo di studenti, li traveste da poliziotti e piomba sui birbanti. Una delle comiche più riuscite di John Bunny, corpulento comico sotto contratto con la Vitagraph. ■ COMICO; COL.; 15'; USA, 1912.

VIZIETTO, IL *(La cage aux folles)* ★★★
Regia di EDOUARD MOLINARO. Con CLAIRE MAURIER, LAURENT REMI, CARMEN SCARPITTA, MICHEL SERRAULT, UGO TOGNAZZI. ■ Il film ha per protagonisti una coppia di omosessuali – un italiano e un francese – che vivono come marito e moglie e gestiscono a Saint-Tropez un night per travestiti. L'italiano ha però nel suo passato una "macchia": una relazione con una donna, dalla quale è nato un figlio. Questi, raggiunti i vent'anni, si fidanza con la figlia di un uomo politico che sta per intraprendere una crociata contro l'immoralità. I due omosex sono nei pasticci. Alla fine, comunque, tutto si concluderà nel migliore dei modi. ■ COMMEDIA; COL.; 103'; FRANCIA, ITALIA, 1978. ■ DAVID DI DONATELLO 1 PR, 1 NOM; OSCAR 3 NOM, GOLDEN GLOBES 1 PR, 1 NOM.

VIZIETTO II, IL *(La cage aux folles II)* ★★
Regia di EDOUARD MOLINARO. Con MARCEL BOZZUFFI, MICHEL SERRAULT, UGO TOGNAZZI. ■ Secondo episodio, molto meno divertente del primo. Il travestito Albin, assieme all'amico del cuore Renato, è coinvolto addirittura in un intrigo spionistico. Un agente segreto è venuto a morire proprio alla *Cage aux folles* (il locale dove si esibisce Albin) e ha passato all'attonito "travestito" un microfilm contenente tutti i nomi di una rete spionistica straniera. Naturalmente tutta la "rete" si sguinzaglia alla caccia del microfilm (e del povero Albin). ■ COMMEDIA; COL.; 102'; FRANCIA, ITALIA, 1980.

VIZIETTO AMERICANO, IL *(The Ritz)* ★★
Regia di RICHARD LESTER. Con F. MURRAY ABRAHAM, RITA MORENO, TREAT WILLIAMS. ■ Il cugino di un boss mafioso ha fatto uno sgarro. Per scampare alla vendetta del parente, si rifugia in un albergo-sauna popolato in massima parte da omosessuali. Versione oltremodo pesante di una farsa già alquanto becera sul palcoscenico (a Broadway fu un grande successo e Rita Moreno vinse un Tony per lo stesso ruolo del film). ■ COMMEDIA; COL.; 91'; USA, 1976. ■ GOLDEN GLOBES 3 NOM.

VIZIETTO DELL'ONOREVOLE, IL ★★
(La gueule de l'autre)
Regia di PIERRE TCHERNIA. Con GEORGES GÉRET, JEAN POIRET, MICHEL SERRAULT, MICHEL BLANC. ■ Alla vigilia delle elezioni, l'onorevole Perrin, capo di un grande partito, viene a sapere dell'evasione di un certo Krauss, intenzionato a uccidere tutti i complici di un fattaccio compiuto anni prima a Gibuti. Naturalmente il politico faceva parte dell'antica banda e, terrorizzato, si nasconde e si fa sostituire nella vita pubblica dal cugino, che gli assomiglia tantissimo. ■ COMMEDIA; COL.; 90'; FRANCIA, 1979.

VIZIO DI FAMIGLIA *(It Runs in the Family)* ★★★
Regia di FRED SCHEPISI. Con RORY CULKIN, KIRK DOUGLAS, MICHAEL DOUGLAS, BERNADETTE PETERS. ■ Un famiglia disfunzionale di New York cerca di restare unita tra comici tentativi di riconciliazione. Se guardate il cast comprendete lo spirito dell'operazione ■ COMMEDIA; COL.; 110'; USA, 2003.

VIZIO E LA NOTTE, IL *(Le désordre et la nuit)* ★★★
Regia di GILLES GRANGIER. Con DANIELLE DARRIEUX, JEAN GABIN, NADIA TILLER. ■ Un funzionario di polizia, incaricato di far luce sull'assassinio del gestore di un locale notturno, incontra, in quell'ambiente equivoco, una ragazza tedesca dedita alla droga, che gli mostra subito simpatia. Il poliziotto, benché molto più anziano di lei, se ne innamora. I suoi superiori gli impongono di troncare la relazione. Ma lui continua a star vicino alla ragazza anche perché è convinto che potrà aiutarlo a risalire all'assassino. Così infatti avviene. Terminate le indagini, l'uomo darà le dimissioni e aiuterà la fanciulla a liberarsi dal vizio della droga. ■ POLIZIESCO; B/N; 93'; FRANCIA, 1958.

VIZIO E LA VIRTÙ, IL ★★★
Regia di ROGER VADIM. Con VALERIA CIANGOTTINI, CATHERINE DENEUVE, ANNIE GIRARDOT, OTTO EDUARD HASSE, ROBERT HOSSEIN, LUCIANA PALUZZI. ■ Una giovane parigina, catturata dalle SS, viene rinchiusa in un castello del Tirolo dove i sadici nazisti gliene fanno passare di tutti i colori. Sarà liberata dal fidanzato mentre la sorella, diventata l'amante di un ufficiale delle SS, perderà la vita. ■ DRAMMATICO; B/N; 90'; ITALIA, 1962.

VIZIO HA LE CALZE NERE, IL ★★
Regia di TANO CIMAROSA. Con TANO CIMAROSA, NINETTO DAVOLI, DANIELA GIORDANO, MAGDA KONOPKA, DAGMAR LASSANDER, JOHN RICHARDSON, GIACOMO ROSSI STUART. ■ Un misterioso assassino semina la morte fra le giovani donne di una corrotta provincia. I poliziotti incaricati delle indagini non sanno che pesci prendere. ■ GIALLO; B/N; 93'; ITALIA, 1975.

VIZI PRIVATI, PUBBLICHE VIRTÙ ★★★
Regia di MIKLÓS JANCSÓ. Con LAJOS BALÁSZOVITIS, LAURA BETTI, FRANCO BRANCIAROLI, IVAN PEJER, THERESE ANN SAVOY, UMBERTO SILVA, PAMELA VILLORESI. ■ Il 30 gennaio 1889 nel castello di Mayerling furono trovati uccisi l'erede al trono austro-ungarico, Rodolfo d'Asburgo, e la sua amante Maria Vetsera. La versione ufficiale del suicidio non ha mai dissipato il sospetto di un delitto di corte. In questo film si accredita la versione che il principe e i suoi strambi seguaci siano stati massacrati dalle guardie imperiali rifiutandosi di prendere in considerazione i ripetuti richiami dell'"odiato" imperatore. ■ DRAMMATICO; B/N; 100'; ITALIA, JUGOSLAVIA, 1975.

VLAD L'IMPALATORE *(Vlad Tepes)* ★★
Regia di DORU NASTASE. Con ERNST MATFEI, EMANOIL PETRUT, STEFAN SILEANU. ■ Vlad l'impalatore, ovvero la vera storia del conte Dracula. Che non fu, come dice la leggenda, un malefico vampiro, ma un eroe della Transilvania alla fine del Settecento. Insomma (quasi) una brava persona. Anche se aveva il vezzo di squartare i propri nemici. ■ AVVENTURA; COL.; 90'; ROMANIA, 1978.

VOCE DEL CIGNO, LA *(The Trumpet of the Swan)* ★★
Regia di TERRY L. NOSS, RICHARD RICH. ■ Dopo *Le avventure di Stuart Little* e *La tela di Carlotta* un altro dei libri per bambini di E. B. White diventa un film, co-diretto da quel Richard Rich che ha già firmato *L'incantesimo sul lago* e *Red e Toby nemiciamici*. Il protagonista di questa pellicola è un giovane cigno, Louie, nero e muto (un omologo del brutto anatroccolo). Non riesce, infatti, a cantare. Il padre decide allora di procurargli una tromba per farlo almeno suonare. Grazie anche all'aiuto di Monty, un umano che gli diventa amico, Louie imparerà a suonare, a comunicare con il mondo e a conquistare il cuore della sua innamorata. Film riuscito solo a metà. ■ ANIMAZIONE; COL.; 75'; USA, 2001.

VOCE DEL CUORE, LA *(Het srilfava)* ★
Regia di FELIX PODMANICZKY. Con GYULA CSORTOS, LASZLÓ SZILASSY. ■ Le fatiche di due giovani prima di sposarsi. ■ COMMEDIA; B/N; 91'; UNGHERIA, 1941.

VOCE DEL DIAVOLO, LA *(Talk of the Devil)* ★★
Regia di CAROL REED. Con RICARDO CORTEZ, SALLY EILERS, BASIL SYDNEY. ■ Drammone lacrimogeno. Per colpa del cognato galeotto, onesto industriale si uccide. E la polizia accusa una ragazza di averlo ucciso. Ma la ragazza è fidanzata a un giornalista americano che scopre tutto. Il galeotto, piuttosto che tornare in prigione, si uccide. ■ DRAMMATICO; B/N; 78'; GRAN BRETAGNA, 1936.

VOCE DELLA CALUNNIA, LA *(Personal Affair)* ★★
Regia di ANTHONY PELISSIER. Con LEO GENN, GLYNIS JOHNS, GENE TIERNEY. ■ Una ragazza di diciassette anni si innamora del suo giovane professore che è sposato. Affrontata dalla moglie dell'insegnante, la studentessa fugge facendo ricadere sulla testa del professore tutta una serie di calunniosi sospetti. Anche la moglie dell'uomo se ne va da casa. Ma alla fine tutto verrà chiarito. ■ DRAMMATICO; B/N; 83'; GRAN BRETAGNA, 1953.

VOCE DELLA FORESTA, LA ★★
(Und Ewig Singen die Wälder)
Regia di PAUL MAY. Con GERT FRÖBE, JOACHIM HANSEN, ANNA SMOLIK. ■ Nello scenario cupo e maestoso delle foreste norvegesi si scontrano due famiglie rivali. Si alternano drammi e tragedie dai foschi contorni, ma alla fine, l'amore sbocciato fra due giovani riporterà la serenità. ■ DRAMMATICO; COL.; 91′; AUSTRIA, 1959.

VOCE DELLA LUNA, LA ★★★
Regia di FEDERICO FELLINI. Con ROBERTO BENIGNI, NADIA OTTAVIANI, PAOLO VILLAGGIO. ■ Uno strano personaggio sente delle voci provenire da un pozzo, poi fa visita a un cimitero e salito su una scala scopre una botola che lo porterà a conoscere l'altra faccia del mondo. È praticamente impossibile raccontare un film di Fellini visto che lavora senza sceneggiatura vera e propria. Le sue sono suggestioni e idee montate a seconda dell'estro del momento. Un lungometraggio, questo, costato molti miliardi e tuttavia non "rientrato" nelle spese. Molto bravi sia Villaggio che Benigni. La storia è ormai conosciuta. Fra tante visioni e fantasie, il Maestro qualcosa di buono lo cavava sempre. ■ FANTASTICO; COL.; 115′; ITALIA, 1990. ■ DAVID DI DONATELLO 3 PR, 3 NOM.

VOCE DELLA MAMMA, LA *(El indiano)* ★
Regia di FERNANDO SOLER. Con RAFAEL ROMERO MARCHENT, AMPARO RIVELLES, FERNANDO SOLER. ■ Drammone sentimentale che ha per protagonista principale una cantante che accetta di uscire definitivamente dalla vita del figlio per consentirgli di sposare una ragazza di nobili natali. ■ DRAMMATICO; B/N; 93′; SPAGNA, 1960.

VOCE DELL'AMORE, LA *(The Sound of Love)* ★★
Regia di JOHN POWER. Con CELIA DE BURGH, JOHN JARRATT. ■ Un ragazzo incontra una ragazza. Si piacciono, diventano amanti. Ma il luogo d'incontro è una clinica dove sono entrambi ricoverati (perché affetti da sordità). Ma il tenero sentimento è destinato a durare, oppure uno di essi, una volta guarito, non vorrà più saperne dell'altro? ■ SENTIMENTALE; COL.; 93′; AUSTRALIA, 1979.

VOCE DELL'AMORE, LA *(One True Thing)* ★★
Regia di CARL FRANKLIN. Con LAUREN GRAHAM, WILLIAM HURT, TOM EVERETT SCOTT, MERYL STREEP, RENÉE ZELLWEGER. ■ Padre e madre si vogliono bene, ma non si amano. Lei fa la casalinga benestante, lui è professore universitario. Quando a lei viene diagnosticato un tumore il consorte non si fa problemi nel richiamare a casa la figlia giornalista che rischia di vedersi così interrompere la carriera. Quest'ultima avrà però modo di scoprire tutto un tessuto di relazioni che le sarebbero rimaste invece nascoste. La Zellweger, fino a questo punto della sua carriera, sembra destinata a un pianto (con naso e occhi rossi) a film. ■ DRAMMATICO; COL.; USA, 1998. ■ GOLDEN GLOBES 1 NOM; OSCAR 1 NOM.

VOCE DELLA TORTORA, LA *(The Voice of the Turtle)* ★★★
Regia di IRVING RAPPER. Con EVE ARDEN, WAYNE MORRIS, ELEANOR PARKER, RONALD REAGAN. ■ Giovane attrice, delusa da un dongiovanni, scopre in un soldato in licenza il grande amore. ■ COMMEDIA; B/N; 103′; USA, 1947.

VOCE DELL'URAGANO, LA ★★★
(The Voice of the Hurricane)
Regia di GEORGE FRASER. Con WILLIAM CLOSE, DAVID COLE, PHYLLIS KONSTAM, REGINALD OWEN, MURIEL SMITH, JANE WAX. ■ Una nera che lavora come governante presso la fattoria di un proprietario terriero inglese in Africa, benché si mostri fedele e remissiva, sta organizzando una rivolta contro i colonialisti. Proprio quando la sommossa sta per scoppiare, il figlio del proprietario della fattoria, un giovane antirazzista, soccorre una bambina nera investita dall'auto di un funzionario del governo e la trasporta in ospedale. Nonostante ciò, il giovane, trovatosi nella giungla allo scoppio di un violento uragano, sarà ucciso dai ribelli. La governante, sconvolta per il sacrificio di un innocente, fermerà la sommossa. ■ DRAMMATICO; COL.; 94′; USA, 1963.

VOCE DEL SANGUE, LA *(Meuschlein Matthias)* ★★
Regia di EDMUND HAUBERGER. Con LEOPOLD BIBERTI, PETRA MARIN, ROBI RAPP. ■ Figlio di ragazza madre diventa amico di suo padre, che si decide a sposare la donna. Tutti felici e contenti. ■ COMMEDIA; B/N; 93′; GERMANIA, 1941.

VOCE DEL SANGUE, LA ★★
Regia di PINO MERCANTI. Con EVI MALTAGLIATI, FRANCA MARZI, OTELLO TOSO. ■ Un ragazzo che non conosce il suo vero padre, per una serie di equivoci lascia la madre e rinuncia agli studi, imboccando una strada pericolosa. Il padre, per salvarlo, si farà uccidere. ■ DRAMMATICO; B/N; 94′; ITALIA, 1952.

VOCE DEL SILENZIO, LA ★★★
Regia di GEORG WILHELM PABST. Con EDUARDO CIANELLI, ALDO FABRIZI, JEAN MARAIS, PAOLO STOPPA. ■ Un fabbricante di candele, un uomo politico, un reduce dalla prigionia e un romanziere, tutti alle prese con gravi problemi di coscienza, si ritirano a meditare in un convento. Ciascuno prenderà una decisione diversa. Un ladro che s'era mischiato al gruppo per sfuggire alla polizia uscirà dal convento pentito. ■ DRAMMATICO; B/N; 92′; ITALIA, 1952.

VOCE DEL SILENZIO, LA *(House of Cards)* ★★
Regia di MICHAEL LESSAC. Con TOMMY LEE JONES, PARL OVERALL, KATHLEEN TURNER. ■ Sally ha cinque anni e ha subìto il trauma della morte accidentale del padre. Ha reagito chiudendosi in una grave forma di autismo. Inoltre cade spesso in una forma di sonnambulismo che la porta a muoversi in luoghi pericolosi come i tetti. La madre tende a negare questo problema finché viene messa dinanzi all'evidenza. Lo psichiatra che prende in cura Sally la convincerà che la bambina ha soprattutto bisogno del suo affetto. ■ DRAMMATICO; COL.; 118′; USA, 1992.

VOCE DEL VERBO AMORE ★★
Regia di ANDREA MANNI. Con CECILIA DAZZI, MAGDALENA GROCHOWSKA, TONY KENDALL. SIMONA MARCHINI, GIORGIO PASOTTI, STEFANIA ROCCA, ALBA ROHRWACHER. ■ Ugo e Francesca, trentacinquenni, sono sposati da dieci anni e hanno due figli. La frenesia della vita moderna, la difficoltà di conciliare famiglia e lavoro e soprattutto la routine di coppia li allontanano. Finché giunge inevitabile, e lì per lì senza grossi traumi, la separazione. *Voce del verbo amore*, opera seconda di Andrea Manni, prende avvio proprio da qui, dal momento in cui le strade dei protagonisti si dividono. Ma il destino è bizzarro: scommettiamo che scopriranno di amarsi ancora? ■ COMMEDIA; COL.; 92′; ITALIA, 2007.

VOCE DI BERLINGUER, LA ★★
Regia di MARIO SESTI, TEHO TEARDO. ■ Padova, piazza della Frutta 7 giugno 1984: Enrico Berlinguer, segretario del Pci, sta tenendo un comizio. Comincia a dar segni di disagio, poi di malessere, poco dopo si accascia sul palco. Recuperando i concetti di un precedente discorso del segretario il documentario evoca i tempi di una politica vera al centro della quale c'erano rapporti e confronti ben diversi dai codici della politica di adesso. ■ DOCUMENTARIO; COL.; 20′; ITALIA, 2013.

VOCE LONTANA ★★
Regia di GUIDO BRIGNONE. Con GIANFRANCO GIACHETTI, CARLO MAURI, SANDRA RAVEL. ■ Giovane di provincia si innamora di sciantosa, ma il padre lo riporta in campagna. ■ COMMEDIA; B/N; 92′; ITALIA, 1933.

VOCE MAGICA, LA *(The Climax)* ★★
Regia di GEORGE WAGGNER. Con TURHAN BEY, SUSANNA FOSTER, BORIS KARLOFF. ■ Il medico del Teatro dell'Opera tiene mummificato nel suo gabinetto il corpo di Marcellina, morta dieci anni prima e da lui amata follemente. Quando compare una nuova cantante che potrebbe interpretare l'opera che era stata scritta per Marcellina, il medico, pazzo di gelosia, tenta di uccidere la giovane. Ma muore nel rogo del suo gabinetto. ■ HORROR; COL.; 86′; USA, 1944. ■ OSCAR 1 NOM.

VOCE NELLA NOTTE, UNA *(The Night Listener)* ★★
Regia di PATRICK STETTNER. Con BECKY ANN BAKER, BOBBY CANNAVALE, TONI COLLETTE, RORY CULKIN, JOHN CULLUM, JOE MORTON, SANDRA OH, ROBIN WILLIAMS. ■ Gabriel Noone, scrittore di successo e conduttore radiofonico di un programma notturno, è in un momento di grande crisi: il suo compagno, giovanissimo e sieropositivo, l'ha lasciato e lui non sembra più in grado di scrivere e inventare storie. Un suo amico gli consegna il

manoscritto di un quattordicenne che racconta la sua terribile infanzia segnata da ripetuti abusi sessuali. Lo scrittore inizia a trascorrere ore e ore al telefono con il ragazzo, ma quando i due decideranno d'incontrarsi, Gabriel capirà che la realtà non è sempre come sembra o come viene raccontata. ■ DRAMMATICO; COL.; 86'; USA, 2006.

VOCE NELLA TEMPESTA – CIME TEMPESTOSE, LA *(Wuthering Heights)* ★★★★★
Regia di WILLIAM WYLER. Con MILES MANDER, DAVID NIVEN, MERLE OBERON, LAURENCE OLIVIER, FLORA ROBSON. ■ Dall'omonimo romanzo della grande scrittrice vittoriana Emily Brontë. Questo film, uscito alla vigilia della seconda guerra mondiale, ebbe un enorme successo e fece conoscere Olivier in tutto il mondo. Racconta la storia drammaticissima di un amore impossibile tra uno zingaro trovatello, allevato in una casa dove vivono un fratello e una sorella, e la sorella stessa. Il fratello lo odia, la sorella lo ama. Quando il padre dei due muore, il fratello caccia il giovane zingaro, che tornerà dopo alcuni anni, avendo fatto fortuna in America. Vorrà riconquistare la ragazza, che resta però fedele all'uomo che nel frattempo ha sposato. Ma la poveretta, sconvolta dai suoi contrastanti sentimenti, morirà di disperazione. I due interpreti sono eccellenti e il regista dà alla vicenda un ritmo eccezionale; splendida anche la fotografia curata da Gregg Toland, che due anni dopo collaborò a *Quarto potere* di Welles. ■ DRAMMATICO; B/N; 103'; USA, 1939. ■ OSCAR 1 PR, 8 NOM.

VOCE NELL'OMBRA, LA *(The Long Shot)* ★★
Regia di CHARLES LAMONT. Con MARSHA A. HUNT, GORDON JONES, GEORGE STONE. ■ Qualcuno trama nell'ombra per sabotare i cavalli di un concorrente, il quale si finge morto per scoprire chi è il suo nemico. Intanto sua nipote allena un magnifico purosangue che vince un mucchio di corse. La ragazza sposa chi l'ha aiutata ad allenare il cavallo e il vecchio scopre chi è il suo nemico. ■ COMMEDIA; B/N; 82'; USA, 1938.

VOCE NEL TUO CUORE, UNA ★★
Regia di ALBERTO D'AVERSA. Con CONSTANCE DOWLING, FIORELLA CAMEN FORTI, VITTORIO GASSMAN. ■ Un giornalista si innamora di una cantante e la sposa. Poi parte per una difficile missione che lo tiene lontano per molto tempo. La moglie, diventata nel frattempo mamma, teme di essere stata abbandonata. Ma poi lui torna. ■ COMM. MUSICALE; B/N; 93'; ITALIA, 1949.

VOCE NEL VENTO, UNA *(A Voice in the Wind)* ★★
Regia di ARTHUR RIPLEY. Con SIGRID GURIE, FRANCIS LEDERER, J. CARROL NAISH. ■ Strano, suggestivo film di propaganda antinazista addirittura sofisticato in certe sequenze (come nella recita della compagnia di guitti). Protagonista è un pianista cecoslovacco perseguitato dai nazi. Torturato, perde la memoria. Lo ritroveranno che suona il piano in un sordido locale in Sudamerica. Ma la sua innamorata passa di lì, riconosce la loro canzone, ritrova l'uomo e gli fa ritrovare la memoria. Ma è troppo tardi. ■ DRAMMATICO; B/N; 91'; USA, 1944. ■ OSCAR 2 NOM.

VOCE PER GRIDARE, UNA *(Light It Up)* ★★
Regia di CRAIG BOLOTIN. Con ROSARIO DAWSON, JUDD NELSON, USHER RAYMOND, ROBERT RICHARD, FOREST WHITAKER. ■ In una scuola superiore nel quartiere degradato di Queens un gruppo di studenti si asserraglia in un'aula in seguito all'allontanamento di uno dei pochi insegnanti che capiscono i ragazzi. Un poliziotto si trova a fare da mediatore. Film corretto ma non molto di più. ■ DRAMMATICO; COL.; 99'; USA, 1999.

VOCE SENZA VOLTO ★★
Regia di GENNARO RIGHELLI. Con GIOVANNI MANURITA, LAURA NUCCI. ■ Un operaio che ha una bella voce di tenore viene chiamato a sostituire un celebre cantante lirico diventato improvvisamente afono. A sua insaputa, il contratto gli impedisce però di rivelare la propria identità. Troverà però presto il modo di farsi conoscere. ■ COMM. MUSICALE; B/N; 93'; ITALIA, 1938.

VOCE, UNA CHITARRA E UN PO' DI LUNA, UNA ★
Regia di GIACOMO GENTILOMO. Con GABY ANDRÉ, VALERIA MORICONI, TEDDY RENO. ■ Fumettaccio per far cantare Teddy Reno, marito di una perfida donna. Abbandonato da lei, deve rubare per curare la mamma malata e dar da mangiare a sua figlia. Sarebbe alla fame se una sua amica non lo introducesse alla Rai dove canta e ottiene successo. La perfida muore e Teddy può sposare l'amica. ■ DRAMMATICO; B/N; 94'; ITALIA, 1956.

VOCI ★★
Regia di FRANCO GIRALDI. Con VALERIA BRUNI TEDESCHI, GABRIELE LAVIA, MIKI MANOJLOVIC, GABRIELLA PESSION. ■ Franco Giraldi adatta per lo schermo l'omonimo romanzo di Dacia Maraini. Angela, vitale e spensierata, vive a Genova, nello stesso palazzo in cui abita Michela, giovane giornalista timida e schiva, che sembra invece reprimere la sua forza interiore e la sua voglia di vivere. L'omicidio di Angela spinge Michela a indagare sul misterioso delitto: emerge un passato doloroso e scomodo, che la vittima aveva cercato di nascondere e nel quale si cela, forse, la chiave per smascherare l'assassino. Indagando sulla vita e sulla misteriosa morte di Angela, Michela imparerà a vedere la vita con altri occhi. ■ DRAMMATICO; COL.; 110'; ITALIA, 2002.

VOCI BIANCHE, LE ★★★
Regia di PASQUALE FESTA CAMPANILE, MASSIMO FRANCIOSA. Con ANOUK AIMÉE, VITTORIO CAPRIOLI, PAOLO FERRARI, CLAUDIO GORA, GRAZIELLA GRANATA, SANDRA MILO. ■ Nella Roma settecentesca sono di moda i cantori evirati. Un popolano, deciso a intraprendere questa particolare carriera per sfuggire alla miseria, si finge castrato con la complicità di un chirurgo. In tal modo può entrare liberamente negli appartamenti di molte nobili dame. Ma il suo segreto non dura molto perché finisce per mettere incinta la bella moglie di un anziano principe. A questo punto deve scegliere fra la condanna a morte e la rinuncia ai suoi attributi virili. Preferirà la seconda soluzione. ■ COMICO; COL.; 105'; ITALIA, 1964.

VOCI DAL PROFONDO ★
Regia di LUCIO FULCI. Con DUILIO DEL PRETE, KARINA HUFF, PASCAL PERSI. ■ Lui non era certo uno stinco di santo. Ora è morto ma decide di perseguitare tutti dall'aldilà anche perché la sua morte non è di quelle più facili da spiegare. Dalle persecuzioni si salva solo la giovane figlia. ■ THRILLER; COL.; 80'; ITALIA, 1991.

VOCI D'EUROPA ★★
Regia di CORSO SALANI. Con MONICA RAMETTA, CORSO SALANI. ■ Si tratta di tre cortometraggi girati nell'arco di quattro anni in tre diverse nazioni. In *Semmi Mas* Alberto e Njiska sono in Ungheria per cercare la città natale di lei. In *Radio Miramar* Alberto incontra a Gibilterra una sua ex, Bianca, che ora sta con Gabriel. Infine lo ritroviamo in Spagna in *Descuidos*. Qui ha una storia con Claire, una studentessa americana che entra profondamente nella sua vita. ■ DRAMMATICO; COL.; 110'; ITALIA, 1990.

VOCI LONTANE SEMPRE PRESENTI ★★★
(Distant Voices... Still Lives)
Regia di TERENCE DAVIES. Con FREDA DOWIE, ANGELA WALSH, DEAN WILLIAMS. ■ Scene di vita familiare in casa dei Davies, una famiglia cattolica di Liverpool. Nella prima parte, ambientata negli anni Quaranta, si sposa la figlia maggiore e muore il padre. Nella seconda si sposa il figlio maschio. Una delle punte alte della stagione 1988/1989, l'autobiografia cinematografica di Terence Davies, un autore "off" di grande talento. ■ DRAMMATICO; COL.; 85'; GRAN BRETAGNA, 1987.

VOCI NEL TEMPO ★★★
Regia di FRANCO PIAVOLI. ■ Le voci del tempo sono i normali rumori della vita nel paese di Castellaro: i giochi dei bambini, i motori che rombano, la musica da ballo, soprattutto i rumori impalpabili e misteriosi della natura. E la macchina esamina circolarmente i paesaggi nella luce diversa della giornata, poi delle stagioni, poi degli anni. Piccole registrazioni di sentimenti e di atti, normali e conosciuti, ma che quasi avevamo dimenticato. Un buon tentativo. ■ SENTIMENTALE; COL.; 86'; ITALIA, 1996.

VODKA LEMON ★★★
Regia di HINER SALEEM. Con ROMIK AVINIAN, YVAN FRANEK, ARMEN MAROUTNIAN, ROSANNA VITE MESROPIAN, LALA SARKISSIAN. ■ Nell'Armenia del post-comunismo, Hamo è un sessantenne vedovo ma piacente. Ha tre figli che manda avanti con una pensione militare insignificante. Il lavoro non lo cerca

nemmeno perché tanto in Armenia non c'è. Non c'è nulla in Armenia. Ma di colpo arriva Nina nella vita di Hamo, vedova e carina come lui, conosciuta – guarda un po' – proprio al cimitero in visita ai rispettivi defunti coniugi. Un film denso di poesia e lieve come una piuma quello di Hiner Saleem. Capace di inserirsi nel filone della nuova cinematografia dell'Est Europa con una visione originale. Tragedia e commedia si fondono e confondono senza mai dimenticare la tenerezza dello sguardo. ■ DRAMMATICO; COL.; 88'; ARMENIA, FRANCIA, ITALIA, SVIZZERA, 2003.

VOGLIA ADDOSSO, LA *(Middle Age Crazy)* ★★
Regia di JOHN TRENT. Con BRUCE DERN, DIANE DEWEY, ANN MARGRET. ■ Dopo vent'anni di matrimonio, un uomo entra in crisi: la moglie ninfomane lo disgusta, la madre lo opprime, il figlio lo delude. Nulla di meglio che concedersi un'avventuretta galante a Las Vegas, lasciando che la moglie se la spassi con un poliziotto, onde poi ritornare nei ranghi, perdonare la consorte e recuperare il figlio. ■ COMMEDIA; COL.; 95'; CANADA, 1980.

VOGLIA DA MORIRE, UNA ★★
Regia di DUCCIO TESSARI. Con ANNIE GIRARDOT, MICHEL LEMOINE, ALBERTO LIONELLO, REGINE OHANN, RAF VALLONE. ■ Due signore della ricca borghesia milanese, in vacanza ad Arenzano, decidono di mettere alla prova il loro potere di seduzione improvvisandosi per una notte prostitute di strada. Una rimane uccisa, l'altra torna a Milano terrorizzata. I mariti, per evitare lo scandalo, preferiranno mettere tutto a tacere. ■ DRAMMATICO; B/N; 91'; ITALIA, 1965.

VOGLIA DI DONNA ★★
Regia di FRANCO BOTTARI. Con GIANNI CAVINA, LAURA GEMSER, CARLO GIUFFRÈ, RENA NIEHAUS, LUCIANO SALCE, ILONA STALLER. ■ Tre episodi: nel primo, due giovani sposi rivedono sul video i loro amplessi, registrati in videotape. Per una misteriosa causa tecnica, l'intero caseggiato fa però da spettatore. Nel secondo, un fidanzato geloso cerca di scoprire se la sua ragazza lo tradisce col principale. La giovane però scopre il trucco e lo pianta. Nel terzo episodio, grazie a uno scienziato che riesce a materializzare le immagini televisive, un gelataio ha un'avventura con Ilona Staller. ■ COMMEDIA; COL.; 93'; ITALIA, 1978.

VOGLIA DI FRAGOLA ★★
Regia di MASSIMO MELLANO, LUIGI TOSO. Con PIERO ASTORE, EMANUELA CHIPPERO, STELLA CIGNA. ■ Un film in sedici millimetri proiettato al Festival di Torino. Siamo nei primi anni Sessanta: una coppia ha appena avuto due gemelli e decide di provare l'ibernazione. Il loro scopo è di farsi risvegliare quando i due figli avranno la loro età. Al risveglio non mancano i problemi. ■ COMMEDIA; COL.; 76'; ITALIA, 1988.

VOGLIA DI GUARDARE ★
Regia di JOE D'AMATO. Con MARINO MASÉ, SEBASTIANO SOMMA, JENNY TAMBURI. ■ Opera standard, condotta secondo i canoni cari ad Aristide Massaccesi, alias Joe D'Amato: brillante chirurgo, aspirante guardone, cede la moglie al brillante proprietario di un raffinato bordello, per poterla osservare da dietro uno specchio. ■ EROTICO; COL.; 90'; ITALIA, 1985.

VOGLIA DI LIBERTÀ *(Pobre Mariposa)* ★★★
Regia di RAUL LA TORRE. Con GRACIELA BORGES, RICARDO DARIN, LAUTARO MURUA. ■ Nel dopoguerra, un'attrice radiofonica, moglie felice di un medico, viene a conoscere le circostanze della morte del padre, un giornalista ebreo ucciso dai peronisti in combutta con i nazisti rifugiati in Sudamerica. La donna cerca di rivelare i fatti all'opinione pubblica, ma i carnefici del padre sono pronti a uccidere ancora. ■ DRAMMATICO; COL.; 93'; ARGENTINA, 1986.

VOGLIA DI RICOMINCIARE ★★
Regia di MICHAEL CATON-JONES. Con ELLEN BARKIN, ROBERT DE NIRO, LEONARDO DI CAPRIO. ■ Stati Uniti anni Cinquanta. Caroline, divorziata, attraversa il paese con il figlio Toby. L'anima un grande ottimismo che si dovrà scontrare con l'uomo che sembra disposto a dividere con lei la vita. Si chiama Dwight, sembra simpatico ma sarà un patrigno molto duro per l'adolescente Toby. Storia *déjà-vu* per due attori che potrebbero scegliere soggetti migliori. ■ DRAMMATICO; COL.; 115'; USA, 1993.

VOGLIA DI RICOMINCIARE *(My Name is Kate)* ★
Regia di ROD HARDY. Con DONNA MILLS, NIA PEEPLES, DANIEL J. TRAVANTI. ■ Kate è un'alcolista e il marito la fa ricoverare in clinica. Lei guarisce e sposa la causa di un'associazione che aiuta gli alcolizzati. ■ DRAMMATICO; COL.; 90'; USA, 1994.

VOGLIA DI TENEREZZA *(Terms of Endearment)* ★★★🏆
Regia di JAMES L. BROOKS. Con SHIRLEY MACLAINE, JACK NICHOLSON, DEBRA WINGER. ■ Le vite parallele di due donne, madre e figlia, Aurora e Emma. Malgrado il parere contrario della madre, Emma sposa un modesto insegnante di provincia, ha con lui tre figli, e il matrimonio sembra felice fin quando l'uomo la tradisce con un'allieva. Per ripicca, lo tradisce anche lei. Intanto la madre stringe un'affettuosa amicizia con un ex astronauta suo vicino di casa, ironico e vissuto; una rinascita affettiva nella quale lei, alla soglia dei cinquant'anni, non sperava più. Quando Emma muore di cancro, sarà lei, con il suo nuovo compagno, ad assumersi la responsabilità dei tre ragazzi. Un'interpretazione maiuscola della MacLaine, servita da un'ottima sceneggiatura. ■ DRAMMATICO; COL.; 132'; USA, 1983. ■ DAVID DI DONATELLO 🏆 1 PR, 1 NOM; GOLDEN GLOBES 🏆 4 PR, 5 NOM; OSCAR 🏆 5 PR, 9 NOM.

VOGLIA DI VINCERE *(Teen Wolf)* ★★★
Regia di ROD DANIEL. Con MICHAEL J. FOX, JAMES HAMPTON, JERRY LEVINE. ■ L'impacciato studentello Marty, alle prese con i problemi tipici della sua età, conquista fama, successo e donne quando scopre di essere un lupo mannaro per fattore ereditario: lo è anche il padre. Ma alla resa dei conti vuole vincere con la sua vera personalità "umana". Commedia giovanile simpatica e sottilmente morale, con un Michael J. Fox in più (qualche anno prima della diagnosi di morbo di Parkinson precoce). ■ COMMEDIA; COL.; 91'; USA, 1985.

VOGLIA DI VINCERE 2 *(Teen Wolf Two)* ★★
Regia di CHRISTOPHER LEITCH. Con JOHN ASTIN, JASON BATEMAN, KIM DARBY. ■ Uno studente dell'Hamilton College si scopre la natura di "uomo lupo". Durante le trasformazioni, è molto più forte e agile (tutto sta ad azzeccare i momenti di trasformazione). Il ragazzo azzecca e, durante un attacco di licantropia, affronta il campione di boxe regionale e lo batte. ■ COMMEDIA; COL.; 95'; USA, 1987.

VOGLIA DI VITA *(On the Loose)* ★★
Regia di CHARLES LEDERER. Con LYNN BARI, MELVIN DOUGLAS, IOAN EVANS. ■ Coppia di genitori crede di poter risolvere i problemi della figlia semplicemente ignorandoli. Devono ricredersi, prima che il prezzo da pagare (per l'intera famiglia) diventi troppo caro. ■ COMMEDIA; B/N; 93'; USA, 1951.

VOGLIA DI VIVERE VOGLIA D'AMARE ★★
(En toute intimité – Mon premier été)
Regia di JOAO CORREA. Con ANDRÉ DAUFEL, CLAUDE HUART, TRILLE JORGENSEN. ■ Una ragazza, rimasta orfana, vive ad Anversa nella villa di un ricco zio. Scopre che la zia ha per amante un trafficante d'armi e glielo soffia proprio mentre l'uomo sta per consegnare un grosso carico a dei terroristi. La zia per vendicarsi denuncia l'ex amante, causando la morte della povera orfanella. ■ DRAMMATICO; B/N; 91'; BELGIO, FRANCIA, 1977.

VOGLIA MATTA, LA ★★★★
Regia di LUCIANO SALCE. Con GIANNI GARKO, CATHERINE SPAAK, UGO TOGNAZZI. ■ Un industriale milanese quarantenne, mentre sta recandosi a visitare il figlio in collegio, si imbatte in un gruppo di studenti diretti al mare. L'industriale accetta di accompagnarli e di trascorrere con loro il weekend. Messo alla berlina con una serie di scherzi, si invaghisce di una ragazzina che per qualche momento lo fa illudere di essere di nuovo ventenne. Ma, terminata la giornata festiva, la ragazzina se ne va coi suoi compagni e l'industriale deve rendersi conto che indietro non si torna. ■ COMMEDIA; B/N; 105'; ITALIA, 1962.

VOGLIAMOCI BENE ★★
Regia di PAOLO WILLIAM TAMBURELLA. Con NANDO BRUNO, LAURO GAZZOLO, PATRIZIA MANGANO, PAOLO STOPPA. ■ Alla fine della guerra, raccolti i fondi per far riparare l'orologio del campanile, il parroco di un paesino si trova alle prese coi comu-

nisti che pretendono di gestire il denaro raccolto. Tutto si risolverà per il meglio, come nei film di don Camillo e Peppone. ■ COMICO; B/N; 92′; ITALIA, 1949.

VOGLIAMOCI TROPPO BENE ★★
Regia di FRANCESCO SALVI. Con ENZO BRASCHI, BARBARA D'URSO, HOLLY HIGGINS, MARCO PREDOLIN, FRANCESCO SALVI. ■ Un creativo stravagante vive una serie di avventure demenziali nella Milano semideserta di ferragosto. Impegno di Salvi su tutti i livelli, dall'interpretazione alla regia, alla sceneggiatura, alle musiche. Tanta fatica per una mediocre farsa. ■ COMICO; COL.; 90′; ITALIA, 1989.

VOGLIAMO DIMAGRIRE *(Let's Face it)* ★★★
Regia di SIDNEY LANFIELD. Con BOB HOPE, BETTY HUTTON. ■ Sfasciata una jeep, un militare, in procinto di sposarsi, deve pagare i danni. Assieme a due colleghi accetta perciò di trascorrere la domenica con tre mature signore che vogliono rivalersi dell'infedeltà dei mariti. Nella località prescelta giungono però le fidanzate dei tre soldati e i mariti delle tre donne con le loro amichette. I tre militari fuggono in barca rischiando di essere catturati da un sommergibile tedesco. Lieto fine. ■ COMICO; B/N; 76′; USA, 1943.

VOGLIAMO I COLONNELLI ★★★
Regia di MARIO MONICELLI. Con JEAN-CLAUDE DAUPHIN, DUILIO DEL PRETE, GIUSEPPE MAFFIOLI, FRANÇOIS PÉRIER, CARLA TATÒ, UGO TOGNAZZI. ■ Un deputato dell'estrema destra convince alcuni colonnelli a fare un colpo di Stato. Il complotto però fallisce per merito del ministro degli Interni che, approfittando della conquistata popolarità, concentra tutto il potere nelle sue mani. ■ COMICO; COL.; 100′; ITALIA, 1973.

VOGLIAMO LA CELEBRITÀ *(Break the News)* ★★★
Regia di RENÉ CLAIR. Con JACK BUCHANAN, MAURICE CHEVALIER, JUNE KNIGHT. ■ Due attori, per ottenere la notorietà, fingono di litigare per i begli occhi di una diva, poi uno dei due scompare. I giornali ne parlano, la polizia pensa a un delitto, il finto omicida viene arrestato: tutto come la coppia aveva programmato. Il finto morto, però, quando il compagno è condannato alla pena capitale, per una serie di vicende, tarda a farsi vivo. Alla fine, per fortuna, tutto si risolve per il meglio. ■ COMMEDIA; B/N; 78′; USA, 1938. ■ VENEZIA 1 PR.

VOGLIAMO L'AMORE *(Girl's School)* ★★
Regia di JOHN BRAHM. Con NAN GREY, ANNE SHIRLEY. ■ Sciroppposa storia di una collegiale che riesce a far riunire i genitori separati di una sua compagna di studi. ■ COMMEDIA; B/N; 80′; USA, 1938. ■ OSCAR 1 NOM.

VOGLIAMO VIVERE! *(To Be or not to Be)* ★★★★
Regia di ERNST LUBITSCH. Con JACK BENNY, CAROLE LOMBARD, ROBERT STACK. ■ A Varsavia, pochi giorni prima dell'invasione nazista, un gruppo di attori sta provando una commedia. Scoppia la guerra e l'affiatato gruppo riesce a organizzare alcuni colpi contro gli invasori. Alla fine gli attori riescono addirittura a scappare in Gran Bretagna adoperando l'aeroplano personale del Führer. ■ COMMEDIA; B/N; 99′; USA, 1942. ■ OSCAR 1 NOM.

VOGLIE PAZZE, DESIDERI... NOTTI DI PIACERE ★
(The Amorous Milkman)
Regia di DERREN NESBITT. Con JULIE EGE, FRED EMNEY, BILL FRASER. ■ Un giovane laziale si guadagna da vivere a Londra come lattaio. Costretto a delle gran levatacce, trova di che consolarsi con le vogliose clienti, ma ciò non gli impedisce di passare un sacco di guai. ■ COMMEDIA; COL.; 91′; GRAN BRETAGNA, 1974.

VOGLIO BENE SOLTANTO A TE ★★
Regia di GIUSEPPE FATIGATI. Con LUIGI ALMIRANTE, BENIAMINO GIGLI, GRETA GONDA, TINO SCOTTI. ■ Un celebre tenore, scritturato per un film, si innamora di un'attrice. Ma la ragazza, pur accettando la sua corte, continua a civettare con altri. Il tenore, ingelosito, se ne va bloccando la lavorazione del film. Una delegazione di operai, licenziati per causa sua, lo convincerà a tornare sulla sua decisione. ■ COMM. MUSICALE; B/N; 94′; ITALIA, 1946.

VOGLIO DANZARE CON TE *(Shall We Dance)* ★★★★
Regia di MARK SANDRICH. Con FRED ASTAIRE, ERIC BLORE, EDWARD EVERETT HORTON, GINGER ROGERS. ■ Due celebri ballerini, in seguito a un equivoco, vengono creduti marito e moglie. I due decidono di sposarsi davvero e poi divorziare, in modo da mettere a tacere i pettegolezzi. Ma una volta sposati si accorgono di amarsi davvero. ■ COMM. MUSICALE; B/N; 116′; USA, 1937. ■ OSCAR 1 NOM.

VOGLIO ESSERE AMATA *(She Married her Boss)* ★★★
Regia di GREGORY LA CAVA. Con CLAUDETTE COLBERT, MELVIN DOUGLAS, MICHAEL BARTLETT. ■ Un grande uomo d'affari ha una segretaria modello che lo ama in silenzio. A un certo punto, divorziato e con la casa che va a rotoli per la presenza di una figliadiscolo, chiede alla segretaria di sposarlo. Lui intende accaparrarsi l'abilità della donna, non il suo amore. Crisi di lei, ma alla fine anche lui si innamora davvero. ■ COMMEDIA; B/N; 85′; USA, 1935.

VOGLIO ESSERE AMATA *(Hab mich lieb)* ★★
Regia di HAROLD BRAUN. Con MARIKA RÖKK, VIKTOR STAAL. ■ Giovanotto affronta una ballerina per convincerla a non sposare un suo amico. Ma se ne innamora istantaneamente e dopo lunghe litigate finirà per sposarla. ■ COMMEDIA; B/N; 92′; GERMANIA, 1942.

VOGLIO ESSERE AMATA IN UN LETTO D'OTTONE *(The Unsinkable Molly Brown)* ★★★
Regia di CHARLES WALTERS. Con ED BEGLEY JR, HARVE PRESNELL, DEBBIE REYNOLDS, JACK KRUSCHEN. ■ Due sposi, diventati ricchi dopo la scoperta di una miniera d'oro, vengono respinti dall'aristocrazia di Denver perché di umili origini. Intrapreso un lungo viaggio in Europa, stringono amicizia con nobili personaggi imparando a raffinare i loro modi di fare e, una volta tornati a Denver, possono prendersi la loro rivincita. Fra marito e moglie incominciano però a crearsi dei contrasti perché lui è rimasto fedele alle sue abitudini provinciali. I due si separeranno, ma lei ben presto si stancherà della sua vita fatua e tornerà dal coniuge. ■ COMMEDIA; COL.; 128′; USA, 1964. ■ OSCAR 6 NOM.

VOGLIO ESSERE PIÙ AMATA *(Orchestra Wives)* ★★★
Regia di ARCHIE MAYO. Con LYNN BARI, CAROLE LANDIS, GEORGE MONTGOMERY, ANN RUTHERFORD, GLENN MILLER. ■ La moglie di un suonatore di tromba, per vendicarsi delle pettegole mogli dei colleghi del marito, mette in giro delle chiacchiere sui loro coniugi. L'orchestra si sfalda. La colpevole troverà però il modo di ricostituirla e di tornare col marito che nel frattempo l'aveva lasciata. ■ COMMEDIA; B/N; 98′; USA, 1942. ■ OSCAR 1 NOM.

VOGLIO ESSERE TUA *(My Forbidden Past)* ★★★
Regia di ROBERT STEVENSON. Con MELVIN DOUGLAS, AVA GARDNER, ROBERT MITCHUM. ■ Una ragazza ricca e viziata, per liberarsi della moglie di un giovane medico di cui è innamorata, convince il proprio fratello a corteggiare la rivale. Quest'ultima cade nella trappola e si convince a divorziare. Durante una violenta lite col giovane amante, resta però accidentalmente uccisa. Il medico, accusato di uxoricidio, sarà scagionato dalla ricca innamorata, presa dai rimorsi. ■ DRAMMATICO; B/N; 81′; USA, 1951.

VOGLIO FARE IL SIGNORE *(This is the Life)* ★★
Regia di ALBERT DE COURVILLE. Con GORDON HAKER, BINNIE HALE. ■ Un'eredità sconvolge la vita di una famiglia. Tutti si mettono a spendere e spandere, ma i soldi finiscono ben presto. Resta solo l'amore di due giovani. ■ COMMEDIA; B/N; 78′; GRAN BRETAGNA, 1934.

VOGLIO LA LIBERTÀ *(Up the Sandbox)* ★★★
Regia di IRVIN KERSHNER. Con PAUL BENEDICT, ARIANE HELLER, JANE HOFFMAN, JACOBO MORALES, DAVID SELBY, BARBRA STREISAND. ■ Totalmente assorbita dalle incombenze della casa e dai figlioletti, una donna cerca nei sogni lo sfogo che le consenta di affermare la propria personalità. Riportata alla realtà quotidiana dalla scoperta di essere di nuovo incinta, ha paura di rivelare la novità al marito. Ma lui, che l'ama sinceramente anche se la trascura, si dimostra felice e promette anzi di passare più tempo in casa per consentirle di essere un po' più libera. ■ COMMEDIA; COL.; 97′; USA, 1972.

VOGLIO LA TESTA DI GARCIA ★★★
(Bring me the Head of Alfredo Garcia)
Regia di SAM PECKINPAH. Con WARREN OATES, ISELA VEGA, ROBERT WEBBER, GIG YOUNG. ■ Un donnaiolo violenta la figlia di un ricco piantatore. Questi offre una taglia di un milione di pesos a chi gli porti la testa del responsabile. Ci sarà chi lo accontenterà, non esitando, per guadagnare la taglia, a fare una vera e propria strage. ■ DRAMMATICO; COL.; 112′; USA, 1974.

VOGLIO SPOSARE MIA MOGLIE *(Arlette et l'amour)* ★★
Regia di ROBERT VERNAY. Con ALERME ANDRÉ, ROSETTE DAY, JIMMY GAILLARD, ANDRÉ LUNGUET. ■ Facendosi passare per un conte, un avventuriero sposa una ricca fanciulla. Proprio il giorno delle nozze, però, viene smascherato e fugge. Per ottenere l'annullamento del matrimonio, la ragazza si reca dal vero conte, se ne innamora e lo sposa. ■ COMMEDIA; B/N; 104′; FRANCIA, 1943.

VOGLIO SPOSARLE TUTTE *(California Holiday)* ★★★
Regia di NORMAN TAUROG. Con SHELLEY FABARES, DIANE MCBAIN, ELVIS PRESLEY. ■ Un cantante sfugge alle insidie di tre belle ragazze che vorrebbero sposarlo, facendo in modo che finiscano fra le braccia di tre giovani. ■ COMM. MUSICALE; COL.; 90′; USA, 1966.

VOGLIO STARE SOTTO AL LETTO ★
Regia di BRUNO COLELLA. Con MICHELLE HUNZIKER, ROCCO PAPALEO, GIORGIO PASOTTI, MARIO SCACCIA. ■ Leonardo è un giovane regista teatrale che, grazie all'aiuto di un anziano comico, entra in contatto con un produttore che accetta, entusiasta, le sue proposte. In realtà vuole solo assistere alle sue prestazioni erotiche stando, appunto, sotto al letto. Commedia volgare che coinvolge la, all'epoca, signora Ramazzotti (Eros). ■ COMMEDIA; COL.; 88′; ITALIA, 1999.

VOGLIO TORNARE A CASA *(I Want to Go Home)* ★★★
Regia di ALAIN RESNAIS. Con GÉRARD DEPARDIEU, ADOLPH GREEN, MICHELINE PRESLE. ■ Un disegnatore di fumetti americano viene invitato a Parigi da un editore un po' snob che lo tratta come un superstar della cultura. Il vecchio *cartoonist* è frastornato dagli avvenimenti, e il suo imbarazzo è aumentato dall'umor nero della moglie e della figlia. Più di una volta è tentato di prendere il primo aereo per gli Usa. Poi la madre dell'editore lo introduce alle dolcezze della Francia. Più che di Resnais il film è opera dello sceneggiatore Jules Feiffer, celebre autore di strips, che ha assemblato i suoi ricordi degli anni Sessanta. ■ COMMEDIA; COL.; 100′; FRANCIA, 1989. ■ VENEZIA 3 PR.

VOGLIO UNA DONNAAA! ★
Regia di LUCA MAZZIERI, MARCO MAZZIERI. Con ROCCO BARBARO, ANTONELLA ELIA, MASSIMO OLCESE, STEFANIA ROCCA. ■ Mario si fa arrestare a Ferragosto perché andava in giro ad aprire l'impermeabile. In prigione racconta la sua storia a una psicologa. Voleva semplicemente una donna. Opera seconda dei fratelli parmigiani. Film minimale in tutto, anche in fantasia e talento. Non c'è nemmeno la "naturale" freschezza dei *Virtuali*, opera prima. L'augurio è che i gemelli non dividano la famiglia e non raddoppino la già intensa produzione di un film all'anno. ■ COMMEDIA; COL.; 90′; ITALIA, 1997.

VOGLIO VIVERE CON LETIZIA ★★★
Regia di CAMILLO MASTROCINQUE. Con GINO CERVI, ASSIA NORIS. ■ Per essere sicuro che la giovinetta nobile ma povera destinatagli dai genitori lo ami davvero, si finge povero e si mette in concorrenza con un falso ricco. Trionfo dell'amore. ■ COMMEDIA; B/N; 93′; ITALIA, 1937.

VOGLIO VIVERE COSÌ ★★
Regia di MARIO MATTOLI. Con SILVANA JACHINO, FERRUCCIO TAGLIAVINI. ■ Film pretesto per le esibizioni canore di Ferruccio Tagliavini. ■ COMM. MUSICALE; B/N; 92′; ITALIA, 1941.

VOGLIO VIVERE LA MIA VITA *(Les Arnaud)* ★★
Regia di LÉO JOANNON. Con MARCO ADAMO, ANDRÉ BOURVIL, GÉRARD CROCE, CHRISTINE DELAROCHE. ■ Orfano di entrambi i genitori, uno studente universitario è costretto a rivolgersi a un usuraio per ottenere i mezzi per ultimare gli studi. L'usuraio tenta di coinvolgerlo in una turpe vicenda e, di fronte a un rifiuto del giovane, minaccia di denunciarlo per un furto inesistente. Lo studente, terrorizzato, lo uccide. Confesserà poi il delitto a un bonario giudice che si dimetterà dalla carica per poterlo aiutare. ■ DRAMMATICO; COL.; 90′; FRANCIA, 1967.

VOI ASSASSINI *(Illegal)* ★★★
Regia di LEWIS ALLEN. Con NINA FOCH, JAYNE MANSFIELD, HUGH MARLOWE, EDWARD G. ROBINSON. ■ Un giudice, dopo aver fatto condannare a morte un innocente, rassegna le dimissioni e si dà all'alcool. Accettando poi i consigli della sua ex collaboratrice, intraprende la carriera di avvocato e, senza volerlo, si trova legato al capo di un'organizzazione criminale. Nel frattempo, la donna che lo ha aiutato s'è sposata a un losco individuo che approfitta del suo lavoro (è un collaboratore del procuratore) per fornire informazioni alla *gang*. Quando la moglie lo smaschera, questi tenta di eliminarla e lei, impadronitasi della sua pistola, lo uccide e viene arrestata. Per impedirgli di assumere la difesa della donna, il capo della banda ordina quindi che l'ex giudice sia fatto fuori. ■ GIALLO; COL.; 88′; USA, 1956.

VOICES *(Pitch Perfect)* ★★
Regia di JASON MOORE. Con SKYLAR ASTIN, ANNA CAMP, ADAM DEVINE, ANNA KENDRICK, REBEL WILSON. ■ Beca inizia il suo anno di matricola alla Bardem University per poi andare a Los Angeles e diventare una dj di successo. Per una serie di eventi finisce invece nel team di cantanti a cappella, capitanato dalla ferrea Aubrey. Il gruppo di ragazze inizia ad affiatarsi con fatica, fino ad avere un obiettivo comune: il Lincoln Center di New York, dove ogni anno si tiene il campionato nazionale di cori tra college. L'esordio cinematografico del regista televisivo Jason Moore – *Brothers & Sisters* e *Dawson's Creek* al suo attivo – può essere tranquillamente inserito nella categoria del teen-musical che adesso come in passato sembra riscuotere un discreto consenso. ■ COMMEDIA; COL.; 112′; USA, 2012.

VOLARE! ★
Regia di VITTORIO DE SISTI. Con GIUSEPPE CRISTOFARO, TIZIANA LODATO, MASSIMO RANIERI, TONY SPERANDEO, MARINA SUMA. ■ Puglia, anni Cinquanta. Gegè è un bambino che si rifugia nel sogno per sfuggire ad un mondo fatto di piccole angherie. Lui desidera tanto pilotare un aereo e quindi la sua canzone preferita non può essere altro che *Volare* di Modugno. Tutto, in questo film, ha l'aria del "fatto in casa". ■ COMMEDIA; COL.; 97′; ITALIA, 1997.

VOLATORE DI AQUILONI, IL ★★
Regia di RENATO POZZETTO. Con MASSIMO BOLDI, RENATO POZZETTO. ■ A undici anni dalla prima esperienza come regista, Renato Pozzetto ci riprova con un film che è stato distribuito solo in homevideo. Un uomo che vive in montagna ed è appassionato di deltaplano vuole vedere il mare, così parte in volo. Si fermerà anche a Milano dove scoprirà i pregi e i difetti di una grande città. Un film ecologico forse un po' ingenuo però diretto con sincerità. ■ COMMEDIA; COL.; 80′; ITALIA, 1987.

VOLAVERUNT *(Volavérunt)* ★★
Regia di BIGAS LUNA. Con PENELOPE CRUZ, JORDI MOLLÀ, JORGE PERUGORRIA, AITANA SANCHEZ-GIJON, STEFANIA SANDRELLI. ■ Con *Volaverunt* Bigas Luna cerca di svelare il mistero del celebre dipinto di Francisco Goya, la *Maya desnuda*. Chi è la modella che si nasconde dietro quelle forme perfette? Forse Pepita Tudo (Penelope Cruz), amante del primo ministro Godoy e modella prediletta del pittore; o forse la potente e raffinatissima duchessa d'Alba. Lo fa raccontando una storia. Il 23 luglio 1802 la duchessa d'Alba offre una cena di gala per l'inaugurazione del suo nuovo palazzo. Tutti i commensali hanno più di un motivo per detestare l'avvenente duchessa La mattina dopo la donna viene trovata morta, apparentemente per cause naturali. Dalle indiscrezioni e dai segreti che piano piano vengono a galla si sospetta che sia stata avvvelenata. Ma da ch ? E perché? L'inchiesta, su cui si sviluppa il film, lo chiarirà. Un Bigas Luna insolitamente pudico, malgrado il titolo, che prende le distanze dall'erotismo godereccio e triviale dei suoi film precedenti. ■ STORICO; B/N; 100′; SPAGNA, 2000.

VOLERE VOLARE ★★★
Regia di GUIDO MANULI, MAURIZIO NICHETTI. Con ANGELA FI-

NOCCHIARO, MAURIZIO NICHETTI, PATRIZIO ROVERSI, MARIELLA VALENTINI. ■ L'idea di far interagire i cartoni animati con gli attori era venuta alla coppia di registi già diversi anni fa. Il problema era che nessuno era disposto a rischiare. Dopo l'uscita e il successo straordinario di *Chi ha incastrato Roger Rabbit*, la cosa si è finalmente resa fattibile. Così ecco la storia di Maurizio che assieme al fratello ha una piccola casa di doppiaggio rumoristico. Mentre il fratello si occupa del doppiaggio di film porno lui si diverte a doppiare i cartoni animati. Un giorno conosce Martina, assistente sociale per uomini che hanno problemi psicologici. Tra i due c'è un'intesa ma, piccolo particolare, Maurizio comincerà a trasformarsi in cartone animato. Un film nato come scommessa contro lo strapotere americano nel campo dei cartoni e con il puro scopo di divertire. Entrambi gli intenti si sono concretizzati e Nichetti conferma la buona forma di *Ladri di saponette*, suo precedente lavoro. ■ COMMEDIA; COL.; 95′; ITALIA, 1990. ■ DAVID DI DONATELLO 1 PR, 1 NOM.

VOLESSE IL CIELO ★★★
Regia di VINCENZO SALEMME. Con MAURIZIO CASAGRANDE, TOSCA D'AQUINO, BIAGIO IZZO, GUJA JELO, DANIELA MARAZZITA, ROCCO PAPALEO, ARMANDO PUGLIESE, VINCENZO SALEMME. ■ L'ispettore Massa mentre insegue un pregiudicato finisce addosso a un cassonetto dei rifiuti da cui esce un uomo nudo in preda ad amnesia. Condotto al commissariato l'individuo, adulto nell'aspetto ma bambino nell'atteggiamento, sembra non avere né identità né provenienza. Salemme vuole sfuggire al marchio di "napoletanità" senza però rinnegarlo. Racconta allora una storia che potrebbe accadere ovunque, la gira a Roma ma non rinuncia al proprio stile: vuole divertire senza ricorrere alla battuta facile (anche se non mancano due tormentoni). Ci riesce senza strafare, come a teatro, e con un finale a sorpresa. ■ COMMEDIA; COL.; 90′; 2002.

VOLEURS, LES ★★★
Regia di ANDRÉ TÉCHINÉ. Con DANIEL AUTEUIL, FABIENNE BABE, DIDIER BEZACE, LAURENCE CÔTE, CATHERINE DENEUVE, IVAN DESNY, BENOÎT MAGIMEL. ■ Nel mezzo della notte, qualcuno riporta il corpo di Ivan a casa di sua moglie e del suo triste figlio. Attraverso una serie di flashback riaffiorano i torbidi rapporti che Ivan ha avuto con il fratello Alex, Juliette e Jimmy, con Marie, una professoressa di filosofia e suo figlio. In ogni rapporto Ivan ha avuto un ruolo diverso e la sua morte cambierà tutti gli altri. ■ POLIZIESCO; COL.; 117′; FRANCIA, 1996.

VOLEVAMO ESSERE GLI U2 ★
Regia di ANDREA BARZINI. Con MARCO GALLI, ENRICO LO VERSO, PAOLA MAGNANINI. ■ A parte *La stazione*, tutte le trasposizioni cinematografiche delle commedie di Marino risultano ripetitive nei dialoghi e sostanzialmente fini a se stesse. In questo caso poi l'universo giovanile non viene colto in maniera convincente. Ridicoli i momenti musicali, il gruppo degli U2 c'entra poco o nulla, con alcune canzoni celebri ma anche piuttosto scontate. È la storia di alcuni giovani, coi loro problemi esistenziali e sentimentali, che vorrebbero diventare un famoso gruppo musicale. Così tentano un po' di strade per sfondare e dietro l'angolo c'è anche una tragedia. ■ COMMEDIA; COL.; 100′; ITALIA, 1992.

VOLEVO I PANTALONI ★★
Regia di MAURIZIO PONZI. Con LUCIA BOSÈ, PINO COLIZZI, GIULIA FOSSÀ, NATASHA HOVEY, LUDOVICA MODUGNO, ANGELA MOLINA, TONY PALAZZO. ■ È la storia di Annetta, figlia di paesani siciliani, come la racconta la giovanissima Lara Cardella nell'omonimo best seller. Annetta invidia i maschi di famiglia che ricevono attenzioni e hanno tutti i privilegi. Il suo desiderio è di mettere i pantaloni, quasi ad annullare l'inferiorità femminile che sente insopportabile. ■ DRAMMATICO; COL.; 90′; ITALIA, 1990.

VOLEVO SOLO DORMIRLE ADDOSSO ★★★
Regia di EUGENIO CAPPUCCIO. Con NINI BRUSCHETTA, CRISTIANA CAPOTONDI, FAJU, ELIZABETH FAJUYIGBE, GIUSEPPE GANDINI, ELEONORA MAZZONI, MASSIMO MOLEA, GIORGIO PASOTTI, ENNIO SASSI. ■ Marco Pressi, giovane formatore del personale di una multinazionale, si ritrova dinanzi a una sfida che accetta: deve riuscire, in un arco di tempo ridottissimo, a far uscire dalla produzione 25 dipendenti di vario livello senza creare tensioni visibili. Se ce la farà avrà un avanzamento e otterrà un cospicuo riconoscimento in denaro. In caso contrario lo attende un portasigarette. Da quel momento la vita di Pressi (già definito "il muerto", ovunque tranne che a letto, dalla fidanzata) cambia. Dovrà attrezzarsi per convincersi che lo slogan "People First" che caratterizza la sua azienda non è altro che falsità. Dall'omonimo romanzo di Massimo Lolli. ■ DRAMMATICO; COL.; 97′; ITALIA, 2004.

VOLEVO SOLO VIVERE ★★★★
Regia di MIMMO CALOPRESTI. ■ Mimmo Calopresti torna al documentario e lo fa nel senso più stretto del termine, realizzando cioè un documento puro e semplice. Il che non è affatto un limite di *Volevo solo vivere*, ma è anzi il motivo della sua straordinaria importanza. Nove sopravvissuti ai campi di sterminio nazisti raccontano la loro prigionia, vittime della più devastante e folle malvagità dei tempi moderni, se non dell'intera Storia dell'umanità (termine, quest'ultimo, adatto come appellativo, ma raramente come attributo). Non manca, in apertura, il filmato d'archivio in cui Mussolini annunciava il varo delle leggi antisemite sulla scorta di una supposta "superiorità razziale", quanto mai opportuno per ricordare ai sempre più numerosi difensori della tesi "italiani brava gente" le precise responsabilità italiane nello sterminio di milioni di esseri umani. ■ DOCUMENTARIO; COL.; 75′; ITALIA, 2005. ■ DAVID DI DONATELLO 1 NOM.

VOLGA IN FIAMME *(Volga en flammes)* ★★
Regia di VICTOR TOURJANSKY. Con DANIELLE DARRIEUX, VALERIJ INKINOFF, NATHALIE KOWANKO. ■ Un misterioso mongolo si mette a capo di una rivolta contro gli zar. Ma il tenente Orlov rimetterà tutto in ordine e salverà anche la fidanzata che era rimasta prigioniera dei ribelli. ■ AVVENTURA; B/N; 93′; CECOSLOVACCHIA, 1935.

VOLI, AMORE E PARACADUTISMO ★★
(How to Stuff a Wild Bikini)
Regia di WILLIAM ASHER. Con FRANKIE AVALON, ANNETTE FUNICELLO, BUSTER KEATON. ■ Un ufficiale di marina, geloso della sua ragazza, invoca uno stregone perché metta in confusione i corteggiatori della stessa durante la sua assenza. ■ COMMEDIA; COL.; 90′; USA, 1965.

VOLO, IL *(O melissokomos)* ★★
Regia di THEO ANGELOPULOUS. Con MARCELLO MASTROIANNI, NADIA MOUROUZI, SERGE REGGIANI, DINOS ILLIOPOULOS. ■ Un uomo di sessant'anni lascia l'insegnamento per tornare al paese natale e fare il mestiere del padre, l'apicoltore. Il viaggio è un'occasione per ricordare il passato, la giovinezza, i drammi della maturità. Alla fine capisce che a questo mondo non c'è più un vero posto per lui. E si dà la morte buttandosi a testa bassa nel suo alveare. ■ DRAMMATICO; COL.; 140′; GRECIA, 1986.

VOLO DELLA FENICE, IL *(The Flight of the Phoenix)* ★★★
Regia di ROBERT ALDRICH. Con RICHARD ATTENBOROUGH, IAN BANNEN, ERNEST BORGNINE, PETER FINCH, RONALD FRASER, HARDY KRÜGER, ALEX MONTOYA, JAMES STEWART. ■ Un aereo di una compagnia petrolifera, in seguito a una tempesta di sabbia, è costretto a un atterraggio di fortuna nel deserto del Sahara. Due passeggeri muoiono, un terzo rimane ferito, il velivolo è inutilizzabile, la radio guasta. I superstiti attendono invano per giorni e giorni l'arrivo dei soccorsi. Poi affidano le ultime speranze alla proposta, apparentemente pazzesca, di un compagno di sventura, un progettista di aeromodelli, che dichiara di essere in grado di costruire coi pezzi dell'aereo rimasti intatti un piccolo velivolo. Dopo molti contrasti, il progetto verrà portato a termine; col piccolo aereo gli uomini rimasti in vita potranno quindi raggiungere la salvezza. ■ DRAMMATICO; COL.; 147′; USA, 1966. ■ OSCAR 2 NOM.

VOLO DELLA FENICE, IL *(The Flight of the Phoenix)* ★★
Regia di JOHN MOORE. Con TONY CURRAN, TYRESE GIBSON, KIRK JONES, HUGH LAURIE, MIRANDA OTTO, DENNIS QUAID, GIOVANNI RIBISI. ■ Nel 1965 un racconto di Elleston Trevor, *Il volo della fenice*, sceneggiato da Lukas Heller, viene portato sullo schermo e diretto da un regista di grande personalità quale era Robert Aldrich. Ne risultò una pellicola che rispettava i canoni del

genere avventuroso, non limitandosi a quello. Un cargo pilotato da Frank Towns ha il compito di evacuare un gruppo di ricercatori petroliferi da Tan Sag Basin, in Mongolia. Un'operazione di routine, che verrà ostacolata dall'impatto dell'aereo con una tempesta di sabbia che obbliga il comandante ad atterrare fortunosamente nel deserto del Gobi. I superstiti non sembrano avere alternative a una morte lenta in uno dei luoghi più angosciosi del globo. Uno dei passeggeri sarà l'artefice di un "miracolo" tecnologico, di un'invenzione geniale, che permetterà al gruppo, che nel frattempo si è assottigliato, di fare ritorno a casa. Il film di Aldrich era più lungo di circa 30 minuti e mostrava come le ridotte riserve d'acqua fossero l'elemento dominante del racconto. Vedere il protagonista, l'ottimo James Stewart, sorseggiare la sua razione era un momento emozionante. Qui nessuno ha problemi di disidratazione. ■ AVVENTURA; COL.; 113'; USA, 2004.

VOLO DELL'ANCORA, IL ★★
Regia di NICOLA SORNAGA. Con MICHEL BULTEAU, DINARA DRUKAROVA, MATTHIEU MESSAGIER. ■ Nicola, giovane regista, coinvolge una troupe di cinema amatoriale alla scoperta di Mathieu, un poeta infermo che vive in un mulino su una carrozzella elettrica. ■ DRAMMATICO; COL.; 105'; ITALIA, 2003.

VOLO DELL'AQUILA, IL *(Flight of the Eagle)* ★★★
Regia di JAN TROELL. Con LOTTA LARSSON, EVA VON HANNO, MAX VON SIDOW. ■ Rievocazione di una celebre tragedia artica alla fine del diciannovesimo secolo. L'ingegner Salomon Andree annuncia un'audace trasvolata del Polo in aerostato. L'impresa presenta notevoli difficoltà, ma l'opinione pubblica preme, e il gruppo è più o meno costretto a partire. Finisce in un disastro. Moriranno tutti. Splendide immagini e autentica suspense sostenuta da un Jan Troell nella sua forma migliore. Rimane in sospeso il giudizio sull'eroe (grande uomo o grande megalomane?). ■ AVVENTURA; COL.; 90'; SVEZIA, 1982. ■ VENEZIA 1 PR.

VOLO DI NOTTE *(Night Flight)* ★★★
Regia di CLARENCE BROWN. Con JOHN BARRYMORE, LIONEL BARRYMORE, CLARK GABLE. ■ Un Gable senza baffetti fa l'attore giovane in questo melodramma sui pionieri del volo. John Barrymore è il direttore di una compagnia aerea commerciale che insiste a continuare i voli notturni, nonostante metà dei piloti ci lasci la pelle. Ma per il progresso delle comunicazioni, si fa questo e altro. ■ DRAMMATICO; B/N; 92'; USA, 1933.

VOLO NELLA BUFERA *(13 Hours by Air)* ★★★
Regia di MITCHELL LEISEN. Con JOAN BENNETT, FRED MACMURRAY. ■ Su un aereo che lotta contro una violenta bufera ci sono un gangster, un poliziotto, un'ereditiera di cui è innamorato il pilota e altri personaggi. Le loro vicende si intrecciano e alla fine l'aereo atterra. Il gangster è ferito e la bella ereditiera sposerà il coraggioso pilota. ■ DRAMMATICO; B/N; 80'; USA, 1936.

VOLONTÀ OCCULTA, LA *(The Garden Murder Case)* ★★
Regia di EDWIN L. MARIN. Con VIRGINIA BRUCE, EDMUND LOWE. ■ Un fachiro che si cela sotto panni insospettabili riesce con la suggestione a spingere diverse persone al suicidio. Un furbo poliziotto smaschererà il colpevole. ■ GIALLO; B/N; 62'; USA, 1936.

VOLONTARI, I ★
Regia di DOMENICO COSTANZO. Con STEFANO BICOCCHI, BARBARA ENRICHI, GAIA ZUCCHI. ■ Un gruppo di giovani si dedica al volontariato a favore degli anziani. Siamo a S. Giovanni Valdarno, dunque in piena toscanità. L'"idioma" dovrebbe funzionare e già prolificano i figli di Pieraccioni, ce lo ricorda appunto la "pieraccioniana" Enrichi. ■ COMMEDIA; COL.; 90'; ITALIA, 1998.

VOLONTARI DEL TEXAS, I *(Texas Trail)* ★★
Regia di DAVID SELMAN. Con JUDITH ALLEN, WILLIAM BOYD, RUSSELL HAYDEN. ■ Cassidy e i suoi cowboy sono ingaggiati dal futuro presidente Roosevelt per procurare cavalli destinati all'esercito che sta salpando per Cuba. Cassidy raduna il bestiame, ma una banda di razziatori cerca di impedirgli di portarlo da Roosevelt. ■ WESTERN; B/N; 58'; USA, 1937.

VOLONTARIO DEL PERICOLO, IL *(Rio Rattler)* ★★
Regia di FRANKLYN SHAMWAY. Con MARION SHILLING, TOM TYLER. ■ Sceriffo moribondo incarica due giovani di continuare la sua missione. Dopo molte avventure e disavventure, essi concludono la missione facendo fuori gli assassini dello sceriffo. Uno ne sposa anche la sorella. ■ WESTERN; B/N; 90'; USA, 1938.

VOLONTARI PER DESTINAZIONE IGNOTA ★★★
Regia di ALBERTO NEGRIN. Con VERNIER DI DONATO, VITO PASSERI, MICHELE PLACIDO. ■ Nel 1936 alcuni braccianti lucani vengono arruolati per combattere in Africa Orientale e sono invece trasportati in Spagna per partecipare al conflitto civile a fianco delle truppe di Franco. La necessità di sopravvivere li costringerà ad accettare le regole della guerra. ■ GUERRA; COL.; 99'; ITALIA, 1978.

VOLO SENZA RITORNO ★★
(One of our Aircraft is Missing)
Regia di MICHAEL POWELL. Con ERIC PORTMAN, GODFREY TEARLE, GOOGIE WITHERS. ■ Aviatori inglesi abbattuti dalla contraerea tedesca sull'Olanda riescono a tornare in patria aiutati dai partigiani olandesi. ■ GUERRA; B/N; 102'; GRAN BRETAGNA, 1941. ■ OSCAR 2 NOM.

VOLO SUL DESERTO *(Verklungene Melodie)* ★
Regia di VICTOR TOURJANSKY. Con WILLY BIRGEL, BRIGITTE HORNEY. ■ Si erano conosciuti e innamorati nel deserto, si ritrovano anni dopo, quando lei è sposata. Tentazione della donna di fuggire con l'antico amore, ma il senso del dovere prevale. ■ COMMEDIA; B/N; 93'; GERMANIA, 1938.

VOLO SU MARTE *(Flight to Mars)* ★★★
Regia di LESLEY SELANDER. Con MARGUERITE CHAPMAN, CAMERON MITCHELL, VIRGINIA HUSTON, RICHARD GAINES. ■ Cinque scienziati terrestri – quattro uomini e una donna – sbarcano su Marte. Durante l'atterraggio, però, il loro razzo ha un'avaria. Alcuni marziani promettono di aiutarli a riparare il guasto: in realtà vogliono soltanto impadronirsi dell'astronave per costruirne delle altre simili e poi invadere la Terra. Per fortuna, una scienziata marziana s'innamora di un terrestre e lo aiuta a mettersi in salvo assieme ai compagni. ■ FANTASCIENZA; COL.; 69'; USA, 1951.

VOLO 1-6 NON ATTERRARE ★★★
(The Doomsday Flight)
Regia di WILLIAM A. GRAHAM. Con KATHERINE CRAWFORD, JACK LOD, EDMOND O'BRIEN. ■ Un maniaco ha nascosto su un aereo di linea una bomba preparata in modo da scoppiare, nella fase dell'atterraggio del velivolo, a una determinata quota. Per rivelare il luogo dove ha piazzato l'ordigno chiede centomila dollari. Le autorità cedono al ricatto ma il folle, prima di poter parlare, muore d'infarto. Il pericolo sarà ugualmente scongiurato. ■ DRAMMATICO; COL.; 100'; USA, 1967.

VOLPE, LA *(The Fox)* ★★★
Regia di MARK RYDELL. Con SANDY DENNIS, KEIR DULLEA, ANNE HEYWOOD, GLYNNE MORRIS. ■ Due ragazze vivono in una fattoria isolata, dedicandosi all'allevamento dei polli. A sconvolgere la loro tranquilla esistenza giunge un giovane che si innamora di una delle fanciulle e le chiede di sposarlo. La ragazza non sa decidersi perché l'amica che le è attaccata in modo morboso, si oppone accanitamente. Alla fine però quest'ultima comprende che la sua lotta è inutile e si lascia uccidere in un incidente. ■ DRAMMATICO; COL.; 100' USA, 1968. ■ OSCAR 1 NOM.

VOLPE A CORTE, UNA *(Le roman de Renard)* ★★
Regia di LADISLAO STAREVITCH. Con ROMAIN BOUQUET, CLAUDE DAUPHIN. ■ Si tratta di una fiaba realizzata con pupazzi. ■ FIABESCO; B/N; 92'; FRANCIA, 1939.

VOLPE A TRE ZAMPE, LA ★★★
Regia di SANDRO DIONISIO. Con TOMAS ARANA, ALDO BUFI LANDI, ANGELA LUCE, ALBERTO NOLANO, MIRANDA OTTO, NADJA UHL. ■ Tratto dall'omonimo romanzo di Francesco Costa, la vicenda si sviluppa a Napoli nel 1956. Una città che più delle altre vive sospesa fra tracce di guerra e speranze di un futuro diverso. Nel campo sfollati della periferia di Napoli il piccolo Vittorio si divide tra lo squallore della sua realtà e il sogno di una vita migliore oltre oceano. Il suo luogo dei sogni è la sala cinematografica dove i primi piani della splendida Susan Hayward si confondono con il profilo di Ruth, la dolce americana sposata con un generale della Nato che per Vittorio diventa il legame con quel mondo do-

rato, e il simbolo di una femminilità. ■ DRAMMATICO; COL.; 90'; ITALIA, 2002.

VOLPE AZZURRA, LA *(Der Blaufuchs)* ★★
Regia di VICTOR TOURJANSKY. Con WILLY BIRGEL, ZARAH LEANDER. ■ Per studiare i pesci, il protagonista trascura la moglie che si innamora di un aviatore. L'aviatore prima tergiversa poi fa il gran salto. Il professore si consola con la segretaria, anche lei appassionata di pesci. ■ COMMEDIA; B/N; 91'; GERMANIA, 1938.

VOLPE – CUORE SELVAGGIO, LA *(Gone to Earth)* ★★★
Regia di MICHAEL POWELL, EMERIC PRESSBURGER. Con CYRIL CUSACK, DAVID FARRAR, JENNIFER JONES, ESMOND KNIGHT. ■ Una ragazza semiselvaggia, che vive col padre in un bosco, dopo aver sposato un giovane pastore protestante si lascia irretire da un nobile scapestrato, diventandone l'amante. Quando comprende che quest'ultimo non l'ama, torna dal marito. Infine, nel tentativo di salvare dall'assalto dei cani la sua volpe addomesticata, cade in un pozzo e muore. ■ DRAMMATICO; COL.; 110'; GRAN BRETAGNA, 1950. ■ VENEZIA 1 PR.

VOLPE DALLA CODA DI VELLUTO, LA ★★
Regia di JOSÉ MARÍA FORQUÉ. Con MAURIZIO BONUGLIA, AMALIA GADÉ, ROSSANA GIANNI, TONY KENDALL, JEAN SOREL. ■ Abbandonato il marito, una donna si stabilisce con l'amante in una villa sulla Costa Azzurra. Qui scopre che marito e amante, che fingevano di non conoscersi, sono in combutta per ucciderla e spartirsi il suo patrimonio. La donna, eliminato il coniuge, riuscirà a fare arrestare per il delitto l'amante. ■ GIALLO; COL.; 90'; ITALIA, 1971.

VOLPE DI LONDRA, LA *(The Silken Affair)* ★★★
Regia di ROY KELLINO. Con DAVID NIVEN, GENEVIÈVE PAGE, RONALD SQUIRE. ■ Un austero contabile londinese, falsificando i libri contabili di una fabbrica di calze, la porta sull'orlo del fallimento. Poi, per riparare al guasto, deruba la moglie e consegna il denaro a un abile speculatore che, con una serie di operazioni in borsa, ribalta le sorti dell'azienda in crisi. Finisce in carcere. Una volta uscito di prigione, il contabile si troverà ricco, essendo le azioni della fabbrica intestate a suo nome. ■ COMMEDIA; B/N; 96'; USA, 1956.

VOLPE E LA BAMBINA, LA *(Le renard et l'enfant)* ★★
Regia di LUC JACQUET. Con BERTILLE NOËL-BRUNEAU. ■ Una bambina dai capelli rossi, nelle sue passeggiate nel bosco, incontra una volpe, impara a conoscerla e amarla. *La volpe e la bambina* è una storia sull'amicizia tra uomo e animale e sui limiti di un rapporto che spesso sfocia nella possessione. Dopo aver mostrato l'umanità dei pinguini in una marcia da Oscar (*La marcia dei pinguini*, 2005) Luc Jacquet racconta una favola in maniera tradizionale, ispirandosi in parte al *Piccolo principe*, pur senza quel fondo di malinconia che marca l'opera di Saint Exupery, e molto a Walt Disney. Impossibile restare indifferenti ai paesaggi maestosi di boschi e montagne. Certo, il messaggio di Jacquet è fin troppo esplicito e pedagogico. La voce fuori campo sembra ridondante anche per i bambini (di cui sottovalutare l'acume è senza dubbio un passo falso) e la pedanteria con cui la narrazione rende ogni passo moralistico, oltre che inutile, disturba la percezione del film. ■ COMMEDIA; COL.; 90'; FRANCIA, 2007.

VOLPE E LA DUCHESSA, LA ★★★
(The Duchess and the Dirtwater Fox)
Regia di MELVIN FRANK. Con THAYER DAVID, GOLDIE HAWN, GEORGE SEGAL. ■ Un baro, mentre sta per essere impiccato, è salvato da un bandito che lo costringe a partecipare a una rapina. Il baro partecipa al "colpo" e, fuggito col bottino, se lo fa poi soffiare da un'astuta ballerina che, spacciandosi per duchessa, vuole sposare un ricco mormone. Baro e ballerina, incappati nell'infuriato fuorilegge, rischiano quindi di lasciarci la pelle. Riusciranno a salvarsi. ■ WESTERN; COL.; 103'; USA, 1976. ■ GOLDEN GLOBES 1 NOM.

VOLPE, IL LUPO E L'OCA SELVAGGIA, LA *(S.H.E.)* ★★
Regia di ROBERT M. LEWIS. Con OMAR SHARIF, CORNELIA SHARPE, FABIO TESTI. ■ Un'agente segreta americana a Roma, Jessica, viene incaricata di sventare le trame di un'organizzazione capeggiata da un barone italiano che si prefigge di ricattare le Nazioni Unite distruggendo le riserve di petrolio con una macchina di sua invenzione. La spia si introduce nel castello del barone e sgomina la banda. ■ AVVENTURA; COL.; 100'; USA, 1980.

VOLPE INSANGUINATA, LA ★★
(Der Fuchs von Glenarvon)
Regia di MAXIMILIAN W. KIMMICH. Con KARL LUDWIG DIEHL, OLGA TSCHECHOWA. ■ Film tedesco ambientato in Irlanda per dimostrare (il film fu girato durante la guerra) quanto erano cattivi gli inglesi. Si raccontano le persecuzioni degli inglesi contro gli irlandesi, che naturalmente si fanno beffe della perfida Albione. ■ DRAMMATICO; B/N; 92'; GERMANIA, 1941.

VOLPE ROSSA, LA *(Kidnapped)* ★★★
Regia di WILLIAM BEAUDINE. Con SUE ENGLAND, RODDY MCDOWALL. ■ Per impadronirsi dei beni del nipote – un giovane nobile scozzese rimasto orfano di padre – lo zio tenta prima di ucciderlo, poi lo fa rapire dal capitano di una nave diretta in America. Durante una tempesta, sull'imbarcazione viene accolto un naufrago: è un partigiano degli Stuarts, chiamato Volpe Rossa. Il ragazzo lo salva dal capitano che vuole ucciderlo per derubarlo. Col suo aiuto, tornato in Scozia, potrà riottenere i propri beni e sposare una brava fanciulla. ■ AVVENTURA; B/N; 80'; GRAN BRETAGNA, 1948.

VOLPONE, IL ★★★
Regia di MAURIZIO PONZI. Con ELEONORA GIORGI, ENRICO MONTESANO, PAOLO VILLAGGIO. ■ Versione moderna (e un po' faticosa) del classico di Ben Jonson. Un ricchissimo armatore genovese, avaro e maligno, si diverte un mondo a umiliare tre colleghi e amici. Si finge morto in modo da far balenare a ciascuno la possibilità di diventare l'erede unico (e poi umiliarlo ulteriormente). Per questo machiavello si serve di un segretario, Mosca, che però riesce ad approfittare della situazione sequestrando il padrone (che tutti credono ormai morto) e godendosi le sue ricchezze. ■ COMMEDIA; COL.; 112'; ITALIA, 1988.

VOLTAPAGINE, LA *(La tourneuse de pages)* ★★
Regia di DENIS DERCOURT. Con JACQUES BONAFFÈ, CHRISTINE CITTI, XAVIER DE GUILLEBON, DÉBORAH FRANÇOIS, CATHERINE FROT, PASCAL GREGGORY, CLOTILDE MOLLET. ■ Mélanie ha dieci anni e una passione: il pianoforte. Una distrazione, provocata dalla presidente della commissione esaminatrice, compromette l'esecuzione e l'opportunità di entrare al conservatorio. Delusa dall'accaduto, Mélanie rinuncia per sempre alla musica. Qualche anno dopo, cresciuta e impiegata presso l'ufficio legale del signor Fouchécourt, la ragazza diventa la balia del figlio, Tristan, e la voltapagine della moglie, Ariane. La donna, nota concertista, è la responsabile del suo insuccesso e della sua rinuncia. Mélanie non mancherà di restituirle la cortesia. Come Chabrol, Denis Dercourt crea una realtà ambigua e irrazionale, dentro la quale agisce un personaggio ossessivo e ossessionato. La giovane donna che riemerge dal terreno del rimosso ha il volto angelico di Déborah François, la mamma dell'*Enfant* dei fratelli Dardenne. ■ DRAMMATICO; COL.; 85'; FRANCIA, 2006.

VOLTATI EUGENIO ★★★
Regia di LUIGI COMENCINI. Con CAROLE ANDRÉ, BERNARD BLIER, FRANCESCO BONELLI, JOSÉ LOUIS DE VILLALONGA, DALILA DI LAZZARO, SAVERIO MARCONI, DINA SASSOLI, GISELLA SOFIO. ■ In *Voltati, Eugenio* Comencini torna ad affrontare un tema a lui caro, quello dell'infanzia e questo volta lo fa sullo sfondo di una coppia moderna. Eugenio è un bambino che paga le conseguenze di un matrimonio sbagliato. Un legame nato nel clima utopistico del Sessantotto, però privo di solide basi: doveva essere il figlio della rivoluzione ed è diventato il figlio di un fallimento. I suoi genitori non si rivelano in grado di far fronte alle difficili responsabilità che un figlio comporta e alternano severità e permissività, incapaci di trovare un giusto equilibrio. Privo di punti di riferimento solidi e autorevoli, sempre più simile a un pacco che nessuno vuole (eloquente la sua immagine dietro un cartello con il suo nome), Eugenio risponde con una specie di autistico isolamento o con un'aggressività spesso gratuita. Il personaggio di Baffo rappresenta una specie di coscienza critica, di voce indesiderata e seccante che tuttavia sembra la

sola ad aver capito come stanno veramente le cose. *Voltati Eugenio* può essere letto come caso emblematico di una più complessiva crisi dell'istituzione familiare che, a giudicare da alcuni cenni ai nonni, non coinvolge soltanto le nuove generazioni. ■ DRAMMATICO; COL.; 102′; ITALIA, FRANCIA, 1980. ■ DAVID DI DONATELLO 1 PR, 1 NOM.

VOLTATI... TI UCCIDO ★★★
Regia di AL BRADLEY. Con ELEONORA BIANCHI, FERNANDO SANCHO, CONRADO SANMARTIN, RICHARD WYLER, SPARTACO CONVERSI. ■ Un avventuriero senza scrupoli vuole impadronirsi della miniera d'oro di un vecchio pioniere, il quale si rivolge a un pistolero per combattere l'avversario. Il pistolero sistema tutto, ma poi scopre che il pioniere per avere la miniera aveva commesso un omicidio. Farà giustizia. ■ WESTERN; COL.; 93′; ITALIA, 1967.

VOLTO, IL *(Ansiktet)* ★★★★
Regia di INGMAR BERGMAN. Con BIBI ANDERSSON, GUNNAR BJÖRNSTRAND, INGRID THULIN, MAX VON SIDOW. ■ Un illusionista dotato di straordinari poteri viene arrestato con la moglie alle porte di una piccola città della Svezia ed è costretto a esibirsi davanti alle autorità locali. Stanco di essere deriso, si finge poi morto. Un medico, che era stato fra i suoi accusatori, vuole eseguire l'autopsia sul cadavere. I compagni dell'illusionista gliela fanno fare, però, sul corpo di un vecchio alcolizzato che avevano raccolto moribondo in un bosco. Senza più dubbi sul decesso, il dottore rischia quindi la pazzia quando il "mago" gli si presenta, fingendosi un fantasma. E non è l'unica rivincita del falso morto. Le autorità che l'avevano preso prigioniero dovranno lasciarlo libero, con tutta la sua compagnia, quando apprenderanno che il gruppo è stato invitato a esibirsi a corte. Ricco di allegorie e metafore, il film resta per alcuni versi oscuro. ■ DRAMMATICO; B/N; 101′; SVEZIA, 1959. ■ VENEZIA 1 PR.

VOLTO DEI POTENTI, IL *(Rollover)* ★★★
Regia di ALAN J. PAKULA. Con HUME CRONYN, JANE FONDA, KRIS KRISTOFFERSON. ■ Complicata storia d'amore ambientata nel mondo dell'alta finanza. Lei è una vedova coraggiosa, diventata presidente del consiglio d'amministrazione di un'importante società. Lui è un abile banchiere. Si mettono in affari con un gruppo di arabi, ma scoprono presto che il gioco si fa losco. Muore la finanza e trionfa l'amore. ■ GIALLO; COL.; 118′; USA, 1981.

VOLTO DEL FUGGIASCO, IL *(Face of a Fugitive)* ★★★
Regia di PAUL WENDKOS. Con FRED MACMURRAY, LIN MECHARTY, DOROTHY GREEN, ALAN BAXTER, JAMES COBURN. ■ Ricercato per un furto in banca e per un omicidio (che non ha commesso), un giovane trova rifugio in una cittadina fra i monti, nascondendo la sua identità. Si innamora di una giovane vedova e, fatta amicizia con lo sceriffo (che è fratello della donna), lo aiuta a sgominare una pericolosa banda. Rimasto gravemente ferito, quando la sua identità viene finalmente scoperta, ha ormai riscattato tutte le sue colpe. ■ WESTERN; COL.; 81′; USA, 1959.

VOLTO DELLA PAURA, IL *(The Face of Fear)* ★
Regia di GEORGE MCCOWAN. Con ELIZABETH ASHLEY, DANE CLARK, RICARDO MONTALBAN, JACK WARDEN. ■ Un'insegnante affetta da leucemia decide di pagare un uomo che la uccida, ma a cose fatte cambia idea. Per salvarsi dal killer che ormai è entrato in azione, la donna cerca l'aiuto della polizia. ■ POLIZIESCO; COL.; 90′; USA, 1971.

VOLTO DELL'ASSASSINO, IL *(Ehe-Institut Aurora)* ★★
Regia di WOLFGANG SCHLEIF. Con EVA BARTÒK, CARLOS THOMPSON. ■ Accusata di aver avvelenato il marito banchiere, una donna viene assolta per insufficienza di prove e, in attesa del processo d'appello, cerca di scovare l'assassino con l'aiuto del cognato e di un avvocato. Sorpresa finale. ■ GIALLO; B/N; 92′; GERMANIA, 1962.

VOLTO DI DONNA *(A Woman's Face)* ★★★
Regia di GEORGE CUKOR. Con JOAN CRAWFORD, MELVIN DOUGLAS, REGINALD OWEN, CONRAD VEIDT. ■ Una donna, con una deturpazione al viso, diventa l'amante di un delinquente e lo aiuta nelle sue imprese. Ma, quando un medico la rende normale con un'operazione di chirurgia plastica, la donna si ravvede. E sposerà il chirurgo che le ha rifatto il volto. ■ DRAMMATICO; B/N; 105′; USA, 1941.

VOLTO DI UN'ALTRA, IL ★★
Regia di PAPPI CORSICATO. Con LAURA CHIATTI, IAIA FORTE, ANGELA GOODWIN, LINO GUANCIALE, ALESSANDRO PREZIOSI. ■ Bella è la conduttrice bionda e fatale di un popolare programma televisivo di chirurgia estetica. Sposata a René, un chirurgo plastico che opera nella stessa trasmissione, gestisce una clinica di bellezza e vive all'ombra del suo successo, Bella viene licenziata. La sua faccia come il suo show non funzionano più per i produttori e per il pubblico. Furiosa per l'affronto subìto, viene colpita al volto da un vaso sanitario precipitato da un furgone. L'incidente si rivela presto un felice accidente che potrebbe rilanciare il suo volto e la sua carriera. ■ COMMEDIA; COL.; 84′; ITALIA, 2011.

VOLTO NELLA FOLLA, UN *(A Face in the Crowd)* ★★★★
Regia di ELIA KAZAN. Con ANTHONY FRANCIOSA, ANDY GRIFFITH, PATRICIA NEAL. ■ Con l'aiuto di una brava reporter, un giovane cantastorie girovago viene lanciato nel mondo radio-televisivo e, ottenuto il successo, si monta la testa. Per salire sempre più in alto, non esita a calpestare ogni sentimento. È destinato però a tornare in miseria, ancora più solo di prima. Dura filippica contro i falsi idoli creati da radio e televisione. ■ DRAMMATICO; B/N; 125′; USA, 1957.

VOLTO RUBATO *(Stolen Face)* ★★★
Regia di TERENCE FISHER. Con PAUL HENREID, MARY MACKENZIE, ANDRÉ MORELL, LIZABETH SCOTT. ■ Un chirurgo specialista in plastica facciale si innamora di una pianista che non lo può sposare perché è promessa a un altro. Quando la giovane lo abbandona, lui, dovendo rifare la faccia a una delinquente rimasta sfigurata, le dà le sembianze dell'amata e la sposa. La ragazza, nonostante il volto angelico, conserva la sua natura malvagia. Ma sarà tolta di mezzo da un provvidenziale incidente dopo che la pianista sarà tornata dal chirurgo. ■ DRAMMATICO; B/N; 72′; GRAN BRETAGNA, 1952.

VOLTO SEGRETO *(Masques)* ★★★
Regia di CLAUDE CHABROL. Con BERNADETTE LAFONT, ROBIN NERUCCI, PHILIPPE NOIRET. ■ Un giovane sospetta che sua sorella sia stata uccisa da una specie di Mike Bongiorno francese (dopo un soggiorno in casa di quest'ultimo nessuno l'ha più vista). Il giovane si finge giornalista e riesce ad avvicinare il divo tv, col pretesto di un'intervista. Così facendo scopre che non solo la sorella è stata veramente uccisa dal presentatore, ma una sua nipote sta per fare la stessa fine. ■ GIALLO; COL.; 101′; FRANCIA, 1986.

VOLUBILITÀ *(Stranger my Kiss)* ★★
Regia di GEORGE FITZMAURICE. Con NEIL HAMILTON, ROBERT MONTGOMERY, NORMA SHEARER. ■ Una ragazza ricca è innamorata pazza di un giornalista, che però segue più il suo lavoro che i capricci di lei. Per ripicca, la donna fa follie in Europa e accetta la domanda di matrimonio di un suo corteggiatore. Intanto lui è tornato, ma le voci del comportamento di lei l'hanno disamorato. Lei tenta il suicidio. Poi tutto s'aggiusta per il meglio. ■ COMMEDIA; B/N; 92′; USA, 1931.

♥ VOLVER ★★★
Regia di PEDRO ALMODÓVAR Con PENELOPE CRUZ, CARMEN MAURA, LOLA DUEÑAS, BLANCA PORTILLO, YOHANA COBO, CHUS LAMPREAVE, LEANDRO RIVERA. ■ Almodóvar è tornato. Dopo la *Mala educatión,* film sbagliato, rancoroso, malamente schierato. In *Volver* ci sono solo donne, non ci sono ibridi travestiti, e ricompare quel sentimento solidale, quella comprensione che fanno dell'autore spagnolo uno dei maestri indispensabili al cinema contemporaneo. I personaggi principali: Raimunda, ha una figlia adolescente, Paula, e un marito, Paco, volgare e intollerabile, che beve, non lavora, tenta di violentare la ragazzina (di cui non è padre naturale...) che per difendersi lo uccide. Raimunda iberna il corpo in un frigorifero. Se ne libererà a tempo debito. Va detto che la donna, sfortunatissima coi maschi di famiglia, da ragazzina è stata violentata dal padre e dunque Paula è sua figlia e anche sua sorella. E così Almodóvar, come d'abitudine sistema il sesso forte. C'è Sole, sorella di Raimunda, distratta e sentimentale, bruttina,

parla coi morti, tutti la sfruttano. Agustina, non giovane, grande amica di tutte, generosa, col vezzo delle "canne". Irene, la madre di Raimunda e Sole, è morta anni prima, a letto col marito, per un incendio. Irene torna per curare la vecchia sorella Paula. Il suo "fantasma" viene accettato e chiacchierato dalla comunità. In realtà Irene non è morta, era stata lei ad appiccare il fuoco, a letto con suo marito c'era la madre di Agustina. Dopo il suggerimento surreale, che con Almodóvar poteva starci, quando la madre viene ritrovata, sotto il letto, da Raimunda, e il film si appresta al finale, ecco il meglio dell'autore. La mamma rimarrà accanto ad Agustina che ha il cancro, per farsi perdonare dell'assassino di sua madre. L'intreccio, un po' grottesco, vale semplicemente come piedistallo per sentimenti. Ci si aiuta fra donne, a tutti i costi, fino in fondo. La famiglia. Se ci sono rami secchi e cattivi (gli uomini) è giusto tagliarli. Valgono sacrificio e salvaguardia, buoni. Il pessimo Paco riposerà per sempre sotto una pianta vicino a un fiume in secca. E comunque sarà ricordato senza odio. Gli attori, anzi le attrici, sono davvero "connaturate" al regista, che ancora una volta trasmette quel sentimento accorato "tutto su sua madre". Una citazione per Penelope, che un po' ricorda la Magnani protettiva di *Bellissima*. E Almodóvar fa passare, in tv, proprio una sequenza di quel film di Visconti. Rivisto il meglio del linguaggio di Pedro, i colori, gli interni, la provincia e la città, e la capacità esclusiva di accogliere, in dolce tristezza, tutti i dolori, persino la morte, perché sopra tutto c'è quella magnifica continuità umana che tutto legittima. Una nota: l'"apologia" della canna e il padre orrendo sono una costante che un certo cinema (di Salvatores e Comencini, fra gli altri) deve far passare. Chissà perché? Almodóvar, autore di sangue più nobile, speravamo non c'entrasse. ■ DRAMMATICO; COL.; 120′; SPAGNA, 2006. ■ CANNES 2 PR.

VON BUTTIGLIONE STURMTRUPPENFÜHRER ★★
Regia di MINO GUERRINI. Con JACQUES DUFILHO, MARIO MARENCO, JOHN STEINER. ■ Il colonnello Buttiglione ha qui cambiato origini e nazionalità e si trova al comando di un reggimento dell'esercito tedesco. Ciò non toglie che ne combini ugualmente di tutti i colori. ■ COMICO; COL.; 95′; ITALIA, 1977.

VORAGINE ★★
Regia di EDGAR NEVILLE. Con MARIA DENIS, FOSCO GIACHETTI, CONCHITA MONTES, ADRIANO RIMOLDI. ■ Pura come un giglio, una ragazzina di provincia va a studiare all'università di Barcellona. Nella famiglia che la ospita scoppiano violente passioni. Ma la ragazzina rimane incontaminata. ■ DRAMMATICO; B/N; 93′; ITALIA, 1948.

VORREI CHE TU FOSSI QUI *(Wish You Were Here)* ★★★
Regia di DAVID LELAND. Con TOM BELL, PAT HEYWOOD, EMILY LLOYD. ■ Una ragazza della provincia inglese, orfana di madre, non trova affetto nel padre, ostile e distratto, né nei ragazzi che le ronzano intorno (timidi o mascalzoncelli). Va a letto con un coetaneo del padre, che però si invola dopo averla messa incinta. Lei, dopo qualche titubanza, decide di tenersi il figlio. Fa bene. Il piccino le darà l'affetto a cui teneva tanto. ■ DRAMMATICO; COL.; 92′; GRAN BRETAGNA, 1987.

VORREI NON ESSERE RICCA *(I'd Rather Be Rich)* ★★★
Regia di JACK SMIGHT. Con MAURICE CHEVALIER, SANDRA DEE, HERMIONE GINGOLD, ROBERT GOULET, GENE RAYMOND, CHARLIE RUGGLES, ANDY WILLIAMS. ■ Un ricco uomo d'affari, colpito da infarto, invita al proprio capezzale la giovane nipote, chiedendole di venire col fidanzato. Per un imprevisto, però, il fidanzato della ragazza non è disponibile e lei prega un amico di prenderne il posto. Il giovanotto piace subito al ricco affarista che intanto ha superato la crisi. Le cose però si complicano quando nella casa, inaspettato, si presenta il fidanzato vero. Sorgono ovviamente molti equivoci imbarazzanti. Alla fine, la ragazza si innamora del falso fidanzato. ■ COMMEDIA; COL.; 96′; USA, 1964.

VORREI SPOSARE *(June Bride)* ★★★
Regia di BRETAIGNE WINDUST. Con BETTE DAVIS, BETTY LYNN, ROBERT MONTGOMERY. ■ Il redattore di una rivista, inviato in provincia per seguire un matrimonio, viene a scoprire che la futura sposa è innamorata del fratello del fidanzato il quale, a sua volta, è innamorato della sorella della futura sposa. Il redattore farà in modo che ciascuno si unisca alla persona amata. Perduto il posto, finirà per sposare la direttrice della rivista. ■ COMMEDIA; B/N; 97′; USA, 1948.

VORREI VEDERTI BALLARE ★★
Regia di NICOLA DEORSOLA. Con CHIARA CHITI, GIULIANA DE SIO, GIULIO FORGES DAVANZATI, ALESSANDRO HABER, STEFANO SANTOSPAGO. ■ Martino ha vent'anni e due grandi passioni: le tartarughe e i film d'autore. Trascorre il suo tempo nella riserva marina di Isola Capo Rizzuto, in Calabria, dove si prende cura della tartaruga Cleopatra, e di un cinema d'*essai* di provincia. Di studiare non ha tanta voglia, soprattutto psicologia, facoltà a cui il padre, psicoanalista rigido e severo, l'ha indotto a iscriversi. Martino nutre poi una terza passione, segreta, per una ragazza che prende lezioni di danza nel palazzo di fronte a casa sua. Il giovane scopre che l'affascinante ballerina ha un nome, Ilaria, una madre opprimente e un disturbo alimentare che la costringe in terapia dal padre. Al lui sembra un segno del destino. ■ DRAMMATICO; COL.; 83′; ITALIA, 2011.

VORREI VOLARE *(It's in the Air)* ★★
Regia di ANTHONY KIMMINS. Con GEORGE FORMBY, JACK HOBBS, POLLU WARD. ■ Un giovane desidera arruolarsi nell'aeronautica ma la sua domanda viene respinta. Un giorno indossa la divisa del fidanzato di sua sorella, che è aviere, e si presenta all'aeroporto. Ne combina di tutti i colori e rischia persino di schiantarsi a terra con un aeroplano. Ma alla fine viene arruolato. ■ COMMEDIA; B/N; 87′; GRAN BRETAGNA, 1938.

VORTEX ★
Regia di MICHAEL POHL. Con EKKI BELLE, JEAN BRAUNER, BENJAMIN FÖHR, PHIL FRIEDERICHS, FRANZ FROSCHAUER, ARNE FUHRMANN, INÉS GRESS, MAUREEN HAVLENA, HARDY KRUGER JR., HARALD LEIPNITZ, MARIA MESCHEDE, DANIEL PANNING, KEVIN PINNOCK, OLIVER STRITZEL, GILBERT VON SOHLERN, PHILIPP WEICHE. ■ XXI secolo: la criminalità e la violenza sono talmente diffuse che per cercare di combatterle le autorità hanno istituito Vortex, una prigione da cui non si torna indietro e in cui si è costretti a ripetere all'infinito il reato commesso. Tra atmosfere alla *Matrix* e una storia troppo simile a un videogame, gli interessanti interrogativi che questo film pone, finiscono per passare in secondo piano. ■ FANTASCIENZA; COL.; 70′; GERMANIA, 2001.

VORTICE *(The Whirpool)* ★★
Regia di ROY WILLIAM NEILL. Con JEAN ARTHUR, JACK HOLT. ■ Drammone strappalacrime. Un assassino condannato a lunga detenzione finge di essere morto per permettere alla moglie, che sta per partorire, di risposarsi. Anni dopo, durante un processo, intervistato da una giornalista, riconosce in lei sua figlia. Per far sì che la ragazza non scopra nulla, uccide il suo avvocato che vorrebbe raccontare la verità e poi si toglie la vita. ■ DRAMMATICO; B/N; 113′; USA, 1935.

VORTICE ★★
Regia di RAFFAELLO MATARAZZO. Con MASSIMO GIROTTI, SILVANA PAMPANINI, GIANNI SANTUCCIO. ■ Una ragazza lascia il suo fidanzato, un medico, e sposa, pur non amandolo, il direttore di una banca per aiutare il padre in gravi difficoltà finanziarie. Il marito, rimasto paralizzato alle gambe per un incidente, viene poi ucciso da una prostituta che si era introdotta in casa per rubare. La moglie, accusata del delitto, viene arrestata e tenta di uccidersi. Ma l'ex fidanzato riesce a dimostrare la sua innocenza e quindi la sposa. ■ DRAMMATICO; COL.; 108′; ITALIA, 1953.

VORTICE DI SABBIA *(A Twist of Sand)* ★★★
Regia di DON CHAFFEY. Con HONOR BLACKMAN, RICHARD JOHNSON, JEREMY KEMP. ■ Un ex comandante inglese, che durante la guerra aveva distrutto un sommergibile tedesco, parte alla ricerca di un tesoro (una cassetta di diamanti) finito sulla costa africana. Con lui, tra gli altri, c'è un ex marinaio tedesco, l'unico superstite del sottomarino distrutto, che, per vendicare i suoi compagni, cercherà di uccidere l'ex capitano: non ci riuscirà e ci lascerà anzi la vita; ma i diamanti recuperati finiranno in mare, perduti per sempre. ■ AVVENTURA; COL.; 91′; GRAN BRETAGNA, 1968.

VOSTRO FIGLIO E FRATELLO *(Vash syn i brat)* ★★★
Regia di VASSILI SCIUKSCIN. Con LEONID KLURAVLEV, LEONID REUTOV, VSEVOLOD SANAEV. ■ Ponendo in scena un suo romanzo, il regista descrive attraverso le vicende dell'evaso Stepan il rapporto tra la città disumanizzante e la campagna portatrice di sani ideali. Il risultato è un film affettuoso e sentito, privo di retorica e ricco di felici caratterizzazioni. ■ DRAMMATICO; B/N; 95'; URSS, 1965.

VOSTRO SUPER AGENTE FLIT, IL ★★
Regia di MARIANO LAURENTI. Con RAFFAELLA CARRÀ, FERNANDO SANCHO, KITTY SWAN, PAMELA TUDOR, RAIMONDO VIANELLO. ■ Il superagente Flit scopre che una potenza ultraterrestre vuole impadronirsi del pianeta. Individuato il covo nemico, lo distruggerà. ■ COMICO; COL.; 92'; ITALIA, 1967.

VOTO, IL ★★
Regia di MARIO BONNARD. Con GIORGIO DE LULLO, DORIS DURANTI, MARIA GRAZIA FRANCIA. ■ Diventato l'amante della moglie di un amico, un pescatore, vinto dai rimorsi, lascia il paese per cercare di dimenticarla. In una casa di piacere conosce una giovane prostituta. Gravemente malato, fa quindi voto di redimerla se riuscirà a guarire. Guarirà. ■ DRAMMATICO; B/N; 93'; ITALIA, 1950.

VOTO DI CASTITÀ ★★
Regia di JOE D'AMATO. Con GILLIAN BRAY, ENZO COLAJACONO, JACQUES DUFILHO, LAURA GEMSER, FRANCESCO MULÉ. ■ Un vecchio libertino, in punto di morte, piuttosto che lasciare tutti i suoi beni a un nipotino che vuol farsi prete, preferisce destinare il suo denaro alla costruzione di un ospizio per vecchie prostitute. Il nipotino gli farà cambiare idea, perdendo la verginità davanti ai suoi occhi. ■ COMMEDIA; B/N; 94'; ITALIA, 1976.

VOTO DI MARINAIO ★
Regia di ERNESTO DE ROSA. Con ROBERTO BRUNI, MARIA MARTIN, ELLI PARVO, GIACOMO RONDINELLA. ■ Sorpreso in mare da una burrasca, un pescatore napoletano promette al Signore che abbandonerà la fidanzata e sposerà, per redimerla, una donna di strada, se sarà salvato. Per adempiere al voto sceglierà però una ragazza che si ammalerà e morirà, lasciandolo libero di sposare la fidanzata. ■ DRAMMATICO; B/N; 91'; ITALIA, 1953.

VOTO È SEGRETO, IL *(Raye Makhfi)* ★★★
Regia di BABAK PAYAMI. Con NASSIM ABDI, CYRUS ABIDI, YOSSEF HABASHI, GHOLDBAHAR JANGHALI, FARROKH SHOJAII. ■ Un soldato è di guardia su un'isola deserta. Al risveglio da un sonnellino vede paracadutare un'urna per le elezioni. Di lì a poco giunge via mare una giovane donna incaricata di farle svolgere in modo regolare. A lui toccherà accompagnarla con la sua jeep per consentirle di far votare i pochi abitanti. Attraverso un deserto in cui sorge un inutile semaforo e le strade polverose dei villaggi si sviluppa un rapporto di stima reciproca tra l'uomo e la donna e, forse, anche qualcosa di più. Film dai lentissimi ritmi iniziali superati i quali si può scoprire la delicatezza di una narrazione che non dimentica mai che la società, con le sue regole di convivenza, è composta da uomini e donne capaci di un sentire che nessuna regola di separazione tra i sessi può elidere. Non solo il voto è segreto, a volte lo sono anche i sentimenti. Ma qualcosa può trasparire e allora la diffidenza iniziale si trasforma in apertura all'altro. ■ COMMEDIA; COL.; 105'; CANADA, IRAN, ITALIA, SVIZZERA, 2001.

VOYAGE EN ARMÉNIE, LE ★★
Regia di ROBERT GUÉDIGUIAN. Con SIMON ABKARIAN, ARIANE ASCARIDE, ROMAN AVINIAN, CHORIK GRIGORIAN, GÉRARD MEYLAN. ■ Anna è un cardiochirurgo di successo con una figlia adolescente, un marito premuroso e un padre orgoglioso, Barsam, a cui diagnostica una patologia. Barsam rifiuta di operarsi e vuole che il suo cuore smetta di battere in Armenia, la sua terra natale a cui fa ritorno lasciando per sempre la Francia. Anna, preoccupata per le sue precarie condizioni di salute, si imbarca sul primo aereo diretto a Erevan. È l'inizio di un lungo viaggio dentro la storia del popolo armeno, dentro una storia privata, dentro se stessa. Il cinema di Robert Guédiguian lascia i quartieri operai di Marsiglia per omaggiare le sue origini armene. Figlio di un operaio di quel paese, il regista intraprende attraverso la sua attrice feticcio, Ariane Ascaride, un lungo viaggio in quella terra all'incrocio tra Oriente e Occidente, annessa all'URSS come Repubblica Socialista Sovietica e oggi Repubblica presidenziale ispirata ai modelli occidentali. Affidandosi allo stesso gruppo di attori, Guédiguian riconferma il suo sguardo politico e popolare, senza mai rinunciare all'umorismo e alla levità. È evidente l'intento pedagogico del viaggio, nonché l'efficacia didattica del personaggio di Yervanth, che "educa" la protagonista e ne risveglia il senso di appartenenza. ■ DRAMMATICO; COL.; 125'; FRANCIA, 2005.

VOYAGER – PASSIONI VIOLENTE *(Voyager)* ★★
Regia di VOLKER SCHLÖNDORFF. Con JULIE DELPY, SAM SHEPARD, BARBARA SUKOWA. ■ Ancora un film di un grande regista perduto, Volker Schlöndorff. La storia di Walter Faber, che gira in lungo e in largo il mondo (passa dalla Grecia all'Italia, alla Francia, agli Stati Uniti fino in Messico) arrivando al culmine della depravazione, francamente non ci coinvolge più di tanto. La storia è ricavata da un romanzo dello scrittore elvetico Max Frisch. ■ DRAMMATICO; COL.; 117'; GERMANIA, 1990.

VOYOU – LA CANAGLIA *(Le Voyou)* ★★★
Regia di CLAUDE LELOUCH. Con AMIDOU, DANIÈLE DELORME, SACHA DISTEL, GABRIELLA GIORGELLI, CHRISTINE LELOUCH, JUDITH MAGRE, LUCIANO PIGOZZI, YVES ROBERT, JEAN-LOUIS TRINTIGNANT. ■ Un abile malvivente rapisce il figlioletto di un impiegato di banca e chiede un milione di dollari di riscatto. L'impiegato non può certo pagare. Sotto la pressione dell'opinione pubblica, è la banca a versare il milione. Il piano era stato in realtà studiato insieme da bandito e impiegato i quali avrebbero poi dovuto dividersi il bottino. Sorpresa finale. ■ POLIZIESCO; COL.; 123'; FRANCIA, 1970. ■ DAVID DI DONATELLO 1 PR, 1 NOM.

V PER VENDETTA *(V for Vendetta)* ★★
Regia di JAMES MCTEIGUE. Con SINÉAD CUSACK, NATALIE PORTMAN, NICOLAS DE PRUYSSENAERE, STEPHEN FRY, JOHN HURT, STEPHEN REA, HUGO WEAVING. ■ «Remember, remember, the 5th of November...» È questo il monito di apertura di *V for vendetta*, ispirato all'omonimo fumetto di Alan Moore e David Lloyd. Diretto da James McTeigue, assistente alla regia di Lucas e dei fratelli Wachowski, il film si svolge in un'immaginaria Gran Bretagna del futuro, governata da un regime totalitario, a cui un misterioso uomo mascherato, Mister V, dichiara guerra. Un anarchico radicale, desideroso di riportare libertà e giustizia, in un paese in cui vigono ormai autoritarismo e intolleranza verso chiunque non aderisca al sistema. In nome della libertà, V riuscirà a convincere la giovane e bella Evey – cui salva la vita all'inizio del film – a combattere al suo fianco. Scritto e prodotto dai registi di *Matrix*, *V for vendetta* è un cocktail "esplosivo" che unisce effetti speciali ad un ritmo incalzante non privo di efficacia. Come può accadere per i film tratti da opere letterarie e fumetti, resta il dubbio che il testo di partenza sia stato interpretato più o meno correttamente. Lasciamo agli esperti di fumetto l'ardua sentenza. ■ FANTASCIENZA; COL.; 120'; GERMANIA, USA, 2005.

VRINDAVAN FILM STUDIOS ★★
Regia di LAMBERTO LAMBERTINI. Con GUSTAVO CAROTENUTO, ENZO DE CARO, SOMALI KULKARNI. ■ Mentre un italiano gira un film in India, si incrociano storie di fantasia, riti autoctoni, e cronaca di quel paese. È visibile un certo sforzo scenografico, che spesso approda, purtroppo, alla sensazione del fatto in casa. Pellicola da mostre, e come tutti i film che hanno bisogno di "quel" supporto, le ha visitate tutte (Venezia, New York, Los Angeles, Johannesburg, Tel Aviv, Gerusalemme). ■ FANTASTICO; COL.; 90'; ITALIA, 1996.

VRROOOM! *(Vrrom)* ★★
Regia di BEEBAN KIDRON. Con CLIVE OWEN, DIANA QUICK, DAVID THEWLIS, MELANIE KILBURN, ROSALIND BENNETT. ■ Due uomini (un romantico e uno scatenato) amici per la pelle incontrano una bella donna che condivide il loro modo di intendere la vita: mollare tutto, ogni tanto, e partire in auto alla ventura. E un giorno lo fanno, lasciano la loro città di provincia e corrono a folle velocità (verso dove? Non si sa, non importa). La loro corsa termina in una pacifica località dove per qualche tempo i tre pensa-

no di mettere le radici. Ma no. Un giorno partiranno anche da lì guidando a tavoletta. ■ COMMEDIA; COL.; 89′; GRAN BRETAGNA, 1988.

VULCANO ★★

Regia di WILLIAM DIETERLE. Con ROSSANO BRAZZI, GERALDINE BROOKS, ANNA MAGNANI. ■ Una donna dal burrascoso passato, tornata dopo parecchi anni di assenza alla natia Vulcano, per difendere la sorella dalle mire di un losco palombaro che vorrebbe prostituirla, lo uccide e si lascia poi morire. ■ DRAMMATICO; B/N; 106′; ITALIA, 1949.

VULCANO *(Volcano)* ★

Regia di MICK JACKSON. Con DON CHEADLE, ANNE HECHE, TOMMY LEE JONES. ■ Si sa che Los Angeles è costruita sopra un vero inferno che un giorno potrebbe anche decidere di esplodere. Ebbene esplode, proprio nel centro della città si apre il cratere di un vulcano. Si tratta di fermare la lava che tutto travolge. Tommy è il capo della protezione. Faticosamente riesce nell'intento. C'è proprio tutto, tutto malriuscito. Persino Tommy che corre verso sua figlia mentre un grattacielo li seppellisce entrambi, e si salvano. Davvero pessima quella stagione dei catastrofici, da *Dante's Peak* a *Speed 2*. ■ CATASTROFICO; COL.; 100′; USA, 1997.

VULCANO FIGLIO DI GIOVE ★★

Regia di EMIMMO SALVI. Con BELLA CORTEZ, ANNIE GORASSINI, GORDON MITCHELL. ■ Vulcano si schiera con Giove nella lotta contro Marte, dio della guerra. Avrà partita vinta. ■ AVVENTURA; B/N; 90′; ITALIA, 1962.

VUOTI A PERDERE ★

Regia di MASSIMO COSTA. Con VICTOR CAVALLO, SILVIA DE SANTIS, GIANNI GAROFALO, GIANCARLO GIANNINI, MAX MALATESTA, VINCENZO PELUSO. ■ Un film presentato a Berlino e che sarebbe stato meglio non fare. La storia dei deliri di due giovani sbandati in una Genova fredda e quasi astratta. Il tutto raccontato a un commissario nel corso di un interrogatorio che mira più che altro a spaventare i fermati. Il povero Giannini si fa coinvolgere in un film raffazzonato di cui costituisce l'unico punto stabile. Al festival di cui sopra è stato proiettato con la scena di una doppia sodomizzazione dei due giovani amanti che intanto si tengono per mano. Tagliata nella versione italiana, faceva venir voglia di cambiare (almeno per la durata della proiezione) nazionalità. Massimo Costa è figlio di Mario che negli anni dai Quaranta ai Sessanta realizzò film popolari di ben altra tenuta. ■ DRAMMATICO; COL.; 88′; ITALIA, 1997.

VUOTI A RENDERE *(Vratné lahve)* ★★

Regia di JAN SVERAK. Con DANIELA KOLAROVA, ZDENEK SVERAK, TATIANA VILHELMOVÁ. ■ Joseph è un insegnante di sessantacinque anni che non va più d'accordo con la scuola e si ritira, ma, incapace di starsene tutto il giorno in casa con la moglie, si ricolloca prima come corriere su due ruote e poi come responsabile del ritiro delle bottiglie vuote in un supermercato. Nonostante lo scetticismo della consorte, il lavoro non solo non lo umilia ma, al contrario, lo appassiona e i clienti lo incuriosiscono al punto che – complice una naturale predisposizione alla fantasticheria – Joseph comincia ad intromettersi nelle loro vite. ■ COMMEDIA; COL.; 115′; REPUBBLICA CECA, GRAN BRETAGNA, 2007.

VUOTO, IL ★★

Regia di PIERO VIVARELLI. Con ELSA DANIEL, RAFAEL PIZAREFF, VENANTINO VENANTINI. ■ Una ragazza sudamericana che lavora a New York come interprete all'Onu si innamora di un brillante fisico nucleare. Quando viene a sapere che l'uomo è sposato, non ha la forza di lasciarlo. ■ DRAMMATICO; B/N; 84′; ARGENTINA, ITALIA, 1969.

VUOTO MENTALE ★★

Regia di JEAN-CLAUDE LORD. Con MICHAEL IRONSIDE, LISA LANGLOIS, CHRISTOPHER PLUMMER. ■ Una tremenda crisi nervosa causa al detective O'Reilly una serie di incredibili incubi notturni. Questo accade mentre l'agente sta cercando di trovare una soluzione ad alcuni agghiaccianti omicidi. Conosce però Sarah, un'affascinante avvocatessa che lo aiuterà, consolandolo, a tenere sotto controllo ciò che gli sta accadendo. ■ DRAMMATICO; COL.; 89′; USA, 1990.

W

W. ★★
Regia di Oliver Stone. Con Elizabeth Banks, Josh Brolin, Rob Corddry, James Cromwell, Thandie Newton. ■ George W. Bush è il giovane rampollo di una dinastia imprenditoriale e politica del New England trapiantata nel Texas, dove cresce sulle orme del padre, petroliere, politico, ambasciatore all'Onu, direttore della Cia e quarantunesimo presidente degli Stati Uniti. Approdato al governatorato del Texas dopo una mediocre carriera scolastica e manageriale, dopo l'abuso di alcol e di hamburger, dopo i fermi di polizia e una fidanzata abbandonata incinta, Bush jr. vede la luce e la sua presidenza. Più vicino del Bush senior alla destra cristiana e dichiaratamente *born again evangelico*, vince nel 2000 le presidenziali contro il democratico Al Gore. Trascurato dal padre che gli preferisce il fratello Jeb, brillante manager e giocatore di baseball e futuro governatore della Florida, W. vive un forte complesso edipico nei confronti del genitore con cui si "identificherà" fino al punto di "sostituirlo" alla Casa Bianca. L'evento tragico dell'11 settembre, l'ambizioso piano di lotta al terrorismo e la diffusione per via militare della democrazia contro l'"asse del male", farà calare il sipario su George W. Bush e sul secondo e fallimentare mandato. Voleva diventare presidente di lega del campionato di baseball ma gli americani lo hanno eletto due volte presidente degli Stati Uniti d'America. Stone, ormai storico Usa ufficiale, cerca di non essere fazioso. Cerca. ■ Drammatico; col.; 129′; USA, 2008.

WACO UNA PISTOLA INFALLIBILE *(Waco)* ★★
Regia di Robert G. Springsteen. Con Wendell Corey, Brian Donlevy, Howard Keel, Terry Moore, Jane Russell, John Smith. ■ Waco è un ex galeotto nominato sceriffo. Dapprima tutti diffidano di lui, poi la sua opera viene apprezzata. Nello scontro finale col cattivone e la sua banda, i cittadini si uniscono a Waco per far trionfare la giustizia. ■ Western; col.; 85′; USA, 1966.

WAGONS EAST! ★
Regia di Peter Markle. Con John Candy, Ellen Greene, Richard Lewis, John C. McGinley. ■ È l'ultimo film interpretato da John Candy che è morto durante le riprese. Un western comico: un brutto ceffo pagato dai proprietari delle ferrovie deve obbligare la popolazione di Prosperity a sloggiare. ■ Comico; col.; 108′; USA, 1994.

WAGONS-LITS CON OMICIDI *(Silver Streak)* ★★★
Regia di Arthur Hiller. Con Ned Beatty, Jill Clayburgh, Clifton James, Richard Pryor, Gene Wilder. ■ Su un treno in viaggio da New Orleans a Chicago un giovane editore scopre una lunga catena di omicidi, fra cui quello di un professore maniaco di Rembrandt, della cui segretaria ha fatto nel frattempo la conoscenza. Dopo molte disavventure, il giovane scoprirà i colpevoli e avrà in premio la bella segretaria. ■ Giallo rosa; col.; 113′; USA, 1976. ■ Golden Globes 1 nom; Oscar 1 nom.

WAITRESS – RICETTE D'AMORE *(Waitress)* ★★★
Regia di Adrienne Shelly. Con Nathan Fillion, Andy Griffith, Cheryl Hines, Keri Russell, Adrienne Shelly, Jeremy Sisto. ■ Al Joe's Diner, Jenna è la più intraprendente. Si inventa torte ogni giorno e spera anche di vincere un premio. Un'inaspettata "dolce attesa" manda però la sua vita in crisi, e tutti i suoi sogni sembrano infrangersi. La vita, d'altra parte, come una torta, può riservare molte sorprese. Questa commedia, indipendente e personale, assume un gusto dolceamaro quando si apprende che la cineasta è stata assassinata proprio nella fase finale del film. Lei il suo sogno forse non è riuscita a realizzarlo, il suo progetto, tuttavia, riesce a centrare il bersaglio nel raccontare una piccola storia che colpisce al cuore e alla mente. Le parole a volte espresse a volte taciute non nascondono gli stati d'animo della protagonista che comunica attraverso le sue torte, rappresentanti attimi di vita, dai più quotidiani ai più personali. Ed è qui che la commedia si distanzia dalla banalità. Perché nell'insieme dei sorrisi generati da situazioni più o meno solite, è il cibo e il suo legame con Jenna, interpretata dalla brillante Keri Russell, l'elemento vincente, correlato al sogno, al piacere, in contrapposizione con l'oggetto conflittuale, il marito Earl. Earl è infatti l'uomo nero nel mondo fantastico di Jenna. ■ Commedia; col.; 107′; USA, 2007.

WAKING LIFE ★★★
Regia di Richard Linklater. Con Julie Delpy, Ethan Hawke, Nicky Katt, Wiley Wiggins. ■ Questo cartone animato è stato girato dal vero in video digitale con attori reali e quindi è stato ridisegnato e colorato fotogramma per fotogramma da un team di animatori texani. Bob Sabiston, lo scenografo, ha ideato il software utilizzato per trasformare le riprese in pitture da animare. Il regista ha girato il film in soli venticinque giorni di riprese con una troupe ridottissima. Il film racconta la storia di un ragazzo che, dopo un incidente stradale, inizia a vivere un lungo interminabile sogno, durante il quale si imbatte in una serie di personaggi con i quali intavola conversazioni sui massimi sistemi della vita (morte, fede, razionalità, esistenza). Opera che si presta facilmente a critiche di supponenza, ma che invita a riflettere. Film intelligente e stimolante. ■ Animazione; b/n; 97′; USA, 2001.

WALESA ★★★
Regia di Ewa Brodzka, Andrej Wajda. Con Agnieszka Grochowska, Maria Rosaria Omaggio, Robert Wieckiewicz, Zbigniew Zamachowski. ■ 1970. Le autorità soffocano nel sangue le proteste degli operai e Walesa, arrestato, è costretto a firmare un obbligo di collaborazione con i servizi di sicurezza. Lo fa per poter tornare a casa da Danuta, la moglie, e dai figli che continuano a nascere. Man mano che la sua maturazione politica si compie e il suo carisma s'impone, conquistando le masse, Walesa non cederà più ad alcuna proposta di collaborazione offerta dal regime, rassegnandosi a continue perquisizioni e ad un anno di internamento. Nel 1983, sarà Danuta a ritirare per lui il Nobel per la pace, per evitare che, lasciando la Polonia, il marito non possa più rientrare. L'operaio Walesa sarà il primo presidente scelto in elezioni libere e l'uomo che avrà preparato il terreno al più grande riassetto dell'ordine politico mondiale del secolo scorso. Oriana Fallaci, interpretata da Maria Rosaria Omaggio, intervista Lech Walesa nel suo appartamento di Danzica. È il momento in cui la figura e l'operato del leader di Solidarność stanno per scavalcare la cortina di ferro e raggiungere l'Europa e il suo plauso. ■ Drammatico; col.; 120′; Polonia, 2013.

WALKER, THE ★★★
Regia di Paul Schrader. Con Lauren Bacall, Ned Beatty, Moritz Bleibtreu, Willem Dafoe, Woody Harrelson, Kri-

STIN SCOTT THOMAS, LILY TOMLIN. ■ Carter Page III, oltre al nome aristocratico, svolge un lavoro tutt'altro che usuale. Accompagna all'opera le ricche e annoiate signore dell'alta borghesia di Washington, mentre di notte gira nei circoli omosessuali, di cui è un cliente abituale. La sua routine prevede la settimanale partita a canasta, dove tiene compagnia a un gruppo di mature signore in cerca di forti emozioni. Quando una di loro, Lynn, sposata a un senatore liberale, scopre che il suo amante è stato ucciso, chiederà immediatamente aiuto al suo non più giovane e aitante accompagnatore. Il gesto di amicizia di Carter, che si attribuisce il ritrovamento del corpo, alimenta una serie di guai che metterà a soqquadro la sua esistenza, fino a essere sospettato egli stesso dell'omicidio. Il film gode come al solito dell'ottima regia del veterano Schrader, che evita le trappole dell'usura e della nostalgia, giocando col passare degli anni e ricordandoci, al solito, che il thriller non è solo suspence, ma anche il rumore della pellicola proveniente dal fondo della sala. ■ DRAMMATICO; COL.; 107'; GRAN BRETAGNA, USA, 2007.

WALKER UNA STORIA VERA *(Walker)* ★★
Regia di ALEX COX. Con RENÉ AUBERJONOIS, ED HARRIS, RICHARD MASUR. ■ La vera storia di William Walker, un avventuriero di origine inglese che nel 1855, con l'appoggio del miliardario Vanderbilt, operò un colpo di mano in Nicaragua, alla testa di sessanta mercenari, e si autonominò presidente della Repubblica sudamericana. Una storia affascinante che però il regista ha condito di troppi aneddoti non necessari e troppi riferimenti alla politica Usa in Sudamerica negli ultimi decenni. ■ AVVENTURA; COL.; 90'; USA, 1987.

WALK ON THE MOON - COMPLICE LA LUNA, A ★★
(A Walk on the Moon)
Regia di TONY GOLDWYN. Con TOVAH FELDSHUH, DIANE LANE, LIE HSIAO LUNG, VIGGO MORTENSEN, ANNA PAQUIN. ■ L'uomo sta per scendere sulla Luna. La protagonista, già madre da ragazza, ha una vita monotona all'interno di una piccola comunità conservatrice. Un giorno arriva un venditore ambulante di indumenti dallo stile freak e dal fascino a fior di pelle. Tutto cambia. La donna si "libera" (come si diceva allora) creando qualche squilibrio nella figlia adolescente che se la trova davanti a Woodstock. Il film procede in modo interessante per tre quarti della durata. Poi il desiderio di mettere tutte le cose a posto prevale. ■ COMMEDIA; COL.; 107'; USA, 1999.

WALKOVER ★★
Regia di JERZY SKOLIMOWSKI. Con JERZY SKOLIMOWSKI, ALEKSANDRA ZAWIERUSZANKA. ■ Andrzej viene espulso dall'Università. Appassionato di pugilato, dopo aver incontrato un'ex compagna di scuola di idee staliniste, partecipa a un incontro di boxe. È il secondo film del regista polacco. ■ DRAMMATICO; B/N; 75'; POLONIA, 1965.

WALLY-E ★★★
Regia di ANDREW STANTON. ■ Wally-E è l'ultimo robot rimasto sulla terra dopo che gli umani l'hanno abbandonata perché invasa dai rifiuti. Si sono dimenticati di spegnerlo e lui da 700 anni continua a fare quello per cui è stato costruito: comprimere e ammassare rifiuti. Non parla ma si fa capire molto bene a gesti e attraverso una gamma di suoni espressivi come faceva R2-D2 di *Guerre Stellari*. È un robot animato come un animale antropomorfo, un piccolo Charlot: operaio alienato che sogna un domani migliore guardando il cielo stellato. E quando dal cielo questo domani migliore arriva sotto forma di un altro robot, Eve, più moderno e programmato per cercare vita sulla Terra, Wally-E lo insegue sull'astronave madre. Lì, sempre come il vagabondo di Chaplin, sarà un portatore sano e inconsapevole di caos e anarchia assieme agli altri "devianti" della società cioè i robot difettosi. Il film è qualcosa di più della solita celebrazione della riappropriazione da parte dell'uomo della sua umanità in un futuro dove la tecnologia ha vinto sullo spirito. ■ ANIMAZIONE; COL.; 97'; USA, 2008.

WALLACE & GROMIT ED ALTRE STORIE ★★★
(Wallance & Gromit)
Regia di RICHARD GOLESZOWSKI, PETER LORD, JEFF NEWITT, NICK PARK. ■ Riunione di sette cortometraggi realizzati tra il 1989 e il 1993 da quattro registi inglesi, impiegando la tecnica dell'animazione dei pupazzi in plastilina. Wallace e il cane Gromit sono i protagonisti del primo e dell'ultimo episodio, Rex the Hunt è il personaggio comune al secondo e al sesto, mentre il quarto, *Creature Comforts*, ha vinto un Oscar nel 1991. Divertente e surreale, non solo per ragazzi. ■ ANIMAZIONE; COL.; 78'; GRAN BRETAGNA, 1993.

WALLACE & GROMIT: LA MALEDIZIONE DEL CONIGLIO MANNARO ★★★
(Wallace & Gromit: the curse of the were-rabbit)
Regia di STEVE BOX, NICK PARK. ■ In prossimità della fiera dell'Ortaggio gigante, Wallace e il fedele cagnolino Gromit traggono profitto dall'equipaggiamento, da loro inventato, che preserva le piante dall'assalto dei conigli. Improvvisamente, sopraggiunge un'enorme bestia che minaccia di distruggere i giardini del vicinato. La promotrice della fiera, Lady Tottington, chiede così aiuto a Wallace e Gromit. Cinque anni dopo l'ottimo *Galline in fuga*, Aardman Animations (la "Pixar della plastilina") torna sul grande schermo e lo fa con i suoi ambasciatori più celebri, Wallace & Gromit, già protagonisti di tre cortometraggi vincitori di un Oscar ed un'altra infinità di premi, ma che stavolta hanno un intero film per dimostrare il loro innato talento. ■ ANIMAZIONE; COL.; 94'; INGHILTERRA, 2005. ■ OSCAR 1 PR, 1 NOM.

WALL STREET ★★★
Regia di OLIVER STONE. Con MICHAEL DOUGLAS, DARYL HANNAH, CHARLIE SHEEN. ■ Un giovane *broker* della Borsa di Wall Street diventa l'informatore di un grande speculatore. I due fanno molte manovre fruttifere finché lo speculatore non manda in rovina la compagnia aerea per cui lavora il padre del giovane. Lo scontro fra i due è inevitabile. Finiranno in galera per le loro speculazioni, ma il ragazzo intanto ha imparato la lezione. Ottimo film di Stone, superiore (anche se meno melodrammatico) al suo precedente *Platoon*. Un meritato premio Oscar per Michael Douglas. ■ DRAMMATICO; COL.; 125'; USA, 1987. ■ DAVID DI DONATELLO 1 PR, 1 NOM; GOLDEN GLOBES 1 PR, 1 NOM; OSCAR 1 PR, 1 NOM.

WALL STREET. IL DENARO NON DORME MAI ★★
(Wall Street: Money Never Sleeps)
Regia di OLIVER STONE. Con JOSH BROLIN, MICHAEL DOUGLAS, SHIA LABEOUF, CAREY MULLIGAN, ELI WALLACH. ■ 2001. Gordon Gekko esce dal carcere dopo aver scontato la pena per le frodi attuate a Wall Street. Nessuno lo attende al di là del cancello. 2008. Gekko ha pubblicato le sue memorie e considerazioni sul passato e sul presente della finanza mondiale e le ha intitolate *L'avidita è buona?* Intanto sua figlia, che si è rifiutata di fargli visita dopo la morte del fratello di cui lo accusa, ha una relazione con Jake Moore. Il giovane opera in Borsa sotto le ali dell'anziano Louis Zabel e crede nella possibilità di investire in un progetto finalizzato alla creazione di energia pulita. Zabel viene però messo in gravi difficoltà dalla diffusione di voci finalizzate alla sua eliminazione dal mercato e, non reggendo la pressione, si suicida. Da quel momento Jake si avvicina a Gekko, il quale vorrebbe poter tornare ad avere un dialogo con sua figlia. Per la prima volta Oliver Stone torna sui suoi passi rivisitando un proprio personaggio. In questi casi si tratta sempre di operazioni rischiose: operazione riuscita, parzialmente. ■ DRAMMATICO; COL.; 133'; USA, 2010.

WALLY, LA ★★
Regia di GUIDO BRIGNONE. Con CARLO NINCHI, GERMANA PAOLIERI, ISA POLA, RENZO RICCI. ■ Trasposizione cinematografica della famosa opera di Alfredo Catalani. Una ragazza tirolese di grandissima virtù, appunto Wally, viene baciata a forza da Hagenbach, che pure ama. Offesa fugge in montagna. Hagenbach vuole raggiungerla per chiederle perdono, ma viene travolto da una valanga. Wally lo segue nella morte. ■ MUSICALE; B/N; 93'; ITALIA, 1932.

WALLY DELL'AVVOLTOIO *(Die Geierwally)* ★★
Regia di HANS STEINHOFF. Con HEIDEMARIE HATHEYER, SEPP RIST. ■ Una donna si cala in un crepaccio per liberare il paese da

una nidiata di avvoltoi ed è salvata da un giovane cacciatore che poi uccide un terribile orso nero. Respinti dalla popolazione, i due, dopo altre disavventure, si sposeranno. ■ DRAMMATICO; B/N; 94′; GERMANIA, 1940.

WALTER E I SUOI CUGINI ★★
Regia di MARINO GIROLAMI. Con RICCARDO BILLI, ALBERTO BONUCCI, WALTER CHIARI, VALERIA FABRIZI. ■ Walter ha due cugini che gli somigliano come gocce d'acqua. Lui è pugliese e abita a Milano. I due arrivano nella metropoli lombarda per trovare lavoro. ■ COMMEDIA; B/N; 90′; ITALIA, 1961.

WAMPYR *(Martin)* ★★
Regia di GEORGE A. ROMERO. Con JOHN AMPLAS, CHRISTINE FORREST, LINCOLN MAAZEL. ■ In una cittadina americana di provincia imperversa un maniaco che aggredisce le donne, tagliuzzandole prima con lamette e poi violentandole. Farà una brutta fine. ■ HORROR; COL.; 85′; USA, 1978.

WAN CHUNG COLPISCE ANCORA ★
Regia di B. C. SHUNG. Con HANG BEN, ANLI SHUN. ■ Una giovane campionessa di kung-fu vuole vendicare il padre assassinato: colluttazioni interminabili e uccisioni con particolari sadici. ■ DRAMMATICO; B/N; 92′; HONG KONG, 1973.

WANDA, LA PECCATRICE ★★
Regia di DUILIO COLETTI. Con GIULIETTA MASINA, YVONNE SANSON, FRANK VILLARD, PAOLO STOPPA, MICHELANGELO MALASPINA. ■ Accusato ingiustamente della morte della moglie (suicida), un ufficiale della marina è costretto a dimettersi e, abbandonato da tutti, cade in miseria. Dopo la guerra, tornato da un campo di concentramento, accetta del denaro da una mondana conosciuta casualmente, lo rischia al gioco e vince una somma favolosa. Ottenuta la riabilitazione, si riconcilia anche con il figlio. A questo punto la mondana, che si era legata a lui, per non essergli d'impaccio, lo lascia. ■ DRAMMATICO; B/N; 91′; ITALIA, 1952.

WANDERERS – I NUOVI GUERRIERI, THE ★★★
(The Wanderers)
Regia di PHILIP KAUFMAN. Con KAREN ALLEN, JOHN FRIEDERICH, KEN WAHL, ALAN ROSENBERG. ■ Due bande di giovani si fronteggiano nella periferia di New York. Le loro scaramucce finiranno con una rissa generale e col fidanzamento del capo di una delle gang con la figlia di un mafioso. ■ DRAMMATICO; COL.; 113′; USA, 1979.

WANG LA FURIA CHE UCCIDE *(Chaochow Guy)* ★
Regia di TIE HANG. Con TIEN PENG, YEN NAN HSI, KUAN-HSING WANG. ■ Per vendicare il fratello, ucciso dagli uomini di un tirannico generale, una ragazza si affida al solito campione di kung-fu, che fa piazza pulita degli avversari. ■ AVVENTURA; COL.; 92′; HONG KONG, 1974.

WANG YU, IL VIOLENTO DEL KARATE ★
(Knight Errant)
Regia di TIE SHAN SI. Con YUSUAKI KURATA, YU WANG. ■ Tre fratelli giapponesi e la loro bellicosa nonna contro una famiglia cinese, difesa dal solito campione di karatè. ■ AVVENTURA; B/N; 94′; HONG KONG, 1972.

WANG YU L'IMBATTIBILE *(The Invincible)* ★
Regia di LO JUN. Con CHANG CHUNG, HELEN MA, YU WANG. ■ Consueto film del "filone karatè", coi soliti interminabili combattimenti fra il "buono" e il "cattivo". ■ AVVENTURA; COL.; 91′; HONG KONG, 1973.

WANG YU TENG – LA MORTE VESTITA DI BIANCO ★
Regia di KAO PAO SHU. Con CHAN CHIAO, YANG YANG, YU WANG. ■ Il solito giustiziere solitario alle prese col solito tirannico governatore: questa volta l'eroe, dopo averne fatti fuori un sacco, ci lascia la pelle. ■ AVVENTURA; B/N; 92′; HONG KONG, 1973.

WANTED ★★
Regia di CALVIN JACKSON PADGET. Con GERMAN COBOS, GIULIANO GEMMA, TERESA GIMPERA, SERGE MARQUAND. ■ Nominato sceriffo di una cittadina, un uomo è accusato ingiustamente di omicidio e costretto a fuggire. Autore della macchinazione ai suoi danni è un losco figuro che comanda una banda di razziatori di bestiame. Il nostro eroe proverà la sua innocenza facendo fuori, ad uno ad uno, tutti i suoi nemici. ■ WESTERN; COL.; 95′; ITALIA, 1967.

WANTED SABATA ★★
Regia di ROBERTO MAURI. Con BRAD HARRIS, VASSILI KARIS, ELENA PEDEMONTE. ■ Uno spietato cacciatore di taglie fa in modo che una serie di delitti ricadano su un povero ranchero. In tal modo sulla sua testa dovrebbe venir posta una grossa taglia che poi, ovviamente, il bandito vorrebbe intascare. Sulla forca, al posto del ranchero, ci finirà però lui. ■ WESTERN; COL.; 93′; ITALIA, 1970.

WANTED. SCEGLI IL TUO DESTINO *(Wanted)* ★★
Regia di TIMUR BEKMAMBETOV. Con MORGAN FREEMAN, ANGELINA JOLIE, THOMAS KRETSCHMANN, JAMES MCAVOY, TERENCE STAMP. ■ Prima di diventare il gioiello della Confraternita, un gruppo armato di giustizieri agli ordini del Fato, Weasley Gibson era un impiegato anonimo e ipocondriaco, vessato da una dirigente "abbondantemente" insopportabile e tradito dal migliore amico con la fidanzata petulante. Abbordato alla cassa di un drugstore da una donna killer tutta tatuaggi e pistole, Wes scopre che i suoi attacchi di panico nascondono poteri ultrasensoriali e capacità fisiche sbalorditive. Allenato dalla Confraternita a pugni in faccia e fendenti affilati, viene iniziato all'arte della vendetta "giusta": uccidere i "cattivi", nominati da un arcano telaio. La sua missione sarà quella di eliminare il superkiller che ha ucciso il padre mai conosciuto. Ma l'antica organizzazione di superassassini, che da secoli protegge l'umanità, annientando il Male e facendo il Bene, nasconde un segreto. Spetterà a Wes svelarlo, imparando a controllare il proprio destino. ■ AZIONE; COL.; 110′; USA, 2008.

WANTED – VIVO O MORTO *(Wanted: Dead or Alive)* ★★
Regia di GARY A. SHERMAN. Con ROBERT GUILLAUME, RUTGER HAUER, GENE SIMMONS. ■ Nick Randall, ex agente Cia cacciatore di taglie, dà una mano all'Fbi. Quando Malak Al Rahim, terrorista medio-orientale, fa una strage in un cinema, egli, per catturarlo, affronta pericoli d'ogni genere. I terroristi riescono anche a far fuori la sua donna e il suo migliore amico, Danny, poliziotto. Ma Nick riesce alla fine a catturare il criminale e gli mette una bomba a mano in bocca. ■ POLIZIESCO; COL.; 104′; USA, 1987.

WAPAKONETA *(Third Finger, Left Hand)* ★★★
Regia di ROBERT Z. LEONARD. Con LEE BOWMAN, MELVIN DOUGLAS, BONITA GRANVILLE, MYRNA LOY. ■ Per ottenere un posto in una casa editrice, una donna è costretta a fingersi sposata perché la moglie del principale non tollera che il marito abbia alle dipendenze impiegate nubili. Un pittore, scoperta la verità, finge di essere il marito e la ragazza, per evitare uno scandalo, è costretta a sposarlo veramente, pensando poi di divorziare. Una volta sposati, i due scopriranno di amarsi. ■ COMMEDIA; B/N; 96′; USA, 1940.

WAR, THE ★★
Regia di JON AVNET. Con KEVIN COSTNER, MARE WINNINGHAM, ELIJAH WOOD. ■ Siamo alle fine degli anni Sessanta sulle rive del Mississippi. Stephen è tornato dalla guerra in Vietnam e non riesce ad avere un lavoro stabile. I due figli sono lasciati un po' a loro stessi e devono convivere con la violenza delle strade. ■ DRAMMATICO; COL.; 127′; USA, 1995.

WAR AND LOVE *(The Children's War)* ★★★
Regia di MOSHÉ MIZRAHI. Con CHERYL GIANNINI, DAVID SPIELBERG, BRITA YOUNGBOLLOD. ■ Raccontata molto bene è la storia vera (tratta da un romanzo autobiografico) di un gruppo di ragazzini ebrei polacchi che fugge dal ghetto di Varsavia e intraprende una guerra privata contro la macchina da guerra nazista. Alle vicende dei ragazzi s'intersecano quelle di un resistente polacco che a più riprese ritrova e perde la donna amata. ■ GUERRA; COL.; 110′; ISRAELE, 1985.

WARBUS ★★
Regia di FERDINANDO BALDI. Con RON CHRISTOFF, GWENDALYN COOK, DANIEL STEPHEN. ■ In Vietnam avanzano i vietcong. Le truppe americane e quelle sudvietnamite si ritirano da un villaggio battuto dall'artiglieria nemica e scappano a bordo di un autobus. Strada facendo caricano anche civili in fuga. Prima di riuscire a

recuperare le linee amiche, il numero dei passeggeri sarà drasticamente diminuito. ■ GUERRA; COL.; 93′; ITALIA, USA, 1986.

WAR CAMP ★★

Regia di JETT C. ESPIRITU. Con BILL BALBRIDGE, REY MALONZO. ■ Si riparla della guerra in Vietnam. Siamo a metà degli anni Sessanta e un uomo fidato deve condurre in porto una delicata e vitale missione. La scelta cade sul capitano Steiner, che parte in volo per Saigon. Il suo aereo viene abbattuto dai nemici. ■ GUERRA; COL.; 89′; USA, 1988.

WARD. IL REPARTO, THE *(The Ward)* ★★★

Regia di JOHN CARPENTER. Con LYNDSY FONSECA, MAMIE GUMMER, JARED HARRIS, AMBER HEARD, DANIELLE PANABAKER. ■ 1966. Una ragazza grida di paura, nel braccio isolato di un ospedale psichiatrico. L'indomani un'altra ragazza, Kristen, dopo aver dato fuoco a una casa colonica tra i boschi, viene catturata dalla polizia locale e portata nello stesso reparto, senza alcun ricordo degli eventi precedenti al rogo. Qui Kristen incontra quattro coetanee: la seduttrice Sarah, l'infantile Zoey, la creativa Iris e la selvatica Emily, ma viene anche a conoscenza dell'esistenza di Alice, una ragazza sulla cui sorte regna il mistero, il cui fantasma terrorizza i corridoi dell'ospedale e impedisce che chiunque esca vivo dal "reparto". Torna John Carpenter, dopo nove anni, e la bella notizia è che torna con entusiasmo prima ancora che con successo. ■ THRILLER; COL.; 86′; USA, 2010.

WAR GAME, THE ★★★

Regia di PETER WATKINS. Con DICK GRAHAM. ■ Un mediometraggio efficace per la forza del documento ricostruito e per la denuncia – pensiamo agli anni Sessanta nei quali è stato girato – del pericolo nucleare. L'esplosione della guerra pone a tutti l'esigenza di ripararsi in rifugi antiatomici, ma nonostante ciò la distruzione è brutale, mentre la televisione... fa delle interviste. È stato trasmesso dalla Rai, mentre la BBC si rifiuta ancora oggi di proporlo. ■ DOCUMENTARIO; B/N; 50′; GRAN BRETAGNA, 1966. ■ VENEZIA 1 PR.

WARGAMES – GIOCHI DI GUERRA *(War Games)* ★★★

Regia di JOHN BADHAM. Con MATTHEW BRODERICK, DABNEY COLEMAN, ALLY SHEEDY, JOHN WOOD. ■ Ragazzino asso dei videogame si inserisce in un'operazione simulata del Pentagono e rischia di far scoppiare la terza guerra mondiale. ■ DRAMMATICO; COL.; 110′; USA, 1983. ■ OSCAR 3 NOM.

WAR HORSE ★★★

Regia di STEVEN SPIELBERG. Con NIELS ARESTRUP, PETER MULLAN, DAVID THEWLIS, EMILY WATSON. ■ Joey è un puledro esuberante, cresciuto libero e selvaggio nella campagna inglese. Separato dalla madre e acquistato per trenta ghinee da Ted, un ruvido agricoltore col vizio della birra, è destinato all'aratro e a risollevare le sorti della famiglia Narracott. Addestrato da Albert, il giovane e ostinato figlio di Ted, Joey, ne diventa il compagno di avventura inseparabile fino a quando viene venduto dal padre per pagare l'affitto della fattoria. Joey diventa cavallo di cavalleria al servizio di un giovane capitano inglese, che promette ad Albert di prendersene cura e di riconsegnarlo a conflitto finito. Ma la guerra, cieca e implacabile, falcerà la vita dell'ufficiale e abbandonerà il cavallo a se stesso. Albert, intanto, raggiunta la maggiore età, si arruola volontario per la patria e per quel cavallo mai dimenticato. Uno Spielberg più sentimentale che mai. ■ DRAMMATICO; COL.; 146′; USA, 2011.

WARKILL ★★

Regia di FERDE GROFÉ JR. Con TOM DRAKE, HENRY DUVAL, JOAQUIN FAJARDO, EDDIE INFANTE, GEORGE MONTGOMERY, CONRAD PARHAM. ■ A guerra appena conclusa, uno scrittore si reca in un'isola delle Filippine per conoscere un famoso colonnello che egli nei suoi libri ha descritto come un eroe senza macchia. L'ufficiale, che sta conducendo una specie di guerra personale contro alcuni gruppi di soldati giapponesi che ancora resistono nella giungla, si rivela però spietato e crudele. Saprà comunque riscattarsi. ■ GUERRA; B/N; 100′; USA, 1968.

WARLOCK: L'ANGELO DELL'APOCALISSE ★★
(Warlock: The Armageddon)

Regia di ANTHONY HICKOX. Con JOANNA PACULA, JULIAN SANDS, CHRIS YOUNG, PAULA MARSHALL, STEVE KAHAN, CHARLES HALLAHAN. ■ Dal regista di *Hellraiser III*. Due discendenti del clan dei Druidi devono opporsi a un nuovo disegno satanico. I missionari del Male furono già sconfitti secoli prima dagli antichi sacerdoti Druidi: ora spetta alla giovane coppia fermare Warlock, l'Anticristo, prima che si compia il Rito Definitivo e le porte dell'inferno si aprano al Demonio. ■ HORROR; COL.; 98′; USA, 1993.

WARLORDS I SIGNORI DELLA GUERRA *(Warlords)* ★★

Regia di FRED OLEN RAY. Con DAVID CARRADINE, ROBERT QUARRY. ■ In un mondo devastato dalla guerra nucleare, un ex soldato si batte da solo contro gli sgherri di un "signore della guerra" per poter liberare la propria consorte. ■ GUERRA; COL.; 93′; USA, 1988.

WARM BODIES ★

Regia di JONATHAN LEVINE. Con ROB CORDDRY, DAVE FRANCO, NICHOLAS HOULT, TERESA PALMER, ANALEIGH TIPTON. ■ R è uno zombie. Si chiama solo con la prima lettera del suo nome perché non riesce più a ricordarlo, la vita da morto vivente gli ha gradualmente prosciugato la memoria e tolto l'entusiasmo verso qualunque cosa che non siano i bisogni primari della sua razza: ciondolare e cibarsi dei cervelli dei pochi umani rimasti. ■ HORROR; COL.; 97′; USA, 2013.

WARRIOR ★★★

Regia di GAVIN O'CONNOR. Con JOEL EDGERTON, FRANK GRILLO, TOM HARDY, JENNIFER MORRISON, NICK NOLTE. ■ Due fratelli che non si parlano e non si vedono da anni, un padre, artefice della diaspora familiare con botte e notti ubriache, e un grande torneo di arti marziali miste con in palio cinque milioni di dollari. Entrambi ex prodigi della lotta greco-romana, grazie al padre-allenatore, i fratelli Conlon si ritrovano tra i migliori sedici del pianeta, coinvolti nel torneo che per ognuno dei due può essere la salvezza dal baratro. *Warrior* è un film dalle alte aspirazioni, commovente. ■ AZIONE; COL.; 139′; USA, 2011.

WARRIOR QUEEN ★★

Regia di CHUCK VINCENT. Con SYBIL DANNING, SAMANTHA FOX, DONALD PLEASENCE. ■ Un filmetto girato in margine alla miniserie tv *Gli ultimi giorni di Pompei*. L'azione è ambientata nel 79 a.C., anno della distruzione delle città di Ercolano e Pompei (sepolte dalle eruzioni vulcaniche). Prima del disastro c'è tempo per qualche orgia e per omicidi commessi da alcuni patrizi nei confronti degli schiavi. Gli omicidi però saranno vendicati da una gladiatrice (nel suo paese una regina guerriera). ■ AVVENTURA; COL.; 92′; ITALIA, 1985.

WASABI ★★★

Regia di GÉRARD KRAWCZYK. Con CAROLE BOUQUET, RYOKO HIROSUE, MICHEL MULLER, JEAN RENO. ■ Hubert è un poliziotto francese molto efficiente, ma dai modi bruschi: dopo aver causato l'ennesimo guaio a causa del suo comportamento, è costretto ad allontanarsi dal lavoro. Nel frattempo Hubert viene convocato in Giappone: la donna della sua vita, che lo aveva abbandonato vent'anni prima e di cui ormai aveva perso le tracce, è morta, nominandolo erede universale. Il regista di *Taxi 2* firma un'altra pellicola in cui comicità e azione si mescolano. ■ AZIONE; COL.; 94′; FRANCIA, GIAPPONE, 2002.

WASHINGTON SQUARE ★★

Regia di AGNIESZKA HOLLAND. Con BEN CHAPLIN, ALBERT FINNEY, JENNIFER JASON LEIGH, MAGGIE SMITH. ■ Tratto da un racconto di Henry James, fra i più importanti della letteratura americana. Metà del diciannovesimo secolo: un'impacciata ereditiera si innamora di un bellimbusto squattrinato in cerca di dote. Ma veglia il padre rigido che sotto sotto detesta la figlia e venera la moglie morta, appunto, di parto. Quando il giovane viene a sapere che l'"innamorata" sarà diseredata fa marcia indietro. Film calligrafico che pensa più alla ricostruzione che alla storia. Addirittura blasfemo il paragone col magnifico classico – *L'ereditiera* (1949) – di William Wyler con Montgomery Clift e Olivia de Havilland (Oscar). La Jason Leigh e Ben Chaplin non sono neppure pallide copie dei predecessori. Regge invece il confronto dei "padri" Finney e Richardson. ■ DRAMMATICO; COL.; 110′; USA, 1998.

WATABANGA! (7° MOUNTY CARICA!) ★★
(La carga de la policia montada)
Regia di RAMÓN TORRADO. Con FRANK LATIMORE, DIANA LORYS, ALAN SCOTT. ■ Un caporale della polizia a cavallo canadese, con l'aiuto di una giovane pellerossa alla quale ha salvato la vita, riesce a far liberare il forte Victory che stava per cadere nelle mani degli indiani. Sarà promosso sergente. ■ AVVENTURA; COL.; 90'; SPAGNA, 1965.

WATANG NEL FAVOLOSO IMPERO DEI MOSTRI ★
(Mosura tai goijra)
Regia di ISHIRÔ HONDA. Con JOSEPH HALL, HERBERT KING, AKIRA TAKARADA. ■ Un terremoto risveglia un gigantesco mostro preistorico che terrorizza la popolazione. ■ FANTASCIENZA; COL.; 95'; GIAPPONE, 1964.

WATARI RAGAZZO PRODIGIO *(Watari)* ★★
Regia di SADAO FUNATOKO. Con CHIYOCO HONMA, JOSHINOBU KANEKO, RYUTARO OTOMO. ■ Watary, un bambino dai poteri prodigiosi, combatte contro un crudele castellano, anche lui dotato di poteri magici, e lo sconfigge. ■ FIABESCO; COL.; 92'; GIAPPONE, 1968.

WATCHER, THE ★★
Regia di JOE CHARBANIC. Con KEANU REEVES, JAMES SPADER, MARISA TOMEI. ■ Joel Campbell (Spader), tenente della polizia di Chicago, è alle prese col solito serial killer. Uccide giovani donne strangolandole con una corda di violino. A chi frequenta le sale bastano meno di cinque minuti per capire tutto. Questo Charbanic non ignora un solo luogo comune: il rapporto personale-morboso fra detective e killer, una vecchia, dolorosa memoria, l'uccisione annunciata, e la vittima finale seduta sull'esplosivo. Con i soliti inseguimenti in macchina eccetera. Certo, un po' d'azione c'è. ■ THRILLER; COL.; 110'; USA, 2000.

WATCHMEN ★★
Regia di ZACK SNYDER. Con MALIN AKERMAN, BILLY CRUDUP, MATTHEW GOODE, JACKIE EARLE HALEY, JEFFREY DEAN MORGAN. ■ Ottobre 1985. Un uomo precipita dall'alto di un palazzo di New York. Edward Blake, il Comico, è morto, non è più tempo di scherzi. Rorschach era un suo collega ed ora è inquieto. Si è convinto che Blake fosse solo il primo della lista. Jon Osterman, ovvero dottor Manhattan ovvero il deterrente nucleare in mano agli Stati Uniti, la sua ragazza Laurie Spettro di Seta (II), il fedele amico Dan Gufo Notturno (II), e l'uomo più intelligente del mondo, Adrian - Ozymandias - Veidt, devono sapere e tornare in azione. Ma Jon si è autoesiliato su Marte e Rorschach cade a sua volta in un'imboscata. Sull'orologio dell'apocalisse, la mezzanotte si fa sempre più vicina. ■ AZIONE; COL.; 163'; GRAN BRETAGNA, USA, CANADA, 2009.

WATER ★★
Regia di DEEPA MEHTA. Con JOHN ABRAHAM, SEEMA BISWAS, KULBHUSHAN KHARBANDA, VINAY PATHAK, LISA RAY, WAHEEDA REHMAN, RAGHUBIR YADAV. ■ India, 1938. Chuya, una ragazzina di appena otto anni, viene allontanata dalla sua famiglia e trasferita in una casa ritrovo per vedove indù, per espiare la colpa d'un marito perso e mai conosciuto, attraverso l'eterna penitenza imposta dai testi sacri. Tra veglie e preghiere, la ragazzina porterà una ventata di freschezza – e di scompiglio – che contagerà l'affascinante Kalyani, giovane vedova innamorata di Narayan, un fervente idealista sostenitore di Gandhi. Il film di Deepa Mehta va a concludere una personale trilogia sugli elementi acqua, fuoco e terra. Il tema trattato – la condizione della donna e in particolare delle vedove – apre nuovi spiragli su una condizione di disagio che ancora oggi, a distanza di cinquant'anni dalle conquiste del "profeta" Gandhi, colpisce centinaia di migliaia di donne, costrette alla ferrea osservanza delle pratiche religiose. ■ DRAMMATICO; COL.; 117'; CANADA, INDIA, 2005.

WATERBOY *(The Waterboy)* ★★
Regia di FRANK CORACI. Con KATHY BATES, ADAM SANDLER, HENRY WINKLER. ■ Sandler è un comico piuttosto conosciuto negli States, ma in Europa è del tutto ignorato. Non a torto. Qui è Bobby, una sorta di ritardato mentale trentenne. Brava la Bates, come sempre, nel ruolo della madre del bambinone. ■ COMMEDIA; COL.; 90'; ITALIA, 1998.

WATER HORSE – LA LEGGENDA DEGLI ABISSI ★★★
(Water Horse: The Legend of the Deep)
Regia di JAY RUSSELL. Con BEN CHAPLIN, BRIAN COX, ALEX ETEL, DAVID MORRISSEY, MARSHALL NAPIER, ERROLL SHAND, JOEL TOBECK, EMILY WATSON, PRIYANKA XI. ■ Tratto dal racconto di Dick King-Smith, già autore del fortunato *Babe – Maialino coraggioso* e ambientato in Scozia durante la seconda guerra mondiale, *Water Horse – La leggenda degli abissi* racconta la storia di una splendida quanto inusuale amicizia. Angus, vivace ragazzino il cui padre è impegnato al fronte, trova per caso sulle rive del lago Loch Ness uno strano uovo: durante la notte nasce una creatura simile ad un dinosauro e dotata di un appetito insaziabile. Per nulla intimorito dal suo atipico aspetto, Angus battezza l'animale Crusoe ed instaura con esso uno splendido rapporto di amicizia. Purtroppo però, i cannoni della guerra incombono e anche Crusoe cresce a vista d'occhio... Di questi tempi è raro trovare film che coniughino una sceneggiatura brillante ed effetti speciali all'avanguardia: troppo spesso infatti, i secondi tendono a soverchiare e mettere in secondo piano la prima. L'eccezione (che conferma la regola?) è data da *Water Horse – La leggenda degli abissi*, film british fino al midollo, che mette in scena una classica storia di amicizia "diversa", strizzando l'occhio ai classici del genere e aggiungendo un plus di simpatia ed emozioni. ■ AVVENTURA; COL.; 110'; GRAN BRETAGNA, USA, 2007.

WATERLAND – MEMORIE D'AMORE ★★
Regia di STEPHEN GYLLENHAAL. Con SINEAD CUSACK, ETHAN HAWKE, JEREMY IRONS. ■ Un insegnante è sull'orlo dell'esaurimento. Non riesce a trovare stimoli né dal suo matrimonio né dal lavoro. Decide allora di utilizzare i suoi problemi didatticamente. Gyllenhaal non riesce a confermare la qualità de *Il cuore nero di Paris Trout*. Irons dal canto suo recita con professionismo una parte adatta alle proprie corde. ■ DRAMMATICO; COL.; 100'; GRAN BRETAGNA, 1992.

♥ WATERLOO ★★★
Regia di SERGEI FYODOROVICH BONDARCHUK. Con ANDREA CHECCHI, VERONICA DE LAURENTIIS, GIANNI GARKO, IVO GARRANI, JACK HAWKINS, CHRISTOPHER PLUMMER, ROD STEIGER, ORSON WELLES. ■ Ottima rievocazione dei Cento Giorni che culminano nella sfortunata battaglia di Waterloo. Napoleone non riesce a battere subito gli inglesi che resistono valorosamente ed è poi sconfitto dall'arrivo dei prussiani comandati da Blücher. ■ STORICO; COL.; 136'; ITALIA, URSS, 1971. ■ DAVID DI DONATELLO 1 PR, 1 NOM.

WATERWORLD ★★★
Regia di KEVIN REYNOLDS. Con KEVIN COSTNER, DENNIS HOPPER, JEANNE TRIPPLEHORN. ■ Dopo lo scioglimento dei ghiacciai, il mondo è ricoperto dalle acque e la società sprofonda nella barbarie. Un eroe solitario, tormentato dalla propria diversità legata a mutazioni genetiche che privilegiano l'adattamento alla nuova situazione ambientale difende una giovane donna e la figlia di questa dalla tribù degli Smokers: sulla schiena della bambina è infatti tracciata la mappa per raggiungere la terra promessa di Dryland. Costner e Reynolds di nuovo insieme per una produzione colossale in cui dominano azione e avventura. Un film che trasferisce su scenari oceanici le situazioni postapocalittiche della serie *Mad Max*. ■ FANTASCIENZA; COL.; 134'; USA, 1995. ■ OSCAR 1 NOM.

WATUSSI – VATUSSI *(Watusi)* ★★
Regia di KURT NEUMANN. Con TAINA ELG, DAVID FARRAR, GEORGE MONTGOMERY. ■ La trama è simile a quella del film *Le miniere di re Salomone*. Solo che qui due dei protagonisti principali, dopo essersi impadroniti dei favolosi diamanti, preferiranno restare in Africa. ■ AVVENTURA; COL.; 85'; USA, 1958.

WAVELENGHT ★★
Regia di MICHAEL SNOW. Con HOLLIS FRAMPTON, LYNE GROSSMAN, AMY TAUBIN. ■ Si tratta di uno dei film "estremi" del regista canadese. Tutto ambientato in una stanza, quasi in tempo reale. Ripresa fissa di ciò che accade, non molto, in quelle quat-

tro pareti. Per cinefili incalliti. ■ SPERIMENTALE; B/N; 45'; CANADA, 1967.

WAY BACK, THE ★★★
Regia di PETER WEIR. Con DRAGOS BUCUR, COLIN FARRELL, ED HARRIS, ALEKANDRU POTOCEAN, SAOIRSE RONAN. ■ 1940. Nella Polonia occupata dalle truppe sovietiche, il soldato Janusz viene denunciato come spia dalla moglie sottoposta a tortura. Spedito in un gulag in Siberia insieme all'attore Khabarov, all'americano Mr Smith e al criminale comune Valka, inizia a pensare a un piano di fuga che riuscirà ad attuare insieme ad altri detenuti. Ciò che li attende fuori dal campo di prigionia è l'inverno siberiano. Sono trascorsi nove anni dall'ultimo film di Peter Weir. Qui ha ribaltato la dimensione del suo *The Truman Show*. Là il suo protagonista viveva come realtà ciò che era finzione. Qui ci si ispira a una finzione che ha voluto proporsi come realtà per fare un film che rispetta i canoni... della finzione. ■ DRAMMATICO; COL.; 133'; USA, 2010.

W.E. ★★
Regia di MADONNA. Con LOURDES MARIA CICCONE, ABBIE CORNISH, JAMES D'ARCY, OSCAR ISAAC, ANDREA RISEBOROUGH. ■ Manhattan, 1998. La giovane Wally Winthrop, intrappolata in un matrimonio pubblicamente invidiabile ma personalmente umiliante, frequenta quotidianamente l'esposizione dei cimeli del duca e della duchessa di Windsor nei locali di Sotheby's e si lascia ossessionare dalla storia di re Edward, che negli anni Trenta abdicò alla guida dell'impero inglese per amore di Wallis Simpson, americana senza doti né dote, due volte divorziata. Mescolando i propri sogni ad occhi aperti con la lettura della vera corrispondenza di Wallis Simpson, la giovane immagina i retroscena di quella che è stata definita la più grande storia d'amore del ventesimo secolo e il sacrificio che ha imposto, anche o soprattutto a Wallis. Americana "esiliata" alla corte d'Inghilterra, Madonna s'identifica senza farne mistero in questa storia tra leggenda e verità, privacy e "pubblicità", prigionia e libertà. In questa sovrapposizione e nella conseguente riduzione della storia contemporanea a mero filtro, si assommano la genuinità e l'errore dell'approccio della regista alla materia, che per l'opera seconda rinuncia al contratto ludico e fresco insito in *Sacro e Profano* e scrive il suo primo lento. ■ COMMEDIA; COL.; 114'; GRAN BRETAGNA, 2011.

WEATHER MAN, THE ★★★
Regia di GORE VERBINSKI. Con GIL BELLOWS, NICOLAS CAGE, MICHAEL CAINE, HOPE DAVIS, GEMMENNE DE LA PEÑA, DINA FACKLIS, NICHOLAS HOULT, CHRIS MARRS, JUDITH MCCONNELL, MICHAEL RISPOLI. ■ David Spritz (Nicolas Cage) sta consumando la propria vita sotto un metaforico diluvio. Separato dalla moglie con la quale ha un rapporto conflittuale, due figli che hanno problemi ad entrare nella società, un padre importante. Non è facile sorridere in questa situazione. Eppure David è famoso, perché il suo programma televisivo sulle previsioni del tempo ha successo, al punto di ricevere un'allettante offerta da un canale televisivo newyorkese. Lui però sa che non è merito suo. Dipende tutto dal vento. *The weather man* è un film lineare, una linea retta in cui gli eventi non ne cambiano la direzione o la forma. Se fosse un colore, sarebbe un grigio plumbeo. In questa atmosfera pesante, il protagonista, un uomo mediocre che non reagisce alle circostanze, è incapace di apprezzare i segnali deboli di positività, sfogando la sua rabbia (trattenuta ogni volta che viene colpito dai passanti con oggetti da fast food) in rari momenti. Il ruolo di David, apparentemente con poche sfaccettature, è disegnato perfettamente da Nicolas Cage, con la maestria che gli è solita. Sorrisi solo quando è "in onda", espressioni incolori in ogni attimo della restante giornata. ■ COMM. DRAMMATICA; COL.; 101'; USA, 2005.

WEB IL CORAGGIOSO *(Tension at Table Rock)* ★★
Regia di CHARLES MARQUIS WARREN. Con DOROTHY MALONE, CAMERON MITCHELL, RICHARD EGAN. ■ Un ex bandito ormai redento salva lo sceriffo di un paese oppresso dai soliti mandriani prepotenti e guida i cittadini alla riscossa. ■ WESTERN; COL.; 93'; USA, 1946.

WEDDING DATE, THE ★
Regia di CLARE KILNER. Con AMY ADAMS, JACK DAVENPORT, PETER EGAN, DEBRA MESSING, DERMOT MULRONEY, SARAH PARISH, JEREMY SHEFFIELD, HOLLAND TAYLOR. ■ Una commedia romantica "made in Usa" dal piglio molto *british*, ibrido impazzito di *Quattro Matrimoni e un Funerale* e *Pretty Woman* (a ruoli invertiti). Kat è una single delusa ed ancora segretamente innamorata del proprio ex, dal quale è stata scaricata anni prima senza troppe spiegazioni. Alla notizia che la sorellastra ha scelto come testimone di nozze proprio l'ex in questione, Kat deciderà di presentarsi al matrimonio con un uomo, anche a costo di pagarlo. ■ COMMEDIA ROSA; COL.; 90'; USA, 2005.

WEDDING PARTY, THE *(Bachelorette)* ★★
Regia di LESLYE HEADLAND. Con LIZZY CAPLAN, KIRSTEN DUNST, ISLA FISHER, JAMES MARSDEN, ADAM SCOTT. ■ Regan, prima per definizione in tutto nel gruppo delle amiche, muore di invidia alla notizia che una di loro (soprannominata ai tempi del liceo "Faccia di maiale") sta per sposarsi bruciandole la possibilità del primato in materia. È costretta però a fare finta di nulla e ad accettare l'invito alle nozze insieme ad altre due amiche. Una è Gena che non smette mai di parlare di sesso e sniffare cocaina, e l'altra è Katie, decisamente svaporata. La notte prima delle nozze uno scherzo di troppo (che porta alla lacerazione dell'abito da sposa) le costringerà a un vortice di situazioni per tentare di porre rimedio al danno procurato. ■ COMMEDIA; COL.; 90'; USA, 2012.

WEEDS ★★
Regia di JOHN HANCOCK. Con WILLIAM FORSYTHE, JOE MANTEGNA, NICK NOLTE, RITA TAGGART. ■ San Quintino. Un carcerato appassionato di teatro viene messo in libertà grazie all'intervento di un critico. Mette in piedi spettacoli con altri ex-detenuti e forma il Barbed-Wire Theatre (Teatro del filo spinato). Ispirato alla storia vera di Rick Cluchey. ■ COMMEDIA; COL.; 115'; USA, 1987. ■ GOLDEN GLOBES 1 NOM.

WEEK-END A ZUYDCOOTE *(Week-end à Zuydcoote)* ★★★
Regia di HENRI VERNEUIL. Con JEAN-PAUL BELMONDO, JEAN-PIERRE MARIELLE, FRANÇOIS PÉRIER, CATHERINE SPAAK. ■ Seconda guerra mondiale: un sergente francese abbandona i suoi reparti, ormai sbandati per l'offensiva tedesca, e cerca rifugio presso un'amica. Il suo arrivo salva la ragazza dall'aggressione di due soldati. Sconvolti dagli orrori della guerra, i due giovani decidono di fuggire insieme. Ma l'uomo troverà la morte sulla spiaggia di Zuydcoote prima che la sua compagna riesca a raggiungerlo. ■ DRAMMATICO; COL.; 119'; FRANCIA, 1964.

WEEK-END CON IL MORTO *(Week-end at Bernie's)* ★★★
Regia di TED KOTCHEFF. Con ANDREW MCCARTHY, JONATHAN SILVERMAN, CATHERINE MARY STEWART. ■ Film con sufficiente comicità e di grande successo presso il pubblico. I due protagonisti sono yuppie che lavorano in una grossa compagnia di assicurazioni. Scoprono che il loro capoufficio, Bernie, sta truffando la società e vengono invitati nella sua casa al mare dallo stesso "superiore" che intende farli eliminare da un sicario. Da qui tutti gli equivoci possibili. Basato su vecchie gag ed equivoci a non finire il film è sostenuto da una colonna sonora di sapore caraibico composta da Andy Summers, ex chitarrista del gruppo dei Police. ■ COMICO; COL.; 98'; USA, 1990.

WEEK-END CON IL MORTO 2 *(Week-end at Bernie's II)* ★
Regia di ROBERT KLANE. Con TERRY KISER, ANDREW MCCARTHY, JONATHAN SILVERMAN. ■ Ennesimo seguito di un film di grande successo e con modeste qualità artistiche. Ci sono ancora i due giovani yuppie che vanno a destra e a manca col cadavere dell'ex principale. ■ COMICO; COL.; 90'; USA, 1993.

WEEK END DA BAMBOCCIONI, UN *(Grown Ups)* ★
Regia di DENNIS DUGAN. Con KEVIN JAMES, CHRIS ROCK, ADAM SANDLER, ROB SCHNEIDER, DAVID SPADE. ■ Trent'anni dopo il torneo che li vide vincitori sul campo di basket, cinque amici si ritrovano per onorare la memoria del loro amato coach. Organizzati bagagli e familiari, partono alla volta di Amoskeag Lake dove festeggiarono la vittoria dell'infanzia e dove hanno intenzione di spargere le ceneri del defunto allenatore. Sulle sponde dolci del la-

go riscoprono il piacere e l'entusiasmo di un'età perduta, contagiando prole e consorti.COMMEDIA; COL.; 102'; USA, 2010.

WEEK-END DA LEONI, UN *(Losin' it)* ★
Regia di CURTIS HANSON. Con TOM CRUISE, JACKIE EARLE HALEY, SHELLEY LONG. ■ Film ripescato dopo il successo di Tom Cruise in *Top Gun* e *Il colore dei soldi*. Non ne è protagonista ma solo comprimario con altri giovani. Alcuni ragazzi decidono di partire per Tijuana in cerca di avventure. Tutti i luoghi comuni in bella mostra per questo filmetto *on the road* e pure la regia e l'interpretazione lasciano a desiderare. ■ AVVENTURA; COL.; 98'; USA, 1983.

WEEKEND DA SUICIDIO, UN *(Dead by Monday)* ★★
Regia di CURT TRUNINGER. Con HELEN BAXENDALE, TIM DUTTON, SUSAN HASKELL, ED MORYSIAK. ■ Julie è una giovane vedova che ha sempre in mente il marito di cui idealizza la figura. Alex è uno scrittore in piena crisi. Il suo primo libro è stato un successo ma adesso ha il blocco della scrittura. Ci sono tutte le premesse per un bel dramma e invece la storia sfocia in commedia. Alex si reca su una scogliera per suicidarsi e lì trova Julie che è caduta cercando di raccogliere dei fiori. Così si conoscono ma non vivono felici e contenti. Sarà il turno di Julie di cercare la morte quando scopre verità sul consorte che avrebbe preferito non sapere. Nuovo incontro in clinica psichiatrica con una decisione finale: buttiamoci nelle cascate del Niagara! Una commedia dolceamara non straordinaria ma godibile per la descrizione di due solitudini che si incontrano. Non è Neil Simon ma non sfigura. ■ COMMEDIA NERA; COL.; 104'; USA, 2000.

WEEK-END DI TERRORE *(Friday the 13th Part 3)* ★★
Regia di STEVE MINER. Con RICHARD BROOKER, DANA KIMMELL, PAUL KRATKA. ■ Terzo capitolo della saga di *Venerdì 13*. Continuano ovviamente i massacri compiuti da Jason, l'assassino di Crystal Lake. Una ragazza proprietaria di una baita un paio d'anni prima credeva di aver ucciso Jason. Ma questi ricompare e fa fuori una mezza dozzina di persone, prima che la fanciulla gli saldi il conto. Definitivamente? No (altri capitoli seguiranno). La ragazza intanto impazzisce. Presentato in 3-Dimensioni. ■ HORROR; COL.; 96'; USA, 1982.

WEEK-END PASS ★
Regia di LAWRENCE BASSOFF. Con D. W. BROWN, PETER ELLENSTEIN. ■ Quattro marinai hanno appena concluso l'addestramento cui vengono sottoposti tutti i novellini. Li aspettano le destinazioni definitive, ma prima di separarsi per raggiungerle decidono di passare un fine settimana di "follia" a Los Angeles. Commedia sexy a basso costo. ■ COMMEDIA; COL.; 92'; USA, 1984.

WEEK-END PROIBITO DI UNA FAMIGLIA QUASI PERBENE *(Les jambes en l'air)* ★★
Regia di JEAN DEWEVER. Con CHRISTIAN BARBIER, MALTENA GALLI, GEORGES GÉRET, SYLVA KOSCINA, JEAN CLAUDE MASSOULIER, EDUARD NIERMANS, MARIA SCHNEIDER. ■ Una ragazzina di diciassette anni fugge da casa. I genitori si mettono alla sua ricerca, assieme al fidanzatino della ragazza, a un vecchio amico del padre e ai componenti di uno scalcinato complesso *beat*. Le ricerche non hanno successo, ma l'intero gruppo non sembra prendersela eccessivamente, tanto che, ad un certo punto, organizza addirittura una festicciola. Nel bel mezzo della festa, la ragazzina riappare, ma solo per salutare tutti e scomparire, non intendendo più vivere con la famiglia. Al fidanzatino non resterà che far la corte alla sorella. ■ COMMEDIA; B/N; 90'; FRANCIA, ITALIA, 1971.

WEEK-END SENZA IL MORTO – SOLO TU *(Only You)* ★
Regia di BETTY THOMAS. Con HELEN HUNT, ANDREW MCCARTHY, KELLY PRESTON. ■ Clifford dovrebbe partire con una ragazza per le vacanze natalizie ma tutto va a monte. Parte allora con una donna conosciuta da poco e si troverà al centro di gelosie e raggiri. Scoprirà però il vero amore. ■ COMMEDIA; COL.; 99'; USA, 1992.

WEEK-END SU DUE, UN *(Un week-end sur deux)* ★★
Regia di NICOLE GARCIA. Con NATHALIE BAYE, FELICIE PASOTTI, JOACHIM SERRAU. ■ Siamo in aprile durante un fine settimana. Camille, un'attrice, sta aspettando i suoi figli che ormai vivono con il padre al quale sono stati affidati. Li porta a Vichy a un'inaugurazione mondana. Il marito le telefona e le grida il suo disappunto per come educa i figli portandoli in simili posti. La donna allora decide di rompere un contratto di lavoro e ruba un'auto scappando via coi due figli. Film d'esordio per l'attrice Nicole Garcia, presentato alla mostra di Venezia. ■ COMMEDIA; COL.; 100'; FRANCIA, 1990.

WEEK-END – UN UOMO E UNA DONNA DA SABATO A DOMENICA *(Week-end)* ★★★
Regia di JEAN-LUC GODARD. Con MIREILLE DARC, JEAN-PIERRE LÉAUD, VIRGINIE VIGNON, JEAN YANNE. ■ Film dissacratore, che si svolge in uno scenario di violenze e di orrori. Due coniugi partono per un week-end incontrando sulle strade lunghe file di vetture costrette a soste interminabili per i continui incidenti mortali. Giunti nella casa di campagna dove abita la madre della donna, i due la uccidono nel corso di una violenta lite per questioni di interesse. Poi ripartono e incappano in alcuni giovani armati che hanno abbandonato la "civiltà" tornando a una vita primitiva quanto spietata. La donna viene presa prigioniera, il marito ucciso. ■ DRAMMATICO; COL.; 95'; FRANCIA, 1967.

W.E. – EDWARD E WALLIS ★★
Regia di MADONNA. Con ABBIE CORNISH, JAMES D'ARCY, JAMES FOX, OSCAR ISAAC, ANDREA RISEBOROUGH. ■ Manhattan, 1998. La giovane Wally Winthrop, intrappolata in un matrimonio pubblicamente invidiabile ma personalmente umiliante, frequenta quotidianamente l'esposizione dei cimeli del duca e della duchessa di Windsor nei locali di Sotheby's e si lascia ossessionare dalla storia di re Edward, che negli anni Trenta abdicò alla guida dell'impero inglese per amore di Wallis Simpson, americana senza doti né dote, due volte divorziata. Mescolando i propri sogni ad occhi aperti con la lettura della vera corrispondenza di Wallis Simpson, la giovane immagina i retroscena di quella che è stata definita la più grande storia d'amore del ventesimo secolo. ■ COMMEDIA; COL.; 118'; GRAN BRETAGNA, 2011.

WEHRMACHT, I GIORNI DELL'IRA *(Partizan)* ★★
Regia di STOLE JANKOVIC. Con ROD TAYLOR, ADAM WEST, BATA ZIVOJINOVIC. ■ Durante la seconda guerra mondiale, in Jugoslavia, una prigioniera ebrea viene liberata da un tedesco innamorato di lei. Anche un partigiano l'ama, e uccide, durante un'azione, il rivale. La ragazza, che dapprima era incerta tra i due uomini, si deve unire allo jugoslavo. ■ GUERRA; COL.; 92'; JUGOSLAVIA, USA, 1974.

WEHRMACHT ORA ZERO *(Westerplatte)* ★★
Regia di STANISLAW ROZEWICZ. Con ZYGMUNT HUBNER, JOSEF NOWAK, GIANNA MARIA VALLI. ■ Hitler attacca la Polonia e la sconfigge rapidamente. Un pugno di valorosi resiste lungamente alla Westerplatte, una lingua di terra sull'estuario della Vistola. ■ GUERRA; B/N; 91'; POLONIA, 1967.

WEISER ★★
Regia di WOJCIECH MARCZEWSKI. Con KRYSTYNA JANDA, JULIANE KOHLER, MAREK KONDRAT. ■ Un tecnico del suono torna in Polonia dopo anni trascorsi in Germania. Ecco ricomparire David Weiser, compagno di giochi d'infanzia scomparso durante uno dei quei pericolosi giochi. David è ritornato intenzionato a vendicarsi di un presunto tradimento. La ricerca della verità e il percorso nella memoria diventano imprescindibili. Il cinema polacco sembra ormai inchiodato a una rivisitazione dei segni kieslowskiani senza averne però la forza né lo spessore. ■ DRAMMATICO; COL.; 94'; POLONIA, 2001.

WELCOME ★★★
Regia di PHILIPPE LIORET. Con DERYA AYVERDI, FIRAT AYVERDI, AUDREY DANA, THIERRY GODARD, VINCENT LINDON. ■ Bilal, giovane curdo, ha lasciato il suo paese alla volta di Calais, dove spera di imbarcarsi per l'Inghilterra. Dall'altra parte della Manica lo attende un'adolescente che il padre ha promesso in sposa a un ricco cugino. Fallito il tentativo di salire clandestinamente su un traghetto, Bilal è deciso ad attraversare la Manica a nuoto. Incontra Simon, un istruttore. Colpito dall'ostinazione e dal sentimento del ragazzo, Simon lo allenerà e lo incoraggerà a non ce-

dere mai ai marosi della vita. A sua volta Bilal ridarà a Simon una ragione di vita. Ma il mondo fuori non è amico e l'uomo dovrà sfidare le delazioni dei vicini di casa e la legge sull'immigrazione. Premiato dal pubblico a Berlino e campione di incassi in Francia, *Welcome* è un racconto morale che si interroga sul concetto di alterità e in cui è facile riconoscere i canoni dell'attualità. ■ DRAMMATICO; COL.; 110′; FRANCIA, 2009.

WELCOME TO COLLINWOOD ★★
Regia di ANTHONY RUSSO, JOE RUSSO. Con GEORGE CLOONEY, JENNIFER ESPOSITO, WILLIAM H. MACY, SAM ROCKWELL. ■ Cosimo è un ladruncolo che sta progettando un colpo grosso. Per riuscire, però, ha bisogno di un capro espiatorio. Cosimo si trova in prigione e quindi sarà compito di Rosalind, la sua ragazza, trovare il pollo da spennare. Ennesimo remake de *I soliti ignoti* ad opera della premiata ditta Clooney-Soderbergh. Trapiantata a Collinwood, la commedia all'italiana perde le sue radici e il suo humour tipico. I personaggi sono macchiette, marionette che recitano fuori dal loro teatro naturale. Intrepretando alla lettera il film di Monicelli, i registi Anthony e Joe Russo perdono la caratterizzazione di ambienti e personaggi e realizzano un film comico, infarcito di uno humour demenziale che stona agli occhi dello spettatore che ha avuto la fortuna di vedere l'opera originale, e forse ne svaluta l'interesse per chi scopre *I soliti ignoti* attraverso questo quasi-remake. L'idea di dare a Clooney il ruolo che fu di Gassman si spreca, qui, in un cameo acchiappafan, ma lo spunto non è sacrilego, forse grazie a quella traccia di disincanto che fu un tratto "somatico" del grande attore italiano e che, a tratti, si legge anche sulla faccia del bel George. ■ COMMEDIA; COL.; 86′; USA, 2002.

WELCOME TO GERMANY ★★
Regia di THOMAS BRASCH. Con TONY CURTIS, MATTHIAS HABICH, ALEXANDRA STEWART. ■ Un regista americano di successo viene in Europa a girare un film su un fatto autentico avvenuto nel 1942 a Berlino, quando un regista nazista propose ad alcuni ebrei di girare un film antisemita. Come ricompensa li avrebbe lasciati liberi. Ovviamente non mantenne la promessa. ■ DRAMMATICO; COL.; 94′; GERMANIA, 1988.

WELCOME TO LOS ANGELES ★★★
Regia di ALAN RUDOLPH. Con KEITH CARRADINE, GERALDINE CHAPLIN, SALLY KELLERMAN, VIVECA LINDFORS, DENVER PYLE, SISSY SPACEK. ■ Un giovane cantautore di successo andato a vivere lontano dal padre (un ricco industriale di Los Angeles) per incompatibilità di idee, torna a trovarlo in occasione del Natale. Durante alcune feste date in suo onore avrà occasione di intrecciare varie relazioni sentimentali che avranno su ciascuna donna ripercussioni assai diverse. Deciderà di rimanere definitivamente a Los Angeles. La mano di Altman è molto evidente. ■ COMMEDIA; COL.; 106′; USA, 1976.

WE'RE BACK! – 4 DINOSAURI A NEW YORK ★★
(We're Back! – A Dinosaur's Story)
Regia di NIGEL DICK, RALPH ZONDAG. ■ Cartone animato prodotto dalla Amblimation di Steven Spielberg. È la storia di Cecilia e Louie, due bambini di New York che non hanno amici con cui giocare. Ma un giorno arrivano quattro simpatici animali preistorici che coinvolgono i due ragazzini in una divertente avventura. ■ ANIMAZIONE; COL.; 94′; USA, 1993.

WERNER... MANGIA LA MIA POLVERE ★★
(Werner Das Muss Kesseln!!)
Regia di UDO BEISSEL, GERHARD HAHN, MICHAEL SCHAACK. ■ Werner è un apprendista idraulico che beve come una spugna, corre in moto e assomiglia molto a Fritz il gatto. Questo cartone ha ottenuto un enorme successo nel suo paese, in Germania, battendo i grandi classici americani. ■ ANIMAZIONE; B/N; 85′; GERMANIA, 1997.

WERTHER *(Le roman de Werther)* ★★★
Regia di MAX OPHULS. Con ANNIE VERNAY, PIERRE-RICHARD WILM. ■ Tratto dall'opera letteraria di Goethe, narra la tragica vicenda del giovane Werther, referendario al tribunale di Walsheim, che si innamora di una fanciulla promessa sposa a un suo amico e superiore. Dopo le nozze della ragazza, Werther si abbandona a una vita dissipata; poi, disperato, si uccide. ■ DRAMMATICO; B/N; 90′; FRANCIA, 1938.

WEST AND SODA ★★★
Regia di BRUNO BOZZETTO. ■ Un timido cowboy libera gli abitanti di un villaggio dai soprusi di un perfido riccone. Uno fra i più riusciti prodotti del cinema d'animazione italiano. Molto divertimento anche per gli adulti. ■ ANIMAZIONE; COL.; 86′; ITALIA, 1965.

WEST BEYROUTH ★★★
Regia di ZIAD DOUEIRI. Con ROLA AL AMIN, JOSEPH BOU NASSAR, MOHAMAD CHAMAS, RAMI DOUEIRI, CARMEN LEBBOS, LIALIANE NEMRI. ■ Libano 1975, guerra civile. La città ad est è in mano ai cristiani e ad ovest ai musulmani. Tarek e Omar, due adolescenti che vivono nella parte occidentale, approfittano della chiusura delle scuole per cercare di superare con un po' di allegria le difficoltà insieme a May, una ragazza cristiana. I due musulmani si innamoreranno entrambi dell'amica ma avranno anche modo di scoprire come l'unico luogo in cui cristiani e musulmani possano avere un punto d'incontro sia il bordello felliniano del quartiere des Oliviers. ■ DRAMMATICO; COL.; 109′; BELGIO, FRANCIA, NORVEGIA, 1998.

WESTERN ★
Regia di MANUEL POIRIER. Con SACHA BOURDO, SERGIO LOPEZ, MARIE MATHERON, ELISABETH VITALI. ■ Due protagonisti in viaggio picaresco nella Bretagna meno turistica. Uno è stato derubato dall'altro e ha perso il lavoro ma conquista le donne. L'altro vorrebbe avere una donna e invece sembra destinato al fallimento costante. Entrambi sono francesi a metà. Il regista si crede Rohmer ma con lui ha in comune solo le ultime due lettere del cognome. Per due ore e un quarto ci mostra banalità che non riesce mai a riempire di vita. Peccato che la giuria di Cannes, con quel pizzico di francofilia che la contraddistingue, lo abbia premiato. ■ COMMEDIA; COL.; 136′; FRANCIA, 1997. ■ CANNES 1 PR.

WESTFRONT *(Westfront 1918)* ★★★★
Regia di GEORG WILHELM PABST. Con CLAUS CLAUSEN, GUSTAV DIESSL, ELSE HELLER, HANNA HOESSRICH, HANS JOACKIM MOEBIS, FRITZ KAMPERS. ■ Un soldato tedesco si innamora di una ragazza francese che abita in un villaggio occupato, ma muore durante un'azione. Un altro soldato tedesco, che andato in licenza scopre di essere tradito dalla moglie, morrà in un ospedale francese da campo dopo aver combattuto da valoroso. La sua morte sarà confortata dal fraterno saluto di un soldato nemico che sta morendo accanto a lui. ■ DRAMMATICO; B/N; 96′; GERMANIA, 1930.

WEST SIDE STORY ★★★★🏆
Regia di JEROME ROBBINS, ROBERT WISE. Con RICHARD BEYMER, GEORGE CHAKIRIS, RITA MORENO, RUSS TAMBLYN, NATALIE WOOD. ■ *Romeo e Giulietta* ambientata nei quartieri poveri di New York. I due innamorati, Tony e Mary, appartengono a bande rivali. Da qui lotte e zuffe a non finire. Alla fine anche Tony muore. Forse la sua fine segnerà la riconciliazione delle due bande. ■ MUSICAL; COL.; 151′; USA, 1961. ■ OSCAR 🏆 10 PR, 11 NOM.

WEST TI VA STRETTO, AMICO... È ARRIVATO ALLELUJA, IL ★★
Regia di ANTHONY ASCOTT. Con UMBERTO D'ORSI, AGATA FLORI, PAOLO GOZLINO, GEORGE HILTON. ■ Solito western comico all'italiana. Si ride poco anche se Alleluja si dà da fare come meglio può. ■ WESTERN; COL.; 92′; ITALIA, 1972.

WE WANT SEX *(Made in Dagenham)* ★★
Regia di NIGEL COLE. Con SALLY HAWKINS, BOB HOSKINS, GERALDINE JAMES, ROSAMUND PIKE, MIRANDA RICHARDSON. ■ 1968, Dagenham, Essex. La fabbrica della Ford dà lavoro a 55mila operai e a 187 donne, addette alla cucitura dei sedili per auto in un'ala fatiscente, dove si muore di caldo e piove dentro. In seguito ad una ridefinizione professionale ingiusta e umiliante, che le vorrebbe "non qualificate", le operaie danno vita con uno sciopero ad oltranza alla paralisi dell'industria e alla prima grande rivendicazione che porterà alla legge sulla parità di retribuzione. ■ DRAMMATICO; COL.; 113′; GRAN BRETAGNA, 2010.

WE WERE SOLDIERS ★★
Regia di RANDALL WALLACE. Con MEL GIBSON, GREG KINNEAR, CHRIS KLEIN, MADELEINE STOWE. ■ Dio, patria e famiglia. Bisogna tornare ai tempi di John Wayne per rintracciare un manifesto tanto aderente a quella didascalia. Un soldato parte dopo aver salutato il figlio nella culla, nato il giorno prima. Il colonnello fa pregare i suoi cinque bambini a tavola. Prima della grande partenza saluta la moglie che dorme ed esce con passo spedito. Lei si sveglia, corre fuori in camicia da notte ma lui è già lontano. Non si capisce come il regista che ha firmato *Braveheart* abbia collezionato tanti luoghi comuni. È indubbio che molti dei centotrentotto minuti del film sono "sbagliati", faticano di retorica e di già visto. Strano, perché l'investimento è stato cospicuo. E strano che Gibson, che non sbaglia un colpo, abbia legittimato tutto questo. Siamo nel 1965, la storia è quella del colonnello Moore, paracadutista, eroe della Corea, al quale viene affidato il compito di aprire le ostilità col Vietnam. Gran parte del film riguarda la cruenta battaglia intorno a una collina, con rovesciamenti di fronte e tutta la violenza, il napalm e gli elicotteri che abbiamo visto nei vari film sul Vietnam, con in più la nuova tendenza-iperrealista-violenta alla *Soldato Ryan*, alla quale ormai nessun film di guerra può più sfuggire. Le perdite sono terribili ma il colonnello fa il suo dovere di eroe. Notata una Stowe, che fa la moglie eroina-a-suo-modo di Gibson, stereotipata e davvero troppo segnata dalla chirurgia. In virtù del lungo spettacolo di guerra, certo ben fatto, non ci sentiamo di penalizzare troppo. Mezza stella in più di quelle ufficiali. ■ GUERRA; COL.; 138'; USA, 2002.

WHAT WOMEN WANT ★★★★
Regia di NANCY MEYERS. Con ALAN ALDA, MEL GIBSON, HELEN HUNT, MARISA TOMEI. ■ "Se sapesse che con questo vestito perderò la verginità...", pensa la figlia quindicenne di Nick (Gibson). Il fatto è che lui sa leggere nel pensiero. Per via di una certa scossa elettrica ha acquisito questa facoltà. E non sono pochi i vantaggi: a letto una ragazza gli sussurra: «ma come facevi a sapere come e dove lo volevo?». Inoltre ha anche la possibilità di "usurpare" le idee di Darcy (Hunt) la creativa che gli ha soffiato il posto di direttore artistico. Entrando, così profondamente, nei pensieri delle donne, ragionando come loro, Nick inventa (per la Nike), una sensazionale campagna pubblicitaria. Nel frattempo ha costruito il rapporto con la figlia, ha salvato la vita a una collaboratrice depressa e ignorata da tutti, e si è innamorato, corrisposto, dell'"usurpatrice". Poi tutto, proprio tutto, torna a posto. *What...* è furbo e patinato (c'è il "tappeto" costante di Frank Sinatra) ma contiene intelligenza, ironia, ottima scrittura, sentimento, e anche pietà. Che non si trova spesso. Ottimi gli attori. ■ COMMEDIA; COL.; 126'; USA, 2000. ■ GOLDEN GLOBES 1 NOM.

WHEN A MAN FALLS IN THE FOREST ★★
Regia di RYAN ESLINGER. Con DYLAN BAKER, NICHOLAS ELIA, TIMOTHY HUTTON, SHARON STONE, PRUITT TAYLOR VINCE. ■ Bill è l'addetto alle pulizie notturne di un ufficio. La sua è una vita solitaria in cui coltiva sogni che poi non realizza, anche perché teme il contatto con il prossimo. Gary, che è stato suo compagno di scuola e lavora in quello stesso ufficio, lo incontra casualmente. Gary ha problemi familiari, la moglie Karen è stanca della vita che la circonda e cerca emozioni che la facciano sentire viva. Gary va a cercare Travis, anche lui ex compagno di scuola segnato da un trauma. Il film di Ryan Eslinger (classe 1981 e al suo secondo lungometraggio) ha tutte le caratteristiche della produzione indipendente che si realizza grazie al coinvolgimento di una star (in questo caso Sharon Stone, che è anche produttrice esecutiva). Ha cioè il pregio di prendersi il gusto di raccontare storie di personaggi alla deriva, oppure apparentemente incapaci di uscire dall'universo in cui si sono autoisolati per paura di soffrire troppo. ■ DRAMMATICO; COL.; 85'; CANADA, GERMANIA, USA, 2007.

WHEN YOU'RE STRANGE ★★★
Regia di TOM DICILLO. Con JOHN DENSMORE, JOHNNY DEPP, ROBBY KRIEGER, RAY MANZAREK, JIM MORRISON. ■ Gli anni Sessanta cominciarono con i colpi di arma da fuoco che uccisero Kennedy e proseguirono con le esplosioni della guerra in Vietnam e i sommovimenti delle rivoluzioni giovanili. In questo clima fervente di controcultura si incontrano nell'estate del 1965 a Venice Beach, in California, due ex-compagni di corso della scuola di cinema di Los Angeles, il giovane tastierista Ray Manzarek e il ventiduenne aspirante poeta Jim Morrison. Ray resta talmente colpito da alcune liriche scritte da Jim, che, seppure il ragazzo sia completamente sprovvisto di una pratica musicale, decide di coinvolgerlo nel progetto di formazione di una nuova band assieme al batterista jazz John Desmore e al chitarrista esperto di flamenco Robby Krieger. I quattro si chiameranno The Doors, in omaggio a un verso di William Blake («Se le porte della percezione venissero spalancate, ogni cosa apparirebbe all'uomo per come è: infinita»), e il timido poeta lisergico diverrà una delle più celebri e famigerate rock star della storia. Pensare a Jim Morrison e alle sue canzoni evoca quasi sempre come prime suggestioni l'idea del fuoco, i paesaggi desertici e le forme e i movimenti flessuosi di una lucertola. ■ DOCUMENTARIO; COL.; 90'; USA, 2009.

WHEN THE LEEVES BROKE: A REQUIEM IN FOUR ACTS ★★★
Regia di SPIKE LEE. ■ Un anno esatto dopo il disastroso Uragano Katrina, che ha quasi cancellato New Orleans, un documentario in quattro atti racconta il passato, il presente e il futuro di una città privata della sua storia. Spike Lee non ha mezze misure. Nei giudizi, nelle critiche e anche nel manifestarsi filmicamente. Sono lontani i movimenti di macchina, le tinte pastello, i dettagli immancabili del suo cinema. In questo documentario di 4 ore e 15 minuti (un'esperienza visiva estrema) sono i fatti e gli uomini che parlano, attraverso un montaggio perfetto di interviste, frammenti televisivi, filmati amatoriali che non lasciano scampo. Lee mostra il dramma dell'evento in sé, che si affievolisce con i giorni, e mostra l'esponenziale crescendo di situazioni conseguenti, ancora più terribili dell'uragano. Gli aiuti arrivati in ritardo, le cause originarie della rotture delle dighe, i senzatetto, gli abitanti senza casa sradicati dalla loro terra e spediti in altre zone del paese. L'amministrazione Bush è pesantemente criticata con dati oggettivi difficilmente confutabili. ■ DOCUMENTARIO; COL., 255'; USA, 2006.

WHEN WILL I BE LOVED ★
Regia di JAMES TOBACK. Con NEVE CAMPBELL, ALEX FELDMAN, FRED WELLER, ASHLEY SHELTON, JAMES TOBACK. ■ Vera è giovane, bella, capricciosa e curiosa di esplorare ed estendere i limiti del suo potere sessuale ed intellettuale. Ha un fidanzato che fa l'artista ma che, a differenza di lei, non è poi così ricco. Perciò, quando gli arriva una proposta che potrebbe fruttargli molto denaro, non ci pensa due volte. L'uomo viene avvicinato da un anziano e ricco magnate italiano che, in cambio di una notte di sesso con Vera, gli offre 100.000 dollari. Vera accetta. Un film indipendente americano che ha tutti i difetti e i pochi pregi di quel tipo di cinema. ■ DRAMMATICO; COL.; 81'; USA, 2004.

W.H.I.F.F.S. – LA GUERRA ESILARANTE DEL SOLDATO FRAPPER *(Whiffs)* ★★★
Regia di TED POST. Con EDDIE ALBERT, GODFREY CAMBRIDGE, ELLIOTT GOULD, HARRY GUARDINO, ALAN MANSON. ■ Un soldato, in forza presso una unità americana che studia armi chimiche, è scacciato dall'esercito perché ridotto ormai a uno straccio a furia di far da cavia per gli esperimenti. Con l'aiuto di un amico, irrora un'intera cittadina di gas esilaranti, rapina due banche e fugge a godersi i soldi in Messico. ■ COMMEDIA; B/N; 91'; USA, 1975. ■ GOLDEN GLOBES 1 NOM; OSCAR 1 NOM.

WHIPPED – RAGAZZI AL GUINZAGLIO *(Whipped)* ★★
Regia di PETER M. COHEN. Con ZORIE BARBER, JUDAH DOMKE, AMANDA PEET, BRIAN VAN HOLT. ■ Zeke, Brad e Jonathan sono tre amici single e sciupafemmine. Si sono anche trovati un nome adatto: i "Ladykiller". Vivono a New York, e si divertono a raccontarsi le imprese amatorie facendone partecipe anche un quarto amico ormai fuori gioco perché sposato. Un giorno però l'amore bussa alla porta. Ha le sembianze della delicata Mia. Ma c'è un problema: piace a tutti e tre. Che fare? I riferimenti alla misantropia dei maschi trentenni sono realistici anche se nel film si respira un po' troppa aria di *déjà vu*. ■ COMMEDIA; COL.; 82'; USA, 2000.

WHISKY ★
Regia di JUAN PABLO REBELLA, PABLO STOLL. Con JORGE BOLANI, ANA KATZ, MIRELLA PASCUAL, ANDRÉS PAZOS. ■ Ogni giorno il signor Jacobo si reca nella sua fabbrica di calzini, svolge sempre le stesse operazioni nel medesimo ordine, entra nel suo ufficio, si siede alla sua macchina per scrivere, controlla le dipendenti, e a fine giornata torna a casa solingo. Per la commemorazione della morte della madre, il fratello arriva dal Brasile, e Jacobo chiede alla sua fedele e silenziosa assistente Marta di fingersi sua moglie e di trasferirsi per qualche giorno a casa sua. *Whisky* si inserisce in quella categoria di film in cui nulla accade se non la routine, e, quando si verifica un evento inatteso o un'azione è compiuta in ordine diverso, l'equilibrio si rompe, e la vita cambia. ■ COMMEDIA; COL.; 94'; ARGENTINA, GERMANIA, SPAGNA, URUGUAY, 2004.

WHISKY A MEZZOGIORNO ★★
Regia di OSCAR DE FINA. Con NINO BESOZZI, LIDA FERRO, CORRADO PANI, VERA WORTH. ■ Maurizio, uno studente povero, diventa amico di Dadi, studente ricco. Introdotto così nell'ambiente dell'alta società, spera di sposare una ragazza piena di soldi e mettersi a posto. Ma tutto gli va male e torna tristemente nel suo mondo. ■ COMMEDIA; B/N; 92'; ITALIA, 1962.

WHISKY A VOLONTÀ *(Whisky Galore)* ★★★
Regia di ALEXANDER MACKENDRICK. Con JOAN GREENWOOD, GORDON JACKSON, JAMES ROBERTSON JUSTICE. ■ Un piccolo classico della commedia inglese. Dal romanzo di Compton MacKenzie. Durante la seconda guerra mondiale, una nave carica di whisky naufraga presso le isole Ebridi. Gli isolani, che non hanno cambiato granché i loro costumi dal secolo XVIII, credono di avere il diritto di saccheggio sul naviglio naufragato. Le autorità britanniche fanno una certa fatica a ridurli alla ragione. ■ COMMEDIA; B/N; 82'; GRAN BRETAGNA, 1948.

WHISKY COGNAC E LIBERTÀ ★★
(Green Grow the Rushes)
Regia di DEREK TWIST. Con HONOR BLACKMAN, RICHARD BURTON, ROGER LIVESEY. ■ Tipica commediola inglese, con la simpatica gente di un villaggio della costa che da secoli prospera con il contrabbando d'alcool. Le autorità scoprono la faccenda e cercano di cogliere i paesani con le mani nel sacco. Da un romanzo di Howard Clewes. Una delle prime prove in cinema di Richard Burton (allora ventiseienne). ■ COMMEDIA; B/N; 91'; GRAN BRETAGNA, 1951.

WHISKY E FANTASMI ★★
Regia di ANTHONY DAWSON. Con FRED HARRIS, MARIBEL MARTIN, TOM SCOTT. ■ Un giovane che gira il West spacciando per miracoloso elisir un volgare purgante, fa amicizia con il fantasma del leggendario Davy Crockett, che lo prende sotto la sua protezione. Grazie a lui, il nostro giovane sconfigge un pericoloso nemico, conquista un tesoro e sposa una brava ragazza. ■ FANTASTICO; COL.; 92'; ITALIA, 1974.

WHISKY E GLORIA *(Tunes of Glory)* ★★★★
Regia di RONALD NEAME. Con ALEC GUINNESS, GORDON JACKSON, DUNCAN MACRAE, JOHN MILLS, DENNIS PRICE, SUSANNAH YORK. ■ Da un lato c'è il comandante Sinclair, non molto ligio ai regolamenti, umano con i subalterni, perché lui stesso è stato subalterno; dall'altro il colonnello Barrow, che prende il posto di Sinclair e che si mostra duro con il reggimento. Alla fine Barrow, avendo capito di non essere amato dai suoi uomini, si suicida, ma Sinclair, sconvolto dal suicidio, impazzisce. ■ DRAMMATICO; COL.; 107'; GRAN BRETAGNA, 1960. ■ OSCAR 1 NOM; VENEZIA 1 PR.

WHISKY SÌ MISSILI NO *(Rockets Galore)* ★★
Regia di MICHAEL RELPH. Con JEAN CARSON, ROLAND CULVER, DONALD SINDEN. ■ Gli inglesi vogliono installare una base missilistica in un'isoletta dell'Atlantico settentrionale abitata da fieri scozzesi. Gli abitanti tentano di opporsi in tutti i modi. Poi hanno un'idea: catturano dei gabbiani e li liberano dopo averli dipinti di rosa. La notizia che l'isola è abitata dai singolari gabbiani rosa si diffonde e l'intera opinione pubblica insorge contro la base missilistica che metterebbe in pericolo l'esistenza di uccelli così rari. ■ COMMEDIA; COL.; 94'; GRAN BRETAGNA, 1958.

WHITE CHICKS ★
Regia di KEENEN IVORY WAYANS. Con FRANKIE FAISON, JOHN HEARD, JAIME KING, LOCHLYN MUNRO, BUSY PHILLIPPS, MARLON WAYANS, SHAWN WAYANS. ■ Tra le fratellanze cinematografiche a stelle e strisce (i Coen, i Wachowski), i Wayans (oltre che neri) sono i più autosufficienti, capaci come sono di girare un film tutto in famiglia: Keenen Ivory dietro la macchina da presa, Marlon e Shawn davanti (ma attori sono pure Damon, Kim, Nadia, mentre Dwayne scrive musiche). La storia: due poliziotti, incaricati di proteggere due danarose fanciulle, le nascondono in un luogo sicuro e si travestono come loro per attirare i malintenzionati che vorrebbero rapirle. I poliziotti sono neri e le ragazze bianche. Tutto qui, con gag risapute e senza l'irriverenza decisa che finora caratterizzava gli autori. ■ COMMEDIA; COL.; 109'; USA, 2004.

WHITE MATERIAL ★★★
Regia di CLAIRE DENIS. Con ISAACH DE BANKOLÉ, NICOLAS DUVAUCHELLE, ISABELLE HUPPERT, CHRISTOPHER LAMBERT, WILLIAM NADYLAM. ■ Fuochi nella notte nei dintorni di una piantagione dell'Africa centrale indicano un attacco dell'esercito nazionale rivolto a stroncare una rivolta popolare fomentata da un ribelle detto "le boxeur". Mentre le istituzioni locali invitano tutti i cittadini occidentali ad abbandonare il paese, Maria Vial, proprietaria di una storica piantagione di caffè, rifiuta l'allarmismo del governo ed è determinata a non perdere il raccolto della stagione. Una determinazione che la porta ad incontrare ostilità tanto da parte della popolazione locale che dalle forze regolari, dall'ex marito André e dal figlio indolente Manuel. Claire Denis si interessa da sempre a tematizzare gli incontri fra differenti identità culturali in maniera non pacificata, conflittuale. Con quest'ultima opera, la regista francese fa ritorno nei suoi luoghi d'infanzia e puntando dritto all'incrocio fra capitalismo e colonialismo, fra materia-merce e materia umana. ■ DRAMMATICO; COL., 100'; FRANCIA, 2009.

WHITE NOISE ★★
Regia di GEOFFREY SAX. Con MIKE DOPUD, NICHOLAS ELIA, MICHAEL KEATON, IAN MCNEICE, MARSHA REGIS, SARAH STRANGE, DEBORAH KARA UNGER, CHANDRA WEST. ■ Sulle orme di *The Ring* i morti e i non morti ci parlano dai televisori, eletti a interfaccia fra l'aldiqua e l'aldilà. L'architetto Jonathan Rivers (Michael Keaton) perde la moglie (Chandra West), scrittrice famosa, in circostanze non chiare. La sua vita è distrutta, non ci può credere. Improvvisamente incontra un uomo che gli dice di riuscire a comunicare con le persone decedute (attraverso l'EVP, l'Electronic Voice Phenomena) e che recentemente è riuscito a mettersi in contatto con la signora Rivers. Da quel momento Jonathan vede una luce e si immerge in una realtà parallela attraverso la televisione (e la radio) *trait d'union* che lo fanno parlare con l'amata. ■ THRILLER; COL.; 101'; CANADA, GRAN BRETAGNA, USA, 2005.

WHITE OLEANDER ★★
Regia di PETER KOSMINSKY. Con ALISON LOHMAN, MICHELLE PFEIFFER, ROBIN WRIGHT PENN, RENÉE ZELLWEGER. ■ Astrid Magnussen, figlia dell'artista concettuale Ingrid, vede improvvisamente cambiare la sua vita quando la madre viene accusata dell'omicidio di un amante e condannata a trentacinque anni di carcere. Da lì in avanti è un susseguirsi di famiglie affidatarie, da quella precaria e proletaria dell'ex spogliarellista e cristiana rinata Starr, a quella ricca e apparentemente felice dell'attrice Claire. Su tutto l'ombra della madre, per cui la ragazza nutre un'autentica venerazione. Pur essendo stato un piccolo caso letterario negli Usa, il romanzo *White Oleander* di Janet Fitch è opera di scarsa levatura. Come purtroppo accade spesso, la riduzione cinematografica è ancora peggiore. Grandi attrici che guitteggiano, sociologia da rotocalco, dialoghi da culto («Mi guardi e so che non ti piaccio»). Per farla breve il peggio del cinema americano al femminile. Regista e confezione di lusso limitano i danni. ■ DRAMMATICO; COL.; 110'; USA, 2002.

WHITEOUT. INCUBO BIANCO *(Whiteout)* ★★
Regia di DOMINIC SENA. Con KATE BECKINSALE, SHAWN DOYLE, GABRIEL MACHT, COLUMBUS SHORT, TOM SKERRITT. ■ Lo sceriffo Carrie Stetko ha sotto la sua giurisdizione l'Antartide. Sembrerebbe una sinecura se non fosse che si verifica in quella landa ghiacciata il primo caso di omicidio. Ora, affiancata da un detective dell'ONU, deve affrontare un caso che si presenta come molto più complicato del previsto. Ha a disposizione solo tre giorni perché l'inverno incombe e da quel momento ogni ricerca diventerebbe impossibile. Inoltre deve combattere con dolorosi ricordi del suo passato. ■ AZIONE; COL.; 128'; CANADA, USA, 2009.

WHITE "POP" JESUS ★★
Regia di LUIGI PETRINI. Con STELLA CARNACINA, AWANA GANA, GISELA HAHN, GIANNI MAGNI, TONY SCHNEIDER. ■ Un pazzo, convinto di essere il Messia, fugge dal manicomio e riesce a raccogliere intorno a sé un gruppo di "fedeli". Braccato, per opposti motivi, da un'organizzazione mafiosa e dalla polizia, verrà infine nuovamente internato. ■ COMMEDIA; COL.; 90'; ITALIA, 1980.

WHITE RIVER KID *(The white river kid)* ★★
Regia di ARNE GLIMCHER. Con ANTONIO BANDERAS, ELLEN BARKIN, WES BENTLEY, RANDY TRAVIS, KIM DICKENS, BOB HOSKINS. ■ I personaggi sono: un prete esaltato (Hoskins), un clandestino mezzo matto (Banderas), un killer d'argilla (Bentley), la sua ragazza Apple Lisa e uno sceriffo che tutto ha in mente salvo il suo lavoro. I quattro "cattivi" devono scappare, e quando approdano nella casa dei genitori della ragazza, cadono dalla padella alla brace. La fase migliore del film sono le location, secondo la gradevole chiave del *road-western* moderno. Ecco dunque l'Arkansas (dove scappavano Bonny & Clide, che certamente hanno suggerito più di una soluzione al regista) coi suoi splendidi esterni di Hot Springs e Little Rock. Per il resto il compitino divertente-spettacolar-prevedibile è stato correttamente eseguito. Ultima notizia: Banderas è anche produttore. Mezza stella in più. ■ AVVENTURA; COL.; 90'; USA, 2001.

WHITE SANDS – TRACCE SULLA SABBIA ★★★
(White Sands)
Regia di ROGER DONALDSON. Con WILLEM DAFOE, MARY ELIZABETH MASTRANTONIO, MICKEY ROURKE, ALEXANDER NICKSAY, M. EMMET WALSH. ■ Siamo in Arizona. C'è un vicesceriffo che indaga sulla morte di un agente dell'Fbi. Costui aveva una ventiquattr'ore piena di soldi. Il vicesceriffo però prima di scoprirne l'identità ha avuto la cattiva idea di prenderne il posto, per risalire all'assassino. Come se non bastasse arriva un agente della Cia. Successo grazie al cast. ■ POLIZIESCO; COL.; 101'; USA, 1992.

WHITE SHADOW ★★
Regia di NOAZ DESHE. Con SALUM ABDALLAH, HAMIS BAZILI, JAMES GAYO, GLORY MAGDALENA. ■ In Tanzania dal 2008 gli albini sono dei perseguitati. Medici "stregoni" offrono ingenti somme per comprarsi parti del corpo degli albini per crearne pozioni magiche. Dal 2008 al 2010 si sono consumati oltre 200 omicidi ispirati a questo tipo di stregoneria. Questa è la storia di Alias, un ragazzino albino che dopo aver assistito all'assassinio del padre viene mandato dalla madre in città, nella casa dello zio Kosmos, a cercare rifugio. Vendendo occhiali da sole, dvd e cellulari, il ragazzo non tarderà a provare sulla propria "pelle" le difficoltà della vita e dell'essere diverso. ■ DRAMMATICO, COL.; 115', ITALIA, GERMANIA, TANZANIA, 2013.

WHOLLY FAMILY, THE ★★
Regia di TERRY GILLIAM. Con CRISTIANA CAPOTONDI, NICO CIRASOLA, DOUGLAS DEAN, RENATO DE MARIA, SERGIO SOLLI. L'ultima fatica di Terry Gilliam – breve ma intensa, 5 giorni di set – è un cortometraggio prodotto da Pasta Garofalo, già molto attiva nel product placement e con all'attivo opere brevi di Edo Tagliavini, Pappi Corsicato e Valeria Golino, il cui *Armandino e il MADRE* ha anche portato a casa un Nastro d'Argento. Pur essendo un'azienda nota per la sua ottima pasta a finanziare il progetto, però, il lavoro dell'ex Monty Python risulta incompleto e farraginoso, cucinato male nonostante tutti gli ingredienti siano giusti. Risulta evidente da due-tre momenti niente male, come l'assalto dei Pulcinella al bambino (Nicolas Connolly) o il finale apparentemente pacificato e in verità perfido. Anche perché è proprio in quei fotogrammi che si vede e si sente tutto l'autore di *Brazil* e *Parnassus*. ■ DRAMMATICO; COL.; 20'; ITALIA, 2011.

WHO? L'UOMO DAI DUE VOLTI *(Who?)* ★★★
Regia di JACK GOLD. Con ELLIOTT GOULD, EDWARD GROVER, TREVOR HOWARD, JAMES NOBLE, MICHAEL LOMBARD, ALEXANDER ALLERSON. ■ Un fisico atomico americano, mentre attraversa la frontiera fra le due Germanie, rimane gravemente ferito e ustionato in un incidente. I russi lo raccolgono, lo curano e, dopo averlo interrogato, lo restituiscono agli americani. Questi ultimi, incerti della sua identità, lo sottopongono a tutta una serie di stressanti prove. Alla fine gli consentono di tornare alla sua attività. Ma il fisico, giunto al limite della sopportazione, si uccide. ■ GIALLO; COL.; 93'; USA, 1974.

WHO NEVER LIVED *(Kto nigdy nie zyl)* ★
Regia di ANDRZEJ SEWERYN. Con ROBERT JANOWSKI, JOANNA SYDOR, MICHAL ZEBROWSKI. ■ Il protagonista del film, padre Jan, è un prete che ha raccolto intorno a sé un gruppo di giovani ex tossicodipendenti. Fino a quando il sacerdote non scopre di avere contratto l'Aids durante una missione in Africa. Dopo aver ricevuto questa notizia, la vita del protagonista cambia radicalmente. ■ DRAMMATICO; COL ; 104'; POLONIA, 2006.

WHOOPEE *(Whoopee!)* ★★
Regia di THORNTON FREELAND. Con EDDIE CANTOR, BETTY GRABLE, ELEANOR HUNT. ■ Uno dei più grandi successi (in un informale technicolor) di Eddie Cantor (c'è anche Betty Grable agli inizi). Cantor è un timido giovanotto, malato immaginario, che viene coinvolto in una serie di avventure, dalle quali imprevedibilmente sortirà come un eroe. Nel 1944, un remake con Danny Kaye (*Così vinsi la guerra*). ■ COMM. MUSICALE; COL.; 91'; USA, 1930. ■ OSCAR 1 NOM.

WHOOPEE BOYS – GLI ULTIMI GENTLEMAN ★★
(The Whoopee Boys)
Regia di JOHN BYRUM. Con DENHOLM ELLIOTT, MICHAEL O'KEEFE, PAUL RODRIGUEZ. ■ Jake è un giovanotto simpatico, ma di maniere un po' rozze. Si innamora di una ragazza dell'alta società, ma non vuole fare brutta figura. Né con lei né con i suoi schifiltosi parenti. Un amico si offre di dargli una lezione di buone maniere. Ma senza troppo successo. ■ COMMEDIA; COL.; 93'; USA, 1986.

WHORE – PUTTANA *(Whore)* ★★★
Regia di KEN RUSSELL. Con ANTONIO FARGAS, BENJAMIN MOUTON, THERESA RUSSELL. ■ Il vecchio leone torna a graffiare. Alla faccia dei critici cipigliosi. Ecco l'ennesima prostituta, figura portante di un film. Per narrarci le sue disavventure Ken Russell la fa parlare direttamente con noi, stile Godard o cinema verità. Ne vediamo di belle e di brutte e la protagonista rischia di finire male. Ma c'è un angelo custode di colore che veglia su di lei. Theresa Russell è brava a trasmettere la sua rassegnazione, ma anche la desolazione dell'ambiente in cui vive. Siamo abituati a vedere la vita di una prostituta cinematograficamente, ma anche se le situazioni sono sempre le stesse qui c'è qualcosa di più. C'è lo squallore della sopravvivenza. ■ DRAMMATICO; COL.; 92'; USA, 1990.

WHORE 2 – PUTTANA *(Whore 2)* ★
Regia di AMOS KOLLEK. Con AMOS KOLLEK, MARI NELSON, MARIA SUCHARETZA. ■ Rifacendosi al film di Ken Russell, Kollek dirige e interpreta una storia che vorrebbe fondere documentario e fiction ma che non va al di là del già visto. ■ DRAMMATICO; COL.; 84'; USA, 1993.

WHO'S THAT GIRL *(Who's that Girl?)* ★★
Regia di JAMES FOLEY. Con GRIFFIN DUNNE, MADONNA, JOHN MCMARTIN. ■ Madonna cerca di sfruttare in cinema il personaggio di bionda ciclonica e spregiudicata già da lei collaudato nei videoclip. Qui è una ragazza un po' sciroccata, accusata ingiustamente dell'omicidio dell'amante, un ricattatore. Un avvocato riesce a farle avere la libertà provvisoria e ordina al suo futuro genero di imbarcarla sul pullman diretto al paese natale. Il giovanotto però si lascia convincere dalla bionda ad aiutarla a indaga-

re sul vero autore dell'omicidio. L'inchiesta piena di colpi di scena ha buon esito, ma il giovane ci rimette la fidanzata. ■ COMMEDIA; COL.; 94′; USA, 1987. ■ GOLDEN GLOBES 1 NOM.

WICHITA ★★
Regia di JACQUES TOURNEUR. Con LLOYD BRIDGES, JOEL MCCREA, VERA MILES. ■ Un abile cacciatore viene nominato sceriffo di Wichita, nel Kansas. Sotto di lui filano tutti diritto, anche il padre prepotente della sua fidanzata. ■ WESTERN; B/N; 81′; USA, 1955.

WILD ANIMALS *(Yasaeng dongmul bohoguyeog)* ★★
Regia di KIM KI-DUK. Con RICHARD BOHRINGER, LAURENT BURO, JANG DONG-JIK, CHO JAE-HYUN, RYUN JANG, DENIS LAVANT, SASHA RUCAVINA. ■ Chung-Hae è un pittore col talento del truffatore, e Hong-San un disertore dell'esercito nordcoreano col talento per la frantumazione delle ossa altrui. I due "amici" diventano i tirapiedi di un boss malavitoso, scatenando le gelosie degli altri suoi sottoposti, che daranno il via a una girandola di morti e vendette. "Animali selvaggi", come in *Coccodrillo*, sono i protagonisti del secondo lungometraggio di Kim Ki-duk, ma questa volta tra le sognanti strade di Parigi, piuttosto che sulle rive di una fogna sudcoreana. Se nell'esordio l'ex pittore ed ex militare dava libero sfogo alla sua visionarietà creativa, qui sembra voler approcciare il linguaggio cinematografico con maggior rigore, palesando tutta la sua acerbità tecnica e narrativa. Sceneggiatura soporifera senza nessun picco, se non in poche invenzioni (il pesce surgelato, il sacco per due, il furto della statua) che ci ricordano chi c'è dietro quella macchina da presa. Puro (ed inutile) esercizio tecnico. ■ DRAMMATICO; COL.; 105′; COREA DEL SUD, 1997.

WILD BEAST – BESTIE FEROCI ★
Regia di FRANCO PROSPERI. Con JOHN ALDRICH, UGO BOLOGNA, LORRAINE DE SELLE. ■ Una sostanza inquinante presente nell'acqua potabile di una grande città fa impazzire gli animali dello zoo, che, usciti dalle gabbie, incominciano a uccidere i passanti terrorizzati. ■ HORROR; COL.; 87′; ITALIA, 1983.

WILD BILL ★★
Regia di WALTER HILL. Con ELLEN BARKIN, JEFF BRIDGES, KEITH CARRADINE, BRUCE DERN, JOHN HURT, DIANE LANE. ■ Walter Hill si misura questa volta con il western. Wild Bill Hickock è diventato una leggenda senza che lui lo abbia desiderato. Si mette nei guai quando abbandona una donna dopo averla illusa. Il figlio, nonostante la fama di Bill, vuole vendicarla. ■ WESTERN; B/N COL.; 100′; USA, 1995.

WILDCATS ★★
Regia di MICHAEL RITCHIE. Con GOLDIE HAWN, JAMES KEACH, SWOOSIE KURTZ. ■ Goldie Hawn è un'insegnante di scuola superiore che ha un grande sogno: allenare una squadra di football. Un giorno l'accontentano. Ma la compagine che le viene assegnata non è precisamente delle più rispettabili. È la squadra della scuola più turbolenta della città, situata nel più malfamato dei quartieri. Piuttosto divertente, tra i buoni risultati di Michael Ritchie (*Che botte se incontri gli orsi*). ■ COMMEDIA; COL.; 107′; USA, 1986.

WILDE ★★★
Regia di BRIAN GILBERT. Con STEPHEN FRY, JUDE LAW, VANESSA REDGRAVE. ■ Alcuni cowboy stanno arrivando in una zona desertica ed ecco che a cavallo arriva un uomo che sembra venuto da un altro pianeta, vestito con abiti molto ricercati. È Oscar Wilde che è andato a trovare i minatori. Partendo da questo originale episodio della vita di Wilde e continuando con il matrimonio, il regista descrive il periodo eterosessuale dell'autore di *Salomé*. Dopodiché assistiamo al cambiamento dell'uomo e alla relazione col giovane Lord Alfred. ■ BIOGRAFICO; COL.; 116′; GRAN BRETAGNA, 1997. ■ GOLDEN GLOBES 1 NOM.

WILDERNESS ★★
Regia di MICHAEL J. BASSETT. Con ALEX REID, TOBY KEBBELL, SEAN PERTWEE, STEPHEN WIGHT. ■ Un gruppo di sei giovani detenuti particolarmente violenti viene portato in punizione dal sorvegliante Jed su un'isola selvaggia, che dovrebbe essere disabitata. Qui dovrebbero imparare a cavarsela in mezzo alle difficoltà. La prima sorpresa è data dalla presenza di due ragazze (anche loro carcerate) condotte a loro volta lì dalla loro responsabile Louise, veterana della Guerra del Golfo. A questa seguono però sorprese meno piacevoli: un misterioso arciere comincia a prendere di mira il gruppo e cani lupo sbranano chiunque si muova. ■ THRILLER; COL., 93′; GRAN BRETAGNA, 2006

WILD MAN BLUES ★★
Regia di BARBARA KOPPLE. ■ La documentarista segue Woody Allen in giro per l'Europa – Parigi, Venezia, Madrid – con la sua orchestrina di jazz. Lo accompagnano Soon Yi e la sorella. Discretamente accattivante. E Allen, anche quando suona il suo prezioso clarinetto, un Rampone italiano, è sempre Allen. ■ DOCUMENTARIO; COL.; 102′; USA, 1997.

WILD SALOME ★★★
Regia di AL PACINO. Con KEVIN ANDERSON, JESSICA CHASTAIN, BARRY NAVIDI, ESTELLE PARSONS, JOE ROSETO. ■ Al Pacino, a proposito di questo suo film dichiara: "*Wilde Salome* è l'esplorazione di una pièce teatrale che mi ha impegnato per molto tempo. Ho spogliato l'opera di tutti i suoi costumi e scenari complessi, presentandola e analizzandola nella sua essenza. Jessica Chastain è sensazionale nel ruolo di Salomè e mi ha aiutato molto nella mia personale scoperta del mondo di Oscar Wilde. *Wilde Salome* non è un film narrativo tradizionale, né un documentario. L'attore, regista di se stesso, mette a nudo il suo desiderio di affrontare il rischio di molteplici salti mortali frutto dello stimolo intellettuale che l'opera torna a suscitargli. Gira infatti un documentario che vuole al contempo rendere conto di una messa in scena teatrale e di un film 'da farsi' sempre sullo stesso soggetto. Pacino è affascinato dalla figura di un autore ribelle e pronto a pagare di persona le proprie scelte anticonformiste. Individua in "Salomè" quasi la sintesi dell'universo letterario wildiano ed è ammaliato dalla perversa innocenza della protagonista. ■ DRAMMATICO; COL.; 90′; USA, 2010.

WILD SIDE ★
Regia di SÉBASTIEN LIFSHITZ. Con YASMINE BELMADI, ANTONY HEGARTY, STÉPHANIE MICHELINI, EDOUARD NIKITINE, JOSIANE STOLÉRU. ■ Stéphanie è una giovane transessuale che si divide tra la prostituzione, Djamel, giovane nordafricano, e Mikhail, disertore del contingente russo in Cecenia. I tre hanno una vita caotica e sbandata, ma restano profondamente soli, e trovano conforto solo nelle braccia l'uno degli altri. ■ DRAMMATICO; COL.; 93′; FRANCIA, 2004.

WILD WILD WEST ★★
Regia di BARRY SONNENFELD. Con KENNETH BRANAGH, KEVIN KLINE, WILL SMITH, SALMA HAYEK, TED LEVINE. ■ Un western di fantascienza con incursioni in Jules Verne e ispirato alla serie televisiva degli anni Sessanta dallo stesso titolo. Un'accoppiata come Will Smith e Kevin Kline faceva ben sperare. Col valore aggiunto di un cattivo come Kenneth Branagh su una sedia a vapore. Dopo la guerra civile due agenti speciali vengono incaricati dal presidente degli Stati Uniti di catturare il cattivo di turno. Un obbrobrio da dimenticare. ■ FANTASCIENZA; COL.; 107′; USA, 1999.

WILLARD E I TOPI *(Willard)* ★★★
Regia di DANIEL MANN. Con MICHAEL DANTE, BRUCE DAVISON, JODY GILBERT, WILLIAM HANSEN, ELSA LANCHESTER, SONDRA LOCKE. ■ Un giovane di nome Willard cerca uno sfogo alle proprie frustrazioni ammaestrando un piccolo esercito di topi che poi utilizza per una serie di vendette contro il suo odiato principale. Un giorno quest'ultimo uccide uno dei topi al quale il giovane era più affezionato. Willard gli scatena addosso il suo piccolo esercito e il poveraccio, terrorizzato, si getta dalla finestra. Ormai soddisfatto, il giovane fa poi in modo che tutti i suoi temibili roditori affoghino. Centinaia di altri topi vendicheranno però i loro compagni facendo fare a Willard una terribile fine. ■ DRAMMATICO; COL.; 95′; USA, 1971.

WILLARD IL PARANOICO ★★★
Regia di GLEN MORGAN. Con JACKIE BURROUGHS, R. LEE ERMEY, CRISPIN GLOVER, LAURA ELENA HARRING, EDWARD HORN, GUS LYNCH, TY OLSSON, DAVID PARKER, KIMBERLY PATTON, LAARA SADIQ, WILLIAM S. TAYLOR. ■ Willard, quarantenne introverso al limite della patologia, trascorre il proprio tempo cu-

rando la vecchia madre malata e lavorando come impiegato nell'azienda fondata dal padre defunto. Protagonista passivo di una vita di umiliazioni, a casa e sul posto di lavoro, troverà nel morboso rapporto con i topi che abitano la sua cantina una valvola di sfogo per le proprie frustrazioni, e, giunto all'esasperazione, un singolare strumento di vendetta. Remake del cult anni Settanta *Willard e i Topi*, l'opera si sviluppa deliberatamente su un'impalcatura povera e cigolante, che lascia filtrare luce su un ambiente circoscritto ai tratti essenziali. A furia di sottrarre rimane pochino. ■ HORROR; COL.; 100′; USA, 2003.

WILL HUNTING – GENIO RIBELLE ★★★★★
(Good Will Hunting)
Regia di GUS VAN SANT. Con BEN AFFLECK, MATT DAMON, MINNIE DRIVER, STELLAN SKARSGÅRD, ROBIN WILLIAMS. ■ All'Institute of Technology del Massachusetts insegna un luminare (Skarsgård), matematico conosciuto in tutto il mondo. Propone su una lavagna un problema ultracomplesso e dà un anno di tempo ai suoi allievi per risolverlo. La mattina dopo il problema è risolto. La cosa si ripete pochi giorni dopo. Il genio è tale Will Hunting (Damon), addetto alle pulizie. Will vive solo, ha un gruppo di amici fedeli, è anarchico e violento, non si fida di nessuno. Però ha un'intelligenza inverosimile, in tutti i sensi: legge un libro in dieci minuti, conosce praticamente tutto lo scibile. Viene rintracciato e affidato a diversi psicologi, tutti letteralmente distrutti, finché si arriva a Robin Williams (molto simile all'insegnante dell'*Attimo fuggente*) che trova il modo per entrare nella complessa personalità del ragazzo. Il risultato è che Will, corteggiato dalle più prestigiose società d'America, a cominciare dalla NASA e dal Pentagono, decide di vivere la vita in altro modo: raggiungerà in California la ragazza che lo ama. Storia affascinante premiata con l'Oscar, scritta dai due attori Damon e Affleck. Oscar (come non protagonista) anche a Williams, defraudato ai tempi de *L'attimo fuggente*. Gli ingredienti di successo sono tanti, e ben sistemati. ■ DRAMMATICO; COL.; 126′; USA, 1997. ■ BERLINO 1 PR; GOLDEN GLOBES 1 PR, 4 NOM; OSCAR 2 PR, 9 NOM.

WILLIE DYNAMITE ★★
Regia di GILBERT MOSES. Con GEORGE MURDOCK, THALMUS RASULALA, DIANA SANDS. ■ Irresistibile ascesa (e inevitabile caduta) di un ambizioso nero della malavita di New York. Inutilmente un'ex prostituta, divenuta assistente sociale, tenta di salvarlo. Il giovanotto si scava la fossa con le sue mani. Prodotto dal figlio di Darryl Zanuck due anni prima del maxisuccesso dello *Squalo*. ■ DRAMMATICO; COL.; 92′; USA, 1973.

WILLOW ★★★
Regia di RON HOWARD. Con WARWICK DAVIS, VAL KILMER, JEAN MARSH. ■ Una regina cattiva vuol uccidere tutte le neonate per sfatare una leggenda sulla fine del suo regno. Ma una neonata si salva grazie al nano Willow, che con l'aiuto di un giovane guerriero sconfiggerà la regina cattiva. George Lucas e Ron Howard (*Cocoon*) cercano di ridare vigore al filone fantasy combinando una fiaba alla *Biancaneve* con le crudezze dei film alla *Conan*. L'impegno è evidente, ma l'alto livello spettacolare non riesce a liberarsi di un sospetto di *déjà-vu*. ■ AVVENTURA; COL.; 125′; USA, 1988. ■ OSCAR 2 NOM.

WILLY E LA TARTARUGA BIANCA *(The Silent One)* ★★
Regia di YVONNE MACKAY. Con TELO MALESE, TERAKI TOKORANGI, PAT EVISON. ■ Su un'isola del Pacifico un bambino diventa amico di un'enorme testuggine. Gli indigeni temono che ci sia dietro qualcosa di magico e corrono ai ripari. ■ AVVENTURA; COL.; 95′; NUOVA ZELANDA, 1984.

WILLY SIGNORI E VENGO DA LONTANO ★★
Regia di FRANCESCO NUTI. Con ISABELLA FERRARI, CRISTINA GAIONI, ANNA GALIENA, ALESSANDRO HABER, FRANCESCO NUTI. ■ I primi dieci minuti di questo film sarebbero stati un buon cortometraggio. La routine di un cronista milanese è sconvolta da un incidente di auto in cui perde la vita un uomo, ma soprattutto da una nuova presenza: quella della sorella della vittima che lo colpevolizza e, allo stesso tempo, lo coinvolge massicciamente nella propria vita e nell'attesa di un bimbo che dovrà nascere. Il giornalista trascura la fidanzata e si deve fare in quattro per gestire il lavoro e il fratello paralitico che lo attende a casa con problemi e lamentele. La situazione, naturalmente, gli scoppia tra le mani, e non è detto che non ne nasca un bene. Grande impegno di Nuti (soggettista e sceneggiatore oltre che regista e interprete) sostenuto anche dall'accurata interpretazione di un Alessandro Haber nel ruolo del fratello inabile, egoista e piantagrane. Il risultato procede fra alti e bassi. ■ COMICO; COL.; 105′; ITALIA, 1990.

WILLY WONKA E LA FABBRICA DI CIOCCOLATO *(Willy Wonka and the Chocolate Factory)* ★★★
Regia di MEL STUART. Con JACK ALBERTSON, JULIE DAWN, DODO DENNEY, GENE WILDER. ■ I vincitori di un concorso possono entrare nella fabbrica di cioccolato di Willy Wonka dove lavorano dei simpatici gnomi. Solo uno dei ragazzi dimostrerà di non essere troppo goloso e diventerà il fortunato erede di Wonka. ■ FANTASTICO; COL.; 98′; GRAN BRETAGNA, 1971. ■ GOLDEN GLOBES 1 NOM; OSCAR 1 NOM.

WIMBLEDON ★★★
Regia di RICHARD LONCRAINE. Con PAUL BETTANY, KIRSTEN DUNST, BERNARD HILL, KYLE HYDE, ROBERT LINDSAY, MARINA MORGAN, SAM NEILL. ■ *Wimbledon* è una commedia sentimentale sullo sfondo del prestigioso torneo tennistico. Due partecipanti, l'ultratrentenne Peter Colt, centodiciannovesimo della classifica mondiale, che ha ottenuto la *wild card* che gli consentirà di partecipare per l'ultima volta al torneo, e la giovane emergente Lizzie Bradbury, si incontrano, si amano, gareggiano e vivono un momento travolgente della loro giovinezza. Un finale irrealistico, che ricorda le musiche dei Queen, non inficia l'ironia, la simpatia e la leggerezza dell'intrattenimento. Ciò che è davvero rivoluzionario è il protagonista, interpretato con eleganza ed ironia da Bettany, un ragazzo educato, di saldi principi, un giovane normale, che corona il suo sogno sospinto dallo stato di grazia che investe ogni uomo innamorato. I due protagonisti sono tecnicamente adeguati allo sport che rappresentano, Bettany in particolare mostra ottimi fondamentali e una buona battuta. Pat Cash ha allenato i due protagonisti ed i mitici, per una volta l'aggettivo vale, McEnroe e Chris Evert commentano le fasi di gioco con ironico distacco. Non un capolavoro, ma un miracolo di simpatia ed educazione, che si oppone alla volgarità dilagante, alle cattive maniere dei supereroi da strapazzo che ci affliggono con sempre maggiore virulenza. ■ SENTIMENTALE; COL.; 98′; FRANCIA, GRAN BRETAGNA, 2004.

WIMPS ★
Regia di CHUCK VINCENT. Con DEBORAH BLAISDELL, LOUIE BONANNO. ■ Uno studente da poco iscritto all'università non ha mai avuto esperienze con le ragazze. La sua ingenuità in questioni di sesso lo rende un soggetto ideale per i crudeli scherzi di alcuni compagni. ■ COMMEDIA; COL.; 95′; USA, 1986.

WINCHESTER '73 ★★★
Regia di ANTHONY MANN. Con TONY CURTIS, DAN DURYEA, ROCK HUDSON, STEPHEN MCNALLY, JAMES STEWART, SHELLEY WINTERS. ■ Un cowboy vince in una gara di tiro a segno un fucile Winchester, ultimo modello 1873. Il malvagio fratello, che ha ucciso il padre, glielo ruba e lui si mette al suo inseguimento. L'arma passa via via nelle mani di un contrabbandiere, di un indiano sioux, di un contadino e di un fuorilegge. Alla fine, il cowboy riesce a tornarne in possesso, uccidendo il fratello. ■ WESTERN; B/N; 92′; USA, 1950.

WINCHESTER '73: LE FUORILEGGE DEL WEST ★★
(Cattle Cate – Black Jack Ketchum – Belle Star)
Regia di WILLIAM N. WITNEY. Con MARY CASTLE, JIM DAVIS, JEAN PARKER. ■ Modestissima storia imperniata su alcune donne che combatterono nel West contro banditi e indiani. ■ WESTERN; B/N; 105′; USA, 1962.

WIND – PIÙ FORTE DEL VENTO *(Wind)* ★★
Regia di CARROLL BALLARD. Con JENNIFER GREY, MATTHEW MODINE, STELLAN SKARSGÅRD, CLIFF ROBERTSON. ■ A Newport, nel 1983, Will Parker è uno dei componenti dell'equipaggio della barca di Cliff Robertson. Tutti sono impegnati per vincere l'America's Cup e riusciranno invece a perdere interrompendo il

ciclo di centotrenta vittorie americane. Riusciranno a rifarsi. Riprese acrobatiche per un film che sembra la pubblicità patinata di un corso di vela ben organizzato. ■ AVVENTURA; COL.; 126′; USA, 1992.

WIND RISES, THE *(Kaze Tachinu)* ★★★
Regia di HAYAO MIYAZAKI. Con HIDEAKI ANNO, JUN KUNIMURA, HIDETOSHI NISHIJIMA, SHINOBU OHTAKE, MIRAI SHIDA. ■ Jiro Horikoshi, si presenta al pubblico in sogno, a bordo di un aereo di fantasia in un idillio minacciato da un bombardiere, è un ragazzo con la passione degli aeroplani che nelle sue proiezioni oniriche incontra il proprio idolo, il conte Caproni, grande progettista italiano, a cui confida di voler diventare anch'egli progettista. Studiando la più avanzata tecnologia tedesca cercherà di mettere a punto qualcosa di ancora più innovativo, in grado non solo di colmare il gap che separa il Giappone dagli altri paesi, ma anche di superarli. In questi viaggi incontrerà l'amore della sua vita, la donna che lo accompagnerà nel processo creativo. Nonostante siano evidenti i temi che da sempre dominano il suo cinema è una trama insolita, impegnativa e coraggiosissima quella che Hayao Miyazaki imbastisce nel suo decimo lungometraggio, un biopic sul grande progettista di aerei che diede vita ai rivoluzionari modelli Mitsubishi A6M Zero, tristemente noti per essere stati utilizzati dai kamikaze durante la seconda guerra mondiale. ■ ANIMAZIONE; COL.; 126′; GIAPPONE, 2013.

WINDSURF – IL VENTO NELLE MANI ★★
Regia di CLAUDIO RISI. Con URBANO BARBERINI, PIERRE COSSO, PHILIPPE LEROY, LARA NASZINSKI. ■ Pierre, giovane australiano tutto sport e salute, arriva al Circeo per farsi ospitare dallo zio Lupo sulla sua bella barca, ma scopre che il parente se l'è persa a poker. Per riconquistare l'imbarcazione, il ragazzo sfida il nuovo proprietario a una gara di windsurf. ■ COMMEDIA; COL.; 92′; ITALIA, 1984.

WINDTALKERS ★★★
Regia di JOHN WOO. Con ADAM BEACH, NICOLAS CAGE, NOAH EMMERICH, CHRISTIAN SLATER, PETER STORMARE. ■ Seconda guerra mondiale. Il sergente John Enders (Cage), sorta di eroe maledetto e tutto d'un pezzo, causa la morte di quindici marine. Sopravvive per un pelo, ci rimette un timpano, passa la convalescenza pensando solo a ritornare in azione. Nel frattempo conosciamo Ben Yahazee (Beach), indiano navajo, che ha una funzione precisa e molto importante, legata a un codice che il servizio segreto ha preparato, che si basa, appunto, sulla lingua navajo, parlata da poche persone, così che i giapponesi non potranno più decifrare i messaggi nemici. Ben viene inviato a Saipan, celeberrima, tragica isola teatro della famosa battaglia, giugno 1944. John sarà l'angelo custode del prezioso indiano. Dovrà proteggerlo, pronto, in caso di pericolo di cattura, anche a ucciderlo pur di salvaguardare il prezioso codice. Battaglie cruentissime, dialettica di guerra, sentimenti di pace lontana, un po' di dolce misticismo indiano, caratteri contro, finale tragico-sentimental-liberatorio, dove il cattolico sergente muore recitando l'Avemaria. Il soldato Ryan insegna: iperrealismo di combattimenti, con gambe troncate e pezzi di cuore che escono dalla divisa. Woo è efficace, spettacolare, anche se Spielberg lo era di più. Cage è sempre lo stesso: monocorde per espressione e per tutto. L'attore più sopravvalutato, il vero mistero buffo del cinema americano. ■ GUERRA; COL.; 133′; USA, 2002.

WINDWALKER ★★★
Regia di KIETH MERRILL. Con BILLY DRAGO, TREVOR HOWARD, NICK RAMUS. ■ Un vecchio capo indiano muore. Ma torna inaspettatamente in vita, per una benefica stregoneria, quando c'è da proteggere la sua tribù dalla minaccia di un figlio bastardo. Nell'originale i personaggi parlano in lingua Crow e Cheyenne. ■ WESTERN; COL.; 93′; USA, 1981.

WINDY CITY ★★
Regia di ARMYAN BERNSTEIN. Con KATE CAPSHAW, JOSH MOSTEL, JOHN SHEA. ■ In una città americana, un eterogeneo gruppo di giovani condivide la medesima aspirazione: quella di assurgere un giorno alla notorietà. Tra di essi si distingue Sol, che sogna il mare e indimenticabili viaggi a bordo di un romantico veliero. ■ DRAMMATICO; COL.; 103′; USA, 1984.

WING COMMANDER ATTACCO ALLA TERRA ★
(Wing Commander)
Regia di CHRIS ROBERTS. Con SAFFRON BURROWS, TCHÉKY KARYO, MATTHEW LILLARD, FREDDIE PRINZE JR, JURGEN PROCHNOW, DAVID WARNER. ■ Ispirato a un videogioco, non riesce a staccarsene. Livello di recitazione basso ed effetti altrettanto bassi per la storia di un equipaggio spaziale che deve, come al solito, salvare la Terra. Forse è meglio il videogioco. ■ FANTASCIENZA; COL.; 110′; USA, 1999.

WINNIE THE POOH E GLI EFELANTI ★★★
(Pooh's Heffalump movie)
Regia di FRANK NISSEN. ■ Una nuova avventura (la terza al cinema) di Winnie Pooh e dei suoi amici. Questa volta è Roo il protagonista. La piccola comunità dei Cento Acri è in agitazione perché si parla dell'arrivo dei misteriosi Efelanti che sicuramente stravolgeranno la tranquilla vita di Tigro, Tappo e compagni. Ci si organizza quindi per respingerli ma sarà proprio il piccolo Roo che, muovendosi autonomamente, incontrerà l'Efelantino Effy in cerca della mamma. La reciproca conoscenza farà superare i pregiudizi. Un messaggio disneyano controcorrente, nei tempi dell'*enduring freedom*, realizzato con la consueta attenzione al pubblico dei più piccoli. ■ ANIMAZIONE; COL.; 70′; USA, 2005.

WINNIE THE POOH. NUOVE AVVENTURE NEL BOSCO DEI 100 ACRI ★★★
Regia di STEPHEN J. ANDERSON, DON HALL. Con JIM CUMMINGS, CRAIG FERGUSON, TOM KENNY, BUD LUCKEY, TRAVIS OATES. ■ Pooh si sveglia con il pancino che brontola e scopre di non avere più miele in casa. Esce per andarlo a cercare ma s'imbatte nel dramma di Ih-Oh, che ha perso misteriosamente la coda. Riportare la coda all'amico asinello diventa la cosa più importante da fare per Pooh e tutti i compagni del Bosco dei Cento Acri. ■ ANIMAZIONE; COL.; 65′; USA, 2011.

WINSTANLEY ★★★
Regia di KEVIN BROWNLOW, ANDREW MOLLO. Con DAVID BRAMLEY, MILES HALLIWELL, TERRY HIGGINS, JEROME WILLIS. ■ In Inghilterra, durante la dittatura di Cromwell, un gruppo di venti persone capeggiato da Gerrard Winstanley occupa il terreno demaniale di St. George's Hill fondandovi una comune agricola. Il fatto suscita l'ostilità della popolazione locale e ben presto il piccolo villaggio viene selvaggiamente depredato e distrutto. ■ STORICO; B/N; 96′; GRAN BRETAGNA, 1975.

WINX CLUB 3D. MAGICA AVVENTURA ★
Regia di IGINIO STRAFFI. Con LETIZIA CIAMPA, DOMITILLA D'AMICO, GEMMA DONATI, ILARIA LATINI, PERLA LIBERATORI. ■ La festa per l'inaugurazione del nuovo anno scolastico alla scuola per fate di Alfea viene ancora una volta mandata a soqquadro dalle perfide Trix. Le Wynx, che presenziano in qualità di ex allieve, devono così fronteggiarle e rispedirle al mittente, ma non si accorgono che una delle streghe ha sottratto loro la bussola che conduce all'albero della vita, responsabile dell'equilibrio tra magia positiva e magia negativa nel mondo di Magix. ■ ANIMAZIONE; COL.; 87′; ITALIA, 2010.

WINX IL FILM – IL SEGRETO DEL REGNO PERDUTO ★
Regia di IGINIO STRAFFI. ■ Sono trascorsi sedici anni da quando i più potenti maghi guerrieri della Dimensione Magica si sono sacrificati per combattere il male assoluto. Ora il destino di un regno è nelle mani di una ragazza, Bloom, la fata della fiamma del drago. Accompagnata come sempre dalle sue amiche del Winx Club, Bloom dovrà affrontare la più grande delle sfide: addentrarsi negli abissi della dimensione oscura e combattere il male assoluto per riportare in vita i suoi genitori e svelare finalmente il mistero legato alle sue origini. Glitter, mondo teen e buoni sentimenti s'intrecciano in questa studiatissima operazione di marketing, tesa probabilmente a far crescere ragazzine sempre più coinvolte nella moda e nel glamour fin dalla più tenera età. ■ ANIMAZIONE; COL.; 85′; ITALIA, 2007.

WISDOM ★★
Regia di EMILIO ESTEVEZ. Con VERONICA CARTWRIGHT, EMILIO ESTEVEZ, DEMI MOORE, TOM SKERRITT. ■ Il protagonista esce

dal carcere e non trova il modo di reinserirsi nella società. Decide allora di fare il nuovo Robin Hood, rubando solo ai ricchi. Demi Moore ai primi passi e un figlio di Martin Sheen che debutta nella regia con la supervisione di Robert Wise. ■ DRAMMATICO; COL.; 110′; USA, 1986.

WISHMASTER ★

Regia di ROBERT KURTZMAN. Con ARI BARAK, ANGUS SCRIMM. ■ Questa volta gli spiriti cattivi si chiamano Gin, vengono da tempi lontani e naturalmente vogliono possedere gli umani. Alta fesseria che vede il "maestrino" di *Scream* in chiave di produttore. ■ HORROR; COL.; 90′; USA, 1998.

♥ WIT ★★★

Regia di MIKE NICHOLS. Con EILEEN ATKINS, CHRISTOPHER LLOYD, AUDRA MCDONALD, HAROLD PINTER, EMMA THOMPSON. ■ La professoressa di letteratura Vivian Bearing, studiosa di John Donne, si trova improvvisamente di fronte ad una terribile realtà: ha un cancro terminale alle ovaie. Da quel momento inizia il suo calvario tra chemioterapie ed esami. Il solito film sulla malattia dunque? No. Perché (e qui sta la novità) Vivian commenta ironicamente quanto le succede mostrando il disagio del malato senza cadere nel patetismo. Assistiamo così alla visita ginecologica compiuta da un medico di fresca nomina più imbarazzato di lei o ai ricordi del suo passato più o meno recente che si materializzano nella sua stanza di ospedale o mentre viene sottoposta ad esami. Basato sul testo teatrale di Margaret Edson vincitore del Premio Pulitzer nel 1999, il film si avvale di una grande performance attoriale di Emma Thompson, capace di affrontare tutte le variazioni di umore e di atteggiamento del personaggio, tenendolo sempre in equilibrio sulla corda tesa di un umorismo che non deve mai trasformarsi in comicità. ■ DRAMMATICO; COL.; 95′; USA, 2001.

WITCH HUNT – CACCIA ALLE STREGHE ★★
(Witch Hunt)

Regia di PAUL SCHRADER. Con ERIC BOGOSIAN, DENNIS HOPPER, PENELOPE ANN MILLER, JULIAN SANDS. ■ Un film realizzato per la tv via cavo. Schrader a briglie sciolte satireggia sul triste periodo che anche Hollywood dovette affrontare, quando le idee, anche vagamente comuniste, erano condannate. Bogosian interpreta il senatore Crockett, mentre Hopper è il detective Lovecraft. Quest'ultimo deve scoprire i retroscena dell'omicidio di un produttore che, come in *Dr. Cyclops*, è stato prima rimpicciolito. ■ COMMEDIA; COL.; 90′; USA, 1994.

WITH OR WITHOUT YOU – CON TE O SENZA DI TE ★★

Regia di MICHAEL WINTERBOTTOM. Con YVAN ATTAL, CHRISTOPHER ECCLESTON, DERVLA KIRWAN. ■ Il regista di *Jude* e *Go Now!* dirige una storia che vorrebbe essere in linea col cinema di Ken Loach, senza riuscirci. Rosie e Vincent formano una coppia in leggera crisi perché non possono avere figli. Arriva Benoit ex di Rosie a peggiorare la situazione. Triangolo amoroso, qualche battuta divertente ma il film non decolla mai. Forse anche l'attrice, brava ma decisamente antipatica, non aiuta a entrare in sintonia con il personaggio chiave ■ COMMEDIA; COL.; 90′; GRAN BRETAGNA, 1999.

WITHOUT A PADDLE ★★

Regia di STEVEN BRILL. Con NADINE BERNECKER, SETH GREEN, MATTHEW LILLARD, DAX SHEPARD, CARL SNELL, BONNIE SOMERVILLE, ANTONY STARR. ■ Tre giovani amici si avventurano nelle foreste dell'Oregon alla ricerca di un tesoro nascosto... Durante la ricerca a bordo di una canoa, tutto ciò che può andare storto effettivamente va storto. Una commedia come tante con la particolarità della partecipazione speciale di Burt Reynolds forse invogliato dalla citazione di *Un tranquillo weekend di paura*. ■ COMMEDIA; COL.; 95′; USA, 2004.

WITNESS – IL TESTIMONE *(Witness)* ★★★

Regia di PETER WEIR. Con HARRISON FORD, DANNY GLOVER, KELLY MCGILLIS. ■ Il piccolo figlio di Rachel, una giovane vedova della comunità religiosa degli Amish, è involontario testimone di un assassinio. L'ispettore John Book si occupa del caso e scopre che l'assassino è un poliziotto corrotto. Book, ferito, si rifugia presso gli Amish dove viene curato da Rachel della quale s'innamora, ricambiato. Book si adatta all'austera e tranquilla vita della comunità, ma quando scopre di non essere più al sicuro decide di andarsene. Troppo tardi: gli assassini sono già lì. Ma il coraggio di Book e degli Amish che accorrono in aiuto risolvono la situazione. Bellissimo film di Weir (*Pic-nic a Hanging Rock*) ricco di suspense e di poesia. ■ DRAMMATICO; COL.; 112′; USA, 1984. ■ GOLDEN GLOBES 6 NOM; OSCAR 2 PR, 8 NOM.

WITTGENSTEIN ★★★★

Regia di DEREK JARMAN. Con MICHAEL GOUGH, KARL JOHNSON, TILDA SWINTON. ■ Visionario fino in fondo, Derek Jarman ha diretto un altro film significativo. Un'opera a bassissimo costo, 750 milioni di lire circa (primi anni Novanta), di impianto teatrale. Ma, come già accaduto in *Edoardo II*, si tratta di teatro al servizio del cinema. Ludwig Wittgenstein è il famoso filosofo austriaco autore del *Tractatus logico-philosophicus*. Di famiglia molto ricca, ha deciso a un certo punto della sua vita di vivere in povertà. Passato attraverso molte disgrazie familiari, suicidi e pazzie, Ludwig si era guadagnato grande stima da parte di Bertrand Russell, luminare di Cambridge. Storia e poesia nella visione crepuscolare dell'autore. ■ BIOGRAFICO; COL.; 75′; GRAN BRETAGNA, 1992.

W LA FOCA ★

Regia di NANDO CICERO. Con RICCARDO BILLI, VICTOR CAVALLO, LORY DEL SANTO. ■ Nonostante il nome, Andrea è una ragazza, una bella ragazzona veneta piovuta a Roma per fare carriera. Intanto fa la colf presso una famiglia di mattocchi. Poi tenta la carta delle tv private. Infine sfonda come direttrice di una clinica per cure dimagranti. ■ COMMEDIA; COL.; 92′; ITALIA, 1982.

W LE DONNE ★

Regia di ALDO GRIMALDI. Con PIPPO BAUDO, GINO BRAMIERI, STEFANO DORIA, FRANCO FRANCHI, CICCIO INGRASSIA, LITTLE TONY. ■ Pretesto per far cantare a tutto spiano Little Tony. ■ COMMEDIA; COL.; 92′; ITALIA, 1970.

WOLF CREEK ★

Regia di GREG MCLEAN. Con JOHN JARRATT, CASSANDRA MAGRATH, ANDY MCPHEE, KESTIE MORASSI, GUY PETERSEN, NATHAN PHILLIPS, GORDON POOLE, JENNY STARWALL, AARON STERNS. ■ Due ragazze inglesi e un australiano intraprendono un viaggio a quattro ruote per le lande desolate popolate dai canguri. Quando il motore della loro auto ha dei problemi nel parco di Wolf Creek, appare improvvisamente un uomo, Mick, che guida un carro attrezzi. Dopo avere rimorchiato l'autovettura fino alla sua officina, mentre la notte si avvicina, il sinistro personaggio inizia a lavorare e i tre ragazzi si addormentano intorno al falò. Si chiudono gli occhi, inizia l'incubo. ■ HORROR; COL.; 99′; AUSTRALIA, 2005.

WOLF CREEK 2 ★★

Regia di GREG MCLEAN. Con SHANNON ASHLYN, RYAN CORR, JOHN JARATT, PHILIPE KLAUS. ■ Ispirato a fatti realmente accaduti. Rutger e Katarina non vogliono itinerari turistici e decidono di visitare la 'vera' Australia mettendosi in viaggio verso il desolato parco di Wolf Creek. Qui si imbattono in un cacciatore di maiali, Mick Taylor, che propone loro un passaggio in città. McLean afferma che il personaggio di Mick Taylor è un'indagine sulla natura dell'identità nazionale australiana. Il suo agire manda all'aria tutte le convenzioni sull'impegno, l'astuzia e la bontà che hanno la meglio sull'esistenza, per concludere che il male può passarsela liscia e continuare a mietere vittime innocenti. La crudeltà di questo serial killer diviene emblema del caos frastornante e contraddittorio in cui viviamo e al quale tentiamo invano di assegnare un ordine. ■ HORROR; COL.; 90′; USA, 2014.

WOLFEN LA BELVA IMMORTALE *(Wolfen)* ★★★

Regia di MICHAEL WADLEIGH. Con ALBERT FINNEY, GREGORY HINES, DIANE VENORA. ■ Un finanziere di Manhattan viene dilaniato orribilmente una notte al parco. È stato un maniaco? O un terrorista? Uno sbirro più acuto degli altri scopre che si tratta di lupi, i discendenti degli antichi padroni dell'isola. Horror desueto, splendidamente fotografato, ma un tantino troppo sofisticato per avere un vero impatto col pubblico. ■ HORROR; COL.; 115′; USA, 1981.

WOLF – LA BELVA È FUORI *(Wolf)* ★★★
Regia di MIKE NICHOLS. Con JACK NICHOLSON, MICHELLE PFEIFFER, JAMES SPADER. ■ Durante un viaggio in auto, costretto a fermarsi per la neve, un uomo viene azzannato da un lupo. Per lui non è un momento molto felice perché dopo questo incidente rischia anche il posto di caporedattore. Infatti alla sua casa editrice c'è stato un passaggio di proprietà e un suo pupillo ambizioso è pronto a rubargli il posto. L'uomo, intanto, conosce la figlia del nuovo proprietario e tra loro nasce qualcosa di tenero. Ma la trasformazione durante le lune piene crea non pochi problemi. Ritorna ancora una volta il connubio Nichols-Nicholson. Regista e attore sono sempre in sintonia e pur con alcuni spunti già visti lo spettacolo regge anche questa volta. Perché oltre allo spettacolo horror, e all'ironia, c'è un'analisi critica della società intellettuale e manageriale statunitense. Nicholson è una persona che ha raggiunto il successo senza compromessi e sulla pelle di nessuno. Si trova però di fronte a personaggi talmente mediocri e senza scrupoli che è costretto a cambiare la propria natura e a ripagarli della stessa moneta. Proprio come un lupo che ha paura. ■ FANTASTICO; COL.; 125′; USA, 1994.

WOLFMAN *(The Wolfman)* ★★
Regia di JOE JOHNSTON. Con EMILY BLUNT, BENICIO DEL TORO, ANTHONY HOPKINS, ART MALIK, HUGO WEAVING. ■ Lawrence Talbot rientra in seno alla famiglia dopo una lunga assenza e in una notte di luna piena. Fuori dalla sua tenuta, una bestia affamata e famelica abita i boschi del villaggio, visita le notti dei puritani e ne strazia i corpi. Vittima della mostruosa creatura cade pure il fratello di Lawrence, sposato alla bella e mite Gwen. Per fermare l'orrore e fare chiarezza sulla vicenda viene ingaggiato un ispettore di Scotland Yard, Alberline. Durante una "battuta di caccia", la bestia aggredisce e azzanna Lawrence riducendolo in fin di vita. Sopravvissuto al morso e fatalmente contagiato, il giovane Talbot si trasforma nelle notti di luna piena in un lupo, aggredendo e uccidendo gli abitanti del villaggio. Ricoverato in manicomio e poi fuggito, Lawrence verrà braccato da Alberline, deciso a porre fine ai suoi scempi. ■ THRILLER; COL.; 102′; USA, GRAN BRETAGNA, 2010.

WOLVERINE – L'IMMORTALE *(The Wolverine)* ★★
Regia di JAMES MANGOLD. Con RILA FUKUSHIMA, HUGH JACKMAN, TAO OKAMOTO, HIROYUKI SANADA, HARUHIKO YAMAMOUCHI. ■ Dopo gli eventi di *X-Men – Conflitto finale* Logan si è ritirato sui monti, ossessionato nei sogni dallo spettro di Jean Grey. A stanarlo è una mutante giapponese, inviata per trovarlo e portarlo a Tokyo dove un morente magnate della tecnologia vuole vederlo. Si tratta di un militare giapponese che quando Logan lo salvò dall'atomica di Nagasaki ne scoprì il potere rigenerante e che ora intende fargli una proposta: l'immortalità in cambio di una vita normale. Se il primo spin-off dedicato a Wolverine aveva puntato tutto su un concentrato d'azione e fisicità, quella di Mangold punta sullo struggimento, la chiave per capire un uomo vicino allo stadio animale, innamorato senza speranza del suo opposto. Solo la determinazione con cui Hugh Jackman veste i panni del protagonista (per la quarta volta), regge un film che sulle spalle di chiunque altro sarebbe crollato dopo mezz'ora. ■ AZIONE; COL.; 107′; USA, 2013.

WOLVES OF WALL STREET ★
Regia di DAVID DECOTEAU. Con JEFF BRANSON, LOUISE LASSER, WILLIAM GREGORY LEE, JOHN MICHAELSON, MARY ELAINE MONTI, ANGELA PIETROPINTO. ■ Tyler sogna Wall Street perché vuole diventare il migliore dei broker. Una volta giunto a New York il ragazzo scopre quanto i suoi desideri siano difficili da realizzare. Ma un giorno incontra Dyson, uno dei fratelli Wolf, che lo fa entrare in un nuovo ed eccitante mondo, un club molto speciale, con privilegi esclusivi. Ma il prezzo da pagare per tutto questo è molto alto. ■ HORROR; COL.; 85′; USA, 2004.

WOMAN IN BLACK, THE ★★
Regia di JAMES WATKINS. Con SHAUN DOOLEY, CIARAN HINDS, JANET MCTEER, DANIEL RADCLIFFE, LIZ WHITE. ■ L'avvocato Arthur Kipps da Londra, dove vive con il figlio di tre anni e una governante, si reca, per conto del suo studio legale, in uno sperduto villaggio della brughiera inglese. Eal Marsh House, la tetra e isolata magione, spaventa a morte gli abitanti del luogo, e, a sue spese, Kipps decide di andare a fondo di una leggenda che terrorizza da secoli. Un sottogenere gotico. ■ DRAMMATICO; COL.; 95′; GRAN BRETAGNA, CANADA, SVEZIA, 2011.

WOMB ★★★
Regia di BENEDEK FLIEGAUF. Con EVA GREEN, ISTVAN LENART, LESLEY MANVILLE, MATT SMITH, PETER WIGHT. ■ Rebecca e Tommy si conoscono da preadolescenti e tra loro nasce un sentimento che verrà bruscamente interrotto dalla partenza di Rebecca. Quando, ormai uomo e donna, si incontrano di nuovo, l'amore ha cambiato registro, è roba da adulti, appunto. Per breve tempo però, perché Tommy muore investito da un'auto e Rebecca si sente in qualche modo responsabile dell'incidente. Essendo ormai possibile la clonazione di esseri umani decide di farsi impiantare nell'utero un Tommy che crescerà come un figlio amatissimo. Senza rivelargli nulla della sua origine ma anche con la prospettiva di ritrovarsi davanti, una volta cresciuto, la copia dell'uomo che continua ad amare. ■ DRAMMATICO; COL.; 107′; GERMANIA, UNGHERIA, FRANCIA, 2010.

WOMEN *(If These Walls Could Talk 2)* ★★
Regia di JANE ANDERSON (II). Con PAUL GIAMATTI, JENNY O'HARA, ELIZABETH PERKINS, VANESSA REDGRAVE, MARIAN SELDES, CLOE SEVIGNY. ■ Il nome fondamentale non è nel cast, ma è quello di Anne Heche che firma la sceneggiatura. La Heche è uno dei personaggi più importanti del movimento omosessuale femminile americano. Anche se si è ben espressa come etero in film discreti come *Psycho* (il rifacimento di quello "vero") e *Sei giorni sette notti*. Tre episodi ambientati in diverse epoche (1961, 1972, 2000) e nella stessa casa, raccontano le vicende e la condizione politica e sociale delle lesbiche negli Stati Uniti. ■ DRAMMATICO; COL.; 96′; USA, 2000.

WOMEN, THE ★★
Regia di DIANE ENGLISH. Con ANNETTE BENING, EVA MENDES, DEBRA MESSING, JADA PINKETT SMITH, MEG RYAN. ■ La vita perfetta di Mary Haines va in crisi quando, facendo la manicure da Saks sulla Quinta Strada, apprende dalla ciarliera estetista che suo marito, un magnate della finanza, ha una relazione appassionata con la commessa addetta alla profumeria. Come se non bastasse, la sua migliore amica Sylvia, per non perdere il posto di lavoro alla guida di una rinomata rivista, vende la privacy di Mary a una nota cronista mondana in cambio di una rubrica con la sua firma. Sconvolta, Mary comincia a preoccuparsi innanzitutto di se stessa e, così facendo, finisce per ritrovare la fiducia e l'affetto degli altri. L'autrice e produttrice televisiva Diane English porta a compimento con *The Women* il progetto, cullato per 14 anni, di ricondurre sullo schermo la commedia omonima di Clare Booth Luce che già aveva ispirato il film di Cukor del 1939. ■ COMMEDIA; COL.; 114′; USA, 2008.

WOMEN WITHOUT MEN ★★★
Regia di SHIRIN NESHAT. Con PEGAH FERIDON, ARITA SHAHRZAD, SHABNAM TOLOUEI, ORSI TOTH. Tehran, 1953. ■ Durante il conflitto per emancipare la Persia dalle potenze europee e ottenere la nazionalizzazione della Anglo-Iranian Oil Company, quattro donne di diversa estrazione sociale cercano di sopravvivere ai loro destini tragici determinati da padri e fratelli. Munis possiede una forte coscienza politica e resiste all'isolamento impostole dal fratello, Faezeh sogna di sposare l'uomo che ama, Fakhiri, sposata senza amore, lascia il marito e riaccende la fiamma di un sentimento trascorso, Zarin è una prostituta abusata dagli uomini di cui non distingue più i volti. A un passo dalla democrazia, sfumata con un golpe militare organizzato dalla CIA, le quattro donne lasceranno la città per la terra, uno spazio prodigioso e bucolico dove dimenticare i soprusi, la sopraffazione, la violenza, il suicidio, lo stupro. Ma fuori dalle mura la Storia avanza, assediandone le vite e le speranze. Trasposizione (sur)realista e magica del romanzo omonimo di Shahrnush Parsipur, *Donne senza uomini* segna il debutto alla regia di Shirin Neshat, intensa e sensibile artista iraniana che ha scelto di vivere e lavorare in America. Per non rischiare la prigione "o peggio", la regista ha usato quella me-

tafora contraria. Omologando due dittature opposte e nemiche, quella di allora e quella di adesso, che comunque hanno in comune la condizione disperata delle donne. ■ DRAMMATICO; COL.; 95′; GERMANIA; 2009. VENEZIA 1 PR.

WONDER BAR ★★★
Regia di LLOYD BACON. Con RICARDO CORTEZ, DOLORES DEL RIO, KAY FRANCIS, AL JONSON, DICK POWELL. ■ Una ballerina è innamorata di un collega, che invece dedica tutte le sue attenzioni alla moglie di un banchiere, la quale gli regala molti gioielli. A causa di uno degli ultimi doni ricevuti (una collana), il giovane però corre il rischio di essere denunciato per furto. Mentre tenta di districarsi dall'imbroglio, litiga violentemente in scena con la ballerina che, gelosa, lo pugnala. ■ MUSICALE; B/N; 84′; USA, 1934.

WONDERBOYS ★★
Regia di DRAMOMIRA KRALOVA. Con LUBOS DIVISOVI, PAVEL DIVISOVI, BLASENA HOLISOVA, LENKA TERMEROVA. ■ Uno dei rari film che ci giungono dalla Cecoslovacchia. Si tratta di una storia per ragazzi. C'è un bambino tranquillo che ha un perfetto sosia con un carattere diametralmente opposto al suo. Inusuale visualizzazione del tema del "doppio". ■ COMMEDIA; COL.; 90′; CECOSLOVACCHIA, 1986.

WONDER BOYS ★★★
Regia di CURTIS HANSON. Con MICHAEL DOUGLAS, ROBERT DOWNEY JR., KATIE HOLMES, TOBEY MAGUIRE, FRANCES MCDORMAND. ■ Dal romanzo di Michael Chabon. Il professore Grady Tripp è in crisi. Sono passati sette anni dal suo ultimo romanzo e ne sta scrivendo uno monumentale che non riesce a finire. Il suo migliore allievo è James, mattoide inaffidabile. Poi c'è l'amante del professore, sposata ma incinta di lui, e infine un editor gay che seduce il giovane James, di cui pubblicherà il manoscritto. Il gruppetto gira per Pittsburgh. Chiacchierano, si insultano, confrontano le proprie nevrosi. E piove sempre. Alla fine il manoscritto infinito di Grady finisce portato via dal vento. Non ne ha una copia. Dovrà ricominciare. Sarà, forse, la sua fortuna. Molto letterario naturalmente. Ma coraggioso. A qualcuno può piacere. ■ DRAMMATICO; COL.; 95′; USA, 2000. ■ GOLDEN GLOBES 1 PR, 5 NOM; OSCAR 1 PR, 3 NOM.

WONDERLAND ★★★
Regia di MICHAEL WINTERBOTTOM. Con IAN HART, SHIRLEY HENDERSON, GINA MCKEE, MOLLY PARKER, JOHN SIMM. ■ Tre sorelle. Ognuna con i propri problemi. Molly è incinta ma il suo compagno lascia il lavoro e scompare. Nadia cerca un'anima gemella attraverso gli annunci dei cuori solitari e Debbie colleziona storie fallimentari avendo un figlio e un ex marito poco affidabile. Winterbottom sembra sposare lo "stile von Trier" ma è solo un esperimento. Il film comunque è ben costruito. ■ DRAMMATICO; COL.; 109′; GRAN BRETAGNA, 1999.

WONDERLAND ★★★
Regia di JAMES COX. Con CHRISTINA APPLEGATE, KATE BOSWORTH, JANEANE GAROFALO, PARIS HILTON, VAL KILMER, LISA KUDROW, DYLAN MCDERMOTT. ■ Nel luglio del 1981 John Holmes rimase coinvolto in una torbida faccenda di spaccio di droga e smercio di pistole antiche, con rapina e regolamento di conti annessi che ebbero come epilogo un quadruplice, efferato omicidio in un appartamento in Wonderland, una delle tante strade dell'eccesso a Hollywood. Non si è mai giunti ad una definitiva ricostruzione dei fatti e del ruolo che Holmes ebbe nella vicenda. *Wonderland* ci regala una tra le migliori interpretazioni di Val Kilmer, coraggiosamente alle prese con un personaggio tanto difficile, che la produzione evita con merito di innalzare a facile mito. ■ BIOGRAFICO; COL.; 100′; CANADA, USA, 2003.

WON TON TON, IL CANE CHE SALVÒ HOLLYWOOD *(Won Ton Ton, the Dog Who Saved Hollywood)* ★★
Regia di MICHAEL WINNER. Con ROBERT ALDA, GLORIA DE HAVEN, TERI GARR, FERNANDO LAMAS, NANCY WALKER. ■ Fuggito dal canile, il cane Won Ton Ton (conosciuto anche come Rin Tin Tin) fa amicizia con una attricetta ed è poi ingaggiato per un film ottenendo l'Oscar. Una nuova pellicola si rivela un disastro, ma consente alla ragazza di conoscere un produttore che ne farà una star e poi la sposerà. ■ COMMEDIA; COL.; 92′; USA, 1975.

WOODSMAN, THE ★★★
Regia di NICOLE KASSEL. Con KEVIN BACON, BENJAMIN BRATT, MOS DEF, EVE, DAVID ALAN GRIER, KEVIN RICE, KYRA SEDGWICK, MICHAEL SHANNON. ■ La storia è quella di un uomo che torna nella sua città dopo dodici anni di carcere per l'accusa di pedofilia. Il rientro a casa non è facile: la sorella non lo vuole incontrare, la polizia lo tiene sotto sorveglianza, i colleghi della falegnameria lo minacciano e deve sottoporsi a periodiche visite dallo psicologo designato dal tribunale mentre i fantasmi del passato ritornano incarnandosi in innocenti bambine. Può contare solo su se stesso e su una compagna di lavoro con cui inizia una relazione. L'esordio nel lungometraggio di Nicole Kassel è un'opera dura, per il realismo dei personaggi e delle situazioni, difficile, perché il protagonista è un pedofilo che vive fra i sensi di colpa e il desiderio di ricadere nell'abuso, ma profonda e significativa per la scelta delle tematiche e la sensibilità con cui esse vengono affrontate. Uno sguardo non scontato e non buonista su un problema, purtroppo, quanto mai attuale. Comunque fiducioso nel libero arbitrio dell'essere umano. Notevole l'interpretazione di Kevin Bacon, che dopo *Sleepers* e *Mystic River*, ha di nuovo a che fare con il tema della pedofilia. Kyra Sedgwick è compagna di Bacon nel film e nella vita. ■ DRAMMATICO; COL.; 87′; USA, 2004.

WOODSTOCK – TRE GIORNI DI PACE, AMORE E MUSICA ★★★
(Woodstock – 3 Days of Peace & Music)
Regia di MICHAEL WADLEIGH. Con JOAN BAEZ, JOE COCKER, CROSBY STILLS NASH & YOUNG, JIMI HENDRIX, JANIS JOPLIN, SANTANA, THE WHO, NEIL YOUNG. ■ Il famoso Festival di Woodstock che si tenne nello Stato di New York nel 1969 ripreso con grande attenzione e bravura. ■ DOC. MUSICALE; COL.; 184′; USA, 1970. ■ OSCAR 2 NOM.

WOODSTOCK: 25TH ANNIVERSARY DIRECTOR'S CUT ★★★
Regia di MICHAEL WADLEIGH. Con JOE COCKER, DAVID CROSBY, JIMI HENDRIX, JANIS JOPLIN, THE WHO. ■ Si tratta della nuova versione, a distanza di venticinque anni dall'originale, del famoso film sul concerto rock più importante mai realizzato. Non tutti sanno che il giovane Martin Scorsese fu tra i montatori della pellicola. Quaranta minuti in più nei quali tra le altre chicche troviamo un brano di Janis Joplin che non appariva nella prima versione, e due brani in più per il grande chitarrista Jimi Hendrix. Presentato alla Mostra di Venezia. ■ DOC. MUSICALE; COL.; 215′; USA, 1994.

WOODY *(Woody Allen: A Documentary)* ★★★
Regia di ROBERT B. WEIDE. Con WOODY ALLEN, LETTY ARONSON, JOSH BROLIN, DICK CAVETT, PENELOPE CRUZ. ■ Woody Allen il premio Oscar, Woody Allen il comico televisivo che ha boxato con un canguro, Woody Allen il clarinettista, lo sceneggiatore senza pari, il regista che voleva rifare Bergman e Fellini, l'attore e il direttore d'attori. Il documentario di Robert B. Weide sul regista newyorchese prova a fare il punto su una carriera strabiliante e lo fa partendo dall'uomo Allan Konigsberg, dal suo quartiere di Brooklyn, dal cinema dietro l'angolo che non c'è più, sostituito da un centro medico senza charme, dalla macchina da scrivere, la stessa da quarant'anni, dai ricordi di famiglia, brevi ma preziosi, della madre e della sorella. Pur costretto a galoppare tra i quaranta titoli nel minutaggio a disposizione, e dunque a sorvolare su qualcosa e a sacrificare molto, Weide segnala delle cesure importanti, che Allen commenta quasi minimizzando, ridimensionandone senza spocchia la portata. Da *Io e Annie*, la prima commedia che parla dell'amore degli adulti, all'azzardo drammatico di *Interiors*, la freddezza che ha suscitato l'incompreso *Stardust Memories*, l'incontro con Mia Farrow, attrice dalla versatilità incredibile e fino ad allora mai esplorata, *La Rosa purpurea del Cairo* che esplicita il cuore della poetica del regista, ovvero il rapporto tra la vita reale e quella immaginata, creata artisticamente, l'architettura di *Crimini e Misfatti*, il successo inau-

dito di *Midnight in Paris*. Ne escono due immagini, contraddittorie, o forse no: da un lato quella di un bambino allegro che la scoperta della mortalità ha depresso per sempre, dai cinque anni in poi, e dall'altro quello di un lavoratore instancabile. ■ DOCUMENTARIO; COL.; 113'; USA, 2012.

WORDS, THE ★★★

Regia di BRIAN KLUGMAN, LEE STERNTHAL. Con BRADLEY COOPER, JEREMY IRONS, DENNIS QUAID, ZOE SALDANA, OLIVIA WILDE. ■ Clay Hammond è un celebre scrittore corteggiato da una seducente dottoranda che vorrebbe carpire la verità dentro e dietro il suo romanzo. Avvicinato durante una lettura pubblica, Clay si limita a confessare i primi capitoli del libro introducendo la vita del suo personaggio, Rory Jansen, che si sogna scrittore con il libro della vita, libro che arriverà dentro una vecchia ventiquattrore e non attraverso un'ispirazione. Pubblicato e raggiunto il successo a colpi di premi letterari, Rory viene seguito e poi ammonito da un vecchio signore che rivendica la paternità del libro e la storia della sua vita. Scoperto, Rory proverà a rimediare e poi a convivere con la menzogna e i propri limiti. A non riuscirci sarà la giovane moglie a cui lo scrittore, alla maniera del suo creatore, ha mentito. Perché Rory è probabilmente una proiezione di Clay e Clay il prosatore di se stesso. *The Words*, film d'esordio degli sceneggiatori Brian Klugman e Lee Sternthal, è un dramma intrigante intorno al tema della narrazione, una riflessione sull'arte di raccontare storie, o più propriamente sul bisogno di farlo. Tutti registrano un'urgenza di comunicare attraverso "le parole". ■ DRAMMATICO; COL.; 97'; USA, 2012.

WORKERS. PRONTI A TUTTO ★★

Regia di LORENZO VIGNOLO. Con DARIO BANDIERA, ALESSANDRO BIANCHI, PAOLO BRIGUGLIA, NINO FRASSICA, NICOLE GRIMAUDO. ■ Sandro e Filippo gestiscono un'agenzia di lavoro interinale e si rapportano con disoccupati di ogni sorta. Fra questi c'è Giacomo, giovane perditempo con mesi di affitto arretrato da pagare, che accetta di fare il badante a un paraplegico arrogante e cocainomane. Poi c'è Italo, addetto alla raccolta dello sperma presso un allevamento di tori e innamorato di una commessa. Infine c'è Alice, una truccatrice costretta a lavorare in un'agenzia di pompe funebri. Storie e sentimenti che si intrecciano. ■ COMMEDIA; COL.; 105'; ITALIA, 2012.

WORKINGMAN'S DEATH ★★★

Regia di MICHAEL GLAWOGGER. ■ *Workingman's Death* segue il lavoro dei minatori in Ucraina, di quelli che maneggiano i sulfuri in Indonesia, in Nigeria, in Pakistan, i lavoratori dell'acciaio in Cina, fino a spostarsi nella "civilizzata" Germania. Il documentario si prefigge di illustrare la condizione del massacrante lavoro manuale in tutto il mondo: lontano dallo scomparire, nonostante le conquiste tecnologiche, sta divenendo "invisibile" come le persone che sono costrette a farlo per un compenso irrisorio. ■ DOCUMENTARIO; COL.; 122'; AUSTRIA, GERMANIA, 2005.

WORLD INVASION *(Battle: Los Angeles)* ★★

Regia di JONATHAN LIEBESMAN. Con AARON ECKHART, BRIDGET MOYNAHAN, NE-YO, MICHELLE RODRIGUEZ, RAMON RODRIGUEZ. ■ Il sergente Michael Nantz ha alle sue spalle una lunga carriera nei marines macchiata dalla perdita di alcuni uomini nel corso di un'azione sotto il suo comando. Il suo ritorno allo stato civile è già stato decretato quando una pioggia di meteoriti, che si rivelano essere ordigni lanciati sulla Terra da alieni che la vogliono invadere, lo costringe a rimanere in servizio agli ordini del giovane tenente Martinez. La missione consiste nell'evacuare un gruppo di civili rimasti intrappolati dagli invasori e portarli in salvo. ■ AZIONE; COL.; 120'; USA, 2011.

WORLD OF GEISHA, THE *(Yojohan fusuma no urabari)* ★★

Regia di KUMASHIRO TATSUMI. Con HIDEAKI EZUMI, JUNKO MIYASHITA, HATSUO YAMAYA. ■ Siamo a Tokyo, negli anni dopo la prima guerra mondiale. Una geisha molto coraggiosa decide di contravvenire, per amore, a una regola fondamentale nell'arte del sesso e di avere un orgasmo durante il rapporto con il cliente. ■ DRAMMATICO; COL.; 75'; GIAPPONE, 1973.

WORLD TRADE CENTER ★★★

Regia di OLIVER STONE. Con MARIA BELLO, NICOLAS CAGE, STEPHEN DORFF, MAGGIE GYLLENHAAL, JAY HERNANDEZ, MICHAEL PEÑA, MICHAEL SHANNON, FRANK WHALEY. ■ Un ticchettio di un orologio segna il tempo. Tutto a New York si muove, lavora, sorride, vive. D'improvviso un suono sordo, muto. Inizia l'inferno. J.J. McLoughlin (Nicholas Cage), a capo di alcuni agenti di polizia portuale, entra nelle torri per salvare le migliaia di persone intrappolate nel World Trade Center. I minuti corrono inesorabili. Inaspettato, un fragore terrificante li scuote. Collassa la prima torre. Dopo alcuni minuti la seconda. McLoughlin e l'agente Jimeno rimangono intrappolati sotto le macerie, senza via di scampo. Questa è la vera storia del loro 11 settembre 2001. «God bless America». Sì, "Dio benedica gli Stati Uniti". Questa è la visione di Oliver Stone di quel giorno terribile, indelebile nella mente di tutti gli americani. L'11 settembre è stato, infatti l'unico "atto di guerra" perpetrato sul territorio statunitense. Il regista, basandosi sui racconti dei due agenti sopravvissuti, narra la vicenda umana e universale di un popolo ferito (emblematica la ripresa aerea di Manhattan, con il fumo, come sangue, che esce dalle torri) e lo rappresenta nel buio delle macerie delle Twin Towers, quasi fosse nella giungla del Vietnam, che Stone ha vissuto in prima persona. Nicholas Cage non è molto distante da quei soldati che, per difendere il proprio paese, sono andati incontro a qualcosa di più grande di loro. ■ DRAMMATICO, COL.; 129'; USA, 2006.

WORLD WAR Z ★★

Regia di MARC FORSTER. Con JAMES BADGE DALE, MIREILLE ENOS, MATTHEW FOX, DANIELLA KERTESZ, BRAD PITT. ■ Gerry Lane è in auto con la sua famiglia, nel traffico di Philadelphia, quando scoppia il caos. Orde di persone infette da un male sconosciuto si avventano su chiunque, contagiandolo in pochi secondi. Ex impiegato delle Nazioni Unite ritiratosi a vita privata, Lane accetta di tornare in servizio per mettere in salvo la propria famiglia su una nave del governo. Parte dunque alla ricerca del luogo del primo contagio, di scorta a un promettente immunologo, nella speranza di isolare il virus e poter apprestare un vaccino. La Plan B di Brad Pitt e soci ha scelto il libro di Max Brooks *World War Z: An Oral History of the Zombie War* per farne un blockbuster tutto adrenalina e clima da fine dei tempi. Le scene di massa si alternano meccanicamente a quelle sul privato dell'eroe e, nonostante il tono epico, si capisce che gli zombie siano un pretesto. ■ AZIONE; COL.; 116'; USA, 2013.

WORLD WITHOUT THIEVES, A *(Tian xia wu zei)* ★★★

Regia di FENG XIAOGANG. Con WANG BAOQIANG, LI BINGBING, ANDY LAU, RENE LIU, GE YOU. ■ Su un treno che attraversa la Cina, una affiatata coppia di estorsori d'alto livello incontra per caso una banda di ladri professionisti capitanati dall'esperto "Zio" Hu Li. Wang Bo e Wang Li, coppia anche nella vita oltre che in affari, stringono amicizia con Root, un giovane sempliciotto dal cuore d'oro, che, ignaro di viaggiare su un treno zeppo di truffatori e ladri senza scrupoli, dichiara impudentemente di avere con sé tutti i propri risparmi. Si innescherà così una serie di reazioni a catena, alleanze e sfide tra ladri alle spalle dell'ignaro Root. Spassosa *action-comedy* dalle coreografie danzate, storia d'amore tormentata, il tutto su uno sfondo poliziesco sorprendentemente fresco: impossibile incasellare l'opera di Feng Xiaogang, mattatore assoluto del botteghino cinese negli ultimi anni, entro gli stretti confini di un genere preciso. La concomitanza di elementi leggeri e spunti riflessivi lancia il titolo al di sopra delle componenti commerciali, peraltro gradevoli e vicine ai canoni della più classica commedia d'azione di Hong Kong (i vari *God of Gamblers* su tutti). Tali componenti, sostenute da una condotta briosa ed equilibrata, non precludono all'opera di affacciarsi con grazia su scenari impegnati. Dopo un *incipit* viziato da qualche virtuosismo inutile, l'opera si delinea come un raro esempio di intrattenimento di qualità, con profondità di penetrazione superiore alla media. ■ COMMEDIA; COL.; 120'; CINA, 2004.

WOYZECK ★★★

Regia di WERNER HERZOG. Con KLAUS KINSKI, EVA MATTES, WOLFGANG REICHMANN, WILLY SEMMELROGGE. ■ Nella Germania del diciannovesimo secolo, il fuciliere Franz Woyzeck arrotonda la sua paga prestandosi agli esperimenti di un medico esaltato, per poter mantenere la ragazza a cui è legato e il figlio avuto da lei. Quando scopre però che la donna lo tradisce, la conduce presso uno stagno e la uccide. Un film asciutto, essenziale, crudo per meglio mettere a nudo l'epos tragico di questo personaggio perduto. ■ DRAMMATICO; COL.; 82'; GERMANIA, 1980. ■ CANNES 1 PR.

WRESTLER, THE ★★★♉

Regia di DARREN ARONOFSKY. Con JUDAH FRIEDLANDER, AJAY NAIDU, MICKEY ROURKE, MARISA TOMEI, EVAN RACHEL WOOD. ■ Negli anni Ottanta Randy "The Ram" Robinson era un eroe del wrestling all'apice della carriera. L'incontro con il rivale Ayatollah, sconfitto il 6 aprile 1989, sarebbe rimasto per sempre nella storia dello spettacolare sport. Tuttavia, venti anni dopo, "l'ariete" porta sul corpo i segni della lotta. Appesantito e decaduto, lavora part-time in un grande magazzino e pratica il wrestling nelle palestre dei licei, ogni fine settimana, per la gioia dei (pochi) fan che gli sono rimasti. Il personaggio di The Ram (interpretato da un Mickey Rourke in stato di grazia) rappresenta l'essenza stessa del fallimento. Colpito da un infarto in seguito a un incontro mortificante, il vecchio wrestler inizia a riflettere sulla sua esistenza e trova in una spogliarellista (Marisa Tomei) – una donna che per molti aspetti gli somiglia – un'affabile confidente che gli suggerisce di mettersi in contatto con la figlia. Durante la sua personale ricerca di una rinascita, The Ram affronta a testa alta la vita fuori dal ring, provando con ogni strumento a sua disposizione a diventare l'uomo che non è mai stato. Spostando le luci di scena dal ring all'animo spezzato di un uomo, Aronofsky assume un piglio compassionevole, senza mai eccedere nei toni evitando la drammatizzazione fine a se stessa. Virando dall'"art-rock" e dal cinema artigianale e visionario al quale ci aveva abituati, per intraprendere una strada narrativamente più semplice e schematica, il regista statunitense (in)segue da vicino il wrestler, riprendendolo spesso di spalle in quello che appare un moto di deferenza, come se non volesse mostrare il declino dell'eroe. Leone d'oro a Venezia. ■ AZIONE; COL.; 105'; USA, 2008 ■ VENEZIA ♉ 3 PR.

WRONG TURN ★★★

Regia di ROB SCHMIDT. Con EMMANUELLE CHRIQUI, ELIZA DUSHKU, DESMOND HARRINGTON, JEREMY SISTO, KEVIN ZEGERS. ■ Un gruppo di giovani rimane intrappolato in una spettrale foresta del West Virginia. Ben presto, i ragazzi scopriranno di essere diventati preda di leggendari cannibali dal volto sfigurato. La pellicola sorprende per la sua tecnica e per il suo stile. Ovviamente per appassionati del genere. ■ HORROR; COL.; 84'; GERMANIA, USA, 2004.

WU-KUNG, LA MANO DELLA VENDETTA ★

Regia di LO LIEH. Con CHEN CHIN, LO LIEH, TANG CHIA LI. ■ Tradito dai suoi complici, un rapinatore finisce in prigione. Quando torna libero, si vendica. Le solite violentissime scazzottature. ■ AVVENTURA; COL.; 91'; HONG KONG, 1973.

WUTHERING HEIGHTS ★★

Regia di ANDREA ARNOLD. Con NIHCOLA BURLEY, STEVE EVETS, OLIVER MILBURN, KAYA SCODELARIO, AMY WREN. ■ Un ragazzo nero viene soccorso in una notte di pioggia dalla pietà di Mr. Earnshaw, un buon cristiano che vive coi suoi figli in una tenuta nello Yorkshire. Battezzato Heathcliff, l'orfano è vessato da Hindley, figlio maggiore e attaccabrighe di Mr. Earnshaw, ma amato da Cathy, figlia minore e appassionata che ne incoraggia e asseconda lo spirito selvaggio. L'affinità elettiva tra i due ragazzi viene tuttavia interrotta dall'improvvisa morte del padre e dal rancore di Hindley che, succeduto al genitore nella conduzione della famiglia e degli affari, "declassa" la vita di Heathcliff. Il deprezzamento del fratellastro ridimensiona i sentimenti di Cathy e la induce a sposare il più sofisticato Edgar Linton. Ma il ricordo di quell'amore battuto dal vento della brughiera cova nei loro cuori e sotto la loro pelle, fino a divampare più forte qualche anno più tardi. Heathcliff, ingentilito ed educato, torna da Cathy a reclamarla. Divisa tra la devozione al marito e la passione per quel ragazzo mai dimenticato, Cathy morirà di consunzione gettando Heathcliff nella più profonda disperazione. Che Andrea Arnold volesse dare un'interpretazione personale e inedita del romanzo di Emily Brontë è evidente a partire dal formato impiegato. Regista britannica blasonata a Cannes per *Red Road*, la Arnold confina nel fuori campo il narratore e i tanti personaggi della Brontë, concentrando lo sguardo sui dettagli di un amore potente e distruttivo. Sfumature, particolari e minuzie esaltate dal formato di ripresa, interamente consacrato alla follia dell'amare e all'ostinazione dell'amore che diventa, quanto più è negato, tenace e travolgente. ■ DRAMMATICO; COL.; 128'; GRAN BRETAGNA, 2011.

WYATT EARP ★★

Regia di LAWRENCE KASDAN. Con KEVIN COSTNER, ANNABETH GISH, GENE HACKMAN, MICHAEL MADSEN, BILL PULLMAN, DENNIS QUAID, ISABELLA ROSSELLINI, TOM SIZEMORE. ■ Il lungo film è la biografia di Wyatt Earp. Copre un arco di circa trent'anni. Da quando, ragazzo, segue gli ammaestramenti del padre, Nicholas Earp, fino alla sua maturità. Originario dello Iowa, si trasferisce nel Missouri, dove sposa la giovane Urilla, che muore di tifo. Wyatt si indurisce. Diventa fuorilegge per disperazione. Il padre riesce a riportarlo alla ragione. Radunati i suoi fratelli, li trascina con sé a Wichita, Dodge City e Tombstone. Da giocatore professionista si trasforma in sceriffo e qui ha inizio la sua leggenda. Tra nemici crudeli, come i Clanton, e amici sinceri, come il celebre "Doc" Holliday, la sua vita è un susseguirsi di episodi drammatici e di sparatorie. La donna della sua vita, Josie Marcus, vivrà con lui per ben quarantasette anni. E Earp non sarà mai sfiorato da una pallottola. Il materiale per riempire le tre ore e più di proiezione non manca. Ma se il film è lungo è solo per innalzare un fragile monumento al narcisismo di Costner. *Wyatt Earp* è un'occasione mancata, con improvvise impennate non sorprendenti dato il valore del regista, ma con una cifra qualitativa insoddisfacente a causa probabilmente della troppa sicurezza che il cast tecnico artistico sembrava assicurare. Lo scarso successo di pubblico punisce il film al di là dei suoi demeriti. La sfida tra Earp e i Clanton rimarrà nella nostra memoria per un bel pezzo, per merito di John Ford e John Sturges e dei cari volti di Fonda, Lancaster, Douglas, ai quali non ci sentiamo di aggiungere Victor Mature. ■ WESTERN; COL.; 195'; USA, 1993. ■ OSCAR 1 NOM.

WYOMING *(Wyoming Outlaw)* ★★

Regia di GEORGE SHERMAN. Con PAMELA BLAKE, RAY CORRIGAN, JOHN WAYNE. ■ John Wayne e due amici hanno a che fare con un politicante che imbroglia i contadini facendo vendere la terra con certificati falsi. Wayne lo smaschera e fa fuori i "duri" al servizio del politicante. ■ WESTERN; B/N; 100'; USA, 1939.

WYOMING TERRA SELVAGGIA *(The Wild Country)* ★★★

Regia di ROBERT TOTTEN. Con FRANK DE KOVA, JACK ELAM, STEVE FORREST, RONNY HOWARD, VERA MILES, MORGAN WOODWARD. ■ Lasciata la città, un uomo si trasferisce con la moglie e i due figli in una fattoria abbandonata nel Wyoming e incomincia a lavorare per rimettere a posto il fatiscente edificio e coltivare la terra. Si trova però alle prese con un odioso vicino che gliene combina di tutti i colori. Alla fine, il poveretto è costretto ad affrontarlo con una pistola e ucciderlo. ■ AVVENTURA; COL.; 92'; USA, 1971.

W ZAPPATORE ★★

Regia di MASSIMILIANO MACI VERDESCA. Con GUIA JELO, SANDRA MILO, MONICA NAPPO, MARCELLO ZAPPATORE. ■ Un assurdo scherzo del destino vuole che Marcello Zappatore, introverso chitarrista di una band metal satanista, riceva la chiamata di Dio attraverso quella che sembra essere una stimmate sul costato. Nel paesino pugliese in cui vivacchia, insieme ad una madre bigotta, attraversa una vera e propria crisi grottesco-esistenziale. Lo metterà sulla strada giusta una nonna sovversiva che conosce l'importanza dei sogni. ■ COMMEDIA; COL.; 85'; ITALIA, 2011.

X

XANADU ★★
Regia di ROBERT GREENWALD. Con MICHAEL BECK, GENE KELLY, OLIVIA NEWTON-JOHN. ■ Il bozzettista di una casa discografica fa due incontri che cambiano la sua esistenza: uno è con una bella bionda misteriosa che lo affascina danzando per lui; l'altro è con un ex impresario di riviste che ora si gode i miliardi guadagnati in gioventù. Il giovane e il miliardario decidono di aprire un grande locale, lo Xanadu. Chi sarà la star dello spettacolo? La bionda misteriosa, naturalmente, rivelatasi per una dea dell'Olimpo che per amore (del bozzettista) ha rinunciato alla divinità (e alla immortalità). ■ COMM. MUSICALE; COL.; 88'; USA, 1980.

XANADU – CHIUDI GLI OCCHI E GUARDA LE STELLE *(Sweet Hostage)* ★★
Regia di LEE PHILIPS. Con LINDA BLAIR, JEANNE COOPER, LEE DE BROUX, BERT REMSEN, MARTIN SHEEN. ■ Fuggito dal manicomio, un giovane incontra una ragazza, la rapisce e la porta in una capanna. La ragazza a poco a poco s'affeziona al suo singolare carceriere che declama poesie e le parla di una vita diversa. Fra i due esiste già un tenero amore quando il giovane, recatosi nel paese vicino per fare degli acquisti, è riconosciuto dallo sceriffo. La capanna viene presa d'assedio, lui muore, lei torna alla vita di sempre. ■ DRAMMATICO; COL. 120'; USA, 1975.

X CONTRO IL CENTRO ATOMICO *(X, the Unknown)* ★★
Regia di LESLIE NORMAN. Con EDWARD CHAPMAN, DEAN JAGGER, LEO MCKERN. ■ Un misterioso mostro si nutre di sostanze radioattive e vuole perciò impadronirsi di un grande centro atomico per mangiare uranio e torio. Ma il solito scienziato riesce a uccidere X. ■ FANTASCIENZA; B/N; 78'; USA, 1956.

X-FILES IL FILM *(X-Files The Movie)* ★★
Regia di ROB BOWMAN. Con GILLIAN ANDERSON, DAVID DUCHOVNY. ■ Un grande edificio viene distrutto a Dallas. Chissà cosa c'è dietro. L'indagine viene affidata ai popolarissimi eroi televisivi di *X-Files* Mulder e Scully. C'è di mezzo un virus che potrebbe distruggere l'umanità. La versione in grande del telefilm non apporta nulla di nuovo, anzi, forse toglie. ■ FANTASCIENZA; COL.; 121'; USA, 1998.

X FILES: VOGLIO CREDERCI ★★
(The X files: I want to believe)
Regia di CHRIS CARTER. Con GILLIAN ANDERSON, BILLY CONNOLLY, DAVID DUCHOVNY, AMANDA PEET, XZIBIT. ■ In seguito alla scomparsa di un'agente federale un sensitivo si presenta all'Fbi con delle strane visioni che si collegano al suo rapimento. L'agenzia investigativa, intenzionata a risolvere il caso e ritrovare la collega, decide di chiedere aiuto a Fox Mulder, l'unico in grado di verificare l'autenticità della testimonianza dell'uomo, un ex prete condannato per pedofilia. Dana Scully viene incaricata di stanare l'ex compagno e convincerlo a unirsi alle ricerche. Se Mulder dovesse decidere di contribuire con le sue intuizioni, tutte le accuse nei suoi confronti verrebbero fatte cadere. Ragione e sentimento si scontreranno ancora una volta sotto il comune denominatore di X-Files, quei casi che apparentemente non seguono alcuna logica e non hanno alcuna spiegazione ufficiale. ■ FANTASCIENZA; COL.; 104'; USA, CANADA, 2008.

X-MEN ★★
Regia di BRYAN SINGER. Con HALLE BERRY, HUGH JACKMAN, FAMKE JANSSEN, IAN MCKELLEN, PATRICK STEWART, JAMES MARSDEN, REBECCA ROMIJN, TYLER MANE, ANNA PAQUIN. ■ I mitici fumetti della Marvel affrontano per la prima volta il grande schermo. I mutanti Wolverine, Cyclops, Storm ed altri, con alla guida il Professor X, combattono contro la sete di potere di Magneto e dei suoi. Dopo il fulminante *I soliti sospetti* e l'interessante ma non sconvolgente *L'allievo*, Bryan Singer vede finalmente il colore (abbondante) dei soldi di una megaproduzione. La domanda legittima avrebbe potuto essere: avrà venduto l'anima al diavolo (la cui presenza torna in tutti i suoi film)? La risposta è no. Pur maneggiando effetti speciali ad alto tasso di spettacolarità non rinuncia a proseguire un proprio percorso di autore. Eccolo allora lavorare ancora sull'ambiguità, sulla difficoltà di distinguere il Bene dal Male. La mutazione non diventa occasione di dibattito ma resta elemento per "fare cinema" in un film in cui l'umanità sta sullo sfondo e lo scontro si svolge tra esseri che hanno delle potenzialità che ai "normali" fanno solo paura. ■ FANTASCIENZA; COL.; 104'; USA, 2000.

X MEN 2 ★★★
Regia di BRYAN SINGER. Con HALLE BERRY, HUGH JACKMAN, FAMKE JANSSEN, JAMES MARSDEN, IAN MCKELLEN, ANNA PAQUIN, REBECCA ROMIJN-STAMOS, PATRICK STEWART. ■ Magneto (Ian McKellen) è relegato nella prigione di plastica, ma le minacce per la sicurezza degli X-Men non sono finite. Un mutante sembra macchiarsi di un crimine gravissimo: l'attentato alla vita del presidente degli Stati Uniti. Quell'uomo è Kurt Wagner (Alan Cumming/*The Anniversary Party*), alias Nightcrawler. L'attentato scatena una campagna persecutoria nei confronti degli X-Men; il generale Stryker viene incaricato di colpire il male alla radice e prepara un'imboscata alla scuola speciale del dottor Xavier (Patrick Stewart/*Star Trek*). La nuova generazione di X-Men cresce sotto la guida di Bryan Singer per assumere il ruolo di protagonista nel sequel del film ispirato all'omonima serie di fumetti della Marvel Comics. E il sequel inaugura la saga, lasciando intravedere potenziali sviluppi e successivi episodi. La ricetta di Bryan Singer migliora con la pratica; la "seconda portata" prevede meno fumetto e più sceneggiatura. La spettacolarizzazione dei contenuti, filtrati attraverso la fiction, l'azione e l'avventura, è una operazione che raramente riesce anche al rodatissimo cinema americano di genere. Merito anche di "maschere" eccellenti come Ian McKellen e Patrick Stewart prese a prestito da "caratteri" shakespeariani, affiancati ai sex symbol del momento o, più semplicemente ad attori di buon mestiere. ■ AVVENTURA; COL. 133'; USA, 2002.

X-MEN: CONFLITTO FINALE ★★★
(X-Men: The last stand)
Regia di BRETT RATNER. Con HALLE BERRY, HUGH JACKMAN, FAMKE JANSSEN, IAN MCKELLEN, PATRICK STEWART, BEN FOSTER, ANNA PAQUIN, KELSEY GRAMMER, REBECCA ROMIJN-STAMOS. ■ Gli X-Men tornano sullo schermo per la terza volta e cambiano anche regista. Brett Ratner (già opzionato all'inizio della serie) rileva in corsa Bryan Singer regista dei primi due film. Questa volta lo scontro è davvero finale e decisivo. Sia i discepoli del professor Xavier che i seguaci di Magneto si troveranno ad affrontare un nuovo e più insidioso pericolo: una medicina che può "guarirli" dal loro stato di diversità. Né gli uni né gli altri vogliono però cambiare anche se le motivazioni e le modalità

per affrontare lo scontro sono profondamente diverse. Il numero dei personaggi è considerevolmente aumentato e Jean Grey con la sua doppia personalità incontrollabile creerà più di un problema. In una serie, che non è solo la messa in scena di imprese mirabolanti (vedi *I fantastici 4*) ma che vuole anche provare a interrogarsi su un tema importante come quello della diversità, dosare effetti e psicologie è fondamentale. Ratner e i suoi collaboratori ci sono riusciti. Con il rischio di deludere un po' i fanatici dell'azione per l'azione ma con la certezza di mettere in moto i neuroni di chi cerca l'*entertainment* intelligente. *X-Men: Conflitto finale* lo è. Se poi volete vedere in faccia chi ha inventato questi e numerosi altri personaggi che dalle pagine dei fumetti sono poi passati sul grande schermo osservate con attenzione la sequenza iniziale. L'anziano signore con in mano la pompa dell'acqua è "Mister Marvel" ovvero Stan Lee. Che ha l'aria di divertirsi ancora tantissimo. ■ FANTASCIENZA; COL. 104'; USA, 2006.

X MEN LE ORIGINI: WOLVERINE ★★
(X-Men Origins: Wolverine)
Regia di GAVIN HOOD. Con DANNY HUSTON, HUGH JACKMAN, DOMINIC MONAGHAN, RYAN REYNOLDS, LIEV SCREIBER. ■ Sulle montagne rocciose canadesi, Logan cerca la pace dopo un secolo di guerre e violenza. Silverfox lo ama e lo incoraggia a dar retta alla propria natura umana e a tenere a bada la forza sovrumana e mutante che è in lui, ma il brutale assassinio della donna da parte del fratello Victor, riporta inevitabilmente Logan nelle mani di Stryker, che vuole fare di lui l'Arma X, una macchina da guerra indistruttibile. Nel corso di un'operazione d'indicibile sofferenza, lo scheletro di Wolverine viene rivestito di adamantio e ne esce un essere invulnerabile, il più micidiale degli esperimenti di laboratorio che Stryker sta operando sui mutanti: un cuore di dolore dentro un'impalcatura di rabbia, in attesa di rivolgere la propria furia contro il giusto nemico. ■ AZIONE; COL.; 118'; USA, NUOVA ZELANDA, AUSTRALIA, 2009.

X MEN: L'INIZIO *(X-Men: First Class)* ★★
Regia di MATTHEW VAUGHN. Con ROSE BYRNE, MICHEL FASSBENDER, JANUARY JONES, JENNIFER LAWRENCE, JAMES MCAVOY. ■ Prima di essere il Professor X e Magneto, Xavier e Erik sono stati ragazzi e grandi amici. Fianco a fianco hanno militato per la CIA, andando alla ricerca dei mutanti in tutto il mondo, per invitarli a non vergognarsi di sé e a unirsi a loro. Ma mentre Xavier sogna da sempre l'integrazione pacifica nella società degli umani, Erik si sente minacciato dalla razza umana e pensa a un esercito di mutanti e a una guerra inevitabile. ■ AZIONE; COL.; 132'; USA, 2011.

X-9 AGENTE INTERPOL ★★
(Schwarze nylonsheisse Nächte)
Regia di ERWIN MARNO. Con SUSANNE CRAMER, HORST FRANK, PETER VAN EYCK. ■ Complicata e arruffata storia di una banda criminale che lavora in tutta Europa. Un giornalista, con l'aiuto di una bella agente dell'Interpol, mette a posto i delinquenti. ■ POLIZIESCO; B/N; 92'; GERMANIA, 1958.

X 3 CHIAMA BRIGITTE *(Jusqu'à plus soif)* ★★
Regia di MAURICE LABRO. Con RENÉ DARY, BERNADETTE LAFONT, JULIETTE MAYNIEL, PIERRE MICHAEL. ■ Lotta senza quartiere tra polizia e contrabbandieri. L'amore di uno di essi per una giovane istitutrice segnerà il declino dell'organizzazione. ■ POLIZIESCO; B/N; 110'; FRANCIA, 1962.

X 3 OPERAZIONE DINAMITE *(Le feu aux poudres)* ★★
Regia di HENRI DECOIN. Con FRANÇOISE FABIAN, RAYMOND PELLEGRIN, LYLA ROCCO, PETER VAN EYCK, CHARLES VANEL. ■ Poliziotto si finge trafficante d'armi per incastrare un grosso boss del contrabbando. Alla fine viene smascherato e ucciso dal gangster che subito dopo cade sotto il fuoco della polizia. ■ POLIZIESCO; B/N; 98'; FRANCIA, ITALIA, 1956.

X-21 SPIONAGGIO ATOMICO *(Master Spy)* ★★
Regia di MONTGOMERY TULLY. Con JOHN CARSON, STEPHEN MURRAY, JUNE THORBURN, ALAN WHEATLEY. ■ L'équipe di uno scienziato russo rifugiato in America compie un'importante scoperta. Lo studioso ne trasmette i risultati allo spionaggio sovietico, ma viene sorpreso e arrestato. ■ SPIONAGGIO; B/N; 71'; GRAN BRETAGNA, 1962.

xXx ★★
Regia di ROB COHEN. Con ASIA ARGENTO, MARTON CSOKAS, VIN DIESEL, SAMUEL L. JACKSON. ■ Xander Cage (Vin Diesel) è uno specialista di sport estremi, le cui imprese sono conosciute in tutto il mondo: si trova però nei guai con la legge e la Cia gli propone la libertà in cambio della sua collaborazione in un'impresa pericolosissima. Xander dovrà quindi infiltrarsi in un gruppo terroristico che vuole distruggere le città più importanti del mondo. Scene d'azione spettacolari e battute fulminanti per il primo film "americano" di Asia Argento. ■ AZIONE; COL.; 124'; REPUBBLICA CECA, USA, 2002.

xXx 2 – THE NEXT LEVEL *(xXx: State of the Union)* ★
Regia di LEE TAMAHORI. Con ICE CUBE, WILLEM DAFOE, NONA GAYE, SAMUEL L. JACKSON, SCOTT SPEEDMAN, XZIBIT. ■ Lee Tamahori ed Ice Cube si confrontano in questo sequel del film con Rob Cohen e Vin Diesel (primo a rifiutare la parte seguito a ruota dallo stesso Cohen), principali artefici del clamoroso successo di pubblico del primo *xXx*. A qualcuno è sembrato poco importante, tra le altre cose, che il titolo derivasse direttamente dal tatuaggio di Xander Cage, protagonista dell'originale, "tatuiamone un altro e si risolve tutto": questo, in sintesi, lo spirito del film. Dopo il deludente *007 – La Morte può attendere*, Lee Tamahori mortifica nuovamente il proprio talento dando vita ad un fuoco di paglia dalle coreografie innaturali e inutilmente chiassose. Triste vedere Samuel L. Jackson e Willem Dafoe invischiati in un simile pastrocchio. ■ AZIONE; COL.; 101'; USA, 2005.

XXY ★★★
Regia di LUCÍA PUENZO. Con GUILLERMO ANGELELLI, VALERIA BERTUCCELLI, RICARDO DARÍN, INÉS EFRON, LUCAS ESCARIZ, LUCIANO NOBILE, GERMÁN PALACIOS, CAROLINA PELERETI, MARTÍN PIROYANSKI, JEAN PIERRE REGUERRAZ, AILÍN SALAS, CÉSAR TRONCOSO. ■ Alex ha un segreto inconfessabile. Per questo i suoi genitori, quando lei era ancora in fasce, lasciarono Buenos Aires per trasferirsi sulle coste uruguayane, lontani dall'occhio indiscreto della gente. Un giorno, nella loro casa, arrivano degli ospiti molto attesi. Un chirurgo plastico di chiara fama, accompagnato da sua moglie e dal figlio di sedici anni, vecchi amici di famiglia, iniziano a occuparsi del "caso" dell'adolescente. Le tre lettere del titolo rappresentano un'anomalia cromosomica – di quelle persone che hanno all'interno del loro patrimonio genetico sia dei gameti maschili che femminili – che resta il punto chiave della pellicola dell'esordiente regista argentina Lucia Puenzo. Alex, quindicenne alla scoperta della propria identità e delle prime esperienze sessuali, vive con disagio la propria diversità. La regista argentina porta sullo schermo un tema originale su cui il cinema non ha mai speso molte energie, e lo fa con discrezione e accuratezza, senza sbavature e intenti pedagogici, riprendendo con l'occhio esterno della macchina da presa una storia di vita vera, per permettere a tutti di sapere qualcosa in più sulle vite degli altri. ■ DRAMMATICO; COL.; 91'; ARGENTINA, 2007.

X, Y & ZI *(Zee and Company)* ★★
Regia di BRIAN G. HUTTON. Con MICHAEL CAINE, ELIZABETH TAYLOR, SUSANNAH YORK. ■ Robert tradisce allegramente la moglie Zi. Quando questa scopre che l'ultima amante di Robert, la bella Stella, potrebbe portarle via il marito, passa alla controffensiva: Robert arriva a casa e scopre Zi e Stella a letto insieme. ■ COMMEDIA; COL.; 110'; GRAN BRETAGNA, 1972.

Y

YAABA ★★★
Regia di IDRISSA OUEDRAOGO. Con ROUKIETO BARRY, NOUFOU OUEDRAOGO, FATIMATA SANGA, ADAMA OUEDRAOGO, ADAME SIDIBE. ■ In questo lungometraggio diretto da uno dei maggiori registi africani si narra la storia dell'amicizia tra un bambino e un'anziana donna che viene considerata una strega. Il bambino conosce anche una bambina che si ammalerà di tetano. La colpa viene fatta ricadere sulla vecchia che poi metterà tutto in ordine nel momento in cui lei stessa guarirà la piccola. Diretto con buon piglio e interpretato con naturalezza, il film non ha tecnicamente nulla da invidiare alle pellicole occidentali. ■ DRAMMATICO; COL.; 90′; BURKINA FASO, FRANCIA, SVIZZERA, 1989.

YADO *(Red Sonja)* ★★
Regia di RICHARD FLEISCHER. Con SANDAHL BERGMAN, BRIGITTE NIELSEN, ARNOLD SCHWARZENEGGER. ■ Sonja, una bella principessa guerriera, ultima superstite di una famiglia reale, vuole vendicarsi della perfida regina Gedren, che uccide o sottomette i sovrani rivali per riuscire a dominare il mondo intero. Aiutata dal muscolosissimo Yado, dal principe-bambino Tar e dallo scudiero Falcon, la bella Sonja sfida le forze del male, vincendo sia in guerra sia in amore. Da un romanzo dell'autore di *Conan* Robert Howard. ■ AVVENTURA; COL.; 89′; USA, 1985.

YAKUZA *(The Yakuza)* ★★
Regia di SYDNEY POLLACK. Con TAKAKURA KEIKO, BRIAN KEITH, CHRISTINA KOKUBO, ROBERT MITCHUM. ■ Una giapponese sequestra i figli di un trafficante d'armi americano. Questi incarica un amico di recarsi a Tokyo e liberare gli ostaggi. L'inviato in Giappone riesce nell'impresa, facendo strage dei nemici e provocando involontariamente la morte di un'amica. ■ DRAMMATICO; COL.; 112′; USA, 1975.

YALIS, LA VERGINE DEL RONCADOR ★★
Regia di FRANCESCO DE ROBERTIS. Con GUIDO LAZZARINI, PIERO LULLI, ETTORE MANNI, VANIA ORICO, TINO SCOTTI. ■ A Roma si esibisce una ballerina esotica. Il giornalista Giorgio Rada vuole conoscere la sua storia: viene così a sapere che è la superstite di una spedizione al Mato Grosso. I due si sposeranno. ■ DRAMMATICO; COL.; 92′; ITALIA, 1956.

Y A LONGTEMPS QUE JE T'AIME, IL ★★
Regia di PHILIPPE CLAUDEL. Con LAURENT GREVIL, SERGE HAZANAVICIUS, KRISTIN SCOTT THOMAS, ELSA ZYLBERSTEIN. ■ Sono 15 anni che Juliette non ha alcun contatto con la sua famiglia, che l'ha ripudiata dopo una condanna per omicidio. Uscita finalmente di prigione viene ospitata dalla sorella minore Léa, che vive a Nancy con il marito, le due bambine adottive e il suocero malato, e con la quale Juliette aveva sempre avuto un rapporto molto bello. Il ritorno alla vita però non è facile, tutti le fanno domande sul suo passato e tentano di capire il perché di quel gesto orribile, ma Juliette ha costruito un muro troppo alto intorno a sé e niente sembra più scalfirla. L'affetto della sorella e delle nipotine la riporterà lentamente a contatto con la realtà e con un mondo che per troppo tempo è andato avanti benissimo anche senza di lei. Il dilemma rimane: come può una donna così dolce e premurosa aver commesso un reato così orribile? Philippe Claudel, uno dei più celebri e apprezzati scrittori francesi contemporanei, grande appassionato di pittura e di cinema, fa il suo esordio dietro la macchina da presa. ■ DRAMMATICO; COL.; 110′; FRANCIA, 2007.

YAMAKASI ★
Regia di ARIEL ZEITOUN. Con YANN HNAUTRA, WILLIAMS BELLE, MALIK DIOUF, LAURENT PIEMONTESI, GUYLAIN N'GUBA-BOYEKE. ■ Yamakasi è il nome di una banda di (sette) samurai metropolitani che si arrampicano su palazzi, ponti e monumenti di tutta la città durante le prime ore del mattino. Baseball è un lanciatore eccezionale, Araignée, con l'aiuto di un cavo, si sposta come un eroe dei fumetti, Belette è una vera anguilla, Zicmu attinge la propria energia dalla musica, Rocket è veloce come un razzo. Per i giovani della città, Yamakasi è una leggenda metropolitana, ma altri cittadini li scambiano per comuni delinquenti. Sarà una drammatica emergenza – l'infarto di un loro piccolo fan, che necessita di un trapianto di cuore – a renderli contemporaneamente ladri ed eroi. Prodotto da Luc Besson e, purtroppo, la cosa è del tutto evidente. ■ AZIONE; COL.; 90′; FRANCIA, 2000.

YAMATO IL GRANDE SAMURAI ★★
(Arm Kengo no Shogai)
Regia di HIROSHI INAGAKI. Con KYÔKO KAGAWA, TOSHIRO MIFUNE, YOKO TSUKASA. ■ Vittima di intrighi di palazzo per la successione al trono, il valoroso principe Yamato cade in un'imboscata, nonostante la sua difesa ad oltranza. ■ AVVENTURA; B/N; 91′; GIAPPONE, 1959.

YANG, L'IMPLACABILE DEL KARATE ★
Regia di TANG HUANG. Con HSING HUI, WEI HUNG, CHIANG MING. ■ Un campione di karatè libera il padre e la fidanzata, rapiti da un gruppo di banditi. Solite battaglie violente e sadiche. ■ AVVENTURA; B/N; 93′; HONG KONG, 1975.

YANKEE – L'AMERICANO ★★
Regia di TINTO BRASS. Con ADOLFO CELI, JACQUES HERLIN, PHILIPPE LEROY, PACO SANZ, TOMAS TORRES. ■ In una zona di confine imperversa una banda di malviventi. Un abile pistolero è attirato dalle taglie che potrebbe incassare facendoli fuori tutti. Tenta di mettersi d'accordo col capo della gang, che rifiuta di stare al gioco. Riuscirà ugualmente nell'impresa. ■ WESTERN; COL.; 96′; ITALIA, 1966.

YANKEE PASCIÀ *(Yankee Pasha)* ★★
Regia di JOSEPH PEVNEY. Con JEFF CHANDLER, RHONDA FLEMING, MAMIE VAN DOREN. ■ Una ragazza americana, mentre sta recandosi col padre in nave a Marsiglia, è rapita dai pirati e venduta come schiava a un principe marocchino. Il suo fidanzato, un cacciatore di pellicce del Massachusetts, che l'aveva abbandonata per un equivoco, parte deciso a salvarla. Ci riuscirà dopo una serie di drammatiche avventure. ■ AVVENTURA; COL.; 84′; USA, 1954.

YANKEES *(Yanks)* ★★★
Regia di JOHN SCHLESINGER. Con WILLIAM DEVANE, RICHARD GERE, VANESSA REDGRAVE. ■ 1943: alcuni contingenti di truppe Usa sono in Inghilterra in attesa dello sbarco in Normandia. Un ufficiale e due sergenti si legano a tre giovani donne, una delle quali sposata con un militare che combatte in Asia. I rapporti fra le tre coppie sono contrastati dai familiari delle ragazze e dalla popolazione locale. ■ DRAMMATICO; COL.; 139′; GRAN BRETAGNA, 1979. ■ DAVID DI DONATELLO 1 PR, 1 NOM; GOLDEN GLOBES 1 NOM.

YARDS, THE ★★
Regia di JAMES GRAY. Con ELLEN BURSTYN, JAMES CAAN, FAYE DUNAWAY, JOAQUIN PHOENIX, CHARLIZE THERON, MARK WAHLBERG. ■ James Gray, il regista di *Little Odessa*, al secondo film sembra essersi già perduto. *The Yards* è una storia sentita mille volte: un delinquente giovanile esce di prigione, torna a casa dalla mamma con tutte le buone intenzioni, ma viene risucchiato dal giro tanto da essere coinvolto in un brutto omicidio. ■ THRILLER; COL.; 115′; USA, 2000.

YATTAMAN – IL FILM *(Yatterman)* ★★
Regia di TAKASHI MIIKE. Con KYOKO FUKADA, SAKI FUKUDA, KENDO KOBAYASHI, SHO SAKURAI, CHIAKI TAKAHASHI. ■ Yattaman 1 e Yattaman 2, quando non sono in officina a fabbricare Mecha come il prodigioso Yatta Can, sono in giro a salvare il mondo dalle mire malvagie dei servitori di Dokrobei, la bellissima Miss Dronio e i suoi due lacché, Boyakki e Tonzula. In ballo c'è il ritrovamento della Pietra Dokrostone, capace di regalare un potere immenso al suo possessore: nelle mani sbagliate comporterebbe la fine del mondo così come lo conosciamo. Tre anni per portarlo a termine e una ridda di dubbi e smentite in merito, *Yattaman - Il film* è stato mitizzato dal giorno dell'annuncio. ■ AZIONE; COL.; 111′; GIAPPONE, 2009.

YBRIS ★★
Regia di GAVINO LEDDA. Con MARISA FABBRI, GAVINO LEDDA, GIUSEPPE LEPORI. ■ Gavino Ledda, insegnante, scrittore, autore del libro autobiografico *Padre padrone* (donde il film dei fratelli Taviani) esordisce nella regia con questo film che per molti versi è un seguito di *Padre padrone*. Il protagonista (impersonato da Ledda stesso) torna al paese dove trova la gente ostile (perché ha studiato, perché è andato in continente, perché ha voluto essere diverso da loro). Gavino si ritira nel suo vecchio casolare, dove tra meditazioni e sogni (sognerà di essere Leonardo da Vinci) ritrova la sua vera identità. ■ DRAMMATICO; COL.; 124′; ITALIA, 1984. ■ VENEZIA 1 PR.

YEAR OF THE HORSE ★★
Regia di JIM JARMUSCH. Con THE CRAZY HORSE, NEIL YOUNG. ■ Un documentario «spavaldamente girato in video 8» (come dice la dicitura nei titoli di testa) esteso in 35 mm, con una fotografia volutamente sgranata. Si alternano le dichiarazioni del cantante rock e del suo gruppo con le immagini di repertorio per lo più inedite e private. Le canzoni sono una dozzina dilatate in assoli volutamente grezzi. ■ DOC. MUSICALE; COL.; 106′; USA, 1997.

YELEEN LA LUCE *(Yeleen)* ★★★
Regia di SOULEYMANE CISSÉ. Con ISSIAKA KANE, BALLA MOUSSA KEITA, NIAMENTO SANOGO. ■ Nell'Africa primitiva, dove gli stregoni dettano sempre legge, il figlio di uno di essi entra in conflitto col padre, che non vorrebbe che i segreti della magia vengano divulgati (è troppo comodo per chi ne è il depositario, per imporre la sua volontà alle anime semplici). Il giovane trasgredisce agli ordini. Pagherà duramente. ■ FANTASTICO; COL.; 98′; MALI, 1987. ■ CANNES 1 PR.

YELLA ★★
Regia di CHRISTIAN PETZOLD. Con BARBARA AUER, MARTIN BRAMBACH, NINA HOSS, BURGHART KLAUẞNER, WANJA MUES, HINNERK SCHÖNEMANN, DEVID STRIESOW. ■ Yella lascia la cittadina in cui vive nell'est della Germania per un lavoro in città che si presenta come promettente. Potrà così lasciarsi alle spalle anche un marito che non accetta l'avvenuta separazione. L'uomo è disperato e, col pretesto di accompagnarla alla stazione, tenta il suicidio in auto insieme a lei. I due riemergeranno dal fiume in cui sono precipitati e Yella riuscirà a raggiungere la città, solo per scoprire che l'impiego non c'è più. Le viene offerta però una nuova opportunità: collaborare nelle trattative per finanziamenti poco limpidi a imprese. Saprà far valere le sue qualità, ma il marito tornerà a farsi vivo. ■ DRAMMATICO; COL.; 89′; GERMANIA, 2007.

YELLOW, LE CUGINE ★
Regia di GIANFRANCO BALDANELLO. Con CATERINA BARBERO, MAURIZIO BONUGLIA, FRANCO RICCI, LISA SEAGRAM. ■ Modestissimo giallo che si svolge nella solita villa che due cugine hanno avuto in eredità dal nonno. Una delle cugine muore e lo spettatore capisce subito chi è l'assassino. ■ GIALLO; COL.; 91′; ITALIA, 1969.

YELLOW SUBMARINE – IL SOTTOMARINO GIALLO *(Yellow Submarine)* ★★★
Regia di GEORGE DUNNING. ■ Un film a cartoni animati particolarmente originale e pieno di fantasia. I cattivi Biechi Blu, che odiano la bellezza, i fiori e la musica, attaccano Pepelandia, un paese felice, e pietrificano i suoi abitanti. Solo un marinaio riesce a salvarsi imbarcandosi su un sottomarino giallo sul quale fa salire i quattro Beatles che, dopo una serie di avventure, grazie alla loro musica, riporteranno la vita a Pepelandia. ■ ANIMAZIONE; COL.; 87′; GRAN BRETAGNA, 1968.

YELLOW 33 *(Drive, He Said)* ★★★
Regia di JACK NICHOLSON. Con KAREN BLACK, BRUCE DERN, MICHAEL MARGOTTA, WILLIAM TEPPER. ■ Il *playmaker* della squadra di pallacanestro di un college universitario americano, nonostante l'enorme popolarità e la prospettiva di passare al professionismo, è soggetto ad alti e bassi e rischia l'eliminazione. Alla fine, il protagonista supererà la crisi e finirà per integrarsi. Prima prova di Nicholson con la regia: piuttosto deludente. ■ DRAMMATICO; COL.; 90′; USA, 1970.

YENTL ★★★🏆
Regia di BARBRA STREISAND. Con AMY IRVING, MANDY PATINKIN, BARBRA STREISAND. ■ Yentl, una ragazza ebrea intelligente e assetata di sapere, si traveste da uomo per poter continuare a studiare, contro le tradizioni del suo villaggio in Polonia, ai primi del Novecento. Ma s'innamora di Avigdor, innamorato a sua volta di un'altra, e che la crede comunque un uomo. Ne nascono situazioni grottesche, finché Yentl decide di partire per gli Stati Uniti, dove essere donna non è penalizzante. ■ DRAMMATICO; COL.; 134′; USA, 1983. ■ GOLDEN GLOBES 🏆 2 PR, 6 NOM; OSCAR 🏆 1 PR, 4 NOM.

YES, GIORGIO ★★
Regia di FRANKLIN J. SCHAFFNER. Con EDDIE ALBERT, KATHRYN HARROLD, LUCIANO PAVAROTTI. ■ Favola musicale a colori realizzata solo per mettere in luce davanti al pubblico cinematografico americano le eccezionali qualità canore di Pavarotti, nella parte di un tenore italiano che viene guarito da una graziosa dottoressa americana di certe sue fobie superstiziose, come il rifiuto di cantare al Metropolitan di New York. Famose romanze cantate a tutta voce. ■ COMMEDIA; COL.; 110′; USA, 1982. ■ GOLDEN GLOBES 1 NOM; OSCAR 1 NOM.

YES MAN ★★
Regia di PEYTON REED. Con JIM CARREY, BRADLEY COOPER, ZOOEY DESCHANEL, JOHN MICHAEL HIGGINS. ■ Carl Allen è un impiegato divorziato orgogliosamente chiuso nella sua solitudine e insensibile alle richieste altrui. I clienti gli chiedono un prestito e lui lo nega, gli amici gli chiedono compagnia e lui si tira indietro, cercando di farsi bastare un dvd sul divano. Si protegge dai colpi che la vita gli ha dimostrato di saper sferrare, ma quanto altro si preclude così facendo? L'incontro con un ex collega lo convince a partecipare ad un seminario di "positività", in cui il guru di turno lo esorta a rivoluzionare la sua vita rispondendo di sì ad ogni richiesta. Improvvisamente, si ritrova ad apprendere il coreano, a prodigarsi per un barbone, a presenziare alle feste a tema del capoufficio e ad accettare il passaggio in scooter di una sconosciuta di nome Allison. Carl dice sì all'amore per costrizione, in attesa di dire no alla costrizione in nome dell'amore. Jim Carrey permette al suo personaggio di liberarsi dalle maglie di un percorso troppo scritto: gli basta una smorfia, un sorriso tirato dei suoi per far reagire commedia scenica e tragedia umana in modo esclusivo. ■ COMMEDIA; COL.; 102′; USA, 2008.

YES MEN, THE ★★
Regia di DAN OLLMAN, SARAH PRICE, CHRIS SMITH. ■ Un'organizzazione no global, chiamata "The yes men" ha un sito web che viene scambiato per quello del WTO. Due degli esponenti vengono così invitati a presenziare ad alcuni eventi ufficiali, dove porteranno le loro idee rivoluzionarie. Il documentario no global è divenuto, grazie al successo di Michael Moore, un sottogenere molto praticato, con più o meno successo. I due protagonisti

di *The yes men*, in questo caso, sono come due agenti segreti che, con una preparazione accurata, si presentano sul campo "nemico" per smontare le teorie del WTO con approcci alquanto oltraggiosi. Si sorride a denti stretti con provocazioni perlomeno poco rispettose nei confronti degli organizzatori dei convegni e delle conferenze a cui i due sono invitati, ma il filmato su McDonald's e sul riciclo degli hamburger ha qualcosa di geniale. ■ DOCUMENTARIO; COL.; 83'; USA, 2003.

YESSONGS ★★

Regia di PETER NEAL. Con JON ANDERSON, STEVE HOVE, CHRIS SQUIRE, RICK WAKEMAN, ALAN WHITE. ■ È la registrazione filmata di un concerto tenuto dagli Yes al Rainbow di Londra nel 1972. ■ DOC. MUSICALE; B/N; 92'; GRAN BRETAGNA, 1973.

YESTERDAY ★★★

Regia di DARRELL ROODT. Con KENNETH KAMBULE, LELETI KHUMALO, HARRIET LEHABE, LIHLE MVELASE. ■ Yesterday vive a Rooihoek, un villaggio del territorio zulu sudafricano. La sua vita di tutti i giorni non è facile ma la donna è solare e felice di stare con Beauty, la sua bambina di sette anni. Il precario equilibrio della vita di Yesterday è improvvisamente messo in pericolo quando le viene diagnosticato l'Aids: l'unico che può averla contagiata è suo marito che fa il minatore a Johannesburg. L'uomo si rifiuta di accettare la realtà finché il male non esplode in tutta la sua virulenza e lo uccide, nonostante le cure della moglie, anche lei ormai condannata. Yesterday però non si perde d'animo: la forza che la sostiene è Beauty, l'obbiettivo è arrivare viva al primo giorno di scuola della figlia. Grande merito a questo film onesto e lontano dalla facile retorica per riuscire a stringere il cuore con una carezza. ■ DRAMMATICO; COL.; 91'; SUDAFRICA, 2004. ■ OSCAR 1 NOM.

YETI – IL GIGANTE DEL XX SECOLO ★★

Regia di FRANK KRAMER. Con MIMMO CRAO, PHOENIX GRANT, TONY KENDALL, JIM SULLIVAN. ■ Un industriale affida ad un paleontologo l'incarico di rianimare il corpo di uno yeti trovato intatto e perfettamente conservato in un blocco di ghiaccio. L'uomo delle nevi, riportato alla vita, sfoga sui suoi nemici la propria aggressività, poi torna a vivere indisturbato fra le nevi himalayane. ■ FANTASTICO; COL.; 91'; ITALIA, 1977.

YI YI E UNO... E DUE *(Yi Yi)* ★★★★

Regia di EDWARD YANG. Con ELAINE JIN, KELLY LEE, ISSEY OGATA, NIEN-JEN WU. ■ Il film di Edward Yang è ritenuto da molti un *Magnolia* orientale. Vi si narrano le vicende di più famiglie con la scansione della quotidianità problematica. Il padre di famiglia, socio di una ditta di computer in crisi, scopre una possibilità meno arida di lavoro (grazie, fatto eccezionale, a un giapponese) e ritrova l'antico primo amore. La moglie ha la madre in coma e scopre di non avere nulla da dirle: entra quindi in crisi esistenziale. La figlia adolescente scopre che l'amore non è facile sin dal suo primo presentarsi. Il piccolo di casa, di otto anni, è dileggiato dalle compagne a scuola ma capace di osservare il mondo e di "fotografarlo" sia con i pensieri che con la pellicola. E tanti altri personaggi. Siamo a Taiwan ma potremmo essere a Roma, Firenze, Milano. Ovunque nel mondo a chiederci se sia possibile trovare nella vita quei legami che le diano un senso. Potrete anche trovarlo un film lento, ma si tratta di una lentezza carica di sensibilità. ■ DRAMMATICO; COL.; 172'; TAIWAN, GIAPPONE, 2000. ■ CANNES 1 PR.

YOGI, CINDY E BUBU *(Hey There, it's Yogi Bear)* ★★★

Regia di JOSEPH BARBERA, WILLIAM HANNA. ■ I simpatici orsacchiotti, troppo avidi di cestelli della merenda, rischiano di finire allo zoo. ■ ANIMAZIONE; COL.; 91'; USA, 1964.

YOL ★★★🏆

Regia di SERIF GÖREN, YILMAZ GÜNEY. Con TARIK AKAN, NECMETTIN COBANOGLU, HALIL EGRÜN. ■ Otto giorni di licenza sono concessi a cinque detenuti turchi. Ognuno segue la sua strada (*yol* in turco significa strada) per raggiungere le rispettive famiglie. Uno non ci riesce (ha perso i documenti e viene arrestato), gli altri sì, ma non trovano la felicità: chi deve uccidere la moglie adultera, chi è ucciso dal cognato per impietosi pregiudizi, chi è oppresso dalla stessa famiglia. L'unico che riesce a trovare la sua "strada", la sua "via d'uscita" sarà quello che decide di darsi alla macchia con i ribelli. Splendido film scritto da Güney in carcere e girato sotto precise indicazioni da Serif Gören. Acquistata la libertà, Guney ha montato *Yol* in Svizzera. ■ DRAMMATICO; COL.; 111'; TURCHIA, 1981. ■ CANNES 🏆 1 PR; GOLDEN GLOBES 🏆 1 NOM.

YOLDA ★★

Regia di ERDEN KIRAL. Con YESIM BUBER, ONDER CAKAR, HALIL ERGÜN, ISRAFIL KÖSE, SERDAR ORCIN, YELDA REYNAUD, EDIP TANER, FIRAT TANIS. ■ Yilmaz Güney era già in prigione quando venne alla luce quello che sarebbe stato il suo penultimo film, *Yol*: dettava le scene e Erden Kiral le girava. Poi, una volta riconquistata la libertà, fuggì in Svizzera e lì montò il film, per morire solo due anni più tardi. Il film di Kiral racconta dell'ultimo trasferimento di Güney ad un carcere di massima sicurezza, scortato da un commissario e tre agenti che hanno gran rispetto del suo lavoro, ma non possono esimersi dal loro dovere. La loro macchina è seguita da quella di Kiral che porta con sé la moglie di Güney e un altro membro della *crew*. *Yolda* (che letteralmente significa *on the road*) è un esplicito omaggio al maestro, un testamento di quel viaggio, che diviene una metafora per raccontare un periodo in cui la Turchia negava ai suoi intellettuali ogni libertà d'espressione, perseguitandoli contro il volere dei suoi stessi cittadini. ■ DRAMMATICO; COL.; 90'; BULGARIA, TURCHIA, 2005.

YONGARY IL PIÙ GRANDE MOSTRO ★

Regia di KIM DUKE. Con LEE HUNTER, YOUNG ONIL, GEORGE STAMPLETON. ■ Un terremoto, provocato dallo scoppio di un ordigno nucleare, libera dalle viscere della terra un mostro gigantesco che incomincia a distruggere tutto. Sarà eliminato con una iniezione di ammoniaca. ■ FANTASCIENZA; COL.; 93'; GIAPPONE, 1973.

YO PUTA ★★

Regia di LUNA. Con DANEL ASER, JOAQUIM DE ALMEIDA, DARYL HANNAH, MARÍA JIMÉNEZ, MÓNICA NARANJO, DENISE RICHARDS. ■ Isabel Pisano conduce un'inchiesta sul mondo della prostituzione, mentre le sue vicine di casa ne sono coinvolte per diversi motivi. A metà tra fiction e documentario. ■ DOCU-FICTION; COL.; 100'; SPAGNA, 2004.

YORGA IL VAMPIRO *(Count Yorga Vampire)* ★★

Regia di BOB KELLJAN. Con DONNA ANDERS, PERRY MICHAEL, ROBERT QUARRY. ■ La bella Dona finisce nel castello del solito vampiro. Il fidanzato di Dona riesce a penetrare nel maniero e a conficcare il tradizionale paletto nel cuore di Yorga il vampiro. Ma anche Dona è ormai vampirizzata e fa fuori l'ignaro fidanzato. ■ HORROR; COL.; 91'; USA, 1970.

YO-RHAD – UN AMICO DALLO SPAZIO ★★

Regia di VICTOR RAMBALDI, CAMILLO TETI. ■ Alcuni sopravvissuti dell'antica civiltà Klat-uh viaggiano su di un meteorite in cerca di un nuovo pianeta su cui vivere. Fra di loro c'è anche Yo-Rhad, baby extraterrestre, disegnato da Carlo Rambaldi, l'inventore di E.T. Il film presenta diverse tematiche, dall'amicizia alla tolleranza, dalla difesa del pianeta Terra ai rapporti tra culture diverse. Quando il meteorite è in prossimità della Terra, la Nasa progetta di distruggerlo con i missili nucleari. Occorre predisporre una difesa. ■ ANIMAZIONE; COL.; 81'; ITALIA, 2004.

YOSHIWARA, IL QUARTIERE DELLE GHEISE ★★★

(Joshiwara)

Regia di MAX OPHULS. Con SESSUE HAYAKAWA, ROLAND TOUTAIN, PIERRE-RICHARD WILM. ■ Un ufficiale russo si innamora a Tokyo di una ragazza giapponese di nobili origini che s'è venduta a una casa da tè, dopo la morte dei genitori, per allevare il fratellino. Un servo della fanciulla, geloso, lo denuncia al controspionaggio giapponese. L'ufficiale affida un messaggio segreto, destinato al comando russo, alla ragazza che viene così arrestata e fucilata. Lui muore nel tentativo di salvarla. ■ DRAMMATICO; B/N; 88'; FRANCIA, 1937.

YOSSI & JAGGER ★★

Regia di EYTAN FOX. Con OHAD KNOLLER, YEHUDA LEVI. ■ Yossi e Jagger sono due militari israeliani che vivono di nascosto una relazione omosessuale in una base ai confini del Libano. Jagger è un soldato di leva ed insiste per tornare a casa, portando con sé l'amante per presentarlo alla famiglia e rivelare la propria omosessualità. Per Yossi, militare di carriera, la scelta è più difficile. Sarà la guerra a sciogliere – drammaticamente – la questione. Film a basso budget diventato un cult in patria e subito adottato dalle comunità omosessuali di mezzo mondo, *Yossi e Jagger* è il classico film più onesto che bello. Il tema trattato – l'impossibilità di vivere liberamente la propria omosessualità in un paese in perenne stato di guerra – è di quelli interessanti. Ma la trattazione è francamente bozzettistica, con larghi prestiti dal melodramma e qualche personaggio (le due donne soldato) che fa da mero contorno. E la regia non sa andare oltre la piattezza televisiva. Civile, ben intenzionato, per certi aspetti importante: ma nient'altro. ■ DRAMMATICO; COL.; 65'; ISRAELE, 2002.

YOUNG ADAM ★

Regia di DAVID MACKENZIE. Con EWAN MCGREGOR, EMILY MORTIMER, PETER MULLAN, TILDA SWINTON. ■ Scozia anni Cinquanta. Lester ed Ella sono i proprietari di una chiatta che naviga lungo il Clyde a Glasgow. La loro vita cambia quando decidono di prendere con sé il lavorante Joe che, nel giro di poco tempo, tradisce la fiducia del suo datore di lavoro facendo sesso con la moglie. I coniugi si dividono ma per poco perché Joe finisce col tradire anche la fiducia di Ella, avendo rapporti sessuali con la cognata. Ella finirà col tornare alla solita noiosa vita con il marito. Nonostante la bravura degli attori i personaggi risultano anonimi. Il protagonista, arrogante ed egoista, riesce a mantenere le distanze da qualsiasi fatto gli accada e non prova mai nulla emotivamente: vive senza regole. Le scene di sesso sono tanto realiste quanto inutili. Il degrado e il disagio personali sono gli elementi più importanti che caratterizzano i personaggi. Dall'omonimo romanzo di Alexander Trocchi. ■ THRILLER; COL.; 93'; GRAN BRETAGNA, 2003.

YOUNG ADULT ★★

Regia di JASON REITMAN. Con JILL EIKENBERRY, PATTON OSWALT, ELIZABETH REASER, CARLIZE THERON, PATRICK WILSON. ■ Incapace di relazioni mature, ancorata al suo status di reginetta del liceo della provincia in cui è cresciuta, ma afflitta da problematiche adulte come l'alcolismo, Mavis Gray è la ghost writer di una serie di libri per adolescenti di grande successo. Un battesimo diventa il pretesto per riprendere il rapporto con un suo ex. Jason Reitman, dalla sceneggiatura, accentua il lato più adulto di Mavis, il suo essere irrisolta, chiusa in un limbo privo di responsabilità e ormai anestetizzata rispetto alla vita vera che le scorre intorno. ■ COMMEDIA; COL.; 94'; USA, 2012.

YOUNG AMERICANS *(The Young Americans)* ★

Regia di DANNY CANNON. Con IAIN GLEN, HARVEY KEITEL, JOHN WOOD. ■ Un poliziotto vuole arrestare un criminale che crea panico a Londra. Il regista cerca di conferire un taglio molto duro a un film che però perde ben presto di spessore. ■ DRAMMATICO; COL.; 92'; GRAN BRETAGNA, 1993.

YOUNGER & YOUNGER ★★★

Regia di PERCY ADLON. Con LOLITA DAVIDOVICH, JULIE DELPY, BRENDAN FRASER, LINDA HUNT, SALLY KELLERMAN, DONALD SUTHERLAND. ■ Il signor Younger aveva una moglie decisamente brutta. Ora che è morta la donna gli si ripresenta in sogno decisamente affascinante. Il donnaiolo incorreggibile si vede attanagliato dalla morsa di un amore postumo. Percy Adlon sta, ancora una volta, dalla parte delle donne. ■ COMMEDIA; COL.; 99'; USA, 1993.

YOUNG GUNS – GIOVANI PISTOLE *(Young Guns)* ★★

Regia di CHRISTOPHER CAIN. Con EMILIO ESTEVEZ, CHARLIE SHEEN, KIEFER SUTHERLAND. ■ Di nuovo la saga del bandito Billy Kid e della guerra del bestiame nella contea di Lincoln, Nuovo Messico. Billy è un giovane psicopatico che dopo un periodo nella legalità al servizio del ranchero Tunstall, si dà alla macchia per vendicare la morte di costui. Christopher Cain rifà un compito svolto con maggiore originalità da altri (Vidor, Penn, Peckinpah). Poco convincente il suo tentativo di aggiornare i personaggi (i giovani fuorilegge visti come odierni giovani disadattati). ■ WESTERN; COL.; 103'; USA, 1988.

YOUNG GUNS II – LA LEGGENDA DI BILLY THE KID *(Young Guns II)* ★★

Regia di GEOFF MURPHY. Con LOU DIAMOND PHILLIPS, EMILIO ESTEVEZ, WILLIAM L. PETERSEN, CHRISTIAN SLATER, KIEFER SUTHERLAND. ■ Nel 1950 un avvocato incontra nel deserto un vecchio, Billy the Kid, il quale reclama il perdono che gli ha promesso il governatore Lew Wallace. Con un flashback si torna al 1879, anno in cui Wallace aveva iniziato a punire chi aveva preso parte alla guerra della Lincoln County. Il West è un pretesto per realizzare un film che occhieggi alla platea più giovane grazie anche a una colonna sonora accattivante. ■ WESTERN; COL.; 103'; USA, 1990. ■ GOLDEN GLOBES 1 PR, 1 NOM; OSCAR 1 NOM.

YOU'RE THE ONE – UNA HISTORIA DE ENTONCES *(You're the one – Una historia de entonces)* ★★★

Regia di JOSÉ LUIS GARCÍA SÁNCHEZ. Con LYDIA BOSCH, ANA FERNANDEZ, JULIA GUTIERREZ, MANUEL LOZANO. ■ Spagna 1946. Julia è una giovane donna in preda ad una crisi depressiva. Il suo fidanzato, un pittore di talento avversario della dittatura franchista, è morto in prigione. La giovane decide di lasciare Madrid e trascorrere un po' di tempo in campagna nella tenuta familiare. Abbandonati i ritmi frenetici della capitale, i tempi del villaggio sembrano accordarsi perfettamente all'esigenza di Julia di ritrovare un equilibrio ed un'armonia apparentemente perduti. Girato in bianco e nero, *You're the one* restituisce l'atmosfera delle "storie di una volta", raccontato e filmato alla maniera degli anni Cinquanta. Accuratezza nella ricerca degli ambienti, una splendida fotografia, una bella colonna sonora, ma soprattutto l'ottima interpretazione degli attori sono gli ingredienti vincenti del film. ■ DRAMMATICO; COL.; 103'; SPAGNA, 2001.

YOU, THE LIVING *(Du levande)* ★★

Regia di ROY ANDERSSON. Con HÅKAN ANGSER, BJÖRN ENGLUND, ELISABETH HELANDER, JESSICA LUNDBERG, OLLIE OLSON, KEMAL SENER. ■ In un'anonima città svedese s'intrecciano storie di vite umane alle prese con solitudini e inquietudini, ferocemente ingabbiate in scarse soddisfazioni e mancanze di prospettive future. In un'atmosfera costantemente rarefatta dalla nebbia densa e dal grigiore metropolitano, si muovono figure diafane, che naufragano all'interno della loro anima incerta su dove andare, cosa fare e perché: c'è la giovane maestra che litiga per motivi futili con il marito, c'è la ragazzina follemente innamorata di un giovane musicista, c'è una donna che sfoga sul compagno e nel bere le sue frustrazioni. Ognuno di loro cerca però di rimanere a galla, di reagire con la musica e con l'autoironia, facendosi quasi caricatura di se stesso e delle sue problematiche esistenziali. Non ha una vera e propria trama questa prima prova cinematografica nel lungometraggio di Roy Andersson: è un'opera che ha il sapore del teatro, con gli attori che parlano guardando in macchina e rivolgendosi direttamente allo spettatore. ■ COMMEDIA; COL.; 94'; DANIMARCA, FRANCIA, GERMANIA, NORVEGIA, SVEZIA, 2006.

YO-YO MA – INSPIRED BY BACH ★★★
(Yo-Yo Ma Inspired by Bach)

Regia di ATOM EGOYAN, NIV FICHMAN, FRANÇOIS GIRARD, KEVIN MCMAHON, MILAN PODSEDLY, PATRICIA ROZEMA. ■ Sono sei film sulle suites per violoncello di Johann Sebastian Bach, di circa un'ora, interpretati dal violoncellista Yo-Yo Ma. La suite n. 1: *The Music Garden* (McMahon); suite n. 2: *The Sound of the Carceri* (Girard); suite n. 3: *Falling Down Stairs* (Podsedly); suite n. 4: *Sarabande* (Egoyan); suite n. 5: *Struggle for Hope* (Fichman); suite n. 6: *Six Gestures* (Rozema). Le storie vanno oltre la pura rappresentazione musicale, ci sono esibizioni di pattinaggio, piccole storie che si incrociano e una sorta di dietro le quinte sulla vita di Yo-Yo Ma. Il film è stato distribuito nelle sale d'essai. ■ MUSICALE; COL.; 333'; GRAN BRETAGNA, 1997.

Y TU MAMA TAMBIEN – ANCHE TUA MADRE ★★★
(Y tu mamá también)

Regia di ALFONSO CUARÒN. Con GAEL GARCIA BERNAL, DIANA

BRACHO, DIEGO LUNA, MARIBEL VERDU. ■ Julio e Tenoch sono due amici diciassettenni che hanno una gran voglia di crescere. Nel corso di una festa conoscono una ventottenne spagnola, Louisa, che corteggiano in coppia. Costei è un misto di vitalità e di tristezza, ma è capace di accettare la proposta di un viaggio in tre verso una spiaggia denominata Boca del Cielo che i due in realtà non sanno dove si trovi. Il viaggio permetterà di verificare come l'erotismo e la gioventù non escludano il dolore. Si tratta di un film che ha un inizio abbastanza greve ma sa poi trovare una sua capacità di lettura dei sentimenti. ■ COMM. DRAMMATICA; COL.; 105'; MESSICO, USA, 2001. ■ OSCAR 1 NOM.

YU-GI-OH! IL FILM *(Yu-Gi-Oh! – The Movie)* ★★
Regia di HATSUKI TSUJI. ■ Dall'omonima serie animata per la tv. Tre amici passano la vita intorno a un gioco di carte. Duelli a non finire. Una buona traduzione in cinema. ■ ANIMAZIONE; COL.; 90'; GIAPPONE, 2004.

YUPPI DU ★★
Regia di ADRIANO CELENTANO. Con ADRIANO CELENTANO, CLAUDIA MORI, CHARLOTTE RAMPLING, GINO SANTERCOLE, LINO TOFFOLO. ■ Convinto che la moglie sia morta, un giovane si risposa, anche per dare una nuova madre alla figlia. La prima moglie, in verità, aveva solo finto il suicidio per legarsi a un altro uomo che le avrebbe assicurato una vita nel lusso. Quando il giovane la ritrova, i due tornano a vivere insieme, ma per breve tempo: poi la donna se ne va ancora, portando con sé, questa volta, anche la figlia. Al protagonista del film restano, come di amara consolazione, solo alcune decine di milioni. ■ FANTASTICO; COL.; 125'; ITALIA, 1975.

YUPPIES 2 ★
Regia di ENRICO OLDOINI. Con MASSIMO BOLDI, JERRY CALÀ, CHRISTIAN DE SICA. ■ Girandola di storie e avventurette di quattro amici: Sandro, dentista galante, Giacomo, con moglie e agenzia pubblicitaria, Willy, che spera di sposare la ricca Isabella e Lorenzo, cacciato di casa dalla moglie. Scherzi ed equivoci si alternano con le donne che ruotano intorno ai quattro protagonisti: Lorenzo tenterà perfino un grosso affare in Vaticano travestito da monaca. ■ COMMEDIA; COL.; 97'; ITALIA, 1986.

YUPPIES – I GIOVANI DI SUCCESSO ★
Regia di CARLO VANZINA. Con MASSIMO BOLDI, JERRY CALÀ, CORINNE CLÉRY, CHRISTIAN DE SICA, EZIO GREGGIO, FEDERICA MORO. ■ Vita, lavoro e avventure galanti di un gruppo di giovani "in carriera": Willy vende automobili di lusso, Lorenzo è un promettente notaio, Sandro fa il dentista e Giacomo il creativo pubblicitario. Ma tutti e quattro sognano di diventare come l'avvocato Agnelli. ■ COMMEDIA; COL.; 101'; ITALIA, 1986.

YVETTE ★★
Regia di WOLFGANG LIEBENEINER. Con RUTH HELLBERG, ALBERT MATTERSTOCK. ■ Tratto dall'omonimo romanzo di Guy de Maupassant, il film narra la triste vicenda di Yvette, ingenua fanciulla, figlia di una contessa di facili costumi. La ragazza scopre la situazione della madre al ritorno dal collegio e, nonostante l'affetto di un giovane, tenta il suicidio. L'amico innamorato la salva e la sposa. ■ DRAMMATICO; B/N; 92'; GERMANIA, 1938.

YVONNE, LA FRANCESINA *(Frenchie)* ★★★
Regia di LOUIS KING. Con PAUL KELLY, ELSA LANCHESTER, JOEL MCCREA, SHELLEY WINTERS. ■ Dopo aver vissuto alcuni anni a New Orleans, una bella ragazza torna al paese natio, una cittadina del West, col segreto scopo di vendicare la morte del padre, ucciso da due malfattori quando lei era ancora bambina. Identificati i due assassini con l'aiuto di un giovane sceriffo, riuscirà ad ottenere giustizia. Poi sposerà lo sceriffo. ■ AVVENTURA; COL.; 81'; USA, 1950.

YVONNE LA NUIT ★★★
Regia di GIUSEPPE AMATO. Con GINO CERVI, PEPPINO DE FILIPPO, FRANK LATIMORE, TOTÒ, OLGA VILLI. ■ Carlo, un ufficiale, si innamora di Yvonne, divetta del café-chantant. Ma il padre di lui si oppone al matrimonio. Scoppia la prima guerra mondiale e Carlo muore in battaglia. Yvonne dà alla luce un bambino che il perfido padre di Carlo le sottrae, facendole credere che è morto. La povera donna, distrutta dal dolore, decade fisicamente e spiritualmente. Solo allo scoppio della seconda guerra mondiale, morto il padre di Carlo, Yvonne viene a sapere che suo figlio è vivo. Ma per non fargli vedere come sua madre è ormai ridotta, preferisce non fargli sapere nulla. ■ COMMEDIA; B/N; 97'; ITALIA, 1949.

Z

♥ ZABRISKIE POINT ★★★★
Regia di MICHELANGELO ANTONIONI. Con PAUL FIX, MARK FRECHETTE, BILL GARAWAY, DARIA HALPRIN, ROD TAYLOR. ■ È la storia di uno studente contestatore, Mark, implicato nella morte di un agente di polizia. Fugge su un aereo privato e atterra a Zabriskie Point nel deserto californiano. Qui incontra una ragazza, una segretaria d'azienda che stava recandosi in vacanza. Amore fra i due, che poi si dividono. Mark vuole andare a costituirsi per riconsegnare l'aereo rubato, ma viene ucciso dalla polizia. La ragazza, appresa per radio la notizia, immagina di distruggere con l'esplosivo i simboli della società in cui è potuto maturare il dramma di Mark. ■ DRAMMATICO; COL.; 112′; USA, 1970.

ZABÙ LA ROSSA. STORIA DI UNA PROSTITUTA E DI UN POLIZIOTTO PERVERSO *(Chatarra)* ★★★
Regia di FELIX ROTAETA. Con ROSARIO FLORES, MARIO GAS, CARMEN MAURA. ■ Zabù fa l'*entraîneuse* in un locale, vive con il suo compagno e la figlia sognando l'Australia. Un poliziotto, che è convinto di essere il padre della ragazza, perseguita le due donne. Il compagno di Zabù lo affronta e lo sconfigge, consentendo così a madre e figlia di partire per Melbourne. Ancora una storia di amore e morte tra i "rottami" della società spagnola. ■ DRAMMATICO; COL.; 93′; SPAGNA, 1991.

ZACK & MIRI, AMORE A PRIMO SESSO ★★
(Zack and Miri Make a Porno)
Regia di KEVIN SMITH. Con ELIZABETH BANKS, TRACI LORDS, RICKY MABE, JASON MEWES, SETH ROGEN. ■ Jack e Miriam condividono uno squallido appartamento alla periferia di Pittsburgh, oltre ad un rapporto d'amicizia estremamente schietto e gioviale che dura dagli anni del liceo. Entrambi vicini ai trent'anni, continuano a vivere di piccoli lavori insignificanti con cui non arrivano neanche a pagarsi le bollette e di storie occasionali. Una sera, durante una festa di riunione coi vecchi compagni di liceo, Zack e Miri ritrovano Bobby Long, ex-stella del football e ragazzo più ammirato della scuola, diventato nel frattempo il partner di un famoso attore di gay-porn californiano. Quest'ultimo riconosce Miri come la protagonista dalle mutande imbarazzanti di un filmato ripreso di nascosto che ha già fatto il pieno di contatti in rete. La serata fa venire a Zack un'idea: darsi al porno amatoriale su internet per sbarcare il lunario. ■ COMMEDIA; COL.; 101′; USA, 2008.

ZAFFIRO NERO *(Sapphire)* ★★★
Regia di BASIL DEARDEN. Con MICHAEL CRAIG, YVONNE MITCHELL, NIGEL PATRICK. ■ Classico poliziesco inglese. Una ragazza viene trovata morta. Gli indizi sono minimi, ma Scotland Yard, con pazienza, riesce a mettere le manette all'insospettabile assassino. ■ POLIZIESCO; COL.; 91′; GRAN BRETAGNA, 1959.

ZAMBEZIA ★★
Regia di WAYNE THORNLEY. Con BIGAIL BRESLIN, JEFF GOLDBLUM, SAMUEL L. JACKSON, ALEONARD NIMOY, JEREMY SUAREZ. ■ Sul bordo di una cascata, immersa nel tronco di un enorme albero di baobab, si trova una vivace città di uccelli chiamati Zambezia. Famosa per essere la città più sicura in tutta l'Africa, Zambezia è diventata l'area protetta della valle del fiume, dove uccelli d'ogni piuma vivono insieme in armonia e in pace. ■ ANIMAZIONE; COL.; 83′; SUDAFRICA, 2012.

ZAMBO IL DOMINATORE DELLA FORESTA ★★
Regia di ADALBERTO ALBERTINI. Con GISELA HAHN, BRAD HARRIS, DANIELE VARGAS. ■ Storia ispirata a Tarzan. Zambo è un ex detenuto che vive nella giungla. Aiuta la solita spedizione scientifica e sposa la nipote dello scienziato. ■ AVVENTURA; COL.; 93′; ITALIA, 1972.

ZAMPA DI GATTO *(The Cat's Paw)* ★★★
Regia di SAM TAYLOR. Con HAROLD LLOYD. ■ Un giovane, che vive un po' nelle nuvole, è spinto inconsapevolmente a fare da "zampa di gatto": a presentarsi cioè, come candidato alle elezioni amministrative cittadine, soltanto per essere battuto e consentire così al sindaco uscente di restare in carica. Senonché, per una serie di circostanze fortuite, il giovane diventa popolarissimo e, vinte le elezioni, si dimostra poi capace di reggere saldamente le sorti della città. ■ COMMEDIA; B/N; 90′; USA, 1934.

ZAMPOGNARO INNAMORATO ★
Regia di CIRO IPPOLITO. Con ANNIE BELLE, ANGELA LUCE, GIACOMO RONDINELLA, CARMELO ZAPPULLA. ■ Abbandonata al paesello la fidanzata incinta, un rustico zampognaro va a Napoli in cerca di fortuna e si innamora di una cantante di varietà che lo aiuta a far carriera come disk-jockey in una discoteca. ■ COMMEDIA; COL.; 94′; ITALIA, 1983.

ZANA ★
Regia di CORRADO LANNAIOLI, DANIELA ALVIANI. Con DANIELA ALVIANI, DANIEL MCVICAR, ROMUALD ANDRZEJ KLOS, GERMANO BENINCASO. ■ Zana è una giovane e bella ragazza kosovara, unica superstite della sua famiglia. In attesa di un figlio, arriva a Foggia dallo zio. Qui la dovrebbe raggiungere il fidanzato serbo Agim, guerrigliero dell'Uck, che ha tradito la sua etnia per amore di Zana. Daniela Alviani è soggettista, sceneggiatrice, dialoghista, produttrice e protagonista assoluta di questi film zeppo di ingenuità e di pretestuosi riferimenti alla tragedia del Kosovo. La pazienza dello spettatore è duramente messa alla prova. ■ DRAMMATICO; COL.; 100′; ITALIA, 2001.

ZANCOS – I TRAMPOLI, LOS *(Los Zancos)* ★★
Regia di CARLOS SAURA. Con ANTONIO BANDERAS, LAURA DEL SOL, FERNANDO FERNÁN GÓMEZ, FRANCISCO RABAL. ■ Dopo la morte della moglie in preda a una forte depressione, Angel, scrittore e professore universitario, si trasferisce da Madrid nella propria casa di campagna. Il suo stato non migliora e il professore tenta il suicidio da cui viene salvato da Teresa, la giovane vicina di casa. Angel ben presto si innamora di Teresa e questo sentimento gli dà nuove motivazioni scrive un'opera per il gruppo teatrale, che recita "su trampoli", dove lavora Teresa. ■ DRAMMATICO; COL.; 95′; SPAGNA, 1984.

ZANDALEE ★
Regia di SAM PILLSBURY. Con ERIKA ANDERSON, NICOLAS CAGE, VIVECA LINDFORS. ■ Film inutile sotto molti aspetti e con un cast sprecato. Siamo a New Orleans e la protagonista, Zandalee, ha un doppio rapporto affettivo. Il marito, uno scrittore fallito, non le ispira più nessun interesse. L'amante, un pittore "maledetto", supplisce abbondantemente. Così i due uomini diventano complementari per lei, ma tutto ciò nasconde delle ombre. Nicolas Cage non funziona. ■ COMMEDIA; COL.; 95′; USA, 1991.

ZANI *(Zoo in Budapest)* ★★★
Regia di ROWLAND V. LEE. Con PAUL FIX, GENE RAYMOND, LORETTA YOUNG. ■ Storia d'amore (di grandissimo successo all'epoca) tra un guardiano di zoo (a Budapest) e una giovanissima vagabonda, scappata dall'orfanotrofio. Lui la scopre nascosta in una stalla, ma non la denuncia, anzi la prende con sé (e poco dopo la sposa). Fece epoca, nel 1933, la portentosa raffinata fotografia di Lee Garmes. ■ SENTIMENTALE; B/N; 90'; USA, 1933.

ZANNA BIANCA *(Belyi Klyk)* ★★
Regia di ALEXANDER ZGURIDI. Con OLEG ZHAKOV, YELENA ISMAILOVA, LEV SVERDLIN. ■ La vicenda, tratta dal romanzo di Jack London, serve da spunto per un discorso sull'uomo in chiave socialista. ■ AVVENTURA; B/N; 84'; URSS, 1946.

ZANNA BIANCA ★★
Regia di LUCIO FULCI. Con CAROLE ANDRÉ, RIK BATTAGLIA, RAIMUND HARMSTORF, VIRNA LISI, FRANCO NERO, FERNANDO REY, JOHN STEINER. ■ Un commissario governativo e scrittore si reca con il fratello a Dawson City per documentarsi sui cercatori d'oro nel Klondike. I due sono accompagnati da una guida indiana che ha con sé il figlioletto e il lupo Zanna Bianca. Un losco avventuriero, notate le straordinarie qualità dell'animale, non esita a uccidere la guida indiana per impadronirsene, facendo poi anche altre vittime. Nella lotta contro il malvivente, alla fine comunque avrà la meglio il commissario. ■ AVVENTURA; COL.; 105'; ITALIA, 1973.

ZANNA BIANCA ALLA RISCOSSA ★★
Regia di TONINO RICCI. Con GISELA HAHN, MAURIZIO MERLI, DONALD O'BRIEN, RENZO PALMER, BENNY REEVES, HENRY SILVA. ■ Ennesima variazione sul tema del celebre romanzo di Jack London. ■ AVVENTURA; COL.; 90'; ITALIA, 1974.

ZANNA BIANCA E IL CACCIATORE SOLITARIO ★★
Regia di ALFONSO BRESCIA. Con FRANCO LANTIERI, MALISA LONGO, PEDRO MARIA SANCHEZ, LINDA SINI, ROBERT WOOD. ■ Zanna Bianca è qui al fianco di due cacciatori di pellicce in lotta contro il cattivone di turno. ■ AVVENTURA; COL.; 91'; ITALIA, 1976.

ZANNA BIANCA E IL GRANDE KID ★★
Regia di VITO BRUSCHINI. Con TONY KENDALL, FABRIZIO MARIANI, CHARLES PENDLETON. ■ Commedia western che ha per protagonisti un ragazzino con il suo intelligente cane Zanna Bianca, un fratello del famoso pistolero Jesse James e il solito cattivo (che alla fine ha la peggio). ■ COMMEDIA; COL.; 93'; ITALIA, 1978.

ZANNA BIANCA – UN PICCOLO GRANDE LUPO ★★
(White Fang)
Regia di RANDAL KLEISER. Con KLAUS MARIA BRANDAUER, ETHAN HAWKE, SEYMOUR CASSEL, SUSAN HOGAN, JAMES REMAR. ■ La Walt Disney scende in campo con il personaggio sempreverde creato da Jack London. Diretto dal regista di *Grease* e di *Laguna blu*, il film è ambientato in Alaska. Il padre di Jack è morto nel Klondike senza che il ragazzo abbia avuto il tempo di conoscerlo. È deciso a cercare la miniera che il genitore scomparso aveva scavato con tanta tenacia per trovare l'oro. Ben presto incontrerà il famoso lupo. Pensato soprattutto per i ragazzi, il film vede come protagonista uno degli allievi di Robin Williams in *L'attimo fuggente*. ■ AVVENTURA; COL.; 100'; USA, 1991.

ZANNA GIALLA *(Old Yeller)* ★★★
Regia di ROBERT STEVENSON. Con KEVIN CORCORAN, TOMMY KIRK, DOROTHY MCGUIRE, FESS PARKER. ■ Bella storia di un ragazzo, Trevis, che vive in una selvaggia fattoria e che fa grande amicizia con un cane randagio, Zanna Gialla. Il cane gli salva la vita e il sodalizio fra i due è strettissimo. Ma Zanna Gialla si ammala di rabbia e il bambino dovrà uccidere il suo amico a quattro zampe per non vederlo soffrire. Da quel momento finisce l'adolescenza di Trevis e comincia la sua maturità. ■ DRAMMATICO; COL.; 83'; USA, 1957.

ZAN RE DELLA GIUNGLA ★★
Regia di MANUEL CAÑO. Con DORIS CRISTANEL, STEVE HAWKES, JESUS PUENTE, KITTY SWAN. ■ Tre cattivi uomini bianchi vogliono impadronirsi del tesoro delle Amazzoni. Zan, uomo bianco che vive nella foresta, rovinerà i loro piani. ■ AVVENTURA; COL.; 91'; ITALIA, 1969.

ZANZARONI, GLI ★★
Regia di UGO LA ROSA. Con CARLETTO ESPOSITO, FRANCO FRANCHI, CICCIO INGRASSIA, NINO TERZO. ■ Il film è formato da due episodi. Nel primo, quattro siciliani vengono presi in giro da una svedese con la quale speravano di passare ardenti ore d'amore; nel secondo, Ciccio fa il burattinaio. Da tempo però ha un unico spettatore, il fanatico Franco. Ciccio, disperato, dichiara fallimento. Franco lo sostituisce. ■ COMMEDIA; B/N; 90'; ITALIA, 1967.

ZAPPATORE ★
Regia di ALFONSO BRESCIA. Con GERARDO AMATO, REGINA BIANCHI, MARIO MEROLA, MARA VENIER. ■ Con grandi sacrifici un contadino fa studiare il figlio e lo porta alla laurea in legge. Il ragazzo, innamorato di un'americana, abbandona la famiglia, ma l'imminente morte della madre lo farà tornare a casa. ■ DRAMMATICO; COL.; 90'; ITALIA, 1980.

ZAPPATORE – RINNEGO MIO FIGLIO, LO ★★
Regia di RATE FURLAN. Con GABRIELE FERZETTI, NINO MARCHESINI, MARISA MERLINI, NICO PEPE. ■ Un contadino, coi suoi risparmi, manda il figlio all'università. Il ragazzo, ottenuta la laurea in legge e aperto uno studio di avvocato, si dà a una vita dissipata e ben presto trascina alla rovina tutta la famiglia, finendo persino coinvolto in un omicidio. Pentito, alla fine accetterà di tornare per sempre al paese natio. Famosa sceneggiata napoletana. ■ DRAMMATICO; B/N; 92'; ITALIA, 1950.

ZAPPED (IL COLLEGE PIÙ SBALLATO D'AMERICA) *(Zapped!)* ★★
Regia di ROBERT J. ROSENTHAL. Con WILLIE AAMES, SCOTT BAIO, FELICE SCHACHTER. ■ Uno studente, Barney, scopre una sostanza che gli dà il potere di spostare gli oggetti a distanza. Un suo amico vorrebbe usarlo per sbancare una casa da gioco, ma Barney si oppone; una botta in testa gli toglierà definitivamente i suoi poteri. ■ COMMEDIA; COL.; 96'; USA, 1982.

ZAPPED – IL COLLEGIO PIÙ PAZZO ★
(Zapped Again)
Regia di DOUGLAS CAMPBELL. Con TOD ERIC ANDREWS, KAREN BLACK, LINDA BLAIR. ■ La Emerson High School è il solito collegio, con i soliti studenti porcelloni e le solite ragazze che si fanno spiare più o meno (spesso meno) vestite. Il tutto già visto e rivisto senza variazioni apprezzabili. ■ COMMEDIA; COL.; 90'; USA, 1991.

ZARAK KHAN *(Zarak)* ★★★
Regia di TERENCE YOUNG. Con ANITA EKBERG, VICTOR MATURE, MICHAEL WILDING. ■ Zarak è il figlio ribelle di un capo indiano. Pur di compiere le sue imprese si allea con un perfido maharajah. Catturato dalle forze inglesi, Zarak, quando vede che a loro volta gli inglesi stanno per essere sopraffatti dal maharajah, si pente e, sacrificando la vita, riesce a far perdere al maharajah tempo prezioso in attesa dell'arrivo del reggimento liberatore. ■ AVVENTURA; COL.; 89'; GRAN BRETAGNA, 1957.

ZAR DELL'ALASKA, LO *(Ice Palace)* ★★★
Regia di VINCENT SHERMAN. Con RICHARD BURTON, MARTHA HYER, CAROLYN JONES, ROBERT RYAN. ■ Saga di due famiglie dell'Alaska divise da fiera rivalità. I due capifamiglia si battono uno per il suo benessere personale, l'altro per il benessere di tutti. Vincerà il buono, diventando primo governatore dell'Alaska appena proclamata Stato. ■ DRAMMATICO; COL.; 143'; USA, 1960.

ZARDOZ ★★
Regia di JOHN BOORMAN. Con JOHN ALDERTON, SEAN CONNERY, SARA KESTELMAN, CHARLOTTE RAMPLING. ■ Nell'anno 2293, una potente colonia di esseri immortali domina la comunità con l'aiuto dei violenti "sterminatori". Tutto il sistema è retto da una specie di grande cervello (il "Cristallo") e da una divinità di pietra volante ("Zardoz"). Uno degli sterminatori, ribellandosi all'oppressione, batterà gli immortali, dando inizio nuovamente alla vita umana secondo le leggi di natura. ■ FANTASTICO; COL.; 102'; USA, 1974.

ZAREVITCH *(Der Zarewitsch)* ★★
Regia di VIKTOR JANSON. Con GEORG ALEXANDER, MARTHA EGGERTH. ■ Una giornalista, incaricata di intervistare il principe ereditario di Russia di passaggio a Nizza, lo cerca invano senza sapere che, in seguito a un incidente d'auto, è stata sua compagna di viaggio. Fra i due inizia poi un idillio. Ma il principe, data la sua condizione, non può sposarla e, a malincuore, è infine costretto a lasciarla. ■ COMMEDIA; B/N; 92'; GERMANIA, 1933.

ZAR FOLLE, LO *(The Patriot)* ★★★
Regia di ERNST LUBITSCH. Con HARRY CORDING, NEIL HAMILTON, EMIL JANNINGS, LEWIS STONE, VERA VERONINA, FLORENCE VIDOR. ■ Questo dramma storico, interamente perduto, narra la vicenda dello zar Paolo I (Emil Jannings) mentalmente disturbato, dissoluto e psicotico. Vive segregato nel suo palazzo ed è ossessionato dai complotti. Il suo più fidato consigliere, il conte Pahlen (Lewis Stone), è combattuto tra la fedeltà al monarca e il dolore per le miserevoli condizioni di vita dei sudditi aggravate dal regime tirannico e dispotico dello zar. Infine decide di unirsi al complotto per uccidere lo zar, il quale però viene a conoscenza del tradimento di Pahlen. Quest'ultimo, pentito del tradimento e fedele al pur tirannico e pazzoide monarca, trova la morte insieme a questi per mano dei congiurati. Egli è un vero patriota. ■ DRAMMATICO; B/N; 113'; USA; 1928. ■ OSCAR 1 PR, 5 NOM.

ZATHURA – UN'AVVENTURA SPAZIALE *(Zathura)* ★★★
Regia di JON FAVREAU. Con JONAH BOBO, JOSH HUTCHERSON, DEREK MEARS, TIM ROBBINS, DAX SHEPARD, KRISTEN STEWART, DOUGLAS TAIT. ■ Danny e Walter, due fratelli rispettivamente di sei e dieci anni, trovano un vecchio gioco da tavolo nello scantinato di casa. Danny decide di cominciare a giocare. Così lui e il fratello si trovano all'improvviso proiettati nello spazio profondo. Tratto da un romanzo dell'autore di *Jumanji* e simile a quel libro e a quel film come impianto narrativo, *Zathura* riesce però ad essere un'opera che può piacere sia ai ragazzi (per la sua struttura avventuroso-fantascientifica) sia agli adulti che ancora ricordano i buoni vecchi film degli anni Cinquanta. ■ AVVENTURA; COL.; 113'; USA, 2005.

ZATOICHI ★★★★
Regia di TAKESHI KITANO. Con TAKESHI KITANO, TADANOBU ASANO, YUKO DAIKE, AKIRA EMOTO, TAKA GATARUKANARU, HIDEBOH, SABURO ISHIKURA, ITTOKU KISHIBE, YUI NATSUKAWA. ■ Nel Giappone del XIX secolo, Zatoichi, guerriero cieco e apolide, vive dedicandosi al massaggio e al gioco d'azzardo, ma è anche un virtuoso della spada, la katana, che offende mortalmente inopportuni avventori. Il suo peregrinare lo conduce alle porte di un villaggio vessato dal clan di Ginzo, che due "fanciulle", sopravvissute allo sterminio della famiglia, vogliono morto. La spada di Zatoichi, allora, incrocerà la grazia delle geishe. Kitano rilegge il mito nipponico del guerriero cieco Zatoichi, protagonista di un serial televisivo di culto degli anni Sessanta-Settanta, della sua spada letale nascosta nel bastone, del suo altruismo, del suo vagare. Zatoichi si realizza nel combattimento come Kitano nel divertimento, dimentico dei codici che da sempre regolano il cinema "in costume". ■ COMMEDIA; COL.; 115'; GIAPPONE, 2003. ■ VENEZIA 2 PR.

ZATTERE – PUPE, PORCELLONI E GOMMONI ★★
(Up the Creek)
Regia di ROBERT BUTLER. Con JOHN HILLERMAN, TIM MATHESON, JENNIFER RUNYON. ■ In una gara di discesa delle rapide in gommone le università americane concorrenti se ne combinano di tutti i colori. Eccellenti *stunt* per un film il cui titolo spiega già tutto. ■ COMMEDIA; COL.; 95'; USA, 1984.

ZAZÀ ★★★
Regia di RENATO CASTELLANI. Con ANTONIO CENTA, ADA DONDINI, ISA MIRANDA, NICO PEPE, ALDO SILVANI. ■ Una cantante che si esibisce in una cittadina di provincia si innamora di un ricco ingegnere parigino che poi la lascia promettendole di tornare presto. La ragazza lo raggiunge a Parigi e scopre che è sposato e padre di una bimba. Nonostante i tentativi dell'uomo per indurla a fuggire con lui, lo abbandonerà definitivamente, decisa a rifarsi una nuova vita. ■ DRAMMATICO; B/N; 95'; ITALIA, 1942.

ZAZIE NEL METRÒ *(Zazie dans le métro)* ★★★
Regia di LOUIS MALLE. Con CATHERINE DEMONGEOT, HUBERT DESCHAMPS, PHILIPPE NOIRET, ANTOINE ROBLOT. ■ Zazie, una ragazzina di provincia in visita a Parigi, sfugge alla sorveglianza dello zio per girare liberamente la città. Di avventura in avventura, conosce una serie di singolari personaggi con i quali viene anche coinvolta in una rissa. Ma il suo più vivo desiderio, quello di fare un viaggio in metropolitana, resterà insoddisfatto a causa di uno sciopero. Il metrò riprenderà a funzionare solo per riportarla, ormai addormentata, alla stazione. Scritto da Truffaut. ■ COMMEDIA; COL.; 92'; FRANCIA, 1960.

ZEBRA CODICE VENDETTA *(Code Name Zebra)* ★★
Regia di JOE TORNATORE. Con MIKE LANE, JIM MITCHUM, FRANK SINATRA JR. ■ Un gruppo di reduci del Vietnam distrugge un clan mafioso. Qualche anno più tardi un killer del clan esce di prigione e si mette in caccia dei componenti del gruppo, detto "Zebra force". ■ AVVENTURA; COL.; 91'; USA, 1985.

ZEBRAHEAD ★★
Regia di ANTHONY DRAZAN. Con PAUL BUTLER, MICHAEL RAPAPORT, N'BUSHE WRIGHT. ■ Zack è un ragazzo ebreo che vive a Detroit. Vive con il padre (è orfano di madre) e ha come migliore amico un ragazzino di colore, Dee. Quando arriva la cuginetta di Dee, Niki, per Zack è subito amore ma le difficoltà saranno numerose. ■ DRAMMATICO; COL.; 95'; USA, 1992.

ZEBRA IN CUCINA, LA *(Zebra in the Kitchen)* ★★
Regia di IVAN TORS. Con ANDY DEVINE, MARTIN MILNER, JAY NORTH. ■ Un ragazzino molto amico degli animali è costretto a cambiare città. Ma non vuole separarsi dal suo amato puma. Papà gli ordina di venderlo allo zoo. Ma il dispettoso ragazzotto, invece di far rinchiudere il puma, libera gli altri animali. ■ COMMEDIA; COL.; 90'; USA, 1965.

ZEBRA KILLER *(The Zebra Killer)* ★★
Regia di WILLIAM GIRDLER. Con MIKE CLIFFORD, JAMES PICKETT, HUGH SMITH, AUSTIN STOKER. ■ Un sergente della omicidi, dai metodi piuttosto spicci, indaga per scoprire l'identità di un maniaco che, uccise tre donne, ha annunciato l'intenzione di fare altre dieci vittime. L'assassino è il figlio di un condannato a morte che vuole eliminare tutti i giurati del processo contro il padre. Il sergente riuscirà a farlo fuori. ■ POLIZIESCO; B/N; 88'; USA, 1974.

ZEDER ★★★
Regia di PUPI AVATI. Con CESARE BARBETTI, ANNE CANOVAS, GABRIELE LAVIA, MARCELLO TUSCO. ■ Una leggenda sostiene che esistono alcuni posti con particolarità geologiche che permettono di non morire. Uno studente con velleità di romanziere crede di identificare uno di questi luoghi in una località vicino a Ravenna. Qui trova un prete spretato che è sopravvissuto sì, ma sotto forma di vampiro. ■ HORROR; COL.; 100'; ITALIA, 1983.

ZELIG ★★★★
Regia di WOODY ALLEN. Con WOODY ALLEN, GARRETT BROWN, MIA FARROW. ■ La vita di Leonard Zelig detto il "camaleonte", campione di conformismo. Talmente conformista da assumere ogni volta sembianze, modi, anche professione simili a quelli dell'interlocutore del momento (diventa nero in mezzo ai neri, un medico in mezzo ai medici e così via). Di lui si prende cura una psichiatra che presto s'innamora... Satira al vetriolo di Allen che vince una bella scommessa tecnica (saldare senza apparente soluzione di continuità i brani di cinegiornale con quelli ricostruiti). ■ COMMEDIA; COL.; 79'; USA, 1983. ■ DAVID DI DONATELLO 1 PR, 1 NOM; GOLDEN GLOBES 2 NOM; OSCAR 2 NOM; VENEZIA 1 PR.

ZELLY ED IO *(Zelly and Me)* ★★
Regia di TINA RATHBORNE. Con ALEXANDRA JOHNES, GLYNIS JOHNS, ISABELLA ROSSELLINI. ■ Un'orfanella, Phoebe, vive con la nonna. La ragazzina trova l'affetto di cui ha bisogno in una donna di servizio un po' svanita e nei suoi pupazzi di peluche, che le fanno compagnia. Dovrà fare affidamento solo su se stessa per imparare a crescere spiritualmente. Isabella Rossellini si fa notare, nonostante una parte secondaria. ■ COMMEDIA; COL.; 87'; USA, 1988.

ZENABEL ★★
Regia di Ruggero Deodato. Con Beatrice Bensi, Fiorenzo Fiorentini, Lucretia Love, Mauro Nicola Parenti, Lionel Stander. ■ Siamo in Italia meridionale nel 1627, al tempo della dominazione spagnola. La bella Zenabel, esperta combattente, saputo di essere figlia di un duca spodestato, fa fuori il cattivo barone spagnolo, ma rinuncia ai suoi diritti sul ducato per stare con un bandito napoletano che l'ha aiutata nella lotta. ■ Avventura; col.; 93′; Italia, 1969.

ZENOBIA – OLLIO SPOSO MATTACCHIONE ★★
(Zenobia)
Regia di Gordon Douglas. Con Billie Burke, Oliver Hardy. ■ Un generoso medico cura segretamente una grossa elefantessa di un circo, che gli si affeziona e gli combina un sacco di guai. Proprio grazie al pachiderma, il medico riesce però a ottenere che sua figlia sposi il giovane rampollo di una nobile famiglia, nonostante l'opposizione dei parenti di quest'ultimo. ■ Commedia; b/n; 71′; USA, 1939.

ZEPPELIN ★★★
Regia di Etienne Périer. Con Peter Carsten, Anton Diffring, Marius Goring, Andrew Keir, Elke Sommer, Michael York. ■ Un giovane ufficiale inglese di origine tedesca viene inviato, durante la prima guerra mondiale, in Germania dai servizi segreti per spiare il progetto di un dirigibile capace di bombardare da altissima quota. L'ufficiale riesce a conquistare la fiducia del colonnello che dirige il progetto, imbarcandosi sul dirigibile durante la sua prima missione in Scozia. Da lui avvertiti, i soldati inglesi arrivano però in forze mandando all'aria i piani tedeschi. ■ Spionaggio; col.; 97′; Gran Bretagna, 1971.

ZEPPELIN LA CASA SULL'ALBERO *(Zeppelin)* ★★★
Regia di Lasse Glomn. Con Silvia Myhre, Prebe Skjonsberg. ■ Arrivando nella casa di campagna, la famiglia della piccola Nina scopre che l'abitazione è stata frequentata da un ragazzino scappato di casa, Zeppelin. Tra Nina e il ragazzo si stabilisce una forte complicità, e quando Zeppelin è costretto a fuggire, sarà Nina a convincere i genitori di lui a riprenderlo in famiglia. ■ Drammatico; col.; 92′; Norvegia, 1981.

ZERO BOYS, THE ★
Regia di Nico Mastorakis. Con Daniel Hirsch, Kelly Maroney, Jared Moses, Joe Phelan. ■ Tre ragazzi e altrettante ragazze vengono sorpresi da un temporale e cercano riparo in un cascinale deserto. Ignorando, naturalmente, che quel luogo è stato scelto da due sicari senza scrupoli per un mortale tranello. ■ Drammatico; col.; 89′; Grecia, USA, 1985.

057 CHIAMATE POLIZIA *(Trafics dans l'ombre)* ★★
Regia di Antoine D'Ormesson. Con Michel Auclair, Marc Bonseigneur, Claudine Coster, Anne Doat. ■ Gli infilano nel portabagagli dell'auto un cadavere. Da quel momento il giovanotto deve faticare per salvarsi da una banda di criminali. Starebbe per morire ma arrivano i nostri, cioè la polizia. ■ Giallo; b/n; 90′; Francia, 1965.

ZERO DARK THIRTY ★★★★
Regia di Kathryn Bigelow. Con Jessica Chastain, Jason Clarke, Joel Edgerton, Jennifer Ehle, Mark Strong. ■ La caccia ad Osama Bin Laden è stata la missione che più ha impegnato l'America contemporanea. È la storia di Maya, giovane ufficiale della Cia, armata d'intuito e di una determinazione feroce, che non si è lasciata fermare dai giochi di potere né da indecisioni o scetticismo dei superiori, riuscendo nell'impresa storica di ritrovare il leader. Al di là del successo nel raccontare una storia nota con una tensione che non dà tregua, e oltre una regia di massima precisione, *Zero Dark Thirty* è un film raro e imperdibile: tanto nella ricostruzione quasi documentaristica dei metodi di lavoro dell'intelligence, delle dinamiche maschili al suo interno, della solitudine al femminile, dell'impegno visivo, strategico e linguistico che ne sono parte integrante e che occupano per intero la prima parte del film, quanto nella grande sequenza dell'azione e nella difficile chiusura, non c'è nulla che manchi al film né nulla che sia di troppo. È la fedeltà cieca a un obiettivo folle che spinge Maya, perché trovare Osama vuol dire prima di tutto trovare se stessa. ■ Thriller; col.; 157′; USA, 2012.

ZERO IN CONDOTTA ★★
Regia di Giuliano Carnimeo. Con Tiziana Altieri, Gianfranco Barra, Orsetta Gregoretti. ■ La vita, le speranze e gli amori di un gruppo di compagni di scuola di terza liceo, negli anni Cinquanta. Sulle note delle canzonette dell'epoca, i ragazzi litigano con i genitori, flirtano con le compagne e sognano di fuggire in Svezia, patria di un'ancora sconosciuta libertà sessuale. ■ Commedia; col.; 96′; Italia, 1983.

ZERO IN CONDOTTA *(Zéro de conduite)* ★★★★
Regia di Jean Vigo. Con Jean Dasté, Louis de Gonzague-Frik, Delphin, Robert Le Flon. ■ Uno dei più famosi film del filone surrealista nel quale Jean Vigo descrive, con spunti autobiografici, la vita in un collegio di provincia con gli inevitabili scontri generazionali fra allievi poveri e rudi sorveglianti senza scrupoli. ■ Commedia; b/n; 47′; Francia, 1933.

08/15 ★★
Regia di Paul May. Con Harry Hardt, Wilfried Seyferth, Helen Vita. ■ Satira antimilitarista che trae lo spunto dalla vita, durante il nazismo, di due amici in caserma: un soldato ingenuo e sognatore e un caporale duro e ligio ai regolamenti. ■ Commedia; b/n; 93′; Germania, 1953.

08/15 KAPUTT *(08/15 in der Heimat)* ★★
Regia di Paul May. Con Hans Friedrich, Otto Eduard Hasse, Stig Roland, Hannes Schiel. ■ Discreto film antimilitarista del filone del tenente Ash. In questo episodio, due ufficiali nazisti, per salvare la loro pelle, fanno sferrare un attacco a un reparto, che subisce gravi perdite. Uno dei due farabutti sarà impiccato da un tribunale militare tedesco (ma il suo comandante verrà ritenuto dagli americani un criminale di guerra), mentre l'altro verrà ucciso da un soldato. ■ Drammatico; b/n; 91′; Germania, 1955.

07 TAXI ★★
Regia di Marcello Pagliero. Con Carlo Campanini, Vera Carmi, Osvaldo Genazzani, Tito Gobbi. ■ Un tassista, vedovo con una figlia, ospita in casa una ragazza rimasta senza mezzi dopo aver tentato invano di dedicarsi al teatro. Fra i due nasce un idillio, ma una serie di malintesi spingono la giovane a fuggire per tornare, questa volta con successo, alle scene. Riappacificazione e matrimonio finale. ■ Commedia; b/n; 93′; Italia, 1946.

ZERO THEOREM, THE ★★
Regia di Terry Gilliam. Con Matt Damon, Peter Stormare, Tilda Swinton, Christoph Waltz. ■ Una sorta di immane grande fratello controlla l'umanità. Qohen, agorafobico, è uno degli operatori-controllori. Vive in una chiesa che pare un museo, circondato da vestigia di un'altra epoca, o meglio di altre epoche, in un cortocircuito di generazioni perdute che sembrano tendere al Caos ultimo, all'Entropia galoppante. Non fa sesso se non virtuale, non ha altra vita che quella postazione. A costo di risultare ovvio o datato, Gilliam affronta di petto lo smarrimento delle identità che si fa paradossale in un mondo teoricamente ossessionato dall'esibizione e moltiplicazione dell'ego nella Rete. Ma la variabile vincente dell'algoritmo di *The Zero Theorem* sta forse nel cast, in un Christoph Waltz che per una volta trattiene i trucchi e i cliché del mestiere, in Thewlis, Swinton e Matt Damon che con dedizione si ritagliano ruoli consapevolmente caricaturali. Dall'accettazione della propria non-unicità – essere "creep" e non "special" – parte forse l'unico sentiero possibile verso una serena e consapevole (in)felicità. ■ Drammatico; col.; 107′; USA, Gran Bretagna, 2013.

0/1327 DIPARTIMENTO CRIMINALE *(Chantage)* ★★★
Regia di Guy Lefranc. Con Leo Genn, Magali Noël, Raymond Pellegrin. ■ Un operaio fa parte di una banda di ricattatori: il suo compito è sedurre donne sposate e ricche che poi diventano vittime dell'organizzazione criminale. Ad un certo punto, gli ordineranno di uccidere una ragazza di cui s'è innamorato; lui, per salvarla, si sacrificherà. ■ Drammatico; b/n; 102′; Francia, 1955.

00 CIAK OPERAZIONE MONDO ★
Regia di Marino Marzano. Con Femi Benussi, Massimo Se-

RATO. ■ Scrittore aiutato da ragazza cerca materiale per un suo libro. Carrellata su spettacolini di varietà, numeri comici, canzoni. ■ DOCUMENTARIO; COL.; 90'; ITALIA, 1966.

005 MATTI: DA HONG KONG CON FURORE ★★
(Bons baisers de Hong Kong)
Regia di YVAN CHIFFRE. Con LES CHARLOTS, YVAN CHIFFRE, CLIFTON JAMES, MICKEY ROONEY, SHAN KWAN LIN FUNG. ■ Un megalomane siciliano si innamora di Elisabetta II d'Inghilterra, la fa rapire e la nasconde a Hong Kong. I quattro Charlots si trasformano in agenti speciali e, vinte tutte le insidie del diabolico siciliano, liberano la regina. ■ COMMEDIA; COL.; 100'; FRANCIA, 1975.

002 AGENTI SEGRETISSIMI ★★
Regia di LUCIO FULCI. Con FRANCO FRANCHI, CICCIO INGRASSIA, AROLDO TIERI. ■ Franco e Ciccio, scambiati per agenti segreti, hanno alle calcagna cinesi, russi e americani. ■ COMMEDIA; B/N; 90'; ITALIA, 1964.

002 OPERAZIONE LUNA ★★
Regia di LUCIO FULCI. Con FRANCO FRANCHI, CICCIO INGRASSIA, IGNAZIO LEONE, HELEN SEDLAK, LINDA SINI. ■ Franco e Ciccio sono rapiti dagli agenti russi per sostituire due astronauti sovietici, Frankovic e Cicciornia, cui somigliano come due gocce d'acqua. ■ COMMEDIA; B/N; 90'; ITALIA, 1965.

009 JOE TEMPESTA *(Cyborg 009)* ★★
Regia di DANIS MARIN. ■ Film d'animazione fantascientifico: nove superuomini ingaggiano una lotta senza esclusione di colpi contro i soliti cattivi che vogliono dominare il mondo, e li sconfiggono. ■ ANIMAZIONE; COL.; 92'; GIAPPONE, 1969.

008 OPERAZIONE RITMO ★
Regia di TULLIO PIACENTINI. ■ Carrellata di canzoni intervallate da cartoni animati. ■ MUSICALE/ANIMAZIONE; COL.; 93'; ITALIA, 1965.

007 QUANTUM OF SOLACE ★★
Regia di MARC FORSTER. Con MATHIEU AMALRIC, DANIEL CRAIG, JUDI DENCH, GIANCARLO GIANNINI, OLGA KURYLENKO. ■ Ancora profondamente scosso dal tradimento e dalla morte di Vesper, la donna che amava, James Bond è spinto all'azione da un desiderio di vendetta. Durante un interrogatorio a Mr. White, 007 e M scoprono che una potente organizzazione, di cui neanche conoscevano l'esistenza, sta tramando alle loro spalle. La pista porta l'agente segreto a Haiti dove individua in Dominic Greene l'uomo che si cela dietro l'organismo che vede coinvolti uomini d'affari di tutte le nazioni. A Haiti fa anche la conoscenza di Camille, una giovane spia che come lui è assetata di vendetta. *Quantum Of Solace* inizia laddove finiva *Casino Royale* e si concentra, nuovamente, sugli esordi di James Bond come agente segreto. ■ AZIONE; COL.; 106'; USA, GRAN BRETAGNA, 2008.

007 BERSAGLIO MOBILE *(A View to Kill)* ★★
Regia di JOHN GLEN. Con GRACE JONES, ROGER MOORE, TANYA ROBERTS, CHRISTOPHER WALKEN. ■ Ennesima missione per James Bond, agente 007 con licenza di uccidere: deve scoprire la produzione di sofisticati microchip da computer. Anche i russi sono interessati, ma Bond, con la bionda di turno, ha la meglio. ■ AVVENTURA; COL.; 125'; GRAN BRETAGNA, 1985. ■ GOLDEN GLOBES 1 NOM.

007 GOLDENEYE *(GoldenEye)* ★★★
Regia di MARTIN CAMPBELL. Con SEAN BEAN, PIERCE BROSNAN, JOE DON BAKER, FAMKE JANSSEN, IZABELLA SCORUPCO. ■ Diciassettesimo film della serie ufficiale, esordio del simpatico Brosnan nel ruolo di James Bond. Dopo la fine dell'Urss, 007 a confronto con vecchi amici e nemici che hanno sostituito le ideologie con il denaro. L'organizzazione criminale Janus, infiltrata ai vertici della difesa russa, assume il controllo di *GoldenEye*, lo scudo spaziale sovietico. Obiettivi: una colossale rapina via computer ai danni del Regno Unito e una spietata vendetta attesa per una vita intera. Bond corre da San Pietroburgo a Cuba, in compagnia di una bella e coraggiosa programmatrice russa. Si rinnova il cast (con l'eccezione di Desmond Llewellyn nel ruolo di Q), si aggiorna la colonna sonora e cambiano le ambientazioni, ma la formula si ripete: Bond penetra nella base degli avversari giusto in tempo per bloccare il conto alla rovescia finale. Quando tutto questo è fatto con ritmo, ironia e inimitabili scene d'azione, si può stare al gioco come se fosse la prima volta. ■ AVVENTURA; COL.; 130'; GRAN BRETAGNA, 1996.

007 IL DOMANI NON MUORE MAI ★★
(Tomorrow Never Dies)
Regia di ROGER SPOTTISWOODE Con PIERCE BROSNAN, TERI HATCHER, JONATHAN PRYCE, MICHELE YEOH. ■ Questa volta il mitomane che vuol dominare il mondo è il titolare di un network stellare che arriva a creare gli scoop per poterne poi parlare nelle sue emittenti e scrivere sui suoi giornali. Arriva a immaginare, usando una testata nucleare, di far scoppiare una guerra fra Cina e Inghilterra. Bond sventa tutto. Internet, ogni tipo di elettronica e di marketing. Montaggio quasi isterico, non ci si sofferma su niente. ■ AVVENTURA; COL.; 100'; USA, 1998. ■ GOLDEN GLOBES 1 NOM.

007 IL MONDO NON BASTA *(The Worlds Not Enough)* ★★
Regia di MICHAEL APTED. Con PIERCE BROSNAN, ROBERT CARLYLE, SOPHIE MARCEAU, DENISE RICHARDS, MARIA GRAZIA CUCINOTTA, DESMOND LLEWELYN. ■ L'eroe di Fleming è datato e vivrebbe solo come figura d'epoca, circondato dalle sue Luciana Paluzzi, Daniela Bianchi e Ursula Andress. Qui compare persino la Cucinotta, che, per fortuna, scompare dopo i titoli di testa. Ma il resto non basta a fare un *Bond movie*. La storia si incentra sull'ambizione della Marceau, a capo di un impero economico, che vuole, naturalmente, dominare il mondo. ■ AVVENTURA; COL.; 127'; GRAN BRETAGNA, USA, 2000.

007 LA MORTE PUÓ ATTENDERE *(Die another day)* ★★
Regia di LEE TAMAHORI. Con HALLE BERRY, PIERCE BROSNAN, JOHN CLEESE, JUDI DENCH, RICK YUNE. ■ Questa volta Bond viene catapultato in Corea del Nord. Catturato, si libera, ma si vede ritirare la licenza: è sospettato di aver rivelato ai carcerieri i nomi dei componenti della propria rete spionistica. Fuggito dalla nave che doveva trasportarlo alle Falkland, l'agente si reca dapprima a Cuba dove incontra l'affascinante Jinx, poi a Londra dove il misterioso miliardario Gustav Graves sembra tirare le fila del gioco. Di mezzo c'è un satellite capace di concentrare la luce solare, doppi e tripli giochi, un conflitto alle porte tra Corea del Nord e del Sud. Non è difficile immaginare chi l'avrà vinta. Ventesima puntata ufficiale delle avventure di Bond, 007. ■ AZIONE; COL.; 132'; INGHILTERRA, USA, 2003.

007 1/2 AGENTE PER FORZA CONTRO GLI ASSASSINI DELLO YÈ YÈ *(Out of Sight)* ★★
Regia di LENNIE WEINRIB. Con JONATHAN DALY, KAREN JENSEN, ROBERT PINE, CAROLE SHELYNE. ■ Finta trama gialla fa da pretesto per ammannire agli spettatori rock and roll a non finire. ■ MUSICALE; COL.; 87'; USA, 1966.

007 VENDETTA PRIVATA *(License to Kill)* ★★★
Regia di JOHN GLEN. Con TIMOTHY DALTON, ROBERT DAVI, ANTHONY ZERBE. ■ Un boss della droga per vendetta uccide la moglie di un agente americano amico di James Bond e ferisce gravemente l'agente. Bond vuol farla pagare al boss, ma la vendetta personale non è consentita agli agenti segreti inglesi. La famosa licenza di uccidere gli viene revocata. Ma 007 non desiste. E alla fine avrà la pelle del boss. ■ AVVENTURA; COL.; 133'; GRAN BRETAGNA, 1989.

007 ZONA PERICOLO *(The Living Daylights)* ★★★
Regia di JOHN GLEN. Con MARYAM D'ABO, TIMOTHY DALTON, JOE DON BAKER. ■ James Bond viene inviato a Bratislava per coprire la fuga del generale russo Koskov, che diserta dal Kgb portando con sé molti segreti. Ma questi è anche un trafficante d'armi coinvolto con un grosso mercante di cannoni e insieme stanno organizzando una colossale operazione di armi, diamanti e droga. Insieme a Kara, una violoncellista cecoslovacca anche lei ex del Kgb, 007 sventa il complotto in spettacolari avventure – voli, cavalcate, spari, incendi – attraverso l'Inghilterra, il Marocco e l'Afghanistan. ■ AVVENTURA; COL.; 125'; GRAN BRETAGNA, 1987.

003 CONTRO INTELLIGENCE SERVICE ★★
(Ring of Spies)
Regia di ROBERT TRONSON. Con DAVID KOSSOFF, BERNARD LEE, WILLIAM SYLVESTER, MARGARET TYZACK. ■ Un ex diplomati-

co viene corrotto affinché si impadronisca di importanti documenti. Per riuscire nell'impresa si procura la complicità di una collega. Ma il gioco non dura. ■ SPIONAGGIO; B/N; 90′; GRAN BRETAGNA, 1964.

ZETA UNO *(Zeta One)* ★★
Regia di MICHAEL CORT. Con DAWN ADDAMS, CHARLES HAWTREY, VALERIE LEON, JAMES ROBERTSON JUSTICE. ■ Zeta Uno, regina di un fantastico regno dove non si invecchia, fa catturare da una bellona l'agente segreto che ne stava per scoprire l'esistenza. ■ FANTASTICO; COL.; 82′; GRAN BRETAGNA, 1970.

ZEUS E ROXANNE – AMICI PER LA PINNA ★★★
(Zeus and Roxanne)
Regia di GEORGE T. MILLER. Con STEVE GUTTENBERG, KATHLEEN QUINLAN, ARNOLD VOSLOO. ■ Roxanne è una delfina e Zeus un cane. Il padrone del cane abita accanto a una biologa che sta studiando il cetaceo. Mentre i due animali diventano amici, i loro padroni si innamorano. Commedia per famiglie priva di sorprese ma professionalmente corretta. ■ COMMEDIA; COL.; 98′; USA, 1997.

ZIA ANGELINA, LA *(Tatie Danielle)* ★★★
Regia di ÉTIENNE CHATILIEZ. Con TSILLA CHELTON, CATHERINE JACOB, ISABELLE NANTY. ■ Conosciuto per *La vita è un lungo fiume tranquillo* il regista francese ci mostra una zia fuori dai soliti schemi sdolcinati. Infatti Danielle Billard, ribattezzata Angelina in Italia, vive in una tranquilla contrada di Auxerre. Vedova di un colonnello passa la vita in compagnia del busto del marito e di Odile, una governante ultrasettantenne. Quest'ultima viene costantemente vessata, tanto che ne morirà. I nipoti e i loro figli dopo la dipartita di Odile portano la "cara" zia a Parigi. Qui potrà dare ulteriore sfogo alla sua cattiveria e dopo essere rimasta sola con una ragazza poco più che ventenne caccerà anche questa. Sembravano andare d'accordo ma la giovane aveva avuto l'impertinenza di innamorarsi di un turista americano. Humour nero condito con realismo visto che la protagonista è veramente esistita. Enorme successo in Francia. ■ COMMEDIA; COL.; 110′; FRANCIA, 1990.

ZIA D'AMERICA VA A SCIARE, LA ★★
Regia di ROBERTO BIANCHI MONTERO. Con TINA PICA, FRANCA RAME, VIRGILIO RIENTO. ■ Tina Pica indossa i panni di un'anziana donna che, in seguito ad un dissesto economico, lascia l'America e viene in Italia con le due graziose nipoti per farle sposare con dei ricchi giovanotti. Sulle nevi del Terminillo, riuscirà nell'impresa dopo una serie di esilaranti equivoci. ■ COMICO; B/N; 94′; ITALIA, 1958.

ZIA DI CARLO, LA *(Charley's Aunt)* ★★★
Regia di ARCHIE MAYO. Con ANNE BAXTER, JACK BENNY, LAIRD CREGAR, JAMES ELLISON, KAY FRANCIS. ■ Per evitare l'espulsione dall'università di Oxford, uno studente è costretto a ricorrere a due amici che gli promettono di aiutarlo. In cambio però i due gli chiedono di travestirsi da donna e di assumere la parte della zia di uno di essi, in modo da poter incontrare, con questo stratagemma, due ragazze di cui sono innamorati. Nascono numerosi equivoci che, con l'arrivo della zia autentica, si risolvono per il meglio, con un triplice matrimonio. ■ COMMEDIA; B/N; 81′; USA, 1941.

ZIA DI CARLO, LA ★★★
Regia di ALFREDO GUARINI. Con LUCY D'ALBERT, MAURIZIO D'ANCORA, SILVANA JACHINO, ERMINIO MACARIO, CARLO MINELLO. ■ Due giovani invitano le fidanzate in una villa di campagna per festeggiare l'arrivo di una ricca zia d'America. Ma all'ultimo momento la zia non arriva e i due convincono un loro amico a travestirsi per prenderne il posto. Sorge tutta una serie di equivoci ma alla fine tutto si risolve con l'arrivo della zia autentica. ■ COMMEDIA; B/N; 66′; ITALIA, 1942.

ZIA JULIA E LA TELENOVELA ★★
(Aunt Julia and the Scriptwriter)
Regia di JON AMIEL. Con PETER FALK, BARBARA HERSHEY, BILL MCCUTCHEON, KEANU REEVES. ■ Dal romanzo di Mario Vargas Llosa. Interessante, ma con alti e bassi. Ci troviamo a Detroit nel 1950 e il giovane Martin scrive testi per una piccola radio. Sua zia Julia, che ha avuto due mariti, è ospite a casa sua. Martin si innamora di lei. ■ COMMEDIA; COL.; 102′; USA, 1990.

ZIA SMEMORATA, LA ★★
Regia di LADISLAO VAJDA. Con DINA GALLI, OSVALDO VALENTI, CARLO CAMPANINI. ■ Per un equivoco, un avvocato è convinto che la fidanzata l'abbia tradito con un amico ingegnere. Quest'ultimo si dà da fare per dimostrare la verità; quando ci riesce, la ragazza dell'avvocato è ormai innamorata di lui. ■ COMMEDIA; B/N; 90′; ITALIA, 1941.

ZIA SVEDESE, LA ★
Regia di MARIO SICILIANO. Con GIUSEPPE CURIA, MARINA FRAJESE, PETER THOMPSON. ■ Rimasta sola perché il marito è in viaggio d'affari, giovane moglie si invaghisce del nipote del marito venuto a trovarla. Quando il nipote preferirà troncare, lei continuerà a fare la moglie alla ricerca di svaghi amorosi. ■ COMMEDIA; COL.; 91′; ITALIA, 1980.

ZIA, VUOI FARE PARTE DELLA CIA? ★★★
(The Unexpected Mrs. Pollifax)
Regia di LESLIE H. MARTINSON. Con JOHN BECK, HAROLD GOULD, DARREN MCGAVIN, ALBERT PAULSEN, NEHEMIAH PERSOFF, ROSALIND RUSSELL. ■ Entrata al servizio della Cia, una matura vedova viene catturata dai nemici durante una missione e spedita in Albania, dove è rinchiusa in una vecchia fortezza. Riuscirà ad entrare nelle grazie dei suoi carcerieri ed a mettersi in salvo assieme a un altro agente americano, suo compagno di avventure. ■ COMMEDIA; COL.; 110′; USA, 1970.

ZIEGFELD FOLLIES ★★★★
Regia di VINCENTE MINNELLI. Con FRED ASTAIRE, LUCILLE BREMER, JIMMY DURANTE, JUDY GARLAND, GENE KELLY, WILLIAM POWELL, ESTHER WILLIAMS. ■ *Ziegfeld Follies* è un tipico musical MGM, cioè un riuscito insieme di divertimento, scenografie e star. L'esile trama, basata sull'impresario che continua ad allestire grandiose riviste anche dopo la sua dipartita, serve unicamente a costruire il palcoscenico sul quale far esibire le star del film: Fred Astaire, Judy Garland, Esther Williams, Lucille Ball, Gene Kelly e Red Skelton. Si tratta forse del più assortito e prestigioso cast mai utilizzato per un musical: c'erano veramente tutti. Memorabili anche i duetti e le canzoni tra le quali: *This Heart of Mine* con Fred Astaire e Lucille Bremer, *A Great Lady Has An Interview* con Judy Garland, *Guzzler's Gin* con Red Skelton e *The Babbit and The Bromide* con Gene Kelly e Fred Astaire. Divertimento assicurato dal sapiente e smaliziato impasto di Vincente Minnelli. ■ MUSICALE; COL.; 110′; USA, 1944.

ZINGARA ★
Regia di MARIANO LAURENTI. Con PINO FERRARA, PIPPO FRANCO, LORETTA GOGGI, MINNIE MINOPRIO, MARIO PISU, BOBBY SOLO. ■ Una trama senza pretese è il pretesto per le esibizioni canore di Bobby Solo. ■ MUSICALE; COL.; 91′; ITALIA, 1969.

ZINGARA DI ALEX, LA *(Alex & the Gipsy)* ★★★
Regia di JOHN KORTY. Con GENEVIÈVE BUJOLD, JACK LEMMON, JAMES WOODS. ■ Un film da ricordare soprattutto per il copione e per l'interpretazione di Jack Lemmon. Un uomo attempato e pessimista viene "risvegliato" dall'incontro con una zingara piena di vita e libera da ogni condizionamento. Un quadro di una società allo sfacelo con tutti i piccoli casi crudeli che la compongono. ■ DRAMMATICO; COL.; 95′; USA, 1976.

ZINGARA ROSSA, LA *(The Gypsy and the Gentleman)* ★★★
Regia di JOSEPH LOSEY. Con JUNE LAVERICK, MELINA MERCOURI, KEITH MICHELL. ■ Drammone fumettistico, che si salva per l'eccezionale abilità del regista. Un gentiluomo si innamora follemente di una zingara e la sposa. Ma la maliarda voleva solo i quattrini da lui. L'uomo muore con lei annegato nel Tamigi. ■ DRAMMATICO; COL.; 107′; GRAN BRETAGNA, 1958.

ZINGARESCA *(Sally of the Sawdust)* ★★★
Regia di DAVID WARK GRIFFITH. Con CAROL DEMPSTER, W. C. FIELDS, ALFRED LUNT. ■ Teatro della vicenda è un circo itinerante e i personaggi che lo animano: tra questi, un'orfana che ha trovato il padre adottivo in un uomo dai modi rozzi ma sinceramente affezionato, e il classico eroe romantico. Un film muto

uscito in homevideo con un grande regista e un grande comico dimenticati. ■ COMMEDIA; B/N; 91'; USA, 1925.

ZINGARI *(Caravan)* ★★
Regia di ARTHUR CRABTREE. Con ANNE CRAWFORD, STEWART GRANGER, JEAN KENT, DENNIS PRICE. ■ L'amore fra un giovane povero e una ricca fanciulla è contrastato da un gentiluomo di pochi scrupoli che, dopo aver ferito il giovane, fa credere alla ragazza che sia morto. Il ferito è curato da una zingara che poi sposa. Alla fine, il groviglio si scioglie: zingara e gentiluomo muoiono, mentre il primitivo amore ha la sua felice conclusione. ■ DRAMMATICO; B/N; 122'; GRAN BRETAGNA, 1946.

ZINGARI DEL MARE, GLI *(The Sea Gypsies)* ★★
Regia di STEWART RAFFILL. Con MIKKI JAMISON-OLSEN, ROBERT LOGAN, HEATHER RATTRAY, SHANNON SAYLOR. ■ Un vedovo con le sue due figliolette e una giornalista partono su un battello verso le isole Aleutine. Presso le coste dell'Alaska l'imbarcazione, sulla quale viaggia anche un negretto imbarcatosi clandestinamente, naufraga. Il gruppetto sarà salvato dopo molte avventure; vedovo e giornalista si sposeranno. ■ AVVENTURA; COL.; 101'; USA, 1978.

ZINGARO *(Gypsy Colt)* ★★
Regia di ANDREW MARTON. Con WARD BOND, DONNA CORCORAN, FRANCES DEE. ■ Film per ragazzi, ha per protagonisti principali un intelligente puledro (Zingaro) e la figlioletta dei suoi padroni, che gli è molto affezionata. Un giorno i genitori della bambina sono costretti a vendere l'animale, ma questi torna dalla piccina. Riaccompagnato dal nuovo proprietario, fugge ancora e, dopo vane ricerche, ricompare nella sua vecchia casa. Il nuovo padrone, commosso, lo lascia definitivamente alla bambina. ■ AVVENTURA; B/N; 72'; USA, 1954.

ZINGARO, LO *(Le gitan)* ★★★
Regia di JOSÉ GIOVANNI. Con MARCEL BOZZUFFI, ALAIN DELON, ANNIE GIRARDOT, BERNARD GIRAUDEAU, PAUL MEURISSE, RENATO SALVATORI. ■ Evaso con due compagni, uno zingaro da due anni è braccato invano dalla polizia. Come una specie di moderno Robin Hood, ruba ai ricchi per devolvere i proventi delle sue rapine ai poveri: in questo caso al clan di nomadi al quale appartiene. Un tenace commissario riesce a localizzare il suo ultimo rifugio che, casualmente, è anche il rifugio di un abilissimo scassinatore reduce da un grosso colpo. Nell'immancabile sparatoria finale, un compagno dello zingaro resterà ucciso, un altro finirà in prigione assieme allo scassinatore, il protagonista principale riuscirà a farla franca. ■ POLIZIESCO; COL.; 100'; FRANCIA, 1975.

ZINGARO BARONE *(Zigeunerbaron)* ★★
Regia di KARL HARTL. Con DANIÈLE PAROLA, ADOLF WOHLBRÜCK, GINA FALCKENBERG. ■ Un principe ungherese, la cui famiglia è stata proscritta perché alleata dei turchi, torna sul finire del Settecento in patria, sotto mentite spoglie, per ottenere il condono e riscattare la terra confiscata. Ci riuscirà dopo una serie di avventure e sposerà anche una zingarella. ■ COMMEDIA; B/N; 93'; GERMANIA, 1936.

ZINGARO BARONE, LO *(Der Zigeunerbaron)* ★★
Regia di ARTHUR MARIA RABENALT. Con GEORGES GUÉTARY, PAUL HÖRBIGER, MARGIT SAAD. ■ Un barone si innamora di una zingara e finirebbero tutti e due in galera se non arrivasse provvidenzialmente l'imperatrice Maria Teresa a graziare i giovani. Intanto il barone ha scoperto un tesoro, che regala all'imperatrice, mentre la zingara scopre di aver avuto anche lei in passato nobili origini. ■ COMM. MUSICALE; B/N; 104'; FRANCIA, GERMANIA, 1954.

ZIO ADOLFO IN ARTE FÜHRER ★★
Regia di FRANCO CASTELLANO, PIPOLO. Con ADRIANO CELENTANO, FILIPPO COSTANZO, ANNA GARDINI, AMANDA LEAR. ■ Dopo l'ascesa al potere di Hitler, il fratello gemello di un prestigiatore diventato colonnello delle SS ha un solo obiettivo: uccidere il dittatore. Tutti i suoi attentati, però, falliscono miseramente. Quando il fratello colonnello scopre le sue trame, anziché denunciarlo ingaggia con lui un interminabile duello alla roulette russa, però con una pistola scarica. ■ COMMEDIA; COL.; 96'; ITALIA, 1978.

ZIO BOONMEE CHE SI RICORDA DELLE SUE VITE PRECEDENTI, LO *(Loong Boonmee Raleuk Chaat)* ★★
Regia di APICHATPONG WEERASETHAKUL. Con SAKDA KAEWBUADEE, JENJIRA PONGPAS. ■ Zio Boonme, arrivato allo stadio terminale di una malattia ai reni, decide di andare a trascorrere i suoi ultimi giorni nella casa in campagna. Con lui alcuni membri della famiglia. All'improvviso però arrivano la moglie morta, sotto forma di fantasma, e il figlio creduto perduto, ormai diventato un uomo scimmia. Sperando di entrare in contatto con le sue vite passate, Boonme si reca in una grotta nella quale compie un viaggio all'interno di sé stesso e in cui finalmente muore. Apichatpong Weerasethakul è un regista non semplice da seguire nelle sue dilatate riflessioni sul ruolo dell'uomo all'interno di un universo composto da animali, natura ed elementi della metafisica. ■ COMMEDIA; COL.; 90'; SPAGNA, TAILANDIA, GERMANIA, GRAN BRETAGNA, FRANCIA, 2010. ■ CANNES 🏆 1 PR.

ZIO DI BROOKLYN, LO ★
Regia di DANIELE CIPRÌ, FRANCO MARESCO. Con PIPPO AGUSTA, SALVATORE GATTUSO, ERNESTO GATTUSO, ■ Uno dei personaggi in mutande guarda l'obiettivo e dice: «Questo film fa schifo». Verissimo. In chiave critica diciamo che simboli, allegorie eccetera dovrebbero essere un lasciapassare per la volgarità. Ma in questa sede questo concetto non vale. Varrebbe se ci fosse qualità. Ma quando gli autori cercano di far sorridere non ci riescono. Emanazione di Raitre, il film è stato sponsorizzato da critici come Fofi e Ghezzi, secondo i quali *Lo zio* sarebbe un titolo epocale, "il film di fine secolo". È semplicemente una goliardata fatta in famiglia che non riesce a far niente di quello che vorrebbe fare. Gli si può riconoscere una certa forza espressiva delle immagini e nient'altro. Il pubblico, che non è un dettaglio, ha permesso che rimanesse nelle sale tre o quattro giorni. Meno male. Presentato a Venezia, ha dato modo alla coppia di registi di ritirarsi per protesta, di sottrarre le perle ai porci, perché l'opera non era stata accolta come si aspettavano. ■ GROTTESCO; B/N; 90'; ITALIA, 1995.

ZIO INDEGNO, LO ★★
Regia di FRANCO BRUSATI. Con SIMONA CAVALLARI, ANDRÉA FERRÉOL, VITTORIO GASSMAN, GIANCARLO GIANNINI, PACO RECONTI, STEFANIA SANDRELLI. ■ Zio e nipote si incontrano dopo anni: sono due sconosciuti e molto diversi per indole ed abitudini. Tanto il nipote è un uomo d'ordine tiepido e convenzionale, tanto lo zio è una specie di zingaro libero e scapestrato. Il nipote gli sistema la casa, che lo zio teneva in uno stato di enorme disordine, e che ora per sbadataggine fa andare a fuoco. Ma, tra equivoci ed arrabbiature, pure questo parente affascina il nipote, che intravede la possibilità di una vita meno condizionata, più originale. Il soggetto, pure di Brusati, è alquanto letterario e un po' forzato. ■ DRAMMATICO; COL.; 102'; ITALIA, 1989.

ZIO IN VACANZA – TUTTO S'ACCOMODA, LO ★★★
(The Working Man)
Regia di JOHN ADOLFI. Con GEORGE ARLISS, BETTE DAVIS, THEODOR NEWTON. ■ Divertente storia, in cui si intrecciano interessi e amori al tempo della grande depressione del 1929. ■ COMMEDIA; B/N; 75'; USA, 1933.

ZIO JOE SHANNON *(Uncle Joe Shannon)* ★★
Regia di JAMES HANWRIGHT. Con BERT REMSEN, MADGE SINCLAIR, BURT YOUNG. ■ Burt Young, il cognato dispettoso e maleodorante della serie *Rocky*, per una volta in un ruolo simpatico (per forza, ha scritto lui il soggetto). Qui è un suonatore jazz, sciamannato ma buon diavolo che stringe amicizia con uno spocchioso ragazzino. Dopo qualche baruffa diventeranno inseparabili. Maynard Ferguson doppia gli "a solo" di tromba di Young. ■ COMMEDIA; COL.; 92'; USA, 1978.

ZIO PAPERONE ALLA RICERCA DELLA LAMPADA PERDUTA ★★
(Duck Tales – The Movie Treasure of the Lost Lamp)
Regia di BOB HATHCOCK. ■ Paperone, assieme ai nipotini Qui, Quo, Qua e a Gaia, loro amichetta, parte alla ricerca di un tesoro sepolto da oltre sei secoli dal leggendario ladro Collie Baba, e dopo lunghe peripezie lo trovano. Il cartone è al solito divertente, si

nota come la Walt Disney si diverta a fare il verso a Steven Spielberg. ■ ANIMAZIONE; COL.; 74′; USA, 1990.

ZIO TOM – ADDIO ZIO TOM ★

Regia di GUALTIERO JACOPETTI, FRANCO PROSPERI. ■ Con la scusa di fare un reportage sulla schiavitù, Jacopetti mostra mucchi di uomini e donne nudi e le solite scene di atrocità di cui è specialista. ■ DOCUMENTARIO; COL.; 92′; ITALIA, 1971.

ZIO TOM SENZA CAPANNA, LO ★★★

(Uncle Tom Without a Cabin)

Regia di EDWARD F. CLINE, RAY HUNT. Con CHESTER CONKLIN, MARIE PREVOST, BEN TURPIN. ■ Prodotta da Mack Sennett per la Paramount, questa commedia è una gustosa parodia del noto romanzo di Harriet Beecher Stowe, in cui, a vestire i panni del famigerato zio Tom, c'è il buffo e strabico Ben Turpin. Al fianco del comico vi è una giovanissima Marie Prevost. ■ COMICO; B/N; 110'; USA, 1919.

ZIO VANJA *(Djadja Vanja)* ★★★

Regia di ANDREJ KONCALOVSKIJ. Con SERGEJ BONDARCUK, IRINA MIROSNICENKO, INNOKENTIJ SMOKTUNOVSKIJ. ■ Puntuale, anche se non geniale (Koncalovskij non è bravo come il cugino Nikita Mikalkov in questa trasposizione), riduzione della nota *pièce* di Cechov. Zio Vanja è un gentiluomo di campagna che ha sacrificato le sue ambizioni per provvedere alle proprietà della sua famiglia. Il rancore verso il cugino, intellettuale fasullo (ma molto noto e stimato), sposo inetto di una bellissima donna, spinge un giorno il mite Vanja a un'esplosione di violenza. Poi tutto ritorna nell'ordine. ■ COMMEDIA; COL.; 104′; URSS, 1972.

ZITELLONI, GLI ★★

Regia di GIORGIO BIANCHI. Con MARIO CAROTENUTO, WALTER CHIARI, VITTORIO DE SICA, MARIA LUZ GALICIA, MARIO RIVA. ■ Molti nomi per un filmetto piuttosto inconcludente. Sposarsi o non sposarsi? Questo è il problema di Marcello innamorato di Gina. Fa un brutto sogno dove vede tutti gli orrori della vita matrimoniale ma, è ovvio, si sposerà. ■ COMICO; B/N; 90′; ITALIA, 1958.

ZITTI E MOSCA ★★★

Regia di ALESSANDRO BENVENUTI. Con ALESSANDRO BENVENUTI, ATHINA CENCI, MASSIMO GHINI, NOVELLO NOVELLI, ALIDA VALLI. ■ Dopo *La cosa* di Nanni Moretti, dove si facevano dibattiti sul possibile cambiamento del Partito comunista, di cui non si sapeva ancora la nuova denominazione, ecco questo film di Benvenuti che invece descrive in maniera ironica e affettuosa i primi passi del Pds (Partito democratico della sinistra) attraverso i festeggiamenti in un piccolo paese toscano. Molti i personaggi: dalla conservatrice interpretata dalla Cenci, al riformista pro-Occhetto, Massimo Ghini, fino ad Ivo (il regista stesso) ormai completamente drogato e alcolizzato. ■ COMMEDIA; COL.; 100′; ITALIA, 1991.

ZITTO E... MOSCA! *(Top Secret)* ★★★

Regia di MARIO ZAMPI. Con GEORGE COLE, NADIA GRAY, OSCAR HOMOLKA. ■ Un tecnico del Centro atomico inglese si reca in Francia portandosi nella borsa, per errore, invece del suo progetto di impianti sanitari (bocciato dai superiori) quello di una bomba atomica. Avvicinato da un agente sovietico, il distratto tecnico è poi convinto a seguirlo in Russia. Qui finalmente scopre la verità, fugge e, dopo una serie di tragicomiche avventure, riesce a mettere al sicuro i preziosi documenti con l'inconsapevole aiuto della stessa spia russa. ■ COMICO; B/N; 93′; GRAN BRETAGNA, 1952.

ZITTO QUANDO PARLI *(Tais toi quand tu parles)* ★★

Regia di PHILIPPE CLAIR. Con PHILIPPE CLAIR, EDWIGE FENECH, JACQUES FRANÇOIS, ALDO MACCIONE. ■ Uomo tranquillo e timido, Giacomo vive una doppia vita nei sogni, immaginandosi di essere un imbattibile e affascinante agente segreto. Ma il sogno diventa realtà e l'ignaro Giacomo si trova coinvolto in una pericolosa missione. Quando scopre di essere sveglio si spaventa, ma riesce comunque a risolvere la situazione. ■ COMMEDIA; COL.; 88′; FRANCIA, 1981.

Z LA FORMICA *(Antz)* ★

Regia di ERIC DARNELL, TIM JOHNSON. ■ Cominciamo, com'è doveroso, col citare le voci italiane: Oreste Lionello, Ferruccio Amendola, Cristina Lionello. La voce fondamentale dell'originale è di Woody Allen. È la storia di Z, formica intelligente e tormentata – ha persino un analista – che salva il formicaio dalle mire del generale delle formiche, che vuol distruggere i pacifici per far sopravvivere una razza solo guerriera. ■ ANIMAZIONE; COL.; 83′; USA, 1998.

Z – L'ORGIA DEL POTERE *(Z)* ★★★★

Regia di CONSTANTIN COSTA GAVRAS. Con CHARLES DENNER, GEORGES GÉRET, YVES MONTAND, IRENE PAPAS, FRANÇOIS PÉRIER, JACQUES PERRIN, JEAN-LOUIS TRINTIGNANT. ■ Un deputato dell'opposizione viene eliminato con un finto incidente stradale. Il complotto è stato preparato dalla polizia che si è servita di un'organizzazione di estrema destra. Il giudice istruttore incaricato dell'inchiesta, arrestati i due responsabili dell'"incidente", decide di vederci chiaro. Nonostante i vari tentativi di insabbiamento, il magistrato, con l'aiuto di un testimone volontario e di un giornalista, riesce ad accertare la verità e incrimina per omicidio premeditato i due arrestati, il capo della polizia e alcuni alti ufficiali dell'esercito. Lo scandalo investe anche il governo. Alla fine però i maggiori responsabili saranno assolti. ■ DRAMMATICO; COL.; 126′; FRANCIA, 1968. ■ CANNES 2 PR; OSCAR 2 PR, 5 NOM.

Z MEN *(Attack Force Z)* ★★

Regia di TIM BURSTALL. Con MEL GIBSON, CHRIS HAYWOOD, JOHN PHILIP LAW, SAM NEILL. ■ Nel corso dell'ultima guerra, un aereo americano si schianta su un'isoletta asiatica occupata dal nemico. Immediatamente viene allestita una speciale unità che ha il compito di liberare i passeggeri sopravvissuti e recuperare un plico di documenti *top secret* che viaggiava sul velivolo. Troviamo un giovanissimo Gibson a capo di un commando. ■ GUERRA; COL.; 84′; USA, 1981.

ZOCCOLETTI OLANDESI *(Heidi)* ★★★

Regia di ALLAN DWAN. Con JEAN HERSHOLT, SHIRLEY TEMPLE, HELEN WESLEY. ■ Il film narra le disavventure di un'orfanella afflitta da una zia malvagia che cerca di sfruttarla affidandola a una ricca famiglia, perché faccia da compagna a una bambina inferma. L'orfanella con il suo affetto riesce a far guarire la bimba malata, ma è poi venduta agli zingari. Per fortuna il nonno, un vecchio misantropo diventato buono proprio grazie all'amore della nipotina, accorre in tempo per salvarla. ■ AVVENTURA; B/N; 88′; USA, 1937.

ZOCCOLI D'ORO, GLI *(Les sabots en or)* ★★★★

Regia di NOURI BOUZID. Con MSHKAT KRIFA, HICHEM ROSTOM, HAMADI ZABROUK. ■ Il più bel film tunisino di fine anni Ottanta, tra i pochi che sono stati distribuiti in Italia. Presentato al Festival di Cannes, parla di Youssef, un intellettuale di sinistra, che, dopo aver subito torture di ogni tipo, lascia il carcere dove era stato rinchiuso. L'unico che sopporta è un vecchio amico tessitore. Deluso decide di suicidarsi. Suggestiva anche se può apparire scontata, la scena finale in cui s'alternano le immagini del gesto di Youssef e dell'uccisione di uno splendido cavallo bianco. ■ DRAMMATICO; COL.; 115′; TUNISIA, 1990.

ZODIAC ★★

Regia di DAVID FINCHER. Con BRIAN COX, ROBERT DOWNEY JR., ANTHONY EDWARDS, JAKE GYLLENHAAL, ELIAS KOTEAS, MARK RUFFALO, CHLOË SEVIGNY. ■ Durante l'estate del 1968, nell'area di San Francisco, comincia a operare un serial killer che rivendica i propri omicidi con lettere spedite ai principali quotidiani locali. Dopo aver assunto un nome riconoscibile, Zodiac, l'assassino sfida la polizia con una serie di messaggi in codice che nessuno riesce a decifrare correttamente. Sulle sue tracce, oltre a una coppia di detective, si mettono anche un giornalista alla ricerca di scoop e un vignettista frustrato, quest'ultimo appassionato di codici ed enigmistica. *Zodiac* è un thriller atipico: ispirato alle azioni di un serial killer che tenne per anni in scacco la polizia di San Francisco (ancora oggi il caso è considerato chiuso solo perché il principale imputato morì prima di essere sottoposto a processo), il film di David Fincher concentra le sue attenzioni non tanto sulla figura dell'assassino, che rimane sullo sfondo, avvolta da un'aura inquietante e misteriosa, ma su un eterogeneo gruppo di personaggi, le cui vite vengono sconvolte dalle azioni del killer. ■ THRILLER; COL.; 158'; USA, 2007.

ZOHAN *(You don't mess with the Zohan)* ★★
Regia di DENNIS DUGAN. Con LAINIE KAZAN, ADAM SANDLER, ROB SCHNEIDER, JOHN TURTURRO. ■ Zohan Dvir è il più famoso e iperattivo agente del Mossad in lotta contro i terroristi palestinesi. Ha però un sogno (che rivela solo ai genitori che non approvano): diventare parrucchiere. Un giorno, nello scontro decisivo con il Fantasma (il più pericoloso tra gli avversari), sembra essere morto. Zohan approfitta della situazione e vola a New York dove si fa passare per australiano e cerca la soddisfazione ai propri desideri in un negozio di parrucchiera mutando il proprio nome in Scrappy Coco. Finisce per avere grande successo come hairdresser soprattutto tra le signore over 60 ma la sua nuova vita viene seriamente messa in pericolo: qualcuno lo ha riconosciuto e il Fantasma lo cerca per eliminarlo definitivamente. ■ COMMEDIA; COL.; 113'; USA, 2008.

ZOMBI *(Dawn of the Dead)* ★★
Regia di GEORGE A. ROMERO. Con DAVID EMGE, KEN FOREE, SCOTT REINIGER. ■ Tre uomini e una donna, nel disperato tentativo di sfuggire ai "morti viventi" che hanno invaso gli Stati Uniti, si barricano all'interno di un enorme supermercato. Solo due di essi si salveranno dalla carneficina. Presentato in Italia da Dario Argento. ■ HORROR; COL.; 120'; USA, 1979.

ZOMBI 2 ★★
Regia di LUCIO FULCI. Con TISA FARROW, RICHARD JOHNSON, IAN MCCULLOCH. ■ In un'isola delle Antille un gruppo di americani lotta contro i "morti viventi". Solo una ragazza e un giornalista riescono a sopravvivere e a fuggire. Giunti a New York, apprendono che anche la città è invasa dagli zombi. ■ HORROR; COL.; 94'; ITALIA, 1979.

ZOMBIE HONEYMOON ★
Regia di DAVID GEBROE. Con TRACY COOGAN, TONYA CORNELISSE, NEAL JONES, GRAHAM SIBLEY, DAVID WALLACE. ■ Danny e Denise sono una coppia di giovani sposini in vacanza in luna di miele. Il sogno della loro vita è lasciare tutto per trasferirsi in Portogallo, e nel frattempo trascorrono le giornate al mare. Un giorno Danny viene aggredito da una strana creatura fuoriuscita dall'acqua, e il suo cuore si arresta per dieci minuti; quando torna in vita apparentemente si sente più in forma di prima. Ma qualcosa in lui sta cambiando, la sua pelle va in necrosi, l'appetito aumenta a dismisura, finché non arriverà a cibarsi di carne umana. Con Danny ridotto a zombie, a Denise non resta altro da fare che limitare i danni compiuti dal marito e cercare di salvare un matrimonio che ormai non ha futuro. ■ HORROR; COL.; 83'; USA, 2004.

ZOMBIES – LA VENDETTA DEGLI INNOCENTI ★
(Wicked Little Things)
Regia di J.S. CARDONE. Con GEOFFREY LEWIS, LORI HEURING, CHLOË GRACE MORETZ, SCOUT TAYLOR-COMPTON. ■ Karen Tunney, rimasta vedova di recente, e le sue due figlie, Sarah ed Emma, traslocano in una piccola cittadina sulle montagne della Pennsylvania, in cui Karen ha ereditato una casa da alcuni lontani parenti del marito. Non sa che il cottage è poco distante da una vecchia miniera abbandonata in cui, nel 1913, un terribile incidente in miniera intrappolò vivi sotto terra dozzine di bambini, venduti come schiavi lavoratori dalle loro stesse famiglie ad un barone locale. ■ HORROR; COL.; 94'; USA, 2006.

ZOMBI HOLOCAUST ★
Regia di FRANK MARTIN. Con SHERRY BUCHANAN, ALEXANDRA DELLI COLLI, IAN MCCULLOCH. ■ Alla ricerca di una spiegazione per le ripetute mutilazioni di cadaveri avvenute in un ospedale di New York, un'équipe di medici organizza una spedizione nell'arcipelago delle Molucche. Finiranno nelle grinfie dei cannibali e salveranno a stento la pelle. ■ HORROR; COL.; 93'; ITALIA, 1980.

ZOMBI 3 ★
Regia di LUCIO FULCI. Con ALAN COLLINS, RICHARD RAYMOND, DERAN SERAFIAN, DEBORAH BERGAMINI, MARINA LOI. ■ Un virus per la guerra batteriologica contenuto in alcune provette viene trafugato da un laboratorio nelle Filippine. Ma il ladro si contagia e dà il via a un'epidemia che tramuta in zombi gli abitanti di un'intera regione. Horror di rara bruttezza, indegno della firma dell'inventivo Lucio Fulci. ■ HORROR; COL.; 90'; ITALIA, 1988.

ZONA, LA ★★
Regia di RODRIGO PLÀ. Con CARLOS BARDEM, DANIEL GIMÉNEZ CACHO, ALAN CHÁVEZ, MARINA DE TAVIRA, DANIEL TOVAR, MARIBEL VERDÚ, MARIO ZARAGOZA. ■ Un muro alto e impraticabile separa la Zona, un quartiere residenziale e abbiente di Città del Messico, da un mondo di baracche e di miseria. Un temporale e il crollo di un cartellone pubblicitario provocano una breccia in quel muro, dove si infilano tre adolescenti delle favelas in cerca di denaro e fortuna. Ma il destino decide altrimenti e tragicamente. Due di loro muoiono abbattuti dai colpi della sorveglianza, soltanto Miguel trova rifugio nella cantina di una villa e nel (buon) cuore di Alejandro, un coetaneo più felice e fortunato. Mentre Miguel e Alejandro imparano a conoscersi, i residenti intraprendono una folle caccia all'uomo. Nell'opera d'esordio di Rodrigo Plà e nell'universo chiuso de *La zona* c'è il vuoto spaventoso di una lucida determinazione, che spinge residenti sfacciatamente ricchi a confinarsi e a confinare l'umanità derelitta. *La zona* non è una storia di adolescenti ma è il racconto di una crescita, con orrendi segreti da scoprire e contrasti da sciogliere: il sopra e il sotto (la casa e la cantina; il ricco e il povero), il dentro e il fuori (le favelas e il quartiere residenziale), la luce e il buio e i grandi e i piccoli (cattivi padri e cattivi poliziotti contro figli che si lasciano toccare da ciò che è diverso, scoprendolo uguale). ■ DRAMMATICO; COL.; 97'; MESSICO, SPAGNA, 2007.

ZONA DI GUERRA *(The War Zone)* ★★★
Regia di TIM ROTH. Con KATE ASHFIELD, LARA BELMONT, FREDDIE CUNLIFFE, TILDA SWINTON, RAY WINSTONE. ■ Tim Roth per la prima volta dietro la macchina da presa. Utilizza un romanzo che ha fatto scalpore per raccontare la storia di un quindicenne che scopre che il padre e la sorella maggiore hanno una relazione incestuosa. Il tutto narrato con lo sguardo del ragazzo che non vuole turbare la madre incinta e non sa come confrontarsi con il padre in un film che racconta di una guerra troppo vicina per esserci indifferente. ■ DRAMMATICO; COL.; 98'; GRAN BRETAGNA, 1999.

ZONA GRIGIA, LA *(The grey zone)* ★★
Regia di TIM BLAKE NELSON. Con DAVID ARQUETTE, DANIEL BENZALI, VELIZAR BINEV, SHIRLY BRENER, STEVE BUSCEMI, DAVID CHANDLER, HARVEY KEITEL, MIRA SORVINO. ■ 1944, nel campo di concentramento di Auschwitz si sterminano numerosi ebrei. In esso sono operanti anche i *Sonderkommando*, squadre particolari di internati giudei che vengono costretti dagli aguzzini nazisti ad attendere al regolare funzionamento delle camere a gas. Se si rifiutavano morivano, altrimenti avrebbero vinto qualche mese di vita in più. Nonostante questo tentano di mettere in piedi una rivolta, la sola mai tentata nel campo. ■ DRAMMATICO; COL.; 108'; USA, 2001.

ZONA MORTA, LA *(The Dead Zone)* ★★★
Regia di DAVID CRONENBERG. Con BROOKE ADAMS, HERBERT LOM, MARTIN SHEEN, CHRISTOPHER WALKEN, NICHOLAS CAMPBELL. ■ Risvegliatosi dopo cinque anni di coma profondo, Johnny trova la sua vita sconvolta: non soltanto l'amatissima fidanzata ha sposato un altro uomo, ma anche il suo lavoro di insegnante sembra definitivamente perduto e gli amici di un tempo scomparsi. Per di più, Johnny scopre di essere entrato in possesso di poteri paranormali, di visioni che gli permettono di prevedere il futuro. In queste "luccicanze" esiste però una "zona morta", un piccolo margine di intervento che il povero Johnny userà per salvare l'umanità sacrificando la vita. Stephen King e David Cronenberg: due maestri dell'horror (soggetto e regia) per un film emozionante. ■ DRAMMATICO; COL.; 103'; CANADA, 1983.

ZONA PERICOLO ★★
Regia di RICK WALLACE. Con BRIAN DENNEHY, CHRISTINE EBERSOLE, KENNETH MCMILLAN, CICELY TYSON. ■ La cittadina americana di Oakbridge gode di un'eccellente prosperità economica grazie alla vicina fabbrica di sostanze chimiche. Nessuno si è mai posto il problema dell'efficacia delle misure di sicurezza fino al giorno in cui un guasto provoca la fuoriuscita di un'enor-

me nube tossica. Decine di persone, uomini, donne e bambini, muoiono avvelenate. ■ DRAMMATICO; COL.; 100′; USA, 1985.

ZONA PERICOLO *(Zone rouge)* ★★
Regia di ROBERT ENRICO. Con RICHARD ANCONINA, SABINE AZÉMA. ■ Claire, un'insegnante, abita in un paese completamente devastato dall'incidente di un'autocisterna, che esplodendo ha incendiato tutto. La ragazza è la sola a salvarsi, così cerca con l'aiuto di Jeff, suo amico, di andare in fondo alla vicenda convinta che non si sia trattato di un semplice incidente. ■ DRAMMATICO; COL.; 95′; FRANCIA, 1986.

ZONA 421 OBIETTIVO MANILA *(Combat Killer)* ★★
Regia di KEN LORING. Con MARLENE DAUDEN, PAUL EDWARDS, KEN METCALF, CLAUDE WILSON. ■ Il tenente Brandt è più in gamba del suo capitano e riesce a far fuori un forte gruppo di giapponesi, aiutato da una bella filippina. ■ GUERRA; COL.; 110′; USA, 1968.

ZONA TORRIDA *(Torrid Zone)* ★★★
Regia di WILLIAM KEIGHLEY. Con JAMES CAGNEY, ANDY DEVINE, PAT O'BRIEN, ANN SHERIDAN. ■ Una ragazza dal turbolento passato è arrestata per ordine di un ricco proprietario di vaste piantagioni di banane, che domina la città. Costretta a imbarcarsi per lasciare il paese, incontra poi un dipendente del boss, che sta recandosi presso una lontana piantagione. I due si uniscono imbattendosi in tutta una serie di drammatiche avventure. Lui dovrà anche combattere contro un pericoloso bandito, restando ferito. Alla fine, la coppia avrà comunque la meglio, con la prospettiva di un sereno avvenire. ■ AVVENTURA; B/N; 88′; USA, 1940.

ZOO ★★
Regia di CRISTINA COMENCINI. Con ASIA ARGENTO, LOUIS DUCREUX, DANIEL OLBRYCHSKI. ■ Una ragazzina, figlia di un guardiano notturno di zoo, stringe amicizia con un quattordicenne zingarello, fuggito dalla sua carovana. Passano i giorni insieme, ma una notte vengono sorpresi dal padre di lei che caccia il ragazzo. Ma la ragazzina lo segue a bordo di un'elefantessa che ha fatto uscire di gabbia. Cristina Comencini, sulle orme del padre, compone una favola simpatica, ma non troppo rugiadosa, leggera, ma non troppo banale. ■ COMMEDIA; COL.; 92′; ITALIA, 1988.

ZOO DI NOTTE *(Night Zoo – Un zoo la nuit)* ★★
Regia di JEAN-CLAUDE LAUZON. Con LORNE BRASS, ROGER LE BEL, GILLES MAHEU. ■ Involontariamente coinvolto in una storia di droga, Marcel finisce dietro le sbarre. Quando esce di prigione, vorrebbe partire per l'Australia con il padre e la ragazza che ama, ma il suo desiderio di ricominciare daccapo trova un serio ostacolo nei due ex complici, che gli chiedono di restituire la refurtiva. Thriller di maniera ma incalzante. ■ DRAMMATICO; COL.; 107′; CANADA, 1987.

ZOO DI VENERE, LO *(A Zed & Two Noughts)* ★★★★
Regia di PETER GREENAWAY. Con BRIAN DEACON, ERIC DEACON, ANDRÉA FERRÉOL. ■ Intricata vicenda di due gemelli rimasti vedovi in un incidente d'auto. Alla sopravvissuta, tale Alba, viene amputata una gamba da un chirurgo che fa anche il pittore falsario, Van Meegeren, che poi la priverà anche dell'altra. I due vedovi, entomologi per uno zoo, tramutano l'odio per Alba in una strana passione che frutterà altri due gemelli (con due padri e una madre). Alba si suiciderà e i pargoli verranno dati ad un uomo, Felipe Arc-en-ciel. Anche i due padri-gemelli decideranno di suicidarsi davanti ad una telecamera. ■ FANTASTICO; COL.; 115′; GRAN BRETAGNA, 1986.

ZOO DI VETRO *(The Glass Menagerie)* ★
Regia di PAUL NEWMAN. Con KAREN ALLEN, JOHN MALKOVICH, JOANNE WOODWARD. ■ Dalla celebre *pièce* di Tennessee Williams, recuperata da Paul Newman per fornire una bella occasione interpretativa alla sua consorte Joanne Woodward. È la storia della grama vita di una ex bella del Sud, abbandonata anni prima dal marito con i figli piccoli. I figli sono cresciuti ma il maschio è un sognatore un po' inerte e la ragazza è zoppina, timida, complessata. Un giorno sembra che un giovanotto s'interessi a lei, ma poi si scopre che è già fidanzato. Il figlio decide di andarsene, lasciando le donne al loro destino. ■ DRAMMATICO; COL.; 135′; USA, 1987. ■ GOLDEN GLOBES 1 NOM.

ZOO DI VETRO, LO *(The Glass Menagerie)* ★★★
Regia di IRVING RAPPER. Con KIRK DOUGLAS, GERTRUDE LAWRENCE, JANE WYMAN, ARTHUR KENNEDY. ■ Abbandonata dal marito, una donna vive coi due figli, Tom e Laura. Tom col suo modesto stipendio d'impiegato mantiene la famiglia, trovando sfogo alla sua esistenza triste e grigia nei sogni. Laura è zoppa e soffre di un complesso d'inferiorità. Una sera Tom invita a cena un collega di lavoro che si scopre essere un vecchio compagno di scuola di Laura. Il giovane è pieno di vita e riesce a portare un po' di serenità nell'esistenza della ragazza. ■ DRAMMATICO; B/N; 107′; USA, 1950.

ZOO IN FUGA, UNO *(The wild)* ★★
Regia di STEVE WILLIAMS. ■ Lo spettacolo è finito, i visitatori tornano a casa ma gli animali dello zoo di New York, tra cui un leone, una giraffa, un koala e uno scoiattolo non vanno a dormire. Dopo *Madagascar*, un altro film d'animazione ci mostra come la città possa diventare una giungla per gli animali che decidono di affrontare una pericolosa avventura per riportare a casa il giovane leone Ryan, accidentalmente trasferito dallo zoo in Africa. Da sottolineare come il cast americano si avvalga delle voci di attori molto importanti, da Kiefer Sutherland che interpreta il leone Samson, a James Belushi nella parte dello scoiattolo. Nella versione italiana si utilizzano le voci di Luciana Littizzetto e Ricky Tognazzi. *Uno zoo in fuga*, *The Wild* in originale, di certo non brilla per originalità e, a dirla tutta, non fa nemmeno divertire troppo. Di fatto è un altro *Madagascar*. ■ ANIMAZIONE; COL.; 94′; USA, 2006.

ZOOLANDER ★★
Regia di BEN STILLER. Con DAVID DUCHOVNY, CUBA GOODING JR., MILLA JOVOVICH, BEN STILLER, JERRY STILLER, CHRISTINE TAYLOR, JON VOIGHT, OWEN WILSON. ■ Storia di Zoolander, un modello che ha avuto grande successo e che adesso è in fase calante per colpa di un concorrente più giovane. Cerca allora di dare un nuovo senso alla propria vita, ma non è sorretto dalla necessaria personalità, soprattutto dalla necessaria cultura. Nel frattempo assistiamo alle stranezze del mondo della moda, dove tutto è superficiale, esagerato eccetera. Tutte cose che aveva già raccontato, pentendosene, Robert Altman. Stiller, nel doppio ruolo di attore e regista, non riesce a fornire una ragione per ricordare il film. ■ COMICO; COL.; 89′; USA, 2002.

ZOOM ★
Regia di PETER HEWITT. Con TIM ALLEN, SPENCER BRESLIN, CHEVY CHASE, COURTENEY COX, KEVIN ZEGERS. ■ *Zoom*, uscito nelle sale italiane col sottotitolo di *Accademia per supereroi*, porta sullo schermo una banda di scanzonati superuomini addestrati da Captain Zoom – un eroe dei fumetti anni Cinquanta – che torna sui suoi passi, su consiglio della sua ex agenzia governativa, per fare da istruttore a un gruppo di volenterosi "costretti" a salvare il mondo da un'impellente minaccia. Il film è tutto qui, racchiuso in un simpatico e fumettistico inizio, per poi concludersi in un delirio di quasi un'ora e mezza dove non succede nulla. O quasi. ■ AVVENTURA; COL.; 83′; USA, 2006.

ZORA LA VAMPIRA ★★★
Regia di ANTONIO MANETTI, MARCO MANETTI. Con TONI BERTORELLI, CHEF RAGOO, MICAELA RAMAZZOTTI, CARLO VERDONE, RAFFAELE VANNOLI, IVO GARRANI. ■ Stanco di bere il sangue dei contadini del posto, il conte Dracula decide di lasciare la Transilvania e di trasferirsi a Roma, città della quale ha avuto modo di ammirare le bellezze grazie alla sua parabola satellitare. Giunto in Italia su un cargo clandestino e trattato come un extracomunitario, Dracula inizia la sua nuova vita nella periferia di Roma. Frequentando uno dei centri sociali del luogo, ambiente hip-hop e reggae, il conte incontrerà Zora, artista del graffito che gli cambierà la vita. Horror comico e pessimismo sociale confluiscono in questo film che racconta una storia di persone al margine: tossici, rasta, writer, musicisti. Bravissimo Carlo Verdone, produttore del film, nel ruolo del commissario Lombardi. ■ COMMEDIA; COL.; 95′; ITALIA, 2000.

ZORAS IL RIBELLE ★★
Regia di JOSÉ LUIS SAENZ DE HEREDIA. Con MEMMO CAROTENUTO, ETTORE MANNI, FRANCISCO RABAL, MILLY VITALE. ■

Due ufficiali dell'esercito carlista sono innamorati della stessa donna. Gara di generosità fra i due, tradimento e pentimento di uno di essi, che alla fine si fa fucilare per salvare l'amico (che a sua volta era disposto a farsi fucilare anche lui). ■ DRAMMATICO; B/N; 94'; ITALIA, 1958.

ZORBA IL BUDDHA ★★
Regia di LAKSHEN SUCAMELI. Con ALESSIA BARELA, ELISABETTA CAVALLOTTI, TANER ÇELENSU, EMILIO DE MARCHI, LUCA LIONELLO, SID MEIER, NISEEM ONORATO, ROBERTO ZIBETTI. ■ Loris, un dj che vorrebbe aprire un locale, leggendo il libro *Zorba il greco* crede di parlare con Zorba stesso. Conosce Ritu, una skipper solitaria che ha i suoi problemi a difendere una statuetta del Buddha, con un prezioso diamante incastonato sulla fronte, dalle mire di vari furfanti. Le vite dei due si intrecciano. ■ COMMEDIA; COL.; 92'; ITALIA, 2004.

ZORBA IL GRECO *(Zorba the Greek)* ★★★★
Regia di MICHAEL CACOYANNIS. Con ALAN BATES, GEORGES FOUNDAS, LILA KEDROVA, IRENE PAPAS, ANTHONY QUINN. ■ Le vicende di uno scrittore inglese giunto a Creta per riattivare una miniera si intrecciano a quelle di Zorba, un greco dalla straordinaria personalità, che decide di aiutarlo nell'impresa. Il progetto fallisce. Zorba sposa un'ex ballerina innamorata di lui e destinata a morire poco dopo. Le avversità non riusciranno però ad intaccare l'ottimismo e l'amore per la vita del greco. ■ DRAMMATICO; B/N; 146'; GRECIA, 1965. ■ DAVID DI DONATELLO 1 PR, 1 NOM; OSCAR 3 PR, 7 NOM.

ZORIKAN, LO STERMINATORE ★
Regia di ROBERTO MAURI. Con ELEONORA BIANCHI, WALTER BRANDI, DAN VADIS. ■ Zorikan saccheggia una città, ma per mettere le mani sul prezioso tesoro deve vedersela con un valoroso capitano. ■ AVVENTURA; COL.; 92'; ITALIA, 1964.

ZORRO *(Zorro's Fighting Legion)* ★★
Regia di JOHN ENGLISH, WILLIAM N. WITNEY. Con SHEILA DARCY, LEANDER DE CORDOVA, REED HADLEY. ■ Don Diego, sotto il nome di Zorro, combatte contro gli oppressori messicani. Uno Zorro dignitoso. ■ AVVENTURA; B/N; 98'; USA, 1939.

ZORRO ★★★
Regia di DUCCIO TESSARI. Con MOUSTACHE, ADRIANA ASTI, ENZO CERUSICO, ALAIN DELON, OTTAVIA PICCOLO, GIACOMO ROSSI STUART. ■ Ennesima riproposta della leggenda di Zorro, apprezzabile per gli accorgimenti tecnico-stilistici, le accurate ambientazioni e le buone interpretazioni. ■ AVVENTURA; COL.; 125'; FRANCIA, ITALIA, 1975.

ZORRO, EL ★★
Regia di GUIDO ZURLI. Con GIORGIO ARDISSON, FEMI BENUSSI, PEDRO MARIA SANCHEZ, JACK STUART. ■ Un ennesimo lungometraggio sulla leggendaria figura di Zorro, il nobile messicano difensore del popolo, qui impegnato a conservare l'autonomia della sua regione natale. Suo acerrimo e tradizionale avversario è il capitano delle guardie: il bandito mascherato riesce ad eliminarlo. ■ AVVENTURA; COL.; 92'; ITALIA, 1968.

ZORRO ALLA CORTE D'INGHILTERRA ★★
Regia di FRANCESCO MONTEMURRO. Con FRANCO FANTASIA, SPIROS FOCAS, DADA GALLOTTI, DANIELE VARGAS, CAROL WELLES. ■ Zorro, alle prese col solito tirannico governatore, se la deve vedere in questo film anche contro un corrotto inviato della regina. Niente paura: uscirà, come sempre, vincitore. ■ AVVENTURA; COL.; 90'; ITALIA, 1969.

ZORRO ALLA CORTE DI SPAGNA ★★
Regia di LUIGI CAPUANO. Con FRANCO FANTASIA, ALBERTO LUPO. ■ Uno Zorro un pelo migliore degli altri Zorri di seconda categoria, ma pur sempre più ridicolo che avvincente. ■ AVVENTURA; COL.; 92'; ITALIA, 1962.

ZORRO CONTRO MACISTE ★★
Regia di UMBERTO LENZI. Con PIERRE BRICE, MOIRA ORFEI, MASSIMO SERATO, MARIA GRAZIA SPINA, ALAN STEEL. ■ Siamo in Spagna al tempo della morte di Filippo II. Per conquistare un prezioso cofanetto, due donne assoldano Maciste e Zorro. La vincerebbe Maciste, ma quando capisce che la sua datrice di lavoro è cattiva, molla il cofanetto a Zorro e se ne va in cerca di altre avventure. Zorro diventa principe consorte. ■ AVVENTURA; COL.; 90'; ITALIA, 1963.

ZORRO E I TRE MOSCHETTIERI ★★
Regia di LUIGI CAPUANO. Con JOSÉ GRECI, LIVIO LORENZON, GIACOMO ROSSI STUART, GORDON SCOTT, MARIA GRAZIA SPINA. ■ Zorro e i moschettieri si alleano contro le mene del cattivo cardinale di Richelieu. Nessuno resiste ai terribili spadaccini. Richelieu è scornato e il perfido conte di Siviglia si trova una spada nella pancia. ■ AVVENTURA; COL.; 92'; ITALIA, 1963.

ZORRO IL CAVALIERE DELLA VENDETTA ★★
(El Zorro, caballero de Justicia)
Regia di JOSÉ LUIS MERINO. Con PASQUALE BASILE, FERNAND HILBECK, MALISA LONGO, MARÍA MAHOR, CHARLES QUINEY. ■ Zorro è qui alle prese con un cinico avventuriero che vuole impadronirsi di un favoloso diamante ritenuto dagli indiani un prezioso talismano. ■ AVVENTURA; COL.; 93'; ITALIA, 1970.

ZORRO IL DOMINATORE ★
(La ultima aventura del Zorro)
Regia di JOSÉ LUIS MERINO. Con ALDO BUFI LANDI, MARIA PIA CONTE, JOSÉ JASPE, CHARLES QUINEY. ■ Uno Zorro di bassissima lega. ■ AVVENTURA; COL.; 94'; ITALIA, 1969.

ZORRO IL PISTOLERO *(Ballad of a Gunfighter)* ★
Regia di BILLY WARD. Con BOB BARRON, LAURETTE LUEZ, JOYCE REDD, MARTY ROBBINS. ■ Zorro, bandito dal cuore d'oro, deve vedersela con un rivale che vuole soffiargli il bottino e la ragazza. ■ WESTERN; B/N; 80'; USA, 1963.

ZORRO IL RIBELLE ★
Regia di PIERO PIEROTTI. Con CHARLES BORROMEL, DINA DE SANTIS, ARTURO DOMINICI, HOWARD ROSS. ■ Ennesima versione di Zorro. ■ AVVENTURA; COL.; 91'; ITALIA, 1966.

ZORRO IL VENDICATORE *(La venganza del Zorro)* ★
Regia di JOAQUÍN LUIS ROMERO MARCHENT. Con MARY ANDERSON, JOSÉ MARCO DAVÒ, FRANK LATIMORE. ■ Uno Zorro tra i più deboli. ■ AVVENTURA COL.; 94'; SPAGNA, 1962.

ZORRO – LA BELVA DEL COLORADO, EL ★★
(El Zorro)
Regia di RENÉ CARDONA JR. Con JULIO ALDAMA, MARY MONTIEL, ARMANDO SILVESTRE. ■ La fuga di alcuni malati da un lebbrosario semina il terrore in un villaggio e lo scatenarsi di alcuni rapinatori che si servono di loro come paravento. È Zorro a rimettere le cose a posto. ■ AVVENTURA; COL.; 93'; MESSICO, 1974.

ZORRO, LA MASCHERA DELLA VENDETTA ★
Regia di JUAN MERINO. Con PASQUALE BASILE, LEA NANNI, CHARLES QUINEY. ■ Solita storia di Zorro. ■ AVVENTURA; COL.; 95'; ITALIA, 1973.

ZORRO MARCHESE DI NAVARRA ★★
Regia di FRANÇOIS MONTY. Con ROSY DI LEO, LORIS GIZZI, MALISA LONGO, FRANCESCO MONTEMURRO, NADIR MORETTI, DANIELE VARGAS. ■ C'è Zorro ma non siamo in California, bensì nella Spagna occupata dalle truppe napoleoniche. E anche in Spagna Zorro si maschera e infilza tutti. ■ AVVENTURA; COL.; 92'; ITALIA, 1969.

ZORRO MEZZO E MEZZO *(Zorro the Gay Blade)* ★★
Regia di PETER MEDAK. Con GEORGE HAMILTON, LAUREN HUTTON, BRENDA VACCARO. ■ Zorro il vendicatore mascherato ha un fratello gemello, chiaramente gay. Sarà costui a prendere il posto del famoso *caballero* quando questi viene ferito e a salvargli la pelle in un'altra occasione. ■ COMMEDIA; COL.; 93'; USA, 1981. ■ GOLDEN GLOBES 1 NOM.

ZORRO NELLA VALLE DEI FANTASMI ★★
(El valle de los desaparecidos)
Regia di RAFAEL BALEDON. Con WILLIAM CAREY, PEDRO DIAGUILLON, MARIA RIVAS. ■ Zorro sgomina una banda di malviventi che si è impadronita di una miniera d'oro, imprigionandone i proprietari. ■ AVVENTURA; B/N; 90'; MESSICO, 1961.

ZOU ZOU *(Zou-Zou)* ★★★
Regia di MARC ALLÉGRET. Con JOSEPHINE BAKER, JEAN GABIN, MARCEL VALLÉE. ■ Zou Zou e Jean sono due orfani adottati dal cavallerizzo di un circo. Un giorno Jean è accusato e imprigiona-

to ingiustamente e Zou Zou, che nel frattempo si è innamorata di lui, fa di tutto per scagionarlo e ci riesce. Gli va incontro felice, ma scopre che ad attenderlo c'è un'altra ragazza. ■ COMMEDIA; B/N; 85'; FRANCIA, 1934.

ZOZOS *(Les zozos)* ★★★
Regia di PASCAL THOMAS. Con ANNIE COLÉ, FRÉDÉRIC DURU, EDMOND RAILLARD, VIRGINIE THÉVENET. ■ Negli anni Cinquanta, due studenti di un liceo francese hanno un'idea fissa: le ragazze. Sempre a caccia di conquiste femminili, riescono a legarsi a due fanciulle, ma non sono soddisfatti. Tentano quindi l'avventura in Svezia, dove però fanno una gran magra figura. Tornati in collegio, si consoleranno vantando coi compagni conquiste inventate e riprendendo i rapporti con le due amichette francesi. Abbastanza divertente. ■ COMMEDIA; COL.; 110'; FRANCIA, 1973.

ZOZZA MARY, PAZZO GARY ★★★
(Dirty Mary, Crazy Larry)
Regia di JOHN HOUGH. Con EUGENE DANIELS, PETER FONDA, SUSAN GEORGE, ADAM ROARKE, KENNETH TOBEY. ■ Un giovane corridore automobilistico, troppo povero per poter acquistare una buona vettura, d'accordo col suo meccanico organizza, per procurarsi il denaro, un sequestro di persona. L'impresa riesce. I due, inseguiti dalla polizia, dopo aver fatto un'ecatombe di macchine, finiscono però tragicamente la loro corsa contro il locomotore di un treno. ■ AVVENTURA; COL.; 93'; USA, 1974.

Z/6 CHIAMA BASE *(Huppla, jetzt Kommt Eddie)* ★★
Regia di WERNER KLINGLER. Con EDDIE CONSTANTINE, MARGIT SAAD, MARIA SEBALDT. ■ Un gruppo di banditi vuole impadronirsi della formula per fabbricare la benzina senza petrolio. Ma vigila il buon Eddie Peterson, del controspionaggio. Alla fine i banditi vanno k.o. e Eddie sposa la figlia dello scienziato che aveva scoperto la formula. ■ AVVENTURA; B/N; 91'; GERMANIA, 1958.

Z 32 OPERAZIONE DINAMITE ★★
(Deuxième bureau contre terroristes)
Regia di JEAN STELLI. Con GAMIL RATIB, CLAUDE ROUSSEL, NADINE TELLIER, FRANK VILLARD, DOMINIQUE WILMS. ■ Un agente segreto scopre un traffico d'oro camuffato da trasporto di salme. ■ SPIONAGGIO; B/N; 92'; FRANCIA, 1961.

ZUCCHERO AL VELENO *(Little Sweetheart)* ★★★
Regia di ANTHONY SIMMONS. Con JOHN HURT, ELLIE RAAB, KAREN YOUNG. ■ In una località balneare, due ragazzine spiano una coppia di stranieri. Li credono dei criminali e li ricattano. In realtà sono solo amanti che vogliono tener celato il loro rapporto. Una delle due fanciulline è proprio una carognetta e continua la sua persecuzione anche quando scopre la verità. Arriva anche a uccidere l'altra quando le dimostra di non volerci più stare. ■ DRAMMATICO; COL.; 92'; GRAN BRETAGNA, 1988.

ZUCCHERO, MIELE E PEPERONCINO ★★
Regia di SERGIO MARTINO. Con LINO BANFI, PIPPO FRANCO, RENATO POZZETTO. ■ Tre episodi di qualche comicità: Pozzetto è un pacioso tassista coinvolto in un rapimento mafioso. Pippo Franco, un disoccupato che finalmente trova un lavoro: come "cameriera". Infine il povero Lino Banfi è scambiato per un feroce assassino. ■ COMMEDIA; COL.; 110'; ITALIA, 1980.

ZUCCHERO – UN DOLCE IMBROGLIO *(Le sucre)* ★★
Regia di JACQUES ROUFFIO. Con JEAN CARMET, GÉRARD DEPARDIEU, MICHEL PICCOLI. ■ Una donna riceve una grossa eredità e il marito, ispettore delle Finanze, lascia l'incarico per dedicarsi all'amministrazione del capitale. Tenta una speculazione, acquistando una enorme partita di zucchero, e ci rimette quasi tutto. Per fortuna, arrivano nuove eredità. ■ COMMEDIA; COL.; 100'; FRANCIA, 1978.

ZUCKER... COME DIVENTARE EBREO IN 7 GIORNI *(Alles auf Zucker!)* ★★
Regia di DANI LEVY. Con SEBASTIAN BLOMBERG, INGA BUSCH, HANNELORE ELSNER, ANJA FRANKE, STEFFEN GROTH, ROLF HOPPE, HENRY HÜBCHEN, UDO SAMEL, GOLDA TENCER, ELENA UHLIG. ■ Il Muro di Berlino non ha solo diviso l'Est dall'Ovest ma, nel caso della famiglia Zuckermann, anche gli ebrei ortodossi da quanti invece non si curano affatto della fede. I credenti sono tutti schierati dalla parte di Samuel, mentre suo fratello Jacob, da giocatore incallito e donnaiolo impenitente, non poteva che essere a capo di una famiglia allo sbando. Al momento il "buon" Jackie è sull'orlo del tracollo "in ogni senso" e deve assolutamente mettere insieme una grossa somma per non finire in prigione. L'unica chance è vincere il torneo internazionale di biliardo cui non ha i soldi per iscriversi. Potrebbe anche farcela, se non accadesse che sua madre muoia proprio quel giorno e Samuel non piombi con tutta la famiglia a casa di Jacob per esaudire la sua ultima volontà: perché i due figli possano disporre della sua eredità, infatti, devono osservare insieme il lutto ebraico e riappacificarsi dopo quaranta anni in cui non hanno mai parlato. A Jacob già vincere il torneo sembra un'impresa, ma nulla al confronto con la necessità di diventare ebreo in soli sette giorni. Arriva dalla Germania questo simpatico film che si concede la libertà di scherzare sull'ebraismo e su quei dettami che, a chi ebreo non è, appaiono assurde stranezze. È peccato veniale, comunque, perché lo fa con garbo e tenendosi alto sulla superficie del tema religioso, concentrandosi perlopiù sulla diversità dei due fratelli e sui più o meno grandi vizi di ognuno dei membri delle due famiglie. ■ COMMEDIA; COL.; 90'; GERMANIA, 2004.

ZULU ★★★
Regia di CYRIL ENDFIELD. Con STANLEY BAKER, JACK HAWKINS, ULLA JACOBSSON. ■ Spettacolare ricostruzione di un episodio realmente accaduto in Africa alla fine dell'Ottocento. I guerrieri Zulu insorgono contro i bianchi e attaccano una missione. Il coraggio dei difensori li spingerà a deporre le armi. ■ AVVENTURA; COL.; 135'; GRAN BRETAGNA, 1963.

ZULU DAWN ★★★
Regia di DOUGLAS HICKOX. Con NIGEL DAVENPORT, BURT LANCASTER, JOHN MILLS, PETER O'TOOLE, SIMON WARD. ■ Ispirato ad un episodio realmente accaduto nella seconda metà dell'Ottocento, il film ricostruisce con toni epici e altamente spettacolari la battaglia combattuta dagli Zulu del Natal contro le truppe britanniche per ottenere l'indipendenza. L'astuzia e il coraggio degli indigeni ebbero la meglio: il ben equipaggiato ma troppo baldanzoso esercito inglese fu massacrato. ■ DRAMMATICO; COL.; 121'; PAESI BASSI, USA, 1979.

ZUM ZUM ZUM – LA CANZONE CHE MI PASSA PER LA TESTA ★
Regia di BRUNO CORBUCCI. Con DOLORES PALUMBO, ISABELLA SAVONA, NINO TERZO, LITTLE TONY. ■ Commediola senza troppe pretese che funge da pretesto per le esibizioni canore di Little Tony, all'epoca sulla cresta dell'onda. ■ MUSICALE; COL.; 92'; ITALIA, 1968.

ZUM ZUM ZUM N. 2 ★
Regia di BRUNO CORBUCCI. Con DOLORES PALUMBO, ISABELLA SAVONA, LITTLE TONY. ■ Giovanotto tra maliarda e brava ragazza. Quando viene accusato ingiustamente, la maliarda non crede alla sua innocenza, la brava ragazza sì. ■ MUSICALE; COL.; 94'; ITALIA, 1969.

ZUPPA DI PESCE ★★
Regia di FIORELLA INFASCELLI. Con CHIARA CASELLI, LUCREZIA LANTE DELLA ROVERE, MACHA MÉRIL, PHILIPPE NOIRET. ■ Opera seconda dopo *La maschera* per la Infascelli. Un cast piuttosto diligente e una regia a volte in linea. Un padre dispotico, produttore cinematografico, non riesce ad avere un rapporto del tutto sereno con la figlia e fatica a distinguere la vita dal lavoro. ■ COMMEDIA; COL.; 125'; ITALIA, 1992.

ZUPPA INGLESE, LA ★★★
(...A Home of Your Own – San Ferry Ann)
Regia di JAY GARDNER LEWIS, JEREMY SUMMERS. Con RODNEY BEWES, WILFRED BRAMBELL, LYNN CAROL, BETTINE LE BEAU. ■ Il film è formato da due parti senza nesso fra loro. Nella prima vengono narrate le traversie di una coppia che cerca casa, nella seconda le disavventure di un gruppo di turisti in Francia. ■ COMICO; B/N; 79'; GRAN BRETAGNA, 1964.

Appendici

Premi
I film più amati
Indice dei titoli originali

Premi

LEGENDA DELLE SIGLE

MF Miglior film
MR Miglior regista
MA.re Miglior attore protagonista
MA.ce Miglior attrice protagonista
MFS Miglior film straniero
PdO Palma d'oro
LdO | LdA Leone d'oro | Leone d'argento
OdO Orso d'oro

ACADEMY AWARDS (OSCAR)

1927-1928 (1ª ed.) MF ALI; **MR** Frank Borzage per SETTIMO CIELO, Lewis Milestone per NOTTE D'ARABIA; **MA.re** Emil Jannings per CREPUSCOLO DI GLORIA, Emil Jannings per NEL GORGO DEL PECCATO; **MA.ce** Janet Gaynor per AURORA, Janet Gaynor per L'ANGELO DELLA STRADA, Janet Gaynor per SETTIMO CIELO.

1928-1929 (2ª ed.) MF LA CANZONE DI BROADWAY **MR** Frank Lloyd per TRAFALGAR; **MA.re** Warner Baxter per NOTTE DI TRADIMENTO; **MA.ce** Mary Pickford per COQUETTE.

1929-1930 (3ª ed.) MF ALL'OVEST NIENTE DI NUOVO; **MR** Lewis Milestone per ALL'OVEST NIENTE DI NUOVO; **MA.re** George Arliss per DISRAELI; **MA.ce** Norma Shearer per LA DIVORZIATA.

1930-1931 (4ª ed.) MF I PIONIERI DEL WEST; **MR** Norman Taurog per SKIPPY; **MA.re** Lionel Barrymore per IO AMO; **MA.ce** Marie Dressler per CASTIGO.

1931-1932 (5ª ed.) MF GRAND HOTEL; **MR** Frank Borzage per BAD GIRL; **MA.re** Fredric March per IL DOTTOR JEKYLL, Wallace Beery per IL CAMPIONE; **MA.ce** Helen Hayes per IL FALLO DI MADELON CLAUDET.

1934 (6ª ed.) MF CAVALCATA; **MR** Frank Lloyd per CAVALCATA; **MA.re** Charles Laughton per LE SEI MOGLI DI ENRICO VIII; **MA.ce** Katharine Hepburn per LA GLORIA DEL MATTINO.

1935 (7ª ed.) MF ACCADDE UNA NOTTE; **MR** Frank Capra per ACCADDE UNA NOTTE; **MA.re** Clark Gable per ACCADDE UNA NOTTE; **MA.ce** Claudette Colbert per ACCADDE UNA NOTTE.

1936 (8ª ed.) MF LA TRAGEDIA DEL BOUNTY – GLI AMMUTINATI DEL BOUNTY; **MR** John Ford per IL TRADITORE; **MA.re** Victor McLaglen per IL TRADITORE; **MA.ce** Bette Davis per PAURA D'AMARE.

1937 (9ª ed.) MF IL PARADISO DELLE FANCIULLE; **MR** Frank Capra per È ARRIVATA LA FELICITÀ; **MA.re** Paul Muni per LA VITA DEL DOTTOR PASTEUR; **MA.ce** Luise Rainer per IL PARADISO DELLE FANCIULLE.

1938 (10ª ed.) MF EMILIO ZOLA; **MR** Leo McCarey per L'ORRIBILE VERITÀ; **MA.re** Spencer Tracy per CAPITANI CORAGGIOSI; **MA.ce** Luise Rainer per LA BUONA TERRA.

1939 (11ª ed.) MF L'ETERNA ILLUSIONE; **MA.re** Spencer Tracy per LA CITTÀ DEI RAGAZZI; **MA.ce** Bette Davis per LA FIGLIA DEL VENTO.

1940 (12ª ed.) MF VIA COL VENTO; **MR** Victor Fleming per VIA COL VENTO; **MA.re** Robert Donat per ADDIO MR. CHIPS!; **MA.ce** Vivien Leigh per VIA COL VENTO.

1941 (13ª ed.) MF REBECCA, LA PRIMA MOGLIE; **MR** John Ford per FURORE; **MA.re** James Stewart per SCANDALO A FILADELFIA; **MA.ce** Ginger Rogers per KITTY FOYLE.

1942 (14ª ed.) MF COM'ERA VERDE LA MIA VALLE; **MR** John Ford per COM'ERA VERDE LA MIA VALLE; **MA.re** Gary Cooper per IL SERGENTE YORK; **MA.ce** Joan Fontaine per IL SOSPETTO.

1943 (15ª ed.) MF LA SIGNORA MINIVER; **MR** William Wyler per LA SIGNORA MINIVER; **MA.re** James Cagney per RIBALTA DI GLORIA; **MA.ce** Greer Garson per LA SIGNORA MINIVER.

1944 (16ª ed.) MF CASABLANCA; **MR** Michael Curtiz per CASABLANCA; **MA.re** Paul Lukas per QUANDO IL GIORNO VERRÀ; **MA.ce** Jennifer Jones per BERNADETTE.

1945 (17ª ed.) MF LA MIA VIA; **MR** Leo McCarey per LA MIA VIA; **MA.re** Bing Crosby per LA MIA VIA; **MA.ce** Ingrid Bergman per ANGOSCIA.

1946 (18ª ed.) MF GIORNI PERDUTI; **MR** Billy Wilder per GIORNI PERDUTI; **MA.re** Ray Milland per GIORNI PERDUTI; **MA.ce** Joan Crawford per IL ROMANZO DI MILDRED.

1947 (19ª ed.) MF I MIGLIORI ANNI DELLA NOSTRA VITA; **MR** William Wyler per I MIGLIORI ANNI DELLA NOSTRA VITA; **MA.re** Fredric March per I MIGLIORI ANNI DELLA NOSTRA VITA; **MA.ce** Olivia de Havilland per A CIASCUNO IL SUO DESTINO.

1948 (20ª ed.) MF BARRIERA INVISIBILE; **MR** Elia Kazan per BARRIERA INVISIBILE; **MA.re** Ronald Colman per DOPPIA VITA; **MA.ce** Loretta Young per LA MOGLIE CELEBRE; **MFS** SCIUSCIÀ.

1949 (21ª ed.) MF AMLETO; **MR** John Huston per IL TESORO DELLA SIERRA MADRE; **MA.re** Laurence Olivier per AMLETO; **MA.ce** Jane Wyman per JOHNNY BELINDA.

1950 (22ª ed.) MF TUTTI GLI UOMINI DEL RE; **MR** Joseph L. Mankiewicz per LETTERA A TRE MOGLI; **MA.re** Broderick Crawford per TUTTI GLI UOMINI DEL RE; **MA.ce** Olivia de Havilland per L'EREDITIERA; **MFS** LADRI DI BICICLETTE.

1951 (23ª ed.) MF EVA CONTRO EVA; **MR** Joseph L. Mankiewicz per EVA CONTRO EVA; **MA.re** José Ferrer per CIRANO DI BERGERAC; **MA.ce** Judy Holliday per NATA IERI; **MFS** LE MURA DI MALAPAGA.

1952 (24ª ed.) MF UN AMERICANO A PARIGI; **MR** George Stevens per UN POSTO AL SOLE; **MA.re** Humphrey Bogart per LA REGINA D'AFRICA; **MA.ce** Vivien Leigh per UN TRAM CHE SI CHIAMA DESIDERIO; **MFS** RASHOMON.

1953 (25ª ed.) MF IL PIÙ GRANDE SPETTACOLO DEL MONDO; **MR** John Ford per UN UOMO TRANQUILLO; **MA.re** Gary Cooper per MEZZOGIORNO DI FUOCO; **MA.ce** Shirley Booth per TORNA, PICCOLA SHEBA!; **MFS** GIOCHI PROIBITI.

1954 (26ª ed.) MF DA QUI ALL'ETERNITÀ; **MR** Fred Zinnemann per DA QUI ALL'ETERNITÀ; **MA.re** William Holden per STALAG 17; **MA.ce** Audrey Hepburn per VACANZE ROMANE.

1955 (27ª ed.) MF FRONTE DEL PORTO; **MR** Elia Kazan per FRONTE DEL PORTO; **MA.re** Marlon Brando per FRONTE DEL PORTO; **MA.ce** Grace Kelly per LA RAGAZZA DI CAMPAGNA; **MFS** LA VIA DELL'INFERNO.

1956 (28ª ed.) MF MARTY, VITA DI UN TIMIDO; **MR** Delbert Mann per MARTY, VITA DI UN TIMIDO; **MA.re** Ernest Borgnine per MARTY, VITA DI UN TIMIDO; **MA.ce** Anna Magnani per LA ROSA TATUATA; **MFS** SAMURAI.

1957 (29ª ed.) MF IL GIRO DEL MONDO IN OTTANTA GIORNI; **MR** George Stevens per IL GIGANTE; **MA.re** Yul Brynner per IL RE ED IO; **MA.ce** Ingrid Bergman per ANASTASIA; **MFS** LA STRADA.

1958 (30ª ed.) MF IL PONTE SUL FIUME KWAI; **MR** David Lean per IL PONTE SUL FIUME KWAI; **MA.re** Alec Guinness per IL PONTE SUL FIUME KWAI; **MA.ce** Joanne Woodward per LA DONNA DAI TRE VOLTI; **MFS** LE NOTTI DI CABIRIA.

1959 (31ª ed.) MF GIGI; **MR** Vincente Minnelli per GIGI; **MA.re** David Niven per TAVOLE SEPARATE; **MA.ce** Susan Hayward per NON VOGLIO MORIRE; **MFS** MIO ZIO.

1960 (32ª ed.) MF BEN-HUR; **MR** William Wyler per BEN-HUR; **MA.re** Charlton Heston per BEN-HUR; **MA.ce** Simone Signoret per LA STRADA DEI QUARTIERI ALTI; **MFS** ORFEO NEGRO.

1961 (33ª ed.) MF L'APPARTAMENTO; **MR** Billy Wilder per L'APPARTAMENTO; **MA.re** Burt Lancaster per IL FIGLIO DI GIUDA; **MA.ce** Elizabeth Taylor per VENERE IN VISONE; **MFS** LA FONTANA DELLA VERGINE.

1962 (34ª ed.) MF WEST SIDE STORY; **MR** Jerome Robbins per WEST SIDE STORY, Robert Wise per WEST SIDE STORY; **MA.re** Maximilian Schell per VINCITORI E VINTI; **MA.ce** Sophia Loren per LA CIOCIARA; **MFS** COME IN UNO SPECCHIO.

1963 (35ª ed.) MF LAWRENCE D'ARABIA; **MR** David Lean per LAWRENCE D'ARABIA; **MA.re** Gregory Peck per IL BUIO OLTRE LA SIEPE; **MA.ce** Anne Bancroft per ANNA DEI MIRACOLI – AL DI LÀ DEL SILENZIO; **MFS** L'UOMO SENZA PASSATO.

1964 (36ª ed.) MF TOM JONES; **MR** Tony Richardson per TOM JONES; **MA.re** Sidney Poitier per I GIGLI DEL CAMPO; **MA.ce** Patricia Neal per HUD IL SELVAGGIO; **MFS** OTTO E MEZZO.

1965 (37ª ed.) MF MY FAIR LADY; **MR** George Cukor per MY FAIR LADY; **MA.re** Rex Harrison per MY FAIR LADY; **MA.ce** Julie Andrews per MARY POPPINS; **MFS** IERI, OGGI, DOMANI.

1966 (38ª ed.) MF TUTTI INSIEME APPASSIONATAMENTE; **MR** Robert Wise per TUTTI INSIEME APPASSIONATAMENTE; **MA.re** Lee Marvin per CAT BALLOU; **MA.ce** Julie Christie per DARLING; **MFS** IL NEGOZIO AL CORSO.

1967 (39ª ed.) MF UN UOMO PER TUTTE LE STAGIONI; **MR** Fred Zinnemann per UN UOMO PER TUTTE LE STAGIONI; **MA.re** Paul Scofield per UN UOMO PER TUTTE LE STAGIONI; **MA.ce** Elizabeth Taylor per CHI HA PAURA DI VIRGINIA WOOLF?; **MFS** UN UOMO, UNA DONNA.

1968 (40ª ed.) MF LA CALDA NOTTE DELL'ISPETTORE TIBBS; **MR** Mike Nichols per IL LAUREATO; **MA.re** Rod Steiger per LA CALDA NOTTE DELL'ISPETTORE TIBBS; **MA.ce** Katharine Hepburn per INDOVINA CHI VIENE A CENA?; **MFS** TRENI STRETTAMENTE SORVEGLIATI.

1969 (41ª ed.) MF OLIVER!; **MR** Carol Reed per OLIVER!; **MA.re** Cliff Robertson per I DUE MONDI DI CHARLY; **MA.ce** Barbra Streisand per FUNNY GIRL, Katharine Hepburn per IL LEONE D'INVERNO; **MFS** NATASCIA – L'INCENDIO DI MOSCA (GUERRA E PACE).

1970 (42ª ed.) MF UN UOMO DA MARCIAPIEDE; **MR** John Schlesinger per UN UOMO DA MARCIAPIEDE; **MA.re** John Wayne per IL GRINTA; **MA.ce** Maggie Smith per LA STRANA VOGLIA DI JEAN; **MFS** Z – L'ORGIA DEL POTERE.

1971 (43ª ed.) MF PATTON, GENERALE D'ACCIAIO; **MR** Franklin J. Schaffner per PATTON, GENERALE D'ACCIAIO; **MA.re** George C. Scott per PATTON, GENERALE D'ACCIAIO; **MA.ce** Glenda Jackson per DONNE IN AMORE; **MFS** INDAGINE SU UN CITTADINO AL DI SOPRA DI OGNI SOSPETTO.

1972 (44ª ed.) MF IL BRACCIO VIOLENTO DELLA LEGGE; **MR** William Friedkin per IL BRACCIO VIOLENTO DELLA LEGGE; **MA.re** Gene Hackman per IL BRACCIO VIOLENTO DELLA LEGGE; **MA.ce** Jane Fonda per UNA SQUILLO PER L'ISPETTORE KLUTE; **MFS** IL GIARDINO DEI FINZI CONTINI.

1973 (45ª ed.) MF IL PADRINO; **MR** Bob Fosse per CABARET; **MA.re** Marlon Brando per IL PADRINO; **MA.ce** Liza Minnelli per CABARET; **MFS** IL FASCINO DISCRETO DELLA BORGHESIA.

1974 (46ª ed.) MF LA STANGATA; **MR** George Roy Hill per LA STANGATA; **MA.re** Jack Lemmon per SALVATE LA TIGRE; **MA.ce** Glenda Jackson per UN TOCCO DI CLASSE; **MFS** EFFETTO NOTTE.

1975 (47ª ed.) MF IL PADRINO – PARTE II; **MR** Francis Ford Coppola per IL PADRINO – PARTE II; **MA.re** Art Carney per HARRY E TONTO; **MA.ce** Ellen Burstyn per ALICE NON ABITA PIÙ QUI; **MFS** AMARCORD.

1976 (48ª ed.) MF QUALCUNO VOLÒ SUL NIDO DEL CUCULO; **MR** Milos Forman per QUALCUNO VOLÒ SUL NIDO DEL CUCULO; **MA.re** Jack Nicholson per QUALCUNO VOLÒ SUL NIDO DEL CUCULO; **MA.ce** Louise Fletcher per QUALCUNO VOLÒ SUL NIDO DEL CUCULO; **MFS** DERSU UZALA – IL PICCOLO UOMO DELLE GRANDI PIANURE.

1977 (49ª ed.) MF ROCKY; **MR** John G. Avildsen per ROCKY; **MA.re** Peter Finch per QUINTO POTERE; **MA.ce** Faye Dunaway per QUINTO POTERE; **MFS** BIANCO E NERO A COLORI.

1978 (50ª ed.) MF IO & ANNIE; **MR** Woody Allen per IO & ANNIE; **MA.re** Richard Dreyfuss per GOODBYE AMORE MIO!; **MA.ce** Diane Keaton per IO & ANNIE; **MFS** LA VITA DAVANTI A SÉ.

1979 (51ª ed.) MF IL CACCIATORE; **MR** Michael Cimino per IL CACCIATORE; **MA.re** Jon Voight per TORNANDO A CASA; **MA.ce** Jane Fonda per TORNANDO A CASA; **MFS** PREPARATE I FAZZOLETTI.

1980 (52ª ed.) MF KRAMER CONTRO KRAMER; **MR** Robert Benton per KRAMER CONTRO KRAMER; **MA.re** Dustin Hoffman per KRAMER CONTRO KRAMER; **MA.ce** Sally Field per NORMA RAE; **MFS** IL TAMBURO DI LATTA.

1981 (53ª ed.) MF GENTE COMUNE; **MR** Robert Redford per GENTE COMUNE; **MA.re** Robert De Niro per TORO SCATENATO; **MA.ce** Sissy Spacek per LA RAGAZZA DI NASHVILLE; **MFS** MOSCA NON CREDE ALLE LACRIME.

1982 (54ª ed.) MF MOMENTI DI GLORIA; **MR** Warren Beatty per REDS; **MA.re** Henry Fonda per SUL LAGO DORATO; **MA.ce** Katharine Hepburn per SUL LAGO DORATO; **MFS** MEFISTO.

1983 (55ª ed.) MF GANDHI; **MR** Richard Attenborough per GANDHI; **MA.re** Ben Kingsley per GANDHI; **MA.ce** Meryl Streep per LA SCELTA DI SOPHIE; **MFS** VOLVER A EMPEZAR.

1984 (56ª ed.) MF VOGLIA DI TENEREZZA; **MR** James L. Brooks per VOGLIA DI TENEREZZA; **MA.re** Robert Duvall per TENDER MERCIES – UN TENERO RINGRAZIAMENTO; **MA.ce** Shirley MacLaine per VOGLIA DI TENEREZZA; **MFS** FANNY E ALEXANDER.

1985 (57ª ed.) MF AMADEUS; **MR** Milos Forman per AMADEUS; **MA.re** F. Murray Abraham per AMADEUS; **MA.ce** Sally Field per LE STAGIONI DEL CUORE; **MFS** MOSSE PERICOLOSE.

1986 (58ª ed.) MF LA MIA AFRICA; **MR** Sydney Pollack per LA MIA AFRICA; **MA.re** William Hurt per IL BACIO DELLA DONNA RAGNO; **MA.ce** Geraldine Page per IN VIAGGIO VERSO BOUNTIFUL; **MFS** LA STORIA UFFICIALE.

1987 (59ª ed.) MF PLATOON; **MR** Oliver Stone per PLATOON; **MA.re** Paul Newman per IL COLORE DEI SOLDI; **MA.ce** Marlee Matlin per FIGLI DI UN DIO MINORE; **MFS** L'ASSALTO.

1988 (60ª ed.) MF L'ULTIMO IMPERATORE; **MR** Bernardo Bertolucci per L'ULTIMO IMPERATORE; **MA.re** Michael Douglas per WALL STREET; **MA.ce** Cher per STREGATA DALLA LUNA; **MFS** IL PRANZO DI BABETTE.

1989 (61ª ed.) MF RAIN MAN – L'UOMO DELLA PIOGGIA; **MR** Barry Levinson per RAIN MAN – L'UOMO DELLA PIOGGIA; **MA.re** Dustin Hoffman per RAIN MAN – L'UOMO DELLA PIOGGIA; **MA.ce** Jodie Foster per SOTTO ACCUSA; **MFS** PELLE ALLA CONQUISTA DEL MONDO.

1990 (62ª ed.) MF A SPASSO CON DAISY; **MR** Oliver Stone per NATO IL 4 LUGLIO; **MA.re** Daniel Day-Lewis per IL MIO PIEDE SINISTRO; **MA.ce** Jessica Tandy per A SPASSO CON DAISY; **MFS** NUOVO CINEMA PARADISO.

1991 (63ª ed.) MF BALLA COI LUPI; **MR** Kevin Costner per BALLA COI LUPI; **MA.re** Jeremy Irons per IL MISTERO VON BULOW; **MA.ce** Kathy Bates per MISERY NON DEVE MORIRE; **MFS** IL VIAGGIO DELLA SPERANZA.

1992 (64ª ed.) MF IL SILENZIO DEGLI INNOCENTI; **MR** Jonathan Demme per IL SILENZIO DEGLI INNOCENTI; **MA.re** Anthony Hopkins per IL SILENZIO DEGLI INNOCENTI; **MA.ce** Jodie Foster per IL SILENZIO DEGLI INNOCENTI; **MFS** MEDITERRANEO.

1993 (65ª ed.) MF GLI SPIETATI; **MR** Clint Eastwood per GLI SPIETATI; **MA.re** Al Pacino per PROFUMO DI DONNA; **MA.ce** Emma Thompson per CASA HOWARD; **MFS** INDOCINA.

1994 (66ª ed.) MF SCHINDLER'S LIST – LA LISTA DI SCHINDLER; **MR** Steven Spielberg per SCHINDLER'S LIST – LA LISTA DI SCHINDLER; **MA.re** Tom Hanks per PHILADELPHIA; **MA.ce** Holly Hunter per LEZIONI DI PIANO; **MFS** BELLE ÉPOQUE.

1995 (67ª ed.) MF FORREST GUMP; **MR** Robert Zemeckis per FORREST GUMP; **MA.re** Tom Hanks per FORREST GUMP; **MA.ce** Jessica Lange per BLUE SKY; **MFS** SOLE INGANNATORE.

1996 (68ª ed.) MF BRAVEHEART – CUORE IMPAVIDO; **MR** Mel Gibson per BRAVEHEART – CUORE IMPAVIDO; **MA.re** Nicolas Cage per VIA DA LAS VEGAS; **MA.ce** Susan Sarandon per DEAD MAN WALKING – CONDANNATO A MORTE; **MFS** L'ALBERO DI ANTONIA.

1997 (69ª ed.) MF IL PAZIENTE INGLESE; **MR** Anthony Minghella per IL PAZIENTE INGLESE; **MA.re** Geoffrey Rush per SHINE; **MA.ce** Frances McDormand per FARGO; **MFS** KOLYA.

1998 (70ª ed.) MF TITANIC; **MR** James Cameron per TITANIC; **MA.re** Jack Nicholson per QUALCOSA È CAMBIATO; **MA.ce** Helen Hunt per QUALCOSA È CAMBIATO; **MFS** BASTARDO ECCELLENTE.

1999 (71ª ed.) MF SHAKESPEARE IN LOVE; **MR** Steven Spielberg per SALVATE IL SOLDATO RYAN; **MA.re** Roberto Benigni per LA VITA È BELLA; **MA.ce** Gwyneth Paltrow per SHAKESPEARE IN LOVE; **MFS** LA VITA È BELLA.

2000 (72ª ed.) MF AMERICAN BEAUTY; **MR** Sam Mendes per AMERICAN BEAUTY; **MA.re** Kevin Spacey per AMERICAN BEAUTY; **MA.ce** Hilary Swank per BOYS DON'T CRY; **MFS** TUTTO SU MIA MADRE.

2001 (73ª ed.) MF IL GLADIATORE; **MR** Steven Soderbergh per TRAFFIC; **MA.re** Russell Crowe per IL GLADIATORE; **MA.ce** Julia Roberts per ERIN BROCKOVICH; **MFS** LA TIGRE E IL DRAGONE.

2002 (74ª ed.) MF A BEAUTIFUL MIND; **MR** Ron Howard per A BEAUTIFUL MIND; **MA.re** Denzel Washington per TRAINING DAY; **MA.ce** Halle Berry per MONSTER'S BALL; **MFS** NO MAN'S LAND.

2003 (75ª ed.) MF CHICAGO; **MR** Roman Polanski per IL PIANISTA; **MA.re** Adrien Brody per IL PIANISTA; **MA.ce** Nicole Kidman per THE HOURS; **MFS** NIRGENDWO IN AFRIKA.

2004 (76ª ed.) MF IL SIGNORE DEGLI ANELLI – IL RITORNO DEL RE; **MR** Peter Jackson per IL SIGNORE DEGLI ANELLI – IL RITORNO DEL RE; **MA.re** Sean Penn per MYSTIC RIVER; **MA.ce** Charlize Theron per MONSTER; **MFS** LE INVASIONI BARBARICHE.

2005 (77ª ed.) MF MILLION DOLLAR BABY; **MR** Clint Eastwood per MILLION DOLLAR BABY; **MA.re** Jamie Foxx per RAY; **MA.ce** Hilary Swank per MILLION DOLLAR BABY; **MFS** MARE DENTRO.

2006 (78ª ed.) MF CRASH – CONTATTO FISICO; **MR** Ang Lee per I SEGRETI DI BROKEBACK MOUNTAIN; **MA.re** Philip Seymour Hoffman per TRUMAN CAPOTE: A SANGUE FREDDO; **MA.ce** Reese Witherspoon per QUANDO L'AMORE BRUCIA L'ANIMA; **MFS** IL SUO NOME È TSOTSI.

2007 (79ª ed.) MF THE DEPARTED – IL BENE E IL MALE; **MR** Martin Scorsese per THE DEPARTED – IL BENE E IL MALE; **MA.re** Forest Whitaker per L'ULTIMO RE DI SCOZIA; **MA.ce** Helen Mirren per THE QUEEN – LA REGINA; **MFS** LE VITE DEGLI ALTRI.

2008 (80ª ed.) MF NON È UN PAESE PER VECCHI; **MR** Ethan Coen per NON È UN PAESE PER VECCHI; **MA.re** Daniel Day-Lewis per IL PETROLIERE; **MA.ce** Marion Cotillard per LA VIE EN ROSE; **MFS** IL FALSARIO – OPERAZIONE BERNHARD.

2009 (81ª ed.) MF THE MILLIONAIRE; **MR** Danny Boyle per THE MILLIONAIRE; **MA.re** Sean Penn per MILK; **MA.ce** Kate Winslet per THE READER – A VOCE ALTA.

2010 MF THE HURT LOCKER (THE HURT LOCKER); **MR** Kathryn Bigelow per THE HURT LOCKER (THE HURT LOCKER); **MA.re** Jeff Bridges in CRAZY HEART (CRAZY HEART); **MA.ce** Sandra Bullock in THE BLIND SIDE (THE BLIND SIDE); **MFS** IL SEGRETO DEI SUOI OCCHI (EL SECRETO DE SUS OJOS).

2011 MF IL DISCORSO DEL RE; **MR** Tom Hooper per IL DISCORSO DEL RE; **MA.re** Colin Firth per IL DISCORSO DEL RE; **MA.ce** Natalie Portman per IL CIGNO NERO; **MFS** IN UN MONDO MIGLIORE

2012 MF THE ARTIST; **MR** Michel Hazanavicius per THE ARTIST; **MA.re** Jean Dujardin per THE ARTIST; **MA.ce** Meryl Streep per THE IRON LADY; **MFS** UNA SEPARAZIONE.

2013 MF ARGO; **MR** Ang Lee per VITA DI PI; **MA.re** Daniel Day-Lewis per LINCOLN; **MA.ce** Jennifer Lawrence per IL LATO POSITIVO – SILVER LINING PLAYBOOK; **MFS** AMOUR,

‣ MOSTRA INTERNAZIONALE D'ARTE CINEMATOGRAFICA DI VENEZIA

1932 MF A ME LA LIBERTÀ, IL DOTTOR JEKYLL, IL FALLO DI MADELON CLAUDET; **MR** Nikolai Ekk per PUTJOKWA V ZLAN; **MA.re** Fredric March per IL DOTTOR JEKYLL; **MA.ce** Helen Hayes per IL FALLO DI MADELON CLAUDET.

1934 MF TERESA CONFALONIERI; **MA.re** Wallace Beery per VIVA VILLA!; **MA.ce** Katharine Hepburn per PICCOLE DONNE.

1935 MF CASTA DIVA; **MR** King Vidor per NOTTE DI NOZZE; **MA.re** Pierre Blanchar per DELITTO E CASTIGO; **MA.ce** Paula Wessely per EPISODIO.

1936 MF LO SQUADRONE BIANCO; **MR** Jacques Feyder per LA KERMESSE EROICA; **MA.re** Paul Muni per LA VITA DEL DOTTOR PASTEUR; **MA.ce** Annabella per VIGILIA D'ARMI.

1937 MF SCIPIONE L'AFRICANO; **MR** Robert Flaherty e Zoltan Korda per LA DANZA DEGLI ELEFANTI; **MA.re** Emil Jannings per INGRATITUDINE; **MA.ce** Bette Davis per LE CINQUE SCHIAVE, Bette Davis per L'UOMO DI BRONZO.

1938 MF LUCIANO SERRA PILOTA, OLYMPIA – APOTEOSI DI OLIMPIA; **MR** Carl Froelich per CASA PATERNA; **MA.re** Leslie Howard per PIGMALIONE; **MA.ce** Norma Shearer per MARIA ANTONIETTA.

1939 MF ABUNA MESSIAS.

1940 MF L'ASSEDIO DELL'ALCAZAR.

1941 MF LA CORONA DI FERRO; **MR** Georg Wilhelm Pabst per I COMMEDIANTI; **MA.re** Ermete Zacconi per DON BUONAPARTE; **MA.ce** Luise Ullrich per ANNELIE.

1942 MF BENGASI; **MA.re** Fosco Giachetti per BENGASI; **MA.ce** Kristina Söderbaum per LA CITTÀ D'ORO.

1946 MF L'UOMO DEL SUD.

1947 MF SIRENA; **MR** Henri-Georges Clouzot per LEGITTIMA DIFESA; **MA.re** Pierre Fresnay per MONSIEUR VINCENT; **MA.ce** Anna Magnani per L'ONOREVOLE ANGELINA.

1948 MF AMLETO; **MR** Georg Wilhelm Pabst per IL PROCESSO; **MA.re** Ernst Deutsch per IL PROCESSO; **MA.ce** Jean Simmons per AMLETO.

1949 LdO MANON; **MR** Augusto Genina per CIELO SULLA PALUDE; **MA.re** Joseph Cotten per IL RITRATTO DI JENNIE; **MA.ce** Olivia de Havilland per LA FOSSA DEI SERPENTI.

1950 LdO GIUSTIZIA È FATTA; **MA.re** Sam Jaffe per GIUNGLA D'ASFALTO; **MA.ce** Eleanor Parker per PRIMA COLPA.

1951 LdO LA CITTÀ SI DIFENDE, RASHOMON; **MA.re** Jean Gabin per LA NOTTE È IL MIO REGNO; **MA.ce** Vivien Leigh per UN TRAM CHE SI CHIAMA DESIDERIO.

1952 LdO GIOCHI PROIBITI; **MA.re** Fredric March per MORTE DI UN COMMESSO VIAGGIATORE.

1953 LdA I VITELLONI, IL PICCOLO FUGGITIVO, MOULIN ROUGE, RACCONTI DELLA LUNA PALLIDA DI AGOSTO, SADKO, TERESA RAQUIN; **MA.re** Henry Vilbert per UNA SIGNORA PER BENE; **MA.ce** Lilli Palmer per LETTO MATRIMONIALE.

1954 LdO GIULIETTA E ROMEO; **LdA** FRONTE DEL PORTO, I SETTE SAMURAI, LA STRADA, L'INTENDENTE SANSHO; **MA.re** Jean Gabin per ARIA DI PARIGI.

1955 LdO ORDET – LA PAROLA; **LdA** CISKE MUSO DI TOPO, IL GRANDE COLTELLO, LA CICALA, LE AMICHE; **MA.re** Curd Jürgens per GLI EROI SONO STANCHI, Kenneth More per PROFONDO COME IL MARE

1956 MA.re André Bourvil per LA TRAVERSATA DI PARIGI; **MA.ce** Maria Schell per GERVAISE.

1957 LdO APARAJITO – L'INVITTO; **LdA** LE NOTTI BIANCHE; **MA.re** Anthony Franciosa per UN CAPPELLO PIENO DI PIOGGIA; **MA.ce** Zita Ritenbergs per MALVA.

1958 LdO L'UOMO DEL RISCIÒ; **MA.re** Alec Guinness per LA BOCCA DELLA VERITÀ; **MA.ce** Sophia Loren per ORCHIDEA NERA.

1959 LdO IL GENERALE DELLA ROVERE, LA GRANDE GUERRA; **MA.re** James Stewart per ANATOMIA DI UN OMICIDIO; **MA.ce** Madeleine Robinson per A DOPPIA MANDATA.

1960 LdO IL PASSAGGIO DEL RENO; **MA.re** John Mills per WHISKY E GLORIA; **MA.ce** Shirley MacLaine per L'APPARTAMENTO.

1961 LdO L'ANNO SCORSO A MARIENBAD; **MA.re** Toshiro Mifune per LA SFIDA DEL SAMURAI; **MA.ce** Suzanne Flon per NON UCCIDERE.

1962 LdO CRONACA FAMILIARE, L'INFANZIA DI IVAN; **MA.re** Burt Lancaster per L'UOMO DI ALCATRAZ; **MA.ce** Emmanuelle Riva per IL DELITTO DI THERESE DESQUEYROUX.

1963 LdO LE MANI SULLA CITTÀ; **MA.re** Albert Finney per TOM JONES; **MA.ce** Delphine Seyrig per MURIEL, IL TEMPO DI UN RITORNO.

1964 LdO DESERTO ROSSO; **MA.re** Tom Courtenay per PER IL RE E PER LA PATRIA; **MA.ce** Harriet Andersson per AMARE.

1965 LdO VAGHE STELLE DELL'ORSA; **MA.re** Toshiro Mifune per BARBAROSSA; **MA.ce** Annie Girardot per TRE CAMERE A MANHATTAN.

1966 LdO LA BATTAGLIA DI ALGERI; **MA.re** Jacques Perrin per UN UOMO A METÀ; **MA.ce** Natalia Arinbasarova per IL PRIMO MAESTRO.

1967 LdO BELLA DI GIORNO; **MA.re** Ljubisa Samardzic per JUTRO L'ALBA DI UN GIORNO; **MA.ce** Shirley Knight per INTOLLERANZA IL TRENO FANTASMA.

1968 LdO ARTISTI SOTTO LA TENDA DEL CIRCO PERPLESSI; **MA.re** John Marley per FACES – VOLTI; **MA.ce** Laura Betti per TEOREMA.

1980 LdO ATLANTIC CITY, U.S.A., GLORIA – UNA NOTTE D'ESTATE; **MA.re** Art Carney per VIVERE ALLA GRANDE, George Burns per VIVERE ALLA GRANDE, Lee Strasberg per VIVERE ALLA GRANDE; **MA.ce** Liv Ullmann per GLI AMORI DI RICHARD.

1981 LdO ANNI DI PIOMBO; **MA.re** Robert Duvall per L'ASSOLUZIONE; **MA.ce** Lil Terselius per CACCIA ALLA STREGA.

1982 LdO LO STATO DELLE COSE; **MA.re** Max von Sydow per IL VOLO DELL'AQUILA; **MA.ce** Susan Sarandon per TEMPESTA.

1983 LdO PRENOM CARMEN; **MA.re** Carlo Delle Piane per UNA GITA SCOLASTICA; **MA.ce** Angela Winkler per IL DIARIO DI EDITH.

1984 LdO L'ANNO DEL SOLE QUIETO; **LdA** SONATINE; **MA.re** Fernando Fernán Gómez per LOS ZANCOS; **MA.ce** Claudia Cardinale per CLARETTA.

1985 LdO SENZA TETTO NÉ LEGGE; **LdA** DUST; **MA.re** Robert Duvall per LA NAVE FARO; **MA.ce** Barbara De Rossi per MAMMA EBE.

1986 LdO IL RAGGIO VERDE; **LdA** LA PELICULA DEL REY; **MA.re** Walter Chiari per ROMANCE; **MA.ce** Marie Rivière per IL RAGGIO VERDE.

1987 LdO ARRIVEDERCI RAGAZZI; **LdA** LUNGA VITA ALLA SIGNORA, MAURICE; **MA.re** Gian Maria Volonté per UN RAGAZZO DI CALABRIA; **MA.ce** Melita Jurisic per THE TALE OF RUBY ROSE.

1988 LdO LA LEGGENDA DEL SANTO BEVITORE; **LdA** PAESAGGIO NELLA NEBBIA; **MA.re** Don Ameche per LE COSE CAMBIANO, Joe Mantegna per LE COSE CAMBIANO; **MA.ce** Isabelle Huppert per UN AFFARE DI DONNE, Shirley MacLaine per MADAME SOUSATZKA.

1989 LdO CITTÀ DOLENTE; **LdA** MORTE DI UN MAESTRO DEL TÈ, RICORDI DELLA CASA GIALLA; **MA.re** Marcello Mastroianni per CHE ORA È, Massimo Troisi per CHE ORA È; **MA.ce** Geraldine James per È STATA VIA, Peggy Ashcroft per È STATA VIA.

1990 LdO ROSENCRANTZ E GUILDENSTERN SONO MORTI; **MR** Martin Scorsese per QUEI BRAVI RAGAZZI; **MA.re** Oleg Barisov per EDINSTVENIYAT SVIDETEL, Richard Dreyfuss per ROSENCRANTZ E GUILDENSTERN SONO MORTI; **MA.ce** Gloria Munchmeyer per LA LUNA EN EL ESPEJO, Stefania Sandrelli per L'AFRICANA.

1991 LdO URGA – TERRITORIO D'AMORE; **LdA** J'ENTENDS PLUS LA GUITARE, LA LEGGENDA DEL RE PESCATORE, LANTERNE ROSSE; **MA.re** River Phoenix per BELLI E DANNATI – MY OWN PRIVATE IDAHO, Vittorio Mezzogiorno per GRIDO DI PIETRA; **MA.ce** Mercedes Ruehl per LA LEGGENDA DEL RE PESCATORE, Tilda Swinton per EDOARDO II.

1992 LdO LA STORIA DI QIU JU; **LdA** HOTEL DE LUX, PROSCIUTTO PROSCIUTTO, UN CUORE IN INVERNO; **MA.re** Jack Lemmon per AMERICANI; **MA.ce** Emmanuelle Béart per UN CUORE IN INVERNO, Gong Li per LA STORIA DI QIU JU.

1993 LdO AMERICA OGGI, TRE COLORI – FILM BLU; **LdA** KOSH BA KOSH; **MA.re** Fabrizio Bentivoglio per UN'ANIMA DIVISA IN DUE; **MA.ce** Juliette Binoche per TRE COLORI – FILM BLU.

1994 LdO PRIMA DELLA PIOGGIA, VIVE L'AMOUR; **LdA** CREATURE DEL CIELO, IL TORO, LITTLE ODESSA; **MA.re** Rade Serbedzija per PRIMA DELLA PIOGGIA, Xia Yu per YANGGUANG CANLAN DE RIZI; **MA.ce** Juliette Lewis per ASSASSINI NATI – NATURAL BORN KILLERS, Maria de Medeiros per TRES IRMAOS.

1995 LdO CYCLO; **MA.re** George Goetz per DER TOTMACHER; **MA.ce** Isabelle Huppert per IL BUIO NELLA MENTE, Sandrine Bonnaire per IL BUIO NELLA MENTE.

1996 LdO MICHAEL COLLINS; **MA.re** Liam Neeson per MICHAEL COLLINS; **MA.ce** Tereza Zajickova per VESNA VA VELOCE, Victoire Thivisol per PONETTE.

1997 LdO HANA-BI – FIORI DI FUOCO; **MA.re** Wesley Snipes per COMPLICE LA NOTTE; **MA.ce** Robin Tunney per NIAGARA NIAGARA.

1998 LdO COSÌ RIDEVANO; **MR** Emir Kusturica per GATTO NERO GATTO BIANCO; **MA.re** Sean Penn per HURLYBURLY; **MA.ce** Catherine Deneuve per PLACE VENDOME.

1999 LdO NON UNO DI MENO; **MA.re** Jim Broadbent per TOPSY-TURVY; **MA.ce** Nathalie Baye per UNA RELAZIONE PRIVATA.

2000 LdO IL CERCHIO; **MA.re** Javier Bardem per PRIMA CHE SIA NOTTE; **MA.ce** Rose Byrne per THE GODDESS OF 1967.

2001 LdO MONSOON WEDDING; **MA.re** Luigi Lo Cascio per LUCE DEI MIEI OCCHI; **MA.ce** Sandra Ceccarelli per LUCE DEI MIEI OCCHI.

2002 LdO MAGDALENE; **MA.re** Stefano Accorsi per UN VIAGGIO CHIAMATO AMORE; **MA.ce** Julianne Moore per LONTANO DAL PARADISO.

2003 LdO IL RITORNO; **MA.re** Sean Penn per 21 GRAMMI; **MA.ce** Katja Riemann per ROSENSTRASSE.

2004 LdO IL SEGRETO DI VERA DRAKE; **MA.re** Javier Bardem per MARE DENTRO; **MA.ce** Imelda Staunton per IL SEGRETO DI VERA DRAKE.

2005 LdO I SEGRETI DI BROKEBACK MOUNTAIN; **MA.re** David Strathairn per GOOD NIGHT, AND GOOD LUCK; **MA.ce** Giovanna Mezzogiorno per LA BESTIA NEL CUORE.

2006 LdO STILL LIFE; **MA.re** Ben Affleck per HOLLYWOODLAND; **MA.ce** Helen Mirren per THE QUEEN – LA REGINA.

2007 LdO LUSSURIA – SEDUZIONE E TRADIMENTO; **MA.re** Brad Pitt per L'ASSASSINIO DI JESSE JAMES PER MANO DEL CODARDO ROBERT FORD; **MA.ce** Cate Blanchett per IO NON SONO QUI.

2008 LdO THE WRESTLER; **MA.re** Silvio Orlando per IL PAPÀ DI GIOVANNA; **MA.ce** Dominique Blanc per L'AUTRE.

2009 LdO LEBANON; **MR** Shirin Neshat per WOMEN WITHOUT MEN; **MA.re** Colin Firth per A SINGLE MAN; **MA.ce** Ksenia Rappoport per LA DOPPIA ORA.

2010 LdO SOMEWHERE; **MR** Alex de la Iglesia per A SAD TRUMPET BALLAD; **MA.re** Vincent Gallo in ESSENTIAL KILLING; **MA.ce** Ariane Labed in ATTENBERG.

2011 LdO FAUST; **MR** Shanjun Cai per PEOPLE MOUNTAIN PEOPLE SEA; **MA.re** Michael Fassbender per SHAME; **MA.ce** Deanie Yip per A SIMPLE LIFE.

2012 LdO PIETÀ; **MR** Paul Thomas Anderson per THE MASTER; **MA.re** Joaquin Phoenix per THE MASTER e Philip Seympour Hoffman per THE MASTER; **MA.ce** Hadas Yaron per FILL THE VOID.

2013 LdO SACRO GRA; **MR** Alexandros Avranas per MISS VIOLENCE; **MA.re** Themis Panou per MISS VIOLENCE; **MA.ce** Elena Cotta per VIA CASTELLANA BANDIERA.

‣ FESTIVAL INTERNAZIONALE DEL FILM DI CANNES

1946 MF BREVE INCONTRO, GIORNI PERDUTI, LA GRANDE SVOLTA, NEECHA NAGAR, DE RODE ENGE, ROMA CITTÀ APERTA, LA SINFONIA PASTORALE, L'ULTIMA SPERANZA, UOMINI SENZ'ALI, LA VERGINE INDIANA, SPASIMO; **MR** René Clément per OPERAZIONE APFELKERN; **MA.re** Ray Milland per GIORNI PERDUTI; **MA.ce** Michèle Morgan per LA SINFONIA PASTORALE.

1947 MF AMORE E FORTUNA, DUMBO – L'ELEFANTE VOLANTE, I MALEDETTI, ODIO IMPLACABILE, ZIEGFELD FOLLIES.

1949 MF IL TERZO UOMO; **MR** René Clément per LE MURA DI MALAPAGA; **MA.re** Edward G. Robinson per AMARO DESTINO; **MA.ce** Isa Miranda per LE MURA DI MALAPAGA.

1951 MF LA NOTTE DEL PIACERE, MIRACOLO A MILANO; **MR** Luis Buñuel per I FIGLI DELLA VIOLENZA; **MA.re** Michael Redgrave per ADDIO MR. HARRIS!; **MA.ce** Bette Davis per EVA CONTRO EVA.

1952 MF DUE SOLDI DI SPERANZA, OTELLO; **MR** Christian-Jaque per FANFAN LA TULIPE; **MA.re** Marlon Brando per VIVA ZAPATA!; **MA.ce** Lee Grant per PIETÀ PER I GIUSTI.

1953 MF VITE VENDUTE – IL SALARIO DELLA PAURA; **MR** Walt Disney per l'insieme della sua opera; **MA.re** Charles Vanel per VITE VENDUTE – IL SALARIO DELLA PAURA; **MA.ce** Shirley Booth per TORNA, PICCOLA SHEBA!

1954 MF JIGOKUMON; **MR** René Clément per LE AMANTI DI MONSIEUR RIPOIS; **MA.ce** Maria Schell per L'ULTIMO PONTE.

1955 PdO MARTY, VITA DI UN TIMIDO; **MR** Sergei Vassiliev per HOMMES EN GUERRE – GEROI SIPKI, Jules Dassin per RIFIFI; **MA.re** il complesso degli interpreti del film LA GRANDE FAMIGLIA, Ernest Borgnine per MARTY, VITA DI UN TIMIDO, Spencer Tracy per GIORNO MALEDETTO; **MA.ce** Betsy Blair per MARTY, VITA DI UN TIMIDO.

1956 PdO IL MONDO DEL SILENZIO; **MR** Sergei Yutkevich per OTELLO, IL MORO DI VENEZIA; **MA.ce** Susan Hayward per PIANGERÒ DOMANI.

1957 PdO LA LEGGE DEL SIGNORE – L'UOMO SENZA FUCILE; **MR** Robert Bresson per UN CONDANNATO A MORTE È FUGGITO; **MA.re** John Kitzmiller per LA VALLE DELLA PACE; **MA.ce** Giulietta Masina per LE NOTTI DI CABIRIA.

1958 PdO QUANDO VOLANO LE CICOGNE; **MR** Ingmar Bergman per ALLE SOGLIE DELLA VITA; **MA.re** Paul Newman per LA LUNGA ESTATE CALDA; **MA.ce** Barbro Hiort af Ornäs per ALLE SOGLIE DELLA VITA, Bibi Andersson per ALLE SOGLIE DELLA VITA, Eva Dahlbeck per ALLE SOGLIE DELLA VITA, Ingrid Thulin per ALLE SOGLIE DELLA VITA.

1959 PdO ORFEO NEGRO; **MR** François Truffaut per I QUATTROCENTO COLPI; **MA.re** Dean Stockwell per FRENESIA DEL DELITTO, Ford Dillmam per FRENESIA DEL DELITTO, Orson Welles per FRENESIA DEL DELITTO; **MA.ce** Simone Signoret per LA STRADA DEI QUARTIERI ALTI.

1960 PdO LA DOLCE VITA; **MA.ce** Jeanne Moreau per MODERATO CANTABILE – STORIA DI UNO STRANO AMORE, Melina Mercouri per MAI DI DOMENICA.

1961 PdO L'INVERNO TI FARÀ TORNARE, VIRIDIANA; **MR** Julia Solntseva per POVEST' PLAMMENNYCH LET; **MA.re** Anthony Perkins per LE PIACE BRAHMS?; **MA.ce** Sophia Loren per LA CIOCIARA.

1962 PdO O PAGADOR DE PROMESSAS; **MA.re** Dean Stockwell per IL LUNGO VIAGGIO VERSO LA NOTTE, Jason Robards per IL LUNGO VIAGGIO VERSO LA NOTTE, Murray Melvin per SAPORE DI MIELE, Ralph Richardson per IL LUNGO VIAGGIO VERSO LA NOTTE; **MA.ce** Katharine Hepburn per IL LUNGO VIAGGIO VERSO LA NOTTE, Rita Tushingham per SAPORE DI MIELE.

1963 PdO IL GATTOPARDO; **MA.re** Richard Harris per IO SONO UN CAMPIONE; **MA.ce** Marina Vlady per UNA STORIA MODERNA: L'APE REGINA.

1964 PdO LES PARAPLUIES DE CHERBOURG; **MA.re** Antal Pager per PACSIRTA, Saro Urzì per SEDOTTA E ABBANDONATA; **MA.ce** Anne Bancroft per FRENESIA DEL PIACERE, Barbara Barrie per LA DURA LEGGE – UNO, PATATA, DUE, PATATA...

1965 PdO NON TUTTI CE L'HANNO; **MR** Liviu Ciulei per PADUREA SPÂNZURATILOR; **MA.re** Terence Stamp per IL COLLEZIONISTA; **MA.ce** Samantha Eggar per IL COLLEZIONISTA.

1966 PdO SIGNORE & SIGNORI, UN UOMO, UNA DONNA; **MR** Serghej Josifovic Jutkevic per LENIN V POL'SE; **MA.re** Per Oscarsson per SULT; **MA.ce** Vanessa Redgrave per MORGAN MATTO DA LEGARE.

1967 PdO BLOW UP; **MR** Ferenc Kósa per TIZEZER NAP; **MA.re** Oded Kotler per THREE DAYS AND A CHILD; **MA.ce** Pia Degermark per ELVIRA MADIGAN.

1969 MF SE...; **MR** Glauber Rocha per ANTONIO DAS MORTES, Vojtech Jasny per VSICHNI DOBRI RODACI; **MA.re** Jean-Louis Trintignant per Z – L'ORGIA DEL POTERE; **MA.ce** Vanessa Redgrave per ISADORA.

1970 MF M.A.S.H.; **MR** John Boorman per LEONE L'ULTIMO; **MA.re** Marcello Mastroianni per DRAMMA DELLA GELOSIA – TUTTI I PARTICOLARI IN CRONACA; **MA.ce** Ottavia Piccolo per METELLO.

1971 MF MESSAGGERO D'AMORE; **MA.re** Riccardo Cucciolla per SACCO E VANZETTI; **MA.ce** Kitty Winn per PANICO A NEEDLE PARK.

1972 MF IL CASO MATTEI; LA CLASSE OPERAIA VA IN PARADISO; **MR** Miklós Jancsó per SALMO ROSSO – IL POPOLO CHIEDE ANCORA; **MA.re** Jean Yanne per L'AMANTE GIOVANE; **MA.ce** Susannah York per IMAGES.

1973 MF LO SPAVENTAPASSERI, UN UOMO DA AFFITTARE; **MA.re** Giancarlo Giannini per FILM D'AMORE E D'ANARCHIA OVVERO STAMATTINA ALLE 10, IN VIA DEI FIORI, NELLA NOTA CASA DI TOLLERANZA...; **MA.ce** Joanne Woodward per GLI EFFETTI DEI RAGGI GAMMA SUI FIORI DI MATILDE.

1974 MF LA CONVERSAZIONE; **MA.re** Jack Nicholson per L'ULTIMA CORVÉE; **MA.ce** Marie José Nat per I VIOLINI DEL BALLO.

1975 MF CHRONIQUE DES ANNÉES DE BRAISE; **MR** Michel Brault per LES ORDRES, Constantin Costa Gavras per L'AFFARE DELLA SEZIONE SPECIALE; **MA.re** Vittorio Gassman per PROFUMO DI DONNA; **MA.ce** Valerie Perrine per LENNY.

1976 PdO TAXI DRIVER; **MR** Ettore Scola per BRUTTI, SPORCHI E CATTIVI; **MA.re** José-Luis Gomez per PASCUAL DUARTE; **MA.ce** Mari Torocsik per DERYNE HOL VAN?, Dominique Sanda per L'EREDITÀ FERRAMONTI.

1977 PdO PADRE PADRONE; **MA.re** Fernando Rey per ELISA VIDA MIA; **MA.ce** Monique Mercure per J. A. MARTIN PHOTOGRAPHE, Shelley Duvall per TRE DONNE.

1978 PdO L'ALBERO DEGLI ZOCCOLI; **MR** Nagisa Oshima per L'IMPERO DELLA PASSIONE; **MA.re** Jon Voight per TORNANDO A CASA; **MA.ce** Isabelle Huppert per VIOLETTE NOZIÈRE, Jill Clayburgh per UNA DONNA TUTTA SOLA.

1979 PdO APOCALYPSE NOW, IL TAMBURO DI LATTA; **MR** Terrence Malick per I GIORNI DEL CIELO; **MA.re** Jack Lemmon per SINDROME CINESE; **MA.ce** Sally Field per NORMA RAE.

1980 PdO ALL THAT JAZZ – LO SPETTACOLO COMINCIA, KAGEMUSHA – L'OMBRA DEL GUERRIERO; **MR** Krzysztof Zanussi per CONSTANS; **MA.re** Michel Piccoli per SALTO NEL VUOTO; **MA.ce** Anouk Aimée per SALTO NEL VUOTO.

1981 PdO L'UOMO DI FERRO; **MA.re** Ugo Tognazzi per LA TRAGEDIA DI UN UOMO RIDICOLO; **MA.ce** Isabelle Adjani per POSSESSION, Isabelle Adjani per QUARTET.

1982 PdO SCOMPARSO – MISSING, YOL; **MR** Werner Herzog per FITZCARRALDO; **MA.re** Jack Lemmon per SCOMPARSO – MISSING; **MA.ce** Jadwiga Jankowska-Cieslak per OLELKEZO TEKINTETEK.

1983 PdO LA BALLATA DI NARAYAMA; **MA.re** Gian Maria Volonté per LA MORTE DI MARIO RICCI; **MA.ce** Hanna Schygulla per STORIA DI PIERA.

1984 PdO PARIS, TEXAS; **MR** Bertrand Tavernier per UNA DOMENICA IN CAMPAGNA; **MA.re** Alfredo Landa per LOS SANTOS INOCENTES; **MA.ce** Helen Mirren per CAL.

1985 PdO PAPÀ È IN VIAGGIO D'AFFARI; **MR** André Téchiné per RENDEZ VOUS; **MA.re** William Hurt per IL BACIO DELLA DONNA RAGNO; **MA.ce** Cher per DIETRO LA MASCHERA, Norma Aleandro per LA STORIA UFFICIALE.

1986 PdO MISSION; **MR** Martin Scorsese per FUORI ORARIO; **MA.re** Bob Hoskins per MONA LISA, Michel Blanc per LUI PORTAVA I TACCHI A SPILLO; **MA.ce** Barbara Sukowa per ROSA L., Fernanda Torres per EU SEI QUE VOU TE AMAR.

1987 PdO SOTTO IL SOLE DI SATANA; **MR** Wim Wenders per IL CIELO SOPRA BERLINO; **MA.re** Marcello Mastroianni per OCI CIORNIE; **MA.ce** Barbara Hershey per I DIFFIDENTI.

1988 PdO PELLE ALLA CONQUISTA DEL MONDO; **MR** Fernando Ezequiel Solanas per SUR; **MA.re** Forest Whitaker per BIRD; **MA.ce** Barbara Hershey per UN MONDO A PARTE, Jodhy May per UN MONDO A PARTE, Linda Mvusi per UN MONDO A PARTE.

1989 PdO SESSO, BUGIE E VIDEOTAPE; **MR** Emir Kusturica per IL TEMPO DEI GITANI; **MA.re** James Spader per SESSO, BUGIE E VIDEOTAPE; **MA.ce** Meryl Streep per UN GRIDO NELLA NOTTE.

1990 PdO CUORE SELVAGGIO; **MR** Pavel Lungin per TAXI BLUES; **MA.re** Gérard Depardieu per CYRANO DE BERGERAC; **MA.ce** Krystyna Janda per PRZESLUCHANIE.

1991 PdO BARTON FINK; **MR** Joel Coen per BARTON FINK; **MA.re** John Turturro per BARTON FINK; **MA.ce** Irène Jacob per LA DOPPIA VITA DI VERONICA.

1992 PdO CON LE MIGLIORI INTENZIONI; **MR** Robert Altman per I PROTAGONISTI; **MA.re** Tim Robbins per I PROTAGONISTI; **MA.ce** Pernilla August per CON LE MIGLIORI INTENZIONI.

1993 PdO ADDIO MIA CONCUBINA, LEZIONI DI PIANO; **MR** Mike Leigh per NAKED – NUDO; **MA.re** David Thewlis per NAKED – NUDO; **MA.ce** Holly Hunter per LEZIONI DI PIANO.

1994 PdO PULP FICTION; **MR** Nanni Moretti per CARO DIARIO; **MA.re** Ge You per VIVERE!; **MA.ce** Virna Lisi per LA REGINA MARGOT.

1995 PdO UNDERGROUND; **MR** Mathieu Kassovitz per L'ODIO; **MA.re** Jonathan Pryce per CARRINGTON; **MA.ce** Helen Mirren per LA PAZZIA DI RE GIORGIO.

1996 PdO SEGRETI E BUGIE; **MR** Joel Coen per FARGO; **MA.re** Daniel Auteuil per L'OTTAVO GIORNO, Pascal Duquenne per L'OTTAVO GIORNO; **MA.ce** Brenda Blethyn per SEGRETI E BUGIE.

1997 PdO IL SAPORE DELLA CILIEGIA, UNAGI; **MR** Wong Kar Wai per HAPPY TOGETHER; **MA.re** Sean Penn per SHE'S SO LOVELY; **MA.ce** Kathy Burke per NIL BY MOUTH.

1998 PdO L'ETERNITÀ E UN GIORNO; **MR** John Boorman per THE GENERAL; **MA.re** Peter Mullan per MY NAME IS JOE; **MA.ce** Elodie Bouchez per LA VITA SOGNATA DEGLI ANGELI, Natacha Regnier per LA VITA SOGNATA DEGLI ANGELI.

1999 PdO ROSETTA; **MR** Pedro Almodóvar per TUTTO SU MIA MADRE; **MA.re** Emmanuel Schotté per L'UMANITÀ; **MA.ce** Emilie Duquenne per ROSETTA, Séverine Caneele per L'UMANITÀ.

2000 PdO DANCER IN THE DARK; **MR** Edward Yang per Yi Yi; **MA.re** Tony Leung per IN THE MOOD FOR LOVE; **MA.ce** Björk Gudmundsdóttir per DANCER IN THE DARK.

2001 PdO LA STANZA DEL FIGLIO; **MR** David Lynch per MULHOLLAND DRIVE, Joel Coen per L'UOMO CHE NON C'ERA; **MA.re** Benoît Magimel per LA PIANISTA; **MA.ce** Isabelle Huppert per LA PIANISTA.

2002 PdO IL PIANISTA; **MR** Im Kwon-Taek per EBBRO DI DONNE E DI PITTURA, Paul Thomas Anderson per UBRIACO D'AMORE; **MA.re** Olivier Gourmet per IL FIGLIO; **MA.ce** Kati Outinen per L'UOMO SENZA PASSATO.

2003 PdO ELEPHANT; **MR** Gus Van Sant per ELEPHANT; **MA.re** Mehmet Emin Toprak per UZAK, Muzaffer Ozdemir per UZAK; **MA.ce** Marie Josee Croze per LE INVASIONI BARBARICHE.

2004 PdO FAHRENHEIT 9/11; **MR** Tony Gatlif per EXILS; **MA.re** Yuuya Yagira per NOBODY KNOWS; **MA.ce** Maggie Cheung per CLEAN.

2005 PdO L'ENFANT; **MR** Michael Haneke per NIENTE DA NASCONDERE; **MA.re** Tommy Lee Jones per LE TRE SEPOLTURE; **MA.ce** Hana Laszlo per FREE ZONE.

2006 PdO THE WIND THAT SHAKES THE BARLEY; **MR** Alejandro Gonzalez Inarritu per BABEL; **MA.re** Jamel Debbouze per INDIGÈNES, Roschdy Zem per INDIGÈNES, Sami Bouajila per INDIGÈNES, Samy Naceri per INDIGÈNES; **MA.ce** Blanca Portillo per VOLVER, Carmen Maura per VOLVER, Lola Dueñas per VOLVER, Penelope Cruz per VOLVER, Yohana Cobo per VOLVER.

2007 PdO 4 MESI, 3 SETTIMANE E 2 GIORNI; **MR** Julian Schnabel per LO SCAFANDRO E LA FARFALLA; **MA.re** Konstantin Lavronenko per THE BANISHMENT; **MA.ce** Do-yeon Jeon per SECRET SUNSHINE.

2008 PdO ENTRE LES MURS; **MR** Nuri Bilge Ceylan per THREE MONKEYS; **MA.re** Benicio Del Toro per CHE; **MA.ce** Sandra Corveloni per LINHA DE PASSE.

2009 PdO IL NASTRO BIANCO; **MR** Brillante Mendoza per KINATAY; **MA.re** Christoph Waltz per BASTARDI SENZA GLORIA; **MA.ce** Charlotte Gainsbourg per ANTICHRIST.

2010 PdO LO ZIO BOONMEE CHE SI RICORDA DELLE SUE VITE PRECEDENTI; **MR** Mathieu Amalric per TOURNÉE; **MA.re** Javier Bardem per BIUTIFUL ed Elio Germano per LA NOSTRA VITA; **MA.ce** Juliette Binoche per COPIA CONFORME.

2011 PdO THE TREE OF LIFE; **MR** Nicolas Winding Refn per DRIVE; **MA.re** Jean Dujardin per THE ARTIST; **MA.ce** Kirsten Dunst per MELANCHOLIA.

2012 PdO AMOUR; **MR** Carlos Reygadas per POST TENEBRAS LUX; **MA.re** Mads Mikkelsen per THE HUNT – LA CACCIA; **MA.ce** Cristina Flutur per OLTRE LE COLLINE.

2013 PdO LA VITA DI ADELE; **MR** Amat Escalante per HELI; **MA.re** Bruce Dern per NEBRASKA; **MA.ce** Bérénice Bejo per IL PASSATO.

▸ BERLINO FILM FESTIVAL

1952 OdO HA BALLATO UNA SOLA ESTATE.

1953 OdO VITE VENDUTE – IL SALARIO DELLA PAURA.

1954 OdO HOBSON IL TIRANNO.
1955 OdO I TOPI.

1956 OdO TRITTICO D'AMORE; **MR** Robert Aldrich per FOGLIE D'AUTUNNO; **MA.re** Burt Lancaster per TRAPEZIO; **MA.ce** Elsa Martinelli per DONATELLA.

1957 OdO LA PAROLA AI GIURATI; **MR** Mario Monicelli per PADRI E FIGLI; **MA.re** Pedro Infante per TIZOC; **MA.ce** Yvonne Mitchell per L'ADULTERO.

1958 OdO IL POSTO DELLE FRAGOLE; **MR** Tadashi Imai per JUN AI MONOGATARI – STORY OF PURE LOVE; **MA.re** Sidney Poitier per LA PARETE DI FANGO; **MA.ce** Anna Magnani per SELVAGGIO È IL VENTO.

1959 OdO I CUGINI; **MR** Akira Kurosawa per LA FORTEZZA NASCOSTA; **MA.re** Jean Gabin per ARCHIMEDE LE CLOCHARD; **MA.ce** Shirley MacLaine per TUTTE LE RAGAZZE LO SANNO.

1960 OdO LAZARILLO DI TORMES; **MR** Jean-Luc Godard per FINO ALL'ULTIMO RESPIRO; **MA.re** Fredric March per ...E L'UOMO CREÒ SATANA; **MA.ce** Juliette Mayniel per STORIA DI UN DISERTORE.

1961 OdO LA NOTTE; **MR** Bernhard Wicki per DAS WUNDER DES MALACHIAS; **MA.re** Peter Finch per ERI TU L'AMORE; **MA.ce** Anna Karina per LA DONNA È DONNA.

1962 OdO UNA MANIERA D'AMARE; **MR** Francesco Rosi per SALVATORE GIULIANO; **MA.re** James Stewart per MISTER HOBBS VA IN VACANZA; **MA.ce** Rita Gam per TRE INDIVIDUI TANTO ODIO, Viveca Lindfors per TRE INDIVIDUI TANTO ODIO.

1963 OdO IL DEMONIO, BUSHIDO ZANKOKU MONOGATARI; **MR** Nikos Koundouros per GIOVANI PREDE – DAFNI E CLOE; **MA.re** Sidney Poitier per I GIGLI DEL CAMPO; **MA.ce** Bibi Andersson per ÄLSKARINNAN.

1964 OdO SUSUZ YAZ; **MR** Satyajit Ray per MAHANAGAR – THE BIG CITY; **MA.re** Rod Steiger per L'UOMO DEL BANCO DEI PEGNI; **MA.ce** Sachiko Hidari per KANOJO TO KARE – SHE AND HE, Sachiko Hidari per NIPPON KONCHUKI – THE INSECT WOMAN.

1965 OdO AGENTE LEMMY CAUTION, MISSIONE ALPHAVILLE; **MR** Satyajit Ray per CHARULATA – THE LONELY WIFE; **MA.re** Lee Marvin per CAT BALLOU; **MA.ce** Madhur Jaffrey per SHAKESPEARE WALLAH.

1966 OdO CUL DE SAC; **MR** Carlos Saura per LA CACCIA; **MA.re** Jean-Pierre Léaud per IL MASCHIO E LA FEMMINA; **MA.ce** Lola Albright per LORD LOVE A DUCK.

1967 OdO IL VERGINE; **MR** Zivojin Pavlovic per BUDJENJE PACOVA – THE RATS AWAKEN; **MA.re** Michel Simon per IL VECCHIO E IL BAMBINO; **MA.ce** Edith Evans per THE WHISPERERS.

1968 OdO OLE DOLE DOFF; **MR** Carlos Saura per PEPPERMINT FRAPPÉ; **MA.re** Jean-Louis Trintignant per L'UOMO CHE MENTE; **MA.ce** Stéphane Audran per LES BICHES – LE CERBIATTE.

1969 OdO RANI RADOVI – EARLY WORKS.

1971 OdO IL GIARDINO DEI FINZI CONTINI; **MR** Frank D. Gilroy per DESPERATE CHARACTERS; **MA.re** Jean Gabin per LE CHAT, L'IMPLACABILE UOMO DI SAINT GÉRMAIN; **MA.ce** Shirley MacLaine per DESPERATE CHARACTERS, Simone Signoret per LE CHAT, L'IMPLACABILE UOMO DI SAINT GÉRMAIN.

1972 OdO I RACCONTI DI CANTERBURY; **MR** Jean-Pierre Blanc per LA TARDONA; **MA.re** Alberto Sordi per DETENUTO IN ATTESA DI GIUDIZIO; **MA.ce** Elizabeth Taylor per UNA FACCIA DI C...

1973 OdO ASHANI SANKET – DISTANT THUNDER.

1974 OdO SOLDI AD OGNI COSTO.

1975 OdO ORÖKBEFOGADAS – ADOPTION; **MR** Serghej Soloviev per STO DNEJ POSSLE DETSTVA; **MA.re** Vlastimil Brodsky per JACOB DER LUGNER; **MA.ce** Kinuyo Tanaka per SANDAKAN n. 8.

1976 OdO BUFFALO BILL E GLI INDIANI; **MR** Mario Monicelli per CARO MICHELE; **MA.re** Gerhard Olschewski per VERLORENES LEBEN; **MA.ce** Jadwiga Baranska per NOCE I DNJE.

1977 OdO VOSCHOZDENIE; **MR** Manuel Gutiérrez Aragón per CAMADA NEGRA; **MA.re** Fernando Fernán Gómez per EL ANACORETA; **MA.ce** Lily Tomlin per L'OCCHIO PRIVATO.

1978 OdO LAS PALABRAS DE MAX, LAS TRUCHAS; **MR** Gheorghi Djulgherov per AVANTAGE; **MA.re** Craig Russell per OUTRAGEOUS; **MA.ce** Gena Rowlands per LA SERA DELLA PRIMA.

1979 OdO DAVID; **MR** Astrid Henning-Jensen per VINTERBORN; **MA.re** Michele Placido per ERNESTO; **MA.ce** Hanna Schygulla per IL MATRIMONIO DI MARIA BRAUN.

1980 OdO HEARTLAND, PALERMO ODER WOLFSBURG; **MR** István Szabó per BIZALOM; **MA.re** Andrzej Seweryn per DIRETTORE D'ORCHESTRA; **MA.ce** Renate Krössner per SOLO SUNNY.

1981 OdO DEPRISA, DEPRISA; **MR** Markus Imhoof per LA BARCA È PIENA; **MA.re** Anatolij Solonitsyn per I VENTISEI GIORNI NELLA VITA DI DOSTOEVSKIJ, Jack Lemmon per SERATA D'ONORE; **MA.ce** Barbara Grabowska per GORACZKA.

1982 OdO VERONIKA VOSS; **MR** Mario Monicelli per IL MARCHESE DEL GRILLO; **MA.re** Stellan Skarsgaard per DEN ENFALDIGE MÖRDAREN, Michel Piccoli per UNE ÉTRANGE AFFAIRE; **MA.ce** Katrin Sass per BURGSCHAFT FUR EIN JAHR.

1983 OdO ASCENDANCY, LA COLMENA; **MR** Eric Rohmer per PAULINE ALLA SPIAGGIA; **MA.re** Bruce Dern per THAT CHAMPIONSHIP SEASON; **MA.ce** Jewgenija Gluschenko per WIJUBLIJON PO SOBSTVENNOMU ZELANIJU.

1984 OdO LOVE STREAMS – SCIA D'AMORE; **MR** Ettore Scola per BALLANDO BALLANDO; **MA.re** Albert Finney per IL SERVO DI SCENA; **MA.ce** Inna Churikova per VOENNO-POLEVOJ ROMAN, Monica Vitti per FLIRT.

1985 OdO IL MISTERO DI WETHERBY, DIE FRAU UND DER FREMDE – THE WOMAN AND THE STRANGER; **MR** Robert Benton per LE STAGIONI DEL CUORE; **MA.re** Fernando Fernán Gómez per STICO; **MA.ce** Jo Kennedy per WRONG WORLD.

1986 OdO STAMMHEIM; **MR** Gheorghi Schenghelaja per PUTESESTVIE MOLODOGO KOMPOSZITORA; **MA.re** Tuncel Kurtiz per HIUH HAGDI; **MA.ce** Marcela Cartaxo per A HORA DA ESTRELA, Charlotte Valandrey per ROUGE BAISER.

1987 OdO THEMA; **MR** Oliver Stone per PLATOON; **MA.re** Gian Maria Volonté per IL CASO MORO; **MA.ce** Ana Beatriz Nogueira per VERA.

1988 OdO SORGO ROSSO; **MR** Norman Jewison per STREGATA DALLA LUNA; **MA.re** Jörg Pose e Manfred Mock per EINE TRAGE DES ANDEREN LAST; **MA.ce** Holly Hunter per DENTRO LA NOTIZIA.

1989 OdO RAIN MAN – L'UOMO DELLA PIOGGIA; **MR** Dusan Hanák per JA MILUJEM, TY MILUJES; **MA.re** Gene Hackman per MISSISSIPPI BURNING – LE RADICI DELL'ODIO; **MA.ce** Isabelle Adjani per CAMILLE CLAUDEL.

1990 OdO LE ALLODOLE SUL FILO, MUSIC BOX – PROVA D'ACCUSA; **MR** Michael Verhoeven per LA RAGAZZA TERRIBILE; **MA.re** Morgan Freeman per A SPASSO CON DAISY; **MA.ce** Jessica Tandy per A SPASSO CON DAISY.

1991 OdO LA CASA DEL SORRISO; **MR** Jonathan Demme per IL SILENZIO DEGLI INNOCENTI, Ricky Tognazzi per ULTRÀ; **MA.re** Maynard Eziashi per MISTER JOHNSON; **MA.ce** Victoria Abril per AMANTES.

1992 OdO GRAND CANYON; **MR** Jan Troell per IL CAPITANO; **MA.re** Armin Mueller-Stahl per UTZ, Maggie Cheung per RUAN LING YU.

1993 OdO IL BANCHETTO DI NOZZE; **MR** Andrew Birkin per IL GIARDINO DI CEMENTO; **MA.re** Denzel Washington per MALCOLM X; **MA.ce** Michelle Pfeiffer per DUE SCONOSCIUTI, UN DESTINO.

1994 OdO NEL NOME DEL PADRE; **MR** Semjon Aranovich per GOD SOBAKI, Alain Resnais per SMOKING – NO SMOKING, Krzysztof Kieslowski per TRE COLORI – FILM BIANCO; **MA.re** Tom Hanks per PHILADELPHIA; **MA.ce** Crissy Rock per LADYBIRD LADYBIRD.

1995 OdO L'ESCA; **MR** Richard Linklater per PRIMA DELL'ALBA; **MA.re** Paul Newman per LA VITA A MODO MIO; **MA.ce** Josephine Siao per XIATIAN DE XUE.

1996 OdO RAGIONE E SENTIMENTO; **MR** Yim Ho per TAI YANG YOU ER, Richard Loncraine per RICCARDO III; **MA.re** Sean Penn per DEAD MAN WALKING – CONDANNATO A MORTE; **MA.ce** Anouk Grimberg per MON HOMME.

1997 OdO LARRY FLYNT. OLTRE LO SCANDALO; **MR** Eric Heumann per VIAGGIO A TITOLO PRIVATO; **MA.re** Leonardo DiCaprio per ROMEO & GIULIETTA DI WILLIAM SHAKESPEARE; **MA.ce** Juliette Binoche per IL PAZIENTE INGLESE.

1998 OdO CENTRAL DO BRASIL; **MR** Neil Jordan per THE BUTCHER BOY; **MA.re** Samuel L. Jackson per JACKIE BROWN; **MA.ce** Fernanda Montenegro per CENTRAL DO BRASIL.

1999 OdO LA SOTTILE LINEA ROSSA; **MR** Stephen Frears per THE HI-LO COUNTRY; **MA.re** Michael Gwisdek per NIGHT SHAPES; **MA.ce** Juliane Köhler per AIMÉE & JAGUAR, Maria Schrader per AIMÉE & JAGUAR.

2000 OdO MAGNOLIA; **MR** Milos Forman per MAN ON THE MOON; **MA.re** Denzel Washington per HURRICANE; **MA.ce** Bibiana Beglau per IL SILENZIO DOPO LO SPARO, Nadja Uhl per IL SILENZIO DOPO LO SPARO.

2001 OdO INTIMACY – NELL'INTIMITÀ; **MR** Lin Cheng-Sheng per BETELNUT BEAUTY (AI NI AI WO); **MA.re** Benicio Del Toro per TRAFFIC; **MA.ce** Kerry Fox per INTIMACY – NELL'INTIMITÀ.

2002 OdO SPIRITED AWAY, BLOODY SUNDAY; **MR** Otar Iosseliani per LUNEDÌ MATTINA; **MA.re** Jacques Gamblin per LAISSEZ PASSER; **MA.ce** Halle Berry per MONSTER'S BALL.

2003 OdO COSE DI QUESTO MONDO; **MA.re** Sam Rockwell per CONFESSIONI DI UNA MENTE PERICOLOSA; **MA.ce** Julianne Moore per THE HOURS, Meryl Streep per THE HOURS, Nicole Kidman per THE HOURS.

2004 OdO LA SPOSA TURCA; **MR** Kim Ki-Duk per LA SAMARITANA; **MA.re** Daniel Hendler per L'ABBRACCIO PERDUTO; **MA.ce** Catalina Sandino Moreno per MARIA FULL OF GRACE, Charlize Theron per MONSTER.

2005 OdO U-CARMEN EKHAYELITSHA; **MR** Marc Rothemund per LA ROSA BIANCA; **MA.re** Lou Taylor Pucci per THUMBSUCKER; **MA.ce** Julia Jentsch per LA ROSA BIANCA.

2006 OdO GRBAVICA; **MR** Micheal Winterbottom e Matt Whitecross per THE ROAD TO GUANTANAMO; **MA.re** Moritz Bleibtreu per LE PARTICELLE ELEMENTARI; **MA.ce** Sandra Hüller per REQUIEM.

2007 OdO IL MATRIMONIO DI TUYA; **MR** Joseph Cedar per BEAUFORT; **MA.re** Julio Chávez per THE OTHER; **MA.ce** Nina Hoss per YELLA.

2008 OdO TROPA DE ELITE – GLI SQUADRONI DELLA MORTE; **MR** Paul Thomas Anderson per IL PETROLIERE; **MA.re** Reza Najie per AVAZE GONJESHK-HA; **MA.ce** Sally Hawkins per HAPPY-GO-LUCKY

2009 OdO IL CANTO DI PALOMA; **MR** Asghar Farhadi per ABOUT ELLY; **MA.re** Sotigui Kouyaté per LONDON RIVER; **Ma.ce** Birgit Minichmayr per ALLE ANDEREN.

2010 OdO BAL; **MR** Alexei Popogrebsky per HOW I ENDED THIS SUMMER; **MA.re** Sergei Puskepalis in HOW I ENDED THIS SUMMER; **MA.ce** Shinobu Terajima in CATERPILLAR.

2011 OdO UNA SEPARAZIONE; **MR** Ulrich Köhler per THE SLEEPING SICKNESS; **MA.re** Peyman Mooadi per UNA SEPARAZIONE; **MA.ce** Ali- Asghar Shahbazi per UNA SEPARAZIONE.

2012 OdO CESARE DEVE MORIRE; **MR** Benedek Fliegauf per JUST THE WIND; **MA.re** Mikkel Folsgaard per EN KONGELIGE AFFAIR; **MA.ce** Rachel Mwanza per WAR WITCH.

2013 OdO IL CASO KERENES; **MR** David Gordon Green per PRINCE AVALANCHE; **MA.re** Nazif Mujic per AN EPISODE IN THE LIFE OF AN IRON PICKER; **MA.ce** Paulina García per GLORIA.

▸ DAVID DI DONATELLO

1956 MR Gianni Franciolini per RACCONTI ROMANI; **MA.re** Vittorio De Sica per PANE, AMORE E...; **MA.ce** Gina Lollobrigida per LA DONNA PIÙ BELLA DEL MONDO – LINA CAVALIERI.

1957 MR Alberto Lattuada per GUENDALINA, Federico Fellini per LE NOTTI DI CABIRIA.

1958 MR Antonio Pietrangeli per NATA DI MARZO; **MA.ce** Anna Magnani per SELVAGGIO È IL VENTO.

1959 MR Alberto Lattuada per LA TEMPESTA; **MA.re** Renato Rascel per POLICARPO, UFFICIALE DI SCRITTURA; **MA.ce** Anna Magnani per NELLA CITTÀ L'INFERNO.

1960 MR Federico Fellini per LA DOLCE VITA; **MA.re** Alberto Sordi per LA GRANDE GUERRA, Vittorio Gassman per LA GRANDE GUERRA; **MFS** BALLATA DI UN SOLDATO.

1961 MR Michelangelo Antonioni per LA NOTTE; **MA.re** Alberto Sordi per TUTTI A CASA; **MA.ce** Claudia Cardinale per LA RAGAZZA CON LA VALIGIA, Sophia Loren per LA CIOCIARA.

1962 MR Ermanno Olmi per IL POSTO;**MA.re** Raf Vallone per UNO SGUARDO DAL PONTE; **MA.ce** Lea Massari per I SOGNI MUOIONO ALL'ALBA; **MFS** VINCITORI E VINTI.

1963 MR Vittorio De Sica per I SEQUESTRATI DI ALTONA; **MA.re** Vittorio Gassman per IL SORPASSO; **MA.ce** Gina Lollobrigida per VENERE IMPERIALE, Monica Vitti per LE QUATTRO VERITÀ, Silvana Mangano per IL PROCESSO DI VERONA.

1964 MR Pietro Germi per SEDOTTA E ABBANDONATA; **MA.re** Marcello Mastroianni per IERI, OGGI, DOMANI; **MA.ce** Catherine Spaak per LA NOIA, Sophia Loren per IERI, OGGI, DOMANI.

1965 MR Francesco Rosi per IL MOMENTO DELLA VERITÀ, Vittorio De Sica per MATRIMONIO ALL'ITALIANA; **MA.re** Marcello Mastroianni per MATRIMONIO ALL'ITALIANA, Vittorio Gassman per LA CONGIUNTURA; **MA.ce** Sophia Loren per MATRIMONIO ALL'ITALIANA; **MFS** ZORBA IL GRECO.

1966 MR Alessandro Blasetti per IO, IO, IO... E GLI ALTRI, Pietro Germi per SIGNORE & SIGNORI; **MA.re** Alberto Sordi per FUMO DI LONDRA; **MA.ce** Giulietta Masina per GIULIETTA DEGLI SPIRITI, Rosanna Schiaffino per LA MANDRAGOLA; **MFS** LA BIBBIA.

1967 MR Luigi Comencini per INCOMPRESO – VITA COL FIGLIO; **MA.re** Simone Giannozzi per INCOMPRESO – VITA COL FIGLIO, Stefano Colagrande per INCOMPRESO – VITA COL FIGLIO, Ugo Tognazzi per L'IMMORALE, Vittorio Gassman per IL TIGRE; **MA.ce** Graziella Granata per LA RAGAZZA DEL BERSAGLIERE, Silvana Mangano per LE STREGHE; **MFS** IL DOTTOR ZIVAGO.

1968 MR Carlo Lizzani per BANDITI A MILANO, Damiano Damiani per IL GIORNO DELLA CIVETTA; **MA.re** Franco Nero per IL GIORNO DELLA CIVETTA, Nino Manfredi per ITALIAN SECRET SERVICE; **MA.ce** Claudia Cardinale per IL GIORNO DELLA CIVETTA, Lisa Gastoni per GRAZIE ZIA; **MFS** A SANGUE FREDDO, INDOVINA CHI VIENE A CENA?

1969 MR Franco Zeffirelli per ROMEO E GIULIETTA; **MA.re** Alberto Sordi per IL MEDICO DELLA MUTUA, Nino Manfredi per VEDO NUDO; **MA.ce** Gina Lollobrigida per BUONASERA, SIGNORA CAMPBELL, Monica Vitti per LA RAGAZZA CON LA PISTOLA; **MFS** ROSEMARY'S BABY – NASTRO ROSSO A NEW YORK, 2001 ODISSEA NELLO SPAZIO.

1970 MR Gillo Pontecorvo per QUEIMADA; **MA.re** Gian Maria Volonté per INDAGINE SU UN CITTADINO AL DI SOPRA DI OGNI SOSPETTO, Massimo Ranieri per METELLO, Nino Manfredi per NELL'ANNO DEL SIGNORE; **MA.ce** Ottavia Piccolo per METELLO, Sophia Loren per I GIRASOLI; **MFS** UN UOMO DA MARCIAPIEDE.

1971 MR Enrico Maria Salerno per ANONIMO VENEZIANO, Luchino Visconti per MORTE A VENEZIA, Nino Manfredi per PER GRAZIA RICEVUTA; **MA.re** Ugo Tognazzi per LA CALIFFA; **MA.ce** Florinda Bolkan per ANONIMO VENEZIANO, Monica Vitti per NINÌ TIRABUSCIÒ LA DONNA CHE INVENTÒ LA MOSSA; **MFS** VOYOU – LA CANAGLIA.

1972 MR Franco Zeffirelli per FRATELLO SOLE, SORELLA LUNA, Sergio Leone per GIÙ LA TESTA; **MA.re** Alberto Sordi per DETENUTO IN ATTESA DI GIUDIZIO, Giancarlo Giannini per MIMÌ METALLURGICO FERITO NELL'ONORE; **MA.ce** Claudia Cardinale per BELLO, ONESTO, EMIGRATO AUSTRALIA, SPOSEREBBE COMPAESANA ILLIBATA, Mariangela Melato per MIMÌ METALLURGICO FERITO NELL'ONORE; **MFS** DOMENICA, MALEDETTA DOMENICA.

1973 MR Ennio De Concini per GLI ULTIMI DIECI GIORNI DI HITLER, Luchino Visconti per LUDWIG; **MA.re** Alberto Sordi per LO SCOPONE SCIENTIFICO, Helmut Berger per LUDWIG; **MA.ce** Florinda Bolkan per CARI GENITORI, Laura Antonelli per MALIZIA, Silvana Mangano per LO SCOPONE SCIENTIFICO; **MFS** CABARET.

1974 MR Federico Fellini per AMARCORD; **MA.re** Nino Manfredi per PANE E CIOCCOLATA; **MA.ce** Monica Vitti per POLVERE DI STELLE, Sophia Loren per IL VIAGGIO; **MFS** SUSSURRI E GRIDA, JESUS CHRIST SUPERSTAR.

1975 MR Dino Risi per PROFUMO DI DONNA; **MA.re** Burt Lancaster per GRUPPO DI FAMIGLIA IN UN INTERNO, Vittorio Gassman per PROFUMO DI DONNA; **MA.ce** Mariangela Melato per LA POLIZIOTTA; **MFS** PRIMA PAGINA.

1976 MR Ennio Lorenzini per QUANTO È BELLO LU MURIRE ACCISO, Francesco Rosi per CADAVERI ECCELLENTI; **MA.re** Adriano Celentano per BLUFF – STORIA DI TRUFFE E DI IMBROGLIONI, Christian De Sica per GIOVANNINO, Michele Placido per MARCIA TRIONFALE, Ugo Tognazzi per AMICI MIEI, Ugo Tognazzi per L'ANATRA ALL'ARANCIA; **MA.ce** Agostina Belli per TELEFONI BIANCHI, Monica Vitti per L'ANATRA ALL'ARANCIA; **MFS** QUALCUNO VOLÒ SUL NIDO DEL CUCULO, NASHVILLE, I TRE GIORNI DEL CONDOR.

1977 MR Giorgio Ferrara per UN CUORE SEMPLICE, Mario Monicelli per UN BORGHESE PICCOLO PICCOLO, Valerio Zurlini per IL DESERTO DEI TARTARI; **MA.re** Alberto Sordi per UN BORGHESE PICCOLO PICCOLO, Giuliano Gemma per IL DESERTO DEI TARTARI, Vincenzo Crocitti per UN BORGHESE PICCOLO PICCOLO; **MA.ce** Angelica Ippolito per OH, SERAFINA!, Mariangela Melato per CARO MICHELE, Shelley Winters per UN BORGHESE PICCOLO PICCOLO; **MFS** DERSU UZALA – IL PICCOLO UOMO DELLE GRANDI PIANURE, TAXI DRIVER.

1978 MR Ettore Scola per UNA GIORNATA PARTICOLARE; **MA.re** Nino Manfredi per IN NOME DEL PAPA RE; **MA.ce** Mariangela Melato per IL GATTO, Sophia Loren per UNA GIORNATA PARTICOLARE; **MFS** GOODBYE AMORE MIO!, I DUELLANTI.

1979 MR Francesco Rosi per CRISTO SI È FERMATO A EBOLI; **MA.re** Stefano Madia per CARO PAPÀ, Vittorio Gassman per CARO PAPÀ; **MA.ce** Monica Vitti per AMORI MIEI; **MFS** HAIR.

1980 MR Gillo Pontecorvo per OGRO, Marco Bellocchio per SALTO NEL VUOTO; **MA.re** Adriano Celentano per MANI DI VELLUTO, Carlo Verdone per UN SACCO BELLO, Enrico Montesano per ARAGOSTA A COLAZIONE, Enrico Montesano per IL LADRONE, Enrico Montesano per QUA LA MANO; **MA.ce** Virna Lisi per LA CICALA; **MFS** APOCALYPSE NOW.

1981 MF RICOMINCIO DA TRE; **MR** Francesco Rosi per TRE FRATELLI; **MA.re** Massimo Troisi per RICOMINCIO DA TRE; **MA.ce** Mariangela Melato per AIUTAMI A SOGNARE, Valeria D'Obici per PASSIONE D'AMORE; **MFS** KAGEMUSHA – L'OMBRA DEL GUERRIERO.

1982 MF BOROTALCO; **MR** Marco Ferreri per STORIE DI ORDINARIA FOLLIA; **MA.re** Carlo Verdone per BOROTALCO; **MA.ce** Eleonora Giorgi per BOROTALCO; **MFS** MEFISTO.

1983 MF LA NOTTE DI SAN LORENZO; **MR** Paolo e Vittorio Taviani per LA NOTTE DI SAN LORENZO; **MA.re** Francesco Nuti per IO, CHIARA E LO SCURO; **MA.ce** Giuliana De Sio per IO, CHIARA E LO SCURO; **MFS** GANDHI.

1984 MF BALLANDO BALLANDO, E LA NAVE VA; **MR** Ettore Scola per BALLANDO BALLANDO; **MA.re** Giancarlo Giannini per MI MANDA PICONE; **MA.ce** Lina Sastri per MI MANDA PICONE; **MFS** FANNY E ALEXANDER.

1985 MF CARMEN; **MR** Francesco Rosi per CARMEN; **MA.re** Francesco Nuti per CASABLANCA CASABLANCA; **MA.ce** Lina Sastri per SEGRETI SEGRETI; **MFS** AMADEUS.

1986 MF SPERIAMO CHE SIA FEMMINA; **MR** Mario Monicelli per SPERIAMO CHE SIA FEMMINA; **MA.re** Marcello Mastroianni per GINGER E FRED; **MA.ce** Angela Molina per UN COMPLICATO INTRIGO DI DONNE, VICOLI E DELITTI; **MFS** LA MIA AFRICA.

1987 MF LA FAMIGLIA; **MR** Ettore Scola per LA FAMIGLIA; **MA.re** Vittorio Gassman per LA FAMIGLIA; **MA.ce** Liv Ullmann per MOSCA ADDIO; **MFS** CAMERA CON VISTA.

1988 MF L'ULTIMO IMPERATORE; **MR** Bernardo Bertolucci per L'ULTIMO IMPERATORE; **MA.re** Marcello Mastroianni per OCI CIORNIE; **MA.ce** Elena Safonova per OCI CIORNIE; **MFS** ARRIVEDERCI RAGAZZI.

1989 MF LA LEGGENDA DEL SANTO BEVITORE; **MR** Ermanno Olmi per LA LEGGENDA DEL SANTO BEVITORE; **MA.re** Roberto Benigni per IL PICCOLO DIAVOLO; **MA.ce** Stefania Sandrelli per MIGNON È PARTITA; **MFS** RAIN MAN – L'UOMO DELLA PIOGGIA.

1990 MF PORTE APERTE; **MR** Mario Monicelli per IL MALE OSCURO; **MA.re** Gian Maria Volonté per PORTE APERTE, Paolo Villaggio per LA VOCE DELLA LUNA; **MA.ce** Elena Sofia Ricci per NE PARLIAMO LUNEDÌ; **MFS** L'ATTIMO FUGGENTE.

1991 MF VERSO SERA, MEDITERRANEO; **MR** Marco Risi per RAGAZZI FUORI, Ricky Tognazzi per ULTRÀ; **MA.re** Nanni Moretti per IL PORTABORSE; **MA.ce** Margherita Buy per LA STAZIONE; **MFS** AMLETO, CYRANO DE BERGERAC.

1992 MF IL LADRO DI BAMBINI; **MR** Gianni Amelio per IL LADRO DI BAMBINI; **MA.re** Carlo Verdone per MALEDETTO IL GIORNO CHE T'HO INCONTRATO; **MA.ce** Giuliana De Sio per CATTIVA; **MFS** LANTERNE ROSSE.

1993 MF IL GRANDE COCOMERO; **MR** Ricky Tognazzi per LA SCORTA, Roberto Faenza per JONA CHE VISSE NELLA BALENA; **MA.re** Sergio Castellitto per IL GRANDE COCOMERO; **MA.ce** Antonella Ponziani per VERSO SUD; **MFS** UN CUORE IN INVERNO.

1994 MF CARO DIARIO; **MR** Carlo Verdone per PERDIAMOCI DI VISTA; **MA.re** Giulio Scarpati per IL GIUDICE RAGAZZINO; **MA.ce** Asia Argento per PERDIAMOCI DI VISTA; **MFS** NEL NOME DEL PADRE.

1995 MF LA SCUOLA; **MR** Mario Martone per L'AMORE MOLESTO; **MA.re** Marcello Mastroianni per SOSTIENE PEREIRA; **MA.ce** Anna Bonaiuto per L'AMORE MOLESTO; **MFS** PULP FICTION.

1996 MF FERIE D'AGOSTO; **MR** Giuseppe Tornatore per L'UOMO DELLE STELLE; **MA.re** Giancarlo Giannini per CELLULOIDE; **MA.ce** Bruno Tedeschi per LA SECONDA VOLTA; **MFS** NELLY E MR. ARNAUD.

1997 MF LA TREGUA; **MR** Francesco Rosi per LA TREGUA; **MA.re** Fabrizio Bentivoglio per TESTIMONE A RISCHIO; **MA.ce** Asia Argento per COMPAGNA DI VIAGGIO; **MFS** RIDICULE.

1998 MF LA VITA È BELLA; **MR** Roberto Benigni per LA VITA È BELLA; **MA.re** Roberto Benigni per LA VITA È BELLA; **MA.ce** Bruno Tedeschi per LA PAROLA AMORE ESISTE; **MFS** FULL MONTY.

1999 MF FUORI DAL MONDO; **MR** Giuseppe Tornatore per LA LEGGENDA DEL PIANISTA SULL'OCEANO; **MA.re** Stefano Accorsi per RADIOFRECCIA; **MA.ce** Margherita Buy per FUORI DAL MONDO; **MFS** TRAIN DE VIE.

2000 MF PANE E TULIPANI; **MR** Silvio Soldini per PANE E TULIPANI; **MA.re** Bruno Ganz per PANE E TULIPANI; **MA.ce** Licia Maglietta per PANE E TULIPANI; **MFS** TUTTO SU MIA MADRE.

2001 MF LA STANZA DEL FIGLIO; **MR** Gabriele Muccino per L'ULTIMO BACIO; **MA.re** Luigi Lo Cascio per I CENTO PASSI; **MA.ce** Laura Morante per LA STANZA DEL FIGLIO; **MFS** IL GUSTO DEGLI ALTRI.

2002 MF IL MESTIERE DELLE ARMI; **MR** Ermanno Olmi per IL MESTIERE DELLE ARMI; **MA.re** Giancarlo Giannini per TI VOGLIO BENE EUGENIO; **MA.ce** Marina Confalone per INCANTESIMO NAPOLETANO.

2003 MF LA FINESTRA DI FRONTE; **MR** Pupi Avati per IL CUORE ALTROVE; **MA.re** Massimo Girotti per LA FINESTRA DI FRONTE; **MA.ce** Giovanna Mezzogiorno per LA FINESTRA DI FRONTE; **MFS** IL PIANISTA.

2004 MF LA MEGLIO GIOVENTÙ; **MR** Marco Tullio Giordana per LA MEGLIO GIOVENTÙ; **MA.re** Sergio Castellitto per NON TI MUOVERE; **MA.ce** Penelope Cruz per NON TI MUOVERE; **MFS** LE INVASIONI BARBARICHE.

2005 MF LE CONSEGUENZE DELL'AMORE; **MR** Paolo Sorrentino per LE CONSEGUENZE DELL'AMORE; **MA.re** Toni Servillo per LE CONSEGUENZE DELL'AMORE; **MA.ce** Barbora Bobulova per CUORE SACRO; **MFS** MILLION DOLLAR BABY.

2006 MF IL CAIMANO; **MR** Nanni Moretti per IL CAIMANO; **MA.re** Silvio Orlando per IL CAIMANO; **MA.ce** Valeria Golino per LA GUERRA DI MARIO; **MFS** CRASH – CONTATTO FISICO.

2007 MF LA SCONOSCIUTA; **MR** Giuseppe Tornatore per LA SCONOSCIUTA; **MA.re** Elio Germano per MIO FRATELLO È FIGLIO UNICO; **MA.ce** Xenia Rappoport per LA SCONOSCIUTA; **MFS** BABEL.

2008 MF LA RAGAZZA DEL LAGO; **MR** Andrea Molaioli per LA RAGAZZA DEL LAGO; **MA.re** Toni Servillio per LA RAGAZZA DEL LAGO; **MA.ce** Margherita Buy per GIORNI E NUVOLE; **MFS** NON È UN PAESE PER VECCHI.

2009 MF GOMORRA; **MR** Matteo Garrone per GOMORRA; **MA.re** Toni Servillo per IL DIVO; **MA.ce** Alba Rohrwacher per IL PAPÀ DI GIOVANNA.

2010 MF L'UOMO CHE VERRÀ; **MR** Marco Bellocchio per VINCERE; **MA.re** Valerio Mastandrea in LA PRIMA COSA BELLA; **MA.ce** Micaela Ramazzotti in LA PRIMA COSA BELLA.

2011 MF NOI CREDEVAMO; **MR** Daniele Luchetti per LA NOSTRA VITA; **MA.re** Elio Germano per LA NOSTRA VITA; **MA.ce** Paola Cortellesi per NESSUNO MI PUÒ GIUDICARE

2012 MF CESARE DEVE MORIRE; **MR** paolo Taviani per CESARE DEVE MORIRE; **MA.re** Michel Piccoli per HABEMUS PAPAM; **MA.ce** Zhao Tao per IO SONO LÌ.

2013 MF LA MIGLIORE OFFERTA; **MR** Giuseppe Tornatore per LA MIGLIORE OFFERTA; **MA.re** Valerio Mastandrea per GLI EQUILIBRISTI; **MA.ce** Margherita Buy per VIAGGIO SOLA.

▸ GOLDEN GLOBES

1972 MF IL BRACCIO VIOLENTO DELLA LEGGE, IL VIOLINISTA SUL TETTO; **MR** William Friedkin per IL BRACCIO VIOLENTO DELLA LEGGE; **MA.re** Gene Hackman per IL BRACCIO VIOLENTO DELLA LEGGE, Topol per IL VIOLINISTA SUL TETTO; **MA.ce** Jane Fonda per UNA SQUILLO PER L'ISPETTORE KLUTE, Twiggy per IL BOY FRIEND; **MFS** AH SHOTER AZULAI.

1973 MF CABARET, IL PADRINO; **MR** Francis Ford Coppola per IL PADRINO; **MA.re** Jack Lemmon per CHE COSA È SUCCESSO TRA MIO PADRE E TUA MADRE?, Marlon Brando per IL PADRINO; **MA.ce** Liv Ullmann per KARL E KRISTINA, Liza Minnelli per CABARET; **MFS** KARL E KRISTINA, LA NUOVA TERRA.

1974 MF AMERICAN GRAFFITI, L'ESORCISTA; **MR** William Friedkin per L'ESORCISTA; **MA.re** Al Pacino per SERPICO, George Segal per UN TOCCO DI CLASSE; **MA.ce** Glenda Jackson per UN TOCCO DI CLASSE, Marsha Mason per UN GRANDE AMORE DA 50 DOLLARI; **MFS** DER FUßGÄNGER.

1975 MF CHINATOWN, QUELLA SPORCA ULTIMA META; **MR** Roman Polanski per CHINATOWN; **MA.re** Art Carney per HARRY E TONTO, Jack Nicholson per CHINATOWN; **MA.ce** Gena Rowlands per UNA MOGLIE, Raquel Welch per I TRE MOSCHETTIERI; **MFS** SCENE DA UN MATRIMONIO.

1976 MF I RAGAZZI IRRESISTIBILI, QUALCUNO VOLÒ SUL NIDO DEL CUCULO; **MR** Milos Forman per QUALCUNO VOLÒ SUL NIDO DEL CUCULO; **MA.re** Jack Nicholson per QUALCUNO VOLÒ SUL NIDO DEL CUCULO, Walter Matthau per I RAGAZZI IRRESISTIBILI; **MA.ce** Ann Margret per TOMMY, Louise Fletcher per QUALCUNO VOLÒ SUL NIDO DEL CUCULO; **MFS** LIES MY FATHER TOLD ME.

1977 MF È NATA UNA STELLA, ROCKY; **MR** Sidney Lumet per QUINTO POTERE; **MA.re** Kris Kristofferson per È NATA UNA STELLA, Peter Finch per QUINTO POTERE; **MA.ce** Barbra Streisand per È NATA UNA STELLA, Faye Dunaway per QUINTO POTERE; **MFS** L'IMMAGINE ALLO SPECCHIO.

1978 MF DUE VITE UNA SVOLTA, GOODBYE AMORE MIO!; **MR** Herbert Ross per DUE VITE UNA SVOLTA; **MA.re** Richard Burton per EQUUS, Richard Dreyfuss per GOODBYE AMORE MIO!; **MA.ce** Diane Keaton per IO & ANNIE, Jane Fonda per GIULIA, Marsha Mason per GOODBYE AMORE MIO!; **MFS** UNA GIORNATA PARTICOLARE.

1979 MF FUGA DI MEZZANOTTE, IL PARADISO PUÒ ATTENDERE; **MR** Michael Cimino per IL CACCIATORE; **MA.re** Jon Voight per TORNANDO A CASA, Warren Beatty per IL PARADISO PUÒ ATTENDERE; **MA.ce** Ellen Burstyn per LO STESSO GIORNO IL PROSSIMO ANNO, Jane Fonda per TORNANDO A CASA, Maggie Smith per CALIFORNIA SUITE; **MFS** SINFONIA D'AUTUNNO.

1980 MF ALL-AMERICAN BOYS, KRAMER CONTRO KRAMER; **MR** Francis Ford Coppola per APOCALYPSE NOW, Hal Ashby per OLTRE IL GIARDINO, James Bridges per SINDROME CINESE, Peter Yates per ALL-AMERICAN BOYS, Robert Benton per KRAMER CONTRO KRAMER; **MA.re** Dustin Hoffman per KRAMER CONTRO KRAMER, Peter Sellers per OLTRE IL GIARDINO; **MA.ce** Bette Midler per THE ROSE, Sally Field per NORMA RAE; **MFS** IL VIZIETTO.

1981 MF GENTE COMUNE, LA RAGAZZA DI NASHVILLE; **MR** Robert Redford per GENTE COMUNE; **MA.re** Ray Sharkey per ROCK MACHINE, Robert De Niro per TORO SCATENATO; **MA.ce** Mary Tyler Moore per GENTE COMUNE, Sissy Spacek per LA RAGAZZA DI NASHVILLE; **MFS** TESS.

1982 MF ARTURO, SUL LAGO DORATO; **MR** Warren Beatty per REDS; **MA.re** Dudley Moore per ARTURO, Henry Fonda per SUL LAGO DORATO; **MA.ce** Bernadette Peters per PENNIES FROM HEAVEN, Meryl Streep per LA DONNA DEL TENENTE FRANCESE; **MFS** MOMENTI DI GLORIA.

1983 MF E.T. L'EXTRA-TERRESTRE, TOOTSIE; **MR** Richard Attenborough per GANDHI; **MA.re** Ben Kingsley per GANDHI, Dustin Hoffman per TOOTSIE; **MA.ce** Julie Andrews per VICTOR VICTORIA, Meryl Streep per LA SCELTA DI SOPHIE; **MFS** GANDHI.

1984 MF VOGLIA DI TENEREZZA, YENTL; **MR** Barbra Streisand per YENTL; **MA.re** Michael Caine per RITA, RITA, RITA, Robert Duvall per TENDER MERCIES – UN TENERO RINGRAZIAMENTO, Tom Courtenay per IL SERVO DI SCENA; **MA.ce** Julie Walters per RITA, RITA, RITA, Shirley MacLaine per VOGLIA DI TENEREZZA; **MFS** FANNY E ALEXANDER.

1985 MF ALL'INSEGUIMENTO DELLA PIETRA VERDE, AMADEUS; **MR** Milos Forman per AMADEUS; **MA.re** Dudley Moore per MICKI & MAUDE, F. Murray Abraham per AMADEUS; **MA.ce** Kathleen Turner per ALL'INSEGUIMENTO DELLA PIETRA VERDE, Sally Field per LE STAGIONI DEL CUORE; **MFS** PASSAGGIO IN INDIA.

1986 MF LA MIA AFRICA, L'ONORE DEI PRIZZI; **MR** John Huston per L'ONORE DEI PRIZZI; **MA.re** Jack Nicholson per L'ONORE DEI PRIZZI, Jon Voight per A 30 SECONDI DALLA FINE; **MA.ce** Kathleen Turner per L'ONORE DEI PRIZZI, Whoopi Goldberg per IL COLORE VIOLA; **MFS** LA STORIA UFFICIALE.

1987 MF HANNAH E LE SUE SORELLE, PLATOON; **MR** Oliver Stone per PLATOON; **MA.re** Bob Hoskins per MONA LISA, Paul Hogan per MR. CROCODILE DUNDEE; **MA.ce** Marlee Matlin per FIGLI DI UN DIO MINORE, Sissy Spacek per CRIMINI DEL CUORE; **MFS** DE AANSLAG.

1988 MF ANNI '40, L'ULTIMO IMPERATORE; **MR** Bernardo Bertolucci per L'ULTIMO IMPERATORE; **MA.re** Michael Douglas per WALL STREET, Robin Williams per GOOD MORNING VIETNAM; **MA.ce** Cher per STREGATA DALLA LUNA, Sally Kirkland per ANNA; **MFS** LA MIA VITA A QUATTRO ZAMPE.

1989 MF RAIN MAN – L'UOMO DELLA PIOGGIA, UNA DONNA IN CARRIERA; **MR** Clint Eastwood per BIRD; **MA.re** Dustin Hoffman per RAIN MAN – L'UOMO DELLA PIOGGIA, Tom Hanks per BIG; **MA.ce** Jodie Foster per SOTTO ACCUSA, Melanie Griffith per UNA DONNA IN CARRIERA, Shirley MacLaine per MADAME SOUSATZKA, Sigourney Weaver per GORILLA NELLA NEBBIA; **MFS** PELLE ALLA CONQUISTA DEL MONDO.

1990 MF A SPASSO CON DAISY, NATO IL 4 LUGLIO; **MR** Oliver Stone per NATO IL 4 LUGLIO; **MA.re** Morgan Freeman per A SPASSO CON DAISY, Tom Cruise per NATO IL 4 LUGLIO; **MA.ce** Jessica Tandy per A SPASSO CON DAISY, Michelle Pfeiffer per I FAVOLOSI BAKER; **MFS** NUOVO CINEMA PARADISO.

1991 MF BALLA COI LUPI, GREEN CARD – MATRIMONIO DI CONVENIENZA; **MR** Kevin Costner per BALLA COI LUPI; **MA.re** Gérard Depardieu per GREEN CARD – MATRIMONIO DI CONVENIENZA, Jeremy Irons per IL MISTERO VON BULOW; **MA.ce** Julia Roberts per PRETTY WOMAN, Kathy Bates per MISERY NON DEVE MORIRE; **MFS** CYRANO DE BERGERAC.

1992 MF BUGSY, LA BELLA E LA BESTIA; **MR** Oliver Stone per JFK – UN CASO ANCORA APERTO; **MA.re** Nick Nolte per IL PRINCIPE DELLE MAREE, Robin Williams per LA LEGGENDA DEL RE PESCATORE; **MA.ce** Bette Midler per GIORNI DI GLORIA... GIORNI D'AMORE, Jodie Foster per IL SILENZIO DEGLI INNOCENTI; **MFS** EUROPA EUROPA.

1993 MF I PROTAGONISTI, PROFUMO DI DONNA; **MR** Clint Eastwood per GLI SPIETATI; **MA.re** Al Pacino per PROFUMO DI DONNA, Tim Robbins per I PROTAGONISTI; **MA.ce** Emma Thompson per CASA HOWARD, Miranda Richardson per UN INCANTEVOLE APRILE; **MFS** INDOCINA.

1994 MF MRS. DOUBTFIRE – MAMMO PER SEMPRE, SCHINDLER'S LIST – LA LISTA DI SCHINDLER; **MR** Steven Spielberg per SCHINDLER'S LIST – LA LISTA DI SCHINDLER; **MA.re** Robin Williams per MRS. DOUBTFIRE – MAMMO PER SEMPRE, Tom Hanks per PHILADELPHIA; **MA.ce** Angela Bassett per TINA, Holly Hunter per LEZIONI DI PIANO; **MFS** ADDIO MIA CONCUBINA.

1995 MF FORREST GUMP, IL RE LEONE; **MR** Robert Zemeckis per FORREST GUMP; **MA.re** Hugh Grant per QUATTRO MATRIMONI E UN FUNERALE, Tom Hanks per FORREST GUMP; **MA.ce** Jamie Lee Curtis per TRUE LIES, Jessica Lange per BLUE SKY; **MFS** FARINELLI, VOCE REGINA.

1996 MF BABE – MAIALINO CORAGGIOSO, RAGIONE E SENTIMENTO; **MR** Mel Gibson per BRAVEHEART – CUORE IMPAVIDO; **MA.re** John Travolta per GET SHORTY, Nicolas Cage per VIA DA LAS VEGAS; **MA.ce** Nicole Kidman per DA MORIRE, Sharon Stone per CASINÒ; **MFS** I MISERABILI.

1997 MF EVITA, IL PAZIENTE INGLESE; **MR** Milos Forman per LARRY FLYNT. OLTRE LO SCANDALO; **MA.re** Geoffrey Rush per SHINE, Tom Cruise per JERRY MAGUIRE; **MA.ce** Madonna per EVITA, Brenda Blethyn per SEGRETI E BUGIE; **MFS** KOLYA.

1998 MF QUALCOSA È CAMBIATO, TITANIC; **MR** James Cameron per TITANIC; **MA.re** Jack Nicholson per QUALCOSA È CAMBIATO, Peter Fonda per L'ORO DI ULISSE; **MA.ce** Helen Hunt per QUALCOSA È CAMBIATO, Judi Dench per LA MIA REGINA; **MFS** LA MIA VITA IN ROSA.

1999 MF SALVATE IL SOLDATO RYAN, SHAKESPEARE IN LOVE; **MR** Steven Spielberg per SALVATE IL SOLDATO RYAN; **MA.re** Jim Carrey per THE TRUMAN SHOW, Michael Caine per LITTLE VOICE: È NATA UNA STELLA; **MA.ce** Cate Blanchett per ELIZABETH, Gwyneth Paltrow per SHAKESPEARE IN LOVE; **MFS** CENTRAL DO BRASIL.

2000 MF AMERICAN BEAUTY, TOY STORY 2 – WOODY E BUZZ ALLA RISCOSSA; **MR** Sam Mendes per AMERICAN BEAUTY; **MA.re** Denzel Washington per HURRICANE, Jim Carrey per MAN ON THE MOON; **MA.ce** Hilary Swank per BOYS DON'T CRY, Janet McTeer per IN CERCA D'AMORE; **MFS** TUTTO SU MIA MADRE.

2001 MF QUASI FAMOSI, IL GLADIATORE; **MR** Ang Lee per LA TIGRE E IL DRAGONE; **MA.re** George Clooney per FRATELLO DOVE SEI?, Tom Hanks per CAST AWAY; **MA.ce** Julia Roberts per ERIN BROCKOVICH, Renée Zellweger per BETTY LOVE; **MFS** LA TIGRE E IL DRAGONE.

2002 MF A BEAUTIFUL MIND, MOULIN ROUGE!; **MR** Robert Altman per GOSFORD PARK; **MA.re** Russell Crowe per A BEAUTIFUL MIND, Gene Hackman per I TENENBAUM; **MA.ce** Nicole Kidman per MOULIN ROUGE!, Sissy Spacek per IN THE BEDROOM; **MFS** NO MAN'S LAND.

2003 MF CHICAGO, THE HOURS; **MR** Martin Scorsese per GANGS OF NEW YORK; **MA.re** Jack Nicholson per A PROPOSITO DI SCHMIDT, Richard Gere per CHICAGO; **MA.ce** Nicole Kidman per THE HOURS, Renée Zellweger per CHICAGO; **MFS** PARLA CON LEI.

2004 MF IL SIGNORE DEGLI ANELLI – IL RITORNO DEL RE; **MR** Peter Jackson per IL SIGNORE DEGLI ANELLI – IL RITORNO DEL RE; **MA.re** Bill Murray per L'AMORE TRADOTTO – LOST IN TRANSLATION, Sean Penn per MYSTIC RIVER; **MA.ce** Charlize Theron per MONSTER, Diane Keaton per SOMETHING'S GOTTA GIVE; **MFS** OSAMA.

2005 MF MILLION DOLLAR BABY; **MR** Clint Eastwood per MILLION DOLLAR BABY; **MA.re** Jamie Foxx per RAY, Leonardo DiCaprio per THE AVIATOR; **MA.ce** Annette Bening per LA DIVA JULIA, Hilary Swank per MILLION DOLLAR BABY; **MFS** MARE DENTRO.

2006 MF I SEGRETI DI BROKEBACK MOUNTAIN; **MR** Ang Lee per I SEGRETI DI BROKEBACK MOUNTAIN; **MA.re** Joaquin Raphael Phoenix per QUANDO L'AMORE BRUCIA L'ANIMA, Philip Seymour Hoffman per TRUMAN CAPOTE: A SANGUE FREDDO; **MA.ce** Felicity Huffman per TRANSAMERICA, Reese Witherspoon per QUANDO L'AMORE BRUCIA L'ANIMA; **MFS** PARADISE NOW.

2007 MF THE DEPARTED – IL BENE E IL MALE; **MR** Martin Scorsese per THE DEPARTED – IL BENE E IL MALE; **MA.re** Forest Whitaker per L'ULTIMO RE DI SCOZIA, Sacha Baron Cohen per BORAT – STUDIO CULTURALE SULL'AMERICA A BENEFICIO DELLA GLORIOSA NAZIONE DEL KAZAKISTAN; **MA.ce** Helen Mirren per THE QUEEN – LA REGINA, Meryl Streep per IL DIAVOLO VESTE PRADA; **MFS** LETTERE DA IWO JIMA.

2008 MF LO SCAFANDRO E LA FARFALLA; **MR** Julian Schnabel per LO SCAFANDRO E LA FARFALLA; **MA.re** Daniel Day-Lewis per IL PETROLIERE, Johnny Depp per SWEENEY TODD: IL DIABOLICO BARBIERE DI FLEET STREET; **MA.ce** Julie Christie per AWAY FROM HER – LONTANO DA LEI, Marion Cotillard per LA VIE EN ROSE; **MFS** LO SCAFANDRO E LA FARFALLA.

2009 MF THE MILLIONAIRE, VICKY CRISTINA BARCELONA, WALLY-E; **MR** Danny Boyle per THE MILLIONAIRE; **MA.re** Colin Farrell per IN BRUGES – LA COSCIENZA DELL'ASSASSINO, Mickey Rourke per THE WRESTLER; **MA.ce** Sally Hawkins per LA FELICITÀ PORTA FORTUNA – HAPPY GO LUCKY, Kate Winslet per REVOLUTIONARY ROAD; **MFS** VALZER CON BASHIR.

2010 MF AVATAR; **MR** James Cameron per AVATAR; **MA.re** Christoph Waltz in BASTARDI SENZA GLORIA; **MA.ce** Mo'Nique in PRECIOUS; **MFS** IL NASTRO BIANCO.

2011 MF THE SOCIAL NETWORK; **MR** David Fincher per THE SOCIAL NETWORK; **MA.re** Christian Bale per THE FIGHTER; **MA.ce** Melissa Leo per THE FIGHTER; **MFS** IN UN MONDO MIGLIORE.

2012 MF PARADISO AMARO; **MR** Martin Scorsese per HUGO CABRET; **MA.re** George Clooney per PARADISO AMARO; **MA.ce** Michelle Williams per MARYLIN; **MFS** UNA SEPARAZIONE.

2013 MF ARGO; **MR** Ben Affleck per ARGO; **MA.re** Daniel Day-Lewis per LINCOLN; **MA.ce** Jessica Chastain per ZERO DARK THIRTY; **MFS** AMOUR.

I film più amati

Questa lista contiene i film da tre a cinque stelle (assolutamente da vedere!) raggruppati, **in ordine cronologico**, secondo i seguenti criteri:

1) Film con alto gradimento di pubblico (visitatori di MYmovies) e critica (♥), cinque stelle, miglior film in una manifestazione internazionale (Mostra internazionale d'arte cinematografica di Venezia, David di Donatello, Festival internazionale del film di Cannes, Berlino film festival, Golden Globes, Academy Awards – Oscar).
2) Film con alto gradimento di pubblico e critica, cinque stelle.
3) Film con alto gradimento di pubblico e critica, quattro stelle, miglior film in una manifestazione internazionale.
4) Film con alto gradimento di pubblico e critica, quattro stelle.
5) Film con alto gradimento di pubblico e critica, tre stelle, miglior film in una manifestazione internazionale.
6) Film con alto gradimento di pubblico e critica, tre stelle.
7) Film con cinque stelle, miglior film in una manifestazione internazionale.
8) Film con cinque stelle.
9) Film con quattro stelle, miglior film in una manifestazione internazionale.
10) Film con quattro stelle.

1) Alto gradimento di pubblico e critica, cinque stelle, miglior film in una manifestazione internazionale ♥★★★★★

VIA COL VENTO (1939) di Victor Fleming
GIORNI PERDUTI (1945) di Billy Wilder
UN AMERICANO A PARIGI (1951) di Vincente Minnelli
IL POSTO DELLE FRAGOLE (1957) di Ingmar Bergman
BEN-HUR (1959) di William Wyler
LA DOLCE VITA (1960) di Federico Fellini
IL PADRINO (1972) di Francis Ford Coppola
QUALCUNO VOLÒ SUL NIDO DEL CUCULO (1975) di Milos Forman
APOCALYPSE NOW (1979) di Francis Ford Coppola
IL CACCIATORE (1979) di Michael Cimino
MOMENTI DI GLORIA (1981) di Hugh Hudson
L'ETÀ DELL'INNOCENZA (1993) di Martin Scorsese
FORREST GUMP (1994) di Robert Zemeckis

2) Alto gradimento di pubblico e critica, cinque stelle ♥★★★★★

METROPOLIS (1926) di Fritz Lang
M, IL MOSTRO DI DÜSSELDORF (1931) di Fritz Lang
L'ATALANTE (1934) di Jean Vigo
TEMPI MODERNI (1936) di Charlie Chaplin
IL MAGO DI OZ (1939) di Victor Fleming
FANTASIA (1940) di Walt Disney
PER CHI SUONA LA CAMPANA (1943) di Sam Wood
LA VITA È MERAVIGLIOSA (1946) di Frank Capra
NOTORIOUS – L'AMANTE PERDUTA (1946) di Alfred Hitchcock
SCIUSCIÀ (1946) di Vittorio De Sica
LADRI DI BICICLETTE (1948) di Vittorio De Sica
LUCI DELLA RIBALTA (1952) di Charlie Chaplin
UN UOMO TRANQUILLO (1952) di John Ford
IL CAVALIERE DELLA VALLE SOLITARIA (1953) di George Stevens
ORDET – LA PAROLA (1955) di Carl Theodor Dreyer
IL SETTIMO SIGILLO (1956) di Ingmar Bergman
I QUATTROCENTO COLPI (1959) di François Truffaut
LA GRANDE GUERRA (1959) di Mario Monicelli
SCANDALO AL SOLE (1959) di Delmer Daves
COLAZIONE DA TIFFANY (1961) di Blake Edwards
IL SORPASSO (1962) di Dino Risi
OTTO E MEZZO (1962) di Federico Fellini
LA BATTAGLIA DI ALGERI (1966) di Gillo Pontecorvo
2001: ODISSEA NELLO SPAZIO (1968) di Stanley Kubrick
INDOVINA CHI VIENE A CENA? (1968) di Stanley Kramer
AMARCORD (1973) di Federico Fellini
BLADE RUNNER (1982) di Ridley Scott
FRATELLO DOVE SEI? (2000) di Joel Coen, Ethan Coen

3) Alto gradimento di pubblico e critica, quattro stelle, miglior film in una manifestazione internazionale ♥★★★★

MY FAIR LADY (1964) di George Cukor
SIGNORE & SIGNORI (1965) di Pietro Germi
TUTTI INSIEME APPASSIONATAMENTE (1965) di Robert Wise
CHINATOWN (1974) di Roman Polanski
IL PADRINO – PARTE II (1974) di Francis Ford Coppola
TAXI DRIVER (1976) di Martin Scorsese
IO & ANNIE (1977) di Woody Allen
UNA GIORNATA PARTICOLARE (1977) di Ettore Scola
MOMENTI DI GLORIA (1981) di Hugh Hudson
AMADEUS (1984) di Milos Forman
PLATOON (1986) di Oliver Stone
BALLA COI LUPI (1990) di Kevin Costner
IL SILENZIO DEGLI INNOCENTI (1990) di Jonathan Demme
SCHINDLER'S LIST – LA LISTA DI SCHINDLER (1993) di Steven Spielberg

AMERICAN BEAUTY (2000) di Sam Mendes
PARLA CON LEI (2001) di Pedro Almodóvar
CHICAGO (2002) di Rob Marshall
IL SIGNORE DEGLI ANELLI – IL RITORNO DEL RE (2003) di Peter Jackson
MARE DENTRO (2004) di Alejandro Amenábar
MILLION DOLLAR BABY (2004) di Clint Eastwood
SIDEWAYS (2004) di Alexander Payne

4) Alto gradimento di pubblico e critica, quattro stelle ♥★★★★

NOSFERATU IL VAMPIRO (1922) di Friedrich Wilhelm Murnau
DONNE (1939) di George Cukor
IL GRANDE DITTATORE (1940) di Charlie Chaplin
MONSIEUR VERDOUX (1947) di Charlie Chaplin
NAPOLI MILIONARIA (1950) di Eduardo De Filippo
UN TRAM CHE SI CHIAMA DESIDERIO (1951) di Elia Kazan
LE VACANZE DEL SIGNOR HULOT – LE VACANZE DI MONSIEUR HULOT (1952) di Jacques Tati
GIULIO CESARE (1953) di Joseph L. Mankiewicz
IL DELITTO PERFETTO (1954) di Alfred Hitchcock
SABRINA (1954) di Billy Wilder
SENSO (1954) di Luchino Visconti
GIOVENTÙ BRUCIATA (1955) di Nicholas Ray
LA CONGIURA DEGLI INNOCENTI (1955) di Alfred Hitchcock
RAPINA A MANO ARMATA (1955) di Stanley Kubrick
SENTIERI SELVAGGI (1956) di John Ford
L'INFERNALE QUINLAN (1957) di Orson Welles
ORIZZONTI DI GLORIA (1957) di Stanley Kubrick
TESTIMONE D'ACCUSA (1957) di Billy Wilder
IL BUCO (1959) di Jacques Becker
IL GENERALE DELLA ROVERE (1959) di Roberto Rossellini
ADUA E LE COMPAGNE (1960) di Antonio Pietrangeli
MAI DI DOMENICA (1960) di Jules Dassin
ANGELI CON LA PISTOLA (1961) di Frank Capra
SPARTACUS (1961) di Stanley Kubrick
SUSPENSE (1961) di Jack Clayton
IL BUIO OLTRE LA SIEPE (1962) di Robert Mulligan
LA CONQUISTA DEL WEST (1962) di John Ford, George Marshall, Henry Hathaway
L'UOMO CHE UCCISE LIBERTY VALANCE (1962) di John Ford
FUOCO FATUO (1963) di Louis Malle
BECKET E IL SUO RE (1964) di Peter Glenville
IL VANGELO SECONDO MATTEO (1964) di Pier Paolo Pasolini
PER UN PUGNO DI DOLLARI (1964) di Sergio Leone
L'ARMATA BRANCALEONE (1965) di Mario Monicelli
A PIEDI NUDI NEL PARCO (1967) di Gene Saks
EDIPO RE (1967) di Pier Paolo Pasolini
ROSEMARY'S BABY – NASTRO ROSSO A NEW YORK (1967) di Roman Polanski
LA VIA LATTEA (1968) di Luis Buñuel
DONNE IN AMORE (1969) di Ken Russell
IL MUCCHIO SELVAGGIO (1969) di Sam Peckinpah
LE AVVENTURE DI ULISSE (1969) di Franco Rossi
ANONIMO VENEZIANO (1970) di Enrico Maria Salerno
INDAGINE SU UN CITTADINO AL DI SOPRA DI OGNI SOSPETTO (1970) di Elio Petri
SOLDATO BLU (1970) di Ralph Nelson
ZABRISKIE POINT (1970) di Michelangelo Antonioni
ANDREJ RUBLIOV (1971) di Andrei Tarkovsky
ARANCIA MECCANICA (1971) di Stanley Kubrick
GIÙ LA TESTA (1971) di Sergio Leone
I COMPARI (1971) di Robert Altman
L'ULTIMO SPETTACOLO (1971) di Peter Bogdanovich
DUEL (1972) di Steven Spielberg
I LAUTARI (1972) di Emil Lotijanu
MEAN STREETS (1972) di Martin Scorsese
ROMA (1972) di Federico Fellini
ULTIMO TANGO A PARIGI (1972) di Bernardo Bertolucci
JESUS CHRIST SUPERSTAR (1973) di Norman Jewison
SOLARIS (1973) di Andrei Tarkovsky
ASSASSINIO SULL'ORIENT EXPRESS (1974) di Sidney Lumet
AMICI MIEI (1975) di Mario Monicelli
BARRY LYNDON (1975) di Stanley Kubrick
PICNIC AD HANGING ROCK – IL LUNGO POMERIGGIO DELLA MORTE (1975) di Peter Weir
PROFONDO ROSSO (1975) di Dario Argento
GUERRE STELLARI (1977) di George Lucas
UN BORGHESE PICCOLO PICCOLO (1977) di Mario Monicelli
NOSFERATU, IL PRINCIPE DELLA NOTTE (1979) di Werner Herzog
SHINING (1980) di Stanley Kubrick
STALKER (1980) di Andrei Tarkovsky
SCARFACE (1983) di Brian De Palma
C'ERA UNA VOLTA IN AMERICA (1984) di Sergio Leone
FULL METAL JACKET (1987) di Stanley Kubrick
GLI INTOCCABILI (1987) di Brian De Palma
IL CIELO SOPRA BERLINO (1987) di Wim Wenders
IL PRANZO DI BABETTE (1987) di Gabriel Axel
LA GUERRA DEI ROSES (1989) di Danny DeVito
L'ATTIMO FUGGENTE (1989) di Peter Weir
LA LEGGENDA DEL RE PESCATORE (1991) di Terry Gilliam
DRACULA DI BRAM STOKER (1992) di Francis Ford Coppola
L'ULTIMO DEI MOHICANI (1992) di Michael Mann
VIAGGIO IN INGHILTERRA (1993) di Richard Attenborough
IL POSTINO (1994) di Massimo Troisi
TERRA E LIBERTÀ (1995) di Ken Loach
HEAT (1996) di Michael Mann
LA VITA È BELLA (1998) di Roberto Benigni
BOYS DON'T CRY (1999) di Kimberly Peirce
CRUEL INTENTIONS (1999) di Roger Kumble
EYES WIDE SHUT (1999) di Stanley Kubrick
LA STRADA VERSO CASA (1999) di Zhang Yimou
UNA STORIA VERA (1999) di David Lynch
ALTA FEDELTÀ (2000) di Stephen Frears
BATTLE ROYALE (2000) di Kinji Fukasaku
GRAZIE PER LA CIOCCOLATA (2000) di Claude Chabrol
I NOSTRI ANNI (2000) di Daniele Gaglianone
IL SIGNORE DEGLI ANELLI – LA COMPAGNIA DELL'ANELLO (2000) di Peter Jackson
CUORI IN ATLANTIDE (2001) di Scott Hicks
LA CITTÀ INCANTATA – SPIRITED AWAY (2001) di Hayao Miyazaki
LA PIANISTA (2001) di Michael Haneke
L'UOMO CHE NON C'ERA (2001) di Joel Coen
RITORNO A CASA (2001) di Manoel de Oliveira
SHREK (2001) di Vicky Jenson, Andrew Adamson
LONTANO DAL PARADISO (2002) di Todd Haynes
PROVA A PRENDERMI (2002) di Steven Spielberg
DOGVILLE (2003) di Lars von Trier
LA RIVINCITA DI NATALE (2003) di Pupi Avati
FERRO 3 – LA CASA VUOTA (2004) di Kim Ki-Duk

GLI INCREDIBILI – UNA NORMALE FAMIGLIA DI SUPEREROI (2004) di Brad Bird
IL CASTELLO ERRANTE DI HOWL (2004) di Hayao Miyazaki
KILL BILL VOL. 2 (2004) di Quentin Tarantino
OLD BOY (2004) di Park Chan-wook
CINDERELLA MAN (2005) di Ron Howard
KING KONG (2005) di Peter Jackson
LA FABBRICA DI CIOCCOLATO (2005) di Tim Burton
LADY VENDETTA (2005) di Park Chan-wook
THE PRODUCERS (2005) di Susan Stroman
VOLVER (2005) di Pedro Almodóvar
INSIDE MAN (2006) di Spike Lee
RADIO AMERICA (2006) di Robert Altman

5) Alto gradimento di pubblico e critica, tre stelle, miglior film in una manifestazione internazionale ♥★★★

ROCKY (1976) di John G. Avildsen
FUGA DI MEZZANOTTE (1977) di Alan Parker
ARRIVEDERCI RAGAZZI (1987) di Louis Malle
NUOVO CINEMA PARADISO (1989) di Giuseppe Tornatore
ROSENCRANTZ E GUILDENSTERN SONO MORTI (1989) di Tom Stoppard
MEDITERRANEO (1990) di Gabriele Salvatores
LEZIONI DI PIANO (1992) di Jane Campion
TRE COLORI – FILM BLU (1993) di Krzysztof Kieslowski
BRAVEHEART – CUORE IMPAVIDO (1995) di Mel Gibson
HANA-BI – FIORI DI FUOCO (1997) di Takeshi Kitano
I SEGRETI DI BROKEBACK MOUNTAIN (2005) di Ang Lee

6) Alto gradimento di pubblico e critica, tre stelle ♥★★★

UN CHIEN ANDALOU (1929) di Luis Buñuel
FREAKS (1932) di Tod Browning
IL TRIONFO DELLA VOLONTÀ (1935) di Leni Riefenstahl
LA DONNA DEL RITRATTO (1944) di Fritz Lang
IL BRIGANTE MUSOLINO (1950) di Mario Camerini
SCARAMOUCHE (1952) di George Sidney
TOTÒ A COLORI (1952) di Steno
DOV'È LA LIBERTÀ? (1953) di Roberto Rossellini
CAROSELLO NAPOLETANO (1954) di Ettore Giannini
JOHNNY GUITAR (1954) di Nicholas Ray
OPERAZIONE SOTTOVESTE (1959) di Blake Edwards
IL GIAGUARO DELLA GIUNGLA (1960) di James Algar
JULES E JIM (1961) di François Truffaut
QUELLE DUE (1961) di William Wyler
VA' E UCCIDI (1962) di John Frankenheimer
I GIORNI DEL VINO E DELLE ROSE (1963) di Blake Edwards
IL TERRORISTA (1963) di Gianfranco De Bosio
IL BANDITO DELLE 11 (1965) di Jean-Luc Godard
IO LA CONOSCEVO BENE (1965) di Antonio Pietrangeli
PER QUALCHE DOLLARO IN PIÙ (1965) di Sergio Leone
LA TRAVIATA (1967) di Mario Lanfranchi
HOLLYWOOD PARTY (1968) di Blake Edwards
IL LEONE D'INVERNO (1968) di Anthony Harvey
LA LEGGE (1968) di Jules Dassin
LA RAGAZZA CON LA PISTOLA (1968) di Mario Monicelli
PER FAVORE, NON TOCCATE LE VECCHIETTE (1968) di Mel Brooks
L'IMPOSSIBILITÀ DI ESSERE NORMALE (1970) di Richard Rush
LO CHIAMAVANO TRINITÀ (1970) di E. B. Clucher
HAROLD E MAUDE (1971) di Hal Ashby
LE AVVENTURE DI PINOCCHIO (1971) di Luigi Comencini
UNA CALIBRO 20 PER LO SPECIALISTA (1971) di Michael Cimino
WATERLOO (1971) di Serge Fyodorovich Bondarchuk
IL MAESTRO E MARGHERITA (1972) di Aleksandar Petrovic
CINQUE MATTI AL SUPERMERCATO (1973) di Claude Zidi
PAPILLON (1973) di Franklin J. Schaffner
...ALTRIMENTI CI ARRABBIAMO! (1974) di Marcello Fondato
BLACK CHRISTMAS (1974) di Bob Clark
GRUPPO DI FAMIGLIA IN UN INTERNO (1974) di Luchino Visconti
UNA DONNA CHIAMATA MOGLIE (1974) di Jan Troell
FRANKENSTEIN JUNIOR (1975) di Mel Brooks
LO SQUALO (1975) di Steven Spielberg
TOMMY (1975) di Ken Russell
L'INQUILINO DEL 3° PIANO (1976) di Roman Polanski
CASSANDRA CROSSING (1977) di George Pan Cosmatos
GESÙ DI NAZARETH (1977) di Franco Zeffirelli
I DUE SUPERPIEDI QUASI PIATTI (1977) di E. B. Clucher
IL GATTO VENUTO DALLO SPAZIO (1977) di Norman Tokar
ROLLERCOASTER – IL GRANDE BRIVIDO (1977) di James Goldstone
ALLEGRO NON TROPPO (1978) di Bruno Bozzetto
ERASERHEAD – LA MENTE CHE CANCELLA (1978) di David Lynch
HALLOWEEN: LA NOTTE DELLE STREGHE (1978) di John Carpenter
UN MERCOLEDÌ DA LEONI (1978) di John Milius
I GUERRIERI DELLA NOTTE (1979) di Walter Hill
OLTRE IL GIARDINO (1979) di Hal Ashby
THE BLUES BROTHERS – I FRATELLI BLUES (1980) di John Landis
TORO SCATENATO (1980) di Martin Scorsese
BOLERO (1981) di Claude Lelouch
CHRISTIANE F. – NOI I RAGAZZI DELLO ZOO DI BERLINO (1981) di Ulrich Edel
IL MARCHESE DEL GRILLO (1981) di Mario Monicelli
L'ALDILÀ... E TU VIVRAI NEL TERRORE (1981) di Lucio Fulci
LA COSA (1982) di John Carpenter
RAMBO (1982) di Ted Kotcheff
FLASHDANCE (1983) di Adrian Lyne
IL RITORNO DELLO JEDI (1983) di Richard Marquand
GHOSTBUSTERS – ACCHIAPPAFANTASMI (1984) di Ivan Reitman
UNA DOMENICA IN CAMPAGNA (1984) di Bertrand Tavernier
CUORI NEL DESERTO (1985) di Donna Deitch
FUORI ORARIO (1985) di Martin Scorsese
IL COLORE VIOLA (1985) di Steven Spielberg
GROSSO GUAIO A CHINATOWN (1986) di John Carpenter
JEAN DE FLORETTE (1986) di Claude Berri
MANHUNTER – FRAMMENTI DI UN OMICIDIO (1986) di Michael Mann
STAND BY ME – RICORDO DI UN'ESTATE (1986) di Rob Reiner

VIVERE E MORIRE A LOS ANGELES (1986) di William Friedkin
BALLE SPAZIALI (1987) di Mel Brooks
LE RELAZIONI PERICOLOSE (1988) di Stephen Frears
ARMA LETALE 2 (1989) di Richard Donner
HARRY, TI PRESENTO SALLY (1989) di Rob Reiner
L'UOMO DEI SOGNI (1989) di Phil Alden Robinson
MARRAKECH EXPRESS (1989) di Gabriele Salvatores
BENVENUTI IN CASA GORI (1990) di Alessandro Benvenuti
IL PADRINO PARTE III (1990) di Francis Ford Coppola
DELICATESSEN (1991) di Jean-Pierre Jeunet, Marc Caro
PARENTI SERPENTI (1991) di Mario Monicelli
TERMINATOR 2 – IL GIORNO DEL GIUDIZIO (1991) di James Cameron
LE IENE (1992) di Quentin Tarantino
MAMMA HO RIPERSO L'AEREO: MI SONO SMARRITO A NEW YORK (1992) di Chris Columbus
BENNY & JOON (1993) di Jeremiah S. Chechik
BRONX (1993) di Robert De Niro
DRAGON – LA STORIA DI BRUCE LEE (1993) di Rob Cohen
MOLTO RUMORE PER NULLA (1993) di Kenneth Branagh
SONATINE (1993) di Takeshi Kitano
TRIPLO GIOCO (1993) di Peter Medak
ASSASSINI NATI – NATURAL BORN KILLERS (1994) di Oliver Stone
IL MOSTRO (1994) di Roberto Benigni
LE ALI DELLA LIBERTÀ (1994) di Frank Darabont
L'EAU FROIDE (1994) di Olivier Assayas
LEON (1994) di Luc Besson
NIGHTMARE BEFORE CHRISTMAS (1994) di Henry Selick, Tim Burton
VIVERE! (1994) di Zhang Yimou
POETI DALL'INFERNO (1995) di Agnieszka Holland
PRIMA DELL'ALBA (1995) di Richard Linklater
SEVEN (1995) di David Fincher
CASINÒ (1996) di Martin Scorsese
JANE EYRE (1996) di Franco Zeffirelli
STRANGE DAYS (1996) di Kathryn Bigelow
II VIAGGIO DELLA SPOSA (1997) di Sergio Rubini
DIVORCING JACK (1998) di David Caffrey
LA LEGGENDA DEL PIANISTA SULL'OCEANO (1998) di Giuseppe Tornatore
L'AMICO DEL CUORE (1998) di Vincenzo Salemme
LOCK & STOCK – PAZZI SCATENATI (1998) di Guy Ritchie
THE TRUMAN SHOW (1998) di Peter Weir
AMERICAN HISTORY X (1999) di Tony Kaye
DIECI COSE CHE ODIO DI TE (1999) di Gil Junger
FUORI DAL MONDO (1999) di Giuseppe Piccioni
LA RAGAZZA SUL PONTE (1999) di Patrice Leconte
REQUIEM FOR A DREAM (2000) di Darren Aronofsky
BLOW (2001) di Teo Demme
IL CONSIGLIO D'EGITTO (2001) di Emidio Greco
L'APPARENZA INGANNA (2001) di Francis Veber
L'UOMO IN PIÙ (2001) di Paolo Sorrentino
WIT (2001) di Mike Nichols
A CINDERELLA STORY (2004) di Mark Rosman
DIRTY DANCING 2 HAVANA NIGHTS (2004) di Guy Ferland
DONNIE DARKO (2004) di Richard Kelly
TU DEVI ESSERE IL LUPO (2004) di Vittorio Moroni
E RIDENDO L'UCCISE (2005) di Florestano Vancini
L'AMORE NON BASTA MAI (2005) di Maria Blom
OGNI COSA È ILLUMINATA (2005) di Liev Schreiber
SERENITY (2005) di Joss Whedon

7) Cinque stelle, miglior film in una manifestazione internazionale ★★★★★🏆

ALL'OVEST NIENTE DI NUOVO (1930) di Lewis Milestone
ACCADDE UNA NOTTE (1934) di Frank Capra
L'ETERNA ILLUSIONE (1938) di Frank Capra
REBECCA, LA PRIMA MOGLIE (1940) di Alfred Hitchcock
COM'ERA VERDE LA MIA VALLE (1941) di John Ford
CASABLANCA (1942) di Michael Curtiz
I MIGLIORI ANNI DELLA NOSTRA VITA (1946) di William Wyler
AMLETO (1948) di Laurence Olivier
DA QUI ALL'ETERNITÀ (1953) di Fred Zinnemann
FRONTE DEL PORTO (1954) di Elia Kazan
IL PONTE SUL FIUME KWAI (1957) di David Lean
LAWRENCE D'ARABIA (1962) di David Lean
IL GATTOPARDO (1963) di Luchino Visconti
CABARET (1972) di Bob Fosse
IL SIGNORE DEGLI ANELLI (1980) di Ralph Bakshi

8) Cinque stelle ★★★★★

IL MONELLO (1921) di Charlie Chaplin
LA CORAZZATA POTEMKIN (1925) di Sergej M. Ejzenstejn
LA FEBBRE DELL'ORO (1925) di Charlie Chaplin
IL CANTANTE DI JAZZ (1927) di Alan Crosland
LA FOLLA (1928) di King Vidor
L'ANGELO AZZURRO (1930) di Josef von Sternberg
LUCI DELLA CITTÀ (1931) di Charlie Chaplin
FRA DIAVOLO (1933) di Charles Rogers, Hal Roach
I FIGLI DEL DESERTO (1934) di William A. Seiter
CAPPELLO A CILINDRO (1935) di Mark Sandrich
GIULIETTA E ROMEO (1936) di George Cukor
LA KERMESSE EROICA (1936) di Jacques Feyder
BIANCANEVE E I SETTE NANI (1937) di David Hand, Walt Disney
LA GRANDE ILLUSIONE (1937) di Jean Renoir
IL PORTO DELLE NEBBIE (1938) di Marcel Carné
L'ANGELO DEL MALE (1938) di Jean Renoir
ROBIN HOOD- LA LEGGENDA DI ROBIN HOOD (1938) di Michael Curtiz, William Keighley
VENT'ANNI DOPO – STANLIO E OLLIO TESTE DURE (1938) di John Blystone
ALBA TRAGICA (1939) di Marcel Carné
LA VOCE NELLA TEMPESTA – CIME TEMPESTOSE (1939) di William Wyler
LE QUATTRO PIUME (1939) di Zoltan Korda
MISTER SMITH VA A WASHINGTON (1939) di Frank Capra
NINOTCHKA (1939) di Ernst Lubitsch
OMBRE ROSSE (1939) di John Ford
FURORE (1940) di John Ford
PASSAGGIO A NORD-OVEST (1940) di King Vidor
IL MISTERO DEL FALCO (1941) di John Huston
IL SERGENTE YORK (1941) di Howard Hawks
QUARTO POTERE (1941) di Orson Welles
IL FUORILEGGE (1942) di Frank Tuttle
LA STORIA DEL GENERALE CUSTER (1942) di Raoul Walsh
OSSESSIONE (1942) di Luchino Visconti
DIES IRAE (1943) di Carl Theodor Dreyer
ENRICO V (1944) di Laurence Olivier
IVAN IL TERRIBILE (1944) di Sergej M. Ejzenstejn
AMANTI PERDUTI (1945) di Marcel Carné
BREVE INCONTRO (1945) di David Lean
DIECI PICCOLI INDIANI (1945) di René Clair

GILDA (1945) di Charles Vidor
ROMA CITTÀ APERTA (1945) di Roberto Rossellini
IL FILO DEL RASOIO (1946) di Edmund Goulding
PAISÀ (1946) di Roberto Rossellini
SFIDA INFERNALE (1946) di John Ford
GLI INVINCIBILI (1947) di Cecil B. DeMille
I TRE MOSCHETTIERI (1948) di George Sidney
IL FIUME ROSSO (1948) di Howard Hawks
IL TERZO UOMO (1949) di Carol Reed
LA COSTOLA DI ADAMO (1949) di George Cukor
GIUNGLA D'ASFALTO (1950) di John Huston
IL DIARIO DI UN CURATO DI CAMPAGNA (1950) di Robert Bresson
LA LEGGENDA DELL'ARCIERE DI FUOCO – L'ARCIERE DI FUOCO (1950) di Jacques Tourneur
L'AMANTE INDIANA (1950) di Delmer Daves
RASHOMON (1950) di Akira Kurosawa
VIALE DEL TRAMONTO (1950) di Billy Wilder
BELLISSIMA (1951) di Luchino Visconti
L'ASSO NELLA MANICA (1951) di Billy Wilder
QUO VADIS? (1951) di Mervyn LeRoy
CANTANDO SOTTO LA PIOGGIA (1952) di Stanley Donen, Gene Kelly
IL CORSARO DELL'ISOLA VERDE (1952) di Robert Siodmak
IL GRANDE CIELO (1952) di Howard Hawks
IVANHOE (1952) di Richard Thorpe
LÀ DOVE SCENDE IL FIUME (1952) di Anthony Mann
LA REGINA D'AFRICA (1952) di John Huston
LE NEVI DEL KILIMANGIARO (1952) di Henry King
MEZZOGIORNO DI FUOCO (1952) di Fred Zinnemann
UMBERTO D. (1952) di Vittorio De Sica
I VITELLONI (1953) di Federico Fellini
LA TUNICA (1953) di Henry Koster
L'ULTIMO APACHE (1953) di Robert Aldrich
I SETTE SAMURAI (1954) di Akira Kurosawa
LA FINESTRA SUL CORTILE (1954) di Alfred Hitchcock
LA STRADA (1954) di Federico Fellini
L'ULTIMA VOLTA CHE VIDI PARIGI (1954) di Richard Brooks
SETTE SPOSE PER SETTE FRATELLI (1954) di Stanley Donen
I DIECI COMANDAMENTI (1955) di Cecil B. DeMille
PICNIC (1955) di Joshua Logan
FERMATA D'AUTOBUS (1956) di Joshua Logan
L'ARPA BIRMANA (1956) di Kon Ichikawa
UN CONDANNATO A MORTE È FUGGITO (1956) di Robert Bresson
IL GIGANTE (1957) di George Stevens
IL GRIDO (1957) di Michelangelo Antonioni
I SOLITI IGNOTI (1958) di Mario Monicelli
LA DONNA CHE VISSE DUE VOLTE (1958) di Alfred Hitchcock
A QUALCUNO PIACE CALDO (1959) di Billy Wilder
INTRIGO INTERNAZIONALE (1959) di Alfred Hitchcock
L'AVVENTURA (1959) di Michelangelo Antonioni
I MAGNIFICI SETTE (1960) di John Sturges
PSYCHO (1960) di Alfred Hitchcock
ROCCO E I SUOI FRATELLI (1960) di Luchino Visconti
IL PRESIDENTE (1961) di Henri Verneuil
LO SPACCONE (1961) di Robert Rossen
UNA VITA DIFFICILE (1961) di Dino Risi
L'ANGELO STERMINATORE (1962) di Luis Buñuel
IL BOOM (1963) di Vittorio De Sica
AGENTE 007 MISSIONE GOLDFINGER (1965) di Guy Hamilton
DETECTIVE'S STORY (1966) di Jack Smight
COME ERAVAMO (1973) di Sydney Pollack
NEW YORK, NEW YORK (1977) di Martin Scorsese
MANHATTAN (1979) di Woody Allen
THELMA & LOUISE (1990) di Ridley Scott
IL PRINCIPE DELLE MAREE (1991) di Barbra Streisand
IN MEZZO SCORRE IL FIUME (1993) di Robert Redford
LISBON STORY (1995) di Wim Wenders
SMOKE (1995) di Paul Auster
WILL HUNTING – GENIO RIBELLE (1997) di Gus Van Sant
IL GRANDE LEBOWSKI (1998) di Joel Coen
SCOPRENDO FORRESTER (2000) di Gus Van Sant
LA PASSIONE DI CRISTO (2003) di Mel Gibson

9) Quattro stelle, miglior film in una manifestazione internazionale ★★★★♮

GRAND HOTEL (1932) di Edmund Goulding
CAVALCATA (1933) di Frank Lloyd
LA TRAGEDIA DEL BOUNTY – GLI AMMUTINATI DEL BOUNTY (1935) di Frank Lloyd
EMILIO ZOLA (1937) di Irving Rapper, William Dieterle
LA SIGNORA MINIVER (1942) di William Wyler
EVA CONTRO EVA (1950) di Joseph L. Mankiewicz
IL PIÙ GRANDE SPETTACOLO DEL MONDO (1952) di Cecil B. DeMille
VITE VENDUTE – IL SALARIO DELLA PAURA (1952) di Henri-Georges Clouzot
MARTY, VITA DI UN TIMIDO (1955) di Delbert Mann
LA LEGGE DEL SIGNORE – L'UOMO SENZA FUCILE (1956) di William Wyler
LA PAROLA AI GIURATI (1957) di Sidney Lumet
QUANDO VOLANO LE CICOGNE (1958) di Mikhail Kalatozov
LA NOTTE (1960) di Michelangelo Antonioni
L'APPARTAMENTO (1960) di Billy Wilder
VIRIDIANA (1961) di Luis Buñuel
WEST SIDE STORY (1961) di Robert Wise, Jerome Robbins
TOM JONES (1963) di Tony Richardson
NON TUTTI CE L'HANNO (1965) di Richard Lester
BLOW UP (1966) di Michelangelo Antonioni
UN UOMO PER TUTTE LE STAGIONI (1966) di Fred Zinnemann
UN UOMO, UNA DONNA (1966) di Claude Lelouch
LA CALDA NOTTE DELL'ISPETTORE TIBBS (1967) di Norman Jewison
UN UOMO DA MARCIAPIEDE (1968) di John Schlesinger
PATTON, GENERALE D'ACCIAIO (1970) di Franklin J. Schaffner
IL BRACCIO VIOLENTO DELLA LEGGE (1971) di William Friedkin
AMERICAN GRAFFITI (1973) di George Lucas
I RACCONTI DI CANTERBURY (1973) di Pier Paolo Pasolini
LA STANGATA (1973) di George Roy Hill
PADRE PADRONE (1977) di Vittorio Taviani, Paolo Taviani
L'ALBERO DEGLI ZOCCOLI (1978) di Ermanno Olmi
SINFONIA D'AUTUNNO (1978) di Ingmar Bergman
GLORIA – UNA NOTTE D'ESTATE (1980) di John Cassavetes
KAGEMUSHA – L'OMBRA DEL GUERRIERO (1980) di Akira Kurosawa
KRAMER CONTRO KRAMER (1980) di Robert Benton
E.T. L'EXTRA-TERRESTRE (1982) di Steven Spielberg
FANNY E ALEXANDER (1982) di Ingmar Bergman
GANDHI (1982) di Richard Attenborough
LO STATO DELLE COSE (1982) di Wim Wenders
BALLANDO BALLANDO (1983) di Ettore Scola
PAPÀ È IN VIAGGIO D'AFFARI (1985) di Emir Kusturica

SENZA TETTO NÉ LEGGE (1985) di AGNÈS VARDA
HANNAH E LE SUE SORELLE (1986) di WOODY ALLEN
L'ULTIMO IMPERATORE (1987) di BERNARDO BERTOLUCCI
CITTÀ DOLENTE (1989) di HOU HSIAO-HSIEN
CUORE SELVAGGIO (1989) di DAVID LYNCH
BARTON FINK (1990) di JOEL COEN, ETHAN COEN
PORTE APERTE (1990) di GIANNI AMELIO
CON LE MIGLIORI INTENZIONI (1992) di BILLE AUGUST
I PROTAGONISTI (1992) di ROBERT ALTMAN
LA BELLA E LA BESTIA (1992) di GARY TROUSDALE, KIRK WISE
CARO DIARIO (1993) di NANNI MORETTI
IL PAZIENTE INGLESE (1996) di ANTHONY MINGHELLA
RAGIONE E SENTIMENTO (1996) di ANG LEE
QUALCOSA È CAMBIATO (1998) di JAMES L. BROOKS
SALVATE IL SOLDATO RYAN (1998) di STEVEN SPIELBERG
SHAKESPEARE IN LOVE (1998) di JOHN MADDEN
TUTTO SU MIA MADRE (1999) di PEDRO ALMODÓVAR
CRASH – CONTATTO FISICO (2004) di PAUL HAGGIS
THE AVIATOR (2004) di MARTIN SCORSESE
GRBAVICA (2006) di JASMILA ZBANIC

10) Quattro stelle ★★★★

L'USCITA DALLE FABBRICHE LUMIÈRE (1895) di LOUIS LUMIÈRE
VIAGGIO NELLA LUNA (1902) di GEORGES MÉLIÈS
NASCITA DI UNA NAZIONE (1915) di DAVID WARK GRIFFITH
IL GABINETTO DEL DOTTOR CALIGARI (1920) di ROBERT WIENE
IL SEGNO DL ZORRO (1920) di FRED NIBLO
LO SCOIATTOLO (1921) di ERNST LUBITSCH
FEMMINE FOLLI (1922) di ERICH VON STROHEIM
IL DOTTOR MABUSE (1922) di FRITZ LANG
ROBIN HOOD (1922) di ALLAN DWAN
PREFERISCO L'ASCENSORE (1923) di FRED C. NEWMEYER, SAM TAYLOR
IL NAVIGATORE (1924) di BUSTER KEATON, DONALD CRISP
LA CANZONE DEI NIBELUNGHI (1924) di FRITZ LANG
RAPACITÀ (1924) di ERICH VON STROHEIM
AQUILA NERA (1925) di CLARENCE BROWN
FAUST (1926) di FRIEDRICH WILHELM MURNAU
SU IN CAMERA DI MABEL (1926) di E. MASON HOPPER
IL GENERALE (1927) di BUSTER KEATON, CLYDE BRUCKMAN
LE NOTTI DI CHICAGO (1927) di JOSEF VON STERNBERG
METTI I PANTALONI A PHILIP (1927) di CLYDE BRUCKMAN
NAPOLÉON (1927) di ABEL GANCE
OTTOBRE – I DIECI GIORNI CHE SCONVOLSERO IL MONDO (1927) di SERGEJ M. EJZENSTEJN
CREPUSCOLO DI GLORIA (1928) di JOSEF VON STERNBERG
IL CIRCO (1928) di CHARLIE CHAPLIN
IL TOCCO FINALE (1928) di CLYDE BRUCKMAN
IL VENTO (1928) di VICTOR SJÖSTRÖM
IO E IL CICLONE (1928) di CHARLES F. REINER
IO... E LA SCIMMIA – IL CAMERAMAN (1928) di BUSTER KEATON, EDWARD SEDGWICK
LA PASSIONE DI GIOVANNA D'ARCO (1928) di CARL THEODOR DREYER
LA PICCOLA FIAMMIFERAIA (1928) di JEAN RENOIR
TEMPESTE SULL'ASIA (1928) di VSEVOLOD I. PUDOVKIN
AGLI ORDINI DI SUA ALTEZZA (1929) di LEWIS R. FOSTER
ALLELUJA! (1929) di KING VIDOR
IL BACIO (1929) di JACQUES FEYDER
L'UOMO CON LA MACCHINA DA PRESA (1929) di DZIGA VERTOV
ANNA CHRISTIE (1930) di CLARENCE BROWN
GLI ANGELI DELL'INFERNO (1930) di HOWARD HUGHES
LA SBORNIA (1930) di JAMES PARROTT
LA SQUADRIGLIA DELL'AURORA (1930) di HOWARD HAWKS
LA TERRA (1930) di ALEKSANDR DOVZHENKO
L'ETÀ DELL'ORO – L'ÂGE D'OR (1930) di LUIS BUÑUEL
MISS EUROPA (1930) di AUGUSTO GENINA
PICCOLO CESARE (1930) di MERVYN LEROY
SOTTO I TETTI DI PARIGI (1930) di RENÉ CLAIR
WESTFRONT (1930) di GEORG WILHELM PABST
A ME LA LIBERTÀ (1931) di RENÉ CLAIR
FRANKENSTEIN (1931) di JAMES WHALE
I POLLI TORNANO A CASA (1931) di JAMES W. HORNE
IL CAMPIONE (1931) di KING VIDOR
IL MILIONE (1931) di RENÉ CLAIR
IL VAMPIRO – LA STRANA AVVENTURA DI DAVID GRAY (1931) di CARL THEODOR DREYER
LA TRAGEDIA DELLA MINIERA – FRATELLANZA (1931) di GEORG WILHELM PABST
L'ALLEGRA PARATA DI WALT DISNEY (1931) di WALT DISNEY
L'OPERA DA TRE SOLDI (1931) di GEORG WILHELM PABST
MURAGLIE (1931) di JAMES PARROTT
TABÙ (1931) di ROBERT J. FLAHERTY, FRIEDRICH WILHELM MURNAU
AMAMI STANOTTE (1932) di ROUBEN MAMOULIAN
ATLANTIDE (1932) di GEORG WILHELM PABST
BOUDU SALVATO DALLE ACQUE (1932) di JEAN RENOIR
FEBBRE DI VIVERE (1932) di GEORGE CUKOR
GLI UOMINI, CHE MASCALZONI... (1932) di MARIO CAMERINI
IL COMPAGNO B (1932) di GEORGE MARSHALL
IL DOTTOR JEKYLL (1932) di ROUBEN MAMOULIAN
IL SEGNO DELLA CROCE (1932) di CECIL B. DEMILLE
IO SONO UN EVASO (1932) di MERVYN LEROY
LA SCATOLA MUSICALE (1932) di JAMES PARROTT
LO SCHIAFFO (1932) di VICTOR FLEMING
MANCIA COMPETENTE (1932) di ERNST LUBITSCH
PERICOLOSA PARTITA (1932) di IRVING PICHEL, ERNEST B. SCHOEDSACK
SCARFACE – LO SFREGIATO (1932) di HOWARD HAWKS
SE AVESSI UN MILIONE (1932) di ERNST LUBITSCH
SHANGHAI EXPRESS (1932) di JOSEF VON STERNBERG
SIGNORA PER UN GIORNO (1932) di FRANK CAPRA
TARZAN, L'UOMO SCIMMIA – TARZAN E IL CIMITERO DEGLI ELEFANTI (1932) di WILLIAM S. VAN DYKE
UN'ORA D'AMORE (1932) di ERNST LUBITSCH, GEORGE CUKOR
ESTASI (1933) di GUSTAV MACHATY
IL CANTICO DEI CANTICI (1933) di ROUBEN MAMOULIAN
IL TESTAMENTO DEL DR. MABUSE (1933) di FRITZ LANG
KING KONG (1933) di ERNEST BEAUMONT SCHOEDSACK, MERIAN C. COOPER
LA DANZA DELLE LUCI (1933) di MERVYN LEROY
LA DANZA DI VENERE (1933) di ROBERT Z. LEONARD
LA REGINA CRISTINA (1933) di ROUBEN MAMOULIAN
LADY LOU – LA DONNA FATALE (1933) di LOWELL J. SHERMAN
LAMPI SUL MESSICO (1933) di SERGEJ M. EJZENSTEJN
LE SEI MOGLI DI ENRICO VIII (1933) di ALEXANDER KORDA
L'UOMO INVISIBILE (1933) di JAMES WHALE
PARTITA A QUATTRO (1933) di ERNST LUBITSCH
PER LE VIE DI PARIGI (1933) di RENÉ CLAIR

PICCOLE DONNE (1933) di GEORGE CUKOR
QUARANTADUESIMA STRADA (1933) di LLOYD BACON
SOBBORGHI (1933) di BORIS BARNET
ZERO IN CONDOTTA (1933) di JEAN VIGO
1860 – I MILLE DI GARIBALDI (1934) di ALESSANDRO BLASETTI
CIAPAIEV (1934) di SERGHEI GHEORGHY VASSILIEV
DAVID COPPERFIELD (1934) di GEORGE CUKOR
IL CANALE DEGLI ANGELI (1934) di FRANCESCO PASINETTI
LA VEDOVA ALLEGRA (1934) di ERNST LUBITSCH
L'IMPERATRICE CATERINA (1934) di JOSEF VON STERNBERG
L'UOMO DI ARAN (1934) di ROBERT J. FLAHERTY
L'UOMO OMBRA (1934) di WOODBRIDGE STRONG VAN DYKE
NEL PAESE DELLE MERAVIGLIE (1934) di CHARLES ROGERS, GUS MEINS
TARZAN E LA COMPAGNA (1934) di CEDRIC GIBBONS
TONI (1934) di JEAN RENOIR
TRE CANTI SU LENIN (1934) di DZIGA VERTOV
VENTESIMO SECOLO (1934) di HOWARD HAWKS
VITA IN CAMPAGNA (1934) di CHARLES ROGERS
VIVA LE DONNE! (1934) di LLOYD BACON
VIVA VILLA! (1934) di JACK CONWAY
ANNA KARENINA (1935) di CLARENCE BROWN
CAPITAN BLOOD (1935) di MICHAEL CURTIZ
DARÒ UN MILIONE (1935) di MARIO CAMERINI
I 39 SCALINI – IL CLUB DEI TRENTANOVE (1935) di ALFRED HITCHCOCK
IL DIAVOLO È FEMMINA (1935) di GEORGE CUKOR
IL TRADITORE (1935) di JOHN FORD
LA BANDERA (1935) di JULIEN DUVIVIER
PENSIONE MIMOSA (1935) di JACQUES FEYDER
QUESTIONE D'ONORE (1935) di CHARLES ROGERS
SOGNO D'UNA NOTTE DI MEZZA ESTATE (1935) di WILLIAM DIETERLE, MAX REINHARDT
SUI MARI DELLA CINA (1935) di TAY GARNETT
UNA NOTTE ALL'OPERA (1935) di SAM WOOD
DESIDERIO – CANAGLIE DI LUSSO (1936) di FRANK BORZAGE
È ARRIVATA LA FELICITÀ (1936) di FRANK CAPRA
FURIA (1936) di FRITZ LANG
I NOSTRI PARENTI – ALLEGRI GEMELLI (1936) di HARRY LACHMAN
IL BANDITO DELLA CASBAH (1936) di JULIEN DUVIVIER
LA BELLA BRIGATA (1936) di JULIEN DUVIVIER
LA CALUNNIA (1936) di WILLIAM WYLER
LA CANZONE DI MAGNOLIA (1936) di JAMES WHALE
LA DONNA DEL GIORNO (1936) di JACK CONWAY
LA FORESTA PIETRIFICATA (1936) di ARCHIE MAYO
LA SCAMPAGNATA (1936) di JEAN RENOIR
L'IMPAREGGIABILE GODFREY (1936) di GREGORY LA CAVA
MARGHERITA GAUTHIER (1936) di GEORGE CUKOR
SABOTAGGIO (1936) di ALFRED HITCHCOCK
SAN FRANCISCO (1936) di WOODBRIDGE STRONG VAN DYKE
ANGELO (1937) di ERNST LUBITSCH
BIANCHEGGIA UNA VELA SOLITARIA (1937) di VLADIMIR LEGOSCIN
CARNET DI BALLO (1937) di JULIEN DUVIVIER
È NATA UNA STELLA (1937) di WILLIAM A. WELLMAN
GIOVANE E INNOCENTE (1937) di ALFRED HITCHCOCK
IL CASO DEL GIURATO MORESTAN (1937) di MARC ALLÉGRET
IL PRIGIONIERO DI ZENDA (1937) di JOHN CROMWELL
IL SIGNOR MAX (1937) di MARIO CAMERINI
LA MARSIGLIESE (1937) di JEAN RENOIR
LA VIA DELL'IMPOSSIBILE (1937) di NORMAN Z. MCLEOD
L'ORRIBILE VERITÀ (1937) di LEO MCCAREY
MARIA WALEWSKA (1937) di CLARENCE BROWN
ORIZZONTE PERDUTO (1937) di FRANK CAPRA
PALCOSCENICO (1937) di GREGORY LA CAVA
SCIPIONE L'AFRICANO (1937) di CARMINE GALLONE
SONO INNOCENTE (1937) di FRITZ LANG
URAGANO (1937) di JOHN FORD
VOGLIO DANZARE CON TE (1937) di MARK SANDRICH
ALBERGO NORD (1938) di MARCEL CARNÉ
ALEKSANDR NEVSKY (1938) di SERGEJ M. EJZENSTEJN
AVVENTURA A VALLECHIARA (1938) di JOHN BLYSTONE
ETTORE FIERAMOSCA (1938) di ALESSANDRO BLASETTI
GLI ANGELI CON LA FACCIA SPORCA (1938) di MICHAEL CURTIZ
INCANTESIMO (1938) di GEORGE CUKOR
LA CITTÀ DEI RAGAZZI (1938) di NORMAN TAUROG
LA CITTADELLA (1938) di KING VIDOR
LA FIGLIA DEL VENTO (1938) di WILLIAM WYLER
LA MOGLIE DEL FORNAIO (1938) di MARCEL PAGNOL
PRIGIONE SENZA SBARRE (1938) di LÉONIDE MOGUY
SUSANNA! (1938) di HOWARD HAWKS
TRE CAMERATI (1938) di FRANK BORZAGE
ADDIO MR. CHIPS! (1939) di SAM WOOD
ALBA DI GLORIA (1939) di JOHN FORD
AVVENTURIERI DELL'ARIA – EROI SENZA GLORIA (1939) di HOWARD HAWKS
BEAU GESTE (1939) di WILLIAM A. WELLMAN
GRANDI MAGAZZINI (1939) di MARIO CAMERINI
I DIAVOLI VOLANTI (1939) di EDWARD SUTHERLAND
I RUGGENTI ANNI VENTI (1939) di ANATOLE LITVAK, RAOUL WALSH
IL CARRO FANTASMA (1939) di JULIEN DUVIVIER
IL CONQUISTATORE DEL MESSICO (1939) di WILLIAM DIETERLE
JESS IL BANDITO (1939) di HENRY KING
LA PIÙ GRANDE AVVENTURA (1939) di JOHN FORD
LA REGOLA DEL GIOCO (1939) di JEAN RENOIR
NOTRE DAME (1939) di WILLIAM DIETERLE
PARTITA D'AZZARDO (1939) di GEORGE MARSHALL
BALLA CON ME (1940) di NORMAN TAUROG
C'ERA UNA VOLTA UN PICCOLO NAVIGLIO (1940) di GORDON DOUGLAS
DR. CYCLOPS (1940) di ERNEST BEAUMONT SCHOEDSACK
GIUBBE ROSSE (1940) di CECIL B. DEMILLE
LA SIGNORA DEL VENERDÌ (1940) di HOWARD HAWKS
L'UOMO DEL WEST (1940) di WILLIAM WYLER
NOI SIAMO LE COLONNE (1940) di ALFRED GOULDING
OMBRE MALESI (1940) di WILLIAM WYLER
PICCOLO MONDO ANTICO (1940) di MARIO SOLDATI
PINOCCHIO (1940) di HAMILTON LUSKE, BEN SHARPSTEEN
SCANDALO A FILADELFIA (1940) di GEORGE CUKOR
ACCADDE UNA SERA (1941) di ALEXANDER HALL
ARRIVA JOHN DOE (1941) di FRANK CAPRA
DUMBO – L'ELEFANTE VOLANTE (1941) di BEN SHARPSTEEN
HELLZAPOPPIN – IL CABARET DELL'INFERNO (1941) di HENRY C. POTTER
IL DOTTOR JEKYLL E MR. HYDE (1941) di VICTOR FLEMING
IL LUPO DEI MARI (1941) di MICHAEL CURTIZ
IL SOSPETTO (1941) di ALFRED HITCHCOCK
LA CENA DELLE BEFFE (1941) di ALESSANDRO BLASETTI
LA VIA DEL TABACCO (1941) di JOHN FORD
LADY EVA (1941) di PRESTON STURGES
L'AMMALIATRICE (1941) di RENÉ CLAIR
LE FANCIULLE DELLE FOLLIE (1941) di ROBERT Z. LEONARD
SANGUE E ARENA (1941) di ROUBEN MAMOULIAN
UNA PALLOTTOLA PER ROY (1941) di RAOUL WALSH
UOMINI SUL FONDO (1941) di FRANCESCO DE ROBERTIS

BAMBI (1942) di David Hand, Walt Disney
HO SPOSATO UNA STREGA (1942) di René Clair
IL CIGNO NERO (1942) di Henry King
LA CHIAVE DI VETRO (1942) di Stuart Heisler
LA DONNA DEL GIORNO (1942) di George Stevens
L'AMORE E IL DIAVOLO (1942) di Marcel Carné
L'ORGOGLIO DEGLI AMBERSON (1942) di Orson Welles
MALOMBRA (1942) di Mario Soldati
QUATTRO PASSI TRA LE NUVOLE (1942) di Alessandro Blasetti
RIBALTA DI GLORIA (1942) di Michael Curtiz
VOGLIAMO VIVERE! (1942) di Ernst Lubitsch
ALBA FATALE (1943) di William A. Wellman
ARCIPELAGO IN FIAMME (1943) di Howard Hawks
I BAMBINI CI GUARDANO (1943) di Vittorio De Sica
IL CIELO PUÒ ATTENDERE (1943) di Ernst Lubitsch
IL CORVO (943) di Henri-Georges Clouzot
LA BANDIERA SVENTOLA ANCORA (1943) di Lewis Milestone
LA CASA DEGLI INCUBI (1943) di Jacques Becker
SALUDOS AMIGOS (1943) di Bill Roberts, Norman Ferguson, Wilfred Jackson, Jack Kinney, Hamilton Luske, Walt Disney
ANGOSCIA (1944) di George Cukor
ARSENICO E VECCHI MERLETTI (1944) di Frank Capra
AVVENNE... DOMANI (1944) di René Clair
EVVIVA IL NOSTRO EROE (1944) di Preston Sturges
IL RIBELLE (1944) di Clifford Odets
LA FIAMMA DEL PECCATO (1944) di Billy Wilder
LE BIANCHE SCOGLIERE DI DOVER (1944) di Clarence Brown
NABONGA (1944) di Sam Newfield
VERTIGINE (1944) di Otto Preminger
ACQUE DEL SUD (1945) di Howard Hawks
ANCHE I BOIA MUOIONO (1945) di Fritz Lang
L'OMBRA DEL PASSATO (1945) di Edward Dmytryk
SPIRITO ALLEGRO (1945) di David Lean
UN ALBERO CRESCE A BROOKLYN (1945) di Elia Kazan
DELITTO IN BIANCO (1946) di Sidney Gilliat
EUGENIA GRANDET (1946) di Mario Soldati
I GANGSTERS (1946) di Robert Siodmak
IL BANDITO (1946) di Alberto Lattuada
IL GRANDE SONNO (1946) di Howard Hawks
LA DALIA AZZURRA (1946) di George Marshall
LA SCALA A CHIOCCIOLA (1946) di Robert Siodmak
L'ALBERGO DELLA MALAVITA (1946) di Jacques Feyder
L'ANIMA E IL VOLTO (1946) di Curtis Bernhardt
L'UOMO DEL SUD (1946) di Jean Renoir
OPERAZIONE APFELKERN (1946) di René Clement
ZIEGFELD FOLLIES (1946) di Vincente Minnelli
ANNI DIFFICILI (1947) di Luigi Zampa
BONGO E I TRE AVVENTURIERI (1947) di Walt Disney
BOOMERANG – L'ARMA CHE UCCIDE (1947) di Elia Kazan
FORZA BRUTA (1947) di Jules Dassin
FUGGIASCO (1947) di Carol Reed
IL BACIO DELLA MORTE (1947) di Henry Hathaway
IL DIAVOLO IN CORPO (1947) di Claude Autant-Lara
IL MASSACRO DI FORT APACHE (1947) di John Ford
IL PROCESSO (1947) di Georg Wilhelm Pabst
IL SILENZIO È D'ORO (1947) di René Clair
LA FUGA (1947) di Delmer Daves
LE AVVENTURE DI OLIVER TWIST (1947) di David Lean
LEGITTIMA DIFESA (1947) di Henri-Georges Clouzot
NOTTE SENZA FINE (1947) di Raoul Walsh
ODIO IMPLACABILE (1947) di Edward Dmytryk
SOGNI PROIBITI (1947) di Norman Z. McLeod
ASSUNTA SPINA (1948) di Mario Mattoli
CHIAMATE NORD 777 (1948) di Henry Hathaway
DOPPIA VITA (1948) di George Cukor
DUELLO AL SOLE (1948) di King Vidor
FIAMME SU VARSAVIA (1948) di Alexander Ford
GERMANIA ANNO ZERO (1948) di Roberto Rossellini
IDOLO INFRANTO (1948) di Carol Reed
IL PIRATA (1948) di Vincente Minnelli
IL TERRORE CORRE SUL FILO (1948) di Anatole Litvak
IL TESORO DELLA SIERRA MADRE (1948) di John Huston
LA CITTÀ NUDA (1948) di Jules Dassin
LA FOSSA DEI SERPENTI (1948) di Anatole Litvak
LA TERRA TREMA (1948) di Luchino Visconti
L'AMORE (1948) di Roberto Rossellini
L'ISOLA DI CORALLO (1948) di John Huston
LOUISIANA STORY (1948) di Robert J. Flaherty
SCANDALO INTERNAZIONALE (1948) di Billy Wilder
SCARPETTE ROSSE (1948) di Michael Powell, Emeric Pressburger
SOTTO IL SOLE DI ROMA (1948) di Renato Castellani
BASTOGNE (1949) di William A. Wellman
I BASSIFONDI DI SAN FRANCISCO – CRIMEN (1949) di Nicholas Ray
I CAVALIERI DEL NORD-OVEST (1949) di John Ford
IL GRANDE CAMPIONE (1949) di Mark Robson
IN NOME DELLA LEGGE (1949) di Pietro Germi
LA FURIA UMANA (1949) di Raoul Walsh
L'EREDITIERA (1949) di William Wyler
SANGUE BLU (1949ì di Robert Hamer
STANOTTE SORGERÀ IL SOLE (1949) di John Huston
STASERA HO VINTO ANCH'IO (1949) di Robert Wise
STROMBOLI – TERRA DI DIO (1949) di Roberto Rossellini
ADDIO SIGNORA MINIVER (1950) di Henry C. Potter
ANNA, PRENDI IL FUCILE (1950) di George Sidney
ATTO DI VIOLENZA (1950) di Fred Zinnemann
BANDIERA GIALLA (1950) di Elia Kazan
BASSA MAREA (1950) di Fritz Lang
CENERENTOLA (1950) di Wilfred Jackson, Hamilton Luske, Clyde Geronimi, Walt Disney
DIO HA BISOGNO DEGLI UOMINI (1950) di Jean Delannoy
ERO UNO SPOSO DI GUERRA (1950) di Howard Hawks
FRANCIS IL MULO PARLANTE (1950) di Arthur Lubin
GOLFO DEL MESSICO (1950) di Michael Curtiz
I MARCIAPIEDI DI NEW YORK (1950) di Mervyn LeRoy
IL CAMMINO DELLA SPERANZA (1950) di Pietro Germi
IL DIRITTO DI UCCIDERE – PAURA SENZA PERCHÉ (1950) di Nicholas Ray
IL PADRE DELLA SPOSA (1950) di Vincente Minnelli
LA BELLEZZA DEL DIAVOLO (1950) di René Clair
LA CAROVANA DEI MORMONI (1950) di John Ford
LA CHIAVE DELLA CITTÀ (1950) di George Sidney
LA CITTÀ È SALVA (1950) di Bretaigne Windust
LA RONDE (1950) di Max Ophüls
L'ALLEGRA COMPAGNIA (1950) di
L'IMBOSCATA (1950) di Sam Wood
MIRACOLO A MILANO (1950) di Vittorio De Sica
ORFEO (1950) di Jean Cocteau
RIO BRAVO (1950) di John Ford
UNA DOMENICA D'AGOSTO (1950) di Luciano Emmer
14 ORA (1951) di Henry Hathaway
ACHTUNG! BANDITI! (1951) di Carlo Lizzani
DONNE VERSO L'IGNOTO (1951) di William A. Wellman
IL PIACERE (1951) di Max Ophüls

LE AVVENTURE DEL CAPITANO HORNBLOWER, IL TEMERARIO (1951) di Raoul Walsh
NATA IERI (1951) di George Cukor
OTELLO (1951) di Orson Welles
PANDORA (1951) di Albert Lewin
PIETÀ PER I GIUSTI (1951) di William Wyler
ULTIMATUM ALLA TERRA (1951) di Robert Wise
ALICE NEL PAESE DELLE MERAVIGLIE (1952) di Clyde Geronimi, Wilfred Jackson, Hamilton Luske, Walt Disney
CASCO D'ORO (1952) di Jacques Becker
IL BRIGANTE DI TACCA DEL LUPO (1952) di Pietro Germi
IL BRUTO E LA BELLA (1952) di Vincente Minnelli
IL CAPPOTTO (1952) di Alberto Lattuada
LA VITA DI O-HARU, DONNA GALANTE (1952) di Kenji Mizoguchi
L'ALTRO UOMO – DELITTO PER DELITTO (1952) di Alfred Hitchcock
LE AVVENTURE DI PETER PAN (1952) di Clyde Geronimi, Wilfred Jackson, Hamilton Luske, Walt Disney
LO SCEICCO BIANCO (1952) di Federico Fellini
MORTE DI UN COMMESSO VIAGGIATORE (1952) di László Benedek
SHOW BOAT (1952) di George Sidney
SIAMO TUTTI ASSASSINI (1952) di André Cayatte
VIVERE (1952) di Akira Kurosawa
AMORE IN CITTÀ (1953) di Dino Risi, Carlo Lizzani, Michelangelo Antonioni, Francesco Maselli, Federico Fellini, Alberto Lattuada
ANNI FACILI (1953) di Luigi Zampa
GU UOMINI PREFERISCONO LE BIONDE (1953) di Howard Hawks
IL BRIGANTE (1953) di Lima Barreto
IL SOLE SPLENDE ALTO (1953) di John Ford
RACCONTI DELLA LUNA PALLIDA DI AGOSTO (1953) di Kenji Mizoguchi
SPETTACOLO DI VARIETÀ (1953) di Vincente Minnelli
STALAG 17 (1953) di Billy Wilder
VERA CRUZ (1953) di Robert Aldrich
VIAGGIO IN ITALIA (1953) di Roberto Rossellini
ARIA DI PARIGI (1954) di Marcel Carné
GIORNO MALEDETTO (1954) di John Sturges
GRISBÌ (1954) di Jacques Becker
I DIABOLICI (1954) di Henri-Georges Clouzot
IL GRANDE CALDO (1954) di Fritz Lang
IL SELVAGGIO (1954) di László Benedek
LA BESTIA UMANA (1954) di Fritz Lang
LA RAGAZZA DEL SECOLO (1954) di George Cukor
L'AMMUTINAMENTO DEL CAINE (1954) di Edward Dmytryk
L'ATTRICE (1954) di George Cukor
L'INTENDENTE SANSHO (1954) di Kenji Mizoguchi
L'ORO DI NAPOLI (1954) di Vittorio De Sica
ACCADDE IL 20 LUGLIO (1955) di Georg Wilhelm Pabst
APPUNTAMENTO AL KM 424 (1955) di Henri Verneuil
BULLI E PUPE (1955) di Joseph L. Mankiewicz
CACCIA AL LADRO (1955) di Alfred Hitchcock
IL BIDONE (1955) di Federico Fellini
IL GRANDE COLTELLO (1955) di Robert Aldrich
LA MORTE CORRE SUL FIUME (1955) di Charles Laughton
LA VALLE DELL'EDEN (1955) di Elia Kazan
L'AMORE È UNA COSA MERAVIGLIOSA (1955) di Henry King
LE AMICHE (1955) di Michelangelo Antonioni
LILLI E IL VAGABONDO (1955) di Hamilton Luske, Wilfred Jackson, Clyde Geronimi, Walt Disney
L'UOMO DI LARAMIE (1955) di Anthony Mann
MISTER ROBERTS – LA NAVE MATTA DI MISTER ROBERTS (1955) di John Ford, Mervyn LeRoy
ORE DISPERATE (1955) di William Wyler
QUANDO LA MOGLIE È IN VACANZA (1955) di Billy Wilder
RIFIFI (1955) di Jules Dassin
SORRISI DI UNA NOTTE D'ESTATE (1955) di Ingmar Bergman
AL CENTRO DELL'URAGANO (1956) di Daniel Taradash
BRAMA DI VIVERE (1956) di Vincente Minnelli
CALLE MAYOR (1956) di Juan Antonio Bardem
ELIANA E GLI UOMINI (1956) di Jean Renoir
GERVAISE (1956) di René Clément
IL COLOSSO D'ARGILLA (1956) di Mark Robson
IL FERROVIERE (1956) di Pietro Germi
IL MAGO DELLA PIOGGIA (1956) di Joseph Anthony
LA BANDA DEGLI ONESTI (1956) di Camillo Mastrocinque
LA STRADA DELLA VERGOGNA (1956) di Kenji Mizoguchi
LA TRAVERSATA DI PARIGI (1956) di Claude Autant-Lara
LASSÙ QUALCUNO MI AMA (1956) di Robert Wise
L'INVASIONE DEGLI ULTRACORPI (1956) di Don Siegel
L'UOMO CHE SAPEVA TROPPO (1956) di Alfred Hitchcock
L'UOMO DAL BRACCIO D'ORO (1956) di Otto Preminger
PRANZO DI NOZZE (1956) di Richard Brooks
PRIMA LINEA (1956) di Robert Aldrich
QUANDO LA CITTÀ DORME (1956) di Fritz Lang
QUEL TRENO PER YUMA (1956) di Delmer Daves
RICCARDO III (1956) di Laurence Olivier
APARAJITO – L'INVITTO (1957) di Satyajit Ray
ARIANNA (1957) di Billy Wilder
COLUI CHE DEVE MORIRE (1957) di Jules Dassin
I DANNATI DI VARSAVIA (1957) di Andrzej Wajda
I MISERABILI (1957) di Jean-Paul Le Chanois
LE NOTTI BIANCHE (1957) di Luchino Visconti
LE NOTTI DI CABIRIA (1957) di Federico Fellini
SFIDA ALL'O.K. CORRAL (1957) di John Sturges
SMITH IL TACITURNO (1957) di Leslie Fenton
UN RE A NEW YORK (1957) di Charlie Chaplin
UN VOLTO NELLA FOLLA (1957) di Elia Kazan
ALLE SOGLIE DELLA VITA (1958) di Ingmar Bergman
ASCENSORE PER IL PATIBOLO (1958) di Louis Malle
CENERE E DIAMANTI (1958) di Andrzej Wajda
FURIA SELVAGGIA: BILLY KID (1958) di Arthur Penn
I GIOVANI LEONI (1958) di Edward Dmytryk
IL GRANDE PAESE (1958) di William Wyler
IL TRAPEZIO DELLA VITA (1958) di Douglas Sirk
LA BOCCA DELLA VERITÀ (1958) di Ronald Neame
LES AMANTS (1958) di Louis Malle
L'UOMO DEL RISCIÒ (1958) di Hiroshi Inagaki
DIARIO DI UN LADRO – PICKPOCKET (1959) di Robert Bresson
FUOCHI NELLA PIANURA (1959) di Kon Ichikawa
IL SEGNO DEL LEONE (1959) di Eric Rohmer
IL TESTAMENTO DEL MOSTRO (1959) di Jean Renoir
IL TRONO DI SANGUE (1959) di Akira Kurosawa
IL VOLTO (1959) di Ingmar Bergman
LA BELLA ADDORMENTATA NEL BOSCO (1959) di Clyde Geronimi, Walt Disney
LA FONTANA DELLA VERGINE (1959) di Ingmar Bergman
L'OCCHIO CHE UCCIDE (1959) di Michael Powell
MIO ZIO (1959) di Jacques Tati
SOLDATI A CAVALLO (1959) di John Ford

UN DOLLARO D'ONORE (1959) di Howard Hawks
...E L'UOMO CREÒ SATANA (1960) di Stanley Kramer
ERA NOTTE A ROMA (1960) di Roberto Rossellini
EXODUS (1960) di Otto Preminger
FANGO SULLE STELLE (1960) di Elia Kazan
FINO ALL'ULTIMO RESPIRO (1960) di Jean-Luc Godard
IL BELL'ANTONIO (1960) di Mauro Bolognini
IL BRIGANTE (1960) di Renato Castellani
LA BATTAGLIA DI ALAMO (1960) di John Wayne
LA CIOCIARA (1960) di Vittorio De Sica
LA LUNGA NOTTE DEL '43 (1960) di Florestano Vancini
SABATO SERA, DOMENICA MATTINA (1960) di Karel Reisz
TUTTI A CASA (1960) di Luigi Comencini
WHISKY E GLORIA (1960) di Ronald Neame
ACCATTONE (1961) di Pier Paolo Pasolini
BANDITI A ORGOSOLO (1961) di Vittorio De Seta
CAVALCARONO INSIEME (1961) di John Ford
COME IN UNO SPECCHIO (1961) di Ingmar Bergman
ELETTRA (1961) di Michael Cacoyannis
I COMANCEROS (1961) di Michael Curtiz
IL POSTO (1961) di Ermanno Olmi
LA CARICA DEI 101 (1961) di Wolfgang Reitherman, Hamilton Luske, Clyde Geronimi, Walt Disney
LA PASSEGGERA (1961) di Andrzej Munk
L'ANNO SCORSO A MARIENBAD (1961) di Alain Resnais
SAPORE DI MIELE (1961) di Tony Richardson
UNO CONTRO TUTTI (1961) di Charlie Chaplin
VINCITORI E VINTI (1961) di Stanley Kramer
A PROPOSITO DI TUTTE QUESTE... SIGNORE (1962) di Ingmar Bergman
A ROTTA DI COLLO (1962) di Harold Lloyd
CRONACA FAMILIARE (1962) di Valerio Zurlini
DIVORZIO ALL'ITALIANA (1962) di Pietro Germi
IL FIORE E LA VIOLENZA (1962) di Michelangelo Antonioni, Jean Renoir, Francis Rechenbach
IL PROCESSO (1962) di Orson Welles
INGENUI PERVERSI (1962) di Andrzej Wajda
LA VOGLIA MATTA (1962) di Luciano Salce
LE AVVENTURE DI UN GIOVANE (1962) di Martin Ritt
LE QUATTRO GIORNATE DI NAPOLI (1962) di Nanni Loy
L'ECLISSE (1962) di Michelangelo Antonioni
LO SPIONE (1962) di Jean-Pierre Melville
LUCI D'INVERNO (1962) di Ingmar Bergman
SALVATORE GIULIANO (1962) di Francesco Rosi
55 GIORNI A PECHINO (1963) di Nicholas Ray
AGENTE 007 LICENZA DI UCCIDERE (1963) di Terence Young
AMERICA AMERICA – IL RIBELLE DELL'ANATOLIA (1963) di Elia Kazan
BILLY IL BUGIARDO (1963) di John Schlesinger
GLI UCCELLI (1963) di Alfred Hitchcock
HUD IL SELVAGGIO (1963) di Martin Ritt
I CINQUE VOLTI DELL'ASSASSINO (1963) di John Huston
I MOSTRI (1963) di Dino Risi
IL SILENZIO (1963) di Ingmar Bergman
LA GRANDE FUGA (1963) di John Sturges
L'AMARO SAPORE DEL POTERE (1963) di Franklin J. Schaffner
L'ASSO DI PICCHE (1963) di Milos Forman
LE AVVENTURE DI CACCIA DEL PROFESSOR DE PAPERIS (1963) di Wolfgang Reitherman
L'UOMO DI ALCATRAZ (1963) di John Frankenheimer
MANI SULLA CITTÀ (1963) di Francesco Rosi
QUESTO PAZZO, PAZZO, PAZZO, PAZZO MONDO (1963) di Stanley Kramer
RO. GO. PA. G. (1963) di Jean-Luc Godard, Roberto Rossellini, Ugo Gregoretti, Pier Paolo Pasolini
BACIAMI, STUPIDO (1964) di Billy Wilder
CONTRATTO PER UCCIDERE (1964) di Don Siegel
GERTRUD (1964) di Carl Theodor Dreyer
IL DOTTOR STRANAMORE, OVVERO COME IMPARAI A NON PREOCCUPARMI E AD AMARE LA BOMBA (1964) di Stanley Kubrick
IL QUINTO CAVALIERE È LA PAURA (1964) di Zbynek Brynych
SEDOTTA E ABBANDONATA (1964) di Pietro Germi
I PUGNI IN TASCA (1965) di Marco Bellocchio
IL CARO ESTINTO (1965) di Tony Richardson
IL DOTTOR ZIVAGO (1965) di David Lean
LA NAVE DEI FOLLI (1965) di Stanley Kramer
LA SPIA CHE VENNE DAL FREDDO (1965) di Martin Ritt
L'UOMO DEL BANCO DEI PEGNI (1965) di Sidney Lumet
OTELLO (1965) di Stuart Burge
PER IL RE E PER LA PATRIA (1965) di Joseph Losey
REPULSIONE (1965) di Roman Polanski
VAGHE STELLE DELL'ORSA (1965) di Luchino Visconti
ZORBA IL GRECO (1965) di Michael Cacoyannis
AU HASARD BALTHAZAR (1966) di Robert Bresson
FAHRENHEIT 451 (1966) di François Truffaut
FAME (1966) di Henning Carlsen
HOMBRE (1966) di Martin Ritt
I PROFESSIONISTI (1966) di Richard Brooks
IL FARAONE (1966) di Jerzy Kawalerowicz
IL PADRE (1966) di Istvan Szabo
LA CACCIA (1966) di Arthur Penn
LA PRESA DEL POTERE DA PARTE DI LUIGI XIV (1966) di Roberto Rossellini
TRE UOMINI IN FUGA (1966) di Gérard Oury
A CIASCUNO IL SUO (1967) di Elio Petri
A SANGUE FREDDO (1967) di Richard Brooks
ELVIRA MADIGAN (1967) di Bo Widerberg
IL LAUREATO (1967) di Mike Nichols
LA BISBETICA DOMATA (1967) di Franco Zeffirelli
LA CINESE (1967) di Jean-Luc Godard
L'ARMATA A CAVALLO (1967) di Miklós Jancsó
MOUCHETTE – TUTTA LA VITA IN UNA NOTTE (1967) di Robert Bresson
PERSONA (1967) di Ingmar Bergman
QUELLA SPORCA DOZZINA (1967) di Robert Aldrich
VIA DALLA PAZZA FOLLA (1967) di John Schlesinger
ASTERIX IL GALLICO (1968) di René Goscinny, Albert Uderzo
BELLA DI GIORNO (1968) di Luis Buñuel
BERSAGLI (1968) di Peter Bogdanovich
BULLITT (1968) di Peter Yates
GALILEO (1968) di Liliana Cavani
LA SPOSA IN NERO (1968) di François Truffaut
LA STRANA COPPIA (1968) di Gene Saks
SILENZIO E GRIDO (1968) di Miklós Jancsó
UN CERTO GIORNO (1968) di Ermanno Olmi
Z – L'ORGIA DEL POTERE (1968) di Constantin Costa Gavras
AMERICA, AMERICA, DOVE VAI? (1969) di Haskell Wexler
ANTONIO DAS MORTES (1969) di Glauber Rocha
BOB & CAROL & TED & ALICE (1969) di Paul Mazursky
BUTCH CASSIDY (1969) di George Roy Hill
CALCUTTA (1969) di Louis Malle
COSÌ BELLA COSÌ DOLCE (1969) di Robert Bresson
DILLINGER È MORTO (1969) di Marco Ferreri
EASY RIDER – LIBERTÀ E PAURA (1969) di Dennis Hopper
FELLINI SATYRICON (1969) di Federico Fellini

LA CADUTA DEGLI DEI (1969) di Luchino Visconti
L'ASSASSINIO DI SISTER GEORGE (1969) di Robert Aldrich
PICCOLO GRANDE UOMO (1969) di Arthur Penn
PRENDI I SOLDI E SCAPPA (1969) di Woody Allen
SCENE DI CACCIA IN BASSA BAVIERA (1969) di Peter Fleischmann
ASTERIX E CLEOPATRA (1970) di René Goscinny, Albert Uderzo, Lee Payant
CINQUE PEZZI FACILI (1970) di Bob Rafelson
COMMA 22 (1970) di Mike Nichols
DODES' KA-DEN (1970) di Akira Kurosawa
E JOHNNY PRESE IL FUCILE (1970) di Dalton Trumbo
GLI ARISTOGATTI (1970) di Wolfgang Reitherman
IL CONFORMISTA (1970) di Bernardo Bertolucci
JOE – LA GUERRA DEL CITTADINO JOE (1970) di John G. Avildsen
LA STRATEGIA DEL RAGNO (1970) di Bernardo Bertolucci
LA VITA PRIVATA DI SHERLOCK HOLMES (1970) di Billy Wilder
L'ALTRA FACCIA DELL'AMORE (1970) di Ken Russell
L'AMANTE (1970) di Claude Sautet
PASSIONE (1970) di Ingmar Bergman
SOFFIO AL CUORE (1970) di Louis Malle
TRISTANA (1970) di Luis Buñuel
CACCIA SADICA (1971) di Joseph Losey
DIRECTED BY JOHN FORD (1971) di Peter Bogdanovich
DOMENICA, MALEDETTA DOMENICA (1971) di John Schlesinger
FAMILY LIFE (1971) di Ken Loach
IL BOY FRIEND (1971) di Ken Russell
IL DECAMERON (1971) di Pier Paolo Pasolini
IL MERCANTE DELLE QUATTRO STAGIONI (1971) di Rainer Werner Fassbinder
LA CLASSE OPERAIA VA IN PARADISO (1971) di Elio Petri
LA TECNICA E IL RITO (1971) di Miklós Jancsó
LE TROIANE (1971) di Michael Cacoyannis
L'INIZIO DEL CAMMINO (1971) di Nicolas Roeg
MESSAGGERO D'AMORE (1971) di Joseph Losey
MORTE A VENEZIA (1971) di Luchino Visconti
ROMA BENE (1971) di Carlo Lizzani
TI COMBINO QUALCOSA DI GROSSO (1971) di Andrew V. McLaglen
UNA SQUILLO PER L'ISPETTORE KLUTE (1971) di Alan J. Pakula
CORVO ROSSO NON AVRAI IL MIO SCALPO (1972) di Sydney Pollack
EFFETTO NOTTE (1972) di François Truffaut
IL CASO MATTEI (1972) di Francesco Rosi
ILLUMINAZIONE (1972) di Krzysztof Zanussi
IMAGES (1972) di Robert Altman
L'AVVENTURA DEL POSEIDON (1972) di Ronald Neame
LE LACRIME AMARE DI PETRA VON KANT (1972) di Rainer Werner Fassbinder
SUSSURRI E GRIDA (1972) di Ingmar Bergman
AMERICA 1929: STERMINATELI SENZA PIETÀ (1973) di Martin Scorsese
BISTURI, LA MAFIA BIANCA (1973) di Luigi Zampa
COGNOME E NOME: LACOMBE LUCIEN (1973) di Louis Malle
ELECTRA GLIDE (1973) di James William Guercio
IL FASCINO DISCRETO DELLA BORGHESIA (1973) di Luis Buñuel
L'ATTENTATO (1973) di Yves Boisset
LUCKY LUCIANO (1973) di Francesco Rosi
LUDWIG (1973) di Luchino Visconti
PAPER MOON – LUNA DI CARTA (1973) di Peter Bogdanovich
SCENE DA UN MATRIMONIO (1973) di Ingmar Bergman
CALIFORNIA POKER (1974) di Robert Altman
CHE LA FESTA COMINCI (1974) di Bertrand Tavernier
IL FANTASMA DEL PALCOSCENICO (1974) di Brian De Palma
IL FANTASMA DELLA LIBERTÀ (1974) di Luis Buñuel
IL GRANDE GATSBY (1974) di Jack Clayton
LANCILLOTTO E GINEVRA (1974) di Robert Bresson
L'ENIGMA DI KASPAR HAUSER (1974) di Werner Herzog
MARTHA (1974) di Rainer Werner Fassbinder
NASHVILLE (1974) di Robert Altman
PRIMA PAGINA (1974) di Billy Wilder
PROFESSIONE REPORTER (1974) di Michelangelo Antonioni
SUGARLAND EXPRESS (1974) di Steven Spielberg
VIA DEI POMPIERI N. 25 (1974) di Istvan Szabo
ADELE H UNA STORIA D'AMORE (1975) di François Truffaut
AMORE E GUERRA (1975) di Woody Allen
AMORE FRA LE ROVINE (1975) di George Cukor
BERSAGLIO DI NOTTE (1975) di Arthur Penn
CADAVERI ECCELLENTI (1975) di Francesco Rosi
DERSU UZALA IL PICCOLO UOMO DELLE GRANDI PIANURE (1975) di Akira Kurosawa
GLI ANNI IN TASCA (1975) di François Truffaut
LA RECITA (1975) di Theo Angelopulous
LO SPECCHIO (1975) di Andrei Tarkovsky
NEL CORSO DEL TEMPO (1975) di Wim Wenders
SCHIAVA D'AMORE (1975) di Nikita Mikhalkov
THE ROCKY HORROR PICTURE SHOW (1975) di Jim Sharman
IL PISTOLERO (1976) di Don Siegel
IL PRESTANOME (1976) di Martin Ritt
L'UOMO DI MARMO (1976) di Andrzej Wajda
NOVECENTO – ATTO I (1976) di Bernardo Bertolucci
NOVECENTO – ATTO II (1976) di Bernardo Bertolucci
PARTITURA INCOMPIUTA PER PIANOLA MECCANICA (1976) di Nikita Michalkov
QUINTO POTERE (1976) di Sidney Lumet
ANIMA PERSA (1977) di Dino Risi
AUTOPSIA DI UN MOSTRO (1977) di André Cayatte
GIULIA (1977) di Fred Zinnemann
IL DIAVOLO PROBABILMENTE (1977) di Robert Bresson
LA BALLATA DI STROSZEK (1977) di Werner Herzog
LE AVVENTURE DI BIANCA E BERNIE (1977) di Wolfgang Reitherman, Art Stevens, John Lounsbery
PROVIDENCE (1977) di Alain Resnais
QUELL'OSCURO OGGETTO DEL DESIDERIO (1977) di Luis Buñuel
A PROPOSITO DI OMICIDI (1978) di Robert Moore
ANTOLOGIA DI TOTÒ (1978) di Jean-Louis Comolli
BALLANDO LO SLOW NELLA GRANDE CITTÀ (1978) di John G. Avildsen
CIAO MASCHIO (1978) di Marco Ferreri
IL MATRIMONIO DI MARIA BRAUN (1978) di Rainer Werner Fassbinder
LA COLLINA DEI CONIGLI (1978) di Martin Rosen
L'AUSTRALIANO (1978) di Jerzy Skolimowski
SIBERIADE (1978) di Andrei Konchalovsky
UN MATRIMONIO (1978) di Robert Altman
ALIEN (1979) di Ridley Scott
ARRIVA UN CAVALIERE LIBERO E SELVAGGIO (1979) di Alan J. Pakula
BERLIN – ALEXANDERPLATZ (1979) di Rainer Werner Fassbinder
DON GIOVANNI (1979) di Joseph Losey
IL GREGGE (1979) di Yilmaz Güney

LA CAMERA VERDE (1979) di François Truffaut
LA SAGGEZZA NEL SANGUE (1979) di John Huston
NORMA RAE (1979) di Martin Ritt
OBLOMOV (1979) di Nikita Mikhalkov
QUATTRO NOTTI DI UN SOGNATORE (1979) di Robert Bresson
LA CITTÀ DELLE DONNE (1980) di Federico Fellini
LA MOGLIE DELL'AVIATORE (1980) di Eric Rohmer
MON ONCLE D'AMERIQUE – MIO ZIO D'AMERICA (1980) di Alain Resnais
SARANNO FAMOSI (1980) di Alan Parker
TI RICORDI DI DOLLY BELL? (1980) di Emir Kusturica
FITZCARRALDO (1981) di Werner Herzog
I PREDATORI DELL'ARCA PERDUTA (1981) di Steven Spielberg
LA DONNA DEL TENENTE FRANCESE (1981) di Karel Reisz
RICCHE E FAMOSE (1981) di George Cukor
TRE FRATELLI (1981) di Francesco Rosi
I MISTERI DEL GIARDINO DI COMPTON HOUSE (1982) di Peter Greenaway
IL MONDO NUOVO (1982) di Ettore Scola
PAULINE ALLA SPIAGGIA (1982) di Eric Rohmer
IL GRANDE FREDDO (1983) di Lawrence Kasdan
IL SERVO DI SCENA (1983) di Peter Yates
NOSTALGHIA (1983) di Andrei Tarkovsky
ZELIG (1983) di Woody Allen
LA LEGGENDA DELLA FORTEZZA DI SURAM (1984) di Sergei Parajanov, Dodo Abascidze
NAUSICAA DELLA VALLE DEL VENTO (1984) di Hayao Miyazaki
CAMERA CON VISTA (1985) di James Ivory
CHE HO FATTO IO PER MERITARE QUESTO? (1985) di Pedro Almodóvar
MISHIMA (1985) di Paul Schrader
TANGOS – L'ESILIO DI GARDEL (1985) di Fernando Ezequiel Solanas
TOKYO-GA (1985) di Wim Wenders
L'ASSALTO (1986) di Fons Rademakers
LO ZOO DI VENERE (1986) di Peter Greenaway
PENTIMENTO (1986) di Tengiz Abuladze
RAN (1986) di Akira Kurosawa
SACRIFICIO (1986) di Andrei Tarkovsky
THÉRÈSE (1986) di Alain Cavalier
LUNGA VITA ALLA SIGNORA (1987) di Ermanno Olmi
THE DEAD – GENTE DI DUBLINO (1987) di John Huston
ASIK KERIB – STORIA DI UN ASHUG INNAMORATO (1988) di David Abasize
CAMPO THIAROYE (1988) di Ousmane Sembene
DIETRO LE QUINTE DI UNA LEGGENDA (1988) di David Hinton
GIOCHI NELL'ACQUA (1988) di Peter Greenaway
IL DECALOGO QUATTRO (1988) di Krzysztof Kieslowski
IO E IL VENTO (1988) di Joris Ivens, Marcelline Loridan
NON DESIDERARE LA DONNA D'ALTRI (1988) di Krzysztof Kieslowski
CRIMINI E MISFATTI (1989) di Woody Allen
IL MIO PIEDE SINISTRO (1989) di Jim Sheridan
UN INCENDIO VISTO DA LONTANO (1989) di Otar Iosseliani
CI SONO DEI GIORNI... E DELLE LUNE (1990) di Claude Lelouch
CROCEVIA DELLA MORTE (1990) di Joel Coen
DADDY NOSTALGIE (1990) di Bertrand Tavernier
GLI ZOCCOLI D'ORO (1990) di Nouri Bouzid
IL VIAGGIO DELLA SPERANZA (1990) di Xavier Koller
JU DOU (1990) di Zhang Yimou, Yang Fengliang
QUEI BRAVI RAGAZZI (1990) di Martin Scorsese
UN ANGELO ALLA MIA TAVOLA (1990) di Jane Campion
EDOARDO II (1991) di Derek Jarman
GARAGE DEMY (1991) di Agnès Varda
GLI AMANTI DEL PONT-NEUF (1991) di Leos Carax
IL BUE (1991) di Sven Nykvist
JFK – UN CASO ANCORA APERTO (1991) di Oliver Stone
LA BELLA SCONTROSA – DIVERTIMENTO (1991) di Jacques Rivette
LA MOGLIE DEL SOLDATO (1991) di Neil Jordan
LANTERNE ROSSE (1991) di Zhang Yimou
ONCE UPON A TIME IN CHINA (1991) di Hark Tsui
RAPSODIA D'AGOSTO (1991) di Akira Kurosawa
VITA DA BOHÈME (1991) di Aki Kaurismäki
BARAKA (1992) di Ron Fricke
CACCIA ALLE FARFALLE (1992) di Otar Iosseliani
CODICE D'ONORE (1992) di Rob Reiner
MARITI E MOGLI (1992) di Woody Allen
ORLANDO (1992) di Sally Potter
UN CUORE IN INVERNO (1992) di Claude Sautet
WITTGENSTEIN (1992) di Derek Jarman
LADYBIRD LADYBIRD (1993) di Ken Loach
L'UOMO SENZA VOLTO (1993) di Mel Gibson
MADADAYO (1993) di Akira Kurosawa
MAGNIFICAT (1993) di Pupi Avati
MISTERIOSO OMICIDIO A MANHATTAN (1993) di Woody Allen
QUEL CHE RESTA DEL GIORNO (1993) di James Ivory
THE TAI-CHI MASTER (1993) di Yuen Woo-ping
GERONIMO (1994) di Walter Hill
TRE COLORI – FILM ROSSO (1994) di Krzysztof Kieslowski
CELLULOIDE (1995) di Carlo Lizzani
ED WOOD (1995) di Tim Burton
LA VITA A MODO MIO (1995) di Robert Benton
NELLY E MONSIEUR ARNAUD (1995) di Claude Sautet
PALOOKAVILLE (1995) di Alan Taylor
QUIZ SHOW (1995) di Robert Redford
THE BLADE (1995) di Hark Tsui
GO NOW (1996) di Michael Winterbottom
GRACE OF MY HEART (1996) di Allison Anders
I FRATELLI SKLADANOWSKI (1996) di Wim Wenders
RANSOM (1996) di Ron Howard
SCHEGGE DI PAURA (1996) di Gregory Hoblit
SHINE (1996) di Scott Hicks
TUTTI DICONO I LOVE YOU (1996) di Woody Allen
L.A. CONFIDENTIAL (1997) di Curtis Hanson
LA TREGUA (1997) di Francesco Rosi
PAROLE PAROLE PAROLE (1997) di Alain Resnais
SETTE ANNI IN TIBET (1997) di Jean-Jacques Annaud
BUENA VISTA SOCIAL CLUB (1998) di Wim Wenders
GLI AMANTI DEL CIRCOLO POLARE (1998) di Julio Medem
GLI ULTIMI GIORNI (1998) di James Moll
I COLORI DELLA VITTORIA (1998) di Mike Nichols
L'UOMO DELLA PIOGGIA (1998) di Francis Ford Coppola
PER CASO O PER AZZARDO (1998) di Claude Lelouch
PLEASANTVILLE (1998) di Gary Ross
THE CONFESSION (1998) di David Jones
THE HOLE – IL BUCO (1998) di Tsai Ming-liang
ADDIO TERRAFERMA (1999) di Otar Iosseliani
EAST IS EAST (1999) di Damien O'Donnell
ESSERE JOHN MALKOVICH (1999) di Spike Jonze
IL TALENTO DI MR. RIPLEY (1999) di Anthony Minghella
UTTARA (1999) di Buddhadev Dasgupta
CAST AWAY (2000) di Robert Zemeckis
CHI LO SA? (2000) di Jacques Rivette

COMEDIAN HARMONISTS (2000) di Joseph Vilsmaier
FREEDOM (2000) di Sharunas Bartas
IL CERCHIO (2000) di Jafar Panahi
IL MIO VIAGGIO IN ITALIA (2000) di Martin Scorsese
IL MISTERO DELL'ACQUA (2000) di Kathryn Bigelow
JOINT SECURITY AREA (2000) di Park Chan-Wook
LA LINGUA DEL SANTO (2000) di Carlo Mazzacurati
LA POLVERIERA (2000) di Goran Paskaljevic
L'ISOLA (2000) di Kim Ki-Duk
WHAT WOMEN WANT (2000) di Nancy Meyers
YI YI E UNO... E DUE... (2000) di Edward Yang
ACQUA TIEPIDA SOTTO UN PONTE ROSSO (2001) di Shohei Imamura
LA LEGGENDA DI BAGGER VANCE (2001) di Robert Redford
MILLENNIUM MAMBO (2001) di Hou Hsiao-Hsien
MY LIFE AS MCDULL (2001) di Toe Yuen
TAFANOS (2001) di Dipteros
TRA DUE DONNE (2001) di Alberto Ferrari
A SNAKE OF JUNE (2002) di Shinya Tsukamoto
ADDIO AL PASSATO (2002) di Marco Bellocchio
AUTOFOCUS (2002) di Paul Schrader
DAL MALI AL MISSISSIPI (2002) di Martin Scorsese
EL ALAMEIN (2002) di Enzo Monteleone
HOLLYWOOD, VERMONT (2002) di David Mamet
IL SIGNORE DEGLI ANELLI – LE DUE TORRI (2002) di Peter Jackson
LUNEDÌ MATTINA (2002) di Otar Iosseliani
L'UOMO SENZA PASSATO (2002) di Aki Kaurismäki
MORO NO BRASIL (2002) di Mika Kaurismäki
MR VENDETTA (2002) di Park Chan-wook
PETER PAN – RITORNO ALL'ISOLA CHE NON C'È (2002) di Robin Budd
PINOCCHIO (2002) di Roberto Benigni
THE SUPPORT GROUP (2002) di Daniel Milder, John Viener, Josh Weinstein
CODICE 46 (2003) di Michael Winterbottom
FRATELLI PER LA PELLE (2003) di Bossy Farrelly, Peter Farrelly
I LUNEDÌ AL SOLE (2003) di Fernando León de Aranoa
INTERSTELLA 5555 (2003) di Kazuhisa Takenouchi
IO NON HO PAURA (2003) di Gabriele Salvatores
KILL BILL VOL. 1 (2003) di Quentin Tarantino
MASTER & COMMANDER: SFIDA AI CONFINI DEL MARE (2003) di Peter Weir
OPEN WATER (2003) di Chris Kentis
ORO ROSSO (2003) di Jafar Panahi
PRIMA TI SPOSO, POI TI ROVINO (2003) di Joel Coen
PRIMAVERA, ESTATE, AUTUNNO, INVERNO... E ANCORA PRIMAVERA (2003) di Kim Ki-Duk
SCHOOL OF ROCK (2003) di Richard Linklater
UNA STORIA AMERICANA (2003) di Andrew Jarecki
ZATOICHI (2003) di Takeshi Kitano
36 QUAI DES ORFEVRES (2004) di Olivier Marchal
HEIMAT 3 – CRONACA DI UNA SVOLTA EPOCALE (2004) di Edgar Reitz
IL SOGNO CECO (2004) di Vít Klusák, Filip Remunda
LA FORESTA DEI PUGNALI VOLANTI (2004) di Zhang Yimou
LEMONY SNICKET'S – UNA SERIE DI SFORTUNATI EVENTI (2004) di Brad Silberling
SAIMIR (2004) di Francesco Munzi
SKY CAPTAIN AND THE WORLD OF TOMORROW (2004) di Kerry Conran
STRINGS (2004) di Anders Rønnow-Klarlund
7 KM DA GERUSALEMME (2005) di Claudio Malaponti
I GIOCHI DEI GRANDI (2005) di John Curran
IL REGISTA DI MATRIMONI (2005) di Marco Bellocchio
LA GUERRA DEI MONDI (2005) di Steven Spielberg
LAST DAYS (2005) di Gus Van Sant
MARY (2005) di Abel Ferrara
NIENTE DA NASCONDERE (2005) di Michael Haneke
SESSO E FILOSOFIA (2005) di Mohsen Makhmalbaf
SEVEN SWORDS (2005) di Hark Tsui
SIN CITY (2005) di Robert Rodriguez, Frank Miller
THE DESCENT – DISCESA NELLE TENEBRE (2005) di Neil Marshall
VOLEVO SOLO VIVERE (2005) di Mimmo Calopresti
LA COMÉDIE DO POUVOIR (2006) di Claude Chabrol
OFFSIDE (2006) di Jafar Panahi
AVATAR (2009) di James Cameron
IL CONCERTO (2009) di Radu Mihaileanu
IL SEGRETO DEI SUOI OCCHI (2009) di Juan Jose Campanella
TRA LE NUVOLE (2009) di Jason Reitman
FAUST (2010) di Aleksander Sokurov
HEREAFTER (2010) di Clint Eastwood
IL GRINTA (2010) di Ethan Coen, Joel Coen
IN UN MONDO MIGLIORE (2010) di Susanne Bier
HABEMUS PAPAM (2011) di Nanni Moretti

Indice dei titoli originali

BRAVE ONE, Il buio nell'anima
BRAVE ONE, THE, La più grande corrida
BRAVE SOLDAT SCHWEJK, DER, Il bravo soldato Schwejk
BRAVE SÜNDER, DER, Il cassiere ha preso il volo
BRAVE WARRIOR, Sul sentiero di guerra
BRAVE, THE, Il coraggioso
BRAVEHEART, Braveheart – Cuore impavido
BRAZER BELL, Il codardo
BREACH, Breach – L'infiltrato
BREAK DOWN, Il pugilatore di Sing Sing
BREAK OF DAY, Al primo chiarore dell'alba
BREAK OF HEARTS, Quando si ama
BREAK OF THE CIRCLE, Interpol Agente Z 3
BREAK THE NEWS, Vogliamo la celebrità
BREAK UP, THE, Break up – Punto di rottura
BREAK UP, THE, Ti odio, ti lascio, ti...
BREAKDOWN, Breakdown – La trappola
BREAKFAST AT TIFFANY'S, Colazione da Tiffany
BREAKFAST CLUB, THE, Breakfast club
BREAKFAST FOR TWO, Pronto per due
BREAKFAST OF CHAMPIONS, La colazione dei campioni
BREAKHEART PASS, Io non credo a nessuno
BREAKIN' 2: ELECTRIC BOOGALOO, Breakin' electric boogaloo
BREAKIN', Breakdance
BREAKING ALL THE RULES, Blue bell
BREAKING AND ENTERING, Complicità e sospetti
BREAKING AWAY, All-american boys
BREAKING IN, Ladro e gentiluomo
BREAKING POINT, Oltre il ricordo
BREAKING POINT, Punto di rottura
BREAKING POINT, THE, Golfo del Messico
BREAKING THE ICE, Un colpo di vento
BREAKING THE WAVES, Le onde del destino
BREAKING UP, Breaking up – Lasciarsi
BREAKING WIND, Succhiami
BREAKOUT, Dieci secondi per fuggire
BREAKTHROUGH, Normandia
BREAKTHROUGH, Specchio per le allodole
BREATH, Soffio
BREATHLESS, All'ultimo respiro
BREED APART, A, Il nido dell'aquila
BREED, THE, The Breed – La razza del male
BREKING UP, Lasciarsi
BRENDA STARR, Brenda Starr – L'avventura in prima pagina
BRENNEDES GEHEIMNIS, Segreto ardente
BRENNENDER SAUD, I sette dannati
BREWSTER MCCLOUD, Anche gli uccelli uccidono
BREWSTER'S MILLIONS, Chi più spende... più guadagna!
BREWSTER'S MILLIONS, Milioni in pericolo
BRIBE, THE, Corruzione
BRIDE & PREJUDICE, Matrimoni e pregiudizi
BRIDE BY MISTAKE, Le sorprese dell'amore
BRIDE CAME C.O.D., THE, Sposa contro assegno
BRIDE FOR HENRY, A, Luna di miele a tre
BRIDE FOR SALE, Questo me lo sposo io
BRIDE GOES WILD, THE, La sposa ribelle
BRIDE OF CHUCKY, La sposa di Chucky
BRIDE OF FRANKENSTEIN, THE, La moglie di Frankenstein
BRIDE OF RE-ANIMATOR, Re-animator 2
BRIDE OF THE INCREDIBLE HULK, Il ritorno dell'incredibile Hulk
BRIDE OF THE MONSTER, THE, The bride of the monster– La sposa del mostro
BRIDE OF THE REGIMENT, Le rose della castellana
BRIDE OF VENGEANCE, La maschera dei Borgia
BRIDESHEAD REVISITED, Ritorno a Brideshead
BRIDESMAIDS, Le amiche della sposa
BRIDE SUR LE COU, LA, A briglia sciolta
BRIDE WALKS OUT, THE, La forza dell'amore
BRIDE WARS, Bride Wars – La mia miglior nemica
BRIDE WORE BOOTS, THE, Non c'è due... senza tre
BRIDE WORE RED, THE, La sposa vestiva di rosa
BRIDE, THE, Sposa promessa
BRIDES OF BLOOD, Mutanti
BRIDES OF DRACULA, THE, Le spose di Dracula
BRIDES OF FU MANCHU, THE, Il giorno dei fazzoletti rossi
BRIDGE ACROSS TIME, Terror at London Bridge
BRIDGE AT REMAGEN, THE, Il ponte di Remagen
BRIDGE OF SAN LUIS REY, THE, Il ponte di San Luis Rey
BRIDGE ON THE RIVER KWAI, THE, Il ponte sul fiume Kwai
BRIDGE TO SILENCE, Oltre il silenzio
BRIDGE TO TERABITHIA, Un ponte per Terabithia
BRIDGE TO THE SUN, Ponte verso il sole
BRIDGE TOO FAR, A, Quell'ultimo ponte
BRIDGES AT TOKO-RI, THE, I ponti di Toko-ri
BRIDGES OF MADISON COUNTY, THE, I ponti di Madison County
BRIDGET JONES: THE EDGE OF REASON, Che pasticcio, Bridget Jones!
BRIDGET JONES'DIARY, Il diario di Bridget Jones
BRIEF ECSTASY, Breve estasi
BRIEF ENCOUNTER, Breve incontro
BRIEF ENCOUNTER, Breve incontro
BRIEF HISTORY OF TIME, A, Dal big bang ai buchi neri
BRIGADE ANTI-GANGS, Pattuglia antigang
BRIGADE EN FOLIE, LA, Due supermatti agenti... segretissimi
BRIGADE MONDAINE, Perché uccidere Lorraine?
BRIGADE SAUVAGE, LA, La brigata selvaggia
BRIGADES DU TIGRE, LES, Triplice inganno
BRIGAND OF KANDAHAR, THE, Il bandito di Kandahar
BRIGAND, THE, Salvate il re
BRIGANDS-CHAPITRE VII, Briganti
BRIGHAM YOUNG, La grande missione
BRIGHT ANGEL, Gli angeli volano basso
BRIGHT EYES, La congiura delle beffe
BRIGHT EYES, La mascotte dell'aeroporto
BRIGHT LEAF, Le foglie d'oro
BRIGHT LIGHTS, BIG CITY, Le mille luci di New York
BRIGHT LIGHTS, Il re della risata
BRIGHT VICTORY, Vittoria sulle tenebre
BRIGHTON BEACH MEMOIRS, Ricordi di Brighton Beach
BRIGHTON STRANGLER, THE, Lo strangolatore di Brighton
BRILLANTEN, Brillanti
BRILLANTOVAYA RUKA, Crociera di lusso per un matto
BRIMSTONE AND TRIACLE, Le due facce del male
BRIMSTONE, Il grande agguato
BRING IT ON, Ragazze nel pallone
BRING ME THE HEAD OF ALFREDO GARCIA, Voglio la testa di Garcia
BRING ON THE NIGHT, Bring on the night – Vivi la notte
BRING YOUR SMILE ALONG, Quando una ragazza è bella
BRINGING DOWN THE HOUSE, Un ciclone in casa
BRINGING OUT THE DEAD, Al di là della vita
BRINGING UP BABY, Susanna!
BRINK'S JOB, THE, Pollice da scasso
BROADCAST NEWS, Dentro la notizia
BROADWAY BIG SHOT, THE, Fulmine a Broadway – Il prigioniero ribelle
BROADWAY BILL, Strettamente confidenziale
BROADWAY LIMITED, Una gabbia di matti
BROADWAY MELODY OF 1936, Follie di Broadway
BROADWAY MELODY OF 1938, Follie di Broadway 1938
BROADWAY MELODY OF 1940, Balla con me
BROADWAY MELODY OF 1940, Follie di Broadway 1940
BROADWAY RHYTM, Ritmi di Broadway
BROADWAY SCANDALS, Scandalo di Broadway
BROADWAY, Ombrea Broadway
BRODERSKAB, Fratellanza. Brotherood
BRODEUSES, Le ricamatrici

CRISE!, LA, La crisi!
CRISIS IN THE KREMLIN, Ultimi giorni al Kremlino
CRISIS, La rivolta
CRISS CROSS, Doppio gioco
CRITIC'S CHOICE, Mia moglie ci prova
CRITICAL CARE, Se mi amate
CRITICAL CONDICTION, Prognosi riservata
CRITICAL DECISION, Decisione critica
CRITTERS 2: THE MAIN COURSE, Critters 2
CRITTERS, Critters – Gli extraroditori
"CROCODILE" DUNDEE, Mr. Crocodile Dundee
"CROCODILE" DUNDEE II, Mr. Crocodile Dundee II
CROCODILE DUNDEE IN LOS ANGELES, Crocodile Dundee 3
CROCODILE HUNTER – COLLISION COURSE, THE, Missione coccodrillo
CROISIÈRE/BITTER MOON, Luna di fiele
CROIX DES VIVANTS, LA, L'amore impossibile
CRONICA DE UN ATRACO, La lunga notte di Tombstone
CRONICA DE UNA FUGA, Cronaca di una fuga – Buenos Aires 1977
CROODS, THE, I Croods
CROOKED CIRCLE, THE, Il quadrato della violenza
CROOKED HEARTS, Cuori incrociati
CROOKED ROAD, THE, New York Press operazione dollari
CROOKED WAY, THE, L'incrocio pericoloso
CROOKED WEB, THE, La trama del delitto
CROOKS AND CORONETS, Gangster tuttofare
CROOKS ANONYMOUS, Julie perché... non vuoi?
CROOKS IN CLOISTERS, Un priore per Scotland Yard
CROSS CREEK, La foresta silenziosa
CROSS MY HEART, Bionda fra le sbarre
CROSS MY HEART, Prendi il mio cuore
CROSS OF IRON, La croce di ferro
CROSS OF LORRAINE, THE, La croce di Lorena
CROSS ROADS, Mississippi adventure
CROSSED SWORDS, Il maestro di Don Giovanni
CROSSFIRE, Odio implacabile
CROSSING DELANCEY, Dall'altro lato della strada
CROSSING GUARD, THE, Tre giorni per la verità
CROSSING THE MOB, Fuori dal giro
CROSSING THE MOB, Ultimo avvertimento
CROSSPLOT, Circolo vizioso
CROSSROADS, La banda Pelletier
CROSSWINDS, Il tesoro del fiume sacro
CROSSWORLDS, Crossworlds – Dimensioni incrociate
CROUCHING BEAST, Sangue sul Bosforo
CROUCHING TIGER, HIDDEN DRAGON, La tigre e il dragone
CROW, THE, Il Corvo
CROW: CITY ON LOS ANGELES, THE, Il Corvo 2
CROW: SALVATION, THE, Il Corvo 3 – Salvation
CROWD ROARS, THE, L'urlo della folla
CROWD, THE, La folla
CROWDED SKY, THE, Il cielo è affollato
CROWNING EXPERIENCE, THE, La grande esperienza
CRUCIBLE OF TERROR, La fabbrica dell'orrore
CRUCIBLE, THE, La seduzione del male
CRUCIFER OF BLOOD, THE, Sherlock Holmes – Il mistero del crociferro di sangue
CRUDEL TOWER, THE, La torre crudele
CRUEL SEA, THE, Mare crudele
CRUSADES, THE, I crociati
CRUSH, Crush – Infatuazione
CRUSH, Mani di ferro
CRUSH, Sposami, Kate
CRUSOE, Robinson Crusoe – La vera storia
CRUZ DIABLO, Il segno di Robin Hood
CRY BLOOD, Apache, guerriero rosso
CRY DANGER, Nei bassifondi di Los Angeles
CRY FOR HAPPY, Tanoshimi – è bello amare
CRY FOR THE STRANGER, Il villaggio maledetto
CRY FREEDOM, Grido di libertà
CRY HAVOC, Angeli all'inferno
CRY IN THE DARK, A, Un grido nella notte
CRY IN THE NIGHT, A, Ore d'angoscia
CRY OF BATTLE, Grido di battaglia
CRY OF THE BANSHEE, Satana in corpo
CRY OF THE CITY, L'urlo della città
CRY OF THE HUNTED, L'urlo dell'inseguito
CRY TERROR, Lama alla gola
CRY TOUGH, Il portoricano
CRY UNCLE, Il pornocchio dell'ispettore Masters
CRY VENGEANCE, Il terrore dei gangster
CRY WOLF, Il grido del lupo
CRY WOLF, Nickname: enigmista
CRY, THE BELOVED COUNTRY, Terra amata
CRYING GAME, THE, La moglie del soldato
CRYSTAL HEART, Crystal heart – Voglia d'amore
CRYSTALL BALL, THE, Domani sarò tua
CRYSTALSTONE, Alla ricerca della pietra di cristallo – Crystalstone
CSAK EGY EJSZAKA/CAFE MOSZKA, Caffè Moscova
CSEND ES KIALTAS, Silenzio e grido
CSILLAGOSOK KATONAK, L'armata a cavallo
CUANDO "¡VIVA VILLA!" ES LA MUERTE, Il trionfo di Pancho Villa
CUANDO ME VAYA, Meraviglioso amore
CUATREROS, Se spari ti uccido
CUATRO DESERTORES, No... Non farlo!!!
CUATRO DÓLARES DE VENGANZA, Quattro dollari di vendetta
CUATRO EN LA FRONTERA, Quattro alla frontiera
CUATRO MUJERES, Le quattro mogli
CUBAN LOVE SONG, Rumba dell'amore
CUBE, Cube – Il cubo
CUDOTVORNI MAC, La invincibile
CUDOWNE DZIECKO, Il giovane mago
CUENTO CHINO, UN, Cosa piove dal cielo?
CUENTOS DE LA ALHAMBRA, La conquistatrice dell'Alhambra
CUERDA ED ALMANECER, UNA, Sei una carogna... E t'ammazzo!
CUISINE AU BEURRE, LA, Cucina al burro
CULOTTES ROUGES, LES, Le mutande rosse
CULPEPPER CATTLE COMPANY, THE, Fango, sudore e polvere da sparo
CULT OF THE COBRA, THE, Il culto del cobra
CURE FOR POKERITIS, Il vizio del gioco si paga caro
CURE, THE, Amici per sempre
CUREE, LA, La calda preda
CURIOSITY KILL, Curiosità fatale
CURIOUS CASE OF BENJAMIN BUTTON, THE, Il curioso caso di Benjamn Button
CURIOUS GEORGE, Curioso come George
CURLY SUE, La tenera canaglia
CURLY TOP, Riccioli d'oro
CURRITO DE LA CRUZ, La corrida della morte
CURSE OF JADE SCORPION, THE, La maledizione dello scorpione di giada
CURSE OF MUMMY'S TOMB, THE, Il mistero della mummia
CURSE OF EL CHARRO, THE, The curse – La maledizione
CURSE OF FRANKENSTEIN, THE, La maschera di Frankenstein
CURSE OF THE BLACK WIDOW, La maledizione della vedova nera
CURSE OF THE CAT PEOPLE, THE, Il giardino delle streghe
CURSE OF THE DRAGON, Bruce Lee: la maledizione del drago
CURSE OF THE GOLDEN FLOWER, La città proibita

FORCE 10 FROM NAVARONE, Forza 10 da Navarone
FORCE MAJEURE, Forza maggiore
FORCE OF ARMS, Stringimi forte fra le tue braccia
FORCE OF EVIL, Le forze del male
FORCE OF ONE, A, La polvere degli angeli
FORCE, THE, Indagine oltre la vita
FORCE: FIVE, Forza cinque
FORCED ENTRY, Un'ombra nel buio
FORCED TO FIGHT, La legge del drago
FORCED VENGEANCE, Hong Kong un posto per morire
FORCES OF NATURE, Piovuta dal cielo
FOREIGN AFFAIR, A, Scandalo internazionale
FOREIGN BODY, Medico per forza
FOREIGN CORRESPONDENT, Il prigioniero di Amsterdam
FOREIGN INTRIGUE, Spionaggio internazionale – Agente 007
FOREMAN WENT TO FRANCE, THE, Audace avventura
FOREST RANGERS, THE, Presi tra le fiamme
FOREVER AMBER, Ambra
FOREVER AND A DAY, Per sempre e un giorno ancora
FOREVER DARLING, Il suo angelo custode
FOREVER FEMALE, Eternamente femmina
FOREVER YOUNG, Amore per sempre
FOREVER YOURS, Gioia di vivere
FORFAITURE, L'insidia dorata
FORGIVENESS OF BLOOD, THE, La faida
FORGOTTEN FACES, Eliotropio – Volti dimenticati
FORGOTTEN PRISONERS, Vittime del tempo
FORGOTTEN WOMEN, THE, Una donna dimenticata
FORGOTTEN, THE, I dimenticati
FORMULA, THE, La formula
FORSAKEN, THE, The desert vampires
FORSAKING ALL OTHERS, La donna è mobile
FÖRSTA DIVISIONEN, Prima squadriglia
FORT ALGIERS, Forte Algeri
FORT APACHE THE BRONX, Bronx 41° Distretto di polizia
FORT APACHE, Il massacro di Fort Apache
FORT BOWIE, La carica dei quattromila
FORT DEFIANCE, Il terrore dei Navajos
FORT DOBBS, L'urlo dei Comanches
FORT DOLORÉS, Gli esiliati delle pampas
FORT DU FOU, Il forte dei disperati
FORT MASSACRE, Il forte del massacro
FORT OSAGE, Il passo di Forte Osage
FORT T, Forte T
FORT VENGEANCE, La pattuglia delle giubbe rosse
FORT WORTH, L'ultima sfida
FORT YUMA, Orizzonte di fuoco
FORTICHES, LES, Mafiosi a Marsiglia
FORTRESS 2: RE – ENTRY, La fortezza: segregati nello spazio
FORTRESS, 2013 – La fortezza
FORTUNAT, SS operazione Fortunat
FORTUNE AND MEN'S EYES, In disgrazia alla fortuna e agli occhi degli uomini
FORTUNE CARRÉE, Shaitan, il diavolo del deserto
FORTUNE COOKIE, THE, Non per soldi... ma per denaro
FORTUNE LANE, Il sentiero della fortuna
FORTUNE, THE, Due uomini e una dote
FORTUNES OF CAPTAIN BLOOD, Le avventure di Capitan Blood
48hrs., 48 ore
40 CARATS, La signora a 40 carati
40 DAYS AND 40 NIGHTS, 40 giorni e 40 notti
FORTY GUNS, Quaranta pistole
40 GUNS TO APACHE PASS, 40 fucili al Passo Apache
40 mq. DEUTSCHLAND, Quaranta metri quadrati di Germania
FORTY NINERS, THE, Un killer per lo sceriffo
49TH MAN, THE, Il 49° uomo
49TH PARALLEL – THE INVADERS, Gli invasori – 49° parallelo
40 POUNDS OF TROUBLE, Venti chili di guai... e una tonnellata di gioia
42nd STREET, Quarantaduesima strada
FORTY THOUSAND HORSEMEN, Quarantamila cavalieri
40 YEAR OLD VIRGIN, THE, 40 anni vergine
FORZATO DELLA GUYANA IL, Cheri Bibi
FOSFOLJESEN, Caccia alla strega
FOU DU LABO 4, LE, Il morto mettetelo sul conto
FOUL PLAY, Gioco sleale
FOUNTAIN HEAD, THE, Fonte meravigliosa
FOUNTAIN, THE, L'albero della vita
4-D MAN, Delitto in quarta dimensione
4 CLOWNS, I re della risata
FOUR CHRISTMASES, Tutti insieme inevitabilmente
FOUR DAUGHTERS, Quattro figlie
FOUR DEUCES, THE, Chicago anni '30 – Via col piombo!
FOUR EYES, Assalto a Tombstone
FOUR FACES WEST, Le quattro facce del West
FOUR FAST GUNS, Quattro pistole veloci
FOUR FEATHERS, THE, Le quattro piume
4 FOR TEXAS, I quattro del Texas
FOUR FOR THE MORGUE, Quattro alla Morgue – Violenza a New York
FOUR FRIENDS, Gli amici di Georgia
FOUR FRIGHTENED PEOPLE, Quattro persone spaventate
FOUR GIRLS IN TOWN, Quattro ragazze in gamba
FOUR GUNS TO THE BORDER, I desperados della frontiera
FOUR HORSEMEN OF THE APOCALYPSE, THE, I quattro cavalieri dell'apocalisse
FOUR HORSEMEN OF THE APOCALYPSE, THE, I quattro cavalieri dell'apocalisse
FOUR IN THE MORNING, Alle 4 del mattino, due uomini due donne
FOUR MEN AND A PRAYER, Il giuramento dei quattro
FOUR O'CLOCK ARMY, Tarzan contro gli uomini blu
FOUR POSTER, THE, Letto matrimoniale
FOUR RAIDERS, I quattro scatenati di Hong Kong
FOUR WEDDINGS AND A FUNERAL, Quattro matrimoni e un funerale
FOUR'S A CROWD, La quadriglia dell'illusione
FOURTEEN, THE, I 14 della Bond Street
14 AMAZONS, THE, Le 14 amazzoni
14-18, 14-18 Europa in fiamme
14 HOURS, 14 ora
FOURTH ANGEL, THE, Il quarto angelo
FOURTH KIND, THE, Il quarto tipo
FOURTH MAN, THE, Il quarto uomo
FOURTH PROTOCOL, THE, Quarto protocollo
FOURTH STORY, Il sapore dell'inganno – Fourth Story
FOURTH WAR, THE, La quarta guerra
FOURTH WISH, THE, Il quarto desiderio
FOUS DU STADE, LES, Cinque matti allo stadio
FOUTE À VOLTAIRE, LA, Tutta colpa di Voltaire
FOX AND THE HOUND, THE, Red e Toby nemiciamici
FOX MOVIETONE 1929, Follie del giorno
FOX, THE, La volpe
FOXES OF HARROW, THE, La superba creola
FOXES, A donne con gli amici
FOXFIRE, Orgoglio di razza
FOXFIRE, Foxfire – Ragazze cattive
FOXTRAP, Fox Trap
FRACHT VON BALTIMORE, Vittoria sull'oceano
FRACTURE DU MYOCARDE, LA, La frattura del miocardio
FRACTURE, Il caso Thomas Crawford
FRAGMENTS OF FEAR, Frammenti di paura
FRAME UP, Violenza a un minorenne
FRAME UP II: THE COVER UP, Cover up – Sulle tracce dell'assassino
FRAMED, Il cerchio si chiude
FRAMED, Senza capo d'accusa

INSACIABLE, L'insaziabile
INSATISFAITE, L', L'insoddisfatta
INSEL DER AMAZONEN, DIE, L'isola delle Amazzoni
INSEMINOID, Inseminoid – Un tempo nel futuro
INSERTS, Il pornografo
INSHALLA, RAZZIA AM BOSPORUS, La città vietata
INSIDE DAISY CLOVER, Strano mondo di Daisy Clover
INSIDE DEEP THROAT, Inside Gola profonda
INSIDE DETROIT, La città corrotta
INSIDE MAN, Inside man
INSIDE MOVES, I ragazzi del Max's bar
INSIDE OUT, Operazione Siegfried
INSIDE STRAIGHT, Tutto per tutto
INSIDE THE MAFIA, Dodici uomini da uccidere
INSIDE THE WALLS OF FOLSOM PRISON, Tortura
INSIDER, THE, Insider – Dietro la verità
INSIGNIFICANCE, La signora in bianco
INSOLENT, L', L'insolente – Il più crudele tra quelli della mala
INSOUMIS, L', Il ribelle di Algeri
INSPECTEUR CONNAIT LA MUSIQUE, L', Delitto al night club
INSPECTEUR LA BAVURE, Un commissario al di sotto di ogni sospetto
INSPECTEUR LAVARDIN, L', L'ispettore Lavardin
INSPECTOR CLOUSEAU, L'infallibile ispettore Clouseau
INSPECTOR GADGET, L'ispettore Gadget
INSPECTOR GENERAL, THE, L'ispettore generale
INSPIRATION, La modella
INSTANT JUSTICE, Giustizia privata
INSTINCT, Instinct – Istinto primordiale
INSULTED AND THE INJURED, THE, Umiliati e offesi
INTENDED, THE, Quando verrà la pioggia
INTENT TO KILL, Decisione di uccidere
INTERDIT DE SÉJOUR, Aggressione armata
INTERFERENCE, L'intruso
INTERLUDE, Interludio
INTERLUDE, Interludio
INTERMEZZO, A LOVE STORY, Intermezzo
INTERMEZZO, La sposa scomparsa
INTERNAL AFFAIRS, Affari sporchi
INTERNATIONAL CRIME, L'accusatore segreto
INTERNATIONAL LADY, Musica segreta
INTERNATIONAL SETTLEMENT, L'ultima nave da Shanghai
INTERNATIONAL SQUADRON, Il diavolo con le ali
INTERNATIONAL VELVET, Una corsa sul prato
INTERNECINE PROJECT, THE, Progetto micidiale
INTERNES CAN'T TAKE MONEY, La figlia perduta
INTERNS, THE, La pelle che scotta
INTERNSHIP, THE, Gli stagisti
INTERPOL, International police
INTERRUPTED MELODY, Oltre il destino
INTERSECTION, Trappola d'amore
INTERSTELLA 5555: THE 5TORY OF THE 5ECRET 5TAR 5YSTEM, Interstella 5555
INTERVIEW WITH THE VAMPIRE, Intervista col vampiro – Cronache di vampiri
INTIKON EL HABIB – EMRAA MIN NARR, Sangue sul deserto
INTIMACY, Intimacy – Nell'intimità
INTIMATE RELATIONS, Relazioni intime
INTIMATE STRANGER, Intimità mortale
INTIMNI OSVETLENI, Illuminazione intima
INTO THE BADLANDS, Terre desolate
INTO THE BLUE, Trappola in fondo al mare
INTO THE FIRE, Brividi
INTO THE HOMELAND, Le radici dell'odio
INTO THE NIGHT, Tutto in una notte
INTO THE WEST, Tir-na-nog. È vietato portare cavalli in città
INTOLERABLE CRUELTY, Prima ti sposo, poi ti rovino
INTOUCHABLES , Quasi amici
INTRIGANTE, L', Tentatrice
INTRIGUE, Contrabbando a Shanghai
INTRUDER IN THE DUST, Nella polvere del profondo sud
INTRUDER WITHIN, THE, Il terrore viene dal passato
INTRUDER, Terrore senza volto – L'intruso
INTRUDER, THE, L'odio esplode a Dallas
INTRUS, L', L'intruso
INTRUS, LES, Chi ha il diritto di uccidere?
INVADER, THE, Carambola d'amore
INVADERS FROM MARS, Gli invasori spaziali
INVADERS FROM MARS, Invaders
INVASION, THE, Invasion
INVASION OF THE BODY SNATCHERS, L'invasione degli ultracorpi
INVASION OF THE BODY SNATCHERS, Terrore dallo spazio profondo
INVASION QUARTET, Quartetto d'invasione
INVASION U.S.A., Invasione U.S.A.
INVASION USA, Invasion U.S.A.
INVASIONS BARBARES, LES, Le invasioni barbariche
INVENTING THE ABBOTS, Innocenza infranta
INVINCIBLE BOXER, Cinque dita di violenza
INVINCIBLE BOXER, Le quattro dita della furia
INVINCIBLE SIX, THE, Sei dannati in cerca di gloria
INVINCIBLE, Imbattibile
INVINCIBLE, L'invincibile
INVINCIBLE, THE, Wang Yu l'imbattibile
INVICTUS, Invictus, l'invincibile
INVISIBLE AGENT, Joe l'inafferrabile
INVISIBLE BOXER, Io sono Bruce Lee la tigre ruggente
INVISIBLE BOY, THE, Il robot e lo Sputnik
INVISIBLE CIRCUS, THE, Verità apparente
INVISIBLE INVADERS, Assalto dallo spazio
INVISIBLE MAN, THE, L'uomo invisibile
INVISIBLE MAN RETURNS, THE, Il ritorno dell'uomo invisibile
INVISIBLE MAN'S REVENGE, THE, La rivincita dell'uomo invisibile
INVISIBLE RAY, THE, Il raggio invisibile
INVISIBLE STRIPES, Strisce invisibili
INVISIBLE WOMAN, THE, La donna invisibile
INVITATION AU VOYAGE, Invito al viaggio
INVITATION TO A GUNFIGHT, Invito ad una sparatoria
INVITATION TO THE DANCE, Trittico d'amore
INVITATION, L', L'invito
INVITATION, Perfido invito
INVITÉE, L', L'invitata
IP5, IP5 – L'isola dei pachidermi
IPCRESS FILE, THE, Ipcress
IPHIGENIA, Ifigenia
IREZUMI MOZAN, Tattooed – Veneri tatuate
IRIS, Iris – Un amore vero
IRIS OCH LÖJTNANTSHJÄRTA, Iris fiore del Nord
IRISH IN U.S., THE, Colpo proibito
IRMA LA DOUCE, Irma la dolce
IRON AND SILK, Ferro & Seta
IRON ANGEL, Marines all'inferno
IRON CURTAIN, THE, Il sipario di ferro
IRON DUKE, THE, Il duca di ferro
IRON EAGLE II, Aquile d'attacco
IRON EAGLE III, Air Force aquile dell'aria
IRON EAGLE, L'aquila d'acciaio
IRON GIANT, THE, Il gigante di ferro
IRON GLOVE, THE, Il guanto di ferro
IRON HORSE, THE, Il cavallo d'acciaio
IRON MAIDEN, THE, La vergine di ferro
IRON MAN, Cin Fu l'uomo d'acciaio
IRON MAN, THE, L'uomo di ferro
IRON MASK, THE, La maschera di ferro
IRON MASTER, THE, Il padrone della ferriera

LAST URRAH, THE, L'ultimo urrà
LAST VALLEY, THE, L'ultima valle
LAST VOYAGE, THE, La crociera del terrore
LAST WAGON, THE, L'ultima carovana
LAST WALTZ, THE, L'ultimo valzer
LAST WARRIOR, THE, Gli ultimi guerrieri
LAST WAVE, THE, L'ultima onda
LAST WINTER, THE, Ultimo inverno
LAST WORD, THE, Conseguenze pericolose
LAST WORD, THE, Un uomo chiamato un uomo
LÅT DEN RÄTTE KOMMA IN, Lasciami entrare
LATE FOR DINNER, Surgelati speciali – Potrebbe essere una magia...
LATE GEORGE APLEY, THE, Schiavo del passato
LATE LIZ, THE, Una nuova vita per Liz
LATE SHOW, THE, L'occhio privato
LATIN LOVERS, Amanti latini
LATIN LOVERS, Gli amanti latini
LATIN QUARTER, L'amante della morte
LATINO, Contras
LÄUFER VON MARATHON, DER, Il corridore di Maratona
LAUGH, CLOWN, LAUGH, Ridi, pagliaccio, ridi
LAUGHING ANNE, Riso tragico – Le avventure del capitano Davidson
LAUGHING AT LIFE, Sfidando la vita
LAUGHING GRAVY-HELPMATES-THE FIXER UPPERS-GOING BYE-BYE, Per qualche merendina in più
LAUGHING LADY, THE, Il cavaliere in nero
LAUGHING POLICEMAN, THE, L'ispettore Martin ha teso la trappola
LAUGHTER HOUSE, THE, Il giorno delle oche
LAUGHTER IN PARADISE, Risate in paradiso
LAUGHTER IN THE DARK, In fondo al buio
LAUKAUS TEHTAALLA, Uno sparo in fabbrica
LAURA, Vertigine
LAURA, DEL CIELO LLEGA LA NOCHE, Laura
LAURAS STERN, La stella di laura
LAUREL & HARDY LAUGHING TWENTIES, L'allegro mondo di Stanlio e Ollio
LAUTER LIEBEN, Vivi con il tuo amore
LAUTER LÜGEN, Guerra di donne
LAVANDIÈRES DU PORTUGAL, LES, Le lavandaie del Portogallo
LAVENDER HILL MOB, THE, L'incredibile avventura di mr. Holland
LAW ABIDING CITIZEN, Giustizia privata
LAW AND DISORDER, Benvenuto a Scotland Yard
LAW AND DISORDER, Legge e disordine
LAW AND JAKE WADE, THE, Sfida nella città morta
LAW AND ORDER, I moschettieri del West
LAW AND ORDER, Il giustiziere
LAW AND ORDER, Il vendicatore del Texas
LAW AND THE LADY, THE, L'avventuriera
LAW OF THE LAWLESS, La legge dei fuorilegge
LAW OF THE TROPICS, Tragedia ai Tropici
LAW VS. BILLY THE KID, THE, La legge contro Billy Kid
LAWBREAKERS, THE, Anche i gangster muoiono
LAWLESS BREED, Il diario di un condannato – Sotto il sole rovente
LAWLESS EIGHTIES, THE, La scure di guerra del capo Sioux
LAWLESS FRONTIER, THE, La frontiera senza legge
LAWLESS NINETIES, THE, La banda dei razziatori
LAWLESS RANGE, THE, L'oro di Picano Valley
LAWLESS STREET, A, I senza dio
LAWLESS, THE, Linciaggio
LAWMAN, THE, Io sono la legge
LAWNMOWER MAN, THE, Il tagliaerbe
LAWNMOWER MAN 2, Il tagliaerbe 2 – the Cyberspace
LAWRENCE OF ARABIA, Lawrence D'Arabia
LAWS OF GRAVITY, Laws of gravity – Leggi di gravità
LAWYER, THE, Al di là di ogni ragionevole dubbio
LAY THE FAVORITE, Una ragazza a Las Vegas
LAYER CAKE, The Pusher
LAZARILLO DE TORMES, EL, Lazarillo di Tormes
LAZARUS CHILD, THE, L'ultima porta
LAZY RIVER, La sirena del fiume
LE DERNIER MÉTRO, L'ultimo metrò
LE FEU AUX POUDRES, X 3 operazione dinamite
LE HAVRE, Miracolo a Le Havre
LEADBELLY, Io re del blues
LEAGUE OF EXTRAORDINARY GENTLEMEN, THE, La leggenda degli uomini straordinari
LEAGUE OF GENTLEMAN, THE, Un colpo da otto
LEAGUE OF THEIR OWN, A, Ragazze vincenti
LEAN ON ME, Conta su di me
LEANYVASAR, Ragazze da marito
LEAP YEAR, Una proposta per dire di sì
LEAP OF FAITH, Delitto di fede
LEAP OF FAITH, Vendesi miracolo
LEARNING TREE, THE, Ragazzo, la tua pelle scotta
LEATHER SAINT, THE, L'angelo del ring
LEATHERHEADS, In amore niente regole
LEAVE ALL FAIR, Che ogni cosa sia a posto
LEAVE HER TO HEAVEN, Femmina folle
LEAVE IT TO BEAVER, Ci pensa Beaver
LEAVENWORTH CASE, THE, Il segreto di Jocko
LEAVES OF GRASS, Fratelli in erba
LEAVING FOR TROUBLE, Le vacanze di Arcibaldo
LEAVING LAS VEGAS, Via da Las Vegas
LEAVING NORMAL, Fuga per un sogno
LEBEN DER ANDEREN, DAS, Le vite degli altri
LEBEN EINES TITANEN, DAS, Michelangelo
LEBEN VON ADOLF HITLER, DAS, La vita di Adolfo Hitler
LEBENSBORN, Divisione Lebensborn
LEBEWOHL FREMDE, Arrivederci straniera
LEÇON PARTICULIÈRE, UNE, Una lezione particolare
LECTRICE, LA, La lettrice
LEDGE, THE, Punto d'impatto
LEFT HAND OF GOD, THE, La mano sinistra di Dio
LEFT HANDED GUN, THE, Furia selvaggia: Billy Kid
LEGACY OF LIES, Una sporca eredità
LEGACY, THE, Il testamento
LEGAL EAGLES, Pericolosamente insieme
LEGALLY BLONDE, La rivincita delle bionde
LEGALLY BLONDE 2: RED, WHITE & BLONDE, Una bionda in carriera
LEGEND OF BAGGER VANCE, THE, La leggenda di Bagger Vance
LEGEND OF BILLIE JEAN, THE, La leggenda di Billie Jean
LEGEND OF BRUCE LEE, THE, Bruce Lee: la sua vita, la sua leggenda
LEGEND OF CUSTER, THE, Custer il ribelle
LEGEND OF HELL HOUSE, Dopo la vita
LEGEND OF LOBO, THE, La leggenda di Lobo
LEGEND OF LYLAH CLARE, THE, Quando muore una stella
LEGEND OF NIGGER CHARLEY, THE, Libero di crepare
LEGEND OF SLEEPY HOLLOW, THE, La leggenda di Sleepy Hollow
LEGEND OF THE GUARDIANS: THE OWLS OF GA'HOOLE, Il regno di Ga'Hoole. La leggenda dei guardiani
LEGEND OF THE LOST, Timbuctù
LEGEND OF THE SEVEN GOLDEN VAMPIRES, THE, La leggenda dei sette vampiri d'oro
LEGEND OF TITANIC, THE, La leggenda del Titanic
LEGEND OF TOM DOOLEY, La leggenda di Tom Dooley
LEGENDA O SURAMSKOY KREPOSTI, La leggenda della fortezza di Suram
LEGENDARY CURSE OF LEMORA, THE, Lemora, la metamorfosi di Satana
LÉGENDE DE PARVA, LA, Parva e il principe Shiva

PORTRAIT D'UN ASSASSIN, Ritratto di un assassino
PORTRAIT FROM LIFE, Nebbie del passato
PORTRAIT IN BLACK, Ritratto in nero
PORTRAIT OF A HITMAN, Ritratto di un killer
PORTRAIT OF A LADY, Ritratto di signora
PORTRAIT OF A MONSTER, L'erede di Al Capone
PORTRAIT OF CLARE, I mariti di lady Clara
PORTRAIT OF JENNIE, Il ritratto di Jennie
PORTRAIT, THE, Ritratti
POSCRITO DEL RIO COLORADO, EL, Django killer per onore
POSEIDON ADVENTURE, THE, L'avventura del Poseidon
POSÉSION, LA, Schiavi dell'odio
POSITIVE I.D., Doppia personalità
POSSE FROM HELL, La squadra infernale
POSSE, I giustizieri del West
POSSE, Posse – La leggenda di Jessie Lee
POSSEDEES, LES, L'isola delle donne sole
POSSÉDÉS, LES, I demoni
POSSESSED, Anime in delirio
POSSESSED, L'amante
POSSESSION, Possession – Una storia romantica
POSSESSION OF JOEL DELANEY, THE, Possession
POSTCARDS FROM THE EDGE, Cartoline dall'inferno
POST GRAD, Laureata... E adesso?
POSTILLON VON LONJOUMEAU, DER, Allegro postiglione
POSTMAN ALWAYS RINGS TWICE, THE, Il postino suona sempre due volte
POSTMAN ALWAYS RINGS TWICE, THE, Il postino suona sempre due volte
POSTMAN, THE, L'uomo del giorno dopo
POSTMARK FOR DANGER – PORTRAIT OF ALISON, Il segno del pericolo
POSTMEISTER, DER, Il postiglione della steppa
POSTMORTEM, Post mortem
POT – BOUILLE, Le donne degli altri
POT O' GOLD, Un sacco d'oro
POTATO FRITZ, Massacro a Condor Pass
POTE TIN KYRIAKI, Mai di domenica
POTICHE, Potiche. La bella statuina
POTOMOK CINGHIS KHANA, Tempeste sull'Asia
POUDRE D'ESCAMPETTE, LA, Darsela a gambe
POUIC POUIC, I tre affari del signor Duval
POULET AU VINAGRE, Una morte di troppo
POULET AUX PRUNES, Pollo alle prugne
POUPÉES RUSSES, LES, Bambole russe
POUR LA PEAU D'UN FLIC, Per la pelle di un poliziotto
POUR LE MÉRITE, La squadriglia degli eroi
POUR RIRE!, Per scherzo
POUR UNE NUIT D'AMOUR, Per una notte d'amore
POURQUOI PAS?, Perché no?
POURQUOI VIENS-TU SI TARD?, Perché sei arrivato così tardi?
POWDER, Powder – Un incontro straordinario con un altro essere
POWDER RIVER, Sangue sul fiume
POWDER SMOKER RANGE, La grande arena
POWDERKEG, Posa l'osso Morales! Arriva Alleluja: fermate quel treno
POWER AND THE GLORY, THE, Potenza e gloria
POWER AND THE PRIZE, THE, I filibustieri della finanza
POWER OF ONE, THE, La forza del singolo
POWER OF THE WHISTLER, THE, L'asso di picche
POWER PLAY, Il gioco del potere
POWER, Power – Potere
POWER, THE, La forza invisibile
POWERPUFF GIRLS MOVIE, THE, Le superchicche
POWROF, Ritorno
POWWOW HIGHWAY, Oltre la riserva
POZITIA COPILULUI, Il caso Kerenes
PRACTICAL MAGIC, Amori & incantesimi
PRACTICALLY YOURS, Sinceramente tua
PRAGUE, A Praga
PRAIRIE HOME COMPANION, A, Radio America
PRAIRIE PALS, La lega della prateria
PRAIRIE, THE, Nella terra di Buffalo Bill
PRANCER, La renna
PRATERBUBEN, I ragazzi del Prater
PRAYER FOR THE DYING, A, Una preghiera per morire
PRAYING MANTIS, Splendida e mortale
PREACHER'S WIFE, THE, Uno sguardo dal cielo
PRED MATURITOU, Studenti
PRÉDATEURS DE LA NUIT, LES, I predatori della notte
PREHISTORIC WOMEN – SLAVE GIRLS, Femmine delle caverne
PREHISTORIC WOMEN, Donne pantere
PREHYSTERIA, Arrivano i dinosauri
PREIS FURS URLEBEN, DER, Il prezzo di una vita
PRELUDE À LA GLOIRE, La prima luce
PRELUDE TO A KISS, Doppia anima
PREMATURE BURIAL, THE, Sepolto vivo
PREMIER BAL, Due donne innamorate
PREMIER HOMME, LE, Il primo uomo
PREMIER MAI, Festa di Maggio
PREMIER RENDEZ-VOUS, Primo appuntamento
PREMIÈRE, Serata tragica
PREMIÈRE ÉTOILE, LA, La Premiere Etoile. La prima stella
PREMONITION, THE, Mysteria
PRÉNOM, LE, Cena tra amici
PRÉNOM CARMEN, &, Prenom Carmen
PREP AND PEP, Cadetti allegri
PRÉPAREZ VOS MOUCHOIRS, Preparate i fazzoletti
PRESAGIO, Il delitto della signora Reynolds
PRESCRIPTON FOR ROMANCE, L'inafferrabile signor Barton
PRÉSIDENT, LE, Il presidente
PRÉSIDENT HAUDECOEUR, LE, L'ultima chimera
PRESIDENT'S ANALYST THE, La folle impresa del dottor Schaefer
PRESIDENT'S LADY, THE, Schiava e signora
PRESIDENT'S MISTRESS, THE, L'amante del presidente
PRESIDIO, THE, Il presidio, scena di un crimine
PRESQUE RIEN, Quasi niente
PRESSURE POINT, La scuola dell'odio
PRESTIGE, Prestigio di razza
PRESUMED INNOCENT, Presunto innocente
PRETTY BOY FLOYD, Sparate a vista
PRETTY IN PINK, Bella in rosa
PRETTY MAIDS ALL IN A ROW, ...e dopo le uccido
PRETTY POISON, Dolce veleno
PREVIEW MURDER MYSTERY, L'uomo senza volto
PREY, Captive
PREY, Prey – La caccia è aperta
PRICE OF FEAR, THE, Il prezzo della paura
PRICK UP YOUR EARS, Prick up: l'importanza di essere Joe
PRIDE AND GLORY, Price and glory – Il prezzo dell'onore
PRIDE AND PREJUDICE, Orgoglio e pregiudizio
PRIDE AND PREJUDICE, Orgoglio e pregiudizio
PRIDE AND THE PASSION, THE, Orgoglio e passione
PRIDE OF THE LEGION, THE, L'orgoglio della legione
PRIDE OF THE MARINES, THE, C'è sempre un domani
PRIDE OF THE WEST, THE, L'eroe del West
PRIDE OF THE YANKEES, THE, L'idolo delle folle
PRIEST, Il prete
PRIKLYUCHENIYA BURATINO, Le avventure di Pinocchio
PRIMAL FEAR, Schegge di paura
PRIMAL RAGE, Rage – Furia primitiva
PRIMARY COLORS, I colori della vittoria
PRIMAVERA EN EL CORAZÓN, Serenata messicana
PRIME CUT, Arma da taglio – Il boia, la vittima e l'assassino
PRIME EVIL, Nel nome del Maligno

Indice